NOUVEAU

DICTIONNAIRE ENCYCLOPÉDIQUE

UNIVERSEL ILLUSTRÉ

———

QUATRIÈME VOLUME

— —

MECQ.-RABO

LE NOUVEAU
DICTIONNAIRE ENCYCLOPÉDIQUE
UNIVERSEL ILLUSTRÉ

COMPREND :

LA LINGUISTIQUE

Étymologies, alphabets comparés, grammaire, prononciation, définitions. — Langues, dialectes, argot, jargons, idiotismes, locutions, synonymie, conjugaison des verbes irréguliers. — Rhétorique, poésie, versification, théâtre. — Philologie, polygraphie, etc.

L'HISTOIRE ET LA GÉOGRAPHIE ANCIENNES ET MODERNES

Description du globe, voyages, États, provinces, rivières, montagnes, villes, etc. — Chronologie, dynasties, batailles, sièges, traités. Archéologie, blason, biographie, géographie physique et politique, statistique, etc.

LA THÉOLOGIE

Liturgie, conciles, mythologie, religions, sectes et opinions singulières.

LA JURISPRUDENCE

Droit naturel, droit des gens, droit politique, droit civil, droit criminel, droit commercial, droit maritime, droit canonique, administration. etc.

LES SCIENCES ET LES ARTS

Philosophie, logique, métaphysique, morale. — Physique et chimie, géologie, paléontologie, botanique, zoologie. — Agriculture, économie rurale, économie domestique. — Anatomie, physiologie, médecine, chirurgie, hygiène. — Pharmacie. Médecine vétérinaire et hippiatrique. — Musique. — Mathématiques pures et appliquées. — Astronomie, météorologie. Art militaire, marine. — Beaux-arts, métiers, inventions, découvertes, industrie, commerce, finances. — Gymnastique, escrime, danses, natation, équitation, chasse, pêche, jeux.

D'APRÈS LES DERNIERS TRAVAUX DES SAVANTS ET DES ÉCRIVAINS FRANÇAIS ET ÉTRANGERS, PARMI LESQUELS NOUS CITERONS MM. :

J.-C. Adams, Agassiz, Ampère, Arago, d'Avezac, Babinet, F. Bastiat, Bardin, J.-R. Barri, Bazin, E. de Beaumont, A.-C., L.-A. et A.-E. Becquerel, Belloguet, Cl. Bernard, Berthelot, Beudant, Beulé, L. Blanc, Ch. Blanc, Ad. Bianqui, M. Block, Ch. Bonaparte, Bouchardat, Bouley, Broca, Brongniart, Burnouf, Caro, Chabas, Champollion, Ph. Chasles, Chenu, de Chesnel, M. Chevalier, Chevreul, A. Cochut, Cohen, A. Comte, A. Cournot, V. Cousin, Crapelet, Cuvier, Daguin, Damiron, C.-A. Dana, Delécluze, Taxile Delord, Deyrolle, Drouyn de Lhuys, du Chaillu, Dufrénoy, Dumas, Duméril, C. Dupasquier, Duvergier, Edison, Escudier, Faucher, Faye, A. Franck, A. de Franqueville, Fremy, E. et J. Geoffroy Saint-Hilaire, Gougeard, Gouflé, A. Guillemin, Guizot, Hamet, J. Haydn, Heis, Hemholtz, G. et J. Herschell, Th. de Heuglin, Hervey de Saint-Denis, d'Hozier, Huggins, A. Von Humboldt, A. Jacquet, P. Janet, P. Joigneaux, Jouffroy, A. Jubinal, S. Julien, de Jussieu, de La Blanchère, P. Lacroix (Bibliophile Jacob), Lanfrey, Lartet, Letronne, Lenormand, Leverrier, Linné, Littré, Lorédan Larchey, Mariette, H. Martin, Ménaut, Mayer, Fr. Michel, Michelet, A.-L. Monet, Nordenskjœld, Oppert, Al. et Ch. d'Orbigny, Mme Pape-Carpentier, Pasteur, Pelouze, Proudhon, Quatrefages, Quetelet, Raoul-Rochette, Elisée et Elie Reclus, A. et C. de Rémusat, Renan, G. Ripley, de Rivière, de Rosny, Rossi, de Rougé, Rumkhorf, Sainte-Beuve, Ch. et H. Sainte-Claire Deville, Saint-Marc Girardin, E. Saisset, de Saulcy, Scudo, Secchi, J. Simon, Smiths, Soubeiran, Stanley, Taine, A. Thierry, Tripier, John Tyndall, Vacherot, B. Vincent, Viollet-Leduc, Wolowski, Wurtz, etc., etc.

L'ouvrage est complet en six volumes

ÉVREUX, IMPRIMERIE DE CHARLES HÉRISSEY

NOUVEAU

DICTIONNAIRE

ENCYCLOPÉDIQUE

UNIVERSEL ILLUSTRÉ

RÉPERTOIRE DES CONNAISSANCES HUMAINES

Ouvrage illustré d'environ 3,000 magnifiques Gravures

ET DE 23 CARTES EN COULEUR

ET RÉDIGÉ

PAR UNE SOCIÉTÉ DE LITTÉRATEURS, DE SAVANTS ET D'HOMMES SPÉCIAUX

SOUS LA DIRECTION

DE JULES TROUSSET

Auteur de l'Atlas national, *de l'Encyclopédie d'économie domestique, ouvrages couronnés par les Sociétés savantes*

D'APRÈS LES DERNIERS TRAVAUX
DES SAVANTS ET DES ÉCRIVAINS FRANÇAIS ET ÉTRANGERS

QUATRIÈME VOLUME

MECQ.-RABO.

PARIS

A LA LIBRAIRIE ILLUSTRÉE

8, RUE SAINT-JOSEPH, 8

PRINCIPALES ABRÉVIATIONS

EMPLOYÉES DANS CET OUVRAGE

A............ Actif.
Abl.......... Ablatif.
Abrév........ Abréviation.
Absol........ Absolu, absolument.
Abusiv....... Abusivement.
Accus........ Accusatif.
Acoust....... Acoustique.
Actv......... Activement.
Adj.......... Adjectif.
Adjectiv..... Adjectivement.
Adm.......... Administration.
Adv.......... Adverbe, adverbial
Adverbial ... Adverbialement
Affl......... Affluent.
Agric........ Agriculture.
Alchim....... Alchimie.
Algèb........ Algèbre.
Allem........ Allemand.
Allus........ Allusion.
Anal......... Analogie.
Analyt....... Analytique.
Anat......... Anatomie.
Anc.......... Ancien, ancienne
Ancien....... Anciennement.
Anthrop...... Anthropologie.
Angl......... Anglais.
Annél........ Annélides.
Antiq........ Antiquités.
Aph.......... Aphorisme.
Arach........ Arachnides.
Arboric...... Arboriculture.
Archéol...... Archéologie.
Archit....... Architecture.
Arithm....... Arithmétique.
Armur........ Armurerie.
Arqueb....... Arquebuserie.
Arr.......... Arrondissement.
Art.......... Article.
Artill....... Artillerie.
Ascét........ Ascétique.
Astrol....... Astrologie.
Astron....... Astronomie.
Augment...... Augmentatif.
Auj.......... Aujourd'hui.
Autref....... Autrefois
Auxil........ Auxiliaire.
Bnuq......... Banque.
B.-arts...... Beaux-arts.
Bibliogr..... Bibliographie.
Bijout....... Bijouterie.
Blas......... Blason.
Bonnet....... Bonneterie.
Bot.......... Botanique.
C............ Code.
Can.......... Canon, canonique
Canot........ Canotage.
Cant......... Canton.
Cap.......... Capitale.
Cathol....... Catholique.
Celt......... Celtique.
Cent......... Centime.
Chamois...... Chamoiserie.
Chancell..... Chancellerie.
Chapell...... Chapellerie.
Charcut...... Charcuterie.
Charpent..... Charpenterie.
Charronn..... Charronnerie.
Chem. de fer. Chemin de fer.
Cheval....... Chevalerie.
Chim......... Chimie.
Chir......... Chirurgie.
Ch.-l........ Chef-lieu.
Chorégr...... Chorégraphie.
Chronol...... Chronologie.
Civ.......... Civil.
Coll......... Collectif.
Collectiv.... Collectivement.
Comm......... Commerce.
Compar....... Comparatif.
Comparativ... Comparativement.
Comptab...... Comptabilité.
Conchyl...... Conchyliologie.
Cond......... Conditionnel.

Conj......... Conjonction, conjonctif.
Conjug....... Conjugaison.
Constr....... Construction.
Contract..... Contraction.
Corroier..... Corroierie.
Corrupt...... Corruption.
Cost......... Costume.
Cout......... Coutume, coutumier.
Crim......... Criminel.
Cristall..... Cristallographie.
Crust........ Crustacés.
Cuis......... Cuisine.
Culin........ Culinaire.
Dat.......... Datif.
Déf.......... Défectif.
Dém.......... Démonstratif.
Dénigr....... Dénigrement.
Dép.......... Département.
Dess......... Dessin.
Détermin..... Déterminatif.
Dialect...... Dialectique.
Didact....... Didactique.
Dimin........ Diminutif.
Diplom....... Diplomatie.
Divin........ Divinatoire.
Dogmat....... Dogmatique.
Dom.......... Domestique.
Dout......... Douteux.
Dramat....... Dramatique.
Dr........... Droit.
Dynam........ Dynamique.
E............ Est.
Ébénist...... Ébénisterie.
Ecclés....... Ecclésiastiqu.
Echin........ Echinodermes.
Econ......... Economie.
Ecrit........ Ecriture.
Egypt........ Egyptien.
Ellipt....... Elliptique.
Elliptiquem.. Elliptiquement.
Encycl....... Encyclopédie.
Entom........ Entomologie.
Equit........ Equitation.
Erpét........ Erpétologie.
Escr......... Escrime.
Esp.......... Espagnol.
Esthét....... Esthétique.
Ethnogr...... Ethnographie.
Etym......... Etymologie.
Ex........... Exemple.
Exag......... Exagération.
Explét....... Explétif.
Ext.......... Extension.
F............ Féminin.
Fabr......... Fabrique.
Fam.......... Familier.
Fauconn...... Fauconnerie.
Féod......... Féodal, féodalité.
Fig.......... Figuré, figurément.
Fin.......... Finances.
Fl........... Fleuve.
For.......... Forêt.
Forest....... Forestier.
Fortif....... Fortifications.
Foss......... Fossiles.
Fr........... Français. — Franc.
Fut.......... Futur.
G............ Genre.
Généal....... Généalogie.
Génit........ Génitif.
Géod......... Géodésie.
Géogn........ Géognésie.
Géogr........ Géographie.
Géol......... Géologie.
Géom......... Géométrie.
Gnomon....... Gnomonique.
Gr........... Grec. — Gramme.
Gramm........ Grammaire.
Grav......... Gravure.
Gymn......... Gymnastique.
Hab.......... Habitants.
Hébr......... Hébreu, hébraïque.
Helminth..... Helminthologie.

Hippiatr..... Hippiâtrique.
Hist......... Histoire, historique
Horlog....... Horlogerie.
Hortic....... Horticulture.
Hydraul...... Hydraulique.
Hyg.......... Hygiène.
Hyperbolig... Hyperboliquement.
Ibid......... Ibidem.
Icht......... Ichtyologie.
Iconol....... Iconologie.
Id........... Idem.
Imp.......... Imparfait.
Impérat...... Impératif.
Impers....... Impersonnel.
Impr......... Imprimerie.
Ind.......... Indicatif.
Indéf........ Indéfini.
Inf.......... Infinitif.
Infus........ Infusoires.
Interj....... Interjection, interjectif.
Interjectiv.. Interjectivement.
Interrog..... Interrogation.
Inus......... Inusité.
Inv.......... Invariable.
Iron......... Ironiquement.
Irrég........ Irrégulier.
Ital......... Italien.
Jard......... Jardinage.
Jud.......... Judiciaire.
Jurispr...... Jurisprudence.
Kil.......... Kilomètre.
Kilog........ Kilogramme.
L............ Loi.
Lat.......... Latin. — Latitude.
Lég.......... Légal.
Législ....... Législation.
Libr......... Librairie.
Ling......... Lingerie.
Linguist..... Linguistique.
Littér....... Littérature, littéraire.
Littéral..... Littéralement.
Liturg....... Liturgie.
Loc.......... Locution.
Log.......... Logique.
Long......... Longitude.
M............ Masculin.
Maçonn....... Maçonnerie.
Magnét....... Magnétisme.
Mamm......... Mammalogie.
Manuf....... Manufacture.
Mar.......... Marine.
Maréch....... Maréchallerie.
Mécan....... Mécanique.
Méd.......... Médecine.
Mégiss....... Mégisserie.
Ménuis....... Menuiserie.
Métall....... Métallurgie.
Météor....... Météorologie.
Métr......... Métrologie.
Milit........ Militaire.
Minér....... Minéralogie.
Mill......... Mouillé.
Moll......... Mollusques.
Mus.......... Musique.
Myth......... Mythologie.
N............ Nom. — Nord. — Neutre.
Nap.......... Napoléon.
Nat.......... Naturel.
Nav.......... Naval.
Navig....... Navigation.
N. B......... Nota bene
Néol......... Néologisme.
Neutral...... Neutralement.
N°........... Numéro.
Num......... Numéral.
Numism....... Numismatique.
O............ Ouest.
Observ....... Observation.
Oisell....... Oisellerie.
Opt.......... Optique.
Orfev........ Orfèvrerie.
Orient....... Oriental.
Ornith....... Ornithologie.

Paléogr...... Paléographie.
Paléont...... Paléontologie.
Papet........ Papeterie.
Parf......... Parfait.
Parfum....... Parfumerie.
Part......... Participe.
Partic....... Particule.
Pathol....... Pathologie.
Pâtiss....... Pâtisserie.
Peint........ Peinture.
Pén.......... Pénal.
Pers......... Persan.—Personne, personnel
Perspect..... Perspective.
P. et Ch..... Ponts et chaussées.
Pharm........ Pharmacie.
Philol....... Philologie.
Philos....... Philosophie.
Photogr...... Photographie.
Phrénol...... Phrénologie.
Phys......... Physique.
Physiol...... Physiologie.
Plur......... Pluriel.
Poétiq....... Poétiquement.
Polit........ Politique.
Polyp........ Polypes.
Pop.......... Population. — Populaire.
Portug....... Portugal.
Poss......... Possessif.
Pr........... Propre. — Pronom.
Prat......... Pratique.
Prép......... Préposition.
Préposit..... Prépositif.
Prés......... Présent.
Priv......... Privatif.
Procéd....... Procédure.
Pron......... Pronom.
Prosod....... Prosodie.
Prov......... Proverbialement, proverbial.
Psychol...... Psychologie.
Pyrotech..... Pyrotechnie.
Radic........ Radical.
Récipr....... Réciproque, réciproquement.
Réfl......... Réfléchi.
Relat........ Relation, relatif.
Relig....... Religion.
Rem.......... Remarque.
Rhét......... Rhétorique.
Riv.......... Rivière.
Rom.......... Romain.
Rur.......... Rural.
S............ Singulier.-- Substantif. -- Sud
Sanscr....... Sanscrit.
Sc........... Science.
Scolast...... Scolastique.
Sculpt....... Sculpture.
Serrur....... Serrurerie.
Subj......... Subjonctif.
Substantiv... Substantivement.
Symb......... Symbolique.
Syn.......... Synonyme.
Syr.......... Syrien, syriaque.
Tact......... Tactique.
Tann......... Tannerie.
Techn........ Technologie.
Teint........ Teinturerie.
Tératol...... Tératologie.
Théol........ Théologie.
Thérap....... Thérapeutique.
Toxic........ Toxicologie.
Trigon....... Trigonométrie.
Triv......... Trivial.
Typogr....... Typographie.
Unipers...... Unipersonnel.
Us........... Usité.
V............ Verbe.
Vén.......... Vénerie.
Vétér........ Vétérinaire.
Voy.......... Voyez.
Vulg......... Vulgaire, vulgairement.
Zool......... Zoologie.
Zooph........ Zoophytes.
Zootechn..... Zootechnie.

L'astérisque (*) marque les mots admis dans le Dictionnaire de l'Académie. — Le signe (∾) indique que l'orthographe ou les définitions qui suivent cessent d'être académiques.

NOUVEAU
DICTIONNAIRE ENCYCLOPÉDIQUE
UNIVERSEL ILLUSTRÉ

M

MECQ

MECQUE (La), la première des trois villes saintes des Mahométans, et le lieu de naissance de Mahomet ; capitale de la province de Hedjaz, en Arabie, à 100 kil. E. de Jiddah, qui lui sert de port sur la mer Rouge, et à 380 kil. au S. de Médine ; par 21° 30' de lat. N., et 37° 54' 45" long. E.; environ 45,000 hab. Elle est située dans une étroite vallée enfermée par des collines nues, hautes de 200 à 500 pieds. Elle est défendue par une forteresse. Les maisons sont bien bâties de brique et de pierre. Les rues sont larges, sans pavé. Le seul édifice public digne d'être cité est la mosquée appelée *Beit Allah* (la Maison d'Allah), ou plus ordinairement *Caaba* (Maison carrée), sanctuaire le plus fameux

Grande mosquée de la Mecque.

et le plus sacré du monde mahométan. Cet édifice se dresse au milieu d'une place oblongue entourée de murailles, longue de 250 pas et large de 200; en dedans de cette muraille est une colonnade. Les piliers, dont Burton compta 554, sont réunis par des arches en ogive qui, quatre par quatre, supportent de petits dômes. Certaines portions des murailles et des arches sont peintes de bandes jaunes, rouges et bleues. La Caaba est un édifice

MÉCR

massif, de forme oblongue, long de 18 pas, large de 14 et haut de 35 à 40 pieds. Il est bâti en beau granit gris. Au coin S.-E. se trouve la fameuse pierre noire qui passe pour avoir été apportée du ciel par des anges. La couleur en est noire et métallique; elle est usée par les lèvres des dévots. Il n'y a point de fenêtre ni aucune ouverture dans la Caaba, à l'exception de l'entrée et d'une petite porte conduisant à un escalier qui monte au toit. Le sol et les parois sont revêtus de marbre de diverses couleurs, et le toit, ainsi que la partie supérieure des murs, est couvert de damas rouge brodé d'or. Un grand nombre de lampes éclairent l'intérieur. Les Mahométans seuls sont admis dans la Caaba et dans son enceinte; cependant quelques voyageurs chrétiens se sont risqués à y entrer sous un déguisement, au péril de leur vie. C'est ainsi qu'elle fut visitée par Burckhardt en 1814, par Burton en 1852 et par Maltzan en 1862. Tous les pèlerins vont voir la colline d'Arafat à 29 kil. E. de la Mecque. Ils doivent y accomplir certaines dévotions et écouter un sermon qui revient tous les ans, avant de pouvoir légitimement prétendre avoir fait le pèlerinage obligatoire au sanctuaire. Le commerce de la Mecque tire presque toute son importance des pèlerins qui y viennent de toutes les parties du monde mahométan. Le climat est étouffant et malsain. La Mecque est gouvernée par un shérif qui dépend nominalement du sultan de Turquie.

* **MÉCRÉANCE** s. f. Incrédulité, irréligion.

* **MÉCRÉANT** s. m. (rad. *mécroire*). Ce terme, qu'on employait autrefois en parlant de tous les peuples qui ne sont pas de la reli-

MÉDA

gion chrétienne, et principalement des mahométans, ne se dit plus guère que par dénigrement, en parlant d'un chrétien qui ne croit point les dogmes de sa religion, et qu'on regarde comme un impie : *c'est un mécréant.*

* **MÉCROIRE** v. n. (préf. *mé;* franç. *croire*). Refuser de croire, ne pas croire. Ne se dit plus guère que dans cette phrase proverbiale, IL EST DANGEREUX DE CROIRE ET DE MÉCROIRE.

* **MÉDAILLE** s. f. [*ll* mll.] (ital. *medaglia;* du lat. *metallum,* métal). Pièce de métal fabriquée en l'honneur d'une personne illustre, ou pour conserver le souvenir d'une action mémorable, d'un événement, et qu'on entreprise. On comprend sous le nom de *médailles* les anciennes monnaies des Grecs, des Romains, etc.: *médaille d'or, d'argent, de cuivre, de bronze, de grand bronze, de moyen, de petit bronze.* La gravure en médailles date de la plus haute antiquité; elle s'exécute à peu près comme la gravure des camées. (Voy. NUMISMATIQUE.) — MÉDAILLE FAUSSE, celle qui est contrefaite, et qu'on veut faire passer pour antique. — MÉDAILLE SAUCÉE, celle qui, ayant été battue en cuivre, a été ensuite argentée ou couverte d'une feuille d'étain. — MÉDAILLE FRUSTE, celle qui est presque entièrement effacée. — MÉDAILLE INCUSE, celle qui n'a été frappée que d'un côté. — MÉDAILLE FOURRÉE, celle dont l'extérieur seulement est d'or ou d'argent. — MÉDAILLE MARTELÉE, celle dont on a effacé le revers, qui était commun, pour frapper à la place un revers rare. — MÉDAILLE RESTITUÉE. (Voy. RESTITUTION.) — LE REVERS DE LA MÉDAILLE, le mauvais côté, les mauvaises qualités d'une personne ou d'une chose : *ce que je viens de vous dire est fort agréable, mais voici le revers de la médaille.* On dit dans un sens analogue, TOURNER LA MÉDAILLE. — CHAQUE MÉDAILLE A SON REVERS, chaque chose a deux faces, chaque chose a un bon côté et un mauvais. — C'EST UNE TÊTE DE MÉDAILLE, se dit d'une personne dont les traits sont grands et fort marqués. — C'EST UNE VIEILLE MÉDAILLE, se dit d'une vieille femme. — Se dit aussi d'une pièce d'or, d'argent, ou de cuivre, qui représente un sujet de dévotion, et que le pape a bénite : *médailles de tel saint.* — Se dit encore de certains prix qu'on donne aux poëtes, aux orateurs, aux artistes, aux manufacturiers qui ont obtenu les premiers rangs dans les concours ouverts par les académies ou par le gouvernement : *il a obtenu une médaille d'or, d'argent, de bronze à la dernière exposition des produits de l'industrie française.* — MÉDAILLE MILITAIRE, décoration instituée par les décrets du 22 janvier 1852 et du 29 février suivant ; elle donne aux militaires et marins qui l'ont obtenue, droit à une rente viagère de cent francs, servie par la caisse de la Légion d'honneur. Cette médaille doit être portée attachée à un ruban jaune avec liseré vert. Elle est réservée aux sous-officiers, caporaux ou soldats qui se sont signalés par un acte méritant récompense, à ceux qui se sont rengagés, après avoir fait un congé, et à ceux qui ont fait quatre campagnes. — Des *médailles d'honneur* en argent ou en or sont décernées par le ministre de l'intérieur ou par le ministre de la marine, pour des actes de courage, des faits de sauvetage, etc., Le ruban ne peut pas être porté sans la médaille; ils est divisé d'une matière égale en trois couleurs qui sont les couleurs nationales. — MÉDAILLE DE CRIMÉE, D'ITALIE, etc. médailles données aux militaires en souvenir de quelque campagne. — MÉDAILLE DE SAINTE-HÉLÈNE, médaille donnée aux anciens militaires de la République et de l'Empire. — Plaque de métal numérotée que portent, à Paris, les commissionnaires, les portefaix, etc. — Archit. Se dit d'un bas-relief de forme ronde, sur lequel est représentée la tête de quelque personne illustre, ou quelque action mémorable.

• MÉDAILLÉ, ÉE adj. Qui a reçu une médaille : *médaillé pour un tableau.* — s. : *les médaillés de Sainte-Hélène.*

MÉDAILLER v. a. Décorer d'une médaille.

MÉDAILLEUR s. m. Celui qui grave les coins des médailles.

• MÉDAILLIER s. m. Meuble composé de plusieurs tablettes à tiroir, dans lesquelles il y a de petites enfonçures de forme ronde et de différentes grandeurs, propres à recevoir des médailles : *médaillier de bois d'acajou.* — Collection de médailles : *son médaillier est le plus curieux que l'on connaisse en Europe.*

• MÉDAILLISTE s. m. Celui qui est curieux de médailles, qui s'y connaît, qui en a traité par écrit : *grand, habile, fameux médailliste.*

• MÉDAILLON s. m. Médaille qui surpasse en poids et en volume les médailles ordinaires : *médaillon d'or, d'argent, de bronze.* — Archit. A la même signification que médaille. — Bijou d'un cadre de forme circulaire ou ovale, dans lequel on enferme un portrait, des cheveux, etc. : *médaillon d'or, d'écaille,* etc.

MÉDARD (Saint), prélat, né à Salency, près de Noyon, en 457, mort en 545 ; fut évêque de Noyon. Fête le 8 juin. D'après la croyance populaire, lorsqu'il pleut le jour de la Saint-Médard, le temps doit ensuite rester pluvieux pendant 40 jours.

MÈDE s. et adj. De la Médie; qui concerne ce pays ou ses habitants. — Une des quatre langues principales de l'ancien empire des Perses.

MÉDÉAH, anc. *Lamida,* ch.-l. d'arr., province et à 90 kil. S.-O. d'Alger, 8,500 hab. Commerce important de laine, de céréales et de bestiaux : culture de la vigne et de l'oranger. Prise par les Français en 1830, elle fut définitivement occupée en 1840 par le maréchal Valée.

• MÉDECIN s. m. (lat. *medicus* ; de *medicare,* soigner). Celui qui exerce la médecine : *médecin de la faculté de Paris, de la faculté de Montpellier.* On dit quelquefois, DOCTEUR MÉDECIN. — Prov. LA ROBE NE FAIT PAS LE MÉDECIN, le titre ne suppose pas toujours la science. — Prov. et fig. MÉDECIN D'EAU DOUCE, médecin peu

habile, ou qui n'ordonne que des remèdes fort-communs et sans efficacité. — Prov. et fig. MÉDECIN, GUÉRIS-TOI TOI-MÊME, se dit d'un homme qui se mêle de donner des conseils, et qui aurait besoin d'en recevoir. — Prov. et fig. APRÈS LA MORT LE MÉDECIN, se dit d'un secours qui vient lorsqu'on n'est plus en état d'en profiter. — Se dit quelquefois, fig., de ce qui est propre à rendre ou à conserver la santé : *le régime et l'exercice sont d'excellents médecins.* — S'emploie aussi fig. en parlant des afflictions, des maladies morales : *en certains cas, le médecin de l'âme est plus nécessaire que le médecin du corps.* — MÉDECIN VÉTÉRINAIRE (Voy. VÉTÉRINAIRE). — Le Médecin malgré lui, comédie en farce en trois actes et en prose, de Molière, représentée sur le théâtre du Palais-Royal, le 6 août 1666. C'est une plaisante satire de la médecine au XVIIe siècle. — Législ. « Le Code civil (art. 909), reproduisant certaines dispositions empruntées à l'ancien droit, déclare nulles les libéralités entre vifs ou testamentaires faites en faveur des médecins et des pharmaciens par une personne qu'ils avaient traitée pendant la maladie dont elle est morte. Sont exceptées de cette nullité : 1° les dispositions rémunératoires faites à titre particulier, en paiement des services rendus, et 2° les dispositions universelles, dans le cas où il y a parenté jusqu'au quatrième degré inclusivement, pourvu que le décédé n'ait pas d'héritiers en ligne directe, et à moins que le médecin légataire ne soit lui-même un de ces héritiers. Les médecins ont un privilège général sur les meubles d'une succession, pour le paiement des frais de dernière maladie (id. 2101). Leur action pour le recouvrement de leurs honoraires est, dans tous les cas, limitée à un an (id. 2272). Les médecins sont l'objet de dispositions pénales particulières. Ils doivent, lorsqu'ils ont assisté à un accouchement que le père de l'enfant n'est pas connu ou n'est pas présent, déclarer eux-mêmes la naissance, dans le délai de trois jours, à l'officier de l'état civil ; faute de quoi ils sont passibles d'un emprisonnement de six jours à six mois et d'une amende de 16 fr. à 300 fr. (C. civ. 56; C. pén. 346). Est puni d'un emprisonnement d'un an à quatre ans, tout médecin qui a fondé faussement des maladies ou des infirmités propres à dispenser quelqu'un d'un service public (C. pén. 160). Les médecins sont punis des travaux forcés à temps lorsque, par leurs indications, ils ont amené l'avortement d'une femme enceinte (id. 317). Ils sont punis d'un emprisonnement d'un à six mois et d'une amende de 100 fr. à 500 fr., lorsqu'ils ont violé le secret professionnel, en révélant ce qui leur a été confié (id. 378). Les honoraires qui sont alloués aux médecins, pour visites et opérations faites sur la réquisition des officiers de justice, sont encore payés suivant le tarif du 18 juin 1811 et sont aujourd'hui tout à fait insuffisants. Les docteurs en médecine et les officiers de santé sont assujettis, lorsqu'ils exercent leur profession, à l'impôt des patentes. Il consiste pour eux en une taxe proportionnelle égale au quinzième de la valeur locative de tous les locaux qu'ils occupent (L. 15 juillet 1880, tableau D). (Voy. MÉDECINE.) »
             (CH. Y.)

• MÉDECINE s. f. Art qui enseigne les moyens de conserver la santé, et de traiter les maladies : *la médecine est un art conjectural.* — Système médical : *la médecine d'Hippocrate.* — MÉDECINE AGISSANTE, celle qui fait usage tout de suite des moyens qui amènent à guérir ; par opposition à MÉDECINE EXPECTANTE, celle des médecins qui ont pour principe d'attendre les opérations successives de la nature avant de se décider. — MÉDECINE CLINIQUE, celle qui se pratique auprès du lit des malades. — MÉDECINE OPÉRATOIRE, celle qui a pour objet les opérations chirurgicales. — MÉDECINE MENTALE, celle qui s'occupe des

maladies de l'esprit. — MÉDECINE LÉGALE, science de la médecine appliquée à différentes questions de droit, pour les éclaircir et servir à les résoudre. — MÉDECINE VÉTÉRINAIRE, celle qui a pour objet la santé des animaux domestiques. — Remède, sous forme liquide ou solide, qu'on prend pour se purger : *prendre une médecine.* — MÉDECINE EN LAVAGE, médecine étendue dans beaucoup d'eau. — MÉDECINE DOUCE, médecine préparée de sorte qu'elle opère doucement. — Fam. MÉDECINE DE CHEVAL, médecine comme pour un cheval, médecine trop forte. — MÉDECINE UNIVERSELLE, médicament auquel on attribue la vertu de guérir toute sorte de maladies : *il croit avoir trouvé une médecine universelle, la médecine universelle.* — CELA SENT LA MÉDECINE, se dit des choses qui ont un goût de drogue. — AVALER LA MÉDECINE, prendre son parti, se résigner malgré ses dégoûts : *il lui fallut avaler la médecine.* — IL NE FAUT PAS PRENDRE LA MÉDECINE EN PLUSIEURS VERRES, il faut faire sur-le-champ et d'un seul coup, une chose désagréable dont on ne peut se dispenser. — Encycl. La médecine est à proprement parler l'art de soigner les hommes : elle comprend *l'anatomie* ou étude de la structure du corps humain ; la *physiologie,* science qui fait connaître les phénomènes de la vie et le mécanisme des fonctions à l'état normal ; *l'hygiène,* ensemble des précautions à prendre pour conserver la santé ; la *pathologie,* qui traite des altérations de la santé ; la *thérapeutique,* qui enseigne les moyens de combattre la maladie et s'occupe du choix et de l'administration des médicaments ; et la *nosologie* ou classification des maladies. — L'histoire de la médecine ancienne est enveloppée de ténèbres ; mais nous savons qu'en Grèce les temples d'Esculape étaient, depuis des temps reculés, le rendez-vous des malades, qui s'y soumettaient aux ordres des asclépiades, prêtres de ces temples. Ce n'est pas là, d'ailleurs, la seule source à laquelle on puisse faire remonter l'origine de la médecine scientifique. Dans les écoles de philosophie, l'art de guérir, comme branche de l'éducation générale, fut toujours l'objet d'une certaine attention. Lorsque l'école de Pythagore fut détruite et ses disciples dispersés, quelques-uns d'entre eux s'adonnèrent à la pratique de la médecine ; et, au contraire des asclépiades qui donnaient leurs consultations dans les temples, les pythagoriciens visitèrent les malades chez eux. La médecine avait fait, dans différentes directions, des progrès sensibles, lorsque Hippocrate, appelé quelquefois le père de la médecine rationnelle (né à Cos, vers 460 av. J.-C.), réunit les connaissances éparses de son temps, et y ajouta par son propre génie et ses observations particulières. Il considérait le corps comme un composé des quatre éléments diversement combinés dans les différents individus, d'où dérivaient les quatre humeurs : le sang, la pituite, la bile et l'atrabile, d'où dérivaient à leur tour les quatre tempéraments. La maladie, d'après lui, consiste en une perturbation dans la condition des fluides ; ceux-ci sont sujets à se cuire ; quand cette coction est complète, elle aboutit à une évacuation critique, à la localisation de la maladie et à un abcès critique. Il regardait les maladies aiguës comme seules susceptibles de traitement ; les affections chroniques lui semblaient hors de la portée des ressources de l'art. Le grand mérite d'Hippocrate réside dans ses descriptions des maladies et dans la sagacité et la fidélité de ses observations. Aristote était fils d'un médecin, et, dans la première partie de sa vie, il pratiqua probablement la médecine. La connaissance qu'il avait de la structure du corps, due à la dissection des animaux, était de beaucoup en avance sur celle des ses contemporains, et il établit l'anatomie comparée sur de si larges bases que, pendant des siècles, on ajouta bien peu de chose de nouveau à ce qu'il avait écrit. Peu de temps après la fondation d'Alexandrie, cette ville, sous la féconde influence des Ptolémées, devint le centre de la science et de l'érudition de l'époque, et cela fut vrai surtout pour la médecine. Parmi les plus anciens membres de l'école alexandrine, les plus distingués furent Hérophile et Érasistrate. Le premier connaissait les vaisseaux lactés et leurs relations avec les glandes mésentériques. Jusqu'à l'avènement de l'école d'Alexandrie, le dogmatisme ou naturalisme, s'appuyant sur l'autorité d'Hippocrate, avait été le système régnant. Les dogmatistes soutenaient que, pour traiter la maladie, il fallait connaître ses causes occultes aussi bien qu'immédiates, et les actes naturels du corps, tels que la digestion, la nutrition, etc. A cela Philinus de Cos et Serapion d'Alexandrie répliquèrent que les causes occultes des dogmatistes ne reposaient absolument que sur des hypothèses; que les plus petits mouvements et changements des parties internes échappaient à notre observation; que, là même où la cause d'une maladie était connue, il ne s'en suivait nullement que cette connaissance conduisit au remède et que l'observation minutieuse de la maladie et l'expérimentation des effets des remèdes pendant le traitement, étaient les seuls guides sûrs dans la pratique médicale. La doctrine nouvelle, l'empirisme, comme on l'appela, se partagea longtemps avec le dogmatisme l'opinion du monde médical, bien que les écrits de ses partisans aient entièrement péri et que nous ne connaissions guère leurs vues que par le résumé qu'en a donné Celse. Environ 150 ans après les débuts de l'empirisme, Asclépiade de Bithynie, qui avait commencé par être un rhéteur éminent, se mit à pratiquer la médecine à Rome. Suivant lui, le corps humain est percé en tous sens de pores à travers lesquels des atomes, variant de forme et de volume, passent incessamment. La santé est la symétrie entre les pores et les atomes qui les traversent. La maladie est une obstruction des pores ou une distribution irrégulière des atomes. Pendant 600 ans, d'après Pline, Rome avait été sans médecins, non pas qu'on n'essayât de guérir les maladies, mais ces essais consistaient surtout en pratiques superstitieuses. Lorsque les relations avec la Grèce devinrent fréquentes, la philosophie et la science grecques se transplantèrent à Rome. Asclépiade fut l'ami de Cicéron, et lorsque César fut pris par les pirates, il était accompagné de son médecin. En s'emparant du pouvoir suprême, César décréta que tous les médecins de Rome jouiraient du droit de cité. Parmi le petit nombre des auteurs latins qui écrivirent sur la médecine, Celse est le premier siècle, et avoir composé de volumineux traités sur l'architecture, la rhétorique, la philosophie, etc., qui tous ont péri. Son livre *De Medicina* est un exposé de tout ce que les anciens savaient sur la matière, et il montre les grands progrès qu'avait faits la médecine, grâce aux travaux des anatomistes d'Alexandrie. Celse traite de la plupart des grandes opérations chirurgicales, des opérations de la pierre, de la hernie, des blessures intestinales, de la cataracte, etc.; il donne les instructions pour l'emploi du cathéter; il parle du trépan pour les lésions du cerveau et de l'usage des ligatures pour les vaisseaux sanguins coupés ou déchirés, les varices et les hémorroïdes. Galien (né à Pergame, 430 av. J.-C.) est, après Hippocrate, le médecin qui a eu de beaucoup la plus grande renommée. Pendant plus de douze siècles son autorité régna, absolue, dans les écoles; les faits mêmes étaient contestés, s'ils se trouvaient contraires à l'autorité de Galien. Il adopta la théorie hippocratique des quatre éléments,

des quatre humeurs et des quatre qualités, qu'il développa et raffina longuement avec beaucoup de subtilité et dont il fit la base de ses doctrines. Il semble n'avoir pratiqué la dissection que sur les animaux; il recommande aux étudiants d'aller à Alexandrie, où ils pourront étudier sur le squelette humain. Étant données les ressources restreintes dont il disposait, ses descriptions sont merveilleusement exactes, et elles embrassent tout ce qu'on a su en anatomie jusqu'au temps de Vésale. Dioscoride, qui vivait probablement dès la première partie du second siècle, a partagé pendant longtemps l'autorité de Galien. Son ouvrage sur la matière médicale contient toute la science de l'antiquité sur ce sujet. A partir de Galien, la médecine commença à ressentir la décadence dont l'art et la littérature étaient atteints déjà. On ne disséqua plus; les premiers chrétiens avaient autant que les païens l'horreur de la profanation des cadavres, et les auteurs médicaux, qui n'apparaissent qu'à de rares intervalles, se contentent presque dès lors d'abréger ou de copier les œuvres de Galien. — Les hôpitaux et les dispensaires doivent leur origine au christianisme; les païens ne semblent pas avoir eu d'institutions analogues. Le premier hôpital paraît avoir été fondé à Césarée par sainte Paule, vers la fin du IVᵉ siècle, et cet exemple fut bientôt suivi par les dévots, les puissants et les riches. — Pendant l'empire d'Occident était devenu la proie des barbares et que celui d'Orient, cruellement réduit, luttait pour son existence, la science médicale trouva un refuge chez les Arabes, et tout ce que l'Europe connut des auteurs grecs lui vint à travers les traductions faites par eux. Les principaux écrivains arabes sont Rhazès, Ali Abbas, Avicenne, Alboucasis, et en Espagne, Avenzoar et Averroès. Le *Canon* d'Avicenne fut, pendant plusieurs siècles, le manuel classique adopté dans les écoles médicales des européens aussi bien que des Arabes. Du IXᵉ au XIIIᵉ siècle, les Juifs, qui avaient acquis par leurs relations avec les Sarrasins les connaissances que ceux-ci possédaient, furent célèbres comme médecins, et, en dépit des lois qui leur défendaient d'administrer des remèdes aux chrétiens, ils s'introduisaient en cette qualité dans les cours et jusque dans le palais des pontifes de Rome. Au milieu des ténèbres de cette période, on voit, dans la petite ville de Salerne, briller une lueur. L'école de Salerne fut, dit-on, fondée vers l'époque de la destruction de la bibliothèque d'Alexandrie par les Sarrasins. Dès la fin du VIᵉ siècle, elle avait de la réputation, et du Xᵉ au XIIIᵉ elle fut à l'apogée de sa célébrité. Le *Regimen sanitatis Salerni*, ou préceptes de l'École de Salerne, composé par Jean de Milan à l'usage de Robert, duc de Normandie, fils de Guillaume le Conquérant, a été fréquemment réédité et commenté. Avant l'an 1500, on faisait des dissections humaines à Bologne, à Padoue et à Pavie. Vers le commencement du XVIᵉ siècle, du Bois, ou Sylvius, comme il s'appelait en latinisant son nom, se servait de corps humains dans ses démonstrations à Paris aussi souvent qu'il pouvait s'en procurer. En 1543, Vésale, professeur d'anatomie à Padoue, publia son grand ouvrage sur l'anatomie, où il indique les erreurs de Galien et soutient que les descriptions de celui-ci sont faites non d'après des dissections humaines, mais d'après des dissections de singes. Le temps était aux découvertes anatomiques, et Colombo, successeur de Vésale à Padoue, Eustachi à Rome et Fallope, confirmèrent celles de Vésale en y ajoutant. Ces médecins étaient en même temps des chirurgiens distingués. Mais c'est à Ambroise Paré, de Paris (1517-90), qui avait commencé sa carrière comme chirurgien-barbier, que la chirurgie reçut la plus puissante impulsion.

L'application de la ligature au lieu du cautère actuel, pour arrêter l'hémorragie après les amputations, est une de ses inventions. Les grands anatomistes du XVIᵉ siècle avaient préparé la voie à la découverte de la circulation du sang. Servet avait proclamé la petite circulation pulmonaire; et les valvules du cœur, l'aorte et les veines étaient connues. Mais le dernier pas ne fut franchi que lorsque William Harvey, après avoir, pendant dix ans, enseigné la circulation du sang dans ses leçons, publia sa doctrine en 1628. En 1661, Malpighi montra, à l'aide du microscope, le cours des globules du sang dans les petits vaisseaux, et démontra aussi la texture vésiculaire des poumons; trente ans plus tard, Leeuwenhoek pouvait suivre la circulation jusque dans les capillaires les plus ténus. La vraie théorie de la respiration suivit de près la découverte de la circulation. Les anciens, chez lesquels les maladies paludéennes étaient communes, n'avaient aucun moyen spécifique d'en arrêter les allures; les fièvres intermittentes même bénignes se perpétuaient pendant un temps indéfini et amenaient finalement des altérations organiques et l'hydropisie. En 1639, le quinquina fut introduit en Espagne, dit-on, par la comtesse de Cinchon, et, bien que l'exagération du prix, les falsifications qu'on lui faisait parfois subir et son goût nauséabond s'opposassent à son succès, l'usage en devint bientôt général dans toute l'Europe. — A mesure que la chimie, après ses vaines recherches de la pierre philosophale ou de l'élixir de vie, prenait de plus en plus l'aspect d'une science, elle exerçait une influence plus marquée sur les doctrines médicales régnantes. François de la Boë, ou Sylvius, Flamand appelé en 1658 à la chaire de médecine pratique, à Leyde, fut le premier qui présenta une théorie chimique des actes de l'économie animale. Dans cette théorie, la digestion et la nutrition sont la conséquence de fermentations spéciales auxquelles concourent la salive, le suc pancréatique et la bile, et les fièvres sont produites par une fermentation causées par une bile ou une lymphe viciée. Pendant que l'école chimique soutenue par Lydenham et Willis, prenait de la consistance dans le Nord, en Italie les progrès de la physique tournaient l'attention des théoriciens de la médecine dans une direction nouvelle. Alphonso Borelli, mathématicien profond, créa l'école mathématique, qui eut de nombreux et éminents disciples dans toute l'Europe : en Grande-Bretagne, Pitcairn, Freind, l'historien de la médecine, et Mead; en Hollande et en Allemagne, Boerhaave et Jean Bernoulli; en France, Sauvage, l'éminent et savant nosologiste, et Senac, le médecin de Louis XIV. Tandis que les médecins de l'école chimique et de l'école mathématique réduisaient les actes du corps vivant aux lois qui gouvernent la matière inerte, une tendance tout à fait opposée se manifestait en Allemagne. Georg-Ernest Stahl, grand chimiste et grand médecin, nommé professeur de médecine à l'université de Halle en 1694, fut l'auteur du nouveau système. Suivant Stahl, l'*anima* (l'âme) est le grand moteur et le principe directeur du corps humain. Elle exerce une influence réparatrice et supérieure, préserve des maux, ou, quand ils arrivent, prend les meilleurs moyens d'y remédier; c'est la source commune de tout mouvement, de toute sécrétion, de tout acte vital. Les opinions de Stahl, contrairement à la plupart des théories médicale; elles réduisaient le rôle du médecin à veiller et à favoriser les opérations tentées par la nature elle-même pour son propre soulagement. Friedrich Hoffmann, collègue de Stahl à Halle, attribuait au système nerveux la plupart des fonctions et des influences que Stahl assignait à l'*anima*. William Cullen, professeur à l'université de Glasgow, puis à celle d'Edimbourg, publia sa nosologie en 1772; son enseignement et ses écrits laissèrent une trace profonde. Un contemporain et un rival de Cullen, John Brown, fut aussi l'auteur d'un système qui jouit d'une popularité momentanée, et qui, légèrement modifié, a trouvé des partisans en Italie pendant ces derniers temps. — La fin du siècle dernier a vu la plus importante découverte pratique qui ait jamais été faite en médecine, celle de la préservation de la petite vérole par l'inoculation de la vaccine. (Voy. VACCINATION.) Dans le présent siècle, la médecine pratique a plus fait de progrès que dans tout autre. Cela peut s'attribuer aux brillantes découvertes de la chimie, qui font comprendre beaucoup plus clairement qu'auparavant les procédés de la nutrition, de la respiration, de la calorification, de la sécrétion et de l'excrétion; on peut l'attribuer aussi au progrès des investigations microscopiques, au perfectionnement de la physiologie expérimentale, à l'étude plus approfondie de l'anatomie et de la physiologie comparées, aux nouvelles et plus parfaites méthodes de scruter la maladie, qui en rendent le diagnostic plus certain, telles que l'introduction de l'auscultation et de la percussion par Laennec, et celle de l'ophtalmoscope et des différents spéculums pour l'examen des parties internes du corps. — DIFFÉRENTS SYSTÈMES DE MÉDECINE. On appelle empirisme tout système qui ne se base que sur l'expérience. Les opinions d'Hippocrate donnèrent naissance à l'humorisme qui regardait la maladie comme résultant du manque d'équilibre entre les quatre humeurs que l'on supposait composer le corps. Le dogmatisme était basé non sur l'expérience et l'observation, mais sur le raisonnement; le solidisme (IIe siècle av. J.-C.) considérait les maladies comme causées par un excès de relâchement ou de resserrement des tissus; l'éclectisme prétendit choisir ce qu'il y avait de bon dans les autres systèmes. Galien combattait les maladies par leurs contraires : le chaud par le froid, le sec par l'humide, etc., et sa doctrine est encore adoptée par les allopathes, tandis que les partisans de Hahnemann admettent ce principe : Similia similibus curantur. Parmi les autres systèmes, nous citerons le controstimulisme de Rasori, le magnétisme animal de Mesmer, l'hydrothérapie de Priesnitz, le système Raspail et la fameuse Doctrine de Broussais, opposée à l'ontologie de Pinel, instituant la médication antiphlogistique (saignées coup sur coup) dans le but de combattre l'irritation que le médecin voyait dans toute maladie. — Jurisprudence médicale. La médecine légale ou Jurisprudence médicale. La médecine légale n'atteignit guère à la dignité de science avant la publication du code de Charles V (1553), qui enjoignait aux magistrats, dans les cas douteux de grossesse ou de mort violente, de prendre l'opinion des médecins. La loi romaine renvoyait les questions médicales aux magistrats qui pouvaient surgir au cours d'un procès à « l'autorité du savant Hippocrate ». La médecine légale fit de notables progrès à la fin du XVIe siècle et au commencement du XVIIIe siècle. Les Questiones medico-legales de Paulus Bacchias (Rome, 1621-1650) présentèrent dignement, pour la première fois, la jurisprudence médicale comme une science. La Collectio opusculorum, publiée par Schlegel et composée de dissertations d'auteurs allemands, ne contribua pas peu à faire connaître ce sujet au XVIIIe siècle, pendant la seconde partie duquel Daniel, Ploucquet, Metzger, Portal, Camper et l'éminent chirurgien français Antoine Louis écrivirent sur différentes questions médico-légales. Peu avant la fin de ce même siècle, Fodéré publiait son traité sur la médecine légale et l'hygiène publique, où le système entier de cette science se trouve exposé. Une compila-

tion sur les éléments de la jurisprudence légale, faite par le Dr Parr d'après les autorités du continent, parut en Angleterre en 1788. Les premières conférences faites en Grande-Bretagne sur ce sujet furent données, à Edimbourg, y compris par le Dr Andrew Duneau en 1801. En 1813-1814 parut la Toxicologie générale d'Orfila, ouvrage d'une valeur bien plus haute que tous ceux qui l'avaient précédé. L'auteur rendit par là les services les plus signalés à la science. Pendant notre siècle, l'étude de la jurisprudence médicale a été poursuivie avec succès en France, en Allemagne, en Italie, en Angleterre et en Amérique. Le premier ouvrage anglais sérieux, celui du Dr Male (1818), fut suivi du traité du Dr John Gordon Smith (1821) et par l'ouvrage officiel et étudié de Paris et Fonblanque (1823). Il y a un grand nombre d'autres écrivains récents remarquables dans les diverses spécialités que cette science comporte. — Législ. « Avant la Révolution, on comptait en France dix-huit facultés de médecine; mais celles de Paris et de Montpellier donnaient seules un véritable enseignement. L'exercice de la médecine et de la chirurgie était réglementé par divers édits, notamment par celui du mois de mars 1707, lequel interdisait l'exercice de la médecine et la délivrance des remèdes, même gratuits, à ceux qui n'avaient pas obtenu le grade de docteur ou celui de licencié dans l'une des facultés de médecine. Cette prohibition visait principalement les religieux et religieuses qui vendaient des médicaments dans leurs apothicaireries, y donnaient des consultations, et tiraient de grands bénéfices de ce commerce. Les contrevenants encouraient une amende de 200 livres. Une déclaration, du 8 mars 1712, rendue par Louis XIV, dans les dernières années de sa triste et intolérante vieillesse, alors que son esprit était dominé par l'influence de Mme de Maintenon et des jésuites, défendait aux médecins, sous peine d'une amende de 300 livres, et d'interdiction ou de déchéance, de faire plus de deux visites à un malade en danger de mort, si ce dernier n'avait pas été confessé, ou du moins préparé à recevoir les sacrements. Déjà, en 1685 (Arrêts du conseil des 15 sept. et 10 déc.), il avait été défendu aux médecins, chirurgiens et apothicaires protestants de faire aucun exercice de leur profession sous la peine de 3,000 livres d'amende. (Voy. PHARMACIE.) — La Convention, afin de remplacer les facultés de médecine, supprimées par la loi du 25 août 1792, créa trois écoles de santé, à Paris, Montpellier et Strasbourg (L. 14 frimaire an III); mais l'exercice de la médecine avait été rendu libre, et les charlatans abusaient de cette liberté aux dépens de la santé publique. La loi du 19 ventôse an XI, encore en vigueur aujourd'hui, a réglementé l'enseignement et l'exercice de la médecine. Cette loi a institué deux ordres de médecins : les docteurs en médecine ou en chirurgie, reçus dans les écoles spéciales, aujourd'hui les facultés de médecine (Voy. DOCTORAT et FACULTÉ), et les officiers de santé, reçus par des jurys d'examen que la loi du 22 août 1854 a supprimés. La loi du 20 prairial an XI fonda les premières écoles secondaires de médecine, dites aujourd'hui écoles préparatoires; et l'enseignement a été réorganisé dans ces écoles, ainsi que dans les écoles dites de plein exercice, par trois décrets en date du 1er août 1883, lesquels déterminent aussi les conditions de recrutement des officiers de santé. Il existe à Paris, à l'hôpital militaire du Val-de-Grâce, une école de service de santé et une école d'application de médecine et de pharmacie militaires. Trois écoles établies à Brest, à Rochefort et à Toulon fournissent les médecins de la marine militaire. Les élèves de ces écoles spéciales y sont admis à la suite d'un concours, et ils doivent souscrire un engage-

ment de rester pendant dix ans dans le service de santé militaire ou naval, ou de rembourser les frais de leur instruction. Les docteurs en médecine peuvent seuls être appelés comme experts devant les tribunaux et remplir les fonctions de médecin ou de chirurgien en chef des hospices civils. Eux seuls ont le droit d'exercer la médecine dans toute l'étendue du territoire français; tandis que les officiers de santé ne peuvent exercer que dans le département pour lequel ils ont été reçus. Ces derniers ne doivent pratiquer aucune des grandes opérations chirurgicales sans l'assistance d'un docteur, dans les lieux où il en est établi; et, en cas d'accidents graves arrivés à la suite d'opérations pratiquées sans cette surveillance, il y a recours contre l'officier de santé. Les médecins gradués dans les universités étrangères peuvent, en s'adressant au ministre de l'instruction publique, obtenir l'autorisation d'exercer la médecine en France. Les docteurs et les officiers de santé exerçant la médecine sont tenus, dans le délai d'un mois après la fixation de leur domicile, de présenter leurs diplômes au greffe du tribunal civil et à la sous-préfecture de l'arrondissement. Chaque année, le procureur de la République dresse la liste des médecins domiciliés dans le ressort du tribunal, et le préfet publie la liste de tous ceux qui sont domiciliés dans l'étendue du département. Toute personne non pourvue d'un diplôme de médecin, et qui exerce la médecine ou la chirurgie, est condamnée à une amende au profit des hospices. Cette amende peut être portée à 500 fr. pour celui qui se qualifie officier de santé, et à 1,000 fr. pour celui qui a pris le titre de docteur. En cas de récidive, l'amende est doublée, et le délinquant peut être condamné à la peine de l'emprisonnement pour une durée n'excédant pas six mois. La profession de dentiste, n'étant pas considérée comme comprise dans la chirurgie, peut être exercée en France sans diplôme (Arr. cass. 15 mai 1846). L'opinion publique demande depuis longtemps, et même que la majorité du corps médical, que l'enseignement de la médecine soit donné exclusivement dans les facultés, et que le titre d'officier de santé soit supprimé. La loi de l'an XI n'est plus au niveau du progrès de la science. En 1845, un congrès médical, réuni à Paris, demandait déjà la réforme de cette loi, et la Chambre des pairs votait, à la fin de l'année 1847, un projet de révision que la Chambre des députés n'eut pas le loisir de discuter avant d'être renversée. L'Association générale des médecins de France a adopté, le 21 avril 1884, les bases d'un projet de loi sur l'exercice de la médecine et de la pharmacie. Ce projet semble devoir, s'il était admis par le Parlement, donner satisfaction aux plaintes que soulève la législation actuelle. Il ne serait plus délivré de diplômes d'officier de santé; la médecine ne pourrait être pratiquée que par des docteurs, et les médecins munis de diplômes étrangers ne pourraient exercer en France qu'après avoir subi devant une faculté de l'Etat, tous les examens exigés pour le doctorat. (Voy. MÉDECIN.) On compte, en France, environ 12,000 docteurs en médecine et 3,000 officiers de santé. On donne le nom de médecine légale à la partie mixte de la science qui s'occupe des constatations et investigations médicales requises par la loi ou par les magistrats. — La médecine gratuite est l'une des parties les plus importantes de l'assistance publique. Elle comprend les soins médicaux et la fourniture des médicaments. La loi du 24 vendémiaire an II (art. 16 et 18) accordait à tout malade indigent les secours gratuits, soit à l'hôpital, soit à domicile, mais n'est bornée à poser le principe. Quant aux mesures d'application, de nombreux projets de loi ont été préparés, notamment, en 1867, par M. de Salvandy;

en 1849 par M. Dufaure; en 1870, par divers; en 1871, par MM. Théophile Roussel et Morvan; en 1876, par M. Waddington. Aucun de ces projets n'a été converti en loi. L'assistance médicale est plus ou moins complètement organisée dans les villes, où elle est donnée par la commune, le bureau de bienfaisance, l'hôpital ou les dispensaires particuliers.(Voy. Dispensaire.) Mais, dans les communes rurales, les secours font souvent défaut et c'est à cela qu'il faut remédier. Plus de la moitié des départements ont établi un service de médecine gratuite ou médecine cantonale pour les indigents des campagnes. Ce service ne fonctionne pas partout d'une manière uniforme, et les budgets départementaux et communaux n'ont pas de ressources spéciales, qui y soient affectées. La loi attendue devra créer ces ressources, et devra aussi rendre l'assistance médicale obligatoire, en faveur des individus portés sur les listes d'indigents. On peut, avec quelque raison, objecter que ce serait la faire du socialisme, et que les familles doivent conserver les charges qui leur incombent naturellement; mais l'assistance des indigents est, dans une certaine mesure, un devoir de la commune et subsidiairement du département et de l'Etat. La dépopulation des campagnes, qui doit être attribuée à des causes multiples, pourra certainement être ralentie par des améliorations apportées à l'existence physique, intellectuelle et morale des habitants des communes rurales. Il y a donc là un intérêt général dont le législateur doit se préoccuper, et il est urgent de faire. Enfin l'établissement dans toute la France d'un service médical suffisamment rétribué donnerait les moyens de rendre la vaccine obligatoire pour tous, de mettre à exécution les mesures d'hygiène publique que prescrirait l'administration, de combattre les épidémies avec méthode, de constater rigoureusement les décès et les naissances, de pratiquer la surveillance des enfants en nourrice telle qu'elle est prescrite par la loi du 23 décembre 1874, de faire avec suite l'inspection des enfants assistés, et de fournir à la statistique médicale des documents exacts et complets, au moyen desquels la science pourrait faire ses recherches. — L'Académie de médecine, institution fondée à Paris en 1820, se compose de cent membres titulaires répartis en onze sections. (Voy. Académie.) »
(Ch. Y.)

* **MÉDECINER** v. a. Donner des breuvages purgatifs et autres remèdes : *je ne vous conseille pas de tant vous laisser médeciner.* Il est familier, et ne se dit guère qu'en mauvaise part. — Se médeciner v. pr. : *cet homme s'est usé le corps à force de se médeciner.*

MÉDÉE. Mythol., fille d'Æétes, roi de Colchide, fameuse par son habileté dans l'art des enchantements. Elle donna à Jason le moyen de s'emparer de la Toison d'or (voy. Argonautes) et l'accompagna en Grèce; mais, plus tard, celui-ci l'abandonna pour Créuse. Médée se vengea en mettant à mort les enfants qu'elle avait de Jason, et envoya à Créuse un vêtement empoisonné qui la brûla vive. Puis elle s'enfuit à Athènes, où elle épousa Ægée, dont elle eut plusieurs fils. Découverte, préparant des pièges pour la perte de Thésée, elle fut chassée d'Athènes, et alla en Asie avec son fils Médus, qui devint le fondateur de la nation des Mèdes. Les aventures de Médée ont inspiré un grand nombre de poètes, parmi lesquels nous citerons Euripide (*Médée*, trag.); Sénèque (*Médée*, trag.); Jean de la Peruse (*Médée*, trad. franç. presque littérale de la tragédie de Sénèque); P. Corneille (*Médée*, 1635); Legouvé (*Médée*, 1854, Théâtre-Italien; 3 actes, vers), etc. Thomas Corneille a donné, sous le même titre, une tragédie lyrique en 5 actes et un pro-

logue, représentée à l'Académie de musique le 4 déc. 1693. Mus. de Charpentier.

MÉDELLIN, *Metellinum*. I. Ville d'Espagne, prov. et à 61 kil. E. de Badajoz; 2,000 hab. Patrie de Fernand Cortès; victoire des Français sur les Espagnols (28 mars 1809). Château; vieux pont sur la Guadiana. — II. Cap. de l'état d'Antioquia (Colombie); à 225 kil. N.-O. de Bogota; 14,000 hab.

MÉDÉOLE s. f. Bot. Genre d'asparaginées, dont une espèce, la *médéole de Virginie* (*medeola Virginica*), aussi appelée *concombre des Indiens*, croît aux États-Unis. Sa racine tubéreuse blanche, longue de 5 centim., a le goût du concombre et servait de nourriture aux

Medeola Virginica.

indigènes avant l'extermination de ceux-ci.

* **MÉDIAL, ALE, AUX** adj. (lat. *medialis*; de *medius*, moyen). Gramm. Qui occupe le milieu d'un mot. Ne se dit guère que des lettres : *lettre médiale.* — s. f. *Une médiale.*

MÉDIALEMENT adv. D'une façon médiale; au milieu.

* **MÉDIAN, ANE** adj. (lat. *medianus*; de *medius*, qui est au milieu). Anat. Qui est placé au milieu. S'emploie principalement dans ces locutions : Ligne médiane, ligne verticale qu'on suppose partager longitudinalement le corps en deux parties égales; et, Veines médianes, veines, au nombre de trois, qui sont à la superficie de l'avant-bras. — Géom. Se dit de certains plans menés par le diamètre d'une figure. — Se dit de la ligne qui divise en parties égales toutes les cordes d'une figure plane parallèles à une même direction.

* **MÉDIANOCHE** s. m. (mot esp. formé du lat. *media*, qui est au milieu; *nox*, nuit). Repas en gras qui se fait après minuit sonné, particulièrement dans le passage d'un jour maigre à un jour gras : *il y eut grand médianoche samedi dernier.*

MÉDIANTE s. m. (lat. *medians*, qui est au milieu). Mus. La tierce au-dessus de la note tonique ou principale : *dans le mode majeur d'ut, mi est la médiante; dans le mode mineur de la, ut est la médiante.*

* **MÉDIASTIN** s. m. (lat. *mediastinus*; de *medius*, qui est au milieu). Anat. Cloison membraneuse formée par l'adossement des deux plèvres, et qui sépare la poitrine en deux parties, l'une à droite, l'autre à gauche.

* **MÉDIAT, ATE** adj. [mé-di-a] (lat. *mediatus*; de *mediare*, s'interposer). Qui n'a rapport, qui ne touche à une chose que moyennant une autre qui est entre les deux. Il est opposé à *immédiat* : *cause, autorité, juridiction médiate.* — Princes médiats, se disait des princes allemands qui ne tenaient pas leurs fiefs directement de l'empire.

* **MÉDIATEMENT** adv. D'une manière médiale : *cette cause n'agit que médiatement.*

* **MÉDIATEUR, TRICE** s. Celui, celle qui s'entremet pour opérer un accord, un accommodement entre deux ou plusieurs personnes, entre différents partis : Jésus-Christ *est le médiateur entre Dieu et les hommes.* On l'emploie quelquefois adjectiv. : *les puissances médiatrices déclarèrent que...* — Se dit aussi d'une sorte de jeu de quadrille : *on ne joue plus le médiateur.*

* **MÉDIATION** s. f. [mé-di-a-si-on] (lat. *mediare*, s'interposer). Entremise : *cet accommodement a été fait par la médiation de tel prince.* — Médiation armée, acte de médiation dans lequel la puissance qui s'entremet entre les belligérants, menace de faire la guerre à celle des deux parties qui n'acceptera pas ses propositions.

MÉDIATISATION s. f. Nom donné à l'acte par lequel, à la dissolution de l'Allemagne en 1806, les petites principautés qui en dépendaient immédiatement furent incorporées dans les principautés voisines.

* **MÉDIATISER** v. a. Dans l'ancienne constitution de l'Allemagne, faire qu'un prince, un pays, ne relève plus immédiatement de l'empire.

* **MÉDICAL, ALE, AUX** adj. (lat. *medicus*, médecin). Qui appartient à la médecine : *cet ouvrage est purement médical.* — Propre à guérir : *les propriétés médicales d'une plante.* — Matière médicale, connaissance des substances employées en médecine, et de la manière de les préparer et de les administrer : *il possède à fond la matière médicale.*

* **MÉDICAMENT** s. m. (lat. *medicamentum*). Remède qu'on introduit dans l'intérieur du corps, ou qu'on applique extérieurement : *administrer des médicaments.* — Encycl. Les médicaments se divisent en trois classes : 1º Évacuants : émétiques (tartre stibié, ipéca, etc.; *purgatifs*, laxatifs (pruneaux, miel, manne, casse, huile de ricin), cathartiques (sulfate de soude ou de magnésie, citrate de magnésie, crème de tartre, rhubarbe, séné, calomel), drastiques (jalap, aloès, scammonée, huile d'épurge, huile de croton); *diaphorétiques*, salsepareille, gaïac, bourrache, sureau; *diurétiques*, nitrate de potasse, scille, digitale, asperge; *emménagogues*, safran, armoise, absinthe, aloès, rue, apiol, sabine; *expectorants*, kermès, ipéca, polygala, baume de tolu; 2º Modificateurs : *toniques*, quinquina, amers, quassia, gentiane, houblon, petite centaurée, café, analeptiques, ferrugineux, phosphates de chaux; *astringents* (voy. ce mot); *émollients*, mauve, lin, son, fécules, huile d'olive; *antiphlogistiques* (voy. ce mot); *narcotiques*, opium, opiacés, belladone, jusquiame, stramonium, ciguë; *antispasmodiques* (voy. ce mot); *stimulants*, éther, alcool, ibé, café, menthe, acétate d'ammoniaque; 3º Spécifiques : *fébrifuges*, sulfate de quinine, arsénicaux; *antiscorbutiques* (voy. ce mot); *anthelminthiques*, semen-contra, kousso, grenadier; *antivénériens*, préparations mercurielles, iodure de potassium, copahu, cubèbe, salsepareille, préparations de fer; *analeptiques*, manganèse; *antigoitreux*, préparation iodo-iodurées, poudre d'éponge torréfiés; *antiseptiques*, quinquina, camphre, chlorure de sodium, alcool, acide phénique, permanganate de potasse; *antiscrofuleux*, huile de foie de morue, iodure de fer, toniques, hyposulfite de chaux, arséniate de soude.

* **MÉDICAMENTAIRE** adj. Qui traite des médicaments : *code médicamentaire.*

* **MÉDICAMENTER** v. a. Donner des médicaments à un malade, appliquer des médicaments : *il serait mort, s'il n'eût été bien médi-*

eamenté. On dit aussi, MÉDICAMENTER UN CHEVAL, UN CHIEN, etc. — Se **médicamenter** v. pr.: *cet homme se médicamente trop.*

* **MÉDICAMENTEUX, EUSE** adj. Qui a la vertu d'un médicament : *le lait est un aliment médicamenteux.*

MÉDICASTRE s. m. Mauvais médecin.

MÉDICATEUR, TRICE adj. (lat. *medicari*, soigner). Qui a rapport à la guérison.

* **MÉDICATION** s. f. Administration de remèdes : *médication tonique.*

* **MÉDICINAL, ALE, AUX** adj. Qui sert de remède : *herbe médicinale.*

MÉDICINALEMENT adv. D'une façon médicinale.

MÉDICIS (mè-di-siss) ital. *Medici* (mè-di-tchi), famille qui devint prépondérante dans l'histoire de Florence au XIVe siècle. Salvestro de' Medici s'opposa à la tyrannie des nobles, fut choisi pour premier magistrat en 1378, et effectua d'importantes réformes. Sa famille amassa de grands biens dans le commerce. Le plus heureux de ces marchands fut Giovanni de Medici (mort en 1429), qui fut pendant de longues années membre du conseil des Dix et qui, en 1421, fut deux fois choisi pour gonfalonier ou premier magistrat. Il laissa une immense fortune à ses deux fils, Cosme et Laurent. — COSME I (*Cosmo* ou *Cosimo*), surnommé l'Ancien (1389-1464), devint, après la mort de son père, le chef de la famille et l'homme le plus considérable de l'État. Son pouvoir, comme celui de ses descendants immédiats, consista en une influence tacite consentie par le peuple. Le gouvernement de la république continua à être dirigé par le conseil des Dix et un gonfalonier; mais, d'ordinaire, les Medicis prenaient pour eux ces charges, ou y faisaient nommer leurs amis et leurs partisans, tout en témoignant la plus grande déférence à l'opinion populaire et en évitant tout étalage de pouvoir. Cosme fut exilé, en 1433, par ses rivaux, les Albizzi ; mais on le rappela l'année d'après, et les principaux adversaires furent exilés à leur tour. Le reste de sa vie se passa dans la prospérité, à encourager les lettres et les arts, et à administrer les affaires étrangères. Jusqu'à la fin il continua ses opérations commerciales, que, par le moyen de ses agents, il faisait sur une grande échelle. Il vivait simplement, mais dépensait de grosses sommes à élever de magnifiques édifices publics. Peu de temps avant sa mort, il reçut, par un décret du peuple, le titre de père de la patrie, *pater patriæ*, qui fut inscrit sur son tombeau. — PIERRE I (*Pietro*, 1414-'69), son fils et son successeur, était presque constamment retenu au lit par sa mauvaise santé. Une tentative pour l'assassiner (1466), qui fut déjouée par son fils Laurent, ne fit qu'affermir la famille des Medicis, et leurs principaux adversaires furent bannis. Son passage à la direction des affaires de l'État fut marqué au coin de la prudence et du jugement. Il déploya une grande munificence à patronner les lettres et les arts. — LAURENT (*Lorenzo*, 1448-'92), son fils et son successeur, surnommé le Magnifique, montra de bonne heure des talents extraordinaires. Il fut instruit par les premiers savants de l'époque et visita les différentes cours de l'Italie. En 1469, il épousa Clarice Orsini, de la noble et puissante famille romaine de ce nom. Le lendemain de la mort de son père, il reçut la visite d'un grand nombre de citoyens notables de Florence, qui le prièrent de se charger de l'administration et du soin de la république, comme son père et son grand-père avaient fait. Il encourut bientôt l'hostilité du pape Sixte IV en s'opposant à ses desseins. On accusa Sixte d'avoir fomenté un complot pour faire assassiner Laurent et son frère Jules (*Giuliano*), pendant le service divin dans l'église de la

Reparata, le 26 avril 1478. Le signal convenu était l'élévation de l'hostie. A ce moment, Francesco de' Pazzi et un autre conspirateur nommé Bandini poignardèrent Giuliano, qui fut tué sur le coup. En même temps deux prêtres attaquaient Laurent. Mais il se défendit avec vigueur, et fut immédiatement entouré par ses amis, qui l'escortèrent jusque chez lui, après avoir mis à mort tous les conspirateurs présents, à l'exception de quelques-uns qui furent sauvés par l'intervention de Laurent. L'archevêque de Pise tenta de se saisir du palais du gouvernement; mais il échoua, fut fait prisonnier par les magistrats, et pendu sommairement. Le pape alors excommunia Laurent, et, avec le roi de Naples, fit la guerre à la république. Mais Laurent alla à Naples et gagna le roi, ce qui amena bientôt la paix avec le pape. Laurent commença alors à prendre les mesures pour assurer la paix de l'Italie en établissant dans la péninsule une sorte d'équilibre entre les États, dont Florence devait être le centre politique. Il persuada aussi au peuple de consentir à l'institution d'un sénat permanent, dont les membres seraient désignés par lui, pour gouverner la république à la place des conseils démocratiques alors existants. Une seconde tentative d'assassinat fut dirigée contre lui en 1481, et, à partir de ce moment, il s'entoura de gardes du corps. Sixte IV mourut en 1484, et eut pour successeur Innocent VIII, ami de Laurent. L'alliance du pontife augmenta son influence, et Florence atteignit vers la fin l'apogée de la puissance et de la richesse. Son application aux affaires publiques l'avait obligé de négliger les siennes, et il se trouva tellement obéré, par suite de dépenses faites dans des vues politiques, qu'en 1490 la république lui accorda une somme pour payer ses dettes. Il abandonna alors le commerce. Laurent n'est pas seulement remarquable comme homme d'État, il l'est aussi comme poète et comme savant. Il protégea magnifiquement les auteurs et les artistes, et dépensa de grosses sommes à élever des édifices publics et à établir des écoles et des bibliothèques. Ses œuvres ont été publiées à Florence en 1826 (4 vol.). William Roscoe a écrit sa vie en anglais, et Alfred von Reumont en allemand. — PIERRE II (1471-1503), son fils et son successeur, engagea par ambition et par témérité Florence dans une guerre avec la France, et se fit expulser de la cité en 1494. Après des tentatives réitérées pour regagner son autorité, il se mit au service de la France, et périt à la défaite de l'armée française par Gonzalve de Cordoue sur les bords du Garigliano. Son second frère, le cardinal Giovanni de' Medici, lui succéda, et, en 1512, effectua la restauration des Medicis à Florence. Il fut élu pape peu après. (Voy. LÉON X.) Il confia alors la direction des affaires florentines à son jeune frère GIULIANO (*Jules*, mort en 1516). Celui-ci résigna bientôt son autorité entre les mains de son neveu Laurent, fils de Pierre, et, retiré à Rome, devint le commandant en chef des troupes papales. Il fut fait duc de Nemours par le roi de France, François Ier. — Giuliano laissa un fils naturel, IPPOLITO (*Hippolyte*, 1511-'35), qui fut expulsé de Florence avec toute la maison de Medicis en 1527, devint cardinal, et entretint à Bologne une cour splendide. Il fut empoisonné par un domestique. — LAURENT II (1492-1519), après la retraite de Giuliano, gouverna quelque temps Florence, conformément aux ordres de Léon X. Il se fit par la force des armes duc d'Urbin, en 1516. C'est le père de Catherine de Medicis. Il eut un fils illégitime, nommé ALESSANDRO, dont la mère était une esclave africaine. La paternité d'Alessandro a été attribuée au pape Clément VII, lui-même fils illégitime de Giuliano, frère de Laurent le Magnifique. A la mort de Laurent II, Clément, pour empêcher la puissance de la famille de

passer aux mains d'une branche collatérale descendue de Cosme l'Ancien, mit en avant Alessandro, et, en 1532, avec l'aide de l'empereur et du roi de France, contraignit la république à le recevoir comme son chef avec le titre de duc. Tyran et licencieux, il fut assassiné en 1537 par Lorenzino, membre de la branche collatérale. Les citoyens se réunirent en assemblée et investirent de la souveraineté le cousin de Lorenzino, COSME DE MEDICIS, surnommé le Grand, sous le titre de chef de la république, titre qu'il échangea plus tard pour celui de grand-duc de Toscane. Ce prince fut la souche d'une lignée de six grands-ducs, qui gouvernèrent la Toscane jusqu'en 1737, époque où s'éteignit la ligne principale de la famille des Medicis. (Voy. TOSCANE.) MÉDICIS (CATHERINE DE). (Voy. *Catherine de Medicis.*)

MÉDICIS (Marie de). Voy. MARIE DE MEDICIS.

MÉDICOMANIE s. f. (lat. *medicus*, médecin, fr. *manie*). Manie de faire de la médecine.

MÉDIE, pays de l'Asie ancienne, borné au N. par l'Arménie, dont il était séparé en partie par l'Araxe et par la mer Caspienne, à l'E. par l'Hyrcanie, la Parthie et le désert d'Arie, au S. par la Perse, au S.-O. par la Susiane, et à l'O. par l'Assyrie et l'Arménie. La Médie correspondait à peu près à la province persane actuelle appelée Irak'Adjémi. Elle formait la partie la plus occidentale du plateau de l'Iran, et était presque partout fertile, produisant du vin, des figues, des oranges, et une excellente race de chevaux. Elle était bien peuplée, par les Scythes touraniens à l'origine ; mais, suivant Hérodote, elle était occupée de son temps par six tribus alliées aux Perses et, par conséquent, aryennes. Les Mèdes apparaissent pour la première fois dans l'histoire véritable vers 875 av. J.-C. Ils occupaient la région au S. de la mer Caspienne, lorsque le monarque assyrien dont les expéditions sont enregistrées sur l'obélisque noir du Musée britannique, fit la première entreprise authentique contre leur indépendance. D'après Hérodote, la Médie, après avoir été pendant des siècles sous la domination assyrienne, se révolta dans la seconde moitié du VIIIe siècle av. J.-C. Déiocès fut le premier chef de l'état unifié (vers 708), et y fonda une capitale fortifiée, Ecbatane. Il eut pour successeur son fils Phraortes, qui attaqua et soumit les Perses, et qui, avec les forces réunies des deux nations, engagea une guerre contre les Assyriens ; mais il périt avec la plus grande partie de son armée vers 633. Suivant Rawlinson, le royaume mède avait été établi vers 633 par Cyaxares, le troisième roi dans Hérodote. En tout cas, ce fut probablement un monarque, généralement regardé par les Grecs et les Asiatiques comme le fondateur d'une dynastie, qui fit dominer l'élément aryen dans le royaume, après une lutte opiniâtre contre les tribus touraniennes de l'intérieur et du dehors. Le règne d'Astyages, fils de Cyaxares, finit (vers 558) par une catastrophe qui changea le royaume uni de « Médie et de Perse », comme il est appelé dans l'Écriture, en un autre nommé Perse et Médie, dans lequel la race dominante fut celle du conquérant, Cyrus. (Pour Darius le Mède, représenté dans le livre de Daniel comme roi de Babylone, voy. DARIUS.) Les races sémitiques formaient aussi une part constitutive de la population mède. Après la conquête macédonienne et la mort d'Alexandre, un des gouverneurs de celui-ci, Atropates, se rendit indépendant dans le N.-O. de la Médie, qui prit de là le nom d'Atropatène, et exista comme royaume jusqu'au temps d'Auguste, pendant que la grande Médie était successivement au pouvoir des Séleucides et des Parthes. Les deux parties de l'ancienne Médie furent de nouveau réunies sous les rois néo-perses, et leur histoire ultérieure se confond avec celle de la Perse. — Voy. Rawlinson, *The Five great Monarchies of the ancient Eastern World* (*Les cinq grandes monarchies de l'ancien Orient*).

* **MÉDIMNE** s. m. (gr. *medimnê*). Antiq. Mesure grecque, pour les choses sèches, qui valait près de quatre de nos boisseaux ou cinquante et un litres soixante-dix-neuf centilitres.

MEDINA DE RIO SECO, ville de la prov. et à 34 kil. N.-E. de Valladolid (Espagne); 5,500 hab. Victoire du général Bessières sur les Espagnols, le 14 juillet 1808.

MEDINA-SIDONIA, ville d'Andalousie (Espagne), à 35 kil. E.-S.-E. de Cadix; 11,000 hab. Elle est bâtie en amphithéâtre sur une colline. Elle possède des fabriques de briques et de poterie, et des manufactures de drap grossier.

MÉDINE (ar. *Madinet en-Nebi* (ville du Prophète), ville de l'Hedjaz (Arabie), à environ 380 kil. au N. de La Mecque, par 24° 50' lat. N. et 37° 30' long. E.; 17,000 hab. C'est la seconde des trois villes saintes des Mahométans. L'enceinte sacrée forme autour de la cité un cercle d'environ 20 kil. de circuit. Médine est entourée de murailles percées de quatre portes. Les rues sont étroites, sombres, mal pavées, et l'aspect général est celui d'une ville en ruines. La mosquée du Prophète est à l'extrémité orientale. L'édifice actuel, sur l'emplacement d'un autre plus ancien qui existait du temps de Mahomet,

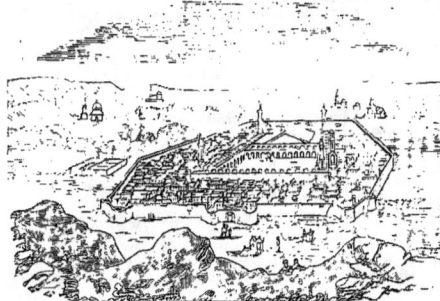

Médine.

est un parallélogramme d'environ 420 pieds sur 130. Dans la partie couverte se trouvent les tombeaux de Mahomet et de ses califes Abou-Bekr et Omar. Un rideau de soie les cache, et l'œil d'un chrétien ne les voit jamais. Cette mosquée a été maintes fois détruite et rebâtie; on l'a reconstruite, pour la dernière fois, en 1710. La ville fait peu de commerce. Le climat, chaud en été, est d'un froid rigoureux en hiver. Trente écoles publiques sont ce qui reste de ce foyer d'études jadis fameux. — L'ancien nom de Médine était Jatfirippa; avant Mahomet, les Arabes l'appelaient Yathreb. Le Prophète, fuyant la persécution de la Mecque, s'y réfugia et y mourut. Pendant une période d'environ 40 ans après sa mort, Médine fut le siège du califat. Médine fut prise par les Wahabites en 1804 et reprise par le pacha d'Egypte en 1818.

MÉDINE *Médina*, fort le plus oriental de la colonie française du Sénégal, sur le Sénégal, arr. de Bakel; 300 hab.

MEDINET EL-FAYOUM, autrefois *Crocodilopolis* et *Arsinoé*, ville de l'Egypte moyenne, à 83 kil. S.-O. du Caire; 8,000 hab.

* **MÉDIOCRE** adj. (lat. *mediocris*). Qui est entre le grand et le petit, entre le bon et le

mauvais : *un cheval de médiocre taille; un esprit, un mérite, une beauté, une fortune médiocre.* — UN HOMME MÉDIOCRE, un homme de peu d'esprit, de peu de talent, de peu de capacité, relativement à la place qu'il occupe, aux succès qu'il obtient, aux prétentions qu'il annonce : *un homme médiocre, qui est insinuant et adroit, l'emporte souvent sur un homme supérieur.* — Précédé de l'un des adverbes *bien, fort,* etc., se dit de ce qui est moins que médiocre : *il a un revenu bien médiocre, fort médiocre, très médiocre.* — s. m. *Dans les arts d'agrément, le médiocre est insupportable.*

* **MÉDIOCREMENT** adv. D'une façon médiocre : *il est médiocrement riche, médiocrement savant.* — Signifie quelquefois peu : *je suis médiocrement satisfait de ce que vous me dites.*

* **MÉDIOCRITÉ** s. f. (lat. *mediocritas*). Etat, qualité de ce qui est médiocre : *la médiocrité de sa fortune, de son esprit.* — Absol. Etat de fortune qui tient le milieu entre l'opulence et la pauvreté, entre l'élévation et la bassesse : *vivre dans la médiocrité, dans une heureuse médiocrité.* — Insuffisance du côté de l'esprit, du mérite : *cet homme est d'une grande médiocrité.* — Se dit, dans le même sens, en parlant des ouvrages d'esprit : *ce livre, ce discours, ce poème est d'une médiocrité insupportable.* — Modération, juste milieu : *il faut garder la médiocrité en toute chose;* on dit mieux LE JUSTE MILIEU.

MEDIOLANUM. I. Ville de la Gaule cisalpine, ch.-l. des Insubres (auj. Milan). — II. Ville de la III° Lyonnaise, ch.-l. des Aulerces Eburovices (auj. Evreux). — III. Ville de la II° Aquitaine, ch.-l. des Santons (auj. Saintes). — IV. Ville de la I° Lyonnaise, chez les Bituriges Cubiens (auj. Château-Meillant).

MEDIOMATRICES, peuple de la Gaule ancienne, entre les Trévires au N. et les Leuces au S., sur les deux rives de la *Mosella* (Moselle). Ch.-l. Divodurum (Metz).

* **MÉDIQUE** adj. Qui appartient aux Mèdes ou aux Perses que les Grecs appelaient souvent Mèdes. — GUERRES MÉDIQUES, guerres que les Perses firent aux Grecs dans le cinquième siècle av. J.-C.

* **MÉDIRE** v. n. (préf. *mé*, et *dire*). Se conjugue comme *dire*, sauf que l'on dit à l'indicatif seconde personne du pluriel *Vous médisez,* et à l'impératif, *Médisez.* Dire du mal de quelqu'un, soit par imprudence, soit par malignité : *médire de son prochain; vous médisez de tout le monde.*

* **MÉDISANCE** s. f. (rad. *médire*). Discours au désavantage de quelqu'un, tenu par imprudence ou par malignité : *grande, horrible médisance.* — C'EST UNE PURE MÉDISANCE, se dit d'une imputation avancée sans preuve. — Signifie quelquefois, les gens médisants : *faire taire la médisance.*

* **MÉDISANT, ANTE** adj. Qui médit : *c'est un homme bien médisant.* — s. : *vous êtes un médisant.* — Le Médisant, comédie de Destouches, en 5 actes et en vers, représentée à la Comédie-Française le 20 fév. 1725.

* **MÉDITATIF, IVE** adj. Qui est porté, livré à la méditation : *un esprit méditatif, fort méditatif.* — s.: *les méditatifs sont ordinairement distraits.*

* **MÉDITATION** s. f. Opération que fait l'esprit lorsqu'il veut approfondir un sujet, lorsqu'il s'applique fortement à la recherche de quelque vérité : *cette question exige une longue et profonde méditation.* — Se dit aussi de certains écrits composés sur des sujets de dévotion ou de philosophie : *les méditations de sainte Thérèse.* — Oraison mentale : *les religieux font la méditation.*

* **MÉDITER** v. a. (lat. *meditari*). Réfléchir sur quelque chose, l'examiner mûrement, de manière à l'approfondir : *méditer un sujet, une idée, une question, une difficulté.* — S'emploie quelquefois sans régime : *ce philosophe passe sa vie à méditer.* — S'emploie, neutralement, avec la préposition *sur* : *méditer sur un sujet, sur une question, sur une difficulté.* Dans certains cas, il est indispensable que le verbe *méditer* soit suivi de cette préposition : *méditer sur Dieu, sur l'âme, sur le monde, sur le flux et le reflux de la mer, sur le caractère d'un homme, sur l'instinct des animaux,* etc. — Projeter, penser à faire une chose, réfléchir aux moyens de l'exécuter : *méditer un projet, une entreprise.* — S'emploie neutralement, dans ce sens, avec plusieurs prépositions, pronoms, adverbes, conjonctions : *méditer de réparer une faute; je méditais qui je choisirais pour médecin, quel remède je pourrais employer; je méditais comment j'éviterais ce danger.* — Sans régime, signifie aussi faire une méditation pieuse : *les religieux, les séminaristes ont des heures réglées pour méditer en commun.*

* **MÉDITERRANÉ, ÉE** adj. Qui est au milieu des terres, enfermé dans les terres : *les villes, les provinces méditerranées.* — Absol. LA MER MÉDITERRANÉE, ousubstantiv., LA MÉDITERRANÉE, la mer qui est entre l'Europe, l'Afrique et l'Asie, et qui communique avec l'Océan par le détroit de Gibraltar : *naviguer sur la mer Méditerranée.* — ENCYCL. La Méditerranée est la mer qui sépare l'Europe de l'Afrique et que l'Asie ferme à l'E. Sa plus grande longueur est d'environ 3,380 kil., et sa plus grande largeur de 1,780 kil.; 2,590,187 kil. carr. Le nom qu'elle porte aujourd'hui est moderne. Les Romains l'appelaient *mare internum* ou *mare nostrum.* La Méditerranée forme un golfe profondément enfoncé dans les terres, qui communique avec l'Atlantique par le détroit de Gibraltar, et avec la mer Noire par les Dardanelles, la mer de Marmara et le Bosphore. Sa rive septentrionale est très découpée par des baies, des péninsules, des sinuosités et des îles, tandis que celle du sud est relativement uniforme. Cette mer se divise, dans sa partie principale, en deux bassins. Le plus petit, qui est le bassin occidental, s'étend de Gibraltar au détroit qui sépare la Sicile de la côte de Tunis; le bassin oriental va de ce détroit à la côte de Syrie. Ces bassins ont des subdivisions qui portent des noms particuliers et locaux, comme le canal des Baléares, la mer Tyrrhénienne ou de Toscane, la mer de Sicile, la mer Ionienne, l'Adriatique et la mer Egée ou Archipel. La Méditerranée est semée d'un grand nombre de petites îles et de cinq grandes îles, savoir : la Corse, la Sardaigne, la Sicile, la Crète ou Candie et Chypre. Parmi les petites îles, les principales sont : les Baléares, l'île d'Elbe, les îles Lipari ou Eoliennes, Malte et les îles environnantes, les îles Ioniennes; les îles Dalmates dans l'Adriatique et les îles de l'Archipel. Les phénomènes volcaniques sont nombreux et importants dans l'Italie méridionale, la Sicile et l'Archipel. Il n'y a que quatre grands fleuves qui se jettent dans la Méditerranée : l'Ebre, le Rhône, le Pô et le Nil. On peut citer en outre ; le Guadalavir, le Tibre, l'Adige, la Maritza, le Méandre et l'Orontes. — La Méditerranée est remarquable par le bleu sombre de ses eaux, lorsqu'elle est calme. L'Adriatique a une teinte verdâtre; mais les eaux de la Méditerranée deviennent presque pourpres dans le bassin du Levant. Le bassin oriental est très profond; au S.-E. de Candie. on a trouvé 1,600 brasses. Entre Candie et Malte, la plus grande profondeur atteint environ 2,000 brasses. Le bassin occidental mesure aussi 2,000 brasses dans ses parties les plus profondes; le fond s'élève vers Gibraltar, et l'on ne trouve plus, au maximum, que 900 brasses. La Méditerranée n'a presque pas de marée. Les courants locaux sont dus ou à la marée, toute faible qu'elle soit, ou aux vents. Au détroit de Gibraltar, cependant, un courant fort et constant se précipite en venant de l'Atlantique, et supplée à la perte subie par suite de l'évaporation, plus considérable que ne l'est le tribut des fleuves. Le prof. Carpenter, dans la croisière du *Porcupine*, a montré, d'une façon concluante, qu'il y a, de plus, un *sous-courant*, lequel transporte à travers l'Atlantique l'eau plus lourde, et plus saline, et qu'il a rétabli ainsi l'équilibre de densité entre les deux mers. Des courants semblables entrent dans la mer Noire et en sortent; mais l'ordre des densités est ici renversé, la mer Noire ayant les eaux les plus lourdes. Les vents qui règnent le plus souvent soufflent du N. à l'O. Quelques-uns portent des noms spéciaux, tels que le mistral, le sirocco et le hora (le *Borée* ou *Boréas* des anciens). Ces vents et les typhons, qui sont fréquents, y rendent la navigation dangereuse en certaines saisons. Le remarquable phénomène électrique connu sous le nom de feu Saint-Elme est une des particularités de la Méditerranée, où il se présente souvent. La proportion entre l'abaissement de la température de l'eau et la profondeur suit, dans la Méditerranée, des règles entièrement différentes de celles qu'on a constatées en plein Océan. Au-dessous d'une profondeur de 100 brasses, l'eau a une température presque uniforme de 12° à 13°. Cette température, dans un bassin presque clos, implique une absence presque entière de circulation et probablement d'aération; de là une absence presque entière de vie organique, comparativement, du moins, avec l'Océan. (Voy. ATLANTIQUE, DRAGUE, OCÉAN.) Le fond, excepté près des côtes, consiste en un limon visqueux et tenace, composé d'un fin sable jaunâtre mêlé à une argile bleuâtre. Cette mer est habitée par quelques cétacés et par une espèce de phoque. Parmi les poissons, le thon, la sardine et l'anchois forment d'importants articles de commerce. Le corail rouge s'y trouve dans les eaux profondes presque partout, mais les principales pêcheries sont sur les côtes de l'Algérie, de Tunis et de Sicile. C'est de cette dernière région que vient surtout la variété rose, tandis que la rouge est abondante sur les côtes d'Espagne. La plus belle variété d'éponge (ce qu'on appelle l'éponge turque) se pêche principalement dans l'Archipel et l'Adriatique.

* **MÉDITERRANÉEN, ÉENNE.** Qui appartient à la Méditerranée : *régions méditerranéennes.*

* **MÉDIUM** s. m. (mé-di-omm) (lat. *medius,* qui est au milieu). Moyen d'accommodement, tempérament propre à concilier des prétentions opposées, à rapprocher des esprits divisés : *chercher, trouver un médium dans une affaire.* (Fam.) — Mus. Son de la voix qui tient le milieu entre le grave et l'aigu : *ce chanteur a la voix belle dans le médium, sa voix a un beau médium.* — Au pl. *Des médiums.* — ~~ Spirit. Personne qui prétend servir d'intermédiaire entre le monde visible et les esprits invisibles.

* **MÉDIUS** s. m. (lat. *medius,* qui est au milieu). Anat. Se dit du doigt du milieu de la main : *le médius.*

MÉDIUSCULE adj. Typogr. Se dit des lettres qui tiennent le milieu entre les ma-

juscules et les minuscules. — s. f. : *une médiuscule.*

MEDJERDA [mèd-jèr'-da] l'ancien *Bagradas,* fleuve de l'Afrique septentrionale, qui sort des montagnes de l'Atlas, coule au N. et au N.-E., et va se jeter dans le golfe de Tunis. Il a environ 300 kil. de long. Il entraine beaucoup de sédiments, et tout son cours inférieur a changé de lit, car les ruines d'Utique se trouvent aujourd'hui près de sa rive gauche. Autrefois il passait plus près de Carthage.

MEDJIDIÉ s. m. (ar. *medjidyyat,* la glorieuse). Décoration turque instituée en 1851 et qui a été accordée à un grand nombre de nos soldats après la guerre de Crimée : ruban rouge foncé, étroitement liseré de vert.

MEDJIDIEH [mèd-ji'-di-èh], ville de la Turquie d'Europe, dans la Dobroudja; 25,000 hab. Cette ville s'est surtout accrue depuis 1860, grâce aux Tartares employés, après la guerre de Crimée, au chemin de fer de Koustendji au Danube. Élève de beau bétail, et culture du blé pour l'exportation.

MÉDOC (lat. *Mediculus Pagus*), ancien pays de Gascogne, compris entre la Garonne, le Bordelais, le Bazadais, le pays de Buch et l'Océan; il a formé l'arr. de Lesparre et quelques communes de celui de Bordeaux. Il a donné son nom aux vins qu'il y produit et dont la réputation est universelle. — Vin de Médoc, nom des vins récoltés dans le Médoc. On les divise en vins classés et en vins non classés. Les premiers grands crus sont ceux de Château-Laffitte, Château-Margaux et Château-Latour. Après ceux-ci viennent les deuxièmes, les troisièmes, les quatrièmes et les cinquièmes grands crus classés. (Voy. BORDEAUX.)

MÉDOCAIN, AINE s. et adj. Du Médoc; qui appartient à ce pays ou à ses habitants.

MÉDOR, personnage du *Roland furieux,* de l'Arioste.

MEDULI, peuple d'Aquitaine, sur la côte de l'Océan, au S. de l'embouchure de la Garonne, dans le Médoc moderne. Leur pays était célèbre à cause de l'excellence des huitres que l'on trouvait sur le rivage de l'Atlantique.

* **MÉDULLAIRE** adj. (mé-dul-lè-re (lat. *medullaris*). Qui appartient à la moelle, ou qui en a la nature : *canal médullaire.*

MÉDULLE s. f. (lat. *medulla,* moelle). Bot. Moelle des végétaux ligneux.

MÉDULLEUX, EUSE adj. Bot. Qui est rempli de moelle.

MEDULLI, peuple qui habitait la frontière orientale de la Gaule Narbonaise et dans les Alpes-Maritimes; rivières princip. : *Durentia* (Durance) et *Duria* (Doria Minor).

MÉDULLINE s. f. Chim. Substance extraite de la moelle des végétaux et spécialement de celle du sureau et de l'héllanthe.

MÉDULLITE s. f. Pathol. Inflammation de la moelle des os.

MÉDUS, fils de Médée. Il fonda la ville de Médée et donna son nom aux Mèdes.

* **MÉDUSE** s. f. (mé-du-ze). Espèce d'animaux invertébrés qui vivent dans la mer et qui sont remarquables par la mollesse et la demi-transparence de leurs tissus : *les méduses ressemblent à une masse de gelée.* (Voy. ACALÈPHE.) — Fig. La TÊTE DE MÉDUSE, tout objet qui frappe d'épouvante, de stupeur, par allusion à Méduse, l'une des Gorgones (voy. ce mot), dont le regard et la tête, d'après la mythologie, avaient la vertu de changer en pierre tous ceux qui les regardaient. — La

Méduse, célèbre frégate qui fit naufrage sur le banc d'Arguin. (Voy. CHAUMAREYX.)

MÉDUSÉEN, ÉENNE adj. Pétrifiant, stupéfiant : *aspect médusée.*

MÉDUSER v. a. Pétrifier, frapper d'étonnement. (Fam.)

MEDWAY [med'-oué], fleuve d'Angleterre, qui prend sa source dans le Surrey, traverse le Kent, coule surtout vers l'E. et le N., et se jette dans l'estuaire de la Tamise, à Sheerness. Il a environ 95 kil. de long, et est navigable jusqu'à Penshurst (60 kil.). Il forme l'un des havres les plus importants pour la marine anglaise.

MÉEN (Saint) [main], abbé de Saint-Jean de Gaël (Ille-et-Vilaine), né vers 540, mort en 617. Fête le 21 juin.

MÉEN (Saint-), ch.-l. de cant., arr. et à 49 kil. N.-O. de Montfort (Ille-et-Vilaine); 2,200 hab. Commerce de bestiaux.

MEERANE [mè'-ra-né], ville de Saxe, à 14 kil. du Zwickau; 21,277 hab. (1875). Elle possède plus de cent manufactures d'étoffes de laine et de coton, qui exportent annuellement pour 45 millions de thalers environ.

MEERUT [mi'-reutt]. I. District de l'Inde anglaise, dans les provinces du N.-O. Il fait partie du Doab, entre le Gange à l'E. et la Jumna à l'O.; 4,271,454 hab., dont 900,000 Indous. Le pays est en général remarquablement plat et abondamment arrosé. La végétation des tropiques y alterne avec celle des latitudes plus septentrionales, suivant les saisons. Le climat est un des plus beaux de l'Inde. — II. Capitale de ce district, sur le Kalee Nuddee, à 65 kil. au N.-E de Delhi; environ 30,000 hab. Les rues sont étroites et sales. C'est une station militaire importante, qui possède un cantonnement anglais. L'église anglicane est une des plus belles de l'Inde. Au début de la révolte des cipayes, Meerut fut le théâtre des plus sérieux soulèvements.

MÉES (Les), ch.-l. de cant., arr. et à 23 kil. S.-O. de Digne (Basses-Alpes), au confluent de la Bléone et de la Durance; 2,200 hab Vins estimés.

* **MEETING** s. m. (mitt'-inng) (angl. *meeting,* réunion ; de *to meet,* se réunir). Réunion populaire, ayant pour objet de délibérer sur une question politique, commerciale ou sociale. Se dit surtout dans les pays anglais. — Au plur. DES MEETINGS [mitt'-inngs].

* **MÉFAIRE** v. n. (préf. mé, et *fait*). Faire le mal, faire une mauvaise action : *il ne faut ni méfaire ni médire.* Il est familier et peu usité.

* **MÉFAIT** s. m. Mauvaise action : *il a été puni de ses méfaits, pour ses méfaits.* Il est familier.

* **MÉFIANCE** s. f. Disposition à soupçonner le mal, crainte habituelle d'être trompé : *la méfiance, portée trop loin, est une source de tourments.*

> Il était expérimenté
> Et savait que la *méfiance*
> Est mère de la sûreté.
>   LA FONTAINE.

* **MÉFIANT, ANTE** adj. Qui se méfie, qui est naturellement soupçonneux : *c'est un esprit méfiant, un homme méfiant.* On l'emploie aussi substantiv. : *le méfiant se croit toujours entouré de pièges.*

* **MÉFIER** (Se) v. pr. Ne pas se fier à quelqu'un, à ce qu'il dit, à ce qu'il fait paraitre, parce qu'on le soupçonne de peu de fidélité, de peu de sincérité : *se méfier de quelqu'un; on se méfie des autres, on se défie de soi.*

> Cet animal vous a sur la mâchoire écrit
> Que de tout inconnu le sage se *méfie.*
>   LA FONTAINE.

MÉGA (gr. *mégas*, grand). Préfixe qui signifie grand et qui entre dans la formation d'un certain nombre de mots.

MÉGABYSE. I. L'un des sept satrapes perses qui renversèrent le faux Smerdis (521 av. J.-C.). — II. Général d'Artaxercès et petit-fils du précédent. Il comprima les révoltes d'Artaban et d'Inaurus et fut vaincu par Cimon, en 450.

MÉGACLÈS, archonte d'Athènes, de la famille des Alcméonides. Il déjoua la conspiration de Cyclon et fit massacrer ses complices dans le temple de Minerve. Pour ce sacrilège, Mégaclès fut exilé avec sa famille.

MÉGALANTHROPOGÉNÉSIE s. f. (préf. *méga;* gr. *anthrôpos*, homme ; *genesis*, génération). Art prétendu de procréer des enfants de génie, des grands hommes.

MÉGALITHIQUE adj. (préf. *méga;* gr. *lithos,* pierre). Archéol. Se dit des constructions édifiées au moyen de gros blocs de pierre, comme obélisques, menhirs, peulvens, dolmens.

MÉGALONYX s. m. (gr. *mégas, mégalon,* grand, et *onux,* griffe). Genre éteint d'édentés gigantesques, alliés aux paresseux, et établi, en 1797, par Thomas Jefferson. Les premiers ossements de cet animal furent découverts dans une caverne calcaire (Virginie occidentale), et, en raison de la grandeur des griffes, M. Jefferson les rapporta à quelque animal carnivore. Ces ossements et d'autres, que l'on trouva dans le Tennessee, le Kentucky, le Mississipi et l'Alabama, ont fourni les éléments d'une monographie trèscomplète par le prof. Joseph Leidy, insérée dans le septième vol. des *Smithsonian contributions to knowledge* (1855). Le mégalonyx avait les formes moins lourdes que le mégathérium, auquel il ressemblait sans doute dans ses habitudes. Il avait probablement la taille d'un gros bœuf.

MEGALOPOLIS, ville de l'ancienne Grèce, d'abord capitale de la confédération arcadienne, sur le Hélisson. Elle fut fondée à la suggestion d'Epaminondas, après la bataille de Leuctres, pour tenir Sparte en respect (371 av. J.-C.). On lui donna 10 kil. de circonférence, mais elle n'atteignit jamais l'importance qu'on espérait. Elle entra dans la ligue achéenne en 234. En 222, Cléomène III, de Sparte, s'en empara et la détruisit presque entièrement. En 221, les habitants la rebâtirent, mais elle tomba bientôt à l'état de ville sans importance.

*** MÉGALOSAURE** ou **Mégalosaurus** s. m. [mé-ga-lo-sô-re] (gr. *mégas, mégalou,* grand; *sauros,* lézard). Erpét. Genre de reptiles fossiles gigantesques, de la famille des dinosauriens. Ce genre a été découvert par le

Mégalosaure restauré.

Dr Buckland dans les terrains oolithiques d'Oxford (Angleterre). Le mégalosaure devait atteindre une longueur de 30 à 40 pieds. C'était un animal terrestre, qui se nourrissait probablement de reptiles de petite taille.

MÉGAPHONE s. m. (gr. *mégas*, grand; *phoné,* voix). Espèce de téléphone inventé vers 1878 par T.-A. Edison pour l'usage des sourds.

*** MÉGARDE** (Par) loc. adv. Faute d'attention, faute de prendre garde : *il a brisé ce vase par mégarde.*

MÉGARE, ville de l'ancienne Grèce, capitale de la Mégaride, à environ 1,500 m. du golfe Saronique, en face de l'île de Salamine, à 35 kil. d'Athènes. Elle comprenait une double acropole et la cité proprement dite. C'était, au VIIIe et au VIIe siècle av. J.-C., une ville riche et puissante. Après la guerre persique, elle abandonna la confédération lacédémonienne, pour celle d'Athènes, dont elle devint de fait la sujette; mais la garnison athénienne fut chassée par des troupes du Péloponèse, en 445. Elle eut beaucoup à souffrir pendant la guerre du Péloponèse, et cessa dès lors de jouer un rôle historique. Elle fut célèbre par son école philosophique, que fonda Euclide, disciple de Socrate. La ville actuelle de Mégare, capitale de la monarchie d'Attique et Béotie, n'est rien qu'un amas de ruines.

MÉGARE, ancienne ville de Sicile, sur la côte orientale, près du mont Hybla. Elle fut fondée par des Mégariens (728 av. J.-C.), ruinée par Gélon (480) et prise par les Romains en 214.

MÉGARIDE, district de l'ancienne Grèce, entre le golfe de Corinthe et le golfe Saronique. Territoire hérissé de rochers et de collines. Les principales montagnes sont le Cithéron et la chaîne de Géranée, qui vont d'une mer à l'autre, et sont coupées de trois passages. Les plus anciens habitants étaient Eoliens et Ioniens. L'éparchie actuelle de Mégaride (12,000 hab. environ) fait partie de la monarchie d'Attique-et-Béotie. (Voy. MÉGARE.)

MÉGARIEN, IENNE s. et adj. De Mégare; qui concerne cette ville ou ses habitants. On dit aussi MÉGAREEN.

MÉGASCOPE s. m. (préf. *méga ;* gr. *skopeô,* j'observe). Phys. Instrument qui grossit les objets et dont on se sert pour observer les corps opaques que l'on ne peut voir au microscope.

MÉGASTHÈNES s. m. pl. (gr. *mégas,* grand, et *sthénos,* force), nom donné par Dana à l'une des grandes divisions des mammifères nonmarsupiaux ou supérieurs, comme indiquant un type plus élevé, par suite d'une structure générale plus large et plus puissante. Cette division comprend les singes, les carnivores, les herbivores et les cétacés. Le même savant a donné le nom de *microsthènes* à la division inférieure, qui comprend les chauves-souris, les insectivores, les rongeurs et les édentés.

*** MÉGATHÉRIUM** s. m. [-ri-omm] (gr. *mégas,* grand, et *thérion,* animal). Mamm. Genre d'édentés fossiles, gigantesques, qui se rapproche sous beaucoup de rapport de la famille des paresseux. Le genre *mégathérium* (Cuv.) est le premier de la famille des édentés qui ait été décrit, le premier squelette ayant été envoyé, en 1789, des environs de Buenos-Ayres à Madrid, où il se trouve aujourd'hui. Depuis, on a découvert d'autres squelettes et des fragments dans le Pérou, au Paraguay et dans d'autres parties de l'Amérique du Sud. Dr Leidy en a décrit une autre espèce dans l'Amérique du Nord. Le mégathérium était très grand et très fort; il était herbivore, et se nourrissait de tiges et des racines des arbres, ainsi que des fruits à pulpe. Il ne fouillait pas le sol comme la taupe, ni ne grimpait aux arbres comme le paresseux, ni ne déterrait les racines ou les fourmilières comme les armadillos et les fourmiliers; mais il dégarnissait et coupait avec ses griffes puissantes les racines des arbres, et alors, s'appuyant sur ses membres de derrière et sur sa queue, il les renversait avec ses membres antérieurs aidés de l'énorme poids de son corps.

*** MÉGÈRE** s. f. Nom propre l'une des Furies, devenu nom commun, et signifiant, dans le discours ordinaire, une femme méchante et emportée : *c'est une vraie mégère.*

MEGERLE [mè'-guèr-lè] (Ulrich von). Voy ABRAHAM A SANCTA CLARA.

*** MÉGIE** s. f. Art de préparer en blanc les peaux de mouton et autres peaux délicates, et de les rendre propres à divers usages : *peau passée en mégie.*

MÉGIS s. m. [mé-jî]. Nom que l'on donnait autrefois au bain de cendre et d'alun qu'on employait pour mégir les peaux.

*** MÉGISSERIE** s. f. Métier et trafic du mégissier. — ~ On dit aussi MÉGISSAGE.

*** MÉGISSIER** s. m. Artisan dont le métier est d'apprêter les peaux de mouton, de veau, etc., pour les rendre propres à différents usages autres que ceux qui concernent le métier de corroyeur et celui de pelletier.

MÉGO s. m. Argot. Boni, excédent de la recette sur la dépense : *il y a du mégo.*

MÉGOT s. m. Argot. Bout de cigare.

MEHADIA [mé-ha-di-a] (anc. *Thermæ Herculis*), petite ville de Hongrie, dans le banat, à 20 kil. au N. d'Orsova. Environ 1,800 hab. Elle est fameuse comme ville d'eaux depuis le temps des Romains. Les sources sont sulfureuses.

MEHADJERI, pl. *Mehadjeria* (ar. *séparé, détaché;* de la racine *hadjara,* rompre avec les *siens, s'en séparer*). Nom donné à une tribu juive de Touggourt, que le cheikh Ibrahim el Mhadj ben Gâna , sultan de l'Oued-Rirh, obligea, sous peine de destruction, à embrasser l'islam, en l'an 1209 de l'hégyre (1794 de l'ère chrétienne). Les *Mehadjeria*, ne se mariant qu'entre eux, ont conservé tous les caractères de leur race; ils s'occupent généralement de la fabrication des tissus et d'autres industries ; quelques-uns s'adonnent au commerce. Malgré leur conversion, ils étaient encore, avant l'occupation française, persécutés par les Arabes, qui les accusaient de pratiquer en secret leur ancienne religion. Sous la protection qui leur est aujourd'hui assurée, ils commencent à se répandre dans les autres oasis du Sahara algérien : douze de leurs familles sont fixées à Ouargla. Les femmes des *Mehadjeria* se font remarquer par leur incomparable beauté. (V. LARGEAU.)

MÉHARI s. m. (ar. *Meh'-ara* ou *Mahra,* pays d'Arabie qui est la patrie de cet animal). Nom que l'on donne, en Algérie, au dromadaire ou chameau de course.

MÉHÉMET-ALI [mé-hé-mètt-a'-li], ou Mohammed-Ali, pacha d'Egypte, né à Xavala (Macédoine) en 1769, mort le 2 août 1849. Il était marchand de tabac lorsque, en 1799, il fut envoyé en Egypte comme commandant en second d'un petit contingent, contre les Français. Ses talents le firent avancer rapidement, et, après l'expulsion des Français, il prit une part dirigeante dans la lutte contre les Mameluks. Les Albanais au service du pacha ne recevant pas leur solde, se révoltèrent, et, après plusieurs combats, se rendirent maîtres du Caire sous le commandement du Méhémet-Ali, qui, en mai 1805, fut investi de l'autorité suprême comme pacha, et confirmé en cette qualité par le sultan. Il encouragea alors, par une feinte négligence, un grand nombre des beys mameluks rebelles à attaquer le Caire; mais, une fois entrés, ils y furent massacrés pour la plupart, et il poursuivit avec des forces considérables ceux qui s'enfuirent dans la haute Egypte. Il les avait défaits près de Siouth, lorsque l'arrivée à Alexandrie de 5,000 soldats anglais sous le général Fraser, l'obligea à conclure une trève avec les Mameluks, qui l'aidèrent à chasser les Anglais. Cependant les Mameluks continuaient à être gênants. Le 1er mars 1811, il attira dans la citadelle ceux de leurs chefs qui habitaient le Caire, et en égorgea 470;

peu après ils furent presque entièrement ex-terminés par toute l'Égypte. Cette destruction des Mameluks établit le pouvoir de Méhé-met-Ali et la tranquillité intérieure du pays. Il reprit alors sur les Wahabites la Mecque et Médine; mais son fils, Toussour-Pacha, après avoir remporté ces succès, éprouva des dé-sastres, et Méhémet-Ali alla lui-même en Arabie (1813), où il termina heureusement la guerre, en 1815, par un traité avec les chefs wahabites. Ceux-ci ne remplissant pas leurs obligations, Ibrahim-Pacha, autre fils de Mé-hémet-Ali, s'empara de leur capitale, El-De-rayeh, en 1818. Son plus jeune fils, Ismaïl, conquit, en 1820, le Sennaar, le Dongola et le Kordofan; mais il fut, en 1822, surpris et brûlé vif par un chef indigène. Néanmoins, ces provinces restèrent assujetties à l'Égypte, les prisonniers qu'on y fit furent instruits par des officiers français. En 1824, Méhémet-Ali envoya Ibrahim avec une grande flotte pour aider les Turcs contre les Grecs. Cette flotte fut détruite à Navarin (1827), et, en 1828, les puissances européennes contraignirent Ibra-him à évacuer la Morée qu'il avait dévastée. En 1831, Méhémet-Ali envoya en Syrie 38,000 hommes sous Ibrahim-Pacha, et il en résulta une guerre ouverte avec le sultan. Ibrahim, après d'autres succès, infligea aux Turcs une défaite signalée à Homs (juillet 1832) et plus tard à Konieh, où Reschid-Pacha fut mis en déroute et fait prisonnier, bien qu'il eût 60,000 hommes et les Égyptiens moins de 30,000. Ibrahim était à six jours de marche de Constantinople, lorsqu'une intervention européenne obligea Méhémet-Ali, en mai 1833, à accepter un traité par lequel toute la Syrie et le district d'Adana, dans l'Asie Mi-neure, lui étaient cédés, outre Candie qui lui avait naguère été donnée pour ses services en Grèce. En juin 1839, la flotte turque fit voile pour l'Égypte, et une armée de 80,000 hommes, sous Hafiz-Pacha, envahit la Syrie. Cette armée fut complètement mise en déroute en moins de deux heures, à Nizib, le 24 juin, par Ibrahim, à la tête de 46,000 hommes. En même temps la trahison livrait, sans coup fé-rir, à Méhémet-Ali toute la flotte turque. La Grande-Bretagne, la Russie, l'Autriche et la Prusse intervinrent de nouveau en faveur de la Turquie (1840), bien que la France, sous le court ministère Thiers, favorisât fortement Méhémet-Ali. Alexandrie fut blo-quée et une flotte anglaise bombarda et prit Beyrouth et Acre. Méhémet-Ali accepta alors la paix dictée par les alliés et par laquelle l'Égypte lui était assurée, à lui et à ses des-cendants, à condition de payer chaque année au sultan le quart de ses revenus nets comme tribut, de lui rendre sa flotte et les provinces syriennes, et de n'entretenir que 18,000 hommes sous les armes. Dès lors, Méhémet-Ali se consacra aux améliorations et aux ré-formes intérieures, et en prenant ses modèles en Europe, un système de gouverne-ment entièrement neuf. La culture du coton prit une extension considérable, et ses nom-breuses manufactures furent fondées. En 1848 comme il était tombé en enfance, Ibrahim devint vice-roi; mais il mourut le 9 novembre et eut pour successeur son neveu Abbas-Pacha.

MÉHUL (Étienne-Henri), compositeur, né à Givet le 24 juin 1763, mort à Paris le 18 oct. 1817. Il eut Gluck pour maître, entra à l'Institut en 1796, fut nommé inspecteur de l'enseigne-ment au Conservatoire, en 1795, et surinten-dant de la musique de la chapelle du roi, en 1815. En 1790, il fit représenter avec un grand succès un fameux opéra *Euphrosyne et Corradin* (3 actes). Sa réputation était solidement établie par l'opéra de *Stratonice* (1792) lorsqu'il mit en musique le *Chant du Départ*, le *Chant de Victoire*, la *Chanson de Roland*, le *Pont de Lodi* (hymnes populaires qui électrisèrent la nation française pendant

la Révolution). Outre de la musique de bal-lets et des morceaux d'orchestre, parmi les-quels l'*Ouverture du jeune Henri* (1797), Méhul a composé 52 opéras, dont les plus connus sont : *Phrosine et Mélidor* (1794); *Adrien et Ariodant* (1799); *L'Irato* (1801); *Une Folie* (1804); *Les Aveugles de Tolède* (1806), et Jo-seph *en Égypte* (1807). Ce grand musicien se distingue par une manière large, la force de l'expression, une rare noblesse, une facture savante et par l'entente parfaite des effets de l'harmonie.

MÉHUN-SUR-YÈVRE. ch.-l. de cant., arr. et à 17 kil. S.-O. de Bourges (Cher); 6,300 hab. Ruines d'un vieux château où mourut Charles VII; commerce de laine et de chanvre.

MEILHAN, ch.-l. de cant., arr. et à 13 kil. O. de Marmande (Lot-et-Garonne); sur la rive gauche de la Garonne; 1,900 hab.

MEILLERAIE ou Meilleray (LA), comm. du cant. de Moisdon-la-Rivière (Loire-Infé-rieure); 1,700 hab. Abbaye de la Trappe.

MEILLERAIE (Charles DE LA PORTE, *duc de la*), maréchal de France, né en 1602, mort en 1664. Il était cousin germain du cardinal de Richelieu, fut nommé grand maître de l'artillerie et devint maréchal de France après la prise de Hesdin (1639). Son fils épousa Hortense Mancini.

* **MEILLEUR, EURE** adj. [mê-ieur; *ll* mll.] (lat. *melior*). Comparatif de Bon. Qui est au-dessus du bon, qui a un plus haut degré de bonté que la personne ou la chose à laquelle on le compare : *cet homme est bon, mais son frère est meilleur, encore meilleur.*

'Il est bon de parler et meilleur de se taire
LA FONTAINE.

— Précédé de l'article le, est superlatif, et signifie, qui est au-dessus de tout dans son genre, pour la bonté, l'utilité : *c'est le meil-leur ouvrage de cet auteur.* — s. *Le meilleur de l'affaire, le meilleur du conte, le meilleur est que...* — BOIRE DU MEILLEUR, TIRER DU MEIL-LEUR, du meilleur vin qu'il y ait ou qu'on ait. — LE MEILLEUR EN VAUT RIEN, se dit de deux ou de plusieurs personnes presque également méchantes ou vicieuses.

MEIN [main] (lat. *Mœnus*; all. *Main*). Ri-vière d'Allemagne, formée de deux cours d'eau, le Mein Blanc et le Mein Rouge, qui sortent de la Bavière par le N.-E., et se réu-nissent à environ 20 kil. N.-O. de Baireuth. Elle court vers l'O. avec de *longs détours* dans sa direction du N. et du S., jusqu'au Rhin où elle se jette à Castel, en face de Mayence. Elle a environ 380 kil. de longueur, dont près de 300 sont navigables. Le canal de Ludwig la relie au Danube. Les principales villes qu'elle arrose sont : Schweinfurt, Würz-bourg, Aschaffenburg, Offenbach et Franc-fort.

MEINDER. Voy. MÉANDRE.

MEINERS (Christoph) [maï'-neurss], histo-rien allemand, né en 1747, mort en 1810. En 1772, il devint professeur de philosophie et ensuite vice-recteur à Gœttingue. Il est l'au-teur d'ouvrages importants sur l'histoire de la religion, de la philosophie et de la science.

MEININGEN [maï'-ninng-enn], ville d'Alle-magne, capitale de la Saxe-Meiningen, sur la Werra, à 65 kil. S.-O. d'Erfurt; 9,600 hab., parmi lesquels beaucoup de Juifs. En 1874, un incendie a détruit les quatre cinquièmes de la ville et tous les édifices publics, excepté le fameux palais ducal.

MEISSEN [maï'-sènn], ville de Saxe, sur l'Elbe, à 20 kil. N.-O. de Dresde, 13,000 hab. Elle est connue pour ses manufactures de por-celaine, appelée porcelaine de Dresde. Ce fut, au moyen âge la capitale des margraves de Meissen (ou Misnia, qui comprenait Dresde,

Bautzen et d'autres villes), jusqu'à ce qu'ils se fussent transportés à Dresde, après quoi les évêques et les évêques y résidèrent jusqu'à la réformation. — Le margraviat, qui fut érigé sous Henri l'Oiseleur et son fils Othon Ier devint, après le XIe siècle, héréditaire dans la maison de Wettin. En 1423, Frédéric le Guerrier reçut le duché de Saxe avec la di-gnité d'électeur. Dans le partage des terri-toires saxons fait en 1485, Meissen échut à la ligne cadette ou albertine.

* **MEISTRE ou Mestre** s. m. (lat. *magister*, maître). Mar. MÂT, ARBRE DE MEISTRE, le grand mât des bâtiments à voiles latines. (Usité dans la Méditerranée.)

MEJIA (Tomas), officier mexicain, né vers 1812, mort le 19 juin 1867. Il était de pur sang indien et d'humble origine; mais il ac-quit une grande influence parmi les indigènes de la Sierra Gorda de Guanajuato, et, pendant près de vingt années, il se fit remarquer dans les révolutions mexicaines. Il prit une part honorable à la guerre avec les États-Unis. Il s'opposa à Juarez et fut un solide partisan de l'empereur Maximilien, qui lui conféra de grands honneurs. Pris avec lui à Queré-taro, le 15 mai 1867, il fut jugé et exécuté.

MÉJUGER v. a. Se tromper dans un juge-ment. — v. n. Juger en mal : *on peut dire, sans trop méjuger de cet homme, que...* — Se méjuger v. pr. Se mal juger soi-même.

MÉKHITAR ou Mechitar [mèk'-i-tar] (*celui qui encourage*), fondateur d'une congrégation de moines arméniens, appelés d'après lui mékhitaristes, né en 1676, mort en 1749. Son véritable nom était Manouk. Il établit sa congrégation à Constantinople en 1701. Mais la persécution qu'il eut à soutenir de la part du patriarche arménien, à cause de son union avec Rome, l'engagea à se transporter à Modon, en Morée (1703), lui qui conféra alors possession de Venise. Les Turcs ayant détruit les temples mékhitaristes, en 1715, le gou-vernement vénitien donna le couvent de l'île Saint-Lazare, près de Venise, où elle de-vint très prospère. Les mékhitaristes font les vœux monastiques ordinaires, et s'engagent à travailler surtout à l'avancement de la lit-térature chrétienne arménienne. Ils ont donné les meilleures éditions des écrivains arméniens classiques, et ont traduit en armé-nien les chefs-d'œuvre de la littérature euro-péenne. Après San-Lazaro, leur établissement le plus important est celui de Vienne, fondé en 1811, avec une branche à Munich. Ils ont des écoles à Padoue et à Paris.

* **MÉKHITARISTE** s. m. Nom qu'on donne aux moines arméniens établis dans l'île de Saint-Lazare près de Venise : *les mékhitaristes ont fondé une école et une imprimerie pour les langues orientales.*

MÉKONG, Mékiang ou Cambodge, le plus grand fleuve de la péninsule de l'Indo-Chine (Inde transgangétique); il prend sa source dans les monts Kauenlun, au S.-E. du Thibet, par 33° ou 34° de lat. N, Il coule dans la di-rection du S.-E., traverse la province chi-noise du Younnan, la partie orientale du Burmah, Laor, Siam, Cambodge, la Cochin-chine française, et se jette par plusieurs ca-naux dans la mer de Chine, près du cap Saint-Jacques. Longueur, 1,750 kil. environ. Dans la première partie de son cours (Thibet et Chine), il prend le nom de Lan-tsang; dans le Burmah, on l'appelle Kin-lung, et le nom de Mékong s'applique particulièrement à la portion la plus longue, qui passe à tra-vers les territoires de Siam et de Cambodge. Jusqu'à une certaine distance de son embou-chure, il est navigable même pour les gros navires, et on atteint facilement, en remon-tant son cours, la capitale du Cambodge, Panomping.

MÉLA, MÉLAN ou **Mélam, Mélano** (gr. *me-las, melanos,* noir). Préfixe qui signifie Noir.

MÉLA (Pomponius), géographe latin, du temps de l'empereur Claude. Il était né en Espagne. Il passe pour avoir été le premier auteur latin qui ait composé un traité méthodique de géographie. Son *De Situ orbis* donne une brève description de tout le monde connu des Romains. Les meilleures éditions sont celles de Leyde (1696 et 1782) et de Leipzig (1807, 7 vol. in-8°). Trad. franç. par Fradin (Paris, 1804) et par Baudet (Paris, 1843, 4 vol. in-8°).

MÉLAÏNOCOME adj. (gr. *melaina,* noire; *comé,* chevelure). Qui teint les cheveux en noir.

MÉLALEUQUE s. m. (préf. *méla;* gr. *leukos,* blanc). Bot. Genre de myrtacées, tribu des leptospermées, comprenant une cinquantaine d'espèces d'arbres ou d'arbrisseaux, généralement aromatiques, et qui habitent la Nouvelle-Hollande et les Indes Orientales. L'es-

Mélaleuque à bois blanc (Melaleuca leucadendron).

pèce la plus connue est le *mélaleuque à bois blanc* (*melaleuca leucadendron*) des Indes-Orientales, où on l'appelle kayou-pouti. Ses feuilles contiennent une huile volatile appelée *huile de Cajeput.* (Voy. ce mot.)

MÉLAMPE Myth. Fils d'Amythaon et d'Idoménée, ou d'Aglaïa, ou de Rhodope. C'est le premier mortel qui ait reçu le don de prophétie, et qui ait pratiqué l'art de la médecine.

MÉLAMPYRE s. m. (préf. *melam;* gr. *puros,* froment). Bot. Genre de scrophulariées, dont les quelques espèces sont des herbes à feuilles opposées, qui croissent dans les régions tempérées. *Le mélampyre des champs* (*melampyrum arvense*), appelé vulgairement *blé de vache, rougeole, cornette, queue de renard,* est haut d'environ 30 centim., à fleurs pourpres et jaunes. Le *mélampyre des prés* (*melampyrum pratense*) a des fleurs jaunâtres ou blanchâtres. Le *mélampyre à crête* (*melampyrum cristatum*) à fleurs rougeâtres ou jaunâtres, croît, comme les précédents, en différentes parties de la France.

MÉLANCHTON (Philippe) [all. mé-lannk'-tonn], le second chef de la réformation luthérienne, né le 16 février 1497, mort le 19 avril 1560. Son nom de famille était Schwarzerd (terre noire); mais son oncle, le célèbre savant Reuchlin, le traduisit en grec. Mélanchton se montra extraordinairement précoce, se fit recevoir maître ès arts à Tubingue en 1514, et prit aussitôt rang parmi les premiers humanistes de l'époque. En 1518, il fut appelé à la chaire de grec de Wittenberg, et devint ainsi le collègue de Luther. il professa d'abord la littérature classique; mais, à partir de 1519, il se con-

sacra surtout à la théologie. Néanmoins, il ne reçut jamais les ordres, ni ne voulut jamais accepter le titre de docteur en théologie. Tout en soutenant avec zèle la réformation, il était admirablement apte par sa modestie, sa douceur et son amour de la paix, à modérer l'ardeur enflammée de son collègue Luther, et à l'aider de ses lumières supérieures. En 1519, il assista à la discussion de Leipzig et défendit de sa plume Luther contre le Dr Erk, champion de l'Eglise de Rome. En 1521, il publia *Loci communes,* premier système de théologie protestante évangélique, qui, augmenté et corrigé, eut plus de 50 éditions du vivant de l'auteur, et fut employé, longtemps après sa mort, comme manuel dans les universités luthériennes. En 1522 et pendant les années suivantes, il écrivit différents commentaires, et fut d'un précieux secours à Luther dans sa traduction de la Bible. En 1529, il accompagna son prince à la diète de Spire, et prit part à la rédaction de la fameuse protestation d'où est venu le nom de protestants. La même année, il assista à la conférence théologique qui échoua entre les zwingliens à Marbourg. En 1530, il passa plusieurs mois à Augsbourg pendant la session de la diète, et écrivit son plus important ouvrage officiel, la *Confession d'Augsbourg.* Bientôt après, il répliqua par l'*Apologie de la confession* à la *Réfutation* des théologiens catholiques. Plus tard, il consentit à la confession des modifications et des changements considérables, dans le but de l'adapter aux Eglises réformées. En 1536, il s'efforça, de concert avec Bucer, d'amener un compromis doctrinal entre les vues des luthériens et celles des zwingliens sur l'eucharistie. En 1537, il signa les « articles de Smalkade ». Dans toutes les conférences avec les catholiques romains, à Worms (1540), et à Ratisbonne (1541), il fut le délégué du parti luthérien. Dans ces conférences, sa timidité, sa modestie, son amour de la paix, et l'espoir d'une réconciliation finale avec les catholiques romains, l'amenèrent à faire beaucoup de concessions et à consentir à des compromis qui ne satisfaisaient aucun des deux partis et étaient promptement abandonnés. A partir de la mort de Luther en 1546 jusqu'à sa propre mort, Mélanchton fut le chef reconnu de la réformation allemande. En 1537, il assista à la dernière conférence théologique avec les catholiques romains, à Worms. Son insuccès, joint aux violentes controverses du parti protestant, aux attaques implacables des luthériens rigoureux, et à différents chagrins domestiques, remplit d'amertume les dernières années de sa vie, et abattit sa constitution, naturellement faible, et déjà épuisée par des études et une application continuelles. Les œuvres de Mélanchton comprennent une grammaire grecque et une grammaire latine, des éditions et des commentaires de différents auteurs classiques et de la version des Septante, des commentaires bibliques, des ouvrages de doctrine et de morale, des documents officiels, des controverses, des dissertations, des réponses, et une correspondance très étendue. La meilleure édition est celle de Bretschneider et de Bindseil, dans le *Corpus reformatorum* (28 vol. in-fol., 1834-'60). Sa vie a été écrite par son ami Camerarius (1566), par Matthes (1841), par Planck (nouv. édit. 1866), et d'autres.

MÉLANCOLIE s. f. (gr. *melas,* noir; *kolé,* bile). Méd. La bile noire; l'humeur sécrétée par le foie, lorsqu'elle devient épaisse et noire : *les anciens médecins regardaient la mélancolie comme capable de produire les affections, les maladies hypocondriaques.* — Disposition triste qu'on attribue à un excès de bile noire, qui provient de quelque cause morale : *grande, profonde, sombre mélancolie.* — Prov. IL N'ENGENDRE POINT LA MÉLANCOLIE, DE MÉLANCOLIE, se dit d'un homme qui vit sans

souci, qui est extrêmement gai. — Disposition de l'âme qui, se refusant aux vives impressions du plaisir ou de la joie, se plaît dans la rêverie, dans une méditation vague et trouve du charme à s'occuper d'idées attendrissantes : *une légère teinte de mélancolie rend sa figure plus attrayante.*

MÉLANCOLIQUE adj. En qui domine la mélancolie : *un homme mélancolique.* — Qui est triste, qui est chagrin : *qu'avez-vous? vous êtes tout mélancolique, je vous trouve bien mélancolique.* — Se dit également des choses qui inspirent ou qui annoncent la mélancolie : *lieu, séjour, entretien mélancolique.* — s. : *laissons là ce mélancolique.*

MÉLANCOLIQUEMENT adv. D'une manière triste et mélancolique : *nous avons passé quelques jours assez mélancoliquement.*

MÉLANÉMIE s. f. (préf. *melan;* gr. *aima,* sang). Pathol. Altération du sang toute particulière, constituée par la présence dans le sang de corpuscules pigmentaires noirs, bruns ou couleur d'ocre. La mélanémie s'observe surtout dans une maladie du foie, de la rate, des reins, du cerveau, ou à la suite d'une cachexie paludéenne.

MÉLANÉSIE (île Noire, à cause de la couleur des habitants). Division du S.-O. de l'Océanie, située entre l'Equateur et 47° lat. S. et entre 140° et 170° long. E. Les géographes anglais disent AUSTRALASIE.

MÉLANÉSIEN, IENNE s. et adj. De la Mélanésie; qui appartient à ce pays ou à ses habitants.

MÉLANGE s. m. (rad. *mélanger*). Ce qui résulte de plusieurs choses mêlées ensemble : *le mélange des liqueurs.* — Se dit aussi de personnes réunies confusément : *le mélange des bons et des méchants.* — Se dit, fig., de l'union de qualités, de conditions, d'affaires différentes : *une vertu sans mélange de faiblesse.* — UN BONHEUR SANS MÉLANGE, un bonheur qui n'est troublé, interrompu par aucun événement fâcheux.

Tu crois donc rencontrer un bonheur sans *mélange?*
COLLIN D'HARLEVILLE, *L'Inconstant,* acte Ier, sc. 2.

— Croisement des races, accouplement de deux êtres animés d'espèces différentes : *le mélange des blancs avec les noirs produit les mulâtres.* — MÉLANGE DES COULEURS, union de plusieurs couleurs dont se forment les teintes qui sont nécessaires aux peintres : *ce peintre entend bien le mélange des couleurs.* — pl. Titre de certains recueils composés de pièces de prose ou de poésie, de petits ouvrages sur différents sujets : *mélanges littéraires, historiques, philosophiques.* — Titre qu'on donne quelquefois, dans les ouvrages périodiques, à une réunion d'articles sur des objets variés. On donne ce même titre, dans les catalogues de livres, à la partie qui comprend les ouvrages qu'on n'a pas pu classer dans les autres divisions.

MÉLANGÉ, ÉE part. passé de MÉLANGER. — DRAP MÉLANGÉ, drap dont la trame et la chaîne sont de laine de différentes couleurs.

MÉLANGER v. a. Faire un mélange d'une chose avec une autre, ou de plusieurs choses ensemble : *ce cabaretier mélange son vin.* — Se mélanger v. pr. : *il y a des couleurs qui peuvent se mélanger; ces deux liquides ne peuvent pas se mélanger.*

MÉLANIE (Sainte), dame romaine, morte à Jérusalem en 444. Elle épousa Picinius, fils de Sévère, préfet de Rome; elle se retira du monde pour vivre dans la solitude, ainsi que son époux. Fête le 8 janvier.

MÉLANISME s. m. (gr. *melas,* noir). Anomalie consistant dans la coloration noire de la peau. Se dit par opposition à ALBINISME.

MÉLANOSE s. f. (gr. *melanôn,* noircir).

Pathol. Production morbide, caractérisée par le dépôt d'un pigment noir. On la trouve dans les poumons, dans les glandes bronchiales et mésentériques, et dans les ganglions sympathiques, mêlée à des dépôts nouveaux comme le cancer et le tubercule.

MÉLAR. Voy. **Maelar**.

MÉLAS (Michael, baron von). *général autrichien, né en 1735, mort à Elbeteinitz le 31 mai 1806.* Pendant les guerres de la Révolution française, il commanda sur le Rhin (1795) et en Italie (1796). Il remporta quelques succès en 1799, mais perdit, l'année suivante, la grande bataille de Marengo. Il présida en 1806, le conseil aulique de guerre.

MÉLASOME adj. (gr. *melas*, noir ; *sôma*, corps). Qui a le corps noir.

· MÉLASSE s. f. (lat. *mellaceum* ; de *mel*, miel). Sirop qui est le résidu du sucre après son extraction et sa cristallisation. — La mélasse reste, dans la fabrication de la cassonade ou du sucre raffiné, après qu'on a séparé du jus toute la matière saccharine qui peut se cristalliser utilement. On donne ainsi ce nom au jus épaissi du sorgho et de la sève d'érable. En soumettant à la fermentation et à la distillation la mélasse mêlée aux écumes du sucre en ébullition, on fait du rhum.

MÉLASTOMACÉ, ÉE adj. (rad. *mélastome*). Bot. Qui ressemble au mélastome. — s. f. pl. Famille de plantes dicotylédones dialypétales périgynes, comprenant les deux tribus suivantes : mélastomées (mélastome, médinillier, miconie, etc.) ; charianthes (charianthe, etc.).

MÉLASTOME s. m. (préf. *méla* ; gr. *stoma*, ouverture). Bot. Genre de mélastomacées comprenant un grand nombre d'arbrisseaux qui croissent dans les régions chaudes de l'hémisphère boréal, excepté en Europe.

MELAZZO. Voy. **Milazzo**.

MELBOURNE, *ville d'Australie, capitale de la colonie de Victoria, sur le fleuve Yarra-Yarra*, à environ 15 kil. de son embouchure, à l'extrémité supérieure du grand estuaire de Port-Phillip, et à 690 kil. de Sidney ; par 37° 48' lat. S., et 142° 37' 46" long. E. ; 285,000 hab. La partie la plus importante de la ville est sur la rive septentrionale du fleuve ; il y a pourtant quelques quartiers sur la rive méridionale, comme Melbourne Sud (South Melbourne), Sandridge, Saint-Kilda, et la partie occidentale du Yarra Sud. Melbourne Nord et Melbourne Sud sont reliées par un pont. La ville est généralement bien bâtie en brique et en pierre. C'est le siége d'un évêque anglican et d'un archevêque catholique romain. Parmi les édifices remarquables, il y a les deux chambres du parlement, la douane, la trésorerie, la poste, plusieurs théâtres et un club élégant. L'université a été ouverte en 1855. La ville possède une bibliothèque bien organisée, et de nombreuses institutions scientifiques et littéraires. Les réservoirs du Yan-Yean, ouverts en 1857, fournissent la ville d'eau amenée d'un lac distant de 30 kil. Les principaux lieux de promenade sont, le parc royal et les jardins de Carlton et de Fitzgerald. Melbourne est reliée à l'Angleterre par service régulier de paquebots, et il y a des steamers qui desservent les ports voisins. La ville est le centre de quatre chemins de fer. La température moyenne du mois de janvier (été) est de 48° à 49° ; la plus haute est de 37° et la plus basse de 8° à 9° ; pendant ce même mois, la moyenne de la variation journalière est d'un demi-degré environ. Il tombe annuellement 0m.82 de pluie environ. Pour le commerce, Melbourne est le premier port des colonies anglaises. Outre l'or, les principaux produits d'exportation sont : la laine, le suif, les peaux

et autres matières premières à l'état brut. Importation, 350 millions de fr. ; exportation, 355 millions. La passe qui fait communiquer Port-Phillip avec le détroit de Bass, et qu'on appelle *The Heads* (Les Têtes), a environ 3 kil. de large. De redoutables fortifications la commandent des deux côtés. Le mouvement de la marée est de 3 pieds. — Le site de Melbourne a été choisi et occupé par un parti peu nombreux venu de Tasmanie en 1835. Deux ans après, la ville recevait le nom qu'elle porte, en l'honneur de lord Melbourne, premier ministre anglais.

MELBOURNE. I. (William-Lamb, vicomte), *homme d'État anglais, né en 1779, mort en 1848.* Il entra au parlement en 1805, et fut plus tard, sous Canning, secrétaire d'État pour l'Irlande. En 1828, il succéda au titre de sa famille, et, en 1830, il entra dans le cabinet de lord Grey comme ministre de l'intérieur. Il fut premier lord de la Trésorerie et premier ministre de 1834 à 1841, excepté pendant une courte période, en 1834-'35. — II. (Caroline Ponsonby), connue sous le nom de lady Caroline Lamb, sa femme, née en 1785, morte en 1828. Elle était fille unique du troisième *earl* (comte) de Bessborough, et se maria à l'âge de 20 ans. Vers 1813, elle conçut un attachement romanesque pour lord Byron, qui passa pour être le héros du roman qu'elle écrivit sous le titre de *Glenarvon*. Elle vécut de longues années dans la retraite, et, trois ans avant sa mort, elle fut séparée de son mari. Elle a publié deux autres romans : *Graham Hamilton* et *Ada Reis*.

MELCHIADE (Saint), mort en 314. Il fut élu pape en 311. Fête le 10 déc.

MELCHIOR s. m. [mèl-ki-or]. Voy. **Maillechort**.

MELCHISÉDECH [mèl-ki-sé-dèk] (*roi de droiture*). D'après la Gén., XIV, 18, *prêtre du Dieu Très Haut et roi de Salem*. Il bénit Abraham revenant de poursuivre le roi Chodorlahomor, et reçut en retour le dixième du butin. L'Épître aux Hébreux (VI, 20, vii, 1-21) le représente comme un prototype du Christ et sa charge comme supérieure à la prêtrise de la famille d'Aaron. Salem était un nom poétique de Jérusalem.

· MELCHITE s. m. [mèl-ki-te] (syr. *melech*, roi). Nom donné à des chrétiens d'Orient dont la doctrine se rapproche de celle des Grecs.

MELCHTHAL (Arnold von) [mèlk-tâl], l'un des fondateurs légendaires de l'indépendance suisse, natif d'Unterwalden. Suivant la légende, le bailli autrichien fit crever les yeux à son père d'Arnold parce que celui-ci refusait de révéler le lieu où s'était réfugié son fils, qui avait attaqué l'agent du bailli pendant que celui-ci saisissait des bœufs appartenant à sa famille. Le jeune Melchthal fut rejoint dans sa retraite sur le Grutli par Furst, Stauffacher et trente autres patriotes qui, en novembre 1307, firent le serment de dévouer leur vie à l'indépendance suisse. Ce but fut atteint par l'expulsion des Autrichiens des cantons d'Unterwalden, d'Uri et de Schwytz.

MELDI ou **Meldæ**, *peuple de la Gallia Lugdunensis, sur les frontières de la Belgica et sur la Sequana (Seine)*. Dans le territoire des Meldi, César construisit 40 navires pour son expédition contre la Grande-Bretagne. Ville princ., Junitum (auj. **Meaux**.)

MÊLÉ (Le) ou **Mesle-sur-Sarthe**, ch.-l. de cant., arr. à 28 kil. E.-N.-E. d'Alençon (Orne) ; 950 hab.

· MÊLÉ, ÉE part. passé de **Mêler**. — **Sang mêlé**, personne issue d'un croisement entre races différentes. — **Compagnie mêlée**, compagnie moitié bonne, moitié mauvaise. — C'est

marchandise mêlée, se dit d'une compagnie composée de personnes de différents états, de différents caractères. Cela se dit aussi d'une personne en qui l'on trouve autant de mauvaises qualités que de bonnes. — Fig. et fam. **Il a les dents mêlées**, se dit d'un homme qui, pour avoir trop bu, articule mal. — ~ **Jargon**. s. m. Mélange d'une liqueur forte et d'une liqueur douce. — **Mêlé-cass**, eau-de-vie et cassis mêlés.

MÉLÉAGRE. I. Myth. Héros grec. D'après une légende, il était fils de Mars et d'Althæa. La version la plus accréditée est que, pendant que Méléagre était à Calydon, en Étolie, Diane envoya un sanglier monstrueux ravager les campagnes, parce que le roi avait négligé ses autels. Réuni à d'autres héros dans une chasse restée célèbre sous le nom de Chasse du sanglier de Calydon, Méléagre tua cet animal. — II. Général macédonien, qui servit sous Alexandre le Grand. A la mort d'Alexandre (323), il partagea la régence avec Perdiccas, et fut mis à part pour ordre de son collègue. — III. Épigrammatiste grec du premier siècle av. J.-C. Il vivait à Gadara en Palestine. Il avait fait une collection d'épigrammes tirées de plus de 40 auteurs, qui a péri ; mais il existe 134 de ses épigrammes originales. Éditions d'Iéna (1789, in-8°) et de Leipzig (1844, in-8°).

MÉLÈCE (lat. *Meletius* ou *Melitius*), auteur du schisme mélécien, né en Égypte vers l'an 260, mort en 326. Il fut fait évêque de Lycopolis vers l'an 300, et, pendant la persécution de Dioclétien, il devint le chef du parti extrême qui refusait d'admettre les *lapsi* à la communion. Pierre, évêque d'Alexandrie, s'étant caché en 304, Mélèce, en qualité de second métropolitain d'Égypte, s'obstina à exercer pleine et entière juridiction épiscopale à Alexandrie. C'est à cause de cela qu'il fut excommunié et déposé par un synode, vers 306. Le concile de Nicée, en 325, condamna la résistance qu'il avait faite au synode ; mais 29 évêques lui donnèrent leur adhésion. Après s'être soumis en apparence à la décision du concile de Nicée, il reprit ses fonctions épiscopales. Ce schisme disparut au commencement du v° siècle.

MÉLÈCE (Saint), évêque d'Antioche, né vers 310, mort en 381. Il fut élu évêque de Sébaste en 357, mais il se démit bientôt de son siège, et, en 361, il fut choisi comme évêque d'Antioche. Il eut à la fois pour adversaires les ariens et les eustathiens orthodoxes, ou adhérents de saint Eustathe, banni en 330 ; mais la masse du peuple était pour lui. Il n'avait occupé le siège d'Antioche que 30 jours lorsqu'il fut exilé en Arménie ; mais on lui permit de revenir en 362. Il fut de nouveau banni, puis rappelé en 363, et il tint un concile dans lequel Acacius de Césarée et ses adhérents adoptèrent le *Credo* de Nicée. En 364, Mélèce fut exilé une troisième fois par les ariens, et ne fut rappelé qu'en 378. En 379, il convoqua à Antioche un concile de 144 évêques qui condamnèrent l'hérésie d'Apollinaire, et, en 380, il présida le premier concile général de Constantinople. Fête le 12 février.

· MÊLÉE s. f. Combat opiniâtre, où deux troupes de gens de guerre s'attaquent corps à corps et se mêlent : *affreuse, sanglante mêlée*. — Batterie entre plusieurs individus : *il a perdu son chapeau dans la mêlée*. — Fig. et fam. Contestation vive entre plusieurs personnes : *comme je vis que la dispute s'échauffait, je me tirai de la mêlée*.

MELEGNANO. Voy. **Marignan**.

MELENDEZ VALDEZ (Juan-Antonio) [mé-lénu'-dèss val'-dèss], *poëte espagnol né en 1754, mort en 1817.* Il fut successivement professeur à Salamanque et officier civil et judiciaire; mais il fut banni en 1792. Il s'unit au parti français en 1808, et finit misérablement sa vie en France. Il a composé des odes, des églogues, des idylles et des drames champêtres dont le plus populaire s'appelle *Les Noces de Camacho.*

* **MÊLER** v. a. (lat. *miscere*, mêler). Mettre ensemble deux ou plusieurs choses, et les confondre : *mêler des grains ensemble.* — MÊLER LE VIN, mettre ensemble des vins de diverses sortes. — MÊLER DU FIL, UN ÉCHEVEAU, DES ÉCHEVEAUX, les brouiller de telle sorte qu'on ne puisse pas aisément les dévider ou les séparer. On dit de même, MÊLER DES CHEVEUX, etc. — Jeu. MÊLER LES CARTES, ou simpl. MÊLER, battre les cartes : *mêlez les cartes.* — MÊLER LES CARTES, embrouiller les affaires : *il a bien mêlé les cartes.* — MÊLER UNE SERRURE, fausser les gardes ou quelque ressort d'une serrure, en sorte que la clef ne puisse ouvrir. — Fig. MÊLER QUELQU'UN DANS UNE ACCUSATION, l'y comprendre. ÊTRE MÊLÉ DANS UNE MAUVAISE AFFAIRE, y être impliqué. MÊLER QUELQU'UN DANS UN DISCOURS, DANS DES PROPOS, parler de lui de manière à le compromettre ou à lui déplaire : *je vous prie de ne point me mêler dans vos discours, dans vos caquets.* — Fig. MÊLER SES LARMES A CELLES DE QUELQU'UN, pleurer avec lui, partager son affliction. — Se dit aussi fig., en parlant des choses morales; et alors il signifie joindre, unir une chose avec une autre : *il sait mêler à propos la douceur à la sévérité.*

Nos plus heureux succès sont *mêlés* de tristesse.
CORNEILLE.

— Se **mêler** v. pr. : *l'huile ne se mêle pas avec l'eau.* — SE MÊLER D'UNE CHOSE, en prendre soin : *il a réussi dans toutes les choses dont il s'est mêlé.*

Je ne me *mêle* plus de toutes vos affaires.
COLLIN D'HARLEVILLE, *L'Inconstant*, acte III, sc. VIII.

— CETTE AFFAIRE SE FERA, A MOINS QUE LE DIABLE NE S'EN MÊLE, SI LE DIABLE NE S'EN MÊLE, cette affaire se fera malgré tous les obstacles. CETTE AFFAIRE NE SE FERA PAS A MOINS, etc., il est presque impossible que cette affaire réussisse. — SE MÊLER D'UNE CHOSE, s'occuper d'une chose étrangère à sa profession, à ses habitudes, à ses talents, à ses affaires : *il est médecin, et il se mêle d'astronomie.* — SE MÊLER D'UNE CHOSE, s'entremettre, s'ingérer mal à propos : *il se mêle toujours de ce qui ne le regarde pas.*

MÉLESVILLE (Anne-Honoré-Joseph DUVEYRIER, connu sous le pseudonyme de), auteur dramatique, né à Paris le 13 nov. 1787, mort à Marly-le-Roi le 8 nov. 1865. Il a produit, soit seul, soit en collaboration, environ 350 pièces de théâtre, appartenant à tous les genres, depuis le mélodrame jusqu'à l'opéra, à la féerie, au vaudeville et à la farce. Les plus connues sont le *Chalet,* le *Lac des fées,* le *Chevalier de Saint-Georges, Monsieur Beauminet, Zampa,* etc.

* **MÉLÈZE** s. m. (lat. *mel*, miel ; parce que la résine du mélèze d'Europe a une apparence de miel). Bot. Genre d'abiétinées à feuilles minces, linéaires, en forme d'un bourgeon écailleux; à chatons mâles en formes de bourgeons solitaires; à cônes femelles écailleux. Ce genre, très voisin des cèdres et des pins, comprend deux ou trois espèces de grands arbres, de l'hémisphère boréal, répandus dans les districts montagneux des régions tempérées et qui descendent dans les plaines, à mesure que l'on se rapproche du pôle. Le *mélèze d'Europe* (*larix Europæa*), qui atteint jusqu'à 30 m. de haut, est droit, élancé, pyramidal, à branches horizontales, à écorce d'un roux grisâtre plus ou moins foncé, à feuilles courtes, annuelles, subulées, un peu raides, naissant par petits faisceaux. Cette espèce se trouve dans toute l'Europe centrale, surtout dans les Alpes; on

la cultive sur une grande échelle comme arbre d'ornement et de charpente. Elle a une croissance très rapide; et quand on en fait de grandes plantations, elles sont promptement d'un bon rapport. Le bois de mélèze est solide, durable, presque incorruptible, d'un jaune brun, on l'emploie pour faire des traverses de chemin de fer, des conduites d'eau, des chalets entiers, des échalas, du charbon. La résine qui découle de cet arbre est connue dans le commerce sous le nom de *térébenthine de Venise,* et les grains visqueux et sucrés qui suintent de ses feuilles, constituent la substance purgative nommée *manne de Briançon.* Le *mélèze pleureur* (*larix Europæa*

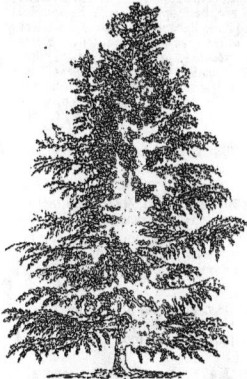

Mélèze d'Europe (Larix Europæa).

pendula) est d'un bel aspect dans les jardins paysagers. Le *mélèze d'Amérique* (*larix Americana*) se trouve depuis les montagnes de la Virginie jusqu'à la baie d'Hudson ; dans la Nouvelle-Angleterre et au Canada; on le connaît sous le nom de *hackmatack,* et, dans les états du sud et du nord, on l'appelle *tamarack.* En forêt, il atteint 70 pieds de hauteur,

Mélèze d'Amérique (Larix Americana).

mais il est d'ordinaire beaucoup plus petit. Le bois est d'un grain serré, compact, d'une force et d'une durée remarquables, très lourd et presque incombustible ; ses qualités le font rechercher pour la construction des navires. Comme arbre d'ornement, il ne vaut pas le mélèze européen.

MELFI, ville d'Italie, province de Basilicate, à 44 kil. N.-O. de Potenza ; 11,000 hab. Évêché. Château construit par les Normands. Le tremblement de terre du 14 août 1851 coûta la vie à 600 hab. de Melfi.

MÉLI, Mélit, MÉLITO (gr. *meli*). Préfixe qui signifie miel.

MÉLI (Giovanni) [mè'-li], poète italien, né en 1740, mort en 1815. Il était professeur de chimie à Palerme. Il doit surtout sa renommée à ses chants d'amour écrits dans le dialecte sicilien. Ses œuvres forment 8 vol. (1830-'39).

MÉLICERTE. Mythol. Fils d'Athamas et d'Ino. Poursuivi par la colère paternelle, il se précipita dans les flots ainsi que sa mère. Ils furent changés l'un et l'autre en divinités maritimes; Ino devint Leucothée et Mélicerte, Palæmon.

MELILLA (*Mlila*), ville forte du Maroc, appartenant aujourd'hui à l'Espagne, à 255 kil. N.-E. de Fez ; 3,000 hab. Les Espagnols s'y sont établis en 1496.

* **MÉLILOT** s. m. (gr. *meli*, miel ; fr. *lotus*). Bot. Genre de papilionacées, tribu des lotées, comprenant une trentaine d'espèces de plantes herbacées, à feuilles trifoliées et à fleurs disposées en grappes. Le *mélilot officinal* (*melilotus officinalis*), très commun dans nos bois ou le long de nos haies, répand une odeur agréable et est employé en médecine pour la préparation de certains collyres.

* **MÉLI-MÉLO** s. m. Terme très familier qui signifie, un mélange confus et désordonné : *on ne peut se reconnaître dans ce méli-mélo.*

MÉLINDE, ville et port maritime de la côte de Zanguebar (Afrique occidentale), à l'embouchure du Zambèze, par 3° lat. S., et 38° 42' long. E.; 1,200 hab. Mélinde appartint aux Portugais du XVe au XVIIe siècle. C'est aujourd'hui une ville en ruines.

MÉLINGUE (Étienne-Marin), célèbre acteur, né à Caen en 1812, mort en mars 1875. Adonné d'abord à la peinture (miniature), il gagna une petite fortune à la Guadeloupe, revint en France, aborda le théâtre, obtint quelque succès à Rouen et se distingua à Paris dans la création des rôles principaux d'un grand nombre de pièces contemporaines: *Tour de Nesle, Don Juan de Marana, Manoir de MontLouvier, Benvenuto Cellini, Lazare le Pâtre, Dame de Montsoreau, Bossu,* etc. Comme sculpteur, il a produit : Frédéric le Grand, Boulé, Rabelais, Satan, Hébé (faite pour une scène de *Benvenuto Cellini*), l'Histrion, etc.

MELIORIBUS ANNIS [mé-lio-ri-buss-annniss]. Fin d'un vers de Virgile (*En.,* liv. VI, vers 649), qui signifie : *Dans des temps meilleurs.*

MÉLIPONE s. f. (préf. *méli*; gr. *ponos,* travail). Entom. Genre d'apiaires, comprenant plusieurs espèces d'abeilles, qui habitent les régions chaudes de l'Amérique et de l'archipel Indien. Les mélipones se distinguent surtout par l'absence d'aiguillon.

MÉLISEY, ch.-l. de cant., arr. et à 11 kil. N. de Lure (Haute-Saône), dans la vallée de l'Agnon ; 1,350 hab. Fabriques de toiles de coton et de mousseline; teintureries, tanneries; commerce de fromages.

* **MÉLISSE** s. f. (gr. *melissa,* abeille). Bot. Genre de labiées comprenant plusieurs espèces de plantes ordinairement herbacées, à feuilles simples, opposées, et à fleurs axillaires. La *mélisse officinale* (*melissa officinalis*) croît dans les lieux incultes du midi de l'Europe. Ses tiges carrées et rameuses sont fragiles; ses feuilles sont un peu velues. Toutes les parties de cette plante répandent une odeur suave analogue à celle du citron; c'est pourquoi on l'appelle quelquefois *citronelle.*

La mélisse est employée en médecine, dans les affections spasmodiques, dans la colique nerveuse, dans l'hystérie et dans l'indigestion: de 5 à 15 gr. par litre d'eau en infusion théiforme. Les feuilles de mélisse fraîches, distillées avec de l'esprit de vin rectifié, produisent l'*eau de mélisse des Carmes*, employée comme stimulante.

MELITA. Voy. MALTE.

MELLE (lat. *Mellusum* ou *Metallium*), ch.-l. d'arr., à 29 kil. S.-E. de Niort (Deux-Sèvres), sur une colline escarpée, par 46° 13' 20'' lat. N. et 2° 28' 53'' long. O.; 3,000 hab. Commerce de grains, bestiaux, mules, etc.; huileries, tanneries, quincailleries.

MELLIFÈRE [mèl-li-] (lat. *mel, mellis*, miel; *fero*, je porte). Qui produit du miel ou qui sécrète une liqueur sucrée. — ' s. m. pl. Entom. Famille d'hyménoptères porte-aiguillon, comprenant les genres abeille et apiaire.

MELLIFICATION s. f. (lat. *mel*, miel; *facere*, faire). Élaboration du miel par les abeilles.

MELLIFIQUE adj. Qui fabrique du miel.

MELLIFLU, UE adj. [mèl-li-] (lat. *mel*, miel; *fluere*, couler). Qui distille le miel, qui abonde en miel. — Fig. Doucereux, fade.

MELLONI (Macedonio), physicien italien, né à Parme en 1804, mort en 1853. Il fit sur le rayonnement de la chaleur plusieurs découvertes importantes, qu'il présenta en 1833 à l'Académie des sciences de Paris, et qui lui valut de la Société royale de Londres la médaille de Rumford. Il fut directeur de l'observatoire météorologique établi sur le mont Vésuve (1839-'49); c'est là qu'il découvrit de la chaleur dans la lumière lunaire, ce qui le conduisit à déterminer l'analogie de la chaleur rayonnante et de la lumière. La *Termocrasi* (1 vol., 1850) contient sa théorie de la « coloration de la lumière », ses expériences sur la transmission de la chaleur, etc.

MELO (Manuel de) [mè'-lo], colonel portugais, né en 1611, mort en 1665. Il écrivit en espagnol, son *Historia de los movimientos, separacion y guerra de Cataluña*, qui a pris rang parmi les ouvrages classiques. Beaucoup de ses œuvres sont restées inédites, quoiqu'il en ait paru plus de 100 volumes, parmi lesquels *Las tres Musas del Melodino*, qui contient ses meilleures poésies.

MÉLOCACTE s. m. (lat. *melo*, melon; fr. *cactus*). Bot. Genre de cactées, à tige globuleuse, formée de mamelons très serrés, à l'aisselle desquels naissent de petites fleurs éphémères. Le *mélocacte commun* (*melocactus communis*),

Mélocacte commun (Melocactus communis).

originaire des Antilles, présente 12 ou 18 angles munis de faisceaux d'épines rougeâtres. Ses fleurs sont d'un rose vif. Cette plante est recherchée pour l'ornement

MÉLODÉON s. m. Nom donné à différentes

époques, à deux ou plusieurs sortes d'instruments de musique; mais appliqué aujourd'hui à un instrument de création récente. Dans celui-ci, qui ressemble extérieurement au piano, les sons se produisent en touchant les clefs d'un clavier; chaque clef, en soulevant une valve, permet au courant d'air d'un soufflet de mettre en action celle d'une série d'anches métalliques libres qui lui correspond. La portée de l'instrument est de cinq à sept octaves.

* **MÉLODIE** s. f. (gr. *melodia*). Suite de sons d'où résulte un chant agréable et régulier: *douce mélodie*. — Se dit quelquefois, dans un sens plus technique, de tout arrangement de sons, exécutés, entendus successivement dans un même air, par opposition à harmonie, qui consiste dans l'accord de plusieurs parties exécutées, entendues simultanément : *la mesure est essentielle à la mélodie, et ne l'est point à l'harmonie.* — Se dit par ext., en parlant de poésie ou de prose, et signifie, un choix et une suite de mots, de phrases propres à flatter l'oreille : *la mélodie du style; la mélodie des vers de Racine.*

* **MÉLODIEUSEMENT** adv. D'une manière mélodieuse: *le rossignol chante mélodieusement.*

* **MÉLODIEUX, EUSE** adj. Rempli de mélodie : *chant, air, son mélodieux.*

* **MÉLODIQUE** adj. Mus. Qui appartient à la mélodie: *progression mélodique.*

MÉLODIQUEMENT adv. D'une manière mélodique.

MÉLODISTE s. m. Celui qui compose des mélodies; celui qui fait de la mélodie la partie principale de la musique; il est opposé à HARMONISTE.

* **MÉLODRAMATIQUE** adj. Qui a rapport au mélodrame, qui ressemble au mélodrame, qui est exagéré : *gestes mélodramatiques.*

MÉLODRAMATURGE s. m. Auteur de mélodrames.

* **MÉLODRAME** s. m. Sorte de drame populaire, mêlé de musique. — Par ext. Tout ouvrage dramatique dans lequel sont accumulées les situations violentes et les péripéties imprévues, ou dont le langage est emphatique et exagéré : *personnage de mélodrame.*

MÉLODUNUM (Melun), ville des Senones, dans la Gallia Lugdunensis.

MÉLOÉ s. m. (gr. *melas*, noir). Entom. Genre de coléoptères, voisin des cantharides, comprenant environ 50 espèces d'insectes sans ailes sous les élytres, à tête plate et triangulaire. Les méloés se meuvent lentement ; ils se nourrissent d'herbes ou de feuilles. Leurs propriétés vésicantes les ont rendus populaires ; et on s'en sert parfois au lieu de cantharides. — Le *méloé proscarabé* (*meloe proscarabæus*), long de 25 millim., d'un beau noir luisant ponctué, est commun au printemps; la femelle pond dans la terre.

MÉLOGRAPHE s. m. (gr. *melos*, chant; *graphô*, j'écris). Celui qui copie ou écrit de la musique.

* **MÉLOMANE** s. Celui, celle qui aime la musique à l'excès, avec passion : *c'est un mélomane, une mélomane.*

* **MÉLOMANIE** s. f. (gr. *melos*, musique; fr. *manie*). Amour excessif de la musique : *toute cette famille est possédée de la mélomanie.*

MÉLON s. m. (ital. *mellone*). Bot. Espèce de concombres dont le fruit est succulent et d'un goût agréable. Le melon, originaire d'Asie, est cultivé en Europe depuis une époque très reculée. Pline le Naturaliste nous apprend que le melon était l'objet de l'avidité friande des empereurs romains. Tibère en mangeait en toute saison. — Dès

le XVI° siècle, le melon fut l'objet, en France, d'une culture perfectionnée. Le *Théâtre du jardinier*, publié par Claude Mollet, jardinier de Louis XIII, contient d'excellents conseils relativement à la manière de traiter les melons sur couche. — Goudin, jardinier de Louis XV, établit, à Choisy-le-Roi, des melonnières modèles qui ne coûtèrent pas moins de 100,000 fr. — MELON D'EAU. Sorte de melon fort rafraîchissant, dont la chair est rouge, verdâtre ou blanche. On le nomme aussi PASTÈQUE. — w Jargon. Pop. Individu niais, stupide: *tais-toi, tu n'es qu'un melon.* — Chapeau hémisphérique. — Hortic. On cultive chez nous un grand nombre de variétés de melon : 1° MELON COMMUN ou BRODÉ, à peau réticulée. Il a produit comme sous-variétés le *melon maraîcher*, qui donne les produit les

melon maraîcher.

plus abondants; chair d'un rouge pâle, blanchâtre, épaisse, d'une saveur médiocre ; le *sucrin*; le *sucrin de Tours*, chair rouge, ferme et très sucrée ; le *sucrin à petites graines*, petit, rond et précoce ; le *sucrin à chair verte*, rond, peu brodé, parfumé ; le *sucrin à chair blanche*, parfumé, fondant, très estimé ; le *melon d'Honfleur*, à chair jaune, très allongé, quelquefois d'une dimension colossale, moins fin que le sucrin ; 2° les CANTALOUPS, à peau verruqueuse, originaires d'Arménie, introduits chez nous vers la fin du XV° siècle. Les sous-variétés les plus connues en France sont : le *cantaloup prescott hâtif; le cantaloup gros prescott fond blanc* ; le *cantaloup d'Alger*, à chair rouge ; le *cantaloup du Mogol* ; le *cantaloup à chair rouge*; le *gros cantaloup de Hollande*, etc.; 3° les MELONS A PEAU UNIE, de couleur verte ou panachée, à chair sucrée, mais un peu fade, dépourvue d'odeur. Sous-variétés principales : *melon de Malte*, à chair rouge, très hâtif, allongé, sucré: *melon de Malte à chair blanche*, de même forme, à chair fondante; *melon d'hiver, à chair verte ou à chair blanche.* — Sous nos climats, le melon ne vient bien que sur couche ou sous châssis. On ne peut le cultiver en pleine terre que dans la région du maïs ou dans des situations bien exposées, sur le rivage de la mer. Les premiers semis se font en mars; quand les plantes sont bien levées, on les repique à 12 centim. les unes des autres sur des couches préparées huit ou dix jours d'avance. Les melons demandent à être étêtés, quand ils ont produit 4 ou 5 feuilles ; on ne conserve que les 2 ou 3 premières feuilles qui se trouvent au-dessus des cotylédons et on couvre la plaie d'une pincée de terre. Pendant le temps des chaleurs, le melon demande beaucoup d'air et des arrosements fréquents d'eau exposée, depuis plusieurs jours, aux influences de l'atmosphère. Lorsque les fruits ont atteint la grosseur d'une noix, on supprime, par un pincement, l'extrémité de la branche, à deux feuilles au-dessus du fruit que l'on veut conserver. On laisse ordinairement 3 ou 4 fruits par pied. Le seul ennemi le puceron noir, dont on se débarrasse par l'emploi d'une forte infusion de tabac répandue sur les feuilles. — La chair du melon est salubre et bienfaisante, lorsqu'on en use avec modération ; mais elle devient nuisible quand on en fait abus ; on conseille de s'en abstenir aux personnes prédisposées aux débilités de l'estomac. On relève souvent la chair du melon en la saupoudrant de sel et poivre ou de sucre.

* **MÉLONGÈNE** ou **Melongène** s. f. Voy. AU-BERGINE.

* **MELONNIÈRE** s. f. Endroit où l'on cultive des melons : *il faut faire là une melonnière.*

* **MÉLOPÉE** s. f. (gr. *melopoia*). Mus. Art, règles de la composition du chant. On ne l'emploie qu'en parlant de la musique des anciens. — Se dit aussi de la déclamation notée des anciens.

MÉLOPHAGE s. m. (gr. *mélophagos*, qui mange les brebis). Entom. Genre de diptères pupipares, dont une espèce, le *mélophage du mouton* (*melophagus ovinus*), long de 5 millim., de couleur fauve avec l'abdomen noir, vit caché dans la laine des moutons dont il suce le sang. Il recherche particulièrement les agneaux. La particularité la plus remarquable de sa conformation est qu'il n'a jamais d'ailes dans toutes les périodes de son existence. Il fixera tête dans la peau de sa victime, et y fait naître une large tumeur. Les larves de ces créatures éclosent et vivent dans le corps de leur mère, jusqu'à ce qu'elles aient atteint l'état de crysalides. La femelle les dépose alors, sous forme de gros œufs blancs et mous, dans la toison du mouton. Quelques jours après, l'insecte sort, à l'état parfait, de son enveloppe. Le mélophage est quelquefois appelé *tique du mouton*, mais ce terme lui est très improprement appliqué, attendu que les tiques appartiennent à la classe des arachnides.

MÉLOPHONE s. m. (gr. *melos*, mélodie ; *phoné*, voix). Mus. Sorte d'accordéon perfectionné, qui fut inventé, en 1837, par un facteur français nommé Leclerc.

° **MÉLOPLASTE** s. m. (gr. *melos*, mélodie ; *plassô*, je fais). Tableau représentant une portée de musique, sur laquelle le professeur indique avec une baguette les sons que l'élève doit entonner : *la méthode du méloplaste.*

MÉLOPLASTIE s. f. (gr. *mélon*, joue ; *plassô*, je fais). Chir. Restauration d'une joue qui a perdu une partie de sa substance.

MELORA ou **Meloria**, petite île de la Méditerranée, près de la côte de Toscane, à 5 kil. S. de Livourne. Les Génois y remportèrent une victoire navale sur les Pisans en 1241. Mais ces derniers y vainquirent complètement leurs ennemis, le 6 août 1284.

MELOS (mè'-loss), ancien nom, aujourd'hui rétabli, d'une îles des Cyclades, longtemps appelée **Milo**. Elle appartient à la Grèce. Elle gît par 36° 40' lat. N. et 22°, 2', 46" long. E. ; 159 kil. carr. ; environ 3,500 hab. Sur la côte septentrionale se trouve une baie profonde, qui forme l'un des meilleurs ports du Levant. C'était là que s'élevait jadis la florissante ville de Melos. L'île est de formation volcanique, pierreuse et montagneuse. Le mont Saint-Elie, au S.-O., a 2,540 pieds au-dessus du niveau de la mer. La partie basse est marécageuse et malsaine, et l'île est presque dépeuplée. Des ruines considérables marquent l'emplacement de l'ancienne Melos. Castron, village bâti sur un rocher qui domine l'entrée septentrionale de la baie, est le siège du gouvernement local. Melos était anciennement riche et puissante, mais la guerre du Péloponnèse la ruina. — Anti-Melos, petite île montagneuse, à 10 kil. N.-O. de Melos, n'est habitée que par des chèvres sauvages.

MELPOMÈNE Myth. La muse de la tra-

gédie chez les Grecs. On la représente généralement chaussée du cothurne, la tête entourée d'une guirlande de pampre, une épée ou la massue d'Hercule dans une main, et une couronne ou un sceptre dans l'autre.

MELRHIR ou **Melghir** (*chotth*). Nom donné à l'une des vastes lagunes comprises dans le périmètre de l'ancien lac Triton, au sud de la province de Constantine (Algérie) et de la Tunisie. Ce périmètre se trouve entre le seuil de Gabès, au fond du golfe du même nom, et 3° 45' de long. E. de Paris et 34° 30' et 33° 45' de lat. N. Sa longueur totale est de 380 kil. — *Melrhir* signifie *sol bas, déprimé et spongieux. Chotth* signifie *élargissement* ; ce nom s'applique à un lac formé par la dilatation d'un fleuve ou à un estuaire plus ou moins vaste formé par la réunion de plusieurs cours d'eau, comme c'était le cas pour le Triton. Cet ancien lac n'était donc pas, comme on le croit communément, un golfe de la Méditerranée, mais bien un *chotth* ou lac immense formé par la réunion de quatre cours d'eau principaux, aujourd'hui desséchés, à ciel ouvert : le *Souf* (ancien Triton), l'*Igharghar*, l'oued *Miyd* et l'oued *Djeddi* (ancien *Nigris*). L'immense nappe liquide ainsi formée se déversait dans la mer par un étroit canal, aujourd'hui recouvert par les sables, lequel débouchait au fond du golfe de Gabès. — « La communication avec la mer cessa peu à peu, dit le voyageur Largeau, dont nous résumons ici les conclusions, et le Triton se transforma en marais à mesure que, par suite du déboisement du Sahara, commencèrent à se dessécher superficiellement les fleuves qui l'alimentaient. Faute d'apports suffisants, le volume des eaux se trouva de plus en plus réduit par l'évaporation ; la salure, déjà plus forte par l'effet de cette même évaporation, fut encore augmentée par le lavage des plateaux environnants, car la croûte sédimentaire saharienne est partout salée ; les eaux, alors, sont devenues très denses ; puis les agents atmosphériques ayant désagrégé les roches des plateaux dénudés, les sables, produits de la désagrégation, ont été charriés par les vents dans le lit de l'ancien lac, et il s'est produit là ce que j'ai observé dans tous les chotths ou sebkhas de Sahara, c'est-à-dire que la quantité de sable en suspension dans les eaux a fini par être telle, qu'une croûte composée de sable fin et de sels agglomérés a fini par se former à la surface ; puis cette croûte, sans cesse accrue par de nouveaux apports aériens, est devenue assez épaisse en certains endroits pour porter des caravanes ; à d'autres points, elle s'élève même au-dessus du niveau général en forme de dunes ou bourrelets de sable plus ou moins épais qui, disposés en chaînes irrégulières, divisent l'ancien chotth ou lac Triton en plusieurs lagunes ou chotths particuliers. Les principales divisions sont, de l'est à l'ouest : le Djerid, dont la superficie est de 6,000 kil. carrés, le Rharsa (1,200 kil. carrés), situé sur le territoire tunisien, le Melrbir (6,000 kil. carrés), qui s'avance sur le territoire algérien parallèlement à l'Aurès, jusqu'au bordj de Chegga, à deux journées de marche au sud de Biskra. En résumé, les chotths sont aujourd'hui formés d'une nappe liquide très dense, contenant beaucoup de sels en dissolution et de sables en suspension, et recouverte d'une croûte plus ou moins épaisse et solide, selon que les apports aériens ont été, sur tel ou tel point, plus ou moins considérables. Cette nappe liquide inférieure est encore alimentée, mais faiblement, par les apports des anciens fleuves, dont les eaux, absorbées par le sol spongieux, s'écoulent maintenant, sauf après les pluies abondantes, en nappes souterraines superposées. » Malgré les récits des anciens auteurs, tels que Pindare, Hérodote, Pomponius Mélas, Ptolémée, etc., et malgré les données recueillies par plusieurs

explorateurs et géologues, et les assertions de M. le sénateur Pomel qui, déjà, en 1872, signalait la dépression des chotths et discutait la possibilité d'y introduire les eaux de la mer, l'existence d'une ancienne nappe dans cette région était encore vivement contestée, lorsqu'un savant officier, M. le commandant Roudaire, chargé en 1873, de concert avec M. Noll, du nivellement de la région comprise entre Biskra et le Melrhir, ayant eu l'idée de pousser son travail jusque dans l'intérieur du chotth, acquit la certitude mathématique que sa surface était à 27 mètres au-dessous du niveau de la mer. Ainsi se trouvèrent justifiées, du moins en partie, les assertions de M. le sénateur Pomel. Evidemment, si les chotths tunisiens se trouvaient dans les mêmes conditions de niveau, il serait facile, au moyen d'une coupure faite au fond du golfe de Gabès, d'introduire les eaux de la Méditerranée dans les bas-fonds sahariens. Dans l'opinion de M. Roudaire, la mer intérieure ainsi créée aurait le triple avantage de modifier les conditions climatériques de la contrée, d'opposer un obstacle infranchissable aux invasions venant du sud-est, et enfin d'offrir à notre flotte un vaste port de refuge. Le projet de mer intérieure de M. Roudaire fut pris en considération par le ministre de la guerre ; la Société de géographie de Paris s'y intéressa et les Chambres votèrent 10,000 fr. pour les études préliminaires. Une expédition fut organisée à Biskra sous la direction de l'enthousiaste capitaine, auquel furent adjoints les capitaines Martin et Parisot, le lieutenant Baudot aujourd'hui capitaine, le médecin-major Jacquemet, le géologue H.-E. Châtelier et le dessinateur Sauzéa. M. Henri Duveyrier, le célèbre explorateur du pays des Thouareg, fut attaché à la mission comme délégué de la Société de géographie, et le capitaine Comoy fut chargé du commandement de l'escorte. Le programme consistait à étudier le projet de mer intérieure en déterminant par nivellement, de proche en proche, le périmètre et la profondeur du bassin inondable sur le territoire algérien. — Commencés le 7 décembre 1874, les travaux, bien conduits, furent terminés le 12 avril 1875. Il fut constaté que le périmètre inondable du bassin algérien est de 6,000 kil. carrés et que, dans ses parties centrales, la profondeur de ce bassin varie de 25 à 27 mètres au-dessous du niveau de la mer ; la partie occidentale du chotth El Rharsa, situé sur territoire tunisien, fut trouvée à 15 mètres de profondeur ; mais entre ce chotth et la partie orientale du Melrhir, s'étend le petit chotth El Asloudj, situé entre deux chaînes de dunes, et dont le niveau se trouva être à 3 mètres au-dessus de celui de la mer. Mais M. Roudaire pensa que ce ne serait pas là un obstacle à la réalisation de son projet : le bassin tunisien une fois inondé, il suffirait de creuser une tranchée à travers les dunes d'El Asloudj pour désagréger et emporter les sables ; la seule poussée des eaux suffirait à élargir le chenai et à lui donner rapidement une quinzaine de mètres de profondeur. — Restait cependant à explorer le bassin tunisien. Déjà une mission italienne, présidée par le marquis Antinori, avait déclaré après, il est vrai, une exploration des plus sommaires, que la mer saharienne n'avait jamais existé et que, par conséquent, il était impossible de la reconstituer. Pour toute réponse, M. Roudaire se remit à l'œuvre. Arrivé en Tunisie en février 1876, il constata tout d'abord que le point le moins élevé de l'isthme de Gabès est celui où coule l'oued Malahh. D'après les traditions arabes, cette rivière serait le restant d'un ancien détroit qui, bien avant Mohammed, mettait les chotths en communication avec la mer. Le seuil de Gabès, épais de 20 kil. et dont le faîte est élevé de 56 mètres, se trouva être formé exclusivement de sable; nulle part la sonde ne rencontra de roches dures. Le nivellement des chotths tunisiens donna ensuite les résultats suivants : la partie orientale du chotth el Djerid, appelée El Fedjedj, se trouva être de 24 m. au-dessous du niveau de la mer, et le Djerid proprement dit à 15 m. 30 dans ses points les plus bas. Entre le Djerid et le Rharsa s'étend un plateau sablonneux compact de 9 à 10 kil. d'épaisseur, avec une ligne de faîte variant entre 50 et 60 m. d'altitude. Toutefois le Rharsa présente, dans ses parties centrales, une dépression de 20 m. au-dessous du niveau de la mer. — M. Roudaire ne se laissa pas décourager par ces résultats; des sondages, exécutés sur différents points du Djerid pendant l'hiver de 1879 à 1880, lui donnèrent la preuve que ce chotth est un lac d'eau à peu près pure dont la surface a été recouverte, en vertu d'un phénomène déjà expliqué plus haut, d'une croûte d'épaisseur variable, formé de sels et de sables agglomérés. Le fond de ce lac serait, d'après ses calculs, inférieur au niveau de la Méditerranée. « Dès lors, exposa ensuite M. Roudaire, la mer intérieure devient possible, facile, et il n'y a pour l'obtenir que trois opérations successives à exécuter : 1° faire une coupure entre le Rharsa et le Djerid; 2° faire un canal entre le Rharsa et le Melrhir au chotth el Asloudj; le chotth el Djerid se videra alors dans les chotths algériens; la croûte supérieure n'étant plus soutenue s'affaissera, et il ne restera, pour terminer, qu'à remplir cette grande cuvette en y amenant les eaux de la Méditerranée par une troisième coupure au seuil de Gabès. » — Tel est, exposé dans sa simplicité, le projet de mer intérieure de M. Roudaire. Sans émettre ici, à son égard, le moindre jugement, nous ajouterons seulement que ce projet grandiose qui, pendant plusieurs années, a eu le privilège de passionner l'opinion publique, mais dont l'exécution entraînerait certainement des dépenses dont l'évaluation est à l'avance impossible, a été honoré du haut patronage de M. de Lesseps. Par contre, il est vivement critiqué par M. le capitaine d'état-major Baudot, l'un des collaborateurs de M. Roudaire en 1874, qui le juge irréaliable, et par le voyageur Largeau. Ce dernier admet bien la possibilité d'introduire les eaux de la Méditerranée dans les bas-fonds sahariens; mais il en conteste l'utilité. Du reste, pour différentes raisons, il ne croit pas à la durée de cette œuvre gigantesque, laquelle, dit-il, « serait la reconstitution, à rebours, de l'ancien lac Triton. Les causes qui ont produit le dessèchement et sur certains points le comblement, n'étant pas anéanties, et le dragage étant impossible sur une pareille étendue, tout serait à recommencer au bout d'un certain nombre d'années ». Se basant sur ce principe que le Triton était un lac d'eau douce alimenté par des fleuves et non un golfe de la mer, il croit que le meilleur moyen de le rétablir consiste à reboiser le Sahara, le reboisement devant nécessairement rendre la vie aux fleuves morts qui l'alimentaient jadis. Certes ce n'est pas là l'œuvre d'un jour!

MELROSE ABBEY (mèl-roze' ab-è), ou **Abbaye de Melrose**, ruine fameuse à Melrose, dans le Roxburghshire (Ecosse), près de la Tweed, à 50 kil. S.-E. d'Edimbourg. Cette abbaye

fut fondée, en 1136, par David Ier, achevée en 1146, et dédiée à la vierge Marie. En 1322, elle fut détruite par l'armée anglaise d'Edouard II; mais rebâtie bientôt par Robert Bruce. L'église, seule partie qui reste de l'ancien monastère, est un des spécimens les mieux conservés de l'architecture gothique.

MELTON-MOWBRAY (mèl-tonn-mou'-brè), ville du Leicestershire (Angleterre), à 25 kil. N.-E. de Leicester; 5,033 hab. On y fait beaucoup de fromages de Stilton et de pâtés de porc; il y a des fabriques de dentelles, des brasseries et des tanneries.

MELUN, *Melodunum*, ch.-l. du dép. de Seine-et-Marne, à 45 kil. S.-E. de Paris, sur la Seine; par 48° 32' 32" lat. N. et 0° 49' 10" long. E.; 11,200 hab. Elle est en partie bâtie sur une île; mais les plus beaux quartiers de la ville sont ceux de la rive droite. L'église de Saint-Aspals est un édifice élancé du xv° siècle. La ville a des fabriques de drap, de tissus mélangés de laine et coton, et de faïences. Melun fut assiégé par les Normands et plusieurs fois par les Anglais. Abélard ouvrit une école de philosophie dans cette ville, qui était alors une résidence favorite de la cour. Fameuses anguilles. Patrie d'Amyot.

MELUNOIS, **OISE** s. et adj. De Melun; qui appartient à cette ville ou à ses habitants.

MÉLUSINE, fée célèbre aux temps de la chevalerie et dans les légendes du moyen age. Elle était, d'après la tradition, fille d'un roi d'Albanie et elle épousa Raymondin, comte de Forez, premier seigneur de Lusignan, pour qui elle bâtit le château de Lusignan (Poitou). Son nom parait être une corruption de *Merlusine*, *Mère Lusine*, *Mère Lusignan*. Son pouvoir magique la rendait visible sur les tours du château de Lusignan lorsque de grands malheurs menaçaient mes descendants ou le royaume de France. Elle apparaissait alors sous la figure d'une femme de grande beauté ou avec la forme d'un serpent monstrueux. On lui attribue la construction des châteaux de Morvant, d'Issoudun, de Marmande, de Parthenay, du Coudray, etc.

MELVILLE (sir **James**), officier écossais, né vers 1535, mort en 1607. Très jeune, il servit sous le connétable de Montmorency en France et dans les Flandres; après la chute de celui-ci, il entra au service de l'électeur palatin. De retour en Ecosse, il fit partie de la maison de la reine. Sous Jacques VI, il était gentilhomme de la chambre et membre du conseil privé. Les *Mémoires de sir James*

Abbaye de Melrose.

Melville de Hal-hill ont paru en 1683; la meilleure édition est celle d'Edimbourg, 1827.

MELVILLE (Détroit de) ou **Détroit de Parry**, dans l'Amérique arctique, entre 72° et 75° lat. N. et 102° 20' 14" et 147° 20' 16" long. O. Il se trouve entre les détroits de Parry au N., la Terre du Prince de Galles au S.-E., la Terre du Prince Albert au S.-O. et l'île de Baring ou Terre de Banks à l'O. Sa longueur, de l'E. à l'O., est d'environ 500 kil., et sa largeur de 350 kil. Le détroit de Banks l'unit à l'océan Arctique au N.-O., et à l'E. il communique avec la mer de Baffin par les détroits de Barrow et de Lancastre. — L'ILE DE MELVILLE, au N.-O. du détroit, est de forme irrégulière, et mesure, de l'E. à l'O., environ 350 kil. sur sa plus grande largeur. — LA PRESQU'ILE DE MELVILLE se projette du continent américain au N. de la baie de Hudson, entre 66° 10' et 69° 30' de lat. N. et 83° 20' 14" et 89° 20' 14" de long. O. Sa longueur du N. au S. est d'environ 430 kil. et sa largeur de 130.

MELVILLE. I. Ile de l'Amérique polaire. Voy. MELVILLE (Détroit de). — II. Ile au N.-O. de la côte d'Australie, entre 11° 3' et 44° 56' lat. S., et 127° 59' 46" et 129° 43' 46" long. E. Elle est séparée de la Grande Terre à l'E. par le détroit de Dundas, et au S. par le détroit de Clarence et le golfe de Van Diemen; le détroit d'Apsley la sépare de l'île de Bathurst à l'O. Au N. et à l'O. sa côte est basse, mais partout ailleurs élevée et abrupte. La végétation y est luxuriante. Les naturels sont plus robustes et plus entreprenants que ceux de l'Australie.

*• **MÉMARCHURE** s. f. (préf. mé; et *marcher*). Art vétér. Entorse que se donne un cheval en faisant un faux pas : *ce cheval est boiteux d'une mémarchure*, a pris une mémarchure.

MEMBERTOU (Henry), Indien de la tribu des Micmacs, *sagamore* et médecin, mort en 1611, à l'âge supposé de 110 ans. C'était un chef puissant, et un solide ami des Français. En 1607, il conduisit un gros parti de Micmacs contre les Indiens Armouchiquois, qu'il défit près du Merrimack. Il reçut le baptême en 1610, sembla s'efforcer de mener une vie chrétienne, et voulut faire la guerre à toutes les tribus qui refusaient d'embrasser le christianisme.

*• **MEMBRANE** s. f. (lat. *membrana*; de *membrum*, membre). Anat. Tissu mince et large du corps de l'animal, servant à former, à envelopper ou à tapisser des organes : *les fibres d'une membrane*. — FAUSSE MEMBRANE, tissu qui se forme quelquefois à la surface des membranes muqueuses et séreuses lorsqu'elles sont enflammées : *dans le croup, il se forme une fausse membrane qui obstrue les voies aériennes*. — ENCYCL. Le terme *membrane* est appliqué à des couches de tissu, minces, plus ou moins élastiques, blanchâtres ou rougeâtres, tapissant soit des cavités intérieures, soit des canaux qui s'ouvrent extérieurement, absorbant des fluides ou en sécrétant, et enveloppant divers organes. Les membranes simples sont ou muqueuses, ou séreuses, ou fibreuses. Les membranes muqueuses tapissent les cavités qui communiquent à l'extérieur, telles que la bouche, le canal intestinal, les voies urinaires, et les passages de l'air. Elles continuent la peau et ont une structure analogue, la couche extérieure correspondant à l'épiderme et étant composée de différentes formes d'épithélium, suivant la position occupée par la membrane. Dans la membrane muqueuse du canal intestinal se trouvent une quantité de glandes sécrétantes, qui fournissent différents liquides digestifs. (Voy. GLANDE et PEAU.) Les membranes sont généralement douées d'une vive sensibilité aux endroits où elles confinent à la peau, comme les paupières, les lèvres, etc.; mais, à l'état de santé, elles en ont de moins en moins, et finalement

deviennent presque insensibles à l'intérieur des organes. Les membranes séreuses sont formées de tissu fibro-cellulaire, couvert de cellules épithéliales; elles sont très minces, unies, transparentes et extensibles; elles forment des sacs clos, et se trouvent partout où des organes internes viennent en contact les uns avec les autres, comme à l'extrémité des os formant jointure; ou bien elles sont placées dans des cavités où le mouvement est nécessaire, comme dans les organes thoraciques et abdominaux. Elles se composent de deux couches, la première enveloppant l'organe même, et la seconde se rabattant sur les parties avec lesquelles cet organe est en contact et sur lesquelles il se meut. La cavité est lubrifiée par un liquide séreux sécrété par la surface de la membrane. Bichat donne le nom de membranes fibreuses aux aponévroses des muscles, aux capsules des jointures, aux étuis des tendons, etc. Ces membranes ne sont jamais en liberté; elles sont toujours un contact adhérent avec les parties environnantes que n'humectent pas le liquide sécrété.

MEMBRANÉ, ÉE adj. Hist. nat. Qui est aplati, conformé comme une membrane.

' **MEMBRANEUX, EUSE** adj. Anat. Qui participe de la membrane : *partie membraneuse*.

MEMBRANIFORME adj. (fr. *membrane* et *forme*). Qui a la forme d'une membrane.

MEMBRANULE s. f. (dimin. de *membrane*). Petite membrane.

' **MEMBRE** s. m. (lat. *membrum*). Partie extérieure du corps de l'animal, distinguée de toutes les autres par quelque fonction particulière. Se dit principalement des bras et des jambes; on se dit jamais de la tête : *il ne peut s'aider d'aucun de ses membres*. — MEMBRE VIRIL, la partie de l'homme qui sert à la génération. — Fig. Chacune des parties d'un corps politique : *cet État est membre de la confédération germanique*. — Chacune des personnes qui composent un corps constitué dans l'État, une société littéraire ou savante, etc.: *membre de la Chambre des députés, de l'Institut*. On dit pareillement : *les fidèles sont les membres du corps mystique de l'Église*. — MEMBRE POURRI, GATÉ, GANGRENÉ, se dit d'une personne qui fait honte à la compagnie, au corps dont elle fait partie : *c'est un membre pourri qu'il faut retrancher*. — Se dit aussi, fig., de chaque partie d'une période ou d'une phrase : *les membres d'une période; il y a trop de synérèse dans les membres de cette phrase*. — Chacune des parties grandes ou petites qui entrent dans la composition d'un ouvrage d'architecture : *la frise est un membre de l'entablement*. — Mar. MEMBRES D'UN BATIMENT, les grosses pièces de bois qui forment les côtes ou les couples d'un bâtiment. — Algéb. MEMBRE D'UNE ÉQUATION, chacune des deux quantités qui sont séparées par le signe d'égalité.

' **MEMBRÉ, ÉE** adj. Ne s'emploie guère qu'avec l'adverbe *bien*, et signifie, qui a des membres bien faits, bien proportionnés : *il est bien membré*.

MEMBRÉ (Zénobius), missionnaire franciscain, né en France en 1645, tué par les Indiens du Texas vers 1687. Envoyé dans le Canada en 1675, il descendit le Mississipi avec La Salle et écrivit un récit qui fut publié par Le Clercq dans son *Établissement de la foi*. Il revint en France en 1682, accompagna La Salle dans son expédition à l'embouchure du Mississipi et fut abandonné au fort du Texas.

MEMBRÉE (Edmond), compositeur de musique, né à Valenciennes en 1820, mort à Damont (Seine-et-Oise), le 11 sept. 1882. Élève de Carafa et du Conservatoire, et doué d'un sentiment très développé de son art, il

composa des œuvres remarquables, telles que : *Page, Ecuyer, Capitaine*, dont le succès fut populaire; *Romances et Ballades*; *François Villars*, opéra, 1857; *Chœurs de l'Œdipe roi*; *l'Esclave*, opéra, 5 actes, salle Ventadour (1874), etc.

' **MEMBRU, UE** adj. Qui a les membres fort gros : *il est bien membru*. — s. : *un gros membru*. Il est familier.

' **MEMBRURE** s. f. Menuis. Pièce de bois épaisse, dans laquelle on enchâsse les panneaux : *les panneaux de cette menuiserie sont d'un pouce, et les membrures de deux pouces*. — Mar. Totalité des membres ou couples d'un bâtiment: *bois de membrure*. — Se dit quelquefois de l'ensemble des membres d'un individu : *la forte membrure d'un athlète*. — Se dit en outre d'une sorte de mesure dans laquelle les voies de bois à brûler sont mesurées, sur le port et dans les chantiers.

' **MÊME** adj. [mê-me] (ital. *medesimo*). Qui n'est pas autre, qui n'est point différent.

> Dans une garnison, toujours mêmes usages,
> *Mêmes* solas, *mêmes* jeux, toujours *mêmes* visages.
>   COLIN D'HARLEVILLE. *L'Inconstant*, acte 1er, sc. 1.

— Il est ordinairement précédé de l'article *le, la, les*, ou du nom de nombre *un, une* : *Pierre et Céphas, c'est le même apôtre; il a encore le même habit qu'il avait*.

> Ah! si j'avais encor sur lui le *même* empire.
>   J. RACINE. *La Thébaïde*, acte II, sc. 1.

— CELA REVIENT AU MÊME, c'est la même chose. Dans cette locution, *Même* est employé substantivement. — S'emploie sans article, immédiatement après les noms ou les prénoms, pour marquer plus expressément la personne ou la chose dont on parle: *moi-même; vous-même*.

> Je crains pour lui, je crains pour Alexandre *même*.
>   J. RACINE. *Alexandre*, acte II, sc. 1.

— ETRE SOI-MÊME, ne pas démentir son caractère : *je l'ai trouvé tout abattu de ce revers, il n'était plus lui-même*. — FAIRE UNE CHOSE DE SOI-MÊME, de son propre mouvement : *il a fait cela de lui-même*. — Se met aussi après les substantifs qui désignent quelques qualités, pour exprimer qu'elles sont au plus haut degré dans la personne dont on parle: *Dieu est la sagesse même, la miséricorde même, la bonté même*. — Semblable, pareil : *vous nous avez servi de bon vin l'autre fois, donnez-nous du même*. — Adv. De plus, aussi, encore: *je vous dirai même; quand même il me l'aurait dit*. — Entre quelquefois dans les phrases adversatives, pour les fortifier : *tant s'en faut qu'il l'ait voulu, que même il l'a défendu*. — A même loc. adv. Qui s'emploie avec les verbes *être, mettre, laisser*, etc. — ETRE A MÊME d'être en état, être à portée, avoir la facilité de se procurer, de faire quelque chose que l'on désire : *ayant un si beau jardin, si vous aimez à vous promener, vous êtes à même de vous procurer des plaisirs*. — METTRE QUELQU'UN A MÊME DE FAIRE QUELQUE CHOSE, lui en procurer la facilité, les moyens : *je l'ai mis à même de travailler utilement*. — De même, tout de même, loc. adv., qui signifient, de même manière, de même sorte, et qui s'emploient avec ou sans complément: *si vous en usez bien, il en usera de même, tout de même*.

> J'ai vu, puisque tu l'as voulu,
> Ta maîtresse qui m'a tant plu
> Que si j'en avais tout de même,
> Sans faire trop le dédaigneux,
> J'en donnerais au diable deux,
> Afin qu'il m'ôtât la troisième.
>   COLLETET.

— Lorsqu'on emploie *De même que*, au commencement du premier membre d'une comparaison, on met assez souvent *De même* au commencement du second : *de même que la cire molle reçoit aisément toute sorte d'empreintes et de figures, de même un jeune homme reçoit*

facilement toutes les impressions qu'on veut lui donner.

ME, ME, ADSUM QUI FECI [mé-mé-ad-somm-kui-fé-si]. Mots latins qui signifient, *Moi, moi, c'est moi qui ai fait la chose*.

MEMEL [mè-meul], la ville la plus septentrionale de la Prusse, dans la province de Prusse, sur la Baltique, à l'extrémité N. de Kurisches Haff, et à l'embouchure du Dange, à 110 kil. N.-N.-E. de Kœnigsberg; 19,901 hab. C'est une ville fortifiée et bien bâtie, le centre du commerce des bois de charpente de la Baltique. Les autres objets d'exportation sont surtout les grains, la graine de lin, le chanvre, le lin, les peaux et le suif. On y travaille l'ambre, et on y fabrique du savon et de l'alcool. Il y a des fonderies de fer, des fabriques de chaînes et environ 60 scieries mécaniques. Chantier actif de construction navale.

MEMEL. Fleuve. Voy. NIEMEN.

' **MÊMEMENT** adv. (rad. *même*). Même, de même.

' **MEMENTO** s. m. Marque destinée à rappeler le souvenir de quelque chose: *j'ai mis un memento dans ma tabatière*. — Lit. cath. Le MEMENTO DES VIVANTS, LE MEMENTO DES MORTS, deux prières du canon de la messe, l'une pour les vivants, l'autre pour les morts. — Au plur. des MEMENTOS.

MEMENTO, HOMO, QUIA PULVIS ES [mé-main-to-ho-mo-kui-a-pul-viss-èss].Ces paroles qui signifient, *Souviens-toi, homme, que tu es poussière*, sont dites par le prêtre le jour du mercredi des Cendres, en même temps qu'il dépose un peu de cendre sur le front des fidèles.

MEMINI, peuple de la Gaule Narbonnaise, à l'O. de la Durance; v. princ., Carpentoracte (Carpentras).

MEMLING [mèm-linng] ou **Hemling** (HANS), peintre flamand, né vers 1425, mort au commencement du XVIe siècle. Il était élève de Robert de Bruges, et servit, dit-on, Charles le Téméraire et comme peintre et comme soldat. Il peignit quelques-unes de ses plus belles œuvres, notamment deux retables pour autels et le célèbre reliquaire de sainte Ursule, pour l'hôpital de Saint-Jean à Bruges. On considère ces toiles comme les joyaux de l'école flamande.

MEMMI (Simone) ou **SIMONE DI MARTINO**, peintre italien, né à Sienne vers 1283, mort vers 1365. Il fut un des premiers à modifier la manière byzantine et à imiter le style plus souple de Giotto. Il passe pour avoir peint à Avignon le portrait de la Laure de Pétrarque.

MEMMINGEN [mèm-minngh-ènn], ville de Bavière, sur l'Aach, à 65 kil. S.-O. d'Augsbourg; 7,770 hab. Fabriques de tissus, etc. Elle fut ville libre impériale jusqu'en 1802. Le 13 oct. 1805, 6,000 Autrichiens s'y rendirent à Soult.

MEMMIUS, tribun du peuple, mort l'an 100 av. J.-C. Il persuada aux comices de faire venir à Rome Jugurtha et de le faire passer en jugement. Salluste met dans sa bouche, à cette occasion, un véhément discours contre les nobles.

MEMMIUS (Gemellus), tribun du peuple, préteur et gouverneur de la Bithynie, mort vers l'an 60 av. J.-C. C'est à lui que Lucrèce dédia son poème *De naturâ rerum*.

MEMNON, héros de la guerre de Troie, tué par Achille. Il était fils de l'*Aurore*. (Voy. ce mot.) Homère dit qu'il avait amené un corps de troupes éthiopiennes au secours des Troyens. Dans des temps postérieurs, les Grecs le confondirent avec le roi égyptien Aménophis (Amen-hotep) III, dont la statue colossale, près de Thèbes, les émerveillait par son pouvoir vocal. C'est la plus septentrionale de deux gigantesques figures assises, en pierre noire, dans le quartier occidental de Thèbes, que les Grecs appelaient Memnonia. Chacune de ces statues a 67 pieds de haut, et est portée sur un piédestal de 12 pieds. Le son émis par la statue de Memnon ressemblait, dit-on, à la vibration d'une corde de harpe ou à celle de l'airain qu'on vient de frapper.

Statue de Memnon.

Il se produisait au lever du soleil ou peu après. La pierre qui se trouve sur les genoux de la statue, lorsqu'on la frappe d'un marteau, résonne avec un son métallique, et, comme il y a, dans le corps, un trou carré juste derrière cette pierre, on conjecture que le bruit était produit par quelqu'un caché à l'intérieur. D'après une autre théorie, ces sons auraient été l'effet de la dilatation et du fendillement de la pierre sous l'influence des rayons du soleil et de la chaleur.

* **MÉMOIRE** s. f. (lat. *memoria*). Faculté par laquelle l'âme conserve et réveille en elle-même des souvenirs : *sa mémoire n'est pas fidèle.* — AVOIR LA MÉMOIRE DES MOTS, DES NOMS, DES PERSONNES, DES FAITS, se rappeler particul. bien les mots, les personnes, les noms propres. — Fam. CET HOMME A UNE MÉMOIRE DE LIÈVRE, IL LA PERD EN COURANT, il n'a point de mémoire ; une chose lui en fait aisément oublier une autre. — MÉMOIRE LOCALE, celle qui retient particulièrement la disposition et l'état des lieux et des choses : *il a la mémoire locale.* — MÉMOIRE ARTIFICIELLE, mnémonique, méthode destinée à aider la mémoire naturelle : *la mémoire artificielle était fort en usage chez les anciens.* — Souvenir, action de la mémoire, effet de la mémoire : *je n'ai pas de mémoire de cela.*

Je me disais : « Je suis présente à sa *mémoire* ».
COLLIN D'HARLEVILLE. *L'Inconstant*, acte Iᵉʳ, sc. xii.

— DE MÉMOIRE D'HOMME ON N'AVAIT POINT VU PAREILLE CHOSE, IL N'AVAIT PAS FAIT UN SI GRAND FROID, etc., on n'a aucun souvenir d'une chose semblable, d'un froid si rigoureux. — EN MÉMOIRE DE, pour transmettre et perpétuer le souvenir de : *on a élevé un monument, on a frappé une médaille en mémoire de telle action.* — Compt. POUR MÉMOIRE. On écrit ces mots à côté de certains articles sont mentionnés, pour être portés en ligne de compte. — L'ÉGLISE FAIT AUJOURD'HUI MÉMOIRE DE TEL SAINT, en fait commémoration dans l'office du jour. — Réputation bonne ou mauvaise qui reste d'une personne après sa mort : *le mémoire des bienfaiteurs de l'humanité doit être éternelle.* — Jurispr. RÉHABILITER, PURGER LA MÉMOIRE D'UN DÉFUNT, faire annuler, par voie de revision, le jugement qui l'a condamné. — A LA MÉMOIRE, À L'HEUREUSE MÉMOIRE, À L'IMMORTELLE MÉMOIRE DE, formules qu'on met quelquefois à la tête des inscriptions et des épitaphes, etc. — TEL PRINCE D'HEUREUSE MÉMOIRE, DE VERTUEUSE MÉMOIRE, DE BIENFAISANTE MÉMOIRE,

DE GLORIEUSE MÉMOIRE, DE TRIOMPHANTE MÉMOIRE, espèce de formule employée dans certaines occasions, en parlant d'un prince, d'un souverain qui s'est illustré par ses vertus ou par ses victoires. On dit, en plaisantant, par allusion à cette formule : *tel homme de gourmande mémoire, de chicaneuse mémoire, d'avaricieuse mémoire,* etc.—Poétiq. LES FILLES DE MÉMOIRE, les Muses. — LE TEMPLE DE MÉMOIRE, le temple où, suivant les poètes, les noms des grands hommes sont conservés.

* **MÉMOIRE** s. m. Écrit sommaire qu'on remet à quelqu'un pour le faire ressouvenir de quelque chose, ou pour lui donner des instructions sur quelque affaire : *donnez-moi, remettez-moi un petit mémoire de votre affaire, si vous voulez que je m'en occupe.* — Factum, ouvrage imprimé contenant les faits et les moyens d'une cause qui doit être jugée : *faire signifier un mémoire.* — État des sommes dues à un homme de justice pour ses vacations, ses écritures et ses déboursés dans une affaire : *mémoire de frais, de dépens.* — État de ce qui est dû à un marchand pour ses fournitures, à un artisan pour son ouvrage, à un domestique pour les emplettes qu'il a faites au compte de son maître : *mémoire du marchand de drap, de la marchande de modes, du tailleur, du charpentier, du maître d'hôtel, du cuisinier,* etc. — MÉMOIRE D'APOTHICAIRE, mémoire dont les articles sont portés à un taux exagéré. — Dissertation sur quelque objet de science, d'érudition, de littérature, etc. : *il a lu, il a publié un excellent mémoire sur les phénomènes de l'électricité.* — au pl. Recueil des dissertations lues dans une société savante ou littéraire : *mémoires de l'Académie des sciences, de l'Académie des inscriptions et belles-lettres.* — Relations écrites par ceux qui ont eu part aux affaires publiques, ou qui en ont été les témoins oculaires : *les Mémoires de Comines sont fort estimés ; les Mémoires de Sully, de Villeroi, de Bassompierre,* etc., *sont d'excellents matériaux pour écrire l'histoire de ce temps.* — Souvenirs d'une personne qui n'a pas eu de part aux affaires publiques : *les Mémoires de Lekain, de Mˡˡᵉ Clairon.* — Divers documents d'après lesquels on écrit l'histoire : *cet historien a travaillé sur de bons, sur de mauvais mémoires.* — IL A EU DE BONS, DE MAUVAIS MÉMOIRES, se dit d'un homme qui sait bien ou qui sait mal un fait qu'il raconte.

* **MÉMORABLE** adj. Digne de mémoire, qui mérite d'être conservé dans la mémoire, remarquable : *action, chose, journée, fait, événement, siège mémorable.*

Memphis, Tenn.

* **MÉMORANDUM** s. m. (-domm) (lat. *memorandum,* chose dont on doit se souvenir.)

Note des choses dont on veut se souvenir. — Diplom. Note présentant l'exposé sommaire d'une question : *l'ambassadeur remit un mémorandum.*—Au plur., des MÉMORANDUMS.

* **MÉMORATIF, IVE** adj. Qui se souvient, qui a mémoire de quelque chose : *je n'en suis pas bien mémoratif.* N'est guère usité que dans la conversation familière.

MÉMORIAL, ALE, AUX adj. Qui a rapport à la mémoire.

* **MÉMORIAL** s. m. Mémoire, placet. Se dit des mémoires particuliers pour servir à instruire d'une affaire ; et son principal usage est en parlant de la cour de Rome, de celle d'Espagne, etc. : *on a présenté plusieurs mémoriaux au pape; on présenta un mémorial au conseil des Indes.* — Livre-journal sur lequel les banquiers et les commerçants sont tenus d'inscrire leurs affaires journellement et à mesure qu'elles se font. — LES MÉMORIAUX DE LA CHAMBRE DES COMPTES, les registres de la chambre des comptes, sur lesquels étaient transcrites les lettres patentes des nos rois. — Se dit encore d'un livre où sont consignés les souvenirs de celui qui écrit. C'est en ce sens que le journal des conversations de Napoléon, tenu à Sainte-Hélène par M. de Las-Cases, est intitulé : *Le Mémorial de Sainte-Hélène.*

MEMPHIS [main-fiss] (copte, *Menfi* ou *Menofre*; dans la Bible, *Noph* ou *Moph*), une des anciennes capitales de l'Égypte, sur la rive occidentale du Nil, à 15 kil. S. de la ville moderne du Caire. On en attribue la fondation à Ménès, premier roi d'Égypte. Elle fut la première capitale du royaume-uni de la haute et de la basse Égypte. Elle favorisait le commerce intérieur, et était le grand centre de la science et de la religion, le lieu principal du culte du dieu Ptah, et la résidence élue du bœuf sacré Apis, qui y avait un temple célèbre. Les autres grands temples étaient : celui d'Isis, complété par Amasis en 564 av. J.-C.; celui de Sérapis, où se trouvait un nilomètre; celui de Phra ou du Soleil, et celui de Ptah, le plus ancien de tous, le plus grand et le plus magnifique. Memphis fut le siège des 3ᵉ, 4ᵉ, 5ᵉ, 7ᵉ et 8ᵉ dynasties égyptiennes; elle fut aussi la capitale des rois bergers. Les Perses en firent la métropole de leurs possessions africaines, et elle continua à être la première ville de l'Égypte jusqu'à la fondation d'Alexandrie, après quoi elle déclina. Les restes de Memphis couvrent plusieurs arpents.

MEMPHIS, ville du Tennessee (États-Unis), à l'extrémité S.-O. de l'état, sur le Mississipi, juste au-dessous de l'embouchure du Wolf, à 300 kil. au-dessus de la Nouvelle-Orléans, à

650 kil. au-dessous de Saint-Louis et à 360 kil. au S.-O. de Nashville ; 40,226 hab., dont 15,474 de couleur. Les rues sont larges, régulières et bordées de beaux édifices. Memphis est la plus grande ville du Tennessee, et la plus importante qu'il y ait entre Saint-Louis et la Nouvelle-Orléans. C'est un port de transit. La valeur des cotons qui y furent reçus en 1870 a été de 170 millions de francs. Fonderies, construction de machines, ateliers de menuiserie, manufacture de tabac, fabrique de meubles, moulins à extraire l'huile des graines de coton.

MEMPHREMAGOG, lac pittoresque, dont une partie est dans l'état de Vermont (Etats-Unis) et l'autre partie dans le Canada. Il a environ 50 kil. de long. Du N. au S., et de 3 à 8 kil. de large. Il se décharge par la rivière Magog, dans le Saint-Françoise, de là, dans le Saint-Laurent. Il est semé d'îles et abonde en poissons délicats.

* **MENAÇANT, ANTE** adj. (rad. menacer). Qui menace : visage, air, œil menaçant. — Se dit, par ext., des choses qui pronostiquent, qui font craindre quelque malheur : un présage, un avenir menaçant.

* **MENACE** s. f. (lat. minacia ; de minari, menacer). Parole ou geste dont on se sert pour marquer à quelqu'un sa colère, son ressentiment, pour lui faire craindre le mal qu'on lui prépare : user de menaces envers quelqu'un. — MENACES EN L'AIR, menaces qui ne sont suivies d'aucun effet. — Législ. « Les menaces faites aux magistrats ou à d'autres fonctionnaires et même à tout citoyen chargé d'un ministère public sont considérées comme outrages et punies de peines correctionnelles. Les menaces adressées par tout militaire à son supérieur sont également punies comme étant des outrages. (Voy. OUTRAGE.) Celui qui, par un écrit anonyme ou signé, a menacé soit d'assassinat ou d'empoisonnement, soit d'un autre attentat contre les personnes qui serait punissable de la peine de mort, des travaux forcés à perpétuité ou de la déportation, soit d'incendie, et a ajouté à la menace l'ordre de déposer une somme d'argent dans un lieu indiqué, ou de remplir toute autre condition, est puni d'un emprisonnement de deux ans à cinq ans et d'une amende de 150 fr. à 1,000 fr. Si cette menace n'a été accompagnée d'aucun ordre ou condition, la peine est réduite à un emprisonnement d'un an à cinq ans et d'une amende de 100 fr. à 600 fr. Lorsque la même menace, faite avec ordre ou condition, a été faite verbalement, le coupable est puni d'un emprisonnement de six mois à deux ans et d'une amende de 25 fr. à 300 fr. Quiconque a menacé par écrit ou verbalement de voies de fait ou violences qui n'entraîneraient pas les peines indiquées plus haut, est puni, mais seulement si la menace a été faite avec ordre ou sous condition, d'un emprisonnement de six jours à trois mois et d'une amende de 16 fr. à 100 fr., ou de l'une de ces deux peines seulement (C. pén. 305 à 308, 436; L. 13 mai 1863). Les menaces, ayant pour but d'entraver la liberté des enchères, donnent lieu à l'application de peines correctionnelles. (Voy. LIBERTÉ.) Les mendiants, qui usent de menaces pour obtenir des secours, sont punis d'un emprisonnement de six mois à deux ans (id. 276). La loi du 29 juillet 1881 punit, comme complices d'une action qualifiée crime ou délit, ceux qui, par des discours, cris ou menaces proférés dans des lieux ou réunions publics, ont directement provoqué l'auteur à commettre ladite action, mais seulement lorsqu'elle a été commise. » (Ch. Y.)

* **MENACER** v. a. (lat. minari). Faire des menaces : il m'est venu menacer chez moi. On l'emploie aussi absol. : il jure, il menace. — Par ext. Pronostiquer, faire craindre quelque

malheur, quelque accident peu éloigné : la disposition de l'air nous menace d'un grand orage. — ETRE MENACÉ DE FIÈVRE, D'APOPLEXIE, DE PHTISIE, etc., avoir à craindre d'être atteint prochainement par une de ces maladies. On dit, dans un sens analogue : être menacé d'une disgrâce, d'une banqueroute. — MENACER RUINE, se dit d'un bâtiment qui est près de tomber : cet édifice menace ruine. Se dit quelquefois fig. : cet établissement, cet empire menace ruine. — Fig. et poétiq. MENACER LE CIEL, LES CIEUX, se dit de certains objets fort élevés : ces montagnes, ces arbres, ces tours menacent les cieux, le ciel. — S'emploie quelquefois par antiphrase, dans le discours familier ; et alors il signifie, faire espérer : il nous menace d'un excellent, d'un grand repas.

MENACEUR s. m. Celui qui menace ; qui a l'habitude de menacer.

* **MÉNADE** s. f. (gr. mainas, furie). Bacchante ; femme qui, chez les anciens, célébrait les fêtes de Bacchus, et se livrait à un délire qui allait jusqu'à la fureur : une ménade échevelée.

MENADO, ville de l'île Célèbes, sur la côte N. de la presqu'île septentrionale ; 3,000 hab.

* **MÉNAGE** s. m. (rad. mener). Action de mener, de conduire des animaux.

* **MÉNAGE** s. m. (bas lat. masnaticum ; de mansio, demeure). Gouvernement domestique, et tout ce qui concerne la dépense et l'entretien d'une famille : c'est un ménage bien réglé que le leur. — TOILE DE MÉNAGE, toile dont le fil est fait dans les maisons particulières, et qui a plus de corps que celle que les marchands vendent ordinairement. — PAIN DE MÉNAGE, pain que l'on cuit dans les maisons particulières, et qui est ordinairement d'une farine moins fine, d'une pâte moins légère et d'une plus grande dimension que le pain de boulanger. — LIQUEURS DE MÉNAGE, liqueurs qu'on fait chez soi et pour son usage particulier. — Fam. AVOIR MÉNAGE EN VILLE, entretenir une maîtresse. — Se dit aussi des meubles et ustensiles nécessaires à un ménage : cette servante tient son ménage bien propre. — PETIT MÉNAGE et quelquefois MÉNAGE, ustensiles de ménage en diminutif que l'on donne comme jouet aux petits enfants. — Se dit aussi de l'arrangement et à la propreté des meubles d'un appartement : cette servante sait son ménage, ou qu'à la cuisine. — FEMME DE MÉNAGE, femme qui vient du dehors pour prendre soin des choses du ménage. On dit, dans un sens anal., FAIRE DES MÉNAGES : cette femme gagne sa vie à faire des ménages. — Épargne, économie, conduite que l'on tient dans l'administration de son bien : il entend bien le ménage. — VIVRE DE MÉNAGE, vivre avec économie. Cela se dit aussi quelquefois, en plain aisant, d'une personne qui vend ses meubles pour vivre : il vit de ménage. — MÉNAGE DE BOUTS DE CHANDELLES, épargne sordide dans de petites choses. — Désigne, collectiv., toutes les personnes dont une famille est composée : il y a trois ou quatre ménages logés dans cette maison. — Association d'un homme et d'une femme mariés ensemble : mettre une fille en ménage; elle est trop jeune pour qu'on la mette en ménage. — FAIRE BON MÉNAGE, MAUVAIS MÉNAGE, se dit d'un mari et d'une femme qui vivent en bonne ou mauvaise intelligence. — HOSPICE DES MÉNAGES, hospice destiné aux époux âgés et indigents. — IL N'Y A QU'UN MÉNAGE DE GATÉ, se dit en parlant de deux personnes aussi déraisonnables l'une que l'autre, et qui sont mariées ensemble.

MÉNAGE (Gilles), écrivain français, né à Angers le 15 août 1613, mort à Paris le 23 juillet 1692. Il suivit d'abord la carrière du barreau qu'il quitta bientôt pour se faire abbé afin de posséder des bénéfices et de se livrer ensuite à la culture des lettres ; protégé d'abord par le

cardinal de Retz, il se fit à son tour le protecteur des poètes et des érudits. Sa maison était le rendez-vous du monde de la littérature, aussi eut-il accès auprès de Mazarin et obtint-il de ce cardinal une pension pour lui avoir signalé avec impartialité les auteurs qui méritaient d'être encouragés. Quoique l'on ne puisse contester son esprit et son érudition, il fut vite effacé par les génies du temps qui l'accablèrent sous le poids de leurs sarcasmes. Molière l'immola sur la scène, sous le nom de Vadius, dans les Femmes savantes. Entre autres ouvrages, il a laissé : Dictionnaire étymologique, ou Origines de la langue française (Paris, 1650, in-6° et 1694, in-fol.), Miscellanea (Paris, 1652, in-6°), Poemata (Paris, 1656, in-4°, elzévir, 1663); Observations sur la langue française (1672-'76, 2 vol. in-12), Requête des Dictionnaires, écrit satirique qui lui ferma les portes de l'Académie : Osservazioni sopra l'Aminta del Tasso (Paris, 1653, in-4°) ; Menagiana, publié par ses amis (Paris, 1693, in-12), c'est un recueil des conversations qui se tenaient chez l'auteur et qui offre certaines particularités curieuses, sous le rapport des mœurs et des anecdotes littéraires; Amœnitates juris (Paris, 1664, in-8° et Leipzig, 1738, in-8°), quelques poésies françaises, espagnoles et italiennes, et Histoire de Sablé (1re partie, 1686 ; 2e partie, publiée par Hauréau, 1873).

* **MÉNAGEMENT** s. m. (rad. ménager). Circonspection, égard, précaution : il est malheureux, il faut avoir de grands ménagements pour lui, il faut user de ménagements envers lui, employer, garder des ménagements avec lui. — LE MÉNAGEMENT DES ESPRITS, DES AFFAIRES, l'art de les manier, de les conduire. Cette locution a vieilli.

* **MÉNAGER** v. a. User d'économie, dépenser avec circonspection, avec prudence : il ménage bien son revenu. On l'emploie aussi absol. : il ménage pour l'avenir, pour sa vieillesse. Il est employé, fig., dans les phrases suivantes : MÉNAGER SES PAROLES, parler peu. MÉNAGER LES TERMES, LES EXPRESSIONS, parler avec une grande circonspection. — MÉNAGER LE TEMPS, MÉNAGER SON TEMPS, ne pas le perdre, en faire un bon emploi. — MÉNAGER SES PAS, éviter de faire des démarches, en faire le moins qu'on peut : il craint de se déranger, il ménage bien ses pas. — MÉNAGER UN TERRAIN, UNE ÉTOFFE, les employer si bien, qu'on en fasse tout ce qu'on en veut faire, et qu'il n'y ait rien de perdu. — MÉNAGER SA SANTÉ, SES FORCES, SON CRÉDIT, en user avec prudence, avec circonspection. — MÉNAGER DES TROUPES, prendre garde de les fatiguer inutilement, de les exposer mal à propos. — MÉNAGER UN CHEVAL, être attentif à ne point le fatiguer. — QUI VEUT ALLER LOIN MÉNAGE SA MONTURE, il faut éviter les excès ; il faut user avec ménagement des choses dont on veut se servir longtemps.

> Qui veut voyager loin ménage sa monture.
> JEAN RACINE.

— Fig. Manier, conduire, préparer avec ménagement, avec adresse : cette affaire est délicate; si vous ne la ménagez pas habilement, vous échouerez. — MÉNAGER L'OCCASION, LES OCCASIONS, préparer le moment, la circonstance favorable pour faire quelque chose. — MÉNAGER LES INTÉRÊTS DE QUELQU'UN, avoir soin de les conserver, de ne pas les compromettre. — N'AVOIR RIEN A MÉNAGER AVEC QUELQU'UN, n'avoir plus de mesures à garder avec lui. — CE CHANTEUR MÉNAGE BIEN SA VOIX, il la conduit bien, il en tire tout le parti qu'il en peut tirer. — CE PEINTRE A BIEN MÉNAGÉ LES INCIDENTS DE SON ÉPOPÉE, DE SA TRAGÉDIE, DE SA COMÉDIE, il les a disposés avec art. — CE PEINTRE A BIEN MÉNAGÉ L'OMBRE ET LA LUMIÈRE DANS SON TABLEAU, il les a distribuées habilement. — MÉNAGER UN ESCALIER DANS UN BATIMENT, UN CABINET DANS UN APPARTEMENT, etc., faire en sorte qu'il s'y trouve de la place pour un escalier, pour un cabinet, etc., sans gâter le dessin principal. — MÉNAGER UNE CHOSE A QUELQU'UN, la lui procurer, la lui réserver : *je lui ai ménagé une place, une pension.* — En parlant des personnes, traiter avec ménagement, avec égard, de manière à ne point offenser, à ne point déplaire : *c'est un homme qu'il faut ménager, qu'il importe de ménager.* — MÉNAGER LA CHÈVRE ET LE CHOU, user d'adresse pour se conduire entre deux partis, entre deux adversaires, de manière à ne blesser ni l'un ni l'autre. — MÉNAGER QUELQU'UN, l'épargner, user modérément de la supériorité, de l'avantage qu'on a sur lui : *vous êtes plus fort qu'il lui, vous avez plus d'esprit que lui, ménagez-le.* — Se ménager v. pr. Avoir soin de sa personne, de sa santé : *cet homme se ménage beaucoup.* — Au sens moral. Se conduire avec adresse, avec circonspection : *nul n'entend mieux que lui à se ménager entre deux personnes ennemies, entre deux partis contraires.*

* MÉNAGER, ÈRE adj. Qui entend le ménage, l'épargne, l'économie : *c'est un homme fort ménager, une femme fort ménagère.* — s. *c'est un mauvais ménager, un grand ménager.* — Fig. : *il n'est pas bon ménager de sa santé.* — Ménagère s. f. Se dit aussi d'une servante qui a soin du ménage de quelqu'un : *il a chez lui une ménagère dont il est fort content.* Parmi le peuple des campagnes, un mari appelle quelquefois sa femme NOTRE MÉNAGÈRE.

* MÉNAGERIE s. f. Lieu bâti auprès d'une maison de campagne pour y engraisser, y élever des bestiaux, des volailles, etc. : *il ne trouve rien de bon que ce qui vient de sa ménagerie. Il est vieux en ce sens.* — Lieu où l'on rassemble des animaux étrangers et rares : *la ménagerie du Jardin des plantes.*

MÉNAGEUR, EUSE s. Personne qui ménage les autres.

MÉNAGIER s. m. Nom donné dans le moyen âge à des traités de morale et d'économie domestique.

MENAI [mèn-ai], étroit bras de mer du pays de Galles, qui sépare l'île d'Anglesea du Carnarvonshire. Il a environ 21 kil. de long ; sa largeur varie de moins de 200 m. à 3 kil. Il est traversé par le pont suspendu de Menai, et par le *Britannia bridge* (pont de Britannia). (Voy. PONT.)

MÉNANDRE, poète dramatique d'Athènes, né en 342 av. J.-C., mort en 291. Il se noya, dit-on, en nageant dans le port du Pirée. Ce fut le plus grand poète de la comédie nouvelle, qu'il purifia de la grossièreté et des bouffonneries de l'ancienne. Il a composé des comédies très nombreuses, qui ont gardé leur place sur le théâtre pendant plusieurs siècles. Térence a fait à Ménandre de larges emprunts. Les fragments de Ménandre ont été publiés par Le Clerc (Amsterdam, 1709), par Meineke (Berlin, 1823) et par Dübner dans la collection des classiques de Didot.

MENAPII, puissant peuple du N. de la Gaule Belgique, établi d'abord sur les deux rives du Rhin et plus tard sur la rive gauche, dans un territoire couvert de forêts et de marécages. Leur forteresse principale était Castellum Menapiorum (auj. Kessel).

MENASSEH BEN ISRAEL [mèn-as-sé benn Is-ra-el] (proprement MANASSEH BEN JOSEPH BEN ISRAEL), rabbin juif, né en Portugal vers 1606, mort en 1657. Son père échappa à l'Inquisition et s'établit à Amsterdam où Menasseh se fit remarquer de bonne heure par son excellente prédication. Il monta une presse particulière et imprima trois éditions de la Bible ainsi que des livres rabbiniques. Il rendit un service d'un ordre élevé à ses coreligionnaires en plaidant devant Cromwell pour qu'ils fussent admis de nouveau en An-

gleterre. Outre sa *Defence of the Jews*, que Mendelssohn traduisit en allemand, il publia *El Conciliador del Pentateucho Spes Israelis*, en latin et en espagnol, et d'autres ouvrages en hébreu, en portugais et en espagnol.

MENAT, ch.-l. de cant., arr. et à 33 kil. N.-O. de Riom (Puy-de-Dôme) ; 1,800 hab. Exploitation de tripoli rouge.

MENCIUS, forme latinisée du nom de Meng-tse ou Mang-tse, philosophe chinois qui florissait au IVe siècle av. J.-C. Il fut, dit-on, l'élève d'un disciple de Taze-sze, petit-fils de Confucius. Il fut l'auteur du quatrième des *Quatre livres canoniques*, appelé de son nom Mâng-tsze, qui contient le récit de ses conversations avec différents personnages. Le principal objet de son enseignement était de recommander la pratique de la bienveillance et de l'intégrité.

MENDAÑA (Îles). Voy. MARQUISES.

MENDAÑA DE NEYRA (Alvaro), explorateur espagnol (1541-'95). Il suivit en Amérique don Pedro de Castro, son oncle, quitta le Pérou en 1568, découvrit les îles Salomon, entreprit une nouvelle exploration (1595), avec Quiros, trouva les îles Marquises, fonda une colonie à Santa-Cruz et y mourut.

MENDE [mau-de] *Memnate, Memapensis mons*, ch.-l. du dép. de la Lozère, à 567 kil. S.-E. de Paris, sur la rive gauche du Lot ; par 44° 31' 6'' lat. N. et 1° 9' 41'' long. E. ; 7,000 hab. La ville est agréablement située au pied de pittoresques collines et au milieu d'un paysage égayé par de nombreuses bastides ; rues étroites et mal percées. Le principal monument est la cathédrale. Mende fut pillée par les calvinistes en 1579.

MENDÉENS. Voy. CHRÉTIENS DE SAINT-JEAN.

MENDELSSOHN (Moses) [mèan'-dèls-zônn], philosophe allemand, né à Dessau, le 6 sept. 1729, mort le 4 janv. 1786. Son père gagnait sa vie en copiant le Pentateuque pour les Juifs, ses coreligionnaires. Après avoir passé plusieurs années à Berlin dans une extrême pauvreté, Moses devint en 1750, précepteur dans une famille, puis teneur de livres. En 1755, il publia un traité *Ueber die Empfindungen*, profonde étude esthétique, qui fait partie de ses « Écrits philosophiques » (1761). En 1763, il gagna un prix académique pour un mémoire sur la question : « La métaphysique est-elle susceptible d'une démonstration mathématique ? » Il avait Kant pour rival. Plus tard, imitant le *Phédon* de Platon, et ajoutant tous les arguments en faveur de l'immortalité de l'âme mis en avant par les plus récents philosophes, il composa son célèbre *Phædon* (1767). La renommée de Mendelssohn était à son apogée lorsque Lavater le somma de réfuter les arguments de Bonnet en faveur du christianisme, ou de renoncer à la religion juive. Sa réplique obligea Lavater à s'excuser et à retirer son tranchant défi. Mendelssohn contribua grandement à l'élévation de ses coreligionnaires. Sa traduction allemande du Pentateuque et sa version métrique des Psaumes sont admirables d'élégance et d'exactitude ; ces publications, avec celle des Commentaires bibliques, en hébreu, par lui et ses amis, font époque dans le judaïsme moderne. En 1783, parut sa *Jerusalem*, chef-d'œuvre de revendication en faveur de la tolérance religieuse et du judaïsme. Les *Morgenstunden* (1785), qui consistent en leçons sur l'existence de Dieu, contiennent un affectueux témoignage de souvenir donné à son ami Lessing, et donnent lieu aux lettres de Jacobi sur Spinoza où Lessing est accusé d'être spinoziste. Mendelssohn riposta dans une dissertation adressée « Aux amis de Lessing ». Cette controverse ébranla sérieusement sa santé, et il mourut à la suite d'un léger refroidissement. Ses

œuvres ont été éditées d'une façon très complète par son petit-fils, G.-B. Mendelssohn (7 vol. 1843-'45).

MENDELSSOHN-BARTHOLDY (Félix), compositeur allemand, né à Hambourg le 3 fév. 1809, mort le 4 nov. 1847. Il était petit-fils de Moses Mendelssohn. Son père, Abraham Mendelssohn, se convertit au christianisme, et ajouta au nom celui de Bartholdy, en l'honneur de sa femme, de la famille des Bartholdy. Félix n'avait pas six ans lorsque son talent sur le piano se révéla. Dans sa neuvième année, il donna son premier concert à Berlin, et, une année plus tard, il en donna un autre à Paris. A partir de ce moment, il commença à écrire des compositions pour le piano, le violon, la viole et le violoncelle ; trois de ses quatuors, publiés en 1824, sont encore mis au rang des ouvrages de musique classique. En 1827, il donna son premier opéra *Die Hochzeit des Gamacho*, qui n'eut pas de succès. Il voyagea alors plusieurs années en Angleterre, en France et en Italie. Son ouverture du *Songe d'une Nuit d'été* de Shakespeare (1826) fut accueillie avec une admiration enthousiaste. Il écrivit plus tard le reste de la musique de cette pièce. En 1835, il devint directeur des fameux concerts de Gervandhaus, à Leipzig, qui, sous son administration, atteignirent un degré de perfection sans précédent. Son oratorio de *Saint-Paul*, après avoir été donné à Dusseldorf et à Leipzig, fut exécuté sous sa direction personnelle au festival de Birmingham, en 1837. Cet oratorio, et celui d'*Élie* (*Elijah*), écrit pour le festival de Birmingham, où il fut exécuté pour la première fois le 26 août 1846, sont deux des principaux titres de sa gloire. Ses compositions posthumes comprennent un fragment d'oratorio intitulé *Christus*, quelques scènes de *Loreley*, opéra romantique, l'ouverture des trompettes, le 8me livre de ses *Chants sans paroles*, et une symphonie, *Réformation*. Parmi ses autres œuvres remarquables, on trouve la musique qu'il écrivit pour la *Nuit du Walpurgis*, de Gœthe, pour l'*Antigone* et l'*Œdipe* de Sophocle, et pour l'*Athalie* de Racine, des compositions pour l'orgue, ses symphonies, et un grand nombre d'admirables sonates, concertos, trios, etc. Dans ses *Chants sans paroles* pour le piano, Mendelssohn ouvrit une nouvelle source du beau et composa un ouvrage incomparable aux pianistes, où le langage est remplacé par le sentiment musical. — Voy. *Mendelssohn-Bartholdy, Briefe und Erinnerungen*, par Ferdinand Hiller, en allemand et en anglais, 1874.

MENDES [men'-dess], ville de l'ancienne Egypte, dans le Delta, près du lieu où la branche mendésienne du Nil se jette dans le lac de Tanis. C'était une ville considérable sous les Pharaons, et célèbre par la fabrication d'un parfum connu sous le nom de *mendesium unguentum*.

MENDEZ PINTO (Fernam ou FERDINAND) [menn'-dèss pinn'-to], aventurier portugais, né vers 1510 ; mort en 1583. Il alla tout jeune aux Indes orientales, en 1537 s'embarqua comme volontaire contre les Turcs dans l'océan Indien et la mer Rouge. Il fut fait esclave, racheté, victime de naufrages, mêlé à des luttes avec les pirates. Jeté sur la côte de la Chine, il y fut captif quelque temps, puis des Tartares l'emmenèrent dans leur pays. Il s'échappa et se réfugia à Macao, où il s'engagea au service d'un pirate chinois, dont la navire fut poussé par un coup de vent sur la côte du Japon. Pinto fut bien reçu par les Japonais, et, après un long séjour dans leur pays, il fit voile vers Ningpo avec le pirate chinois. Après bien des aventures, il finit par pouvoir revenir en Chine. Il visita ensuite Pégou, Siam, Java, et quelques-unes des contrées voisines, et en 1547 et 1548 fit deux autres voyages au Japon. Dans ces voyages,

Pinto acquit de grandes richesses, dont il consacra la plus grande partie à la fondation d'un séminaire pour la propagation de la foi au Japon. Vers 1553, le vice-roi portugais de l'Inde le nomma ambassadeur auprès du prince de Bungo, au Japon. Avant de partir, il prononça ses vœux comme jésuite, mais il en fut relevé à son arrivée au Japon. Il revint à Lisbonne en 1558, et passa quelques années à la cour. L'histoire de sa vie a été publiée par Francisco de Andrada sous le titre de *Peregrinaçâo de Fernam Mendez Pinto* (Lisbonne, 1614).

* MENDIANT, ANTE s. (rad. *mendier*). Celui, celle qui fait profession de mendier : *c'est un mendiant.* — Au XVIIe siècle, les mendiants se distinguaient en : courtauds, capons, francs-mitoux, mercandiers, malingreux, drilles, orphelins, piètres, polissons, coquillards, collots, sabouleux, cagous, millards, hubains, morjauds, etc. (Voy. ces différents mots.) — RELIGIEUX MENDIANTS, MOINES MENDIANTS, ceux qui vivent de quête, d'aumône : *les capucins, les franciscains sont des moines mendiants.* Dans ces locutions, il est adjectif. Au XIIIe siècle, sous le pontificat d'Innocent III, plusieurs ordres religieux, connus sous le nom de *frères mendiants*, se répandirent en Europe et formèrent de nombreuses communautés. Le concile général de Lyon, tenu sous le pontificat de Grégoire X, en 1272, réduisit à quatre le nombre des ordres. (Voy. ORDRE.) — LES QUATRE MENDIANTS, les jacobins, les franciscains, les augustins et les carmes. — Fig. LES QUATRE MENDIANTS, se dit de quatre sortes de fruits secs, qui sont : les figues, les avelines, les raisins et les amandes, et dont on fait des assiettes de dessert : *une assiette des quatre mendiants ou une assiette de mendiants.*

* MENDICITÉ s. f. (lat. *mendicitas*; de *mendicare*, mendier). Etat d'indigence où l'on est réduit à mendier : *il est réduit à la mendicité.* — Profession de mendiant, et les mendiants pris collectivement : *ordonnance contre la mendicité; dépôt de mendicité.* — Législ. « Chez certains peuples de l'Orient que les mœurs, le climat, la race, et l'enseignement des prêtres disposent à pratiquer les préceptes religieux avec exagération, la mendicité a été pendant longtemps considérée comme un état de perfection que l'on confondait avec le mépris des richesses et des jouissances matérielles. Cette tradition fut importée en Europe par quelques ordres monastiques dont les membres devaient vivre exclusivement du produit de leurs quêtes. Les quatre principaux ordres mendiants étaient les Franciscains, les Dominicains, les Carmes et les Augustins. Des arrêts du parlement de Paris (6, 16 et 20 février 1671) prescrivaient des mesures pour éviter que les religieux carmes, jacobins et augustins ne fussent trop nombreux dans les monastères et trop à charge aux habitants. Cependant, la plupart des monastères regorgeaient de richesses et distribuaient chaque jour à leurs portes des secours à tous les pauvres qui s'y présentaient. C'est là l'une des causes principales de l'excessif développement de la mendicité dans les pays catholiques, ainsi que le constatent notamment les motifs que nous avons déjà rapportés d'un arrêt du Conseil en date du 28 juin 1721. (Voy. BIENFAISANCE.) Le grand nombre de mendiants répandait l'insécurité et l'effroi dans les campagnes et même dans les villes. Aussi a-t-on cherché sans cesse à remédier à cet état de choses par les prescriptions les plus sévères. Jean le Bon, en 1351, défendait aux pauvres valides de mendier dans les rues de Paris, sous peine de prison pendant quatre jours. En cas de récidive, le mendiant était attaché par un collier de fer au pilori; la troisième fois il était marqué au front au moyen d'un fer chaud.

De très nombreux édits, ordonnances ou déclarations ont été rendus contre la mendicité : par François Ier (1536), par Henri II (1547), par Charles IX (Moulins 1566), par Henri III (Fontainebleau 1586), par Louis XIII (Abbeville, 1639), par Louis XIV (1656, 1662, 1670, 1700), par Louis XV (1719 à 1767). La défense de faire l'aumône à des mendiants valides se rencontre dans un capitulaire de 807, dans plusieurs ordonnances et dans des arrêts des parlements. Pendant le XVIIIe siècle, on tenta plusieurs fois de diminuer le nombre des mendiants en transportant les plus valides dans les colonies ou sur les bords du Mississipi. Sous Louis XVI, on fonda divers dépôts de mendicité, mais cet essai a été ensuite abandonné. La Convention résolut vainement de détruire le paupérisme en rendant l'assistance obligatoire, et ce n'est qu'en l'an V que les bureaux de bienfaisance furent institués. La mendicité avait été de nouveau interdite par la loi du 24 vendémiaire an II, qui condamnait à la transportation les mendiants arrêtés en troisième récidive. Cette loi punissait d'amende tout citoyen convaincu d'avoir donné l'aumône à un mendiant. Le Code pénal de 1810, dont les dispositions sont aujourd'hui à peu près les seules qui répriment la mendicité, porte (art. 274) que « toute personne (valide ou non) qui aura été « trouvée mendiant dans un lieu pour lequel « il existera un établissement public destiné « à obvier à la mendicité, sera punie de trois « à six mois d'emprisonnement, et sera, « après l'expiration de sa peine, conduite au « dépôt de mendicité ». Ces dépôts doivent être établis dans chaque département, en exécution du décret du 5 juillet 1808; mais il n'en existe encore qu'un petit nombre, et l'article ci-dessus transcrit étant rarement appliqué, un seul dépôt suffit pour plusieurs départements. Le dépôt de mendicité est considéré comme un asile temporaire plutôt que comme un lieu de travail; cependant ces établissements ont été fondés dans le but de permettre aux mendiants valides d'amasser un pécule avant le moment où la liberté leur est rendue. S'il n'y a pas de dépôt de mendicité affecté au département, les individus valides qui sont *mendiants d'habitude* sont punis d'un mois à trois mois d'emprisonnement. Cette peine est de six mois à deux ans lorsque l'on constate certaines circonstances aggravantes, savoir : 1o lorsque le mendiant valide a été arrêté hors du canton de sa résidence; 2o lorsqu'un mendiant, même invalide, a usé de menaces ou est entré soit dans une habitation, soit dans un enclos en dépendant, sans la permission du propriétaire; 3o lorsqu'il a feint des plaies ou des infirmités; 4o lorsque les individus ont mendié en réunion, à moins que ce ne soient le mari et la femme, le père et la mère et leurs jeunes enfants, l'aveugle et son conducteur; 5o lorsqu'un mendiant est trouvé porteur d'effets d'une valeur supérieure à cent francs et qu'il ne justifie point d'où ils lui proviennent. L'emprisonnement est de deux à cinq ans, si le mendiant a été saisi travesti d'une manière quelconque, ou porteur d'armes, ou muni d'instruments propres à commettre des vols ou d'autres délits, ou enfin s'il a exercé ou tenté d'exercer quelque acte de violence envers les personnes. Lorsque ces dernières circonstances se trouvent réunies, la peine est celle de la réclusion. Si un mendiant a fait usage de faux certificats, passeports ou feuilles de route, il doit être condamné au maximum de la peine portée par la loi. (Voy. FAUX.) Enfin les mendiants condamnés aux peines ci-dessus indiquées sont, après l'accomplissement desdites peines, placés sous la surveillance de la haute police, pendant cinq ans au moins et dix ans au plus (C. pén. 274 à 282). Le simple vagabondage, c'est-à-dire

l'état de ceux qui n'ont ni domicile, ni moyen de subsistance et qui n'exercent habituellement ni métier, ni profession, est un délit, alors même qu'il n'est pas accompagné de la mendicité. (Voy. VAGABONDAGE.) — En exécution d'un décret de la première Assemblée constituante du 30 mai 1790, un secours de route est accordé à tout mendiant qui voyage muni d'un passeport. Ce secours est fixé à trente centimes par myriamètre, et doit être payé de cinq en cinq myriamètres par les municipalités. Le remboursement en est fait par le département. — La loi du 7 décembre 1874 punit les père et mère qui livrent leurs enfants à d'autres pour mendier, ou qui les emploient eux-mêmes à la mendicité habituelle, et elle ajoute que ces père et mère peuvent être privés des droits de la puissance paternelle. — Les délits de mendicité sont rarement punis; car, les magistrats hésitent souvent à traiter comme des coupables des mendiants qui peuvent avoir été pressés impérieusement par le besoin, et ils savent que l'assistance publique est parfois insuffisante. Dans certains pays, les mendiants sont si nombreux que les prisons ne pourraient les recevoir tous. Il faut ajouter que la charité privée, quelque respectable qu'elle soit, est fréquemment la dupe et la complice de la mendicité; elle délaisse le plus grand nombre de ceux qui sont vraiment pauvres et elle accorde ses dons aux plus hardis. On peut remédier à cela en suivant l'exemple donné par les habitants de la ville de Bâle, depuis 1879, et par ceux de Mulhouse, depuis 1880. Dans chacune de ces villes, a été fondée une *Association contre la mendicité.* Moyennant une modique cotisation, chaque habitant peut être muni de cartes portant seulement l'adresse d'un bureau central. Lorsqu'un mendiant demande des secours à l'un des souscripteurs, celui-ci lui remet une carte et l'invite à se rendre au bureau. Là, des renseignements sont pris avec soin et transmis au souscripteur. Le bureau pourvoit aux besoins immédiats de l'indigent, en attendant que les renseignements puissent être contrôlés, et souvent il lui procure du travail. Ce système fonctionne aussi à Berlin et c'est ainsi seulement que l'on peut espérer voir la mendicité disparaître. Il faut se rappeler sans cesse que l'assistance rendue légale et obligatoire a nécessairement pour résultat de favoriser l'imprévoyance et d'accroître la mendicité; c'est ce qui a été constaté notamment en Angleterre où la loi des pauvres a accru la misère, et en Norvège où une loi de 1845 a développé le paupérisme, jusqu'en 1863, époque où une loi nouvelle mit fin aux secours obligatoires. (Voy. PAUPÉRISME.) »　　　　(CH. Y.)

* MENDIER v. a. (lat. *mendicare*). Demander l'aumône : *il mendie son pain.* — Absol.: *être réduit à mendier; aller mendiant de porte en porte.* — Par ext. Rechercher avec empressement, et avec quelque sorte de bassesse : *il va mendiant les suffrages des uns et des autres.*

MENDIZABAL (Juan Alvarez y) [mènn-diçâ'-bal], financier espagnol, d'origine juive, né vers 1790, mort en 1853. Il fut un des promoteurs de la révolution de 1820, et comme il avait amené des capitalistes anglais à prendre part à un emprunt fait par le gouvernement provisoire, il fut, après la chute de celui-ci, emprisonné à leur requête. Plus tard il s'établit à Londres; en 1827, il négocia un emprunt pour don Pedro, et, en août 1835, un autre pour l'Espagne. Deux mois auparavant, il avait été nommé ministre des finances, et, de retour à Madrid, il fut président du conseil, avec pleins pouvoirs pour mettre fin à la guerre des carlistes. Mais il administra les finances d'une manière honteuse; il renvoya les cortès (27 janv. 1836), insulta l'ambassadeur français, son adversaire, et fut obligé de se démettre, 10 août 1837. Néanmoins il fut encore chargé des finances sous Espartero (1841-'43) et vécut ensuite magnifiquement à Paris.

MENDOIS, OISE s. et adj. De Mende; qui appartient à cette ville ou à ses habitants.

MENDOZA[menn-do'-sa].I. Province du S.-O. de la République Argentine. Elle est bornée à l'O. par les Andes qui la séparent du Chili; 88,206 kil. carr.; 68,000 hab. Elle est généralement montagneuse. Les principaux cours d'eau sont le Mendoza et le Tunuyan. On y trouve des agates, des améthystes, des cornalines, des saphirs. On y exploitait autrefois plusieurs mines d'or; le cuivre, le fer, la chaux, la craie, la pierre ponce, le charbon de terre, la poix, le pétrole, les beaux marbres y sont très abondants. Le climat est salubre, et le sol généralement fertile, sauf au sud. Les principales essences forestières sont le peuplier blanc et le peuplier noir. Les céréales de toute espèce y abondent, de même que les raisins et une grande variété d'autres fruits. Le coton, le tabac et le chanvre y viennent bien. On y fabrique des étoffes de coton et de laine, et on y fait des conserves de différents fruits. La plupart de ces produits s'envoient dans le Chili, à travers les Andes. — II. Capitale de la province de ce nom, à 950 kil. O.-N.-O. de Buenos-Ayres; 8,124 hab. Les principales industries sont l'agriculture, la fabrication du vin et des conserves de fruits. En 1776, Mendoza a été érigée en siège du gouverneur de la vice-royauté de Buenos-Ayres.

MENDOZA. I. (Inigo Lopez de), marquis de Santillane, auteur espagnol, né en 1398, mort en 1458. Il remporta des succès comme général de Castille sur les Aragonais, défit à plusieurs reprises les Maures, et vécut ensuite à la cour. Il cultivait les lettres et était l'ami et le protecteur des lettrés. Son ouvrage le plus important est la *Comedieta de Ponza*; le plus populaire a pour titre *Refranes* (*Proverbes*). Il a écrit, en outre, des sonnets, des dissertations critiques et historiques et des poésies diverses. — II. (Pedro Gonzalez de), fils du précédent, né en 1428, mort en 1495. Il devint archevêque de Séville, cardinal d'Espagne en 1473, archevêque de Tolède en en 1482, et grand gardien de l'Alhambra 1492. En raison de sa grande influence à la cour de Ferdinand et d'Isabelle, on avait coutume de l'appeler *rex tertius* (le troisième roi). — III. (Diego Hurtado de), petit-neveu du marquis de Santillane, né vers 1503, mort en 1575. Charles V l'envoya à Venise comme ambassadeur auprès de la république en 1538. Chargé des intérêts impériaux au concile de Trente, il fut ensuite plénipotentiaire à Rome, et, pendant six ans, il se regarda comme le chef du parti impérial dans toute l'Italie. Philippe II le bannit de sa cour en 1567. En 1574, il fut autorisé à revenir à Madrid; mais il mourut peu après. Ses poésies portent l'empreinte du vieux sentiment et du vieux tour d'esprit national de la Castille, modifié par son commerce familier avec les poètes classiques et italiens. Son *Lazarillo de Tormes* (1554), roman satirique, a été le point de départ de toute cette famille de fictions espagnoles dans le genre picaresque, *genero picaresco*, que le *Gil Blas* de Le Sage rendit fameux par toute l'Europe. Son principal ouvrage historique, *Guerra contra los Moriscos*, est un récit remarquablement impartial de l'insurrection mauresque. — IV. (Antonio de), frère du précédent, né vers 1495, mort en 1552. En 1535, il fut nommé vice-roi de la Nouvelle Espagne, et son administration se distingua par plusieurs sages réformes. En 1536, il introduisit l'imprimerie dans la ville de Mexico, et, la même année, on y battit monnaie, pour la première fois, par ses ordres. Il y fonda aussi le premier collège (1537).

En 1551, il fut transféré à la vice-royauté du Pérou.

MÈNE (Pierre-Jules), sculpteur, connu surtout par son talent dans la reproduction des types d'animaux, né à Paris en 1812, mort le 23 mai 1879.

* **MENEAU** s. m. Archit. Montants et traverses de bois, de pierre ou de fer qui partagent l'ouverture d'une croisée : *les meneaux d'une fenêtre gothique.*

MÉNECHME s. m. [mé-nè-kme] (gr. *menaiehmos*, brave). Personne qui a une grande ressemblance avec une autre. — Cette expression est due à une comédie de Plaute qui roule sur les équivoques auxquelles donne lieu la ressemblance de deux frères appelés Ménechme.

* **MENÉE** s. f. Pratique secrète et artificieuse dont on se sert pour faire réussir quelque dessein : *menée sourde.* — Vén. Suivre la menée, être à la menée d'un cerf, prendre la route d'un cerf qui fuit.

MENEHOULD (Sainte-) s. f. Cuis. Sauce faite avec de la farine, du beurre, du lait, du persil, des ciboules, des échalotes, du laurier et des champignons. — On dit aussi : *sauce à la sainte-menehould.*

MENEHOULD (Sainte-), ch.-l. d'arr., à 40 kil. N.-E. de Châlons-sur-Marne (Marne), sur l'Aisne; par 49° 5' 27'' lat. N. et 2° 33' 34'' long. E.; 6,000 hab. Bonneteries, faïenceries, verreries, tanneries; commerce de charcuterie. — Cette ville, ancienne capitale de l'Argonne, eut à souffrir d'un grand nombre de sièges. Concini y signa un traité avec les nobles en 1614; le prince de Condé s'en empara en 1652; Louis XIV la reprit l'année suivante. Elle fut presque détruite par un incendie en 1719. — Patrie de Drouet, qui reconnut Louis XVI en fuite vers l'étranger.

MÉNÉLAS [mé-né-lass], héros homérique, roi de Lacédémone, fils d'Atrée, frère cadet d'Agamemnon et mari d'Hélène. Après la fuite de sa femme avec Pâris, Ménélas et Ulysse allèrent à Troie pour demander qu'on la leur rendît. Dans la guerre qui suivit, il se distingua à plusieurs reprises. Il attaqua Pâris, et il l'eût tué, si Vénus n'était pas intervenue. Ménélas était un des guerriers cachés dans le cheval de bois. Lorsqu'il eut recouvré Hélène, il s'embarqua pour revenir dans son royaume, mais il fut, de tous les héros, si l'on en excepte Ulysse, le dernier à atteindre la Grèce.

MENENDEZ DE AVILES (Pedro) [mè-nènn'-dess dè-a-vi'-lèss], amiral espagnol, colonisateur de la Floride, né en 1519, mort en 1574. Il fit pendant de longues années et avec grand succès la guerre aux flottes et aux corsaires français, et Philippe II le nomma capitaine général des flottes de l'Inde et son conseiller. En 1565, il fut nommé *adelantando* de la Floride, avec des instructions pour y établir une colonie. Sa flotte de 34 vaisseaux portait 2,646 personnes, cultivateurs, artisans, prêtres et soldats. Il partit de Cadix le 29 juin 1565, remonta le fleuve Saint-Jean, et annonça aux huguenots français établis son dessein de les exterminer. Puis il revint à la côte et fonda Saint-Augustin. Ribault, le commandant français, le suivit et essaya de l'investir; mais il fut repoussé par une tempête. Menendez traversa alors le pays, surprit le fort français Caroline, passa au fil de l'épée presque tous ceux qu'il y trouva, sans distinction de sexe, et donna au fort le nom de San-Mateo. Ribault et ses soldats tombèrent peu après entre ses mains, et furent traîtreusement mis à mort. (Voy. Ribault.) Menendez activa alors ses travaux à Saint-Augustin et retourna en Espagne pour rendre compte de ce qu'il avait fait. Pendant son absence, Dominique de Gourgues (voy.

Gourgues), s'empara de San-Mateo et vengea le massacre des Français. En 1572, Menendez explora la côte plus loin vers le Nord. Le roi le nomma bientôt après au commandement d'une flotte contre les Pays-Bas, mais il mourut au milieu des préparatifs.

* **MENER** v. a. (lat. *minare*). Conduire, guider : *si vous n'y êtes jamais allé, je vous y mènerai.*— Ce chemin mène à tel endroit, on va, par ce chemin, à tel endroit. — Tout chemin mène à Rome, on peut arriver à un but par différents moyens. — Je le mènerai par un chemin où il n'y aura pas de pierres, je le poursuivrai vivement, je ne lui ferai point de quartier. — C'est un aveugle qui mène l'autre, se dit lorsqu'un homme de peu d'esprit et de sens entreprend de conduire un autre homme qui n'en a pas plus que lui.— Conduire par force en quelque endroit: *on le menait au supplice.*— Mener quelqu'un à la baguette, le traiter avec hauteur, lui faire faire par autorité ce qu'on veut. — Introduire, donner accès: *il le mena chez son rapporteur.*— Se dit aussi de ceux qui ont la conduite d'une troupe, et qui la font marcher et agir: *le capitaine mène sa compagnie.* — Fig. Mener des troupes à la boucherie, les exposer à une mort presque certaine. — Mener le deuil, dans une cérémonie funèbre être à la tête des parents, des amis, de toutes les personnes qui forment le cortège. — Mener la danse, être à la tête de ceux qui dansent. Dans le même sens, Mener le branle. — C'est à vous de mener la danse, de mener le branle, c'est à vous de conduire les autres, de leur donner l'exemple. — Mener la bande, être le chef d'une association d'intérêt ou de plaisir: *c'est lui qui mène la bande.* Dans le même sens, C'est lui qui mène les autres. — Se dit aussi en parlant des animaux, et signifie les conduire : *mener des animaux aux champs.*— Mener de front trois chevaux, quatre chevaux, guider trois chevaux, quatre chevaux attelés sur une même ligne. — Fig. Mener de front plusieurs affaires, les conduire à la fois. Mener de front plusieurs sciences, les cultiver en même temps : *il mène de front vingt travaux, vingt intrigues à la fois.* On dit, dans un sens analogue : *il mène de front les affaires et les plaisirs.* — Se dit également en parlant des voitures de terre et d'eau : *mener une charrette, un carrosse, un cabriolet.* En ce sens, il s'emploie absolument: *j'ai un cocher qui mène bien, qui mène grand train.* Mener bien sa barque, conduire bien ses affaires. — Voiturer: *mener du blé au marché, des marchandises à la foire, du bois par bateau.*— Se faire accompagner de ou par: *il mène bien des gens à sa suite.*— Forcer à suivre: *ce voleur s'est enfui, il a mené loin les gendarmes qui le poursuivaient.* — Fig. Gouverner quelqu'un : *c'est un pauvre homme, il se laisse mener par un tel.* — Mener quelqu'un par la lisière, à la lisière, le conduire, le gouverner comme un enfant. — Mener quelqu'un en laisse, en disposer à son gré, le conduire comme on veut. — Mener quelqu'un par le nez, abuser de l'ascendant qu'on a sur quelqu'un, pour lui faire faire tout ce qu'on veut. On dit aussi, C'est un homme à mener par le nez, c'est un homme faible, crédule, sans caractère. — Mener doucement quelqu'un, le conduire avec ménagement, l'épargner, éviter de le fâcher, de le révolter : *c'est un enfant timide, menez-le doucement.* — Mener les ennemis battant, les obliger à se retirer avec précipitation, et les poursuivre dans leur fuite. — Mener quelqu'un battant, tambour battant, le mener bien vite, le mener bon train, beau train, grand train, le mener rudement, emporter l'avantage sur lui en peu de temps, le forcer à faire ce qu'on veut. — Mener quelqu'un, le mener comme il faut, le mener rudement, lui donner bien de la peine, lui susciter bien des affaires. — Par ext. Cette médecine l'a

mené doucement ou rudement, elle l'a peu ou beaucoup tourmenté. — Fig. Amuser et entretenir de paroles, d'espérances : *il y a six mois que vous me menez sans que je voie aucun effet de vos promesses.* — En parlant des choses, diriger, conduire : *mener une affaire, un procès, une négociation.* — Fam. Mener rondement une affaire, la traiter avec activité, sans trop s'attacher aux détails. — Mener une vie sainte, une vie honnête, une vie scandaleuse, vivre saintement, honnêtement, scandaleusement, etc. — Mener un train, un grand train, grand train, faire beaucoup de dépense, vivre avec faste. — ⁓ Jargon. N'en pas mener large, être mal à son aise. — — ° Mener grand deuil de quelque chose, en être fort attristé. — Mener beau bruit, grand bruit, faire grand fracas.— Se dit aussi, fig., de ce qui dirige, de ce qui détermine les hommes : *les préjugés mènent quelquefois les gouvernements comme les particuliers; le travail, l'activité et l'économie mènent à la fortune.* — Cela ne mène à rien, on n'en saurait espérer aucun avantage. — Mener loin quelqu'un, lorsqu'il s'agit de choses qui se dépensent ou se consomment, signifie fournir longtemps le secours à quelqu'un, lui durer longtemps : *ces provisions peuvent encore nous mener loin.* Il s'emploie plus ordinairement avec la négation : *cet argent ne le mènera pas loin, pas bien loin.* — ⁓ Se mener v. pr. Être mené : *cette voiture se mène bien.*

MENÈS [mé-ness]. Voy. Égypte.

MENESSE s. f. Argot. Maîtresse.

° MÉNESTREL s. m. Nom de ces anciens poètes et musiciens qui allaient, de châteaux en châteaux, chantant des vers et récitant des fabliaux : *les ménestrels étaient bien accueillis par les grands et par les dames.* — Au moyen âge, les ménestrels amusaient leurs protecteurs et patrons avec des vers ou de la musique, chantant sur la harpe les poésies qu'ils avaient composées ou les ballades populaires et les récits rythmés du temps. Quelquefois, ils accompagnaient leur musique de gestes et d'action; aussi les appelait-on souvent mimi et histriones. Le nom ménestrel est d'origine normande. Ce sont les successeurs des scaldes et des bardes du Nord.

MÉNESTRIER (Claude-François), jésuite, créateur de la science héraldique, né à Lyon en 1631, mort en 1705. Il professa les humanités et la rhétorique dans plusieurs collèges de son ordre. Ses ouvrages les plus savants sont : *Nouvelle méthode du blason* (Lyon, 1754, in-12 et 1770, in-8°); *Chevalerie ancienne et moderne* (Paris, 1683, in-12); *Tournois, joûtes et autres spectacles publics* (Lyon, 1669, in-4°); *Art des emblèmes* (Paris, 1683, in-8°, avec environ 500 fig.); *Ballets anciens et modernes* (Paris, 1683, in-12), etc.

° MÉNÉTRIER s. m. (de *ménestrel*). Homme qui joue du violon pour faire danser : *il avait des ménétriers à sa noce.* S'emploie le plus souvent par dénigrement, par raillerie.

° MENEUR s. m. (rad. *mener*). Celui qui mène, qui conduit une femme par la main, dans certaines cérémonies : *il faut un meneur à cette quêteuse.* — Meneur d'ours, celui qui mène un ours dans les rues, et qui gagne sa vie à lui faire faire des tours pour le plaisir des passants. — Celui qui amène les nourrices aux bureaux des gens qui se chargent de leur procurer des nourrissons. Dans ce sens, il a un féminin : *Meneuse.* — Fig. et fam. De celui qui, dans les affaires, prend de l'ascendant sur les autres, leur fait faire sa volonté : *c'est le meneur de la compagnie.* — Se dit particul. des chefs d'une intrigue, d'une faction : *on arrêta les meneurs.*

MENGIN, célèbre fabricant et marchand de crayons, mort en janv. 1864. Coiffé d'un casque doré et accompagné d'un orchestre,

il parcourait les rues de nos villes, traîné par un brillant équipage, et vendait ses crayons. Il attirait la foule par de spirituels discours qu'accompagnait toujours une mimique des plus originales et des plus expressives.

MENGS (Anton-Rafael) [menngss], peintre allemand, né en Bohême en 1728, mort en 1779. Son père, artiste lui-même, lui fit faire des études sévères à Dresde, où il rendit peintre de la cour, et à Rome, où sa *Sainte Famille*, dont la Vierge eut pour modèle une belle paysanne qu'il épousa ensuite, le rendit fameux. La nouvelle académie d'art, à Rome, fut mise sous sa direction. On cite parmi ses œuvres une copie de l'*École d'A-thènes* de Raphaël, exécutée par lord Percy, et les célèbres fresques de l'église de Saint-Eu-sèbe et de la villa Albani. En 1761, Charles III d'Espagne l'invita à venir à Madrid, où il peignit *Aurora* et d'autres beaux tableaux dans le palais royal. Il retourna en Italie en 1770; mais en 1773-'76, il était encore à Madrid, travaillant à son chef-d'œuvre l'*Apothéose de Trajan*. Comme théoricien et écrivain d'art, il fait encore autorité. Ses ouvrages ont été réunis en 1780, et on les a traduits en plusieurs langues.

° MENHIR s. m. (celt. *men*, pierre; *hir*, longue). Mot qui sert à désigner des blocs de pierre, d'origine celtique, d'une hauteur quelquefois considérable, que l'on trouve dans plusieurs provinces de France, surtout dans la Bretagne. — Les monolithes appelés *menhirs* sont plantés verticalement dans la terre et ont une hauteur de 2 à 10 m. au-dessus du sol. Celui de Locmariaker (Morbi-han) mesure plus de 20 m. de haut. Parmi les autres menhirs de France, nous citerons : la Haute-Borne (Haute-Marne), et ceux de Loudun (Vienne) et de Tredion (basse Bretagne). — On donne le nom d'*alignements* à une suite de menhirs formant une ligne unique ou plusieurs lignes parallèles. Tels sont les aligne-ments de Carnac (Morbihan), de Kercolleoch (Morbihan) d'Ardeven (Morbihan), de Plouhi-nec (Morbihan), de Landabouden (Finistère) et de Tourlaville (Manche). Les archéologues se perdent en conjectures sur l'origine de ces pierres celtiques; les uns en font des limites de champs, d'autres des monuments commé-moratifs ou des monuments funéraires.

° MÉNIANE s. f. (ital. *mignani*). Archit. Petite terrasse ou balcon en avant-corps, mé-nagé pour plaisir de la vue du dehors, et ordi-nairement fermé de jalousies. N'est guère usité qu'en parlant des édifices d'Italie.

° MÉNIANTHE s. m. Plantes à fleurs en bouquets, et à feuilles semblables à celles du trèfle, qui croît dans les marais, et dont on fait usage en médecine. On la nomme aussi Trèfle d'eau.

MENIER (Émile-Justin), industriel, né à Pa-ris le 18 mai 1826, mort en fév. 1882. Après avoir fait de fortes études scientifiques, il devint, à la mort de son père, propriétaire de vastes établissements industriels à Saint-Denis et à Noisiel, et leur donna une ex-tension considérable. Il popularisa en France l'usage du chocolat. Il est connu dans le monde littéraire et industriel surtout comme protecteur généreux des écrivains et des in-venteurs. Il a publié entre autres brochures : *Liberté sans licence* (Paris, 1871); *Impôt sur le capital* (Paris, 1872); *Réformes fiscales* (Pa-ris, 1873). On lui doit la fondation de plu-sieurs prix, notamment un à l'école de phar-macie et un autre à la Ligue de l'enseigne-ment. Élu député par l'arr. de Meaux en fé-vrier 1876 et réélu en octobre 1877, il siégea à l'extrême gauche. Il fonda la *Réforme écono-mique* (1875) et commandita le *Bien public* vers la même époque.

MENIGOUTE. ch.-l. de cant., arr. et à 26 kil. S.-E. de Parthenay (Deux-Sèvres); 960 hab.

MÉNIL ou Méni s. m. (lat. *manere*, rester). Habitation. (Vieux.)

° MÉNIN s. m. (gaél. *min*, petit, gentil). Chacun des six gentilshommes qui étaient attachés particulièrement à la personne du dauphin.

MENIN (flam. *Meenen*), ville forte de Belgi-que, dans la Flandre occidentale, arr. et à 11 kil. S.-O. de Courtrai, sur la Lys qui la sé-pare de la France; 11,000 hab. Les Français la prirent en 1658 et 1667; Vauban la fortifia, le traité d'Utrecht la donna à l'Autriche; Louis XV la reprit en 1744 et la démantela. Les Français y entrèrent de nouveau (1792 et 1794). Toiles, dentelles, flanelle, bière.

° MÉNINGE s. f. (gr. *menêx*, membrane). Anat. Nom donné spécialement aux mem-branes qui enveloppent le cerveau : *il y a trois méninges : la dure-mère, la pie-mère et l'arachnoïde.*

° MÉNINGITE s. f. Méd. Inflammation des méninges. — Encycl. La méningite est l'in-flammation des enveloppes du cerveau, sur-tout de la pie-mère; ses causes sont multiples : l'insolation, le printemps, les boissons alcoo-liques, une métastase érysipélateuse ou rhu-matismale, une localisation cérébrale du principe rhumo-catarrhal, etc. La méningite peut débuter brusquement ou avoir pour prodrome un certain malaise, une pesanteur de tête, une torpeur intellectuelle ou des vertiges. La méningite a deux périodes dis-tinctes, celle d'*exaltation* et celle de *collapsus*. Dans la période d'*exaltation*, il y a céphalalgie vive, lancinante et compressive; agitation excessive avec insomnie persistante; fièvre, vomissements et constipation; puis mouve-ments convulsifs; strabisme avec contraction ou dilatation des pupilles; délire calme ou loquace avec agitation des membres, cris, pleurs, etc. Après un laps de temps de trois à six jours, la période d'exaltation fait place à la période de *collapsus* ou d'assoupissement plus ou moins profond. De temps en temps, le malade marmotte des mots intelligibles; sa face, qui exprime la stupeur, a perdu toute sensibilité; la respiration est entrecoupée et l'issue de la maladie est presque toujours fa-tale. Quelquefois la méningite est accompa-gnée d'encéphalite (voy. ce mot); cette affec-tion est alors désignée sous le nom de mé-ningo-encéphalite. Pour traiter la méningite avec quelque espoir du succès, il faut saisir la maladie au début et agir énergiquement. Le moyen le plus puissant est la *saignée*, qui devra être plus ou moins abondante selon que les forces du malade le permettront. Chez les enfants, la saignée est remplacée par des sangsues derrière les oreilles (3 ou 4 à l'âge de 6 à 8 ans) ; le sulfate de quinine doit également être administré à dose proportion-nelle pour arrêter la fièvre. On emploie égale-ment les sinapismes aux jambes, les dérivatifs intestinaux, les frictions d'onguent hydrargi-rique aux tempes, sur la tête; les applications d'eau glacée sur la tête et sur-tout une diète sévère et un repos complet. — Méningite chronique. Ce n'est guère autre chose que la méningite des aliénés ou la folie. — Méningite spinale, inflammation des enveloppes de la moelle épinière. (Voy. Myélite.)

MÉNIPPE, philosophe cynique, né à Gadara, vers le 1er siècle av. J.-C. D'abord es-clave, il devint ensuite libre, suivit les leçons de Diogène, amassa une grande fortune en pratiquant l'usure et se pendit de désespoir d'avoir été volé. Ses treize traités, pleins de sarcasmes et de traits mordants en prose mêlée de vers, sont aujourd'hui perdus; mais le nom de Ménippe est resté célèbre comme ayant servi à former le mot *ménippée*.

° MÉNIPPÉE adj. fém. (de *Ménippe*, n. pr.). Qui est fait à l'imitation des satires du philosophe Ménippe : *satire ménippée*. — s. f. Satire mordante, mêlée de prose et de vers : *la Ménippée*. — ENCYCL. Sous le titre de *la Néeromancie*, Lucien donna la véritable idée du caractère de ce genre de satire ; plus tard, Varron composa des ménippées, dans lesquelles il fit un mélange de grec et de latin. Sénèque (livre sur la *Mort de Claude*), Boèce (*la Consolation*), Pétrone (*Satiricon*). Julien (*les Césars*), produisirent des œuvres du même genre. Chez nous, on donna le nom de *Satire Ménippée* à un pamphlet politique composé, en 1593 et imprimé en 1594, pour combattre la Ligue par l'arme toujours si puissante du ridicule. Les auteurs de cet ouvrage célèbre furent Pierre Le Roy, chanoine de Rouen ; Jacques Gillot, Florent Chrestien, Rapin, Pithou, Passerat et Gilles Durant. La première partie, intitulée *Vertu du catholicon*, démasque les exaltés que leur fureur avait fait tomber dans le parti espagnol ; la seconde partie (*États de Paris*) décrit ironiquement les cérémonies de la Ligue et travestit ses discours exagérés. La *Satire Ménippée* fit, pour le triomphe de Henri IV, plus que n'aurait pu une faire armée plus nombreuse et mieux entretenue que ne l'était ordinairement celle du Béarnais. Cette satire burlesque eut plusieurs éditions en trois ou quatre mois ; on l'a souvent réimprimée.

MÉNISCOÏDE adj. (gr. *méniskos*, croissant; *eidos*, aspect). Qui a la forme d'un croissant.

MÉNISPERME s. m. (gr. *mené*, croissant; *sperma*, graine; par allusion à la forme des graines de cette plante). Bot. Genre type de la famille des ménispermées, comprenant plusieurs espèces de lianes à feuilles alternes, du nord de l'Amérique et de l'Asie.

MÉNISPERMÉ, ÉE adj. Bot. Qui ressemble à un ménisperme. — s. f. pl. Famille de plantes dicotylédones dialypétales hypogynes, comprenant plusieurs genres d'arbrisseaux sarmenteux et volubiles, ou des lianes à feuilles alternes. Genres principaux : coccule, ménisperme, cissampelos, etc.

* MÉNISQUE s. m. Opt. Verre convexe d'un côté, et concave de l'autre. (Voy. LENTILLE.)

MENNECHET (Édouard), littérateur, né à Nantes en 1794, mort à Paris en 1845. Il a produit un assez grand nombre d'ouvrages, entre autres : la *Renaissance des lettres et des arts sous François Ier* (Paris, 1820, in-4°) ; il édita aussi le *Plutarque français*, (8 vol. in-8°), ouvrage considérable, qui contient la vie des hommes et des femmes illustres de la France.

MENNETOU-SUR-CHER, ch.-l. de cant., arr. et à 15 kil. S.-E. de Romorantin (Loire-et-Cher), sur la rive droite du Cher ; 1,050 hab.

MENNO SYMONS (ordinairement appelé MENNO SIMONIS ou fils de *Simon*), réformateur religieux, né dans la Frise occidentale vers 1496, mort en 1561. Il était curé à Witmarsum lorsqu'il abandonna la prêtrise catholique romaine, en 1536, pour accepter d'être pasteur de quelques anabaptistes qui n'avaient jamais rien de commun avec la partie fanatique de la secte ; il organisa de nombreuses églises, principalement dans la Frise occidentale. (Voy. MENNONITE.) En 1543, la persécution le chassa à Cologne, où il réunit autour de lui une église florissante. Chassé aussi de là en 1546, il parcourut le Holstein, le Mecklembourg et la Livonie, prêchant et fondant des églises. Les dernières années de sa vie furent empoisonnées par des dissensions parmi ses adhérents. Son principal ouvrage est intitulé : *Livre fondamental sur la doctrine rédemptrice du Christ* (1539). Ses écrits, tous en hollandais, ont été recueillis pour la première fois en 1600. La meilleure édition est de 1681.

MENNONITE [mènn-no-ni-te] s. m. Nom donné à des protestants qui rejettent le baptême des enfants en bas âge, et s'abstiennent de tout serment. A l'origine, leurs adversaires les appelaient anabaptista, tandis qu'ils s'appelaient eux-mêmes en Suisse et dans le midi de l'Allemagne *taufer*, c'est-à-dire *baptiseurs*, et dans les Pays-Bas *doopsgezinde*, c'est-à-dire personnes ayant une manière de voir spéciale sur le baptême. On les appela plus tard mennonites parce qu'ils furent réorganisés par Menno Symons, qui précisa leurs doctrines. La première église qui professa tous leurs principes essentiels s'établit à Zurich, en janvier 1525. Ils se propagèrent rapidement ; la persécution éclata, et plus de 3,000 souffrirent le martyre en Souabe, en Bavière, en Autriche et dans le Tyrol. En Moravie, leur nombre augmenta beaucoup jusqu'à ce qu'ils en fussent chassés par la guerre de Trente ans. En 1527 et 1528, différents chefs d'anabaptistes étant morts sur le bûcher, des enthousiastes s'élevèrent pour les remplacer. Le principal parmi ceux-ci fut Melchior Hoffmann, de Souabe, grâce à qui les principes des anabaptistes, mêlés à ses vues millenaires personnelles, furent disséminés dans les Pays-Bas. Son fanatique disciple, Jean Mathias de Harlem, inaugura, en 1533, les atrocités de Munster en Westphalie, lesquelles, bien que commises par des hommes qui s'étaient écartés des principes primitifs de la secte, furent mises sur le compte de la secte tout entière. Près de 6,000 d'entre eux souffrirent le martyre sous le gouvernement de Phillippe II d'Espagne. Ce ne fut qu'en 1651 que la loi leur assura la tolérance. Outre l'oppression, des dissensions intérieures, relatives surtout à des détails de rituel et de hiérarchie, arrêtèrent puissamment leurs progrès. En 1801, tous les mennonites hollandais se réunirent en un corps et fondèrent un séminaire de théologie à Amsterdam. Aujourd'hui ils jouissent d'une complète liberté religieuse, mais leur nombre est tombé de 160,000 en 1700 à moins de 20,000 en 1873. Les mennonites comptent, en Suisse et dans l'Allemagne méridionale, environ 8,000 sectateurs ; ils sont à peu près aussi nombreux dans la Frise orientale, la Prusse occidentale et les autres parties de l'Allemagne du Nord. Il y en a davantage dans la Russie méridionale, où ceux de la Prusse occidentale commencèrent à émigrer en 1783. Ils y ont acquis de grandes richesses, et ils formaient une population d'environ 40,000 âmes, près de la mer d'Azof. Des décrets spéciaux des empereurs les exemptaient du service militaire ; mais, en 1871, ce privilège a été aboli, en conséquence de quoi des milliers ont émigré aux États-Unis. L'émigration des mennonites en Amérique date d'ailleurs de la fondation de New-York, car il y en avait quelques-uns parmi les colons hollandais. Leur première église s'organisa, en 1683, à Germantown près de Philadelphie. Suivant des appréciations de plus récentes, le nombre des mennonites en Amérique est environ 60,000. On les trouve surtout dans la Pennsylvanie, l'Ohio, l'Indiana et le Canada. Les mennonites Amish, appelés d'ordinaire Omish, apparurent d'abord en Alsace (1693). Ils ne voulaient pas de boutons à leurs vêtements, et de là ils furent nommés *Haeftler*, ou mennonites à agrafes, tandis que les autres étaient connus sous le nom de *Knoepfler* ou mennonites à boutons. — En général, les doctrines des mennonites s'accordent avec celles du grand corps des chrétiens évangéliques. Ils ont des évêques, des prédicateurs, des diacres ; mais la seule différence entre l'évêque et le prédicateur est que le premier a reçu les ordres et que le second n'a que la licence de prêcher. Le baptême s'administre presque universellement par affusion. La communion se célèbre deux fois par an ; elle est précédée, dans la grande majorité des églises d'Amérique, par le lavement des pieds. Les mennonites n'acceptent pas les fonctions publiques ou ne les obligeraient à prêter serment ou à infliger des châtiments. Ils n'en appellent jamais aux tribunaux. En Amérique, comme dans la plupart des pays de l'Europe, ils sont presque tous fermiers. La littérature mennonite est écrite ordinairement en hollandais ou en allemand.

MÉNOBRANCHE s. m. (gr. *menos*, force ; *braghia*, branchie). Groupe d'amphibiens, de la famille des salamandres, dont l'espèce la mieux connue est le ménobranche tacheté (*menobranchus maculatus*, Barnes), long d'environ 30 centim., qui se trouve dans les grands lacs de l'Amérique du Nord et dans le lac Champlain, ainsi que dans les cours d'eau qui s'y déversent.

* MÉNOLOGE s. m. (gr. *mén*, mois; *logos*, discours). Martyrologe, ou calendrier de l'Église grecque, divisé en douze parties, pour les douze mois de l'année.

MENOMONÉES [mé-no-mo-niss], ou Ménomènes, tribu indienne, de la famille des Algonquins, ayant résidé, depuis qu'on les a découverts jusqu'en 1852, sur le fleuve Menomonee, qui se décharge dans la baie Verte, ou *Green bay* (état de Wisconsin). Les Français les connaissaient dès 1640. Les jésuites Allouez et André établirent des missions parmi eux. Ils avaient le teint plus clair que les tribus voisines et étaient remarquablement bien faits. Quand les Renards (*Foxes*) firent la guerre aux Français, les Menomonees marchèrent au secours de Détroit (1672), et plus tard chassèrent les Renards de la baie. Dans les opérations entre les Anglais, on les voit fréquemment tenir la campagne de 1712 à 1763. A l'époque de la révolution espagnole, ils s'attachèrent au parti anglais. Lorsqu'elle fut terminée, ils restèrent amis des États-Unis jusqu'à la seconde guerre avec la Grande-Bretagne, époque où des officiers anglais les gagnèrent à leur cause. En 1852, on les plaça sur le Wolf supérieur, et sur les rivières d'Oconto et de Wisconsin, à 80 kil. de la baie, et une réserve leur fut assurée par le traité de 1854. En 1822, on estimait qu'ils étaient au nombre de 3,900, et en 1876 il étaient tombés au nombre de 1,522. Leur langue est un dialecte algonquin très particulier, avec des sons gutturaux et des accents étranges.

* MÉNON s. m. (bas lat. *mennonus, meno*, bouc châtré). Nom donné, dans le Levant, à l'espèce de chèvre dont la peau sert à faire le maroquin.

MÉNOPAUSE s. f. (gr. *mén*, mois; *pausis*, cessation). Pathol. Cessation définitive des menstrues.

MÉNOPOME s. m. Erpét. Genre de batraciens, voisin des salamandres. Le ménopome commun (*menopoma alleghaniense*, Harlan), atteint une longueur d'environ 37 centim., dont 2 et demi pour la tête et 22 pour le corps. Sa grande bouche est pourvue de lèvres épaisses et son museau est plein et arrondi. Il habite l'eau douce ; il est carnivore, vorace, et se nourrit de poissons, de vers et de mollusques. On le trouve dans l'Alleghany et ses tributaires et dans beaucoup de branches de l'Ohio et du Mississipi. Son nom populaire est « hellbender ».

MÉNORRHAGIE s. f. (gr. *mén*, mois; *régnumi*, je fais irruption). Pathol. Écoulement excessif des règles.

MÉNORRHÉE s. f. (gr. *mén*, mois; *reó*, je coule). Méd. Écoulement des menstrues.

MÉNOSTASE s. f. (gr. *mén*, mois; *stasis*, arrêt). Pathol. Accumulation et rétention du flux menstruel dans la matrice.

* MENOTTE s. f. (dimin. de *main*). Se dit des mains d'un enfant : *il a de jolies menottes, de petites menottes.* (Fam.)

* MENOTTES s. f. pl. Lien de fer ou de corde qu'on met aux poignets d'un prisonnier, d'un malfaiteur, pour lui ôter l'usage des mains : *ôtez les menottes à ce prisonnier.* — METTRE DES MENOTTES A QUELQU'UN, le mettre dans l'impossibilité de se mêler d'une affaire, de s'en emparer, de nuire.

MENOU (Jacques-François, BARON DE), général et homme politique, né en 1750, mort en 1810. Envoyé par la noblesse de la Touraine aux états généraux, il se montra partisan de la liberté et entra au comité de la guerre ; il fit augmenter la paie du soldat, fit adopter le pavillon tricolore pour la marine et obtint, en 1792, le commandement en second de sous Paris. Battu en Vendée par La Rochejacquelein en 1793, il fut cité à la barre de la Convention, défendu par Barère et renvoyé absous. Il fit ensuite partie de l'expédition d'Égypte et prit le commandement en chef de l'armée après l'assassinat de Kléber (1800). Il se fit, à cette époque, musulman, pour épouser une indigène et ajouta à son nom celui d'Abdallah. Son impéritie fut la cause de la perte de l'Égypte. Bonaparte le nomma membre du tribunat en 1802, dans la suite gouverneur du Piémont et plus tard gouverneur de Venise, où il mourut.

MENS, ch.-l. de cant., arr. et à 35 kil. S. de Grenoble (Isère) ; 1,900 hab. Église calviniste ; toiles, graines.

MENS AGITAT MOLEM. Expression latine qui signifie : *l'esprit vivifie la matière*, et qui est souvent employée par les philosophes.

MENSCHIKOFF [menn'-chi-koff] ou Mentchikow. I. (ALEXANDER DANILOVITCH, *prince*), homme d'État russe, né en 1672, mort en 1729. Il ne reçut aucune éducation ; mais, étant entré au service de Pierre le Grand, il se mit en faveur en découvrant une conspiration parmi les gardes. Il servit dans la campagne d'Azof, accompagna le czar en Hollande et en Angleterre, et, à la mort de Lefort, devint son principal conseiller. Il fut créé prince de l'empire allemand en 1706, et de Russie en 1707. En 1709, il contribua grandement à la victoire de Pultava et fut fait feld-maréchal. Sa cupidité le conduisit à commettre de nombreux actes d'arbitraire, pour lesquels il fut, à la fin, traduit devant une cour martiale et condamné à mort ; mais il en fut quitte pour une lourde amende. Sous Catherine Ire (1725-'27), à l'avènement de laquelle il avait contribué plus que personne, il exerça sur la Russie un pouvoir absolu. Il était encore plus puissant au commencement du règne du jeune Pierre II ; mais il fut soudainement arrêté par l'influence de Dolgorouki (1727), et banni avec sa famille en Sibérie. — II. (Alexander-Sergeyevitch, *prince*), son arrière-petit-fils, né en 1789, mort en 1869. Il accompagna Alexandre Ier comme aide-de-camp dans les campagnes de 1812-'44 et fut fait général. Sous Nicolas, il fut ambassadeur de Perse ; il servit dans la guerre de Perse et bientôt après dans celle de Turquie (1828-'29). Il reçut une blessure grave devant Varna, et se consacra ensuite au rétablissement et au développement de la marine russe. En 1853, on l'envoya à Constantinople, où sa conduite extravagante provoqua rapidement une rupture. Il commanda les forces de terre et de mer en Crimée jusqu'à ce que, étant tombé malade, il fût remplacé par Gortchakoff (mars 1855). Il combattit toutes les réformes.

MENS DIVINIOR. Expression latine qui signifie l'*esprit divin*, le *souffle divin*.

* MENSE s. f. [man-se] (lat. *mensa*, table).

Revenu d'une abbaye. MENSE ABBATIALE, le revenu qui est dans le partage de l'abbé ; MENSE CONVENTUELLE, celui qui est dans le partage des religieux ; et, MENSE COMMUNE, celui dont l'abbé et les religieux jouissent en commun. — Législ. « On comprend sous le nom de *mense épiscopale* l'ensemble des biens ou revenus appartenant à un évêché, et dont l'évêque a l'administration et la jouissance. La mense se compose des dons et legs qui lui ont été affectés et dont l'acceptation a été régulièrement autorisée. On peut y comprendre le traitement de l'évêque, ainsi que la jouissance du palais épiscopal et du mobilier que l'État fournit pour meubler ce palais. Lorsque l'évêché est vacant, les revenus de la mense appartiennent, pendant la durée de la vacance, au Trésor public, lequel exerce de cette manière l'ancien droit de régale revendiqué par les rois de France et qui leur fut souvent disputé par l'avarice pontificale. La mense curiale se compose des biens ou rentes dont un curé ou un desservant jouit en vertu de sa fonction. Les titres et documents concernant cette mense doivent être déposés dans les archives de la fabrique (Déc. 6 nov. 1813). Les menses sont des personnes civiles, ayant tous les droits et étant soumises à toutes les obligations des établissements publics. (Voy. ÉTABLISSEMENT.) Aux termes des art. 73 et 74 de la loi du 18 germinal an X, les fondations ayant pour objet l'entretien des ministres et l'exercice du culte, ne peuvent qu'en rentes sur l'État ; et aucun immeuble, autre que ceux destinés au logement, ne peut être affecté à des titres ecclésiastiques, ni possédé par des ministres du culte à raison de leurs fonctions. » (CH. Y.)

* MENSONGE s. m. [man-] (rad. *mentir*). Discours contraire à la vérité, tenu avec dessein de tromper : *un grand, un impudent, un horrible mensonge.* — MENSONGE INNOCENT, mensonge sans conséquence; qui ne peut nuire à personne. — MENSONGE OFFICIEUX, mensonge fait dans l'intention d'être utile ou agréable à quelqu'un. — UN MENSONGE PUANT, UN PUANT MENSONGE, un mensonge évident et grossier. — Dans le langage de l'Écriture, L'ESPRIT DU MENSONGE, LE PÈRE DU MENSONGE, le diable. — Poét. Fable, fiction : *la poésie vit de mensonges.* — Fig. Erreur, vanité, illusion : *le monde n'est que mensonge.*

* MENSONGER, ÈRE adj. Faux, trompeur. Ne se dit que des choses : *histoire mensongère.*

MENSONGÈREMENT adv. D'une manière mensongère.

MENS SANA IN CORPORE SANO. Expression latine qui signifie : *l'esprit est sain dans un corps sain.* Elle est souvent suivie de cette autre maxime, qui en est comme la conséquence : *Mens pessima melior, in corpore optimo* (*l'esprit le plus pervers devient meilleur quand le corps est dans un état parfait*). Ce sont deux maximes chères à ceux qui préconisent les exercices corporels dans l'éducation de la jeunesse.

MENSTRUATION s. f. (rad. *menstrues*). Physiol. Écoulement de sang par la matrice et qui a lieu ordinairement tous les mois, chez la femme, depuis le moment de la puberté (14 ou 16 ans) jusqu'à la ménopause (de 45 à 50 ans). — Le liquide sanguin qui constitue la menstruation, vient de l'utérus et accompagne la chute ou la maturation d'un ou de plusieurs ovules. A l'époque des menstrues, la femme devient plus susceptible, plus irritable et plus exaltée ; il faut alors éviter tout ce qui peut l'impressionner vivement, comme la frayeur, la colère, etc. Elle doit fuir les causes de refroidissement subit.

* MENSTRUE s. m. [manss-trü] (lat. *menstruus*; de *mensis*, mois). Chim. Liqueur propre à dissoudre les corps solides : *l'eau ré-*

gale est le menstrue de l'or. (Vieux.) On dit aujourd'hui DISSOLVANT.

MENSTRUÉ, ÉE adj. Se dit de la femme par rapport à la manière dont le flux menstruel est établi chez elle.

* MENSTRUEL, ELLE adj. Méd. Qui arrive tous les mois, qui a rapport aux menstrues des femmes : *le sang, le flux menstruel.*

* MENSTRUES s. f. pl. [manss-trü]. Méd. Écoulement de sang auquel les femmes qui ne sont point grosses sont sujettes tous les mois, depuis l'âge de la puberté jusqu'à celui où elles cessent ordinairement d'avoir des enfants.

* MENSUEL, ELLE adj. [man-su-èl] (lat. *mensis*, mois). Adm. Qui se fait tous les mois : *état mensuel de recette, de dépense.*

MENSUELLEMENT adj. Tous les mois : *être payé mensuellement.*

MENSURABILITÉ s. f. (lat. *mensurabilitas*; de *mensurare*, mesurer). Qualité de ce qui peut être mesuré.

MENSURABLE adj. Qui est susceptible d'être mesuré.

MENSURATEUR s. m. Celui qui mesure; objet servant à mesurer. — Machine imaginée pour la mesure des triangles, par l'Anglais W. Marsbam Adams, vers 1872.

MENSURATION s. f. Action ou manière de mesurer.

MENT [man] (ital. *mente*, dérivé du lat. *mens, mentis*, intention, manière). Terminaison que l'on ajoute aux substantifs pour former certains adverbes de manière, comme *tendrement, fortement*, d'une manière *tendre, forte.* — Gramm. Les adverbes en *ment* se forment de la façon suivante : 1° quand l'adjectif est terminé au masculin par une voyelle, l'adverbe se forme par la simple addition de *ment*, comme *poli, poliment; sage, sagement; impuni* fait *impunément.* Les six adverbes suivants prennent un *é* aigu devant la terminaison *ment* : *aveuglément, commodément, conformément, énormément, incommodément, opiniâtrément*; 2° quand l'adjectif est terminé au masculin par une consonne, l'adverbe se forme du féminin, auquel on ajoute *ment*, comme : *franc, franche, franchement*. C'est pourquoi l'on dit : *bellement, follement, mollement, nouvellement*, parce que ces adverbes sont formés des anciens adjectifs *bel, fol, mol, nouvel; gentil* fait *gentiment*; 3° les adjectifs terminés au masculin par *ant* ou *ent* forment leurs adverbes en changeant *ant* en *amment*, et *ent* en *emment*, comme : *constant, constamment; éloquent, éloquemment*; excepté *lent* et *présent*, qui font *lentement* et *présentement*.

MENTAGRE s. f. [man-ta-gre] (lat. *mentagra*). Pathol. Affection parasitique des parties velues de la face. C'est une des variétés de l'acné; elle est contagieuse et peut être communiquée par le rasoir au moyen d'un cryptogame parasite. On la traite comme l'acné.

* MENTAL, ALE adj. (lat. *mentalis*; de *mens, esprit*). Qui se fait, qui s'exécute dans l'esprit, dans l'entendement. ORAISON MENTALE, oraison qui se fait sans proférer aucune parole. RESTRICTION MENTALE, réserve tacite qu'on fait d'une partie de ce qu'on pense, pour induire en erreur ceux à qui on parle. — Qui a rapport à l'entendement. ALIÉNATION MENTALE, folie, démence. MALADIES MENTALES, celles qui dérangent les fonctions intellectuelles.

MENTAL, ALE adj. (lat. *mentalis*; de *mentum*, menton). Anat. Se dit de l'angle formé par les deux branches de la mandibule chez les oiseaux.

* MENTALEMENT adv. D'une manière mentale : *prier, pécher mentalement.*

MENTANA, village d'Italie, près de Monte-Rotondo, à 15 kil. N.-E. de Rome. C'est à Mentana que Garibaldi et ses volontaires, en marche vers Tivoli, furent complètement mis en déroute, le 3 nov. 1867, par les troupes franco-pontificales, sous les ordres des généraux de Failly, Kanzlar et Polhès. Chacune des deux armées adversaires se composait de 5,000 hommes; mais les Français étaient armés de chassepots (voy. ce mot), ce qui leur donnait une incontestable supériorité. Les garibaldiens battirent précipitamment en retraite vers la fontière italienne, en laissant 800 morts ou blessés sur le champ de bataille. Les Franco-pontificaux n'avaient perdu que 200 hommes. Garibaldi fut arrêté à Corrèse et envoyé à Caprera (25 nov.). Le 25 nov. 1877, un monument fut inauguré à Mentana aux garibaldiens tués pendant la lutte.

MENTCHIKOFF. Voy. Menschikoff.

MENTEL ou **Mentelin (Johann)**, imprimeur de Strasbourg, auquel on a attribué faussement l'invention de l'imprimerie en 1440. D'après une tradition erronée, il aurait, le premier, fondu des caractères de métal, et Gutenberg, son ouvrier, se serait approprié cette découverte. Le contraire eut lieu: Mentel, ouvrier de Faust, déroba le secret de son maître, et s'établit à Strasbourg, où il fut le plus ancien imprimeur. L'empereur Frédéric III lui donna des titres de noblesse.

MENTELLE (Edme), géographe, né à Paris en 1730, mort en 1815. Professeur à l'École centrale et à l'École normale supérieure, il fut nommé membre de l'Institut dès sa fondation. Il a laissé: *Cours complet de cosmographie, de chronologie, de géographie et d'histoire ancienne et moderne* (1804, 3 vol. in-8°); *Atlas universel en 170 cartes*, et a rédigé, avec Malte-Brun, la *Géographie universelle* (Paris, 1803-'04, 16 vol. in-8°).

MENTERIE s. f. (lat. *mentiri*, mentir). Discours par lequel on donne pour vrai ce qu'on sait être faux: *je t'ai surpris en menterie*. Il est plus familier que *Mensonge*, et s'applique à des choses moins graves.

MENTEUR, EUSE adj. Qui dit une chose fausse, et dont il connaît la fausseté: *il est menteur*. — Prov. Il est menteur comme un arracheur de dents, comme un laquais, il ment souvent et effrontément. — Écr. sainte. Tout homme est menteur, tout homme est sujet à se tromper. — Se dit aussi des choses dont les apparences sont trompeuses: *mine, physionomie menteuse*. — s. Celui, celle qui ment, qui a l'habitude de mentir: *c'est un menteur, un menteur fieffé*.

MENTEUSEMENT adv. D'une façon menteuse.

MENTHE s. f. [man-te] (lat. *menta*). Bot. Genre de labiées, comprenant plus de 60 espèces d'herbes, dont les fleurs, à l'aisselle des feuilles, entourent la tige de faux verticilles, ou forment des épis terminaux.—Ordinaire, quand on parle de la menthe, c'est la *menthe verte (mentha viridis)* que l'on veut dire; ou désigne les autres espèces par une épithète descriptive. La *menthe verte*, *menthe commune*, *menthe des jardins*, ou plus simplement *menthe*, est originaire d'Europe; on la trouve dans les terrains humides et incultes, où elle est venue des jardins et des champs dans lesquels on l'avait cultivée. Ses feuilles fraîches, hachées menu et mêlées à du sucre et à du vinaigre, composent la sauce à la menthe qui se mange avec l'agneau.— La *menthe poivrée (mentha piperita)* n'est pas aussi généralement répandue que la précédente; elle a un goût plus piquant et plus camphré et des propriétés stimulantes analogues. On la cultive en grand pour en tirer l'huile de menthe poivrée, dont on se

sert surtout dans la confiserie pour donner de l'arome; elle entre aussi dans la prépa-

Menthe commune (Mentha viridis).

ration d'essences, de cordiaux, etc. L'essence de menthe poivrée, carminatif populaire, est une solution d'huile de menthe dans de l'alcool.

MENTHE-COQ s. f. Nom vulgaire des balsamites.

MENTHOL s. m. (rad. *menthe*). Chim. Substance camphrée qui forme la partie solide de l'essence de menthe poivrée.

MENTION s. f. [man-si-on] (lat. *mentio*; de *mentum*, supin de *memini*, je me souviens). Commémoration, témoignage, rapport fait de vive voix ou par écrit: *il est fait mention, il est mention de vous dans cet ouvrage*. Mention honorable, ou simplement Mention, distinction accordée à un ouvrage de concours, qui n'a obtenu ni le prix ni l'accessit: *sa pièce de vers a obtenu une mention, la première mention*.

MENTIONNER v. a. Faire mention: *il faut mentionner cette proposition au procès-verbal*. — Mentionner honorablement, ou simplement Mentionner, accorder à un ouvrage de concours l'espèce de distinction appelée mention.

MENTIR v. n. (lat. *mentiri*). Dire, affirmer pour vrai ce qu'on sait être faux: *la loi de Dieu défend de mentir*.

Ci-gît un grand personnage
Qui fut d'un illustre lignage,
Qui posséda mille vertus.
Qui ne trompa jamais, qui fut toujours fort sage;
Je n'en dirai pas davantage.
C'est trop mentir pour cent écus.
***

Comment, depuis au moins dix heures que je mens,
Vous n'avez pas connu votre sang, mon cher père!
     Collin d'Harleville. Monsieur de Crac, sc. xiv.

— Sa physionomie ment, ne ment pas. Se dit d'une personne dont le visage déguisé ou annonce le caractère.

Un autre eût fait mentir ses yeux et son visage.
     Collin d'Harleville. L'Inconstant, acte III, sc. ii.

— Mentir a Dieu, mentir au Saint-Esprit. Phrases tirées de l'Écriture. *Ananias et Saphira mentirent au Saint-Esprit.* — Il en a menti, il a menti sur la chose dont il s'agit. Pour rendre cette injure plus atroce, on disait: *il en a menti par sa gorge.* Ce dernier est vieux. — Sans mentir, a ne point mentir, en

vérité, à dire vrai: *sans mentir, c'est un méchant homme*.

Sans mentir, si votre ramage
Se rapporte à votre plumage…
     La Fontaine.

— Il n'enrage pas de mentir, il est dans l'habitude de mentir: — Faire mentir le proverbe, faire une chose qui est contraire à l'opinion établie par quelque adage très répandu. — On sait mentir sans parler, on peut vouloir induire en erreur par sa contenance, par ses gestes. — A beau mentir qui vient de loin, un homme qui vient d'un pays éloigné peut facilement en imposer. — Bon sang ne peut mentir, les personnes nées d'honnêtes parents ne dégénèrent point. — Se mentir v. pr. Se tromper soi-même: *le menteur d'habitude se ment souvent à lui-même*.

MENTON s. m. (lat. *mentum*). Partie du visage qui est au-dessous de la bouche: *on doit être sage quand on a de la barbe au menton*. — Avoir deux mentons, double, triple menton, se dit d'une personne replète qui a le dessous du menton fort gras. On dit de même: *avoir un menton à double, à triple étage*. — Être assis a table jusqu'au menton, y être assis fort bas, et fig., une fois qu'on est à table, ne penser qu'à manger. — Se dit aussi du dessous de la mâchoire inférieure, dans certains animaux: *le menton d'un cheval, d'une chèvre, d'un bouc*.

MENTON (ital. *Mentone* [mènn-to'-né]), ch.-l. de cant., arr. et à 30 kil. N.-E. de Nice (Alpes-Maritimes), sur le golfe de Gênes; 7,800 hab. Commerce d'oranges, citrons, huile, eaux de senteur. — Menton est entouré de villas et de bosquets d'oliviers, et délicieusement situé sur deux petites baies. séparées

Grottes de Menton.

par une pointe de terre sur laquelle se trouve presque toute la vieille ville. Du côté de la terre, Menton est enfermé par des montagnes de 1,000 à 1,200 m. de haut. C'est une station d'hiver très fréquentée, surtout par les poitrinaires. Menton appartenait autrefois à la principauté de Monaco. En 1848, les habitants se donnèrent à la Sardaigne, et, après la cession de Nice à la France, le prince Florestan de Monaco renonça à ses droits moyennant compensation (2 fév. 1861). — A l'extrémité E. de la baie occidentale, se trouvent les cavernes à ossements de Menton, à environ 88 pieds au-dessous du niveau de la Méditerranée. Ce sont des crevasses naturelles des Roches-Rouges, dans la montagne sur laquelle passe la route de la Corniche. Elles ont fourni des restes préhistoriques intéressants; dans une d'elles, on exhuma, le 26 mars 1872, un squelette d'homme fossile presque complet, que l'on suppose appartenir à l'époque paléolithique. On l'a placé au Muséum d'histoire naturelle de Paris.

MENTONNET s. m. Pièce de fer qui reçoit le bout d'un loquet.

MENTONNIER, IÈRE adj. Qui appartient au menton.

* **MENTONNIÈRE** s. f. Bande de toile ou d'étoffe qui tenait autrefois aux masques, et dont on se couvrait le menton : *il n'y a plus que le masque d'Arlequin qui ait conservé la mentonnière.* — Bande de toile dont on enveloppe son menton dans le cas de blessure ou de fluxion. — ↶ Typogr. On nomme ainsi les angles qui occupent les quatre coins du coffre de la presse à bras. Dans les mentonnières, on arrête, au moyen de coins, les formes à imprimer. — Pièce de bois qui sert à soulever la casse sur le rang et à donner au haut de casse une inclinaison plus accentuée, afin de mettre les capitales plus à la portée de la main.

* **MENTOR** s. m. (main-tor). Personnage de l'*Odyssée* d'Homère, noble habitant d'Ithaque, fils d'Alcimus et ami d'Ulysse, qui lui avait laissé le soin de sa maison en quittant Ithaque. Minerve prit la figure de Mentor pour accompagner Télémaque à Pylos et à Lacédémone. Fénelon a développé cette fiction et fait de Minerve, sous la figure de Mentor, le gouverneur de Télémaque ; ce nom est devenu appellatif et se dit du gouverneur, du guide, du conseil de quelqu'un : *il aurait besoin d'un mentor.*

MENTSCHIKOFF. Voy. MENSCHIKOFF.

* **MENU, UE** adj. (lat. *minutus*, de *minuere*, diminuer). Délié, qui a peu de volume, peu de grosseur, peu de circonférence : *ce bâton est trop menu.* — MENU PLOMB, celui dont on ne sert pour tirer aux petits oiseaux. — MENU RÔT, les cailles, perdreaux, bécassines, ortolans, etc. : *un service de menu rôt.* — MENU GIBIER, par opposition à gros gibier, se dit des lièvres, perdrix, bécasses, etc. ; mais, par opposition à gibier ordinaire, il se dit des cailles, grives, mauviettes, et autres petits oiseaux. — MENU BÉTAIL, brebis, moutons, etc., par opposition à GROS BÉTAIL, bœufs, vaches, etc. — MENUS DROITS, les issues ou extrémités d'un animal, dont on fait de certains ragoûts. — MENUS GRAINS, les pois, les lentilles, la vesce, le millet, etc. — MENUES DÎMES, les dîmes qui se prenaient sur les menus grains. — Fig. Qui est de peu de conséquence : *les menues réparations sont à la charge du locataire.* — MENUS PLAISIRS, dépenses d'amusement et de fantaisie : *cet enfant, cette femme a tant par semaine, par mois, pour ses menus plaisirs.* — MENUS PLAISIRS, nom qu'on donnait à certaines dépenses du roi qui étaient réglées par une administration particulière, et qui avaient pour objet les cérémonies, les fêtes, les spectacles de la cour, etc. : *intendant, trésorier, des menus plaisirs,* ou simpl., *intendant, trésorier des menus.* On appelait aussi MENUS PLAISIRS ou HÔTEL DES MENUS PLAISIRS, le lieu où étaient les bureaux, les magasins et ateliers de cette administration : *cette décoration a été peinte aux Menus Plaisirs.* — MENUS SUFFRAGES, dans la liturgie catholique, signifie, les oraisons qui se disent après l'office, pour la commémoration des saints ; et, par ext., certaines prières courtes qui se disent par dévotion. Il est vieux dans les deux sens. — MENUS SUFFRAGES, petits profits attachés à une charge, etc. : *il tire tant de sa charge, sans les menus suffrages.* Il a vieilli. — MENUE MONNAIE, la monnaie de cuivre et de billon. — MENU PEUPLE, les dernières classes du peuple. — s. COMPTER PAR LE MENU, avec un grand détail. Dans le même sens : *je vous dirai, je vous raconterai, je vous expliquerai la chose par le menu.* — LE MENU D'UN REPAS, la note de ce qui doit y entrer : *il y aura demain vingt personnes à table, il faut dresser le menu.* — Menu linge : *on a mis à la lessive tant de paquets de menu.* — Adv. En fort petits mor-

ceaux : *hachez cela menu.* — Prov. et par menace. VOUS SEREZ HACHÉS MENU COMME CHAIR A PÂTÉ. — ÉCRIRE MENU, écrire en lettres fort petites. — Se joint quelquef. avec DRU, pris aussi adverbial. : *il pleuvait dru et menu.* Dans cet emploi, il est familier. — MARCHER, TROTTER DRU ET MENU, marcher vite et à petits pas.

* **MENUAILLE** s. f. [*ll* mll.]. Quantité de petites monnaies : *il a payé en menuaille.* — Quantité de petits poissons : *on a mis dans cette matelote beaucoup de menuaille.* — Toute sorte de petites choses qu'on met au rebut : *que voulez-vous faire de cette menuaille ?* Ce mot est familier dans toutes ses acceptions.

* **MENUET** s. m. Air à danser, dont la mesure se bat à trois temps, dans lequel il y a un repos de quatre en quatre mesures, et qui est composé de deux reprises : *chanter, jouer un menuet.* — Danse caractérisée par cet air : *la figure du menuet.* — Le menuet est une danse pleine de grâce et de majesté, aujourd'hui rarement exécutée si ce n'est sur le théâtre. On lui assigne pour origine la province du Poitou. Le premier menuet fut dansé par Louis XIV à Versailles en 1653. Le nom dérive de *menu,* cette danse se composant de petits pas. Le menuet ou *minuetto* a été aussi employé avec un heureux effet par les compositeurs comme mouvement exclusivement musical dans les symphonies, quatuors, etc.

MENUISAGE s. m. Action de menuiser.

MENUISE s. f. (rad. *menu*). Bois débité en planches. — Petit plomb.

* **MENUISER** v. a. et n. Travailler en menuiserie : *il aime à menuiser.*

* **MENUISERIE** s. f. L'art du menuisier : *je lui ferai apprendre la menuiserie.* — Ouvrages que fait un menuisier : *voilà une belle menuiserie.*

* **MENUISIER** s. m. Artisan qui travaille en bois, et qui fait des ouvrages nécessaires dans l'intérieur des maisons, tels que portes, croisées, parquets, armoires, tables, lambris, etc. : *garçon menuisier.*

MENUISIER, IÈRE adj. Entom. Se dit de certains insectes qui perforent le bois.

MÉNURE s. m. Voy. LYRE.

MENU VAIR s. m. Fourrure faite avec la peau de l'écureuil du Nord.

MENZEL (Karl-Adolf) [menn'-tzeul], historien allemand né en 1784, mort en 1855. Il fut longtemps professeur à Breslau. Ses œuvres comprennent une histoire de Silésie (3 vol.), une histoire des Allemands (1815'-23, 8 vol.), et une histoire moderne des Allemands (1826'-33, 16 vol.)

MENZEL (Wolfgang), écrivain allemand, né en 1798, mort en 1873. Il dirigea pendant de longues années le *Literaturblatt* de Stuttgart, et en fit un organe de politique réactionnaire. Ses œuvres comprennent : *Streckverse* (1823) ; *Geschichte der Deutschen* (1824-'25, 3 vol.) ; *Die deutsche Literatur* (1828) ; *Geschichte der letzten 40 Jahre* (3e éd., 1863, 3 vol.) ; *Preussen und Œsterreich im Jahre 1866* (1866) ; *Geschichte der französischen Krieges von 1870* (1871) ; *Rom's Unrecht* (1871) ; *Geschichte der neuesten Jesuitenumtriebe in Deutschland 1870-'72* (1873) ; et *Kritik des modernen Zeitbervusstseins* (2e éd. 1874).

MÉOTES, ancien peuple de la Scythie d'Europe sur la rive orientale du Palus Méotide (mer d'Azof).

MÉOTIDE (PALUS), *Mæotis Palus,* ancien nom de la mer d'Azof.

MÉPHISTOPHÉLÈS s. m. [mé-fi-sto-fé-lèss]. Homme froidement railleur et méchant.

MÉPHISTOPHÉLÈS, dans les vieilles légendes populaires, esprit familier du magicien

Faust, le plus puissant chef des légions infernales, après Satan. On le connaît surtout comme le malfaisant et sarcastique démon du *Faust* de Gœthe.

MÉPHISTOPHÉLÉTIQUE adj. Qui a rapport à Méphistophélès.

MÉPHISTOPHÉLISME s. m. Manière d'agir propre à Méphistophélès.

MÉPHITE s. f. (lat. *mephitis,* exhalaison infecte). Ancien nom de l'acide sulfureux.

* **MÉPHITIQUE** adj. Se dit des exhalaisons gazeuses qui produisent des effets plus ou moins nuisibles. Dans l'usage ordinaire, il emporte toujours une idée de puanteur : *vapeur méphitique ; air méphitique.*

MÉPHITISER v. a. Infecter d'exhalaisons méphitiques.

* **MÉPHITISME** s. m. Exhalaison incommode et souvent pernicieuse.

MÉPLAT, ATE adj. (rad. *mé,* et *plat*). Qui est plus épais d'un côté que de l'autre : *bois méplat.*

* **MÉPLAT** s. m. Peint. Indication des différents plans d'un objet. LORSQU'ON PEINT UNE TÊTE, IL FAUT FAIRE SENTIR LES MÉPLATS, il faut, par les masses de clairs et d'ombres, faire sentir les plans dans lesquels sont disposés les os qui forment la charpente de la tête. — Adj. LIGNES MÉPLATES, se dit des lignes qui établissent le passage d'un plan à un autre. On dit de même, FORMES MÉPLATES.

* **MÉPRENDRE (Se)** v. pr. qui se conjugue comme *Prendre.* Se tromper, se mécompter, prendre une personne ou une chose pour une autre : *je ne me suis jamais mépris au jugement que j'ai porté de cet homme.*

Mon frère vient ; et nous allons apprendre
Qui de nous deux, madame, aura pu se méprendre.
J. RACINE. *Alexandre,* acte III, sc. 1.

— Se dit quelquefois, fig., à une personne qui semble s'oublier et manquer de respect : *à qui pensez-vous parler ? Vous vous méprenez.*

* **MÉPRIS** s. m. (rad. *mépriser*). Sentiment par lequel on juge une personne, ou une chose, indigne d'estime, d'égard, d'attention : *mépris outrageant, injurieux, insupportable.* — TOMBER DANS LE MÉPRIS, tomber dans un état où on est méprisé : *cet homme, qui était si considéré, est tombé dans le mépris.* — LE MÉPRIS DE LA VIE, LE MÉPRIS DE LA MORT, le sentiment par lequel on s'élève au-dessus de l'amour de la vie, de la crainte de la mort. On dit, dans un sens anal. : *le mépris des richesses, des grandeurs, des honneurs, des louanges,* etc. — Prov. LA FAMILIARITÉ ENGENDRE LE MÉPRIS. — pl. Paroles ou actes de mépris : *je ne suis pas fait pour souffrir, pour endurer vos mépris.* — Au mépris de, loc. prép. Au préjudice de, sans avoir égard à : *il a fait cela au mépris des lois, au mépris de sa parole.* — En mépris de, loc. prép. Par un sentiment de mépris pour : *en mépris du devoir.* Elle est beaucoup moins usitée que la précédente.

* **MÉPRISABLE** adj. Digne de mépris : *elle s'est rendue méprisable par sa mauvaise conduite.*

* **MÉPRISANT, ANTE** adj. Qui marque du mépris : *un homme méprisant.*

* **MÉPRISE** s. f. Inadvertance, erreur, faute de celui qui se méprend : *il faut relire cet acte de peur de méprise.*

* **MÉPRISER** v. a. (préf. *mé,* et *priser*). Avoir du mépris pour une personne, pour une chose, n'en point faire de cas : *c'est un homme qui méprise tout le monde, qui méprise tout ce qui n'est pas lui, tout ce qui n'est pas lui.*

Loin de le *mépriser,* j'admire son courage.
J. RACINE. *Alexandre,* acte II, sc. II.
Il me trahit, vous trompe, et nous *méprise* tous.
J. RACINE. *Andromaque,* acte IV, sc. III.

— S'élever au-dessus de l'amour qu'on a ordinairement pour une chose, ou de la crainte qu'elle inspire : *mépriser les richesses, les honneurs, la vie, la mort, la satire, la calomnie.* — Se mépriser v. récipr. : *ils se méprisaient l'un l'autre.*

MÉPRISEUR, EUSE s. Celui, celle qui méprise.

MÉPRIS s. m. (préf. *mé* et *prix*). Vil prix; prix inférieur à la valeur réelle.

MÉQUINEZ [mè-ki-nèz] ou **Miknas**, ville du Maroc, près du Sebou, à 60 kil. O.-S.-O de Fez; environ 70,000 hab. Elle est entourée d'une triple muraille, et possède un beau palais, des fabriques de faïence peinte et de cuir; elle fait un grand commerce.

MER s. *f.* [mèr]. (lat. *mare*). Vaste étendue d'eau salée qui baigne toutes les parties de la terre. On donne aussi le nom de *Mer* à chacune des grandes portions de cette masse d'eau, et on les distingue les unes des autres par des qualifications tirées ordinairement de quelque circonstance locale : *le flux et reflux de la mer.* — PLEINE MER OU HAUTE MER, la partie de la mer qui est éloignée des rivages : *prendre la haute mer.* — MER INTÉRIEURE, vaste lac d'eau salée qui n'a pas de communication avec les autres mers : *la mer Caspienne est une mer intérieure.* — BRAS DE MER, partie de la mer qui passe entre deux terres assez proches l'une de l'autre. — PORT DE MER, ville ou endroit situé sur le bord de la mer et ayant un port. — ÉCUMEUR DE MER, pirate, corsaire. — HOMME DE MER, homme dont la profession est de naviguer sur mer. Se dit plus particulièrement d'un pilote ou d'un officier de marine qui entend bien la navigation. — COUP DE MER, tempête de peu de durée : *nous essuyâmes un coup de mer à telle hauteur.* — Se dit aussi d'une vague : *durant cette tempête, un coup de mer emporta notre gouvernail.* — CE N'EST PAS LA MER A BOIRE, flotte composée de vaisseaux armés en guerre. — Absol. METTRE EN MER, METTRE A LA MER, mettre à la voile, quitter le port : *cet amiral, ce capitaine vient de mettre en mer.* — TENIR LA MER, naviguer, courir en haute mer, loin des ports et des rades : *ce vaisseau a été fort endommagé dans le combat, il n'est plus en état de tenir la mer.* — LA MER EST BASSE EN CET ENDROIT, il n'y a pas beaucoup d'eau. LA MER EST BASSE A CETTE CÔTE, on n'y trouve que deux ou trois brasses d'eau. — IL EST BASSE MER, la mer est vers la fin de son reflux. — CETTE VIANDE, CETTE SOUPE, CETTE SAUCE SALE COMME MER, elle est trop salée. — Prov. et fig. C'EST LA MER A BOIRE, se dit d'un travail difficile, immense, dont on ne prévoit pas la fin. Pour exprimer le contraire, on dit, CE N'EST PAS LA MER A BOIRE. — Par exag. C'EST UN HOMME QUI AVALERAIT LA MER ET LES POISSONS, se dit d'un homme qui a une grande soif ou un appétit désordonné; et, fig., d'un homme très cupide. — C'EST PORTER L'EAU A LA MER, porter une chose là où elle abonde. — C'EST UNE GOUTTE D'EAU DANS LA MER, se dit en parlant d'une petite chose mise et comme perdue dans une grande d'un faible secours porté où il ne faudrait un très considérable. — CHERCHER QUELQU'UN PAR MER ET PAR TERRE, le chercher en plusieurs lieux avec soin et empressement. — Se dit quelquefois, par exag., d'une grande étendue d'eau non salée : *la rivière débordée couvrait la campagne, c'était une mer.* — Se dit aussi, quelquef., d'une vaste étendue de terre couverte de sable : *le désert n'offrait aux yeux qu'une mer de sable.* — LA MER DE GLACE, nom d'un glacier du mont Blanc. — Se dit, fig., d'une grande quantité : *une mer de sang.* Se dit encore d'une jarre, ou de quelque autre vase de terre dans lequel est une certaine quantité de vin, qu'on remplace, qu'on renouvelle à mesure qu'on y puise : *il a une mer de vin de Chypre.* — LA MER D'AIRAIN, im-

mense bassin d'airain qui était dans le temple de Jérusalem et dont les prêtres se servaient pour les purifications. — **Mal de mer,** nausées et vomissements avec prostration provoqués par les mouvements d'un navire; pour prévenir ou modérer ce malaise, on conseille d'avoir l'estomac garni d'aliments sains et fortifiants, et de se promener, à l'air, sur le pont et de prendre de temps à autre une gorgée de sirop de chloral hydraté.

MER ou **Ménars-la-Ville**, ch.-l. de cant., arr. et à 19 kil. N.-O. de Blois (Loir-et-Cher), sur la rive droite de la Loire; 4,300 hab. Minoteries, tanneries, vins, vinaigres.

MÉRAN, ville du Tyrol autrichien, cercle et à 18 kil. N.-O. de Bolzano, sur la rive gauche de l'Adige; 4,500 hab. Elle fut autrefois la capitale du duché de Méranie.

MÉRANIE (Duché de), ancien Etat de l'Allemagne méridionale; cap. Méran. — Agnès de Méranie. (Voy. AGNÈS.)

MERCADANTE (Saverio) [mèr-ka-dann'-té], compositeur italien, né en 1797, mort en 1870. En 1830, il devint maître de chapelle de la cathédrale de Novare, et en 1840 directeur du conservatoire royal de Naples. Il perdit la vue en 1862. Il a écrit plus de 40 opéras. *Il Giuramento* est le plus connu.

MERCADET, personnage de la pièce de Balzac intitulée : *Mercadet le faiseur*, type du brasseur d'affaires plus ou moins véreuses.

MERCANDIER s. m. (lat. *mercari*, faire le commerce). Nom donné, au XVIIe siècle, à une catégorie de mendiants. Vêtu d'un bon pourpoint et de très mauvaises chausses, le mercandier allait dans les maisons bourgeoises, disant qu'il était un brave et honnête marchand ruiné par les guerres, par le feu ou par d'autres accidents.

MERCANTILE adj. Qui concerne le commerce : *contrat, profession mercantile; esprit mercantile.* Cette dernière locution ne se prend qu'en mauvaise part.

MERCANTILEMENT adv. D'une façon mercantile.

MERCANTILISME s. m. Trafic qui s'étend à toutes sortes de choses; esprit de commerce poussé à l'exagération.

MERCANTILLE s. f. (it mil.). Négoce de peu de valeur : *faire la mercantille.* (Peu usité.)

MERCAPTAN s. m. (contract. de *mercure* et de *capter*). Chim. Alcool dont l'oxygène est remplacé par du soufre et qui attaque le mercure.

MERCATOR (Gérard), géographe flamand né en 1542, mort en 1594. Il était graveur, et il publia des descriptions et des cartes de l'Europe, de la France, de l'Allemagne, des îles Britanniques et du monde entier. Sa méthode de dresser des cartes marines et terrestres par une projection *in plano* de la surface de la terre, est encore en usage. Ses ouvrages les plus importants sont : *Chronologia a Mundi exordio ad 1568* (Cologne, 1569); *Tabulæ geographicæ ad mentem Ptolemæi restitutæ* (1578); *De Creatione ac Fabrica Mundi* (1594), et *Atlas, sive geographicæ Meditationes de Fabrica Mundi et fabricati Figura* (1595).

MERCATOR (Isidore). Voy. ISIDORE.

MERCENAIRE adj. (lat. *mercenarius*). Qui se fait seulement pour le gain, pour le salaire : *labeur, travail mercenaire.* — S'emploie au sens moral en mauvaise part : *une éloquence servile et mercenaire.* — Se dit aussi des personnes et signifie, qui se laisse aisément corrompre par l'intérêt, à qui l'on fait faire tout ce qu'on veut pour de l'argent : *c'est une âme, un esprit mercenaire.* — TROUPES

MERCENAIRES, troupes étrangères dont on achève le service. — s. Ouvrier, artisan, homme de journée, qui travaille pour de l'argent ; *il ne faut pas retenir le salaire du mercenaire.* Il vieillit en ce sens. — Se dit également, surtout au pluriel, des étrangers qui servent dans une armée pour de l'argent : *un corps de mercenaires.* — Fig. Homme intéressé et facile à corrompre pour de l'argent : *c'est un mercenaire, un vil mercenaire.* — Guerre des Mercenaires. (Voy. CARTHAGE.)

MERCENAIREMENT adv. D'une façon mercenaire : *agir mercenairement.*

MERCERIE s. f. Les diverses marchandises dont les merciers font trafic : *les merceries se sont bien vendues à la dernière foire.* — Se dit aussi du commerce de mercerie : *il est dans la mercerie.*

MERCERSBURG, bourg électoral de Pennsylvanie (Etats-Unis), à 25 kil. S.-O. de Chambersburg; 974 hab. C'est le siége du collège réformé de Mercersburg, organisé en 1865, et qui a une section de théologie. Le séminaire de théologie de l'Eglise réformée a été transporté à Lancastre en 1871.

MERCI s. f. N'a point de pluriel. Miséricorde : *crier, demander merci.* Il vieillit dans la plupart de ces phrases, où il se met sans article; et il n'est plus guère usité que dans cette phrase familière, JE VOUS CRIE MERCI, je vous demande grâce. — Dans les vieux romans de chevalerie, LA FAVEUREUSE MERCI, les faveurs d'une femme. — ÊTRE, SE METTRE A LA MERCI DE QUELQU'UN, être, se mettre à sa discrétion : *je me mets à votre merci.* On dit dans une acception à peu près semblable : *se berger a laissé son troupeau à la merci des loups.* — MERCI DE MA VIE! exclamation populaire qui annonce l'impatience, la colère. — Remerciement : en ce sens, il est masculin, et ne s'emploie guère que dans les locutions suivantes, qui sont du style familier. — MERCI, GRAND MERCI, je vous rends grâce : *vous me donnez cela, grand merci.* — GRAND MERCI, s'emploie aussi substantivt. dans le même sens : *cela vaut bien un grand merci.* — VOILA LE GRAND MERCI QUE J'EN AI, voilà la reconnaissance qu'on me témoigne pour les services que j'ai rendu. Cela ne se dit que par manière de plainte. — Adverbial. DIEU MERCI, grâce à Dieu : *il est guéri, Dieu merci.* — Ordre de la Merci, de Notre-Dame de la Merci. Ordre de religieux institué par saint Jean de Matha en 1198 pour racheter les captifs des mains des infidèles. Une autre ordre de la Merci fut fondé en Espagne par Pierre Nolasque, en 1223. — Sœurs de la Merci, ou ORDRE DE NOTRE-DAME-DE-MERCI, ordre religieux fondé à Dublin par miss Catharine Mc Auley en 1830. L'ordre adopta la règle de saint Augustin, modifiée dans le but de s'adapter aux devoirs actifs de la communauté; il fut approuvé par Grégoire XVI en 1835 et formellement confirmé par lui en 1840. Les sœurs de la Merci ont en vue, en outre des autres œuvres charitables, la visite des malades et des prisonniers, l'instruction des filles pauvres, et la protection des femmes vertueuses dans le malheur. Elles sont soumises directement aux évêques, et n'ont pas de supérieure générale. L'ordre est divisé en deux classes: les sœurs du chœur et les sœurs converses. L'habit est une robe noire à manches longues et larges, une coiffe blanche et un voile blanc ou noir. Dans les rues, la coiffe et le voile sont remplacés par un chapeau de crêpe noir. L'ordre s'est rapidement propagé dans la Grande-Bretagne et dans ses colonies, et il a de nombreux établissements aux Etats-Unis.

MERCIE, Mercia, le plus grand royaume de l'heptarchie saxonne, comprenant le centre de l'Angleterre et borné à l'O., par le Pays de Galles. Son nom vient de *mark* (frontière), parce que c'était le plus occidental des trois royaumes des Angles. Il fut fondé par l'Angle Crida, vers 585, fut quelque temps assujetti aux Northumbriens ; soumit ensuite l'Est-Anglie et le Kent, et fut conquis par Egbert de Wessex, en 827.

* **MERCIER, IÈRE** s. (lat. *merx*, marchandise). Marchand, marchande qui vend en gros ou en détail diverses marchandises qui, en général, servent pour l'habillement et la parure, comme le fil, les aiguilles, les épingles, les rubans, etc. : *riche mercier.* — Porteballe qui va par les villes et par les villages, pour y vendre toute sorte de menues marchandises. — PETIT MERCIER, PETIT PANIER, ou A PETIT MERCIER, PETIT PANIER, il faut que ceux qui ont peu de bien proportionnent leur dépense à leur revenu ; et plus particulièrement, lorsqu'il s'agit de commerce, il ne faut pas faire de spéculations, des entreprises au-dessus de ses forces.

MERCIER (Barthélemy), bibliographe, né en 1734, mort 1799. Il fut bibliothécaire de Sainte-Geneviève, et reçut les bénéfices de l'abbaye de Saint-Léger, que lui accorda Louis XV. On a de lui : *Supplément à l'histoire de l'imprimerie, de Prosper Marchand* (Paris, 1775) ; *Lettres au baron de Heiss sur des éditions rares du XVe siècle* (1783), etc.

MERCIER (Claude-François-Xavier), dit *Mercier de Compiègne*, compilateur, né à Compiègne en 1763, mort à Paris en 1800. Il a traduit du latin un grand nombre de productions légères et de mauvais goût. Les ouvrages qu'il a composés sont nombreux et eurent quelque succès lors de leur apparition. Il n'en reste plus rien. Les œuvres auxquelles il a attaché son nom comme éditeur sont également nombreuses.

MERCIER (Louis-Sébastien), littérateur et conventionnel, né à Paris en 1740, mort en 1814. Il débuta à 20 ans dans la carrière des lettres et n'y obtint que peu de succès. En 1771, il publia son seul titre : *l'An 2440*, un livre assez original, où il supposait un Parisien se réveillant après 700 ans de sommeil et décrivant les changements opérés dans la société. Ce livre était comme l'annonce de la Révolution qui ne devait pas tarder à s'accomplir. Il publia ensuite le *Tableau de Paris* (Amsterdam, 1782-'88, 12 vol. in-8°), qui fut poursuivi, ce qui força son auteur à se retirer en Suisse. Au moment de la Révolution, Mercier revint en France, rédigea avec Carra les *Annales patriotiques*, s'attacha au parti des Girondins, fut député de Seine-et-Oise à la Convention, et, dans le procès de Louis XVI, vota pour la détention. Pendant la Terreur, Mercier fut jeté en prison. Il devint ensuite membre des Cinq-Cents et du Tribunat (1795). Esprit paradoxal, bizarre et prétentieux, il s'attaqua dans son *Essai sur l'art dramatique* aux chefs-d'œuvre de Corneille, de Racine et de Voltaire et mérita le surnom de *Singe de Jean-Jacques*. — Son *Théâtre* (1778-'84, 4 vol.) est aujourd'hui oublié.

MERCK (Johann-Heinrich), érudit allemand, né en 1741, mort en 1791. Il fut fonctionnaire public et journaliste à Darmstadt, et traduisit des ouvrages anglais. On se souvient de lui dans la littérature allemande, surtout à cause de son intimité avec Gœthe, Herder et Wieland, sur lesquels il exerça une grande influence. Des malheurs domestiques et des embarras pécuniaires le poussèrent au suicide.

MERCŒUR, *Mercorium*, ch.-l. de cant., arr. et à 43 kil. S.-E. de Tulle (Corrèze) ; 950 hab. Berceau de la famille de ce nom.

MERCŒUR (Philippe-Emmanuel DE LORRAINE, duc de), né 1558, mort en 1602. Fils du comte de Vaudermont et premier duc de

Mercœur, il épousa la duchesse de Penthièvre, Marie de Luxembourg, et fut nommé gouverneur de Bretagne. Après la mort des Guises, il se mit à la tête de la Ligue dans sa province, traita avec l'Espagne et consentit à faire la paix avec Henri IV (1598), à la condition que sa fille épouserait le duc de Vendôme. Il passa ensuite en Hongrie et y reçut de Rodolphe II un commandement contre les Turcs. Il mourut en revenant en France.

MERCŒUR (Elisa), jeune fille poète, née à Nantes en 1809, morte en 1835. De bonne heure et sans avoir reçu la moindre éducation, elle se sentit attirée vers la poésie. Ses premiers essais, publiés à l'envi par les journaux de sa province, montrèrent que véritablement le génie poétique l'inspirait. Sa réputation alla toujours grandissant et, en 1827, elle publia un premier recueil de ses compositions. L'année suivante, elle vint à Paris, obtint du gouvernement une modique pension qu'elle perdit à la révolution de Juillet ; elle eut alors à soutenir une lutte au-dessus de ses forces, celle d'une intelligence d'élite aux prises avec les besoins matériels de la vie. Elle succomba à une maladie de poitrine. Les *Œuvres complètes* d'Elisa Mercœur ont été publiées à Paris (1843, 3 vol. in-8°).

* **MERCREDI** s. m. (lat. *Mercurii dies*, le jour de Mercure). Quatrième jour de la semaine. — MERCREDI SAINT, celui qui précède Pâques.

* **MERCURE** s. m. (de *Mercure*, dieu de la Fable). Homme qui se charge de procurer ou de faciliter à un autre quelque commerce de galanterie. — Titre de divers écrits périodiques traitant de politique, de littérature, et contenant des annonces, des nouvelles : *le Mercure galant.* — Le Mercure de France, le plus ancien de nos journaux, après la *Gazette de France*, fondé en 1672 par Visé, sous le titre de *Mercure galant*. Il fut ensuite rédigé par Dufrény (1710), par Lefèvre (1714), qui lui donna le nom de *Mercure de France*, par l'abbé Buchet (1747), Antoine de la Roque (1721), Boissy (1754), Marmontel (1758), Panckoucke (1788), La Harpe (1793). Le *Mercure de France* mourut en 1825.

MERCURE, chez les Grecs Hermès, l'un des douze grands dieux de l'Olympe. Suivant la légende grecque, il était fils de Zeus et de Maïa, fille d'Atlas. Il était né dans une caverne du mont Cyllène, en Arcadie, d'où son épithète de Cyllénien. Zeus le nomma aux fonctions de héraut général des dieux, et, en cette qualité, il servait fréquemment d'intermédiaire entre les mortels et les immortels. Mercure était regardé comme l'auteur de différentes inventions : l'origine des lettres, des chiffres, l'astronomie, la musique, la tactique militaire, la gymnastique, les poids et mesures lui étaient attribués. Il était aussi le dieu de l'éloquence, la divinité qui présidait aux écoles, et le patron de la fraude et du parjure. Son temple le plus célèbre était sur le mont Cyllène. On le représente généralement sous les traits d'un jeune homme coiffé d'un chapeau ailé à larges bords ; à la main droite il a une baguette de héraut ou un sceptre, aux pieds des sandales ailées. — A Rome, Mercure était le dieu du commerce et de la diplomatie. Sa fête se célébrait le 25 mai.

* **MERCURE** s. m. Planète qui est la plus voisine du soleil, et qui met le moins de temps à faire sa révolution autour de cet astre : *Mercure est en quadrature avec telle ou telle planète.* — Mercure évolue à une distance moyenne d'environ 56,227,200 kil. L'excentricité de l'orbite de Mercure est considérable, son centre s'élève à plus de 11,200,000 kil. du centre du soleil. Ainsi, sa plus grande distance du soleil est d'environ 68,270,400 kil., et sa plus petite d'environ 44,986,000 kil.

Lorsqu'il est le plus de près la terre, Mercure est éloigné de nous d'environ 72,000,000 de kil., et d'environ 216,800,000 lorsqu'il en est le plus loin. On le voit le mieux au moment de sa plus grande élongation, c'est-à-dire quand deux lignes, menées jusqu'au soleil d'après Mercure, inscrivent l'angle le plus grand. A ce moment, il est à environ 136,000,000 de kil. de nous, et il a l'apparence d'un demi-disque. Sa révolution sidérale moyenne s'accomplit en 87 jours 9693, tandis que l'intervalle moyen entre ses retours successifs à la conjonction inférieure est de 115 jours 877, de sorte qu'il passe à travers toutes ses phases plus de trois fois dans le cours de notre année. L'inclinaison de son orbite sur l'écliptique est de 7° 0' 8" 2. Son diamètre est évalué à 4,800 kil. environ, et son volume à 0,058 environ, la terre étant prise pour unité. Sa densité est d'un dixième plus grande que celle de la terre. On dit communément que son mouvement de rotation sur son axe s'accomplit en 24 h. 5 m. 28 s., mais on peut douter de l'exactitude de cette évaluation. — Mercure, évoluant dans l'intérieur de l'orbite terrestre, passe quelquefois devant le soleil. Le premier phénomène de cette nature qui ait été observé eut lieu en novembre 1631 et eut pour témoin Gassendi. Un passage de Mercure n'est pas si important en astronomie qu'un passage de Vénus, parce que la proximité de Mercure au soleil l'empêche d'avoir une parallaxe relative mesurable ; en d'autres termes, tandis que Vénus, vue de deux stations terrestres différentes à un moment quelconque de son passage, se projette à deux points appréciablement séparés l'un de l'autre sur le disque du soleil, il n'en est pas de même de Mercure. L'observation de Mercure à son passage est néanmoins intéressante, comme aidant à comprendre les phénomènes d'un passage de Vénus. La formation du fil noir, petit ligament noir qui, au moment du contact, semble relier le disque de la planète à l'espace obscur en dehors du disque solaire, est très visible avec Mercure, bien que, son disque étant si considérablement moindre que celui de Vénus et ses mouvements plus rapides, les phénomènes ne puissent pas être si facilement étudiés. Les passages de Mercure ont lieu à des intervalles de 13, 7, 10, 3, 10 et 3 ans.

* **MERCURE** s. m. Substance métallique qui est toujours fluide à notre température, à ce qu'on appelle communément VIF ARGENT : *extraire le mercure de son minerai.* — FIXER LE MERCURE, l'unir avec quelque autre corps, de telle sorte qu'il ne puisse redevenir coulant : *on n'a pu encore trouver le moyen de fixer le mercure.* — ENCYCL. Le mercure est un métal qui présente la couleur et l'éclat de l'argent. Il est fluide à la température ordinaire, d'où son ancien nom de *argentum vivum*. On le connaissait aussi sous le nom de *hydrargyrum* (hydrargyre), d'où son symbole chimique, Hg, est tiré. L'équivalent de ce métal est 200, et son poids spécifique, qui varie quelque peu avec sa température, est, d'après Kopp, 13,557 à 17°. A 32° ou 33° au-dessous de zéro, le métal devient solide et se cristallise en octaèdres réguliers, en se contractant et prenant une densité de 14 ; la masse est malléable et ressemble à du plomb. Son point d'ébullition est 350° ; il forme alors une vapeur invisible et transparente, dont la densité est 6,976, celle de l'air étant l'unité. Avant de prendre cette forme, s'il est exposé à l'air à de hautes températures, il absorbe l'oxygène et se change en oxyde rouge qui se décompose au point d'ébullition. Au-dessus de 0 ou 5°, le mercure est un peu volatil. Le mercure s'unit à différents métaux. (Voy. AMALGAME.) En certains cas, on s'est servi des métaux à bon marché pour sophistiquer le mercure. L'effet de ce mélange est de produire un amalgame qui ne coule

pas bien et qui laisse une trace derrière lui. — Le mercure se trouve en globules épars à travers les masses de roche ou de minerai, et aussi, bien que rarement, amalgamé avec de l'argent; mais il se rencontre surtout à l'état de sulfure de mercure, ou cinabre. On le trouve dans les formations géologiques de presque toutes les époques, mais particulièrement dans les ardoises talqueuses ou argileuses. Le plus important dépôt du monde est celui d'Almaden, en Espagne, d'où, suivant Pline, les Romains tiraient annuellement environ 700,000 livres de cinabre. La matrice du minerai se compose de quartz et de grès quartzeux, mêlé de cinabre en couches ou en veines intercalées, le tout enfermé dans des ardoises et des quartz grenus de l'âge silurien supérieur. Le gouvernement espagnol en garde la propriété, et a loué les mines aux Rothschild. Le minerai rend en moyenne 7.85 p. 100. (Voy. ALMADEN.) La production annuelle des mines espagnoles était estimée, en 1867, à environ 2,500,000 livres. La mine la plus riche ensuite en Europe est celle d'Idria, en Illyrie; il y en a d'autres moins importantes en Allemagne, en Italie et en France (Ménildot, dép. de la Manche). Le mercure se trouve en beaucoup de lieux du Chili, du Pérou (Santa à Huancavélica), et du Mexique; mais c'est l'Espagne et la Californie qui fournissent à la grande consommation qu'on fait de ce métal avec le procédé patio dans les ateliers métallurgiques du Mexique. Les dépôts de New-Almaden, comté de Santa-Clara (Californie), se présentent dans la chaîne de la côte (coast range), dans une bande d'ardoises crétacées altérées, entre des couches de serpentine. Le minerai se trouve dans une série de cavités irrégulières, disséminées sans aucune liaison ni aucun ordre apparent. La moyenne du rendement du minerai exploité à New-Almaden en 1873, a été de 7.86 p. 100. Il y a d'autres mines dans le voisinage, telles que celles de New-Idria, de Panoche-Grande et de Redington. — Les méthodes d'extraction ne présentent d'autres particularités que celles qui tiennent à la grande irrégularité des dépôts. La théorie de la réduction du minerai est simple. Le cinabre pur contient 13.79 parties de soufre pour 86.21 de vif-argent. Le cinabre est, d'ordinaire, presque pur. En le traitant, il faut d'abord séparer le soufre du vif-argent; puis, comme, dans cette opération, le vif-argent est vaporisé, il faut recondenser les fumées métalliques. Deux systèmes sont en usage. Par le premier, le minerai pulvérisé est chauffé dans des cornues avec 50 p. 100 de son poids de chaux ou de limaille de fer. Le soufre se combine avec la chaux ou le fer, formant un sulfure non volatil, et mettant en liberté le mercure, dont on fait ensuite passer les fumées dans des condensateurs. Pour le second système, on brûle le minerai dans des fourneaux où le soufre est converti en gaz acide sulfureux par l'introduction de l'air; et le vif-argent est mis en liberté à l'état de vapeur. Toutes les vapeurs et tous les gaz résultant de cette combustion passent dans des chambres où le vif-argent est condensé, tandis que les gaz s'échappent par la cheminée. Les fourneaux employés sont de deux sortes, intermittents et constants. Dans les premiers, on met une bonne charge de minerai, on la brûle et on la retire quand elle est refroidie, laissant la place libre pour une autre. Dans le fourneau constant, de petites charges sont continuellement introduites à des intervalles déterminés, et le minerai brûlé se retire sans interrompre l'opération. Il y a à Almaden, en Espagne, un fourneau qui présente ce système particulier de condensation. Le vif-argent est distillé dans un grand nombre de creusets d'argile, réunis les uns aux autres comme des tuyaux. Les chambres de condensation contiennent

525 de ces creusets sur 12 rangs de 44 creusets chacun. Les fourneaux intermittents de Californie sont aussi pourvus de condensateurs en brique. La propriété qu'ont les briques de retenir la chaleur est une des plus graves objections qu'on puisse faire à leur emploi, une autre est la perte inévitable du mercure qui pénètre à travers les fonds les mieux établis des chambres de condensation, et par les fissures imperceptibles des murs. D'un autre côté, l'avantage des condensateurs en brique sur ceux de fer consiste en une grande facilité de construction et de réparation, et en ce qu'ils ne sont pas affectés par l'acide sulfurique qui se forme des gaz d'acide sulfureux en contact avec la vapeur d'eau et l'oxygène. — Le mercure, sous sa forme métallique ordinaire, n'a pas d'action sur l'organisme humain; mais, à l'état de vapeur, il agit énergiquement, produisant des effets constitutionnels, tels que la salivation, le dépérissement, des ulcérations, et généralement des désordres dans les glandes. La médecine emploie le métal lui-même et ses sels. Le mercure est un corps binaire, une dyade, et forme deux séries de composés; il y a deux oxydes, le monoxyde de mercure et l'oxyde mercurique, HgO, et l'oxyde mercureux, Hg²O. Le mercure s'emploie dans la construction d'instruments de physique; on le préfère aux autres liquides pour remplir les thermomètres et les baromètres, à cause de la grande étendue de température sous laquelle il se dilate ou se contracte uniformément en proportion d'un accroissement ou d'un abaissement régulier de chaleur. Mais sa grande utilité est dans la séparation de l'argent et de l'or de leurs gangues. (Voy. AMALGAMATION.)

MERCUREUX adj. Chim. Se dit du premier oxyde de mercure. — Se dit aussi des sels de mercure, et des sels qui ont une composition correspondante à celle des sels de mercure.

MERCUREY village à 12 kil. N. de Châlon-sur-Saône (Saône-et-Loire), renommé pour ses vins.

MERCURIAL, ALE, AUX adj. Mythol. Qui concerne Mercure ou son culte. — Pharm. Qui contient du mercure. — **Mercuriaux** s. m. pl. Médicaments qui contiennent du mercure, et dont l'usage mal dirigé peut produire la salivation ou une sorte de cachexie. On combat ces accidents par le chlorate de potasse. Les mercuriaux sont : le calomel, l'onguent mercuriel, le deutochlorure de mercure, etc.

* **MERCURIALE** s. f. Genre de plantes dioïques de la famille des tithymales, dont une espèce, la mercuriale annuelle (mercurialis annua), est une mauvaise herbe très commune dans les jardins et les terrains cultivés : les feuilles de la mercuriale, en se décomposant, donnent un bleu que l'on n'est point encore parvenu à fixer. On tire du suc de cette plante une espèce de miel, qu'on appelle MIEL MERCURIAL. — La mercuriale est employée comme purgative : de 15 à 30 gr. par litre d'eau en décoction avec du miel. On l'emploie aussi en lavement.

* **MERCURIALE** s. f. Assemblée des cours souveraines qui se tenait toujours un mercredi, et dans laquelle le premier président, le procureur général, ou l'un des avocats généraux, parlait contre les abus qui pouvaient s'être introduits dans l'administration de la justice. — Discours mêmes qui étaient prononcés dans ces occasions, et tel encore, par ext., de ceux que les officiers du ministère public prononcent à la rentrée des cours et des tribunaux : le premier président fit une belle mercuriale. — Fig. Réprimande qu'on fait à quelqu'un : on lui a fait une bonne, une sévère, une rude mercuriale. —État du prix des grains, des

fourrages, etc., qui ont été vendus au marché ; le registre des mercuriales. — Législ. « Dans les communes où se tiennent des marchés de céréales ou de bestiaux, les maires sont chargés, en vertu d'instructions ministérielles, de dresser, après chaque marché, des tableaux contenant le prix moyen des denrées. Ces tableaux ou mercuriales comprennent le prix des grains, des légumes secs, de la farine, des pommes de terre, de la viande de boucherie sur pied et abattue, des fourrages et des combustibles. Les cours sont constatés d'après les déclarations faites par les marchands, et sont consignés sur un registre spécial, dont un extrait est adressé, deux fois par mois, au sous-préfet. Les préfets font dresser des états récapitulatifs qui sont envoyés au ministre de l'agriculture. Les mercuriales servent de bases à la taxe du pain et à celle de la viande, dans les communes où ces taxes sont établies (L. 22 juillet 1791, art. 30). Elles servent aussi de base légale au rachat des anciennes rentes ou redevances perpétuelles, payables en nature (L. 29 décembre 1790), et aux restitutions de fruits ordonnées par jugements (C. pr. 129). On donnait autrefois le nom de mercuriales à des discours traitant des devoirs des magistrats et qui étaient prononcés à l'ouverture des grandes audiences des parlements; le premier mercredi après Pâques et après la Saint-Martin. » (CH. Y.)

* **MERCURIEL, ELLE** adj. Qui contient du mercure : onguent mercuriel. — FRICTIONS MERCURIELLES, frictions faites avec un onguent qui contient du mercure.

MERCURIQUE adj. Chim. Se dit du second oxyde de mercure.

MERCY I. (François, BARON DE), général lorrain, né à Longwy vers la fin du XVI° siècle, mort en 1645. Il seconda les opérations du duc de Lorraine contre les Français; battit, en 1643, le général Rantzau près de Dutlingen et fut nommé feld-maréchal. Battu par Condé à Fribourg (1644) ; il vainquit Turenne à Mergentheim, mais perdit contre Condé la bataille de Nordlingen, où il fut tué (1645). — II. (Claude-Florimond, COMTE DE), petit-fils du précédent, né en 1666, mort en 1734. Il se signala contre les Turcs, battit les Français à Pfaffenhofen (1703), remporta une nouvelle victoire sur le général Vivans à Offenbourg (1707), mais fut battu, en 1709, à Rumersheim. Nommé feld-maréchal la même année, il fut envoyé de nouveau contre les Turcs (1716), contribua aux victoires de Belgrade et de Peterwardein. En 1733, il reçut le commandement en chef de l'armée d'Italie, prit Parme (1734) et fut tué à l'attaque du château de la Croisetta.

MERDAILLE s. f. (il mll). Pop. Tas de merdeux ; réunion fatigante de personnes et surtout d'enfants.

MERDAILLON s. m. Pop. Petit merdeux, enfant malpropre.

* **MERDE** s. f. (lat. merda). Excrément, matière fécale de l'homme et de quelques animaux, tels que le chien, le chat, etc. On évite de l'employer ce mot dans la conversation. — COULEUR MERDE D'OIE, couleur entre le vert et le jaune : un taffetas merde d'oie. — Interject. Exclamation de colère qu'on adresse à une personne dont les réclamations fatiguent: un général anglais leur cria : « Braves Français, rendez-vous! » Cambronne répondit : « Merde ! ». (V. HUGO).

* **MERDEUX, EUSE** adj. Souillé, gâté de merde : un linge merdeux. — C'EST UN BATON MERDEUX, ON NE SAIT PAR QUEL BOUT LE PRENDRE, se dit d'un homme difficultueux, peu traitable.

MERDRIGNAC, ch.-l. de cant., arr. et à 30 kil. E. de Loudéac (Côtes-du-Nord); 3,400 hab. Cidre renommé.

* **MÈRE** s. f. (lat. *mater*) Femme qui a mis un enfant au monde : *les devoirs d'une mère.*

Accordez cette grâce aux larmes d'une *mère*.
J. Racine. *La Thébaïde*, acte Ier, sc. III.

— Se dit aussi des femelles des animaux, lorsqu'elles ont des petits : *la mère qui nourrit ses petits.* — MÈRE DE FAMILLE, femme mariée qui a des enfants. — NOTRE PREMIÈRE MÈRE, Ève, la femme d'Adam. — MÈRE NOURRICE, la femme qui donne à téter à un enfant, au lieu de la véritable mère. — GRAND'MÈRE, aïeule : *grand'mère du côté paternel, du côté maternel.* Pop., on dit quelquef. MÈRE-GRAND. — BELLE-MÈRE, terme relatif. C'est, à l'égard des enfants, la femme que leur père a épousée après la mort de leur mère; à l'égard d'un gendre, la mère de sa femme; et, à l'égard d'une bru, la mère de son mari. — Fig. NOTRE MÈRE COMMUNE, la terre. — Fig. CETTE FEMME EST LA MÈRE DES PAUVRES, elle fait de grandes charités; elle donne des soins aux pauvres. — CONTES DE MA MÈRE L'OIE, contes dont on amuse les enfants. FAIRE DES CONTES DE MA MÈRE L'OIE, dire des choses où il n'y a nulle apparence de raison et de vérité. — LA MÈRE UNE TELLE, se dit d'une femme du peuple un peu âgée : *venez çà, la mère, la bonne mère, qu'on vous parle.* — Qualification qu'on donne à une religieuse professe : *la mère prieure.* — Se prend quelquefois, fig., pour cause : *l'ambition est la mère de beaucoup de désordres.* — Se dit aussi des lieux, des établissements où une chose a commencé et s'est perfectionnée : *la Grèce a été la mère des beaux-arts.* — Adj. LA REINE MÈRE, la reine douairière. — LA MÈRE PATRIE, l'état, le pays qui a fondé une colonie, et qui la gouverne. — LANGUE MÈRE, langue qui ne paraît dérivée d'aucune autre et dont quelques-unes sont dérivées : *l'hébreu est une langue mère.* — L'IDÉE MÈRE D'UN OUVRAGE, la principale idée d'un ouvrage, l'idée dont il est le développement. — MÈRE BRANCHE, grosse branche d'où sortent plusieurs autres branches. — MÈRE PERLE, grosse coquille qui renferme quelquefois un grand nombre de perles. — Chim. EAU MÈRE, eau saline d'où se sont déposés des cristaux, et qui est quelquefois assez épaisse pour ne plus en fournir : *l'eau mère du nitre, etc.* — Anat. DURE-MÈRE et PIE-MÈRE, deux des membranes qui enveloppent le cerveau. (Voy. MÉNINGES.) — ⁓ Maîtresse d'auberge qui reçoit les compagnons.

* **MÈRE** adj. f. (lat. *merus*). Pure. N'est usité que dans les deux locutions suivantes : MÈRE GOUTTE, le vin qui coule de la cuve ou du pressoir, sans que l'on ait pressuré le raisin; et, MÈRE LAINE, la laine la plus fine qui se tond sur une brebis.

MÈRE-ÉGLISE (Sainte-), ch.-l. de cant., arr. et à 17 kil. S.-E. de Valognes (Manche); 1,700 hab. Beurre, grains et bestiaux.

MÉRÉ (Antoine GOMBAULT, *chevalier de*), né en Poitou vers 1610, mort en 1684. Il cultiva les lettres en bel esprit, demi-savant et précieux ridicule. On a de lui : *Conversations de M. Clérembault et du chevalier de Méré* (1669); *Maximes, sentences, réflexions morales et politiques* (1687); *Traité de la vraie honnêteté, de l'éloquence et de l'entretien* (1701). L'abbé Nadal a publié ses œuvres posthumes (1700)

MÉRÉ (Poltrot de). Voy. POLTROT.

* **MÉRELLE** s. f. Jeu d'enfants. Voy. MARELLE.

MÉRELLÉ, ÉE adj. Qui ressemble à une mérelle.

MÉRÉVILLE, ch.-l. de cant., arr. et à 18 kil. S.-O. d'Étampes (Seine-et-Oise); 1,750 hab. Exploitation de pierres de taille; élève de bestiaux, mérinos, abeilles. Beau château avec parc magnifique.

MERGUI, archipel de la partie orientale du golfe de Bengale, comprenant un certain nombre d'îles fertiles et bien boisées.

MÉRIADEC (Saint), *Mereadocus*, évêque de Vannes, mort en 666. Fête le 7 juin.

MÉRIAN I. (Matthæus), l'ANCIEN, graveur suisse, né en 1593, mort en 1651. Il s'établit à Francfort et publia des vues des environs de Heidelberg, de Stuttgart (1640-'88, 30 vol.). — II. (Matthæus), le JEUNE, son fils, né en 1621, mort en 1687. Les portraits de l'empereur Léopold Ier et d'autres princes, peints dans la manière de son maître Van Dyck, le rendirent célèbre. Il a aussi fait plusieurs tableaux historiques et des gravures. — III. (Maria-Sibylla), sœur du précédent, né en 1647, morte en 1717. Elle dessinait d'après nature des fleurs, des chenilles, des papillons, etc., qu'elle peignait ensuite en miniature. En 1665, elle épousa Johann Andreas Graff. Ils demeurèrent successivement en Allemagne, en Hollande et à Surinam. Ses œuvres ont été recueillies sous le titre de : *Histoire des Insectes de l'Europe et de l'Amérique* (1768-'74).

MÉRICOURT (Théroigne de). Voy. THÉROIGNE.

MÉRIDA (anc. *Augusta Emerita*), ville d'Estramadoure, en Espagne, sur la Guadiana, à 48 kil. E. de Badajoz; 5,000 hab. environ. Elle est fameuse par ses monuments de l'antiquité romaine, qui sont dans un bel état de conservation. La Guadiana est traversée par un pont bâti par Trajan, et rebâti, en 1610, par Philippe III; il a 81 arches, 2,575 pieds de long, 26 pieds de large, et 33 pieds au-dessus du lit de la rivière. Quelques historiens supposent que Mérida a été fondée par les Grecs. Elle fut, rebâtie par Publius Carisius, l'an 25 av. J.-C. Mérida fut prise par les Français en janvier 1811; les Anglais la reprirent en 1812.

MÉRIDA, capitale du Yucatan (Mexique), à 35 kil. du golfe du Mexique, et à 984 kil. de Mexico; 33,025 hab., en majorité *mestizos* (métis), ou descendants des Mayas. La ville est située dans une plaine unie; rues régulières et spacieuses; plusieurs squares. La cathédrale est un majestueux édifice qui fut achevé en 1598. Importants établissements d'éducation et de bienfaisance. Très florissantes fabriques de cotonnades, de cigares et de cigarettes, de rhum, de sucre raffiné, de mélasse, de cordages, de cuir, de savon, et de chapeaux de Panama. On exporte des cordes, des cuirs et des sacs à la Havane. Le port de Mérida est Progreso, sur le golfe du Mexique.

MÉRIDA I. État de Vénézuéla, au S.-O., à la frontière de la Colombie; 67,849 hab., la plupart Indiens ou métis (*mestizos*). Des montagnes appartiennent à la chaîne des Andes la traversent dans toutes les directions, formant de hauts plateaux et de grandes vallées, où les rivières et les lacs sont nombreux. Presque toutes les productions de la zone torride et de la zone tempérée y abondent, et les animaux domestiques y sont en très grande quantité. — II. Ville capitale de cet État, sur un beau plateau, à 5,421 pieds au-dessus du niveau de la mer, et à 496 kil. au S.-O. de Caracas; 9,727 hab. Rues régulières; les maisons y sont généralement basses et solidement bâties, à cause de la fréquence des tremblements de terre. Cotonnades et lainages; grande fabrication de tapis ornés de fleurs brillamment coloriées par une teinture végétale spéciale au pays.

MÉRIDEN [mèr'-i-denn], ville du Connecticut (États-Unis), à 29 kil. N.-E de New-Haven; 10,495 hab. Principales productions : fonte, laiton laminé, fer, acier, bronze, étain, machines, coutellerie, lainages, carrosserie, conduits en ciment, objets en argent plaqué et en métal blanc. La *Meriden britannia Company*, qui a pour objet cette dernière fabrication, est la plus considérable entreprise de ce

genre qu'il y ait dans le monde entier. C'est à Meriden que se trouve l'établissement de correction pour les garçons de Connecticut.

MÉRIDIEN, IENNE adj. [mé-ri-diain] (lat. *meridianus*; de *meridies*, midi). Qui appartient au midi; qui est tourné du côté du midi.

* **MÉRIDIEN** s. m. Géogr. astr. Grand cercle de la sphère, qui passe par le zénith et le nadir et par les pôles du monde; et qui divise le globe terrestre en deux hémisphères, l'un oriental, l'autre occidental : *le méridien de Paris, de Stockholm.* (Voy. LONGITUDE.) — MÉRIDIEN TERRESTRE, la section du plan du méridien sur le plan de l'horizon. C'est ce qu'on appelle aussi MÉRIDIENNE.

* **MÉRIDIENNE** adj. f. Géogr. astr, Qui a rapport au méridien. — OMBRE MÉRIDIENNE, celle que projettent les objets saillants, au moment de midi. — HAUTEUR MÉRIDIENNE DU SOLEIL OU D'UNE ÉTOILE, leur hauteur au-dessus de l'horizon, au moment où ils sont dans le méridien du lieu où on les observe. — LIGNE MÉRIDIENNE, ou simplement MÉRIDIENNE, ligne droite tirée du nord au sud dans le plan du méridien. Se dit aussi d'une ligne tirée depuis l'extrémité la plus méridionale d'un pays, jusqu'à son extrémité la plus septentrionale : *la ligne méridienne, la méridienne de la France.* — Substantiv. Ligne qui est la section du plan du méridien sur un autre plan quelconque, horizontal, vertical ou incliné : *quand on a tracé une portion de la méridienne sur le terrain ou sur un plan fixe, le point de lumière ou la ligne d'ombre qui passe dessus marque l'heure de midi.*

* **MÉRIDIENNE** s. f. Sommeil auquel les habitants des pays chauds se livrent ordinairement vers l'heure de midi : *la méridienne est d'un usage général en Espagne et en Italie.*

Un écureuil, sautant, gambadant sur un chêne,
Manqua sa branche et vint, par un triste hasard,
Tomber sur un vieux-léopard
Qui faisait sa *méridienne*.
FLORIAN.

* **MÉRIDIONAL, ALE, AUX**, adj. Qui est du côté du midi : *les régions méridionales.* — DISTANCE MÉRIDIONALE, la différence de longitude entre le méridien sous lequel un vaisseau se trouve, et celui d'où il est parti. — CADRAN MÉRIDIONAL, celui qui est dans le plan qui va du levant au couchant, et qui est directement tourné vers le midi. — s. m. pl. LES MÉRIDIONAUX, les peuples du Midi.

MÉRIMÉE (Prosper), écrivain français, né à Paris, le 28 sept. 1803, mort à Cannes en oct. 1870. En 1834, il fut nommé inspecteur des anciens monuments historiques en 1844, académicien et, en 1853, sénateur. Ses écrits comprennent : le *Théâtre de Clara Gazul*, prétendue traduction de l'espagnol; *La Guzla*, donnée comme une collection de chants illyriens; plusieurs romans, entre autres : *Colomba, Carmen* et *La Jacquerie*; des ouvrages historiques et archéologiques : *Lettre à une inconnue* (1873, 2 vol.); *Mosaïque* (1833); *Contes et Nouvelles* (1846); *Hist. de don Pedro Ier; Études sur l'Hist. romaine* (3e éd., 1870); *Les faux Démétrius; Hist. sur la guerre sociale; Hist. des villes de France*, etc.

MÉRINAGHEN, cercle de l'arr. de Saint-Louis (Sénégal), près du lac de Guier, à l'entrée du territoire de Cayor. Le village compte 300 hab.

MÉRINDOL, commune du cant. de Cadenet, arr. et à 33 kil. S.-O. d'Apt (Vaucluse); 900 hab.; tristement célèbre par le massacre de ses habitants accusés d'hérésie (1545).

MÉRINGUE s. f. Espèce de pâtisserie fort délicate faite avec des blancs d'œufs et du sucre en poudre, et que l'on garnit de crème fouettée ou de confitures.

　　MERL　　

MERINGUÉ, ÉE adj. Qui ressemble à la meringue : *gâteau meringué.*

* MÉRINOS s. m. [-noss]. Mouton de race espagnole, dont la laine est très fine : *un mérinos.* (Voy. Mouton.) On dit adjectiv. : *bélier mérinos; brebis mérinos.* — Etoffe faite avec de la laine de mérinos : *une robe, un châle de mérinos.*

MÉRINTHE. Voy. Cérinthe.

MÉRIONETHSHIRE [mèr'-i-onn-eth-chire], comté du Pays de Galles, au N., sur la baie de Cardigan ; 1,559 kil. carr.; 46,598 hab. Presque partout rocheux et montagneux. Il y a dans ce comté une hauteur célèbre, Cader Idris, dont le sommet est couronné d'immenses colonnes de basalte. Les principaux cours d'eau sont : le Dee, le Marw et le Dovy. Le plus grand lac est Bala, qui a plus de 19 kil. de circonférence. Carrières d'ardoise activement exploitées. On y trouve du cuivre. Capitale, Dolgelly.

* MERISE s. f. Fruit du merisier : *cueillir des merises.*

* MERISIER s. m. Cerisier sauvage : *bois de merisier.*

* MÉRITANT, ANTE adj. verbal. Qui a du mérite : *c'est un homme fort méritant.*

* MÉRITE s. m. Ce qui rend une personne digne d'estime : *un homme de mérite, d'un grand mérite.*

Vous avez pour voisins des gens pleins de mérite.
Collin d'Harleville. *Monsieur de Crac, sc. xvi.*

— En parlant des choses, se dit de ce qu'elles ont de bon et d'estimable : *le temps seul décide du mérite des ouvrages.* — Ne s'emploie qu'au singulier, quand il est pris dans un sens collectif, comme dans tous les exemples précédents ; mais, pris dans un sens distributif, il peut avoir un pluriel : *César et Pompée avaient chacun leur mérite, mais c'étaient des mérites différents.* Ce qui rend digne de récompense ou de punition ; dans cette acception, le pluriel est aussi usité que le singulier : *Dieu nous jugera selon le mérite de nos œuvres; Dieu nous traitera suivant nos mérites.* Cette dernière locution a passé dans la conversation, où elle se prend d'ordinaire en mauvaise part : *il sera traité selon ses mérites.* — Les mérites de la passion de Jésus-Christ, ses souffrances et sa mort, en tant qu'elles ont satisfait pour nous à la justice divine. Les mérites des saints, les bonnes œuvres des saints. — Par dérision, Faire valoir tous ses mérites, exagérer ses services. — Se faire un mérite de quelque chose, tirer gloire, tirer avantage d'avoir fait quelque chose. On dit dans un sens analogue : *se faire un mérite de quelque chose auprès de quelqu'un.*

* MÉRITER v. a. (lat. *mereri*). Etre digne, se rendre digne de : *il mérite récompense.*

J'ai senti que j'avais mérité mon congé.
Collin d'Harleville. *L'Inconstant, acte II, sc. v.*

Prononcez ! Alexandre est tout prêt d'y courir,
Ou pour vous convaincre, ou pour vous conquérir.
L. Racine. *Alexandre, acte II, sc. I.*

— Se prend aussi en mauvaise part et signifie alors, encourir, attirer sur soi : *je n'ai pas mérité de vous un si mauvais traitement.* — Bien mériter de son prince, de l'Etat, de sa patrie, des lettres, etc., rendre de grands services à son prince, à l'Etat, à sa patrie, aux lettres. — Absol. Mériter beaucoup, être digne de récompense par ses talents, par ses services. — Se dit aussi des choses, et se prend de même en bonne et en mauvaise part: *cette action mérite récompense, mérite punition; cela ne mérite pas qu'on en parle.* — Cette nouvelle mérite confirmation, elle n'est pas sûre, elle a besoin d'être confirmée. — Mériter quelque faveur a quelqu'un, se dit de ce qui fait obtenir une faveur à quel-

qu'un, de ce qui est cause qu'on la lui accorde : *les services de son père lui ont mérité cet accueil favorable.*

* MÉRITOIRE adj. Qui mérite. Est particul. d'usage en parlant des bonnes œuvres que Dieu récompense dans le ciel : *cela est méritoire envers Dieu, devant Dieu.* — S'applique souvent aux actions qui n'ont point de motif religieux, mais qui sont louables, dignes d'estime ou de reconnaissance : *en défendant cet homme injustement accusé, vous avez fait une action méritoire.*

* MÉRITOIREMENT adv. D'une manière méritoire. (Peu usité.)

MÉRIVALE [mèr'-i-vèle] I. (John-Herman), écrivain anglais, né en 1779, mort en 1844. Il fut avocat à la haute cour de justice (*Chancery*), et commissaire de faillites depuis 1831. Il a publié des poésies et plusieurs volumes de rapports à la haute cour de justice. — II. (Herman), son fils, né en 1806, mort en 1874. Il devint professeur d'économie politique à Oxford, en 1837, sous-secrétaire d'Etat pour les colonies, en 1848, et pour les Indes en 1859. Il a publié : *Lectures on Colonization and Colonies* (nouv. éd., 1861, 2 vol.), *Historical Studies* (1865), etc.

* MERLAN s. m. (lat. *maris luscius*, brochet de mer). Poisson de mer du genre des gades, dont la chair est extrêmement légère : *petit merlan; gros merlan.* — ⌣ Jargon. Perruquier. — Œil de merlan frit, œil pâmé. — Le merlan commun (*merlangus purpureus*, Cuv.) abonde dans les mers septentrionales, particulièrement sur les côtes rocheuses ; il est vorace comme les autres membres de sa famille et dévore le frai des poissons, les mollusques, les crustacés, etc. ; sa chair, légère et délicate, est très estimée ; son corps

Merlan commun (merlangus purpureus).

allongé est couvert d'écailles molles, petites et arrondies ; sa mâchoire supérieure, plus avancée que l'inférieure, est armée de plusieurs rangées de longues dents. Il ne se distingue de la morue que par l'absence des barbillons. On le pêche toute l'année, soit avec le filet nommé drège, soit avec des lignes armées de 200 à 300 hameçons ; sa taille ne dépasse guère 40 centim. de long ; il a le dos gris verdâtre et le reste du corps gris argenté. Le merlan jaune (*merlangus pollachius*) a une chair moins estimée. Le merlan noir (*merlangus carbonarius*), appelé aussi charbonnier ou grelin, atteint jusqu'à 1 m. de long. Il se prépare comme la morue avec laquelle il est ensuite confondu.

* MERLE s. m. (lat. *merula*). Oiseau de l'ordre des passereaux, à bec comprimé et échancré, dont l'espèce la plus commune en France a le plumage noir et le bec jaune : *apprendre à un merle à parler.* Fig. et fam. C'est un fin merle, c'est un homme fin et rusé. Jaser comme un merle, parler beaucoup. — Un vilain merle, se dit, fig. et pop., d'un homme très désagréable. — C'est un dénicheur de merles, se dit d'un homme fort appliqué à rechercher et à découvrir tout ce qui peut lui être agréable ou utile, et fort adroit à en profiter. A d'autres, dénicheur de merles, se dit à une personne à qui l'on ne se fie pas. — Si vous faites cela, je vous donnerai un merle blanc, se dit pour défier quelqu'un de faire une chose qu'on regarde comme impossible. — Encycl. Les merles forment un grand genre de passereaux dentirostres, caractérisés par

un bec fort, comprimé, arqué, dont la pointe ne fait pas crochet et dont les denticlures ne sont pas aussi fortes que chez les pies-grièches. Les merles se nourrissent d'insectes, de larves, et particulièrement de fruits et de baies. Ils sont défiants, solitaires, mais s'apprivoisent facilement. Le genre merle se divise en sous-genre merle proprement dit, grives et moqueurs. Le sous-genre merle proprement dit a pour caractère un bec long, arqué, comprimé et fort ; des ailes ne dépassant pas les couvertures de la queue ; une queue médiocrement longue et ample. Le *merle commun*

Merle commun. (Turdus merula)

(*turdus merula*) est un oiseau bien connu sous nos climats. Le mâle est tout noir avec le bec jaune, la femelle est brune en dessus, tachetée de brun sur la poitrine. Ces oiseaux habitent les contrées boisées, les jardins ; ils mènent une vie sédentaire et s'éloignent rarement des cantons qui les ont vu naître. Le chant du mâle, qu'il fait entendre soir et matin, au printemps et en été, n'est qu'un sifflement éclatant. Pris jeune, le merle s'apprivoise aisément et apprend à bien chanter et même à parler. Il fait deux ou trois couvées par an ; il bâtit son nid dans des buissons fourrés, dans les lierres, etc., à une hauteur de 4 à 6 pieds ; son nid, fait de brindilles, est revêtu d'une couche de terre durcie ; la femelle y dépose 4 ou 5 œufs d'un vert bleuâtre tacheté de rouille. Cette espèce a

Merle à ailes rouges (Angelaius phœniceus).

produit des variétés entièrement blanches ou d'un jaune rose et quelques autres mêlées de noir et de blanc. Le *merle à plastron blanc* (*turdus torquatus*), un peu plus gros que le précédent, est de passage dans nos pays. Ses plumes noires sont en partie bordées de blanc et son plastron est blanc. On trouve aussi en Europe le *merle solitaire* (*turdus petrocinclus*); le *merle de roche* (*turdus saxatilis*), au midi de la France ; le *merle bleu*, etc. — L'Amérique nourrit un grand nombre d'oiseaux de ce genre et l'on donne aux Etats-Unis le nom de *merles à ailes rouges* à une espèce de *sturdie* (*angelaius phœniceus*, Linn.) — Merle d'eau. (Voy. Cincle.)

MERLE D'AUBIGNÉ (Jean-Henri), historien suisse, né à Genève en 1794, mort en 1871. Il fut pasteur d'églises calvinistes à Hambourg et à Bruxelles, de 1817 à 1830, et ensuite professeur d'histoire ecclésiastique et directeur d'une institution théologique à Genève. Ses œuvres comprennent : *Histoire de la réformation au xvie siècle* (1835-'53, 5 vol.); *Histoire de la Réformation au temps de Calvin* (1862-'77, 8 vol.); *Le Protecteur; ou la République d'Angleterre aux jours de Cromwell* (1848); et *Trois siècles de luttes en Ecosse, ou deux rois et deux royaumes* (1850).

MERLERAULT (Le), ch.-l. de cant., arr. et à 28 kil. E. d'Argentan (Orne); 900 hab. Fameux chevaux de selle anglo-normands.

MERLETTE s. f. Blas. Petit oiseau représenté sans pieds, ni bec : *il porte d'or à trois merlettes de sable*.

MERLIN s. m. (flam. *maarline*). Long marteau ou espèce de massue dont les bouchers se servent pour assommer les bœufs. — Hache à fendre le bois. — ∾ Jargon. Jambe.

MERLIN (*Merddhin*), nom de deux devins et sorciers légendaires de la Grande-Bretagne, qui vivaient au ve et au vi[e] siècles av. J.-C. — I. Merlin (AMBROSIUS), originaire du Pays de Galles, fut le conseiller du roi Vortigern et de ses successeurs, Ambrosius, Uterpendragon et Arthur. On lui attribue un livre de prophéties (édit. française, 1498; anglaise, 1529; latine, 1554). La première partie de l'ancien roman en prose intitulé *Merlin* a été réimprimée en Angleterre en 1875. — II. Merlin (CALEDONIUS SYLVESTRIS ou *le Sauvage*), naquit à Strathclyde, dans le S.-O. de l'Ecosse, dans la dernière partie du vi[e] siècle. D'après Fordun, ayant tué son neveu, il s'enfuit dans les bois, et vécut là comme un sauvage, jusqu'à sa mort. Une vie de Merlin, en vers, attribuée mal à propos à Geoffroy de Mommouth, a été imprimée en 1830. On a publié à Edimbourg, en 1615, les ouvrages qui lui sont attribués; mais il est presque impossible de distinguer entre les rapsodies et prophéties des deux Merlin, le Cambrien et le Calédonien.

MERLIN (Pierre), théologien protestant, né en 1523, mort en 1603. On a de lui : *Sermons sur le livre d'Esther* (Genève, 1594, in-8°), *Job, commentarius illustrata methodo analytica* (Genève, 1599); *Discours théologique de la tranquillité et du repos de l'âme*, etc.

MERLIN DE DOUAI (Philippe-Antoine); jurisconsulte et homme politique, né à Arleux en 1754, mort en 1838. Avocat au parlement de Flandre, il collabora au *Répertoire universel et raisonné de jurisprudence* (2e éd. 1786, 17 vol. in-4°). Il fit partie de l'Assemblée constituante; élu à la Convention, il siégea à la Montagne, vota la mort du roi, fut rapporteur de la loi des suspects, devint réactionnaire après le 9 thermidor, fut ministre de la justice sous le Directoire (1795) et procureur général à la cour de cassation où sa science juridique lui fit surnommer le *nouveau Papinien*. Proscrit sous la Restauration, il ne rentra en France qu'après 1830; il a laissé : *Recueil alphabétique des questions de droit qui se présentent le plus fréquemment dans les tribunaux* (13e éd. 1819-'20, 6 vol. in-4°). Voy. MIGNET, *Notices historiques*.

MERLIN DE THIONVILLE (Antoine-Christophe MERLIN, connu sous le nom de), conventionnel, né à Thionville en 1762, mort en 1833. Membre de la Convention, il se distingua par ses violences et aussi par sa bravoure, se signala au siège de Mayence (1793), d'où il écrivit (6 janv.) pour hâter la mort du roi. Il fit partie du conseil des Cinq-Cents et mourut dans l'obscurité.

MERLIN (Christophe-Antoine, COMTE), général français, né à Thionville en 1771, mort

à Paris en 1839. Il fit partie de l'armée de Sambre-et-Meuse, devint général de brigade en 1805, accompagna Joseph Bonaparte à Naples et devint général de division en 1814. Il accepta de servir sous la Restauration et Louis-Philippe lui confia le gouvernement militaire de la Corse.

MERLON s. m. Fortific. Partie du parapet qui est entre deux embrasures.

MERLUCHE s. f. Nom qu'on donne, en général, aux poissons du genre gade, après qu'ils ont été desséchés au soleil; et particulièrement à la morue sèche : *c'est de la merluche de cette année*. — ∾ Icht. Genre de poissons malacoptérygiens subbrachiens, voisin des morues, et caractérisé par deux nageoires dorsales seulement, une nageoire à

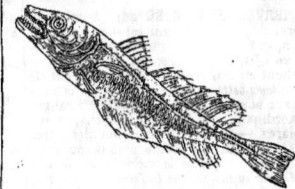

Merluche commune d'Europe (*merlucius vulgaris*).

l'anus et l'absence de barbillons. La *merluche d'Europe* (*merlucius vulgaris*, Cuv.) est abondante dans l'Océan et dans la Méditerranée, de juin à sept.; on la pêche pendant qu'elle fait la chasse au maquereaux et aux harengs, dont elle fait sa nourriture principale. Elle atteint une longueur de 40 à 80 centim. Sa chair est blanche et semblable à celle de la morue; on la fait sécher.

MERLUS s. m. Icht. Nom que l'on donne quelquefois à la merluche lorsqu'elle n'est pas encore sèche.

MERMNADES, troisième dynastie lydienne. (Voy. LYDIE.)

MÉRODACH ou Bel Merodach, le second des petits dieux babyloniens, identifié astronomiquement avec la planète Jupiter. Ce nom était, à l'origine, une simple épithète du dieu Bel, mais peu à peu il remplaça le nom véritable. On représente Bel Merodach comme fils d'Ao et de Danke, et comme mari de Zirbanit. Son nom était souvent donné aux rois de Babylone, comme Merodach-Baladam et Evil-Merodach.

MÉRODE. I. (Philippe-Félix-Balthazar-Othon, GHISLAIN DE), homme d'Etat belge, né en 1791, mort en 1857. Il vécut en Franche-Comté jusqu'en 1830, fit partie du gouvernement provisoire de Belgique et du congrès d'où sortit la constitution belge; il appuya la candidature du roi Léopold et fut, sous le règne de ce prince, ministre de la guerre, des finances et des affaires étrangères. On a de lui : *les Libéraux et les Ignorantins* (1828), *les Jésuites et la Charte* (1830), etc. — II. (François-Xavier-Marie-Frédéric GHISLAIN DE), prélat catholique romain, fils du précédent, né à Bruxelles en 1820, mort à Rome le 11 juillet 1874. Sa mère était une nièce de Lafayette. Xavier entra dans l'armée belge en 1841; il étudia ensuite la théologie à Rome et fut ordonné prêtre en 1850. Il eut une carrière brillante et rapide; ministre de la guerre des Etats pontificaux de 1860 à 1865, il devint, en 1866, archevêque de Mitylène et aumônier privé du pape. Il consacra une grande portion de ses biens patrimoniaux à l'amélioration des rues et des places de Rome, à des fouilles archéologiques et surtout à la fondation d'institutions charitables et d'écoles.

MÉROÉ, Etat qui formait une partie de l'ancien royaume d'Ethiopie, avec une capitale du même nom. L'Ethiopie tout entière était jadis appelée Méroé. Les écrivains grecs appliquaient ce nom à une île et à une cité sur le Nil supérieur. Le pays est, en réalité, une péninsule formée par le Nil et ses affluents, l'Atbara et le Bahr-el-Azrek, entre 13° et 18° de lat. N., et comprise aujourd'hui dans la Nubie. A certaines saisons, le débordement des rivières la change en île. Du N.-O. au S.-E., sa longueur est d'environ 600 kil. et sa largeur de 320. Ce sont de larges plaines, autrefois fertiles et bien cultivées, mais maintenant en grande partie désertes. Ce pays était très fameux dans l'antiquité. Il produisait de l'or, du fer, du cuivre et du sel; c'était, dès les temps les plus reculés, le centre d'un grand commerce fait par les caravanes venues de tous les points de l'Afrique septentrionale. On eut longtemps l'habitude de faire remonter la civilisation de l'Egypte à celle de l'Ethiopie et de Méroé; mais le contraire est beaucoup plus probable. (Voy. ETHIOPIE.)

MÉROPE, fille de Cypsélus, roi d'Arcadie et épouse de Cresphonte roi de Messénie. Polyphonte, ayant assassiné ce prince et ses deux fils, voulut forcer Mérope à l'épouser, mais il fut tué par Ægyptus, troisième fils de Mérope et de Cresphonte. — Tragédie de Voltaire, représentée pour la première fois le 20 févr. 1743.

MÉROPIS. Voy. Cos.

MÉROVÉE ou Merowig (*Homme illustre*), roi de France (448-'58), né en 411. Il était, pense-t-on, fils de Clodion et fut le chef de la dynastie mérovingienne.

MÉROVINGIEN, IENNE s. et adj. De Mérovée; qui concerne ce prince ou sa race. — Mérovingiens, nom de la première dynastie franque. Elle tire son nom de Mérovée, roi des Francs ripuaires (448-'58). Celui-ci eut pour successeur Childéric 1er (458-'84), dont le fils, Clovis, conquérant de la Gaule et premier monarque chrétien des Francs, laissa ses possessions en 511 à ses fils, Thierry ou Théodoric, Clodomir, Childebert et Clotaire. Clotaire, le plus jeune, réunit en ses mains tout l'empire des Francs (558'-61). A sa mort, cet empire fut divisé de nouveau entre ses quatre fils, Charibert régnant à Paris, Gontran ou Guntram à Orléans (la Bourgogne, conquête récente, y était attachée), Sigebert en Austrasie et Chilpéric à Soissons. Clotaire II, fils de Chilpéric et de Frédégonde, réunit à son tour tout le royaume. Son fils Dagobert fut le fondateur d'une lignée de rois connus sous le nom de *fainéants* et qui se laissèrent gouverner par les maires du palais. Le dernier de ces rois, Childéric III (742-'52), fut déposé par Pépin le Bref, fondateur de la dynastie carlovingienne.

MERRAIN s. m. (bas lat. *matteriamen*; du lat. *materia*, bois, matière). Bois de chêne fendu en menues planches, dont on fait des panneaux, des douves de tonneaux, et d'autres ouvrages : *acheter du merrain*. — Vén. Matière de la perche et du bois du cerf.

MERRIMACK, fleuve de la Nouvelle-Angleterre, formé par la réunion du Pemigewasset et du Winnepiseogee à Franklin (New-Hampshire). Il court alors au S. pendant 125 kil., jusqu'à Chelmsfort (Massachusetts), et de là à l'E. pendant 56 kil. jusqu'à Newburyport où il se jette dans l'Atlantique. Il fournit d'immenses forces hydrauliques utilisables, grâce auxquelles se sont fondées les villes de Lowelle et de Lawrence dans l'état de Massachusetts et celles de Nashau et de Manchester dans le New-Hampshire. Il est navigable sur une longueur de 29 kil. à partir de la mer, jusqu'à Havechill.

MERRIMACK. Voy. Cuirassé, Hampton Roads, etc.

MERRY, Merri ou **Médéric** (Saint), religieux bénédictin, né à Autun dans le vii° siècle. Il vint à Paris et se retira dans l'oratoire de Saint-Pierre, aux abords de cette ville. C'est sur le lieu de sa retraite qu'a été construite l'église qui porte son nom. Fête le 29 août.

MERSAN (Denis-François Moreau de), écrivain et homme politique, né à Paris en 1766, mort en 1848. Il fut député du Loiret au conseil des Cinq-Cents, servit le gouvernement consulaire après le 18 brumaire et contribua au retour des Bourbons. Il a laissé : *Pensées de Nicole de Port-Royal* (Paris, 1806-'11); *Pensées de Balzac* (Paris, 1807, in-12).

MERSEBURG [mèr'-zé-bourg], ville de la Saxe prussienne, sur la Saale, à 24 kil. à l'O. de Leipzig; 13,678 hab. Elle a des fortifications, une belle cathédrale gothique, des brasseries et des distilleries importantes. Non loin de là, Henri l'Oiseleur défit les Hongrois en 933.

MERS-EL-KÉBIR ou *Marsalquivir*, anc. *Portus Magnus*, ville forte et port de mer de l'Algérie, prov. et à 8 kil. N.-O. d'Oran; 5,000 hab.

MERSEY [meur'-sè], fleuve d'Angleterre, formé par la réunion de la Tame et du Goyt à Stockport, d'où il coule à l'O. pendant 96 kil. à peu près, pour se jeter dans la mer d'Irlande, au-dessous de Liverpool. Ses principaux affluents sont l'Irwell et le Weaver. A Runcorn, à 27 kil. de son embouchure, il se développe en un large estuaire.

MERTHYR TYDFIL ou **Tydvil** [meur'-theur-tyd'-fil], ville du Glamorganshire (Galles du Sud), à 34 kil. de Cardiff; 51,949 hab. dans la paroisse. 30 grandes usines métallurgiques, dont l'une emploie 6,000 ouvriers et produit environ 260,000 tonnes de fer par an.

MÉRU, ch.-l. de cant., arr. et à 23 kil. S. de Beauvais (Oise); 3,200 hab. Tabletterie; grains et laines.

MERV, ville du pays de Khiva (Turkestan), sur les confins de la Perse, à près de 480 kil. S.-E. de la cité de Khiva; environ 3,000 hab. C'était l'une des quatre cités impériales du Khorasan, et elle servit de capitale à beaucoup de sultans persans, spécialement de la dynastie des Seljoucides. Elle est sur la route des caravanes qui vont de Meshed à Khiva et à Boukhara. Elle est entourée de campements turcomans. Les Russes se sont établis dans cette ville au commencement de l'année 1882.

*• **MERVEILLE** s. f. [mèr-vè-ieu; ll mll] (lat. *mirabilia*, choses merveilleuses). Chose qui cause de l'admiration : *il regarde cela comme une merveille.*

> Un savetier chantait du matin jusqu'au soir.
> C'était merveille de le voir,
> Merveille de l'ouïr…
>   La Fontaine.

— Se dit quelquefois des personnes : *Pic de la Mirandole fut regardé comme la merveille de son siècle.* — Les sept merveilles du monde, les murailles et les jardins de Babylone, ouvrages de Sémiramis; les pyramides d'Égypte; le phare d'Alexandrie; le tombeau qu'Artémise fit élever pour Mausole, son mari; le temple de Diane à Éphèse; celui de Jupiter Olympien à Pise, en Élide, et le colosse de Rhodes. — Prov. et par exag. C'est une des sept merveilles du monde, se dit d'un superbe édifice, ou de quelque autre chose semblable, étonnante en son genre. On dit de même, C'est la huitième merveille du monde. — Fam. Ce n'est pas grande merveille, ou, par ironie, Voilà une belle merveille, se dit pour rabaisser une chose, une action que quelqu'un veut faire passer pour admirable. — C'est une merveille, c'est merveille de vous voir, c'est une merveille que de vous voir, se dit

pour faire un reproche d'amitié à quelqu'un qu'on avait coutume de voir, et qu'on ne voit plus que rarement. — Faire merveilles, faire des merveilles, se distinguer dans quelque circonstance par un zèle, un courage, une adresse, un talent extraordinaires : *je l'ai vu faire merveilles à ce siège, à cette bataille.* — Promettre monts et merveilles, faire de très grandes promesses, des promesses exagérées. — A merveille, loc. adv. Très bien, parfaitement : *cet habit vous va à merveille.* — Pas tant que de merveille, loc. adv. et fam. Pas beaucoup : *a-t-il beaucoup d'esprit? Pas tant que de merveille.* Cette locution a vieilli.

*• **MERVEILLEUSEMENT** adv. D'une façon merveilleuse, à merveille : *elle est merveilleusement belle.*

*• **MERVEILLEUX, EUSE** adj. Admirable, surprenant, étonnant, qui est digne d'admiration, qui cause de l'admiration : *cela a produit un effet, obtenu un succès merveilleux.* — Excellent en son espèce : *les muscats ont été merveilleux cette année.* — Vous êtes un merveilleux homme, vous êtes un homme étrange, extraordinaire par vos sentiments, par vos manières. — s. m. Intervention des êtres surnaturels dans un poème épique ou dramatique : *il a fondé le merveilleux de son épopée sur la magie, sur la féerie.* — Ce qui, dans un événement, dans un récit, s'éloigne de l'ordre naturel et du cours ordinaire des choses : *le merveilleux disparaît dès qu'on l'examine et qu'on le discute.* — Employé substantiv., se dit, dans le langage fam., d'une personne qui affecte de belles manières, et qui a beaucoup de prétentions : *c'est un merveilleux; c'est une merveilleuse.* — Les Merveilleux et les Merveilleuses, élégants et élégantes qui furent à la mode pendant le gouvernement de Barras; les merveilleuses étaient vêtues à la grecque; les merveilleux étaient couverts de plusieurs gilets, d'une énorme cravate et d'un immense chapeau. On les appela pendant un moment les *Muscadins* et les *Incroyables.*

MERVILLE, ch.-l. de cant., arr. à 14 kil. S.-E. de Hazebrouck (Nord), sur la rive gauche de la Lys; 6,900 hab. Toiles, linge de table, velours; briqueteries.

MERVILLE I. (Michel Guyot de), auteur dramatique, né à Versailles en 1696, mort aux environs de Genève en 1755. Sa meilleure pièce, le *Consentement forcé* (Comédie française, 1738), est en prose, mais il a donné aussi plusieurs comédies en vers. — II. (Pierre-François Camus, dit), acteur et auteur dramatique, né à Pontoise en 1785, mort en 1853. Il abandonna l'étude de la médecine pour monter sur la scène de l'Odéon, voyagea en province et finit par se vouer tout entier aux lettres. Les *Deux Anglais* (comédie en 3 act., prose, 1817) obtinrent un grand succès. Il donna, l'année suivante, la *Famille Glinet* (comédie en 5 actes, vers). On prétend que Louis XVIII collabora à cette pièce. Nous citerons encore de Merville, l'*Homme poli* (comédie en 5 actes, 1820), le *Frère et la Sœur,* les *Quatre Ages,* etc.

MÉRY (Joseph), poète et romancier, né aux Aygalades, près de Marseille, en 1798, mort à Paris le 17 juin 1866. Il commença ses études au séminaire de Marseille, et fut chassé de cet établissement pour avoir été trouvé en possession d'un *Voltaire.* A la suite d'un duel, il vint à Paris (1824), où il mena une existence aventureuse et dissipée. Associé à Barthélemy, il composa de vigoureuses satires en vers contre diverses administrations (voy. Barthélemy) et des poésies exaltant la famille Bonaparte. *Napoléon en Égypte* (1828) obtint un succès d'enthousiasme. Méry acquit une renommée littéraire encore plus grande par ses romans et ses amusantes et

excentriques relations de voyages et par son libretto de l'opéra de *Sémiramis* (1860). *Herculanum* (Grand Opéra, musique de Félicien David, 1854) est considéré comme son chef-d'œuvre en ce genre; mais il fut moins heureux dans ses autres pièces de théâtre. Il a laissé la *Guerre du Nizam* (1843-'47, 4 vol. in-8°), succès énorme; les *Confessions de Marion Delorme* (1850, 4 vol. in-8°); *Monsieur Auguste* (1859, in-8°), etc.

*• **MÉRYCISME** s. m. (gr. *mérukômai*, je rumine). Physiol. Rumination. — Pathol. Affection consistant en une espèce de rumination analogue à celle des animaux ruminants.

MÉRY-SUR-SEINE, ch.-l. de cant., arr. et à 19 kil. S.-O. d'Arcis-sur-Aube (Aube), sur la rive droite de la Seine qui y devient navigable; 1,900 hab. Bonneterie; commerce de grains.

*• **MES,** pluriel de l'adjectif possessif *mon, ma.* (Voyez ces mots.)

*• **MÉSAIR** ou **Mézair** s. m. [mé-zèr]. Manège. Allure d'un cheval, qui tient le milieu entre le terre à terre et les courbettes.

*• **MÉSAISE** s. m. [mé-zè-ze]. Malaise : *éprouver du mésaise par tout le corps.* (Peu usité.)

*• **MÉSALLIANCE** s. f. [mé-za-li-an-se] (préf. *més,* et *alliance*). Alliance, mariage avec une personne d'une condition fort inférieure à celle de la personne qui l'épouse : *il a fait une mésalliance.*

*• **MÉSALLIER** v. a. Marier à une personne d'une naissance ou d'un rang fort inférieur : *ce tuteur refuse un parti fort riche, pour ne point mésallier sa pupille.* — Se mésallier v. pr. : *je n'ai pas voulu me mésallier.* — Fig. et fam. S'abaisser, déroger : *cet homme craindrait de se mésallier s'il fréquentait ses égaux, quand ils sont moins riches que lui.*

*• **MÉSANGE** s. f. [mé-zan-je] (bas lat. *mezenzu*). Ornith. Genre de passereaux conirostres, voisin des alouettes et des bruants, caractérisé par un bec menu, court, conique, droit, garni de petits poils à la base, et ayant les narines cachées dans les plumes. Les mésanges sont de petits oiseaux vifs, voletant et grimpant sans cesse sur les branches, s'accrochant, se suspendant dans tous les sens possibles et vivant en petites troupes ou en familles. Elles se nourrissent surtout d'insectes et de larves; quelques espèces même (la charbonnière, par exemple) dévorent la cervelle des petits oiseaux. Les mésanges sont courageuses et batailleuses; elles ne redoutent pas les gros oiseaux et s'attaquent souvent à la chouette, dont elles parviennent quelquefois à crever les yeux. Elles ont l'habitude de ramasser des provisions de graines. Elles nichent dans les buissons, les arbres, et pondent plus d'œufs qu'aucun des autres passereaux (de 8 à 14). Nous avons en France 6 espèces de mésanges : 1° la *charbonnière* (*parus major*), de couleur olivâtre en dessus, jaune en dessous, la tête noire, une bande noire sur la poitrine, un triangle blanc sur chaque joue; longue de 16 centim.; c'est la mésange la plus commune dans les taillis et les vergers, qu'elle égaye par l'agilité et la promptitude de ses mouvements et par la gracieuseté de son chant joyeux. Quoique très sociable, elle est féroce, et tue les oiseaux avec lesquels on la met en volière. Dès les premiers jours de mars, elle construit son nid dans un trou d'arbre et quelquefois dans un trou de muraille ou dans un vieux nid qu'elle garnit de matières douces et surtout de plumes. Ses œufs sont blanchâtres, tachetés de rouge clair, avec quelques traits rouge foncé sur le gros bout. Cette espèce de mésange se rend très utile en détruisant des myriades de larves, de petits vers, de pa-

pillons, de chenilles, etc., mais elle fait une guerre meurtrière aux abeilles ; 2° la *petite charbonnière* (*parus ater*), plus petite que la précédente, a du cendré au lieu d'olivâtre et du blanchâtre au lieu de jaune ; 3° la *nonnette* (*parus palustris*) est ainsi nommée à cause d'une espèce de calotte noire qu'elle porte sur la tête ; elle est cendrée en dessus, blanchâtre en dessous ; 4° la *mésange bleue* ou *à tête bleue* (*parus cœruleus*), la plus répandue dans nos pays, est aussi la plus belle par son plumage, olivâtre en dessus, jaunâtre en dessous ; sommet de la tête d'un beau bleu ; joues blanches encadrées de noir, front blanc. Bien que ce ne soit point un oiseau de cage, on peut la conserver quelque temps en volière ; elle est affectueuse et d'un instinct beaucoup plus développé que celui des autres oiseaux ; 5° la *mésange huppée* (*parus cristatus*), habite le Nord et porte une petite huppe noire et blanche ; 6° la *mésange à longue queue* (*parus caudatus*), la plus grande de toutes, est longue de 15 centim. Elle est noire en dessus avec les ailes brunes, le dessus de la tête et tout le dessous blanc. On classe quelquefois parmi les mésanges, les genres *moustaches* et *remis*.

MÉSANGÈRE s. f. Nom que l'on donne quelquefois à la mésange charbonnière.

MÉSANGETTE s. f. Cage à trébuchet qui sert à prendre des mésanges et d'autres petits oiseaux.

* **MÉSARRIVER** v. n. impers. [mé-za-]. Se dit d'un accident fâcheux qui est amené par quelque faute, par quelque imprévoyance : *entreprenez hardiment cette affaire, il ne peut vous en mésarriver.*

MÉSAVENANT, ANTE adj. (préf. *més* ; et *avenant*). Qui n'est pas avenant.

* **MÉSAVENIR** ou **Mésadvenir** v. n. Il a le même sens que Mésarriver : *votre cause est bonne, il ne saurait vous en mésavenir.* (Peu usité.)

* **MÉSAVENTURE** [mé-za-] s. f. Accident, événement fâcheux : *cela est arrivé par une mésaventure étrange.*

MESCALA [mèss-kâ'-là], fleuve du Mexique ; prend sa source près de Puebla, et coule vers l'O. pendant 640 kil. jusqu'à l'océan Pacifique, entre Guerrero et Michoacan. Il prend successivement les noms locaux d'Atoyac, de Rio Pablano, de Rio de las Balsas, et, à son embouchure, de Zacatula.

MESCHINOT ou **Méchinot** (JEAN), poète, né à Nantes vers 1415, mort en 1491. Il est connu surtout par un curieux recueil de ballades : *les Lunettes des princes*, qu'il termina en 1472 et qui fut imprimé pour la première fois à Nantes en 1493, petit in-4°.

MESDAMES s. m. pl. [mé-da-me]. Plur. de Madame.

MÉSEMBRYANTHÈME s. m. (gr. *mesèmbria*, milieu du jour, et *anthos*, fleur). Nom scientifique du genre ficoïde, ainsi nommé, parce que quelques espèces produisent un fruit comestible ressemblant à une figue. Il y en a environ 300 espèces. Elles sont originaires des pays chauds et secs, et, pour la plupart, de l'Afrique méridionale. Dans toutes les espèces, les feuilles sont extrêmement pleines de sucs et très propres à supporter la sécheresses des contrées où elles croissent.

* **MÉSENTÈRE** s. m. [mé-zan-tère] (gr. *mesenterion* ; de *mesos*, median ; *enteron*, intestin). Anat. Membrane qui est un repli du péritoine, et à laquelle le canal intestinal est suspendu.

MÉSENTÉRIN, INE adj. Dont la surface offre des ondulations irrégulières comme celles du mésentère.

* **MÉSENTÉRIQUE** adj. Anat. Qui appartient au mésentère : *vaisseaux mésentériques.*

MÉSESTIMATION s. f. (préf. *més*, et *estimation*). Mauvaise estimation.

* **MÉSESTIME** s. f. Mauvaise opinion que l'on a de quelqu'un : *dans ce qu'on dit de lui, il y a de la mésestime.*

* **MÉSESTIMER** v. a. Avoir mauvaise opinion de quelqu'un, n'avoir point d'estime pour lui : *depuis qu'il a fait cette action, je l'ai toujours mésestimé.* — Apprécier une chose au-dessous de sa valeur, la dépriser : *vous mésestimez ce diamant, cette étoffe.*

MESHA. Voy. MOAB.

MESHED ou **Meshid** [méch'-idd], capitale du Khorasan(Perse), à environ 295 kil. N.-O. de Hérat, par 36° 20' de lat. N. et 57° 43' 46" de long. E. ; 70,000 hab. Entourée de murailles qui ont 19 kil. de circuit, elle contient les splendides mausolées d'Iman Riza, de Haroun-al-Raschid et de Nadir Shah. Après la Mecque, c'est, aux yeux des musulmans chytes, la ville la plus sainte, et un grand nombre de pèlerins visitent chaque année le tombeau d'Iman Riza. On y fabrique des velours qui passent pour les meilleurs de la Perse, des lames de sabre d'une trempe célèbre, des armures, et quelques étoffes de soie et de coton. L'extraction des pierres précieuses, dans les mines de turquoises qui sont aux environs, emploie un grand nombre des habitants. Le commerce y est important, et chaque jour des caravanes y arrivent.

MÉSIE. Voy. MOESIE.

MESILLA [me-si'-lia], ville du Nouveau Mexique, sur le Rio Grande, à 384 kil. de Santa-Fé ; 1,578 hab. Elle se trouve dans une vallée du même nom, qui a environ 48 kil. de longueur de 1 kil. et demi à 6 ou 7 kil. de largeur.

* **MÉSINTELLIGENCE** s. s. [mé-zain-tèl-li-jan-se]. Mauvaise intelligence, défaut d'accord, brouillerie, dissension entre personnes qui ont été ou qui devraient être bien ensemble : *ils sont en mésintelligence.*

* **MÉSINTERPRÉTER** v. a (pr. *més*, et *interpréter*). Mal interpréter.

MESLAY, ch.-l. de cant., arr. et à 21 kil. S.-E. de Laval (Mayenne) ; 4,850 hab.

MESLIER ou **Mellier** (JEAN), connu sous le nom de *curé Meslier*, curé d'Étrépigny et de But, en Champagne, né à Mazerny (Rethélois) le 15 juin 1664, mort en 1729. Il est célèbre comme l'auteur d'un écrit, trouvé après sa mort, et intitulé *Mon Testament*. Dans ce manuscrit, publié en 1762 sous le titre de *Testament de Jean Meslier*, il déclarait ne pas croire à la religion qu'il avait enseignée. D'Holbach a publié, en 1772, le *Bon sens du curé Meslier*.

MESMER (Friedrich-Anton), médecin allemand, l'apôtre du magnétisme animal ou « mesmérisme », né en Souabe vers 1733, mort à Meersburg le 5 mars 1815. Il prit ses grades à Vienne en 1766. Il soutenait dans sa thèse *De planetarum influxu in corpus humanum*, que l'univers est pénétré d'un élément subtil qui exerce une influence extraordinaire sur le corps humain, et qui est identique au fluide magnétique. Il commença à appeler l'attention sur le magnétisme animal en Allemagne en 1775 ; en 1778, il alla à Paris, et en 1785, se retira en Suisse, possesseur d'une grande fortune. (Voy. MAGNÉTISME ANIMAL.)

MESMÉRIEN, IENNE adj. Qui appartient à Mesmer ou au mesmérisme. — Substantiv. *Un mesmérien.*

* **MESMÉRISME** s. m. Doctrine de Mesmer sur le magnétisme animal : *le mesmérisme a été longtemps en grande vogue.*

MÉSOBRANCHE adj. (gr. *mesos*, qui est au milieu ; *bracchia*, branchie). Qui a les branchies à la partie moyenne du corps.

MÉSOCARPE s. m. [mé-zo-kar-pe](gr. *mesos*, moyen ; *carpos*, fruit). Bot. Substance contenue entre l'épiderme et la pellicule interne de certains fruits.

MÉSOCÔLON s. m. (gr. *mesos*, moyen ; fr. *côlon*). Anat. Chacun des replis du péritoine qui soutiennent le côlon.

* **MÉSOFFRIR** v. n. Offrir d'une marchandise beaucoup moins qu'elle ne vaut : *les marchands surfont, et les acheteurs mésoffrent.* (Peu usité.)

MÉSOLINGHI. Voy. MISSOLONGHI.

MÉSOPOTAMIE (gr. *mésos* et *potamos*, entre les fleuves ; héb. *Aram Naharaim*, Syrie entre les deux fleuves ; aujourd'hui *Al-Jezireh*, l'île), ancienne contrée de l'Asie occidentale, bornée au N. par l'Arménie, au N.-E. et à l'E. par le Tigre qui la séparait de l'Assyrie, au S. par la Babylonie, au S.-O. et à l'O. par l'Euphrate qui la séparait de la Syrie. La Mésopotamie n'a jamais été qu'une simple expression géographique, et nullement politique. Le pays était en majeure partie une plaine fertile ; il était habité, à l'origine, par un peuple sémite appelé Rotennou sur les monuments égyptiens. Parmi les villes principales étaient : Apamea, Edesse (aujourd'hui Urfa) et Nisibis (Nizibin). La Mésopotamie appartint tour à tour à toutes les grandes puissances de l'Asie occidentale ; elle fut conquise en partie par les croisés, et est finalement devenue une province de l'empire ottoman.

MÉSOZOÏQUE adj. (gr. *mesos*, moyen ; *zôon*, animal). Géol. Se dit des terrains les plus récents parmi les terrains secondaires. (Voy. GÉOLOGIE.)

* **MESQUIN, INE** adj. (ital. *meschino*, misérable). Chiche, qui fait une dépense fort au-dessous de sa fortune et de sa condition : *cet homme est fort mesquin.* — Se dit aussi des choses dans lesquelles on met plus de parcimonie qu'il ne convient, eu égard à sa fortune ou à son état : *il fait une dépense bien mesquine.* — AVOIR L'AIR MESQUIN, LA MINE MESQUINE, avoir l'air pauvre, la mine chétive. — Se dit aussi, quelquef. des choses morales qui n'ont point les qualités qu'elles doivent avoir dans leur genre : *politique mesquine.* — Arts de dessin. Maigre, pauvre, de mauvais goût : *cette figure est d'un dessin sec et mesquin.* — Fig. Qui manque d'élévation : *caractère mesquin.*

* **MESQUINEMENT** adv. D'une façon mesquine : *il nous donna à dîner fort mesquinement.*

* **MESQUINERIE** s. f. Économie poussée trop loin : *avez-vous jamais vu une plus grande mesquinerie?* — Se dit aussi des choses faites avec une excessive économie : *la mesquinerie de ce spectacle, de ces décorations.*

* **MESS** s. m. (angl. *mess* ; du vieux franç. *metz*, ensemble, les uns avec les autres). Table d'officiers qui vivent ensemble : *le mess du régiment.*

* **MESSAGE** s. m. (bas lat. *missaticum* ; de *missus*, envoyé). Charge, commission de dire ou de porter quelque chose : *vous vous êtes chargé d'un mauvais, d'un fâcheux message.* — Chose que le messager est chargé de dire ou de porter : *c'est lui qui portait ce message.* — Se dit, dans le langage politique, d'une communication officielle entre le pouvoir exécutif et le pouvoir législatif ou entre les deux Chambres : *le message du président de la République.*

* **MESSAGER, ÈRE** s. Toute personne qui fait un message, qui vient annoncer quelque chose, soit d'elle-même, soit de la part d'une

autre : *je lui ai envoyé messager sur messager.*
— MESSAGER D'ÉTAT, fonctionnaire chargé de
porter les messages d'un des grands pouvoirs
de l'État, d'une assemblée politique. —
Poétiq. LE MESSAGER DES DIEUX, Mercure. —
Prov. MESSAGER DE MALHEUR, celui qui apporte,
ou qui est dans l'habitude d'apporter de mauvaises nouvelles.—Signifie aussi, fig., dans le
style élevé, annonce, avant-coureur : *les hirondelles sont les messagères du printemps.* —
Se dit particul. de celui qui est établi pour
porter ordinairement les paquets et les
hardes d'une ville à une autre : *il s'en est
allé par le messager, par la voie du messager.*

* **MESSAGERIE** s. f. Établissement où l'on
fait partir, à jour et à heure fixes, pour une
ou plusieurs villes, des voitures dont on loue
les places à des voyageurs : *on doit à l'Université de Paris l'invention des postes et messageries.* — Lieu où la messagerie a son bureau
et ses voitures : *aller à la messagerie.* — Voitures mêmes établies pour ce service : *aller
par la messagerie.* Dans ce sens et dans celui
qui précède, on l'emploie quelquefois au pluriel : *passer aux messageries.* — MESSAGERIES
NATIONALES, service de bateaux à vapeur établi
entre la France et ses colonies.

MESSALA ou *Messalla* (MARCUS-VALERIUS
Messala Corvinus), général romain, mort
vers le commencement de l'ère chrétienne.
Il rejoignit Brutus et Cassius dans l'Orient,
et commanda sous Cassius à Philippes
(42 av. J.-C.). Après la chute de son parti, il
se rendit à Antoine; mais quand il vit que la
ruine de celui-ci était inévitable, il entra au
service d'Octave. Il succéda à Antoine comme
consul (31) et obtint le proconsulat d'Aquitaine, province pour la réduction de laquelle
on lui décerna les honneurs du triomphe. Il
fut choisi par le sénat pour saluer Octave du
nom de *pater patriæ* (père de la patrie), et
peu après il se retira de la vie publique. Il
existe des fragments de ses discours.

* **MESSALINE** s. f. (de *Messaline*, n. pr.) Une
femme extrêmement dissolue : *c'est une Messaline.*

MESSALINE (*Messalina* ou MESSALLINA).
Nom de deux impératrices romaines du premier siècle. — I. (Valéria), fille de M. Valerius Messala Barbatus, et troisième femme de
Claude qu'elle épousa avant son avènement
à l'empire. Elle était également débauchée
et cruelle, et elle sacrifia un grand nombre
de têtes à ses passions. Pendant longtemps,
Claude ferma les yeux sur ses infidélités;
mais lorsqu'elle eut, pendant qu'il était absent, à Ostie, contracté publiquement mariage avec Caius Silius, il la fit mettre à mort
(48). Elle avait eu de Claude deux enfants,
Britannicus et Octavie. — II. (Statilia), troisième femme de l'empereur Néron, à qui elle
survécut. Elle avait d'abord été mariée à Atticus Vestinus; mais le tyran avait fait mettre
à mort celui-ci, et l'avait épousée en 66.

MESSANA. Voy. MESSINE.

MESSAPIE (Messapia), ancien nom grec de
la péninsule qui forme l'extrémité S.-E. de
l'Italie, appelée par les Romains *Calabria*
(Calabre), dénomination appliquée dans les
temps modernes à la péninsule qui est de
l'autre côté de l'Italie. Ce pays fut probablement connu d'abord des Grecs sous le nom
de Japygie, qu'ils appliquèrent ensuite à tout
le S.-E. de l'Italie. Il était habité par deux
tribus, les *Salentini*, le long de la côte occidentale près de Tarente et les *Calabri*, que
les Grecs appelaient Messapiens, dans la partie N.-E. Il était célèbre par sa fertilité, et
produisait en abondance du vin, des olives
et d'autres fruits. Les chevaux calabrais
étaient fameux, et la cavalerie tarentine a été
longtemps renommée. Sous l'Empire, la Messapie fut réunie administrativement à l'Apulie. Elle est aujourd'hui comprise pour la

plus grande partie dans la province de Lecce
ou Terre d'Otrante.

* **MESSE** s. f. (lat. *missa*). Dans le langage
de l'Église, sacrifice du corps et du sang de
Jésus-Christ, qui se fait par le ministère du
prêtre à l'autel, suivant le rit prescrit : *faire
dire, fonder une messe, des messes pour quelqu'un.* — MESSE BASSE, ou PETITE MESSE, celle
qui se dit sans chant, et où les prières sont
seulement récitées. MESSE HAUTE ou GRANDE
MESSE ou GRAND'MESSE, celle qui est chantée
par des choristes, et que l'on célèbre quelquefois avec diacre et sous-diacre. — LA
PREMIÈRE MESSE, celle qui se dit au point du
jour : *il s'est levé de grand matin, et a entendu la première messe.* — LA PREMIÈRE MESSE
D'UN PRÊTRE, la première qu'il dit, après son
ordination : *j'ai assisté à sa première messe.*
— MESSE AMBROSIENNE, messe suivant le rit de
l'Église de Milan. — MESSE GRECQUE, messe
suivant le rit grec et en langue grecque. —
MESSE VOTIVE, messe pour quelque dévotion
particulière, et qui n'est point de l'office du
jour. — MESSE ROUGE, messe que les cours
souveraines de justice faisaient célébrer
après les vacances pour leur rentrée, et à laquelle elles assistaient en robes rouges. —
Fam. IL A CHANTÉ MESSE TEL JOUR, il a dit sa
première messe tel jour. — VOILA UNE MESSE
QUI SORT DE LA SACRISTIE, voilà un prêtre qui
sort de la sacristie pour aller dire la messe.
— VOILA UNE MESSE QUI SONNE, voilà, qu'on
sonne une messe. — CE PRÊTRE VIT DE SES
MESSES, IL N'A QUE SES MESSES POUR VIVRE, il vit
des rétributions qu'il reçoit pour célébrer la
messe. — IL NE FAUT PAS SE FIER A UN HOMME
QUI ENTEND DEUX MESSES, il faut se défier des
hypocrites. — IL NE VA NI A MESSE NI A
PRÊCHE, il n'a point de religion. — Musique
composée pour une grand'messe : *ce musicien
a fait, a composé une belle messe.*

* **MESSÉANCE** s. f. Manque de bienséance,
le contraire de la bienséance : *il y a de la
messéance à s'habiller de la sorte.*

* **MESSÉANT. ANTE** adj. Malséant, qui est
contraire à la bienséance : *il est messéant à
un ecclésiastique d'être recherché dans ses habits.*

MESSEI, ch.-l. de cant., arr. et à 17 kil. N.
de Domfront (Orne) ; 1,600 hab.

MESSÈNE, capitale de la Messénie, dans le
Péloponèse, fondée par Epaminondas après
la victoire de Leuctres sur les Lacédémoniens
en 371 av. J.-C. Avec son acropole sur le
mont Ithome, elle était, après Corinthe, la
place la plus forte du Péloponèse. Il existe
encore des restes de ses murailles dans le
village moderne de Mavromati.

MESSÉNIE, division de l'ancienne Grèce
comprenant le S.-O. du Péloponèse, bornée
par l'Élide, l'Arcadie, la Laconie, le golfe de
Messénie (auj. Coron), et la mer Ionienne.
Pays montagneux, avec de fertiles vallées.
Il était renommé par la douceur de son
climat. Parmi ses quelques villes remarquables on citait : Pylos, sur la mer, Corone
(auj. Coron), Methone (Modon), et la dernière
capitale, Messène, sans compter les forteresses
des monts Ithôme et Ira. Les premiers habitants furent les Lélèges et les Argiens. Les
Éoliens s'y établirent plus tard. Les Messé-
niens furent soumis par Sparte après une
guerre de 20 années (743-'23 av. J.-C.), dont
Aristodème fut le héros légendaire. Une révolte sous la direction d'Aristomène (685-'68)
eut pour résultat l'émigration d'une grande
partie des habitants en Italie et en Sicile,
et la réduction des autres à la condition d'i-
lotes. Une insurrection générale des ilotes en 464, mais ils furent subjugués après une guerre de 10 ans et envoyés
en exil. Après la victoire de Leuctres, Épami-
nondas rappela les réfugiés, et bâtit Messène
pour en faire la nouvelle capitale du pays;

elle garda ce titre jusqu'à la conquête ro-
maine, en 146. — La nomarchie actuelle de
Messénie a 3,176 kil. carr. et 130,417 hab.
Capitale, Kalamata.

MESSÉNIEN, IENNE s. et adj. De la Messénie; qui appartient à cette province ou à
ses habitants.

* **MESSEOIR** v. n. N'être pas convenable,
n'être pas séant. Ce verbe n'est plus en usage
à l'infinitif. Il s'emploie dans les mêmes
temps que *Seoir* (voy. SEOIR, dans le sens
d'être convenable) : *cette couleur messied à
votre âge.*

* **MESSER** s. m. [mé-serr] (mot ital.). Vieux
mot qui signifie *Messire*, et qui n'a guère été
d'usage que dans la poésie marotique. MESSER
GASTER, l'estomac.

MESSIADE (La), célèbre poème épique en
24 chants, œuvre de Klopstock (1773).

MESSIANIQUE adj. Qui a rapport au Messie :
prophéties messianiques.

MESSIANISME s. m. Attente d'un Messie.

* **MESSIDOR** s. m. (lat. *messis*, moisson).
Le dixième mois du calendrier républicain,
qui commençait le 19 ou le 20 juin. (Voy.
CALENDRIER.)

* **MESSIE** s. m. (hébr. *mashiah*, oint). Le
Christ promis de Dieu dans l'Ancien Testa
ment : *Jésus-Christ est le vrai Messie.* — Il
EST ATTENDU COMME LE MESSIE, ON L'ATTEND
COMME LES JUIFS ATTENDENT LE MESSIE, on l'at
tend avec une grande impatience.

* **MESSIER** s. m. (lat. *messis*, moisson).
Homme commis pour garder les fruits de la
terre, avant qu'on en fasse la récolte : *il a
été pris par les messiers en cueillant des raisins.*

* **MESSIEURS** [mé-sieû], pluriel de Monsieur.
(Voy. ce mot.)

MESSIN, INE s. et adj. Qui est de Metz, qui
appartient à cette ville ou à ses habitants.

MESSINE. I. Province de Sicile, comprenant
l'extrémité N.-E. de cette île et toutes les îles
Lipari, sur la Méditerranée et le détroit de
Messine, qui la sépare de la Calabre. 4,579
kil. carr.; 420,649 hab. La chaîne des montagnes de Neptune la traverse. Les vallées et
le bord des fleuves donnent en abondance
du vin, de l'huile, des noix et des fruits, particulièrement des citrons et des oranges. La
soie, le chanvre, le lin et le soufre sont parmi les autres productions. — II. L'ancienne
Messana, capitale de la province ci-dessus,
dans l'angle N.-E. de l'île, sur le détroit de
Faro ou de Messine, qui est ici large d'environ 6 kil. et demi, à 56 kil. N.-E. du mont
Etna; 111,854 hab. La ville est surtout du
côté occidental du port. Elle contient plus de
50 églises, dont la plus ancienne est la cathédrale. Le port, un des plus beaux du monde,
a environ 6 kil. et demi de circonférence.
Importations, 30 millions de francs; les exportations, consistant en fruits, soie et huile d'o-
live, 45 millions de francs. Mouvement du port:
entrées, 1,166 steamers et 3,134 voiliers, d'un
tonnage total de 4,033,762; sorties, 1,151 navires, jaugeant ensemble 1,003,197 tonneaux.
On fabrique à Messine surtout des damas et
des satins. On y pêche en grande quantité le
corail, le thon, etc. Messine possède des arsenaux, une citadelle et beaucoup de forts;
elle commande le détroit du même nom et
est, quand on vient de terre ferme, la grande
porte d'entrée en Sicile. — On croit que l'ancienne cité a été fondée par des colons grecs
entre 1000 et 800 av. J.-C., et quelle a tiré
son nom des colonies de fugitifs venus de
Messène. Suivant Thucydide, son nom primitif était Zancle. En 396, au moment où
son commerce florissait, une armée carthaginoise la détruisit. Denys de Syracuse la

rebâtit aussitôt en chassant les envahisseurs. Vers 280, elle fut prise par les mercenaires chassés de Syracuse à la mort d'Agathocle, auxquels on donnait le nom de Mamertins et qui, à une date postérieure, implorèrent l'appui de Rome. C'est ce qui amena la première guerre Punique, pendant laquelle Messine devint la première possession de Rome hors de la péninsule italique. Pendant l'époque romaine, elle acquit une importance qu'elle garda au moyen âge. Pour venger les massacres des *Vêpres Siciliennes*, Charles d'Anjou, roi de Naples, l'assiégea; mais elle fut délivrée par Pierre d'Aragon et Roger de Loria. En 1673, elle se soumit à Louis XIV,

Messine.

dont les forces furent néanmoins chassées par la flotte hollandaise et espagnole. Le tremblement de terre de 1783 détruisit et dépeupla presque la cité tout entière. Elle a été rebâtie sur un meilleur plan, et de récentes améliorations ont effacé presque tout vestige de l'ancienne ville. Un mouvement révolutionnaire éclata en 1848, mais fut étouffé le 7 septembre, et la possession de Messine permit au roi de Naples de reconquérir la Sicile. En 1860, après la victoire de Milazzo (20 juillet), l'armée de Garibaldi entra dans la ville. La citadelle fut investie par Cialdini le 7 mars 1861, et se rendit le 13 du même mois.

MESSINOIS, OISE s. adj. De Messine; qui appartient à cette ville ou à ses habitants.

* **MESSIRE** s. m. [mé-si-re]. Titre d'honneur qu'se donnait anciennement, dans les actes, à des personnes distinguées; mais qui, depuis, ne s'est plus donné qu'au chancelier de France. — POIRE DE MESSIRE JEAN, poire de couleur rousse, qui est cassante et fort sucrée, et qui est mûre en octobre ou en novembre : *compote de poires de Messire Jean.*

MESTIZO s. m. Terme par lequel on désigne, dans l'Amérique espagnole, les descendants des unions entre Européens et Indiens. Les mestizos ont le teint presque complètement blanc, et la peau d'une transparence remarquable.

* **MESTRE** s. m. [mè-stre]. Mar. Voy. MEISTRE.

* **MESTRE DE CAMP** s. m. Ce mot, qui signifiait autrefois, commandant en chef d'un régiment d'infanterie ou de cavalerie, s'employait aussi dans les deux dénominations suivantes : MESTRE DE CAMP GÉNÉRAL DE LA CAVALERIE, officier qui était, après le colonel, général de la cavalerie; LA MESTRE DE CAMP, la première compagnie d'un régiment, soit de cavalerie, soit d'infanterie.

* **MESURABLE** adj. Qui se peut mesurer : *l'infini n'est pas mesurable.*

* **MESURAGE** s. m. Action de mesurer : *j'ai acheté deux sacs de blé; je suis content du mesurage.* — Arpent. Le procès-verbal de l'arpenteur, auquel est ordinairement annexé le plan figuré de l'arpentage.

* **MESURE** s. f. (lat. *mensura*). Ce qui sert de règle pour déterminer la durée du temps, ou l'étendue de l'espace, ou la quantité de la matière : *le mouvement sert à la mesure du temps.* — Se dit particulièrement d'une longue bande de papier, de parchemin, avec laquelle les tailleurs, les couturières, déterminent toutes les longueurs et les largeurs de l'habit, du vêtement qu'ils ont à faire. — AVOIR DEUX POIDS ET DEUX MESURES, juger des mêmes choses par des règles différentes et avec partialité. On dit dans le même sens, CHANGER DE POIDS ET DE MESURE; DE LA MESURE DONT NOUS MESURONS LES AUTRES, NOUS SERONS MESURÉS, nous serons traités comme nous aurons traité les autres. — IL A COMBLÉ LA MESURE, se dit en parlant de celui qui, par ses crimes ou par ses fautes réitérées, s'est rendu coupable au point de ne devoir plus espérer de pardon : *il a été puni, la mesure était comble.* — FAIRE TOUT AVEC POIDS ET MESURE, agir avec une extrême circonspection. — Quantité que l'on contient le vaisseau qui sert de mesure pour vendre en détail certaines denrées : *acheter une mesure de sel.* — Dimension : *prendre les mesures d'une colonne, d'un bâtiment.*

> Le bec de la cigogne y pouvait bien passer,
> Mais le museau du sire était d'autre mesure.
> LA FONTAINE.

— CET HOMME A DONNÉ SA MESURE, il a montré ce qu'il pouvait faire. — Géom. et Arith. Certaine quantité qu'on prend pour unité, et dont on exprime les rapports avec d'autres quantités homogènes : *vingt et quarante ont des mesures communes, qui sont cinq, quatre, deux.* (Voy. POIDS.) — Versif. Nombre et arrangement de pieds, ou seulement de syllabes, propres à chaque espèce de vers : *la mesure de l'hexamètre latin est de six pieds, dont les deux derniers sont un dactyle et un spondée.* — Mus. Division de la durée d'un air en parties égales, qui sont indiquées d'une manière plus ou moins sensible dans l'exécution : *battre, marquer la mesure.* — Chacune des parties égales d'un air, qui sont indiquées ordinairement, dans la musique écrite, par des lignes verticales : *cette espèce d'air est ordinairement à huit mesures.* — CHANTER, DANSER, JOUER EN MESURE, DE MESURE, observer exactement la mesure dans le chant, dans la

danse, ou en jouant de quelque instrument. On dit aussi : ALLER EN MESURE. — Manège. LA MESURE, LA CADENCE D'UN CHEVAL, se dit, dans une signification analogue à celle qui précède, en parlant des allures d'un cheval : *ce cheval fournit son air avec toute la mesure et la précision possible.* — Escrime. Distance convenable pour parer ou pour porter un coup de fleuret ou d'épée : *être à la mesure.* — ROMPRE LA MESURE, se mettre hors de portée de recevoir un coup de fleuret ou d'épée. — SERRER LA MESURE, avancer sur son adversaire. — LACHER LA MESURE, reculer devant lui. — SERRER LA MESURE, presser vivement son adversaire dans la discussion. — ÊTRE EN MESURE DE FAIRE UNE CHOSE, avoir les facilités, les moyens nécessaires pour faire une chose, se trouver dans les circonstances convenables pour l'entreprendre, pour y réussir : *je ne suis pas en mesure de demander cela.* — ÊTRE HORS DE MESURE, n'être plus à portée de faire une chose, n'en avoir plus les moyens. — METTRE QUELQU'UN HORS DE MESURE, le déconcerter, déranger ses projets. — Fig. Précaution, moyen qu'on prend pour arriver au but qu'on se propose : *le gouvernement a pris une sage, une bonne, une excellente mesure pour prévenir cet abus.* — ROMPRE LES MESURES DE QUELQU'UN, traverser les desseins de quelqu'un, et empêcher qu'ils ne réussissent. — Fig. Bornes, limites, capacité : *régler ses pensées selon la mesure du sens commun, de la raison.* — Modération, retenue, sentiment et observation des bienséances : *avoir de la mesure, beaucoup de mesure.* — A mesure que, loc. conj. Selon que, suivant que, à proportion et en même temps que : *on vous payera à mesure que vous travaillerez.* — S'emploie aussi absolument sans *que*, et alors il se met toujours à la fin des phrases : *vous n'avez qu'à travailler, on en vous payera à mesure.* — A mesure de, loc. prépost. : *cet État semble se fortifier à mesure de ses pertes.* — A fur et à mesure, à fur à mesure, loc. qui s'emploie, en terme de prat. et d'admin., comme conjonction, comme préposition, et comme adverbe. A mesure que, à mesure de, à mesure : *on les payait à fur et à mesure qu'ils travaillaient, à fur et à mesure de l'ouvrage.* — Outre mesure, sans mesure, loc. adv. Avec excès : *il a été battu outre mesure.*

* **MESURÉ, ÉE** adj. Calme, prudent, circonspect : *ton, langage mesuré.*

MESURÉMENT adv. Avec mesure.

* **MESURER** v. a. Chercher à connaître, ou déterminer une quantité par le moyen d'une mesure : *mesurer un espace, un lieu, un champ.* — MESURER DES YEUX, juger, à la simple vue, de la distance ou de la grandeur d'une objet : *mesurer des yeux la hauteur d'une tour, la profondeur d'un précipice.* — MESURER QUELQU'UN DES YEUX, le regarder de la tête aux pieds, par manière de menace ou de provocation. Dans cette phrase, *Mesurer* s'emploie quelquefois avec le pronom réciproque : *ils se sont d'abord mesurés des yeux.* — MESURER SON ÉPÉE AVEC QUELQU'UN, AVEC CELLE DE QUELQU'UN, se battre en duel contre lui. — Fig. MESURER SES FORCES CONTRE QUELQU'UN, faire épreuve de ses forces contre celles d'une autre personne. — MESURER LES AUTRES A SON AUNE, juger des sentiments d'autrui par les siens. Cela se dit plus ordinairement en mal qu'en bien : *il ne croit de mauvaise foi, il mesure tout le monde à son aune.* — A BREBIS TONDUE, DIEU MESURE LE VENT, Dieu proportionne à notre faiblesse les maux qu'il nous envoie. — Fig. Proportionner : *mesurer sa dépense à son revenu, sur son revenu.* — Fig. Régler avec sagesse, avec circonspection: *il n'entreprend rien sans avoir bien mesuré toutes choses.* — Se mesurer v. pr. SE MESURER AVEC QUELQU'UN, lutter contre lui, se comparer à lui : vouloir s'égaler à lui : *il ne faut pas se mesurer avec son maître.*

* **MESUREUR** s. m. Officier public qui a droit, dans quelques marchés, de mesurer certaines marchandises : *mesureur de grains, de sel, de charbon.*

MÉSUS s. m. [mè-zu]. Mauvais usage.

* **MÉSUSER** v. n. Mal user, abuser, faire un mauvais usage: *n'allez pas mésuser du secret que je vous confie.*

MESVRES, ch.-l. de cant., arr. et à 14 kil. S. d'Autun (Saône-et-Loire), sur le Mesvrin; 1,400 hab.

MESZAROS (Lazar) [mè'-sà-roch], général hongrois, né en 1796, mort en 1858. Il était en Italie au printemps de l'année 1848, comme colonel d'un régiment de hussards, lorsqu'on lui offrit le ministère de la guerre dans le cabinet Batthianyi. Il fut aussi élu à la Diète; mais il alla à l'armée. Il échoua contre les Rasciens au sud, et fut mis en déroute par Schlick au nord (4 janv. 1849). Lorsque les difficultés avec Gœrgey forcèrent Kossuth à nommer un nouveau commandant en chef, le titre en fut donné à Meszaros, et l'autorité réelle à Dembinski. Peu après Meszaros partagea les défaites de celui-ci à Szoereg (5 août) et à Temesvar (9 août), et quelques jours plus tard il allait en exil en Turquie. Il vécut ensuite en Angleterre et en France, et en 1853, il se rendit aux Etats-Unis, où il se fit naturaliser.

MÉTA (gr. *meta*, avec). Préfixe qui entre dans la composition d'un certain nombre de mots et qui signifie union, changement ou transformation. Devant une voyelle on dit souvent MET au lieu de MÉTA

MÉTABASE s. f. (gr. *métabasis*, omission). Rhét. Passage brusque d'une idée à une autre ou retour subit à un sujet dont on s'était écarté. Dans un discours, toute digression donne lieu à une métabase.

* **MÉTABOLE** s. f. (gr. *metabolé*, changement). Rhét. Figure qui consiste à accumuler plusieurs expressions synonymes pour peindre une même idée; c'est une espèce de pléonasme qui est le langage des passions. La métabole est surtout familière à Racine. Les psaumes de David fournissent de nombreux exemples de métabole; il nous suffira de citer le suivant tiré du psaume *Miserere*: *Amplius lava me ab iniquitate meâ et a peccato meo munda me* (Lavez-moi, Seigneur, de mon iniquité et purifiez-moi de mon péché).

MÉTABOLIQUE adj. Qui constitue un changement de nature.

* **MÉTACARPE** s. m. (préf. *méta*; et *carpe*). Anat. Partie de la main qui est entre les doigts et le carpe ou le poignet : *les os du métacarpe.*

MÉTACARPIEN, IENNE adj. Anat. Qui appartient au métacarpe. — s. m. Nom que l'on donne aux cinq os longs qui constituent le squelette de la paume de la main. Ces os sont désignés sous le nom de premier, deuxième, troisième, quatrième et cinquième, en allant de dehors en dedans.

MÉTACARPO-PHALANGIEN adj. m. Anat. Qui appartient au métacarpe et aux phalanges.

MÉTACENTRE s. m. (préf. *méta* et *centre*). Mar. Intersection de la verticale qui passé par le centre de gravité d'un navire avec la résultante des pressions latérales exercées par les eaux.

MÉTACÉTONE s. f. (préf. *méta* et *acétone*). Chim. Substance particulière qui est isomère avec l'acétone.

MÉTACHORÈSE s. f. [-ko-rè-] (préf. *méta*,

et gr. *choros*, lieu). Méd. Transport d'une maladie endémique d'un lieu dans un autre.

* **MÉTACHRONISME** s. m. [-kro-] (pr. *méta*, changement; gr. *chronos*, temps). Erreur de date qui consiste à placer un événement dans un temps antérieur à celui où il est arrivé. — ⁓⁓ Métachronisme est ordinairement considéré comme synon. peu usité d'A-NACHRONISME. (Voy. ce mot.)

* **MÉTAIRIE** s. f. (bas lat. *medietaria*). Bien-fonds exploité par un colon qui donne pour fermage la moitié des fruits ou telle autre portion qui est réglée entre les contractants: *il est propriétaire de plusieurs métairies.* — Petite ferme, c'est-à-dire terre de médiocre étendue dont le fermier paie une redevance annuelle déterminée, en argent ou en fruits.

* **MÉTAL** s. m. (gr. *metallon*; lat. *metallum*). Corps simple, brillant, tantôt ductile et malléable, comme le fer et l'argent, tantôt cassant, comme l'antimoine : on le trouve dans les entrailles de la terre, quelquefois pur, mais le plus souvent uni à d'autres substances, avec lesquelles il forme des oxydes, des sulfures, des sels: *l'or est le plus beau et le plus précieux des métaux.* — MÉTAL NATIF OU VIERGE, celui qui se présente à l'état pur, dans la mine. — MÉTAUX PRÉCIEUX, l'or, l'argent et le platine. — MÉTAL DE CLOCHE, alliage de cuivre et d'étain qui sert à faire les cloches. — Blas. Se dit de l'or et de l'argent, qu'on représente par le jaune et le blanc : *des armes sont fausses lorsque l'écu porte métal sur métal.* — ENCYCL. Terme qui comprend environ 50 substances élémentaires possédant des propriétés physiques et chimiques bien marquées, dont la plus universelle et la plus caractéristique est l'éclat. La couleur des métaux est généralement blanche avec une teinte grisâtre, bleuâtre ou rosée; le cuivre et l'or seuls exceptés. Ceux qui peuvent se réduire en lames extrêmement minces, laissent passer certains rayons de la lumière. La feuille d'or laisse passer une lumière d'une nuance légèrement verte. Chez quelques-uns, comme l'or et le platine, la densité est très grande; elle est considérable chez presque tous. A l'exception de l'arsenic, les métaux sont tous fusibles à des températures variant de 37° 78 jusqu'à la plus haute chaleur que puisse donner le chalumeau à oxy-hydrogène. Certains métaux peuvent être volatilisés. Le mercure, seul métal liquide, se solidifie à 39° ou 40° au-dessous de zéro. L'arsenic, lorsqu'il est chauffé, se change immédiatement en vapeurs sans passer par l'état de fusion. Quelques métaux, comme l'or, l'argent et le cuivre, sont extrêmement malléables et ductiles; d'autres, comme l'antimoine, l'arsenic et le bismuth, sont essentiellement cassants. Il y en a qui deviennent plastiques avant d'arriver à la fusion complète; l'opération de la suudure dépend de cette propriété. La force des différents métaux est dissemblable; ainsi un fil de fer est environ 26 fois plus résistant qu'un fil de plomb. Sous les conducteurs de la chaleur et de l'électricité, quoique à des degrés très différents. Les métaux, autant qu'on a pu s'en assurer, comprennent tous les éléments, excepté 14, à savoir: l'hydrogène, le chlore, l'oxygène, le nitrogène, le carbone, le brome, l'iode, le fluor, le soufre, le sélénium, le tellurium, le phosphore, le silicium et le bore. Le tellurium semble être l'anneau qui rattache les métaux aux métalloïdes, comme on appelle souvent les non-métaux. On trouvera à l'article EQUIVALENT, une liste des métaux et des métalloïdes énumérés plus haut, avec les symboles et les poids atomiques, anciens et nouveaux. Les tables suivantes montrent les relations mutuelles de quelques-uns des

métaux les plus importants dans certaines de leurs propriétés physiques.

POIDS SPÉCIFIQUES		TEMPÉRATURE DE FUSION	
Lithium	0.593	Mercure	— 39.44°
Potassium	0.865	Potassium	+ 62.50
Sodium	0.972	Sodium	95.60
Magnésium	1.750	Etain	222
Antimoine	6.71	Plomb	335
Chrome (coulé)	6.81	Zinc	412
Fer	7.15	Antimoine	450
Etain	7.29	Argent	1000
Fer (pur)	8.12	Cuivre	1200
Nickel (forgé)	8.67	Or	1200
Cuivre (coulé)	8.99	Fer forgé	1800
Argent	10.50		
Plomb	11.35	Platine, fusible seulement au
Mercure	13.59	chalumeau à oxy-hydrogène.
Or	19.30		
Platine (fondu)	21.15		

Chimiquement, les métaux présentent des caractères très divers. En tant que classe, ils se distinguent par la formation de composés avec l'oxygène ayant les caractères basiques, tandis que les non-métaux ou métalloïdes, en tant que classe, forment des oxydes ayant des caractères acides. Ces deux classes d'oxydes peuvent se combiner pour former des sels. Tandis que les oxydes des non-métaux ne forment jamais de bases, les

ORDRE DE TÉNACITÉ		ORDRE DE MALLÉABILITÉ		ORDRE DE DUCTILITÉ	
Plomb	1.	Or.		Or.	
Etain	1.3	Argent.		Argent.	
Or	5.	Cuivre.		Platine.	
Zinc	8.	Platine.		Fer.	
Argent	8.9	Fer.		Cuivre.	
Platine	13	Etain.		Zinc.	
Cuivre	17	Zinc.		Etain.	
Fer	26	Plomb.		Plomb.	

oxydes de beaucoup de métaux ont des propriétés nettement acides, et, même, il y a quelques métaux qui ne forment que des oxydes acides. Les composés les plus stables du tellurium, de l'arsenic, de l'antimoine, du tungstène, du titanium, du molybdène et du vanadium avec l'oxygène, sont acides et capables de se combiner avec des oxydes basiques. — Les métaux se classent de diffé-

CONDUCTIBILITÉ DE LA CHALEUR		CONDUCTIBILITÉ DE L'ÉLECTRICITÉ		EXPANSION LINÉAIRE PRODUITE PAR LA CHALEUR ENTRE 0° ET 1,000°.	
(Franz et Wiedemann)		(Matthiessen)			
Argent	1.000	Argent	1.000	Plomb	0.00301
Cuivre	736	Cuivre	774	Etain	0.00273
Or	532	Or	552	Zinc (forgé)	0.00290
Zinc	190	Zinc	201	Argent	0.00199
Fer	145	Fer	145	Or	0.00138
Plomb	119	Etain	115	Fer (forgé)	0.00119
Plomb	85	Plomb	78	Platine	0.00065
Platine	84	Mercure	16.3		

rentes manières. Voici un groupement naturel et communément admis : 1° métaux des alcalis; 2° métaux des terres alcalines; 3° métaux des terres proprement dites; 4° métaux oxydables proprement dits, dont les oxydes forment des bases puissantes; 5° métaux oxydables, dont les oxydes forment des bases faibles ou acides; 6° métaux proprement dits, dont les oxydes sont réduits par la chaleur, appelés métaux nobles. Les combinaisons des métaux entre eux s'appellent alliages, ou, quand il s'agit de mercure, amalgames. (Voy. ALLIAGE et AMALGAME.)

* **MÉTALEPSE** s. f. (préf. *méta*; et gr. *lepsis*; de *lambanô*, je prends). Rhét. Figure par laquelle on prend l'antécédent pour le conséquent, ou le conséquent pour l'antécédent. *Il a vécu*, pour dire, *Il est mort*: c'est l'antécédent pour le conséquent. *Tous le*

pleurons, pour dire, *Il est mort* : c'est le conséquent pour l'antécédent.

MÉTALLÉITÉ s. f. [-tal-lé-i-]. Caractère de métal ; ensemble des propriétés qui constituent les métaux.

MÉTALLESCENCE s. f. [- tal - lèss - san -]. Hist. nat. Caractère ou état de ce qui est métallescent.

MÉTALLESCENT, ENTE adj. [-tal-less-san]. Qui a un éclat métallique ; qui a des couleurs à reflets métalliques.

MÉTALLIFÈRE adj. [-tal-li-] (lat. *metallum*, métal ; *fero*, je porte). Qui contient un métal : *gîte métallifère.*

MÉTALLIN, INE adj. [-tal-lin]. Qui a un éclat métallique.

* **MÉTALLIQUE** adj. [mé-tal-li-ke]. Qui est de métal, qui concerne le métal : *corps, substance, partie métallique.* — Son MÉTALLIQUE, son que rend un métal, et, par comparaison, son pareil à celui d'un métal. —RÉSERVE MÉTALLIQUE, métaux précieux monnayés ou non monnayés, conservés comme garantie de billets émis : *la réserve métallique de la Banque de France.* — s. f. Métallurgie : *s'occuper, traiter de la métallique.* (Vieux.) — Qui concerne les médailles : *science métallique.* — HISTOIRE MÉTALLIQUE, histoire où les événements sont constatés par une suite de médailles : *l'histoire métallique de Louis XIV.*

MÉTALLIQUEMENT adv. En or, en argent monnayé : *être payé métalliquement.*

MÉTALLISAGE. Opération qui consiste à couvrir un objet d'une couche métallique.

* **MÉTALLISATION** s. f. Chim. Opération par laquelle un oxyde passe à l'état de métal.

* **MÉTALLISER** v. a. [-tal-li-]. Chim. Faire prendre l'état métallique à un oxyde.

MÉTALLOCHIMIE s. f. [-tal-lo-]. Partie de la chimie qui concerne les métaux.

MÉTALLOGRAPHE s. m. [-tal-lo-gra-fe] (gr. *métallon*, métal ; *graphô*, j'écris). Celui qui s'occupe de métallographie.

* **MÉTALLOGRAPHIE** s. f. Description des métaux. — Science, connaissance des métaux..

MÉTALLOGRAPHIQUE adj. Qui concerne la métallographie.

* **MÉTALLOÏDE** adj. [-tal-lo-i-] (gr. *métallon*, métal ; *eidos*, aspect). Chim. Qui ressemble à un métal par ses propriétés ou par son éclat. — s. m. Corps simple qui ne présente pas les caractères physiques des métaux proprement dits : *l'oxygène, l'hydrogène, le soufre sont des métalloïdes.* (Voy. MÉTAL.)

MÉTALLOTHÉRAPIE s. f. [-tal-lo-] (gr. *métallon*, métal ; *therapeia*, médication). Méd. Traitement par les métaux. Système de thérapeutique préconisé par le Dʳ Burq, depuis une trentaine d'années et répandu en France par le Dʳ Charcot, vers 1875.

* **MÉTALLURGIE** s. f. [-tal-lur-] (gr. *métallon*, métal ; *ergon*, ouvrage). Art qui a pour objet l'extraction et la purification des métaux ; science qui traite, premièrement, de la séparation des métaux contenus dans leurs combinaisons ou associations naturelles appelées minerais, et, secondement, de la production des composés ou alliages métalliques. Les métaux se présentent dans la nature sous les formes suivantes : 1° à l'état natif, soit purs ou en alliages ; 2° à l'état de sulfures et de combinaisons de sulfures et d'arséniures ; 3° à l'état d'oxydes et de combinaisons d'oxydes avec les acides silicique et carbonique. Plus souvent, on rencontre aussi des arséniures, des chlorures, des tellurides, ainsi que des composés d'oxydes et d'acides autres que ceux que nous avons men-

tionnés, comme l'acide phosphorique, l'acide sulfurique, etc. Le traitement métallurgique d'un minerai dépend d'abord des caractères physiques des minéraux et des roches environnantes, et ensuite de leur composition chimique. On peut, par conséquent, le diviser en mécanique et chimique ; le premier s'appliquant à la séparation des métaux natifs ou des combinaisons métalliques d'avec la roche et la gangue qui les enveloppent, et à la séparation les uns d'avec les autres, suivant leurs poids spécifiques respectifs des minéraux qui se trouvent associés ; et le second à la résolution des combinaisons chimiques des métaux avec les éléments non-métalliques ou les uns avec les autres. La séparation des minéraux associés, ou des minéraux et des métaux, de leur gangue s'effectue ordinairement à l'aide de simples appareils mécaniques.— 1. LE TRIAGE OU ÉPURATION DU MINERAI, c'est-à-dire la séparation par des moyens mécaniques, et avant tout autre traitement, des matières sans valeur ou nuisibles, est d'ordinaire considéré comme relevant de l'ingénieur des mines ; mais, à parler strictement, c'est une opération métallurgique. Gillon la classe sous le nom de « métallurgie mécanique ». Savoir si tel minerai doit être soumis à ce traitement préliminaire, c'est la une question d'économie qui implique des conditions spéciales suivant les lieux. La séparation mécanique des minéraux dépend soit de leurs propriétés magnétiques, soit de leur poids spécifique. Le premier principe a été appliqué, dans certaines limites, à la séparation des minerais de fer magnétique, dans un état de très fine division, d'avec leur gangue. Les aimants constants et les électro-aimants ont été également employés dans cette opération ; mais on ne peut dire que ce procédé se soit trouvé être un procédé économique. La séparation par le poids spécifique se fait dans l'air et dans l'eau. Ce qu'on appelle concentrateur sec s'emploie surtout dans les localités où l'eau est rare. La forme la plus simple consiste en une écuelle ou en une peau où la poussière aurifère est mise et agitée au vent ; les particules terreuses, plus légères, sont emportées par le vent, et les sables plus lourds, qui contiennent l'or, retombent dans le vase. Il y a d'autres concentrateurs à air, qui sont des canaux à vanner, dans lesquels les matières sont séparées par un courant d'air ; les particules les plus lourdes tombant d'abord sur la paroi inférieure, et les plus légères étant emportées au loin en proportion de leur poids spécifique. L'appareil employé ordinairement pour tirer les minerais exige l'emploi de l'eau comme véhicule et est calculé d'après le temps relatif qu'il faut à des corps de différents volumes, et de différents poids, pour s'enfoncer dans l'eau. L'opération exige que les morceaux de minerai soient arrangés par grosseur, car un minéral du même poids spécifique s'enfoncera avec une rapidité proportionnelle à sa grosseur. Le triage se fait souvent d'avance à l'aide de cribles ; mais on doit obtenir cette séparation d'après le mode des morceaux, avec un plan incliné, par suite de la rapidité plus grande du courant à la surface, et du plus grand effet qu'il produit sur les parties les plus grosses. L'appareil dans lequel on emploie l'eau stagnante se compose de différents genres de réservoirs de dépôt ; mais la séparation s'effectue généralement dans l'eau vive, et souvent en faisant tomber le minerai entre un courant qui distribue les fragments suivant leur grosseur. La machine dont on peut le mieux se servir, dans tous les cas, pour le lavage du minerai, est le *jig* ou *jigger*. A l'origine, ce n'était qu'un simple perfectionnement de lavage du minerai à la main ou au crible. En plongeant vivement le crible dans l'eau et en laissant

les particules y revenir et s'y déposer, il s'effectue une séparation ; et si la matière a été déjà triée par grosseur, et que l'opération ait été répétée souvent, les fragments les plus denses se trouvent en couche sous ceux qui le sont le moins. En enlevant les couches supérieures horizontalement, on peut séparer la gangue du minerai. Le premier perfectionnement consiste à imprimer au crible un mouvement mécanique ; mais on trouve plus commode et bien plus efficace ensuite d'employer un crible submergé et fixe, et d'imprimer à l'eau un mouvement oscillatoire vertical. Ce mouvement s'obtient par des pistons ou des cloisons élastiques, pratiqués dans les parois de la boîte ou au sommet d'une chambre inférieure pleine d'eau et communiquant à travers le crible avec une boîte en dessous. La matière ayant été, par une quelconque des machines dont on peut se servir, classée en fragments également aptes à s'enfoncer, doit, s'ils n'ont pas été mis par grosseur, subir un autre traitement pour séparer chacun de ces fragments suivant le poids spécifique ; dans ce but, il faut employer des machines qui agissent sur les fragments en raison de leur volume plutôt qu'en raison de leur pesanteur. Parmi les machines destinées à cet effet, sont la table plane, le laveur et la table à percussion. La table plane se compose d'un plan incliné, près de l'extrémité supérieure de laquelle on dépose à l'état de poussière le minerai soumis à l'action d'un courant d'eau égal. Au bout d'un certain temps, la partie supérieure de la table contient le minerai concentré, et au-dessous se succèdent des poussières de moins en moins chargées, dont la dernière s'appelle, chez les mineurs américains, *tailings* ; la queue , le rebut, et est, d'ordinaire, rejetée. Un laveur se construit en disposant plusieurs plans inclinés en forme de rayons, tantôt avec un centre élevé qui reçoit l'eau ; c'est alors un laveur convexe ; tantôt avec un centre déprimé par lequel l'eau se déverse, et c'est alors un laveur concave. C'est le dernier que l'on préfère ordinairement. La table à percussion est une table plane, qui est soumise à des secousses ou percussions qu'on exécute en lui donnant un mouvement oscillatoire et en arrêtant subitement l'oscillation de retour. La plupart des laveurs et des tables à percussion opèrent aujourd'hui d'une manière continue. On fait mouvoir lentement les laveurs sous des tuyaux d'alimentation, et le minerai trié est enlevé aussitôt que la séparation a été effectuée. Les tables à effet continu reçoivent la secousse de côté au lieu de la recevoir à l'extrémité, et il en résulte une distribution du minerai sur la table suivant des courbes particulières. Les meilleures autorités sur cette question de triage du minerai sont les savants traités de Rittinger et de Gaetzschmann, en allemand.— 2. EXTRACTION DES MÉTAUX DE LEURS MINERAIS. Les procédés chimiques employés à cette fin sont fondés sur : 1° l'affinité du carbone pour l'oxygène ; 2° la réaction mutuelle d'un oxyde avec un sulfure métallique ; 3° le remplacement, dans une combinaison, d'un métal par un autre. Dans le premier et le deuxième cas, les réactions ne se produisent qu'à de hautes températures, tandis que, dans le troisième, elles peuvent s'obtenir soit par fusion, soit par solution. — 1. *Métaux réduits d'un oxyde par le carbone.* L'affinité du carbone pour l'oxygène à des températures élevées est suffisante pour décomposer la plupart des oxydes métalliques. Dans la pratique métallurgique ordinaire, les oxydes réduits par le carbone sont surtout naturellement : le fer, l'étain, le zinc et le plomb. Les minerais de fer et d'étain sont exclusivement des oxydes. Le zinc se présente à l'état d'oxydation comme carbonate ou silicate, et aussi comme sulfure. Le plomb existe surtout comme sulfure, mais on le rencontre parfois comme carbonate.

phosphate, etc. Le zinc, métal, se tire toujours de l'oxyde : il faut, par conséquent, convertir d'abord le sulfure en oxyde. Le plomb peut s'extraire soit de l'oxyde, soit du sulfure, et, suivant le procédé adopté, le sulfure est traité directement, ou il est soumis à l'oxydation par l'action du feu. Les méthodes usitées pour la réduction par le carbone consistent soit à chauffer l'oxyde en contact direct avec le charbon, soit à l'exposer à l'action du gaz oxyde carbonique chauffé. Le minerai de fer est mis en fusion dans un haut fourneau, et entièrement réduit par l'oxyde carbonique qu'engendre la combustion partielle du charbon placé dans la partie inférieure du fourneau, où le fer est fondu. Le minerai d'étain se fond soit dans un bas fourneau, soit sur le foyer d'un fourneau à réverbère en contact avec le combustible. Le plomb oxydé est également traité dans des fourneaux à cheminée. Le minerai de zinc se mêle avec le combustible et se chauffe dans des cornues en argile. Depuis qu'on effectue la réduction du fer à une température plus basse que le point de fusion du métal, ce dernier peut s'obtenir à l'état solide et sous la forme des morceaux de minerai employés ; mais, le plus ordinairement, le fer est mis en fusion après la réduction. Dans cette fusion, il se combine avec le carbone et le silicium et forme la fonte. Ce produit, bien que ne contenant que 93 p. 100 de fer, a de nombreuses applications dans les arts. Dans la préparation du fer forgé, qui est presque pur, le fer fondu est soumis à une fusion oxydante, pour en enlever le carbone et le silicium. L'étain et le plomb sont réduits à une température plus élevée que leur point de fusion, et s'obtiennent à l'état de métal fondu, tandis que le zinc ne fond qu'au-dessus de son point d'ébullition et s'obtient à l'état de vapeur, que l'on condense ensuite jusqu'à l'état liquide. — II. *Métaux produits par la réaction mutuelle d'un oxyde et d'un sulfure.* Cette réaction, chez un petit nombre de métaux, a pour résultat la formation du gaz acide sulfureux et la séparation du métal, suivant cette *formule générale* : $MS + 2MO = M^3 + SO^2$. Le plomb et le cuivre fournissent les principaux exemples de ce mode de fonte. Les sulfures de ces métaux sont partiellement oxydisés, et l'oxyde ainsi formé se mêle intimement, sous l'influence d'une haute température, au sulfure qui n'a point été altéré, en donnant le résultat indiqué plus haut. — III. *Remplacement d'un métal par un autre.* L'affinité chimique que les métaux possèdent pour les éléments non métalliques diffère beaucoup, et ceux qui possèdent l'affinité la plus forte peuvent, dans beaucoup de cas, chasser les plus faibles de la combinaison. On utilise cette particularité dans la séparation de beaucoup de métaux. Le sulfure de plomb est chauffé avec du fer, il se produit du plomb à l'état de métal et du sulfure de fer, grâce à l'affinité supérieure du fer pour le soufre. L'antimoine est extrait de son sulfure de la même manière. Le remplacement d'un métal par un autre s'accomplit encore plus facilement lorsque le métal qu'il s'agit de séparer est en solution. Mais ce n'est que pour les métaux les plus précieux, comme l'or, l'argent et le cuivre qu'on emploie ce procédé, appelé humide, pour le distinguer des procédés secs ou opérations de fonte. Les deux moyens sont usités pour produire l'argent. Lorsqu'il est associé au plomb, on le fond par l'un ou l'autre des procédés indiqués ci-dessus pour le plomb, et on l'obtient à l'état d'alliage avec ce métal. Mais lorsque le minerai ou la fonte d'où doit être extrait l'argent ne contient pas de plomb ou n'en contient presque pas, on peut convertir l'argent en sulfate et le dissoudre dans l'eau, ou en chlorure, et le dissoudre dans une solution soit de chlorure de sodium, soit d'hy-

posulfite de soude ou de chaux. L'argent peut alors être précipité par le fer ou le cuivre, ou on peut le précipiter à l'état de sulfure que l'on décomposera par le fer. Les minerais d'argent riches (sulfures) s'ajoutent quelquefois directement au plomb fondu, dans le procédé de la coupellation ; et, dans ce cas, l'argent est réduit par le plomb. On produit aussi le fer sur une grande échelle par les procédés humides. Il est rendu soluble en dissolvant les oxydes en carbonates natifs, ou l'oxyde produit par la torréfaction du sulfure en présence d'un acide, et il est précipité au moyen du fer. Dans les procédés d'extraction, de l'or et de l'argent, on emploie beaucoup le mercure pour recueillir les plus petites particules de ces métaux, car il se combine facilement avec eux en formant un amalgame. Lorsque ces métaux se présentent à l'état natif dans le minerai, on peut les extraire directement par le mercure. Certains composés naturels de l'argent se décomposent par simple trituration dans un vase de fer ou mortier. Si le mercure y est présent, il se saisit de l'argent aussitôt que celui-ci est mis en liberté. Dans les minerais plus réfractaires, l'argent est converti en oxyde ou en chlorure par la torréfaction avant d'être traité par le fer et le mercure. L'or peut se rendre soluble et s'extraire de son minerai au moyen du chlore. Une fois la solution ainsi obtenue, l'or est précipité sur le fer. Le mercure ne se tire de son principal minerai (sulfure ou cinabre) par aucun des trois procédés donnés ci-dessus. Le minerai est simplement chauffé à l'air ; le soufre s'oxyde en acide sulfureux et le métal se dégage sous forme de vapeur. (Pour la description de ce procédé, voy. les articles sur les différents métaux.) — Les fourneaux employés aux opérations métallurgiques peuvent se diviser en fourneaux à cheminée ou à courant d'air (haut-fourneau), fourneaux à gaz ou à réverbère, et creusets. Les matières terreuses associées aux métaux dans les minerais sont séparées, dans les opérations ordinaires de la fonte, sous la forme d'un composé fusible, qui, lorsqu'il est solidifié, est généralement dur et d'apparence pierreuse, et s'appellent scories. Dans la fonte du fer, les scories consistent surtout en silicium, chaux et alumine. Il est rare qu'un minerai de fer contienne des substances en proportion requise pour former un résidu fusible ; il faut conséquemment ajouter la substance qui est en moins. Comme la plupart des minerais de fer sont siliceux, on ajoute ordinairement de la pierre à chaux comme fondant. Dans la fonte de cuivre et de plomb, les scories contiennent d'ordinaire, outre les bases terreuses, une quantité considérable de fer à l'état d'oxyde ferreux. Afin de faciliter l'extraction du métal, il est souvent nécessaire ou désirable de changer la constitution physique ou chimique des minerais. On y arrive par la torréfaction ou calcination. — Dans beaucoup d'opérations de fonte, spécialement lorsqu'on a affaire à des minerais de composition complexe, il se produit fréquemment un alliage de plusieurs métaux. Ainsi le plomb de beaucoup de minerais, à sa sortie du fourneau, contient du cuivre, de l'antimoine, de l'argent, de l'or et d'autres métaux. La séparation de ces métaux les uns d'avec les autres est basée sur leur oxydabilité relative, sur l'action dissolvante des métaux et des oxydes métalliques les uns sur les autres, sur la différence dans le point de fusion, sur la cristallisation dans la solubilité dans l'eau. Exemples : la séparation du plomb d'avec l'argent par l'oxydation du premier (coupellation) ; la séparation de l'argent d'avec le cuivre en alliant celui-ci au plomb, et subséquemment en retirant le plomb de l'argent par la chaleur (liquation) ; la séparation de l'argent

d'avec le plomb par le zinc (procédé de Parke) et par la cristallisation (procédé de Pattinson) ; la séparation de l'argent d'avec l'or par les acides.

MÉTALLURGIQUE adj. Qui appartient ; qui a rapport à la métallurgie.

MÉTALLURGISTE s. m. Celui qui s'occupe de métallurgie, qui écrit sur cette matière.

MÉTAMÈRE adj. (préf. *méta;* gr. *meros,* partie). Chim. Se dit des corps isomères par métamérie.

MÉTAMÉRIE s. f. (préf. *méta;* gr. *meros,* partie). Chim. Isomérie des corps formés par l'association de plusieurs composés distincts ou identiques.

MÉTAMORPHIQUE adj. [-fi-ke] (préf. *méta;* gr. *morphé,* forme). Géol. Se dit de roches, de terrains qui, depuis leur formation, ont été profondément modifiés par l'action du feu souterrain : *roches métamorphiques.*

MÉTAMORPHISME s. m. [-fiss-me] (gr. *méta,* sur; *morphé,* forme). Géol. Transformation des terrains, des couches des rochers sous l'action du feu souterrain.

MÉTAMORPHISTE s. m. (préf. *méta;* gr. *morphé,* forme). Membre d'une secte du xve siècle, qui affirmait que lorsque le Christ monta aux cieux, son corps naturel y fut entièrement déifié.

MÉTAMORPHOPSIE s. f. (préf. *méta;* gr. *morphé,* forme; *opsis,* vue). Pathol. Affection de l'œil, qui fait voir les objets autrement conformés qu'ils ne sont.

MÉTAMORPHOSABLE adj. Qui peut être métamorphosé.

MÉTAMORPHOSE s. f. (préf. *méta;* gr. *morphé,* forme). Transformation, changement d'une forme en une autre. Au propre, ne se dit que des changements de cette nature que les païens croyaient avoir été faits par les dieux : *la métamorphose de Daphné en laurier.* — Hist. nat. Divers changements de forme qu'on observe dans le plus grand nombre des insectes, et dans quelques autres animaux, tels que les grenouilles : *les métamorphoses des chenilles, des vers à soie.* — Par ext. Changement dans la forme extérieure ou dans l'habillement d'une personne : *je l'ai vu court et replet, le voilà mince et élancé; quelle métamorphose!* — Fig. Changement extraordinaire dans la fortune, dans l'état, dans le caractère d'une personne : *cet homme, autrefois si emporté, est devenu doux et modéré, voilà une grande métamorphose.* — Les Métamorphoses, poème mythologique d'Ovide, en 15 chants et l'un des plus remarquables monuments de la poésie latine.

MÉTAMORPHOSER v. a. Transformer, changer une forme en une autre : *les poètes racontent que Diane métamorphosa Actéon en cerf, que Latone métamorphosa des paysans en grenouilles.* — Fig. Changer l'extérieur ou le caractère de quelqu'un : *le mariage l'a métamorphosé en un homme grave et rangé, lui qui était si étourdi et si dissipé.* — Se métamorphoser v. pr. : *Jupiter se métamorphosa en cygne.*

MÉTAMYLÈNE s. f. (préf. *met;* fr. *amylène*). Chim. Liquide d'une odeur agréable et que l'on prépare en distillant de l'alcool amylique mélangé à du chlorure de zinc ; il a pour formule $C^{10} H^{10}.$

MÉTAPÉRIAL, ALE adj. Anat. Se dit de l'une des pièces qui constituent une vertèbre.

MÉTAPHONIE s. f. [-fo-] (préf. *méta,* changement; gr. *phoné,* voix, son). Gramm. Désigne, dans certaines langues, le changement de son qui marque les cas. La métaphonie est surtout en usage dans le gaélique. (Voy CELTES.)

* **MÉTAPHORE** s. f. [-fo-re] (gr. *méta*, sur; *pherô*, je porte). Rhét. Espèce de comparaison abrégée, par laquelle on transporte un mot du sens propre au sens figuré : *métaphore heureuse, juste, hardie, outrée, forcée; c'est par métaphore que l'on dit d'un homme très brave :* C'EST UN LION; *d'un ignorant :* C'EST UN ÂNE; *d'un tyran altéré de sang :* C'EST UN TIGRE; *ou d'un homme fort doux :* C'EST UN AGNEAU; *la métaphore est le plus fréquemment employé des tropes.* — MÉTAPHORE DISPARATE OU INCOHÉRENTE, celle dont les termes pris dans le sens propre, ne peuvent s'accorder, ex. :

> Prends ta foudre, Louis, et va, comme un lion,
> Porter le dernier coup à la *dernière tête*
> De la rébellion.
>   MALHERBE. *Ode à Louis XIII.*

MÉTAPHORÉTIQUE adj. (pr. *méta*; gr. *phoreô*, je porte). Que l'on peut transporter. — Philos. Se dit d'une définition qui peut s'appliquer à tout autre qu'à l'objet défini, par exemple : *l'homme est un être.* Toute définition métaphorétique est défectueuse.

* **MÉTAPHORIQUE** adj. Qui tient de la métaphore, qui appartient à la métaphore : *cela se doit entendre dans un sens métaphorique.* — Qui abonde en métaphores : *style métaphorique.*

* **MÉTAPHORIQUEMENT** adv. D'une manière métaphorique : *beaucoup de passages de l'Écriture doivent être expliqués métaphoriquement.*

MÉTAPHORISTE adj. Celui qui se sert habituellement de métaphores.

MÉTAPHOSPHATE s. m. (préf. *méta*; fr. *phosphate*). Chim. Sel produit par la combinaison de l'acide métaphosphorique avec une base.

MÉTAPHOSPHORIQUE adj. Se dit de l'un des acides du phosphore.

MÉTAPHRAGME s. m. (préf. *méta*; gr. *phragma*, cloison). Entom. Cloison qui, chez les insectes, sépare le thorax de l'abdomen.

MÉTAPHRASE s. f. (gr. *métaphrasis*, interprétation). Interprétation, traduction littérale.

MÉTAPHRASTE s. m. Celui qui fait une métaphrase.

* **MÉTAPHYSICIEN** s. m. Celui qui fait son étude de la métaphysique : *Locke et Condillac sont des métaphysiciens illustres.*

* **MÉTAPHYSIQUE** s. f. (préf. *méta*; fr. *physique*). Science qui traite des facultés de l'entendement humain, des premiers principes de nos connaissances, et des idées universelles : *s'enfoncer dans les profondeurs de la métaphysique.* (Voy. PHILOSOPHIE.) — Se prend quelquefois en mauvaise part, pour désigner l'abus des abstractions : *il y a bien de la métaphysique dans ce traité de littérature, de morale, de politique.* — adj. Qui appartient à la métaphysique : *connaissance, science métaphysique.* — Trop abstrait : *ce que vous nous dites là est bien métaphysique.* — CERTITUDE MÉTAPHYSIQUE, celle qui est fondée sur l'évidence.

* **MÉTAPHYSIQUEMENT** adv. D'une manière métaphysique : *cela est traité métaphysiquement.*

* **MÉTAPHYSIQUER** v. n. Parler, écrire sur un sujet d'une manière trop abstraite : *ce raisonneur, à force de métaphysiquer, ne s'entendra pas lui-même.* (Fam.)

* **MÉTAPLASME** s. m. (gr. *métaplasmos*, transformation). Gramm. Changement qui se fait dans un mot, en retranchant, ajoutant ou changeant une lettre ou une syllabe. La *métathèse*, l'*élision*, la *synérèse*, l'*apocope*, la *syncope*, l'*aphérèse*, la *crase*, la *diérèse*, la *paragoge*, l'*épenthèse* et la *prosthèse* sont des métaplasmes.

MÉTAPLASTIQUE adj. Qui a rapport au métaplasme.

MÉTAPOLITIQUE s. f. Néol. Philosophie de la politique ou politique générale et théorique.

MÉTAPONTE, *Metapontum*, ancienne ville de la Grande-Grèce, sur le golfe de Tarente, célèbre par l'école que Pythagore y fonda. Auj TORRE DI MARE.

* **MÉTASTASE** s. f. (préf. *méta*; gr. *stasis*, situation). Méd. Transport ou passage d'une maladie, d'une partie du corps dans une autre partie, comme il arrive surtout dans la goutte et le rhumatisme aigu : *la métastase est quelquefois une crise.* — Rhétor. Figure qui consiste à rejeter sur autrui les choses que l'orateur est forcé d'avouer.

MÉTASTASE (Pietro - Antonio - Domenico-Bonaventura) ital. *Metastasio* [mè-tas-tá'-zi-o], poète italien, né à Rome en 1698, mort en 1782. Il se montra d'une précocité remarquable. Gravina, jurisconsulte éminent, l'adopta pour fils, et changea son nom de Trapassi en celui de Metastasio (du gr. *μετάστασις*, changement). Il entra dans les ordres, à Naples, ce qui lui vaut d'être appelé quelquefois abbé. Maria Bulgarini, ou La Romanina, ayant joué un rôle dans une des premières pièces de Métastase; l'admiration qu'elle conçut pour son génie amena entre eux une liaison intime, et c'est sous son inspiration qu'il écrivit son célèbre poème *Didone abbandonata* (1724). Il l'accompagna à Rome, où il publia coup sur coup sa *Semiramide* mise en musique par Meyerbeer en 1819), et plusieurs autres pièces. En 1729, il succéda à Zeno comme lauréat impérial à Vienne. Un de ses plus beaux drames lyriques, la *Clemenza di Tito*, fut joué en 1734, et, plus tard, mis en musique par Mozart. Parmi ses dernières productions, les plus connues sont : *Antigone* (1744) et *Il Re pastore* (1751). Ses meilleurs oratorios sont pour titres : *la Morte d'Abelo, Isacco et la Passione*, et ses cantates les plus populaires : *la Libertà, la Primavera* et *la Partenza*. Burney a écrit en anglais les mémoires de sa vie (1796, 3 vol.).

MÉTASTATIQUE adj. Qui a le caractère de la métastase.

MÉTASYNCRISE s. f. [-sain-] (préf. *méta*; gr. *sun*, avec; *krinô*, je divise). Méd. Régénération de toutes ou de quelques parties du corps altérées par la maladie.

MÉTASYNCRITIQUE adj. Qui est propre à régénérer tout ou partie du corps.

* **MÉTATARSE** s. m. Anat. Partie du pied qui est entre les orteils et le tarse ou le cou-de-pied.

MÉTATARSIEN, IENNE adj. Qui appartient au métatarse.

MÉTATARTRATE s. m. Chim. Sel produit par la combinaison de l'acide métatartrique avec une base.

MÉTATARTRIQUE adj. Chim. Se dit d'un acide isomère avec l'acide tartrique.

* **MÉTATHÈSE** s. f. (préf. *méta*; gr. *tithêmi*, je place). Gramm. Transposition d'une lettre. C'est par métathèse que l'on a fait notre mot *brebis*, du vieux français *berbis* (lat. *vervex*). — Chir. Opération qui a pour objet de déplacer la cause d'une maladie du siège qu'elle occupe pour la transporter dans un autre où elle peut avoir de meilleurs résultats.

MÉTATHÉSIE s. f. Transposition d'une partie du corps.

MÉTATHORAX s. m. Entom. Segment postérieur du thorax des insectes qui supporte la dernière paire de pattes et d'ailes.

MÉTAURE (Le), (lat. *Metaurus*; ital. *Me-*

tauro), fleuve de l'Italie centrale; il naît à Lemole et se jette dans l'Adriatique, près de Fano; cours de 70 kil. Sur ses bords, Asdrubal, conduisant des renforts à son frère Annibal, fut vaincu et tué par une armée romaine sous les ordres des consuls Livius Salinator et Claudius Néro (207 av. J.-C.). Cette victoire des Romains les sauva d'une destruction complète, et Claudius Néro fit jeter la tête du général carthaginois dans le camp de son frère, qui eut alors le pressentiment de son avenir.

* **MÉTAYAGE** s. m. [mé-tè-ia-je]. Mode de fermage fait avec un métayer : *le métayage est très répandu dans le centre de la France.*

* **MÉTAYER, ÈRE** s. [me'-tè-ié] (rad. *métairie*). Celui, celle qui fait valoir une métairie : *mon métayer est intelligent et honnête; je souhaite qu'il fasse de bonnes affaires.*

MÉTAZOÏQUE adj. (préf. *méta*; gr. *zoon*, animal). Géol. Qui est postérieur à l'apparition des animaux sur la terre.

* **MÉTEIL** s. m. [mé-tei; l mll.] (lat. *mixtus*, mélangé). Froment et seigle mêlés ensemble : *le métell viendrait bien dans cette terre.* On dit quelquefois adjectiv., BLÉ MÉTEIL : *le revenu de cette terre se paye en blé méteil.* — PASSE-MÉTEIL, blé dans lequel il y a deux tiers de froment contre un tiers de seigle : *c'est du passe-méteil.*

MÉTELIN, autre nom de MYTILÈNE.

METELLUS [mé-tèl-luss], famille plébéienne de Rome, appartenant à la *gens Cæcilia.* — I. (Lucius-Cæcilius), mort vers 220 av. J.-C., général pendant la première guerre Punique, défit Asdrubal en 250 av. J.-C., et eut les honneurs du triomphe. Il fut deux fois consul, une fois dictateur chargé de tenir les comices, et grand pontife pendant les 22 dernières années de sa vie. — II. (Quintus-Cæcilius), fils du précédent, fut édile plébéien, édile curule, consul, proconsul et dictateur chargé de tenir les comices. Il combattit pendant la seconde guerre Punique contre Asdrubal en Espagne et contre Annibal dans le Brutium. — III. (Quintus-Cæcilius-Metellus-Macedonicus), mort en 115, fils du précédent, commanda, comme préteur, en Macédoine (148) et combattit successivement contre les Achéens (146) et, en qualité de consul, contre les Celtibériens d'Espagne. Il fut censeur en 131. Trois de ses fils furent consuls de son vivant. — IV. (Lucius-Cæcilius-Metellus-Dalmaticus), neveu du précédent, fut consul, censeur et grand pontife. Il dut son surnom à ses victoires sur les Dalmates en 119. — V. (Quintus-Cæcilius-Metellus-Numidicus), frère du précédent, commanda, comme consul en 109, et comme proconsul en 108, contre Jugurtha, mais fut supplanté par Marius, son lieutenant, qui fut élu consul pour lui succéder dans le commandement. Il fut élu censeur en 102. Deux ans après, Marius le fit chasser du sénat et bannir de Rome; mais on le rappela l'année suivante. Cicéron loue ses discours. — VI. (Quintus-Cæcilius-Metellus-Pius), mort en 64 ou 63, fils du précédent, commanda dans la guerre Sociale, essaya vainement de sauver Rome de Marius et de Cinna en 87, alla en Afrique et combattit contre le parti de Marius dans l'Ombrie, la Gaule Cisalpine et l'Espagne. Il fut consul avec Sylla en 80 et mourut grand pontife. — VII. (Quintus-Cæcilius-Metellus-Celer), mort en 59, arrière-petit-fils de Metellus-Macedonicus, servit comme lieutenant de Pompée en Asie, et comme préteur en Italie pendant le consulat de Cicéron (63), avec lequel il travailla activement contre Catilina. Lorsque la lutte éclata, il contribua grandement à la défaite de Catilina, en interceptant les passes des Apennins. En 62, il fut envoyé comme proconsul dans la Gaule Cisalpine, et, en 60, il remplit la charge de consul avec

Afronius. — VIII. (Quintus-Cæcilius-Metellus -Pius -Scipio), fils adoptif de Metellus Pius. (Voy. Scipion.) — IX. (Quintus-Cæcilius-Metellus-Creticus), dut son surnom à la conquête de la Crète, où il fut envoyé comme consul en 69, et d'où il revint en 66.

MÉTEMPSYCOSE ou *᷉* **Métempsychose** [mé-tan-psi-kô-ze] (préf. *méta*; gr. *en*, dans; *psuché*, âme). Philos. Passage d'une âme dans corps autre que celui qu'elle animait : *Pythagore a soutenu l'opinion de la métempsycose.* — Encycl. La métempsycose était la transmigration supposée de l'âme d'un corps dans un autre. C'est un des traits du brahmanisme et du bouddhisme, qui représentent la migration après la mort dans le corps d'un animal supérieur ou inférieur, comme une récompense de la vertu et une punition du vice. L'âme peut même s'avilir jusqu'au monde végétal ou minéral. Suivant Hérodote, les Egyptiens furent les premiers à adopter cette doctrine. Les derniers pythagoriciens la soutenaient. Platon l'admet en et en traite dans son *Phédon*. La même idée apparaît dans les spéculations de néo-platoniciens et dans la cabale des Juifs. On a supposé qu'Origène, dans son ouvrage *Sur les Principes*, professait la doctrine que Dieu a créé le monde comme un lieu de purification pour les âmes qui ont péché dans le ciel; mais l'ouvrage original est perdu, et l'on croit que son traducteur latin Rufinus y a interpolé quelques-unes de ses propres idées.

MÉTEMPTOSE s. f. [-tan-] (préf. *méta*; gr. *en*, dans; *ptôsis*, chute). Equation solaire des nouvelles lunes, qui consiste à retrancher un jour à une année séculaire au lieu de la faire bissextile.

MÉTENSOMATOSE s. f. [-tan-] (préf. *méta*; gr. *en*, dans; *sôma*, corps). Transmigration d'un corps dans un autre corps.

MÉTÉORE s. m. (gr. *metéoros*, élevé, dans l'air). Phénomène atmosphérique : *le tonnerre, les éclairs, la pluie, la neige, la grêle sont des météores.* — Se dit quelquefois, au fig., de personnes qui ont une renommée éclatante, mais passagère, et des choses qui font une impression vive mais peu durable : *ce conquérant fut un météore qui épouvanta le monde.* — Encycl. On appelle météore, tout phénomène de courte durée qui a lieu dans l'atmosphère. La pluie, la neige, la grêle, le brouillard et la rosée sont des météores désignés par le nom de météores aqueux; les mouvements des vents constituent les différentes variétés de météores aériens; les météores lumineux sont des phénomènes singuliers manifestés par l'action des particules aqueuses répandues dans l'atmosphère, sur les rayons de lumière, comme le château de la fée Morgane, le halo, le mirage, l'arc-en-ciel, etc.; on peut y ajouter l'aurore boréale; les météores ignés sont les éclairs, les aérolithes, les étoiles filantes, etc. La plupart sont décrits dans cet ouvrage sous leurs noms particuliers. — Dans le langage ordinaire, le terme météore ne s'applique qu'à ces corps que l'on voit de temps en temps (comme des globes de feu ou des étoiles filantes) s'élancer à travers les cieux à des distances inconnues et suivant des routes indéterminées, éclatant parfois et projetant sur la terre des fragments de pierre que l'on appelle par météorique ou aérolithes. Les observations d'aérolithes faites par les Chinois remontent à 644 av. J.-C. et leurs annales astronomiques enregistrent 16 chutes de cette nature depuis cette date jusqu'à l'an 333 de notre ère. Plutarque, dans sa vie de Lysandre (ch. XII), déclare expressément que les étoiles filantes « sont réellement des corps célestes qui, par suite de quelque ralentissement dans la rapidité de leur mouvement, ou par quelque commotion

irrégulière, se détachent et tombent ». On vit des météores d'un grand éclat la nuit du 12 au 13 nov. 1818 en Angleterre, et à la même date, en 1822, à Posidam, dans le Brandebourg. On observa que quelques-uns de ces phénomènes, vers cette époque, étaient accompagnés d'un dépôt de poussière à la surface de l'eau, sur les édifices et les autres objets. La même nuit, les années 1831 et 1832, la même chose se renouvela en Europe et en Amérique. Mais l'année 1833 est mémorable par le plus splendide spectacle de ce genre dont on se souvienne. Ce fut aussi pendant la même nuit de novembre, et on le vit dans toute l'étendue des Etats-Unis, et dans une partie du Mexique et des Antilles. Aux petites étoiles filantes, qui tombaient comme des flocons de neige et traçaient dans leur course des lignes phosphorescentes, se mêlaient de grosses boules de feu, qui s'élançaient par intervalles, décrivaient en quelques secondes un arc de 30° ou 40°. Ces globes laissaient derrière eux un sillage lumineux qui restait visible pendant plusieurs minutes, et quelquefois pendant une demi-heure et plus. On remarqua que les trajectoires de tous les météores, si l'on remontait à leur point de départ, convergeaient vers un quartier du ciel qui était γ du Grand-Lion; et ce point suivait les étoiles dans leur mouvement apparent vers l'ouest, au lieu de se mouvoir vers l'est avec la terre. Il fut ainsi démontré que la source des météores est indépendante de la rotation de la terre et extérieure à notre atmosphère. Des chutes périodiques se produisent aussi à d'autres époques, spécialement dans les environs du 9 au 14 août. Le prof. Œmsted suggéra de bonne heure que les météores proviennent probablement d'un corps nébuleux, qui évolue autour du soleil suivant une orbite elliptique dont l'aphélie rencontre l'orbite de la terre aux époques des chutes annuelles. Mais c'est pendant les années qui suivirent les phénomènes du 13 au 14 nov. 1866 qu'on arriva à la démonstration des réelles orbites suivies par ces corps célestes, et c'est du moins des plus remarquables averses périodiques de ces météores. Le prof. Newton, de Yale Collège, avait prédit le retour d'une grande quantité de météores en novembre pour 1866, comme on en avait vu en 1799 et en 1833; il avait même annoncé, comme le moment probable de l'apparition du phénomène en Amérique, la première heure du matin. Il ne se trompait que de quelques heures, car le fait se produisit de grand matin en Europe et était terminé en Amérique avant que le matin commençât. Les météores européens notèrent le point du ciel d'où les météores semblaient s'irradier, non loin de l'étoile γ du Lion, comme en 1833. A la suite de cela, on fit des recherches sur l'orbite des météores. Le prof. Newton avait indiqué cinq orbites comme capables d'expliquer le retour de ces grandes chutes environ trois par siècle. De ces orbites les trois plus probables étaient, la première de 1 an 1/33, la seconde de 1 an moins 1/33, et la troisième de 33 ans 1/3. Le prof. Newton considérait cette dernière période commeinvraisemblable, parce qu'elle supposait une orbite s'étendant au delà de l'orbite de la lointaine planète Uranus. Il regardait donc un espace d'un peu plus ou d'un peu moins d'un an comme probablement la vraie période de ces météores. Mais, juste à ce moment, l'Italien Schiaparelli faisait une découverte remarquable. Observant que la comète II de 1862 dépassait l'orbite de la terre presque à l'endroit que celle-ci occupe du 10 au 11 août, il fut amené à rechercher si la route suivie par la comète ressemblait à celle que parcourent les météores du mois d'août, et en supposant qu'ils eussent la même période de révolution que la comète (environ 124 ans). Il trouva la

concordance si étroite qu'elle ne lui laissait aucun doute sur l'existence d'une relation réelle entre les météores d'août et la grande comète de 1862. L'astronome anglais Adams trouva que les changements réels qui ont lieu dans la position du nœud des météores supposent une orbite s'étendant au point de mettre les météores sous l'influence des planètes géantes. Il s'ensuit que le retour de chutes abondantes trois fois par siècle ne peuvent s'expliquer que par la dernière hypothèse de Newton. Adams choisit une période de 33 ans 1/4, et trouva qu'elle rendait compte d'une façon satisfaisante de ces changements nodaux (c'est-à-dire dans les points où l'orbite des météores coupe l'écliptique). Depuis l'identité d'un autre système, celui des météores du 27 au 29 nov., en ce qui concerne leur route, avec la comète à courte période nommée Biele, a été suffisamment démontré par l'apparition d'une averse d'étoiles filantes (prédites dans cette hypothèse) le 27 nov. 1872. On connaît aujourd'hui plus de cent systèmes de météores, établis non pas dans tous les cas, ni même dans la plupart, par le retour périodique de grandes chutes, mais par l'existence de points rayonnants distincts. On peut même assigner sans crainte à un seul système 10 ou 12 météores, vus dans la même nuit, lorsqu'on trouve qu'ils rayonnent tous à peu près du même point de la sphère solaire.

MÉTÉORIQUE adj. Qui concerne les météores.

MÉTÉORIQUEMENT adv. A la manière des météores.

MÉTÉORISATION s. f. Pathol. et Art vétér. État du gonflement du ventre résultant de l'accumulation du gaz dans les intestins ou dans l'estomac.

MÉTÉORISÉ, ÉE adj. Méd. N'est guère usité que dans cette locution, Ventre météorisé, ventre enflé et tendu par des flatuosités, par des gaz.

MÉTÉORISME s. m. Pathol. Gonflement de l'abdomen par la présence d'un gaz.

MÉTÉORITE s. m. ou s. f. Masse solide qui tombe de l'atmosphère sur la terre. On dit mieux Aérolithe.

MÉTÉOROGNOSIE s. f. [-gno-zī] (fr. météore; gr. gnôsis, connaissance). Connaissance des phénomènes météorologiques appliquée à la prédiction du temps.

MÉTÉOROGRAPHE s. m. (gr. metéoros, météore; graphô, j'écris). Savant qui s'occupe de l'étude et de la description des météores. — Appareil pour l'invention duquel le P. Secchi reçut une haute récompense à l'exposition internationale de Paris, en juillet 1867. Le météorographe de Secchi enregistre en forme de diagramme les divers changements de l'atmosphère.

MÉTÉOROGRAPHIE s. f. Description des météores.

MÉTÉOROGRAPHIQUE adj. Qui a rapport à la météorographie.

MÉTÉOROLOGIE s. f. (gr. metéoros, météore; logos, discours). Partie de la physique qui traite des météores et des variations de l'atmosphère : *il a des connaissances en météorologie.* — Encycl. La météorologie a pour but la description des phénomènes particuliers à l'atmosphère de la terre. Comme science d'observation, de généralisation et d'induction, nos connaissances en météorologie datent d'Aristote; mais en tant que science de déduction, méritant de prendre rang avec l'astronomie, la chimie, la physique, son histoire est renfermée dans les 40 dernières années. Une revue de la météorologie comme science d'induction peut se diviser en sections sur la constitution, la température, le mouvement, l'humidité et la pression de l'atmosphère, d'après le traité de Schmid. — 1. *Constitution et propriétés de l'air.* Priestley et Scheele ont donné, en 1774, la constitution de l'atmosphère comme étant un mélange d'azote et d'oxygène. La même année Bergman y ajouta l'acide carbonique. Le poids d'un litre d'air à 0° et à une pression barométrique de 765 millim, est, comme Regnault l'a déterminé, de 1 gr. 293187. Un volume d'air sec à la température O, s'il a pleine liberté d'expansion, augmente jusqu'à 1,3665 si on le chauffe à 100°. L'augmentation de pression produite en chauffant un volume renfermé d'air sec est comme 1 à 1,36706. On regarde comme incertain si les portions supérieures de l'atmosphère ne se confondent pas graduellement avec l'éther interstellaire. Les portions qui ont une influence sur les phénomènes météorologiques sont celles au-dessous desquelles ont lieu les phénomènes du crépuscule, de l'aurore et des étoiles filantes; et ces portions sont généralement limitées à une altitude moindre de 100 m. au-dessus de la surface de la terre. Il y a une proportion très appréciable entre les élévations des montagnes au-dessus de la surface de la terre et les altitudes des couches aériennes qui portent les nuages et engendrent les tempêtes. En fait, les couches se trouvent presque toutes beaucoup au-dessous des sommets des plus hautes chaînes. Par conséquent, la distribution des portions élevées des continents est, en météorologie, un facteur très important. Plus importante encore est la position relative de la terre et des océans. — 2. *Température.* La chaleur que l'on rencontre à l'intérieur de notre atmosphère peut être considérée comme venant de six sources : 1° la chaleur particulière à l'intérieur de la terre ; 2° celle qu'elle reçoit des étoiles ; 3° celle qu'elle reçoit de la lune ; 4° celle qu'elle reçoit des étoiles filantes ; 5° celle que produisent par le frottement les marées, les vents, etc. ; 6° celle qu'elle reçoit du soleil ; toutes choses qu'il faut ajouter à la chaleur primitivement possédée par l'atmosphère. La chaleur de la lune à la terre, quoique excessivement petite, a été mesurée par lord Rosse (*Philosophical transactions,* 1873). La plus grande partie de cette chaleur est absorbée par la vapeur aqueuse de l'atmosphère avant qu'elle puisse atteindre la surface de la terre. Le principal effet de la chaleur lunaire est donc probablement de chauffer les couches supérieures de l'air et de dissiper les nuages. La surface de la terre échauffée par le soleil, atteint sa température maximum quelques. jours après la pleine lune, mais son influence sur les nuages et les pluies est probablement appréciable dans les stations favorablement situées, bien que Klein (1868) et Wierzbicki (1873) aient montré qu'elle est inappréciable dans l'intérieur de l'Europe. Le rayonnement solaire produit sur la terre des effets chimiques et optiques, aussi bien que des effets thermaux. Ces effets sont sujets à de très légères fluctuations, qui coïncident, on ne sait pourquoi, avec les variations des taches solaires; la fréquence et l'étendue de ces dernières varient dans une période de 11 ans 1/9, et peut-être aussi dans une période de 55 ou 56 ans. On a tenté d'arriver à établir d'autres périodes; mais la seule parmi celles-ci dont l'existence soit plausible paraît concorder avec le temps de la rotation du soleil sur son axe. Nous avons donc le droit de considérer le rayonnement intrinsèque du soleil comme très approximativement constant; et les variations annuelles et diurnes de la température terrestre dépendent de la position du lieu d'observation et de l'axe de rotation de la terre par rapport à l'orbite annuelle décrite par elle autour du soleil. La quantité de chaleur reçue par une surface

quelconque varie directement comme le temps pendant lequel elle y est exposée et comme le sinus de l'altitude du soleil, et inversement comme le carré de la distance de cet astre. La chaleur absorbée pendant son passage à travers l'atmosphère se mesure approximativement d'une façon directe par des observations faites avec le pyrhéliomètre de Pouillet (Poggendorff, *Annales,* XLV), ou avec l'actinomètre de Herschel (1825), instruments qui remplacent les appareils plus grossiers d'autrefois, tels que le photomètre de Leslie (1797) et le hélio-thermomètre de de Saussure (1787). Le seul appareil enregistreur indiquant le pouvoir des rayons directs du soleil qui soit à présent en usage, est le thermomètre à rayonnement solaire de Negretti et Zambra. Des observations faites avec le pyrhéliomètre de Pouillet montrent que l'absorption de la chaleur solaire par l'atmosphère suit sensiblement la même loi que l'absorption de la lumière solaire, et atteint, pour la zone tempérée, de 20 à 40 p. 100 quand les rayons descendent verticalement. D'après les recherches de Melloni, de Tyndall, de Magnus et d'autres, la vapeur d'eau est presque opaque pour les rayons de chaleur invisibles appartenant à l'extrémité rouge du spectre, et, par conséquent, il se produit une augmentation dans l'absorption des rayons solaires directs là où se présente une augmentation d'humidité dans l'air. (Voy. DIATHERMANSIE.) L'absorption de la chaleur solaire par les matières composant la surface de la terre varient naturellement avec chaque changement dans leur constitution ou dans leur condition moléculaire. Les sols secs et sablonneux ou rocheux s'échauffent à une plus haute température que les parties plus humides de la terre, et l'océan éprouve le moins de variations de température. Mais la propriété la plus importante peut-être de la surface de la terre consiste en ce que les rayons qu'elle n'absorbe pas et que, par conséquent, elle réfléchit à travers l'atmosphère, se sont dégradés en rayonnements appartenant à l'extrémité rouge du spectre ; ils sont par conséquent très fortement absorbés par la vapeur d'eau dans les régions les plus basses de l'atmosphère, et il en reste de 40 à 90 p. 100, suivant la sécheresse de l'air, dans une distance d'un kil. et demi à trois kil. de la surface de la terre. L'introduction de la convection dans l'intérieur de la terre et de l'océan de la chaleur solaire qui tombe à sa surface, produit une provision de chaleur telle qu'elle améliore sensiblement les changements brusques qui se produiraient sans cela, et qu'elle retarde les maxima et minima périodiques, quotidiens et annuels, de la température atmosphérique. La température du sol a été mesurée au moyen de thermomètres dont les cuvettes y sont, suivant l'idée de Quetelet, enfoncées d'une manière permanente; et les lois générales gouvernant la distribution de la température dans l'intérieur de la terre ont été recherchées mathématiquement par Fourier (1842) et par Poisson (1835). L'écart des variations de la température diminue rapidement à mesure qu'on s'enfonce dans le sol, formant une progression géométrique inverse pendant que les profondeurs suivent une progression mathématique; en d'autres termes, les durées des changements périodiques dans la température à la surface et sous la surface du sol augmentent à une profondeur quelconque en proportion de la racine carrée des durées des périodes à la surface. Les variations quotidiennes de la température sont perceptibles à une profondeur de 3 pieds, tandis que les variations annuelles sont tout juste observables à une profondeur de 80 pieds. L'effet de la chaleur du soleil sur l'eau de l'océan diffère en plusieurs points importants de son effet sur les continents : en premier lieu, une

proportion considérable de chaleur devient latente en évaporant l'eau de la surface de l'océan; en second lieu, la chaleur spécifique est bien plus grande pour l'eau que pour la terre sèche ; enfin, la mobilité de l'eau permet un système très étendu de convection. Les traits les plus importants de la température atmosphérique sont sa variation avec l'altitude, sa variation diurne, sa variation annuelle, et sa distribution géographique. Ainsi, d'après Gay-Lussac et Biot, la température à la surface de la terre, le 16 sept. 1804, étant 30° 53', à 15,000 pieds, 8° 37'; et à 23,000 pieds, 9° 95'. — 3. *Vents et courants.* Si l'on néglige la légère quantité de chaleur reçue d'autres sources, on peut dire en général que les vents sont dus aux influences combinées de la rotation de la terre sur son axe et aux perturbations de l'air, causées soit par l'introduction et, subséquemment, par la condensation de ses vapeurs, soit simplement par l'échauffement des couches inférieures de l'atmosphère par le soleil. Le mouvement de l'air est donc une question de mécanique, capable de solution précisément autant que l'analyse mathématique est capable de tenir un compte exact des influences combinées de ces forces primitives et des lois pneumatiques, du frottement, etc. Ce sujet a été étudié inductivement par Coffin, Buchan, Muhry et Hann. On a observé les mouvements des courants supérieurs de l'atmosphère au moyen des nuages, des ballons, du transport des cendres volcaniques, et des traînées lumineuses que laissent parfois sur leur passage certains météores brillants. Ces derniers, étant à une distance de la terre qui varie de 46 à 160 kil., nous ont donné les seules connaissances sous le nom de courants à une si grande élévation. Les phénomènes généraux des vents à la surface de la terre peuvent se considérer par rapport à leurs variations diurnes et annuelles et par rapport à leur distribution géographique. Le changement périodique quotidien qui se produit dans la force et la vitesse des vents est dû, en grande partie, à l'inégalité et à l'échauffement des différentes portions de la terre, et surtout au surchauffement de la terre en comparaison avec la mer. Ce changement périodique se manifeste de la façon la plus frappante aux stations qui sont sur les côtes mêmes des continents, et à celles qui se trouvent sur les confins des pays de montagnes et des pays de plaines. Dans ce dernier cas, les régions élevées sont refroidies par le rayonnement nocturne, et les couches froides d'air sec en contact avec ces régions descendent ensuite et se glissent sous l'air plus chaud et plus humide des terres basses. Les variations annuelles du vent peuvent se rapporter en dernière analyse à la même cause, c'est-à-dire à l'influence des parties inégalement chauffées des continents et des océans. Ces variations annuelles les plus remarquables qui se produisent dans les vents sont celles connues sous le nom de *moussons* dans l'océan Indien. Les vents constants ou presque constants les plus remarquables sont les *vents alizés,* qui soufflent du nord-est et du sud-est, dans l'hémisphère septentrional et dans l'hémisphère méridional respectivement, vers l'équateur, et enferment entre eux l'étroite zone des calmes équatoriaux. Cette zone n'est large que de quelques degrés seulement, et sa position varie suivant les saisons; elle monte un peu vers le N. en juillet, et vers le S. en janvier. Les principales régions de calmes et de faibles vents variables, en outre de la ceinture équatoriale indiquée, sont les régions larges de 10° environ qui se trouvent au N. et au S. des régions des vents alizés, dans leur hémisphère respectif. Coffin (1853) a montré de plus qu'au N. de la zone des calmes dans l'Atlantique, les vents d'Europe et d'Amérique, manifestent des indications comparativement légères, mais décisives, de ressemblance avec les moussons, ressemblance due au surchauffement de la terre en été et à son refroidissement en hiver. On observe des phénomènes analogues pour le Sahara dans l'Afrique septentrionale, et pour le continent australien. Parmi les variations non-périodiques des vents, les plus importantes sont celles qui accompagnent les tempêtes. Redfield (1821-'57) est le premier qui prouva que, dans tous les orages violents et d'une grande étendue, il y a toujours un système de vents superficiels, tournant autour d'un centre orageux vers lequel ils soufflent, tandis que ce dernier a un mouvement progressif sur la surface terrestre. A une petite distance de la surface de la terre est un système de courants doués d'un mouvement extérieur en spirale, immédiatement au-dessus des vents inférieurs dont le mouvement se dirige en dedans. La relation entre le vent et la température se représente graphiquement par la rose thermale des vents, qui donne, pour chaque direction du vent, la température moyenne qui reste après qu'on a éliminé les effets des changements quotidiens et annuels, ainsi que les particularités locales d'une moindre importance. — 4. La *vapeur d'eau* peut être considérée ici comme ayant, en dernière analyse, son origine dans l'océan, d'où elle est attirée par une évaporation superficielle sous l'influence de la chaleur solaire. La diffusion à travers l'atmosphère est due ensuite, dans une petite mesure, au principe de Dalton sur l'expansion des gaz; mais elle est due principalement à sa convection par les vents. Son dépôt, soit sous forme de nuages, soit comme pluie, est le résultat du refroidissement de l'air humide. De la pluie qui tombe sur le sol, une grande partie s'évapore, et ainsi retourne à l'atmosphère, et finalement à l'océan. La quantité d'humidité que contient l'air est déterminée, au point de vue météorologique, au moyen d'observations faites soit avec l'hygromètre à cheveu de Saussure, soit avec les thermomètres à cuvette humide et à cuvette sèche d'Auguste, soit avec les instruments de Daniell, de Regnault, de Bache et d'autres. (Voy. HYGROMÉTRIE.) On peut considérer la vapeur d'eau dans l'atmosphère au point de vue de la pression qu'elle exerce en maintenant l'équilibre barométrique, ou au point de vue de sa quantité absolue, ou enfin au point de vue de sa quantité relative comparée à la quantité nécessaire pour la saturation de l'atmosphère. La condensation d'une partie de la vapeur en nuage ou en pluie, d'un côté diminue la pression atmosphérique, et, d'un autre côté, en laissant plus sec l'air qui reste, elle permet à la chaleur terrestre de mieux rayonner dans l'espace, et, augmente ainsi les variations diurnes de la température. L'irrégularité de la distribution géographique de l'humidité n'est point du tout aussi grande qu'on pourrait s'y attendre. Il est vrai que, dans l'intérieur de l'Amérique du Nord et de l'Asie, l'air à la surface est rarement saturé, s'il l'est jamais complètement; mais, d'un autre côté, les moyennes mensuelles et annuelles montrent qu'une très grande quantité de vapeur d'eau est toujours présente, même dans ces régions et malgré leur sécheresse relative. Les cinq dixièmes de la vapeur d'eau se trouvent dans un rayon de 6,500 pieds au-dessus du niveau de la mer, et les couches au-dessous de 20,000 pieds d'altitude contiennent les neuf dixièmes de la vapeur d'eau qui est dans toute l'atmosphère. Des observations faites en Angleterre au moyen de ballons montrent aussi que des couches d'air humide et des couches d'air sec peuvent alterner les unes avec les autres. Dans les Etats-Unis et, en général, sur les continents, il est probable

que ces alternances ne se rencontrent que dans les orages. — 5. *Précipitation de la vapeur d'eau.* Ce phénomène se manifeste sous les formes du nuage, du brouillard, de la rosée et de la pluie dans leurs modifications diverses, et produit une diminution locale de la pression atmosphérique. La quantité de la rosée ne peut guère se mesurer exactement; les expériences, les plus satisfaisantes sur ce point ont été faites à Londres par le Dr W.-C. Wells. Les météorologistes ne peuvent guère considérer la rosée que comme un phénomène local et momentané. A ce point de vue, la formation du brouillard n'a guère plus d'importance. Il n'en est pas de même à tous égards de la formation des nuages et de la pluie. (Voy. PLUIE.) Les nuages, ces masses bien limitées de vapeur, qui forment le trait le plus frappant de l'atmosphère, sont produits à peu près comme le brouillard, par une condensation résultant de l'abaissement de la température. Par suite, souvent des nuages se forment, disparaissent absorbés par un air plus chaud ou plus sec, et reparaissent par l'effet de l'arrivée du froid. On décrit les diverses formes des nuages d'après la nomenclature de M. Luke Howard (*Askesian Lectures*, 1802), publiée dans le *Philosophical Magazine*. Il les divise en trois formes primaires : le cumulus, le stratus, et le cirrus; les formes intermédiaires sont le cumulo-stratus, le cirro-stratus et le cirro-cumulus, auxquelles s'ajoute le nimbus, ou véritable nuage à pluie. Le cumulus est le nuage des jours d'été, formé par la condensation des colonnes de vapeur invisible. Le stratus est formé par la condensation de couches de vapeur, ou quelquefois peut-être par des réunions de cumuli. C'est le nuage de la nuit et de l'hiver, et il se tient plus bas que les autres. Le cirrus ou nuage frisé des cieux élevés est surtout formé par une vapeur congelée. Le cirro-cumulus est souvent produit par le cirrus lorsqu'il descend dans une région plus basse. Cette nomenclature de Howard est généralement adoptée par les météorologistes. Le prof. Loomis ne voudrait pas qu'on introduisît le nimbus comme une forme distincte; il croit qu'il ne diffère en rien de quelques autres variétés, si ce n'est par la chute de la pluie. Le prof. Andres Poly, ancien directeur de l'observatoire de la Havane, a publié dans le rapport de la Smithsonian Institution pour 1870 une classification nouvelle, dans laquelle il n'admet que deux types : 1° le cirrus et ses dérivés, cirro-stratus, cirro-cumulus et pallio-cumulus (nuages à neige); et 2° le cumulus et ses dérivés, le pallio-cumulus et le fracto-cumulus (nuages de vapeur). — 6. *Pression barométrique.* Ce n'est que lorsqu'on étudie la pression de l'atmosphère telle que le baromètre la fait voir, qu'on arrive à une notion logique et intelligible des particularités du temps et du climat. En fait, il est évident qu'aucune portion de l'atmosphère ne peut être mue d'une région vers une autre, si ce n'est sous l'influence d'une pression dans le sens de son mouvement; ce mouvement n'est en somme qu'un effort pour rétablir un équilibre statique rompu. On trouve que la hauteur de la colonne barométrique varie en un même lieu suivant les changements diurnes et annuels, et aussi d'une manière non périodique; en transportant l'instrument en d'autres lieux, on trouve que sa hauteur varie avec la position géographique, et, dans une mesure spécialement remarquable, avec tous les changements d'altitude. On ne regarde plus aujourd'hui comme probable l'existence d'une marée lunaire sensible, et tous les changements périodiques importants dépendent du soleil. Au niveau de la mer, deux maxima et deux minima de pression se produisent par chaque 26 heures; les maxima

entre 9 et 11 heures du matin et entre 9 et 11 heures du soir; les minima entre 3 et 5 heures du soir et entre 2 et 5 heures du matin. Il y a aussi des variations annuelles caractéristiques en différents lieux, sur la terre, et l'on remarque que les constituants gazéiformes et vaporeux ont chacun une simple fluctuation diurne et annuelle, dont la combinaison produit des fluctuations irrégulières et même doubles. Les variations irrégulières ou non-périodiques de la pression se rattachent intimement aux orages. La connexion entre la température, la pression, le vent et le temps peut être brièvement indiquée dans la figure qu'on appelle la rose des vents, et dont les diagrammes publiés dans des ouvrages spéciaux offrent des exemples pour l'Europe et pour une portion de l'Amérique. — La météorologie, en tant que science déductive, surtout pour ce qui regarde les orages, les pluies, ou le temps sec, est aujourd'hui l'objet de l'attention des gouvernements, et on est arrivé à une sûreté relative assez grande dans la prédiction du temps. M. Ferrel, après avoir trouvé par déduction la distribution générale de la pression atmosphérique, étudie les troubles aujourd'hui connus sous le nom de cyclones, trombes, etc., phénomènes qu'il sait tous ramenables à ses formules mécaniques-initiales (voy. *Bulletin of the Philosophical Society of Washington*, juin 1874, et *American journal of Science*, nov. 1874, si on le compile pour les recherches de Hirn, de Peslin et de Reye). — L'*Essai sur la météorologie* de John Dalton parut en 1793; l'ouvrage de Luke Howard *Sur les nuages* fut publié en 1802; la *Loi des Tempêtes* de Reed en 1838. On consulte aussi avec fruit les écrits de Daniell (1845), de Kœmtz (1845), de Müller (1847), de Buchan (1867), de James Glaisher (1848). Il existe aujourd'hui des observatoires météorologiques où des stations météorologiques sur presque tous les points du globe; le principal observatoire météorologique de France est celui de Montsouris (Paris), qui tous les jours fait connaître la direction et la force du vent en Europe, en Amérique et dans l'Afrique septentrionale, ce qui permet de savoir à l'avance le temps probable à venir; on dresse chaque jour une carte de la direction des vents. A la recommandation de Leverrier et de Fitzroy, des informations météorologiques provenant des différentes stations des Etats-Unis, sont journellement envoyées à Paris, depuis le 1er sept. 1860; et le premier numéro du bulletin international journalier de l'observatoire de Paris, fut publié sous la direction de Leverrier le 1er nov. 1862.

*MÉTÉOROLOGIQUE adj. Qui concerne les météores et les variations de l'atmosphère. — OBSERVATIONS MÉTÉOROLOGIQUES, observations que font les physiciens sur tous les changements qui s'opèrent dans l'atmosphère pendant un temps déterminé. TABLES MÉTÉOROLOGIQUES, tables où ces observations sont inscrites. INSTRUMENTS MÉTÉOROLOGIQUES, instruments destinés à ces observations, tels que les thermomètres, les hygromètres, les baromètres, etc.

MÉTÉOROLOGISTE s. m. (fr. *météore*; gr. *logos*, discours). Savant qui écrit sur la météorologie ou qui s'occupe de cette science.

MÉTÉOROMANCIE s. f. (fr. *météore*; gr. *manteia*, divination). Divination par l'observation des météores.

MÉTÉORONOMIE s. f. (fr. *météore*; gr. *nomos*, loi). Phys. Etude des lois qui régissent les météores.

MÉTÉOROSCOPE s. m. (fr. *météore*; gr. *skopeô*, je vois). Astron. Instrument au moyen duquel on fait des observations météorologiques.

MÉTÉOROSCOPIE s. f. Phys. Observation et étude des météores.

* **MÉTÈQUE** s. m. (gr. *meta*, avec; *oikos*, maison; antiq. gr.). Nom, à Athènes, des étrangers domiciliés qui jouissaient des droits civils, mais non des droits politiques. ⁓ ⤳ On écrit aussi MÉTHÆQUE.

MÉTHACRYLIQUE adj. (contract. de *méthylique* et de *acrylique*). Chim. Se dit d'un acide qui représente de l'acide acrylique dont un atome d'hydrogène est remplacé par un atome de méthyle.

MÉTHANE s. m. Nom scientifique du grisou. (Voy. ce mot.)

MÉTHÉMÉRIN, INE adj. (préf. *mét*; gr. *émeros*, jour). Méd. Quotidien, qui revient chaque jour: *fièvre méthémérine*.

MÉTHIONATE s. m. Chim. Sel résultant de la combinaison de l'acide méthionique avec une base.

MÉTHIONIQUE adj. (gr. *meta*, avec; *theion*, soufre). Chim. Se dit d'un acide que l'on obtient en traitant l'éther par l'acide sulfurique anhydre.

* **MÉTHODE** s. f. (gr. *methodos*). Manière de dire ou de faire quelque chose suivant certains principes et avec un certain ordre: *il se sert d'une très bonne méthode*. — Littér. Disposition des matières et des pensées dans l'ordre le plus conforme à la raison et le plus propre à faciliter l'intelligence de l'ouvrage: *cet ouvrage, ce discours est sans méthode*. — Hist. nat. Distribution des êtres de même nature en plusieurs divisions servant à les faire reconnaître avec plus de facilité: *chaque branche de l'histoire naturelle a sa méthode particulière*. — MÉTHODE NATURELLE, celle qui se fonde sur l'ensemble des rapports que les êtres ont entre eux. MÉTHODE ARTIFICIELLE, celle qui n'est établie que d'après quelques caractères particuliers et convenus. — Titre de certains livres élémentaires, et particulièrement de ceux qui concernent l'étude des langues: *la Méthode grecque; la Méthode latine de Port-Royal*. — Usage, costume, habitude, manière d'être: *il ne salue jamais le premier, c'est sa méthode*. — Philos. Disposition des idées et des matières dans un ordre logique et systématique telle qu'elle se déduisent les unes des autres. — DISCOURS SUR LA MÉTHODE, œuvre capitale de Descartes, qui contribua à la réforme de la philosophie (1636). Sur ces mots devenus fameux: *Cogito, ergo sum; je pense, donc je suis*, Descartes a échafaudé tout son système philosophique, qui a servi de base à la plupart des traités de philosophie modernes.

* **MÉTHODIQUE** adj. Qui a de la règle et de la méthode: *homme, esprit méthodique*. — Se prend souvent en mauvaise part, pour qualifier un homme trop compassé, qui n'agit que par petits et mesure. — Qui est fait avec méthode, avec règle, où il y a de la méthode: *discours, traité méthodique*. — MÉDECINS MÉTHODIQUES, s'est dit des médecins qui s'attachaient exactement à la méthode prescrite par les règles de la médecine; par opposition à MÉDECINS EMPIRIQUES, ceux qui ne s'attachaient qu'à l'expérience.

* **MÉTHODIQUEMENT** ad. Avec méthode: *il a traité cette matière méthodiquement.*

* **MÉTHODISME** s. m. Forme de vie religieuse et politique qui prit naissance en Angleterre pendant le XVIII° siècle. En 1729, John Wesley, avec son frère Charles et quelques autres compagnons, organisèrent une réunion pour leur mutuelle amélioration morale. D'autres se joignirent bientôt à eux, entre autres MM. Henry et George Whitefield; si bien, qu'au bout de six ans, ils étaient 14 ou 15. Le nom de Méthodistes leur fut appliqué à cause de leur genre de vie et de leur travail méthodique. Après son retour de Géorgie, en 1738, Wesley commença à prê-

cher avec une grande ferveur. Dans la première partie de 1739, Whitefield donna, à Kingsward, près de Bristol, le premier exemple des prédications en plein air, adressées à une foule immense de mineurs. John Wesley et son frère Charles suivirent cet exemple. Le clergé leur fermant les églises, ils prêchèrent dans des maisons particulières, des granges, des marchés, et en plein champ. Les convertis furent organisés en sociétés qui s'appelaient les « Sociétés unies ». Les Wesleys leur donnèrent, pour les gouverner, quelques règles très simples qui sont, à quelques légères exceptions près, reconnues encore aujourd'hui comme «Règlement général» par toutes les branches de l'Église méthodiste. De 1740 à 1741, Wesley et ses collaborateurs prêchèrent et fondèrent des sociétés dans les comtés d'York, de Derby, de Leicester et de Galles. Lorsque Whitefield revint d'Amérique, des dissidences s'élevèrent entre Wesley et lui sur des points de doctrine, et il organisa les méthodistes calvinistes (1741). En 1747, les Wesleys visitèrent l'Irlande, où ils firent un très grand nombre de prosélytes. — Le méthodisme professe que le salut de tout homme dépend uniquement de sa libre action pour seconder l'œuvre intérieure de l'Esprit-Saint. Il est donc arminien plutôt que calviniste. Il enseigne avant tout la doctrine de la perfection chrétienne et de l'amour parfait. — Les sectateurs du méthodisme primitif, en Grande-Bretagne, s'appellent wesleyens ou méthodistes wesleyens. Voici les principales branches qui sont sorties de ce tronc: 1° les *méthodistes calvinistes*, fondés par Whitefield, qui sont surtout multipliés dans le pays de Galles, où l'on en compte environ 60,000; 2° la *nouvelle connexion méthodiste* (the *méthodist new-connection*), qui date de 1797, fondée par Alexander Kilham, après son expulsion comme calomniateur, de l'église principale. Les adhérents sont au nombre de 25,000; 3° les *méthodistes primitifs*, organisés en 1810, lorsqu'on discuta l'opportunité de tenir des campements de mission; 4° les *chrétiens de la Bible*, fondés en 1815 par William O'Bryan; 5° l'*Église libre méthodiste unie*, formée en 1876 de la réunion de trois autres corps, et qui compte plus de 70,000 membres. En Amérique, le corps méthodiste le plus important est l'*Église méthodiste épiscopale*. Il y a aussi des églises méthodistes en Afrique et au Canada. — Pour l'histoire du méthodisme, on peut consulter: *History of the religions movement called methodism* (Histoire du mouvement religieux appelé méthodisme), par Abel Stevens (New-York 1861); *History of the methodist episcopal church*, par le même auteur, et un autre ouvrage, sous le même titre, par Nathan Bangs; *History of the great secession* (Histoire de la grande scission), par Charles Elliott; *the Oxford methodist*, par le Rev. L. Tyerman (1873), etc.

* **MÉTHODISTE** s. Nom des partisans d'une secte religieuse qui prétend à une grande rigidité de principes: *la secte des méthodistes a pris naissance en Angleterre.*

MÉTHODE (saint). Voy. CYRILLE et MÉTHODE.

MÉTHONE. I. Ancienne ville de Messénie, auj. *Modon*. — II. Ville de Macédoine, sur la rive O. du golfe Thermaïque, à 40 stades N.-E. de Pydna; célèbre par le siège qu'elle soutint contre Philippe. (Voy. ASTER.)

METHUEN (Traité). Traité de commerce conclu entre l'Angleterre et le Portugal, le 27 déc. 1703, et signé par Methuen, ambassadeur anglais à Lisbonne. Ce traité favorisa d'une manière extraordinaire les exportations des vins portugais, au détriment des vins français; ce fut un coup terrible porté à la politique de Louis XIV.

MÉTHYLAMINE s. f. (ft. *méthyle*; et *amine*).

Chim. Nom donné à des corps qui représentent de l'ammoniaque ou de l'ammonium dont l'hydrogène est remplacé en totalité ou en partie par du méthyle.

MÉTHYLE s. m. (gr. *methé*, ivresse). Chim. Radical de l'éther méthylique. C'est un gaz incolore, inodore, composé d'hydrogène et de carbone. Il fut obtenu à l'état libre en 1849, par Frankland et par Kolbe. Formule: $C^2 H^3$.

MÉTHYLÉ, ÉE adj. S'emploie dans cette expression: Esprit méthylé, mélange de fort alcool, avec un dixième d'esprit impur de bois. L'addition de ce dernier, qui offre un goût et une odeur désagréables, empêche d'employer ce mélange comme boisson, mais ne nuit pas à son usage dans les arts, surtout comme dissolvant. Il doit son nom à ce fait que l'alcool de méthyle est le principal constituant de l'esprit de bois.

MÉTHYLÈNE s. f. (rad. *méthyle*). Chim. Carbure d'hydrogène, radical de l'esprit de bois. Formule: $C^2 H^2$.

MÉTHYLIQUE adj. Chim. Se dit des composés qui renferment de l'alcool méthylique. — ALCOOL MÉTHYLIQUE $C^2 H^4 O^2$.

MÉTHYLURE s. m. Chim. Combinaison de méthyle avec un métal.

MÉTHYMNE, ville ancienne de l'île de Lesbos sur la côte méridionale. Auj. Molivo.

MÉTICAL s. m. Métrol. Poids pour l'or et l'argent usité à Tripoli et valant en grammes, 4,77.

* **MÉTICULEUSEMENT** adv. D'une manière méticuleuse.

* **MÉTICULEUX, EUSE** adj. (lat. *meticulosus*; de *metus*, crainte). Susceptible de petites craintes, de petits scrupules: *la dévotion, la faiblesse de sa santé, de son esprit, le rend méticuleux.*

MÉTICULOSITÉ s. f. Néol. Etat d'un esprit méticuleux.

MÉTIDJAH ou **Mitidjah**, vaste plaine d'Algérie, au S. d'Alger, entre le Sahel, la baie d'Alger et le massif de l'Atlas, longue de 90 kil. sur 22 de large. On y cultive les plantes potagères et toutes sortes d'arbres fruitiers; les fourrages y abondent.

* **MÉTIER** s. m. (lat. *ministerium*). Profession d'art mécanique: *apprendre, savoir, avoir, exercer un métier*. — ARTS ET MÉTIERS, ensemble des métiers, des arts mécaniques: *école des arts et métiers*. — S'emploie quelquefois par opposition au mot *art*: *c'est faire d'un art un métier*. — Par ext. Plusieurs professions non mécaniques: *s'il faut s'en rapporter aux gens du métier, ce tableau: cette musique, ce poème ne vaut rien*. — Fig. Ce qu'on a coutume de faire; et, dans ce sens, il se prend ordinairement en mauvaise part: *le métier des coquettes est de tromper leurs amants*. — JALOUSIE DE MÉTIER, jalousie qu'une rivalité d'intérêt ou de réputation fait naître entre personnes qui exercent la même profession, qui suivent la même carrière. — FAIRE MÉTIER ET MARCHANDISE D'UNE CHOSE, la faire habituellement: *cet homme ne dit que des mensonges, il en fait métier et marchandise*. Signifie aussi, faire habituellement quelque chose dans des vues intéressées, en faire une espèce de trafic: *les hypocrites font métier et marchandise de dévotion*. — AVOIR CŒUR, LE CŒUR AU MÉTIER, travailler avec zèle, avec ardeur; affectionner ce qu'on fait, ce qu'on doit faire. — GÂTER LE MÉTIER, se dit d'un marchand ou d'un ouvrier qui donne sa marchandise ou sa peine à un prix que les autres marchands ou les autres ouvriers trouvent trop modique. On le dit aussi figurément: *c'est un mari trop complaisant pour sa femme;*

il gâte le métier. — C'est un homme de tous métiers, c'est un homme intrigant et capable de se prêter à tout, selon les conjonctures. — Quand chacun fait son métier, les vaches sont bien gardées, en sont mieux gardées, toutes choses sont bien réglées, quand chacun ne se mêle que de ce qu'il doit faire. — Donner, servir un plat de son métier, faire ou dire quelque chose qui tienne du caractère qu'on a ou de la profession qu'on exerce : *c'est un menteur, qui nous a donné, qui nous a servi un plat de son métier.* — Jouer un tour de son métier, faire quelque chose analogue au précédent : *ce fripon nous a joué un tour de son métier.* — Espèce de machine qui sert à certaines fabrications, à certains ouvrages : *métier à faire de la tapisserie.* — Se dit des productions de l'esprit : *il faut remettre cet ouvrage sur le métier.*

> Vingt fois sur le *métier* remettez votre ouvrage.
> Boileau. *Art poétique.*

— ⤳ Pop. Faire du métier, travailler uniquement pour gagner de l'argent, sans se soucier de la gloire.

MÉTIS, ISSE adj. (mé'-tiss) (esp. *mestizo*; du lat. *mixtus*, mêlé). Qui est né d'un blanc et d'une Indienne, ou d'un Indien et d'une blanche : *les Espagnols naturels et les Espagnols métis*; une *femme métisse.* Quelques-uns disent Métif, et au féminin Métive. — Se dit aussi de certains animaux qui sont engendrés de deux espèces : *ce chien n'est pas franc lévrier, il est métis.* — Se dit encore des fleurs et des fruits nés du mélange de deux espèces : *cet œillet est métis.* — S'emploie substantiv., en parlant des hommes et des animaux : *c'est un métis; c'est une métisse.*

MÉTISATION s. f. Écon. rur. Production d'animaux métis.

MÉTISSAGE s. m. Écon. rur. Croisement de deux races, destiné à améliorer l'une des deux.

MÉTISSER v. a. Écon. rur. Croiser par le métissage.

MÉTIVIER s. m. (lat *messis*, moisson). Moissonneur. (Vieux.)

MÉTIUS. I. (Adrien), géomètre hollandais, né en 1571, mort en 1635; c'est lui qui a fixé d'une façon définitive le rapport de la circonférence au diamètre. Il a laissé : *Doctrinæ sphericæ libri quinque* (1598); *Praxis nova geometrica* (1623), etc. — II. (Jacques), frère du précédent, inventa, dit-on, le télescope à réfraction (1619).

METLILI, qçar du Sahara algérien, situé à environ 30 kil. S.-S.-O. de Ghardaya, des Mzab, et à 140 kil. O.-N.-O. d'Ouargla, sur la rive gauche de l'oued Metlili, affluent de l'oued Miya. Ce qçar, pittoresquement édifié sur un mamelon, au centre d'un carrefour de vallées, est aujourd'hui à moitié ruiné. L'oasis qui l'entoure est cultivée, pour le compte des Arabes Châamba, par des nègres sahariens.

MÉTON, astronome grec qui vivait vers le Vᵉ siècle av. J.-C.; il est rendu célèbre par l'invention du cycle luni-solaire, auquel il a donné son nom.

MÉTONIQUE ou Métonien, ienne. adj. (de *Méton*, n. pr.). Se dit d'un cycle de 19 ans, imaginé par l'astronome grec Méton. (Voy. Lunaire.)

MÉTONOMASIE s. f. (préf. *met*; gr. *onoma*, nom). Didact. Changement de nom propre par la voie de la traduction, comme *Mélanchton*, fait de deux mots grecs, pour *Schwarzerd*, qui, en allemand, signifie, terre noire; *Ramus*, pour la *Ramée*; *Mélastase*, fait aussi de deux mots grecs, pour *Trapassi*.

MÉTONYMIE s. f. (préf. *met*; gr. *onoma*, nom). Rhét. Figure par laquelle on met la cause pour l'effet, le sujet pour l'attribut, le contenant pour le contenu, etc., comme dans ces exemples : Il vit de son travail, il vit de ce qu'il gagne en travaillant. La flotte était de cent voiles, de cent vaisseaux. Quand nous disons : *le trône* ou *la couronne* pour la royauté, *l'épée* pour la violence militaire, nous faisons usage de ce genre de trope. La métonymie était comprise par Aristote sous le terme général de *métaphore.*

MÉTONYMIQUE adj. Littér. Qui a le caractère de la métonymie.

MÉTOPAGE s. m. (gr. *metôpon*, front; *pégnumi*, je réunis). Monstre résultant de deux individus soudés par le front. — Adjectiv. : *un monstre métopage.*

MÉTOPE s. f. (préf. *met*; gr. *opé*, ouverture). Arch. Intervalle carré qui est entre les triglyphes de la frise dorique, et dans lequel on met ordinairement des ornements. — Demi-métope, portion de métope qui termine une frise.

MÉTOPOSCOPIE s. f. (gr. *metôpon*, front; *skopeô*, j'examine). Art de conjecturer, par l'inspection des traits du visage, ce qui doit arriver à quelqu'un : *la métoposcopie n'est qu'une science chimérique.*

MÉTOPOSCOPIQUE adj. Qui a rapport à la métoposcopie : *observations métoposcopiques.*

MÉTRAGE s. m. (rad. *mètre*). Action de mesurer par mètre.

MÉTRALGIE s. f.(gr. *métra*, matrice ; *algos*, douleur). Pathol. Douleur de la matrice

MÈTRE s. m. (gr. *metron*, mesure). Versif. gr. et lat. Pied déterminé par la quantité; comme le dactyle, le spondée, le trochée, l'iambe, le pyrrhique, l'anapeste, le tribraque, le molosse, l'amphibraque, le bacche, l'antibacche et l'amphimacre : *le dactyle est un mètre que l'on multiplie lorsqu'on veut exprimer la légèreté, la rapidité.* — Nature et nombre de pieds nécessaires à la formation de chaque genre de vers : *on a fait un traité sur les mètres employés par Horace.* — Unité fondamentale des nouvelles mesures, laquelle est égale à la dix-millionième partie de l'arc du méridien terrestre, compris entre le pôle boréal et l'équateur, et à peu près équivaleute à trois pieds onze lignes et demie des anciennes mesures : *le mètre est l'élément de toutes les autres mesures, et même celui du poids.*

MÉTRER v. a. Compter le nombre de mètres ou de fractions de mètres d'une surface ou d'un solide quelconque : *métrer des ouvrages de maçonnerie.*

MÉTREUR s. m. Celui qui mesure au mètre, dont la profession est de mesurer au mètre.

MÉTRÈTE s. f. (gr. *metrétès*, de *metron*, mesure). Mesure des anciens pour les liquides : c'était, chez les Romains, la même mesure que l'amphore.

MÉTRIQUE adj. Composé de mètres : *les vers grecs et les vers latins sont métriques.* — Qui a rapport à la nouvelle mesure appelée : *système métrique.* — s. f. Philol. Connaissance de la quantité et des différentes espèces de vers, dans les langues prosodiques : *il connaît à fond la métrique grecque.* — Système décimal métrique, système de poids, de mesures et de monnaies basé sur la combinaison de la numération décimale et du mètre, admis comme unité. — Avant la Révolution, chaque province avait ses mesures et ses poids particuliers, ce qui nuisait au développement du commerce; le 8 mai 1790, l'Assemblée constituante chargea l'Académie des sciences d'organiser un système uniforme. Le comité nommé pour cet objet par cette Académie comprit des savants tels que Ber-

thoïet, Borda, Delambre, Lagrange, Laplace, Méchain et Prony. — Delambre et Méchain entreprirent de mesurer un arc du méridien, entre Dunkerque et Barcelone; ils se trompèrent évidemment dans. leur calcul et Méchain mourut, déplorant son erreur, sans avoir pu la réparer. Cela n'empêcha pas le gouvernement d'adopter pour unité de longueur et pour base du système décimal, le mètre, considéré comme égal à la dix-millionième partie du quart du méridien terrestre. (Loi du 18 germinal an III, 7 avril 1795.) Voici comment furent fixés les mesures et les poids dont l'usage était désormais permis en France :

1° Unité de longueur : le Mètre.

Multiples du mètre :

Le myriamètre	= 10,000 m.
Le kilomètre	= 1,000 m.
L'hectomètre	= 100 m.
Le décamètre	= 10 m.

Sous-multiples du mètre :

Le décimètre	= un dixième de mètre = 0 m. 1
Le centimètre	= un centième de mètre = 0 m. 01
Le millimètre	= un millième de mètre = 0 m. 001

2° Unité de superficie : le Mètre carré.

(Carré de 1 m. de côté.)

Multiples du mètre carré :

Le myriamètre carré	= 100 millions de m. carrés.
Le kilomètre carré	= 1 million de m. carrés.
L'hectomètre carré	= 10,000 m. carrés.
Le décamètre carré	= 100 m. carrés.

Sous-multiples du mètre carré :

Le décimètre carré	= un centième de m. carré.
Le centimètre carré	= un dix-millième de m. carré.
Le millimètre carré	= un millionième de m. carré.

3° Unité des mesures agraires : l'Are.

(Carré de 10 mètres de côté = 100 mètres de superficie.)

Multiple de l'are :

l'hectare	= 100 ares = 10,000 m. carrés

Sous-multiples de l'are :

Le déciare	= un dixième d'are = 10 m. carrés
Le centiare	= un centième d'are = 1 m. carré.

4° Unité de volume : le Mètre cube.

(Cube de 1 m. de côté.)

Multiples du mètre cube : (Inusités).

Sous-multiples du mètre cube :

Le décimètre cube	= un millième de m. cube.
Le centimètre cube	= un millionième de m. cube.
Le millimètre cube	= un billionième de m. cube.

5° Unité pour la mesure des bois : le Stère.

(Un mètre cube).

Multiple du stère :

Le décastère	= 10 stères

Sous-multiple du stère :

Le décistère	= un dixième de stère.

6° Unité de capacité : le Litre.

(Un décimètre cube).

Multiples du litre :

L'hectolitre	= 100 litres.
Le décalitre	= 10 litres.

Sous-multiples du litre :

Le décilitre	= un dixième de litre.
Le centilitre	= un centième de litre.

7° Unité de poids : le Gramme.

(Poids, dans le vide, d'un centimètre cube d'eau distillée à son maximum de densité).

Multiples du gramme :

Le myriagramme	= 10,000 grammes.
Le kilogramme	= 1,000 grammes.
L'hectogramme	= 100 grammes.
Le décagramme	= 10 grammes.

Sous-multiples du gramme :

Le décigramme	= un dixième de gramme.
Le centigramme	= un centième de gramme.
Le milligramme	= un millième de gramme.

8° Unité de monnaies : le Franc.

(5 grammes d'alliage d'argent et de cuivre à 0,9)

Multiples du franc : (Inusités).

Sous-multiples du franc :

Le décime	= un dixième de franc.
Le centime	= un centième de franc.

Ce système fut complété en 1799 et devint

seul légal le 2 nov. 1801 ; mais son introduction dans la pratique ne se fit pas sans résistance. Il fallut admettre, en 1801, l'emploi de la livre (500 gr.), de la corde (2 stères 1/2), du boisseau (50 litres) et de plusieurs autres anciens poids et mesures. Mais le 4 juillet 1837, il fut décrété qu'à partir du 1er janvier 1840, le système décimal métrique serait d'un usage obligatoire et exclusif. Depuis cette époque, ce système a été admis dans la majeure partie de l'Europe continentale. Une convention internationale, réunie à Paris (mai 1875) l'a adopté pour les États suivants : Autriche, Allemagne, Russie, Italie, Espagne, Portugal, Turquie, Suisse, Belgique, Suède, Danemark, République Argentine, Brésil et Pérou. Il a été adopté comme facultatif en Angleterre et aux États-Unis.

MÉTRITE s. f. (gr. *métra*, matrice). Inflammation du tissu de la matrice. « Elle est si fréquente que les femmes appliquent, à l'ensemble des symptômes qu'elle détermine, cette qualification générale, *inflammation*, absolument comme les Romains appelaient Rome, la Ville. Dans nos grandes cités, sous l'influence de régimes défectueux, de la vie sédentaire ou par l'effet seul de la maternité, cette maladie est, en effet, si fréquente, qu'on peut dire sans exagération : « toute femme l'a, ou l'a eu, ou l'aura ». (Le Dr Goupil, *L'Uroscopie*). La métrite peut être *aiguë* (simple ou puerpérale) et *chronique* (avec engorgement ou granulée). La MÉTRITE AIGUË SIMPLE est le plus souvent occasionnée par quelque violence extérieure, telle que les coups ou les chutes, ou encore par quelque tentative abortive et aussi par la fatigue ou la suppression subite des règles. Elle a pour principal symptôme une douleur sourde à la partie inférieure et médiane du ventre, derrière la vessie. Cette douleur s'étend aux lombes et aux aines et augmente par la pression, par la toux, par les fortes inspirations et par la marche ; il y a un sentiment de pesanteur sur le siège et par le palper hypogastrique, on trouve que le volume de l'utérus est augmenté ; il s'y joint de la fièvre, de la céphalalgie, de la soif et parfois des nausées et des vomissements. On distingue la métrite de la cystite, en ce que la douleur, dans cette dernière, est plus superficielle, le besoin d'uriner plus fréquent et l'émission partielle fait éprouver des douleurs plus vives à la moindre pression. Quant au traitement, employer les antiphlogistiques, sangsues au bas-ventre, aux aines, cataplasmes légers de farine de lin, lavements émollients, injections calmantes, bains de siège fréquents, diète et boissons tempérantes, onguent napolitain en frictions et faibles purgatifs répétés. — La MÉTRITE AIGUË PUERPÉRALE survient chez les femmes récemment accouchées à la suite d'un accouchement laborieux ou même sans cause apparente. Celle qui se déclare aussitôt après les couches peut se compliquer de phlébite utérine, de péritonite, de putrescence utérine et devenir mortelle. Les principaux symptômes sont : la douleur hypogastrique, la tension et le ballonnement du ventre, le pouls petit et fréquent, une grande prostration, une soif vive, la sécheresse de la langue et souvent de la constipation. Elle se change quelquefois en *péritonite* ou en *infection purulente.* (Voy. ces mots.) Au début, appliquer 8 ou 10 sangsues sur les points douloureux, cataplasmes émollients plutôt froids que chauds, entre deux linges, frictions d'onguent napolitain, une ou plusieurs doses de calomel (75 centigr.), et, dans des cas graves, agir comme pour la péritonite. Sulfate de quinine s'il y a infection. — La MÉTRITE CHRONIQUE AVEC ENGORGEMENT ET INDURATION DES TISSUS a pour symptômes une douleur sourde dans l'excavation du bassin, douleur continue, s'exaspérant par moments, surtout

après les fatigues et aux époques de la menstruation, accompagnée de tiraillements aux lombes et aux aines, d'une sensation de pesanteur vers le siège et de dérangements menstruels. Il s'y joint souvent des troubles digestifs, du météorisme, des accidents nerveux et hystériformes. Par la palpation, on trouve le col dur et plus volumineux que d'habitude ; à l'aide du spéculum, on le voit engorgé, rougeâtre, produisant un mucus opaque plus ou moins abondant (catarrhe utérin). Les engorgements chroniques sont rares après la ménopause et plus rares encore avant la puberté. Les causes les plus fréquentes de cette affection sont les couches douloureuses et pénibles, la dysménorrhée, etc. Comme traitement, on conseille les bains de siège fréquents, les injections quotidiennes, soit avec une solution iodée, soit avec une solution astringente au tannin, à l'alun, à l'acétate de plomb ; soins hygiéniques et emploi de ferrugineux ; tamponner le col avec une boulette de coton imbibée dans un mélange d'iodure de potassium (4 gr.), de glycérine (30 gr.) et de teinture d'iode (20 gouttes). — La MÉTRITE CHRONIQUE ULCÉREUSE OU GRANULÉE est caractérisée, comme son nom l'indique, par des ulcérations superficielles plus ou moins étendues couvertes de petites fongosités saignant facilement ; ces ulcérations sont accompagnées des mêmes symptômes que la métrite avec engorgement ou induration ; elles sont, de plus, caractérisées par une leucorrhée plus ou moins abondante. On distingue cette affection du squirrhe proprement dit en ce que, dans ce dernier, il y a dureté de la tumeur, douleur lancinante et hémorragie. Le traitement est le même que celui de la métrite indurée, mais quand l'ulcération présente une surface mollasse, saignante ou bourgeonnée, on y ajoutera des cautérisations avec le nitrate d'argent ou avec un tampon de coton imbibé dans une solution de 50 gr. de chlorure de zinc dans 50 gr. d'eau.

MÉTROGRAPHE s. m. (gr. *métron*, mesure ; *graphô*, j'écris). Auteur d'un traité sur les poids et mesures.

MÉTROGRAPHE s. m. (gr. *métra*, matrice ; *graphô*, j'écris). Auteur d'un traité sur la matrice.

MÉTROGRAPHIE s. f. Traité sur les poids et mesures.

* **MÉTROLOGIE** s. f. (gr. *métron*, mesure ; *logos*, discours). Didact. Connaissance des poids et mesures usités chez les différents peuples. Se dit aussi d'un traité de cette science.

* **MÉTROMANE** s. (gr. *métron*, mesure ; *mania*, fureur). Celui, celle qui a la manie de faire des vers : *c'est un métromane, une métromane*.

* **MÉTROMANIE** s. f. Manie de faire des vers :

> Mordu du chien de la *métromanie*,
> Le mal me prit, je fus auteur aussi...
>
> VOLTAIRE.

— La **Métromanie** ou le **Poëte comédien**, le chef-d'œuvre de Piron, comédie en 5 actes et en vers, représentée au Théâtre-Français le 10 janv. 1738.

MÉTRONOME s. m. (gr. *métron*, mesure ; *nomos*, loi). Antiq. gr. Officier chargé de la vérification des mesures. — Instrument qui indique ou marque la mesure musicale. — ENCYCL. Le métronome est une espèce de pendule dont le centre d'oscillation est au delà du point de suspension. Les premiers métronomes étaient de simples pendules, munis d'une boule glissant dans une rainure pour régler le temps de l'oscillation ; mais l'instrument est mû aujourd'hui par un mouvement d'horlogerie. Un poids mobile a,

étant remonté le long de la tige, augmente la distance du centre d'oscillation du point de suspension a. Une échelle marque le nombre de mouvements par minute. Dans quelques instruments, une sonnette mue par le bouton d sonne au commencement de chaque temps. On fait d'ordinaire honneur de cette invention à Maelzel (1812), mais elle appartient à plus juste titre à Diederich Winkel, d'Amsterdam, qui contruisit le premier instrument vers 1815. Maelzel l'a perfectionné.

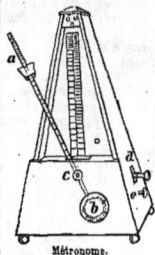

Métronome.

* **MÉTROPOLE** s. f. (gr. *mêtêr*, mère ; *polis*, ville). S'est dit primitivement de la ville principale d'une province, et se dit maintenant d'une ville avec siège archiépiscopal : *Paris, Bordeaux, Toulouse sont des métropoles.* — Église MÉTROPOLE, église métropolitaine ou archiépiscopale. Dans cette locution, *métropole* est adjectif. — État considéré relativement aux colonies qu'il possède : *les colonies doivent être protégées par leur métropole.*

* **MÉTROPOLITAIN, AINE** adj. (gr. *mêtêr*, mère ; *polis*, ville). Archiépiscopal : *église métropolitaine.* — s. m. Archevêque : *il a appelé de la décision de l'évêque au métropolitain.* — Le titre de *métropolitain* fut donné, pendant le concile de Nicée (325) à certains évêques ayant juridiction sur d'autres dans une province. On prétend que ce titre était déjà donné, depuis le IIe siècle, à des évêques d'une intelligence supérieure, auxquels les autres évêques soumettaient leurs différends.

MÉTROPTOSE s. f. (gr. *métra*, matrice ; *ptôsis*, chute). Pathol. Descente de la matrice.

MÉTRORRAGIE s. f. (gr. *métra*, matrice ; *rhégnumi*, je fais irruption). Hémorragie de la matrice.

MÉTRORRHÉE s. f. (gr. *métra*, matrice ; *rhéô*, je coule. (Pathol. Écoulement muqueux par la matrice.

MÉTRORREXIE s. f. (gr. *métra*, matrice ; *rhégnumi*, je romps.) Pathol. Rupture de la matrice.

MÉTROSCOPE s. m. (gr. *métra*, matrice ; *skopeô*, j'examine). Méd. Instrument servant à l'exploration de la matrice.

MÉTROSCOPIE s. f. Examen, exploration de la matrice.

MÉTROTOMIE s. f. (gr. *métra*, matrice ; *tomê*, section). Chir. Action d'inciser la matrice.

* **METS** s. m. [*mè*] (anc. haut all. *maz*, aliment.) Chacun des aliments apprêtés qu'on sert pour les repas : *il nous a fait bonne chère, tous les mets étaient excellents.*

* **METTABLE** adj. (rad. *mettre*.) Qu'on peut mettre. Ne se dit guère que des vêtements. CET HABIT, CE LINGE, CE MANTEAU N'EST PAS METTABLE, N'EST PLUS METTABLE, on ne peut pas le mettre, parce qu'il est mal fait, parce qu'il trop vieux, parce qu'il est hors de mode. Dans le sens opposé, CET HABIT, etc., EST ENCORE METTABLE.

METTERNICH [mèt'-tèr-nich] (Clemens-Wenzel-Nepomuk-Lothar, PRINCE), homme d'État autrichien, né à Coblentz en 1773, mort le 11 juin 1859. Il épousa, en 1795, la riche héritière de Kaunitz, devint ambassadeur à Dresde en 1801, à Berlin en 1803 et à Paris en 1806 ; à partir de 1809, il fut ministre des affaires étrangères. I.

conduisit les négociations du mariage de Napoléon avec Marie-Louise en 1810, mais il ne cessa de surveiller l'empereur des Français qui, en 1813, à Dresde, lui reprocha durement sa duplicité. Tout en proposant la paix, il préparait, dans le traité de Reichenbach, la guerre qui fut déclarée le 11 août. Il conclut la quadruple alliance à Teplitz, le 9 sept., et s'assura ensuite l'appui de la Bavière et du Wurtemberg. Il fut créé prince la veille de la bataille de Leipzig. Il présidait le congrès de Vienne (1814-'15) et prit part à ceux d'Aix-la-Chapelle (1818) et de Vérone (1822). En 1821, il fut fait chancelier d'État. Comme principal champion du parti conservateur, il exerça une grande influence sous François Iᵉʳ et Ferdinand Iᵉʳ; mais sa main de fer prépara le chemin à la révolution qui le précipita du pouvoir, le 13 mars 1848. Il put à peine s'échapper vivant des mains du peuple, et s'enfuit en Angleterre. En 1849, il alla à Bruxelles, il n'osa retourner à Vienne qu'en 1851. A partir de cette époque, il exerça encore une grande influence, mais n'eut pas de fonctions officielles. — Ses *Mémoires*, publiés en 1879-'80, présentent un tableau vivant du caractère de la diplomatie européenne pendant la première moitié du XIXᵉ siècle.

*METTEUR s. m. Ne s'emploie guère que dans les locutions suivantes : — Metteur en œuvre, ouvrier dont la profession est de monter des pierres fausses. On le dit quelquefois, fig., en parlant des ouvrages de l'esprit : *cet écrivain est un habile metteur en œuvre des idées d'autrui.*—Typogr. Metteur en pages, ouvrier qui est chargé de la conduite d'un ouvrage; qui rassemble les différents paquets de composition pour en former des pages et des feuilles auxquelles il ajoute les folios, les lettrines, les titres, les notes, etc. (Voy. Imprimerie.) — ◆◆ Au fém. Metteuse.

METTRAY, comm. du cant. N., arr. et à 8 kil. de Tours (Indre-et-Loire), sur la Choisille; 2,500 hab. — Colonie pénitentiaire agricole pour la correction des jeunes criminels. Elle a pour principale ressource le produit du travail des jeunes colons, et subsidiairement des donations volontaires et des souscriptions annuelles. Elle fut fondée, en 1839, par Frédéric-Auguste Demetz et le vicomte Brétignières de Courteilles. Les enfants sont divisés par famille de 50 individus. Le travail est surtout agricole, quoiqu'on y exerce différents métiers et que l'établissement se fournisse lui-même de presque tout ce qui est nécessaire à son existence.

* METTRE v. a. (lat. *mittere*, envoyer) : je *mets*, tu *mets*, il *met*, nous *mettons*, vous *mettez*, ils *mettent*. Je mettais. Je mis. Je mettrai. Mets. Que je *misse*. *Mettant. Mis.* — Placer une personne, ou un animal, ou une chose dans un lieu déterminé : *il faut mettre chaque chose en son lieu, à sa place.* Par ext. : *mettre de l'eau dans du vin, du sel dans un ragoût, du bois dans le feu, au feu*, etc. — Mettre le pied dans une maison, y entrer : *je n'ai jamais mis le pied dans cette maison.* — Placer, dans un certain rapport de position, un être animé avec un autre, ou une chose avec une autre, ou un être animé avec une chose : *on m'a mis à côté de lui à table.*—Il ne saurait mettre un pied devant l'autre, il est si faible, si languissant, qu'il ne saurait marcher. — S'emploie, au sens moral, dans les deux significations précédentes : *mettre un homme dans l'embarras, dans son tort.* — S'emploie aussi, dans les mêmes significations, en un grand nombre de phrases figurées ou proverbiales : *mettre la main à l'œuvre, à la pâte; mettre la main à l'encensoir; mettez la main sur la conscience; mettre le nez dans les affaires, dans les livres; mettre une question sur le tapis; mettre la charrue devant les bœufs*, etc.

La mort seule entre vous pourrait *mettre* la paix.
J. Racine. *La Thébaïde*, acte V. sc. II.

(Voir, pour l'explication, les mots Main, Doigt, Pied, Feu, etc.) — En parlant des personnes, signifie souvent : envoyer, conduire en un lieu, y faire entrer, y établir : *mettre un enfant au collège.* — Par ext., *mettre un enfant en nourrice, en apprentissage, en métier.* — Fig. Mettre un prince sur le trône, l'y établir. Mettre quelqu'un dans un poste, lui conférer un emploi. Mettre quelqu'un dans le monde, l'introduire dans la société. Mettre au monde un enfant, lui donner la naissance. — Se dit aussi en parlant de certaines peines qu'on inflige, qu'on fait subir : *mettre un homme en prison, au cachot.* — Mettre un prince, une ville au ban de l'empire, déclarer qu'ils ont encouru les peines de confiscation ou autres, prononcées par les lois de l'Empire. — En parlant des personnes, s'emploie aussi dans le sens de réduire : *mettre un homme à la retraite, à la réforme, à la pension.* — S'emploie quelquefois dans le même sens, en parlant des choses : *mettre une fontaine à sec.* — En parlant de ce qui sert à l'habillement, à la parure, signifie le revêtir, le mettre sur soi : *mettre sa chemise, son habit, ses souliers, ses gants.* — Porter habituellement sur soi : *il ne met pas de manchettes.* — Mettre sur soi tout ce qu'on gagne, le dépenser en parures. — En parlant des choses qui se mangent, signifie, les accommoder, les apprêter d'une certaine façon : *mettre une carpe à l'étuvée, au bleu, en matelote.* — En parlant de l'argent qu'on possède, signifie, le placer, l'employer d'une certaine manière : *mettre son argent, ses fonds dans une manufacture.* — Mettre de l'argent à la grosse aventure, placer de l'argent sur un navire marchand, au risque de le perdre, si ce navire périt. — Absol. Mettre en jeu, déposer son enjeu. — Mettre à la loterie, prendre un billet de loterie. — Mettre du sien, faire quelque sacrifice d'argent : *il voudrait entrer dans cette affaire et y mettre du sien.* — Mettre du sien, faire quelque concession : *pour s'arranger, chacun y a mis du sien.* (Voy. Sien.) — En parlant des terres, signifie les ensemencer, les planter, les employer d'une certaine manière : *il a mis vingt arpents en vigne, en bois.* — Se dit en parlant de ce qu'on écrit sur le papier, dans un livre : *il a mis cette remarque à la marge.* — Se dit encore, au sens physique et au sens moral, en parlant de certaines choses dont on change la forme, qu'on fait passer d'un état à un autre : *mettre une chose en morceaux; mettre ses souliers en pantoufles.* — Mettre du temps, employer un certain temps : *j'ai réussi, mais j'y ai mis du temps.* — Ajouter à quelque chose une partie qui y manque : *mettre un manche à son balai, un pied à une table, une corde à un violon.* — En parlant de qualités et de dispositions morales, signifie les employer, les manifester dans ses actions, dans ses discours, dans ses ouvrages : *mettre de la bonne foi, de l'adresse, de la réserve, de la modération, du mystère, de la discrétion dans sa conduite.* — Dans quelques phrases, a pour complément direct un substantif non précédé de l'article : *mettre fin à une affaire, à un ouvrage.*— Typogr. Mettre en pages.(Voy. Page.) — Avec la préposition *de*, signifie faire participer : *il le mettait de tous ses plaisirs.* — Se construit quelquefois avec l'infinitif d'un autre verbe, sans que cet infinitif soit précédé d'aucune préposition. Mettre sécher du linge, chauffer de l'eau, cuire des pois, etc., mettre du linge en un lieu, pour qu'il y sèche; mettre de l'eau auprès du feu, pour qu'elle chauffe, etc. — Se construit aussi avec certains adverbes, de manière à former un sens particulier. Ils avaient de la peine à se rapprocher, je les ai mis bien ensemble, je les ai réconciliés. La jalousie les a mis mal ensemble, les a brouillés. — Cette chienne a mis bas, elle a fait des petits. Ce cerf a mis sa tête bas, il s'est dépouillé de son bois, son bois est tombé. Mettre habit bas, ôter

son habit. Mettre ses habits bas, se déshabiller. Mettre bas son chapeau, ou Mettre chapeau bas, ôter son chapeau. Mettre pavillon bas, baisser le pavillon pour annoncer qu'on se rend. Il a mis bas son orgueil, il a déposé son orgueil, il s'est humilié. — S'emploie quelquefois sans complément direct. Mettre sur table, poser les plats sur la table. Mettre de côté, épargner son revenu, amasser de l'argent. — Prov. Je n'y prends, ni n'y mets, la chose dont il s'agit m'est indifférente, ou bien, je ne retranche ni n'ajoute rien à l'histoire que je raconte, mais je n'en garantis pas la vérité. — S'emploie dans: plusieurs phrases affectées à la marine : *mettre un vaisseau en mer, à la mer, en panne; mettre vent en poupe.*(Voir, pour explication, les mots Mer, Flot, Cape, Panne, etc.) — Absol. Mettre en mer, à la mer; mettre à la voile. — ◆◆ Jargon. Le mettre à quelqu'un, tromper quelqu'un. — Mettre dedans, mettre au violon. — Griser. — Tromper. — * Mettre en, mettre à, s'emploient tant au propre qu'au figuré, en parlant des personnes ou des choses, dans un nombre considérable de phrases faites, où il a un sens plus ou moins rapproché, plus ou moins éloigné de sa signification primitive. Nous allons en citer quelques exemples.—Mettre en : *mettre quelqu'un en colère, en fureur, en peine, en gaieté; mettre ses affaires en ordre; mettre une armée en campagne, en déroute; mettre quelque chose en tête à quelqu'un.* On dit, aux échecs : *Mettre une pièce en prise.* (Voir, pour l'explication, les mots Colère, Fureur, Peine, Gaieté, Joie, Humeur, Danger, etc.) — Mettre à : *mettre une affaire à jour; mettre une ville à contribution; mettre à prix la tête de quelqu'un.* — (Voir, pour l'explication, les mots Jour, Contribution, Profit, Exécution, Bien, Mal, etc.) — Mettre à suivi de l'article : *mettre un homme à la raison, à l'épreuve; mettre les choses au pis; mettre quelqu'un au fait.* (Voir, pour l'explication, les mots Raison, Épreuve, Hasard, etc.) — Mettre à, suivi d'un verbe à l'infinitif, signifie, faire consister : *mettre sa gloire, son bonheur à faire quelque chose.* — Mettre quelqu'un au pis, au pis faire, le défier de faire tout le mal qu'il a le pouvoir ou l'intention de faire. — Mettre quelqu'un au pis, au pis faire, le défier de faire plus qu'il n'a déjà fait.—Se mettre v. pr. S'emploie dans la plupart des acceptions où il a pour sujet un nom de personne :

Il me marque le jour où l'on se met à table.
Collin d'Harleville. *L'Inconstant*, acte III, sc. x.

— Se mettre à table; se mettre en garde; se mettre à la suite d'une personne. — Mettez-vous la, asseyez-vous là.

De grâce, asseyez-vous, mettez-vous à votre aise.
Collin d'Harleville. *L'Inconstant*, acte III, sc. iv.

— Ne savoir où se mettre, être embarrassé de sa contenance. — Se mettre à quelque chose, s'en occuper : *je n'ai pas renoncé à cet ouvrage, je m'y mettrai incessamment.* — Se mettre à tout, se rendre utile en toute occasion, ne se refuser rien. — Se mettre à deux, à trois pour faire quelque chose, se réunir à deux ou trois. — Se mettre au régime, se mettre au lait, au petit-lait, commencer à user de régime, à faire usage du lait, du petit-lait, etc. — Se mettre à, suivi d'un infinitif, marque ordinairement le commencement d'une action : *dès qu'on lui en parle, il se met à pleurer; depuis qu'il s'est mis à jouer, il a entièrement quitté l'étude.* — Absol. S'habiller : *cet homme se met singulièrement.* — ◆◆ Jargon. Se mettre avec, vivre maritalement avec

METZ [mèss] (anc. *Divodurum*, plus tard *Mediomatrici*), ville forte d'Alsace-Lorraine, au confluent de la Moselle et de la Seille, à 80 kil. O.-N.-O. de Strasbourg par 49° 7' 14" lat. N. et 3° 50' 23" long. E.; 48,000 hab. Elle est entourée d'un système régulier de fortifications, qui ont été augmentées et améliorées, et possède un grand arsenal. Elle a une belle cathédrale gothique du xvᵉ siècle, et quelques autres églises d'une grande antiquité. Fabriques de fer, de laine, de coton, de soie, de peluche, de bonneterie, de broderies, etc. Cette ville, d'abord capitale des Mediomatrici, puissante tribu gauloise, devint ensuite célèbre comme capitale du royaume d'Austrasie ou royaume de Metz (viᵉ siècle). Elle fut faite ville libre impériale en 983. Charles VII de France l'assiégea pendant sept mois en 1444 et lui imposa une rançon de 100,000 florins. Henri II s'en empara le 10 avril 1552, et le duc de Guise y soutint un siège contre 100,000 Allemands sous les ordres de l'empereur Charles-Quint (34 oct. [1552 13 janv.] 1553). Le traité de Westphalie confirma la possession de cette ville à la France (24 oct. 1648); et Metz fut fortifiée par Vauban et par Bellè-Isle. — Le 28 juillet 1870, l'empereur Napoléon III arriva à Metz, et prit le commandement des troupes destinées à combattre l'Allemagne. Après les désastreuses défaites de Woerth et de Forbach (6 août), la moitié de l'armée française se concentra à Metz, et le 8 août, Bazaine remplaça l'empereur comme commandant en chef. Du 10 au 11, de grandes forces allemandes menacèrent d'envelop-

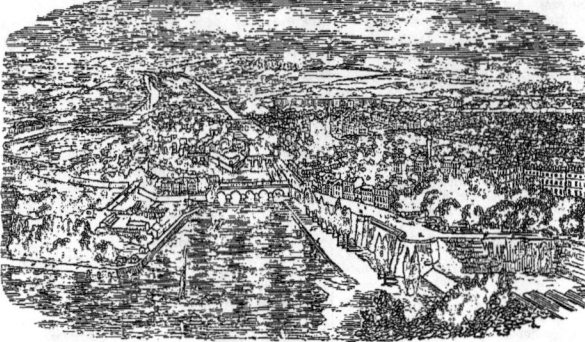

Metz.

per la ville. Bazaine essaya de b'attre en retraite; mais il se trouva (le 44 août) en présence de la première armée allemande sous les ordres de von Steinmetz et fut repoussé à Pange ou Courcelles, après plusieurs heures de combat. A la faveur de cette lutte gigantesque, l'empereur parvint à traverser la Moselle et à se sauver du côté de Sedan. Bazaine, accusé de ne pas avoir fait tous ses efforts pour sortir de Metz, marcha du côté de Vionville et rencontra à Mars-la-Tour la deuxième armée, commandée par le prince Frédéric-Charles. La lutte dura 12 heures. Henri, prince de Reuss, et un grand nombre de nobles allemands furent tués en quelques minutes par une batterie de mitrailleuses que les Français démasquèrent tout à coup. Bazaine semblait victorieux et pourtant il donna le signal de la retraite vers Metz. Cette bataille, la plus sanglante de la guerre, est célèbre dans les annales allemandes par une charge d'un régiment de cavalerie sur une batterie française, par laquelle il fut décimé. C'est à cette charge que nos adversaires attribuèrent leur victoire. 17,000 Allemands tués ou blessés et 18,000 Français étaient tombés sur le champ de bataille. Après avoir reformé ses troupes sous les murs de Metz, Bazaine répartit dans la direction de Rezonville et rencontra les ennemis à Gravelotte (voy. ce nom), le 18 août 1870. Après ces trois grandes batailles, les Français se trouvèrent

assiégés dans Metz. Un nouveau combat à Courcelles, le 26 août, fut considéré par eux comme une victoire; mais ils furent vaincus par le général Manteuffel, de l'armée du prince Frédéric-Charles, dans une immense bataille qui commença dans la matinée du 31 août et ne se termina que dans l'après-midi du 1ᵉʳ sept. Von Steinmetz ayant été nommé gouverneur de Posen, le prince Frédéric-Charles resta seul commandant devant Metz (21 sept.). Bazaine tenta des sorties malheureuses les 23, 24 et 27 sept. Il surprit les Allemands le 7 oct., mais finit par être repoussé après avoir perdu 2,000 hommes. Pendant la sortie du 8 oct., il s'empara de 600 bœufs et de 500 moutons. Bazaine, poussé par des considérations politiques, crut devoir entrer en pourparlers avec les Allemands; il envoya à Versailles le général Boyer pour traiter des termes d'une capitulation (14 oct.); le 27 du même mois, il capitula, livrant ainsi aux Allemands une place forte considérée comme inexpugnable, trois maréchaux de France (Bazaine, Canrobert et Lebœuf); 66 généraux, environ 6,000 officiers; 173,000 hommes de troupes, y compris la garde impériale; 400 pièces d'artillerie, 400 mitrailleuses; 53 aigles et drapeaux. La capitulation fut signée à Frescati par le général Jarras pour l'armée de Bazaine et le général Stiehle pour l'armée allemande (27 oct.). Dans une proclamation lancée à son armée, Bazaine affirma que les Français avaient été vaincus par la famine. Les Allemands entrèrent dans la ville le 29 oct. Le général en chef fut arrêté le 14 mai 1872, jugé par une cour martiale du 6 oct. au 10 déc. 1873 et, convaincu de n'avoir point fait tout ce que lui commandaient l'honneur et le devoir, fut condamné, à l'unanimité, à la dégradation et à la mort; mais le conseil de guerre le recommanda à la clémence du président de Mac-Mahon, qui commua sa peine en vingt années de détention.

METZU (Gabriel), peintre hollandais, né en 1615, mort en 1658 ou 1669. Il habitait Amsterdam et fut un peintre de genre très remarquable. Parmi ses quelques portraits, on cite celui de l'amiral Van Tromp, aujourd'hui au Louvre.

* **MEUBLANT, ANTE** adj. Qui est propre à meubler, qui s'emploie en tenture, en garniture de meubles : *le damas est bien meublant, est une étoffe bien meublante*. — Jurispr. MEUBLES MEUBLANTS, ce qui sert à garnir, à orner une maison, une chambre, sans en faire partie.

* **MEUBLE** adj. (lat. *mobilis*, qui peut être remué). Qui est aisé à remuer. S'emploie

surtout dans les deux locutions suivantes : — TERRE MEUBLE, terre légère, ou terre brisée et divisée par les labours. — Jurispr. BIENS MEUBLES, les choses qui peuvent être facilement transportées d'un lieu dans un autre, sans déterioration : *obliger tous ses biens meubles et immeubles*. — s. m. Objet mobile qui sert à garnir, à orner un appartement, une chambre, sans en faire partie : *il a de beaux meubles; il est riche en meubles*. — SE METTRE DANS SES MEUBLES, acheter des meubles pour garnir la chambre, l'appartement qu'on veut occuper. On dit de même, ÊTRE DANS SES MEUBLES. — METTRE UNE FEMME DANS SES MEUBLES, lui donner des meubles pour garnir son appartement. — Collectiv. Toute la garniture d'un appartement, d'une chambre, d'un cabinet, etc., comme tapisseries, lits, sièges, etc., principalement lorsqu'elle est assortie pour les formes et pour les couleurs : *il a un beau meuble dans son salon*. — Par ext. Ustensile qu'on peut porter sur soi : *ce couteau à plusieurs lames est un meuble fort commode*. On dit, dans ce sens, MEUBLE DE VOYAGE. — Jurispr. Bien meuble : *l'argent comptant, les bijoux, les pierreries, la vaisselle d'argent, sont regardés comme meubles.* — Blas. Pièce quelconque figurée sur l'écu. Les

Lion couchant.

principaux meubles sont : les *pièces honorables*, les *besants*, les *tourteaux*, les *parties du corps humain* (tête, cœur, mains, bras), les *châteaux*, les *tours*, les *instruments de guerre* (soleil, croissant, étoiles, comètes), les

Cerfs courants.

animaux (courants, rampants, passants, lion léopardé, léopard lionné, etc.). — Législ. « Tous les biens qui ne sont pas immeubles (voy. ce mot) sont *meubles* (C. civ. 516); et la loi distingue deux classes de meubles : 1° les *biens meubles par leur nature* : c'est-à-dire tous les corps qui peuvent se transporter d'un lieu à un autre, soit qu'ils se meuvent eux-mêmes, comme les animaux, soit que, étant inanimés, ils ne puissent se mouvoir; 2° les *biens meubles par la détermination de la loi*, que l'on désigne aussi sous la dénomination de *choses incorporelles*. Tels sont les créances, les actions ou intérêts dans les sociétés civiles ou commerciales, et les rentes perpétuelles ou viagères. Le mot *meubles*, employé seul et sans aucune addition, dans la loi ou dans les actes, testaments, etc., comprend tous les objets mobiliers, à l'exception de l'argent monnayé, des pierreries, des créances, des livres, des médailles, des instruments des sciences,

arts et métiers, du linge de corps, des chevaux, équipages, armes, grains, vins, foins,
et de tout ce qui fait l'objet d'un commerce.
Au contraire, les expressions *biens meubles,
mobilier* ou *effets mobiliers* comprennent tout
ce qui n'est pas immeuble. Les mots *meubles
meublants* ne comprennent que les meubles
destinés à l'usage et à l'ornement des
appartements, mais non les collections de tableaux et les porcelaines qui ne font pas partie de la décoration d'un appartement. La
vente ou le don d'une *maison meublée* ne comprend, en outre de l'immeuble lui-même, que
les meubles meublants. La vente ou le don
d'une *maison avec tout ce qui s'y trouve* ne
comprend ni l'argent monnayé, ni les créances ou autres droits incorporels dont les titres
seraient déposés dans la maison (id. 527 à
536). Tout acte de donation d'objets mobiliers
doit, à peine de nullité, avoir pour annexe
un état énumératif et estimatif desdits objets, signé du donateur et du donataire (id.
948). Lorsqu'un usufruit s'applique à des
meubles qui se détériorent par l'usage, l'usu-
fruitier a le droit de se servir de ces meubles,
et il ne répond que des détériorations causées
par son dol ou par sa faute (id. 589). Il en
est de même, dans le cas de substitution permise, lorsque le grevé de restitution est tenu
de conserver les meubles en nature (id. 1063).
Le bail de meubles meublants est censé fait
pour la durée que l'usage des lieux donne à
la location de l'appartement que ces meubles
doivent garnir (id. 1757); s'il y a un bail et
si le bailleur des meubles en avait connaissance, la location de ces meubles est présumée
avoir été faite pour la durée du bail. Les
meubles ne sont pas susceptibles d'hypothèque
(id. 2119); mais ils sont soumis à des privi-
léges dont quelques-uns frappent sur tous les
meubles du débiteur, et d'autres affectent
certains meubles déterminés (id. 2100 et s.).
(Voy. PRIVILÉGE). *En fait de meubles, la possession vaut titre,* selon le Code (id. 2279), à moins
qu'il ne s'agisse de créances ou d'autres choses
incorporelles dont la propriété doit être justifiée par titres; et à moins que la chose possédée n'ait été perdue ou volée. Le propriétaire d'un objet mobilier perdu ou volé peut
le revendiquer pendant trois ans, à compter
du jour de la perte ou du vol, et sauf à l'acquéreur de bonne foi qui est obligé de s'en
dessaisir, à recourir contre celui duquel il
tient ledit objet. Mais si le détenteur de l'objet perdu ou volé l'avait acheté dans une
foire, un marché, une vente publique, ou
d'un marchand vendant des choses pareilles,
le propriétaire de cet objet ne peut en exiger
la remise, qu'en remboursant au possesseur
le prix de celui-ci a payé. »   (CH. Y.)

* **MEUBLÉ, ÉE** part. passé de MEUBLER. — ETRE
BIEN MEUBLÉ, être bien en meubles; et, dans le
sens contraire, Etre mal MEUBLÉ. — Fam. et
par ext. UNE CAVE BIEN MEUBLÉE, une cave garnie de beaucoup de vins de différentes espèces.
— Fig. et fam. AVOIR LA BOUCHE BIEN MEUBLÉE,
avoir les dents belles. — AVOIR LA TÊTE BIEN
MEUBLÉE, avoir beaucoup de connaissances.

* **MEUBLER** v. a. Garnir de meubles : *meubler une maison, une chambre,* etc. — MEUBLER
UNE FERME, la garnir de ce qui est nécessaire
pour la faire valoir : *meubler une ferme de
bestiaux.* — Absol. CETTE ÉTOFFE MEUBLE BIEN,
elle fait bon effet employée en tenture, en
garniture de meubles. — Fig. MEUBLER SA
TÊTE, SA MÉMOIRE, l'orner, l'enrichir de connaissances utiles ou agréables : *il a meublé sa
tête des meilleurs passages de nos auteurs classiques.* — Se meubler v. pr. S'acheter des
meubles.

MEUDON, *Metiosedum,* comm. du cant. de
Sèvres, arr. à 11 kil. N.-E. de Versailles
(Seine-et-Oise), à 9 kil. O. de Paris; sur une
colline qui domine la rive gauche de la Seine;
15,000 hab. Le 11e corps de l'armée allemande

y repoussa, le 13 janvier 1871, une chaude
sortie des troupes de Paris. Le fameux château de Meudon fut brûlé le 30 janv. — BLANC
DE MEUDON, craie très pure, préparée à Bougival.

* **MEUGLEMENT.** Voy. BEUGLEMENT.

* **MEUGLER.** Voy. BEUGLER.

MEULAN ch.-l. de cant., arr. et à 32 kil.
N.-E. de Versailles (Seine-et-Oise), sur les
bords de la Seine ; 3,700 hab. Belle église ;
carrières et fours à plâtre ; minoteries.

* **MEULE** s. f. (lat. *mola*). Corps solide, rond
et plat, qui sert à broyer : *meule de moulin;
meule de dessus,* ou *meule courante; meule de
dessous,* ou *meule gisante.* — Roue de grès,
de fer ou d'acier, de bois, etc., dont on se
sert dans plusieurs professions pour aiguiser,
user, polir, etc. : *aiguiser un couteau sur la
meule.* — MEULE DE FROMAGE, masse de fromage de la forme d'une meule.

* **MEULE** s. f. (lat. *mola*). Monceau, pile de
foin, d'épis, de gerbes, etc., qu'on fait dans
les prés, dans les champs et à laquelle on
donne ordinairement une forme conique,
afin que la pluie glisse dessus plus facilement:
faire une grosse meule. — Vén. Racine dure
et raboteuse du bois des cerfs.

* **MEULERIE** s. f. Techn. Atelier où l'on
prépare les meules de moulin.

MEULIER, IÈRE adj. Se dit d'une variété
de quartz ou de silex, formant une roche
d'un blanc grisâtre, parfois bleuâtre ou rougeâtre, servant surtout à faire des meules de
moulin : *silex meulier.* — * PIERRE MEULIÈRE.
s. f. Pierre rocailleuse dont on fait des meules
de moulin, et qu'on emploie aussi comme
moellon pour bâtir. On dit quelquef. PIERRE
DE MEULIÈRE. — Carrière d'où l'on tire ces
sortes de pierres : *il y a une meulière près de
ce village.*

MEULON s. m. Petite meule de foin.

* **MEUNERIE** s. f. La profession de meunier.

MEUNG ou **Mehun-sur-Loire,** ch.-l. de
cant., arr. et à 18 kil. S.-O. d'Orléans (Loiret), sur les bords de la Loire ; 3,600 hab.
Commerce de vins, farines, bestiaux, cuirs,
lainages. On y remarque l'église de Saint-
Liphard et un château, ancienne résidence
des évêques d'Orléans.

MEUNG (Jean de), poète, né à Meung-sur-
Loire, vers 1280, mort vers 1315. On le surnomma *Clopinel,* parce qu'il était boiteux.
Sur la demande de Philippe le Bel, il ajouta
18,000 vers au *Roman de la Rose,* de Guillaume
de Lorris. Il a laissé en outre : *Trésor* ou les
Sept articles de foi, imprimé avec ses *Proverbes Dorez* et ses *Remontrances au roi* (Paris,
1503, in-8e); les *Lois des trépassés* (1481-'84,
in-8e); *Vies et épîtres d'Abeilard et d'Héloïse;*
le *Miroir d'alchimie,* (Paris, 1612, in-4e).

* **MEUNIER** s. m. (bas lat. *molinarius; de
molina,* mouler). Celui qui conduit, qui gouverne un moulin à blé: *le meunier du moulin.* — MEUNIÈRE, s. f. La femme d'un meunier,
ou celle qui gouverne un moulin à blé. —
Prov. et fig. IL S'EST FAIT D'ÉVÊQUE MEUNIER, IL
EST DEVENU D'ÉVÊQUE MEUNIER, se dit d'un
homme qui passe d'une condition avantageuse à une moindre position. — ** Maladie
des végétaux appelée aussi *blanc,* et dans laquelle les plantes, principalement les feuilles,
sont recouvertes d'une couche de poussière
blanche, formée d'une multitude de champignons microscopiques, du genre *erysiphe.*
Le soufrage est le moyen qui réussit le mieux
pour détruire ces petits champignons.

* **MEUNIER** s. m. Espèce de poisson. Voy.
CHABOT.

MEURSAULT, comm. du cant., arr. et à

8 kil. S.-O. de Beaune (Côte-d'Or) ; 3,000
hab. Vins blancs renommés.

MEURSIUS ou de **Meurs** [de-meurss]
(JOHANNES), l'Aîné, érudit hollandais, né en
1579, mort en 1639. En 1610, il devint professeur d'histoire à Leyde, et de grec en 1611.
Il fut persécuté après l'exécution de Barneveldt, des fils duquel il avait été le précepteur, et en 1625 il fut nommé professeur
d'histoire à l'université de Sorö, dans le Danemark. Il a écrit de nombreuses monographies sur les antiquités grecques et romaines.
— Son fils, Johannes (1613-'54), publia aussi
des ouvrages estimés.

MEURT-DE-FAIM s. m. Personne qui manque du plus strict nécessaire. — Plur. Des
MEURT-DE-FAIM.

MEURTHE, rivière qui naît dans les Vosges,
à 4 kil. de Saint-Dié, passe à Saint-Dié, Baccarat, Lunéville et Nancy, où elle devient
navigable et se jette dans la Moselle près de
Frouard, après un cours de 136 kil., dont 12
navigables.

MEURTHE-ET-MOSELLE, dép. frontière de
la région N.-E. de la France, formé par la
loi du 7 sept. 1871 de la partie de la Meurthe
restée française et de l'arr. de Briey, seule
épave du dép. de la Moselle; doit son nom
aux deux principaux cours d'eau qui arrosent
son territoire; il est situé entre le Luxembourg belge, les dép. de la Meuse et des
Vosges et l'Allemagne; 5,232 kil. carr.;
419,317 hab. Ce dép., l'un des mieux boisés
de France, est, en général, assez accidenté.
Il est couvert, à l'E., par les montagnes des
Vosges qui lui servent de limites du côté de
l'Allemagne ; c'est dans cette région que
s'étend la belle forêt du Raon-les-Leau, dans
laquelle se trouve le point culminant du dép.
(745 m.). Princ. cours d'eau : la Moselle, la
Meurthe, l'Esse, la Seille, le Madou, etc. Mines
de fer, carrières de pierre de taille, sel
gemme dans le bassin de la Seille; vins,
légumes, colza, houblon, etc.; agriculture
développée; manufactures de glaces à Cirey;
cristallerie de Baccarat; exportation de salaisons, de dentelles, de cristaux et de céréales.
— Ch.-l. Nancy ; 4 arr., 24 cant., 582 comm.
Évêché de Nancy, suffragant de Besançon.
Cour d'appel et académie universitaire à
Nancy. Ch.-l. d'arr. : Nancy, Briey, Lunéville,
Toul.

* **MEURTRE** s. m. (angl.-saxon *mordor*).
Homicide commis avec violence : *commettre
un meurtre.* — Fig. et fam. CRIER AU MEURTRE,
se plaindre hautement de quelque injustice,
de quelque dommage qu'on prétend avoir
reçu : *il crie au meurtre contre ceux qui lui
ont fait perdre son procès.* — Prov. IL S'EN DÉ-
FEND COMME D'UN MEURTRE, il désavoue hautement et avec chaleur telle action, telle parole qu'on lui attribue. — Fig. et fam. C'EST
UN MEURTRE, c'est grand dommage : *cueillir
des fruits si verts, c'est un meurtre.* — Législ.
Aux termes du Code pénal, le meurtre est un
homicide commis volontairement; et tout
meurtre commis avec préméditation ou guet-
apens est qualifié *assassinat.* Pour la législation, voy. HOMICIDE.

* **MEURTRI, IE** part. passé de MEURTRIR. —
S'emploie quelquefois, poétiquement, dans le
sens de tué, qui est l'ancienne signification
du verbe meurtrir : *vengeur de vos princes
meurtris.* (Vieux.)

* **MEURTRIER** s. m. Celui qui a commis un
meurtre : *on a pris le meurtrier.* — Meurtrière, celle qui a commis un meurtre. Il est
peu usité, mais se dit quelquef. : *Jérusalem
est la meurtrière des prophètes.*

* **MEURTRIER, IÈRE** adj. Qui cause la
mort à beaucoup de personnes : *les armes à
feu sont meurtrières.* — Poétiq. : *le glaive
meurtrier* — CETTE PLACE EST MEURTRIÈRE, on

t:e peut l'assiéger, la prendre, sans perdre beaucoup de monde.

*MEURTRIÈRE s. f. Ouverture pratiquée dans les murs d'une fortification, et par laquelle on peut tirer à couvert sur les assiégeants.

* MEURTRIR v. a. Faire une meurtrissure : *les coups de pierre, les coups de bâton meurtrissent.* — Se dit aussi en parlant des fruits : *la grêle a meurtri ces pêches.* — Se meurtrir v. pr. : *en se heurtant contre la table, il s'est meurtri.*

* MEURTRISSURE s. f. Contusion avec tache livide : *il a été bien battu, les meurtrissures en paraissent sur son corps.* — Se dit aussi d'une tache sur les fruits, causée par leur chute ou par leur froissement : *la meurtrissure des fruits en fait craindre la prochaine pourriture.*

MEUSE (lat. *Mosa*; holl. *Maas*; flam. *Maese*), fleuve qui prend sa source au village de Meuse, à 17 kil. N.-E. de Langres (Haute-Marne), traverse les départements des Vosges, de la Meuse, les provinces belges de Namur et de Liège, sépare le Limbourg belge du Limbourg hollandais; le Brabant septentrional de la Hollande méridionale et se confundre avec un bras du Rhin, après un cours total de 804 kil., dont 600 sur le territoire français. Il est navigable sur un parcours de près de 700 kil. et arrose Saint-Mihiel, Verdun, Stenay, Sedan, Mézières, Charleville, Givet, Dinant, Namur, Liège, Maestricht, Ruremonde, Venloo, Grave, Gorkum et Rotterdam; il reçoit, sur sa rive gauche, le Bar, la Sambre, la Méhaigne, la Dommel et, sur sa rive droite, le Chiers, la Semoy, l'Ourtho, la Roër, le Wahal, le Leck et l'Yssel inférieur.

MEUSE, dép. frontière, de la région N.-E. de la France, doit son nom au fleuve qui le traverse dans toute sa longueur; situé entre la Belgique et les Ardennes, de la Marne, de la Haute-Marne, des Vosges et de Meurthe-et-Moselle; formé de l'ancien duché de Bar, d'une portion de la Lorraine et d'une partie de la province des Trois-Evêchés; 6,227 kil. carr., 289,860 hab. Le dép. de la Meuse appartient presque tout entier aux terrains jurassiques; son territoire est montueux et peu élevé; point culminant, Buisson-d'Amanty (423 m.), dans l'Argonne orientale. Princ. cours d'eau : Meuse, Marne et Aisne. Céréales, lin, chanvre, vins rouges et blancs; fer, pierre de taille, marne; papeteries, verreries, poteries, bonneteries, dentelles; dragées et liqueurs de Verdun; brasseries, distilleries. Sources ferrugineuses d'Azannes et de Laimants; canal de la Marne au Rhin. — Ch.-l. Bar-le-Duc; 4 arr., 28 cant., 587 comm. Evêché à Verdun, suffragant de Besançon. Cour d'appel et chef-lieu académique à Nancy. Ch.-l. d'arr. : Bar-le-Duc, Commercy, Montmédy, Verdun.

MEUSE-INFÉRIEURE, dép. de la première République; ch.-l. Maestricht; formé d'une partie du pays de Liège et de la Gueldre.

* MEUTE s. f. Chasse. Nombre de chiens courants dressés pour la chasse du lièvre, du cerf, du loup, etc. : *meute pour le cerf, pour le lièvre, pour le chevreuil.* — CLEF DE MEUTE, les meilleurs chiens d'une meute, qui servent à conduire les autres, et à les redresser. — CLEF DE MEUTE, homme qui a beaucoup de crédit dans sa campagnie, dans son parti. On dit plus ordinairement, CHEF DE MEUTE.

* MÉVENDRE v. a. Comm. Vendre une chose moins qu'elle ne vaut : *ce marchand a mévendu plusieurs parties de son fonds.* — Absol. : *il y a des temps où les marchands sont obligés de mévendre.* (Vieux.)

* MÉVENTE s. f. Vente à trop bas prix : *il se plaint de la mévente qu'on a faite de ses meubles.* Dans ce sens, il a vieilli. — Se dit quelquefois, dans le commerce, pour non-vente, interruption, cessation de vente : *nos magasins sont encombrés de marchandises, par suite de mévente.*

MEXICAIN, AINE s. et adj. Du Mexique; qui concerne ce pays ou ses habitants. — ÉCRITURE IDIOGRAPHIQUE MEXICAINE. (Voy. HIÉROGLYPHE.)

MEXICO, un des états de la république du Mexique, dans la partie centrale, mais plutôt vers le sud, confinant aux états suivants : Hidalgo, Tlaxcala, Puebla, Morelos, Guerrero et Michoacan; 20,781 kil. carr.; 700,000 hab. Capitale, Toluca. Deux grandes chaînes de montagnes le traversent et, avec leurs ramifications, le divisent en trois vallées pittoresques et fertiles, dont la principale est celle de Mexico, et les deux autres celles de Tlaxcala et de Toluca. Il a une élévation moyenne de 2,500 mètres au-dessus du niveau de la mer. Le seul cours d'eau important est le Lerma. Il y a sept lacs : Chalco, Xochimilco, Tezcuco, Xaltocan, San Cristobal et Zumpango dans la vallée de Mexico, et Lerma dans celle de Toluca. Le climat est très doux, égal et salubre. Parmi les minéraux, on y trouve : l'or, l'argent, le plomb, le fer, l'antimoine, le cinabre, le soufre, la houille, la pierre lithographique, et des marbres. L'Etat produit : du maïs, du blé, du seigle, de l'orge, des pois, la canne à sucre, le bananier. Les fruits des tropiques y abondent, en même temps que les fruits et les légumes des zones tempérées. Les industries principales sont : l'industrie minière, l'agriculture, et les fabriques de lainages, de cotonnades, de verre et de faïence.

MEXICO, ville capitale de la république et du district fédéral du même nom (315,996 hab.), au centre de la vallée de Mexico, a 2,480 m. au-dessus du niveau de la mer, par 19° 26' de lat. N. et 101° 28' de long. O.; environ 250,000 hab. La population indigène se compose en très grande partie de *mestizos* ou d'Indiens pur sang. Avec ses clochers, ses

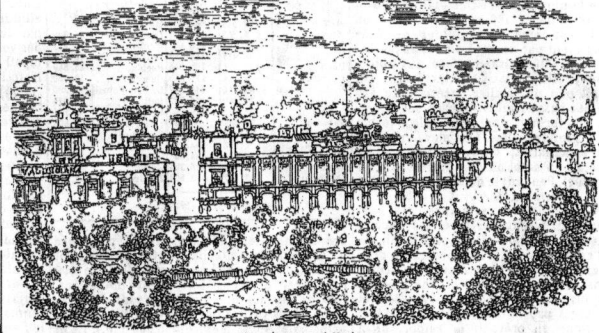

Plaza de Armas, à Mexico.

cours et ses dômes, la ville présente un aspect de grandeur et de magnificence qu'aucune autre ville au monde ne surpasse. Les rues sont larges, tirées au cordeau, se coupant à angles droits, bien pavées, éclairées au gaz, et munies de spacieux trottoirs. Les maisons, particulièrement dans le centre et dans la partie occidentale de la ville, ont la plupart trois étages; elles sont bâties solidement en pierre, souvent peintes de couleurs brillantes et chaque fenêtre est précédée d'un

balcon. Mexico a des squares très nombreux, dont le plus beau est la *Plaza de Armas*, au milieu de la ville. Au nord, sur le site de l'ancienne pyramide aztèque, s'élève la cathédrale, majestueux édifice de 500 pieds de long sur 420 de large. Elle fut commencée en 1573 et terminée en 1667. Le côté oriental de la place est occupé par le palais du gouvernement. En face de la cathédrale est le *cabildo* ou hôtel de ville, où se trouve la bourse de commerce. Du même côté, on remarque le *portal de las flores*, porche des fleurs, vaste arcade semblable au *portal de mercadores*, porche des marchands, qui flanque le côté occidental de la place; l'un et l'autre abritent de nombreux et élégants magasins. Sur la place de Santo Domingo, on trouve le couvent du même nom, avec sa belle chapelle, le vieil édifice de l'Inquisition, aujourd'hui école de médecine, et l'hôtel de la douane. Le musée national, dans l'aile septentrionale du palais du gouvernement, contient une des plus belles et des plus nombreuses collections de tableaux qui soient en Amérique, et à l'école des beaux-arts se conservent de rares spécimens de sculpture de peinture, de gravure et de dessin. Il y a dans la cour du musée une intéressante collection de sculptures et autres débris d'antiquités mexicaines. La principale promenade est l'Alameda, ombragée de hêtres majestueux, ornée de neuf fontaines et de onze serres, et plantée avec goût en allées spacieuses. En 1874, Mexico avait 248 écoles fréquentées par une population moyenne de 16,915 écoliers. Ces chiffres comprennent avec les *escuela preparatoria*, les écoles de jurisprudence, de médecine, d'agriculture, de mécanique, des beaux-arts, du commerce, des arts et métiers, et des sourds-muets. La société philharmonique entretient, avec l'aide d'un subside du gouvernement, un conservatoire de musique pour les deux sexes. Il y a aussi un séminaire pour l'éducation des prêtres, une école pour les aveugles, et une école du soir pour les adultes. Il y a deux bibliothèques publiques; la nationale contient plus de 100,000 volumes. Les théâtres sont beaucoup plus nombreux que beaux ou commodes, et, avec un cirque, constituent les seuls lieux de distraction de Mexico, les arènes pour les combats de taureaux ayant été démolies en 1874. La ville entretient cinq hôpitaux, deux asiles d'aliénés, l'un pour les hommes et l'autre pour les femmes, et une maison de correction. Elle compte quatre excellents marchés couverts. L'eau est conduite dans la ville par deux aqueducs de proportions monumentales, l'un amenant l'*agua gorda*, l'eau lourde, de Chapultepec, et l'autre l'*agua del-gada*, l'eau légère. du sud-ouest. Le climat est doux, égal et très salubre. La température moyenne est de 21° C. Fabriques de papier, de faïence, de coton, de lainages, de tissus de soie, et manufactures de tabac. Le

Cathédrale de Mexico.

principal chemin de fer est celui de la Vera Cruz. — Mexico est bâti sur l'emplacement de l'ancienne capitale de Montézuma, fondée par les Aztèques ou anciens Mexicains en 1325, sur les îlots du lac Tezcuco. Ceux-ci appelaient leur cité Tenochtitlan. Son nom postérieur de Mexico dérive de celui de leur dieuMexitli. Lorsque les Espagnols y entrèrent en 1519, ils admirèrent sa grandeur imposante et le remarquable style de son architecture. Elle avait 13 kil. de circonférence, environ 60,000 maisons, et probablement 500,000 habitants. Quelques rues étaient larges et d'une grande longueur; mais la plupart étaient étroites et bordées de pauvres maisons. Les rues larges étaient coupées de de nombreux canaux que l'on traversait sur des ponts. Le palais de Montézuma, près du centre de la ville, était une énorme masse de bâtiments en pierre, bas et irréguliers. L'édifice le plus remarquable était le grand temple, terminé en 1486, solide construction pyramidale en terre et en cailloux, protégée extérieurement par un revêtement de pierres de taille. Ses côtés faisaient face aux points cardinaux, et il se divisait en cinq étages. On y montait par un escalier extérieur de 114 marches. La base devait avoir 300 pieds carrés. Le sommet formait une large plate-forme pavée de grandes dalles. Là s'élevaient deux tours ou sanctuaires, devant chacune desquelles était un autel où l'on entretenait un feu perpétuel. Pendant le dernier siège (1521) Cortès se détermina à regret à détruire la ville, et en quelques semaines, les sept huitièmes en furent rasés, et les canaux comblés avec les débris. Peu après la fin du siège, il commença à la rebâtir sur le plan actuel, et réunit pour les travaux une armée d'Indiens. Il y a eu à Mexico cinq grandes inondations, en 1553, 1580, 1604, 1607 et 1629, causées par le débordement des lacs voisins. Pour en prévenir le retour, on a creusé un grand canal de déversement à travers la colline de Nochistongo, qui conduit les eaux de la rivière Cuautitlan hors de la vallée, au lieu de les décharger dans le lac de Tezcuco. Cet ouvrage, terminé en 1789, après plus de cent années de travail, a environ 19 kil. de long, de 400 à 430 pieds de profondeur et de 200 à 300 pieds de large. Après la bataille de Chapultepec (13 sept. 1847), les Américains occupèrent la ville jusqu'à la ratification du traité de Guadalupe-Hidalgo, en mai 1848. — Le général Bazaine entra dans la capitale du Mexique

le 5 juin 1863 et un gouvernement provisoire y fut presque aussitôt établi. (Voy. Mexique.)

MEXIMIEUX, ch.-l. de cant., arr. et à 40 kil. E. de Trévoux (Ain); 2,360 hab.

MEXIQUE (esp. *Méjico* [mè'-hi-ko]; aztèque, *Mexitli*), république fédérale, occupant la partie S.-O. du continent de l'Amérique septentrionale, entre 15° et 32° 42' de lat. N. et 88° 54' et 119° 27' de long. O. Elle est bornée au N. et au N.-E., par les Etats-Unis, à l'E. par le golfe du Mexique et la mer des Antilles, au S.-E. par Balize, au S. par le Guatemala, et au S. et à l'O. par le Pacifique. Sa plus grande longueur, de la frontière du Guatemala au point extrême du N.-O., est de 2,900 kil.; et sa plus grande largeur, vers le 26° degré de lat. N., de 1,200 kil. La distance minimum entre les deux océans se trouve dans l'isthme de Tehuantepec, et, mesurée du N. au S., est de 220 kil. La république mexicaine (republica mexicana) est divisée en 27 états, un district fédéral, un territoire, dont voici le tableau indiquant la superficie, la population et les capitales :

ÉTATS	KILOM. CARRÉS	HABITANTS	CAPITALES	Habitants
Aguas-Calientes.	6,005	91,115	Aguas Calientes.	25,000
Baja California (Territoire).	143,692	23,195	La Paz . . .	2,396
Campêche . . .	56,482	86,299	Campêche . .	15,190
Chiapas	35,316	219,738	San Cristobal	8,500
Chihuahua . . .	228,946	180,758	Chihuahua . .	12,116
Coahuila. . . .	156,731	104,131	Saltillo . . .	20,000
Colima.	5,418	65,829	Colima. . . .	23,572
Distr. Federal	221	354,340	Mexico . . .	250,000
Durango	95,275	190,846	Durango . . .	27,119
Guanajuato. . .	28,462	788,303	Guanajuato. .	56,119
Guerrero. . . .	66,477	308,746	Chilpancingo	3,000
Hidalgo	23,170	488,096	Pachuca . . .	22,000
Jalisco.	122,382	950,838	Guadalajara .	78,600
Mexico.	20,781	696,639	Toluca . . .	15,000
Michoacan . . .	63,642	648,857	Morelia . . .	20,400
Morelos	5,253	154,946	Cuernavaca .	16,320
Nuevo-Leon . .	62,381	178,662	Monterey. . .	33,811
Oaxaca	88,971	741,814	Oaxaca. . . .	26,228
Puebla	28,371	704,946	Puebla. . . .	64,588
Querétaro . . .	9,416	179,915	Queretaro . .	27,560
S. Luis Potosi	66,510	648,857	S. Luis Potosi	34,300
Sinaloa	74,820	178,527	Culiacan. . .	7,878
Sonora	197,973	139,809	Ures	9,700
Tabasco	25,241	93,389	S. Juan Bautista.	8,000
Tamaulipas . .	64,434	144,741	C. Victoria .	7,800
Tlaxcala. . . .	3,898	133,498	Tlaxcala. . .	4,300
Vera-Cruz . . .	70,932	381,721	Orizaba . . .	14,500
Yucatan	85,887	285,384	Merida. . . .	22,000
Zacatecas . . .	65,167	413,603	Zacatecas . .	25,000
Total. . .	1,945,723	9,787,029		

Les îles Revillagigedo sont une dépendance de la république mexicaine et appartiennent à l'état de Colima. La superficie est de 800 kil. carr. environ. Elles sont inhabitées. Les régions les plus peuplées sont les plateaux et les pentes des Cordillères. Les villes principales sont : Mexico (250,000 hab.), Léon (100,000), Guadalajara (78,947), Puebla (68,571), Guanajuato (56,000), Morelia (20,000), San Luis Potosi (34,000) et Zacatecas (35,051). — Le Mexique possède 10,000 kil. de côtes, dont 2,500 sur le golfe du Mexique et sur la mer des Antilles, et 7,500 sur le Pacifique, (3,000 baignées par le golfe de Californie). Ces côtes sont profondément découpées par des baies et des golfes nombreux. Les principaux golfes sont ceux de Mexico et de Californie. Les golfes de Campêche et de Tehuantepec baignent respectivement les rivages septentrionaux et méridionaux de l'isthme de

Tehuantepec. La basse Californie est une grande presqu'île, au N. -O. de la république, entre le golfe de Californie et l'océan Pacifique. Au S.-E. se trouve la grande péninsule de Yucatan, entre la mer des Antilles et le golfe de Mexico. Les ports de la mer des Antilles, où le commerce n'a aucune importance, sont excellents, tandis que ceux du golfe du Mexique (Progreso, Campêche, Tabasco, Coatzacoalcos, Vera-Cruz et Tuxpan) ne sont que des rades ouvertes, et les ports de Tampico, sur le Panuco, et de Matamoros sur le Rio-Grande, ne sont pas toujours accessibles, même aux petits vaisseaux. Les ports les plus commodes sont, sans comparaison, ceux du Pacifique et du golfe de Californie, particulièrement Acapulco, Manzanillo, San Blas, Mazatlan, Guaymas et la Paz. — L'aspect du pays est extrêmement varié. Les régions du littoral sont en général basses et sablonneuses, spécialement du côté de l'Atlantique. Dans un rayon de 50 kil. de la mer, il n'y a pas d'élévation qui dépasse 300 m., excepté peut-être dans l'état de Chiapas. Mais le voyageur qui traverse le pays en venant du côté opposé, au N. de l'isthme de Tehuantepec, gravit, par une suite de gigantesques montagnes en terrasse, jusqu'à un plateau d'une élévation moyenne de 3,000 m. La Cordillère des Andes entre dans le territoire mexicain par le Guatemala, et atteint son maximum de hauteur un peu au sud de Mexico, entre Toluca d'un côté et Jalapa et Cordova de l'autre; plusieurs pics s'élèvent jusqu'à 4,000 et même 5,000 m. au-dessus du niveau de la mer. Plus au N., la Sierra Madre court de l'O. au N. vers Guanajuato; près de cette ville, elle s'élargit considérablement et se sépare en trois branches distinctes qui se prolongent jusqu'aux frontières septentrionales de la république. La branche centrale ou Cordillère d'Anahuac, la plus élevée des trois, prend successivement les noms de Sierra de Acha, Sierra de los Mimbres, Sierra Verde et Sierra de las-Grullas. La chaîne occidentale est la Cordillère proprement dite. Les croupes de ces montagnes forment des plateaux ou bassins élevés, de hauteur assez uniforme pour être regardés comme un plateau continu. La vallée de Mexico est une plaine elliptique, bordée à l'est, au sud et à l'ouest par des pics élevés, dont quelques-uns sont des volcans en activité. Les volcans Popocatepetl (5,422 m. de haut), Orizaba (5,425 m.), Iztaccihuatl (4,000), Toluca (4,650), Jorullo (1,274) et Colima (3,400), traversent la république suivant une ligne de l'E. à l'O. Les quatre premiers s'élèvent bien au-dessus de la limite des neiges perpétuelles. — Le Mexique a relativement peu de rivières, et il n'y en a qu'un très petit nombre qui soient navigables. La plus grande est le Rio Bravo del Norte ou Rio-Grande, qui forme une partie de la frontière du côté des Etats-Unis, et réunit les eaux des rivières mexicaines Conchos (elle-même d'une grandeur considérable), Salada et Sabinas. Les autres fleuves se jettent dans le golfe, sont, en venant du N. : le Santander, le Panuco, l'Alvarado, le Coatzacoalcos, le Grijalva ou Tabasco et l'Usumasinta. Le Chimalapa, le Verde, le Mescala ou Balsas et le Santiago ou Serma, sont, en allant du S. au N., les plus grands fleuves qui se jettent dans le Pacifique. Parmi ceux qui affluent dans le golfe de Californie, nous citerons : le Culiacan, le Fuerte, le Mayo, le Yaqui et le Colorado. Les lacs les plus importants sont ceux de la vallée de Mexico, savoir : Tezcuco, Chalco, Xochimilco et Xaltocan, Zumpango, et San Cristobal. Un autre grand lac est Chapola, dans les états de Michoacan et de Jalisco. — Les richesses minérales du Mexique, telles qu'on les connaît aujourd'hui, sont plus grandes que celles de tout autre pays, sans en excepter le Pérou. L'argent qu'on y extrait annuellement est estimé à 500 tonnes, l'or à une tonne et demie. Presque la moitié du produit total se tire des trois grands districts miniers de Guanajuato, de Zacatecas et de Catorce. La valeur des métaux précieux, venus des mines du Mexique depuis la conquête jusqu'en 1826, se décompose ainsi : de 1521 à 1803, 10 milliards 139,860,000 fr. ; de 1803 à 1810, 805 millions de fr. ; de 1810 à 1826, 900 millions de fr. ; total : 11 milliards 844,760,000 fr. Les événements de la guerre de l'indépendance ont contraint beaucoup de propriétaires de mines, la plupart créoles, à émigrer, et quelques-unes des mines les plus productives sont encore ruinées, malgré les efforts des capitalistes étrangers pour en faire reprendre l'exploitation. L'ensemble de l'or et de l'argent extrait des mines du Mexique jusqu'en 1870 est estimé à 21 milliards. Les sept principales mines de San Luis Potosi ont produit, à elles seules, en 1868, pour une valeur de 10,884,495 fr. d'argent. Quoique l'état de Cinaloa soit littéralement couvert de mines d'argent. En 1870, il y avait dans l'état d'Oaxaca 83 mines d'argent et 40 mines d'or, et dans la Sonora, 444 produisant surtout de l'or, outre 853, très productives, mais où les travaux étaient suspendus. Il y a des établissements nationaux pour frapper monnaie dans les états de Durango, de Guadalajara, d'Oaxaca, de Coliacan, de Hermosillo et d'Alamos, et des établissements particuliers dans les états de Mexico, de Guanajuato, de Zacatecas, de San Luis Potosi et de Chihuahua. L'étain est abondant dans le Michoacan et le Jalisco ; le cuivre y est aussi commun, ainsi que dans le Guanajuato et le Mexico ; quant au plomb, on le trouve dans presque toutes les mines d'argent, et principalement dans celles d'Oaxaca. Dans ce dernier état, se rencontrent le vitriol, les améthystes, les agates, les turquoises et les cornalines ; les couches les plus remarquables de toutes ces pierres se trouvent dans le mont Cocola, sur les confins du Tlaxcala. Les marbres abondent partout, et les variétés vertes et blanches de Tecali sont réellement belles. Le porphyre, le jaspe, l'albâtre, le cristal de roche, le talc, différentes pierres vertes ressemblant un peu aux émeraudes, au fer et à l'aimant, se rencontrent dans le Guanajuato, de même que le zinc, l'antimoine et l'arsenic. On trouve dans Guanajuato de la véritable serpentine, et aussi du zinc, de l'antimoine, de l'arsenic. Le mercure se rencontre là et ailleurs. Le gypse et l'ardoise très communs, et la houille existe, dit-on, aux sources du Rio Sabinas. Le soufre abonde dans les cratères et sur le flanc des volcans, ainsi que dans beaucoup de rivières de l'état de Jalisco ; les côtes de Yucatan fournissent des quantités d'ambre, et le fer est abondance dans le Yucatan, Puebla, Jalisco et Tamaulipas. La couperose se trouve en quantité dans l'état de Mexico ; les grenats, que l'on rencontre en beaucoup de lieux, sont très estimés, et la basse Californie est justement célèbre pour le grand nombre et la qualité supérieure de ses perles. — Au point de vue du climat, le Mexique se divise en trois grandes régions : les régions de la côte, ou *tierras calientes* (terres chaudes) ; les pentes des montagnes, ou *tierras templadas* (terres tempérées), et les hauts plateaux, ou *tierras frias* (terres froides). La première région comprend tout le pays dont l'élévation n'atteint pas 1,000 m. au-dessus du niveau de la mer ; le second va jusqu'au plateau central, à 2,000 m. ; et le troisième comprend tout ce qui est au-dessus. A proprement parler, il n'y a que deux saisons : la saison sèche, d'octobre à mai, et la saison pluvieuse qui dure le reste de l'année. Les plus grandes pluies tombent en août et en septembre. La chaleur est d'ordinaire excessive sur les côtes,

mais surtout à Guaymas, Mazatlan et Acapulco sur le Pacifique, et à Vera-Cruz, Mérida, Sisal et Progreso, sur le golfe. Les localités les plus saines sont celles qui jouissent d'un climat sec, qu'il soit chaud, tempéré ou froid ; et les plus malsaines, celles où domine l'humidité. L'extrême raréfaction de l'atmosphère dans les hautes terres rend communes les affections aiguës des poumons, particulièrement la pneumonie ; les désordres des organes digestifs sont aussi fréquents et souvent mortels. La fièvre jaune et le vomito negro, les deux grands fléaux de la région des côtes, se déclarent ordinairement à la Vera-Cruz vers la fin de mai, et durent jusqu'en novembre. — Le sol, presque partout, est extrêmement fertile. Les exceptions, relativement très peu nombreuses, sont presque toutes dues à une irrigation insuffisante. On compte 114 espèces différentes de bois de charpente et d'ébénisterie, parmi lesquelles : le chêne, le pin, le sapin, le cèdre, l'acajou, le bois de rose, etc. ; 12 espèces de bois de teinture ; 8 espèces d'arbres à gommes ; le *caucho* ou caoutchouc, le copal, le liquidambar, le camphre, le pin à térébenthine, le mezquite (qui donne une substance semblable à la gomme arabique), le dragonnier, et l'*almácigo* ou *callitris quadrivalvis*, d'où l'on extrait la sandaraque. Parmi les arbres et les plantes qui donnent de l'huile, dont il y a 17 variétés, sont : l'olivier, le cacaotier, l'amandier, le sésame, le lin, l'arbre qui donne la graine du Pérou, etc. La plante appelée *maguey* (voy. AGAVE) fournit à la fois aux indigènes des breuvages sains et enivrants (*pulque* et *mezcal*), et même quelquefois un aliment, tandis que la fibre est excellente pour remplacer le chanvre. Il y a 59 espèces classées de plantes médicinales. On trouve au Mexique toutes les variétés de fruits comestibles connues en Europe et en Amérique, et la plupart y croissent spontanément. Une des plantes qu'on y cultive le plus est le maïs, qui donne, beaucoup de districts, trois et quatre récoltes abondantes chaque année. Les Indiens font des fèves et du *chili* (*capsicum*) de cette plante leur nourriture presque exclusive. On y récolte plusieurs variétés de fèves et de haricots et aussi du blé, de l'orge, du seigle, du riz, des lentilles, des pommes de terre, des patates douces, des pois, des graines de coriandre et de cumin, du coton, le café, le cacao, la canne à sucre, le tabac, l'indigo, et la cochenille sont les productions principales des régions chaudes et tempérées. Le grand centre de la culture du cacao est l'Oaxaca, où il donne trois récoltes annuelles, ce qui rend cette culture la plus avantageuse dans l'Etat. On fait du sucre en grandes quantités à la Vera-Cruz, etc. Les tabacs de Tabasco et de la Vera-Cruz valent de tout point les meilleurs de Cuba. Les fleurs sont les plus riches et des plus variées. Le raisin prospère dans les états de Coahuila, de Nuevo Leon et d'Aguas-Calientes, où, de même que dans le Cinaloa, on en fait du vin, de l'eau-de-vie, de la glucose et des raisins secs. — Les manufactures sont relativement peu importantes. Excepté le tabac, le cacao, le sucre et l'indigo, on n'exporte aucun produit fabriqué, et il y en a peu qui suffise à la consommation intérieure. On tisse de très bonnes cotonnades et de très bons lainages dans les états de Durango, de Guanajuato, de Jalisco, de Nuevo Leon, de Mexico, de Puebla et de Vera-Cruz ; les *rebozos* (sorte de châles) de soie et de fil, les selles et les harnais, sont sans rivaux dans toute l'Amérique espagnole. Il y a des fabriques de papier dans le Guadalajara et ailleurs. On fait de la verrerie, de la porcelaine et de la faïence d'une qualité supérieure ; on fabrique aussi des chapeaux, du chocolat, des dentelles, des fleurs, des liqueurs et de la poudre à canon ; il y a

des fonderies de fer et des moulins à farine dans un grand nombre d'états. Les orfèvres excellent dans la fabrication d'ornements en filigrane d'or et d'argent, et les Indiens des états de Mexico, de Guanajuato et de Jalisco sont habiles à faire des figures avec de l'argile et des chiffons. Les *dulces* ou sucreries du Guadalajara sont populaires au Mexique et à l'étranger. — La faune comprend trois espèces de gros félins : le puma ou lion d'Amérique, le jaguar et l'ocelot. On trouve dans les forêts méridionales une espèce de paresseux et cinq variétés de singes. Tous les animaux domestiques introduits par les premiers colons espagnols ont prodigieusement multiplié. Les ophidiens sont représentés par quelques bois dans les forêts méridionales, et plusieurs espèces de serpents, dont quelques-uns extrêmement venimeux, comme le serpent à sonnettes et le serpent corail. Les insectes nuisibles infectent par myriades les régions chaudes. Les perroquets, les oiseaux-mouches, les coroucous rivalisent pour la richesse du plumage avec ceux du Brésil ; et les oiseaux chanteurs du Mexique, dont le *zenzontle*, ou oiseau moqueur, est le roi, n'ont d'égaux dans aucun autre pays. — La population comprend environ 6 millions d'Indiens sans mélange, dont près de la moitié forme les tribus sauvages des districts montagneux du Nord ; environ 500,000 blancs ou créoles, descendus en majorité des anciens colons espagnols ; peut-être 25,000 Africains ou mulâtres ayant plus ou moins de sang nègre, et des *mestizos* ou métis venus des unions de blancs et d'Indiens. Les Indiens se divisent en 35 tribus, parlant autant de langues différentes avec 150 dialectes. Beaucoup de ces tribus ont pris une part considérable aux principaux événements politiques du pays. — Les principaux produits d'exportation : sont la monnaie d'argent et d'or, les minerais, la cochenille, l'indigo et les autres matières tinctoriales, les bois de charpente et d'ébénisterie, le chanvre de *sisal* et l'*ixtle*. Les importations portent sur le coton, les toiles, les lainages, les soieries, le fer forgé et brut, les machines, la quincaillerie et les comestibles. — Exportation, 32 millions et demi de dollars ; importation, 30 millions et demi de dollars. La moitié du commerce extérieur se fait avec l'Angleterre. — Entrées, 3,000 navires, dont 2,000 anglais et 100 français seulement. 4,700 kil. de chemins de fer ; la ligne la plus importante est celle de la Vera-Cruz à Mexico, qui ne compte que 424 kil. — Le gouvernement est établi d'après la constitution de 1857, et ressemble beaucoup à celui des Etats-Unis. Le pouvoir exécutif est remis à un président élu pour quatre ans au suffrage universel, assisté d'un cabinet que forment les ministres de l'intérieur (*gobernacion*), des affaires étrangères, de la justice, de l'intruction publique et des cultes, des travaux publics (*fomento*), des finances et de la guerre, nommés par le président. Le premier président de la cour suprême joint à ses fonctions judiciaires celles de vice-président de la république. Le pouvoir législatif réside en un congrès composé d'une chambre basse, dont les membres, aujourd'hui au nombre de 331, sont élus par le suffrage universel pour deux années, chaque état étant représenté proportionnellement au nombre de ses habitants ; et d'un sénat composé de deux membres par chaque état élus pour quatre ans par le congrès. La religion dominante est la religion catholique romaine, mais les autres sectes sont tolérées. La grande source des revenus de l'état est la douane. — Recettes, 40 millions de dollars ; dépenses, 39 millions de dollars ; dette, 145 millions de dollars. — L'armée se compose de 22,387 hommes. Le nombre des écoles publiques augmente constamment, grâce aux généreux efforts du gouvernement central et des états aidés de l'assistance des particuliers.—L'histoire du Mexique peut se diviser en histoire ancienne et histoire moderne; la seconde se subdivise en deux périodes : la période coloniale et la période de l'indépendance. On ne trouve le véritable terrain historique qu'à la fin du VIe siècle. Les Toltecs vinrent dans la vallée de Mexico et y bâtirent leur capitale, Tollan (Tula), vers le commencement du VIIe siècle. On les représente comme un peuple agriculteur, peu guerrier, habile aux arts mécaniques, même les plus élevés, et inventeurs d'un système astronomique adopté plus tard par les Tezcucains et les Mexicains. La première dynastie toltèque fut fondée, dit-on, au commencement du VIIIe siècle par Icoatzin. Au bout de 500 ans environ, le royaume de Tollan, affaibli par les guerres civiles, la peste et la famine, se divisa, et un grand nombre des habitants émigrèrent vers le sud. Peu après, les Chichimecs, qu'on donne comme une farouche tribu du Nord, vinrent dans le pays de Toltec, qu'ils occupèrent sans coup férir, s'établissant dans les villes au milieu des Toltecs qui restaient encore. Avant la fin du XIIe siècle, les Tepanecs, les Techichimecs, fondateurs de la république de Tlaxcala, et de nombreuses autres tribus septentrionales, arrivèrent. Après eux, vinrent les Acolhuis, d'origine nahoa ou nahuatl, comme leurs devanciers, et apparentés aux Toltecs. Les Chichimecs apprirent d'eux l'agriculture, les arts mécaniques et la vie des villes ; à la fin, les deux races se fondirent en une grande nation formant le royaume de Tezcuco ou Acolhuacan. La plus importante de toutes ces tribus, celle des Mexicains ou Aztèques, venait d'Aztlan, région septentrionale inconnue, et arriva à Anahuac vers 1495, après avoir fait trois stations, où l'on peut encore voir des ruines de casas grandes. (Voy. CASAS-GRANDES.) Après 430 ans d'état nomade, les Aztèques jetèrent, dans les îlots du lac Tezcuco, les fondements de leur cité de Tenochtitlan (Mexico) en 1325. Ils devinrent à la longue nombreux et puissants et étendirent au loin leur domination. Les Tezcucains étaient peut-être plus avancés en connaissances et en politesse que les Mexicains ; mais ceux-ci étaient certainement beaucoup plus puissants, et ils ont donné leur nom à tout le pays et à la civilisation de leur époque. Au commencement du XVe siècle, une ligue d'appui et de défense mutuelle se forma entre les princes de Mexico, de Tezcuco et de Tlacopan : les pays conquis seraient partagés entre les confédérés, et la plus grosse part donnée à Mexico. Pendant un siècle de guerres incessantes, ce pacte fut observé avec la fidélité la plus stricte. Vers le milieu du XVe siècle, lorsque la puissance de Tezcuco commença à décroître, le roi mexicain pilla une partie du territoire de son voisin et s'arrogea le titre d'empereur, bien qu'il continuât à y avoir des souverains tezcucains jusqu'au temps de la conquête.—Pendant les 27 premières années qui suivirent la fondation de Tenochtitlan, le gouvernement était entre les mains de 20 nobles ; mais en 1352, il fut transformé en monarchie élective, dont Axamapitzin ou Acamapichtle fut le premier roi. Au commencement, le pouvoir des souverains était limité et leurs prérogatives très modérées ; mais, en même temps que l'accroissement du territoire et l'augmentation de la richesse, s'introduisirent la pompe et l'éclat des cours, et un despotisme tel que celui qui caractérisa le règne de Montezuma Ier. Trois conseils ou cabinets assistaient le roi dans l'administration : un pour les finances, un autre pour la guerre, et un troisième pour le gouvernement des provinces. Les nobles et les prêtres avaient surtout le maniement des intérêts natio-

naux. Les fonctions des derniers étaient à peu près limitées à des exercices superstitieux et à prédire l'issue des campagnes. Mais on leur confiait l'éducation des enfants et on les consultait sur tous les événements importants de la famille, et leur influence sociale était pour ainsi dire illimitée. Les anciens Mexicains montraient un profond respect pour les grands principes de la morale. Chez eux, la sûreté des personnes était garantie dans toutes les villes un système complet de tribunaux de première instance et de dernier ressort ; et, dans le royaume voisin d'A-colhuacan, l'organisation de la justice était plus parfaite encore. La modération du Code civil des Aztèques et la sévérité de leur Code pénal étaient également remarquables ; mais ils semblent avoir administré la loi moins impartialement qu'à Tezuco, et avoir favorisé quelque peu les nobles et les prêtres. La polygamie était permise, mais rarement pratiquée, sauf par les princes et par les nobles. Le gouvernement tirait ses revenus des terres de la couronne, d'une taxe sur les produits de l'agriculture, et surtout, d'un tribut consistant en comestibles et en articles manufacturés ; en outre, les marchands et les artisans payaient une contribution tous les vingt ou quatre-vingts jours. La profession des armes était une des plus estimées et ceux qui mouraient en défendant leur patrie étaient regardés comme les plus heureux. — Les Aztèques croyaient à un créateur suprême, invisible, et pourtant présent partout, mais ayant besoin, pour exécuter ses volontés, de nombreux aides, qui présidaient chacun sur quelque phénomène naturel ou sur une phase de la vie humaine. Ils avaient treize divinités principales et plusieurs centaines de divinités inférieures. Le redouté Huitzilopochtli, le dieu de la guerre des Aztèques, était le dieu protecteur de la race, et des milliers de victimes humaines lui étaient sacrifiées chaque année dans les innombrables temples en pyramides qui se trouvaient partout dans le royaume. On représentait toutes ces divinités par des images d'argile, de bois, de pierre, de métaux précieux enrichis de pierreries, mais ayant les formes les plus fantastiques, grossières et hideuses. Les Mexicains regardaient, avec tous les autres indigènes civilisés de l'Anahuac, l'âme des hommes et celle des bêtes comme immortelle. Le nombre des prêtres correspondait à la multitude des dieux et des temples. Il y avait parmi les prêtres plusieurs degrés différents, le plus haut de tous était celui des deux grands prêtres, dignité qui se donnait à l'élection. Les temples (teocallis) étaient de deux genres : bas et circulaires, ou élevés en pyramides, au sommet desquels les sacrifices avaient lieu. A l'intérieur des temples étaient des écoles, des collèges, et des appartements pour les prêtres. Quelques prêtresses faisaient vœu de célibat perpétuel. Certains prêtres pouvaient se marier ; ceux auxquels la chasteté était imposée étaient punis de mort pour le plus léger écart. Les Mexicains avaient une sorte d'écriture picturale ayant une certaine ressemblance avec les hiéroglyphes des Égyptiens. (Voy. HIÉROGLYPHES.) Ils possédaient cinq livres écrits de cette manière : le premier traitait des saisons et des années ; le second, des jours et des fêtes de l'année ; le troisième, des songes, des présages et d'autres pratiques superstitieuses ; le quatrième, du baptême et des noms des enfants, et le cinquième, des cérémonies, etc. Les connaissances historiques se transmettaient par la tradition aidée des écrits picturaux. Des chants, qui perpétuaient les traditions et qui se chantaient aux grandes fêtes, formaient un des plus importants sujets de l'enseignement. Les Mexicains avaient un système de notation

arithmétique, dans lequel les vingt premiers nombres étaient exprimés par un nombre correspondant de points. Le nombre 20 était représenté par un drapeau, et les sommes plus élevées étaient classées par vingtaine et indiquées par autant de drapeaux qu'il y avait de fois vingt. L'année était divisée en 18 mois de 20 jours chacun, et les mois et les jours se représentaient par des hiéroglyphes particuliers. On ajoutait cinq jours complémentaires pour compléter le nombre de 365 ; et, pour la fraction d'environ 6 heures qui reste encore pour achever tout à fait l'année, ils ajoutaient 13 jours à la fin de chaque cycle de 52 ans. Le mois se divisait en 4 semaines de 5 jours chacune. L'ère des Mexicains correspondait à l'an 1091 de l'ère chrétienne. L'agriculture était assez avancée ; on suppléait aux charrues, aux bœufs et autres bêtes de somme par des instruments simples et un travail assidu. L'irrigation au moyen de canaux était fort bien entendue. Des divers instruments mexicains, on ne décrit guère qu'une hache de cuivre ou de bronze avec précisément l'alliage d'étain nécessaire pour lui donner la plus grande dureté possible ; des couteaux et des épées, des rasoirs, des pointes de flèche et de pique, en obsidienne. Les Aztèques étaient très versés dans la métallurgie et l'exploitation des mines. Ils pratiquaient avec une grande habileté l'art de fondre, de graver, de chasser, de ciseler le métal. Avec des métiers d'une construction très simple, ils faisaient des étoffes de coton et d'autres tissus. Ils disposaient avec goût des plumes d'oiseaux sur de fines toiles, et faisaient ainsi des vêtements de la plus grande magnificence. Une des principales industries mexicaines était la fabrication de toute espèce de faïences, appropriées à tous les usages domestiques, et souvent ornées de couleurs éclatantes et de dessins. Les femmes prenaient à côté leur large part des plaisirs sociaux aussi bien que du travail. Dans leurs banquets, qui étaient fréquents et coûteux, on servait souvent de la chair humaine, comme un mets particulièrement délicat, surtout dans les festins qui se rattachaient à leur religion. — La côte de Yucatan fut découverte par Francisco Fernandez de Cordova en 1517. Le 22 avril 1519, jour du vendredi saint, Herman, ou Fernand Cortès, aborda un peu au N. de la ville actuelle de Vera-Cruz et y fonda une ville à laquelle il donna le nom de Villarica de Vera-Cruz. Le jour même de son débarquement, commença une série de combats qui ne se termina que par la prise de Mexico, le 13 août 1521, et la capture du jeune et vaillant Guatimozin, le dernier des monarques aztèques. (Voy. CORTÈS, GUATIMOZIN et MONTEZUMA.) Les autres petits états furent subjugués après une courte résistance. Un gouvernement militaire fut immédiatement établi ; Cortès en fut le commandant suprême. Un décret de Charles V constitua Cortès gouverneur du nouveau territoire, qui fut nommé Nouvelle-Espagne, et qui s'étendait bien loin au delà des limites de la présente république (15 oct. 1522). Le premier vice-roi, don Antonio de Mendoza, gouverna le pays de 1535 à 1550. Des 64 vice-rois qui le gouvernèrent successivement jusqu'en 1821, il n'y en eut qu'un de naissance américaine, don Juan de Acuña, né à Lima (1722-34) ; et le plus célèbre après Mendoza, fut don Juan Vicente Guemes Pacheco, second comte de Revillagigedo (1789-94). Au commencement de ce siècle, la société dans la Nouvelle-Espagne se composait de quatre classes, ayant des tendances et des intérêts opposés : les Indiens de pure race, les créoles ou descendants directs des premiers colons espagnols, les mestizos ou demi-sang, et les Espagnols d'origine européenne. La condition des Indiens n'avait que peu changé sous les vice-rois ; ils étaient obligés de payer tribut, et étaient tenus dans une sorte de tutelle qui ne finissait qu'à la tombe. Les créoles, dont le nombre croissait continuellement, étaient exclus de tous les offices du gouvernement et même des grades supérieurs de l'armée régulière , car l'administration publique était exclusivement placée entre les mains des Espagnols. Ceci et d'autres griefs causèrent un profond mécontentement chez les créoles, et une invincible antipathie s'éleva entre eux et les Espagnols. Une conspiration se forma, et, le 15 sept. 1810, 'une révolte éclata dans la province de Guanajuato ; à la tête était un prêtre, don Miguel Hidalgo. Il essuya plusieurs défaites, fut livré à ses ennemis (21 mars 1811), et quatre mois plus tard fusillé. La lutte fut continuée par Morelos, également prêtre, qui convoqua un congrès national, lequel se réunit à Chilpanzingo en septembre 1843 ; et, en novembre, le Mexique fut déclaré indépendant. Le 22 oct. 1814, le congrès promulgua à Apatzingan la première constitution mexicaine. Après plusieurs défaites, Morelos fut pris et exécuté comme rebelle (22 déc. 1815). Pendant plusieurs années, la lutte ne fut qu'une simple guerre de partisans de la part des patriotes, et longtemps avant 1820, l'autorité de l'Espagne paraissait être complètement rétablie. Mais, au cours de cette année, la nouvelle de la révolution en Espagne renouvela l'agitation parmi les Mexicains en faveur d'un gouvernement libéral. Don Augustin Iturbide commença alors une révolution nouvelle en proclamant le Mexique indépendant (24 février 1821). En quelques mois, toute la contrée reconnut son autorité, à l'exception de la capitale, dont il s'empara le 27 sept. Iturbide fut proclamé empereur le 19 mai 1822, dans la nuit, sous le nom d'Augustin Ier; mais il dut abdiquer le 19 mars 1823. Une tentative pour ressaisir son trône aboutit à sa mort, le 19 juill. 1824. Le 4 oct. de la même année , le congrès promulgua une constitution très semblable à celle des Etats-Unis, par laquelle le Mexique était constitué en république avec 19 états et 5 territoires. La reconnaissance de la république mexicaine par les Etats-Unis et une tentative de l'Espagne pour reprendre sa colonie perdue, marquèrent l'année 1829. Presque dès le début, l'histoire de la république eut à enregistrer des troubles civils. Les premiers présidents furent les généraux Victoria, Pedraza, Guerrero et Bustamante. Santa Anna arriva à la présidence le 1er avril 1833. En 1835, la constitution de 1824 fut abrogée, et la confédération des états convertie eu une république unifiée, dont Santa Anna fut nominalement le président constitutionnel, et effectivement le dictateur. C'est ce qui amena la révolte des Texains, et la défaite et la capture de Santa Anna à San Jacinto (21 avril 1836). Sa captivité jeta de nouveau le Mexique dans la confusion. Le gouvernement constitutionnel fut rétabli en 1844, avec Santa Anna pour président, et une constitution promulguée le 12 juin 1843. Une révolution le déposa et le bannit, et Canalizo lui succéda le 20 sept. 1844. D'autres révolutions suivirent à fréquents intervalles. En 1846, commença, avec les Etats-Unis, une guerre qui eut pour cause l'annexion du Texas à l'Union américaine. En mai, le général Taylor passa le Rio-Grande, et, après une série d'engagements dans lesquels les armes américaines furent toujours victorieuses, Santa Anna, qui était revenu d'exil, reprit la présidence, et, s'étant mis en personne à la tête de l'armée, fut complètement défait. Le général Scott entra à Mexico le 14 sept. 1847. La guerre prit fin par le traité de Guadalupe Hidalgo, signé en février 1848, et la Californie et le Nouveau-Mexique furent cédés aux Etats-Unis. Après les administrations de Herrera et d'Arista, Santa Anna redevint président pour

la cinquième fois en 1853 ; mais, ayant tenté de rendre sa charge permanente et héréditaire, il fut déposé en août 1855 par une révolution à la tête de laquelle était Alvarez, qui fut nommé à sa place, mais qui se démit au mois de décembre en faveur de Comonfort. En mars 1857, une constitution nouvelle et très démocratique fut promulguée par le congrès, malgré la vive opposition du parti clérical. En janvier 1858, Comonfort fut remplacé par Zuloaga, qui eut immédiatement pour adversaire Benito Juarez, lequel, comme président de la cour suprême, était, d'après la constitution, le successeur légal de l'ancien président. Juarez fut défait ; mais il alla à Vera-Cruz et s'y établit comme président constitutionnel, le 4 mai. Après une lutte contre Miramon, en faveur de qui Zuloaga avait abdiqué le 1er janvier 1859, Juarez entra triomphalement dans la capitale, le 11 janvier 1861. Pendant qu'il était encore à la Vera-Cruz, il commença une série de réformes qui rendirent son administration très populaire d'un côté, mais qui, de l'autre, préparèrent les voies à l'invasion étrangère. Les plus importantes de ces réformes sont l'institution du mariage civil, l'abolition des vœux monastiques perpétuels et des tribunaux ecclésiastiques, la suppression des couvents, et l'appropriation des biens du clergé au service de l'Etat. Ces mesures furent bientôt suivies de la séparation complète de l'Eglise et de l'Etat. Mais le parti clérical avait résolu la destruction du gouvernement de Juarez. (Voyez ce nom.) Les plaintes des commerçants européens qui avaient des créances à recouvrer sur le gouvernement de Miramon, amenèrent la convention de Londres entre l'Angleterre, l'Espagne et la France (31 oct. 1861). Pour les deux premières de ces nations, il s'agissait de faire prendre à Juarez l'engagement de payer l'intérêt des dettes contractées par ses prédécesseurs ; mais le gouvernement des Tuileries prouva dans la suite qu'il avait d'autres vues. M. de Morny s'était laissé gagner par Jecker (voy. ce nom); l'impératrice Eugénie prenait en main, avec un enthousiasme religieux, les intérêts du clergé mexicain ; et l'empereur croyait accomplir sa mission providentielle en établissant une monarchie sur les ruines d'une république, et surtout, en fondant cette monarchie latine et catholique en face de la grande fédération anglo-germanique et protestante des Etats-Unis. — Déjà, le 27 juillet 1861 , toutes relations diplomatiques avaient été rompues, à la suite du vote du congrès mexicain, vote qui suspendait pendant deux ans le payement des intérêts de la dette étrangère (17 juillet); déjà la rupture était complète avec l'Espagne, qui avait envoyé une escadre dans les eaux de la Vera-Cruz: Le congrès se déclara dissous et abandonna tous les pouvoirs à Juarez, le 15 déc., le jour même où les troupes espagnoles, débarquées le 8 déc. autour de la Vera-Cruz, attaquaient vigoureusement cette ville, qui se rendit le 17. Pendant que Juarez rassemblait ses troupes pour investir ce port de mer important et pour tâcher de le reprendre, l'escadre anglo-française y arriva (7 janv. 1862). Miramon, chef du parti réactionnaire, avait trouvé accès auprès de ces étrangers, qu'il espérait accompagner et guider pour la conquête et l'asservissement de sa patrie. L'amiral anglais Dunlop, voulant montrer que la Grande-Bretagne n'avait aucune intention cachée, le fit arrêter et reconduire en Espagne (fév. 1862). En même temps, l'Espagne et l'Angleterre repoussaient énergiquement les ouvertures que leur fit l'empereur des Français, au sujet de l'établissement d'un empire mexicain au profit de l'archiduc Maximilien. (Voy. MAXIMILIEN.) Juarez, profitant des dissentiments qui régnaient entre les alliés, renoua les relations

diplomatiques, et fit de nouveau les propositions que le gouvernement français avait repoussées le 29 janv. Par le traité de la Soledad, signé entre les Européens et le général mexicain, le 19 fév. 1862, Juarez abandonna la prétention de ne pas payer les intérêts de la dette : c'était faire disparaître la cause de la guerre. De plus, il autorisa les alliés à s'établir à Cordova, à Orizaba et à Tehuantepec, pour fuir les régions maritimes, où règne la fièvre jaune. Mais Napoléon III refusa de ratifier ce traité, qui mettait à néant les espérances de son entourage et des Mexicains qui nous avaient appelés et qui avaient trouvé un refuge dans les rangs de notre armée, commandée par le général Lorencez. A la suite de la conférence d'Orizaba, entre les plénipotentiaires des alliés (9 avril), les Anglais et les Espagnols déclarèrent que, la guerre n'ayant plus de raison d'être, ils allaient se rembarquer ; et ils exécutèrent cette promesse quelques jours plus tard. Pendant ce temps, des intrigues avaient fait révolter le général Marquez contre l'autorité de Juarez; Almonte s'était joint à nos troupes. Napoléon, trompé par les promesses du parti clérical, déclara officiellement la guerre, le 16 avril, et envoya des renforts à Lorencez. Considérant comme nul tout arrangement pris avec Juarez, l'empereur ordonna au chef des troupes françaises de ne point évacuer les positions de l'intérieur, comme il avait été convenu que cela aurait lieu si le traité de la Soledad n'était pas ratifié. Ce viol des engagements pris contre les Mexicains, qui se précipitèrent sur nos troupes; il fallut reculer un instant, quitter Paso-Ancho, se retirer à Cordova et se fortifier à Orizaba, où les ennemis nous attaquèrent le 21 avril. Ils furent repoussés, et Lorencez se crut assez fort pour marcher sur Puebla, que le transfuge Marquez lui représentait comme étant incapable de résister à un coup de main. Le 28, les troupes mexicaines furent chassées de leurs positions dans les montagnes de Coimbres, près d'Acutzingo, mais, le 5 mai, Lorencez subit une sanglante défaite en attaquant les hauteurs fortifiées de Guadalupe et de Loreto, près de Puebla ; il dut se retirer à Amazoc, puis à Orizaba (11 mai), toujours poursuivi par le général vainqueur Zaragoza. Les combats d'Orizaba (18 mai) et de Cerro de Borgo (nuit du 13 au 14 juin), qui furent des victoires pour nos armes, améliorèrent peu notre situation, lorsque Forey débarqua avec 2,500 hommes de renfort (28 août). La mort de Zaragoza (8 sept.) amena à la tête de l'armée mexicaine, le général Ortega. Forey, aussi mauvais politique que bon soldat, commença par irriter au dernier point, dès son arrivée à la Vera-Cruz, nos alliés mexicains par ses mesures arbitraires et despotiques. Il enleva à Almonte le titre de président que l'on avait donné à ce dernier pour colorer notre intervention d'un semblant de légalité. Incapable de ménagements, il s'appropria les pouvoirs civils et militaires et apparut aux yeux de tous comme un dictateur étranger. Une défection presque générale fut la suite de cet acte. Mais Forey agissait suivant les instructions qu'il avait reçues avant son départ de France ; et, loin de le blâmer, le gouvernement français lui donna le commandement des troupes au Mexique. Les adieux suivants, que le général Lorencez fit à son petit corps d'armée, le 20 oct., en disent beaucoup sur la situation : « L'Empereur a décidé que le corps expéditionnaire du Mexique serait porté à 25,000 hommes et il en a donné le commandement à M. le général Forey. Jusqu'à la fin de ma vie, je penserai avec orgueil aux jours de péril et de gloire que nous avons traversés, lorsque je vous commandais en chef. Un jour, l'histoire dira comment, après la retraite des Anglais, des Espagnols, et *la défection des chefs de la varfie* de la nation mexicaine qui avait demandé l'intervention française, un petit corps d'armée de 6,000 hommes a pu se maintenir, intrépide et fier, au cœur d'un Etat immense, à 2,500 lieues de son pays. » — Dès que la nomination de Forey fut connue, un congrès national, réuni par Juarez, protesta contre l'invasion française qui ne pouvait plus avoir d'autre but, en dépit des affirmations contraires, que d'imposer un gouvernement au peuple mexicain (27 oct.). Depuis 6 mois, nous avions déclaré la guerre et n'avions pu prendre aucune position fortifiée. Six autres mois se passèrent à organiser une expédition vers l'intérieur. A force de millions, on parvint à se procurer des vivres, des mulets, etc. que l'on acheta à des prix exorbitants à la Havane et à la Martinique. A Orizaba, base des opérations, on réunit 25,000 soldats français et quatre corps de ceux des Mexicains qui ne nous avaient pas abandonnés; l'un commandé par Marquez et l'autre par Taboaba, le troisième par de Pena et le quatrième par Trujeque. Les Français évacuèrent Tampico le 13 janv. 1863; le 18 mars, ils arrivèrent devant Puebla, où Juarez venait de jeter 18,000 hommes de bonnes troupes et avait terminé de solides travaux de défense. En dehors, l'armée de Comonfort (12,000 hommes) surveillait les opérations et se disposait à harceler les assaillants. Le 20 mars, l'investissement de la place fut complet. L'armée française formait deux divisions: l'une, à l'O. et au N. de la ville, était placée sous les ordres du général Douay; la seconde, à l'E. et au S., avait pour chef le général Bazaine. Le 23 mars la tranchée fut ouverte et 2,000 cavaliers de Comonfort furent surpris par une reconnaissance française et mis en déroute. Le 31, le feu des assiégés ayant été éteint, Bazaine prit d'assaut le fort et le couvent de Guadalupe, après une attaque furieuse et une défense héroïque de deux jours et deux nuits. La ville se défendit ensuite maison par maison. Les Français construisirent un blokhaus sur des roues (muscule) pouvant contenir un obusier de montagne, ses servants et cinq ou six tirailleurs. Le canon, battant les barricades, enfilait les rues et empêchait les rassemblements de s'y former. Quelques hommes pouvaient faire avancer facilement ce blokhaus qui entrait dans les rues sans que les balles pussent atteindre les Français. On employa aussi des caponnières volantes composées de compartiments mobiles qui se rassemblaient sur le terrain; chaque compartiment était porté par des soldats qui s'en servaient comme d'un large bouclier. — Le 14 avril, le colonel Brincourt, conduisant une reconnaissance, rencontra et battit 3,000 soldats de Comonfort. Dans les premiers jours de mai, Comonfort, qui avait été visité par Juarez, parut vouloir prendre l'offensive, pendant que les assiégés tentaient une sortie. La victoire de San-Lorenzo, remportée par Bazaine, le 8 mai, nous mit à l'abri de tout danger. Le siège tirait à sa fin; la famine régnait chez les défenseurs de la ville, et la tranchée était ouverte devant le fort de Teotimehuacan, dernière position française, dont le feu fut éteint le 16 mai. Le général en chef, Ortega, menacé d'un assaut général, fit faire des propositions de capitulation; il demanda à sortir de la ville avec armes et bagages: sur le refus des Français, il prononça, dans la nuit du 16 au 17 mai, la dissolution de son armée, fit briser ses armes, enclouer ses canons, sauter ses magasins à poudre et envoya un parlementaire annoncer qu'il se rendait à discrétion. Bazaine admira hautement la fière attitude et l'énergie de ce commandant de place et fit l'éloge du bel exemple qu'il venait de donner. Les Français firent ainsi prisonniers 12,000 hommes affamés, sans armes, sans uniformes et sans équipement. La nouvelle de la prise de Pue-

bla, pompeusement annoncée en France, y arriva avec une exactitude presque mathématique, au moment des élections législatives de 1863. — Le 5 juin, Bazaine entra dans Mexico que Juarez avait abandonné le 31 mai pour se retirer, avec le gouvernement républicain, à San-Luis de Potosi. Forey, arrivé, le 10 juin dans la capitale du Mexique, y proclama un gouvernement provisoire, fit offrir, par la portion du peuple que l'on qualifiait de partie saine de la nation, une couronne impériale au prince Maximilien d'Autriche, ordonna de réoccuper Tampico (11 août) et fut rappelé en France où il reçut le bâton de maréchal. Ce fut Bazaine qui le remplaça comme commandant en chef des troupes françaises (1er oct.). En attendant l'arrivée de Maximilien, Bazaine lança sur le pays des troupes de guérilleros, véritables bandits qui répandirent partout la terreur et consolidèrent notre domination. C'est par une troupe de ce genre que fut surpris et lâchement fusillé l'ex-président Comonfort, aux environs de San-Luis de Potosi (12 nov.). Juarez, ne se trouvant plus en sécurité dans cette ville, l'abandonna le 18 déc., et les impérialistes y entrèrent le 24 du même mois. Monterey devint le siège du gouvernement républicain, le 3 avril 1864. A partir de ce moment l'histoire de l'expédition du Mexique se confond avec celle de l'empereur Maximilien Ier (Voy. MAXIMILIEN). Nous citerons ici seulement quelques dates et quelques faits. Les républicains remportèrent une victoire sur les impérialistes à San-Pedro le 27 déc. 1864 et le 1er janv. 1865, Juarez, retiré à Chihuahua, lança une proclamation pour engager les Mexicains à se révolter contre le gouvernement étranger. Bazaine s'empara d'Oaxaca le 9 fév. 1865. Ortega, retiré à New-York, et chercha des partisans et parvint à intéresser à sa cause le gouvernement des Etats-Unis, qui protesta officiellement contre l'occupation française dès le mois de nov. 1865. Juarez, chassé du Mexique, trouva un refuge au Texas (20 déc.), et l'empire semblait solidement établi, lorsque Napoléon III prit l'engagement en avril 1866 de retirer tous ses soldats entre le mois de nov. 1866 et le mois de nov. 1867. A cette nouvelle, les patriotes reprirent courage. Ils rentrèrent sur le territoire mexicain, s'emparèrent de Chihuahua (25 mars 1866), de Matamoras (23-24 juin), de Tampico (1er août). Sur l'injonction impérieuse du gouvernement de Washington, Bazaine évacua le Mexique dans les premiers mois de 1867. La guerre de sécession étant terminée aux Etats-Unis, des milliers de volontaires s'étaient mis au service de Juarez qui put reprendre ainsi vigoureusement l'offensive. Maximilien quitta alors la capitale, et s'enferma à Querétaro, où il fut aussitôt assiégé par 20,000 partisans de Juarez. L'empereur fut pris le 15 mai et fusillé le 19 juin. Juarez rentra dans la capitale le 16 juillet, et fut réélu président en octobre, puis encore une fois en 1871. Il mourut le 18 juillet 1872, et eut pour successeur Lerdo de Tejada, qui fut réélu en juillet 1876. Le général Porfirio Diaz et le premier président de la cour suprême, Iglesias, se déclarèrent alors contre lui, chacun pour leur compte. Diaz battit les troupes de Lerdo en novembre, et, plus tard, celles d'Iglesias. Lerdo et Iglesias parvinrent à s'échapper du pays, laissant le pouvoir aux mains de Diaz qui, après les formalités d'une élection au commencement de 1877, fut déclaré président. A l'expiration de son mandat, le général Manuel Gonzalez, élu le 11 juillet 1880, entra en fonctions le 1er déc. de la même année. — MONNAIES. Unité: le dollar = 5 fr. — 100 cents. — POIDS ET MESURES, système métrique décimal. — BIBLIOGR. Estadistica de la Republica mexicana (Mexico, 1880); Boletin de la Sociedad de geografia y estadistica de la Republica mexi-

cana (Mexico, 1878-'83, in-8°); Michel Chevalier: Le Mexique ancien et moderne (Paris, 1866, in-48); Diccionario geografico y estadistico de la Republica mexicana (Mexico, 5 vol. in-fol., 1874-'76): H.-M. Flint, Mexico under Maximilian (Philadelphie, 1867. in-12), Emile G. de la Bédollière, Histoire de la guerre du Mexique (Paris, 1866, in-4°).

MEXIQUE (Golfe du), partie de l'océan Atlantique renfermée entre les Etats-Unis, les Antilles et le Mexique, mesurant environ 1,500 kil. de l'E. à l'O. et 1,300 kil. du N. au S.; son entrée mesure environ 700 kil. de large, entre le cap Sable, en Floride, et le cap Catoche dans le Yucatan. Elle est divisée en deux par l'île de Cuba, mais de manière que le détroit de la Floride au N.-E. d'une largeur de 200 kil. et communiquant avec l'Atlantique; et le canal du Yucatan, au S.-O., qui communique avec la mer des Antilles et qui a 475 kil. de large. Dans ce golfe se déchargent le Mississipi et d'autres fleuves importants. Il n'y a que quelques petites îles le long des côtes et très peu de bons ports, mais de nombreuses baies et des lagunes. La Havane, Mobile, Galveston, Campêche et la Vera-Cruz sont les principaux centres de navigation. Les récifs et bas-fonds de la côte septentrionale de Cuba et des îlots qui avoisinent la Floride rendent le passage dans l'Atlantique excessivement difficile. Le Gulf-Stream entre dans le golfe par le canal de Yucatan, le contourne et en sort par le détroit de la Floride. La température du golfe est d'environ 4° plus haute que celle de l'Atlantique sous la même latitude.

MEYENDORFF [mai'-enn-dorf], famille russe d'origine saxonne, établie en Livonie vers 1200, et qui compte parmi ses membres le pape Clément II. — **Pierre** (1796-1863) fut ambassadeur à Vienne en 1850 et l'un des négociateurs de la convention d'Olmütz. — **Alexandre** (mort en 1865), géographe et géologue, suscita l'exploration de la Russie septentrionale, par Murchison et Verneuil, et y prit part lui-même. — **Félix** (mort en 1871), étant chargé d'affaires, s'acquit de la notoriété par une entrevue orageuse avec le pape, le 1er janv. 1866, entrevue qui eut pour résultat une rupture momentanée entre le cabinet de Saint-Pétersbourg et le saint-siège.

MEYER (Félix) [mai'-eur], peintre suisse, né en 1653, mort en 1713. Il excellait à représenter les paysages de son pays, et peignit des fresques dans toute l'Allemagne.

MEYER (Johann-Heinrich), écrivain esthétique allemand, né en Suisse en 1759, mort en 1832. A Rome, il se lia si intimement avec Gœthe, qu'on l'appelait Gœthe-Meyer. En 1797, il se fixa à Weimar, et, bien qu'il ne fût pas distingué comme peintre, il devint directeur de l'Académie en 1807. Il fut le principal éditeur des œuvres de Winckelmann (1808-'20, 8 vol.) et les enrichit de beaucoup de notes savantes qu'il publia séparément sous forme d'histoire de l'art grec (1824-'36, 3 vol.).

MEYERBEER (Giacomo) [mai'-eur-bèr], compositeur allemand, né à Berlin le 5 sept. 1794, mort à Paris le 2 mai 1864. Son vrai nom était Jakob Meyer Beer, et il était frère de Wilhelm Beer, l'astronome, et de Michael Beer, l'auteur dramatique. Ses parents étaient Juifs. Après avoir composé un oratorio, Gott und die Natur (Dieu et la Nature), et l'opéra de Jephthah (Jephté), représenté avec peu de succès à Munich en 1812, il fit brillamment ses débuts comme pianiste à Vienne. La cour de Vienne le chargea de composer un opéra, et il donna bientôt Die beiden Khalifen (Les deux Califes), qui ne réussit pas mieux que Jephthah. Il alla alors en Italie, se mit à imiter le style italien, et composa à de courts intervalles une série d'opéras qui furent presque tous favorablement reçus. Son *Romilda e Costanza* fut joué à Padoue en 1818; *Semiramide riconosciuta*, d'après Métastase, à Turin en 1819; *Emma di Resburgo* à Venise en 1820; *Marguerite d'Anjou* à Milan en 1822; *L'Esule di Granata* (*L'Exilé de Grenade*) en 1823, et *Il Crociato* (*Le Croisé*) à Venise en 1825. Meyerbeer voyagea alors dans les différentes villes de l'Italie, pour suivre les représentations de ses ouvrages. En 1826, il vint à Paris, qui fut dès lors sa résidence ordinaire. Cette même année, il composa *Robert le Diable* (livret de Scribe), qui ne fut mis à la scène qu'en nov. 1834. Cet ouvrage produisit un effet sans précédent dans l'histoire de la scène française, et il fut reçu avec le même enthousiasme dans presque tous les pays de l'Europe. Meyerbeer atteignit l'apogée de sa renommée avec son opéra les *Huguenots*, représenté à Paris en mars 1836, et dont aucune œuvre lyrique ne surpasse le caractère dramatique. Après un intervalle de 13 ans, il donna, en 1849, le *Prophète* qui forme le pendant des *Huguenots*. Cet opéra fut suivi de *Pierre le Grand* (*L'Étoile du Nord*, 1854) et du *Pardon de Ploërmel*, 1858. Son grand ouvrage, l'*Africaine*, terminé plusieurs années avant sa mort, fut représenté à Paris en avril 1865. Meyerbeer a publié plusieurs compositions musicales de genres divers, parmi lesquelles le *Camp de Silésie*, opéra joué à Berlin, un *Stabat*, un *Miserere*, un *Te Deum*, huit cantiques de Klopstock, plusieurs cantates, beaucoup de chants pour une voix avec accompagnement de piano, et quelques morceaux d'orchestre d'une moindre importance. Il a aussi écrit la musique qui se trouve incidemment dans le drame de son frère, *Struensee*. — Voy. *Meyerbeer et son temps*, par H. Blaze de Bury (1865) et *Giacomo Meyerbeer, sein Leben und seine Werke*, par H. Mendel (1868).

MEYGRET ou **Meigret** (Louis), grammairien français, né à Lyon au commencement du XVIe siècle; il a laissé un grand nombre d'ouvrages sur la langue, l'écriture et l'orthographe. Sa *Translation de langue latine en françoyse des septiesme et huytiesme livres de Caius Plinius Secundus*, 1543, in-8° est extrêmement rare.

MEYMAC, ch.-l. de cant., arr. et à 17 kil. O. d'Ussel (Corrèze); 3,100 hab. Mines de houille, fabriques d'armes à feu; commerce de chevaux, mulets et bestiaux.

MEYR (Melchior)-[maïrr], écrivain allemand, né en 1840, mort en 1871. Il résida à Berlin de 1840 à 1852, et principalement ensuite à Munich. Ses œuvres comprennent: *Erzæhlungen aus dem Ries*; *Gott und sein Reich*; *Gespræche mit einem Grobian*, et le roman *Duell und Ehre* (*Le Duel et l'Honneur*).

MEYRUEIS, ch.-l. de cant., arr. et à 29 kil. S.-O. de Florac (Lozère); 1,960 hab. Grains, mulets, laines, aiguilles à tricoter, armes, fromages genre Roquefort. Grottes curieuses aux environs. Ruines du château de Roquedols.

MEYSSAC, ch.-l. de cant., arr. et à 20 kil. S.-E. de Brive (Corrèze); 2,250 hab. Commerce d'huile de noix.

MEYZIEU, ch.-l. de cant., arr. et à 32 kil. N. de Vienne (Isère); 1,500 hab.

MEZAIL s. m. [me-zal; *l* mll.] (gr. *mesos*, milieu). Armur. Devant du casque: partie qui était destinée à défendre le haut du visage et que l'on a, depuis, appelée VISIÈRE.

* **MÉZAIR** s. m. Manége. Voy. MÉSAIR.

MÈZE, ch.-l. de cant., arr. et à 33 kil. S.-O. de Montpellier (Hérault), avec un petit port sur l'étang de Thau; 6,800 hab. Distilleries; pêche d'huîtres; salines.

MÉZEL, ch.-l. de cant. arr. et à 15 kil. S.-O. de Digne (Basses-Alpes), sur la rive droite de l'Asse; 750 hab.

MÉZENCE, roi légendaire d'Étrurie, fut chassé par ses sujets à cause de sa cruauté, aida Turnus dans sa lutte contre Énée; mais il fut tué par le prince troyen. Virgile a fait de sa mort et de celle de Lausus, son fils, un des plus beaux épisodes de l'*Énéide*. — SUPPLICE DE MÉZENCE, supplice horrible, semblable aux tortures que le féroce Mézence faisait subir à ses prisonniers.

MÉZERAY, hameau de la commune de Ri, à 2 kil. N. d'Argentan (Orne); a donné son nom à la famille de l'historien.

MÉZERAY (François-Eudes de), historien français, né à Ri (Orne) en 1610, mort en 1683. Son *Histoire de France* (1643-'51, 3 vol.) lui valut d'être fait historiographe du roi, avec une pension de 4,000 livres, qu'il perdit en 1668 pour avoir sévèrement jugé le système d'impôts en France, dans un *Abrégé* de son histoire. Il entra à l'Académie française en 1649 et, en 1675, remplaça Conrart comme secrétaire perpétuel. Il a laissé, outre les ouvrages déjà cités : *Traité de l'origine des Français* (Amsterdam, 1688), etc.

MÉZÉRÉON, s. m. Bot. Espèce de daphné, qui est connu sous le nom vulgaire de *bois-gentil*.

MÉZIDON ch.-l. de cant., arr. et à 24 kil. S.-O. de Lisieux (Calvados); 1,150 hab. Embranchement de plusieurs lignes du chemin de fer de l'Ouest.

MÉZIÈRES, *Maceriæ*, *Maderiacum*, petite ville forte de première classe et ch.-l. du dép. des Ardennes, sur une colline qui domine la rive droite de la Meuse, et séparée de Charleville par ce cours d'eau; à 234 kil. N.-E. de Paris, par 49° 45' 43'' lat. N. et 2° 22' 46'' long. E.; 5,000 hab. Horlogerie; projectiles pour la marine. Bayard soutint dans cette ville un siège célèbre et Louis XV y fonda, en 1750, une école de génie militaire. La ville résista, en 1815, à une nombreuse armée d'Allemands et ne capitula qu'après la pacification générale. En décembre 1870, elle fut bombardée par les Prussiens qui, négligeant les fortifications, tirèrent seulement sur les habitations qu'ils détruisirent en grand nombre. L'église Notre-Dame fut en partie renversée. La ville dut se rendre le 2 janvier 1871.

MÉZIÈRES, ch.-l. de cant., arr. et à 12 kil. O. de Bellac (Haute-Vienne), sur la rive droite de l'Issoire; 1,440 hab.

MÉZIÈRES-EN-BRENNE, ch.-l. de cant., arr. et à 26 kil. N. du Blanc (Indre), sur la Claize; 1,650 hab.

MÉZIN, ch.-l. de cant., arr. et à 13 kil. S.-O. de Nérac (Lot-et-Garonne); 2,900 hab. Fabriques de bouchons de liège, tanneries, papeterie; élève d'abeilles; commerce de grains et farines.

MÉZIRIAC (Claude-Gaspard, BACHET DE), savant français, né à Bourg en 1581, mort en 1638. Critique distingué, brillant helléniste et habile grammairien, il fut en même temps philosophe, théologien et mathématicien des plus érudits. Il fut élu membre de l'Académie française en 1635. On a de lui : *Problèmes plaisants et délectables qui se font par les nombres* (Lyon, 1613, in-8°); *Ovidii epistolæ*, traduites en français (Bourg, 1626, in-8°); *Epistola et poemata varia*; *Vie d'Esope*, etc.

MEZQUITE s. m. [mess-kite] (aztèque *mizquitl*), nom mexicain de la *prosopis glandulosa*, arbre des légumineuses mimosées. Le mezquite dépasse rarement 30 à 40 pieds de hauteur, et lorsqu'il est bien développé, il a une tête ronde; mais le tronc et les branches sont souvent irréguliers et tordus. Son habitat est vaste; il se trouve au N. jusqu'à la

rivière canadienne; il s'étend profondément au S., dans l'intérieur du Mexique; à l'O., c'est l'arbre le plus commun jusqu'au Colorado et au golfe de Californie. Son bois est très dur, à grain fin, d'un brun sombre et rougeâtre dans le cœur de l'arbre; les Mexicains l'emploient quelquefois à faire des meubles. Comme combustible, rien n'est supérieur au mezquite. Ses gousses contiennent, à un certain degré de maturité, une pulpe sucrée, qui a une odeur souvent très agréable.

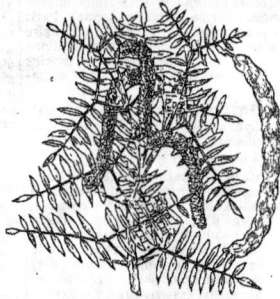

Mesquite (Prosopis glandulosa).

Les cosses séchées sont battues dans un mortier et lorsque les graines et les autres matières sont été enlevées par un criblage, on obtient une farine sucrée que l'on emploie pour remplacer le sucre. La grande valeur des pois c'est de servir de nourriture aux chevaux et aux bestiaux, qui les dévorent avec la plus grande activité. L'arbre rend une gomme qui ressemble beaucoup à la gomme arabique. — La plante appelée par les Américains la gousse-vrille (*screw-pod*) ou la fève-vrille (*screw-bean*) est le *prosopis pubescens*. Cette variété contient toujours une pulpe douce, mais elle est moins précieuse pour les animaux que le mezquite.

* **MEZZANINE** s. f. [mé-dza-ni-ne] (mot ital.; diminut. de *mezzano*, moyen). Archit. Petit étage pratiqué entre deux grands. — Petite fenêtre carrée, comme celles qu'on pratique aux entre-sols. Dans ce dernier sens, on l'emploie quelquef. adjectiv. : *fenêtre mezzanine*.

MEZZA-ORCHESTRA adv. [mé-dza-or-kès-tra] (ital. *mezza*, moyen; *orchestra*, orchestre). Mus. Par la moitié des instruments de l'orchestre : *passage exécuté mezza-orchestra; des mezza-orchestra*.

MEZZA-VOCE adv. [mé-dza-vo-tché] (ital. *mezza*, moyenne; *voce*, voix). — Mus. A demi-voix. — s. m. Exécution à demi-voix : *un mezza-voce; des mezza-voce*.

MEZZOFANTI (Giuseppe-Gaspardo) [mé-dzo-fânn'-ti], linguiste italien, né en 1774, mort en 1849. En 1797, il fut ordonné prêtre et nommé professeur d'arabe à Bologne, puis professeur de langues orientales jusqu'à la suppression de cette chaire, en 1808. En 1812, il fut attaché à la bibliothèque de l'université; en 1815, il en devint bibliothécaire en titre. En 1831, il reçut une prébende dépendant de l'église de Saint-Jean-de-Latran à Rome, et plus tard un canonicat à Saint-Pierre. Il fut conservateur en chef de la bibliothèque du Vatican, de 1833 à 1838, époque où il fut fait cardinal. La connaissance familière qu'il possédait des principales langues et de leurs dialectes, aussi bien que de leur littérature, était merveilleuse. Sa vie a été écrite en anglais par Charles William Russel (2e édition, 1863).

MEZZO-FORTE adv. [mé-dzo-for-té] (ital.

mezzo, moyen; *forte*, fort). Mus. A demi fort; d'une voix forte, sans excès: *andante mezzo-forte*. — s. m. Exécution à voix demi-forte : *un mezzo-forte; des mezzo-forte*.

MEZZO-SOPRANO s. m. [mé-dzo-so-pra-no] (ital. *mezzo*, moyen; fr. *soprano*). Mus. Voix plus grave que le soprano et plus aiguë que le contralto : *un mezzo-soprano, des mezzo-soprano*.

* **MEZZO-TERMINE** s. m. [mé-dzo-ter-mi-né] (ital. *mezzo*, moyen ; *termine*, terme). Parti moyen qu'on prend pour terminer une affaire embarrassante, pour concilier des prétentions opposées : *il faut trouver un mezzo-termine pour accommoder cette affaire ; des mezzo-termine*.

* **MEZZO-TINTO** s. m. [mé-dzo-tain-to] (ital. *mezzo*, moyen ; *tinto*, teinte). Genre de gravure appelée plus ordinairement GRAVURE A LA MANIÈRE NOIRE. (Voy. GRAVURE.)

* **MI** (lat. *medius*, milieu). Mot invariable, qui ne s'emploie jamais seul, qui se joint à plusieurs autres mots; et qui sert à marquer, soit le partage d'une chose en deux portions égales, soit l'endroit où la chose peut être partagée de la sorte. — Sert à marquer le partage d'une chose en deux portions égales, lorsqu'il se joint au mot parti : *mi-parti, mi-partie*. Ainsi on dit: LES AVIS ONT ÉTÉ MI-PARTIS, LES OPINIONS ONT ÉTÉ MI-PARTIES, il y en a eu autant d'un côté que de l'autre. CETTE ROBE EST MI-PARTIE DE BLANC ET DE ROUGE, tout un côté de cette robe par dehors est blanc, et tout l'autre côté, aussi par dehors, est rouge. — Sert à marquer l'endroit où une chose peut être partagée en deux portions égales, lorsqu'il se joint à des noms substantifs : *mi-chemin; mi-côte; mi-jambe; mi-carême*. — Quand il se joint aux mots corps, jambe, chemin, mur, terme, sucre et côte, on ne l'emploie qu'adverbialement, avec la préposition à, sans article. Ainsi on dit : *à mi-corps, à mi-jambes, à mi-terme*; ou bien, *jusqu'à mi-corps, jusqu'à mi-jambes, jusqu'à mi-terme*. — Lorsque *Mi* est joint au mot *Carême* ou aux noms de mois, ces mots reçoivent l'article, et l'article féminin, quoique tous soient masculins: *nous avons passé la mi-mai*. Le mot de Mai se dit comparant sans article, dans ce proverbe, MI-MAI, QUEUE D'HIVER.

* **MI** s. m. Mus. Troisième note de la gamme. C'est aussi le nom du signe qui représente cette note : *mi bémol; ton de mi; ce mi est effacé*.

MIAKO. Voy. KIOTO.

MIAMI, rivière de l'Ohio (États-Unis), qui prend sa source dans le comté de Hardin, coule au S. et au S.-O. sur une longueur d'environ 250 kil., et tombe dans l'Ohio à 30 kil. à l'O. de Cincinnati.

MIAMIS, tribu indienne de la famille des Algonquins, divisée en différentes bandes. Les Français les trouvèrent en 1658, près de la baie Verte (*Green Bay*), et, en 1670, Allouez découvrit un gros village habité par eux aux sources de la rivière du Renard (*Fox River*). Ils comptaient alors, suivant certaines appréciations, 8,000 guerriers, demeuraient dans des cabanes faites avec des nattes, dans l'enceinte d'une palissade, et étaient braves, polis, de bon naturel. La guerre leur fit éprouver de lourdes pertes. En 1721, les Miamis étaient sur le Saint-Joseph et le Miami, et, une de leurs bandes, les Wear, sur le Wabash ou Ohio. Les Français les attaquèrent en 1751. Après la chute de la domination française, ils ne voulurent pas laisser les Anglais traverser leur pays, mais, à la fin, ils firent la paix ; ils s'unirent pourtant à Pontiac et s'emparèrent des forts britanniques Miami et Saint-Joseph. Pendant la guerre de l'indépendance, ils tinrent pour les Anglais. Lorsque Clarke eut réduit l'Illinois et ravagé

leurs villes, ils firent la paix, mais reprirent ensuite les hostilités. Le général Harmar fut envoyé contre eux en 1790. Conduits par Mishekonéquoh ou Petite-Tourterelle, ils défirent le colonel Hardin le 19 oct., et une une autre fois le 24 sur le Maumee. Le principal corps d'armée, sous le général Saint-Clair, fut mis en pleine déroute par Petite-Tourterelle le 4 nov. 1791, avec perte de 39 officiers et de 593 hommes. Mais ayant essuyé une désastreuse défaite que leur infligea Wayne aux rapides de Maumee, le 20 août 1794, les Miamis firent la paix à Greenville en 1795. Un autre traité suivit d'autres luttes, le 8 sept. 1815. En 1822, ils n'étaient pas plus de deux à trois mille. La plupart des survivants de la tribu se transportèrent dans le Kansas en 1846. Leur nombre tomba au-dessous de 450, et vers 1873, presque tous s'incorporèrent aux Péorias, dans le territoire Indien.

MIAOU s. m. (onomat.) Miaulement du chat.

MIAOULIS. I. (Andros), amiral grec, né vers 1770, mort en 1835. C'était un riche patron de barque de Hydra. Il prit part à la révolution grecque en 1821 et, en 1822, comme commandant en chef de la flotte nationale, il défit les Turcs à Patras et à Spezzia. En mai 1825, il brûla l'escadre d'Ibrahim Pacha à Modon. Il entra dans le gouvernement insurrectionnel à Hydra, en 1831, et, le 13 août, dans le port de Poros, dont il avait la garde, il brûla les navires grecs pour les empêcher de tomber entre les mains des Russes. Il fut accusé de trahison par Capo d'Istria ; mais la mort de celui-ci mit fin aux poursuites (9 oct.). En 1832, il reçut le commandement en chef de toutes les stations navales de l'Archipel, et avant sa mort il fut fait amiral. — II. (Athanasios), son fils, mort en 1867, fut premier ministre de Grèce de 1855-'62, et son administration contribua grandement à amener le renversement du roi Othon.

MIASMATIQUE adj. (rad. *miasme*). Qui a le caractère des miasmes : *émanations miasmatiques*. — Qui exhale des miasmes: *lieu miasmatique*. — Qui est le résultat des miasmes: *infection miasmatique*.

* **MIASME** s. m. (gr. *miasma*). Méd. Ne s'emploie guère qu'au pluriel. Emanations contagieuses, morbifiques : *miasmes varioliques, pestilentiels*, etc. — Exhalaisons que répandent les matières animales ou végétales en décomposition, les marais, etc.: *il s'exhale des miasmes de ce cimetière, de la vase de ces marais*, etc. (Voy. MALARIA.)

* **MIAULEMENT** s. m. Cri du chat: *le miaulement d'un chat*.

* **MIAULER** v. n. (onomat.) Se dit du chat, lorsqu'il fait le cri qui est propre à son espèce : *j'entends un chat qui miaule*.

MIAULEUR, EUSE adj. Qui miaule souvent.

* **MICA** s. m. (lat. *mico*, je brille). Minér. Pierre composée de feuillets minces, élastiques, flexibles et d'un éclat métallique. — On donne le nom de micas à un des groupes des silicates, qui se distinguent par leur remarquable structure lamellaire, l'élasticité de leurs lames et leur éclat métallique. Ils cristallisent en prismes rhomboïdaux réguliers de 120°, lesquels se séparent avec la plus grande facilité en minces feuilles, parallèles à la base du cristal. Ils sont de couleurs variées; les couleurs les plus communes sont : le blanc d'argent, le vert grisâtre, le rouge et le noir. La dureté de ce minéral est de 2 à 3; le poids spécifique de 2,65 à 3,3. Les micas les plus communs se composent de 45 à 50 p. 100 de silice, de 32 à 38 d'alumine, et de 10 à 15 d'alcali, d'ordinaire, po-

tasse ou magnésie, ce qui les fait diviser en *micas de potasse* et en *micas de magnésie*. Quelquefois la soude et la potasse existent simultanément et quelques micas de potasse contiennent du lithium à l'état d'oxyde (lithine). Les micas de potasse sont aussi appelés lépidolites et muscovites, et les *micas de magnésie*, phlogopites et *biotites*. On y trouve aussi généralement des traces de fer, de rubidium et de césium. On emploie surtout le mica pour les portes de poêles et de lanternes, usage auquel sa transparence et son caractère réfractaire le rendent éminemment propre.

* **MICACÉ, ÉE** adj. Minér. Qui est de la nature du mica.

MICACIQUE adj. Qui contient du mica.

MICALI (Giuseppe), archéologue italien, né à Livourne vers 1776, mort en 1844. Son principal ouvrage est *Storia degli antichi popoli italiani* (Florence, 1832, 3 vol.; édit. augmentée, 1843, et années suivantes, 4 vol.).

* **MI-CARÊME** s. f. Le milieu du carême ; le jeudi de la troisième semaine du carême : *on vous paiera à la mi-carême*.

* **MICASCHISTE** s. m. Minér. Roche métamorphique composée essentiellement de mica et de quartz et quelquefois de feldspath, arrangés en lames foliacées (couches parallèles peu épaisses). Le mica y domine toujours. Il arrive fréquemment que le micaschiste se transforme insensiblement en ardoise ou en quelque roche similaire, dont il a été formé par métamorphisme.

MICHAELIS (Johann-David) [mi-khâ-è'-liss], savant allemand, commentateur de la Bible, né en 1717 mort en 1791. Il fut professeur de philosophie à Gœttingue, et, pendant près de 20 ans, éditeur des *Gœttinger gelehrte Anzeigen*. Ses œuvres principales sont une Introduction au Nouveau Testament, et des commentaires sur les lois de Moïse.

MICHALLON. I. (Claude), sculpteur, né à Lyon en 1754, mort à Paris en 1799. Il a laissé des modèles de pendules en bronze, d'un dessin pur et gracieux; on recherche surtout son sujet représentant l'*Amour et Psyché*. — II. (Achille-Etna), peintre, fils du précédent, né en 1796, mort en 1822. Il fut élève de David, et de Bertin. Ses tableaux les plus connus sont : *Combat des Centaures et des Lapithes; Mort de Roland; vue du lac de Némi*, etc.

MICHAUD (Auguste), sculpteur et graveur en médailles, né en 1783, mort à Versailles en décembre 1879, à l'âge de 96 ans. Fut graveur général des monnaies, sous Louis XVIII et Charles X.

MICHAUD. I. (Joseph), écrivain français, né en Savoie en 1767, mort en 1839. Il établit à Paris, en 1792, la *Quotidienne*, journal quotidien antirévolutionnaire, et il court alors et postérieurement de grands dangers en maintenant des opinions monarchiques. Avec son frère et Giguet, il fonda une maison d'édition et publia la *Biographie moderne* (1802, 4 vol.), germe de l'entreprise plus considérable connue sous le nom de *Biographie universelle* (1811-'28, 85 vol. in-8°, y compris le supplément, 1834-'40). Après le renversement de l'Empire, il reprit la *Quotidienne*. Ses autres principales publications sont: *Histoire des Croisades* (5° éd., 1840-'41, 6 vol. in-8°; abrégé, 1838, 2 vol. in-12); *Bibliothèque des Croisades* (4 vol.); *Correspondance d'Orient* (7 vol.), relation des longs voyages qu'il avait faits en Orient, avec son élève Poujoulat; et avec Poujoulat : *Collection de mémoires pour servir à l'histoire de France* (1836 et années suivantes). — II. (Louis-Gabriel), son frère, connu sous le nom de Michaud le jeune, né en 1773, mort en 1858. Il eut une grande part à la publication et à la rédaction de la *Biographie universelle*, et, en 1854, il en commença, une édition nouvelle qui fut terminée après sa mort, en 45 vol. Il a aussi écrit des ouvrages historiques et biographiques.

MICHAUX.. I. (André), botaniste français, né en 1746, mort en 1802. Il est principalement connu par ses explorations dans l'Amérique septentrionale (1785-'96), avec mission du gouvernement français, au cours desquelles il fonda un jardin botanique près de Charleston et un autre pour New-York, dans le comté de Bergen (New-Jersey). Il a publié : *Histoire des chênes de l'Amérique septentrionale* (1801) et *Flora Boreali-Americana* (1803, 2 vol.). — II. **(François-André)**, son fils, né en 1770, mort en 1855. Il fit trois voyages aux Etats-Unis afin d'étudier, pour le compte du gouvernement, quels arbres américains pouvaient avantageusement être introduits en Europe, et publia en français et en anglais *Histoire des arbres forestiers de l'Amérique septentrionale* (1810-'13, 4 vol.). Thomas Nuttall y a ajouté trois volumes supplémentaires (1842-'49).

* **MICHE** s. f. (lat. *mica*, miette). Pain d'une grosseur médiocre, pesant au moins une livre, et quelquefois deux. — Par ext. Pains ronds d'un poids plus considérable. — Dans quelques provinces, pain blanc long.

MICHÉ s. m. Argot. Niais — Entreteneur : *miché sérieux*.

MICHÉE, l'un des douze petits prophètes, né à Moresoth, dans la tribu de Gad. Il prophétisait au temps de Joatham, d'Achaz, d'Ézéchias, rois de Juda (vers 759-698 av. J.-C.). Son livre se divise en deux parties : la première dénonce les iniquités des deux royaumes hébraïques, il prédit la captivité d'Israël, la destruction de Jérusalem, l'expatriation des Juifs, leur retour, et la renommée du temple de Sion. La seconde partie consiste en une discussion ou controverse entre le Seigneur et son peuple.

MICHEL (Saint), ARCHANGE (hébr. *Qui est semblable à Dieu*). Archange spécialement chargé de veiller sur les Israélites en tant que nation (Dan. X. 13, 21) ; disputa à Satan le corps de Moïse (Jud. 9), et, avec ses anges, fit la guerre à Satan et à ses légions dans les régions supérieures (Rev. XII. 7-9). La fête de saint Michel fut instituée par le pape Félix III (483-'92). Fête le 29 sept. Saint Michel est souvent représenté tenant à la main une épée flamboyante et foulant aux pieds le démon. — **Ordre de Saint-Michel**, ordre militaire fondé le 1er août 1469 par Louis XI. Il avait pour devise : *Immensi tremor Oceani*. Aboli en 1789, il reparut le 16 nov. 1816. Louis XVIII le destinait à récompenser ceux qui se distinguaient dans les lettres, les sciences et les arts. On a cessé de le conférer depuis 1830. La décoration se composait d'une croix d'or à quatre branches et de huit pointes émaillées de blanc. Au milieu, un médaillon ovale représentant saint Michel foulant aux pieds le dragon. Cette croix était suspendue à un large ruban de soie noire moirée que l'on portait en écharpe de l'épaule droite au côté gauche.

MICHEL (Michel-Étienne), général, né à Pointre (Jura) en 1772, tué à Waterloo en 1815. Il s'engagea en 1794, se signala dans toutes les guerres de la Révolution et de l'Empire et fut nommé général de division en 1813. L'empereur le créa comte pendant les Cent-Jours. A la tête de la jeune garde, il fit des prodiges de valeur à Waterloo et on lui attribue les fameuses paroles : « *la garde meurt et ne se rend pas.* »

MICHEL DE BOURGES, avocat et homme politique, né à Aix, en 1798, mort à Montpellier en 1853. Son père fut assassiné par des royalistes en 1799, et Michel fit ses études au collège d'Aix où il fut le condisciple de M. Thiers. Pour échapper à la réaction de 1815, il s'engagea dans un régiment de ligne, en sortit l'année suivante, étudia le droit à Paris et se fit inscrire au barreau de Bourges. Son opposition lui valut plusieurs procès. Il rédigea la *Revue du Cher*, dont il continua la publication sous Louis-Philippe; plaida plusieurs affaires politiques, fut condamné à un mois de prison et 11,000 fr. d'amende à la suite du procès d'avril 1834, fut envoyé à la Chambre en 1837 par les électeurs de Niort, et ne fut pas réélu en 1839. Le dép. du Cher l'élut député à l'Assemblée législative en 1849, et il siégea parmi les républicains les plus avancés. Il ne fut point proscrit par le coup d'Etat.

MICHEL (Mont-Saint-). Voy. MONT-SAINT-MICHEL.

MICHEL (Saint-), ch'-l. de cant., arr. et à 13 kil. S.-E. de Saint-Jean-de-Maurienne (Savoie); 2,600 hab.

MICHEL CÉRULAIRE, *le Cirier*, patriarche de Constantinople, né vers le commencement du XIe siècle. Pendant son patriarcat, la séparation de l'Église grecque et de l'Eglise romaine fut consommée. (Voy. GRÈCE.)

MICHEL PALÉOLOGUE, empereur de Constantinople. (Voy. PALÉOLOGUE.)

MICHEL ROMANOFF. Voy. RUSSIE.

MICHEL-ANGE [mi-kèl-an-je] (ital. Michel-Angelo) ou *Buonarotti* ou *Buonarotti* [mi-kèl-ann-dché-lo-bo-na-rot'-ti], illustre artiste italien, à la fois peintre, architecte, poète et sculpteur, né au château de Caprèse, près d'Arezzo (Toscane), le 6 mars 1475, mort à Rome, le 17 ou le 18 fév. 1563 ou 1564. Il descendait de la famille des comtes de Canossa et, au moment où il vint au monde, son père, Ludovico-Leonardo Buonarotti Simone, était gouverneur de Caprèse-et-Chiusi. Pour ne pas contrarier ses goûts artistiques, son père, après une longue résistance, finit par le laisser entrer dans l'atelier du peintre Ghirlandajo (1488). A l'âge de 15 ans, Michel-Ange était déjà supérieur à son maître et il avait à peine 16 ans, lorsque Lorenzo de' Medici, émerveillé de son précoce talent, le prit sous sa protection et lui donna, dans son palais, un vaste appartement, où le jeune artiste put, jusqu'à la mort de son riche bienfaiteur, se perfectionner comme peintre et se livrer à l'étude de la sculpture. Une magnifique statuette représentant l'*Amour endormi*, que Michel-Ange avait sculptée d'après l'antique, ayant été achetée 200 ducats par le cardinal San-Giorgio, qui la prenait pour une véritable relique de l'antiquité, l'artiste se rendit à Rome pour dévoiler lui-même la supercherie du marchand. Sa démarche honorable lui valut la protection du pape, qui l'engagea à se fixer dans la capitale du monde chrétien. Michel-Ange y exécuta plusieurs de ses chefs-d'œuvre, parmi lesquels on distingue particulièrement la *Pietà*, aujourd'hui retable d'une chapelle située près de l'entrée de Saint-Pierre. Un changement de gouvernement ayant eu lieu à Florence, Michel-Ange revint dans cette ville, dont il s'était éloigné à la suite d'une révolution. En 18 mois, il y produisit la statue colossale de David, qui orne la piazza del Gran-Duca. De retour à Rome, sur l'invitation de Jules II, il reçut de ce souverain pontife la mission de lui bâtir un mausolée, dans une église de la ville. Telle fut la magnificence du plan conçu par l'artiste, que le pape jugea que l'église désignée ne serait pas digne de renfermer un pareil monument, et qu'il résolut de rebâtir Saint-Pierre pour y placer son mausolée. Mais un malentendu brouilla pour un instant Michel-Ange avec son protecteur ; la grande entreprise du mausolée fut interrompue, au moment où le sculpteur terminait la statue de *Moïse*, qui en fait partie et qui est considérée comme son chef-d'œuvre. Une réconciliation ayant eu lieu en 1506, Michel-Ange reprit son travail, mais il dut encore l'abandonner, à son grand regret, pour décorer de fresques, sur l'ordre du pape, le vaste plafond de la chapelle Sixtine au Vatican, œuvre qu'il acheva en 20 mois ; il était en train de faire des études pour les fresques du reste de l'édifice, lorsque Jules II mourut, et il fallut laisser ce travail inachevé. Pendant les 9 années de son règne, Léon X occupa Michel-Ange dans les carrières de Pietra Santa, d'où l'artiste fit tirer le marbre de qualité inférieure de la façade de l'église de San Lorenzo de Florence. En 1533, Clément VII fit revenir Michel-Ange et lui ordonna de terminer les peintures de la chapelle Sixtine ; et le *Jugement dernier*, son œuvre capitale, en fait de peinture, fut soumis aux appréciations du public, sous le pontificat de Paul III, le jour de Noël 1541. Il termina ensuite la *Conversion de saint Paul* et le *Crucifiement de saint Pierre*, pour la capella Paolina. Il était âgé de plus de 70 ans lorsque Paul III lui ordonna de remplacer San Gallo comme architecte de Saint-Pierre de Rome. Vers la même époque, il dirigea les travaux du palazzo Farnese et d'un palais sur le mont Capitolin, orna ce mont de statues antiques, fit faire le perron de l'église du couvent d'Ara-Cœli, reconstruisit un ancien pont sur le Tibre, et convertit les bains de Dioclétien en la magnifique église de Santa-Maria degli Angeli. Sous le règne de Pie IV, Saint-Pierre de Rome fut élevé jusqu'au dôme, que l'on modela en argile et que l'on exécuta soigneusement en bois, pour juger de l'effet qu'il produirait. Mais l'architecte n'eut pas le temps d'en diriger la construction ; atteint d'une fièvre maligne, en fév. 1563, il fut enlevé en quelques jours. Michel-Ange n'était pas seulement le sublime artiste dont on admire les chefs-d'œuvre d'architecture, de sculpture et de peinture, il était, en même temps, l'un des hommes les plus savants de son siècle ; il avait étudié l'anatomie humaine pendant plusieurs années en disséquant, au couvent du Saint-Esprit, des cadavres que lui fournissait le prieur. Ingénieux habile, il fut chargé par le conseil des Neuf, dont il était membre, de diriger la construction des fortifications de Florence, et il mit cette ville en état de résister désormais aux attaques des ennemis des Médicis, ses protecteurs. Aussi désintéressé que savant, il ne voulut accepter aucune rémunération des papes, pendant les années qu'il dirigea les travaux de Saint-Pierre, se croyant assez payé par l'illustration que ce chef-d'œuvre devait plus tard faire rejaillir sur son nom. Ingénieux écrivain, il a laissé, en vers et en prose, un grand nombre de compositions littéraires que ses compatriotes ont encore en haute estime ; et ses sonnets, particulièrement, sont considérés comme des modèles de noblesse poétique et ont mérité d'être classés au nombre des *Testi di Lingua* (monuments de la langue italienne). Ils ont été imprimés pour la première fois à Parme (1544, in-8°) ; trad. franç. par Varcollier (Paris, 1825, in-8°). La biographie de ce grand artiste a été écrite en italien par Condivi (Florence, 1746, in-fol. ; trad. franç. de Hauchecorne, Paris, 1783). Voy. *Histoire de Michel-Ange*, par Quatremère de Quincy (1835, in-8°). Pour la famille de Michel-Ange, voy. notre article BUONAROTTI.

MICHEL-EN-THIÉRACHE (Saint-), comm. de l'arr. et à 22 kil. N.-E. de Vervins ; 3,963 hab. Grande et belle église du XIIe et du XVIe siècle ; portail semblable à celui de Saint-Gervais de Paris. Forges et fonderies.

MICHELET (Jules), historien, né à Paris, le 21 août 1798, mort à Hyères, le 9 fév. 1874. Il dévint, en 1821, professeur au collège Rollin; en 1827, maître de conférences à l'Ecole normale; en 1830, chef de la section historique aux Archives nationales; et en 1838, professeur d'histoire au Collège de France. Il a publié *Histoire de France* (1833-'67, 16 vol.), *Histoire de la Révolution française* (1847-'53, 6 vol.), et *Les Femmes de la Révolution* (1854). Il exprima son aversion pour les jésuites et ses principes démocratiques dans le livre qu'il écrivit avec Quinet : *Des Jésuites* (1843) et dans *Du Prêtre, de la Femme et de la Famille* (1844) et *Du Peuple* (1846). Il vit à plusieurs reprises ses cours suspendus et perdit sa place aux Archives parce qu'il refusa de prêter serment au second Empire. Pendant sa retraite, il fit paraître *L'Oiseau* (1856), *L'Insecte* (1857), *L'Amour* (1858) et *La Femme* (1859), livres remarquables par la poésie et les pensées profondes et originales dont ils sont remplis. Parmi ses derniers ouvrages, on compte *Nos Fils*, plaidoyer en faveur de l'instruction obligatoire (1869) et l'*Histoire du XIX° siècle* (1872). — Sa seconde femme, Athanaïse Michelet, étant institutrice à Saint-Pétersbourg, entama une correspondance avec lui, et ils devinrent fiancés avant de s'être vus. Elle l'aida dans ses travaux, et préparait un nouvel ouvrage, *La Nature*, au moment de sa mort.

MICHELET (Karl-Ludwig), philosophe allemand, né en 1801, mort en 1876. Il devint, en 1825, professeur de philologie et de philosophie au gymnase français de Berlin, et en 1829, professeur de philosophie à l'université. Il a écrit, sur Aristote, sur la philosophie allemande de Kant à Hegel, une *Histoire de l'humanité de 1775 jusqu'à nos jours* (1859-'60, 2 vol.), et sur le *Droit naturel* (1866, 3 vol.) Il a enfin développé ses théories philosophiques particulières dans *Anthropologie und Psychologie* (1840), *Die Epiphanie der ewigen Persoenlichkeit des Geistes* (1844-'52), etc.

MICHIGAN [mich'-i-gann], l'un des états occidentaux de l'Union américaine, situé à 41° 45' et 48° 20' de lat. N. et entre 84° 45' et 92° 54' de long. O. Limites : le lac Supérieur, le détroit ou rivière de Sainte-Marie, le lac Saint-Clair, la rivière de Détroit, le lac Erie, l'Ohio, l'Indiana, le lac Michigan, les rivières Menominee et Montreal et la série de lacs qui le sépare du Wisconsin; 152,584 kil. carr. Cap., Lansing. Villes princ.: Détroit, Grand Rapids, East Saginaw, Jackson, Bay City, Saginaw City, Adrian, Muskegon, Port Huron, Flint, Ann Arbor, Monroe, BattleCreek, Marquette et Ypsilanti. La population n'était que de 551 hab. en 1800. La population actuelle est de 1,632,600 hab., et comprend 12,000 personnes de couleur et 300,000 étrangers : 95,000 Canadiens, 70,000 Allemands, 45,000 Irlandais, 35,000 Anglais, 12,000 Hollandais, 9.000 Ecossais, etc. Les Indiens vivant en tribus dans l'état renfermait, en 1876, au nombre de 10,260. — Le Michigan se compose de deux péninsules irrégulières, séparées par le détroit de Mackinaw qui unit les extrémités septentrionales des lacs Michigan et Huron. Le pays est en général accidenté et pittoresque. Toute la partie à l'E. de Marquette est un plateau ondulé, semé de lacs et de marais, et presque partout couvert de forêts. A l'O., le pays est irrégulièrement montagneux, et entrecoupé de marais et de lacs. L'extrémité N.-O. est occupée par la chaîne minérale ou chaîne de Cuivre, et un peu au-dessous par la chaîne de Fer. La péninsule méridionale forme un frappant contraste avec celle du nord. Elle est généralement unie. Le sol, excepté au nord, est d'une fertilité luxuriante. Iles: Isle Royal et Grand Island dans le lac Supérieur; Sugar et Nebish dans le détroit de Sainte-Marie, et Drummond à son extrémité; Marquette, Mackinaw et Bois-Blanc dans le lac Huron, les groupes

Beaver, Fox et Manitou dans le lac Michigan. Princ. cours d'eau : l'Ontonagon et le Tequamenon, qui se jettent dans le lac Supérieur; le Cheboygan, le Thunder Bay, l'Au Sable et le Saginaw, dans le lac Huron; le Huron et l'Erie, dans le lac Erie; le Saint-Joseph, le Kalamazoo, le Grand, le Muskegon, le Manistee, le Grand Traverse, le Manistique et l'Escanaba, dans le lac Michigan. Gisements de houille que l'on ne peut guère extraire que par petites quantités à la fois, ce qui fait qu'on en exporte peu. Excellentes pierres meulières près de Thunder Bay; salines; mines de cuivre les plus riches du monde, après, peut-être, celles du Chili. Le minerai y est souvent argentifère. Mines de fer dans le comté de Marquette. Au nord, on trouve en grand nombre le pin blanc, l'épinette, le sapin noir, le bouleau, le chêne, le tremble, l'érable, le frêne et l'orme. Au sud, il y a, en même temps que de vastes prairies, de grandes forêts dont les principales essences sont: le noyer, l'érable à sucre, le chêne, le noyer d'Amérique, le frêne, le tilleul, l'orme, le faux acacia, le cornouiller, le hêtre, le sycomore, le cerisier, le pin, le sapin noir, l'épinette, le cyprès, le cèdre et le châtaignier. C'est dans la partie méridionale qu'on s'adonne le plus à l'agriculture. D'après le cens de 1870, le Michigan est le dixième des états de l'Union sous le rapport de l'agriculture, et le neuvième sous le rapport de l'industrie. Il produit des chevaux, des bœufs de labour, des vaches laitières, des moutons, des porcs, etc., du vin, du maïs et des céréales de toute sorte. Le climat est extrême, mais tempéré un peu par la proximité des lacs. Celui de la

Sceau de l'état de Michigan.

péninsule méridionale est beaucoup plus doux. L'état renferme plus de 4,000 établissements industriels, employant environ 60,000 ouvriers. Il exporte plus de 45 millions de marchandises par an. — Le pouvoir exécutif de l'état est confié à un gouverneur, un lieutenant-gouverneur, un secrétaire d'état, un surintendant de l'instruction publique, un trésorier d'état, un auditeur général, etc., élus pour deux ans par le peuple. Le gouverneur nomme un commissaire des assurances, un commissaire des chemins de fer, un commissaire de l'immigration et un inspecteur de la gabelle. Le pouvoir législatif se compose d'un sénat et d'une chambre de représentants qui sont élus tous les deux ans. La cour suprême (4 juges) est élue par le peuple pour un terme de 9 ans. La peine de mort est abolie et remplacée par l'emprisonnement perpétuel et solitaire avec travaux forcés. Le Michigan envoie 9 représentants au congrès. Recettes : 5,800,000 fr.; dépenses: 6,690.000 fr.; dettes : 48,476,720 fr. L'instruction primaire est gratuite, laïque et obligatoire; 460,000 enfants fréquentent les écoles. Il se publie dans l'état plus de 300 journaux et revues. Trois mille et quelques bibliothèques publiques renferment environ 600,000 volumes. Princ. dénominations reli-

gieuses : baptistes (366 organisations), chrétiens (38) congrégationalistes (156), épiscopaux (100), luthériens (96), méthodistes (864), presbytériens (487), catholiques romains (167), etc. — Le nom de Michigan semble être dérivé des mots du dialecte chipewan *mitchi*, grand, et *sawgyegan*, lac. La découverte et la colonisation primitive de cette région sont dues aux missionnaires français et aux trafiquants de fourrures. L'emplacement où se trouve Détroit avait été visité dès 1610; et, en 1641, quelques jésuites français atteignirent les chutes de la Sainte-Marie. Le premier établissement européen fut la mission fondée par le P. Marquette à Sault-Sainte-Marie en 1668. En 1701, une expédition, dirigée par Antoine de la Mothe Cadillac, fonda Détroit. Le Michigan, ainsi que d'autres provinces françaises, passa sous la domination de la Grande-Bretagne en 1763. Au moment de l'expulsion des Français, une conspiration conduite par le chef indien Pontiac, et dont le but était l'extermination des blancs, éclata et causa dans la colonie une grande effusion de sang. Lorsqu'un traité vint mettre fin à la guerre de l'indépendance, le Michigan ne fut pas cédé aussitôt, et les Américains ne prirent possession de Détroit qu'en 1796. Le territoire du Michigan fut constitué en 1805. Il eut beaucoup à souffrir pendant la guerre de 1812-'15. Les Anglais s'emparèrent de Détroit au mois d'août 1812. Ils furent ensuite chassés du territoire par le général Harrison, et, en octobre 1814, une trêve fut conclue avec les Indiens. En 1836, on forma le territoire du Wisconsin avec la portion occidentale du Michigan. En 1837, le Michigan fut admis dans l'Union. En 1847, le siège du gouvernement passa de Détroit à Lansing. En 1850, on adopta une constitution nouvelle qui, avec certaines modifications, est toujours en vigueur.

MICHIGAN (Lac). Un des cinq grands lacs des Etats-Unis, le seul qui soit entièrement compris dans les limites de l'Union. Limites: la péninsule supérieure du Michigan au N., la péninsule inférieure du Michigan au S. et l'Illinois et le Wisconsin à l'O. Longueur du N. au S.: 540 kil.; largeur moyenne : 135 kil.; profondeur moyenne : 300 m.; élévation au-dessus du niveau de la mer : 190 m.; superficie : 59,082 kil. carr. Au N.-E., il communique avec le lac Huron par le détroit de Mackinaw; au N.-O. Green Bay, ou la baie Verte, s'enfonce dans le Wisconsin. Le lac n'a que peu de havres et de baies, et il n'y a d'îles qu'à son extrémité N.-E. Il est sujet à de violents orages en diverses saisons. Il s'y fait un grand mouvement commercial entre Chicago et les ports de la partie inférieure du lac. Le détroit de Mackinaw est ordinairement libre de glaces entre le 1er mai et le 1er décembre. Les meilleurs abris pour les vaisseaux sont, à Little Traverse Bay, et à Grand Haven, sur la côte orientale; Chicago, près de l'endroit où le lac commence, n'a qu'un port médiocre, et l'on en peut dire autant de Milwaukee et de Sheboygan sur la côte occidentale.

MICHIGAN (Université de), institution de l'état du même nom à Ann-Arbor, établie par une loi du 18 mars 1837, et ouverte le 20 sept. 1842. Elle comprend une section de littérature, science et arts, avec une école des mines; une section de médecine et de chirurgie; une section de droit; un collège médical homœopathique, et une section de prothèse dentaire. Le titre que confère la faculté de droit donne à celui qui le possède le droit d'exercer dans tous les cours de l'état de Michigan. Dans toutes les sections, les deux sexes sont admis; mais, dans la section de médecine, les cours pour les femmes sont distincts des cours pour les hommes. Pendant l'année 1875-'76, le personnel enseignant se composait d'environ 50 personnes, dont 26 avec le titre de professeur ; le nombre des étudiants était de 1,127, dont 452 dans la

University Hall. Université du Michigan.

section de littérature, sciences et arts, 321 pour le droit, et 354 pour la médecine.

MICHIGAN (Ville de). Ville de l'Indiana (États-Unis), sur la côte méridionale du lac Michigan, à l'embouchure de Trail Creek, à 95 kil. de Chicago ; 3,985 hab. C'est le port principal du lac, et le commerce y est considérable.

MICHILIMACKINAC [mich-il-i-mak'-i-nâ]. (Voy. MACKINAW.)

MICHOACAN ou Mechoacan [mi-, ou, mé-tch ouâ-kann'], état maritime du Mexique, limité par les états de Jalisco, Guanajuato, Querétaro, Mexico, Guerrero, par l'océan Pacifique et par Colima ; 6,400 kil. carr. ; 618,240 hab. La Sierra Madre et ses ramifications le traversent dans tous les sens. Il contient le Jorullo et d'autres volcans. Entre les montagnes s'étendent de hautes et fertiles vallées, arrosées par plusieurs rivières, dont les principales sont : la Lerma et la Mescala ou Balsas. Princ. lacs : Chapala (environ 90 kil. de long sur 35 kil. de large), et Pátzcuaro qui a 50 kil. de circonférence. Le climat de Michoacan varie du froid extrême à l'excessive chaleur. Productions minérales : argent aurifère, cuivre, cinabre, fer, houille, charbon, émeri, soufre, couperose, pierre lithographique, marbre, etc. Le sol, partout où on peut le cultiver, est très fertile. Elevage important de bestiaux, de chevaux, de mules, d'ânes et de porcs. Fabriques de rebozos, de sarapes (sorte de châle mexicain), de couvertures, et d'objets en argent. Matières d'exportations : or, argent, cuivre, bois d'ébénisterie et de teinture, café, indigo, soie. Cap., Morelia (autref. Valladolid).

MICHON (Jean-Hippolyte, ordinairement appelé L'Abbé), publiciste, né à la Roche-Fressange le 21 nov. 1806, mort à Baignes le 8 mai 1881. Il habita pendant plusieurs années le département de la Charente et laissa, en souvenir de son passage dans ce pays, différents ouvrages archéologiques ou historiques d'un grand intérêt. Sa *Statistique monumentale de la Charente* (1845-48, in-4°) se trouve dans toutes les bibliothèques angoumoisines. Pendant l'Empire, il entra dans la petite phalange desderniers prêtres gallicans et lutta, sans espoir, contre la légion ultramontaine, dans de nombreux ouvrages de polémique religieuse. On lui attribue des romans anonymes, qui eurent un grand retentissement vers la fin de l'Empire (*le Maudit*, *la Religieuse*, *le Moine*, *le Jésuite*, *le Curé de campagne*, *le Confesseur*, etc.). Il écrivit une *Vie de Jésus*, pour répondre à celle de Renan et finit par se prononcer en faveur de l'infaillibilité pontificale, dont il avait été l'un des adversaires les plus ardents. Sur ses der-

niers jours, il ne s'occupa plus guère que de *graphologie*. Il a laissé, sur cette prétendue science, des ouvrages dont voici les principaux : *Système de graphologie*, (1875, in-12) ; *Méthode pratique de graphologie* ; *Histoire de l'Ecriture* ; *Dictionnaire des notabilités contemporaines jugées d'après leur écriture* (2 vol.).

MICIPSA. Voy. JUGURTHA.

MICKIEWICZ (Adam) [mitss-kyéh'-vitch], poëte polonais, né en Lithuanie en 1798, mort en 1855. Il était professeur de littérature à Kovno, et devint l'idole de la jeunesse révolutionnaire de Pologne, surtout après avoir été jugé pour participation aux sociétés secrètes de Zan, et condamné, en 1824, au bannissement perpétuel. Il alla à Saint-Pétersbourg, puis à Odessa, et visita la Crimée. En 1828, on lui permit de quitter la Russie, et il voyagea en Allemagne, en France et en Italie ; n'ayant pas réussi à arriver en Pologne à temps pour la révolution de 1830, il n'y retourna jamais. En 1839, il devint professeur de littérature classique à Lausanne, et, en 1840, professeur de littérature slave au Collège de France, à Paris. Il était connu comme un partisan zélé du catholicisme romain, aussi bien que pour ses tendances panslavistes. Dans le but d'amener Pie IX à ses plans de régénération nationale, il alla en Italie en 1848. En 1851, on le nomma sous-bibliothécaire à la bibliothèque de l'Arsenal, à Paris, et il fut envoyé en mission secrète à Constantinople, où il mourut. Ses œuvres ont été traduites en partie. Elles comprennent, entre autres, des poèmes épiques : *Grazyna*, *Wallenrod*, *Pan Tadeusz* ; un drame romantique et autobiographique : *Dziady*, et les ballades et les sonnets les plus beaux de la langue polonaise. Sa correspondance a été publiée à Paris, en 3 vol.

MICKLE (William-Julius), poète écossais, né en 1734, mort en 1788. A partir de 1766, il fut correcteur à la *Clarendon Press*, Oxford. Sa traduction des *Lusiades* a eu plusieurs éditions. Son œuvre la plus connue est la ballade de *Cumnor Hall*.

*MICMAC s. m. (all. *mischmasch* ; de *mischen*, mêler). Intrigue, manigance, pratique secrète dont le but est blâmable : *il y a eu bien du micmac dans cette affaire*. (Fam.).

MICMACS. La branche la plus orientale de la famille indienne du Algonquins, répandue dans le Nouveau-Brunswick, la Nova Scotia, le cap Breton, Terre-Neuve, l'île du Prince Edouard et Gaspé. Dès l'origine, ils furent en guerre avec les Petits Esquimaux, au N. du Saint-Laurent. Ils étaient habiles à manœuvrer les pirogues, et vivaient de pêche et de chasse. Lorsque les Français, sous de Monts, commencèrent à s'établir dans le Canada, on estimait le nombre des Micmacs à 3,000 ou 3,500. Les Français s'assurèrent leur amitié et ils figurent dans la plupart des luttes sur la frontière. Ils attaquèrent Annapolis en 1724 et en 1744, Port Lajoie en 1746, et le fort des Mines en 1749 ; en 1751, ils prirent Dartmouth, en face de Halifax. Ce ne fut qu'en 1760 que les Micmacs Richibucto, la plus guerrière et la plus redoutable de leurs tribus, mirent bas les armes. En 1873, on comptait 1,765 Micmacs en Nova Scotia et 1,386 dans le Nouveau-Brunswick ; il y en avait 400 au cap Breton et 70 à Terre-Neuve en 1864. Les Micmacs adoraient le soleil. Ils

avaient un système d'hiéroglyphes mieux apte à exprimer la pensée que ceux qu'on a trouvés chez les autres tribus septentrionales. Le Clercq les a adoptés et perfectionnés, et ils sont encore en usage. Une grammaire de la langue micmac par l'abbé Maillard, revue par Bellenger, a été imprimée à New-York en 1864.

*MICOCOULIER s. m. Bot. Genre de plantes dicotylédones dialypétales hypogynes, famille des urticées, comprenant plusieurs espèces d'arbres à feuilles alternes, dentées à trois nervures. On trouve en France le *micocoulier*

Micocoulier de Virginie. (Celtis occidentalis).

austral (*celtis australis*), appelé aussi *fabreguier*, bel arbre haut de 18 à 20 m., à écorce grise, à rameaux étalés, à fruits noirs et gros comme un pois. Son bois noirâtre, compact, fin et tenace, est employé par les charrons, les luthiers, les tourneurs, les ébénistes, les menuisiers. L'amande du fruit produit une huile bonne pour l'éclairage. On cultive aussi dans les parcs le *micocoulier de Tournefort* (*celtis Tournefortis*), le micocoulier de Virginie (*celtis occidentalis*), à fruits d'un beau rouge orangé, etc.

* MI-CORPS (À) loc. adv. A moitié du corps

MI-COUPÉ adj. m. Blas. Se dit de l'écu, qui, étant parti, est coupé seulement dans l'une de ses moitiés, ou de l'écu coupé de deux émaux dont chacun est chargé de la moitié d'une figure.

MICRO (gr. *micros*, petit). Préfixe qui signifie petit et qui entre dans la formation d'un grand nombre de mots.

MICROBE s. m. (gr. *mikros*, petit ; *bios*, vie). Nom donné par certains savants, à des êtres microscopiques qui se développeraient et pululueraient dans le sang avec une rapidité extraordinaire et se propageraient même dans d'autres milieux. — Raspail supposait que les neuf dixièmes des maladies sont produites par des insectes infiniment petits et, partant de ce principe, il institua un traitement (le camphre surtout) pour détruire les parasites. Pouchet, voulant démontrer l'exactitude de son système de génération spontanée, inventa l'aéroscope qui permit d'étudier les infiniment petits. Il eut Pasteur pour adversaire et ce dernier, se servant des arguments et même de l'instrument de Pouchet, pour démontrer la fausseté de la théorie de la génération spontanée, fit faire de grands progrès à la micrographie. L'existence des infiniment petits ayant été démontrée dans le choléra des poules (voy. CHOLÉRA), restait à les étudier. Pasteur trouva que lorsqu'une goutte de sang est diluée dans une grande masse de liquide, ce dernier renferme encore un germe qui devient le point de départ de générations successives d'envahisseurs. Le choléra des poules, maladie virulente au premier chef, se communique par l'inoculation d'une goutte de sang infesté de ces êtres microscopiques, qui ne se développent pas seulement dans le sang, mais qui peuvent se trouver également dans d'autres liquides; ainsi Pasteur a obtenu des bouillons de microbes du choléra des poules, et ces liquides, même très étendus, constituent un virus d'une énergie extraordinaire qui produit une mort rapide lorsqu'on l'inocule. Ceci bien établi et parfaitement démontré par l'expérience, Pasteur se mit à étudier le mode de reproduction de ces agents morbides. Avec la patience et l'exactitude d'un savant qui veut attacher son nom à quelque grande découverte, il *cultiva*, en vase clos, les microbes, comme l'amateur de plantes rares se livre, dans une serre, à l'élevage des espèces étrangères. Il acquit bientôt la certitude que le microbe du choléra des poules se reproduit par *scission* ou *scissiparité*, à la façon de la levure de bière; nulle part, dans la reproduction, il ne trouva de spores (espèces de graines animales). On peut donc comparer ce microbe à des plantes qui se multiplient par bouture et dont la graine ne sert pas à la reproduction de la plante mère. Dans le cours de ses études sur le microbe du choléra des poules, Pasteur reconnut que la virulence des cultures maintenues en vase clos dans de l'air absolument pur s'altérait avec le temps. Au bout de *quelques* mois, le virus, qui tuait 20 poules sur 20, n'en tuait plus que 15; au bout de 8 à 10 mois, le virus perdait encore de son énergie; après 15 à 20 mois, il était extrêmement atténué et finissait par ne plus donner la mort. Le contact lent et continu de l'air modifiait donc le microbe au point de lui faire perdre toute propriété active. Pasteur constata alors ce fait capital, qu'une poule inoculée avec le virus devenu bénin ne contractait plus le choléra. On pouvait donc fabriquer sur place, par des cultures appropriées, un virus-vaccin, un virus préservateur d'une énergie dosée au gré de l'opérateur. Ce qui n'est pas moins curieux, c'est qu'on peut faire remonter au virus l'échelle de la virulence depuis l'absence complète de toute activité apparente jusqu'à l'énergie primitive. Par exemple, un virus devenu inoffensif pour une poule, tue de prime-saut les petits oiseaux tels que serins, canaris, moineaux, etc.; puis le sang de ces petits oiseaux donne des microbes qui, cultivés, reprennent bientôt assez d'énergie pour tuer des poules adultes : transformations qui jettent une vive lumière sur l'apparition ou l'extinction des grands fléaux épidémiques, et permettent de fixer la virulence du microbe absolument comme un pharmacien peut proportionner l'énergie d'une solution toxique. Ces expériences ayant ouvert une voie nouvelle, les explorateurs, les chercheurs de science s'y précipitèrent. Un jeune professeur de l'École vétérinaire de Lyon, Toussaint, s'appliqua à rechercher si l'on ne pourrait pas rendre *inoculable* le charbon atténué dans une mesure qui *sauvegardât* contre de nouvelles attaques. Il soumit à une température de 55°, pendant 10 à 20 minutes, du sang charbonneux défibriné, pour lui enlever de sa virulence sans tuer l'animal microscopique qui constitue la maladie et que l'on appelle bactéridie, de façon que son inoculation transmît une fièvre charbonneuse bénigne à la suite de laquelle l'immunité est acquise. Scientifiquement, le problème fut résolu; mais au point de vue pratique, il n'en était pas de même, et l'expérience confirma la théorie dix foix sur vingt à peine. Il était encore réservé à Pasteur de trancher la question. Comme toujours, il débuta par l'étude de l'être infiniment petit qui produit le mal. Il établit bien vite la différence qui existe entre la *bactéridie* ou microbe du charbon et le microbe du choléra des poules. Ce dernier, comme nous l'avons dit, dégénère, s'altère, s'atténue, perd ses propriétés actives

et devient un vaccin préservateur quand on le maintient en vase clos. L'autre, au contraire, conserve toute sa vitalité à l'air libre. Pourquoi cette différence dans le mode de génération? Pasteur, avec une persévérance qui justifie son succès, finit par découvrir que la bactéridie se reproduit par scissiparité, ou boutures animales qui se détachent d'elles-mêmes, comme le microbe du choléra des poules, mais qu'elle se multiplie aussi et surtout par spores ou semences. Il s'agissait donc de faire disparaître ce mode de reproduction par spores pour rapprocher les conditions de culture de la bactéridie de celle du microbe du choléra. Pasteur y parvint en élevant la température à +42° C. qui tua la semence; alors la reproduction se fait par scission ou bouture seulement et la bactéridie perd très rapidement ses propriétés virulentes au contact de l'air; elle devient, elle aussi, un vaccin. Ce n'est pas tout. La bactéridie cultivée à 42° et altérée par l'air ne donne pas de spores; mais ses produits en donnent dans l'air froid; et ces spores, qui ne possèdent qu'une virulence atténuée, donnent naissance à des bactéridies dont la virulence est proportionnelle à celle de leurs sporesoriginelles. L'expérimentateur se trouve ainsi en état de fabriquer des races plus ou moins actives dans les bactéridics charbonneuses. Ce qui fait que, virulente pour telle espèce animale très sensible, la bactéridie devient bénigne pour telle autre espèce moins impressionable. On crée ainsi le virus qui tue le cobaye ou le lapin, mais qui préserve le mouton d'une inoculation postérieure; le virus qui tue le cobaye très jeune et qui préserve le cobaye adulte. La bactéridie inoffensive pour un très jeune lapin peut encore tuer la souris. De même il existe des degrés dans l'*immunité* conférée par le virus atténué. Telle culture vaccinale ne préserve que pour telle culture virulente. Il est donc essentiel de procéder par échelons et de répéter l'opération pour conférer l'immunité définitive. Ainsi des moutons doivent recevoir d'abord du virus faible, inoffensif pour leur organisme, assez fort cependant pour tuer des cobayes; leur organisme étant ainsi préparé, on les vaccine une seconde fois avec du virus mortel pour de jeunes agneaux. Puis, complètement protégés par cette dernière vaccination, ils peuvent être inoculés avec le virus le plus virulent ou vivre dans un foyer d'infection sans en recevoir la moindre atteinte. On fait donc deux inoculations successives: la première, avec un virus très atténué, a pour résultat de communiquer aux animaux une fièvre légère; la deuxième, qui a lieu quinze jours plus tard avec une bactéridie plus virulente, cause également une fièvre légère aux animaux. Le 28 février 1881, Pasteur annonça à l'Académie des sciences qu'il était parvenu, à l'aide d'un virus-vaccin préparé dans son laboratoire, à préserver les moutons du charbon. Le 5 mai suivant, il commença des expériences dans la commune de Fouilly-le-Fort, près de Melun; il vaccina à deux reprises un certain nombre de bêtes ovines. Le 31 mai, il inocula le charbon aux animaux vaccinés et à un certain nombre de moutons non vaccinés. Ces derniers périrent en quelques heures; les autres ne perdirent pas un instant l'apparence de la santé. Une expérience faite sur des vaches et sur des chèvres amena des résultats identiques. On espère que cette méthode généralisée permettra de préparer d'une manière analogue des virus-vaccins pour les autres maladies contagieuses. Parmi les observations intéressantes dues à M. Pasteur, nous devons citer les suivantes: Les germes charbonneux résident dans le sol pendant de longues années et sont ramenés à la surface par les vers de terre. Les champs où l'on enfouit les animaux charbonneux transmettent la maladie.

Les animaux mangent les germes dans les pâturages contaminés et propagent le charbon. Le microbe du choléra et celui du charbon reprennent leur virulence par des inoculations successives sur des animaux de plus en plus grands. Ainsi la bactéridie atténuée redevient redoutable quand on prend le sang infectieux de la souris pour l'inoculer à un cobaye jeune, le sang du cobaye jeune pour l'inoculer au cobaye vieux; le sang de celui-ci au lapin, etc. Nous ne terminerons pas sans dire un mot des recherches poursuivies, dans le même ordre d'idées, à l'École vétérinaire de Lyon, par MM. Arloing et Cornevin professeurs, et, dans le Barrigny, par M. Thomas, vétérinaire. Leurs travaux ont porté sur une espèce particulière du charbon, le *charbon symptomatique de Chabert*. Ces savants ont découvert que cette maladie dépend, elle aussi, d'un microbe; mais que ce microbe n'est pas la bactéridie de la fièvre charbonneuse. On le trouve accumulé dans les tumeurs dites charbonneuses, profondément adhérent à la fibre musculaire dont on ne le détache que par le raclage des muscles avec le tranchant du scalpel. Ce microbe, introduit dans le système circulatoire par injection directe, est presque inoffensif et ne détermine qu'une maladie légère, de courte durée, à la suite de laquelle les animaux ont acquis une complète immunité contre les effets mortels de l'inoculation de ce même microbe dans le tissu cellulaire ou musculaire. Le microbe du charbon symptomatique de Chabert sert donc de vaccin ou de virus, selon qu'il entre par une porte ou par l'autre. — Pasteur fit ensuite des études et des expériences remarquables au sujet du microbe que l'on suppose produire la rage. — En nov. 1884, on annonça que le Dr Domingo Freire, de Rio-de-Janeiro, avait découvert le microbe du *vomito negro*, l'avait cultivé et atténué et était parvenu à en faire un vaccin.

MICROBIE s. f. Monde des microbes.

MICROCÉPHALE adj. (préf. *micro*; gr. *kephalè*, tête). Zool. Qui a une petite tête.

MICROCÉPHALIE s. f. Idiotisme provenant de la petitesse du cerveau.

* **MICROCOSME** s. m. (préf. *micro*; gr. *kosmos*, monde). Petit monde, monde en abrégé: *quelques philosophes anciens ont dit que l'homme était un microcosme*. (Peu usité.)

MYCRODACTYLE adj. (préf. *micro*; gr. *daktulos*, doigt). Zool. Qui a de petits doigts.

MICRODONTE adj. (préf. *micro*; gr. *odous*, *odontos*, dent). Qui a une petite denteleure ou de petites dents.

MICROGRAPHE s. m. (préf. *micro*; gr. *graphô*, je décris). Celui qui décrit les objets microscopiques.

* **MICROGRAPHIE** s. ... Description des objets qui sont si petits, qu'on ne peut les voir sans le secours du microscope. — L'instrument dont on se sert ordinairement pour les travaux sur la micrographie est l'*aéroscope Pouchet*, petit appareil qui rend aujourd'hui de très grands services et dont l'application est tellement généralisée qu'on l'emploie dans les hôpitaux pour étudier la micrographie aérienne des salles réservées aux maladies épidémiques. C'est un curieux appareil imaginé par F.-A. Pouchet, de Rouen, et qui fut pendant longtemps une arme redoutable de Pouchet contre Pasteur. Mais ensuite l'arme se tourna contre son inventeur et devint le plus utile auxiliaire de Pasteur, qui s'en servit pour terrasser son antagoniste; si bien que des auteurs et même certains livres classiques ont attribué cette utile invention à l'illustre explorateur du monde des microbes.

MICROGRAPHIQUE adj. Qui a rapport à la micrographie.

MICROLOGIE s. f. (préf. *micro* ; gr. *logos* discours). Traité sur les corps microscopiques.

MICROMÉLIE s. f. (préf. *micro* ; gr. *melos*, membre). Monstruosité caractérisée par l'exiguité de quelque membre.

* **MICROMÈTRE** s. m. (gr. *mikros*, petit ; *metron*, mesure). Instrument d'astronomie, sorte d'appareil qui s'applique aux lunettes, et qui sert à mesurer, dans les cieux, avec une très grande précision, de petites distances et de petites grandeurs. Le micromètre est formé de deux fils parallèles dont l'un peut être éloigné de l'autre au moyen d'une vis micrométrique à tête graduée. L'instrument a été gradué d'avance, en observant à une distance connue une mire ou règle divisée. Les premiers micromètres ont été inventés par Vernier (1631) ; Gascoigne (1640) et employé par lui à mesurer le diamètre de la lune ; Huygens (1652) ; Auzout, etc. Vers 1858, Joseph Whitworth imagina une machine à mesurer un millionième de pouce. Le micromètre annulaire suspendu de Fraunhofer s'emploie beaucoup pour les objets qui ne permettent pas l'usage de l'éclairage nécessaire pour rendre visibles les fils du micromètre filaire, comme les comètes, les étoiles filantes, les astéroïdes. Il y a des micromètres d'autre forme pour des usages spéciaux. Une méthode récente de prendre les positions et les distances des étoiles, soit doubles soit en groupes, est de photographier le champ télescopique au collodion sur du verre, et puis de mesurer l'impression obtenue à l'échelle d'un micromètre indépendant construit exprès. Cette méthode est d'une grande exactitude et présente des avantages nombreux et évidents. C'est un micromètre de ce genre qu'a inventé M. Lewis Rutherford, de New-York. (Pour les micromètres à microscope, voy. MICROSCOPE.)

MICROMÉTRIE s. f. Art de se servir du micromètre.

MICROMÉTRIQUE adj. Qui a rapport à la détermination des grandeurs très petites. — **Vis micrométrique**, vis dont le pas est très fin et très précis et dont la tête très large permet d'évaluer l'axe décrit lorsque l'on fait avancer ou reculer la vis.

MICRONÉSIE s. f. (gr. *mikros*, petit ; *nésos*, île). Terme appliqué par certains géographes à une division arbitraire des îles de l'océan Pacifique. La Micronésie et la Mélanésie sont comprises dans les expressions mieux définies d'Australasie et de Polynésie. La Micronésie s'étend depuis l'île la plus occidentale du groupe Hawaïen jusque près du Japon et des Philippines, et au S., elle atteint l'équateur, englobant les groupes des îles Marshall et Gilbert, les îles des Larrons et les Carolines. La Mélanésie comprend les îles Fidji, les Nouvelles-Hébrides, les îles Salomon, la Nouvelle-Calédonie, la Nouvelle-Bretagne, la Nouvelle-Irlande et la Papouasie.

MICROPHONE s. m. (préf. *micro* ; gr. *phoné*, son). Nom donné par Wheatstone, en 1827, à un instrument qui avait pour but de rendre appréciables les sons les plus faibles, au moyen de deux baguettes, comme le montre notre figure. Le microphone de Wheatstone se compose de deux plaques de métal (*a b*), assez larges pour couvrir le pavillon de l'oreille. En dehors de cette plaque, vis-à-vis du trou de l'oreille, est rivée une baguette métallique. Ces baguettes se réunissent en *c*. Quand une cloche est plongée dans un vase plein d'eau, et quand la pointe *c* du microphone est placée dans cette eau, à différentes distances de la cloche, les différences du son deviennent très sensibles.

Microphone de Wheatstone.

De même quand on place la pointe du microphone sur les parois d'un vase contenant un liquide bouillant, le son devient très distinct. — Nom donné, en déc. 1877, à un appareil inventé par l'Américain D.-E. Hughes et exposé à la Société royale, le 9 mai 1878. Ce microphone est basé sur le fait qu'une altération dans la résistance opposée à un courant électrique cause une altération dans la force de ce courant et que cette dernière altération peut être rendue évidente par la production d'un son dans un téléphone. (Voy. TÉLÉPHONE). Cet appareil a été construit de différentes manières. Il se compose ordinairement d'un crayon de charbon de cornue qui a rendu pointu à ses deux extrémités, et que deux autres morceaux de charbon de cornue, fixés à un support, maintiennent par leur serrage dans une position verticale. (Voy. notre fig.) Le support consiste en deux

Microphone.

planches dont l'une est perpendiculaire à l'autre. Les deux morceaux de charbon de cornue qui maintiennent le crayon sont en contact avec deux fils qui communiquent à une pile électrique. Si une montre est placée sur la planche horizontale de l'appareil, son tic-tac devient très bruyant aux deux pôles des fils conducteurs qui forment circuit, comme le montre notre gravure. Ce circuit est terminé par un téléphone que l'on s'applique à l'oreille.

MICROPTÉRYGIEN, IENNE adj. (préf. *micro* ; gr. *pterux*, nageoire). Ichtyol. Qui a de petites nageoires.

MICROPYLE s. m. (préf. *micro* ; gr. *pulé*, porte). Bot. Nom donné à la petite ouverture par laquelle l'ovule reçoit l'action fécondante du pollen et qui est toujours située à la base de la graine.

* **MICROSCOPE** s. m. (préf. *micro* ; gr. *skopeó*, j'examine). Instrument d'optique dont on se sert pour grossir la vue les petits objets : *cet objet est si petit, qu'on ne le peut voir qu'avec un microscope.* — MICROSCOPE solaire, sorte de microscope qui fait voir, en grand, dans une chambre obscure, les images de très petits objets, vivement éclairés par le soleil. —Fig. IL VOIT TOUT AVEC UN MICROSCOPE, son imagination lui grossit tous les objets ; il s'exagère tout. — ENCYCL. Les microscopes sont de deux genres, simples ou composés. Dans les premiers, l'objet se voit directement au moyen d'une seule lentille ou d'une série de lentilles agissant de la même manière qu'une lentille unique. Dans les autres, une lentille unique ou une série de lentilles, on appelle objectif, donnent une image grossie de l'objet ; cette image est vue et grossie encore au moyen d'une pièce appelée *oculaire*, sur laquelle s'applique l'œil. Chacun de ces genres a sa valeur ; mais, comme instrument de recherches en général, le microscope composé, avec ses perfectionnements modernes, est de beaucoup supérieur. Personne ne réclame l'invention du microscope simple ; mais celle du microscope composé a été disputée chaudement : les Italiens et les Hollandais la revendiquent ; mais leur microscope était bien inférieur à l'instrument d'aujourd'hui. — La plus ancienne lentille grossissante connue, si tant est qu'elle fût employée à cet usage, est la lentille grossière trouvée par

Layard dans le palais de Nemrod ; elle est en cristal de roche, et loin d'être parfaite. Les « globes brûlants », comme Aristophane les appelle, se vendaient, du temps de celui-ci, dans les boutiques d'Athènes, environ 400 ans av. J.-C. Rien ne prouve que les lentilles fussent employées dès lors pour grossir, si ce n'est peut-être comme verres pour la lecture. Ce n'est qu'au XVIe siècle que l'on trouve de puissants verres grossissants positivement employés à des recherches scientifiques. Les noms de Malpighi, de Lieberkühn, de Hooke, de Leeuwenhoek, de Swammerdam, de Lyonnet et d'Ellis sont intimement liés à l'histoire du microscope simple. La plupart des verres grossissants dont se serviront les premiers observateurs étaient de très petites lentilles simples, ou souvent de petites sphères fabriquées en fondant des fils de verre à la flamme d'une lampe à alcool. Les petites lentilles simples de grande puissance sont d'ordinaire plano-convexes, le côté plan tourné vers l'objet ayant une longueur focale qui varie de 0m0025 à 0m0005. Tous les instruments grossissants composés de lentilles simples sont inférieurs aux doublets et aux triplets. L'invention du doublet, sous sa meilleure forme, est due au Dr Wollaston. Il consiste en deux lentilles plano-convexes, dont le côté plan est tourné vers l'objet ; la lentille postérieure, celle qui est le plus près de l'œil, a trois fois la longueur focale de l'antérieure, et la distance entre ces deux est égale à deux fois la longueur focale de la plus courte. Le grand avantage du doublet est l'agrandissement de l'angle d'ouverture et la diminution de l'aberration sphérique. Par « angle d'ouverture », on entend la largeur angulaire du cône de rayons venant de l'objet et réfracté à travers la lentille ou la série de lentilles. Avec une seule lentille, d'une ouverture égale à sa longueur focale, l'angle sera d'environ 55° ; en d'autres termes, les lignes tirées dans le même plan d'un point de la lentille à son bord, ce point étant dans l'axe de la lentille et à une distance de sa surface convexe égale à son diamètre, seront de 55° ; mais aucune lentille simple n'admettra une ouverture semblable. Dans le doublet, la lentille antérieure est beaucoup plus rapprochée de l'objet qu'elle ne pourrait l'être si elle était employée seule, et par conséquent admet un angle plus large ; en même temps, la réduction de la puissance grossissante diminue l'aberration sphérique, qui est encore diminuée davantage par les relations particulières des courbes. Le doublet devient ainsi un instrument tout à fait supérieur, lorsqu'il est bien fait et employé avec soin, il surpasse tous les autres, à l'exception des formes les plus perfectionnées du microscope composé. Les doublets de cristal de roche bien supérieurs à ceux de verre. Les triplets sont, de leur côté, supérieurs aux doublets ; et, comme microscopes simples, les triplets achromatiques que fournissent aujourd'hui les opticiens français et allemands sont d'un usage excellent. La « lentille de Codington », invention de sir David Brewster, se compose d'une lentille sphérique, ou d'une sphère autour de laquelle est creusée une profonde cannelure, de manière à briser les faisceaux lumineux des bords, et à donner ainsi un champ plus large et une image plus parfaite. Les lentilles ordinairement vendues sous ce nom sont simplement des cylindres de verre à extrémités sphériques, et n'ont naturellement aucun des avantages du champ large et de l'absence d'aberration sphérique de l'instrument proposé par le Dr Brewster. Lorsque les courbes de ces lentilles cylindriques sont inégales, et telles que, la plus convexe étant

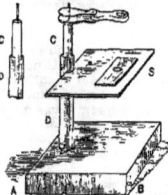

Fig. 1. Microscope simple.

tournée vers l'œil, un objet placé sur l'autre surface convexe soit dans le foyer propre de la lentille, l'instrument s'appelle « lentille Stanhope »; son emploi est limité aux objets qui peuvent directement s'appliquer à sa surface. — Le microscope composé est essentiellement formé de l'objectif et de la pièce où s'adapte l'œil. Le premier se compose ordinairement aujourd'hui d'une combinaison de trois séries de doublets achromatiques arrangées de manière à éviter le plus possible l'aberration sphérique et chromatique; l'autre est faite de deux lentilles plano-convexes

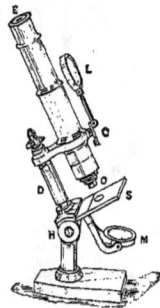

Fig. 2. Microscope composé.

dont les côtés plans sont tournés vers l'œil, la lentille la plus rapprochée de l'objet ou « lentille du champ », ayant presque exactement une longueur focale double de la lentille la plus rapprochée de l'œil, et la distance qui les sépare étant un peu supérieure à la longueur focale de la lentille du champ; la proportion varie suivant les constructeurs. Dans la fig. 3, l'objet placé en P, sur le support T, est éclairé par les rayons convergents bbbb que réfléchit le miroir S. En L se trouve l'objectif composé achromatique. C est la lentille du champ et A la lentille de l'œil qui composent ensemble la pièce oculaire. Avec la lentille de l'œil on voit l'image de l'objet, P', formée par l'objectif. La pièce oculaire ainsi formée s'appelle pièce oculaire négative, ou de Huygens. La pièce oculaire de Kellner constitue un réel progrès : on l'appelle orthoscopique, et la lentille de l'œil est achromatique ou peu s'en faut. M. Tolles, de Boston, a inauguré une pièce oculaire solide, orthoscopique, négative, d'une clarté et d'une netteté remarquables, particulièrement propre aux usages micrométriques, l'échelle gravée étant encastrée dans le corps de la pièce oculaire solide, et parfaitement protégée contre la poussière et tout ce qui pourrait gêner la netteté. Andrew-B. Ross, opticien anglais, a

ait des objectifs si parfaitement exempts d'aberration sphérique et chromatique, qu'une nouvelle source de difficultés se présente. Il a trouvé que ces aberrations, si délicatement compensées, cessaient de l'être chaque fois que le verre mince qui recouvre l'objectif variait d'épaisseur. Pour y remédier, il changea la distance entre la première et les deux dernières séries de verres achromatiques composant l'objectif, au moyen d'une délicate rondelle à vis. Ce perfectionnement a été adopté par tous les opticiens américains et anglais, et plus récemment par les Français. Le professeur Amici introduisit une couche d'eau entre la lentille antérieure de l'objectif et le verre mince qui le recouvre. E.-F. Hartnack, de Paris, a adopté le système d' « immersion », comme on l'appelle, et est bientôt devenu le premier des constructeurs d'objectifs. — Un des plus récents perfectionnements du microscope a été son adaptation à la vision binoculaire stéréoscopique. Le microscope binoculaire, tel que nous l'avons aujourd'hui, est le résultat d'un progrès graduel dans l'application de la découverte du stéréoscope du professeur Wheatstone, depuis l'année 1851, où le professeur Riddell, de la Nouvelle-Orléans, essaya pour la première fois de produire le relief micro-stéréoscopique, jusqu'à l'invention nouvelle, simple et universellement employée, de M. Wenham, que montre la fig. 4. Le faisceau des rayons qui a passé à travers l'objectif In est coupé en deux parties égales par l'interposition d'un prisme trapézoïdal a, comme on le voit dans la fig. 4 A : la moitié des rayons du faisceau monte dans le tube comme d'ordinaire, et l'autre moitié entre dans la face antérieure du prisme; ils sont réfléchis par les surfaces latérales b et c, et sortent à d pour monter dans le tube secondaire, comme on le voit dans la fig. 4 B.

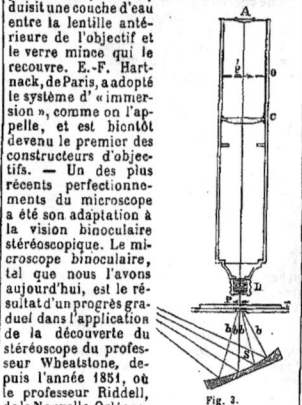

Fig. 3.

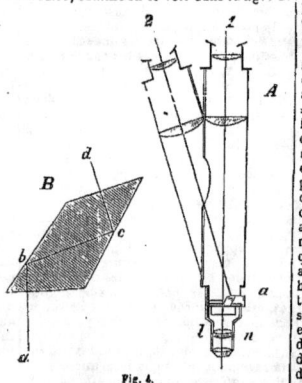

Fig. 4.

Pour obtenir l'effet stéréoscopique, il est absolument nécessaire, à cause du croisement des rayons des faisceaux dans l'ob-

jectif, que les rayons qui émanent de la moitié droite du faisceau coupé pénètrent dans l'œil gauche et vice versa. Si ceci n'a pas lieu, nous aurons, au lieu du relief stéréoscopique, un effet pseudoscopique; c'est-à-dire que les élévations paraîtront comme des dépressions, et les dépressions comme des élévations. On évite ceci en faisant que les rayons réfléchis par la face c du prisme croisent ceux qui montent directement dans le tube, de sorte que l'œil droit reçoive la moitié gauche du faisceau et l'œil gauche la moitié droite. La distance entre les oculaires 1 et 2, fig. 4 A, est adaptée aux différentes vues au moyen d'une crémaillère qui les fait rentrer ou ressortir. Il y a deux grands avantages à se servir du microscope binoculaire : d'abord les yeux sont soumis à un travail égal, et par conséquent moins susceptibles de se fatiguer; en second lieu, on observe les trois dimensions d'un corps, car, avec le binoculaire stéréoscopique, la vue pénètre dans l'intérieur d'un corps aussi bien qu'elle en observe la longueur et la largeur. — Le nom de condensateur achromatique a été donné à un appareil éclairant, composé d'un objectif achromatique à angle ouvert. On ne peut employer de condensateur d'un angle plus grand que 100°, à moins que l'objet ne soit placé sur un verre très mince. Tous les objets d'examen difficile devraient être montés de cette manière sur une feuille d'acajou ou sur une plaque de verre. Le condensateur œil-de-bœuf se compose d'une épaisse lentille plano-convexe, à foyer court, monté sur un pied, de manière à pouvoir servir à éclairer les objets opaques. Le petit condensateur s'emploie comme l'œil-de-bœuf. Là où l'on désire un éclairage très intense, l'œil-de-bœuf se place près de la source de lumière en lui présentant son côté plan, de manière à rendre les rayons presque parallèles; puis cette lumière est encore condensée davantage à l'aide du petit condensateur. Le micromètre du support est une feuille de verre réglée et divisée en 100° ou 200° de millim.; on l'emploie concurremment avec la chambre claire, ou pour déterminer la valeur des divisions du micromètre de la pièce oculaire. Le micromètre à pièce oculaire, connu sous le nom de «micromètre de Jackson», est une échelle de verre finement graduée, introduite entre les deux lentilles de la pièce oculaire, de manière à être dans le foyer de la lentille de l'œil. L'appareil polarisant consiste en deux prismes de Nicols, en spath calcaire, pouvant tourner; l'un, appelé le polariseur, destiné à être placé au-dessous de l'objet; l'autre, l'analyseur, au-dessus, soit directement par-dessus la pièce oculaire, où il vient retrancher d'ordinaire une des parties du champ, soit à l'extrémité inférieure du tube; à cette place, si le prisme est bas et qu'il ne soit pas trop long, il n'affectera pas beaucoup la netteté de l'image, et laissera tout le champ visible. Une série de sélénites tournantes, destinées à aller au-dessous de l'objet, entre lui et le polariseur, accompagne les prismes. La chambre claire donne le moyen de dessiner ou d'esquisser les contours des objets examinés au microscope, ce qui est absolument nécessaire. Souvent c'est simplement une plaque de verre de teinte neutre qui, placée devant la pièce oculaire, à un angle de 45°, lorsque le microscope est tourné horizontalement, réfléchit l'image en permettant de voir en même temps son crayon et son papier sur la table. La cage à animalcules est un petit appareil tout simple au moyen duquel on peut retenir une goutte d'eau entre deux plaques de verre. Les lieberkühns sont des miroirs d'argent poli, dont la surface polie est tournée vers l'objet; on les emploie concurremment avec ce qu'on nomme les puits sombres: ceux-ci se composent d'une baguette flexible portant à son extrémité une armature de bronze noirci, et ils se placent immédiatement sous l'objet, de manière à retrancher la lumière directe. Lorsque l'objet même est monté sur un fond opaque, ils ne sont pas nécessaires. — En travaillant avec le microscope monoculaire, il faut prendre l'habitude de garder les deux yeux ouverts. Si on laisse ses yeux libres et qu'on ajuste ensuite soigneusement le foyer à sa vue, l'emploi du microscope ne causera pas beaucoup de fatigue. Mais si le foyer n'est ajusté qu'approximativement et qu'on n'obtienne une vision nette que par un effort de l'œil, il en résultera des maux de tête et de graves accidents.

MICROSCOPIE s. f. Examen des objets à l'aide du microscope. — Méthode à suivre pour observer au microscope.

* **MICROSCOPIQUE** adj. Qui se fait avec le secours du microscope : *observations, expériences microscopiques*. — Qui ne peut être vu qu'avec le microscope : *objet, animal, plante microscopique*. — Par ext. Un objet microscopique, un objet très petit. — ANIMAUX MICROSCOPIQUES. (Voy. INFUSOIRES.)

MICROSTHÈNES. Voy. MÉGASTHÈNES.

MICRO-TASIMÈTRE s. m. Instrument inventé en 1878, par T.-A. Edison, pour appliquer le principe du microphone à charbon à la mesure des pressions infinitésimales.

* **MICROZOAIRE** s. m. (préf. *micro*; gr. *zôon*, animal). Zool. Animal extrêmement petit, qu'on n'aperçoit guère qu'au microscope; on l'appelle autrement INFUSOIRE.

MICTION s. f. [mi-ksi-on] (lat. *mictio*; de *mingere*, uriner). Méd. Action d'uriner.

MIDAS [mi-dass]. Nom de plusieurs rois légendaires de Phrygie. Tous les rois phrygiens de l'histoire ancienne sont, comme le remarque Rawlinson, ou Midas, fils de Gordius, ou Gordius, fils de Midas. Duncker met le règne du premier Midas au milieu du VIIIᵉ siècle av. J.-C., et suppose que la dynastie s'est éteinte au VIᵉ siècle. Voici le principal mythe attaché à ce nom. Midas, ayant rendu un service à Bacchus, demanda au dieu et obtint de lui que tout ce qu'il toucherait se changerait en or; mais comme ses aliments mêmes subissaient cette métamorphose, il se vit sur le point de mourir de faim, et supplia le dieu de reprendre ce don fatal. Bacchus lui commanda de se baigner dans le Pactole. Après l'avoir fait, son toucher n'eut plus la vertu de transmuer en or les choses nécessaires à la vie, mais les sables de la rivière furent changés en ce métal. D'après une autre légende, Midas, ayant été choisi pour décider des mérites respectifs d'Apollon et de Pan comme musiciens, donna la préférence à ce dernier. Le fils de Jupiter se vengea en changeant les oreilles de Midas en oreilles d'âne. Ce prince parvint à cacher cette difformité aux yeux de tous, sauf à ceux de son barbier qui lui jura le secret. Mais un secret est lourd pour un barbier et celui du roi de Phrygie ne put garder le sien. Pour se soulager, il s'en alla dans un endroit écarté, y creusa un trou et murmura tout bas : « le roi Midas a des oreilles d'âne ». Puis il ferma le trou et s'éloigna. Quelque temps après, il s'éleva en cet endroit des roseaux qui, agités par le vent, répétaient entre eux: « Midas, le roi Midas, a des oreilles d'âne ».

MIDDELBURG [mid'-èl-bourg], capitale de la Zélande, dans les Pays-Bas, presque au centre de l'île de Walcheren, à 130 kil. S.-O. d'Amsterdam; 17,000 hab. L'hôtel de ville, bâti par Charles le Téméraire en 1468, est orné de 25 statues colossales de comtes et de comtesses de Flandre. La ville fut fondée en 1132, et fit, pendant quelque temps, partie de la ligue Hanséatique. Les Hollandais la prirent aux Espagnols en 1574.

MIDDLEBURY [mi'-deul-be-rè], ville de Vermont (États-Unis), sur l'Otter Creek, aux chutes de Middlebury; 3,086 hab. On y trouve de beaux marbres blancs et jaspés, qu'on y exploite activement. Il y a un collège ouvert depuis 1800, et appartenant à la secte congrégationaliste.

MIDDLESBOROUGH [mid'-deulss-bo-rou], ville du Yorkshire (Angleterre), près de l'embouchure du Tees, à 50 kil. S.-S.-E de Newcastle; 40,000 hab. Elle n'avait que 40 habitants en 1821, et elle fut pour ainsi dire bâtie de toutes pièces par une compagnie, pour servir de dépôt de charbon de terre. Elle possède aussi d'importantes fabriques de toile à voiles et de cordages, une grande manufacture de poterie, des fonderies de fer et des chantiers de constructions maritimes.

MIDDLESEX [mid'-d'l-sèx], comté du S.-E. de l'Angleterre; 734 kil. carr., 2,538,882 hab. C'est, après Rutland, le comté le plus petit; mais il est le plus peuplé et le plus riche, car il comprend la plus grande partie de Londres. Cap., Brentford.

MIDDLETON (Thomas), écrivain dramatique anglais, mort en 1627. Il fut le collaborateur de Jonson, de Fletcher, de Massinger et de Rowley. On trouve dans la collection Dosley quelques-unes de ses pièces : *A Mad World, my Masters* (Ce monde est fou, mes maîtres); *The Mayor of Queenborough* (Le Maire de Queenborough); *The Roaring Girl* (La Fille qui hurle). Sa pièce intitulée *Gama at Chess* (jeu d'échecs) fut jouée en 1624, et débuta à la cour.

MIDDLETOWN [mid'-d'-l-taoun], ville du Connecticut (États-Unis), sur la rive droite du Connecticut, à 50 kil. au-dessus de son embouchure; 6,923 hab.

MIDDLETOWN, petite ville de l'état de New-York [États-Unis], à 110 kil. N.-N.-O. de New-York; 6,049 hab.

* **MIDI** s. m. (préf. *mi*; lat. *dies*, jour). Milieu du jour, point qui partage le jour également entre le soleil levant et le soleil couchant; et, dans l'usage ordinaire, la douzième heure depuis minuit : *à l'heure de midi*; *midi sonnant*. — EN PLEIN MIDI, en plein jour, publiquement : *il a été volé dans la rue en plein midi*. — C'EST NE VOIR PAS CLAIR EN PLEIN MIDI, C'EST DIRE QU'IL N'EST PAS JOUR EN PLEIN MIDI, c'est d'une personne qui doute d'une chose certaine, évidente, ou qui la nie. — CHERCHER MIDI A QUATORZE HEURES, chercher des difficultés où il n'y en a point; allonger inutilement ce qu'on peut faire ou dire d'une manière plus courte; vouloir expliquer d'une manière détournée quelque chose de fort clair. — LE MIDI DE LA VIE, l'époque de la vie qui est entre l'enfance et la vieillesse. On dit dans le même sens, ÊTRE DANS SON MIDI, A SON MIDI. — Astron. Moment où le centre du soleil se trouve dans le méridien, et où commence le jour astronomique. — MIDI VRAI, le temps où le soleil est réellement au méridien. — MIDI MOYEN, temps où il serait midi, si le soleil avait un mouvement uniforme dans l'équateur, et que l'écliptique et l'équateur coïncidassent. — ∞ Pop. IL EST MIDI, il n'est plus temps. — * Un des quatre points cardinaux du monde, qu'on nomme autrement le sud : *le midi est opposé au nord*. — Par ext. Pays méridional : *cet homme est du Midi*. — Exposition qui, étant en face du soleil à midi, reçoit toute la chaleur de ses rayons : *son appartement est au midi*.

MIDOU (Le), petite rivière qui prend sa source au pied de la colline du Moulin-de-Paillasse (Gers) et se réunit, à Mont-de-Marsan, à la Douze, pour former la Midouze. Cours, 95 kil.

MIDOUZE (La), rivière formée de la réunion de la Douze et du Midou près de Mont-de-Marsan (Landes); elle se jette dans l'Adour après un cours de 45 kil.

MIDSHIPMAN s. m. [mid'-chip-mann](angl. *midship*, milieu du navire; *man*, homme). Le premier grade de la marine d'Angleterre et de celle des États-Unis. Il correspond à celui d'*aspirant de marine* sur la flotte française. — Au plur. des MIDSHIPMEN.

* **MIE** s. f. (lat. *mica*). Toute la partie du pain qui est entre les deux croûtes : *un morceau de mie*.

* **MIE.** Particule explétive, qui signifie, pas, point, et qui n'est presque plus usitée, même dans le langage familier : *vous ne l'aurez mie*.

* **MIE** s. f. Abréviation d'amie, souvent employée dans le vieux langage :

> Si le roi m'avait donné
> Paris, sa grand'ville,
> Et qu'il me fallût quitter,
> L'amour de ma mie;
> Je dirais au roi Henri
> Reprenez votre Paris,
> J'aime mieux ma mie
> ô gué !
> J'aime mieux ma mie.
> Ancienne chanson, citée par Molière dans le *Misanthrope*.

Nombre de gens seront bien surpris en apprenant que ce n'est pas de Henri IV qu'il est questiondans cette fameuse chanson, tant admirée par Alceste, du *Misanthrope*. Dans ses *Instructions relatives aux poésies populaires de la France*, J.-J. Ampère a écrit : « Le Henri de cette *vieille chanson* n'est point Henri IV, mais Henri II... Elle aurait été composée par Antoine de Navarre, duc de Vendôme (le père même de Henri IV), qui réunissait de gais convives au château de la Bonnaventure, près de Gué-du-Loir, et se plaisait à y composer avec eux de joyeuses chansons. Or, il faut allusion à la position du manoir, doit donc être orthographié *au gué*, et non ô *gué!* comme cela a eu lieu dans la suite par corruption ». — Les enfants donnent quelquefois ce nom à leur gouvernante : *cet enfant est fort attaché à sa mie*. Ils disent plus ordinairement, MA BONNE.

* **MIEL** [lat. *mel*] s. m. Substance liquide et sucrée que les abeilles composent avec ce qu'elles recueillent dans les fleurs et sur les feuilles des plantes : *le miel du mont Hymette était célèbre chez les anciens*. — MIEL VIERGE, le miel le plus pur. — MIEL VIOLAT, ROSAT, etc., compositions pharmaceutiques dont le miel fait la base. — ON PREND PLUS DE MOUCHES AVEC DU MIEL QU'AVEC DU VINAIGRE, on réussit mieux dans les affaires, on subjugue plus de personnes par la douceur que par la dureté et la rigueur. — LA LUNE DE MIEL, le premier mois du mariage. ILS SONT ENCORE DANS LA LUNE DE MIEL, se dit, par allusion, de ceux qui ne connaissent du mariage que les plaisirs. — ÊTRE DOUX COMME MIEL, ÊTRE TOUT SUCRE ET TOUT MIEL, être doucereux, faire le doucereux. — CET ORATEUR A TOUJOURS LE MIEL SUR LES LÈVRES, LE MIEL DÉCOULE DE SES LÈVRES, ses paroles sont douces et flatteuses. — ENCYCL. Le miel est la substance saccharine que les abeilles déposent dans les cellules de leur ruche; c'est une pâte demi-fluide, d'un blanc jaunâtre, sirupeuse, sucrée et plus ou moins parfumée. Le meilleur miel est grenu et mou; il se dissout entièrement dans l'eau à laquelle il donne une saveur sucrée et un parfum agréable. Il se compose de deux espèces de sucre, la *dextrose* et la *lévulose*, avec de petites quantités de sucre ordinaire et des traces de cire, de pollen et de matière inorganique. Exposé à l'air, il subit graduellement la fermentation, parce que le sucre se convertit partiellement en alcool. Le miel participe du parfum et des propriétés particulières des plantes sur lesquelles il a été recueilli; c'est pourquoi le miel de certaines contrées est très recherché tandis que celui de pays moins favorisés est d'un goût désagréable et possède même quelquefois des propriétés nuisibles. Ainsi le miel du mont Ida, en Crète, a toujours joui d'une réputation supérieure, comme ceux de Narbonne et de

Chamounix; tandis que celui de Trébizonde cause des maux de tête et des vomissements et possède des propriétés vénéneuses qui proviennent probablement du *rhododendron* (*azalea Pontica*). La récolte du miel se fait en juillet ou en septembre. Après avoir taillé la ruche et recueilli les gâteaux, on expose ces derniers sur des claies ou dans des sacs de grosse toile à une douce chaleur, et il découle un premier miel nommé *miel de goutte* ou *miel vierge*. On obtient un second écoulement en brisant les gâteaux et en les chauffant un peu plus. Le miel de troisième qualité est extrait en pressant les gâteaux après en avoir retiré le couvain. Les miels de France se divisent en 5 qualités : 1° *miel de Narbonne;* 2° *miel du Gâtinais;* 3° *miel de Saintonge;* 4° *miel de Bourgogne;* 5° *miel de Bretagne.* — Le miel non falsifié ne bleuit pas au contact de la teinture d'iode; il se dissout dans l'eau sans former de dépôt; cette dissolution, traitée par l'oxalate de chaux et l'azotate de baryte ne donne pas de précipité. — Avant la découverte de l'Amérique, le miel était employé en guise de sucre; il entre encore dans la confection de plusieurs espèces de pâtisseries. — Le miel est légèrement laxatif; on le rend astringent par une infusion de pétales de roses et on l'appelle alors *miel rosat;* on l'emploie surtout en gargarismes contre les aphtes de la bouche et le muguet. — Miel de Mercuriale. (Voy. *Mercuriale.*)

MIEL, ou Meel (Jan) [mil, ou mèl], appelé par les Italiens Giovanni della Vita. Artiste flamand, né en 1599, mort en 1664. Fut employé à la décoration du Vatican, et alla ensuite comme peintre à la cour de Savoie. Ses meilleures œuvres sont des tableaux de chevalet représentant des foires, des scènes de carnaval, de marché, de chasse, des bohémiens, etc.

MIÉLAN, ch.-l. de cant., arr. à 14 kil. S.-O. de Mirande (Gers); 4,900 hab. Commerce de moutons et de vins.

MIÉLAT ou Miellat. Voy. Miellée.

MIELLÉ, ÉE adj. Qui contient du miel; *eau miellée.*

MIELLÉE s. f. [mié-lé]. Exsudation visqueuse et sucrée que laissent suinter les fleurs, les feuilles, les tiges, les bourgeons de certaines plantes, telles que l'érable, le tilleul, etc. La miellée ou miélat est souvent produite par une maladie ou par la piqûre de pucerons (*aphides*), qui s'attachent à la face inférieure des feuilles, et font jaillir de temps en temps des gouttelettes d'un liquide saccharin recherché par les abeilles, les guêpes, etc. D'autres fois, c'est une sécrétion causée par une grande abondance de suc, au moment des grandes chaleurs. La miellée, produite en grande abondance, est considérée comme une maladie des plantes.

• MIELLEUSEMENT adv. Ne s'emploie au propre et signifie, fig., d'une manière mielleuse : *il s'exprimait mielleusement.*

• MIELLEUX, EUSE adj. Qui tient du miel. Se dit ordinairement en mauvaise part, et signifie, fade, doucereux : *ce vin, cette liqueur a un goût mielleux.* — Fig. *Un homme mielleux; des paroles mielleuses.*

• MIEN, IENNE (lat. *meus, mea*). Adj. possessif et relatif de la première personne : *quand vous m'aurez dit votre sentiment, je vous dirai le mien; vos affaires sont les miennes.* Dans ce sens, *Mien* et *Mienne* ne se mettent jamais sans l'article, et ne se joignent à aucun substantif :

Pour moi, je troublerais un si noble entretien;
Et vos cœurs rougiraient des faiblesses du mien,
L. Racine. *Alexandre*, acte I°, sc. 11.

Je veux pour donner cours à mon ardente haine,
Que sa fureur au moins autorise la mienne.
J. Racine. *La Thébaïde*, acte IV, sc. 1.

— Dans le style familier, se joint quelquefois avec *un*, et se met devant un substantif : *un mien frère.* — S'emploie encore, mais n'étre accompagné de l'article ni du mot *un;* et alors se met toujours après le substantif avec lequel il se construit : *ce livre que vous tenez est mien; je donne cette raison non comme bonne, mais comme mienne.* — s. m. Le bien qui m'appartient : *je ne demande que le mien.* — Ce qui vient de moi : *je vous dis la chose comme elle est, je n'y mets rien du mien, je n'y ajoute rien du mien.* — Le tien et le mien, la propriété : *le tien et le mien engendrent beaucoup de guerres et de procès.* — Les miens, au pluriel, mes proches, mes alliés, ceux qui m'appartiennent en quelque façon : *il est plein d'égards pour moi et pour les miens.* — Fam. J'ai bien fait des miennes dans ma jeunesse, j'ai fait bien des folies quand j'étais jeune.

MIERIS (mi'-riss). I. (Frans), Le Vieux, peintre hollandais, de Leyde, né en 1635, mort en 1681. Il fit des tableaux de genre et quelques portraits, remarquables pour la délicatesse du fini, et la correction du dessin. — II. (Willem), son fils, né en 1662, mort en 1747, peignit des sujets historiques avec paysage, et des scènes domestiques qu'on estime beaucoup. — III. (Frans), Le Jeune, fils du précédent, né en 1689, mort en 1763. Il étudia la peinture sous son père, et exécuta des sujets analogues aux siens, mais avec un talent bien inférieur. Il s'appliqua à l'étude de l'histoire, et écrivit plusieurs ouvrages relatifs aux Pays-Bas.

MIERS, station balnéaire du cant. de Gramat, arr. à 36 kil. S.-E. de Gourdon (Lot), 1,300 hab. Eaux sulfatées sodiques froides, laxatives et purgatives. — Maladies des voies digestives, dyspepsie, gastralgie, affection des voies biliaires et du foie, suites des fièvres intermittentes, hémorroïdes, maladies des voies urinaires.

• MIETTE s. f. (lat. *mica*). Se dit proprement de toutes les petites parties qui tombent du pain quand on la coupe, ou qui restent quand on a mangé : *les miettes qui tombent de la table, sous la table.* — Un très petit morceau de quelque chose à manger : *vous ne lui en avez donné qu'une miette.* (Fam.)

La cigogne au long bec n'en put attraper miette.
La Fontaine.

• MIEUX adv. [mieû] (lat. *melius*, meilleur). Comparatif de bien. D'une manière plus accomplie, d'une façon plus avantageuse : *personne n'entend mieux les affaires que lui, n'entend mieux la guerre que lui, n'écrit mieux que lui, ne parle mieux que lui; tant mieux.* (Voy. Tant.) — Plus : *j'aime mieux cette étoffe que l'autre.*

J'aime beaucoup les femmes blanches,
Mais j'aime encor mieux le vin blanc.
Collin d'Harleville. *Monsieur de Crac,* sc. xiv.

— Est quelquefois superlatif, et alors il prend ordinairement l'article : *c'est l'homme du monde le mieux fait.* — Il vaut mieux, mieux vaut, il est plus à propos, plus expédient : *il vaut mieux attendre un peu; mieux vaut s'accommoder que de plaider.* — Absol. Etre mieux, être en meilleure santé, en meilleur état : *il est mieux, un peu mieux, beaucoup mieux.* — Etre mieux, être d'une figure, d'un extérieur plus agréable : *cette femme est mieux, est beaucoup mieux que sa sœur.* — Etre mieux, être d'une meilleure conduite, d'un meilleur caractère : *ce jeune homme est corrigé de ses défauts, il est beaucoup mieux qu'il n'était avant ses voyages.* — Mieux que tout cela, il y a quelque chose de mieux à dire, à faire, que ce qu'on a proposé : *on vous conseille de plaider, moi je vous en dissuade; mieux que tout cela, offrez à votre partie adverse moitié de ce qu'elle demande.* — S'emploie substantiv. avec ou sans article : *le mieux est de n'en point parler; vous croyez qu'elle n'a que vingt ans, elle*

a mieux. — Aller de mieux en mieux, faire toujours quelque progrès vers le bien, vers un état meilleur : *ses affaires vont de mieux en mieux.* — A qui mieux mieux, à l'envi l'un de l'autre. — Faute de mieux, à défaut d'une chose meilleure, plus convenable : *faute de mieux, je m'arrangerai du logement que vous me proposez.* — Il y a du mieux dans son état, il y a un mieux sensible, le mieux se soutient, se dit d'un malade qui commence à se mieux porter. — Cette personne chante des mieux, elle chante aussi bien que celles qui chantent le mieux. — Adj. Meilleur, plus convenable, plus propre à la chose dont il s'agit : *il n'y a rien de mieux, rien n'est mieux que ce que vous dites.* — Le mieux du monde au mieux, tout au mieux, loc. adverbiales Très bien : *il en a été le mieux du monde; cela est au mieux.* — Du mieux, le mieux, tout au mieux, tout le mieux que, loc. conj. Aussi bien qu'il est possible dans telle circonstance; aussi bien qu'il est possible à telle personne : *il a fait du mieux qu'il a pu, le mieux qu'il a pu.* On dit même : *il fera de son mieux.*

• MIÈVRE adj. Se dit proprement d'un enfant vif, remuant, et un peu malicieux : *cet enfant est mièvre, est bien mièvre.* (Fam.) — s. *C'est un petit mièvre.* — ⟶ Style mièvre, style prétentieux, efféminé.

• MIÈVREMENT adv. Avec mièvrerie.

• MIÈVRERIE s. f. Qualité de la personne qui est mièvre : *cet enfant est d'une mièvrerie amusante, fatigante.* — Petite malice : *il m'a fait une mièvrerie.* Il est familier dans les deux acceptions.

• MIÈVRETÉ s. f. Synonyme de mièvrerie.

• MIGNARD, ARDE adj. [gn mll.] (rad. *mignon*). Gracieux, délicat : *une femme mignarde; un visage mignard.* (Vieux.) — Se dit plus ordinairement des choses où l'on remarque un mélange de gentillesse et d'afféterie : *sourire, langage mignard.*

MIGNARD. I. (Nicolas) [gn mll.], peintre graveur, né à Troyes vers 1605, mort à Paris le 20 mars 1668. Il s'établit à Avignon et prit le nom de *Mignard d'Avignon* pour se distinguer de son frère appelé *Mignard le Romain.* Il peignit quelques tableaux d'histoire et décora quelques pièces des Tuileries. Le 3 mars 1662, il fut admis à l'Académie de peinture. Son chef-d'œuvre est les *Amours de Théagène et de Chariclée.* — II. (Pierre) [gn mll.], peintre célèbre, frère du précédent, né à Troyes en 1610, mort à Paris le 13 mai 1695. Sa famille le destinait à la médecine, mais il fallut céder à ses goûts et l'envoyer chez un peintre de Bourges. Il partit ensuite pour Rome où il résida longtemps, ce qui fit qu'on l'appela *Mignard le Romain.* Il fit les portraits d'Urbain VIII, du doge de Venise, d'Alexandre VII et d'un grand nombre d'autres personnages célèbres. Rentré en France après 22 années d'absence, il devint le peintre favori de Louis XIV, dont il n'a pas laissé moins de 10 portraits. Il décora de fresques la coupole du Val-de-Grâce, la chapelle des fonts à Saint-Eustache, etc. Ses principaux tableaux sont : la *Vierge à la grappe; Jésus sur le chemin du Calvaire;* les *Portraits du grand Dauphin, de M™° de Maintenon, de la marquise de Feuquières,* etc. Plusieurs de ses œuvres se distinguent par une certaine mollesse et une affectation que l'on a appelée *mignardise.* Il entra à l'Académie de peinture, dont il devint directeur après la mort de Lebrun. — III. (Pierre), fils de Nicolas, né à Avignon en 1640, mort à Paris en 1725. Il se livra à l'architecture, fut l'un des fondateurs de l'Académie d'architecture (1671) et construisit la façade de l'église Saint-Nicolas à Paris.

°**MIGNARDEMENT** adv. Avec délicatesse : *cet enfant a été élevé mignardement.* Il est peu usité en ce sens. — Signifie plus ordinairement, d'une manière mignarde, avec une gentillesse mêlée d'afféterie : *parler, sourire mignardement.* (Fam.)

° **MIGNARDER** v. a. Traiter délicatement : *mignarder un enfant.* Il est familier, et se prend en mauvaise part. — Affecter de la délicatesse, de la grâce : *mignarder son style, son langage.* — **Se mignarder** v. pr. : *cette femme se mignarde trop.*

° **MIGNARDISE** s. f. (rad. *mignard*). Délicatesse : *la langue italienne a des mignardises qui ne se trouvent dans aucune autre.* — Affectation de gentillesse, de délicatesse : *avoir, mettre de la mignardise dans ses manières, dans son langage, dans son style.* — Signifie quelquefois, au pluriel, manières gracieuses et caressantes : *il s'est laissé prendre aux mignardises de cette femme.* — Au singulier, se dit d'une espèce de petits œillets dont on garnit les plates-bandes des jardins : *de la mignardise.* — Se dit aussi d'une espèce de soutache qui sert à garnir les robes.

MIGNE (Jacques-Paul), publiciste français, né à Saint-Flour en 1800, mort à Paris en octobre 1875. Il fut ordonné prêtre en 1824 et rédigea à Paris l'*Univers religieux*, de 1833 à 1836. De 1840 à 1845, il publia simultanément, en 28 vol. chacun, *Scripturæ sacræ cursus completus* et *Theologiæ cursus completus.* Il fonda ensuite sur la chaussée du Maine (Petit-Montrouge) un établissement réunissant toutes les industries qui tiennent à l'imprimerie, et, aidé de nombreux collaborateurs, publia des collections complètes des pères de l'Église, latins et grecs, des écrivains du moyen âge, des controversistes modernes, etc., et l'*Encyclopédie théologique* (1844-'66) en 171 vol., en trois séries de dictionnaires sur les choses religieuses. Son établissement fut la proie d'un incendie en 1868.

MIGNET (François-Auguste-Marie) [miniè; *gn* mll.], célèbre historien, né à Aix (Provence) le 8 mai 1796, mort à Paris le 24 mai 1884. Il suivit les cours de la faculté de droit de sa ville natale, en même temps que M. Thiers, avec lequel il se lia d'une indissoluble amitié. Il se fit inscrire au barreau de la ville d'Aix en 1818, mais il abandonna bientôt la profession d'avocat pour s'occuper de travaux littéraires. Son essai sur *la Féodalité* (1822, in-8°) obtint un succès qui détermina Mignet à se fixer à Paris. Il entra au *Courrier français* et y soutint pendant plus de dix ans, contre la Restauration et en faveur des principes révolutionnaires, une polémique ferme, résolue, quelquefois très agressive. Dès 1822, il ouvrit des cours à l'Athénée, et y traita d'abord de la *Ligue et du protestantisme en France*, puis, l'année suivante, de l'*Histoire de la révolution d'Angleterre et de la restauration des Stuarts.* Ce fut en 1824 qu'il publia son *Histoire de la Révolution française de 1789 à 1814* (2 vol. in-8°; 10e édition en 1869, 2 vol.), qui eut un succès européen et qui fut traduite dans toutes les langues. L'un des fondateurs du *National*, avec Thiers et Armand Carrel (1830), il signa la protestation des journalistes (26 juillet) et devint membre du conseil d'État et directeur des archives des affaires étrangères, après la révolution de juillet. L'Académie française lui ouvrit ses portes en 1836. En 1848, Mignet sortit du Conseil d'État et de l'administration des archives. Ses œuvres principales, outre les ouvrages déjà cités : *Négociations relatives à la succession d'Espagne sous Louis XIV* (1836-'42, 4 vol. in-8°); *Antonio Perez et Philippe II* (1845, in-8°; 4e éd. 1874); *Histoire de Marie Stuart* (1851, 2 vol. in-8° éd. 1865); *Charles-Quint, son abdication, son séjour et sa mort au monastère de Yuste* (1854, in-8°; 3e éd. 1858); *Rivalité de François I*er *et de Charles Quint* (1875, 2 vol. in-8°; 2e éd. 1876). Après la mort de M. Thiers, ce fut Mignet qui se chargea de publier le manifeste que l'ex-président de la République adressait au pays en vue des élections du 14 oct. 1877.

° **MIGNON, ONNE** adj. [*gn* mll.] (celt. *mion*, amour). Delicat, joli, gentil : *visage mignon; bouche mignonne.* — Argent mignon, argent qu'on a mis en réserve, et qu'on peut, sans se gêner, employer en dépenses superflues : *pour faire cette dépense, il faudrait avoir de l'argent mignon.* — Péché mignon, péché qu'on se plaît à commettre, et dont on ne veut pas se corriger : *la médisance est son péché mignon.* — s. Terme de flatterie dont on se sert en parlant à un enfant : *mon mignon; ma mignonne* — Vous êtes un joli mignon, un plaisant mignon, se dit ironiquement à quelqu'un qui a fait ou dit une sottise. — s. m. Favori : *de ces deux enfants-là, il y en a un qui est le mignon de sa mère; elle l'aime fort, c'est son mignon.* — Se prend quelquefois dans un sens obscène. Sous le règne de Henri III, le peuple désignait, sous le nom de *Mignons*, les jeunes favoris qui s'étaient fait les compagnons de débauche du souverain français. Tels étaient : Quélus, Maugiron, Livarot, Saint-Mégrin, le marquis d'O, les ducs de Joyeuse et d'Epernon.

° **MIGNONNE** s. f. Petit caractère d'imprimerie qui est entre la nonpareille et le petit-texte. Cette dénomination commence à vieillir. On dit auj. : *le six et demi.* — Nom d'une espèce de poire fort belle et d'un rouge foncé, qu'on appelle aussi Grosse mignarde.

° **MIGNONNEMENT** adv. Avec délicatesse, d'une manière délicate : *cela est mignonnement fait.* (Fam.)

° **MIGNONNETTE** s. f. Sorte de petite dentelle : *une robe garnie de mignonnette.* — Espèce de petits œillets, appelée autrement Mignardise. — Poivre concassé. — ∾ Petite mignonne.

MIGNOT, OTE s. et adj. [*gn* mll.]. Ancienne forme du mot mignon, onne.

° **MIGNOTER** v. a. [*gn* mll.] (rad. *mignot*). Traiter délicatement, dorloter, caresser : *c'est gâter cet enfant que de le mignoter comme vous faites.* — **Se mignoter** v. : pr. *cette femme se mignote trop.* (Fam.)

° **MIGNOTISE** s. f. Flatterie, caresse. (Fam. et vieux.)

° **MIGRAINE** s. f. (lat. *hemicranium*; du gr. *hémi*, demi; *krânion*, crâne). Douleur qui occupe la moitié ou une moindre partie de la tête . *les odeurs très fortes donnent la migraine.* — Encycl. La migraine ou hémicranie est une névralgie orbito-frontale qui n'occupe le plus souvent qu'un seul côté de la tête ; elle est caractérisée par des douleurs lancinantes, gravatives et intermittentes; par la perte de l'appétit, par des nausées, des vomissements et il semble à ceux qui sont atteints de cette affection que leurs membres sont brisés. Les accès peuvent durer de 12 à 24 heures; ils n'ont aucune gravité, mais font beaucoup souffrir. Comme traitement, il faut le repos et l'isolement. Le plus complet, loin de tout bruit et même, s'il est possible, de la lumière; respirer de l'éther ou tenir sur le front des compresses imbibées de baume tranquille et de chloroforme; pour prévenir le retour périodique de la migraine, on conseille l'usage longtemps continu du bromure de potassium associé à l'arséniate de soude. Le café et l'amer sera aussi d'un utile secours. Lorsque la migraine est intermittente, on prend avec succès la potion suivante bien mélangée : 0,75 centig. de valérianate de quinine, 40 gouttes de chlorhydrate d'ammoniaque et 100 grammes de sirop de fleur d'orad-ger, le tout pris en trois fois, à une heure d'intervalle.

MIGRATEUR, TRICE adj. Qui exécute une migration.

° **MIGRATION** s. f. (lat. *migratio*; de *migrare*, s'en aller. Transport, action de passer d'un pays dans un autre pour s'y établir. Ne se dit qu'en parlant d'une quantité considérable de peuple : *les migrations des peuples septentrionaux ont inondé le midi de l'Europe.* — Se dit aussi des voyages que font certaines espèces d'animaux, soit périodiquement, soit à des époques irrégulières : *les migrations des oiseaux, des poissons, des reptiles.*

MIGRATOIRE adj. Qui a rapport aux migrations.

MIGUEL (Dom Maria-Evaristo) [mi-ghèl'], prince portugais, troisième fils de Jean VI, né en 1802, mort en 1866. En 1823, il se mit à la tête d'une révolte contre le gouvernement constitutionnel établi son père l'année précédente, et, en 1824, il fut expulsé avec sa mère, fille de Charles IV d'Espagne. Lorsque, en 1826, son frère aîné dom Pedro transmit le droit de succession au trône de Portugal à sa fille Maria, alors dans sa septième année, il la promit en mariage à dom Miguel, son oncle, qui prit la régence en 1827 et jura de maintenir la constitution. Mais il se rendit bientôt roi absolu, et déploya un despotisme si cruel qu'une régence fut établie au nom de dona Maria; et dom Pedro, qui avait abdiqué le trône du Brésil, réunit une flotte et une armée, s'empara d'Oporto (1832). La flotte, sous sir Charles-John Napier, détruisit l'escadre de dom Miguel, pendant que son armée marchait sur Lisbonne, qui se déclara unanimement pour dona Maria. En mai 1834, Miguel s'obligea, par la convention d'Evora, à quitter le Portugal. En 1851, il épousa une princesse allemande, dont il eut un fils (Miguel, 1853) et quatre filles.

MIGUEL (San-), ville de San-Salvador, dans une plaine large et fertile, à environ 150 kil. E.-S.-E. de la ville de San-Salvador; 43,000 hab. C'est la place commerciale la plus importante de l'Amérique centrale. La grande foire de La Paz y a lieu chaque année. À environ 8 kil. à l'O., se dresse le volcan de San-Miguel.

MIHIEL (Saint-), ch.-l. de cant., arr. et à 17 kil. N.-O. de Commercy (Meuse), sur la rive droite de la Meuse; 5,100 hab. Tribunal de 1re instance, cour d'assises; collège communal; fabriques de draps, de coton, de dentelles; papeteries, tanneries, teintureries. Louis XIII l'assiégea en 1635 et fit raser les fortifications. Près de la ville, sont les restes d'un camp romain.

° **MI-JAMBE (À)** loc. adv. À la moitié de la jambe : *il avait de l'eau jusqu'à mi-jambe.*

° **MIJAURÉE** s. f. Femme qui montre des prétentions, par de petites manières affectées et ridicules : *voyez un peu cette mijaurée.* (Fam.)

° **MIJOTER** v. a. Cuis. Faire cuire doucement : *mijoter du bœuf à la mode.* — Se prend aussi, fam., dans le même sens que mignoter : *mijoter un enfant.* — **Se mijoter** v. pr : *cette femme aime à se mijoter.* — Fig. Est très familier. Se dit d'une affaire préparée lentement, à petit bruit : *il se mijote quelque chose.*

° **MIKADO** s. m. Terme d'étymologie douteuse, usité pour désigner l'empereur du Japon. Ce mot ne se rencontre pas dans les plus anciens livres japonais; mais c'est le titre qui est devenu le plus populairement connu. La dérivation admise généralement par les Japonais est *mi*, honorable, auguste, et *kado*, porte, ce qui en fait un équivalent au titre turc « Sublime-Porte ». La désignation officielle en usage aujourd'hui est « Tenno » (roi du ciel). Le mikado prétend avoir une origine divine. Il n'a pas de nom de famille, et un mikado ne prend jamais le nom d'aucun de ses prédécesseurs. Le *mikado* régnant (1884) est Moutsouhito, second fils de l'empereur Komei Tenno et de l'impératrice Fondjiouara Asako. Il est né en 1850, et il succéda à son père le 3 février 1868. Il a épousé Harouko, fille de Itchidjo Tadaka, noble du second degré de premier ordre, née en juin 1850. Le mikado prétend descendre d'une ligne directe non interrompue depuis 25 siècles

* **MIL** adj. numéral. Voy. MILLE.

* **MIL** s. m. [mye; *l* mll.] (lat. *milium*). Plante graminée qui porte une graine fort petite, à laquelle on a donné le même nom : *le mil est une céréale.* On dit, plus ordinairement, MILLET.

* **MILADY** s. f. [mi-lê-di] (angl. *my*, ma; *lady*, dame). Titre que l'on donne, en Angleterre à la femme d'un lord ou d'un baronnet. (Voy. LADY.)

* **MILAN** s. m. (lat. *milvus*). Ornith. Petite tribu d'oiseaux de proie diurnes, section des oiseaux de proie ignobles, caractérisée par des ailes très longues, une *queue large et fourchue*, des tarses courts, des doigts et des ongles faibles. Les milans sont des oiseaux lâches et timides, qui ne s'attaquent qu'aux petits quadrupèdes, aux reptiles et aux oiseaux faibles et délicats. L'ampleur extraordinaire de leurs ailes et de leur queue leur permet de s'élever au haut des airs et d'y planer avec une grande aisance, de rester longtemps sans faire le moindre mouvement et de fondre sur leur proie avec la rapidité de la foudre. Cuvier divise cette tribu en deux sous-genres : 1° Sous-genre ELANUS, à tarses très courts, réticulés et à demi revêtus de plumes par le haut; les principales espèces sont le *blac (falco melanopterus)*, grand comme un épervier, et commun dans l'Afrique

Milan de la Caroline (Falco furcatus)

orientale; le *milan de la Caroline (falco furcatus)*, blanc, avec les ailes et la queue noires; plus grand que le précédent; 2° les MILANS PROPREMENT DITS, à tarses écussonnés et bec fort; l'espèce principale est le *milan royal (falco milvus)*, ainsi nommé parce qu'il servait jadis aux plaisirs des rois, qui le faisaient chasser par d'autres oiseaux de proie; il est long de 65 centim., fauve, avec les pennes des ailes noires, la queue rousse. Son vol est rapide et élégant; il peut rester longtemps comme suspendu à la même place. Son envergure est de 1 m. 50. Il fait son nid à la cime des grands arbres et quelquefois dans les rochers. La femelle pond 3 ou 4 œufs grisâtres tachés de roux. On le trouve ordinairement dans nos plaines, où il fait la chasse aux reptiles, aux petits mammifères, aux taupes, aux rats et aux mulots.

MILAN (ital. *Milano*, mi-la'-no; all. *Mailand*, maï'-lanntt). Capitale du Milanais (anc. *Mediolanum*), à 125 kil. N.-E. de Turin; 299,000 hab. Elle est placée entre deux petits cours d'eau, le Lambro et l'*Olma*, qui sont reliés par un canal avec le Tessin et l'Adda. Ce canal entoure la partie la plus peuplée de la ville dans une circonférence de 8 kil.; le circuit entier de la cité moderne est de 12 kil., et le mur extérieur qui englobe, en outre, les faubourgs et beaucoup de jardins et de vergers, a 16 kil. *L'arco della Pace*, qui donne sur la place d'armes, n'a de supérieur que l'*arc de l'Étoile* à Paris. Les promenades

Cathédrale de Milan.

les plus à la mode sont les *corsi* (cours) qui conduisent aux portes principales: le *corso Vittorio-Emmanuele* est le plus beau et le plus fréquenté. Auprès se trouve le nouveau jardin public. Il y a beaucoup de palais, tant particuliers que publics. La cathédrale, commencée en 1387, est, après Saint-Pierre, la plus grande église d'Italie; pour les sculptures, les moulures et la statuaire, elle éclipse, dit-on, toutes les églises du monde, bien qu'elle ne soit pas terminée. L'église de Saint-Ambroise est renommée pour son antiquité et pour avoir été le théâtre de conciles, de conflits politiques, et de couronnements de souverains. Celle de Saint-Charles-Borromée, ouverte en 1847, est surmontée d'un dôme majestueux; mais l'intérieur est inachevé. San Vittore al Corpo, autrefois Basilica Porziana, rivalise en noble grandeur avec la cathédrale. Beaucoup d'églises sont pleines de peintures et de monuments célèbres. Les institutions charitables de Milan possèdent des propriétés d'une valeur de 200 millions de francs. Le grand hôpital est l'un des plus considérable. Les établissements d'éducation sont également nombreux. La célèbre académie des beaux-arts, dans le magnifique *palazzo delle scienze e della arti*, s'appelle la Brera, parce que c'était, à l'origine, le collège jésuite de Santa-Maria in Brera. Elle possède une importante galerie de peinture, et un des meilleurs observatoires d'Italie. Outre la bibliothèque publique, et d'autres bibliothèques spéciales dans la Brera, la bibliothèque Ambrosienne est fameuse dans le monde entier. Le plus beau théâtre est l'opéra de la Scala. Milan est le grand centre commercial de la haute Italie. On exporte en grandes quantités de la soie, du riz et du fromage. Célèbres fabriques de mouchoirs de soie et d'objets d'orfèvrerie en or et en argent. Dans

le commerce de la librairie, des publications musicales et des gravures, Milan n'a, pour ainsi dire, pas de rivale en Italie. — L'ancienne Mediolanum, la principale ville des Insubres, passa aux Romains vers 212 av. J.-C. Elle fut longtemps la capitale de la Gaule Cisalpine; l'empereur Maximien et quelques-uns de ses successeurs y résidèrent dans le IVe siècle. En 452, elle fut pillée par Attila. Elle devint ensuite la capitale des rois goths; fut reconquise par Bélisaire en 537, mais fut reprise par les Goths en 539 et presque dépeuplée. En 569, les Lombards l'occupèrent, et Charlemagne, en 776. Après le couronnement d'Othon, Ier en 961, comme roi d'Italie, Milan forma une partie de l'empire allemand. Au XIIe siècle, lorsqu'elle était au plus haut point de prospérité, elle devint l'adversaire principal des empereurs allemands. Frédéric Barberousse l'assiégea en août et en septembre 1158, et de mai 1161 à mai 1162. Après ce second siège, elle fut presque entièrement détruite; mais elle se releva promptement, et fut déclarée cité libre après la victoire de la ligue lombarde à Legnano, en 1176. La famille Della Torre, qui représentait les Guelfes, occupa la magistrature suprême de 1237 à 1311, époque où une révolte contre l'empereur Henri VII amena au pouvoir les Visconti, du parti gibelin, qui étendirent leur autorité sur toute la Lombardie. En 1395, la ville devint la capitale du duché de Milan, dont le premier duc fut Giovanni Galleazzo Visconti. Après l'extinction de la ligne masculine (1447), Francesco Sforza, mari d'une fille naturelle du dernier des Visconti, s'empara du duché. En 1499, Louis XII, étant roi de France, éleva des prétentions sur Milan, en vertu d'alliances avec les Visconti, et François Ier le maintint. Le duché fut alors alternativement occupé par les Français et par Sforza, jusqu'à ce que François eût abandonné ses droits par le traité de Madrid (1526). Lorsque la descendance mâle des Sforza fut éteinte, il retourna à son suzerain Charles-Quint, qui le donna à Philippe II, et il appartint à l'Espagne pendant près de deux siècles. Milan était alors célèbre pour ses armes, ses armures et ses articles de mode, dont elle fournissait l'Europe. A la fin de la guerre de la succession d'Espagne, le duché échut à l'Autriche (1714). Après l'invasion des Français, en 1796, il fit successivement partie de la République Cisalpine (1797), de la République Italienne (1802) et du royaume d'Italie (1805). En 1814, il devint une province du royaume lombard-vénitien appartenant à l'Autriche. En mars 1848, une violente insurrection chassa Radetzki de la ville, que les Piémontais occupèrent et où ils s'établirent un gouvernement provisoire. Celui-ci fut renversé par les républicains après la défaite de Charles-Albert à Custozza, le 25 juillet; mais le 5 août, Milan dut faire sa soumission à Radetzki, et elle resta en état de siège jusqu'en décembre. Les armées française et sarde mirent fin à la domination de l'Autriche en 1859, et les troupes autrichiennes évacuèrent Milan le 5 juin de la même année.

MILANAIS, prov. septentrionale de l'Italie, dans la Lombardie; 2,992 kil. carr.; 1,009,794 hab. D'une fertilité remarquable, excepté sur les bords marécageux de l'Adda et du Tessin

MILANAIS, AISE s. et adj. De Milan; qui concerne cette ville ou ses habitants.

MILAZZO ou **Melazzo** [mi, ou mè-lat'-so] anc. *Mylæ*), ville de Sicile, sur la côte septentrionale, à 30 kil. à l'O. de Messine; 7,800 hab. Elle se trouve sur un promontoire qui forme une baie spacieuse. Exportation : poisson, vin, huile et fruits. C'est là que la flotte romaine battit la flotte carthaginoise dans la première guerre Punique (260 av. J.-C.). Voy. MAPINE. Le 20 juillet 1860, Garibaldi y défit les Napolitains, et s'assura ainsi la possession de Messine.

MILDIOU ou **Mildew** s. m. Nouvelle maladie des vignes américaines, causée par un parasite nommé *peronospora*, qui s'attaque aux feuilles dont il amène rapidement le dépérissement et la chute. Les grappes restent, en été, sans abri sur les sarments dépouillés et les raisins finissent par se rider et se dessécher.

• **MILÉSIAQUE** adj. Littér. gr. Se dit des contes érotiques composés par Aristide de Milet ou à l'imitation de cet auteur: *les contes milésiaques*. On dit aussi : *fables milésiaques*.

MILÉSIEN, IENNE s. et adj. De Milet; qui a rapport à cette ville ou à ses habitants. — FABLES MILÉSIENNES. (Voy. MILÉSIAQUE.)

MILET, ancienne ville d'Asie Mineure, située dans la partie septentrionale de la Carie, mais appartenant politiquement à la confédération ionienne. Elle commandait l'entrée du golfe Latmique, où se jette le Méandre. Le territoire de Milet s'étendait, autour du golfe, jusqu'au promontoire de Micale au N., et jusqu'au cap Posidium au S. Milet était célèbre comme cité industrielle et commerciale ; et, aux premiers temps de l'histoire grecque, elle dominait sur la mer, étendant ses colonies sur les rivages de la Méditerranée, de la Propontide et de l'Euxin. Elle fut conquise par Crésus et par les Perses, sous Harpagus; se révolta sous Aristagoras, avec les autres cités ioniennes, contre Darius fils d'Hystaspe, et fut finalement prise et détruite par les Perses (494 av. J.-C.). Elle fut saccagée de nouveau par Alexandre (334); annexée à Rome après la défaite d'Antiochus le Grand, et elle déclina, sous la domination byzantine, jusqu'à ce qu'elle fût entièrement détruite par les Turcs.

MILFORD HAVEN [mil'-fordd hè'-v'n], havre du Pembrokeshire, dans le pays de Galles, le plus profond, le plus sûr et le plus commode de Grande-Bretagne, formé par un îlot du canal Saint-George, au N.-O. de l'entrée du canal de Bristol. Il a environ 16 kil. de long, et de 1 à 3 kil. de large, et est défendu par deux batteries. Il est pourvu de grands docks et de bonnes jetées, et il s'y fait des chargements considérables. Milford (1836) est une localité de création récente, et s'occupe principalement de constructions navales.

MILFORT (Le Clerc), aventurier français, né près de Mézières en 1750, mort en 1817. Il voyagea en Amérique, et vers 1776, alla chez les Creeks, où il épousa la sœur de leur chef, Alexander Mac Gillivray, et servit contre les whigs de Géorgie pendant la révolution américaine. Il resta chez les Creeks jusqu'en 1796, époque où sa femme et Mac Gillivray étant morts, il revint en France, et fut fait général de brigade par Bonaparte. Il a publié la relation de ses *Voyages dans la Louisiane* (Paris, 1802, in-8°).

MILHAU ou **Millau**, *Æmilianum Castrum*, ch.-l. d'arr. à 72 kil. S.-E. de Rodez (Aveyron); sur la rive droite du Tarn; par 44° 5' 54'' lat. N. et 0° 44' 30'' long. E.; 14,000 hab. Eglise calviniste; draps, gants, mégisserie, tanneries, chamoiseries; laines, cuirs, bois, amandes, vins. Patrie du vicomte de Bonald. —Ancienne vicomté du Rouergue, qui devint,

au XVIᵉ siècle, l'une des principales places des calvinistes et qui fut démantelée par Richelieu (1629).

MILHAUD (Le comte Jean-Baptiste) conventionnel et général, né à Arpajon (Cantal) en 1766, mort à Aurillac en 1833. Officier d'un régiment colonial, il fut élu en 1791 commandant de la garde nationale du Cantal, et, en 1792, membre de la Convention. Il vota la mort du roi sans appel ni sursis, reprit du service après l'expiration de son mandat, se distingua en Italie comme chef d'escadron, participa au coup d'État du 18 brumaire, fut nommé général de brigade en 1800, combattit en Allemagne, devint général de division en 1806 et se rendit célèbre par sa brillante et terrible charge de cavalerie à Friedland (1807). En Espagne, ses escadrons protégèrent la retraite de l'armée française (1813); mais il fut moins heureux pendant la campagne de France (1814). Il ne fut pas le dernier à acclamer la Restauration, fut créé chevalier de Saint-Louis et mis à la retraite en fév. 1815. Pendant les Cent-Jours il reprit du service dans l'armée de Napoléon, combattit à Waterloo et se retira sur la Loire avec son corps de cavalerie. Sa nouvelle soumission à Louis XVIII ne le sauva pas de l'exil comme régicide (1816). Il ne rentra qu'après 1830.

MILHOMME (Aimé), sculpteur, né à Lille en 1781, mort à Paris en 1822. Il se rendit à Rome en 1801, après avoir obtenu le grand prix de sculpture. Son ouvrage le plus connu est la statue du général Hoche (1812).

• **MILIAIRE** adj. (lat. *milium*, mil). Anat. et Méd. Qui ressemble à des grains de mil : *glandes miliaires*. — ERUPTION MILIAIRE, éruption de très petits boutons. FIÈVRE MILIAIRE, fièvre accompagnée d'une éruption miliaire.

MILIANAH ou **Miliana, MALIANA** ou *Manliana*, ville de la province et à 118 kil. O.-S.-O. d'Alger, à mi-côte sur un contrefort de Zakkar, qui commande la vallée du Chélif; 5,000 hab., en y comprenant la colonie agricole d'Affreville. Ruines romaines. Cette ville fut occupée par le maréchal Valée en 1840.

• **MILICE.** s. f. (lat. *militia*; de *miles*, soldat). L'art et l'exercice de la guerre. Dans ce sens il a vieilli, et ne se dit qu'en parlant des anciens: *Végèce a écrit sur la milice des Romains.* — Fig. et Écrit. sainte : *la vie de l'homme est une milice continuelle.* — Signifie, collectiv., un corps de troupes, une armée. En ce sens, ne s'emploie guère que dans le style soutenu : *une si vaillante milice lui promettait la victoire.* — S'est dit particulièrement des levées de bourgeois et de paysans, faites par la voie du sort, soit pour recruter l'armée, soit pour former des *régiments provinciaux* qu'on ne réunissait que dans certaines occasions. En ce sens, il s'oppose à *troupes réglées*, et s'emploie souvent au pluriel : *cette forteresse n'avait point de troupes réglées, elle fut défendue par la milice.* — LES MILICES CÉLESTES, les anges. — SOLDAT DE LA MILICE, homme qui n'a aucun avancement dans sa condition.

• **MILICIEN.** s. m. Soldat de milice.

• **MILIEU** s. m. [mi-li-eu] (contract. de *medius locus*, lieu moyen) Le centre d'un lieu, l'endroit qui est également distant de la circonférence, des extrémités : *nous voici justement au milieu, dans le milieu.* — LE POINT MILIEU, le point du milieu. Dans cette expression, *milieu* est employé adjectivement. — Se dit souvent, dans une acception moins rigoureuse, de tout endroit qui est éloigné de la circonférence, des extrémités : *cette ville est située au milieu de la France*; il prit son adversaire par le milieu du corps. — Fam. et par exag. AU BEAU MILIEU, tout au milieu : *elle est tombée au beau milieu de la rue.* —

CETTE LANGUE DE TERRE S'AVANCE AU MILIEU DE LA MER, elle entre bien avant dans la mer. CE BRAS DE MER S'AVANCE AU MILIEU DES TERRES, il entre bien avant dans les terres. L'AIGLE S'ÉLÈVE AU MILIEU DES AIRS, il s'élève à une distance considérable de la terre, etc. — Fig. AU MILIEU DES HOMMES, dans le monde, dans la société de nos semblables : *nous sommes destinés à vivre au milieu des hommes.* — L'EMPIRE DU MILIEU, nom que donnent les Chinois au vaste pays qu'ils habitent. — Se dit aussi du point qui est également éloigné des deux termes d'un espace de temps : *vers le milieu de la nuit* — ETRE AU MILIEU DE L'ÉTÉ, DE L'HIVER, etc., être dans un temps à peu près également éloigné du commencement et de la fin de l'été, de l'hiver, etc. — Poétiq. LE SOLEIL ÉTAIT AU MILIEU DE SON COURS, LA NUIT ÉTAIT AU MILIEU DE SA COURSE, il était à peu près midi, à peu près minuit. — Se dit aussi en parlant des ouvrages prononcés ou écrits, par rapport à leur commencement et à leur fin : *ce passage se trouve au milieu, dans le milieu, vers le milieu du livre.* — Se dit également en parlant des choses morales; mais alors il ne s'emploie guère qu'avec l'article au, et pour signifier, dans, parmi : *il a été élevé au milieu des grandeurs; il a péri au milieu de ses victoires.* — Fam. AU MILIEU DE TOUT CELA, parmi tout cela, avec tout cela, nonobstant tout cela : *c'est un homme qui, au milieu de tout cela, ne laisse pas d'être à plaindre.* — Morale. Ce qui est également éloigné des extrémités vicieuses : *la vertu se trouve dans un juste milieu; la libéralité tient le milieu entre la prodigalité et l'avarice.* — LE JUSTE-MILIEU, s'est dit, sous le règne de Louis-Philippe, d'un ensemble d'opinions politiques qui tenaient le milieu entre les parties extrêmes. S'est dit aussi du parti qui professait ces opinions : *ce député appartenait au juste-milieu.* — Se dit, fig. d'un certain tempérament qu'on prend dans les affaires pour accommoder des intérêts différents, pour concilier des esprits opposés : *essayez de trouver quelque milieu pour contenter l'un et l'autre.* — IL N'Y A POINT DE MILIEU, ou seulement, POINT DE MILIEU, il faut absolument prendre un des deux partis qui sont proposés, il n'y a point de terme moyen à chercher : *point de milieu, il faut se rendre ou combattre.* — Phys. Se dit de tout corps, soit solide, soit fluide, qui peut être traversé par la lumière ou par un autre corps : *la lumière se rompt différemment en traversant différents milieux.* — Se dit aussi du fluide qui environne les corps : *l'air est le milieu dans lequel nous vivons.* — Fig. MILIEU, la société où nous vivons : *l'individu se ressent du milieu où il vit.*

• **MILITAIRE** adj. (rad. *miles*, soldat). Qui concerne la guerre, qui est relatif ou propre à la guerre : *l'art militaire*, *la discipline militaire.* — JUSTICE MILITAIRE, celle qui s'exerce parmi les troupes, suivant des lois spéciales, suivant le Code militaire. — EXÉCUTION MILITAIRE, la peine de mort infligée aux soldats pour délit militaire : *c'est là que se font les exécutions militaires.* Se dit aussi des violences qu'on exerce militairement dans un pays, pour punir les habitants de leur résistance, ou pour les contraindre à quelque chose : *on a contraint les habitants, par exécution militaire, à payer contribution.* — ARCHITECTURE MILITAIRE, art de fortifier les places. — ROUTE MILITAIRE, chemin ouvert pour faciliter des mouvements de troupes d'un poste à un autre. — HEURE MILITAIRE, heure exacte, sans retard, au moment convenu. — TESTAMENT MILITAIRE, testament fait à l'armée, et dans lequel on est dispensé d'observer la plupart des formalités ordinaires. — S'emploie quelquefois par opposition à *civil* : *il s'est montré également propre aux emplois civils et aux emplois militaires.* — LES ORDRES RELIGIEUX ET MILITAIRES, les ordres religieux, dont les membres font vœu de combattre les infidèles. —

s. m. Un homme de guerre : *on a donné des récompenses à tous les vieux militaires.* — Totalité des gens de guerre : *l'esprit du militaire est généralement bon dans cette province.* — Ecoles militaires. La première école militaire de France fut établie par Louis XV à Vincennes en 1751, et bientôt transportée à Paris. C'est encore notre principale école militaire. La fameuse école de Saint-Cyr, près de Versailles, fut fondée par Bonaparte à Fontainebleau en 1802, et, quelques années après, transportée au lieu qu'elle occupe actuellement. Elle contient 350 élèves. Il y a aussi une importante école militaire à la Flèche, fondée par Louis XV en 1764. En Prusse, l'éducation des officiers se fait dans des hautes écoles, dans chaque division militaire, et à l'école royale militaire de Berlin, fondée par Frédéric le Grand. En Grande-Bretagne, le collège militaire royal de Sandhurst, qui comprend un collège de cadets et un collège d'état-major, et l'académie militaire royale de Woolwich, qui est une école d'artillerie et de génie, jouissent d'une haute réputation. L'académie militaire des Etats-Unis, à West-Point, a été fondée en 1802, et admet gratuitement 342 cadets sur la recommandation des membres du Congrès et du président de l'Union. En 1867, une école d'artillerie a été organisée à Fortress Monroe. L'institut militaire de Virginie, à Lexington, date de 1839, et l'institut militaire du Kentucky, à Frankfort, de 1846. — Les écoles militaires françaises sont les suivantes : 1° L'Ecole supérieure de guerre, installée à Paris par décret du 15 juin 1878. Elle a pour but de développer dans l'armée les hautes études militaires et de former des officiers pour le service d'état-major. Les capitaines, lieutenants et sous-lieutenants de toutes armes des armées de terre et de mer, qui ont accompli au 31 déc. de l'année courante, cinq ans de service comme militaires, dont trois ans de service effectif dans les troupes, sont aptes à passer l'examen. Ils doivent adresser, avant le 1er oct., au commandant de leur corps d'armée une demande d'admission, accompagnée de leur état de services et d'un extrait du registre du personnel, de la feuille d'inspection comportant les notes détaillées du chef de corps ou de service, du général de brigade et, s'il y a lieu, du général de division. Les élèves restent deux ans à l'école : ceux qui satisfont aux examens de sortie, reçoivent le brevet d'état-major. — 2° Le Prytanée militaire, institution qui a pour objet de donner à des fils de militaires des armées de terre et de mer une éducation qui les prépare spécialement à la carrière militaire et puisse, conjonctionnellement, leur ouvrir l'accès d'autres carrières. Il y a au Prytanée 400 élèves entretenus par l'Etat (300 gratuitement et 100 en qualité de demi-boursiers), et des élèves pensionnaires entièrement en entier aux frais des familles. Les places gratuites et demi-gratuites sont exclusivement réservées à des fils d'officiers servant encore ou ayant servi dans les armées, et à des fils de sous-officiers morts au champ d'honneur. Elles sont de préférence accordées aux orphelins de père et de mère ou de père seulement. Le prix de la pension est de 850 fr., celui de la demi-pension de 425 fr., celui du trousseau de 400 fr. Les familles doivent de plus verser 35 fr. pour constater une masse individuelle et subvenir au payement des pertes ou dégradations provenant de la faute des élèves ou mises à leur charge. Pour obtenir une place gratuite ou demi-gratuite, le candidat doit remplir les conditions suivantes : 1° être Français; 2° avoir pour entrer en 6e moins de 11 ans; en 5e moins de 12; en 4e moins de 13; en 3e moins de 15; en seconde moins de 15 ans, et en rhétorique moins de 16 ans au 1er janv. de l'année courante. Cette dernière limite peut cependant être reculée jus-

qu'à 17 ans si le candidat est pourvu du certificat de première épreuve du baccalauréat ès lettres. Les demandes d'admission gratuite doivent être adressées, du 1er au 31 mai, au préfet du département dans lequel le pétitionnaire a son domicile. Si le pétitionnaire est fils d'un officier en activité de service, en disponibilité ou en non activité, un double de la demande remise au préfet est adressée par la voie hiérarchique au général commandant le corps d'armée, chargé de donner des renseignements sur la manière de servir et les titres de l'officier. Les demandes établies sur papier timbré doivent être accompagnées des pièces suivantes, savoir : 1° l'acte de naissance de l'enfant dûment légalisé; 2° une déclaration d'un docteur en médecine ou en chirurgie, attaché à un hospice civil ou à un hôpital militaire, dûment légalisée, et constatant que l'enfant a eu la petite vérole ou qu'il a été vacciné, et qu'il n'est atteint ni d'affection chronique, ni de maladie contagieuse; 3° un certificat de bonne conduite délivré par le chef de l'établissement où le candidat a commencé ses études, s'il a déjà suivi des cours primaires ou secondaires et indiquant quelle est sa force relative; 4° un état authentique des services du père du candidat; 5° un relevé du rôle des contributions et un certificat délivré par le maire du lieu du domicile de la famille, énonçant exactement les moyens d'existence, le nombre des enfants et les autres charges des parents. Si le père fait encore partie d'un corps de troupe, ce certificat est délivré par le conseil d'administration. On joint aussi à la demande une déclaration du conseil municipal constatant que la famille est sans fortune et qu'elle est dans le cas d'obtenir soit la bourse entière, soit la demi-bourse. Cette déclaration est renouvelée chaque année. Les candidats subissent leurs épreuves au chef-lieu de département dans les huit premiers jours de juillet. Nul élève ne peut être reçu au Prytanée si la famille ne justifie du payement du trousseau et ne remet au commandant une promesse sous-seing privé (Code civ. 1326) par laquelle le père, la mère ou le tuteur s'engage à verser, dans une caisse de l'Etat, par trimestre et d'avance, le montant de la pension ou de la demi-pension. Les grands élèves, formant la 1re compagnie, sont seuls soumis au service militaire. — 3° L'Ecole polytechnique, école fondée par une loi de la Convention, le 28 sept. 1794, réorganisée par décret du 15 avril 1873. Elle est destinée à former des élèves pour l'artillerie de terre, le génie militaire, le génie maritime, la marine nationale, le corps des ingénieurs hydrographes, les ponts et chaussées et les mines, les poudres et salpêtres, les lignes télégraphiques, l'administration des tabacs et tous les autres services publics qui exigent des connaissances étendues dans les sciences mathématiques, physiques et chimiques. L'admission dans les différents services après les examens de sortie est toujours subordonnée au nombre de places disponibles et au numéro de classement de l'élève. Nul candidat civil ne peut concourir s'il n'a préalablement justifié : 1° qu'il est Français ou naturalisé Français; 2° qu'il a été vacciné ou qu'il a eu la petite vérole; 3° qu'il a plus de 16 ans et moins de 20 ans au 1er janv. de l'année du concours. Les sous-officiers, les caporaux ou brigadiers et les soldats des corps de l'armée âgés de plus de vingt ans et qui justifient de deux ans de service effectif et réel sous les drapeaux au 1er janv. qui suit l'époque des examens peuvent se présenter pourvu toutefois qu'ils n'aient pas dépassé l'âge de 25 ans au 1er juillet de l'année du concours. Ces militaires doivent, pour obtenir l'autorisation de concourir, produire un certificat de bonne conduite et un certificat du conseil d'administration de leurs corps constatant la durée

de leur service. Prix de la pension 1,000 fr. par an; trousseau 600 fr. On accorde des bourses et des demi-bourses. La durée des cours est de deux ans. — 4° L'Ecole spéciale militaire de Saint-Cyr, réorganisée par décret du 18 janv. 1882. Elle a pour but d'instruire dans les différentes branches de l'art de la guerre et de mettre en état d'entrer comme officiers dans les rangs de l'armée, les jeunes gens qui se destinent à la carrière militaire. Elle forme des officiers pour l'infanterie, la cavalerie de l'armée de terre et l'infanterie de marine. Elle admet, au concours, les Français âgés de 17 ans au moins et de 21 ans au plus au 1er janv. de l'année du concours. Elle admet aussi les hommes de troupe âgés de plus de 21 ans qui ont accompli, au 31 déc. de l'année du concours, deux années de service réel et effectif, pourvu qu'ils n'aient pas dépassé 25 ans au 1er juillet de cette même année et qu'ils soient encore sous les drapeaux. Nul ne peut être admis aux compositions s'il n'est bachelier ès sciences et bachelier ès lettres ou muni du certificat de première épreuve de bachelier ès lettres nouveau. Le prix de la pension est de 1,500 fr. par an et celui du trousseau de 600 à 700 fr. Il est accordé des bourses et des demi-bourses. L'école est entièrement militaire; les élèves sont casernés et répartis dans 4 ou 5 compagnies formant un bataillon d'infanterie. Le séjour des élèves à l'école est de deux ans; on peut le porter à 3 années dans le cas où des circonstances graves auraient occasionné aux élèves une suspension forcée de travail. Les élèves qui n'ont pas satisfait aux examens de sortie peuvent être placés dans les corps comme caporaux ou sous-officiers. Les autres sont promus sous-lieutenants d'infanterie ou de cavalerie, mais les élèves nommés sous-lieutenants de cavalerie vont, à leur sortie de Saint-Cyr, passer une année à Saumur comme officiers-élèves. — 5° L'Ecole d'application de l'artillerie et du génie, établie jadis à Metz et transportée, depuis 1871, à Fontainebleau; elle a été réorganisée par décret du 28 octobre 1881. Elle a été instituée pour donner aux élèves sortant de l'école polytechnique, jugés aptes à servir dans les armes de l'artillerie et du génie, l'instruction spéciale propre à ces deux armes. Les élèves sont pourvus, au moment de leur admission, du titre de sous-lieutenants; ils restent deux ans à l'école et forment deux divisions. On leur compte, soit pour la retraite, soit pour la décoration militaire, quatre années de service d'officiers. L'école reçoit aussi quelques officiers-élèves provenant de la classe des sous-officiers et détachés des corps de troupe. Ces élèves participent à l'instruction qui se donne à l'école, mais dans des conditions particulières (art. 53 du décret du 28 oct. 1881). — 6° L'Ecole d'application de cavalerie, établie à Saumur et réorganisée par décret du 26 mai 1881, a pour but de compléter et de perfectionner l'instruction des lieutenants de cavalerie et d'artillerie désignés pour en suivre les cours; de poursuivre l'instruction des élèves de la section de cavalerie de l'école de Saint-Cyr et des sous-officiers promus sous-lieutenants sans passer par l'école de cavalerie; de donner à un certain nombre de sous-officiers aspirant à l'épaulette la somme de connaissances que tout officier de cavalerie doit posséder; enfin d'initier au service régimentaire les aides-vétérinaires stagiaires nouvellement promus et de leur donner des principes d'équitation. L'école reçoit, en outre, deux catégories de cavaliers élèves-télégraphistes et des élèves-maréchaux-ferrant provenant des corps de troupes à cheval. La durée des cours est de 11 mois (1er oct.-31 août). Pour les élèves-télégraphistes, la période d'instruction est un peu moins longue. L'école de cavalerie comprend, sous le titre d'*annexes*, un cour de télégraphie militaire pratique, une école de maré-chalerie, une école de dressage et un atelier d'arçonnerie. — 7° L'ÉCOLE D'APPLICATION DES POUDRES ET SALPÊTRES, organisée par règlement du 25 mars 1878, établie à Paris au dépôt des poudres et salpêtres et recevant certains élèves qui sortent de l'école polytechnique. La durée des études est de deux ans. — 8° L'ÉCOLE DE MÉDECINE ET DE PHARMACIE a pour but de former d'abord des médecins et des pharmaciens et, après leur réception, de les initier à l'exercice spécial de leur art dans l'armée (décret du 15 juin 1880). Les étudiants se font admettre *élèves du service de santé militaire*. Sont admis à concourir : les étudiants ayant au moins 8 inscriptions pour le doctorat quand ils veulent être médecins, ou un diplôme de bachelier pour les élèves en pharmacie; ces derniers doivent posséder en outre au moins 4 inscriptions valables pour le titre de pharmacien de première classe. Le siége de l'école est au Val-de-Grâce; mais les élèves les plus avancés sont répartis, suivant leurs convenances, entre les villes ci-après : Alger, Bordeaux, Lille, Lyon, Marseille, Montpellier, Nancy, Nantes, Paris, Rennes et Toulouse, où ils sont attachés à l'hôpital militaire. Il leur est accordé une indemnité annuelle. Les élèves qui satisfont à l'examen de sortie sont immédiatement promus au grade d'aide-major de 2° classe. Ceux qui n'y satisfont pas sont licenciés et tenus de rembourser les frais qu'ils ont occasionnés à l'État. — 9° L'ÉCOLE D'ADMINISTRATION, instituée à Vincennes pour fournir le personnel nécessaire au recrutement des officiers d'administration militaire (décret du 21 juillet 1875; circ. minist. du 27 avril 1872). Les sous-officiers sont admis à cette école à la suite d'un concours. Ils doivent être célibataires et ne pas compter plus de 27 ans au 1er nov. de l'année du concours. Après leur admission, ils prennent le titre d'élèves-stagiaires d'administration. — 10° L'ÉCOLE NORMALE DE GYMNASTIQUE, divisée en deux sections; la première section a pour but de former les directeurs et des moniteurs de gymnastique pour les corps de troupes; la seconde section a pour objet de former des maîtres d'escrime pour les corps et les écoles militaires. Cette école est établie dans les redoutes de la Faisanderie et de Gravelle, près de Vincennes. Le séjour des élèves de gymnastique y est de 5 mois et demi; celui des élèves d'escrime dure un an. Les candidats élèves de gymnastique sont proposés aux revues trimestrielles. — 11° LES ÉCOLES DE TIR, qui sont de deux sortes : 1° l'école normale de tir au camp de Châlons; 2° les écoles régionales au nombre de trois: au camp de Châlons, au camp du Ruchard et au camp de la Valbonne. Les cours de l'école normale commencent le 15 janv. et finissent le 15 juillet. Les élèves sont des capitaines ayant moins de 2 ans de grade au 31 déc. e l'année de la proposition. Les élèves des coles régionales sont des officiers, sous-officiers et soldats d'infanterie désignés par les généraux commandant la division. — 12° Les ÉCOLES D'ARTILLERIE dont le nombre est égal à celui des corps d'armée et qui sont établis à Angoulême, Besançon, Bourges, Castres, Châlons, Clermont-Ferrand, Douai, Grenoble, la Fère, le Mans, Nîmes, Orléans, Poitiers, Rennes, Tarbes, Toulouse, Vannes, Versailles et Vincennes. On peut rattacher aux écoles d'artillerie, l'*École pratique de tir* de Bourges, instituée pour les capitaines d'artillerie, à l'instar de l'école normale de Châlons. — 13° L'ÉCOLE CENTRALE DE PYROTECHNIE MILITAIRE, instituée à Bourges pour former des praticiens habiles. Les élèves sont choisis par les généraux dans l'arme de l'artillerie parmi les brigadiers et les élèves-brigadiers ayant de 6 à 15 mois de service. — 14° Les ÉCOLES RÉGIMENTAIRES DU GÉNIE, établies dans

chacune des places servant habituellement de garnison aux régiments du génie, pour l'instruction spéciale des soldats, des brigadiers, des caporaux et des sous-officiers, ainsi que pour celle des officiers de ces régiments. — 15° L'ÉCOLE MILITAIRE D'INFANTERIE DE SAINT-MAIXENT, instituée par décret du 4 févr. 1881, pour compléter l'instruction militaire des sous-officiers jugés susceptibles d'être nommés sous-lieutenants d'infanterie de ligne ou d'infanterie de marine. Nul sous-officier ne peut être promu sous-lieutenant s'il n'a pas suivi avec succès les cours de cette école. — 16° L'ÉCOLE DES TRAVAUX DE CAMPAGNE, instituée à Versailles en 1879, pour donner à un certain nombre de capitaines des notions théoriques et pratiques sur les travaux de fortification de campagne. — 17° L'ÉCOLE DES ENFANTS DE TROUPE, instituée à Rambouillet pour donner aux enfants de troupe une instruction primaire propre à les préparer à l'instruction militaire que doit posséder un bon sous-officier. L'âge d'admission est fixée à 15 ans révolus au 1er octobre de l'année du concours. Chaque régiment a ses écoles régimentaires d'escrime, de gymnastique, de natation, de tir, etc. — **Frontières militaires** (all. *Militaergrenze*; hongr., *Hataror-videk*), région et autrefois division politique de la monarchie austro-hongroise, sur la frontière turque, au S. de la Croatie, de la Slavonie et de la Hongrie; 20,307 kil. carr.; 1,041,123 hab. Les parties occidentales et orientales sont couvertes par la continuation des Alpes et des Carpathes; mais les parties centrales sont, pour la plupart, des plaines fertiles. Le Danube traverse le pays du S. à l'E., entre Peterwardein et Semlin, continue sa course à l'E. jusqu'à Orsova, et reçoit la Theiss, la Bega et le Temes. La Save sépare les Frontières militaires de la Bosnie et de la Servie, et tombe dans le Danube près de Belgrade. Les habitants sont en majorité de race slave. Les villes les plus importantes sont: Peterwardein, Carlovitz, Semlin et Orsova le Vieux, toutes sur le Danube; Zengg, Carlopago et Brod dans la partie occidentale. — Le pays reçut à l'origine une organisation militaire par Ferdinand Ier (mort en 1564), comme une barrière contre les Turcs; il fut reconstitué en 1807 et de nouveau en 1850. Presque toute la population mâle au-dessus de 20 ans était formée en corps militaires. Toutes les terres cultivables étaient la propriété indivise des communes des Frontières. La réorganisation de l'Autriche en 1867, établit virtuellement la réunion des Frontières militaires à la couronne de Hongrie; après 1869, leurs institutions particulières furent graduellement abolies; une des deux commanderies militaires fut incorporée à la Hongrie proprement dite, et l'autre à la Croatie et à la Slavonie.

° **MILITAIREMENT** adv. D'une manière militaire : *agir militairement*.

° **MILITANT, ANTE** adj. Théol. Qui combat. Ne s'emploie que fig. et dans cette locution, L'ÉGLISE MILITANTE, l'assemblée des fidèles sur la terre; par opposition à L'ÉGLISE TRIOMPHANTE, l'assemblée des fidèles dans le ciel. — Par ext. Agressif : *une politique militante; un esprit militant.*

MILITARISER v. a Rendre militaire, donner des goûts militaires. — Se militariser v. pr. Prendre les habitudes militaires.

MILITARISME s. m. Prédilection pour la puissance militaire. — Polit. Système qui s'appuie principalement sur l'armée.

° **MILITER** v. n. Combattre. Ne s'emploie que fig., et n'est guère usité que dans les débats judiciaires, où l'on dit, par exemple, CETTE RAISON, CET ARGUMENT MILITE POUR MOI, NE MILITE POINT CONTRE MOI, cette raison, cet argument est en ma faveur, n'est pas à mon désavantage.

MILL. I. (James), philosophe anglais, né en Écosse en 1773, mort en 1836. Son *Histoire de l'Inde britannique* (1817-'18, 3 vol.), continuée jusqu'en 1835 par le professeur N.-H. Wilson, (1840-'55, 9 vol.), donna aux directeurs de la compagnie orientale le désir de l'attacher à leur administration métropolitaine, et il finit par être à la tête du bureau de la correspondance indoue. Ses *Éléments d'économie politique* (1821-'22) présentent les idées de Ricardo dans un style clair et précis. Son ouvrage le plus parfait a pour titre : *Analyse des phénomènes de l'esprit humain* (1829, 2 vol.); c'est une exposition ingénieuse de la philosophie sensualiste. — **II.** (John-Stuart), son fils, né en 1806, mort le 9 mai 1873. De 1834 à 1840, il dirigea la *London and Westminster Review*. L'ouvrage qui lui acquit tout d'abord une grande notoriété fut son *System of Logic, Ratiocinative and Inductive* (1843 2 vol.), où apparaît tout le caractère de sa philosophie. Il nie l'existence de vérités *a priori*, affirme que la connaissance est limitée aux phénomènes, et reste ignorante de toute cause en dehors des conditions des phénomènes. Son second grand ouvrage est : *Principles of Political Economy, with sone of their applications to social philosophy* (1848). Sous le titre de *Dissertation and discussions, political, philosophical, and historical* (1859, 2 vol.), il a publié une collection d'articles qui contiennent ses vues sur les sujets les plus importants. Il soutient que la certitude scientifique n'est que relative; que la morale n'est qu'un moyen d'arriver à une fin, laquelle est le bonheur; que l'idéal d'une démocratie rationnelle n'est pas que le peuple gouverne lui-même, mais qu'il ait des garanties d'un bon gouvernement; qu'il n'y a pas de différence essentielle entre les facultés de la femme et de l'homme; et que l'histoire tout entière est un enchaînement progressif de causes et d'effets, les faits complexes de chaque génération étant causés par celle qui l'a précédée et donnant sa force à celle qui suivra. Il publia aussi, en 1859, un ouvrage sur la liberté, *On Liberty*, où il se propose pour but de montrer que notre siècle impose de plus en plus le despotisme .des masses sociales et politiques à la liberté morale et intellectuelle des individus. Ses dernières œuvres comprennent: *Considérations on Representative Gouvernement* (1861); *Utilitarianism* (1862); *Auguste Comte and Positivism* (1845); *Examination of sir William Hamilton's Philosophy* (1865) et *The Subjection of Women* (*L'Assujettissement des Femmes*, 1869). En 1865, Westminster l'envoya au parlement. Il marcha avec les libéraux avancés, réclamant surtout l'émancipation des femmes. Il perdit son siége en 1868. Son autobiographie parut en 1873, et ses *Three Essays on Religion : Nature, the Utility of Religion, Theism*, en 1876.

MILLANGES (Simon), correcteur d'imprimerie et imprimeur, né dans le Limousin en 1540, imprimeur à Bordeaux, en 1572, mort en 1621; se distingua par la correction de ses éditions.

MILLARD s. m. [*ll* mll.]. Argot. Mendiant du XVIIIe siècle.

MILLAS, ch.-l. de cant., arr. et à 17 kil. O. de Perpignan (Pyrénées-Orientales); 2,250 hab.

MILLAU. [mi-yo]. Voy. MILHAU.

MILLAUD (Moïse) [*ll* mll.], banquier et publiciste, né à Bordeaux le 27 août 1813, mort en 1871. Il fonda le *Lutin*, dans sa ville natale, mais Bordeaux n'offrant pas un assez vaste champ à son activité, il vint à Paris, publia le *Gamin de Paris* (1836); le *Glaneur* (1836); le *Négociateur* (1838); l'*Audience* (1836) et la *Liberté* (24 févr. 1848). En 1863, il créa le *Petit Journal*, auquel il rattacha successivement le *Journal illustré*, la *Journal* *littéraire*, le *Journal politique de la Semaine*, etc.

* **MILLE** adj. numéral inv. [mi-le] (lat. *mille*). Dix fois cent : *mille hommes*; *mille chevaux*. — Dans la date ordinaire des années, quand *Mille* est suivi d'un ou de plusieurs autres nombres, on met ordinairement *Mil*. Ainsi on écrit : *l'an mil sept cent* pour *l'an mille sept cent*, etc. — Les **Mille et Une Nuits**, titre d'un recueil de contes arabes. Les **Mille et Un Jours**, titre d'un recueil de contes persans. — Se dit quelquefois pour un nombre incertain, mais fort grand : *mille personnes l'ont vu*.

> J'en veux adorer mille et n'en aimer aucune.
> COLLIN D'HARLEVILLE. *L'Inconstant*, acte III, sc. xii.

> Et le sang d'un héros, auprès des immortels,
> Vaut seul plus que celui de mille criminels.
> J. RACINE. *La Thébaïde*, acte III, sc. iii.

— s. m. : *mille multiplié par vingt, par cent, donne tant*. On dit aussi quelquefois *le nombre mille*; *numéro mille*.

* **MILLE** s. m. (lat. *milliarium*, mille pas). Mesure itinéraire, dont l'étendue diffère selon les pays : *il y a un mille de ce lieu-là à tel autre*; *le mille d'Allemagne équivaut à près de deux lieues de France*. — Le *mille* des anciens Romains valait mille pas (*mille passuum*) de 5 pieds chacun ou environ 1,480 mètres. — Le *mille* (*mile*) anglais = 1,760 yards = 1,609m,3149. — Notre *mille* marin est de 60 au degré = 1,851m,85. Le *mille* marin anglais ou *mille géographique* vaut 1,851 m. Le *mille géographique allemand* = 1/15 de degré.

MILLEDGEVILLE, autrefois capitale de la Géorgie (États-Unis), sur la rive occidentale de l'Oconee, à 130 kil. S.-E. d'Atalanta, la capitale actuelle. 2,750 hab., dont 1,547 de couleur. C'est le siège de l'établissement des aliénés et du pénitentier de la Géorgie.

* **MILLE-FEUILLE** s. f. Plante de la famille des radiées, ainsi nommée parce que ses feuilles sont découpées très menu. On l'appelle aussi vulgairement *herbe à la coupure*, *herbe au charpentier*, ou *herbe militaire*, parce qu'elle est vulnéraire, et propre à arrêter le sang qui coule d'une blessure. (Voy. ACHILÉE.)

* **MILLE-FLEURS** s. m. pl. Ne s'emploie que dans ces locutions : ROSSOLIS DE MILLE-FLEURS, sorte de rossolis, dans la composition duquel il entre quantité de fleurs distillées. EAU DE MILLE-FLEURS, urine de vache reçue dans un vase pour être prise en remède. — EAU DE MILLE-FLEURS, HUILE DE MILLE-FLEURS, eau, huile extraite de la bouse de vache, par distillation.

* **MILLÉNAIRE** adj. [mil-lé-]. Qui contient mille : *le nombre millénaire*. — s. m. Chronol. *Dix siècles ou mille ans : dans le premier millénaire*. — s. m. pl. Sectaires chrétiens qui croyaient que Jésus-Christ régnerait sur la terre avec ses saints dans une nouvelle Jérusalem pendant mille ans, avant le jour du jugement dernier.

* **MILLÉNARISME** s. m. [mil-lé-] Doctrine des millénaires.

MILLÉNIUM s. m. [mil-lé-ni-omm] (lat. *mille*, mille; *annus*, année). Période de mille ans. En théologie, ce terme désigne généralement la doctrine basée sur divers passages de la Bible, d'un retour de Jésus-Christ en personne, et antérieure à la résurrection particulière et antérieure à la résurrection générale des justes qui doivent régner avec le Christ sur la terre pendant mille ans, et la destruction de l'antéchrist. Ceux qui professent ces opinions sont appelés *millénaires* ou *chiliastes* (gr. *kilias*, mille). Les premiers pères de l'Église se déclarèrent généralement en faveur de cette doctrine : Papias, saint Justin, saint Irénée. Tertullien l'enseignant très nette-

ment. Mais à partir du ve siècle, le millénarisme commence à s'éteindre. La réformation du xvie siècle lui donna une nouvelle vigueur. Mais lorsque les anabaptistes, vers 1534, prétendirent ériger la nouvelle Sion, les Églises luthériennes et réformées se déclarèrent également contre cette imitation de la vieille doctrine chrétienne. Johann Albrecht Brengel a introduit de nouveau le millénarisme dans la théologie protestante. Hahn, Stilling, Lavater et Iluss le répandirent largement dans les classes inférieures du peuple en Allemagne et en Suisse. Hoffmann, Delitzsch, Kurtz, Hebart, etc., ont fait valoir en sa faveur des raisons d'exégèse, tandis que Rothe, Thiersch, Nitzsch, P. Lange et Ebrard l'ont soutenu au point de vue dogmatique. L'Église apostolique catholique, fondée par Edward Irving, insiste particulièrement sur la croyance que le royaume de gloire est proche. Les opinions des millénaires se trouvent à la base même du mormonisme, car les personnes qui le professent s'appellent « Les saints des derniers jours ». Aux États-Unis, les prédications de William Miller, fondateur de la secte des *adventistes* qui cherchait à prouver, d'après les Écritures, que le second avènement du Christ arriverait vers l'an 1843, provoquèrent une grande agitation. Un des plus en vue des millénaires actuels est le Dr John Cumming, qui fixa la fin de ce monde terrestre, à 1856 ou à 1867, puis à 1868. Mais en 1870, il a publié The Seventh Vial (la septième fiole), pour prouver que toutes les prophéties relatives au millénium ont été accomplies.

* **MILLE-PATTES** s. m. Entom. Nom vulgaire des scolopendres.

* **MILLE-PERTUIS** s. m. Bot. Genre d'hypéricinées, comprenant des plantes herbacées ou sous-frutescentes, dont les feuilles, en les regardant au soleil, ont une quantité de petits points transparents qui paraissent autant de trous. — L'Europe possède une assez grande quantité de mille-pertuis. Les principales espèces sont : le *mille-pertuis à grandes fleurs* (*hypericum calicinum*), à fleurs d'un beau jaune, originaire d'Orient et de la Grèce; le *mille-pertuis perforé* (*hypericum perforatum*), herbe vivace, à fleurs jaunes en panicule, commune dans toute la France, surtout dans les lieux incultes et montagneux. Cette plante possède des propriétés vulnéraires, résolutives et vermifuges. L'huile d'olive dans laquelle on a fait infuser ses sommités fleuries, est d'un usage populaire contre les brûlures et les contusions.

* **MILLE-PIEDS** s. m. Entom. Nom d'une famille d'insectes qui ont un très grand nombre de pieds : *les scolopendres, les iules, sont de la famille des mille-pieds, sont des mille-pieds*. (Voy. MYRIAPODES.)

* **MILLÉPORE** s. m. [mil-lé-]. Hist. nat. Genre de polypiers pierreux, dont la surface est creusée d'une multitude de pores.

* **MILLER** (Hugh), géologue écossais, né en 1802, mort le 26 décembre 1856. Il fut maçon depuis l'âge de 17 ans jusqu'à 34 ans, et travailla dans différentes parties de l'Écosse, étudiant soigneusement les mœurs, le paysage, les antiquités, mais surtout la géologie. C'est à cette époque aussi qu'il se familiarisa avec tous les chefs-d'œuvre de la littérature anglaise. Combinant ce qu'il voyait et ce qu'il lisait, il devint, en le soupçonnant à peine lui-même, non seulement un géologue qui s'était formé tout seul, mais encore un géologue capable d'en former d'autres. C'est alors qu'il fit des découvertes dans le grès rouge ancien. Il acquit bientôt une célébrité locale. Il publia un volume de poèmes en 1829, donna au *Courrier d'Inverness* une série de lettres sur la pêche du hareng, découvrit des dépôts de débris de poissons appartenant à

la seconde époque de l'existence des vertébrés et intéressant directement la science géologique, et devint comptable dans une banque de Cromarty, son lieu natal. Pendant les deux premières années de ses fonctions de comptable, il se maria et publia Scènes et Légendes du nord de l'Écosse. Bientôt après, il montra, dans sa lettre à lord Brougham, à propos des controverses religieuses qui avaient lieu alors, un tel talent d'argumentateur et d'écrivain, que les chefs de la Free Chrurch (Église libre) le choisirent pour rédacteur en chef du Witness, (le Témoin), et il se transporta à Édimbourg. First Impressions of England and its People, où il raconte ses impressions pendant un voyage de vacances. Mais c'est comme géologue qu'il s'est surtout rendu remarquable. Il publia dans le Witness une série d'articles qui furent plus tard réunis et que l'on connaît sous le nom collectif de The old red Sandstone (Le Grès rouge ancien). Ils contiennent des faits importants pour la science. L'apparition et le succès de Vestiges of the Natural History of Creation, où était exposée la théorie de l'évolution, lui fit écrire une réponse intitulée : The Footprints of the Creator (les Traces du Créateur), où il soutient les vues opposées. Un de ses livres les plus intéressants est intitulé : My Schools and Schoolmasters (Mes Écoles et mes Maîtres d'école). Testimony of the Rocks (Le Témoignage des Roches), où il envisage la Bible dans ses rapports avec la géologie, fut son dernier ouvrage. Ses efforts intellectuels incessants lui dérangèrent l'esprit, et on le trouva mort dans son cabinet, la poitrine percée d'une balle d'un pistolet qui gisait près de lui. Sa Vie et Correspondance (Life and Letters) a été publiée par Peter Bayne en 1871.

MILLER (James), chirurgien écossais, né en 1812, mort en 1864. Il fut professeur de chirurgie à Édimbourg pendant plus de vingt ans, et fut surtout connu pour son livre sur les principes et la pratique de la chirurgie (Principles and Practice of Surgery, 1844).

MILLER (Joseph), acteur anglais, né vers 1684, mort en 1738. Il jouit d'une grande popularité. Un livre de farces et de bons mots, que l'on suppose avoir été recueillis par John Mottley, fut publié sous son nom en 1739 et a été réédité bien souvent depuis, de sorte que les mots Joe Miller sont devenus synonymes de grosse et vieille plaisanterie.

MILLER (Thomas), écrivain anglais, né en 1807, mort en 1874. Il était vannier de son métier, et écrivait de temps en temps des vers, quand Rogers l'établit libraire à Londres. Les plus populaires de ses écrits sont ses livres ruraux. Il a fait aussi une histoire des Anglo-Saxons, de nombreux romans, et les biographies de Turner, de Beattie et de Collins. Dans ses œuvres poétiques, on trouve : Poetical Language of Flowers (La Langue poétique des Fleurs) et Songs for British Riflemen (Chants pour les Carabiniers anglais).

MILLER (William-Allen), chimiste anglais, né en 1817, mort en 1870. Vers 1840, il fut nommé démonstrateur de chimie à King's Collège (Londres), en 1845 professeur de chimie, et en 1851 essayeur à la monnaie. Il a publié des éléments de chimie, théoriques et pratiques (1869).

* **MILLÉSIME** s. m. [mil-lé-zi-me] (lat. *millesimus*, millième). L'ensemble des chiffres qui marquent l'année sur les médailles monnaies et monuments, depuis que les années de l'ère vulgaire sont arrivées au nombre de mille : *on ignore en quelle année cette médaille a été frappée, car le millésime n'y est pas, le millésime est tout effacé*. — Sedit, par ext., en parlant des médailles frappées avant l'an mille : *le millésime de cette médaille fait con-*

naître qu'elle fut frappée l'année du couronnement de Charlemagne.

MILLESIMO, ville d'Italie, à 23 kil. N.-O. de Savone, sur la rive droite de la Bormida ; 1,400 hab. Ce bourg est célèbre par une victoire que le général Bonaparte y remporta, le 14 avril 1796, sur les Austro-Piémontais, que commandait le général autrichien Beaulieu.

* **MILLET** s. m. [mi-iè; *ll* mll], (lat. *milium*). Il est synonyme de mil : *un grain de millet.* — C'EST UN GRAIN DE MILLET DANS LA GUEULE D'UN ANE, se dit lorsque ce qu'on donne à quelqu'un n'est pas, à beaucoup près, suffisant pour ses besoins. — ⁓ Pathol. Nom populaire du muguet. (Voy. Ce mot.) — Bot. On donne le nom de millet au panic cultivé et à plusieurs autres graminées. Le véritable *millet* ou *millet commun* ou *millet à panicule (panicum miliaceum)* est originaire de l'Inde et cultivé pour ses graines. Le *millet à grappe*, appelé aussi *millet d'Italie* ou *millet des oiseaux (panicum Italicum* est une plante annuelle à tige droite, noueuse, haute de 70 centim. à 4 m. Elle est originaire de l'Inde et on la cultive en grand dans plusieurs contrées de l'Europe, particulièrement en Italie et en Allemagne. Ses belles grappes de graines sont très recherchées des oiseaux.

MILLET (Jean-François), peintre, né à Gréville (Manche) en 1815, mort le 20 janvier 1875; étudia sous Delaroche, débuta en 1844, se fixa à Barbizon, afin d'étudier à son aise tous les aspects de la forêt de Fontainebleau, et dut sa réputation à un profond sentiment de la nature, ainsi qu'à la grandeur qu'il donnait aux scènes de la vie rustique. Parmi ses œuvres, où domine le plus vif réalisme, nous citerons ses *Semeurs* (1850), ses *Moissonneurs* (1852), ses *Glaneuses* (1857), sa *Tondeuse de moutons* (1861), son *Paysan se reposant sur sa houe* (1863).

MILLET (Pierre), missionnaire français, né en 1634, mort en 1708. Il évangélisa l'Amérique en 1666, et fut fait prisonnier au fort Frontenac, dont il était chapelain, par les Indiens chez lesquels il resta quatre ans, ayant été adopté par la tribu Oneida. Il a laissé la relation de sa captivité (New-York, 1865).

MILLEVOYE (Charles-Hubert), poète français, né à Abbeville le 24 déc. 1782, mort à Paris, le 12 août 1816. Après avoir terminé ses études, il entra chez un procureur, puis chez un libraire. En 1800, il se fit connaître par un recueil de *Poésies* et obtint, en 1805, un prix de l'Académie française au sujet de l'*Indépendance de l'homme de lettres;* il donna ensuite les *Embellissements de Paris* (1806), le *Voyageur* (1807), la *Mort de Rotrou* (1811); il réussit mieux dans l'élégie, où il pouvait à son aise déployer toutes les délicatesses de sa nature sensible; l'*Amour maternel,* la *Demeure abandonnée*, le *Souvenir*, le *Poète mourant*, la *Chute des feuilles* sont autant de pièces ravissantes, où tous les sentiments de l'âme trouvent facilement un écho de la cœur. Millevoye mourut à 34 ans d'une maladie de poitrine. — *Œuvres complètes*, Paris, 1822, 6 vol. in-8o.

* **MILLIAIRE** adj. [mi-li-è-re]. Se dit des bornes, des pierres, etc., placées de distance en distance, sur les grands chemins, pour indiquer les milles, les lieues, etc. : *borne, colonne, pierre milliaire.* — s. m. : *le premier, le second milliaire est à tel endroit.* — MILLIAIRE DORÉ, colonne qu'Auguste fit élever au milieu de Rome, et d'où l'on commençait à compter les milles pour tous les grands chemins de l'empire.

* **MILLIARD** s. m. [mi-li-ar]. Mille fois un million, ou dix fois cent millions. — Se dit très souvent absol., en termes de finances,

d'un milliard de livres ou de francs : *la dette de cet Etat est de plusieurs milliards.*

* **MILLIASSE** s. f. [mi-li-a-se]. Terme de dénigrement, qui signifie un fort grand nombre : *sur le bord de cet étang, il y a des milliasses de moucherons.* (Fam.)

* **MILLIÈME** adj. [mi-li-è-me]. Nombre ordinal qui complète le nombre de mille : *la millième année après la naissance de Jésus-Christ.* — Se dit aussi d'une des parties d'un tout que l'on suppose composé de mille parties. En ce sens, il s'emploie souvent par exag. : *si j'avais la millième partie de son bien, je serais assez riche.* — s. m. La millième partie : *il est intéressé dans cette affaire pour un millième.*

* **MILLIER** s. m. Nom de nombre collectif contenant mille : *un millier d'épingles, de tuiles, de clous.* — UN MILLIER DE FOIN, DE PAILLE, un millier de bottes de foin, de paille. — Mille livres pesant: *cette cloche pèse dix milliers.* — Se dit encore pour exprimer un nombre indéterminé, mais considérable : *je connais un millier de gens qui pensent ainsi.* — A MILLIERS, PAR MILLIERS loc., adv., en très grand nombre : *on en trouve à milliers, par milliers.*

MILLIÈRE (Jean-Baptiste), homme politique, né à la Marche (Côte-d'Or), en 1817, fusillé à Paris le 26 mai 1871. Il était fils d'un pauvre ouvrier tonnelier, qui lui enseigna son métier. Plus tard, Millière se fit recevoir bachelier et ensuite avocat. Il se rendit à Paris en 1848, écrivit dans plusieurs journaux avancés, fut arrêté après le coup d'Etat et transporté en Algérie. Rentré après l'amnistie de 1859, il ne cessa de faire de l'opposition au gouvernement impérial et devint collaborateur de Rochefort à la *Marseillaise*. Le 18 fév. 1871, il fut élu député de Paris, siégea à Bordeaux et à Versailles, y prit la parole et refusa de prendre parti pour la Commune. Il se trouvait à Paris lorsque les troupes de Versailles entrèrent dans la capitale; un capitaine d'infanterie, nommé Garcin, le fit arrêter, le frappa, l'insulta, le força à se mettre à genoux et le fit fusiller sans jugement en lui disant : « Quand on trouve une vipère, on l'écrase ».

* **MILLIGRAMME** s. m. [mil-li-]. La millième partie du gramme.

MILLILITRE s. m. La millième partie d'un litre.

MILLIME s. m. [mil-li-me]. La millième partie du franc.

* **MILLIMÈTRE** s. m. [mil-li-]. Nouvelle mesure de longueur, la millième partie du mètre : *cinq mètres deux cent quarante-sept millimètres.*

MILLIN (Aubin-Louis), archéologue français, né en 1759, mort en 1848. Il était conservateur du muséum des antiquités à la Bibliothèque nationale, et il a beaucoup écrit sur les anciens vases, les anciens monuments, etc. Il a laissé incomplète une histoire de Napoléon en médailles.

* **MILLION** s. m. [mi-li-on]. Mille fois mille, ou dix fois cent mille : *on compte en France environ trente-huit millions d'habitants.* — Se dit très souvent absol., en termes de finances, d'un million de livres ou de francs : *il a deux millions de bien.* — Fam. ETRE RICHE A MILLIONS, être extrêmement riche. On dit de même : *cet homme est si riche, qu'il ne compte que par millions.* — Nombre indéterminé, mais fort considérable; et alors se dit ordinairement par exag. : *j'ai ouï dire cela un million de fois.*

* **MILLIONIÈME** adj. numéral. [mi-li-o-]. Nombre ordinal qui complète le nombre d'un million. — Parties d'un tout que l'on suppose composé d'un million de parties : *la*

millionième partie. — s. m. *Un millionième; trois millionièmes.*

* **MILLIONNAIRE** adj. [mi-li-o-]. Qui possède des millions, qui est extrêmement riche : *cet homme est devenu millionnaire.* — s. *C'est un millionnaire.* Il EST DEUX FOIS MILLIONNAIRE, il possède deux millions.

MILLIPORE s. m. [mil-li-]. Genre de méduses hydroïdes. Ces animaux vivent en communautés affectant des formes arborescentes et d'incrustation. Il se dépose dans leurs tissus une grande quantité de carbonate de chaux, de sorte que la masse des méduses est d'apparence solide et presque compacte, mais creusée à sa surface de tout petits trous qui contiennent les animaux. Récemment encore, tous les zoologistes mettaient les millipores parmi les polypes. Dans l'hiver de 1857-'58, Agassiz réussit pour la première fois à observer le *millepora alcicornis*, dans la Floride; et il fut surpris en reconnaissant qu'il est non pas un polype, mais une véritable méduse hydroïde. Quelques naturalistes, cependant, persistent à les laisser parmi les polypes.

MILLOT (Claude-François-Xavier) [mi-io; *ll* mll.], Ecclésiastique français, né en 1726, mort en 1785. Professeur de rhétorique au collège des jésuites, à Lyon, il perdit sa place à la suite de son éloge de Montesquieu. En 1768, il fut envoyé à Parme comme professeur d'histoire, et on le choisit, en 1778, pour être précepteur du duc d'Enghien. On a réuni ses œuvres sur l'histoire de France, l'histoire d'Angleterre et l'histoire générale (*Œuvres de l'abbé Millot*, 1800, 15 vol.).

MILLS (Charles) [milss], historien anglais, né en 1788, mort en 1825. On a de lui une *Histoire du mahométisme* (1817); une *Histoire des croisades* (1820, 2 vol.), et une *Histoire de la chevalerie* (1825, 2 vol.).

MILL., ch.-l. de cant., arr. et à 26 kil. E. d'Etampes (Seine-et-Oise); 2,500 hab. Commerce de grains, farines, bestiaux, chanvre. Château gothique assiégé par les Anglais sous Charles VII.

MILMAN (Henry-Hart), auteur anglais, né en 1791, mort en 1868. Ses œuvres comprennent : *Fazio*, tragédie représentée avec succès à Covent-Garden (1815); *Samor, lord of the Bright City,* poème héroïque (1818); *The Fall of Jerusalem* (*La Chute de Jérusalem*), poème dramatique (1820); une *Histoire des Juifs* (1829), une Histoire du christianisme depuis la naissance du Christ jusqu'à l'abolition du paganisme dans l'empire romain (1839, 3 vol.). et une Histoire du christianisme latin (1854-'55, 6 vol.). Il a donné ses soins à une magnifique édition illustrée d'Horace (1849) et à une édition annotée de l'ouvrage de Gibbon, *Déclin et chute de l'empire romain*, etc.

MILNER (John)[mil'-neur], écrivain anglais catholique, né en 1752, mort en 1826. Il a publié : *History Civil and Ecclesiastical, and Survey of the Antiquities of Winchester* (1798-'99); *Letters to a Prebendary* (1800); *End of religious Controversy (Fin des controverses religieuses,* 1818), et autres ouvrages regardés comme classiques par les catholiques. En 1803, il fut créé évêque de Castabala et vicaire apostolique du centre de l'Angleterre (*Midland district*).

MILNER. I. (Joseph), historien anglais, né en 1744, mort en 1797. Il était directeur de l'école secondaire (*grammar school*) de Hull. Son ouvrage le plus important est une Histoire de l'Eglise de Jésus-Christ depuis sa fondation jusqu'au XIIIe siècle (1794, 3 vol.). Son frère a publié, en 1810, une édition complète de ses œuvres (8 vol.). — II. (Isaac), son frère, né en 1751, mort en 1820. En 1783, il fut nommé professeur de physique à Cambridge; en 1788, il passa à Queen's Collège, et, en 1791 il devint doyen de Carlisle. Il a continué l'Histoire de l'Eglise, de son frère, et a publié différents écrits, parmi lesquels un *Essay on Human Liberty.*

MILO. Voy. MÉLOS. — Vénus de Milo, célèbre statue trouvée en 1820 aux environs de Milo, par un paysan qui la vendit à M. de Marcellus. La Vénus de Milo fut acquise en 1821 par Louis XVIII et donnée par lui au musée du Louvre.

MILON (Titus-Annius-Papinianus), tribun et démagogue romain, né dans le 1er siècle av. J.-C. En 57, lorsqu'il était tribun du peuple, Clodius, à la tête d'une bande de gens sans frein, était le maître des destinées de Rome, foulant aux pieds toutes les lois. Milon, qui ne valait guère mieux, mais qui désirait relever sa fortune par une alliance avec les aristocrates, rétablit l'ordre pour un moment, et protégea Cicéron contre les attaques de Clodius. Les deux rivaux et leurs partisans se rencontrèrent à Bovillae, sur la voie Appienne, en janvier 52, et, dans la mêlée, Clodius fut tué. Milon fut jugé, trouvé coupable et envoyé en exil à Marseille, où il resta jusqu'en 48; il revint alors pour aider Marcus Cœlius à ranimer le parti républicain; mais il fut défait et tué en Lucanie.

MILON DE CROTONE, athlète grec du VIe siècle av. J.-C., né à Crotone, dans la Grande Grèce, Il gagna le prix de la lutte six fois à Olympie et autant de fois aux jeux Pythiques. En 511, il commanda une armée contre les Sybarites. Dans sa septième lutte olympique, l'agilité de son adversaire lui arracha la victoire. Affaibli par l'âge, il essaya, dit-on, de faire éclater en deux un arbre dans une forêt; mais la fente de l'arbre se referma sur ses mains et, dans cette position il fut dévoré par les loups. — Lorsqu'il était dans toute la puissance de sa vigueur, il empoignait un taureau, le chargeait sur ses épaules, le portait pendant un certain temps; l'assommait d'un coup de poing, et le mangeait dans la journée même. Un jour qu'il assistait aux leçons de Pythagore, la salle menaça de s'écrouler; il soutint seul la voûte et donna ainsi aux autres auditeurs le temps de s'éloigner.

* **MILORD** s. m. [mi-lor] (angl. *my*, mon; *lord*, seigneur). (Voy. LORD.) — Fig. Homme riche : *c'est un milord.*

MILOUIN ou millouin s. m. Ornith. Section du genre canard. (Voy. ce mot.)

MILRÉIS s. m. [mil-réiss]. Monnaie portugaise d'or qui vaut mille réis = 5 fr. 60. — Monnaie brésilienne d'argent, qui vaut mille réis = 2 fr. 59 c. 75. — Mille milréis font un *conto de reis*.

MILTIADE [mil-si-a-de], personnage politique d'Athènes, au Ve siècle av. J.-C. Il était neveu de Miltiade l'Ancien, qui fonda la tyrannie dans la Chersonèse de Thrace. Il fut chargé, vers 516, d'aller prendre possession de l'héritage de son oncle. Son seul exploit pendant son séjour dans la Chersonèse fut la conquête de Lemnos et d'Imbros, ce qui lui attira l'hostilité de Darius. Il fut chassé du pays vers 493. Lorsque l'armée des Perses, sous Datis et Artapherne, approcha de la Grèce, Athènes l'élut parmi ses dix généraux, et il remporta la victoire la plus mémorable de l'histoire de Grèce. (Voy. MARATHON.) A sa requête, on lui confia une flotte de 70 vaisseaux, pour une destination connue du seul; il fit voile vers Paros pour satisfaire une animosité particulière, ravagea l'île, mais échoua devant la ville. A son retour, il fut condamné à payer une amende de 50 talents, et il mourut peu après. Son fils, Cimon, paya cette amende plus tard.

MILTON (John) [mil'-t'n], né le 9 déc. 1608, mort le 8 nov. 1674. Son père, notaire à Londres, lui donna la meilleure éducation. Il écrivait en latin, prose et vers, avec facilité et élégance et était familier avec le grec et l'hébreu, lorsqu'il entra à Christ's College, Cambridge. le 12 févr. 1625. Bien que destiné à l'Eglise, il résolut de bonne heure, pendant qu'il était à l'université, de consacrer sa vie à l'étude. En quittant l'université, en 1632, il se fixa dans le village de Horton, comté de Buckingham, où son père s'était retiré. C'est là qu'il écrivit le *Sonnet to the Nightingale (Sonnet au rossignol)*, l'*Allegro* et *Il Penseroso*, les féeries intitulées *Arcades* et *Comus* et l'élégie de *Lycidas*. Après la mort de sa mère (1637), il voyagea sur le continent, visitant Paris, Florence et Rome. Apprenant la rupture imminente entre le roi et le peuple en Angleterre, il y revint (août 1639) et se lança dans les querelles politiques du temps. Pendant toute la période de la domination puritaine, à l'exception de quelque sonnets, il ne produisit que des écrits en prose où il se montra le champion de la révolution. Parmi les questions d'intérêt public à cette époque, celle de la réforme de l'Eglise venait en première ligne, et Milton publia une véhémente attaque sur la forme épiscopale intitulée : *Of Reformation, touching church Discipline in England, and the Causes that hitherto have hindered it* (1641). Quatre brochures suivirent, intitulées : *Of Prelatical Episcopacy ; The Reason of Church Government urged against Prelaty; Animadversions* and *Apology for Smectymnuus,* nom composé des initiales des cinq auteurs d'un ouvrage contre l'épiscopat, en réplique à Laud. En 1643, il épousa Mary Powell, fille de Richard Powell, juge de paix dans le comté d'Oxford, et royaliste. Elle ne resta avec lui qu'un mois, au bout duquel elle retourna chez son père, refusant de vivre avec son mari parce que son régime était trop sévère et qu'il travaillait trop. Milton composa alors plusieurs écrits sur le divorce: *The Doctrine and Discipline of Divorce* (1644); *The Judgment of Martin Bucer touching Divorce* (1644); *Tetrachordon, or Expositions upon the four chief Places in Scripture which treat of Marriage or Nullities in Marriage* (1645); et *Colasterion : a Reply to a Nameless Answer against the Doctrine and Discipline of Divorce* (1645). En 1644, il publia aussi son traité sur l'éducation et adressa au parlement son *Areopagitica,* discours en faveur de la liberté d'imprimer sans licence. En 1745 parut, en un petit volume, la première édition de ses poèmes. La même année une réconciliation eut lieu entre lui et sa femme. Lors de l'exécution du roi Charles, Milton écrivit *The Tenure of Kings and Magistrates* (1649), où il entreprit de prouver que les sujets ont le droit de déposer ou de mettre à mort un mauvais monarque. A l'établissement de la république, on adopta le latin comme langage officiel pour les rapports avec les Etats étrangers et on donna à Milton la charge de secrétaire pour les langues étrangères. L'*Eikon Basilike* gagnait la sympathie 'populaire au « royal martyr »; il écrivit, pour en contrebalancer l'effet, l'*Eikonoklastes* (1649). En réponse à Claude de Saumaise (Salmasius), qui avait publié une défense étudiée de l'inviolabilité des rois, et spécialement du roi d'Angleterre, il écrivit son *Pro populo anglicano Defensio contra Salmasii Defensionem regiam* (1650), où il attaquait à la fois le philosophique et le latiniste dans son adversaire et le surpassait en invectives scolastiques. Avant 1654, il était devenu complètement aveugle. Cette année là, il publia sa *Defensio secunda* contre le *Regii Sanguinis clamor ad cœlum,* de Dumoulin, Français résidant en Angleterre, qui avait rempli son livre d'injures personnelles et calomnieuses à l'adresse de Milton. Milton continua à rédiger les plus importants papiers d'Etat jusqu'à l'année de la Restauration, et s'opposa jusqu'à la fin, dans différentes brochures et lettres, au retour de la monarchie. Après la Restauration, une proclamation fut lancée pour son arrestation, et il se cacha jusqu'à l'« Acte d'indemnité » ou amnistie. Sa première femme était morte en 1652 ou 1653, lui laissant trois filles en bas âge. Le 12 nov. 1656, il épousa Catherine Woodcock, qui ne vécut que 15 mois après son mariage, et, vers 1663, il épousa Elizabeth Minshull. Cette dernière union fut un mariage de convenance arrangé par un ami, parce que ses filles avaient cessé de se bien conduire envers lui. Sans se laisser abattre par la douleur, la calomnie, la perte de la vue, et au milieu des infortunes domestiques, il dicta le *Paradis perdu* et le *Paradis regagné.* Le *Paradis perdu* fut vendu au libraire Samuel Simmons, le 27 avril 1667, pour 5 livres sterling comptant (125 fr.) et promesse de la même somme sur la vente des 1,300 premiers exemplaires de chaque édition de 1,500. Le *Paradis regagné* parut en 1671, dans le même volume que le drame *Samson Agonistes.* Ses principales publications en prose sont l'*Histoire de la Grande-Bretagne* (1670) jusqu'à la conquête normande; une brochure intitulée : *Of true Religion, Heresie, Schism. Toleration, and what best Means may be used against the Growth of Popery* (1673); une petite grammaire latine (1661); un abrégé de logique (1672) et ses épîtres latines et exercices oratoires de l'université (1674). Il laissait, en manuscrit, un traité en latin intitulé *De Doctrina christiana,* que l'on découvrit par hasard en 1823, dans le bureau des archives d'Etat. Il a été traduit et édité en 1825 par C.-R. Sumner, qui fut plus tard évêque de Winchester et il établit nettement l'arianisme de Milton, que faisaient soupçonner certains passages du *Paradis perdu.*

MILUTIN ou Mïlyntin (Nicolai) [mil-iou'-tinn], homme d'Etat russe, né en 1818, mort en 1872. Il fut élevé par l'empereur Nicolas, qui lui donna différentes charges. Après l'avènement d'Alexandre II (1855), il devint son conseiller confidentiel; en 1861, il contresigna l'oukase d'émancipation et prépara les lois nécessitées par cette réforme. Le nouveau code criminel, la loi sur la presse, et l'introduction du jury sont en majeure partie son ouvrage.

MILVILLE, ville des Etats-Unis (New-Jersey), sur le fleuve Maurice, à l'endroit où il devient navigable et sur le chemin de fer de West Jersey, à 60 kil. de Philadelphie; 7,000 hab. Importante manufacture de côton, trois fonderies de fer, verreries, scieries mécaniques, etc.

MILVINÉ, ÉE adj. (lat. *milvus*, milan). Ornith. Qui ressemble au milan.

MILWAUKEE [mil-ouô'-ki], ville principale et port d'entrée du Wisconsin (Etats-Unis), sur la côte occidentale du lac Michigan, par 43°2' lat. N. et 90°16' long. O.; à 120 kil. à l'E. de Madison et à 130 kil. de Chicago; 110,000 hab, dont un grand nombre d'Allemands. En face de la ville, le lac échancre le rivage, formant une baie de 10 kil. de large sur 5 kil. de profondeur, d'accès facile en toute saison. La rivière de Milwaukee, qui traverse la ville et est rejointe près de son embouchure par la Menominee, a été rendue navigable jusqu'au cœur de la cité. La belle brique couleur de crème, appelée brique de Milwaukee, y remplace la pierre à bâtir. Les principaux monuments publics sont : le nouveau tribunal du comté, la douane, la poste, l'académie de musique, l'opéra et la salle de concert. Milwaukee est le point de jonction de plusieurs chemins de fer. Grand commerce de transit par le lac pour le blé et la farine. Le port reçoit beaucoup de bois de charpente. Importantes expéditions de viande de porc. Bière estimée, dont il s'exporte une grande quantité; fonte de fer, farines, cuirs, malt, machines, instruments agricoles, tabac, cigares, meubles, balais, papier, lainages, charronnage, savon, chandelles, menuiserie,

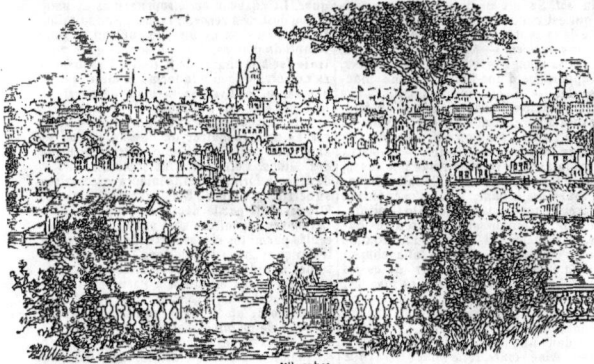

Milwaukee.

cordonnerie, chaudières, paniers, malles, blanc de céruse, distilleries, tanneries, etc. L'asile national pour les soldats de la région N.-O. des Etats-Unis, se trouve à environ 3 kil. de la ville. Outre les écoles fréquentées par 19,000 élèves, il y a, à Milwaukee, un collège de jeunes filles. La ville a été fondée en 1835 et n'a pris rang qu'en 1846 parmi les cités des Etats-Unis.

* **MIME** s. m. (gr. *mimos*). Espèce de comédie, chez les Romains : le sujet et l'action en étaient, le plus souvent, bouffons et libres jusqu'à l'obscénité : *il ne nous reste que des fragments des anciens mimes joués à Rome*. — Se dit également des acteurs qui représentaient ces sortes de pièces. — C'EST UN BON MIME, se dit d'un homme qui a le talent d'imiter, de contrefaire, d'une manière plaisante, l'action, le langage d'autres personnes. On dit aussi, adjectiv., IL EST MIME.

* **MIMER** v. a. Imiter à l'aide du geste et à la façon des acteurs appelés mimes : *mimer un rôle de théâtre*. — Absol. *Les sourds-muets s'exercent à mimer.*

MIMÈSE s. f. (rad. *mime*). Rhét. Sorte d'ironie par laquelle on répète ce qu'un autre a dit ou aurait pu dire, en affectant d'imiter les gestes, le ton de voix de cette autre personne.

MIMÉTISME s. m. (rad. *mime*). Zool. Faculté que possèdent certains animaux de prendre les apparences des objets qui les entourent.

MIMÉTIQUE adj. (gr. *mimeomai*, imiter). Qui est produit par imitation.

MIMEUSE s. f. (gr. *mimos*, mime). Bot. (Voy. MIMOSA.)

MIMEUX, EUSE adj. Bot. Se dit des plantes qui subissent des contractions sensibles lorsqu'on les touche.

MIMI s. m. Terme de tendresse, d'affection. Se dit quelquefois par ironie.

MIMIAMBE adj. (fr. *mime* et *iambe*). Prosod. Se dit d'un vers iambique qu'on employait dans les mimes latins.

MIMICOLOGIE s. f. (fr. *mimique*; gr. *logos*, discours). Science du genre et de l'éloquence dramatiques.

* **MIMIQUE** adj. Qui concerne les mimes : *pièce mimique*. On dit quelquefois, substantiv. UN MIMIQUE, un auteur de mimes. — Qui imite, qui exprime par le geste : *action mimique; signes mimiques*.

* **MIMIQUE** s. f. Art d'imiter de peindre par le geste : *la mimique est le principal moyen de transmettre des idées aux sourds-muets*.

MIMIZAN, ch.-l. de cant., arr. et à 74 kil. N.-O. du Mont-de-Marsan (Landes); 1,120 hab. Il possédait autrefois un port, aujourd'hui comblé par les sables. Commerce de verreries.

MIMNERME, poète grec, surnommé le Colophonien; né à Smyrne, florissait entre 634 et 600 av. J.-C. environ. Il mit ses poèmes en musique, et fixa la forme de la poésie élégiaque, dont il a passé pour l'inventeur. Le plus important fragment qui reste de lui est son célèbre poème de Nanno, la plus ancienne élégie érotique de la littérature grecque.

MIMODRAME s. m. (fr. *mime*; et *drame*). Action dramatique représentée en pantomime.

MIMOGRAPHE s. m. (gr. *mimos*, mime; *graphô*, j'écris). Auteur de mimes.

MIMOGRAPHIE s. f. Traité sur la mimique ou sur les mimes.

MIMOLOGIE s. f. (gr. *mimos*, mime; *logos*, discours.) Imitation de la voix, de la prononciation d'une personne, ou du cri d'un animal.

* **MIMOSA** [mi-mo-za] ou **Mimeuse** s. f. (gr. *mimeomai*, j'imite). Bot. Genre de mimosées, dont l'espèce la mieux connue est la

Sensitive (Mimosa pudica).

sensitive (*mimosa pudica*). Les botanistes font ce nom du genre masculin. — ENCYCL. La sensitive est remarquable par l'irritabilité de ses feuilles. D'autres ce genre ont la même propriété, mais à un degré moins marqué; leurs feuilles se replient à la nuit comme pour dormir. La sensitive est originaire du

Brésil, et est cultivée depuis plus de deux cents ans. Elle est naturalisée dans toute l'Europe. La sensibilité de son feuillage, manifestée par une contraction quand on le touche, est un des phénomènes les plus frappants de la vie des plantes. Si rien ne trouble ses feuilles, si elles sont à la lumière, elles se tiennent presque à angles droits avec la tige; mais le moindre contact les fait se replier et s'incliner comme si elles étaient fanées. On n'a pas donné l'explication de ce phénomène, mais on le regarde comme le développement de la faculté du mouvement que possèdent, à un degré moins évident, un grand nombre d'autres plantes.

MIMOSÉ, ÉE adj. Bot. Qui ressemble à une mimosa. — s. f. pl. L'une des trois grandes familles qui composent la classe des légumineuses comprenant trois tribus ordinairement arborescentes ou herbacées : 1° PARKIÉES; genre principal : *parkia*; 2° MIMOSÉES proprement dites, genres principaux : *gagnebina, neptunia, desmanthus* et *mimosa*; 3° ACACIÉES, genre principal : *acacia*.

MINA (don Francisco ESPOZ Y), célèbre chef guérillero espagnol, né en Navarre en 1781, mort le 26 décembre 1836. Il quitta la charrue en 1808 pour combattre les Français et finit par commander une armée d'environ 15,000 hommes. Adversaire de la réaction bourbonienne, il fut fuir son pays en 1814 et se retira en France. Il rentra en Espagne en 1820, dispersa les troupes absolutistes de la Navarre et fut forcé de capituler devant une armée française (1823).

* **MINABLE** adj. (rad. *mine*). Misérable qui excite la pitié, qui annonce une grande misère. Ne s'emploie guère que dans cette locution : *un air minable*.

* **MINAGE** s. m. (rad. *mine*, mesure). Droit que l'on prenait sur les grains qui se vendaient au marché : *ce seigneur avait droit de minage*. — Se dit encore, dans quelques villes, de la place où l'on vend le blé : *porter du blé au minage*.

* **MINARET** s. m. (ar. *lanterne*). Tour élevée auprès d'une mosquée et faite en forme de clocher, du haut de laquelle on appelle le peuple à la prière, et d'où l'on annonce les heures.

MINARGENT s. m. Voy. ALUMINIUM.

MINAS GERAES [mi-nass-djé-ra-ess], province centrale du Brésil, limitée par Brahia, Espirito Santo, Rio de Janeiro, São Paulo et Goyaz; 574,855 kil. carr.; cap. : Ouro Préto. Plusieurs chaînes de montagnes la traversent, projetant des contreforts et des chaînes secondaires qui séparent de grandes et fertiles vallées, arrosées par de larges rivières. Le São Francisco divise la province en deux parties presque égales. Minas Geraes était autrefois fameuse par ses mines, à la fois les plus riches et les plus nombreuses du Brésil, principalement les mines d'or d'Ouro Preto, de Morro Velho, et de Minas Novas; mais la plupart ont été abandonnées pour l'agriculture et le lavage des diamants sur le Jequitinhonha. On trouve des rubis, des chrysobéryls, des topazes blanches et d'autres pierres précieuses. A une élévation moyenne de 700 mètres au-dessus du niveau de la mer, Minas Geraes a généralement un climat doux et sain. Les forêts contiennent de grandes quantités de bois de charpente et de bois précieux d'ébénisterie. Les plantes tinctoriales de différents genres et plusieurs espèces de plantes médicinales abondent. Le sol est fertile et produit surtout du maïs, du millet, du manioc et du coton. Le tabac y vient bien, et le café ne le cède qu'à celui de Ceara. On s'y adonne beaucoup à l'élevage des bestiaux et des porcs.

MINATITLAN [mi-na-ti-tlann], ville de

l'isthme de Téhuantepec (Mexique), sur la rive occidentale de Coatzacoalcos, à 30 kil. de son embouchure et à 200 kil. S.-E. de la Vera-Cruz. Environ 2,500 hab.

* **MINAUDER** v. n. (rad. *mine*). Faire certaines mines, affecter certaines manières pour plaire et paraître plus agréable : *cette femme ne fait que minauder.*

* **MINAUDERIE** s. f. Action de minauder, défaut d'une personne qui minaude : *elle fait sa principale occupation de la minauderie.* — Mines et manières affectées. En ce sens, s'emploie plus ordinairement au pluriel : *je n'aime point toutes ces minauderies.*

* **MINAUDIER, IÈRE** s. Celui, celle qui est dans l'habitude de faire de petites mines affectées. Se dit principalement des femmes : *c'est une minaudière.* — Adj. : *une femme minaudière.*

* **MINCE** adj. (lat. *minutus*, diminué.) Qui a fort peu d'épaisseur : *cette doublure est bien mince.* — Prov. MINCE COMME LA LANGUE D'UN CHAT, extrêmement mince. — Fig. Faible, peu considérable, médiocre : *revenu mince ; il nous a donné un mince dîner.* — CET HOMME A LA MINE BIEN MINCE, il a l'air d'un homme de peu de considération, de peu de mérite. On dit dans un sens analogue : *c'est un homme bien mince, un homme de mince étoffe.* — Tactique. L'ORDRE MINCE, par opposition à L'ORDRE PROFOND. (Voy. ORDRE.) — ∾ Mince ! jargon paris. Oui, certes. — Je crois bien ! Comment donc ! Certainement.— Synonyme du mot de Cambronne : *Ah ! mince ! alors.* — MINCE DE, beaucoup *de : mince de chic.*

MINCEUR s. f. État, qualité de ce qui est mince.

MINCIO [minn'-tchio] (anc. *Mincius*), rivière de l'Italie septentrionale, qui prend le nom de Sarca pendant son cours dans le Tyrol méridional jusqu'au lac Garda. Elle sort de ce lac à Peschiera, se dirige généralement au sud, sépare en partie la Lombardie de la Vénétie, s'épand en un lac à Mantoue, et se réunit au Pô près de Governolo, après un cours de plus de 65 kil. depuis le lac Garda. Les Autrichiens furent défaits sur ses bords par les Français, sous Brune (25 et 26 déc. 1800) et sous Eugène Beauharnais (8 févr. 1814), après deux luttes sanglantes.

MIND (Gottfried) [minnt], peintre suisse, de Berne, mieux connu sous le nom de Berner Friedli, né en 1768, mort en 1814. Il était ignorant et difforme; et on ne l'a pas moins appelé le Raphaël des chats, et l'on recherche beaucoup ses peintures où il représente des animaux. Il excellait aussi à peindre les ours, les enfants et les mendiants.

MINDANAO [minn-da-naô]. Voy. ILES PHILIPPINES.

MINDEN [minn-dènn], ville forte de Westphalie (Prusse), sur le Weser, à 90 kil. N.-E. de Münster ; 18,000 hab. C'est l'une des plus anciennes villes d'Allemagne, où les empereurs y ont résidé. Elle a une cathédrale du XIᵉ siècle; et Charlemagne y avait fondé un siège épiscopal, qui fut supprimé en 1648. Lainages, toiles, cuirs, sucre, tabac; commerce important de grains, toiles, fil et eau-de-vie.

MINDORO [minn-do'-ro]. Voy. ILES PHILIPPINES.

* **MINE** s. f. [all. *miene*, apparence]. Air qui résulte de la conformation extérieure de la personne et principalement du visage : *bonne, mauvaise, méchante mine.*

Justine n'avait pas cette triponne mine.
    COLLIN D'HARLEVILLE, *L'Inconstant*, etc. Iᵉʳ, SC. IV.

— HOMME, FEMME DE BONNE MINE, homme, femme d'une figure agréable, d'un extérieur avantageux. — HOMME DE MAUVAISE MINE, homme

mal vêtu, dont l'habillement et l'extérieur peuvent exciter des inquiétudes. — Fam. PAYER DE MINE, n'avoir que le bel extérieur, mais peu de mérite : *il paye de mine, mais au fond c'est un sot.* Se dit quelquefois d'une personne qui est malade, mais qui conserve l'apparence de la santé : *je paye de mine, mais je ne me porte pas bien.* — AVOIR UNE BONNE MINE, UNE MAUVAISE MINE, BONNE MINE, MAUVAISE MINE, avoir l'apparence d'une bonne, d'une mauvaise santé. — AVOIR UNE BONNE MINE, UNE MAUVAISE MINE, avoir l'apparence d'un bon, d'un mauvais caractère. — Fam. AVOIR LA MINE D'ÊTRE RICHE, D'ÊTRE UN PEU FOU, etc., EN AVOIR TOUTE LA MINE, paraître tel. — AVOIR LA MINE D'AVOIR FAIT, DE VOULOIR FAIRE UNE CHOSE, avoir un air, un maintien qui le fait conjecturer : *vous avez la mine, vous m'avez bien la mine d'avoir passé la nuit au bal.* On le dit fig. lorsque, par la connaissance qu'on a des habitudes, du caractère, de l'esprit d'un homme on juge qu'il a fait ou qu'il fera telle chose : *il a bien la mine de se peu soucier de ce qui pourra arriver.* — Fam. PORTER LA MINE DE, avoir l'air de. Cela ne se dit guère qu'en mauvaise part : *il porte la mine d'un fripon.* — La contenance que l'on prend, l'air qu'on se donne dans une intention quelconque : *il a pris cette mine riante, cette mine sévère que vous lui connaissez.* — FAIRE MINE DE QUELQUE CHOSE, en faire semblant : *il a fait mine de vouloir s'en aller, de vouloir se retirer.* — FAIRE BONNE MINE, MAUVAISE MINE A QUELQU'UN, lui faire un bon, un mauvais accueil. — FAIRE TRISTE MINE, GRISE MINE, FROIDE MINE A QUELQU'UN, lui faire mauvais visage, le recevoir froidement. — FAIRE LA MINE A QUELQU'UN, lui témoigner qu'on est mécontent de lui : *qu'a-t-il donc à nous faire la mine ?*

Il n'est pas vrai, ne vous déplaise,
Jamais la mine ne vous fis ;
Car s'il était vrai, le beau fils,
Vous ne l'auriez pas si mauvaise.

* * *

— IL FAIT UNE LAIDE MINE, il fait une vilaine grimace. — FAIRE LA MINE, faire la grimace. — FAIRE BONNE MINE A MAUVAIS JEU, dissimuler adroitement, et cacher le mécontentement que l'on a, le mauvais état où l'on est. — Se dit, fam., de certains mouvements du visage, de certains gestes qui ne sont pas naturels; et alors on l'emploie surtout au pluriel : *faut-il tant faire de mines et de façons ?* — FAIRE DES MINES A QUELQU'UN, lui faire entendre une chose qu'on ne peut pas ou qu'on n'ose pas lui dire autrement : *j'ai eu beau lui faire des mines, il ne m'a pas compris.* — FAIRE DES MINES A QUELQU'UN, l'agacer par des regards affectés, par des mouvements de visage particuliers : *cet homme fait des mines à toutes les femmes.* — Se dit aussi de la bonne ou mauvaise apparence de quelque chose : *un mets qui a bonne mine, qui a mauvaise mine.*

* **MINE** s. f. (gaël. *mein*). Lieu souterrain où gisent, et d'où l'on peut extraire, en grand, des métaux, des minéraux, et certaines pierres précieuses : *une mine d'or, d'argent, de cuivre, d'étain, de charbon de terre, de sel gemme.* — Se dit quelquef. plus particul. de la cavité souterraine pratiquée pour extraire ce qu'une mine contient : *travailler aux mines, dans les mines.* — Se dit aussi des métaux et des minéraux encore mêlés avec la terre, avec la pierre de la mine : *voilà de la mine d'or, d'argent, de cuivre.* — MINE DE PLOMB, ou PLOMBAGINE, la pierre dont on fait les crayons de couleur de plomb : *dessiner à la mine de plomb,* ou simplement *à la mine.* — Se dit quelquef. fig., au sens moral : *ce sujet est une mine féconde de beautés poétiques.* — C'EST UNE MINE DE SAVOIR, D'ÉRUDITION, c'est une homme très savant, très érudit. — Se dit encore d'une cavité souterraine pratiquée sous un bastion, sous un rempart, dans un roc, etc., pour le faire sauter par le moyen

de la poudre à canon : *mettre le feu à une mine.* — LE PUITS DE LA MINE, l'ouverture qu'on fait en terre à la profondeur de l'entrée des galeries de mine qu'on veut pratiquer. LA CHAMBRE ou LE FOURNEAU DE LA MINE, le lieu destiné à recevoir la charge de la mine. LE SAUCISSON DE LA MINE, le rouleau de toile rempli de poudre, dont on se sert pour mettre le feu à la charge de la mine. L'ENTONNOIR DE LA MINE, le trou que forme la mine quand elle saute. — ÉVENTER LA MINE, découvrir le lieu où elle est pratiquée et en empêcher l'effet : *les assiégés éventèrent la mine.* — ÉVENTER LA MINE, pénétrer un dessein secret, et empêcher par là qu'il ne réussisse. — École des Mines. Cette école fut créée en 1783 et destinée à former les ingénieurs nécessaires au service confié par l'État au corps des mines. Elle est régie par le décret du 15 sept. 1836. Les élèves ingénieurs sont exclusivement recrutés parmi les élèves sortis de l'école polytechnique; mais l'école reçoit aussi des externes non destinés au service de l'État. L'école des mines est située à Paris, boulevard Saint-Michel, 62. — ENCYCL. Les Phéniciens exploitaient, en Espagne, des mines probablement de plomb et d'argent. Les Égyptiens avaient des mines de cuivre, d'argent et d'or en pleine exploitation sur les frontières de l'Éthiopie et de l'Arabie. Les Athéniens possédaient des riches mines d'argent en Attique et des mines d'or en Thrace et à Thasos. Les Romains, dans les premiers temps, n'exploitaient pas les mines de leur patrie, mais la conquête finit probablement par faire de Rome la maîtresse de toutes les mines importantes de l'ancien monde. Sous la république, des concessionnaires les exploitaient sans relâche avec des esclaves, et beaucoup furent épuisées. Les empereurs établirent sur les mines la surveillance gouvernementale, et les firent exploiter par des fonctionnaires nommés régulièrement. Mais, à partir du IIIᵉ siècle, cette industrie déclina rapidement. Il y a des mines exploitées à Andreasberg, dans le Hartz, depuis 968. Le district de Freiberg l'est constamment depuis 1547. — Les matières peuvent se présenter en couches, filons ou amas. On appelle couches, les grandes masses minérales aplaties comprises entre deux plans parallèles horizontaux (a). Le plan qui limite la couche à sa partie supérieure se nomme *toit;* celui qui la limite à la partie inférieure est appelé *mur.* La couche subit souvent une inclinaison qui peut aller jusqu'à la verticale, comme le montre notre figure; quelquefois elle présente des

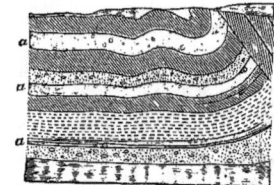

Lits de charbon.

étranglements qu'on appelle *crans;* elle offre aussi des contournements, des plissements et des cassures appelées *failles.* On donne le nom de *rejet* au changement de niveau de la couche. Le *filon* est une sorte de faille remplie de matière exploitable. On distingue dans le filon, les *épontes* (toit et mur), souvent séparées du gîte minéral par une couche de matière argileuse appelée *salbande.* — Les opérations de l'industrie minière peuvent être rangées sous quatre chefs : 1ᵉ la découverte des dépôts minéraux, et l'essayage de leur richesse; 2ᵉ la création de voies ayant accès à ces dépôts; 3ᵉ l'extraction du minéral; 4° la protection des travaux et des ouvriers. — I. Découverte et essai des dépôts minéraux. Différents signes annoncent la présence de ces dépôts. Quelquefois les veines elles-mêmes, si elles sont plus dures que la roche qui les enveloppe, affleurent à la surface sans altération. Plus fréquemment l'affleurement est indiqué par de la roche décomposée. Des morceaux détachés de gangue et de minerai conduisent souvent à la découverte de filons. Le minerai de cuivre des districts calcaires du Mississipi est marqué par des dépressions linéaires sur la surface du sol, indiquant des fissures. On emploie l'aiguille aimantée pour découvrir certains minerais de fer. Quand on soupçonne le voisinage d'un dépôt minéral, et qu'il ne paraît aucune indication précise de son emplacement, on le cherche au moyen de puits, de tranchées, de galeries ou de sondages. Cette dernière méthode est beaucoup plus usitée depuis l'invention de la mèche à diamant, au moyen de laquelle on peut pousser des trous horizontaux sur une longueur de plusieurs centaines de pieds. — II. Accès des mines. On établit un accès aux dépôts minéraux en vue d'une exploration permanente, d'abord par une voiture convenable, ou une voie de rails à la surface; et en second lieu en enlevant le sol et les roches qui recouvrent le dépôt même, comme on le fait pour les carrières, pour les bancs d'argile et pour quelques mines de fer; ou bien en creusant une bure on en pratiquant une galerie, une tranchée transversale depuis la surface jusqu'au dépôt. Dans le cas de couches ou de veines qui s'enfoncent à un angle convenable et uniforme, on peut poursuivre la bure jusqu'au dépôt même, et on l'appelle alors d'ordinaire pente ou plan incliné. Mais dans les dépôts moins réguliers, il vaut souvent mieux enfoncer verticalement des puits à quelque distance de l'affleurement, et alors, s'il est utile, conduire des passages en galeries horizontales à partir de la pente extérieure. Les puits de mine sont généralement rectangulaires, de 3 à 6 pieds sur les petits côtés, et de 6 à 20 pieds sur les grands. Cette forme facilite le boisement, et, en même temps, permet d'utiliser pour le mieux l'espace, en divisant le puits par des cloisons en compartiments pour les pompes, les élévateurs, les escaliers, etc. On établit les passages de manière à se procurer la plus grande profondeur au-dessous de la surface en traversant la plus courte distance possible, particulièrement dans la roche vive. Les dimensions des passages dépendent de la quantité d'eau qui y doit couler, et des autres destinations qu'on veut leur donner. Dans la roche vive, il est important de les faire aussi petits qu'il est possible : 7 pieds de haut et 5 ou 6 pieds de large sont une grandeur convenable. La pente des passages est déterminée par la quantité et la nature de l'eau qui y coule, et par la vitesse qu'il est désirable de donner au courant. Le passage Ernst August, dans le Harlz, a une longueur de 42 kil. avec une pente moyenne de 0,67 par 1,000. L'eau du passage est utilisée pour le transport, et le courant est maintenu lent avec intention. — III. Extraction des minéraux. Il faut ici considérer les points suivants : la forme du dépôt ; s'il est en forme de table ou de feuille, ou en une masse, régulier ou irrégulier, etc. Si c'est un dépôt tubulaire, ou une veine de fissure ou une couche, il faut connaître sa direction, son inclinaison, ses replis, ses bassins, ses défauts, ses interruptions ; l'épaisseur et la structure intérieure des dépôts, ou, dans les veines de minerai, la nature et la distribution des masses de minerai, la quantité de gangue brute, et, dans les lits de houille et autres dépôts, la proportion entre les matières utilisables et les déchets ; le caractère du «pays», c'est-à-dire de la muraille

de roc, pour savoir si elle forme un toit solide ou précaire, et ayant besoin de plus ou moins d'étai; les conditions de ventilation, particulièrement là où les gaz explosifs sont à craindre ; les conditions de drainage; le caractère, l'abondance et le prix des matériaux servant aux étais souterrains, etc. Dans certaines mines, on applique la force de l'eau, sous haute pression et à grande vitesse, pour mouvoir de grandes masses de matériaux, et séparer les portions les plus lourdes et les plus précieuses. Tel qu'on le pratique aujourd'hui, ce système a été inauguré en Californie, dans les mines d'or, vers 1852, et c'est là surtout qu'il est encore en vigueur. La méthode d'extraction par lessive s'emploie quelquefois dans les mines de sel, quand le sol est mêlé à trop de terre pour être exploité économiquement en carrière. On fait courir l'eau dans les excavations ou chambres, et quand elle est saturée, on l'en retire, on détache ainsi des couches successives du toit de la chambre, et on les épuise par ce moyen. Cette méthode est en pratique à Berchtesgaden en Bavière et à Hallein dans la Valzburg. Il y a d'autres méthodes d'extraction que l'on divise en deux classes : celles dans lesquelles l'espace creusé est rempli en totalité ou en partie par les matières de rebut, et celles où ce remplissage n'a pas lieu. Les méthodes d'extraction sans remplissage, ou, comme disent les Américains, sans pucking ou gobling up, sont celles où le toit ou muraille supérieure est soutenu par un boisement, une maçonnerie, ou des piliers taillés dans le minerai même et qu'on laisse debout jusqu'à ce que l'exploitation soit abandonnée; et celles où on laisse tomber le toit aussitôt après l'extraction. Dans les mines de la veine de Comstock, dans la Nevada, on tient les espaces ouverts à l'aide d'un boisement compliqué. Le système d'extraction par devants de couches, ou par chambres et piliers, se pratique surtout dans les mines de houille. On gaspille ainsi beaucoup de charbon, et on a calculé qu'il se perd par ce procédé, dans les mines d'anthracite de Pennsylvanie de 30 à 40 p. 100 de minerai. — A l'extraction se rapportent aussi les diverses méthodes de transporter les ouvriers et les matériaux. Là où un passage ou une pente d'inclinaison douce conduit aux travaux souterrains, on sort le minerai et la roche dans des charrettes ou wagons. Pour le transport horizontal, on emploie des hommes, des enfants, des chevaux, des mulets, des machines fixes et des locomotives. Pour élever dans les puits, on se sert de treuils, de cabestans mus par des chevaux, ou par l'eau ou la vapeur. Lorsque les matériaux extraits doivent descendre, comme, par exemple, pour les faire passer de galeries secondaires ou de stopes aux grandes voies de transport dans l'intérieur de la mine, ou de la bouche d'un puits ou passage à un lieu de chargement situé à un niveau plus bas, on peut employer des tramways construits de façon à ce que les voitures chargées, en descendant, remontent les vides. L'entrée et la sortie des ouvriers dans les puits s'effectuent au moyen d'échelles ou d'escaliers, ou en les descendant et en les élevant dans des voitures, des baquets ou des cages, ou encore au moyen d'un ingénieux arrangement appelé la machine à homme ou fahrkunst. Dans sa forme la plus simple, le fahrkunst est une pièce continue de bois, ou de fer, ou de cordage en fils de fer, allant du sommet au fond du puits, et pourvue à des intervalles réguliers (8 à 24 pieds) de petites plates-formes sur lesquelles un mineur peut se tenir debout. Cet appareil est placé dans le puits et soutenu par des contre-poids (et dans les puits inclinés par des rouleaux à frottement), de telle façon qu'on puisse lui imprimer un mouvement régulier et à action réciproque,

comme celui des tiges d'une pompe. Le mécanisme est arrangé de telle sorte que l'impulsion à chaque coup est exactement la moitié aussi longue que la distance entre les plates-formes sur le fahrkunst, et au bout du mouvement, dans chaque direction il y a un instant d'arrêt. Pendant cet instant le mineur peut passer de la machine sur une plate-forme fixée dans la paroi du puits. Comme le fahrkunst est toujours en mouvement, un mineur qui veut monter n'a qu'à s'y placer au moment où il commence une poussée ascensionnelle, en sortir à la fin de cette poussée, attendu que le mouvement descendant amène en face de lui la plate-forme immédiatement au-dessus, s'y placer, se faire porter d'un étage plus haut, et ainsi de suite. — IV. Protection des travaux et des ouvriers. Les dispositions pour la protection des mineurs et des travaux de la mine, comprennent les bois de charpente et autres étais, la ventilation et le drainage. Les puits et les voies permanentes sont soigneusement protégés, si c'est nécessaire, avec un fort boisement, de la maçonnerie ou même des blindages en fer fondu. Dans quelques mines, les appuis temporaires sont des colonnes de fer, ou même des crics que l'on peut enlever sans les endommager et utiliser de nouveau. La ventilation est nécessaire pour écarter les gaz et vapeurs explosifs, inflammables et empoisonnés. On assure la ventilation naturelle en ayant deux entrées à la mine ; l'une d'elles donne accès à l'air frais, tandis que l'air corrompu s'échappe par l'autre. On effectue la ventilation artificielle en augmentant la différence de température entre l'air entrant et l'air sortant, ou par des machines à épuisement ou à insufflation. Les lumières portatives dans les mines sont des torches, des chandelles et des lampes de sûreté à huile. Des lumières fixes s'emploient aussi pour éclairer les routes permanentes, les plates-formes, etc. On effectue le drainage par des moyens naturels (par les passages), ou à l'aide de pompes ou d'augets. — Législ. La propriété du sol emporte la propriété du dessus et du dessous ; le propriétaire peut faire toutes les fouilles qu'il juge à propos et tirer de ces fouilles tous les produits qu'elles peuvent fournir. Mais ce principe souffre exception, lorsqu'il s'agit d'exploitation de mines (C. civ. 552). Déjà, pendant l'ancien régime, les mines ne pouvaient être exploitées qu'en vertu d'une permission du roi, lequel prélevait la dixième partie de tous les métaux extraits et affinés (Ord. de Charles VI, 30 mai 1413; de Charles VII, 14 juillet 1837; etc.). Henri IV, par un édit de juin 1601, exempta de ce prélèvement les mines de fer, soufre, salpêtre, petroil, charbon de terre, ardoise, plâtre, craie et pierres. La loi du 21 avril 1810, aujourd'hui en vigueur, a adopté jusqu'à un certain point les anciens usages, en attribuant au gouvernement le droit exclusif de concéder l'exploitation des mines, par un acte délibéré en Conseil d'État, et en réservant au Trésor public une part des produits. Sont considérées comme mines, les exploitations des filons, couches ou amas de toutes matières métalliques (sauf les minerais de fer, d'alluvion. Voy. Minière) et celles du soufre, du charbon de terre, du bois fossile, des bitumes, de l'alun et des sulfates à bases métalliques, Il faut y ajouter, en vertu de la loi du 17 juin 1840, les exploitations de mines de sel et celles des sources ou puits d'eau salée. L'acte de concession règle l'indemnité ou la rente annuelle due par l'exploitant aux propriétaires de la surface, et il a pour effet de purger en faveur du concessionnaire, et par suite les publications qui ont précédé ledit acte, les droits des propriétaires, des inventeurs ou de tous autres qui n'ont pas formé d'opposition dans le délai de quatre mois à compter du jour de l'affiche. La concession

-a aussi pour effet de créer un droit de propriété de la mine, distinct de la propriété du sol. Ce droit immobilier peut être vendu ou hypothéqué, et il est susceptible d'être affecté de privilèges, ainsi que tout autre immeuble. Les droits attribués à l'Etat sur les mines exploitées sont : 1° une redevance fixe et annuelle de 10 fr. par kilomètre carré de la superficie de la concession; 2° une redevance proportionnelle au produit de l'extraction et qui est réglée pour chaque année par le budget de l'Etat. Cette dernière redevance s'élève ordinairement à 5 fr. 50 p. 100 du produit net, en y comprenant le décime par franc destiné à former un fonds de non-valeurs. La redevance proportionnelle peut être convertie en abonnement. (Décr. 6 mai 1811 et 14 février 1874). Le Trésor public retire annuellement de cette contribution deux à trois millions de francs. L'exploitation des mines, n'étant pas une entreprise commerciale, n'est pas assujettie à la patente, à moins qu'il n'y ait transformation des matières extraites; et les sociétés minières doivent être considérées comme étant des sociétés civiles. Les concessionnaires de mines ne peuvent, sans le consentement des propriétaires, faire des sondages, ouvrir des puits ou galeries, établir des machines, ateliers ou magasins, dans un rayon de cinquante mètres des habitations et des clôtures murées (L. 21 juillet 1880). Les contraventions aux lois et règlements concernant les mines sont punies d'une amende de 100 fr. à 500 fr. et d'un emprisonnement de cinq ans au plus. En cas de récidive, l'amende est portée de 200 fr. à 1,000 fr. (L. 1810, art. 96). Les concessions de mines ne peuvent être divisées ou réunies sans une autorisation du gouvernement. Dans certains cas, elles peuvent être frappées de déchéance, et le retrait en est alors prononcé par le ministre des travaux publics, sauf recours au Conseil d'Etat. (L. 27 avril 1838, art. 6.) Le *service des mines*, qui est chargé à la fois de la surveillance des exploitations minérales de toute nature, de celle des sources d'eaux minérales, de celle des appareils à vapeur (voy. MACHINE), et du contrôle tant de l'exploitation technique que du matériel de chemins de fer, a été organisé par un décret du 24 déc. 1851. Ce service dépend du ministère des travaux publics, où il constitue une direction assistée d'un conseil général des mines. Il comprend : des inspecteurs généraux, des ingénieurs en chef, des ingénieurs, des élèves-ingénieurs, et des agents ou gardes-mines. L'*Ecole nationale des mines*, destinée à former des ingénieurs, se recrute parmi les élèves de l'école polytechnique; et elle admet aussi, par voie de concours, des élèves externes qui se destinent à la direction d'exploitations ou d'usines métallurgiques. L'*Ecole des mines de Saint-Etienne* sert à former des gardes-mines. Enfin, il existe à Douai (Nord) et à Alais (Gard) des écoles pratiques destinées à former des maîtres ouvriers mineurs. — (Ch. V.)

* **MINE** s. f. (lat. *medimnus*). Ancienne mesure contenant la moitié du setier : *faire étalonner une mine*. — Ce qui est contenu dans la mine : *mine de froment, de blé, de sel.*

* **MINE** s. f. (lat. *mina*; du gr. *mna*; hébr. *maneh*). Antiq. Monnaie qui valait cent drachmes chez les Athéniens, et deux cent quarante chez les Hébreux : *une mine hébraïque.*

MINÉE. Myth. Thébain dont les filles furent changées en oiseaux de nuit.

MINÉIDES. Myth. Filles de Minée de Thèbes. Elles étaient au nombre de trois : Alcithoë, Leucippe et Arsippe. Pour avoir refusé de participer aux fêtes de Bacchus, elles furent changées par ce dieu, l'une en chauve-souris, l'autre en hibou et la troisième en chouette.

* **MINER** v. a. Faire, pratiquer une mine sous un ouvrage de fortification, dans un roc, etc. : *les ennemis avaient miné leur demi-lune avant de l'abandonner*. — Creuser, caver lentement : *la Marne mine peu à peu ses bords*. — Fig. Consumer, détruire, ruiner peu à peu : *cette maladie le mine.*

A force de courir, toujours plus loin du but,
Et bientôt de l'Etat méprisable rebut,
Découvré, las de tout, comme à tout inhabile,
De tes concitoyens spectateur inutile,
Tu sentiras l'ennui *miner* tes tristes jours,
Si l'affreux désespoir n'en abrège le cours.
     Collin d'Harleville. *L'Inconstant*, acte Ier, sc. x.

* **MINERAI** s. m. Est synonyme de *Mine*, dans le sens de métal tel qu'on le retire de la mine : *un minerai rebelle; un minerai d'or, un minerai de cuivre*. — Chim. Espèces métalliques qui résultent de la combinaison d'un métal avec un minéralisateur.

* **MINÉRAL, AUX** s. m. Corps non vivant et non organisé qui se trouve dans l'intérieur de la terre ou à sa surface, tels que les pierres, les métaux, les substances inflammables, les sels et les pétrifications : *des échantillons de minéraux.*

* **MINÉRAL, ALE, AUX** adj. Qui appartient aux minéraux, qui tient des minéraux : *matière, substance minérale*. — Le RÈGNE MINÉRAL, l'ensemble des objets compris sous le nom de minéraux. — **Eau minérale**, eau qui, en passant au travers des minéraux, contracte quelque vertu médicinale, et dont on fait usage, soit en se baignant, soit en la prenant comme boisson : *eau minérale; eaux thermales, chaudes, froides, ferrugineuses, sulfureuses*, etc. — On dit ordinairement : ALLER AUX EAUX, PRENDRE LES EAUX, etc. (sous-entendu *minérales*). — Les eaux minérales proviennent de sources imprégnées de minéraux à un degré suffisant pour leur communiquer des propriétés médicinales. Elles diffèrent des sources ordinaires par le plus grand volume de gaz et par les substances minérales qu'elles tiennent en solution dans leurs eaux, quelquefois aussi par l'élévation de leur température. Les eaux minérales sont employées en boisson et en bains; leurs vapeurs en bains; et, soumises à la pulvérisation qui dégage leurs gaz, elles se prennent en inhalations. Les anciens leur attribuaient des propriétés surnaturelles, et les prêtres, particulièrement ceux d'Esculape, plaçaient des sanctuaires dans leur voisinage. Ces localités étaient pourvues non seulement de bains, d'hôpitaux et d'écoles médicales, mais aussi de théâtres et d'autres lieux de plaisirs, et elles étaient consacrées aussi bien à la dévotion qu'à la cure des maladies. Les sources de Tibériade, qui ont une température de 30° à 50° C. étaient fréquentées par les Romains, et le sont encore par les malades de toutes les parties de la Turquie d'Asie. Les bains les plus célèbres de l'empire romain étaient les bains chauds et sulfureux (90° C.) de Baïa sur le golfe de Naples. Les Romains découvrirent un grand nombre des plus importantes sources thermales de l'Europe et y établirent des stations militaires, entre autres Baden-Baden, Wiesbaden, Bath, Aquæ Sextiæ, Aix-la-Chapelle et Spa. Carlsbad doit son nom à Charles IV, qui, dit-on, découvrit le Sprudel en 1347 ou 1358 pendant une chasse. La France possède environ 900 sources minérales; l'Allemagne, l'Autriche, et la Suisse environ 2,500; l'Angleterre, plus de 100; l'Espagne, 1,200; le Portugal, 200 et l'Italie, 300, dont les deux tiers sont en Toscane. L'élément constitutif le plus important des eaux de toutes les sources minérales est le gaz acide carbonique, dont les sources muriatées et muriato-alcalines contiennent la plus grande proportion, tandis que les sources salines, alcalines et amères en contiennent le moins. Suivant Liebig, Kissingen-Rakoczy contient, pour 16 onces 11, pouces cubes d'acide

carbonique, Carlsbad 14, et l'eau amère de Kissingen 5.9 seulement. Le gaz azote se présente spécialement dans les sources chaudes sulfureuses, avec l'hydrogène carburé, l'oxygène et l'hydrogène sulfuré comme éléments moins gazeux. On classe les sources minérales comme suit, d'après les sels qui leur donnent leur importance particulière. Les eaux minérales s'emploient, en règle générale, dans le traitement des maladies chroniques seulement, et doivent être prises pendant les périodes d'inactivité de la maladie. — 1° **Eaux ferrugineuses ou chalybées**. Le caractère distinctif de ces eaux est la présence du fer dissous à l'état de bicarbonate, ou, dans les sources inférieures, à l'état de sulfate. Les autres éléments sont les bicarbonates de manganèse, de soude, de chaux et de magnésie, le chlorure de sodium, le sulfate de soude et de potasse, etc. Ces eaux, qui ont un goût d'encre, ont une très grande efficacité dans l'anémie et dans la chlorose, en augmentant la quantité d'hématine dans le sang, et en diminuant l'acide phosphorique de l'urine.

EAUX FERRUGINEUSES BICARBONATÉES.

France.

Amphion.	Montégut.
Bourraoul.	Neyrac.
Bussang.	Orezza.
Campagne.	Origny.
Cassuéjols.	Provins.
Casteljaloux.	Rouzat.
Charbonnières.	Saint-Alban.
Château-Gontier.	Saint-Denis-les-Bois.
Châteauneuf.	Saint-Maurice.
Cours.	Saint-Myon.
Cusset.	Sainte-Madeleine de
Forges-les-Eaux.	Flourens.
Lac-Villiers.	Sainte-Marie.
La Bauche.	Sylvanès.
La Malou.	Vic-sur-Cère.
Martigné-Briant.	

Etranger.

Hervideros de Fuen-Santa (Espagne).	Spa (Belgique).
Mula (Espagne).	Szliacs (Hongrie).
Puertollano (Espagne).	Tarasp (Suisse).
Saint-Moritz (Suisse).	Tunbridge-Weiss (Angleterre).
Soultzbach (Alsace).	Vihnye (Hongrie).

EAUX FERRUGINEUSES SULFATÉES.

France.

Auteuil.	Passy.

Etranger.

Moffat (Ecosse).	

EAUX FERRUGINEUSES MANGANÉSIENNES.

France.

Luxeuil.

— 2° **Sources muriatées ou chlorurées.** Dans celles-ci, il y a excès de chlorure de sodium et de gaz acide carbonique. Elles sont surtout diurétiques, ou toniques et apéritives, et efficaces dans les affections scrofuleuses et abdominales, le rhumatisme chronique et les maladies de la peau. Suivant Liebig, 16 onces de l'eau de Kissingen-Rakoczy, le type de cette classe, contiennent : chlorure de sodium 44.7 grains, chlorure de potassium 2.2, chlorure de lithium 0.45, magnésium 2.33, bromure de sodium 0.064, nitrate de soude 0.07, sulfate de magnésie 4.5, sulfate de chaux 2.99, carbonate de magnésie 0.43, carbonate de chaux 8.1, protoxyde de fer 0.24, phosphate de chaux 0,043, silice 0.99, ammoniaque 0.007, et des traces d'iodure de sodium, de borate de soude, etc.

EAUX CHLORURÉES SODIQUES.

France.

Absac.	Châtenois.
Bains.	Lamotte.
Bourbon-l'Archambault.	Luxeuil.
Bourbon-Lancy.	Préchac.
Bourbonne.	Rennes-les-Bains.
Châtelguyon.	Salies.

Salins.
Soultz-les-Bains.
Tercis.
Bains de la Reine (Algérie).

Hamman-Mélouane (Algérie).
Hamman-Meskoutin (Algérie).

Etranger.

Abano (Italie).
Arnedillo (Espagne).
Arteijo (Espagne).
Caldas de Montbuy (Esp.)
Cestona (Espagne)
Cheltenham (Angletᵉ).
Hermida (Espagne).
Ischia (île d') (Italie).
Ischl (Autriche).
Iwonich (Gallicie).
Leamington-Priors (Angleterre).

Mondorff (Luxembourg).
Monte-Catini (Italie).
Niederbronn (Allem).
Pitkeathly (Écosse).
Puente-Viesgo (Esp.)
Saratoga-Springs (New-York).
Tenburg (Angleterre).
Tiermas (Espagne).
Trillo (Espagne).
Wildegg (Suisse).

EAUX CHLORURÉES SODIQUES BICARBONATÉES.

France.

Bourboule (La).

EAUX CHLORURÉES SODIQUES SULFURÉES.

France.

Bagnoles.
Saint-Gervais.

Uriage.

Etranger.

Acqua-Santa (Italie).
Archena (Espagne).

Harowgate (Angleterre).
Mehadia (Hongrie).

— 3° **Sources sulfureuses ou sulfurées.** Les eaux de ces sources sont imprégnées d'azote et de gaz hydrogène sulfuré. Les sources sulfureuses froides sont indiquées dans les affections catarrhales des poumons et de la gorge et dans les hémorrhoïdes.

EAUX SULFURÉES SODIQUES.

France.

Amélie-les-Bains.
Ax.
Bagnols.
Barèges.
Cadéac.
Caldaniccia.
Cauterets.
Challes.
Eaux-Bonnes.
Eaux-Chaudes.
Escaldas.
Escouloubre.
Gazost.

Gugnno.
Guitera.
Labassère.
Luchon.
Marlioz.
Mollig.
Olette.
Pietrapola.
Preste (la).
Saint-Honoré
Saint-Sauveur.
Vernet (le)

Etranger.

Caldas de Cuntis (Espagne).
Carballo (Espagne).

Carratraca (Espagne).
Panticosa (Espagne).
Valdieri (Italie).

EAUX SULFURÉES CALCIQUES.

France.

Aix-les-Bains.
Allevard
Bagnères-de-Bigorre.
Bilazai.
Cambo.
Camoins.
Castera-Verduzan.
Cauvalat.
Digne.
Enghien.

Euzet.
Fumades (les),
Gréoulx.
Guillon.
La Caille.
Pierrefonds.
Puzichollo.
Saint-Loubouer.
Vacqueyras-Montmirail.
Visos.

Etranger.

Acqua-Santa (Italie).
Acqui (Italie).
Aramayona (Espagne).
Caldas de Reyes (Espagne).
Galleraje (Toscane).
Ontaneda (Espagne).

Pistjan (Hongrie).
Puda (la) (Espagne).
Santa-Agueda (Esp.)
Schinznach (Suisse).
Trillo (Espagne).
Viterbe (Italie).
Zaldivar (Espagne).

— 4° **Sources alcalines ou bicarbonatées.** Les eaux des sources alcalines augmentent, par leur excès de carbonate de soude, l'alcalinité et la fluidité du sang. Leur action est surtout diurétique. Suivant Bauer, 16 onces de l'eau de la Grande-Grille (44°), à Vichy, contiennent du carbonate de soude 29.19 grains, carbonate de chaux 1.92, ammoniaque 0.036, strontiane 0.0178, magnésie 0.27, sulfate de potasse 1.567, soude 0.90, phosphate de soude 0.032, chlorure sodium 4.445

EAUX BICARBONATÉES SODIQUES.

France.

Avène.
Boulou (le).
Chaldette (la).
Chaudes-Aigues.

Saint-Laurent-les-Bains.
Soultzmatt.
Vichy.

Etranger.

Téplitz-Schœnau (Bohême).

EAUX BICARBONATÉES CALCIQUES.

France.

Aix (Provence).
Alet.
Condillac.
Foncaude.

Grandrif.
Pougues.
Saint-Galmier.
Ussat.

Etranger.

Buxton (Angleterre).
Caldas de Oviedo (Espagne)
Balaton-Fured (Hongrie).

Pfeffers (Suisse).
Pré-Saint-Didier (Italie).
Saxon (Suisse).
Solan de Cabras (Espagne).

EAUX BICARBONATÉES MIXTES.

France.

Bondonneau.
Celles.
Evian-les-Bains.
Forges-sur-Briis.
Médague.
Monestier (le).
Mont-Dore.

Néris.
Royat.
Sail-les-Bains.
Sail-sous-Couzan.
Saint-Alban
Saint-Nectaire.
Saint-Pardoux.

Etranger.

Alange (Espagne).
Castellamare (Italie).

Cheltenham (Angletᵉ).
Courmayeur (Italie).

— 5° **Sources alcalines salées ou sulfatées.** Les eaux de ces sources se prescrivent dans les maladies du foie et dans la pléthore abdominale, l'obésité, la goutte et les calculs. Leurs principaux représentants sont les sources thermales de Carlsbad, en Bohême, dont neuf sont employées. La fameuse source Sprudel, qui envoie 48 ou 20 jets par minute, s'élevant de 4 à 8 pieds, contient, suivant Berzélius et Bauer, dans 16 onces : sulfate de soude 19.28 grains, chlorure de sodium 7.97, carbonate de soude 10.13, carbonate de chaux 2.37, carbonate de magnésie 1.369, carbonate de lithium 0.02, et fluorure de calcium 0.24. A cette classe appartiennent les eaux froides curatives de Marienbad, en Bohême.

EAUX SULFATÉES SODIQUES.

France.

Bains.
Barbotan.
Evaux.

Miers.
Montmirail-Vacqueyras.
Plombières.

Etranger.

Carlsbad (Bohême).
Franzensbad (Bohême).
Gastein (Autriche).

Malvern (Angleterre).
Marienbad (Bohême).

EAUX SULFATÉES CALCIQUES.

France

Audinac.
Aulus.
Bagnères-de-Bigorre.
Barbazan.
Brides.
Capvern.
Contrexéville.
Cransac.

Encausse.
Propiac.
Saint-Amand.
Sainte-Marie.
Siradan.
Vittel
Hammam - Rir'a (Algérie).

Etranger.

Alhama de Murcie (Espagne).
Arechavaleta (Espagne).
Baden (Autriche).
Baden (Suisse).
Bath (Angleterre).
Caldas de Bohi (Esp.).

Chiclana (Espagne).
Loèche (Suisse).
Lucques (Italie).
Sacedoo (Espagne).
Sizkleno (Hongrie).
Viterbe (Italie).

—6° **Sources amères ou sulfatées magnésiennes** (purgatives). Elles doivent leurs propriétés à leurs principaux constituants, le sulfate de soude (sel de Glauber) et le sulfate de magnésie (sel d'Epsom). Prises à doses modérées, elles agissent comme purgatifs doux et

comme diurétiques énergiques. L'eau amère de Kissingen contient dans 16 onces : sulfate de soude 46.81 grains, sulfate de magnésie 39.55, chlorure de sodium 61.10, chlorure de magnesium 30.25, chlorure d'ammonium 0.02, et chlorure de lithium 0.09.

France.

Sermaise.

Etranger.

Alhama de Aragon (Espagne).
Alhama de Grenade (Espagne).
Bellus (Espagne).
Birmenstorf (Suisse).
Buzot (Espagne).

Frailes (Espagne).
Jaen (Espagne).
Mula (Espagne).
Püllna (Bohême).
Saidschütz (Bohême).
Sedlits (Bohême).

— 7° **Eaux sulfatées mixtes.**

France.

Dax.

Etranger.

Elorrio (Espagne). | Lavey (Suisse).

— 8° **Eaux minérales non classées.**

France.

Dinan.
Fonsanche.

Roche-Posay (la).
Saint-Christau-de-Lurbe

— **Admin.** En France, la législation relative aux eaux minérales ne remonte pas au delà des lettres patentes de Henri IV (mai 1603) ; puis vinrent les déclarations de 1772, 1775, 1780, les arrêts de 1774 et de 1781. Les arrêtés des 23 vendémiaire an VI, 29 floréal an VII, 6 nivôse an XI et l'ordonnance du 18 juin 1823 ont presque entièrement reproduit les dispositions des règlements précédents. Une loi du 14 juillet 1856 a déterminé les conditions de conservation et d'aménagement des sources d'eaux minérales et a fixé les dispositions pénales édictées contre les contraventions.

EAU MINÉRALE ARTIFICIELLE, eau comme saturée de gaz, particulièrement de gaz acide carbonique, à laquelle on a donné les propriétés d'une eau minérale naturelle, en y faisant dissoudre quelque substance. Cette fabrication a été expérimentée dès le XVIᵉ siècle, mais on ne produit parfaitement les eaux minérales artificielles que depuis cinquante ans environ. Le mérite de la découverte de leurs principes appartient à Berzelius et au médecin allemand Struve; celui-ci fonda, comme Berzelius le fit à Dresde (1818-'20), à Leipzig, à Hambourg, à Berlin, à St-Pétersbourg et à Brighton. Le constituant le plus important de toutes ces eaux est le gaz acide carbonique, qui se prépare en décomposant des carbonates de chaux et des bicarbonates de soude avec des acides, principalement l'acide sulfurique, dans un vase appelé le générateur. Les carbonates de chaux contiennent de 41 à 52 p. 100 d'acide carbonique; les bicarbonates de soude 67,62 p. 100, de soude et 52,38 p. 100 d'acide carbonique. On se sert d'eau distillée pour la fabrication des eaux minérales, d'eau de puits ou d'eau de source pour l'eau de Seltz, etc. L'eau absorbe presque son volume de gaz acide carbonique à 15° C., et cette absorption augmente avec l'abaissement de la température et l'accroissement de la pression, à part ou simultanément. Les substances ou sels principaux employés dans la fabrication des eaux minérales sont comprises· dans les groupes suivants : 1° chlorures de magnésium, de calcium, de strontium et de lithium, carbonate de chaux et de magnésie, et sulfate de magnésie; 2° les sels alcalins; 3° les sels de fer et de manganèse. Les eaux contenant du gaz hydrogène sulfuré ne peuvent jamais être imitées parfaitement, parce que ce gaz se forme par une décomposition constante produite par la réaction de la matière organique sur les sulfates. Dans la construction des appareils de fabrication, on suit deux systèmes différents : 1° le système de Genève, amélioration de l'appareil original de Struve. Le gaz passe à travers des solutions où il s'épure et s'accumule dans un gazomètre d'où on le pompe dans le cylindre où s'effectue le mélange, en lui faisant traverser un « répurgateur », cylindre contenant du charbon pulvérisé ; 2° le système auto-générateur, qui supprime la pompe et le gazomètre, l'eau se saturant en vertu de la pression du gaz même. Le générateur qui contient les carbonates est rempli d'eau chaude jusqu'à une certaine hauteur, un appareil réfrigérant carré est appliqué entre les vaisseaux laveurs et le cylindre. L'appareil de John Matheus, de New-York, qui se propage maintenant en Europe, a l'avantage de la simplicité et de ne pas être susceptible d'explosion, grâce à une soupape de sûreté. L'eau de Seltz proprement dite est une solution de carbonate de soude dans de l'eau saturée de gaz acide carbonique. On fabrique cette eau par le moyen de différentes sortes d'appareils appelés gazogènes ; nous nous dispenserons de toute description, parce que les gazogènes sont ordinairement accompagnés de notices explicatives. L'eau de seltz anglaise de Webb contient 15 grains de carbonate de soude cristallisé dans une pinte d'eau. On y ajoute souvent du chlorure de sodium. — Admin. Le décret du 13 avril 1861 a donné aux préfets le droit d'accorder les autorisations nécessaires pour fabriquer les eaux minérales artificielles.

MINERAL-POINT, ville du Wisconsin (Etats-Unis), sur un bras de la Pecatonica, à 80 kil. de Madison ; 3,034 hab. (1875).

MINÉRALISABLE adj. Chim. Se dit des métaux susceptibles d'être transformés en minerais par leur combinaison avec certains corps.

° **MINÉRALISATEUR** s. m. Chim. et Minér. Substance qui, par combinaison avec les matières métalliques, change beaucoup les caractères extérieurs : *l'oxygène, les acides, le soufre, l'arsenic, sont les minéralisateurs les plus ordinaires.*

° **MINÉRALISATION** s. f. Chim. et Minér. Action, opération par laquelle les métaux se combinent avec les diverses substances qu'on nomme minéralisateurs.

° **MINÉRALISER** v. a. Chim. et Minér. Se dit des substances qui, se combinant avec les matières métalliques, en changent beaucoup les caractères extérieurs.

MINÉRALITÉ s. f. Etat des corps minéraux.

° **MINÉRALOGIE** s. f. (fr. *minéral* ; gr. *logos*, discours). Partie de l'histoire naturelle qui traite des minéraux : *traité, ouvrage de minéralogie.* — La minéralogie est la science qui traite de la composition, de la structure, de la formation et de la classification des minéraux. Ce terme embrasse à la fois la minéralogie descriptive et la minéralogie théorique, qui est l'étude des lois d'après lesquelles les minéraux sont formés. Tous les produits naturels qui n'appartiennent ni aux animaux, ni aux végétaux, rentrent dans son domaine. Les minéraux sont, dans leur composition chimique, élémentaires, binaires, ternaires, quaternaires, etc., suivant le nombre de molécules dont ils sont composés. Mais chaque molécule peut contenir plusieurs éléments. L'enstatite, qui est composée de magnésium, d'oxygène et de silicium, est un corps ternaire ; mais la diaclasite, dans la composition de laquelle entrent le magnésium, le fer, le calcium, l'oxygène et le silicium, n'est aussi qu'un ternaire, parce que les trois premiers éléments ne forment qu'une seule molécule basique. Dans ce cas, chaque élément de la molécule basique est une dyade (c'est-à-dire qu'il a une équivalence de 2, voy. Atomistique), et il peut ne pas sembler étrange qu'ayant des pouvoirs égaux de combinaison, ils puissent se remplacer l'un à l'autre. Mais

on trouve d'autres minéraux qui contiennent des éléments des degrés d'équivalence les plus divers, et par conséquent dans les plus divers états de combinaisons. Le zircon contient quelquefois un protoxyde, un sesquioxyde et un deutoxyde. La loi en vertu de laquelle ces combinaisons diverses se maintiennent ensemble dans un rapport harmonieux, est que « le pouvoir remplaçant des éléments est en proportion de leur pouvoir combinant ». Ainsi une molécule d'un élément qui a quatre pôles d'attraction, comme l'étain, peut remplacer deux molécules d'un élément qui n'a que deux pôles d'attraction, comme le calcium. — On a proposé beaucoup de théories pour rendre compte des formes exactes que prennent les minéraux, mais il suffira d'en rapporter deux pour indiquer la tendance des idées à cet égard. L'une est chimique. Elle suppose que les atomes et les molécules élémentaires ont des formes définies, et que, lorsque deux éléments se combinent, leurs molécules prennent une forme dépendant des forces qui produisent la combinaison. L'introduction d'un troisième élément peut produire un complet réarrangement des molécules et une forme entièrement nouvelle. L'autre théorie est basée sur des lois physiques. On a suggéré que les minéraux cristallisant d'après le système isométrique peuvent être composés de molécules sphériques, cette forme étant celle que tout corps qui se meut en liberté doit prendre quand on agit sur lui également dans toutes les directions. Les minéraux cristallisant dans les autres systèmes sont composés de molécules ellipsoïdes, et leur forme est tétragonale ou rhomboïde, suivant que les axes latéraux sont les axes conjugués ou les diamètres conjugués d'un ellipsoïde. Ces axes et ces diamètres sont égaux dans tous les systèmes, excepté le triclinique, où ils sont inégaux ; et l'axe vertical est à angle droit avec les deux autres dans tous les systèmes, excepté le monoclinique et le triclinique. La forme hexagonale peut être produite par une molécule ellipsoïdale dans laquelle trois diamètres conjugués forment les axes sur lesquels les faces sont posées. Ces axes sont appelés cristallogéniques, pour les distinguer des axes cristallographiques ordinaires, qui sont entièrement différents. On suppose que les molécules sont gouvernées par les lois de la polarité, les extrémités opposées des axes ou diamètres représentant les pôles nord et sud. En les groupant suivant les lois électriques connues, on peut imiter un grand nombre de formes composées remarquables, et pénétrer d'une façon intéressante dans la constitution probable des minéraux. Des circonstances locales altèrent parfois l'intensité d'attraction entre les molécules en faveur de quelqu'un des axes cristallogéniques, et il en résulte une forme irrégulière. Une modification plus générale des relations moléculaires produit les plans secondaires. Ce que sont ces circonstances locales, on l'ignore ; mais une d'elles est certainement le caractère de la liqueur mère ou de la matrice solide où se forme le minéral. Les expériences de laboratoire le prouvent. Puisque un cristal s'accroît par des additions successives à un petit noyau moléculaire, toute variation d'intensité dans la force naissante produit des zones alternées d'attraction forte et d'attraction faible. Ces poussées de la force formative sont la cause du clivage, dû à la diminution de ténacité du minéral le long des lignes qui représentent la période d'action faible durant la poussée. Les caractères physiques des minéraux, tels que la cassure, le goût, l'odeur, la polarisation, les propriétés électriques, la transparence, sont parmi leurs particularités les moins importantes. La rayure est un caractère très important dans toutes les classes. L'éclat est d'une grande importance pour dis-

tinguer les deux genres, les minéraux métalliques et minéraux non métalliques. La valeur des autres caractères physiques dépend du genre de minéral qu'on examine. Chez ceux qui possèdent l'éclat métallique, la dureté, le poids spécifique, la couleur, l'état d'agrégation, rendent beaucoup plus de services que chez ceux qui ne l'ont pas. — *Classification des minéraux.* L'unité en minéralogie est l'espèce. Une espèce minérale doit avoir une composition définie et des caractères individuels de forme suffisante pour établir sa différence d'avec toutes les autres. Le mode sous lequel elle se présente peut être gazeux, fluide ou solide ; l'azote et l'oxygène de l'atmosphère, l'eau et le mercure sont tous des minéraux à l'état natif, aussi bien que les substances solides. Mais une composition nettement définie est un caractère nécessaire, et marque la différence entre les minéraux et les roches. La tendance des meilleures autorités scientifiques est de restreindre le nombre des espèces autant que possible, et de considérer comme des variétés les modifications dans lesquelles les caractéristiques du minéral ne sont pas très altérées. Dans la cinquième édition de la minéralogie de Dana (1868), il y a 838 espèces de décrites, et le nombre des variétés est probablement deux et trois fois aussi grand. La classification de ces espèces est fondée sur la composition chimique : les composés d'un même genre, comme les silicates, ou les sulfures sont mis ensemble, subdivisés en groupes ayant le même symbole général, ou la même forme cristalline, ou quelque caractère physique commun. On a fait six grandes divisions : 1° Les éléments natifs, comprenant tout élément à l'état natif, et tout composé de deux éléments dans la même série et dans le même groupe. Il y a 20 éléments connus, formant 25 espèces minérales. L'or, l'argent, la platine, l'iridium, le palladium, le mercure, le cuivre, le plomb, l'arsenic, l'antimoine, le bismuth, le tellurium, le soufre, le sélénium, le carbone, l'azote et l'oxygène se trouvent certainement à l'état natif ; pour le fer, le zinc et l'étain, quoiqu'on en rapporte des cas, le fait est quelque peu douteux, si l'on en exclut le fer météorique comme n'ayant pas été soumis aux conditions terrestres. Quand des éléments de deux ou plusieurs groupes sont unis dans un minéral, nous arrivons à l'étude des composés, qui forment l'autre partie de la minéralogie, et comprend cinq divisions. 2° Tous les composés dans lesquels l'élément natif vient du groupe de l'arsenic ou de celui du soufre. Cette division comprend donc les phosphures, les arséniures, les tellurures et les composés doubles, comme les sulfo-antimonides, les sulfo-bismuthides, etc. En tout, 110 espèces. 3° Les composés dans lesquels l'élément négatif est le chlore, le brome et l'iode. Cette division comprend par conséquent tous les chlorures, tous les bromures et tous les iodures, au nombre de 23 espèces. 4° Les composés contenant du fluor ou des fluorures, au nombre de 13. 5° Les composés de l'oxygène, qui dépassent tous les autres par le nombre d'espèces (587) et pour l'abondance des minéraux, lesquels forment probablement plus des neuf dixièmes du globe. 6° Ceux composés de l'hydrogène et du carbone qu'on appelle « organiques », et dont on connaît 73 espèces. Il faut ajouter à tout cela plus de 100 espèces nouvelles qui ont été décrites depuis 1868 ; et, bien que quelques-unes de celles-ci puissent ne pas être définitivement reconnues comme espèces, l'intérêt que l'on prend à la minéralogie en tant que science spéculative étend rapidement nos connaissances sur les minéraux ainsi que les découvertes d'espèces nouvelles. — La classification générale des espèces ayant été faite suivant la composition chimique, comme il a été expliqué ci-dessus, on forme des groupes dont chacun contient des minéraux d'un type unique. Un type minéral renferme des espèces qui se ressemblent étroitement dans leur forme cristalline, dont la composition élémentaire est d'une nature analogue. Ainsi l'on trouve que huit composés similaires de protoxydes et de deutoxydes cristallisent dans le système isométrique; ils se rapportent tous au type « spinelle ». Les minéraux cristallisés contenant des anhydrides ferriques prennent des formes soit inclinées, soit hémiédrales, et par conséquent constituent un type bien marqué. Les minéraux amorphes sont nécessairement classés avec les espèces cristallines auxquelles ils ressemblent par leur composition. On n'a pas découvert de système uniforme de comparaison qui s'applique à toutes les classes de minéraux. On trouvera un exemple simple et excellent des principes d'après lesquels sont arrangés les types et les groupes dans la minéralogie de Dana, 5e édition, au chapitre des « Sulfures ». — Nomenclature. Les minéralogistes ont choisi la terminaison ite pour caractériser les noms de leurs espèces. Les Grecs et les Romains employaient itis et ites dans le même sens; c'étaient les terminaisons de certains mots signifiant une qualité, ou une localité, ou quelque autre fait se rapportant aux minéraux. Hæmatite, par exemple, est la couleur rouge de la poudre, et syénite était un nom tirant son origine de Syène, en Égypte. Au dernier siècle, Werner introduisit la coutume de donner aux minéraux des noms de personnes, et, bien qu'il ait rencontré beaucoup d'opposition pendant de longues années, spécialement de la part des minéralogistes français, cet usage est maintenant général. Sa popularité ne vient pas tant du désir de faire honneur aux inventeurs et aux hommes de talent, que de la facilité qu'il y a à se tromper lorsqu'on veut nommer un minéral d'après quelque qualité supposée, à une époque où la connaissance qu'on en a est encore imparfaite. Beaucoup d'autres terminaisons sont aussi en usage, comme ine, ane, ene, ase, age, ome, ote, etc.; mais elles nous viennent de l'ancien temps. Aujourd'hui, la règle est d'employer la terminaison ite, ou, si l'on se sert d'une autre, celle-ci doit être appliquée à tous les minéraux de la même classe. Un grand pas vers l'uniformité a été fait par Dana, qui entreprit une collation complète de la littérature particulière à cette science, et qui a appliqué la loi de priorité partout où cela se pouvait faire sans inconvénient, restaurant ainsi beaucoup de vieux noms. Tandis que ite s'emploie pour les minéraux, yte s'emploie pour les masses rocheuses, lesquelles, pour mériter d'être appelées ainsi, doivent se composer principalement ou entièrement du minéral à l'état compacte. Ainsi la doléryte et la pyroxényte sont des dépôts massifs des minéraux appelés dolérite et pyroxène. — Minéralogie est le nom que l'on donne à l'étude des lois qui président à la formation des minéraux. Tandis que le chimiste s'efforce constamment d'opérer sur des matières pures et de n'avoir que peu d'éléments présents à la production artificielle de composés minéraux, la nature a sans doute tiré beaucoup d'espèces minérales, toutes peut-être, de sources où un grand nombre d'éléments se trouvaient mêlés. Les circonstances dans lesquelles ces éléments ont été réunis, leur proportion et les influences auxquelles ils furent individuellement ou collectivement soumis plus tard, doivent avoir varié dans de très larges limites; et le fait que des espèces définies et invariables ont été produites par des composés hétérogènes est une preuve qu'il y a eu une œuvre des lois fixes et probablement simples. Le développement de ces lois et des forces qui les ont modifiées, forme la partie spécu-

lative de la science minéralogique. Voici quelques-uns des modes d'après lesquels les composés peuvent se former : 1° union de deux éléments gazeux; 2° union d'un élément gazeux et d'un élément fluide ou solide; 3° union de deux fluides; 4° union d'un fluide et d'un solide; 5° combinaisons à une haute température (fluidité ignée formant une matrice de laquelle les espèces se séparent en refroidissant; 6° combinaisons à basse température. — Historique. Les anciens connaissaient, il est vrai, un grand nombre de minéraux et avaient observé l'existence des cristaux et l'importance des caractères physiques; mais leur complète ignorance de nos procédés d'investigation les empêchait d'acquérir aucune connaissance réelle des espèces distinctes. Des pierres de la composition la plus diverse, minéraux et roches, étaient groupées sous un seul nom, et il est souvent impossible de reconnaître, par leurs descriptions, les minéraux que les anciens connaissaient. Théophraste (315 av. J.-C.) est le premier qui ait écrit sur ce sujet. L'auteur important qui vient ensuite est Pline, au Ier siècle de l'ère chrétienne. Il fut immédiatement suivi par Dioscoride, après lequel il y a un vide jusqu'au XIe siècle, où Avicenne divise les minéraux en quatre classes : pierres, sels, corps sulfureux ou inflammables, et terres. Cette classification a duré plusieurs siècles. Au milieu du XVIe siècle, Agricola écrivit plusieurs volumes, principalement sur les caractères extérieurs des minéraux. Cronstedt, de Suède, vers 1758, fonda son système sur les propriétés chimiques. Romé de l'Isle, de 1772 à 1783, fut le premier à faire un effort systématique pour appliquer à la science les principes de la cristallographie; pourtant, Nicholas Steno avait, dès le siècle précédent, signalé le fait fondamental que, malgré toutes leurs variations de formes, les faces des cristaux conservent les mêmes relations angulaires; et, plus tard, Gulielmini découvrit que le clivage donne des formes constantes. Werner de Freiberg publia, en 1774, un ouvrage sur les « caractères extérieurs des minéraux », dans lequel il donna une précision dont on avait grand besoin à la partie descriptive de la minéralogie, et où il retenait l'« affinité naturelle », ou composition chimique, comme la grande base de la classification. En 1801, parut le Traité de minéralogie de Haüy, où la cristallographie sert d'agent principal dans la détermination des espèces minérales. Il réduisit tous les systèmes de cristallisation à six, d'après les formes suivantes : 1° l'octaèdre régulier; 2° le rhomboèdre; 3° l'octaèdre à base carrée; 4° l'octaèdre à base rectangulaire; 5° le prisme à base oblique symétrique, et 6° le prisme à base oblique non symétrique. Dans ce système, la composition chimique et les caractères physiques étaient entièrement subordonnés aux données cristallographiques. Il établit quatre classes : 1° les acides libres; 2° les substances qui sont métalliques, mais qui ne présentent pas une apparence métallique, dans lesquelles il comprenait les huit genres chaux, baryte, strontie, magnésie, alumine, potasse, soude et ammoniaque, en même temps que les silicates; 3° les substances métalliques; 4° les substances combustibles non métalliques. En 1804, Mohs, de Vienne, publia la description d'une collection de minéraux, où il ne sert, pour les décrire, que des caractères extérieurs seuls. Ce système, quoi qu'il soit, comme on l'a reconnu, entièrement inapproprié à la science minéralogique, a été très utile, en exigeant une plus grande précision dans les descriptions. Deux des manières de classer les minéraux, savoir la forme cristalline et les caractères physiques, avaient donc à cette époque attiré l'attention des savants, et étaient en train de prendre un développement rapide auprès des

minéralogistes du monde entier. La troisième, celle qui tient la tête dans le système actuel, c'est la composition chimique, qui, un peu avant 1816, reçut de Berzelius sa première impulsion. Berzelius regardait la minéralogie comme étant simplement une simple branche de sa science favorite. Il expliquait les composés minéraux comme il expliquait les autres, par la théorie dualistique, d'après laquelle ils sont formés d'un élément ou radical électro-positif et d'un élément électro-négatif. En 1840, Gustave Rose, de Berlin, publia un ouvrage sur la cristallographie, dans lequel les six systèmes de cristallisation formaient les divisions générales, dont chacune contenait les minéraux arrangés en genres et en espèces, d'après leur composition chimique. En 1852, il fit paraître son Krystallochemisches Mineralsystem, où la composition chimique sert à déterminer l'arrangement général et à fixer les espèces individuelles, qui sont groupées par genres, d'après leurs caractères cristallographiques. — En 1837, le professeur James-D. Dana, de New-Haven, commença la publication de son traité sur la minéralogie par son livre intitulé : A System of Mineralogy, including an extended Treatise upon Crystallography. Cet ouvrage a eu cinq éditions. Dans celles de 1837 et de 1844, le système de Mohs était étendu et consolidé; mais, dans la troisième, ce système était abandonné, et l'auteur présentait une classification qui ne prétendait à aucune autre vertu propre que la commodité. Dans la quatrième édition (1855), il introduisit une combinaison des méthodes chimiques et cristallographiques. Dans la cinquième édition (1868), la « chimie nouvelle » avec ses symboles rationnels et ses doctrines fut établie à côté de l'ancienne méthode. Nous avons, en français, les traités généraux de minéralogie de Haüy (1801), de Brongniart (1807), de Brochant (1808), de Beudant (1830), de Dufrénoy (1844), de Huot (1841), etc.

* MINÉRALOGIQUE adj. Qui concerne la minéralogie : carte minéralogique.

* MINÉRALOGISTE s. m. Celui qui possède la science des minéraux : c'est un savant minéralogiste.

MINÉRALURGIE s. f. (fr. minéral; gr. ergon, ouvrage). Application des connaissances minéralogiques à l'emploi des minéraux dans l'industrie.

MINÉRALURGIQUE adj. Qui a rapport à la minéralurgie.

MINÉRALURGISTE s. m. Celui qui s'occupe de minéralurgie.

MINERSVILLE [mal'-neurss-], ville de Pennsylvanie (États-Unis), sur le bras occidental du Schuylkill, à 6 kil. de Pottsville, 3,699 hab.

MINERVAL, ALE adj. Myth. Qui se rapporte à Minerve. — s. f. pl. Fêtes célébrées en l'honneur de Minerve.

* MINERVE s. f. (de Minerva, n. pr.). Nom propre devenu nom commun dans le sens de tête, de cervelle : il a tiré cela de sa minerve. (Fam.)

MINERVE (appelée par les Grecs Athênê, PALLAS ou Pallas Athênê), l'une des principales divinités de la mythologie grecque et romaine. La première épouse de Jupiter fut la déesse Métis; mais un oracle ayant déclaré que le fils de celle-ci arracherait à son père la suprématie, Jupiter avala Métis et l'enfant qu'elle portait. Lorsque le moment de la naissance arriva, Jupiter sentit une douleur violente dans la tête, et, dans sa souffrance, demanda à Vulcain de lui fendre la tête avec une hache. Aussitôt Minerve s'élança de son crâne, tout armée, disent les plus récentes légendes, en poussant un grand cri de guerre. Dans les conseils des dieux, elle se mit tout d'abord en opposition avec le sauvage Mars. Elle était la patronne de l'héroïsme chez les hommes, la protectrice des arts de la paix, le symbole de la pensée et la déesse de la sagesse. Elle était spécialement la divinité nationale des Athéniens, et, sur l'acropole d'Athènes, s'élevait le magnifique temple du Parthénon, qui lui était dédié et qui contenait sa statue par Phidias. Elle avait pour attributs le casque, le bouclier, la lance et l'égide. L'olivier, le serpent et le hibou lui étaient consacrés.

MINERVIEN, IENNE adj. Qui concerne Minerve.

* **MINET, ETTE** s. Petit chat, petite chatte : *le minet joue avec le chien.* (Fam.)

* **MINEUR** s. m. (rad. *mine*). Celui qui fouille la mine pour en tirer la matière minérale. — Celui qui est employé aux travaux des mines pratiquées pour l'attaque ou la défense des places : *attacher le mineur à un bastion.* — Ecole des mineurs de Saint-Etienne, destinée à former des directeurs d'exploitations de mines et d'usines métallurgiques ainsi que des gardes-mines. Cette école dépend du ministre des travaux publics; son régime est l'externat. L'instruction y est gratuite. La durée des cours est de deux ans. — Ecole des maîtres ouvriers mineurs d'Alais, pour former des contre-maîtres d'exploitations de mines. Elle relève du ministre des travaux publics; son régime est l'internat. La durée des cours est de deux ans.

* **MINEUR, EURE** adj. Compar. (lat. *minor*). Moindre, plus petit. On ne l'emploie en ce sens que dans les expressions et dénominations suivantes : — Géogr. L'ASIE MINEURE, partie occidentale de l'Asie. — Hist. ecclés. LES QUATRE ORDRES MINEURS, ou substantiv., LES QUATRE MINEURS, les quatre petits ordres, qui sont ceux de portier, de lecteur, d'exorciste et d'acolyte. — EXCOMMUNICATION MINEURE, excommunication qui prive de la participation aux sacrements, et du droit de pouvoir être élu ou présenté à quelque bénéfice, à quelque dignité ecclésiastique; par opposition à EXCOMMUNICATION MAJEURE. — FRÈRES MINEURS, religieux nommés autrement *Cordeliers.* — Mus. TIERCE MINEURE, tierce composée d'un ton et d'un demi-ton : *ré fa est une tierce mineure.* On appelle également SIXTE MINEURE, un intervalle tel que celui de *mi* à *ut* et SEPTIÈME MINEURE, un intervalle tel que celui de *mi* à *ré.* On appelle encore TON ou MODE MINEUR, celui où la tierce et la sixte, au-dessus de la tonique, sont mineures : *ton de la, mode mineur.* On dit dans le même sens : *un air en mineur; passer de mineur au majeur, du majeur au mineur* : alors mineur est employé substantivement. — Jurisp. Qui n'a point atteint l'âge prescrit par les lois pour disposer de sa personne, de son bien : *en Normandie, on cessait d'être mineur à vingt ans et un jour.* — s. *En France, le mineur est l'individu de l'un ou l'autre sexe qui n'a pas vingt et un ans accomplis.* Pour la législation concernant les mineurs, voy. MINORITÉ.

* **MINEURE** s. f. Log. Seconde proposition d'un syllogisme : *nier, accorder, prouver, distinguer la mineure.* — Thèse que les étudiants en théologie soutenaient durant le cours de la licence, et dans laquelle il ne s'agissait ordinairement que de théologie positive. On appelait cet acte MINEURE, parce que c'était le plus court de tous ceux qu'on soutenait pendant la licence : *soutenir une mineure.* On le nommait aussi MINEURE ORDINAIRE.

MINGRELET, ETTE adj. (altér. de *maigrelet*). Mince, maigre, débile.

MINGRÉLIE, district de la Russie d'Asie, dans le gouvernement transcaucasien du Kutaïs, sur les bords de la mer Noire; 6,626 kil.

carr.; 260,000 hab. environ. Le pays est généralement montagneux et abonde en forêts de pins. Le principal cours d'eau est le Rion. L'aspect de la contrée est désolé, quoique le sol soit très fertile. Les produits principaux sont : le maïs, le bois, la cire, la laine, la soie, le miel et le vin. Les habitants appartiennent surtout à la race géorgienne et à l'Eglise grecque. — La Mingrélie correspond presque à l'ancienne Colchide. Après avoir longtemps fait partie du royaume de Géorgie et avoir eu plus tard des princes indépendants, elle fut assujettie à la Russie en 1804; mais son prince resta nominalement souverain jusqu'au 17 janvier 1867, époque où il céda tous ses droits au czar, moyennant un million de roubles. Sur la côte se trouvent les forts de Redoul-Kaleh et d'Anaklia.

MINGRÉLIEN, IENNE s. et adj. De la Mingrélie; qui concerne ce pays ou ses habitants.

MINHO [minn'-yo] (esp. *Miño*; anc. *Minius*), fleuve qui prend sa source dans la Sierra de Mondoñedo, en Galice (Espagne), a sa direction générale vers le S.-O., forme la frontière N.-O. du Portugal, et se jette dans l'Atlantique près de Caminha, à environ 50 kil. au S. de Vigo. Il a environ 280 kil. de long, et n'est navigable que sur une courte distance. Il a pour principaux tributaires le Sil et l'Avia.

MINHO ou **Entre Douro e Minho.** La province la plus septentrionale du Portugal, entre les rivières Douro et Minho, bornée d'un côté par l'Espagne et de l'autre par l'Atlantique; 7,306 kil. carr.; 1,148,000 hab. environ. Une des crêtes de ses montagnes atteint presque 8,000 pieds de haut. Cours d'eau : la Lima, le Cavado, l'Ave et le Tamega. Le vin connu sous le nom de vin de Porto, le Port des Anglais, et qui s'exporte de la ville d'Oporto, est fait presque tout dans cette province. Ses porcs sont aussi fameux. Grains, fruits, huile en abondance. Toiles, chapellerie, coutellerie. Cap.: Braga.

* **MINIATURE** s. f. (rad. *minium*). Sorte de peinture délicate qui se fait à petits points ou à petits traits, avec des couleurs très fines délayées à l'eau gommée : *portrait en miniature; peintre en miniature.* — Fig. Ouvrage de littérature fait dans de petites proportions : *il a donné une description en miniature de toutes les parties du globe.* — Tableau, portrait peint en miniature : *voilà une jolie miniature.* — Fig. Objet d'art de petite dimension, et travaillé avec délicatesse : *cette boîte est une vraie miniature.* — Personne petite et délicate : *c'est une jolie miniature, c'est une jolie petite miniature.* — ENCYCL. On appelle miniature un genre de peinture de petite dimension, exécutée à l'aquarelle sur du vélin, du papier préparé, de l'ivoire, ou en émail. Le mot vient de l'ancienne pratique d'écrire les lettres initiales des manuscrits en *minium* ou rouge de plomb. Les anciens Egyptiens enluminaient leurs papyrus à hiéroglyphes en couleurs, et cet art semble avoir été familier aux Grecs et aux Romains. Pendant le moyen âge, et spécialement du VIIIe au XIVe siècle inclusivement qu'il atteignit sa perfection. L'enluminure des missels fut, pendant des siècles, la forme principale qu'affecta la miniature. Cet art parait s'être divisé de bonne heure en deux branches; ceux qui s'adonnaient à l'une s'appelant *miniatori* ou miniaturistes, ou enlumineurs de livres, et les autres *miniatori calligrafi*, ou calligraphes. Quelquefois la même personne pratiquait les deux branches de l'art; mais, vers le milieu du XIVe siècle, l'exécution des grandes initiales enluminées, ornées d'objets et de figures fantastiques, devint une occupation distincte. Les artistes byzantins particulièrement excellaient comme enlumineurs; leurs manuscrits offrent des arabesques compliquées de

feuillages et d'animaux mêlés les uns aux autres, et les plus riches fantaisies architecturales dans les marges. Sous les premiers rois carlovingiens, en France, la transcription et l'ornementation des manuscrits reçurent de grands encouragements. Les manuscrits anglais ne le cèdent pas à ceux du continent. Parmi les plus célèbres miniaturistes, également fameux sinon plus encore dans d'autres branches de l'art, on peut citer Simone Memmi, Giotto, Fra Angelico du Fiesole, Jan van Eyck, Squarcione, Girolamo dai Libri, Hans Memling, et Giulio Clovio. Avec l'invention de l'imprimerie, l'occupation de l'enlumineur et du calligraphe prit graduellement fin; cependant, depuis quelques années, la pratique d'orner les livres de bordures enluminées et d'initiales de fantaisie est revenue en vogue. — Le terme de peinture en miniature s'applique presque exclusivement aujourd'hui aux petits portraits exécutés sur de minces feuilles d'ivoire, matière préférée à toute autre, à cause de la transparence de sa texture. En Angleterre, cet art a été cultivé par toute une série d'artistes éminents depuis Holbein jusqu'à nos jours, tels que Nicholas Hilliard, Isaac et Peter Oliver, Samuel Cooper, Hoskins, Flatman, Gibson, Cosway, Ross, Newton, Thorburn, etc. Sous le premier Empire, la France eut des miniaturistes excellents, comme Isabey, Augustin, Guérin, Saint, Mme de Mirbel, etc. Le plus grand peintre en miniature d'Amérique fut Melbone, dont les œuvres sont exécutées avec une grande délicatesse.

* **MINIATURÉ, ÉE** adj. Enjolivé de miniatures.

* **MINIATURISTE** s. m. Peintre en miniature : *c'est un bon miniaturiste.*

MINIÉ (Claude-Etienne), inventeur de la carabine qui porte son nom, né à Paris en 1805; mort dans la même ville le 14 décembre 1879. Il s'engagea fort jeune, fit les campagne d'Afrique, devint capitaine dans un bataillon de chasseurs à pied et s'occupa des améliorations à apporter aux canons de carabine, aux cartouches et aux balles. Son arme perfectionnée fut essayée à Vincennes, vers 1833, et fut adoptée pour les chasseurs à pied, et ensuite, avec des modifications, par les Anglais (1852). Minié, promu chef de bataillon en 1852, fut chargé de l'instruction du tir à l'école normale de Vincennes (1852-'58). Ayant pris sa retraite en 1858, il dirigea, pendant 20 ans, une manufacture d'armes et une école de tir au Caire.

* **MINIER, IÈRE** adj. Qui a rapport aux mines : *l'industrie minière.*

* **MINIÈRE** s. f. Terre, sable ou pierre dans lesquels on trouve et d'où l'on tire un métal ou un minéral : *il y a quantité de minières dans ce pays-là.* — Législ. « On donne le nom de minières aux exploitations de minerais de fer dits d'alluvion et à celles de terres pyriteuses ou alumineuses. La loi du 21 avril 1810 comprenait aussi sous ce nom les tourbières. Aujourd'hui les minières doivent être considérées comme carrières, lorsqu'elles sont exploitées à ciel ouvert ou par galeries de peu de profondeur (voy. CARRIÈRE); celles qui sont exploitées autrement sont de véritables mines. (Voy. MINE.) Cependant les minerais de fer forment encore des minières que le propriétaire peut exploiter à ciel ouvert après une simple *déclaration* adressée au préfet, et sans autre formalité. Si l'exploitation doit être souterraine, elle ne peut avoir lieu qu'avec une *permission* du préfet, et l'exploitant est tenu de se conformer aux conditions spéciales de cette permission (L. 9 mai 1866, art. 3). La loi de 1810 donnait aux maîtres de forge le droit d'exploiter, lorsqu'ils en avaient obtenu la permission du préfet, les minerais de fer d'alluvion qui se trouvaient dans le voisinage des hauts fourneaux; mais ce privilège a été aboli à compter du 1ᵉʳ janvier 1876 ». (Ch. Y.)

* **MINIMÂ** (A) loc. adv. (lat. *minimus*, le plus petit). Jurispr. Appel a minima, appel que le ministère public interjette quand il croit que la peine prononcée par les juges est trop faible.

* **MINIME** adj. (lat. *minimus*, superlat. de *parvus*, petit). Très petit, très peu considérable : *objet minime, d'un intérêt minime, d'une valeur minime.*

* **MINIME** s. f. Se disait, dans l'ancienne musique, de la note qu'on appelle aujourd'hui Blanche.

* **MINIME** s. m. Religieux de l'ordre de Saint-François-de-Paule. Les *minimes* doivent leur nom a ce fait qu'ils se considéraient comme inférieurs aux minorites. (Voy. Congrégation.)

MINIMER v. a. Réduire au minimum.

* **MINIMUM** s. m. (mi-ni-momm). Mathém. Le plus petit degré auquel une grandeur puisse être réduite. Les mathématiciens disent ordinairement, au pluriel, *des minima.* — Se dit aussi, dans le langage ordinaire, et par opposition à *Maximum*, de la plus petite somme dans l'ordre des sommes dont il s'agit : *le minimum des pensions de ce grade est de cinq cents francs.* — Se dit aussi de la moindre des peines que la loi inflige pour un crime, pour un délit : *on lui appliqua le minimun de la peine.*

* **MINISTÈRE** s. m. (lat. *ministerium*). Emploi, charge qu'on exerce : *satisfaire aux obligations, remplir les devoirs de son ministère.* — Le ministère des autels, le sacerdoce, les fonctions de prêtre : *se vouer au ministère des autels.* — Par ext. Le ministère de la parole, de l'éloquence, les fonctions qui exigent le talent de l'orateur, telles que celles d'avocat, de prédicateur, etc. — Ministère public, magistrature établie près de chaque tribunal, pour y veiller au maintien de l'ordre public, et y requérir l'exécution et l'application des lois : *la poursuite des crimes est réservée au ministère public.* — Entremise de quelqu'un dans une affaire, service qu'il rend à une autre personne dans quelque emploi, dans quelque fonction : *si vous avez besoin en cela de mon ministère, vous n'avez qu'à parler.* — Particul. Fonction d'un ministre ayant un département, et le département même : *le ministère des affaires étrangères, des finances ; les bureaux d'un ministère.* — Temps pendant lequel la fonction dont on parle a été ministre : *il s'est fait de grandes choses sous son ministère.* — Par ext. Lieu où sont établis les bureaux d'un ministère, ou l'hôtel destiné à l'habitation d'un ministre : *je vais au ministère des finances, de la marine.* — Se dit, collectiv., du corps des ministres ayant département : *le ministère était opposé à cette proposition.* — Législ. — Il y a, en France, dans le gouvernement, onze divisions administratives principales, dites *ministères*, savoir : Affaires étrangères, justice, intérieur et cultes, instruction publique et beaux-arts, guerre, marine et colonies, agriculture, commerce, travaux publics, finances, postes et télégraphes. Chacune de ces divisions a à sa tête un ministre-secrétaire d'État (voy. Ministre), et dans certains, il y a aussi un sous-secrétaire d'État qui reçoit du ministre la délégation d'une partie de son autorité. Un ministère comprend plusieurs directions ou services principaux, lesquelles se subdivisent en divisions et bureaux. Auprès de chaque direction sont institués des conseils supérieurs ou des comités qui ont pour attribution de préparer des règlements et de donner des avis, lorsque le ministre les consulte. — On donne le nom de *ministère public* à la fonction qui consiste : à représenter l'État auprès des tribunaux des diverses juri-

dictions ; à y requérir l'application de la loi, et à poursuivre la punition des crimes, des délits et des contraventions. Cette fonction est remplie, savoir : près du Conseil d'État, par trois maîtres des requêtes, désignés par le chef de l'État pour remplir au contentieux la charge de commissaire du gouvernement ; près de la cour des comptes, par un procureur général ; près de la cour de cassation, par un procureur général, assisté de six avocats généraux ; près de chaque cour d'appel, par un procureur général, assisté d'avocats généraux et de substituts ; près de chaque tribunal de première instance, par un procureur de la République assisté d'un ou de plusieurs substituts ; près des tribunaux de police, par un commissaire de police ; près des conseils de préfecture, par le secrétaire général de la préfecture ; et près des conseils de guerre et des tribunaux maritimes, par des officiers que le ministre désigne. Devant les cours d'assises, les fonctions dont il s'agit sont exercées, savoir : dans le département où siège la cour d'appel, par le procureur général de cette cour, ou par un avocat général ou par un substitut du procureur général ; et dans les autres départements, par le procureur de la République du lieu où se tiennent les assises, à moins que le procureur général de la cour d'appel ne se présente lui-même ou ne se fasse représenter. Il n'y a pas de ministère public près des justices de paix, prè des tribunaux de commerce, ni près des conseils de prud'hommes. Les magistrats chargés du ministère public, étant les représentants directs du gouvernement, sont essentiellement amovibles. Le nombre et le traitement de ceux qui sont attachés aux cours d'appel et aux tribunaux de première instance différent suivant la cour ou le tribunal, et is sont fixés par la loi du 30 août 1883 ». (Ch. Y.)

MINISTÉRIALISME s. m. Système politique de ceux qui soutiennent le ministère.

* **MINISTÉRIEL, ELLE** adj. Qui appartient, qui a rapport au ministère, qui est propre à un ministre : *lettre, circulaire, opération ministérielle.* — Qui est partisan du ministère, dévoué au ministère : *un député ministériel.* Dans cette acception, est aussi quelquefois employé comme substantif : *c'est un ministériel.* — Palais. Officiers ministériels, officiers publics ayant qualité pour faire certains actes, tels que les notaires, les avoués, les huissiers, etc.

* **MINISTÉRIELLEMENT** adv. Dans la forme ministérielle : *ce commis fait l'important ; il répond à tout le monde ministériellement.*

* **MINISTRE** s. m. Celui dont on se sert pour l'exécution de quelque chose. Dans cette acception, n'est guère usité qu'au sens moral : *être le ministre des passions d'autrui, le ministre de ses volontés, de ses vengeances* — Se dit plus ordinairement de ceux qui sont chargés des divers départements de l'administration supérieure et qui délibèrent entre eux sur les affaires d'État : *les ministres furent d'un avis unanime.* — Ministres sans portefeuille, ministres qui n'ont pas de département et qui ne sont appelés que pour le conseil. — Ministre d'État, s'est dit, sous l'ancienne Monarchie, d'un ministre sans portefeuille, et, sous le second Empire, d'un ministre qui n'ayant pas de département administratif, était plus particulièrement chargé des rapports de la Couronne avec les Chambres. — Ambassadeur, haut agent diplomatique, envoyé d'une cour auprès des cours étrangères : *les ministres étrangers jouissent de certains privilèges dans les cours où ils sont.* — Ministre plénipotentiaire, celui qui a un plein pouvoir pour traiter quelque affaire importante. — Les ministres de Dieu, de la parole de Dieu, ou Jésus-Christ, de

l'Évangile, de la religion ; Les ministres des autels, les prêtres en général. — Parmi les luthériens et les calvinistes, Ministres du saint Évangile, ou Ministre de la parole de Dieu, ou simplement Ministre, celui qui fait le prêche : *les ministres calvinistes, luthériens, protestants, anglicans.* — Législ. « Les ministres-secrétaires d'État sont au nombre de onze. Lorsqu'ils délibèrent sous la présidence du chef de l'État, leur réunion forme le Conseil des ministres ; mais chacun d'eux a des attributions spéciales. (Voy. Ministre.) Ils peuvent le chef de l'État qui peut toujours leur retirer leurs fonctions. Tout acte émanant du président de la République doit être contresigné par un ministre. Les ministres sont solidairement responsables devant les Chambres de la politique générale du gouvernement, et individuellement de leurs actes personnels. (L. constit. 25 février 1875). Ils peuvent être mis en accusation par la Chambre des députés, pour crimes commis dans l'exercice de leurs fonctions, et ils sont alors jugés par le Sénat (L. 16 juillet 1875, art. 12). Lorsqu'un ministre a commis ou ordonné des actes attentatoires, soit à la liberté individuelle, soit aux droits civiques d'un ou de plusieurs citoyens, soit à la Constitution du pays, il est puni du bannissement, sans préjudice des dommages-intérêts qui peuvent être prononcés au profit des personnes lésées ; et si, dans ces divers cas, leur signature a été surprise, ils sont tenus, pour éviter d'être poursuivis personnellement, de faire cesser l'acte et de dénoncer l'auteur de la surprise (C. pén 114 et s.). Les actes des ministres peuvent donner lieu, lorsqu'ils lèsent des particuliers, soit à un recours devant le Conseil d'État, s'il s'agit de contentieux administratif, soit à une réclamation portée par voie de pétition devant l'une des Chambres du Parlement. Le traitement des ministres est fixé à 60,000 fr. Les ministres des cultes sont les prêtres de l'un des cultes reconnus par l'État, et qui ont été nommés légalement aux fonctions de leur ministère. (Voy. Culte.) On donne le nom de ministres plénipotentiaires à des agents diplomatiques qui, dans la hiérarchie, prennent rang immédiatement après les ambassadeurs. » (Ch. Y.)

* **MINIUM** s. m. [mi-ni-omm] (mot lat.). Chim. Plomb uni à l'oxygène ; oxyde rouge de plomb : *le minium s'obtient par la calcination du plomb dans un four.* (Voy. Plomb.)

MINNEAPOLIS [mi-ni-ép'-o-liss], ville du Minnesota (États-Unis), sur les deux rives du Mississipi, aux chutes de Saint-Anthony, à 22 kil. au-dessus de Saint-Paul en suivant le fleuve, et à 13 kil. en ligne directe ; 32,721 hab. Les chutes de Minnehaha, un peu en aval de la ville, attirent beaucoup de touristes. Université de l'état de Minnesota. La fondation de la ville ne remonte qu'à 1849.

MINNESINGER ou **Minnæsinger** s. m. [minn-né-sinng-eur] (all. *minne*, amour ; *sænger*, chanteur). Espèce de trouvère allemand du XIIᵉ et du XIIIᵉ siècle. (Voy. Allemagne (Littérature.)

MINNESOTA [minn-i-so'-ta], l'un des états, du N.-O. de l'Union américaine, le vingt-huitième sous le rapport de la population, entre 43° 30' et 49° 24' lat. N. et entre 91° 59' et 99° 25' long. O. ; 215,907 kil. carr. ; 780,000 hab. Limites: l'Amérique anglaise, dont il est séparé par le lac des Bois, le lac et la rivière Rainy et la rivière du Pigeon ; le lac Supérieur et le Wisconsin, l'Iowa et le Dakota ; 76 comtés. Cap., Saint-Paul. Villes principales : Minneapolis, Winona, Stillwater. La population n'était que de 6,077 hab. en 1850. La population actuelle comprend 18,000 Canadiens, 2,000 Danois, 2,000 Français, 50,000

Allemands, 6,000 Anglais, 25,000 Irlandais, 3,000 Ecossais, 2,000 Hollandais, 50,000 Norvégiens, 25,000 Suédois et 2,000 Suisses. Presque au centre du continent et occupant le plateau le plus élevé entre le golfe du Mexique et la baie d'Hudson, le Minnesota forme la ligne de séparation des eaux de trois grands systèmes, ceux du Mississipi, de Saint-Laurent et de la Rivière Rouge du nord. Les autres grands cours d'eau sont : le Sainte-Croix, affluent de Mississipi ; le Saint-Louis, qui se jette dans le lac Supérieur et la source de la rivière des Moines. Le Minnesota est renommé pour le nombre et la beauté de ses lacs. On en compte jusqu'à 10,000, variant de 2 à 50 kil. de diamètre. Les plus grands sont : le lac des Bois ou *lake of the Woods*, les lacs Rainy, Namekin, Bois Blanc, Vermilion, Swan, Big Stone, Benton, Sank, le Red Lake et les Mille lacs. Les formations rocheuses appartiennent presque exclusivement aux groupes azoïque et protozoïque inférieur et sont généralement recouvertes de dépôts diluviens qui forment la surface des prairies. Le cuivre abonde dans la ceinture minérale qui s'étend le long du rivage septentrional du lac Supérieur et on a trouvé des masses de ce métal à l'état natif dans le Knife et le Stuart. Un minerai de fer de bonne qualité se trouve en grande quantité aux environs du Portage et de la rivière du Pigeon. Il existe de grands dépôts de tourbe sur tous les points de l'état. La vallée de la Rivière Rouge possède des sources salées importantes. Ardoise, pierre à chaux, sable vitrifiable, argile. Le sol est fertile et, pour les deux tiers, très propre à la culture. Les hivers sont froids, mais beaux, secs, sans beaucoup de neige ; les étés sont chauds, avec des nuits fraîches pendant lesquelles tombent presque toutes les pluies. La pureté de l'air et la salubrité du climat recommandent le séjour du Minnesota aux malades. Pays bien boisé ; forêts de pins ; bouleaux, érables, trembles, frênes, ormes. A l'O. du Mississipi s'étend une forêt de différentes essences d'arbres durs appelée les Big Woods ou Grands Bois. Dans le fond des vallées on trouve, outre les espèces déjà citées, le tilleul, le noyer d'Amérique, le baumier et quelques chênes ; dans les lieux marécageux, le cèdre et le cyprès. Faune : l'élan, le daim, l'antilope, l'ours, le glouton, la loutre, le rat musqué, le vison, la marte, le raton et le loup. La situation du Minnesota, traversé par trois grands fleuves navigables, lui donne des avantages particuliers au point de vue de l'agriculture et de l'industrie. Il produit du blé, de l'avoine, du maïs, de l'orge, du seigle, du blé noir, des pommes de terre, de la graine de lin, du foin, du houblon, du tabac, du miel, de la laine, du beurre, du fromage, du sirop de sorgho. On y élève des chevaux, des mulets, des ânes, des vaches, des moutons, des porcs, etc. Les deux principales industries sont celles des bois de charpente et des farines. L'état renferme plus de 1,270 établissements industriels, employant 12,290 ouvriers. — La constitution actuelle du Minnesota a été adoptée le 13 oct. 1857 et le gouvernement a été organisé le 22 mai 1858. La législature se compose de 64 sénateurs élus pour deux ans et de 106 représentants élus pour un an. La session n'est que de 60 jours. L'exécutif est formé d'un gouverneur, d'un lieutenant-gouverneur, d'un secrétaire d'Etat, d'un trésorier, d'un avocat général, élus pour deux ans, et d'un auditeur des comptes, élu pour trois ans. Tous les juges sont élus, ceux de la cour suprême et des cours de district pour sept ans, et les autres pour deux. Il y a aussi un commissaire des chemins de fer et un commissaire des assurances. L'état envoie trois représentants au congrès. Recettes : 25 millions de fr. ; dépenses : 25 millions ; dettes : 45 millions. Institutions de charité et de correction ; hôpi-

tal pour les aliénés à Saint-Peter ; institution pour les sourds-muets et pour les aveugles à Faribault ; maison des orphelins militaires à Winona ; prison à Stillwater ; école de correction à Saint-Paul et asile pour les ivrognes à Rochester ; 152,000 élèves fréquentent les écoles, qui sont au nombre de 3,200 environ. Il y a dans l'état 3 écoles normales, une université, et plusieurs collèges de différentes sectes. Il se publie 141 journaux et revues. La bibliothèque de l'état contient 10,000 volumes ; on en compte 26,762 autres, tant publiques que particulières, renfermant un total de 2,164,744 volumes. Principales dénominations religieuses : baptistes, 94 organisations ; congrégationaux, 57 ; épiscopaux, 64 ; associations évangéliques, 20 ; luthériens, 135 ; méthodistes, 225 ; presbytériens, 76 et catholiques romains, 454. — Quoique d'établissement récent, le Minnesota est depuis long-

Sceau de l'état de Minnesota.

temps le centre d'un trafic considérable avec les Indiens et des entreprises des missionnaires. Dès 1680, Hennepin et La Salle pénétrèrent dans ces solitudes. Ils furent suivis par La Hontan et Le Sueur, et au siècle dernier, par Carver. Dans ce siècle-ci, le pays a été exploré à fond par Pike, Long, Keating, Nicollet, Schoolcraft, Owen et d'autres. Le poste militaire de Fort Snelling fut établi en 1819. En 1837, les Indiens cédèrent aux Etats-Unis une petite étendue de terrain entre le Sainte-Croix et le Mississipi, et le débit des bois de charpente commença sur le Sainte-Croix. Le territoire du Minnesota fut établi en 1849. Il embrassait une superficie presque double de celle de l'état actuel et allait à l'O. jusqu'au Mississipi et aux rivières de la Blanche Terre (*White Earth rivers*). Jusqu'à cette époque, le pays était presque tout entier occupé par les Indiens. En 1851, les Sioux cédèrent aux Etats-Unis toutes leurs terres à l'O. du Mississipi jusqu'à la rivière des Big Sioux. L'état de Minnesota fut admis à faire partie de l'Union en 1858.

MINNESOTA ou **Saint-Peter's**, rivière de l'état de Minnesota (Etats-Unis). Prend sa source dans une série de lacs sur les limites du Dakota, entre 45° et 46° lat. N., se dirige au S.-E. pendant environ 500 kil. jusqu'à son confluent avec le Blue Earth ; elle coule alors au N.-E. sur une longueur de 200 kil. et se jette dans le Mississipi à Mendota. Elle est navigable pour les steamers sur environ 60 kil. de son parcours, en tout temps.

MINNETAREES [minn-i-tè-riz'], tribu d'Indiens sur le haut Missouri, appelés par les Canadiens Gros Ventres du Missouri et par eux-mêmes Hidatsa. Ils se séparèrent de la nation crow, à laquelle ils appartenaient, s'établirent près des Mandans dont ils adoptèrent beaucoup de coutumes et d'idées, tout en conservant leur langage. Lewis et Clarke trouvèrent, en 1804, la tribu distribuée dans deux villages sur les rives opposées du Knife, près du Missouri. Ils étaient 2,500. Les Etats-Unis conclurent avec eux un traité le 30 juillet 1825.

Ils n'ont jamais été hostiles aux blancs, mais ils ont beaucoup souffert dans leurs guerres avec les Sioux. En 1876, il y avait environ 400 Minnetarees à l'agence du Fort Berthold, dans le Dakota, et une centaine au Fort Buford. Ils sont grands, bien faits et de teint clair. Cette tribu et sa langue sont étudiées dans la Grammaire et le Dictionnaire des Hidatsa, par Washington Matthews, en anglais (1873). Voyez aussi *Hidatsa* (*Minnetaree*) *English Dictionary* (1874).

* **MINOIS** s. m. (rad. *mine*). Visage d'une jeune personne plus jolie que belle : *cette jeune fille a un joli minois.* (Fam.)

* **MINON** s. m. Nom que les femmes et les enfants donnent quelquefois aux chats, quand ils les appellent. — ❦ Par ext. Mot de tendresse adressé aux enfants.

MINON-MINETTE s. f. Fam. Cachotterie. — Adv. En cachette.

MINORAT s. m. Titre d'un clerc qui a reçu les ordres mineurs.

* **MINORATIF** s. m. (lat. *minorare*, amoindrir). Méd. et Pharm. Remède qui purge doucement : *la casse est un minoratif.* — adj. : *purgatif, remède minoratif ; potion minorative.*

MINORATION s. f. Méd. Purgation douce, au moyen des laxatifs.

MINORÉ s. m. Clerc qui a reçu les ordres mineurs.

MINORIBUS (IN) Expression latine qui signifie *dans les moindres.* — Dr. canon. ETRE IN MINORIBUS, être dans les ordres mineurs.

MINORITE s. m. (lat. *minor*, mineur). Frère mineur. (Voy. FRANCISCAINS.)

* **MINORITÉ** s. f. (lat. *minor*, moindre). Le petit nombre, par opposition à majorité : *la minorité des voix, des suffrages, des votants.* — MINORITÉ D'UNE ASSEMBLÉE, la partie la moins nombreuse, qui combat certaines opinions, certaines mesures préférées par la partie la plus nombreuse : *il était de l'avis de la minorité.* — Etat d'une personne mineure : *le privilège de la minorité est de faire déclarer nuls tous les actes que le mineur a faits à son préjudice.* — Temps pendant lequel on est mineur : *cela est arrivé pendant sa minorité.* — Se dit, absol., de la minorité des souverains : *les minorités sont ordinairement des temps de troubles.* — Législ. « L'état de minorité est celui de tout individu de l'un ou de l'autre sexe qui n'a pas encore l'âge de vingt et un ans accomplis (C. civ. 338). Le mineur est incapable de contracter (id. 1124). Pendant la durée du mariage de ses père et mère, il est sous l'autorité de son père, et ses biens personnels sont administrés par ce dernier. Après la mort de son père et de sa mère, il est placé sous la tutelle légale de celui des deux qui survit. Lorsque le père et la mère sont tous deux décédés, la tutelle du mineur appartient au tuteur choisi par le dernier mourant ; à défaut de tuteur datif, à l'aïeul paternel ; à défaut de celui-ci, à l'aïeul maternel, et ainsi de suite en remontant ; enfin, à défaut d'ascendants mâles, à un tuteur nommé par le conseil de famille. (Voy. TUTELLE.) Le mineur n'a pas de domicile personnel (voy. DOMICILE) ; il ne peut être ni témoin dans les actes publics, ni exécuteur testamentaire, ni tuteur (si ce n'est de ses propres enfants), ni membre d'un conseil de famille. L'émancipation (voy. ce mot) ne fait pas cesser l'état de minorité, mais elle le modifie, principalement en ce qu'elle met fin à la puissance paternelle ou à la tutelle. Le mineur émancipé doit, pour la validité de certains actes qui ne sont pas de simple administration, être assisté d'un curateur (voy. CURATELLE) (id. art. 389 et s.). Le mineur n[e] peut faire aucune donation, si ce n'est à son futur époux, dans le contrat de mariage et

avec l'assistance de ceux dont le consentement est requis pour la validité de son union (id. 1095). Il peut, dès l'âge de seize ans, disposer par testament de la moitié des biens dont le majeur peut disposer; mais il ne peut faire de legs à son tuteur (id. 904, 907). La prescription ne court pas contre les mineurs, sauf dans les cas déterminés par la loi (id. 2252). Le mineur émancipé peut, à l'âge de dix-huit ans accomplis, exercer la profession de commerçant, pourvu qu'il y ait été préalablement autorisé par son père; à défaut de père, par la mère; à défaut de l'un et de l'autre, par une délibération du conseil de famille homologuée par le tribunal civil. Le mineur ainsi autorisé est réputé majeur quant aux engagements contractés par lui pour faits de commerce; et il peut engager et hypothéquer ses immeubles; mais il ne peut les aliéner sans une autorisation du conseil de famille (C. comm. 2, 6). — Le *détournement de mineur*, exercé par fraude ou violence, est puni de la réclusion. Si le mineur ainsi enlevé ou détourné est une fille de moins de seize ans, le ravisseur est puni de la peine des travaux forcés à temps. La même peine est infligée lorsqu'il s'agit d'une fille de moins de seize ans qui a suivi volontairement son ravisseur, si ce dernier avait plus de vingt et un ans; mais s'il n'avait pas cet âge, il n'est puni que de deux à cinq ans d'emprisonnement. Lorsque le mineur a épousé la fille qu'il a enlevée, il ne peut plus être poursuivi que sur la plainte des personnes qui ont le droit de demander la nullité du mariage; et il ne peut être condamné qu'après que ladite nullité a été prononcée (C. pén. 354 et s.). — Celui qui a abusé des besoins, des faiblesses ou des passions d'un mineur pour lui faire souscrire, à son préjudice, des obligations, quittances ou décharges, est puni d'un emprisonnement de deux mois à deux ans et d'une amende qui ne peut excéder le quart des restitutions et dommages-intérêts, ni être moindre de 25 fr. (id. 406).»　　　　　(Ch. Y.)

MINORQUE (esp. *Menorca;* anc. *Balearis Minor*), la deuxième en grandeur des îles Baléares, à 60 kil. E.-N.-E de Majorque. Elle a 50 kil. de longueur sur 22 kil. de large; 735 kil. carr.; environ 45,000 hab. Elle s'élève graduellement vers le centre où le Monte Toro atteint une hauteur de près de 5,000 pieds. Le climat est très chaud en été et très froid en hiver et le sol est très peu fertile. On y trouve du fer, du plomb, du cuivre et du marbre. Minorque a une grande importance pour le commerce méditerranéen et la capitale, Port-Mahon, a un excellent port. Les Anglais s'emparèrent de Minorque en 1708, et se la firent céder par le traité d'Utrecht (1713). Les Français, commandés par le vieux duc de Richelieu, s'en rendirent maîtres en juillet 1756, après la défaite d'une flotte anglaise sous les ordres de Byng (voy. ce mot); mais l'île fut restituée à l'Angleterre en 1763; cette dernière puissance l'abandonna à l'Espagne par le traité d'Amiens (1802).

MINORQUIN, INE s. et adj. De Minorque; qui concerne cette île ou ses habitants.

MINOS. Myth. Roi et législateur de Crète. Suivant Homère, il était fils de Jupiter et d'Europe. Pour obtenir le trône de Crète, il affirma que les dieux lui accordaient tout ce qu'il leur demandait. Pour le prouver, il demanda qu'un taureau sortît de la mer, promettant de le sacrifier à Neptune. Le taureau parut, et Minos obtint la royauté. Mais, trouvant l'animal trop beau, il en sacrifia un autre à la place. En punition, Neptune inspira à sa femme, Pasiphaë, une passion monstrueuse pour le taureau et elle devint mère du Minotaure, qui avait un corps d'homme et une tête de taureau et qui fut enfermé par Minos dans le labyrinthe de Cnos. Les Cré-

tois faisaient remonter à Minos leurs institutions sociales et politiques, et Lycurgue passait pour avoir pris sa législation comme modèle. Après sa mort, Minos fut établi un des juges du Hadès (enfer). On dit qu'il fut puissant sur mer, qu'il s'empara des îles de la mer Egée, et obligea les Athéniens à envoyer périodiquement en Crète un tribut de sept jeunes garçons et de sept jeunes filles destinés à être dévorés par le Minotaure. A la fin, Thésée, avec l'aide d'Ariadne, égorgea le monstre et abolit le tribut. Minos fut tué dans une attaque contre la Sicile.

* **MINOT** s. m. (rad. *mine*, mesure). Ancienne mesure de capacité, qui contenait la moitié d'une mine : *le minot de Paris valait un peu plus de trente-neuf litres.* — Ce qui est contenu dans le minot : *un minot de sel, de blé, d'avoine.* — Nous ne mangerons pas un minot de sel ensemble, nous ne serons pas longtemps unis.

MINOTAURE s. m. Voy. Minos.

MINOTAURISER v. a. Fam. Rendre cocu.

* **MINOTERIE** s. f. (lat. *minutus*, diminué, écrasé). Établissement où l'on prépare les farines destinées au commerce.

* **MINOTIER** s. m. Celui qui possède, qui fait valoir une minoterie.

MINSIS [minn'-siz]. Voy. Munsees.

MINSK. I. Gouvernement de la Russie d'Europe, au S.-O.; 94,357 kil. carr.; 1,250,000 hab. Vaste plaine, couverte de grandes forêts et de marais. Principaux cours d'eau : le Dnieper, le Niemen et la Bérésina. Draps, toiles et sucre. Exportations : bois de charpente, sel et grains. Minsk faisait autrefois partie des provinces lithuaniennes de la Pologne. — II. Capitale du gouvernement de ce nom, à 180 kil. S.-E. de Wilna; 37,500 hab., dont un grand nombre de Juifs. Commerce de grains.

MINTO [minn'-to]. I. (Gilbert-Elliot, premier *earl*, ou comte de Minto). Homme d'État anglais, né en 1751, mort en 1814. Ambassadeur à Copenhague de 1788 à 1794, vice-roi de la Corse pendant l'occupation anglaise, ambassadeur à Vienne en 1799, président du conseil de contrôle des affaires de l'Inde de 1806 à 1807, et gouverneur général du Bengale, de 1807 à 1813. Il fut créé baron Minto en 1797, et vicomte Melgund et *earl* de Minto en 1843. Il poussa à l'union de l'Irlande avec l'Angleterre, et s'opposa à l'émancipation des catholiques. Sa vie a été publiée en 1874 par sa petite-nièce, la comtesse de Minto. — II. (Gilbert-Elliot-Murray-Kynynmound, deuxième *earl*), né en 1782, mort en 1859. Premier lord de l'amirauté de 1835 à 1841, et lord du sceau privé de 1846-'52, sous l'administration de lord John Russel, son gendre.

MINTURNES, *Minturnæ,* ville de l'Italie ancienne, dans le Latium, sur les frontières de la Campanie. Auj. détruite. Elle est surtout célèbre par les marais qui étaient dans son voisinage et où se cacha Marius proscrit.

MINUCIUS FELIX (Marcus), auteur chrétien de la première moitié du IIIe siècle. Il écrivait en latin. Né en Afrique, il se transporta à Rome, et s'y était distingué comme avocat avant sa conversion au christianisme. Il a écrit, sous le titre d'*Octavius,* une apologie de la religion chrétienne. Les éditions les plus remarquables sont celles de Baudouin (Heidelberg, 1560), de Gronovius (Leyde, 1709), de Rigault (Paris, 1744); trad. franc. de Perrot d'Ablancourt (Paris 1660) et de Péricault (Lyon, 1825).

* **MINUIT** s. m. (préf. *mi*, milieu; et *nuit*). Milieu de la nuit : *allez vous coucher, il est minuit.*

* **MINUSCULE** adj. (lat. *minusculus*, un peu plus petit). Se dit d'une petite lettre : *caractère minuscule.* — s. f. Petite capitale, par opposition à *majuscule.*

* **MINUTE** s. f. (lat. *minutus*, rendu petit). Petite portion de temps, qui forme la soixantième partie d'une heure : *l'heure est composée de soixante minutes.* — Court espace de temps, qui n'est pas déterminé d'une manière précise : *il n'y a qu'une minute qu'il est parti.* — Fam. C'est un homme à la minute, il est a la minute, il est d'une grande exactitude. — Côtelettes a la minute, côtelettes grillées promptement et servies sur-le-champ. — Astron. et Géogr. Soixantième partie de chaque degré d'un cercle : *le diamètre du soleil se voit sous un angle de trente-deux minutes en hiver, et de trente et une en été.* — Architect. Soixantième partie du diamètre du fût d'une colonne mesurée à sa base.

* **MINUTE** s. f. Lettre, écriture extrêmement petite : *écrire en minutes.* — Original, brouillon de ce qu'on écrit d'abord pour en faire ensuite une copie, et le mettre plus au net : *faire la minute d'une lettre.* — Particul. Original des actes, qui demeure chez les notaires, et sur lequel s'expédient les copies qu'on appelle grosses et expéditions : *la minute de ce contrat est chez le notaire un tel.* — Original des sentences, des arrêts, des procès-verbaux qui demeurent au greffe : *la minute d'une sentence, d'un arrêt, d'un rapport d'experts.* — Législ. « On nomme *minute*, le texte original d'un acte notarié qui n'est pas délivré en brevet, et celui de tout jugement. (Voy. Brevet, Jugement, Notaire.) Chez les Romains, la minute d'un acte était seulement un brouillon rédigé en forme de notes par un notaire, et c'était mis au net sous forme de grosse par un tabellion. Chez nous, au contraire, la grosse n'est qu'une copie faite sur la minute et revêtue de la formule exécutoire. (Voy. Grosse.) La plupart des actes sont conservés en minute; les minutes sont conservées dans les études des notaires et font partie de l'office où elles ont été faites. Le droit de délivrer des grosses et des expéditions n'appartient qu'au notaire possesseur de la minute. Les notaires ne peuvent se dessaisir d'aucune de leurs minutes, si ce n'est dans le cas prévus par la loi et en vertu d'un jugement. Avant de s'en dessaisir, ils doivent dresser une copie figurée de la minute, avec les ratures, surcharges, etc.; et cette copie, signée par le notaire et certifiée par le président et le procureur de la République du tribunal civil de la résidence, est substituée à la minute dont elle tient lieu jusqu'à sa réintégration (L. 25 ventôse an XI, art. 20, 21, 22). Lorsque par un accident particulier, la minute d'un acte notarié a été perdue, ou lorsqu'il est constant que toutes les minutes du notaire reçues pendant la même année que ledit acte ont été perdues, et qu'il n'en existe pas de grosse, de première expédition ou d'autre copie faisant foi, la transcription de cet acte sur des registres publics peut servir de commencement de preuve par écrit, à la condition que le répertoire, tenu en règle par le notaire, constate que l'acte a été fait à la même date (C. civ. 4336). »　　　　　(Ch. Y.)

* **MINUTER** v. a. Faire la minute d'un écrit qu'on se propose de mettre ensuite au net : *avez-vous minuté cet acte comme on vous a dit?* — Fig. et fam. Projeter quelque chose pour l'accomplir bientôt : *il minute son départ, sa retraite.* Dans ce sens, il est peu usité.

* **MINUTIE** s. f. [mi-nu-sî]. Bagatelle, chose frivole, et de peu de conséquence : *il ne faut pas s'arrêter à des minuties.*

* **MINUTIEUSEMENT** adv. [-si-eû-]. D'une manière minutieuse : *observer, relever minutieusement les fautes d'un ouvrage.*

* **MINUTIEUX, EUSE** adj. [-si-eû]. Qui s'attache aux minuties, qui s'en occupe, et y donne trop d'attention : *c'est un homme bien minutieux.* — Se dit aussi des choses : *recherches minutieuses.*

MINUTOLI [mi-nou'-to-li]. I. (Heinrich-Menu von, BARON), archéologue allemand, né à Genève en 1772, mort en 1846. Il servit dans l'armée prussienne, devint professeur à l'école militaire de Berlin. De 1820 à 1822, il dirigea une mission d'exploration prussienne en Egypte, pendant laquelle neuf de ses compagnons moururent, et où il perdit la majeure partie de ses collections dans un naufrage. Il a publié *Reise zum Tempel des Jupiter Ammon und nach Oberægypten* (*Voyage au Temple de Jupiter Ammon et dans la haute Egypte,* 1824-'27) et des ouvrages militaires, historiques et archéologiques. Il avait épousé en Italie (1820) la veuve Walfradine, comtesse von der Schulenburg, qui l'accompagna, et écrivit *Souvenirs d'Egypte* (Paris, 1826, 2 vol.). — II. (Julius von, BARON), son fils, né à Berlin en 1805, mort le 5 nov, 1860. Etant directeur de la police à Posen, en 1846, il découvrit la conspiration polonaise. Il fut ensuite consul général en Espagne et en Portugal (1851) et ambassadeur en Perse en 1860. Il a écrit des ouvrages sur la jurisprudence, l'histoire de la Prusse, l'Espagne et le Portugal.

MIOCÈNE adj. et s. m. [mi-o-cè-ne] (gr. *meion,* moins; *kainos,* nouveau). Géol. La seconde des trois époques de l'âge tertiaire ou mammalien, entre l'éocène au-dessous et le pliocène au-dessus. Les couches de l'époque miocène sont de formation marine ou d'eau douce. Les couches marines couvrent une grande partie des côtes des Etats-Unis baignées par l'Atlantique. Des couches de miocène formées par les eaux douces se trouvent dans la région du Missouri, le long de la rivière Blanche (*White River*); elles constituent ce qu'on appelle les *mauvaises terres,* et ont une épaisseur de plus de mille pieds. On y trouve des restes du *titanotherium,* aussi bien que dans l'éocène. Nous avons, en France, les faluns du bassin de la Loire, les sables et les graviers de l'Orléanais, les calcaires lacustres, les marnes, les grès de Fontainebleau, les marnes marines, les faluns coquilliers de Bordeaux, les calcaires lacustres de Saucas, les faluns de Buzas, les molasses et argiles, les calcaires à astéries de Saint-Macaire, les faluns du bassin de l'Adour. (Voy. GÉOLOGIE.)

* **MIOCHE** s. m. Se dit fam. d'un petit enfant.

MIOLLIS (Sextius - Alexandre - François), général français, né à Aix (Provence) en 1759, mort dans la même ville en 1828. Après avoir servi en Amérique sous Rochambeau, il commanda les volontaires des Bouches-du-Rhône en 1792 et, en 1793, devint général de brigade. Il prit part à la campagne d'Italie, occupa la Toscane et devint gouverneur de Mantoue (1797) où il fit élever un obélisque à Virgile. Il aida Masséna à défendre Gênes et, de 1807 à 1814, gouverna les Etats-de-l'Eglise; il fut mis à la retraite à la Restauration.

MION s. m. (gr. *meion,* moindre). Argot. Tout petit enfant, mioche. — Petite mesure de vin.

MIOT (André-François), comte de Mélito, écrivain français, né à Versailles vers 1762, mort en 1841. Il fut ministre de la guerre à Naples sous Joseph Bonaparte, et intendant de la cour de celui-ci à Madrid. Ses principaux ouvrages sont une traduction d'Héro-Jote (1822, 3 vol.), une de Diodore de Sicile, contenant tous les nouveaux fragments (1835-'38, 7 vol.), et des *Mémoires sur le Consulat, l'Empire et le roi Joseph* (1858, 3 vol.).

MIOT (Jules), homme politique, né à Mou-lins-Engilbert (Nièvre) vers 1810, mort le 9 mai 1883. Elu représentant du peuple par le département de la Nièvre, il siégea à la Montagne. Lors du coup d'Etat, il fut transporté en Algérie, d'où il ne revint qu'après l'amnistie du 15 août 1859. Il fut nommé, le 26 mars 1871, membre de la Commune et fit partie de la commission des barricades. Lors du renversement de la colonne Vendôme, il prononça un discours violent et révolutionnaire. Il parvint à s'échapper et quitta la France.

* **MI-PARTI, IE** adj. Composé de deux parties égales, mais dissemblables : *robe mi-partie d'écarlate et de velours noir, de blanc et de noir.* Blas. Ecu MI-PARTI. — Au sens moral. Partagé en deux moitiés égales ou à peu près égales : *les avis sont mi-partis.* — CHAMBRES MI-PARTIES, chambres instituées par l'édit de Nantes, et ainsi nommées parce qu'elles étaient composées, par moitié, de juges catholiques et de juges protestants : *Louis XIV supprima toutes les chambres mi-parties.*

MI-PARTIR v. a. Diviser, partager en deux moitiés.

MI-PARTITION s. f. Action de partager en deux parties égales.

* **MIQUELET** s. m. [mi-ke-lè] (esp. *miquelete*). Nom donné autrefois à des bandits espagnols qui vivaient dans les Pyrénées, principalement sur les frontières de la Catalogne et de l'Aragon : *les miquelets étaient fort à craindre pour les voyageurs.* — Nom donné ensuite aux soldats qui forment la garde particulière des capitaines généraux, ou gouverneurs de province, en Espagne.

MIQUELON, petite île française de l'Amérique du Nord, à 30 kil. de Saint-Pierre; par 58° 43' 15" long. O. et 47° 3' lat. N.; 90 kil. carr. Elle est divisée en deux parties que réunit, depuis un siècle environ, une étroite langue de sable : au nord, se trouve la *Grande-Miquelon*, avec le bourg de Miquelon; au sud, la *Petite-Miquelon* ou *Langlade*, qui nourrit quelques bestiaux dans ses pâturages. — Territoire rocheux et peu cultivable ; 750 hab. Les deux Miquelon appartiennent à la France depuis 1763. (Voy. SAINT-PIERRE.)

MIRABAUD (Jean-Baptiste de), littérateur, né à Paris en 1675, mort en 1760. Il fut précepteur des filles de la duchesse d'Orléans et publia, en 1724, une *Traduction de la Jérusalem délivrée* (2 vol. in-12) qui lui ouvrit, en 1728, les portes de l'Académie française. Il donna aussi une traduction du *Roland furieux* (1758, 4 vol. in-12).

MIRABEAU, famille originaire de Florence, dont le nom patronymique était Arrighetti, francisé en Riquetti. Philippe Arrighetti, banni de Florence en 1268, se fixa dans la ville de Seyne, en Provence, et fut la souche d'une race d'hommes énergiques et indépendants. Les deux plus illustres membres de cette famille furent : I. (Victor de RIQUETTI, marquis de), né à Perthuis (Provence) en 1715, mort en 1789. Il propagea en France l'étude de l'économie politique. Ses ouvrages les plus populaires sont: *Etats provinciaux* (1757); *De l'Impôt* (1760), écrit qui le fit enfermer quelque temps à Vincennes; *l'Ami des hommes* (1755, 5 vol. in-12); *Philosophie rurale* (3 vol. in-12); *Les Economiques* (1769, 2 vol. in-4°); *Droits et devoirs de l'homme* (1771, in-12); *L'Ordre légal* (1775, 3 vol. in-12, etc. — II. (Gabriel-Honoré DE RIQUETTI, comte de), orateur et homme politique, fils du précédent, né au château de Bignon (Loiret) le 9 mars 1749, mort à Paris le 2 avril 1791. Il était grêlé et affreusement laid. Son père, honteux de lui, le traita avec une extraordinaire dureté; il le mit à une école militaire sous le nom de Pierre Buffière. Revenant de Corse après un an d'honorables services, il fut autorisé à prendre son vrai titre et présenté à la cour, où la dauphine lui demanda si on ne l'avait pas vacciné. En 1772, il épousa la fille unique du marquis de Marignane. Les embarras d'argent amenèrent bientôt de nouvelles complications dans ses rapports avec son père, qui le fit enfermer au château d'If, à Marseille (1774), et au fort de Joux (1776), dans les montagnes du Jura. Pendant qu'il était en ce dernier endroit, il obtint la permission de visiter la ville voisine, Pontarlier, et il s'enfuit en enlevant la marquise Sophie de Monnier (1776). Il se réfugia avec elle à Amsterdam, où ils vécurent du produit de ses écrits. Il fut condamné à la peine capitale pour rapt et séduction et Sophie à la prison perpétuelle. En mai 1777, ils furent arrêtés: Mirabeau fut jeté en prison, et Sophie envoyée au couvent. Quoiqu'il fût sérieusement malade, son père ne voulut consentir à ce qu'il fût relâché que le 13 déc. 1780, quand la mort de son petit-fils lui eut fait comprendre la nécessité de « perpétuer la famille ». Cependant Mirabeau se brouilla avec Sophie et, en 1789, celle-ci se donna la mort. Il commença des poursuites légales pour recouvrer sa femme, et dirigea lui-même son procès avec une grande habileté devant le parlement d'Aix; mais la cour décida, le 5 juillet 1783, que sa femme resterait séparée de lui. La moitié des juges étaient des parents de son beau-père, et il essaya en vain d'en appeler de leur décision. Malgré son insuccès, il devint l'idole populaire. Il résida en Angleterre, en France, en Prusse, partout publiant des brochures, et, à Berlin, en correspondance semi-officielle avec le ministère français, à propos d'une mission secrète dont il s'occupa pendant six mois. Menacé d'être arrêté à Paris, en 1787, pour avoir attaqué Calonne et Necker, il alla à Brunswick, où il termina son ouvrage *De la Monarchie prussienne* (1788, 4 vol. in-4°). Pressé par le besoin, il publia l'*Histoire secrète de la cour de Berlin* (2 vol. in-8o), qui contenait ses lettres confidentielles au cabinet français, et qui fut brûlée par la main du bourreau. Au commencement de 1789, il se rendit en Provence et se présenta à la noblesse pour être élu aux états généraux. Mais il s'attira la haine implacable des nobles, fut chassé de leur assemblée et dans sa vengeance il se donna aux tiers-état. Finalement, il fut envoyé aux états généraux, encouragea le tiers-état à maintenir ses droits et exerça une prodigieuse influence. C'est lui qui, le 23 juin, envoya au roi la réponse : « Nous sommes ici par la volonté du peuple; nous n'en sortirons que par la force des baïonnettes ». Mais, plus tard, il réclama « la restauration de l'autorité légitime du roi comme le seul moyen de sauver la France ». On lui avait confié secrètement environ 80,000 fr. pour agir ainsi, et il recevait une pension de 6,000 fr. par mois; de plus, il possédait quatre billets de 250,000 fr. chacun ; mais ceux-ci furent rendus au roi à la mort de Mirabeau. Le 20 mai 1790, dans un grand discours, il soutint le droit royal de faire la paix ou la guerre, contre Barnave, qui fut porté en triomphe, tandis que Mirabeau était accusé de trahison et de corruption. Mais il réussit à se justifier. Outre ses fonctions de député, il publiait un journal, et il finit par être épuisé d'excès de travail et de débauche. Cependant il prit cinq fois la parole à l'Assemblée, le 27 mars 1791, six jours avant sa mort, qui lui pleurée par toute la nation, chacun sentant que l'esprit dirigeant de la Révolution avait disparu. Son corps fut porté en pompe à l'église de Sainte-Geneviève. En 1794, la Convention le fit transporter à l'endroit où l'on enterrait les criminels. Des éditions incomplètes des œuvres de Mirabeau ont été publiées par Barthe (1819-'20, 8 vol.) et par Mérilhou (1825'-27, 9 vol.); Lucas Montigny, son fils adoptif, a publié ses *Mémoires* (1834-'35, 9 vol.)

* **MIRABELLE** s. f. Espèce de petite prune ronde, de couleur jaune : *mirabelle double* ou *dorée.*

MIRABILIS adj. (lat. *mirabilis*, admirable). Bot. Nom scientifique de la belle-de-nuit. (Voy. ce mot.)

* **MIRACLE** s. m. (lat. *miraculum*; de *mirari*, admirer). Acte de la puissance divine, contraire aux lois connues de la nature : *opérer des miracles.* — Chose extraordinaire, chose qui devait naturellement arriver, et qui cependant n'est pas arrivée : *c'est un miracle qu'il n'ait pas été tué dans cette bataille.* — Tout ce qui fait naître l'étonnement, l'admiration : *cette femme est un miracle de la nature, un miracle de beauté.*

L'œil ravi, promené de spectacle en spectacle,
De l'art, à chaque pas, voit un nouveau miracle !
COLLIN D'HARLEVILLE, *L'Inconstant*, acte I, sc. VI.

— C'EST UN MIRACLE DE VOUS VOIR, se dit d'une personne qu'on n'avait pas vue depuis longtemps. — IL FAUT CRIER MIRACLE, se dit quand quelqu'un fait une chose qu'il n'a pas coutume de faire, qui est opposée à ses habitudes, à son caractère. — VOILA UN BEAU MIRACLE, se dit ironiquement à quelqu'un qui se vante d'une chose fort ordinaire; et, VOUS AVEZ FAIT LA UN BEAU MIRACLE, à celui qui a fait une action maladroite. — FAIRE DES MIRACLES EN QUELQUE OCCASION, se signaler, se distinguer en quelque occasion. — CELA SE PEUT SANS MIRACLE, cela est très aisé. On dit aussi à une personne qui se vante après avoir fait une chose fort aisée, IL N'Y A PAS DE QUOI CRIER MIRACLE. — COUR DES MIRACLES, se disait d'un endroit de Paris où se réunissaient les gueux et les mendiants. — *A miracle*, loc. adv. Parfaitement bien : *la commission était difficile, il s'en est acquitté à miracle.* On dit mieux A MERVEILLE. — ENCYCL. Dans l'usage strict du mot, opération de la puissance divine interrompant (ou violant) le cours ordinaire de la nature, et directement destinée à attester la mission divine de celui qui fait le miracle. Le Christ dit : « Les œuvres que je fais portent témoignage pour moi, que c'est le Père qui m'a envoyé ». Le rationalisme allemand, dans sa forme primitive, essayait d'expliquer les miracles de l'Évangile par des causes matérielles et spirituelles. D'autres, comme Paulus, les expliquaient en supposant que les disciples confondaient les événements naturels avec les surnaturels. D'autres encore n'y trouvaient qu'un sens symbolique ou allégorique, et les interprétaient comme des images de vérités spirituelles. Dans la théorie mystique de Strauss, les miracles ne sont pas des impostures délibérées, mais une expression spontanée du sentiment religieux populaire, attribuant au Christ ce qui est faux ou vrai, mais ce qui est vrai néanmoins à un point de vue philosophique très général. Quant à la valeur des miracles comme preuves, certains théologiens, réagissant contre le rationalisme, ont insisté avant tout sur ces signes extérieurs de la puissance divine, faisant du miracle la source principale d'une foi exempte de doute, tandis que d'autres mettaient la vérité de la doctrine au premier rang, et faisaient de la doctrine le criterium du miracle, plutôt que du miracle la preuve de la doctrine. — Voy. Campbell, *Dissertation on Miracles* (1763); Leland, *View of Deistical Writers* (1798); Schleiermacher, *Der christliche Glaube* (1821-'22); Strauss, *Das Leben Jesu* (1835); Leslie, *Truth of Christianity* (1853); Wardlaw, *On Miracles* (1853); Mc Cosh, *The Supernatural in relation to the Natural* (1862); Mozley, *Bampton Lectures on Miracles* (1865), et le duc d'Argyll, *The Reign of Law* (1866). — *Miracles et Moralités*, pièces religieuses et allégoriques, qui constituaient le drame au moyen âge. On les appela, dans les derniers temps, mystères. Les sujets des miracles étaient soit des récits bibliques, soit des légendes tirées de la vie des saints; les moralités, qui vinrent plus tard, mêlaient l'allégorie à l'histoire sacrée. Dans les premiers âges du christianisme, on refusait le baptême à tous ceux qui tenaient au théâtre, et, pendant le IVe siècle, l'Église réussit à supprimer le drame partout, excepté à Constantinople. Ce triomphe était à peine obtenu que les cérémonies sacrées et les commémorations de la foi chrétienne se transformèrent en représentations dramatiques. On ne peut suivre les progrès de ce drame chrétien avant le XIe siècle environ, où Théophylacte de Constantinople introduisit la fête des Fous, la fête des Anes et autres récréations religieuses dont l'Église était le théâtre. A ces amusements, le clergé ajouta la représentation des miracles, qui étaient, à l'origine, joués par des ecclésiastiques dans les églises et dans les chapelles des monastères. Plus tard, ils furent représentés par des compagnies de marchands, et les papes et les conciles défendirent au clergé d'y prendre part. Il est probable que les miracles pénétrèrent de Constantinople en Italie, et de là en France et en Angleterre. Les plus anciens connus sont en latin; mais au XIIe et au XIIIe siècle, ils devinrent communs en langue vulgaire. A part quelques exceptions, il y a une ressemblance générale dans les sujets, les caractères et les machines théâtrales entre les miracles des différents pays. — Le miracle de la Passion fut un des premiers et des plus universellement répandus. C'est de lui que la première compagnie théâtrale de Paris, établie en 1402, tira son nom de Confrérie de la Passion. La représentation en durait plusieurs jours. La Vierge Marie est un personnage favori dans les mystères français, et plusieurs portent le titre de *Miracles de Notre-Dame*. D'autres sont intitulés Mystères de la Conception, de la Nativité, de la Résurrection, de divers événements consignés dans les légendes des saints et les récits du Vieux et du Nouveau Testament. Il existe un grand nombre de miracles français manuscrits, et beaucoup ont été imprimés. Les Allemands ont de nombreux miracles, parmi lesquels deux n'ont rien d'analogue dans les productions des autres nations européennes du même temps : ce sont ceux du Dr Faustus et de la canonisation du pape Jean. L'Allemagne était fameuse pour ses *Fastnachtsspiele*, ou pièces de carnaval, dans lesquelles les sujets religieux étaient traités avec une licence sans bornes. Pour les miracles anglais, on peut remonter jusqu'au commencement du XIIIe siècle, mais on n'est pas certain s'ils furent primitivement écrits en latin ou en français normand. Les mystères de Chester, ceux de Coventry et ceux de Towneley forment trois grandes séries. En 1268, ces drames religieux étaient joués par les corporations marchandes de Chester, et ils s'y perpétuèrent avec quelques interruptions jusqu'en 1577. Les drames sacrés de Coventry attiraient des multitudes de peuple dans cette ville. On suppose que les mystères de Towneley, ainsi appelés du nom de la famille qui en possédait les manuscrits, étaient des pièces écrites et représentées par les pères augustins de Woodkirk. Suivant Malare, le dernier mystère joué en Angleterre fut celui de la Passion du Christ, sous le règne de Jacques Ier; d'autres disent qu'on en joua dans les églises, et même le dimanche, jusqu'au règne de Charles Ier. Les principaux miracles anglais ont été publiés. A partir du règne de Henry VI, les miracles cèdent peu à peu le terrain aux pièces morales ou moralités, dans lesquelles des abstractions allégoriques prennent la place des personnages de l'Écriture. Les moralités atteignirent leur plus haute perfection sous les règnes de Henri VII et de Henri VIII, bien qu'elles soient devenues plus tard plus compliquées et plus ingénieuses. A Paris, la bouffonnerie dévote des Confrères de la Passion finit par scandaliser et amena leur suppression en 1547. On joue encore de temps en temps des mystères en plusieurs lieux de l'Europe. (Voy. OBER-AMMERGAU.)

MIRACULÉ, ÉE adj. Qui a été l'objet d'un miracle. — s. *Les miraculés de Saint-Médard.*

* **MIRACULEUSEMENT** adv. D'une manière miraculeuse, d'une manière surprenante, d'une manière admirable : *saint Pierre fut délivré miraculeusement de ses liens par un ange.*

* **MIRACULEUX, EUSE,** adj. Qui s'est fait par miracle, qui tient du miracle : *effet, événement, fait miraculeux.* — Surprenant, merveilleux, admirable : *ouvrage miraculeux.* — S'applique quelquefois aux personnes, dans les deux sens : *on trouve ce médecin miraculeux, mais je le crois un charlatan.*

MIRADOUX, ch.-l. de cant., arr. et à 16 kil. N.-E de Lectoure (Gers); 1,400 hab.

MIRAFLORES (Manuel DE PANDO, *marquis de*) [mi-ra-flo'-rèss], homme d'État espagnol, né en 1792, mort en 1872. Il fut en différents temps ambassadeur à Londres, à Paris et à Vienne, et il présida plusieurs fois le conseil des ministres et le sénat. Ses écrits comprennent des mémoires sur les sept premières années du règne d'Isabelle II (1843-'64, 2 vol.).

* **MIRAGE** s. m. (lat. *mirari*, voir avec étonnement). Phénomène qui est l'effet de la réfraction, et qui fait paraître au-dessus de l'horizon les objets qui n'y sont pas : *dans la basse Égypte, le phénomène du mirage donne souvent à une plaine de sable l'apparence d'une grande étendue d'eau.* — ENCYCL. On donne le nom de mirage à l'apparence d'objets éloignés, comme suspendus dans le ciel, ou réfléchis par la surface de l'eau. Le mirage est produit par la réfraction dans des couches de densités différentes, décroissant ou croissant rapidement, et quelquefois par la réfraction et la réflexion combinées. Il y a plusieurs cas, dont les quatre plus communs sont : 1° le mirage du désert, qui offre l'apparence d'objets renversés, ou de réflexions produites par la surface de l'eau; 2° celui qui a l'apparence d'objets renversés dans l'air, et qui se voit sur la surface de l'eau; 3° le mirage simple, lorsque les objets paraissent élevés au-dessus de leur niveau réel, mais ne sont pas renversés, phénomène qui a lieu d'ordinaire au-dessus de l'eau; 4° combinaison des deux précédents, dans laquelle les images des objets se présentent à la fois droites et renversées. Le mirage du désert s'explique ainsi : Dans la fig. 1, dans laquelle les courbes sont

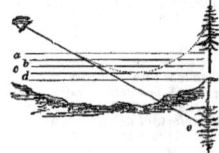

Fig. 1. — Mirage du désert.

exagérées, les couches aériennes a, b, c, d, décroissent en densité de haut en bas. Cela cause un infléchissement des rayons lumineux venant de l'objet, lesquels s'écartent de plus en plus de la perpendiculaire jusqu'à ce que soit atteint l'angle précis, où ils sont totalement réfléchis et font paraître l'objet renversé au-dessous de l'horizon. Le mirage au-dessus de l'eau s'explique en se reportant à la fig. 2, où les couches décroissent de densité de bas en haut. Un navire, partiellement ou entièrement caché par la courbure de la terre, paraîtra renversé au-dessus de l'horizon lorsque les rayons lumineux seront d'abord réfractés en s'éloignant de la perpendiculaire jusqu'à ce que l'angle limite soit atteint, à la couche d; alors on a bien la réflexion totale pour laquelle une inclinaison

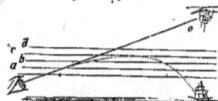

Fig. 2. — Mirage sur l'eau.

verse le bas est donnée au rayon lumineux, de sorte que l'objet apparaît dans la direction e. Le mirage simple, où l'on voit l'objet droit, se produit lorsque les rayons lumineux partis de cet objet atteignent l'œil avant que la réflexion totale ait lieu, ou avant que l'angle limite soit atteint. Lorsque l'objet se voit à la fois renversé et droit, on peut expliquer ce cas par les exemples déjà donnés.

MIRAMAR, château de l'empire d'Autriche, province du Littoral, près de l'Adriatique; célèbre comme ayant été la résidence de Maximilien d'Autriche. (Voy. MAXIMILIEN.)

MIRAMBEAU, ch.-l. de cant., arr. et à 14 kil. S.-O. de Jonzac (Charente-Inférieure); 2,260 hab. Commerce considérable de chevaux, mulets, bestiaux, grains, etc.

MIRAMICHI, baie et fleuve de la côte orientale du Nouveau-Brunswick. La baie a environ 49 kil. de long et 10 kil. de large à son entrée. Le fleuve est formé par la réunion de deux branches, à 80 kil. de la mer, et est navigable sur une longueur de 60 kil. Un banc de sable obstrue son embouchure.

MIRAMION (Marie BONNEAU, dame de), née à Paris en 1626, morte en 1696; elle épousa, en 1645 un conseiller au parlement et ne s'occupa que d'œuvres de bienfaisance. Elle fonda, à Paris, deux maisons de refuge pour les femmes dissolues, et institua, en 1665, une communauté de religieuses appelées Dames Miramiennes, du nom de leur fondatrice, chargées spécialement du soin des malades et de l'instruction des jeunes filles. Cette communauté, établie sur le quai des Miramiones, auj. quai de la Tournelle, fut supprimée en 1791.

* **MIRAMOLIN** s. m. (corrupt. des mots arabes emir al moumenim, prince des fidèles). Nom par lequel les écrivains du moyen âge désignent le calife des Arabes.

MIRAMON (Miguel) [mi-ra-monn'], officier mexicain, d'origine française, né en 1832, mort le 19 juin 1867. Pendant qu'il était encore à l'école militaire, en 1847, il servit contre les Américains, et fut blessé et pris. Il entra dans l'armée en 1852, et se distingua contre Alvarez à Temajalco (1855). Ce dernier étant devenu président, l'envoya, au mois de décembre, comme commandant en second, contre les rebelles de Zacapoaxatla; mais il passa de leur côté, s'empara de Puebla sans coup férir, et la défendit vaillamment pendant le siège de mars 1856. Plus tard il combattit Comonfort, et défendit de nouveau Puebla pendant 43 jours contre 10,000 assiégeants. Il s'échappa au moment de la capitulation, s'engagea dans une guerre de guerilla, fut pris, se sauva, et, en janvier 1858, après une lutte heureuse dans les rues de Mexico, amena la retraite de Comonfort et l'avènement de Zuloaga. Il fut fait brigadier général, et devint le principal chef des réactionnaires cléricaux dans les trois années de la « guerre de réforme ». En mars 1858, il gagna la bataille de Salamanca, qui amena la fuite de Juarez et la reddition des villes les plus considérables entre les mains des conservateurs. Après avoir remporté les grandes victoires d'Ahualulco et d'Atequiza, il fut élu président (2 janv. 1859). Il refusa cette charge, et rétablit Zuloaga qui se retira au

bout de quelques jours en le nommant président par intérim Il assiégea alors inutilement Vera-Cruz, retraite de Juarez (5-21 mars 1859); mais ayant défait Degollado à la bataille de Tacubaya (10 août 1860), Miramon se rendit odieux en ordonnant l'exécution des prisonniers, même non combattants. Après la victoire décisive de ses adversaires à Calpulalpam (22 déc. 1860), ceux-ci entrèrent dans la capitale, et il s'enfuit du pays. Ses promesses mensongères excitèrent les Espagnols et les Français à attaquer le Mexique. Sous Maximilien, il fut nominalement employé comme diplomate à l'étranger; mais il revint au Mexique à la fin de 1866, et, avec Marquez et Mejia, entreprit la campagne désespérée de Queretaro. Il fut pris le 15 mai 1867, et fusillé avec Maximilien et Mejia.

MIRANDA (Francisco) [mi-rann'-da], révolutionnaire de Venezuela, né vers 1754, mort en 1816. Il entra de bonne heure dans l'armée espagnole. Il était au service français dans la guerre révolutionnaire américaine de 1779-'81 et en 1783, il alla dans l'Amérique du Sud avec des plans pour l'affranchissement des colonies espagnoles. Mais ses projets furent découverts, et il s'enfuit en Europe, où il voyagea beaucoup, presque toujours à pied. Il était de nouveau au service de la France comme général de division en 1792-'93; mais il donna ombrage aux révolutionnaires et il se réfugia en Angleterre. En 1806, il organisa une expédition aux Etats-Unis et retourna dans l'Amérique du Sud, avec l'idée de fonder une république à Caracas; mais il échoua. Vers la fin de 1810, il y retourna encore et s'y maintint à la tête d'une armée d'insurgés; mais en 1812, Bolivar le livra aux Espagnols, qui l'emmenèrent à Cadix où ils le retinrent en prison jusqu'à sa mort.

MIRANDE, ch.-l. d'arr., à 22 kil. S.-O. d'Auch (Gers), sur la rive gauche de la Blaise; par 43° 30' 58'' lat. N. et 1° 56' 3'' long. O; 4,500 hab. Tanneries, coutellerie; commerce de vins et eaux-de-vie. Bâtie en 1289 par Centule, comte d'Astarac, Mirande fut jadis une ville fortifiée.

MIRANDOLA (Giovanni Pico DELLA). Voy. PIC DE LA MIRANDOLE.

MIRANDOLE (La) (ital. Mirandola), ville à 28 kil. N.-E. de Modène (Italie); 13,000 hab. Ancien duché qui appartint à la famille Pico ou Pic. La Mirandole fut prise par Jules II en 1511 et démantelée en 1746. — Pic de la Mirandole. (Voy. PIC.)

MIRBANE s. f. Chim. Essence que l'on produit en faisant agir l'acide azotique sur la benzine et qui a une odeur d'amande amère qui la fait utiliser dans la parfumerie.

MIRBEL (Charles-François BRISSEAU DE), naturaliste français, né en 1776, mort en 1854. Il fut, de 1803 à 1806, surintendant des jardins et serres de la Malmaison; et ensuite, à Paris, professeur adjoint de botanique et de physiologie végétale, et professeur de culture. Ses ouvrages comprennent: Eléments de physiologie végétale et de botanique (1815, 3 vol.), et 5 des 18 vol. consacrés à l'histoire des plantes dans le cours d'histoire naturelle de Sonnini. — Sa seconde femme, Lizinska-Aimée-Zoé RUE, née en 1796, morte en 1849, était un peintre de portraits en miniature très renommé.

MIRDITES ou **Miridites**. Voy. ALBANIE.

* **MIRE** s. f. (rad. mirer). Espèce de bouton placé vers le bout d'un fusil, d'un canon, et qui sert à mirer: la mire d'un canon, d'un fusil. — CE CANONNIER PREND SA MIRE, il pointe le canon, et prend sa visée pour faire que le coup porte où il veut. — POINT DE MIRE, l'endroit où l'on veut que le coup porte. — POINT DE MIRE, but auquel on tend: cette dignité est le point de mire de beaucoup d'ambitieux. — COINS DE MIRE,

morceaux de bois qui servent à hausser ou à baisser un canon, un mortier.

* **MIRÉ** adj. m. Chasse. N'est usité que dans cette locution, SANGLIER MIRÉ, vieux sanglier dont les défenses sont recourbées en dedans.

MIREBALAIS, AISE s. et adj. Habitant de Mirebeau; qui appartient à Mirebeau ou à ses habitants.

MIREBALAIS (Le), petit pays de l'ancien Poitou, dont la ville principale était Mirebeau.

MIREBEAU, Mirabellum, ch.-l. de cant., arr. et à 28 kil. N.-O. de Poitiers (Vienne); 2,750 hab. Ancienne capitale du Mirebalais. Arthur de Bretagne y fut battu et fait prisonnier par Jean sans Terre. (Voy. ce mot.)

MIREBEAU-SUR-BÈZE, ch.-l. de cant., arr. et à 22 kil. N.-E. de Dijon (Côte-d'Or); 1,250 hab. Poterie, chapellerie, serges, droguets.

MIRECOURT, Mercurii Curtis, ch.-l. d'arr., à 29 kil. N.-O. d'Epinal (Vosges), sur le Madon; par 48° 48' 7'' lat. N. et 3° 47' 55'' long. E.; 5,600 hab. Importantes fabriques d'instruments de musique (violons, guitares, orgues de Barbarie, etc.); dentelles, passementerie, brasseries, tanneries.

MIREILLE, provenç. Mireio, fameux poème provençal de Frédéric Mistral (1859, in-8°); Mireille fut mise en opéra par Michel Carré, avec musique de Gounod (cinq actes, Théâtre-Lyrique, 19 mars 1864).

MIREPOIX s. m. Cuis. Jus fait avec plusieurs sortes de viandes et divers assaisonnements.

MIREPOIX, Mirapicium, ch.-l. de cant., arr. et à 24 kil. N.-E. de Pamiers (Ariège), sur le grand Lhers; 4,050 hab. Fabriques de draps, filature hydraulique; commerce de volailles, bestiaux, céréales. Cette ville fut prise par les Albigeois sur les Croisés en 1209.

* **MIRER** v. a. (lat. mirari, admirer). Viser, regarder avec attention l'endroit où l'on veut que porte le coup d'une arme à feu, d'une arbalète, etc.: mirer le but. S'emploie aussi absol.: après avoir bien miré, il n'approcha pas seulement du but. — MIRER DES ŒUFS, les regarder, en les plaçant entre son œil et le jour, pour s'assurer qu'ils sont frais. — MIRER UNE PLACE, UN EMPLOI, y aspirer, y viser. — Se mirer v. pr. Se regarder dans un miroir ou dans quelque autre chose qui renvoie l'image des objets qu'on lui présente: se mirer dans l'eau. — ON SE MIRERAIT DANS CE PARQUET, il est fort uni et fort luisant. — ON SE MIRE DANS CETTE VAISSELLE, elle est très nette et très claire. — SE MIRER DANS SON OUVRAGE, regarder son ouvrage avec complaisance. — SE MIRER DANS SES PLUMES, paraître une grande complaisance pour sa beauté et pour sa parure.

MIRÈS (Jules-Isaac) [mi-rèss], spéculateur français, d'origine juive, né en 1809, mort en 1871. En 1848 il acheta, avec Moïse Millaud, le Journal des Chemins de fer, et plus tard il eut un intérêt dans le Constitutionnel et dans différents autres journaux. Ils fondèrent ensuite la banque des chemins de fer, où ils gagnèrent plusieurs millions, et dont Mirès resta le seul directeur en 1853. En février 1861, il fut arrêté pour malversation, et condamné à cinq ans d'emprisonnement et à une amende de 3,000 fr. Le jugement fut une première fois cassé, puis définitivement confirmé. Après sa libération, en 1866, il reprit quelque influence. En 1870, il fut condamné à l'amende et à 6 mois de prison pour avoir attaqué ses anciens juges dans un pamphlet intitulé: Un Crime judiciaire.

MIRIAM [mi-riamm], prophétesse hébraïque, sœur de Moïse. Elle veillait sur le petit enfant Moïse quand il fut trouvé par la fille de Pharaon; et elle appela sa mère Jochabed pour en prendre soin auprès de la princesse. Après le passage de la mer Rouge, elle se mit à la tête de la procession triomphale des femmes, et dirigea leur chant de victoire. Pour avoir blâmé Moïse d'avoir épousé une femme éthiopienne, elle fut frappée de la lèpre. Son nom est la forme hébraïque de Marie.

* **MIRIFIQUE** adj. (lat. *mirificus; de mirum,* chose admirable ; *facere,* faire). Mot de la vieille langue qui signifie, admirable, merveilleux et qui ne s'emploie plus que par ironie et familièrement.

* **MIRIFLORE** s. m. (de *mirer* et de *fleur*). Jeune homme qui fait l'agréable, le merveilleux. Ce mot fut surtout employé vers 1820.

MIRLIROT s. m. Usité autrefois dans cette locution, EN DIRE DU MIRLIROT, ne pas s'en souvenir, s'en moquer.

* **MIRLITON** s. m. Espèce de flûte très simple, formée d'un roseau bouché par les deux bouts avec une pelure d'oignon ou avec un morceau de baudruche : *les enfants jouent du mirliton.*

* **MIRMIDON** s. m. Voy. MYRMIDON.

MIRMILLON ou **Myrmillon** s. m. [*ll ml!*](lat. *mirmillo*). Antiq. rom. Nom donné aux gladiateurs armés à la gauloise et qui, souvent, étaient Gaulois eux-mêmes.

MIROBOLANT, ANTE adj. Qui est merveilleux, étonnant. (Pop.) On écrit aussi MYROBOLANT.

* **MIROIR** s. m. (rad. *mirer*). Glace de verre ou de cristal, qui, étant enduite par derrière avec une feuille d'étain ou du mercure, réfléchit l'image des objets qu'on lui présente : *grand miroir; miroir de toilette, de poche.* — Tout corps poli qui, ne donnant point passage à la lumière, la réfléchit et renvoie l'image des objets : *ce ruisseau, cette rivière lui offrait le miroir de ses eaux.* — Fig. Ce qui représente une chose et la met en quelque sorte devant nos yeux : *le théâtre, la comédie est un miroir où nous nous voyons souvent sans nous reconnaître.* — MIROIR ARDENT, sorte de miroir, soit de verre, soit de métal, qui, étant exposé au soleil, en rassemble tellement les rayons dans un point appelé le foyer, qu'il brûle, presque en un moment, ce qui lui est présenté. (Voy. ARCHIMÈDE.) Des expériences sur les miroirs ardents ont été faites par Tschirnhausen en 1680, par Buffon en 1747, et par d'autres savants qui se servirent du miroir ardent de Parker (1800). — Catoptr. MIROIR CONVEXE, CONCAVE, PRISMATIQUE, PYRAMIDAL, PARABOLIQUE, CYLINDRIQUE, CONIQUE; MIROIR A FACETTES, etc., miroir dont les formes diverses sont indiquées par leurs noms mêmes, et qui altèrent différemment la figure apparente des objets. — ŒUFS AU MIROIR, œufs qu'on fait cuire sur un plat enduit de beurre, sans les brouiller, et qu'on nomme aussi ŒUFS SUR LE PLAT. — Chasse. Instrument monté sur un pivot et garni de petits morceaux de miroir, qui tourne au moyen d'un ressort, et qu'on expose au soleil, pour attirer par son éclat des alouettes et d'autres petits oiseaux : *prendre ou tirer des alouettes au miroir.* — Mar. Cadre ou cartouche de menuiserie, placée à l'arrière du vaisseau, et chargé des armes du souverain, quelquefois aussi de la figure qui donne son nom au vaisseau. Il est vieux en ce sens ; on dit aujourd'hui, TABLEAU. — Eaux et Forêts. Glace entaillée sur le tronc d'un arbre, et marquée avec le marteau. — ENCYCL. On appelle miroir une surface de verre ou de toute autre matière brillante qui réfléchit les rayons lumineux dont elle est frappée. Les miroirs des Égyptiens étaient d'un alliage métallique, où le cuivre entrait pour la plus grand part, soigneusement travaillé et parfaitement poli. La fabrication des miroirs métalliques paraît avoir eu une grande importance à Brundusium. Pline fait honneur à Pasitèles, natif de l'Italie méridionale et contemporain

de Pompée, de l'introduction des miroirs d'argent. A l'époque des premiers empereurs, ces miroirs devinrent très communs chez les Romains, et leur fabrication constitua une des industries importantes de Rome. L'obsidienne et d'autres pierres servirent aussi de miroirs; on les enchâssait dans les murailles en manière de panneaux. Les Aztèques employaient une pierre analogue, qu'ils appelaient *itztli,* et que les Espagnols nommaient *gallinazo.* On ne fait nettement mention de miroirs de verre qu'au XIIᵉ siècle, où on les fabriquait en versant du plomb fondu sur des plaques de verre encore chaud. Au XIVᵉ siècle, ils étaient très rares en France, tandis que les miroirs métalliques étaient d'un usage commun. Le revêtement du verre avec un amalgame d'étain et de mercure fut pratiqué par les Vénitiens au XVIᵉ siècle. Le grand perfectionnement moderne consiste à se servir de plaques de verre de dimensions considérables; car le procédé d'étamage ne diffère pas essentiellement de celui qu'on employait autrefois. Voici la méthode actuelle : une grande table de pierre, bien polie, est arrangée de manière à être facilement renversée d'un côté au moyen d'une vis. Autour de cette table est une rigole, dans laquelle le mercure peut couler et s'égoutter aux coins, dans des vases. La table est d'abord placée dans une position parfaitement horizontale, et la feuille d'étain est soigneusement étendue dessus. Une bande de verre est appliquée le long de trois des côtés de la feuille pour empêcher le mercure de s'écouler. On verse alors, avec une grande cuiller, le métal sur la feuille jusqu'à ce qu'il ait près du quart de pouce d'épaisseur. La plaque de verre, nettoyée avec un soin spécial, est alors adroitement glissée par le côté laissé libre, et, à mesure qu'elle avance, baignée par le mercure, de façon que nul air ni impuretés d'aucune sorte ne puissent pénétrer entre le métal et le verre. Une fois en place, elle y est maintenue jusqu'à ce qu'un des côtés de la table ait été soulevé de 10° à 12°, et que le mercure superflu se soit écoulé. On charge la glace de poids pesants, et on la laisse ainsi plusieurs heures pour amener l'adhérence de l'amalgame. Ce procédé n'est pas sans sérieuses difficultés. La santé des ouvriers est gravement affectée par les émanations du mercure; les glaces peuvent être brisées par les poids, et la couche d'amalgame est souvent manquée. On a imaginé un grand nombre de méthodes d'argenture pour obvier à ces inconvénients. En 1855, Tony Petitjean prit un brevet en Angleterre pour une méthode de précipiter l'argent, l'or ou le platine sur le verre, de manière à lui en faire un revêtement, à l'aide de deux solutions, dont l'effet, lorsqu'elles sont mélangées sur le verre, est de se décomposer l'une et l'autre. En 1849, M. Drayton a fait connaître une méthode analogue, perfectionnement d'un système pour lequel il avait pris un brevet en 1843. Liébig a inventé un moyen de revêtir le verre d'argent et étendue, on le recouvre d'une couche de cuivre précipitée sur le courant galvanique ou on la protège par un vernis. L'ancienne méthode par amalgame est encore préférée à toutes les inventions récentes, à cause de la blancheur, du brillant et de la durabilité supérieures de l'étamage ainsi obtenu.

* **MIROITANT, ANTE** adj. Qui miroite : *une surface miroitante.*

* **MIROITÉ, ÉE** adj. Se dit d'un cheval dont le poil véritablement bai présente des marques plus brunes ou plus claires qui rendent sa croupe en quelque façon pommelée, et qui la différencient en partie du fond de la robe : *cheval bai miroité.* On dit aussi, BAI A MIROIR.

* **MIROITEMENT** s. m. Eclat, reflets que certaines surfaces polies jettent en réfléchis-

sant la lumière comme un miroir : *le miroitement d'un tableau.*

* **MIROITER** v. n. Jeter des reflets : *les flots légèrement agités miroitaient au soleil.*

* **MIROITERIE** s. f. Commerce de miroirs.

* **MIROITIER** s. m. Marchand qui fait, répare et vend des miroirs.

MIROMÉNIL ou **Miromesnil** (ARMAND-THOMAS Hue de), né en 1723, mort en 1796. En 1755, il devint président au parlement de Rouen et, en 1774, grâce à l'appui du comte de Maurepas, il fut nommé garde des sceaux. Il resta dans les conseils du roi jusqu'en 1787, époque où il partagea la disgrâce de Calonne; il rentra alors dans la vie privée.

MIRON, nom d'une illustre famille de magistrats et de médecins dont les plus connus sont : I. (Gabriel), mort en 1490. Il fut le premier médecin de Charles VIII. — II. (Gabriel), neveu du précédent, chancelier d'Anne de Bretagne et auteur d'un livre intitulé : *De regimine infantium, tractatus tres* (Tours, 1544, in-fol.). — III. (François), médecin de Charles IX et de Henri III. Il écrivit une *Relation curieuse de la mort du duc de Guise et du cardinal, son frère.* — IV. (Robert), frère du précédent, mort en 1641. Il présida les états généraux en 1614, fut ambassadeur en Suisse et intendant des finances en Languedoc.

* **MIROTON** s. m. Cuis. Mets composé de tranches de bœuf déjà cuites, qu'on assaisonne de différentes manières.

MIRZA s. m. Prince, chez les Persans.

MIRZAPORE ou **Mirzapour,** ville de l'Inde anglaise, sur le Gange, à 80 kil. d'Allahabad; 67,000 hab. C'est la capitale d'un district contenant plus de 800,000 hab., et le grand marché de coton de la province. Renommée pour ses manufactures de tapis et de coton.

* **MIS, ISE** part. passé de METTRE. — BIEN MIS, MAL MIS, bien vêtu, mal vêtu.

* **MISAINE** s. f. (mi-zè-ne) (ital. *mezzana*; de *mezzo,* milieu). Mar. Mât d'avant, mât qui est près du mât de beaupré; objets qui en dépendent : *le mât de misaine; la voile de misaine,* ou simplement, *la misaine.*

* **MISANTHROPE** s. m. (gr. *misô,* je hais; *anthrôpos,* homme). Celui qui hait les hommes : *Timon d'Athènes était un véritable misanthrope.* — Particul. Homme bourru, chagrin, ennemi du commerce des autres hommes : *c'est un misanthrope, un vrai misanthrope.* — Adj. Esprit misanthrope. — Le Misanthrope, haute comédie, en 5 actes et en vers, de Molière; le chef-d'œuvre de la scène comique et de bon ton, représentée au Palais-Royal le 4 juin 1666. C'est une spirituelle protestation d'un honnête homme contre les vices de la société. Molière y remplissait le rôle d'Alceste. La pièce fut retirée après la troisième représentation; deux mois plus tard, elle obtint un grand succès. Un gazetier contemporain disait :

Après son *Misanthrope,* il ne faut plus voir rien ;
C'est un chef-d'œuvre inimitable.

* **MISANTHROPIE** s. f. Haine des hommes, et, plus particulièrement, caractère d'un homme bourru, chagrin, ennemi du commerce des autres hommes : *sa misanthropie le porte à désapprouver tout ce que l'on fait.*

* **MISANTHROPIQUE** adj. Qui naît de la misanthropie, qui en a le caractère : *réflexion misanthropique.*

* **MISCELLANÉES** s. m. pl. [miss-sél-la-né] (lat. *miscellaneus;* de *miscere,* mêler). Recueil de différents ouvrages de science, de littérature, qui n'ont quelquefois aucun rapport entre eux : *cet auteur a donné d'excellents miscellanées.* On dit plus ordinairement, MISCELLANEA ou MÉLANGES.

* **MISCHNA** s. f. [mich-na] (bas hébr. *étude*). Recueil des traditions rabbiniques depuis Moïse : *la Mischna a servi de fondement au Talmud et en forme la première partie*. — La Mischna fut arrangée systématiquement pour la première fois par le rabbin Judah le Saint et par son école, au II° ou III° siècle. Elle est en hébreu, et divisée en six parties principales et en 63 traités. Surenhuis a traduit la Mischna en latin (1668-'73); il y a aussi des traductions allemandes. De Sola et Raphall ont publié une traduction anglaise des 18 traités (1843) et Geiger a donné un travail intitulé : *Lehr-und Lesebuh zur Sprache der Mischna* (1845). (Voy. TALMUD.)

MISCHNIQUE adj. Qui concerne la Mischna.

* **MISCIBILITÉ** s. f. [miss-si-] (lat. *miscere*, mélanger). Didact. Qualité de ce qui peut se mêler, s'allier : *la miscibilité des métaux*.

* **MISCIBLE** adj. [miss-si-ble] adj. Didact. Qui a la propriété de se mêler avec quelque chose : *l'huile n'est point miscible avec l'eau*.

* **MISE** s. f. [mi-ze] (rad. *mettre*). Ce qu'on met, soit dans une société de commerce, soit au jeu : *sa mise dans cette affaire est de cent cinquante mille francs*. — Enchère : *la dernière mise est à tant*. — Emploi de l'argent qu'on a reçu, qu'on a dépensé, et état que l'on en dresse dans un compte : *la mise excède la recette*. — Et est vieux dans cette acception. — Débit, cours de la monnaie. En ce sens, on ne l'emploie guère que dans les locutions suivantes : *monnaie, argent de mise*. — CES ESPÈCES-LÀ NE SONT PLUS DE MISE, n'ont plus de cours, ne sont plus de débit. — CET HOMME EST DE MISE, il est fait pour la bonne compagnie, on peut le présenter partout. — CETTE RAISON, CETTE EXCUSE N'EST PAS DE MISE, cette raison n'est pas valable, cette excuse n'est pas recevable. CETTE ÉTOFFE N'EST PAS DE MISE, N'EST PLUS DE MISE, elle n'est plus de mode ; ou bien, la saison de la porter est passée. — Manière de se mettre, de se vêtir : *avoir une mise décente, négligée, élégante*. — Adm. MISE EN DISPONIBILITÉ, suspension temporaire de fonctions accordée ou imposée à un officier, à un employé civil. On dit de même, MISE A LA RETRAITE. — MISE A PIED, même sens. — MISE EN ÉTAT DE SIÈGE, déclaration qui place un pays ou une ville, en cas de danger, sous un régime exceptionnel, jugé nécessaire à la défense ou à la sûreté publique. — Jurispr. MISE EN POSSESSION, formalité juridique par laquelle ou est mis en possession d'un bien. — MISE EN ACCUSATION, EN JUGEMENT, décision par laquelle on met un prévenu en accusation, un accusé en jugement. — MISE EN CAUSE, action d'appeler une personne dans un procès. — MISE EN DÉLIBÉRÉ, jugement qui ordonne un délibéré. — MISE EN DEMEURE, interpellation faite à un débiteur pour qu'il ait à remplir ses obligations, et, d'une façon plus générale, sommation faite à quelqu'un d'exécuter ce qu'il a promis, de s'expliquer, etc. (Voy. DEMEURE.) — MISE EN LIBERTÉ, décision par laquelle le prévenu ou l'accusé est mis en liberté. — MISE EN SCÈNE, préparatifs, soins qu'exige la représentation d'une pièce de théâtre : *la mise en scène de cette pièce a coûté beaucoup d'argent*. — MISE EN VENTE, action de mettre quelque chose en vente : *depuis la mise en vente de cet ouvrage, on en a déjà débité mille exemplaires*. — MISE A PRIX, déclaration du prix que l'on indique comme point de départ d'une enchère. — Comm. MISE HORS, argent déboursé, avancé pour les frais d'une entreprise : *sa mise hors ne sera couverte que lorsque sa manufacture sera en activité*. — MISE EN ŒUVRE, action de mettre en œuvre une matière quelconque : *il était aisé de rassembler les matériaux, c'est la mise en œuvre qui était difficile*. — Typogr. MISE EN PAGES, action de rassembler les paquets de composi-

tion pour en faire des pages et des feuilles : *il est chargé de la mise en pages*. On appelle, dans le même art, MISE EN TRAIN, l'action de tout disposer pour le tirage d'une forme.

MISE-BAS s. f. Action d'une femelle qui met bas. — pl. *Des mises-bas*.

MISÈNE (Cap) (lat. *Misenus*; ital. *Miseno*). Cap d'Italie, à 6 kil. S.-S.-O. de Pouzzoles.

MISER v. a. Déposer une mise, un enjeu.

MISÉRABILITÉ s. f. Caractère de ce qui est misérable.

* **MISÉRABLE** adj. (rad. *miser*). Malheureux qui est dans la misère, dans la souffrance : *cet homme, cette famille est bien misérable*. — FAIRE UNE FIN MISÉRABLE, mourir dans la misère, ou périr d'une manière très fâcheuse. — Méchant : *il faut être bien misérable pour faire une telle action*. — Qui est fort mauvais dans son genre : *toutes les raisons qu'il allègue sont misérables*. — S'emploie aussi comme un terme de mépris : *se tourmenter pour de misérables honneurs*. — s. Celui qui est dans la misère : *assister, secourir les misérables*.

> Il ne se faut jamais moquer des misérables.
> LA FONTAINE.

— Par injure. C'EST UN MISÉRABLE, CE N'EST QU'UN MISÉRABLE, c'est un homme de néant, ou c'est un très malhonnête homme.

> Prennent-ils donc plaisir à faire des coupables,
> Afin d'en faire après d'illustres misérables?
> J. RACINE, *La Thébaïde*, acte III, sc. II.

Dans ce dernier sens, on dit quelquefois, C'EST UN GRAND MISÉRABLE. — On dit aussi d'un enfant, d'un jeune homme vicieux, C'EST UN PETIT MISÉRABLE; et d'une femme décriée pour sa mauvaise conduite, C'EST UNE MISÉRABLE.

* **MISÉRABLEMENT** adv. D'une manière misérable : *vivre misérablement*.

* **MISÈRE** s. f. (lat. *miser*, malheureux). État malheureux, condition malheureuse, extrême indigence, privation des choses nécessaires à la vie : *grande, profonde misère*. — Sert particul. à exprimer, la faiblesse et le néant de l'homme : *ce qui nous paraît de plus grand dans le monde n'est que misère et que vanité*. — Peine, difficulté, gêne : *c'est une misère que d'avoir affaire à lui*.

> Ma fille, AVEZ-VOUS au l'excès de nos misères?
> J. Racine, *La Thébaïde*, acte I°, sc. II.

— COLLIER DE MISÈRE, travail pénible, qu'on ne peut interrompre que pour le toucher bientôt : *le voilà nommé à un emploi bien assujettissant, il va prendre le collier de misère*. — LA MISÈRE DU TEMPS, des affaires, le mauvais état des affaires : *il ne vend rien, c'est la misère du temps qui en est la cause*. — Bagatelle, chose de peu d'importance et de valeur : *ne vous inquiétez pas de cela, c'est une misère, ce n'est qu'une misère*. — Jeu. GRANDE MISÈRE, coup que l'on gagne au boston en ne faisant pas une seule levée. — PETITE MISÈRE, coup que l'on gagne en ne faisant qu'une seule levée. MISÈRE DES QUATRE AS, coup que l'on peut jouer seulement lorsqu'on a les quatre as et dans lequel on ne doit pas faire de levée. — Chir. LIT DE MISÈRE, lit spécial, sur lequel on place un malade que l'on va opérer. — Pop. COLLIER DE MISÈRE, travail constant et ennuyeux. — FAIRE DES MISÈRES, taquiner.

* **MISÉRÉRÉ** s. m. [-zé-]. Liturg. cathol. Le psaume cinquantième, qui commence en latin par ces mots, *Miserere mei, Deus* (Ayez pitié de moi, Seigneur) : *dire un miséréré, le miséréré*. Plusieurs compositeurs éminents ont mis le miséréré en musique. — Sorte de colique très violente et très dangereuse, dans laquelle on rend les excréments par la bouche : *une colique de miséréré*. (Voy. ILÉUS.)

* **MISÉRICORDE** s. f. (lat. *misericordia*; de *misereri*, avoir pitié; *cor*, *cordis*, cœur). Vertu qui porte à avoir compassion des misères

d'autrui, et à les soulager : *pratiquer, exercer la miséricorde, les œuvres de miséricorde*. — ANCRE DE MISÉRICORDE, la maîtresse ancre, celle que l'on jette dans les cas de grands dangers. — Grâce, pardon accordé à ceux qu'on pourrait punir : *demander miséricorde; il ne mérite point de miséricorde*. — LA MISÉRICORDE DE DIEU, LA MISÉRICORDE DIVINE, bonté par laquelle Dieu fait grâce aux hommes, aux pécheurs. On dit de même : *c'est une grande miséricorde que Dieu nous a faite*.

> Ci-gît, au bas de cette église,
> Un conseiller en robe grise;
> Quand il fut proche de sa fin,
> Il prit l'habit de capucin :
> Il n'eo mérita que le corde.
> Dieu lui fasse miséricorde!

— PRÉFÉRER MISÉRICORDE A JUSTICE, formule usitée dans les lettres de rémission, et dans celles d'abolition. — A TOUT PÉCHÉ MISÉRICORDE, signifie tantôt, il faut avoir de l'indulgence; tantôt, espérez votre pardon. — ÊTRE A LA MISÉRICORDE DE QUELQU'UN, dépendre absolument de la pitié de quelqu'un, dans une circonstance où l'on a besoin qu'il fasse grâce. — SE REMETTRE, S'ABANDONNER A LA MISÉRICORDE DE QUELQU'UN, se remettre, s'abandonner à sa merci, à sa discrétion. — Se dit quelquefois, par exclamation, et pour marquer une extrême surprise : *miséricorde! il va se tuer, s'il fait cela*. On crie, A L'AIDE, MISÉRICORDE! quand on est battu, outragé, ou qu'on demande du secours. — Fam. CRIER MISÉRICORDE, se dit de quelqu'un qui souffre de violentes douleurs, et qui pousse de grands cris. Petite saillie de bois attachée sous le siège d'une stalle, et sur laquelle on peut être en quelque manière assis, lorsque le siège est levé : *s'asseoir sur la miséricorde*.

* **MISÉRICORDIEUSEMENT** adv. Avec miséricorde : *Dieu reçoit miséricordieusement les pécheurs qui reviennent à lui*.

* **MISÉRICORDIEUX, EUSE** adj. Qui a de la miséricorde, qui est enclin à la miséricorde : *Dieu est miséricordieux envers les pécheurs*. — On l'emploie quelquefois substantiv : *l'Évangile dit : bienheureux sont les miséricordieux, car ils obtiendront miséricorde*.

MISKOLCZ [mich'-koltsa], ville de Hongrie, capitale du comté de Borsod, à 140 kil. N.-E. de Pesth ; 22,000 hab., pour la plupart Magyars. Grand commerce de vin.

MISNIA. Voy. MEISSEN.

MISOGYNE adj. (gr. *misô*, je hais; *guné*, femme). Qui hait la femme. — s. m. Homme qui hait les femmes.

MISON s. m. Boisson chinoise que l'on obtient en faisant bouillir des choux salés et fermentés.

MISOPOGON (Le), pamphlet de l'empereur Julien en réponse aux attaques des chrétiens d'Antioche (362 ap. J.-C.).

MISOUR s. m. [-zour]. Se dit dans les ports de la Méditerranée du vent du sud.

MISPICKEL s. m. Minér. Fer natif sulfuré contenant de l'arsenic.

MISRAÏM, l'un des fils de Cham, qui alla habiter l'Égypte. — RIT DE MISRAÏM, rit maçonnique, créé vers 1802 par Le Changeur, et qui est composé de 90 degrés ou grades.

* **MISS** s. f. [miss]. Nom que l'on donne, en Angleterre, aux femmes tant qu'elles ne sont pas mariées.

* **MISSEL** s. m. [mi-sèl] (lat. *missale*; de *missa*, messe). Liturg. cathol. Livre qui contient les prières, le canon et les cérémonies de la messe : *missel à l'usage du diocèse de Paris*. — Le missel romain comprend trois parties principales : 1° le *Proprium Missarum de Tempore*, qui contient les formulaires des messes du dimanche; 2° le *Proprium Missarum de Sanctis*, qui contient les formulaires

spéciaux de la messe pour les fêtes de plusieurs saints ; 3° le *Commune Sanctorum*, qui contient les formulaires généraux pour les différentes catégories de saints, tels que apôtres, martyrs, confesseurs, etc. L'*Ordo Missæ* contient la partie invariable de la messe. — Le *Missel romain* fut compilé par le pape Gélase I⁰⁰ (492-496) et revu par Grégoire I⁰⁰ (590-604). Plusieurs missels furent en usage jusqu'à ce que le concile de Trente (1545-'63) adoptât celui qui sert aujourd'hui.

MISSI DOMINICI (lat. *Envoyés du maître*). (Voy. CHARLEMAGNE.)

MISSIESSY (Edouard-Thomas, BURGUES, *comte de*), marin, né à Toulon le 23 avril 1756, mort dans la même ville le 24 mars 1837. Il appartenait à une famille de marins distingués. Entré jeune dans la carrière maritime, il fut nommé capitaine de vaisseau le 1⁰⁰ janvier 1792, contre-amiral en 1793, incarcéré pendant la Terreur. En mai 1804, l'empereur lui confia le commandement de l'escadre de Rochefort. Trompant la vigilance des ennemis, il parvint à partir pour les Antilles, le 11 janvier 1805, avec une division de cinq vaisseaux, trois frégates et deux bricks, portant 4,320 hommes de troupes destinées aux colonies. L'armée française se présenta le 22 février, devant la Dominique ; elle s'établit en face de la baie du Roseau. Les nègres mirent le feu en plusieurs endroits de la ville du Roseau, capitale de l'île. Missiessy s'empara en suite de Saint-Christophe, de Nièves, conduisit des renforts à l'armée de Saint-Domingue et rentra à Rochefort le 20 mai 1805. Napoléon, le disgracia. Le ministre Decrès, qui appréciait les talents de Missiessy, fit revenir l'empereur de ses préventions et le nomma vice-amiral en 1809.

MISSINNIPPI RIVER. Voy. CHURCHILL.

*MISSION s. f. (lat. *missio*; de *mittere* envoyer). Charge, pouvoir qu'on donne à quelqu'un d'aller faire quelque chose : *ce n'est pas de moi que vous devez attendre, que vous devez recevoir votre mission.* — S'emploie plus particulièrement en parlant des choses qui regardent la religion, la prédication de l'Evangile, et la discipline ecclésiastique : *il agit en vertu de la mission apostolique qu'il a reçue.* — PRÊCHER SANS MISSION, n'être pas autorisé à dire ou à faire ce qu'on dit ou ce qu'on fait. — Se dit, collectiv. des prêtres, séculiers ou réguliers, employés dans quelques pays, soit pour la conversion des infidèles, soit pour l'instruction des chrétiens : *on envoya une mission dans les Indes.* — Suite de prédications, de catéchismes et de conférences que les missionnaires font en quelque endroit, soit pour la conversion des infidèles, soit pour l'instruction des chrétiens : *la mission a duré deux mois.* — MISSIONS BOTTÉES, nom donné aux dragonnades. — PÈRES DE LA MISSION, congrégation de prêtres réguliers qui vivent en communauté sous un supérieur général, et dont l'institution a principalement pour objet la prédication dans les campagnes. On les appelle autrement LAZARISTES : *le supérieur général de la Mission.* (Voy. CONGRÉGATION.) — Maison où demeuraient les Pères de la Mission : *il est en retraite à la Mission.* — PRÊTRES DES MISSIONS ÉTRANGÈRES, prêtres séculiers qui vivent en communauté sous un supérieur général, et dont l'institution est d'aller prêcher l'Evangile dans les Indes. On appelle, à Paris, SÉMINAIRE DES MISSIONS ÉTRANGÈRES, ou simplement, MISSIONS ÉTRANGÈRES, la maison où ces prêtres demeurent : *il loge aux Missions étrangères.* — Missions étrangères. Relig. Efforts faits par ceux qui professent une foi religieuse pour propager leurs doctrines dans des pays attachés à d'autres croyances. Vers la fin du 1⁰⁰ siècle, les efforts des missionnaires de l'Eglise avaient créé de nombreuses et florissantes congrégations dans

l'Asie Mineure, la Grèce, l'Italie, les îles de la Méditerranée, l'Afrique septentrionale, l'Inde, et probablement plusieurs autres pays. Aux II⁰ et III⁰ siècles, les missionnaires eurent des succès dans certaines parties de l'Allemagne méridionale, de la Gaule, de l'Arabie et de l'Ethiopie. Au VI⁰ et au VII⁰ siècle, l'Irlande fut une pépinière de missionnaires pour la Grande-Bretagne et l'Europe continentale. Columban et ses compagnons évangélisèrent l'Ecosse, et leurs successeurs envoyèrent des missionnaires aux Hébrides, aux Orkneys et en Islande, tandis que Columban et ses compagnons fondaient des monastères et des écoles en Gaule, en Suisse, dans l'Allemagne septentrionale et en Lombardie. L'Angleterre de son côté, dès qu'elle eut été rendue à la foi par Augustin, envoya en Allemagne des missionnaires aux travaux desquels Boniface donna de l'unité. Après lui, Alcuin guida avec succès des missions chez les Saxons, chez les Frisons et chez les Huns. Lorsque eut lieu la séparation entre l'Eglise d'Orient et celle d'Occident, les progrès du christianisme dans l'est s'arrêtèrent, et une portion considérable du territoire fut envahi et occupé par les Mahométans. L'Eglise latine continua ses conquêtes spirituelles dans l'Europe septentrionale. Les royaumes scandinaves furent définitivement acquis l'un après l'autre dans les X⁰ et XI⁰ siècles. Cyrille et Méthode ouvrirent la voie du christianisme à la grande race slave, en prêchant les Khazars, les Bulgares et les Moraves. A partir de ce moment, on peut faire deux divisions de ce qui reste à dire sur ce sujet. — I. MISSIONS CATHOLIQUES ROMAINES. Un nouveau zèle pour les missions s'éveilla dans l'Eglise catholique romaine après la fondation des ordres mendiants, qui rivalisaient entre eux pour étendre les domaines de l'Eglise. Innocent IV en 1245 et saint Louis en 1248 envoyèrent des frères mendiants comme missionnaires chez les Mongols, et plusieurs évêques furent nommés pour la Chine. Vers la fin du XIV⁰ siècle, les Franciscains entretenaient une mission florissante dans le N. de la Perse, avec environ 10,000 adhérents. Au XV⁰ siècle, des missionnaires portugais, avec l'aide du bras séculier, christianisèrent nominalement Porto Santo et Madère (1418-'19), les Açores (1432-'57) et plusieurs districts le long de la côte africaine (1486-'97). Dans les Indes orientales, l'archevêché de Goa fut établi en 1520, sous l'influence des missionnaires franciscains. Au Mexique et dans l'Amérique centrale et méridionale, le XVI⁰ siècle acheva le triomphe des missions catholiques romaines, pour ce qui est, du moins, des possessions espagnoles et portugaises. L'établissement de l'ordre des Jésuites donna une impulsion extraordinaire aux travaux des missionnaires. Ils dirigèrent également leurs efforts vers la conversion des païens, des protestants et des chrétiens orientaux. Le long du Parana et de l'Uruguay, les missionnaires réunirent une population chrétienne indigène de 100 à 200,000 individus, leur enseignèrent l'agriculture et les amenèrent paisiblement pendant 80 ans. Ils atteignirent un résultat analogue dans les districts miniers du Pérou. En même temps, jésuites, franciscains et dominicains travaillaient à l'envi à civiliser les tribus sauvages établies sur les pentes orientales des Andes, le long des sources et des affluents de l'Amazone, et dans la Nouvelle-Grenade. Plus tard, les travaux des jésuites en Californie et au Nouveau-Mexique furent suivis d'un égal succès. Les Philippines devinrent pays catholique sous Philippe II d'Espagne, et, pendant un temps, le Japon promit au christianisme un nouveau triomphe, mais à la fin il fut étouffé dans le sang par les persécutions. En 1608, les Français commencèrent à envoyer des missionnaires dans l'Amérique du Nord, et fondèrent des établissements prospères parmi différentes

tribus indiennes. L'Abyssinie et d'autres parties de l'Afrique reçurent des missionnaires catholiques dans le courant des XVI⁰ et XVII⁰ siècles, mais sans succès permanent. Au XVIII⁰ siècle, les missions des Jésuites en Orient déclinèrent beaucoup. En Chine, une terrible persécution éclata et, entre 1722 et 1754, fit tomber le nombre des chrétiens de 800,000 à 100,000. Les missions portugaises de la côte occidentale d'Afrique étaient en complète décadence. Dans l'Amérique espagnole et portugaise, l'expulsion des jésuites arrêta presque entièrement les progrès des missions parmi les Indiens. La Révolution française diminua grandement le pouvoir et les ressources de l'Eglise catholique romaine ; et, comme conséquence, presque toutes les missions étrangères déclinèrent, quelques-unes mêmes furent abandonnées tout à fait. Depuis 1814, les opérations dans les divers champs des missions ont été repris avec un renouvellement de zèle ; le nombre des évêques et des prêtres missionnaires s'est considérablement augmenté, mais on n'a pas, jusqu'à présent, obtenu de succès bien extraordinaires. Dans la Chine proprement dite, dans la Corée et dans l'Inde, la population catholique s'est cependant notablement accrue. Le Japon, rouvert aux missionnaires catholiques par les traités de 1858, a été aussitôt occupé comme champ d'évangélisation. En 1868, une cruelle persécution y a éclaté contre les chrétiens indigènes, mais, en 1873, les représentants des puissances chrétiennes ont obtenu la promesse qu'elle cesserait. Les missions de Turquie, et plus particulièrement celles qui ont pour objectif les Eglises orientales, ont reçu, dans ces derniers temps, un grand développement, et un nombre considérable d'arméniens, de jacobites et de nestoriens sont rentrés en communion avec Rome. Dans l'Amérique du Nord, l'œuvre chez les Indiens a été reprise surtout par les Jésuites et les Oblats. Dans l'Amérique du Sud, les Jésuites ont essayé à plusieurs reprises de rentrer dans leurs anciens champs de missions. En Océanie, dans la Nouvelle-Zélande surtout, il s'est formé de nombreuses congrégations d'indigènes ; et, sous la protection des Français, la religion catholique romaine a également pris pied solidement à Tahiti et dans les îles de Hawaï. — L'Eglise catholique romaine a plusieurs institutions pour l'éducation spéciale des missionnaires ; les plus importantes sont la *Propagande*, à Rome ; des collèges disséminés çà et là en Italie et le séminaire des missions étrangères à Paris, fondé en 1663 par Bernard de Sainte-Thérèse. On entretient aussi, dans les missions mêmes, des séminaires pour l'éducation d'un clergé indigène. Un des plus grands est celui de Penang, dans l'Asie britannique. La première association générale pour soutenir les missions catholiques fut formée, en France, à Lyon, en 1822, sous le nom de « Société pour la propagation de la Foi ». Peu à peu elle s'est étendue dans presque tous les pays du monde. Elle a un important auxiliaire dans l' « Association de la Sainte-Enfance de Jésus », société enfantine de propagande, fondée à Paris en 1844. Les principaux centres des missions catholiques romaines dans les contrées païennes sont actuellement : la Chine, avec une population chrétienne indigène estimée à 700,000 ; Annam, avec 1,280,000 chrétiens, et l'Inde et Ceylan avec 447,000. En Polynésie, il y a sept vicariats apostoliques pour la population indigène. La Nouvelle-Zélande compte, dit-on, 5,000 catholiques romains indigènes, et les îles Hawaï encore plus. Le nombre des fidèles de cette Eglise augmente aussi constamment dans l'Amérique du Nord. (Pour les missions catholiques, voy. les *Annales de la propagation de la Foi*.) — II. MISSIONS PROTESTANTES — Tant que l'Eglise protestante lutta encore pour son existence, le temps n'était pas favorable pour inaugurer de grandes opérations de propagande. Gustave Vasa de Suède fonda, parmi les Lapons idolâtres, une mission qui fut énergiquement soutenue par ses successeurs, surtout par Charles IX. Beaucoup de princes allemands firent de grands efforts pour éveiller de l'intérêt en faveur des missions. Les Hollandais fondèrent des colonies dans les îles Moluques, à Ceylan, à Sumatra et déployèrent un grand zèle pour attirer les indigènes à l'Église réformée. La création d'un séminaire de missions, avec l'approbation de la compagnie des Indes hollandaises, se montra éminemment utile à la cause de la religion réformée. Lespremiers colons de la Nouvelle-Angleterre (1620) prirent un vif intérêt au sort des Indiens idolâtres qui les entouraient. En 1646, le célèbre John Eliot, « l'apôtre des Indiens », encouragé par la législature de l'état de Massachusetts, commença ses travaux parmi eux. La première Bible imprimée en Amérique fut celle qu'il traduisit pour les aborigènes. La première grande société de mission du monde protestant, la « Société pour la propagation de l'Évangile dans les pays étrangers », fut fondée en 1701 et sanctionnée par Guillaume III. Il y a un grand vide dans l'histoire des missions protestantes de 1732 à 1792: mais vers la fin du XVIIIᵉ siècle, la réaction contre le rationalisme amena la formation de nombreuses sociétés de missions en Angleterre et en Amérique. Des missionnaires sont répandus par tout le monde, même dans les pays européens où domine la religion catholique, comme la France, l'Italie, l'Espagne et l'Autriche. Comme exemple des travaux de ces sociétés, à Madagascar, qui compte une population d'environ 5,000,000 d'âmes, la société missionnaire de Londres a commencé ses opérations en 1818; mais presque tous les membres de la première mission périrent peu après leur arrivée. D'autres missionnaires débarquèrent en 1820 et eurent un grand succès. Mais en 1828, la nouvelle reine chassa les missionnaires de l'île et mit à mort des milliers de ses sujets. A sa mort (15 juillet 1861), son fils proclama la liberté religieuse, et les missionnaires furent invités à revenir. Mais le roi fut bientôt assassiné par ses nobles, et sa veuve fut couronnée reine, avec une constitution écrite garantissant la liberté religieuse la plus complète. Elle mourut le 1ᵉʳ avril 1868. Sa sœur, qui lui succéda sur le trône, est chrétienne. Près d'un demi-million de personnes ont renoncé à l'idolâtrie; mais ces missionnaires mettent souvent leur influence religieuse au service de ce qu'ils croient les intérêts de leur patrie et créent ainsi des complications internationales. — On estime qu'il y a plus de 2,000 missionnaires protestants à l'œuvre, aidés par 10,000 pasteurs et prêcheurs indigènes. Ils ont traduit la Bible et un grand nombre d'autres livres pieux en près de 200 langages ou dialectes. Il doit y avoir parmi les missionnaires environ 100 médecins. Récemment quelques femmes médecins ont été envoyées parmi les infidèles. — La littérature des missions protestantes est très abondante, chaque société particulière, ou à peu près, publiant son journal. Voy. W. Brown, History of the Propagation of Christianity among the Heathen since the Reformation (1814); Hure, History of Christian Missions from the Reformation to the Present Time (1849); Wiggers, Geschichte der evangelischen Missionen (1845-'46); Handbüchlein der Missions-geschichte und Missions geographie (1844); Newcomb, Cyclopædia of Missions (1860); Aikman, Cyclopædia of Christian Missions (1860); Anderson, Foreign Missions, their Relations and Claims (1869); Grundeman, Missions-atlas (1867-'71); et Missionary World (1873).

* MISSIONNAIRE s. m. Celui qui est employé aux missions pour la conversion ou pour l'instruction des peuples : les missionnaires ont fait des conversions dans les Indes. — Se disait plus particul. autrefois des Pères de la Mission : les missionnaires sont établis en tel endroit. — Grégoire XV s'occupa, en 1622, de régulariser les travaux des missionnaires.

MISSISSAGAS [mis-sis-sà'-gɤs]. tribu algonquine, rencontrée d'abord, au milieu du XVIIᵉ siècle, à l'embouchure d'une rivière du même nom, au N. du lac Huron. Vers 1718, ils étaient dispersés le long de la ligne septentrionale du lac, mais surtout au N. du lac Ontario. Lorsque commença la lutte entre la France et l'Angleterre, ce fut la seule tribu canadienne que les Anglais purent gagner, par l'influence des Six-Nations, qui les adoptèrent comme septième nation en 1746. Mais les Anglais les négligèrent, et la grande masse d'entre eux se remit bientôt sous l'influence française. Après la chute de la puissance de la France, ils conclurent un traité avec le colonel Bradstreet; mais ils prirent une part active dans la guerre de Pontiac. Ils se mêlèrent aussi à la guerre des Miamis contre les États-Unis (1792-'93), et aux mouvements hostiles des Six-Nations dans la guerre de 1812. Ils se trouvent aujourd'hui, au nombre de 750 environ, dans la province d'Ontario (Canada). Ils se livrent à l'agriculture, et ont été pour la plupart convertis par des missionnaires protestants.

MISSISSIPI, l'un des états du S.-E. de l'Union américaine, le dix-huitième sous le rapport de la population, entre 30° 13' et 35° lat. N. et entre 90° 27' et 94° long. O : 121.232 kil. carr.; 1,132,000 hab. Limites : les états de Tennessee et d'Alabama, le golfe du Mexique, la Louisiane et l'état d'Arkansas, dont il est séparé par la rivière Pearl et le Mississipi; 74 comtés. Cap. Jackson. Villes principales : Vicksburg, Natchez, Columbus. La population n'était que de 8,850 en 1800. La population actuelle comprend 450,000 individus de couleur et 15,000 étrangers : 4,000 Irlandais, 3,000 Allemands, 1,100 anglais, 1,000 Suédois, 700 Français. A l'exception du fond de la vallée du Mississipi, le pays est généralement onduleux et borné de collines. Les cours d'eau qui se jettent dans la golfe du Mexique forment, à leurs embouchures, de grands marais. L'état du Mississipi a 150 kil. de côtes sur le golfe du Mexique, et 500 kil, si l'on tient compte des anfractuosités et de la circonférence des îles. A environ 15 kil. du rivage se trouve une chaîne d'îles basses et sablonneuses, dont les principales sont: Petit-Bois, Horn, Ship et Cat, séparées de la terre ferme par le Sund ou détroit du Mississipi. Dans cet état, les principaux affluents du Mississipi en remontant du S. au N., sont: le Homochitto, le Bayou Pierre, le Big Black et le Yazoo, formé par la réunion du Tallahatchie et du Yalobusha. Quatre époques géologiques, l'époque de la houille, l'époque crétacée, l'époque tertiaire et l'époque posttertiaire, y sont représentées. Les fièvres paludéennes règnent dans le fond de la vallée du Mississipi; ailleurs le climat est généralement sain. Les étés sont longs et chauds; les hivers, un peu plus froids que sur la côte de l'Atlantique à la même latitude. Le sol est très fertile, excepté la partie méridionale, qui est généralement maigre et sablonneuse, l'arbre le plus répandu est le pin à longue feuille. Ailleurs les principales essences forestières sont : le pin à feuille courte, différentes espèces de chênes, le noyer d'Europe et d'Amérique, le peuplier, le châtaignier, le caroubier, le hêtre, le gommier, le houx, le tilleul, le sassafras, l'orme et le magnolia. Les tiles sont en partie couvertes de bouquets du pin qui produit la poix. Dans les marécages et les fonds de vallée, il y a d'épais fourrés de cannes et de cyprès. Le coton et le maïs sont les deux productions principales.

On fait du grain dans le nord, et du riz et des cannes à sucre dans le sud. Tous les fruits des climats tempérés y viennent parfaitement : prunes, pêches, figues, et, au sud, oranges. Faune : daims, couguars (ordinairement appelées panthères), loups, ours, chats sauvages. On trouve des alligators dans le Mississipi, jusqu'au confluent de l'Arkansas, et dans quelques cours d'eau moindres. Huîtres et poissons abondants dans le Sund du Mississipi. Outre les productions énumérées plus haut, on récolte, dans l'État, des céréales de toute sorte, des fèves et des pois, des pommes de terre, des patates, du tabac. La laine, le beurre, le miel, la mélasse de canne à sucre et de sorgho, les bois de charpente, constituent de notables branches de production. On y élève des chevaux, des mulets et des ânes, des vaches laitières, des bœufs de labour, des moutons, des porcs, etc. L'industrie manufacturière est peu développée. On comptait, en 1870, 1,731 établissements industriels, employant 5,941 ouvriers. Le commerce extérieur du Mississipi se fait presque tout entier par la Nouvelle-Orléans et Mobile. — La constitution de 1869 accorde le pouvoir législatif à un sénat de 37 mem-

Sceau de l'état de Mississipi.

bres élus pour 4 ans et à une chambre de 115 représentants élus pour 2 ans. L'exécutif est formé d'un gouverneur, d'un lieutenant-gouverneur, d'un secrétaire d'État, etc., tous élus pour 4 ans par le peuple. Les 3 juges de la cour suprême sont nommés pour 9 ans par le gouverneur, avec l'assentiment du sénat. Les autres juges sont choisis de la même manière, à l'exception des juges de paix qui sont élus. Le Mississipi envoie 6 représentants au congrès. Recettes: 4,906,815 de penses : 2,593,545 fr.; dette : 51,985,680 fr. L'instruction primaire est gratuite, laïque et obligatoire; 318,500 élèves fréquentent les écoles. L'université du Mississipi comprend trois sections: éducation préparatoire; sciences, littérature, arts et éducation professionnelle ; dans celle-ci rentrent les écoles de droit, de médecine et de chirurgie, d'agriculture et des arts mécaniques. L'état contient aussi les universités d'Alcorn, près de Rodney ; de Tougaloo et de Shaw à Holly Springs. Il se publie dans l'état 109 journaux ou revues ; 2,788 bibliothèques renferment 483,482 volumes. Principales dénominations religieuses : baptistes, 665 organisations ; christians, 30 ; épiscopaux, 33 ; méthodistes, 787; presbytériens, 262; catholiques romains, 27. — Les premiers établissements des blancs dans le pays qui forme aujourd'hui l'état du Mississipi furent un fort élevé par les Français sur la baie de Biloxi en 1699, et le fort Rosalie, sur l'emplacement de Natchez, bâti en 1716. Celui-ci fut compris dans la partie orientale de la Louisiane cédée à l'Angleterre en 1763.Le Mississipi fut organisé en territoire en 1798, et admis comme état dans l'Union en 1817. En 1832, une nouvelle constitution fut adoptée. Le 9 janvier 1861, une convention d'état rendit une ordonnance de sécession, et, le 30 mars, ratifia la constitution des états confédérés. Le premier mouvement des troupes fédérales dans l'état fut la prise de Biloxi (31 déc. 1861). Pendant l'année 1862, le nord de l'état fut le théâtre d'opérations de guerre. Après la bataille de Shiloh, les confédérés se retirèrent à Corinthe. Les troupes fédérales s'étant ensuite avancées en force sous le commandement du général Halleck, la ville fut évacuée, et les fédéraux en prirent possession le 30 mai. Le 19 sept., un vif engagement eut lieu près de Iuka entre les confédérés du général Price et les fédéraux du général Rosecrans; le résultat fut l'évacuation de Iuka par les confédérés. Price, ayant reçu des renforts, attaqua Corinthe le 3 et le 4 oct., mais il fut repoussé avec de lourdes pertes. Les opérations les plus importantes de 1863 furent celles qui aboutirent à la reddition de Vicksburg, le 4 juillet. Le 13 juin 1865, le président Johnson nomma William-L. Sharkey gouverneur provisoire. Celui-ci fit élire, le 7 août, des députés pour former une convention. La convention se réunit le 14 août. Le 21, on amenda la constitution en abolissant l'esclavage, et le 22, l'ordonnance de sécession fut rapportée. Une autre convention, qui siégea du 7 janv. au 18 mai 1868, rédigea une nouvelle constitution, qui fut d'abord rejetée par le vote du 21 juin, et, l'année suivante (nov. 1869), ratifiée, à l'exclusion de certains articles. Le 23 févr. 1870, l'état fut réintégré dans l'Union et les magistrats civils reprirent, à partir de la même époque, l'administration restée jusque-là entre les mains des autorités militaires.

MISSISSIPI (ind. : *Miche Sepe*, suivant l'orthographe de quelques vieux auteurs, qu'on traduit par « Grande Rivière », ou « le Grand Père des Eaux »). Le principal fleuve de l'Amérique du Nord, et, en le rattachant au Missouri, le plus long du monde, à l'exception peut-être du Nil. Il sert de canal d'écoulement aux eaux de la plus grande partie du territoire des États-Unis entre les Alleghanies et les montagnes Rocheuses. Le véritable fleuve du Mississipi commence au confluent du Missouri et du Mississipi supérieur, un peu au-dessus de Saint-Louis. Il a huit tributaires, qui, dans l'ordre de l'étendue des régions qu'ils arrosent, sont: le Missouri, l'Ohio, le Mississipi supérieur, l'Arkansas, le Red, le White, le Yazoo et le Saint-François. La source du Mississipi est le lac Itasca (11 kil. de long sur une largeur variant de 2 à 5 kil.), dans l'état de Minnesota, par 47° 14' lat. N. et 97° 22' long. O., à environ 430 m. au-dessus du niveau de la mer. Il coule au N.-E. jusqu'au lac Travers, qui est son point le plus septentrional, puis au S.-E. et au S. Au-dessous des chutes de Saint-Anthony, il y a, le long du cours du Mississipi, beaucoup de lacs et de rapides. Ces chutes tombent perpendiculairement de 18 pieds de haut; mais, si l'on y comprend les rapides qui sont au-dessus et au-dessous, la pente est d'environ 65 pieds sur un trajet de trois quarts de mille. Les chutes sont à 3,800 kil. environ du golfe du Mexique, et forment la limite naturelle de la navigation à vapeur ; mais les petits navires vont et viennent régulièrement sur un parcours de plusieurs centaines de kil. en amont, suivant l'étiage de l'eau. L'obstacle à la navigation qu'on rencontre ensuite est formé par les rapides de l'île du Roc (*Rock Island*), qui s'étendent de Leclaire jusqu'aux villes de Rock Island et de Davenport (22 kil.). La pente est de 24 pieds lorsque les eaux sont basses. Les travaux qu'a fait exécuter le gouvernement permettront aux plus gros navires de franchir ces rapides, soit en remontant, soit en descendant. Des bancs de sable rendent la navigation très difficile dans le Mississipi supérieur pendant la saison sèche ; mais, entre les chutes de Saint-Anthony et le

confluent de l'Ohio, il y a assez d'eau, même dans les temps les plus secs, pour donner, si on la distribue et si on la ménage convenablement, une profondeur de 6 pieds et une largeur plus que suffisante. — Le Mississipi, à partir du confluent du Missouri jusqu'au golfe du Mexique, a une longueur de 2,000 kil., et de 4,209 kil. depuis la source du Mississipi supérieur. Les nombreuses ramifications des cours d'eau navigables reliés au Mississipi traversent tous les états et territoires entre les montagnes Rocheuses et les Alleghanies, et constituent un système naturel de communication par eau ayant ensemble une étendue d'environ 23,000 kil. Au-dessous de la bouche de la rivière Rouge (*Red River*), le Mississipi se divise en nombreux bras, ou passes, dont chacun se rend séparément au golfe. Le plus au N. est l'Atchafalaya, sur la rive occidentale. Au-dessous du point où ce bras se sépare du Mississipi, commence la région des terres marécageuses, *bayous* et *creeks*, connues sous le nom de delta. Au-dessus, la plaine d'alluvions formée par le fleuve s'étend jusqu'aux chaînes, à 40 kil. au N. de l'Ohio, et jusqu'au cap Girardeau dans le Missouri, où l'on rencontre pour la première fois des rives rocheuses taillées à pic. La longueur totale de cette plaine depuis la bouche de l'Ohio jusqu'au golfe est estimée à 800 kil. Sa largeur, à son extrémité supérieure, varie entre 50 et 80 kil. La plus grande largeur du delta est évaluée à 230 kil. ; sa largeur moyenne est probablement d'environ 130 kil., et sa superficie de 3,321,800 kil. carr. Les terres du fond de la vallée à Cairo ont une élévation d'environ 310 pieds au-dessus du niveau de la mer, et la déclivité de la surface de l'eau, quand elle est haute, depuis cet endroit jusqu'au golfe, est de 342 à 0. Ces fonds sont sujets à être inondés; des digues les protègent, dont la rupture a souvent causé de pertes immenses. La plaine d'alluvions se termine à l'E. et à l'O. par une ligne de mornes irréguliers de hauteur et de direction. La longueur réelle du fleuve depuis la bouche de l'Ohio jusqu'au golfe est de 1,600 kil., 500 kil. de plus environ qu'à vol d'oiseau. Les sinuosités réduisent aussi la moyenne de sa pente à la moitié de celle qui devrait autrement produire l'inclinaison de la plaine à travers laquelle il coule. Les points extrêmes entre les eaux hautes et les eaux basses à Cairo, près du bout supérieur de la plaine, sont séparés par une différence de 50 pieds; à la Nouvelle-Orléans, la différence est de 14 pieds à 4. Les grandes crues ont ordinairement lieu au printemps, amenant souvent de très sérieuses conséquences. Le delta s'élève de quelques pouces jusqu'à 10 pieds seulement au-dessus du niveau de la mer. Il fait saillie dans le golfe du Mexique, bien au delà de la ligne générale des côtes, et s'avance toujours lentement et imperceptiblement, grâce aux bas-fonds que forme le dépôt des sédiments apportés par le fleuve. La plus grande partie de ceux-ci, cependant, est dispersée par les vagues et par les courants et distribuée sur tout le fond du golfe. A l'embouchure sont des barres sur lesquelles l'eau n'a quelquefois qu'une profondeur de 15 pieds, et où les passages sont changés de place par les crues du fleuve et les orages du golfe. Ces barres sont formées d'une boue d'argile bleue, à travers laquelle les vaisseaux tirant plus de 2 ou 3 pieds de trop peuvent être remorqués à force de vapeur. Le gouvernement a fait de grands efforts pour détruire ces obstacles par le dragage, et la profondeur de l'eau a été accrue jusqu'à 24 pieds. A la passe du sud, on a construit des jetées qui maintiendront une profondeur de 30 pieds au-dessus de la barre. Les sédiments du Mississipi inférieur se composent surtout d'une fine matière argileuse, si uniformément en suspension dans l'eau

qu'elle lui donne un aspect blanchâtre et boueux. Le Mississipi supérieur est clair, mais le Missouri y déverse une grande quantité de fange blanchâtre. L'Ohio y apporte un courant verdâtre, et l'Arkansas et la rivière Rouge y versent un sédiment ocreux et rouge; quant au Mississipi lui-même, il arrache à ses rives d'énormes quantités de terre végétale. L'égalité de largeur du Mississipi est très remarquable. A la Nouvelle-Orléans, il est large d'environ 1,000 m., et à partir de là il ne varie guère pendant 3,000 kil., excepté dans les courbes où il s'étend jusqu'à 1,500 m. et 2,000 m. L'arrivée de ses principaux tributaires ne produit aucun accroissement dans sa largeur. La profondeur est très variable ; elle atteint parfois 50 m. ; mais le maximum est plus ordinairement de 40 à 45 m. La profondeur moyenne, à marée haute, est à peu près la même à Carrollton et à Natchez. A Carrollton la vitesse du courant varie de 2 à 3 kil. par heure, suivant l'étiage de l'eau et la direction du vent. Le Mississipi entraîne continuellement dans son cours des quantités d'arbres, après avoir miné les rives sur lesquelles ils croissaient. Ces arbres s'arrêtent fréquemment au milieu des principaux canaux, les racines fixées au fond, et le sommet s'inclinant dans la direction du courant. On les appelle alors *snags* (nœuds) et *sawyers* (scieurs), et ils forment de très dangereux obstacles, mais aujourd'hui on s'occupe sans relâche à les enlever. (Voy. le rapport sur les conditions physiques et hydrauliques du fleuve Mississipi, préparé par le capitaine A.-A. Humphreys et le lieutenant H.-L. Abbot, de l'armée des États-Unis, 1861.) — Le premier explorateur européen du Mississipi fut de Soto, qui arriva au fleuve en 1541. En 1673, Marquette et Joliet le descendirent jusqu'à trois journées de marche de son embouchure. La Salle alla jusqu'au golfe du Mexique en 1682. La Nouvelle-Orléans fut fondée en 1718, et dès ce moment l'on commença les levées de terre ou digues.

MISSISSIPIEN, IENNE s. et adj. Du Mississipi; qui concerne ce pays ou ses habitants.

* **MISSIVE** adj. f. (rad. *mittere*, envoyer). Destinée à être envoyée. N'est usité que dans cette locution, LETTRE MISSIVE. — S'emploie plus ordinairement comme subst. : *il m'a envoyé une longue missive*.

MISSOLONGHI ou **Mesolonghi**, ville de Grèce; capitale de la monarchie d'Acarnanie-et-Étolie, à 40 kil. O. de Lépante, sur la côte septentrionale du golfe de Patras ; environ 6,000 hab. Elle est située dans une plaine unie, de 30 kil. de long sur 6 kil. de large, arrosée par l'Achéloös et l'Évenus, et n'a point de port. En 1804, elle tomba sous la domination d'Ali-Pacha. En 1821, elle prit part à la révolte contre les Turcs. Avec 400 hommes, Mavrocordatos y résista, pendant plus de deux mois, à 14,000 Turcs qui levèrent le siège le 6 janv. 1823, après l'arrivée de renforts grecs. La ville fut alors fortifiée et devint une des plus fortes places de la Grèce. En avril 1825, Réchid-Pacha l'investit avec une grande armée, renforcée en juillet par une flotte puissante, et, en janvier 1826, par 20,000 Égyptiens. La garnison, composée de 5,000 Grecs, commandés par Noto Bozzaris, repoussa des assauts répétés, et, lorsque un bombardement ininterrompu eut détruit la ville, et qu'ils furent à la veille de mourir de faim, ils mirent les femmes au centre, et se frayèrent un chemin à travers le camp des Turcs au milieu de la nuit du 22 avril 1826. 2,000 d'entre eux gagnèrent les montagnes. Ceux qui étaient trop faibles pour prendre part à la sortie se réunirent dans le magasin aux poudres, et se firent sauter, entraînant dans leur ruine un grand nombre de Turcs. La ville a été rebâtie, mais sans les fortifications. Elle renferme les monuments de Marco Botzaris et de lord Byron qui y mourut.

MISSOULA, ville de l'état de Montana (Etats-Unis). Il y a des mines d'or dans le voisinage; 2,600 hab.

MISSOURI (c'est-à-dire *boue*, dans la langue des sauvages), principal tributaire du Mississipi. Il naît dans les montagnes Rocheuses par 45° lat. N. et 115° long. O. Il se forme de plusieurs torrents, entre le Montana et l'Idaho traverse le Montana et le Dakota, sépare le Nebraska de l'Iowa et de l'Etat du Missouri et, en partie, ce dernier du Kansas et afflue après un cours de 5,000 kil., dont 4,000 navigables. Il est généralement rapide et bourbeux. A son embouchure, il a près d'un kil. de large. Ses tributaires les plus importants sont : la Yellowstone, la Platte et le Kansas. A environ 600 kil. de sa source, il traverse une gorge étroite appelée *Portes des montagnes Rocheuses*. Cette gorge est longue de 8 kil., et les murailles perpendiculaires des rochers qui se dressent directement au-dessus de l'eau à une hauteur de 400 m., ne sont séparées que par un espace de 150 m. Les Grandes Chutes, à 200 kil. au-dessous de ce point, sont parmi les plus imposantes du continent américain, et se composent de 4 cataractes, mesurant 26, 47, 49 et 87 pieds de chute perpendiculaire et séparées par des rapides.

MISSOURI, l'un des états intérieurs de l'Union américaine, entre 36° et 40° 30' lat. N. et entre 91° 22' et 98° 2' long. O; 179,778 kil. carr.; 2,169,000 hab. Limites : les états d'Iowa, d'Illinois, de Kentucky, de Tennessee (dont il est séparé par le fleuve Mississipi) et d'Arkansas; le territoire indien et l'état de Nebraska; 114 comtés. Cap., Jefferson City. Villes princ. : Saint-Louis, Kansas City, Saint-Joseph, Hannibal, Springfield. La population n'était que de 20,845 hab. en 1840. La population actuelle comprend 120,000 individus de couleur et 235,000 étrangers : 9,000 Canadiens, 8,000 Français, 130,000 Allemands, 45,000 Anglais, 60,000 Irlandais, 5,000 Ecossais, 3,000 Suédois et 10,000 Suisses. — Le Missouri divise l'état en deux parties distinctes. Au S. le territoire est ondulé et devient montagneux à mesure qu'il approche de la chaîne Ozark. Au N. de la rivière, il est plus uni; des marécages règnent le long du Mississipi depuis le cap Girardo jusqu'à l'Arkansas. Les principaux cours d'eau sont : le Missouri, qui limite en partie l'état à l'O., et qui le traverse du N.-O. jusqu'au milieu de sa frontière orientale; le Mississipi forme toute la frontière orientale de l'état; l'Osage se jette dans le Missouri près de Jefferson; le Saint-François, le Blanc, le Noir, le Courant, la Gasconnade, etc., sont tous navigables pour de petits bateaux. Au S.-E., l'état est couvert de bois et de forêts où dominent le noyer américain, le chêne, le cyprès, le peuplier, le sycomore, etc. Au N. et à l'O. s'étendent de vastes prairies qui renferment de bons pâturages. Le charbon de terre se trouve surtout aux environs de Saint-Louis, et dans d'autres parties du territoire, on trouve des dépôts de fer et de plomb. — Climat tantôt extrêmement chaud, tantôt extrêmement froid, avec de soudains changements. L'élévation moyenne du thermomètre à Saint-Louis est de + 11° au printemps, de 25° en été, de — 1° en hiver et de + 13° en automne, moyenne de l'année + 12°. — Le territoire produit le maïs, le blé, l'avoine, le tabac, le coton, le chanvre, le lin, un peu de vin; élevage de moutons, de bêtes à cornes et de tous les animaux européens. — 14,000 manufactures employant 70,000 personnes. Le grand centre commercial est Saint-Louis. — Le pouvoir législatif est confié à un sénat de 34 membres, élus pour 4 ans, et à une chambre de 143 représentants élus pour deux ans. L'exé-

cutif se compose d'un gouverneur, d'un lieutenant-gouverneur, d'un secrétaire d'Etat, d'un auditeur, d'un trésorier, d'un attorney général et d'un surintendant de l'instruction publique, tous élus pour 4 ans. Le pouvoir judiciaire appartient à une cour suprême de 5 juges, élus pour 10 ans; la cour d'appel de Saint-Louis se compose de 3 juges élus pour 12 ans; tous les autres juges sont également élus par le peuple. Dette : 90 millions de fr.; recettes : 18 millions; dépenses : 19 millions. — D'après la constitution, les écoles sont libres et ouvertes à toute personne entre 6 et 21 ans; il y a des écoles séparées pour les gens de couleur. La population scolaire se compose de 730,000 personnes, dont 45,000 noirs. Il y a dans l'état environ 20 collèges et universités, parmi lesquels nous citerons l'université catholique de Saint-Louis, le collège Saint-Vincent (catholique), etc. — 380 journaux et publications périodiques, dont 27 journaux quotidiens; 6,000 bibliothèques (1,400,000 vol.). Principales dénominations religieuses : baptistes, 805 organisations; christians, 395; congrégationalistes, 37; épiscopaliens, 85; luthériens, 94; méthodistes, 1,100; presbytériens, 490; catholiques romains, 185; etc. — Le Missouri fit d'abord partie de la Loui-

Sceau de l'état de Missouri.

siane. Dès le commencement du XVIII° siècle, ses mines de plomb attirèrent l'attention des explorateurs. Sainte-Geneviève, la plus ancienne ville de l'état, ne date que de 1755. Vingt ans plus tard, elle ne contenait que 460 hab., et Saint-Louis, aujourd'hui cité superbe, n'était encore qu'un dépôt de fourrures, avec 800 hab. Tout ce territoire, ayant été acquis par les Etats-Unis en 1803, fut érigé, deux ans plus tard, en territoire de Louisiane, cap. Saint-Louis. Séparé de la Louisiane en 1812, il forma le territoire de Missouri, qui devint état en 1820-'21. Le 12 juin 1861, le gouverneur, Jackson, appela au service 50,000 hommes de la milice, pour maintenir l'esclavage et repousser les troupes nationales. Les troubles ne cessèrent pas avant 1864, après plusieurs batailles rangées et différentes invasions des deux partis. Une nouvelle constitution fut votée, le 6 janv. 1865, par une convention assemblée à Saint-Louis.

MISSOURIS ou **Missourias**, tribu indienne, de la famille Dakota, et dont le vrai nom est Nudarcha. Alliés des Illinois, ils entretinrent des relations amicales avec les Français. En 1800, ils n'étaient plus qu'au nombre de 300, fixés sur la Platte; aujourd'hui leur nombre est d'environ 200 individus, établis dans l'état de Nebraska.

MISTENFLÛTE s. m. Enfant d'une complexion délicate. — Sobriquet général par lequel on désigne toutes sortes de personnes : *où vas-tu donc, mistenflûte?*

*****MISTIGRI** s. m. Jeu. Nom du valet de trèfle au brelan et à la bouillotte.

MISTOUFLES s. f. pl. Argot. Tracasseries.

*****MISTRAL** ou **Maëstral** s. m. (contr. *magistral*; du lat. *magister*; maître). Nom que, dans les provinces de France voisines de la Méditerranée, on donne au vent de nord-ouest.

*****MISTRESS** s. f. [miss-triss]. Nom donné en Angleterre aux femmes mariées qui n'appartiennent pas à la noblesse. — Par abrév. *Mas*.

*****MITAINE** s. f. Sorte de gant de laine, de soie ou de peau, où la main entre tout entière, sans qu'il y ait de séparation pour les doigts, excepté pour le pouce : *une paire de mitaines*. — Sorte de petits gants de femme, qui ne couvrent que le dessus des doigts : *mitaines de soie*. — Fig. et fam. Précautions, soins, ménagements : *on ne peut toucher à cela qu'avec des mitaines*. — ONGUENT MITON MITAINE, remède qui ne fait ni bien ni mal : *Ce que vous proposez là pour le guérir n'est que de l'onguent miton mitaine*. — Expédient inutile que l'on propose dans quelque affaire que ce soit. On dit, dans le même sens : *ce sont là des mitaines à quatre pouces*.

MITAINERIE s. f. Fabrication, commerce de mitaines et de gants.

MITAN s. m. (lat. *medietas*, milieu). Milieu, dans certains patois wallons : *je l'ai rencontré au mitan du chemin*.

MITAU [mi-taou] et non **MITTAU** (russe *Mitavo*), cap. de la Courlande (Russie), sur l'Aa, à 40 kil. S.-O. de Riga; 25,000 hab., en majorité Allemands et Juifs. Dans le palais qui y fut bâti par Biron, d'après le modèle du palais d'hiver des czars, Louis XVIII résida longtemps sous le nom de comte de Lille. Grains, lin, etc.

MITCHELLE s. f. Bot. Genre de rubiacées, comprenant deux espèces d'arbustes dont la plus connue est la *mitchelle rampante* (mit-

Mitchelle rampante (Mitchella repens).

chella repens), répandue dans toute l'Amérique du Nord et dans quelques régions montagneuses de l'Amérique du Sud. Ses baies résistent au froid et sont très recherchées en hiver par les perdrix.

*****MITE** s. f. (anc. haut. all. *mado*). Arachn. Genre d'arachnides, famille des holètres, tribu des acarides. Grâce à leur extrême petitesse, la plupart des mites deviennent le fléau de très petits insectes et des mouches. Elles sont extraordinairement prolifiques. Le *sarcopte* ou *mite de la gale* sera décrit au mot SARCOPTE. (Pour les *tiques*, voy. ce mot.) La mite domestique (*acarus domesticus*) se trouve dans le fromage avancé, dans la farine, dans le sucre, sur les figues et sur les fruits sucrés. — Sous le rapport anatomique, les mites sont caractérisées par un corps arrondi, susceptible de se gonfler par la succion; un suçoir composé de trois lames renfermées dans une gaine; huit pattes, les antérieures munies de petites griffes ou de pinces à l'aide desquelles ces animaux se cramponnent aux corps dont ils se nourrissent.

MITÉ, ÉE adj. Rongé par les mites : *drap mité.*

* **MITHRA** s. m. Nom sous lequel les anciens Perses adoraient le soleil : *le culte de Mithra.*

MITHRIAQUE adj. Qui a rapport au culte de Mithra.

* **MITHRIDATE** s. m. Drogue composée, que l'on dit être de l'invention de Mithridate, et à laquelle on attribue des vertus antivénéneuses : *prendre du mithridate.* — Vendeur de mithridate, charlatan ; et, fig. et fam. homme qui parle avec jactance, qui promet beaucoup et ne tient rien. — Mithridate ou Science générale des langues. (Voy. Adelung.)

MITHRIDATE (*serviteur de Mithra*), nom porté par plusieurs rois de Pont, des Parthes et du Bosphore. — I. Troisième satrape de Pont, petit-fils d'Artabase, mort en 363 av. J.-C. — II. Petit-fils du précédent, satrape de Pont en 338, se soumit à Alexandre le Grand, s'allia à Cassandre et fut mis à mort par Antigone (302). — III. Fils du précédent (302-266). — IV. Fils d'Ariobarzane II, mort vers 222, combattit les Galates. — V. Fils et successeur du précédent, mort vers 184. — VI. Surnommé *Evergète*, fils et successeur de Pharnace (1er en 157, mort en 123; fut l'allié des Romains. Un de ses favoris l'assassina. — VII. Surnommé *Eupator* et quelquefois *le Grand*, né vers 132 av. J.-C., mort en 63, Il était fils aîné de Mithridate Évergète et avait 43 ans à peine quand son père mourut (120). Il fit mourir sa mère pour rester maître du pouvoir ; il demeura ensuite 7 ans hors de son palais, passant sa vie à la chasse pour acquérir une robuste constitution par des exercices violents, pour étudier les plantes vénéneuses afin de n'avoir plus rien à craindre des poisons, et pour visiter les peuples de son royaume. A son retour, il mit à mort Laodice, qui était à la fois sa sœur et sa femme et qui conspirait contre lui. Ayant résolu de renverser la puissance romaine en Asie, Mithridate chassa de leurs Etats les rois de Cappadoce et de Bithynie, alliés de Rome; mais ces princes furent promptement restaurés. Nicomède III, de Bithynie, envahit les possessions du roi de Pont, ce qui fit naître une guerre entre Mithridate et les Romains. Ces derniers furent d'abord vaincus (88) et dépossédés de leur province d'Asie. Les citoyens romains furent victimes d'un massacre général. Sylla ayant été envoyé contre Mithridate, celui-ci transporta le siège de la guerre en Grèce où son général Archélaüs fut vaincu à Chéronée et à Orchomène en 86, pendant que le roi lui-même perdait la bataille de Fimbria en Asie, et était forcé d'abandonner ses conquêtes (84). Ainsi finit la première guerre mithridatique. Les événements de ce que l'on appelle la seconde guerre mithridatique ne sont pas d'un grand intérêt. La mort, en 74, de Nicomède qui avait légué ses états au peuple romain, amena une troisième guerre. Mithridate essaya de placer sur le trône un prétendu fils de Nicomède. Entrant en Bithynie à la tête d'une armée de plus de 120,000 fantassins et 16,000 chevaux, il battit le consul Cotta à Calcédoine et mit le siège devant Cizique; mais Lucullus le força à rentrer dans le Pont, après lui avoir fait subir de grandes pertes, et finit par le chasser même de son royaume. La mutinerie des légions romaines permit à Mithridate de reconquérir le Pont. La guerre fut reprise en 66 par Pompée. Mithridate surpris et complètement battu se retira avec une petite troupe à Panticapée (auj. Kertch, en Crimée). Son fils Pharnace s'étant révolté, Mithridate essaya inutilement de s'empoisonner, et ordonna à l'un de ses mercenaires gaulois de le percer de son épée.

MITHRIDATIQUE adj. Qui a rapport à Mithridate : *guerre mithridatique.*

MITIDJA. Voy. Métidjah.

* **MITIGATION** s. f. (lat. *mitigare*, adoucir). Adoucissement : *il faudrait apporter à cette loi quelque mitigation.*

* **MITIGÉ, ÉE** part. passé de Mitiger. — Morale mitigée, morale relâchée. — Ordres mitigés, ceux qui vivent sous une règle moins austère et moins pénible que celle de leur première institution.

* **MITIGER** v. a: (lat. *mitigare*, adoucir). Adoucir, rendre plus aisé à supporter, à subir, à pratiquer : *mitiger une règle trop austère.* — Mitiger une assertion, une proposition, la rendre moins absolue, y apporter quelque modification : *cette assertion a besoin d'être mitigée.*

MITON s. m. Sorte de gant sans main ni doigt qui ne sert qu'aux femmes, et ne leur couvre que l'avant-bras : *miton de laine, de soie.* — Onguent miton mitaine. (Voy. Mitaine.)

MITONNAGE s. m. Cuis. Espèce de bouillon que l'on emploie pour les potages.

* **MITONNER** v. n. Se dit du pain qu'on laisse tremper longtemps dans le bouillon sur le feu, avant de servir le potage : *le potage mitonne.* — v. a. Dorloter, prendre un grand soin de tout ce qui regarde la santé et les aises d'une personne : *il a une femme qui a un grand soin de lui, et qui le mitonne extrêmement.* — Mitonner quelqu'un, ménager adroitement son esprit, dans des vues intéressées : *c'est un homme qui peut leur être utile, ils le mitonnent avec soin.* On dit aussi, Je vous ai mitonné cette ressource, ce protecteur, je vous les ai ménagés par mes soins. — Mitonner une affaire, la disposer et la préparer doucement, pour la faire réussir quand il en sera temps. — \ Se mitonner v. pr. : *la soupe se mitonne; cet homme aime à se mitonner.*

MITOUCHE (Sainte), personne qui n'a pas l'air d'y toucher. (Fam.) — * On dit beaucoup mieux Sainte nitouche.

* **MITOYEN, ENNE** adj. [mi-toua-iain] (lat. *medietas*, moitié). Qui est au milieu, qui tient le milieu, qui est entre deux choses : *espace mitoyen.* S'emploie plus ordinairement dans les locutions suivantes : — Mur mitoyen, mur qui appartient aux deux propriétés contiguës dont il forme la séparation. On dit de même, Fossé mitoyen, haie mitoyenne. — Puits mitoyen, puits pratiqué sur la limite commune de deux propriétés contiguës, et qui est à l'usage de l'une et de l'autre. — Cloison mitoyenne, cloison qui est commune à deux chambres, et qui les sépare. — Dents mitoyennes d'un cheval, celles qui sont entre les pinces et les coins. — Fig. Qui est placé entre deux choses extrêmes ou opposées, et qui tient un peu de l'une et de l'autre : *on a ouvert un avis mitoyen pour tout concilier; il a pris un parti mitoyen.*

* **MITOYENNETÉ** s. f. [mi-toua-iè-ne-té]. Qualité de ce qui est mitoyen; droit de co-propriété de deux voisins sur le mur, la haie, le fossé qui les sépare : *la mitoyenneté d'un mur, d'un puits. Indices, preuves de mitoyenneté.* — Législ. «La mitoyenneté est la co-propriété indivise d'un mur, d'un fossé, d'une haie ou de toute autre clôture qui sépare des terrains contigus. Lorsqu'il n'y a ni titre, ni prescription, ni marque contraire, toute clôture qui sépare deux héritages est réputée mitoyenne, à moins qu'il n'y ait que l'un de ces héritages en état de clôture. Ainsi, tout mur est présumé mitoyen s'il se trouve dans l'une des conditions suivantes : 1º lorsque

le mur sépare deux bâtiments (il est alors présumé mitoyen jusqu'à l'héberge, c'est-à-dire jusqu'à la hauteur du toit le moins élevé s'appuyant sur ce mur); 2º lorsqu'il sépare deux cours, deux jardins, ou une cour et un jardin; 3º lorsqu'il sépare deux enclos, alors même qu'ils seraient situés dans les champs. Au contraire, un mur est présumé appartenir à un seul des propriétaires voisins, savoir : 1º lorsque la sommité de ce mur est droite et à plomb d'un côté, et présente de l'autre côté (celui du propriétaire présumé) un plan incliné; 2º lorsqu'il n'y a que, d'un côté seulement, un chaperon placé sur le mur ou des filets débordant le chaperon; 3º lorsqu'il y a, d'un seul côté, des corbeaux (ou pierres en saillie) destinés à supporter les poutres d'un bâtiment. Dans les villes et faubourgs, chacun peut contraindre son voisin à contribuer à la construction et à la réparation des murs faisant séparation de leurs maisons, cours ou jardins; et, à défaut d'usages, de règlements locaux ou de conventions déterminant la hauteur de ces murs, cette hauteur doit être au moins de 32 décimètres, dans les villes de 50,000 âmes au-dessus, et de 26 décimètres dans les autres. La construction et la réparation des murs mitoyens sont supportées par les co-propriétaires, dans la proportion des droits de chacun; mais on peut se dispenser de contribuer à la réparation ou entretien au droit de mitoyenneté. Chacun des co-propriétaires d'un mur mitoyen a droit : 1º de faire élever un bâtiment contre ce mur, et d'y faire placer des poutres ou solives, dans toute l'épaisseur du mur, à 54 millimètres près, sauf le droit du voisin de faire réduire ces poutres à l'ébauchoir jusqu'à la moitié du mur, dans le cas où il voudrait lui-même asseoir des poutres dans le même lieu ou y adosser une cheminée; 2º de faire exhausser le mur, sauf à supporter seul la dépense de l'exhaussement et les réparations de la partie surajoutée et du reste propriétaire, et aussi sauf l'obligation de payer au voisin une indemnité pour la surcharge donnée à la partie mitoyenne. Si le mur mitoyen n'est pas en état de supporter la surcharge, celui qui veut l'exhausser doit le faire reconstruire en entier à ses frais, et l'excédent d'épaisseur doit se prendre de son côté. L'un des co-propriétaires d'un mur mitoyen ne peut, sans le consentement de l'autre, pratiquer aucun enfoncement dans le corps de ce mur, ni y appuyer aucun ouvrage, ou en cas de refus, sans avoir fait régler par experts. Tout propriétaire joignant un mur non mitoyen a la faculté de le rendre mitoyen en tout ou en partie, en remboursant au maître du mur la moitié de la valeur actuelle du tout ou de la partie qu'il veut rendre mitoyenne et la moitié de la valeur du sol sur lequel le mur est construit. Au contraire, le voisin dont l'héritage borde un fossé ou une haie non mitoyens ne peut contraindre le propriétaire de ce fossé ou de cette haie à lui céder la mitoyenneté. Les fossés qui séparent des héritages sont, à défaut de titre contraire, présumés appartenir exclusivement à celui du côté duquel est le rejet de la terre, lorsque ce rejet est d'un seul côté. Tout fossé mitoyen doit être entretenu à frais communs; mais le voisin peut se soustraire à cette obligation en renonçant à la mitoyenneté, à moins que le fossé ne serve habituellement à l'écoulement des eaux. Toute haie mitoyenne doit être entretenue à frais communs. Le co-propriétaire d'une haie mitoyenne peut la détruire jusqu'à la limite de sa propriété, à la charge de construire un mur sur cette limite. Le co-propriétaire d'un fossé mitoyen a le même droit lorsque ce fossé ne sert qu'à la clôture. (C. civ. 653 et s.; L. 20 août 1881.) »

(Ch. Y.)

* **MITRAILLADE** s. f. [ll mll.] (rad. *mitraille*). Décharge de plusieurs canons, chargés à mitraille, sur une masse de personnes : *la mitraillade a duré une demi-heure, et à tué beaucoup de monde.* Il est peu usité.

* **MITRAILLE** [ll mll.] (lat. *materialia; de materia, matière.*) Collectif. Toute sorte de vieille quincaillerie, de vieux morceaux de cuivre. (Vieux.) — Fam. Basse monnaie : *il ne n'a payé qu'en mitraille.* —Toute sorte de vieux clous, de vieux fers, etc., dont anciennement on chargeait quelquefois le canon ; et par ext. balles de fer ou biscaïens, ordinairement mêlés de ferraille, dont on fait des cartouches pour l'artillerie : *un canon chargé de mitraille, à mitraille.* — ⁓ Par dénigrement, corps des évêques, par allusion à la mitre qu'ils portent.

* **MITRAILLER** v. n. Tirer le canon à mitraille : *on a mitraillé pendant une heure.* — v. a. : *On a mitraillé l'ennemi.* — ⁓ Se mitrailler v. récipr. : *les deux armées se sont mitraillées pendant une heure.*

* **MITRAILLEUSE** s. f. Canon d'un genre particulier, disposé de manière à lancer rapidement des charges de mitraille : *les mitrailleuses ont été employées pour la première fois en 1870.* La mitrailleuse est un canon revolver, ayant ordinairement un grand nombre de tubes rayés et une culasse unique ; il y a aussi des mitrailleuses à un seul canon et à plusieurs culasses tournantes. La première mitrailleuse fut inventée en Belgique et adoptée par l'empereur des Français, vers 1866. Elle fit beaucoup de bruit à Saarrebrück (2 août 1870) ; mais on ne lui doit aucune victoire. Elle a été perfectionnée par Montigny, Fosbery, (1870), Drummond, etc. (Voy. ARTILLERIE.)

MITRAL, ALE adj. (rad. *mitre*). Qui a la forme d'une mitre.

* **MITRE** s. f. (gr. *mitra*, bande). Coiffure que portent les évêques, quand ils officient en habits pontificaux : *officier avec la mitre et la crosse.* — Antiq. Coiffure qui était en usage chez les femmes romaines, et qui venait originairement des Perses. — Tuiles, planches de plâtre qu'on dispose en forme de mitre au-dessus d'une cheminée, pour l'empêcher de fumer. — ⁓ Métrol. Mesure tunisienne pour les liquides. — ENCYCL. La mitre est la coiffure des évêques des Eglises catholique romaine et catholique grecque. Elle paraît être d'origine juive. Primitivement, les cardinaux la portaient, mais, au concile de Lyon (1445), ils furent autorisés à porter le chapeau.

* **MITRÉ, ÉE** adj. Qui porte la mitre. N'est guère usité que dans cette locution : ABBÉ CROSSÉ ET MITRÉ.

* **MITRON** s. m. Garçon boulanger. (Pop.)

MITSCHERLICH (mitch'-er-lich] (Eilhard), chimiste allemand (1794-1863). On lui doit la découverte de la loi de l'isomorphisme, qu'il compléta en 1823, lorsqu'il eut trouvé que plusieurs substances, telles que le soufre et le carbone, se cristallisent, sous différentes circonstances, en deux formes dissemblables. Il perfectionna plusieurs des instruments qui servent à mesurer les angles des cristaux ; il a laissé un bon *Manuel de chimie*.

MITTAU. Voy. MITAU.

MITTOU, contrée de l'Afrique centrale, décrite pour la première fois par Schweinfurth (1874), entre 5° et 6° lat. N. et entre les rivières Roah et Rohl. Le groupe de tribus le plus septentrional est celui des Mittous proprement dits ; les autres tribus sont : les Madi, les Madi-Kaya, les Abbakah et les Loubah. Ces peuples pratiquent le tatouage, se nourrissent de viande de chien et possèdent des chèvres et de la volaille, mais pas de bêtes à cornes. Leur pays est fertile et produit sans

---

beaucoup de travail différentes céréales, des plantes tubéreuses et des fruits oléagineux et légumineux. Vers 1872, les Mittous ont été soumis par le gouvernement égyptien de Khartoum.

MITYLÈNE. Voy. MYTILÈNE.

MI-VENT s. m. Hortic. Arbre fruitier à tige peu élevée, abandonné à lui-même.

MI-VOIX (À) loc. adv. En ne faisant entendre qu'un faible son de voix : *chanter à mi-voix.*

* **MIXTE** adj. [mik-ste] (lat. *mixtus*; de *miscere*, mélanger). Qui est mélangé, qui est composé de plusieurs choses de différente nature, et qui participe de la nature des uns et des autres : *corps mixte.* — TRAIN MIXTE, train de chemin de fer composé de voitures de toutes les classes. — S'emploie quelquefois au sens moral : *le drame est une espèce de genre mixte qui tient de la tragédie et de la comédie.* — COMMISSION MIXTE, commission composée d'hommes pris dans deux ou plusieurs compagnies, dans deux ou plusieurs nations : *on a établi une commission mixte pour la liquidation des créances respectives, pour la détermination des limites.* — Jurispr. CAUSES, ACTIONS MIXTES, causes, actions qui sont à la fois personnelles et réelles : *causes personnelles, réelles et mixtes.*—CAUSES MIXTES, s'est dit aussi des causes qui étaient de la compétence du juge séculier et du juge ecclésiastique en même temps. — s. m. Un corps mixte : *réduire les mixtes à leurs principes.* (Voy. SYMPATHIE (Poudre de).)

MIXTECAS [miss-té'-kass], nation d'Indiens du Mexique, qui émigrèrent du Nord à une époque très reculée, et se fixèrent dans la plus grande partie des états actuels d'Oaxaca, de Guerrero et de Puebla. Les Mixtecas étaient industrieux et conservèrent leurs chefs indépendants. Les restes de leurs villes, de leurs temples et de leurs forteresses dénotent une civilisation développée. Leurs descendants constituent aujourd'hui la partie la plus pacifique et la plus intelligente du peuple mexicain. Leurs villes principales sont : Huajuapan, Yanhuistlan, Tlaxiaco et Tepascoluta. Le plus connu de leurs dialectes est le tepuzculano.

MIXTÈQUE s. et adj. (rad. *Mixtecas*). Se dit quelquefois pour Mixteca.

* **MIXTILIGNE** adj. [gn mll.] (lat. *mixtus*, mêlé ; fr. *ligne*). Géom. Figures terminées en partie par des lignes droites et en partie par des lignes courbes.

MIXTINERVE adj. (lat. *mixtus*, mêlé ; *nervus*, nerf). Bot. Se dit d'une feuille dont les nervures naissent de la base et des côtés de la nervure médiane.

* **MIXTION** s. f. [mik-sti-on] (lat. *mixtio*; de *miscere*, mêler). Pharm. Mélange de plusieurs drogues dans un liquide, pour la composition d'un médicament : *ce médicament se fait par la mixtion de telle et de telle drogue.*

* **MIXTIONNÉ, ÉE** part. passé de MIXTIONNER. — VIN MIXTIONNÉ, vin qui n'est pas naturel, qui est mélangé, frelaté.

* **MIXTIONNER** v. a. Mélanger, mêler quelque drogue dans une liqueur, et faire qu'elle s'y incorpore : *mixtionner du vin, un breuvage.* Il indique ordinairement un mélange mauvais, dangereux.

* **MIXTURE** s. f. Pharm. Médicament liquide qui résulte du mélange de substances diverses.

MIYA (Oued), cours d'eau actuellement desséché du Sahara septentrional. Son nom signifie *le fleuve aux cent affluents.* L'oued Miya naît dans le djebel Tidikelt, au N.-O. d'Aïn Çalahh, par environ 27° 40' de lat. N. et 0° 35' de long. O. de Paris ; sa direction générale est N.-N.-E. Son lit, encaissé et pro-

---

fondément fouillé jusqu'au hhassi Inifel, vers le 30° degré de lat. N., serpente ensuite dans une vallée d'érosion de 20 à 26 kil. de largeur, creusée dans un plateau pierreux et aride (hamada). La rive gauche de cette vallée est brusquement limitée par le rebord abrupt du plateau (châb) dont l'altitude est de 80 m. au-dessus du Thalweg qu'il surplombe ; la rive droite, en pente douce, est bordée d'une ligne de *gour* (masses rocheuses isolées du plateau par les érosions), sur lesquels on rencontre les vestiges préhistoriques. A trois lieues en amont d'Ouargla, le lit ensablé de l'ancien fleuve n'a pas moins de 3,800 m. de largeur ; au milieu s'élève la légendaire gara de *Qrima*, haute de 80 m., dont le sommet plat mesure exactement 224 m. de diamètre. Le lit de l'oued Miya s'élargit à partir de ce point pour former le *chotth* (ancien lac) d'Ouargla ; puis, après avoir reçu, à gauche, ses derniers affluents, dont les principaux sont les oueds Massik, Mzab et Nsa, il va se confondre, près de Tomacine, au sud de Touggourt, avec l'Iguarghar, pour former l'oued Rirh, large et fertile vallée dont les eaux souterraines se déversent dans le chotth Melrhir. Comme tous les anciens fleuves sahariens, l'oued Miya est encore, de nos jours, sujet à des crues subites et terribles. Lorsque des pluies abondantes s'abattent sur les plateaux environnants, d'énormes quantités d'eau, glissant sur les roches dénudées, arrivent en bouillonnant, par toutes les vallées convergentes, dans son lit qu'elles emplissent soudain en chassant devant elles les sables amoncelés ; mais si abondantes et si rapides qu'elles soient, ces eaux ne tardent pas à disparaître, absorbées par le sol spongieux, pour s'écouler ensuite en rivières souterraines. La large vallée de l'oued Miya paraît avoir été habitée par de nombreuses populations préhistoriques. Le voyageur Largeau, qui a exploré cette vallée en 1877, et auquel nous empruntons ces renseignements, n'a pas rencontré moins de huit stations préhistoriques importantes sur un parcours de 120 kil. à peine, entre Ouargla et le hhassi ez Zmalla. Les principaux échantillons de silex taillé, trouvés dans ces stations, consistent en pointes de flèches et de javelots unies ou barbelées, couteaux, hachoirs, poinçons, grattoirs, percuteurs, et un magnifique casse-tête long de 445 millim. Il a, en outre, partout constaté des traces de cultures et des vestiges d'habitations. La partie inférieure de la vallée, depuis Ouargla jusqu'à Tomacine, aujourd'hui couverte de hautes et épaisses broussailles, était encore, à l'époque de l'invasion arabe, un immense jardin de plus de 25 lieues d'étendue. Quelques oasis, à moitié ensablées, dominées par de pauvres villages, les ruines couronnant des mamelons isolés, de loin en loin quelques groupes de palmiers planant au-dessus des îlots broussailleux, tels sont les restes de cette ancienne prospérité qui s'offrent aujourd'hui au regard attristé du voyageur.

MM., abréviation de Messieurs.

* **MNÉMONIQUE** s. f. (gr. *mnémé*, mémoire). Art de faciliter les opérations de la mémoire ; méthode au moyen de laquelle on se forme une mémoire artificielle : *il a appris la mnémonique.* — adj. *Art mnémonique.* — ENCYCL. La mnémonique, ou mnémotechnie, paraît avoir été connue des Egyptiens ; mais la première personne qui l'érigea en système fut, d'après Cicéron, le poète Simonide de Cos, vers 500 av. J.-C. Les principes de l'art furent introduits à Rome et développés par Métrodore ; Cicéron et Quintilien appuyèrent l'idée d'associer les pensées et les mots avec des lieux particuliers, les images, des signes dont on peut se souvenir facilement. Parmi les derniers écrivains modernes sur la mnémonique, nous citerons Petrus Ravennas

Jean Romberch de Krypse, Guilielmo Grataroli, Marafortius, Gian Battista della Porta, Lambert Schenkel, Jean Wallis et Henri Herdson. La *Memoria technica*, de Richard Grey (1730) renferme un système dans lequel les lettres sont remplacées par des figures où combinées avec celles-ci dans les mots. Le système le plus compliqué est celui de Fainaigle, qui se répandit en France vers 1807. Celui d'Aimé Paris, perfectionnement du précédent, est une méthode appliquée à la chronologie, à la géographie, à la jurisprudence, aux formules mathématiques et à la nomenclature de toutes les sciences. — Voy. Aimé Paris, *Principes de la mnémotechnie* (7e éd.,1833); Castilho, *Traité de mnémotechnie* (7e éd., 1835).

MNÉMOSYNE, déesse de la mémoire, l'une des Titanides, fille de la Terre; Jupiter la rendit mère des neuf Muses.

* MNÉMOTECHNIE s. f. [mné-mo-tèk-nî] (gr. *mnémé*, mémoire; *techné*, art). Il est synonyme de mnémonique.

* MNÉMOTECHNIQUE adj. Qui a rapport à la mnémotechnie.

MOAB, ancien nom de la région située à l'E. de la mer Morte et sur la rive orientale du Jourdain, longue d'environ 80 kil., large de 30 kil. L'Arnon (auj. Ouady Mojeb) divise les plateaux de Moab en deux districts nommés El-Belka et El-Kerak. Ce territoire est aujourd'hui habité par quelques tribus arabes; il est couvert de villes en ruines. D'après les récits bibliques, Moab était fils de Loth, et ses descendants s'emparèrent d'un vaste pays, sur une tribu de géants nommés Émim; mais ils durent abandonner une partie de leurs conquêtes aux Amorites, qui en furent ensuite chassés par Moïse. Moab fut conquis par Saül; David le rendit tributaire. Les Moabites assistèrent les Babyloniens lors de leur invasion en Palestine; mais ils furent eux aussi subjugués par ces conquérants, et perdirent leur nom lors de l'arrivée des Arabes. Leur culte était une idolâtrie licencieuse et sanguinaire; ils adoraient Baal-Peor et Chemoch.—On a découvert, en 1868, à Dhiban, un monument de granit basaltique noir, portant une inscription de 34 lignes, en caractères hébraïco-phéniciens. Cette inscription fut brisée par les Arabes en plusieurs fragments dont les trois plus considérables furent acquis par Clermont-Ganneau, drogman de l'ambassade française à Constantinople; et les autres morceaux passèrent entre les mains de savants anglais et allemands. On suppose que l'inscription qui s'y trouvait gravée date d'environ 920 av. J.-C. On ne l'a pas encore complètement déchiffrée, mais on a la certitude qu'elle fut faite par Mécha ou Mesa, roi des Moabites, qui y relate ses guerres avec les Israélites et les Edomites. Les fragments achetés par le gouverneur français, moyennant la somme de 32,000 fr., furent déposés au Louvre, à Paris.

MOABITE s. et adj. De Moab; qui appartient à ce pays ou à ses habitants.

MOAVIAH ou Moawyah. I. Fondateur de la dynastie des califes ommiades, né à la Mecque vers 610, mort en 680. Il était parent de Mahomet par son grand-père Ommia. En 641, Omar le nomma gouverneur de Syrie; et lors de l'assassinat du calife Othman, en 655, il refusa de reconnaître Ali, son légitime successeur, et il se proclama calife. Après une longue lutte, il subjugua tout l'empire sarrasin, et ses armées ajoutèrent de vastes territoires au domaine des Ommiades. Il rendit héréditaire le califat. — II. Petit-fils du précédent, né en 660, mort en 686. Il succéda à Yesi comme calife, en 683, mais il abdiqua au bout de quelques mois, et déclara que son grand-père, en faisant héréditaire le

califat, avait commis une usurpation. (Voy. OMMIADE.)

* MOBILE adj. (lat. *mobilis*). Qui se meut, ou qui peut être mû : *l'aiguille aimantée est mobile sur son pivot*. — Typogr. CARACTÈRES MOBILES, caractères séparés qu'on place les uns après les autres pour en former des mots; par opposition aux planches gravées en bois, stéréotypées, etc. — FÊTES MOBILES, certaines fêtes de l'année, ainsi nommées parce que le jour de leur célébration change tous les ans, selon la différence des lunaisons : *Pâques, la Pentecôte, l'Ascension, etc., sont des fêtes mobiles*. — Au sens moral. CARACTÈRE MOBILE, caractère changeant. IMAGINATION, ESPRIT MOBILE, imagination, esprit qui reçoit aisément des impressions différentes. — Adm. milit. TROUPES MOBILES, se dit par opposition à troupes, à corps sédentaires : *créer une garde nationale mobile*. — LA GARDE MOBILE, garde nationale soldée, formée en 1848, et qui se composait généralement de jeunes gens. On appelait GARDE MOBILE, dans l'organisation militaire de 1868, l'ensemble des jeunes gens qui n'avaient pas été compris dans la conscription, mais qui pouvaient être appelés au service actif, en cas de besoin. — s. m. Corps qui se mû : *un mobile imprime une partie de son mouvement à un autre mobile qu'il rencontre*. — Horlog. Roue ou quelque autre pièce du mouvement d'une montre ou d'une pendule, qui tourne sur un pivot. — Force mouvante : *l'eau est le mobile de cette machine*. — LE PREMIER MOBILE, le ciel que les anciens astronomes supposaient envelopper et faire mouvoir tous les autres cieux. — Fig. PREMIER MOBILE, se dit d'une personne qui donne le mouvement à une affaire, à une association : *un tel est le premier mobile de cette affaire, de cette conjuration*. — Fig. Ce qui porte, ce qui excite à faire quelque chose : *la gloire est le mobile de grandes actions, de grands travaux*. — GARDE MOBILE, soldat dans la garde mobile. Dans le premier cas il est masculin : *un mobile*; dans le second il est féminin : *la mobile*.

MOBILE, fleuve et baie au S. de l'Alabama (États-Unis). Le fleuve se forme par la réunion de l'Alabama et du Tombigbee, et se jette dans la baie de Mobile après un cours de 80 kil. La baie est longue de 50 kil. du N. au S., et large de 15 à 20 kil.

MOBILE, ville de l'Alabama (États-Unis); seul port de cet état, sur le fleuve Mobile, près de son embouchure dans la baie de Mobile, à 50 kil. du golfe du Mexique et à 280 kil. S.-O. de Montgomery; 40,000 hab. En 1702, Le Moyne de Bienville transporta le siège principal de la colonie française de la Louisiane, de Biloxi à un point du fleuve Mobile que l'on suppose être à 30 kil. au-dessus de la ville actuelle. En 1711, cet établissement fut presque entièrement détruit par un ouragan, et transporté ensuite là où il est actuellement. En 1723, le siège du gouvernement fut transféré à la Nouvelle-Orléans. 40 ans plus tard, Mobile fut abandonné à la Grande-Bretagne. Pendant la guerre de sécession, la baie de Mobile tomba au pouvoir des états du Sud qui y firent élever de solides fortifications. Le 5 août 1864, l'amiral Farragut entra dans la baie avec sa flotte et détruisit ou captura tous les navires confédérés qui s'y trouvaient. Les forts ne tardèrent pas à se rendre.

* MOBILIAIRE adj. f. C'est, avec une orthographe un peu différente, le même que le féminin du mot suivant.

* MOBILIER, IÈRE adj. Qui consiste en meubles ou qui concerne cette nature de biens : *propriété, contribution mobilière*. — Jurispr. Qui est de la nature du meuble : *d'après le Code civil, les rentes constituées, les effets publics, les intérêts dans les entreprises*

de commerce, etc., sont des biens mobiliers. — SUCCESSION MOBILIÈRE succession ou portion de succession qui consiste en meubles. HÉRITIER MOBILIER, celui qui hérite des meubles.— ACTION MOBILIÈRE, action qui tend à la revendication d'un meuble. — SAISIE MOBILIÈRE, saisie de tous les objets qui peuvent être considérés comme meubles. — VENTE MOBILIÈRE, vente de tout objet dénommé meuble. — SOCIÉTÉ DE CRÉDIT MOBILIER, banque destinée à faire des prêts sur dépôts de valeurs mobilières. — s. Meubles, ce qui sert à garnir et à orner une maison, sans en faire partie : *il a hérité d'un gros mobilier*.

* MOBILISABLE adj. Adm. milit. Qui peut être mobilisé : *une partie de la garde nationale était mobilisable*.

* MOBILISATION s. f. Jurispr. et Adm. milit. Action de mobiliser.

* MOBILISÉ, ÉE part. passé de MOBILISER. — s. m. *Un mobilisé; les mobilisés*.

* MOBILISER v. a. Jurispr. Faire une convention en vertu de laquelle un immeuble réel ou réputé tel, est considéré comme meuble : *par les contrats de mariage on mobilise quelquefois des immeubles*. De ce sens, on dit aussi, AMEUBLIR. — Adm. milit. Envoyer en expédition, mettre en campagne un corps ordinairement sédentaire : *on mobilisa une partie de la garde nationale de telle ville*. — Signifie, encore plus généralement, mettre une armée sur le pied de guerre par le rappel des réserves, de manière qu'elle puisse entrer en campagne.

* MOBILITÉ s. f. Didact. Facilité à être mû : *la mobilité des corps sphériques*. Au sens moral. MOBILITÉ DE CARACTÈRE, D'ESPRIT, D'IMAGINATION, facilité à passer promptement d'une disposition à une autre, d'un objet à un autre. LA MOBILITÉ DES CHOSES HUMAINES, LA MOBILITÉ DES OPINIONS, leur incertitude, leur passage continuel d'un état à un autre.

MOCANNA ou Mokanna : Voy. ATHA BEN HAKEM.

* MOCASSIN s. m. Chaussure des sauvages de l'Amérique du Nord.

* MOCCOLO s. m. Nom que l'on donne, à Rome, à petites bougies que l'on porte allumées dans les rues, pendant le carnaval.

MOCHE s. f. Paquet de soie filée.

MOCHEUSE s. f. (rad. *moche*). Techn. Tambour horizontal, armé de pointes métalliques avec lequel on prépare la bourre de soie pour le peignage.

MOCHUANA [motch-ouâ-na]. Voy. BÉCHUANA.

MOCQUARD (Jean - François - Constant), homme politique et littérateur, né à Bordeaux en 1791, mort à Paris en 1864. Après avoir suivi les cours de la faculté de droit de Paris, il devint, en 1812, secrétaire de légation, puis chargé d'affaires en Bavière. Lors de la rentrée des Bourbons, il redevint avocat et fit preuve de libéralisme dans les quelques procès politiques où il plaida avec un talent remarquable. Devenu sous-préfet en 1830, Mocquard entra en relations avec Louis-Bonaparte, en 1840, il afficha publiquement ses tendances politiques. En 1848, il fut nommé secrétaire de Louis-Napoléon et se mit à la tête de la propagande bonapartiste. Il fut un des agents les plus actifs du coup d'État et devint chef de cabinet de l'empereur, poste qu'il conserva jusqu'à sa mort. Il a laissé : *Notice sur la reine Hortense; Nouvelles causes célèbres* (1847, 6 vol. in-8°); *Jessie* (1861, 2 vol. in-18), et quelques drames en collaboration avec Victor Séjour.

MODAL, ALE, AUX adj. Qui a rapport à un mode, à la modalité.

* MODALE adj. f. Log. Se dit des proposi-

tions qui contiennent quelque restriction. S'emploie aussi substantiv. : *une modale.*

* **MODALITÉ** s. f. Log. Mode, qualité, manière d'être : *la blancheur est une modalité de la neige.* — ↳ Mus. Indication du mode dans lequel on joue.

MODANE, ch.-l. de cant., arr. et à 31 kil. S.-E. de Saint-Jean-de-Maurienne (Savoie); 2,100 hab. C'est à Modane que commence le tunnel dit du mont Cenis, qui réunit la France à l'Italie, à travers les Alpes.

* **MODE** s. f. (lat. *modus,* manière). Usage passager qui dépend du goût et du caprice : *nouvelle mode ; les fous inventent les modes, et les sages les suivent.*

Hélas ! j'ai beau crier et me rendre incommode
L'ingratitude et les abus
N'en seront pas moins à la mode.
LA FONTAINE.

— Fam. CET HOMME, CETTE FEMME EST FORT A LA MODE, cet homme est fort recherché, cette femme est beaucoup fêtée. — BŒUF A LA MODE, ragoût fait d'une pièce de bœuf piquée de gros lard. — Pl. Ajustements, parures à la mode ; mais, dans cette acception, ne se dit qu'en parlant de ce qui sert à l'habillement des dames : *marchande de modes, magasin de modes.* — Marchande, fantaisie : *il faut le laisser-vivre à sa mode, le laisser faire à sa mode.* — A LA MODE D'ITALIE, D'ESPAGNE, etc., suivant les usages d'Italie, d'Espagne, etc. — ONCLE, TANTE A LA MODE DE BRETAGNE, cousin germain, cousine germaine du père ou de la mère : *mon père et lui étaient cousins germains ; par conséquent il est mon oncle à la mode de Bretagne.* — NEVEU, NIÈCE A LA MODE DE BRETAGNE, fils, fille du cousin germain ou de la cousine germaine.

* **MODE** s. m. Philos. Manière d'être : *les divers arrangements des parties d'un corps en sont les modes.* — Dans le langage ordinaire, forme, méthode : *mode de gouvernement, d'administration, de comptabilité, d'enseignement, d'élection.* — Gramm. Inflexions générales du verbe, qui forment la conjugaison, et qui servent à exprimer les différents points de vue sous lesquels on considère l'existence ou l'action : *on reconnaît cinq modes dans chaque verbe régulier : l'indicatif, l'impératif, le conditionnel, le subjonctif et l'infinitif.* — Mus. Caractère affecté au ton : *les Grecs avaient plusieurs modes : l'ionien, le dorien, le phrygien, l'éolien, le lydien,* etc. — MODE MAJEUR, celui où la tierce et la sixte, au-dessus de la tonique, sont majeures ; et MODE MINEUR, celui où la tierce et la sixte, au-dessus de la tonique, sont mineures : *le ton d'ut, mode majeur.* — Plain-chant. MODE AUTHENTIQUE celui où la quinte de la tonique est au grave, et la quarte à l'aigu ; et, MODE PLAGAL, celui où la quinte est à l'aigu, et la quarte au grave.

MODELAGE s. m. Sculpt. Opération de celui qui modèle.

* **MODÈLE** s. m. (lat. *modus*). Exemplaire, patron : *un modèle d'écriture.* — Peint. et Sculpt. Personne, homme ou femme, d'après laquelle les artistes dessinent, peignent, modèlent, sculptent, etc. : *figure, dessinée, peinte d'après le modèle.* — POSER LE MODÈLE, mettre le modèle dans l'attitude qu'on veut représenter. — ÊTRE FAIT COMME UN MODÈLE, être très bien fait, avoir toutes les parties du corps dans des proportions régulières et élégantes. — Sculpt. Représentation en terre ou en cire d'un ouvrage qu'on se propose d'exécuter en marbre ou en quelque autre matière : *le modèle d'une statue, d'un groupe.* — Représentation en petit d'un objet qu'on se propose d'exécuter en grand : *modèle d'architecture.* — Fig. Ouvrages d'esprit, et actions morales : *Homère et Virgile sont de beaux modèles.* — C'EST UN MODÈLE, se dit d'une personne qui a de grandes vertus, de grandes qualités.

* **MODELÉ, ÉE** part. passé de MODELER. — s. m. Peint. et Sculpt. Se dit de la représentation, de l'imitation des formes : *un beau modelé ; un modelé savant.*

* **MODELER** v. a. Sculpt. Former avec de la terre molle ou de la cire le modèle, la représentation d'un ouvrage qu'on veut exécuter en marbre ou en quelque autre matière : *modeler une statue, un groupe en terre, en cire.* On l'emploie aussi absol. : *ce sculpteur a passé toute la nuit à modeler.* — Fig., au sens moral. Régler, conformer : *il a modelé sa conduite sur celle de ses aïeux.* — Se modeler v. pr. Prendre pour modèle : *on doit se modeler sur les gens de bien.*

* **MODELEUR** s. m. Beaux-Arts. Celui qui modèle : *un habile modeleur.*

MODÉNAIS, AISE s. et adj. De Modène ; qui concerne cette ville ou ses habitants.

* **MODÉNATURE** s. f. (ital. *modenatura*; de *modine,* moule ; lat. *modus*). Archit. Proportion et galbe des moulures d'une corniche : *la modénature détermine le caractère des divers ordres d'architecture.*

MODÈNE (lat. *Mutina*; ital. *Modena*). I. Ancien duché de l'Italie septentrionale, qui s'étend du Pô à la Méditerranée (golfe de Gênes); 6,132 kil. carr.; 620,000 hab. Il comprenait Modène proprement dite, Reggio, Guastalla, Frignana, Garfagnana, Massa-e-Carrara et Lunigiana. La partie septentrionale appartient à la grande et fertile plaine de la Lombardie et est arrosée par le Panaro et la Secchia ; la partie méridionale est traversée par la branche principale des Apennins, qui y projette plusieurs rameaux étendus. Ce du-

Modène.

ché forme aujourd'hui trois provinces: Modène, Reggio et Massa-e-Carrara. Son histoire se confond avec celle de sa capitale. — II. Province du royaume d'Italie, comprenant les provinces de Modène et de Frignana de l'ancien duché de Modène ; 2,501 kil. carr.; 275.000 hab. — III. Ancienne *Mutina,* capitale de la province du même nom, dans une plaine entre le Panaro et la Secchia, à 40 kil. N.-O. de Bologne; 58,000 hab. Elle est protégée par une citadelle et est divisée en ancienne et nouvelle ville ; une partie de la *voie Émilienne* la traverse. Sa cathédrale gothique renferme un monument funéraire dessiné par Jules Romain ainsi que sa tour de marbre, l'une des plus hautes d'Italie. On considère comme des merveilles, à cause des marbres qu'elles renferment, les églises de Saint-Vincent, de Saint-Augustin et de Saint-François. Le palais contient plusieurs tableaux célèbres. La bibliothèque Estense,

apportée de Ferrare par César d'Este, compte environ 100,000 vol. — L'ancienne *Mutina,* que l'on suppose être d'origine étrusque, devint une colonie romaine en 183 av. J.-C. En 43, elle soutint un siège fameux et fut témoin des batailles entre Decimus Brutus et Marc-Antoine, pendant la campagne connue sous le nom de *bellum Mutinense.* Les calamités de l'empire réduisirent la ville à une condition déplorable. Sous les rois lombards elle servit plus tard de frontière du côté de l'exarchat. Elle fut gouvernée par des comtes francs pendant environ deux siècles ; au XIᵉ siècle, elle appartint à ses évêques et à la comtesse Mathilde de Toscane. Elle entra ensuite dans la ligue lombarde, et finit par passer, avec Ferrare, dans les possessions de la famille Torrelli. Au XIIIᵉ siècle, elle tomba au pouvoir de la famille d'Este (Voy. ESTE.) Les duchés de Modène et de Reggio restèrent dans cette famille jusqu'en 1797, époque où Napoléon les annexa à la république cisalpine. François IV, petit-fils du duc Ercole III (mort en 1803), fut réinstallé comme duc en 1814, repoussa Murat le 11 avril 1815, fut chassé par ses sujets en 1831, mais fut rétabli par les Autrichiens. Il mourut en 1846 et eut pour successeur François V, son fils, né le 1ᵉʳ juin 1819, mort le 20 nov. 1875. Ce prince gouverna d'une manière tyrannique et fut deux fois chassé par ses sujets (1848-'49). Il quitta définitivement Modène en 1859, après la bataille de Magenta, et sa dynastie fut déposée par une assemblée modénaise le 19 août. En 1860, Modène entra dans la province Æmilia qui fut annexée au royaume d'Italie. — Pendant le premier Empire Modène fut ch.-l. du dép. du Panaro.

MODÉNOIS, OISE adj. Qui est de Modène; qui appartient à cette ville ou à ses habitants.

MODÉRANTISME s. m. (rad. *modéré*). Opinion et parti des modérés, pendant la Révolution française.

* **MODÉRATEUR, TRICE** s. Celui, celle qui modère, qui dirige, qui règle : *il y avait à Lacédémone des modérateurs de la jeunesse.* Ce terme n'est guère usité que dans le style soutenu. — Celui qui cherche à tempérer des opinions exaltées, à rapprocher des sentiments extrêmes : *il est le modérateur de son parti.*

* **MODÉRATEUR** s. m. Appareil qu'on ajoute à une lampe pour régler l'ascension de l'huile: *lampe à modérateur.*

* **MODÉRATION** s. f. Retenue, vertu qui porte à garder une sage mesure en toutes

choses : *grande modération; sortir des bornes de la modération.* — Retranchement, diminution d'un prix ou d'une taxe: *la modération d'une contribution.* — Adoucissement, mitigation: *la modération d'une peine, d'une amende.*

MODERATO adj. Mus. Qui tient le milieu entre le *lento* et le *presto.*

* **MODÉRÉ, ÉE** part. passé de Modérer. — Adj. Se dit des choses qui sont éloignées de toute sorte d'excès : *une chaleur modérée.* — Au sens moral. Qui est sage et retenu, qui n'est point emporté : *un esprit modéré.* — Polit. Le parti modéré. On dit aussi, dans le même sens : Les modérés.

* **MODÉRÉMENT** adv. Sans excès, avec modération : *il s'est comporté fort modérément dans cette occasion.*

* **MODÉRER** v. a. (lat. *moderari*, pour *modesari*). Diminuer, adoucir, tempérer, rendre moins violent : *modérer le feu d'un fourneau.* — S'emploie aussi en parlant de choses morales : *modérer sa colère, ses passions, ses désirs, son ambition, son ardeur.* — Se modérer v. pr. Le temps s'est modéré ; Le froid, le chaud commence a se modérer, il y a du relâchement dans le temps, de la diminution dans le froid, dans le chaud. — Fig. Se posséder, se contenir : *peu de gens savent se modérer dans la bonne fortune.*

* **MODERNE** adj. (ital. *moderno*, qui est de mode). Nouveau, récent, qui est des derniers temps. Il est opposé à ancien et à antique : *les auteurs, les philosophes, les peintres modernes.* — Architecture moderne, se dit de tous les genres d'architecture qui ont été en usage dans l'Europe depuis le commencement du moyen âge, même de l'architecture gothique. Cependant lorsqu'on dit, Un bâtiment, un édifice moderne, on entend ordinairement un bâtiment, un édifice fait suivant la manière de bâtir la plus récente. — s. m. Se dit des auteurs, des savants, des artistes qui ont paru depuis la renaissance des lettres et des arts : *les anciens et les modernes sont d'accord sur ce point.* — A la moderne, loc. adv. Suivant la manière la plus récente : *bâtir à la moderne.*

* **MODERNER** v. a. Archit. Restaurer, pour de nouveaux usages et dans un goût moderne, un ancien édifice : *presque toutes les anciennes basiliques de Rome ont été modernées.*

* **MODERNISER.** Voy. Moderner.

MODERNITÉ s. f. Caractère de ce qui est moderne.

* **MODESTE** adj. (lat. *modestus*). Qui a de la modestie : *c'est un homme modeste.* — Qui a de la retenue, de la modération, qui ne donne dans aucun excès : *il est modeste dans sa dépense, dans toute sa conduite.* — En parlant des choses, médiocre, simple, sans éclat : *avoir un train, un équipage modeste, une table modeste.* — Couleur modeste, couleur qui n'est pas éclatante : *le gris est une couleur modeste.* Cette épithète ne s'emploie qu'en parlant des vêtements. — Qui a de la pudeur, de la décence : *ce jeune homme est aussi modeste que la fille la mieux élevée.* — s. Faire le modeste, la modeste.

MODESTE (Saint), martyr, né en Sicile dans le III° siècle. Il subit le martyre sous Dioclétien, avec Crescence et Vitus, ses compagnons. Fête le 15 juin.

* **MODESTEMENT** adv. D'une manière modeste, avec modestie, avec modération : *parler, s'habiller, vivre modestement.*

* **MODESTIE** s. f. Retenue dans la manière de penser et de parler de soi : *on n'ose le louer en sa présence, de peur de blesser, de gêner sa modestie.* — Modération : *vivre, agir, se comporter avec modestie.* — Pudeur, dé-

cence : *la modestie est le plus bel ornement d'une fille.*

MODICA, ville de Sicile, à 50 kil. S.-O. de Syracuse, dans une étroite vallée entourée de rochers abrupts; 35,000 hab. Belle cathédrale, grand commerce de grains, d'huile, de vins, de fromages, etc.

* **MODICITÉ** s. f. (lat. *modicitas*; de *modicus*, modique). Petite quantité. Ne se dit qu'en parlant de bien, d'argent : *la modicité de son revenu, la modicité de sa fortune l'oblige à beaucoup d'économie.*

MODIFIABLE adj. (rad. *modifier*). Qui peut être modifié.

MODIFICATEUR, TRICE adj. Qui est propre à modifier.

* **MODIFICATIF, IVE** adj. Qui modifie : *un terme modificatif.* — s. m. Gramm. Se dit des mots qui déterminent le sens des autres : *les adverbes sont ordinairement des modificatifs.*

* **MODIFICATION** s. f. Modération, restriction, adoucissement d'une proposition, d'une convention, etc. : *il faut apporter quelque modification à ces articles-là.* — Didact. Changement qui s'opère dans la manière d'être d'une substance : *les corps reçoivent différentes modifications.*

* **MODIFIER** v. a. (lat. *modus*, mode; *facere*, faire). Modérer, adoucir, restreindre : *il faut un peu modifier les clauses de ce traité, de ce contrat.* — Corriger, changer une chose dans quelqu'une de ces parties : *la nature de l'homme est diversement modifiée par le climat, par l'éducation, par les lois.* — Didact. Opérer un changement dans la manière d'être d'une substance : *les différents arrangements des parties modifient la matière.* — Se modifier v. pr. : *leur opinion s'est beaucoup modifiée.*

* **MODILLON** s. m. [ll mll]. Archit. Ornement propre aux ordres ionique, corinthien et composite, placé sous le larmier de la corniche, et figurant l'extrémité des chevrons du comble.

MODIOLAIRE adj. (lat. *modiolus*, moyeu). Qui a la forme d'un moyeu de roue.

* **MODIQUE** adj. (lat. *modicus*). Qui est peu considérable, de peu de valeur : *une somme, une taxe modique.*

* **MODIQUEMENT** adv. Avec modicité : *il paye modiquement ses domestiques.*

* **MODISTE** s. (rad. *mode*). Ouvrier, ouvrière en modes; marchand, marchande de modes: *un modiste, une modiste.* (Voy. Mode.)

MODIUS (François), savant jurisconsulte, né à Oudenbourg près de Bruges, en 1556, mort en 1597; il publia plusieurs éditions de classiques latins et fut correcteur à Francfort. Il mourut chanoine à Aire, en Artois.

MODLIN. Voy. Novogeorgievsk.

MODOCS, tribu d'Indiens américains, répandus autrefois sur les bords méridionaux du lac Klamath (Californie). Ils furent défaits par les Américains en 1873 et dispersés dans le territoire Indien et dans l'Orégon. Il n'existe plus aujourd'hui que 150 Modocs environ.

MODON, ancienne *Méthone*, ville fortifiée de Grèce, sur la Méditerranée, dans la partie S.-O. de la Morée, nomarchie de Messénie, à 210 kil. S.-O. d'Athènes; 4,300 hab. Les Français s'en emparèrent au profit des Grecs en 1828.

MODULAIRE adj. (rad. *module*). Archit. Qui dérive de l'emploi des trois ordres usités chez les Grecs et les Romains: *architecture modulaire.* — Qui concerne l'architecture où ces trois ordres sont employés.

* **MODULATION** s. f. (rad. *moduler*). Mus. Passage d'un ton, d'un mode à un autre, dans

le chant ou dans l'harmonie : *une suite de modulations.* — Action de moduler le chant ou l'harmonie, et effet qui en résulte : *la modulation de cet air est fort agréable.*

* **MODULE** s. m. (lat. *modus*, mesuro). Archit. Mesure arbitraire servant à établir les rapports de proportion entre toutes les parties d'un ouvrage d'architecture : *le diamètre ou le demi-diamètre du bas de la colonne sert ordinairement de module aux divers ordres.* — Par ext. Tout ce qui sert à mesurer : *le mètre est le module des longueurs.* — Diamètre d'une médaille : *les médailles du petit bronze sont d'un moindre module que celles du grand, du moyen bronze.*

* **MODULER** v. n. (lat. *modulari*). Mus. Faire passer le chant ou l'harmonie dans des tons ou des modes différents : *ce musicien module bien.* — v. a. : *il a bien modulé cet air-là.*

MODUS FACIENDI s. m. Expression latine qui signifie, *manière de faire, d'agir.*

MODUS OPERANDI s. m. Expression latine qui signifie, *manière d'opérer.*

MODUS VIVENDI s. m. Expression latine qui signifie : *manière de vivre : comment s'arrange-t-il de son modus vivendi?* — Polit. Lois, règles, usages qui règnent entre deux États en attendant le règlement d'une question en litige. Ce mot fut créé par Cavour en 1860 pour désigner les relations peu amicales qui régnaient entre l'Italie et le Saint-Siège. De même on chercha un *modus vivendi* pour les rapports entre le roi et le pape après l'installation du gouvernement italien à Rome. En 1879, on étudia, à Berlin et à Rome, un *modus vivendi*, en attendant le règlement des questions religieuses.

MŒBIUS [me-bi-ouss] (August-Ferdinand), mathématicien allemand (1790-1868). Il fut professeur à Leipzig pendant 50 ans. Son traité *Der barycentrische Calcul* (1827) établit le nouveau principe des affinités des figures. Son *Lehrbuch der Statik* (1837) traite du rapport intime entre la statique et la géométrie. Ses œuvres astronomiques comprennent: *Die Hauptsætze der Astronomie* (4° édit., 1860).

* **MOELLE** s. f. [moua-le] (lat. *medulla*). Substance molle et grasse qui remplit la cavité des os : *moelle de bœuf.* — Moelle épinière, moelle de l'épine, partie du système nerveux qui se trouve dans la cavité des vertèbres. — Moelle allongée, partie de la moelle épinière qui est renfermée dans le crâne. — Bot. Substance molle et spongieuse qui se trouve au dedans de certains arbres, de certaines plantes: *de la moelle de sureau, de figuier.* — Substance que contient un bâton de casse : *de la moelle de casse.* — Il lui tire jusqu'a la moelle des os, il le suce jusqu'a la moelle des os, se dit d'un homme qui en ruine un autre, en tirant de lui peu à peu tout ce qu'il peut tirer. — S'emploie quelquefois, fig., en parlant des ouvrages d'esprit, et signifie, ce qu'il y a de plus essentiel, de plus instructif : *il ne s'agit pas de rentrer mot à mot un bon livre, il faut en tirer, en extraire la moelle.* — ~ Pop. Energie: *avoir de la moelle dans les os; tu n'as pas de moelle pour un décime.*

* **MOELLEUSEMENT** adv. [moua-leu-ze-]. D'une manière moelleuse. Ne s'emploie qu'au figuré : *ce tableau est peint moelleusement.*

* **MOELLEUX, EUSE** adj. [moua-leù]. Rempli de moelle : *un os moelleux.* — Vin moelleux, vin qui joint la douceur à la force, et qui flatte agréablement le goût. — Etoffe moelleuse, étoffe qui a du corps, et qui est souple, douce à la main. — Voix moelleuse, voix pleine, douce, et qui n'a rien d'aigre ni de dur. — S'emploie aussi, fig., en termes de peinture. Pinceau moelleux, pinceau dont les touches sont larges, grasses et bien fondues.

On dit, dans le même sens, *Touche moelleuse.* — CONTOURS MOELLEUX, contours souples et gracieux. — Substantiv. : *avoir du moelleux dans la touche, dans la couleur.*

* MOELLON s. m. [moua-lon]. Maçonn. Pierre de petite dimension qui s'emploie dans les massifs de construction, et qu'on recouvre ordinairement de plâtre ou de mortier : *tirer du moellon de la carrière.* — MOELLON D'APPAREIL, celui qui est équarri pour être employé en parement. — MOELLON PIQUÉ, moellon travaillé avec la pointe, et servant aux puits, aux voûtes, aux fossés, etc.

MŒEN, île du Danemark, dans la Baltique, près de Seeland, par 54° 58' lat. N. et 9° 55' long. E.; 198 kil. carr.; 20,000 hab. Cap., Stege.

MOÈRE s. f. Nom donné, dans le N. de la France et en Belgique, à un étang formé par la mer, que l'on a desséché et que l'on cultive.

MŒRIS, lac d'Egypte, près de l'ancienne *Crocodilopolis.* Hérodote confond le lac naturel Birket-el-Kéroun avec le lac artificiel de Mœris. (Voy. BIRKET-EL-KÉROUN.) Pendant les inondations annuelles du Nil, ces deux lacs n'en font qu'un seul. Le Mœris est, en réalité, un lac artificiel creusé par l'ancien roi égyptien Mœris pour former un vaste réservoir, où les eaux retenues par des digues, se répandent ensuite au moyen de canaux dans toutes les parties du Fayoum.

MŒSIE ou Mésie, ancien pays de l'Europe orientale, borné au N. par la Save et le Danube, à l'E. par la mer Noire, au S. par les monts Balkans et à l'O. par la rivière Drin. Les Romains divisèrent la Mésie en Mésie inférieure (auj. Bulgarie) et Mésie supérieure (auj. Serbie). Les premiers habitants appartenaient en majorité à la race thrace; leur principale tribu était celle des Triballi. Le territoire fut occupé en l'an 250 par les Goths (Mœso-Goths) et au VIe siècle par les Slaves.

MŒSOGOTH'QUE adj. Qui appartient aux Goths établis en Mœsie.

MOËT (Jean-Pierre), écrivain, né à Paris en 1721, mort à Versailles en 1806. Il consacra sa fortune, qui était considérable, à éditer quelques ouvrages de ses contemporains; il a écrit, en outre, différents traités bizarres.

* MŒUF s. m. [meuff] (lat. *modus,* mode). Gramm. Synon. de mode. (Vieux.) (Voy. MODE.)

* MŒURS s. f. pl. [meûr ou meurss] (lat. *mos, moris, mores*). Habitudes naturelles ou acquises, pour le bien ou pour le mal, dans tout ce qui regarde la conduite de la vie : *bonnes, mauvaises mœurs.*

Le langage élégant donne les bonnes mœurs.
PONSARD. *Charlotte Corday,* acte I, sc. 1.

— On dit, suivant une formule reçue : *un certificat de vie et de mœurs, de vie et mœurs; faire information de vie et de mœurs.* — AVOIR DES MŒURS, avoir de bonnes mœurs. — N'AVOIR POINT DE MŒURS, en avoir de mauvaises. On dit, dans le même sens, *Un homme, UNE FEMME SANS MŒURS.* — Prov. LES HONNEURS CHANGENT LES MŒURS, on s'oublie dans la prospérité. — Manière de vivre, inclinations, habitudes, coutumes particulières de chaque nation : *chaque nation a ses mœurs.* — S'emploie quelquefois, dans le même sens, en parlant d'une personne ou de quelques personnes : *cet homme a des mœurs douces, des mœurs simples, des mœurs faciles, des mœurs sévères.* — CELA EST, N'EST PAS DANS LES MŒURS DE TELLE NATION, cela est, n'est pas conforme aux usages de telle nation : *cela n'est pas dans nos mœurs.* — Les MŒURS DES ANIMAUX, les habitudes naturelles des différentes espèces d'animaux, les habitudes qui résultent de leur instinct. — Art poétiq. Ce qui concerne les habitudes morales

du pays et du temps dont il est question dans un poème, dans une pièce de théâtre, ce qui est conforme au caractère des personnages qui y sont introduits : *les mœurs sont parfaitement observées dans cette tragédie, dans cette comédie, dans cette épopée.* — Peint. Costume, usages des différents temps, des différents lieux : *les mœurs sont bien observées, ne sont pas bien observées dans ce tableau.* — Rhét. Partie morale de l'éloquence, celle qui a pour objet de gagner la confiance des auditeurs.

* MOFETTE s. f. (ital. *mofetta*). Exhalaison pernicieuse qui s'élève dans les lieux souterrains, et principalement dans les mines. — Toute exhalaison dangereuse.

MOGADOR (ar. *Souheira;* moresque *Mogodour,* du nom d'un saint musulman, dont le tombeau existe encore à peu de distance au sud des remparts), ville maritime fortifiée du Maroc, sur l'Atlantique, à 220 kil. S.-O. de Maroc: environ 20,000 hab. Elle se compose de deux parties : l'une, appelée *citadelle,* est habitée par les Mores; et l'autre, nommée *mella,* est la résidence des juifs. Le port est le meilleur de toute la côte occidentale du Maroc. Mogador, n'était autrefois qu'un mauvais fort bâti par les Portugais pour établir une communication facile avec leurs colonies. Sidi-Mohammed la construisit en 1760, et en fit une ville assez agréable, malgré sa position sur une presqu'île très basse, battue de tous côtés par les vagues, et au milieu d'une mer de sables mouvants. Le port est formé par un îlot au S.-O. du débarcadère. En face du port s'étend l'île nommée Mogador, tandis que la ville est plus communément désignée sous le nom de Souheira. Le 15 août 1844, une flottille française, commandée par le prince de Joinville, bombarda l'île fortifiée de Mogador et détruisit en partie la ville qui fut, le 17, incendiée par les Arabes du voisinage.

MOGHREB ou Maghreb (ar. *el-Moghreb,* pays du couchant), nom donné par les géographes et les historiens arabes à la partie de l'Afrique septentrionale qui forme aujourd'hui l'Algérie et le Maroc.

MOGHREBIN, INE s. et adj. Du Moghreb; qui concerne le Moghreb ou ses habitants.

MOGOL s. m. Titre de l'empereur du Mogol: *le grand mogol.* (Voy. MONGOLS.)

MoGHACZ [mo'-hàtch], ville de la Hongrie méridionale, comté de Baranya, sur la rive occidental du Danube, à 175 kil. S.-O. de Pesth; 14,000 hab. Commerce de charbon de terre, de bois, de vins, etc. Louis II, de Hongrie, y fut vaincu, le 29 août 1526, par Soliman le Magnifique et périt pendant la bataille. Les chrétiens laissèrent 22,000 hommes sur le terrain. L'armée turque se composait de 200,000 hommes, tandis que l'armée hongroise n'en comptait que 30,000. Près de la même ville, Charles de Lorraine, à la tête d'une armée austro-hongroise, mit en complète déroute une armée turque le 12 août 1687; il ne perdit que 600 hommes, tandis que ses ennemis en perdirent 20,000.

MOHAIR s. m. (ang. *mohair,* poil de chèvre de Turquie). Comm. Etoffe d'origine anglaise qui est formée de poil d'animaux, principalement de chèvre ou de chevreau et qui est spécialement destinée à la confection des robes de femme.

MOHAMMED. Voy. MAHOMET.

* MOHATRA adj. m. (ar. *mokhatra,* risque, chance). Ne s'emploie que dans cette locution, CONTRAT MOHATRA, contrat tout à fait usuraire, par lequel un marchand vend très cher, à crédit, ce qu'il rachète à très vil prix, mais argent comptant. (Vieux.)

MOHAVES, tribu indienne sur les rivières

Mohave et Colorando, dans le territoire d'Arizona (Etats-Unis). Elle fait partie de la nation Youma et de la famille Pima. Ces Indiens sont guerriers, grands, bien formés, et cultivent industrieusement le sol. Ils se peignent, de la tête aux pieds avec de l'ocre, de l'argile et du charbon. Ils se sont trouvés plusieurs fois en collision avec les troupes des Etats-Unis; mais aujourd'hui ils sont tout à fait pacifiques vis-à-vis des blancs, quoique de temps en temps en guerre avec les Chemehueves. Ils sont au nombre d'environ 1,500, dont la moitié à peu près résident dans une réserve.

MOHAWK [mo'-hôk], rivière de l'état de New-York (Etats-Unis), qui prend source dans le comté d'Oneida, à 30 kil. environ N. de Rome, coule au S.-E et à l'E. et se jette dans l'Hudson à Waterford, à 16 kil. au-dessus d'Albany, après un parcours de 210 kil.

MOHAWKS, ou Agmègue, l'une des Cinq-Nations des Hotinonsionni ou Iroquois. Ils se donnaient le nom de Ganniagwari (l'Ourse), ce qui les fit appeler par les tribus algonquines Mahaqua, corrompu en Mohawk. Dans la guerre de la révolution, la tribu, conduite par Brant, s'unit aux Anglais et ravagea les établissements américains. En 1784, ils se retirèrent à Grand River (Canada), où ils sont aujourd'hui.

MOHICAN, ANE adj. et s. Se dit d'une peuplade américaine et de ce qui s'y rapporte : *mœurs mohicanes.* On disait autrefois MOUEGAN. C'était une tribu algonquine que les Hollandais rencontrèrent sur les deux rives de l'Hudson. — Les Mohicans reçurent amicalement les Hollandais. En 1628, ils furent attaqués par les Mohawks et s'enfuirent jusqu'à la rivière Connecticut. Une partie de la nation s'était déjà fixée sur la Thames (Tamise), où on les connaissait vulgairement sous le nom de Pequots. Lorsque, vers 1690, les Anglais commencèrent la grande lutte contre les Français, les Mohicans, dont la masse était peu à peu revenue sur l'Hudson, firent la paix avec les Mohawks et s'unirent aux Anglais. En 1736, Sargeant rassembla quelques-uns des Mohicans du Connecticut à Stockbridge. Plus tard, un certain nombre d'entre eux se transportèrent sur la Susquehanna, où ils formèrent un élément distinct dans les villes moraves. Pendant la révolution, les Mohicans prirent parti pour les Américains. En 1788, quelques Indiens mohicans et de Long-Island émigrèrent à Oneida, et y formèrent sous le nom d'Indiens Brothertons. Ceux qui restèrent dans le Connecticut étaient, en 1842, réduits à 60 ou 70 personnes. Entre 1820 et 1830, les Indiens de Stockbridge émigrèrent d'Oneida à Grein-Bay; les uns devinrent citoyens américains; les autres, avec quelques Munsees, vivent au nombre de 100 environ, sur une réserve à Red-Springs. Ils ont presque entièrement abandonné leur langue pour l'anglais. — Le nom des Mohicans est célèbre en Europe, grâce aux romans de Fenimore Cooper.

MOHILEV [mo-hi'-lev]. I. Gouvernement de la Russie européenne; 48,045 kil. carr.; 1,140,00 hab. Pays plat et fertile; minerai de fer. — II. Capitale du gouvernement de ce nom, sur le Dnieper, à 520 kil. O.-S.-O de Moscou; 40,431 hab. Résidence d'un archevêque grec, et d'un archevêque catholique romain, primat de Russie et de Pologne. Charles XII s'en empara en 1708, et Pierre le Grand la reprit en 1709. Le maréchal français Davout y remporta, le 23 juillet 1812, une victoire signalée sur l'armée russe du prince Bagration.

MOHL [môl]. I. (Hugo von), botaniste allemand, néen 1805, mort en 1872. Il était professeur de botanique à Tubingue, et y fit créer une faculté spéciale pour les sciences naturelles. Il a beaucoup écrit, et il jouissait d'une haute autorité dans les questions de physiologie végétale. — (Robert, son frère, né en 1799, mort en 1875, professeur de jurisprudence à Tubingue et à Heidelberg ; législateur et diplomate éminent de Bade. Ses œuvres traitent principalement de la science politique. — III. (Julius), frère du précédent, né en 1800, mort en 1876. Professeur de littérature orientale à Tubingue (1826-'32), où plus tard de persan au collège de France à Paris ; en 1852 il devint, dans cette ville, directeur de la section orientale à l'imprimerie nationale. Il a édité *Shah Nameh* de Ferdusi (1838-'66, 5 vol.) et un grand nombre de livres chinois et d'autres ouvrages orientaux.

MOHS (Friedrich) [môs], minéralogiste allemand, né en 1773, mort en 1839. Il succéda à Werner comme professeur à Friberg, et en 1826, passa à Vienne. Il est le créateur d'un nouveau système de classification des minéraux. On a de lui des *Éléments de minéralogie*.

* **MOI.** Pronom singulier de la première personne qui est des deux genres, et dont *Nous* est le pluriel [moua](lat. me, accusat. de *ego*, je). Ce mot est un synonyme réel de *Je* et de *Me* ; mais non un synonyme grammatical, puisqu'ils s'emploie différemment, et que dans aucun cas, il ne peut être remplacé ni par *Je* ni par *Me*. — Employé seul comme réponse, peut être sujet ou régime direct, et tient lieu d'une phrase entière : QUI VEUT ALLER AVEC LUI ? Moi, on a voulu désigner ? QUI A-T-ON VOULU DÉSIGNER ? MOI, on a voulu désigner : dans cet exemple, il est régime direct.

> Votre pays vous hait, votre époux est sans foi ;
> Contre tant d'ennemis que vous reste-t-il ? — *Moi ;*
> *Moi,* dis-je, et c'est assez.
>   CORNEILLE. *Médée,* acte I, sc. IV.

— Est aussi régime direct après *ne que,* mis pour SEULEMENT : *je ne plains que moi.* — Est encore régime direct dans les phrases où il est ajouté à d'autres mots qui sont régimes directs : *il a renvoyé son frère et moi.* — Entre aussi dans le sujet de la phrase, lorsqu'il est joint à d'autres mots qui forment le sujet : *son père, sa mère et moi, lelui avons défendu.* — Se joint à *Je,* par opposition et réduplication, pour donner plus d'énergie à la phrase, soit qu'il vienne après le verbe, comme dans ces phrases, *je dis, moi ; je prétends, moi ;* soit qu'il précède *Je* et le verbe, comme dans ces phrases : *moi, Je dis. Moi, je prétends.* — Par ellipse. MOI, TRAHIR LE MEILLEUR DE MES AMIS ! FAIRE UNE LÂCHETÉ, MOI ! etc., *moi, je pourrais trahir le meilleur de mes amis ! je pourrais faire une lâcheté, moi !* — Se met de même, par opposition devant ou après *Me* : *voudriez-vous me perdre, moi votre allié ?* — Se met aussi par opposition avec *Nous* et *Vous,* lorsqu'il est accompagné d'un nom ou d'un autre pronom : *vous et moi nous sommes contents de notre sort, nous irons à la campagne lui et moi ; il est venu nous voir mon frère et moi.* Dans ces phrases, *Moi* est le nom ou pronom qui lui est joint sont ensemble l'apposition et l'explication de *Nous.* — Joint à un nom ou à un autre pronom, il ne doit, d'après les convenances de notre politesse, être placé au second : *vous et moi, un tel et moi, etc.* — Le nom auquel il est joint ne soit celui d'une personne très inférieure : ainsi un père dira : *moi et mon fils ;* un maître, *moi et mon domestique.* — Se construit encore avec les pronoms *Ce* et *Il,* dans les phrases suivantes et autres semblables : *c'est moi qui vous en réponds ; qui fut bien aise ? ce fut moi.* — Après une préposition, il n'y a que le pronom *Moi* qui puisse exprimer la première personne : *vous servirez-vous de moi ? Il a parlé de moi.* — Il en est de même après une conjonction : *mon frère et moi ; personne que moi ; nul autre que moi.* — DE MOI, après un nom de personne ou un pronom personnel également précédé de la

préposition *de,* se met quelquefois pour le *mien,* etc. : *c'est le sentiment, ce sont les sentiments, c'est l'opinion de mon frère et de moi que je vous exprime.* — 'Quand le verbe est à l'impératif, et que le pronom qu'il régit n'est point suivi du mot *en,* c'est *Moi* qu'il faut employer après le verbe, soit comme régime simple, *Louez-moi, récompensez-moi ;* soit comme régime indirect, où la proposition à est sous-entendue, *Rendez-moi compte, dites moi la vérité ;* et alors *Moi* se joint au verbe par un tiret. — Quelquefois, mais dans le discours familier seulement, il se met par redondance, et pour donner plus de force à ce qu'on dit : *faites-moi taire ces gens-là* — Dans le même cas, le pronom *Moi* se met après l'adverbe de lieu *y,* soit comme régime direct, soit comme régime indirect : *vous allez à l'Opéra, menez-y moi.* (Voy. ME.) Au contaire, l'adverbe *y,* dans le même sens, se met après le pronom *Nous ; menez-nous-y, donnez-nous-y une place.* — A MOI, sorte d'exclamation, pour faire venir promptement quelqu'un auprès de soi : *à moi, à moi, soldats !* — DE VOUS A MOI, façon de parler dont on se sert pour témoigner à une personne, qu'on lui parle avec sincérité, mais qu'on lui demande le secret : *de vous à moi, c'est un pauvre homme.* On dit dans le même sens : *ceci est de vous à moi, ceci de vous à moi.* — QUANT A MOI, POUR MOI, autres façons de parler dont on se sert pour marquer plus particulièrement ce qu'on pense : *vous me direz ce que vous voudrez, quant à moi, je sais ce qu'il en est.* — Quant-à-moi, s. m. est comme un seul mot dans les phrases suivantes et autres semblables, où il signifie, air fier ou réservé : *se tenir sur son quant-à-moi.* (Fam.) — Moi s. m. Attachement de quelqu'un à ce qui lui est personnel : *le moi choque toujours l'amour-propre des autres.* — Philos. Individualité métaphysique d'une personne : *malgré le changement continuel de l'individu physique, le même moi subsiste toujours.*

MOIGNO (François-Napoléon-Marie L'ABBÉ), de *Villebeau,* savant, né à Guéméné (Morbihan) en 1804, mort le 13 juillet 1884. Il entra dans l'ordre des Jésuites, découvrit, en 1828, une nouvelle formule d'équation du plan tangent, et, en 1836, il devint professeur de mathématiques chez les Jésuites de Paris, où il se fit remarquer comme prédicateur. Après avoir subi de grandes pertes dans ses spéculations, il quitta les Jésuites, et fut successivement le rédacteur scientifique de *l'Époque,* de la *Presse* et du *Pays.* En 1852, il fonda la revue hebdomadaire scientifique, le *Cosmos,* dont il resta le rédacteur en chef jusqu'en 1863 ; il créa alors *les Mondes,* publication périodique du même genre. En 1873, il devint chanoine de Saint-Denis. Il a publié des ouvrages sur le calcul différentiel et intégral (4 vol.), sur *l'optique* (4 vol.), le télégraphe électrique, la stéréoscopie, la mécanique analytique, etc.

* **MOIGNON** s. m. [gn mll.] (esp. *emunca,* poignet). Ce qui reste d'un bras, d'une jambe d'une cuisse coupée : *cet homme, au lieu de poignets, n'a plus que deux moignons dont il travaille.* — Ce qui reste d'une grosse branche d'arbre qu'on a élaguée ou rompue.

MOILIN (Jules-Antoine), ordinairement appelé *Tony Moilin,* célèbre médecin, né à Cosne (Nièvre) en 1832, fusillé à Paris en 1871. Il fit ses études médicales à Paris et se consacra surtout au traitement des ophtalmies ; il préconisa comme moyen curatif, pour certaines de ces affections, l'emploi de mouches en taffetas d'Angleterre autour de la région malade. Compromis dans un complot révolutionnaire, il fut condamné, le 8 août 1870, à 5 ans de réclusion. La révolution du 4 sept. lui rendit la liberté. Pendant la Commune, il fut chirurgien-major d'un bataillon de la garde nationale. On a de lui plusieurs ou-

vrages de médecine qui ne sont pas sans mérite.

* **MOINAILLE** s. f. [ll mll.]. Terme de mépris dont on se sert pour désigner les moines en général. (Fam.)

* **MOINDRE** adj. compar. [mouain-dre] (lat. *minor*). Plus petit en étendue ou en quantité : *cette colonne est moindre que l'autre en hauteur et en grosseur.* — Plus petit dans son genre, suivant les différents substantifs auxquels il se joint : *votre douleur en sera moindre.* — Moins considérable : *une étoffe de moindre prix, de moindre valeur qu'une autre.* — Qui n'est pas si bon, ou qui est plus mauvais : *ce vin-là est moindre que l'autre.* — Avec l'article, est une espèce de superlatif qui signifie, le moins considérable, le moins important, le plus petit, etc. : *c'est une chose que le moindre ouvrier peut faire.* On dit quelquefois, fam., par une sorte d'exagération : *au moindre petit bruit ; le moindre petit morceau de pain.* — Avec l'article, et précédé d'une négation, signifie aucun : *je n'en ai pas le moindre appréhension.* — Absol. LES QUATRE MOINDRES, les quatre ordres inférieurs ou mineurs. (Voy. MINEUR.)

MOINDREMENT adv. Point du tout : *je ne suis pas le moindrement ému de ses menaces.*

* **MOINE** s. m. (lat. *monachus* ; du gr. *monos,* seul). Religieux faisant partie d'un ordre dont les membres vivent sous une règle commune, et séparés du monde, comme les bénédictins, les bernardins, les chartreux. L'usage a étendu cette dénomination aux religieux mendiants : *un moine défroqué.* — GRAS COMME UN MOINE, fort gras. — L'HABIT NE FAIT PAS LE MOINE, on ne doit pas juger des personnes par les apparences, par les dehors. — ATTENDRE QUELQU'UN COMME LES MOINES FONT L'ABBÉ, ne pas l'attendre pour dîner quoiqu'il doive venir. — POUR UN MOINE L'ABBAYE NE FAUT PAS OU POUR UN MOINE ON NE LAISSE PAS DE FAIRE UN ABBÉ, l'absence d'une personne n'empêche pas, ne doit pas empêcher qu'une affaire ne se conclue, qu'une partie ne se fasse. — MOINE LAI, se disait d'un laïc, ordinairement homme de guerre invalide, que le roi plaçait dans une abbaye de nomination royale, pour y être entretenu. — MOINE BOURRU, prétendu fantôme que l'ignorance faisait craindre dans les campagnes. Signifie aussi, fam., un homme de mauvaise humeur : *cet homme-là est un moine bourru, un vrai moine bourru.* — Meuble de bois où l'on suspend une sorte de réchaud plein de braise pour chauffer le lit ; et cylindre de bois creusé, doublé de tôle, dans lequel on introduit un fer chaud pour ce même usage : *il fait mettre le moine dans son lit pendant tout l'hiver.* — Typogr. Endroit mal touché sur la forme et qui vient mal à l'impression. Le défaut de touche fait qu'une partie de la forme ne reçoit pas assez d'encre, ce qui produit la *feinte* ou le *moine* sur les feuilles imprimées.

MOINE (La), rivière qui naît dans le dép. de Maine-et-Loire, baigne Maulevrier, Cholet, Montfaucon, et afflue dans la Sèvre-Nantaise à Clisson (Loire-inférieure), après un cours de 65 kil.

MOINE (Pierre-Camille Le), paléographe, né à Paris en 1723, mort en 1780. Il a laissé des ouvrages recherchés parmi lesquels nous citerons : *Ancien état du royaume d'Austrasie* (1760) ; *Ancienne loi de Metz* (1765) ; *Diplomatique pratique* (Metz, 1765, in-4°), etc.

MOINEAU s. m. (gr. *monios,* solitaire). Ornith. Genre de passereaux conirostres, à plumage gris, comprenant un grand nombre d'espèces, à forme lourde. — POT A MOINEAU, pot de terre qu'on attache en dehors d'une fenêtre, afin que les moineaux y viennent faire leurs nids. — Prov. et fig. TIRER SA

POUDRE AUX MOINEAUX, employer pour des bagatelles son crédit, ses amis, son argent, dont on aurait pu se servir plus utilement. — Fortif. Petit bastion obtus, que l'on met au milieu d'une courtine très longue, pour compléter le flanquement. — ENCYCL. L'espèce la plus connue du genre moineau est le *moineau domestique ou moineau franc (fringilla domestica)*, petit oiseau bien connu, qui est brun tacheté de noirâtre en dessus, avec une bande blanchâtre sur les ailes; la calotte du mâle est rousse sur les côtés; et sa gorge est noire. Les moineaux sont criards, voraces,

Moineau à couronne blanche (Zonotrichia leucophrys).

impudents; ils ne chantent pas, mais ils s'apprivoisent facilement, s'attachent à leur maître et deviennent très familiers. A l'état libre, ils vivent peu en société; mais ils se réunissent en troupes vers la fin de la saison et s'abattent sur les récoltes et les vergers dont ils dévorent les produits. Ils se rendent utiles aussi en détruisant une quantité prodigieuse d'insectes. Les moineaux font plusieurs pontes par an, chacune de cinq ou six œufs d'un cendré bleuâtre taché de brun; ils établissent leur nid dans les trous de murailles, sous les toits, sur les arbres et même dans des nids abandonnés. On les trouve dans tous les pays de l'ancien continent. — Le grand genre moineau, tel qu'il a été établi par Cuvier, est caractérisé par un bec conique plus ou moins gros à sa base, pointu au sommet, par des narines arrondies que cachent presque les plumes du front. Cuvier le divise en huit sous-genres : 1° *tisserins*; 2° *moineaux proprement dits*; 3° *pinsons*; 4° *linottes et chardonnerets*; 5° *serins ou tarins*; 6° *veuves*; 7° *gros-becs*; 8° *pityles*. — Le sous-genre des *moineaux proprement dits* se distingue par un bec court, conique, un peu bombé vers la pointe, le rebord de la mandibule légèrement rentrant, les ailes médiocres, la queue échancrée; ils marchent en sautillant. Le type de ce sous-genre est le *pierrot* ou *moineau domestique* dont nous avons parlé plus haut. Le *friquet* ou *moineau des bois (fringilla montana)*, un peu plus petit que le précédent, a deux bandes blanches sur l'aile, une calotte rousse, le côté de la tête blanc avec une tache noire. Il s'approche peu des habitations, niche dans les arbres ou dans les trous et pond des œuf gris ou d'un brun clair. Le *moineau d'Italie (fringilla Cisalpina)* à la tête de couleur marron. Le *moineau d'Espagne (fringilla Hispaniolensis)* a la gorge et la poitrine noires, le sommet de la tête et l'occiput roux. Le *moineau soulcie (fringilla petronia)*, du midi de l'Europe, porte une ligne blanchâtre autour de la tête et une tache jaune sur la poitrine. Le *moineau à couronne blanche (zonotrichia leucophrys)*, des États-Unis, a la gorge et la poitrine cendrées, le dos tacheté de noir et des lignes blanches et noires sur la tête. Son bec est d'un rouge orange.

* MOINERIE s. f. Les moines en général : *il s'est attiré sur les bras toute la moinerie.* Esprit et humeur des moines : *il y a bien de la moinerie dans son fait; ce religieux n'a*

point de moinerie. Dans les deux sens, ne se dit que par mépris.

* MOINESSE s. f. Religieuse. Ne se dit qu'en plaisanterie, et est peu usité.

* MOINILLON [ll. mll.] s. m. Petit moine, ou moine sans considération : *les moines et moinillons.* Ne se dit que par mépris.

* MOINS [mouain] (lat. *minus*). Adv. de comparaison, qui est opposé à *plus*, et qui sert à marquer l'infériorité d'une personne ou d'une chose comparée à une autre ou à elle-même, sous quelque rapport de qualité, de quantité, d'action, etc. : *elle est moins jolie que sa sœur; elle a six ans de moins que son frère.*

La terre à moins de rois que le ciel n'a de dieux.
J. RACINE. *La Thébaïde,* acte V, sc. IV.

— IL NE LE MENACE PAS DE MOINS QUE DE LUI ROMPRE BRAS ET JAMBES, il porte ses menaces jusqu'à dire qu'il lui rompra bras et jambes. — C'EST MOINS QUE RIEN, se dit d'une chose de nulle considération, et aussi d'une personne qu'on méprise : *le présent que je vous fais est moins que rien; cet homme-là est moins que rien.* — s. m. Trait horizontal qui est le signe de la soustraction : *le moins indique qu'il faut retrancher la seconde quantité de la première.* — Imp. Tiret long qui ordinairement sert à séparer les phrases, ou à remplacer les mots qu'on juge inutile de répéter : *il faut mettr ici un moins.* — LE MOINS, la moindre chose. — LE MOINS QUE VOUS PUISSIEZ FAIRE, C'EST DE L'ALLER TROUVER, la moindre chose que vous puissiez faire. — ILS SONT A PEU PRÈS D'ACCORD, ILS EN SONT SUR LE PLUS ET SUR LE MOINS, IL NE S'AGIT MAINTENANT QUE DU PLUS OU DU MOINS, il n'y a plus entre eux de débat que sur la quantité, sur la somme plus ou moins considérable à donner d'un côté et à recevoir de l'autre. LA CHOSE NE PEUT PAS ÊTRE ARRIVÉE AINSI, IL FAUT QU'IL Y AIT DU PLUS OU DU MOINS, il faut qu'on ait supposé des circonstances qui ne sont pas vraies, ou qu'on en ait omis qui le sont. — Prov. QUI PEUT LE PLUS, PEUT LE MOINS.

Qui peut le plus, ne peut-il pas le moins ?
LA MOTTE.

— Sur et tant moins loc. prép. En déduction: *sur et tant moins de la somme de mille écus, on lui a donné cinq cents francs.* (Vieux.) — A moins de loc. prép. A un prix au-dessous de : *je ne lui donnerai pas ce cheval à moins de mille francs.* — Sans une certaine condition: *je ne lui pardonnerai pas à moins d'une rétractation publique.* S'emploie aussi absol., comme dans ces phrases: VOUS AVEZ BEAU MARCHANDER CE LIVRE, VOUS NE L'AUREZ PAS A MOINS, pour une moindre somme. ON RIRAIT, ON SE FÂCHERAIT A MOINS, pour une moindre cause. — A moins que loc. conj. qui régit le subjonctif avec une négation; si ce n'est : *il n'en fera rien, à moins que vous ne lui parliez.* Se construit, dans le même sens, avec l'infinitif et la préposition *de*, sans négation : *je ne pouvais pas lui parler plus fortement, à moins que de le quereller.* On peut aussi supprimer le *que* : *à moins d'être fou, il n'est pas possible de raisonner ainsi.* — Au moins, du moins loc. conj. qui servent à marquer quelque restriction dans les choses dont on parle : *si vous ne voulez pas être pour lui, au moins ne soyez pas contre.*

Mais vous faisiez de même, au moins j'aime à le croire.
COLLIN D'HARLEVILLE, *L'Inconstant,* acte 1er, sc. XII.

— On dit à peu près de même, TOUT AU MOINS, TOUT DU MOINS, POURLE MOINS : *donnez-lui tout au moins de quoi vivre.* — Sur toutes choses; et sert à avertir celui à qui l'on parle de se souvenir particulièrement de ce qu'on lui dit : *au moins prenez-y garde, c'est votre affaire.* — De moins loc. adv. De manque : *il y avait dix écus de moins dans ce sac.* — Sert aussi à exprimer quelque diminution, quelque rabais : *on vous demande cinq francs de ce volume, vous l'aurez pour*

quelque chose de moins. — En moins de, dans moins de loc. préposit. Dans un moindre espace de temps : *j'aurai achevé en moins d'un an, d'un mois, d'une heure, d'un jour.* — En moins de rien loc. adv. Très promptement, en fort peu de temps : *j'aurai fini en moins de rien.* — Rien moins, précédé du verbe Être, et suivi d'un adjectif, a le sens de la négation. IL N'EST RIEN MOINS QUE SAGE, il n'est point sage. — Suivi d'un substantif, il peut avoir le sens positif ou négatif, selon la circonstance: VOUS LUI DEVEZ DE LA RECONNAISSANCE, CAR IL N'EST RIEN MOINS QUE VOTRE BIENFAITEUR, il est votre bienfaiteur. VOUS POUVEZ VOUS DISPENSER DE RECONNAISSANCE ENVERS LUI, CAR IL N'EST RIEN MOINS QUE VOTRE BIENFAITEUR, il n'est pas votre bienfaiteur. — Rien moins, ou plutôt RIEN DE MOINS, employé avec un verbe impersonnel, a aussi un sens négatif. IL N'Y A RIEN DE MOINS VRAI QUE CETTE NOUVELLE, cette nouvelle n'est pas vraie. — Avec un verbe actif ou neutre, le sens de *Rien moins* serait équivoque, s'il n'était déterminé par ce qui précède. VOUS LE CROYEZ VOTRE CONCURRENT, IL N'ASPIRE A RIEN MOINS QU'A VOUS SUPPLANTER, il n'est point votre concurrent. VOUS NE LE REGARDEZ PAS COMME VOTRE CONCURRENT; CEPENDANT IL NE DÉSIRE RIEN MOINS, IL NE SE PROPOSE RIEN MOINS QUE DE VOUS SUPPLANTER, IL N'ASPIRE A RIEN MOINS QU'A VOUS SUPPLANTER, il est votre concurrent. Dans le premier sens, *Il n'aspire à rien moins qu'à vous supplanter,* et les phrases semblables, veulent dire, vous supplanter est la chose à laquelle il aspire le moins; et dans le second sens, *Il n'aspire à rien moins qu'à vous supplanter,* veut dire, il n'aspire pas à moins qu'à vous supplanter. — Au reste, il est bon d'éviter cette façon de parler, à cause de l'équivoque qu'elle entraine. — ∿ Ne pas moins, n'en pas moins, cependant, malgré cela : *il a eu beau crier, je ne lui en ai pas moins dit son fait.*

MOINS-PERÇU s. m. Ce que l'on n'a pas reçu.

* MOINS-VALUE s. f. Perte de valeur.

MOIRAGE s. m. Action de moirer.

MOIRANS, ch.-l. de cant., arr. et à 31 kil. N.-E. de Saint-Claude (Jura); 2,350 hab. Fabrique de chapeaux de paille.

* MOIRE s. f. (angl. *mohair*). Apprêt que reçoivent, à la calandre ou au cylindre, par l'écrasement de leur grain, certaines étoffes de soie, de laine, de coton ou de lin, et qui leur communique un éclat changeant, une apparence ondée et chatoyante : *moire à grands, à riches effets.* — Étoffe qui a reçu ce genre d'apprêt : *moire de soie, de laine, de coton, de fil.* — MOIRE ANTIQUE, moire à grand dessin.

* MOIRÉ, ÉE part. passé de MOIRER. — Substantiv. Moiré MÉTALLIQUE, fer-blanc auquel on a donné, par le moyen de quelque acide, une apparence cristalline et chatoyante : *des plateaux de moiré métallique.*

* MOIRER v. a. Donner à une étoffe, par la pression de la calandre ou du cylindre, un éclat changeant, une apparence ondée et chatoyante : *moirer un gros de Naples, des rubans, des popelines.*

* MOIS s. m. (lat. *mensis*). Une des douze parties de l'année, dont chacune contient trente ou trente et un jours, excepté la seconde (février), qui est de vingt-huit jours seulement dans les années ordinaires, et de vingt-neuf dans les années bissextiles : *le mois de janvier, de février, de mars, d'avril, de mai, de juin, de juillet, d'août, de septembre, d'octobre, de novembre, de décembre.*

La lune, tous les mois, décroît et s'arrondit.
COLLIN D'HARLEVILLE, *L'Inconstant,* acte 1er, sc. I.

— Espace de trente jours consécutifs, de quelque jour que l'on commence à compter:

il y a un mois et demi qu'il est parti.—Palais. LES PARTIES VIENDRONT AU MOIS, il a été ordonné qu'elles viendraient plaider dans un mois. — Prix convenu pour un mois d'allaitement, de location, de leçons, de travail, etc. : *payer le mois, les mois d'une nourrice, d'un enfant.* — Absol. Mois de grossesse d'une femme : *cette femme est dans son septième mois; elle a accouché avant le neuvième mois.* — Astron. MOIS SOLAIRE, espace de temps que le soleil met à parcourir un des signes du zodiaque. MOIS LUNAIRE, espace de temps qui s'écoule d'une nouvelle lune à une autre. — MOIS ROMAINS, imposition qu'on levait sur les États de l'Empire dans les besoins extraordinaires. — ON A TOUS LES ANS DOUZE MOIS, on vieillit malgré qu'on en ait, ou on vieillit sans s'en apercevoir. — pl. Se dit absol. de l'écoulement périodique des femmes : *cette femme a ses mois.*

MOISDON, ch.-l. de cant., arr. et à 12 kil. S. de Châteaubriant (Loire-Inférieure), sur la rive droite du Don; 2,600 hab. Forges à fer, ardoisières.

* **MOISE** s. f. [moua-ze] (lat. *mensa*, table). Charpent. Certaines pièces de bois plates assemblées deux à deux avec des boulons, et servant à maintenir la charpente.

MOÏSE. Voy. JUIFS.

* **MOISER** v. a. [moua-zé]. Charpent. Mettre des moises : *moiser les fermes d'un comble.*

* **MOISI, IE** part. passé de MOISIR. — s. m. Ce qui est moisi : *cela a été à demi-gâté, il en faut ôter le moisi.* — Moisissure : *cela sent le moisi.*

* **MOISIR** v. a. (lat. *mucere*; de *mucus*, viscosité). Faire qu'une matière se couvre d'une certaine mousse qui marque un commencement de corruption : *c'est l'humidité qui a moisi ce pâté.* — v. n. : *ce pâté commence à moisir.* — Se moisir v. pr. : *ce fromage se moisit.*

* **MOISISSURE** s. f. [moua-zi-su-re]. Espèce de végétation qui naît sur les corps où se trouve une matière végétale unie à une certaine quantité d'eau, et qui se développe surtout quand cette matière commence à entrer en putréfaction : *c'est la moisissure qui a gâté tout cela.* — Endroit moisi, le moisi : *ôtez la moisissure.*

MOISSAC, *Mussiacum*, ch.-l. d'arr., à 30 kil. O.-N.-O. de Montauban (Tarn-et-Garonne), sur la rive droite du Tarn; par 44° 6' 22" lat. N. et 1° 45' 11" long. O.; 9.000 hab. Cette ville fut prise par Simon de Montfort en 1212. Commerce de grains, vins, huiles et laines.

* **MOISSINE** s. f. Faisceau de branches de vigne où les grappes sont encore attachées : *les paysans suspendent des moissines au plancher.*

MOISSON s. f. (lat. *messis*). Récolte des blés et autres grains : *une belle, abondante moisson.* — Le temps de la moisson : *la moisson approche.* — IL NE FAUT PAS METTRE LA FAUCILLE DANS LA MOISSON D'AUTRUI, il ne faut point empiéter sur les attributions, sur les droits d'autrui. — S'emploie, au figuré, dans plusieurs phrases. Ainsi on dit : CE SAVANT A FAIT UNE RICHE MOISSON DANS LES ARCHIVES DU ROYAUME, il y a recueilli des matériaux précieux. CE GOUVERNEUR AVAIT FAIT DANS SA PROVINCE UNE RICHE MOISSON, il s'y était enrichi par ses concussions. CETTE QUÊTEUSE A FAIT UNE ABONDANTE MOISSON, sa quête a produit beaucoup d'argent. — UNE MOISSON DE LAURIERS, beaucoup de succès, un grand nombre de victoires. On dit, dans le même sens, UNE MOISSON DE GLOIRE. — Écrit. sainte. Se dit en parlant de la conversion des âmes : *ce missionnaire a fait, dans l'Inde, une grande moisson.*

* **MOISSONNER** v. a. Faire la récolte des

blés et autres grains : *moissonner les froments, les orges, les avoines.* — MOISSONNER UN CHAMP, faire la moisson des grains qu'il a produits. — S'emploie quelquefois absol. : *on ne moissonne pas encore chez nous.* — MOISSONNER DES PALMES, DES LAURIERS, avoir de nombreux succès, remporter beaucoup de victoires. — Prov., d'après la Bible, CELUI QUI SÈME LE VENT MOISSONNERA LA TEMPÈTE, celui qui veut exciter des troubles sera lui-même victime de troubles plus grands encore. — Fig. Détruire, faire périr : *la mort a moissonné un grand nombre d'hommes, des milliers d'hommes.*

* **MOISSONNEUR, EUSE** s. Celui, celle qui moissonne, qui coupe les blés et autres grains : *on a mis des moissonneurs dans ce champ.*

* **MOISSONNEUSE** s. f. Machine à moissonner.—L'invention des moissonneuses a été faussement attribuée aux anciens Romains; les premiers appareils oyant pour but de moissonner les céréales n'ont été connus que dans la seconde moitié du XVIII° siècle et encore leur usage n'est pas entré dans la pratique avant 1830. En 1806, Gladstone, inventeur anglais, prit un brevet pour une machine qui faisait marcher mécaniquement une faux; ce fut la première faucheuse. On y ajouta une barre de fer qui réunissait une certaine quantité de tiges et les présentait à la faux. La machine de Bell (1826) était un peu perfectionnée. Les Américains inventèrent d'autres systèmes. En 1856, Owen Dorsey du (Maryland) et, en 1863, Johnston, imaginèrent de nouveaux appareils qui saisissaient une certaine quantité de tiges et les présentaient à la faux. La faucheuse Allen, qui fut d'abord la plus répandue en France, se compose d'un bâti au-

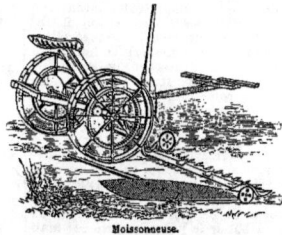

Moissonneuse.

dessus duquel est fixé le siège du conducteur et qui roule sur deux roues d'un diamètre inégal. Au moyen d'un engrenage, la plus grande de ces deux roues imprime à une scie latérale, qui est à ras de terre, 200 mouvements de va-et-vient à la minute. Cette scie coupe l'herbe, qui tombe sur le sol. L'appareil est mis en mouvement par un cheval. Telle fut la première moissonneuse. Celle que représente notre figure est construite d'après le même principe. Elle se compose d'un bâti qui supporte le siège du moissonneur. La scie ou faux est mise en mouvement par un mécanisme très simple; et on y ajoute, quand on veut recueillir les céréales, une plateforme qui réunit les tiges coupées jusqu'à la quantité nécessaire pour faire une gerbe. La moissonneuse Walter, qui fut très remarquée à l'exposition de Vienne (1873), est munie d'un appareil lieur qui sert à lier la gerbe. Un appareil de ce genre, perfectionné vers 1878 par Osborn, peut s'adapter à une machine à battre pour lier automatiquement la paille qui sort de la batteuse. Aujourd'hui, dans les grandes exploitations, la vapeur sert de moteur aux moissonneuses.

MOITA, ch.-l. de cant., arr. et à 30 kil. E. de Corte (Corse); 910 hab.

* **MOITE** adj. (lat. *madidus*, humide). Qui a

quelque humidité, qui est un peu mouillé: *il a le front moite.*

* **MOITEUR** s. f. Légère humidité, qualité de ce qui est moite: *ces draps ne sont pas bien secs, il y a encore de la moiteur.*

* **MOITIÉ** s. f. (lat. *medictas*). L'une des parties d'un tout divisé, partagé également en deux: *les deux moitiés d'un cercle, d'un carré.* — Portion, part qui est à peu près de la moitié: *la moitié d'un pain, d'un poulet.* — COUPER, PARTAGER UNE CHOSE PAR LA MOITIÉ, la couper, la partager en deux moitiés: *le diamètre coupe le cercle par la moitié.* — PARTAGER UN DIFFÉREND, LE DIFFÉREND PAR LA MOITIÉ, se dit en parlant d'un marché, et signifie, se relâcher des deux côtés sur ce qui empêche de conclure. — PARTAGER QUELQUE CHOSE PAR MOITIÉ, prendre chacun la moitié d'une chose qui était à partager: *partager les revenus, les bénéfices par moitié.* — OFFRIR LA MOITIÉ DE SON LIT A QUELQU'UN, offrir place dans son lit à quelqu'un. On dit, dans un sens analogue, PRENDRE LA MOITIÉ DU LIT DE QUELQU'UN. — A MOITIÉ, se dit en parlant de terres et d'affaires commerciales, pour signifier que le produit doit être partagé par moitié entre le propriétaire et le fermier, ou entre les deux associés: *donner, prendre des terres à moitié.* — A MOITIÉ CHEMIN, à la moitié du chemin: *il est resté à moitié chemin.* — A MOITIÉ PRIX, pour la moitié du prix ordinaire. — ÊTRE DE MOITIÉ, SE METTRE DE MOITIÉ AVEC QUELQU'UN, faire avec lui une société dans laquelle la perte et le gain se partagent par moitié: *ils sont de moitié dans cette affaire.* — EN RABATTRE DE MOITIÉ OU DE LA MOITIÉ, en parlant d'une personne, signifie, l'estimer bien moins qu'on ne faisait: *je le croyais honnête homme; mais s'il a fait ce que vous dites, j'en rabats de moitié.* — On dit aussi, pour donner à entendre qu'un récit, un éloge, une plainte sont exagérés, *il en faut rabattre la moitié, il faut en rabattre lamoitié.*—Pour les autres emplois des expressions A MOITIÉ et DE MOITIÉ, voyez à la fin de l'article. — Se dit, fig. et fam., d'une femme à l'égard de son mari: *comment se porte votre moitié?*

> Certes. monsieur Tartufe, à bien prendre la chose,
> N'est pas un homme, non, qui se mouche du pied;
> Et ce n'est pas peu d'heur que d'être sa *moitié.*
> MOLIÈRE. *Tartufe,* acte II, sc. III.

— Adv. A demi: *du pain moitié seigle, moitié froment.* — VAISSEAU MOITIÉ GUERRE, MOITIÉ MARCHANDISE, vaisseau chargé de marchandises, qui est armé et en état de se défendre. — MOITIÉ GUERRE, MOITIÉ MARCHANDISE, se dit en parlant d'une conduite, d'un procédé équivoque et douteux: *cet homme a fait sa fortune moitié guerre, moitié marchandise.* Il signifie aussi, moitié de force, moitié de gré: *on l'a fait consentir à cet arrangement moitié guerre, moitié marchandise.* — MOITIÉ FIGUE, MOITIÉ RAISIN, partie à contre-cœur, partie de bonne volonté; partie bien, partie mal; moitié sérieusement, moitié en plaisantant, etc. — CET HOMME EST MOITIÉ CHAIR, MOITIÉ POISSON, on a peine à dire de quelles mœurs, de quel naturel il est, ce qu'il aime, ce qu'il hait, ce qu'il veut, ce qu'il ne veut pas. — A moitié loc. adv. En partie, à demi: *cela est à moitié pourri.*

> Ils ont peur de leur œuvre et la font à *moitié.*
> PONSARD. *Charlotte Corday,* acte IV, sc. IX.

— De moitié loc. adv. usitée dans certaines phrases, comme, IL A ÉTÉ TROP LONG DE MOITIÉ DANS SON DISCOURS; CETTE SAUCE EST TROP POIVRÉE DE MOITIÉ, etc., il a été beaucoup plus long qu'il ne fallait; cette sauce est beaucoup trop poivrée, etc.

MOIVRE (Abraham de), mathématicien français, né à Vitry (Champagne) en 1667, mort à Londres en 1754. Il était protestant. Après la révocation de l'édit de Nantes (1685), il alla en Angleterre, où il se lia avec Halley et Newton, et fit partie du comité chargé de décider les prétentions rivales de ce dernier et de Leibnitz à propos de l'invention du calcul différentiel. On le connaît surtout par le théorème de trigonométrie qui porte son nom. Il a publié *La Doctrine des probabilités ; Annuités sur la vie; Miscellanea analytica*, etc.

* **MOKA** s. m. Café qui vient de Moka, ville d'Arabie : *du café de Moka*, ou simplement, *du Moka*. — UN MOKA, une tasse de café.

MOKA, ville maritime d'Arabie, ancienne capitale de la province de Yémen, sur la mer Rouge, près du détroit de Bab-el-Mandeb, à 210 kil. N.-O. d'Aden; 8,000 hab. Moka est célèbre à cause de son café, dont l'exportation annuelle, quoique beaucoup diminuée depuis longtemps, est encore de 10,000 tonnes. Les autres articles de commerce sont : les dattes, les gommes, l'ivoire, etc.

MOKANNA ou **Mocanna.** Voy. ATHA BEN HAKEM.

* **MOL, MOLLE.** Voy. MOU.

MOLA. I. *Turris Juliana*, ville d'Italie, à 22 kil. S.-O. de Bari; 13,000 hab. — II. *Mola-di-Gaeta*, ville d'Italie, à 4 kil. N.-E. de Gaëte, sur la rive septentrionale du golfe de Gaëte; 8,000 hab. C'est l'ancienne Formies ou Molæ Formianæ. C'est près de Mola que périt Cicéron.

MOLA. I. (Pietro-Francesco), paysagiste italien, mort vers 1666. Les papes Innocent X et Alexandre VII et Christine de Suède lui donnèrent beaucoup de travaux. — II. (Giambattista), peintre, né en France vers 1618, mort en 1661. Il étudia à Paris et à Bologne, et excella dans le paysage. Il n'est pas frère du précédent, comme on l'a supposé.

* **MOLAIRE** adj. (lat. *molaris*; de mola, meule). Se dit des grosses dents qui servent à broyer les aliments, et qu'on appelle autrement mâchelières : *les dents molaires.* — s.: *les petites molaires ; les grosses molaires.*

MOLASSE s. f. (lat. *mola*, meule). Géol. Sorte de grès particulier, généralement gris, qui se trouve en abondance dans une grande partie du système alpin. Il est d'une fine texture granuleuse, et très estimé comme pierre à bâtir.

MOLAY (Jacques de), grand maître des Templiers, né en Bourgogne, mort le 18 mars 1314. (Voy. TEMPLIERS.)

MOLDAU (mol'-daou), rivière de Bohême, qui sort de la Forêt de Bohême, sur la frontière de Bavière, coule au S.-E., puis au N., et se jette dans l'Elbe en face de Melnik, après un cours d'environ 500 kil. Elle est navigable jusqu'à Prague pour les vaisseaux de 60 tonneaux.

MOLDAVE s. et adj. De la Moldavie ; qui concerne ce pays ou ses habitants.

MOLDAVIE (all. *Moldau*; turc. *Bogdan*). Contrée d'Europe, limitée par la Valachie, la Transylvanie, la Bukovine, la Bessarabie et la mer Noire, et formant, avec la Valachie, le royaume de Roumanie; 47,739 kil. carr.; environ 4,500,000 hab. Elle est traversée au N et à l'E. par des ramifications des Carpathes orientaux. Principaux cours d'eau : le Danube, sur la frontière méridionale, et ses affluents, le Pruth et le Sereth. La Moldavie est riche en pâturages; elle produit des grains, des melons, du vin, des fruits, du miel et des substances minérales, spécialement du sel. Les forêts donnent d'excellents bois de charpente ; le poisson abonde dans les rivières. Elle a souvent à souffrir du passage destructeur de multitudes de sauterelles. La population se compose de Moldaves proprement dits, de Valaques, de Grecs, d'Arméniens, de Juifs et de Bohémiens. La religion grecque orthodoxe est dominante. La langue

vulgaire est le valaque, où l'élément latin ou romanique est largement mélangé de mots slaves, turcs et tartares. (Voy. LANGUE ET LITTÉRATURE VALAQUES.) Cap., Jassy. La ville la plus importante pour le commerce est Galatz. — Après avoir appartenu aux Gètes et au royaume dace de Decebalus, la Moldavie fut, après la défaite de celui-ci, comprise en partie dans la province de Dacie; les Goths, les Huns, les Bulgares, les Slaves, les Avares, les Cumans, les Mongols l'envahirent successivement, et elle eut à souffrir bien des vicissitudes. Le christianisme y fut introduit au XIe siècle. Vers le commencement du XIVe siècle, arriva une puissante immigration valaque, venant de Hongrie, sous Bogdan, qui, avec son fils Dragosh, établit une dynastie de Voyvodes, connue sous le nom de Dragoshites, dont la longue domination fut une des périodes les plus troublées que présente l'histoire. Un des princes les plus guerriers fut Etienne VI le Grand (mort en 1504). Son fils, Bogdan III, fut battu par les Hongrois et les Polonais, comme les Tartares envahissaient à leur tour son territoire, il se soumit à la suzeraineté de la Porte. La partie orientale de la Moldavie, aujourd'hui la Bessarabie, devint une province turque à part, et fut à plusieurs reprises rattachée et séparée de nouveau. Pendant la seconde moitié du XVIIe siècle et au XVIIIe, les Grecs phanariotes (des familles Cantacuzène, Cantemir, Ducas et autres) accaparèrent presque exclusivement la dignité d'hospodar, et se montrèrent généralement favorables aux Russes, qui envahirent le pays en 1737 et en 1738. Dans la première guerre de Catherine II contre la Turquie, la Moldavie devint une province russe; et, quoiqu'elle fut rendue à la Turquie en 1774, la Russie conserva sur elle une sorte de protectorat. Plusieurs de ses places importantes furent converties en forteresses turques, et son district septentrional, la Bukovine, fut annexé à l'Autriche en 1777. Après une série de luttes pendant lesquelles la Russie gagna la Bessarabie, l'insurrection grecque, sous Ypsilanti, amena de terribles calamités. La guerre de 1828 remit la Valachie et la Moldavie entre les mains des Russes. En dernier lieu, Michel Stourdza, boyard de Jassy, fut élu hospodar de Moldavie (1834) ; mais un soulèvement révolutionnaire, qui eut lieu en Valachie en 1848, fut de nouveau suivi d'une occupation russe ; Stourdza fut restauré en 1849 par Gregor Ghika. Les Russes revinrent en 1853, au début de la guerre de Crimée, mais plus tard les principautés furent occupées par les armées neutres de l'Autriche. La paix de Paris (1856) détacha de la Russie la portion la plus méridionale de la Bessarabie au profit de la Moldavie; et, après diverses complications, pendant lesquelles Alexandre-Jean Couza devint hospodar à vie (1859) pour les deux principautés, elles furent définitivement réunies au mois de décembre 1861 sous le nom de Roumanie et formèrent, en 1878, le royaume du même nom. (Voy. ROUMANIE.)

MOLDO-VALACHIE, nom que l'on donne quelquefois à la Roumanie, parce qu'elle est formée de la Moldavie et de la Valachie.

MOLDO-VALAQUE s. et adj. De la Moldo-Valachie ; qui concerne ce pays ou ses habitants.

* **MÔLE** s. f. (lat. *moles*). Masse informe et inanimée, dont les femmes accouchent quelquefois, au lieu d'accoucher d'un enfant : *cette femme, que l'on a crue grosse pendant six mois, n'est accouchée que d'une môle.*

* **MÔLE** s. m. Jetée de pierres fondée dans la mer, à l'entrée d'un port, pour rompre l'impétuosité des vagues, et pour mettre les vaisseaux plus en sûreté. Il n'est guère usité qu'en parlant de quelques ports de la Méditerranée : *les môles de Gênes ; le môle de Naples, de Barcelone.*

MOLÉ (Mathieu), chancelier de France, fils du procureur général Édouard Molé, né à Paris en 1584, mort en 1656. Il fut nommé procureur général en 1614, premier président (1640), fit entendre de sages conseils à la cour de la régente pendant les troubles de la Fronde, s'opposa aux violences du parlement et des frondeurs, faillit plusieurs fois être massacré par le peuple et fut nommé garde des sceaux (1650). Il résigna cette charge pour n'être point un obstacle à la réconciliation des partis, mais on la lui rendit et il la conserva jusqu'à sa mort. Ses *Mémoires* ont été publiés pour la Société de l'histoire de France, par Aimé Champollion-Figeac (Paris, 1855-'57; 4 vol. in-8e).

MOLÉ (Louis-Mathieu, COMTE), homme d'État, descendant du précédent, né à Paris en 1781, mort en 1855. Il était fils d'un président du parlement de Paris, qui périt pendant la Révolution. Ce fut un ultra-royaliste et l'un des plus déterminés champions du catholicisme romain. Il occupa des fonctions publiques sous Napoléon qui le fit comte, membre du conseil de régence, et, pendant les Cent-Jours, pair ; et conserva ses dignités sous les Bourbons. Mais il n'acquit de l'influence qu'après l'avènement de Louis-Philippe. En 1830, il fut un moment ministre des affaires étrangères, en 1836, il fut encore appelé à cette charge comme premier ministre. En mars 1839, après avoir dissous les Chambres deux fois, il fut forcé de se retirer. Après la révolution de 1848, il fut élu à l'Assemblée constituante. Il prit part, en 1850, aux mesures restrictives du suffrage universel; mais il protesta contre le coup d'État du 2 déc. 1851, qui mit fin à sa carrière.

* **MOLÉCULAIRE** adj. (rad. *molécule*): Qui appartient, qui a rapport aux molécules. — THÉORIE MOLÉCULAIRE. Voy. ATOMISTIQUE (*Théorie*.)

* **MOLÉCULE** s. f. (dimin. du lat. *moles*, masse). Petite partie d'un corps : *les molécules de l'air, du sang.* — Petite masse de matière. — Ce mot devint usité en France dans la première partie du dernier siècle, et Buffon l'adopta en exposant sa remarquable théorie de la constitution des êtres organisés. Le terme molécule, dans le sens où on l'emploie dans les écoles modernes de physique et de chimie, implique plus que les *molécules intégrantes* des anciens écrivains français. Il suppose la conception que les molécules d'une substance sont des grandeurs aussi définies que les étoiles, et que chaque masse de matière est une collection de corps semblables, de même que chaque groupe stellaire est une collection de soleils. Les molécules d'une même substance sont cependant regardées comme semblables en tout point. Lorsque, en bouillant sous la pression atmosphérique, l'eau se change en vapeur, elle se dilate 1,700 fois; en d'autres termes, 10 centim. cubes d'eau donnent environ 17 décim. cubes de vapeur. Il en suit que la vapeur n'est pas absolument homogène; car, si nous considérons des espaces suffisamment petits, nous pourrons distinguer ceux qui contiennent une particule de vapeur et ceux qui se trouvent entre les particules. Ces particules supposées sont les molécules de l'eau; et la théorie moléculaire de la constitution des corps explique le changement de volume véritable. Soit un cylindre rempli de vapeur raréfiée à une température quelconque au-dessus du point d'ébullition de l'eau. Si, dans ce cylindre, nous pressons un piston, le volume de la vapeur diminuera proportionnellement à cette pression, suivant la loi bien connue de Mariotte, jusqu'à une certaine limite; mais, si nous augmentons cette pression, nous atteindrons tôt ou tard un point où cette loi de compression cessera brusquement, et où la vapeur prendra, sans aucune transition, un volume plusieurs centaines de fois moindre qu'auparavant, en se changeant, bien entendu, en eau liquide. S'il y avait une continuité parfaite dans la vapeur, nous ne saurions concevoir pourquoi il n'y aurait pas une continuité analogue dans la loi d'expansion ; mais, d'un autre côté, ce changement soudain s'explique parfaitement, si nous entassons réellement les unes contre les autres une masse de particules impénétrables, et l'ensemble entier des phénomènes suggère cette conception. En outre, si l'espace occupé par une masse de vapeur est réellement rempli partout de la matière que nous appelons eau, s'il n'y a aucune solution de continuité dans cette masse aqueuse, nous devons nous attendre à ce que la vapeur d'eau comblera l'espace, à l'exclusion de toute autre substance, ou, du moins, la comblera avec un certain degré d'énergie qu'il faudrait vaincre avant d'y faire entrer une autre vapeur quelconque. Mais c'est précisément le contraire qui a lieu. Supposons deux globes à une température quelconque au-dessus du point d'ébullition de l'eau, l'un rempli de vapeur, l'autre complètement vide. Introduisons dans ces globes préparés pour cela la même quantité d'alcool, et nous trouverons, non-seulement que l'alcool s'évaporera dans l'un et dans l'autre, mais qu'il se formera dans le globe rempli de vapeur d'eau, précisément autant de vapeur d'alcool que dans le globe vide, et que cette vapeur exercera exactement la même pression sur les parois des deux récipients. La présence de la vapeur d'eau ne s'oppose donc pas le moins du monde à l'expansion de l'alcool liquide en alcool à l'état de vapeur. La seule différence est que cette expansion de l'alcool est plus lente dans la vapeur d'eau que dans le vide. Ainsi nous pouvons avoir deux vapeurs différentes remplissant le même espace sans se gêner l'une l'autre ; et autant, du moins, que nous le savons, un nombre quelconque de vapeurs, n'agissant pas chimiquement les unes sur les autres, peuvent occuper le même espace en même temps, chacune conservant son individualité propre, si complètement, que ses rapports ne seraient pas essentiellement altérés si les matières qui lui sont associées étaient enlevées. Nous ne pouvons donner d'explication satisfaisante des phénomènes de l'évaporation que par l'hypothèse que chaque substance est un agrégat de particules ou unités qui, sous l'action de la chaleur, se séparent tellement qu'elles laissent entre elles de larges interstices. — L'étude des phénomènes de l'évaporation conduit à une définition des molécules qui, bien qu'elle ne soit pas assez compréhensible est, pour les cas auxquels elle s'applique, la plus précise qu'on puisse donner : les molécules sont ces petites parties d'une substance qui ne sont point divisées lorsque le corps est dilaté par la chaleur, et qui se meuvent comme des unités de la substance sous l'influence de cet agent. La théorie moléculaire moderne suppose que non seulement les molécules sont des masses isolées, mais aussi qu'elles sont en mouvement continu, et l'on regarde les phénomènes de la chaleur comme les manifestations de ce mouvement. La circonstance que ces mouvements moléculaires sont confinés dans les limites de la masse de matière à laquelle les molécules appartiennent, et que le système reste en équilibre par rapport aux objets extérieurs, parce que la somme du mouvement dans les directions opposées est d'ordinaire égale, ne doit pas changer notre évaluation du pouvoir moteur, ce pouvoir n'est pas moindre que celui qui se manifesterait dans un mouvement de translation de la même masse avec une vitesse égale à la vitesse moyenne des différentes molécules ; or, comme les faits obligent à assigner à

cette vitesse une valeur mesurable par les vitesses obtenues dans les expériences d'artillerie, il est évident que le pouvoir moteur total, même dans une petite masse de matière, doit être énorme. Il y a des conditions, cependant, dans lesquelles les molécules peuvent communiquer leur mouvement aux masses et produire ainsi des effets mécaniques ; et notre théorie assimile la tension de la matière aériforme et le travail mécanique qu'on peut lui faire faire, au bombardement des parois des récipients par des projectiles moléculaires. Dans un corps solide ou liquide, on admet que l'étendue du mouvement des molécules est limitée par des forces intérieures ; mais, dans un gaz, on suppose que ce mouvement est illimité, de sorte que les molécules frappent librement contre toute surface avec laquelle la masse aériforme peut être mise en contact ; et, c'est ainsi que les molécules d'eau dans le cylindre d'une machine à vapeur produisent leur effet bien connu. — La théorie moléculaire a établi sur une base solide la grande doctrine physique de la conservation de la force. Lorsque deux boules élastiques de billard se heurtent, loin que ces boules puissent changer leurs vitesses, la somme du pouvoir moteur sera presque la même après le choc qu'auparavant ; mais lorsque deux boules non élastiques se rencontrent, il y a toujours une destruction apparente de mouvement. Ce n'était pas répondre que de dire que la force qui a disparu comme mouvement a fait son travail en changeant la forme des boules ; car, puisque ces corps ne peuvent pas recouvrer leur figure primitive et, par conséquent, n'ont pas l'énergie potentielle des corps élastiques dans les mêmes conditions, il faut qu'il y ait anéantissement de force si les phénomènes extérieurs sont les seuls effets produits. Mais si, comme notre théorie le suppose, le mouvement est simplement transféré de masses moléculaires à d'autres masses moléculaires, tout devient facile ; or, puisque nous avons pu prouver que le changement de température dans les masses est l'exact équivalent mécanique du mouvement perdu, nous croyons avoir le droit de conclure que les effets attribués à ce que nous appelons la chaleur sont simplement des manifestations du mouvement moléculaire. — Lorsque nous venons à considérer la matière comme formée de molécules élastiques toujours en mouvement et toujours en collision les unes avec les autres, nous voyons que le mouvement peut être facilement communiqué d'une partie d'un tel système à une autre ; que tout excès de force acquis par une partie quelconque doit se dissiper rapidement, et que la tendance doit être de ramener toutes les molécules à la même condition. En outre, le mouvement doit se propager non seulement entre les molécules d'un même corps, mais aussi d'un corps à un autre. Ceci est exactement vrai pour la chaleur. Lorsqu'un corps chauffé est apporté dans une chambre, la chaleur commence immédiatement à se propager dans les objets environnants. — Considérons maintenant quelle doit être la condition mécanique des molécules de deux corps à la même température, c'est-à-dire en équilibre thermal. La théorie moléculaire suppose que toutes les molécules d'une même substance sont de tout point semblables, et ont, par conséquent, le même poids ; dès lors, quand nous considérons l'action mutuelle des différentes portions d'une même substance, nous n'avons affaire qu'à la rencontre de petites masses élastiques de poids égal. Il résulte des lois bien connues qui gouvernent l'impact des corps élastiques que, par les échanges de vitesse qui suivent chaque collision, les différentes portions que nous considérons seraient bientôt réduites à un état dans lequel la vitesse

moyenne des molécules de chaque partie devrait être égale. Bien entendu, l'échange mutuel des vitesses doit continuer après que l'équilibre est établi, mais la perte et le gain des deux côtés se balancent alors exactement. Il suit de là que, lorsque deux portions de la même substance sont en équilibre thermal, c'est-à-dire à la même température, les molécules de chaque portion ont la même vitesse moyenne. — Nous avons encore à considérer ensuite l'action mutuelle qu'exercent les unes sur les autres des masses de substances différentes, formées par conséquent de molécules dissemblables et ayant des poids différents, le problème devient plus difficile, parce que nous avons affaire alors à des collisions de masses inégales. Mais les mêmes lois que les précédentes nous donneront la clef de la solution ; Maxwell et Boltzmann ont montré que, dans tous les cas, lorsque le point d'équilibre est atteint, la valeur moyenne du pouvoir moteur des molécules de masses quelconques doit être égale. — Nous ne savons encore que peu de chose quant à la structure moléculaire des corps, soit solides, soit liquides ; mais on peut prouver que les trois grandes lois qui déterminent la condition gazeuse de la matière sont des conséquences nécessaires du mode de mouvement que notre théorie attribue aux molécules des gaz. Les molécules des gaz, comme nous l'avons vu, se meuvent avec une liberté parfaite, jusqu'à ce que leur mouvement soit altéré par des collisions entre elles ou contre quelque surface ; et notre théorie assimile la pression d'un gaz entre les surfaces avec lesquelles il est en contact à une succession très rapide de petites poussées qui produisent l'effet d'une pression continue. Si une masse d'oxygène, par exemple, est renfermée dans un vaisseau, chacune des molécules d'oxygène doit en moyenne frapper les parois du vaisseau le même nombre de fois ; et tant que la température est constante, elle doit frapper avec une impulsion de la même énergie moyenne. Chacune doit donc contribuer pour une part égale à la pression générale, et cette pression doit être proportionnelle au nombre des molécules d'oxygène contenues dans le vaisseau, ou, en d'autres termes, à la densité du gaz. Des volumes égaux de deux gaz à la même température et à la même tension doivent contenir le même nombre de molécules : c'est là la très importante loi annoncée d'abord par Avogadro et confirmée depuis par Ampère. — Transportant la théorie mécanique de la molécule dans le domaine de la chaleur, on trouvera qu'elle s'accorde également avec les principes mathématiques et les faits physiques établis. Un accroissement de température augmentera la vitesse de la molécule, et l'effet de chaque poussée moléculaire sur une surface donnée de mercure s'accroîtra en proportion de la vitesse ; mais, outre cela, chaque molécule frappera alors les parois du récipient un plus grand nombre de fois par seconde, et encore proportionnellement à sa vitesse, de sorte que la part de pression due à chaque molécule variera comme le carré de la vitesse. — La théorie suppose que les atomes sont non seulement des quantités invariables, mais des corps définis, et que les molécules sont des amas d'atomes, excepté dans les cas où la molécule consiste en un atome unique. L'atome est l'unité du chimiste dans le même sens que la molécule est l'unité du physicien. La distinction entre l'atome et la molécule se maintient en chimie grâce au système des symboles ou formules chimiques. — L'examen de la structure moléculaire est aujourd'hui le principal but de la chimie, et, pour de plus amples renseignements, nous renvoyons le lecteur aux travaux spéciaux publiés sur ce sujet.

MOLENBECK-SAINT-JEAN [mo-lenn-bèk...], ville de Belgique, qui forme un faubourg de

Bruxelles; 45,000 hab. Elle renferme un muséum de sciences naturelles appartenant à MM. Van der Maelen.

* **MOLÈNE** s. f. (angl. *mullen*). Bot. Genre de plantes laineuses dont une espèce, le *bouillon blanc*, est employée en médecine comme pectorale.

MOLÈNE (Île), île de l'Atlantique, entre Ouessant au N.-O. et le Conquet au S.-E. Elle dépend du canton de Saint-Renan (Finistère). Sa population de 250 hab. s'occupe surtout de pêche et d'exploitation des plantes marines.

MOLÈNES (Dieudonné-Jean-Baptiste-Paul GASCHON, *dit de*), littérateur, né à Paris en 1821, mort à Limoges en mars 1862. Il débuta dans le journalisme et donna plusieurs nouvelles intéressantes: *Aventures du temps passé* (1853, in-18); *Histoires sentimentales et militaires* (1854, in-18); *Histoires intimes* (1854, in-18); des romans, parmi lesquels nous citerons *Valpéri* (1845, 2 vol. in-8°), etc.

MOLÉON (Jean-Gabriel-Victor de), écrivain, né à Agde en 1784, mort à Paris en 1856. Il a laissé: *Description des Expositions faites à Paris depuis leur origine jusqu'en 1819* (Paris, 1824, 4 vol. in-8°); *Exposition de 1834* (Versailles, 1836, 2 vol. in-8°), etc.

MOLEQUIN s. m. (bas lat. *melocineus*). Ancienne sorte d'étoffe d'un grand prix.

MOLESQUINE ou **Moleskine** s. f. (rad. *molequin*). Étoffe de velours de coton. — Toile recouverte d'un enduit gras imitant les cuirs vernis et gaufrés.

MOLESTATION s. f. (rad. *molester*). Action de molester.

* **MOLESTER** v. a. (lat. *molestare*). Vexer, tourmenter de quelque manière que ce soit, inquiéter par des embarras suscités à ce propos: *molester quelqu'un en lui suscitant des procès.*

MOLETTAGE s. m. [mo-lè-ta-je]. Action d'appliquer, sur une poterie encore molle, des ornements avec une molette métallique.

* **MOLETTE** s. f. (dimin. du lat. *mola*, meule de moulin). Partie de l'éperon qui est ordinairement faite en forme d'étoile, et qui sert à piquer le cheval: *une molette d'éperon.* — Maladie des chevaux, qui consiste en une tumeur molle à la jambe. — Morceau de marbre, de verre, etc., taillé ordinairement en cône, dont la base est plane, et sert à broyer des couleurs ou d'autres corps, sur le marbre, le verre, le porphyre, etc. — Outil servant à fixer les ornements sur la poterie encore molle.

MOLETTER v. a. Orner de creux à l'aide de la mollette. — Polir avec la molette.

Molgula socialis.

MOLFETTA (anc. *Respa*), ville forte de l'Italie méridionale, sur l'Adriatique, à 16 kil. O.-N.-O. de Bari; 26,439 hab. Toiles; salpêtre; chantiers de construction pour les petits bâtiments caboteurs.

MOLGULE s. f. (gr. *molgos*, sac de cuir). Moll. Espèce d'ascidie marine dont l'enveloppe est un tégument semblable à du cuir qui serait élastique. Dans l'intérieur de cette enveloppe est sus-

pendu un canal alimentaire et respiratoire qui s'ouvre en une large bouche et qui communique avec un œsophage. Ce dernier est suivi d'un estomac et d'un intestin terminé lui-même par une sorte d'anus qui s'ouvre non loin de la bouche. Le cœur se compose d'un simple tube contractile.

MOLIÈRE (Jean ou Jean-Baptiste POQUELIN, *dit*), le plus illustre des poètes comiques modernes, né à Paris, dans la maison connue sous le nom de *Maison des Cinges* (à l'angle des rues Saint-Honoré et des Vieilles-Étuves), le 14 ou le 15 janv. 1622, mort le 17 fév. 1673. Il était fils de Jean Poquelin et de Marie Cressé; cette dernière mourut au mois de mai 1632, laissant trois fils et une fille en bas âge; le futur Molière était l'aîné de cette famille. Son père se remaria l'année suivante à Catherine Fleurette et acheta une maison située sous le pilier des Halles; telle est l'origine de la tradition relative à la maison natale de notre grand poète. Peu après, Jean Poquelin acquit définitivement de son frère l'office de tapissier ordinaire de la maison du roi. Jean Poquelin fils, élevé dans l'aisance, reçut une éducation complète, étudia la philosophie, la théologie et le droit canon. Il se rendit ensuite à Orléans, non pour y étudier, mais pour y recevoir, moyennant finance, ses lettres de licencié en droit canon et civil; il revint aussitôt à Paris où il fut reçu avocat. Nous devons ces détails à un ennemi de Molière, Le Boulanger de Chalussay, qui met dans la bouche de l'un des personnages de son libelle dialogué d'*Elomire hypocondre* ou les *Médecins vengés* (1670, in-12), le passage injurieux suivant:

> En quarante, ou fort peu de temps auparavant,
> Il sortit du collège âne comme devant;
> Mais son père ayant ou que moyennant finance,
> Dans Orléans un âne obtenait sa licence,
> Il y mena le sien, c'est-à-dire ce fieux
> Que vous voyez ici, ce rogue audacieux.
> Il l'endoctora donc moyennant sa pistole,
> Et croyant qu'au barreau ce fils ferait fortune,
> Il le fit avocat, ainsi qu'il vous a dit,
> Et le paru d'habits qu'il fit faire à crédit.
> Mais de grâce admirez l'étrange ingratitude,
> Au lieu de se donner tout à fait à l'étude,
> Pour plaire à ce bon père et plaider ductement,
> Il ne fut au Palais qu'une fois seulement.

Abandonnant le barreau, le jeune Poquelin tenta pendant quelque temps de soulager son père dans l'exercice de sa charge. Il fit même le voyage de Narbonne à la suite de Louis XIII (27 janvier-23 juillet 1642), et visita Lyon, Vienne, Nîmes, Pézenas, Béziers, Narbonne, etc., où il devait revenir un peu plus tard jouer ses premières comédies. Son penchant pour le théâtre lui avait été inspiré dès l'enfance par son grand-père qui le menait souvent voir jouer la comédie à l'hôtel de Bourgogne. A l'âge de 21 ans, Jean-Baptiste Poquelin, déjà entré dans une société de jeunes gens qui jouaient la comédie pour se divertir, quitta la profession de son père et forma avec ses amis la troupe de comédiens connue sous le nom des *Enfants de Famille* ou de l'*Illustre-Théâtre* (déc. 1643). Cette date fait époque dans sa vie, car c'est alors qu'il se lia avec les Béjart, dont l'existence sera désormais inséparable de la sienne. (Voy. BÉJART.) L'*Illustre-Théâtre* ne fit pas fortune, malgré la généreuse protection de Gaston d'Orléans. Poquelin, chef de la troupe, ayant souscrit des obligations au nom de ses camarades, se vit saisir et emprisonner au grand Châtelet (août 1645). Il fut relâché, au bout de quelques jours, grâce à la caution fournie par son ami, Léonard Aubry, paveur des bâtiments du roi. Poquelin avait, à cette époque, ajouté à son nom patronymique celui de Molière, nom d'un auteur médiocre mort et oublié depuis longtemps. Vers 1646, las de donner des représentations peu productives au faubourg Saint-Germain ou au quartier Saint-Paul, l'*Illustre-Théâtre*, qui avait cessé de prendre le titre de *Troupe de*

Son Altesse Royale (Gaston d'Orléans), quitta la capitale pour aller exploiter la province; elle courut si bien que pendant sept ans elle ne laissa presque nulle part la trace de son passage. On sait seulement que, du 23 au 26 avril 1648, Molière donna des représentations à Nantes. A Bordeaux, il fut bien accueilli par le duc d'Épernon (1649). La même année, il parut à Toulouse et à Narbonne (décembre); ensuite on perd sa trace pendant près de trois ans. On le retrouve à Vienne (Dauphiné), en 1652, à Lyon en 1653, à Dijon, à Grenoble, à Montbrison et encore à Lyon (1655). Le prince Armand de Conti, condisciple de Molière au collège de Clermont, ayant été chargé par le roi de convoquer les états de Languedoc, voulut avoir un théâtre à Pézenas, lieu où devaient se réunir les états, et pria Molière d'y organiser des représentations (nov. 1655, fév. 1656). La troupe utilisa ses jours de relâche en exploitant les villes voisines qui gardent toutes un souvenir du passage de Molière dans leurs murs. On montre encore à Pézenas le fauteuil dans lequel Molière venait s'installer chez Gély, son barbier, pour observer les types méridionaux. Pendant ses pérégrinations, il jouait le répertoire de l'époque et composait des pièces de son crû: le *Maître d'école*, le *Docteur amoureux*, les *trois Docteurs rivaux*, etc., ébauches informes où il put reprendre plus tard quelques bonnes scènes; l'*Étourdi*, son premier chef-d'œuvre (1653); le *Dépit amoureux* (5 actes, vers, Montpellier; 1653). En mai 1656, Molière se trouvait à Narbonne, et en août à Carcassonne, où Chapelle et Bachaumont le virent jouer; de là, il se rendit à Toulouse, s'arrêta à Agen, fit à Bordeaux le malencontreux essai de la *Thébaïde* et, rebroussant chemin, se dirigea sur Béziers, où devaient se tenir les états de Languedoc (nov. 1656). N'ayant point reçu de subsides des états, il alla à Nîmes (mai 1657) et reprit la route de la capitale en donnant des représentations dans les villes qu'il rencontra en chemin. Avant de rentrer à Paris, il se montra à Rouen et à Fontainebleau, où il joua devant la cour. Monsieur, frère unique du roi, le prit sous sa protection, et Louis XIV lui fit dresser un théâtre dans la salle des gardes du vieux Louvre (oct. 1658). Le 24 oct. fut jouée, devant la cour, la tragédie de *Nicomède* et deux farces de Molière. Le roi prit goût à ces divertissements, et, pour encourager Molière, dont la troupe portait le titre de *Troupe de Monsieur*, il lui accorda, pour y représenter la comédie, alternativement avec les comédiens italiens, la salle du Petit-Bourbon (1660), et ensuite la salle de spectacle du Palais-Royal (1661). La protection du roi eut sans doute une grande influence sur le développement du génie de Molière, car, c'est à partir de ce moment, que le poète, abandonnant les traditions de la scène espagnole et du théâtre italien, devient vraiment français, vraiment national, et ouvre une ère nouvelle dans l'histoire de notre scène comique, par les admirables pièces où il ridiculise les travers de ses contemporains, tout en conservant à ses personnages un caractère *humain* qui les empêche de vieillir; et c'est là ce qui fait sa supériorité: les types qu'il met en scène, il ne les a pas étudiés seulement à la cour et à la ville, au temps de Louis XIV; ils existent partout: l'avare n'a pas de patrie, non plus que Don Juan, Scapin, le misanthrope; il y a des tartufes dans toutes les religions; il y aura des Sganarelles dans tous les siècles et sous tous les régimes de mariage. Molière donna coup sur coup les *Précieuses ridicules* (1659), *Sganarelle* (1660), *Don Garcie de Navarre* (1661), l'*École des Maris* (1661), les *Fâcheux* (1661), l'*École des Femmes* (1662), la *Critique de l'École des Femmes* (1663), l'*Impromptu de Versailles* (1663), le *Mariage forcé* (1664), la *Princesse d'Élide* (1664), les *trois premiers* actes de *Tartufe* (1664). Le succès de ces chefs-d'œuvre, dont Molière dotait le théâtre français, avait éveillé la jalousie des troupes rivales de la sienne ; le poète se fit de bien plus cruels ennemis en s'attaquant, dans le *Tartufe*, à la puissante coterie des dévots. Ces derniers répandirent contre lui une atroce calomnie : ils firent courir le bruit qu'Armande Béjart, qu'il avait épousée le 20 fév. 1662, était sa propre fille. Le roi montra le peu de cas qu'il faisait de cette odieuse accusation, en tenant sur les fonts baptismaux le premier-né de Molière, auquel il donna le nom de Louis (28 fév. 1664). La lutte contre les dévots se continua par *Don Juan* (1665), dont le principal personnage représentait, à s'y méprendre, le prince de Conti, ancien débauché, qui essayait de faire oublier ses folies passées, en affectant les dehors les plus religieux. Louis XIV, qui était alors dans la belle période de son règne, prit parti pour son auteur favori, et donna à la troupe de Molière le titre de *Troupe du Roi* (août 1665). Il montra davantage la haute estime dans laquelle il tenait ce grand écrivain, en dérogeant pour lui aux règles ainsi si puissantes de l'étiquette, lorsqu'il le fit asseoir à sa table, à la vue des courtisans stupéfaits et jaloux. Abandonnant les dévots, dont les cabales et les calomnies devenaient de plus en plus redoutables, Molière commença, dans l'*Amour médecin* (15 sept. 1665), la longue guerre qu'il poursuivit jusqu'à la fin de sa vie contre la Faculté. Il donna, peu après, l'un des chefs-d'œuvre de notre langue, le *Misanthrope* (1666), puis la désopilante farce intitulée le *Médecin malgré lui* et presque aussitôt *Mélicerte* (1666) et le *Sicilien* ou l'*Amour médecin* (janv. 1667). Une grave maladie le retint deux mois éloigné du théâtre, et il resta près d'un an sans donner de nouvelle pièce. Mais il se montra ensuite supérieur à tous ses rivaux dans l'*Amphytrion*, *George Dandin*, l'*Avare* (1668), *Monsieur de Pourceaugnac* (1669). Sans daigner répondre aux attaques de Boursault, qui avait fait jouer à l'hôtel de Bourgogne la *Contre-critique de l'École des Femmes* (nov. 1667), ni à celle de Le Boulanger de Chaussay, qui avait dirigé contre lui, sous la forme d'une comédie en 5 actes et en vers, le violent pamphlet dont nous avons donné plus haut une citation (4 janv. 1670), il fit représenter avec succès les *Amants magnifiques*, le *Bourgeois gentilhomme* (1670), *Psyché*, les *Fourberies de Scapin*, la *Comtesse d'Escarbagnas* (1671), les *Femmes savantes* et le *Malade imaginaire* (1673). Dans cette dernière pièce, Molière remplissait le rôle du malade ; au moment de la 4e représentation, il se trouva fatigué et hésita à monter sur la scène ; mais il réfléchit qu'en interrompant la comédie il nuirait aux intérêts de ses camarades. Il joua donc ; mais, vers la fin de la pièce, en prononçant le mot *juro*, il éprouva une rupture de l'un des vaisseaux voisins du cœur. « Baron, nous apprend Grimarest, envoya chercher les porteurs de Molière, pour le porter promptement chez lui ; il ne quitta point sa chaise de peur qu'il ne lui arrivât quelque accident du Palais-Royal dans la rue de Richelieu, où il logeait. Quand Molière fut couché dans sa chambre, il lui demander à sa femme un oreiller rempli d'une drogue qu'elle lui avait promis pour dormir. Un instant après, il commença à cracher le sang et dit à Baron : « Allez dire à ma femme qu'elle monte ». Et quand sa femme et Baron remontèrent, ils le trouvèrent mort ». Il n'est point question, dans ce récit, des deux sœurs de charité auxquelles Molière donnait asile, et entre les bras desquelles il expira. Il était dix heures du soir ; sur la demande du moribond, on avait couru chercher un prêtre à Saint-Eustache ; deux prêtres de cette paroisse refusèrent de se déranger ; un troisième consen-

tit à se lever, mais il arriva quelques minutes après le décès. Le curé de Saint-Eustache refusa la sépulture au cadavre d'un homme mort sans les derniers sacrements, en sortant de jouer la comédie. Le 21 janvier seulement, 4 jours après le décès, la veuve de Molière obtint de l'archevêque de Paris la permission d'inhumer son mari dans le cimetière Saint-Joseph (rue Montmartre) ; mais cet enterrement devait se faire sans pompe, avec deux prêtres seulement, sans aucun service et après le coucher du soleil. Le 21 au soir, vers neuf heures, une populace fanatique voulut s'opposer à cette inhumation ; on détourna son attention en lui jetant quelques poignées de menue monnaie, et pendant que ces malheureux se ruaient dans l'obscurité, sur le ruisseau devenu leur Pactole, le convoi sortit de la maison de la rue de Richelieu, et se dirigea vers le cimetière. Les amis du grand poète accompagnaient son cercueil, en tenant chacun une torche à la main. Des trois enfants de Molière, il ne restait qu'une fille âgée de neuf ans et demi : c'était Madeleine Poquelin, qui épousa M. de Montalant, le 29 juillet 1705, et qui mourut sans enfants, le 23 mai 1723. — Louis XIV demanda un jour à Boileau, le plus fin critique de son siècle, quel était le plus grand écrivain de son temps ; l'impartial juge n'hésita pas et répondit : « Sire, c'est Molière ». L'œuvre du grand comique, en effet, n'a pas seulement consisté à retracer un tableau fidèle de la vie humaine, ainsi que l'histoire des mœurs, des modes et des goûts de son siècle, elle a surtout contribué à former le beau langage, à épurer le style et à lui donner le naturel, l'aisance, l'énergie et la grâce qui lui avaient souvent manqué jusque-là. Les comédies de Molière, qui sont de la plus haute portée morale, ont fait vivre des types d'une saisissante vérité et d'une inimitable reproduction. Molière a peint tous les âges et toutes les conditions, tous les goûts et toutes les modes, toutes les passions et tous les ridicules ; il a flétri tous les vices et toutes les hypocrisies ; il a décrit toutes les nuances et toutes les variétés de l'amour, a beaucoup pardonné à la prodigue jeunesse et n'a pas épargné la vieillesse maussade ; il s'est incarné à tous ses personnages, a pris leur ton, leur geste et l'expression même de tous leurs sentiments. Bien qu'il partageât quelquefois les préjugés de son siècle, comme par exemple d'affirmer qu'une femme en sait toujours assez

Quand la capacité de son esprit se hausse
A connaître un pourpoint d'avec un haut-de-chausse,

il est bien certain cependant qu'il devançait son époque sous tous les rapports. Au point de vue scientifique, il est avec les partisans de la circulation du sang, contre la Faculté ; c'est qu'il a étudié la nature, et que son jugement est celui de la postérité. — Malgré les faveurs dont Louis XIV l'avait comblé, Molière s'vit refuser par le monde de son siècle la considération dont jouissaient à la cour un grand nombre de gens inutiles et d'innombrables valets. Mme de Sévigné elle-même dut suivre le courant et parler du *Comédien* avec une choquante inconvenance. Enrichi par la libéralité du roi, Molière se montra généreux envers les pauvres et envers ses camarades : il vint en aide à son vieux père et se montra plein d'affection pour les personnes de son entourage. — Profond observateur, il écoutait les critiques et en faisait son profit. On raconte qu'il lisait ses pièces devant la Laforêt, sa servante, et qu'il jugeait de l'accueil que le public leur ferait, d'après la manière dont cette femme écoutait cette lecture. Il travaillait avec une facilité surprenante, et la rime arrivait si aisément sous sa plume qu'il écrivait les vers presque aussi rapidement que la prose. — Ses contemporains sont unanimes à reconnaître ses qualités d'acteur. — Molière était d'une taille moyenne ;

son air méditatif annonçait son génie. — Bien que ses ressources, comme auteur comique, paraissent avoir été sans bornes, il emprunta beaucoup au théâtre étranger, et rajeunit les vieilles farces du théâtre français. Plusieurs fois accusé de plagiat par ses détracteurs, il répondait simplement : « Je prends mon bien où je le trouve ». — En 1778, plus d'un siècle après la mort de Molière, l'Académie française, dont les portes n'auraient pu s'ouvrir devant un comédien, essaya de réparer cette grande injustice en faisant placer dans la salle de ses séances un buste de l'illustre poète avec cette inscription :

Rien ne manque à sa gloire ; il manquait à la nôtre.

— Parmi les nombreuses éditions des comédies de Molière, il faut citer celle de 1682, publiée par Vinot et La Grange (8 vol. in-12) ; celles de Bret (1773, 6 vol. in-8°) ; d'Auger (1819-25, 9 vol. in-8°), avec des gravures d'après H. Vernet et Hersent ; d'Aimé Martin (1823-26, 8 vol. in-8°) ; de Ch. Louandre (Paris, 1855, 3 vol. in-18) ; de Philarète Chasles (Paris, 1855, 5 vol. in-12) ; de Moland (1874) ; de Despois (1874 et suiv.) ; de Lemerre (Paris, 1879, in-12) ; de Jouaust (Paris, 1883, in-8°), avec illustrations de Louis Leloir ; de Lemonnyer (Paris 1885, 33 vol. in-4°), avec illustrations et nombreux ornements dans le texte par Jacques Leman. — En 1705, Grimarest publia une *Vie de Molière* (in-12), dans laquelle il donne quelques détails sur certains faits appartenant à l'histoire intime de cet illustre écrivain ; mais il en écarta un grand nombre d'autres qui lui semblaient oiseux et que l'on serait bien heureux de rétablir aujourd'hui, si les documents n'étaient dispersés. — Voltaire, qui eût pu être le meilleur biographe de notre grand poète comique, craignit de « gâter par des détails inutiles l'histoire de cet homme célèbre ; celle qu'il publia en 1734 fourmille d'inexactitudes, propage les erreurs et même les calomnies que les dévots firent peser sur la mémoire de l'auteur de *Tartufe*, et ne fournit aucune circonstance sur la vie domestique de Molière. — Beffara fut le premier qui ne dédaignât pas d'entrer dans les détails de la vie intime de l'illustre comique. (Voy. BEFFARA.) — Voy. aussi : *Recherches sur Molière et sur sa famille*, par Eud. Soulié (Paris, Hachette, 1863, 1 vol. in-8°) ; *Notes historiques sur la vie de Molière*, par A. Bazin (1851, in-12) ; *Jeunesse de Molière*, par Cailhava (1802, 1 vol. in-8°) ; *Histoire de la vie et des ouvrages de Molière*, par M.-J. Taschereau (Paris, 1825, 1 vol. in-8° ; supplément 1827 ; 3e édit., 1844, in-12) ; *Histoire des pérégrinations de Molière dans le Languedoc*, par Emm. Raymond (1858, in-12) ; *Jeunesse de Molière*, par P. Lacroix (1859, in-16) ; *Études sur Molière*, par Cailhava (1802, 1 vol. in-8°) ; *Les Intrigues de Molière et celles de sa femme*, par Charles Livet (Paris, 1876, in-16), ouvrage dans lequel l'auteur démontre, preuves en main, que Molière ne fut trompé que dans son imagination, ou que, tout au moins, la légèreté de sa femme a été fort exagérée ; *Molière jugé par ses contemporains*, recueil de pièces curieuses écrites la plupart peu de temps après la mort de Molière et réunies en un vol. in-12, par Poulet-Malassis (Paris, 1877). — Champfort et Sainte-Beuve ont également donné chacun sur Molière d'intéressantes *Notices*.

MOLIÈRES, ch.-l. de cant., arr. à 23 kil. N, de Montauban (Tarn-et-Garonne) ; 2,300 hab.

MOLIÈRES (L'ABBÉ Joseph PRIVAT DE), physicien, né à Tarascon en 1677, mort en 1742. Entré dans la communauté des prêtres de l'Oratoire (1704), il enseigna dans divers collèges, se lia avec Malebranche, entra à l'Académie des sciences (1721) et occupa la chaire de philosophie au collège de France (1723). Il fut un ardent partisan du système de Descartes. On a de lui : *Leçons de mathématiques* (Paris, 1726, in-12) ; *Leçons de phy* *sique* (1733-'39, 4 vol. in-12); *Éléments de géométrie*, (1744, in-12), etc.

MOLINA (Luis), théologien espagnol, né à Cuenca en 1535, mort en 1600. Il entra dans la société de Jésus et fut professeur de théologie à Evora, en Portugal, pendant 20 ans. Il doit sa célébrité surtout à son livre intitulé *Concordia*, où il entreprend de concilier le libre arbitre de l'homme avec la prescience et la préordination de Dieu. Le système particulier exposé dans son ouvrage, appelé *scientia media*, Molina l'avait emprunté à son maître, le jésuite Fonseca, lequel en revendiqua la responsabilité lorsque Molina fut en butte à des accusations violentes. Les partisans de Molina ont été appelés molinistes, et les dominicains, leurs adversaires, nommés thomistes, du nom de saint Thomas d'Aquin. Finalement, Paul V décida, en 1609, que les deux systèmes pouvaient s'enseigner en sécurité. De notre temps, la doctrine de Molina est enseignée ouvertement à Rome, et elle est adoptée par beaucoup de dominicains.

MOLINE, ville de l'Illinois (Etats-Unis), sur le fleuve Mississipi, à 50 kil. au-dessus de Rock Island ; 4,166 hab.

MOLINET (Jean) poète français, né en 1507. Il fut aumônier et bibliothécaire de Marguerite de Parme et, plus tard, historiographe de Maximilien Iᵉʳ. Il traduisit en prose le *Roman de la Rose* (Lyon, 1503; Paris, 1521).

MOLINIER (Guillaume), troubadour toulousain, né vers le commencement du XIVᵉ siècle. Il fut chancelier du *Collège du gai savoir* et rédigea avec quelques-uns de ses collègues une *Poétique* sous le titre de *Leys d'amour*. L'Académie des jeux floraux de Toulouse en a donné une édition et une traduction, (1842-'44).

* MOLINISME s. m. Sentiment, opinion de Molina et de ses sectateurs sur la grâce. (Voy. MOLINA.)

* MOLINISTE s. et adj. Celui, celle qui suit le sentiment, l'opinion de Molina sur la grâce.

MOLINOS (Miguel de) [mo-li'-noss], mystique espagnol, né en 1627, mort en 1696. Il était prêtre, et résidait à Rome. Son *Guide spirituel* (en espagnol, 1675) préconisait les théories de vie religieuse qui recurent le nom de *quiétisme*. Le quiétisme fut condamné par le pape Innocent XI en 1687, et, après une rétractation publique, Molinos fut enfermé dans une prison perpétuelle. On trouva, dans la saisie qu'on fit de ses papiers, 20,000 lettres de personnes lui demandant ses conseils dans des questions spirituelles.

* MOLINOSISME s. m. Doctrine de Molinos, sorte de quiétisme.

MOLISE. Voy. CAMPOBASSO.

MOLITG, station balnéaire, arr. et à 8 kil. de Prades (Pyrénées-Orientales) ; 600 hab. Eaux sulfureuses sodiques. Maladies de la peau, catarrhe vésical, action spécifique sur les muqueuses.

MOLITOR (Gabriel-Jean-Joseph, COMTE), maréchal de France, né à Hayange (Lorraine) le 7 mars 1770, mort à Paris le 20 juillet 1849. En 1791, il partit comme volontaire, servit sous Hoche, Kléber, Pichegru, Moreau et Jourdan, et, en 1799, il était général de brigade. Il se battit avec avantage dans les cantons suisses et en 1800, sous Moreau, il força le passage du Rhin et fut élevé au grade de général de division avec le commandement de la 7ᵉ division militaire. Il prit part à la campagne d'Italie (1805), fut nommé gouverneur de la Dalmatie (1806), battit les Suédois en 1807 et reçut le titre de comte avec une dotation annuelle de 30,000 fr. En 1809, à la tête de sa division, il s'empara de l'île de Lobab, se distingua à Eckmühl, à Essling et à

Wagram, occupa la Hollande en 1811 et fit des prodiges de valeur pendant la campagne de 1814. Lors de la première Restauration, il fut nommé inspecteur général de l'armée. Il défendit l'Alsace pendant les Cent-Jours, fut exilé au retour des Bourbons, mais rappelé, en 1818, à ses anciennes fonctions d'inspecteur. Après être distingué en Espagne (1823), il reçut en récompense le bâton de maréchal et fut créé pair. Il accepta la révolution de 1830, devint gouverneur des Invalides et grand chancelier de la Légion d'honneur.

* MOLLAH s. m. [moll-la] (ar. *moula*, maître). Docteur, prêtre musulman qui fait, à certaines heures, la prière sur le toit de la mosquée.

* MOLLASSE adj. [mo-la-se] (lat. *mollis*, mou). Qui est désagréablement mou au toucher: *chair, peau mollasse*. — Se dit aussi d'une étoffe qui n'a pas assez de consistance, assez de corps: *ce drap est mollasse*.

* MOLLEMENT adv. [mo-le-man] (rad. *mol* ou *mou*). D'une manière molle. N'est guère usité au propre que dans ces phrases, ÊTRE COUCHÉ MOLLEMENT, ÊTRE ASSIS MOLLEMENT, être couché dans un bon lit, être assis sur un siége bien mollet. — Fig. Avec un abandon gracieux: *se balancer mollement*. — Faiblement, lâchement, sans vigueur: *agir, travailler mollement*. — D'une manière molle et efféminée: *vivre mollement*.

MOLLER (Georg) [mol'-leur], architecte allemand, né en 1784, mort en 1852. Il découvrit à Darmstadt, où il était architecte de la cour, le dessin original de la cathédrale de Cologne, d'après lequel on a achevé les deux tours. Il a donné les dessins du palais ducal de Wiesbaden et d'autres monuments.

* MOLLESSE s. f. [mo-lè-se] (lat. *mollis*, mou). Qualité de ce qui est mou. Son plus grand usage, au propre, est dans le style didactique : *la mollesse et la dureté des corps; la mollesse des chairs est une marque d'une mauvaise constitution*. — Se dit quelquefois en parlant du climat, et signifie, température douce et molle: *la mollesse de leur climat n'affaiblissait pas leur courage*. — Se dit aussi en parlant de la complexion, du tempérament des personnes: *la mollesse de sa complexion l'expose à beaucoup de maladies*. — Peint. et Sculpt. LA MOLLESSE DES CHAIRS, l'imitation vraie de la flexibilité, de la morbidesse des chairs. LA MOLLESSE DU PINCEAU, le défaut de fermeté dans le maniement du pinceau. — Fig. Manque de vigueur et de fermeté dans le caractère, dans la conduite, dans les mœurs: *il agit avec beaucoup de mollesse*.

> Quelle gloire, en effet, d'accabler la faiblesse
> D'un roi déjà vaincu par sa propre mollesse.
>   J. RACINE. *Alexandre*, acte II, sc. II.

— Excès d'indulgence: *la mollesse de ce père a perdu ses enfants*. — Délicatesse d'une vie efféminée: *la mollesse des Sybarites*. — Littér. Certain abandon gracieux, certaine douceur de pensées et de style: *Quinault a dans ses vers beaucoup de douceur et de mollesse*.

* MOLLET, ETTE adj. Dimin. de Mou. Qui a une mollesse agréable et douce au toucher: *des coussins bien mollets*. — PAIN MOLLET, sorte de petit pain blanc qui est léger et délicat. — ŒUFS MOLLETS, œufs à la coque, œufs cuits de manière que le blanc et le jaune restent liquides. — AVOIR LES PIEDS MOLLETS, se dit d'une personne qui marche encore avec peine après une attaque de goutte.

* MOLLET s. m. Le gras de la jambe : *le mollet de la jambe*, ou simpl., *le mollet*.

* MOLLETON s. m. Etoffe de laine, de coton ou de soie, tirée à poil, d'un seul côté ou des deux côtés, douce, chaude et mollette, dont on fait des camisoles, des gilets, des

couvertures, etc.: *molleton de laine, de coton, de soie.*

MOLLEVAULT (Charles-Louis), littérateur et poète, né à Nancy en 1777, mort en 1844. On lui doit des traductions de Virgile, de Salluste, de Tacite, etc. et quelques pièces de vers, entre autres : *Poésies* (1813) ; *Élégies* (1816) ; *Les fleurs* (1818) ; *Cent fables* (1819); *Chants sacrés* (1824), etc.

MOLLEVILLE (Bertrand de). Voy. BERTRAND.

MOLLIEN (Nicolas-François, COMTE), financier, né à Rouen en 1758, mort en 1850. Attaché de bonne heure à l'administration des finances, il contribua au traité de commerce entre la France et l'Angleterre (1786), fut révoqué en 1792, nommé conseiller d'État après le 18 brumaire et fut ministre du Trésor de 1806 à 1814 et pendant les Cent-Jours. D'abord disgracié par la Restauration, il devint pair de France en 1819.

MOLLIENS-VIDAME, ch.-l. de cant.. arr. et à 22 kil. O. d'Amiens (Somme) ; 750 hab.

MOLLIFICATION s. f. [mol-li-] (lat. *mollis*, mou ; *facere*, faire). Méd. Action de ramollir; résultat de cette action.

* MOLLIFIER v. a. [mol-li-] (lat. *mollis*, mou ; *facere*, faire). Méd. Rendre mou et fluide: *cela sert à mollifier les humeurs*

* MOLLIR v. n. [mo-lir] (lat. *mollire*). Devenir mou : *la plupart des pommes mollissent cette année*. — Manquer de force, faiblir, fléchir: *ce cheval aura peine à fournir sa course, il commence à mollir*. — Au sens moral, céder trop aisément dans une occasion où il faudrait avoir de la fermeté : *il ne faut pas mollir dans cette affaire.*

MOLLUSCOÏDE adj. (fr. *mollusque* ; gr. *eidos*, aspect). Zool. Qui ressemble à un mollusque. — s. m. pl. Division de l'ancienne branche des mollusques (*mollusca*), créée d'abord par Milne-Edwards, pour renfermer les bryozoaires et les ascidiens ou tuniciers, auxquels on a, depuis, ajouté les brachiopodes. Tous ces animaux sont regardés aujourd'hui par le professeur E.-S. Morse et par d'autres, comme des articulés ayant certaines affinités avec les mollusques, mais se rapprochant davantage des vers tubicoles. Les bryozoaires comprennent de petits animaux pédonculés dont le bord du corps est pourvu de cils vibratiles, destinés à produire les courants d'eau nécessaire, pour la respiration et pour se procurer leur nourriture. Ces cils sont quelquefois montés sur de longs prolongements tentaculaires. La cavité digestive est distincte des parois du corps, et on peut en suivre le canal, pour ainsi dire, depuis la bouche jusqu'à l'anus, ces deux orifices s'ouvrant l'un et l'autre au milieu d'un cercle de cils qui se relèvent. Ces animaux se multiplient par boutures, et par des gemmules ciliées nageant librement. Ils semblent avoir les mâles et les femelles sur la même tige, les cellules qui contiennent des animaux avec des œufs étant, en apparence, plus nombreux que ceux qui ont des spermatozoaires. Le système musculaire est largement développé, et sert principalement à faire retirer l'animal dans sa cellule. Les tuniciers, comprenant les *ascidiens* et les *salpæ*, n'ont pas de coquille, mais sont enveloppés d'un tégument élastique, cellulaire, sans dépôt calcaire, qui a deux ouvertures. La circulation présente ce fait particulier, que le sang veineux, en un moment, va du cœur aux branchies et, qu'à l'autre, le sang artériel va des branchies au cœur, dans les mêmes vaisseaux. Dans les *salpæ*, nous avons des animaux qui nagent librement, attirant de l'eau par une ouverture et l'expulsant par une autre à la partie opposée. Ils sont nombreux dans la Méditerranée et dans les parties tempérées de l'Océan à distance des rivages : on les dit phosphorescents pendant la nuit. Les ascidiens ont un corps en forme de sac, avec deux ouvertures qui sont généralement l'une près de l'autre. On les trouve depuis les tropiques jusque dans les régions arctiques, et quelques-unes des formes composées sont brillamment phosphorescentes.

* **MOLLUSQUE** s. m. (mo-lu-ske) (lat. *mollusca*, noix à écorce tendre). Zool. Nom donné aux animaux sans vertèbres dont le corps est mou, et qui ont un cœur et des vaisseaux : *les mollusques habitent la terre, la mer et les eaux douces.* — Les mollusques forment une branche des invertébrés. On les appelle ainsi à cause de la mollesse générale de leur corps. Cuvier, entre 1792 et 1817, détermina les caractères et les limites de cette branche zoologique par l'examen de la structure anatomique. Avant lui, l'étude des coquilles dont la plupart des mollusques sont pourvus, ou conchyliologie, avait absorbé presque exclusivement l'attention des classificateurs, Les mollusques comprennent les animaux qui ont un ou plusieurs ganglions nerveux au-dessous de l'entrée du tube digestif, d'où rayonnent des cordons qui forment un collier autour de l'œsophage. Dans les formes supérieures, d'autres ganglions s'ajoutent au-dessus de l'œsophage et dans différentes parties du corps, sans symétrie. Le corps est recouvert d'une peau molle et humide, dans laquelle ou sur laquelle se sécrète d'ordinaire une coquille; beaucoup n'ont pas de tête distincte du reste du corps; les organes des sens sont relativement peu développés, et les mouvements sont lents. La respiration se fait par des branchies; et il y a généralement un cœur qui reçoit le sang des branchies, et le distribue par des canaux artériels; les vaisseaux capillaires manquent, et les veines sont remplacées par des sinus. Certains mollusques sont hermaphrodites et exigent une fécondation mutuelle; chez d'autres, les sexes sont distincts. La plupart sont ovipares. Les espèces terrestres sont en petit nombre, comparées à celles des eaux douces et spécialement des eaux salées. — Les mollusques fournissent un aliment abondant, sain et d'ordinaire facilement digestible. Les Huîtres ayant le moins de fibres musculaires sont regardés comme les meilleurs. L'usage que l'on fait de la nacre et du camée est bien connu. La seiche donne la sépia et l'encre de Chine. Du *purpura* et du *buccin* de la Méditerranée venait la fameuse teinture tyrienne de l'antiquité. Avec les filaments du

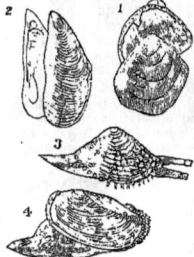

Mollusques. — 1. Nucule; 2. Moule; 3. Vénus verruqueuse; 4. Anodonte des canards.

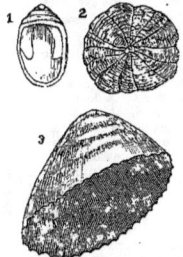

Mollusques univalves. — 1. Navicelle; 2. Ombrelle; 3. Patelle.

byssus du *pinna* se fabriquent des tissus très estimés sur les rivages méditerranéens. D'un autre côté, les mollusques sont quelquefois nuisibles à l'homme; les limaces et les escargots font des ravages dans les jardins; le *teredo* perce les charpentes des navires et le *pholas* creuse et disloque les pierres des

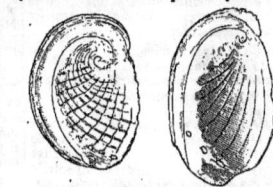

Haliotis tuberculatus. Haliotis dubria.

digues. Le nombre des espèces de mollusques excède probablement 25,000, et n'est surpassé que par le nombre des articulés. (Voy. MALACOLOGIE.)

MOLOCH s. m. [mo-lok]. Erpét. Espèce de reptiles australiens de la famille des *agamidœ*. Le *moloch horridus* (Gray) a l'air féroce, et, bien qu'inoffensif, il est aussi laid que toutes les représentations fabuleuses de basilics et de dragons.

MOLOCH [mo-lok], ou Molech, dieu national des Ammonites, auquel on offrait des sacrifices humains. Salomon, poussé par ses femmes étrangères, lui bâtit un sanctuaire sur un lieu élevé; Manassès imita cette impiété. Dès lors, cette idolâtrie se perpétua, surtout dans la vallée de Tophet et de Hinnom, jusqu'à ce qu'elle fût supprimée par Josias. Son culte était identifié avec celui de Baal et de Saturne, chez les Phéniciens et les Carthaginois.

MOLOKANI s. m. pl. Partisans d'une secte qui existe dans la Russie occidentale, et qui se forma vers le XVIe siècle pour maintenir les doctrines et les pratiques du christianisme primitif. Cette secte a été parfaitement décrite par Mackenzie Wallace, dans l'ouvrage intitulé *Russie*(1877).

* **MOLOSSE** s. m. (de *Molossie* n. pr.). S'est dit, dans l'antiquité, d'une espèce de chiens employés à la garde des troupeaux. On le dit encore, poétiq., UN MOLOSSE et adjectiv. UN CHIEN MOLOSSE.

MOLOSSES, peuple de l'ancienne Epire (Grèce), dont le territoire correspondait à peu près au pachalik actuel de Janina.

MOLOSSIE ou Molossis. Géogr. anc. Division de l'Epire, dans la Grèce septentrionale. Les Molosses établirent une dynastie royale sur l'Epire entière dans le dernier quart du IVe siècle av. J.-C. Cap., Ambracia (auj. Arta).

MOLSHEIM, ville de l'Alsace-Lorraine, à 21 kil. S.-E. de Strasbourg; 3,500 hab.

MOLUQUES ou Iles aux Epices. Groupe de l'archipel Indien ou Malais, entre 30e lat. N. et 9e lat. S. et entre 120e et 131e long. E.; 144,224 kil. carr.; 350,000 indigènes et 2,000 Européens. On compte dans ce groupe plusieurs centaines d'îles; beaucoup sont petites et inhabitées. Les grandes îles sont : Ceram, Gilolo et Bourou. Cette partie de l'archipel comprend trois divisions naturelles : les Moluques proprement dites ou groupe de Gilolo, où se trouvent : Gilolo, Morty, Mandioly, Batchian, Oby, Motir, Makian, Ternate, Tidore et beaucoup d'autres; le groupe de Ceram, contenant entre autres les îles Ceram, Bourou, Amboine et Banda ; et le groupe de Timor Laut, entre l'Australie et la Papouasie occidentale, dont Timor Laut est l'île principale. A l'origine, le nom de Moluques ne s'appliquait qu'aux

petites îles au large de la côte occidentale de Gilolo, comprenant Batchian, Motir, Ternate et Tidore. Presque toutes les Moluques sont montagneuses, et quelques-unes contiennent des pics de 7,000 ou 8,000 pieds. La formation est volcanique; on y trouve plusieurs cratères en activité et des sources chaudes; de violents tremblements de terre s'y produisent fréquemment. Grâce aux moussons régulières, la chaleur n'est jamais excessive. Les fruits et les végétaux les plus communs des tropiques y prospèrent; on y cultive la canne à sucre, le café, le poivre, le coton, et un peu l'indigo. Mais les Moluques sont spécialement remarquables par la production des clous de girofle et des noix de muscade. Les forêts contiennent plus de 400 essences différentes. La faune présente des affinités étroites avec celle de la Papouasie. On exporte de grandes quantités de clous de girofle et des noix de muscade; on envoie en Chine des nids comestibles d'oiseau, des limaces de mer et des nageoires de requin. Les Moluques sont surtout habitées par deux races : les Malais et les Papous. Ceux-ci ont été exterminés par les Malais dans un grand nombre de petites îles, et, dans les grandes, ils ne sont restés en possession que des parties les plus inaccessibles. Le malais est la langue commune et on se sert des caractères arabes pour l'écrire. Le mahométisme est la religion dominante et les lois dérivent principalement des préceptes du Koran. — Les Moluques avaient été visitées par les Arabes longtemps avant l'arrivée des Portugais, en 1511. Ces derniers y maintinrent un régime de violence et d'oppression pendant 60 ans, au bout desquels les Hollandais les chassèrent avec l'aide des indigènes. Ces îles ont été possédées par la Grande-Bretagne, de 1796 à 1802, et de 1810 à 1814; elles furent alors rendues aux Hollandais. Elles se divisent administrativement en trois résidences : Amboine, Ternate et Banda. Le siège du gouvernement général est à Amboine.

MOLWITZ, village de Silésie (Prusse), à 37 kil. S.-E. de Breslau; 800 hab. Grande victoire de Frédéric le Grand sur les troupes de Marie-Thérèse (10 avril 1741).

* **MOLY** s. m. (gr. *mólu*). Plante dont parle Homère et à laquelle il attribue des vertus merveilleuses.

MOLYBDATE s. m. Chim. Sel produit par la combinaison de l'acide molybdique avec une base.

* **MOLYBDÈNE** s. m. (gr. *molubdaina*, veine d'argent mêlée de plomb). Chim. Sorte de métal cassant, d'une couleur semblable à celle du plomb, et très difficile à fondre. — Le molybdène est un métal ordinairement obtenu de son bisulfure, qui se rencontre à l'état natif (molybdénite). On le trouve aussi à l'état de molybdate de plomb. Il a pour symbole Mo; poids atomique, 96; poids spécifique 8.6. Le métal doit son nom à la ressemblance de son bisulfure avec le minerai de graphite. C'est Scheele qui le distingua pour la première fois du graphite en 1778; mais il ne fut obtenu sous la forme métallique qu'en 1782, par Hjelm. Berzelius a fait l'investigation la plus complète de ses propriétés et de ses combinaisons. On peut obtenir ce métal en torréfiant le sulfure natif dans un courant d'air libre et en réduisant l'acide molybdique qui en résulte par l'huile et le charbon au rouge blanc, ou par l'hydrogène à la chaleur rouge. C'est un métal blanc, friable et difficile à fondre. Il s'allie avec l'étain, le plomb, le fer, le cuivre, l'argent, l'or et le platine, en rendant moins fusibles, plus friables, et, à l'exception de l'argent, plus blancs. Il forme trois oxydes : le protoxyde MoO (ou, suivant Rammelsberg qui met en doute l'existence de MoO, un ses-

quioxyde, $Mo^2 O^3$), le bioxyde MoO^2, et l'acide molybdique anhydre, MoO^3. Les deux premiers possèdent des caractères basiques, tandis que le troisième est un acide actif.

MOLYBDÉNITE s. f. Minér. Sulfure de molybdène natif.

MOLYBDIQUE adj. m. Chim. Se dit d'un acide qui est le second degré d'oxygénation du molybdène.

MOMBAS, Mombaz, ou Mombasah (momm'-bazz], ville située dans une petite île du même nom, sur une baie de la côte de Zanzibar; population de l'île, environ 6,000 hab. La ville est en ruines, et habitée par des Arabes et des gens de races mêlées. La baie forme un port excellent.

MÔME s. m. Pop. Petit enfant.

* **MOMENT** s. m. [mo-man](lat. *momentum*). Instant, petite partie du temps, temps fort court : *le moment de la mort, le dernier moment.*

Il est certains moments, dans le cours des États,
Où la loi ne peut rien contre les attentats.
Ponsard. *Charlotte Corday*, acte IV, sc. IV.

... Pour un moment, trève de raillerie !
Corneille. *La Suite du Menteur*, acte III, sc. II.

— Un bon moment, un instant favorable pour faire ce qu'on désire : *choisir, prendre un bon moment.* On dit, dans le sens contraire, Un mauvais moment : *vous êtes arrivé dans un mauvais moment.* — Avoir de bons moments, se dit d'une personne dont l'esprit est égaré, mais qui a quelques bons intervalles On le dit aussi d'une personne qui, ayant quelque défaut nécessaire de caractère ou d'humeur, cesse parfois de le manifester : *il est ordinairement colère, mais il a de bons moments.* — Un bon moment, un mauvais moment, se disent encore d'une espèce d'inspiration subite et passagère pour faire le bien ou pour faire le mal. — Fam. et par ellipse, Un moment, attendez un moment : *un moment, j'ai à vous parler.* — Mécan. Se dit du produit d'une puissance par le bras du levier, suivant lequel elle agit : *dans un levier, les moments de deux puissances qui se font équilibre sont égaux.* — Dynam. Quantité exacte de mouvements que présente un corps. Le moment d'un corps est le produit de sa rapidité par sa masse. D'où il résulte qu'un corps léger se mouvant avec une grande rapidité peut avoir le même moment qu'un corps pesant qui se meut avec lenteur. — Au moment de, loc. prépost. Sur le point de. — Au moment où, au moment que, dans le moment que, dans le moment où, loc. conj. Lorsque : *au moment où il arrivera, j'irai le voir; au moment que je le verrai, je lui parlerai de vous.* — Du moment que, loc. conj. Dès que, depuis que : *du moment que je l'ai aperçu, je l'ai salué.* On dit de même, Dès ce moment, de ce moment, depuis ce moment. — Puisque : *du moment que votre père y consent, je crois à vous rien à dire.* — A tout moment, à tous moments loc. adv. Sans cesse, à toute heure : *je le crois à tout moment le voir et l'entendre.* — A ce moment, loc. adv. Alors : *à ce moment il était malade.* — Dans le moment, loc. adv. Bientôt, dans très peu de temps : *je reviens dans le moment.* — Ce moment, loc. adv. Présentement, à l'heure qu'il est : *revenez me voir demain, je suis trop occupé en ce moment pour vous recevoir.*

Il croit en ce moment, conduire une ambassade.
Collin d'Harleville. *L'Inconstant*, acte II, sc. V.

* **MOMENTANÉ, ÉE** adj. Qui ne dure qu'un moment : *un effort momentané.*

* **MOMENTANÉMENT** adv. Passagèrement, pour un moment, pendant un moment : *je suis ici momentanément.*

* **MOMERIE** s. f. (anc. fr. *mahomerie*, pratique musulmane). Mascarade. Dans ce sens, il est vieux. Son usage le plus ordinaire est au figuré, où il se prend pour l'affectation

ridicule d'un sentiment qu'on n'a pas : *cet héritier se montre fort affligé de la mort de son parent; mais c'est une momerie, une pure momerie.* — Chose concertée pour faire rire, jeu joué pour tromper quelqu'un par plaisanterie : *c'est une plaisante momerie.* Dans cette acception, il est vieux. — Cérémonie bizarre, ridicule : *il y a peu de cultes qui ne soient défigurés par quelques momeries.* — Ce mot est familier dans ses diverses acceptions.

* **MOMIE** s. f. (pers. *mumayin*, corps embaumé; de *mum*, naphte ou asphalte liquide). Corps embaumé par les anciens Égyptiens : *on trouve encore des momies dans les anciens tombeaux d'Égypte.* — Par ext. Corps de ceux qui ont été enterrés sous les sables mouvants que les vents élèvent dans les déserts de l'Arabie et de l'Égypte, et qu'on retrouve ensuite desséchés par les ardeurs du soleil : *on trouve des momies dans les sables d'Égypte.* — Fig. C'est une momie, une vraie momie, se dit d'une personne sèche et noire. — Couleur brune tirée des bitumes dont les momies ont été enduites. — ❧ Il se tient là comme une momie, se dit de quelqu'un de nonchalant qui ne se remue pas. — Encycl. On donne le nom de *momie* à tout corps conservé soit par l'embaumement soit par la dessiccation. Les corps des morts étaient conservés par plusieurs anciennes nations ; mais cette pratique était surtout générale chez les Égyptiens. (Voy. Embaumement.) Quand l'embaumement était terminé, les Égyptiens entouraient le

Momie égyptienne et sarcophage. (British Museum.)

cadavre avec des bandelettes étroites, qu'ils imbibaient d'un liquide résineux, probablement de la gomme du mimosa nilotica. Ces bandelettes avaient quelquefois 1,000 m. de long; le corps était ensuite déposé dans un sarcophage creusé tout exprès d'après la grandeur du cadavre; ce sarcophage était peint et doré avec beaucoup de richesse, et, sur le couvercle, on représentait en couleur les traits du défunt. Le sarcophage était quelquefois revêtu de trois ou quatre enveloppes de cèdre ou de sycomore couvertes de peintures. On a calculé que plus de 400 millions de momies humaines ont été ainsi faites en Égypte depuis la découverte de l'art d'embaumer jusqu'au VIIe siècle. Un grand nombre d'animaux sacrés étaient aussi embaumés. — Les principaux endroits où l'on trouve aujourd'hui des momies sont : Sakkarah, vis-à-vis de Memphis et la nécropole de Thèbes. Le temps a détruit beaucoup de ces souvenirs du passé; un grand nombre ont été enlevés pour enrichir les musées des nations civilisées, si bien que les belles momies sont aujourd'hui assez rares. Une grande quantité a été brûlée en guise de bois de chauffage par les Arabes et un nombre non moins considérable a servi de lest aux navires anglais qui les transportaient dans leur pays pour être vendues comme engrais. Dans le Pérou, on trouve des momies conservées dans une position accroupie et non horizontale.

MOMIFICATION s. f. Action de momifier; état de momie.

MOMIFIER v. a. Réduire à l'état de momie. — Se momifier v. pr. Être converti en momie. — Fig. S'abêtir.

MOMON s. m. Espèce de mascarade (Vieux.) — Jeu de dés auquel se livraient les masques :

Trufaldin, ouvrez-leur, pour jouer un *momon*.
Molière.

MOMORO (Antoine-François), imprimeur et révolutionnaire, né à Besançon en 1756, guillotiné à Paris le 24 mars 1794. Il rédigea le journal du club des Cordeliers, fut compromis avec les hébertistes et partagea leur sort. Il publia un *Traité de l'imprimerie* (Paris, 1793, in-8°), et plusieurs autres ouvrages.

MOMOTOMBO, le volcan le plus élevé du Nicaragua, près du lac Managua, à 49 kil. de la ville de Léon. Il est constamment couronné d'un léger panache de fumée et, de temps en temps, il lance des averses de cendres fines. Il y a des sources thermales à sa base, et de nombreux orifices sur ses flancs.

MOMPOS ou Mompox [momm'-poss], ville de l'intérieur des États-Unis de Colombie, état de Santa-Marta, sur la Magdalena, à environ 500 kil. de Bogota; 11,000 hab. environ. Elle est bâtie sur une grande île formée par la Magdalena, le Caño Lova, le Caño Sicuco et la Cauca. Climat chaud, humide et généralement malsain. Il est rare de voir une personne née dans le pays qui n'ait pas un goitre. Un môle excellent protège la ville contre les gonflements périodiques de la rivière. Commerce de tabac, sucre, farines, cacao, grossiers tissus de coton, assez précieux.

MOMUS [mo-muss]. Myth. gr. Dieu de la raillerie et de la critique. Choisi par Neptune, Minerve et Vulcain, pour décider du mérite de leurs œuvres respectives, il les censura toutes, et fut expulsé du ciel.

MON ou Mono (gr. *monos*, seul). Préfix qui signifie seul et qui entre dans la composition d'un grand nombre de mots.

* **MON** adj. poss. m. (gr. *mou*; pour *emou*; de moi). Répond au pronom personnel moi, je : *mon livre, mon ami.* — Il fait, au fémin., Ma : *ma mère, ma sœur.* Mais lorsque le substantif ou l'adjectif féminin, devant lequel il est placé, commence par une voyelle ou par h sans aspiration, on dit, par euphonie, mon : *mon âme, mon épée.* — Devant une h aspirée, on dit ma, au fémin. : *ma hallebarde, ma honte.* — Il fait Mes au pluriel du masculin et du féminin : *mes amis, mes affaires.*

MONA, ancien nom d'Anglesey.

* **MONACAL, ALE, AUX** adj. Appartenant à l'état de moine : *l'habit monacal.*

* **MONACALEMENT** adv. D'une manière monacale : *vivre monacalement.*

* **MONACHISME** s. m. [-chiss-me] (lat. *monachus*, moine; du gr. *monos*, seul). Se dit des institutions monastiques en général. et marque ordinairement une sorte de mépris : *étudier l'influence du monachisme sur une nation.* — Terme désignant la vie solitaire, ou la retraite des intérêts ordinaires du monde, dans le but d'occuper l'âme à des objets religieux. Le premier type du monachisme peut se trouver dans l'ascétisme pratiqué par les esséniens et les thérapeutes juifs, à l'aurore du christianisme. La vie menée par les anachorètes ou ermites chrétiens en constitue une forme plus saine. Le nombre de ceux-ci s'accrut beaucoup pendant le IIIe siècle, et remplit les solitudes montagneuses de l'Asie Mineure, de la Syrie et de l'Égypte. Les premiers monastères, ou communautés monacales connus furent fondés en Égypte par Paul de Thèbes et par son disciple Pacôme. La vie de leurs habitants, dont le nombre montait à plusieurs milliers, se partageait entre la prière individuelle, la psalmodie en commun, l'étude des Écritures, la transcription des manuscrits, les travaux agricoles et

mécaniques, et les différents offices de la charité. Ces institutions se remplissaient constamment de disciples des écoles d'Alexandrie et réagissaient parfois sur la vie intellectuelle de ces écoles. En certains endroits, les cénobites femmes étaient plus nombreuses que les moines. Les institutions monastiques de l'Égypte furent imitées en Syrie et en Asie Mineure, ainsi que sur les rives méridionales de la mer Noire; aux IVe, V^e et VIe siècles, la vie d'ermite fut partout remplacée par la vie cénobitique. Du désert, les institutions monastiques furent transplantées dans les villes, et les écrivains ecclésiastiques se plaignirent bientôt que beaucoup accouraient au couvent dans le seul but d'y trouver une vie facile et oisive. L'empereur Valens et plusieurs de ses successeurs cherchèrent vainement à arrêter l'accroissement trop rapide du monachisme. Tous les moines d'Orient suivent traditionnellement jusqu'à nos jours la règle appelée règle de saint Basile, et se mettent sous l'invocation soit de saint Basile, soit de saint Antoine. Ils sont encore nombreux dans les Églises orientales. — C'était dans l'Occident que le monachisme était destiné à avoir les plus grands succès. Saint Martin de Tours fonda, dit-on, à l'époque d'Athanase, les premiers monastères à l'O. des Alpes, et put ainsi être appelé le père du monachisme en Gaule. Saint Ambroise fonda un établissement monastique à Milan; c'est là qu'il convertit saint Augustin, lequel, à son tour, devint, dans l'Afrique septentrionale, le créateur d'une forme de vie monacale qui devait se perpétuer par la suite dans des milliers d'institutions européennes. La règle de saint Augustin fut apportée en Angleterre par Pélage, et en Irlande par saint Patrick. Saint Colomban envoya des colonies monastiques en Écosse, dans les Hébrides et les Orkneys. Saint Colomban fonda de nombreux établissements analogues en Gaule, en Suisse, en Allemagne et dans l'Italie septentrionale. L'Angleterre avait, à la même époque, des maisons cénobitiques florissantes. En 529, saint Benoît bâtit au mont Cassin deux oratoires, et sa règle se répandit rapidement sur toute l'Europe occidentale, unissant dans une grande hiérarchie monastique des établissements indépendants pour les deux sexes. Les tendances guerrières du moyen âge elles-mêmes cherchèrent à se rattacher à l'esprit monastique par l'établissement de plusieurs ordres militaires. Le grand accroissement du nombre des différents ordres souleva une vive opposition, et le concile de Latran décréta en 1215 qu'aucun ordre nouveau ne s'établirait à l'avenir. Cependant cette même époque vit la naissance d'une nouvelle espèce de moines, les moines mendiants, — franciscains, dominicains, carmélites, augustiniens, et plusieurs autres. — Les franciscains et les dominicains furent les deux ordres dominants. Ces deux ordres se créèrent un parti nombreux et influent parmi les laïcs. L'un et l'autre s'assurèrent des chaires dans les écoles de théologie, et les dominicains furent les plus distingués de l'Église pendant ce siècle et les suivants (Thomas d'Aquin, Bonaventure, Albert le Grand, Duns Scot, Alexandre de Hales, etc.) furent ou des dominicains ou des franciscains. Plusieurs d'entre eux occupèrent les plus hautes positions ecclésiastiques, et même la chaire papale. Mais cette influence qu'ils avaient acquise auprès des princes et des peuples, et les richesses qui leur en revenaient, comme une conséquence inévitable, furent précisément ce qui hâta leur décadence. — La réformation du XVIe siècle constitua un autre moment critique dans l'histoire du monachisme. Le concile de Trente proclama l'utilité des établissements monastiques, régla leurs possessions, leur administration intérieure, et l'élection des supérieurs, et étendit les droits des évêques au ce

qui concernait l'inspection et la surveillance des couvents. Ce besoin de réformes, fit naître de nouveaux ordres dans l'Église. Les plus connus sont les théatins, les barnabites et les oratoriens de saint Philippe de Neri. Les oratoriens français, les lazaristes, les sulpiciens, les rédemptoristes, les passionites, les organisations féminines des ursulines, des dames de la Visitation et des sœurs de charité, etc., sont d'une date plus récente. Saint Vincent de Paul fonda une société de prêtres réguliers qui, sous le nom de lazaristes ou prêtres de la mission, ont exercé une grande influence en France, et Olier a donné une organisation analogue aux sulpiciens. De tous les ordres nouveaux, la Société de Jésus a eu le plus de célébrité. - Les grandes pertes que l'Église catholique romaine subit par suite de la Réformation, appelèrent l'attention des ordres monastiques sur la question des missions étrangères La plupart des grands ordres, spécialement les mendiants et les jésuites, s'y engagèrent avec beaucoup de zèle et d'émulation. La grande majorité des missions catholiques romaines, dans tous les pays idolâtres, a toujours été aux mains des membres d'ordres ou de congrégations religieuses. — Au XVIIIe siècle, le monachisme subit une grande décroissance. La plupart des ordres, dans la seconde moitié de ce siècle, n'offrirent qu'une faible résistance à l'invasion du rationalisme, et un grand nombre d'écrivains catholiques demandèrent l'extirpation radicale du monachisme, comme étant à la fois un résultat et une cause du fanatisme. C'est en partie à ce motif que fut due la suppression des Jésuites en 1773. Dans les pays de race latine, en Amérique comme en Europe, les destinées du monachisme ont été étroitement liées à la lutte politique du parti conservateur et du parti libéral, le premier le prenant sous son patronage, tandis que le second le soumet aux règles prohibitives ou le supprime complètement. En Italie, les grandes richesses des corps monastiques, et l'opinion qu'ils avaient survécu à leur époque d'utilité, amenèrent leur abolition finale en 1873. On peut aussi dire qu'ils sont éteints en Portugal depuis 1834, et en Espagne depuis 1835. Après la France, le pays où ils sont les plus nombreux, les plus riches et les plus influents, est la Belgique, où, comme en France, l'instruction publique est, en une grande mesure, sous leur direction. Ils ont leur part, dans les possessions britanniques, les États-Unis et la Hollande, des bienfaits d'institutions vraiment libérales, et ont paisiblement subsisté conformément à leurs règles. L'Autriche les a protégés ; mais, jusqu'en 1848, elle les a tenus sous la tutelle bureaucratique. En 1873, la diète impériale allemande supprima les jésuites, les rédemptoristes, les frères des écoles chrétiennes et les sœurs de charité. Le gouvernement russe a aussi, dans la pratique, supprimé tous les établissements catholiques romains. Le nombre des associations monastiques fondées depuis le commencement du XIXe siècle dépasse celui des fondations du même genre à aucune autre époque pendant le même laps de temps. Un trait particulier qui les caractérise et montre qu'elles sont nées dans le siècle présent, c'est qu'elles tendent toutes à pourvoir aux besoins du peuple. Un grand nombre d'entre elles sont vouées à l'éducation de la jeunesse. — La réformation du XVIe siècle a rejeté le monachisme de l'Église catholique romaine et de l'Église épiscopale d'Orient. Dans l'Église d'Angleterre et dans l'Église épiscopale protestante des États-Unis, il s'est formé, à divers moments, des communautés de sœurs et même d'hommes, sous les auspices du parti qu'on appelle communément le parti de la Haute Église (High Church). — Voy. Hélyot, *Histoire des ordres monastiques* (1re édit. Migne,

1869, 4 vol.), et Doering, *Geschichte der Mœnchsorden* (1828, 2 vol.). L'ouvrage le plus complet sur ce sujet est *Les Moines d'Occident*, par Montalembert.

MONACO s. m. Sou. — AVOIR DES MONACOS, être riche.

MONACO, *Monæci Arx* ou *Herculis Monaci Portus*, ville qui a donné son nom à une principauté d'Italie, sur la Méditerranée, limitrophe au département français des Alpes-Maritimes, entre Nice et Ventimiglia. La principauté de Monaco ne se compose plus que de la ville de Monaco et d'un petit territoire adjacent où se trouve Monte-Carlo ; 15 kil. ; carr. 6,000 hab., dont 2,700 dans la ville. La principauté s'étendait jadis sur une distance d'environ 5 kil. le long de la côte, et de 3 kil. dans l'intérieur des terres. La famille génoise des Grimaldi posséda ce territoire pendant près de 800 ans, jusqu'au commencement du XVIIIe siècle ; il passa alors par mariage au comte de Thorigny ; sous son petit-fils, Honoratus IV, il fut annexé à la République française (1793) ; mais on le lui rendit, en le plaçant sous la protection de la Sardaigne en 1815. Florestan 1er (mort en 1856) protesta vainement, en 1848, contre l'annexion de Menton et de Roccabruna par la Sardaigne. Son fils, Charles III, en 1861, céda à la France ses droits sur ces communes, moyennant 4 millions de francs. Le prince abolit les taxes en 1869, et son revenu se tire entièrement aujourd'hui de la location du casino où sont établis des jeux. Monaco est devenue la rivale de Nice ; son climat attire les malades, dont les poumons sont atteints, et son casino des multitudes de joueurs.

MONADE s. f. (gr. *monas*, unité). Philos. pythag. Unité parfaite qui est le principe générateur de tous les composés : *la monade de Pythagore*. — Philos. de Leibnitz. Substances simples, incorruptibles, différentes de qualité et qui sont les éléments de toutes choses et de tous les êtres : *le système des monades*. — Terme employé par les néo-platoniciens, et spécialement par Origène, pour exprimer une idée de Divinité et aussi l'union de l'Esprit divin avec la matière. Longtemps après, Leibnitz se servit de ce mot pour désigner les éléments primordiaux de toute matière. — Chim. Chacun des éléments monoatomiques, tels que l'hydrogène, le chlore et le potassium, dont les molécules ne peuvent s'unir qu'avec des molécules d'autres éléments. Voy. ATOMISTIQUE (*Théorie*.) — Infus. Animal tellement petit, qu'au plus fort microscope il ne paraît que comme un point. En 1809, Lamark proposa une théorie en vertu de laquelle tous les êtres vivants proviendraient de monades. Buffon avait admis une doctrine semblable. — Le nom de monades a été donné à un grand nombre d'organismes infusoires. Quelques-uns de ceux-ci appartiennent manifestement au règne animal, d'autres au règne végétal ; mais, pour un certain nombre, il est difficile de dire à quel règne ils appartiennent.

MONADELPHE adj. (préf. *mon*; gr. *adelphos*, frère). Bot. Dont les étamines forment un seul faisceau.

MONADELPHIE s. f. Bot. Classe du système de Linné, qui renferme les plantes à plusieurs étamines réunies par leurs filets en un seul corps ou faisceau.

MONADIQUE adj. Qui concerne les monades.

MONADISME s. f. Système des monades.

MONADOLOGIE s. f. (gr. *monas*, monade *logos*, discours) Traité de Leibnitz sur les monades.

MONAGASQUE s. et adj. Habitant de Monaco ; qui concerne cette ville ou ses habitants.

MONAGHAN [mon'-a-bann], comté de l'intérieur de l'Irlande, dans l'Ulster ; 1,294 kil. carr. ; 145,000 hab. Principales montagnes : la chaîne du Slieve Beagh. Cours d'eau : le Blackwater, le Fane, la Glyde et le Finn. Le comté renferme plusieurs lacs. Industries : toiles, lainages, faïences. Villes principales : Monaghan (la capitale), Clones, Castle Blayney et Carrickmacross.

MONALDESCHI (Giovanni, MARCHESE) [-dè-.ski], favori de la reine Christine de Suède, assassiné par les ordres et sous les yeux de cette princesse, dans une des galeries du château de Fontainebleau, le 10 nov. 1657.

MONANDRE adj. (préf. mon ; gr. anér, andros, mâle). Bot. Se dit des fleurs qui n'ont qu'un seul organe mâle, comme celles de l'hippuris vulgaris.

* **MONANDRIE** s. f. Bot. Classe du système de Linné, qui renferme les plantes à une seule étamine.

MONANT, ANTE s. Argot. Ami, amie.

MONAPIA ou Monarina, ancien nom de l'île de Man.

* **MONARCHIE** s. f. [-nar-chî] (préf. mon ; gr. arkè, commandement). Le gouvernement d'un État régi par un seul chef : monarchie héréditaire, élective. — Monarchie constitutionnelle, celle où la balance et l'exercice des pouvoirs sont réglés par des lois fondamentales. Cette expression signifie en particulier une forme de gouvernement dans laquelle le pouvoir est partagé entre le prince et deux Chambres. — État gouverné par un monarque : cette monarchie fut heureuse sous tel prince, s'agrandit dans tel siècle ; les monarchies de l'Europe.

* **MONARCHIQUE** adj. Qui appartient à la monarchie : état, gouvernement, pouvoir monarchique.

* **MONARCHIQUEMENT** adv. D'une manière monarchique.

MONARCHISER v. a. Établir en monarchie ; rendre monarchique.

MONARCHISME s. m. Système des partisans de la monarchie,

MONARCHISTE s. m. Partisan de la monarchie.

* **MONARQUE** s. m. Chef d'une monarchie : puissant monarque.

* **MONASTÈRE** s. m. (gr. monastérion ; lat. monasterium). Couvent, lieu habité par des moines ou par des religieuses : se retirer, s'enfermer dans un monastère. — Au commencement, on ne trouvait les monastères que dans les lieux solitaires. Au bout d'un certain temps, ou en bâtit quelques-uns à l'extérieur des murailles des villes, et après le vᵉ siècle, les villes elles-mêmes devinrent le séjour des cénobites. Ces maisons s'appellent abbayes quand elles sont dirigées par un abbé ou une abbesse, et prieurés quand elles ont un prieur ou une prieure. Si le supérieur n'a pas de titre spécial, la maison s'appelle simplement monastère ou couvent.

MONASTIER (Le), ch.-l. de cant., arr. et à 18 kil. S.-E. du Puy (Haute-Loire) ; 3,600 hab. Commerce de grains, beurre, fromages.

* **MONASTIQUE** adj. Qui appartient aux moines, qui concerne les moines : vie, discipline, institution monastique.

MONASTIR ou Bitolia, ville de la Turquie d'Europe, à 125 kil. de Salonique ; 35,000 hab. environ, en majorité Grecs et Bulgares. Elle possède un beau bazar renfermant des milliers de boutiques. Grand centre militaire et commercial.

MONASTIR, place forte, à 20 kil. E. de Sousa (Tunisie), sur la Méditerranée, près du cap. du même nom ; 12,000 hab.

MONATOMIQUE adj. Voy. MONOATOMIQUE.

* **MONAUT** adj. m. (gr. monautos ; de monos. seul : ous, outos, oreille). Qui n'a qu'une oreille : un chien, un chat, un cheval monaut.

MONBOUTTOU, contrée de l'Afrique centrale, entre 3ᵉ et 4ᵉ lat. N., et entre 26° et 28° long. E. Schweinfurth a évalué la population, en 1870, à un million d'hab. C'est en général, un plateau élevé de 700 à 900 m. au-dessus du niveau de la mer. Elle est arrosée par le Keebaly et la Gadda, qui se réunissent pour former la Welle, bras oriental de Shary, source du lac Tchad. On représente le pays comme très beau, couvert de gros bouquets de bananiers, de palmiers à huile et d'autres arbres, et d'une délicieuse verdure. La population y est d'une nuance plus claire que les autres nations du centre de l'Afrique. Ils traitent leurs est inconnu. Ils pratiquent la circoncision et ne mettent aucune limite à la polygamie. Ils travaillent habilement le cuivre et le fer et font d'ingénieuses sculptures sur bois. Schweinfurth dit que leur cannibalisme est plus prononcé que chez les autres nations connues de l'Afrique. L'ivoire est un article de trafic important, dont le roi a le monopole.

MONBRON (FOUGERET DU), prêtre, né à Péronne, mort en 1764. Son ouvrage le plus connu est la Henriade travestie, en vers burlesques (Paris, 1745, in-12).

MONCADE (Hugues de), capitaine espagnol, d'une illustre famille de Catalogne, mort en 1528. Il suivit le roi de France, Charles VIII, en Italie, s'attacha ensuite à César Borgia et à Gonsalve de Cordoue. Vaincu et fait prisonnier par André Doria, il fut envoyé à Charles-Quint, prit parti pour Colonna contre Clément VII, prit le Vatican et le pilla (1527). Il fut tué dans un combat naval.

* **MONCEAU** s. m. (lat. monticellus, dimin. de mons, montis, montagne). Tas, amas fait en forme de petit mont : un grand, un petit monceau. — Fam. AVOIR DES MONCEAUX D'UNE CHOSE, en avoir beaucoup : cet homme a des monceaux d'or.

MONCEAUX (Parc), parc aujourd'hui englobé dans l'enceinte de Paris (XVIIᵉ arr.) et renfermant des belles promenades, des rochers, des cascades, etc. Le jardin de Monceaux appartint vers la fin du siècle dernier au fermier général Grimod de la Reynière, qui dépensa des sommes énormes à son embellissement ; il passa ensuite au duc de Chartres (Philippe-Égalité), puis à Cambacérès et au duc d'Orléans (Louis-Philippe) en 1814.

MONCEY (Rose-Adrien-Jeannot , DUC DE CONEGLIANO), maréchal de France, né à Moncey, près Besançon, le 31 juillet 1754, mort le 20 avril 1842. Il s'enrôla à l'âge de 15 ans, fut nommé capitaine en 1791, chef de bataillon des chasseurs cantabres en 1793, général de division en 1794 ; remporta, en 1795, la victoire de Villanova sur les Espagnols, contribua à celle de Marengo (1800), devint inspecteur général de la gendarmerie (1801), déjoua plusieurs conspirations, reçut le bâton de maréchal (1804) et, peu après, le titre de duc de Conegliano. Pendant la guerre d'Espagne, il vainquit les insurgés à Almanza (1808). Lors de l'invasion de 1814, il défendit héroïquement Paris. La première Restauration le nomma pair de France. Ayant conservé ce titre pendant les Cent-Jours, il fut tenu à l'écart à la seconde Restauration, et même emprisonné au moment au château de Ham. Lors de la guerre d'Espagne (1823), il commanda le 4ᵉ corps de l'armée française. Louis-Philippe le nomma gouverneur des Invalides en 1834.

MONCLAR, ch.-l. de cant., arr. et à 19 kil. N.-O. de Villeneuve (Lot-et-Garonne) ; 1,710 hab.

MONCLAR, ch.-l. de cant., arr. et à 22 kil S.-E. de Montauban (Tarn-et-Garonne), sur la rive droite du Tescou ; 1,980 hab.

MONCONTOUR, Mons Contorius, ch.-l. de cant., arr. et à 18 kil. S.-O. de Loudun (Vienne) ; 750 hab. Le 3 oct. 1569, le duc d'Anjou (Henri III) y remporta une victoire sur les calvinistes commandés par Coligny.

MONCONTOUR, ch.-l. de cant., arr. et à 23 kil. S.-E. de Saint-Brieuc (Côtes-du-Nord) ; 1,590 hab. Commerce de grosses toiles, fil, laines, beurre.

MONCOUTANT, ch.-l. de cant., arr. et à 32 kil. N.-O. de Parthenay (Deux-Sèvres), sur la Sèvre-Nantaise ; 2,560 hab. Élève de bestiaux ; grande fabrication de breluche.

MONCRIF (François-Augustin PARADIS DE), écrivain, né à Paris en 1687, mort en 1770. Il fut reçu à l'Académie française en 1733. On a de lui : Histoire des Chats (Paris, 1727-48) ; Essai sur la nécessité et les moyens de plaire (1738). Ses Œuvres mêlées ont été publiées à Paris (1801, 2 vol. in-18).

MONCTON [monnk'-tonn], ville de l'état du New-Brunswick (États-Unis), au point extrême de navigation du Petitcodiac, sur le chemin de fer intercolonial, à 130 kil. N.-E. de Saint-John ; 4,840 hab. La ville est bien située et a un bon port. Fonderies de fer, machines à vapeur, tabac, cuirs et boissellerie.

* **MONDAIN, AINE** adj. (lat. mondanus ; de mundus, monde). Qui aime les vanités du monde : c'est une femme extrêmement mondaine. — Se dit des choses, et signifie, qui se ressent des vanités du monde : air mondain, parure, vie mondaine. Dans l'une et l'autre acception, il ne s'emploie guère hors des sermons et des livres de dévotion. — C'EST UN SAGE MONDAIN, se dit d'un homme sage, mais peu dévot. Il a vieilli. — s. Celui qui est attaché aux choses vaines et passagères du monde : les mondains ne cherchent que la dissipation et la joie.

* **MONDAINEMENT** adv. D'une manière mondaine.

MONDANISÉ, ÉE adj. Rendu mondain.

* **MONDANITÉ** s. f. Vanité mondaine : passer sa vie dans les plaisirs et dans la mondanité. Ne s'emploie qu'en style de dévotion.

* **MONDE** s. m. (lat. mundus). L'univers, le ciel et la terre, et tout ce qui y est compris : Dieu a créé le monde, a tiré le monde du néant.

Messieurs, quand je regarde avec exactitude
L'inconstance du monde et sa vicissitude...
           JEAN RACINE. Les Plaideurs.

— Fam. DEPUIS QUE LE MONDE EST MONDE, de tout temps. — L'AN DU MONDE DEUX MILLE, la deux millième année depuis la création du monde. — LE MONDE PHYSIQUE, le monde considéré dans ce qu'il a de sensible ; par opposition à MONDE MORAL ou INTELLECTUEL, le monde considéré sous les rapports qui ne peuvent être saisis que par l'intelligence, ou qui appartiennent à la morale. — LE MONDE IDÉAL, l'idée archétype du monde qui est en Dieu de toute éternité, suivant la philosophie de Platon. — Partic. Terre, globe terrestre : les cinq parties du monde. — VENIR AU MONDE, naître ; et, ÊTRE AU MONDE, CESSER D'ÊTRE AU MONDE, N'ÊTRE PLUS AU MONDE, exister, ne plus exister. Cela ne se dit que des personnes : quand cet enfant est venu au monde. On dit dans un sens analogue, METTRE UN ENFANT AU MONDE, donner la naissance à un enfant : les enfants qu'elle a mis au monde. — LE MONDE ANCIEN OU LE MONDE DES ANCIENS, ce que les anciens connaissaient du globe terrestre. — LE NOUVEAU MONDE, le continent de l'Amérique. L'ANCIEN ET LE NOUVEAU MONDE OU LES DEUX MONDES, les deux continents. — Hyperboliq. et fam. IL EST ALLÉ LOGER, IL EST LOGÉ AU BOUT DU MONDE, dans un quartier fort éloigné. — C'est le bout du monde, c'est tout le bout du monde, se dit lorsqu'on estime quelque chose à son plus haut prix, à sa plus grande valeur : *si vous tirez cent francs de ce chcval, c'est le bout du monde.* — Ecrit. La figure de ce monde passe, tout ce qui est dans le monde n'a rien de solide ni de permanent. — Se dit aussi des planètes qu'on suppose habitées; et alors on ne l'emploie guère qu'au pluriel : *la Pluralité des Mondes est le titre d'un ouvrage de Fontenelle.* — Se dit, hyperboliq. d'un lieu vaste et très peuplé : *Paris est un monde, un petit monde.* — Par ext. La totalité des hommes, le genre humain : Jésus-Christ est le sauveur du monde. — Le monde chrétien, la totalité des hommes qui professent le christianisme. — Les hommes en général, la plupart des hommes : *le monde ne pardonne point l'ingratitude.*

> Le monde est devenu, sans mentir, bien méchant.
> J. Racine.

> Quand tout le monde a tort tout le monde a raison.
> La Chaussée. *La Gouvernante*, acte I, sc. III.

— Gens, personnes : *il ne faut pas accuser le monde légèrement.* (Fam.) — Un certain nombre de personnes : *il s'assembla une quantité de monde autour de lui.* — Peu de monde, pas grand monde, peu de personnes : *il n'y avait pas grand monde à cette fête.* — Hyperboliq. Un monde, une grande quantité de personnes : *il a un monde d'ennemis.* — Se dit quelquefois d'une seule personne : *n'entrez pas dans son cabinet, il y a du monde avec lui, il est avec du monde.* — Avec l'adjectif possessif se dit particulièrement des domestiques de quelqu'un : *il a congédié tout son monde.* — Gens qui sont sous les ordres de quelqu'un : *ce capitaine n'avait que la moitié de son monde.* — Un certain nombre de personnes que l'on attend : *on servira dès que votre monde sera venu.* — La société des hommes, une partie de cette société : *fréquenter, aimer le monde.* — Homme du monde, homme qui vit dans le grand monde. Au pluriel, Les gens du monde. — Fam. Le grand monde, la société distinguée par les richesses, par les dignités de ceux qui la composent : *aller dans le grand monde.* Une société nombreuse : *le grand monde l'étourdit, il préfère un petit cercle d'amis.* — Fam. Le petit monde, les gens du commun : *cela n'a réussi que dans le petit monde.* Le peuple dit : *il ne faut pas tant mépriser le petit monde.* — Le demi-monde, société de mœurs équivoques. — Fam. Le beau monde, la société la plus brillante : *il va dans le beau monde, il voit le beau monde.* On dit par ext. J'ai vu là beaucoup de beau monde, beaucoup de personnes bien mises, élégantes. — Le monde savant, le monde lettré, les hommes qui s'occupent particulièrement des sciences, des lettres. — Savoir bien le monde, son monde, savoir la manière de vivre dans la société : *c'est un homme qui sait bien le monde qui sait bien son monde.* On dit dans le même sens : *il a la science du monde, l'esprit du monde.* — Connaître le monde, connaître les hommes. Connaître bien son monde, savoir bien démêler le caractère des gens à qui l'on a affaire. — N'être plus du monde, n'être plus dans le commerce du monde : *c'est un homme qui n'est plus du monde.* On dit dans le même sens : Quitter le monde; renoncer au monde. — Prov. Ainsi va le monde, c'est ainsi que les hommes agissent, se conduisent. — Prov. et fig. C'est le monde renversé, se dit d'une chose qui se fait contre l'usage et l'ordre commun. — Monde idéal, monde imaginaire, meilleur que le monde où nous existons : *se former, se faire un monde idéal.* — Prov. Devoir à Dieu et au monde, être extrêmement endetté. — En langage de dévotion, signifie, les hommes qui ont les mœurs corrompues du siècle : *renoncer au monde, au monde et à ses pompes.* — Se dit aussi de la vie séculière,

par opposition à la vie monastique . *il a quitté le monde pour se mettre dans un cloître.* — Est quelquefois un terme augmentatif, soit qu'on soit affirme qu'on nie : *il a dit de vous tout le bien du monde.* — Cela est, cela va le mieux du monde, cela est, cela va très bien. Nous sommes le mieux du monde ensemble, nous sommes parfaitement d'accord, nous sommes très bien l'un avec l'autre. — Par exag. Le meilleur homme, le plus méchant homme du monde; la meilleure chose, la plus mauvaise chose du monde, un homme très bon, très méchant; une chose très bonne, très mauvaise.

> J'avais un jour un valet de Gascogne,
> Gourmand, ivrogne et assuré menteur,
> Pipeur, larron, jureur, blasphémateur,
> Sentant la hart de cent pas à la ronde,
> Au demeurant, le meilleur fils du monde.
> Marot.

— L'autre monde, la vie future : *dans l'autre monde il faudra rendre compte de ce que nous aurons fait dans celui-ci.* — Il est allé dans l'autre monde, il est mort. — De quel monde venez-vous? se dit à une personne qui paraît ne pas être instruite d'une chose que tout le monde sait. — Fam. C'est un homme de l'autre monde, se dit d'un homme dont les mœurs, les façons de vivre paraissent opposées à celles de la société commune des autres hommes. — Dire des choses de l'autre monde, dire des choses étranges, incroyables.

* Monde adj. (lat. *mundus*, pur). Pur, net. Ne se dit qu'en style de l'Ecriture sainte, et pour qualifier les animaux dont la loi des juifs permettait l'usage, soit pour les sacrifices, soit pour les repas. Il est opposé à immonde : *les bêtes, les animaux mondes et immondes.*

* Mondé, ée part. passé de Monder. — Prendre de l'orge mondée, boire de l'eau dans laquelle on a fait bouillir de l'orge mondé.

* Monder v. a. (lat. *mundare*, nettoyer). Nettoyer. S'emploie surtout dans ces phrases : Monder de l'orge, le dégager de sa pellicule; et, Monder de la casse, tirer la casse de son bâton, la préparer, après en avoir ôté les semences.

* Mondifier v. a. Méd. Nettoyer, déterger : *mondifier un ulcère, une plaie.*

Mondoñedo [monn-*tho*-nyè'-*tho*], ville de Galice (Espagne), à 50 kil. N.-N.-E. de Lugo; 7,000 hab. environ. Elle est bâtie en forme d'amphithéâtre sur le penchant de trois montagnes. Ses murailles bien sont conservées. Sur une éminence s'élève un ancien château, dont les batteries commandent la ville. Les Français mirent Mondoñedo à sac en 4809.

Mondoubleau, ch.-l. de cant., arr. et à 27 kil. N.-O. de Vendôme (Loir-et-Cher), sur les bords de la Graine; 4,550 hab. Fabriques de serges, cotonnades; tanneries renommées; commerce de chevaux, bestiaux, grains. Ruines d'une forteresse féodale, l'une de celles qui défendaient la frontière du Maine.

Mondovi [monn-*do*-vi], ville du Piémont (Italie), sur l'Ellero, à 85 kil. O. de Gênes; 11,958 hab. Elle renferme une citadelle, beaucoup de beaux édifices, et des manufactures de lainages, de soieries, etc. Elle fut fondée au xiie siècle, et resta république indépendante jusqu'en 1396, époque où elle se soumit à Amédée de Savoie. Le 21 avril 1796, les Sardes, sous Colli, y furent défaits par une partie de l'armée de Bonaparte. En 1799, les Français châtièrent cruellement la ville pour s'être soulevée contre eux,

Monein, *Monesi*, ch.-l. de cant., arr. à 19 kil. N. d'Oloron (Basses-Pyrénées); 5,500 hab. Vins rouges estimés.

Monestier-de-Clermont (Le), ch.-l. de cant., arr. et à 35 kil. S. de Grenoble (Isère);

830 hab. Ancienne baronnie érigée en comté, qui a donné son nom à la famille de Clermont-Tonnerre.

Monestiès, ch.-l. de cant., arr. et à 23 kil. N.-O. d'Albi (Tarn); 4,500 hab. Toiles, fils et bestiaux.

* Monétaire s. m. (rad. *monnaie*). Se dit des officiers publics qui présidaient à la fabrication des monnaies et des médailles : *les anciennes monnaies françaises portaient ordinairement le nom des monétaires qui les avaient faites.* — adj. Qui a rapport aux monnaies : *art monétaire.*

Monétairement adv. Au point de vue monétaire.

Monétier (Le), ch.-l. de cant., arr. et à 15 kil. N.-O. de Briançon (Hautes-Alpes), près de la Guisanne; 2,300 hab. Exploitation de graphite, de houille, de cuivre. Ruines et antiquités romaines. — Eaux sulfatées calciques : rhumatismes chroniques, engorgements articulaires, plaies d'armes à feu, maladies de la peau.

* Monétisation s. f. Action de transformer un métal en monnaie.

Monétiser v. a. Transformer en monnaie. — Faire circuler en guise de monnaie.

Monfalcon (Jean-Baptiste), médecin et écrivain, né à Lyon en 1792, mort en 1874. Il fonda le *Courrier de Lyon* (1832) et publia un grand nombre d'ouvrages parmi lesquels nous citerons: *Atlas de la Révolution française* (1833); *Histoire des insurrections de Lyon en 1831 et en 1834* (1834, in-8°); *Histoire du choléra asiatique à Marseille* (1838); *Histoire des enfants trouvés* (Lyon, 1838, in-8°), qui a obtenu un prix Montyon; *Histoire monumentale de la ville de Lyon* (1865-'69,9 vol.in-4°), etc.

Monflanquin, ch.-l. de cant., arr. et à 19 kil. N.-E. de Villeneuve (Lot-et-Garonne), sur la Lède; 3,200 hab. Vins rouges estimés; commerce de bestiaux et céréales.

Monge (Gaspard), comte de Peluse, célèbre mathématicien, né à Beaune le 10 mai 1746, mort à Paris le 18 juillet 1818. Il était fils d'un pauvre marchand forain, fit ses études dans un collège d'oratoriens de sa ville natale et devint, à 16 ans, professeur de physique au collège des oratoriens de Lyon. Il entra, peu après, comme élève à l'école militaire de Mézières et y fut bientôt nommé répétiteur du cours de mathématiques. C'est là qu'il conçut, au milieu de ses expériences de physique et de chimie et en approfondissant les principes de la géométrie, le plan du système qu'il appela *géométrie descriptive* et sur lequel il publia plus tard un ouvrage célèbre. Il fut le premier qui appliqua le calcul différentiel à la théorie générale des surfaces. Il entra à l'Académie des sciences en 4780, et, dans la même année, il devint professeur d'hydraulique à l'école fondée au Louvre par Turgot. Son *Traité de statique* (Paris, 1788, in-8°) fut écrit pour les candidats de l'Ecole de marine et adopté pour l'enseignement préparatoire à l'Ecole polytechnique. Pendant la Révolution, il eut l'idée d'aller chercher le nitre dans les caves, dans les écuries et dans les décombres des vieux murs. Il fut ministre de la marine du 10 août 4793 jusqu'en avril 1793. Il accompagna Bonaparte en Italie et en Egypte. L'Empire le fit sénateur et comte. Il fut l'un des principaux organisateurs de l'Ecole normale et de l'Ecole polytechnique et fut même placé à la tête de cette dernière. La Restauration lui enleva ses charges et son titre de membre de l'Institut. On a de lui, outre les ouvrages déjà cités : *Théorie des ombres et de la perspective* (7e éd. 1847, in-4°); *Application de l'analyse à la géométrie* (5e éd. 1850, in-4°), etc. — **Ecole Monge.** Etablissement d'enseignement libre fondé à Paris en 1874, rue Chaptal, et, transporté en 1877, boulevard de Courcelles.

MONGHIR [monn-ghir'], ville du Bengale (Inde anglaise), sur le Gange, à 125 kil. E.-S.-E. de Patna ; 30,000 hab.

MONGOL, OLE s. et adj. De la Mongolie ; qui appartient à ce pays ou à ses habitants. — s. m. Ling. Langue parlée dans l'ancien empire des Mongols. — s. m. pl. Terme employé dans l'Indoustan pour désigner les Tartares qui se rendirent maîtres de Delhi en 1526, et placèrent sur le trône leur chef, Baber, descendant de Tamerlan. (Voy. BABER.) Les successeurs de Baber, appelés empereurs mongols, conservèrent leurs domaines jusqu'au xixe siècle. Nous citerons parmi eux : Akbar (1556-1605), Jean-Ghir (1605-'27), et Aurungzèbe (1658-1707). Pendant le règne de ces princes, l'empire mongol s'étendit sur presque tout l'Indoustan. L'autorité du grand Mogol (nom que donnaient les Européens au chef de cet empire) déclina peu à peu, et, en 1827, le souverain devint un simple pensionnaire de la couronne britannique. Le dernier prince de la dynastie mogole, Mohammed Bahadour, appelé roi de Delhi, se compromit dans l'insurrection des Cipayes, fut privé de son titre et déporté en 1858.

MONGOLIE, contrée d'Asie, partie de l'empire chinois, entre 37e et 54e lat. N. et entre 83e et 123e long. E., bornée par la Sibérie, la Mandchourie, la Chine proprement dite et le Turkestan oriental ; 3,377,105 kil. carr. ; environ 2,500,000 hab., dont 500,000 Chinois. Le territoire forme une vaste plaine, à environ 1,000 m. au-dessus du niveau de la mer, et privée d'arbres et d'eau. Au milieu, le grand désert de Gobi occupe une superficie d'environ 1 million de kil. carr. Les principales chaînes de montagnes sont : l'Altaï, l'Alachan, l'Inchan et le Khingan. Princ. cours d'eau : Selenga, Orkhon et Tola qui se réunissent et se jettent dans le lac Baïkal ; Kerulen et Onon, tributaires de l'Amour ; Hoang-Ho ou fleuve Jaune au S. Dans la partie du N.-O. abondent les lacs, parmi lesquels on distingue : l'Upsa-nor, le Kossogol et l'Ike-aral. — La Mongolie est divisée en quatre régions principales : 1° Mongolie intérieure, entre la grande muraille et le désert de Gobi ; 2° Mongolie extérieure, entre le désert et les monts Altaï ; 3° pays à l'O. de l'Alachan ; 4° Ouliassoutaï et ses dépendances. Les principales tribus de la Mongolie intérieure sont : les Kortchin (200,000 individus) et les Ortous (400,000) ; la grande tribu de 'Tzakhars (180,000) occupe la région immédiatement au N. de la grande muraille. Dans la Mongolie extérieure, on distingue particulièrement les Khalkas (250,000). La contrée à l'O. de l'Alachan est occupée par les Torgots, les Khochots (120,000). les Khalkas, etc. Dans l'Ouliassoutaï, se trouve une ville de 2,000 maisons, située à l'O. de la Mongolie. — Les immenses plaines et les forêts de la Mongolie sont habitées par une multitude d'animaux sauvages. Son sol est pauvre et une petite partie seulement peut être employée à l'agriculture, à cause de la sécheresse. — Climat extrêmement froid et sujet à des changements rapides. — La plupart des Mongols mènent une vie sédentaire, mais la majorité, surtout au N., est encore nomade. — Les Mongols appartiennent à la division de l'humanité dite touranienne, mongolienne ou ouralo-altaïque. La branche des Mongols proprement dits se compose de trois familles, dont l'une, celle des Mongols orientaux, habite le territoire actuel de Mongolie et se subdivise en Chara-mongol au S. et Khalka-mongol au N. Une partie des Mongols occidentaux, comprenant les Kalmouks,

les Torgots, etc. mènent une vie nomade dans les steppes situés entre le Volga et l'Oural ; d'autres sont établis sur les monts Altaï et portent le nom de Kalmouks noirs. Des deux côtés de la frontière russo-chinoise, depuis Onon jusqu'à la Léna et l'Angara, on trouve une troisième famille appelée les Buriats. — Les habitants actuels de la Mongolie sont généralement robustes, trapus, basanés et d'une figure peu agréable ; les seules personnes qui sachent lire sont les lamas ou prêtres. — Le Mongol est tellement accoutumé à vivre à cheval que, lorsqu'il se trouve obligé d'aller à pied, sa démarche est lourde et ses jambes restent courbées en dehors. Les femmes ont le droit de prendre plusieurs femmes et le divorce est fréquent. — Les chefs des tribus mongoles et leurs parents forment une aristocratie, qui tient le commun du peuple en une espèce de servitude patriarcale. — La religion est semblable à celle du Thibet ; les Mongols reconnaissent la suprématie spirituelle du grand lama de Lassa (Voy. LAMAÏSME). Le territoire est couvert de lamaseries richement entretenues ; presque toutes les lamaseries de première classe possèdent un bouddha vivant, qui, de même que le grand lama du Thibet, est adoré comme une incarnation de la Divinité. — La langue mongole possède une écriture depuis le xive siècle. Sa littérature se compose en grande partie de traductions des livres chinois ; mais elle embrasse un petit nombre d'histoires originales et plusieurs poèmes relatifs surtout à Genghis-Khan et à Tamerlan. — L'histoire des Mongols proprement dits commence avec Genghis-Khan vers l'an 1200. C'est ce prince qui réunit leurs tribus et les conduisit à la conquête de la Tartarie, d'une grande partie de la Chine, de la Corée, de l'Afghanistan, de la Perse et de la Russie. Sous ses descendants, la Chine fut subjuguée, le califat de Bagdad fut renversé et l'Europe fut envahie et dévastée jusqu'à l'Oder et au Danube. (Voy. GENGHIS-KHAN, KOUBLAÏKHAN et BATOUKAN.) Au xiiie siècle, l'empire mongol fut divisé en plusieurs souverainetés indépendantes, que Tamerlan parvint à réunir au xive siècle. Après la mort de ce prince (1405), la puissance mongole déclina, et, au commencement du xviie siècle, les Mongols se soumirent à la souveraineté des empereurs mandchous de Chine.

MONGOLIEN, IENNE adj. Qui concerne la Mongolie.

MONGOUS s. m. [mongouss]. Mamm. Espèce de singe du genre maki, à pelage ordinairement d'un gris jaunâtre en dessus, blanc en dessous, avec les yeux et le chanfrein noirs. — Nom que l'on donne quelquefois à la mangouste de l'Inde. (Voy. ce nom.)

MONIME, reine de Pont, et l'une des femmes de Mithridate Eupator. Ce dernier conçut pour elle un amour si violent que, pour ne pas la voir tomber entre les mains des Romains, ses vainqueurs, il voulut qu'elle fût mise à mort. Elle essaya d'abord de s'étrangler, puis, n'y réussissant pas, elle se jeta sur l'épée de l'eunuque chargé de la faire mourir.

MONIQUE (Sainte), mère de saint Augustin, née en 332, morte à Ostie en 384. Son mari, Patrice, touché de la piété de Monique, se convertit au christianisme. Augustin, son fils aîné, ayant embrassé la doctrine des Manichéens, Monique ne cessa de le poursuivre de ses supplications et de ses larmes jusqu'à ce qu'il fît retour à la foi catholique. Saint Augustin, dans ses Confessions, donne les plus touchants détails sur les vertus de sa mère. Fête le 4 mai. Ary Scheffer a donné une ravissante peinture de Monique et d'Augustin.

MONISTROL-SUR-LOIRE, Monasteriolum, ch.-l. de cant., arr. et à 20 kil. N. d'Yssen-

geaux (Haute-Loire), près de la rive gauche de la Loire ; 4,700 hab. Ancien château des évêques du Puy ; commerce de grains et soieries.

* **MONITEUR** s. m. (lat. monitor ; de monere, avertir). Celui qui donne des avis, des conseils : les jeunes gens ont besoin d'un sage moniteur. — Dans les écoles d'enseignement mutuel, se dit de l'élève chargé d'instruire un certain nombre de ses condisciples : l'école de ce régiment a de bons moniteurs. — ◡ Au fém. monitrice. — * Est aussi le titre de certains journaux : le Moniteur des théâtres. — Le Moniteur universel, journal politique, fondé à Paris par C.-J. Panckoucke, le 5 mai 1789 ; devenu quotidien le 24 nov. 1789 ; organe officiel du gouvernement français le 28 déc. 1799 ; remplacé dans cette situation par le Journal officiel le 1er janvier 1869 ; redevenu journal du gouvernement le 23 sept. 1870 et définitivement remplacé par le Journal officiel en fév. 1871.

* **MONITION** s. f. (lat. monitio ; de monere, avertir). Juridict. ecclés. Avertissement juridique qui se fait en de certains cas par l'autorité de l'évêque, avant de procéder à l'excommunication : on a fait jusqu'à trois monitions.

* **MONITOIRE** s. m. (lat. monitorius). Juridict. ecclés. Lettre d'un official pour obliger, sous des peines ecclésiastiques, tous ceux qui ont quelque connaissance d'un crime ou de quelque autre fait dont on cherche l'éclaircissement, à venir révéler ce qu'ils savent : on a publié un monitoire dans toutes les paroisses. On dit aussi, adjectiv., DES LETTRES MONITOIRES ; et alors Monitoire est féminin. — Législ. « Dans l'ancien droit français, on nommait monitoire un commandement fait de l'autorité ecclésiastique aux fidèles de l'Eglise catholique, leur enjoignant, sous peine d'excommunication, de faire connaître ce qu'ils savaient sur certains faits. Ces monitoires étaient décernés par les officiaux, avec permission du juge, sur la plainte des procureurs généraux ou des parties intéressées. On les accordait quelquefois en matière civile et plus souvent en matière criminelle. Les personnes soupçonnées de crime n'étaient pas désignées dans les monitoires, à moins qu'il ne fût pas possible de faire autrement. Les casuistes enseignaient que ceux qui pouvaient craindre des suites d'une révélation étaient dispensés de la faire. Ces révélations étaient faites aux curés ; et, s'il y avait lieu, ils les déclaraient au juge compétent. Les monitoires n'étaient employés que lorsqu'il s'agissait de faits graves (édit de 1695, art. 26) ; ils étaient lus au prône de la messe paroissiale, et affichés à la porte des églises, ainsi que dans les places publiques. Un décret de 1806 donna au ministre de la justice le droit d'ordonner des monitoires ; mais ce moyen de rechercher les criminels est depuis longtemps tombé en désuétude. »

(CH. V.)

MONITOR s. m. Mar. Nom donné, pendant et depuis la guerre d'Amérique, à des navires de guerre dont la quille est complètement immergée et qui sont munis d'une tour mobile armée d'un très gros canon. (Voy. CUIRASSÉ.)

MONITOR s. m. (lat. monitor ; de monere, avertir). Erpét. Genre de sauriens de taille moyenne, qui passent pour prévenir l'homme de l'approche des crocodiles. Les monitors forment une transition naturelle entre les serpents et les lézards. Leur couleur varie du noir au vert profond avec des taches plus claires qui font ressembler leur corps à un dessin de mosaïque. Plusieurs de ces dessins sont tellement remarquables, que la peau des monitors est souvent employée pour orner des écrins. Ces reptiles habitent l'ancien monde; ils sont, après les crocodiles, les plus grands sauriens vivants. Ceux qui se trouvent dans le voisinage des rivières annoncent, à ce que l'on prétend, par un sifflement particulier, la présence des crocodiles. L'espèce aquatique la mieux connue

Monitor du Nil (Varanus Niloticus).

est le *Monitor du Nil* (*Varanus Niloticus*), commun dans les rivières d'Egypte et de l'Afrique méridionale. Il atteint jusqu'à 2 m. de long. Les anciens Egyptiens le vénéraient, parce qu'ils supposaient que cet animal dévore les œufs des crocodiles.

* **MONITORIAL, ALE** adj. N'est usité que dans cette locution, LETTRES MONITORIALES, lettres en forme de monitoire.

MONK (George), DUC D'ALBEMARLE, général anglais, né en 1608, mort en 1670. Il servit sous Charles Ier comme lieutenant-colonel (1640), fut nommé colonel des troupes envoyées pour réprimer la révolte irlandaise (1642), major général de la brigade irlandaise (1643), battu et fait prisonnier par Thomas Fairfax (1644), emprisonné à la Tour pendant deux ans, allié du parti parlementaire (1646), mis par Cromwell à la tête d'une expédition contre l'Ecosse (1650) avec le titre de lieutenant général. S'étant distingué à Dunbar, il fut nommé commandant en chef de l'armée d'Ecosse, termina la conquête, se signala par sa cruauté et rentra en Angleterre en 1652. Pendant la guerre contre les Hollandais, Monk fut nommé commandant en chef de la flotte qui opérait dans la Manche (2 juin 1652); il remporta, le 31 juillet 1653, la grande victoire dans laquelle l'amiral hollandais Van Tromp fut tué. En 1654, il réprima l'insurrection royaliste d'Ecosse. Lorsque Richard Cromwell abdiqua le protectorat (1659), Monk se déclara pour le parlement et marcha sur Londres avec 7,000 hommes. Nommé commandant en chef des troupes, il remplit de royalistes tous les cadres de l'armée, prononça la dissolution du parlement, en réunit un nouveau et eut la plus grande part dans 'a restauration de Charles II. Outre les titres de duc d'Albemarle et de comte de Torrington, Monk reçut d'immenses sommes d'argent et des charges lucratives. En 1670, il partagea avec le prince Rupert le commandement de la flotte anglaise, qui opéra contre les Hollandais.

MONMERKÉ (Louis-Jean-Nicolas), magistrat et littérateur, né et mort à Paris (1780-1860). En qualité de président de la cour d'assises de la Seine en 1822, il dirigea avec impartialité les débats de l'affaire dite *Conspiration de la Rochelle*. Parmi ses publications savantes, nous citerons : *Mémoires relatifs à l'histoire de France, depuis l'avènement de Henri IV jusqu'en 1763* (Paris, 1819-'29, 131 vol. in-8), etc.

MONMOUTH. I, ville de l'Illinois (Etats-Unis),

à 300 kil. O.-S.-O. de Chicago; 5,000 hab. — II. Cap. du Monmouthshire (Angleterre), au confluent de la Wye et du Monnow, à 180 kil. N.-N.-O. de Londres; 6,000 hab. Château en ruines. Grandes usines métallurgiques.

MONMOUTH (Geoffroy of). Voy. GEOFFREY.

MONMOUTH (James SCOTT, *duc de*), fils supposé de Charles II d'Angleterre, né à Rotterdam en 1649, exécuté à Londres, le 15 juillet 1685. Sa mère était Lucy Walters, maîtresse de Charles. On l'appela d'abord duc d'Orkney, puis duc de Monmouth (1663). Il épousa, très jeune, Anne Scott, fille et unique héritière du comte de Buccleuch. Il commanda dans les Pays-Bas et se fit connaître sous le nom de *duc protestant.* Il remporta, le 22 juin 1679, la victoire de Bothwell sur les covenantaires écossais; mais, accusé de favoriser la rebellion, il se retira en Hollande. Rentré en Angleterre, il fit de l'opposition à la cour et fut soupçonné d'aspirer à la couronne. La part qu'il prit aux conspirations de 1683 le força de s'enfuir en Hollande. Lors de la mort de Charles II (6 fév. 1685), il parut tout à coup en Angleterre à la tête d'une petite armée qui débarqua le 11 juin à Lyme-regis; le but de Monmouth était de monter sur le trône. Son armée fut écrasée le 6 juillet à Sedgemoor; lui-même fut fait prisonnier, le 8, et emmené à Londres. Il supplia vainement Jacques II de lui faire grâce de la vie.

MONMOUTHSHIRE, comté d'Angleterre, borné au S. par le canal de Bristol et par l'estuaire de la Severn; 1,489 kil. carr.; 196,000 hab. De grandes digues ont été élevées pour protéger ses côtes. Au N., le territoire est montagneux et rocheux; du côté de la Severn et de la mer, se trouve une vaste plaine. Princ. cours d'eau : Wye, Usk et Monnow. — Fer, charbon de terre, plomb, pierre de taille. Cap., Monmouth; villes princ. : Newport, Abergavenny et Chepstow. Ce comté faisait autrefois partie du pays de Galles et la langue galloise y est encore parlée.

* **MONNAIE** s. f. (lat. *moneta*). Toute sorte de pièces de métal, servant au commerce, frappées par autorité souveraine, et marquées au nom d'un prince ou d'un Etat souverain : *avoir droit de battre monnaie.* — MONNAIE DE COMPTE, ou MONNAIE IMAGINAIRE, monnaie qui n'a jamais existé, ou qui n'existe plus en espèces réelles, mais qui a été inventée ou retenue pour faciliter les comptes, en les établissant toujours sur un pied certain et non variable; par opposition à MONNAIE RÉELLE ou EFFECTIVE, monnaie dont il existe des pièces ayant cours dans le commerce : *la livre tournois, la livre sterling, sont des* monnaies *de compte; le franc est une monnaie réelle.* — PAPIER-MONNAIE, papier créé par le gouvernement pour faire office de monnaie. — MONNAIE OBSIDIONALE, monnaie frappée dans une ville assiégée, où on lui donne cours pendant le siège, pour une valeur ordinairement beaucoup plus forte que sa valeur intrinsèque. — PAYER EN MONNAIE FORTE, payer en espèces évaluées sur un pied avantageux à celui qui reçoit. — BATTRE MONNAIE, se procurer de l'argent : *il a battu monnaie, il a vendu ses livres.* — ETRE DÉCRIÉ COMME DE LA FAUSSE MONNAIE, COMME LA FAUSSE MONNAIE, COMME FAUSSE MONNAIE, avoir une très mauvaise réputation. — Particul. Se dit des petites espèces d'argent ou de billon : *n'avez-vous point de monnaie sur vous?* — Valeur d'une pièce monnayée, en plusieurs pièces moindres : *n'avez-vous point la monnaie d'un louis, d'un écu, d'une pièce de vingt sous, etc.?* — DONNER A QUELQU'UN DE BELLE MONNAIE, lui donner des pièces d'or ou d'argent, au lieu de pièces de cuivre ou de billon. — RENDRE, DONNER A QUELQU'UN LA MONNAIE DE SA PIÈCE, se venger, user de représailles. — PAYER QUELQU'UN EN

MONNAIE DE SINGE, le payer en gambades, se moquer de lui, au lieu de le satisfaire. — IL L'A PAYÉ EN MÊME MONNAIE, se dit d'un homme qui, ayant reçu d'un autre ou quelque service ou quelque déplaisir, lui a rendu ensuite la pareille. — Se dit, fig. et au sens moral, des paroles dont il se fait une espèce d'échange dans la société : *les compliments sont une monnaie dont chacun connaît la valeur.* — Lieu où l'on bat monnaie : *porter des lingots à la Monnaie, pour qu'ils soient convertis en espèces.* Ce lieu s'appelle autrement HOTEL DE LA MONNAIE, DES MONNAIES : *hôtel des monnaies de Paris, de Lyon, de Bordeaux,* etc. — LA MONNAIE DES MÉDAILLES, le lieu où l'on frappe les médailles, les jetons. — COUR DES MONNAIES, cour supérieure qui était établie pour juger souverainement tout ce qui concernait les monnaies : *le premier président de la cour des monnaies.* — ENCYCL. On appelle *monnaie* les pièces de métal qui ont cours légal dans un pays, et l'on donne quelquefois le même nom aux billets de circulation ou à toute autre valeur représentative. — Toute chose qui circule librement, comme valeur d'échange commune et acceptable dans un pays, est de la monnaie, même lorsqu'elle cesse d'être telle, et de posséder aucune valeur, en passant dans un autre pays. Les Juifs, outre leur monnaie ordinaire de shekels, talents et drachmes d'argent, avaient une monnaie de joyaux ou pierreries. Dans l'ancienne Grèce et l'ancienne Rome, le bétail servait de monnaie. Avant l'introduction de la monnaie proprement dite en Grèce, il y avait une valeur d'échange appelée « broche » ou « broches »; c'était probablement des clous de fer ou de cuivre. Les Lacédémoniens, les Byzantins, la population de Clazomène se servaient de monnaie de fer. Une des monnaies les plus anciennes dont on ait des échantillons est celle d'*electrum*, alliage d'or avec un cinquième d'argent. Les Grecs et les Romains frappèrent des monnaies d'or, d'argent et de cuivre. Denys Ier, tyran de Syracuse, monnaya l'étain, et il existe encore des monnaies grecques et romaines de ce métal. On cite d'anciennes monnaies de plomb; le musée Britannique conserve un statère de plomb, et une monnaie de ce métal a cours aujourd'hui dans l'empire birman. La Russie frappa des monnaies de platine de 1828 à 1845. — Numa Pompilius, roi de Rome vers 700 av. J.-C., faisait de la monnaie de bois et de cuir. Sous les Césars, les terres devinrent une monnaie. Les Carthaginois avaient une sorte de monnaie de cuir. L'empereur Frédéric Barberousse, dans sa lutte contre Milan (1158-'62) et Jean le Bon, roi de France (1360), émirent aussi de la monnaie de cuir. Sous Guillaume Ier de Sicile (1154-'66), les Siciliens furent obligés de donner leur or et leur argent en échange d'une monnaie également de cuir. En 1574, lorsque Leyde fut assiégée par les Espagnols, on émit aussi des pièces de cuir dans la ville. Le musée Britannique possède un sequin de cuir de Francesco Comaro (1656). Au XIIIe siècle, Nicolo et Matiheo Polo trouvèrent en Chine une monnaie faite de la couche intérieure de l'écorce du mûrier coupée en rondelles et marquée à l'estampille du souverain. La contrefaçon ou le refus de cette monnaie dans toutes les parties de l'empire étaient punis de mort. En Grande-Bretagne, jusqu'à la conquête normande, il y eut deux sortes de monnaie courante : la « monnaie vivante », et la « monnaie morte ». La première consistait en esclaves et en bétail, lesquels se transmettaient d'ordinaire avec le sol, et la seconde en métal. Les coquilles de cauris (*cypræa moneta*) servent de menue monnaie aux Indes, dans l'archipel Indien et en Afrique. Il n'y a guère d'article universellement employé par les peuples primitifs qui n'ait servi, à un moment ou à l'autre, d'étalon ou de valeur commune d'échange. On peut citer comme exemples, les peaux d'animaux, les tablettes de thé comprimé, le carton, les noix de coco, le wampum, les clous, la morue, le savon, le chocolat. — On a attribué l'invention du monnayage à l'épouse de Midas, roi légendaire de Phrygie. D'autres en font honneur aux Lydiens (vers 1200 av. J.-C.). Il semble plus probable que cette invention vienne d'Asie que de Grèce. La pièce de bronze chinoise, appelée *tsien* ou argent comptant, et portant pour inscription *tung-pan*, c'est-à-dire monnaie courante, date de 1120 av. J.-C. environ. Les pièces primitives de l'Asie Mineure étaient en or ou en électrum; celles de Grèce, en argent; tandis qu'à Rome, pendant près de cinq siècles, on ne frappa que de la monnaie de cuivre ou de bronze. L'*aes*, ou *as*, ou *libra*, qui était une livre pesant de cuivre ou de bronze, reçut le poinçon de l'Etat pendant le règne de Servius Tullius (578-534 av. J.-C environ). Avant ce règne, les Romains se servaient de barres de cuivre brut. Suivant Pline, on frappa pour la première fois de l'argent à Rome en 269 av. J.-C.; la principale monnaie de ce métal était le *denarius*; on frappa de l'or en 207, mais on croit qué cette dernière monnaie n'entra pas dans la circulation ordinaire et courante avant le temps de Jules César, vers 49 av. J.-C. Les empereurs avaient le privilège de monnayer l'or et l'argent, mais le cuivre ne pouvait être frappé que *ex senatus consulto*. — Au moment de l'invasion de la Grande-Bretagne par César (55 av. J.-C.), les anciens Bretons avaient une monnaie de bronze et de fer, qu'on évaluait au poids. On suppose que les plus anciennes pièces frappées, après le départ des Romains, sont les *pennies* d'Etelbert, roi de Kent (560-616). Vers ce temps, on commença à compter par livres, shillings, *pence* et *mancas* ou *mancus*; mais il n'y avait de monnaie que le penny, tout le reste n'étant que des monnaies de compte. Les rois normands continuèrent de ne frapper que des pence, lesquels offraient en argent, avec une croix dont l'empreinte formait un tel creux qu'il était facile de les briser et d'en faire des demi-pence et des *farthings* (le quart du penny). Le mot *sterling* pour indiquer la monnaie étalon de l'Angleterre entra dans l'usage dès le règne de Guillaume le Conquérant. Henri III, qui fit une refonte générale des monnaies, est le premier qui frappa des pennies d'or qui valaient 20 deniers ou pence ordinaires et pesaient $\frac{1}{7\frac{1}{4}}$ de livre tournois. Malgré des prohibitions antérieures, Edouard II autorisa les marchands français à trafiquer avec l'Angleterre et à faire circuler leur monnaie comme leurs marchandises. Sous le règne d'Edouard III, on établit des maisons de change à Douvres, à Londres à Yarmouth, à Boston, à Kingston et à Hull, pour procurer de la monnaie étrangère aux voyageurs allant sur le continent. C'est en 1505 que furent frappées les premières pièces d'un shilling. Pendant de longues années, les commerçants de Londres avaient eu l'habitude d'émettre des médailles de plomb qui circulaient à la place des pièces de cuivre. Au commencement du xviiᵉ siècle, cette coutume arrêta en grande partie cette coutume, qui disparut bientôt tout à fait. Jacques II (1685-'88) émit des pièces d'étain, et autorisa celles de métal à canon et d'un alliage appelé potin. Les premiers souverains datent de Henri VII (1489), et les premières guinées de Charles (1675). — Lors de la découverte des mines d'or de Californie et d'Australie, les économistes prédirent une grande dépréciation sur ce métal. Les Pays-Bas, la Belgique, et l'Allemagne démonétisèrent l'or, et adoptèrent l'argent pour seul étalon légal à un taux déterminé. Mais, en 1861, la

Belgique reprit l'étalon d'or. L'empire allemand a adopté l'or seul comme étalon légal, avec l'argent pour les monnaies divisionnaires. Dans l'Inde, on avait, avant 1835, les deux étalons, or et argent; mais depuis, l'argent seul est resté. Voici les valeurs relatives de l'argent et de l'or aux différentes périodes:

Rome, aux environs de l'ère chrétienne.....	1 à 9
Angleterre, 1344.........................	1 à 12.475
1509.........................	1 à 11.400
1600.........................	1 à 11.100
1717.........................	1 à 15.209
1815.........................	1 à 15.209
1863.........................	1 à 15.069

— En France, le rapport de l'or à l'argent est comme 1 à 15,50. La production relative de ces deux métaux a varié d'environ 42 onces d'argent pour une once d'or en 1800, à environ 63 onces d'argent pour une d'or en 1863. — En 1694, fut fondée la banque d'Angleterre qui émit des billets payables au porteur, à vue et sans endossement. Avant cette époque les billets de banque proprement dits, à large circulation, sans endossement, étaient inconnus en Europe, à moins que ceux qu'émettait en 1658 la banque établie à Stockholm par Palmstruck n'eussent ce caractère. La banque d'Angleterre fut la première du monde qui consentit à émettre ses billets, payables à vue, en échange de valeurs particulières payables à une date future. — En Amérique, les premiers colons furent forcés de se servir comme de monnaie de wampum, de balles de mousquet, de peaux de castor, de tabac, de blé, de fèves, et, en fait, d'avoir généralement recours à des trocs. — Le premier hôtel des monnaies fut établi à Boston en 1652, et en 1690 la colonie de Massachusetts émit le premier papier-monnaie. Le papier-monnaie rendit de grands service aux Américains à plusieurs reprises, et notamment pendant la guerre de sécession. Ils ont pu, depuis, en retirer l'excédent de la circulation et reprendre l'usage courant de la monnaie métallique. D'après Necker, la circulation métallique de la France était de 2,250,000,000 fr. Les assignats émis par le gouvernement révolutionnaire de 1790 à 1796 montèrent à 45,000,000,000 fr. Aujourd'hui, on évalue la circulation de la France à 4 milliards de fr. en espèces métalliques; le 9 octobre 1869, la banque de France avait en circulation pour 2,970,884,660 fr., soit un total de 6,970,884,660 fr. — *Monnaies de compte*. Lorsque une pièce ou un poids d'or ou d'argent, ou quelque autre valeur d'échange général, a été pendant longtemps employée comme équivalent ou en paiements de choses achetées, ou en arrive à prendre cette valeur comme l'unité d'une monnaie de compte et à s'en servir pour exprimer les prix. L'usage d'une monnaie de compte n'est pas un procédé mécanique par lequel on compare des objets quelconques à un poids ou à une masse donnée d'or ou d'argent; c'est une opération arithmétique par laquelle ces objets se comparent à une unité de valeur qui tire son origine de quelque pièce de monnaie ou de quelque autre intermédiaire d'échange possédant les qualités requises pour être accepté en paiement de dettes ou d'achats. Il s'en suit que la munnaie de compte survit souvent longtemps à l'existence de la pièce monnayée ou de la valeur qui lui sert de base. La monnaie de compte en usage chez un peuple n'est pas seulement un étalon à l'aide duquel la valeur des choses peut s'exprimer; on s'en sert aussi pour désigner la valeur des espèces monnayées ou des billets en circulation; et, si ces espèces et ces billets ont la même dénomination que la monnaie de compte, celle-ci indique, sans erreur possible, si ces espèces ou ces notes sont au pair, en hausse ou à prime. — Les premières méthodes pour frapper la monnaie étaient excessivement imparfaites. Ce ne fut pas avant le milieu du xviiᵉ siècle que la forge et le marteau cédèrent

définitivement la place au balancier en France et en Angleterre. Dans ce dernier pays, à l'époque des Saxons et à celle des Normands, presque toute ville importante frappait monnaie au nom de la couronne. Athelsta paraît être le premier roi qui régla par une loi la question du monnayage vers 928. Edouard II, dans la dix-huitième année de son règne, organisa définitivement cette administration en créant un maître de la monnaie, un gardien, un contrôleur, des essayeurs, et un commissaire royal. Cette organisation, dans ses traits principaux, resta en vigueur jusqu'en 1815. Dès 1156, Henri II avait interdit au clergé et aux grands barons de frapper monnaie concurremment avec le roi. Le balancier, qui fit son apparition dans la fabrication des monnaies anglaises en 1562, ne fut adopté d'une façon permanente qu'en 1662 ou 1663. — Aux Etats-Unis, la loi du 2 avril 1792 établit un hôtel de monnaies national à Philadelphie. L'année suivante, on y frappa de la monnaie de cuivre (*cents*). En 1794, on commença à frapper la monnaie d'argent (*dollars*), et en 1795 la monnaie d'or (*gold eagles*). La loi de 1873 a complété l'organisation du « Bureau » de la monnaie aux Etats-Unis.—

Fig. 1. — Laminoir.

Dans l'opération de monnayage, lorsque le lingot a été essayé, c'est-à-dire qu'on s'est assuré de la pureté du métal qui le compose, on l'allie avec un autre métal, pour le rendre plus dur et plus résistant. Au moyen d'un puissant laminoir, mû par la vapeur, les lingots (qui sont des barres pointues à l'une de leurs extrémités comme la lame d'un ciseau), sont laminés en bandes, en rubans, de l'épaisseur requise pour faire la monnaie voulue (fig. 1). Le métal doit passer entre les cylindres ou rouleaux représentés au-dessus du cadran dans la fig. 1, dix fois pour l'or et huit fois

Fig. 2. — Filière.

pour l'argent. Ces bandes doivent quelquefois êtres recuites afin de les adoucir, avant de les passer à la filière, opération qui se fait au moyen de la filière (fig. 2), à travers les trous de laquelle on les tire pour les rendre droites et d'épaisseur uniforme. L'emporte-pièce (fig. 3), est vertical et en acier. Il opère dans une matrice, ou trou rond, pratiquée dans une plaque d'acier de la grandeur du flan voulu; il est rapidement manœuvré par un excentrique, et les bandes lui sont présentées à la main. Les flans d'or, avant d'être frappés sont soumis à une mi-

Fig. 3. — Emporte-pièce.

nutieuse vérification de poids. Ils sont alors prêts pour la machine à moulinet (fig. 4) dans laquelle les flans, aussi vite que la main peut les pousser dans un tube vertical. sont saisis

Fig. 4. — Machine à moulinet.

de côté un par un et reçoivent un mouvement de rotation sur un plan horizontal dans un conduit formé d'un côté par une roue en évolution et de l'autre, par un segment fixe de la courbe correspondante, mais un peu plus rapproché de la roue à une extrémité qu'à l'autre. le résultat est que chaque pièce, en passant par ce conduit qui se rétrécit, a son arête uniformément comprimée et relevée en relords. Après avoir été recuits et nettoyés ou « blanchis », les flans sont prêts pour recevoir l'empreinte (fig. 5). La

pression sur le coin s'effectue par un levier que meut une manivelle. Les flans sont mis à la main dans un tube en avant de la machine. Le morceau qui est le plus bas dans le

Fig. 5. — Machine à frapper.

tube est saisi par des pinces d'acier, emporté et placé dans le collier entre le coin supérieur et le coin inférieur. Au même moment le levier s'abaisse, et lorsque le flan est en place, le coin pèse sur la pièce et lui donne l'empreinte; un second flan se présente, et

Pièce d'argent de 5 francs.

celui qui est déjà frappé se trouve poussé en avant. Le flan, avant d'être frappé, a un diamètre un peu moindre que l'anneau ou collier dans lequel il tombe; mais la pression qu'il supporte sur le coin le fait s'étendre dans le collier et enlève à ses bords toute cannelure ou bavochure. — L'hôtel des mon-

Pièce d'argent de 2 francs.

naies de France, qui est probablement l'établissement où se fait le plus beau travail de ce genre qui soit au monde, a commencé ses opérations en 1775. Les joailliers sont obligés d'y faire essayer l'or et l'argent de leurs bijoux qui, suivant la loi, doivent être poinçonnés avant d'être mis en vente. De 1850 à 1872 on a frappé pour 6,517,507,385 fr. de monnaie d'or, et pour 813,821,208 fr. de monnaie d'argent. — L'hôtel de la monnaie de Paris possède un outillage unique au monde. On en aura une idée, quand nous

dirons qu'il possède 22 presses mues à la vapeur. Chacune de ces presses peut frapper 45 pièces à la minute, soit 2,700 pièces à l'heure ou 27,700 en une journée de 10

Pièce d'argent de 1 franc.

heures. Les 22 presses pourraient donc, si elles fonctionnaient continuellement, frapper 594,000 pièces par jour; et si ces pièces étaient de 20 fr., cela ferait une somme de 11,800,000 fr. par jour aux Allemands; et qu'il leur faudrait environ 6 ans pour amonceler les pièces de 20 fr. nécessaires au paiement de la dette française (25 milliards). — Législ. « La fabrication des monnaies a toujours été considérée comme l'une des fonctions de l'État; mais l'histoire de France constate que les seigneurs qui avaient le droit de battre monnaie, et les rois eux-mêmes, qui ne tardèrent pas à se réserver ce privilège, trouvèrent là une source de bénéfices aux dépens de leurs propres sujets. Tantôt le poids de la monnaie était diminué, pendant que la valeur légale restait invariable; tantôt, le poids restant le même, la proportion de métal fin était réduite sans que le public en fût averti. « Le droit de « frapper monnaie, dit M. Léopold Delisle (De « la condition de la classe agricole en Norman- « die au moyen âge, chap. xx) ne fut long- « temps, entre les mains des souverains, « qu'une source de gains plus ou moins lici- « tes. Le plus souvent, la seule considération « de leur intérêt du moment leur faisait « changer le poids et l'aloi de leurs mon- « naies. Au xive siècle surtout, ces altérations « se multiplièrent au delà de toute mesure. « Cette instabilité dut jeter une profonde per- « turbation dans la société de cette époque. « Il est même étonnant qu'elle n'ait pas en- « travé les transactions des par- « ticuliers, porté de plus graves atteintes à « la propriété, et enveloppé dans une ruine « complète l'agriculture, l'industrie et le « commerce. » La chambre des monnaies, qui avait été détachée de la chambre des comptes en 1358, et qui fut érigée en cour souveraine par un édit de Henri II (janvier 1551), connaissait de la fabrication, du titre, du cours et de la police des monnaies; mais les faux monnayeurs étaient aussi jugés par les juges royaux. Le crime de fausse monnaie, d'abord puni de la mutilation du poing (Capitulaire de Childebert, 744), fut plus tard et, de même que dans le bas Empire, mis au

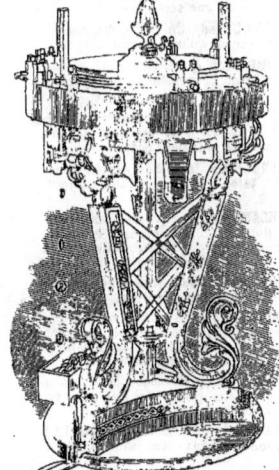

rang des crimes de lèse-majesté. La coutume de Bretagne portait (art. 634) que les faux-monnayeurs devaient être bouillis et pendus. Il était interdit aux orfèvres et joailliers de déformer aucune espèce de monnaie et d'en employer à leurs ouvrages, à peine des galères à perpétuité (Édit de février 1726, art. 13). Aujourd'hui, la contrefaçon et l'altération des monnaies sont punies de peines diverses. (Voy. CONTREFAÇON.) — Louis XVI, par une déclaration du 30 octobre 1785, ordonna de réduire le titre des pièces d'or, en taillant 32 louis de 24 livres dans le marc (244 gr. 754) d'or fin, au lieu de 30, que l'on y taillait auparavant. Cette mesure fut prise sous le prétexte que le rapport de la valeur de l'or à l'argent s'était élevé à 15,1/2 Ce rapport fut adopté par la loi du 7 germinal an X, et il est légalement resté le même jusqu'à nos jours, bien que la valeur de l'argent ait faibli d'une façon presque constante depuis un siècle. La loi du 28 thermidor an III introduisit le système décimal dans la division des monnaies, et créa l'unité monétaire portant le nom de franc. La monnaie était fabriquée par entreprise, dans les hôtels des monnaies, au nombre de dix-sept (à Paris, Rouen, Lyon, la Rochelle, Limoges, Bordeaux, Bayonne, Toulouse, Montpellier, Perpignan, Orléans, Nantes, Metz, Strasbourg, Lille, Pau et Marseille). La loi du 31 juillet 1879 et divers décrets postérieurs ont réorganisé le service des monnaies et médailles; et la fabrication des monnaies est faite aujourd'hui par régie administrative à Paris et à Bordeaux, sous la surveillance du ministre des finances. Toute personne peut faire transformer des matières d'or ou d'argent en monnaie, moyennant le paiement des frais de monnayage qui sont fixés par kilog., à 6 fr. 70 pour l'or, et à 1 fr. 50 pour l'argent. La refonte des monnaies a lieu à la charge du Trésor public, lorsque le poids est réduit d'un vingtième par le frai ou lorsque les empreintes sont effacées. Un bon de monnaie est délivré contre le versement des matières, et ce bon, dûment visé par le contrôle, est un effet négociable. En vertu de la loi du 5 août 1876, la fabrication des pièces de 5 fr. en argent, pour le compte des particuliers peut être limitée ou suspendue par décret. L'État seul peut fabriquer pour son compte les pièces de 2 fr., de 1 fr., de 50 centim. et de 20 centim. Il est interdit à toute personne de frapper ou de faire frapper des médailles jetons, etc., si ce n'est à l'hôtel des monnaies de Paris, à moins d'une autorisation spéciale du gouvernement. Les pièces d'or sont au titre de 900 millièmes ainsi que les pièces de 5 fr. en argent; mais les autres pièces d'argent sont au titre de 835 millièmes. Les monnaies de bronze sont faites d'un alliage qui est composé, pour 100 parties de 95 de cuivre, 4 d'étain et 4 de zinc. On admet, dans la fabrication, une tolérance sur le poids légal de chaque pièce; et cette tolérance varie selon les pièces. Voici le tableau des monnaies

VALEUR DES PIÈCES		POIDS LÉGAL		Tolérance au millième des poids	Diamètre en millimètres
Or	100 fr. »	32 gr. 25806		1	35
	50 »	16 12903		1	28
	20 »	6 45161		2	21
	10 »	3 22580		2	19
	5 »	1 61290		3	17
Argent	5 »	25		3	37
	2 »	10		5	27
	1 »	5	5		23
	0 50 »	2	5	7	18
	0 20 »	1		10	16
Bronze	0 10 »	10		10	30
	0 05 »	5		15	25
	0 02 »	2		15	20
	0 01 »	1		15	15

françaises. (Voy. aussi POIDS et MESURES). La

pièce de 40 fr. en or ne figure pas dans ce tableau, parce que cette pièce, sans avoir été démonétisée, n'est plus frappée depuis longtemps. Suivant une convention conclue le 23 décembre 1865, entre la France, l'Italie, la Belgique et la Suisse, et à laquelle la Grèce a adhéré en 1879, les pièces d'or ainsi que les pièces d'argent, fabriquées dans chacun de ces pays suivant les types, conditions et titres adoptés en France, ont cours dans tous ceux qui font partie de l'union monétaire et sont reçues dans leurs caisses publiques. Aux termes d'une convention nouvelle conclue entre les mêmes États, le 15 novembre 1878, le monnayage des pièces de 5 fr. en argent a été suspendu provisoirement et ne peut être émis que, par chaque pays, de pièces divisionnaires en argent, que dans la proportion de 6 fr. par hab. — Sont punis d'une amende de 6 fr. à 10 fr., ceux qui ont refusé de recevoir des monnaies nationales non fausses ni altérées, selon la valeur pour laquelle elles ont cours (C. pén. 475, 11°). La Cour de Cassation a décidé (Arr. crim., janv. 1883) que cette disposition du Code pénal ne peut être appliquée à ceux qui ont refusé de recevoir des monnaies étrangères et même celles des pays compris dans l'Union monétaire, parce que des conventions diplomatiques ne peuvent, en ce cas, avoir force de loi. La monnaie de billon ne peut être employée dans les paiements faits à des particuliers, si ce n'est de gré à gré, pour une somme excédant l'appoint de la pièce de 5 fr. (Décr. 18 août 1810); et les pièces d'argent autres que celles de 5 fr., ne peuvent être employées dans les mêmes cas que jusqu'à concurrence de 50 fr. (L. 14 juillet 1866.) L'union monétaire résultant des conventions ci-dessus rappelées, a été un progrès important, dont profite heureusement le commerce des nations comprises dans l'union latine. Mais la baisse de la valeur de l'argent continue à se manifester d'une manière progressive et presque constante; le rapport entre l'or et l'argent n'est plus de 15,50; il a plusieurs fois dépassé 18; et il faudra très probablement renoncer en France au double étalon monétaire et adopter l'or exclusivement, comme cela existe en Angleterre, en Hollande en Danemark, dans les États Scandinaves et en Allemagne. On ne laisserait alors aux pièces d'argent que le rôle de monnaie d'appoint. On peut du moins espérer que les nations commerçantes adopteront un type de monnaie d'or qui pourra convenir à toutes, et qui facilitera les rapports financiers et commerciaux, trop souvent entravés par la diversité des monnaies. » (Ch. Y.)

MONNARD (Charles), écrivain suisse (1790-1865). Il publia en 1826 un livre qui fit sensation, De la liberté des cultes, pour dénoncer les empêchements que rencontrait la propagation du méthodisme dans le canton de Vaud; en 1829, il perdit sa chaire de professeur à Lausanne, par suite de la publication de ses Observations sur les sectaires. En 1847, on créa pour lui à Bonn une chaire de littérature française.

* MONNAYAGE s. m. [mo-nè-ia-je]. Fabrication de la monnaie : monnayage au marteau, au balancier.

* MONNAYÉ, ÉE part. passé de MONNAYER. — ARGENT MONNAYÉ, se dit par opposition à argent ouvragé ou brut : payer en argent monnayé.

* MONNAYER v. a. [mo-nè-ié]. Convertir un métal en monnaie : on a monnayé de l'argent pour plus d'un million. — Particul. Donner l'empreinte à la monnaie : ce balancier monnaye tous les jours tant de milliers de pièces d'or. — Absol. : avant l'invention du balancier, on monnayait au marteau.

* MONNAYEUR s. m. Celui qui travaille à

la monnaie de l'État. — FAUX MONNAYEUR, celui qui fait de fausse monnaie.

MONNIER (Henri-Bonaventure), écrivain, caricaturiste et artiste, né à Paris en 1805, mort dans la même ville le 3 janv. 1877. Après avoir été clerc de notaire, puis comptable au ministère des finances, il devint élève de Girodet et de Gros. Il exposa en 1819. Dix ans plus tard, il publia sous le titre : Scènes populaires, un recueil de caricatures qui obtint un vif succès, que ses Nouvelles scènes populaires ne firent pas oublier. En même temps, il faisait représenter les Mendiants aux Variétés (1829), puis la Famille improvisée au Vaudeville (1831), pièce dans laquelle il joua comme acteur, et tint cinq rôles différents. La faveur avec laquelle le public l'accueillit sur la scène l'enhardit; donnant libre carrière à son esprit railleur, il écrivit, et joua en 1853, sa fameuse pièce Grandeur et Décadence de M. Joseph Prud'homme, dans laquelle il créa le type de Prudhomme, type si vrai, si bien réussi que bien des gens se reconnurent dans ce personnage et que la pièce fut interdite. Monnier joua encore dans sa pièce : Roman chez la portière (1855). Il a publié plusieurs recueils populaires de dessins : Illustrations de Béranger, Mœurs administratives, les Grisettes, les Quartiers de Paris.

* MONO. Préfixe formé du mot grec μόνος, seul, qui sert à composer beaucoup de termes scientifiques et autres.

MONOATOMIQUE adj. Chim. Se dit des bases et des acides formés par la combinaison d'un équivalent d'oxygène et d'un équivalent d'un autre corps simple.

MONOBASE s. m. (préf. mono; fr. base). Minér. Qui n'a qu'une seule base.

MONOBASIQUE adj. Chim. Se dit des sels qui ne contiennent qu'un équivalent de base.

MONOCARPE adj. (préf. mono; gr. karpos, fruit). Bot. Se dit des végétaux qui ne portent qu'un seul fruit.

MONOCÉPHALE adj. (préf. mono; gr. képhalé, tête). Se dit d'un monstre qui n'a qu'une seule tête pour deux corps.

MONOCÉPHALIEN, IENNE adj. (préf. mono; gr. képhalé, tête). Qui concerne les monocéphales.

MONOCHLAMYDÉ, ÉE adj. (préf. mono; fr. clamyde). Bot. Se dit des plantes qui n'ont qu'une seule enveloppe florale, telles que la tulipe.

MONOCHROMATIQUE adj. (rad. monochrome). Qui est peint d'une seule couleur.

* MONOCHROME adj. (préf. mono; gr. kroma, couleur). Qui est d'une seule couleur : les camaïeux, les grisailles sont des peintures monochromes. — s. m. Un monochrome.

* MONOCLE s. m. (préf. mono; lat. oculus, œil). Petite lunette qui ne sert que pour un œil. (Voy. LORGNON.)

MONOCLINE adj. (préf. mono; gr. kliné, lit.) Bot. Qui réunit les deux sexes sur une même fleur.

MONOCLINIQUE adj. Minér. Se dit d'un type cristallin qui a trois axes obliques l'un sur l'autre, dont deux seulement sont égaux entre eux.

* MONOCORDE s. m. (préf. mono; fr. corde). Instrument de bois, de cuivre, etc., sur lequel il y a une seule corde tendue, et divisée selon certaines proportions pour faire connaître les différents intervalles des sons : la trompette marine était une espèce de monocorde.

MONOCOTYLE adj. (préf. mono; gr. kotulé, cavité). Moll. Qui n'a qu'un seul sucoir, une seule ventouse.

* **MONOCOTYLÉDONE** adj. (préf. *mono;* fr. *cotylédon*). Bot. Se dit des plantes dont les semences n'ont qu'un seul lobe ou cotylédon : *les plantes monocotylédones.* — s. f. Plante qui n'a qu'un seul cotylédon : *le lis est un monocotylédone.* — s. f. pl. Classe de plantes phanérogames, principalement caractérisée par la présence d'un seul cotylédon dans l'embryon de leurs graines. Ce groupe comprend un grand nombre de familles, entre autres, les orchidées, les liliacées, les amaryllidées, les iridées, les palmiers, les aroïdées, les musacées, les graminées, les cypéracées, les joncées, les naïadées, etc.

MONOCOTYLÉDONIE s. f. Bot. Etat d'une plante qui n'a qu'un cotylédon.

MONOD [mo-no] (Frédéric-Joël-Jean-Gérard), pasteur protestant, né à Monnaz (canton de Vaud) en 1794, mort à Paris en 1863. Après avoir été pasteur de l'Eglise de Paris pendant plus de 12 ans, il se sépara en 1849 de l'Eglise nationale protestante parce qu'il n'admettait pas la nécessité de croire à la divinité du Christ pour faire partie de cette Eglise, et il fonda l'*Eglise indépendante de France.* Il a édité les *Archives du christianisme.*

MONOCYCLE adj. (préf. *mono;* gr. *kuklos,* cercle). Qui ne décrit qu'un seul cercle.

MONODACTYLE adj. (préf. *mono;* gr. *dactulos,* doigt). Zool. Qui n'a qu'un doigt. — Entom. Se dit des mandibules des animaux articulés qui sont composées de deux ou trois articles bien distincts, dont le dernier est mobile comme un doigt.

MONODELPHE adj. (préf. *mono;* gr. *delphus,* matrice). Mamm. Qui n'a qu'une matrice.

MONODIE s. f. (préf. *mono;* gr. *odè,* chant). Mus. Chant exécuté par un seul individu.

* **MONŒCIE** s. f. (gr. *monos,* un ; *oikia,* habitation). Bot. 21e classe du système de Linné, dans laquelle on range les plantes qui portent sur le même pied des fleurs mâles et des fleurs femelles : *le maïs appartient à la monœcie, ainsi que le houblon, le chêne, le coudrier,* etc. — La monœcie se divise en 11 ordres, d'après le nombre et les dispositions des étamines : 1° *monandrie* (1 étam.) ; 2° *diandrie* (2 étam.) ; 3° *triandrie* (3 étam.) ; 4° *tétrandrie* (4 étam.) ; 5° *pentandrie* (5 étam.) ; 6° *hexandrie* (6 étam.) ; 7° *heptandrie* (7 étam.) ; 8° *polyandrie* (plus de 7 étam.) ; 9° *monadelphie* (étamines soudées en un seul faisceau) ; 10° *syngénésie* (étamines soudées par les anthères) ; 11° *gynandrie* (étamines soudées par pistil).

MONŒCIQUE adj. Qui appartient à la monœcie.

* **MONOGAME** s. (préf. *mono;* gr. *gamos,* mariage). Celui qui n'est marié qu'à une seule femme ; celle qui n'est mariée qu'à un seul homme. — *syn.* Indiens *monogames.* — adj. Bot. Se dit des plantes qui appartiennent à la monogamie.

* **MONOGAMIE** s. f. Etat de mariage où l'homme n'a qu'une seule femme, par opposition à POLYGAMIE. — Bot. Classe du système de Linné qui renferme les plantes dont les fleurs sont isolées les unes des autres et n'ont pas d'enveloppe commune.

MONOGÈNE adj. (préf. *mono;* gr. *genos,* race). Qui est unique en son genre.

MONOGENÈSE adj. (préf. *mono;* fr. *genèse*). Zool. Qui n'a qu'un seul mode de reproduction.

MONOGÉNIQUE adj. Minér. Dont toutes les parties sont de même nature.

MONOGRAMMATIQUE adj. (rad. *monogramme*). Qui tient du monogramme.

* **MONOGRAMME** s. m. (préf. *mono;* gr. *gramma,* lettre). Chiffre ou caractère composé des principales lettres d'un nom, et quelquefois

de toutes : *la signature de la plupart de nos anciens rois était un monogramme.* — Chiffre ou signe que les artistes apposent au bas de leurs ouvrages. — ENCYCL. Les monogrammes étaient d'un usage fréquent dans l'antiquité et leur emploi devint presque universel au commencement de l'ère chrétienne. Le *chrismon* ou monogramme du Christ, dont on ornait au moyen âge les monnaies, les sceaux, les anneaux, les lampes, les vases, les tombes,

Monogramme du Christ,   Monogramme
IIe siècle.   de Charlemagne.

les tableaux et les documents ecclésiastiques, est une combinaison des lettres X P et représentait les deux premières lettres de XPIΣTUΣ. Le chrisman était le symbole que Constantin avait fait mettre sur le labarum, et les successeurs de ce prince le firent graver sur leurs monnaies. Il est aujourd'hui généralement remplacé dans l'Eglise par le monogramme de Jésus, qui est la combinaison des lettres grecques IHΣ, abréviation de IHΣOUΣ. Le monogramme de Charlemagne, représenté par une de nos figures, comprend toutes les lettres de son nom (Karolus).

MONOGRAMMISTE s. m. Artiste qui a signé ses œuvres d'un monogramme.

MONOGRAPHE s. m. (préf. *mono;* gr. *graphô,* j'écris). Auteur d'une monographie.

* **MONOGRAPHIE** s. f. Didact. Description spéciale d'histoire naturelle, de géographie, de médecine, d'histoire, etc. : *toutes les sciences se sont enrichies par les monographies.*

MONOGRAPHIQUE adj. Qui a le caractère d'une monographie.

MONOGYNE adj. (préf. *mono;* gr. *guné,* naissance). Bot. Se dit des fleurs qui ne renferment qu'un seul pistil.

MONOHYDRATE s. m. (préf. *mono;* fr. *hydrate*). Chim. Premier hydrate des corps qui en forment plusieurs.

* **MONOÏQUE** adj. (préf. *mono;* gr. *oikos,* maison). Bot. Se dit des plantes qui portent, sur le même pied, des fleurs mâles et des fleurs femelles : *le maïs est une plante monoïque, ainsi que le mûrier, le bouleau, le pin, le noyer, les courges, les melons,* etc.

MONOLÉINE s. f. (préf. *mono;* fr. *oléine*). Chim. Corps produit par la combinaison de l'acide oléique avec la glycérine.

* **MONOLITHE** adj. (gr. *monos,* une ; *lithos,* pierre). Qui est d'une seule pierre : *statue, monument, pyramide, aiguille, obélisque monolithe.* — s. m. *Beaucoup de monuments, en Egypte, sont des monolithes.*

MONOLITHISME s. m. Archit. Système de construction en très grosses pierres.

MONOLITRE s. m. (préf. *mono;* fr. *litre*). Mécan. Appareil qui sert à avertir du manque d'eau dans la chaudière d'une machine à vapeur.

* **MONOLOGUE** s. m. (préf. *mono;* gr. *logos,* discours). Scène d'une pièce de théâtre où un personnage est seul et se parle à lui-même : *les monologues manquent ordinairement de vraisemblance.*

MONOLOGUER v. a. Parler seul ; parler en monologue.

MONOMACHIE s. f. [-ma-chî] (préf. *mono;* gr. *makê,* combat). Combat d'homme à homme qu'on appelait *le jugement de Dieu.*

* **MONOMANE** s. et adj. Qui est atteint de quelque monomanie : *il est monomane; elle est monomane.*

MONOMANIAQUE adj. Qui est atteint d monomanie; qui a rapport à la monomanie. — Substantiv. *Un monomaniaque.*

* **MONOMANIE** s. f. (préf. *mono;* fr. *manie*). Espèce d'aliénation mentale, dans laquelle une seule idée semble absorber toutes les facultés de l'intelligence : *le traitement de la monomanie.* — ENCYCL. On donne le nom de *monomanie* au désordre intellectuel qui ne porte que sur un certain nombre d'objets, sur une certaine série d'idées ou qui révèle la domination exclusive d'une passion unique. Sous tous les autres rapports, les facultés peuvent être parfaitement intactes et alors les malades, tant qu'on ne les amène pas sur le sujet qui fait l'objet de leur folie, paraissent sains d'esprit ; mais ce cas est extrêmement rare, car il en est de l'intelligence comme du cœur de l'homme où tous les sentiments, toutes les passions se lient et s'enchaînent ; il en est de même des idées ; cependant, par le fait qu'il existe une idée ou une passion dominante habituelle, cela suffit pour qu'on applique le nom de monomanie à la maladie mentale à laquelle on a affaire. Les monomanies les plus remarquables sont : la *monomanie ambitieuse,* le malade a soif d'honneurs, de richesses, de titres ; il se croit général, roi et même Dieu ; la *monomanie furieuse,* celui qui en est atteint se croit victime d'injustice et se voit sans cesse poursuivi par des ennemis invisibles ; il entre alors en fureur et brise tout ce qui se trouve sous sa main ; la *monomanie du suicide,* qui conduit presque toujours celui qui en est atteint à se donner la mort ; la *monomanie gaie,* les malades rient, chantent et ne parlent que de leur bonheur ; la *monomanie triste,* dans laquelle tout semble conspirer au malheur du malade, parfois il se croit coupable des plus grands crimes. Esquirol appelait cette espèce de monomanie la *lypémanie;* on distingue encore la *monomanie Narcisse,* dans laquelle le malade s'adore lui-même et s'imagine inspirer de grandes passions autour de lui ; la *monomanie érotique,* attachée à un être imaginaire ; la *monomanie religieuse,* dans laquelle le monomane se croit Dieu, la Vierge, ange ou prophète ; la *monomanie homicide,* la *monomanie du vol* qui se définissent d'elles-mêmes, etc. Le traitement consiste dans la séquestration, le travail manuel, le jardinage, la pêche, la chasse, les distractions agréables, joints aux moyens moraux pour réprimer les passions fortes et détourner l'esprit du courant de ses idées délirantes ; mais on ne doit jamais user de violence.

* **MONÔME** s. m. (préf. *mono;* gr. *nomos,* division). Algèb. Grandeur qui est exprimée sans que celles qui la composent soient jointes par les signes *plus* ou *moins.*

MONOMÈTRE adj. (préf. *mono;* gr. *metron,* mesure.) Littér. Qui n'a qu'une seule espèce de vers ; qui n'a qu'un seul mètre ou mesure de deux pieds.

MONOMOTAPA, pays de l'Afrique australe, sur le plateau qui domine la côte de Sofala.

MONOMPHALIEN, IENNE adj. (préf. *mono;* gr. *omphalos,* nombril.) Se dit d'un monstre qui n'a qu'un ombilic pour deux corps.

MONONGAHELA, rivière de Pennsylvanie (Etats-Unis). Après un cours d'environ 400 kil., elle se réunit, à Pittsburgh, avec l'Alleghany pour former l'Ohio.

* **MONOPÉTALE** adj. (préf. *mono;* fr. *pétale*). Bot. Se dit des fleurs dont la corolle est d'un seul pétale, d'une seule pièce ; *la fleur de la mauve est monopétale.* (Voy. DICOTYLÉDONE.)

MONOPHOTE adj. [mo-no-fo-te] (préf. *mono;* gr. *photos,* lumière.) Qui est à une seule division, par opposition à *polyphote.* S'emploie en parlant du régulateur dans les appareils destinés à produire la lumière électrique, lorsque cet appareil est interposé dans un circuit.

* MONOPHYLLE adj. m. (préf. *mono;* gr. *phullon,* feuille.) Se dit d'un calice formé d'une seule pièce : *calice monophylle, à cinq divisions.*

MONOPHYSISME s. m. (préf. *mono;* gr. *phusis,* nature.) Théol. Doctrine de ceux qui ne reconnaissent qu'une seule nature en Jésus-Christ.

MONOPHYSITE s. et adj. Théol. Partisan de la doctrine qui ne reconnaît qu'une nature en J.-C. — Adj. Qui concerne le monophysisme : *les écrivains monophysites.* — ENCYCL. Les partisans de la doctrine d'Eutychès ou monophysites pensaient que, dans le Christ, il n'y a qu'une seule nature, celle du verbe incarné, sa nature humaine ayant été absorbée par sa nature divine. Cette opinion, condamnée par le concile de Constantinople (448), fut affirmée de nouveau par le *brigandage d'Éphèse* (449), grâce à l'influence de Dioscore, évêque d'Alexandrie, et de Barsumas, archimandrite syrien, et surtout de l'empereur Théodose II. Cette décision fut annulée en 451 par le concile général de Chalcédoine. Les grands sièges patriarcaux d'Alexandrie, de Jérusalem et d'Antioche tombèrent entre les mains des monophysites, et l'intervention des empereurs grecs contribua beaucoup à perpétuer la division. L'édit de Zénon, appelé *hénoticon,* fut rejeté par les deux parties. Justin et Justinien employèrent également sans succès des mesures de rigueur et de conciliation. Sous le successeur de Justinien, les monophysites s'organisèrent en corps indépendant. De Jacobus Baradæus, évêque d'Édesse (541) ; ils s'appelèrent jacobites. Au commencement du vi⁰ siècle, les évêques d'Arménie établirent une église indépendante d'après la doctrine monophysite et, en Égypte, presque toutes les églises adoptèrent le monophysisme.

MONOPHYTE adj. (préf. *mono;* gr. *phuton,* plante). Qui ne renferme qu'une seule espèce de plantes.

* MONOPOLE s. m. (préf. *mono;* gr. *pôlein,* vendre). Trafic exclusif, fait en vertu d'un privilège : *les monopoles nuisent au commerce.* — Par ext. Trafic d'un ou de plusieurs marchands réunis, qui achètent quelque marchandise en si grande quantité, que ceux qui veulent s'en procurer sont obligés de s'adresser à eux et de payer le prix qu'ils exigent : *quelques marchands ayant enlevé tous les draps pour se rendre maîtres des prix, on se plaignit de ce monopole.* — Fig. *Cet écrivain semble s'être réservé le monopole de l'injure et de la calomnie.*

* MONOPOLEUR s. m. Celui qui exerce un monopole.

MONOPOLI, ville d'Italie, sur l'Adriatique, à 40 kil. S.-E. de Bari ; 14,000 hab. Belle cathédrale ; deux ports ; manufactures de toiles de coton et de lin. Les ruines d'Egnatia se trouvent à 5 kil. de la ville.

* MONOPOLISER v. a. Posséder, vendre par monopole.

* MONOPTÈRE adj. (préf. *mono;* gr. *ptéron,* aile). Archit. Se dit d'un édifice qui n'a qu'une seule rangée de colonnes ; et surtout d'un édifice rond formé d'une simple colonnade, sans mur : *temple monoptère à six, à huit colonnes, surmonté d'une calotte, d'un toit.* — w Icht. Qui n'a qu'une seule nageoire.

MONOPTÉRYGIEN, IENNE adj. (préf. *mono;* gr. *ptérux,* nageoire). Icht. Qui n'a qu'une seule nageoire.

* MONORIME s. m. (préf. *mono;* fr. *rime).* Poème dont tous les vers n'ont qu'une seule rime. — Adjectiv. : *nos anciennes chansons de gestes sont composées de couplets monorimes.*

MONOSÉPALE adj. (préf. *mono;* fr. *sépale).* Bot. Qui n'a qu'un seul sépale : *calice monosépale.*

MONOSOC adj. [me-no-sok] (préf. *mono;* fr. *soc).* Agric. Se dit des charrues et autres instruments d'agriculture lorsqu'ils n'ont qu'un soc.

MONOSOME s. m. [-so-me](préf. *mono;* gr. *soma,* corps). Monstre qui n'a qu'un seul corps et deux têtes. — Adj. : *monstre monosome.*

MONOSOMIEN, IENNE adj. Qui a rapport aux monosomes.

MONOSPERME adj. (préf. *mono;* gr. *sperma,* graine). Bot. Se dit des fruits et des divisions des fruits qui ne contiennent qu'une seule graine.

* MONOSTIQUE s. m. (préf. *mono;* gr. *stichos,* vers). Épigramme, inscription en un seul vers. — w Adj. Qui est contenu en un seul vers : *sentence monostique.*

MONOSTYLE adj. (préf. *mono;* fr. *style).* Bot. Se dit des ovaires qui n'ont qu'un seul style, tels que ceux des convolvulus, des cynoglosses, etc.

MONOSULFURE s. m. (préf. *mono;* fr. *sulfure).* Chim. Nom donné aux composées binaires, contenant un équivalent de soufre.

* MONOSYLLABE s. m. (préf. *mono;* fr. *syllabe).* Gramm. Mot d'une seule syllabe : *cette langue abonde en monosyllabes; vous, moi, toi, sont des monosyllabes.* — Fam. NE PARLER QUE PAR MONOSYLLABES, ne pas daigner s'expliquer, ne répondre que par des oui et des non. — Adj. *Ce mot est monosyllabe.*

* MONOSYLLABIQUE adj. Se dit particulièrement des vers dont tous les mots sont des monosyllabes : *vers monosyllabique.* — Se dit aussi des vers d'une seule syllabe. — On cite peu de vers monosyllabiques harmonieux; néanmoins, le suivant a trouvé grâce devant les critiques :

   Et moi je ne vois rien quand je ne le vois pas.
                       MALHERBE.

Mais la cacophonie règne dans celui-ci :

   Le jour n'est pas plus pur que le fond de mon cœur.
                RACINE, *Phèdre.*

MONOTHÉIQUE adj. Qui concerne le monothéisme : *doctrine monothéique.*

* MONOTHÉISME s. m. (préf. *mono;* gr. *théos,* Dieu). Croyance à un seul Dieu : *le monothéisme des Hébreux.* — Il est opposé à POLYTHÉISME.

* MONOTHÉISTE s. m. Celui qui adore un seul Dieu. — Adj. *Un peuple monothéiste.* — Se dit aussi des choses pour signifier, qui a rapport au monothéisme : *les doctrines monothéistes.*

* MONOTHÉLISME s. m. (préf. *mono;* gr. *thelô,* je veux). Doctrine de ceux qui, ne reconnaissant deux natures en Notre-Seigneur, n'y voulaient reconnaître qu'une seule volonté. — L'origine du monothélisme est due aux efforts faits par l'empereur Héraclius pour concilier les nombreuses Églises monophysites, par son édit nommé *Ekthesis* (639), rendu à l'instigation de Sergius, patriarche de Constantinople, et affirmant que, dans le Christ, il n'y a qu'un seul mode de « volonté et d'action ». Le 1ᵉʳ concile de Latran (649) condamna les monothélites. Après l'élévation au trône d'Anastase II, la secte ne se maintint plus que dans un coin de l'Asie, où elle se réunit plus tard à l'Église romaine sous le nom de maronites. (Voy. MARONITE.)

* MONOTHÉLITE s. m. Partisan du monothélisme.

* MONOTONE adj. (préf. *mono;* gr. *tonos,* ton). Qui est presque toujours sur le même ton, qui n'est pas assez varié dans ses intonations ou dans ses inflexions : *chant, déclamation monotone.* On dit, dans un sens analogue, UN BRUIT MONOTONE. — Par ext. ACTEUR; ORATEUR MONOTONE, acteur, orateur dont le débit a de la monotonie. — Se dit, fig., des choses qui sont trop uniformes, qui manquent de variété : *cet homme mène une vie monotone.*

* MONOTONIE s. f. Uniformité, égalité ennuyeuse de ton dans la conversation; dans les discours prononcés en public; dans la musique, soit vocale, soit instrumentale : *sa manière de réciter est d'une monotonie fatigante.* — Fig. Une trop grande uniformité dans le style : *ce poème a de la monotonie.* — Par ext. Manière de vivre qui est toujours la même : *sa vie est d'une monotonie ennuyeuse.*

MONOTRÈME adj. (préf. *mono;* gr. *trema,* ouverture). Mamm. Qui n'a qu'un seul orifice pour l'émission de la semence et pour l'évacuation de l'urine et des excréments. — s. m. pl. Famille d'édentés, renfermant les genres ornithorhynque et échidné.

MONPAZIER, ch.-l. de cant., arr. et à 44 kil. S.-E. de Bergerac (Dordogne) ; 1,050 hab. Ce bourg est entouré d'une enceinte fortifiée.

MONPONT, ch.-l. de cant., arr. et à 34 kil. S.-O. de Ribérac (Dordogne) ; 3,200 hab. Aux environs, ruines d'un château fort.

MONREALE [monn-ré-â'-lé], ville de Sicile, à 6 kil. S.-O. de Palerme; 17,000 hab. On y remarque une des plus grandes cathédrales de Sicile et un archevêché. Grand commerce de grains, d'huiles et de fruits.

MONROE [monn-'rô], ville du Michigan (États-Unis), près du lac Erie, à 60 kil. S.-S.-O. de Détroit; 6,000 hab.

MONROE (James), cinquième président de l'Union américaine, né le 28 avril 1758, mort le 4 juillet 1831. A l'âge de 15 ans, il s'engagea dans l'armée de l'indépendance et à la fin de la guerre, il était colonel; il continua ses études. Washington le nomma ministre plénipotentiaire près la République Française (1794). Il fut rappelé en 1796; mais il revint en France avec le même titre en 1802; il signa le traité qui céduit la Louisiane aux États-Unis. Il représenta ensuite son pays en Espagne et en Grande-Bretagne, rentra en Amérique en 1808 et fut élu président de l'Union en 1817, et réélu en 1821. C'est pendant son administration que la Floride fut acquise. Dans son message du 2 décembre 1823, il établit la fameuse *doctrine de Monroe,* déclarant que toute intervention d'une puissance européenne dans n'importe quel pays d'Amérique doit être considérée comme dangereuse pour la liberté des États-Unis.

MONROVIA, capitale, ville principale et port de la république de Liberia, à l'embouchure de la rivière Mesurado, près du cap Mesurado, par 6° 18' lat. N. et 13° 40' long. O.; 13,000 hab.

* MONS s. m. [monss]. Abréviation du mot Monsieur. Entre particuliers, elle est méprisante : *mons un tel.*

MONS [monss] (flam. *Bergen;* lat. *Castri locus, Montes Hannoniæ),* ville fortifiée de Belgique, capitale du Hainaut, sur la Trouille, à 52 kil. S.-S.-O. de Bruxelles, par 50° 28' lat. N. et 1° 35' long. E.; 25,000 hab. Église Sainte-Waudru, l'un des plus beaux édifices religieux du style ogival que possède la Belgique (xiv⁰ au xvi⁰ siècle); hôtel de ville (430); palais de justice moderne; collège. La ville de Mons est située près d'un bassin houiller appelé le *Borinage,* et les mineurs de ce bassin, au nombre de plus de 25,000 sont connus sous le nom de *Borins.* Un canal réunit la ville à l'Escaut. Grand commerce de charbon, de chanvre, de lin, de grains, de bois de construction, de chevaux, de bétail et d'articles manufacturés. — Mons a été souvent assiégé et pris : en 1691, par Louis XIV ; en 1709, par les alliés que commandaient Marlborought et le prince Eugène ; en 1746, par le maréchal de Saxe. — Les insurgés belges s'en emparèrent en 1789 ; les Français en 1792 et 1794 et il devint le chef-lieu du département de Jemmapes.

MONSÉGUR (lat. *Mons securus*), ch.-l. de cant., arr. et à 12 kil. N.-E. de la Réole (Gironde) ; 1,700 hab. Ancienne bastide, lieu de refuge au moyen âge. Cette ville fut prise en 1552 par Montluc.

* **MONSEIGNEUR** s. m. [mon-sè-nieur ; gn mll]. Titre d'honneur que l'on donne en parlant ou en écrivant à certaines personnes distinguées par leur naissance ou par leur dignité : *monseigneur le prince*. On écrit souvent, par abréviation, Mˢʳ. — Ce titre, qui rappelle l'état d'assujettissement des Français, à l'époque féodale, ne peut être pris par les évêques. Le douzième des articles organiques du culte catholique (L. 18 germinal an X) est ainsi conçu : « Il sera libre aux archevêques et évêques d'ajouter à leur nom le titre de *citoyen* ou celui de *monsieur*. Toutes les autres qualifications sont interdites ». — Se dit, pop., d'une sorte de levier dont les voleurs se servent pour forcer les serrures. *Messeigneurs*, pluriel de Monseigneur, dont on se sert, soit en parlant, soit en écrivant collectivement, à plusieurs des personnes qui ont droit au titre de monseigneur. — *Nosseigneurs*, autre pluriel de monseigneur, dont on se servait principalement dans les requêtes présentées au conseil du roi, aux cours de parlement, et autres cours souveraines : *au roi et à nosseigneurs de son conseil*.

* **MONSEIGNEURISER** v. a. Donner le titre de monseigneur : *je l'ai monseigneurisé.*

. **MONS-EN-PUELLE** ou en-Pevèle, comm., arr. et à 20 kil. S. de Lille (Nord). Célèbre victoire de Philippe le Bel sur les Flamands, le 18 août 1304.

MONSERRAT ou Montserrat, montagne de Catalogne (Espagne), sur la Llobregat, à 40 kil. N.-O. de Barcelone. Elle mesure environ 40 kil. de circonférence et son point culminant s'élève à 4,237 m. au-dessus du niveau de la mer. Le fameux monastère établi sur le flanc oriental de cette montagne fut supprimé en 1835 ; mais quelques moines y sont restés. Environ 60,000 personnes visitent annuellement les reliquaires qu'il renferme.

* * **MONSIEUR** s. m. [me-sieu, ou mo-sieu]. Qualité, titre que l'on donne par civilité, par bienséance, aux personnes à qui on parle, à qui on écrit : *oui, monsieur*.

> Mais le mot de *monsieur* a blessé mon oreille ;
> Appelez-moi Crispin, car je suis sans façon.
> COLLIN D'HARLEVILLE. *L'Inconstant*, acte I, sc. IV.

> Oui, *monsieur*, c'est ainsi qu'ils ont conduit l'affaire.
> JEAN RACINE.

— Fait au pluriel, Messieurs [mé-sieu] : *je vous prie, messieurs, d'observer que...* On écrit souvent, par abréviation, au singulier, Mʳ ou M., et au pluriel, Mʳˢ ou MM. — Messieurs, se disait autrefois, absol., au parlement et dans les autres cours souveraines : *un de messieurs*. — Se dit, par les domestiques d'une maison, du chef, du maître de cette maison : *vous demandez monsieur ? il est sorti.* — MONSIEUR VAUT BIEN MADAME, le mari vaut bien la femme. Se dit le plus souvent par ironie. — Sert aussi à désigner tout homme dont le langage et les manières annoncent quelque éducation : *il est venu un monsieur vous demander.* — IL FAIT LE MONSIEUR, IL FAIT BIEN LE MONSIEUR, il fait l'homme de conséquence. IL EST DEVENU GROS MONSIEUR, il a fait fortune. C'EST UN BEAU MONSIEUR, il est élégamment vêtu. — C'EST UN VILAIN MONSIEUR, c'est un homme difficile à vivre, d'humeur maussade. Par mépris : *mon petit monsieur ; que veut donc ce petit monsieur ?* — Se joint quelquefois à un terme d'injure : *monsieur le sot, monsieur l'insolent, je vous donnerai sur les oreilles.* — Absol. S'est dit de l'aîné des frères du roi : *la maison de Monsieur.* — PRUNE DE MONSIEUR, sorte de prune ronde, d'un beau violet. C'est aussi le nom d'une nuance de la couleur violette : *une robe prune de Monsieur.*

MONSIGNORE s. m. [monn-si-nio-ré ; gn. mll]. Prélat ou grand seigneur italien. — Plur. de MONSIGNORI.

MONSIGNY (Pierre-Alexandre) [gn mll.], musicien français, né à Fauquemberg, près de Saint-Omer, le 17 févr. 1729, mort à Paris le 14 janv. 1817. Il débuta en 1759 par *Les Aveux indiscrets*, donna en 1760, *Le Maître en droit* et *le Cadi dupé* ; en 1761, *On ne s'avise jamais de tout*, puis *Le Roi et le Fermier* ; *Aline, reine de Golconde* (1766) ; *L'Île sonnante* ; *Le Déserteur* (1769) ; *Le Faucon* (1772) ; *La Belle Arsène* (1773) ; *Félix ou l'Enfant trouvé* (1777), etc.

MONSOLS, ch.-l. de cant., arr. et à 32 kil. N.-O. de Villefranche (Rhône) ; 1,340 hab. Produits agricoles.

* **MONSTRE** s. m. (lat. *monstrum*). Animal qui a une conformation contre nature : *monstre horrible, effroyable.* — Se dit aussi des végétaux : *les fleurs doubles sont des monstres.* — Certains êtres imaginaires qui figurent dans les fables des anciens : *les Centaures, les Cyclopes étaient des monstres.* — Par exag. Ce qui est extrêmement laid : *cette femme est horriblement laide, c'est un monstre.* On dit, dans le même sens, UN MONSTRE DE LAIDEUR. — Fig. Personne cruelle et dénaturée : *Néron était un monstre.*

> Un *monstre* tel que lui, s'il échappe à la loi,
> Craindra de rencontrer un *monstre* tel que moi.
> PONSARD, *Charlotte Corday*, acte IV, sc. IV.

— On dit pop. dans le même sens, UN MONSTRE DE NATURE. — C'EST UN MONSTRE D'INGRATITUDE, UN MONSTRE D'AVARICE, UN MONSTRE DE CRUAUTÉ, se dit d'une personne qui montre une noire ingratitude, qui est d'une sordide avarice, etc. — LES MONSTRES DES FORÊTS, les bêtes féroces qui habitent les forêts. — MONSTRES MARINS, les grands cétacés. — ON A SERVI DES MONSTRES SUR CETTE TABLE, on y a servi des poissons d'une grandeur extraordinaire. — SE FAIRE UN MONSTRE DE QUELQUE CHOSE, s'imaginer qu'une chose est très pénible et très difficile. — ⌣ Adj. Colossal : *un bouquet monstre.* — ENCYCL. Le terme *monstruosité* a été limité par Isidore Geoffroy-Saint-Hilaire aux anomalies de conformation complexes et congénitales, désagréables à la vue, qui rendent difficile ou impossible l'accomplissement de certaines fonctions et qui produisent dans les organes une disposition très différente de celle que présente ordinairement l'espèce, soit animale, soit végétale. Ces anomalies consistent en changements de forme, de structure, de volume, de position et de nombre de certaines parties. Cette définition exclut les simples vices de conformation tels que bec-de-lièvre, pied-bot, fissure du palais, l'exiguïté ou la grandeur démesurée de la taille, l'albinisme et l'hermaphrodisme. Les phénomènes de monstruosité ne furent pas examinés dans un esprit philosophique avant la première partie du XIXᵉ siècle ; alors l'anatomie comparée et l'embryologie servirent à les expliquer. Les premiers explorateurs de la tératologie furent Geoffroy-Saint-Hilaire, Serres et Meckel. Dans quelques cas de monstruosité, la partie monstrueuse reste à l'état d'embryon ; dans d'autres cas, l'anomalie est causée par un excès de croissance d'une partie aux dépens des autres parties. Mais les cas les plus remarquables sont ceux dans lesquels les parties sont multipliées et deux individus sont réunis l'un à l'autre. Isidore Geoffroy-Saint-Hilaire a établi deux classes de monstres : *monstres simples* et *monstres composés.* Il divise les monstres simples ou unitaires en trois ordres : *autosites* (voy. ce mot) ; *omphalosites*, qui ne peuvent vivre d'une vie propre, subsistent tant qu'ils sont dans le sein de leur mère et meurent en naissant ; et *parasites*, qui ne sont plus que des masses inertes composées surtout de dents, de poils, de cornes avec un peu de chair et de graisse. La classe des monstres composés comprend la sous-classe des monstres doubles qui est subdivisée en deux ordres : les *monstres doubles autositaires* (voy. AUTOSITAIRES) ; et les *monstres doubles parasitaires*, où l'un des sujets, réduit à l'état rudimentaire, est un parasite de l'autre. Chacun des ordres de la classification de Saint-Hilaire se partage en tribus, en familles et en genres, d'après le plan zoologique de Linné. C'est dans l'ordre des monstres doubles que l'on place les fameuses sœurs hongroises, Hélène et Judith (1701-'22), qui étaient réunies dos à dos par les cuisses et par les reins ; les deux négresses Christine et Millie, connues sous le nom de sœurs Caroline (nées en 1851), réunies par la partie inférieure du dos ; et les frères Siamois, Chang et Eng, qui n'avaient qu'un seul ombilic et étaient attachés ensemble, à la hauteur de la poitrine, par un axe commun, étendu des appendices xiphoïdes à l'ombilic. Les frères Siamois, nés en 1811, moururent, à peu d'heures d'intervalle l'un après l'autre, dans la Caroline du Nord, le 17 janvier 1874. Chacun d'eux était marié et avait plusieurs enfants parfaitement constitués. Physiologiquement, ils différaient l'un de l'autre par la physionomie, par les goûts, par la force et par le caractère ; leurs fonctions physiques s'accomplissaient séparément ; la maladie de l'un n'affectait pas l'autre ; ce qui prouve qu'il n'y avait entre eux aucune communauté de circulation hémale. Chang mourut le premier, pendant la nuit, probablement d'une attaque d'apoplexie ; lorsque Eng se réveilla

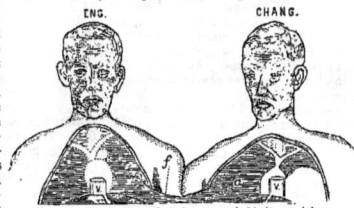

ENG.   CHANG.

Les frères Siamois. — V. Veine cave. *f.* Limite supérieure de l'axe commun.

et qu'il vit son frère mort à ses côtés ; la frayeur, agissant sur son cœur affaibli, produisit une syncope fatale. L'autopsie montra que plusieurs de leurs parties internes leur étaient communes ou plutôt communiquaient ensemble, particulièrement leur foie et leurs vaisseaux hépatiques ; ce qui démontra que si l'on avait essayé de les séparer, cette tentative aurait eu pour eux une issue mortelle. — Voy. *Histoire des anomalies*, par Isidore Geoffroy-Saint-Hilaire (3 vol. 1832-'36).

MONSTRELET (Enguerrand de), chroniqueur, né en Flandre vers 1390, mort en 1453. Il fut prévôt de Cambrai et de Walincourt et écrivit une chronique, en deux livres, qui s'étend de 1400 à 1444. Elle raconte la conquête de la monarchie française par Henri V d'Angleterre et fait suite aux chroniques de Froissart; elle fut continuée par Mathieu de Couey ou d'Escouchy, qui y ajouta un troisième livre allant de 1444 à 1467. La chronique de Monstrelet a été insérée dans la *Collection* des chroniques nationales françaises de Buchon (Paris, 1826-'27). La dernière édition est celle de L. Douët d'Arcq (6 vol., 1857-'62).

* **MONSTRUEUSEMENT** adv. Prodigieusement, excessivement. N'est guère usité que dans ces phrases : *c'est un homme monstrueusement gros, monstrueusement gras.*

* **MONSTRUEUX, EUSE** adj. Qui a une conformation contre nature : *un enfant monstrueux.* On dit de même, CONFORMATION MONSTRUEUSE. — Qui est contraire aux lois de la nature : *accouplement monstrueux.* — S'emploie, dans la même signification, au sens moral : *union, association monstrueuse d'idées, d'expressions.* — Prodigieux, excessif dans son genre : *cet enfant a la tête monstrueuse.* — Se dit, dans le même sens, en parlant des choses morales : *une avarice, une prodigalité monstrueuse.*

MONSTRUM HORRENDUM (*monstre horrible*), premiers mots d'un vers de Virgile que l'on emploie fréquemment pour exprimer la laideur ou la difformité d'un être quelconque.

* **MONSTRUOSITÉ** s. f. Caractère, vice de ce qui est monstrueux. Se dit au propre et au figuré, et s'emploie plus ordinairement pour désigner la chose monstrueuse : *c'est une monstruosité que la tête, que la main de cet enfant.*

* **MONT** s. m. (lat. *mons*). Grande masse de terre ou de roche, élevée au-dessus du terrain qui l'environne. Ce mot ne s'emploie guère en prose qu'avec un nom propre : *le mont Etna, le mont Cenis, les monts Pyrénées.* Il n'est jamais suivi de la préposition *de*, quand il sert à désigner une certaine montagne ; au lieu que le mot *Montagne* est toujours suivi de cette préposition : *le mont Sinaï, la montagne de Sinaï ; le mont Calvaire, la montagne du Calvaire.* — Au pluriel et pris absol., signifie ordinairement : les Alpes : *passer, repasser les monts.* — LE DOUBLE MONT, le Parnasse. — PROMETTRE DES MONTS D'OR À QUELQU'UN, lui promettre de grandes richesses, de grands avantages. On dit, dans le même sens, PROMETTRE MONTS ET MERVEILLES. — VOUS ME DONNERIEZ UN MONT D'OR, DES MONTS D'OR, QUE JE N'EN FERAIS RIEN, vous me donneriez tous les biens du monde, que, etc... CELA LUI COÛTE DES MONTS D'OR, cela lui coûte excessivement. — Adverbial. PAR MONTS ET PAR VAUX, en toute sorte d'endroits, de tous côtés : *aller, courir par monts et par vaux.* — Fam. MONT PAGNOTE, éminence d'où l'on peut, sans aucun péril, regarder un combat : *pendant l'action, il se tint sur le mont pagnote.* Cette expression a vieilli.

* **MONTAGE** s. m. Action de transporter quelque chose de bas en haut : *payer le montage du bois, des grains.* — Se dit aussi, en parlant d'ouvrages d'orfèvrerie, de serrurerie, de menuiserie, etc., dont on assemble les pièces les unes avec les autres. — MONTAGE DE COUP, action de monter le coup, de tendre un piège :

> Mon vieux, entre nous,
> Je n'coupe pas du tout
> Dans c'montage de coup;
> Faut pas m'mouler le coup.
>   Aug. HARDY.

MONTAGNAC, ch.-l. de cant., arr. à 28 kil. N.-E. de Béziers (Hérault) ; 4,050 hab. Culture de plants de vignes apportés de Tokaï ; commerce d'eaux-de-vie et d'huiles.

MONTAGNAIS. Voy. NASCAPEES.

* **MONTAGNARD, ARDE** adj. Qui habite les montagnes : *les peuples montagnards.* — Substantif. *Les montagnards d'Ecosse.* — Mem-

bres d'un parti que formèrent, sous la Convention, un certain nombre de députés qui siégeaient sur les bancs les plus élevés de l'Assemblée et qui professaient des opinions démagogiques : *les montagnards dominèrent la Convention depuis la chute des girondins jusqu'au 9 thermidor.* — Personnes ayant des opinions révolutionnaires exaltées.

* **MONTAGNE** s. f. (lat. *mons, montis*). Mont, grande masse de terre ou de roche fort élevée au-dessus du terrain qui l'environne : *grande, haute montagne.* — UNE CHAÎNE DE MONTAGNE, une suite de montagnes qui tiennent l'une à l'autre. — LA MONTAGNE A ENFANTÉ UNE SOURIS, se dit lorsque de grands projets n'aboutissent à rien. — DEUX MONTAGNES NE SE RENCONTRENT POINT, MAIS DEUX HOMMES SE RENCONTRENT, se dit ou par menace, pour faire entendre à un homme qu'on trouvera occasion de se venger de lui, ou lorsqu'on rencontre inopinément quelqu'un qu'on ne s'attendait pas à voir. — IL N'Y A POINT DE MONTAGNE SANS VALLÉE, chaque chose existe avec ses conditions naturelles. — MONTAGNES DE GLACE, amas considérables de glaces qu'on rencontre principalement dans les mers polaires. — S'est dit, sous la Convention, des bancs les plus élevés de cette Assemblée et, de ceux où siégeaient les députés démocrates qui furent appelés *le parti de la Montagne* ou simplement *La Montagne.* — ⁓ IL A SA MONTAGNE DANS LA TÊTE, il est très occupé d'un dessein qu'il a conçu. — BLEU DE MONTAGNE, carbonate tribasique de cuivre hydraté que l'on trouve dans la nature sous forme de beaux cristaux bleus. (Voy. AZURITE.) — Réduit en poudre, le bleu de montagne porte le nom de *cendre bleue naturelle* et est employé dans l'impression des papiers peints. (Voy. CENDRE BLEUE.) — ENCYCL. On donne le nom de montagne à une élévation considérable de la surface de la terre, isolée, ou se prolongeant en ligne. Il y a de grandes régions de la terre qui sont très élevées au-dessus du niveau de la mer, et forment des tables ou plateaux, d'où surgissent souvent des montagnes. Telles sont : la vaste plaine du Thibet, en grande partie haute de plus de 4,000 m.; celle de l'Asie occidentale, haute de 1,000 à 2,000 m.; celle de l'Ouest de l'Amérique du Nord, qui a à peu près la même hauteur et d'où s'élèvent les montagnes Rocheuses et la Sierra Nevada. On calcule généralement l'élévation des montagnes à partir du niveau de la mer. A part quelques exceptions, les montagnes de la terre forment des lignes ou chaînes continues; un système de montagne se compose de chaînes parallèles. Les montagnes de l'Europe forment ce que l'on a appelé l'*épine dorsale* de notre partie du monde; les monts Scandinaves et les monts Oural sont des chaînes qui vont du N. au S.; mais les grands systèmes de montagnes de l'hémisphère oriental ont pour direction générale l'E. et l'O. Les Pyrénées, les Alpes, les Balkans, le Caucase, l'Himalaya, et différentes chaînes secondaires dessinent cette grande ceinture de montagnes. Les Pyrénées ont une ligne de faîte d'environ 2,000 m., qui atteint, dans quelques pics, 3,000 et 4,000 m.; la hauteur moyenne des Alpes est de 3,000 à 4,000 m., le pic le plus haut, le Mont-Blanc, en ayant 4,810 m.; mais l'Himalaya s'élève en beaucoup de points à 7,000 m. et atteint dans le mont Everest 8,837 m.; la chaîne Thian-Shan, au N. de l'Himalaya, varie entre 4,000 et 6,000 m. Les chaînes de cette grande région de montagnes ne sont pas toujours parallèles. — Il faut distinguer deux classes de montagnes, d'origines bien différentes : celles qui sont produites par l'accumulation des matières que rejettent les cratères volcaniques, et celles qui se sont formées par érosion. Celles de la première classe, dont l'Etna et le Vésuve peuvent être pris comme types, ont été construites, comme

une fourmilière, par des matériaux apportés parcelle par parcelle de dessous la surface. (Voy. VOLCAN.) Mais les montagnes d'origine purement volcanique sont sans importance, comparées aux grands systèmes de montagnes non volcaniques, ou dans lesquels la présence de cratères volcaniques n'est qu'un fait secondaire. Ces montagnes sont dues à l'érosion, et sont les restes de grands plateaux dont la plus grande partie a disparu. Elles ne sont que des fragments de la croûte supérieure de la terre, séparés par des vallées qui représentent l'absence ou l'enlèvement des terres. L'idée populaire est que les chaînes de montagnes sont dues à la courbure et au ploiement des couches; mais une étude attentive montre que ce ne sont là que des accidents de structure, nullement essentiels à la formation des montagnes, et quelquefois absents. — Le grand système de montagnes de l'Amérique est celui qu'on a appelé les *Pacific Highlands*, les Hautes Terres du Pacifique, et qui s'étend d'Alaska au cap Horn, en traversant toute la partie occidentale du Continent. Il comprend, dans les Etats-Unis, sans compter Alaska, les montagnes Rocheuses à l'E. et la Sierra Nevada, et les monts de la Cascade à l'O.; ces montagnes s'élèvent du large plateau déjà indiqué, et ont entre elles le grand bassin central, et des chaînes secondaires. Les plus hauts points de ces deux grandes chaînes atteignent environ 4,000 m. — Dans l'Amérique du Sud, le même grand système continental se compose de deux, et, en quelques parties, de trois chaînes. (Voy. ANDES.) En Afrique, des murailles de montagnes analogues règnent des deux côtés du continent, et celles de l'E. atteignent une élévation d'environ 6,000 m. Une semblable disposition se remarque en Australie, où le point le plus élevé n'atteint pas 2,000 m.

MONTAGNES LES PLUS ÉLEVÉES DU GLOBE.	
Everest (Himalaya). 8,837 m.	Cotopaxi (Andes). 5,750 m.
Kinchinga. id. 8,579 m.	Elbourz (Caucase). 5,639 m.
Dhawalagiri id. 8,155 m.	Tolima (Andes)... 5,587 m.
Nanda-Devi id. 7,827 m.	Saint-Elie (Alaska). 5,515 m.
Sorata (Cordillère	Grand Ararat..... 5,155 m.
orientale)...... 7,655 m.	Mont-Blanc (Alpes). 4,810 m.
Tschamaleri (Hima-	Kasbek (Caucase). 4,468 m.
laya).......... 7,280 m.	Mont-Perdu (Py-
Chimborazo (An-	rénées)....... 3,352 m.
des).......... 6,421 m.	Nethou (Pyrénées). 3,305 m.
Kilina-Ndjaro (A-	
frique du S.-E.). 6,116 m.	

— Voy. *Histoire d'une Montagne*, par Elisée Reclus (1874, in-8°; reprod. dans le journal *la Science Illustrée*, 1875-'76).

* **MONTAGNEUX, EUSE** adj. Où il y a beaucoup de montagnes : *pays montagneux.*

MONTAGRIER, ch.-l. de cant., arr. et à 14 kil. E. de Ribérac (Dordogne) ; 780 hab.

MONTAGU (LADY Mary WORTLEY), femme auteur anglaise (1690-1762). En 1716, elle accompagna à Constantinople son mari, Edward Wortley Montagu, consul général anglais dans le Levant. A Belgrade, elle connut l'usage de l'inoculation contre la petite vérole; et, en 1718, elle fut la première Européenne qui appliqua ce procédé, en faisant inoculer ses deux enfants. A son retour en Angleterre (1718), elle y répandit l'emploi de la vaccine. Ses *Lettres*, dans lesquelles se trouve d'excellents renseignements sur les mœurs de l'Orient, furent publiées après sa mort (4 vol. 1763-'67); trad. fr. par Anson (1805, 2 vol. in-12).

MONTAIGNE (Michel, EYQUEM DE) (mon-ta-; ou mon-tè-; gn mll.), célèbre moraliste, né au château de Montaigne (Périgord), le 28 février 1533, mort au même lieu le 13 septembre 1592. Il était fils de Pierre Eyquem, seigneur de Montaigne, qui soigna tendrement son éducation. A l'âge de 6 ans, Michel parlait couramment le latin et, à 13 ans, il avait terminé ses humanités au collège de Guienne, à Bordeaux. Il fit son droit, et, en 1554, il fut nommé conseiller à la cour des aides de Périgueux, puis, en 1557, au parlement de Bordeaux, se lia d'une étroite amitié avec Etienne de la Boétie, dont il édita les œuvres, ne se mêla en rien aux intrigues politiques, bien qu'il fréquentât la cour, et se retira en 1570. Il s'était marié en 1565. Après avoir vécu 10 années dans son château de Montaigne, il fut atteint de la maladie de la pierre et pensa trouver par les voyages un soulagement à ses souffrances. En 1581, il visita l'Allemagne, la Suisse et l'Italie. Lors de son passage à Rome (1581), le pape lui fit donner le titre de *citoyen romain* ; et, à son retour, il fut, pendant 4 ans, maire de Bordeaux. En 1588, se trouvant à Paris, il servit de médiateur entre Henri de Navarre (Henri IV) et le duc de Guise ; les ligueurs le jetèrent un instant à la Bastille. Il ne laissa pas d'enfants, et autorisa par testament Charron à prendre les armes de sa famille. Son *Journal d'un voyage en Italie par la Suisse et l'Allemagne*, en 1580-'81, fut découvert dans ses papiers et publié en 1774 (2 vol. in-12). Mais la réputation de Montaigne repose sur ses *Essais*, premier ouvrage de ce genre qui ait été publié. Les *Essais* sont remarquables surtout par la naïve et la délicieuse bonhomie du langage, par les remarques pleines de sagacité sur les mœurs du XVIᵉ siècle et par la gaieté indulgente, avec laquelle il parle des hommes et des choses de son temps. Catholiques et protestants avaient recherché sa sympathie, mais le scepticisme domine dans sa philosophie épicurienne. Ses *Essais* lui valurent, à l'âge de 55 ans, l'amitié d'une jeune personne de 22 ans, Mˡˡᵉ de Gournay, qui se déclara sa *fille d'alliance* et lui porta jusqu'à la fin de ses jours une tendresse pleine d'admiration et de respect. Les meilleures éditions des *Essais* sont celles de Mˡˡᵉ de Gournay (1595, in-fol.); de Coste (Londres, 1724; Paris, 1825, plusieurs fois réimprimée); de Naigeon (1802); de Johanneau (Paris, 1818, 5 vol. in-8º); d'Amaury Duval (1820); de Le Clerc (1826-'27, 5 vol. in-8º, nouv. éd., 1844, 3 vol. in-18). De bonnes éditions ont été données en 1865 (2 vol.) et en 1874-'75 (4 vol.). — Voy. Villemain, *Eloge de Montaigne* ; Payen, *Recherches sur Montaigne* (Paris, 1856, in-8º); A. Grün, *Vie publique de Michel Montaigne* (Paris, 1855, in-8º).

MONTAIGU, ch.-l. de cant., arr. et à 37 kil. N.-E. de la Roche-sur-Yon (Vendée), sur les bords de la Maine ; 1,700 hab. Cette ville fut brûlée pendant les guerres de Vendée.

MONTAIGU ou **Montaigut**, ch.-l. de cant., arr. et à 28 kil. N. de Moissac (Tarn-et-Garonne), sur la Senne ; 3,000 hab.

MONTAIGU ou **Montagu** (JEAN DE), vidame du Laonnais, surintendant des finances et grand maître de France sous Charles VI. Il passait pour être le fils naturel de Charles V, qui l'éleva aux plus hautes dignités. Son orgueil et son avidité ayant irrité toute la nation, le duc de Bourgogne et le duc de Navarre le firent arrêter pendant la démence du roi et le firent condamner comme coupable de sortilège. Il fut exécuté en 1409, mais sa mémoire fut réhabilitée trois ans après.

MONTAIGU-EN-COMBRAILLE, ch.-l. de cant., arr. et à 50 kil. N.-O. de Riom (Puy-de-Dôme); 1,750 hab. Fameuse *Lanterne des morts* dans le cimetière.

MONTALEMBERT, ancienne famille qui a pris son nom d'un château situé en Angoumois, sur les confins du Poitou, dans le ressort de la baronnie de Ruffec. Les membres les plus célèbres de cette maison sont les suivants : — I. (Marc-René, MARQUIS DE), savant ingénieur, né à Angoulême le 15 juillet 1714, mort à Paris le 26 mars 1800. Après avoir servi avec distinction dans l'armée, il

établit (1750) plusieurs fonderies de canons dont la principale, à Ruelle, près d'Angoulême, lui fut enlevée par le gouvernement royal. Elle devint la plus importante fonderie de canons de France. En 1790, Montalembert réclama vainement le paiement des 6 millions qui lui étaient dus pour cette dépossession. On doit à ce savant la construction du fort de Ré sur un plan perfectionné. Pendant la Révolution, il fit volontairement l'abandon de sa pension. Il a laissé : *Fortifications perpendiculaires*, ou *Art défensif supérieur à l'offensif* (Paris, 1776-'96, 11 vol. in-4º), magnifique ouvrage illustré, dont la publication absorba presque toute sa fortune. Son système de forts détachés, aujourd'hui admis par tous les ingénieurs militaires, a ouvert une ère nouvelle dans l'art de la fortification qui était resté presque stationnaire depuis Vauban. C'est d'après ces principes stratégiques que l'on a fortifié Ehrenbreitstein, Cologne, Sébastopol, Cronstadt, Cherbourg et les plus puissantes forteresses maritimes modernes. Montalembert a laissé en outre : *Correspondances pendant la guerre de 1757*. (Neufchâtel, 1777, 3 vol. in-8º); *Relation du siège de Saint-Jean-d'Acre* (1798, in-8º); *Mémoires historiques sur la fonte des canons* (1758, in-4º). Il était entré à l'Académie des sciences en 1746. — II. (Charles-Forbes-René DE TRYON, *comte de*), homme d'État, petit-fils du précédent, né à Londres le 29 mai 1810, mort le 13 mars 1870. En 1830, il s'associa à Lamennais et à Lacordaire pour fonder et rédiger l'*Avenir*; et plus tard, il ouvrit avec Lacordaire et de Cour une école catholique libre à Paris. Cette école fut fermée par la police et les directeurs furent poursuivis; mais le cas de Montalembert fut soumis à la Chambre des pairs dont il faisait partie. C'est à cette occasion qu'il prononça pour sa défense son premier discours où il fit preuve d'une éloquence qui, de suite, le rendit célèbre. Après la publication de son *Manifeste catholique* (1843), il fut unanimement reconnu chef du parti catholique. Il parla en faveur de la liberté religieuse, de la liberté d'enseignement et de la liberté des associations religieuses, défendit le Sonderbund, eut des paroles flétrissantes pour les oppresseurs de la Pologne, prédit la chute de 1848, et devint membre de l'Assemblée constituante. Il s'opposa à l'admission de Louis-Napoléon, vota contre la nouvelle Constitution, se montra partisan de la restriction de la liberté de la presse et de l'expédition de Rome. A l'Assemblée législative, il coopéra à l'abolition du suffrage universel. Le coup d'État du deux Décembre augmenta son hostilité contre Napoléon; mais il obtint un siège au Corps législatif, où il fut presque le seul représentant de l'opposition. Il ne fut pas réélu en 1857. En 1858, il fut condamné à 3,000 fr. d'amende et à 6 mois d'emprisonnement pour un violent article contre le régime impérial comparé aux institutions anglaises; mais l'empereur lui fit remise de sa peine. Son discours au congrès de Malines en 1863, dans lequel il se déclara partisan de l'*État libre*, souleva la colère des ultramontains; et, à l'approche du concile du Vatican, il se rangea parmi les adversaires du décret de l'infaillibilité pontificale. Ses nombreux ouvrages ont été réunis en 9 vol. (1861-'63). Ils comprennent : les *Moines d'Occident depuis saint Benoît jusqu'à saint Bernard*, (5 vol. 1860-'67; 4ᵉ éd. 1874-'77, 7 vol.); *Histoire de sainte Elisabeth* (1830, 14ᵉ éd., 1875); *Du Catholicisme et du Vandalisme dans l'art* (1831) ; *l'Eglise libre dans l'État libre* (1863); etc. Dans sa dernière brochure, *La Victoire du Nord aux Etats-Unis* (1865), il se réjouit du succès de l'Union. Le 5 février 1852, Montalembert avait été reçu à l'Académie française (2 vol.); ses *Mémoires* ont été publiés en 1872 (2 vol.), et son *Essai posthume sur l'Espagne* en 1876.

MONTALIVET. I. (Jean-Pierre BACHASSON, *comte de*), homme d'État français, né à Sarreguemines en 1766, mort en 1823. Il suivit d'abord la carrière de la magistrature, puis s'engagea et, en 1793, et fut nommé maire de Valence. En 1802, il entra dans l'administration et fut successivement préfet de la Manche et de Seine-et-Oise, puis, en 1806, directeur général des ponts et chaussées et créé comte de l'Empire. Ministre de l'intérieur en 1809, il accompagna Marie-Louise à Blois. Lors de la Restauration, il refusa de servir les Bourbons et n'en fut pas moins créé pair en 1819. — II. (Marthe-Camille BACHASSON, *comte de*), fils du précédent, né à Valence le 25 avril 1801, mort le 5 janvier 1880. Il était ingénieur des ponts et chaussées lorsqu'il hérita de la pairie en 1823. Il fut nommé ministre de l'intérieur en novembre 1830, de l'instruction publique en mars 1831. Redevenu ministre de l'intérieur en 1832, il fit mettre Paris en état de siège par suite de troubles dans la rue. En 1836, il refusa d'entrer dans le cabinet Molé-Guizot, reprit le portefeuille de l'intérieur en 1837 et provoqua une amnistie. Lors de la rentrée de Guizot au pouvoir, Montalivet devint surintendant de la liste civile de Louis-Philippe et travailla à la restauration des palais de Saint-Cloud, de Pau et de Fontainebleau. — Rentré dans la vie privée après la chute de Louis-Philippe, il n'en sortit plus qu'en 1871, lorsqu'il publia dans la *Revue des Deux-Mondes*, une étude sur Casimir Périer. Il soutint à plusieurs reprises la politique de M. Thiers et fut nommé sénateur inamovible en 1879.

MONTALVAN (Juan-Perez de), dramaturge espagnol (1602-'38). Il a laissé environ 60 pièces de théâtre.

MONTANA [monn-tâ'-na], territoire de l'Union américaine, entre 44º 15' et 49º lat. N. et entre 106º et 118º long. O.; 378,331 kil. carr.; 40,000 hab. Limites : l'Amérique anglaise, Dakota, Wyoming, Idaho. La population comprend 3,000 Chinois; territoire montagneux à l'O. La chaîne principale des montagnes Rocheuses, après avoir formé la frontière au S.-O., tourne tout à coup à l'E. et ensuite vers le N. Le versant du N.-O. est arrosé par les tributaires de la rivière Columbia, le reste du territoire appartient au bassin du Mississipi. Les sources chaudes et les geysers se rencontrent en plusieurs endroits. Les métaux précieux abondent dans les roches métamorphiques et l'on y trouve partout des placers presque aussi riches que ceux de la Californie. Il y a aussi des mines de quartz, d'argent et de cuivre. — Climat sain et sec. Il tombe beaucoup de neige sur les montagnes. Température moyenne annuelle dans les vallées + 9º; le thermomètre s'élève rarement au-dessus de + 26º en été et descend quelquefois jusqu'à — 40º en hiver. — Les plaines orientales sont presque entièrement dépourvues d'arbres, mais leur sol est fertile et il est facile de les irriguer. Parmi les animaux sauvages, on remarque le buffalo dans les plaines orientales, l'ours horrible et l'antilope. — Le gouvernement est le même que celui des autres territoires. Les chefs du pouvoir exécutif (gouverneur et secrétaire) sont nommés pour 4 ans par le président, avec le consentement du sénat. Le pouvoir législatif appartient à un conseil de 13 membres et à une assemblée de 26 membres, élus par le peuple pour 2 ans. Dette : 600,000 fr.; revenu : 300,000 fr.; dépenses : 200,000 fr. — Le territoire de Montana fut séparé de l'Idaho et organisé en 1864. Helena devint la capitale en 1875.

MONTANELLI (Guiseppe), révolutionnaire italien, né en 1813, mort en 1862. Il fut professeur de jurisprudence commerciale à Pise, et rédacteur en chef de l'*Italia*, journal libéral. Il fut blessé et pris par les Autrichiens à Curtatone (29 mai 1848). On le retrouve ensuite premier ministre de Toscane, et en 1849, il fut un des triumvirs et le représentant de Guerrazzi à Paris. Condamné à la prison perpétuelle par le grand-duc restauré, il rentra dans son pays en 1859 et fut élu au parlement italien. Il a écrit des *Mémoires* sur les mouvements de l'Italie (2 vol.) et une tragédie, *Camma*; il a aussi traduit la *Médée* de Legouvé.

MONTANER, ch.-l. de cant., arr. et à 36 kil. N.-E. de Pau (Basses-Pyrénées); 780 hab.

* **MONTANISME** s. m. Doctrine prêchée en Phrygie au IIe siècle par Montanus, qui prétendait être le consolateur promis par le Christ: *le montanisme, fort rigoureux, refusait l'absolution aux grands pécheurs.*

* **MONTANISTE** s. m. Partisan du montanisme. Les montanistes furent aussi appelés phrygiens et cataphrygiens. Leur secte, qui se répandit au IIe siècle, dut son nom à Montanus de Phrygie, qui, vers 160, s'annonça comme un prophète qui devait porter le christianisme à la perfection. Il enseignait une influence permanente et extraordinaire du Paraclet ou Saint-Esprit, laquelle se manifestait par des extases et des visions prophétiques, exigeait le plus rigide ascétisme, et représentait l'arrivée du millénarisme comme prochaine. Ses partisans trouvèrent un avocat zélé et plein de talent dans Tertullien. Ils eurent pour adversaire particulier l'école d'Alexandrie. Ils étaient nombreux en Asie Mineure, à Constantinople et à Carthage. La littérature de l'école contemporaine de Tubingue représente le montanisme comme une réaction du christianisme judaïsant contre le paulinisme.

MONTANSIER (Marguerite Brunet, *dite la*), directrice de théâtre, née à Bayonne en 1730, morte à Paris le 13 juillet 1820. Après avoir joué la comédie dans les colonies, et dirigé plusieurs théâtres de province, elle fit bâtir, en 1793, une salle de spectacle sur la place de Louvois, en face de la Bibliothèque nationale actuelle. Dépossédée en 1794, elle s'établit au théâtre des Variétés, où elle obtint de grands succès. — Le théâtre du Palais-Royal porta longtemps le nom de La Montansier.

* **MONTANT** s. m. (rad. *monter*.) Pièce de bois, de pierre ou de fer qui est posée verticalement et à plomb dans certains ouvrages de menuiserie, de serrurerie, etc.: *il y a un montant de rompu à cette croisée.* — Les montants d'une raquette, les cordes qui vont du haut en bas. — Total d'un compte, d'une recette, d'une dépense, etc.: *le montant de ces sommes, de la recette, de la dépense, est de deux cent mille francs.* — Ecclésiastique, magistrat, officier militaire, etc., à qui, par droit d'ancienneté, il appartient de monter à quelque place, à quelque charge, à quelque emploi, en cas de vacance: *c'est un tel qui est le premier montant.* (Vieux.) — Goût relevé de certaines choses, vapeur qui sort de certaines substances: *ce vin a du montant.* — Jargon. Mur. — Pantalon. (Bas.)

* **MONTANT, ANTE** adj. Se dit de tout ce qui monte: *il y a dans ce puits un seau montant et descendant.* — Robe montante, robe dont le corsage couvre la poitrine et les épaules. — Maçon. Joint montant, le joint vertical de deux pierres: *on ne voit aucun joint montant à la façade du Louvre.* — Guerre. Garde montante, celle qu'on place dans un poste, par opposition à celle qu'on relève, et qu'on appelle Garde descendante.

MONTANUS [mon-ta-nuss]. Voy. Montanistes.

MONTANUS (Arias). Voy. Arias Montanus.

MONTARGIS [-giss], *Mons Argisus*, ch.-l. d'arr., à 69 kil. E. d'Orléans (Loiret), au pied d'une colline sur le Loing et à la jonction des canaux de Briare, d'Orléans et du Loing, à 100 kil. de Paris, par 47° 59' 59" lat. N. et 0° 23' 27" long. E.; 9,000 hab. Commerce actif de cire, de miel et de produits agricoles. Manufactures considérables de cotonnades, de coutellerie, de papier, etc. Le « Chien de Montargis » était une sculpture qui se trouvait dans le formidable château bâti sur une colline avoisinante, et aujourd'hui en ruines. Cette sculpture représentait le combat livré à Paris par un chien contre Macaire, assassin d'Aubry de Montdidier. (Voy. Aubry.) Patrie du conventionnel Manuel, du peintre Girodet et de Mme Guyon. — Montargis, ancienne capitale du Gâtinais, joua un certain rôle pendant le moyen âge. Lahire et Dunois y remportèrent une victoire sur les Anglais (1427). Le prince de Condé s'en empara pendant la Fronde.

MONTASTRUC, ch.-l. de cant., arr. et à 20 kil. N.-E. de Toulouse (Haute-Garonne); 1,050 hab.

MONTATAIRE, comm. du cant. de Creil (Oise); 5,000 hab. Château du XVe siècle. Forges célèbres. C'est à Montataire que Pierre l'Ermite commença ses prédications.

MONTAUBAN, *Mons Albanus*, ch.-l du dép. de Tarn-et-Garonne, entre la rive droite du Tarn et le Tescou, à 641 kil. S. de Paris, par 44° 1' 6" lat. N. et 0° 59' 6" long. O.; 21,000 hab. Faculté de théologie protestante; galerie de peinture contenant des œuvres d'Ingres, qui est un enfant de Montauban. Soieries, lainages, porcelaine, etc. Commerce de cuirs, de grains et de vins. Cette ville fut bâtie, en 1144, par le comte Alphonse de Toulouse, près de l'ancien monastère de *Mons Albanus*. Devenue place forte protestante au XVIe siècle, Montauban opposa une heureuse résistance à l'armée royale qui l'assiégea en 1621; mais elle se soumit à la couronne en 1629, et peu après, Richelieu fit raser ses fortifications. Patrie de Lefranc de Pompignan.

MONTAUBAN, ch.-l de cant., arr. et à 13 kil. N.-E. de Montfort (Ille-et-Vilaine); 3,050 hab.

MONTAUBAN. I. (Jean, sire de), amiral de France, né en Bretagne vers 1412, mort en 1466. Il contribua à enlever aux Anglais Caen, Cherbourg, une partie de la Normandie, et reçut en récompense le titre de bailli du Cotentin (1450). Louis XI le nomma grand-maître des eaux et forêts (1461), et peu après, l'éleva à la dignité d'amiral de France. — II. (Philippe de), chancelier de Bretagne, mort en 1518. Il fit partie du conseil de régence, après la mort de François II, et contribua puissamment au mariage de la princesse Anne avec Charles VIII (1491). — III. Le dernier des capitaines flibustiers, mort à Bordeaux en 1700. Habile marin autant qu'aventurier hardi, il fit, pendant 20 ans, une guerre acharnée aux Espagnols et aux Anglais sur les côtes de la Nouvelle-Espagne, du Mexique, de la Guinée, de la Floride, de la Nouvelle-York, etc. Il a laissé : *Relation du Voyage du sieur de Montauban en Guinée en l'an 1695*, publiée à la suite de la traduction de Las Casas : *Tyrannie et cruauté des Espagnols* (Amsterdam, 1698, in-12).

MONTAUSIER. I. (Charles de Sainte-Marie, duc de), né en 1610, mort en 1690. Il s'engagea à 20 ans et, en 1638, obtint le grade de maréchal de camp. Gouverneur de l'Alsace, il se distingua au siège de Brisach, abjura le calvinisme en 1645, pour épouser Julie d'Angennes, fit une nouvelle campagne en Allemagne (1646) et devint gouverneur de la Saintonge. Pendant la Fronde, il prit le parti du roi et obtint le commandement de la Normandie. Créé duc et pair en 1664, il devint, en 1668, gouverneur du Dauphin et choisit Bossuet comme précepteur de ce prince.

C'est à Montausier que l'on doit les éditions des auteurs classiques *Ad usum Delphini*. Fléchier prononça son *Oraison funèbre*. — II. (Julie-Lucine d'Angennes de Rambouillet, *duchesse de*), femme du précédent, née en 1607, morte en 1671. Elle était fille du marquis de Rambouillet et de Catherine de Vivonne. Belle autant que spirituelle, elle fit dans sa jeunesse le charme de l'illustre société qui se réunissait à l'hôtel de Rambouillet, et les beaux esprits du temps se montraient heureux de déposer leurs hommages à ses pieds. Les prétendants ne manquèrent pas. Après 14 ans d'attente, Montausier obtint sa main (1645). Elle devint gouvernante des enfants de France (1661) puis dame d'honneur de la reine (1664), et quitta la cour en 1668. C'est en son honneur qu'avait été composé un poème demeuré célèbre sous le nom de *Guirlande de Julie*; c'étaient deux cahiers en vélin dont chaque feuille contenait une fleur accompagnée d'un madrigal. Les poètes du temps firent parler les fleurs et Corneille lui-même prêta sa voix aux lys, à la jacinthe et à la grenade. Une copie en a été imprimée par Didot (1818, in-8°).

MONTAUT (Louis de Maribon de), homme politique, né dans le Gers en 1754, mort en 1842. Il accueillit favorablement la Révolution, devint lieutenant-colonel de la garde nationale du Gers et fut élu député à l'Assemblée législative. Réélu à la Convention, vota la mort du roi sans appel ni sursis, contribua à la chute des girondins et fit décréter l'apothéose de Marat. En 1796, il rentra dans la vie privée, fut banni en 1816 comme régicide, et rentra après 1830.

MONTBARD, ch.-l. de cant., arr. et à 18 kil. N. de Sémur (Côtes-d'Or), sur le canal de Bourgogne; 2,600 hab. Autrefois titre de comté, Montbard obtint une charte de commune en 1203. Tanneries, fonderies de fonte, fabriques de papier, de poterie; commerce de bois et de chanvre. Patrie de Buffon.

MONTBARREY, ch.-l. de cant., arr. et à 17 kil. S.-E. de Dôle (Jura), dans le val d'Amour; 480 hab.

MONTBARS, surnommé l'Exterminateur, célèbre chef des flibustiers, né dans le Languedoc vers 1645. Le récit des cruautés commises par les Espagnols dans leurs colonies américaines excita sa haine au point qu'il quitta le collège pour prendre du service sur un corsaire. Après des aventures très extraordinaires, il devint capitaine et répandit la terreur dans les colonies espagnoles. (Voy. Flibustiers.)

MONTBAZENS, ch.-l. de cant., arr. et à 26 kil. N.-E. de Villefranche (Aveyron); 1,600 hab.

MONTBAZON, *Mons Bazonis*, ch.-l. de cant., arr. et à 13 kil. S. de Tours (Indre-et-Loire), sur l'Indre; 1,480 hab. Commerce de grains et de vins; filatures de laine. Ruines d'un château fort bâti par Foulques Nerra. La seigneurie de Montbazon fut érigée en comté par Charles IX, en faveur d'un membre de la famille de Rohan (1569) et en duché-pairie par Henri III, en faveur de Louis VI de Rohan-Guéméné.

MONTBAZON (Marie de Rohan). Voy. Chevreuse.

MONTBAZON (Marie de Bretagne, *duchesse de*), femme galante (1612-'57). Elle était fille du comte de Vertus et de Mlle de la Varenne-Fouquet. Elle eut pour amants les hommes riches de la cour, se jeta dans les intrigues de la Fronde et fut exilée à Rochefort (août 1643).

MONTBEL (Guillaume-Isidore Baron, *comte de*), homme politique, né à Toulouse en 1787, mort à Frohsdorf en 1861. Député de la Haute-Garonne en 1827, il fut chargé, le 8 août 1829, du portefeuille de l'instruction publique et des cultes dans le cabinet Polignac; il passa à l'intérieur en nov. de la même année et aux finances le 19 mai 1830. Signataire des ordonnances de Juillet, il trouva moyen de fuir en Autriche et fut condamné par coutumace à la mort civile et à la détention perpétuelle. Il a laissé : *Protestation contre la procédure instruite et suivie devant les pairs* (Paris, 1831, in-8°); le *Duc de Reichstadt* (Paris, 1832); *Dernière époque de l'histoire de Charles X* (Paris, 1836), etc.

MONTBÉLIARD ou Montbelliard [mon-bé-liar] (lat. *Mons Biliardæ*), ch.-l. d'arr., à 85 kil. N.-E. de Besançon (Doubs), sur l'Allan et la Lusine, et sur le canal du Rhône au Rhin, par 47° 30' 36'' lat. N. et 4° 27' 56'' long. E.; 7,000 hab. Lainages et cotonnades. Le comté dont Montbéliard était autrefois la capitale, passa par mariage à la maison de Wurtemberg (1395), bien qu'il fût ressorti sous la suzeraineté de la France à laquelle il fut cédé sans réserve en 1801. Patrie de George Cuvier, dont la statue orne l'une des places de la ville.

MONTBENOÎT, ch.-l. de cant., arr. et à 14 kil. N.-O. de Pontarlier (Doubs); 250 hab.

MONTBOZON, ch.-l. de cant., arr. et à 23 kil. S.-E. de Vesoul (Haute-Saône), sur l'Ognon; 850 hab.

MONTBRISON, *Mons Brisonis*, ch.-l. d'arr., à 32 kil. N.-O. de Saint-Etienne (Loire), au pied d'un rocher volcanique, sur le Vizezy, par 45° 36' 22'' lat. N. et 1° 43' 45'' long. E.; 8,000 hab. Jusqu'en 1856, cette ville fut le chef-lieu du dép. de la Loire. — Ancienne colonie romaine, elle prit de l'accroissement au XIIIᵉ siècle et devint la capitale du Forez en 1441. En 1562, le baron des Adrets la surprit pendant la nuit, et y entra en criant : « Tue, tue! » Les protestants massacrèrent plus de 700 des habitants. Plus tard, Mandrin entra dans Montbrison et s'y conduisit avec une grande modération. Cathédrale du XIIᵉ au XVᵉ siècle. Commerce de grains.

MONTBRON [mon-bron], ch.-l. de cant., arr., et à 29 kil. E. d'Angoulême (Charente), sur la Tardouère; 3,200 hab. Ancienne baronie. Mines de plomb, forges.

MONTBRUN, station balnéaire du cant. de Séderon, arr. et à 45 kil. S.-E. de Nyons (Drôme); 1,350 hab. Eaux sulfurées calciques froides. Affections cutanées rhumatismales; maladies de poitrine, pneumonie, asthmes, catarrhes, etc.

MONTCALM [mon-kalm]. I. (Louis-Joseph), marquis de Montcalm de Saint-Véran. Officier français, né au château de Candiac, près de Nîmes, en 1712, mort à Québec, le 14 sept. 1759. Il servit en Allemagne et en Italie, et gagna le grade de colonel à Piacenza (Plaisance, 1746). En 1756, il fut nommé au commandement des troupes françaises dans le Canada. Il s'empara du fort Ontario, à Oswego, le 14 août, et, l'année suivante, il contraignit à se rendre le fort William Henry, au haut du lac George, avec une garnison de 2,500 hommes. En 1758, il s'opposa à Abercrombie, général des Anglais qui, revenant du S., marchait sur les possessions françaises. Montcalm occupa le fort Carrillon (Ticonderoga), et à la tête d'environ 3,600 hommes, attendit l'attaque de 15,000. Après un combat acharné (8 juillet 1758), les Anglais se retirèrent en désordre. En 1759, le général Wolfe, à la tête de 8,000 hommes, soutenus par la flotte du Saint-Laurent, apparut devant Québec. Montcalm avait concentré ses principales forces sur les bords du Montmorency. Attaqué de front par Wolfe, le 31 juillet, il le repoussa avec des pertes considérables. Dans la matinée du 13 sept., Wolfe surprit les Français en se mon-

trant avec toutes ses forces sur les hauteurs d'Abraham, sur leurs derrières. Les deux armées étaient à peu près égales en nombre, et ne montaient, ni d'un côté ni de l'autre, au-dessus de 5,000 hommes. Montcalm conduisit l'attaque en personne; mais ses troupes se rompirent bientôt sous le feu meurtrier des Anglais, et lorsque Wolfe donna l'ordre de charger à la baïonnette, elles s'enfuirent dans toutes les directions. Wolfe tomba au moment même de son triomphe, et Montcalm fut mortellement blessé en essayant de rallier un corps de Canadiens en fuite quelques instants après qu'on eut enlevé Wolfe du champ de bataille. Il mourut le lendemain matin, et les Français perdirent tout le Canada. — II. (Voy. CANDIAC.)

MONTCEAU-LES-MINES, comm. du cant. du Mont-Saint-Vincent, arr., et à 47 kil. S.-O. de Chalons-sur-Saône (Saône-et-Loire), près du canal du Centre; 12,000 hab. Fameuses mines de houille occupant un grand nombre d'ouvriers.

MONT-CENIS, ch.-l. de cant., arr. et à 27 kil. S. d'Autun (Saône-et-Loire); 1,900 hab. Mines de houille et de fer; fabriques de cristaux et d'huile.

MONTCUQ, ch.-l. de cant., arr. et à 28 kil. S.-O. de Cahors (Lot); 2,100 hab.

MONTDAUPHIN, ville forte, arr. et à 22 kil. N.-E. d'Embrun (Hautes-Alpes), au confluent du Guil et de la Durance; 500 hab. Fortifications construites par Vauban en 1694.

MONT-DE-MARSAN, *Mons Martiani*, ch.-l. du dép. des Landes, à 690 kil. S.-O. de Paris, à 143 kil. de Bordeaux et 120 de Bayonne, au confluent de la Douze et du Midou; par 43° 53' 33'' lat. N. et 2° 50' 48'' long. O.; 9,000 hab. Cette ville tire son nom d'un temple de Mars; elle doit son origine à Charlemagne qui y mit une garnison. Sources minérales thermales. Manufactures de lainages grossiers, de couvertures et de toiles à voiles. Entrepôt de vins et d'eaux-de-vie; résine, céréales, haricots, porcs. Mont-de-Marsan fut détruit par les Normands, reconstruit au XIIᵉ siècle et réuni à la France en 1589. Elle était le chef-lieu du Marsan.

MONT-DE-PIÉTÉ s. m. (ital. *monte de pietà*, banque de charité). Etablissement où l'on prête sur nantissement et à intérêt : *mettre des effets au mont-de-piété*. — DES MONTS-DE-PIÉTÉ. — ENCYCL. Les monts-de-piété sont, sur le continent européen, des institutions publiques, dont le but primitif était d'épargner aux besogneux, l'usure des prêteurs d'argent juifs et lombards. On croit généralement que le premier mont-de-piété fut établi à Pérouse dans la seconde moitié du XVᵉ siècle, et qu'il tirait son nom (*monte di pietà*) de la colline sur laquelle il était situé. Le plus ancien de France fut probablement celui de Reims. Marseille, Montpellier et d'autres villes françaises avaient des monts-de-piété au XVIIᵉ siècle. Celui de Paris fut ouvert le 1ᵉʳ janvier 1778. En 1831, il fut placé sous la surveillance d'un conseil administratif. En 1851, les monts-de-piété furent soumis à la surveillance d'un comité. Le mont-de-piété de Paris fait des avances à partir de trois francs et au-dessus, à un taux fixé en 1854 à 4,50 p. 100, et par an, mais ayant atteint depuis 9 p. 100. En 1873, le taux était de 5 p. 100. On n'avance d'argent que contre nantissement. Les clients qui rapportent le plus sont les besogneux des hautes classes. En 1873, il y avait 46 monts-de-piété en France, avec un capital d'environ 50 millions de francs, prêtant annuellement environ 60 millions de fr. Dans cinq de ces établissements les prêts sont gratuits; dans les autres le taux de l'intérêt varie. Il y a de nombreux établissements de ce genre en

Hollande, en Belgique et en Allemagne. — Législ. « Des établissements charitables furent fondés au XVᵉ siècle en Italie, sous le nom de *Monte di pietà* (Banque de charité), dans le but de faire aux personnes indigentes des prêts gratuits sur nantissement d'objets mobiliers. On en créa un certain nombre, en France, dès le XVIᵉ siècle, mais la plupart des monts-de-piété, ne possédant pas une dotation suffisante, ou dut exiger un intérêt plus ou moins élevé sur leurs avances. Néanmoins ces établissements rendent des services incontestables, en ce qu'ils permettent à des personnes nécessiteuses d'échapper aux exactions des usuriers. C'est ce que l'on dut reconnaître après la Révolution, lorsque la liberté des prêts sur nantissement eût été décrétée. Non seulement le mont-de-piété de Paris, qui avait liquidé le 1ᵉʳ nivôse an IV, fut rétabli le 3 prairial an V; mais on ordonna la fermeture des maisons de prêt sur gages que l'on désignait sous la dénomination de *lombards*, et aucune ne put être établie à l'avenir qu'au profit des pauvres et avec l'autorisation du gouvernement (L. 16 pluviôse an XII), sous peine, pour les contrevenants, d'un emprisonnement de quinze jours à trois mois, et d'une amende de 100 fr. à 2,000 fr. (C. pén. 411). Les monts-de-piété sont des établissements publics, institués par décrets. Tout mont-de-piété est régi par un directeur, assisté d'un conseil d'administration; les membres de ce conseil et le directeur sont nommés, à Paris par le ministre de l'intérieur, et ailleurs par le préfet (L. 24 juin 1851). Les monts-de-piété peuvent être autorisés à établir des succursales, lorsque l'importance des opérations l'exige. Leur comptabilité doit être tenue suivant le mode tracé par le décret du 30 juin 1864. Les commissaires-priseurs sont chargés exclusivement, dans les villes où ils sont établis, des opérations de prisée ou de vente aux enchères concernant les monts-de-piété; mais ils sont responsables, lorsque les prêts faits sur estimation ont été supérieurs aux prix de vente (Ord. 26 juin 1816). Les prêts ne peuvent être faits qu'à des personnes majeures, connues et domiciliées, ou assistées d'un répondant. Le déposant signe l'acte de dépôt; et il est remis une reconnaissance. Le prêt est consenti pour la durée d'un an; mais l'emprunteur peut renouveler son engagement, afin d'éviter la vente de l'objet déposé. Il peut aussi, après un délai de trois mois à partir du jour du dépôt, requérir la vente de son nantissement. Le *boni*, c'est-à-dire l'excédent du prix de vente sur le montant du prêt et des intérêts, est remis au déposant, et si ce boni n'est pas réclamé dans le délai de trois ans, il est attribué aux hospices. Les monts-de-piété ont coutume d'accréditer des intermédiaires, connus sous le nom de *commissionnaires*, et qui, moyennant une rétribution tarifée, reçoivent des particuliers les objets à déposer en nantissement, effectuent, au nom des parties, les engagements, les renouvellements et les dégagements, et font même souvent à l'emprunteur des avances supérieures au prêt consenti. Les reconnaissances et tous les actes relatifs au fonctionnement des monts-de-piété sont dispensés de timbre et d'enregistrement. Lorsque la dotation suffit à couvrir les frais généraux et à abaisser au taux de 5 p. 100 l'intérêt des sommes prêtées, les excédents de recettes sont attribués aux hospices ou aux autres établissements de bienfaisance, par arrêté du préfet et sur l'avis du conseil municipal. Les monts-de-piété d'Aix, d'Angers, de Grenoble et de Toulouse, ayant toujours prêté au-dessous du taux légal, ont conservé le droit de se régir par leurs anciens statuts (L. 24 juin 1851). Le mont-de-piété de Paris est soumis à des règlements spéciaux qu'il serait trop long de détailler ici. (Décr. 8 thermidor an XIII; Arr. 15 mars 1848,

Décr.-loi 24 mars 1852). Cet établissement a pu renverser, depuis 1806, sur ses bénéfices nets, une somme de 24 millions à l'assistance publique. »   (Ch. Y.)

MONTDIDIER, *Mons Desiderii*, ch.-l. d'arr., à 36 kil. S.-E. d'Amiens (Somme), sur le flanc d'une colline baignée par le Don; par 49° 30′ 0″ lat. N. et 0° 13′ 50″ long. E.; 4,000 hab. Montdidier fut pris par les Impériaux en 1523. Eglise de Saint-Pierre et du Saint-Sépulcre; hôtel de ville surmonté d'un curieux beffroi. Patrie d'Aubry de Montdidier et de Parmentier auquel une statue en bronze a été érigée sur la place de l'Hôtel-de-Ville en 1848.

MONT-DOR s. m. Fromage de chèvres que l'on fabrique au Mont-Dor (Lyonnais), dans le Doubs et dans le Puy-de-Dôme.

MONT DOR, nom que l'on donne à trois montagnes du Lyonnais: le mont Thoux, le mont Cindre et le mont Dor, situés tous les trois dans la commune de Couzon, au N. de Lyon, près de la rive droite de la Saône. C'est dans ces montagnes que l'on fabrique le véritable fromage de lait de chèvres, connu sous le nom de fromage du Mont-Dor.

MONT-DORE-LES-BAINS ou Bains-du-Mont-Dore, station minérale du cant. de Rochefort, arr. et à 35 kil. O. d'Issoire (Puy-de-Dôme); 1,200 hab. Eaux bicarbonatées mixtes arsenicales. Catarrhe pulmonaire chronique, coryza chronique, pharingite, laryngite, aphonie, emphysème pulmonaire, asthme, phtisie pulmonaire, pleurésie chronique. — Huit sources de + 15° à + 45°. Environs charmants, où l'on voit les sources de la Dore, le pic de Sancy, la vallée de Chaudefour, le lac Pavin, etc.

* **MONTE** s. f. Accouplement des chevaux et des cavales : *ce cheval, cet étalon a fait la monte*. — Temps de cet accouplement : *la monte commence en avril, et finit en juin*.

* **MONTÉ, ÉE** part. passé de **Monter**. — **Etre bien monté, mal monté**, être monté sur un bon, sur un mauvais cheval. Signifie aussi, être bien, être mal monté en chevaux : *j'ai vu ses chevaux, il est bien monté, il est fort mal monté*. — Prov. **Etre monté comme un saint George**, être monté sur un cheval fort beau ou fort bon. — **Ce vaisseau est percé pour cinquante canons, et monté de trente**, il peut porter cinquante canons, mais il n'en a que trente effectifs. — **Monté sur le ton de**, en usage de : *cette société n'est pas montée sur le ton de médire*. — Fig. et fam. **Il est monté sur un ton plaisant, sur un ton singulier**, se dit d'un homme qui plaisante ou qui affecte de dire des choses extraordinaires. — Fam. **Vous êtes aujourd'hui bien monté, mal monté, singulièrement monté**, très bien, mal, singulièrement disposé. — **Cheval monté haut** ou **mal monté**, cheval dont les jambes sont trop hautes, et ne sont point proportionnées. — **Plat monté**, plat de dessert, composé de pâtisseries et de sucreries qui forme une sorte de construction élevée.

MONTEBELLO, petit village de l'Italie septentrionale, à 22 kil. au S. de Pavie. Il a été le théâtre d'une victoire des Français commandés par Lannes sur les Impériaux, le 9 juin 1800, victoire qui valut à Lannes son titre de duc de Montebello. Le 20 mai 1859, l'armée franco-sarde, commandée par Forey, y vainquit les Autrichiens après une lutte de 6 heures. Ces derniers perdirent environ 4,000 tués ou blessés et 200 prisonniers; les pertes des Français étaient de 670 hommes, parmi lesquels le général Beuret.

MONTEBOURG, ch.-l. de cant., arr. et à 7 kil. S. de Valognes (Manche); 2,230 hab. Commerce de moutons. Haras important. Fabriques de dentelles.

MONTE CASINO ou Mont Cassin. Voy. Cassin.

MONTE-CARLO. Voy. Monaco.

MONTECH, *Montegium*, ch.-l. de cant., arr. et à 14 kil. S.-E. de Castel-Sarrazin (Tarn-et-Garonne), sur le canal latéral à la Garonne; 2,700 hab. Autrefois fortifié; commerce de grains et de vins.

MONTE-CHARGE s. m. Endroit d'un haut fourneau où l'on monte le minerai et la castine pour les jeter dans le four. — Toute machine qui sert à élever des matériaux à la hauteur de l'endroit où ils doivent être employés. — Au plur. *Des monte-charge*.

MONTE-CRISTO, petite île de la côte d'Italie, à environ 50 kil. au S. de l'île d'Elbe; elle est inhabitée et se compose d'une montagne de granit presque inaccessible. Elle a donné son nom à un célèbre roman d'Alexandre Dumas père, le *Comte de Monte-Cristo*.

* **MONTÉE** s. f. Endroit par où l'on monte à une montagne, à un coteau, à une éminence, etc. : *la montée de ce coteau est fort raide, est extrêmement raide*. — Se dit, particul., d'une rampe douce au devant d'un édifice : *la montée du Capitole, à Rome, a beaucoup de majesté*. — Action de monter : *les chevaux ont ordinairement plus de peine à la descente qu'à la montée*. — Petit escalier, dans une maison de pauvres gens : *montée étroite, raide, aisée*. — Pop. Chacune des marches d'un escalier, d'un degré : *prenez garde, il y a là une montée rompue*. — Pop. **Faire sauter les montées à quelqu'un**, le chasser honteusement de chez soi, et avec violence : *s'il lui arrive de venir encore chez moi, je lui ferai sauter les montées*. — Archit. Hauteur d'une voûte : *cette voûte surbaissée a pour sa largeur peu de montée*.

MONTECUCULI (Raimondo, comte de)[monn-tè-kou′-kou-li], homme de guerre autrichien, né près de Modène en 1608, mort en 1681. Pendant la guerre de Trente ans, il fut fait prisonnier par les Suédois à Breitenfeld, le 7 sept. 1634, et relâché en 1632; prisonnier de nouveau le 4639 à 1641, il défit ensuite les ennemis à Troppau et prit Brieg. En 1644. il fut fait feld-maréchal lieutenant et conseiller aulique; en 1645, il fit campagne avec l'archiduc Léopold contre Rakoczy de Transylvanie, et en 1646, avec Johann von Werth, il mit les Suédois en complète déroute en Silésie. Il força Rakoczy à faire la paix avec la Pologne en 1657, fut fait feld-maréchal, secourut Copenhague en 1658 et chassa les Suédois du Jutland et de Fünen. Ensuite, il expulsa les Turcs de Transylvanie, et, le 1er août 1664, gagna la victoire du Saint-Gothard, qui, pour un temps, arrêta l'invasion turque. En 1672, lorsque Louis XIV menaçait la Hollande, il commanda l'armée impériale du côté des Hollandais et infligea à Turenne des défaites réitérées. Il fut remplacé par l'électeur de Brandebourg; mais il ne tarda pas à être rétabli dans son commandement (1675) comme le seul général qui pût être opposé à Turenne, après la mort de qui il engagea à repasser le Rhin. En 1679, il fut prince de l'empire et le roi de Naples lui donna le duché de Melfi. Il périt par accident, écrasé par une poutre. Ses écrits, surtout militaires, ont été publiés dans le texte italien original par Ugo Foscolo (1807-′08, 2 vol. in-fol.), et par J. Grassi (1821, 2 vol. in-4°).

MONTEFIASCONE, *mons Faliscorum*, ville d'Italie, à 22 kil. N.-O. de Viterbe; 6,000 hab. Evêché ; vin muscat très estimé.

MONTEFIORE (sir Moses)[monn-té-fi-o′-ré], philanthrope juif, né à Londres en 1784, mort en 1884. Il employa de bonne heure sa grande fortune à améliorer la condition

de ses coreligionnaires qui étaient opprimés. Il visita à plusieurs reprises la Syrie et, en 1840, soulagea les juifs persécutés à Damas. Par son influence, la condition des juifs s'améliora en Russie, en Pologne et au Maroc, et en 1867 il fit un voyage en Roumanie dans leur intérêt. La même année, il fonda un collège juif à Ramsgate, en l'honneur de sa femme (morte en 1862), à laquelle on doit une relation du voyage qu'elle fit en Orient pour accompagner son mari (1844). En 1837, il devint shérif de Londres, et fut fait chevalier, et, en 1846, baronet.

MONTEIL. I. (Adhémar de), évêque du Puy en Velay; prêcha, en qualité de légat du pape, la première croisade, qu'il dirigea presque entièrement. Il mourut à Antioche en 1097. — II. (Amans-Alexis), historien né à Rodez en 1769, mort en 1850. Il fut professeur d'histoire aux écoles militaires de Fontainebleau, de Saint-Germain et de Saint-Cyr. Il a laissé: *De l'existence des hommes célèbres dans les républiques* (1799); *Histoire des Français de divers Etats aux cinq derniers siècles* (Paris, 1827-′44, 10 vol. in-8°; 4e éd. Paris, 1853, 5 vol. in-12), ouvrage couronné deux fois par l'Institut; *Traité des matériaux manuscrits* (1822), etc.

MONTÉLIMAR ou Montélimart, *Montilium Adhemari*, ch.-l. d'arr., à 44 kil. S.-O. de Valence (Drôme), sur une colline, au confluent du Roubion et du Jabron, par 41° 33′ 32″ lat. N. et 2° 24′ 51″ long. E.; 12,000 hab. Citadelle; soieries brochées; grand commerce de vins et de fruits. Cette ville résista héroïquement à Coligny en 1569.

MONTEMAYOR (Georges de), poète espagnol, né en Portugal, mort en 1562. On le considère comme l'inventeur du genre pastoral en Espagne. Sa *Diana* a été plusieurs fois traduite en français par Colin, Chapuis, Pavillon, etc.

MONTEMBŒUF, ch.-l. de cant., arr. à 32 kil. S.-O. de Confolens (Charente); 1,300 hab.

MONTEMOLIN (Comte de) [monn-tè-mo-linn′]. (Voy. Carlos IV.)

MONTEMONT (Albert), littérateur, né à Remiremont (Vosges), en 1788, mort en 1862. Il a laissé plusieurs traductions d'ouvrages anglais et a publié : *Voyages dans les cinq parties du monde* (Paris, 1827, 6 vol. in-18) ; *Bibliothèque universelle des voyages* (Paris, 1833-′37-′40, 6 vol. in-8°); *Voyages nouveaux* (1846-′47, 5 vol. in-8°) ; et un grand nombre de poésies.

MONTENDRE, ch.-l. de cant., arr. et à 20 kil. S. de Jonzac (Charente-Inférieure); 1,300 hab. Source d'eau minérale. Commerce de grains et de volailles.

MONTÉNÉGRIN, INE s. et adj. Qui est du Monténégro; qui appartient à ce pays ou à ses habitants.

MONTÉNÉGRO [monn-té-né-gro] (slav. *Tchernagora*; turc, *Karadagh*; l'un et l'autre signifient, comme Monténégro, Montagnes Noires). Principauté indépendante, à l'O. de la Turquie d'Europe, près de l'Adriatique. Limites : l'Herzégovine, la Bosnie, l'Albanie, et la Dalmatie ; 9,030 kil. carrés ; 240,000 hab. Habitants la plupart de race slave. Le pays est traversé par les Alpes Dinariques, dont la hauteur atteint de 5 à 8,000 pieds. La Moratcha et d'autres cours d'eau se jettent dans le lac Scutari. L'agriculture est en retard, mais tout morceau de terre susceptible d'être labouré est cultivé. Mais, pommes de terre, tabac, fruits et vins. Le marché principal est Cattaro, en Dalmatie, mais les Monténégrins se sont assuré la possession d'un port national (Antivari), afin de ne pas dépendre des ports autrichiens. Presque toute la population appartient à l'Eglise grecque non unie. L'éducation est moins négligée qu'autrefois. C'est en 1871 que parut la première feuille politique. Le gouvernement est une monarchie constitutionnelle héréditaire, dans la ligne mâle de la famille des Petrovitch de Niegosh. Le sénat, composé de dix-huit membres, remplit aussi les fonctions de cour suprême. Le langage est un dialecte très pur de la branche illyrico-serbe du slave. Le Monténégro contient plusieurs centaines de villages. Cap., Cettinje; villes princ.: Antivari, Dulcigno, Podgoritza, etc. — Autrefois, le Monténégro formait une partie de l'Illyrie. La principauté actuelle constitua plus tard l'angle S.-O. du vieux royaume de Servie, et devint avec lui, vers la fin du XIVe siècle, tributaire de la Porte. Le Monténégro ou le Zeta, comme on l'appelait alors, assura son indépendance sous George Balsha, gendre du dernier roi serbe, et sous ses descendants. Le dernier de ceux-ci, nommé Tchernoyevitch, abdiqua en 1516 en faveur de l'évêque, dont les successeurs (tous de la maison de Petrovitch, à partir de 1700 environ) régnèrent comme princes évêques, jusqu'au moment où l'un d'eux se proclama prince séculier, sous le nom de Danilo 1er (1852). En 1623, les Turcs, commandés par le pacha de Scutari, furent repoussés avec des pertes cruelles. Une autre expédition turque, avec 120,000 hommes, battit les Monténégrins en en fit plus de 20,000 prisonniers (1714). Une guerre où Venise contraignit les Turcs à la retraite; d'autres invasions furent successivement repoussées, et dans l'une (1796), 30,000 Turcs furent égorgés. Celles de 1820 et de 1832 furent également refoulées, après une longue guerre de frontière. A la fin de 1852, Omer Pacha, avec des forces formidables, menaça le Monténégro; mais la paix fut rétablie par l'intervention de l'Autriche et la médiation des autres puissances. De nouvelles collisions avec la Turquie se produisirent en 1858, et l'un des oncles de Danilo fut surpris en flagrant délit de trahison. Le 12 août 1860, Danilo fut assassiné et remplacé par son neveu Nikolo. L'insurrection de l'Herzégovine, en 1861, ayant été favorisée par les Monténégrins, fut suivie en 1862 d'une invasion du Monténégro par Omer Pacha avec 30,000 hommes. En août, les Turcs parurent devant Cettinje, et Nikolo fit bientôt un traité de soumission à la Porte. Le Monténégro dut payer à la Porte un tribut annuel de 200,000 fr. De nouvelles complications s'élevèrent en 1874-'75 et en 1876; le Monténégro déclara la guerre à la Porte de concert avec la Serbie (vers le commencement de juillet), et résista beaucoup plus sérieusement aux Turcs que son alliée. Après les défaites essuyées par les Serbes en octobre, il conclut un armistice; mais il reprit les hostilités le 1er fin d'avril 1877, au moment où les Russes envahissaient la Turquie. (Voy. TURQUIE.) Déclaré indépendant par le traité de San-Stefano, le 3 mars 1878, il fut agrandi par le traité de Berlin, qui lui accorda le port maritime d'Antivari (13 juillet 1878). Avant cet agrandissement, la superficie du Monténégro n'était que de 4,427 kil. carr.; et sa population de 130,000 hab. — BIBLIOGR. H. Delarue, *Le Monténégro* (Paris, 1863, in-8e); G. Frilley et Wlahovitz, *Le Monténégro contemporain* (Paris).

MONTENOTTE, village de la province de Gênes (Italie), à 44 kil. N. de Savone, célèbre comme ayant été le théâtre de la première victoire de Bonaparte en Italie (12 avril 1796). — A donné son nom à un dép. du premier Empire français. Ch.-l., Savone.

* MONTER v. n. (rad. *mont*). Se transporter dans un lieu plus haut que celui où l'on était. En ce sens, se dit des hommes et des animaux : *monter vite, facilement.*

Que je sois le premier qui *monte* à l'échafaud !
Ponsard, *Charlotte Corday*, acte I, sc. I.

MONTER A CHEVAL, signifie aussi, manier un cheval, lui faire faire le manège : *ce jeune homme apprend à monter à cheval.* — MONTER EN CROUPE, se placer à cheval derrière quelqu'un. (Voy. plus loin, *Monter un cheval.*) — MONTER A L'ASSAUT, attaquer une place afin de l'emporter de vive force. MONTER A LA BRÈCHE, faire tous ses efforts pour entrer par la brèche dans une place assiégée. — MONTER A BORD D'UN VAISSEAU, MONTER SUR MER, s'embarquer sur un vaisseau : *nous montâmes sur tel vaisseau pour faire le trajet.* — MONTER EN CHAIRE, prêcher : *c'est une chose très pénible que de monter tous les jours en chaire.* — MONTER SUR LE THÉÂTRE, SUR LES PLANCHES, se faire comédien ; et, MONTER SUR LES TRÉTEAUX, se faire bateleur. — MONTER DANS LES CARROSSES DU ROI, ou simpl., MONTER DANS LES CARROSSES, être admis à l'honneur de monter dans les carrosses du roi. — MONTER AU FAITE DES HONNEURS, parvenir aux plus grandes dignités. MONTER AU TRÔNE, SUR LE TRÔNE, devenir roi ou reine. — MONTER SUR LE PARNASSE, composer des vers, se livrer à la poésie. — MONTER SUR SES GRANDS CHEVAUX, prendre les choses avec hauteur, montrer de la fierté, de la sévérité dans ses paroles. — MONTER SUR SES ERGOTS, élever sa voix et son geste avec chaleur et audace. — Prov. et fig. MONTER AUX NUES, se mettre en colère : *quand on lui parle de cela, il monte aux nues.* — Fig. Passer à un poste, à un degré au-dessus de celui qu'on occupait : *il était lieutenant, et il est monté au grade de capitaine, ou, par ellipse, quand l'avancement a lieu dans le même corps, Il est monté capitaine.* On dit dans le même sens : *cet officier est monté en grade.* — S'élever : *il n'y a point d'oiseau qui monte plus haut que l'aigle.* En ce sens, se dit plus ordinairement de certains corps, tels que l'eau, le feu, les vapeurs, le son, etc. : *la flamme montait au-dessus des plus hautes maisons.* — S'emploie fig., dans le même sens : *les prières du juste, les cris des innocents qu'on persécute, montent au ciel.* — LE SOLEIL, LES ASTRES MONTENT SUR L'HORIZON, ils s'élèvent ou paraissent s'élever sur l'horizon. — LE SOLEIL MONTE TOUS LES JOURS, se dit lorsque le soleil s'approche tous les jours de plus en plus de notre zénith. — LE BAROMÈTRE MONTE, le mercure qui est dans le tube du baromètre monte. On dit de même, LE THERMOMÈTRE MONTE. — CETTE PLANTE MONTE EN GRAINE, elle n'est plus bonne à manger, et, dans peu elle produira de la graine. — CETTE FILLE MONTE EN GRAINE, elle avance en âge, et ne trouvera bientôt plus à se marier. — CET ARBRE MONTE TROP HAUT, on le laisse trop croître. CE MUR MONTE TROP HAUT, il a trop d'élévation. CE COLLET D'HABIT, CETTE ROBE MONTENT TROP HAUT, ils ont trop de hauteur. On dit dans le sens contraire : *cet arbre, ce mur, ce collet, etc., ne montent pas assez haut.* — Croître, s'accroître : *tout à coup la rivière monta de plusieurs pouces.* — Plus usité au sens moral : *le luxe est monté au plus haut degré.*

Le perfide ! A quel point son insolence *monte* !
J. RACINE. *La Thébaïde*, acte I, sc. VI.

— Hausser de prix, croître en valeur : *le blé est monté jusqu'à trente francs l'hectolitre.* — Se dit aussi d'un total composé de plusieurs sommes, de plusieurs nombres : *toutes ces sommes montent à cent mille francs.* Dans la supputation d'un compte : *toutes les sommes montent à celle de tant.* — CE MÉMOIRE MONTE BIEN HAUT, il en coûtera beaucoup pour l'acquitter. — v. a. Se transporter en un lieu plus haut que celui où l'on était : *monter une montagne.* — MONTER UN CHEVAL, être monté sur un cheval : *ce cheval ne se laisse pas monter facilement.* — MONTER UN CHEVAL, signifie aussi s'en servir habituellement : *voilà le cheval que je monte.* Il signifie encore instruire, dresser un cheval : *c'est ce piqueur qui a monté mon cheval ; je monte moi-même mes chevaux.* — MONTER UN VAISSEAU, le commander : le

contre-amiral montait le vaisseau le *Formidable.* — Fournir un établissement ou une personne de tout ce qui lui est nécessaire : *monter une maison, son ménage.* — Théâtre. MONTER UN OPÉRA, faire les préparatifs nécessaires pour sa mise en scène et sa représentation. — MONTER UN CAVALIER, lui fournir le cheval et l'équipement : *il lui en a coûté tant pour monter chaque cavalier.* — MONTER UN OUVRAGE D'ORFÈVRERIE, DE SERRURERIE, DE MENUISERIE, etc., en assembler les pièces les unes avec les autres : *monter une croix de diamants, des pendants d'oreilles.* — MONTER UNE CABALE, préparer une cabale : *ils ont monté une cabale contre lui.* — MONTER UN DIAMANT, le mettre en œuvre : *ce diamant est bien monté, mal monté.* — MONTER UNE ESTAMPE, la mettre sous verre, dans un cadre. — MONTER UN MÉTIER, accommoder et tendre sur le métier l'étoffe, la toile, le canevas, la chaîne, le fil, la soie, etc., pour travailler. — MONTER UN VIOLON, UNE HARPE, UNE GUITARE, UN PIANO, y mettre des cordes, remettre de nouvelles cordes : *il m'en a coûté tant pour monter ma harpe.* Dans le même sens, CE VIOLON EST BIEN, EST MAL MONTÉ, les cordes en sont bonnes, en sont mauvaises. — Poétiq. MONTER SA LYRE, se disposer à faire des vers. — MONTER UNE HORLOGE, UNE MONTRE, UN RÉVEILLE-MATIN, UN TOURNEBROCHE, etc., en bander les ressorts, ou en rehausser les contrepoids. — MONTER LA GARDE, se dit d'une troupe de gens de guerre qui vont faire la garde en quelque endroit : *c'est à telle compagnie, à tel capitaine à monter la garde chez le général.* Se dit aussi de chaque soldat qui est de service au même poste pour un temps déterminé : *j'ai monté ma garde hier.* — MONTER UNE GARDE A QUELQU'UN, lui faire une vive réprimande. — MONTER LA TRANCHÉE, monter la garde dans la tranchée. — Elever, accroître : *monter son train et sa dépense.* — MONTER UN INSTRUMENT DE MUSIQUE, en hausser le ton : *on a monté ce violon trop haut.* On dit dans le même sens : *monter une corde de violon, de harpe, etc.* — Peint. MONTER SA COULEUR, rendre la couleur de son tableau plus vigoureuse qu'on n'avait fait d'abord. — MONTER LA TÊTE A QUELQU'UN, lui inspirer quelque idée qui s'empare de lui jusqu'à l'exalter : *on lui a monté la tête sur cet objet.* — Porter, transporter quelque chose en haut, ou l'y élever : *il faut monter tous ces meubles dans cette chambre.* — Se monter v. pr. : *toutes ces sommes se montent à tant.* — Fig. : *il s'est monté au ton de la plus haute éloquence.* — Absol. S'exalter, s'échauffer, s'irriter : *quand son imagination se monte, il devient intraitable.* — ~ SE MONTER LE COUP, se tromper.

MONTEREAU-FAUT-YONNE, *Condate Senonum*, ch.-l. de cant., arr. et 23 kil. E. de Fontainebleau (Seine-et-Marne), sur la Seine et la rive gauche de l'Yonne; 7,500 hab. Tribunal de commerce, fabrique de bas, ciment, pipes, faïences, tuileries. Fort marché aux grains et aux bestiaux. Jean sans Peur y fut assassiné (1419). Philippe le Bon duc de Bourgogne s'en empara en 1420, Charles VII en 1436. Victoire de Napoléon sur les alliés (18 fév. 1814).

MONTEREAU (Pierre de), architecte, mort en 1266. On lui doit la chapelle de Vincennes, le réfectoire de l'abbaye de Saint-Martin-des-Champs, à Paris (aujourd'hui bibliothèque du Conservatoire des arts-et-métiers), la Sainte-Chapelle du Palais, à Paris.

MONTE-RESSORT s. m. Instrument dont on se sert, dans le montage et le démontage des armes à feu portatives, pour comprimer les ressorts quand on veut les ôter ou les remettre. — Au plur. : *des monte-ressort.*

MONTEREY, ville du Mexique, capitale du Nuevo-Leon, sur le fleuve Monterey, à 750 kil. N.-N.-O. de Mexico; 13,534 hab. Elle est bâtie sur une plaine en pente rapide, à environ 9 kil. de la Sierra Madre, à 400 m. au-dessus du niveau de la mer. Coton, papier, farines, scieries mécaniques, clouteries, briques, carrosseries, maroquin, chandelles, savons, sucre, bière et eaux-de-vie. La ville fut fondée en 1596, sur l'emplacement de l'ancienne Ciudad de Leon. Dans la guerre avec les États-Unis, on en fit une place très forte et le général Ampudia l'occupa avec 10,000 hommes. Le 19 sept. 1846, le général Taylor l'attaqua à la tête de 6,600 hommes. Ampudia capitula le 24, après une défense obstinée.

MONTESPAN, comm. du cant. de Salies (Haute-Garonne) ; 1,500 hab. Château de la famille de ce nom.

MONTESPAN (Françoise-Athénaïs de Ro-cuechouart de Mortemart, *marquise de*), maîtresse de Louis XIV, née en 1641, morte en 1707. Elle était fille du premier duc de Mortemart. Fille d'honneur de la duchesse d'Orléans, elle épousa en 1663 le marquis de Montespan et passa dame d'honneur de la reine. Elle devint secrètement la maîtresse du roi vers 1668, et ouvertement en 1670. Son mari obtint une séparation légale en 1676. Son influence sur le roi fut illimitée. Elle lui persuada de légitimer leurs six enfants qui furent confiés aux soins de la veuve Scar-ron, plus tard Mᵐᵉ de Maintenon. Elle se sépara définitivement du roi en 1686, et, en 1691, elle se retira dans un couvent, après avoir tenté sans succès une réconciliation avec son mari.

MONTESQUIEU (Charles de Secondat, *baron de*), philosophe français, né au château de la Brède, près de Bordeaux, le 18 janv. 1689, mort à Paris, le 10 fév. 1755. Il fut *président à mortier* au parlement de Bordeaux (1716-'26) en même temps il s'appliquait avec un tel acharnement à ses travaux littéraires, qu'il devint presque aveugle. Son premier ouvrage notable (1721) est un recueil de lettres (*Lettres persanes*), supposées écrites par un voyageur persan, où sont attaqués les prin-cipes et les usages religieux et politiques alors en honneur dans la chrétienté. Il en modifia quelques passages qui avaient soulevé les objections du cardinal Fleury, et fut élu académicien en 1728. Après avoir passé plu-sieurs années en Angleterre (où il fut admis dans la société royale), et dans d'autres pays, pour amasser des matériaux, il publia en 1734, ses *Considérations sur les causes de la grandeur et de la décadence des Romains*. En 1748, parut son grand ouvrage, *De l'esprit des lois* (2 vol.), résultat de 20 ans de travail. Ce livre eut 22 éditions en 18 mois, fut traduit dans la plupart des langues de l'Europe, et devint bientôt l'oracle des amis d'une liberté modérée qui se séparaient, par conséquent, des partisans de Rousseau. Les éditions les plus complètes de ses œuvres sont celles de Lefèvre (1816, 6 vol.), de Lequieu (8 vol. 1819); de Parelle, avec les notes de tous les com-mentateurs (Paris, 1822, 8 vol. in-8°); de Dalibon, avec les *Éloges* de Montesquieu par d'Alembert et Villemain, le commentaire de Voltaire et les observations de Condorcet sur le 29ᵉ livre (Paris, 1827, 8 vol. in-8°).

MONTESQUIEU-VOLVESTRE, ch.-l. de cant., arr. à 33 kil. S. de Muret (Haute-Garonne); 3,800 hab. Vins estimés. Le duc de Joyeuse s'en empara en 1586.

MONTESQUIOU, ch.-l. de cant., arr. et à 11 kil. N.-O. de Mirande (Gers); 1,620 hab. Ruines du château qui fut le berceau de l'illustre famille de ce nom.

MONTESQUIOU. I. (Joseph-François de), capitaine français, il commandait les gardes suisses du duc d'Anjou (Henri III) lorsque cet lieu la bataille de Jarnac entre catholiques et protestants (1569). Pendant le combat, il assassina traîtreusement le prince de Condé

qui s'était rendu à un gentilhomme catho-lique. — II. (Pierre de), comte d'Artagnan, maréchal de France, né au château d'Arma-gnac en 1645, mort au Plessis-Picquet en 1725. Major général en 1683, il se distingua à Fleurus en 1689, au siège de Mons en 1691 et devint maréchal de camp l'année suivante; se conduisit vaillamment à la malheureuse affaire de Malplaquet et obtint en récompense le bâton de maréchal (1709). Il se couvrit de gloire en Flandre, rompit les digues de l'Escaut sous le feu de l'ennemi (1711) et eut une grande part à la victoire de Denain. Il

Montevideo.

obtint ensuite le gouvernement de Bretagne (1716), entra au conseil de régence (1720) et ensuite devint gouverneur du Languedoc et de la Provence (1724).

MONTESQUIOU - FEZENSAC. I. (Ambroise-Anatole-Augustin, comte de), général, homme d'État et poète, né à Paris en 1788, mort à Marsan (Gers) en 1867. Engagé volontaire en 1809, il devint, la même année, officier d'or-donnance de l'empereur, se distingua à Essling, à Wagram, pendant la campagne de Russie et fut nommé colonel en 1813. Pen-dant la Restauration, il fut tenu à l'écart. En 1830, Louis-Philippe lui confia quelques mis-sions délicates à Rome et à Naples. Promu maréchal de camp en 1831, il siégea à la Chambre des députés de 1834 à 1841, puis entra à la Chambre des pairs. Il fut mis à la retraite en 1848. Il a laissé : *Poésies* (Paris, 1820-'21, in-12); *Sonnets, canzones, ballades et sextines de Pétrarque* (trad. en vers, Paris, 1842-'43, 3 vol. in-8°); *Chants divers*, (Paris, 1843, 2 vol. in-8°); *Moïse*, poème en 24 chants (Paris, 1850, 2 vol. in-8°); etc. — II. (L'abbé Fran-çois-Xavier-Marc-Antoine, duc de), homme d'État, frère du précédent, né en 1757, mort en 1832. Il entra dans les ordres, fut pourvu de deux abbayes et, en 1785, fut élu, par le clergé de Paris, député aux états généraux dont il fut deux fois président. A la suite des massacres de Septembre, il passa en Angle-terre et devint un des principaux agents de Louis XVIII. Il contribua à la Restauration, rédigea en grande partie la charte constitu-tionnelle et obtint le portefeuille de l'inté-rieur le 3 mai 1814. Pendant les Cent-Jours, il s'enfuit en Angleterre, et entra en 1815 à la Chambre des pairs. Louis XVIII le fit nom-mer d'office à l'Académie française et le créa comte et duc.

MONTEL-AUX-MOINES (Le), ch.-l. de cant., arr. et à 35 kil. S.-O. de Moulins (Allier); 760 hab. Exploitation de houille.

* MONTEUR s. m. Ouvrier qui monte des pierres fines et des pièces d'orfèvrerie, etc. — Monteur de coups, trompeur, dupeur.

MONTEUSE s. f. Ouvrière qui monte des bonnets ou des chapeaux.

MONTEVIDEO [monn-té-vi-*thé*-'o], capitale

de l'Uruguay (Amérique du Sud), sur la rive septentrionale de l'estuaire du Rio de la Plata, à 200 kil. E.-S.-E. de Buenos-Ayres, par 34° 53' lat. S. et 58° 35' long. O.; 120,000 hab. Elle est bâtie sur une légère éléva-tion, à l'extrémité d'une langue de terre qui s'avance dans la baie, et elle est défendue par une citadelle. Derrière la ville, une montagne, à laquelle elle doit son nom, est surmontée d'un antique château espagnol. La principale place est plantée d'arbres et de fleurs, et ornée d'une superbe fontaine. Du côté S. est située l'église paroissiale, avec des tourelles hautes de 225 pieds au-dessus du niveau de la baie; du côté N. est le *cabildo* qui contient les tribunaux, le sénat et la pri-son. Les établissements d'éducation com-prennent une université, des écoles de méde-cine, de droit et autres sciences spéciales et de nombreuses écoles particulières et pu-bliques. Outre les hôpitaux publics, il y a des institutions charitables sous la direction des sœurs de la Merci, un asile pour les or-phelins, un refuge pour les pauvres, et une maison d'aliénés. La ville est la plus propre et la plus saine de l'Amérique du Sud; les faubourgs, les lieux où se prennent les bains et la campagne environnante sont extrême-ment pittoresques. La baie de Montevideo a environ 6 kil. de long sur 3 kil. de large, mais elle n'a que 14 à 19 pieds d'eau. Il faut des chaloupes pour charger et décharger tous les vaisseaux. Importation : 95 millions de fr., exportation : 80 millions de fr. Un grand nombre de steamers et de paquebots visitent le port régulièrement. Deux lignes de che-mins de fer partent de la ville; Montevideo est en communication télégraphique avec Buenos-Ayres, les principales villes de l'in-térieur et le système brésilien. Établissements industriels : scieries mécaniques, fonderies, factoreries, tanneries, moulins à farine, et abattoirs où l'on tue chaque année plus de 300,000 têtes de bétail. — Montevideo (ou de son nom complet, *San Felipe de Montevideo*) a été fondé en 1717 par le vice-roi espagnol Lavala. En 1726, Francisco Alzeibar y amena les premiers colons des îles Canaries. En 1778, il prit rang de port et sa population et son commerce s'accrurent rapidement. En 1807, il fut possédé quelque temps par les Anglais. Après l'indépendance de la Plata en 1811, les Brésiliens s'en emparèrent, mais furent forcés de se rendre après un long siège en 1814. Ils le reprirent en 1817; en 1828, il regagna son indépendance par un traité, et devint la capitale de l'Uruguay.

MONTEZ (Lola). Voy. Lola Montès.

MONTEZUMA (mex. *Montecumatzin*, l'homme triste, ou sévère), nom de deux empereurs de l'ancien Mexique. — Montezuma Iᵉʳ, né vers 1390, mort en 1464. Il servit comme général sous son oncle, qui le précéda sur le trône. Après son avènement, en 1436 ou 1438, il soumit différentes tribus et agrandit considérablement son empire. — **Montezuma II**, né vers 1480, succéda à son oncle Ahuitzotl en 1502, et fut tué le 30 juin 1520. Il était à la fois guerrier et prêtre. Il fut très heureux dans ses campagnes, qu'il poussa jusqu'au Honduras et au Nicaragua. Il fit des changements importants dans l'administration intérieure de l'empire, et se fit remarquer par sa rigueur et sa sévérité dans l'application des lois, ainsi que par sa magnificence. Il fut fameux aussi par son arrogance, sa pompe, son luxe; et les nombreuses taxes qu'il imposa excitèrent de fréquentes révoltes. À l'arrivée de Cortez au Mexique, en 1519, Montezuma défendit d'abord aux hommes blancs d'approcher de la capitale; et, ensuite, il envoya une ambassade pour les accueillir. Cortez entra dans Mexico le 8 nov., et au bout d'une semaine, se saisit traitreusement de Montezuma, qui fut gardé prisonnier pendant sept mois. En juin 1520, le peuple de la capitale assiégea les Espagnols dans leurs quartiers. Montezuma fut amené par Cortez à haranguer ses sujets du haut des créneaux de sa prison, dans l'espoir d'apaiser le soulèvement; mais ses appels en faveur des blancs finirent par exaspérer les Mexicains, qui envoyèrent une décharge générale de projectiles; une pierre le frappa à la tempe, et il tomba inanimé. Dès lors, il refusa tout remède et toute nourriture, arracha ses pansements et mourut au bout de quelques jours. Quelques-uns de ses enfants furent transportés en Espagne; c'est d'eux que descendaient les comtes de Montezuma, dont l'un fut vice-roi du Mexique de 1697 à 1701.

MONTFAUCON, éminence située au N.-O. de Paris, entre les faubourgs Saint-Martin et du Temple. Au moyen âge, on y avait dressé des gibets, où l'on suspendait les corps des suppliciés, qu'on y laissait pourrir. On attribue à Enguerrand de Marigny l'érection de ces potences. Il y fut pendu lui-même. — Voy. A. de Villegille, *Des anciennes fourches patibulaires de Montfaucon* (Paris, 1838, in-8°).

MONTFAUCON, ch.-l. de cant., arr. et à 18 kil. N.-E. d'Yssingeaux (Haute-Loire); 4,020 hab. Fabrique de rubans, commerce de bois.

MONTFAUCON, ch.-l. de cant., arr. et à 20 kil. de Cholet (Maine-et-Loire); 630 hab. Un traité de paix y fut conclu entre le premier consul et les chefs vendéens (18 janv. 1800).

MONTFAUCON, ch.-l. de cant., arr. et à 35 kil. S.-E. de Montmédy (Meuse); 950 hab. Le roi Eudes y battit les Normands en 888.

MONTFAUCON (Bernard de) [mon-fau-kon], savant bénédictin, né au château de Soulage (Languedoc), le 13 janv. 1655, mort à l'abbaye de Saint-Germain-des-Prés, à Paris, le 21 déc. 1741. Après avoir servi en Allemagne sous Turenne, il entra dans un couvent de bénédictins à Toulouse (1675), et devint plus tard membre de la congrégation de Saint-Maur, à Paris. Ses œuvres comprennent: *L'Antiquité expliquée et représentée en figures* (latin-français, 1719; 10 vol. in-fol.), supplément, 1724, 5 vol.) et les *Monuments de la Monarchie française* (1729-'33, 5 vol. in-fol.).

MONTFERRAND, ancienne ville aujourd'hui annexée à Clermont-Ferrand. (Voy. ce mot).

MONTFERRAT (ital. *Monferrato*), territoire d'Italie, autrefois duché indépendant, limité par le Piémont, Gênes et Milan. Une bande du territoire milanais le divisait en deux districts séparés : Casale et Acqui; cap., Casale. Il changea souvent de maîtres, mais, pendant plus d'un siècle, appartint aux ducs de Mantoue. En 1703, l'empereur Léopold 1er le donna au duc de Savoie. Il est toujours resté depuis dans cette maison.

MONTFLEURY. I. (Zacharie-Jacob *dit*), comédien et poète, mort en 1667; a laissé *Astrubal*, tragédie (1647). — II. (Antoine-Jacob), fils du précédent (1640-'85), poète médiocre mais dont une comédie, la *Femme juge et partie* balança le succès du *Tartufe* de Molière. Ses *Œuvres* ont été publiées en 1775 (Paris, 4 vol. in-12).

MONTFORT, ch.-l. de cant., arr. et à 19 kil. E. de Dax (Landes); 4,600 hab.

MONTFORT, ancienne famille qui descend des premiers comtes de Hainaut, et dont les membres les plus célèbres furent : Simon de Montfort et Jean IV, duc de Bretagne. (Voy. JEAN.)

MONTFORT. I. (Simon de), homme de guerre français, mort le 25 juin 1218. Il s'engagea dans la quatrième croisade, et, en 1208, fut choisi pour chef de la croisade contre les Albigeois du sud de la France, qu'il poursuivit et massacra sans pitié. A la prise de Béziers (1209) plus de 20,000 habitants furent mis à mort. Montfort gouverna despotiquement sur les territoires qu'il avait, pendant cette guerre, arrachés au comte Raymond de Toulouse, et lorsque Pierre II, roi d'Aragon, vint à l'aide de Raymond, le croisé le défit et le tua sous les murs de Muret (12 sept. 1213). Montfort assiégea Toulouse depuis huit mois, lorsqu'il fut tué par une pierre lancée des murailles. Son fils aîné, Amaury, lui succéda comme comte de Toulouse, devint grand connétable de France, et mourut en 1241, au retour de Palestine. — II. (Simon de) comte de Leicester, fils puîné du précédent, né vers 1200, tué le 4 août 1265. Il passa en Angleterre en 1231, et gagna la faveur de Henri III, qui le créa earl de Leicester et gouverneur de Gascogne, et lui donna la main de sa propre sœur, Eléonore, comtesse douairière de Pembroke. Il se mit à la tête des barons qui conspirèrent pour diminuer les prérogatives du roi, et obligea celui-ci en 1258, à signer les provisions d'Oxford, qui remettaient toute l'autorité aux mains de 24 barons contrôlés par Montfort. En mai 1264, il défit l'armée royale à Lewes, dans le comté de Sussex, et s'empara du roi. Dès lors sa conduite hautaine excita le mécontentement; et le fils du roi, le prince Edouard, qui était gardé en otage, étant parvenu à s'échapper, beaucoup de ses anciens adversaires se rangèrent sous ses drapeaux. Montfort fut battu à Evesham, et mis à mort avec ses fils et un grand nombre de barons.

MONTFORT-L'AMAURY, ch.-l. de cant., arr. et à 19 kil. N.-O. de Rambouillet (Seine-et-Oise); 1,500 hab.

MONTFORT-LE-ROTROU ou **Montfort-sur-Huisne**, ch.-l. de cant., arr. et à 19 kil. E. du Mans (Sarthe); 900 hab. Fabriques de tuiles; commerce de grains, chanvre.

MONTFORT-SUR-MEU ou **Montfort-la-Cane**, ch.-l. d'arr., à 23 kil. O. de Rennes; par 48° 8' 25'' lat. N. et 4° 17' 38'' long. O.; 2,500 hab. Bestiaux, bois, grains, lin, chanvre, cuirs, etc. Ruines romaines.

MONTFORT-SUR-RISLE, ch.-l. de cant., arr. et à 15 kil. S.-E. de Pont-Audemer (Eure); 600 hab. Papeteries, tanneries.

MONTGISCARD, ch.-l. de cant., arr. et à

15 kil. N.-O. de Villefranche (Haute-Garonne), sur le canal du Midi; 950 hab.

MONTGOLFIER. I. (Joseph Michel), inventeur du ballon à air chaud, né à Vidalon-lez-Annonay (Ardèche), le 26 août 1740, mort à Balaruc le 26 juin 1810. Il était fils d'un fabricant de papier, et, associé à son frère, il eut l'idée de reproduire un phénomène semblable à celui de l'ascension des vapeurs qui se dégagent de la terre pour former les nuages. La première *montgolfière*, gonflée par la vapeur que dégage la combustion d'un mélange de paille mouillée et de laine hachée, fut lancée par les deux frères, le 4 juin 1783. Le nom des Montgolfier est non moins célèbre pour l'invention du bélier hydraulique (1792) et pour les perfectionnements apportés à la fabrication du papier. Joseph entra à l'Institut en 1807. Il a laissé : *Discours sur l'aérostat* (1783, in-8°); *Mémoire sur la machine aérostatique* (1784, in-8°); *Voyageurs aériens* (1784, in-8°). — II. (Jacques-Etienne), frère du précédent, né à Vidalon-lez-Annonay, le 7 janv. 1745, mort à Servières, le 2 août 1799. Compagnon des travaux et de la gloire de Joseph, il s'attacha principalement à l'étude des sciences exactes. Il est très difficile de déterminer la part qui lui revient dans les inventions de son frère, parce qu'ils ont leur à confondre toujours leurs travaux. Appelé à Paris, Etienne y répéta devant la cour l'expérience de la montgolfière. — III. (Adélaïde), écrivain et musicienne distinguée, fille de l'inventeur des ballons, née à Paris, morte le 16 déc. 1880, collabora au *Magasin pittoresque*, au *Musée des familles*, etc. Elle a laissé des essais en vers et en prose, des contes et des traductions anglaises.

MONTGOLFIÈRE s. f. Sorte d'aérostat inventé par Montgolfier, et qui s'élève au moyen de la raréfaction opérée, par le feu, dans l'air que contient son enveloppe : *les montgolfières ont été les premiers aérostats*. —

Premières mongolfières.

La première montgolfière, celle qui fut lancée à Annonay, le 4 juin 1783, était un ballon de 12 m. de diamètre; elle s'éleva à une hauteur de 500 m. (Voy. AÉROSTATION.)

Capitole de Montgomery.

MONTGOMERY [monntt-gômm'-i-ri], cap. de l'état d'Alabama (Etats-Unis), bâtie sur la rive gauche de l'Alabama, à environ 500 kil. au-dessus de Mobile, par 32° 22' lat. N. et 88° 63' long. O.; 40,588 hab., dont 5,183 de couleur. Cette ville fut fondée en 1817, et, en 1847, elle devint le siège du gouvernement de l'état qui avait été jusqu'alors à Tuscaloosa.

MONTGOMERY, nom d'une ancienne famille d'Angleterre et d'Ecosse, dont l'origine remonte à Roger de Montgomery, gentilhomme normand, compagnon de Guillaume le Bâtard, et qui commandait un corps de troupes à Hastings. La famille de Lorges ayant acheté le château de Montgomery en Normandie ajouta, en 1543, le nom de son domaine à son nom patronymique. Les principaux membres de cette famille furent : I. (Jacques de), duc de Lorges, mort en 1562. Ce fut lui qui acheta la seigneurie de Montgomery. Il fut le compagnon d'armes de Bayard, qu'il secourut dans Mézières. — II. (Gabriel de), fils du précédent, mort en 1574. Il conduisait des secours à la régente d'Ecosse, en 1545, et fut nommé capitaine de la garde de Henri II. Dans un tournoi, il blessa à mort ce dernier et s'enfuit en Angleterre pour échapper à la haine de Catherine de Médicis, se fit protestant, revint en 1582 se mettre à la tête des calvinistes, défendit Rouen, échappa comme par miracle au massacre de la Saint-Barthélemy, se réfugia de nouveau en Angleterre et revint à la tête d'une flotte pour secourir la Rochelle (1573). Vaincu l'année suivante par le maréchal de Matignon, il se rendit à Catherine de Médicis qui le fit condamner à mort.

MONTGOMERY (Richard), général américain, né en Irlande en 1736, tué dans l'attaque sur Québec le 31 déc. 1775. Il servit plusieurs années dans l'armée britannique, et émigra à New-York en 1772. En 1775, il siégea au congrès provincial, fut nommé brigadier général dans l'armée des colonies unies, et envoyé au Canada où il eut le commandement d'une division. Faisant sa jonction avec les forces d'Arnold (4 déc.), il prit immédiatement position devant Québec. Le 9 déc., il était fait major général. Le 31, à 2 heures du matin, Montgomery conduisait l'attaque contre la ville haute. Il atteignit la seconde barricade, et, avec ses deux aides de camp, tomba mort à la première et unique décharge de l'artillerie anglaise, tandis que ses troupes se retiraient en désordre.

MONTGOMERYSHIRE, comté du Pays de Galles, limitrophe de l'Angleterre proprement dite; 1,964 kil. carr.; 68,000 hab. Il est surtout composé de montagnes sauvages, âpres et stériles, avec quelques vallées fertiles. Principaux cours d'eau : la Severn, le Vyruwy, la Wye et le Dovey. Mines de cuivre, de zinc et de houille; pierre à chaux. Principales industries : flanelles, et une sorte de coton appelé welsh plains. Cap., Montgomery.

MONTGUYON, ch.-l. de cant., arr. et à 35 kil. S.-E. de Jonzac (Charente-Inférieure), sur la rive gauche du Mouzon; 1,530 hab.

MONTHERMÉ, ch.-l. de cant., arr. et à 15 kil. N. de Mézières (Ardennes), sur la Meuse; 3,000 hab. Ardoisières, fabriques de poteries, verreries, brasseries, forges.

MONTHION. Voy. MONTYON.

MONTHOIS, ch.-l. de cant. arr. et à 10 kil. S. de Vouziers (Ardennes); 500 hab.

MONTHOLON, ou Montholon-Sémarville (Charles-Tristan, comte et plus tard marquis de), officier français, né à Paris en 1783, mort le 24 août 1853. Il se distingua en Italie, en Allemagne, en Pologne et spécialement à Wagram, où Napoléon le créa comte et le fit son chambellan. Il combattit pour l'empereur jusqu'au bout, le suivit à Sainte-Hélène, et fut témoin de sa mort. Il fut un

de ses exécuteurs testamentaires, et il publia, avec le général Gourgaud, Mémoires pour servir à l'histoire de France sous Napoléon, écrits à Sainte-Hélène sous sa dictée (1823, 8 vol.). Il prit part à la tentative de Louis-Napoléon à Boulogne, en 1840, et partagea pendant quelque années sa captivité à Ham. En 1847, il publia les Récits de la captivité de l'empereur Napoléon à Sainte-Hélène. Après la révolution de 1848, il fut élu à l'Assemblée législative.

MONTHUREUX-SUR-SAÔNE, ch.-l. de cant., arr. et à 40 kil. S.-O. de Mirecourt (Vosges); 1,500 hab. Blanchisseries de cire; fabriques de limes; clouterie, enclumes.

MONTI (Vincenzo), [monn'-ti], poète italien, né près de Ferrare en 1754, mort en 1828. Ses poésies plurent au cardinal Borghèse, qu'il accompagna à Rome, et en 1778, il devint secrétaire d'un neveu du pape Pie VI. Sa Bassvilliana, où il se réjouit de l'assassinat de l'ambassadeur français Bassville, en 1793, fut le premier cri de haine de l'Europe monarchique et catholique contre la Révolution française. Plus tard, après avoir glorifié Bonaparte, il fut successivement secrétaire du directoire de la République Cisalpine et commissaire dans la Romagne. En 1799, il chercha un refuge en France et, en 1803, devint professeur de rhétorique à Pavie. Il a célébré dans ses poèmes les grands événements de la carrière de Napoléon, et a traduit l'Iliade. Son écrit le plus important en prose est un ouvrage philologique dirigé contre les principes de l'académie della Crusca. Aristodemo est le meilleur de ses drames.

MONTI (Rafaelo), sculpteur italien, né à Milan en 1818, mort à Londres en octobre 1881. Il obtint une médaille d'or pour un groupe représentant Alexandre domptant Bucéphale. Appelé en 1838 à Vienne, il fut très protégé par la cour impériale, et exécuta un grand nombre d'œuvres dont quelques-unes furent placées dans sa ville natale. Il joua un instant un rôle politique à Milan au moment du soulèvement de 1848, devint un des chefs de la garde nationale milanaise et fut chargé d'une mission auprès de Charles-Albert. Après le triomphe de l'Autriche, il se réfugia en Angleterre où son talent original lui valut une grande popularité. Parmi les œuvres qu'il exécuta à Londres, on cite une Vestale voilée et une Eve après le péché.

* MONTICULE s. m. Diminutif de mont. Petite montagne, simple élévation de terrain : un monticule couvert de gazon.

MONTIEL, ville d'Espagne (Manche) à 10 kil. S.-E. de Villanuovo-de-Los-Infantes; 1,300 hab. Célèbre bataille du 14 mars 1369, entre Pierre le Cruel et son frère Henri de Transtamare, secouru par du Guesclin. Pierre fut vaincu, fait prisonnier et égorgé par son frère.

MONTIER-EN-DER ou Montiérender, ch.-l. de cant., arr. et à 14 kil. O. de Vassy (Haute-Marne); 1,450 hab. Haras.

MONTIERS-SUR-SAULX, ch.-l. de cant., arr. et à 40 kil. S.-E. de Bar-le-Duc (Meuse); 1,350 hab. Haut fourneau, fonderie.

MONTIGNAC, ch.-l. de cant., arr. et à 25 kil. N. de Sarlat (Dordogne), sur la Vezère; 3,600 hab. Collège, hôpital; carrières de pierre de taille. Patrie du littérateur Joubert.

MONTIGNY-LE-ROI, ch.-l. de cant., arr. et à 23 kil. N.-E. de Langres (Haute-Marne); 1,450 hab. Quincaillerie et coutellerie.

MONTIGNY-SUR-AUBE, ch.-l. de cant., arr. et à 23 kil. N.-E. de Châtillon (Côte-d'Or); 760 hab. Haut fourneau.

MONTIGNY (François de LA GRANGE D'AR-

QUIEN, sieur de), né en 1554, mort en 1617. Il devint favori de Henri III et fut fait prisonnier à la bataille de Coutras (1587); devenu partisan de Henri IV, il se distingua au siège de Rouen et au combat de Fontaine-Française, commanda la cavalerie à l'attaque d'Amiens (1597), devint gouverneur de Paris (1601), de Metz (1603), des Trois Evêchés (1609), et fut nommé maréchal de France en 1613.

MONTIGNY (Jean de), premier président au parlement de Paris, mort en 1481. Ce fut lui qui dirigea le procès du cardinal La Balue, du connétable de Saint-Pol et du duc de Nemours.

MONTIGNY (Rose-Marie Cizos LEHOINE). Voy. CHÉRI.

MONTIJO, bourg d'Espagne, province de Badajoz, à 28 kil. de Mérida, dans une plaine, près de la Guadiana; 4,500 hab. Les comtes de Montijo eurent le titre de Grandesse en 1691. — Un des membres de la famille de Montijo devint colonel d'artillerie dans les armées de Napoléon Ier et mourut en 1839. Il avait épousé une demoiselle Kirkpatrik de Closburn, d'une famille écossaise, exilée d'Ecosse après la chute des Stuarts. Après la mort du comte de Montijo, ses héritiers engagèrent contre sa veuve un procès scandaleux, dans lequel ils essayèrent de prouver qu'Eugénie de Montijo, plus tard impératrice des Français, était née plus de douze mois après le décès du comte.

MONTIVILLIERS, Monasterium Villaris, ch.-l. de cant., arr., et à 10 kil. N.-E. du Havre (Seine-Inférieure), sur la Lézarde; 4,200 hab. Papeteries, tanneries; tissage du coton.

* MONT-JOIE s. f. On appelait ainsi autrefois un monceau de pierres jetées confusément les unes sur les autres, soit pour marquer les chemins, soit en signe de quelque victoire ou de quelque autre événement important. — Cri de guerre usité autrefois parmi les Français dans les batailles : Montjoie Saint-Denis ! — Titre affecté au premier roi d'armes de France : le roi d'armes Montjoie, du titre de Mont-joie.

MONTLHERY, Mons Letherici, comm. du cant. d'Arpajon, arr. et à 18 kil. O. de Corbeil (Seine-et-Oise); 1,800 hab. Célèbre château du XIe siècle, dont il reste encore une grosse tour. Bataille indécise du 16 juillet 1465, entre Louis XI et l'armée de la ligue du Bien public.

MONTLIEU, ch.-l. de cant., arr. et à 29 kil. S.-E. (Charente-Inférieure); 1,100 hab. Commerce de grains.

MONTLIVAULT [mon-li-vô], village à 15 kil. N.-O. de Blois (Loir-et-Cher); combat du 9 déc. 1870, entre les Français et les Allemands.

MONTLOSIER (François-Dominique REYNAUD, comte de), homme politique et écrivain, né à Clermont-Ferrand en 1755, mort à Paris en 1838. Délégué de la noblesse de Riom aux états généraux (1789), il défendit le maintien des privilèges. Il émigra en Angleterre en 1791 et y rédigea le Courrier de Londres. Il rentra sous l'Empire et écrivit un grand travail intitulé : De la Monarchie française depuis son rétablissement jusqu'à nos jours, dont la publication fut interdite par la censure, et qui ne parut qu'en 1814 sous la Restauration. A la Restauration, il défendit les institutions féodales, tout en combattant les empiétements du clergé; il donna, en 1826, Mémoire à consulter sur le système religieux et politique, tendant à renverser la religion, la société et le trône (Paris, in-8°; 4e éd. à la fin de 1826); Pétition à la Chambre des pairs (1827); Lettre d'accusation contre les Jésuites (1826). En 1832,

Louis-Philippe l'appela à la Chambre des pairs. Il publia, l'année suivante, *Du Prêtre et de son ministère dans l'état actuel de la France* (in-8°). Ayant refusé à son lit de mort de rétracter ses opinions anticléricales, il ne reçut pas les derniers sacrements et fut enterré sans aucune cérémonie religieuse.

MONT-LOUIS, ch.-l. de cant., arr. et à 35 kil. S.-O. de Prades (Pyrénées-Orientales), sur la Tet; 500 hab. Place de guerre et citadelle bâtie par Vauban en 1681 pour défendre le col de la Perche.

MONTLUC (Blaise de), maréchal de France, né au château de Montluc (Guienne) en 1502, mort en 1577. Il servit sous les ordres de Bayard et sous ceux de Lautrec, assista à toutes les batailles qui se livrèrent en Italie, fut nommé lieutenant-général en Guienne (1564), montra une telle férocité contre les calvinistes qu'on le surnomma le *boucher royaliste*. — Il reçut à la figure, au siège de Rabasteins (1570), une blessure affreuse qui l'obligea de porter un masque tout le reste de sa vie. Henri III lui donna le bâton de maréchal après le siège de la Rochelle. Ses *Mémoires*, dans lesquels il raconte avec cynisme tous les traits de cruauté et de férocité qui ont souillé son nom, ont été publiés pour la première fois à Bordeaux (1592, in-fol.); on les trouve aussi dans les collections des *Mémoires relatifs à l'histoire de France*.

MONTLUÇON, *Mons Lucionis*, ch.-l. d'arr., à 82 kil. O.-S.-O. de Moulins (Allier), sur le Cher, au point où commence le canal du Berri; par 46° 20' 27" lat. N. et 0° 46' 4" long. E.; 25,000 hab. Ruines d'un château des ducs de Bourbon. École industrielle; forges; grandes manufactures de glaces, de verres, de toiles, de lainages et de produits chimiques.

MONTLUEL [mon-lu-èl], *Mons Lupelli*, ch.-l. de cant., arr. à 32 kil. S.-E. de Trévoux (Ain); 2,800 hab. Fabriques de draps, tapis; à coudre. Commerce de grains, chanvre, etc.

MONTMARAULT [mon-ma-rò], ch.-l. de cant., arr. et à 33 kil. E. de Montluçon (Allier); 1,850 hab. Fabriques de machines à confectionner les câbles.

MONTMARTIN-SUR-MER, ch.-l. de cant., arr. et à 13 kil. S.-O. de Coutances (Manche); 1,100 hab.

MONTMARTRE, *Mons Mercurii* (mont de Mercure), ou *Mons Martis* (mont de Mars) ou *Mons Martyrum* (mont des Martyrs). Ancienne commune de la Seine, aujourd'hui renfermée dans l'enceinte de Paris et comprise dans le XVIII° arrondissement, sur les pentes et sur le sommet d'une colline gypseuse. Église du Sacré-Cœur dont la construction a été votée en 1873. D'après les chrétiens, le nom de Montmartre (*Mons Martyrum*) fut donné à cette localité, parce que saint Denis et trois de ses compagnons y auraient souffert le martyre. Les hauteurs de Montmartre furent prises par Blücher, le 30 mars 1814, après une lutte sanglante avec la population parisienne; et elles devinrent, en 1871, la principale forteresse de la Commune. — Cimetière de Montmartre, fameux cimetière de Paris, ouvert en 1798.

MONTMÉDY [mon-mé-di] (anc. *Mons medius*; au moyen âge *Mons maledictus*), ch.-l. d'arr. à 110 kil. N.-E. de Bar-le-Duc (Meuse) et à 40 kil. N. de Verdun, sur le Chiers, par 49° 31' 6" lat. N. et 3° 1' 32" long. E.; 2,500 hab. La ville haute consistue la citadelle et est solidement fortifiée, de même, d'ailleurs, que la ville basse, appelée Bas-Médy. La forteresse fut attaquée à plusieurs reprises par les Allemands, en sept. 1870: elle fut investie entre le 16 et le 28 nov., et elle se rendit le 46 déc., après deux jours de bombardement. — Patrie du l'horloger Lepaute.

MONTMÉLIAN [mon-mé-li-an], *Mons Emelianus*, ch.-l. de cant., arr. et à 16 kil. S.-E. de Chambéry (Savoie), sur la rive droite de l'Isère; 4,100 hab. Cette ville, qui faisait autrefois partie des États sardes, fut prise en 1600 par Henri IV, en 1691 par Catinat et en 1792 par les armées françaises. Vin estimé.

MONTMIRAIL [mon-mi-raï; *l* mll.], ch.-l. de cant., arr. et à 39 kil. S.-O. d'Épernay (Marne); 2,350 hab. Commerce de céréales; laines et bestiaux. Victoire de Napoléon Ier sur Blücher et Sacken, le 11 fév. 1814. Patrie du cardinal de Retz.

MONTMIRAIL, ch.-l. de cant., arr. et à 49 kil. E. de Mamers (Sarthe); 760 hab. Traité entre Louis le Jeune de France et Henri II d'Angleterre en 1468.

MONTMIREY-LE-CHÂTEAU, ch.-l. de cant., arr. et à 18 kil. N. de Dôle (Jura); 450 hab.

MONTMOREAU, ch.-l. de cant., arr. et à 28 kil. S.-E. de Barbezieux (Charente); 780 hab. Ruines d'un château.

MONTMORENCY s. f. [mon-mo-ran-si]. Cerise à courte queue, cultivée à Montmorency, près Paris. — Plur. des MONTMORENCY.

MONTMORENCY, ch.-l. de cant., arr. à 21 kil. S.-E. de Pontoise (Seine-et-Oise), et à 15 kil. N. de Paris; 4,500 hab. — Près de là se trouve l'Ermitage, ferme qui appartenait à Mme d'Épinay, et où Rousseau résida et écrivit *La Nouvelle Héloïse*.

MONTMORENCY ou Montmorenci, rivière du Canada, qui sort du Snow lake (lac de neige), se jette dans le Saint-Laurent, à environ 12 kil. au-dessous de Québec. Précisément au-dessous de son embouchure, il tombe presque perpendiculairement dans un précipice d'une hauteur de près de 250 pieds sur 50 pieds de largeur.

MONTMORENCY, famille féodale française, qui a produit 6 connétables, 11 maréchaux et 4 amiraux. Ses chefs étaient surnommés *les premiers barons de France*, ou *les premiers barons chrétiens*. Deux branches s'établirent dans les Pays-Bas. De l'une de ces branches sortirent les plus remarquables fut le comte de Horn, exécuté avec Egmont en 1568. On cite ci-après les membres, les plus éminents de la branche française. — I. (Bouchard IV), mort vers 1125; il eut des démêlés avec saint Louis et Louis le Gros. — II. (Mathieu Ier de), connétable, mort vers 1160. Il épousa la veuve de Louis le Gros, Adélaïde de Savoie. — III. (Mathieu II de), petit-fils du précédent et, comme lui, connétable, mort en 1230; il fut le plus ferme appui de la reine Blanche. — IV. (Charles de), maréchal de France, mort en 1381; il combattit Jean de Montfort, remporta la victoire du Quesnoy sur les Flamands et- fut l'un des négociateurs du traité de Brétigny. — V. (Jean II de), chambellan, né en 1402, mort en 1477. Fidèle à la cause de Louis XI, il somma son fils aîné, seigneur de Nivelle, de rentrer dans le devoir; outré de son refus, il le traita de chien et le déshérita. Telle est l'origine du proverbe : *C'est le chien de Jean de Nivelle; il fuit quand on l'appelle*. — VI. (Anne de), premier duc de Montmorency, né en 1492, mort le 12 nov. 1567. Il se distingua à Ravenne en 1512, à Marignan en 1515, pendant le siège de Mézières en 1521 et à la désastreuse bataille de La Bicoque, près de Milan, en 1522, époque où il fut fait maréchal. Il devint gouverneur du Languedoc et grand maître de France en 1526, puis surintendant des finances. Son avidité éloigna l'amiral génois Doria qui devint un ardent partisan de Charles-Quint. En 1536, Montmorency ravagea la Provence et, en faisant traîner la campagne en longueur, détruisit presque l'armée impériale. Il fut nommé connétable en 1538,

mais des intrigues de cour amenèrent sa disgrâce en 1541. Après la mort de François Ier, son influence devint dominante. En 1551, ses biens baronniaux furent érigés en duché par Henri II. Il fut battu et fait prisonnier à Saint-Quentin (10 août 1557) par le duc Philibert-Emmanuel de Savoie, et pour assurer sa mise en liberté, il poussa à la désastreuse paix de Cateau-Cambrésis (1559). Sous Charles IX, il forma avec le duc de Guise et le maréchal Saint-André un triumvirat contre les huguenots. A Dreux (19 déc. 1562), les protestants le blessèrent et le firent prisonnier, bien que la victoire restât à Guise. Relâché en 1563, il reprit le Havre, et, en 1567, il livra au prince de Condé, près de Saint-Denis, une bataille indécise où il fut mortellement blessé. — VII. (François, DUC DE), fils aîné du précédent, maréchal et grand maître de France, né vers 1530, mort en 1579. Il fut fait prisonnier en défendant Thérouanne et fut nommé gouverneur de Paris en 1553. D'un esprit tolérant, il se montra l'adversaire des Guises et n'échappa que par la fuite au massacre de la Saint-Barthélemy. — VIII. (Henri Ier, DUC DE), d'abord sous le nom de *Damville*, frère du précédent, né à Chantilly en 1534, mort à Agde en 1614. Il fut nommé maréchal en 1566, devint le chef du parti des *politiques*, et reconnut Henri IV, qui le nomma connétable en 1595. — IX. (Henri II), quatrième et dernier duc de Montmorency, fils du précédent, né à Chantilly le 15 avril 1595, exécuté le 30 oct. 1632. Louis XIII le fit amiral de France avant qu'il eût 17 ans. Il succéda à son père comme gouverneur du Languedoc, se distingua aux sièges de Montauban et de Montpellier, et en 1625, s'empara des îles de Ré et d'Oléron. Il continua de combattre le duc de Rohan après la prise de la Rochelle, et contribua ainsi à la paix d'Alais (1629), qui mit fin à la dernière des guerres de religion en France. La même année, il se distingua en Italie et fut fait maréchal. Il s'unit à Gaston d'Orléans contre Richelieu; mais Gaston l'abandonna à Castelnaudary (1er sep. 1632), et il fut pris et décapité à Toulouse. — X. (Mathieu-Jean-Félicité), vicomte, et ensuite duc de Montmorency-Laval, né en 1767, mort en 1826. Il servit dans la guerre américaine et fut, en 1789, député à l'Assemblée constituante, où, pendant la fameuse nuit du 4 août, il fut le premier à demander la renonciation spontanée aux privilèges et aux titres féodaux. Il vécut à l'étranger de 1792 à 1795, et fut plus tard un ami dévoué de Mme de Staël et de Mme Récamier. Sous les Bourbons, il devint pair de France, et, en 1824, ministre des affaires étrangères. Il fut, avec Chateaubriand, plénipotentiaire français au congrès de Vérone.

MONTMORENCY (François de). Voy. BOUTEVILLE.

MONTMORILLON [mon-mo-ri-ion; *ll* mll.], *Mons Mauritionis*, ch.-l. d'arr., à 50 kil. S.-E. de Poitiers (Vienne), sur la Gartempe, par 46° 25' 13" lat. N. et 1° 28' 23" long. O.; 6,000 hab. Poteries, fours à chaux; papeteries. Église remarquable.

MONTMÉRIN-SAINT-HÉREM (Armand-Marc, COMTE DE), homme politique, né vers 1745, massacré à Paris le 2 sept. 1792. Il fut d'abord menin du dauphin (Louis XVI), puis membre de l'Assemblée des notables (1787), ministre des affaires étrangères, en même temps que Necker, rappelé après la prise de la Bastille, ministre de l'intérieur jusqu'en 1791; compromis dans la fuite du roi, il se cacha, fut arrêté et périt victime des septembriseurs.

MONTMORT, ch.-l. de cant., arr. et à 18 kil. S.-O. d'Épernay (Marne); 680 hab. Grains, bois.

MONTMORT (Pierre-Rémond de), mathématicien, né à Paris en 1678, mort en 1719. Son *Essai d'analyse sur les jeux de hasard* (1704) eut un grand succès.

MONTOIR s. m. Grosse pierre ou gros billot de bois, dont on se sert pour monter plus aisément à cheval : *il y a ordinairement un montoir aux portes des hôtelleries de campagne.* — LE CÔTÉ DU MONTOIR, le côté gauche du cheval, ainsi appelé parce que c'est de ce côté-là qu'on monte d'ordinaire à cheval : *ce cheval est déferré du pied de devant, du côté du montoir.* L'autre côté se dit HORS MONTOIR. — CE CHEVAL EST DIFFICILE, EST RUDE AU MONTOIR, il se tourmente, il est inquiet quand on veut monter dessus. Dans un sens opposé, IL EST DOUX AU MONTOIR.

MONTOIRE-SUR-LOIR (autref. *Saint-Laurent-de-Montoire*), ch.-l. de cant., arr. et à 18 kil. O. de Vendôme (Loir-et-Cher), sur le Loir; 3,150 hab. Commerce de vins; cuirs, toiles; bonneteries. Anc. cap. du bas Vendômois.

MONTOIS, OISE s. et adj. De Mons; qui appartient à cette ville ou à ses habitants.

MONTOLIEU (Pauline-Isabelle DE BOTTENS, *baronne*), femme de lettres, née à Lausanne en 1751, morte à Bussigny, près de Lausanne en 1832. Veuve de M. de Crouzas, elle épousa, en secondes noces, le baron de Montolieu. Ses principaux ouvrages sont : *Caroline de Lichtfield* (1784, 2 vol. in-12) et le *Robinson suisse* (1843, 2 vol. in-12). Ses œuvres ont été publiées à Paris (1824 et suiv., 40 vol. in-12).

MONTPARNASSE [mon-par-na-se], ancien hameau, aujourd'hui compris dans le XIVe arr. de Paris. Il renferme un grand cimetière.

MONTPELIER [monntt-pi'-lyeur], cap. de l'état de Vermont, sur l'Onion, à 250 kil. N.-N.-O. de Boston; par 44° 17' lat. N. et 74° 36' long. O.; 4,000 hab. Dans une plaine, presque

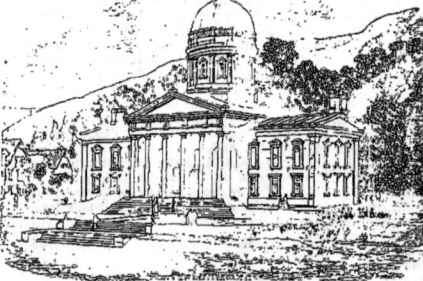

Capitole de Montpelier.

au centre de l'état. La maison d'État est bâtie en granit. Moulins à farine, scieries mécaniques, tanneries.

MONTPELLIER [monn-pè-lié], *Mons Puellarum*, ch.-l. du dép. de l'Hérault, à 753 kil. S.-S.-E. de Paris, à 8 kil. de la Méditerranée, au confluent du Lez et du Merdanson, par 43° 36' 44'' lat. N. et 4° 32' 34'' long. E.; 53,000 hab. À 25 kil. S.-O. de Montpellier se trouve Cette, qui lui sert de port sur la Méditerranée. De ses fortifications, il ne reste que la citadelle. À la place de l'ancienne université, fondée en 1476, si célèbre par son école de médecine, il y a maintenant 3 facultés de médecine, des sciences et des lettres; musée Fabre; jardin des plantes; lainages, cotonnades imprimées, toiles, soies, produits chimiques, etc. Le vert-de-gris de Montpel-

lier, qui s'obtient en faisant oxyder des plaques de cuivre entre des râpes de raisin, est fameux. — Au Xe siècle, Montpellier était un village; il devint ensuite une seigneurie, qui, en 1204, passa à l'Aragon et, en 1276, au royaume de Majorque. En 1349, la ville fut cédée à la France. Charles V la donna à Charles le Mauvais de Navarre, en 1365, mais elle revint à la couronne sous Charles VI. Elle eut beaucoup à souffrir pendant les guerres de religion, devint une place de sûreté des huguenots et fut assiégée par Louis XIII (20 oct. 1622). — Patrie de Barthez, de Broussonnet, de la Peyronie, de Cambacérès, de Cambon, de Roucher, de Séb. Bourdon, de Vien, de Daru, de Mathieu Dumas, etc. — Arc de triomphe de Louis XIV, esplanade, bel aqueduc, place du Peyron, avec statue de Louis XIV.

MONTPELLIÉRAIS, AISE s. et adj. [mon-pè-lié-rè]. De Montpellier; qui appartient à cette ville ou à ses habitants.

MONTPENSIER [mon-pan-sié], comm. du cant. d'Aigueperse, arr. et à 20 kil. N.-E. de Riom (Puy-de-Dôme); 600 hab. Ancienne seigneurie, qui fut vendue en 1384, à Jean de France, duc de Berri, passa par mariage à la famille de Bourbon, fut confisquée par François Ier sur le connétable de Bourbon et fut donnée à Louis Ier de Condé, avec le titre de duché-pairie (1539). Un mariage porta ce duché dans la maison d'Orléans (1608). Le plus jeune fils de Louis-Philippe porte le titre de duc de Montpensier.

MONTPENSIER (Anne-Marie-Louise D'ORLÉANS, *duchesse de*), connue sous le nom de Mademoiselle, princesse française, née à Paris en 1621, morte en 1693. Elle était fille de Gaston, duc d'Orléans, frère de Louis XIII. Pendant les guerres de la Fronde (1649-'52), elle se mit du côté des Frondeurs, et déploya une grande hardiesse et de grandes capacités. En 1652, elle commanda l'expédition envoyée à Orléans, entra de force dans la ville par une porte, pendant que les royalistes cherchaient vainement à se faire admettre par une autre. Elle appuya Condé à la bataille de la Porte-Saint-Antoine (2 juillet) en faisant tirer le canon de la Bastille sur les troupes royales. Bannie après le rétablissement de l'autorité de Louis XIV à Paris, elle occupa son exil à la rédaction de ses *Mémoires*, qu'elle reprit en 1677 et qu'elle continua jusqu'en 1688 (1746, 8 vol.; nouv. édit. avec additions, 1858). Elle revint enfin à Paris en 1660. En 1669, elle s'éprit d'amour pour Lauzun, et l'on prétend qu'il y eut entre eux un mariage secret. Le roi lui emprisonner Lauzun pendant dix ans, et elle n'obtint son élargissement qu'en cédant deux de ses terres les plus considérables au duc du Maine, fils naturel du roi et de Mme de Montespan; mais Lauzun se conduisit si mal qu'elle lui interdit de se présenter devant elle, et elle consacra la religion le reste de sa vie.

MONTPENSIER (Antoine-Philippe d'ORLÉANS, *duc de*), frère de Louis-Philippe, né en 1775, mort en 1807. Il se fit remarquer à Valmy et à Jemmapes, fut arrêté en 1793, relâché en 1797, rejoignit son frère en Amérique, et se fixa à Twickenham (Angleterre) en 1800. Il mourut de la poitrine. Ses *Mémoires* (Paris, 1824, in-8°) fournissent des détails sur sa captivité à Marseille.

MONTPERDU, point culminant des Pyrénées françaises, dans le dép. des Hautes-Pyrénées; 3,352 mètres de haut.

MONTPEZAT, ch.-l. de cant., arr. et à 32 kil. N.-O. de Largentière (Ardèche); 2,500 hab. Soie, bonneterie de laine; commerce de châtaignes, grains, bestiaux.

MONTPEZAT, ch.-l. de cant., arr. et à 34 kil. N.-E. de Montauban (Tarn-et-Garonne); 2,500 hab. Toiles communes.

MONTPEZAT (Antoine DE LETTES, *marquis de*), maréchal de France, né à Montpezat (Quercy) vers 1490, mort en 1544. Il fut fait prisonnier à Pavie, partagea la captivité de François Ier, dont il devint le confident et qui le nomma maréchal en 1544.

MONTPONT, ch.-l. de cant., arr. et à 10 kil. S. de Louhans (Saône-et-Loire,) sur la Sane; 2,700 hab.

MONTPONT, ch.-l. de cant., arr. et à 34 kil. S.-O. de Ribérac (Dordogne), sur la rive gauche de l'Isle; 4,800 hab.

MONTRABLE adj. Qui peut être montré : *ma figure n'est pas montrable.*

MONTRE s. f. (rad. *montrer*). Echantillon, portion, partie, morceau de quelque chose qui est à vendre et dont on veut faire voir la qualité : *une montre de pruneaux.* — ACHETER DU BLÉ, DE L'AVOINE SUR MONTRE, d'après l'échantillon que le vendeur a apporté au marché. — NE POINT FAIRE DE MONTRE, faire voir d'abord ce qu'on a de plus beau, de meilleur, sans commencer par étaler les marchandises de moindre qualité : *donnez-nous du beau, ne nous faites point de montre.* — Ce que les marchands exposent au-devant de leurs boutiques pour faire voir quelles sortes de marchandises ils ont à vendre : *tout cela est pour la montre.* — Se dit également d'une boîte dans laquelle les orfèvres, bijoutiers, tabletiers, etc., mettent leurs marchandises, afin qu'on les voie sans pouvoir y toucher. — MONTRE D'ORGUES, les tuyaux d'orgue qui paraissent au dehors. — Lieu que les marchands de chevaux ont choisi pour y faire voir aux acheteurs les chevaux qu'ils ont à montre. — Manière dont ils essayent et conduisent ces mêmes chevaux : *prenez-y garde, la montre est trompeuse.* — Se dit, fig. et au sens moral, pour parade, étalage : *faire montre de son esprit.* — Apparence, comme dans cette phrase, LA MONTRE DES BLÉS EST BELLE, ils annoncent une abondante moisson. — Fam. N'ÊTRE QUE POUR LA MONTRE, se dit de certaines choses qui ne sont que pour l'apparence et dont on ne se sert point : *il a un lit magnifique qui n'est que pour la montre.* — Prov. et fig. BELLE MONTRE, PEU DE RAPPORT, signifie que la personne ou la chose dont on parle a de belles apparences auxquelles ne répond nullement la réalité : *on dit qu'il est sage, riche; n'en croyez rien : c'est belle montre et peu de rapport.* — Signifiait autrefois, la revue d'une armée, d'un régiment, d'un corps de troupes : *les officiers mirent leurs valets dans les rangs, et les firent passer à la montre.* — Fam. CELA PEUT PASSER A LA MONTRE, se dit d'une chose qui, sans être tout à fait de la qualité de celles auxquelles on la joint, peut cependant être reçue sur le même pied, et passer dans la quantité.

MONTRE s. f. Petite horloge qui se porte ordinairement dans une poche destinée à cet usage : *j'ai donné ma montre à raccommoder, à réparer, à nettoyer.* — MONTRE MARINE, montre faite avec une extrême précision, pour donner les longitudes en mer.

MONTRÉ, ÉE part. passé de MONTRER. — AVOIR ÉTÉ BIEN MONTRÉ, MAL MONTRÉ, avoir eu un bon ou un mauvais maître, en quelque genre de science, d'art ou d'exercice que soit : *il avait des dispositions, mais il a été mal montré.*

MONTRÉAL [mou-ré-al], ch.-l. de cant., arr. et à 19 kil. O.. de Carcassonne (Aude); 2,700 hab. Cette ville a été quatre fois assiégée; en 1212, par Simon de Monfort; en 1355, par le prince de Galles; en 1591, par les protestants; et en 1632 par le duc de Montmorency.

MONTRÉAL, ch.-l. de cant., arr. et à 15 kil. O. de Condom (Gers), sur l'Auzone; 2,500 hab. Fabriques d'eaux-de-vie; filatures de laine; briqueteries, tuileries.

MONTREAL ou Montréal [monntt-ri-âle: fr. mon-tré-al], ville du Canada, province de Quebec; la plus grande ville des possessions anglaises dans l'Amérique du Nord, et la capitale commerciale du pays, par 45° 31' lat. N. et 75° 55' long. O., sur le bord S.-E. d'une île triangulaire qui porte le même nom, au confluent de l'Ottawa et du Saint-Laurent; 150,000 hab. Les deux tiers sont d'origine française, et près des trois quarts, catholiques romains. L'île, qui a environ 50 kil. de long sur 15 kil. dans sa plus grande largeur, est à 950 kil. de la bouche du Saint-Laurent, à 225 kil. S.-O. en droite ligne de Quebec, à 500 kil. N.-E. de Toronto et à 550 kil. N. de New-York. La ville s'élève à l'endroit où le fleuve commence à être accessible aux navires, au bas de cette grande ligne d'eaux intérieures qui s'étend du canal Lachine jusqu'aux rives occidentales du lac Supérieur. Montreal tire son nom du mont Réal ou mont Royal, qui s'élève à 750 pieds au-dessus du port. Il est presque entièrement bâti d'un

Montreal, vu du mont Royal.

calcaire grisâtre venant des carrières voisines. L'église paroissiale catholique romaine, Notre-Dame, est de style gothique et à la forme d'un parallélogramme. Elle a 241 pieds de long, 135 pieds de large, et contient de 10,000 à 12,000 sièges. C'est le plus vaste édifice religieux du Canada; mais il est dépassé par la cathédrale catholique romaine qui se construit sur le plan de Saint-Pierre de Rome. La cathédrale anglaise, dans St-Catharine street, est un spécimen d'architecture gothique de la plus grande perfection. Son clocher est haut de 224 pieds. On a récemment beaucoup amélioré le port, qui s'étend le long du fleuve sur une longueur de près de 3 kil. Les quais pour les marchandises ont environ 2 kil. de long et sont bâtis en solide maçonnerie. Le pont Victoria traverse le Saint-Laurent de la pointe Saint-Charles, à la tête du port, jusqu'à Saint-Lambert, sur un trajet d'environ 3 kil. Principales industries: haches, scies, cordages, fonderies de caractères d'imprimerie, chaussures en caoutchouc, chaises, papier, lainages, coton en balles, machines

à vapeur, clouterie, menuiserie, farines. Il y a d'importantes institutions de charité, catholiques et protestantes. Parmi les établissements d'éducation, on cite *Mac Gill University*, qui est protestante, et plusieurs collèges catholiques romains. — L'établissement de Montreal date de 1535, époque où cet endroit fut visité par Jacques Cartier. La ville fut fondée en 1642, sur l'emplacement du village indien de Hochelaga. Elle reçut le nom officiel de Ville-Marie. En 1760, elle se rendit aux Anglais; elle fut prise par les Américains sous le général Montgomery, en nov. 1775, et gardée jusqu'à l'été suivant. En 1849, la populace brûla les bâtiments et la bibliothèque du parlement, et le gouvernement fut dès lors transporté à Toronto.

MONTREDON, ch.-l. de cant., arr. et à 21 kil. N.-E. de Castres (Tarn); 4,700 hab. Fabriques d'étoffes de laine; bonneteries; commerce de bestiaux.

MONTRÉJEAU, ch.-l. de cant., arr. et à 14 kil. O. de Saint-Gaudens (Haute-Garonne), au confluent de la Neste et de la Garonne; 3,080 hab. Tanneries, mégisseries; fabriques de bougies; commerce de bois, bestiaux, chevaux. Beau pont en marbre sur la Garonne.

*** MONTRER** v. a. (lat. *monstrare*). Faire voir, exposer aux regards: *il m'a montré sa maison, son appartement, sa bibliothèque, ses tableaux*. — MONTRER SON NEZ QUELQUE PART, se faire voir en quelque endroit: cela ne se dit guère que lorsqu'on y paraît pour peu de temps: *il est venu montrer la son nez un moment, et s'en est retourné.* On le dit aussi de ceux qui vont mal à propos en quelque endroit: *qu'avait-il à faire d'aller montrer là son nez?* — MONTRER LES DENTS A QUELQU'UN, lui faire voir qu'on ne le craint point, et qu'on est en état de se bien défendre: *ils voulaient l'attaquer, mais il leur a montré les dents.* — MONTRER LES TALONS, s'enfuir, se retirer de quelque lieu: *hors d'ici, montrez-nous les talons.* — CET HABIT MONTRE LA CORDE, il est si usé, qu'on en voit la trame. — CET HOMME MONTRE LA CORDE, il fait voir qu'il en est aux expédients, à ses dernières ressources. — CELA MONTRE LA CORDE, c'est une finesse grossière et facile à découvrir. — MONTRER A QUELQU'UN SON BÉJAURE, lui faire voir sa sottise, son ineptie: *il faisait l'habile homme, je lui ai montré son béjaune.* — Indiquer: *montrez-moi l'homme dont vous parlez.* — MONTRER LE CHEMIN AUX AUTRES, faire quelque chose que les autres font ensuite, ou faire quelque chose à dessein que d'autres le fassent. — MONTRER QUELQU'UN AU DOIGT, s'en moquer publiquement, s'en moquer comme d'une

personne décriée ou ridicule: *partout on le montre au doigt.* — MONTRER LA PORTE A QUELQU'UN, faire signe à quelqu'un dont on est mécontent, qu'il ait à sortir de la chambre, de la maison. — Faire voir une affection, un sentiment réel ou simulé: *montrer de la douleur, de la joie, de la tristesse, de la crainte,* etc. On dit dans un sens analogue: *montrer un visage gai, un visage triste.* — Donner des marques, des preuves de quelque qualité bonne ou mauvaise: *montrer du courage, de la faiblesse, de la sagesse, de la retenue.* — Faire connaître, prouver: *je lui montreraiqu'il a tort, qu'il ne devait pas en user ainsi.* — Enseigner: *montrer la grammaire.*

Il *montre* aux plus hardis à braver le danger.

       J. RACINE. *La Thébaïde*, acte I, sc. 1.

D'argent, point de caché; mais le père fut sage
   De leur *montrer*, avant sa mort,
   Que le travail est un trésor.
            LA FONTAINE.

— Se prend, absol., dans le même sens: *ce maître montre fort bien.* — **Se montrer** v. pr. Paraître, se faire voir: *il n'a fait que se montrer dans cette compagnie.*

Ma mère Jézabel devant moi s'est *montrée*,
Comme au jour de sa mort pompeusement parée,
       ATHALIE, acte I, sc. v.

— IL N'OSERAIT SE MONTRER, se dit de celui que la crainte d'être maltraité, ou la honte, soit de quelque affront qu'il a reçu, soit de quelque mauvaise action qu'il a faite, oblige à se tenir caché: *depuis le malheur qui lui est arrivé, il n'oserait se montrer.* On dit dans un sens analogue: *il est bien hardi de se montrer après cela.* — Fig. SE MONTRER HOMME DE COURAGE, SE MONTRER HUMAIN, LIBÉRAL, BON AMI, etc., faire voir par les effets qu'on est tel. Dans le même sens: *se montrer digne de sa fortune, de sa réputation,* etc. — SE MONTRER TEL QU'ON EST, ne rien affecter, ne rien dissimuler. — Fig. SE BIEN MONTRER, SE MONTRER MAL, faire bonne, mauvaise contenance dans les occasions qui exigent de la résolution et de la fermeté: *il s'est bien montré, il s'est mal montré dans cette circonstance.*

MONTRÉSOR, ch.-l. de cant., arr. et à 17 kil. E. de Loches (Indre-et-Loire), sur l'Indrois; 640 hab.

MONTRÉSOR (Claude DE BOURDEILLES, comte de), favori de Gaston d'Orléans, frère de Louis XIII, né en 1608, mort en 1663; joua un rôle très actif dans les guerres de la Fronde.

MONTRET, ch.-l. de cant., arr. et à 11 kil. N.-O. de Louhans (Saône-et-Loire); 980 hab.

MONTRETOUT, village du cant. de Saint-Cloud (Seine-et-Oise), célèbre par un combat entre les Français et les Allemands le 19 janvier 1871.

MONTREUIL-BELLAY, ch.-l. de cant., arr. et à 16 kil. S. de Saumur (Maine-et-Loire); 1,900 hab.

MONTREUIL-SOUS-BOIS ou Montreuil-les-Pêches, comm. de l'arr. et à 22 kil. N.-E. de Sceaux (Seine), à 16 kil. E. de Paris; 13,000 hab. Pêches renommées.

MONTREUIL-SOUS-LAON, fait partie d'un des faubourgs de Laon (la Neuville) et a une population d'environ 700 hab., tant recluses que vagabonds. Dépôt de mendicité pour 5 dep du N.-E. de la France.

MONTREUIL-SUR-MER, *Bragum monasterium*, ch.-l. d'arr. à 74 kil. O.-N.-O. d'Arras (Pas-de-Calais), près de la rive droite de la Canche, à 15 kil. de son embouchure dans la Manche, par 50° 27' 54" lat. N. et 0° 34' 24" long. O.; 4,000 hab. Pâtés de bécasses. Église Saint-Saulve (XIVe siècle). Place de guerre de deuxième classe.

MONTREUIL ou Montreul (Mathieu de), abbé et poète, né à Paris en 1620, mort

en 1692. Ses poèmes légers ne sont plus connus que par ce distique :

> On ne voit point mes vers, à l'envi de Montreuil,
> Grossir impudemment les feuillets d'un recueil.
>
> BOILEAU, VII° satire.

— Les œuvres de Montreuil ont été publiées
en 1666.

MONTREUR, EUSE s. Personne qui montre
quelque chose au public : *un montreur d'ours* :

> Sur le *montreur* d'appas tomba toute la haine.
>
> LA FONTAINE.

MONTREUILLOIS, OISE s. et adj. De Montreuil ; qui appartient à cette ville ou à ses
habitants.

MONTREUX, village du canton de Vaud
(Suisse), près du château de Chillon, sur le
lac, et à 60 kil. N.-E. de la ville de Genève.
Très fréquenté en hiver, surtout par les personnes atteintes de maladies du cœur. Les
roses et les violettes y fleurissent presque
toute l'année. La cure aux raisins y commence dans les premiers jours de septembre.
On dit que la moyenne de la mortalité est
plus faible à Montreux qu'en aucun autre
lieu du monde. Parmi les plus connus des
autres villages de la commune de Montreux,
se trouve *Clarens*.

MONTREVAULT, ch.-l. de cant., arr. et à
27 kil. de Cholet (Maine-et-Loire) ; 850 hab.
Commerce de bestiaux.

MONTREVEL, ch.-l. de cant., arr. et à
17 kil. N.-O. de Bourg (Ain) ; 1,500 hab. Commerce de grains et de bestiaux.

MONTRICHARD, ch.-l. de cant., arr. et à
32 kil. N.-O. de Blois (Loir-et-Cher) ;
3,200 hab. Commerce de bois et de vins.

MONTROSE [monn-rose'], port de mer du
Forfarshire (Ecosse), à 40 kil. N.-E. de Dun-
dee ; 15,000 hab. Le port est un des meilleurs
de la côte occidentale. Entre la ville et la
mer sont les « links » ou dunes, célèbres
par les courses et les jeux nationaux appelés
jeux de golf (*golf matches*).

MONTROSE (James-Graham, MARQUIS DE),
homme de guerre écossais, né en 1612,
pendu à Edimbourg le 21 mai 1650. A l'âge
de 14 ans, il devint le cinquième *earl* ou comte
de Montrose. Il se rangea avec les *covenanters*
et prit une part prépondérante à la rédaction
du *Covenant*. En 1640, il dirigeait l'avant-
garde de l'infanterie écossaise, mais il ne
tarda pas à passer aux royalistes, et fut emprisonné par les *covenanters*. Il vainquit ses
adversaires à Tippermuir, et s'empara de
Perth en sept. 1644. Après la victoire d'Aberdeen et la prise de la ville du même nom, il
ravagea le pays d'Argyle, remporta des succès à Inverlochy (2 fév. 1645), à Auldearn
(8 mai), à Alford (2 juillet) et à Kilsyth
(15 août). Mais il fut surpris et mis en déroute
à Philiphaugh (13 sept.), capitula à Middleton
(juillet 1666) et s'embarqua pour le continent. Étant revenu en Ecosse en 1650, à la
tête de 1,500 hommes, il fut battu, fait prisonnier et mis à mort après avoir subi mille
outrages.

MONTROUGE [mon-rou-je]. I. (**Le Grand-**),
village de l'arr. et à 6 kil. N. de Sceaux
(Seine), près des fortifications de Paris ;
6,000 hab. Carrières de pierre de taille ;
produits chimiques, carton-pâte, etc. Fort
qui fut cruellement bombardé par les Allemands (1870-'74). — II. (**Le Petit-**), village
qui fit partie de la commune du Grand-Mont-
rouge, jusqu'à son annexion à la ville de
Paris (1860) et qui forme aujourd'hui un
quartier du XIV° arrondissement. Hospice de
La Rochefoucauld fondé en 1781. Mairie du
XIV° arrondissement. Marché couvert.

MONT-SAINT-JEAN, village du Brabant méridional (Belgique), à 17 kil. S. de Bruxelles.

C'est près de là que se livra la bataille de
Waterloo, le 18 juin 1815.

MONT-SAINT-MICHEL, comm. du cant. de
Pontorson, arr. et à 16 kil. S.-O. d'Avranches
(Manche). Le Mont-Saint-Michel est un énorme
rocher, situé en pleine mer, à environ 5 kil.
de la côte, à laquelle il est relié par une
digue ; il peut être divisé en trois parties : le
village, l'abbaye et l'église. Le village, bâti
sur les premiers gradins du rocher, est entouré de roches abruptes que vient battre le
flot de la marée. Au-dessus s'élève un magnifique monastère ou abbaye, que domine une
chapelle monumentale. Les Romains avaient
bâti un temple à Jupiter au sommet de ce
rocher, qui s'appela alors *Mons Jovis*. En 509,
saint Aubert, évêque d'Avranches, y fit construire une abbaye et une église qu'il dédia à
saint Michel. Détruits par un incendie, ces
édifices furent reconstruits au XII° siècle par
Robert de Thorigny. En 1423, le Mont-Saint-
Michel résista aux Anglais. Louis XI, en 1469,
visita l'abbaye et y institua l'ordre de Saint-
Michel. Sous Louis XIV, Saint-Michel devint
prison d'État ; on y a, depuis, enfermé un
grand nombre de condamnés politiques.
Réparée récemment, l'abbaye du Mont-Saint-
Michel, classée parmi les monuments historiques, est un des plus beaux édifices de la
Normandie ; on l'a surnommée la *Merveille de
l'Occident*. On y remarque surtout la *Salle
des chevaliers* et le *Réfectoire des moines*.

MONT-SAINT-VINCENT, ch.-l. de cant.,
arr. et à 38 kil. O. de Châlon (Saône-et-Loire) ;
380 hab.

MONTSALVY, ch.-l. de cant., arr. et à
34 kil. S. d'Aurillac (Cantal) ; 1,000 hab.
Toiles grises, cire, châtaignes.

MONTSAUCHE, ch.-l. de cant., arr. et à
26 kil. N. de Château-Chinon (Nièvre) ;
1,600 hab.

MONTSERRAT ou **Monserrat**, l'une des
petites Antilles anglaises, à 43 kil. S.-O.
d'Antigoa, à 60 kil. N.-O. de la Guadeloupe ; par 16° 47' 35" lat. N. et 64° 32' 4'
long. O. ; 83 kil. carr. ; 41,000 hab., appartenant presque tous à la race noire. Environ
les deux tiers du territoire sont montagneux
et arides ; le surplus est fertile et bien arrosé.
Climat sain ; production de sucre. Ville princ.
Plymouth. Cette île fut découverte par Christophe Colomb en 1493, colonisée par des
catholiques anglais en 1632 et possédée par
la France de 1664 à 1667 et de 1782 à 1783.
Elle a un gouvernement séparé depuis 1872.

MONTSERRAT, montagne d'Espagne. Voy.
MONSERRAT.

MONTSAUREAU, village de l'arr. et à 13 kil.
S.-E. de Saumur (Maine-Loire) ; sur la rive
gauche de la Loire ; 900 hab. Ruines imposantes d'un château du XV° siècle. Le seigneur
de Montsaureau, qui dirigea, dans l'Anjou,
le massacre des protestants au moment de
la Saint-Barthélemy, attira dans un piège
Bussy d'Amboise, et le fit poignarder sous
les yeux de la dame de Montsaureau, qui en
était l'amant. (Voy. BUSSY.) — *La Dame de
Montsaureau*, roman d'Alexandre Dumas
père (1847, 4 vol. in-8). On en a tiré un
drame (1861).

MONTSOURIS [mon-sou-ri], ancien hameau
de la commune de Montrouge, aujourd'hui
annexé à Paris. Joli palais du bey de Tunis
qui sert d'observatoire météorologique, et
qui est entouré d'un beau parc. Réservoir
des eaux de la Vanne.

MONT-SOUS-VAUDREY, comm. du cant. de
Montbarrey, arr. de Dôle (Jura) ; 1,100 hab.
Patrie de M. Grévy, président de la République
française.

MONTS-SUR-GUESNE, ch.-l. de cant., arr.
et à 21 kil. N.-E. de Loudun (Vienne) ; 860 hab.

MONTSURS, ch.-l. de cant., arr. et à 21 kil.
N.-E. de Laval (Mayenne) ; 1,700 hab. Toiles,
grains, bestiaux.

MONT-TERRIBLE, ancien nom d'un dép.
français de la première République, formé
des principautés de Montbéliard et de Porrentruy et divisé aujourd'hui entre la France
et la Suisse. Ch.-l., Porrentruy. — Il devait
son nom au mont Terrible ou mieux Terri,
montagne de Suisse (Berne), au S.-E. de Porrentruy (747 m. de haut).

MONT-TONNERRE, ancien dép. de la pre-
mière République française ; ch.-l., Mayence.
Il devait son nom au mont Tonnerre (lat.
Mons Jovis ; all. *donnersberg*) ; 689 m. de haut).

MONTUCLA (Jean-Étienne), savant, né à
Lyon le 5 sept. 1725, mort à Paris le 18 déc.
1799. Il étudia chez les jésuites de sa ville
natale, fit son droit à Toulouse, se fixa à
Paris, fut l'un des rédacteurs de la *Gazette de
France*, édita les *Récréations mathématiques*
d'Ozanam, accompagna, en qualité d'astronome, le chevalier Turgot à Cayenne en 1764,
fut ensuite, pendant 25 ans, commis des bâtiments de la couronne, devint censeur royal,
fut ruiné par la Révolution et entra à l'Institut. Son œuvre la plus connue est l'*Histoire
des mathématiques* (2 vol. in-4°, 1758), complétée par Lalande (4 vol. in-8°, 1802), travail
plein d'érudition. Son *Histoire des recherches
sur la quadrature du cercle* (1754, in-12), a
été publiée de nouveau par Lacroix (1830,
in-8°).

* **MONTUEUX, EUSE** adj. Sé dit d'un terrain
extrêmement inégal, et coupé d'espace en
espace, par des montagnes, des collines, etc. :
pays montueux.

* **MONTUOSITÉ** s. f. État de ce qui est montueux.

* **MONTURE** s. f. Bête de charge qui sert à
porter l'homme : *bonne, méchante monture*.—
QUI VEUT ALLER LOIN MÉNAGE SA MONTURE, il
faut éviter les excès, si l'on veut prolonger ses
jours ; il faut user avec ménagement de toutes
les choses dont on veut se servir longtemps.
— Arts et Métiers. Ce qui sert à assembler, à
supporter, à fixer la partie ou les parties principales d'un objet, d'un outil : *la monture
d'une scie*. — LA MONTURE D'UN FUSIL, D'UN PIS-
TOLET, le bois sur lequel le canon et la platine
sont montés. — LA MONTURE D'UN ÉVENTAIL,
l'assemblage des morceaux de bois ou d'autre
matière, qui servent à soutenir le papier ou
l'étoffe d'un éventail. — MONTURE DE BRIDE, ce
qui porte et soutient la partie du mors qui
entre dans la bouche du cheval : *avez-vous
bien examiné votre monture de bride ?* — Se dit,
particul., du métal employé pour assembler,
réunir, encadrer les différentes pièces dont se
forment une tabatière, un étui, un vase, un
bijou quelconque : *cette monture est de vermeil, de similor, d'or, d'argent.* — Se dit aussi
du travail de l'ouvrier qui a monté un ouvrage : *cette monture est fort belle, fort délicate.*

MONTYON ou **Monthyon** (Antoine-Jean-Bap-
tiste-Robert AUGET, *baron de*), philanthrope,
né à Paris le 23 déc. 1733, mort dans la
même ville en 1820. Héritier d'une fortune
considérable, il en fit le plus noble usage. Il
fut d'abord avocat au Châtelet (1755), puis
maître des requêtes au Conseil d'État (1760),
et se prononça vigoureusement contre la mise
en accusation de La Chalotais. Ayant désap-
prouvé les parlements Maupeou, il fut disgracié. Il émigra pendant la Révolution et ne
rentra qu'en 1815. A partir de ce moment, il
consacra toute sa fortune à des objets philan-
thropiques. Il a légué aux hospices environ
3 millions de francs. Chaque année, l'Académie française distribue des prix Montyon
de 10,000 fr. chacun ; le premier est accordé
à la personne pauvre qui a donné les plus

beaux exemples de vertu; le second est destiné à l'auteur français dont qui aura composé et fait paraître le livre le plus utile aux mœurs. Deux autres prix de la même valeur sont distribués par l'Académie des sciences; l'un, appelé *prix de mécanique*, est accordé à celui qui a inventé ou perfectionné l'instrument le plus utile aux progrès de l'agriculture, des arts mécaniques ou des sciences; l'autre, nommé *prix de médecine et de chirurgie*, appartient aux auteurs des découvertes jugées les plus utiles à l'art de guérir. Montyon a laissé : *Éloge de Michel de L'Hôpital* (1777); *Conséquences qui ont résulté pour l'Europe de la découverte de l'Amérique* (1792); *Principe de la monarchie française* (Londres, 1798, in-8°), etc.

* **MONUMENT** s. m. (lat. *monumentum*). Ouvrage d'architecture ou de sculpture, fait pour transmettre à la postérité la mémoire de quelque personne illustre, ou de quelque événement important : *c'est un monument pour la postérité.* — Certains édifices publics ou particuliers, qui imposent par leur grandeur ou par leur ancienneté : *la Bourse de Paris est un beau monument.* — Tombeau; mais, en ce sens, n'est guère usité que dans le discours soutenu : *elle a fait élever un magnifique monument à son époux.* On dit aussi, MONUMENT FUNÉRAIRE; et cette expression peut être employée dans le langage ordinaire.—Se dit de certains grands objets de la nature : *les cavernes, les basaltes, les précipices, sont autant de monuments des révolutions du globe.* — Ouvrage durable de littérature, de sciences et d'arts : *ce poème, cette histoire est un beau monument élevé à la gloire de la nation, du héros.*—Fig. Tout ce qui consacre le souvenir d'une chose : *un monument d'un amour, de sa vengeance.*

* **MONUMENTAL, ALE, AUX** adj. Qui a rapport, qui est propre aux monuments, qui est de la nature des monuments : *architecture, sculpture monumentale.* — ~~ Fig. Qui frappe par sa grandeur ou son caractère grandiose : *encyclopédie monumentale.* — Par plaisant. Énorme : — Étonnant, prodigieux : *vous êtes un homme monumental, bêtise monumentale.*

MONVEL (Jacques-Marie BOUTET, *dit*), acteur et auteur dramatique, né à Lunéville en 1745, mort en 1841. Il se rendit célèbre dans toute l'Europe comme *jeune premier* de la tragédie et de la comédie; il joua ensuite les *pères nobles* et se retira en 1806. Il a laissé 26 pièces, dont les principales sont : *l'Amant bourru* (comédie en trois actes, vers libres, 1777); *Les Victimes cloîtrées* (drame en 4 actes, 1794); les opéras-comiques *Blaise et Babet* (1783), *Sargines* (1788), *Roméo et Juliette* (1792), etc. Sous l'Empire, il fut professeur au Conservatoire de déclamation et membre de l'Institut. Mlle Mars était sa fille naturelle.

MONZA, ville de Lombardie (Italie), sur le Lambro, à 15 kil. N.-N.-E. de Milan; 18,000 hab. Monza, autrefois *Mogontia*, fut jadis la capitale du royaume lombard. Sa cathédrale contient la couronne de fer de Lombardie, que Napoléon ceignit le premier, après Charles-Quint. Les Autrichiens gardèrent cette couronne en 1859, mais la rendirent à l'Italie en 1866. Elle est presque entièrement en or avec une petite bande de fer, que l'on dit avoir été faite avec un clou de la vraie croix. Le palais de Monza est entouré d'un parc très célèbre.

MOOLTAN ou **Multan** [moul-tânn], ville de l'Inde anglaise, dans le Punjaub, à 300 kil. S.-O. de Lahore, et à 5 kil. de la rivière Chenaub; 60,000 hab. Solides forteresses, dont les murs ont 40 pieds de haut et sont dominés par 30 tours. Vieille pagode contenant les tombes de Rookum-Alum et de plusieurs de ses descendants.

MOORE [mour] (sir **John**), général anglais (1761-16 janv. 1809); il servit contre les Français à Minorque, à Sainte-Lucie (1796), en Irlande (1798), en Hollande (1799) et en Égypte (1801). Nommé commandant de l'armée anglaise dans le Portugal (1808), il entra en Espagne pour coopérer au soulèvement des Espagnols. Ses alliés ayant été vaincus, il dut quitter Salamanque et battre en retraite devant les Français, commandés par Napoléon en personne. Il venait d'atteindre la Corogne lorsqu'il y fut attaqué. Un boulet de canon l'emporta pendant l'action.

MOOR (Thomas), poète irlandais, né en 1779, mort en 1852. Il débuta en 1793 dans un magazine de Dublin, l'*Anthologia Hibernica*, où il inséra des poésies de courte haleine. En 1799, il alla à Londres étudier le droit, emportant une traduction des odes d'Anacréon, qu'il publia l'année suivante. En 1801 parurent *The Poetical Works of the late Thomas Little, Esq.* (Œuvres poétiques de feu Thomas Petit, écuyer), pseudonyme que lui avait suggéré l'exiguïté de sa taille. Après avoir occupé un emploi officiel dans les colonies, il revint en Angleterre par les États-Unis et le Canada. On retrouve dans ses *Odes and Epistles* (1806) les souvenirs et les impressions de ses voyages. Il s'essaya à la satire sérieuse dans *Corruption*, *Intolérance*, *The Sceptic* (1808-'09); aux jeux d'esprit, et aux sarcasmes politiques, dans *Twopenny Post-Bag* (Le sac de la Petite Poste 1812), etc., dans l'intérêt du parti whig. De 1807 à 1834, il publia ses *Irish Melodies* (Mélodies irlandaises), qui eurent un succès sans exemple. On a aussi de lui, dans le même genre, *Sacred Melodies* (1816), six séries de *National Airs* (1819-'28), *Legendary Ballads* (1830), etc. En 1817, il avait terminé *Lalla Rookh*, le plus important de ses poèmes, composé de 4 récits orientaux, reliés par un fil de prose. On peut encore citer : *The Fudge family in Paris* (1818); *Tom Crib's Memorial to Congress* (1819); *Rhymes on the Road* (Vers sur la Route); *Fables for the Holy Alliance* (Fables à l'usage de la Sainte-Alliance (1823); *Loves of the Angels* (Les Amours des anges; 1823); *La Vie de Shéridan* (1825); et *The Epicurean* (L'Épicurien; 1829), fiction en prose; *Notices of the Life of lord Byron* (1830, 2 vol. in-4°); *The Summer Fête* (La Fête d'été; 1831), poème; *Memoirs of lord Edward Fitzgerald* (1831); *Travels of an Irish Gentleman in search of a Religion* (Voyages d'un gentilhomme irlandais à la recherche d'une religion, 1833), et une *Histoire d'Irlande* (1835, 4 vol. in-12), écrite pour la *Cabinet Cyclopædia*, de Lardner. On a publié une édition complète de ses œuvres poétiques en 10 vol. (1840-'41). Les dernières années de Th. Moore furent assombries par des chagrins domestiques, et il finit dans une sorte d'idiotie, causée par un ramollissement du cerveau. Lord John Russell s'est fait l'éditeur de ses « Mémoires, Journal et Correspondance » (1852-'56, 8 vol.).

MOORSHEDABAD [mour-chi-da-badd], ville de l'Inde anglaise, dans le Bengale, sur les deux rives du Bhagruttee, un des bras du Gange, à 200 kil. N. de Calcutta; environ 500,000 hab. C'est la ville la plus populeuse du district qui porte son nom (1,355,549 hab.) Grand commerce de soie et d'indigo, les principales productions du pays. La ville est très malsaine, par suite du mauvais système d'égouts. C'était autrefois la capitale du Bengale, mais son importance a beaucoup diminué.

MOQUE s. f. Gobelet de fer-blanc. — Petit vase dont on se sert pour boire.

* **MOQUER** (Se) v. pr. (gr. *môkaô*, moucher). Se rire de quelqu'un ou de quelque chose, en rire, en faire un sujet de plaisanterie ou de dérision : *on s'est moqué de lui.* — Mépriser,

braver, témoigner par ses actions, par ses paroles, qu'on ne fait nul cas de quelqu'un ou de quelque chose, qu'on ne s'en inquiète point : *c'est un homme qui se moque du blâme, qui se moque de l'opinion publique, qui se moque de tout.* — Absol. Ne pas parler, ne pas agir sérieusement : *quand je dis cela, vous voyez bien que je me moque.*

Monsieur sourit; peut-être il croit que *je me moque*.
COLLIN D'HARLEVILLE. *Monsieur de Crac*, sc. XVIII.

— Par civilité. VOUS VOUS MOQUEZ DE MOI, VOUS VOUS MOQUEZ, vous me traitez avec trop de cérémonie, vous poussez trop loin la politesse: *vous vous moquez, je ne passerai pas avant vous.* — LA PELLE SE MOQUE DU FOURGON, se dit lorsqu'une personne se moque d'une autre qui aurait autant de sujet de se moquer d'elle. — IL NE FAUT PAS SE MOQUER DES CHIENS QU'ON NE SOIT HORS DU VILLAGE, il faut se mettre à l'abri du danger avant de se vanter qu'on le méprise. — S'emploie quelquefois avec le verbe FAIRE : *vous en usez comme cela, vous vous ferez moquer de vous*, et absol. *Vous vous ferez moquer.* — S'emploie aussi au participe avec le verbe ÊTRE : *il fut moqué de tout le monde.* — S'EN MOQUER COMME DE L'AN QUARANTE. (Voy. AN.)

* **MOQUERIE** s. f. Paroles ou actions par lesquelles on se moque : *il fut exposé aux insultes et aux moqueries de la multitude.* — Chose absurde, chose impertinente : *c'est une moquerie que de vouloir soutenir une telle proposition, de prétendre réussir dans un pareil projet.*

* **MOQUETTE** s. f. Étoffe à chaîne et à trame de fil, veloutée en laine, dont on fait des tapis ou dont on couvre des sièges : *fauteuils garnis de moquette.*

* **MOQUEUR, EUSE** adj. (rad. *moquer*). Qui se moque, qui raille, qui a l'habitude de se moquer, de railler : *il est naturellement mo-*

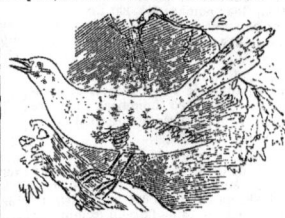

Moqueur de la Caroline (Mimus Carolinensis).

quctr. — Substantiv. Personne qui ne parle pas sérieusement : *ne le croyez pas, c'est un*

Moqueur polyglotte (Mimus polyglottus).

moqueur. (Fam.) — ~~ Ornith. Sous-genre du grand genre *merle*, caractérisé par un bec mince et **convexe**, par des ailes médiocres et par une queue étagée, plus longue que le corps. Le type de ce sous-genre est le *moqueur de la Caroline* (*mimus Carolinensis*), particulier à l'Amérique septentrionale, où les Américains l'appellent *catbird* (*oiseau-chat*). Il se nourrit d'insectes, de fruits et de baies. Il a un chant particulier, mais il imite, à s'y méprendre, les cris et les chants des autres animaux et particulièrement le feulement du chat. Le *moqueur polyglotte* (*mimus polyglottus*), du sud des Etats-Unis, est le meilleur chanteur de cette partie de l'Amérique. Sa taille est d'environ **22** centim. et son envergure d'environ 32 centim. Son bec et ses pattes sont noirs; sa couleur générale en dessus est d'un brun cendré. Son esprit imitatif est sans rival. Tantôt il trompe le chasseur en lui faisant entendre le cri d'une bête sauvage, tantôt il siffle les chiens et les détourne de leur route. D'autres fois, il imite la voix de l'homme, le bruit des cascades, etc.

MOQUEUSEMENT adv. D'une façon moqueuse.

MOQUIN-TANDON (Horace-Bénédict-Alfred), naturaliste, né à Montpellier le 7 mai 1804, mort à Paris le 15 févr. 1863. Il a laissé, entre autres ouvrages: *Eléments de tératologie végétale* (Paris, 1841, in-8°); *Histoire des mollusques de France* (1855, 2 vol. in-8°); *Zoologie médicale* (1860, in-18); *Botanique médicale* (1860, in-48); *Monde de la mer* (1864).

MOQUIS [mo'-kizz], tribu d'Indiens à demi civilisés, établis dans sept villages, sur le Petit-Colorado et le San Juan, dans l'Arizona (Etats-Unis). Paisibles depuis plusieurs années, ils ont eu beaucoup à souffrir de la part des Apaches et des Navajos. En 4680, ils tuèrent ou chassèrent les missionnaires franciscains qui s'étaient établis parmi eux. Lorsqu'ils passèrent sous la domination des Etats-Unis, on évaluait leur nombre à 8,000. En 1876, ils n'étaient plus que 4,600 environ, par suite des ravages exercés par la petite vérole et la famine.

MORA s. f. Ant. gr. Corps d'infanterie spartiate composé de 4 à 8 lochies et comprenant de 400 à 800 hommes. La mora correspondait à peu près à notre bataillon. (Voy. **ARMÉE**.)

MORADABAD [mo-ra-da-badd'], ville du Rohilcund, dans l'Inde anglaise, capitale du district du même nom, sur le Ramgunga, à 456 kil. N.-E. de Delhi; 60,000 hab. environ. Bien qu'en ruines, elle fait un commerce considérable de coton, blé, etc.

MORAILLER v. a. [*ll* mll.]. Art vét. Pincer avec des morailles. — Tech. Allonger le verre avec des morailles.

• **MORAILLES** s. f. pl. [*ll* mll.] (rad. *mordre*). Instrument de maréchal, espèce de tenailles, avec lesquelles on pince le nez d'un cheval impatient, vicieux, pour le ferrer ou lui faire subir quelque opération : *mettez-lui les morailles.*

• **MORAILLON** s. m. Pièce de fer attachée au couvercle d'un coffre, garnie d'un anneau qui entre dans la serrure, et dans lequel passe le pêne.

• **MORAINE** s. f. Géol. Terre escarpée au bord d'un torrent, d'une rivière, d'un lac. — Particul. Masse de pierres que les glaciers ont déposée sur leurs bords à leur extrémité inférieure. — ⁓⁓ Tech. Laine que l'on enlève, à l'aide de la chaux, de la peau d'un animal mort.

MORAÏTE s. et adj. De la Morée; qui appartient à ce pays ou à ses habitants.

• **MORAL, ALE, AUX** adj. (lat. *moralis*; de *mores*, mœurs). Qui concerne les mœurs: *réflexions morales*; *contes moraux*. — **VERTUS MORALES**, celles qui ont pour prin-

cipe les seules lumières de la raison: *s'il n'eut pas les vertus chrétiennes, il eut les vertus morales*. — **CE LIVRE, CE DISCOURS EST FORT MORAL**, il renferme une morale fort saine. — Qui a des mœurs, qui a des principes et une conduite conformes à la morale: *cet homme, qui passait pour fort moral, n'était qu'un franc hypocrite.* — Se dit de ce qui ne tombe point sous les sens, de ce qui est uniquement du ressort de l'intelligence. Dans cette acception, il est opposé à *physique* : *malgré l'affaiblissement de ses forces physiques, ses forces morales, ses facultés morales, n'ont rien perdu de leur énergie.* — **CERTITUDE MORALE**, certitude fondée sur de fortes probabilités, telle qu'on peut l'avoir dans les choses ordinaires de la vie. Il est opposé à *certitude physique* : *nous n'en avons point de démonstration rigoureuse, mais nous en avons une certitude morale.* — s. m. Ensemble de nos facultés morales : *le physique influe beaucoup sur le moral, et le moral sur le physique.*

• **MORALE** s. f. Doctrine relative aux mœurs: *bonne, mauvaise morale; il a fait de la morale en pure perte.* — Traité de morale: *la Morale d'Aristote.* On dit aussi, **LES MORALES D'ARISTOTE**, parce que ce philosophe a fait plusieurs traités sous ce titre. — Réprimande: *son père lui a fait une morale, une bonne morale.* — **LA MORALE D'UN OUVRAGE**, la leçon qu'on peut en résulter. — **ENCYCL.** La morale est, à proprement parler, la science du devoir. Le premier but que se propose cette science est de rechercher une règle finale, un principe suprême de conduite qui devra faire impérativement et universellement autorité. C'est ce principe central qui donne à chaque système de morale son caractère. Ces systèmes peuvent se ranger en deux classes, selon que la règle finale qui leur sert de base est objective ou subjective, dépendante de quelque chose en dehors ou au-dedans de l'esprit. Les théories objectives les plus importantes sont celles qui adoptent comme principe dernier et fondamental de la morale : 1° l'autorité de l'Etat; 2° la volonté révélée de Dieu; 3° quelque chose d'inhérent à la nature des choses mêmes; 4° la plus grande somme de bonheur. Hobbes a soutenu la première, et Descartes la seconde de ces doctrines. A la troisième division appartient la théorie du Dr Samuel Clarke sur la convenance des choses, celle de Wollaston sur la vérité des choses, celle de Wayland sur la relation des choses, et celle du président Edward sur la beauté de l'ordre ou l'accord d'un esprit avec le grand ensemble de l'être, et de l'amour de l'être en général. La quatrième division appartient la théorie épicurienne du plaisir individuel, qu'Aristote faisait coexister avec la vertu, auquel Paley donnait un aspect plus religieux en mettant en balance le bonheur éternel futur et la renonciation à soi-même en vue du monde, et que Bentham comprenait, en l'identifiant avec l'utilité publique et avec le plus grand bien du plus grand nombre. Les principales théories subjectives trouvent l'essence et le criterium de la morale dans : 1° la disposition naturelle à l'orgueil, excitée par la flatterie; 2° une intime sympathie mutuelle ; 3° un sens intime, qui fournit des notions morales; 4° une intuition immédiate. Mandeville définissait la vertu l'enfant de la flatterie et de l'orgueil, ayant pour motif la vanité et pour objet la louange. Adam Smith maintenait que le fondement de la morale est une sympathie réflexe, par laquelle le spectateur prend en imagination la place de l'acteur, et affirme que l'action est bonne ou mauvaise, selon qu'elle attire ou repousse la sympathie. Shaftesbury et Hutcheson proclamaient l'existence d'un sens moral distinct et spécial, qui conçoit immédiatement les distinctions morales, et qui est, pour chaque homme, la source du devoir et la mesure de la vertu. Quelques-uns, qui réclament une

intuition immédiate de la vérité morale, supposent dans l'esprit de l'homme une raison supérieure pour la conception des principes universels et nécessaires. La raison aperçoit immédiatement le juste, et possède l'autorité concluante et définitive. Son affirmation fondée sur l'intuition intellectuelle, est une sanction suffisante du devoir. Telle est, avec diverses modifications, la théorie de Cudworth, de Kant et de Coleridge. — Les plus anciennes spéculations éthiques, en Grèce, apparaissent dans les maximes des poètes gnomiques. La première tentative pour introduire l'analyse scientifique dans les détails de la sagesse pratique fut celle de Pythagore, dont le système de morale se rattachait à un mystérieux symbolisme des nombres. On donne d'ordinaire à Socrate le titre de père de la philosophie morale; cependant c'était un sage plutôt qu'un philosophe, et il est renommé plutôt pour sa merveilleuse conscience morale et pour son pouvoir d'exciter les facultés d'analyse des autres que pour avoir produit une doctrine. Les éléments de son enseignement étaient : l'existence d'une déité suprême, principe d'ordre et de beauté dans la nature, et de justice et de vérité dans l'homme; et une série de vertus humaines, dont les principales étaient la sagesse ou participation à l'intelligence divine, la justice, qui est la conformité à la raison universelle, la force, qui donne le courage et l'énergie de supporter la peine et de résister aux difficultés, et la tempérance, qui soumet les passions aux seuls capables des jouissances intellectuelles. Il fut le premier qui traita de la science éthique d'une façon distincte, à part des spéculations cosmogoniques et métaphysiques, et qui posa le principe de la sécurité et du bonheur chez l'individu et dans la société, comme la fin où tendent tous les préceptes moraux. Comme les autres philosophes moralistes de l'antiquité, il confondait l'éthique et la politique, et prêchait la vertu dans l'intérêt de l'Etat. Le but de Socrate était de réformer la morale; celui de son disciple Platon fut d'expliquer la pensée. Le principe éthique fondamental de Platon repose sur l'antagonisme du visible et de l'invisible, du divin et du terrestre. L'homme est un exilé sur la terre, à laquelle il est attaché par ses sens et ses passions; mais par sa pure intelligence, par son amour, par des réminiscences et des regrets obscurs, il est en communion avec le ciel, qui est sa vraie patrie. Ainsi, soumis à des facultés et à des impulsions opposées, il tend à des buts opposés aussi. En cédant aux unes, ils'avilit et, en une certaine mesure, périt. En entretenant les autres, il reprend et relient ses qualités divines. Les quatre vertus cardinales sont : la tempérance, le courage (*dumos*), la sagesse et l'amour. Toutes, elles ont leur fondement dans la sagesse, fruit de la raison, qui, à travers le monde matériel, voit le monde des idées dont l'autre n'est qu'une faible copie, et contemple la beauté suprême de l'univers idéal. L'éthique d'Aristote met le souverain bien dans le bonheur, lequel est inséparable de la vertu, et consiste dans la vie et l'action. Les dieux eux-mêmes ne sont heureux que parce qu'ils agissent. Cette théorie de l'activité, qui fait de la vertu la meilleure disposition possible, pour toutes les fonctions humaines, fut une des modifications remarquables qu'il apporta au système de son maître. Une action n'est bonne ou mauvaise que lorsqu'elle procède du libre volonté et de la responsabilité personnelle; et son mérite moral doit être jugé d'après la fin qu'elle se propose, c'est-à-dire d'après l'intention. C'est ainsi que se corrige l'erreur socratique et platonique de regarder le vice comme le produit involontaire de l'ignorance. La vertu est une habitude, une sorte de dextérité morale; de simples actes ne sauraient la constituer; mais la disposition vertueuse doit être constante, acquise par des actes répétés et formant le fond de toute la conduite de la vie. Le stoïcisme de Zénon fut une révolte contre les sens et les passions, un mépris de la douleur, du plaisir, de la mort et de tous les accidents de l'humanité. Ce fut la philosophie de Rome citoyenne, le fonds solide de l'inflexibilité, de la discipline et du devoir. Cléanthe et Épictète déclarèrent tous les deux de la force est la seule vertu. Une adhérence rigoureuse aux éléments essentiels, la condition la plus humble de la nature humaine, le mépris du plaisir, qui est en dehors du plan de la loi naturelle et en désaccord avec son idéal de liberté et d'indépendance de l'âme, un effort pour modeler la vie individuelle suivant la nature rationnelle, laquelle est elle-même en conformité avec l'ordre rationnel de la nature universelle, une conception abstraite de la vertu comme la subordination des fins particulières aux fins générales, et, comme conséquence, l'indifférence morale pour le bien extérieur; tels étaient les caractères prédominants du système éthique des stoïciens, qui n'ont de rival que l'épicuréisme dans son influence sur la pensée et la conduite des Grecs et des Romains. Épicure plaçait le plus grand bien dans le bonheur. La valeur de la vie est la possession du suprême plaisir. Toutes les autres vertus ne sont que les auxiliaires de la prudence ou sagesse, laquelle est l'architecte de notre bonheur, et nous enseigne, dans quelque position que nous soyons placés, à en tirer les plus grands avantages. Pendant les premiers siècles du christianisme, le stoïcisme dominait dans les théories littéraires, et les philosophes de toutes les écoles, poètes, historiens et rhéteurs parlaient, comme Sénèque et Épictète, de l'amour sacré du monde, de l'égalité des hommes, de la loi universelle et d'une république universelle. — Tandis que toute l'antiquité avait fait consister le souverain bien à échapper à la peine, soit par la vertu, soit par le plaisir, le christianisme, par le mystère de la Passion, proclama la divinité de la douleur. De ce temps, jusqu'à la naissance de la philosophie moderne, l'éthique ne saurait se séparer du dogme. Pendant mille ans de spéculations théologiques sur les problèmes de la vie, on n'essaya aucun système nouveau de philosophie éthique. Dans les luttes du XVIe siècle, lorsque les sectes, les écoles et les partis se confondaient et se transformaient, la morale était subordonnée à la théologie et à la politique. Les écrits de Malebranche sur la morale furent ce que la France produisit de plus important dans la dernière partie du XVIIe siècle. Il définit la vertu l'amour de l'ordre universel, tel qu'il a existé éternellement dans la raison divine, dans le sein de laquelle toute raison créée le contemple. Les devoirs particuliers ne sont que les applications de cet amour. Au XVIIIe siècle, la morale s'appuyait principalement, en Angleterre, sur des théories de sentiment désintéressé et de sens moral, et, en France, sur le sensationalisme et l'amour de soi; en Allemagne, les disciples de Leibnitz maintenaient la suprématie de la raison et la doctrine du bien idéal. Kant définit la morale la philosophie des lois de la liberté. La liberté est un fait a priori, un élément qui s'affirme dans l'activité de la volonté. La volonté a une faculté d'indépendance entière, ou de détermination en soi, limitée seulement par sa propre autonomie. La raison pure lui propose une loi universelle que nous appelons la loi morale, et qui est un impératif catégorique, exigeant une obéissance sans condition. Cette loi est, dans la phraséologie de Kant, la forme de l'action humaine. Les désirs, les passions, les motifs matériels fournissent le contenu de cette action, et leur influence constitue l'hé-

téronomie de la volonté. Exclure les principes qui sont purement d'une nature hétéronome, admettre seulement les motifs qui peuvent être transformés en lois universelles de la raison, de telle sorte que l'autonomie de la volonté reste inviolée, telle est l'essence de la morale. Ainsi la loi éthique de Kant est : « N'agissez que d'après une maxime qui puisse être en même temps une loi universelle ». Le respect de la loi morale, qu'il compare aux cieux étoilés, la séparation désimpulsions des sens d'avec les motifs moraux, et la vertu, considérée comme le triomphe sur l'obstacle, voilà ce qui caractérisait la morale de Kant. — A l'encontre des doctrines du sens moral et de la bienveillance désintéressée qui prévalurent dans la philosophie éthique anglaise depuis l'époque de Hutcheson et de Butler, et que Dugald Stewart défendit avec zèle, se manifesta une tendance utilitaire qui atteignit sa plus haute expression avec Jeremy Bentham. Avant lui, Tucker avait développé un système voisin de la théorie de l'égoïsme, fondé sur les principes de l'association qu'avait posés Hartley; et Paley avait déclaré que le motif de la vertu était le bonheur éternel, et avait ramené tout l'art de la vie à celui de bien régler nos habitudes. Bentham donna à sa théorie morale le nom de « principe du plus grand bonheur » et représenta la pratique de la vertu comme l'art d'atteindre le maximum du bonheur. Toute action morale procède, d'après lui, d'un calcul des peines et des plaisirs, estimés d'après leur degré de force et leur durée. C'est dans leur équilibre convenable que consiste toute la morale; la vertu et le vice ne sont absolument rien; ce ne sont que des entités purement fictives, lorsqu'on les sépare du bonheur et du malheur. John Stuart Mill, qui reconnaît la double influence de Bentham et de Comte, propose et discute la question de savoir si l'éthique ne pourrait pas se ramener à une science certaine, et si l'on ne pourrait, pour l'art de la vie, établir des principes aussi bien définis que les lois indiscutables de la physique. Mais il borne le développement de ce sujet à déclarer que le bonheur, dans le sens complet du mot, doit être reconnu comme la fin de l'existence et le but de l'action. Herbert Spencer, sans traiter de la science morale dans aucun ouvrage spécial, enferme une théorie de l'éthique dans sa doctrine générale de l'évolution. Il lient que la science de se conduire détermine comment et pourquoi certains modes de conduite sont nuisibles et d'autres avantageux. Ces déductions doivent être prises comme des lois de conduite, et il faut s'y conformer indépendamment de toute appréciation directe du bonheur ou du malheur à en résulter. Alexander Bain identifie la conscience avec l'éducation sous une autorité. Il pense que le contentement ou le mécontentement de soi-même sont transportés, par suite d'une association constante, de l'attente de la récompense et du châtiment attribué aux actions, à la disposition correspondante de faire ou d'éviter ces actions. L'étude de la morale chez les écrivains américains remonte au siècle dernier, lorsque Jonathan Edwards développa sa théorie sur la nature de la vertu qu'il définit l'amour de l'être en général, comprenant sous ce terme l'être à la fois Dieu et l'homme, et trouvant ainsi une formule philosophique pour le résumé biblique de la loi. La théorie d'Edwards fut modifiée par Samuel Hopkins et Nathanael Emmons, qui firent consister la vertu en une bienveillance désintéressée, excluant rigoureusement l'amour de soi. Suivant la direction générale d'Edwards, Dwight et Taylor pensaient que la bienveillance est le bien le plus élevé, se répandant à la fois sur celui qui donne et sur celui qui reçoit; car l'homme est ainsi fait qu'il trouve

son plus haut bonheur à favoriser le bonheur des autres. Plus récemment, Wayland a soutenu que la règle du juste se découvre dans la notion des relations des choses entre elles, comme la relation du père et de l'enfant, de l'État et du citoyen, du Créateur et de la créature. Hickok tient qu'il y a un impératif de la raison, qui nous pousse à faire cela, et cela seulement, et qui relève d'une excellence spirituelle. C'est dans la valeur de l'approbation de notre nature spirituelle que toute vertu trouve sa fin. Ce droit absolu est simple, immuable et universel. Hopkins dit que le problème moral est la recherche de la nature et du fondement du devoir. Cela présuppose dans l'homme une nature morale, mais n'est pas une investigation des facultés morales de l'homme. Le devoir est, en dernière analyse, l'obligation de choisir ce qui conduit à l'accomplissement de la fin de notre existence, et cela, on le trouve dans l'amour. Toutes les questions de morale théorique peuvent se résoudre par une exposition de la loi d'amour, et toutes les questions de morale pratique, par une exposition de l'amour en tant que loi. — Bibliogr. Œuvres morales, de Plutarque; Œuvres morales, d'Épictète; Réflexions morales, de Marc-Antoine; Traité de la félicité humaine, par Caraccioli; Philosophie universelle des mœurs, par Piccolomini (Venise, 1583, in-fol.); le Socrate moderne, par Addison (Paris, 1745, 3 vol. in-4°); De l'Homme, de ses facultés intellectuelles et de son éducation, par Helvétius (Londres, 1775, 2 vol. in-8°); Essais de morale, par Mme Guizot (Paris, 1828, 2 vol. in-8°); Principes de la morale, leur caractère rationnel et universel, leur application, par J. Tissot (Paris, 1866, in-8°); Essais de morale, par Nicole (Paris, 1671, 25 vol. in-12); Principes de la morale, par Kant (Riga, 1785); Essais de morale et d'économie politique, par E. Laboulaye (1867); La morale et la loi de l'histoire, par le P. Gratry (Paris, 1868, 2 vol. in-8°); La morale indépendante dans son principe et dans son objet, par Coignet (Paris, 1868); Mackintosh, Dissertation on the progress of ethical philosophy (1815); Blakey, History of moral science (1833); Wayland, Elements of moral science (1852); Whewell, History of moral philosophy in England (1852); Alexander, Outlines of moral science (1852); Hickok, Moral science (1853); Haven, Moral philosophy (1859); Mark Hopkins, Lectures on moral science (1863); The Law of Love, and Love as a Law (1868); Bain, Mental and moral science (1868), et E.-H. Gillett, The moral system (1874). — L'histoire constate que la morale a toujours varié selon l'état de civilisation et selon les temps. « Nos traités de philosophie officielle « nous parlent encore d'une morale immua- « ble et innée; ils ne tarderont pas à chan- « ger de langage. Quoi! tous les êtres orga- « nisés, y compris l'homme, sont dans un « perpétuel devenir, et il y aurait de préten- « dues vérités morales invariables! Si les ra- « ces, si les cerveaux se modifient sans cesse, « les conceptions ne sauraient jouir du privi- « lège d'être inaltérables. Or, si la morale est « variable et en général progressive, comme « il est facile de l'établir, loin de la considé- « rer comme une chose mystérieuse et sacrée, « il importe au contraire d'en faire une vraie « science, relevant, comme toute science, de « l'observation et de l'expérience, et qu'il « faudra améliorer sans cesse, pousser scien- « ment et volontairement dans la voie du pro- « grès. Mais la morale évolutionniste, à la- « quelle se sont ralliés déjà tant de bons es- « prits et dont le triomphe final n'est plus « qu'une question de temps, trouve d'abord « sur son chemin deux irréconciliables enne- « mies : la théologie et la métaphysique.... « La morale transformiste condamne l'ascé- « tisme; car, pour elle, les souffrances inuti- « les sont coupables et le mirage des récom-

« pensés *post mortem* s'est évanoui. Sans « hésiter aussi, elle rejette les formules va-« gues et les lieux communs pompeux.... » (M. Ch. Letourneau, *Revue scientifique*, 31 mai 1884.)

* **MORALEMENT** adv. Suivant les règles de la morale : *comme il est privé de sa raison, il ne peut rien faire qui soit moralement mal.* — MORALEMENT PARLANT, vraisemblablement, et selon les règles de la certitude morale : *cela est vrai moralement parlant.* On dit dans le même sens, CELA EST MORALEMENT IMPOSSIBLE.

MORALES (Luis de) [mo-ra-'lèss], peintre espagnol, né en 1509, mort en 1586. Son *Ecce Homo* et sa *Mater Dolorosa* sont ses meilleures toiles. Il représente presque toujours des têtes de Christ ou la Vierge. C'est probablement à cause de cela, et non pour son génie, qu'il fut appelé « le Divin ». Il vécut dans le besoin jusqu'à un âge avancé; mais Philippe II le secourut enfin.

MORALISATEUR, TRICE adj. Qui moralise : *doctrine moralisatrice.* — Substantiv. *Il est facile de remplir le rôle de moralisateur dans cette question.*

MORALISATION s. f. Action de moraliser.

* **MORALISER** v. n. Faire des réflexions, des dissertations, des leçons morales : *on peut longtemps moraliser sur les vicissitudes de la fortune.* — Activ. et fam. MORALISER QUELQU'UN, lui faire de la morale, ou une morale : *on a beau le moraliser, il n'en continue pas moins son train de vie.* — Rendre moral : *moraliser un peuple.* — « Se moraliser v. pr. Réformer ses mœurs : *cet homme se moralise.*

* **MORALISEUR** s. m. Celui qui affecte de parler morale. Ne se dit qu'en plaisanterie : *c'est un grand moraliste, un moraliseur éternel.*

MORALISME s. m. Philos. Système philosophique qui néglige les autres parties de la science pour s'attacher exclusivement à la morale. — Relig. Doctrine religieuse qui ne tient compte que des œuvres et néglige le dogme et le culte.

* **MORALISTE** s. m. Écrivain qui traite des mœurs : *les moralistes ne s'accordent pas sur ce point.*

* **MORALITÉ** s. f. Réflexion morale : *cet ouvrage est rempli de moralités instructives.* — MORALITÉS CHRÉTIENNES, réflexions conformes aux principes et à l'esprit de la religion chrétienne. — Sens moral que renferme un discours fabuleux ou allégorique : *il y a une belle moralité cachée sous cette fable.* — Certaines pièces de théâtre que représentaient les clercs de la basoche. — Conscience, discernement moral : *les actions des insensés sont privées de moralité.* — LA MORALITÉ DES ACTIONS HUMAINES, le rapport de ces actions avec les principes de la morale : *la moralité d'une action suppose la liberté.* — Le caractère moral, les principes, les mœurs d'une personne : *il est d'une moralité reconnue, d'une moralité irréprochable.*

MORAND. I. (Sauveur-François), chirurgien, né à Paris en 1697, mort en 1773. Il fut chirurgien en chef de l'hôtel des Invalides. Parmi ses ouvrages, nous citerons : *De la taille au haut appareil* (Paris, 1728, in-8°); *Expériences et observations sur la pierre.* — II. (Pierre de), auteur dramatique, né à Arles en 1701, mort en 1758. Sa principale pièce fut, l'*Esprit de divorce*, écrite en 1738 contre sa belle-mère représentée sous les traits de Mme Orgon. Il a donné aussi une tragédie, *Childéric*, jouée en 1736. Son *Théâtre* a été publié à Paris (1751, 3 vol. in-12). — III. (Le comte Louis-Charles-Antoine-Alexis), général, né à Pontarlier en 1771, mort en 1835. Il fit la campagne d'*Égypte* et fut nommé général de division à Austerlitz. Puis d

France pendant les Cent-Jours, et aide de camp de Napoléon; il fut condamné à mort par contumace, en 1816, vécut dans la retraite et redevint pair de France en 1830.

MORANDE (Charles Thévenot de), pamphlétaire, né à Arnay-le-Duc en 1748, mort vers 1804. Sa jeunesse se passa en débauches et en filouteries honteuses; sa famille le fit enfermer pendant 15 mois. A sa sortie de prison, il s'enfuit en Angleterre où il publia, sous le nom de *Morande*, des libelles dans lesquels il calomnia tous les personnages de la cour. Son *Philosophe cynique* (1771, in-8°) obtint un grand succès. Dans son *Gazetier cuirassé*, il dévoile les anecdotes les plus scandaleuses de l'entourage de Louis XV. Ses *Mémoires d'une femme publique* ne sont autre chose que de prétendus mémoires de Mme du Barry. Louis XV, ne pouvant parvenir à faire arrêter ce pamphlétaire qui était protégé par les lois anglaises, finit par capituler. Il confia à Beaumarchais la mission de conclure un marché avec Morande, dont on acheta le silence moyennant 20,000 livres comptant et une pension de 4,000 livres. Morande, étant rentré en France pendant la Révolution, voulut reprendre, contre les révolutionnaires, son ancien métier de calomniateur; mais il fut arrêté et, après sa sortie de prison, il se retira prudemment dans son pays natal.

MORARD DE GALLE (Justin-Bonaventure), amiral, né le 30 mars 1741, à Gonselin (Dauphiné), mort à Guéret en 1809. Il s'engagea fort jeune dans la marine. On le distingua à Larache en 1765; au combat d'Ouessant le 27 juillet 1778; dans les Antilles, sous les ordres de Guichen, en 1780 ; à Praya en 1781; Suffren le nomma capitaine de vaisseau; la Révolution le fit contre-amiral en juillet 1792. Disgracié à la suite d'émeutes qu'il n'avait pu maîtriser, il crut se réhabiliter en acceptant le commandement de l'expédition d'Irlande, dont le succès lui paraissait au moins douteux. On l'éleva, en novembre 1796, au grade de vice-amiral. Il devint sénateur en 1799 et comte en 1803.

MORASSE s. f. (lat. *moratio*, retard). Nom donné, dans certains pays, à des marais et à des fondrières. — Typogr. Épreuve d'une page entière de journal tirée à la brosse sur la forme. — Argot. Danger, ennui. — BATTRE MORASSE, crier au voleur, à l'assassin.

MORAT (mo-ra) (all. *Murten*), ville de Suisse, sur le lac de Morat, à 8 kil. de Fribourg ; 2,328 hab. — Le lac a environ 9 kil. de long sur 4 kil. de large, et 350 pieds de profondeur. Une étroite bande de terre le sépare du lac de Neufchâtel dans lequel il se vide par la rivière Broye. Le 22 juin 1476, les Suisses anéantirent à Morat l'armée de Charles le Téméraire. Un monument, construit sur le lieu du combat avec les os des vaincus, fut détruit par les Français en 1798. Une colonne de pierre le remplace aujourd'hui.

MORATA (Olympia-Fulvia), érudite Italienne, fille du poète Fulvius Peregrinus Moratus, née à Ferrare en 1526, morte en 1555. Elle fit de bonne heure des leçons publiques à Ferrare sur des sujets classiques. Après avoir épousé le médecin allemand Grunthler, elle embrassa le protestantisme, et finit par s'établir avec son mari à Heidelberg. Son œuvre se compose de poésies grecques et latines (Bâle, 1558).

MORATIN [mo-ra-tinn]. I. (Nicolas-Fernandez), poète espagnol, né en 1737, mort en 1780. Il réforma le théâtre espagnol en proscrivant les pièces religieuses. Ses meilleures tragédies sont : *Lucrecia*, *Ormesonda*, et *Guzman el Bueno*. Quelques-unes de ses poésies lyriques les plus célèbres parurent dans la collection de ses poésies posthumes éditée par son fils en 1821. — II. (Leandro-Fernandez de), son fils; poète dramatique,

né en 1760, mort en 1828. Il fut d'abord joaillier, devint secrétaire de l'ambassade espagnole à Paris, et plus tard employé au ministère des affaires étrangères, à Madrid; mais il eut des revers, et finit sa vie à Paris dans la pauvreté. *El sí de las niñas* (1806), la plus populaire de ses comédies, a été traduite en beaucoup de langages. Ses autres œuvres les plus célèbres sont les comédies *El viejo y la niña* et *La Comedia nueva*, et *Orígenes del teatro español.*

MORAVA, *Margus*, rivière de Serbie, formée de la Morava occidentale et de la Morava orientale. Elle se jette dans le Danube à 8 kil. au-dessous de Semendria, après un cours de 300 kil. — Pour la *Morava* d'Autriche, voy. MARCH.

MORAVE s. et adj. De la Moravie; qui appartient à ce pays ou à ses habitants.

MORAVIE (slav. *Morawa*; all. *Mæhren*), margraviat et territoire de la couronne d'Autriche. Limites : Prusse, Silésie autrichienne, Hongrie, basse Autriche et Bohême; 22,229 kil. carr.; 2,056,081 hab., en majorité d'origine tchèque et de religion catholique romaine. Cap., Brünn. Les montagnes de Moravie, la chaîne des Sudètes avec leur ramification orientale de Gesenke, et les Carpathes, la séparent tour à tour de la Bohême, de la Silésie et de la Hongrie. La principale rivière est la March ou Morawa, qui reçoit presque tous les autres cours d'eau et se jette dans le Danube. Les vallées fertiles et unies et les districts méridionaux donnent des grains et des fruits excellents, du chanvre, du lin et du vin; mais on ne tire pas encore complètement parti des grandes ressources minérales de la contrée. On y fait des cotonnades, des lainages, de la toile, des cuirs, de la porcelaine, du verre, etc., de sorte que la Moravie est une des provinces les plus industrielles de l'Autriche. La diète provinciale se compose du gouverneur, de l'archevêque d'Olmutz, de l'évêque de Brünn, et de 97 députés. — Avant la fin du vie siècle, ce pays fut successivement occupé par les Quades, les *Rugii*, les Hérules, les Lombards, et, plus tard, par des tribus slaves, qui finirent par fonder l'empire de la grande Moravie, ainsi appelée de la rivière Morawa. Charlemagne le conquit, et lui et ses successeurs en exigèrent un tribut et l'adoption de la foi chrétienne, dont Cyrille et Méthodius devinrent les grands apôtres. Swatopluk, qui se révolta contre l'empereur allemand, vers la fin du ixe siècle, rendit la Moravie puissante; mais elle succomba bientôt sous les attaques des Hongrois et des Allemands, et fut souvent envahie. Au xie siècle, elle fut attachée à la Bohême, avec laquelle elle échut à Ferdinand Ier d'Autriche, lors de la mort du roi Louis II de Hongrie et de Bohême (1526). La constitution autrichienne de 1849 en a fait une terre de la couronne à part, de même que la Silésie autrichienne, qui lui était unie autrefois. En 1866 la Moravie fut envahie par les Prussiens.

* **MORAVES** adj. m. pl. S'emploie dans cette expression, FRÈRES MORAVES, sectaires chrétiens qui se distinguent par une grande pureté de mœurs : on les appelle aussi HERNUTES. (Voy. HERNUTES.) — Les *frères moraves* (*Unitas fratrum*) forment une Église de chrétiens évangéliques, historiquement et ecclésiastiquement distincte de la société des *Frères unis dans le Christ*, avec qui on les confond souvent. Depuis leur conversion au christianisme, les peuples de la Moravie et de la Bohême avaient, pendant plusieurs siècles, manifesté un esprit opposé aux prétentions hiérarchiques de l'Église catholique et romaine, ne reconnaissant que la Bible comme seule règle de foi et de pratique. L'agitation de Jean Huss réveilla cet esprit.

En 1433, le concile de Bâle fit d'importantes concessions aux Bohémiens. Les calixtins, le plus conservateur des deux partis entre lesquels s'étaient divisés les hussites, défirent les taborites en 1434, et constituèrent l'Eglise nationale de Bohême, Mais en 1456 un certain nombre de taborites encore existants obtinrent de George Podiebrad, alors régent et plus tard roi de Bohême, la permission de s'établir sur un de ses domaines, la baronnie de Litiz ou Liticz. Ils s'organisèrent en société religieuse sous le nom de *Frères et sœurs de la loi du Christ*, qui fut ensuite remplacé par celui de *Unitas fratrum* ou *Unité des frères*. Telle fut l'origine de l'Eglise morave, qui, dans un synode tenu à Shosta en 1467, compléta son organisation. Vers la fin du xve siècle, les frères moraves avaient plus de 400 églises en Moravie et en Bohême. Ferdinand II les en chassa (1621); mais ils se réfugièrent en Pologne. En 1722, un seigneur de Saxe, le comte Zinzendorf, introduisit·les frères sur ses terres, et devint bientôt évêque parmi eux. Leur Eglise prit alors une grande extension, et se propagea dans diverses parties du continent, en Grande-Bretagne et dans l'Amérique du Nord, où les frères moraves évangélisèrent avec succès les Indiens. Une synode général tenu à Herrnhut en 1857 a renouvelé leur constitution. L'Eglise morave se divise aujourd'hui en trois provinces : l'Amérique; le continent d'Europe; et la Grande-Bretagne. La communauté des biens n'a jamais existé chez les frères moraves. On trouve seulement chez eux, particulièrement sur le continent, les maisons spéciales, les unes pour les hommes, les autres pour les femmes, où les personnes veuves ou non mariées, vivent en communauté et s'adonnent à leurs différents métiers ou professions, dont les bénéfices appartiennent à l'Eglise. Ils ont des diacres, des prêtres et des évêques. Les évêques, n'ont de plus que les autres prêtres, que le droit de conférer les ordres; ils ne gouvernent leur église qu'autant qu'ils sont délégués à cet effet par les comités exécutifs de synodes provinciaux. Il y a aujourd'hui 17 évêques en fonctions : 6 en Allemagne, 4 en Angleterre, 6 aux Etats-Unis et 1 dans les Indes orientales. Le rituel est semblable à celui de l'Eglise protestante épiscopale. Les frères moraves célèbrent des « fêtes d'amour », à l'imitation des agapes apostoliques. Ils donnent beaucoup de soin à l'éducation et ont de nombreux établissements où ils élèvent la jeunesse de leur confession. Mais c'est surtout aux missions qu'ils s'appliquent avec le plus d'ardeur et de succès. En Europe, leur œuvre de missions se nomme *Diaspora*, mot grec emprunté au Nouveau Testament, et a pour but l'évangélisation des chrétiens des autres communions sans prosélytisme immédiat. On compte 80,000 membres de la *Diaspora* en Europe. Les missions étrangères du Groënland, du Labrador, de l'Amérique du Nord, de la côte de Mosquito, des Antilles, de Surinam, de l'Afrique méridionale, du Thibet, et d'Australie, occupent environ 300 missionnaires, sans compter leurs assistants indigènes, dirigeant environ 70,000 convertis. On évalue le nombre des frères moraves, en dehors des membres de la *Diaspora*, à environ 100,000. (Voy. *The Moravian Manual;* Betlehem, Pennsylvanie, 1869).

MORAWA [mo-ra'-va]. Rivière d'Autriche. (Voy. **Marca**.)

MORAYSHIRE. Voy. **Elginshire.**

MORAZAN (Francisco) [mo-ra-sann'], dernier président de la république de l'Amérique centrale, né dans le Honduras en 1799, mort le 15 sept. 1842. Secrétaire général du Honduras en 1824, il ne tarda pas à être élu chef ou gouverneur de l'état. En 1829, il chassa le parti réactionnaire de la ville de Guatemala, ce qui lui valut du congrès na-

tional un décret lui donnant le titre de sauveur de la république. Il refusa la présidence, mais garda le commandement en chef de l'armée; il expulsa les moines, supprima les couvents, et appliqua les propriétés de l'Eglise à des œuvres d'éducation et de charité. En 1832, il repoussa une invasion venue du Mexique, sous les ordres d'Arce, le président chassé, et bientôt après il accepta la présidence. En 1836, le choléra éclata avec une violence extraordinaire. L'épidémie amena un soulèvement général des basses classes de la population et des Indiens, sous la conduite de Rafael Carrera. En 1840, Morazan chercha un refuge au Chili; de là, il alla à Costa Rica (1842), où il fut fait gouverneur par acclamation. Il se mit aussitôt à organiser une armée pour rétablir l'ancienne fédération; mais l'impopularité de ce projet amena une révolution au cours de laquelle Morazan fut pris et fusillé.

* MORBIDE adj. (lat. *morbidus*; de *morbus*, maladie). Peint. et Sculpt. Se dit des chairs mollement et délicatement exprimées. — Méd. Qui a rapport à la maladie : *phénomènes morbides*.

MORBIDEMENT adv. D'une façon morbide.

* MORBIDESSE s. f. (ital. *morbidezza*). Peint. et Sculpt. Mollesse et délicatesse des chairs dans une figure.

* MORBIFIQUE adj. (lat. *morbus*, maladie; *facere*, faire). Qui cause la maladie : *matière morbifique*.

MORBIHAN (Golfe du) (cell. *mor*. mer; *bihan*, petit). Golfe formé par l'Atlantique au-dessous de Vannes; il s'enfonce d'environ 20 kil. dans les terres; sa largeur moyenne est de 10 kil. Il est parsemé d'un grand nombre de petites îles dont les principales sont : l'île aux Moines et l'île d'Arz, habitées par des pêcheurs.

MORBIHAN, dép. maritime de la région nord-ouest de la France, doit son nom tiré du celtique (*Mor-Bihan*, petite mer) à un vaste golfe que les eaux de l'Océan forment sur son territoire, au N.-O. de l'embouchure de la Loire. Il est situé entre les dép. de la Loire-Inférieure, d'Ille-et-Vilaine, du Finistère, des Côtes-du-Nord et l'Océan; formé d'une partie de la basse Bretagne; 6,797 kil. carr.; 521,614 hab. Le territoire granitique et schisteux du Morbihan est fortement accidenté. Au N., il offre des collines couvertes de landes et de bruyères; cette chaîne, qui porte le nom de *Montagne Noire*, renferme le point culminant du dép. (297 m.). — Les côtes capricieusement découpées de baies, de rades et de ports présentent une étendue totale de plus de 200 kil. — Presqu'île et baie de Quiberon; longue de 12 kil., rattachée à la terre par un isthme étroit; elle abrite la magnifique baie de Quiberon, longue et large d'environ 15 kil. — Iles : Belle-Isle, Groix, Houat. — Princ. cours d'eau : la Vilaine, le Blavet, l'Auray. — Mines de plomb, d'étain, et de fer, pierre de taille, granit, argile à potier. Industrie peu développée : construction de navires; étoffes de laines; commerce de bestiaux, beurre, sardines, cire et miel; fameux cidre. Nombreuses landes incultes; port militaire à Lorient. — Ch.-l., Vannes; 4 arr., 27 cant., 247 comm. Evêché à Vannes, suffragant de Rennes. Cour d'appel et ch.-l. académique à Rennes. Ch.-l. d'arr. : Vannes, Lorient, Pontivy et Ploërmel.

MORBIHANAIS, AISE s. et adj. Du Morbihan; qui appartient à ce pays ou à ses habitants.

* MORBLEU interj. (corrupt. de *mordieu*, ou *mort de Dieu*). Sorte de jurement. On a dit *morbleu* pour éviter le blasphème.

Quand j'y songe, *morbleu!* je ne puis sans courroux
Voir que ces coquins-là soient plus heureux que nous.

Collin d'Harleville. *L'Inconstant.* acte 1er, sc. vii.

* MORCEAU s. m. (lat. *morsus*, morsure). Partie séparée d'un corps solide et continu : *cet habit n'est fait que de pièces et de morceaux.* — Absol. Portion séparée d'une chose solide qui peut être mangée : *vous faites les morceaux trop gros.* — Manger un morceau, faire un repas fort léger : *j'ai mangé un morceau avant de partir.* — Aimer les bons morceaux, aimer la bonne chère. — Doubler les morceaux, doubler ses morceaux, mettre les morceaux doubles, en double, se hâter de manger. — Le morceau honteux, le morceau qui reste le dernier sur le plat. — S'ôter le morceau, les morceaux de la bouche, se priver du nécessaire pour secourir ou obliger quelqu'un. — Tailler les morceaux à quelqu'un, régler, prescrire la dépense qu'il doit faire. — Tailler les morceaux bien courts à quelqu'un, lui faire sa part bien petite. — Il a ses morceaux taillés, ses morceaux sont taillés, il vit de son revenu, et n'a précisément que ce qu'il lui faut. — Il a ses morceaux taillés, on lui a prescrit tout ce qu'il doit faire, et il ne peut s'écarter en rien de ses instructions : *vous voulez qu'il vous accorde telle chose; il ne le peut pas, ses morceaux sont taillés.* — Rogner les morceaux a quelqu'un, diminuer ses profits, ses revenus; et, Compter les morceaux a quelqu'un, lui donner que le juste nécessaire. — Morceau avalé n'a plus de goût, on fait peu de cas des plaisirs passés. — Fait de pièces et de morceaux, fait de morceaux empruntés à diverses étoffes et qui ne vont pas bien ensemble : *un habit fait de pièces et de morceaux.* — Fig. Fait de pièces et de morceaux, qui n'est pas bien coordonné, dont les parties n'ont pas la même origine et ne tiennent pas bien ensemble : *ce discours est fait de pièces et de morceaux.* — Une portion, une partie non séparée, mais distincte et considérée à part, d'un corps solide et continu : *morceau de terre.* — Il a attrapé un bon morceau de cette succession, il en a eu une bonne partie. — Se dit, dans le même sens, des parties, des fragments d'un ouvrage d'esprit : *il y a de beaux morceaux dans ce panégyrique, dans ce poème.* — Objet entier, un tout : *le Panthéon est un beau morceau d'architecture.* — C'est un morceau trop cher, ou un morceau de prince, se dit d'une chose qui est d'un prix trop élevé, d'une acquisition trop difficile à faire. Se dit dans le même sens : *il ne tâtera pas, vous ne tâterez pas de ce morceau-là.* — C'est un friand morceau, un morceau de roi, se dit d'une jolie personne. — C'est un gros morceau, c'est une affaire difficile à régler. — Mus. Morceau d'ensemble, morceau à diverses parties, chanté par plusieurs voix.

* MORCELER v. a. Diviser par morceaux : *cet auteur a morcelé son sujet.* — « Se morceler v. pr. *La propriété se morcelle en France de plus en plus.*

* MORCELLEMENT s. m. Action de morceler : *le morcellement des héritages.*

MORDACITÉ s. f. (rad. *mordre*). Didact. Qualité corrosive, par laquelle un corps agit sur un autre, et le dissout en tout ou en partie : *la mordacité de l'eau-forte.* — Fig. Médisance aigre et piquante : *dans ses épigrammes, dans ses écrits, il y a une grande mordacité, une mordacité révoltante.*

MORDAILLER [*ll* mll.] v. a. Mordre légèrement.

MORDANÇAGE s. m. Application d'un mordant sur une étoffe pour faire prendre la teinture.

* MORDANT, ANTE adj. (lat. *mordeo*, je mords). Qui mord. — Chasse. Bêtes mordantes, le blaireau, le renard, l'ours, le loup, la loutre, etc. — Fig. Qui a une qualité corrosive : *un acide mordant.* — Au sens moral. Qui censure, qui critique avec malignité : *c'est un esprit mordant.*

* **MORDANT** s. m. Vernis qui sert à fixer l'or en feuilles que l'on applique sur du cuivre, du bronze, etc. — Teint. Substance au moyen de laquelle on parvient à fixer les couleurs sur la laine, la soie, le coton, etc. : *l'alun est le mordant le plus employé.* — Fig. CETTE VOIX A DU MORDANT, le timbre en est sonore et pénétrant. — Fig. AVOIR DU MORDANT DANS L'ESPRIT, avoir de la force, du piquant, de l'originalité dans l'esprit. — » s. f. Lime, scie.

MORDELLES, ch.-l. de cant., arr. et à 14 kil. S.-O. de Rennes (Ille-et-Vilaine); sur le Men : 1,800 hab. Minoteries; beurre, grains, fil, cidre.

MORDEUR, EUSE s. Personne qui à l'habitude de mordre.

MORDIABLE s. m. Personne diabolique.

* **MORDICANT, ANTE** adj. (lat. *mordicans*). Didact. Acre, picotant, corrosif : *cette liqueur a quelque chose d'âcre et de mordicant.* — Fig. et fam. Qui aime à médire, à railler amèrement, à critiquer : *il est un peu mordicant.*

* **MORDICUS** adv. [mor-di-kuss] (mot lat. qui signifie proprement *en mordant; de mordere*, mordre). Avec ténacité. Ne se dit qu'au figuré, et dans cette phrase familière, SOUTENIR SON OPINION MORDICUS, la soutenir avec obstination.

* **MORDIENNE** s. f. Ne s'emploie que dans cette locution adverbiale et populaire, A LA GROSSE MORDIENNE, sans façon, sans finesse, avec sincérité. On disait autrefois familièrement, MORDIENNE DE VOUS! la peste soit de vous!

MORDIEU interj. Synonyme de morbleu.

* **MORDILLER** v. a. [ll mll.]. Mordre légèrement et à plusieurs reprises : *cet enfant mordille tout ce qu'il a dans les mains.* S'emploie aussi absol. : *les jeunes chiens aiment à mordiller.*

* **MORDORÉ, ÉE** adj. Qui est d'une couleur brune mêlée de rouge : *drap mordoré.* — s. m. *Le mordoré est une couleur sérieuse.*

MORDORER v. a. (de *More*, n. pr. et *dorer*). Donner une teinte d'un brun chaud, d'une couleur brune mêlée de rouge.

MORDORURE s. f. Couleur mordorée.

* **MORDRE** v. a. (lat. *mordere*). *Je mords, tu mords, il mord; nous mordons. Je mordais. Je mordis. Je mordrai. Mords. Que je morde. Que je mordisse. Mordant. Mordu.* Serrer avec les dents : *un chien t'a mordu au bras.* — Absol. *Ce chien mord; les poissons mordent à l'hameçon.* — Prov. et fig. MORDRE LE SEIN DE SA NOURRICE, se montrer ingrat. — CHIEN QUI ABOIE NE MORD PAS, ceux qui font beaucoup de bruit ne sont pas les plus à craindre. — MORDRE A L'HAMEÇON, se dit d'une personne qui se laisse séduire par une proposition qu'on lui a faite pour la surprendre. — MORDRE A LA GRAPPE, saisir avidement une proposition, croire aveuglément à une promesse. — MORDRE LA POUSSIÈRE, être tué dans un combat. — IL N'Y SAURAIT MORDRE, se dit d'un homme qui aspire à une chose à laquelle il ne saurait parvenir. Se dit encore de celui qui ne peut comprendre une chose, ou qui n'a pas de goût pour l'étudier. On dit dans le sens contraire : *cet enfant commence à mordre au latin.* — Se dit aussi des oiseaux, de quelques insectes, et de la vermine : *cet enfant est tout mordu de puces.* — Se dit, fig., de plusieurs choses inanimées qui rongent, qui creusent ou qui percent : *l'eau-forte mord sur les métaux.* — Grav. MORDRE UNE PLANCHE ou FAIRE MORDRE UNE PLANCHE, lui faire éprouver l'effet de l'eau-forte, après avoir découvert en différents endroits, à l'aide d'une pointe à graver, le vernis dont elle est enduite. — Typogr. LA FRISQUETTE MORD, se dit lorsqu'un ou plu-

sieurs des bords de la frisquette couvrent quelques portions de page, et les empêchent de recevoir l'impression. LA VIGNETTE MORD SUR LES LETTRES, elle avance sur les lettres. — Tailleur. IL FAUT MORDRE PLUS AVANT DANS L'ÉTOFFE, il faut faire la couture un peu plus loin du bord de l'étoffe, pour qu'elle ne se défasse pas. — LES DENTS DE CETTE ROUE NE MORDENT PAS ASSEZ SUR LES AILES DU PIGNON, elles n'engrennent pas assez. — Fig. Médire, reprendre, critiquer, censurer avec malignité : *il ne donne point à mordre sur lui.* — « NE PAS MORDRE, être sans force, sans esprit. — ÇA NE MORD PAS, cette affaire s'emmanche mal. — * **Se mordre** v. pr. Prov. et fig. SE MORDRE LA LANGUE, s'arrêter au moment de dire ce qu'on ne doit ou qu'on ne veut pas exprimer : *j'allais lui dire quelque chose de mortifiant, je me suis à propos mordu la langue.* On dit aussi, SE MORDRE LA LANGUE D'AVOIR PARLÉ, s'en repentir. — Prov. et fig. S'EN MORDRE LES DOIGTS, S'EN MORDRE LES POUCES, se repentir d'une chose qu'on a faite : *j'ai eu trop de confiance en lui, je m'en mords les doigts.*

MORDVINS, populations de la Russie orientale, appartenant à la branche finnoise des races mongoliennes (Voy. FINNOIS). Elles sont au nombre d'environ 400,000 âmes et habitent principalement entre l'Oka et le Volga.

* **MORES** ou **Maures** s. m. (lat. *Mauri*; esp. *Moros*). Populations de la Mauritanie ou du Maroc et des contrées avoisinantes. Les Arabes qui conquirent la Mauritanie au VIIe siècle, convertirent au mahométisme les indigènes qui se donnaient le nom de Berbères, tandis que les Arabes s'appelaient *Moghrebin*, ou *Maugrabins*, c'est-à-dire « hommes de l'Ouest ». Les Espagnols et les Portugais appellent les envahisseurs de la péninsule espagnole Mores, parce qu'ils venaient de Mauritanie, et, dans la suite, les écrivains espagnols appliquèrent ce terme à tous les mahométans de l'Afrique septentrionale. Un grand nombre de Mores passèrent en Afrique à la chute de Grenade (1492). Ceux qui restèrent alors en Espagne, nommés Muriscos (Murisques), furent à la fin complètement chassés par Philippe III, en 1609. — Prov. et fig. TRAITER QUELQU'UN DE TURC A MORE, EN USER AVEC LUI DE TURC A MORE, le traiter avec une extrême dureté. — A LAVER LA TÊTE D'UN MORE ON PERD SA LESSIVE, inutilement on se donne beaucoup de soin et de peine pour faire comprendre à un homme quelque chose qui passe sa portée, ou pour corriger un homme incorrigible. — CHEVAL CAP DE MORE ou CAVECÉ DE MORE, cheval d'un poil rouan, dont la tête et les extrémités sont noires. — GRIS DE MORE, couleur grise tirant sur le noir : *des bas gris de more.*

MORE (Hannah), femme auteur anglaise (1745-1833). Elle avait écrit plusieurs pièces de théâtre, lorsque des scrupules religieux l'arrêtèrent dans cette voie. En 1795, elle commença à Bath la publication d'un recueil mensuel, intitulé *Cheap Repository*, et composé de petits récits écrits par elle-même et qui obtinrent un énorme succès. Son livre *Strictures on the modern System of Female Education* (Critiques sur le Système moderne de l'Éducation de la Femme, 1799), lui valut l'invitation de dresser un plan pour l'instruction de la princesse Charlotte de Galles : il en résulta *Hints toward forming the Character of a young Princess* (Conseils pour former le caractère d'une jeune princesse, 1805). Son livre le plus populaire, *Cœlebs à la recherche d'une Femme* (*Cœlebs in search of a Wife*, 1809) eut dix éditions en une année. La meilleure édition de ses œuvres est celle de 1853 en 11 vol. in-16.

MORE (Henry), philosophe anglais (1614-1687). Agrégé de l'université de Cambridge, il passa sa vie dans la retraite et la méditation.

En 1640, il publia un poème philosophique intitulé *Psychozoia, ou la Vie de l'âme* (The life of the Soul). On a aussi de lui : *Conjectura Cabalistica*, essai d'interprétation mystique de la Genèse; *Philosophiæ Teutonicæ Censura, Enthusiasmus Triumphatus* (1656), discours sur l'enthousiasme, etc. Ses œuvres anglaises ont été réunies (4e éd. 1712), et on a publié, en 1679, une édition complète de ses œuvres latines.

MORE (SIR Thomas). Voy. MORUS.

MORÉ, ÉE adj. (lat. *morus*, mûrier). Bot. Qui ressemble à un mûrier. — s. f. pl. Famille d'urticinées, ayant pour type le genre mûrier et comprenant, en outre, plusieurs autres genres d'arbres ou d'arbrisseaux parmi lesquels nous citerons : les genres broussonétie, maclure, figuier et dorsténie.

* **MOREAU** adj. m. (rad. *More*). Se dit d'un cheval qui est extrêmement noir : *un cheval moreau, de poil moreau.* (Vieux.)

MOREAU (Hégésippe), poète, né à Paris en 1810, mort dans la même ville, en 1838. Il était fils naturel d'un professeur qui le laissa de bonne heure orphelin. Un de ses parents le fit entrer au séminaire de Meaux, puis à celui d'Avon, où il termina ses études. Venu à Paris pour y chercher des moyens d'existence, il entra comme compositeur à l'imprimerie de Firmin Didot, se trouva sans travail après les journées de 1830, végéta dans la plus affreuse misère et mourut de phtisie à l'hôpital de la Charité. Ses poésies, publiées sous le titre de *Le Myosotis* (Paris, 1838, 1 vol in-18), sont pleines de grâce et de fraîcheur; on y remarque l'*Ode à la Faim*, la *Fermière*, etc. Il a laissé aussi des *Contes* en prose.

MOREAU (Jean-Victor), célèbre général français, né à Morlaix, le 14 août 1761, mort à Laun (Bohème septentrionale), le 2 sept. 1813. Il était fils d'un avocat et étudia le droit à Rennes. Chef du parti révolutionnaire dans cette même ville, il rejoignit l'armée du Nord à la tête d'un bataillon de volontaires (1792), fut nommé général de brigade (1793) et, en qualité de général de division, sous Pichegru (1794-95), il prit une part importante à la conquête de la Hollande. En 1796, il commandait en chef à Neresheim, où il battit les Autrichiens (11 août); après quoi il pénétra jusqu'au centre de la Bavière. Mais, apprenant la défaite de Jourdan à Wurzbourg, et la marche en avant de l'archiduc Charles, il exécuta une magnifique retraite jusqu'en Alsace, emmenant avec lui près de 7,000 prisonniers. En 1797, il s'empara de Kehl, mais les préliminaires de Léoben l'arrêtèrent. Son amitié pour Pichegru le rendit suspect; après 18 mois d'inactivité, il fut envoyé dans l'Italie septentrionale sous Scherer, qui lui laissa le commandement, au moment où tout semblait perdu. Battu par Suvaroff à Cassano (27 avril 1799), Moreau exécuta une retraite encore plus admirable que celle de 1796. Il aida Bonaparte à faire le 18 brumaire. Nommé au commandement de l'armée du Rhin, il traversa ce fleuve à la hâte le 25 avril 1800, gagna la bataille décisive de Hoechstaedt, s'avança jusqu'à Munich, et, le 15 juillet, signa l'armistice de Parsdorf. Mais l'Autriche rejetant la paix, il marcha sur Vienne, remporta une brillante victoire à Hohenlinden (3 déc.), et, après d'autres succès, se trouvait à deux jours de marche de Vienne lorsque le traité de Lunéville fut signé (9 fév. 1801). Poussé au mécontentement par sa femme et par sa belle-mère, qui ne trouvaient pas que Bonaparte appréciât suffisamment ses services, il se laissa initier, sinon entraîner à la conspiration de Cadoudal et de Pichegru, en 1804, et fut condamné à deux années d'emprisonnement que Napoléon commua en exil. Rayé des cadres de l'armée, Moreau s'établit à Morrisville, dans l'état de Pennsylvanie (Etats-Unis), et se fit agronome.

Neuf ans après, le czar l'appela en Russie et lui persuada de dresser un plan d'invasion de la France. Il devint le confident intime d'Alexandre, et il était auprès de lui à Dresde, le 27 août 1813, lorsqu'un boulet de canon, venu de l'artillerie de la garde de Napoléon, lui emporta les deux jambes. Il mourut cinq jours après en Bohême. — Bibliogr. A. de Beauchamps : *Vie politique, militaire et privée du général Moreau* (Paris, 1814, in-8°).

MOREAUX (Maison de la Mère), fameux débit de prunes et de chinois, situé à Paris, place de l'École.

MORÉE (*Moria*). Nom que l'on donne aujourd'hui à l'ancienne Péloponèse (Voy. ce nom).

MORÉE, ch.-l. de cant., arr. et à 22 kil. N.-E. de Vendôme (Loir-et-Cher) ; 1,200 hab. Grains, fourrages et vins.

MORÉE s. f. Bot. Genre d'iridées, comprenant plusieurs espèces de plantes qui nous viennent des pays chauds. La *morée fausse iris* (*moraea iridioides*), introduite dans nos jardins vers 1758, est une jolie plante de 30 à 60 cent. de haut, à feuilles brunâtres, à grandes fleurs blanches tachetées de jaune ; la *morée de Chine* (*moraea Sinensis*), appelée aussi *iris tigrée*, aux fleurs jaunes tachetées de rouge ; la *morée à grandes fleurs* (*moraea virgata*), ou *iris plumeuse*, porte des fleurs blanches tachetées de bleu et de jaune, avec une raie barbue.

MOREL, célèbre famille d'imprimeurs. — I. (Guillaume), né près de Mortain en 1505, mort à Paris en 1564. Il a laissé d'excellentes éditions d'auteurs grecs. — II. (Frédéric), dit L'ANCIEN, né en Champagne en 1523, mort en 1583. Il fut directeur de l'imprimerie royale en 1571. Il a laissé des ouvrages religieux. — III. (Frédéric), dit LE JEUNE, fils du précédent, né à Paris en 1558, mort en 1630. Il édita et traduisit les classiques grecs et les écrivains grecs des premiers siècles de l'Église. Il a écrit plusieurs ouvrages en latin.

MOREL-FATIO (Antoine-Léon), peintre, né à Rouen en 1810, mort en 1871. Il visita une partie de l'Europe et l'Algérie. Il fut nommé en 1853 conservateur des galeries de marine au Louvre et mourut de l'émotion qu'il éprouva lorsqu'il vit les Prussiens pénétrer dans ce musée. Ses toiles les plus connues sont : *La rue Bab-Azoun* (1834) ; *Coup de vent dans la rade d'Alger* (1835) ; *Combat d'Algésirus* (1836) ; *Attaque d'Alger* (1837) ; *Combat du VENGEUR* (1840) ; *Saint-Jean-d'Ulloa* (1841) ; *Transbordement de Napoléon à Cherbourg* (1840) ; *Bombardement de Tanger* (1845) ; *Vue de Bomarsund* (1855) ; *Brest* (1855) ; *Toulon* (1857) ; *Fêtes de Cherbourg en 1858* (1859) ; *La REINE-HORTENSE par un gros temps* (1863) ; *La pêche aux lançons* (1866), etc.

*MORELLE** s. f. (rad. *moreau*, elle). Bot. Genre de solanées, comprenant environ 800 espèces de plantes herbacées ou frutescentes à feuilles solitaires ou géminées. L'espèce la plus importante est la *morelle tubéreuse* (voy. POMME DE TERRE) ; la *morelle douce-amère* (voy. DOUCE-AMÈRE) est une plante médicinale ; la *morelle noire* (*solanum nigrum*), très répandue dans nos champs, porte les noms populaires de *mourelle* et de *crève-chien*. Elle est annuelle, haute d'environ 75 centim. ; à feuilles ovales, sinueuses, dentelées et anguleuses vers la base ; à fleurs petites, blanches, en grappe ; à baies noires. Toute la plante a une odeur musquée et une saveur fade. Ses fruits sont légèrement narcotiques. La *morelle mélongène* est plus connue sous le nom d'*aubergine*. (Voy. ce mot.) La *morelle ornementale* (*solanum Warscewiczii*) s'élève à une hauteur d'environ 2 m. ; elle est recherchée dans les jardins pour la beauté de ses feuilles. La *morelle faux-piment* (*solanum pseudo-capsicum*), vulgairement appelée *cerisette, amome*

Morelle ornementale (S. Warscewiczii).

arbrisseau d'appartement à feuilles oblongues en fer de lance, à fleurs blanches, petites ; à nombreuses *baies globuleuses* d'un joli

Morelle faux-piment.

rouge cerise. Elle a besoin d'être rentrée pendant les froids.

MORELLET (L'abbé André), littérateur et philosophe, né à Lyon le 7 mars 1727, mort à Paris le 12 janvier 1819. Après avoir fait ses études chez les jésuites de Lyon, il étudia la théologie à Paris, se lia avec Diderot, et fit paraître, en 1756, son premier ouvrage littéraire, *Petit écrit sur une matière intéressante* ; c'était une sorte de pamphlet, où l'auteur raillait agréablement les doctrines catholiques et les mœurs du clergé. Diderot et d'Alembert se hâtèrent d'offrir à Morellet une place à l'*Encyclopédie* ; l'abbé philosophe accepta et il collabora avec succès à l'œuvre de Diderot. En 1772, il visita l'Angleterre et la Suisse, où Franklin et Voltaire l'accueillirent avec cordialité. En 1783, il remplaça l'abbé Millot à l'Académie française. Pendant la Révolution, il ne vécut que de son travail et sauva chez lui les archives, les titres et le *Dictionnaire de l'Académie*, dépôt qu'il conserva jusqu'en 1803. En 1807, il entra au Corps législatif. Il a laissé : *Préface des philosophes* (1760) ; *Théorie du paradoxe* (1775) ; le *Cri des familles* ; la *Cause des pères* (1794) ; *Mélanges de littérature et de philosophie* (Paris, 1818, 4 vol. in-8°), etc. Il fut aussi l'un des plus laborieux rédacteurs du *Dictionnaire de l'Académie*.

MORELLY, philosophe du XVIIIe siècle, qui étudia beaucoup les questions sociales. Il a laissé : *Le prince ou Traité des qualités d'un grand roi et système d'un sage gouvernement* (Amsterdam, 1751, 2 vol. in-12) ; *Naufrage des îles flottantes* (1753), poème en 14 chants et en prose ; le *Code de la nature* (1755, in-12), etc.

MORELOS [mo-rè-loss], état intérieur du Mexique. Limites : l'état de Mexico, le district fédéral, les états de Puebla et de Guerrero ; 5,253 kil. carr. ; 150,000 hab. Cap., Cuernavaca. Sur la pente S.-E. du plateau central, le pays est très montagneux, mais coupé de plaines d'une remarquable fertilité. Le climat, tempéré dans le nord, est extrêmement chaud et malsain dans le sud. Les productions sont la canne à sucre et diverses variétés de fruits exquis. Fabrication de sucre, de mélasse et de rhum. Il y avait, en 1873, 22 mines d'argent en exploitation. On y trouve aussi de l'or, du mercure, du cinabre, du plomb, de la craie et du kaolin.

MORELOS ou **Montemorelos**, ville de l'état de Nuevo-Leon (Mexique), à 110 kil. S.-E. de Monterey ; 9,000 hab. Fabriques de sucre, de rhum, d'instruments d'agriculture, de faïence et de chapeaux.

MORELOS (José-Maria), révolutionnaire mexicain, né en 1780, mort en 1815. Il était curé de Nucupetaro en Valladolid, et il se joignit, en oct. 1810, au chef insurgé Hidalgo contre les Espagnols. Avec 1,000 hommes environ, la plupart nègres et esclaves, il surprit les Espagnols le 25 janvier 1811, et leur infligea une défaite signalée. Il les défit de nouveau à Cuautla-Amilpas, le 19 février 1812, et, après d'autres victoires, il obligea Acapulco à se rendre, le 30 août 1813. Mais il éprouva lui-même une suite de revers, fut fait prisonnier le 16 nov. 1815, et fusillé le 22 décembre.

MORE MAJORUM [mo-ré-ma-jo-romm], expression latine qui signifie, d'après la manière des ancêtres : *il agit toujours more majorum*.

MORENA (Sierra). Voy. ESPAGNE.

MORÉRI (Louis), encyclopédiste, né à Bargemont (Var) en 1643, mort à Paris en 1680. Il reçut la prêtrise à Lyon et devint secrétaire de l'évêque d'Apt. Il a laissé : *Grand dictionnaire historique* (Lyon, 1673, in-fol.) que Leclerc, Goujet et autres ont entièrement refondu et que Drouet a édité (Paris, 1759, 10 vol. in-fol.). Voltaire a dit de cette édition que « c'était une ville nouvelle bâtie sur l'ancien plan ». Moréri a laissé en outre des recueils de pièces en vers et quelques ouvrages de religion.

*MORESQUE** adj. Qui a rapport aux coutumes, aux usages, au goût des Mores : *les galanteries moresques*. — s. f. Espèce de danse à la manière des Mores : *la moresque ressemble à la sarabande espagnole*. — Peinture MORESQUE, A LA MORESQUE, ou absol. MORESQUE, sorte de peinture faite de caprice, et représentant pour l'ordinaire des branchages, des feuillages qui n'ont rien de naturel : *les Turcs ne souffrent point de figures dans leurs peintures, et n'ont que des moresques et des arabesques*.

MORESTEL, ch.-l. de cant., arr. et à 15 kil. N.-E. de la Tour-du-Pin (Isère) ; 900 hab. Fabrique de sucre de betterave.

MORET, *Moretum*, ch.-l. de cant., arr. et à 11 kil. S.-O. de Fontainebleau (Seine-et-Marne), au confluent du Loing et du canal de ce nom ; 1,500 hab. Farines, céréales, pavés, vins. Ancienne place forte du moyen âge ; assiégée et prise par les Anglais et le duc de Bourgogne en 1420, reprise par Charles VII, en 1430. Église du XIIe siècle.

MORETO Y CABANA (Augustin), auteur dramatique espagnol, né vers 1600, mort vers 1669. Ami et imitateur de Lope de Vega et de Calderon *Son Dédain pour dédain* est une des quatre comédies classiques espagnoles, et a été adaptée au théâtre français par Molière (*La Princesse d'Élide*). Scarron a traduit presque littéralement *del Marques del*

Cigarral pour son *Don Japhet d'Arménie;* et on retrouve dans l'*École des maris* de Molière, plusieurs scènes de *No pue de cer (Cela ne peut être)*. Les œuvres de Moreto ont été publiées à Valence (1703, 3 vol. in-4°).

MOREUIL, ch.-l. de cant., arr. et à 16 kil. N.-E. de Montdidier (Somme), sur la rive droite de l'Avre; 3,000 hab. Bonneterie, briqueteries, quincaillerie, etc.

MOREZ, ch.-l. de cant., arr. et à 28 kil. N.-E. de Saint-Claude (Jura), au fond d'une gorge, près de la frontière suisse; 5,000 hab. Industrie active; fabriques d'horlogerie et de verres de lunettes.

MORFÉE s. f. Agric. Maladie de certaines plantes, causée par une production végéto-animale, qui forme, sur les feuilles, des taches noires fuligineuses.

MORFIL s. m. (anc. esp. *almafil*). Certaines petites parties d'acier presque imperceptibles, qui restent au tranchant d'un couteau, d'un rasoir, etc., lorsqu'on a passé sur la meule, et qu'il faut achever d'emporter pour se servir utilement ou du couteau ou du rasoir : *ôter, faire tomber le morfil d'un rasoir, d'un couteau*. — Dents d'éléphant séparées du corps de l'animal, et avant qu'elles soient travaillées : *on tire beaucoup de morfil des côtes de Guinée.*

MORFILER v. a. Faire sur la tranche des cartes, avec l'ongle, une légère aspérité, au moyen de laquelle les filous peuvent ensuite les reconnaître.

MORFONDEMENT s. m. Action de se morfondre, de se réduire en eau.

MORFONDRE v. a. Refroidir, causer un froid qui incommode, qui pénètre : *ne dessellez pas sitôt ce cheval, de peur de le morfondre.* — **Se morfondre** v. pr. Fig. et fam. Perdre bien du temps à la poursuite d'une affaire, d'une entreprise qui ne réussit pas, dans l'attente d'une personne qui n'arrive pas, qu'on succède qu'on n'obtient point : *ce général s'est morfondu devant cette place.* — Boulang. LA PÂTE SE MORFOND, elle perd la force de fermentation qu'elle doit avoir pour faire de bon pain.

MORFONDU, UE part. passé de MORFONDRE. — Adjectiv. :

    La pauvre Vérité restait là *morfondue.*
                                    FLORIAN.

MORFONDURE s. f. Art vétér. Sorte de maladie qui vient aux chevaux lorsqu'ils ont été saisis de froid après avoir eu chaud : *ce cheval jette des naseaux, mais ce n'est qu'une morfondure.*

MORGAGNI (Giovanni-Battista), anatomiste italien, né en 1682, mort en 1771. Il fut professeur à Padoue, et passe pour le fondateur de l'anatomie pathologique. C'est à cette branche de la science qu'ont trait ses plus célèbres ouvrages. Son livre, *De sedibus et causis morborum per anatomen indicatis,* a été traduit par Désormeaux (1820-'23).

MORGAN (SIR Henry) [mor'-gann], flibustier anglais, né vers 1637, mort en 1690. Il fut, pendant maintes années, chef d'une armée de pirates dans les Antilles. La plus audacieuse de ses expéditions est celle dans laquelle, parti de la Jamaïque (1670), il s'empara de Portobello et de Panama, qu'il mit à sac. Plus tard il se fixa à la Jamaïque, où il fut fait commissaire de la marine et chevalier.

MORGAN. I. (Owenson SYDNEY, lady), femme auteur irlandaise, née vers 1783, morte en 1859. C'était la fille d'un acteur. Parmi ses premières œuvres, on trouve un volume de poésies (1797), *The Wild Irish Girl (La sauvage fille d'Irlande),* roman populaire (1806), *Patriotic Sketches of Ireland (Esquisses patrio-*

tiques irlandaises, 1807); *Woman, or Ida of Athens (La Femme, ou Ida d'Athènes,* 1809), et *The Missionary* (1811). En 1812, elle épousa sir Thomas-Charles Morgan, avec qui elle voyagea et séjourna sur le continent. Elle publia alors un examen de l'état social de la France (1847), et un travail analogue sur l'Italie (1821, 2 vol.). Parmi ses autres œuvres, on cite ses romans : *O'Donnell* (1814); *Florence Macarthy* (1816); *The Life and Times of Salvador Rosa* (1824); *The O'Briens and the O'Flahertys* (1827); *Book of the Boudoir (Le livre du Boudoir,* 1829); *Dramatic Scenes from Real Life (Scènes dramatiques tirées de la vie réelle,* 1833); *The Princess, or the Béguine,* 1835); *Woman and her Master (La Femme et son Maître,* 1840), et *Passages from my autobiography* (1858). — II. (SIR Thomas-Charles), écrivain anglais, mari de la précédente, né vers 1783, mort en 1843. Après son mariage, il se démit des fonctions de commissaire des pêcheries irlandaises, et se consacra à la littérature. Il a écrit : *Sketches of the Philosophy of Life (Esquisses de la philosophie de la vie,* 1818); *Sketches of the Philosophy of Morals (Esquisses de philosophie morale,* 1822), et, avec sa femme, *The Book without a Name (Le livre sans nom,* 1841).

MORGANATIQUE adj. (all. *morgengabe,* du matin, parce que le douaire accordé à la femme, dans la matinée qui suit le mariage morganatique, est considéré comme tout ce qui doit lui revenir. D'autres le font dériver du goth *morgjan,* réduire, limiter). Se dit d'un mariage particulier, qui est en usage en Allemagne, en Angleterre et dans le Danemark, parmi les familles d'une grande noblesse, lorsqu'une personne de ces familles épouse une personne d'un rang inférieur. En France, on a employé l'expression *mariage de la main gauche,* pour désigner des unions de ce genre, parce que le personnage qui se mésalliait présentait, pendant la cérémonie du mariage, la main gauche, au lieu de la main droite, à la personne qu'il élevait jusqu'à lui; c'est ainsi que M**me** de Maintenon se trouve être une *reine de la main gauche.* Ces sortes de mariages donnent lieu à des stipulations particulières, en vertu desquelles la personne inférieure et ses enfants n'ont droit ni aux biens, ni au rang du conjoint appartenant à une condition supérieure, le douaire (don du matin) tenant lieu de tous autres avantages et privilèges. Les enfants sont néanmoins considérés comme légitimes. Parmi les innombrables mariages morganatiques, nous citerons ceux de l'impératrice Marie-Louise avec son chambellan, de George Ier d'Angleterre avec la duchesse de Kendal, celui de Frédéric VI de Danemark avec la comtesse de Danner (7 août 1850), etc.

MORGANATIQUEMENT adv. D'une façon morganatique.

MORGANE (La fée), sœur d'Artus et élève de Merlin, l'enchanteur. C'est à cette fée galloise que le peuple attribue, en Calabre, le curieux phénomène de réfraction qui se voit souvent dans le détroit de Messine. (Voy. FATA MORGANA).

MORGARTEN [mor'-gar-tenn], colline de Suisse, près de Rothenthurm, sur la frontière orientale du canton de Zug, où 1,400 montagnards indisciplinés et mal armés de Schwytz, d'Uri et d'Unterwalden écrasèrent, le 16 nov. 1315, 20,000 Autrichiens commandés par le duc Léopold. Ce fut la première victoire gagnée par les Suisses dans leur lutte pour l'indépendance.

MORGE (La), petite rivière du dép. du Puy-de-Dôme, qui prend sa source dans l'arr. de Riom, baigne Pont-Mort, Varennes et Martres et se jette dans l'Allier, près du château de Murol, après un cours de 66 kil.

MORGELINE s. f. (lat. *morsus,* morsure;

gallinæ, de poule). Genre de plantes à petites fleurs et à feuilles pointues, que l'on nomme autrement alsine : *le mouron des oiseaux est une espèce de morgeline.*

MORGENSTERN (Christian). [mor'-ghennstèrnn], peintre allemand, né à Hambourg en 1805, mort en 1867. Il s'établit à Munich en 1830, et se fit connaître par sa *Bruyère de Lunebourg* et par ses jolis dessins de montagnes, de châteaux et de lacs. Ses meilleurs tableaux représentent des clairs de lune et des nuits orageuses dans Heligoland.

MORGES, ville du canton de Vaud (Suisse), à 11 kil. S.-O. de Lausanne, sur le lac de Genève; 4,000 hab. Fonderies de canons; commerce de vins; château du XIIIe siècle, qui sert d'arsenal et qui contient une curieuse collection d'armes.

MORGHEN (Raffaelle-Sanzio) [mor'-ghènn], graveur italien, né à Florence en 1758, mort en 1833. Il épousa en 1781 la fille unique de son maître Volpato, à Rome, et, en 1793, ouvrit une école de gravure à Florence. Son ouvrage le plus méritoire est l'estampe de la Cène, d'après Léonard de Vinci, et son ouvrage la plus soigné, celui de la Transfiguration de Raphaël. Il a gravé en tout 201 planches, dont 73 portraits.

MORGUE s. f. Mine, contenance grave et sérieuse, où il paraît quelque fierté, quelque orgueil : *avoir de la morgue.* Par ext. Excès de suffisance, orgueil : *sa morgue le rend insupportable, le rend ridicule.*

MORGUE s. f. Endroit à l'entrée d'une prison, où l'on tient quelque temps ceux que l'on écroue, afin que les guichetiers puissent les regarder, les examiner, pour les reconnaître ensuite : *on l'a tenu longtemps à la morgue.* — Endroit où l'on expose les corps des personnes trouvées mortes hors de leur domicile, afin qu'elles puissent être reconnues. — Des établissements de ce genre existaient à Paris dès le XVIIe siècle, et étaient attachés aux prisons. Celui du Châtelet fut remplacé en 1804 par un établissement à part, agrandi en 1830; mais ce dernier se trouvant encore insuffisant, on en ouvrit un nouveau en 1866, près de la Seine, derrière Notre-Dame. Les morts sont placés derrière une cloison vitrée, sur des dalles de marbre; on retarde la décomposition par des filets d'eau et par divers autres moyens. La durée moyenne de l'exposition est de 24 heures, et la plupart des corps sont reconnus pendant ce temps. — A New-York, la morgue fut établie en 1866. On y expose les corps 72 heures, plus longtemps si on le juge nécessaire; les vêtements sont exposés 30 jours et conservés pendant un an.

MORGUER v. a. Braver quelqu'un en le regardant d'un air fier et menaçant : *il le morgue partout.* (Vieux.)

MORGUIENNE interj. Synonyme de morbleu.

MORHOF (Daniel-George), savant philologue, né à Wismar en 1639, mort en 1691. Il a laissé : *Traité de la langue et de la poésie allemande* (Kiel, 1682, et Lubeck, 1732, 2 vol. in-8°); *Poésies latines* (Lubeck, 1697), etc.

MORIBOND, ONDE adj. (lat. *moribundus;* de *mori,* mourir). Qui va mourir : *il était moribond, elle est moribonde.* — Substantiv. *Un moribond.* — ÊTRE TOUT MORIBOND, être dans un état de langueur, comme s'il on allait mourir.

MORICAUD, AUDE adj. (rad. *more*). Qui a le visage de couleur brune : *il est moricaud.* — s. *C'est un moricaud, une petite moricaude.*

MORIGÉNER v. a. (lat. *mores,* mœurs; *regere,* régir). Former les mœurs de quelqu'un, l'instruire aux bonnes mœurs : *on ferait bien condamnable quand il n'a pas soin de morigéner ses enfants.* (Vieux.) — Corriger, remettre dans l'ordre et dans le devoir : *si vous manquez à votre devoir, je saurai bien vous morigéner.* (Fam.)

* MORILLE s. f. [*ll* mll.] (lat. *morus*, mûrier, à cause de la forme de ce champignon). Bot. Genre de champignons hyménomycés, caractérisés par un chapeau en forme de cloche, réticulé à sa surface, percé de cavités, qui le font ressembler à une éponge noire ou à un rayon de miel. Ce genre comprend plusieurs espèces non vénéneuses, très recherchées comme alimentaires. La *morille* commune, ou *morille comestible (morchella esculenta)*, que l'on trouve sur la terre au printemps, est parfumée et d'une saveur agréable. On la mange fraîche ou séchée, cuite sur le gril ou préparée avec du beurre et des fines herbes. On n'a pas encore trouvé le moyen de la cultiver. On la rencontre en mars et en avril dans les bois, le long des chemins, sous les ormes, les chênes, les frênes et les châtaigniers.

MORILLO s. m. Chapeau à petits bords (vers 1820). « C'était le temps de la lutte de l'Amérique méridionale contre le roi d'Espagne, de Bolivar contre Morillo. Les chapeaux à petits bords étaient royalistes et se nommaient des *morillos*, les libéraux portaient des chapeaux à larges bords qui s'appelaient des *bolivars* » (Victor Hugo).

MORILLO (Pablo), général espagnol, né en 1777, mort en 1832. Il se distingua pendant la guerre de l'Indépendance contre les Français et contribua à la victoire d'Arroyo-de-Molinos en 1812. Envoyé contre les insurgés de Venezuela et de la Nouvelle-Grenade, il prit d'assaut Carthagène, mais fut moins heureux contre Bolivar, qui le battit en 1819. De retour en Espagne, il joua un rôle équivoque, déplut à Ferdinand VII et se retira en France (1824). Il a laissé : *Mémoires relatifs aux événements de ses campagnes en Amérique,* trad. fr. par E. de Blosseville.

* MORILLON s. m. [*ll* mll.] (rad. *more*). Sorte de raisin noir.

* MORILLONS s. m. pl. Joaill. Emeraudes brutes qui se vendent à l'once.

MORIN I. (Le Grand-), rivière de France qui prend sa source à 6 kil. N. de Sézanne (Marne), passe à Coulommiers, à Crécy et se jette dans la Marne à Condé, à 6 kil. de Meaux, après un cours de 96 kil. dont 14 navigables. — II. (Le Petit-), rivière qui prend sa source près d'Ecury (Marne), passe à Montmirail et se jette dans la Marne au-dessous de la Ferté-sous-Jouarre (Seine-et-Marne), après un cours de 56 kil.

MORIN. I. (Arthur-Jules), général et mathématicien, né à Paris le 17 octobre 1795, mort le 7 février 1880. Au sortir de l'Ecole polytechnique (1817), il entra à l'Ecole d'application de Metz, devint professeur de mécanique industrielle au Conservatoire des arts et métiers de Paris, entra à l'Académie des sciences (1843), fut nommé directeur du Conservatoire des arts et métiers en 1852, président de la société des ingénieurs civils (1863), général de division en 1855. Il a inventé plusieurs instruments, tels que la *manivelle dynamométrique* pour mesurer la force des moteurs animés, *l'appareil à indications continues,* qui sert à étudier la loi de la chute des corps. (Voy. MÉCANIQUE.) Parmi ses très nombreux ouvrages, nous citerons : *Expériences sur le frottement* (Paris, 1833-'35, 3 vol. in-4°); *Divers appareils dynamométriques* (1836, in-8°), ouvrage qui obtint le prix Montyon en 1837; *Aide mémoire de mécanique pratique* (1837-'38, in-8°); *Pendule balistique* (1839); *Mécanique pratique* (Paris, 1850, 3 vol. in-8°); *Hydraulique* (1858, in-8°); *Notions géométriques sur les mouvements et leurs transformations* (4° éd., 1872), etc. — II. (Jean), théologien, né à Blois en 1591, mort en 1659.

Il appartenait à une famille protestante; mais il abjura et entra à l'Oratoire en 1618. Il a laissé plusieurs ouvrages latins relatifs à l'histoire et à la critique sacrées. — III. (Michel-Jean-Baptiste), astrologue, né à Villefranche (Beaujolais) en 1583, mort en 1656. Il tira l'horoscope de Louis XIV et fut l'un des détracteurs les plus opiniâtres de Copernic et de Galilée. Il a écrit plusieurs ouvrages latins, entre autres : *Astrologia Gallica* (la Haye, 1661, in. fol.).

MORIN (Michel), personnage légendaire de la *Bibliothèque bleue.* Michel Morin était une espèce de Sancho Pança, qui remplissait une foule de charges dans sa paroisse. Son nom est devenu synonyme de personne qui entreprend toute espèce de métiers : *c'est un Michel Morin.*

MORINS, *Morini* (du celt. *mor,* mer), peuple de la Gaule Belgique, à l'O. des Nervii et des Menapii. Leur position, à l'extrémité septentrionale de la Gaule, les fit appeler par Virgile *extremi hominum (Enéide,* VIII, v. 727). Leur capitale était *Gesoriacum* (Boulogne-sur-Mer).

* MORION s. m. (rad. *More*). Sorte d'armure de tête plus légère que le casque, et en usage aux XVI° et XVII° siècles. — Espèce de punition qu'on infligeait autrefois aux soldats, et qui consistait à les frapper sur le derrière avec la hampe d'une hallebarde, ou avec la crosse d'un mousquet : *donner le morion.*

MORIQUE adj. m. (lat. *morus,* mûrier). Chim. Se dit d'un acide que l'on rencontre dans l'écorce du mûrier des teinturiers.

MORISQUE s. m. Voy. MORE.

MORLAAS, ch.-l. de cant., arr. et à 11 kil. N.-E. de Pau (Basses-Pyrénées); 1,500 hab. Eglise du XI° siècle.

MORLAIX, *Morlæum, Mons Relaxus,* en bret. *Montroules,* ch.-l. d'arr., à 84 kil. N.-N.-E. de Quimper (Finistère), au confluent du Jarlot et du Quefflent; à 10 kil. de la mer; par 48° 34' 38'' lat. N. et 6°40' 46'' long. O.; 12,000 hab. Rade sûre et commode, défendue par le fort du Taureau que François I° fit construire en 1525. Vieille ville autrefois très importante, prise par Henri IV en 1594. Beau viaduc du chemin de fer, jeté à une hauteur de 64 m. Manufactures des tabacs occupant 400 hommes et 700 femmes et produisant 2 millions de kil. de tabac par an. — Patrie du général Moreau.

MORLAND (François-Louis), colonel, né à Souilly (Meuse) en 1771, tué à Austerlitz en 1805. Volontaire en 1791, il dut son avancement à son intrépide valeur. Un des quais de Paris porte son nom.

MORLAQUES, nom spécial donné aux populations slaves de Dalmatie et des districts maritimes avoisinants de l'Autriche-Hongrie. Ils fournissent à la flotte autrichienne une large portion de ses marins.

MORMANT, ch.-l. de cant., arr. et à 20 kil. N.-E. de Melun (Seine-et-Marne); 1,500 hab. Victoire du maréchal Victor et Oudinot sur les Autrichiens en 1814.

MORMOIRON, ch.-l. de cant., arr. et à 12 kil. E. de Carpentras (Vaucluse), sur une éminence près du Lauzon; 1,600 hab.

MORMON, ONNÉ s. et adj. Membre d'une secte américaine, qui appartient à cette secte ou qui s'y rapporte. — Les *Mormons* ou *saints des derniers jours,* forment une secte fondée par Joseph Smith. (Voy. SMITS, JOSEPH.) Celui-ci raconte que, le 22 sept. 1827, lorsqu'il demeurait à New-York, l'ange du Seigneur rémit entre ses mains certaines tables d'or et l'Urim et le Thummim, qui étaient des pierres transparentes, montées dans des cercles d'argent. Sur ces tables, Smith lut, à l'aide des lunettes de pierre, le *Livre de Mormon* ou

Bible d'or, comme il l'appelait quelquefois, à Olivier Cowdery qui l'écrivait à mesure que Smith lisait. Ce livre fut imprimé en 1830. C'est une imitation verbeuse de la traduction anglaise de la Bible, dont plusieurs passages sont empruntés littéralement. Le premier livre est donné comme l'œuvre de Nephi, fils de Lehi, juif qui demeurait à Jérusalem du temps du roi Zédéchias, 600 ans environ av. J.-C. Pour obéir au commandement du Seigneur, Lehi et sa famille partirent à la recherche d'une terre promise, et après avoir voyagé « presque vers l'est pendant bien des années à travers un désert », ils atteignirent l'Océan, construisirent un navire, et guidés par une boussole, abordèrent en Amérique. Bientôt après, Lehi mourut, et son plus jeune fils, Nephi, fut indiqué par Dieu comme son successeur. Des dissensions s'élevèrent bientôt entre Nephi et ses frères aînés Laman, et Lemuel. Ces derniers furent maudits par le Seigneur et condamnés avec toute leur postérité à avoir la peau de couleur foncée. Telle est l'origine des Indiens d'Amérique. Après de longues années de prospérité, les descendants de Nephi, ou Néphites, furent écrasés et détruits par les descendants païens de Laman, l'an 384 de l'ère chrétienne. Un de ceux qui survécurent au désastre, Moroni, scella les tables d'or sur lesquelles toutes ces choses étaient écrites, et les cacha au lieu même du combat, sur la colline de Cumorah, dans la partie ouest de New-York, où Joseph Smith les trouva. Les adversaires des Mormons affirment, comme un fait bien établi, que le réel auteur du *Livre de Mormon* est un Salomon Spalding, pêcheur et marchand, qui mourut en 1816. Il avait confié, en 1812, un manuscrit à une imprimerie de Pittsburg; son manuscrit lui fut retourné, mais un des employés de l'imprimerie, nommé Sidney Rigdon, en avait pris copie. Presque aussitôt, Rigdon quitta sa profession et courut le pays prêchant des doctrines semblables à celles de Smith et puisées à la même source, car la veuve de Spalding prouva, après la publication du *Livre de Mormon* que ce prétendu livre divin n'est qu'une contrefaçon de l'ouvrage de son mari. Rigdon et Smith devinrent associés en 1829, et enseignèrent, en s'appuyant sur le *Livre de Mormon,* que le millénarisme était proche et que l'Amérique devait être le dernier lieu où se rassembleraient les saints. Leur première église régulièrement organisée fut fondée à Manchester, dans l'état de New-York, le 6 avril 1830. Smith, prétendant toujours agir sous l'impulsion divine, entraîna tous ses sectateurs à Kirtland, dans l'Ohio, qui devait être le siège de la nouvelle Jérusalem (janv. 1831). Smith et Rigdon y fondèrent différentes entreprises industrielles, notamment une banque non autorisée, qui eurent des mésaventures dont le contre-coup atteignit les deux prophètes qui furent, une nuit, arrachés de leurs lits par la populace, enduits de goudron et roulés dans de la plume. En 1838, la banque fit faillite et les financiers-apôtres se réfugièrent dans le Missouri. Depuis la fin de 1832, les Mormons comptaient parmi leurs membres les plus actifs un peintre vitrier, natif du Vermont, et nommé Brigham Young. Il était âgé de 30 ans environ (voy. YOUNG BRIGHAM), lorsqu'il arriva à Kirtland, et il ne tarda pas à s'élever parmi les nouveaux coreligionnaires, dont il devint un des douze apôtres (1835). Chassés de place en place par la majorité de la population du Missouri, les Mormons traversèrent les comtés de Jakson et de Cley, et s'arrêtèrent à la ville de Far-West, dans le comté de Caldwell. Des dissensions éclatèrent parmi eux ; le président des douze apôtres, Thomas-B. March, et un autre apôtre, Orson Hyde, se séparèrent avec éclat de Smith et de Rigdon, qu'ils accusaient de tous les crimes. Définitivement expulsés du Missouri, après un conflit qui prit les proportions d'une guerre civile, les Mormons passèrent dans l'Illinois. Smith, qui venait de s'échapper de prison, reçut alors une révélation lui commandant de bâtir une cité qui s'appellerait Nauvoo, sur un territoire dont on lui avait fait présent dans le comté de Hancock, et qu'il partagea en lots chèrement vendus à ses sectateurs. Cette colonie, remarquablement organisée, devint bientôt prospère. Smith qui, depuis 1838, s'était entouré de plusieurs femmes qu'il appelait ses épouses spirituelles, reçut, le 12 juillet 1843, pour faire taire les plaintes jalouses de sa femme légitime, une révélation autorisant la polygamie. Mais cette doctrine excita d'abord beaucoup de scandale, et ce ne fut qu'en 1852 que la polygamie devint un des articles de la foi mormonne. Sous le coup de mandats d'amener pour avoir envahi et démoli les bureaux d'un journal qui les combattait, Joseph Smith et son frère Hyrum furent tués dans leur prison par la populace. Sidney Rigdon, retranché de la communion mormonne comme contumace, ne put succéder à Joseph Smith à la tête de l'Eglise, qui choisit pour premier président Brigham Young. Celui-ci conduisit le peuple mormon dans l'Utah qu'il avait exploré, et les saints des derniers jours arrivèrent, après un exode des plus pénibles sur les bords du Grand Lac Salé (Great Salt Lake), en automne 1848. Des missionnaires envoyés en Europe, en ramenaient dès lors de nombreux prosélites, recrutés principalement dans les classes laborieuses de la Grande-Bretagne (du pays de Galles surtout), de Suède et de Norwège, d'Allemagne, de Suisse et de France. En mars 1849, une convention s'assembla à Salt Lake City, et organisa un état sous le nom de Deseret: mais le congrès refusa de reconnaître le nouvel état, et en fit le territoire de l'Utah, dont Brigham Young fut nommé gouverneur. Mais les Mormons chassèrent à plusieurs reprises les officiers fédéraux et les troupes du gouvernement, et se mirent en état de rébellion. Enfin, ils firent leur soumission en 1858; mais ils n'en sont pas moins restés inquiétants, et le problème du mormonisme est un de ceux qui préoccupent les politiciens des Etats-Unis. (Voy. Utah.) — L'Eglise mormone, dont la hiérarchie consiste en 3 premiers présidents, 12 apôtres, un haut conseil, les soixante-dix, les grands prêtres, les anciens, les prêtres, les instructeurs, et les diacres, et dont les prêtres se divisent en deux corps, ceux de l'ordre de Melchisédech et ceux de l'ordre d'Aaron, enseignent qu'il y a beaucoup de dieux, que les saints deviennent des dieux dans le ciel, et forment une échelle ascendante de puissance et de gloire jusqu'à l'infini. La gloire d'un saint, lorsqu'il devient dieu, dépend en quelque degré du nombre de femmes et d'enfants qu'il a eus; la polygamie est donc préconisée. Les dix commandements sont considérés comme la règle de la vie, ainsi qu'une révélation reçue par Joseph Smith, le 27 fév. 1833, et appelée « Une parole de Sagesse » (A Word of Wisdom), où enseigne qu'il n'est pas bon de boire du vin, des liqueurs fortes, et des boissons chaudes, ni de mâcher ou de fumer du tabac. Le baptême des petits enfants est condamné, mais huit ans est considéré comme un âge suffisant pour le baptême pour les enfants des saints. On pratique le baptême des cadavres. Un petit nombre de Mormons rejettent la polygamie; ceux-ci regardent Joseph Smith, le fils du prophète, comme le véritable chef de l'Eglise, et se sont établis sous sa direction à Nauvoo. Une autre branche s'est fixée à Indépendance, emplacement supposé de la nouvelle Jérusalem. — Voy. The Mormons or Latter Day Saints in the Valley of the Great Salt Lake, par le lieutenant J.-W. Gunnison (1852); The Book of Doctrines and Covenants

selected from the Revelations of God by Joseph Smith (1854); A Compendium of the Faith and Doctrines of the Church of Jesus Christ of Latter Day Saints, par Franklin D. Richards (1857); Mormonism, its Leaders and Designs, par John Hyde; The City of the Saints, par R.-F. Burton (1861), et The Rocky Mountains Saints, par T.-B.-H. Stenhouse (1873). — Le mormonisme reconnu a 500 églises organisées, 1,500 ministres du culte, 20,000 fidèles pratiquants et 20,000 autres personnes qui aident matériellement à son œuvre. Les neuf dixièmes des mormons sont citoyens des Etats-Unis.

MORMONISME s. m. Secte et doctrine des mormons.

MORNAND (Félix), publiciste et littérateur, né à Mâcon, le 12 juillet 1815, mort en 1867. Il collabora à plusieurs journaux, devint rédacteur en chef du Courrier de Paris (1837), et ensuite rédacteur de l'Opinion nationale. Il a laissé : la Belgique (1853); la Vie de Paris (1855); la Vie arabe (1856); la Guerre d'Italie, etc.

MORNANT, ch.-l. de cant., arr. et à 21 kil. S.-O. de Lyon (Rhône); 1,500 hab. Fabrique de chapeaux de feutre.

MORNAY. I. (Pierre de), chancelier de France, né au château de Mornay (Nivernais), mort en 1306. Il fut évêque d'Orléans, puis évêque d'Auxerre (1296). Il fut chargé de plusieurs négociations importantes et devint chancelier en 1303. — **II.** (Philippe de), seigneur du Plessis-Marly, connu sous le nom de Duplessis-Mornay, homme de guerre français, né à Buhi (Vexin français), en 1549, mort en 1623. Son père était catholique, mais sa mère l'éleva dans la religion protestante. Ardent partisan des huguenots, il s'en fallut de bien peu qu'il ne fût une des victimes du massacre de la Saint-Barthélemy. Plus tard, surintendant général de Navarre, il supporta presque seul tout le poids de la guerre et devint un des plus illustres chefs des calvinistes. Lorsque Henri de Navarre s'allia avec Henri III, il reçut le commandement de Saumur, et, après l'assassinat de Henri III, il arrêta et garda dans cette ville le vieux cardinal de Bourbon que les ligueurs avaient proclamé roi en opposition à Henri IV. Il combattit énergiquement les projets d'abjuration de celui-ci, et à sa mort (1610), il proclama l'autorité de Marie de Médicis; mais il se brouilla avec elle, et en 1620, se retira avec une indemnité de 100,000 livres. On l'avait surnommé le pape des huguenots. Il a laissé, entre autres ouvrages : Mystères d'iniquité ou Histoire de la papauté (1607, in-4°) ; et des Mémoires qui vont de 1572 à 1620 (1624-'52, 4 vol. in-4°; nouv. éd. 1822-'25, 12 vol. in-8°). La vie de de Mornay a été écrite par Ambert (Paris, 1847).

*MORNE adj. Triste, sombre et abattu : vous êtes bien morne aujourd'hui. — Temps morne, temps obscur et couvert. — Couleur morne, couleur sombre, obscure, qui n'a ni vivacité ni éclat.

*MORNE s. m. On donne ce nom, en Amérique, aux petites montagnes: le morne de la Calebasse; les mornes de Saint-Domingue.

MORNE s. f. Bouton ou anneau, dont les chevaliers garnissaient la pointe de leur lance quand ils voulaient combattre à armes courtoises.

*MORNÉ, ÉE adj. S'est dit, dans les tournois, des armes dont le fer était émoussé et qu'on appelait aussi armes courtoises: lance mornée.

*MORNIFLE s. f. Coup de la main sur le visage : il lui a donné une mornifle. (Pop.)

MORNING s. m. [mor-ninng]. Mot anglais qui signifie matin et qui entre dans la composition du titre de plusieurs publications

périodiques : Morning Advertiser; Morning Chronicle; Morning Herald; Morning Post, etc.

MORNY : Charles-Auguste-Louis-Joseph (duc de), homme politique, né à Paris le 23 oct. 1811, mort dans la même ville le 10 mars 1865. Il passait pour le fils de la reine Hortense, mère de Louis-Napoléon, et du comte de Flahaut; il reçut le nom du comte de Morny, établi à l'île de France (île Maurice), qui l'adopta moyennant 800,000 fr., dit-on. Après avoir servi en Algérie, un legs de la reine Hortense (1837) le mit à même de s'engager dans de vastes spéculations. Député depuis 1842 jusqu'en 1848, il fut élu en 1849 à l'Assemblée législative. Au coup d'État du 2 déc. 1851, il fut un des aides les plus efficaces de Louis-Napoléon, qui lui confia pendant quelque temps le ministère de l'intérieur. Il devint ensuite membre du Corps législatif, qu'il présida pendant plusieurs années. Ambassadeur à Saint-Pétersbourg (1856-'57), il y épousa une dame russe de haut rang et de grande fortune. En 1862, il fut créé duc. (Voy. Mexique, Jecker, etc.)

MORO (Attoni), appelé aussi Sir Anthony More, peintre flamand, né vers 1520, mort vers 1580. Il excellait dans le portrait, et fut peintre de la cour sous le règne de Marie d'Angleterre. Plus tard, il travailla pour la cour espagnole, et devint receveur général des revenus de la Flandre occidentale.

MOROGUES. I. (Sébastien-François Bigot, vicomte de), marin, né à Brest en 1705, mort en 1781. Après être resté officier d'artillerie pendant 13 ans, il entra dans la marine en 1736 et arriva au grade de lieutenant-général des armées navales en 1771. Une intrigue de cour le fit exiler et il passa le reste de sa vie dans ses terres. On lui doit la création de l'Académie de marine (1749), dont il fut le premier directeur. Son principal ouvrage est un Traité de tactique navale (Paris, 1763, in-4°). — **II.** (Pierre-Marie-Sébastien Bigot, baron de), savant, né à Orléans en 1776, mort en 1840; pair de France en 1835. À laissé un très bon Mémoire sur la chute des pierres tombées du ciel (1812, in-8°).

MOROSAGLIA, ch.-l. de cant., arr. et à 26 kil. de Corte (Corse); 1,000 hab. Ancien couvent de franciscains. — Patrie de Pasquale Paoli.

*MOROSE adj. (lat. morosus). Chagrin, difficile, bizarre: c'est un homme très morose.

*MOROSITÉ s. f. Caractère morose : c'est un homme d'une morosité insupportable.

*MORPHÉE (Myth gr.), dieu des songes, fils du Sommeil et de la Nuit. On le représentait tenant à la main une poignée de pavots avec lesquels il touchait ceux qu'il qu'il voulait endormir; et on lui donnait des ailes de papillon. Chez les poètes modernes, il personnifie le sommeil; c'est ainsi que J.-B. Rousseau a dit:

> Est-ce dans les bras de Morphée
> Que l'on doit d'une amante attendre le retour?

MORPHINE s. f. [-fi-] (de Morphée, dieu des rêves, fils du Sommeil). Chim. et Pharm. Alcali végétal qui donne à l'opium sa vertu soporifique et calmante: acétate de morphine; sirop de morphine. (Voy. Opium.)

MORPHIQUE adj. (rad. Morphée). Ennuyeux, somnifère. (Vieux.) — Chim. Se dit des sels de morphine.

MORPHOLOGIE s. f. [-fo-] (gr. morphê, forme; logos, discours). Science qui traite de la forme, de la structure des corps animaux ou végétaux, et de leur physionomie. — On nomme physiologie la science qui ne s'occupe que des fonctions, des actions et des propriétés des parties du corps; tandis que la morphologie comprend dans son domaine non seulement la structure des organismes

sous leurs conditions complètement développées (ce qui appartient particulièrement à
l'anatomie), mais aussi les changements par
lesquels passe chaque organisme pendant son
développement. (Voy. EMBRYOLOGIE, HISTOLO-
GIE, etc.)

* MORPION s. m. (lat. *mordere*, mordre;
bas lat. *pedio*, pou). Espèce de pou qui s'attache d'ordinaire aux endroits du corps où
l'on a du poil, et qui adhère à la peau avec
tant de force, qu'on a de la peine à l'en
séparer : *on fait périr les morpions avec de
l'onguent mercuriel*. On doit éviter de se servir de ce mot

MORRISON (Robert) [mor'-i-sonn], missionnaire anglais, né en 1782, mort en 1834. En
1808, il fut nommé traducteur de la compagnie des Indes orientales au comptoir de
Canton, et commença à traduire les Ecritures
en chinois. Le Nouveau Testament parut en
1814 et l'Ancien en 1818. Il a aussi publié
une grammaire chinoise (1815) et un dictionnaire chinois (1815-'23, 5 vol.). Sa veuve a
rédigé et publié ses mémoires (1839, 2 vol.).

MORRISTOWN [mor'-iss-taonn], village de
l'état de New-Jersey (Etats-Unis), sur le
Whippany, à 52 kil. par chemin de fer de
New-York; environ 5,000 hab. Il est bâti sur
une plaine élevée qui domine de beaux
paysages. Manufactures de fer, etc. C'est une
résidence d'été affectionnée par les habitants

Morristown. Asile d'aliénés de l'état de New-Jersey.

de New-York. Morriston fut le quartier général de l'armée américaine pendant les
hivers de 1776 à 1777 et de 1779 à 1780. La
maison occupée par le général Washington
est aujourd'hui la propriété de l'état. A environ 5 kil. du village se trouve le nouvel
asile d'aliénés de l'état, l'un des plus grands
et des mieux installés du pays.

* MORS s. m. [mor] (rad. *mordre*). Assortiment de toutes les pièces de fer qui servent
à brider un cheval, comme les branches, la
gourmette, etc. — Pièce qui se place dans la
bouche du cheval pour le gouverner : *il faut à
ce cheval un mors plus doux*. — PRENDRE LE
MORS AUX DENTS, se dit d'un cheval dont la
bouche est tellement échauffée, qu'il devient
absolument insensible, et qu'il s'emporte,
sans que le cavalier ou le cocher puisse le
retenir, le mors n'opérant pas plus d'effet
sur les barres, que si le cheval le tenait serré
entre les dents : *les chevaux prirent le mors
aux dents, et entraînèrent la voiture*. — PRENDRE
LE MORS AUX DENTS, se dit d'un homme qui,
n'écoutant plus les avis ni les remontrances
de ceux qui dirigeaient sa conduite, se livre
tout entier à ses passions : *si vous n'avez la
main ferme, ce jeune homme prendra le mors
aux dents et vous échappera*. Se dit aussi
d'une personne qui se met en colère, qui
s'emporte subitement : *on lui a fait un léger
reproche, il a pris le mors aux dents*. Se dit

encore d'une personne qui, ayant été quelque
temps dans l'indolence, dans l'inaction,
change tout à coup, et se livre au travail
avec ardeur : *ce jeune homme était paresseux,
il a pris le mors aux dents, et maintenant il
travaille avec une ardeur extraordinaire*.

* MORSE s. m. (all. *meer-ross*, cheval de
mer). Mamm. Genre de carnassiers amphibies, comprenant des animaux dont les
formes générales ressemblent à celles des
phoques, mais dont la bouche présente une
dentition particulière. Le front des morses
se prolonge en un museau dont la lèvre
supérieure se relève en un gros mufle, d'où
sortent deux énormes défenses, longues de
50 à 60 centim. La mâchoire inférieure ne
porte ni incisives ni canines. Le *cheval marin*
(*trichecus rosmarus*), appelé aussi *vache
marine*, est un mammifère arctique qui offre,
pour les formes extérieures, une grande ressemblance avec les phoques. Il mesure jusqu'à 4 m. de long et quelquefois 3 m. de
circonférence. Il pèse jusqu'à 1,000 kilos. Sa
couleur est noirâtre chez les jeunes, brunâtre
chez les adultes, et de plus en plus blanchâtre
à mesure que l'animal vieillit. Sa nourriture
consiste presque entièrement en coquillages
qu'il arrache aux rochers ou qu'il trouve sur
le rivage; il mange aussi quelques poissons. On
le rencontre dans toutes les régions arctiques
des deux hémisphères. On lui fait une chasse
très active qui est plus dangereuse et moins

Morse ou cheval marin.

remunératrice que celle du phoque. Ses
défenses produisent un ivoire très blanc et
très dur. Un morse ne donne pas plus de
100 litres d'huile; mais quand celle-ci est
extraite vers le commencement de la putréfaction, elle est transparente, inodore, et
sans goût désagréable; on la recherche alors
beaucoup plus que celle de la baleine. Sa
peau donne un cuir poreux, et de 3 centim.
d'épaisseur. Les morses vivent en troupes,
s'accrochent à la terre et aux glaçons à l'aide
de leurs dents et de leurs pieds, et s'unissent

pour se défendre vigoureusement contre les
pêcheurs. *Leur chair sert d'aliment aux
Esquimaux et aux voyageurs arctiques.*

MORSE. I. (Jedidiah), géographe américain,
né à Woodstock (Connecticut), en 1761, mort
en 1826. Pasteur de 1789 à 1820, il consacra
une grande partie de sa vie à des controverses religieuses. Dès 1784, il fit paraître la
première géographie publiée en Amérique,
qu'il fit suivre de géographies plus complètes
et de *Gazetteers* (dictionnaires géographiques)
des Etats-Unis; et, pendant 30 ans, il n'eut
pas de rival dans ce genre de publications.
Lorsqu'il se fut démis de sa charge pastorale,
le gouvernement l'envoya en mission chez
les tribus indiennes des frontières du N.-O.
La relation de ses travaux a été publiée en
1822. On a aussi de lui *A compendious History
of New England*, en collaboration avec Elijah
Parish, et *Annals of the American Revolution*.
Sa vie a été écrite par le rev. W.-B. Sprague
(1874). — II. (Samuel-Finley-Breese), fils
aîné du précédent, artiste et inventeur, né
en 1791, mort en 1872. Il vint en Angleterre
avec Washington Allston, pour étudier la
peinture, et il y obtint une médaille d'or pour
un *Hercule mourant* (1813). Revenu aux Etats-
Unis, il habita successivement Boston, Charleston, et New-York. Il contribua plus que
personne à fonder l'académie nationale de
dessin (1826), dont il fut le président pendant
16 ans. Plus tard, il s'adonna surtout à
l'étude de la chimie et de l'histoire naturelle.
Pendant un voyage en Europe, il fut élu professeur de la littérature des arts du dessin à
l'université de New-York. Pendant la traversée
du retour, des conversations qu'il eut avec
plusieurs passagers relativement à la découverte française du moyen d'obtenir l'étincelle
électrique à l'aide de l'électro-aimant, lui
firent concevoir l'idée d'un télégraphe enregistreur électro-magnéto-chimique, et il termina son appareil en 1833. La première
ligne établie d'après son système le fut entre
Washington et Baltimore en 1844. L'utilité
du système Morse était dès lors démontrée.
(Voy. TÉLÉGRAPHE.) En 1858, sur l'initiative de
Napoléon III, les représentants de plusieurs
pays se réunirent à Paris, et lui votèrent
400,000 fr. comme récompense de ses travaux. C'est aussi Morse qui posa les premières
lignes de télégraphe sous-marin dans le port
de New-York en 1842. Sur des dessins fournis
par Daguerre, il construisit le premier daguerréotype qu'on eût jamais vu en Amérique.
Il a donné aux journaux différents articles
scientifiques et littéraires. Sa vie a été écrite
par le Rev. S. Irenæus Prime (1875).

* MORSURE s. f. (lat. *morsus*; de *mordere*,
mordre). Action de mordre; plaie, meurtrissure, marque faite en mordant : *la morsure
d'un chien enragé*. — Fig. Effets de la médisance, de la calomnie : *les morsures de la
calomnie laissent toujours des cicatrices*. —
Typogr. Endroit qui n'est pas venu à l'impression, parce qu'il a été masqué par la
frisquette.

MORELIA, ville de l'intérieur du Mexique,
capitale du Michoacan, à 210 kil. N.-O. de
Mexico; 30,000 hab. environ. Elle est bâtie
sur une colline rocheuse à 6,438 pieds au-
dessus du niveau de la mer. D'un côté de la
Plaza de los Martires, la place la plus vaste
de la ville, s'élève la cathédrale, et sur les
autres côtés règnent de grandes arcades qui
sont le centre commercial. Le collège San
Nicolas comprend des sections de droit, de
médecine, de pharmacie et d'agriculture. On
ne fabrique à Morelia que des tissus de coton
et de laine, et du *guayabate*, délicate conserve de fruits, dont la ville de Mexico fait une
grande consommation. La ville a été fondée
en 1541, et porta le nom de Valladolid jusqu'en 1828, où elle changea de nom en l'honneur de Morelos qui y était né. Malgré un

climat un peu malsain, des inondations périodiques et des tremblements de terre, cette
ville a eu un rapide accroissement.

MORT s. f. (lat. *mors*) [mor; le *t* final ne
se fait sentir en liaison qu'exceptionnelle-
ment]. Fin, cessation de la vie : *il est menacé
d'une mort prochaine.* En poésie et dans le
style soutenu, la mort est souvent person-
nifiée :

La *Mort* a des rigueurs à nulle autre pareille.
MALHERBE.

— MOURIR DE SA BELLE MORT, mourir de mort
naturelle. — ÊTRE A L'ARTICLE DE LA MORT, être
à l'agonie. — ÊTRE ENTRE LA VIE ET LA MORT,
être dans un fort grand péril, par maladie
ou par accident : *pendant cette tempête, nous
fûmes deux jours entre la vie et la mort.* —
ÊTRE MALADE A LA MORT, ou simplement, ÊTRE
A LA MORT, être fort malade et près de mourir.
— ÊTRE AU LIT DE LA MORT, AU LIT DE MORT, être
à l'extrémité. — A SON LIT DE MORT, en
mourant, en mourant : *à son lit de mort, il a
fait restitution de ce qu'il s'était approprié injustement.* — AVOIR LA MORT ENTRE LES DENTS,
être fort vieux ou fort malade, n'avoir pas
longtemps à vivre : *il a la mort entre les dents,
et il songe encore à bâtir.* — AVOIR LA MORT SUR
LES LÈVRES, être près de mourir, ou avoir la
figure d'un mourant. — APRÈS LA MORT LE
MÉDECIN, se dit en parlant d'un remède, d'un
secours tardif. — DIEU NE VEUT PAS LA MORT DU
PÉCHEUR, il faut être indulgent pour la faiblesse humaine. — PAR LA MORT! s'emploie
par forme de serment et de menace. — IL
SERAIT BON A ALLER QUERIR, A ALLER CHERCHER
LA MORT, se dit d'une personne qui est lente
à revenir des endroits où on l'envoie. — Particul. Peine capitale, peine qui consiste dans
la perte de la vie : *abolir la peine de mort.* —
CETTE AFFAIRE A LA MORT, elle doit finir par
un arrêt de mort. — SENTENCE, ARRÊT DE MORT,
condamnation qui porte la peine de mort :
il était appelant d'une sentence de mort. —
TESTAMENT DE MORT, déclaration dernière que
fait un condamné avant son supplice. — TES-
TAMENT DE MORT, écrit qui atteste les derniers
sentiments d'une personne : *cette lettre touchante fut son testament de mort.* — MORT
CIVILE, cessation de toute participation aux
droits civils : *la condamnation à mort, la peine
des travaux forcés à perpétuité, emportent la
mort civile.* — LA MORT ÉTERNELLE, la condamnation des pécheurs aux peines de l'enfer.
— Par exag. Grandes douleurs : *la goutte lui
fait souffrir mille morts.* — Grands chagrins :
ce fils dénaturé lui donne la mort. — SOUFFRIR
MORT ET PASSION, être contrarié, embarrassé,
tourmenté : *ce prédicateur faisait souffrir
mort et passion à ceux qui l'entendaient, tant
il y avait d'hésitation dans son débit.* — C'EST
UNE MORT QUE D'AVOIR AFFAIRE A UN PAREIL
HOMME, QUE DE POURSUIVRE UNE TELLE AFFAIRE,
c'est une grande peine, une grande misère.
— C'EST MA MORT, c'est la chose la plus désagréable pour moi : *c'est ma mort que d'être
obligé de le voir, de lui parler.* — Fig. Cause
de destruction : MORT AUX RATS [mor-tô-ra],
drogue dont on se sert pour faire mourir les
rats : *acheter de la mort aux rats.* — Jeu. JOUER
A LA MORT DE TELLE SOMME, jouer jusqu'à ce
que telle somme soit perdue. — A Mort loc.
adv. De manière qu'on en meure : *il fut
frappé à mort.* — Fig. ÊTRE FRAPPÉ A MORT,
être attaqué d'une maladie dont les symptômes annoncent une mort certaine. — CON-
DAMNER, JUGER A MORT, condamner quelqu'un
à la peine de mort. — METTRE A MORT, faire
mourir. — COMBAT A MORT, combat qui ne
doit se terminer que par la mort d'un des
combattants. — A la mort loc. adv. Extrêmement, excessivement : *je me suis ennuyé à
la mort.*

Ce cercle de plaisirs peut bien plaire d'abord,
Mais la seconde fois, il ennuie à la mort.
COLLIN D'HARLEVILLE, *L'Inconstant*, acte Ier, sc. VI.

On dit aussi dans le même sens, IL ME VEUT
MAL DE MORT, UN MAL DE MORT. — A la vie et à
la mort, loc. adv. Pour toujours : *je suis à
vous à la vie et à la mort.* — ENTRE NOUS,
C'EST A LA VIE ET A LA MORT, notre amitié
durera toujours. IL NE ME PARDONNERA NI A LA
VIE NI A LA MORT, il ne me pardonnera jamais.
— ENCYCL. Les cas dans lesquels la peine de
mort a été appliquée, chez les différentes
nations, est un témoignage de la forme et
du degré de leur civilisation. Sous la loi
théocratique des Hébreux, la peine de mort
était le châtiment de tout ce qui violait la
religion nationale, comme le blasphème,
l'idolâtrie et la sorcellerie : on punissait, de
la même façon, le meurtre, l'adultère et
l'inceste; le genre de supplice primitif fut la
lapidation (Lév. XX, 2); on y joignit ensuite
des espèces d'exécution non moins barbares :
on sciait le patient, on lui versait du plomb
fondu dans la bouche, on le perçait d'un
coup d'épée, on l'étranglait, ou bien on le
coupait en morceaux, on le dépeçait petit à
petit, jusqu'à la mort, on le mettait en croix,
on le brûlait vif dans un four, on le jetait
dans une fosse pleine de bêtes féroces. Ces
supplices existaient chez tous les autres
peuples orientaux de l'antiquité; les Égyptiens et les Perses y ajoutaient quelquefois
l'écorchement et l'écartèlement. Le code
athénien de Dracon condamnait les moindres
crimes à la peine de mort; mais Solon n'appliqua plus cette peine que dans les cas de
meurtre, de sacrilège, d'impiété, de tentative
de meurtre et d'incendie. A Rome, les lois,
compilées par les décemvirs, admettaient la
lex talionis, ou punition semblable à l'injure
dans les cas de violence corporelle. Plus tard,
la juridiction criminelle, quand il pouvait
résulter une condamnation capitale, fut confiée à l'assemblée du peuple, et, à Rome
comme à Athènes, le criminel pouvait éviter
l'exécution du jugement en prenant volontairement le chemin de l'exil. Le dernier
supplice chez les Grecs et chez les Romains
ne fut jamais appliqué d'une manière aussi
barbare que parmi les populations orientales.
On n'admit jamais en Europe le supplice de
l'auge (voy. AUGE), qui était particulier aux
mœurs des Perses. A Rome, il y avait le supplice de la roche Tarpéienne; ordinairement
on décapitait les condamnés; on ne mettait
en croix que ceux qui n'étaient pas citoyens
romains. Chez les anciens Germains, il était
admis que chacun pouvait tirer vengeance
d'une injure personnelle, c'est à l'origine
des duels (voy. DUEL); la loi salique, pour
mettre fin à ce régime de meurtre particulier,
régla le taux des compensations en argent
pour les différents crimes et força les parties
lésées à accepter des dédommagements pécuniaires. Chez les anciens Bretons, le mode
de punition capitale le plus répandu était la
noyade et, en Angleterre, au XVIIe siècle, il
n'y avait pas moins de 160 espèces de crimes
punissables de mort. Aujourd'hui il n'y en a
plus que deux : le meurtre et le crime de
lèse-majesté. Aux Etats-Unis, les crimes qui
entraînent peine de mort sont : le meurtre,
la trahison, le viol, la piraterie, le pillage
des courriers lorsqu'il y a eu menace de
mort envers le gardien ou le conducteur lui-
même, la complicité dans l'évasion d'un condamné à mort, l'incendie d'un navire de
guerre, la perte ou la destruction d'un navire
de commerce quelconque : tels sont les différents cas de peine de mort que la constitution générale des Etats-Unis permet aux
constitutions particulières de prévoir et d'appliquer. Dans la plupart des Etats, on n'a
admis comme entraînant la peine capitale
que le viol, l'incendie et le vol avec circonstances aggravantes; mais il y a des Etats
dans lesquels on a complètement aboli la
peine de mort. Avant la Révolution, il existait en France cinq manières d'appliquer la

peine de mort, savoir : le *feu*, la *roue*, la *potence*, la *décollation* et l'*écartèlement.* Aujour-
d'hui, on n'applique plus que la décollation
à l'aide de la *guillotine* (voy. ce mot); pour
les exécutions militaires, on a encore recours à
la *fusillade.* En Espagne, l'instrument de supplice est la *garrotte*, aussi expéditive que la
guillotine et qui n'est accompagnée d'aucun

Guillotine.

appareil barbare. Partout ailleurs, dans
l'Europe continentale, on applique la peine
de mort par la décapitation; mais en Angleterre et aux Etats-Unis, on a encore recours
à la pendaison. — Méd. Les signes de la
mort sont : la cessation des battements du
cœur, la rigidité cadavérique, le défaut de
contractilité musculaire sous l'influence du
galvanisme; on y ajoute le refroidissement,
l'aspect cadavéreux de la face, l'œil vitreux
et voilé, la lividité et les taches au côté sur
lequel repose le cadavre. On peut s'assurer
qu'une personne est morte en présentant
devant sa bouche un miroir que le moindre
souffle ternira; on peut encore lui appliquer
un flacon d'ammoniaque sous le nez, ou lui
piquer la paume de la main ou la pointe du
pied avec un fer rouge. — Législ. « La *peine
de mort* était souvent, sous l'ancien régime,
accompagnée de supplices atroces, tels que
le feu, la roue, etc. Elle était exécutée par le
moyen de la pendaison; mais les nobles
avaient le privilège de la décollation par
l'épée. Le Code pénal de 1791 abolit les tortures envers les condamnés, et décida que tout
condamné à mort aurait la tête tranchée,
disposition qui a été reproduite par le Code
pénal de 1810 (art. 12). Tout individu condamné à la peine de mort par un conseil de
guerre ou un tribunal de marine est fusillé,
sauf les forçats et les pirates; ceux-ci devant
avoir la tête tranchée (C. just. milit., 9 juin
1857, art. 187; C. marit. 4 juin 1858, art. 239).
Les corps des suppliciés sont délivrés à leurs
familles, si elles les réclament, à charge par
elles de les faire inhumer sans aucun appareil (C. pén. 14); et les actes de décès ne
doivent contenir aucune mention des circonstances de la mort (C. civ. 85). La peine de
mort est abolie en matière politique, par
vertu de l'article 5 de la Constitution du 4
novembre 1848, et remplacée dans ce cas par
la transportation dans une enceinte fortifiée
(L. 8 juin 1850). La statistique criminelle
constate que, de 1833 à 1880, il a été prononcé 1,775 condamnations à mort, s'appliquant à 1,570 hommes et 205 femmes; mais
il n'y a eu que 1,076 exécutions, et pour le
surplus des condamnés, il y a eu : soit mort
naturelle, soit suicide, soit commutation de
peine accordée par le chef de l'Etat. Les exécutions capitales ne sont pas publiques aujourd'hui en Angleterre, en Allemagne, en
Suisse, en Italie, et dans plusieurs états de
l'Union américaine. On reconnaît aussi en
France que cette publicité doit être au moins
restreinte, et que le plus souvent la vue d'un

supplice endurcit les âmes au lieu d'accroître la crainte du châtiment. Plusieurs projets de loi ont eu pour but la suppression de la publicité, et l'on doit espérer que cette question ne tardera pas à être résolue par le Parlement français. L'abolition complète de la peine de mort est une question très controversée et qui semble devoir être encore longtemps débattue. — La peine de mort avait été abolie en Suisse par la constitution fédérale de 1874; mais elle a été rétablie par un plébiscite, en 1884. Elle n'existe plus en Saxe depuis le 1er avril 1868. — La *mort civile*, qui a été abolie par la loi du 31 mai 1854, était un accessoire des condamnations à mort et de certaines peines afflictives perpétuelles. Elle avait pour effets, notamment, d'enlever au condamné la propriété de ses biens, de dissoudre son mariage, et d'ouvrir sa succession au profit de ses héritiers, de la même manière que s'il fût mort naturellement et sans testament. — Lorsqu'une personne décédée présente des indices de *mort violente*, l'inhumation ne peut avoir lieu avant que l'état du cadavre n'ait été constaté par un officier de police, assisté d'un docteur en médecine. (Voy. CADAVRE, DÉCÈS) ».   (CH. Y.)

* **MORT, MORTE** part. passé de MOURIR : *on l'a laissé pour mort.* — MORT-NÉ. (Voy. MORT-NÉ.)

   Ceux qui l'ont offensé sont tous morts ou proscrits.
       PONSARD. *Charlotte Corday*, acte III, sc. 1.

— Adj. *Un homme mort, une femme morte.* — C'EST UN HOMME MORT, se dit d'un homme qui est ou qui paraît en grand danger : *il s'est mis entre les mains de ce charlatan, c'est un homme mort.* — AVOIR LE TEINT MORT, LES YEUX MORTS, LES LÈVRES MORTES, avoir le teint décoloré, les lèvres pâles, les yeux éteints. — CHAIR MORTE, chair insensible, qui est dans les escarres des plaies. — IL A LA GUEULE MORTE, se dit d'un médisant, d'un fanfaron d'un grand parleur qui se trouve réduit au silence. — FRAPPER SUR QUELQU'UN COMME SUR BÊTE MORTE, le frapper violemment. — N'Y PAS ALLER DE MAIN MORTE, frapper rudement. Fig. Mettre de la rudesse, de la violence dans une discussion verbale ou par écrit. — Jurispr. MAINMORTE. (Voy. MAINMORTE). — MORTE LA BÊTE, MORT LE VENIN, un ennemi, un méchant qui est mort, ne peut plus nuire. — BALLE MORTE, balle qui a perdu la plus grande partie de l'impulsion qu'elle avait reçue : *il a été atteint par une balle morte qui lui a fait une contusion.* — COTTE MORTE, meubles qu'un religieux laissait en mourant, ainsi que tout ce qui était provenu de ses épargnes. — EAU MORTE, eau qui ne coule point, telle que celle des étangs. — MORTE-EAU. (Voy. MORTE-EAU.) — LANGUE MORTE, celle qu'un peuple a parlée, mais qui n'existe plus que dans les livres. — ARGENT MORT, argent qu'on ne fait pas valoir. — PAPIER MORT, se dit par opposition à PAPIER TIMBRÉ. — PAYS MORT, pays où il n'y a ni commerce, ni industrie : *depuis la guerre, cette province est un pays mort.* — SAISON MORTE, certain temps de l'année où le commerce, les affaires n'ont pas la même activité que dans une autre temps : *le temps des vacations est une saison morte pour les affaires du palais.* On dit plus communément, dans ce sens, MORTE SAISON. — Peint. NATURE MORTE, se dit des animaux morts, des objets inanimés, dont l'imitation exclusive forme un genre particulier : *ce peintre rend bien la nature morte, ne peint que la nature morte.* — s. Personne morte : *il est pâle comme un mort; les ennemis envoyèrent un trompette pour demander à enterrer leurs morts.*

   Est-ce donc sur des morts que vous voulez régner.
       J. RACINE. *La Thébaïde*, acte IV, sc. III.

— TÊTE DE MORT, tête dont il ne reste que la partie osseuse. — FAIRE LE MORT, retenir ses mouvements et sa respiration de manière à faire croire qu'on est privé de la vie. Fig. Ne

---

pas répondre aux personnes par lesquelles on est questionné, interpellé par écrit : *il n'a rien répondu à plusieurs de mes lettres, il fait le mort.* — LES MORTS ONT TOUJOURS TORT, les morts ne peuvent se défendre, on excuse souvent les vivants à leurs dépens. — Jurispr. LE MORT SAISIT LE VIF, une personne en mourant saisissant son bien à son héritier, sans qu'il soit besoin d'un acte de mise en possession. — FÊTE DES MORTS, fête qui se célèbre le 2 novembre dans l'Église catholique. — Jeu de whist. FAIRE UN MORT, faire à trois une partie de whist avec un quatrième jeu découvert

* **MORTADELLE** s. f. Espèce de gros saucisson qui vient d'Italie : *mortadelle de Bologne, de Florence.*

MORTAGNE, *Moritania*, ch.-l. d'arr., à 45 kil. E. d'Alençon (Orne), sur une colline, près des sources de l'Huisne; par 48° 31' 20" lat. N. et 1° 47' 27" long. O.; 5,000 hab. Fabriques de toiles; commerce de chanvre, lin, grains, moutons, tanneries, peausseries. Belle église paroissiale. Autrefois place forte et capitale du Perche, Mortagne eut beaucoup à souffrir, au XVIe siècle, des guerres de religion.

MORTAGNE-SUR-SÈVRE, ch.-l. de cant., arr. et à 50 kil. N.-E. de la Roche-sur-Yon (Vendée), sur la Sèvre Nantaise; 1,900 hab. Ancienne baronnie. Les Vendéens y furent défaits en 1793. Vieille église gothique. Eaux minérales. Exploitation de pierres de taille; toiles de lin et de coton.

* **MORTAILLABLE** adj. [*ll* mll.]. Jurispr. féod. Se disait de ceux qui étaient serfs de leur seigneur, et dont celui-ci héritait.

MORTAILLE s. f. [*ll* mll.]. Féod. Droit de certains seigneurs à l'héritage de leurs serfs morts sans héritiers naturels.

MORTAIN, *Moritolium*, ch.-l. d'arr., à 72 kil. S.-O. de Saint-Lô (Manche), sur la Cance; par 48° 38' 50" lat. N. et 3° 16' 35" long. O; 3,000 hab. Fabriques de toiles, dentelles; papeteries, filatures de laine; commerce de cidre, bestiaux, poterie. Belle église (mon. hist.).

MORTAINAIS, AISE s. et adj. De Mortain; qui appartient à ce pays ou à ses habitants.

MORTAISAGE s. m. Tech. Action de mortaiser.

* **MORTAISE** s. f. Arts. Trou, entaillure faite dans une pièce de bois ou de métal, pour y recevoir le tenon d'une autre pièce, quand on veut les assembler : *ouvrage assemblé à tenons et à mortaises.*

MORTAISER v. a. Faire une mortaise.

MORTAISEUSE s. f. Machine à mortaiser.

* **MORTALITÉ** s. f. (lat. *mortalitas*; de *mors*, mort). Condition de ce qui est sujet à la mort : *Épicure croyait la mortalité de l'âme.* — Mort d'une quantité plus ou moins considérable d'hommes ou d'animaux qui sont emportés en peu de temps par la même maladie : *la mortalité se mit dans les troupes.* — Quantité d'individus de l'espèce humaine qui meurent annuellement sur un certain nombre de vivants : *à Paris, la mortalité, si l'on en croit la plupart des calculs, est d'un individu sur trente.* — TABLES DE MORTALITÉ, listes qui, sur un nombre donné de naissances, indiquent le nombre des survivants à la fin de chaque année. — La première table de ce genre fut établie vers la fin du XVIIe siècle par Halley. En France, on emploie encore comme type de mortalité lente la table de Deparcieux calculée vers 1746; et comme type de la mortalité rapide celle de Duvillard (1806). On trouve ces deux tables dans l'annuaire du bureau des longitudes. La *vie probable* est le nombre d'années qui doit s'écouler avant que sur un grand nombre

---

d'individus pris à un certain âge, la moitié ait péri. La *vie moyenne* est la moyenne d'années que vivront diverses personnes d'un âge déterminé.

TABLE DE MORTALITÉ, D'APRÈS DEMONFERRAND

VIVANTS A	HOMMES	FEMMES	VIVANTS A	HOMMES	FEMMES
0 ans.	10.000	10.000	35 ans.	5.358	5.663
1	8.236	8.473	40	5.097	5.360
2	7.706	7.952	45	4.820	5.038
3	7.413	7.662	50	4.492	4.691
4	7.229	7.469	55	4.101	4.276
5	7.075	7.331	60	3.646	3.761
6	6.662	7.221	65	3.002	3.083
7	6.672	7.113	70	2.203	2.235
8	6.796	7.055	75	1.477	1.482
9	6.731	6 993	80	760	775
10	6.675	6.940	85	288	273
15	6.475	6.743	90	84	84
20	6.245	6.518	95	19	19
25	5.867	6.230	100	1	1
30	5.597	5.956			

MORTARA, ville de l'Italie, à 23 kil. S.-E. de Novare; 4,700 hab.

MORTARA (Affaire). On donna ce nom, en juin 1858, à la polémique que souleva l'enlèvement clandestin d'un jeune enfant juif, appelé Edgar Mortara, que la curie romaine cacha à sa famille pour le faire élever dans la foi de l'Église. Baptisé en cachette par une servante catholique, l'enfant avait, un jour, disparu de la maison paternelle sans que l'on pût savoir le lieu où on le tenait caché. Une indiscrétion apprit que la cour de Rome prétendait que cet enfant, baptisé, devait être soustrait à l'influence de sa famille et devait désormais appartenir à l'Église dont il était devenu l'enfant par le baptême. Grande fut la colère de la famille Mortara qui, après avoir épuisé tous les moyens pour voir son jeune enfant, dut en appeler à la conscience publique et aux puissances civilisées pour se faire rendre justice. Des notes diplomatiques furent échangées entre la France, l'Angleterre, l'Italie et la Belgique et la cour de Rome. Le pape répondit par une fin de non recevoir, prétendant que cette affaire, étant du domaine purement spirituel, ne pouvait être traitée par les puissances temporelles. Toute la presse se déchaîna, dans tous les pays, contre les prétentions du pape. L'*Univers* fut le seul organe qui osât soutenir les lois canoniques que l'on mettait en avant. La liberté et l'autorité du père de famille, que l'Église a si souvent invoquées quand il s'est agi de la liberté d'enseignement, auraient dû, semble-t-il, garantir à la famille Mortara le droit d'élever son enfant dans la foi de ses pères.

* **MORT-BOIS** s. m. Eaux et Forêts. Mortbois, épines, ronces et bois blanc, qui ne peuvent servir à aucun ouvrage. BOIS-MORT, tout le bois qui est effectivement séché sur pied, et qui ne tire plus aucune nourriture de la terre.

MORT-DIEU interj. (abrév. de *mort de Dieu*). Juron à la même signification que *morbleu.* — On dit aussi, PAR LA MORT-DIEU :

   Par la mort-Dieu! monsieur, que faites-vous ici?
       A. DE MUSSET.

MORTE (Mer) (lat. *lacus Asphaltites*; ar. *Bahr Lut*, mer de Loth); appelée aussi mer de Sodome et, dans les Écritures, mer de la plaine et mer orientale). Lac salé de Palestine, entre les montagnes de Moab, à l'E. et celles d'Hébron, à l'O., à environ 30 kil. E. de Jérusalem; long de 74 kil., du N. au S., et large de 15 kil. Il s'étend dans l'ancienne vallée de Siddim, où Loth s'établit quand il quitta Abraham et qui était alors une région fertile, arrosée par le Jourdain, et renfermant les villes de Sodome et Gomorrhe. La catastrophe, qui amena la destruction de ces villes et la formation de la mer Morte, eut lieu environ 19 siècles avant l'ère chrétienne. Sur sa rive du S.-O. se dresse une montagne qui a conservé le nom de Sodome (Ousdoum) et où l'on voit un lit de sel sur lequel s'élève un pilier de sel perpendiculaire couronné de pierre à chaux. C'est cela probablement que les voyageurs regardent comme la femme de Loth, qui fut changée, d'après l'Écriture, en statue de sel. Sur le rivage de cette mer, les sources sulfureuses sont abondantes. Dans la plaine, le soufre se trouve en couches ou en fragments et le bitume est rejeté du fond de cette mer en grandes masses flottantes. L'eau est dense et très salée; ce qui fait que les corps surnagent à sa surface beaucoup plus facilement que sur les autres mers. Au S., la profondeur moyenne du lac n'est pas de plus de 4 à 5 m.; mais au N., elle atteint jusqu'à 400 m. Un caractère remarquable du lac Asphaltite est sa grande dépression au-dessous du niveau de la Méditerranée; la différence des deux surfaces étant de 394 m. C'est la plus grande dépression connue. Le Jourdain apporte à ce lac une grande quantité d'eau qui n'a ensuite aucun écoulement. Pendant la saison pluvieuse, le niveau des eaux s'élève de 3 à 5 m. Pendant la saison sèche, l'eau acquiert une température de 33°, à 30 centim. au-dessous de sa surface; l'air y devient à peu près irrespirable, et le thermomètre s'élève quelquefois à 44° C. ou même davantage après le coucher du soleil. A minuit, la température est encore de 36° C. Contrairement à l'opinion générale, relative à l'atmosphère pestilentielle du voisinage de la mer Morte, plusieurs animaux vivent sur ses bords, et des colombes, des éperviers, des perdrix et des lièvres abondent dans les campagnes voisines, et des canards nagent sur sa surface; un fait curieux concernant les oiseaux, les insectes et autres animaux que l'on rencontre sur la mer Morte, c'est qu'ils présentent tous une teinte grisâtre. On trouve çà et là, sur le rivage, quelques plantes dont les cendres fournissent de la soude; au pied des rochers, on trouve une misérable et chétive végétation de tamarins. De Saulcy affirma que les lieux où s'élevaient Sodome et Gomorrhe se trouvent au rivage occidental de la mer et que les villes n'ont pas été submergées, comme on le croit généralement. — Voy. De Saulcy, *Voyage autour de la mer Morte* (1852-54, 2 vol. in-4°).

MORTEAU, ch.-l. de cant., arr. et à 28 kil. N.-E. de Pontarlier (Doubs); 1,700 hab. Fonderies, tanneries, horlogeries. École d'horlogerie.

MORTEAUX-COULIBŒUF, ch.-l. de cant., arr. et à 10 kil. N.-E. de Falaise (Calvados); 700 hab.

* MORTE-EAU s. f. Mar. Marée la plus faible, et époque de cette marée, par opposition à *vif de l'eau*, qui se dit des plus fortes marées et du temps où elles ont lieu : *nous sommes en morte-eau*. La morte-eau a lieu aux quartiers de la lune.

MORTE-FONTAINE, comm. du cant. et à 10 kil. S. de Senlis (Oise); 300 hab. Magnifique parc anglais, embelli par Le Pelletier, président du parlement de Paris et par Joseph Bonaparte. Château où fut signé, le 3 octobre 1800, un traité entre la France et les États-Unis.

* MORTEL, ELLE adj. Qui cause la mort, ou qui paraît devoir la causer : *maladie, plaie, blessure mortelle*. — PÉCHÉ MORTEL, péché qui fait perdre la grâce de Dieu, et qui donne une espèce de mort à l'âme. — Extrême, excessif dans son genre; ne se dit jamais qu'en mal : *je suis dans des transes mortelles*.

Plus qu'à mes ennemis la guerre m'est mortelle.
J. RACINE. *La Thébaïde*, acte III, sc. vi.

— IL Y A DIX MORTELLES LIEURS DE TELLE VILLE A TELLE AUTRE, dix lieues longues et ennuyeuses. On dit en des sens analogues, J'AI ATTENDU

DEUX MORTELLES HEURES DANS UNE ANTICHAMBRE. — ÊTRE L'ENNEMI MORTEL DE QUELQU'UN, le haïr profondément. — Qui est sujet à la mort : *tous les hommes sont mortels*. — Dans le style soutenu, QUITTER SA DÉPOUILLE MORTELLE, mourir. — s. Homme, femme : *c'est un heureux mortel, un infortuné mortel*. — Absol. LES MORTELS, l'espèce humaine : *les pauvres mortels*.

Des héros qui chez vous passaient pour des mortels,
En venant parmi nous, ont trouvé des autels.
J. RACINE. *Alexandre*, acte II, sc. II.

* MORTELLEMENT adv. A mort : *il est blessé mortellement, malade mortellement*. — PÉCHER MORTELLEMENT, commettre un péché mortel. — Excessivement : *cet homme est mortellement ennuyeux*.

MORTEMART, comm. de l'arr. et à 12 kil. S.-O. de Bellac (Haute-Vienne); 300 hab. Ruines de l'ancien château de la famille de Mortemart. Les principaux membres de cette furent : I. (Gabriel, MARQUIS, puis *duc de*), né en 1600, mort en 1675. Louis XIV le nomma gouverneur de Paris en 1669. Il eut pour fils le duc de Vivonne et pour filles, la duchesse de Montespan et la marquise de Thianges. — II. (Victurnien-Jean-Baptiste-Marie DE ROCHECHOUART, *duc de*), général (1752-1812). Il émigra pendant la Révolution, combattit parmi les royalistes et rentra en 1794. Il a laissé diverses poésies.

* MORTE-PAYE s. f. Nom que l'on donnait autrefois aux soldats qui étaient payés, bien que ne remplissant pas de service actif. — Vieux domestique, ou quelque autre homme que l'on entretient dans une maison sans qu'il y fasse aucune fonction ni qu'il y rende aucun service. — Au pl. Ceux qui ne peuvent payer la contribution à laquelle ils sont imposés : *des mortes-payes*.

* MORTE-SAISON s. f. Temps où, dans certaines professions, on a moins de travail, moins de débit qu'à l'ordinaire : *les mortes-saisons ruinent les pauvres ouvriers*.

* MORT-GAGE s. m. Jurispr. Gage dont on laisse jouir le créancier, sans que les fruits dont il profite soient imputés sur la dette.

* MORTIER s. m. (lat. *mortarium*). Mélange de chaux et de sable, de ciment ou de pouzzolane, détrempé avec de l'eau, et servant à lier les pierres ou les moellons d'une construction : *faire du mortier*. — CETTE SOUPE EST DU MORTIER, N'EST QUE DU MORTIER, elle est trop épaisse. — Sorte de vase qui est fait de métal, de pierre, de bois, etc., et dont on se sert pour y piler certaines choses : *un mortier de fonte, de marbre, de verre, de bois*. — Artill. Bouche à feu, qui est faite à peu près comme un mortier à piler, et dont on se sert pour lancer les bombes, pour jeter des carcasses pleines de pierres ou de matières inflammables : *mettre la bombe dans le mortier*. — Espèce de bonnet rond de velours noir, bordé de galon d'or, que les présidents de parlement portaient dans l'exercice de leurs fonctions, et qui est encore aujourd'hui la coiffure des présidents des cours de justice : *président à mortier*.

MORTIER (Édouard-Adolphe-Casimir-Joseph), duc de Trévise, homme de guerre français, né à Cateau-Cambrésis, le 13 févr. 1768, mort le 28 juillet 1835. Après s'être distingué pendant 12 ans au service, il conquit le Hanovre en 1803, fut fait maréchal de France en 1804, soumit Hesse-Cassel et Hambourg en 1806, cueillit de nouveaux lauriers à Friedland en 1807, et reçut le titre de duc. On le trouve à un grand nombre de batailles en Espagne (1811) et en Russie (1812), et à presque toutes celles qui furent livrées en 1813. Il rejoignit Napoléon lorsque celui-ci revint de l'île d'Elbe; fut fait pair de France par la Restauration, perdit cette dignité pour s'être

opposé au procès de Ney, fut envoyé à la Chambre en 1816, et rétabli parmi les pairs en 1819. Il fut ambassadeur en Russie en 1831, ministre de la guerre et chef du cabinet en 1834. Il fut tué à côté de Louis-Philippe par la machine infernale de Fieschi.

* MORTIFÈRE adj. (lat. *mors*, mort; *fero*, je porte). Qui cause la mort : *un poison, un suc mortifère*. Ne s'emploie guère que dans le langage médical.

* MORTIFIANT, ANTE adj. (rad. *mortifier*). Qui mortifie, qui humilie l'amour-propre, et cause de la confusion : *il est bien mortifiant d'essuyer publiquement des reproches mérités*.

* MORTIFICATION s. f. Méd. et Chir. État du corps ou d'une partie du corps, dans lequel les fluides naturels, dont la circulation est arrêtée, se corrompent de manière à détruire le tissu des chairs : *mortification des chairs*. — Par ext., dans le style ascét. Action par laquelle on mortifie son corps, ses passions : *la mortification de la chair, des sens, des passions*. — Fig. Chagrin, affliction qu'on donne à une personne par quelque réprimande ou par quelque procédé dur et fâcheux : *on lui a donné de grandes mortifications*. — Relig. Accidents fâcheux qui arrivent dans la vie : *ce sont des mortifications que Dieu nous envoie*.

* MORTIFIÉ, ÉE part. passé de MORTIFIER. *De la viande bien mortifiée*. — ÊTRE MORTIFIÉ D'UNE CHOSE, en éprouver du chagrin : *je suis bien mortifié de vous dire que votre procès est perdu*.

Je suis mortifié de ces démarches vaines.
COLLIN D'HARLEVILLE. *L'Inconstant*, acte II, sc. I.

* MORTIFIER v. a. (lat. *mors*, mort; *facere*, faire). Faire que de la viande devienne plus tendre : *mettre de la viande à l'air, la battre pour la mortifier*. — Affliger son corps par des macérations, des jeûnes, des austérités : *mortifier sa chair*. — MORTIFIER SES SENS, SES PASSIONS, les réprimer dans la vue de plaire à Dieu. — Fig. Humilier quelqu'un, lui faire de la peine par quelque réprimande ou par quelque procédé dur et fâcheux : *la disgrâce qui lui est arrivée l'a extrêmement mortifié*. — Se mortifier v. pr. S'imposer des mortifications : *se mortifier pour l'amour de Dieu*.

MORTIMER (Roger) [mor'-ti-meur], *earl* ou comte de March, favori d'Isabelle, reine, épouse d'Édouard II d'Angleterre, exécuté à Smithfield le 29 nov. 1330. Convaincu de trahison, il s'enfuit à Paris, où il rencontra la reine Isabelle, avec laquelle il revint en Angleterre en 1326. Le roi Édouard II fut déposé, son fils Édouard III proclamé, et, pendant quelques années, Isabelle et son amant gouvernèrent le royaume au nom du jeune prince. Mortimer fit mourir dans sa prison le monarque détrôné, et obtint le titre de *earl* de March, avec d'importants domaines confisqués. En 1330, pendant qu'il était avec la reine au château de Nottingham, le roi se saisit de sa personne, et il fut condamné comme traître par le parlement.

MORT-IVRE adj. m. [mo-ri-vre]. Ivre au point de perdre tout sentiment. Au pl. Des *morts-ivres*.

* MORT-NÉ, ÉE adj. Mort avant que de naître : *deux enfants mort-nés; une brebis mort-née*. — Fig. Se dit d'un ouvrage d'esprit qui n'a aucun succès : *tragédie mort-née*. — s. m. Enfant mort-né : *des mort-nés*.

MORTON (James Douglas, *earl de*) [mor'-tonn], régent d'Écosse, né en 1530, mort le 3 juin 1581. C'était un cadet de la grande famille d'Angus; mais, en 1553, il succéda aux domaines et au titre de son beau-père, le troisième *earl* ou comte de Morton. En 1561, il fut fait conseiller privé, et en 1563, lord grand-chancelier. Il trempa dans le meurtre de Rizzio et s'enfuit en France. Mais il rentra en grâce, et, après l'abdication forcée de Marie, il fut rétabli comme lord chancelier. Après l'assassinat de Murray, il devint le chef du parti protestant. En 1572, il fut élu régent, et gouverna dès lors l'Ecosse avec une grande sévérité. Il se démit, le 12 sept. 1577; mais il reprit bientôt le pouvoir. Mis en accusation pour avoir participé au meurtre de Darnley, il fut trouvé coupable de haute trahison, et décapité.

MORTON (William-Thomas-Green), dentiste américain, né à Charlton (Massachusetts) en 1819, mort en 1868. En 1842, il s'établit à Boston. Après de longues recherches et les expériences les plus diverses, il parvint, en administrant de l'éther dans les opérations dentaires et chirurgicales, à rendre les patients insensibles (1846). De là, date l'emploi de l'éther en chirurgie comme anesthésique. Morton mit un brevet sur son invention aux Etats-Unis et en Angleterre. Elle lui fut disputée par plusieurs rivaux, et notamment par le Dr C.-T. Jackson, auquel l'Académie française accorda la moitié du prix Montyon de 5,000 francs, l'autre moitié étant décernée à Morton. Celui-ci protesta, et en 1852, il reçut la grande médaille d'or du prix Montyon pour la médecine et la chirurgie. Il passa le reste de sa vie à essayer de faire valoir, en Amérique les droits que ses brevets auraient, d'après lui, dû lui assurer; mais il ne réussit pas, et ses procès le réduisirent à la misère. — Voy. *Trials of a public Bénéfacter (Epreuves d'un Bienfaiteur de l'Humanité*, 1859), par le Dr Nathan P. Rice.

MORTRÉE, ch.-l. de cant., arr. et à 15 kil. S.-E. d'Argentan (Orne); 600 hab.

*MORTUAIRE adj. (rad. *mort*). Appartenant au service, à la pompe funèbre : *un drap mortuaire.* — REGISTRE MORTUAIRE, registre où l'on inscrit les noms des personnes décédées. — EXTRAIT MORTUAIRE, extrait qu'on tire de ce registre. — DROITS MORTUAIRES, droits perçus pour les cérémonies funèbres. — MAISON MORTUAIRE, maison où se trouve le corps de la personne décédée, et où on se réunit ordinairement pour lui rendre les derniers devoirs.

MORTUISECTION s. f. [mor-tu-i-sèk-si-on] (lat. *mortuus*, mort; *secare*, couper). Anat. Dissection après la mort. Se dit par opposition à vivisection.

*MORUE s. f. (bas lat. *moruta*). Poisson de mer du genre des gades, dont la plus grande pêche se fait au banc de Terre-Neuve : *aller à la pêche des morues.* — UNE POIGNÉE DE MORUES, deux morues jointes ensemble. — ENCYCL. Les morues forment un sous-genre du grand genre *gade*; elles se distinguent par trois nageoires dorsales, deux anales, le museau gros et obtus, un barbillon charnu au bout de la mâchoire inférieure. C'est ce barbillon qui les sépare du sous-genre merlan. La *morue commune* (morrhua *vulgaris*, Linn.) est un poisson connu dans le monde entier comme article de nourriture. Quand elle arrive chez nous, elle est *habillée*, c'est-à-dire préparée, fendue, séchée, salée dans des barriques. Vivante, elle est d'un vert mêlé de jaune et de blanchâtre; son corps est couvert de petites écailles; elle mesure de 1 m. à 1 m. 50 de long. On la trouve dans les mers du Nord, particulièrement aux environs de Terre-Neuve, de la Nouvelle-Ecosse, du Labrador, d'Islande et de Norvège. Elle ne remonte pas les cours d'eau. Très vorace, elle avale tout ce qui est à sa portée, et il suffit quelquefois pour la prendre, d'amorcer des hameçons avec des morceaux d'étoffe de couleur vive et brillante. Plus de 36 millions de morues sont détruites, chaque année, par les pêcheurs. Sa pêche est une branche importante

de l'industrie maritime. La pêche française de la morue s'exerce en partie dans les eaux de Saint-Pierre et de Miquelon, en partie sur la côte de Terre-Neuve ou sur le grand banc de Terre-Neuve. Elle est précédée de la pêche du hareng et du capelan qui servent d'amorce pour les morues. Elle se fait soit par les bateaux de Saint-Pierre ou de Miquelon, soit par les navires que les ports français y expédient chaque année au printemps. Les principales villes qui arment pour cette pêche sont Saint-Malo, Granville, Fécamp et Dieppe. La pêche est sans *sécherie* lorsqu'on se contente de saler les morues après les avoir dessossées; alors elles ne se conservent pas longtemps. Cette pêche a lieu principalement sur le grand banc de Terre-Neuve. La pêche avec *sécherie* exige une vaste plage et un établissement sur le littoral, parce qu'il faut étendre le poisson et le faire sécher à l'air. Les sécheries sont installées sur les grèves de Saint-Pierre et de Miquelon et sur une partie des grèves de Terre-Neuve, où les Français, en vertu des traités, ont le droit de faire des établissements, dits *chauffauds*, non permanents. C'est ordinairement vers le mois d'avril que les navires arrivent sur les bancs de pêche et leur séjour y est de deux ou trois mois. Dès qu'un poisson s'est pris à l'hameçon, on retire la ligne, on saisit la morue, on lui ôte la langue et on lui ouvre le ventre pour en retirer les entrailles qui servent ensuite d'appât. Les foies sont déposés dans un baril, où l'huile s'écoule. Les œufs se mettent dans un autre baril pour faire la rave dont on se sert pour la pêche des sardines. Ensuite on *habille* la morue, en l'ouvrant depuis la gorge jusqu'à l'anus; on lui ôte l'arête et on la met dans son premier sel. On sale à part les langues qui constituent un mets assez délicat. La morue ainsi préparée reçoit le nom de *morue en vert*. Quand on la fait sécher au soleil, elle est dite *morue sèche*. Si on la suspend à la fumée, elle devient *morue boucanée* ou *fumée*. La morue fraîche porte, chez les cuisiniers, le nom particulier de *cabillaud*; la morue fumée et non salée est le *stockfisch*; celle qui est salée et *non séchée* est la *morue verte*, et celle qui est séchée et salée est la *merluche*. La morue paraît sur nos tables à la *maître d'hôtel*, en brandade, etc. Après l'espèce de morue dont nous venons de parler, nous citerons : la *morue églefin* (voy. ÉGLEFIN); la *morue d'A-*

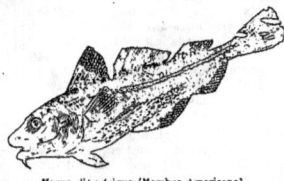

Morue d'Andrique (Morrhua Americana).

mérique (*morrhua Americana*), commune sur les côtes des Etats-Unis. — Huile de foie de morue, médicament reconstituant et antiscorbutique, souvent employé chez les enfants rachitiques, scrofuleux, et chez les personnes menacées de tuberculose; l'odeur nauséabonde de cet excellent médicament le rend souvent difficile à prendre. Cependant, mélangé dans du sirop d'écorce d'orange amère, ou encore avec du curaçao ou du kirsch, l'huile de foie de morue devient moins désagréable.

MORUS (SIR **Thomas MORE** ou), homme d'Etat anglais, né en 1480, exécuté le 6 juillet 1535. Il fut élevé à Oxford, où il se lia d'amitié pour la vie avec Erasme. Il atteignit une grande réputation de jurisconsulte, fut nommé sous-sheriff et juge de la cour du sheriff de Londres et Middlesex, et, sous

Henri VII, fut élu membre du parlement, où il fut souvent heureux dans sa résistance aux prétentions de la couronne. En 1514 et en 1515, on l'envoya en missions commerciales dans les Pays-Bas, et, à son retour, il fut fait conseiller privé. En 1521, il fut créé chevalier et nommé trésorier de l'Echiquier, et il remplit à différentes époques des missions en France pour servir les intrigues de Wolsey avec François Ier. En 1523, il fut choisi comme président de la chambre des communes, et, en 1525, il fut nommé chancelier du duché de Lancaster. Il accompagna Wolsey dans sa fastueuse ambassade en France. C'est vers cette époque qu'il publia plusieurs pamphlets pleins d'érudition, d'esprit et d'amertume contre les réformateurs. Il devint lord chancelier en 1529, garda le grand sceau pendant deux ans et demi, et refusa constamment de prêter son autorité au projet de divorce et de second mariage de Henri VIII. En 1534, il ne voulut pas prêter serment à l'acte de succession assurant le trône à la descendance d'Anne Boleyn, et il fut renfermé à la Tour. Le 1er juillet 1535, il fut traduit à la barre de la haute commission sous l'inculpation d'avoir traîtreusement projeté et tenté de priver le roi de son titre de chef suprême de l'Eglise; et il fut condamné. Il souffrit la mort avec la plus grande sérénité. Ses fragments de l'histoire de Richard III (1641) sont le premier modèle classique de prose anglaise. L'ouvrage par lequel il est surtout connu est son *Utopia*, écrit en latin (Louvain, 1516, et Bâle, 1518); bientôt traduit en anglais, en français, en hollandais et en italien. La meilleure traduction anglaise est celle de l'évêque Burnet. C'est la description d'une république purement imaginaire, fondée sur des idées de beaucoup en avance sur son temps. On a publié à Louvain, en 1556, une collection des œuvres latines de More, et en 1557, à Londres, une édition de ses œuvres anglaises. Sa biographie a été écrite plusieurs fois, et Agnes-M. Stewart a publié sa vie et ses lettres (1876).

MORVAN, *Morvennensis Pagus*, petit pays de l'ancienne France dans la Bourgogne et le Nivernais, compris actuellement dans les départements de l'Yonne et de la Nièvre. Villes princ. : Château-Chinon et Vézelay.

MORVAN ou **Morman**, roi de la Bretagne armoricaine, mort en 848. Il refusa de reconnaître la suzeraineté de Louis le Débonnaire, et il fut tué, dans une rencontre, par le chef de l'armée de France.

MORVANDEAU, ELLE s. et adj. Du Morvan; qui appartient à ce pays ou à ses habitants.

*MORVE s. f. (lat. *morbus*, maladie). Humeur visqueuse qui découle des narines : *il a toujours la morve au nez.* — Art vét. Maladie à laquelle les chevaux sont sujets, et qui est contagieuse, soit de cheval à cheval, soit du cheval à l'homme : *quand on vend un cheval, on garantit la morve.*

MORVEN, montagne d'Ecosse, célèbre par les exploits de Fingal dans les poèmes d'Ossian.

*MORVEAU s. m. Morve épaisse et recuite: *jeter un gros morveau.* C'est un mot désagréable dont on évite de se servir.

MORVER v. a. Laisser tomber sa morve.

*MORVEUX, EUSE adj. Qui a la morve au bout du nez : *enfant morveux.* — Art vétér. CHEVAL MORVEUX, cheval qui a la maladie appelée morve. — Prov. et fig. IL VAUT MIEUX LAISSER SON ENFANT MORVEUX QUE DE LUI ARRACHER LE NEZ, c'est de la sagesse de tolérer un petit mal, lorsqu'on risque, en voulant y remédier, d'en causer un plus grand. — Prov. et fig. QUI SE SENT MORVEUX SE MOUCHE, que ceux qui reconnaissent en eux le défaut, le tort contre lequel on parle, s'appliquent ce qu'on en dit, si bon leur semble. — s. Fam. Enfant, garçon ou fille : *c'est un petit morveux, une petite morveuse.* — TRAITER QUELQU'UN COMME UN MORVEUX, le traiter avec un mépris humiliant.

* MOSAÏQUE adj. Qui vient de Moïse : *la loi mosaïque.*

* MOSAÏQUE s. f. (lat. *musaicum*; du gr. *mouscion*, lieu dans lequel on honorait les Muses). Ouvrage de rapport composé de petites pierres dures, ou de petits morceaux d'émail de différentes couleurs, liés par un mastic et assemblés de manière à former des figures, des arabesques, etc. : *les plus beaux tableaux de Raphaël ont été exécutés en mosaïque pour orner l'église de Saint-Pierre.* — Art dont ces ouvrages sont le produit : *il y a deux espèces de mosaïque : celle de Rome et celle de Florence.* — Fig. C'EST UN OUVRAGE EN MOSAÏQUE, C'EST UNE MOSAÏQUE, se dit d'un ouvrage d'esprit composé de morceaux séparés dont les sujets sont différents. — ENCYCL. On appelle *mosaïque* un ouvrage d'incrustation ayant l'aspect d'une peinture, exécuté en disposant sur un fond de ciment des petits morceaux de pierre ou d'autre matière, naturelle ou artificielle, de couleurs et de

Mosaïque (Bains d'Agrippa).

formes diverses. A l'établissement qui est au Vatican (Rome), la dalle sur laquelle se fait la mosaïque est généralement de pierre Travertine ou de pierre du Tibre. Dans cette dalle, l'ouvrier découpe un certain espace sur lequel le mastic en pâte cimentant est étendu peu à peu à mesure que le travail le nécessite, formant ainsi le fond agglutinant sur lequel la mosaïque est posée. C'est dans cette pâte que l'on fixe les *smalti* ou petits morceaux qui forment le tableau. Ces morceaux se composent de minéraux et de matières diverses, la plupart colorés avec des oxydes métalliques. On fait à Rome des baguettes de différents degrés d'épaisseur, que l'on coupe en pièces de la grandeur requise. Lorsque le ciment s'est suffisamment durci, l'ouvrage est susceptible de recevoir un poli semblable à celui du cristal. On fabrique en Toscane, sous le nom de mosaïques florentines, deux autres sortes de mosaïques, la *pietre dure*, qui représente les objets en relief, à l'aide de pierres colorées, et *la pietre commesse*, qui consiste en pierres précieuses, comme agate, jaspe, lapis-lazuli, etc., coupées en feuilles minces, et incrustées. — Les anciens Romains apprirent cet art des Grecs, qui l'avaient emprunté aux Asiatiques. Sous les premiers empereurs romains, il atteignit un très haut degré de perfection. Après l'établissement du christianisme, il fut presque exclusivement employé pendant près de 4,000 ans à la décoration murale. Les mosaïques

chrétiennes se divisent en style romain et en style byzantin; les matériaux généralement en usage sont les cubes de verre colorés incrustés, dans l'école romaine, sur un fond bleu ou blanc, et, dans l'école byzantine, sur un fond d'or. Dans ces dernières, les *tessera* sont souvent de grandeurs irrégulières, et le travail est grossier. Le premier style florissait en Italie, surtout au ve et au vi[e] siècle. L'école byzantine eut son origine à Constantinople vers le commencement du vi[e] siècle, et, pendant les cinq siècles suivants, elle eut une influence prépondérante en Europe. Vers le milieu du viie siècle, elle prit pied à Rome où l'école nationale était tombée en décadence. Les mosaïques de l'église de Saint-Marc, à Venise, exécutées entre le xie et le xive siècles, sont peut-être les spécimens les plus purs de ce genre qui soient en Italie. Au xiie siècle, un nouveau style, le style «romanesque », fondé sur la tradition byzantine, prit naissance en Italie; et dès le commencement du xiiie siècle on exécuta, dans l'Italie septentrionale et centrale, des travaux de mosaïque, d'après des représentations originales et prises de la nature. Andrea Taffi, Jacopo da Turrita, les Gaddi et Giotto sont à citer parmi les premiers et les plus fameux *mosaïcisti* italiens. Parmi les derniers de ceux qui travaillèrent d'après les dessins originaux se trouvent Baldovinetto, Gherardo, et particulièrement Ghirlandaio, le maître de Michel-Ange, et Muziano, qui porta cet art à une grande perfection. Au xviiie siècle, Pietro, Paolo Cristofori fonda une école pour l'enseignement de la mosaïque à Rome, où cet art se pratique sur une plus grande échelle que n'importe dans quelle autre contrée.

MOSAÏSME s. m. Hist. relig. Système religieux de Moïse.

MOSAÏSTE adj. Qui fait des mosaïques. — Substantiv. *Un habile mosaïste.*

* MOSARABE. Voy. MOZARABE.

MOSASAURE s. m. [mo-za-sô-re] (lat. *Mosa,* Meuse; gr. *suuros,* poisson). Erpét. Reptile fossile gigantesque, ainsi nommé par Conybeare parce qu'il a été trouvé pour la première fois sur les bords de la Meuse, près de Maestricht, en Hollande. Le mosasaure doit avoir été un animal marin carnivore d'une grande puissance. L'espèce la mieux connue, le *M. Camperi* (Conyb.) avait une tête de 4 pieds de long, et une longueur totale de 25 pieds. Quelques-uns atteignaient une longueur de 30 pieds. Suivant le professeur Cope, ils pouvaient probablement s'enrouler sur eux-mêmes comme les serpents. Le *geosaurus*(Cuv.) trouvé à Manheim, en Bavière, se rapprochait davantage des crocodiles par les os pelviens et ceux des cuisses.

MOSCATELLE s. f. Bot. Genre d'araliacées, dont l'espèce type, la *moscatelle printanière* ou *moscatelle musquée (adoxa moschatellina),* appelée aussi *herbe au musc,* est une jolie petite plante; à tige simple, très grêle et peu élevée; à feuilles trilobées, d'un vert gai; à fleurs d'un blanc verdâtre, très odorantes; à baies globuleuses. Elle est commune au printemps dans nos bois frais. Son odeur musquée est surtout assez vive après la pluie.

MOSCHI [mos'-ki], ancien peuple d'Asie, au S. du Caucase. Ce nom, dans les premiers écrivains classiques, se présente souvent rapproché de celui des *Tiberani,* et l'on croit généralement que ces deux tribus sont les mêmes que les Mechetel et les Tubal de l'Ecriture.

MOSCHUS [mos'-kuss], poète bucolique grec, de Syracuse, élève et imitateur de Bion. Florissait au iiie siècle av. J.-C. On a quatre de ses idylles et quelques courts fragments de ses poèmes; presque le tout écrit dans

le dialecte dorien. Les œuvres de Moschus ont été traduites en vers français par Longepierre (1686, 4 vol. in-12); en prose, par Gail (1794, 4 vol. in-18).

MOSCOU (russe *Moskva*). I. Un des gouvernements de la Russie centrale; 33,302 kil. carr.; 1,950,000 hab., adonnés en majorité à l'industrie. Les cours d'eau navigables sont : l'Oka et ses tributaires, la Moskowa, et la Kliasma. On y élève beaucoup de bétail et des chevaux. — II. Capitale du gouvernement du même nom, sur la Moskowa, à 600 kil. S.-E. de Saint-Pétersbourg, par 55° 45' 19'' lat. N. et 35° 13' 50'' long. E. 760,000 hab. Elle est entourée d'un rempart de terre long de plus de 37 kil. Les trois quarts de la ville environ sont bâtis sur la rive septentrionale de la Moskowa, et le quart sur la rive méridionale. La ville comprend quatre quartiers principaux, outre les faubourgs, et présente un aspect pittoresque et à demi oriental. (Voy. KREMLIN.) La ville chinoise (*Kitai-Gorod*), à l'E. du Kremlin, entourée d'un mur garni de 42 tours et de 5 portes, est le centre des affaires, et contient un bazar d'une richesse extraordinaire, et une quantité de baraques sur la place Riadi. La ville blanche (*Bieloi Gorod*), entre le boulevard intérieur, le Kremlin et la ville chinoise, contient une grande école militaire de cavalerie, l'asile des enfants trouvés, ainsi que d'autres édifices publics et de nombreuses églises, entre autres le grand temple du Sauveur, fondé en 1812 pour commémorer le triomphe de la Russie sur Napoléon. Dans les faubourgs se trouvent la plupart des couvents et des établissements de bienfaisance, beaucoup de parcs, de belles résidences et des palais impériaux. En dehors de la porte de Saint-Pétersbourg sont le palais et les jardins Petrovski, résidence d'été à la mode, où Napoléon se retira en quittant le Kremlin. Moscou est le siège d'un des trois métropolitains de l'église russo-grecque et fourmille d'églises et de monastères. Ses écoles sont célèbres, surtout l'université qui compte environ 4,500 étudiants et une bibliothèque d'environ 180,000 volumes. Le musée public contient une autre grande bibliothèque et des collections d'art considérables. Moscou est la véritable cœur de la Russie, et la plus riche et la plus caractéristiquement russe de toutes les cités de l'empire. C'est le grand entrepôt de commerce intérieur, et le grand centre industriel et manufacturier. Lainages, cotonnades, soies, chapeaux, argenterie, orfèvrerie, faïences, verre, porcelaines, papier, tapisserie, produits chimiques, bière, eaux-de-vie etc. Moscou fut, dit-on, fondée au milieu du xiie siècle par George Doigorouki, prince de Kiev. Ivan Danilovitch de Vladimir prit le titre de grand prince de Moscou au commencement du xive siècle, et Moscou resta la capitale russe jusqu'au commencement du xviiie siècle, où Pierre le Grand transféra l'administration à Saint-Pétersbourg. Pendant les xive, xve et xvie siècles, elle eut à souffrir de nombreuses vicissitudes, de même que durant les insurrections soulevées par les faux Démétrius (1605-12), pendant lesquelles elle fut prise par les Polonais et par les Cosaques. En 1812, les Français y entrèrent sous la conduite de Murat le 14 sept., et le 15 sous celle de Napoléon, qui choisit le Kremlin par sa résidence. La ville, abandonnée par ses habitants, fut livrée aux flammes par l'ordre du gouverneur, le comte de Rostoptchin, ce qui obligea Napoléon à la quitter le 19 oct., et à partir définitivement le 23, ce qui amena la désastreuse retraite de l'armée française. La plus grande partie de la cité avait été détruite; mais il ne fallut que quelques années pour la reconstruire.

MOSCOUADE s f. (esp. *mascabado*; de *mas,* plus; *acabudo,* achevé). Sucre brut, coloré par la mélasse et par d'autres corps étrangers.

MOSCOVA ou **Moskowa**, rivière de la Russie d'Europe, qui passe à Moscou et se jette dans l'Oka, après un cours de 425 kil. dont 160 sont navigables. C'est au village de *Borodino* sur ses bords, que se livra, le 7 sept. 1812, la grande *bataille de la Moscova*, entre les Français (110,000 h.) commandés par Napoléon et les Russes (130,000 h.) sous les ordres de Kútusoff. Chaque parti s'attribua la victoire; mais les Russes furent forcés de battre en retraite et d'abandonner Moscou, ville dans laquelle les Français entrèrent le 14 sept. Ney reçut le titre de *prince de la Moscova*.

MOSCOVIE, nom que l'on donnait autrefois à l'empire de Russie, à cause de sa capitale Moscou.

MOSCOVITE s. et adj. De la Moscovie; qui appartient à ce pays ou à ses habitants.

MOSELLE [mo-zè-le] (lat. *Mosella*; all. *Mosel*), affluent du Rhin, qui naît à Bussang (Vosges), coule au N. et au N.-O. jusqu'à Toul, puis au N.-E. jusqu'à sa réunion avec la Meurthe, son principal tributaire; à partir de ce moment, la Moselle court au N. et au N.-E., passe à Metz, à Thionville, Trèves et se jette dans le Rhin à Coblentz, après un cours de 520 kil. dont 358 navigables. Elle reçoit à droite: la Meurthe, la Seille, la Sarre; à gauche: le Madon, l'Ornes, la Sure et la Kill.

MOSELLE, anc. dép. de France, formé d'une partie de la Lorraine et du Luxembourg français et du ci-devant pays Messin. Ses arr. de Metz, Thionville et Sarreguemines ont été cédés à l'Allemagne en 1871; son arr. de Briey a été réuni aux trois arr. de la Meurthe, pour former le dép. de Meurthe-et-Moselle.

MOSETTE s. f. Camail que portent les chanoines et certains dignitaires de l'Église. On écrit aussi MOZETTE.

MOSHEIM (Johann-Lorenz von) [moss'-halmn], historien et ecclésiastique allemand, né à Lübeck en 1694, mort en 1755. Professeur de philosophie à Kiel et de théologie d'abord à Helmstedt (1723-'47) et ensuite à Goettingue. Il a laissé en latin deux grands ouvrages, *Institutes de l'histoire ecclésiastique* et *Commentaires sur les affaires des chrétiens avant Constantin.*

MOSKOVA, autre orthographe de Moscova.

* **MOSQUÉE** s. f. (ar. *mesjid*, lieu de prière). Temple du culte mahométan, édifice où les mahométans s'assemblent pour faire leurs prières: *les mosquées de Constantinople, du Caire, etc., sont de vastes et beaux édifices.* La première mosquée fut érigée par Mahomet, en partie de ses propres mains, à Médine; son plan servit de modèle à toutes les autres. Plus tard, on ajouta aux mosquées une coupole et un minaret. La mosquée de Médine, celle de la Mecque, et celle d'Omar à Jérusalem sont considérées comme particulièrement sacrées par les musulmans. La *jumma musjid* ou grande mosquée de Delhi, bâtie par le schah Jehan en 1631-'37, passe généralement pour le plus magnifique monument qui ait jamais été élevé au culte mahométan.

MOSQUITO (Côte de). Voy. NICARAGUA.

MOSSOUL ou **Mosul** (lat. *Mosilium*, *Ninus Nova*), ville de la Turquie d'Asie, dans le vilayet de Diarbekir, près de l'emplacement de Ninive, sur la rive droite du Tigre, à 350 kil. N.N.-O. de Bagdad; environ 40,000 hab., parmi lesquels il y a près de 9,000 chrétiens. C'est l'un des centres principaux des Jacobites. Place de transit pour le commerce entre Bagdad, la Syrie et Constantinople. Fabriques de cotonnades gros-

sières et de châles. Au moyen âge, elle était renommée pour ses mousselines, étoffe à laquelle elle a donné son nom.

MOSTAGANEM [-nèmm] (lat. *Cartenna*), ville de la province et à 76 kil. N.-E. d'Oran (Algérie), à 1 kil. de la Méditerranée et à 10 kil. S.-O. de l'embouchure Chélif; 7,000 hab., dont 3,500 Européens. Cette ville est située sur un plateau, et se compose de deux parties distinctes, que sépare le ravin de l'Aïn-seufra. Le quartier oriental, nommé *Matamore*, comprend les principaux établissements militaires; la partie occidentale se compose de la ville proprement dite. Orfèvrerie, bijouterie, laines, bestiaux.

MOSTAR (*Vieux pont*). I. Cercle d'Autriche. (Voy HERZÉGOVINE.) — II. Capitale de l'Herzégovine, sur la Narenta, à 60 kil. S.-O. de Bosna-Seraï; 18,000 hab. environ. La ville se répand dans une plaine des deux côtés de la rivière, que traverse un ancien pont romain. Grand commerce de soie et de productions agricoles.

* **MOT** s. m. (lat. *muttum*). Une ou plusieurs syllabes réunies, qui expriment une idée: *il n'y a pas un mot de cela dans le contrat.*

Il est un heureux choix de *mots* harmonieux.
BOILEAU.

— **MOT PROPRE**, mot qui exprime, avec plus de justesse et d'exactitude que tout autre, l'idée qu'on veut faire entendre: *il faut, pour bien écrire, employer le mot propre.* On dit par opposition, **MOT IMPROPRE.** — **MOT FAIBLE**, celui qui n'exprime qu'imparfaitement l'idée. — **MOT A DEUX ENTENTES, A DOUBLE ENTENTE**, mot qui a deux sens, qui est susceptible de deux interprétations. On dit aussi, **MOT ÉQUIVOQUE OU AMBIGU.** — **JEU DE MOTS**, allusion tirée de la ressemblance des mots. — **MOT FACTICE**, mot qui est dérivé d'un autre suivant l'analogie ordinaire, mais dont l'usage n'est pas établi. — **MOT FORGÉ**, mot créé par plaisanterie, el formé d'une manière bizarre: *dans Molière, Désamphitryonner, Dessossier, et Tartufée, sont des mots forgés.* — **MOT HYBRIDE**, mot composé d'autres mots qui appartiennent à des langues différentes: *choléra-morbus est un mot hybride.* — **MOT ARTIFICIEL**, mot dont on se sert pour aider la mémoire par l'arrangement des lettres. Ainsi, les termes de logique, *Barbara, Celarent*, etc., sont des mots artificiels dont on se servait pour graver plus aisément dans la mémoire les différentes espèces de syllogismes. — **MOTS CONSACRÉS**, mots qui sont tellement propres et usités pour signifier certaines choses, qu'on ne peut pas se servir d'un autre mot sans parler improprement. Ainsi, en théologie, les mots **CONSUBSTANTIEL** et **TRANSSUBSTANTIATION**, sont des mots consacrés; de même qu'en physique les mots **GRAVITATION, RARÉFACTION, CONDENSATION**, etc. — **MOTS SACRAMENTELS** ou **SACRAMENTAUX**, mots qui appartiennent à un sacrement; et, par extension, ceux qui sont essentiels à la validité d'un acte, d'une convention. — **GROS MOTS**, *juremens: il a dit de gros mots, des mots offensans.* Menaces, paroles offensantes: *de la raillerie ils ont passé, ils en sont venus aux gros mots.* — **GRANDS MOTS**, expressions exagérées.

Tout beau, dira quelqu'un, vous entrez en furie,
A quoi bon ces *grands mots*?...

— **LE MOT D'UNE ÉNIGME, D'UN LOGOGRIPHE, D'UNE CHARADE**, nom qu'on propose à deviner dans une énigme, dans un logographe, dans une charade. — **TRAINER SES MOTS**, parler très lentement. — **COMPTER SES MOTS**, parler avec lenteur et avec affectation. **MANGER SES MOTS**, LA MOITIÉ DE SES MOTS, ne pas prononcer nettement toutes les lettres ou toutes les syllabes des mots. — **DIRE LES MOTS ET LES PAROLES**, dire crûment une chose qui aurait besoin d'être adoucie par l'expression: *il n'a pas*

ménagé les oreilles de ceux qui étaient présents; il a dit les mots et les paroles. — **IL N'Y A QU'UN MOT QUI SERVE**, signifie tantôt, décidez-vous, dites-moi votre mot; tantôt, ce que je vous dis est mon dernier mot. — **CE SONT DES MOTS, CE NE SONT QUE DES MOTS**, ces paroles sont vides de sens. Les mêmes locutions signifient aussi, ces paroles ne seront suivies d'aucun effet: *ne vous inquiétez pas de ses menaces, ne croyez pas à ses promesses, ce sont des mots, ce ne sont que des mots.* — Ce qu'on dit ou ce qu'on écrit brièvement à quelqu'un: *si vous le voyez, je vous supplie de lui dire un mot de ma part, un mot en mon nom, un mot en ma faveur; je vous expliquerai cela en un mot, en deux mots, en trois mots en quatre mots*: l'usage ne va pas plus loin; on ne dit pas, *en cinq mots.* — **ENTENDRE A DEMI-MOT**, comprendre facilement ce qu'un autre veut dire, sans qu'il se soit entièrement expliqué. — **NE DIRE MOT, NE RÉPONDRE MOT**, ne point parler, ne point répondre: *on eut beau l'interroger; il ne répondit jamais mot, pas un mot.* — **S'IL NE DIT MOT, IL N'EN PENSE PAS MOINS**, se dit d'un homme qui parle peu, et signifie, il a plus d'esprit, plus de sentiment qu'il ne paraît en avoir. — **QUI NE DIT MOT CONSENT**, en certains cas, se taire c'est consentir. — **NE SONNER MOT**, ne rien dire. On dit dans le même sens, **NE PAS SOUFFLER MOT.** — **UN MOT, DEUX MOTS, S'IL VOUS PLAIT.** Façons de parler familières, dont on se sert lorsqu'on appelle quelqu'un pour lui parler. — Par forme de menace. **NOUS EN DIRONS DEUX MOTS QUAND VOUS VOUDREZ**, nous viderons notre querelle quand il vous plaira. On dit, dans le même sens, **J'AI A ME PLAINDRE DE LUI, JE LUI EN DIRAI DEUX MOTS.** — **BON MOT**, trait ingénieux, vif et plaisant: *il est rare de bien répliquer à un bon mot.* — **MOT FIN**, expression d'une simplicité apparente, dont la force ne paraît qu'après qu'on y a réfléchi, et qui fait penser que celle ne semble dire: *il y a dans ce compliment un mot très fin.* — **JE N'ENTENDS PAS LE FIN MOT DE TOUT CELA**, je ne comprends pas ce qu'on veut, à quoi tendent tous les discours et cette conduite singulière. — **DIRE LE FIN MOT**, manifester entièrement son projet, ses vues: *il n'a pas encore dit le fin mot.* — **TRANCHER LE MOT**, donner une réponse décisive: *tranchez le mot, c'est trop me faire attendre votre réponse.* Parler net, parler sans ménagement: *c'est un homme sans délicatesse; tranchons le mot, c'est un fripon.* — **LE GRAND MOT EST LACHÉ**, le mot qu'on retenait est enfin échappé. — **MOT POUR RIRE**, ce que l'on dit en plaisantant pour amuser les autres: *il a toujours le mot pour rire, le petit mot pour rire.* — **IL N'Y A PAS LA LE MOT POUR RIRE**, se dit lorsque la chose dont on parle est trop sérieuse ou trop piquante pour être tournée en plaisanterie. On dit aussi lorsqu'un homme veut être plaisant et qu'il manque son but: *il n'y a pas le mot pour rire à ce qu'il dit.* — **VOUS DITES-LA LE MOT**, ce que vous dites éclaircit la difficulté, est décisif. — Sentence, apophtegme, dit notable, parole mémorable: *c'est un mot de Socrate.* — Pensée moins importante: *il lui échappe des mots fort heureux, fort spirituels.* — Prix que l'on demande ou que l'on offre de quelque chose: *vous voulez vendre cela cinq cents francs? est-ce votre mot? ce n'est que votre premier mot?* — **LACHER LE MOT.** (Voy. LACHER.) — **PRENDRE QUELQU'UN AU MOT**, se hâter d'accepter une offre. Cela se dit surtout quand il s'agit du prix d'un achat ou d'une vente: *il ne m'a fait ce cheval que six cents francs, je l'ai pris au mot.* — Particul. Billet portant assurance ou déclaration de quelque chose: *je vous prêterai mille francs, mais donnez-moi un mot de votre main.* — Art milit. **MOT D'ORDRE** ou simplement **MOT**, mot qu'un militaire donne au chef d'un poste ou à une sentinelle pour s'en faire reconnaître. — **MOT DE RALLIEMENT**, mot que doivent dire à leur tour, les militaires à qui l on a donné le mot d'ordre : *quand un poste reconnaît une patrouille, il en reçoit le mot d'ordre et lui donne le mot de ralliement; le mot d'ordre et le mot de ralliement sont portés à la connaissance des chefs de poste et de patrouille, des officiers et sous-officiers de ronde.* — On comprend quelquefois sous la dénomination de *mot d'ordre*, le mot d'ordre et le mot de ralliement: *quand une patrouille rencontre une ronde, elle lui donne les deux mots d'ordre.* On disait autrefois, dans le même sens, LE MOT DU GUET. — AVOIR LE MOT, être averti de ce qu'il convient de dire ou de faire dans une certaine circonstance: *vous pouvez compter sur lui, il a le mot.* — CES GENS-LA SE SONT DONNÉ LE MOT, LE MOT DU GUET, ils sont de concert et d'intelligence ensemble. — Paroles d'une devise: *dans la devise de Louis XIV, le corps était un soleil, avec le mot,* Nec pluribus impar. — Mot ou phrase courte que quelques maisons illustres placent dans leurs armoiries : *la maison de Montmorency a pour mot,* Aplanôs, *qui en grec signifie : Sans dévier.* — En un mot, loc. adv. Bref, enfin, en peu de mots: *il est vertueux, généreux ; en un mot, c'est un homme accompli.*

Tout passe, tout finit, tout s'efface, en un mot,
Tout change : changeons donc, puisque c'est notre lot.
    COLLIN D'HARLEVILLE. *L'Inconstant,* acte Ier, sc. I.

— EN UN MOT, JE N'EN FERAI RIEN, pour répondre en un mot à toutes vos raisons, je dis que je n'en ferai rien. — AUTANT EN UN MOT QU'EN CENT, QU'EN MILLE, EN UN MOT COMME EN CENT, EN UN MOT COMME EN MILLE, façons de parler familières, par lesquelles on marque sa dernière résolution: *en un mot comme en mille, je suis décidé à n'en rien faire.* — Mot à mot, mot pour mot, loc. adv. Sans aucun changement ni dans les mots, ni dans leur ordre : *apprendre quelque chose mot à mot comme un perroquet.* — CETTE PHRASE EST MOT POUR MOT DANS MONTAIGNE, DANS VOLTAIRE, etc., elle s'y trouve entièrement et dans les mêmes termes. — DICTER MOT A MOT, dicter un mot après l'autre, ne dicter qu'un mot à la fois. — s. m. Mot à mot [mo-ta-mo]. Traduction littérale : *voilà le mot à mot de la phrase, maintenant traduisez avec élégance.* Plur. DES MOT A MOT. — A ces mots loc. adv. usitée dans la narration. Après avoir ainsi parlé : *à ces mots, il monte à cheval, et s'élance dans la plaine.*

MOTACILLE s. f. [-si-le] (lat. *motacilla*). Ornith. Nom scientifique du genre bergeronnette.

* **MOTET** s. m. [mo-tè] (ital. *motetto*, petit mot ou sentence). Psaume ou autres paroles latines mises en musique pour être chantées à l'église, et qui ne font point partie de l'office divin : *exécuter un motet.*

* **MOTEUR** s. m. (lat. *motor;* de *movere,* mouvoir). Celui qui donne le mouvement : *Dieu est le premier moteur, le souverain moteur de toutes choses.* — Fig. *Il fut le principal moteur de cette entreprise, de cette conjuration, le moteur secret de ces intrigues.* — Mécan. Mobile, ce qui imprime le mouvement : *l'eau, le feu est le premier moteur de cette machine. Le moteur doit être proportionné à l'effet qu'on veut produire.* — Anat. Muscles qui font mouvoir un membre : *les moteurs internes, externes.* — ENCYCL. On appelle *moteur,* toute cause qui peut produire du mouvement. (Voy. MÉCANIQUE.) Les moteurs ordinairement employés dans l'industrie sont: les hommes, les animaux, l'air, l'eau, la vapeur, les gaz et l'électricité. Ils transmettent le mouvement soit directement, soit par l'organe de différents agents mécaniques, tels que : arbres de transmission, engrenages, tambours, poulies, fils dynamiques, etc. (Pour les moteurs à vapeur, voy. VAPEUR.) Le défaut capital des machines à vapeur, c'est d'absorber une grande quantité de chaleur qui devient la-

tente et se trouve en partie perdue quand la vapeur passe dans le condenseur ou dans l'atmosphère. Pour obvier à cet inconvénient, on a imaginé des *machines à air chaud,* qui n'ont pas produit les résultats que l'on en attendait. Les *moteurs à colonne d'eau* se composent d'un appareil servant à élever les eaux d'une mine par l'action directe d'une chute d'eau pour mouvoir le piston d'un corps de pompe. On les préfère, pour les épuisements des mines, aux roues hydrauliques, quand les chutes ont une grande hauteur, et surtout quand on est restreint pour la place que doit occuper le moteur. Les *moteurs à gaz* reposent sur le principe de la combustion d'un gaz par l'oxygène de l'air, combustion qui produit un développement considérable de chaleur, et par suite un accroissement de pression et de volume de ces gaz; la force d'expansion agit sur un piston et transmet le mouvement aux outils que l'on veut faire marcher. On remarqua dans ces expositions d'électricité le moteur à gaz (système Otto); ce moteur a été admis principalement à Saint-Étienne. On cite aussi le système Lenoir ou *moteur à gaz à action directe.* — On appelle *moteur électrique* toute machine dans laquelle un électro-aimant (voy. ce mot) produit un mouvement de va-et-vient, au moyen d'un courant électrique momentané. Des effets

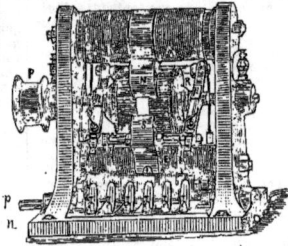

Machine Gramme.

semblables ont lieu quand l'aimant reste stationnaire, mais varie en force; parce que l'augmentation d'intensité cause un courant dans une direction, et le décroissement dans l'intensité produit un courant dans une direction opposée. La première machine électro-magnétique fut imaginée par Pixii en 1832 ; un aimant permanent en fer à cheval, tournait sur son axe en face de deux rouleaux de fils de fer enveloppant des morceaux de fer doux qui étaient placés chacun devant l'un des pôles de l'aimant tournant. Celui-ci, dans son mouvement, magnétisait alternativement les morceaux de fer et les démagnétisait par induction; et par conséquent les courants étaient induits dans les fils de fer. Plus tard, on fabriqua des machines dans lesquelles les aimants restaient stationnaires, tandis que les rouleaux ou armatures, comme on les appelle, recevaient un mouvement circulaire, et au lieu d'être placés aux extrémités de l'aimant, se trouvaient à ses côtés. L'intensité du courant s'augmente quand on emploie un grand nombre d'armatures et des aimants très puissants. Un grand perfectionnement fut l'invention de l'armature de Siemens, en 1857. Dans cette machine, le fil est enroulé longitudinalement sur un fuseau de fer que l'on fait tourner rapidement entre les pôles de l'aimant. Des électro-aimants étant plus puissants que les aimants permanents, M. Wilde (1865) conçut l'idée de les employer dans la construction de machines électromagnétiques, l'électricité nécessaire pour les exciter étant produite par une machine plus petite à aimant permanent. Les machines de cette espèce, c'est-à-dire celles dans lesquelles

les électro-aimants sont excités par une autre machine, reçoivent le nom particulier de machines magnéto-électriques. Le fer, quand il a été une fois magnétisé, conserve toujours des traces de magnétisme; et, en 1867, Wheatstone et Siemens pensèrent simultanément, mais d'une manière indépendante, que ce reste de magnétisme peut être utilisé et servir dans une machine séparée à exciter un électro-aimant. (Voy. ÉLECTRICITÉ.) On fait tourner une armature de Siemens entre les pôles d'un électro-aimant de fer doux et le magnétisme restant dans ce dernier produit un faible courant dans l'armature. Ce courant devient peu à peu de plus en plus fort. Les machines de cette espèce, dans lesquelles le courant produit par la machine elle-même est employé à exciter son propre électro-aimant, portent le nom de machines dynamo-électriques. On a construit différentes formes de moteurs de ce genre; les plus connus sont ceux de Siemens, de Gramme et de Brush. Dans le premier, on fait usage de l'armature de Siemens, tandis que dans les autres on a admis une armature en forme d'anneaux. Ces diverses machines diffèrent pour la forme de l'armature et le sens dans lequel le fil est enroulé, ainsi que pour la forme des aimants et pour le sens dans lequel le courant se produit. Ainsi que nous l'avons déjà dit, les courants sont alternatifs; et ils se produisent à partir de l'armature au moyen d'un instrument appelé *commutateur.* La forme des commutateurs varie selon les machines. Si cela est nécessaire, l'armature est arrangée de manière à ce que les courants alternatifs soient convertis en courants continus; mais, pour l'éclairage électrique, on préfère ordinairement les courants alternatifs comme ceux que produit la machine de l'Alliance. Dans toute machine, qu'elle soit dynamo ou magnéto-électrique, il est indispensable d'employer la vapeur ou le gaz comme force motrice pour donner aux armatures leurs mouvements de rotation. Les courants très puissants que l'on produit ainsi peuvent être employés soit pour l'éclairage électrique, soit pour la galvanoplastie, soit comme moteurs mécaniques. (Voy. CHEMIN DE FER ÉLECTRIQUE.) — Le 17 nov. 1880, un nouvel électromoteur, pesant seulement 1 kilog., attaché à une machine à coudre et à une batterie de 6 éléments, a été exposé et expliqué devant l'institut Franklin, à Philadelphie, par M. William Woodnut Griscom. Grâce à ce moteur, la machine accomplit des travaux ordinaires avec une grande rapidité. La batterie sulfochromique contenant, dans chaque élément, une lame de zinc longue de 4 pouces et large de 2, était constante et ne donnait aucun signe de polarisation. Sans gravures, une longue description serait nécessaire pour donner une idée de cet électromoteur; nous nous contenterons de poser le principe sur lequel il est basé. Si une barre de fer doux est soutenue par un pivot à son extrémité, de façon à se mouvoir dans un plan horizontal, et si un aimant semi-circulaire est placé d'une manière concentrique avec le cercle que peut décrire la barre, on trouve qu'une force est exercée sur la barre à une distance des pôles plus grande lorsque cette barre se trouve en dedans du demi-cercle, que lorsqu'elle est au dehors. — A l'exposition régionale de Rouen en 1884, toutes les machines étaient mises en mouvement au moyen de moteurs électriques.

* **MOTEUR, TRICE** adj. (lat. *motor;* de *movere,* mouvoir). Qui fait mouvoir, qui donne le mouvement : *muscles moteurs.*

MOTHE-ACHARD (La), ch.-l. de cant., arr. à 18 kil. N.-E. des Sables-d'Olonne (Vendée); 800 hab.

MOTHE (ou Motte) CADILLAC. Voy. CA-DILLAC.

MOTHE-SAINT-HÉRAYE (La), ch.-l. de cant., arr. et à 18 kil. N. de Melle (Deux-Sèvres); 2,500 hab.

* **MOTIF** s. m. (lat. *motivum*). Ce qui meut et porte à faire quelque chose, à adopter un avis : *il imagine des prétextes pour cacher son véritable motif.* — MOTIF DE CRÉDIBILITÉ, ce qui peut raisonnablement porter à croire une chose, indépendamment des preuves démonstratives. Se dit surtout en parlant des preuves qui établissent la vérité de la religion : *si ce n'est pas une preuve convaincante, c'est au moins un motif de crédibilité.* — Mus. Phrase de chant, l'idée primitive qui domine dans tout le morceau : *le motif de cet air est heureux.* —⤳ POUR LE BON MOTIF, pour le mariage : *il fréquente cette fille pour le bon motif.*

MOTILITÉ s. f. (rad. *moteur*). Faculté de se mouvoir spontanément.

MOTIN (Pierre), poète médiocre, né à Bourges vers le milieu du XVIᵉ siècle, mort en 1615. Deux vers de Boileau ont fait toute sa célébrité :

J'aime mieux Bergerac et sa burlesque audace
Que ces vers où Motin se morfond et nous glace.
Art poét. IV, 39-40.

* **MOTION** s. f. [-si-on] (lat. *motio*.) Didact. Mouvement, action de mouvoir. — Proposition faite dans une assemblée délibérante, par un de ses membres : *on a fait une motion pour tel objet.* — MOTION D'ORDRE, motion qui a pour objet particulier l'ordre de la discussion.

MOTIONNAIRE s. m. Membre d'une assemblée délibérante qui fait une motion.

MOTIONNER v. a. Faire une motion ou des motions.

MOTIONNEUR s. m. Polit. Membre d'une assemblée politique qui fait fréquemment des motions.

* **MOTIVER** v. a. Alléguer, rapporter les motifs d'un avis, d'un arrêt, d'une déclaration quelconque : *motiver un arrêt.* — Servir de motif à : *voilà ce qui a motivé cette mesure.* — MOTIVER LES ENTRÉES ET LES SORTIES DANS UNE PIÈCE DE THÉÂTRE, faire que les entrées et les sorties des personnages paraissent naturelles et raisonnables : *les entrées et les sorties ne sont pas motivées dans cette pièce.*

MOTLEY (John-Lothrop) [mott'-lè] historien américain, né dans l'état de Massachusets en 1814, mort en Angleterre en 1877. Il fut inscrit au barreau en 1836, mais pratiqua peu. En 1839, il publia un roman intitulé *Morton's Hope* (*L'Espérance de Morton*). En 1840, il fut nommé secrétaire de légation à l'ambassade américaine de Russie, mais donna sa démission au bout de huit mois. En 1849. il publia *Merry Mount, a Romance of the Massachusets Colony.* En 1816 parut son livre *Rise of the Dutch Republic* (*Naissance de la république hollandaise*, 3 vol.), composé pendant une résidence de cinq ans à Berlin, à Dresde et à la Haye, et qui a été traduit en plusieurs langues (trad. franç. par Guizot). En 1860, Motley publia les deux premiers volumes de l'*Histoire des Provinces-Unies des Pays-Bas* (*The History of the United Netherlands*), ouvrage que complétèrent, en 1867, deux autres volumes, et. qui fut suivi, en 1874, de *The Life and Death of John of Barneveld* (*Viet et mort de Jean de Barneveld*, 2 vol.). En 1861, il avait été nommé ministre en Autriche, poste dont il s'était démis en 1867. Il fut aussi envoyé en Angleterre comme ministre en 1869, mais on le rappela l'année suivante. Il demeura ensuite en Hollande et en Angleterre, occupé à une *Histoire de la guerre de Trente ans*, qui est restée incomplète.

MOTRICITÉ s. f. Physiol. Faculté motrice.

MOTRIL, ville d'Espagne, à 54 kil. de Grenade; 43,000 hab. environ. La Méditerranée s'étant retirée, le port a été reculé jusqu'à

Calahonda, à 11 kil. à l'E. de la ville, et jusqu'à la rade de Baradero. Exportation d'huile, de vin, de plomb et surtout de fruits.

* **MOTTE** s. f. Petit morceau de terre détaché avec la charrue, avec la bêche, ou autrement : *un champ plein de mottes.* — Butte, éminence isolée, faite de main d'homme ou par la nature : *il faut raser cette motte.* — Portion de terre qui tient aux racines des plantes, quand on les lève ou qu'on les arrache : *lever un arbre en motte, avec sa motte.* — MOTTE A BRULER, petite masse plate et ronde, qui est faite ordinairement avec le tan qu'on ne peut plus employer à préparer les cuirs, et qui sert à faire du feu : *brûler des mottes.*

MOTTE (La), ch.-l. de cant., arr. et à 22 kil. de Sisteron (Basses-Alpes); 650 hab.

MOTTE-BEUVRON (La), ch.-l. de cant., arr. et à 38 kil. N.-E. de Romorantin (Loir-et-Cher); 1,900 hab.

MOTTE-CHALANÇON (La), ch.-l. de cant., arr. et à 39 kil. S. de Die (Drôme); 930 hab.

MOTTE-LES-BAINS (La) ou la Motte-Saint Martin, station thermale, cant. de la Mure, arr. et à 34 kil. S.-E. de Grenoble (Isère); 800 hab. Eaux chlorurées sodiques. — Atonie et engorgement des viscères, maladies utérines, stérilité, obésité, rhumatismes, sciatiques et autres névralgies, maladies articulaires, maladies des os, scrofules. Etablissement. Environs très pittoresques; excursions dans le mont Eynarb, le mont Seneppé et le mont Sagnereau.

MOTTE-SERVOLEX (La), ch.-l. de cant., arr. et à 50 kil. de Chambéry (Savoie).

MOTTER v. a. Lancer avec la houlette des mottes de terre à des brebis, pour les faire obéir.

* **MOTTER** (Se) v. pr. Chasse. Se dit des perdrix, lorsqu'elles se cachent derrière des mottes de terre. —⤳ Se donner des coups de mottes.

MOTTEUX s. m. (rad. *motte.*) Ornith. Espèce de traquet très commun dans nos campagnes, et qui, à l'époque des labours, se lient aux mottes de terre d'où il peut apercevoir les vers mis à découvert dans le sillon. Le motteux (*motlacilla œnanthe*) est long de 16 centim., la couleur de son croupion lui a valu le nom populaire de *cul-blanc*; le mâle a le dessus cendré, le dessous d'un blanc roussâtre, l'aile et une bande sur l'œil noires, la moitié des plumes latérales de la queue blanche. Chez la femelle, tout le dessus est brunâtre et le dessous roussâtre. Le motteux arrive chez nous au printemps et nous quitte à l'automne. Il niche, en avril, sous les pierres, dans des fagots ou dans les trous; la femelle pond 5 ou 6 œufs d'un bleu pâle.

MOTTEVILLE (Françoise BERTAUT, dame LANGLOIS DE) femme auteur française, née vers 1621, morte en 1689. Elle fut élevée à la cour. En 1639, elle épousa Langlois de Motteville, octogénaire, après la mort duquel elle retourna à la cour (1643), où elle resta auprès de la reine Anne d'Autriche jusqu'à la mort de celle-ci en 1666. Ses admirables *Mémoires* (1723, Amsterdam, 6 vol. in-12; nouv. éd. 1822-'23, 11 vol.; Paris, 1855, 4 vol. in-12), sont la meilleure autorité sur l'histoire de la Fronde et de la minorité de Louis XIV.

* **MOTU PROPRIO** ou De motu proprio, loc. adv. Expression latine qui signifie : *de son propre mouvement.* On l'emploie surtout en parlant des bulles du pape pour la nomination des cardinaux : *le pape le nomma motu proprio.* On l'emploie aussi généralement : *il a fait cela motu proprio.*

* **MOTUS** interj. [mo-tuss]. Expression familière par laquelle on avertit quelqu'un de ne rien dire : *motus, ne parlez pas de cela.*

* **MOU, MOLLE** adj. (lat. *mollis*). Qui cède facilement au toucher, qui reçoit facilement l'impression des autres corps. Il est opposé à dur : *ce lit est mou.* — On dit quelquefois MOL, au masculin, en poésie et dans le style soutenu, quand le mot qui suit commence par une voyelle : *un mol abandon ; le murcher mol et doux de la pelouse.* — Phys. CORPS MOUS, ceux qui ne tendent pas à reprendre la figure que le choc ou la compression leur a fait perdre. — PARTIES MOLLES DES CORPS, leur chairs, les organes qui recouvrent le squelette. — Par ext. LE TEMPS, LE VENT EST MOU, le temps est relâché, le vent est chaud et humide. — Fig. Qui a peu de vigueur : *ce cheval est mou et n'a point de force.* — Indolent, inactif, qui manque de résolution, d'application : *c'est un homme mou pour ses amis.*

Puisse l'acte féroce, auquel je me résous,
Rendre quelque énergie aux gens de bien trop mous.
PONSARD. *Charlotte Corday,* acte IV, sc. IV.

— Affaibli, énervé par les plaisirs : *un homme mou et efféminé.* — Chose qui annonce ou qui cause la mollesse de l'âme : *une molle complaisance.* — STYLE MOU, style qui manque de vigueur. — Peint. TOUCHE MOLLE, MANIÈRE MOLLE, faiblesse d'expression dans le mécanisme de l'art. On dit, dans le même sens, UN PINCEAU MOU.

* **MOU** s. m. nom vulgaire du poumon de certains animaux : *bouillon de mou de veau.*

MOUCHARD, ARDE adj. Qui espionne. — Substantiv. *Une moucharde.*

* **MOUCHARD** s. m. (rad. *mouche*; ou peut-être du mot *Mouchy*, nom d'un inquisiteur). Espion de police : *c'est un fin mouchard.*

MOUCHARDAGE s. m. Action de moucharder.

MOUCHARDER v. a. Faire le mouchard. — Par ext. Servir d'espion.

* **MOUCHE** s. f. (lat. *musca*). Entom. Nom que l'on donne vulgairement à un grand nombre d'insectes volants fort différents de structure, mais appartenant à l'ordre des diptères ou insectes à deux ailes. — Nom donné particulièrement par les savants à une tribu de diptères athéricères, qui se distingue par des yeux très grands, en gros globes bruns, finement réticulés, contigus à la partie supérieure de la tête chez les mâles, la bouche des mouches est pourvue d'une trompe membraneuse, coudée, rétractile, que terminent deux lèvres molles et striées, et qui porte vers sa base deux palpes filiformes : *un cheval tendre aux mouches.* — Insecte coléoptère, c'est-à-dire, dont les ailes extérieures ne sont pas transparentes : *mouche cantharide.* — ÊTRE TENDRE AUX MOUCHES, être sensible aux moindres incommodités, ou s'offenser de peu de chose. — GOBER DES MOUCHES, perdre le temps à attendre, à ne rien faire : *que fait-il là à gober des mouches?* — PRENDRE LA MOUCHE, se piquer, se fâcher mal à propos. — QUELLE MOUCHE LE PIQUE? QUELLE MOUCHE L'A PIQUÉ? se dit en parlant d'un homme qui s'emporte, sans qu'on sache qu'il en ait aucun sujet. — ON PREND PLUS DE MOUCHES AVEC DU MIEL QU'AVEC DU VINAIGRE, on réussit mieux dans les affaires, on subjugue plus de personnes par la douceur que par la dureté et la rigueur. — FAIRE LA MOUCHE DU COCHE, faire l'empressé, le nécessaire, et s'attribuer le succès des choses auxquelles on a le moins contribué. — FAIRE D'UNE MOUCHE UN ÉLÉPHANT, exagérer extrêmement une petite chose. — PIEDS DE MOUCHES, mauvaise écriture dont le caractère est menu, mal formé, et n'est point lié : *son écriture est bien manuscrite, ce sont des pieds de mouches que je ne saurais lire.* — DRU COMME MOUCHES, en grande quantité, en abondance : *les balles, les boulets pleuvaient sur nous dru comme mouches.* — Petit morceau de taffetas noir préparé, que les femmes se mettaient autrefois sur le visage, ou pour

cacher quelques élevures, ou pour faire paraître leur teint plus blanc : *elle a le visage
couvert de mouches.* — Fig. et fam. Celui ou
celle que la police met à la suite de quelqu'un
pour épier ses démarches et en rendre compte.
— C'EST UNE FINE MOUCHE, c'est une personne
très fine et très rusée. — Espèce de jeu de
cartes qui se joue à plusieurs personnes, depuis trois jusqu'à six : *jouer à la mouche.* —
Astron. LA MOUCHE, constellation de l'hémisphère austral, qui n'est point visible dans nos
climats. — Pêche. Appât pour prendre le
poisson. — Au plur. Se dit quelquefois des
premières et des plus légères douleurs de
l'enfantement : *cette femme commence à sentir
des mouches.* — ENCYCL. Morceau de peau dont on
garnit la pointe d'un fleuret pour le rendre
inoffensif. — Point noir qui occupe le centre
d'une cible. — FAIRE MOUCHE, tirer avec une telle
précision que la balle aille s'aplatir sur la
mouche. — Jeu. Petite marque circulaire
que l'on fait sur le tapis d'un billard pour
indiquer l'endroit où doivent se placer certaines billes. — Mar. Petit aviso destiné à
servir de communication entre les différents
commandants d'une flotte ou d'une escadre.
— BATEAU-MOUCHE, bateau-omnibus à vapeur.
— Pharm. Vésicatoire volant : *mouche de
Milan* (vésicatoire de cantharide). — Méd.
MOUCHES VOLANTES. Symptôme commun à
plusieurs affections de l'œil et consistant dans
*la présence de corps flottants dans le champ
visuel.* — Bouquet de barbe placé sous la
lèvre inférieure. — PIED DE MOUCHE OU PATTES DE
MOUCHES, écriture menue et mal formée, difficile
à lire. — TUER LES MOUCHES A QUINZE PAS, avoir
l'haleine fétide. (Pop.) — ENCYCL. Les mouches
sont des diptères à ailes grandes, horizontales
fortement nervées, derrière lesquelles se
trouvent des balanciers courts, recouverts en
partie par les cuillerons. Leurs pattes sont
armées de deux crochets entre lesquels se
trouvent deux pelottes molles, membraneuses,
hérissées de poils rudes, ce qui permet à ces
insectes de s'accrocher aux surfaces les plus
lisses, telles que le verre et le vernis. Les
mouches pondent de petits œufs blancs en
forme de navette, d'où il sort, au bout de
quelques jours, des larves ou vers blancs, cylindriques, mous, sans pieds et sans yeux,
avec deux crochets cornés au bord de la
bouche. Ces vers vivent dans les matières pu-
trescibles, où la mère a déposé ses œufs. Ils se
transforment en petites coques brunes,
inertes, d'où sort bientôt la mouche à l'état
parfait. La larve et la nymphe ne vivent
guère plus d'une saison ; l'existence de l'insecte parfait est tout au plus de quelques
jours. Le genre mouche comprend les insectes diptères dont les larves se nourrissent
de viande, de charogne, de chenilles ou de
larves d'insectes. Les femelles ont l'extrémité
postérieure de l'abdomen rétréci et prolongé
en forme de tuyau ou de tarière, pour
enfoncer leurs œufs. On distingue, dans nos
pays, la *mouche à viande* (*musca vomitoria*),
grande espèce à corselet noir, à abdomen
d'un bleu luisant avec des raies noires;
front fauve. Elle a l'odorat très fin; elle
s'annonce dans nos maisons par un bour-
donnement assez fort et dépose ses œufs sur
la viande. Au moment de passer à l'état de
nymphe, la larve quitte les matières en putréfaction, où elle a vécu, et se métamorphose
dans un endroit retiré. La *mouche dorée*
(*musca cæsar*), longue de 8 millim. et
l'un beau vert doré sur l'abdomen, avec le
thorax bleu; elle dépose ses œufs sur les
charognes. Ses larves sont les asticots employés par les pêcheurs. La *mouche domestique*
(*musca domestica*), longue de 7 millim., a le
poil des antennes noir, le corselet d'un
gris cendré, avec quatre raies noires, l'abdomen d'un brun noirâtre, tacheté de noir,
avec le dessous d'un brun jaunâtre. Les cinq
derniers anneaux de l'abdomen de la femelle

forment un tuyau long et charnu qu'elle introduit, pour l'accouplement, dans une fente
située entre les pièces fournies de crochets
qui caractérisent le sexe du mâle. La larve
vit dans le fumier chaud et humide. Cette
mouche est l'insecte le plus répandu dans
nos habitations, en été. Sous nos climats,
elle est seulement incommode, mais plus on
se rapproche des pays chauds, plus elle se
rend insupportable. Elle se nourrit surtout
de matières sucrées. La mouche commune ou
domestique est une compagne si constante
de l'homme, que sa présence, dans un lieu
quelconque, suffit pour révéler la présence
d'habitants humains. Ses deux yeux composés
contiennent 4,000 facettes. La *mouche vivipare*
(*musca carnaria*), plus grande et plus allongée

Mouche commune (Musca domestica), grossie.

que la mouche à viande, a le corps cendré
avec les yeux rouges, des raies sur le corselet
et des taches noires carrées sur l'abdomen.
La femelle dépose ses larves sur la viande des
cadavres et quelquefois même dans les plaies
de l'homme. La *mouche des chenilles* (*musca
larvarum*), à corps noir, avec des raies plus
foncées et plus luisantes sur le corselet,
l'écusson brun, des taches et des nuances
cendrées, disposées en damier sur l'abdomen.
Ses larves vivent dans le corps de plusieurs
espèces de chenilles et les font périr. — On
donne le nom de mouches à différents autres
insectes. C'est ainsi que la cantharide est
appelée *mouche cantharide*; l'abeille, *mouche
à miel*, etc.

MOUCHE adj. Jarg. parisien. Laid, mauvais,
sans valeur, désagréable : *cet auteur est
mouche.*

* **MOUCHER** v. a. (rad. *mucus*, morve). Presser les narines pour en faire sortir la surabondance des humeurs qui tombent dans le
nez : *mouchez cet enfant.* — Absol. MOUCHER
DU SANG, rendre du sang par le nez, en se
mouchant. — En parlant d'une chandelle,
d'une bougie, d'une lampe, d'un flambeau,
signifie, ôter le bout du lumignon, lorsqu'il
empêche la chandelle, la bougie, la lampe, le
flambeau de bien éclairer : *mouchez cette
bougie, cette chandelle.* — ➤ Argot. Remettre
quelqu'un à sa place : *mouche-le, ce pignouf;
il s'est fait moucher.* — Frapper, battre :
mouche-lui le quinquet, ça l'esbrouffera (Th.
Gautier). — Tuer : *aussi ne se passait-il
guère d'heures sans qu'il n'y eût quelqu'un de
mouché* (Mémoires de Sully, XVIᵉ siècle). —
L'étymologie de ce mot, pris dans ce sens, est
assez peu connue et ne se rencontre pas dans
les nombreux dictionnaires d'argot que l'on
a publiés depuis quelque temps. Voici une
anecdote qui a dû lui donner naissance et
que nous puisons dans *l'Encyclopédiana* : un
Grec, jouant au piquet avec un vieux capitaine de cavalerie, le filoutait avec plus
d'effronterie que d'adresse. Toutes les fois
qu'il voulait avoir *beau jeu*, il mouchait la
chandelle d'une main, et de l'autre escamotait le talon. L'ancien militaire, s'apercevant
de cette manœuvre, lui dit d'un ton sec :
« Ne mouchez pas si souvent la chandelle;
cela m'empêche d'avoir des as; on y verra
peut-être moins clair, mais les jeux seront
moins louches ». Sur ce premier avis, le grec

s'abstint près d'une heure de moucher la
chandelle; mais il arriva un moment, où, à
la fin d'une partie décisive, son jeu lui parut
si désespéré, qu'il ne lui fallut pas moins que
les huit cartes du talon pour l'empêcher de
perdre. Il prit donc de nouveau les mouchettes en disant au capitaine : « Je vous demande bien pardon, monsieur, mais c'est une
vieille habitude que j'ai prise de moucher au
piquet. » — « Et moi, dit le militaire lui saisissant la main, au moment où il escamotait
le talon, j'ai pris pour habitude de moucher
ceux qui me volent au jeu ». En disant
cela, il tira de sa poche un pistolet et lui
brûla la cervelle. — * Se moucher v. pr. :
Mouchez-vous. — Absol. Le tabac fait moucher. — Prov. et fig. QUI SE SENT MORVEUX SE
MOUCHE, ceux qui se reconnaissent le défaut, le tort contre lequel on parle, s'appliquent ce qu'on en dit, si bon leur semble. —
Prov. et pop. C'EST UN HOMME QUI NE SE MOUCHE
PAS DU PIED, CE N'EST PAS UN HOMME QUI SE
MOUCHE DU PIED, c'est un homme habile, intelligent, ferme. — Prov. et. pop. DU TEMPS
QU'ON SE MOUCHAIT SUR LA MANCHE, au temps
passé, au temps où l'on était fort simple.

* **MOUCHER** v. a. Espionner. *La police a fait
moucher cet homme.* (Fam.)

* **MOUCHEROLLE** s. m. Ornith. Sous-genre
de gobe-mouches, caractérisé par un bec long
et très déprimé, par une mandibule supérieure recourbée sur l'inférieure, par des poils
sur les narines, des ailes médiocres et obtuses, quatre doigts aux pattes. Les mouche-
rolles sont de petite taille et remarquables
par l'éclat et la variété de leurs couleurs; ils
sont tous exotiques. Le *moucherolle à huppe
transversale* (*turdus regius*), appelé aussi roi
des gobe-mouches, est la plus grande espèce;
il ne mesure pas plus de 22 centim. de long.
Une belle huppe de plumes rouges terminées
en noir lui forme un brillant diadème; il a
la gorge jaune, la poitrine et les sourcils
blancs, un collier noir, le dos brun, les pennes et les pattes noires. — On le trouve dans
l'Amérique méridionale.

* **MOUCHERON** s. m. Toute espèce de petite
mouche; particulièrement, espèce de petit
cousin : *il lui est entré un moucheron dans
l'œil.*

* **MOUCHERON** s. m. Bout de la mèche
d'une chandelle, d'une bougie qui brûle.

* **MOUCHETÉ, ÉE** part. passé de MOUCHETER :
hermine mouchetée. — Adj. Tacheté, en parlant de certains animaux : *tigre, chat, papillon moucheté.* — BLÉ MOUCHETÉ, blé malade
qui a une poussière noire dans les poils placés
à l'une des extrémités du grain. — Escr.
SABRE MOUCHETÉ, ÉPÉE MOUCHETÉE, sabre, épée
dont on a garni la pointe de manière à pouvoir les employer sans danger pour s'exercer
à l'escrime.

* **MOUCHETER** v. a. Marquer une étoffe de
petites taches rondes placées symétriquement : *moucheter du satin, du taffetas.* —
MOUCHETER DE L'HERMINE, y coudre de distance
en distance de petits morceaux de fourrure
noire.

MOUCHETTE s. f. (rad. *moucher*). Archit.
Partie saillante du larmier d'une corniche,
qui empêche l'eau de couler en dessous.

* **MOUCHETTES** s. f. pl. Instrument à deux
branches, avec lequel on mouche les chandelles, les bougies : *apportez les mouchettes*
— ➤ Jargon. DES MOUCHETTES, mains.

* **MOUCHETURE** s. f. Taches naturelles qui
se trouvent sur la peau de certains quadrupèdes, sur le plumage de plusieurs espèces
d'oiseaux, sur les ailes de divers papillons,
etc. : *les mouchetures d'une peau de panthère,
de léopard.* — Ornement qu'on donne à une
étoffe en la mouchetant : *la moucheture du*

cette étoffe est agréable. — MOUCHETURE D'HER-MINE, petits morceaux de fourrure noire qu'on met çà et là sur de l'hermine. — Chir. Scarification superficielle.

* **MOUCHEUR** s. m. Celui qui, dans un théâtre, était chargé de moucher les chandelles : *le moucheur de chandelles, le moucheur de la comédie.*

* **MOUCHOIR** s. m. Morceau carré de toile de fil ou de coton, et quelquefois de tissu de soie, dont on se sert pour se moucher : *mouchoir de toile, de batiste.* — MOUCHOIR A TABAC, mouchoir d'une couleur ordinairement rembrunie, où le tabac paraît moins. — MOUCHOIR DE COU, morceau de toile de fil, ou de coton, ou d'étoffe de soie, de la forme d'un mouchoir, dont les femmes se couvrent le cou et la gorge. — Prov. et fig. JETER LE MOUCHOIR, choisir à son gré, entre plusieurs femmes, celle qu'on préfère ; par allusion à la manière dont on prétend qu'en usa, chez les Turcs, le maître d'un harem, qui déclare la favorite en lui jetant un mouchoir : *on eût dit, en le voyant parmi ces femmes, qu'il n'avait qu'à jeter le mouchoir,* BRIGUER, REFUSER LE MOUCHOIR.

* **MOUCHURE** s. f. N'est usité que dans cette locution, MOUCHURE DE CHANDELLE, bout du lumignon d'une chandelle, lorsqu'on l'a mouchée.

MOUCHY (Philippe DE NOAILLES, *duc de*), maréchal de France, né à Paris en 1715, mort sur l'échafaud en 1794. Capitaine à 16 ans et colonel à 20 ans, il fit les guerres d'Allemagne, fut promu lieutenant-général en 1748 et maréchal de France en 1775. Il vivait dans ses terres lorsque la Révolution éclata, et, malgré son grand âge, il se rendit auprès du roi. Après la journée du 10 août, il se retira dans son château de Mouchy (à 20 kil. de Beauvais), et fut arrêté pour avoir donné asile à des prêtres réfractaires. — Sa femme, Anne-Claude-Louise D'ARPAJON, *duchesse de Mouchy* (1749-94), fut successivement dame d'honneur des reines de France, Marie Leszczynska et Marie-Antoinette. Cette dernière l'avait surnommée *Madame l'Etiquette.* Elle partagea, en 1794, le sort de son mari.

* **MOUÇON** s. f. Voy. MOUSSON.

* **MOUDRE** v. a. (lat. *molere* ; de *mola*, meule). *Je mouds, tu mouds, il moud ; nous moulons. Je moulais. Je moulus. Je moudrai. Que je moule. Que je moulusse. Moulant. Moulu.* Broyer, mettre en poudre par le moyen du moulin : *moudre du blé, du froment, du riz, des fèves,* etc. — Absol. *Le moulin n'a pas assez d'eau, il ne peut moudre que six mois de l'année.* — MOUDRE UN HOMME DE COUPS, le battre violemment : *on l'a moulu de coups, tout moulu de coups.* — IL N'EST QUE D'ÊTRE A SON BLÉ MOUDRE, il n'y a rien de tel, pour qu'une affaire réussisse, que de la suivre, de la surveiller soi-même.

* **MOUE** s. f. (angl. *mouth,* bouche). Grimace que l'on fait, en rapprochant et en allongeant les lèvres, en signe de dérision ou de mécontentement : *faire la moue à quelqu'un.* — FAIRE LA MOUE, bouder, témoigner de la mauvaise humeur par son silence et par son air.

* **MOUÉE** s. f. (rad. *mou*). Vén. Mélange de sang de cerf, de lait et de pain coupé qu'on donne aux chiens à la curée.

* **MOUETTE** s. f. Ornith. Genre de palmipèdes longipennes, voisin des goélands, comprenant des oiseaux plus petits que ces derniers et appelés vulgairement MAUVES. Les espèces les plus connues sont la *mouette à pieds bleus (larus cyanorhyncus)* est, dans sa jeune âge, d'un beau blanc à manteau cendre clair, avec les pieds et le bec de couleur

plombée. Elle se nourrit surtout de coquillages et habite la France et la Hollande. La *mouette à pieds rouges (larus canus),* à peu près semblable à la précédente, a, dans son premier âge, le bout de la queue noire, et du noir et du brun sur l'aile ; bec et pieds rouges. On la nomme aussi MOUETTE RIEUSE. Elle est de passage chez nous en automne. Aucun de ces oiseaux n'a plus de 50 centim. de long.

* **MOUFETTE** s. f. Voy. MOFETTE.

MOUFETTE s. f. (corr. de *mofette*). Mamm. Genre de carnassiers digitigrades, voisin des martes et des loutres, comprenant des animaux à deux fausses molaires en haut et trois en bas et ayant, comme les blaireaux, les ongles de devant longs et propres à fouir ; la ressemblance avec ces derniers va même jusqu'à la distribution des couleurs. Les moufettes doivent leur nom à la faculté qu'elles possèdent de répandre une odeur infecte quand on les poursuit. Elles ont la tête courte, le nez peu saillant, une queue longue et touffue. Quoique faibles, timides, lentes dans leur mouvements, elles sont très redoutables et peuvent se défendre de n'importe quel ennemi en répandant sur celui-ci un liquide extrêmement corrosif, sécrété par des glandes qui communiquent avec l'anus. Ces glandes sont entourées par une épaisse enveloppe musculaire dont les contractions peuvent jeter le liquide à une distance de 4 à 5 m. Les moufettes ont à peu près la taille d'un chat ; elles sont nocturnes et se retirent le jour dans des terriers ; elles se nourrissent de petits quadrupèdes, d'oiseaux, de reptiles, d'insectes, de noix et de

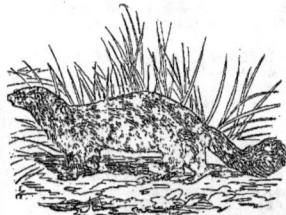

Moufette commune (Mephitis mephitica).

fruits. La moufette commune (*mephitis mephitica,* Shaw) mesure de 42 à 54 centim. de long, sans compter sa queue, longue de 30 à 35 centim. La couleur dominante est le noir. Quand la moufette veut employer son moyen naturel de défense, elle relève la queue sur son dos, et projette sa sécrétion sous jets semblables à de la vapeur. Il est presque impossible d'enlever cette odeur aux objets qui en ont été imprégnés. La moufette fait quelquefois un massacre de poules et de poulets. Les Américains la regardent comme nuisible que la belette. Elle produit, à la fois, de 6 à 9 petits.

* **MOUFLARD, ARDE** s. Celui, celle qui a le visage gros et rebondi : *voyez ce gros mouflard.*

* **MOUFLE** s. f. (bas lat. *muffula*). Machine, formée d'un assemblage de plusieurs poulies qui sert à élever et à descendre des poids considérables : *lever un fardeau avec une moufle, avec des moufles.* (Voy. POULIE.) Les mécaniciens font généralement ce mot du masculin. — Mitaine, gros gant de cuir ou de laine, où il n'y a pas de séparation pour les doigts, excepté pour le pouce.

* **MOUFLE** s. m. Chim. Vaisseau de terre, dont on se sert pour exposer des corps à l'action du feu, sans que la flamme y touche immédiatement.

* **MOUFLÉ, ÉE** adj. N'est usité que dans cette locution, POULIE MOUFLÉE, poulie qui agit concurremment avec une ou plusieurs autres.

* **MOUFLON** s. m. Quadrupède ruminant, espèce de bélier sauvage, que quelques-uns croient être la souche des nombreuses variétés du mouton domestique. (Voy. MOUTON.)

* **MOUILLAGE** s. m. (rad *mouiller*). Lieu de la mer propre à y jeter l'ancre : *il y a un beau mouillage dans cette rade.*

* **MOUILLE** s. f. Argot. Argent. — ALLONGER DE LA MOUILLE, donner de l'argent.

* **MOUILLÉ, ÉE** part. passé de MOUILLER : *des yeux mouillés de larmes.* — POULE MOUILLÉE, se dit d'une personne qui manque de résolution et de courage. — JOUER AU DOIGT MOUILLÉ, jouer au jeu qui consiste à mouiller un de ses doigts secrètement, et à donner ensuite à deviner lequel est mouillé. — TIRER AU DOIGT MOUILLÉ A QUI FERA TELLE CHOSE, le décider par le doigt mouillé, comme par une espèce de sort.

* **MOUILLE-BOUCHE** s. f. Espèce de poire fondante qui mûrit dans le mois de juillet et d'août. — Plur. Des MOUILLE-BOUCHE.

* **MOUILLER** v. a. [mou-ié ; *ll.* mll.] (rad. lat. *mollis,* mou). Tremper, humecter, rendre moite et humide : *mouiller un linge dans l'eau, une compresse dans du vin.* — Absol. : *il tombe une petite pluie qui mouille fort.* — Gramm. MOUILLER LES L, LES DEUX L, les prononcer, non tout à fait selon leur valeur ordinaire, comme dans les mots *Ville, Achille,* etc., mais avec une sorte de mollesse, comme dans *Fille, grille, bataille,* etc. La double LL est presque toujours précédée d'un I ; quand cette voyelle est seule, elle se prononce à l'ordinaire : *Fille, grille.* Mais quand l'I se trouve précédé de quelque autre voyelle ou de quelque diphtongue, il se fait peu sentir, n'étant mis là que pour faire mouiller la double LL : *Bataille, bouteille, mouille, cueille,* etc. — MOUILLER L'ANCRE, ou simplement MOUILLER, jeter en quelque endroit de la mer, pour arrêter le bâtiment : *ils mouillèrent l'ancre en tel endroit ; le vent étant devenu contraire, on fut obligé de mouiller.* — Se Mouiller, être mouillé : *dans le mot* FAMILLE, *les L se mouillent.*

* **MOUILLETTE** s. f. [*ll* mll.] Petit morceau de pain long et mince, qu'on trempe dans les œufs à la coque : *faire des mouillettes.*

* **MOUILLOIR** s. m. Petit vase dont les fileuses se servent pour y mouiller le bout de leurs doigts : *son mouilloir était attaché à sa ceinture.*

* **MOUILLURE** s. m. Action de mouiller ; état de ce qui est mouillé : *la mouillure du papier avant l'impression.*

* **MOUJIK** s. m. Nom des paysans en Russie.

* **MOULAGE** s. m. Action de mouler des ouvrages de sculpture : *atelier de moulage.* — Action de mesurer du bois. — ENCYCL. Pour obtenir, par le moulage, le buste d'une personne vivante, on procède ainsi : Le modèle prend une position horizontale et l'on a soin de lui entourer la tête avec une serviette. La personne ainsi placée conserve les yeux et la bouche fermés. On enduit le visage d'une couche peu épaisse d'huile et l'on graisse les cheveux, les cils et les sourcils avec de la pommade. Pour ne point interrompre la respiration, on place dans les narines deux tuyaux de plume, puis on pose sur le visage avec un pinceau très fin du plâtre délayé dans de l'eau tiède. On commence cette opération par le front et par les joues et l'on finit par la bouche, les narines et les yeux.

Lorsque la couche est assez épaisse et que l'on voit que le plâtre est pris, on enlève le moule qui se détache facilement si l'on a eu soin de bien graisser préalablement le visage. Il est inutile d'ajouter qu'en opérant ainsi sur une personne vivante, il faut prendre les plus grandes précautions afin d'éviter tout accident.

* **MOULE** s. f. (lat. *musculus*.) Moll. Nom donné à plusieurs espèces de coquilles bivalves, acéphales, ordre des lamellibranches. — Genre d'acéphales, caractérisé par une coquille complètement close, à valves triangulaires égales, bombées, en triangle. L'un des côtés de l'angle aigu forme la charnière et est muni d'un ligament étroit et allongé. C'est de ce côté que se trouve la tête. Les moules vivent fixées aux rochers des côtes maritimes, principalement sur ceux qui restent à découvert pendant la marée basse. On trouve en abondance, le long de toutes nos

Moule (Mytilus edulis).

côtes, la *moule commune* (*mytilus edulis*); elle se suspend souvent en longues grappes aux rochers, aux pieux, aux vaisseaux, etc. Son test s'attache aux corps solides qu'il trouve dans le voisinage du lieu où il est né. Quand les jeunes moules ont atteint une certaine grosseur, on peut, soit les semer sur un radeau, soit les cultiver dans un parc appelé *bouchot*. Les moules ainsi cultivées sont toujours plus grasses, plus grosses, et de meilleure qualité que celles qui viennent dans les conditions ordinaires. Les moules pêchées dans la vase ou sur la coque des navires possèdent souvent des qualités nuisibles, dont on prévient les effets en les laissant dégorger pendant 7 ou 8 heures dans de l'eau fraîche, qu'on renouvelle plusieurs fois. Les moules peuvent s'apprêter au naturel, à la poulette, à la provençale, etc. En cas d'indisposition ou d'empoisonnement par ces mollusques, on conseille de prendre de la limonade avec quelques gouttes d'éther. Il est toujours prudent de s'abstenir de manger des moules pendant les mois de mai, juin, juillet et août. — Les moules d'étang portent le nom d'*anodontes*. (Voy. ce mot.)

* **MOULE** s. m. (lat. *modulus*; de *modus*, manière). Tout objet qui a un vide, un creux taillé ou façonné de telle sorte, que la matière en fusion, liquéfiée, molle ou détrempée, qu'on y introduit, reçoit une forme déterminée : *faire le moule d'une statue qu'on doit jeter en bronze.* — CELA NE SE JETTE PAS EN MOULE, cet ouvrage ne se peut faire qu'avec beaucoup de soin et de temps. — LE MOULE EN EST ROMPU, EN EST PERDU, se dit en parlant de quelques personnes rares et uniques en leur genre. — CES DEUX PERSONNES ONT ÉTÉ JETÉES DANS LE MÊME MOULE, elles ont des rapports surprenants de figure, de taille, de caractère, d'humeur, etc. — MOULE DE BOUTON, petit morceau de bois ou d'os, plat, rond, et percé au centre, qu'on recouvre d'étoffe pour en faire un bouton d'habit. — Ancienne mesure de bois à brûler, qui n'est plus en usage, mais dont on a conservé le nom pour désigner du bois choisi et de la meilleure qualité : *bois de moule.* — ENCYCL. Un moule peut être en métal, en pierre, en plâtre, en argile ou en sable. Le moule de métal peut être formé soit en le creusant au moyen d'outils, soit en le coulant par des procédés semblables à ceux que l'on doit employer

pour produire l'objet que l'on veut couler. Les petits sujets en métaux fusibles et d'une forme simple, se coulent ordinairement dans des moules de métal qui sont composés de deux ou plusieurs parties réunies par des charnières ou par des épingles : on coule ainsi les boulets et les caractères d'imprimerie. On coule dans des moules de pierre les lingots d'airain. Pour les objets légers, le moule est ordinairement de sable auquel on ajoute quelquefois un peu d'argile. Les moules de statues se composent ordinairement de plusieurs pièces comme le montre notre gravure.

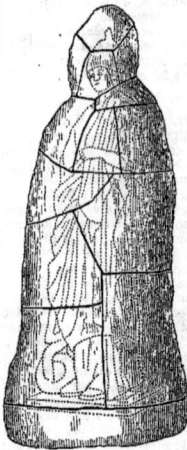

Moule de statue.

MOULE (LA), ch.-l de cant., arr. et à 32 kil. N.-E. de la Pointe-à-Pitre (Guadeloupe), sur la côte N.-E. de la Grande-Terre; 11,000 hab.

* **MOULÉ, ÉE** part. passé de MOULER : *figure, médaille moulée.* — LETTRE MOULÉE, lettre imprimée ; écriture à la main, dont les caractères sont de la même forme que ceux des livres imprimés : *cet écrivain fait très bien la lettre moulée.* — Prov. CROIRE TOUT CE QUI EST MOULÉ, déférer à l'autorité de quelque livre que ce soit : *on croit tout ce qui est moulé.* On dit en plaisantant, IL FAUT BIEN QUE CELA SOIT, PUISQUE CELA EST MOULÉ. — Substantiv. et absol. Caractères imprimés : *lire le moulé, dans le moulé.* (Pop.)

MOULE-BEURRE s. m. Econ. dom. Ustensile propre à donner au beurre des formes variées, quand on veut le servir en hors-d'œuvre. — pl. *Des moule-beurre.*

MOULE-FILTRE s. m. Instrument qui sert à confectionner rapidement les filtres en papier. — Au plur. *Des moule-filtre.*

* **MOULER** v. a. Jeter en moule, faire au moule : *mouler une figure, des médailles.* Quand il s'agit de métaux, on dit mieux, FONDRE ou COULER. — MOULER UN BAS-RELIEF, UNE STATUE, etc., appliquer une matière propre à en recevoir l'empreinte en creux et à servir de moule pour les reproduire exactement. On dit aussi, MOULER UNE CHOSE SUR UNE AUTRE, la former sur une autre, faire qu'elle en reçoive l'empreinte en creux : *son buste a été fait d'après le masque qu'on avait moulé sur son visage.* — MOULER DU BOIS, mesurer une certaine quantité de bois, en la rangeant entre deux traverses qui doivent la contenir. On dit plus ordinairement, CORDER DU BOIS. — Se mouler v. pr — SE MOULER SUR QUELQU'UN, le prendre pour modèle.

* **MOULEUR** s. m. Ouvrier qui moule des ouvrages de sculpture. — MOULEUR DE BOIS, officier de police dont la charge était de viser le bois qui se vendait, et de le mouler.

MOULIÈRE s. f. Lieu où l'on pêche des moules.

* **MOULIN** s. m. (rad *moule*) Machine à

moudre du grain : *moulin à vent, à eau, à vapeur.* — Toute machine du même genre, qui sert à moudre, à broyer : *moulin à foulon, à huile, à papier, à poudre, à tabac, à sucre, à tan.* — MOULIN A CAFÉ, petit moulin à moudre du café. — FAIRE VENIR L'EAU AU MOULIN, procurer du profit par son industrie, ou à soi, ou aux siens. — LAISSEZ-LE FAIRE, IL VIENDRA MOUDRE A NOTRE MOULIN, se dit en parlant d'un homme dont on n'est pas content, et signifie, il aura besoin de nous à son tour. — JE JETAI MON BONNET PAR-DESSUS LES MOULINS, phrase par laquelle on terminait les contes qu'on faisait aux enfants, et qui signifie : Je ne sais ce que tout cela devint, je ne sais comment finit le conte, l'histoire. — JETER SON BONNET PAR-DESSUS LES MOULINS, braver les bienséances, l'opinion publique : *cette femme a jeté son bonnet par-dessus les moulins.* — CETTE PERSONNE, CETTE CHOSE RESSEMBLE A TELLE AUTRE COMME A UN MOULIN A VENT, se dit lorsqu'on veut se moquer de la ressemblance que quelqu'un trouve entre deux personnes qui ne se ressemblent point, entre deux choses qui n'ont point de rapport. — SE BATTRE CONTRE DES MOULINS A VENT, se forger des chimères, se créer des fantômes pour les combattre. — C'EST UN MOULIN A PAROLES, se dit d'une personne fort babillarde. — ENCYCL. Il existe autant de sortes de moulins que de sortes d'effets à produire : moulins à farine, à fruits, à drêche, à huile, à moutarde, à tan, à poivre, à orge, à avoine, à riz, à foulon, à tabac, à couleurs, à moulures, à papier, à cacao, à café, etc. — Dans les premiers siècles, on broyait les grains à l'aide d'un mortier, puis on attacha des esclaves à une meule de pierre mobile qui roulait sur une pierre fixe. Samson fut condamné à tourner la meule chez les Philistins; Plaute y fut également contraint à Rome. Les esclaves mouraient vite à ce métier; et comme il n'était pas toujours facile de s'en procurer, on en arriva à demander aux enfants, et qui signifie : Je ne sais la force motrice nécessaire, et les *moulins à eau* furent inventés dans l'Asie Mineure à une époque très reculée. (Voy. MÉCANIQUE.) Les Romains attribuèrent cette belle invention à Bélisaire, pendant qu'il était assiégé dans Rome par les Goths (535). Il y a trois sortes de moulins à eau : 1° *moulins hydrauliques à auget*; 2° *moulins hydrauliques à aubes*, et 3° *moulins hydrauliques à turbine*. Quel que soit le système, un essieu passe au centre de la roue et donne le mouvement à la meule ou à la machine qui doit broyer, aplatir, tréfiler, presser, etc. — Les *moulins à vent* sont d'une très grande antiquité. On attribue leur invention

Moulin à vent.

aux Sarrasins, mais il est probable que les Romains les connaissaient. Ils paraissent avoir été introduits chez nous par les croisés, vers le milieu du XIe siècle. Il sont mus par des voiles qui rayonnent au nombre de 4 autour de l'arbre. La vitesse des ailes est proportionnelle à la force du vent. En France, où le moulin est généralement bâti en pierres, en briques ou en moellon, la tête seule du moulin tourne pour présenter au vent toute la surface des ailes. A cet effet, toute la charpente destinée à tourner est soutenue par une très forte pièce de bois qui lui sert de pivot; à la queue du moulin, est attachée une autre pièce de bois servant de levier. Le meunier n'a qu'à pousser ou tirer cette pièce de bois pour mettre les ailes dans la direction du vent. Dans les pays du nord de l'Europe, le moulin tout entier repose sur un pivot et tourne de lui-même au gré du vent. Les moulins à vent, de même que les moulins à eau, présentent l'avantage de posséder la force motrice la moins coûteuse; mais ils chôment près du tiers de l'année soit faute de vent, soit parce que l'on est forcé de retirer les voiles dans les moments d'ouragan. Dans les moulins à vapeur, la force motrice seule est changée.

MOULIN (Antoine du), littérateur, né à Mâcon vers 1520; il était valet de chambre de Marguerite d'Angoulême; on le persécuta comme protestant. Il a laissé plusieurs recueils de chansons et de pièces.

MOULIN (Jean-François-Auguste), général et membre du Directoire, né à Caen en 1752, mort en 1810. Il appartenait au corps des ponts et chaussées, acclama la Révolution, devint général de division à l'armée des Côtes-du-Nord, et général en chef de celle des Alpes (1794). Il fut appelé à faire partie du Directoire le 18 juin 1799, et y forma, avec Gohier la minorité républicaine. Le 18 brumaire, il ordonna d'arrêter Bonaparte et de le fusiller sans délai, comme déserteur de l'armée d'Egypte; mais, abandonné de ses collègues, il ne put opposer aucune résistance au coup d'Etat et se retira de la vie publique.

* MOULINAGE s. m. Action de tordre ou de filer la soie avec une espèce de moulin garni de bobines et de fuseaux : le moulinage de cette fabrique est parfait.

* MOULINER v. a. Faire subir à la soie les opérations du moulinage. — Se dit aussi des vers qui rongent le bois et le mettent, par places, en menue poussière.

* MOULINET s. m. Espèce de tourniquet dont on se sert pour enlever ou pour tirer des fardeaux. — Certaine machine dont on se servait pour travailler à la monnaie : écu d'or au moulinet. — FAIRE LE MOULINET AVEC UNE ÉPÉE, AVEC UN BÂTON A DEUX BOUTS, etc., se servir d'une épée, d'un bâton à deux bouts, ou d'une autre arme de même sorte, en les maniant en rond autour de soi avec tant de vitesse, qu'on puisse parer les coups qui seraient portés en même temps par plusieurs personnes. — ∾ Typogr. Mouvement accéléré par lequel on abat, du même coup, la frisquette et le tympan de la presse à bras. Ce mouvement, mal exécuté, peut produire des chevalets.

* MOULINEUR ou Moulinier s. m. Celui qui opère le moulinage de la soie.

MOULINS, Boia Gergovia, puis Molinæ, ch.-l. du dép. de l'Allier, sur l'Allier; à 288 kil. S.-E. de Paris, par 46° 33′ 59″ lat. N. et 0° 59′ 46″ long. E.; 21,000 hab. Cathédrale du xve siècle, terminée en 1861; ancien couvent de la Visitation (auj. lycée), qui renferme le tombeau de Henri II de Montmorency. Eglise du Sacré-Cœur, tour de l'horloge, pont sur l'Allier. Préfecture installée dans l'ancien hôtel de la famille de Saincy. Belles promenades, hôtel de ville, casernes. Patrie de Lingendes et des maréchaux Berwick et Villars. Quincaillerie et coutellerie, bonneterie de soie et de coton, tissus de laine et de coton, articles en ivoire et cordes à boyau. Moulins était autrefois la

capitale du Bourbonnais. Etablissements d'éducation; sociétés savantes. — La ville de Moulins s'est formée autour d'un château construit au xe siècle par les sires de Bourbon, et dont il ne reste plus que la tour dite la Mal coiffée. Catherine de Médicis y convoqua, en 1566, une assemblée de notables à la suite de laquelle fut rendue la fameuse Ordonnance de Moulins, qui enlevait aux gouverneurs de province le droit de grâce et celui de lever des impôts sans l'autorisation royale; déclarait inaliénable le domaine de la couronne, etc.

MOULINS-ENGILBERT, ch.-l. de cant., arr. et à 16 kil. S.-O. de Château-Chinon (Nièvre); 1,600 hab. Draps, serges, tanneries. Prise par Charles le Téméraire en 1474, reprise par Louis XI en 1475. Ruines d'un ancien château, avec souterrains communiquant à l'église paroissiale de Saint-Jean. Aux environs, carrières de marbre noir, et lac du Lieutmer qui occupe le cratère d'un volcan éteint.

MOULINS-LA-MARCHE, ch.-l. de cant., arr. et à 20 kil. N.-N.-O. de Mortagne (Orne); 800 hab. Epingles, mercerie, chanvre

* MOULT adv. (lat. multum, beaucoup). Beaucoup : il était moult vaillant. (Vieux.)

MOULTRIE (Fort), fortification dans l'île de Sullivan, à l'entrée du port de Charleston (Etats-Unis). Les troupes de la Caroline du S., avec le colonel William Moultrie, y remportèrent, le 28 juin 1776, une victoire sur une flotte anglaise, commandée par sir Peter Parker. En déc. 1860, le fort Moultrie fut occupé par le major Robert Anderson, à la tête de troupes fédérales. Depuis, il a été démoli.

Mount-Vernon.

* MOULU, UE part. passé de MOUDRE. — On MOULU, ou réduit en très petites parties, et dont on se sert quelquefois pour dorer les métaux. — Fig. AVOIR LE CORPS TOUT MOULU, ÊTRE TOUT MOULU, sentir des douleurs par tout le corps, pour avoir couru la poste, ou pour avoir couché sur la dure, ou pour avoir enduré quelque autre fatigue.

* MOULURE s. f. Nom générique des diverses parties d'un profil d'architecture, c'est-à-dire des parties plus ou moins saillantes, carrées ou rondes, droites ou courbes, qui servent d'ornement dans un ouvrage d'architecture : cette corniche est composée de trois principales moulures : la cymaise, le larmier et l'ove. — Ouvrage de menuiserie et autres semblables : ce cadre a plusieurs moulures.

MOUNDSVILLE [maoundess-ville], ville de l'état de la Virginie occidentale (Etats-Unis), à 18 kil. au-dessous de Wheeling, sur l'Ohio; 1,500 hab. La ville tire son nom d'un monticule ou tumulus d'environ 70 pieds de haut et de 820 pieds de circonférence, dans lequel

on a trouvé deux chambres sépulcrales, contenant des squelettes, des chapelets, des coquillages, des ornements en mica, des bracelets de cuivre, et des pierres gravées, sur une desquelles se trouvait, dit-on, une inscription alphabétique.

MOUNIER (Jean-Joseph), homme politique, né à Grenoble en 1758, mort en 1806. Il fut d'abord avocat, puis juge royal. Député aux états généraux, il proposa le serment du Jeu de Paume. Il fut nommé président de l'Assemblée nationale le 28 sept. 1789. Il donna sa démission de député deux jours après que l'Assemblée eut été forcée de se fixer à Paris. Voyant que la Révolution dépassait ses prévisions, il émigra et rentra en France après le 18 brumaire. L'Empire le fit préfet d'Ille-et-Vilaine (1802) et conseiller d'Etat (1805). Il a laissé plusieurs ouvrages, parmi lesquels : Exposition de la conduite de Mounier (1789); Causes qui ont empêché les Français de devenir libres (1793, 2 vol. in-8°); De l'influence attribuée aux philosophes, aux francs-maçons et aux illuminés sur la Révolution de France (1804, in-8°).

MOUNT-PLEASANT [maounntt-plé-zanntt], ville de l'Iowa (Etats-Unis), à 50 kil. O.-N.-O. de Burlington; 5,000 hab.

MOUNT-VERNON [maounntt-veur'-noun], demeure et lieu de sépulture de George Washington, sur le Potomac, dans le comté de Fairfax (Virginie), à 15 kil. d'Alexandria et à 15 kil. de la cité de Washington. La maison a été bâtie par Lawrence, frère aîné de Washington, qui nomma cette propriété Mount-Vernon en l'honneur de l'amiral Vernon, sous lequel il avait servi dans les Antilles. George la légua à Bushrod Washington, des mains duquel elle passa à son neveu John-A. Washington. Celui-ci la vendit, avec 200 acres de terrain, pour 1,000,000 de fr., à la société appelée Ladies' Mount-Vernon Association (1858), laquelle se propose d'en faire à perpétuité un lieu de promenade publique et de pèlerinage. La bibliothèque et la chambre à coucher de Washington restent telles qu'elles étaient au moment de sa mort, et contiennent beaucoup de pièces d'un grand intérêt. Près de la maison, se trouve le caveau où repose le corps de Washington.

MOUNT-VERNON. I. ville de l'Ohio (Etats-Unis), sur la rivière Vernon, à 70 kil. N.-N.-E. de Columbus; 5,000 hab. Commerce considérable; deux fonderies de fer, une manufacture de lainages, deux moulins à farine et deux scieries mécaniques. — II. Ville de l'Indiana, sur l'Ohio, dans l'angle S.-O. de l'état, à 230 kil. S.-E. de Saint-Louis; 3,000 hab.

* MOURANT, ANTE adj. Qui se meurt : il a les yeux d'un homme mourant, d'une personne mourante. — DES YEUX MOURANTS, des yeux

languissants et pleins de passion. — Voix souRANTE, voix langoureuse et traînante. — Jurispr. féod. HOMME VIVANT ET MOURANT, homme que les gens de mainmorte étaient obligés de désigner au seigneur du fief, et à la mort duquel ils devaient certains droits seigneuriaux. — s. Le champ de bataille était couvert de morts et de mourants.

Songe aux cris des vainqueurs, songe aux cris des mourants'
J. RACINE. Andromaque, acte III, sc. VIII.

MOURAD. Voy. AMURAK.

MOURAVIEFF. Voy. MURAVIEFF.

* **MOURIR** v. n. (lat. mori). Je meurs, tu meurs, il meurt ; nous mourons, vous mourez, ils meurent. Je mourais. Je mourus. Je mourrai. Meurs. Que je meure. Je mourais. Que je mourusse. Mourant. Mort. Cesser de vivre. Se dit des hommes et des animaux : mourir d'une mort naturelle, de mort violente, de vieillesse, de maladie, d'un coup d'épée.

Elle mourra, c'est sûr, en apprenant ma mort.
PONSARD. Charlotte Corday, acte III, sc. IV.

Et pour mourir encore avec plus de regret,
Traître, songe en mourant que tu meurs mon sujet.
J. RACINE. La Thébaïde, acte V, sc. III.

Je meurs si je vous perds ; mais je meurs si j'attends.
J. RACINE. Andromaque, acte III, sc. VII.

Qu'il vienne. Il me verra, toujours digne de toi,
Mourir en reine, ainsi que tu mourus en roi.
J. RACINE. Alexandre, acte IV, sc. I.

— MOURIR DE SA BELLE MORT, mourir de mort naturelle. — MOURIR AU CHAMP D'HONNEUR, AU LIT D'HONNEUR, être tué à la guerre en faisant son devoir. (Voy. LIT.) — Ironiq. et fam. MOURIR DANS LES FORMES, mourir en se faisant traiter suivant les règles de la médecine. — FAIRE MOURIR QUELQU'UN, le mettre à mort en exécution d'une condamnation : on le fit mourir en place de Grève. — MOURIR TOUT EN VIE, mourir d'une maladie vive et prompte; être emporté par la violence du mal, lorsqu'on a encore toute la vigueur que l'on avait en santé. — MOURIR A LA PEINE, mourir au milieu et par suite d'occupations pénibles; entreprise à laquelle on ne veut pas renoncer, dont on ne veut pas démordre, dût-on y laisser la vie : j'en viendrai à bout, ou je mourrai à la peine. Mourir sans avoir obtenu une chose pour laquelle on s'était donné beaucoup de peine. — MOURIR MARTYR, mourir en souffrant de grandes douleurs : il est mort martyr. — MOURIR COMME UN CHIEN, mourir sans vouloir témoigner de la mort le moindre repentir de ses fautes : il est mort comme un chien. — CET HOMME MOURRA DANS SA PEAU, il ne changera jamais ses mauvaises habitudes. On dit dans le même sens : il mourra dans la peau d'un insolent, d'un impertinent, d'un fat, etc. — IL NE MOURRA QUE DE MA MAIN, je le tuerai. — ON NE SAIT QUI MEURT, NI QUI VIT, se dit, dans certaines occasions, pour marquer l'incertitude de la vie : il faut lui donner une reconnaissance de l'argent qu'il a prêté, car on ne sait qui meurt ni qui vit. — PROV. LES ENVIEUX MOURRONT, MAIS NON JAMAIS L'ENVIE. — NOUS MOURONS TOUS LES JOURS, chaque jour nous avançons en âge, nous faisons un pas vers la mort. — UN LIÈVRE VA TOUJOURS MOURIR AU GÎTE, après avoir beaucoup voyagé, on est bien aise de retourner dans son pays. — Fig. LES COMMUNAUTÉS NE MEURENT POINT, elles se renouvellent sans cesse. — EN FRANCE, LE ROI NE MEURT PAS, d'après le principe de successibilité établi, un roi de France qui mourait, avait immédiatement pour successeur son héritier présomptif. — ÊTRE MORT CIVILEMENT, se dit des religieux et des religieuses, qui, en cette qualité, ont renoncé pour toujours à certains droits, à certains avantages de la société. — ÊTRE MORT CIVILEMENT, se dit aussi d'un homme condamné au bannissement perpétuel ou aux travaux forcés à perpétuité, et qui par là est privé à jamais des droits et des avantages de la société. (Voy. MORT CIVILE.) — ÊTRE MORT AU MONDE, se dit d'une personne qui a quitté

le monde pour vivre dans la retraite et dans les exercices de piété. On dit à peu près dans le même sens, MOURIR AU PÉCHÉ, AU VICE, A SES PASSIONS. — ÊTRE MORT POUR QUELQU'UN, ne pouvoir plus lui être d'aucune utilité, ne conserver aucune relation avec lui : ce jeune homme s'est expatrié, il est mort pour sa famille. On dit aussi, ÊTRE MORT POUR QUELQUE CHOSE, ne pouvoir plus y être sensible, en être privé pour toujours : il est mort pour les plaisirs. — Se dit souvent par exag. : mourir de chaud, de froid, d'impatience, de chagrin, d'inquiétude. — Fig. MOURIR DE FAIM, n'avoir pas les moyens d'exister : cet homme, cette famille meurt de faim. On dit substantiv. dans le même sens, et par dénigr., UN MEURT-DEFAIM, un homme qui n'a pas de quoi vivre. — VOUS ME FAITES MOURIR, vous m'affligez beaucoup ; vous m'impatientez extrêmement. — FAIRE MOURIR QUELQU'UN A PETIT FEU, le faire languir en prolongeant des peines d'esprit, des inquiétudes, des chagrins qu'on pourrait lui épargner ou lui abréger. — Se dit également des arbres et des plantes, etc. : ces arbres ne viennent pas bien dans les sables, ils y meurent tous.

Tu vois mourir le jour, et renaître l'aurore.
COLLIN D'HARLEVILLE. L'Inconstant, acte II, sc. V.

— Se dit aussi des États, des institutions, des établissements : les États, les empires meurent comme les hommes. — Se dit aussi des choses morales, des passions, des productions de l'esprit, des ouvrages de l'art : sa gloire, sa mémoire, son nom ne mourra jamais. — Se dit encore, fig., de certaines choses dont l'activité, le mouvement finit peu à peu : ce feu mourra, si l'on n'y met du bois. — Se dit pareillement de choses qui finissent par une dégradation insensible, comme les sons, les couleurs, etc. : dans ce tableau, les couleurs se perdent en mourant les unes dans les autres. — LES PAROLES LUI MEURENT DANS LA BOUCHE, il laisse tomber sa voix, et traîne ses paroles. — v. impers. : il meurt, année moyenne, tant de personnes dans cette ville. — Se mourir, v. pr. Être sur le point de mourir; mais en ce sens, il ne se dit guère qu'au présent et à l'imparfait de l'indicatif : il se meurt; il se mourait. — Par exag. : il se meurt d'amour, de peur, d'impatience, d'envie de dormir, etc.

MOURMELON-LE-GRAND, comm. du cant. de Suippes, arr. et à 24 kil. N. de Châlons-sur-Marne; 4,500 hab. C'est sur le territoire de cette commune et sur celle de Mourmelon-le-Petit que se trouvait le camp de Châlons.

* **MOURON** s. m. Petite plante à fleurs bleues ou rouges, de la famille des primеvères, que l'on nomme autrement anagallide : mouron bleu. — MOURON DES OISEAUX, petite plante à fleurs blanches, du genre morgeline, qui sert principalement à la nourriture des petits oiseaux.

* **MOURRE** s. f. Jeu que deux personnes jouent ensemble en se montrant rapidement les doigts, les uns élevés et les autres fermés, afin de donner à deviner le nombre des premiers : les Italiens jouent beaucoup à la mourre.

MOURZOUK, ville d'Afrique, capitale du Fezzan, à l'embranchement des routes de caravanes de Tunis, de Tripoli, du Caire et du Bornou, à environ 800 kil. de Tripoli; 3,000 hab., y compris une garnison turque de 250 hommes. La ville est bien bâtie, ses rues sont larges, et elle est entourée de murailles de terre. Le palais du sultan est un immense édifice très élevé. Manufactures de cuir et de fer.

MOUSCRON, ville de la province de Flandre occidentale (Belgique), arr. et à 40 kil. S. de Courtrai, près de la frontière française; 7,000 hab. Tissus, huiles, tabac.

* **MOUSQUET** s. m. (anc. franç. mous

quette, arbalète dont le trait faisait un bruit semblable à celui d'une grosse mouche). Arme à feu qui était en usage avant le fusil, et qu'on faisait partir au moyen d'une mèche allumée. (Voy. FUSIL.) Le mousquet, inventé vers le XVIe siècle, fut introduit dans les armées françaises vers 1573, par le maréchal de Strozzi. Le mousquet des fantassins était à mèche; celui des cavaliers était à rouet. — PORTER LE MOUSQUET, être soldat dans l'infanterie : il a longtemps porté le mousquet. — PROV. CREVER COMME UN VIEUX MOUSQUET, mourir de trop boire, de trop manger, ou en général d'excès et de débauche : cet homme crèvera comme un vieux mousquet.

* **MOUSQUETADE** s. f. Coup de mousquet : il fut blessé d'une mousquetade. — Plusieurs coups de mousquet tirés à la fois ou continûment par un corps de gens armés : on a entendu une vive mousquetade. (Vieux dans les deux sens.)

* **MOUSQUETAIRE** s. m. Soldat à pied armé du mousquet. On dit aujourd'hui, FUSILIER. — S'est dit ensuite exclusivement de certains cavaliers qui formaient, dans la maison du roi, deux compagnies distinguées l'une de l'autre par la couleur de leurs chevaux : les mousquetaires gris; les mousquetaires noirs. — ENCYCL. Le mousquetaire, au temps du mousquet à mèche, portait son mousquet, avec son support, et un grand sabre. A son épaule gauche était suspendue une large ceinture de cuir appelée bandoulière, dont les extrémités étaient attachées au côté droit.

Mousquetaire des XVIe et XVIIe siècles, avec sa fourche et son mousquet.

Des cylindres en bois, en cuir ou en fer-blanc, contenant chacun une charge de poudre pour le mousquet, étaient attachés à cette bandoulière. Les balles étaient dans un sac en cuir, et la poudre servant d'amorce dans une flasque ou une corne; le sac et la flasque étaient suspendus séparément par des banières allant de l'épaule gauche au côté droit. — En 1622, Louis XIII ayant incorporé le mousquet à la compagnie des carabins du roi, lui fit prendre le nom de mousquetaires. Cette compagnie était montée sur des chevaux gris; une autre compagnie, créée en 1660, avait des chevaux noirs; d'où vinrent les noms de mousquetaires gris et de mousquetaires noirs. Les mousquetaires combattaient à pied ou à cheval selon les circonstances. Ils étaient armés d'une épée, de pistolets et d'un fusil; leur uniforme était rouge. Les mousquetaires gris portaient des galons d'or et les mousquetaires noirs des galons d'argent. Leur justaucorps était bleu, avec deux croix de velours blanc, l'une devant, l'autre derrière. Le roi Louis XIII se donna lui-même le titre de *capitaine des cent mousquetaires*, en 1634. — Les mousquetaires furent supprimés en 1775; ils reparurent un instant sous la première Restauration. — *Les Mousquetaires de la reine*, opéra comique en 3 actes représenté à l'Opéra-Comique de Paris le 3 févr. 1846; livret intéressant de Saint-Georges; belle musique d'Halévy. — *Les trois Mousquetaires*, un des plus célèbres romans d'Alex. Dumas père.

* **MOUSQUETERIE** s. f. Coll. Décharge de plusieurs mousquets, de plusieurs fusils tirés en même temps : *c'était une affaire de mousqueterie, il n'a pas été tiré un seul coup de canon*. On dit aussi, UNE DÉCHARGE DE MOUSQUETERIE.

* **MOUSQUETON** s. m. Espèce de fusil dont le canon est plus court que celui du fusil ordinaire, et dont le calibre est égal à celui du mousquet. C'était autrefois le nom qu'on donnait au fusil court des cavaliers : *il a reçu un coup de mousqueton*.

* **MOUSSE** adj. Se dit des instruments de fer dont la pointe ou le tranchant est usé : *cette cognée est mousse*. (Vieux.)

* **MOUSSE** s. m. Jeune apprenti matelot : *on l'a vu mousse de vaisseau*.

* **MOUSSE** s. f. (anc. haut all *moss*). Bot. Famille de plantes cryptogames menues, herbacées, dont le fruit, en forme d'urne est porté par un filet, et qui naissent sur les pierres, sur les troncs d'arbres, à la surface des marais, etc., où elles forment d'ordinaire une sorte de gazon ou du duvet serré : *se coucher sur la mousse*. — Espèce de moisissure qui vient sur la tête des vieilles carpes : *on pêcha une carpe qui avait un doigt de mousse sur la tête*. — MOUSSE DE CORSE, fucus menu et rougeâtre qu'on emploie en médecine comme vermifuge. — MOUSSE TERRESTRE, lycopode. — PIERRE QUI ROULE N'AMASSE PAS DE MOUSSE, un homme qui change souvent d'état, de profession, ne s'enrichit pas. — Certaine écume qui se forme sur l'eau et sur quelques liqueurs, comme la bière, les sirops, le chocolat, l'eau de savon, le vin, etc., quand on les bat ou qu'on les verse de haut : *la mousse pétillante du vin de Champagne*. — Pâtiss. Espèce de crème fouettée dans laquelle on mêle du chocolat, de la vanille, etc. : *mousse au chocolat, à la vanille*. — ENCYCL. On donne le nom de mousses à une grande famille de plantes cryptogames, ayant des tiges distinctes, des feuilles, des organes reproducteurs semblables à des fleurs et des spores qui servent à propager l'espèce. Les mousses sont cellulaires, et n'offrent qu'une très légère ressemblance avec les ordres de plantes plus élevées. On ne connaît que bien peu de chose sur les services que pourraient rendre les mousses. Dans l'économie de la nature, elles sont les précurseurs de plantes supérieures, apparaissant les premières sur les lieux stériles et rassemblant la poussière et le sable entre leurs tiges emmêlées et touffues. Elles fournissent aux insectes des demeures sûres en hiver et de la nourriture en été. Certaines espèces de *sphagnum* entrent pour une large part dans la formation des tourbières. On trouve, croissant avec le *sphagnum*, un grand nombre de plantes ligneuses; ces plantes, se décomposant avec la mousse, forment de la tourbe de différentes qualités. La distribution géographique des mousses est très étendue; il n'est pas une partie de la surface de la terre où l'on n'en rencontre, depuis les régions polaires jusqu'à l'équateur. Elles constituent, avec les lichens, presque la seule végétation des côtes de la mer polaire, où le sol ne dégèle jamais que jusqu'à une

profondeur de quelques pouces. La côte septentrionale de la Sibérie est un immense marécage dont la surface est entièrement recouverte de mousses. Les roches schisteuses du Spitzberg, s'élevant au-dessus des neiges éternelles, sont, suivant Martens, couvertes de mousses. Elles forment une grande partie de la flore du Groënland; les plus élevées des Alpes suisses, et les amas de scories volcaniques de l'Islande en offrent de nombreux échantillons — MOUSSE D'ISLANDE. (Voy. LICHEN.)

MOUSSELINAGE s. m. Opération qui a pour but d'orner le verre de dessins imitant la broderie sur mousseline.

* **MOUSSELINE** s. f. (de *Mossoul*, n. pr.). Toile de coton très claire, et ordinairement très fine : *belle mousseline*. — Abusiv. MOUSSELINE DE LAINE, étoffe de laine fine et imprimée.

MOUSSELINER v. a Opérer le mousselinage.

MOUSSELINIER s. m. Celui qui fait le mousselinage.

* **MOUSSER** v. n. Se dit des liquides sur lesquels il se fait de la mousse : *verser une liqueur de haut pour la faire mousser*. — Fig. et fam. FAIRE MOUSSER UN SUCCÈS, UN PETIT AVANTAGE, le présenter, le raconter de manière à le faire croire plus considérable, plus glorieux qu'il n'est en effet. -v FAIRE MOUSSER, faire valoir. — SE FAIRE MOUSSER, se faire valoir.

* **MOUSSERON** s. m. Nom vulgaire de plusieurs agarics d'une odeur et d'une saveur agréables, qui naissent ordinairement sous la mousse : *manger des mousserons*.

* **MOUSSEUX, EUSE** adj. Qui mousse, qui fait beaucoup de mousse : *vin de Champagne mousseux*. — ROSE MOUSSEUSE, se dit, abusiv., pour *rose moussue*.

* **MOUSSOIR** s. m. Ustensile pour faire mousser le chocolat.

* **MOUSSON** s. f. Certains vents réglés et périodiques de la mer des Indes, qui soufflent six mois du même côté, et les autres six mois du côté opposé : *les moussons ne se font pas sentir au delà de tel degré de latitude*. — Saison de ces vents : *attendre la mousson d'été, la mousson d'hiver*.

* **MOUSSU, UE** adj. Qui est couvert de mousse : *cette carpe était si vieille, qu'elle avait la tête toute moussue*. — ROSE MOUSSUE, rose dont le calice et la tige sont garnis d'une espèce de mousse.

MOUSTAC s. m. Espèce de guenon d'Afrique, qui a les lèvres bordées de poils noirs.

* **MOUSTACHE** s. f. (gr. *mustax*). Partie de barbe qu'on laisse au-dessus de la lèvre supérieure : *relever sa moustache*. — Fig. et fam. VIEILLE MOUSTACHE, soldat qui a vieilli dans le service, qui a longtemps fait la guerre. — BRULER LA MOUSTACHE A QUELQU'UN, lui tirer un coup de pistolet à bout portant. — ENLEVER QUELQUE CHOSE A QUELQU'UN SUR LA MOUSTACHE, JUSQUE SUR LA MOUSTACHE, enlever quelque chose à quelqu'un en sa présence et malgré lui : *les ennemis sont venus pour défendre cette place, on la leur a enlevée sur la moustache*. — DONNER SUR LA MOUSTACHE A QUELQU'UN, frapper quelqu'un au visage. — Longs poils que les chats, les lions, et d'autres animaux, ont autour de la gueule.

MOUSTACHU, UE adj. Qui porte une forte moustache.

MOUSTIERS-SAINTE-MARIE, *Monasterium*, ch.-l. de cant., arr. et à 48 kil. S. de Digne (Basses-Alpes); au pied d'une chaîne de rochers; 1,000 hab.

* **MOUSTIQUAIRE** s. f. Rideau de gaze ou

de mousseline très claire, dont on entoure les lits dans les pays où l'on a besoin de se préserver de la piqûre des moustiques, des maringouins, etc. Quelques-uns le nomment MOUSTILLIER.

* **MOUSTIQUE** s. m. (esp. *mosquito*. cousin; du lat. *musca*, mouche). Entom. Genre de diptères némocères, tribu des culicides, dont l'espèce la plus commune en France porte le nom populaire de *cousin* (*culex pipiens*). Quelques espèces sont très actives pendant le jour, d'autres pendant la nuit; toutes recherchent également le sang de l'homme. Parmi les moustiques diurnes, on remarque ceux qui vivent dans les marais et dans les lieux humides; leurs couleurs sont ordinairement plus brillantes que celles des espèces nocturnes. Les mâles, ayant des antennes garnies de barbes comme celles des plumes, se montrent moins désagréables que les femelles. L'appareil de succion est admirablement propre à obtenir les liquides animaux ou végétaux. Les métamorphoses des moustiques sont des plus curieuses. La femelle dépose ses œufs dans l'eau douce, en une

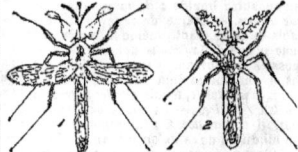

Moustique. 1. Femelle (très grossie) 2. Mâle.

masse, comme le montre notre fig. Ces œufs adhèrent fortement les uns aux autres au moyen d'une substance glutineuse qui les entoure. Chaque masse contient de 250 à 350 œufs. Les larves sortent, au bout de quelques jours, par la partie inférieure des œufs. Elles se pendent à la surface de l'eau, la tête en bas, et maintiennent à fleur d'eau l'extrémité libre d'un tube inséré sur l'avant-dernier anneau de leur abdomen et par lequel elles respirent. Dès qu'on agite l'eau, elles nagent en se courbant sur elles-mêmes en divers sens, et reviennent bientôt reprendre leur position habituelle. Après avoir changé deux ou trois fois de peau, elles deviennent nymphes au bout d'une quinzaine de jours.

1. Aile de moustique, montrant les nervures et les petites cellules. — 2. Extrémité de l'abdomen du mâle. — 3 Extrémité de l'abdomen de la femelle. — 4, 5, 6, modes d'opération du sugoir. — 7. Œufs de moustique. — 8. Amas d'œufs.

Les nymphes vivent, comme les larves, pendues à la surface de l'eau, mais dans une position inverse, parce que leur tube respiratoire est inséré au dos du corselet. Après avoir vécu sous cette forme pendant sept ou huit jours, l'insecte brise sa coquille sous l'influence d'une journée chaude; la peau de la nymphe remonte à la surface de l'eau et y forme comme un radeau, sur lequel le cousin se sèche au soleil en attendant de pouvoir s'envoler. Dès qu'il est libre, il cherche sa nourriture, et suce les plantes ou les animaux, suivant qu'il est mâle ou femelle. Les cousins forment de six à sept générations par an; ce qui produit des milliards d'individus pour une seule mère. Heureusement que ces insectes servent de pâture aux hirondelles et que leurs œufs nourrissent les poissons. La plus grande espèce de France est le *cousin annelé* (*culex annulatus*); dans les pays chauds, on trouve les *maringouins*, ou moustiques proprement dits, dont les incessantes piqûres font le tourment des habitants.

* **MOÛT** s. m. (lat. *mustum*, vin nouveau). Vin qui vient d'être fait et qui n'a point encore fermenté. Liquide sucré extrait de divers végétaux et destiné ordinairement à la fermentation alcoolique : *du moût de bière.*

* **MOUTARD** s. m. Pop. U₱. petit garçon : *une troupe de moutards.* — ∾ Au fém. Mou⁻TARDE.

* **MOUTARDE** s. f. (étym. douteuse; lat. *multum ardere*, beaucoup brûler; vieux franç. *moult tarde*, il tarde, devise des ducs de Bourgogne). Composition faite de graine de sénevé broyée avec du moût, du vinaigre, ou quelque autre liquide : *de la moutarde qui monte au nez.* — Graine de sénevé, et quelquefois de cette plante même : *la moutarde est une plante de la famille des crucifères.* — S'AMUSER A LA MOUTARDE, s'arrêter à des bagatelles, à des choses inutiles : *vous vous êtes amusé à la moutarde, tandis que les autres faisaient leurs affaires.* — LA MOUTARDE LUI MONTE AU NEZ, il commence à s'impatienter de ce qu'on lui dit ou de ce qu'on lui fait. — Prov. et fig. C'EST DE LA MOUTARDE APRÈS DINER, cela vient lorsqu'on n'en a plus besoin. — Encycl. Moutarde est le nom d'un condiment bien connu et de la plante qui le produit. Dans le commerce, on connaît deux sortes de graines de moutarde, la blanche et la noire, données par des plantes appelées autrefois *sinapis alba* et *sinapis nigra*; mais, dans la plus récente révision des crucifères, on les a placées dans le genre *brassica*, avec le chou et le navet. La moutarde blanche est une plante annuelle, dont la tige est haute d'un ou deux pieds; ses fleurs sont jaunes, en grappes, et ses graines, d'un brun pâle ou d'un jaune brunâtre, sont contenues dans une gousse poilue, longue de 1 centim. La moutarde noire

Moutarde noire.

est un peu plus grande et plus lisse; ses graines sont beaucoup plus petites et d'un brun foncé. Les deux espèces sont originaires d'Europe; on les trouve naturalisées dans les régions de l'Amérique colonisées le plus anciennement. Il se fait une grande consommation de graine de moutarde pour la préparation de la moutarde de table. Les graines noires sont les plus fortes en goût; elles sont employées simultanément les deux espèces. On écrase la graine entre des cylindres, puis on la pile dans un mortier, et l'on sépare au

tamis les parties les plus fines de celles de l'enveloppe. Il n'y a probablement aucun article de consommation journalière qui soit plus sophistiqué que la moutarde en poudre; la farine de froment pour augmenter le poids, le safran pour donner de la couleur, le poivre de Cayenne pour ajouter du piquant, telles sont les sophistications les plus communes. On emploie en médecine la moutarde depuis les premiers temps, et elle est encore en grand usage comme remède domestique et dans la pratique professionnelle. Les graines entières de la moutarde blanche étaient autrefois très populaires contre la dyspepsie. Il en est résulté des inflammations graves, et il ne faudrait pas en user sans consulter le médecin. La farine de moutarde est un émétique utile qu'on a toujours sous la main en cas d'empoisonnement ou d'autre nécessité imprévue; la dose varie d'une cuillerée à café à une cuillerée à bouche, en suspension dans un verre d'eau. Comme stimulant local, sous forme de sinapisme ou de cataplasme, elle est d'un fréquent usage. Dans ce cas, la moutarde doit être délayée dans l'eau froide ou tiède, l'eau chaude empêchant le développement du principe actif. La moutarde française de table a différents parfums; celle qui est faite à l'estragon est très estimée; on emploie aussi la graine de céleri, l'ail, les clous de girofle, les anchois, etc.; quelquefois on donne un goût particulier en remuant le mélange avec une barre de fer rougie au feu. La moutarde française la plus renommée est celle de Dijon. La moutarde allemande est délayée dans du vinaigre où l'on a fait bouillir des oignons, du poivre noir, de la cannelle ou d'autres épices, et auquel on ajoute du sel et du sucre. — La sauvage ou sénevé, *brassica sinapistrum* (autrefois *sinapis arvensis*) est une mauvaise herbe très gênante pour l'agriculture. Les moutons en sont très friands, et on les met quelquefois dans un champ pour l'en purger. — Les efforts faits pour trouver quelle est la plante nommée moutarde, ou sénevé, dans le Nouveau Testament, ont donné lieu à beaucoup de discussions; quelques-uns croient encore que c'est la moutarde noire qui, en Palestine, atteint 10 et 12 pieds, tandis que d'autres appliquent ce nom à la *salvadora indica*, qui, selon Boyle, était l'arbre à moutarde des Juifs.

* **MOUTARDIER** s. m. Petit vase servant à mettre la moutarde : *moutardier d'étain, d'argent, de porcelaine.* — Celui qui fait et vend de la moutarde. — Fig. et fam. IL SE CROIT LE PREMIER MOUTARDIER DU PAPE, se dit d'un homme médiocre qui a une grande opinion de lui-même, qui affecte de l'importance.

MOUTHE, ch.-l. de cant., arr. et à 29 kil. S.-O. de Pontarlier (Doubs), au pied d'une montagne; 1,400 hab. Moulins et scieries; fromageries. Vastes forêts domaniales aux environs.

MOUTHOUMET, ch.-l. de cant., arr. et à 55 kil. S.-E. de Carcassonne (Aude); 600 hab. Mines de fer.

* **MOUTIER** s. m. Vieux mot qui signifie, monastère. — IL FAUT LAISSER LE MOUTIER OU IL EST, il ne faut rien changer aux usages reçus.

MOUTIERS, *Darantasia*, ch.-l. d'arr., à 66 kil. S.-E. de Chambéry (Savoie), dans un bassin formé par les vallées de l'Isère et du Doron; par 45° 29' 3" lat. N. et 4° 11' 34" long. E.; 3,000 hab. Evêché. Patrie du pape Innocent V.

MOUTIERS - LES - MAUXFAITS, ch.-l. de cant., arr. et à 29 kil. E. des Sables-d'Olonne (Vendée); 700 hab. Fontaine thermale; source salée et froide.

* **MOUTON** s. m. (bas lat. *multa*). Bélier

châtré que l'on engraisse : *mouton de Berry, de Beauvais.* — Particul. Viande de mouton : *du mouton qui sent le serpolet.* — Se dit quelquefois, dans un sens plus général, des béliers, des brebis et des agneaux, quand ils sont en troupes : *un troupeau de moutons.* — C'EST UN MOUTON, IL EST DOUX COMME UN MOUTON, il est d'une humeur fort douce, fort traitable. — LES MOUTONS DE PANURGE, SAUTER COMME LES MOUTONS DE PANURGE, se dit des gens qui font une chose parce qu'ils l'ont vu faire à d'autres; c'est une allusion au tour que Panurge joue au marchand de moutons Dindenaut dans le *Pantagruel* de Rabelais. — IL RESSEMBLE AUX MOUTONS DE BERRY, IL EST MARQUÉ SUR LE NEZ, se dit d'un homme qui a quelque marque sur le visage. — LE PEUPLE FAIT COMME LES MOUTONS, il fait ce qu'il voit faire au premier venu, de même que les moutons passent tous où ils voient qu'un autre mouton a passé. — REVENONS A NOS MOUTONS, reprenons le discours que nous avons quitté, ou qui a été interrompu; revenons à notre sujet. — Peau de mouton préparée : *la reliure de ce livre n'est que de mouton.* — Fig. et fam. Homme aposté pour gagner la confiance d'un prisonnier, découvrir son secret et le révéler : *on mit près de lui un mouton pour le faire jaser.* — Masse de fer, ou grosse pièce de bois armée de fer, qu'on élève, et qu'on laisse retomber sur des pieux pour les enfoncer en terre : *on a enfoncé ces pieux jusqu'à refus de mouton.* — Grosse pièce de bois dans laquelle sont engagées les anses d'une cloche, pour la tenir suspendue. — Au plur., fam. pop. par anal. Vagues blanchissantes qui s'élèvent sur la mer et sur les grandes rivières, lorsqu'elles commencent à être agitées. — Mamm. Genre de ruminants à cornes creuses, persistantes, anguleuses, ridées en travers, enroulées en spirale et développées sur un axe osseux; 32 dents, dont 8 incisives à la mâchoire inférieure seulement, et 6 molaires de chaque côté, à chaque mâchoire; chanfrein convexe, arqué; absence de barbe au menton; museau pointu sans mufle, queue longue et pendante; oreilles longues, étroites, très écartées l'une de l'autre. Les moutons produisent avec les chèvres des métis féconds. A l'état sauvage, ils vivent en troupes dans les pays élevés. On les a domestiqués depuis la plus haute antiquité et ils formaient la principale richesse des patriarches hébreux. Chez les Latins, le terme *pecus* (bétail) leur était particulièrement appliqué. Ils ont été introduits dans le N. et dans l'O. de l'Europe longtemps après la chèvre, et il n'est pas prouvé qu'ils aient habité l'Allemagne avant la chute de l'empire romain. Dans l'antiquité, on les élevait surtout pour leur peau et pour leur lait, qui est abondant, agréable et nourrissant; aujourd'hui leur valeur réside dans leur chair, leur laine et leur graisse. Leurs troupeaux détruisent les herbes dans nos champs, et laissent après eux la fertilité, leur engrais étant la plus riche après celui de la volaille. On les emploie même comme bêtes de somme dans les montagnes de l'Inde. Leur peau couverte de laine sert quelquefois à faire des vêtements; avec leur cuir on fabrique des gants, des reliures, etc.; la laine du mouton possède la propriété de se feutrer, parce que ses fibres ont une surface écailleuse imbriquée. — L'agneau se sèvre à deux mois, se châtre à six mois et change ses dents de lait entre un an et trois ans. La brebis peut porter dès l'âge d'un an; elle produit encore à l'âge de dix ans; la gestation est de 147 jours: une portée est ordinairement de 2 petits. Le bélier est pubère à 18 mois et suffit à 30 brebis. On l'engraisse vers l'âge de 8 ans. L'allaitement dure environ 5 mois. A un an, le jeune mouton reçoit le nom d'*antenais*; la brebis celui d'*antenaise*. Les moutons sont sujets à de nombreuses maladies : charbon, tournis, clavelée, piétin, gale, météorisatio₍n₎, mal de Sologne, pourriture, etc. — La production du lait de brebis est considérée en France comme n'ayant que peu d'importance; néanmoins, le lait de ces animaux entre dans la préparation des fromages de Roquefort, de Sassenage, etc. — Il est assez difficile de dire quelle espèce sauvage a produit notre mouton domestique (ovis aries). On croit généralement que les moutons d'Europe descendent du musimon ou mouflon (ovis musimon, Pall.), appelé big-horn, en Sardaigne et muffoli en Corse, à cornes larges chez le mâle, petites chez la femelle, à corps gros et musculeux; à queue tombante, de 12 vertèbres; à jambes longues, à sabot court; couleur générale jaunâtre, teintée châtain, plus foncée sur le dos. Longueur, 1 m. 30; hauteur, 75 centim. Les mouflons se réunissent par troupeaux, qui renferment jusqu'à 100 individus, dans les montagnes de la Corse et de la Sardaigne; ils se mélangent volontiers avec les moutons domestiques et se soumettent assez facilement à la servitude. Une autre espèce sauvage est l'argali (ovis ammon, Cuv.), très semblable au mouflon pour les formes générales, mais un peu plus gros que celui-ci, sa queue est courte. Le mâle mesure 1 m. de haut aux épaules et pèse jusqu'à 100 kilog.; ses cornes ont 1 m. 25 de long et pèsent 15 kilog. L'argali habite les plus hautes montagnes de l'Asie, le Caucase et les plaines de la Sibérie. Sa chair est recherchée; sa peau sert à faire des vêtements. L'Amérique possède aussi son espèce sauvage : c'est le mou-

Mouflon des montagnes Rocheuses (Ovis montana).

ton des montagnes Rocheuses (ovis montana, Cuv.), appelé big-horn, à cause de la grosseur de ses cornes. On le rencontre en petits troupeaux de 5 à 30 individus, depuis le haut Mississipi et la rivière Yellowstone, jusqu'aux montagnes Rocheuses. Le mouflon d'Afrique (ovis tragelaphus, Cuv.) habite les parties rocailleuses de l'Afrique septentrionale. Il a une longue crinière pendante sous le cou et une autre à chaque poignet. — Races domestiques. Le mouton est, après le chien, l'animal auquel la domesticité a fait produire le plus de races qui diffèrent les unes des autres par la taille, la forme, la grandeur ou l'absence des cornes, la finesse et la longueur de la laine, la grosseur de la queue, la hauteur des jambes, etc. La race la plus renommée en Europe est celle du mérinos (ovis Hispanica), petit mouton qui mesure, en moyenne, 65 centim. de hauteur, et 1 m. de longueur, avec une tête volumineuse, des cornes épaisses, rugueuses, longues et en spirale, absentes chez la femelle. Cet animal, qui produit peu de viande de boucherie, doit sa grande valeur à la merveilleuse toison dont tout son corps est revêtu. Il donne une laine douce, extrêmement fine, ondulée, élastique, résistante et longue; elle est ordinairement d'une entière blancheur. Un mâle adulte porte une

toison de 4 à 5 kilog.; chez la femelle, elle est seulement de 2 à 3 kilog. Les moutons mérinos nous viennent des pâturages secs des Castilles, où ils ont été produits par le croisement des moutons barbaresques et des moutons espagnols. Des lois sévères interdirent pendant longtemps leur exportation; mais au XVIIIe siècle, ils furent introduits dans les divers Etats de l'Europe. On doit à d'Angivilliers leur entrée en France en 1786 (bergerie de Rambouillet). Pendant la Restauration, les laines de Naz près du Gex (Ain) et de Rambouillet eurent une vogue sans égale. Aujourd'hui, le mouton mérinos se trouve presque partout en France. — Nos races indigènes françaises sont, au nord, de grande taille et à laine longue et lisse. On les distingue en races flamande, artésienne, picarde, cauchoise, normande, mancelle, poitevine, ardennaise, lorraine, bourguignonne. Au sud, elles sont de petite taille et donnent une laine grossière, courte et frisée : races roussillonnaise, provençale, berrichonne, solognote, bourbonnaise, marchoise, limousine, etc. Elles ont été perfectionnées par le croisement avec le mérinos. On a aussi introduit chez nous des races anglaises, telles que le Leices-

Mouton Leicester

ter ou dishley, pourvu d'os menus, peu chargé de toison, mais excellent animal de boucherie; le southdown, à laine moyenne, et dont la chair est également recherchée pour la boucherie. Les autres races anglaises sont le nord-kent, le cheviot, etc. La Hollande nourrit les fameux moutons du Texel et, en Suisse, on trouve les moutons des Grisons. Les races de Perse, de Tartarie, de Chine et du Cap, ont une queue entièrement transformée en globe de graisse. — L'engraissement du mouton peut se faire de diverses manières; tantôt on les laisse dans les gras pâturages, surtout dans ceux qui se trouvent le long des côtes; ils y paissent une herbe saturée de sel et ils fournissent alors cet excellent mouton de pré salé, si recherché des gourmets; tantôt on les engraisse à la bergerie comme les autres animaux domestiques, mais surtout en leur donnant du foin et des racines. — Econ. dom. Les moutons les plus estimés sont ceux dits de pré salé, des Ardennes et de Dol, en Bretagne. On estime particulièrement le gigot et la selle. Le carré de mouton se sert également comme rôti et comme entrée. Les cervelles entrent dans les garnitures de vol-au-vent et de tourtes d'entrée. Les côtelettes se servent grillées, sautées, ou braisées. L'épaule et le gigot se font ordinairement rôtir ou braiser. Les langues se servent en papillottes ou au blanc. Les pieds se font aussi cuire dans un blanc ou se présentent à la poulette ou frits. La poitrine, après avoir été cuite, désossée et pressée, se mange avec de l'oseille, de la chicorée, etc. On fait braiser les queues. Les rognons, fendus et embrochés, se font cuire sur le gril, ou sauter au vin blanc ou au vin de Champagne. La selle, qui comprend toutes la partie des reins, se met à la broche ou se fait braiser.

MOUTON, ONNE adj. Qui appartient au mouton : la gent moutonne. — Fig. Porté à

l'imitation : l'espèce humaine est essentiellement moutonne.

MOUTON (Georges). Voy. LOBAU.

MOUTON-DUVERNET (Régis-Barthélemy, BARON), général, né au Puy en 1769, fusillé à Lyon le 27 juillet 1816. Il s'engagea à 19 ans, fut nommé capitaine au siège de Toulon, se distingua en Italie et en Espagne; fut nommé général de division en 1813, membre de la Chambre des représentants et gouverneur de Lyon en 1815. Compris dans l'ordonnance du 24 juillet, comme coupable de trahison envers le roi, il parvint à se cacher pendant un an, puis il alla se constituer prisonnier. Il passa devant un conseil de guerre et fut condamné à mort.

MOUTONNADE s. f. Style fade et ennuyeux.

MOUTONNAILLE s. f. Troupeau de moutons. — Fig. Le monde n'est que moutonnaille.

MOUTONNÉ, ÉE part. passé de MOUTONNER. — CIEL MOUTONNÉ, ciel chargé de nuages blancs qui forment des flocons pressés. — Manège. Se dit de la tête du cheval, quand, vue de côté, elle forme une ligne convexe depuis les yeux jusqu'au bout du nez : les chevaux barbes ont assez ordinairement la tête moutonnée.

MOUTONNEMENT adv. Comme un mouton; à la manière des moutons.

MOUTONNER v. a. (rad. mouton). Rendre frisé et annelé comme la laine d'un mouton. N'est guère d'usage qu'au participe : tête, coiffure, perruque moutonnée. — v. n. Se dit, fam., de la mer, d'un lac, d'une rivière dont les eaux commencent à s'agiter et à blanchir : la mer commence à moutonner.

MOUTONNERIE s. f. (rad. mouton). Caractère mouton; esprit d'imitation.

MOUTONNEUX, EUSE adj. Qui moutonne; qui commence à s'agiter et à blanchir : mer moutonneuse.

MOUTONNIER, IÈRE adj. Se dit des personnes qui, à la manière des moutons, font ce qu'elles voient faire, suivent aveuglément l'exemple des autres : engeance moutonnière. (Fam.)

MOUTURE s. f. (rad. moudre). Action de moudre du blé : ce meunier prend tant pour sa mouture. — Salaire du meunier : ce meunier a pris double mouture. — TIRER D'UN SAC DEUX MOUTURES, prendre double profit dans une même affaire. — Mélange du froment, du seigle et de l'orge, par tiers : la bonne mouture vaut seigle.

MOUVAGE s. m. Action de mouver, d'agiter : le mouvage du sucre.

MOUVANCE s. f. (rad. mouvant). Jurispr. féod. Supériorité d'un fief à l'égard d'un domaine qui en relevait, et dépendance de ce domaine à l'égard du fief : il exprimait plus ordinairement la relation de dépendance : mouvance active, passive, médiate, immédiate.

MOUVANT, ANTE adj. (rad. mouvoir). Qui a la puissance de mouvoir. En ce sens, il n'est guère usité que dans cette locution, FORCE MOUVANTE, force qui produit un mouvement actuel : ce savant a fait un traité de forces mouvantes. — Se dit aussi d'un sol où l'on enfonce aisément, des sables et des terres dont le fond n'est pas stable, solide : ce sont des terres mouvantes. — LA COUR EST UN TERRAIN MOUVANT, il est difficile de s'y tenir longtemps dans une même situation. — TABLEAU MOUVANT, tableau où il y a des figures qui se meuvent par une mécanique cachée. Se dit, fig., d'un point de vue animé par un passage fréquent d'hommes, de chevaux, de voitures :

on a de cet appartement une vue charmante, c'est un tableau mouvant.

D'honneur ! Jamais Paris ne me parut si beau.
Quelle variété! c'est un mouvant tableau.
COLLIN D'HARLEVILLE, L'Inconstant, acte 1er, sc. 1re.

— Jurisp. féod. Se disait des fiefs, des terres qui relevaient d'un autre fief : la Flandre était autrefois mouvante de la couronne.

° MOUVEMENT s. m. (rad. mouvoir). Transport d'un corps ou de quelqu'une de ses parties, d'un lieu, d'une place dans une autre : mettre une chose en mouvement. — Fig. SE DONNER BIEN DU MOUVEMENT, BIEN DES MOUVEMENTS DANS UNE AFFAIRE, agir avec beaucoup d'empressement et d'ardeur pour la faire réussir. On dit aussi d'un homme actif et intrigant, C'EST UN HOMME QUI SE DONNE BIEN DU MOUVEMENT. — MOUVEMENT DE TERRES, transport de terres végétales d'un lieu dans un autre : le propriétaire de ce parc a dépensé beaucoup d'argent en mouvements de terres. (Voy. plus bas MOUVEMENT DU TERRAIN.) — Mécan. Changement par lequel un corps est successivement présent en différentes parties de l'espace.(Voy. MÉCANIQUE.) — On distingue trois mouvements principaux : 1° mouvement rectiligne, celui d'un corps qui suit une ligne droite; 2° mouvement circulaire, celui d'un corps qui parcourt un cercle; 3° mouvement curviligne, celui d'un corps qui décrit une courbe. Ces trois mouvements sont continus quand ils ont lieu dans le même sens, et alternatifs, quand ils agissent alternativement dans des sens différents ou opposés. — MOUVEMENT ABSOLU, mouvement d'un corps considéré en lui-même ou par rapport à des points fixes. — MOUVEMENT RELATIF, mouvement d'un corps considéré relativement à d'autres corps en mouvement. — MOUVEMENT D'ENTRAINEMENT, mouvement d'ensemble de plusieurs corps qui se meuvent à la fois. — TRANSMISSION DES MOUVEMENTS. Les divers mouvements peuvent se communiquer entre eux de vingt et une manières différentes. Exemple : Le mouvement rectiligne continu du courant de l'eau, agissant sur une roue hydraulique, produit un mouvement circulaire continu. Dans les pompes à balancier, le mouvement circulaire alternatif ce le balancier donne le mouvement rectiligne alternatif du piston. Les roues qui s'engrènent, les courroies sans fin qui glissent sur des poulies ou sur des tambours donnent des exemples de la transmission du mouvement circulaire continu en circulaire alternatif. L'archet dont on se sert pour les petits tours à la main, donne l'idée du changement de mouvement rectiligne alternatif en circulaire alternatif. — MOUVEMENT PERPÉTUEL, mouvement d'un appareil qui conserverait indéfiniment l'impulsion donnée par la force motrice, sans le secours d'aucune force externe et sans perte de moment, jusqu'à ce que ses parties fussent dérangées ou usées. Bien que l'impossibilité de construire un appareil de ce genre ait été démontrée depuis longtemps, on a fait de nombreuses tentatives, dont l'histoire intéressante a été donnée par Henry Dircks, dans son Perpetuum Mobile, or a History of the Search for Self-motive Power (Londres, 1870). Le premier travail authentique au sujet du mouvement perpétuel paraît avoir été fait par Willars de Honecourt, architecte du XVe siècle, dont le cahier de croquis est conservé à l'École des chartes, à Paris. On trouve dans ce cahier le principe imaginaire sur lequel on a basé la construction de presque toutes les machines à mouvement perpétuel ayant quelque apparence plausible de réussite. La machine de Capra (Bologne, 1678) n'est qu'une imitation de celle qu'avait imaginée de Honecourt. Des poids, en raison de leur mode de suspension, prennent une position plus ou moins éloignée du centre de mouvement, suivant qu'ils descendent ou

qu'ils montent. D'après la troisième loi de mouvement (l'action et la réaction sont égales), le mouvement perpétuel ne deviendra possible que lorsqu'un corps, une fois mû, ne rencontrera aucune résistance, ce qui est une condition qui ne saurait jamais

Mouvement perpétuel de Capra.

exister. — Fig. et fam. MOUVEMENT PERPÉTUEL, se dit d'une personne qui a une excessive activité de corps : il ne saurait rester en place, c'est le mouvement perpétuel, c'est un mouvement perpétuel. — Fig. CHERCHER LE MOUVEMENT PERPÉTUEL, chercher la solution d'une question insoluble. — Astron. Révolution, marche, réelle ou apparente, des corps célestes: mouvement des astres. — Méd. Toute fonction animale qui change la situation, la figure, la grandeur de quelque partie intérieure ou extérieure du corps: la respiration, la circulation du sang, l'excrétion, l'action de marcher, etc., sont des mouvements animaux. — Marches, évolutions, différentes manœuvres d'une armée, d'une troupe : la science du mouvement des troupes. — MOUVEMENT EN AVANT, EN ARRIÈRE, celui qu'on fait en avant ou en arrière de la première ligne de bataille. MOUVEMENT EN AVANT, signifie aussi, mouvement qu'on fait pour s'approcher de l'ennemi; par opposition à MOUVEMENT RÉTROGRADE, celui qu'on fait pour s'en éloigner. — Variations qui arrivent dans certains établissements publics, dans certains corps, par les changements de situation des personnes qui en font partie : on fait chaque jour le mouvement d'une prison, d'un hôpital, d'un régiment. On dit de même, LE MOUVEMENT DE LA POPULATION D'UNE VILLE; et, dans un sens analogue, LE MOUVEMENT D'UN PORT, en parlant des navires qui entrent, qui sortent. — Particul. Changements qui arrivent dans un corps militaire ou civil, et qui y donnent lieu à des promotions: il y a eu un mouvement dans cette administration. — Variations de prix qui ont lieu dans le commerce: il y a eu cette semaine de grands mouvements, beaucoup de mouvement dans le prix des denrées, dans le cours de la bourse. — Mus. Degré de vitesse ou de lenteur que le caractère de l'air doit donner à la mesure: cette pièce est d'un mouvement lent, d'un mouvement animé. — PRESSER, RALENTIR LE MOUVEMENT, battre la mesure plus ou moins vite, sans toutefois la changer, ni l'altérer. — AIR DU MOUVEMENT, air dont la mesure est très marquée: les contredanses, les valses sont des airs de mouvement. — CHANTER, JOUER DE MOUVEMENT, bien observer, bien marquer la mesure en chantant ou en jouant de quelque instrument. — Mus. Marche ou progrès des sons du grave à l'aigu et de l'aigu au grave, entre des parties qui concertent ensemble: mouvement direct, contraire, oblique. — Peint. Expression des mouvements du corps et des affections de l'âme : ce peintre prodigue le mouvement sans

nécessité. — Variété, diversité agréable : ce peintre met du mouvement dans ses paysages. — LE MOUVEMENT, LES MOUVEMENTS DU TERRAIN, la succession et la diversité des plans d'un terrain : les mouvements du terrain sont bien sentis dans ce paysage. On emploie aussi cette expression dans le langage ordinaire : ce jardinier a tiré un grand parti des mouvements du terrain. — Littér. Ce qui anime le style, ce qui rend le discours propre à émouvoir les auditeurs : il y a beaucoup de mouvement dans son style. — Différentes impulsions, passions et affections de l'âme: on n'est pas maître d'un premier mouvement. — ARRÊTS DU PROPRE MOUVEMENT, se disait de certains arrêts du conseil, qui étaient rendus sans que les parties eussent été entendues. — Agitation, fermentation dans les esprits, petite émeute qui annonce une disposition au trouble, à la révolte : on annonce un mouvement dans Paris, des mouvements populaires dans cette ville. — Sorte d'agitation naturelle des corps et des esprits: il y a dans Paris un mouvement qui étonne, qui étourdit les étrangers. — Horlog. Assemblage des parties qui font aller une horloge, une pendule, une montre : le mouvement de cette montre, de cette pendule est excellent. — MOUVEMENT EN BLANC, mouvement d'une montre lorsqu'il n'est qu'ébauché.

MOUVEMENTÉ, ÉE part. passé de MOUVEMENTER. Agité. — SÉANCE MOUVEMENTÉE, séance orageuse. — TERRAIN MOUVEMENTÉ, terrain varié.

MOUVEMENTER v. a. Donner du mouvement, de l'animation, de la variété.

° MOUVER v. a. (lat. movere). Jard. Remuer la terre d'un pot, d'une caisse, à la surface, y donner une espèce de labour.

° MOUVOIR v. a. (lat. movere). Je meus, tu meus, il meut, nous mouvons, vous mouvez, ils meuvent. Je mouvais. Je mus. Je mouvrai. Meus. Que je meuve. Que nous mouvions. Je mouvais. Que je musse. Mouvant. Mû. Plusieurs de ces temps ne sont en usage que dans le style didactique. Remuer, faire aller d'un lieu à un autre, faire changer de place : mouvoir une chose de sa place. — Se dit aussi des facultés de l'âme et des choses morales, et signifie, exciter, donner quelque impulsion, faire agir : c'est la passion qui le meut. — L'OBJET MEUT LA PUISSANCE, la présence de l'objet détermine à l'action. — MOUVOIR UNE QUERELLE, susciter, faire une querelle. On dit aussi quelquefois, ÉMOUVOIR. Je l'un et l'autre sont peu usités. — Palais. TOUS PROCÈS MUS ET À MOUVOIR, tous procès présents et futurs : pour terminer tous procès mus et à mouvoir. — A CES CAUSES ET AUTRES CONSIDÉRATIONS A CE NOUS MOUVANT, c'est-à-dire, nous portant, nous excitant : formule qui s'employait dans les édits du roi. — Elliptiq. FAIRE MOUVOIR, mettre une chose en mouvement, faire qu'elle se meuve. S'emploie aussi au sens moral: voilà le ressort qui fait mouvoir toute la machine; la volonté fait mouvoir les autres facultés. — Se mouvoir v. pr. Le pauvre homme ne saurait se mouvoir.

MOUVOIR s. m. ou Mouvette s. f. Ustensile de bois dont on se sert pour agiter un liquide quelconque.

MOUY, ch.-l. de cant., arr. et à 10 kil. S.-O. de Clermont (Oise), sur la rive droite du Thérain; 3,500 hab. Fabriques de draps, carrières de pierre.

MOUZAÏA, montagne de l'Atlas, province d'Alger, au S. de la Métidja (1,560 m.). Riches mines de cuivre et de fer.

MOUZAÏA-LES-MINES, station minérale de la province et à 80 kil. d'Alger, arr. et à 18 kil. S.-O. de Blidah, à 14 kil N. de Médéah, au col du mont Mouzaïa. — Source bicarbonatée et sulfatée sodique, 15 à 21° C. Ses eaux n'ont guère encore été employées que comme eaux de table; digestives.

MOUZON, *Mosomagum*, ch.-l. de cant., arr. et à 17 kil. S.-E. de Sedan (Ardennes), sur la Meuse; 4,800 hab. Filatures de laine; draps; tanneries. Belle église du XIIIᵉ siècle.

MOVERS (Franz-Karl) [mo'-veurss], orientaliste allemand, né en 1806, mort en 1856. Depuis 1839, jusqu'à sa mort, il fut professeur de la théologie de l'Ancien Testament à la faculté catholique de Breslau. Son principal ouvrage a pour titre : *Die Phœnizier, Les Phéniciens* (1840-'56, 3 vol.).

MOVIBILITÉ s. f. État, condition de ce qui peut être remué, changé de place.

* **MOXA** s. m. [mo-ksa] (japonais, *mogusa*). Chir. Espèce de cautérisation qui consiste à appliquer sur quelque partie du corps un cône de coton, d'étoupe, etc., auquel on met le feu. L'emploi des moxas a pour but d'exciter fortement le système nerveux, de déplacer le siège d'une irritation, etc.

MOXIBUSTION s. f. (franc. *moxa*; lat. *combustio*, combustion). Chir. Application d'un moxa; cautérisation par un moxa.

MOXOS ou *Mojos* [mo'-khoss], nation d'Indiens dans l'Amérique du Sud. Ils occupent une vaste étendue de terrain en Bolivie, entre 13º et 16º S. et entre 65º et 71º long. O. Ils sont de couleur plus claire et de taille plus grande que les nations voisines. Cyprien Baraza fonda chez eux une grande mission de jésuites (1676). — Ils cultivent le sol, pêchent et chassent. Le P. Francis-X. Iraizos a écrit une histoire des Moxos.

MOY ou *Mouy*, ch.-l. de cant., arr. et à 13 kil. S.-E. de Saint-Quentin (Aisne); 4,220 hab. Articles de Saint-Quentin.

* **MOYE** s. m. [mouâ]. Maçon. Couche tendre qui se trouve dans la pierre, et la fait déliter; surface tendre d'une pierre dure.

* **MOYEN, ENNE** adj. [moua-iain] (lat. *medianus*; de *medius*, milieu). Qui tient le milieu entre deux extrémités : *il n'est ni grand ni petit, il est de moyenne grandeur, de moyenne taille.* — DU MOYEN BRONZE, ou absol. DU MOYEN BRONZE, des médailles de bronze d'une médiocre grandeur. — ÊTRE DE MOYEN AGE, être entre deux âges, n'être ni jeune ni vieux. — MOYEN AGE. (Voy. AGE.) — AGE MOYEN, durée moyenne de la vie : *l'âge moyen de l'homme est de trente-trois ans.* — MOYEN AGE, âge intermédiaire de la vie :

> « Un homme de moyen âge,
> Et tirant sur le grison,
> Jugea qu'il était de saison
> De penser au mariage.
>   LA FONTAINE.

— AUTEURS DE LA MOYENNE LATINITÉ, auteurs qui ont écrit depuis le temps de Sévère, ou environ, jusqu'à la décadence de l'empire. — FEMME DE MOYENNE VERTU, femme d'une conduite suspecte, d'une réputation équivoque. — MOYENNE JUSTICE. (Voy. JUSTICE.) — LA MOYENNE RÉGION DE L'AIR, celle qui est entre la haute et la basse : *les météores se forment dans la moyenne région de l'air.* — Log. MOYEN TERME, partie d'un syllogisme qui sert à unir les deux autres, à en prouver la convenance ou la disconvenance. On dit aussi, MOYEN, substantiv. On appelle de même TERMES MOYENS, ou MOYENS, dans une proportion, les deux termes du milieu : *dans toute proportion arithmétique, la somme des extrêmes est égale à celle des moyens.* — MOYEN TERME, parti moyen qu'on prend pour terminer une affaire embarrassante, pour concilier des prétentions opposées : *proposer, prendre un moyen terme.* — TEMPS MOYEN, temps calculé dans la supposition qu'au bout de toutes les vingt-quatre heures le soleil se retrouve exactement au méridien où il était le jour précédent; par opposition à TEMPS VRAI, temps calculé suivant l'heure où le soleil doit se trouver réellement au méridien, un peu plus de vingt-quatre heures avant, ou un peu plus de vingt-quatre heures après l'instant où il y était la veille : *il y a quelques jours dans l'année où le temps moyen s'accorde avec le temps vrai.* — Astron. LIEU MOYEN D'UNE PLANÈTE, lieu où devrait se trouver cette planète si elle n'éprouvait pas de perturbation dans son mouvement. MOUVEMENT MOYEN D'UN ASTRE, celui que l'on considère indépendamment des inégalités qui le rendent plus ou moins prompt. — Mathém. MOYENNE PROPORTIONNELLE GÉOMÉTRIQUE, quantité moyenne entre deux autres, en ce sens qu'elle a avec la seconde a avec elle : *quatre est moyenne proportionnelle entre deux et huit.* — MOYENNE PROPORTIONNELLE ARITHMÉTIQUE, quantité moyenne entre deux autres, qui excède autant la plus petite qu'elle est surpassée par la plus grande. Dans les deux cas, on peut dire simplement, MOYENNE PROPORTIONNELLE ou même MOYENNE. — VERBE MOYEN, verbe qui, dans quelques langues, participe de l'actif et du passif, soit pour le sens, soit pour les terminaisons : *les Grecs avaient des verbes moyens.* On dit de même, VOIX MOYENNE, et AORISTE MOYEN, PARFAIT MOYEN. — ÉCRIRE EN MOYEN, employer une écriture qui n'est ni grosse ni fine, qui est entre les deux. — Statist. VIE MOYENNE, durée moyen de l'existence, chez l'homme, les animaux, etc. : *la vie moyenne de l'homme est d'environ 33 ans.*

* **MOYEN** s. m. Ce qui sert pour parvenir à quelque fin : *c'est un excellent moyen pour réussir.* — PETITS MOYENS, moyens très inférieurs à la fin que l'on se propose : *son caractère le portait à n'employer que les petits moyens.* — LES GRANDS MOYENS, moyens que l'on n'emploie qu'à l'extrémité, quand les moyens ordinaires n'ont pas eu d'effet : *il fallut recourir aux grands moyens.* — LA FIN JUSTIFIE LES MOYENS, maxime par laquelle les hommes peu scrupuleux cherchent à excuser l'emploi de mauvais moyens en vue d'une fin honorable.—Pouvoir, faculté de faire quelque chose : *je ne puis lui rien donner, je n'en ai pas le moyen.*

> Autres sont les moyens de construire et d'abattre.
>   PONSARD. *Charlotte Corday,* acte IV, sc. VII.

— IL N'Y A PAS MOYEN DE FAIRE CELA IL N'Y A PAS MOYEN, la chose dont il s'agit ne se peut faire. On dit dans ce sens, et par manière d'interrogation, LE MOYEN? ou QUEL MOYEN? *vous voulez que je fasse tel chose, le moyen? quel moyen?* — Entremise, aide, assistance, secours : *il a obtenu cet emploi par le moyen d'un tel, par le moyen de ses amis.* — Moyens s. m. pl. Richesses, facultés pécuniaires : *je ne connais pas ses moyens.* — Facultés naturelles, morales ou physiques : *cet orateur aurait un débit plus heureux, s'il savait ménager ses moyens.* — Jurispr. Raisons qu'on apporte pour établir les conclusions que l'on a prises : *présenter, produire ses moyens de sa requête.* — Légis. et Fin. VOIES ET MOYENS, revenus de tous genres que l'État applique à ses dépenses : *on va discuter le budget des voies et moyens.* — Au moyen de, loc. prép. En conséquence de, avec, par : *on lui a donné mille francs, au moyen de quoi il s'est obligé.*

* **MOYENNANT** prép. [moua-iè-nan]. Au moyen de : *je lui remettrai mille francs, moyennant quoi nous serons quittes.*

* **MOYENNE** s. f. [moua-iè-ne]. Mathém. Nombre exprimant la valeur qu'aurait chacune des parties d'une somme, si la somme restant la même, toutes les parties étaient égales entre elles : *faire la moyenne.* — En moyenne, en compensant les différences : *ces bottes de paille pèsent en moyenne 10 kilog.*

* **MOYENNEMENT** adv. Médiocrement : *est-il riche? Moyennement.* (Vieux.)

* **MOYENNER** v. a. Procurer quelque chose par son entremise : *moyenner un accommodement, une entrevue, une réconciliation entre deux personnes.* (Vieux.)

MOYENNEVILLE, ch.-l. de cant., arr. et à 8 kil. S.-O. d'Abbeville (Somme); 700 hab. Ferme-école.

MOYER v. a. (rad. *moye*). Scier suivant la moye : *moyer une pierre.*

MOYETTAGE s. m. Agric. Art ou action de mettre en moyettes.

MOYETTE s. f. Agric. Petite meule provisoire que l'on fait dans les champs après le fauchage, pour empêcher les récoltes de se perdre.

MOYETTER v. a. Agric. Disposer en moyettes.

* **MOYEU** s. m. [moua-ieu] (lat. *modiolus*). Milieu de la roue d'une voiture; gros morceau de bois tourné, où s'emboîtent les rais; et dans le creux duquel entre l'essieu : *les moyeux de deux voitures ont cassé.*

* **MOYEU** s. m. Jaune d'un œuf : *il y a des œufs qui ont deux moyeux.* On dit mieux JAUNE D'ŒUF.

* **MOYEU** s. m. Espèce de prune confite : *un pot de moyeux.*

MOZAMBIQUE (portug., *Moçambique*). I Nom d'une grande étendue de côtes de l'Afrique orientale, occupée par les Portugais : 994,150 kil. carr.; 300,000 hab. environ. Limites : à l'E. le canal de Mozambique; au N. le cap Delgado (10º 41' lat. S.), et au S. la baie de Delagoa (26º lat. S.); à l'O., la frontière n'est pas définie. Le plus grand fleuve est le Zambèse. Climat chaud et malsain. De vastes terrains en culture donnent d'abondantes récoltes de riz et d'autres productions tropicales. Les forêts contiennent des bois précieux d'une grande beauté. Les hippopotames abondent dans les rivières, et fournissent un fin ivoire. Gisements d'or, de cuivre, et d'autres minéraux, non exploités. On recueillait autrefois de l'or par la méthode du lavage. Les vastes plaines de l'intérieur sont habitées par des éléphants, des lions et d'autres animaux sauvages en grand nombre, dont on retire de l'ivoire et des pelleteries. Les chefs indigènes ont l'autorité absolue sur la plupart des points du territoire, et beaucoup d'entre eux sont hostiles aux Portugais, dont le pouvoir effectif ne s'étend nulle part sans interruption sur un rayon de 15 kil. Le roi de Portugal nomme le gouverneur général qui est assisté par un conseil. Les Arabes connaissaient cette côte longtemps avant qu'elle fût découverte par les Européens, et ils l'occupaient lorsque les Portugais la visitèrent pour la première fois en 1498. Ceux-ci avaient, dès 1508, pris pied en divers endroits, et bâti un fort dans l'île de Mozambique. — II. Capitale de ce territoire, petite île de corail près de la terre ferme, par 15º 3' lat. S. et entre 38º 28' long. E.; 7,000 hab. environ. Port excellent et sûr; redoutables fortifications. La population est un mélange d'Indous, d'Arabes et d'Européens. A l'exception du gouverneur et de son personnel, la plus grande partie des colons européens sont des condamnés. Jadis Mozambique fournissait d'esclaves presque tous les marchés du monde; elle en envoyait même aux Antilles. Aujourd'hui, le trafic légitime de la place se fait principalement par des navires arabes.

MOZAMBIQUE (Canal de), passage entre la côte orientale d'Afrique et l'île de Madagascar, entre le 12º et le 25º de lat. S.; long. 1,550 kil. environ; larg. de 400 à 850 kil. A l'entrée du Nord, on trouve les îles Comores.

* **MOZARABE** s. m. (ar. *mustaraba*, étranger.) Nom qu'on donne aux chrétiens d'Espagne venus des Mores et des Sarrasins. — Adj. Se dit de ce qui appartient à leur culte : *missel mozarabe*. Dans cette acception, on dit aussi, MOZARABIQUE.

MOZARABIQUE adj. Voy. MOZARABE.

MOZART [mo-zar; all. mo'-tsartt]. I. (Johann-Georg-Leopold), musicien allemand, né à Augsbourg en 1719, mort en 1787. Il étudia le droit, devint chambellan du comte Thurn, prébendaire de la cathédrale de Salzbourg, musicien de la chambre de l'archevêque Sigismond (1743); quelques années plus tard, compositeur et chef d'orchestre de la cour, et, en 1762, vice-maître de chapelle. Son *Ecole du violon* (1756), le premier ouvrage de ce genre, posa les fondements de la pratique moderne du violon en Allemagne. — II. (Johannes-Chrysostomus-Wolfgang-Amadeus), généralement appelé WOLFGANG, compositeur allemand, fils du précédent, né à Salzbourg le 27 janv. 1756, mort à Vienne, le 5 déc. 1791. A cinq ans, il composait déjà de petites mélodies. Avant d'avoir accompli sa huitième année, il parut dans des concerts, en différentes villes, et étonna les musiciens par son talent sur le clavecin, l'orgue et le violon. En 1764, avec son père et sa sœur, qui n'avait pas 13 ans, et était aussi une remarquable exécutante, il alla de Paris à Londres, où il fut reçu avec enthousiasme. La reine accepta la dédicace de six sonates qu'il avait écrites pour piano et violon, et le public se porta en foule aux concerts où il se montrait sous le nouvel aspect de compositeur de symphonies pour orchestre. Revenu sur le continent, il composa un opéra à l'occasion du mariage d'une princesse autrichienne avec le roi Ferdinand de Naples. En 1769, en Italie, il parut dans les concerts comme chanteur, compositeur et exécutant. Son opéra de *Mitridate, re di Ponto*, fut donné avec succès à Milan en 1770, et suivi d'un autre en 1771. L'archevêque Sigismond nomma Mozart maître des concerts à Salzbourg en 1769, et son successeur, Hieronymus, comte Colloredo, le chassa de ce poste (1771). A l'âge de 24 ans, après s'être démis de ses fonctions à Salzbourg, à la suite de mauvais procédés à son égard, Mozart se trouvait le premier pianiste, un des premiers organistes, et au plus rang des violonistes de l'Europe; il était l'auteur de plus de 200 ouvrages, opéras, messes, symphonies et compositions de tous les genres. Il alla alors successivement à Munich, à Mannheim et à Paris; mais, ne trouvant de position permanente nulle part, il revint à Salzbourg en 1779, et fut fait «maître des concerts et organiste de la cour et de la cathédrale». En 1784, fut représenté l'opéra d'*Idomeneo*, et, en 1782, *Belmont et Constanza* commandé par l'empereur Joseph II. Mozart était déjà depuis quelque temps à Vienne : il y avait accompagné l'archevêque et avait dû, après avoir reçu de grossiers outrages, quitter définitivement son service. En 1786, le *Mariage de Figaro* (libretto par daPonte) eut du succès à Vienne, et en 1787, *Don Giovanni* (libretto également par da Ponte) fut donné à Prague. Mozart revint à Vienne en nov. 1787, et l'empereur ne tarda pas à le nommer un de ses musiciens de la chambre, et, à la mort de Starzer, directeur du grand oratorio, Mozart le remplaça. Il arrangea quatre des ouvrages de Handel : *Acis et Galatée* (1788), *le Messie* (1789), *L'Ode pour la fête Sainte-Cécile* et *Fête d'Alexandre* (1790). Au printemps de 1789, il accompagna dans ses voyages le prince Charles Lichnowsky et donna des représentations à Dresde, à Leipzig et à Berlin. Son *Cosi fan tutte* fut joué le 26 janv. 1790, et était en plein succès lorsque l'empereur mourut. Le nouvel empereur,

Léopold II, hostile aux favoris de son prédécesseur, remercia le compositeur. Mais, en 1791, les magistrats de Vienne le nommèrent adjoint et successeur du maître de chapelle Hoffmann à l'église de Saint-Etienne, le meilleur emploi musical de Vienne, après les maîtrises de chapelles impériales. Peu après, il composa l'opéra *Clemenza di Tito*, sur le texte de Métastase, pour le couronnement de l'empereur à Prague comme roi de Bohême. Le 30 sept. 1791, on représenta pour la première fois à Vienne *La Flûte enchantée*, qui eut un grand succès. La mort surprit Mozart avant qu'il eût fini un *Requiem* qu'on lui avait commandé et que son élève, Süssmaier, acheva. — Mozart a laissé plus de 800 ouvrages pour le piano, dans tous les genres et sous toutes les formes, variations sur un thème simple, ouvrages pour deux pianos, concertos pour orchestre complet, en passant par toutes les compositions intermédiaires ; orchestrations de tout genre, depuis le solo jusqu'à la grande symphonie ; on trouve même dans son œuvre des compositions pour l'harmonica de Franklin et un morceau pour une horloge à musique. Il n'avait pas moins de souplesse dans la musique vocale, allant depuis les chants et les airs appropriés aux différents genres de voix jusqu'à l'opéra et à la musique d'église dans toutes ses formes, telle que l'exige le service catholique romain. Mais ce n'est pas tant le nombre que l'excellence de ses morceaux de composition musicale qui excite l'étonnement. Il devait ces qualités à son génie, sans doute, mais non moins aussi à ses profondes études, que, depuis sa première enfance jusqu'à la fin de sa vie, il n'interrompit jamais. Comme compositeur instrumental, il n'a peut-être eu qu'un supérieur, Beethoven ; mais Beethoven avait perfectionné son génie en étudiant Mozart. Haydn avait développé la forme du quatuor et inventé la grande symphonie. Mozart leur donna un esprit nouveau, et son influence se manifeste dans les dernières œuvres de Haydn. La symphonie en C avec la fugue est la plus grande œuvre qui ait été écrite en ce genre. Comme compositeur d'opéras, Mozart a surpassé tous ses prédécesseurs. La correspondance de Mozart a été publiée par Nohl (nouv. éd. 1870). — La sœur de Mozart, MARIA-ANNA-WALBURGA-IGNATIA, née en 1751, pianiste et professeur de musique, épousa le baron Berchthold et mourut en 1829. — **Karl**, le dernier fils survivant du grand musicien, est mort à Milan en 1858.

MTZENSK, ou Mzensk [mtzennsk], ville de Russie, sur la Zusha, à 60 kil. N.-E. d'Orel ; 14,159 hab. Son principal commerce consiste en produits agricoles.

MUABILITÉ s. f. Caractère de ce qui est muable.

* **MUABLE** adj. (lat. *mutabilis*; de *mutare*, changer). Inconstant, sujet au changement : *il n'y a rien de certain en ce monde, tout est muable*. (Peu us.)

* **MUANCE** s. f. (rad. *muer*). Mus. Changement d'une note en une autre, pour aller au delà des six anciennes notes de musique, soit en montant, soit en descendant : *depuis l'adoption de la note si, qui complète la gamme, on ne se sert plus de muances*.

MUCATE s. m. Chim. Sel produit par la combinaison de l'acide mucique avec une base.

MUCÉDINE s. f. (lat. *mucedo*, moisissure). Chim. Matière azotée et sulfurée, soluble dans l'alcool, qui existe dans le seigle.

MUCÉDINÉ, ÉE adj. Bot. Qui ressemble à une moisissure. — s. f. pl. Groupe de champignons qui renferme les moisissures.

* **MUCHE-PÔT** (À). Voy. MUSS..R.

* **MUCILAGE** (rad. *mucus*). s. m. Substance de nature visqueuse et nourrissante, qui est répandue dans presque tous les végétaux, et qui se trouve en plus grande quantité dans les racines et dans les semences que dans les autres parties.

* **MUCILAGINEUX, EUSE** adj. Qui contient du mucilage : *racine, plante mucilagineuse*. — Anat. GLANDES MUCILAGINEUSES, glandes destinées à filtrer les humeurs visqueuses.

MUCIPARE adj. (fr. *mucus* ; lat. *pario*, je produis). Anat. Qui sécrète du mucus.

MUCIQUE adj. Chim. Se dit d'un acide produit par l'oxydation des gommes, de la dulcite, de la lactose et de la galactose.

MUCIUS SCÆVOLA. Voy. SCÆVOLA.

MUCOSINE s. f. (rad. *mucus*). Chim. Substance parti ulière que l'on trouve dans les sécrétions muqueuses.

* **MUCOSITÉ** s. f. Fluide visqueux que les membranes muqueuses sécrètent, en plus ou moins grande quantité, dans leur état naturel et dans leur état d'irritation : *la mucosité des narines, de l'estomac, des intestins*. — Suc qui n'est ni tout à fait fluide, ni tout à fait visqueux, que contiennent certaines plantes : *cette plante abonde en mucosité*.

MUCOSO-SÉREUX, EUSE adj. (rad. *muqueux* et *séreux*). Chim. Qui tient de la nature du mucilage et de celle de la sérosité.

MUCUS s. m. [mu-kuss] (mot lat. dérivé du gr. *mussô*, pour *muskô*, essuyer). Physiol. Liquide transparent, incolore, et glaireux ou visqueux, sécrété par la surface libre des membranes muqueuses de l'organisme vivant, pour les lubréfier, et, dans le canal intestinal, pour s'ajouter aux liquides digestifs. Le mucus est la sécrétion spéciale de nombreuses petites glandes ou follicules, dont les membranes sont pourvues ; il se compose d'eau combinée avec une petite quantité de sels minéraux, et une variété particulière de matière organique appelée mucosine, qui lui donne sa viscosité.

* **MUE** s. f. [mû] (rad. *muer*) Changement de poil, de plumes, de peau, de cornes, etc., qui arrive aux animaux, ou tous les ans, ou à certaines époques de leur vie : *la mue du cerf, du serpent, des oiseaux, des vers à soie*. — Temps où ces changements se font : *la mue est passée*. — AUTOUR DE TROIS MUES, autour qui a mué trois fois, qui a trois ans. — Dépouille d'un animal qui a mué. Ainsi on appelle la MUE DU CERF, le bois que le cerf a mis bas ; la MUE DU SERPENT, la peau que le serpent a laissée. — Fauconn. Grande cage où l'on met un oiseau quand il mue : *il ne faut pas laisser voler ces oiseaux, il faut les tenir dans la mue*. — Lieu étroit et obscur où l'on tient la volaille pour l'engraisser : *mettre des chapons, des oisons en mue*.

* **MUE** adj. f. Vieux mot qui est le même que MUETTE et qui ne s'emploie que dans cette expression, RAGE MUE, rage où l'animal qui est atteint de cette maladie écume, mais ne crie ni ne mord.

* **MUÉ, ÉE** part. passé de MUER. — OISEAU MUÉ, VOIX MUÉE, oiseau, voix qui a mué.

* **MUER** v. n. (lat. *mutare*, changer). Se dit des animaux quand ils changent de poil, de plumes, de peau, etc : *ce chien, ce chat mue, commence à muer*. — Se dit aussi en parlant des jeunes gens parvenus à l'âge où la voix change et devient plus grave : *sa voix commence à muer*.

* **MUET, ETTE** adj. (lat. *mutus*). Qui est privé de l'usage de la parole, naturellement ou par accident : *ceux qui sont sourds de naissance sont muets*. — Fam. N'ÊTRE PAS MUET, se dit d'une personne qui parle hardiment, ou qui parle beaucoup : *je vous assure qu'il n'est pas muet*. — Se dit également des personnes que la peur, la honte, l'étonnement, ou d'autres causes morales, empêchent momentanément de parler : *il demeura muet d'étonnement.* On dit de même : *sa bouche resta muette.* — Se dit aussi des choses morales, et signifie, qui se tait: *les grandes joies sont muettes aussi bien que les grandes afflictions.* — Se dit encore des choses inanimées qui ont un genre d'expression, de signification : *ses regards, ses présents étaient de muets interprètes de son amour.* — Théâtre. JEU MUET, la partie du jeu d'un acteur, par laquelle il exprime, sans parler, les sentiments dont il doit paraître affecté. SCÈNE MUETTE, action d'un ou de plusieurs personnages qui ne parlent pas, mais qui expriment leurs sentiments par le geste, le maintien, l'air du visage, etc. — Gramm. H MUETTE, celle qui n'est point aspirée, comme dans ce mot, *Honneur*; et, E MUET, l'E féminin, tel qu'il se prononce dans les mots *boire, flamme, crime*, etc. — CONSONNE MUETTE, consonne qui ne peut se faire entendre sans le secours d'une voyelle. — s. *Un muet, une muette.* — pl. Gens attachés au service des sultans, et qui, sans être privés de l'usage de la parole, ne s'expriment jamais que par signes : *le sultan lui envoya les muets, qui l'étranglèrent.* — *La Muette de Portici*, opéra en 5 actes, représenté à Paris (Opéra), le 29 fév. 1828; repris au nouvel Opéra avec une magnificence inouïe en 1879; livret de Scribe et Germain Delavigne; chef-d'œuvre musical d'Auber. Parmi les nombreuses parties qui sont restées populaires, nous citerons l'ouverture, l'air : *Amis, la matinée est belle*; le duo : *Amour sacré de la Patrie* et le *Chœur du marché.*

* **MUETTE** s. f. Ne s'est dit primitivement que d'une petite maison bâtie, soit pour y garder les mues de cerfs, soit pour y mettre les oiseaux de fauconnerie, au temps de la mue. Depuis on a donné ce nom à des pavillons, et même à des édifices considérables, servant de rendez-vous de chasse : *la muette du bois de Boulogne; la muette de la forêt de Saint-Germain.*

* **MUÉZIN** s. m. [mu-è-zain] (ar. *mueddzin*, crieur). Chantre attaché aux mosquées musulmanes et qui du haut des minarets annonce l'heure de la prière, suivant les prescriptions de Koran, à l'aurore, vers midi, un peu après le coucher du soleil et à la tombée de la nuit. Il continue ses appels pendant la nuit pour ceux qui désirent accomplir des dévotions supplémentaires, ajoutant : « La prière vaut mieux que le sommeil ».

MUFFE s. m. Corruption du mot *mufle*. Sot, imbécile.

MUFFETON s. m. (dimin. de *muffe*). Petit mufle, petit sot.

* **MUFLE** s. m. (all. *muffel*, chien à grosses lèvres). Extrémité du museau de certains animaux, comme le bœuf, le taureau, et de certaines bêtes féroces, comme le lion, le tigre : *mufle de taureau, de lion, de léopard, de tigre.* — Se dit aussi des ornements de sculpture qui représentent des mufles d'animaux. — Se dit encore, par dérision, du visage d'un homme qu'on veut injurier : *ce mufle effronté* :

Du meilleur de mon cœur, je donnerais sur l'heure
Les cent plus beaux louis de ce qui me demeure,
Et pouvoir, à plaisir, sur ce mufle asséner
Le plus grand coup de poing qui se puisse donner.
                          Tartufe, acte IV, sc. v.

— MUFLE DE VEAU. (Voy. MUFLIER.) — Jargon. Maçon, grossier personnage.

* **MUFLIER** s. m. (rad. *mufle*, allusion à la forme de la fleur). Bot. Genre de personnées, renfermant plusieurs espèces d'herbes, dont les fleurs terminales présentent l'aspect de deux grosses lèvres. Le *grand muflier (antirrhinum majus*), appelé aussi *gueule de loup, gueule de lion, mufle de veau*, ou *muflier des*

jardins, se trouve dans presque toute la France. Ses grandes fleurs purpurines, en grosses grappes terminales, sont recherchées dans nos jardins. Cette plante a produit un grand nombre de variétés. Le *muflier rubicond (antirrhinum orontium)*, appelé aussi *tête de mort*, est plus petit que le précédent, et porte, à l'aisselle de ses feuilles, des fleurs solitaires rosées et purpurines.

* **MUFTI** ou **Muphti** s. m. (mot. ar.). Le chef de la religion mahométane : *le mufti est le souverain interprète de la loi.* — Docteur de la loi du Koran, qui remplit certaines fonctions religieuses et civiles. Il y en a un dans chaque grande ville de l'empire ottoman. Ses fonctions religieuses consistent à administrer les propriétés de l'église et à veiller à l'observation et à la conservation des rites et de sa discipline. Comme fonctionnaire civil, il rend des décisions dans les questions litigieuses, mais n'a pas le pouvoir de les faire exécuter par la force. Le mufti de Constantinople, ou grand mufti, aussi appelé *sheikh ul-Islam*, chef de l'Islam, est la plus haute autorité religieuse et le grand interprète de la loi. Il est nommé par le sultan et prend rang immédiatement après le grand vizir.

* **MUGE** s. m. (lat. *mugil*). Icht. Genre d'acanthoptérigiens, comprenant des poissons à corps cylindrique, orné de couleurs souvent brillantes et couvert de grandes écailles. Les muges habitent les mers de toutes les parties du monde. On les appelle vulgairement *mulets.* Le *muge gris de l'Europe occidentale (mugil capito*, Cuv.) atteint une longueur de 40 centim. La partie supérieure de son corps est d'un gris sombre, teinté de bleu; les côtés et le ventre sont argentés. C'est un manger très estimé. On le prend dans des filets d'où il essaie de s'échapper en sautant par-dessus les bords. Le *muge gris de la Méditerranée (mugil cephalus*, Cuv.) pèse jusqu'à 5 et 6 kilog.; on le prend au filet

Muge rayé (Mugil lineatus).

en grandes quantités à l'embouchure des fleuves; sa chair est tendre, délicate, de goût fin, et était estimée des anciens. On le mange frais, salé et fumé. Parmi les espèces américaines, le *muge rayé (mugil lineatus*, Mitch.) a 25 centim. Il était tailleur; le dos est d'un brun pourpré, les côtés plus clairs, et l'abdomen d'un gris pâle. C'est un excellent poisson. Le *muge blanc (mugil albula*, Linn.) est généralement d'une couleur blanchâtre, long d'environ 24 centim., charnu et ferme. — MUGE VOLANT ou EXOCET. (Voy. EXOCET.)

MÜGGE (Theodor) [mug'-ghe], écrivain allemand, né à Berlin en 1806, mort en 1861. Il a publié des contes, des romans, et des livres de voyage. Les plus connus sont : *Toussaint* (1840); *Die Schweiz* (1847); et *Afraja* (1854).

MUGGLETON (Ludowick) [meug'-gl'tonn], fanatique anglais, qui fonda avec John Reeve la secte des muggletoniens, né en 1609, mort en 1697. Il était tailleur; en 1651, il proclama que lui et Reeve étaient les « deux derniers témoins » mentionnés dans l'Apocalypse, et armés du pouvoir de prophétiser et de punir les hommes. En 1656, une exposition de ses doctrines parut sous le titre de *The Divine Looking Glass (Le Miroir divin).* Les œuvres de Muggleton ont été recueillies en 1856 et republiées avec celles de Reeve en 1832 (3 vol. in-4°).

MUGILOÏDE adj. (lat. *mugil*, muge; gr. *eidos*, aspect). Icht. Qui ressemble à un muge. — s. m. pl. Onzième famille de poissons, dans l'ordre des acanthoptérigiens de Cuvier. Elle a pour type le genre *muge* qui la constitue seul.

* **MUGIR** v. n. (lat. *mugire*). Se dit proprement du cri du taureau, des bœufs et des vaches : *on entendait mugir les taureaux.* — Se dit, fig., de la voix humaine, quand on la force, et qu'elle approche du mugissement : *cet homme mugissait de colère, de fureur, de rage, de douleur.* — Se dit aussi, fig., du bruit que font les flots de la mer, les vents, les torrents, etc., quand ils sont violemment agités : *le vent mugit dans les voiles; le Vésuve mugit.*

* **MUGISSANT, ANTE** adj. Qui mugit. Se dit au propre et au figuré : *un taureau mugissant; cet homme a la voix mugissante.*

* **MUGISSEMENT** s. m. Cri que font les bœufs, les taureaux et les vaches : *le mugissement des taureaux.* — Fig. Sons et bruits analogues à ce cri : *le mugissement de la mer, des vagues, des flots, des vents, d'un volcan.*

MUGRON, ch.-l. de cant., arr. et à 17 kil. O. de Saint-Sever (Landes), près de la rive gauche de l'Adour; 2,450 hab. Vins, maïs, chanvre, matières résineuses; commerce de laines et de porcs.

* **MUGUET** s. m. [mu-ghè] (du mot *muse*, par allusion à l'odeur de ses fleurs). Bot. Genre de liliacées asparaginées, dont l'espèce principale, le *muguet de mai (convallaria majalis*), est une jolie plante herbacée, vivace, à rhizome grêle, oblique, à petites fleurs suaves, en forme de grelot. (Voy. LIS DES VALLÉES.) — Méd. Muguet ou Aphtes des nouveau-nés. On l'appelle aussi MILLET ou BLANCHET. C'est une affection due au développement d'un parasite végétal, l'*oïdium albicans*. Parfois sporadique, le muguet est souvent épidémique dans les hospices destinés aux enfants trouvés. Il atteint principalement les enfants faibles, mal soignés, et élevés au biberon. La membrane muqueuse de la bouche, d'abord très rouge et très sensible, se couvre de taches pointillées en blanc, assez semblables à de petits fragments de lait caillé. La succion et la déglutition sont très pénibles; le ventre est tendu; il survient de la diarrhée, de la rougeur et des excoriations autour de l'anus; affaiblissement et abattement général. — Le traitement consiste à procurer au malade un air pur, un local salubre et une nourriture propre, saine et forte. A la première période, ou période érythémateuse, il faut surtout éviter à l'enfant le froid et l'humidité, laver fréquemment la bouche avec un tampon de coton, imbibé de miel rosat, combattre la diarrhée avec de très légers lavements à l'amidon, additionnés d'une goutte de laudanum; semer de la poudre de tannin et de lycopode sur les parties excoriées et faire boire un peu d'eau de Vichy. A la deuxième période de la maladie, on emploie, comme collutoires, des acides végétaux, tels que le vinaigre ou le jus de citron mélangés de miel rosat, mais surtout le miel boraté ou une solution de borax. On recommande aussi les toniques et spécialement le sirop de quinquina au Liébig.

* **MUGUET** s. m. Celui qui affecte de se parer avec soin, et d'être galant auprès des dames : *c'est un muguet, un jeune muguet.* (Fam. et peu us.)

* **MUGUETER** v. a. Faire le galant auprès des dames : *il muguette toutes les femmes de son quartier.* — v. n. *Il ne fait que mugueter.* (Fam. et peu us.)

MÜHLBERG [mul'-bèrg], ville de la Saxe prussienne, sur l'Elbe, à 60 kil. S.-E. de Wittenberg; environ 3,500 hab. C'est là que

Charles-Quint mit fin à la guerre de la Ligue de Smalcald en battant et faisant prisonnier l'électeur de Saxe, Jean-Frédéric, le 24 avril 1547.

MÜHLDORF, ville de la haute Bavière, à 75 kil. N.-E. de Munich; 2,000 hab. (Voy. AMPPING.)

MÜHLHAUSEN [mul'-hao-zènn], ville de la Saxe prussienne, sur l'Unstrutt, à 45 kil. N.-O. d'Erfurt; 20,938 hab. Toiles, tissus de laine et cuir. C'était autrefois une ville libre impériale.

MÜHLHEIM-AM-RHEIN (mul'-haïmm-amm-raïnn], ville de la Prusse rhénane, à 3 kil. N. de Cologne; 17,350 hab. Velours, soie et cuirs. Sa prospérité date de l'établissement des protestants qui y vinrent au commencement du XVIIᵉ siècle.

MÜHLHEIM-AM-RUHR, ville de la Prusse rhénane, à 55 kil. N. de Cologne; 15,286 hab. Toiles, tissus de laine et de coton, papier, tabac. On y construit beaucoup de vaisseaux.

* **MUID** s. m. [muï] (sansc. *madhyos*). Certaine mesure dont on se servait autrefois pour les liquides, pour les grains, et pour plusieurs autres matières, comme sel, charbon, plâtre, chaux, etc., et qui était de différent grandeur, selon les différents pays : *un muid de blé, mesure de Paris, tenait douze setiers; un muid de vin tenait deux cent quatre-vingt-huit pintes.* — Part. Vaisseau, futaille qui contient la mesure d'un muid de vin ou de quelque autre liqueur : *percer, défoncer un muid.* — Fam. CET HOMME EST GROS COMME UN MUID, il est fort gros.

MULARD, ARDE adj. (rad. *mulet*). Ornith. Se dit des métis provenant du croisement de diverses espèce de canards. — Substantiv. : *un mulard ; une mularde.*

MULASSE s. f. Jeune mule.

MULASSERIE s. f. Industrie ayant pour objet la production du mulet.

MULASSIER, IÈRE adj. Qui se rapporte à la production des mulets. — Se dit d'une jument employée à la production du mulet : *jument mulassière.*

* **MULÂTRE** adj. Qui est né d'un nègre et d'une blanche, ou d'un blanc et d'une négresse . *un valet mulâtre; une servante mulâtre.* — s. : *un mulâtre; une mulâtre.* Quelques-uns disent au féminin, MULATRESSE. (Voy. NÈGRE.)

* **MULCTER** v. a. (mul-kté) (lat. *mulctare*, infliger une peine). Jurispr. Condamner à quelque peine, punir : *on l'a mulcté.* — Par ext. Maltraiter, vexer : *il a été horriblement mulcté dans cet écrit.* (Vieux et peu us.)

* **MULE** s. f. (lat. *mulleus*). Nom qu'on donnait autrefois aux pantoufles des hommes, et à une chaussure sans quartier dont les femmes se servaient. N'est plus guère usité que lorsqu'il s'agit de la pantoufle du pape, sur laquelle il y a une croix : *baiser la mule du pape.*

* **MULE** s. f. (lat. *mula*). Femelle de même nature que le mulet : *les magistrats et les médecins allaient autrefois sur des mules.* — ETRE FANTASQUE, ÊTRE TÊTU COMME UNE MULE, avoir beaucoup de caprices, beaucoup d'entêtement, d'obstination. — A VIEILLE MULE, FREIN DORÉ, on pare une vieille bête pour le mieux vendre. Se dit aussi, fig. et fam., d'une vieille femme qui aime à se parer. — FERRER LA MULE, profiter sur un achat qu'on fait pour autrui.

MULE-JENNY s. f. Tech. Métier employé dans le filage du coton.

* **MULES** s. f. pl. Sorte d'engelures qui viennent aux talons dans les grands froids: *avoir des mules aux talons.* — Art vétér. MULES TRAVERSIÈRES OU TRAVERSINES, fentes ou crevasses qui se montrent sur le derrière du boulet du cheval, et d'où suinte une sérosité fétide : *ce cheval a des mules dans le paturon.*

* **MULET** s. m. (lat. *mula*, mule). Quadrupède engendré d'un âne et d'une jument, et qui n'engendre point, ou du moins qui ne fait pas race : *le mulet qui provient d'un âne et d'une jument, brait; le mulet qui est né d'un cheval et d'une ânesse, hennit.* — ʌʌ Le produit du cheval et de l'ânesse porte le nom de BARDOT. (Voy. ce mot.) — ETRE CHARGÉ COMME UN MULET, être chargé d'un fardeau très lourd. — ETRE TÊTU COMME UN MULET, être fort opiniâtre. — GARDER LE MULET, attendre longtemps quelqu'un avec ennui et impatience : *j'ai gardé le mulet durant quatre heures dans son antichambre.* — Se dit, en général de tout animal provenu de deux animaux de différentes espèces. — Bot. Se dit, par ext. , de toute plante qui est le produit d'une semence fécondée par la poussière d'une plante d'une autre espèce. — ENCYCL. Le mulet est un animal rustique, robuste, sobre, recherché dans les pays de montagnes comme bête de somme, de trait ou de selle. Aucun autre animal domestique ne peut lui être comparé pour la sûreté du pied et la résistance à la fatigue. Il supporte bien les chaleurs, et, dans les pays méridionaux, on le préfère souvent au cheval et au bœuf. Toutes les contrées où il y a l'âne et le cheval peuvent produire le mulet; mais c'est en France que l'on élève les plus beaux sujets de la race mulassière, et l'industrie du Poitou jouit, sous ce rapport, d'une réputation universelle. L'étalon, que l'on élève avec beaucoup de soin, est un âne de forte race dont le prix varie de 5,000 à 44,000 fr. Ce prix paraît d'abord très élevé; mais quand on pense que cet animal peut produire à son propriétaire 3,000 fr. de saillies et même plus, par an, on comprend que ce prix donne un bon intérêt. Le mulet du Poitou est d'une forte encolure, bien musclé; sa poitrine est ample, ses reins larges, une croupe arrondie, des membres solides, l'œil vif et inquiet, des oreilles un peu longues qui se meuvent avec facilité. Les autres mulets de l'E. de la France sont plus bas et plus trapus; ceux du centre sont élancés, minces et hauts sur jambes. La prospérité de l'élevage du mulet permet à la France d'en exporter dans le midi de l'Europe, surtout en Espagne, en Afrique, en Amérique et jusqu'en Australie. Les mulets algériens sont impropres au trait; aussi, pour les équipages militaires ou les trains d'artillerie, on est forcé d'employer les mulets français qui coûtent fort cher. — *La mule* ou femelle du mulet est plus facile à conduire que celui-ci; on la recherche, en Espagne, comme monture pour les dames.

* **MULET** s. m. Sorte de poisson de mer autrement nommé MUGE. (Voy. ce mot; voy. aussi SURMULET.)

* **MULETIER** s. m. (rad. *mulet*). Conducteur de mulets; valet qui panse les mulets, et qui a soin de les charger et de les conduire : *les muletiers espagnols.*

MULGRAVE (Iles) ou **MILLE** [meul'-grève], groupe d'îles dans la partie méridionale des Radacks, qui forme la portion orientale de l'archipel Marshall ou Mulgrave, dans l'océan Pacifique. Les limites de ce groupe ne sont pas bien déterminées. Quelques-unes des îles qui le composent ne sont que des rochers de corail; d'autres ont une étendue considérable et sont semées de bouquets de cocotiers et d'arbres à pain.

MULHOUSE (all. *Mülhausen*), ville d'Alsace, sur l'Ill, à 62 kil. S.-S.-O. de Strasbourg; 59,000 hab. Importantes manufactures de cotonnades imprimées et de lainages. La ville et son territoire, après avoir appartenu à la Suisse, furent réunis à la France en 1798.

Les Allemands s'en sont emparés en septembre 1870, et en sont encore les maîtres.

MULL [meul], île des Hébrides, dans le comté d'Argyle, en Ecosse. Elle est séparée de la terre ferme par un petit détroit nommé le Sund de Mull, 960 kil. carr.; 6,000 hab. L'île est montagneuse. Elle contient plusieurs villages, dont le plus important est Tobermory, à l'extrémité N.-E.

MÜLLER (Johann). Voy. REGIOMONTANUS.

MÜLLER (Johann-Heinrich-Jakob), physicien allemand (1809-'75). A partir de 1844, il fut professeur des sciences physiques à Freiburg, dans le duché de Bade. Son principal ouvrage, *Lehrbuch der Physik und Meteorologie* (7ᵉ éd., 1868-'69, 2 vol.), ne fut primitivement qu'une traduction des *Eléments de Physique* de Pouillet. Il a donné un supplément, sous le titre de *Lehrbuch der Kosmischen Physik* (3ᵉ éd., 1872).

MÜLLER (Johannes), physiologiste allemand (1801-'58). Il fut nommé, en 1826, professeur de physiologie et d'anatomie à Bonn, et, en 1833, professeur d'anatomie à Berlin. On lui doit la fondation de l'école physico-chimique qui éleva la physiologie du rang de science spéculative au rang de science positive. Il a laissé une centaine d'ouvrages, dont le plus important est intitulé : *Handbuch der physiologie* (1833).

MÜLLER (Johannes von), historien suisse, (1752-'1809). Il professa le grec à Shaffhouse de 1772 à 1774, et à Cassel de 1781-'83. De 1786 à 1807, il servit à différents titres l'électeur de Mayence, l'empereur d'Allemagne et le roi de Prusse. Après l'occupation de Berlin par les Français, il vit ses amis s'éloigner de lui, à cause de sa soumission à Napoléon et de son acceptation d'un emploi que lui conféra le roi Jérôme de Westphalie. Son ouvrage le plus connu est *Die Geschichte der schweizerischen Eidgenossenschaft* (1780-1805, 5 vol.), qui s'arrête en 1489. Il a été continué jusqu'à la fin du XVIᵉ siècle par Glutz-Boltzheim (1816) et par J.-J. Hottinger (1825-'29), et en français, jusqu'au XIXᵉ siècle, par Monnard et Vulliemin (*Histoire des Suisses*, 1837-'51, 19 vol.). On cite ensuite des *Vierundzwanzig Bücher allgemeiner Geschichte* (*Vingt-quatre livres d'histoire générale*, 1811, 3 vol.). La collection de ses œuvres forme 40 vol. (1831-'35).

MÜLLER (Karl-Otfried), archéologue allemand (1797-1840). En 1819, il devint professeur à Gœtthingue. Il mourut d'une fièvre contractée en surveillant des fouilles à Delphes, et il fut inhumé à Athènes, près de l'emplacement de l'académie de Platon. On a de lui : *Geschichte hellenischer Staemme und Staedte* (3 vol.); *Prolegomena zu einer wissenschaftlichen Mythologie; Handbuch der Archaeologie der Kunst*, et une *Histoire de la littérature grecque.*

MÜLLER (Otto - Frederik), naturaliste danois, né en 1730, mort en 1784. Frédéric V le chargea de continuer la *Flora* du Danemarck, et il ajouta deux volumes aux trois qu'avait publiés Oeder depuis 1761. Dans sa *Vermium Terrestrium et Fluviatilium succincta Historia* (1773-'74, 2 vol. in-4°), il classa pour la première fois les infusoires en genres et en espèces. Ses *Hydrachnæ in Aquis Daniæ Palustribus detectæ et descriptæ* (1781) et ses *Entomostraca* (1785) décrivent un grand nombre de petits êtres auparavant inconnus.

MÜLLER (William-John), peintre anglais (1812-'45). Ses tableaux représentant Athènes, Memnon, et des paysages d'Asie, ne furent appréciés qu'après sa mort, époque où 300 de ses esquisses rapportèrent la somme de 4,360 livres sterling.

* **MULOT** s. m. (lat. *mus, muris*, souris). Mamm Espèce de rat, qui vit dans les bois,

les forêts et les champs, qui est un peu plus gros que la souris et qui a un pelage brun fauve en dessus et blanc en dessous. Le *mulot* (*mus sylvaticus*) mesure environ 125 millim. de long. Il habite des terriers et devient souvent un fléau pour l'agriculture. La femelle fait chaque année trois ou quatre portées de 9 à 10 petits. Ces animaux font, pour l'hiver, de nombreuses provisions de fruits, de glands, de châtaignes, de grains, de noisettes, etc. Quand ils ont tout ravagé autour d'eux, ils émigrent par bandes extrêmement nombreuses. — MULOT A COURTE QUEUE, nom vulgaire du *campagnol*. — GRAND MULOT. (Voy. SURMULOT.)

MULSION s. f. (lat. *mulsio*; de *mulgere*, traire). Action de traire une femelle.

MULSO (Eester) [meul'-so]. Voy. CHAPONE.

MULSUM s. m. [mul-semm] (mot latin). Vin mêlé de miel, que les Romains buvaient au commencement du repas.

* **MULT** ou Multi, mot latin qui signifie *beaucoup* et qui sert de préfixe pour former un certain nombre de mots composés.

MULTA PAUCIS [-siss], expression latine qui signifie : *beaucoup de choses en peu de mots.*

MULTICAPSULAIRE adj. (préf. *multi*; fr. *capsulaire*). Bot. Qui a plusieurs capsules.

MULTICARÉNÉ, ÉE adj. (préf. *multi*; fr. *carène*). Moll. Qui est muni d'un grand nombre de côtes saillantes.

MULTICAUDE adj. (préf. *multi*; lat. *cauda*, queue). Bot. Qui a de nombreux prolongements en forme de queue.

MULTICAULE adj. (préf. *multi*; lat. *caulis*, tige). Bot. Qui a de nombreuses tiges.

* **MULTICOLORE** adj. (préf. *multi*; lat. *color*, couleur). Qui réunit plusieurs couleurs. — w Ornith. Espèce de roitelet.

MULTICORNE adj. (préf. *multi*; fr. *corne*). Zool. Qui a beaucoup de cornes ou de tentacules.

* **MULTIFLORE** adj. (préf. *multi*; lat. *flos*, *floris*, fleur). Bot. Qui a plusieurs fleurs.

* **MULTIFORME** adj. (préf. *multi*; fr. *forme*). Qui a plusieurs formes ou figures. (Peu usité.)

* **MULTINÔME** s. m. (préf. *multi*; gr. *nomos*, division). Algèb. Grandeur exprimée par plusieurs termes que joignent les signes *plus* ou *moins*. Il est peu usité; on dit plus ordinairement et mieux, polynôme.

MULTIPLE adj. (préf. *multi*; lat. *plicare*, plier). Arith. Se dit d'un nombre qui en contient un autre un certain nombre de fois exactement: *neuf est multiple de trois.* — S'emploie quelquefois, dans le langage de la conversation, par opposition à *simple*, à *unique*: *la question est multiple, elle a beaucoup de faces différentes.* — s. m. Neuf est un des multiples de trois.

MULTIPLEMENT adv. D'une façon multiple.

* **MULTIPLIABLE** adj. Qui peut être multiplié: *tout nombre est multipliable.*

* **MULTIPLICANDE** s. m. Arith. Nombre à multiplier par un autre: *dans la multiplication de quatre par trois, quatre est le multiplicande.*

* **MULTIPLICATEUR** s. m. Arithm. Nombre par lequel on en multiplie un autre: *dans la multiplication de quatre par trois, trois est le multiplicateur.*

MULTIPLICATIF, IVE adj. Qui multiplie; qui concourt à multiplier.

* **MULTIPLICATION** s. f. Augmentation en nombre: *multiplication des êtres, des espèces, des hommes.* — Particul. Opération d'arith-

métique par laquelle on répète un nombre appelé *multiplicande* autant de fois qu'il y a d'unités dans un autre nombre appelé *multiplicateur*. Le résultat de cette opération se nomme *produit*: *le produit de la multiplication de trois par quatre est douze.* — La multiplication est la troisième règle de l'arithmétique. Son signe est × (multiplié par) que l'on place entre les quantités à multiplier. Quelquefois ce signe est remplacé par un simple point (·). Quand tous les facteurs d'un produit sont égaux entre eux, comme 4 × 4 × 4, le produit devient la *puissance* de ce facteur. Le nombre des facteurs égaux se nomme *degré* ou *exposant de la puissance*, et, par abréviation, on écrit 4³, au lieu de 4 × 4 × 4. — Pour multiplier un nombre d'un seul chiffre par un autre nombre d'un seul chiffre, on se sert de la table de Pythagore. — Pour multiplier un nombre de plusieurs chiffres par un nombre d'un seul chiffre, on écrit le multiplicateur au-dessous du multiplicande et l'on souligne. On multiplie ensuite successivement, en allant de droite à gauche, chacun des chiffres du multiplicande par le multiplicateur; on écrit au-dessous de la ligne les chiffres des unités de chaque produit partiel, et l'on retient les dizaines pour les ajouter au produit suivant. Si le multiplicateur était formé d'un chiffre suivi d'un ou de plusieurs zéros, on multiplierait le multiplicande par ce chiffre, et l'on écrirait à droite du produit autant de zéros qu'il y en a dans le multiplicateur. — Pour multiplier deux nombres quelconques on écrit le multiplicateur au-dessous du multiplicande et l'on souligne On multiplie le multiplicande successivement par chacun des chiffres du multiplicateur, en ayant soin d'écrire le premier chiffre de chaque produit partiel immédiatement sous le chiffre du multiplicateur qui l'a fourni. On termine en faisant la somme des produits partiels. Lorsqu'il y a des zéros entre les chiffres du multiplicateur, on les passe en observant de placer leur rang qui leur convient les unités de produit qui résulte du chiffre multiplicateur placé à la gauche de ces zéros. Lorsque le multiplicande et le multiplicateur sont terminés par des zéros, on multiplie les chiffres significatifs les uns par les autres, et l'on ajoute à la droite du produit autant de zéros qu'il y en a tant dans le multiplicande que dans le multiplicateur. — La preuve de la multiplication se fait en divisant le produit par l'un des deux facteurs; le quotient doit être l'autre facteur. — Pour multiplier un nombre décimal par un nombre entier ou deux nombres décimaux l'un par l'autre, on opère comme pour les nombres entiers, sans tenir compte des virgules, en ayant soin au produit total de retrancher autant de chiffres décimaux qu'il y en a dans les deux facteurs. — Pour multiplier une fraction par un nombre entier, on multiplie son numérateur par ce nombre et on donne au produit le dénominateur de la fraction; ex.: ¹⁄₂ × 8 = ⁸⁄₂ = 4 ⁴⁄₂. — Pour multiplier une fraction par une autre, on multiplie numérateur par numérateur et dénominateur par dénominateur; ex.: ¹⁄₂ × ¹⁄₄ = ¹⁄₈ = ¹⁄₈. — Pour multiplier un nombre entier par une fraction, on multiplie ce nombre entier par le numérateur et on divise le produit par le dénominateur; ex.: 3 × ¹⁄₂ = ³⁄₂ = 2 et ⁴⁄₂.

* **MULTIPLICITÉ** s. f. (lat. *multiplicitas*). Nombre considérable et indéfini: *la multiplicité des lois est une des causes de la multiplicité des procès.*

* **MULTIPLIER** v. a. Augmenter le nombre, la quantité d'une chose: *c'est une maxime de la philosophie, qu'il ne faut pas multiplier les êtres sans nécessité.* — Arithm. Répéter un nombre autant de fois qu'il y a d'unités dans un autre nombre donné: *multiplier dix par*

quatre. — v. n. Augmenter en nombre par voie de génération: *Dieu dit: Croissez et multipliez; les lapins multiplient beaucoup.* — Se multiplier v. pr. S'accroître, s'augmenter: *les plantes se multiplient par les semences, les marcottes et les boutures.* — Par exag. IL SE MULTIPLIE, IL A LE DON DE SE MULTIPLIER, se dit d'un homme fort actif, qui semble être en plusieurs lieux à la fois.

* **MULTITUDE** s. f. (lat. *multitudo*). Grand nombre: *multitude innombrable d'hommes, d'animaux, de livres.* — Absol. Se dit d'un grand nombre d'hommes: *tout Paris était à cette fête, je n'ai jamais vu si grande multitude.* — Le peuple, le vulgaire: *les opinions, les caprices de la multitude.*

* **MULTIVALVE** adj. (préf. *multi*; fr. *valve*). Hist. nat. Se dit des coquilles composées de plusieurs pièces ou valves: *les coquilles multivalves.* — s. f.: *les multivalves.*

MUMMIUS (Lucius) [mumm-miuss], général romain du II° siècle av. J.-C. Il fut préteur en 454, avec un commandement dans l'Espagne ultérieure, et consul en 146; il défit les Achéens et entra dans Corinthe qui fut pillée et brûlée. Cette grande victoire, qui acheva la conquête de la Grèce, valut à Mummius le surnom d'Achaïcus. En 142, il était censeur, avec Scipion, le second Africain.

MÜNCHENGRÆTZ, village de Bohême, à 11 kil. N. d'Iung-Bunzlau, sur la rive gauche de l'Isar; 3,000 hab. Ce village fut pris par le prince prussien Frédéric-Charles, le 28 juin 1866, après un sanglant combat qui coûta aux Autrichiens 300 tués et 1,000 prisonniers.

MUNDA (auj. *Monda*), ancienne ville d'Espagne, dans la Bétique. Victoires de Cneius Scipion sur les Carthaginois (216 av. J.-C.) et de Jules César sur les fils de Pompée (17 mars 45).

MUNGO-PARK. Voy. PARK.

MUNICH [mu-nik] (all. *München*), capitale de la Bavière et de la province de Bavière supérieure, sur l'Isar, à 500 kil. S.-S.-O. de Berlin; 195,000 hab., la plupart catholiques romains. Il y a la vieille et la nouvelle ville, et huit faubourgs, dont cinq sur la rive gauche, et trois sur la rive droite de l'Isar. On compte près de 20 *squares* dans la ville. Les églises modernes sont les plus intéressantes, surtout la chapelle de Tous-les-Saints, la chapelle royale, la *Ludwigskirche*, et l'église byzantine, ou basilique de Saint-Boniface, qui est la plus grande et la plus belle de toutes. Le pénitencier, ou la grande prison, ressemble à une manufacture où se feraient tous les métiers. L'université, fondée à Ingolstadt en 1472, transférée à Landshut en 1800, a été installée à Munich en 1826. Depuis, elle a conquis de la célébrité par tout le monde, particulièrement sous Maximilien II (1846-64), grâce à Liebig et à d'autres. Pendant l'hiver de 1874-'75, elle comptait 1,145 étudiants, et 143 professeurs. De l'université, qui occupe un édifice neuf et imposant, relève la fameuse bibliothèque royale ou publique, qui ressemble à un palais du moyen âge, contient 900,000 volumes et 22,000 manuscrits. La bibliothèque de l'université a 230,000 volumes. L'académie des sciences possède de riches collections. On vient de construire un nouvel édifice pour l'académie des beaux-arts, qui comprend le musée Schwanthaler et d'autres musées. La glyptothèque, ou galerie de sculpture, se compose de 12 salles; la 3°, pleine d'antiquités éginètes, est particulièrement fameuse par les marbres découverts en 1841, et restaurés par Thorwaldsen. La pinakothèke, ou galerie de peinture, est encore plus vaste; elle contient environ 4,300 tableaux, disposés d'après les écoles dans 9 salles et 23 compartiments. Le cabinet des

estampes contient environ 300,000 pièces.
Au N., est la nouvelle pinakothèque, divisée
en deux étages et en 52 salles, et consacrée
surtout aux productions contemporaines. Le
nouveau palais royal est un agrandissement
magnifique et merveilleux de l'ancien. Sa
portion la plus intéressante est le *festsaalbau*.
Le *musée national bavarois*, terminé en
1866, a environ 500 pieds de long et 95 de
haut. Munich possède plus d'édifices pour
l'exposition des peintures modernes, qu'aucune autre ville de son importance; le plus
grand est celui qu'on appelle le palais

Glyptothèque de Munich.

de cristal, dans l'ancien jardin botanique.
Parmi les portes de la cité se trouvent le
Siegesthor (porte de la Victoire), sur le modèle de l'arc de triomphe de Constantin, et
le *Propylæum*, arc triomphal, dans le vieux
style dorique. La célèbre *Ruhmeshalle* (salle
de la Renommée), qui s'élève sur une hauteur dans les Theresienwiese, se compose d'un
grand portique dorique en marbre de Bavière,
formant trois côtés d'un quadrangle et laissant un côté ouvert; au centre se dresse la
statue colossale en bronze de la Bavière, par
Schwanthaler. Les monuments publics les

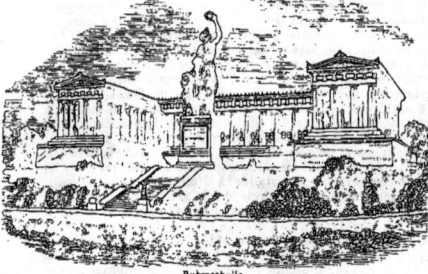
Ruhmeshalle.

plus magnifiques sont : la statue équestre de
Louis I", dans le square de l'Odéon, et celle
de Maximilien II, élevée en 1874. L'Opéra,
les concerts de l'Odéon et d'autres lieux, le
Conservatoire et école royale de musique
comptent parmi les meilleurs de l'Allemagne.
En 1874, Munich avait près de 200 établissements industriels, dont les plus remarquables
sont les brasseries, les fonderies royales de
bronze, les verreries, les fabriques de porcelaine, et celles de machines et d'instruments
d'optique et de précision. Le grand article
de commerce est le grain, et il y a deux
grandes foires annuelles. Le trafic s'est beaucoup accru par la jonction qui se fait à Munich
des lignes de chemin de fer allant à Paris, à
Vienne et en Italie. — Munich doit son nom

à un établissement de moines (Mœnche), mentionnés pour la première fois au XII° siècle ;
Henri le Lion éleva la villa Municha au rang
de cité importante (1158). Cette ville devint
la résidence des ducs de la maison de Wit-
telsbach. Elle fut reconstruite après avoir été
incendiée en 1327. Maximilien I" l'agrandit
et l'embellit (1820). Son fils, Louis I" (1825-
'48, mort en 1868), lui donna l'aspect d'une
capitale. Sous Maximilien II, on traça la magnifique rue et l'on construisit le pont dus au
ce prince. Sous le roi actuel,
Louis II, on commença, en 1874 un palais-
musée sur le modèle de
celui de Versailles. —
En 1632, Gustave-Adol-
phe tint Munich pen-
dant quelque temps et
cette ville fut occupée
par Moreau en 1800 et
par Napoléon en 1805.
Elle est devenue le cen-
tre du mouvement vieux
catholique.

MUNICHOIS, OISE s.
et adj. De Munich; qui
appartient à cette ville
ou à ses habitants.

• **MUNICIPAL, ALE,
AUX** adj. (rad. *munici-
pium*, municipe). Qui
appartient, qui a rap-
port à une communau-
té d'habitants formant
une municipalité : *lois municipales*. — Se dit
aussi des magistrats, des fonctionnaires qui
administrent une commune, une ville ou une
portion de ville : *les officiers municipaux; le
conseil municipal*. On l'emploie quelquefois
substant. : LES MUNICIPAUX. — Législ. « Nous
avons déjà parlé des fonctions attribuées aux
conseils municipaux. (Voy. COMMUNE, CONSEIL.
Voy. aussi MAIRE). La loi du 5 avril 1884 a
apporté quelques modifications aux lois que
nous avons résumées. La liste électorale municipale est aujourd'hui la même que la liste
électorale politique. (Voy. LISTE.) La nouvelle
loi décide que le préfet
ne peut suspendre un
conseil municipal pen-
dant plus d'un mois, et
que la dissolution ne
peut être prononcée que
par un décret motivé,
rendu en conseil des
ministres. En cas de
dissolution d'un conseil
municipal ou de démis-
sion de tous ses mem-
bres, et lorsqu'un nou-
veau conseil ne peut être
constitué, il est rem-
placé provisoirement,
non plus par une com-
mission municipale,
mais par une *délégation
spéciale*, nommée par
le président de la Ré-
publique; cette délégation est composée
de trois membres, dans les communes dont
la population ne dépasse pas 35,000 âmes,
et de sept au plus dans les autres. Le
décret qui l'institue en nomme le président.
Les pouvoirs de cette délégation sont limités
aux actes de pure administration conservatoire et urgente; ces pouvoirs expirent dès
qu'un nouveau conseil municipal est nommé,
et il doit être procédé à cette élection
dans le délai de deux mois à dater de la
dissolution ou de la dernière démission.
Les conseils municipaux sont convoqués par
les maires, lorsque ceux-ci le jugent utile,
pendant la durée des quatre sessions ordinaires annuelles, ou hors session, et aussi
lorsque cette convocation est demandée par

la majorité du conseil; le maire est seulement tenu de donner, à l'avance, au sous-
préfet, avis des réunions et de leur objet. Les
séances des conseils municipaux sont publiques, en exécution de la nouvelle loi ; mais,
sur la demande de trois membres ou du
maire, le conseil décide, sans débats, s'il se
formera en comité secret. Les conseils municipaux ont le droit de nommer des commissions permanentes, pour instruire les affaires
qui leur sont renvoyées. Le contrôle de
l'autorité supérieure sur les décisions des
conseils municipaux a été légèrement amoindri. Enfin, lorsque plusieurs communes possèdent des droits indivis, un décret institue
une commission syndicale composée de délégués des conseils municipaux des communes
intéressées, lesquels délégués sont élus par
chaque conseil, et cette commission, présidée
par un syndic élu par les délégués, délibère suivant toutes les règles établies pour les conseils
municipaux. Toutefois, les attributions de ladite commission syndicale ne comprennent
que l'administration des biens et droits indivis et l'exécution des travaux qui s'y rattachent. La loi du 5 avril 1884 a formellement
abrogé un grand nombre de dispositions
législatives antérieures qu'elle a reproduites
ou remplacées, notamment la loi du 18 juillet 1837, celle du 5 mai 1855, et celle du 24
juillet 1867, sauf en ce qui concerne l'établissement des tarifs généraux d'octroi, et en ce
qui concerne la ville de Paris dont l'organisation spéciale doit faire l'objet d'une loi
particulière. La loi du 5 avril 1884 est applicable, sous quelques réserves, aux communes
de plein exercice de l'Algérie et aux communes des colonies de la Martinique, de la
Guadeloupe et de la Réunion; les autres colonies restent soumises au régime des décrets
spéciaux ».   (CH. Y.)

MUNICIPALEMENT adv. Selon les formes
municipales.

MUNICIPALISER v. a. Soumettre au régime municipal.

MUNICIPALISME s. m. Système de gouvernement basé sur l'administration municipale.

• **MUNICIPALITÉ** s. f. Le corps des officiers municipaux : *on fit assembler la municipalité*. — La commune, le territoire administré par des magistrats municipaux : *il est
de telle municipalité*. — La maison où les
officiers municipaux tiennent leurs séances
et ont leurs bureaux : *il est allé chercher à la
municipalité l'acte de naissance de son fils*. —
Législ. « Le mot municipalité était employé
autrefois pour signifier la commune elle-
même. La Constitution de 1793 donnait ce
nom au corps des officiers municipaux de
la commune (art. 81); et la Constitution de
l'an III le donna à son tour à la réunion des
agents municipaux des communes d'un canton (art. 480). Le Code civil (art. 104, 361) se
sert du mot municipalité pour désigner l'administration municipale d'une commune, et
c'est dans ce sens restreint qu'il est le plus
souvent employé. (Voy. MAIRE.) »   (CH. Y.)

• **MUNICIPE** s. m. (lat. *munus*, charge; *capere*, prendre). Titre que portaient les villes
du Latium et de l'Italie, dont les habitants
participaient au droit de bourgeoisie romaine, sans qu'elles cessassent de former
des cités à part.

MUNIFICE s. m. (lat. *munus*, charge; *facere*, faire). Antiq. Soldat qui, ne jouissant
d'aucune exemption, remplissait toutes les
corvées.

• **MUNIFICENCE** s. f. (lat. *munus*, charge;
facere, faire). Vertu qui porte à faire de
grandes libéralités : *on doit cet hospice à la
munificence d'un simple particulier*.

MUNIFICENT, ENTE adj. Qui montre de la
munificence.

* **MUNIR** v. a. (lat. *munire*). Garnir, pourvoir des choses nécessaires pour la défense ou pour la nourriture : *munir une ville de vivres ou de provisions de bouche.* — **Se Munir** v. pr. Se pourvoir de choses nécessaires : *se munir de bonnes pièces pour la défense d'un procès.* — Fig. **Se munir de patience, de résolution, de courage,** se préparer à soutenir avec patience, avec courage, tout ce qui peut arriver.

* **MUNITION** s. f. Provision des choses nécessaires dans une armée ou dans une place de guerre. S'emploie surtout au pluriel : *munitions de guerre ; la place était pourvue de munitions de guerre et de bouche.* — **Pain de munition,** pain que l'on distribue aux soldats pour leur nourriture : *les soldats eurent ordre de prendre du pain de munition pour trois jours.* — **Fusil de munition,** fusil de gros calibre, qui est l'arme ordinaire des soldats d'infanterie, et auquel s'adapte une baïonnette.

* **MUNITIONNAIRE** s. m. Celui qui est chargé de fournir les munitions nécessaires à la subsistance des troupes : *munitionnaire général.*

MUNITIONNER v. a. Approvisionner de munitions.

MUNK (Salomon), orientaliste français, né de parents juifs, dans la Silésie prussienne en 1805, mort en 1867. Il fit ses études à Berlin, à Bonn et à Paris, et il fut conservateur-adjoint des manuscrits orientaux à la bibliothèque royale de Paris, de 1840 à 1852. En 1865, étant complètement aveugle, il fut nommé professeur d'hébreu, de chaldaïque et de syriaque au collège de France. Il a écrit, entre autres ouvrages, *Palestine, Description géographique, historique et archéologique* (1845), et il a publié une édition de la *Moreh nebukhim* de Maimonide, avec une traduction française et des notes (1856-'66, 3 vol.).

MUNKACS [mounn'-kàtch], ville de la Hongrie, dans le comté de Bereg, sur la Latorcza, à 110 kil. E.-S.-E. de Kaschau ; 9,000 hab. Sa forteresse a soutenu plusieurs sièges. C'était autrefois une prison d'État autrichienne. Les patriotes occupèrent la place en 1848-'49.

MÜNNICH (Burkhard - Christoph, comte) [munn'-nich), officier russe, né en Danemark, dans le duché d'Oldenbourg, en 1683, mort en 1767. Il était fils d'un paysan anobli par Frédéric le Grand. Pierre le Grand l'employa aux travaux du canal de Ladoga ; plus tard il devint feld-maréchal et président du conseil d'État. De 1736 à 1739, commandant en chef contre les Turcs, il remporta de grandes victoires. Biron, qu'il avait fait nommer régent de l'empire, par l'impératrice Anna Ivanovna, étant devenu trop indépendant, il le fit arrêter et remplacer nominalement par la princesse Anna Carlovna, tandis qu'il gouvernait comme premier ministre. Mais celle-ci ayant voulu détruire les effets de sa coalition avec la Prusse, il lui donna sa démission au mois de mai 1741. A l'avènement d'Elisabeth, en décembre, il fut arrêté et condamné à mort ; mais il fut envoyé en Sibérie. Pierre III le rappela en 1762, et, sous Catherine II, il fut directeur général des ports de la Baltique.

MUÑOZ (Fernando) [mou-nyozz], duc de Rianzares, époux de Marie-Christine, reine douairière d'Espagne, né vers 1808, mort en 1873. C'était un simple soldat de bonne mine dans les gardes des corps royaux, lorsqu'il gagna la faveur de la reine, qu'il épousa secrètement en 1833, peu après la mort de son mari, Ferdinand VII. Le mariage public fut célébré en 1844, et Muñoz fut créé duc de Rianzares ; plus tard, Louis-Philippe le fit duc de Montmorot.

MUNSEES, **Monseys** ou **Minsis** {mounn-

siss], tribu d'Indiens d'Amérique qui résidaient autrefois sur la haute Delaware et sur le Minisink. Des empiètements successifs les repoussèrent vers l'ouest ; ils s'allièrent aux Français à Niagara, mais sir William Johnson les gagna aux Anglais. Pendant la Révolution, la plus grande partie de la tribu se retira à Sandusky et s'allia aux Anglais. En 1808, un certain nombre d'entre eux s'établirent sur le territoire Miami à White River. Quelques années plus tard, ils s'unirent aux Indiens Stockbridge près de Green Bay. En vertu d'un traité, passé en 1839, la plupart des Munsees se retirèrent dans le Kansas. Aujourd'hui ils sont à peu près éteints.

MÜNSTER [meunns'-teur] (anc. *Mumhan*), la plus grande et la plus méridionale des quatre provinces de l'Irlande, limitée par le Connaught, le Leinster et l'océan Atlantique ; 24,543 kil. carr. ; 1,390,402 hab. C'est à l'O. de cette province que se trouvent les plus hautes montagnes de l'Irlande. Les trois quarts du territoire sont des terres labourables, mais un quart seulement est cultivé. Principaux cours d'eau : le Suir, le Blackwater, le Lee, le Bandon, le Cashen, le Maigue et le Fergus. Les principaux lacs sont ceux de Killarney. Le Münster possède peut-être le plus considérable dépôt d'anthracite des îles Britanniques. Le cuivre abonde le long de la côte méridionale. La province comprend les comtés de Clare, de Cork, de Kerry, de Limerick, de Tipperary et de Waterford. — Münster était anciennement le plus puissant des cinq royaumes irlandais, et les souverains gouvernèrent parfois l'île toute entière. Sa capitale était Cashel.

MÜNSTER, ville de Prusse, capitale de la Westphalie, sur la petite rivière Aa, à 420 kil. N.-N.-E. de Cologne ; 36,000 hab. L'université catholique qui s'y trouvait a été remplacée en 1848 par celle de Bonn, et est devenue un établissement d'enseignement secondaire. La cathédrale date du XIIIe siècle. Manufactures de cuir, de lainages, de toile et de sucre. Au XIIIe siècle, Münster entra dans la Ligue Hanséatique. La réformation y fut introduite en 1532, et, de 1533 à 1535, elle fut aux mains des anabaptistes. (Voy. Anabaptistes.) C'est à Münster que se signa le traité de Westphalie, qui mit fin à la guerre de Trente ans. L'archevêque avait autrefois le titre de prince de l'empire.

MUNTJAC s. m. [meun-tjak]. Nom de plusieurs variétés de chevreuils des Indes orientales, qui semblent former la transition entre les *cervidés* proprement dits et le cerf musqué. Ces quelques espèces habitent les forêts et les jungles des régions élevées de l'Inde et de l'archipel Indien, où on les chasse pour leur chair excellente. Le muntjac commun

Muntjac commun (*Cervulus vaginalis*).

ou kijang (*cervulus vaginalis*, Gray) est d'un brun rougeâtre foncé, avec les parties inférieures plus claires ; il a environ 2 pieds 1/6 de hauteur à l'épaule. Il se nourrit principa-

lement d'une espèce de canne à sucre et de plantes malvacées et succulentes. Il est très agile et très rapide et, dans sa fuite, décrit généralement des cercles.

MUNYCHIE, anc. *Pacha-Limani* ou *Stratiosiki*, l'un des trois ports de l'ancienne Athènes, entre ceux du Pirée et de Phalère. (Voy. Athènes.)

MUNZER ou **Montzer**, mystique allemand, né vers 1490, décapité en mai 1525. Il était pasteur à Zwickau (Saxe) quand il forma, avec un tisserand nommé Storch, qui prétendait avoir des révélations, une société religieuse dont l'influence devint en peu de temps si considérable, que plusieurs membres furent emprisonnés. En 1523, Münzer fut nommé curé à Allstaedt (Thuringe). Il fut le premier à substituer l'allemand au latin dans les offices ; il insista sur l'administration publique du baptême aux enfants, et prétendit renverser la hiérarchie et le despotisme. Le fanatisme de ses adeptes leur fit commettre des actes de violence que blâma Luther. Münzer, ayant quitté Allstaedt en 1524, écrivit un violent pamphlet contre l'auteur de la réforme. L'année suivante, il se mit à la tête du soulèvement des paysans en Thuringe. (Voy. Guerre des paysans.) On le fit prisonnier à Frankenhausen le 15 mai 1525 ; après avoir subi la torture, il fut condamné à mort avec les principaux chefs de cette insurrection.

MUNZINGER (Werner) ou **Munzinger Pacha** [mounn'-tsing-eur], voyageur suisse, né en 1832, mort en 1875. En 1852, il s'établit marchand en Égypte, et, pendant près de six années, explora le Bogos et les territoires avoisinants. En 1862, il succéda à Heuglin comme chef de l'expédition allemande en Afrique et pénétra jusqu'au Kordofan. En 1864-'65, il était consul d'Angleterre et de France à Massouah, et en 1868, il rendit de grands services comme guide de l'armée anglaise pendant la guerre d'Abyssinie. En 1870, il visita, avec le capitaine Miles, la côte S.-E. de l'Arabie, et, à son retour, fut nommé gouverneur pour l'Égypte de Massouah et de Souakim. Il occupa la province abyssinienne de Bogos avec les troupes égyptiennes en 1872, et établit la paix sur la frontière. Il fut assassiné sur la route du Shoa. On a de lui : *Sitten und Recht der Bogos* (1859) ; *Ostafrikanische Studien* (1864), et *Die deutsche Expedition in Ostafrika* (1865).

* **MUPHTI** s. m. Voy. **Mufti.**

* **MUQUEUX, EUSE** adj. (rad. *mucus*). Anat. Méd., etc. Qui a ou qui produit de la mucosité : *glandes muqueuses.* — **Membrane muqueuse,** nom des membranes qui tapissent certaines cavités du corps humain. On dit, par abréviation, **La muqueuse de l'estomac, des intestins,** etc. (Voy. Membrane.) — **Fièvre muqueuse,** celle dont la cause est l'irritation des membranes muqueuses, qui sécrètent en abondance un fluide visqueux. (Voy. Typhoïde.)

* **MUR** s. m. (lat. *murus*). Ouvrage de maçonnerie, qui sert à enclore quelque espace, à le séparer d'un autre, ou à le diviser : *fermer un passage par un mur ; il tomba et donna de la tête contre le mur.* — **Les gros murs d'un bâtiment,** ceux qui en forment l'enceinte, et qui portent les combles, les voûtes, etc. — **Mur de face,** gros mur qui forme l'une des principales faces d'un bâtiment. On appelle par opposition **Mur latéral,** celui qui forme l'un des côtés. — **Mur de pignon,** mur qui s'élève jusqu'au-dessous du toit, le supporte, et en a la forme. — **Mur de refend,** celui qu'on élève entre les gros murs, pour diviser l'intérieur du bâtiment. **Mur a refends.** (Voy. Refend.) — **Mur de parpaing,** mur formé de pierres qui en traversent l'épaisseur. — **Mur de clôture,** mur qui enferme extérieurement une cour, un jardin, un parc, etc. : *franchir un mur de clôture*. — Mur d'appui, mur qui n'est qu'à hauteur d'appui, qui n'est élevé que d'un mètre environ. — Murs d'un jardin, d'un parc, les murs qui enferment un jardin, un parc. — Mur de terrasse, mur qui retient les terres d'une plateforme, d'une terrasse, d'un jardin, d'un boulevard, etc. — Murs d'une ville, les murs qui entourent une ville : *les murs de cette ville sont flanqués de grosses tours*. Dans ce sens, on dit quelquefois Murs, absolument : *cette église est hors des murs*. Se prend quelquefois pour ville : *depuis quand êtes-vous dans nos murs?*

> J'ai vu mon père mort et nos murs embrasés.
> J. Racine. *Andromaque*, acte III, sc. vi.

— C'est se donner la tête, c'est donner de la tête contre un mur, c'est tenter une entreprise dans laquelle il n'est pas possible de réussir. — Prov. et par exag. On tirerait plutôt de l'huile d'un mur, se dit en parlant d'un homme dur, dont on ne peut rien obtenir. — Cet homme tirerait de l'huile d'un mur, par son adresse et son industrie, il tirerait de l'argent, des secours, d'où les autres n'en pourraient jamais tirer. — Les murs ont des oreilles, quand on s'entretient de quelque chose de secret, il faut parler avec beaucoup de circonspection, de peur d'être écouté : *parlons bas, les murs ont des oreilles*. — Mettre quelqu'un au pied du mur, le mettre hors d'état de reculer, et le forcer à prendre un parti; le mettre dans l'impossibilité de répliquer. — Mur de séparation, mur d'airain, se dit des causes qui divisent deux personnes, et empêchent qu'elles ne puissent se rapprocher, se réunir : *il y a un mur de séparation, un mur d'airain entre ces deux hommes*. — J'ai abattu le mur de séparation qui s'était élevé entre eux, je les ai rapprochés, réunis. — Mines. Se dit de la partie inférieure, par opposition à la partie supérieure qui se nomme Le Toit.

* Mûr, ûre adj. (lat. *maturus*). Se dit des fruits de la terre, et signifie, qui est arrivé à un certain point de développement, qui le rend propre à être cueilli ou mangé : *blés, épis, raisins mûrs*. — Se dit aussi du vin, quand il n'a plus de verdeur, et qu'il est bon à boire : *ce vin sera bientôt mûr, n'est pas encore mûr*. — Fig. Cet abcès est mûr, il est près de crever, de percer, ou il est temps de l'ouvrir. — Cet habit est mûr, est bien mûr, il est vieux, usé, facile à déchirer. — Cette affaire est mûre, n'est pas encore mûre, il est temps, il n'est pas encore temps d'y travailler, de s'en occuper, ou de la terminer. — Cette fille est mûre, il y a longtemps qu'elle est en âge d'être mariée. — C'était un fruit mûr pour le ciel, se dit, dans le langage mystique, d'une personne pieuse qui est morte jeune. On dit de même, Etre mûr pour l'éternité. — Age mûr, âge qui suit la jeunesse. Homme mûr, esprit mûr, homme, esprit sage, posé, réfléchi. — Après mûre délibération, délibération où tout a été examiné avec beaucoup d'attention : *après une mûre délibération, après mûre délibération, la chose a été décidée ainsi*. — Prov. et fig. Entre deux vertes, une mûre, entre deux choses mauvaises, une bonne : *il allègue plusieurs excuses, entre deux vertes, une mûre*. — Il faut attendre à cueillir la poire qu'elle soit mûre, il ne faut point précipiter une affaire, et l'on doit attendre qu'elle soit en état d'être faite, d'être conclue, etc. — La poire est mûre, la poire n'est pas mûre, l'affaire dont il s'agit est arrivée, n'est pas arrivée au moment précis où il convient que l'on s'en occupe, qu'on songe à la terminer.

Mûr, ch.-l. de cant., arr. à 22 kil. O. de Loudéac (Côtes-du-Nord); 2,500 hab.

* Muraille s. f. [ll mll.]. Mur. Se dit surtout des murs épais et d'une certaine élévation : *un pan de muraille*. — Se dit, particul.,

des constructions de ce genre qui servent de clôture, de défense, de rempart à une ville, à un château, ou même à un pays : *les murailles d'une ville, d'une forteresse*. — Cette muraille pousse, elle bombe et menace ruine. — Escr. Tirer a la muraille, pousser de tierce et de quarte à quelqu'un qui ne fait que parer. On dit mieux Tirer au mur. — Fam. Un habit couleur de muraille, un habit d'une couleur obscure. — Fam. Enfermer quelqu'un entre quatre murailles, le mettre en prison. — Il n'y a que les quatre murailles, se dit d'une maison, d'un appartement, où il n'y a point de meubles. — Fig. Etre comme une muraille devant l'ennemi, se dit d'une troupe en bataille que l'ennemi ne peut entamer, ni faire reculer. — Mar. Se dit de l'épaisseur des bords d'un navire, membres et bordages compris : *un boulet s'était logé dans la muraille du vaisseau*. — pl. Se dit quelquefois, dans le style soutenu, pour ville : *ce fleuve serpente autour de nos murailles*.

> Dois-je oublier Hector privé de funérailles,
> Et traîné sans honneurs autour de nos *murailles* ?
> J. Racine, *Andromaque*, acte III, sc. viii.

— Art milit. En muraille, se dit d'un corps d'armée qui forme une ligne continue sans aucun intervalle.

Muraillement s. m. Action de murailler.

Murailler v. a. Elever une muraille.

* Mural, ale adj. (rad. *mur*). N'est guère usité que dans les locutions suivantes : — Couronne murale, couronne qu'on donnait, chez les Romains, à ceux qui dans un assaut avaient monté les premiers sur les murs de la ville assiégée. — Cercle mural, instrument astronomique qui est fixé à un mur. — Cartes murales, cartes de grande dimension qui s'appliquent aux murs ou qui sont gravées sur les murs. — Plantes murales, plantes qui croissent sur les murs.

Murat, ch.-l. d'arr., à 50 kil. N.-E. d'Aurillac (Cantal); par 45° 6' 44'' lat. N. et 0° 31' 54'' long. E.; 3,000 hab. Etoffes de dentelles communes; tanneries; fromages, mules. Curieux rocher conique de Bonnevie, formé de hautes colonnes prismatiques, présentant l'aspect d'un jeu d'orgues. Eglise Notre-Dame-des-Oliviers. Cette ville formait autrefois une vicomté que François Ier réunit à la couronne en 1532. Richelieu fit abattre le château fort.

Murat, ch.-l. de cant., arr. à 62 kil., de Castres (Tarn); 2,760 hab.

Murat (Joachim), homme de guerre et roi de Naples, né à la Bastide, près Cahors (Lot), le 25 mars 1771, mort le 13 octobre 1815. Il était fils d'un aubergiste. Ordonné sous-diacre à Cahors, la dissipation de sa vie lui fit quitter l'Eglise; il s'enrôla, parvint au grade d'officier, se fit casser, fut garçon de café, reprit du service, et finalement devint aide-de-camp de Bonaparte en Italie. Blessé à plusieurs reprises en Egypte, il contribua à la victoire du Mont Tabor, conduisit l'assaut de Saint-Jean-d'Acre, reçut une nouvelle blessure à Aboukir et fut fait général de division. Le 18 brumaire, il commandait les grenadiers, qui dispersèrent le Conseil des Cinq-Cents, et il reçut en récompense le commandement en chef de la garde consulaire et la main de Caroline Bonaparte. A Marengo, il était à la tête de la cavalerie; en 1804, il entra dans Naples et s'empara de l'île d'Elbe. Il fut nommé gouverneur de la République cisalpine, puis gouverneur de Paris (1804), et envoyé au Corps législatif. A l'établissement de l'Empire, il fut fait maréchal et prince. Il eut une grande part dans les succès de 1805 en Allemagne, et il commandait la cavalerie à Austerlitz. En 1806, il fut créé grand-duc de Berg et de Clèves. Ses talents se déployèrent d'une manière frappante à Iéna, à Eylau, à Friedland, et plus

encore dans la manière dont il sut profiter de ses victoires. Après avoir commandé l'armée qui envahit l'Espagne, il succéda à Joseph Bonaparte, le nouveau roi d'Espagne, sur le trône des Deux-Siciles (1er août 1808), sous le nom de Joachim-Napoléon. Il organisa une armée forte de 70,000 hommes, augmenta la flotte, et inaugura des réformes. Il prêta l'oreille aux ouvertures que lui faisaient les adversaires de Napoléon, particulièrement l'Autriche; mais il n'osa pas désobéir à l'ordre de l'empereur, qui l'appelait à prendre le commandement général de la cavalerie pour la campagne de Russie. A Borodino, il soutint le feu des Russes pendant toute la journée; mais il eut le dessous à Vinkovo, le 18 octobre 1812. Lorsque, après le désastreux passage de la Bérésina, Napoléon revint précipitamment en France, Murat se montra peu capable de le remplacer. Le 16 janvier 1813, il abandonna soudainement l'armée, et retourna à Naples, où il reprit ses intrigues avec les ennemis de Napoléon. Il le suivit pourtant dans la campagne de 1813, où il cueillit de nouveaux lauriers à Dresde et à Leipzig. De retour en Italie, il signa, le 11 janvier 1814, un traité avec l'Autriche, qui lui garantissait son royaume, à condition qu'il se réunirait aux alliés avec 30,000 hommes. Il força le vice-roi d'Italie, Eugène Beauharnais, à battre en retraite sur l'Adige. Mais ses nouveaux alliés l'ayant abandonné et le congrès de Vérone ayant décidé sa déchéance, il chercha l'appui des patriotes Italiens, se rallia à Napoléon revenant de l'île d'Elbe, et commença ses opérations contre les Autrichiens. Cependant les combats et les désertions détruisirent son armée; les Napolitains se soulevèrent; il s'enfuit en France, mais n'obtint pas de prendre part à la bataille de Waterloo. Plus tard, à la tête d'un petit corps expéditionnaire parti de Bastia, il fit une tentative malheureuse pour recouvrer Naples (28 septembre). Il aborda près de Pizzo, le 8 octobre 1815; mais il fut pris, traduit devant une cour martiale, et fusillé dans la nuit du 13 au 14 octobre. — La biographie de Murat a été écrite par Galloix (1828). *Son* fils aîné, Napoléon-Achille (né en 1704, mort en 1847), s'établit à la Floride, et épousa une petite-nièce de Washington. Il a écrit sur les institutions américaines. Le plus jeune, Napoléon-Lucien-Charles-Joseph-François (né en 1803), épousa aux Etats-Unis une institutrice, miss Frazer. Il revint en France et fut élu en 1848 à l'Assemblée constituante et à l'Assemblée législative. Envoyé diplomatique à Turin en 1849, sénateur en 1852, il devint prince de la famille impériale en 1853. En 1870, il fut fait prisonnier à Metz avec Bazaine. Son fils aîné, Joseph-Joachim-Napoléon (né en 1834), fut colonel français (1866-72), et prit ensuite du service au service d'armée suédoise.

Murato, ch.-l. de cant., arr. à 26 kil. S.-O. de Bastia (Corse); 4,050 hab.

Muratori (Ludovico-Antonio) [mou-ra-to'-ri], érudit italien, né en 1672, mort en 1750. Il a publié des passages choisis de manuscrits latins et grecs qu'il avait découverts pendant qu'il était directeur de la bibliothèque Ambroisienne. En 1700, il devint archiviste et bibliothécaire en chef à Modène. La meilleure collection de ses ouvrages, qui traitent surtout des antiquités, de l'histoire et de la littérature italienne, a paru à Venise en 48 vol. (1790-1840).

Muravieff [mou-rav-yèf] vieille famille de Russie. I. (Mikhaïl), né en 1757, mort en 1807. Précepteur des grands-ducs Alexandre et Constantin, puis ministre de l'instruction. Ses écrits ont été recueillis en 8 vol. (1810-'15). — II. (Nikolaï), né en 1768, mort en 1840. Il servit pendant les campagnes de 1812 et de 1813, et conclut la capitulation de Dresde avec le général Dumas. Il avait fondé une école militaire particulière près de Moscou, laquelle fut élevée au rang d'institution impériale en 1816, et dont il fut le directeur jusqu'en 1829. — III. (Nicolaï), fils du précédent, né vers 1794, mort en 1866. Il servit dans le Caucase, dans la guerre de Perse de 1828, et dans la campagne de Pologne de 1831. En 1838, il tomba en disgrâce pour avoir, dans un combat simulé, fait prisonnier l'empereur Nicolas et son état-major. En 1848, il fut de nouveau revêtu de hautes charges, et, en 1855, nommé gouverneur de la Transcaucasie. Il entra dans Kars le 27 nov., après un siège de près de six mois, et fut créé prince. Il a publié une relation de ses voyages dans le khanat de Khiva (1822). — IV. (Mikhaïl), frère du précédent, né en 1796, mort en 1866. Il devint en 1842 directeur en chef des corps topographiques, passa à l'exploration de la Sibérie comme président de la société géographique, et améliora l'agriculture comme président de l'administration des apanages. En 1863, il fut nommé gouverneur général de Wilna, où il déploya une rigueur peu commune à comprimer les Polonais. — V. (Alexandre), fils du premier des Nikolaï mentionnés ici, né en 1792, mort en 1864. Impliqué dans le mouvement révolutionnaire de 1825, il fut exilé en Sibérie. En 1853, il rentra dans l'armée, et, en 1855, fut fait gouverneur de Nijni Novgorod. Il prit une part active à l'émancipation des serfs. — Dans la branche connue sous le nom de Muraviefl-Apostol, ainsi appelée à cause d'un mariage avec la fille de l'hetman cosaque Apostol, on trouve le diplomate Ivan (né en 1769, mort en 1851), qui a traduit en russe l'*Ecole de la médisance* (*School for scandal*) de Sheridan, les *Satires* d'Horace, et les *Nuées* d'Aristophane. Il a aussi laissé une relation de ses explorations scientifiques en Tauride. Son fils *Sergeï* se fit remarquer dans la conspiration de 1825, en proclamant le grand-duc Constantin empereur et en s'emparant de la ville de Vasilkov. Il y fut défait le 15 janvier 1826, et exécuté le 25 juillet. Son frère Ippolit, fut tué, et un autre banni en Sibérie.

MURCHISON (sir Roderick-Impey) [mortchi-seunn], géologue anglais, né en Ecosse en 1792, mort en 1871. Après avoir fait campagne contre Napoléon, il prit sa retraite en 1825, avec le grade de capitaine de dragons, et se consacra dès lors aux sciences naturelles. Il explora les *Highlands* de l'Ecosse, accompagna Lyell dans son voyage aux régions volcaniques de l'Auvergne, et se livra, avec Adam Sedgwick, à un examen systématique des roches fossilifères de l'Angleterre et du pays de Galles. Il visita encore la Russie méridionale, les monts Oural, et une partie de l'Allemagne. Directeur de l'inspection géologique de la Grande-Bretagne depuis 1855, il fut fait baronet en 1846. Il fut l'un des fondateurs de la Société royale géographique. Outre deux ouvrages sur la géologie de la Russie, on a de lui *Silurus*, exposition du système silurien (1854), une carte géologique de l'Europe (1856) et une carte géologique de l'Ecosse, dressée en collaboration avec Geikie (1861). Il combattit la théorie de l'évolution de Darwin. Archibald Geikie a publié sa vie (1874, 2 vol.).

MURCIE. I. Ancien royaume de la péninsule hispanique, au S.-E., borné par l'Andalousie, la Nouvelle-Castille, Valence, et la Méditerranée; 17,063 kil. carr.; 660,040 hab. environ. Le pays est généralement montagneux. Principales chaînes : la Sierra de Sagra, la Sierra d'Alcaraz et la Sierra de Segura. Principaux cours d'eaux : la Segura, le Mundo et la Sangonera. Plomb, argent, soufre et salpêtre. Le climat y est doux; la neige et la glace y sont presque inconnues. La Murcie fut conquise par les Mores en 741. En 1239, elle forma un royaume moresque indépendant;

mais elle ne tarda pas à être réunie à la Castille. En 1833, elle a été divisée en deux provinces : Murcie et Albacete. Le principal port est Carthagène. — II. Province comprenant la partie méridionale de l'ancien royaume, bornée au S.-E. par la Méditerranée; 11,597 kil. carr.; 439,067 hab. Arrosée par la Segura. Une grande partie du sol est stérile. — III. Ville capitale de la province de ce nom, sur la Segura, à 330 kil. de Madrid; environ

Murcie.

110,000 hab. (y compris les faubourgs). Elle se trouve presque au centre de la belle vallée appelée Huerta de Murcia. Elle était jadis fortifiée. C'est la résidence de l'évêque de Carthagène. Faïences, cuirs, toiles grossières, soies en fil et en tissus, paniers, nattes, cordages et sandales. Elle fut fondée par les Mores, et se soumit aux Espagnols en 1243.

MURCIEN, IENNE s. et adj. De la Murcie; qui appartient à ce pays ou à ses habitants.

MUR-DE-BARREZ, ch.-l. de cant., arr. à 60 kil. N. d'Espalion (Aveyron); 1,650 hab.

* **MÛRE** s. f. Le fruit du mûrier : *mûres noires*. — MÛRE SAUVAGE, le fruit de la ronce, qui ressemble à la mûre du mûrier.

MURE (La), ch.-l. de cant., arr. et à 38 kil. S. de Grenoble (Isère); 3,500 hab.

* **MURÉ, ÉE** part. passé de MURER. — Fig. LA VIE PRIVÉE DOIT ÊTRE MURÉE, ce qui se passe dans la vie privée ne doit pas être livré à la publicité.

* **MÛREMENT** adv. N'est en usage qu'au figuré, et signifie, avec beaucoup de réflexion, d'attention : *après avoir mûrement délibéré, considéré, examiné.*

* **MURÈNE** s. f. (lat. *muræna*). Icht. sous-genre d'anguilles, caractérisé par l'absence de nageoires pectorales, et par des ouïes réduites à deux petits trous qui donnent issue à l'eau. La murène commune (*muræna helena*), très répandue dans la Méditerranée, atteint environ 1 m. de long; sa robe est marbrée de brun sur un fond jaune; sa morsure est souvent cruelle. Les anciens faisaient un grand cas de cette espèce d'anguille qu'ils élevaient dans de magnifiques viviers. On a souvent rappelé l'histoire de Vedius Pollio, courtisan d'Auguste, qui faisait jeter aux murènes ses esclaves coupables de quelque faute, pour donner plus de délicatesse à la chair de ces poissons.

* **MURER** v. a. (rad. mur). Entourer de murailles : *cette ville n'était autrefois qu'un village, on l'a murée depuis peu de temps.* — Boucher une porte ou une fenêtre avec de la maçonnerie : *murer une porte, une fenêtre.*

MURE-SUR-AZERGUE (La). Voy. LAMURE.

MURET, *Muretium,* ch.-l. d'arr., à 20 kil.

S.-O. de Toulouse (Haute-Garonne), au confluent de la Louge dans la Garonne; par 43°27'4" lat. N. et 4°0'4" long. O.; 4,000 hab. Filatures de laines, eaux-de-vie; commerce de grains, vins, etc. — Célèbre bataille du 12 sept. 1263, dans laquelle 40,000 Albigeois, commandés par le comte de Toulouse, furent vaincus par Simon de Montfort. Pierre d'Aragon, allié des Albigeois, resta parmi les morts.

MURET (Marc-Antoine), *Muretus,* humaniste, né à Muret, près Limoges, le 12 avril 1526, mort à Rome le 4 juin 1585. Le pape Grégoire XIII le surnomma *le flambeau et la colonne de l'Ecole romaine.* Il fut le précepteur de Montaigne. Arrêté sous l'inculpation d'avoir des mœurs dépravées, il parvint à se faire rendre la liberté et se retira à Rome, où il reçut le droit de cité, ce qui fit dire à Théodore de Bèze. « Pour un penchant contre nature, Muret a été chassé de France et de Venise; et pour le même penchant, il a été fait citoyen romain ». Ses *OEuvres* (Vérone, 1727-'30, 5 vol. in-8°; et Leyde, 1789, 4 vol. in-8°), comprennent des *Lettres* d'une latinité remarquable.

MURET (Pierre), littérateur, né à Cannes, vers 1630, mort vers 1690. Il entra chez les oratoriens et se rendit célèbre comme prédicateur. Il a laissé : *Cérémonies funèbres de toutes les nations* (Paris, 1675); *Traité des festins des anciens* (Paris, 1682), etc.

MURET (Théodore-César), littérateur français, né à Genève en 1808, mort à Soisy-sous-Etiolles en juillet 1866. Il entra à la rédaction de plusieurs journaux royalistes de Paris, donna des comédies spirituelles, qui furent jouées à la Comédie-Française, à l'Odéon, à la Porte-Saint-Martin, etc.; publia différents romans royalistes, parmi lesquels nous citerons : *Jacques le Chouan* (1833, in-8°); *Le Chevalier de Saint-Pons* (1834, 2 vol. in-8°): *Mademoiselle de Montpensier* (1836, in-8°), etc. Il a laissé des brochures sur Bonchamps, Cathelineau, La Rochejacquelein, Charette, Cadoudal, etc.; une *Histoire de l'armée de Condé* (1844, in-8°); une *Histoire des guerres de l'Ouest* (1848, 5 vol. in-8°). Son meilleur ouvrage est l'*Histoire par le théâtre* (1865; 3 vol. in-18). Il a donné aussi une *Histoire de Paris* (1837, in-18; 2° édit., 1851).

MUREUX, EUSE adj. Destiné à la construction des murs: *pierre mureuse.*

* **MUREX** s. m. [mu-rèkss]. Mot emprunté du latin, dont on se sert pour désigner différentes espèces de coquilles univalves, hérissées de pointes : *on ne connaît qu'une espèce de murex d'où les anciens tiraient la pourpre.*

MURFREESBORO [meur'-friss-bo-ro], ville située presque au centre de l'état du Tennessee (Etats-Unis), à 50 kil. S.-E. de Nashville ; 4,000 hab., dont la moitié de couleur. Commerce de coton et de grains. C'est aux environs de Murfreesboro que se tient la grande foire centrale du Tennessee. Cette ville fut un des théâtres de la lutte entre les unionistes et les sécessionnistes en 1862 et 1863. Du 26 déc. au 4 janv. le général confédéré Bragg y résista contre les forces du général Rosecrans, devant lequel il dut à la fin se retirer, après avoir perdu environ 10,000 hommes. Cette bataille, une des plus sanglantes de la guerre, est connue sous le nom de bataille de *Stone River.*

MURGER (Henri) [mur-jèrr], écrivain, né à Paris en 1828, mort dans la même ville le 28 janv. 1861. Son père, concierge et tailleur, ne lui fit donner qu'une instruction primaire. Au sortir de l'école, Murger entra comme secrétaire chez le comte Tolstoï. Après 1848, il perdit cet emploi, et s'étant brouillé avec son père, il se retira dans une mansarde. Il écrivit dans différents journaux, mena une vie précaire, et donna : *Scènes de la vie de Bohème* (1848); la *Vie de Bohème*, comédie en 5 actes, prose, en collaboration avec Théodore Barrière (1851); *Le bonhomme Jadis*, comédie en un acte, prose (1852); *Claude et Marianne* (1852); *Le Pays latin*; *Madame Olympe*; *Les vacances de Camille*; *Le dernier Rendez-vous* (1852); *Adeline Protat* (1853); *Les Buveurs d'eau* (1854); *Scènes de la vie de jeunesse* (1855). Ses œuvres poétiques ont été réunies sous le titre de *Nuits d'hiver*. Un tombeau lui a été élevé par souscription au cimetière Montmartre.

* **MURIATE** s. m. Chim. Nom générique des sels neutres formés par la combinaison de l'acide muriatique avec une base alcaline, terreuse ou métallique : *muriate d'antimoine, de baryte, de chaux.* On dit maintenant HY-DROCHLORATE ou CHLORHYDRATE. — MURIATE DE soude, le sel marin.

MURIATÉ, ÉE adj. Minér. Se dit d'une base combinée avec l'acide muriatique.

* **MURIATIQUE** adj. m. Chim. Se dit d'un acide connu autrefois sous le nom d'*acide marin,* et qui entre dans la composition du sel commun : *acide muriatique.* On dit aujourd'hui ACIDE CHLORHYDRIQUE.

MURIATIQUE (Acide). Voy. ACIDE HYDRO-CHLORIQUE.

MÛRIER s. m. (lat. *morus*). Bot. Genre de morées, comprenant plusieurs espèces d'arbres et d'arbrisseaux à suc laiteux, dont les fruits appelés *mûres* sont une réunion de petites baies charnues. Le *mûrier noir* (*morus nigra*), probablement originaire de Perse, est connu depuis une très haute antiquité, et on pense que c'est lui que les Ecritures appellent *mûrier.* Il est très vivace, mais il atteint rarement plus de 10 mètres de haut.

Mûrier noir (Morus nigra).

Sa cime est large et étalée; son tronc est couvert d'une écorce noirâtre; ses fruits présentent l'aspect de grosses framboises; leur saveur est agréablement sucrée. Il fut introduit en Angleterre au XVIe siècle, et, en France, un peu plus tard. Ses fruits mucilagineux sont employés à la fabrication de boissons rafraîchissantes et d'un sirop contre les inflammations de gorge. Ses feuilles servent quelquefois à l'alimentation des vers à soie. Son bois ne sert guère que pour le chauffage. Le *mûrier blanc* (*morus alba*), originaire de Chine, fut introduit en Europe en 1534 et s'y est facilement acclimaté. On le recherche parce que ses feuilles servent de nourriture ordinaire aux vers à soie. La première grande pépinière française de mûriers fut établie par F. Traucat, jardinier à Nîmes, en 1564. Henri IV et Colbert contribuèrent à la propagation de ce précieux végétal. Sa variété, à fruits noirs, le *mûrier multicaule* (*morus alba multicaulis*), appelé vulgairement *mûrier des Philippines, mûrier Perrottet* ou *mûrier Philibert,* originaire de Chine, et introduit en France par Perrottet en 1821, a été, pendant quelque temps, préféré au véritable mûrier blanc. Le *mûrier rouge* (*morus rubra*) de l'Amérique du Nord, est un grand et bel arbre qui atteint jusqu'à 25 mètres de haut, avec une cime large et touffue. Ses feuilles, rugueuses en dessus, sont douces, cotonneuses et blanchâtres en dessous. Ses fruits, d'abord rouges, deviennent noirâtres à leur maturité. Cet arbre produit un bel effet dans nos jardins paysagers. Son bois jaunâtre, d'un joli grain, reçoit un beau poli. — Le *mûrier à papier* appartient au genre broussonetia, qui est de la même famille. On en a décrit trois espèces, mais ce sont probablement trois formes de la même espèce (*broussonetia papyrifera*), qui croît, à l'état sauvage, au Japon, en Chine, et dans plusieurs îles du Pacifique. C'est un petit arbre de 8 à 10 mètres de haut. Les Japonais le cultivent pour leurs provisions de matières premières servant à la fabrication du papier. Ils préparent l'écorce des jeunes branches en râclant tous les corps étrangers et en faisant bouillir cette écorce dans une lessive jusqu'à ce que les fibres se séparent. Ils la battent ensuite avec des verges de bois; et ils mélangent la pulpe ainsi obtenue avec du mucilage. Ils versent le tout sur des châssis ou sur des formes et le font sécher. Ce papier, employé par les graveurs pour leurs fumés, est également préparé avec cette écorce. Dans les îles de la mer du Sud, l'écorce du mûrier à papier sert à fabriquer le *tapa* dont on emploie à la place du drap.

MURILLO (Bartholomé-Estéban) [mou-ri'-lyo], peintre espagnol, né à Séville en 1618, mort le 3 avril 1682. Après avoir étudié sous son oncle Juan de Castille et s'être essayé seul, il alla en 1643 à Madrid, où Velasquez le reçut dans son académie. De retour à Séville en 1645, il peignit pour un couvent franciscain 11 grands tableaux, dans la première des trois manières que l'on reconnaît d'ordinaire dans ses œuvres et qu'on appelle *frio*; elle se caractérise par une couleur sombre et des contours accusés. Vers 1648, il adopta sa seconde manière, *calido,* chaude, plus riche de couleur, dont un des premiers exemples est le *Saint Antoine de Padoue,* de la cathédrale de Séville, qui eut la tête coupée et volée en 1874; on la retrouva l'année suivante en Amérique. En 1660, Murillo prit part à la fondation d'une académie d'art à Séville, et il en fut le président jusqu'à sa mort. C'est à cette époque qu'appartiennent ses quatre grandes peintures demi-circulaires, dont deux sont à l'académie de Séville, et les deux autres à celle de Madrid. Ce sont de magnifiques œuvres dans sa troisième manière, qu'on appelle *vaporoso.* Soult enleva cinq morceaux d'une série célèbre exécutée pour un hospice. Trois d'entre eux sont maintenant en Angleterre, un en Russie et un à Séville. Parmi ses autres peintures célèbres, on peut citer *La charité de saint Thomas de Villeneuve* et la *Vierge à la serviette,* que l'on dit avoir été peinte sur une serviette. On a appelé Murillo le peintre des Conceptions, à cause du grand nombre de fois qu'il traita ce sujet et de la prédilection qu'il y apportait. Son *Immaculée Conception,* achetée à la collection Soult en 1852 pour le Louvre, au prix de 635,000 fr., est la plus admirée de toutes. Ses paysans et ses mendiants sont fameux. Un grand nombre de tableaux de ce genre, donnés comme étant de lui, sont apocryphes. Murillo mourut d'une chute qu'il fit en peignant les *Fiançailles de sainte Catherine,* dans l'église des Capucins, à Cadix. Murillo était essentiellement un peintre religieux, et il excella comme coloriste.

* **MÛRIR** v. n. (rad. mûr). Devenir mûr : *les raisins mûrissent en automne.* — v. a. Rendre mûr : *le soleil du midi mûrit les fruits.* — Se dit, fig., des choses et des personnes, tant au neutre qu'à l'actif : *il faut laisser mûrir cette affaire.*

* **MURMURANT, ANTE** adj. Qui murmure : *une source murmurante ;*

Le mur murant Paris rend Paris murmurant.

MURMURATEUR, TRICE. Qui a l'habitude de murmurer : *peuple murmurateur.*

MURMURATION s. f. Murmure.

MURMURE s. m. (lat. *murmur*). Bruit sourd et confus de plusieurs personnes qui parlent en même temps, ou qui font entendre des sons inarticulés en signe d'improbation ou d'approbation : *quel murmure est-ce que j'entends?* — Bruit et plaintes que font des personnes mécontentes. Dans ce sens il s'emploie surtout au pluriel : *le nouvel impôt a excité de grands murmures.*

Toute la Grèce éclate en murmures confus.
J. RACINE, Andromaque, acte Ier, sc. Ier.

— Se dit quelquefois de la plainte sourde d'une seule personne : *il apprit sa disgrâce sans se permettre la moindre plainte, le moindre murmure.* — Fig. LE MURMURE DU CŒUR, LE MURMURE DES PASSIONS, le mouvement secret des passions contraintes ou contrariées : *il eut bien de la peine à étouffer les murmures de son cœur.* On dit, dans le même sens, LES MURMURES DU SANG, LES MURMURES DE LA VANITÉ. Ces expressions appartiennent au style soutenu. — Bruit que font les eaux en coulant, ou les vents quand ils agitent doucement les feuilles des arbres, etc. : *le murmure des zéphyrs.*

Les chants des rossignols, les déserts enchanteurs,
Le murmure des eaux et l'émail des prairies.
DESHOULIÈRES, Stances.

* **MURMURER** v. n. Faire du bruit en se plaignant sourdement, sans éclater : *il murmure entre ses dents.* — Se dit aussi du bruit sourd qui court de quelque affaire, de quelque nouvelle : *cela n'est pas bien assuré, mais on en murmure.* — Se dit aussi des eaux, des vents, etc. : *un ruisseau qui murmure sur les cailloux.* — v. a. *Que murmurez-vous là?* — Se Murmurer v. pr. Se dire tout bas : *cette nouvelle se murmure à l'oreille.*

MURNER (Thomas) [mour'-neur], satiriste allemand, né à Strasbourg en 1475, mort vers 1536. En 1506, l'empereur Maximilien le couronna poète lauréat. Il dut sa réputation à l'*Eulenspiegel,* qu'il rédigea; mais on se souvient surtout de lui aujourd'hui pour ses écrits contre Luther et la réformation, qui lui attirèrent à plusieurs reprises des persécutions, sans parler des embarras où il se mit par ses inventions pendant son étrange et vagabonde carrière de professeur et de prêcheur. Son ouvrage satirique le plus célèbre est *Von dem grossen lutherischen Narren* (1522).

MURO, ch.-l. de cant., arr. et à 23 kil. de Calvi (Corse); 1,300 hab. Mines de fer.

* **MUROS** (Extra-) loc. adv. Voy. EXTRA-MUROS.

* **MUROS** (Intra-). Voy. INTRA-MUROS.

MURRAY (Alexander), philologue écossais, né en 1775, mort en 1813. Il était ministre protestant. En 1812, il devint professeur de langues orientales à Edimbourg. Ses plus importants ouvrages sont : *Outlines of Oriental Philosophy* et *History of the European Languages*.

MURRAY ou **Moray** (James-Stuart, *earl de*), régent d'Ecosse, né vers 1533, mort le 23 janv. 1570. Il était fils naturel de Jacques V et de lady Marguerite, fille de Jean, quatrième lord Erskine. Après la mort de la reine régente, en juin 1560, il fut nommé un des « *lords of the articles* ». Lorsque la reine Marie, sa sœur, revint en Ecosse, elle fit de lui, bien qu'il fût protestant, son confident, son conseiller et son premier ministre; il lui facilita l'exercice de sa religion, obtint d'elle une proclamation favorable aux réformateurs, débarrassa la frontière des pillards, et gouverna le pays avec jugement et intelligence. Il fut fait *earl* de Mar; comme lord Erskine réclamait ce titre, on l'échangea pour celui de *earl de* Murray. Knox reprochait à Murray sa tiédeur; mais leur commune opposition au mariage de la reine avec Darnley les rapprocha. Murray prit les armes pour l'empêcher; mais il dut s'enfuir en Angleterre. Il fut rappelé après le meurtre de Rizzio, et lorsque Marie eut été déposée, il fut nommé régent d'Ecosse (22 août 1567). Après l'évasion de la reine du château de Lochleven, il refusa de se démettre de ses pouvoirs, défit les partisans de la reine à Langside (13 mars 1568) et détruisit leurs forteresses. Lorsque Marie fut jugée à York comme complice dans le meurtre de Darnley, Murray donna contre elle le témoignage le plus positif. Passant par les rues de Linlithgow, James Hamilton de Bothwellhaugh lui tira un coup de fusil, d'une fenêtre, et il mourut la même nuit.

MURRHE s. f. (lat. *murrha*). Antiq. Matière avec laquelle on faisait des vases murrhins.

* **MURRHIN, INE** adj. Antiq. Ne se dit qu'en parlant de certains vases fort estimés des anciens, et dont la matière est encore pour les savants un objet de discussion : *on a fait plusieurs dissertations sur les vases murrhins.*

MURSA, ancienne capitale de la Pannonie inférieure. (Voy. Eszek.) L'empereur Constance y remporta une grande victoire sur Magnence, en 350.

MURVIEDRO [mour-vi-è-dro] (anc. *Saguntum*), ville d'Espagne, à 25 kil. de Valence, sur la Palencia; 7,500 hab. environ. C'est là jadis un port de mer, mais le retrait des flots la laisse aujourd'hui à 7 kil. des terres. Une citadelle couronne une colline avoisinante. Murviedro fut prise par Suchet en 1814, après une victoire sur Blake (25 oct.). (Voy. Sagonte.)

MURVIEL, ch.-l. de cant., arr. et à 13 kil. N.-O. de Béziers (Hérault); 1,950 hab. Antiquités romaines.

MUSACÉ, ÉE adj. (rad. *musa*, bananier). Bot. Qui ressemble au bananier. — s. f. pl. Famille de plantes monocotylédones périspermées, ayant pour type le genre bananier et comprenant, en outre, les genres héliconia, strélitzia et ravénala.

MUSÆUS (Johann-Karl-August) [mou-zè'-ouss], écrivain allemand né en 1735, mort en 1787. A partir de 1770, il fut professeur au gymnase de Weimar. Il a écrit *Grandison der Zweite*, contre le romancier Richardson et ses admirateurs, et un autre ouvrage contre Lavater. Ses *Volksmärchen der Deutschen* (1782, 5 vol.) l'ont rendu fameux.

* **MUSAGÈTE** adj. m. Myth. Ne s'emploie que dans cette dénomination, Apollon musagète, qui conduit les Muses.

* **MUSARAIGNE** s. f. [mu-za-rè-nieu; *gn* mll.]. (lat. *mus*, souris; *aranea*, araignée, à cause de la petite taille de ces animaux et de leur ressemblance avec la souris). Mamm. Genre de carnassiers insectivores, à corps couvert de poil fin, soyeux, court, avec une bande de soie raide et serrée sur les côtés, où suinte un liquide odorant musqué; un museau allongé en pointe; des narines s'ouvrant sur les côtés d'un petit mufle qui est divisé au milieu par un sillon profond; des oreilles arrondies, fermées par des opercules; des yeux presque imperceptibles, avec des paupières fortes et ciliées; 5 doigts pourvus d'ongles crochus. Ces animaux se nourrissent d'insectes, de vers, de mollusques et de petits vertébrés; ils se dévorent quelquefois entre eux. Ils sont nocturnes, plus ou moins aquatiques et n'hibernent pas. Les jeunes naissent aveugles et nus. La plus grande partie des espèces vivent à la surface du sol et un petit nombre dans les terriers. On les trouve dans tout l'hémisphère septentrional. On les divise en deux sections, l'une de 32 dents et l'autre

Musaraigne des sables (Sorex araneus).

de 30 dents. La *musaraigne des sables* (*sorex araneus*), appelée aussi *musette*, mesure environ 62 millim. de long, sans compter 35 millim. pour la queue. Elle est grisâtre, avec le dessous du corps fauve roussâtre. Elle se rend très utile dans nos vergers et nos espaliers, en détruisant des milliers d'insectes, sans jamais toucher aux fruits. Elle se cache, pendant l'hiver, sous les meules ou des tas de fumier et parfois même dans les écuries et les étables. Son odeur répugne aux chats qui la prennent quelquefois, mais ne la mangent jamais. La *musaraigne de Toscane* (*sorex Etruscus*), la plus petite de nos mammifères d'Europe, se trouve dans le midi de la France. Le *currelet* (*sorex tetragonurus*), commun en France, est gros comme la musette, et ne se distingue d'elle que par une queue quadrangulaire brusquement terminée en pointe fine. La *musaraigne d'eau* ou *musaraigne de Daubenton* (*sorex fodiens*), plus grosse que la musette, s'établit sur le bord de nos petits cours d'eau. Elle nage à la poursuite des petits animaux aquatiques.

* **MUSARD, ARDE** adj. [mu-zar]. Qui perd son temps à s'occuper, à s'amuser de petites choses : *il est musard.* (Fam.) — s. *C'est un musard, un vrai musard.*

MUSARDER v. n. Faire le musard. (Fam.)

MUSARDERIE s. f. Manière d'être du musard; action de musarder.

* **MUSC** s. m. [musk] (gr. *moschos*; lat. *muscus*). Quadrupède ruminant, de la taille d'un chevreuil, et qui a près du nombril une poche pleine d'une matière dont l'odeur est fort pénétrante : *un rognon de musc.* (Voy. Chevrotain.) — Se dit aussi de la matière odorante qui sort de cet animal : *cela sent le musc.* — Couleur de musc, espèce de couleur brune : *gants, drap couleur de musc.* — Peau de musc, peau parfumée de musc. — Encycl. On donne le nom de musc à une concrétion d'une odeur particulière et excessivement forte, qui se sécrète dans un sac velu faisant saillie entre l'ombilic et le prépuce chez le mâle d'un petit animal d'Asie appelé che- vrotain musc, et nommé par Linné *moschus moschiferus*. Ce sac est long de 2 à 3 pouces, et contient de 8 à 13 gr. de musc. Lorsqu'on l'en retire, le musc est mou et presque liquide; mais ensuite il se durcit en une substance qui ressemble à du tabac en poudre de couleur foncée et grossièrement granulé. Les chasseurs coupent, attachent et dessèchent ce sac, ou, comme on dit dans le commerce, la gousse. C'est en cet état que l'article est transporté. Le musc vient surtout de Chine. Une qualité inférieure vient de Sibérie; il s'en exporte un peu de Calcutta, provenant des monts Himalaya; il est meilleur que celui de Sibérie, mais inférieur au chinois. La médecine emploie le musc comme stimulant et antispasmodique, mais c'est dans la parfumerie qu'on s'en sert le plus.

* **MUSCADE** s. f. (forme fém. de *muscat*). Graine très odorante, de la forme d'une noisette, et qu'on met au nombre des épices.

> Aimez-vous la *muscade?* On en a mis partout.
> Boileau. *Le Repas ridicule.*

On l'appelle aussi Noix muscade; et alors *muscade* est pris adjectivement. — Rose muscade, espèce de rose, ainsi nommée à cause de son odeur particulière. *Muscade* est aussi adjectif dans cette expression. — Nom que les escamoteurs donnent aux petites boules de la grosseur d'une muscade, dont ils se servent dans leurs tours de gibecière : *passez, partez muscade.*

* **MUSCADET** s. m. Sorte de vin qui a quelque goût de vin muscat.

* **MUSCADIER** s. m. Bot. Genre de myristicées, dont l'espèce la plus importante, le *muscadier officinal* ou *aromatique* (*myristica officinalis* ou *myristica fragrans*) produit le fruit appelé *muscade*. C'est un arbre haut de 8 à 10 m., présentant l'aspect de l'oranger. Son écorce, d'un brun cendré, laisse suinter un suc jaunâtre qui rougit rapidement à l'air. Ses feuilles ovales, acuminées, sont d'un vert brillant en dessus, glauques et blanchâtres en dessous. Ses fleurs jaunâtres offrent quelque

Muscadier.

analogie de grandeur et de forme avec celles du muguet. Ses fruits, de la grosseur d'une noix couverte de son brou, et quelquefois allongés en poire, sont jaunâtres à leur maturité, s'ouvrent en deux valves et présentent une chair épaisse et filandreuse. Ils renferment une graine unique, recouverte plus ou moins par un arille charnu, divisé en lanières, d'un pourpre vif et qui devient jaunâtre et de consistance cartilagineuse à la dessication. Cette graine renferme un endosperme charnu, blanchâtre, très aromatique et rempli d'une huile grasse, jaunâtre et très abondante, de la consistance du beurre. Le muscadier est originaire des Moluques et est cultivé depuis longtemps dans les pays chauds, particulièrement aux îles Banda. — La *noix muscade* et son arille, appelé *macis*, font l'objet d'un grand commerce. La muscade est une épice précieuse qu'l'on emploie quelquefois en médecine comme stimulant; à grande dose, elle devient narcotique. On s'en sert, ainsi que du macis, comme condiment, particulièrement pour aromatiser les préparations laiteuses et farineuses. Dans le commerce, on connaît deux sortes principales de muscades : 1° les rondes, provenant des Moluques, de la grosseur d'une petite noix, sillonnées en tous sens, lourdes, à cassure d'un rouge vif, d'une odeur aromatique, d'une saveur chaude et âcre; 2° les longues, elliptiques, légères, sillonnées longitudinalement et blanchâtres.

* MUSCADIN s. m. Petite pastille à manger où il entre du musc : une livre de muscadin.

* MUSCADIN s. m. Petit-maître, homme qui affecte l'élégance dans ses vêtements.

MUSCARDIN s. m. (rad. musc). Mamm. (Voy. LOIR.)

MUSCARDINE s. f. Maladie fatale aux vers à soie, et qui a exercé une influence désastreuse sur la production de la soie en France et dans d'autres parties de l'Europe. Elle est due à un champignon microscopique appelé botrytis bassiana, qui attaque aussi plusieurs autres chenilles. Le mycélium de ce fongus se développe et se nourrit dans les intestins et autres parties internes des vers à soie, et amène ainsi leur mort. Une propreté absolue et le lavage de toutes les parties de la chambre avec de l'eau de chaux sont les moyens d'en prévenir la propagation.

* MUSCAT adj. m. (rad. musc). Se dit de certains raisins parfumés, et des vins qu'on en tire : raisin muscat; vin muscat. — s. Les muscats de ce pays sont fort gros. — Nom de plusieurs espèces de poires : muscat fleuri; muscat vert.

MUSCATINE (meuss-kè-taïne], ville de l'état d'Iowa (Etats-Unis), sur le Mississipi, à 350 kil. de Chicago; 9,000 hab.

MUSCICOLE adj. [muss-si-] (lat. muscus, mousse; colo, j'habite). Qui vit dans les mousses.

MUSCIDE adj. [muss-si-de] (lat. musca, mouche). Entom. Qui ressemble à une mouche. — s. f. pl. Tribu de diptères athéricères, ayant pour type le genre mouche.

MUSCIFORME adj. [muss-si-]. Qui a la forme d'une mouche.

MUSCIPHAGE adj. [muss-si-fa-je] (lat. musca, mouche; gr. phagô, je mange). Qui se nourrit de mouches.

MUSCIPULE adj. [muss-si-] (lat. muscipula, piège à mouches). Bot. Se dit des plantes insectivores.

MUSCIVORE adj. (lat. musca, mouche; voro, je dévore). Qui se nourrit de mouches.

* MUSCLE s. m. [muss-kle] (lat. musculus). Anat. Organe charnu, fibreux, irritable, dont les contractions produisent tous les mouvements des animaux : la plupart des muscles ont leurs extrémités attachés aux os, qu'ils font mouvoir en divers sens. — MUSCLE SIMPLE, celui qui n'a qu'un seul corps et dont toutes les fibres suivent la même direction. — MUSCLE COMPOSÉ, celui qui se divise à l'une de ses extrémités en plusieurs tendons, ou qui est rayonné. — MUSCLE CONGÉNAIRE, celui dont l'action s'ajoute à celle d'un autre. — MUSCLE ANTAGONISTE, celui dont l'action combat celle d'un autre. — MUSCLE FLÉCHISSEUR, OU EXTENSEUR, celui qui sert à fléchir ou à étendre un membre. — MUSCLE ADDUCTEUR, celui qui sert à approcher un membre. — MUSCLE ABDUCTEUR, celui qui éloigne un membre. — MUSCLE PRONATEUR, celui qui sert à renverser le membre en dedans. — MUSCLE SUPINATEUR, celui qui sert à renverser le membre en dehors. — ENCYCL. Les muscles sont des organes

charnus, d'un tissu fibreux contractile, qui forment la chair de l'homme et des animaux et par lesquels s'accomplissent la locomotion et les différentes fonctions de la vie exigeant un mouvement volontaire ou involontaire. Allongé ou enfermé dans une cavité, ce tissu est formé de fibres arrangées d'ordinaire en faisceaux reliés par du tissu aréolaire, entourés d'un réseau vasculaire, et pourvus de filaments nerveux. Les muscles s'attachent aux os au moyen de tendons, cordes fibreuses arrondies ou aplaties, blanches ou brillantes, rigides et très résistantes. On les appelle volontaires ou involontaires, suivant qu'ils sont ou non sous le contrôle de la volonté; mais cette division n'est pas strictement exacte. Les premiers sont généralement solides, comme les muscles du tronc et des membres; et les autres creux, comme le cœur et les couches musculaires qui entourent les cavités et les canaux. Les muscles volontaires et les

FIG 1. — Muscles et tendons du bras et de la main.

muscles involontaires se distinguent aussi par leur structure, les premiers étant formés de fibres striées, et les autres de fibres non striées. Les fibres des muscles volontaires sont généralement cylindriques, bien que plus ou moins prismatiques à plusieurs côtés, aplaties qu'elles sont souvent les unes contre les autres. Elles varient de longueur dans les différents muscles; chez l'homme, leur diamètre est en moyenne égal à ¹⁄₁₀ de millim. Chez l'homme et chez les animaux supérieurs, elles ont une couleur vermeille, et sont élégamment marquées de stries transversales et circulaires qui leur donnent un aspect très caractéristique, et leur a valu le nom de fibres rayées ou striées. Ce sont des masses cylindriques ou prismatiques d'une substance contractile marquée de stries indiquées ci-dessus à travers toute son épaisseur, et contenant aussi de petits corps allongés ou ovales nommés nuclei. Chaque fibre est revêtue d'une membrane délicate, transparente, sans structure déterminée et sans couleur, appelée

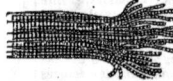

FIG. 2. — Fibre musculaire dépouillée, écrasée à une extrémité et se partageant en fibrilles.

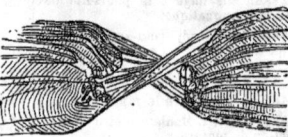

FIG. 3. — Fibre musculaire dépouillée, très grossie, déchirée et montrant le sarcolemme.

sarcolemme, qui soutient la matière contractile et en limite l'expansion latérale. Les fibres sont disposées côte à côte, parallèlement, et sont réunies en petits groupes ou faisceaux de cent à deux cents. Ces faisceaux primitifs sont, à leur tour, réunis en faisceaux secondaires plus gros, reliés par du tissu aréolaire, et ainsi de suite; enfin, le muscle entier est revêtu d'une expansion fibreuse externe de tissu aréolaire condensé, et abondamment pourvu de vaisseaux sanguins et de nerfs. Les fibres non striées, ou involontaires, sont des rubans mous, pâles,

aplatis, d'apparence homogène, ou finement granulés, d'environ ¹⁄₅₀ de millim. de diamètre, ayant chacune dans sa partie centrale un nucleus allongé. Ces fibres sont disposées en couches parallèles, dont les extrémités en pointe s'entrelacent les unes dans les autres, de manière à former des expansions membraneuses qui entourent les cavités des organes internes. Ainsi l'œsophage, l'estomac, les intestins, la vessie et les voies urinaires, l'utérus et les trompes de Falloppe, les conduits d'excrétion des organes glandulaires, les artères et les veines, ont tous leur tunique musculaire, composée de fibres non striées et susceptibles de se contracter et de se distendre indépendamment de la volonté. On trouve dans le cœur et dans les grosses veines qui y sont contiguës, une exception à la règle que les organes musculaires involontaires sont composés de fibres non striées. Ici les fibres musculaires ont des stries; mais elles sont plus petites que celles des muscles volontaires, leurs stries sont moins distinctes et elles présentent aussi cette particularité de se ramifier et de s'enchevêtrer, qui ne se voit pas dans les autres fibres musculaires striées. La contractilité du muscle dépend d'une propriété qui lui est inhérente, et qui est indépendante de l'influence nerveuse, quoique celle-ci puisse la modifier. Il y a dans le corps humain 527 muscles distincts, dont 264 sont disposés par paires et cinq sont simples sur la ligne médiane. (Voy. APONÉVROSE, TENDON, MASSÉTER, etc.)

* MUSCLÉ, ÉE adj. Qui a des muscles bien marqués. — Peint. et Sculpt. : cette figure, cette statue est bien musclée, trop musclée.

MUSCLER v. a. Développer les muscles de.

MUSCOGEES [meuss-ko-djiss]. Voy. CREEKS.

MUSCOÏDE adj. (lat. muscus, mousse; gr. eidos, aspect). Bot. Qui ressemble à la mousse.

MUSCOLOGIE s. f. (lat. muscus, mousse; gr. logos, discours). Partie de la botanique qui a rapport aux mousses

* MUSCULAIRE adj. Anat. Qui a rapport aux muscles, ou qui est propre aux muscles : chair musculaire.

MUSCULATION s. f. (lat. musculus, muscle). Physiol. Fonctionnement des muscles.

* MUSCULATURE s. f. B.-Arts. Ensemble des muscles du corps humain, d'une statue.

* MUSCULE s. m. (lat. musculus, petite souris). Antiq. Machine de guerre, formée d'une galerie en charpente, recouverte d'un toit à deux pentes, et qui servait à couvrir les assiégeants : César, dans ses Commentaires, distingue souvent la tortue du muscule.

* MUSCULEUX, EUSE adj. Où il y a beaucoup de muscles : partie musculeuse. — Qui a les muscles très apparents et très forts : c'est un homme musculeux.

MUSCULOSITÉ s. f. Caractère, nature de ce qui est musculeux.

* MUSE s. f. [mu-ze] (gr. mousa; lat. musa). Chacune des neuf déesses qui, suivant les anciens, présidaient aux arts libéraux, et principalement à l'éloquence et à la poésie : les neuf Muses; le séjour des Muses. — Fig. Les NOURRISSONS, LES FAVORIS, LES AMANTS DES MUSES, les poètes. — pl. Les belles-lettres, et principalement la poésie : cultiver les muses; les

muses l'ont consolé de ses disgrâces. — Fig. LES MUSES GRECQUES, LES MUSES LATINES, LES MUSES FRANÇAISES, etc., la poésie grecque, latine, française, etc. Dans ce sens, Muse se dit quelquefois au singulier : la muse latine. — Se dit absol., dans certaines phrases figurées, en parlant de l'inspiration poétique : il est de ceux à qui la muse accorde aisément ses faveurs.

La divinité qui s'amuse
A me demander mon secret,
Si j'étais Apollon ne serait pas ma muse
Elle serait Thétis et le jour finirait.
SAINT-AULAIRE.

— Se dit encore, fig., du génie de chaque poète, du caractère de sa poésie : la muse de Racine était tendre et passionnée. — Se dit aussi de la personne ou du sentiment qui inspire un poète : la vérité a été sa muse. — ENCYCL. Les Muses furent, à l'origine, les déesses du chant, et, plus tard, de tous les genres de poésies, des arts et des sciences.

Calliope, muse de la poésie épique.

Suivant les plus anciennes légendes, elles avaient leurs principaux séjours dans la Piérie, sur le mont Olympe, et en Béotie, sur le mont Hélicon. On les regardait communément comme les filles de Jupiter et de Mnémosyne. C'est Hésiode qui, le premier, nous a conservé les noms des neuf muses : Clio, la muse de l'histoire; Euterpe, de la poésie lyrique; Thalie, de la comédie; Melpomène, de la tragédie; Terpsichore, de la chanson et des danses chorales; Erato, de la poésie érotique; Polymnie, de l'hymne sublime; Uranie, de l'astronomie, et Calliope, de la poésie épique.

* MUSE s. f. Vén. Commencement du rut des cerfs : la muse dure cinq ou six jours.

* MUSEAU s. m. [mu-zo] (angl.-sax. mudh, bouche; bas lat. musellus). Partie de la tête du chien et de quelques autres animaux, qui comprend la gueule et le nez. Se dit surtout lorsque cette partie est pointue : le museau d'un chien. — Se dit quelquef., pop., en parlant des personnes, mais seulement par mépris ou par plaisanterie : qu'avait-elle à faire d'aller montrer là son museau? — VOILA ENCORE UN BEAU MUSEAU, UN PLAISANT MUSEAU, se dit d'un homme qui fait l'agréable.

* MUSÉE s. m. Lieu destiné, soit à l'étude des lettres, des sciences et des beaux-arts, soit à rassembler les productions, les monuments qui y sont relatifs : le musée des antiques.

MUSÉE (lat. Musæus). I. Poète grec, qui florissait à Athènes aux temps préhistoriques. Il reste quelques fragments qu'on lui attribue ! mais Pausanias n'en considérait aucun comme authentique, excepté un hymne à Cérès. —

II. Grammairien grec, du commencement du VIᵉ siècle av. J.-C. Il est l'auteur d'un poème sur les amours de Héro et de Léandre, découvert au XIIIᵉ siècle. Ce poème se trouve dans le Corpus poetarum græcorum. Clément Marot, Denne-Baron et Mollevaut l'ont traduit en vers français; La Porte du Theil (1794) et Gail (1796) l'ont donné en prose.

* MUSELER v. a. Mettre une muselière à un animal : museler un chien, un cheval, un ours. — Fig. Empêcher de parler : il faudrait pouvoir museler ce calomniateur.

* MUSELIÈRE s. f. Ce qu'on met à la gueule, à la bouche de quelques animaux pour les empêcher de mordre ou de paître, etc. : mettre une muselière à un cheval, à un mulet, à un chien.

MUSÉOGRAPHIE s. f. (gr. mouseion, musée; graphô, je décris). Description de musées.

* MUSER v. n. [mu-zé]. S'amuser et perdre son temps à des riens : cet homme ne fait que muser. (Fam.) — Prov. QUI REFUSE, MUSE, souvent celui qui refuse une offre, perd une occasion qu'il ne retrouvera plus. — Vén. Se dit du cerf qui est près d'entrer en rut : les cerfs commencent à muser.

* MUSEROLLE s. f. Partie de la bride d'un cheval, qui se place au-dessus du nez.

* MUSETTE s. f. [mu-zè-te]. Instrument de musique champêtre, auquel on donne le vent avec un soufflet qui se hausse et se baisse par le mouvement du bras : jouer de la musette. — Air fait pour la musette, ou dont le caractère convient à cet instrument : jouer, chanter, composer, danser une musette. — ➥ Petit sac en toile dans lequel les militaires renferment leurs brosses, etc. — Petit sac en toile, qu'on remplit d'avoine et qu'on attache à la tête des chevaux pour les faire manger en route. — Nom vulgaire de la musaraigne des sables.

* MUSÉUM s. m. [mu-zé-omm] (gr. mouseion, musée, temple des Muses). Établissement scientifique qui contient plusieurs musées. — pl. DES MUSÉUMS. — ENCYCL. On donne le nom de muséum au lieu où se conservent les objets relatifs à l'histoire, à la science et aux arts. Dans l'histoire, ce nom fut pour la première fois appliqué à l'académie que fonda Ptolémée Philadelphe à Alexandrie. C'est à Côme l'Ancien, qui commença les galeries de Florence, que l'on doit la signification moderne du mot muséum. Le pape Jules II fonda le muséum du Vatican. L'Ashmolean museum à Oxford, fondé en 1680, est le plus vieux d'Angleterre; et le British museum, ou musée britannique, établi en 1753, est le plus important du monde. — Adm. « Le Muséum d'histoire naturelle de Paris doit être rangé parmi les établissements d'instruction supérieure. Son personnel comprend : un directeur, un sous-directeur, dix-neuf professeurs, un agent comptable, des aides-naturalistes, des préparateurs, des employés et des hommes de journée. L'État entretient au Muséum des bourses de licence, d'agrégation et de doctorat ès sciences naturelles. Les dépenses de cet établissement s'élèvent annuellement à près d'un million. Le Muséum, fondé par Richelieu en 1635, a été réorganisé par décret de la Convention du 10 juin 1793, puis par un décret du 29 décembre 1863. »
(CH. Y.)

* MUSICAL, ALE, AUX adj. (rad. musique). Qui appartient, qui a rapport à la musique : art musical.

* MUSICALEMENT adv. Relativement, conformément aux règles de la musique.

MUSICASTRE s. m. Mauvais musicien.

MUSICIEN, IENNE s. Celui qui sait l'art de la musique : c'est un excellent musicien, une grande musicienne. On l'emploie

quelquefois adjectiv. : ce jeune homme est bon musicien, n'est pas musicien. — Celui, celle qui fait profession de composer ou d'exécuter de la musique : l'Italie, l'Allemagne et la France, sont les pays qui comptent le plus de musiciens; Mozart, Haydn, Gluck, Grétry, Sacchini, etc., sont de grands musiciens.

* MUSICO s. m. C'est, dans les Pays-Bas, et surtout en Hollande, un lieu où le bas peuple et les matelots vont boire, fumer, entendre de la musique, etc. : pendant son séjour en Hollande, il a beaucoup hanté les musicos. (Vieux.)

MUSICOGRAPHE s. m. Auteur qui écrit sur la musique.

MUSICOMANE s. Personne passionnée pour la musique.

MUSICOMANIE s. f. Manie de la musique.

MUSIMON. Voy. MOUTON.

* MUSIQUE s. f. (rad. gr. mousa, muse; lat. musica). Art de combiner les sons d'une manière agréable à l'oreille; théorie de cet art, ou science des sons considérés sous le rapport de la mélodie, du rythme et de l'harmonie : des mathématiciens, sans savoir solfier, ni jouer d'aucun instrument, ont fait sur la musique des traités fort estimés. — Productions de cet art : composer de la musique; mettre des vers en musique. — INSTRUMENT DE MUSIQUE, instrument avec lequel on exécute de la musique. — NOTES DE MUSIQUE, les signes ou caractères dont on sert pour indiquer les divers tons de la musique; et, LIVRE, CAHIER, PAPIER DE MUSIQUE, livre, cahier, papier où il y a des airs de musique écrits avec ces sortes de notes. — PROV. ÊTRE RÉGLÉ COMME UN PAPIER DE MUSIQUE, être exact et ponctuel dans tout ce qu'on fait. — APPRENDRE LA MUSIQUE, apprendre, soit à composer, soit à exécuter de la musique, ou l'un et l'autre à la fois. On dit dans le même signification : savoir la musique; enseigner, montrer la musique. — Exécution de la musique, soit avec la voix, soit avec des instruments : nous avons eu, nous avons entendu ce soir beaucoup de musique. — Prov. et fig. MUSIQUE ENRAGÉE, MUSIQUE DE CHIENS ET DE CHATS, musique discordante, qui déchire l'oreille. Se dit aussi, pop., du bruit confus de plusieurs personnes qui se querellent. — Compagnie de musiciens de profession qui ont coutume d'exécuter de la musique ensemble : il est attaché à la musique de l'Opéra; la musique du régiment. — Se dit, fig., de certains sons agréables ou désagréables : la voix de cette femme est une musique délicieuse. — Ironiq. et fam. CET ENFANT NE CESSE DE CRIER; IL NOUS FAIT LA UNE BELLE MUSIQUE. — ENCYCL. Plus les pulsations sonores de l'oreille se succèdent rapidement, plus le son perçu est élevé. Ainsi le son le plus grave qui soit réellement musical est produit par 40 vibrations à la seconde, et le plus aigu par 40,000 environ. Mais les sons employés en musique n'ont pas une échelle si étendue; pratiquement, ils sont renfermés dans sept octaves, ou à peu près, qui vont de 40 à environ 5,000 vibrations par seconde. Le son le plus grave d'un instrument d'orchestre est le mi de la contre-basse, qui a 40 vibrations à la seconde. Dans les régions supérieures des sons musicaux, les pianos donnent les notes la et même do, qui ont 3,520 et 4,224 vibrations. Le son le plus aigu de la musique d'orchestre est le ré (4,752 vibrations) de la petite flûte. Il y a trois choses à distinguer dans les sons : leur diapason, leur intensité et leur timbre, c'est-à-dire ce caractère qui nous fait distinguer entre eux les sons de même diapason et de même intensité. Les sons donnés par l'instrument appelé diapason, sont simples; mais ceux qu'on emploie en musique sont toujours composés, et formés de plusieurs sons simples dont les nombres de vibrations sont généra-

lement entre eux comme 1, 2, 3, 4, etc. Les sons simples sont impropres à l'expression musicale, en raison de leur manque de brillant. Les sons de la flûte ont un caractère qui se rapproche de celui des sons donnés par les tuyaux d'orgue fermés; mais, associée à d'autres instruments, qui font ressortir la séquence de l'harmonie, la flûte, par la parfaite douceur de ses sons et par la facilité avec laquelle elle rend les mouvements rapides, est charmante et ne saurait être remplacée par aucun autre instrument. Il n'y a pas d'instrument qui émette des sons aussi doux, aussi clairs et aussi touchants que ceux de la voix humaine. Les voix d'homme se divisent en basse, baryton et ténor; celles de femme, en contralto, mezzo-soprano et soprano. La position de l'échelle musicale et la portée de ces différentes voix sont indiquées par différentes clés: 1° la clé de *fa* pour les basses et les barytons; 2° la clé d'*ut* pour les ténors et les contraltos; 3° la clé de *sol* pour les mezzo-sopranos et les sopranos. Cependant l'usage de la clé d'*ut* est tombé

Clé de *sol*.   Clé d'*ut*.   Clé de *fa*.

en désuétude; de telle sorte qu'aujourd'hui les voix de ténors et de contraltos s'indiquent par la clé de *sol* comme les mezzo-sopranos et les sopranos. On voit par là que les voix ordinaires ne comprennent pas deux octaves complètes. Du *fa* d'en bas de la basse jusqu'au *sol* d'en haut du soprano, il y a un peu plus de trois octaves. Dans des cas exceptionnels, les voix dépassent ces limites. — En musique, on considère les rapports des nombres de vibrations de sons définis plutôt que le nombre absolu des vibrations, ou diapason, de ces sons. Dès les temps les plus anciens, on a su que les accords les plus harmonieux se produisent par le résonnement simultané des cordes dont les longueurs présentent entre elles des rapports simples. Pythagore, qui tenait probablement ce fait des Égyptiens, dit que, lorsque le rapport des longueurs des cordes est comme 1: 2, la note grave résonne à l'unisson de son octave, tandis que le rapport de 2: 3, donne la *quinte* et celui de 3: 4, donne la *quarte*. Nous savons aujourd'hui que les nombres des vibrations de cordes similaires sont en raison inverse de leurs longueurs, de sorte que l'existence des intervalles consonants ci-dessus dépend seulement du rapport entre les vibrations des cordes, et non pas du nombre absolu de vibrations de la note fondamentale de la corde. (Voy. HARMONIE.) Quand on double le nombre des vibrations correspondant à une note, on obtient l'octave de cette note, et la sensation causée par cette octave supérieure semble reproduire celle qui correspondait à l'inférieure. Cet intervalle de l'octave, qui comprend toutes les notes de tout système musical, est établi par notre constitution physiologique, et était déterminé longtemps avant qu'on sût que pour obtenir l'octave d'une note on avait à doubler le nombre de ses vibrations. La science moderne a montré que les consonances musicales suivantes ne s'obtiennent que lorsque leurs notes constituantes ont les rapports de vibrations suivants: octave, 1: 2; quinte, 2: 3; quarte, 3: 4; tierce majeure, 4: 5; tierce mineure, 5: 6; sixième majeure, 3: 5; sixième mineure, 5: 8. La portée de l'octave comprend sept degrés de tons distincts, qui constituent la *gamme*. Nous donnons ici les noms des notes de la gamme naturelle d'après la notation française et italienne, et d'après la notation anglaise et allemande. Sous ces noms, nous donnons le nombre respectif de leurs vibrations en nombres entiers ou en fractions, et, dans la ligne suivante, se trouvent indi-

qués les intervalles entre les notes de la gamme.

Nom.	ut	do	ré	mi	fa	sol	la	si	do.
	C	D	E	F	G	A	B	C.

RAPPORT des vibrations.

INTERVALLES entre les notes: 9/8 10/9 16/15 9/8 10/9 9/8 16/15.

La gamme ne suppose pas une connaissance de l'élévation absolue des notes; elle en fixe seulement les rapports. La première note, ou tonique, peut avoir un diapason quelconque; mais, une fois fixée, toutes les autres notes doivent suivre selon les proportions des nombres ci-dessus; ainsi, si *ut* fait 240 vibrations, *ré* doit en donner dans le même temps 270, *mi* 300, *fa* 320, et ainsi de suite. Une gamme se continue par une autre gamme, formée simplement en doublant les nombres de vibrations constituant la première, puis une autre en doublant les vibrations de la seconde, et ainsi de suite. Les six premières notes ont reçu leurs noms actuels du bénédictin Gui d'Arezzo (voy. GUI), en 1026. Ce sont les premières syllabes de six mots pris dans la strophe suivante de l'hymne de saint Jean-Baptiste:

UT queant laxis REsonare fibris,
MIra gestorum FAmuli tuorum,
SOLve polluti LAbii reatum,
Sancte Joannes.

Les signes employés aujourd'hui en musique indiquent la longueur, le diapason et la force des notes, ou le rythme, la mélodie et l'expression. La longueur de la note est représentée par sa forme. Les notes sont:

mais la première et la dernière de ces notes ne sont que rarement usitées. La brève est deux fois aussi longue que la ronde; la ronde deux fois aussi longue que la blanche, etc. Un point après une note l'allonge de moitié, ainsi la noire pointée égale à une noire et une croche. Le repos, indiquant le silence, sont: la pause égale en longueur à la ronde, la demi-pause à la blanche, le soupir à la noire, le demi-soupir à la croche, le quart de soupir à la double croche, le demi-quart de soupir à la triple croche, le 16° de soupir à la quadruple croche.

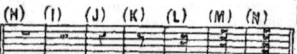

Le rythme est marqué en outre par la division du temps en mesures d'égales longueurs, qu'indiquent des lignes verticales tirées à travers la portée. Les mesures à leur tour se divisent en deux, trois, quatre ou six temps, et le premier temps d'une mesure doit presque toujours être accentué par l'exécutant. Il y a quatre mesures d'un usage commun: à deux temps qu'on indique par un 2 ou par un C; à trois temps, indiquée par un 3 ou $\frac{3}{4}$; à quatre temps, ou mesure ordinaire avec un accent secondaire sur le troisième temps, indiquée autrefois par un 6 et aujourd'hui par un C; à six temps avec un accent secondaire sur le quatrième temps, indiquée par $\frac{6}{8}$; ces signes se placent au commencement de la portée. — On donne le nom de *liaison* à une ligne courbe qui se place au-dessus ou au-dessous de deux, de trois ou de quatre notes, et même au-dessus d'une ou plusieurs mesures, pour indiquer qu'il faut lier ou couler ces notes successivement

Exemple de liaison.

de l'une à l'autre. — On appelle *syncope* une note qui appartient à la fin d'un temps et au commencement d'un autre. La syncope *régulière* se fait sentir de deux façons: 1° lorsqu'une note partage également sa valeur entre la partie faible d'un temps et la partie forte du temps suivant; 2° lorsque deux notes, égales de valeur et sur le même degré, sont liées ensemble. La syncope *brisée* est formée par deux notes sur le même degré et liées ensemble, mais dont la valeur est moindre d'un côté que de l'autre. Les *notes surabondantes* sont celles que l'on passe en sus de la valeur contenue dans un temps ou dans une mesure comme 3 pour 2 (triolet) ou 6 pour 6 (double triolet ou sextolet).

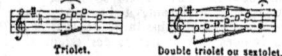

Triolet.   Double triolet ou sextolet.

— Les intervalles peuvent être altérés par trois signes ou accidents: dièse, bémol, bécarre. (Voy. ces mots.) — La gamme diatonique se compose de cinq tons et de deux demi-tons; la gamme chromatique est celle qui se divise entièrement en douze demi-tons. On distingue trois sortes de *genres* ou différentes *espèces de mélodies*: 1° genre diatonique, qui procède par tons et demi-tons; 2° genre chromatique, qui procède par demi-tons; 3° genre enharmonique, dont deux notes, tout en formant un degré conjoint, ne donnent que le même son, comme *ut* et *si* dièse. Les gammes diatoniques sont de deux modes, mode majeur et mode mineur; dans le mode majeur, les demi-tons se trouvent entre le 3° et 4° degrés et entre le 7° et le 8° degré dans la gamme ascendante; dans le mode mineur, les demi-tons se trouvent entre le 2° et le 3° degré et entre le 7° et le 8°. Toute note peut donner son nom à une clé de gamme.

Tons majeurs avec dièses.

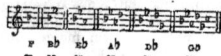

Tons majeurs avec bémols.

— Lorsqu'il n'y a ni dièze ni bémol à la clé, on est en *ut majeur* ou en *la mineur*. La tonique d'un ton majeur est toujours un degré au-dessus du dernier dièze posé à la clé ou quatre degrés au-dessous du dernier bémol posé à la clé. La tonique d'un ton mineur est toujours un degré au-dessous du dernier dièze posé à la clef ou six degrés au-dessous du dernier bémol posé à la clé. — On compte au nombre des *accents*, le lié, le piqué, le détaché et le porté. Les *agréments* sont de petites notes que l'on place dans le cours d'une mesure sans en augmenter la durée; ils empruntent leur valeur aux notes qui les suivent ou les précèdent, ce sont l'appogiature, le grupetto ou brisé, le mordente ou mordant, le trille ou cadence. Parmi les signes de la musique, nous indiquons ci-dessous celui de l'*arpège* et nous montrons la manière de l'exécuter.

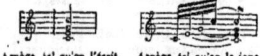

Arpège, tel qu'on l'écrit.   Arpège, tel qu'on le joue.

— Des sons musicaux de diapason différent, émis simultanément, forment un accord. Les accords formés de deux notes s'appellent accords binaires; ceux de trois, s'appellent triades. Un accord binaire est consonant lorsque ses deux notes forment un intervalle consonant. Dans une triade, il y a trois intervalles: un entre la note la plus basse et la suivante, un entre la note moyenne et la plus haute, et un entre la plus basse et la plus haute. La triade n'est consonante que lorsque ses trois intervalles sont tous en accord. — La mélodie est une succession de sons différant d'élévation et de durée, et produisant un effet agréable. Dans le développement de la musique, la mélodie précéda l'harmonie. Helmholtz suit les progrès de la théorie musicale à travers trois périodes distinctes. La meilleure théorie de la mélodie, comme celle de l'harmonie, est fondée sur l'existence des éléments harmoniques dans tous les sons musicaux. Les éléments harmonieux qui existent dans deux sons quelconques déterminent l'affinité de leur succession, précisément comme les affinités existant entre les notes d'un accord quelconque dépendent des éléments harmoniques qui leur sont communs. Il est nécessaire, pour que la mélodie existe, que les sons qui la composent aient entre eux des intervalles définis, ou, en d'autres termes, des degrés de ton, et que ces sons eux-mêmes aient également une durée définie. La mesure de la musique nous dirige dans la division du temps, tandis que la série des notes par nombres définis de tons et de demi-tons nous donne le moyen de faire des degrés de tons: et ainsi nous avons le mouvement de la musique venant du rythme et de la mélodie. Toutes les fois qu'on écrit de la musique pour des parties, les lois de l'harmonie entrent nécessairement en jeu, et il faut l'habileté du compositeur non seulement pour établir une harmonie correcte, mais pour que les parties soient distinctes et claires. La musique polyphonique est soumise à des lois très compliquées; aussi les personnes capables de composer des mélodies gracieuses et de les combiner avec d'autres thèmes sont-elles aussi rares que les grands poètes. Voici quelques-unes des lois fondamentales de la musique au point de vue de l'harmonie. Dans la progression régulière de l'harmonie, la note basse fondamentale s'abaisse d'un cinquième vers toute autre note, ou s'élève d'un quart vers l'octave au-dessus; mais cette loi a beaucoup d'exceptions. Si, dans la partie de dessus ou soprano, la série des notes est montante, soit ut ré mi sol, la basse ne peut donner les mêmes notes; mais elle doit en employer d'autres, de semblables répétitions étant intolérables pour une oreille délicate. Conséquemment, c'est une règle en harmonie, ou lorsqu'on écrit des parties, que le mouvement contraire est préférable entre les parties extrêmes; c'est-à-dire que lorsqu'une partie monte, l'autre descend, et réciproquement. Le mouvement parallèle, comme on l'appelle, est usité aussi entre les parties extrêmes, mais alors il faut que les notes soient différentes. Les tierces et les sixtes donnent ensemble un mouvement harmonieux. Lorsque les parties sont en octaves, la loi contre les notes identiques, suivant qu'on descend ensemble, cesse d'avoir son action, car l'effet d'une telle unité tient pour le moment la place de l'harmonie. Le passage à une nouvelle clé sans accord intermédiaire s'appelle transition; quand on emploie un ou plusieurs accords, cela s'appelle une modulation. Les transitions fournissent de brillants effets à la musique dramatique moderne. Une grande surprise, une émotion violente et soudaine sont des occasions de transition. — Helmholtz fonde sa théorie de la consonance ou accord et de la dissonance ou désaccord sur ce fait que toutes les fois qu'une dissonance se perçoit, les sons constituants de l'accord produisent des battements, et que, dans la consonance, ces mesures sont peu nom-

breuses ou manquent tout à fait. S'appuyant sur cette base physique, on place les intervalles dans l'ordre suivant, selon le degré auquel ils sont exempts de dissonance. L'octave se présente d'abord; puis suivent la quinte, la quarte, la tierce majeure, la sixte majeure, la tierce mineure, la sixte mineure. Cette classification, comme il a été dit, est basée sur le nombre décroissant des battements harmoniques dans les intervalles successifs; mais il ne s'en suit pas nécessairement que les accords les plus doux soient toujours ceux qui sont musicalement les plus agréables; car ne peut-il pas y avoir quelque autre qualité qui nous donne un plus grand plaisir que la pure consonance? « Ici se présentent des considérations esthétiques qui ont le même droit d'être examinées que les considérations mécaniques dans leur propre domaine. Or, il est indiscutable que l'oreille établit un ordre de mérite différent de l'ordre mécanique. Elle place les tierces et les sixtes en premier lieu, puis la quarte et la quinte, et l'octave en dernier lieu. Le retour constant des tierces et des sixtes dans la musique à deux parties, comparé avec l'absence fréquente des autres accords, ne laisse aucun doute sur ce point. En fait, ces intervalles ont en eux une richesse particulière, un charme permanent, que ne possèdent à aucun degré comparable ni la quarte, ni la quinte, et que l'octave ne possède pas du tout. Le maigre effet de l'octave dépend indubitablement de ce que chaque élément harmonique du plus élevé de deux sons musicaux formant cet intervalle correspond exactement à un élément harmonique du son inférieur. Ainsi la note la plus élevée n'introduit aucun son nouveau; la qualité de celui qu'on a déjà entendu est simplement modifiée par l'altération de l'intensité relative parmi les éléments harmoniques constitutifs. » — HISTOIRE DE LA MUSIQUE. L'histoire de la musique est plus ancienne que celle de la civilisation. Les races les plus sauvages ont des instruments de musique grossiers; celles qui le sont moins ont des mélodies, et dans tous les exemples que l'on connaît de nations s'étant avancées de la barbarie à la civilisation, la musique a suivi le progrès général. La musique des Hindous, des Chinois et des Japonais est probablement ce qu'elle était il y a des milliers d'années. Les Chinois, dont la musique est réellement désagréable pour les oreilles raffinées, ont quelques instruments fort doux, et une notation suffisamment claire pour les mélodies. Leur histoire et leurs fables touchant cet art remontent à bien des siècles avant celles des nations classiques. Ils emploient la musique dans leurs plus solennelles cérémonies. L'hymne sacré impérial se chante tous les ans en grande pompe. L'expression la plus haute de la musique orientale, qui, au point de vue de la mélodie, n'a qu'un mérite limité, se trouve dans la musique de l'Inde qui date aussi de l'antiquité la plus reculée. La musique hébraïque était probablement basée sur celle des Égyptiens. Les chanteurs formaient un corps à part, avec ses chefs particuliers, et le chant s'exécutait par chœurs alternés. Ils avaient des instruments divers, à vent et à corde. De même les Égyptiens; mais aucune des nations anciennes n'a possédé la connaissance de l'harmonie. La musique grecque n'était probablement guère autre chose qu'une déclamation sonore, soutenue par la lyre, avec quelques notes agréables sur la flûte et la flûte de Pan, et les trompettes de guerre à l'occasion. On reconnaît généralement que les Grecs n'entendaient pas l'harmonie, et que leur lyre à un petit nombre de cordes, ne jouait simplement que les notes de la voix. Chez les Romains, l'art ne fit aucun progrès; leur musique semble avoir été un écho de celle des Grecs, sans force et sans originalité. — Le premier

dignitaire ecclésiastique que l'on connaisse comme ayant pris un grand intérêt à la musique d'église est saint Ambroise, à qui l'on attribue beaucoup de vieilles hymnes et le choix des quatre clés ou échelles appelées ambrosiennes, et dans lesquelles il déclara que la musique d'église devait être écrite. Le prêtre qui se fit ensuite remarquer par ses efforts pour faire avancer l'art musical fut le pape Grégoire Ier (590-604). Il est le père du chant grégorien, qui fut, pendant plusieurs siècles, le large fondement sur lequel reposa la musique d'église. Mais, jusque-là, l'harmonie, l'élément le plus important de la musique, n'existait toujours pas. En chantant, les exécutants chantaient tous la mélodie. A la fin du ixe siècle, un moine flamand, Hucbald, écrivit un traité sur l'harmonie, laquelle avait déjà commencé à être grossièrement pratiquée. Ce ne fut que plus d'un siècle plus tard que Guido Aretino, moine également, inventa le système de solfège qui a fait sa réputation. Il n'y a guère de nations dont les traditions n'offrent bien des exemples de chants populaires remontant à une antiquité reculée. Les Celtes sont très remarquables à cet égard. Les Français eurent aussi leurs chansons, les Italiens leurs canzonetti, les Allemands leurs volkslieder. Les ménestrels, jongleurs, minnesingers et troubadours jouèrent un rôle très important dans le développement de la musique. Les troubadours cultivaient différents genres de compositions lyriques. Au xive siècle, les Pays-Bas se mirent au premier rang de toutes les nations européennes pour la culture de la musique, et gardèrent leur prééminence un siècle et demi. Au xve siècle, ils étaient les plus savants contrepointistes de l'Europe. Les messes de Guillaume Dufay, né dans le Hainaut dans la seconde partie du xive siècle, sont les plus anciennes que l'on connaisse où usage soit fait du contrepoint. Josquin des Prés (mort vers 1530) était le compositeur le plus fameux de son temps. Parmi ses élèves célèbres, on compte Jannequin Arcadelt et Willaert. Avec ce dernier (mort vers 1563), la prééminence des Hollandais, en fait de composition musicale, commence à décliner. Willaert a été appelé « le père du madrigal ». Au xvie siècle en même temps que Willaert, vivaient un grand nombre de compositeurs remarquables: en Italie, Palestrina, Constanzo Festa, Luca Marenzio (un des plus grands musiciens de madrigaux, surnommé le Cygne harmonieux), et Cypriano de Rore, que les Italiens ont appelé il Divino; dans les Pays-Bas, Orlando di Lasso, Clemens non Papa, Christian et Sebastian Hollander; en Espagne, Cristofano Morales; en Angleterre, Marbeck, Tallis, Bird, Morley, Weelkes et Wilbye. Presque tous se distinguèrent comme compositeurs de madrigaux. Les Anglais cultivèrent cette forme de composition avec un grand succès. Les madrigaux de Wilbye, de Weelkes et de Morley n'ont jamais été surpassés en beauté. Parmi les autres compositeurs que nous venons de nommer, les deux plus fameux étaient Palestrina et Orlando di Lasso. Celui-ci fut le dernier représentant de la grande école des Pays-Bas, et, après sa mort, la prééminence passa aux Italiens. C'est dans les compositions de Palestrina que les paroles solennelles de la messe ont trouvé leur plus haute et leur plus noble expression musicale. Il fut, à juste titre, regardé comme le grand réformateur de la musique d'église. Pendant ce siècle, les instruments à clavier en usage étaient l'orgue, le virginal, l'épinette, le clavicorde et le clavecin. On se servait aussi de la viole, de la guitare et de la flûte. On introduisit pour la première fois dans les églises des instruments entre 1550 et 1600, pour accompagner. Le violon commença alors à prendre une nouvelle importance. En 1600, on joua a

Florence un ouvrage intitulé *Euridice, una tragedia per musica*. Les paroles étaient de Rinuccini, la musique de Peri. La même année fut joué à Rome un drame religieux d'Émilio del Cavaliere, *L'Anima è corpo*, que l'on peut considérer comme le précurseur de l'oratorio, de même que l'œuvre de Peri présageait l'opéra. Il y avait longtemps que les miracles et les représentations de la Passion du Christ préparaient les voies à l'opéra et à l'oratorio. Ces drames sacrés en musique étaient souvent représentés dans une salle, appelée par les Italiens *oratorio*, et touchant à *l'église*; de là le nom qui leur fut donné. L'exemple donné par Cavaliere fut rapidement suivi. Parmi les compositeurs les plus distingués de ceux qui cultivèrent ce genre pendant le XVII° siècle, furent Carissimi, Stradella, Scarlatti et Caldara. Les efforts du poète Rinuccini et du musicien Peri pour reproduire la déclamation musicale des Grecs aboutirent à la mise en musique de *l'Euridice* de Rinuccini. Les solos étaient en style de récitatifs, et les chœurs suivaient la forme du madrigal. Le compositeur d'opéra italien de distinction que l'on trouve ensuite est Claudio Monteverde. Son *Orfeo* (1607) était un progrès sur la musique de Peri. En 1645, le cardinal Mazarin introduisit l'opéra en France. Le premier qui y fut représenté était intitulé *La finta Pazza*. Le premier opéra français fut *Akébar, roi de Mogol*, paroles et musique de l'abbé Mailly (1646). Le premier compositeur d'opéra français qui vaille d'être cité fut Cambert. L'Italien Lulli dirigea pendant longtemps le théâtre lyrique en France. Le premier opéra qui fût joué en France fut *Les Fêtes de l'Amour et de Bacchus* (1672). Les principaux compositeurs italiens de la seconde moitié du XVII° siècle furent Cesti, Alessandro Scarlatti et Carissimi. En Angleterre, Henry Purcell (1658-'95) fit beaucoup, par ses opéras et sa musique religieuse, pour l'élévation de l'art. — Le XVIII° siècle fut l'âge des grands écrivains d'orchestration, des compositeurs d'opéra et d'oratorio et des exécutants. Parmi ceux dont le talent fut le plus remarquable, on cite, dans l'ordre de naissance : Marcello, Pergolese, Scarlatti, Rameau, Handel, Bach, Porpora, Hasse, Martini, Pergolesi. Jomelli, Gluck, Piccini, Haydn, Grétry, Paisiello, Clementi, Cimarosa, Mozart, Cherubini, Méhul, Beethoven et Spontini. Auber, Schubert, Rossini, Meyerbeer, Donizetti et d'autres, nés dans le XVIII° siècle, appartiennent au XIX° siècle. Johann-Sebastian Bach donna au monde des compositions pour l'orgue et pour la voix qui n'ont point de rivales dans leur genre. Il perfectionna l'art d'écrire la fugue, si assidument cultivé pendant la période qu'on appelle hollandaise. Sa gloire doit reposer sur sa musique exprimant la passion et sur ses ouvrages pour l'orgue et le piano. Pendant que Bach élevait la musique religieuse du protestantisme, Handel travaillait à cette puissante série d'oratorios qui ont fait depuis les délices du monde. Haydn donna à la composition pour orchestre son plus grand développement. En symphonie, il n'a pas, à beaucoup des égards, été dépassé; mais pour la largeur et la profondeur, il faut, de ce côté, décerner la palme à son successeur, Beethoven. Gluck a été un grand réformateur; il fut le premier à énoncer en un langage clair et sans équivoque les véritables principes qui doivent présider à la composition d'un opéra. Une querelle s'éleva entre ses partisans et ceux de Piccini (les gluckistes et les piccinistes). Gluck soutenait que le but légitime de la musique est de seconder la poésie en renforçant l'expression des sentiments et l'intérêt du drame, sans interrompre ni affaiblir l'action par des ornements superflus. La France se rangea du côté de Gluck et de ses œuvres; et, à partir de ce jour, une nouvelle ère commença pour l'opéra. L'élé-

ment dramatique et poétique y trouva sa véritable place à côté de la mélodie et de l'harmonie. Le grand compositeur qui exerça ensuite une forte influence sur l'opéra et les autres formes de composition musicale, fut Mozart. Il était aussi remarquable comme écrivain de musique de chambre et de symphonies que comme compositeur d'opéra. L'œuvre qu'avait commencée Gluck, de rejeter le formalisme et le côté artificiel des compositeurs d'opéra italiens, Mozart l'acheva. Leurs ouvrages réunis donnèrent à l'art une direction nouvelle qui a eu son effet sur tous ceux qui ont écrit après eux de la musique pour la scène lyrique. Le XVIII° siècle se distingua aussi par un grand nombre d'exécutants illustres. Les tentatives d'amélioration dans les instruments à clavier aboutirent à la substitution des marteaux aux becs de plume dans le clavecin, et l'instrument ainsi construit prit le nom de piano. Au nombre des exécutants célèbres de cette époque furent : Tartini, Farinelli et Dragonetti. Parmi les compositeurs nés au siècle dernier et dont l'influence s'exerça surtout dans le siècle présent, on peut citer : Spontini, Cherubini, Beethoven, Boieldieu, Hummel, Herold, Spohr, Weber, Auber, Schubert, Moscheles, Rossini, Meyerbeer, Mercadante, Donizetti, Paganini (plus connu comme violoniste), Bishop et Halévy. Les compositeurs ou exécutants distingués nés dans ce siècle sont : Bellini, Adam, Mendelssohn, Thalberg, Balfe, Bennett, de Bériot, Wallace. Berlioz, Chopin, Ernst, David, Hiller, Schumann, Gade, Verdi, Gounod, Ole Bull, Vieuxtemps, Thomas, Liszt, Herz, Joachim, Wagner, Franz, Raff, von Bülow et Rubinstein. Au milieu d'eux, Beethoven occupe le premier rang; avec lui, la musique instrumentale atteignit son plus haut degré de développement. Entre ses mains, la sonate se perfectionna, et la symphonie s'éleva à ses plus majestueuses proportions, atteignant son apogée dans sa neuvième, dont Wagner a dit qu'avec elle « la dernière des symphonies avait été décrite et le domaine de la musique instrumentale épuisé ». En abondance brillante, Rossini dépasse tous ceux qui ont écrit pour l'opéra italien. Les opéras de Bellini, de Donizetti et de Verdi ont été particulièrement populaires. Les plus en vogue des compositeurs français contemporains sont Gounod et Ambroise Thomas. En Allemagne, ceux qui ont exercé la plus grande influence ont été von Weber, Mendelssohn, Schumann et Wagner; von Weber était à la tête de l'école romantique. L'influence de Mendelssohn s'exerça surtout par ses deux grands oratorios, *Saint Paul* et *Élie*. Wagner a fait sentir son pouvoir par l'ardeur avec laquelle il a mis en avant ses idées dans ses écrits de critique et dans les grands ouvrages qui sont l'application de ses idées. Dans l'opéra, l'*aria* a toujours été un des principaux moyens d'expression musicale; mais Wagner a rejeté ce moyen, et il a mis à sa place le *melos* ou « mélodie sans fin », sorte de déclamation musicale naissant naturellement du sentiment des paroles qui sont chantées. L'orchestre cesse ainsi d'être un simple instrument d'accompagnement; Wagner le fait entrer dans la situation dramatique, et lui donne toutes les variétés de ton et de combinaison harmonique. Ses opéras, ou plutôt les *drames musicaux*, comme Wagner préfère les appeler, écrits d'après ces théories, doivent avoir, il le déclare, une base poétique; il en puise les sujets dans les mythes de son pays, et a pris le *Nibelungen-lied* pour texte de ses derniers ouvrages; les quatre drames dont se compose la tétralogie *Der Ring der Nibelungen* sont : *Das Rheingold*, *Die Valkuere*, *Siegfried* et *Gœtterdaemmerung*. L'auteur les a fait jouer à Baireuth, en Bavière, en 1876. Vers 1840, Thalberg commença à écrire de la musique dramatique

pour le piano. Puis vint Liszt, remarquable comme chef d'orchestre et comme compositeur, mais surtout comme pianiste. Chopin mit, dans ses compositions, le sentiment le plus exquis. Rubinstein, Clara Schumann et von Bülow sont aussi des virtuoses de premier ordre. Offenbach est le plus fameux des compositeurs d'opéra bouffe; Lanner, Labitzky, les Strauss (le père et les trois fils) et Gung'l se sont rendus célèbres par leur musique de danse. — *Quelques vulgarisateurs* de mérite ont essayé, dans le but de populariser la musique, de propager un système particulier de notation, dans lequel les chiffres arabes tiennent lieu de notes. Galin, Paris, Chevé ont attaché leur nom à cette méthode et ont uni leurs efforts pour la faire prévaloir. Soit par suite d'idées préconçues, soit par amour de la routine, le public n'a pas favorablement accueilli cette méthode nouvelle et l'on ne peut que savoir gré à ses auteurs de leurs excellentes intentions, tout en regrettant de ne pouvoir applaudir à leurs succès. — *Instruments de musique*. Un mémoire des plus intéressants a été lu en 1880 devant l'Institut anthropologique de Londres, par M. J.-F. Rowbotham, sur les différentes phases de l'art musical préhistorique. Bien que l'on puisse compter des centaines de variétés d'instruments, on doit les réduire à trois types distincts : 1° le tambour; 2° le flageolet; 3° la lyre. Ces trois types représentent les trois degrés du développement de la musique préhistorique. Pendant la première période, les tambours étaient seuls connus de l'homme; dans la seconde, les flageolets et les tambours étaient employés concurremment; dans la troisième, on connaissait les instruments à cordes. Ces trois degrés correspondent respectivement au rythme, à la mélodie et à l'harmonie. De

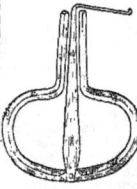

Guimbarde.

nos jours, on connaît encore trois séries d'instruments : 1° *instruments à cordes* : viole, violon, harpe, piano, rebec, guitare, luth, violoncelle, basse, vielle, mandore, mandoline, lyre, clavecin, épinette, clavicorde, virginal, cithare, monocorde, psaltérion, etc.; 2° *instruments à vent* : orgue, flûte, biniou, hautbois, accordéon, clarinette, chalumeau, trompette, basson, cor, flageolet, bugle, cornemuse, trombone, ophicléide, cornet et instruments de cuivre; 3° *instruments de per-*

Hautbois.   Clarinette.   Basson.

cussion : timbales, tambour, triangle, grosse caisse, harmonica, tamtam, guimbarde, chapeau chinois, etc. — **Gravure et impression de la musique.** Aussitôt après l'invention de Gutenberg, on imprima la musique à l'aide de caractères mobiles; et ce procédé est encore employé. Mais vers le commencement du XVIII° siècle s'introduisit la gravure de la musique (voy. GRAVURE), dont on attribue l'idée au compositeur allemand G.-Ph. Telemann. — **La Révolution,** proclamant la liberté industrielle, rendit aux imprimeurs le droit d'imprimer la musique, droit dont la famille Ballard jouissait seule, de père en fils aîné, depuis près de deux siècles. — **Boîte à musique,** boîte enfermant un mécanisme construit de manière à jouer des airs automatiquement. Les boîtes à musique proprement dites ne furent guère connues avant la seconde moitié du XVIII° siècle. Les parties principales du mécanisme sont le peigne, le cylindre et le volant, ou régulateur. Le peigne est une plaque d'acier munie d'un grand nombre de languettes disposées comme les dents d'un peigne, lesquelles jouent le même rôle que les cordes dans un piano, et sont mues par les pointes dont est garni le cylindre. En changeant la position du cylindre, on change la succession des notes et par conséquent on change l'air en même temps. — BIBLIOGR. *Histoire de la musique,* par Martini (1757-`81, 3 vol. in-4°); *Dictionnaire de la musique,* par J.-J. Rousseau (1767, in-4°); *Histoire de la musique d'église,* par l'abbé Gerbert (1774, 2 vol. in-4°); *Histoire de la science et de la pratique musicales,* par Hawkins (1776, 5 vol. in-8°); *Dictionnaire de musique moderne,* par Castil-Blaze (1821, 2 vol. in-8°); *Dictionnaire de musique,* par les frères Escudier (1844, in-18); *Essai sur la musique des anciens Grecs,* par Vincent (1852, in-8°); *Histoire de la musique religieuse,* par Félix Clément (1860, 2 vol. in-8°), ouvrage couronné par l'Académie des inscriptions et belles-lettres; *Lettres sur la musique,* par Richard Wagner (1861, in-8°); *Histoire de la musique dramatique en France,* par Chouquet (1873, in-8°). — Fétis, *Traité du contrepoint et de la fugue* (1825); Reicha, *Traité de haute composition musicale,* édité par Czerny (1834) ; Cherubini, *Cours de contrepoint et de fugue* (1835); Dehn, *Lehre vom contrapunkt,* etc. (1841) ; Marx, *Die Lehre vonder musikalischen composition* (1852); Richter, *Lehrbuch der harmonie* (6° éd. 1866); Ouseley, *Treatise on harmony* (1868) et *Treatise on counterpoint, canon and fugue* (1869) et Weber, *Allgemeine musiklehre* (1872); Litter, *History ofmusic in the form of lectures* (1871-`74, 2 vol.); Chappell, *The history of music* (1874, 4 vol.).

MUSIQUER v. a. Faire de la musique; mettre en musique.

MUSKEGON [meuss'-ki-gonn], ville de l'état de Michigan (États-Unis), sur le Muskegon, à l'endroit où cette rivière forme le lac du même nom et non loin de son embouchure dans le lac Michigan, à 22 kil. de Grand Haven; 8,505 hab.

MUSKEYN ou **Muskein,** marin suédois, inventeur des bateaux plats pour les descentes, dont on s'engoua outre mesure en France pendant le Directoire et l'Empire; le ministre de la marine Truguet, qui avait accueilli favorablement le projet de ces bateaux, appela Muskeyn à Paris, lui donna le grade de capitaine de vaisseau (1796) et lui confia le commandement d'une flottille réunie au Havre (mai 1797), pour débloquer cette ville; le demi-succès de cette opération mit Muskeyn en vue; mais ses navires ne purent opérer aucun débarquement sur les côtes anglaises.

MUSKINGUM [meus-kinng'-gheumm], rivière de l'Ohio (États-Unis), formée par la jonction du Walhonding et du Tuscarawas, à Coshocton, d'où elle coule au S.-E. pendant environ 225 kil. jusqu'à l'Ohio, à Marietta. Les bateaux à vapeur la remontent jusqu'à Dresden, à 150 kil. de son embouchure.

MUSKOKEES. Voy. CREEKS.

MUSONIUS (Caius-Rufus) [mu-zo'-niuss], stoïcien romain du 1ᵉʳ siècle. Il existe quelques fragments de ses œuvres.

MUSOPHAGE s. m. [mu-zo-fa-je] (lat. *musa,* bananier; gr. *phagein,* manger). Ornith. Genre de grimpeurs à queue longue, arrondie par le bout, largement empennée, comprenant plusieurs espèces d'oiseaux qui habitent l'Afrique et qui se nourrissent surtout des fruits du bananier. Le *musophage du Sénégal*

Musophage du Sénégal (Turacus purpureus).

(*turacus purpureus*), appelé aussi *touraco du Sénégal,* est long d'environ 40 centim. Sa tête, son dos et sa poitrine sont verts, le reste de son corps est d'un pourpre brillant. On l'approche difficilement, parce qu'il se tient toujours sur les branches supérieures des arbres élevés.

MUSQUASH. Voy. ONDATRA.

• **MUSQUÉ, ÉE** part. passé de MUSQUER, parfumé de musc. — Se dit de certaines choses dont l'odeur a quelque rapport avec celle du musc : *cette poire a une eau musquée.* — ÉCRIVAIN, ORATEUR, POÈTE MUSQUÉ, écrivain, orateur, poète qui a trop d'apprêt, de recherche, qui affecte les ornements futiles. On dit, dans le même sens, STYLE MUSQUÉ, PHRASES MUSQUÉES. On dit aussi, COMÉDIE MUSQUÉE, comédie dont le dialogue manque de naturel, tombe dans l'affectation, est semé de petits traits d'un esprit maniéré. — PAROLES MUSQUÉES paroles obligeantes et flatteuses : *tout ce qu'il dit, ce sont des paroles musquées; mais cela n'a guère de suite.* — FANTAISIES MUSQUÉES, fantaisies singulières, bizarres : *cet homme a des fantaisies musquées.* (Peu us.) — MESSE MUSQUÉE, la dernière messe, où assistent ordinairement les gens du grand monde. (Vieux.) — CANARD MUSQUÉ. (Voy. *Canard.*) — CERF MUSQUÉ. (Voy. *Cerf.*) — TORTUE MUSQUÉE. (Voy. *Tortue.*) — BŒUF MUSQUÉ. (Voy. *Ovibos.*) — RAT MUSQUÉ. (Voy. *Ondatra.*)

• **MUSQUER** v. a. Parfumer avec du musc. — Se musquer v. pr. Se parfumer avec du musc.

MUSSCHENBROEK (Petrus van) [mousskènn-brouk], mathématicien hollandais, né à Leyde le 14 mars 1692, mort dans cette même ville le 19 septembre 1761. Élève de Newton, il devint professeur de mathématiques et de philosophie à Duisbourg (Allemagne), puis à Utrecht, enfin à Leyde. Il s'adonna de préférence à l'étude de la physique et fit faire de grands progrès à cette science par plusieurs découvertes importantes. Il fut membre des Académies de Paris, de Montpellier, de Pétersbourg, de Stockholm, etc.; mais déclina toutes les offres que lui firent les souverains étrangers, — entre autres celle d'une pension annuelle de 25,000 fr. que lui fit le roi d'Espagne, — pour l'attirer dans leurs États. Principaux ouvrages : *Elementa physico-mathematica ad usus academicos* (Leyde, 1726, ouvrage traduit en français); *Dissertationes physicæ de magnete* (Leyde, 1729); *Tentamina experimentorum naturalium* (Leyde, 1731); *Elementa physicæ* (Leyde, 1741); *Institutiones logicæ* (Leyde, 1746); *Introductio in philosophiam naturalem* (2 vol., Leyde, 1762), etc. Ses ouvrages contiennent beaucoup de recherches originales en physique expérimentale, et comptent parmi les plus anciennes expositions de la philosophie newtonienne, qu'il aida 'sGraverande à introduire en Hollande.

° **MUSSER(SE)** v. pr. Se cacher. (Vieux.)— Fam. A MUSSE-POT, et, par corruption, A MUCHE-POT, en cachette.

MUSSET (Joseph-Mathurin), conventionnel, né en Bretagne en 1749, mort en Belgique en 1828. Curé de Falleron au moment où éclata la Révolution, il prêta serment à la Constitution civile du clergé, fut élu député du Var à la Législative (1790), puis à la Convention, où il siégea parmi les Montagnards, vota la mort du roi sans appel ni sursis, fit partie du Conseil des Anciens, devint préfet de la Creuse (1800), membre du Corps législatif (1802); se retira de la vie politique en 1807 et dut quitter la France en 1846.

MUSSET. I. (Louis-Alexandre-Marie de), marquis de Cogners, littérateur, né à Mazangé, près de Vendôme, en 1753, mort à Cogners (Sarthe) en 1839. Son ouvrage principal est un mémoire sur la légende de Roland. — II. (Victor-Donatien de), ordinairement appelé MUSSET-PATHAY, littérateur, né dans le Vendômois en 1761, mort à Paris en 1832. Sa *Vie militaire et privée de Henri IV* (Paris, 1803, in-8°) est un ouvrage intéressant et curieux. Il a laissé en outre une biographie de J.-J. Rousseau (Paris, 1821, 2 vol. in-8°; 2° éd. 1822, 2 vol. in-12.) — III. (Louis-Charles-Alfred de), fils du précédent, poète, né à Paris le 14 déc. 1810, mort dans la même ville le 1ᵉʳ mai 1857. Après s'être occupé de médecine, de droit, de peinture et de banque, il se jeta, à l'âge de 20 ans, dans la littérature et prit place, dès le début, au premier rang des novateurs en poésie. Son recueil de poèmes, intitulé *Contes d'Espagne et d'Italie* (comprenant *Don Paez, Les Marrons du feu, Porcia, Chansons, Contes et ballades, Mardoche*), firent une immense sensation. On y admire les effets d'une brillante imagination, une forme éclatante, neuve, bien faite pour frapper à cette époque de lutte littéraire; mais la morale y condamne quelquefois la fougue libertine des idées. En 1831, parut son *Nouveau Recueil de poésies diverses,* qui renferme quelques beaux fragments. Son *Spectacle dans un fauteuil* (1833) comprend *La Coupe et les lèvres,* sorte de drame à l'horreur atteint quelquefois la monstruosité; *A quoi rêvent les jeunes filles,* chef-d'œuvre de grâce et de délicatesse; *Namouna,* poème qui rappelle la manière de Byron. La *Confession d'un enfant du siècle* (1836), il décrit, sous des noms fictifs, sa liaison avec George Sand, pendant un voyage qu'ils firent en Italie; c'est un roman paradoxal, dans lequel il laisse saigner la blessure d'un cœur trompé. Plus tard, George Sand donna un récit des faits dans *Elle et Lui* (1859), mais Paul de Musset répliqua par *Lui et Elle.* De 1835 à 1840, Musset donna *Rolla,* l'un des chefs-d'œuvre lyriques de la langue française, auquel, malheureusement, on doit reprocher des tendances matérielles; *Une bonne fortune; Les Nuits; Lettre à Lamartine; Strophes à la Malibran; L'Espoir en Dieu; L'Idylle; Sylvia* et autres œuvres immortelles. En 1840, il répondit au *Chant de guerre* de l'Allemand Becker (voy. ce mot), par un poème intitulé : *Nous l'avons* eu votre *Rhin allemand.* Il composa, en prose, des nouvelles (*Emeline ; Les Deux Maîtresses; Le Fils du Titien; Frédéric et Bernerette; Croisilles; Margot*) pleines de naturel et d'émotion. Ces mêmes qualités parurent dans les *Comédies et Proverbes* (*André del Sarto; Lorenzaccio; Les Caprices de Marianne; Fantasio; On ne badine pas avec l'amour; La Nuit vénitienne; La Quenouille de Barberine; Il ne faut jurer de rien; Un Caprice,* etc.). Son protecteur, le duc d'Orléans, l'avait fait nommer bibliothécaire au ministère de l'intérieur; le poète composa une touchante élégie sur la mort de ce généreux Mécène. Par conviction plutôt que par flatterie monarchique, il avait écrit *Dupont et Durand,* satire contre les républicains; aussi perdit-il son emploi après la révolution de 1848. Il fut réintégré dans ces mêmes fonctions en 1852 et eut, de plus, le titre de *lecteur de l'impératrice* (1853). Il avait fait représenter en 1847 son proverbe, *Un caprice,* qui obtint du succès, bien qu'il fût composé en dehors des règles théâtrales. Musset réussit encore dans : *Il faut qu'une porte soit ouverte ou fermée* (1849), mais il fut moins heureux dans ses autres pièces. Sur la fin de sa vie, des excitations grossières lui devinrent nécessaires pour réveiller son esprit engourdi. Il était entré à l'Académie française en 1852. Ses *Œuvres complètes* ont été publiées en 1876, 10 vol. Son frère, Paul de Musset, a donné sa biographie en 1877.

MUSSIDAN, ch.-l. de cant., arr. et à 27 kil. S. de Ribérac (Dordogne) ; 2,050 hab.

MUSSIF adj. m. Chim. Ne s'emploie que dans cette expression, Or mussif, bisulfure d'étain, dont l'éclat rappelle celui de l'or : S^t Cu² Fe¹ Sn. On l'appelle aussi Stannine.

MUSSIPONTAIN, AINE s. et adj. De Pont-à-Mousson; qui appartient à cette ville ou à ses habitants.

MUSSITATION s. f. [mu-si-ta-si-on] (lat. *mussitare,* murmurer). Méd. Faiblesse de la voix.

MUSSY-SUR-SEINE, ch.-l. de cant., arr. et à 19 kil. S.-E. de Bar-sur-Seine (Aube); 1,620 hab.

MUSTANG s. m. Voy. Cheval.

*** MUSULMAN, ANE** s. [mu-zul-man] (ar. *salama,* s'abandonner entièrement à Dieu). Titre par lequel les mahométans se distinguent des autres hommes, et qui signifie dans leur langue, vrai fidèle, vrai croyant : *la religion des musulmans.* — Adj. Se dit surtout de ce qui concerne la religion des mahométans : *les rites musulmans.*

*** MUSURGIE** s. f. [mu-zur-jî] (gr. *mousa,* chant; *ergon,* œuvre). Mus. Art d'employer à propos les consonances et les dissonances.

MUSURUS (Marc), savant correcteur d'imprimerie, né à Rétimo (Crète), vers 1470, mort en 1517, fort jeune en Italie, où il étudia sous Jean Lascaris et corrigea les meilleures éditions des ouvrages grecs que produisirent les presses de Alde l'Ancien. Le pape Léon XII lui donna l'archevêché de Malvasia en Morée (1516).

MUTA ou **Tacita,** déesse du silence, chez les Romains.

*** MUTABILITÉ** s. f. (lat. *mutabilitas;* de *mutare,* changer). Qualité de ce qui est muable, de ce qui est sujet à changer : *la mutabilité des choses du monde.*

MUTABLE adj. Qui est sujet au changement.

MUTACISME s. m. (lat. *mutacismus*). Difficulté de prononcer les lettres B, M, P.

MUTAGE s. m. (lat. *mutare,* changer). Action d'arrêter la fermentation d'une liqueur sucrée ou vineuse, en y introduisant du sulfate de chaux ou de l'acide sulfurique.

*** MUTATION** s. f. (lat. *mutatio*). Changement, remplacement d'une personne par une autre : *il y a eu de nombreuses mutations dans ce régiment, dans cette administration.* — Révolution. En ce sens, ne s'emploie guère qu'au pluriel : *les grandes mutations dans les Etats ont été causées par la faiblesse ou par la violence des princes.* — **Législ.** « L'impôt perçu par l'Etat sur les mutations de propriété qui ont lieu par suite de ventes, d'échanges, de donations entre vifs, etc., est compris dans les droits d'enregistrement, et se perçoit sur la présentation des actes authentiques ou sous seings-privés qui constatent les translations de propriété. (Voy. Enregistrement, Donation, Vente, etc.) On nomme plus spécialement *droit de mutation,* l'impôt dû à l'Etat sur l'actif brut de toute succession ouverte. Ce droit doit être payé dans le délai de six mois, à compter du jour du décès, lorsque le décès a eu lieu en France; et il est perçu sur les déclarations des héritiers ou légataires, et sur la production d'inventaires et des autres actes propres à établir l'actif de la succession. Les déclarations sont faites au bureau d'enregistrement du canton dans lequel a eu lieu le décès, pour tout ce qui concerne l'actif mobilier ; et au bureau du canton où est situé un immeuble, pour les droits à payer sur la mutation de cet immeuble. Les droits de mutation par décès sont ainsi fixés, pour meubles ou immeubles, sur toutes les valeurs françaises ou étrangères dépendant des successions ouvertes en France, et par 100 fr. du capital, sans déduction des dettes, savoir : en ligne directe, 1 fr.; entre époux, 3 fr.; entre frères et sœurs, neveu ou nièces et oncles ou tantes, 6 fr. 50; entre petits-neveux ou petites-nièces et grands oncles ou grandes tantes et entre cousins au 4e degré, 7 fr. ; entre parents au delà du 4e degré, jusqu'au 12e, 8 fr.; entre parents au delà du 12e degré et entre personnes non parentes, y compris l'époux survivant, lorsqu'il n'est appelé à la succession qu'à défaut de parents au degré successible, 9 fr. Ces droits doivent être majorés de deux décimes et demi surajoutés par les lois fiscales. Ils sont réduits à moitié lorsqu'ils s'appliquent à des droits d'usufruit; mais le nu-propriétaire est tenu, de son côté, à payer un droit entier. La valeur estimative des immeubles est calculée, à défaut de bases certaines, sur le taux de vingt fois le revenu, pour les immeubles de ville, et de vingt-cinq fois le revenu, pour les immeubles ruraux. Les rentes perpétuelles sont évaluées à vingt fois le revenu annuel, et les rentes viagères à dix fois ce revenu. Les rentes sur l'Etat et les autres titres cotés à la Bourse sont capitalisés au cours moyen officiel du jour du décès. Le défaut de déclaration dans le délai prescrit, donne lieu à une amende égale à un demi-droit de mutation, en sus du droit dû; et s'il y a, dans une déclaration faite, omission de valeur ou estimation insuffisante, il est dû un droit entier en sus (L. 22 frimaire an VII, 28 avril 1816, 23 août 1871, et juin 1875, etc.). La loi du 23 juin 1857 et celle du 16 sept. 1871, ont établi un impôt de mutation ou droit de transmission sur la négociation des actions et obligations des sociétés et des établissements publics. (Voy. Valeur.) »

(Ch. Y.)

MUTER v. a. (lat. *mutare,* changer). Soumettre à l'opération du mutage : *vin muté.*

MUTILATEUR, TRICE adj. (lat. *mutilator*). Qui mutile.

*** MUTILATION** s. f. (lat. *mutilatio*). Retranchement d'un membre ou de quelque autre partie extérieure du corps : *l'amputation de la cuisse est une cruelle mutilation.* — Se dit aussi en parlant des statues, des tableaux, des édifices, et même des productions littéraires : *réparer les mutilations d'une statue, d'un tableau, d'un arc de triomphe.*

*** MUTILER** v. a. (lat. *mutilare*). Retrancher, couper. Il est principalement d'usage lorsqu'on parle du retranchement d'un membre ou de quelque autre partie extérieure du corps humain, ou de quelque partie d'une statue : *mutiler quelqu'un d'un bras, d'un pied.* — Absol. Châtrer : *la jalousie des Orientaux les porte à mutiler les esclaves auxquels ils confient la garde de leurs femmes.* — Par ext. Se dit en parlant des tableaux, d'édifices, etc., et signifie, défigurer, briser : *on a mutilé le chapiteau de cette colonne.* — Se dit, fig., en parlant des ouvrages d'esprit : *la censure a cruellement mutilé cet ouvrage.* — Se mutiler v. pr. Se châtrer : *Origène se mutila dans un accès de pieuse frénésie.*

*** MUTIN, INE** adj. (anc. franç. *muete,* trouble). Obstiné, têtu, querelleur : *esprit, caractère mutin.* — Séditieux : *ces peuples sont légers et mutins.* — s. *Les mutins se rendirent les maîtres.* — Un visage, un air mutin, un visage, un air vif, éveillé, piquant. On dit, dans le même sens, Des yeux mutins.

MUTINA [mou'-ti-na]. Voy. Modène.

MUTINÉ, ÉE part. passé de Mutiner. — Poét. et fig. Les flots, Les vents mutinés, les flots agités, les vents impétueux.

MUTINER v. a. Exciter à la sédition, à la mutinerie. — * Se mutiner v. pr. Se porter à la sédition, à la révolte : *les troupes, se mutinèrent; cet ordre rigoureux fit mutiner les soldats.* — Dans cette dernière phrase, il y a ellipse du pronom. — Se dit aussi d'un enfant qui se dépite : *il se mutine à chaque instant.*

*** MUTINERIE** s. f. Tumulte de gens mécontents, sédition : *la mutinerie des troupes, du peuple.* — Obstination d'un enfant qui se dépite : *il faut punir les enfants de leur mutinerie.*

MUTIQUE adj. (lat. *muticus,* imberbe). Qui n'a ni pointes ni épines. — Bot. Se dit de la glume des graminées, quand elle n'a ni soies ni arêtes.

*** MUTISME** s. m. Etat de celui qui est muet : *le mutisme de naissance est presque toujours incurable.* — ✳. Fig. Silence obstiné.

MUTITÉ s. f. (lat. *mutitas*). Physiol. Etat de celui qui est muet.

MUTTRA ou **Matara** (Arabie.) Voy. Mascate.

MUTTRA [meut'-tra], ville de l'Inde anglaise, dans les provinces du N.-O., capitale du district du même nom, sur la rive occidentale de la Jumna, à 50 kil. N.-N.-O. d'Agra ; 51,540 hab. Les Anglais ont de grands cantonnements dans les environs. Les Hindous ont un respect religieux pour Muttra, comme étant le lieu de naissance de Krichna; la ville est pleine de singes, de taureaux, de perroquets et de paons sacrés, qui la parcourent librement. Mahmoud de Ghuzni la mit à sac en 1017. L'occupation anglaise date de 1803.

MUTUALISME s. m. (rad. *mutuel*). Système de mutualité. — Association de mutualistes. On dit aussi Mutuellisme.

MUTUALISTE s. m. Partisan du mutualisme.

*** MUTUALITÉ** s. f. Etat de ce qui est mutuel; réciprocité : *une société d'assurance fondée sur la mutualité.*

*** MUTUEL, ELLE** adj. Réciproque entre deux ou plusieurs personnes, entre deux ou plusieurs choses : *amour mutuel.* — Assurance mutuelle. (Voy. Assurance.) — Enseignement mutuel, système dans lequel les élèves s'instruisent les uns les autres. — Ecole mutuelle, école où l'on applique les principes de l'enseignement mutuel. Les élèves, disposés en demi-cercles, autour de tableaux pendus à la muraille, reçoivent les leçons de *moniteurs* ou élèves plus instruits. Ce système, très ancien dans l'Indoustan, fut introduit en Angleterre par Andrew Bell, qui eut beaucoup de peine à le faire adopter. (Voy. BELL.) Un jeune quaker, nommé Joseph Lancaster, se vouant à l'instruction de plus de 1,000 enfants pauvres, et ne pouvant, faute d'argent, se procurer de sous-maîtres, fut le premier à reconnaître l'utilité du système mutuel (1802). Tel fut son succès que moins de 15 ans plus tard sa méthode était répandue dans presque tous les pays du continent, où elle remplaça un instant l'enseignement simultané préconisé par La Salle et adopté par les frères des écoles chrétiennes.

* **MUTUELLEMENT** adv. Réciproquement. *ils s'aident mutuellement.*

Aidons-nous *mutuellement.*

FLORIAN.

MUTUELLISME s. m. Synon. de MUTUALISME.

MUTUELLISTE s. m. Voy. MUTUALISTE.

* **MUTULE** s. f. (lat. *mutulus*). Archit. Ornement propre à la corniche de l'ordre dorique, et qui représente, au-dessous du larmier, l'extrémité des chevrons. C'est ce qu'on appelle MODILLON, dans les autres ordres: *les mutules sont placées au-dessus des triglyphes et des métopes, et ont des gouttes pendantes à leur surface saillante et inclinée.*

MUY (Louis-Nicolas-Victor DE FÉLIX, *comte du*), maréchal de France né à Marseille en 1711, mort à Paris en 1775. Il fit d'abord partie de l'ordre de Malte, devint menin du dauphin en 1744, assista l'année suivante à la bataille de Fontenoy, devint ministre de la guerre (1774) et reçut le bâton de maréchal (1775).

MUYSCAS ou **Chibchas** [mou-iss'-kass ; tchib'-tchass], race d'Indiens de l'Amérique du Sud (Etats-Unis de Colombie). Leur civilisation était très avancée ; ils avaient fondé un empire qui, au temps de la conquête espagnole, comptait de 1,200,000 à 2,000,000 d'hab. Ils se divisaient en trois nations indépendantes, gouvernées par le *zipa* résidant à Funza, le *zaqui* à Tunja, et le *jeque*, chef ecclésiastique, à Sogamoso. Ils adoraient le soleil, auquel ils offraient des sacrifices humains. Ils cultivaient le sol, tissaient le coton, et connaissaient l'usage de la monnaie. Ils savaient sculpter l'os, le bois, la pierre et travailler les métaux précieux. Quelques peuplades, sur les bords de la Meta, parlent encore leur langue.

MUZIANO (Girolamo) [mou-dzi-a'-no], artiste italien, né en 1528, mort en 1590 ou 1592. Les églises de Rome et d'autres villes italiennes contiennent un grand nombre de belles peintures à l'huile ou à fresque, qui sont de lui. Il faisait aussi de la mosaïque et de l'architecture. C'est lui qui obtint le bref pour l'établissement de l'académie de Saint-Luc à Rome. On a gravé beaucoup de ses tableaux.

MUZILLAC, ch.-l. de cant., arr. et à 30 kil. S.-E. de Vannes (Morbihan); 2,500 hab.

MYCALE (auj. *Samsun*), montagne au S. de l'Ionie (Asie Mineure). Elle est à l'extrémité occidentale du mont Mesogis et forme un promontoire qu'on appelait Mycale ou Trogylium (auj. cap Santa-Maria), en face de Samos, dont il est séparé par un détroit large de 1 kil. Ce détroit a été le théâtre d'une grande victoire navale des Grecs commandés par Leotychides, roi de Sparte, et par l'Athénien Xantippe, sur 400,000 Perses, le 22 sept. 749 av. J.-C., le jour même où Mardonius était vaincu et tué à Platée.

MYCÉLIUM s. m. [mi-sé-li-omm] (gr. *mukés*, champignon). Bot. Assemblage de fila-

ments qui constitue le tronc du champignon et qui est produit par la végétation des spores. (Voy. BLANC DE CHAMPIGNON et CHAMPIGNON.)

MYCÈNES, ville de la Grèce ancienne, sur une colline rocheuse, à l'extrémité N.-E. de la plaine d'Argos. Elle passe pour avoir été fondée par Persée, et ses murailles massives étaient, disait-on, l'ouvrage des cyclopes. Elle est représentée comme la principale cité de la Grèce lorsqu'elle avait Agamemnon pour roi. Vers 468 avant J.-C., les Argiens la réduisirent par la famine et la détruisirent.

Porte des Lions, à Mycène.

Elle ne fut jamais rebâtie ; mais ses restes, près du village de Kharvati, sont parmi les antiquités les plus majestueuses et les plus intéressantes de la Grèce. En 1876-'77, le Dr Schliemann fit des fouilles dans l'acropole, et découvrit beaucoup de tombes, riches en objets de bronze et d'or.

MYCÉNIEN, IENNE s. et adj. De Mycène ; qui appartient à cette ville ou à ses habitants.

MYCÈTE s. m. Mamm. Genre de grands singes d'Amérique qui ressemblent aux babouins pour la disposition de l'angle facial et aux gibbons pour leur cynisme. L'araguato

Mycète (Mycetes ursinus).

(*mycetes ursinus*) est d'un brun rougeâtre, avec un long collier de barbe et une face d'un noir bleuâtre ; il mesure environ un mètre de long sans compter la queue.

MYCÉTOGRAPHE s. m. (gr. *mukés*, champignon ; *graphein*, décrire). Celui qui décrit les champignons.

MYCÉTOLOGIE s. f. (gr. *mukés*, champignon ; *logos*, discours). Traité sur les champignons.

MYCÉTOPHAGE adj. (gr. *mukés*, champignon ; *phagein*, manger). Qui se nourrit de champignons.

MYCÉTOPHILE s. m. (gr. *mukés*, champignon ; *philein*, aimer). Amateur de champignons.

MYCODERME s. m. (gr. *mukés*, champignon ; fr. *derme*). Bot. Nom donné à diverses végétations parasites, formées d'algues ou de champignons, qui se produisent à la surface des liquides en voie de fermentation. Le *mycoderme acétique* (*mycoderma aceti*) a la propriété de transformer l'alcool en vinaigre.

MYCOLOGIE s. f. (gr. *mukos*, mucus; *logos* discours). Bot. Histoire des mucédinées.

MYCONI [mi'-ko-ni] ou **Mycono** (anc. *Myconus*), île de Grèce, dans la mer Egée, une des Cyclades, à l'E. de Delos et au N. de Naxos. Elle a environ 16 kil. de long sur 10 de large; environ 6,000 hab. Blé, vin, coton et figues.

MYCTÉRISME s. m. (gr. *muktér*, nez.) Littér. Ironie insultante et prolongée pendant laquelle l'orateur regarde de haut en bas et avec dédain celui qu'il veut humilier.

MYDRIASE s. m. (gr. *mudriasis*). Pathol. Paralysie de l'iris, caractérisée par une grande dilatation de la pupille.

* **MYÉLITE** s. f. (gr. *muelos*, moelle). Méd. Inflammation de la moelle épinière. La myélite débute par un engourdissement, des crampes, des fourmillements aux doigts et aux orteils; puis il survient, dans un point du rachis, une douleur qui augmente par la percussion ; la respiration devient irrégulière et pénible, à cause d'un serrement convulsif du thorax ; la paralysie affecte la motilité et parfois la sensibilité. Lorsque la myélite siège à la région lombaire, les membres inférieurs sont seuls paralysés; si elle siège à la partie cervicale, les membres supérieurs sont aussi affectés. Le traitement est le même que celui de l'encéphalite, en insistant sur les cautères et les moxas près du point où se trouve l'altération. La *myélite chronique* présente à peu près les mêmes symptômes, seulement elle se développe lentement et sans fièvre.

MYÉLOPHILE adj. (gr. *muelos*, moelle ; *philos*, qui aime). Entom. Qui vit dans la moelle.

MYGALE s. f. (gr. *mugalé*, musaraigne ; de *mus*, rat ; *galé*, belette). Arachn. Grand genre d'araignées territèles, comprenant des espèces dont les yeux sont toujours situés à l'extrémité antérieure du thorax et ordinairement très rapprochés. Les mygales habitent des tubes soyeux qu'elles cachent dans des trous, sous des pierres, dans les feuilles ou sous des écorces d'arbres. Le genre mygale comprend les plus grosses araignées. La *mygale crabe* ou *araignée des oiseaux* (*mygale avicularia; aranea avicularia*), de l'Amérique du Sud, est longue d'environ 7 centim. 50; d'un brun foncé ou noirâtre; son corps est très velu et les extrémités de ses pattes sont rougeâtres. Vorace, sanguinaire et très forte, elle se précipite avec une rapidité extraordinaire sur les petits oiseaux, qu'elle prend au vol et qu'elle égorge sans peine. Elle ne file pas de toile. Elle est d'une taille à couvrir, lorsque ses pattes sont étendues, une surface de 25 à 30 centim. Il existe, dans dans l'Amérique du Sud, d'autres espèces plus grosses encore, qui se nourrissent principalement de grands orthoptères, et que les Indiens mangent parce qu'ils leur supposent des propriétés médicinales. On trouve, dans le midi de la France, la *mygale maçonne* ou *araignée mineuse* (*migale cæmentaria*), longue d'environ 48 millim. Elle est remarquable par l'industrie qu'elle apporte dans la construction de son nid. Elle creuse dans un terrain calcaire et nu, ordinairement en pente, un canal cylindrique, dont elle consolide la voûte par une toile. L'issue de cette retraite est fermée par une porte circulaire fixée au moyen d'une espèce de charnière et qui retombe par son propre poids.

MYLÆ, auj. *Milazzo.* (Voy. ce mot.) Les Romains, commandés par le consul Duilius, y remportèrent leur première victoire navale sur les Carthaginois, auxquels ils prirent 50 navires (260 av. J.-C.). C'est encore dans cette baie que la flotte de Sextus Pompée fut vaincue par celle d'Agrippa (36 av. J.-C.).

MYLES, nom de deux petites îles de la côte de Crète. — Place forte de l'ancienne Thessalie.

MYLITTA, nom grec de la déesse babylonienne *Beltis* ou *Bilit* (en phénicien, *Baaltis*, la Dame). Elle réunissait les attributs de Junon, de Vénus et de Diane, mais était surtout la déesse des naissances et de la fécondité. Elle avait des temples à Ninive, à Ur, à Erech, à Nipour et à Babylone.

MYLODON s. m. (gr. *mulé*, moulin; *odous, odontos,* dent). Genre d'édentés fossiles gigantesques, établi par le professeur Owen, et proche parent des paresseux. Ils ressemblent au *mégalonyx* et au *mégathérium.* Le *mylodon Darwini* (Owen) a été découvert par Darwin dans la Patagonie septentrionale. On le trouve à partir des pampas du Brésil. Le *mylodon robustus* (Owen) a été découvert en 1841 dans les dépôts fluviatiles récemment élevés au-dessus du niveau de la mer. Le squelette est très robuste; le tronc, plus court que celui de l'hippopotame, se termine par un bassin aussi large et aussi profond que celui de l'éléphant; les membres postérieurs sont courts et massifs; la queue, aussi longue que les jambes de derrière, est très épaisse, et offrait un appui solide à l'animal pour se dresser à demi; la poitrine, longue et vaste, est protégée par 16 paires de côtes larges et fortement attachées à un sternum bien développé; il y a 16 vertèbres dorsales, avec de larges, hautes et épineuses apophyses, à peu près égales entre elles et ayant toute la même inclinaison en arrière. On ne trouve de pareilles proportions dans aucun des animaux vivants, et, parmi les fossiles, seulement dans le mégathérium. C'était probablement, comme les paresseux d'aujourd'hui, un animal pacifique, bien que capable d'infliger de graves blessures avec ses griffes lourdes et tranchantes.

MYOGRAPHE s. m. (gr. *muón,* muscle; *grapein,* écrire). Auteur d'une description des muscles. — Appareil qui représente graphiquement les contractions musculaires. Il fut inventé par Helmholtz en 1850 et ensuite perfectionné par Du Bois Raymond.

MYOGRAPHIE s. f. Représentation des muscles. S'emploie quelquefois pour MYOLOGIE.

MYOLOGISTE ou **Myologue** s. m. Physiol. Celui qui s'occupe spécialement de l'étude des muscles. — Auteur d'un traité sur les muscles.

MYOLOGIE s. f. (gr. *muón,* muscle; *logos,* discours). Partie de l'anatomie qui traite des muscles. (Voy. MUSCLE.)

MYOPE s. (gr. *muein,* lier; *ops,* œil). Celui, celle qui a la vue fort courte, et qui ne peut voir les objets éloignés sans le secours d'un verre concave : *un myope.* — Adj. *Un enfant myope.* — Fig. Personne peu perspicace.

MYOPE s. m. (gr. *muia,* mouche; *ops,* aspect). Entom. Genre de diptères renfermant une vingtaine d'espèces qui habitent la France et qui fréquentent les prés et les lieux humides. Les myopes se trouvent ordinairement sur les fleurs. L'espèce type, le *myope ferrugineux,* est répandu dans toute l'Europe.

MYOPIE s. f. État de ceux qui ont la vue courte : *la cause de la myopie est la trop grande convexité du globe de l'œil.* (Voy. LUNETTE.)

MYOSIE s. f. (gr. *muô,* je cligne des yeux). Pathol. Contraction permanente de la pupille de l'œil.

MYOSITE s. f. (gr. *muôn,* muscle). Pathol. Inflammation des muscles.

MYOSOTIS s. m. [mi-o-zo-tiss] (gr. *mus, muos,* souris; *ous, ôtos,* oreille). Bot. Genre de borraginées, dont l'espèce la plus populaire *(myosotis palustris),* est vulgairement appe-

Myosotis des marais (Myosotis palustris).

lée en France, *ne-m'oubliez-pas,* en Angleterre *forget-me-not* et en Allemagne *vergissmein-nicht.* C'est la plante que l'Académie nomme *oreille de souris.* Ses élégantes petites fleurs sont d'un joli bleu d'azur, parfois blanches ou rosées. On trouve cette plante dans presque toute l'Europe; elle forme de charmants bouquets; dans quelques endroits, on la nomme : *plus je vous voi, plus je vous aime,* parce qu'elle est le symbole de l'amitié et de la reconnaissance. Le *myosotis hispide (myosotis hispida)* et le *myosotis versicolore* se trouvent également chez nous.

MYOTOMIE s. f. (gr. *muôn,* muscle; *tomé,* section). Partie de l'anatomie, qui a pour objet la dissection des muscles.

MYRI, Myria, Myrio. Préfixe qui signifie dix mille, et, fig., un très grand nombre; il vient du grec *murioi* qui veut dire dix mille, et entre dans la formation d'un grand nombre de mots.

MYRIAGRAMME s. m. (préf. *myria;* fr. *gramme*). Métrol. Poids de dix mille grammes.

MYRIADE s. f. (gr. *murias,* dizaine de mille) Antiq. Nombre de dix mille. — Se dit, dans le langage ordinaire, d'une quantité indéfinie et innombrable : *il y a des myriades d'étoiles qu'on ne peut apercevoir à l'œil nu.*

MYRIALITRE s. m. (préf. *myria;* fr. *litre*). Métrol. Dix mille litres.

MYRIAMÈTRE s. m. (préf. *myria;* fr. *mètre*). Mesure itinéraire, qui vaut dix mille mètres, ou environ deux lieues de poste : *une distance de cinq myriamètres.*

MYRIAPODE s. m. (préf. *myria;* gr. *pous, podos,* pied). Entom. Animal qui appartient à la classe des myriapodes. — s. m. pl. Classe d'articulés, caractérisée surtout par le nombre considérable des pattes et aujourd'hui complètement séparée des insectes. On dit aussi MILLE-PATTES ou MILLE-PIEDS. — La classe des myriapodes se distingue des insectes par le nombre extraordinaire des pattes, par les segments plus nombreux du corps, par l'absence de division distincte entre le thorax et l'abdomen et par le manque d'ailes. Les organes de la respiration se composent de deux trachées parallèles le long du corps, dans lesquelles s'ouvrent les stigmates. Les myriapodes font le trait d'union entre les crustacés et les insectes. Ils se meuvent avec une grande rapidité en formant de nombreuses ondulations; ils peuvent marcher à reculons en faisant usage seulement de leurs quatre pattes postérieures qui, dans la marche ordinaire traînent, immobiles derrière eux. Ils sont

carnivores et deviennent la terreur des habitants des climats chauds, parce qu'ils atteignent souvent une grande taille et sont alors capables de faire de graves blessures. Dans quelques pays, leur morsure, quoique n'étant jamais mortelle, est plus douloureuse que celle du scorpion. Les myriapodes se divisent en deux familles : 1° *iules;* 2° *chilopodes* (scolopendre, lithobies, etc.).

MYRICA s. m. (gr. *muriké,* tamaris). Bot. Genre type de la famille des myricées, distingué par des fleurs disposées en chatons dioïques. Les principales espèces de ce genre sont : le *cirier* et le *galé.* (Voy. ces mots.)

MYRICÉ, ÉE adj. Bot. Qui ressemble au myrica — s. f. pl. Petite famille d'amentacées, comprenant les deux genres myrica et comptonie.

MYRICINE s. f. (gr. *muron,* onguent). Chim. Substance particulière qu'on trouve dans le beurre de muscade.

MYRICYLE s. m. (gr. *muriké,* tamaris; *ulé,* matière). Chim. Alcool qui existe à l'état d'éther palmitique dans la cire des abeilles.

MYRISTICÉ, ÉE adj. Bot. Qui ressemble au muscadier. — s. f. pl. Famille de magnoliacées, qui a pour type le genre muscadier.

MYRISTIFICATION s. f. (gr. *myristika,* muscadier). Anat. Aspect de muscade que prend le foie quand les conduits sont engorgés de bile jaune et les capillaires congestionnés de sang.

MYRMÉCOBIE s. m. (gr. *murmex,* fourmi; *bios,* vie). Maurm. Genre de marsupiaux, dont l'espèce type est le *myrmécobie à bandes (myrmecobia faciatus),* de l'Australie méridionale et occidentale. Longueur, 35 centim., sans compter la queue qui mesure 17 centim. La couleur générale de la partie antérieure du corps est rougeâtre, avec un pelage grossier en dessus et plus fin en dessous; la partie inférieure est d'un blanc fauve. Ils n'ont pas de poche; les petits, dont le nombre varie de cinq à huit, sont protégés par les longs poils du ventre de la mère. Ils sont doux, actifs, et ressemblent à l'écureuil. Ils se nourrissent d'insectes, principalement de fourmis.

MYRMIDON ou **Mirmidon** s. m. (gr. *murmex,* fourmi). Nom de peuple qui est devenu un nom appellatif, par lequel on désigne avec mépris, avec raillerie, un jeune homme de très petite taille : *voilà un plaisant myrmidon.* — Fig. Celui qui a des prétentions exagérées et ridicules, qui fait de vains efforts pour paraître supérieur aux autres et à lui-même : *des myrmidons en littérature.* (Fam.) — Antiq. Les Myrmidons formaient une race achéenne, de Phtiotide, en Thessalie. Suivant la légende, ils venaient originairement d'Egine, où, à la requête d'Eaque, Jupiter avait changé toutes les fourmis *(murmex)* de l'île en hommes. Plus tard, ils suivirent Pélée en Thessalie et accompagnèrent son fils Achille dans l'expédition contre Troie. C'est d'eux que vient le mot myrmidons, désignant une bande de soldats brutaux ou de maraudeurs sans scrupules, dévoués à la volonté d'un chef.

MYROBOLAN s. m. (gr. *muron,* onguent; *balanos,* gland). On donne ce nom à plusieurs espèces de fruits desséchés qui sont apportés de l'Amérique et de l'Inde, qui entrent dans quelques compositions pharmaceutiques : *autrefois, on administrait les myrobolans comme laxatifs.*

MYROBOLANT, ANTE adj. Qui est merveilleux, étonnant.

MYRON, sculpteur grec, né vers 480 av. J.-C. Il représenta la figure humaine en des attitudes diverses, et il modela en outre des animaux avec succès. Ses chefs-d'œuvre étaient presque tous en bronze. Les plus cétèbres sont le *Discobole*, ou lanceur de disque, dont il existe plusieurs copies en marbre, et sa *Vache*.

MYROSPERME s. m. (gr. *muron*, parfum; *sperma*, semence). Bot. Genre de papilionacées, renfermant deux espèces de l'Amérique méridionale, très intéressantes par leurs produits. Le *myrosperme du Pérou* (*myroxylon Pereiræ*) est un grand arbre résineux qui croît dans toute l'Amérique centrale

Myrosperme du Pérou.

et méridionale et qui atteint 20 m. de haut. C'est lui qui fournit le *baume du Pérou*. Le *myrosperme de tolu* (*myroxylon toluiferum*) se rencontre dans les mêmes pays que le précédent. Il découle de son tronc un baume résineux appelé *baume de tolu*.

MYROTÉ s. m. (gr. *muron*, parfum). Pharm. Médicament qui a une huile essentielle pour excipient.

MYRRHA, fille de Cinyre, roi de Chypre, et mère d'Adonis. Ovide a merveilleusement décrit, dans une de ses odes, l'amour incestueux de Myrrha pour son propre père. Chassée de Chypre, elle se retira en Arabie, où elle donna le jour à Adonis, fruit de ses criminelles amours. Elle fut métamorphosée en la plante qui porte la myrrhe.

*MYRRHE s. f. (gr. *murra*, parfum). Sorte de gomme odorante, médicinale, qui vient de l'Arabie Heureuse : *la myrrhe transparente passe pour la meilleure de toutes*. — ENCYCL. La myrrhe est une gomme résine, citée dans l'Ancien Testament comme article de commerce, et l'un des plus anciens produits médicinaux dont il soit fait mention. Elle est donnée par un petit arbre (*balsamodendron Ehrenbergianum*), originaire d'Afrique, d'Arabie et d'autres parties de l'Asie. C'est une exsudation naturelle qui peut être augmentée par une blessure, faite à l'écorce de l'arbre. Elle est d'abord jaune clair et molle, mais elle devient plus foncée et plus dure à mesure qu'elle sèche. On trouve la myrrhe en morceaux ou larmes de dimensions variables; elle est cassante, d'un jaune rougeâtre ou d'un brun rougeâtre demi-transparent, avec une cassure terne et huileuse. L'odeur est aromatique, caractéristique et plaît au sens. Le goût est également aromatique et amer. Les Hébreux employaient la myrrhe à préparer le parfum pour le rite de la consécration, et on en fait mention comme d'un des articles usités dans la purification des femmes, dans les embaumements et comme parfum. On s'en sert aujourd'hui en médecine comme d'un stimulant et d'un tonique.

*MYRRHIS s. m. [mirr-riss]. Plante ombellifère et médicinale, dont les feuilles sont assez semblables à celles de la ciguë. On la nomme aussi : CERFEUIL MUSQUÉ, et CICUTAIRE ODORANTE.

MYRSIPHYLLE s. m. (gr. *mursiné*, myrte; *phullon*, feuille). Bot. Goure d'asparaginées dont une espèce (*myrsiphyllum asparagoides*) originaire du cap de Bonne-Espérance, est recherchée dans plusieurs pays comme plante d'ornement.

Myrsiphyllum asparagoides.

MYRTACÉ, ÉE adj. Bot. Qui ressemble au genre myrte. — s. m. pl. Famille de myrtoidées, comprenant un grand nombre d'espèces et divisée en 5 tribus, savoir : 1° *chamælauciées*, fruit sec à une loge (calythrix, chamælaucium); 2° *leptospermées*, fruit sec déhiscent à plusieurs loges (tristanie, beaufortie, mélaleuque, eucalyptus, callistemon, leptosperme, fabricie); 3° *myrtées*, fruit charnu à deux ou plusieurs loges (goyavier, myrte, zizygium, giroflier, eugénie); 4° *barringtoniées*, fruit toujours indéhiscent à plusieurs loges (barringtonie, gustavie); 5° *lecythidées*, fruit sec, s'ouvrant transversalement par le sommet qui se détache en opercule (bertholletie, etc.).

*MYRTE s. m. (gr. *muron*, parfum). Bot. Genre type de la famille des myrtacées, comprenant plusieurs espèces d'arbrisseaux ou d'arbres à fleurs accompagnées de deux petites bractées, solitaires à l'aisselle et ordinairement blanches, quelquefois rouges. Le *myrte commun* (*myrtus communis*) est un arbrisseau dont la hauteur ne dépasse jamais 7 mètres, à feuilles brillantes opposées et à pédoncules axillaires dont chacun porte une fleur unique blanche, ou teintée de rose

Myrte commun (Myrtus communis).

et d'une odeur agréable, à laquelle succède une baie contenant plusieurs graines. On se servait jadis des boutons et des baies de cet arbrisseau pour donner du goût à différents mets; ces parties de la plante jouissaient d'une certaine réputation par leurs propriétés médicinales. A présent on emploie surtout le myrte en parfumerie. En France, le myrte commun n'atteint pas plus de deux mètres de haut. On ne le cultive plus que pour la décoration des jardins. Très en faveur dans l'antiquité, il figurait dans les cérémonies grecques et romaines. On l'avait dédié à Vénus, et il servait à tresser les couronnes des triomphateurs.

*MYRTIFORME adj. Anat. Qui a la forme d'une feuille de myrte : *les caroncules myrtiformes*.

*MYRTILLE s. f. [mir-ti-le]. Bot. Un des noms de l'airelle.

MYSIE. Géogr.anc. Division de l'AsieMineure comprenant la région du N.-O. Au temps des premiers empereurs romains, elle englobait, entre autres territoires, la Troade au N.-O. et la Teuthranie (avec Pergame) avec la côte de l'Éolie, au S.-O. Montagnes: l'Ida, le Temnus et l'Olympe. Cours d'eau : le Scamandre, le Simoïs, le Granique et le Rhyndacus. Tour à tour sous la domination de Crésus, des rois de Perse, d'Alexandre de Macédoine, de son général Lysimaque et des Séleucides, la Mysie fut attribuée par les Romains, après leur victoire sur Antiochus le Grand (190), au nouveau royaume de Pergame; et elle devint, avec le reste de ce royaume, une partie de la province proconsulaire d'Asie en 133.

MYSIEN, IENNE s. et adj. De la Mysie; qui appartient à ce pays ou à ses habitants.

MYSORE. I. État autonome de l'Inde méridionale, sous la protection des Anglais, entre 11° 30' et 15° lat. N. et entre 72° 25' et 76° 25' long. E., presque entièrement entouré par la province de Madras; 5,053,412 hab., presque tous Hindous. L'État comprend trois divisions: Nandidroog, Ashtagram et Nagar. Villes principales : Bangalore, capitale administrative; Mysore et Seringapatam. Le pays forme un haut plateau séparé de la côte maritime par les ghauts occidentales. Principaux cours d'eau : la Cavery, la Tungabudra et le Pennar, septentrional et méridional. Le climat est sain. La hauteur moyenne des eaux pluviales est environ de 30 pouces par an. Grains, légumes et fruits de l'Inde méridionale, aussi bien que beaucoup d'autres appartenant aux climats tempérés. On récolte surtout le riz, la canne à sucre, le *ragi* (espèce de blé grossier) et le froment. On trouve du carbonate de soude, du sel et du fer. Couvertures grossières, tapis, châles, tissus de coton. — Il est question de Mysore dans les écrits mythologiques des Hindous. Il fut incorporé à l'empire mongol en 1326; mais, bientôt après, il devint indépendant. En 1749, Hyder Ali fit son apparition comme volontaire dans l'armée de Mysore et finalement s'éleva jusqu'à être souverain du pays. A la mort de son fils, Tippoo Sahib, les Anglais annexèrent une portion considérable de ses domaines. — II. Ville forte, historiquement la capitale du pays, à 7 kil. S.-O. de Seringapatam; 57,765 hab. Bien bâtie, rues régulières et bien tenues. Le manque de bonne eau potable est la principale cause de l'insalubrité de l'endroit. La principale industrie est la fabrication des tapis.

*MYSTAGOGUE s. m. (gr. *mustés*, initié; *agein*, conduire). Hist. gr. Prêtre qui initiait aux mystères de la religion.

*MYSTÈRE s. m. (lat. *mysterium*). Secret. Se dit proprement en matière de religion, et signifie, en ce sens ce de plus caché: *toutes les religions ont leurs mystères*. — Rel. chrét Tout ce qui est proposé pour être l'objet de la foi des fidèles : *le mystère de la Trinité, de l'Incarnation*. — LES SAINTS MYSTÈRES, le sacrifice de la messe: *célébrer les saints mystères*. — Fig. Opérations secrètes de la nature, mouvements cachés du cœur humain, et moyens les moins vulgaires employés par les beaux-arts: *étudier, approfondir, pénétrer, révéler les mystères de la nature, les mystères du cœur humain*. — Fig. Ce qu'il y a de caché, de secret dans les affaires humaines: *les mystères de la politique*. — Certains soins, certaines précautions que l'on prend pour n'être point entendu, pour n'être point observé : *il m'a entretenu, avec beaucoup de mystère, de tous ses chagrins*. — Difficulté que l'on fait touchant quelque chose, importance qu'on y attache Se prend ordinairement en mauvaise part : *pourquoi faire tant de mystère pour nous dire ce que tout le monde sait ?—* FAIRE MYSTÈRE, UN MYSTÈRE D'UNE CHOSE, la tenir secrète, la cacher avec soin : *il nous a fait mystère de sa naissance, de sa profession.*

Elle aura tout mon bien, je n'en fais point mystère.
COLLIN D'HARLEVILLE. *L'Inconstant,* acte III, sc. IV.

On dit, dans le même sens, METTRE DU MYS-TÈRE A QUELQUE CHOSE. On dit prov. dans le même sens, IL EST TOUT COUSU DE PETITS MYSTÈRES, IL EST TOUT MYSTÈRE DE LA TÊTE AUX PIEDS. — Nom que nos pères donnaient à certaines pièces de théâtre dont le sujet était tiré de la Bible, et où ils faisaient intervenir Dieu, les anges, les diables, etc. : *les diables jouèrent plaisamment le mystère.* (Voy. MI-RACLES ET MORALITÉS.) — ENCYCL. Dans les anciennes religions, les mystères étaient des cérémonies auxquelles les initiés seuls étaient admis. On en retrouve obscuré-ment la trace dans l'Orient primitif, dans les rites d'Isis et d'Osiris en Egypte, dans les solennités en l'honneur de Mithra en Perse, dans les fêtes introduites en Grèce dans le culte de Bacchus et de Cybèle. Ils persistè-rent pendant la décadence de Rome et peut-être ont-ils laissé des vestiges dans les céré-monies de la franc-maçonnerie. Les plus vieux des mystères helléniques sont, d'après ce qu'on croit, ceux des Cabires dans la Sa-mothrace et à Lemnos, renommés pendant toute la période de l'antiquité païenne. (Voy. CABIRE). Les mystères Éleusiniens fu-rent les plus vénérables de tous. La légende fondamentale sur laquelle le rituel semble avoir été basé, était la recherche de la déesse Démétor ou Cérès, en quête de sa fille Pro-serpine, enlevée par Hadès, et son retour au royaume de lumière. Les rites figuraient, croyait-on, les scènes d'une vie future. Ce même culte servit à la fondation des thesmophories, qui, à l'origine, étaient ex-clusivement célébrées par des femmes ma-riées. Les mystères orphiques et dionysiaques paraissent avoir indiqué une réforme de la religion populaire. Il y avait d'autres mys-tères : ceux de Jupiter en Crète, de Junon en Argolide, de Minerve à Athènes, de Diane en Arcadie, d'Hécate à Égine, de Rhée en Phrygie. — Plus importants encore étaient les mystères persiques de Mithra, qui se célé-brèrent à Rome depuis le commencement du second siècle de l'ère chrétienne environ, jusqu'au Vᵉ ou VIᵉ siècle. Les périls de l'ini-tiation, et le titre de soldat de Mithra qui était conféré aux néophites, donnaient à ces rites un caractère militaire ; les soldats ro-mains mettaient beaucoup d'ardeur à s'y faire initier. Le dogme fondamental était la transmigration des âmes sous l'influence des sept planètes, aux évolutions desquelles Mythra présidait. La confrérie des initiés était divi-sée en sept classes, ou grades, qui recevaient des noms d'animaux consacrés à Mithra.

* MYSTÉRIEUSEMENT adv. D'une façon mystérieuse : *les prophètes ont parlé mysté-rieusement.* — D'une manière cachée, secrète : *c'est un homme qui se conduit mystérieuse-ment en tout, qui parle de tout mystérieuse-ment.*

* MYSTÉRIEUX, EUSE adj. Qui contient quelque mystère, quelque secret, quelque sens caché. Se dit proprement en matière de religion : *les anciens Egyptiens ont caché les secrets de leur religion sous des caractères mystérieux.* — Se dit aussi en parlant des affaires humaines, et pour l'ordinaire en mauvaise part : *il y a quelque chose de mysté-rieux dans cette affaire.* — Se dit encore des personnes, et signifie, qui fait mystère de beaucoup de choses qui n'en valent pas la peine : *c'est un homme fort mystérieux, tout mystérieux.*

* MYSTICISME s. m. Doctrine, disposition de ceux qui croient avoir des communica-tions directes avec Dieu. — Vie cachée en Dieu.

* MYSTICITÉ s. f. Recherche profonde en fait de spiritualité, raffinement de dévotion : *cet ouvrage respire une douce, une tendre mysticité.*

* MYSTIFICATEUR s. m. (rad. *mystifier*). Celui qui a le goût, l'habitude de mystifier ; celui qui en fait métier.

* MYSTIFICATION s. f. Action de mystifier.

* MYSTIFIER v. a. Abuser de la crédulité de quelqu'un, pour s'amuser à ses dépens : *il a été mystifié de la manière la plus plaisante.* — v. Se mystifier v. récipr. *Ils se mystifiaient l'un l'autre.*

* MYSTIQUE adj. Figure allégorique. Ne se dit que des choses de la religion : *le sens mystique de l'Écriture sainte.* — Qui raffine su- les matières de dévotion, et sur la spiri-tualité : *auteur, livre mystique.* — s. *C'est un grand mystique.* — s. f. Étude de la spiritua-lité : *la mystique chrétienne.*

* MYSTIQUEMENT adv. Selon le sens mys-tique : *ce passage doit être expliqué, doit s'en-tendre mystiquement.*

* MYSTRE s. m. Antiq. Une des mesures dont les Grecs se servaient pour les liqueurs : *il y avait le grand et le petit mystre.*

* MYTHE s. m. (gr. *muthos*, fable). Trait, particularité de la fable, de l'histoire héroïque ou des temps fabuleux : *c'est un mythe com-mun à toutes les religions de l'Orient.*

* MYTHIQUE adj. Qui appartient à un mythe ; qui est fondé sur un mythe.

MYTHISME s. m. Amour du merveilleux.

MYTHOGRAPHIE s. f. (gr. *muthos*, fable ; *graphô*, j'écris). Science des mythes.

* MYTHOLOGIE s. f. (gr. *muthos*, fable ; *logos*, discours). Histoire fabuleuse des dieux, des demi-dieux et des héros de l'antiquité : *les fictions de la mythologie.* — Science, explica-tion des mystères et des fables du paganisme : *il est savant en mythologie.* — ENCYCL. La my-thologie est, à proprement parler, la science des mythes. Les anciens Grecs appliquaient le terme *muthos* à toute espèce de récits, mais spécialement à leurs traditions religieuses et poétiques sur les dieux, les héros et les évé-nements mémorables. Bien qu'on entende encore par mythologie toutes les traditions et les légendes d'un peuple, et particulièrement des peuples anciens, on limite plus commu-nément le sens de ce mot à l'exposition et à l'étude des religions polythéistes primitives. Les plus anciennes inscriptions égyptiennes, dont quelques-unes ont peut-être de 5 à 7,000 ans d'existence, témoignent d'un système mythologique déjà arrivé à un haut dévelop-pement. Les habitants de la basse Egypte diffé-raient par leurs idées et leurs pratiques reli-gieuses de ceux du Nil supérieur. A Memphis, Ptah, probablement le dieu du feu et le maître des régions de la lumière, était l'objet de la plus grande vénération. Il était le père de Ra, dieu du soleil, qui était la divinité suprême à On ou Héliopolis, près de Memphis. A Ochmonnein ou Hermopolis, on adorait huit enfants de Ptah, qui étaient les dieux des éléments. Des déesses étaient adorées à Saïs, à Buto et à Bubastis. Neith, adorée à Saïs, était la vache qui porta le soleil, la mère des dieux. Les Grecs comparaient la déesse de Buto à Latone, mère d'Apollon, la divinité so-laire. Bast ou Pacht, l'Artémis grecque, avait son temple à Bubastis. Dans la haute Egypte, Amun, le grec Ammon, était le dieu créateur et souverain, représenté par Ptah à Memphis. La déesse Maut ou Mut était la mère et la maîtresse des ténèbres. Shu, Sos, ou Sosis, fils d'Amun et de Maut, était principalement

adoré à This ou Thinis et à Abydos, comme l'esprit de l'air et le dieu qui porte les cieux. Tum ou Atmu représente le soleil dans son évolution nocturne, et Mentu ou Mandu le soleil couchant. Tum s'engendra lui-même et fut le père de tous les dieux. Khem, que les Grecs assimilaient à Pan, était un dieu phal-lique. Khnum, Num, Knuphis ou Kneph, ré-glait les débordements du Nil. La déesse Hathor recevait un culte dans la basse et dans la haute Egypte. (Voy. ISIS, OSIRIS et HORUS.) Seb et Nut, le Cronos et la Rhée des Grecs, étaient les esprits de la terre et du firmament. Les Egyptiens regardaient les animaux comme des incarnations ou des représentations de leurs dieux. Le taureau représentait les dieux qui firent la vie ; la vache, les déesses de la conception et de la naissance ; le faucon et le chat, les dieux de la lumière et du soleil ; le scarabée, Ptah ; le vautour, Nut et Isis ; une sorte d'ibis, Thoth ; et le crocodile, Seb. Le plus saint des animaux était le taureau Apis, dans le temple de Ptah, à Memphis. — Les Arcadiens, qui habitaient les parties infé-rieures des bassins du Tigre et de l'Euphrate, avant le temps des Babyloniens et des Assy-riens, divisaient l'univers en ciel, terre et atmosphère, et régions inférieures, gouvernées respectivement par Anu, Ea et Mulghe, les-quels correspondaient probablement à la pre-mière triade chaldéenne d'Anu, Nua et Bel, qu'on ne rencontre plus tard. Ea avait pour épouse Daokina. Ninghe et Ninghel semblent avoir été les déesses du monde inférieur. Diodore dit qu'il y avait 12 dieux célestes dans la mythologie babylonienne, personnifiés chacun par un des signes du zodiaque et adorés pendant un mois spécial. El ou Il était le plus élevé de ces dieux, et Babel, qui si-gnifie la porte de El, venait immédiatement après lui. Il est difficile de distinguer les attributs de El de ceux de Bel. Bel resta le dieu national des Chaldéens jusqu'à la do-mination de Babylone. Anu, Bel, Hea, Sin, Shamas, Bin, et les divinités planétaires, Adar, Merodach, Nergal, Ishtar et Nebo sont les principaux dieux mentionnés dans les inscrip-tions. — Les Himyarites de l'Arabie méri-dionale adoraient, dit-on, le soleil, la lune, et les démons inférieurs. Il y a de nombreux indices que les Sabéens adoraient le soleil une place prédominante dans leur culte. Les Nabahéens passent pour avoir adoré le soleil et Dusares, dieu de la guerre. La plus haute divinité des Madianites et des Amalécites était Baal, que les Moabites adoraient aussi. La déesse Baaltis des Phéniciens ressemblait à la Mylitta ou Bilit des Babyloniens et à l'Ashera des Hébreux. Dagon, le dieu pois-son des Babyloniens, était regardé par les Phéniciens comme le dieu de la fécondité. Moloch symbolisait l'ardeur brûlante du soleil. C'était le dieu du feu, purifiant et dévorant, et aussi le dieu de la guerre. Astarté, la divinité de Sidon, avait quelque rapport avec la lune, et était appelée Astarté cornue. C'était la déesse de la guerre et du feu, et elle représentait la chasteté. Les attri-buts de Baal et de Moloch se réunissaient dans Melkart, que les Tyriens considéraient comme leur patron spécial. Les Grecs l'ap-pelaient Melicertes et l'identifiaient avec Her-cule. Comme déesse de la lune, Astarté était rapprochée de Melkart, dieu du soleil, deve-nait son épouse, prenait le nom de Milkath et se changeait en une paisible protectrice de l'amour et de la fécondité. Sous les noms de Dido et d'Anna, les deux aspects de son culte reparaissaient spécialement à Carthage. La population de Byblos adorait un *addon* (seigneur) nommé Tammuz, que l'on iden-tifiait généralement avec le Grec Adonis. Les Phéniciens considéraient les divinités de leurs cités en une sorte de système formant un cercle de sept dieux appelés Kabirim (Cabires), les puissants ou les grands, et enfants de

Sydyk, le juste. Un huitième dieu de cette série semble avoir été Esmun, « le huitième », qui se présente comme la divinité qui sauve et pardonne. Les mythologies des autres races de l'Orient sont traitées dans les articles BOUDDHISME, INDE, RELIGION. ET LITTÉRATURE RELIGIEUSE, ZEND AVESTA, et ZOROASTRE. — Les principales divinités des anciens Grecs et Romains ont des articles spéciaux à leurs noms; mais l'influence qu'elles exercent sur l'éducation de l'esprit moderne, rend nécessaire une vue d'ensemble de toute la théogonie. Les divinités du ciel sont : Uranus, Zeus, Héra, Hélios, Séléné, Eos, Iris, et Æolus; celles de l'eau : Poseidon, Amphitrite, les Tritons, les Néréides, les Naïades, Scylla et Charybde; celles de la terre : Gê ou Gæa, et Rhée; celles des champs, des bois et des jardins : Déméter, Pan, Faune, Terme, Flore, Pomone, Palès, Vertumne et les Nymphes; celles de la maison et de la vie domestique : Hestia, les Lares et les Pénates; celles du temps : les Heures et Cronos; celles des arts, des métiers et des sciences : Héphæstus, Athéné, Apollon, Artémis, Hermès et les Muses; celles de l'amour et de la volupté : Aphrodite, Eros, les Grâces, Hébé, Ganymède, Dionysus, les Satyres, et Silène; celles de la guerre et de la paix : Arès, Bellone, Eris et Janus; celles de la destinée, de la justice et de la récompense : le Destin, Némésis, Até, les Moires ou Parques, Thémis, les Erinnyes ou Euménides, les Harpies, Thanatos et les génies; enfin celles du monde inférieur ou infernal : Pluton, Perséphoné, les Græœ, les Gorgones, les Mânes, Nyx et Hypnus. Celles de ces divinités qui sont exclusivement romaines, sont : Janus, Faune, Terme, Vertumno, Palès, Flore, les génies, les lares, les pénates et les mânes. En adoptant la mythologie grecque, les Romains y apportèrent les noms de leurs propres divinités et leurs propres légendes, ou donnèrent aux noms grecs une forme latinisée. Ainsi ils appelèrent Cronos, Saturne; Uranus, Cœlus; Gæa, Terra; Hélios, Sol; Zeus, Jupiter; Poseidon, Neptunus; Arès, Mars; Héphæstos, Vulcanus; Hermès, Mercurius; Héra, Juno; Athéné, Minerve; Artémis, Diana; Aphrodite, Vénus; Eros, Amor; Hestia, Vesta; Déméter, Cérès; Dionysus, Bacchus; Perséphoné, Proserpina; Séléné, Luna; Eos, Aurora; Hypnos, Somnus; et les Moiræ, Parcæ. Ce sont ces noms latins qui ont prévalu dans la littérature moderne. Les Grecs concevaient leurs dieux comme possédant la forme humaine et beaucoup d'attributs humains; mais c'étaient véritablement des êtres divins, car ils ne connaissaient pas la vieillesse et étaient immortels. Les mythes ou traditions mythiques, avec les héros et les demi-dieux qui y figurent sont un élément important dans la mythologie des Grecs et des Romains. Les héros ou demi-dieux (Prométhée, Deucalion, Bellérophon, Persée, Thésée, etc.) diffèrent tous des dieux en ce qu'ils sont mortels. Hercule est le seul qui devienne immortel. — La mythologie des races scandinaves ou norses explique l'existence du monde en mettant à l'origine des choses un Ginungagap, espace vide, avec un Niflheim, région de brume, de glace et de neige, au nord, et un Muspelheim, région de chaleur et de soleil, au sud. La glace se fondant et s'égouttant dans Ginungagap, il finit par s'y former une accumulation de matière, d'où sortit Ymir, le géant, qui donna naissance à Reimthursen, le gel. Il eut pour nourrice Audhumla, la vache, qui léchait la glace pour se nourrir; ce léchement fit apparaître Buri, père de Burr, père d'Odin. Vili et Ve, frères d'Odin, renversèrent la dynastie d'Ymir et de Reimthursen. La chair, le sang et les os d'Ymir devinrent la terre, la mer et les montagnes, et son crâne et son cerveau les cieux et les nuages. Dans Jœtunheim (demeure des Jœ-

tuns ou géants) étaient les géants, et les sourcils d'Ymir servaient de muraille entre eux et les habitants de la terre. Odin, le dieu de la guerre, fut le père de Saga, déesse de la poésie. A son côté, siégeait Frigga, sa favorite, qui dirige toute la nature. Freyja, la gardienne des morts, avait droit à la moitié des héros égorgés dans les combats. Elles étaient aussi, l'une et l'autre, les déesses de l'amour. Thor, fils d'Odin, dieu du tonnerre et des éclairs, présidait aussi au foyer domestique et à la fécondité des mariages, Baldur ou Balder, le soleil, était le père de la lumière. Dans Midgard (le monde moyen, entre Muspelheim et Niflheim) se trouvait Asgard, demeure de la race d'Asa, à savoir Odin et les douze Æsir : Thor, Baldur, Freyr, Tyr, Bragi, Hodr, Heimdalr, Vidar, Vali, Ullr, Ve et Forseti. Les dieux vivaient dans le palais appelé Gladsheim, et les déesses dans celui qu'on appelait Vingolf. Dans le Valhalla, Odin banquetait avec les héros morts. On suppose que Freyr était le dieu de la pluie et de la lumière du soleil. Ullr était le dieu de la chasse, et Mimir, celui de la sagesse et du savoir. Heimdalr gardait le pont Bisrasta qui conduit au monde inférieur. La mythologie des Allemands est bâtie sur les mêmes fondements que celle des Scandinaves, et les divinités principales sont les mêmes. Wustan, ou Wotan pour les bas Allemands, est l'Odin du nord. Donar, le Thor scandinave, est le dieu des tempêtes. Fro semble correspondre à Freyr. Baldur ou Phol est un jeune guerrier, qui se rattache par certains liens aux bienfaits de la saison du printemps. La déesse que Tacite appelle Nerthus, ou corrompu plus tard en Hertha, était adorée par les Franks sous le nom de Holda ou Holle, par les Bavarois sous celui de Perchta, et par les bas Allemands sous celui de Fria ou Frigg. Elle présidait aux félicités de la vie matrimoniale, de la maison et des champs, et gouvernait le pays des morts. (Voy. FÉES et DÉMONOLOGIE.) — BIBLIOGR. Voy. Apollodore; Voscius; Pomey Panthéon mythique (Utrecht, 1697, in-12°); l'abbé Banier; Jablonski, Panthéon des Égyptiens (Francfort, 1750, in-8°); Guérin du Rocher, Histoire des temps fabuleux (Paris, 1776, 3 vol. in-8°); Bailly; Chompré, Dictionnaire de la fable (Paris, 1801, 2 vol. in-8°); Parisot, Biographie mythologique (Paris, 1832, 3 vol. in-8°); Smith, Dictionnaire de mythologie (Londres, 1849, 3 vol. in-8°); A. Maury, Religion de la Grèce (Paris, 1857, 3 vol. in-8°).

* **MYTHOLOGIQUE** adj. Qui appartient à la mythologie : discours, livre mythologique.

* **MYTHOLOGUE** s. m. Celui qui traite de la mythologie : telle est l'opinion des mythologues. Quelques-uns disent aussi MYTHOLOGISTE.

MYTILÈNE ou **Mitylène** (anc. Lesbos), île de l'archipel Grec, appartenant à la Turquie, séparée de la côte de l'Asie Mineure par un détroit large de 10 à 15 kil.; environ 40,000 hab. Olives, vin, fruits, soie et coton. La ville principale est Castro, ou Mitylène, sur la côte orientale. Elle a été cruellement éprouvée par un tremblement de terre en 1867. — L'ancienne Lesbos était une des îles des Éoliens; elle avait plusieurs cités populeuses, dont les plus importantes étaient Mytilène et Methymna, à cause de leurs bons ports. Vers 600 av. J.-C., Pittacus usurpa la tyrannie, et jeta les fondements de la future grandeur de la cité de Mytilène. Après des vicissitudes diverses, l'île fut annexée à l'empire romain au 1er siècle. Au XIIIe, un des empereurs byzantins la céda à la famille vénitienne des Gateluzzi, à laquelle elle fut enlevée en 1462 par Mohammed II. C'était le lieu de naissance de Sapho.

* **MYURE** adj. m. (gr. mus, souris; oura, queue). Méd. Ne s'emploie que dans cette

expression, POULS MYURE, pouls dont les pulsations s'affaiblissent peu à peu.

MYXINE s. f. (gr. muxa, mucus). Icht. Genre de condroptérygiens suçeurs, caractérisé par une seule dent au haut de l'anneau maxillaire, et très voisin des lamproies. La myxine commune (myxina glutinosa) a un corps lisse semblable à celui de l'anguille, avec une très longue nageoire dorsale qui se continue autour de la queue jusqu'à l'orifice inférieur, un simple évent sur la tête et huit barbillons autour de la bouche. Le dessus est d'un brun bleuâtre, et le dessous tire sur le blanc. La colonne vertébrale est un tube mou, flexible et cartilagineux. Linné mettait cet animal parmi les vers. C'est le plus bas des vertébrés, à l'exception de l'amphioxus.

MYXINOÏDE adj. Icht. Qui ressemble à une myxine. — s. m pl. Famille de poissons qui a pour type le genre myxine.

MZAB, ancienne confédération berbère du Sahara algérien, traversée par le 2e degré de long. E. et s'étendant entre le 32e et le 33e degrés de lat. N., à 600 kil. environ S. d'Alger, et à 130 kil. S.-S.-E. d'El Aghouat. — Le pays de Mzab, visité et décrit par M. Henri Duveyrier, comprend sept villes réparties dans quatre oasis ou groupes d'oasis; ce sont : Beriane (les Franchises), sur l'oued le Bir, affluent de l'oued Nsa; Guerdra (le frais Séjour), sur l'oued Zegrir; Ghardaya (l'Arrosée); Beni Isguch (les Fils du Milieu); Melika (la Cité royale), El Atheuf (le Détour), et Bou Noura (la Brillante), groupées sur le cours supérieur de l'oued Mzab. Ces villes, entourées de murailles, sont uniformément bâties sur des mamelons autour desquels les maisons à terrasses et à arcades s'étagent les unes au-dessus des autres et dont le sommet est occupé par une mosquée surmontée d'un minaret. Au-dessous s'étalent de verdoyants jardins soigneusement cultivés et arrosés au moyen de puissants barrages construits dans le lit des rivières. Leur population totale est de 50,000 âmes environ. — Les Beni Mzab sont les descendants de l'ancienne tribu berbère des Ceddrata, rattachée par Ibn Khaldoun aux Beni Badin de la grande famille des Zenata. Rien n'est moins prouvé que cette parenté, car tout, physiquement, distingue les Beni Mzab des autres races berbères de l'Afrique septentrionale; il n'existe point de blonds parmi eux; leurs cheveux noirs et frisés, leur teint naturellement bronzé, leur nez gros et plat, leurs lèvres épaisses, leur taille courte et ramassée, leurs bras longs et robustes, le développement de leurs extrémités inférieures, sont autant de signes qui les rapprochent plutôt des nègres sahariens. Leur religion est un mélange d'islamisme, de judaïsme et de pratiques empruntées aux anciens cultes asiatiques. Les Arabes les appellent Khamsias (cinquièmes), parce qu'ils viennent au cinquième rang dans le classement, par rang d'orthodoxie, des sectes musulmanes. M. Paul Gaffarel est d'avis que les Beni Mzab sont les descendants d'anciens colons carthaginois chassés du Tell par les Romains. Nous serions plutôt porté à croire, avec le voyageur Largeau, qu'ils descendent d'anciens Lybiens Tamahou refoulés dans le Sahara par les peuples de race blonde qui, 2,000 ans environ avant notre ère, pénétrèrent dans le nord de l'Afrique par le détroit de Gibraltar et se mêlèrent plus ou moins aux autres populations de ces contrées. L'isolement des émigrés et le soin religieux avec lequel ils se sont toujours préservés de toute alliance étrangère, leur ont permis de conserver, à travers les siècles, les caractères physiques de leurs ancêtres. Quoi qu'il en soit, les premiers conquérants arabes qui pénétrèrent dans le Sahara, les trouvèrent établis dans le pays d'Ouargla dont ils avaient assujetti les nègres aborigènes. Pasteurs, agriculteurs et commerçants, ils étaient, paraît-il, arrivés à un haut degré de prospérité lorsque parurent les nomades hhilaliens, dans le XI° siècle de notre ère. L'esprit d'indépendance des Ceddrata, au point de vue religieux, leur attira, de la part des conquérants, des persécutions terribles. Les Douaouida, fraction de la grande tribu arabe de Hhilal, en firent d'immenses massacres dans le XIII° siècle de notre ère. Les survivants, abandonnant leur pays dévasté, allèrent se réfugier dans les déserts pierreux du Nord-Ouest, où ils se fondèrent, sur les bords de l'oued Mzab et de deux autres affluents de l'oued Miya, une colonie qui, malgré l'aridité des lieux, ne tarda pas à devenir prospère. — En 1853, les Français soumirent les Beni Mzab à leur protectorat et les assujettirent à un tribut annuel pour les punir d'avoir prêté leur appui au marabout rebelle Si Mohhammed ben Abd-Allah. Leurs sept villes formaient alors autant de petites républiques oligarchiques s'administrant séparément au moyen d'une *djemda* (conseil) choisie parmi les chefs des plus anciennes familles, et trois mokhadems chargés de la police municipale. L'armée était composée de l'universalité des citoyens, chacun devant s'armer et s'entretenir à ses frais. Les protecteurs respectèrent cette organisation; mais les rivalités qui existaient d'une ville à l'autre et les guerres civiles qui s'en suivaient malheureusement amenèrent, en 1883, l'annexion définitive de ce pays à la colonie algérienne. — Faute de terres cultivables en quantité suffisante, les habitants du Mzab émigrent généralement de bonne heure pour aller dans le Tell et dans le Sahara, se livrer au commerce et à l'industrie. Ils forment, dans les principales villes de l'Algérie, de la Tunisie et du Sahara septentrional, des corporations nombreuses et puissantes, jouissant de certains privilèges auxquels ils sont fortement attachés. Grâce à leur amour du travail, à leur esprit d'ordre et d'économie, à leur grande sobriété, ils arrivent rapidement à la fortune; ils s'en retournent ensuite chez eux jouir en paix du fruit de leurs travaux. Deux prohibitions, que nul n'oserait enfreindre, obligent les Beni Mzab à rallier tôt ou tard le sol natal : il est interdit chez eux, aux femmes mêmes mariées, de franchir les limites du territoire, et aux hommes d'épouser des femmes étrangères.

MZABI, Mozabite ou Beni Mzab s. m. Habitant du Mzab. (Voy. ce mot.)

N

NABI

* **N** s. f. et m. Consonne, la quatorzième lettre de l'alphabet. Lorsqu'on la nomme [è-ne], suivant la prononciation ancienne et usuelle, le nom de cette lettre est féminin : *une N* [è-ne]. Lorsqu'on l'appelle *Ne*, suivant la méthode moderne, ce nom est masculin : *un N (ne) majuscule*. — Cette lettre, quand elle est à la fin d'une syllabe ou d'un mot, change quelquefois la prononciation de la voyelle qui la précède, et produit un son nasal, comme dans les mots *Ban, bon, bien, chacun, encan, indice, ondée*, etc. Quelquefois elle se prononce fortement, comme dans les mots : *Hymen, amen, abdomen, Eden*, etc. — Majuscule suivie d'un point, elle se met à la place d'un nom propre qu'on ignore, ou qu'on ne veut pas faire connaître ; et sert encore à une désignation générale et indéterminée de personne : *N. est moins affaibli par l'âge que par la maladie*. — Typogr. Se met pour *lettre*, parce que l'*n* est la mesure moyenne des autres lettres.

NAAMAN, général syrien que le prophète Elisée guérit de la lèpre.

* **NABAB** s. m. (ind. *nawaub*; plur. de *naïb*, prince). Mot arabe qui signifie, lieutenant, et qui est le titre des princes de l'Inde musulmane. — Fig. et fam. Anglais qui a rempli de grands emplois ou fait le commerce dans l'Inde, et qui en est revenu avec des richesses considérables.

* **NABABIE** s. f. Dignité de nabab. — Territoire soumis à la puissance d'un nabab : *la nababie d'Arcate*.

* **NABATÉEN, ENNE** adj. Nom donné par les Arabes à la langue et à la littérature des Assyriens — ⌁ s. m. pl. Peuplade d'Arabie qui, plus tard, prit le nom de Saracènes d'où nous avons fait venir les *Sarrasins*. (Voy. Edom.) — ⌁ On écrit aussi Nabathéen.

NABIS [na-biss], tyran de Sparte, qui s'éleva au pouvoir suprême an 207 av. J.-C. Il s'est rendu fameux par les cruautés ingénieuses qu'il pratiqua pour extorquer aux citoyens les moyens d'entretenir une grosse armée de mercenaires, avec lesquels il pût

NABO

écraser l'esprit d'indépendance de Sparte et rétablir la suprématie lacédémonienne sur le Péloponèse. En 195, il fut obligé d'acheter la paix aux Romains, qui avaient assiégé Sparte. Il fut assassiné en 192 par le général étolien Alexamenus, qui était venu sous le prétexte de le secourir contre les Achéens.

NABLUS ou Nabulus, ville de Palestine, à 50 kil. N. de Jérusalem ; pop. estimée à 10,000 ou 20,000 hab. On croit qu'elle occupe l'emplacement de l'ancienne Sichem. Lorsque les Romains la restaurèrent sous le règne de Vespasien, elle reçut le nom de Neapolis, dont le nom moderne est la corruption. Manufactures importantes, surtout de savon.

NABONASSAR, roi de Babylone (747-734 av. J.-C.). Il n'est connu que par l'ère qui porte son nom. — **Ère de Nabonassar**, ère qui reçut son nom du prince babylonien sous le règne duquel les études astronomiques firent de grands progrès en Chaldée. L'année était de 365 jours sans intercalation. Le premier jour de cette ère était le mercredi (par erreur, le jeudi, dans l'*Art de vérifier les dates*), 26 fév. 747 av. J.-C. ; an 3967 de la période Julienne.

NABOPOLASSAR, roi de Babylone (626-606 av. J.-C.). Il conquit Ninive en 625, et, réunissant à ses Etats ceux de Sarac, il fonda le second empire assyrio-babylonien. Il eut pour successeur Nabuchodonosor II.

* **NABOT, OTE** s. (lat. *napus*, navet). Personne d'une très petite taille : *c'est un nabot, un petit nabot, une petite nabote*. (Fam.)

NABOTH, juif, habitant de Jezraël. Il refusa de vendre au roi Achab la vigne qu'il tenait de ses pères ; ce dernier en conçut un si violent chagrin qu'il refusa toute nourriture. Ce quevoyant, sa femme Jézabel suborna des faux témoins contre Naboth et le fit condamner à mort comme coupable de blasphèmes envers Dieu et le roi. Naboth fut lapidé et Achab s'empara de sa vigne (Voy. Achab.) — Le **Champ de Naboth** signifie proverbialement, l'action du puissant dépossédant violemment le pauvre, crime puni tôt ou tard.

NACO

NABUCHODONOSOR. I., roi de Ninive (667-642 av. J.-C.). Il vainquit le roi des Mèdes, Phraorte, et envoya en Judée son général Holopherne, qui fut tué par Judith au siège de Béthulie. (Voy. Judith et Holopherne.) — **II. (Le Grand)**, roi chaldéen de Babylone, mort en 561 av. J.-C. Il était fils de Nabopolassar, dont il commanda l'armée contre le roi égyptien Néchao, qu'il vainquit ; il avait réduit la Judée sous la dépendance de Babylone, lorsqu'il fut rappelé par la mort de son père (604), auquel il succéda. Il ramena une multitude de captifs, et employa à la construction d'ouvrages gigantesques. (Voy. Babylone et Babylonie.) Comme les Juifs se révoltaient continuellement, Nabuchodonosor s'empara deux fois de Jérusalem et détruisit entièrement le royaume de Juda. (Voy. Juifs.) Pendant ces guerres, ses armées firent l'investissement de Tyr et s'en emparèrent après un siège de 13 ans. Il ravagea ensuite l'Egypte. Le livre de Daniel raconte comment il tomba frappé par la justice divine, à cause de son orgueil, et comment il perdit pour un temps la raison, et vécut de la vie des bêtes.

* **NACARAT** adj. inv. (esp. *nacara*, nacre). Qui est d'un rouge clair entre le cerise et le rose : *satin, velours, ruban nacarat*. — s. m. La couleur nacarat : *le nacarat tire sur le rouge de la nacre de perle*.

* **NACELLE** s. f. (bas lat. *navicella*; de *navis*, navire). Petit bateau qui n'a ni mât ni voile : *il passa la rivière dans une nacelle*.

Et vogue la nacelle
Qui porte nos amours.
       C. Delavigne.

— Fig. La nacelle de Saint Pierre, l'Eglise catholique romaine. — Archit. Moulure en demi-ovale.

NACHOD, ville de Bohême, à 30 kil. N.-E. de Kœniggraetz, sur la rive droite de la Mettau ; 2,600 hab. Victoire des Prussiens sur les Autrichiens le 27 juin 1866.

NACOLÉE, ancienne ville de Phrygie (Asie Mineure); défaite de l'usurpateur Procope par l'empereur Valens (366).

* **NACRE** s. f. (esp. *nacara*). Matière blanche et brillante qui réfracte la lumière de manière à produire un mélange agréable de couleurs, et qui forme l'intérieur de beaucoup de coquilles : *nacre de perles*. (Voy. PERLE.) — ENCYCL. La nacre est une substance calcaire, dure, brillante, à reflets irisés et chatoyants, qui fait partie du test d'un grand nombre de mollusques. La plus grande partie de la nacre du commerce provient de l'avicule (voy. ce mot); les haliotides, les mulettes en produisent aussi. D'après leur reflet, on distingue plusieurs sortes de nacre : franche, bâtarde blanche, bâtarde noire, etc. La nacre sert à faire les manches de couteau, de canifs et de cachets, des coupe-papier, des jetons, des dés, des boutons, des étuis, des éventails, etc.; on l'emploie aussi en placages, en incrustations, etc. La nacre, partie intérieure des mollusques dont nous avons parlé, se pêche dans la mer Rouge, dans le golfe Persique, dans le détroit de Manaar (entre Ceylan et la presqu'île de l'Inde), près des côtes du Japon, dans le golfe du Mexique et dans la mer de Californie. Elle alimente aujourd'hui le commerce de Tahiti et des archipels de Touamotou, de Gambier et de Touboual.

* **NACRÉ, ÉE** adj. Qui a l'éclat, l'apparence de la nacre : *couleur nacrée*.

NACRER v. a. Donner à quelque chose le couleur, le brillant de la nacre. — Se nacrer v. pr. Prendre l'éclat de la nacre : *le globe de l'œil se nacre quelquefois*.

NADAB s. m. Grand-prêtre chez les Persans.

NADAB, roi d'Israël (943-941 av. J.-C.). Il fut tué par un de ses officiers.

* **NADIR** s. m. (ar. *nazir*, opposé). Astron. Le point du ciel qui est directement sous nos pieds, et auquel aboutirait une ligne verticale tirée du point que nous habitons, par le centre de la terre : *le nadir est diamétralement opposé au zénith*.

NADIR-SCHAH [na-dir-cha], ou Kouli Khan, roi de Perse, né en 1688, mort en 1747. Il était de basse naissance, mais il atteignit un rang élevé au service du gouverneur du Khorasan. Il se fit dégrader, et devint le chef d'une bande de voleurs. En 1727, il s'unit, avec 5,000 hommes, à Tamasp, fils du schah déposé de Perse, chassa le roi afghan usurpateur, et reçut en récompense plusieurs provinces. En 1734, il défit les Turcs à Hamadan. Le schab Tamasp ayant ensuite fait un traité honteux avec les Turcs, Nadir le détrôna (1732), et fit du jeune fils de Tamasp le souverain nominal, Abbas III. Abbas mourut en 1736, et Nadir accepta la couronne. Il conquit Bokhara et l'Afghanistan, entra dans l'Indoustan en 1739, s'empara de Delhi et des provinces à l'ouest de l'Indus, et revint en Perse avec 2,500,000,000 fr. de butin. Dans ses dernières années, il devint capricieux et cruel, et il fut assassiné par quatre de ses nobles.

NÆVIUS (Cnéius) [né-viuss], poète latin, mort vers 204 av. J.-C. Sa première comédie date de 235. Pour un libelle contre Q. Cæcilius Metellus, il fut jeté en prison, et obtint sa liberté par deux pièces de théâtre, le *Hariolus* et *Leon*, dans lesquelles il rétractait ses calomnies. Étant retombé dans la même faute, il fut exilé à Utique, où il écrivit un poème épique sur la guerre Punique, dont il existe encore des fragments, qui ont été réunis par Spangenberg (Leipzig, 1825, in-8°) et par Klussmann (Iéna, 1843, in-8°).

NAFÉ s. m. (ar. *nafaha*, salutaire). Fruit rafraîchissant de la ketmie, que l'on cultive en Arabie, et dont on compose une pâte et un sirop.

NAFELS, bourg de Suisse, sur la Linth, à 10 kil. de Glaris; victoire d'un petit corps suisse sur une armée autrichienne (1388).

* **NAFFE** s. f. (ar. *nafha*, parfum). N'est usité que dans cette expression, EAU DE NAFFE, sorte d'eau de senteur, dont la fleur d'oranger est la base.

NAGARA-BOUROUN. Voy. ABYDOS.

* **NAGE** s. f. (lat. *natatio*; de *natare*, nager). Ne s'emploie que dans les locutions suivantes : — A LA NAGE, en nageant : *il passa la rivière à la nage*. — SE JETER A LA NAGE, se jeter à l'eau pour nager. — Fig. et fam. ETRE EN NAGE, TOUT EN NAGE, être tout trempé, tout mouillé de sueur : *vous avez fait trop galoper ce cheval, il est tout en nage*.

* **NAGÉE** s. f. Espace qu'on parcourt, en nageant, à chaque impulsion qu'on donne à son corps, par le mouvement simultané de ses bras et de ses jambes : *il a traversé ce bras de rivière en vingt nagées*. (Peu us.)

NAGEMENT s. m. Action de nager; faculté de se mouvoir dans l'eau.

* **NAGEOIRE** s. f. Organe extérieur des poissons, des animaux marins, qui leur sert à nager : *les nageoires d'un poisson, d'un phoque*. — Ce qu'on met sous les bras pour se soutenir sur l'eau, quand on apprend à nager : *se servir de nageoires*.

* **NAGER** v. n. (lat. *navigare*, naviguer). Se soutenir et avancer sur l'eau par le mouvement de certaines parties du corps. Se dit de l'homme et des animaux : *c'est un homme qui nage bien*. — NAGER EN GRANDE EAU, être dans l'abondance, jouir d'une grande fortune, se trouver dans de grandes occasions d'avancer ses affaires. — NAGER DANS L'OPULENCE, jouir de grandes richesses. NAGER DANS LA JOIE, être rempli de joie. NAGER DANS LES PLAISIRS, vivre au milieu des plaisirs, s'y abandonner. — NAGER ENTRE DEUX EAUX, se dit d'une personne qui, entre deux factions, entre deux partis, se conduit de manière à les ménager l'une et l'autre. — Ramer pour voguer sur l'eau : *allons, bateliers, nagez*. — Flotter sur l'eau, ne point aller à fond. Se dit des corps légers qui n'enfoncent pas dans l'eau : *le bois, le liège nage sur l'eau*. — Par ext. Être dans un liquide quelconque : *il faut que les cornichons, pour se conserver, nagent dans le vinaigre*. — Par exag. NAGER DANS SON SANG, être tout couvert de son sang. — v. a. NAGER LA CHALOUPE A BORD, la faire avancer vers le bord, l'y conduire.

* **NAGEUR, EUSE** s. Celui, celle qui nage, qui sait nager : *grand nageur*. — MAITRE NAGEUR, celui qui donne des leçons dans une école de natation. — Batelier qui rame : *nous avions quatre nageu..*. — Adj. Oiseau nageur.

NAGOR s. m. Cinquième sous-genre des antilopes dans la classification de Chenu. Cornes divergentes, plus ou moins recourbées en avant, implantées à l'angle postérieur des orbites. (Voy. ANTILOPE.)

NAGOYA, quatrième ville du Japon sous le rapport de la grandeur, sur la grande île, près de l'entrée de la baie d'Owary, à environ 300 kil. O.-S.-O. de Tokio; 400,000 hab. environ. Régulièrement bâtie en rectangles, les quartiers séparés y sont affectés au commerce, au clergé et aux fonctionnaires. Le château, qui contient aujourd'hui les bâtiments du gouvernement, est un des plus grands et des plus forts du Japon. La ville a un grand commerce avec l'intérieur; elle est fameuse par ses manufactures de porcelaine, de meubles en laque, de sculptures sur bois et d'éventails.

NAGPORE ou Nagpoor [nag-pour'], ville de l'Inde centrale, capitale du Berar, à 650 kil. S.-N.-E. de Bombay, à qui elle est reliée par un chemin de fer; 84,441 hab.

Elle a 10 kil. de circonférence, mais les maisons y sont généralement mal bâties. Manufactures de coton, de soie et de coutellerie. Nagpore a été annexée aux possessions anglaises en 1853 avec l'État de Berar.

* **NAGUÈRE** ou Naguères adv. (contract. de *ne a guère, il n'y a guère*). Il y a peu de temps, il n'y a pas longtemps : *cette ville, naguère si florissante; naguère encore vous me disiez...*, il est surtout usité dans la poésie et dans le style soutenu.

NAHANT [nè-hannt'], ville du Massachusetts (États-Unis), à 16 kil. N.-E. de Boston, par eau; 766 hab.

NAHE [na-é], rivière d'Allemagne, qui prend sa source sur les confins de la Prusse rhénane, et coule avec de nombreux détours au N.-E. et à l'E. pendant 100 kil. environ, dont 40 sont navigables, jusqu'à Bingen, où elle se jette dans le Rhin.

NAHUM [na-homm], surnommé l'Elkochite, le septième des petits prophètes hébreux, vers 700 ans avant J.-C. Il prédit la destruction de Ninive et la délivrance de Juda. Les récentes explorations faites dans l'Orient ont donné un nouvel intérêt à la lecture du livre de Nahum. — Voy. von Niebuhr, *Geschichte Assur's und Babel's* (1857), et Vance Smith : *The Prophecies relating to Ninneve* (1857).

* **NAÏADE** s. f. (lat. *naias*; gr. *naein*, couler). Chacune des divinités qui, suivant la Fable, présidaient aux fontaines et aux rivières : *la plus belle des naïades*.

Au bruit des Faunes qui se jouent
Sur les bords tranquilles des eaux,
Les chastes Naïades dénouent
Leurs cheveux tressés de roseaux.
BERNIS. *Œuvres mêlées.*

— Les naïades passaient pour inspirer parfois à ceux qui buvaient les eaux de leurs fontaine une puissance prophétique et le don de la poésie. — ↪ Bot. Genre de naïadées, caractérisé par une anthère tétragone composée de quatre lobes qui s'ouvrent en quatre valves, s'enroulant à l'extérieur. La principale espèce, la grande naïade (naias major), a les feuilles ondulées, dentées, translucides. On la trouve aux environs de Paris. — Ann. Genre d'abranches à soies, comprenant de petits animaux oviparés que l'on sort communs dans toutes nos eaux douces. On les trouve enfoncés dans la vase; ils laissent sortir la partie antérieure de leurs corps qu'ils remuent sans cesse. Nous citerons, parmi les espèces les plus connues, la naïade vermiculaire (nais vermicularis) qui s'attache aux feuilles de lentilles d'eau; et la naïade filiforme (nais filiformis), très commune dans les petites rivières de Normandie.

NAÏADÉ, ÉE adj. Bot. Qui ressemble ou qui se rapporte au genre naïade. — s. f. pl. Famille de plantes monocotylédones apérispermées comprenant plusieurs genres aquatiques, ordinairement submergés : naïade, zostère, zanichellie et potamogéton.

* **NAÏF, ÏVE** adj. (lat. *nativus*; de *natus*, qui vient de naître). Naturel, ingénu, sans fard, sans apprêt, sans artifice : *une beauté naïve*.

D'un amour si naïf un tiers serait jaloux.
COLLIN D'HARLEVILLE. *Monsieur de Crac, oc. XIII.*

— Qui retrace simplement la vérité, qui imite la nature sans laisser paraître d'artifice ni d'effort : *faire une description, une relation, une peinture naïve de quelque chose*. — Se dit des personnes, et signifie, qui dit sa pensée sans détour, ingénument : *c'est l'homme du monde le plus naïf*. — Se prend quelquefois en mauvaise part, et signifie, qui dit, par un reste de simplicité, ce qu'il aurait intérêt à cacher : *c'est un homme naïf, dont vous tirerez tout ce que vous voudrez*. — Se dit aussi des choses, dans un sens analogue : *un amour-propre naïf*.

> Dame Isabeau, veuve de quatre époux,
> De Gui Duval, Rodolphe de Charroux,
> Bertrand du Teil, Amé de Hauterive,
> A fait graver ces mots sur leur tombeau :
> « Tous sont ici par les soins d'Isabeau. »
> L'inscription, sans doute, est fort *naïve*.

— s. Le genre naïf dans les arts et en littérature : *le naïf, en peinture, distingue les ouvrages de l'école flamande; le naïf, en littérature, n'est pas le bas et le trivial.*

NAIGEON (Jacques-André), littérateur, né à Paris en 1738, mort en 1810; La Harpe l'avait surnommé le *Singe de Diderot*. Il donna, à l'*Encyclopédie*, les articles *Ame, Unitaire*, etc. Il a laissé *Le Militaire philosophe* (Amsterdam, 1768, in-12), dont le dernier chapitre est de d'Holbach; le *Dictionnaire de philosophie ancienne et moderne*; un *Recueil philosophique* (1770, 2 vol. in-12). Ses *Mémoires de Diderot*, publiés dans une édition de cet auteur, en 1823, furent traduits en police correctionnelle. Voy. Damiron, *Mémoires sur Naigeon* (Paris, 1857, in-8°).

NAILLOUX, ch.-l. de cant., arr. et à 12 kil. S.-O. de Villefranche (Haute-Garonne); 1,300 hab.

NAÏM ou **NAÏN**, ville de Palestine, dans la tribu d'Issachar à 9 kil. S.-E. de Nazareth, près du Thabor. Jésus y ressuscita le fils d'une veuve. (Saint Luc, VII.)

* **NAIN, AINE** s. (lat. *nanus*; gr. *nanos*). Celui, celle qui est d'une taille beaucoup plus petite que la taille ordinaire : *les nains sont d'ordinaire contrefaits.* — NAIN JAUNE, sorte de jeu de cartes où l'on emploie un tableau au milieu duquel est représenté un nain tenant à la main un sept de carreau. — Adj. Se dit des choses. Ainsi on appelle ARBRES NAINS, des arbres à fruits qui ne croissent, ou qu'on ne laisse croître que jusqu'à une hauteur médiocre, tels que l'on élève en buisson; et BUIS NAIN, une sorte de buis qui ne devient jamais aussi grand que le buis ordinaire. — ŒUF NAIN, œuf de poule qui ne contient point de jaune. — ENCYCL. Les Chinois connaissent l'art de nanifier les arbres; et les anciens nanifiaient artificiellement les hommes. Une race de nains, peut-être les pygmées de l'antiquité, existant dans l'intérieur de l'Afrique, a été décrite par Schweinfurth. (Voy. AKKAS.) Les nains construits d'une manière régulière, symétrique, sont des phénomènes rares et remarquables. L'un des plus célèbres fut le comte polonais Borowlaski (1739-1837). A l'âge d'un an il mesurait 14 pouces de haut; à 25 ans, il n'avait que 35 pouces. Bébé, nain favori de l'ex-roi Stanislas de Pologne, naquit en 1741 et mourut en 1764. A cinq ans, il était haut de 22 pouces et à sa mort, il mesurait 33 pouces. Le nain hollandais Wybrand Lolkes, né en 1730, mesurait au moment de sa mort, en 1790, 27 pouces de haut, et pesait 56 livres. Mme Teresia appelée la *Fée corse* (1743-'73), n'avait pas plus de 34 pouces de haut et pesait 26 livres. Jeffery Hudson (1619-'82), nain favori de Charles Ier d'Angleterre, n'eut que 18 pouces entre sa 7e et sa 30e année; mais ensuite se mit à grandir et atteignit 3 pieds 9 pouces. Charles Ier d'Angleterre assista au mariage de Richard Gibson et d'Anne Shepherd, hauts chacun de 3 pieds 10 pouces. Gibson se rendit célèbre comme peintre. Charles Stratton (vulgairement connu sous le nom de Tom Pouce) est le plus célèbre des nains américains. Il était né en 1837 et mourut vers 1884. Il se montra comme curiosité dans tous les pays civilisés. A l'âge de 5 ans, il ne mesurait pas plus de 2 pieds de haut et pesait à peine 15 livres. En février 1863, il était grand de 31 pouces et il épousa Lavinia Warren, âgée de 21 ans et haute de 32 pouces.

* **NAÏRE** s. m. Nom que les Indiens du Malabar donnent à leurs nobles, surtout aux militaires.

NAIRNSHIRE [nèrn'-chir], comté d'Ecosse, au N.-E., bordé par le *Frith de Moray*; 566 kil.; 10,225 hab. La côte, qui a environ 45 kil., est basse, sablonneuse et dangereuse. Les districts de l'intérieur sont entrecoupés de collines et de bois; ceux qui avoisinent la mer sont bien cultivés. Principaux cours d'eau : le Nairn et le Findhorn. Nairn, la capitale, est une ville de bains de mer à la mode dans le pays (4,207 hab.).

* **NAISSANCE** s. f. (lat. *nascentia*; de *nasci*, naître). Sortie de l'enfant hors du ventre de la mère; *heureuse naissance*.

> Dans ce même palais où vous prîtes *naissance*.
> J. RACINE. *La Thébaïde*, acte IV, sc. III.

— Se dit quelquefois en parlant des animaux: *deux jours avant la naissance de ce poulain.*
— Extraction : *être de grande, d'illustre naissance*.

> Vous connaissez mon bien, mon talent, ma *naissance*.
> LA FONTAINE.

— Absol. Noblesse : *ils avaient du mérite tous deux, mais l'un avait l'avantage de la naissance.* — Se dit aussi quelquefois en parlant des bonnes et des mauvaises qualités avec lesquelles on est né : *la plus heureuse naissance a besoin encore d'une bonne éducation.* Dans cette acception, il a vieilli; on dit, LE PLUS HEUREUX NATUREL, etc. — Fig. Origine, commencement : *la naissance du monde; la la naissance d'un Etat, d'une ville.* — NAISSANCE DE LA VERDURE, DES FLEURS, le moment où la verdure, les fleurs commencent à pousser. — Point, endroit où commence, d'où part, d'où s'élève une chose qui se prolonge ensuite dans une certaine direction : *ce fleuve, à sa naissance, reçoit plusieurs ruisseaux qui le grossissent.* — Archit. LA NAISSANCE D'UNE COLONNE, le commencement du fût. LA NAISSANCE D'UNE VOUTE, le commencement de sa courbure. — Législ. « Toute naissance doit être déclarée, dans le délai de trois jours, au maire de la commune dans laquelle elle a eu lieu. L'enfant doit être présenté à l'officier de l'état civil; mais cette formalité offre souvent des dangers pour la santé de l'enfant, et dans un grand nombre de villes, un médecin est chargé de constater les naissances à domicile. La déclaration de naissance est imposée par la loi au père de l'enfant; à défaut du père, au médecin ou à la sage-femme qui a assisté à l'accouchement. Si la mère est accouchée hors de son domicile, c'est à la personne chez laquelle a eu lieu l'accouchement qu'incombe l'obligation de déclarer la naissance. Lorsque les personnes ci-dessus désignées n'ont pas fait la déclaration dans le délai prescrit, elles sont punies par l'emprisonnement de six jours à six mois et d'une amende de 16 fr. à 300 fr. Les mêmes peines sont encourues par celui qui, ayant trouvé un enfant nouveau-né, ne l'a pas remis à l'officier de l'état civil, en déclarant toutes les circonstances du temps et du lieu où l'enfant a été trouvé. L'acte de naissance est rédigé au moment de la déclaration et en présence de deux témoins; il énonce le jour, l'heure et le lieu de la naissance, le sexe de l'enfant, les prénoms qui lui sont donnés (voy. NOM), les prénoms, noms, profession et domicile des père et mère et ceux des témoins. Cependant un enfant naturel peut être déclaré comme étant né de père inconnu, de mère inconnue ou de père et de mère inconnus. Les enfants jumeaux doivent faire chacun l'objet d'un acte de naissance particulier, et l'ordre des naissances doit être indiqué, afin que l'on puisse reconnaître quel est l'aîné. Lorsque le maire reçoit la déclaration du décès d'un enfant dont la naissance n'a pas encore été consta-

tée, il dresse un acte spécial constatant seulement que l'enfant lui a été présenté sans vie, et il indique le jour et l'heure de la naissance selon la déclaration des témoins. Cet acte est inscrit à sa date sur le registre des décès, sans qu'il en résulte aucun préjugé sur la question de savoir si l'enfant a eu vie ou non. Lorsqu'un enfant naît pendant un voyage en mer, l'acte de naissance est dressé dans les vingt-quatre heures, savoir: sur les bâtiments de l'Etat, par l'officier d'administration; sur les autres navires, par le capitaine, maître ou patron. Cet acte est fait en présence du père, s'il est présent, et de deux témoins pris parmi les officiers du bâtiment, ou, à leur défaut, parmi les hommes de l'équipage. Au premier port où le bâtiment aborde, ceux qui ont rédigé les actes de naissance doivent en remettre deux expéditions au bureau du préposé à l'inscription maritime, ou si c'est dans un port étranger, entre les mains du consul français. A l'arrivée du bâtiment dans le port de désarmement, le rôle d'équipage est déposé au bureau du préposé, lequel envoie une expédition de l'acte de naissance, signée par lui, à l'officier de l'état civil du domicile du père de l'enfant, ou de la mère si le père est inconnu, et cette expédition est inscrite sur les registres de la commune (C. civ. 55 à 61; C. pén. 346 et s.; Décr. 4 juillet 1806; Ord. 2 oct. 1833). Dans les armées en campagne hors du territoire, les déclarations de naissance sont faites dans les dix jours qui suivent l'accouchement, et l'officier chargé de la tenue du registre de l'état civil du corps de troupe doit, dans les dix jours qui suivent l'inscription d'un acte de naissance au dit registre, en adresser un extrait à l'officier de l'état civil du dernier domicile du père de l'enfant, ou de la mère si le père est inconnu, afin que cet acte soit inscrit sur les registres de l'état civil de la commune (C. civ. 92 et s.). L'acte de naissance inscrit sur le registre de l'état civil fait preuve de la filiation des enfants légitimes (id. 319 et s.). (Voy. ETAT CIVIL, LÉGITIMITÉ.) L'acte de naissance peut contenir la reconnaissance d'un enfant naturel, par son père ou par sa mère, ou par l'un et l'autre; mais il faut que cette reconnaissance y soit faite d'une manière formelle par les parents eux-mêmes ou par une personne pourvue d'un mandat spécial et authentique (id. 334 et s.). (Voy. RECONNAISSANCE.) (CH. Y.)

* **NAISSANT, ANTE** adj. Qui naît, qui commence à paraître.

> Que te dirai-je enfin de ma *naissante* flamme ?
> COLLIN D'HARLEVILLE. *L'Inconstant*, acte II, sc. v.

— CHEVEUX NAISSANTS, cheveux qui flottent en liberté comme ceux des enfants, ou qui sont frisés en long, comme l'étaient autrefois ceux des magistrats. PERRUQUE NAISSANTE, perruque qui imite les cheveux naissants. TÊTE NAISSANTE, tête nouvellement rasée, dont les cheveux commencent à repousser.

NAISSUS (auj. *Nissa*), ancienne ville de Mœsie, près de laquelle les Goths furent vaincus par Claude II, en 269.

* **NAÎTRE** v. n. (lat. *nasci*). *Je nais, tu nais, il naît; nous naissons, vous naissez, ils naissent; Je naissais. Je naquis. Je naîtrai. Que je naisse. Je naîtrais. Que je naquisse. Naissant. Né.* Sortir du ventre de la mère, venir au monde : *un enfant qui vient de naître.* — ETRE NÉ POÈTE, PEINTRE, MUSICIEN, etc., avoir des dispositions naturelles à être poète, peintre, etc. — ETRE NÉ POUR UNE CHOSE, avoir un talent naturel, une grande disposition pour une chose : *c'est un homme qui est né pour la guerre, pour les armes.* — Fam. ETRE INNOCENT D'UNE CHOSE COMME L'ENFANT QUI EST A NAÎTRE, COMME L'ENFANT QUI VIENT DE NAÎTRE, en être tout à fait innocent, n'y avoir aucune part — SON PAREIL EST A NAÎTRE, il n'y a point

d'homme semblable à lui, d'homme qui agisse, qui parle comme lui. On dit dans un sens analogue, Il est a naître que, il n'est jamais arrivé que: *il est à naître qu'un fils en ait jamais mal usé avec son père.* (Vieux.) — Se dit, en théol., du Fils de Dieu: *le Verbe naît éternellement du Père d'une manière ineffable.* — Se dit aussi des animaux: *un poulain, un agneau qui vient de naître.* — Se dit également des végétaux qui sortent de terre, qui commencent à pousser: *l'herbe qui commence à naître.* — Prendre son origine, être produit: *ce ruisseau naît à deux lieues d'ici.* — Se dit au sens moral, dans la même acception: *nos plus grands plaisirs naissent de nos besoins.* — Fig. et au sens moral. Commencer: *l'empire romain ne faisait alors que de naître.*

Tout ce peuple captif qui tremble au nom d'un maître,
Soutient mal un pouvoir qui ne fait que de naître.
J. Racine, *Alexandre*, acte II, sc. II.

— On dit aussi, absol., Je l'ai vu naître, j'ai vu le commencement de sa fortune.

* **NAÏVEMENT** adv. Avec naïveté: *parler naïvement.*

* **NAÏVETÉ** s. f. Ingénuité, simplicité d'une personne qui manifeste naturellement ses opinions et ses sentiments: *la naïveté d'un enfant.* — Simplicité naturelle et gracieuse avec laquelle une chose est exprimée ou représentée, selon la vérité ou la vraisemblance: *il y a beaucoup de grâce et de naïveté dans ses expressions, dans son style.* — Simplicité niaise, ou défaut de retenue dans l'expression de sentiment qu'on aurait intérêt à cacher: *admirez la naïveté de ce garçon.* — Propos, expressions qui échappent par ignorance: *voilà une grande naïveté.*

NAJA. Voy. Cobra de Capello.

NAJAC, ch.-l. de cant., arr. et à 21 kil. de Villefranche (Aveyron), sur la rive gauche de l'Aveyron; 2,250 hab.

NAJERA ou **Naxera,** ville de la Vieille-Castille (Espagne), à 60 kil. E. de Burgos et à 30 kil. O.-S.-O. de Logrono; 4,000 hab. (Voy. Navarette.)

NAKHITCHEVAN [na-kitch'-é-vann]. I. Ville de la Russie d'Europe, dans le gouvernement de Yekaterinoslav, sur le Don, à environ 50 kil. de son embouchure, à 40 kil. E.-N.-E. de Rostov; 17,000 hab., la plupart Arméniens. Manufacture de coton et de soie; commerce important de perles et de pierres précieuses. La ville a été fondée en 1780. C'est le siège du patriarche arménien de Russie. — II. Ville de l'Arménie russe (anc. *Naxuana*), sur un plateau près de l'Aras, à 150 kil. S.-E. d'Erivan; 8,772 hab. Les Arméniens croient que c'est là que se fixa Noé après le déluge.

NAMAQUA [na-ma'-koua], tribu hottentote de l'Afrique méridionale, habitant les territoires du grand et du petit Namaqua (ce dernier fait aujourd'hui partie de la colonie du Cap), sur les deux rives du fleuve Orange, non loin de son embouchure. C'est une tribu peu considérable, que la maladie et la famine ont beaucoup réduite.

NAMNÈTES, peuple de la côte occidentale de la Gallia Lugdunensis (Gaule Lyonnaise) sur la rive droite de la Liger (Loire), qui le séparait de l'Aquitaine. Ville princ., Condivencum, plus tard Namnetes (Nantes).

NAMUR. I. Province de Belgique, bornée à l'E. par le Luxembourg et au S. par la France; 3,660 kil. carr.; 320,000 hab. Le sol est généralement fertile. Mines de fer, de plomb et de houille; carrières de marbre. — II. Capitale de cette province, au confluent de la Sambre et de la Meuse, à 60 kil. S.-E. de Bruxelles; 27,000 hab. Églises et écoles nombreuses; manufactures de coutelleries célèbres. Louis XIV prit Namur le 1er juillet 1692, et Guillaume III, d'Angleterre, le 4 août 1695.

Joseph II en rasa les fortifications. La Hollande les rétablit en 1847. Elles furent de nouveau démolies en 1866, sauf la citadelle. — Namur, prise par les Français en 1792 et

Namur.

en 1794, resta ensuite, jusqu'en 1814, ch.-l. du département de Sambre-et-Meuse. Près de ses murs, Grouchy, en retraite, après Waterloo, livra aux Prussiens une bataille sanglante, en juin 1815.

* **NANAN** s. m. Mot dont les enfants se servent, et dont on se sert en leur parlant, et qui signifie, des friandises, des sucreries: *vous aurez du nanan.*

NANA SAHIB, titre de Dhundou Punt, chef de la révolte de cipayes en 1857, né en 1824 ou 1825, mort vers 1860. Il était fils d'un brahmane du Deccan. A l'âge de moins d'un an, il fut amené à Bithoor et adopté par Bajee Row, le *peishwa* des Mahrattes. A la mort de Bajee, en 1851, un territoire qui avait été accordé au *peishwa* par les Anglais fut saisi par la compagnie des Indes orientales, et une pension de 2,250,000 fr., que l'on servait au prince et à sa famille, fut supprimée. Le Nana envoya un agent en Angleterre pour faire valoir ses droits, mais sa réclamation fut rejetée, et il ne pardonna jamais cette prétendue injustice. Au commencement de la révolte des cipayes en 1857, il avait la confiance des Anglais. Mais lorsque l'insurrection éclata à Cawnpore, il se mit à la tête des rebelles (5 juin) et tua tous les Européens qui tombèrent entre ses mains. Les Anglais de Cawnpore se rendirent sur la promesse que Nana leur fit de les envoyer en sûreté à Allahabad; mais il les massacra tous et jeta leurs corps dans un puits. A l'approche de Havelock, il se retira à Bithoor, mais son armée fut dispersée. Il fut ensuite défait dans plusieurs engagements par les généraux Neill et Havelock. Lors de l'occupation de Gwalior par les rebelles en 1858, il fut élu *peishwa* des Mahrattes, et longtemps après que les autres chefs s'étaient soumis ou avaient été pris, il continua à infester les parties septentrionales de l'Inde centrale et les frontières du Népaul. Il finit par disparaître et l'on ne sait rien du reste de son histoire.

NANCÉIEN, IENNE s. et adj. De Nancy; qui appartient à cette ville ou à ses habitants.

NANCY, *Nanceium, Nancium,* ch.-l. du dép. de Meurthe-et-Moselle, à 316 kil. N.-E. de Paris sur la rive gauche de la Meurthe; par 48° 41' 34'' lat. N. et 3° 54' long. E.; 75,000 hab. C'est l'une des plus jolies villes de France. Son palais des anciens ducs de Lorraine, con-

tenant de riches collections, a été presque entièrement détruit par un incendie, en juillet 1871, le jour qui suivit le départ des Allemands. Jardin botanique, pépinières; riches archives; statue en bronze de Mathieu de Dombasle, par David d'Angers; petite statue équestre du roi René; au rond point du cours Léopold, statue en bronze du général Drouot. Cathédrale, qui est un bel édifice moderne, avec deux tours hautes de plus de 250 pieds. Patrie de Jacques Callot, de Pallissot, d'Isabey, de Bellangé, de Granville, du général Drouot, de Mathieu de Dombasle. — Nancy fut la capitale du duché de Lorraine depuis le XIIIe siècle jusqu'à l'absorption de ce duché par la France en 1766, lors de la mort de Stanislas Leszczynski. Après l'avoir prise le 29 nov. 1475, et l'avoir perdue le 5 oct. 1476, Charles le Téméraire fut vaincu et tué sous ses murs, le 5 janvier 1477. Le roi Stanislas de Pologne, qui y résida dans la seconde partie de sa vie et y mourut, l'embellit et en fit un centre littéraire et scientifique; la plus belle place de la ville porte son nom. Nancy fut prise par Blücher en janvier 1814; lors de la retraite de l'armée de Mac-Mahon, elle se rendit à quatre uhlans le 12 août 1870. Les Allemands l'accablèrent de contributions de guerre et on les accuse de l'avoir en partie incendiée au moment de leur départ. Aujourd'hui elle est fortifiée. Ses broderies et ses tissus sont très célèbres; son commerce est très étendu.

NANDOU s. m. Ornith. Genre d'échassiers brévipennes, voisin de l'autruche et comprenant deux espèces de gros oiseaux qui habitent les régions les plus chaudes de l'Amérique. L'espèce la mieux connue, vulgairement appelée *autruche d'Amérique* (*rhea americana*), plus petite de moitié que l'autruche, présente une teinte uniforme grisâ-

Nandou (Rhea americana).

tre, plus foncée sur le dos; trois doigts; tête couverte de plumes; le long plumage de ses ailes et de son croupion sert à fabriquer des brosses. C'est un oiseau farouche, solitaire, et très rapide à la course; néanmoins on parvient à s'en emparer en le poursuivant à cheval en lui lançant un lasso. Sa nourriture se compose de racines, d'herbes, et quelquefois de mollusques et de poissons.

NANGASAKI (c'est-à-dire cap long), ville maritime du Japon, sur la côte occidentale de l'île de Kiou-Siou; 80,000 hab. environ. Elle est divisée en rectangles, et traversée par un cours d'eau sur lequel sont jetés 21 ponts. Les collines environnantes sont couvertes de temples et de bosquets. Le port est un des meilleurs du monde. Objets d'exportation: thé, tabac, charbon de terre, camphre, porcelaine. A Nangasaki aboutissent deux câbles télégraphiques sous-marins, celui de Shanghaï, et celui de Vladivostock. C'est le grand entrepôt de commerce avec la Chine, et le marché des poteries de Hizen.

Pendant les cent années du prosélytisme dont jouirent les jésuites au Japon, Nanga-saki fut le centre de la foi nouvelle. Après l'expulsion des Portugais, on confina les Hollandais dans l'île de Deshima, au milieu du port, et pendant plus de deux siècles on n'en permit l'accès qu'à un seul vaisseau par an. Nangasaki a été ouvert au commerce étranger en 1857.

NANGIS, ch.-l. de cant., arr. et à 21 kil. de Provins (Seine-et-Marne); 2,860 hab. Grains et bétail. Victoire de Kellermann et de Gérard sur les Russes le 17 fév. 1814. Les Allemands l'occupèrent en 1870-'71.

NANGIS (Guillaume de). Voy. GUILLAUME.

NANGIS (Louis-Armand DE BRICHANTEAU, *marquis de*), maréchal de France, né en 1682 mort à Versailles en 1742. On le nomma colonel à huit ans et bientôt général. Il fut créé maréchal en 1741.

NANIFIER v. a. (lat. *nanus*, nain ; *facere*, faire). Rendre nain : *nanifier un pommier.* — **Se nanifier** v. pr. Devenir nain : *ces arbres se nanifient.*

' **NANKIN** s. m. Toile de coton qui est ordinairement d'un jaune approchant de la couleur du chamois, qui se fabrique à Nankin, ville de la Chine, et dont on imite aux Indes et en Europe : *pièce, pantalon, gilet, guêtres de nankin.* — Aujourd'hui, la plus grande partie du nankin que l'on trouve dans le commerce provient des manufactures anglaises.

NANKING ou **Nankin** (nan-kin) (c'est-à-dire la « capitale du Sud », contrairement à Péking, la « capitale du Nord »), aussi appelée **Kiang-ning-Fou**, ville de Chine, ville principale de la province de Kiang-sou, à 5 kil. S. du fleuve Yangtse-Kiang, qui a son embouchure à environ 350 kil. plus loin, et à 800 kil. de Pékin; 450,000 hab. Le fleuve, de l'autre côté de la ville, a un demi-kil. de largeur et 25 brasses de profondeur. Le pays est humide

Tour de porcelaine, à Nankin.

et malsain pour les Européens et pour les naturels des autres provinces. Les murailles de la ville ont 40 pieds de haut et 30 kil. de circuit. La partie orientale est irrégulière et peu habitée ; mais dans d'autres quartiers les maisons sont les unes sur les autres. Les re-

belles Taïping ont détruit la plupart des édifices remarquables. Parmi ceux-ci était la célèbre tour de porcelaine, de 260 pieds de haut, bâtie de 1413 à 1432. Nanking a longtemps été fameuse pour ses produits manufacturés et spécialement pour une étoffe de coton jaune, appelée, du nom de la ville, *nankin*. Nanking fut prise le 19 mars 1853, par les rebelles Taïping qui l'occupèrent pendant 11 ans. Le 19 juillet 1864, elle fut reprise par les impériaux, qui trouvèrent que l'empereur rebelle s'était donné la mort avec la plupart de ses hauts officiers. Le commerce étranger est nul, ou peu s'en faut.

NANSOUTY (Étienne-Antoine-Marie CHAM-PION, *comte de*), général, né à Bordeaux en 1768, mort en 1815. Au sortir de l'école de Brienne, il entra au service en 1785, fit toutes les campagnes de la première République, parvint au grade de général de division (1803), se distingua surtout comme officier de cavalerie en exécutant les charges décisives des cuirassiers à Austerlitz, Eylau, Friedland, Essling, Wagram; il fut blessé à la Moskova, se rallia aux Bourbons en 1814, et fut nommé capitaine-lieutenant des mousquetaires. Son petit-fils, le général Nansouty, s'est rendu célèbre comme créateur de l'observatoire météorologique du Pic du Midi.

NANT s. m. Cascade ou torrent dans les Alpes.

NANT, ch.-l. de cant., arr. et à 32 kil. S.-E. de Millau (Aveyron) ; 2,650 hab.

NANTAIS, AISE s. et adj. De Nantes; qui appartient à cette ville ou à ses habitants.

NANTERRE, *Nannetodurum*, ville du cant. de Courbevoie (Seine), à 12 kil. O. de Paris, au pied du mont Valérien; 5,600 hab. Plâtras renommés. Patrie de sainte Geneviève. On y couronne chaque année une rosière, le lundi de la Pentecôte.

NANTES, *Condivicum Namnetanum*, place de guerre de 3° classe et ch.-l. du dép. de la Loire-Inférieure, 4° ville maritime de France, la 7° sous le rapport de la population, 120,000 hab., sur la Loire, aux confluents de l'Erdre et de la Sèvre Nantaise (de fleuve; par 47° 13' 18" lat. N. et 3° 53' 43" long. O.; à 391 kil. O.-S.-O. de Paris. On y remarque de beaux boulevards; ses rues sont étroites. Sa cathédrale est remarquable par son triple portail. Son musée contient plus de 1,000 tableaux et 300 sculptures. De ses chantiers de construction sort le quart des navires de commerce de la France. — Manufactures de tabacs, de coton et de lainages. Nantes importe surtout les denrées coloniales : sucre et café de l'île Bourbon et de la Réunion; houille d'Angleterre; sapins et fers du N. de l'Europe; bois de teinture, matières tinctoriales, bois d'ébénisterie; riz, poivre, gomme, et arachides. Exportation d'animaux domestiques, de fourrages, de modes, de chaussures, d'articles de Paris, de sardines à l'huile et de conserves alimentaires (15 millions de boites par an). Armement pour la pêche de la morue. La cathédrale Saint-Pierre, commencée au xive siècle, le tombeau de François II, chef-d'œuvre de la Renaissance, sculpté en 1507 par Michel Colomb. On y admire, outre la statue de François II, celle de son épouse Marguerite; peintures murales, par Coutan et tableaux par Flandrin. Château des ducs de Bretagne, rebâti au xve siècle et restauré en 1852. Eglise renaissance de la collégiale; Notre-Dame-de-Bon-Port (1846), dont la coupole est très hardie. Hôtel de ville (1844-'53), orné de statues et de bustes, palais de justice, dont l'escalier monumental est l'un des plus beaux de France. Maison de Guigny (3, rue Haute-du-Château), où la duchesse de Berry fut arrêtée. Bourse très re-

marquable. Tour du Bouffay; passage Pommeraye; cours Saint-Pierre et Saint-André, ornés, le premier, des statues d'Arthur III et d'Anne de Bretagne; le second, de celles du Guesclin et d'Olivier de Clisson et séparés par la place Louis XVI, sur laquelle s'élève une statue de ce nom; quai de la Fosse. Cours Cambronne, orné de la statue du général de ce nom; quai de la Fosse. Patrie de Cassard, de Cacault, de Boffrand, de Lacroze, d'Anne de Bretagne, du général Cambronne, et du général La Moricière. — Cette ville, d'origine celtique, était autrefois la capitale des Namnètes. Les Romains en firent l'entrepôt métallurgique de l'Armorique. Les Francs, s'en étant rendus maîtres, sous le règne de Clotaire, lui donnèrent pour gouverneur l'évêque Félix, qui dota la ville d'un véritable port. Saint Martin y fonda l'abbaye de Vertou. Nantes fut prise, pillée et livrée aux flammes par les Normands. Alain de Bretagne la rebâtit; elle fut de nouveau détruite par un incendie en 1118. Elle passa à la France par le mariage de la duchesse Anne avec Charles VIII. Ses magistrats repoussèrent les ordres de massacre de la Saint-Barthélemy. Plus tard, Henri IV y rendit l'édit fameux qui introduisit en France la tolérance religieuse. Sous Louis XIII, elle fut témoin du dénouement de l'affaire de Chalais; sous Louis XIV, elle vit l'arrestation de Fouquet (1661). S'étant prononcée pour le parti girondin, sa résistance au parti montagnard servit de prétexte aux fureurs de Carrier. Ce fut le fusiller Charette sur la place Viarmes et arrêter la duchesse de Berry. Malgré l'ensablement de la Loire, Nantes est encore l'une de nos principales villes de commerce. La Loire est traversée par 14 ponts dont 6 en ligne droite. Ses 1650 rues, ses imposantes maisons, ses places, ses passages, l'activité de son industrie, l'animation de son commerce lui donnent l'aspect d'une vraie capitale. — Edit de Nantes, célèbre édit de pacification religieuse, signé par le roi Henri IV, le 13 avril 1598, dans le château de Nantes, pour accorder aux religionnaires une amnistie, le libre exercice de la religion dans des lieux déterminés, le droit de se marier et de faire inhumer suivant les rites calvinistes, le droit de posséder, vendre et acquérir, l'accession aux charges et aux dignités. Les articles de cet édit ne furent respectés que sous le règne de Henri IV; ils furent violés un à un sous Louis XIII, et avec Louis XIV commencèrent de nouvelles persécutions. On tracassa, on emprisonna, on dépouilla les calvinistes, on ferma leurs temples, on leur enleva leurs enfants pour les élever au couvent (témoin, Mme de Maintenon). Quand ils se plaignaient, on leur envoyait des garnisaires; les prisons et même les galères avaient le dernier mot. Pour enlever à leurs plaintes toute apparence de légalité, le P. Lachaise, aidé de Mme de Maintenon et de Louvois, finit par obtenir du roi Louis XIV, la révocation de cet édit (22 oct. 1685). En vertu de cette révocation, les ministres calvinistes avaient 15 jours pour évacuer le royaume; les parents devaient mettre leurs enfants au couvent pour les faire élever dans la religion catholique; enfin ceux qui continuaient à professer la religion réformée étaient condamnables aux galères. Il est inutile de s'étendre longuement sur les résultats d'une semblable politique. Un million de Français prirent la route de l'exil ou du bagne. L'industrie fut ruinée; les arts furent transportés à l'étranger et les ports se dépeuplèrent. Au dire de M. le duc d'Aumale dans ses *Institutions militaires*, 6,000 officiers, 10,000 matelots, et 20,000 soldats allèrent porter leur courage et leur expérience dans les armées ennemies. D'autres conséquences immédiates de la révocation de l'édit de Nantes furent les dragonnades et la guerre des Cévennes.

NANTEUIL (Célestin). I. peintre français, né à Rome en 1813, mort en septembre 1873. Il s'occupa surtout de lithographie et, de 1830 à 1846, après avoir suivi les leçons d'Ingres, il donna plus de 2,000 vignettes destinées à des œuvres musicales et littéraires. On a de lui : une *Sainte Famille* (1834); le *Christ guérissant les malades* (1837); *La Source*; *Dans les vignes*: *Un rayon de soleil* (1848); *La Tentation* (1851); *La Vigne* (1853). En 1855, il fit un voyage en Espagne et donna *Souvenirs du passé* et le *Baiser de Judas*, d'après van Dick; en 1859, *Séduction, Perdition, Ivresse*; en 1861, *Charité*; *Le Printemps ramène les amours* (1863); *Apollon gardant les troupeaux du roi Admète* (1869). Nanteuil brillait surtout par le pittoresque et l'éclat du coloris. — II. (Robert), artiste, peintre et graveur, né à Reims en 1630, mort en 1678. Il a laissé plus de 250 gravures qui le placent au premier rang des artistes. Les portraits d'Arnaud de Pomponne, de Mazarin, de Turenne, etc., sont regardés comme des chefs-d'œuvre.

NANTEUIL (GAUGIRAN DE), auteur dramatique, né à Toulouse en 1778, mort vers 1830. On a de lui, en collaboration avec Etienne : la *Confession de vaudeville* (Paris, 1801); *La paix du village*; *L'Apollon du Belvédère* (1801); *Les Deux Mères* (1802); *Les Maris Garçons*, etc.

NANTEUIL-LE-HAUDOUIN, ch.-l. de cant., arr. et à 20 kil. de Senlis (Oise); 1,550 hab. Passementerie; commerce de grains et de farines. Curieuse église du XIIIe siècle.

NANTIAT, ch.-l. de cant., arr. et à 20 kil. de Bellac (Haute-Vienne); 4,420 hab.

* **NANTIR** v. a. Donner des gages pour assurance d'une dette : *cet homme ne prête point si on ne le nantit auparavant.* — **Se nantir** v. pr. : *il ne perdra rien dans cette mauvaise affaire, il s'était nanti de bons effets.* — Palais. SE NANTIR DES EFFETS D'UNE SUCCESSION, s'en saisir comme y ayant droit, s'en emparer par précaution, sauf à rapporter. — Fam. Se garnir, se pourvoir de quelque chose par précaution : *je me suis nanti d'un bon manteau contre la pluie, d'un bon déjeuner avant de partir.* — Absol. Faire des profits dans un emploi, dans une place, et les mettre en réserve : *cet homme s'est bien nanti avant de sortir de sa place.* On dit dans le même sens, IL A PERDU SA PLACE, MAIS IL EST BIEN NANTI.

* **NANTISSEMENT** s. m. Gage, ce qu'on donne à un créancier pour sûreté de ce qui lui est dû : *il a un bon nantissement.* — PAYS DE NANTISSEMENT, les lieux où la coutume voulait que pour avoir privilège sur les biens d'un débiteur, on fit inscrire sa créance sur le registre public. — Législ. « Dans l'ancien droit français, on nommait *nantissement* une formalité que devait remplir, dans certains pays coutumiers, tout créancier muni d'un contrat hypothécaire notarié, afin d'obtenir un droit de priorité sur la valeur de l'immeuble affecté à sa garantie. Le créancier était tenu de requérir le juge du lieu où l'immeuble était situé, qu'il lui fût donné acte de la présentation faite de son titre, en présence de témoins, et qu'il lui fût donné nantissement sur l'immeuble hypothéqué. Certaines coutumes de la Picardie et de la Champagne prescrivaient ces formalités et, à cause de cela, étaient dites *coutumes de nantissement.* — Dans la législation moderne, le mot nantissement s'applique à tout contrat par lequel un débiteur ou une caution met le créancier en possession d'une chose, pour sûreté de la dette. Le nantissement d'une chose mobilière s'appelle *gage*; celui d'une chose immobilière se nomme *antichrèse.* La personne qui a fourni la chose donnée en nantissement en reste propriétaire, même en cas de défaut de paiement de la créance au terme convenu, et toute clause contraire est nulle. S'il s'agit d'un objet mobilier, le

créancier a un privilège sur le prix de l'objet; et il peut aussi se faire autoriser en justice à garder ledit objet en paiement. Si l'objet remis en nantissement est un immeuble, le créancier antichrésiste peut retenir les fruits naturels ou civils; mais il n'a sur le fonds que le droit de tout créancier, à moins qu'il ne jouisse, en vertu d'un autre titre, d'un droit de privilège ou d'hypothèque (C. civ. 2071 et s.). Le nantissement immobilier doit, pour être opposable aux tiers, avoir été transcrit au bureau des hypothèques. (L. 23 mars 1855). La remise que fait le créancier à son débiteur de la chose qu'il avait reçue de lui en nantissement ne suffit pas pour faire présumer le paiement ou la remise de la dette (id. 1286). Les droits d'enregistrement perçus sur les contrats de nantissement sont, en principal, de 2 p. 100 sur les immeubles et de 0 fr. 50 sur les meubles; et ces droits sont calculés sur le montant de la créance, ou si la valeur de l'objet est inférieure à la créance, sur le montant de cette valeur. Lorsqu'un nantissement mobilier est consenti, dans l'acte constitutif de la créance, il n'est dû aucun droit particulier pour le contrat de gage. La remise de l'objet par le créancier, avec décharge par le propriétaire dudit objet, donne lieu au droit de quittance de 0 fr. 50 pour 100 fr. — Le prêt habituel sur nantissement mobilier ne peut être pratiqué sans une autorisation du gouvernement. (Voy. MONT-DE-PIÉTÉ.) »   (CH. Y.)

NANTUA, ch.-l. d'arr., à 40 kil. E. de Bourg (Ain); par 46° 9' 7'' lat. N. et 3° 16' 22'' long. E.; 4,500 hab. Commerce de bois, cuirs et fromages; mousseline, toiles, tissus, tapis, peignes, soieries. Cette ville doit son nom au *Nant*, petit ruisseau qui s'échappe de son lac. Elle est située au milieu d'une gorge sauvage, que domine une haute montagne. Elle est baignée par le *lac de Nantua*, long de 2 kil., large de 1 kil., situé à 425 m. au-dessus du niveau de la mer et plein de truites délicieuses. Les environs de Nantua donnent, en raccourci, une idée de la Suisse; le touriste y rencontre les torrents encaissés, les rochers escarpés, les chalets rustiques, les solitudes majestueuses, des vallées profondes.

NANTUATES, peuple du S.-E. de la Gaule Belgique, entre le Rhodanus (Rhône) et le Rhenus (Rhin), à l'extrémité orientale du lac Léman. Villes princ. : Tarnade (auj. Saint-Maurice). Leur pays est aujourd'hui compris dans le dép. de la Haute-Savoie et dans le canton suisse du Valais.

* **NANTUCKET** [nann-teuk'-ett], ville et comté de l'état de Massachusetts (États-Unis). La ville, dans l'île du même nom, a été jusqu'en 1846, le centre de la pêche de la baleine dans cette région. Aujourd'hui, cette pêche n'existe plus, et la ville décline rapidement. Elle avait encore 3,201 hab. en 1875.

NAPAUL s. m. Ornith. Espèce de dindon qui habite le Bengale. On l'appelle aussi *faisan cornu* ou *tragopan*. (Voy. ce mot.)

* **NAPÉE** s. f. (gr. *napê*, vallée boisée). Chacune des nymphes qui, suivant la Fable, présidaient aux forêts et aux montagnes.

* **NAPEL** s. m. (lat. *napus*, navet). Espèce d'aconit. (Voy. ce mot.)

NAPHTALINE s. f. Substance solide qu'on extrait par distillation du goudron de houille et qui est employée en médecine. La naphtaline (C¹⁰ H⁸) est un hydro-carbure obtenu par la distillation de nombreux corps organiques, tels que houille, bois, résine, huiles, matières animales; on l'obtient aussi en faisant passer la vapeur de l'acide acétique, de l'alcool, de l'éther, des huiles volatiles et du camphre par des tubes chauffés au rouge. Garden l'observa le premier en 1820; Faraday en fit l'analyse complète et en détermina la

véritable composition chimique. Laurent étudia pendant 20 ans les produits de substitution de ce corps. La matière première employée d'ordinaire à préparer la naphtaline est le goudron qui, en étant plongé dans des cuves de refroidissement, dépose des cristaux de ce corps qui sont purifiés par des lavages, des distillations et des recristallisations. La naphtaline, lorsqu'elle est pure, a la forme de plaques rhomboïdes, écailleuses, d'un blanc brillant et d'une odeur particulière. Poids spécifique : 1.151 d'après Vohl; point de fusion, d'après Kopp : 79° 2; point d'ébullition : de 216. 4° à 216. 8° C. Il y a une nombreuse série de composés par substitution, dans lesquels le chlore ou le brome prennent la place de l'élément hydrogène, et quelquefois se remplacent mutuellement. Les corps ainsi formés n'ont pas une grande importance pratique, mais leur étude a eu une influence remarquable sur les récents progrès de la chimie organique. On se sert de la naphtaline dans la préparation des couleurs d'aniline.

* **NAPHTE** s. m. (gr. *naphtha*, du chaldéen *nephet* ou *nephta*). Espèce de bitume transparent, léger et très inflammable : *l'huile de naphte, purifiée par la distillation, est très limpide.* — Le mot naphte fut d'abord appliqué à une variété de liquides âcres, volatils, inflammables, appartenant surtout à la classe des éthers. On l'étendit ensuite à l'huile de schiste, au pétrole, etc. Plus tard, l'huile légère de goudron fut appelée naphte; plus récemment, on a de nouveau élargi la signification de ce terme de manière à y comprendre la plupart des liquides inflammables obtenus par la distillation à sec des substances organiques. Aux États-Unis, ce mot désigne une série d'hydrocarbures tirés du pétrole. Voici quelques-uns des naphtes connus dans le commerce : 1° le naphte du *boghead*, obtenu par la distillation de la houille de Torbane-hill ou charbon de boghead à une température aussi basse que possible; 2° le naphte d'os, ou huile animale de Dippel; 3° le naphte de houille, obtenu par la distillation du goudron; 4° le naphte minéral, tiré du pétrole; 5° le naphte de bois, éther pyrogéné, esprit pyroxylique ou alcool méthylique, liquide incolore, instable, inflammable qui brûle avec une flamme légère, bleuâtre, et est mélangeable en toute proportion avec l'eau, l'alcool, l'éther et les huiles d'éther. Le naphte dissout les huiles fixes et essentielles, le soufre, le phosphore, l'iode, les gommes et les résines. Aussi l'emploie-t-on pour enlever la graisse des tissus, pour faire les vernis, etc. C'est une substance très explosible. — L'industrie du naphte a fait de grands progrès depuis 1877. Le résultat est dû aux améliorations introduites dans le système de chauffage de cette huile minérale et au développement de plus en plus grand apporté à la fabrication de l'oléonaphte.

NAPHTÉINE s. f. (rad. *naphte*). Chim. Substance minérale particulière, d'une odeur analogue à celle du naphte, trouvée dans le dép. de Maine-et-Loire.

NAPHTOL s. m. Chim. Nom donné aux phénols monatomiques et diatomiques dérivés de la naphtaline.

NAPIER. I. (SIR Charles) [nè'-pi-eur], amiral anglais (1786-1860). Il entra dans la marine en 1799, et en 1809 il était capitaine de vaisseau, En 1833, don Pedro lui confia le commandement de la flotte portugaise, et, le 5 juillet, il gagna une victoire signalée au large du cap Saint-Vincent, et détruisit la flotte de don Miguel. Il rentra dans la marine anglaise en 1839. En 1840, avec le grade de commodore, il prit part, sous l'amiral Stopford, à l'expédition de Syrie; en 1846, il fut nommé contre-amiral et eut le commandement de la flotte de la Manche. Lorsque la guerre éclata avec la Russie, il fut mis à la tête de la flotte de la Baltique avec le rang de vice-amiral. Il mit à la voile à Spithead, le 11 nov. 1854, avec la flotte la plus magnifique que la Grande-Bretagne eût encore équipée; mais il revint en décembre sans avoir rien accompli d'important, à part la prise de Bomarsund. Il fut fait amiral en 1858. Il siégea au parlement en 1841-'47 et en 1855-'60. Il a publié : *Account of the War in Portugal* (1836, 2 vol.); *The War in Syria* (1842, 2 vol.), et *The Navy, its Past and Present State* (1851). Sa vie et sa correspondance ont été publiées par le major général E. Napier (1862, 2 vol.). — II. (Sir **Charles-James**) officier anglais, cousin du précédent (1782-1853), il commandait un régiment dans la retraite de sir John Moore, et à la bataille de la Corogne (16 janv. 1809), il fut laissé pour mort entre les mains des Français. Il fut gouverneur de Céphalonie en 1824-'29, et servit activement la cause de l'indépendance grecque. En 1841, il reçut le commandement de l'armée de Bombay, et en 1843, il entra en campagne contre les *ameers* du Sinde. Le 17 fév., avec moins de 2,000 hommes, il vainquit 35,000 hommes du Béloutchistan, à Meeanee, et amena la reddition de la forteresse de Hyderabad. Le 24 mars, il défit Shere Mohammed, qui avait réuni 25,000 hommes à Dubba, près de Hyderabad. La guerre finie, Napier, comme gouverneur de la province conquise, protégea la population hindoue et du Sinde contre les Béloutchis, encouragea l'industrie nationale, abolit l'esclavage et le commerce des esclaves, le *suttéisme*, l'infanticide, les fiefs militaires, et autres coutumes barbares. Il revint en Angleterre en 1847. Parmi ses nombreuses publications, on remarque : *Lights and shadows of military Life* (1840); *History of the colonies : Ionian Islands* (1853); *Indian Mis government and lord Dalhousie* (1853). Sa carrière dans l'Inde a été racontée par sir W.-F.-P Napier, son frère, qui a aussi publié sa vie et ses opinions (1857, 4 vol.). — III. (**Henry-Edward**) écrivain anglais, frère du précédent, né en 1789, mort en 1853. Il était capitaine sur la flotte, et a écrit *Florentine History from the earliest authentic records to the accession of Ferdinand III, grand duke of Tuscany* (1846-'47, 6 vol. in-12).

NAPIER (John) [né-pi-eur], *laird*, ou seigneur, de Merchiston, l'inventeur des logarithmes, né en Écosse en 1550, mort en 1617. En 1593, il publia *A plain discovery of the revelation of Saint-John*. En 1614, il mit au jour son système de logarithmes, sous le titre do *Mirifici Logarithmorum canonis descriptio*. Il résulte d'une lettre écrite par Kepler qu'il avait commencé l'investigation du sujet avant 1594. L'ouvrage ne fut pas plutôt publié que Henry Briggs, professeur de mathématiques à Gresham college, Londres, commença d'en expliquer les règles dans son *Imitatio Nepierea*, et c'est le système proposé par lui qui est encore généralement en usage. Le dernier ouvrage de Napier a pour titre *Rabdologiæ seu numerationis per virgulas libri duo* (1617); il y explique son invention, ayant pour but de faciliter la multiplication et la division au moyen de petites baguettes, invention qu'on a appelé les os de Napier, *Napier's bones*. Dans son *Mirifici logarithmorum canonis constructio* (1649), il donne le le principe de la construction des logarithmes.

NAPIER (Sir **William-Francis-Patrick**), écrivain anglais, frère de sir Charles-James, né en 1785, mort 1860. Il accompagna sir John Moore en Portugal en 1808, prit une part active à la guerre dans la péninsule, et devint lieutenant-colonel en 1813, puis major général en 1841. Il fut lieutenant gouverneur de Guernsey de 1842-'48, et atteignit le rang de général en 1859. Son principal ouvrage est *The History of the war in the Peninsula and in the South of France from 1807 to 1814* (1828-'40, 6 vol.), livre pour lequel le duc de Wellington, le maréchal Soult et autres personnages lui fournirent des matériaux.

NAPLES. I. (Royaume de). Voy. Siciles. — II. Province du royaume d'Italie, limites : Caserta, Salerne et la mer Tyrrhénienne; 4,065 kil. carr.; 907,752 hab. C'est la plus belle et la plus fertile de toutes les provinces italiennes. La partie orientale est traversée par les Apennins. Elle est arrosée par le Sarno et le Sebeto, et contient beaucoup de petits lacs, dont les principaux sont : Fusaro, Averno et Lucrino.

NAPLES (ital. *Napoli*; anc. *Neapolis*). La plus grande ville d'Italie, capitale de la province du même nom, sur la côte septentrionale de la baie de Naples, à 118 kil. S.-E. de Rome, par 40° 51' lat. N. et 11° 55' long. E.; 495,000 hab. Le spectacle que présente Naples quand on y arrive par la mer est fameux par son imposante majesté. A l'entrée de la baie sont les îles d'Ischia et de Procida, au N.-O., et l'île de Capri au S.-E.; au fond, la ville s'élève en amphithéâtre. A l'E. se dresse le mont Vésuve; des villes et des villages bordent le rivage. Naples ne conserve que quelques fragments de ses fortifications du moyen âge. Les trois châteaux et les por-

Naples.

tes, rebâtis dans les temps modernes, sont maintenant dans l'*intérieur* de la cité. Elle est divisée en deux croissants par la chaîne des collines de Capodimonte, de Sant'Elmo et de Pizzofalcone, terminée par une petite île réunie à la terre ferme. Le croissant, à l'E. de cette chaîne, renferme la masse de la population, la plus vieille partie de la cité et les principaux édifices et institutions publiques; il s'étend à l'E. jusqu'au Sebeto et est coupé du N. au S., par une longue voie. Le croissant à l'O. de Sant'Elmo est la cité moderne, connue sous le nom de la Chiaia. La large rue appelée Riviera di Chiaia longe la Chiaia; à son extrémité occidentale sont les faubourgs Piedigrotta et Mergellina. La longueur de Naples, du pont de Sebeto à l'E. au faubourg de la Mergellina à l'O. est de 6 kil.; sa largeur, de la colline de Capodimonte au N. au château dell'Ovo au S., est de 4 kil. C'est à peine si elle a quelques *piazze*, autrefois appelées *larghi*, dont la plus grande est la piazza del Municipio, ornée d'une fontaine célèbre. La villa Nazionale, la promenade à la mode, fait presque partie de la Riviera di Chiaia, et contient des temples dédiés à Virgile et au Tasse, et une terrasse qui s'avance dans la mer. Le fameux taureau Farnèse, que l'air de la mer endommageait, a été transporté au muséum, et remplacé par le grand bassin de granit de Pæstum, qui forme la fontaine centrale. On a fait disparaître pour la même raison d'autres statues remarquables. La Marinella, longue grève découverte, autrefois le rendez-vous des lazzaroni, est égayée par les *cantatori*, ou ménestrels populaires. Le Castel-Nuovo, principal château, est remarquable par ses tours massives et par ses fossés. Le *palazzo del municipio* fut commencé en 1819 et fini en 1825; il a été construit pour permettre de centraliser tous les services publics dans un seul bâtiment. Il contient 6 cours, 846 pièces, et 40 corridors, et couvre une superficie de 20,000 m. carr. On compte à Naples plus de 300 églises, dont la plus importante est la cathédrale, commencée au XIIIe siècle; elle a subi des restaurations fréquentes et n'a gardé que peu de chose de son caractère primitif. La *capella del Tesoro*, ou chapelle de saint Janvier, avec les deux célèbres fioles qui passent pour contenir le sang du saint, dont la liquéfaction donne lieu aux plus grandes fêtes religieuses de Naples, fait partie de la cathédrale. — Les mendiants fourmillent à Naples, quoiqu'il y ait environ 60 institutions charitables, dont une de vastes dimensions, destinée à servir d'asile et d'établissement d'éducation pour les pauvres. L'hôpital pour les incurables reçoit des malades de toute espèce et occupe un rang élevé comme école médicale. Sur 15,000 naissances annuelles, il y a environ 2,000 enfants trouvés; on prend plus de soin de ces enfants à Naples que dans les autres parties de l'Italie. L'hôpital di Gesù-Maria est la plus grande école de clinique attachée à l'université. Le collège de musique jouit aussi d'une grande réputation; mais les écoles primaires publiques ne comptent que 15,000 élèves environ. Outre un observatoire et un jardin botanique, Naples a, depuis 1873, un jardin zoologique avec un des plus beaux aquariums du monde. Il y a cinq bibliothèques publiques, y compris la bibliothèque nationale qui contient 200,000 volumes. Les collections du musée national, où figurent 1,600 fresques trouvées à Herculanum et à Pompéi, sont la principale gloire de Naples. La galerie de peintures a été réorganisée en 1866-'67. Elle contient 500 ouvrages, la plupart chefs-d'œuvre des grands maîtres; et nulle part l'école napolitaine ne peut être aussi bien étudiée. Les palais particuliers de Naples ne sont remarquables que par leurs collections artistiques. Le théâtre San Carlo a été pendant longtemps le plus grand opéra italien du monde, et celui de San Carlino est la patrie de Pulcinello ou Polichinelle. — Naples a trois ports : le *porto Piccolo*, reste de l'ancien port de Palæopolis (la vieille ville), bon seulement pour les petits navires ; le *porto Militare*, nouveau port avec une profondeur de cinq brasses, et le *porto Grande*, qui est le principal, mais qui n'a que trois ou quatre brasses dans sa partie la plus profonde. Principaux articles d'importation : sucre, café et autres produits coloniaux, houille, poisson salé, tissus de coton, de laine, de soie et de lin, fer, quincaillerie, ferblanterie. Principaux articles d'exportation : produits locaux, essence, merrain, corail, huile d'olive, tartre, lie de vin, garance, ré-

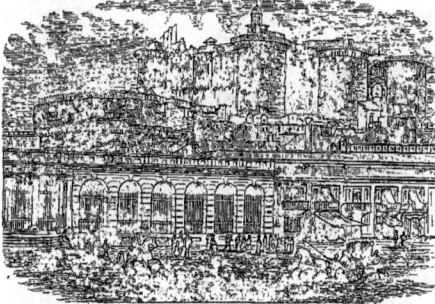

Castel-Nuovo, à Naples.

glisse, chanvre et fruits ; 11,288 entrées et sorties, avec un tonnage de 2,923,922. Après Gênes, Naples est regardé comme le port le plus considérable de l'Italie. L'article de fabrication le plus important est le macaroni et le vermicel qui forment le fond de la nourriture du peuple. Viennent ensuite les étoffes de soie. Une des grandes curiosités de Naples sont les catacombes, plus grandes que celles de Rome. Les antiquités abondent dans les environs. — Naples est généralement regardé comme ayant été, à l'origine, une cité grecque, colonie de Cumes (sur l'emplacement d'une ville plus ancienne appelée Parthénopè), laquelle se divisa plus tard en vieille et nouvelle ville, Palæopolis (peut-être près du Pozzuoli d'aujourd'hui) et Neapolis. Neapolis fut de bonne heure une alliée fidèle et une dépendance de Rome. Elle résista avec succès à Pyrrhus en 280 av. J.-C., et ses fortifications redoutables empêchèrent Annibal de l'inquiéter pendant la seconde guerre Punique. Elle garda à un bien plus haut degré que les autres cités italiennes sa littérature et ses institutions grecques ; elle était fréquentée par les Romains des hautes classes, et elle resta un lieu favori de rendez-vous pour les riches pendant l'empire. C'est sur le théâtre de Naples que Néron parut sur la scène pour la première fois. Le caractère voluptueux de cette ville la fit appeler par Ovide *in otia natam Parthenopen*. Alors, comme aujourd'hui, le grand tunnel sous le Pausilippe était un objet d'admiration. Virgile résida longtemps à Naples. La ville fut prise par les Goths en 493, reprise par Bélisaire en 536, et démantelée par Attila 543. Vers 570, elle devint un duché à part, dépendant de l'exarchat de Ravenne. Après la chute de l'exarchat au VIIIᵉ siècle, elle fut, pendant près de 400 ans, indépendante sous ses ducs particuliers. Les Normands la réduisirent après un siège pro-

longé, et finalement elle se soumit à Roger I, de Sicile, vers 1137. A l'extinction de la dynastie normande (1189), Naples passa à la maison de Souabe à laquelle appartenaient les rois de Naples et de Sicile. En 1268, sous la dynastie d'Anjou, elle remplaça Palerme en qualité de capitale. En 1442, le dernier roi de la maison d'Anjou fut vaincu par Alphonse d'Aragon. Charles VIII de France conquit Naples en 1495, mais il en fut chassé par Gonzalve de Cordoue. Sous les rois aragonais et espagnols, elle fut gouvernée par des vice-rois, jusqu'à la paix d'Utrecht (1713), époque à laquelle elle fut ajoutée aux possessions de la maison de Hapsbourg. L'insurrection de Masaniello eut lieu en 1647. Charles, fils de Philippe V d'Espagne, devint le souverain de Naples en 1734, et y fonda la dynastie des Bourbons. Les Français s'en emparèrent en 1799 et en 1806. Joseph Bonaparte en fut fait roi, mais il fut remplacé en 1808 par Murat que les Autrichiens firent tomber en 1814 pour restaurer les Bourbons. Un mouvement révolutionnaire éclata le 15 mai 1848. En 1860, Garibaldi entra dans la ville qui fut incorporée aux États de Victor-Emmanuel. Naples a souvent été inquiétée par des tremblements de terre. Une violente éruption du Vésuve, en avril 1872, coûta la vie à 200 personnes environ, et la ville fut couverte d'une averse de cendres. On a construit un chemin de fer qui va jusqu'à sommet du Vésuve. (Voy. FUNICULAIRE.)

NAPLOUSE, ancienne *Sichem*, ville du pachalik de Damas, à 60 kil. N. de Jérusalem ; 7,000 hab.

NAPO, cours d'eau de l'Amérique du Sud. (Voy. ÉQUATEUR.)

NAPOLÉON s. m. Pièce de vingt ou de quarante francs à l'effigie de Napoléon. Se dit plus ordinairement des pièces de vingt francs : *il perdit dans la soirée cinquante napoléons*.

NAPOLÉON, nom de plusieurs personnages illustres de la famille Bonaparte, dont deux ont été, de fait, empereurs des Français, et dont deux autres l'ont été de nom. — Napoléon Iᵉʳ, LE GRAND, fondateur de la dynastie napoléonienne et le plus habile capitaine des temps modernes, second fils de Charles-Marie-Bonaparte et de Maria-Lætizia Ramolino, né à Ajaccio (Corse) le 15 août 1759, mort à Sainte-Hélène le 5 mai 1821. Son père, après la députation corse envoyée à Versailles en 1777, obtint, grâce à l'appui de M. de Marbeuf, une bourse à l'Ecole militaire de Brienne pour le jeune Napoléon, que le gouvernement faisait déjà élever à Autun, avec un certain nombre d'autres enfants nobles de Corse, afin de leur donner une éducation française et de les enlever aux influences locales. Le futur empereur entra, le 23 avril 1779, dans cette école, où il eut pour condisciple et ensuite pour répétiteur le futur général Pichegru. D'un caractère sombre et taciturne, il se fit peu d'amis à Brienne ; mais ses maîtres lui reconnurent une grande aptitude pour les mathématiques, dont il partagea le prix avec Bourrienne, le 25 août 1783. L'inspecteur de Keralio, qui l'avait pris en affection, le mit en septembre 1783, sur la liste des enfants en état de passer à l'Ecole

militaire de Paris, en ajoutant sur la note : « Ce sera un excellent marin ». Napoléon n'entra à l'Ecole de Paris que le 19 oct. 1784. Le 1ᵉʳ sept. 1785, il fut nommé lieutenant en second d'artillerie, après avoir été examiné par Laplace, et à la fin d'octobre, il fut envoyé à Valence, dans une compagnie de bombardiers (régiment de la Fère), puis à Lyon, dans le même régiment, le 12 août 1786, ensuite à Douai (17 oct.) où, dit-on, il prit l'habitude de priser. Pendant un congé qu'il reçut en janvier 1787, il retourna à Valence et séjourna quelque temps dans sa ville natale. Il ne rejoignit son régiment à Auxonne, que le 1ᵉʳ mai 1788 ; le régiment de la Fère quitta cette ville le 1ᵉʳ septembre 1789, au moment où l'horizon politique s'obscurcissait de nuages révolutionnaires. Fortement imbu, par ses lectures, des idées philosophiques qui régnaient à la fin du siècle dernier, le jeune officier acclama avec enthousiasme le mouvement qui se dessinait dans le sens d'une amélioration des institutions. Il applaudit à la plantation du premier arbre de la liberté dans Vizille et adressa, en 1790, à Buttafuoco, député de la noblesse de Corse, considéré comme traître par les patriotes, une lettre dans laquelle il se déclara partisan de la Révolution. Il reçut le grade de lieutenant en premier au régiment de Grenoble le 1ᵉʳ avril 1791 et de capitaine en second au 4ᵉ régiment d'artillerie le 6 février 1792. Il se trouvait alors en Corse où il s'associait à l'organisation des bataillons de la garde nationale. Ayant pénétré les sentiments antifrançais de Paoli, il rompit avec ce chef corse et se rendit à Paris pour y chercher sa sœur Elisa, qui finissait son éducation à Saint-Cyr. Les journées du 20 juin 1792 et du 10 août suivant l'emplirent de confiance, parce qu'il entrevit que ces événements lui fourniraient les *moyens de se faire place*. Ayant ramené sa sœur en Corse, après avoir assisté aux massacres de Septembre, il apporta à Ajaccio (24-25 sept. 1792) la première nouvelle de la proclamation de la République. Son opposition à Paoli rendit sa situation très difficile en Corse. En qualité de commandant d'artillerie, il prit part à la désastreuse expédition de Truguet contre l'île de Sardaigne (1793). En mai, il dut recueillir sa famille proscrite et s'embarquer à Calvi, pour s'établir à Nice puis à la Valette près de Toulon. Plus tard, sa mère, ses sœurs et son frère Joseph se réfugièrent à Marseille en raison des événements qui se passaient à Toulon. A la requête du général Carteaux, Napoléon, qui avait été nommé capitaine en premier au 4ᵉ régiment d'artillerie (8 mars 1793), cantonna les fédéralistes, força Avignon à se soumettre à la Convention, rétablit les communications sur les routes du midi de la France, et dans son célèbre opuscule, *Le Souper de Beaucaire*, il expliqua pourquoi il fallait soutenir les Montagnards contre les Girondins. Après avoir passé quelques jours à Paris, il reçut l'ordre de se rendre à l'armée qui allait assiéger Toulon. C'est là que se révéla son génie militaire ; c'est là que son intelligence extraordinaire et sa fiévreuse activité posèrent les premiers fondements de son brillant avenir. Après avoir reconnu Toulon pendant un mois, il dressa un plan d'attaque qui fut accepté au conseil de guerre et qu'il exécuta avec le plus complet succès. Nommé chef de bataillon au 2ᵉ régiment d'artillerie (18 oct. 1793), il fut élevé provisoirement par les représentants du peuple près l'armée sous Toulon au grade d'adjudant général chef de brigade (30 nov.). Son plan consistait à attaquer un seul point d'une façon décisive, au lieu d'investir régulièrement la place. Il concentra son attaque sur le fort de l'Eguillette, qu'il bombarda sans relâche et qui fut enlevé d'assaut le 18 décembre. Les Anglais évacuèrent immédiatement la place, comme le jeune officier l'avait prévu. Après cet éclatant fait d'armes, les représentants le nommèrent provisoirement général de brigade d'artillerie (20 déc.); il reçut le brevet confirmatif de ce grade le 7 février 1794, sur les instances du général Dugommier, qui déclara que si on traitait Bonaparte avec ingratitude, il le maintiendrait quand même dans ce grade. Le jeune général reçut aussitôt le commandement de l'artillerie dans l'armée d'Italie, alors sous les ordres du général Dumerbion, et campée à Nice. Lors de la chute de Robespierre, il fut suspendu, mis en arrestation au camp de Sig (6 août 1794), cité à la barre de la Convention, mais élargi le 20 août sur les réclamations de Dumerbion et de Salicetti. Nommé, le 28 mars 1795, au commandement d'une brigade d'infanterie dans l'armée de l'Ouest, il refusa de se rendre à son poste, resta à Paris où il se dit malade, et continua de toucher son traitement. Ce qu'il voulait, c'était faire campagne en Italie; Barras le tira de l'obscurité en lui confiant le commandement des troupes de la Convention contre les gardes nationaux (5 oct. 1795). La situation était périlleuse; 30,000 hommes marchaient sur les Tuileries. En une nuit, Bonaparte prit les mesures énergiques qui, en moins d'une heure de combat, assurèrent la victoire à la Convention et lui valurent le titre de commandant en chef de l'armée de l'intérieur (4 brumaire). Quelques mois plus tard (9 mars 1796), il épousait Joséphine Beauharnais, obtenait, grâce à l'influence de Barras, le titre de général en chef de l'armée d'Italie, et entreprit cette brillante campagne dont Carnot avait dressé le plan; il avait 27 ans et demi. Quand il arriva à la tête de ses troupes, le succès était compromis. 35,000 soldats français, sans pain, sans vêtements, se trouvaient en face de 60,000 ennemis; Bonaparte remporta successivement les belles victoires de Montenotte (12 avril), de Millésimo (14 avril), de Dégo (15 avril) et de Mondovi (21 avril), après lesquelles le roi de Sardaigne fut trop heureux d'accepter la paix. Son audacieux passage de l'Adda et la victoire de Lodi (10 mai) mit la Lombardie à sa discrétion et il entra à Milan le 15 mai. Naples, Modène et Parme acceptèrent les conditions de la République et le pape demanda un armistice. Après avoir battu le général autrichien Wurmser à Lonato (3 août), à Castiglione (5 août), à Bassano (8 sept.), et une nouvelle armée autrichienne commandée par Alvinczy à Arcole (15-17 nov.) et à Rivoli (14 janv. 1797), après avoir forcé Wurmser à capituler à Mantoue, Bonaparte déclara que l'armistice avec le pape étant fini, repoussa les troupes pontificales, prit Faenza et, en peu de temps, Ancône, Lorette et Tolentino, ce qui força le souverain pontife à conclure la paix (19 fév.) Dégagé de ce côté, Bonaparte porta ses vues sur l'Autriche, qu'il avait résolu d'envahir. Il traversa la Piave et l'Isonzo et, avant le 1er avril, termina la conquête de la plus grande partie de la Carinthie, de la Carniole et du Tyrol; et le 18, il conclut, à Leoben, les préliminaires de paix qui assuraient à la France la possession de Trieste. En mai, il occupa Venise et changea la constitution de cette république. En juin, l'État de Gênes fut converti en une république ligurienne avec une nouvelle constitution. La république cisalpine fut proclamée à Milan le 29 juin, et l'Autriche dut lui abandonner le territoire de la Lombardie par le traité de Campo-Formio (17 oct.) Cette puissance abandonnait par le même traité ses anciennes possessions dans les Pays-Bas, ce qui assurait à la France sa frontière naturelle du Rhin. L'Autriche reçut en compensation l'Istrie, la Dalmatie et la Vénétie, jusqu'à l'Adige. De retour à Paris, le 5 déc. 1797, Bonaparte fut l'objet de l'enthousiasme général et reçut avec une apparente modestie les ovations populaires. Il sembla se confiner dans ses fonctions de membre de l'Institut (Acad. des sciences). Le Directoire lui offrit alors le commandement d'une armée nouvellement formée pour envahir l'Angleterre, mais Bonaparte fit abandonner ce projet. Le jeune vainqueur de l'Italie caressait le projet de frapper la Grande-Bretagne en s'emparant de l'Egypte si admirablement située sur la route des Indes. Bientôt l'Europe retentit du bruit de nos préparatifs dans la Méditerranée. 40,000 soldats se disposèrent à s'embarquer. Quatre points étaient fixés pour le rassemblement et le ravitaillement des troupes: Toulon, Gênes, Ajaccio et Civita-Vecchia. L'Angleterre se demandait de quel côté éclaterait l'orage. La cour de Naples tremblait pour la Sicile. Le 19 mai 1798, la flotte de Toulon partit et, après avoir rallié les convois des autres ports, elle se composa de 400 voiles. Le 9 juin Bonaparte demanda au grand maître de Malte l'autorisation de faire de l'eau. Sur son refus, un débarquement eut lieu le 10; le lendemain, le drapeau français flottait sur l'île; le grand maître avait capitulé. Le 1er juillet Bonaparte arriva devant Alexandrie avec son armée, échappant comme par miracle à la flotte de Nelson qui, en poursuivant l'armée française, l'avait dépassée dans la Méditerranée sans l'apercevoir, l'avait attendue devant les bouches du Nil, et, ne l'y voyant pas arriver, était reparti pour visiter Rhodes et Syracuse. Bonaparte, sauvé parce qu'il appelait son étoile, recommanda à l'amiral Brueys de mettre son escadre à l'abri de toute attaque, mais ses ordres ne furent pas exécutés. Débarqué à Alexandrie le 2 juillet, il s'avance dans le delta, repousse un corps de Mameluks à Ramanieh, à Chrebreiss, et taille en pièces cette milice musulmane, le 21 juillet, aux pyramides de Gizeh *du haut desquelles quarante siècles contemplent* l'héroïsme de ses fantassins et l'opiniâtre impétuosité des cavaliers de Mourad-Bey. Il venait d'entrer au Caire, lorsque la flotte française, attaquée par Nelson à Aboukir où elle était restée malgré la recommandation du général en chef, fut presque entièrement détruite dans la nuit du 1er août 2 août. Bonaparte était en train d'organiser sa conquête, quand la Turquie entra dans la coalition européenne (10 sep.). Il envoya Kléber dans la basse Egypte, Desaix dans la haute Egypte et resta au Caire où il tenait à mettre la dernière main à la constitution de l'Institut d'Egypte. Après avoir dompté une révolte au Caire et visité Suez, il traversa le désert avec environ 13,000 hommes en fév. 1799, prit El-Arich et Gaza, s'empara de Jaffa où il laissa massacrer 2,500 prisonniers ottomans, et atteignit Saint-Jean-d'Acre le 17 mars. Cette ville était fortifiée d'une manière presque inexpugnable; les Anglais y avaient jeté des renforts sous les ordres de Sydney Smith et de l'émigré Philippeaux; d'un autre côté, l'épuisement et les maladies avaient réduit l'armée française à 2,000 hommes, en état de combattre. (Voy. ACRE.) Il fallut abandonner le siège de cette ville et la campagne de Syrie qui avaient coûté 4,000 hommes. Bonaparte, qui avait subi son premier échec militaire, reutra au Caire, le 14 juin. Après avoir entièrement exterminé une armée turque à Aboukir (25 juillet), il profita de l'éloignement de la flotte anglaise, pour organiser secrètement son départ. Il laissa le commandement à Kléber (23 août 1799), s'embarqua sur la petite frégate le Muiron, se fit escorter par la Corrèze, traversa les flottes anglaises, fut retenu par les vents à Ajaccio pendant sept jours et débarqua près de Fréjus, dans la crique de San-Raphaël, le 8 oct. 1799, sans avoir subi de quarantaine. Il arriva à Paris le 16 oct., y fut reçu avec de telles acclamations que le Directoire, sans autorité, n'osa le faire arrêter comme déserteur. D'ailleurs, il ne lui fut pas difficile de dissimuler l'insuccès de son expédition sous les lauriers qu'il y avait cueillis et d'expliquer son retour inopiné par les dangers que faisait courir à la France une nouvelle coalition. Il se mit de suite à la tête des conspirateurs qui rêvaient le renversement du Directoire. Le 18 brumaire (voy. BAUMAINE) le rendit maître de la France; il se contenta de prendre le titre de *premier consul* de la République. (Voy. CONSUL.) Son premier acte fut de terminer la guerre civile en Vendée par des mesures énergiques mais conciliatrices, dans le but de concentrer toutes ses ressources sur les ennemis du continent. Il réunit secrètement une armée près du lac de Genève, traversa le Grand-Saint-Bernard (14-20 mai 1799), et rétablit d'un seul coup la suprématie française en Italie par la mémorable victoire de Marengo, remportée sur les Autrichiens le 14 juin. Il était en train d'établir des gouvernements provisoires à Milan, à Turin et à Gênes, lorsque la brillante victoire de Moreau à Hohenlinden (3 déc.) obligea l'Autriche à signer séparément la paix. Le traité préliminaire de Lunéville (9 fév. 1801), quoique essentiellement le même que celui de Campo-Formio, posa le fondement d'un nouvel ordre de choses dans l'Europe continentale. Pour le même objet, des traités furent conclus avec l'Espagne, avec Naples, avec le pape, avec la Bavière, avec le Portugal, avec la Russie, avec la Turquie; et, à Amiens, avec l'Angleterre le 27 mars 1802. Le 24 déc. 1800, Bonaparte n'avait échappé que par une sorte de miracle à l'explosion de la machine infernale de la rue Saint-Nicaise. (Voy. BOURMONT.) Il profita de cet attentat pour frapper à droite et à gauche les royalistes et les républicains, que l'on affectait de nommer les jacobins. Plusieurs anciens conventionnels furent arrêtés nuitamment et disparurent. Des centaines de *suspects* furent envoyés à Cayenne. La période de paix qui suivit fut troublée par le soulèvement de Saint-Domingue, où Bonaparte voulait rétablir l'esclavage et où le général Leclerc beau-frère du premier consul, alla mourir de la fièvre jaune, ainsi que des milliers de soldats de la république. L'esclavage fut rétabli à la Guadeloupe; la traite des nègres fut de nouveau autorisée. Toussaint-Louverture, traîtreusement arrêté, fut transporté en France où il subit une captivité auprès de laquelle celle de Sainte-Hélène doit être considérée comme pleine de douceur. A cette période appartiennent le rappel des émigrés, la signature du Concordat (15 juillet 1801), la création de la Légion d'honneur (19 mai 1802) l'élaboration du Code civil, etc. Le tribunat ayant été réduit à 50 membres, le Conseil d'État ayant été organisé et le Corps législatif subordonné au Sénat par la constitution de l'an X (4 août 1802), à la suite d'un vote populaire de 3 millions de suffrages qui accordait à Bonaparte le consulat à vie avec le droit de choisir son successeur, l'ambitieux consul prépara le retour de la monarchie qu'il voulait rétablir à son profit, en restaurant les privilèges du clergé et en habituant le peuple au despotisme par son système de centralisation excessive. A la tête de chaque département, il plaça un préfet qu'il était ou une de ses créatures. Chaque département fut divisé en un certain nombre d'arrondissements, dont un sous-préfet eut la direction; le canton disparut en tant que division politique. Tous les magistrats de l'ordre civil et judiciaire furent nommés par le pouvoir central; les députés eux-mêmes durent leur élection au premier consul. — A l'extérieur, la Suisse fut réorganisée par sa médiation. La guerre se ralluma en mai 1803, avec l'Angleterre qui protestait contre l'incorporation à la France du Piémont, de Parme et de l'île d'Elbe, comme d'une violation du traité d'Amiens; de son côté, Bonaparte se plaignait de ce que l'Angleterre avait conservé Malte, malgré les stipulations du même traité. (Voy. AMIENS.) L'Angleterre mit l'embargo sur tous les navires français qui se trouvaient dans ses ports, tandis que Bonaparte traitait en prisonniers les sujets britanniques arrêtés sur le territoire français, et ordonnait à Mortier d'occuper le Hanovre qui appartenait alors au roi d'Angleterre. En même temps, Pichegru, Cadoudal et Moreau furent arrêtés comme ayant conspiré contre la vie du premier consul. Le duc d'Enghien, saisi sur le territoire neutre de Bade, périt sous les balles le 21 mars 1804. (Voy. ENGHIEN.) L'Europe était encore dans la stupéfaction que lui causa cet acte arbitraire, lorsque, le 18 mai 1804, Bonaparte, jetant le masque républicain sous lequel il avait, jusque-là, caché ses projets, prit le titre impérial en vertu d'un acte du tribunal, sanctionné par un vote du peuple (3,572,329 suffrages). Le 2 décembre, le pape Pie VII, sur la demande de l'empereur, vint à Paris et le sacra à Notre-Dame sous le titre de HAUT ET PUISSANT NAPOLÉON 1er, *empereur des Français*. Napoléon rétablit à sa cour l'étiquette de la royauté, donna des titres à ses généraux victorieux, convertit les républiques italiennes en un royaume et se fit couronner comme roi d'Italie à Milan, le 26 mai 1805. La Russie, l'Autriche et la Suède se joignirent alors à l'Angleterre pour le combattre; mais la Prusse n'imita pas leur exemple, parce que l'empereur lui avait promis le Hanovre qu'il lui donna en effet, pour prix de sa neutralité, avant la bataille d'Austerlitz. Napoléon avait assemblé au camp de Boulogne (voy. BOULOGNE) une armée qu'il désirait jeter sur l'Angleterre. Mais, pour que ce projet réussît, il fallait le concours de la flotte de l'amiral Villeneuve dont les navires se trouvaient bloqués à Cadix. L'amiral ne put traverser les lignes anglaises et Napoléon, abandonnant tout à coup son idée de descente, dicta au comte Daru le plan de la campagne d'Autriche. La guerre s'ouvrit par la capitulation du général autrichien Mack et de toute son armée, composée de 23,000 hommes, à Ulm, le 20 octobre 1805. Sans se préoccuper de la défaite de Villeneuve à Trafalgar (21 oct.), Napoléon marcha sur Vienne où il entra le 13 novembre. Le 2 décembre suivant, il remporta à Austerlitz sur les armées alliées, commandées par les empereurs d'Autriche et de Russie, une victoire surprenante qui est assurément la plus glorieuse de toute sa carrière militaire. L'empereur d'Autriche demanda la paix et le souverain de la Russie se hâta de repasser ses frontières. (Voy. AUSTERLITZ.) L'Angleterre resta donc seule à braver la colère de Napoléon. Le roi de Naples ayant permis aux troupes russes et anglaises d'entrer sur son territoire, l'empereur fit occuper la partie continentale de ce royaume par son frère Joseph, auquel il donna le titre de roi de Naples et de Sicile (30 mars 1806), tandis que Ferdinand IV se retirait à Palerme. La république batave fut renversée, pour que Louis Bonaparte en prit le titre de roi de Hollande (5 juin). On créa des principautés pour les distribuer aux maréchaux, aux sœurs et aux beaux-frères de l'empereur. La Confédération du Rhin fut créée (12 juillet) et on y joignit quatorze princes d'Allemagne, qui durent se placer sous l'autorité impériale; et ainsi 16 millions d'habitants furent détachés de l'empire d'Allemagne. Après la mort de William Pitt, l'indomptable adversaire de Napoléon (23 janv. 1806), et l'arrivée au pouvoir de Charles Fox, de nouvelles négociations s'ouvrirent pour la signature de la paix. L'empereur s'engagea à rendre le Hanovre à la couronne d'Angleterre, ce qui exaspéra la Prusse qui déclara la guerre à Napoléon. Ce dernier, agissant avec sa promp-

titude ordinaire, envahit le territoire prussien et écrasa la principale armée ennemie à Iéna le 14 oct. 1806. Ce jour même Davout remportait la victoire signalée d'Auerstædt. Ces deux défaites coûtèrent plus de 20,000 soldats à la Prusse. Napoléon entra à Berlin le 27 oct., et ayant réduit presque toutes les forteresses prussiennes et accablé de contributions de guerre les villes hostiles, il lança son fameux décret de Berlin (21 nov.), par lequel il établissait le blocus continental. En ce moment, les Russes s'avançaient sur la Vistule. Napoléon marcha contre eux, les repoussa, ouvrit une campagne d'hiver, entra à Varsovie et livra la bataille indécise de Pultusk (26 déc.). A Eylau (7-8 fév. 1807), les deux armées s'attribuèrent la victoire. En mai, Napoléon prit Dantzig et marcha sur les Russes avec une armée renforcée de 200,000 hommes et le czar fut obligé de conclure un armistice après sa terrible défaite à Friedland (14 juin). Napoléon et Alexandre 1er eurent pour la première fois une entrevue sur un radeau au milieu du Niémen; le traité de paix conclu à Tilsitt le 7 juillet, réintégra le roi de Prusse dans la moitié des domaines qu'il avait perdus, donna le duché de Varsovie à l'électeur de Saxe, qui fut créé roi en récompense de l'appui prêté à Napoléon, et abandonna une partie de la Pologne prussienne à la Russie. Par des articles secrets, cette dernière puissance fut autorisée à enlever la Finlande à la Suède; tandis que l'on ouvrira pour le prince Jérôme Bonaparte un royaume de Westphalie (comprenant les territoires prussiens de la rive gauche de l'Elbe, Hesse-Cassel, Hanovre et Brunswick). L'Angleterre, craignant que Napoléon, de connivence avec la Russie, ne voulût employer la flotte danoise pour l'accomplissement de ses projets, envoya une flotte qui bombarda Copenhague; le Danemark se jeta aussitôt dans les bras de Napoléon qui, à la même époque, se vengeait de l'hostilité du Portugal en déposant la dynastie de ce pays et en ordonnant à Junot d'occuper Lisbonne. Peu après (déc. 1807), la résistance du pape aux exigences de l'empereur motiva l'annexion des provinces Adriatiques au royaume d'Italie et l'occupation de Rome par une armée française. Les intrigues de Charles IV d'Espagne, de sa femme, de Godoï et celles du prétendant, l'infant Ferdinand, donnèrent à l'empereur le prétexte d'intervenir dans les affaires de la péninsule et Murat occupa Madrid le 23 mars 1808. Charles et Ferdinand, attirés à Bayonne, furent contraints de faire abandon entre les mains de tous leurs droits à la couronne d'Espagne, et Joseph fut transféré à Madrid, tandis que Murat le remplaçait sur le trône de Naples. Un grand nombre de nobles castillans se rallièrent à l'occupation française; mais la masse du peuple, soulevée par les prédications des moines, prit les armes contre les étrangers, et déclara Ferdinand, prisonnier en France, son légitime souverain. Les Anglais capturèrent une escadre française devant Cadix; Palafos défendit héroïquement Sarragosse, et le général Dupont capitula à Baylen (22 juillet 1808). Le roi Joseph, avec tout ce qui lui restait de troupes, se retira au delà de l'Èbre vers la fin de juillet, et Wellesley (le futur Wellington) battit Junot à Vimeiro le 21 août, ce qui amena la convention de Cintra et l'évacuation du Portugal par les Français; mais la défaite se changea en victoire, lorsque Napoléon, prenant en personne le commandement des troupes, arriva dans le Nord de l'Espagne avec 180,000 hommes, et entra à Madrid le 4 décembre. Le général anglais, sir John Moore, fut mortellement blessé à la Corogne au fort semblait rétabli quand Napoléon quitta l'Espagne pour combattre les Autrichiens; il vainquit l'archiduc Charles à Eckmühl, le 22 avril 1809. Il arriva le 9 mai

sous les murs de Vienne, qui capitula trois jours après. De cette capitale il décréta la réunion des États de l'Église à l'Empire français. Le pape, ayant fulminé contre lui l'anathème, il le fit enlever du Vatican (6 juillet) et conduire entre deux gendarmes à Grenoble, qu'il lui assigna pour prison. Les Autrichiens, au nombre de 100,000, s'étaient retirés sur la rive gauche du Danube. Napoléon les poursuivit, s'empara de l'île de Lobau et livra les deux grandes batailles d'Aspern et d'Essling (21-22 mai 1809) pendant lesquelles son étoile pâlit pour la première fois. Il se releva à Wagram (5-6 juin), où Bernadotte remporta la plus étonnante victoire, après laquelle il n'y eut plus d'armée autrichienne. Napoléon était encore une fois maître de la situation. Mais la guerre reprenait avec plus de rage encore en Espagne où Wellesley avait reçu des renforts; le Tyrol se souleva tout entier; l'Angleterre envoya une expédition dans l'île de Walcheren (Hollande). L'enthousiaste allemand Stapps fut sur le point de réussir dans sa tentative d'assassinat sur la personne de Napoléon, le 13 octobre; le lendemain, la paix de Vienne coûtait à l'Autriche d'immenses territoires et d'énormes contributions de guerre. Le 16 décembre, eut lieu le divorce de Napoléon avec Joséphine, et le 2 avril 1810, l'empereur épousa Marie-Louise, qui lui donna un fils, le roi de Rome, le 20 mars 1811. Il était alors à l'apogée de la gloire et de la puissance. Outre les 86 départements primitifs de la France, son Empire en embrassait trois autres le long des Alpes, quinze à l'ouest du Rhin, quinze dans la haute Italie et l'Italie centrale, et sept dans les provinces illyriennes. Il régnait aussi en réalité sur le royaume d'Italie, sur la confédération du Rhin, et sur la Hollande, qui finit par être définitivement annexée le 9 juillet 1810; Bernadotte devint, à la même époque, roi de Suède et de Norwège. L'influence française dominait en Suisse, et le Code Napoléon était adopté dans plusieurs parties de l'Europe. Mais Wellington défaisait, en Espagne, la puissance du grand empereur, et finit par mettre en déroute Masséna et Soult. La reddition de Valence à Suchet, le 9 juillet 1812, fut la dernière des victoires françaises dans la péninsule. Wellington reprit Ciudad, Rodrigo et Badajoz, mit en déroute Marmont à Salamanque et prit possession de Madrid. Après la victoire de Vitoria (21 juin 1813), il rejeta les Français au delà des Pyrénées. Mais déjà Napoléon avait reçu un coup plus terrible au N. de l'Europe. L'empereur de Russie, après s'être engagé outre mesure de se vaincueur, fit des représentations au sujet des empiétements de Napoléon sur tout le continent. Au commencement de 1812, Alexandre rassembla une armée de 300,000 hommes sur le Niémen pour l'opposer à l'immense armée de 500,000 hommes que Napoléon réunissait sur les frontières de la Pologne. L'empereur traversa le Niémen le 24 juin et poursuivit l'armée russe, étape par étape, malgré la famine et les intempéries qui décimaient ses troupes. Une division russe essaya de résister à l'avant-garde française sous les murs de Smolensk, dans la matinée du 16 août, et la ville cédait à la fin du jour le 18, toute la ville ne présentait plus qu'un monceau de ruines. Les deux armées marchaient rapidement l'une et l'autre sur Moscou. Elles s'arrêtèrent à Borodino le 6 septembre, et engagèrent, le 7, une lutte désespérée à laquelle plus de 250,000 hommes prirent part et pendant laquelle tombèrent 80,000 tués et blessés. Le lendemain, 8 septembre, les Russes se retirèrent à Moscou, en ordonnant au peuple de fuir en masse devant les Français. C'est pourquoi Moscou était silencieux comme la tombe lorsque Napoléon entra au Kremlin le 15 septembre. Tout à coup, à minuit, les flammes s'élevèrent de toutes parts. La conflagration força les Français à se répandre dans les environs et Napoléon, après avoir inutilement proposé la paix, ordonna de battre en retraite, le 19 octobre. D'abord le froid fut supportable; mais bientôt la température descendit avec une effrayante rapidité et plus de 120,000 Français, qui ne purent suivre le gros de l'armée, furent tués ou faits prisonniers par les Cosaques. Les souffrances des autres, soit avant, soit après le passage de la Bérézina, furent inénarrables. Napoléon se sauva avec une telle rapidité du milieu de ces horreurs qu'il arriva à Paris avant la nouvelle de son désastre. En apprenant, que lors de la tentative de Mallet (voy. ce mot), nul de ceux qui l'avaient cru mort n'avait pensé à proclamer son fils, il eut le pressentiment de ce qui arriverait s'il venait à disparaître. Les pertes de la grande armée furent de 125,000 tués en bataille rangée, 132,000 morts de froid et de faim et 193,000 prisonniers; Napoléon ordonna de nouvelles levées pour continuer la guerre contre la Russie; mais il eut besoin de une armée de conscrits pour lutter contre la sixième coalition, dans laquelle Alexandre avait fait entrer l'Angleterre, l'Espagne, la Prusse et la Suède. Il se jeta sur l'Allemagne à la tête de 350,000 hommes de nouvelles troupes et remporta successivement les victoires de Lutzen (2 mai 1813) et de Bautzen (20-21 mai), qui ne produisirent aucun résultat décisif. Il conclut le 4 juin, un armistice pour en arriver à une paix définitive. Mais il rejeta, à Dresde, la médiation de Metternich, qui proposait de fixer les limites de l'Empire français à la rive gauche du Rhin. Les hostilités recommencèrent aussitôt. La lutte autour de Dresde (24-27 août) aurait été suivie du succès complet de Napoléon, si sa belle cavalerie ne fût pas restée sous les neiges de la Russie. Vandamme capitula à Kulm, le 30 août. Le prestige de Napoléon commença à décliner et l'Allemagne tout entière se souleva pour son indépendance à Leipzig, où commença, le 16 octobre, la lutte la plus gigantesque que l'on ait vue dans les temps modernes. Napoléon déploya toutes les ressources de son génie militaire et de son énergie sans égale, mais il fut écrasé, et, le 18, il reconnut l'impérieuse nécessité de repasser le Rhin. Les alliés entrèrent à Leipzig le 19 octobre, après une épouvantable boucherie; ils prirent 25,000 Français, grâce à l'explosion d'un pont. Pendant la retraite de l'armée française, Napoléon ne donna plus les preuves de ce puissant génie militaire qui lui avait valu tant de victoires. Comme à Moscou et comme plus tard à Waterloo, la retraite dégénéra en débâcle; c'est pourquoi les écrivains militaires ont dit que, autant il était supérieur dans les mouvements offensifs et défensifs, autant il montrait d'incapacité quand il s'agissait de battre en retraite. Néanmoins Napoléon se fraya vaillamment un passage à Hanau à travers l'armée bavaroise qui venait de se tourner contre lui (30 oct.) et il traversa le Rhin avec 80,000 hommes seulement, restes d'une armée de 350,000 soldats. En face du mécontentement populaire et des réclamations du Corps législatif qui demandait la paix, il retrouva sa merveilleuse fertilité de ressources et entreprit cette fameuse *Campagne de France* qui commença à la fin de janvier 1814. Les Prussiens, les Russes et les Autrichiens étaient sur les frontières de l'E.; Wellington assiégeait Bayonne; Bernadotte s'avançait avec 100,000 hommes, et Murat, lui-même conspirait secrètement avec l'Autriche pour expulser les Français de l'Italie. Cette campagne fut marquée par les combats de Saint-Dizier, de Montéreudeur, de Brienne (27-29 janv.), de la Rothière, de Champaubert, de Montmirail (10-11 fév.), de Vauchamps (14 fév.), de Nangis et de Montereau (17-18 fév.). Les armées de Blücher et de Schwarzenberg

se présentèrent le 30 mars devant la capitale, où elles pénétrèrent le lendemain après un court combat. Les conférences de Châtillon n'ayant produit aucun résultat, le Sénat ayant proclamé la déchéance de l'empereur le 2 avril, et les généraux lui ayant demandé son abdication, il rendit ses pouvoirs le 11 avril 1814, et fit, le 20 avril. ses adieux aux troupes qui se trouvaient à Fontainebleau. Une frégate anglaise le conduisit à l'île d'Elbe, dont la souveraineté lui était assurée avec un million de rentes et une garde de 600 vieux soldats. Dans la nuit du 26 fév. 1815, il fit embarquer ses troupes sur 4 navires, et arriva le premier mars au golfe Juan, entre Cannes et Antibes. Il lança des proclamations et marcha résolument sur Paris. Les officiers et les soldats envoyés pour l'arrêter, s'empressèrent de lui jurer fidélité. Ney se laissa entraîner comme les autres et l'empereur fit son entrée triomphale à Paris, le 20 mars 1815. Il promulgua, le 22 avril, son fameux *Acte additionnel aux constitutions de l'Empire*. — Le Congrès de Vienne, qui était encore en session, ordonna aussitôt aux forces alliées de marcher sur la frontière française. Napoléon proposa inutilement de faire la paix et essaya de réveiller l'enthousiasme du peuple par la cérémonie du Champ de Mai et la promesse d'une Constitution. Épuisé comme il l'était par les guerres précédentes, le pays ne put donner à Napoléon que 200,000 hommes pour en combattre 400,000. Néanmoins, l'empereur résolut de prendre l'offensive; il passa donc la frontière belge le 15 juin avec 124,000 hommes, et tomba dès le lendemain sur Blücher qu'il battit à Ligny. Mais Ney, qu'il avait envoyé en même temps contre les Anglais à Quatre-Bras, fut mis en échec par Wellington, qui se replia sur Waterloo, le 17 juin, et c'est dans cette plaine que se livra, le 18, la bataille finale dont le résultat fut la déroute complète des Français et la réoccupation de Paris par les alliés. Napoléon, qui était revenu dans sa capitale, fut forcé par les Chambres de signer une seconde abdication, le 22 juin, juste cent jours après qu'il avait repris le pouvoir. Il reçut l'ordre de passer immédiatement aux États-Unis, mais lorsqu'il eut atteint Rochefort, il vit qu'il lui restait peu de chances d'échapper aux croiseurs anglais; il se décida à se rendre volontairement au capitaine Maitland en faisant appel à la magnanimité de l'Angleterre, dans une lettre où il dit : « Comme Thémistocle, je viens m'asseoir au foyer du peuple britannique ». Le gouvernement anglais résolut de le garder prisonnier et lui assigna l'île de Sainte-Hélène comme lieu de résidence. De Rochefort, Napoléon avait été transporté à Plymouth par le *Bellérophon*. Le 8 août, on le fit monter sur le *Northumberland*, et il partit pour Sainte-Hélène, accompagné de Bertrand, de Gourgaud, de Montholon et de Las Cases. Débarqué le 16 oct. 1815, il fut reléqué dans une petite maison construite à la hâte, à Longwood. Sa captivité fut une lente agonie. Il se plaignit surtout des mesures sévères que prenait son gardien, sir Hudson Lowe, pour éviter une nouvelle évasion. Il passait presque tout son temps à dicter ses *Mémoires*. Il mourut d'un cancer à l'estomac, maladie qui paraissait héréditaire dans sa famille, puisque son père en était mort. Le 12 mai 1840, les Chambres décrétèrent le retour en France des restes de Napoléon. Avec l'autorisation du gouvernement britannique, la frégate *la Belle-Poule*, commandée par le prince de Joinville, enleva le cercueil du grand empereur, le 15 oct. 1840. Le navire atteignit Cherbourg le 30 nov., et, le 15 déc., le corps fut déposé à l'hôtel des Invalides, sous un magnifique mausolée. Un million de personnes et 150,000 soldats assistaient à cette cérémonie. La famille royale et tous les grands corps de l'État

étaient présents; la famille seule de l'empereur n'était pas là parce que tous ses membres se trouvaient en exil ou en prison. Le corps ne fut définitivement placé dans sa crypte que le 31 mars 1861. — Les actions et le caractère de Napoléon ont été diversement jugés. Comme général (jusqu'à l'expédition de Russie, et plus tard pendant la campagne de France), les historiens sont d'accord pour le placer au-dessus de tout ce que le monde a produit d'illustres capitaines, en y comprenant César, Charlemagne, Alexandre même. Nul n'a jamais possédé, au même degré que lui, le regard d'aigle qu'il faut pour planer sur un champ de bataille; nul n'a mieux saisi les moindres fautes de ses adversaires et n'en a profité avec plus de rapidité, comme par une sorte d'intuition naturelle. Les ressources de son esprit, pendant une expédition, étaient, pour ainsi dire, sans bornes, et il n'était pas moins incomparable comme administrateur militaire que comme stratégiste et comme tacticien. Dans sa main puissante, une armée devenait presque invincible, parce qu'il connaissait tous les rouages qui doivent la faire agir. Il créa, tout d'une pièce, une tactique nouvelle, dont nous avons parlé à nos articles ARMÉE et CAVALERIE. Malheureusement, son génie militaire s'obscurcit, à partir de l'incendie de Moscou, et Napoléon ne se retrouva lui-même que lorsqu'il s'agit de défendre, en 1814, le territoire de la France envahie. — Dès ses premières campagnes, le général Bonaparte enrichit notre littérature nationale d'un genre peu cultivé dans les temps modernes, et qu'il porta, d'un seul coup, à son plus haut degré d'excellence, que nul autre après lui ne put atteindre. Nous voulons parler de ces admirables *proclamations militaires* qu'il lançait à ses troupes d'Italie et d'Égypte, pour résumer le récit de leurs actions héroïques ou pour enflammer leur courage par l'annonce de nouveaux lauriers à cueillir; chefs-d'œuvre de rapidité, de simplicité, d'énergie, auprès desquels pâlissent les antiques harangues des généraux grecs et les allocutions des empereurs romains. Malheureusement, on est forcé de regretter que le brillant général Bonaparte soit devenu l'empereur Napoléon. Rien dans ses dernières proclamations ne rappelle l'orateur de génie qui avait pu s'élever à la hauteur des Pyramides. — Nous ne saurions passer sous silence les gigantesques travaux qui sont dus à son initiative : les bassins d'Anvers, de Flessingue et de Cherbourg, les routes d'Anvers à Amsterdam, de Mayence à Metz, de Bordeaux à Bayonne; les passages du Simplon, du mont Cenis, du mont Genèvre et de Corniche; les ponts d'Iéna, d'Austerlitz, des Arts, à Paris; ceux de Tours, de Bordeaux, de Lyon, de Rouen; les canaux du Rhin au Rhône, de l'Escaut à la Somme, de la Rance à la Vilaine, de l'Ourcq; les dessèchements du marais du Cotentin, de Rochefort, etc.; la distribution des eaux dans la ville de Paris, les travaux du Louvre, les embellissements de la capitale. En 1808, il créa l'Université, à laquelle il donna un caractère gouvernemental, en imposant à l'enseignement à tous les degrés ses hommes et les doctrines qu'ils devaient professer. — BIBLIOGR. Voy. *Œuvres de Napoléon* (nouv. éd., 1840); *Mémoires de Sainte-Hélène*, par Gourgaud et Montholon (2e éd. 1830); *Correspondance de Napoléon Ier* (1858-'70, 31 vol.). L'histoire de Napoléon a été écrite par Norvins (21e éd., 1851); par Walter Scott (nouv. éd. 1871), par Laurent (nouv. éd., 1869), par Jomini (1827, 4 volumes), par Thiers (*Histoire du Consulat et de l'Empire*, 1845-'62, 20 vol.), par Lanfrey (1867-'75, 5 volumes). *Voyez encore* Ph. de Ségur, *Histoire de Napoléon et de la Grande Armée en 1812* (2 vol. in-12); Gourgaud, *Examen critique de l'histoire de Ph. de Ségur* (1 vol. in-8o); B.-E. O'Meara, *Napoléon en exil* à *Sainte-Hélène* (2 vol. in-8°); F. Antommarchi, *Les Derniers moments de Napoléon* (2 vol. in-8°). — **Napoléon II** (FRANÇOIS-CHARLES-JOSEPH-NAPOLÉON, d'abord appelé *le roi de Rome*, puis *le duc de Reichstadt* et ensuite *Napoléon II*, par décret datant de l'avènement de Napoléon III), fils de Napoléon le Grand et de Marie-Louise, né aux Tuileries le 20 mars 1811, mort de la phtisie au château de Schœnbrunn le 22 juillet 1832. Son père, qui l'avait proclamé roi de Rome, dès sa naissance, essaya vainement d'abdiquer en sa faveur; sa mère l'emmena à la cour d'Autriche lors de l'entrée des alliés à Paris (1814). Il fut donc élevé par son grand-père, l'empereur d'Autriche, qui soigna son éducation avec une véritable sollicitude. Lorsque l'on dut abandonner l'idée de le donner comme successeur à Marie-Louise, à Parme, il fut créé duc de Reichstadt (1817); il termina son éducation militaire à Schœnbrunn et reçut le grade de colonel d'un régiment d'infanterie hongroise en garnison à Vienne. Sa mort prématurée donna lieu, parmi les partisans de l'Empire, aux suppositions les plus fausses et les plus injurieuses pour son grand-père. On alla jusqu'à répandre sourdement le bruit que l'empereur d'Autriche, désireux de le supprimer, lui avait fait faire la connaissance du duc de Salerne, jeune débauché, qui l'entraîna dans la dissipation et l'orgie, pour l'amener à l'état d'affaiblissement précurseur de la phtisie. — **Napoléon III** (CHARLES-LOUIS-NAPOLÉON, connu d'abord sous le nom de *Prince Louis-Napoléon*, puis sous celui de *Prince-président* et enfin sous celui de), né aux Tuileries le 20 avril 1808, mort à Chiselhurst (Angleterre) le 9 janvier 1873. Son acte de naissance lui donna pour père Louis-Bonaparte (voy. LOUIS), et pour mère la reine Hortense (voy. HORTENSE). Il fut élevé par sa mère qui s'était fixée en Suisse et qui habita principalement à Arenenberg. Il lui fut défendu plusieurs fois de rentrer en France, particulièrement lorsque la mort du duc de Reichstadt (1832) fit de lui l'héritier de Napoléon Iᵉʳ. Il étudia les manœuvres militaires au camp de Thun (Suisse) et reçut le grade de capitaine dans un régiment d'artillerie du canton de Berne. En 1830, il se mêla activement au mouvement révolutionnaire des États pontificaux, après lequel il fut forcé de fuir, sous le déguisement d'un valet de pied, de passer par la France avec la reine Hortense, qui en obtint l'autorisation pour se rendre en Angleterre, et qui eut même une entrevue avec Louis-Philippe. Le lendemain du jour où le roi des Français avait donné audience à la reine Hortense, il y avait conseil des ministres : « — Quoi de nouveau, messieurs? dit le roi en s'asseyant. — Une nouvelle fort grave, Sire, reprit le maréchal Soult; je sais, à n'en pas douter, par les rapports de la gendarmerie, que la duchesse de Saint-Leu et son fils ont traversé le midi de la France. Le roi souriait : — Sire, dit alors M. Casimir Périer, je puis compléter les renseignements que le maréchal vient de vous fournir. Non seulement la reine Hortense a traversé le midi de la France, mais elle est à Paris. Votre Majesté l'a reçue hier. — Vous êtes si bien informé, mon cher ministre, reprit le roi, que vous ne me laissez pas le temps de vous rien apprendre. — Mais moi, Sire, j'ai quelque chose à vous apprendre. La duchesse de Saint-Leu ne vous a-t-elle pas présenté les excuses de son fils, retenu dans sa chambre par une indisposition? — En effet. — Eh bien! rassurez-vous, il n'est pas malade; à l'heure où Votre Majesté recevait la mère, le fils était en conférence avec les principaux chefs du parti républicain et cherchait avec eux le moyen de renverser le plus sûrement votre trône. » Louis-Philippe ne tint pas compte de cet avis; mais les menées continuant, le ministre prit sur lui de mettre fin au séjour à Paris de la reine Hortense et de son fils. (Henri d'Orléans, *Lettre sur l'histoire de France, adressée au Prince Napoléon,* 15 mars 1864 ; imprimerie de Beau, à Saint-Germain-en-Laye.) Peu de temps après son arrivée à Londres, le prince et sa mère retournèrent en Suisse et, jusqu'en 1836, Louis-Napoléon ne s'occupa plus que d'études militaires; il composa même différents traités sur l'artillerie. Ses *Rêveries politiques* datent de cette même époque. Pendant ce temps, il s'était créé des intelligences dans la garnison de Strasbourg, notamment avec le colonel d'artillerie Vaudrey. Le 28 oct. 1836, il se présenta au quartier général, y reçut un accueil enthousiaste, fit enfermer le général Voirot, disposé à la résistance, et chercha à entraîner le reste de la garnison qui ne suivit pas la défection du premier régiment d'artillerie. Arrêté, il fut conduit à Lorient et embarqué pour le Brésil; mais ses complices furent acquittés. A peine débarqué au Brésil, le prince prit un bateau qui l'amena à New-York, où il resta quelque temps. Puis il revint en Europe et arriva à Arenenberg en oct. 1837, peu de jours avant la mort de sa mère. Le gouvernement français demanda son expulsion de Suisse; et pour éviter des complications diplomatiques, il partit lui-même pour l'Angleterre (1837). A Londres, il vécut de la vie du flâneur fashionable, et consacra ses loisirs à la rédaction de ses *Idées napoléoniennes,* panégyrique du césarisme démocratique. Plusieurs traits de son existence firent supposer qu'il appartenait à la police anglaise. En même temps, il soutenait en France deux journaux, le *Capitole* et le *Journal des Communes,* dont la mission était de parler de lui et de ses droits. Au moment où Louis-Philippe faisait revenir les cendres de Napoléon Iᵉʳ, le prince Louis-Napoléon organisa l'expédition de Boulogne, avec MM. Fialin de Persigny, Montholon, Conneau, Mésonan, et une cinquantaine d'autres conspirateurs. Il débarqua à Vimereux, près de Boulogne, le 6 août. Il avait habitué un aigle à venir manger un morceau de viande dans son chapeau, semblable au chapeau légendaire du grand Napoléon. Au moment décisif, ses amis lâchèrent l'oiseau qui devait, après avoir plané, s'abattre sur l'héritier du grand nom; mais l'oiseau se trompa, se percha sur la statue du vrai Napoléon qui se trouve à Boulogne, et, après des péripéties ridicules que nous avons racontées à notre article BOULOGNE, le prince et les conjurés furent faits prisonniers. Le procès fut porté devant la cour des pairs; le prince, défendu par Berryer, fut condamné à l'emprisonnement perpétuel et ses amis à des peines variant de 20 à 2 ans de prison. Enfermé à Ham, il rédigea plusieurs ouvrages politiques et des articles de journaux. Le 25 mai 1846, il s'évada sous le costume de Badinguet (voy. BADINGUET) et passa en Belgique, puis en Angleterre, où il resta jusqu'à la révolution du 24 fév. 1848. Venu à Paris, il reçut l'ordre d'évacuer le territoire; il déclina toute candidature à l'Assemblée constituante lors des élections partielles de juin; mais ayant été élu en Corse et dans trois autres départements, y compris celui de la Seine, il se présenta le 13 juin à l'Assemblée, où il fut admis, malgré les ordres d'arrestation donnés en vertu de la loi de bannissement. Sa déclaration qu'il saurait remplir les devoirs que le peuple lui imposerait souleva les colères du parti républicain et il donna sa démission le 15 juin, et passa ensuite en Angleterre. La guerre civile éclata quelques jours plus tard; le prince fugitif n'y fut pas, dit-on, tout à fait étranger. Ce qu'il y a de certain, c'est que cette insurrection de juin porta un coup fatal à la république et que le prince fut réélu en septembre dans cinq départements. Il reparut le 26, à l'Assemblée constituante, qui rapporta le décret de bannisse- ment. Le 10 décembre, il posa sa candidature à la présidence de la République, en concurrence avec Cavaignac, Lamartine, etc. Il fut élu pour 4 ans par 5,434,226 suffrages contre 1,474,000 voix accordées à Cavaignac, 381,000 à Ledru-Rollin, 37,000 à Raspail, 21,000 à Lamartine et 5,000 à Changarnier. Il commença par exaspérer les radicaux en renversant la République romaine, en détruisant la liberté de la presse (26 sept. 1850) et par d'autres mesures antilibérales. Le 10 janvier 1851, il enleva le commandement de la garde nationale au général Changarnier. Après s'être débarrassé des chefs du parti républicain avancé, à la suite de l'émeute soulevée par Ledru-Rollin , il poussa les chefs de la droite dans leurs derniers retranchements, en constituant un ministère dévoué à l'Élysée (Fould, Rouher, Bineau, d'Hautpoul); il laissa l'Assemblée législative se dépopulariser en détruisant le suffrage universel, dont il était le défenseur, et dont il proposa inutilement le rétablissement le 13 nov. 1851. — La rupture entre le pouvoir législatif et le pouvoir exécutif était complète lorsque le prince président, comprenant que le peuple était las de cette forme de gouvernement, résolut d'agir, et exécuta son coup d'État du 2 décembre. (Voy. DÉCEMBRE.) Imitateur du grand Napoléon, il frappa à droite et à gauche, républicains et royalistes, et, après avoir traité les premiers avec une impitoyable dureté, il tendit la main à tous ceux des autres qui voulurent bien se rallier au césarisme. Quatre-vingt-trois membres de l'Assemblée législative furent bannis; et le 10 janv. 1852, on vit arriver au Havre 575 républicains destinés à la transportation à Cayenne. En même temps, des ordres étaient envoyés de tous côtés pour arracher et brûler les *arbres de la liberté,* pour gratter les mots *liberté, égalité, fraternité,* qui se trouvaient sur les monuments publics. Un plébiscite (20-21 déc.) confirma son usurpation, grâce à l'enthousiasme des paysans et à la terreur qui régnait dans la plupart des villes, où l'on trouva néanmoins un million d'adversaires du nouveau régime. Une nouvelle constitution fut promulguée, le 14 janv. 1852, et le prince, qui venait d'être élu, pour dix ans, président de la République, fut le seul des magistrats qui dut faire le serment de la défendre, serment qu'il viola si tôt violer. — D'un bout à l'autre du territoire, les églises retentirent des chants du *Te Deum,* pour remercier la Providence, qui avait permis que le *Sauveur* obtînt 7 millions et demi de suffrages. La garde nationale fut organisée sur un nouveau pied, le 10 janv. 1852. Les biens de la famille d'Orléans furent saisis le 22 janvier. Quatre ministres, refusant de signer le décret de confiscation, se retirèrent du cabinet. Le 29 mars, les élections générales au Corps législatif eurent pour résultat le triomphe des candidats officiels et, d'après la nouvelle Constitution, les membres du Sénat ayant été exclusivement choisis par le prince-président, ce dernier désireux de flatter le pays, entreprit un voyage à travers la France. Il reçut partout des témoignages d'enthousiasme (Lyon, 19 sept.; Marseille, 23 sept.; Toulon, 27 sept.). A Bordeaux (7 oct.), dans un discours que les habitants firent graver en lettres d'or sur marbre et placer à la Bourse, il prononça ces paroles qui lui ont été depuis si souvent reprochées: « L'*Empire, c'est la paix.* » Il augmenta sa popularité en rendant la liberté à Abd-el-Kader (16 oct.). Rentré à Paris, il convoqua le Sénat pour le mois de novembre, afin de délibérer sur un changement de gouvernement (19 oct.); et le 4 nov., dans son message au Sénat, il annonça que d'un bout à l'autre de la France, il n'avait entendu qu'un cri de : « *Vive l'empereur* »; ce qui fit que la haute Assemblée se déclara favorable au rétablissement de l'Empire. Un second plébiscite produisit 7,824,189 oui, votes favorables à l'Empire; 253,145 non, et 63,326 bulletins nuls (21 nov.). Le prince-président fut donc proclamé empereur avec le titre de Napoléon III (2 déc. 1852). Il épousa à Notre-Dame, Eugénie de Montijo, comtesse de Téba, le 29 janv. 1853 ; il gracia, le 2 fév., 4,312 victimes des commissions mixtes (voy. COMMISSION MIXTE); continua d'accorder des grâces pendant la même année, principalement après un voyage qu'il fit en province avec l'impératrice. Allié de l'Angleterre, il déclara la guerre à la Russie, le 27 mars 1854. L'expédition de Crimée commença par la victoire de l'Alma et se continua par le siège de Sébastopol, que les alliés ne purent prendre qu'à après un siège mémorable. Cette guerre se termina par le traité de Paris (30 mars 1856). L'exonération avait été substituée au remplacement militaire par la loi du 26 avril 1855. La guerre de Crimée donna prétexte à trois emprunts: (11 mars 1854), 250 millions ; (sept.)500 millions ; (juill. 1855), 750 millions. Pendant sa lutte contre la Russie, la France avait organisé son *Exposition universelle*, qui s'ouvrit le 15 mai 1855. Quelques jours avant la signature de la paix de Paris, était né le prince impérial (16 mars 1856). Cette même année, l'empereur visita les départements des bassins du Rhône et de la Loire qui étaient ravagés par d'effroyables inondations. Les élections des 21-22 juin 1857 donnèrent une immense majorité aux candidats officiels. L'empereur et l'impératrice visitèrent l'Angleterre (6-10 août 1857) et Napoléon eut une entrevue avec l'empereur de Russie à Stuttgard le 25 sept. L'attentat d'Orsini (voy. ORSINI) fut le prétexte invoqué pour établir la loi de sûreté générale qui fut votée par le Corps législatif malgré la vive protestation d'Émile Ollivier (1858). Un conseil privé fut institué et la régence éventuelle fut donnée à l'impératrice. Le 11 mars 1858, parut le pamphlet antianglais intitulé : *Napoléon III et l'Angleterre;* néanmoins la reine d'Angleterre rendit visite à l'empereur à Cherbourg les 4-5 août de la même année. Le mariage du prince Napoléon et de la princesse Clotilde de Savoie (30 janv. 1859) fut suivi de la publication de *Napoléon III et l'Italie* (fév.) et de la guerre avec l'Autriche dans le but avoué hautement de faire l'Italie libre, des Alpes à l'Adriatique ; mais, après les victoires de Magenta (4 juin) et de Solférino (24 juin), l'empereur signa un armistice le 6 juillet, eut une entrevue avec François-Joseph d'Autriche à Villafranca (11 juillet), signa la paix le 12 et rentra à Paris le 17 en laissant la Vénétie entre les mains de l'Autriche. Il avait promis de conserver l'autonomie des États de l'Italie centrale. L'acquiescement tacite qu'il donna à leur annexion à la Sardaigne fut récompensé par la cession de la Savoie et de Nice à la France. La guerre d'Italie avait nécessité un nouvel emprunt de 520 millions; elle fut suivie d'une amnistie politique générale (17-18 août). *Le Pape et le Congrès* fut publié en décembre 1859. Le 5 janv. 1860, l'empereur annonça qu'il adoptait une politique de libre-échange; en effet, un traité commercial fut signé avec l'Angleterre le 23 janv. Napoléon visita avec l'impératrice, la Savoie, la Corse et l'Algérie en sept. de la même année. A la suite de dissentiments intimes, l'impératrice fit un voyage à Londres et en Écosse (nov.-déc.). Par décret du 24 nov. 1860, l'empereur accorda au Corps législatif le droit d'adresse, en réponse au discours du trône, et la publication du compte rendu par la presse. *Rome et les Évêques* fut publié le 6 janv. 1861; la *France, Rome et l'Italie* le 15 fév. de la même année; aussitôt l'évêque de Poitiers donna une réponse dans laquelle l'empereur était comparé à Pilate. L'année 1861 vit naître et finir l'expédition de Chine et com-

mencer celle du Mexique (34 oct.). (Voy. CHINE et MEXIQUE.) Les victoires des armées françaises en Cochinchine furent suivies de l'annexion de trois provinces de ce pays (28 mars) et d'un traité avec l'Annam (3 juin). L'empereur proposa la convocation d'un congrès européen pour régler les questions pouvant troubler la paix de l'Europe, le 4 nov. 1863 ; mais ces propositions furent repoussées (voy. CONGRÈS.) En 1864, eut lieu le cinquième emprunt (345 millions). Pendant que nos troupes étaient occupées au Mexique, des événements de la plus haute importance se passaient en Europe. La Prusse devenait puissance militaire prépondérante, après avoir écrasé l'Autriche à Sadowa. Une alliance se formait entre les États de l'Allemagne du Nord et les États-Unis d'Amérique pour contrebalancer l'influence française. Par l'ordre du gouvernement de Washington, l'empereur dut encore une fois manquer à sa parole et évacuer le Mexique, en abandonnant le malheureux Maximilien (1867). Ses troupes quittèrent également Rome du 3 au 11 déc. 1866. L'affaiblissement de la politique impériale à l'extérieur ayant causé beaucoup de mécontentement, Napoléon voulut apaiser les ressentiments en inaugurant le régime de la liberté, qu'il appelait le *couronnement de l'édifice.* Mais des difficultés s'élevèrent avec le clergé relativement à l'interdiction de publier le *Syllabus* (5 janv. 1865). Pendant l'année 1867, les esprits furent détournés par la politique par la grande Exposition universelle; néanmoins, l'empereur, toujours malheureux quand il promettait quelque chose, fut forcé de renvoyer ses troupes à Rome. (Voy. MENTANA) En août 1868, l'état des finances força de contracter un sixième emprunt de 429 millions. Cette même année vit naître la *Lanterne* de Rochefort. Les élections générales (1868) montrèrent qu'un revirement se faisait dans l'opinion; l'opposition compta un grand nombre de nouveaux membres. A Paris; les républicains se livrèrent plusieurs fois à des manifestations que l'on aurait pu considérer comme une nouvelle Fronde, si peu dangereuses que le 11 juin 1869, l'empereur, l'impératrice et le prince impérial se promenèrent sur les boulevards, au milieu des groupes. Pour lâcher d'attirer à lui quelques opposants, l'empereur lut, le 12 juillet, un *message* dans lequel il annonçait qu'il allait introduire dans la Constitution la responsabilité ministérielle; mais c'en était fait de la popularité dans les villes ; Henri Rochefort fut élu député à Paris, le 22 nov. et l'empereur effrayé résolut d'adopter le gouvernement constitutionnel. Le 3 janvier 1870, il forma le ministère Émile Ollivier, sans renverser l'hostilité des habitants des villes, que le meurtre de Victor Noir (10 janv. 1870) ne fit qu'irriter davantage. L'arrestation de Rochefort (22 janv.) fut suivie de véritables émeutes et de l'érection de plusieurs barricades (7-8-9 fév.) dans son origine, l'Empire fit un nouvel appel aux électeurs et le plébiscite du 8 mai 1870 lui donna 7,527,379 voix affirmatives contre 1,530,000 *non.* Ce grand succès, obtenu par tous les moyens, fut suivi d'un septième emprunt de 750 millions; la situation de la dynastie paraissait tellement ébranlée que, quoiqu'il ne fût pas préparé pour une grande guerre, l'empereur attaqua l'Allemagne. (Voy. FRANCO-ALLEMAND.) Après la capitulation de Sedan (2 sept.), l'empereur fut conduit à Wilhelmshœhe pendant que la République était proclamée dans les villes françaises et que la dynastie était ignominieusement déposée (4 sept.), au milieu des malédictions du peuple. Le 19 mars 1871, il lui fut permis de rejoindre sa famille à Chiselhurst. Le 8 fév. il avait lancé une proclamation dans laquelle il disait qu'il avait été trahi par la fortune, que son gouvernement avait été quatre fois acclamé par

le peuple, qu'il se soumettait au jugement du temps et que la nation française n'obéirait pas toujours à ceux qui n'ont aucun droit pour la commander. Le 6 mars, il avait protesté par une lettre rendue publique contre la déclaration de déchéance prononcée contre lui par l'Assemblée de Bordeaux, le 1er du même mois. Il projetait une restauration et tenait les fils d'une vaste conspiration, lorsqu'il mourut, à la suite d'une douloureuse maladie. Il fut inhumé à Chiselhurst, dans la chapelle de l'église catholique. — Pendant le règne de Napoléon III furent entrepris d'immenses travaux, dont la plupart ont été menés à bonne fin. Le principal fut le percement de l'isthme de Suez, œuvre colossale dont la réalisation est due en grande partie à la protection de l'empereur. Nous citerons aussi l'établissement des grandes lignes de chemins de fer; la création du service transatlantique, et de l'immense réseau des lignes télégraphiques; la transformation de Paris et des principales villes de France; le système des études universitaires fut complètement remanié par le ministre Duruy; les indigènes algériens obtinrent le droit de posséder des propriétés foncières ; la boucherie et la boulangerie devinrent libres (1864). — BIBLIOGR. *Les Œuvres de Napoléon III* (1854-'59, 5 vol.) comprennent ses *Rêveries politiques* et *Idées napoléoniennes.* On a aussi publié, sous le nom de Napoléon III, une *Vie de Jules César* (1865-'66, 2 vol.) — L'histoire de cet empereur des Français a été écrite par Delord (1869-'75, 6 vol.) — Napoléon IV (EUGÈNE-LOUIS-JEAN-JOSEPH Bonaparte), connu d'abord sous le nom de *Prince Impérial,* fils unique du précédent et de l'impératrice Eugénie, au palais des Tuileries, le 16 mars 1856, mort sur les bords de la rivière Hyotoyozi (Zoulouland), le 1er juin 1879. D'une santé délicate, il exigea, dans son enfance, des soins extrêmement assidus; mais vers l'âge de 40 ans, son corps, fortifié par l'exercice, put se prêter à l'éducation virile que le général Frossard fut chargé de lui donner, en mars 1867. L'empereur ne négligea aucune occasion d'associer son nom aux fondations charitables, ni de le présenter aux soldats ou aux populations. Il accompagna l'empereur sur la frontière de l'Est, le 28 juillet 1870. Quelques jours plus tard, une dépêche annonçait qu'il avait ramassé une balle sur le champ de bataille de Sarrebrück et qu'il s'était montré digne de son nom. Mais, à partir de ce moment, les dépêches publiques cessèrent de le mentionner. On apprit seulement qu'il était passé en Belgique, après Sedan, et s'était rendu en Angleterre, où sa mère vint le rejoindre. Ils résidèrent ensemble à Chiselhurst pendant quelque temps; le jeune prince ne tarda pas à entrer, comme élève, à l'académie militaire de Woolwich, d'où il sortit en févr. 1875, avec le numéro 7, sur 34 concurrents, ce qui lui donna la latitude de choisir entre l'arme du génie et celle de l'artillerie, dans les troupes anglaises. Chef de la famille Bonaparte, il reçut à Chiselhurst, plusieurs députations de ses partisans (voy. CHISELHURST), et écrivit des lettres aux électeurs pour les engager à repousser la candidature du prince Napoléon, auquel il finit par déclarer ne plus vouloir opposer que « l'indifférence et l'oubli » (élections d'Ajaccio, 14 mai 1876). Lors de la guerre du Zoulouland, il prit du service dans l'armée britannique, en qualité d'officier volontaire d'artillerie. Pendant une reconnaissance sur les bords de l'Hyotoyozi, il tomba dans une embuscade ennemie, n'eut pas le temps de remonter à cheval et fut percé de coups de zagaie, à la vue de son escorte, qui s'enfuit à bride abattue, sans songer à le secourir. Les nègres ne dépouillèrent pas son cadavre, que l'on trouva revêtu de son scapulaire et garni d'objets de dévotion. Ses restes, ramenés en Angleterre, furent déposés à côté de ceux de son père, dans la chapelle catholique romaine de Chiselhurst. Une souscription ayant fourni les fonds nécessaires pour lui élever un monument commémoratif, il fut question de placer celui-ci à Westminster; mais il fallait l'autorisation de la chambre des communes, qui repoussa le projet; et le monument fut érigé, sur l'ordre de la reine Victoria, dans la chapelle Saint-George (Windsor) en mai 1881.

NAPOLÉONIEN, IENNE adj. Qui appartient aux Napoléons, ou à leurs partisans : *dynastie, idées, opinions napoléoniennes.* — Substantiv. Partisan des Napoléon.

NAPOLÉONISME s. m. Système politique des Napoléon.

NAPOLÉONISTE s. m. Partisan de Napoléon.

NAPOLÉON-VENDÉE. Voy. Roche-sur-Yon.

NAPOLÉONVILLE. Voy. Pontivy.

NAPOLI DI ROMANIA. Voy. Nauplie

NAPOLITAIN, AINE s. et adj. De Naples; qui concerne cette ville ou ses habitants.

NAPOULE, village de l'arr. et à 50 kil. de Draguignan (Var); 60 hab. Donne son nom à un petit golfe qui s'étend entre Napoule et le cap de la Croisette, sur une largeur de 8 kil.

* **NAPPE** s. f. (lat. *mappa*). Linge dont on couvre la table pour prendre ses repas : *nappe fine, ouvrée, damassée, unie, blanche, sale.* — La nappe est toujours mise dans cette maison, on y trouve à boire et à manger à quelque heure qu'on y vienne. — Liturg. cathol. Nappe d'autel, le linge dont on couvre l'autel. Nappe de communion, linge placé devant les communiants. — Nappe d'eau, espèce de cascade dont l'eau tombe en forme de nappe : *une belle nappe d'eau.* On appelle aussi Nappe d'eau, une grande étendue d'eau tranquille, comme celle d'un lac, d'un étang. — Chasse. Peau du cerf qu'on étend par terre, quand on veut donner la curée aux chiens. — Filet de bon fil, qui sert à prendre des cailles, des alouettes, des ortolans.

NAPPER-TANDY (James), l'un des principaux chefs de l'insurrection irlandaise, sur la fin du XVIIIᵉ siècle, né en Irlande en 1739 mort à Bordeaux en 1803. En 1791, il proposa au gouvernement anglais un plan de réformes pour l'Irlande, mais tracassé par la police, il se réfugia en France, où le Directoire le nomma général de brigade. (voy. Humbert, Hoche, etc.), Napper-Tandy se sauva à Hambourg où on l'arrêta pour le livrer au gouverneur anglais (24 nov. 1798). Cet acte détermina Bonaparte à déclarer la guerre à Hambourg le 18 oct. 1799 (Voy. Hambourg.) Tandy fut délivré par le traité d'Amiens (1802).

* **NAPPERON** s. m. Petite nappe ou serviette qu'on étend sur la nappe pour la garantir des taches, et qu'on enlève au dessert : *mettez un napperon sur cette nappe.*

NAQUET s. m. Ancien nom donné aux valets. — Par ext. Homme vil, méprisable :

Se trouver parmi petits *naquets.*
Chaulieu.

NARBO MARTIUS, plus tard *Narbona* (Narbonne), ville de la Gaule méridionale, et capitale de la province romaine de la Gaule Narbonnaise, située sur l'Atax (Aude) et sur le lac Rubresus qui communiquait avec la mer au moyen d'un canal. Cette ville, qui s'appelait probablement Atax, fut réduite à l'état de colonie romaine par le consul Q. Martius (118 av. J.-C.). Ce fut la première colonie fondée par les Romains dans les Gaules.

NARBONNAIS, AISE s. et adj. De Narbonne; qui appartient à cette ville ou à ses habitants.

NARBONNAISE, nom que prit, l'an 27 avant l'ère vulgaire, une partie de la Gaule. (Voy. Gaule.) De 371 à 382, elle fut divisée en deux partiesqui prirent les noms de : 1° *Narbonnaise première,* à l'O. du Rhône, et 2° *Narbonnaise deuxième,* au S.-E. de la précédente.

NARBONNE, *Narbo, Narbo Martius, Julia Paterna, Colonia Decumanorum,* ch.-l. d'arr. et place de guerre de 3ᵉ classe, à 53 kil. E. de Carcassonne (Aude), à 80 kil. S.-O. de Montpellier et à 8 kil. de la mer; au milieu d'une vaste plaine traversée par le canal de la Robine; par 43° 11' 8'' lat. N. et 0° 40' long. E.; 27,000 hab. Le canal de la Robine met Narbonne en communication avec la mer. Manufactures importantes de vert-de-gris, toiles, lainages, cuirs; commerce de vins et de miel, lequel est célèbre pour sa blancheur. — Cette ville, construite sur l'emplacement d'un lac maritime, comblé par les alluvions de l'Aude, tire son nom celtique de sa situation, *Nar,* eau, et *Bo,* habitation. Elle était située dans le territoire des Volces Tectosages. Elle tomba au pouvoir des Romains en l'an 118 av. J.-C.; elle reçut plus tard une colonie latine dont Crassus était le chef. Crassus ajouta au nom de *Narbo* celui de Martius, alors consul (67 av. J.-C.). Les Sarrasins s'en emparèrent en 719 et la gardèrent pendant près d'un demi-siècle. Au moyen âge, c'était une des plus florissantes villes de France. Une des quatre provinces de la Gaule, d'après la division faite par Auguste, prenait son nom de cette ville, et s'appelait *Gallia narbonensis,* Gaule narbonnaise. Gaston de Foix, dernier vicomte de Narbonne, donna cette ville au roi de France, en échange du duché de Nemours (1507). Églises Saint-Just et Saint-Paul, l'une et l'autre monuments historiques du XIIIᵉ siècle. Patrie du grammairien Varron.

NARBONNE-LARA (Louis, comte de), officier français, né en Italie en 1755, mort en 1813. Après avoir servi dans l'armée et au ministère des affaires étrangères, il devint commandant de la garde nationale à Besançon. Il fut ministre de la guerre du 6 déc. 1791 jusqu'en mars 1792; puis il rentra à l'armée. Après l'attaque des Tuileries (10 août 1792), où il déploya un grand courage, il s'enfuit à Londres, d'où il écrivit à la Convention en faveur de Louis XVI. Il revint en 1800, fut rétabli comme général de division en 1809, accompagna Napoléon comme aide de camp spécial en Russie, et fut nommé ambassadeur à Vienne en 1813.

NARCÉINE s. f. Chim. Alcaloïde obtenu de l'opium, en 1832, par Pelletier.

* **NARCISSE** s. m. Bot. Genre d'amaryllidées, type de la tribu des narcissées, comprenant de nombreuses espèces de plantes bulbeuses, qui habitent principalement la région méditerranéenne. On recherche surtout comme plante d'ornement le *narcisse bulbocode* (*narcissus bulbocodium*) ou trompette de *Méduse,* à cause de la forme de sa fleur solitaire ; le *narcisse faux narcisse* (*narcissus pseudo-narcissus*), commun dans les bois et sur les montagnes; on l'appelle quelquefois *coucou* ou *narcisse des prés.* Sa hampe, haute d'environ 35 centim., porte une seule fleur jaune pâle, avec la couronne d'un jaune plus foncé. La plante, ainsi que ses bulbes, contient un principe vomitif et des propriétés narcotiques qui la rendent efficace contre la coqueluche, la diarrhée et les maladies nerveuses. — Une des variétés les mieux connues est le *narcisse des poëtes* (*narcissus poeticus*) dont on rencontre fréquemment de larges touffes dans les vieux jardins ; il ne porte qu'une seule fleur, du blanc le plus pur, jaunâtre à la base, avec une petite cou-

Narcisse des poëtes (Narcissus poeticus).

ronne plissée au bord, écarlate, ou d'un rose brillant; cette espèce qui est très odorante, spécialement quand elle est double, est originaire de l'Europe méridionale, de la France à la Grèce. Le plus estimé de tous les narcisses est celui que l'on connaît sous le nom de *polyanthus narcissus.* Les bulbes sont gros, les feuilles plates ont près d'un pied de long, et la tige de la fleur, de la même hauteur environ, donne une grappe en ombelle de six à dix grandes fleurs très odorantes. — L'espèce appelée *jonquille* est le *narcissus jonquilla,* qui a des feuilles étroites, ressemblant à des joncs, ou demi-cylindriques, lesquelles, avec le pédoncule de la fleur, ont environ 33 centim. de long; ses fleurs sont au nombre de deux à cinq, petites, jaunes, odorantes.

* **NARCISSE** s. m. Homme amoureux de sa figure : *c'est un Narcisse, un beau Narcisse.*

NARCISSE. I. Myth. Fils du fleuve Céphise et de la nymphe Liriope, remarquable par sa beauté, mais absolument inaccessible à l'amour, ce qui fit mourir de douleur la nymphe Écho. Némésis le fit tomber amoureux de sa propre image réfléchie dans une source. Il languit, et après sa mort fut changé en la fleur qui porte son nom. — II. Affranchi et secrétaire de l'empereur romain Claude, lequel était complètement soumis à son influence. Lorsqu'il s'aperçut que l'impératrice Messaline méditait sa ruine, il la fit mettre à mort. Agrippine, dont Narcisse avait déjoué les intrigues en faveur de son fils Néron, le fit reléguer en Campanie, où il fut assassiné par ses ordres (54). — III. Athlète romain, qui fut employé par Marcia pour étrangler son patron, l'empereur Commode. Septime Sévère, à son avènement (193), le fit livrer aux lions.

NARCISSÉ, ÉE adj. Bot. Qui ressemble au narcisse. — s. f. pl. Tribu d'amaryllidées, ayant pour type le genre narcisse.

NARCOLEPSIE s. f. [nar-ko-lè-psî] (gr. *narké,* engourdissement). Espèce rare de névrose cérébrale décrite par le Dʳ Casse, en 1862, et étudiée par Gelineau en 1879. Le malade subit un besoin invincible et soudain de dormir, à des intervalles plus ou moins longs. On sommeil ne dure qu'un instant. On a observé une personne qui s'endormait cinq ou six fois pendant son diner, laissant tomber tout à coup sa fourchette et abandonnant une phrase à demi prononcée. On attribue cette maladie à une congestion passive et séreuse des méninges, et du cerveau. Aucun traitement n'a encore pu combattre cette maladie, qui se rapproche beaucoup de la catalepsie.

NARCOTICO-ÂCRE adj. Chim. Se dit des substances vénéneuses qui sont à la fois narcotiques et âcres. Les principaux poisons narcotico-âcres sont : la belladone, la ciguë, la digitale, le stramonium, les champignons et la strychnine.

* **NARCOTINE** s. f. (gr. *narkôtikos*, engourdi). Chim. Nom donné à un principe cristallisable, que l'on tire de l'opium, ainsi que la morphine. La narcotine est un alcaloïde qui forme de petits cristaux blancs, brillants, presque insolubles dans l'eau. C'est un poison narcotique moins puissant que la morphine. (Voy. OPIUM.)

* **NARCOTIQUE** adj. (gr. *narkôtikos*, engourdi). Méd. Qui assoupit: *remède narcotique*. — Substantiv.: *l'effet des narcotiques peut être dangereux*. — CE LIVRE EST UN BON, UN VRAI NARCOTIQUE, il est assoupissant, ennuyeux. — Méd. On appelle narcotiques les substances qui, introduites dans le sang, affectent toutes les parties du système nerveux, mais surtout les centres nerveux les plus élevés, à la manière de la paralysie. Des exemples familiers de cette classe de médicaments sont: l'opium, l'alcool, le chloroforme, le sulfate de quinine, l'acide prussique, etc.

NARCOTISER v. a. Assoupir; donner des narcotiques.

NARCOTISME s. m. Assoupissement causé par les narcotiques.

* **NARD** s. m. [nar] (lat. *nardus*). Espèce de lavande très odoriférante; genre de graminées hordéacées; racine de l'asaret, etc. — Parfum que les anciens tiraient de certaines racines odoriférantes.

NARENTA, anc. *Narona*, fleuve qui prend sa source en Bosnie, près de Mostar, et se jette dans l'Adriatique, après un cours de 255 kil.

* **NARGUE**. Substantif qui ne s'emploie guère que dans ces phrases: DIRE NARGUE D'UNE CHOSE, exprimer le peu de cas qu'on fait d'une chose. FAIRE NARGUE A QUELQU'UN, le braver avec mépris. NOS VINS FONT NARGUE AUX VÔTRES, les vins sont très supérieurs aux vôtres. — Se dit aussi, en forme d'interjection, dans un sens analogue à celui de la première phrase: *nargue de cet homme! nargue de l'amour!* (Fam.)

* **NARGUER** v. a. (bas lat. *naricus*, qui fronce le nez). Faire nargue, braver avec mépris: *narguer ses ennemis*. (Fam.)

* **NARGUILÉ** ou * Narghileh s. m. Sorte de pipe qui est en usage en Turquie, en Perse et dans divers autres pays de l'Orient. Elle est formée d'un fourneau où brûle le tabac et d'un long tuyau qui traverse un vase rempli d'eau parfumée.

* **NARINE** s. f. (lat. *naris*). Chacune des deux cavités, des deux ouvertures du nez, par lesquelles l'homme respire et flaire: *les narines externes*. — Se dit aussi en parlant d'un grand nombre d'animaux: *les narines d'un cheval, d'un taureau*.

NARO, ville de Sicile, sur le Naro, à 21 kil. E. de Girgenti; 11,000 hab. Elle a été fondée par les Sarrasins, contient des édifices d'une grande antiquité, et fait un actif commerce de soufre, de vins et d'huile.

* **NARQUOIS, OISE** s. [nar-koua] (rad. *narguer*). Homme fin, subtil, rusé qui se plaît à tromper les autres, ou à s'en moquer: *c'est un narquois*. — Fam. PARLER NARQUOIS, parler un certain jargon. — adj. *Un sourire narquois*.

NARRAGANSETT (Baie de), sur la côte S.-E. de Rhode-Island, s'étend au N. jusqu'à 40 kil. de Providence. Elle a 50 kil. de long sur une largeur qui varie de 5 à 20 kil.

NARRANGASETTS, tribu d'Indiens algonquins qui occupait le territoire aujourd'hui compris dans Rhode-Island. Ils étaient moins guerriers et plus industrieux que les Pequots. Dans un espace de 40 kil., ils avaient 12 villes, et étaient très nombreux Dans la

guerre du roi Philippe, une troupe de 1,000 hommes avec 150 Mohicans et Pequots auxiliaires, prit et brûla leur forteresse. Canonchet, leur chef, détruisit alors bon nombre de villages frontières, et l'on envoya des forces considérables pour écraser la tribu. Leur principal fort, dans une île du marécage de South Kingston, fut pris et l'on estime que l'on y tua mille hommes, femmes et enfants. Les colons perdirent 230 hommes. Cette guerre extermina presque les Narragansetts. Le reste s'établit à Charlestown dans l'État de Rhode-Island, y prospéra; mais en 1833, il n'y avait plus que sept individus vivants de race pure.

* **NARRATEUR** s. m. [nar-ra-] (lat. *narrator*; de *narrare*, raconter). Celui qui narre, qui raconte quelque chose: *c'est un narrateur ennuyeux*. — ṬṾ Au fém. NARRATRICE.

* **NARRATIF, IVE** adj. [nar-ra-]. Qui appartient à la narration: *style narratif*. — Avec la préposition *de*, signifie, qui fait connaître, qui expose en détail: *procès-verbal narratif du fait*.

* **NARRATION** s. f. [nar-ra-si-on] (lat. *narratio*). Récit historique, oratoire ou poétique: *la narration de Tacite est semée de traits fins et profonds*. — Simple récit fait en conversation: *abrégez votre narration*.

* **NARRÉ** s. m. Discours par lequel on narre, on raconte quelque chose: *faire le narré d'une chose*.

* **NARRER** v. a. (lat. *narrare*). Raconter: *une des premières qualités de l'historien est de bien narrer*

NARSÈS [nar-sèss], général byzantin, né en 473, mort vers 568. Il était eunuque et esclave de Justinien, mais il s'éleva au rang de trésorier impérial, et fut envoyé en plusieurs ambassades. En 538, il commandait les renforts envoyés à Bélisaire, mais il le gêna au point d'être cause de la prise de Milan par les Goths. Il commanda une seconde expédition contre les Goths en Italie en 552, et gagna près de Rome une victoire sur le roi Totila, qui y périt avec 6,000 de ses soldats. Il défit aussi Téias, successeur de Totila, et ensuite les Francks et les Alemanni à Casilinum, ruinant ainsi la puissance barbare en Italie. Narsès gouverna à Ravenne avec le titre d'exarque pendant environ 14 ans. Après l'avènement de Justin II, renvoyé de ses charges, il invita les Lombards à envahir l'Italie, probablement dans l'espoir qu'il serait remis au pouvoir pour les chasser; mais il fut déçu, et mourut de chagrin, dit-on.

* **NARTHEX** s. m. [nar-thèk] (mot gr. qui signifie *botte*) Archéol. sacrée. Portique élevé en avant de la nef dans les anciennes basiliques. — Les antiquaires donnent quelquef. le nom de *narthex* au porche d'une église.

NARUSZEWICZ (Adam-Stanislaw) [na-rou-ché'-vitch], historien et poète polonais, né en Lithuanie en 1733, mort en 1796. Il se fit jésuite et fut successivement professeur à Varsovie et évêque de Smolensk et de Luck. Son histoire de Pologne (1780 et s., 8 vol.) lui a valu le nom de Tacite polonais.

NARVA, place forte de Russie, sur la Narova, à 120 kil. S.-O. de Saint-Pétersbourg; 6,482 hab. Son commerce était considérable avant la fondation de Saint-Pétersbourg; il y a encore une grande activité dans ses pêcheries, ses chantiers de bois de charpente et ses fabriques de clous. Près de cette ville, le 30 nov. 1700, Charles XII, avec 8,500 Suédois, défit plus 50,000 Russes, commandés par Pierre le Grand.

NARVAEZ (Pamfilo de) [nar-va-èss], explorateur portugais, né vers 1480, mort en 1528. Il servit à Saint-Domingue, à Cuba, au Mexique, où on l'envoya pour réduire Cortez;

mais celui-ci le battit et le garda prisonnier cinq ans. Il alla ensuite en Espagne, se fit céder la Floride, et mit à la voile avec de grandes forces en 1527. Il débarqua dans la baie de Tampa (16 avril 1528), et marcha vers Appalache; mais le pays n'ayant rien pour tenter, il s'efforça d'atteindre le Mexique, et périt en mer, pendant que la majorité de ses troupes étaient détruits par les fatigues et les combats. Son trésorier, Cabeça de Vaca, et quelques autres, atteignirent Sonora en 1536. Ses rapports amenèrent l'exploration du Nouveau Mexique et de la Californie.

NARVAEZ (Ramon-Maria), duc de Valencia, homme d'État espagnol, né en 1800, mort à Madrid le 23 avril 1868. Il se distingua de bonne heure dans l'armée. Le 25 nov. 1836, il défit le général carliste Gomez; en 1838, il réprima le brigandage dans la Mancha, et fut fait capitaine général de la Vieille-Castille et général d'une armée de réserve. Ayant pris part, à Séville, à une insurrection qui échoua contre Espartero, il s'enfuit en France (1840), où il continua d'intriguer contre lui avec Marie-Christine. En 1843, il réussit à le renverser et en 1844 il fut fait premier ministre, maréchal de camp et duc de Valencia. Son caractère despotique lui fit beaucoup d'ennemis, et il donna sa démission en 1846. Après avoir été ambassadeur à Paris, il fut réinstallé en 1847, mais renvoyé bientôt à la suite de querelles avec Marie-Christine. Le 21 août 1849, il revint de nouveau au pouvoir, et s'opposa à l'intervention des Anglais dans les affaires espagnoles, qui amena le rappel du ministre anglais, sir Henry Bulwer. En 1851, il fut envoyé comme ambassadeur à Vienne. Il fut encore premier ministre (1856-'57) (1864-'65), et de juillet 1866 jusqu'à sa mort, et à chaque fois son despotisme ne fit que s'accroître.

* **NARVAL** s. m. (all. *narwal*; de *nar*, nez; *wall*, baleine). Hist. nat. Cétacé, nommé autrement *licorne de mer*, qui porte à l'extrémité de sa mâchoire supérieure une dent en forme de corne, droite, et longue quelquefois de quinze ou seize pieds. — Le narval appartient au genre *monodon* de Linné; il fréquente les mers arctiques. On l'appelle aussi *unicorne*.

Narval.

Dans la seule espèce bien étudiée (*monodon monoceros*, Linn.), le corps peut atteindre une longueur de 15 à 16 pieds, et la corne (ivoire massif de belle qualité), de 6 à 10 pieds de plus. Il n'y a pas de séparation bien marquée entre la tête et le corps. La couleur dominante est un gris sombre en dessus, avec de nombreuses taches plus foncées; les flancs et le ventre sont blancs. On voit quelquefois les narvals en bandes de 10 à 20, folâtrant autour des vaisseaux baleiniers, élevant leur défense au dessus de l'eau, et jouant autour de l'avant et du gouvernail. On les harponne pour leur ivoire, leur huile et leur chair. Leur lard est épais de 2 à 4 pouces et fournit une huile de qualité supérieure.

* **NASAL, ALE, AUX** adj. [na-zal] (lat. *nasalis*; de *nasus*, nez). Gramm. Se dit d'un son

modifié par le nez, comme celui des premières syllabes d'*embrasser, tinter, tomber;* et celui des dernières *d'océan, raison, parfum.* — *Son nasal ; voyelles, consonnes nasales ; prononciation nasale.* — Anat. Se dit de ce qui appartient au nez : *canal nasal; os nasaux.* — Substantiv. Voyelles dont la prononciation est nasale : *nos quatre nasales sont* an, *comme dans la première syllabe du mot* anchois *;* en, *dans la dernière syllabe de* bien, *dans la dernière de* frein, *dans la première d'*ainsi, *dans la première d'*ingrat, *etc. ;* on, *dans la première syllabe de* onze *;* un, *dans la dernière syllabe de* commun, *de* parfum. — s. m. Lame de fer fixée à la partie antérieure de certains casques. (Voy. CASQUE.) — Au XVe et au XVIe siècle, pièce du mésail qui couvrait le nez.

* **NASALEMENT** adv. Gramm. Avec un son nasal : *la dernière syllabe, dans* océan, *doit être prononcée* nasalement.

NASALISATION s. f. Action de nasaliser les lettres.

NASALISER v. a. Donner un son nasal à : *nasaliser une voyelle.*

* **NASALITÉ** s. f. Gram. Qualité d'une voyelle ou d'une consonne nasale : N, *à la fin d'une syllabe, est ordinairement le signe orthographique de la nasalité.*

* **NASARD** s. m. Un des jeux de l'orgue, qu'on appelle ainsi parce qu'il imite la voix d'un homme qui chante du nez : *jouer le nasard.*

* **NASARDE** s. f. Chiquenaude sur le nez : *donner une nasarde.* — DONNER UNE NASARDE, DES NASARDES A QUELQU'UN, se moquer de lui, le critiquer, le censurer d'une manière mortifiante. — HOMME A NASARDES, homme fait pour être méprisé et moqué impunément.

* **NASARDER** v. a. Donner des nasardes. Fig. et fam. Se moquer de quelqu'un avec des marques de mépris.

NASBINALS, ch.-l. de cant., arr. et à 27 kil. N.-O. de Marvejols (Lozère) ; 1,210 hab.

NASCAPEES [nass-kè-pizz'] et Nehiroirini ou MONTAGNAIS, tribus indiennes du Labrador, portion la plus orientale de la grande nation algonquine. Les Nehiroirini, que les Français du Canada appellent Montagnais, occupent aujourd'hui le territoire qui s'étend de la Saguenay au détroit de Belle-Isle. Les missions catholiques établies parmi eux aux temps de Champlain subsistent encore. Mais ces Indiens sont chasseurs et ne peuvent se faire à la vie agricole. Ils sont au nombre d'environ 4,700. Les Nascapees ou Nakcapis occupent le plateau intérieur, entre le lac Mistassini et l'Atlantique. Ils sont plus petits et de teint plus clair que les Montagnais, avec des traits bien accusés et de grands yeux. En 1879, on en comptait 2,860.

NASCUNTUR POETÆ, FIUNT ORATORES. Phrase de Quintilien qui signifie : *on naît poète, on devient orateur.*

NASE s. m. (lat. *nasus*). Nez. (Vieux.)

* **NASEAU** s. m. [na-zô] (lat. *nasus,* nez). Une des deux ouvertures du nez par lesquelles l'animal respire et flaire. Se dit surtout des narines du cheval : *ce cheval a les naseaux fort ouverts.* — FENDEUR DE NASEAUX, bravache, fanfaron.

NASEBY [nèzz'-bi], village du Northamp-'tonshire (Angleterre), à 20 kil. N.-N.-O. de Northampton, où se livra une bataille décisive entre Charles Ier et les troupes parlementaires sous Fairfax, 14 juin 1645.

NASH (Richard) [nache], connu sous le nom de Beau Nash, né dans le pays de Galles en 1674, mort en 1761. Dans sa jeunesse, il se livra au plaisir, et, avec des ressources qu'il trouvait dans le jeu, il devint le lion de l'élégance et l'homme à la mode de Londres. En 1704, il alla à Bath, qui commençait à prendre de l'importance comme ville de bains, et les citoyens le nommèrent maître des cérémonies. Il contribua grandement à la prospérité de l'endroit, et fut surnommé le roi de Bath. Il vivait sur un grand pied, voyageant en carrosse avec six cavaliers d'escorte, et dispensait des aumônes avec une profusion irréfléchie. Vers la fin, sa gloire s'éclipsa. Nash était mal fait de sa personne, avec des traits grossiers et laids, et s'habillait d'une manière prétentieuse. Goldsmith a écrit sa vie (anonyme, 1762).

NASH (Thomas), auteur dramatique anglais, né vers 1560, mort en 1600 ou en 1601, il aida Marlowe à écrire *Dido, Quen of Carthage* et fit représenter devant la reine Elizabeth, en 1592, *Summer's Last Will and Testament.* Mais ses pièces furent mal accueillies, et il décrivit sa misère dans son *Pierce Penniless, his Supplication to the Divell* (1592). En 1597, il donna une pièce satirique intitulée *The Isle of Dogs (Ile des Chiens),* qui lui valut d'être emprisonné.

NASHUA [nach'-iou-é], ville du New-Hampshire (Etats-Unis), au confluent du Merrimac et du Nashua, à 50 kil. S. de Concord, et à 70 kil. N.-N.-O. de Boston ; 10,543 hab.

NASHVILLE [nach'-ville], capitale du Tennessee (Etats-Unis), sur la rive méridionale du Cumberland, à 300 kil. au-dessus de sa réunion avec l'Ohio, au centre de l'état, en tirant un peu vers le N. ; par 36° 10' N. de lat. et 89° 9' long. O. ; 25,865 hab. (9,709 de couleur). La ville est généralement bien bâtie, et contient plusieurs édifices imposants. Le Capitole, sur la colline du Capitole, construit avec une belle variété de calcaire fossilifère, est considéré comme le plus bel édifice public du pays. Le

Nashville.

Cumberland est traversé à Nashville par un pont en fer pour le service du chemin de fer, et par un pont suspendu. — Le premier établissement permanent à Nashville se fit en 1779-'80. Après avoir siégé tantôt dans cette ville, tantôt à Murfreshoro, la législature de l'état siège définitivement depuis 1826 à Nashville, qui est devenue capitale en 1843. Après la prise du fort Donelson par le général Grant (16 fév. 1862), les confédérés abandonnèrent Nashville. En 1864, le général Thomas, à la tête des troupes de l'Union, mena une armée dans les environs de Nashville contre les confédérés commandés par le général Hood ; celui-ci, après une lutte de plusieurs mois, dut repasser le Tenesse le 27 décembre. Il avait perdu près de 25,000

hommes et 72 canons. Les pertes du général Thomas étaient de 10,000 hommes environ.

* **NASI** s. m. Président du sanhédrin, chez les Juifs.

NASICA, surnom que portèrent plusieurs membres de la famille des Scipions et de la famille Cornélia.

NASICORNE adj. (lat. *nasus,* nez ; fr. *corne*). Zool. Qui a une corne sur le nez.

NASIÈRE s. f. Econ. rur. Sorte de pince que l'on passe dans les naseaux des bœufs afin de les conduire.

* **NASILLARD, ARDE** adj. Se dit du son de voix de celui qui nasille, qui parle du nez : *parler d'un ton nasillard.* — s. Personne qui nasille : *c'est un nasillard.*

* **NASILLEMENT** s. m. Action de nasiller; défaut de celui qui nasille.

* **NASILLER** v. n. Parler du nez : *on ne l'entend pas parler, il ne fait que nasiller.*

* **NASILLEUR, EUSE** s. Celui, celle qui parle du nez : *cette nasilleuse est fatigante à entendre.*

NASILLONNEMENT s. m. Action de nasillonner; défaut de celui qui nasillonne.

* **NASILLONNER** v. n. Diminutif de nasiller.

NASIQUE adj. Zool. Qui a le nez ou le museau fort long. — s. m. Espèce de guenon de la Cochinchine et de Bornéo.

NASITOR s. m. (lat. *nasus,* nez; *torquere,* tordre). Bot. Un des noms vulgaires du cresson alénois.

NASO, ville de Sicile, à 60 kil. O.-S.-O. de Messine ; 2,306 hab. dans la ville, et 8,472 dans toute la commune. — La ville, dans une situation pittoresque, a conservé son aspect moyen âge.

NASONNEMENT s. m. Méd. Synonyme de nasillement : *on remarque un nasonnement particulier de la voix dans l'amygdalite.*

NASONNER v. n. Méd. Parler du nez.

NASSAU, naguère duché allemand, sur les frontières de la Prusse rhénane ; 4,700 kil. carr. ; 471,000 hab. Il forme aujourd'hui la portion S.-O. de la province prussienne de Hesse-Nassau, qui comprend Wiesbaden, l'ancienne capitale, Ems et Schwalbach, ainsi que les célèbres vignobles de Johannisberg, Hochheim, Rüdesheim et Asmannshausen. Walram Ier de Laurenbourg ou Lurenbourg (mort en 1020), laissa deux fils, Wairam II et Otho; l'aîné prit le titre de comte de Nassau, d'un petit fief de ce nom. Le plus jeune devint bientôt, par son mariage avec l'héritière de Gueldre, le fondateur de la branche Gueldre et la tige des princes hollandais d'Orange, appelés de là Nassau-Orange. Adolphe de Nassau, fils de Walram IV, de la branche aînée, fut roi d'Allemagne (1292-'98). La maison de Nassau se divisa plus tard en plusieurs branches; celle de Nassau-Weilburg fut la source la plus directe de la ligne allemande des ducs qui acquirent leur nouvelle dignité en entrant dans la confédération du Rhin (1806). Après la chute de Napoléon, les possessions allemandes de la branche de Nassau-Orange passèrent aux ducs de Nassau en échange du territoire qu'ils cédaient à la Prusse; en outre, ils s'assurèrent le droit à la succession du Luxembourg, qu'ils vendirent à la Hollande en 1839. Dans la guerre de 1866, Nassau, qui avait pris parti pour l'Autriche, fut occupé par les troupes prussiennes en juillet, et, en septembre, annexé à la Prusse. Depuis, le dernier duc, Adolphe (né en 1817) résida à Francfort.

NASSAU, île de l'océan Pacifique, par 11° 30' lat. S. et 167° 50' long. O. Elle est basse et semble inhabitée; mais l'eau et le bois y sont en abondance.

NASSAU, cap. de l'île de la Nouvelle-Providence, dans le groupe de Bahama, par 25° 5' lat. N., et 73° 41' long. O.; environ 7,000 hab. La ville est bien disposée et possède une bibliothèque et un musée. La salubrité de son climat en fait une station d'hiver pour les malades. Commerce important. Pendant la guerre civile d'Amérique, ce fut un lieu de rendez-vous pour les *blockades runners*.

NASSAU (Îles) ou POGGY, deux îles au large de la côte occidentale de Sumatra: 1,000 hab. environ. Elles sont formées de hautes collines escarpées, couvertes de grands arbres bons pour les bois de charpente.

NASSAU (Guillaume de), surnommé LE TACITURNE, prince d'Orange, fondateur de l'indépendance des Pays-Bas, né à Dillenbourg (Nassau), le 16 avril 1533, mort le 10 juillet 1584. Il était fils aîné du comte Guillaume l'Ancien de Nassau, et, en 1544, il hérita de la principauté d'Orange. Charles-Quint et Philippe II l'employèrent dans l'armée et dans la diplomatie. Il était gai et enjoué et il fut appelé LE TACITURNE, à cause de l'art avec lequel il cacha son émotion à la cour de France, quand Henri II lui révéla, par inadvertance, son complot pour exterminer *cette maudite vermine*, les protestants. Lors du départ de Philippe pour l'Espagne, ce prince nomma Guillaume membre du conseil d'État, qui devait assister sa sœur consanguine, Marguerite de Parme, dans la régence des Pays-Bas. Il s'opposa à la persécution des protestants et finalement, de concert avec Egmont, Horn et autres, il obtint le renvoi de leur cruel ennemi, le cardinal Granvelle (1564), et il refusa de mettre en vigueur les édits du roi en Hollande, dans la Frise et à Utrecht, provinces dont il était stadthouder. En 1567, il pacifia Anvers où les calvinistes s'étaient soulevés; il abandonna bientôt tous ses emplois et se retira en Allemagne, quatre mois avant l'arrivée du duc d'Albe avec l'armée espagnole. Guillaume fut proscrit et ses biens furent confisqués (janv. 1568) et il commença à créer des impôts à lever des troupes, de concert avec les princes protestants d'Allemagne. Ses premières opérations échouèrent. Guillaume, avec 30,000 hommes, ne réussit pas à attirer le duc d'Albe dans un combat, et il fut forcé de se retirer dans les Flandres françaises; au printemps de 1569, avec ses frères, Louis et Henri, et avec 1,200 soldats,

il se joignit aux huguenots commandés par Coligny. En automne, il retourna en Allemagne où il donna des lettres de marque à des corsaires pour attaquer les navires espagnols. Après la prise de la Brille, en avril 1572, l'autorité de Guillaume s'établit à Flessing, à Leyde, à Haarlem, à Dort et dans beaucoup d'autres villes, ainsi que dans l'évêché d'Utrecht. En juillet, il traversa le Rhin avec 24,000 hommes, prit Roermond et occupa d'autres villes, pendant que son frère, Louis, s'emparait de Mons. Mais le massacre de la Saint-Barthélemy lui enleva toute espérance de secours de France, et il fut forcé de licencier son armée. Mons et d'autres villes se rendirent aux Espagnols; en juillet 1573, ceux-ci pillèrent Haarlem, après un siège désastreux de sept mois. Guillaume assembla 6,000 hommes de troupes à Bommel et au commencement de 1574, il donna des ordres à Louis pour le rejoindre. A son retour de France, ce dernier fut battu par Avila et il périt avec son frère Henry. En octobre, les états de Hollande placèrent presque toute l'autorité entre les mains de Guillaume. Les cinq provinces qui avaient adhéré à l'Espagne se joignirent alors aux patriotes; aux états généraux de Gand (nov. 1576), une ligue fut formée contre l'ennemi commun, la liberté du culte fut garantie à toutes les dénominations. La popularité de Guillaume donna ombrage à une partie de la noblesse catholique romaine, qui invita le jeune archiduc autrichien Matthias à prendre le commandement, en qualité de gouverneur général; don Juan d'Autriche, le nouveau gouverneur espagnol, écrasa les Hollandais près de Gembloux, le 31 janvier 1578, et s'empara de Louvain et d'autres places. Le secours envoyé par la reine Elisabeth demeura sans effet et les provinces wallonnes se séparèrent. Guillaume, aidé par son frere Jean, parvint à unir la Hollande, la Zélande, Utrecht, la Frise, Groningue, Overyssel et les Gueldres en une ligue offensive et défensive. Cette union fut conclue à Utrecht en janvier 1579, et le 26 juillet 1581, les Provinces-Unies, proclamèrent solennellement leur indépendance, dans une assemblée à la Haye. Guillaume se contenta du gouvernement de la Hollande et de la Zélande, afin de ne pas porter ombrage à la France, et le duc d'Anjou administra les autres provinces. Même après l'expulsion de ce dernier, en 1582, Guillaume refusa le gouvernement général. Le duc mourut en juin 1584 et, en juillet, Guillaume fut assassiné à Delft par Balthazar Gérard, fanatique catholique. L'assassin fut torturé et il eut la tête tranchée, mais sa famille fut anoblie par Philippe II, qui la dota des biens confisqués au prince. Guillaume s'était marié quatre fois et il laissa 12 enfants, dont l'un fut le célèbre *Maurice de Nassau*, qui lui succéda. (Voy. MAURICE.)

' NASSE s. f. (lat. *nassa*). Instrument d'osier servant à prendre du poisson : *la nasse d'un pêcheur*. — ETRE DANS LA NASSE, être engagé dans une affaire fâcheuse dont on ne peut se tirer.

NASSICK ou Nashîk, ville de l'Inde anglaise, à environ 160 kil. N.-E. de Bombay, capitale du collectorat du même nom (672,791 hab.), sur le Godavery; environ 25,000 hab. Elle est célèbre par ses temples brahmaniques, que visitent des multitudes de pèlerins; à environ 8 kil. de la ville se trouvent des caves bouddhistes creusées dans le roc et qui datent, dit-on, du II° ou du III° siècle de notre ère.

NASTURCE s. m. (lat. *nasturtium*, nasitor). Bot. Genre de crucifères arabidées, comprenant des herbes ordinairement aquatiques, à tiges glabres, à fleurs jaunes ou blanches, en grappes. Ce genre renferme, entre autres plantes, le *cresson de fontaine* (*nasturtium of-*

ficinale), si connu, et le *raifort*, que l'on trouvera l'un et l'autre décrits à leur article respectif.

NATABILITÉ s. f. (rad. lat. *natabilis*, qui peut surnager). Qualité, état de ce qui peut surnager.

' NATAL, ALE adj. (lat. *natalis; de nasci, naître*). Se dit du lieu et de l'époque de la naissance : *respirer l'air natal*.

> Ah ! prenes en échange une vie agitée,
> Que loin du sol *natal* l'orage a transplantée.
> <div align="right">DELAVIGNE. <i>Le Paria</i>, acte Ier, sc. 1re.</div>

— N'a point de plur. au masc. — ∾ JEUX NATALS, jeux que l'on célébrait annuellement, dans l'ancienne Rome, en mémoire de la naissance d'un empereur.

NATAL, colonie anglaise dans la partie S.-E. de l'Afrique, au N.-E. de la colonie du Cap, entre 27° 30' et 31°30' lat. S. et entre 26° 10' et 30° long. E. Limites: au N.-E., le pays des Zoulous; au S.-E., l'océan Indien; au S. et au S.-O., la Cafrerie; à l'O., et au N.-O., la chaîne des monts Drakenberg, sur la pente opposée de laquelle se trouve l'état libre d'Orange; 48,568 kil. carr.; 350,000 hab., dont la majorité est de race zoulou. Pietermaritzburg, la capitale (8,000 hab.) et D'Urban, le port de la colonie (7,000 hab.) sont les principales villes. Le pays, qui est bien arrosé, mais sans cours d'eau navigables, s'élève en terrasses à partir de la côte et atteint une élévation de 3 à 4,000 pieds. Le long de l'océan Indien règne une bande de terres ondulées, large de 40 kil. environ, qui produit du sucre, du café, du coton, du tabac et d'autres plantes tropicales. Derrière vient une autre région plus élevée, avec les productions des climats tempérés; plus avant se trouve un pays de bons pâturages, et enfin une suite de collines allant jusqu'aux monts Drakenberg, dans la grande chaîne Quatlamba, qui s'élèvent à 8,000 pieds au-dessus du niveau de la mer et à environ 4,000 pieds au-dessus du pays environnant. Climat agréable et sain. Près de la côte, la température moyenne est d'environ 23° en été et 17° en hiver; mais dans les districts élevés, il fait beaucoup plus froid. Pendant la saison des pluies, il éclate fréquemment de violents orages accompagnés de tonnerre. Gisements de houille, de fer et d'or, ce dernier en petites quantités. Le nombre des gros animaux sauvages va diminuant dans la colonie. Faune: éléphants, hippopotames, léopards, hyènes, buffles, élans, plusieurs autres variétés d'antilopes, crocodiles et serpents dont quelques-uns sont venimeux. — Les Zoulous s'appliquent maintenant en grand nombre à l'agriculture. On élève beaucoup de moutons dans la colonie, et l'exportation de la laine dépasse en importance tous les autres produits: 8,328,524 livres, représentant 2,571,550 fr. Les autres articles d'exportation sont : le sucre brut, les peaux, l'ivoire, le beurre, les plumes d'autruche, l'arrow-root, la viande fumée, le coton brut et les grains. La valeur totale de ces produits est de 4,728,475 fr., tandis que le chiffre des importations est de 6,344,630 fr. Il existe une organisation scolaire sous le contrôle d'un surintendant de l'éducation, les missionnaires entretiennent aussi d'excellentes écoles. — Le gouvernement de Natal, la couronne conserve le droit de *veto* vis-à-vis de la législature coloniale, et les fonctionnaires publics restent sous le contrôle du gouvernement de la métropole. Le pouvoir exécutif appartient à un lieutenant gouverneur, assisté de conseils exécutifs et législatifs. En 1875, le revenu colonial a été de 1,301,358 fr. et les dépenses de 1,532,070 fr. — Les Portugais découvrirent la côte de Natal le jour de Noël 1497 et lui donnèrent son nom en l'honneur de cette fête. Le pays fut réellement colonisé pour la première fois par quelques sujets britanniques en 1824. Vers 1837, les fermiers hollandais du Cap mécontents tentèrent d'y établir une république; mais le gouvernement anglais déclara, en 1845, que sa souveraineté s'étendait sur Natal et en prit possession. Il fut subordonné au gouvernement du Cap jusqu'en 1856, et forme depuis une colonie séparée. — BIBLIOGR. Henry Brooks, *Natal, a History and description of the colony* (London, 1877, in-8°).

NATALITÉ s. f. (lat. *natalitas;* de *nasci,* naître). Rapport des naissances à la population dans une contrée.

* **NATATION** s. f. [na-ta-si-on] (lat. *natatio;* de *natare,* nager). Art de nager : *on a établi des écoles de natation.* — Action de nager : *la natation est bonne à la santé.* — ECOLE DE NATATION, lieu où l'on apprend à nager, où l'on va nager. — ENCYCL. L'homme n'apporte point en naissant la faculté de se mouvoir à la surface de l'eau, et il a besoin, pour se livrer à cet exercice, d'une éducation spéciale. Les principes de la natation peuvent être démontrés hors de l'eau comme un exercice de gymnastique, ainsi que cela a lieu dans les écoles militaires. Mais il est toujours préférable d'avoir recours à la pratique dans un cours d'eau, parce que l'élève auquel on a seulement enseigné la théorie n'est pas familiarisé avec l'élément liquide et ne peut maîtriser la crainte instinctive qu'il y éprouve dès l'abord. Le premier exercice pratique est d'aller chercher au fond de l'eau, dans un endroit où l'on a pied, un œuf, une pierre ou tout autre objet apparent; on s'habitue, ainsi, sans danger, à avoir le *nez dans l'eau.* Le second exercice consiste à se tenir dans l'eau jusqu'à la hauteur du menton; le troisième, à essayer de perdre pied en exécutant les mouvements réguliers de la *brasse,* manière de nager de la grenouille. Pour cela, on se met dans l'eau jusqu'à la hauteur des épaules, les bras placés

Fig. 1. — La brasse, 1re position.

près du corps, les paumes des mains et les doigts réunis (fig. 1): ensuite on étend les bras en avant jusqu'à la surface de l'eau

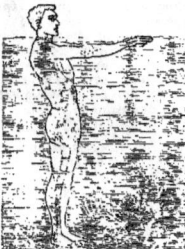

Fig. 2. — La brasse, 2e position.

(fig. 2), on tourne les paumes des mains en dehors et on imprime aux deux bras un mou-

vement rapide et circulaire, jusqu'à ce qu'on les ait amenés à former l'un avec l'autre une

Fig. 3. — La brasse, 3e position.

ligne droite (fig. 3). Voilà pour le mouvement des bras. Quand on s'est habitué à faire bien régulièrement cet exercice, en comptant en mesure *une, deux, trois; une* pour le premier mouvement; *deux* pour le second mouvement; *trois* pour le troisième mouvement; on s'habitue à répéter ce même exercice en faisant mouvoir les jambes comme suit : aus-

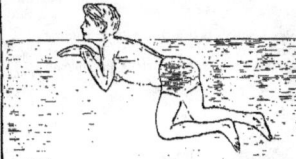

Fig. 4. — La brasse, 4e position.

sitôt que les pieds ont quitté le sol (fig. 4), on porte les talons l'un contre l'autre près de l'extrémité supérieure des cuisses; puis, par un mouvement simultané et violent, les mains se portent en avant et les pieds en arrière

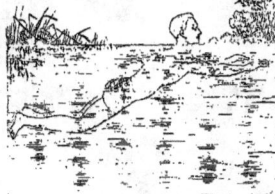

Fig. 5. — La brasse, 5e position.

(fig. 5): les bras se tendent à la hauteur des épaules, les mains s'écartent à plat, les doigts joints, et décrivent une courbe en s'enfonçant un peu dans l'eau. Il faut que ces divers mouvements soient exécutés à intervalles bien égaux et surtout bien simultanés, sinon le

Fig. 6. — Natation à l'aide d'une corde.

nageur coule. Pour faciliter aux étudiants l'apprentissage de la natation, on a imaginé

plusieurs appareils : ceinture de liège, vessie pleine d'air, corde à l'aide de laquelle le maître soutient son élève (fig. 6), corde qui soutient l'élève sans le secours du professeur

Fig. 7. — Natation à l'aide d'une corde.

(fig. 7). Mais l'emploi de ces moyens auxiliaires n'est pas indispensable pour l'élève courageux et hardi. D'ailleurs, le jeune homme qui en a fait usage doit ensuite apprendre à s'en passer, ce qui est un double travail. Quand on sait parfaitement nager à la brasse, on peut ensuite étudier les moyens de se soutenir sur l'eau sans faire de mouve-

Fig. 8. — La planche.

ment. La *planche* (fig. 8), est sous ce rapport la meilleure manière de se reposer et d'éviter d'être enlacé par les herbes. Pour l'exécuter, on se projette à la surface de l'eau, le corps et les jambes en ligne droite, les bras placés sur les côtés près du corps. On avance en faisant mouvoir les bras comme des rames, et en même temps les pieds de la même manière

Fig. 9. — Natation sur le dos.

que pour la brasse (fig. 9). Pour revenir sur le ventre, il suffit de lever une jambe en dehors, d'embrasser l'eau avec l'autre jambe et de se retourner du côté où la jambe saisit l'eau par le mouvement. La natation perpen-

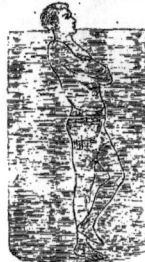

Fig. 10. — Le balancement.

diculaire s'appelle *balancement* (fig. 10). Cette manière demande une certaine sûreté et une grande habitude; le nageur, dont les bras sont croisés sur la poitrine, ne fait agir que ses deux jambes alternativement et en mesure, comme le montre notre figure. Pour nager *en chien* (fig. 11), il faut imiter les mouvements naturels de cet animal lorsqu'il est dans l'eau ; le bras droit et la jambe droite sont étendus en même temps ; pendant qu'il

Fig. 11. — Nager en chien.

ramène vivement la main droite sous sa poitrine et le pied droit vers la cuisse, un mouvement rapide de la jambe gauche qui s'étend, est accompagné de l'extension du bras gauche et ainsi de suite. La *coupe* (fig. 12) donne une

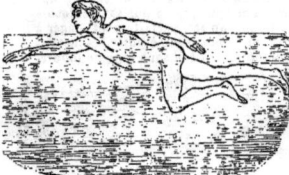

Fig. 12. — La coupe.

grande vitesse, mais elle exige un concours de forces assez considérable. On se couche sur le ventre, on jette le bras droit tendu hors de l'eau en avant, les dernières phalanges des doigts étant pliées de manière que la main forme une cavité. En même temps, on exécute avec les jambes des mouvements réguliers ; on fait le même mouvement avec le bras gauche en ramenant le bras droit en arrière et ainsi de suite. La natation *sur le côté* (fig. 13) est une

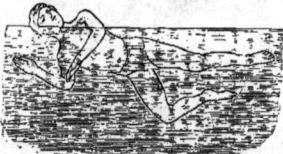

Fig. 13. — Natation sur le côté.

manière de se reposer de la brasse et de la coupe. Le nageur, placé sur le côté droit, fait la rame avec son bras gauche, gouverne avec sa jambe gauche et s'imprime un mouvement assez rapide à l'aide de sa jambe et de sa main droites. La *poussée* (fig. 14) diffère essentielle-

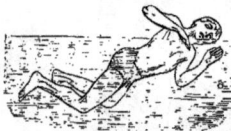

Fig. 14. — La poussée.

ment de l'exercice précédent ; les jambes agissent comme dans la brasse. — Pour apprendre à plonger, on doit d'abord s'habituer à rester quelques secondes sous l'eau, les yeux ouverts, en s'accroupissant et en retenant son haleine, après avoir respiré le plus d'air possible. Il existe plusieurs manières de plonger. La plus

simple consiste, après avoir nagé quelques moments à la surface de l'eau, à courber brusquement le haut du corps en élevant les jambes, et à gagner le fond de l'eau. Pour revenir à la surface, on se met debout, on lève ensuite alternativement les jambes comme pour monter les degrés d'un escalier, et on fait le même mouvement avec les bras, placés le long et près du corps, la paume des mains étant tournée vers le fond. Dans les endroits où il y a peu de profondeur, on revient rapidement à la surface en donnant un simple coup de pied sur le sol. Le plongeon ordinaire consiste à se mettre sur le bord d'une eau profonde et à s'y jeter après avoir étendu les deux

Fig. 15. — Le plongeon ordinaire.

bras entre lesquels se trouve le visage, comme le montre notre fig. 15. Quand on se trouve à une certaine hauteur au-dessus du niveau

Fig. 16. — Piquer une tête.

de l'eau, on plonge de deux façons différentes : dans la première, *piquer une tête* (fig. 16), on se précipite la tête en bas ; dans

Fig. 17. — Plonger pieds devant.

la seconde, *plonger pieds devant* (fig. 17), on se précipite les pieds les premiers. — Certains nageurs sont sujets à une contraction musculaire appelée *crampe*, qui condamne le membre atteint à l'immobilité. On peut en prévenir le retour, en s'entourant le poignet ou le jarret avec une ficelle ou un cordon ;

mais dans le cas où l'on aurait négligé de prendre cette précaution, il faut conserver tout son sang-froid si l'on se sent pris d'une crampe. On doit pousser avec force le membre atteint, faire des efforts pendant lesquels on se tourne sur le dos et on se laisse flotter en attendant du secours. Les nageurs adroits et vigoureux peuvent même agir et se sauver seuls à l'aide des membres libres. — Encycl. « La natation doit faire partie de toute bonne éducation physique, et elle est, presque à tout âge, favorable à la conservation de la vigueur corporelle et de la santé. Dans les pays où il n'y a pas de cours d'eau présentant des facilités pour la natation, et dans ceux où le climat s'oppose presque toute l'année à cet exercice, on a dû chercher à y suppléer ; et c'est ainsi qu'en Angleterre, en Écosse, en Allemagne, on a depuis longtemps établi des piscines de natation, alimentées par des machines à vapeur. Les municipalités ont donné l'exemple ; des sociétés financières, des associations privées ont installé des piscines très confortables ; enfin des clubs ont établi des bains très luxueux à Londres, à Glascow, etc. A Vienne (Autriche), le plus ancien de ces bains date de 1804. En Allemagne, un grand nombre de villes possèdent des piscines ouvertes toute l'année, et où le prix d'entrée dépasse rarement 0 fr. 50. A Paris, en 1845, on avait commencé à construire, quai de Billy, un établissement de bains qui devait être alimenté par les eaux de condensation de la pompe à feu de Chaillot, ce projet fut abandonné et il n'a été repris qu'en 1880. Le conseil municipal a concédé alors gratuitement, pour treize ans, à la société des gymnases nautiques, l'eau de condensation des machines élévatoires de la Villette, du quai de Billy et du pont d'Austerlitz. La première de ces piscines a été inaugurée en juin 1884. Elle est située à la Villette, rue Château-Landon, n° 34. La longueur du bassin est de 50 m. ; sa largeur est de 10 m. ; et la profondeur varie de 0 m. 80 à 2 m. 80. Autour de ce bassin se trouvent 200 cabines, et le tout est couvert par un vitrage. L'eau est amenée des condenseurs de la pompe à feu, par des canaux souterrains, et elle arrive à la température de 25 degrés, sur un rocher d'où elle tombe en cascade. Ce degré de chaleur est maintenu en hiver par des tuyaux de vapeur qui circulent sous le quai. La piscine est entièrement cimentée et les eaux s'en échappent, en partie par un trop plein et en partie par le fond, de manière à ce qu'elles sont constamment renouvelées. Le prix d'un bain est de 0 fr. 50 c., caleçon et peignoir compris. Les cabines ayant deux entrées, dont une à l'extérieur, on évite ainsi de laisser apporter à l'intérieur la boue des chaussures. Ces piscines de natation, ouvertes en toute saison, constituent un progrès notable en hygiène ; et l'on doit espérer que l'exemple donné par la capitale sera suivi dans toutes les villes de France. On commence à comprendre dans notre pays quelle est l'importance de la *gymnastique*. Or, la natation en est une des parties principales, et elle doit être encouragée, surtout pendant la jeunesse. Les villes qui possèdent une garnison, et celles qui renferment des lycées ou des écoles devraient toutes être pourvues de bassins de natation. » (Ch. Y.)

* **NATATOIRE** adj. Qui sert à la natation : *appareil natatoire*. — Vessie natatoire, sorte de vessie au moyen de laquelle les poissons s'élèvent ou s'enfoncent dans l'eau suivant qu'ils l'emplissent d'air ou qu'ils la vident.

NATCHEZ [natch'-izz] tribu d'Indiens, dans l'Amérique du Nord, connue des Européens depuis 1560. Avec les Tensas, tribu parente de la leur, ils occupaient un territoire sur la rive orientale du Mississipi. Leurs traditions et d'autres particularités les rattachaient aux

Mayas du Yucatan. La Salle parvint jusque dans leur pays en 1683. Iberville aussi les visita. Ils étaient doux, portés à l'amitié, braves, mais très dissolus. Ils entretenaient un feu perpétuel et étaient gouvernés par un chef appelé le Grand Soleil, dont le pouvoir était despotique, comme celui de sa sœur et de ses parents les plus proches. Au-dessous des soleils étaient les nobles; le commun du peuple était formé des Michemichequipy, qui étaient évidemment de la race choctaw. Ils se servaient d'arcs et de flèches, mais ils ne connaissaient pas les métaux et se vêtaient de robes de peau de buffle. Ils déclinèrent rapidement, après l'apparition des trafiquants français et anglais. En 1729, les Natchez entreprirent le massacre général des Français. Les Yazous et les Chickasaws s'unirent à eux, tandis que les Choctaws se rangeaient du côté des Français. Lesueur, officier canadien, leva une nombreuse troupe chez les Choctaws, entra sur le territoire des Natchez et les attaqua, le 27 janv. 1730. Il en tua 80 et reprit plusieurs prisonniers et esclaves. Le chevalier de Louboïs, le 13 fév., assiégea les forts des Natchez, mais permit à la population de s'échapper. Les fugitifs s'arrêtèrent sur la rivière Noire, à l'ouest du Mississipi. Le gouverneur Perrier, le 25 janv. 1731, força ces retranchements et s'empara du Soleil, de 40 guerriers et de 387 femmes et enfants. Ils furent envoyés à Saint-Domingue et vendus comme esclaves. Le reste de la nation s'enfuit chez les Chickasaws. Les Français essayèrent de châtier les Chickasaws; mais ils furent repoussés et firent la paix en 1740. Les Natchez ne reparurent plus comme corps de nation. Au bout d'un certain temps, ils se transportèrent chez les Muskogees, et, en 1835, ils étaient réduits à 300 âmes. — Les Natchez, poème en prose de Chateaubriand (1825, 2 vol. in-8°).

NATCHEZ, ville de l'état de Mississipi (États-Unis), sur le Mississipi, à 500 kil. au-dessus de la Nouvelle-Orléans, et à 200 kil. au-dessous de Vicksburg, par eau; 10,000 hab. Elle est bâtie sur le sommet d'un rocher, à 150 pieds au-dessus du fleuve, et sur l'étroite bande de terre qui sépare le fleuve du rocher.

Natchez-on-the-Hill.

Cette dernière partie de la ville, appelée Natchez-Landing ou Natchez-under-the-Hill, possède quelques maisons de commerce importantes; les quartiers hauts (Natchez-on-the-Hill) contiennent les belles résidences. — En 1716, Bienville bâtit le fort Rosalie sur le rocher de Natchez. Les Indiens Natchez le détruisirent en 1729; rebâti, il continua à être une station militaire et commerciale française, jusqu'à ce qu'il passât aux mains de la Grande-Bretagne, en 1763. En 1779, la place fut occupée par les Espagnols, qui y restèrent jusqu'en 1798, époque à partir de laquelle elle fut la capitale du Mississipi, jusqu'en 1820.

NATCEITOCHES [natch-itt-otch'-izz, ou, suivant la prononciation locale, nak-i-toch'], tribu d'Indiens d'Amérique, alliés aux Caddoes, autrefois résidant sur la rivière Rouge, dans la Louisiane. Ils étaient unis aux Washitas et aux Capichis. Ils adoraient le soleil et avaient un temple avec un feu perpétuel. Ils étaient amis des Français, et peu à peu se confondirent avec les Coddoes jusqu'à ne plus former qu'une bande de cette tribu.

NATHAN, prophète hébreu qui prédit à David qu'en punition de son adultère et du meurtre d'Urie, le Seigneur réserverait à Salomon la gloire de lui construire un temple.

NATICK [nè-tik], ville du Massachusetts (États-Unis), à 30 kil. de Boston; 8,000 hab.

* **NATIF, IVE** adj. (lat. nativus). Se dit des personnes, en parlant de la ville, du lieu où elles ont pris naissance, et suppose ordinairement l'établissement fixe des parents, l'éducation, etc.; à la différence de Né, qui peut supposer seulement la naissance accidentelle: il est natif de Paris, de Lyon. — Minéral. Se dit d'un métal qui se trouve dans la terre sous la forme métallique sans être minéralisé par sa combinaison avec d'autres substances: or, argent, cuivre natif. — Fig. et au sens moral. Naturel : il n'a pas encore perdu sa candeur native. — Substantiv. Les NATIFS D'UN PAYS, les naturels, les habitants originaires d'un pays.

* **NATION** s. f. Coll. [na-si-on] (lat. natio). La totalité des personnes nées ou naturalisées dans un pays, et vivant sous un même gouvernement : chaque nation a ses coutumes ses mœurs; les diverses nations de l'Asie, de l'Amérique. — Habitants d'un même pays, encore qu'ils ne vivent pas sous le même gouvernement. Ainsi, en parlant de l'Italie et de l'Allemagne, à l'époque où elles étaient partagées en divers États et en divers gouvernements, on ne laisse pas de dire, LA NATION ITALIENNE, LA NATION ALLEMANDE. — Personnes d'une même nation qui se trouvent dans un pays étranger : dans cette occasion, l'ambassadeur assembla la nation. — Se disait autref., dans la faculté des arts de l'université de Paris, pour classer ceux qui la composaient. On distinguait quatre nations : celle de France, celle de Picardie, celle de Normandie, et celle d'Allemagne. — pl. Écrit. sainte. Les peuples infidèles et idolâtres.

* **NATIONAL, ALE, AUX**, adj. Qui concerne toute une nation, qui appartient à une nation : esprit, caractère, préjugé, honneur national; l'église de Saint-Louis est, à Rome, l'église nationale des Français. — ASSEMBLÉE NATIONALE, nom que prirent, en 1789, les états généraux et que, depuis cette époque, ont pris encore quelques-unes de nos assemblées. — TROUPES NATIONALES, les troupes levées dans l'État même qu'elles servent; par opposition à TROUPES ÉTRANGÈRES, celles qu'un

état tire d'un pays étranger, et qu'il tient à sa solde. — GARDE NATIONALE, troupe composée de citoyens, et non soldée. La garde nationale a été supprimée en 1874. — GARDE NATIONALE MOBILE. (Voy. MOBILE.) — GARDE NATIONAL, celui qui fait partie de la garde nationale : deux gardes nationaux sont venus, et se sont emparés de lui. — CONCILE NATIONAL, assemblée des évêques de toutes les métropoles d'une nation. — CARDINAL NATIONAL, se dit, à Rome, d'un cardinal attaché à quelqu'une des couronnes, par sa naissance, ou par un engagement personnel et connu : dans le dernier conclave, il y avait tant de cardinaux nationaux. — pl. La totalité de ceux qui composent une nation; par opposition à ÉTRANGERS, les étrangers : les nationaux et les étrangers s'accordent à reconnaître la supériorité de Molière sur tous les autres poètes comiques.

* **NATIONALEMENT** adv. D'une manière nationale.

NATIONALISER v. a. Rendre national; faire adopter par une nation. — Se nationaliser v. pr. Prendre les mœurs d'une nation.

* **NATIONALITÉ** s. f. État, condition d'une réunion d'hommes formant une nation distincte des autres : la nationalité d'un peuple peut survivre longtemps à son indépendance. — Politiq. Principe des nationalités, principe nouveau, en vertu duquel chaque nation a le droit de se constituer en peuple séparé ou de se joindre à un autre peuple.—Nous entendons par nation, toute réunion de population parlant la même langue et ayant à peu près les mêmes mœurs. Avant 1848, la politique générale était basée sur le principe de l'équilibre européen (Voy. ÉQUILIBRE); mais à cette époque, l'Italie, la Hongrie, la Pologne, etc., voulurent jouir de leur autonomie. L'Italie fut la première qui parvint à rattacher les uns aux autres ses membres séparés. En vertu du principe des nationalités, la Savoie et Nice furent annexées à la France en 1859. — La Prusse, invoquant les mêmes idées, chercha à rétablir l'empire d'Allemagne et parvint à nous enlever l'Alsace et la Lorraine.

NATIVEMENT adv. D'une manière native; naturellement.

NATIVETÉ s. f. Qualité de ce qui est à l'état natif.

* **NATIVITÉ** s. f. (lat. nativitas). Naissance. Ne s'emploie guère qu'en parlant de Notre-Seigneur, de la sainte Vierge et de quelques saints : la nativité de Notre-Seigneur, celle de la Vierge, et celle de saint Jean-Baptiste, sont les seules qu'on fête dans l'Église. — Absol. La naissance de JÉSUS-CHRIST, ou la fête de Noël. — Astron. État et disposition du ciel, des astres, au moment de la naissance de quelqu'un : les astrologues firent le thème de sa nativité. — Liturg. cathol. La Nativité de Jésus-Christ se célèbre le 25 décembre; celle de la Vierge le 8 septembre et celle de saint Jean-Baptiste le 24 juin.

NATRIUM s. m. Chim. Ancien nom du sodium.

NATROLITE s. f. (fr. natron; gr. lithos, pierre). Minér. Silicate d'aluminium et de sodium, qui renferme une certaine quantité de magnésie, de calcium et de ferricum, et qui cristallise en prismes tétramètriques surmontés de pyramides.

NATROMÈTRE s. m. Chim. Instrument que l'on emploie pour évaluer la quantité de soude ou de potasse pure contenue dans les produits du commerce.

* **NATRON** ou **Natrum** s. m. [na-tron ou na-tromm] (ar. nuthroun, carbonate de soude naturel). Carbonate de soude, solide et naturel, ordinairement mêlé à du sel marin et à du sulfate de soude : plusieurs lacs de

l'Egypte fournissent beaucoup de natron. (Voy. Soude.)

* **NATTE** s. f. (lat. *matta*). Sorte de tissu de paille, de jonc, de roseau, etc., fait de trois brins ou cordons entrelacés, et servant ordinairement à couvrir les planchers et à revêtir les murailles des chambres : *natte de paille, de jonc.* — Employé seul, s'entend ordinairement de la natte de paille : *ce voyageur porte toujours avec lui une natte sur laquelle il couche.* — Toute sorte de tresses de fil, de soie, etc., lorsqu'elles sont faites de trois brins ou cordons : *une natte d'or et d'argent.* — Natte de cheveux, cheveux tressés en natte.

* **NATTER** v. a. Couvrir de nattes : *natter les murailles d'une chambre.* — Natter de la paille, du jonc, des cheveux, les crins d'un cheval, etc., les tresser en natte. On dit dans le même sens, Natter un cheval.

* **NATTIER** s. m. Celui qui fait et vend de la natte, des nattes.

° **NATURALIBUS** (In). Voy. In naturalibus.

* **NATURALISATION** s. f. Action de naturaliser; effet des lettres de naturalité : *obtenir des lettres de naturalisation.* — Lettres de grande naturalisation, lettres du chef de l'Etat, conférant à un étranger tous les droits politiques dont jouissent les Français. — Encycl. On appelle naturalisation, l'acte par lequel un étranger est investi des droits et privilèges appartenant au citoyen ou sujet de naissance. Elle est de deux sortes, collective et personnelle. La naturalisation collective a lieu lorsqu'un pays ou un Etat est incorporé à un autre pays par don, cession ou conquête. La naturalisation personnelle se fait lorsque les privilèges du sujet ou du citoyen sont conférés à un individu par l'autorisation ou les lettres patentes d'un souverain, ou par l'acte d'une assemblée législative, ou encore lorsque ces privilèges sont obtenus en vertu d'une loi générale, moyennant la soumission de l'individu aux conditions prescrites. A Athènes, il semble y avoir eu trois sortes de naturalisation : 1° l'admission d'un étranger comme membre d'un dème ou bourg, en vertu d'un vote des habitants en assemblée générale, et par l'inscription de son nom sur le rôle des citoyens du dème jouissant de leurs droits; 2° le droit de cité conféré par l'Etat comme une marque de distinction à des étrangers éminents par leurs vertus ou leurs talents, ou qui avaient rendu des services signalés à la république; 3° des privilèges étendus aux habitants d'autres Etats ou à des personnes en particulier. C'était la politique des Spartiates et le but de leur institution de retenir, exclusivement pour eux-mêmes et leurs descendants, l'exercice du pouvoir, et Hérodote déclare qu'il ne se présenta chez eux que deux exemples d'étrangers admis à la plénitude des droits de cité. Postérieurement à l'époque d'Hérodote, on y en admit de temps en temps, et c'est après cette période que l'on suppose que les Ilotes furent élevés à cette dignité. Lors de la révolution accomplie par Cléomène III et de la réorganisation qu'il opéra de la constitution de l'Etat, il admit un nombre considérable de nouveaux citoyens à la plénitude des droits de cité. A Rome ce droit est, à l'origine, réservé aux seuls patriciens. Il fut d'abord jalousement accordé à certains clans étrangers de distinction, après leur émigration de leurs foyers ou la conquête de leur ville; mais ces concessions devinrent plus rares à mesure que le privilège prit plus de valeur. Pendant la république, le droit de cité était conféré par un vote du sénat aux étrangers qui avaient rendu d'éminents services à l'Etat. Après la guerre sociale (90 av. J.-C.), ce droit fut étendu à tous les peuples d'Italie. Sous les empereurs jusqu'à Caracalla, les étrangers étaient naturalisés

par décret impérial; mais en vertu d'une constitution promulguée par lui, tous les habitants libres des provinces composant l'empire devinrent citoyens romains, et comme cet empire embrassait tout le monde civilisé, il ne put plus y avoir désormais que peu ou point de cas de naturalisation individuelle.

— La façon d'obtenir la naturalisation dans nos temps modernes, et les conditions auxquelles elle peut être accordée, diffèrent suivant les pays. Aux Etats-Unis le pouvoir de la conférer réside exclusivement dans le gouvernement national. Les naturalisations personnelles se font, sur la demande des individus, suivant des formes réglées par des actes du congrès. La politique du pays est d'admettre tous les étrangers honorables à la jouissance entière de tous les droits du citoyen, après une résidence assez longue, pour les mettre à même de prendre connaissance de la nature des institutions. Après la reconnaissance de l'indépendance des Etats-Unis par la Grande-Bretagne, il fut convenu que toute personne née dans les colonies au moment de la révolution aurait le droit de choisir de quel gouvernement elle entendait relever. Mais les tribunaux anglais considéraient la date du traité de 1783 comme le moment où les Américains avaient cessé d'être sujets, tandis que les tribunaux américains partaient du jour de la déclaration de l'Indépendance; différence qui causa de nombreuses difficultés dans les questions d'héritage. Aujourd'hui (1877), l'étranger qui veut se faire naturaliser aux Etats-Unis doit y avoir résidé depuis cinq ans, dont la dernière année dans l'Etat où il fait sa demande; il doit de plus avoir, deux ans avant son admission, déclaré sous serment devant un magistrat que c'est son intention sincère de devenir citoyen des Etats-Unis et qu'il renonce à toute allégeance envers tous les gouvernements étrangers et particulièrement envers celui duquel il avait relevé jusque-là. Ces formalités sont abrégées et réduites pour les soldats et marins étrangers au service de l'Union. Les Etats-Unis, ainsi que la Grande-Bretagne, la France, la Russie, l'Allemagne, l'Autriche, l'Italie, l'Espagne, la Belgique, la Hollande, le Danemark, la Suède et la Norvège, reconnaissent à leurs citoyens le droit de s'expatrier et de renoncer à leur nationalité en se faisant naturaliser ailleurs. La plupart des pays de l'Europe, de l'Amérique centrale et de l'Amérique du Sud ont des lois particulières qui règlent la naturalisation des étrangers. En Grande-Bretagne, avant 1844, la naturalisation ne pouvait s'effectuer que par acte du parlement. Les dispositions de la loi de 1844 ont été modifiées par celle de 1870, qui exige cinq ans de résidence, l'intention de continuer à résider, et un serment d'allégeance; la naturalisation s'accorde, après ces formalités, sur l'avis conforme d'un des principaux secrétaires d'Etat. Dans les colonies, les conditions diffèrent suivant les lois locales, mais le serment de fidélité est nécessaire dans tous les cas. La politique de la France sur cette question a un caractère restrictif; chose due sans doute à l'influence fâcheuse exercée par les étrangers à différentes époques de son histoire. D'après la loi maintenant en vigueur, la grande naturalisation, accordée pour services importants rendus à l'Etat, après une résidence d'une année, se confère par un décret de l'exécutif ratifié par le pouvoir législatif. Dans les autres cas, l'étranger doit avoir atteint l'âge de 21 ans, avoir résidé en France pendant trois années consécutives avec l'autorisation du gouvernement, et déclaré son intention de s'y fixer. En Suède, il faut adresser une demande au roi, et avoir trois ans de résidence; mais cette dernière condition peut être écartée. En Norvège, au contraire, le storthing seul,

ou assemblée nationale, a le pouvoir de naturaliser, à l'exclusion du roi. Comme la plupart des Etats allemands sont aujourd'hui incorporés à l'empire d'Allemagne, leurs anciennes règles touchant la naturalisation et le droit de cité ont été modifiées par une disposition générale empruntée à la constitution de la confédération de l'Allemagne du Nord adoptée en 4867, laquelle déclarait que dorénavant le droit de cité serait réglé par la confédération et sa législature; qu'un droit de cité commun existait dans la confédération et que les citoyens de chacun des pays dont elle était formée devaient être traités comme nationaux dans les autres. En général, d'après les règlements jadis en vigueur, la naturalisation était accordée si l'impétrant était libéré de sa première allégeance, ou s'il avait l'autorisation de son gouvernement d'émigrer, s'il avait une bonne moralité, et s'il s'était acquitté de toutes ses obligations dans le pays auquel il appartenait jusque-là, telle que le paiement de ses dettes et l'accomplissement du service militaire; mais cette dernière condition n'était exigée que des personnes venant d'un autre Etat allemand. On faisait une enquête minutieuse sur la pétition de l'impétrant, et, lorsque le rapport était favorable, le ministre compétent signait un diplôme qui était délivré à la personne intéressée contre paiement d'un droit peu élevé. En Prusse, la loi de 1842 donne aux autorités administratives supérieures le pouvoir de naturaliser tout étranger qui fait la preuve d'une conduite honorable, sauf quelques cas réservés. En Autriche, un étranger acquiert les droits de citoyen s'il est employé comme fonctionnaire public, mais non pour un service purement militaire, ni pour l'obtention d'un titre honorifique. Ces droits peuvent être conférés par les autorités supérieures après dix ans de résidence prouvée et à condition de prêter serment de fidélité. Suivant le code italien, revisé (1866), les étrangers deviennent citoyens naturalisés soit par un acte spécial du parlement, soit par un décret royal. Dans les Etats européens, à part un petit nombre d'exceptions, l'étranger naturalisé jouit de tous les droits civils et politiques, et peut occuper les plus hautes charges. Dans tous, la naturalisation est un acte qui se présente assez rarement, le nombre des étrangers qui se fixent définitivement dans le pays étant très limité. Ceux-là sont surtout des personnes engagées dans le commerce, et, comme en règle générale, la naturalisation n'est pas essentielle pour exercer un commerce ou une industrie, ordinairement on ne fait aucune démarche pour l'obtenir. — Législ. « La naturalisation est un acte par lequel le pouvoir exécutif confère à un étranger la nationalité française, avec tous les droits qui y sont attachés. Dans l'ancien droit, la naturalisation s'obtenait par des lettres de naturalité que le roi accordait presque toujours assez facilement, et qui devaient être enregistrées à la chambre des comptes, aux chambres des domaines, aux bureaux de finances et au parlement. Ces lettres permettaient à l'étranger de posséder des charges et des bénéfices en France, et elles affranchissaient sa succession du droit d'aubaine. — La législation a été fréquemment modifiée, depuis un siècle, en ce qui concerne les formalités de la naturalisation. La constitution de l'an III déclarait (art. 40) que « l'étranger devient citoyen français, lorsqu'après avoir atteint l'âge de 21 ans accomplis, et avoir déclaré l'intention de se fixer en France, il y a résidé pendant sept années consécutives, pourvu qu'il y paie une contribution directe, et qu'en outre il y possède une propriété foncière ou un établissement d'agriculture ou de commerce, ou qu'il ait épousé une Française ». La constitution de l'an VIII (art. 3) demandait seulement à l'étranger majeur de déclarer son intention de résider en France ; mais elle exigeait qu'il y séjournât ensuite pendant dix années consécutives. Le Code civil (art. 9) donne le droit à tout individu né en France d'un père étranger, de réclamer la qualité de Français, dans l'année qui suit sa majorité pourvu qu'il déclare que son intention est de fixer son domicile en France, et que s'il réside en pays étranger, il établisse son domicile en territoire français, dans le délai d'un an à compter de sa déclaration. Les enfants de l'étranger naturalisé Français ont le même droit, pendant l'année qui suit leur majorité et alors même qu'ils sont nés en pays étranger, s'ils étaient mineurs à l'époque de la naturalisation de leur père. Mais s'ils étaient majeurs à cette même époque, ils doivent exercer leur droit d'option dans l'année qui suit ladite naturalisation (L. 14 février 1882). Il y eut, pendant un certain temps, trois espèces de naturalisation : la naturalisation ordinaire, accordée après un séjour de dix années en France ; la naturalisation extraordinaire accordée après une seule année de résidence, à ceux qui avaient rendu à la France des services importants, et la grande naturalisation, accordée par une loi et qui seule conférait la jouissance des droits civils et politiques, et permettait de siéger dans les assemblées législatives. Aujourd'hui, la naturalisation est une, et elle confère tous les droits de citoyen. Il suffit, pour l'obtenir, d'une résidence de trois années en France, à dater de l'enregistrement au ministère de la justice de la demande d'admission à domicile formée après l'âge de 21 ans. (Voy. DOMICILE.) Est assimilée à la résidence en France, le séjour en pays étranger lorsque ce séjour est nécessité par l'exercice d'une fonction conférée par le gouvernement français. C'est par un décret qu'il est statué sur la demande de naturalisation, après enquête et sur le rapport du ministre de la justice, le Conseil d'État entendu. Le délai de trois ans peut être réduit à une seule année pour les étrangers qui ont rendu d'importants services à la France (L. 29 juin 1867). Les droits de sceau et autres dus pour chaque naturalisation s'élèvent à 475 fr. ; et ceux dus pour l'admission préalable à domicile s'élèvent à la même somme. Le mode de naturalisation est commun aux deux sexes ; mais l'étrangère qui épouse un Français est naturalisée de plein droit (C. civ. 42). La femme française qui a épousé un étranger a perdu la qualité de française ; mais lorsqu'elle devient veuve, elle recouvre cette qualité, si elle réside toujours en France, ou si, en étant sortie, elle est autorisée par décret à y rentrer, et déclare qu'elle veut s'y fixer (C. civ. 49). L'enfant né en France d'un étranger qui lui même y était né, est Français (L. 7 février 1851) ; à moins qu'il ne prouve par un certificat d'un gouvernement étranger, qu'il appartient à une autre nation. (L. 16 décembre 1874). La qualité de Français se perd, soit par la naturalisation en pays étranger, soit par l'acceptation de fonctions publiques ou militaires chez l'étranger, sans autorisation du gouvernement français ; soit par tout établissement fait à l'étranger sans esprit de retour. (C. civ. 17 et s.). »　　　　(CH. Y.)

* **NATURALISER** v. a. Accorder à un étranger les droits et les privilèges dont jouissent les naturels du pays . *il est étranger, il faut des lettres du prince pour le naturaliser.* — Se dit aussi en parlant des animaux et des plantes que l'on apporte dans un pays, et qui y réussissent : *le continent de l'Afrique renferme plusieurs espèces d'animaux qu'on ne pourrait naturaliser en Europe.* — Se dit, au sens moral, en parlant des sciences, des arts, des inventions, des institutions qu'on apporte dans un pays, et qui y prospèrent : *les colons*

ont naturalisé dans le nouveau monde toutes les sciences et tous les arts de l'Europe.* — Se dit, particul., en parlant des mots et des phrases que l'on transporte d'une langue dans une autre : *déficit est un mot latin, mais nous l'avons naturalisé.* — ↳↳ Se naturaliser v. pr. S'acclimater, s'implanter.

* **NATURALISME** s. m. Didact. Qualité de ce qui est produit par une cause naturelle : *le naturalisme d'un prétendu prodige.* — Système de ceux qui attribuent tout à la nature comme premier principe : *le naturalisme de Straton.* — Le naturalisme se distingue du matérialisme en ce qu'il procède d'une affirmation différente au sujet de l'origine des êtres. Les matérialistes nient l'existence d'une substance spirituelle et prêtent à la matière toutes les facultés que les spiritualistes prêtent à l'Être souverain, tandis que les naturalistes attribuent la création du monde à des règles naturelles qu'ils appellent lois. — Littér. Genre des écrivains contemporains qui basent l'intérêt de leurs livres sur la description des scènes populaires prises sur le vif et qui font parler à leurs personnages la langue du bas peuple.

* **NATURALISTE** s. m. Celui qui s'applique particulièrement à l'histoire naturelle, qui s'attache à la connaissance des plantes, des minéraux, des animaux, etc. : *Aristote était un grand naturaliste.*

* **NATURALITÉ** s. f. État de celui qui est naturel d'un pays, ou qui s'y est fait naturaliser. On appelle DROIT DE NATURALITÉ, le droit dont jouissent les habitants naturels d'un pays, à l'exclusion des étrangers ; et LETTRES DE NATURALITÉ, les lettres par lesquelles le gouvernement accorde le droit de naturalité aux étrangers : *le droit de naturalité s'acquiert par un décret du chef de l'État.*

NATURAM EXPELLES FURCA, TAMEN USQUE RECURRET : *Chassez le naturel avec une fourche, il reviendra toujours.* Paroles d'Horace (liv. 1, ép. x, v. 24) et que Boileau a traduites ainsi :

Chassez le naturel, il revient au galop.

* **NATURE** s. f. (lat. *natura*). Universalité des choses créées : *Dieu est l'auteur, le maître de la nature.*

Charmant vallon, le plus doux des déserts,
Où souvent seul j'ai cherché la nature,
J'entends déjà ton ruisseau qui murmure.
　　　　　　　DUCIS. *Othello*, acte V. sc. II.

— Par exag. IL N'Y A RIEN DE MEILLEUR, DE PLUS MAUVAIS, DE PLUS BEAU, DE PLUS LAID DANS LA NATURE, DANS TOUTE LA NATURE, se dit d'une personne ou d'une chose très bonne, très mauvaise, etc. — Ordre établi dans l'univers : *pénétrer dans les secrets de la nature.* — Puissance, force active qui a établi cet ordre, et qui le conserve suivant de certaines lois : *la nature ne fait rien en vain.* — PAYER LE TRIBUT À LA NATURE, mourir. — Ce qui constitue tout être en général, soit inné, soit créé : *la nature angélique ; la nature humaine.* — NATURE HUMAINE, le genre humain : *il veut du mal à toute la nature humaine.*

Ce défaut, est celui de la nature humaine.
　　　　COLLIN D'HARLEVILLE. *L'Inconstant*, acte I⁰ʳ, sc. I.

— Essence d'un être, avec les attributs qui lui sont propres : *il est dans la nature des choses que cela soit ainsi.* Se dit plus particul. en parlant des êtres animés, pour désigner l'organisation particulière de chacun d'eux, le mouvement qui le porte vers les choses nécessaires à sa conservation : *chaque animal a sa nature particulière.* — Fam. ÊTRE ENNEMI DE NATURE, s'opposer à ce que la nature demande, ou pour les autres, ou pour soi-même. Cette locution a vieilli. — FORCER NATURE, vouloir faire plus qu'on ne peut. — Prov. NOURRITURE PASSE NATURE, l'éducation a plus de pouvoir sur nous que la nature même. On dit de même, pour marquer le

pouvoir de l'habitude, L'HABITUDE EST UNE AUTRE NATURE, UNE SECONDE NATURE. — L'ÉTAT DE NATURE, DE PURE NATURE, l'état de l'homme tel qu'on le suppose antérieurement à toute civilisation : *dans l'état de société, les hommes ont des besoins, des plaisirs et des maux qu'ils ne connaissent pas dans l'état de nature.* — Fam. ÊTRE DANS L'ÉTAT DE PURE NATURE, être tout nu. — Constitution du corps humain, du principe de vie qui l'anime et le soutient : *la nature commence à s'affaiblir en lui.* — Complexion, tempérament de chaque individu : *il y a des natures qui sont plus maladives, plus rebelles aux remèdes que les autres.* — Fig. Lumière qui est née avec l'homme, et qui le rend capable de discerner le bien et le mal : *la nature nous ordonne de ne pas faire à autrui ce que nous ne voudrions pas qu'il nous fût fait à nous-mêmes.* — Particul. Affections naturelles de l'homme, celles qui ont pour objet les personnes auxquelles on est uni par les liens du sang : *Brutus, en condamnant ses fils, imposa silence à la nature, sacrifia la nature à l'amour de la patrie.* — Une certaine disposition ou inclination de l'âme : *une nature heureuse.* — La partie morale de l'instinct des animaux : *le singe est malin et imitateur de sa nature.* — Théol. État naturel de l'homme, par opposition à l'état de grâce : *la nature déchue et rétablie par Jésus-Christ.* — LOI DE NATURE, par opposition à l'ancienne loi, et à la loi de grâce. — Opérations, productions de la nature, par opposition à celles de l'art : *la nature imprime à ses ouvrages un caractère de simplicité qui manque souvent aux ouvrages de l'art.*

Vous faisiez cependant une belle peinture
Des touchantes beautés de la simple nature.
　　COLLIN D'HARLEVILLE. *L'Inconstant*, acte III, sc. III.

— Nature, soit physique, soit morale, considérée comme modèle des arts d'imitation : *il faut, dans les arts, prendre la nature pour guide ; La Fontaine est le poète de la nature.* — Peint. et Sculp. Se dit de l'objet naturel que le peintre ou le sculpteur a sous les yeux pour l'imiter : *dessiner, peindre, modeler d'après nature.* — PEINDRE LA NATURE MORTE, peindre des animaux tués et particulièrement du gibier. On dit de même, UN TABLEAU DE NATURE MORTE. — FIGURES PLUS GRANDES, PLUS PETITES QUE NATURE, figures qui ont des proportions plus grandes plus petites que les proportions naturelles. FIGURES DE DEMI-NATURE, figures qui n'ont que la moitié des proportions naturelles. — Se dit quelquefois des parties qui servent à la génération, surtout dans les femelles des animaux. — Se dit encore de certaines choses considérées telles qu'elles sont matériellement, par opposition à l'argent qu'elles peuvent valoir : *on lui a laissé le choix de recevoir sa nourriture en argent ou en nature.* — PAYER EN NATURE, payer avec les productions naturelles du sol : *des rentes, des fermages qui sont payables en nature.* — Signifie aussi quelquefois, sorte, espèce : *je n'ai point vu d'arbres de cette nature.*

* **NATUREL, ELLE** adj. (lat. *naturalis*). Qui appartient à la nature, qui est conforme à l'ordre, au cours ordinaire de la nature : *le physique a pour objet les corps naturels.* — LA LOI NATURELLE, la loi dont tous les hommes trouvent les principes en eux-mêmes par opposition aux lois civiles, politiques et religieuses successivement promulguées et qui diffèrent souvent entre elles. — PHILOSOPHIE NATURELLE, celle qui a pour objet l'étude des lois et des causes des phénomènes naturels. — HISTOIRE NATURELLE, science qui a pour objet la description et la classification des animaux, des végétaux et des minéraux : *étudier l'histoire naturelle.* Se dit aussi de certains ouvrages qui traitent de cette science : *l'histoire naturelle de Buffon.* — ENFANT NATUREL, enfant qui n'est pas né

en légitime mariage. On dit, dans le même sens, FILS NATUREL, FILLE NATURELLE. — ENFANT LÉGITIME ET NATUREL, celui qui est né d'un mariage légitime, par opposition à l'enfant illégitime et à l'enfant adoptif. — PARTIES NATURELLES, les parties destinées à la génération. — Qui est conforme à la nature particulière de chaque espèce, de chaque individu : *la raison est un attribut naturel de l'homme.* — Se dit dans le même sens, en parlant des choses : *l'océan est sorti de ses bornes naturelles.* — Se dit encore de ce qui vient de la nature seule, par opposition à ce qui est artificiel, factice, acquis, cultivé : *il manque de culture, mais il a de l'esprit naturel.* — Se dit, dans le même sens, en parlant des choses : *les eaux minérales naturelles sont souvent remplacées avec avantage par les eaux minérales artificielles.* — VIN NATUREL, vin qui n'a pas été frelaté, où l'on n'a rien mêlé d'étranger. — Se dit aussi de ce qui est conforme aux lois de la nature, par opposition à surnaturel : *la résurrection d'un mort n'est pas un effet naturel.* — Qui est conforme à la raison ou à l'usage commun : *il est naturel de se confier à ses amis.* — CELA N'EST PAS NATUREL, CE N'EST PAS UNE CHOSE NATURELLE, se dit aussi d'une chose où l'on soupçonne quelque tromperie : *ce n'est pas une chose naturelle de gagner toujours au jeu.* — JUGES NATURELS, ceux que la loi assigne aux accusés, aux parties, suivant leur qualité et l'espèce de la cause : *nul ne peut être distrait de ses juges naturels.* — JUGES NATURELS, se dit quelquefois par extension : *les gens de goût sont les juges naturels des productions littéraires.* — Se dit aussi de ce que nous faisons en conséquence de nos habitudes : *il était naturel à Ovide d'écrire en vers.* — Qui s'offre naturellement à l'esprit : *le sens que vous donnez à ce passage n'est pas le sens naturel.* — Qui est sans affectation, sans contrainte, sans effort : *elle a des grâces naturelles.* — Se dit dans le même sens, de l'esprit et de ses productions : *toutes ses pensées, toutes ses expressions sont naturelles.* — Naturel s. m. Habitant originaire d'un pays : *les naturels du pays.* — Propriété inhérente à la nature de l'être animé ou inanimé dont on parle : *c'est le naturel du feu de tendre en haut.* — Inclination, humeur naturelle : *bon, mauvais, méchant naturel,*

Votre compassion, lui répondit l'arbuste,
Part d'un bon naturel; mais quittez ce souci.
LA FONTAINE.

— Se dit encore des sentiments que la nature inspire aux pères et aux mères pour leurs enfants, et aux enfants pour leurs pères et pour leurs mères : *c'est un enfant qui a beaucoup de naturel, qui n'a point de naturel, qui est sans naturel.* — Se dit également des sentiments d'humanité et de compassion qu'on doit avoir pour tous les hommes : *il faut être sans naturel pour ne pas soulager un malheureux quand on le peut.* — Facilité, aisance naturelle avec laquelle on fait une chose, avec laquelle une chose est faite. Il est l'opposé d'art, d'affectation : *il y a beaucoup d'art et d'étude dans tout ce qu'il écrit, mais point de naturel.* — La forme naturelle et extérieure de chaque chose : *cela est peint au naturel, pris, tiré sur le naturel.* — Peint. et Sculpt. Modèle qu'on a sous les yeux pour l'imiter : *dessiner, peindre, modeler d'après le naturel.* — STATUE PLUS GRANDE QUE LE NATUREL, statue qui excède les proportions naturelles : *une statue monumentale doit être plus grande que le naturel.* — Au naturel loc. adv. D'après nature, selon la nature : *cette figure le représente au naturel.* — Se dit quelquefois au sens moral : *je lui ai représenté, retracé au naturel l'injustice dont il a procédé.* (Vieux.) — Se dit aussi de la manière la plus simple d'apprêter certaines viandes : *des côtelettes au naturel.*

* **NATURELLEMENT** adv. Par un principe

naturel, par une impulsion, une propriété naturelle : *tout retourne naturellement à son principe.* — Par le seul secours, par les seules forces de la nature : *cela ne peut pas se faire naturellement.* — CELA NE SE FAIT PAS NATURELLEMENT, se dit des choses qui ne sont pas dans l'usage ordinaire, qui n'arrivent pas ordinairement. Se dit aussi des choses où l'on veut faire entendre qu'on soupçonne quelque supercherie : *il a gagné tant de parties de suite, cela ne se fait pas naturellement.* On dit dans le même sens, CELA NE PEUT PAS ÊTRE ARRIVÉ NATURELLEMENT. — D'une manière naturelle, simple, facile : *cet orateur est entré fort naturellement dans son sujet.* — D'une manière naïve propre à imiter exactement la nature : *il nous a dépeint cela très naturellement.* — Sans guisement, sans recherche, sans effort : *penser, parler, écrire naturellement.* — Sans déguisement, sans franchise : *je lui ai répondu naturellement que je ne consentais pas à ce qu'il me demandait.* — NATURELLEMENT PARLANT, en parlant sans figure. Cela se dit par opposition à surnaturellement : *naturellement parlant, un mort ne peut ressusciter.*

NATURISME s. m. Philos. Synonyme de naturalisme. — Méd. Système qui ne reconnaît de vertus curatives qu'aux seules forces de la nature.

NATURISTE s. m. Partisan du naturisme.

NAU (Cap), *Lacinium Promontorium*, promontoire situé à l'extrémité orientale de la Calabre (Italie).

NAUCELLE. ch.-l. de cant., arr. et à 36 kil. S.-O. de Rodez (Aveyron); 4,340 hab.

NAUDÉ. I. (Gabriel), bibliographe, né à Paris en 1600, mort à Abbeville en 1653. Après avoir suivi les cours de médecine, il résolut de céder à son inclination favorite et de se consacrer aux lettres. Il fut nommé en 1629, à Rome, bibliothécaire du cardinal Barberini, neveu du pape Urbain VIII. Louis XIII, en 1633, le nomma son médecin. Désigné par Richelieu pour rechercher quel est le véritable auteur de l'*Imitation de J.-C.*, Naudé, après de longues et sérieuses investigations, déclara que, pour lui, le véritable auteur était Thomas a Kempis. Après la mort de Richelieu, Mazarin s'attacha Naudé, laissé sans emploi, et le prit comme bibliothécaire; grâce à ce modeste érudit, fut créée en moins de dix ans la bibliothèque connue depuis sous le nom de *Bibliothèque Mazarine*. Il a laissé : *Avis pour dresser une bibliothèque* (Paris, 1627, in-8°); *Considérations politiques sur les coups d'Etat* (Rome, 1639, in-4°); *Addition à l'histoire de Louis XI; Marfore ou Discours contre les libelles* (Paris, 1620, in-8°); *Bibliographia politica* (Venise, 1633, in-12); *Apologie des grands hommes faussement soupçonnés de magie* (Paris, 1625, in-8°; Amsterdam, 1712), etc. — II. (Philippe), mathématicien et théologien protestant, né à Metz en 1654, mort à Berlin, en 1729. On lui doit : *Méditations saintes sur la paix de l'âme* (Berlin, 1690, in-12); *Histoire abrégée de la naissance et des progrès du quakérisme* (Cologne, 1692, in-12), etc.

NAUDET (Joseph), humaniste, philologue et historien, né à Paris le 8 déc. 1786, mort le 14 août 1878. Professeur au lycée Napoléon en 1809, il devint maître de conférences à l'Ecole normale en 1816 et membre de l'Académie des inscriptions et belles-lettres l'année suivante. Professeur au collège de France en 1821, il fut nommé inspecteur général des études en 1830. Entré à l'Institut en 1817, il en devint le doyen. Il a laissé : *Histoire de l'établissement, du progrès et de la décadence de la monarchie des Goths en Italie* (Paris, 1811, in-8°); *Essai de rhétorique* (1813); une traduction de *Plaute*, des éditions de *Lucain, Plaute, Catulle, Tacite* et de la *Henriade*, etc.

* **NAUFRAGE** s. m. (lat. *naufragium*). Perte d'un vaisseau, causée par quelqu'un des accidents qu'on éprouve sur mer : *le vaisseau a fait naufrage, mais l'équipage s'est sauvé.* — Se dit, par ext., en parlant des autres bâtiments de mer, et même des barques, des bateaux, qui vont sur les fleuves, les rivières et les lacs : *la chaloupe a fait naufrage.* — Fig. FAIRE NAUFRAGE AU PORT, voir tous ses projets ruinés, renversés au moment où l'on était près de réussir. — Fig. Toutes sortes de pertes, de ruines et de malheurs : *le naufrage de son honneur, de sa réputation, de sa fortune.* — « Les variétés de naufrages sont infinies, dit M. de la Landelle. Les circonstances qui les occasionnent ou les accompagnent ont donné lieu à des classifications techniques très étendues. On a signalé cinquante et quelques genres de naufrages. Encore est-on nécessairement resté au-dessous de la vérité, car on n'a pu tenir compte des cas exceptionnels. Il est facile de concevoir les différences essentielles qui se présentent, selon que le naufrage est prévu ou imprévu, soudain ou lent, habilement accepté et combiné, ou fatalement imposé sans que l'on puisse le modifier en rien; selon qu'il a lieu de beau ou de mauvais temps, de nuit ou de jour, en pays froids ou en pays chauds, sur des rives amies et secourables, ou sur des rivages déserts, barbares, inhospitaliers, ennemis. Dans les eaux sans flux ni reflux, il n'aura ni les avantages ni les inconvénients des parages où la marée montante peut remettre le navire à flot, mais où la marée descendante le laissera complètement à sec. Les ressources dont on dispose en hommes valides, en embarcations, en vivres, en objets de genres très divers, doivent également influer sur les conséquences du naufrage, dont l'histoire est à jamais interminable, et dont la description même ne saurait être sans lacunes. L'application contemporaine de la vapeur à la navigation a donné lieu à plusieurs nouveaux genres de naufrages; chaque invention analogue, chaque espèce de construction navale aura la même conséquence. Il est certain que le naufrage inconnu du *Monitor*, qui, après ses formidables exploits, a disparu en pleine mer, doit avoir un caractère à part. Celui d'un vaisseau à tourelles, tel que le *Royal Sovereign*, différerait à coup sûr et beaucoup, toutes choses semblables, d'ailleurs, du naufrage d'un ancien vaisseau à voiles, et même de celui de nos plus modernes cuirassés. — Restent les divisions principales : Naufrages par l'eau qui pénètre dans le navire, soit graduellement, soit instantanément; voies d'eau, submersion. Naufrages par l'eau qui agit extérieurement, — courants, barres de fond, barres de flots dites mascarets, raz de marée. Naufrages par le vent qui fait sancir, sombrer ou chavirer, — rafales, tornades, ouragans, cyclones, typhons. Naufrages par suite de phénomènes électriques, — orages, trombes, tremblements de terre sous-marins. Naufrages par le feu, — incendies, explosions. Naufrages par la terre, — en côte, sur des rochers, etc. Naufrages par choc contre un corps flottant, — collision dite abordage, rencontre d'épaves ou de glaces. — Naufrages occasionnés par le brouillard ou par une obscurité profonde. Naufrages complexes, c'est-à-dire par la réunion de deux ou de plusieurs des causes ci-dessus. D'autre part se présentent : les naufrages volontaires, les uns ayant pour objet de soustraire le navire et son équipage à la capture par l'ennemi ou par des pirates; — les autres frauduleux et constituant le crime de baraterie; les naufrages par force majeure; les naufrages par incapacité, par ignorance, par imprudence, par vices de construction, par défaut de précautions, par incurie professionnelle, — cas à beaucoup près les plus fréquents et dont on ne saurait assez se préoccuper, car ici l'on

peut et conséquemment l'on doit user de tous les moyens pour prévenir ou atténuer les catastrophes. Répétons que d'immenses progrès ont été réalisés par la sollicitude des gouvernements, par l'hydrographie, le balisage et l'éclairage des côtes, par l'organisation du pilotage et par celle des secours portés de terre aux navigateurs en détresse. Si minime que soit dans le présent le budget du sauvetage comparé au budget de la guerre, en dépit d'Héraclite et de Démocrite, louons les généreux efforts des sociétés humaines d'Angleterre, de France, de Danemark, de Suède, de Hollande, d'Allemagne, telle que la *Royal-National life-boat Institution* ou que notre Société Centrale de Sauvetage des Naufragés. Ajoutons que nous fondons les plus grandes espérances sur l'action bienfaisante de ces associations toutes modernes ». — Législ. « Suivant une ancienne coutume barbare, les populations du littoral de la France prétendaient au *droit de bris* (en Normandie, *varech*), c'est-à-dire au droit de s'emparer de tout ce que la mer jetait sur leurs rivages; les navires naufragés étaient impitoyablement pillés et dépecés, et le seigneur prélevait sa part de ce pillage. L'ordonnance de 1681 sur la marine tenta de mettre fin à cette coutume ; mais elle s'est néanmoins conservée pendant longtemps dans certaines parties de la Bretagne. Aujourd'hui la commune est civilement responsable, lorsque le pillage d'un bâtiment ou d'effets naufragés a eu lieu par attroupement ou à force ouverte (L. du 10 vendémiaire an IV). Les autorités locales doivent, en cas de naufrage d'un navire sur les côtes de France, prendre les mesures nécessaires afin de pourvoir au sauvetage et d'empêcher le pillage, lorsque les propriétaires ne peuvent y pourvoir eux-mêmes. Chaque citoyen est tenu de prêter son concours, lorsqu'il en est requis, sous peine d'une amende de 6 à 10 fr., et, en cas de récidive, d'un emprisonnement dont la durée ne peut excéder cinq jours (C. pén. 475, 12°; 478). Le capitaine d'un navire marchand qui a fait naufrage est tenu de se présenter devant le juge du lieu, ou, à défaut de juge, devant toute autorité civile, et d'y faire son rapport, lequel est certifié par les hommes de son équipage qui se trouvent avec lui. Le juge vérifie ce rapport, en interrogeant les gens de l'équipage et les passagers (C. comm. 246, 247)). Tout commandant d'un bâtiment de l'Etat qui a fait naufrage est puni de mort, avec dégradation militaire, s'il a causé volontairement la perte du navire, ou s'il n'a pas quitté le bâtiment le dernier; il est puni de la destitution, si le fait a été le résultat de sa négligence; et il est puni de la perte de son commandement, si le fait a été le résultat de son impéritie (C. de just. marit. 4 juin 1858, art. 267 et s.) ». (Cu. Y.) — BIBLIOGR. Voy. *Histoire des naufrages*, par de Perthes (Paris, 1816, in-8°); *Histoire des naufrages*, par Eyriès, et *Histoire des naufrages*, par J. Troussel (Paris, 1877, in-8°).

* **NAUFRAGÉ, ÉE** adj. Se dit de ce qui a péri, et de ce qui a été submergé, par l'effet d'un naufrage : *vaisseau, bateau naufragé*. — Substantiv. *Les naufragés; un malheureux naufragé.*

NAUFRAGER v. n. Faire naufrage : *il naufragea tel jour.*

NAUFRAGER, ÈRE adj. Sujet à faire naufrage.

NAUFRAGEUR, EUSE s. Nom donné à des habitants des côtes qui, par de faux signaux, font faire naufrage aux navires afin de s'emparer des épaves.

NAUFRAGEUX, EUSE adj. Fécond en naufrages : *côte naufrageuse.*

NAUHEIM [naou'-halmm], ville de bains de

la Hesse-Darmstadt (Allemagne), à 17 kil. N. de Francfort; 2,500 hab. environ. Elle est annuellement visitée par 3,000 étrangers en moyenne. Ses eaux salées, prises en bains et en boisson, sont efficaces dans les maladies de la peau et des entrailles. On y fait beaucoup de sel.

* **NAULAGE** s. m. (lat. *naulum;* gr. *naulon*, de *naus*, vaisseau). Mar. Fret, louage d'un navire, d'une barque pour le transport, par mer, de personnes ou de marchandises : *le naulage d'un navire, d'une barque.* On dit aussi, NOLIS. (N'est guère usité que dans la Méditerranée.)

* **NAUMACHIE** s. f. (gr. *naus*, navire; *maké*, combat). Spectacle d'un combat naval qu'on donnait au peuple de l'ancienne Rome : *les Romains faisaient des dépenses prodigieuses pour leurs naumachies.* — Lieu même où se donnait ce spectacle : *on voit encore les ruines d'une naumachie à la maison de campagne d'Adrien.*

NAUMANN (Johann-Friedrich) [naou'-mànn], ornithologiste allemand, né près de Koethen en 1780, mort à Koethen en 1857. Son œuvre capitale est une histoire naturelle des oiseaux d'Allemagne, *Naturgeschichte der Voegel Deutschlands.* (1822'-52 ; 13 vol.)

NAUMANN. I. (Johann-Gottlieb), compositeur allemand, né en 1741, mort en 1801. Il devint, en 1765, compositeur de l'électeur de Saxe. Parmi ses opéras, on a *Cora, Orphée* et *Gustave Vasa.* — II. (Karl-Friedrich), son fils, minéralogiste, né en 1797, mort en 1874. Il fut professeur de cristallographie et de géognosie à Freiberg, et, à partir de 1812, de minéralogie et de géognosie à Leipzig. Il a publié des manuels de ces différentes sciences. — (Moritz-Ernst-Adolf), frère du précédent, médecin, né en 1798, mort en 1871. Il fut nommé professeur à Bonn, en 1828. Ses écrits comprennent un manuel de clinique médicale (2e éd. 1839'-47, 11 vol.), et un ouvrage sur la science et le matérialisme.

NAUMBURG [naoumm'-bourg], ville forte de la Saxe prussienne, sur la Saale, à 45 kil. S.-S.-O. de Halle ; 16,327 hab. On a commencé, en 1874, la restauration de la cathédrale, un des plus beaux spécimens de l'architecture allemande du moyen âge. On célèbre tous les ans dans cette ville une *fête des enfants*, en commémoration de la levée du siège par les Hussites, sous la conduite de Procope, le 28 juillet 1432, due, dit-on, aux supplications des enfants de Naumburg. Manufactures et commerce actif; mais les foires ont perdu leur importance.

NAUPACTE. Voy. LÉPANTE.

NAUPLIE (*Nauplia*) ou Napoli di Romania, ville de Grèce, sur le golfe d'Argos, à 90 kil. S.-O. d'Athènes ; 8,543 hab. Ses trois forts en font la place maritime la plus forte de la Grèce. Elle a été, de 1824 à la fin de 1834, le siège du gouvernement. Dans l'antiquité, elle servait de port à Argos.

* **NAUSÉABOND, ONDE** adj. [nô-zé-a-bon] (rad. *nausée*). Qui cause des nausées : *aliment, remède nauséabond.* — Se dit, fig., des ouvrages littéraires qui déplaisent, rebutent, excitent le dégoût : *discours, ouvrage nauséabond.*

* **NAUSÉE** s. f. [nô-zé] (gr. *nausia*, mal de mer). Envie de vomir : *il a eu de grandes nausées.* — Fig. Dégoût qu'inspirent les discours et les ouvrages littéraires qui sont rebutants, fastidieux, insipides : *cet écrit est si insipide, que j'en ai eu des nausées.*

NAUSÉEUX, EUSE adj. Méd. Qui provoque des nausées : *odeur nauséeuse.*

NAUSICAA, fille d'Alcinoüs, roi des Phéaciens ; elle recueillit Ulysse naufragé. Homère

a fait de cette aventure l'un des plus charmants épisodes de l'*Odyssée.*

* **NAUTILE** s. m. (gr. *nautilos;* de *naus*, navire). Genre de mollusques céphalopodes, à coquille divisée en plusieurs cellules. — NAUTILE PAPYRACÉ, ou ARGONAUTE, mollusque à coquille commune une barque, en s'aidant de ses pieds, dont deux sont élargis et servent de voiles. — Se dit encore d'un assez grand nombre d'espèces fossiles.
— ENCYCL. Le genre nautile comprend tous les céphalopodes marins dont la coquille est contournée en spirale symétrique et chambrée. L'espèce la mieux connue est le vrai nautile ou nautile flambé, comprenant des coquillages à compartiments, aujourd'hui disparus, mais qui abondaient à l'époque primaire et à l'époque secondaire. On cite ensuite le *nautilus des anciens* (nautile papyracé des modernes) plus proprement appelé *argonaute.* Le nautile flambé (*nautilus pompilius,*

Nautilus pompilius.

Linn.), bien que le plus bas des céphalopodes, approche du type vertébré plus que n'importe quel autre invertébré, par la parfaite symétrie de ses organes, la plus grande proportion de muscles, l'augmentation de volume et la concentration des centres nerveux dans la tête et près d'elle, l'opposition verticale des mâchoires, les papilles gustatives de sa langue et son squelette céphalique cartilagineux. Sa nourriture consiste en autres mollusques et en crustacés, ce qui prouve que son habitat est le fond de la mer, où il rampe, la coquille en-dessus. Les parties de la coquille progressivement évacuées pendant la croissance de l'animal, sont successivement closes, de manière à former des compartiments imperméables à l'air, par des plaques minces et lisses, concaves vers l'entrée, avec des rebords sinueux, croissant de la circonférence au centre. Le jeune animal, avant que sa coquille soit munie de chambres, ne peut quitter le fond de la mer ; mais la coquille plus vieux peuvent venir jusqu'à la surface en modifiant l'expansion de leurs parties molles, en produisant un léger vide dans la partie postérieure de la chambre occupée, et, d'après quelques-uns, en exhalant certains gaz *légers* dans les chambres vides ; ils s'élèvent dans l'eau, comme font les ballons dans l'air, et ont de plus la faculté de diriger jusqu'à un certain point leurs mouvements au moyen de leurs tentacules; ils flottent à la surface, la coquille en l'air et s'enfoncent rapidement en renversant leur coquille. Une coquille grande et parfaite pèse de 180 à 220 grammes et les parties molles de 150 à 200 grammes de plus, la croûte extérieure de la coquille est blanchâtre avec des lignes et des bandes fauves; recherché par les ébénistes et les joailliers; en enlevant le revêtement extérieur à l'aide d'acides, la surface nacrée est facilement mise à nu, et les coquilles ainsi traitées et gravées richement étaient jadis grandement prisées comme ornements pour la cheminée et le buffet. Cette espèce est si commune dans l'océan Pacifique du sud, qu'à certaines saisons de l'année, les vents et les courants en portent des quantités sur les grèves des îles, où on les mange séchées à la fumée. Dans l'archipel Papou, on se sert des coquilles comme d'ustensiles ordinaires. On les trouve depuis le golfe Persique et l'océan Indien jusqu'aux mers de Chine et du Pacifique. — Le nautile papyracé ou argonaute appartient au groupe octopode des céphalopodes à deux branchies. Il diffère du vrai nautile en ce que ses bras sont de plus grande taille et d'une structure plus compliquée, reliés en partie par une *membrane à leur base*; les yeux sont plus complexes, sans pédoncules, mais logés dans des orbites; les ouïes ne sont qu'au nombre de deux, chacune avec un cœur branchial; l'entonnoir est un tube complet et l'animal est pourvu d'une glande à encre et d'un sac pour sa sécrétion. L'espèce la mieux connue, *l'argonauta argo* (Linn.) habite l'Atlantique, le Pacifique, l'océan Indien et la Méditerranée, surtout les environs de la Sicile.

NAUTILUS s. m. [nô-ti-luss] (nom lat. du nautile). Cloche à plongeur perfectionnée.

* **NAUTIQUE** adj. Qui appartient à la navigation: *art nautique*.

NAUTOMÈTRE s. m. (gr. *naus*, navire; *metron*, mesure). Mar. Instrument servant à mesurer les distances en mer.

* **NAUTONIER, IÈRE** s. Celui, celle qui conduit un navire, une barque: *un hardi nautonier*. Est principalement d'usage en poésie.
— LE NAUTONIER DES SOMBRES BORDS, Caron

NAUVOO [nô-vou], cité de l'Illinois (Etats-Unis), sur le Mississipi, près du commencement des rapides inférieurs, à 85 kil. au-dessus de Quincy; 4,578 hab. Nauvoo fut fondé par les Mormons en 1840 et comptait environ 15,000 hab. au moment de leur expulsion en 1846. En 1850, M. Cabet, communiste français, vint s'y établir avec un petit nombre de disciples, appelés Icariens; il mourut en 1856, et sa communauté se dispersa l'année suivante.

NAVAILLES (Philippe DE MONTAULT DE BÉNAC, *duc de*), maréchal de France, né en 1619, mort en 1684. En 1641, il fut nommé colonel, se distingua en Italie et fut blessé au siège de Crémone. Partisan de la politique de Mazarin, il combattit la Fronde, retourna en Italie (1658), et fut nommé gouverneur de l'Aunis. Après trois années de disgrâce, par suite d'un échec devant Candie, il fut envoyé en Franche-Comté (1674); commanda l'aile gauche à la journée de Senef et fut nommé maréchal en 1675. Après la paix de Nimègue, il devint gouverneur du duc de Chartres (depuis le Régent). Il a laissé des *Mémoires de 1635 à 1683* (Paris, 1701, in-12).

NAVAJOS [na-va'-jhoss], la plus septentrionale des bandes des Indiens apaches, habitant les plateaux et les montagnes d'un district traversé par le San Juan et le Petit Colorado, auquel leur nom d'Apaches du Navajoa, d'où leur nom d'Apaches du Navajoa. Ils se donnent à eux-mêmes le nom de Yutahenne. C'est de beaucoup la plus civilisée des tribus de la souche athabasca. Ils cultivent le sol grossièrement, mais sur de grandes étendues, ont des troupeaux de bœufs et de moutons, filent et tissent. Néanmoins, leurs maisons sont très primitives. Ils ont fait la guerre aux Mexicains dès les premiers temps. Les Etats-Unis ont conclu avec eux une série de traités, mais ils n'ont cessé de tuer et de piller que lorsque le colonel Carson les eut contraints par la force d'abandonner leur pays (1863) et de se retirer à Bosque Redondo,

sur la rivière Pecos. Ils y furent gardés à vue, au nombre de 7,000, pendant plusieurs années; mais en 1869 on leur permit de retourner dans leur ancien pays autour du fort Défiance, dans le Nouveau-Mexique. En 1876, il y avait 11,868 Navajos dans une réserve.

* **NAVAL, ALE** adj. (lat. *navis*, vaisseau). Qui regarde, qui concerne les vaisseaux de guerre: *combat naval*; *forces navales*. Il n'a point de pluriel au masculin. Néanmoins, on écrit quelquefois des *combats navals*. — COURONNE NAVALE, couronne ornée de proues de vaisseaux et qui était donnée, chez les Romains, à ceux qui s'étaient distingués dans un combat naval.

NAVARETTE, bourg de la Vieille-Castille (Espagne), près de la rive droite de l'Ebre, à 12 kil. O. de Logroño; 2,500 hab. Ruines pittoresques d'un château fort. Entre Navarette et Najera, se livra, le 3 avril 1367, la fameuse bataille de Navarette, à la fin de laquelle du Guesclin resta prisonnier du Prince Noir.

NAVARIN (*Navarino*) ou **Neocastro**, ville forte de la Morée (Grèce), à l'extrémité méridionale de la baie du même nom, à 5 kil. du Vieux Navarin; environ 2,000 hab. La baie de Navarin, longue de 5 kil. et large de 3 kil. environ, est fermée par l'île de Sphactérie ou Sphagia, où l'Athénien Cléon défit les Spartiates (425 av. J.-C.). C'est là que, le 20 oct. 1827, les flottes combinées de la Grande-Bretagne, de la France et de la Russie détruisirent la flotte turco-égyptienne.

NAVARQUE s. m. (gr. *naus*, navire; *arkê*, commandement). Commandant d'une flotte. On donnait aussi ce nom, chez les Grecs, à tout commandant de navire de guerre.

NAVARRAIS, AISE s. et adj. De la Navarre; qui appartient à ce pays ou à ses habitants.

NAVARRE (esp. *Navarra*), province septentrionale de l'Espagne, bornée au N. par la France, et traversée par les Pyrénées; 10,470 kil. carr.; 318,687 hab. environ. Le plus célèbre des pas de la montagne est Roncevaux, où l'armée de Charlemagne fut défaite. Principaux cours d'eau: l'Ebre et ses tributaires, l'Aragon l'Ega et la Bidassoa. C'est surtout un pays pastoral et agricole, où la fertilité des vallées compense la stérilité des montagnes. Grains, chanvre, lin, huile, vin, réglisse, bois de charpente; mines de fer, de cuivre et de plomb; nombreuses sources thermales, salines et mines de sel gemme. Capitale: Pampelune (*Pamplona*). — Cette province, quelquefois appelée Haute-Navarre, formait jadis un royaume avec la Basse-Navarre, qui se trouve sur le versant septentrional des Pyrénées, dans les limites de la France. Ce fut une des premières principautés chrétiennes fondées après la conquête de l'Espagne par les Arabes, et, bien que ceux-ci l'aient envahie de temps en temps, ils ne la subjuguèrent jamais. Elle fut pour un temps soumise à Charlemagne à ses successeurs; mais son indépendance fut reconnue en 887 à la diète de Trebur. Sous Sancho III le Grand, au XIᵉ siècle, elle fut considérablement agrandie et devint le plus puissant des royaumes chrétiens d'Espagne. En 1234, elle passa par héritage à Thibault, comte de Champagne. Sa petite-fille, Jeanne, épousa, en 1284, Philippe le Bel de France, qui devint roi en 1285, et la Navarre resta réunie à la France jusqu'à l'avènement de Philippe VI de Valois, en 1328. Elle fut ensuite successivement tenue par les maisons d'Evreux, d'Aragon, de Foix et d'Albret. La Navarre espagnole tout entière fut saisie en 1512 par Ferdinand le Catholique, roi d'Aragon, et dès lors le royaume fut limité à la petite partie connue sous le nom de Basse-Navarre ou Navarre française. Le mariage du duc Antoine et de Jeanne d'Albret donna

la Navarre à la maison de Bourbon, et leur fils Henri ayant hérité du trône de France en 1589, ses successeurs jusqu'en 1830 s'intitulèrent rois de France et de Navarre. Pendant les luttes carlistes de 1834-'39 et de 1872-'76, la province espagnole fut le principal siège de la guerre, occupée qu'elle était presque entièrement par les carlistes. Estella, la plus redoutable de ses places fortes, fut prise par les alphonsistes en février 1875.

NAVARRE (Château de), château jadis situé à 2 kil. S.-O. d'Evreux, sur les bords de l'Iton. Construit en 1332 par Jeanne de Navarre, il fut remplacé, en 1686, par un château moderne que Mansard dessina pour le duc de Bouillon. Habité pendant deux ans par l'impératrice Joséphine (1811-'12), il a été détruit en 1836. Un parc superbe et de charmants jardins l'environnaient. On y remarquait surtout *l'Ile d'Amour* et le *Jardin d'Hébé*.

NAVARRE (Collège de), un des collèges de l'ancienne Université de Paris, fondé en 1304, rue de la Montagne-Sainte-Geneviève, par la femme de Philippe le Bel, Jeanne de Navarre. C'était le seul collège où l'on enseignait la grammaire, la philosophie et la théologie. Il fut supprimé en 1790. L'Ecole polytechnique a été transférée, en 1805, dans les anciens bâtiments de ce collège.

NAVARRENX, ch.-l. de cant., arr. et à 22 kil. S. d'Orthez (Basses-Pyrénées), sur la rive droite du Gave d'Oloron; 1,300 hab. Commerce de chevaux.

NAVARRETTE (Domingo-Fernandez) [navar-rè'-té], missionnaire espagnol, né en 1610, mort en 1689. Il fut professeur de théologie à Manille; puis il pénétra dans l'intérieur de la Chine, où il fut quelque temps supérieur de l'ordre des Dominicains; mais pendant une persécution, il fut transporté à Canton, d'où il s'échappa. En 1678, il devint archevêque de Saint-Domingue. Le second volume de son ouvrage sur la Chine fut supprimé par l'inquisition, et le troisième n'a pas été publié.

NAVARRETTE (Juan-Fernandez), surnommé le Mudo (le Muet), artiste espagnol, né en 1526, mort vers 1875. Il était sourd et muet depuis sa première enfance. Il fut élève du Titien et ne peignit que des œuvres religieuses, dont presque toutes sont dans l'Escurial.

NAVARRETE (Martino-Fernandez), historien espagnol, né en 1765, mort en 1844. D'abord officier de marine, il fut ministre de la marine de 1797 à 1808, et fut mis à la tête du bureau hydrographique en 1823. Sous les auspices du gouvernement, il commença en 1789 une collection de documents sur l'histoire des découvertes maritimes des Espagnols (1825-'27, 5 vol. Les vol. VI et VII sont restés incomplets). Les deux premiers volumes, relatifs aux découvertes de Colomb, ont été la base de *Vie de Colomb* par Washington Irving. Parmi ses autres œuvres, on cite une vie de Cervantes. C'est lui qui proposa le nouveau système d'orthographe adopté par l'académie espagnole dans son dictionnaire.

NAVARRIN, INE s. et adj. Synonyme de Navarrais.

NAVE s. f. (lat. navis, navire). S'est employé, au moyen âge, comme synon. de NEF.

* NAVÉE s. f. (rad. nave). Charge d'un bateau : *il est arrivé au port deux navées de tuiles.*

* NAVET s. m. (lat. napus). Plante crucifère du genre chou, que l'on cultive dans les jardins, dans les champs, et dont la racine, qui prend le même nom, sert à la nourriture des hommes et des bestiaux : *manger des navets.* — ω Jargon. DES NAVETS. non. — ENCYCL. Les navets sont cultivés, en Europe, de temps immémorial pour l'alimentation. On les divise en trois sections : 1° NAVET SEC, à chair fine et serrée, qui ne se délaye pas à la cuisson et qui se subdivise en : *navets de Freneuse*, à racine un peu rousse, de très bonne qualité, recherchée pour les ragoûts ; *navets de Meaux*, en forme de carottes ; *petit navet de Berlin* ou *teltau* ; *navet jaune long*, des Etats-Unis, de très bonne qualité. 2° NAVETS TENDRES, à chair peu consistante, comprenant : *navet plat hâtif*, et *navet rouge plat* qui sont très précoces ; *navet de Clairfontaine*, à racine très longue ; *navet long d'Alsace*, gros mais peu délicat ; *navet des Vertus* et *navet des Sablons*, de très bonne qualité, l'un blanc et oblong, l'autre demi-rond ; *navet rose du Palatinat*, à chair très douce. 3° NAVETS DEMI-TENDRES, qui se subdivisent en : *jaune de Hollande*, de forme ronde ; *boule d'or*, à couleur jaune ; *navet de Finlande* et *navet long d'Alsace*. — Les navets aiment une terre légère, propre, profonde et bien fumée. On les sème au commencement de juin à la fin d'août.

* NAVETTE s. f. (rad. navet). Espèce de navet sauvage dont la graine, nommée aussi *navette*, donne une huile qui est bonne à brûler et qu'on emploie aussi à d'autres usages : *huile de navette.* — La navette oléifère (*brassica napus oleifera*) se distingue particulièrement par une racine grêle non charnue. Ses graines produisent une huile grasse presque aussi abondante que celle du colza. Dans l'E., on cultive surtout la *navette d'été* (*brassica napus precox*). — L'huile de navette, fraîche et bien préparée, peut servir aux usages culinaires ; mais elle contracte, en vieillissant, une mauvaise odeur. On l'emploie surtout pour l'éclairage, la préparation des savons et la fabrication des cuirs.

* NAVETTE s. f. (bas lat. naveta, petite barque). Petit vase de cuivre, d'argent, etc., fait en forme de navire, et où l'on met l'encens qu'on brûle à l'église dans les encensoirs. — Instrument de tisserand, qui sert à porter et à faire courir le fil, la soie, la laine entre les fils de la chaîne : *les femmes se servaient autrefois de petites navettes de laque, d'écaille, pour faire des nœuds ou du filet.* — FAIRE LA NAVETTE, FAIRE FAIRE LA NAVETTE, faire beaucoup d'allées et de venues, en faire faire à d'autres. On le dit quelquefois des choses, dans un sens analogue : *cette somme envoyée de Paris à Lyon, a été renvoyée de Lyon à Paris ; elle a fait la navette.*

NAVEZ (François-Joseph) [na-vè], peintre belge, né en 1787, mort en 1869. Il devint le maître le plus éminent de l'école académique de peinture, directeur de l'académie et professeur à l'école normale de Bruxelles. On cite son *Agar dans le désert*, et d'autres peintures religieuses.

NAVICELLE s. f. (lat. navicella ; dimin. de navis, navire). Archéol. Bassin de fontaine antique, en forme de barque.

° NAVICULAIRE adj. (lat. navicularis, de nacelle). Anat. Qui a la forme d'une nacelle : *fosse naviculaire.*

NAVICULE s. f. (lat. navicula, nacelle). Infus. Genre de bacillariées, comprenant des êtres microscopiques très simples, amincis aux deux extrémités en forme de navette de tisserand, et que l'on trouve dans les eaux douces ou marines, où ils forment sur le limon une couche brunâtre.

NAVIFORME adj. (lat. navis, navire ; fr. forme). Qui a la forme d'un bateau.

* NAVIGABILITÉ s. f. Qualité d'un cours d'eau où l'on peut naviguer. — ω Qualité d'un navire qui peut tenir la mer.

* NAVIGABLE adj. Où l'on peut naviguer : *cette mer est pleine d'écueils, elle n'est pas navigable.*

* NAVIGATEUR s. m. Celui qui a fait sur mer des voyages de long cours : *les modernes ont été plus hardis navigateurs que les anciens.* — Se dit aussi d'un marin, d'un homme qui entend la conduite d'un vaisseau : *c'est un excellent navigateur.* — adj. PEUPLE NAVIGATEUR, peuple adonné particulièrement à la navigation.

NAVIGATEURS (Iles des). Voy SAMOA (Iles).

* NAVIGATION s. f. [si-on]. Voyage sur mer ou sur les grandes rivières : *la navigation est facile et sûre dans ces parages.* — Art, métier du navigateur : *les peuples qui s'adonnent à la navigation.* — CANAL DE NAVIGATION, canal qui porte des bateaux ; par opposition à CANAL D'IRRIGATION, canal qui ne sert qu'à distribuer des eaux. — NAVIGATION AÉRIENNE. (Voy. AÉROSTATION, dans notre Dictionnaire et dans son supplément.) On donne le nom de navigation à l'art ou corps de règles et de pratiques qui sert à diriger les vaisseaux dans leur course sur la mer. Avant l'invention de la boussole marine, la navigation était limitée aux mers fermées comme la Méditerranée, aux golfes, aux archipels et aux côtes. Cette invention fournit un guide infaillible, aussi utile que sûr pour le navigateur pendant la nuit et pendant le jour, dans les tempêtes et dans le beau temps. Lorsque les navires commencèrent à traverser les grandes mers, l'arbalestrille et l'astrolabe donnaient le moyen de mesurer l'altitude du soleil et des étoiles, et de déterminer approximativement ainsi la latitude et le temps. L'inconvénient le plus sérieux venait de l'usage d'une carte plane pour représenter la sphère ; les écarts et les erreurs de ces cartes égaraient souvent les marins, surtout dans les traversées distantes de l'équateur. On trouva un remède à cela dans l'invention de la projection de la sphère sur une surface plane, due à Gérard Mercator en 1569. La projection de Mercator consiste à maintenir les méridiens parallèles, mais à augmenter la longueur des méridiens entre les parallèles de latitude à mesure qu'on s'éloigne de l'équateur, de manière que les justes proportions des méridiens et des parallèles de latitude entre eux soient conservées. L'avantage de cette projection est que les directions de la boussole sont des lignes droites. Vers 1595, un fameux navigateur, le capitaine John Davis, inventa une arbalestrille pour faire les observations en arrière. Cet instrument garda la première place jusqu'à ce que le quadrant l'eût remplacé. Une autre invention importante est le loch, mentionné pour la première fois par Pigafetta au commencement du XVIᵉ siècle. (Voy. LOCH.) Vers 1620, Edmond Gunter introduisit dans l'habitude l'usage des logarithmes, et bientôt après Richard Norwood publia sa méthode de dresser et de rectifier une supputation marine par l'usage du journal du loch. De tous les présents que les inventeurs firent à la navigation pendant la période suivante, le plus grand de beaucoup fut le quadrant de Hadley remplacé depuis par le sextant. (Voy. QUADRANT et SEXTANT.) Pendant longtemps, le problème de la longitude occupa l'attention des hommes de science. La théorie perfectionnée de Newton sur la lune conduisit à la construction des tables lunaires de Mayer, et à l'établissement du *Nautical almanac and Astronomcial Ephemeris*, par le Dʳ Maskelyno en 1767. La méthode par le chronomètre doit ses plus grands succès aux ingénieurs et aux ouvriers anglais. (Voy. HORLOGES, MONTRES et LONGITUDE.) De nos jours, l'art ou la science de la navigation n'a pas manqué de gagner des secours précieux ; tels sont la méthode de Sumner pour déterminer la position par des lignes de hauteur ou d'altitudes égales ; le grand cercle protracteur de Chauvenet résout les problèmes de l'astronomie nautique ; tels sont aussi les instructions précises et les mémoires dignes de confiance sur l'art de naviguer, comme en ont donné les Blunt de New-York, et d'autres. — La navigation, considérée comme un art, est un grand et complexe système de règles et de pratiques, qui exige l'usage de nombreuses tables. L'*American Navigator*, de Bowditch, contient plus de 50 tables. Le *British Standard Navigator*, de Roper (éd. de 1849), approuvé par l'amirauté, a 74 tables. La navigation, considérée comme une science, demande à tout le moins la connaissance de la trigonométrie sphérique et celle des mouvements apparents et des phénomènes des principaux corps célestes. — LOIS DE NAVIGATION. Dispositions législatives par lesquelles les Etats commerçants s'efforcent de régler la navigation de manière à servir les intérêts de leur commerce national. Des lois de ce genre existent dans tous les Etats maritimes de l'Europe depuis plusieurs siècles. Les lois de navigation de l'Angleterre (*Navigation Laws*) datent du temps de Cromwell. Elles disposent que nul vaisseau ne sera considéré comme anglais s'il n'a pas été entièrement construit dans les possessions anglaises, s'il n'est pas entièrement la propriété de sujets anglais, et s'il n'est pas monté par un commandant anglais et par un équipage dont les trois quarts au moins sont anglais ; que des vaisseaux anglais seuls ont le droit de transporter des marchandises d'un port à un autre lorsque ces deux ports sont dans l'empire britannique ; et qu'aucune marchandise poussée, produite ou manufacturée en Asie, en Afrique et en Amérique, ne doit être importée en Grande-Bretagne autrement que sur des navires anglais ou sur des navires appartenant au pays dont ces marchandises sont la production. Ces lois sont regardées comme ayant beaucoup contribué à donner à la Grande-Bretagne son énorme commerce. Depuis 1849, le principe du libre-échange les a fait considérablement modifier. Aux Etats-Unis, le congrès, en 1792-'93, porta des lois de navigation qui sont, en substance, les mêmes que les lois anglaises d'alors, ou, là où elles en diffèrent, plus rigoureuses encore. Ces statuts n'ont pas été matériellement altérés. — Législ. « La navigation commerciale est maritime ou intérieure. Elle est dite *maritime*, lorsqu'elle a lieu sur la mer, dans les ports, dans les étangs et canaux où les eaux sont salées, et jusqu'aux limites du flot sur les fleuves et rivières affluant directement à la mer (Déc.-loi, 19 mars 1852). La navigation maritime est soumise à des règles différentes, selon qu'il s'agit de navigation au long cours, de grand ou de petit cabotage, de bornage, de grande ou de petite pêche. (Voy. MARINS.) La navigation *intérieure* était autrefois, en France, soumise à des péages très élevés au profit des seigneurs riverains, ce qui, à une époque où les routes faisaient presque partout défaut, rendait les transports extrêmement coûteux. En 1790, la navigation intérieure devint libre ; mais la loi du 30 floréal an X rétablit, pour chacune des voies navigables, des droits de navigation dont la perception a été ensuite simplifiée par la loi du 9 juillet 1836, et qui ont été définitivement abolis par

celles des 21 décembre 1879 et 19 février 1880. (Voy. BATEAU.) Des traités de navigation conclus, comme accessoires des traités de commerce, assurent aux navires français, et à leurs cargaisons, dans la plupart des pays maritimes, le même traitement que celui dont jouissent, dans ces pays, les navires nationaux ». (CH. Y.)

* **NAVIGUER** v. n. [na-vi-ghé](lat. *navigare*). Aller sur mer ou sur les grandes rivières : *naviguer le long des côtes.* — Se dit aussi en parlant de la manœuvre qu'un pilote fait faire à un vaisseau, et de la manière dont un vaisseau va sur mer : *ce vaisseau navigue bien.*

* **NAVILLE** s. f. [*ll* mll.] (ital. *naviglio*, canal). Petit canal qui sert à conduire des eaux pour arroser les terres. Se dit principalement des canaux d'irrigation de la Lombardie. (Vieux.)

NAVILLE (François-Marc-Louis), philosophe suisse, né à Genève en 1784, mort en 1846. Il fut, en philosophie, l'un des plus chauds partisans de l'éclectisme de Maine de Biran et de Cousin, et, en pédagogie, il préconisait les exercices physiques et pensait que l'on doit s'attacher à inculquer à la jeunesse des connaissances de toute nature. Son principal ouvrage est : *De l'éducation publique considérée dans ses rapports avec le développement des facultés, la marche progressive de la civilisation et les besoins actuels de la France* (1832).

* **NAVIRE** s. m. (lat. *navis*). Bâtiment pour aller sur mer : *grand, bon, vieux navire.* En parlant de vaisseaux de guerre, on dit plus ordinairement VAISSEAU que NAVIRE. — Astron. LE NAVIRE ARGO, constellation de l'hé-

Navire normand, d'après la tapisserie de Bayeux.

misphère austral. — NAVIRE MARCHAND, qui va en mer pour le commerce. — NAVIRE TERRE-NEUVIER, destiné à la pêche de la morue sur le banc de Terre-Neuve. — ENCYCL. Les na-

Le *Souverain des mers.*

vires des Phéniciens, des Carthaginois, des Grecs et des Romains étaient des galères ou vaisseaux longs mus à l'aide de rames et incapables de résister à une tempête. Il y avait aussi des vaisseaux ronds ou navires à voiles; mais les premiers étaient seuls em-

ployés comme navires de combat. Les peuples du moyen âge construisirent des bâtiments plus solides, capables de résister à la fureur de l'Océan. L'une de nos gravures représente un navire normand au temps de la conquête de l'Angleterre. Les Anglais, devenus très puissants comme peuple de marins, abandonnèrent l'usage des rames et construisirent de grands navires à voiles dont le *Souverain des mers* peut donner un exemple (1637). Les Français avaient, eux aussi, leurs grands navires de guerre dès le règne de Louis XII. Le trois-ponts atteignit son apogée de grandeur et de puissance pendant les guerres de Louis XIV. Depuis que l'on a substitué le navire de fer au navire de bois (voy. CUIRASSÉ), le vaisseau de haut bord a perdu toute son importance.

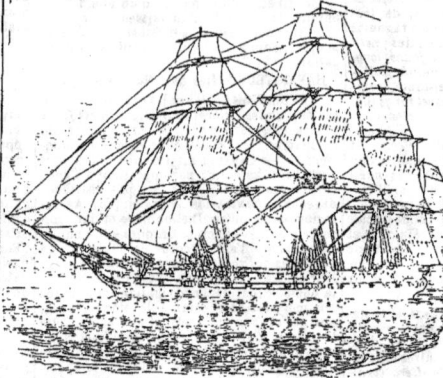

Frégate la *Constitution* (États-Unis).

La frégate lui a survécu quelque temps, mais on l'abandonne aujourd'hui. — Législ. Les navires sont des meubles, et, néanmoins ils sont susceptibles d'hypothèque. Ils sont, de plus, affectés des privilèges spéciaux que la loi a classés, par ordre de préférence, en indiquant pour chacun le mode de justification de la créance. Les créances hypothécaires sur un navire viennent, dans leur ordre d'inscription, après les créances privilégiées. (C. civ. 531 ; C. comm. 190 et s. ; L. 10 déc. 1874). La saisie et la vente des navires par autorité de justice sont soumises à des formes particulières (C. comm. 197 et s.). » (CH. Y.)

* **NAVRANT, ANTE** adj. Qui navre, qui cause une vive et profonde affliction : *c'est un spectacle navrant.*

* **NAVRER** v. a. Blesser, faire une grande plaie : *navrer mortellement.* (Il est vieux dans ce sens.) — Fig. Causer une grande peine, une extrême affliction : *en m'apprenant cette nouvelle, vous m'avez navré de douleur.*

NAXIEN, IENNE s. et adj. De Naxos; qui appartient à cette île ou à ses habitants.

NAXOS [na-ksoss] ou Naxia, île de la Grèce, la plus grande des Cyclades, dans l'Archipel, à 8 kil. E. de Paros; longue de 35 kil. environ; sa plus grande largeur est de 25 kil.; 374 kil. carr.; 11,508 hab. Au centre est le mont Zia ou Dia (anc. *Drius*), haut de 3,300 pieds. Le

vin de Naxos, appelé vin de Bacchus, était célèbre. Cette île fournissait jadis la plus grande partie de l'émeri employé dans le commerce. Naxos, la capitale, est sur la côte occidentale; 5,000 hab. environ. — Dans l'antiquité, Naxos était autrefois appelée Strongyle et Dionysias ou Dia, et était fameuse par son culte à Bacchus. Elle fut indépendante jusqu'à ce que Pisistrate s'en fût emparé; elle le devint pour neuf ans, après la bataille de Salamine (480 av. J.-C.), avant laquelle elle appartenait, depuis 10 ans, à la Perse. En 1207, elle fut érigée en duché au profit du Vénitien Marco Sanudo. Les Turcs la prirent en 1566.

NAY, *Novum oppidum*, ch.-l. de cant., arr. et à 18 kil. S.-E. de Pau (Basses-Pyrénées), sur la rive gauche du gave de Pau; 3,200 hab. Aux environs, célèbre calvaire de Bétharram, devenu lieu de pèlerinage. Bonneterie, chapellerie. Patrie de Jacques Abbadie.

NAZAIRE (Saint), martyr du premier siècle de notre ère. Il était fils de sainte Perpétue. Arrêté à Milan, il fut mis à mort. Fête le 28 juillet.

NAZAIRE (Saint-), ch.-l. d'arr., sur un promontoire à l'embouchure de la Loire, à 60 kil. O. de Nantes (Loire-Inférieure) et à 460 kil. de Paris; par 47° 46' 22" lat. N. et 4° 32' 14" long. O; 20,000 hab. L'origine de Saint-Nazaire est très ancienne; mais son importance date de l'établissement d'un dock flottant en 1845 que l'on fut obligé d'y établir parce que la Loire, en s'ensablant, ne permettait pas aux navires de fort tonnage de remonter jusqu'à Nantes. Son bassin à flot couvre une superficie de 10 hectares et demi. Saint-Nazaire est le port d'attache des transatlantiques qui desservent le Mexique, les Antilles et l'Amérique du Sud. Un second bassin de 20 hectares a été récemment inauguré. Pour protéger les travaux, on a construit une digue de 1,200 m., devant laquelle s'étendent un port d'échouage, un môle et deux jetées sur la Loire.

NAZARÉEN, ÉENNE s. et adj. De Nazareth; qui appartient à cette ville ou à ses habitants. — Terme de dédain appliqué au Christ et à ses disciples, tiré de Nazareth, où il résidait, et qui était une misérable ville dans le pays méprisé de Galilée. Il y eut au IIe siècle une secte d'hérétiques appelés Nazaréens, qui insistaient sur la nécessité de combiner les cérémonies mosaïques avec la religion du Christ. En 1857, il s'éleva, en Hongrie, une nouvelle secte qui, pendant les dix années qui suivirent, fit tant de prosélytes qu'elle attira l'attention du gouvernement. Ils s'appelaient nazaréens, et, sans discuter l'origine divine de l'Ancien Testament, ils faisaient profession de ne puiser leur foi que dans le Nouveau.

NAZARÉENS. Voy. CHRÉTIENS DE SAINT-JEAN.

NAZARETH (auj. *En-Nazireh*), ville de Palestine, à 100 kil. N. de Jérusalem; 4,000 hab. environ. Sa situation en est très belle, dans une vallée entourée de tous côtés par des collines. Les maisons sont presque toutes de pierre, bien bâties, à toits plats. Aux fêtes périodiques, il y a une immense affluence de pèlerins. Le couvent latin est le plus beau de Palestine. Nazareth est célèbre pour avoir été

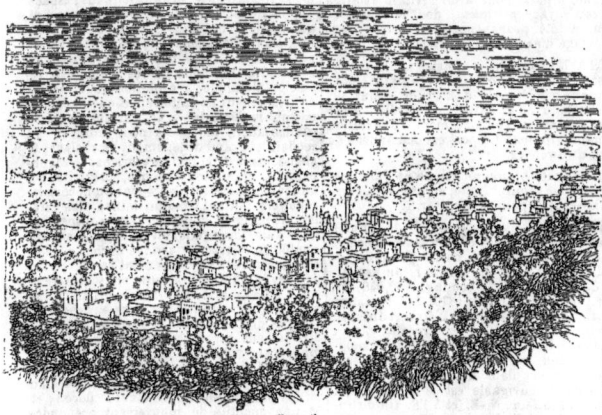

Nazareth.

la résidence du Christ pendant les 30 premières années de sa vie.

NAZARITE (héb. *nazir*). Aux termes de la loi lévitique, personne qui, pour une certaine période, s'était obligée par vœu à ne pas se couper les cheveux, et à s'abstenir de liqueurs fortes et de tout contact avec les morts.

NAZIANZE, ancienne ville de la Cappadoce méridionale. Patrie de saint Grégoire de Nazianze.

N.-D. Abréviation du mot Notre-Dame, en parlant de la sainte Vierge : *N.-D. de Bon-Secours.*

* **NE**, ou **N'** devant une voyelle ou une H non aspirée (lat. *non*). Mot qui rend une proposition négative, et qui précède toujours le verbe. On l'accompagne souvent de PAS ou POINT, ce qui donne lieu de placer ici diverses observations.

Ne pas mis avec point forme la récidive,
Et c'était déjà trop que d'une négative.
MOLIÈRE.

—On peut indifféremment mettre PAS et POINT devant ou après le verbe, s'il est à l'infinitif : *pour ne point souffrir, pour ne souffrir pas.* Toutefois la première façon de parler est la plus usitée. Dans les temps simples du verbe, PAS et POINT doivent toujours suivre le verbe : *il ne souffre point ; il ne chante pas.* Au contraire, dans les temps composés, ils se mettent entre l'auxiliaire et le participe : *il n'a point souffert ; il n'a pas chanté.*

Porus n'a point de part dans tout cet entretien,
Et quand la gloire parle il n'écoute plus rien.
J. RACINE. *Alexandre*, acte II, sc. II.

— POINT nie plus fortement que PAS. On dira également : *il n'a pas d'esprit ; il n'a point d'esprit ;* et on pourra dire, *il n'a pas d'esprit ce qu'il en faudrait pour sortir d'un tel embarras ;* mais quand on dit, *il n'a point d'esprit,* on ne peut rien ajouter. Ainsi, POINT, suivi de la particule DE, forme une négation absolue ; au lieu que PAS laisse la liberté de restreindre, de réserver. — Par cette raison, PAS vaut mieux que POINT, devant PLUS, MOINS, SI, AUTANT, et autres termes comparatifs : *Cicéron n'est pas moins véhément que Démosthène.* — Par la même raison, PAS est préférable devant les noms de nombre : *il n'en reste pas un seul petit morceau.*—Par la même raison encore, PAS convient mieux à quelque chose de passager et d'accidentel ; POINT à

quelque chose de permanent et d'habituel : IL NE LIT PAS, il ne lit pas dans ce moment.

IL NE LIT POINT, il ne lit jamais. — POINT se met au lieu de NON, soit pour terminer une phrase elliptique : *je le croyais mon ami, mais point;* soit pour répondre à une interrogation : *lirez-vous ces vers? Point.* On ne pourrait employer PAS qu'en disant la phrase entière : *je ne les lirai pas.* — Quand PAS et POINT entrent dans l'interrogation, c'est avec des sens différents. Si la question est accompagnée de doute, on dira : *N'avez-vous point été là? n'est-ce point vous qui me trahissez?* Mais s'il n'y a pas de doute, on dira, par manière de reproche : *n'avez-vous pas été là? n'est-ce pas vous qui me trahissez?* — On peut supprimer PAS et POINT après les verbes CESSER, OSER et POUVOIR : *il n'a cessé de gronder ; je ne puis me taire.* On peut aussi dire, NE BOUGEZ, mais dans la conversation seulement. — On peut les supprimer avec élégance dans ces sortes d'interrogations : *y a-il un homme dont elle ne médise?* — Après le verbe DOUTER, précédé d'une négation et suivi de la conjonction QUE, la phrase amenée par cette conjonction demande ordinairement qu'on répète NE, mais tout seul : *je ne doute pas que cela ne soit.* — Après PRENDRE GARDE, quand il signifie, éviter, on met le subjonctif, et l'on supprime PAS et POINT ; et au contraire, quand il signifie, faire réflexion, il faut mettre l'indicatif, et ajouter PAS ou POINT : *prenez garde qu'on ne vous séduise.* — Après SAVOIR, pris dans le sens de pouvoir, on doit toujours ne supprimer : *je ne saurais en venir à bout.* Après ce même verbe précédé de négation et signifiant, être incertain, le mieux est de les supprimer : *je ne sais où le prendre.* Mais il faut employer PAS ou POINT, quand SAVOIR est pris dans son vrai sens : *je ne sais pas l'anglais; je ne savais point ce que vous racontez.* — On supprime PAS et POINT, quand l'étendue qu'on veut donner à la négation est suffisamment exprimée par d'autres termes qui la restreignent : *je ne soupe guère ; je ne sortirai de trois jours;* ou par d'autres termes qui excluent toute restriction : *je ne soupe jamais; je ne vis personne hier ; je ne dois rien ;*

Si l'on n'est son esclave, on est son ennemi.
J. RACINE. *Alexandre*, acte I, sc. II.

ou enfin par des termes qui désignent les moindres parties d'un tout, et qui se mettent sans article : *je n'y vois goutte ; je ne dis mot.* Après toutes ces phrases, si la conjonction QUE ou les relatifs QUI et DONT amènent une

autre phrase qui soit négative, on y supprime PAS et POINT : *je ne soupe guère, je ne soupe jamais que je ne m'en trouve incommodé ; je ne vois personne qui ne vous loue.* — Si un nom de nombre est joint à MOT, il faut employer PAS : *il ne dit pas un mot qui ne soit à propos.* — On supprime souvent PAS et POINT après NE suivi de l'adjectif AUTRE et de QUE : *je n'ai d'autre but, d'autre désir que celui de vous être utile.* Mais on peut dire aussi : *je n'ai pas d'autre but,* etc. Quand AUTRE est sous-entendu, PAS et POINT se suppriment toujours : *je n'ai de volonté que la tienne.* — Souvent NE... QUE équivaut à SEULEMENT : *je ne veux que le voir.* — On supprime PAS et POINT après QUA, mis à la suite d'un terme comparatif, ou de quelque équivalent : *vous écrivez mieux que vous ne parlez.* — On les supprime, quand le mot QUE signifie pourquoi, au commencement d'une phrase : *que n'êtes-vous arrivé plus tôt ?* ou quand il sert à exprimer un désir, à former une imprécation : *que ne m'est-il permis...; que n'est-il à cent lieues de nous !* — Après DEPUIS QUE ou IL Y A suivi d'un mot qui indique une certaine quantité de temps, on supprime PAS et POINT, quand le verbe est au prétérit : *depuis que je ne l'ai vu; il y a six mois que je ne lui ai parlé.* Mais il faut l'un ou l'autre, si le verbe est au présent; ce qui forme un sens tout différent : *depuis que nous ne nous voyons pas.* — Après les conjonctions À MOINS QUE, et SI dans le sens d'à moins que, on les supprime : *je ne sors pas, à moins qu'il ne fasse beau.* — On les supprime encore lorsque deux négations sont jointes par NI, comme : *je ne l'estime ni ne l'aime ;* et quand cette conjonction NI est redoublée, soit dans le sujet : *ni les biens ni les honneurs ne valent la santé,* soit dans l'attribut : *il est avantageux de n'être ni trop pauvre ni trop riche.* — Après le verbe CRAINDRE, suivi de la conjonction QUE, on supprime PAS et POINT, lorsqu'il s'agit d'un effet qu'on ne désire pas : *je crains que vous ne perdiez votre procès.* Au contraire, il faut PAS ou POINT, lorsqu'il s'agit d'un effet qu'on désire : *je crains que ce fripon ne soit pas puni.* La même règle est à observer après ces manières de parler, *de crainte que, de peur que.* Ainsi lorsqu'on dit : *de crainte qu'il ne perde son procès,* on souhaite qu'il le gagne ; et, *de crainte qu'il ne soit puni,* on souhaite qu'il le soit. — Après les verbes NIER, DISCONVENIR, on peut indifféremment supprimer le NE, ou l'employer : *je ne nie pas, je ne disconviens pas que cela ne soit, que cela soit.* — Dans ces phrases, *je crains que mon ami ne meure, vous empêchez qu'on ne chante,* et autres semblables, le mot NE s'exprime point sans négation ; c'est le NE ou le QUIN des Latins, qui a passé dans notre langue. — On dit quelquefois dans le style familier, N'ÉTAIT que SI CE N'ÉTAIT : *cet ouvrage serait fort bon, n'était la négligence du style.*

* **NÉ, ÉE** part. passé de NAÎTRE : *aveugle-né; né coiffé.* (Voy COIFFÉ.) — Adj. Se dit de certains droits attachés à quelques dignités. Ainsi l'on disait autrefois que L'ARCHEVÊQUE DE PARIS et L'ABBÉ DE CLUNY ÉTAIENT CONSEILLERS D'HONNEUR NÉS DU PARLEMENT DE PARIS, pour dire que les archevêques de Paris et les abbés de Cluny avaient droit de séance au Parlement. On disait, dans un sens pareil : *l'archevêque de Narbonne était président-né des états de Languedoc.*—Fig. IL EST L'ENNEMI-NÉ DES TALENTS, il a pour les gens de talent une aversion si générale et si constante, qu'elle semble lui être naturelle. IL EST LE PROTECTEUR-NÉ DES SCIENCES ET DES ARTS, il protège en toute occasion les hommes qui cultivent les sciences, les arts ; cela peut signifier aussi que sa place, ses fonctions lui font un devoir de les encourager. — Né adj. *Né d'une famille honnête, honorable : c'est un jeune homme, un homme bien né.* — Qui a de bonnes inclinations : *un enfant bien né.* —

Mal né, ée adj. Qui a de mauvaises inclinations : *un enfant mal né*. -- Mort-né. (Voy. Mort.) — Nouveau-né. (Voy. Nouveau.) — Premier-né. (Voy. Premier.) — Dernier-né, s. m. Le dernier enfant mâle : *les derniers-nés*.

NEANDER (Johann-August-Wilhelm) [né-ann'-deur], historien allemand de l'Église, d'origine juive, né à Gœttingue en 1789, mort en 1850. Son vrai nom était David, Mendel. Il fut élevé dans la pauvreté, mais son intelligence et son application lui gagnèrent l'admiration de ses professeurs, et il se joignit de bonne heure au poète Chamisso, à Varnhagen von Ense et à d'autres qui formaient une association littéraire appelée l'« Étoile polaire ». Cédant surtout à l'influence des *Discours sur la Religion* de Schleiermacher, il se convertit au christianisme en 1806. Après avoir étudié la théologie à Halle et à Gœttingue, il commença en 1811 à faire des conférences à Heidelberg, et en 1812 il devint professeur de l'histoire de l'Église à Berlin. Il ne se maria jamais, et vers la fin de sa vie perdit la vue. Dans sa chaire de professeur, il était remarquable par ses excentricités, mais sa sincérité et son enthousiasme commandaient l'attention. Il doit surtout sa réputation à son *Histoire générale de la Religion et de l'E-glise chrétienne*, depuis la fin de l'âge apostolique jusqu'au concile de Bâle en 1431 (1825-'52, 6 vol.). Dans le nombre de ses autres ouvrages, on cite une *Histoire de l'âge apostolique* (1832-'33, 2 vol.), et une *Vie de Jésus-Christ*, pour réfuter celle de Strauss (1837). Ses œuvres ont été réunies en 13 vol. (1862-'66). Sa bibliothèque a été achetée pour le séminaire de Rochester, New-York (Etats-Unis).

* NÉANMOINS adv. [né-an-mouain] (fr. *néant*; et *moins*). Toutefois, pourtant, cependant : *il est encore très jeune, et néanmoins il est fort sage*.

* NÉANT s. m. (lat. *non*, non ; *ens, entis* être). Rien, ce qui n'est point, ce qui ne se conçoit que par une négation : *Dieu a tiré toutes choses du néant*. — Palais. Mettre une appellation au néant, déclarer que la partie qui a appelé d'une sentence, est déboutée de son appel. Mettre l'appellation et ce dont est appel au néant, annuler l'appel et la sentence dont il a été appelé. — Se dit, par exag., pour marquer, ou le peu de valeur d'une chose, ou le manque de naissance et de mérite dans une personne : *le néant des grandeurs humaines*. —Signifiant rien, s'emploie quelquefois sans article, comme dans cette phrase : *on n'a pas mis cet homme en prison pour néant*. (Vieux.) — Mettre néant sur une requête, sur un article de compte, mettre le mot *Néant* au bas d'une requête, à côté d'un article de compte, pour marquer qu'on rejette cette demande, cet article. (Vieux.) — Fig. et fam. Mettre néant a la requête de quelqu'un, refuser ce qu'il demande. — S'emploie fam. dans le sens de non : *je vous accorde votre première demande ; mais, quant à l'autre, néant*.

NEAPOLIS [né-a'-po-lis]. I. Ancienne ville de Campanie. (Voy. Naples.) — II. Ancienne ville de Palestine. (Voy. Nablus.)

NÉAPOLITAIN, AINE s. et adj. De Néapolis ; qui appartient à cette ville ou à ses habitants.

NÉARQUE, amiral grec du IVe siècle av. J.-C. Après la conquête des provinces maritimes de l'Asie, Alexandre le fit gouverneur de la Lycie et des autres pays au S. du Taurus. Pendant l'expédition dans l'Inde, il commanda la flotte, et, ensuite, la conduisit depuis l'embouchure de l'Indus jusqu'en Perse. Il commença son voyage le 21 sept. 325, et, remontant le Pasitigris, il arriva à Suse en févr. 326. Après la mort d'Alexandre,

Néarque fut rétabli dans le gouvernement de ses anciennes provinces, sous l'autorité d'Antigone. Il passe pour avoir écrit la relation de son voyage (*paraplous*), dont la substance nous a été probablement conservée dans l'ouvrage d'Arrien intitulé *Indica*.

NEATH [nith], populairement appelé Castle Nedd, ville de Glamorganshire, dans la partie méridionale du Pays de Galles, sur la Neath, à 50 kil. N.-O. de Cardiff ; 9,434 hab. Elle occupe l'emplacement d'une station romaine (*Nidum*). Le port est une annexe de celui de Swansea.

NÉBO, auj. *Attare*, montagne de Palestine, sur laquelle mourut Moïse, en vue de la Terre promise, sans pouvoir y entrer.

NEBRASKA, état occidental de l'Union américaine, entre 40e et 43e lat. N. et entre 97e 55' et 105e long. O., borné par les états de Dakota, d'Iowa, du Missouri, du Kansas, du Colorado à 50 kil. N.-O. de Wyoming ; 199,046 kil. carr. ; 450,000 hab. En 1870, la population n'était que de 160,000 hab. L'état est divisé en 65 comtés. Sa capitale est Lincoln ; v. pr. : Omaha et Nebraska city. En 1876, on comptait sur son territoire environ 4,000 sauvages, parqués dans des réserves. Le seul cours d'eau navigable est le Missouri qui forme la limite au N.-E. et à l'E. On distingue ensuite la Niobrara, la Platte, etc. Dépôts salins au S.-E. Sol riche produisant des céréales, le lin, le chanvre, les pommes de terre et nourrissant de grands troupeaux. Climat sec. La chaleur, en été, est tempérée par les vents des prairies et les nuits sont généralement froides. Les hivers y sont assez rigoureux. Le pouvoir législatif se compose

Sceau de l'état de Nebraska.

d'un sénat de 30 membres et d'une chambre de 84 représentants. L'exécutif comprend un gouverneur et plusieurs autres magistrats élus pour deux ans. Les juges sont également élus. Recettes : 8 millions de francs ; dépenses : 7 millions et demi. Plus de 150,000 élèves fréquentent les écoles. 600 bibliothèques (300,000 volumes). Principales dénominations religieuses : baptistes, 35 organisations ; congrégationalistes, 15 ; méthodistes, 90 ; catholiques romains, 30 ; etc. 300 journaux. Le Nebraska fut organisé comme territoire en 1854 et, comme état, en 1867. Sa constitution date de 1875

NEBRASKA CITY, ville de l'état de Nebraska (Etats-Unis), sur le Missouri, à 50 kil. S. d'Omaha, et à 80 kil. de Lincoln ; 6,050 hab. Belle situation sur une légère élévation de terrain, entourée par un riche pays agricole. Moulins, distilleries, fabriques de charrues, bibliothèque publique ; collège épiscopal de Nebraska.

NÉBULAIRE adj. Astron. Se dit de l'état des corps célestes qui ne sont encore que des nébuleuses. — Hypothèse nébulaire, théorie célèbre de sir William Herschel, adoptée et développée par Laplace qui attribue la formation

des corps célestes à l'agrégation et à la condensation graduelles d'une substance lumineuse très atténuée, en diffusion dans l'espace. Supposant, pour les besoins du raisonnement, une matière nébuleuse, homogène et raréfiée, les changements successifs suivants s'y produisent, d'après les lois physiques : 1e gravitation mutuelle de ses atomes ; 2e répulsion atomique ; 3e évolution de la chaleur en triomphant de cette répulsion ; 4e combinaison moléculaire à un certain degré de condensation, laquelle a pour suite : 5e un soudain et grand dégagement de chaleur ; 6e abaissement de la température par le rayonnement, et, en conséquence, précipité des atomes binaires qui s'agrègent en flocons irréguliers, flottant dans un milieu plus raréfié, précisément comme l'eau en suspension dans l'air, lorsqu'elle est précipitée, se rassemble en nuages ; 7e chaque flocon, ou *floculus*, se mettra en mouvement vers le centre de gravité commun à tous ; mais comme il s'agit d'une masse irrégulière dans un milieu résistant, ce mouvement se fera en dehors de la ligne droite, c'est-à-dire qu'il n'ira pas directement vers le centre de gravité commun, mais vers l'un ou l'autre côté de ce centre, et ainsi : 8e il s'ensuivra un mouvement en spirale qui se communiquera au milieu plus raréfié où se meut le flocon ; et 9e une quantité de mouvement prépondérante et une rotation de la masse entière dans une certaine direction, convergeant en spirales vers le centre de gravité commun. Il faut aussi noter certaines actions subordonnées. L'attraction mutuelle tendra à produire des groupes de flocons se concentrant autour des centres de gravité locaux et acquérant un mouvement subordonné nuclaire. On trouve que ces conclusions sont en entier accord avec les phénomènes observés. Dans ce progrès génésique, lorsque la matière précipitée s'agrège en flocons, on trouve çà et là des parties séparées, semblables à des lambeaux de nuages dans un ciel d'été, qui ne se fondent pas avec les masses intérieures plus grosses, mais qui les suivent lentement sans les atteindre. Ces fragments prennent un mouvement dont les caractères correspondent à ceux des comètes ; et la constitution et la distribution de celles-ci se montrent complètement conformes à cette hypothèse. Les caractères physiques résultant de l'hypothèse s'accordent avec les faits. Dans un sphéroïde en rotation aux dernières phases de la concentration, avant de prendre une forme liquide ou solide, il y a une rapide agrégation d'atomes avec développement d'aplatissements, une évolution de chaleur et une circulation de courants du centre vers les pôles, des pôles à l'équateur et de l'équateur au centre. Il en résultera une oscillation de température et, en même temps, un précipité de gaz en forme de ceinture de vapeur autour de l'équateur, s'élargissant et se condensant graduellement en fluide, lequel finira par s'étendre et se refermer par dessus les pôles, formant un sphéroïde formé de matières gazeuses, et l'enveloppe liquide s'épaississant à la fin et devenant une croûte solide. De ces considérations, Laplace fut amené à la conception d'une vaste disque nébuleux en rotation, dont la contraction graduelle aurait pour conséquence de projeter alentour des anneaux et de se briser en éclats globuleux, tous roulant et tournant dans une direction commune, a formé le système solaire. Cette hypothèse n'explique pas la distribution des masses du système solaire, une planète (Jupiter), par exemple, contenant presque ¦ de toute la matière en dehors du soleil, et Saturne et Jupiter ensemble contenant environ ¦¦ de toute cette matière. En conséquence, M. Proctor a proposé d'y apporter une modification, qui suppose que les diverses parties du système solaire ont été formées par un mode d'agrégation de matière floconneuse, analogue aux modes d'agrégation que l'on croit être maintenant en activité. Cette hypothèse de la formation par agrégation rend compte des accumulations moindres de matière parmi les planètes intérieures; en effet, les agrégations subordonnées se forment difficilement près du soleil, à cause de la rapidité du mouvement, et se forment avec une difficulté égale à des distances extrêmes, à cause de la diminution de la force de gravité, ce qui explique les masses relativement petites d'Uranus et de Neptune.

NÉBULÉ, ÉE adj. (lat. *nebula*, nuée). Blas. Se dit de l'écu, des partitions et des pièces qui offrent des parties alternativement rondes, saillantes et creuses, semblables aux sinuosités des nuages.

NÉBULEUX, EUSE adj. (lat. *nebulosus; de nebula*, nuée). Obscurci par les nuages: *temps, ciel nébuleux*. — Fig. L'HORIZON EST NÉBULEUX, on est menacé de troubles, d'événements tristes, funestes. — Fig. VISAGE, FRONT NÉBULEUX, visage, front sur lequel se peint le souci, l'inquiétude. On dit dans le même sens, AVOIR L'AIR NÉBULEUX, TOUT NÉBULEUX. — ÉTOILES NÉBULEUSES, étoiles qui sont beaucoup moins brillantes que les autres, et dont la lumière est faible, terne. On dit substantiv. dans le même sens, UNE NÉBULEUSE, LES NÉBULEUSES: *la nébuleuse d'Orion*. — s. f. Petit nuage blanchâtre qui est la même sens, Avoir éloignées: *le télescope a fait découvrir un grand nombre de nébuleuses*. — ENCYCL. Les nébuleuses sont des agrégations d'étoiles ou de matière stellaire ayant, au télescope, l'apparence d'un petit amas lumineux, en forme de nuage. Avec un télescope plus puissant cet aspect se change d'ordinaire en celui d'un groupe d'étoiles innombrables, en même temps que l'on aperçoit d'autres nébuleuses invisibles auparavant. Celles-ci se résolvent à leur tour sous l'accroissement du pouvoir télescopique, et ainsi chaque augmentation dans la puissance du télescope ajoute de nouveaux groupes à ceux déjà découverts et de nouvelles nébuleuses invisibles avec un instrument moins puissant. Les nébuleuses proprement dites, c'est-à-dire celles qui n'ont pas été définitivement résolues, se trouvent presque dans chaque région du firmament; mais elles abondent surtout dans les quartiers où les étoiles sont le plus rares. On en trouve à peine près de la voie lactée, et leur grande masse se distribue dans les deux espaces opposés les plus éloignés de ce cercle. Leurs formes sont très variées; souvent elles subissent des changements étranges et inattendus à mesure que s'accroît le pouvoir du télescope avec lequel on les observe, de manière à ne plus être, en certains cas, reconnaissables comme les mêmes objets. Les nébuleuses en spirale sont un exemple de cette transformation. Elles ont l'aspect d'un maelstrom de matière stellaire, et sont un des objets les plus intéressants du ciel. Il y a une autre classe de nébuleuses qui présentent une étroite ressemblance avec les disques planétaires, et qui, par suite, sont appelées nébuleuses planétaires. Elles sont très rares. Quelques-unes offrent de remarquables particularités de couleur. Sir John Herschel a décrit un bel échantillon de cette nature, situé dans la Croix du Sud. Mais sous les télescopes les plus forts, quelques-unes des nébuleuses appelées planétaires prennent un aspect totalement différent; beaucoup d'entre elles sont de structure singulièrement compliquée, au lieu d'être de simples globes de matière nébuleuse comme on le supposait autrefois. Il y en a plusieurs qui ont exactement l'apparence d'un anneau et qu'on appelle nébuleuses annulaires. Un beau et remarquable exemple se trouve dans la Lyre. Dans le firmament du sud, il y a deux grandes

régions de nébuleuses. connues sous le nom de nuages magellaniques : la plus grande, appelée Nubecula major, occupe 42 degrés carrés; la plus petite, Nubecula minor, n'en occupe que 10 environ. Le nombre de ces objets merveilleux qui ont été observés jusqu'ici dépasse 5,000. Avant sir William Herschel, on n'en connaissait pas 150. En 1786, il communiqua à la Société Royale un catalogue de 1,000 nébuleuses et groupes nouveaux; en 1789, il en présenta un second catalogue du même nombre, et, en 1802, un troisième qui en contenait encore 500. En 1833, il communiqua à la même société un catalogue de 2,306 nébuleuses et groupes observés par lui dans l'hémisphère septentrional, et dont 500 étaient nouveaux. En 1847 parurent ses (*Observations du Cap*) (*Cape Observations*), contenant des catalogues de 1708 nébuleuses et groupes de l'hémisphère du Sud. — L'application de l'analyse spectroscopique à ces corps par Huggins, Secchi, Vogel et d'autres a donné pour résultat la découverte que, tandis que certaines nébuleuses sont réellement des groupes d'étoiles, d'autres consistent surtout en matière gazeuse. Les premières donnent un spectre ressemblant au spectre des étoiles; les autres donnent un spectre de trois lignes brillantes (quelquefois quatre), dont l'une correspond par sa position à une des lignes du spectre de l'hydrogène, et dont une autre correspond à une des lignes du spectre du nitrogène.

NÉBULOSITÉ s. f. Astron. Nuage ou obscurcissement très léger; matière nébuleuse. — Fig. Obscurité, manque de clarté.

NÉCESSAIRE adj. (lat. *necessarius*). Dont on ne peut se passer, dont on a absolument besoin pour quelque fin : *la respiration est nécessaire à la vie*. — CET HOMME S'EST RENDU NÉCESSAIRE DANS CETTE MAISON, il s'y est rendu si agréable, qu'il est malaisé qu'on puisse se passer de ses conseils, de ses soins, de sa société. On dit, dans un sens analogue, CETTE PERSONNE M'EST DEVENUE NÉCESSAIRE, M'EST NÉCESSAIRE. — IL FAIT LE NÉCESSAIRE, il fait l'empressé, il se mêle de tout, comme si l'on ne pouvait se passer de lui. Dans cette phrase, nécessaire est employé substantivement. — C'EST UN MAL NÉCESSAIRE, se dit de certains maux qui, au prix de grands inconvénients, mais qui sont ou indispensables ou inévitables: *il y a des personnes qui croient que la guerre est un mal nécessaire*. — Philos. NÉCESSAIRE, ce qui ne peut pas ne pas être: *l'homme n'est pas un être nécessaire*. — L'ÊTRE NÉCESSAIRE, Dieu. — LOIS NÉCESSAIRES, lois sans lesquelles l'univers ne saurait exister. CAUSES NÉCESSAIRES, AGENTS NÉCESSAIRES, causes et agents qui n'agissent pas librement, et qui produisent infailliblement leur effet : *les agents naturels, privés de raison, sont des agents nécessaires, des causes nécessaires à l'égard des effets qui en proviennent*. — VÉRITÉS NÉCESSAIRES, vérités qui s'imposent à la raison. — EFFET NÉCESSAIRE, l'effet qui suit infailliblement de la cause destinée à le produire : *la lumière est un effet nécessaire du soleil*. On dit, dans le même sens : *tirer une conséquence, une induction nécessaire*. — IL EST NÉCESSAIRE, il faut : *il est nécessaire d'être sage, pour être content de soi-même*. — s. m. Tout ce qui est essentiel pour les besoins de la vie. Il est opposé à superflu, et ne se dit point au pluriel : *il n'est pas riche, mais il a le nécessaire*. — Ce qui est essentiel, ce qui est indispensable : *il faut s'occuper du nécessaire avant de songer à l'agréable*. — Écrit. : *le salut, l'affaire du salut est l'unique nécessaire*. — Boîte, étui qui renferme différents petits meubles et ustensiles nécessaires ou commodes : *nécessaire de bois de noyer, de bois d'acajou*. — Se dit également des choses qui sont contenues dans la boîte : *un nécessaire d'argent, de vermeil*. — Personne qui se donne comme indis-

pensable et dont l'entremise devient importune :

...... Ils font partout les *nécessaires*.
Et, partout importuns, devraient être chassés.
LA FONTAINE.

NÉCESSAIREMENT adv. Par un besoin absolu : *il faut nécessairement manger pour vivre*. — Infailliblement : *lorsque le soleil luit, nécessairement il est jour*. — Philos. Se dit par opposition à LIBREMENT.

NÉCESSITANTE adj. f. S'emploie seulement dans cette locution familière, DE NÉCESSITÉ NÉCESSITANTE, de nécessité absolue et indispensable; et dans cette expression du langage théologique, GRACE NÉCESSITANTE, grâce qui contraint et qui ôte la liberté : *s'il y avait une grâce nécessitante, la créature n'aurait plus de mérite*.

NÉCESSITÉ s. f. (lat. *necessitas*). Tout ce qui est absolument nécessaire, et indispensable; se prend dans une signification plus ou moins étroite, suivant les choses dont on parle. Ainsi on dit : C'EST UNE NÉCESSITÉ DE MOURIR, la mort est inévitable; JE NE VOIS PAS LA NÉCESSITÉ DE CETTE CONSÉQUENCE, je ne vois pas que cette conséquence soit une suite nécessaire du principe dont on la tire; A PARIS, QUAND ON A BEAUCOUP D'AFFAIRES, C'EST UNE NÉCESSITÉ DE PRENDRE DES VOITURES, il est très incommode de n'en point prendre; SI VOUS VOULEZ QU'ON VOUS PARDONNE, C'EST UNE NÉCESSITÉ QUE VOUS PARDONNIEZ, c'est une condition nécessaire; LA NÉCESSITÉ D'AIMER DIEU, l'obligation indispensable d'aimer Dieu. : *nécessité absolue, indispensable, dure, fâcheuse, fatale*. — Absol. Tout ce qu'il est impossible de se soustraire, de résister : *il faut se soumettre à la nécessité, plier sous le joug de la nécessité*. — Particul. Ce qui contraint dans quelque circonstance déterminée : *on lui tenait le poignard à la gorge, ce lui fut une nécessité de signer cet acte*. — Besoin pressant : *c'est une nécessité que j'y mette ordre de bonne heure*. — Indigence, dénûment : *être réduit à la dernière nécessité*. — UNE CHOSE DE PREMIÈRE NÉCESSITÉ, une chose dont il est impossible ou très difficile qu'on se passe pour exister : *le pain est une chose de première nécessité*. — Prov. FAIRE DE NÉCESSITÉ VERTU, faire de bonne grâce une chose qui déplaît, mais qu'on est obligé de faire. — Prov. NÉCESSITÉ N'A POINT DE LOI, un extrême péril, un extrême besoin, peuvent rendre excusables des actions blâmables en elles-mêmes. — pl. Les besoins de la vie, les choses nécessaires à la vie : *il n'a pas toutes ses nécessités*. — Besoins d'argent qu'éprouve un pays, un gouvernement, une corporation : *pourvoir par une nouvelle contribution aux urgentes nécessités de l'État*. — LES NÉCESSITÉS DE LA NATURE, les besoins auxquels la nature de l'homme est assujettie, comme boire, manger, dormir, etc. : *satisfaire aux nécessités de la nature*. — ALLER A SES NÉCESSITÉS, aller à la selle. — De nécessité loc. adv. Nécessairement : *il est de nécessité que je reste ici encore quelque temps*. — Par nécessité loc. adv. A cause d'un besoin pressant : *il vend ses titres par nécessité*.

NÉCESSITER v. a. Contraindre, réduire à la nécessité de faire quelque chose : *dès que vous l'attaquez, vous le nécessitez à se défendre*. — Rendre un chose nécessaire : *cela nécessite une démarche de votre part*.

NÉCESSITEUX, EUSE adj. Indigent, pauvre, qui manque des choses nécessaires à la vie : *je l'ai vu bien riche, il est à présent fort nécessiteux*. — s. m. : *il s'occupait beaucoup de soulager les nécessiteux*.

NÉCHAO [né-kao] ou **Néco**, roi égyptien de la 26e dynastie, qui régna, suivant Rawlinson, de 610 à 596 av. J.-C. Hérodote le fait fils de Psammetichus Ier. Il construisit une flotte, et commença un canal pour relier le Nil au golfe Arabique. D'après ses instructions, les Phéniciens firent un voyage de circumnavigation le long des côtes d'Afrique. En marchant contre les Babyloniens, il défit Josias, roi de Juda, à Megiddo (vers 609) et s'empara de Carchemish (*Circesium*), sur l'Euphrate. En revenant des États, il déposa Joachaz, roi de Juda, et mit à la place son frère, comme vassal de l'Egypte. Trois ans plus tard, Carchemish fut attaqué par Nabuchodonosor, et Néchao, ayant marché à son secours, fut mis en déroute et perdit toutes ses possessions d'Asie.

NECKAR ou **Necker (Le)**, rivière d'Allemagne, qui prend sa source dans le Würtemberg, à l'E. de la Forêt Noire, coule au N., au N.-E., et de nouveau au N., à travers ce pays, et à l'O.-N.-O. à travers Bade, et rejoint le Rhin à Mannheim, après un cours de 480 kil. Elle est navigable depuis Cannstadt jusqu'à Heilbronn. Tubingue et Heidelberg se trouvent sur ses bords.

NECKER [nè'-keur; fr. nè-kèrr']. I. (**Jacques**), homme d'État français, né à Genève le 30 sept. 1732, mort à Coppet le 9 avril 1804. En 1764, il se retira des affaires de banque, après avoir fait fortune à Paris, et y devint le ministre résident de Genève. De 1764 à 1770, il fut syndic de la compagnie française des Indes orientales. En 1776, il fut nommé directeur de la trésorerie et adjoint au contrôleur général Taboureau; en 1777, il fut directeur général du ministre des finances. Il accepta ces diverses nominations à condition qu'il ne recevrait pas d'émoluments. Grâce à son administration, un déficit de plus de 24 millions de livres fut comblé, et, en moins de cinq ans, les recettes annuelles furent de 10 millions en excès sur les dépenses. Son rapport financier de 1781 exaspéra les courtisans, dont on avait réduit les pensions, et déplut au premier ministre Maurepas; et comme Necker, en sa qualité de protestant, ne pouvait pas admis au conseil du roi, il donna sa démission. En 1784, il publia l'*Administration des finances*, dont il se vendit rapidement 80,000 exemplaires. Ses successeurs, y compris son adversaire financier Calonne, ayant amené le trésor à une crise, Necker fut rappelé au pouvoir le 25 août 1788, ce qui causa une hausse de 30 p. 100 sur les fonds publics en un seul jour. Necker, comptant sur sa popularité, se flattait qu'il pourrait dominer le mouvement révolutionnaire et le mouvement financier; mais, dès l'abord il agit timidement. Après la séance royale du 23 juin 1789, il conseilla à Louis XVI d'ordonner aux députés de la noblesse et du clergé de se réunir à ceux du tiers état. Le peuple le regardait comme son inébranlable appui; mais, le 11 juillet, le roi le renvoya et il quitta secrètement la France. Ce départ fut suivi à Paris d'une insurrection qui aboutit à la démolition de la Bastille, et le roi fut obligé de réinstaller Necker, le 4er août. Mais toutes les ressources du trésor étaient épuisées, et la dernière mesure financière qu'il proposa (24 sept.) était une taxe montant au quart de chaque revenu. Son opposition à la saisie des biens du clergé et à l'émission des assignats le rendit impopulaire; et une nouvelle émission ayant été ordonnée par l'Assemblée (6 sept. 1790), il donna sa démission. Pendant qu'il se retirait à Coppet, près de Genève, il fut insulté par la populace et arrêté. Il fallut un ordre de l'Assemblée pour le faire relâcher. Il écrivit alors dans le but de justifier sa conduite et de défendre Louis XVI; en 1796, il écrivit encore contre le Directoire, et en 1802 contre le gouvernement consulaire, lorsque Bonaparte eut repoussé ses avances. Ses œuvres ont été réunies en 17 vol. (1821-'22). — II. (**Susanne Curchod de Nasse**), sa femme, née en 1739, morte en 1794. Elle était fille d'un ministre protestant, et remarquable par

sa beauté, son intelligence, et sa vertu. Elle épousa Necker en 1764. Elle faisait à Paris sa société des personnes les plus illustres, parmi lesquelles fut élevée sa fille, Mme de Staël. Après sa mort, son mari publia un choix de ses écrits (*Mélanges*, 5 vol.).

NEC PLURIBUS IMPAR, devise de Louis XIV et qui signifie: *égal à plusieurs ou sans pareil*.

*** NEC PLUS ULTRA**, locution latine qu'on emploie fam. comme s. m. pour désigner le terme qu'on ne saurait passer: *sa conduite est le nec plus ultra de la fourberie*. On dit aussi, mais moins souvent NON PLUS ULTRA: *Mettz fut le non plus ultra de Charles-Quint*.

NÉCRO (gr. *nekros*, mort), préfixe qui signifie *mort* et qui entre dans la formation d'un grand nombre de mots.

NÉCROBIOSE s. f. (préf. *nécro*; gr. *bios*, vie). Méd. Régénération des tissus organiques vivants.

NÉCROGRAPHIE s. f. (préf. *nécro*; gr. *graphô*, j'écris). Étude, description des corps morts.

NÉCROLÂTRIE s. f. (préf. *nécro*; gr. *latreia*, adoration). Culte exagéré des morts.

*** NÉCROLOGE** s. m. (pré. *nécro*; gr. *logos*, discours). Livre, registre sur lequel on inscrit les noms des morts: *on trouve le nom de cet évêque dans le nécrologe de son église*. — Se dit aussi de certains ouvrages consacrés à la mémoire des hommes célèbres morts récemment: *le nécrologe des hommes illustres*.

*** NÉCROLOGIE** s. f. Certains petits écrits consacrés à la mémoire des personnes considérables mortes depuis peu de temps: *la nécrologie est toujours un peu suspecte d'exagération*.

*** NÉCROLOGIQUE** adj. Qui appartient à la nécrologie: *article, notice nécrologique*.

NÉCROLOGUE s. m. Auteur de nécrologie.

*** NÉCROMANCIE** s. f. (préf. *nécro*; gr. *manteia*, divination). L'art prétendu d'évoquer les morts pour avoir connaissance de l'avenir, ou de quelque autre chose de caché: *les progrès de la raison ont fait tomber la nécromancie*. — On a dit autrefois, dans le même sens, NÉCROMANCE, mais ce mot n'est plus usité. — Se prend aussi pour MAGIE en général. — ENCYCL. La nécromancie est l'art d'obtenir la connaissance des événements futurs en consultant les esprits des morts. Dans les pays grecs, le *necromanteum* était un lieu consacré à la célébration des rites nécromantiques. Il y en avait plusieurs, tels que l'antre de Trophonius en Béotie, les rives de l'Achéron en Épire, Hiérapolis en Phrygie, Héraclée dans la Propontide, et les bords du lac Averne dans l'Italie méridionale. On conjecture, d'après le Deutéronome, XVIII, 10, 11, qu'il y en avait aussi beaucoup en Palestine et dans les pays voisins; Endor est nommément indiqué dans Samuel I, XXVIII. L'évocation de Samuel par la pythonisse d'Endor, et celui de Mélissa, reine de Corinthe, à la prière de son mari Periandre, sont les premiers exemples de nécromancie mentionnés par l'histoire. Cette pratique, fréquente dans tous les pays connus à l'époque de la naissance du christianisme, fut interdite par Constantin; elle avait été, comme faisant partie de l'art magique, rigoureusement proscrite sous la république et les empereurs païens. — Dans la pratique de la nécromancie, certaines formes et formules se sont transmises de siècle en siècle avec de légères variations. On dit qu'il exista des collèges de nécromancie en Espagne pendant tout le moyen âge et jusqu'au XVIe siècle; mais on ne peut recueillir des auteurs du temps rien qui mérite d'être regardé comme un fait authentique.

*** NÉCROMANCIEN, IENNE** s. Celui, celle

qui se mêle de nécromancie: *on l'accuse d'être nécromancien*. — Autrefois on prononçait aussi et on écrivait NÉGROMANCIEN. On disait également dans le même sens NÉCROMANT et NÉGROMANT. — Se prend aussi pour MAGICIEN.

NÉCROMANT s. m. Voy. NÉCROMANCIEN.

NÉCROPHORE s. m. (préf. *nécro*; gr. *phoros*, qui porte). Entom. Genre de coléoptères pentamères clavicornes, comprenant plusieurs espèces d'insectes remarquables par la finesse de leur odorat qui leur permet de découvrir les cadavres des rats, des taupes, etc. Ils se glissent en grand nombre sous ces cadavres, creusent la terre jusqu'à ce que l'animal mort puisse y entrer, et le recouvrent alors soigneusement. Le cadavre sert ensuite de nourriture aux insectes et de berceau à leurs larves. On distingue chez nous le *nécrophore fossoyeur* (*necrophorus vespillo*), long de 15 à 20 millim., noir, avec des antennes rouges, et deux bandes orangées sur les étuis.

NÉCROPOLE s. f. (préf. *nécro*; gr. *polis*, ville). Chez certains peuples anciens, partie d'une ville destinée aux sépultures; cimetière: *toutes les villes d'Égypte avaient leur nécropole*. — C'est surtout dans les montagnes de la Thébaïde que se trouvent ces immenses excavations destinées aux sépultures royales et dont l'entrée était figurée par un simulacre de portique taillé dans le roc. L'Égypte, l'Arabie, la Cyrénaïque et l'ancienne Étrurie possèdent encore des restes de ces tombeaux souterrains renfermant des peintures et des sculptures fort intéressantes pour l'histoire de l'art.

*** NÉCROSE** s. f. (gr. *nekrosis*). Méd. Mortification des os: *la nécrose est aux os ce que la gangrène est aux parties molles*. — La nécrose se distingue de la carie en ce que cette dernière n'est simplement l'*ulcère* des os, tandis que la nécrose en est la *gangrène*. Les os plats et le corps des os longs sont les plus sujets à cette maladie. Lorsque les couches superficielles seules des os sont atteintes, il y a ce qu'on appelle *exfoliation*; si l'os est atteint dans toute son épaisseur, la partie éliminée prend le nom de *séquestre*. Les causes internes de la nécrose sont: l'infection vénérienne, les scrofules, etc.; les causes externes les plus fréquentes sont la dénudation des os, les contusions, les fractures, le chaud et le froid excessifs. Les symptômes sont: le gonflement avec douleurs vives, profondes, s'étendant jusqu'au centre des membres, la formation de petits abcès isolés produisant une quantité de pus qui amène aucune réduction dans la partie tuméfiée. Quant au traitement, si les causes sont internes et manifestes, il s'efforce de combattre chacune de ces causes, avec énergie, et par les moyens indiqués pour chacune d'elles; si les causes sont externes, on emploiera des applications topiques résolutives, émollientes, toniques et calmantes. En tout cas, le malade doit être soutenu par un régime et un traitement médical réconfortant. Quelquefois la gravité de l'affection et la profondeur du mal rendent l'amputation nécessaire.

NÉCROSER v. a. Produire la nécrose. — Se nécroser v. pr. Se mortifier; être atteint de la nécrose.

NÉCROTOMIE s. f. (préf. *nécro*; gr. *tomé*, section). Dissection d'un corps mort. On dit aussi MORTUISECTION.

*** NECTAIRE** s. m. (lat. *nectarium*). Bot. Partie de certaines fleurs qui contient le suc dont les abeilles composent leur miel. — Ce terme fut d'abord appliqué par Linné aux parties de la fleur où se sécrète le nectar ou miel. On a ensuite employé pour désigner tout appendice anormal de la fleur, ou tout développement extraordinaire de ses parties.

Il a été donné aussi à la coupe qui entoure les étamines dans le *narcissus*, à différents disques et glandes de la fleur, et, de fait, à toutes les parties de la fleur qui ne se rapportent pas proprement au calice, à la corolle, aux étamines et aux pistils. Ayant pris un sens si vague et si indéfini, ce terme a été, depuis plusieurs années, abandonné par les meilleurs auteurs, et peut être considéré comme tombé en désuétude.

NECTAIRE (Saint-), comm. de l'arr. et à 28 kil. N.-O. d'Issoire (Puy-de-Dôme); 1,500 hab. Sources minérales incrustantes. Fromages estimés.

NECTANÉBO, nom de deux rois d'Égypte : I, régna de 375 à 363 av. J.-C. Il battit 20,000 Grecs commandés par Iphicrate et 200,000 Perses conduits par Pharnabaze. — II, petit-fils du précédent, mort en 350 av. J.-C.; fut battu en 354 par Ochus, roi de Perse, et se réfugia en Éthiopie.

* **NECTAR** s. m. (gr. *nektar*). Le breuvage des dieux, suivant la Fable. Le nectar était un vin rouge qui donnait la santé, la vigueur, la jeunesse et la beauté à tous ceux qui le buvaient : *Hébé et Ganymède versaient, servaient le nectar aux dieux.* — Fig. Toute sorte de vin excellent, ou de liqueur agréable : *il nous a donné d'un vin qui est du nectar.*

NECTARIFÈRE adj. (fr. *nectaire*; lat. *fero*, je porte). Bot. Qui porte un nectaire.

NECTARIFIQUE adj. Zool. Se dit de certains animaux dont le corps laisse exsuder une liqueur sucrée.

NEDJDI s. m. Cheval d'une race arabe particulière.

NEDJED [nedj-edd] ou **Nejd**, contrée de l'Arabie centrale, sous la domination du sultan des Wahabites, bornée au N. par le Shomer, à l'E. par le golfe Persique, à l'O. par l'Hedjaz et au S. par le Dahna, ou grand désert de sable; 1,219,000 hab., d'après Palgrave (1862). Le pays est divisé en 11 provinces, et la population distribuée dans 316 villes ou villages. Le Nedjed est traversé du N.-E. au S.-O. par une chaîne de montagnes ou plutôt un plateau appelé Jebel Toweik, élevé de 1,000 à 2,000 pieds au-dessus du pays environnant, ou de 3,000 pieds environ au-dessus du niveau de la mer. Le plateau tout entier est coupé par de nombreuses vallées, où se concentrent la fertilité et la population du Nedjed central. Le climat de la partie septentrionale de la chaîne, particulièrement dans la province de Sedeyr, est aussi sain que tout autre. A l'O. de la province Sedeyr, se trouve Woshem, et au S. sont Yemamah, et Aared qui renferme Riyad, capitale du Nedjed. Dans toute cette région centrale, il y a d'abondants pâturages; les moutons, les chameaux, les chevaux et les bestiaux de toute sorte sont supérieurs à ceux des autres parties de l'Arabie. Les chevaux présentent le type parfait de la race arabe, mais ils ne sont pas communs; les chefs seuls ou les personnages de qualité ou de fortune en possèdent. Sur la frontière septentrionale du Nedjed est la province de Kasim, séparée du Nedjed central par un *nefoud*, ou détroit de sable, presque impraticable pendant les mois chauds. Kasim est une vaste plaine large de 90 kil. environ et au moins deux fois plus longue, parsemée de villes et de villages. Les principales villes entourées de murs sont Bereydah (25,000 hab.) et Oneysa (30,000). Une autre province, Hasa, est située sur le golfe Persique. La ville la plus importante en est Hofhuf. Katif, le principal port de mer de Nedjed, est à environ 25 kil. de Hofhuf. Le Hasa était autrefois connu pour ses manufactures de tissus mélangés laine et soie, et pour ses manteaux brodés. Ses ouvriers en métaux précieux, en cuivre, en airain,

n'avaient point de rivaux. Mais les Wahabites proscrivant toute espèce de luxe, ces branches d'industrie, qui donnaient lieu autrefois à un commerce important, ont péri. Une grande partie du reste du pays est un désert semé çà et là d'oasis. Les grandes routes de pèlerinage de la Perse aux cités saintes passent à travers le Nedjed. — Le Nedjed contient deux éléments différents dans sa population : ceux qui sont de rigides Wahabites par leurs croyances, et ceux qui ne sont Wahabites que parce qu'ils sont assujettis. Le gouvernement est un despotisme pur. Les forces militaires montent à environ 50,000 hommes. Palgrave estime le revenu annuel à 25,000,000 fr. environ, plus une somme à peu près égale provenant de contributions, d'amendes, de dépouilles de guerre, etc. (Voy. WAHABITES.)

NEEDLES (The) [nidd'-eulzz], mots anglais signifiant : *Les Aiguilles*. Groupe de cinq rochers pyramidaux dans la Manche, au large de l'extrémité O. de l'île de Wight. En 1764, le principal, haut de 120 pieds, s'écroula et disparut presque entièrement.

NEDROMA, ville de la province d'Oran (Algérie), à 200 kil. de la ville d'Oran; 5,000 hab.

NÉE (François-Denis), graveur, né à Paris en 1732, mort dans la même ville en 1818. Il restaura les cuivres du *Recueil des peintures antiques* et illustra de nombreux ouvrages.

NÉE DE LA ROCHELLE I. (Jean), littérateur, né à Clamecy (Nièvre) en 1692, mort dans la même ville en 1772. On a de lui : le *Maréchal de Boucicaut* (Paris, 1813, in-12); le *Czar Démétrius* (Paris, 1715); la *Duchesse de Capoue* (1732); *Coutumes du comté et bailliage d'Auxerre* (1749), etc. — II. (Jean-François), littérateur; petit-fils du précédent, né à Paris en 1751, mort en 1838. On lui doit : *Bibliographie instructive* (Paris, 1782); *Bibliothèque historique* (Paris, 1806); *Médée* (Paris, 1813, 4 vol.); *Recherches historiques et critiques sur l'établissement de l'art typographique en Espagne et en Portugal* (1831), etc.

NEEF [nèf], ou **Neefs.** I. (Pierre), le *Vieux*, peintre flamand d'Anvers, né vers 1570, mort en 1651. Se distingua par son talent pour la perspective et les vues architecturales. Il peignit principalement des intérieurs d'églises et de temples, contenant ordinairement des figures faites par Jean Breughel, Teniers et autres. Le musée du Louvre possède 5 toiles de sa main. — II. (Pierre-Martin), le *Jeune*, né à Anvers en 1601, mort en 1658. Fils du précédent et peintre comme lui, ne fut jamais son égal.

NELLE (nile) (Henry), écrivain anglais, né en 1798; il se donna la mort dans un accès de folie le 7 février 1828. Parmi ses ouvrages on cite : *Romance of English History* (1827), des « Légendes » (*Tales*) et deux volumes de poésies.

NÉERLANDAIS, AISE s. et adj. De la Néerlande; qui appartient à ce pays ou à ses habitants.

NÉERLANDE. Voy. PAYS-BAS.

NEERWINDEN. Voy. NERWINDEN.

NEES VON EZENBECK (Christian-Gottfried-Daniel) [nèss fonn è-zenn-bek], botaniste allemand, né dans la Hesse-Darmstadt, en 1776, mort en 1858. Après avoir pratiqué la médecine, il fut professeur de botanique à Erlangen en 1818, puis, la même année, à Bonn, puis à Breslau en 1830, et, directeur du jardin botanique de cette dernière ville. Il se mêla activement aux mouvements de réforme et à la politique démocratique. En 1848, il fonda une société dans l'intérêt des travailleurs, et, en 1851, il fut déposé de sa chaire. Il croyait au spiritisme contemporain. Dans son *Manuel de botanique* (*Handbuch der*

Botanik, 1820-'21, 2 vol.), il démontra scientifiquement la vérité de la théorie de Gœthe, que les différentes parties de la fleur sont toutes des modifications d'un seul type commun, la feuille. Son plus grand ouvrage, qui traite des plantes cryptogames, est intitulé *Naturgeschichte der europæischen Lebermoose*, ou *Erinnerungen aus dem Riesengebirge* (1833-'38, 4 vol.) Outre d'autres nombreux ouvrages, il publia *Die Natur philosophie* (1841), qui devait être la première partie d'un « Système de philosophie spéculative ».

* **NEF** s. f. [nèff] (lat. *navis*, navire). Navire En ce sens, il n'est plus d'usage qu'en poésie: *sur sa nef vagabonde*. — MOULIN A NEF, moulin à eau construit sur un bateau. — Partie d'une église qui est comprise entre les bas côtés, et qui s'étend depuis la porte principale jusqu'au chœur : *la nef de l'église Notre-Dame.* — NEFS LATÉRALES, les bas côtés d'une église. — ÉGLISE A TROIS NEFS, A CINQ NEFS, église qui a une nef principale et deux ou quatre nefs latérales.

* **NÉFASTE** adj. (lat. *nefastus*; de *nefas*, violation de la loi religieuse). Antiq. On distinguait par ce nom, dans le calendrier romain, les jours consacrés au repos, et où il était défendu par la religion de vaquer aux affaires publiques. Ainsi JOURS NÉFASTES est synonyme de JOURS DÉFENDUS. Ce disait aussi des jours de fêtes solennelles qui étaient accompagnées de sacrifices ou de spectacles; et, plus ordinairement, jours de deuil et de tristesse destinés à l'inaction et regardés comme funestes, en mémoire de quelque disgrâce éclatante du peuple romain : *l'anniversaire de la journée d'Allia et celui de la défaite de Cannes, étaient des jours néfastes.* — Ce qui est une cause de deuil, de tristesse : *une guerre néfaste.*

NÈFE s. f. (holl. *neb*). Fauconn. Partie renflée du bec d'un oiseau de proie.

NEFFTZER (Auguste), journaliste, né à Colmar (Haut-Rhin) en 1820, mort en août 1876; écrivit d'abord dans la *Presse*, où il fit sa réputation, puis dans le *Temps*, dont il fut le principal fondateur.

* **NÈFLE** s. f. (lat. *mespilum*). Sorte de fruit qui a plusieurs noyaux, dont la peau est de couleur grisâtre, et qui n'est bon à manger que quand il est amolli par le temps : *grosse nèfle.* — Prov. et fig. AVEC LE TEMPS ET LA PAILLE LES NÈFLES MURISSENT, on vient à bout de bien des choses avec du soin et de la patience. — ◡◡ Jargon. DES NÈFLES, non.

* **NÉFLIER** s. m. Bot. Genre de rosacées pomacées, comprenant plusieurs espèces d'arbres ou d'arbrisseaux indigènes, dont les fruits portent le nom de nèfles. — L'espèce la plus importante est le *néflier commun* (*mespilus germanica*), haut de 3 à 4 m., épineux à l'état sauvage, assez commun dans nos bois. Ses fruits sont âpres et acerbes avant leur maturité; on les rend comestibles en les étendant sur la paille, où ils deviennent mous et bruns en dedans; quoique sains et nourrissants, ils sont peu recherchés; leurs propriétés sont astringentes. Le bois dur, et souple du néflier sert pour les ouvrages de tour; mais il se fendille assez facilement.

NÉFOUD s. m. Grande étendue de sable en Arabie. — Les NÉFOUD ou *filles du grand désert*, régions de l'Arabie, qui sont des bras du vaste océan de sable qui couvre un tiers de la péninsule.

NÉGAPATNAM ou **Négapatam**, ville maritime en ruines du district de Tanjore, à 100 kil. S. de Pondichéry. Cette colonie, fondée par les Portugais, leur fut enlevée en 1660 par les Hollandais qui s'en virent dépouiller à leur tour, en 1781, par les Anglais. — Le 6 juillet 1782, le bailli de Suffren, à la tête d'une escadre française, et l'amiral anglais

Hughes se livrèrent, en face de cette ville, un sanglant combat dont l'issue resta indécise.

NÉGATEUR, TRICE s. et adj. (lat. *negator*; de *negare*, nier). Qui nie habituellement.

* **NÉGATIF, IVE** adj. (lat. *negativus*). Didact. Qui exprime une négation : *proposition, particule négative.* — ARGUMENT NÉGATIF, PREUVES NÉGATIVES, par opposition à ARGUMENT POSITIF, à PREUVES POSITIVES. — Fam. CET HOMME EST NÉGATIF, A L'AIR NÉGATIF, il refuse toujours, ou il a l'air d'un homme toujours prêt à refuser ce qu'on lui demande. — Algèb. GRANDEURS ou QUANTITÉS NÉGATIVES, celles qui sont l'opposé des grandeurs et des quantités positives, et qu'on fait précéder du signe de la soustraction : *ce qu'un homme doit au delà de ce qu'il possède est un avoir négatif, une quantité négative.* — Phys. ÉLECTRICITÉ NÉGATIVE ou RÉSINEUSE, celle que l'on développe en frottant un morceau de résine avec de la laine; il est opposé à ÉLECTRICITÉ POSITIVE ou VITRÉE. — PÔLE NÉGATIF, le pôle d'une pile galvanique opposé au PÔLE POSITIF. — Photogr. ÉPREUVE NÉGATIVE. (Voy. *Épreuve.*) — s. f. Proposition qui nie : *l'un soutenait l'affirmative, l'autre la négative.* — Refus. Dans ce sens, on dit, IL EST FORT SUR LA NÉGATIVE, il est accoutumé à refuser ce qu'on lui demande. — Gramm. Mot qui sert à nier : *non, ni, ne, sont des négatives.* Dans ce sens, on dit plus ordinairement, NÉGATION.

* **NÉGATION** s. f. (lat. *negatio*). Didact. Action de nier. Est opposé à affirmation : *toute proposition contient affirmation ou négation.* — Gramm. Mots qui servent à nier, comme NE, PAS, etc. : *en latin, deux négations valent une affirmation.*

* **NÉGATIVE** s. f. Proposition qui nie, refus : *soutenir la négative; répondre par la négative.* (Voy. AFFIRMATIVE.)

* **NÉGATIVEMENT** adv. D'une manière négative : *il répondit négativement.*

NÉGATIVITÉ s. f. Phys. État d'un corps qui manifeste des phénomènes de l'électricité négative.

NÉGATOIRE adj. Qui sert à nier et à refuser : *formule négatoire.* — Jurispr. ACTION NÉGATOIRE, action par laquelle on essaye de faire déclarer que la partie adverse n'a pas tel ou tel droit.

NEGAUNEE [né-gau'-ni], ville du Michigan (États-Unis), à 20 kil. de Marquette; 3,741 hab. (1874). Mines abondantes et plusieurs hauts fourneaux importants.

* **NÉGLIGÉ** s. m. Costume du matin, costume négligé. Se dit particul. de l'état où est une femme quand elle n'est point parée : *elle était ce matin dans le plus joli des négligés.*

* **NÉGLIGÉ, ÉE** part. passé de NÉGLIGER. — RHUME NÉGLIGÉ, rhume qu'on a laissé s'invétérer, faute de soins. — POÈTE NÉGLIGÉ, poète qui ne soigne pas assez son style. — UNE BEAUTÉ NÉGLIGÉE, une femme belle et qui dédaigne la parure.

* **NÉGLIGEABLE** adj. Mathém. Se dit des petites quantités qui peuvent être négligées sans inconvénient, dont il est inutile de tenir compte : *quantités négligeables.*

* **NÉGLIGEMMENT** s. m. [-je-man]. Action de négliger avec dessein. Ce mot n'est usité que dans les arts : *négligemment de pinceau.*

* **NÉGLIGEMMENT** adv. [né-gli-ja-man]. Avec négligence : *s'habiller négligemment.*

* **NÉGLIGENCE** s. f. [-jan-se]. Défaut de soin, d'exactitude, d'application : *grande, extrême négligence.* — Se dit particul. du peu de soin qu'une personne apporte à son vêtement, à son extérieur : *sa négligence faisait du tort à sa beauté.* — NÉGLIGENCE DE STYLE, ou simplement, NÉGLIGENCE, se dit des fautes légères que fait un auteur, lorsqu'il n'apporte pas

assez de soins à corriger son style : *il y a dans cet ouvrage de grandes négligences de style.* — pl. Se dit en bien dans plusieurs acceptions : *il y a quelquefois des négligences qui ont de la grâce.*

* **NÉGLIGENT, ENTE** adj. Qui n'a pas les soins qu'il devrait avoir : *je ne vis jamais homme plus négligent.* — s. *C'est un insupportable négligent.*

* **NÉGLIGER** v. a. (lat. *negligere*). N'avoir pas soin de quelque chose comme on le devrait, ne pas s'en occuper : *il ne faut rien négliger.* — Particul. Ne pas mettre en usage : *il n'a négligé aucun des moyens qui pouvaient assurer la réussite de son affaire.* — NÉGLIGER QUELQU'UN, n'avoir pas soin de le voir assidûment, ou aussi souvent que l'exigeraient les devoirs de société : *vous négligez fort vos amis.* — CET HOMME NÉGLIGE SA FEMME, il n'a pas pour elle les soins, les attentions qu'il devrait avoir; il ne lui donne pas les marques d'affection qu'elle a droit d'attendre de lui. — NÉGLIGER UNE OCCASION, la laisser échapper, ne pas en profiter : *il a négligé une occasion de faire fortune.* — Se dit aussi en parlant de quantités fort petites qu'on omet dans un calcul, parce qu'elles ne peuvent influer sensiblement sur le résultat, sur le total : *dans les calculs d'approximation, on néglige les quantités extrêmement petites.* — Se négliger v. pr. N'avoir pas soin de sa personne ou de sa propreté, pour l'ajustement : *je l'ai vu très bien vêtu, mais aujourd'hui il se néglige.* — S'occuper moins exactement qu'à l'ordinaire de son devoir, de sa profession, de son travail, etc. : *cet auteur travaillait autrefois avec grand soin, maintenant il se néglige.*

NEGO [né-go] (1er pers. du prés. de l'ind. du v. *negare*, nier), locution latine qui signifie : *je nie*, et dont on se sert souvent, sur le ton de la plaisanterie, pour indiquer que l'on ne peut admettre une chose : *oh! pour cela, nego.*

* **NÉGOCE** s. m. (lat. *negotium*). Trafic, commerce : *se mettre dans le négoce.* On dit COMMERCE, et non pas NÉGOCE, en parlant d'un État, d'une nation, d'un peuple : *le commerce*, et non pas *le négoce de la France.* — Fig. Certaines industries auxquelles il est honteux, messéant, dangereux de se livrer : *cet homme fait un vilain, un étrange négoce.*

NÉGOCIABILITÉ s. f. Qualité, état de ce qui est négociable.

* **NÉGOCIABLE** adj. Qui peut se négocier. Ne se dit guère que des effets publics, des lettres de change, des billets, etc. : *cette action, cette lettre de change, cet effet, ce billet n'est pas négociable.*

* **NÉGOCIANT** s. m. Celui qui fait le négoce : *gros, riche, habile négociant.* — Le mot NÉGOCIANT a un sens plus relevé que celui de MARCHAND. Le négociant fait le commerce en grand.

NÉGOCIATEUR s. m. Celui qui négocie quelque affaire considérable auprès d'un prince, d'un État : *négociateur intelligent.* — Se dit quelquefois des personnes qui négocient quelque affaire particulière; et, en ce sens, il prend une terminaison féminine lorsqu'on parle d'une femme : *elle a été la négociatrice de ce mariage.*

* **NÉGOCIATION** s. f. Art, action de négocier les grandes affaires, les affaires publiques : *il est habile dans la négociation.* — Affaire même qu'on traite et qu'on négocie : *il a une négociation difficile, délicate entre les mains.* — Se dit aussi en parlant des affaires particulières : *vous voulez que je l'engage à vous donner sa fille en mariage : vous me chargez là d'une négociation difficile.* — Comm. LA NÉGOCIATION D'UN BILLET, D'UNE LETTRE DE CHANGE, etc., le trafic qui se fait de ces sortes d'effets par les agents de change, les banquiers, les marchands, etc.

* **NÉGOCIER** v. n. Faire négoce, faire trafic : *il s'est mis depuis peu à négocier dans le Levant.* — v. a. En parlant des effets publics, des lettres de change, des billets, etc., signifie, les transporter, les céder à un autre qui en donne la valeur, en retenant ordinairement l'intérêt de la somme : *négocier des lettres de change, des billets.* — Traiter une affaire avec quelqu'un : *c'est lui qui a négocié cette affaire, ce mariage, cette réconciliation.* — Absol. *C'est un homme qui négocie avec beaucoup d'adresse.* — Se négocier v. pr. *Le papier sur Londres se négocie au pair.*

* **NÈGRE** s. m. (lat. *niger*, noir). Nom qu'on donne en général à la race des noirs, et spécialement aux habitants de certaines contrées de l'Afrique : *la traite des nègres est abolie.* — Se dit des esclaves noirs employés aux travaux des colonies : *il a cent nègres dans son habitation.* — Fam. TRAITER QUELQU'UN COMME UN NÈGRE, le traiter avec beaucoup de dureté et de mépris. — FAIRE TRAVAILLER QUELQU'UN COMME UN NÈGRE, exiger de lui un travail pénible, le faire travailler sans relâche. — Adj. *La race nègre.* — NÈGRE MARRON, esclave nègre enfui de chez son maître. — ENCYCL. On donne le nom de nègres aux hommes qui habitent l'Afrique, principalement entre le 10e degré de lat. N. et le 20e degré de lat. S., et à leurs descendants répandus dans l'ancien et dans le nouveau monde. Ce terme ne comprend pas les Africains septentrionaux (Égyptiens, Berbères, Abyssiniens, Nubiens, etc.), ni au sud, les Hottentots, bien que, sur quelques points de leurs frontières, il y ait eu un mélange considérable de sang et de dialectes nègres. Le terme nègre, par conséquent, n'est pas une appellation nationale; il désigne un type idéal distingué par certains caractères physiques. Les Égyptiens connurent les nègres vers 2300 av. J.-C.; ils les représentèrent sur leurs monuments dès 1600. Les Grecs ne les connurent que dans le VIIe siècle av. J.-C. Les nègres typiques de la côte de Guinée sont généralement des sauvages grossiers et presque nus, d'une couleur noire foncée et aux traits hideux; dans l'intérieur beaucoup de tribus sont cannibales. Ceux de la côte des Esclaves sont les plus dégradés. Les Cafres de l'Afrique méridionale peuvent aussi se classer parmi les nègres, de même que les races de Mozambique et de la côte orientale de l'Afrique. — La peau du nègre est douce et moelleuse, d'un rouge de cerise foncé chez le petit enfant, mais de bonne heure noire; elle diffère de celle des blancs principalement par le plus grand nombre de cellules à pigment dans le *rete malpighi* et par le plus grand nombre de glandes cutanées. Leurs cheveux diffèrent de ceux des autres races par leur couleur et par leur nature frisée et crépue. Le crâne est très épais et massif, et il est plat qu'il peut facilement porter des fardeaux. Il est long et étroit avec un front déprimé, un occiput et des mâchoires en saillie, et un angle facial de 70 à 65e. La taille du nègre atteint rarement six pieds et n'est pas souvent inférieure à 5 pieds et demi. Les nègres sont peu sujets à la fièvre jaune; ils le sont davantage aux affections cutanées; mais ils prospèrent sous les chaleurs les plus brûlantes et dans l'humidité des tropiques. Les albinos sont assez communs chez toutes les races nègres, quel que soit le pays qu'elles habitent. Les nègres produisent avec les blancs et les autres races une race hybride, qui ne garde sa fécondité que pendant quelques générations, et qui, à moins de se mélanger de nouveau au sang primitif, tend à s'éteindre par la maladie et la stérilité. Le rejeton d'un nègre et d'un blanc s'appelle mulâtre; celui d'un mulâtre et d'un blanc, quarteron; un observateur ordinaire ne peut que difficilement distinguer un homme de couleur, à un degré moindre.

d'un blanc qui aurait la peau brune. — Les Africains déploient beaucoup d'adresse dans les travaux manuels. Leur religion consiste dans l'adoration d'idoles et de fétiches, représentant un pouvoir suprême dont ils reconnaissent l'existence; ils croient aux bons et aux mauvais esprits et à la sorcellerie. Ils croient moins à une vie future, et quelques tribus à la transmigration des âmes. Ils se convertissent facilement aux religions étrangères. Ils aiment beaucoup la musique, ont un sentiment très vif du ridicule et sont d'un tempérament gai. Bien que cruels envers leurs ennemis et leurs prisonniers, ils ont naturellement bon cœur, et la tendresse des filles et des mères est remarquable. Ils sont moins sales sur leur personne et dans leurs demeures que la plupart des autres races barbares. — Pour les langues nègres, voy. AFRIQUE (*langues de l*'), et les articles sur les tribus importantes.

NEGRELLI (Aloys von), ingénieur autrichien, né dans le Tyrol en 1799, mort en 1838. Il construisit le premier chemin de fer suisse, de Zurich à la frontière allemande, et devint, en 1849, directeur général des travaux publics en Autriche. De 1855 à 1857, il eut la surveillance de tous les chemins de fer autrichiens et ensuite celle du percement de l'isthme de Suez.

NÈGREPELISSE, ch.-l. de cant., arr. et à 17 kil. N.-E. de Montauban (Tarn-et-Garonne). Minoteries, tanneries, commerce de grains.— En 1622, cette petite ville, qui était au pouvoir des protestants, fut prise par Louis XIII et traitée avec la plus excessive rigueur.

NÉGREPONT. Voy. EUBÉE.

* NÉGRERIE s. f. Lieu où l'on renfermait les nègres dont on faisait commerce.

* NÉGRESSE s. Féminin de nègre : *c'est une jeune négresse.*

* NÉGRIER adj. m. N'est usité que dans des locutions qui tendent elles-mêmes à disparaître, à mesure qu'on parvient à supprimer effectivement la traite des nègres, abolie légalement depuis de longues années, ex. : VAISSEAU OU BATIMENT NÉGRIER, ou simplement NÉGRIER, bâtiment qui sert à la traite des nègres; CAPITAINE NÉGRIER, capitaine d'un bâtiment qui a cette destination ; UN NÉGRIER, un marchand de nègres.

NÉGRIER (François-Marie-Casimir), général, né au Mans en 1788, mort en 1848. Engagé volontaire à 17 ans, il fit la plupart des guerres du premier Empire, depuis Friedland jusqu'à Waterloo où il fut grièvement blessé. Lieutenant-colonel en 1825, général de brigade en 1836, il fut nommé commandant de l'Algérie par intérim en 1837, fit quelques expéditions heureuses contre les Kabyles et rentra en France en 1842. Nommé au commandement de la 46e division militaire dont le siège était à Lille; le département du Nord l'envoya à l'Assemblée législative (1848); il y fut nommé questeur. Ayant eu un commandement actif pendant les journées de Juin, il fut frappé d'une balle au front à l'entrée du faubourg Saint-Antoine.

* NÉGRILLON, ONNE s. [*ll* mll.]. Petit nègre, petite négresse.

NEGRITOS [ne-gri'-toss], naturels des îles Philippines, classés d'ordinaire avec les Papous. Ils représentent, dans une certaine mesure, les populations appelées negrillos par le Dr Pickering, qui en fait une subdivision de la race papoue et de la famille mélanique ou noire du genre humain. On ne les trouve que dans les districts montagneux, particulièrement dans la partie septentrionale de Luçon. Fr. Muller les classe parmi les Papous de type pur, tandis que A.-R. Wallace croit qu'ils sont d'origine asiatique plutôt que poly-

nésienne; Peschel les appelle Papous asiatiques, en opposition aux Papous australiens. Ils ont les cheveux laineux, et le nez plat, large à la base; ils ne sont pas noirs, mais d'un cuivré foncé. (Voy. PAPOUS, RACE ET LANGAGES.)

NEGRO (Rio). Voy. RIO-NEGRO.

* NÉGROMANCIEN. Voy. NÉCROMANCIEN.

NÉGROPHILE s. (fr. *nègre*; gr. *philos*, qui aime). Qui aime les nègres; partisan de l'abolition de l'esclavage.

NÉGROPHOBE s. (fr. *nègre*; gr. *phobos*, crainte). Qui déteste les nègres.

NÉGUS s. m. Titre de l'empereur d'Abyssinie. On écrit aussi NÉGOUS.

NÉHÉMIE, gouverneur juif de la Judée, sous les Perses, et échanson du roi Artaxerxès Longuemain. Il est l'auteur d'une partie au moins du livre de l'Écriture qui porte son nom, et qui continue celui d'Esdras. On y trouve les événements les plus importants de sa vie, des détails sur la reconstruction des portes et des murs de Jérusalem, pendant son énergique administration (vers 445 av. J.-C.), des renseignements statistiques sur l'augmentation de la population et des listes de prêtres et de lévites. On ignore la date de sa naissance et celle de sa mort.

* NEIGE s. f. [nè-je] (lat. *nix*). Eau, vapeur congelée qui tombe des nues sur la terre, en flocons blancs et légers : *la campagne est couverte de neige.* — Fig. BLANC COMME NEIGE, parfaitement innocent. — Prov. et fig. C'EST UNE PELOTE DE NEIGE QUI GROSSIT; CELA GROSSIT COMME UNE PELOTE DE NEIGE; CELA FAIT LA PELOTE, LA BOULE DE NEIGE, se dit des séditions qui croissent progressivement, des sommes qui grossissent par l'accumulation des intérêts, etc. — ŒUFS A LA NEIGE, blancs d'œufs battus de manière qu'ils forment une mousse semblable à de la neige, et qu'on fait cuire dans du lait bouillant et sucré. — ENCYCL. La première condition pour la formation de la

Cristaux de neige.

neige est que l'air, au moment où la température tombe au point de congélation, soit saturé de vapeurs; les limites exactes de la température ne sont pas connues; mais elles varient probablement suivant la densité de l'air et celle de la vapeur. La neige tombe des nuages en petits cristaux agglomérés, dont la forme primaire est le rhomboïde ayant des angles de 60 et de 120°. On a observé plus de mille formes de cristaux de neige.— La neige est parfois rouge, surtout dans les régions polaires. Elle doit cette couleur à un petit champignon (*uredo nivalis*), qui a la

propriété de végéter dans les flocons. — NEIGS D'ANTIMOINE. (Voy. *Oxyde d'antimoine*.)

* NEIGER v. n. N'est usité qu'à l'infinitif et aux troisièmes personnes du singulier. Se dit de la neige qui tombe : *il neige bien fort.* — Fig. et fam. IL A NEIGÉ SUR SA TÊTE, il a les cheveux blancs.

* NEIGEUX, EUSE adj. Chargé, couvert de neige; où il y a beaucoup de neige : *les sommets neigeux de l'Apennin.*

NEILGHERRY (Collines de) [nil-ghir'-ri] (sansc. *Nilgiri*, montagnes Bleues), groupe de hauteurs de l'Inde méridionale, à l'O. de la province de Madras, entre les Ghattes occidentales et les Ghattes méridionales. Le pic le plus haut du groupe est la Dodabetta (8,760 pieds). On y cultive le quinquina depuis 1860. La principale station européenne est à Utakamund, petite ville à 7,300 pieds au-dessus du niveau de la mer, par 40° 24' lat. N. et 74° 27' long. E.

NEILLE s. f. [*ll* mll.]. Techn. Chanvre pris dans une grosse ficelle décordée, dont on se sert pour boucher les fentes d'un tonneau.

NEIPPERG (Albert-Adam, COMTE DE), feld-maréchal autrichien, né à Salzbourg en 1774, mort en 1829. Il fit contre les Français toutes les campagnes de la Révolution et de l'Empire. Après 1814, il devint chambellan de l'impératrice Marie-Louise, envahit le royaume de Naples en 1815, et épousa morganatiquement l'ancienne impératrice des Français, quelque temps après la mort de Napoléon. De ce mariage naquirent trois enfants.

NEISSE [naï-sé], ville de la Silésie prussienne, sur la Neisse méridionale et la Biela, à 50 kil. d'Oppeln ; 21,000 hab. La démolition de la forteresse est en projet. Toile, lainages, armes, poudre à canon. Les hussites assiégèrent Neisse trois fois en 1428. Frédéric le Grand s'en empara en 1741, et les Français la prirent à leur tour en 1807.

NEISSE (La), nom de deux rivières d'Allemagne. — I, rivière qui naît dans la Silésie, arrose Neisse et se jette dans l'Oder, après un cours de 195 kil. — II, Neisse de Lussac, rivière qui se forme en Bohême, par la réunion de la Neisse Noire et de la Neisse Blanche, arrose la Saxe et la Prusse, et se jette dans l'Oder, à 31 kil. S.-E. de Francfort-sur-l'Oder, après un cours de 225 kil.

NÉLATON (Auguste), célèbre chirurgien, né et mort à Paris (17 juin 1807-21 sept. 1873). Il avait deux ans lorsque son père, capitaine de la garde, fut tué à Wagram. Il fut reçu docteur en 1836, et membre de l'Académie de médecine en 1856. En 1862, il fut appelé auprès de Garibaldi, auquel il parvint à sauver le pied dont les plus illustres chirurgiens italiens et étrangers voulaient faire l'amputation. Il inventa une méthode remarquable pour l'extraction des calculs, différente de tous les procédés de lithotritie. Il fit un grand nombre d'opérations heureuses, et fut pendant des années professeur de clinique chirurgicale à la faculté de Paris. Il devint sénateur et académicien. C'était le chirurgien favori de Napoléon III. Son principal ouvrage est intitulé : *Éléments de pathologie chirurgicale* (2e éd. 1867'-70, 5 vol.). Le cinquième volume a été écrit par le Dr A. Jamain, à qui l'on attribue aussi le quatrième.

NÉLICOURVI s. m. Ornith. Espèce de gros-bec qui habite en grandes troupes l'intérieur de l'Afrique méridionale et de Madagascar. Les nélicourvis nichent au bord des ruisseaux, et suspendent leurs nids à l'extrémité des branches des mimeuses, pour les soustraire à l'avidité des quadrupèdes carnivores. Ces nids, formés de paille et de joncs artistement tressés, se composent d'une poche sur l'un des côtés de laquelle est adapté un long tuyau descendant; l'entrée se trouve au bas

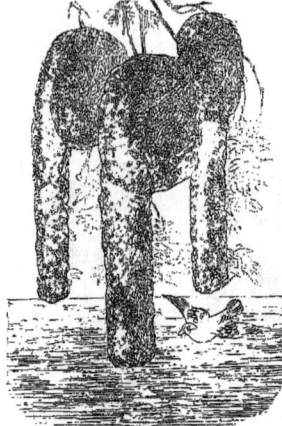

Nélocorvi.

du tuyau. Il n'est pas rare de voir 500 à 600 nids sur le même arbre.

NÉLOMBO. Voy. NÉLUMBO.

NELSON. I, province de la Nouvelle-Zélande, formant la partie N.-O. de l'île du Sud; fer, cuivre, or. — II, capitale de cette province: sur un petit port dans Blind Bay, à 420 kil. à l'O. de Wellington; 6,000 hab. environ. Principales industries: draps et cuirs.

NELSON, rivière de l'Amérique du Nord, dans les colonies américaines; sort de l'extrémité septentrionale du lac Winnipeg et se jette dans la baie d'Hudson, au N. du fort York, après un cours d'environ 580 kil., dans une direction N.-E. Elle a beaucoup de rapides et de chutes.

NELSON (Horatio), vicomte Nelson of the Nile, amiral anglais, né en 1758, tué à la bataille de Trafalgar, le 21 octobre 1805. A l'âge de 12 ans, il partit sur un vaisseau marchand pour les Antilles. En 1773, il montait, en qualité de patron de chaloupe, un des deux vaisseaux de l'expédition arctique du capitaine Phipps. Il arriva au grade de capitaine de vaisseau en 1779, et fut mis sur le Hinchinbrook, où il se distingua au siège du fort San Juan, et en prenant l'île Saint-Barthélemy. En 1782, sur l'Albemarle, il rejoignit la flotte commandée par sir William Hood, à New-York, et alla avec lui aux Antilles. En 1784, sur le Boreas (Borée), il captura quatre bâtiments américains à Nevis, pour avoir violé les lois de la navigation. On lui intenta un procès pour ce fait en Angleterre, mais il fut protégé par le gouvernement. En 1787, il épousa la sœur du gouverneur de Nevis, M. Herbert. En 1793 il rejoignit la flotte de la Méditerranée, sur l'Agamemnon. Avec une petite escadre, il prit Bastia, en Corse, le 19 mai 1794, après un siège de sept semaines. Au siège de Calvi, il perdit un œil. Sous l'amiral Hotham, il se distingua dans un engagement avec la flotte française qui était sortie de Toulon pour livrer bataille aux Anglais, et aborda le Ça Ira et le Censeur, les deux seuls vaisseaux qui furent pris. A la bataille du cap Saint-Vincent (fév. 1797), monté sur le Theseus, il désobéit à l'ordre de l'amiral de virer de bord successivement, se porta sur sept vaisseaux de la flotte espagnole, en emporta un à l'abordage et en contraignit un autre à se rendre. Cela valut à Nelson, qui

avait été nommé contre-amiral avant que l'action fut connue en Angleterre, d'être fait chevalier. En avril, on l'envoya retirer les troupes de Porto Ferrajo, dans l'île d'Elbe, et bientôt après, il commandait l'escadre de réserve au blocus de Cadix. Le 14 juillet, on l'envoya attaquer Santa Cruz, dans l'île de Ténériffe; il emporta la place, mais n'ayant pas pu s'emparer de la citadelle, il dut se retirer. En avril 1798, il rejoignit le earl Saint-Vincent à Gibraltar, et le 9 mai il se mit à la voile pour s'assurer de la destination du vaste armement qui se faisait à Toulon; mais il manqua la flotte française, qui était partie pour l'Égypte, avec Bonaparte et son armée à bord. Il alla deux fois jusqu'à la côte égyptienne, à la recherche de cette flotte; et le matin du 1er août, il aperçut le drapeau tricolore flottant sur les murs d'Alexandrie, et la baie d'Aboukir couverte de vaisseaux. L'action commença à 6 heures 1/4 du soir, et, à part une interruption de 10 minutes lorsque le vaisseau amiral français, L'Orient, sauta, elle dura jusqu'à la pointe du jour. La flotte française fut presque détruite; quatre vaisseaux seulement échappèrent. La nouvelle de la bataille d'Aboukir ou du Nil fut accueillie avec un enthousiasme sans borne par les ennemis de la France. Le commandant victorieux fut créé baron Nelson of the Nile, avec une pension; le parlement lui vota des remerciements et des médailles d'or. Après la bataille, Nelson fit voile sur Naples. Encouragé par sa victoire, le gouvernement napolitain rompit ouvertement avec le Directoire, et envoya une armée, sous le général Mack, contre les troupes françaises qui occupaient les États pontificaux. Elle fut repoussée, les Français entrèrent à Naples, la famille royale prit la fuite, et l'éphémère république parthénopéenne fut établie. Les royalistes rentrèrent bientôt en campagne sous la conduite du cardinal Buffo, devant qui les insurgés napolitains capitulèrent le 23 juin 1799, à certaines conditions. Le 24, Nelson arriva dans la baie et annula la capitulation, fait pour lequel la plupart de ses biographes l'ont sévèrement blâmé. La pendaison du prince Caraccioli, amiral napolitain, qui avait passé aux insurgés et servi la république parthénopéenne, est un autre acte qui obscurcit la mémoire de Nelson. On a dit que dans ces circonstances, l'amiral anglais avait agi sous la pernicieuse influence de lady Hamilton, avec laquelle il avait déjà commencé sa liaison illégitime. Il resta dans la baie de Naples, et réussit à rétablir le roi dans ses États. Bientôt après, il aida le capitaine Ball à assiéger Malte; mais, mortifié par la nomination de l'amiral Keith au commandement en chef dans la Méditerranée, il retourna en Angleterre. En 1801, Nelson commandait en second la flotte de 52 voiles envoyée dans la Baltique sous les ordres de sir Hyde Parker, pour rompre l'alliance formée par la Russie, la Prusse, le Danemark et la Suède. La flotte entra dans le port de Copenhague, et l'attaque fut confiée à Nelson avec 3b vaisseaux, dont 12 de ligne. Il avait à faire face à 18 vaisseaux armés de 628 canons, qui étaient embossés sur une ligne d'un mille de long, et flanqués de deux batteries. L'action commença vers 10 heures du matin, le 2 avril, et dura cinq heures. Vers 1 heure, sir Hyde Parker fit le signal d'arrêter le combat, mais Nelson continua et remporta la victoire. En récompense, il fut créé vicomte. Le 24 juillet, on le nomma commandant en chef de l'escadre destinée à la défense de l'Angleterre, depuis Orfordness jusqu'à Beachy Head; le 15 août, il attaqua la flottille de Boulogne, mais il fut repoussé avec des pertes considérables. Après le traité d'Amiens, il se retira, avec sir William et lady Hamilton, dans son château de Merton, dans le comté de Surrey. Mais la guerre éclatant de nouveau, il fut

nommé commandant de la flotte de la Méditerranée, et mit à la voile le 20 mai 1803. Il bloqua aussitôt Toulon; mais une flotte s'échappa de ce port, le 18 janvier 1805, et rejoignit peu après l'escadre de Cadix. Nelson la poursuivit jusqu'aux Antilles, et revint en Europe, sans parvenir à l'atteindre. Il retourna alors en Angleterre. Apprenant que les flottes combinées française et espagnole étaient à Cadix, il reprit le commandement de la flotte de la Méditerranée, et rencontra l'ennemi au large du cap Trafalgar, le 21 octobre 1805. Ses forces se composaient de 33 vaisseaux de ligne et de 7 frégates. A 11 heures 40 du matin, pendant qu'il se portait sur l'ennemi, il hissa le signal : « L'Angleterre s'attend à ce que tout homme fasse son devoir. » Dans la chaleur du combat, qui se termina par une victoire signalée, il fut frappé d'une balle à l'épaule, et mourut au bout de trois heures. — Parmi les biographies de lord Nelson, il faut citer celles de Robert Southey (2e éd. 1831) et de Pettigrew (1849). Ses lettres à lady Hamilton furent publiées en 1814 (2 vol.), et les Lettres et Dépêches de lord Nelson ont été éditées par sir Harris Nicolas en 1844-'46 (7 vol.).

· NÉLUMBO s. m. [né-lom-bo]. Bot. Genre de belles plantes de la famille des nymphéacées, qui croissent dans les fleuves de l'Asie tropicale, de la Perse, etc. Leur fruit, qu'on appelle aussi FÈVE D'ÉGYPTE sert comme aliment chez les Chinois et les Indiens : on croit que le nélumbo est le lotus des anciens.— Les nélumbos sont de grandes et belles plantes aquatiques semblables à nos nénuphars. De leur rhizome rampant s'élèvent des pétioles longs qui portent de grandes et larges feuilles ombiliquées, étalées sur l'eau.

Nélumbo (Nelumbium luteum).

Le nélumbo élégant ou lis rose du Nil (nelumbium speciosum) porte des fleurs roses, d'une odeur agréable et dont le diamètre est quelquefois de plus de 30 centimètres. On ne le trouve plus dans le Nil; mais il se rencontre dans plusieurs parties de l'Asie méridionale. C'est le lotus des bouddhistes. Le nélumbo d'Amérique (nelumbium luteum), de la Caroline, porte des fleurs d'un jaune pâle. Ses graines ont une saveur douce et sont comestibles ainsi que celles de la première espèce.

NÉMATODE s. m. (gr. nematodès, filamen-

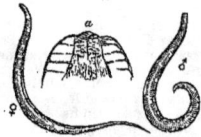

Nématode vermiculaire (oxyuris vermicularis).
a, bouche, vue au microscope.

teux). Helminth. Genre de nématoïdes, comprenant des vers allongés et cylindriques, dont plusieurs espèces vivent en parasites dans le canal alimentaire des grands animaux. — On dit aussi Ascaride. (Voy. ce mot.)

NÉMATOÏDE adj. (gr. *néma*, filament; *eidos*, aspect). Zool. Qui est en forme de fil. — s. m. pl. Helminth. Ordre de vers intestinaux, caractérisé par un corps allongé et comme filiforme. Les nématoïdes possèdent une bouche distincte et un canal alimentaire qui se termine par un anus. Leur système nerveux est bien développé; leurs sexes sont séparés. — Les principaux genres de cet ordre sont : les nématodes proprement dits ou ascarides, les trichines, etc.

NÉMÉE, *Nemea*, ancienne ville de l'Argolide (Péloponèse), sur la route de Corinthe à Argos. On y voit encore les restes d'un temple de Jupiter néméen. — Lion de Némée, lion colossal qui ravageait l'Argolide et qui fut étouffé par Hercule, qui revêtit sa dépouille.

NÉMÉEN, ÉENNE s. et adj. De Némée; qui appartient à cette ville ou à ses habitants. — ᵒ Jeux Néméens, une des grandes fêtes nationales des Grecs, ainsi appelés de Némée, en Argolide, où ils se célébraient tous les deux ans. Les premiers dont la date précise et approximativement fixée eut lieu dans la 52ᵉ ou 53ᵉ olympiade (572-'65 av. J.-C.). L'intervalle qui séparait une fête de l'autre s'appelait une némèade. A l'origine, les guerriers et leurs fils seuls pouvaient y prendre part; mais plus tard ils furent ouverts à tous les Grecs. Les exercices consistaient en courses de chevaux, en courses à pied sous les armes dans le stade, en luttes, en courses de chariots, à lancer le disque et le javelot, en luttes au cesta, à tirer de l'arc et en concours musicaux. Le prix était une guirlande de branches d'olivier d'abord, et ensuite de feuilles d'ache. — s. f. pl. — Les Néméennes, les odes de Pindare qui célébraient des victoires remportées aux jeux néméens.

NEMESIANUS (Marius-Aurelius-Olympius) [né-mé-zi-a-nuss], poète latin du iiiᵉ siècle av. J.-C. Ce fut le poète en vogue de la cour de l'empereur Carus; il a écrit sur la pêche, sur la chasse, et sur la navigation; mais tous ses ouvrages ont péri, à l'exception d'un fragment du *Cynegetica*, poème sur la chasse, dont on trouve une traduction française dans la collection de Panckoucke.

NÉMÉSIS s. f. [né-mé-ziss]. (Mythol. gr.) Fille de la Nuit; on la faisait aussi quelquefois fille de l'Érèbe ou de l'Océan. C'était une personnification de la conscience; elle était avant tout la vengeresse des crimes de famille et se plaisait à humilier les arrogants. On l'adorait particulièrement à Rhamnus, à Patrade et à Cyzique. — La Némésis, recueil de satires hebdomadaires que publièrent Barthélemy et Méry, du 14ᵉ mars 1831 à la fin de février 1832.

NEMESIUS (né-mé-siuss), évêque d'Emesa, philosophe grec, qui florissait vers 400. Il a écrit un traité complet d'anthropologie, où domine la philosophie néo-platonicienne. Quelques écrivains modernes virent dans certains passages de cet ouvrage l'indication de la circulation du sang et des fonctions du foie. On l'avait d'abord attribué à Grégoire de Nazianze.

NEMETACUM, ville principale des Atrebates (Gaule Belgique), plus tard nommée Atrebati (auj. Arras).

NÉMÈTES, ancien peuple de la Gaule Belgique, sur le Rhin, dont la ville principale était Noviomagus (auj. Spire).

NEMETUM, ancien nom de Clermont-Ferrand.

NEMI [né-mi] (anc. *lacus Nemorensis* et *Speculum Dianæ*, lac boisé et miroir de Diane), lac d'Italie, à 25 kil. S.-E. de Rome, fameux dans l'antiquité par son temple de Diane. C'était autrefois le cratère d'un volcan, et il est entouré de collines escarpées couvertes de bois. Le lac n'a pas de dégagement naturel visible; les eaux en sortent par un ancien passage artificiel.

NEMINE CONTRADICENTE, locution latine qui signifie : *personne ne contredisant*, et qui s'emploie, au Palais, quand les parties sont d'accord.

NÉMOCÈRE adj. (gr. *néma*, fil; *keras*, antenne). Qui a les antennes filiformes. — s. m. pl. Famille de diptères, comprenant les tribus des cousins et des tipules.

NEMO DAT QUOD NON HABET, locution latine qui signifie : *personne ne donne ce qu'il n'a pas*.

NÉMORAL, ALE adj. (lat. *nemoralis*; de *nemus*, forêt). Qui habite les forêts.

NE M'OUBLIEZ PAS s. m. Nom populaire du myosotis.

NEMOURS, *Nemosium*, ch.-l. de cant., arr. et à 16 kil. S. de Fontainebleau (Seine-et-Marne); sur le Loing et le canal du Loing; 4,000 hab. Ancien château. Tanneries, marbreries. L'ancienne seigneurie de Nemours fut vendue à saint Louis. Charles VI l'érigea en duché-pairie (1404); elle passa à la maison d'Armagnac en 1461, fut confisquée par Louis XI en 1477, puis rendue à Louis d'Armagnac. Louis XII la donna à son neveu Gaston de Foix (1507); la maison de Savoie la posséda de 1515 à 1566. Le duché de Nemours fut donné en 1689, à Philippe d'Orléans, dont les descendants le conservèrent jusqu'à la Révolution. Le deuxième fils de Louis-Philippe porte le titre de duc de Nemours.

NEMOURS, ville de la province et à 218 kil. d'Oran (Algérie); 4,200 hab. Elle fut construire en 1844. Aux environs, se trouvent quelques ruines de monuments arabes, principalement celles de Djemmaa-Ghazaouah.

NEMOURS (Jacques d'Armagnac, duc de), né en 1437, décapité à Paris le 4 août 1477. Il était fils de Bernard, comte de la Marche, et, en 1462, il épousa la fille du comte du Maine, Louise, cousine de Louis XI, et reçut, à cette occasion, le duché de Nemours avec le titre de duc et pair. Il entra néanmoins dans la *Ligue du bien public* en 1465, se réconcilia avec le roi et fut nommé gouverneur de Paris et de l'Ile-de-France. Irrité d'une nouvelle révolte contre sa personne, le roi Louis XI le fit arrêter. Nemours fut enfermé à la Bastille dans une cage de fer. Ses enfants furent aussi jetés dans des cachots. Les pièces du procès sont conservées à la Bibliothèque nationale (3 vol. in-fol.).

NEMOURS (Louis d'Armagnac, duc de), troisième fils du précédent, mort à la bataille de Cérignole (1503). Enfermé à la Bastille dès l'âge de 5 ans, il n'en sortit qu'à l'avènement de Charles VIII qu'il accompagna en Italie. Vice-roi de Naples sous Louis XII, il perdit contre Gonzalve de Cordoue la bataille de Séminara et fut tué à celle de Cérignole.

NEMOURS (Gaston de Foix, duc de). Voy. Gaston de Foix.

NEMOURS. I. (Jacques de Savoie, duc de), né en 1531, mort en 1585; il était neveu de Charles III, duc de Savoie, et de la mère de François Iᵉʳ. Il se signala au siège de Lens (1552), défendit vaillamment Metz l'année suivante contre Charles-Quint, et servit en Flandre et en Italie jusqu'à la trève de Vaucelles, devint ensuite colonel général de la cavalerie légère et poursuivit avec acharnement les protestants pendant les guerres de religion. Il prit part à la bataille de Saint-Denis (1567) et se consacra ensuite à la cul-

ture des lettres. — II. (Henri Iᵉʳ de Savoie, duc de), second fils du précédent, né à Paris en 1572, mort en 1632. Connu d'abord sous le nom de marquis de Saint-Sorlin, il embrassa le parti des ligueurs qui le nommèrent gouverneur du Dauphiné (1594), se rallia à Henri IV en 1594, se distingua au siège d'Amiens (1597) et épousa, en 1618, Anne de Lorraine, fille unique du duc d'Aumale. — III. (Charles-Emmanuel de Savoie, duc de), fils du précédent, né en 1632. Il se mêla aux troubles qui agitèrent la minorité de Louis XIV, commanda l'armée des princes avec son beau-frère, le duc de Beaufort. Mais, la discorde s'étant mise entre eux, ils se battirent en duel et Nemours fut tué. — IV. (Henri II de Savoie, duc de), frère du précédent, né à Paris en 1625, mort en 1659. Il entra dans les ordres et fut nommé archevêque de Reims en 1651. Mais, l'année suivante, après la mort de son frère, il quitta l'église pour rentrer dans le monde et, en 1657, il épousa Marie d'Orléans, fille du duc de Longueville. Cette princesse a laissé des *Mémoires* que l'on trouve ordinairement joints à ceux du cardinal de Retz. (Voy. Marie d'Orléans.)

NEMOURS (Traité de), traité conclu entre Henri III et les ligueurs, le 7 juillet 1585. Ceux-ci obtenaient du roi : la révocation de tous les édits de tolérance, l'interdiction dans le royaume de tout culte autre que le culte catholique, l'expulsion de tous les prédicateurs calvinistes, celle de tous les protestants qui refuseraient d'abjurer dans le délai de six mois, la mort de tout huguenot qui resterait en France. Henri III, par ce traité, approuvait la conduite des ligueurs et leur donnait même des places de sûreté.

NEMROD s. m. (de *Nemrod*, n. pr.). Homme passionné pour la chasse; habile chasseur : *c'est un nemrod*.

NEMROD, fils de Chus et petit-fils de Cham (Genèse, X), 2230 av. J.-C. Il passait son temps, dit-on, à la chasse des bêtes féroces. On lui attribue la fondation de Babylone. (Voy. ce mot.)

NÉNET s. m. Pop. Sein de femme : *se faire les nénets avec du coton*.

ᵒ **NÉNIES** s. f. pl. (gr. *nénia*). Antiq. Chants funèbres en usage aux funérailles, dans l'ancienne Rome.

ᵒ **NENNI** [na-ni]. Mot dont on se sert pour répondre négativement à une interrogation expresse ou sous-entendue. N'est usité que dans la conversation familière : *voulez-vous aller à la chasse? Nenni*. — Il n'y a point de nenni, c'est une chose forcée, nécessaire : *il faut que vous partiez demain, il n'y a point de nenni*. — Substantiv. Un doux nenni, un refus engageant.

Un doux nenni avec un doux sourire
Est tant honnête! Il le faut vous apprendre.
MAROT.

NENNIUS [nenn-niuss], historien anglais, d'existence douteuse, qui florissait, suppose-t-on, dans la première moitié du ixᵉ siècle. L'ouvrage qu'on lui attribue, *Historia Britonum* ou *Eulogium Britanniæ*, raconte l'histoire de la Grande-Bretagne depuis l'arrivée de Brutus, le Troyen, petit-fils d'Énée, jusqu'à l'an 655 av. J.-C.

NÉNUFAR ou **NÉNUPHAR** s. m. (gr. *numphaia*; de *numphê*, nymphe). Bot. Genre type de la famille des nymphéacées, comprenant plusieurs espèces de plantes aquatiques, à rhizome horizontal charnu, à long pétiole, à grandes feuilles peltées, à fleurs terminales, solitaires, très grandes et offrant souvent de belles couleurs, quelquefois de la couleur jaune. Le *nénuphar bleu (nymphæa cærulæa)* se trouve en Égypte. Ses fleurs sont d'un magnifique bleu d'azur. Le *nénuphar pubescent (nymphæa* *pubescens*), appelé aussi *lotus indien*, a des feuilles à dents velues et des fleurs blanches. On le trouve en Asie et en Afrique. Le *nénuphar lotus* (*nymphæa lotus*), à fleurs d'un blanc carné, croît abondamment dans les plaines de la basse Egypte inondées par le Nil. Le *nénuphar rouge* (*nymphæa rubra*) croît dans les Indes orientales. Nous n'avons, en Europe, que le *nénuphar blanc* (*nymphæa alba*), à feuilles nageantes, à fleurs grandes et d'un beau blanc. Le *nénuphar jaune* fait aujourd'hui partie du genre nuphar.

* **NÉO**, préfixe tiré du grec et qui signifie *nouveau*. Il a servi à composer les mots suivants commençant par *néo*, excepté *néocore*, dont l'étymologie est différente; il peut servir à former d'autres mots du même genre.

NEOBAR (Conrad), célèbre imprimeur, d'origine allemande, né vers l'an 1500, mort en 1540. Il fut le premier imprimeur royal pour le grec (17 janv. 1538, vieux style).

NÉO-CALÉDONIEN, IENNE s. et adj. De la Nouvelle-Calédonie; qui appartient à ce pays ou à ses habitants.

NÉO-CATHOLICISME s. m. Doctrine qui a pour but d'*introduire* dans le catholicisme les idées modernes.

NÉO-CHRISTIANISME s. m. Sorte de philosophie, mi-chrétienne, mi-païenne, que quelques écrivains ont essayé de substituer aux dogmes catholiques.

* **NÉOCORE** s. m. (gr. *neokoros*; de *naos*, temple; *koreö*, je nettoie). Antiq. Officier préposé à la garde et à l'entretien des temples, et de ce qu'ils renfermaient de précieux. — Ville et province qui avaient fait bâtir des temples en l'honneur de Rome et des empereurs: *Smyrne, Ephèse, étaient des néocores d'Auguste.*

* **NÉOGRAPHE** adj. (préf. *néo*; gr. *graphô*, j'écris). Qui veut introduire ou qui admet une orthographe nouvelle et contraire à l'usage: *écrivain néographe.* — s. m. *Les néographes ont quelquefois de bonnes raisons à donner.*

NÉOGRAPHIE s. f. Nouveau système d'orthographe.

* **NÉOGRAPHISME** s. m. Manière d'orthographier, contraire à l'usage: *le néographisme a des inconvénients.*

* **NÉO-LATIN, INE** adj. Linguist. Se dit des langues modernes dérivées du latin: *le français, l'italien, l'espagnol, etc., sont des langues néo-latines.*

NÉOLITHIQUE adj. (gr. *neos*, nouveau; *lithos*, pierre). Archéol. Se dit de la période la moins ancienne de l'âge de pierre, celle pendant laquelle les hommes se servirent d'instruments en cailloux polis ou usés: *l'âge néolithique vient après l'âge paléolithique.*

* **NÉOLOGIE** s. f. (préf. *néo*; gr. *logos*, discours). Invention, usage, emploi de termes nouveaux; et, par extension, emploi des mots usuels, dans un sens nouveau, ou différent de la signification ordinaire: *la néologie, ou l'art de faire, d'employer des mots nouveaux, demande beaucoup de jugement et de goût.*

* **NÉOLOGIQUE** adj. Qui appartient à la néologie ou au néologisme: *langage, style, expression néologique.* Ne se prend guère qu'en mauvaise part.

* **NÉOLOGISME** s. m. Habitude d'employer des termes nouveaux, ou de donner aux mots reçus des significations différentes de celles qui sont en usage, ou se prend en mauvaise part: *la néologie est un art, le néologisme est un abus.* Mot forgé ou transporté sans nécessité d'une langue dans une autre, ou encore mot détourné de sa signification ordinaire: *son style est plein de néologismes.*

* **NÉOLOGUE** s. m. Celui qui, soit en parlant,

soit en écrivant, fait un usage fréquent de termes nouveaux, ou détournés de leur véritable sens. Se prend presque toujours en mauvaise part: *les néologues sont nombreux aujourd'hui.*

* **NÉOMÉNIE** s. f. (préf. *néo*; gr. *ménè*, lune). Astron. anc. Nouvelle lune. — Nom d'une fête qui se célébrait chez les anciens à chaque renouvellement de lune. — Chronol. Premier jour du mois chez les Athéniens.

* **NÉOPHYTE** s. (préf. *néo*; gr. *phutos*, né). Personne nouvellement convertie, nouvellement baptisée: *un zèle, une ardeur, une ferveur de néophyte.* — Adj.: *chrétien néophyte.*

* **NÉO-PLATONICIEN, ENNE** adj. Qui appartient à l'école philosophique d'Alexandrie. Se dit particul. des néo-platoniciens, théosophes et mystiques, disciples d'Ammonius Saccas et de Plotin. — s. *Les néo-platoniciens.*

* **NÉO-PLATONISME** s. m. Doctrine des néo-platoniciens. — Système philosophique qui prit naissance à Alexandrie vers la fin du IIe siècle. On peut en trouver l'origine dans les spéculations de Philon le Juif, du siècle précédent; mais il reçut sa forme définitive d'Ammonius Saccas. Les disciples les plus distingués de celui-ci furent Plotin, Longin le philologue et les deux Origène, dont l'un surnommé Adamantius, n'est autre que le fameux père de l'Eglise. Ammonius s'efforçait de concilier les doctrines de Platon avec celles d'Aristote, et le tout avec le christianisme. Plotin fut le premier qui fit de la nouvelle philosophie un corps écrit et qui l'enseigna à Rome, où il s'établit en 244. Parmi les disciples de Plotin, on remarque Porphyre qui attaqua le christianisme. Iamblique employa le néo-platonisme à soutenir le paganisme. Les derniers néo-platoniciens s'adonnèrent aux études scientifiques et particulièrement à commenter Platon et Aristote. Proclus fut le plus important d'entre eux.

NÉOPTOLÈME. I. Fils d'Achille et de Déidamia, appelé d'abord Pyrrhus à cause de ses cheveux rouges. C'était un des guerriers cachés dans le cheval de bois au siège de Troie. Il égorgea Priam, sacrifia Polyxène sur la tombe d'Achille et épousa Andromaque. — II. Officier d'Alexandre le Grand, qui se distingua d'abord au siège de Gaza, en 332 av. J.-C. Après la mort du conquérant, l'Arménie lui échut en partage. Il fut tué dans un combat par Eumène.

NÉO-PYTHAGORICIEN, IENNE adj. Qui a rapport au néo-pythagorisme: *doctrine néopythagoricienne.* — Substantiv. *Les néo-pythagoriciens.*

NÉO-PYTHAGORISME s. m. Système philosophique imité de celui de Pythagore.

NÉORAMA s. m. (préf. *néo*; gr. *oraô*, je vois). Sorte de panorama tracé sur une surface cylindrique et représentant l'intérieur d'un édifice éclairé et animé par des groupes au milieu desquels est placé le spectateur. Inventé par M. Allaux en 1827.

NÉOZOÏQUE adj. (préf. *néo*; gr. *zoon*, être vivant). Géol. Se dit des fossiles organiques que l'on rencontre dans les terrains les plus récents, et des terrains qui contiennent ces fossiles.

NÉPAUL, royaume indépendant de l'Inde, borné au N. par l'Himalaya, qui le sépare du Thibet, à l'E. par le Darjeeling et le Sikkim; au S. et à l'O. par le Bengale, l'Oude et les provinces du N.-O.; longueur de l'O.-N.-O. à l'E.-S.-E., environ 850 kil.; largeur maximum 215 kil.; 146,963 kil. carr.; 2,000,000 d'habitants environ. La plus grande ville est Katmandu, la capitale. La région centrale du Népaul s'élève de 4,000 à 10,000 pieds au-dessus du niveau de la mer. Il y a une région plus élevée qui va jusqu'aux pics les plus

hauts de l'Himalaya et un pays bas, confinant à la plaine de l'Inde, et comprenant la région houillère unie et humide, connue sous le nom de Terai, qui a de 15 à 30 kil. de large, et borde les frontières du Bengale et de l'Oude. Mais la plus grande partie de la contrée offre une succession de grandes pentes de montagnes formant chaînes, coupées de gorges étroites. Il y a trois grands systèmes de cours d'eau: le Gogra et ses tributaires à l'O.; le Gunduk et ses affluents dans la région du milieu, et le bassin alpestre du Coosy ou Cosi à l'E. Excepté dans les cantons bas, où la malaria règne, le climat est tempéré, égal et sain. Dans la région centrale, pendant des mois de suite, la température reste à peu près stationnaire à 13° C. La formation géologique consiste ici en granit, gneiss et schiste; on trouve du fer, du plomb, du cuivre et du soufre. Le sol est riche. Dans les basses terres on cultive les fruits et les plantes des tropiques; dans les cantons plus élevés, on rencontre le chêne et le pin et l'on récolte l'orge et le millet. Le riz est la base de la nourriture, et on en cultive quelques variétés dans des lieux froids et secs. Les moutons donnent une laine fine. On en élève un grand nombre et l'on fait du fromage de leur lait. Parmi les animaux sauvages, il y a l'éléphant, le tigre, l'antilope, les singes, les ours, y compris le *sun bear*, des moutons, des chèvres sauvages et des renards. Les forêts abondent en oiseaux d'espèces particulières, et les rivières sont pleines de différents poissons. — La principale population du Népaul est formée par les Gorkhas, tribu d'origine mongole mais de religion hindoue, qui a conquis le pays dans la dernière moitié du XVIIIe siècle. (Voy. GORKHAS.) Il y a aussi de nombreuses tribus aborigènes, dont la plus importante est celle des Newars, peuples adonnés à l'agriculture et au commerce et établis dans l'E. Ils sont bouddhistes; mais ils rejettent le bouddhisme du Thibet qui prévaut chez les autres tribus aborigènes du Népaul. Le dialecte des Newars et l'hindou prakrit parlé par les Gorkhas, sont les seuls langages du royaume qui possèdent quelque littérature. Le commerce du Népaul n'est pas important. Parmi les industries, on remarque les tissus de coton et les objets de métal. Le gouvernement est despotique et militaire, et très ombrageux à l'égard des étrangers qu'il exclut de chez lui. — On ne sait pas grand chose de ce pays jusqu'à l'invasion des Gorkhas (1768). Un traité de commerce a été conclu avec les Anglais en 1792. En 1814 les empiétements des habitants du Népaul sur le territoire britannique amena une guerre qui se termina par le succès des prétentions anglaises en 1816. Les habitants du Népaul aidèrent les autorités de l'Inde à réprimer la révolte de 1857. Les dernières années, le premier ministre Jung Bahadoor (mort en 1877) était la véritable puissance dans l'Etat. Bien que les étrangers ne soient que rarement admis dans le Népaul, les Anglais sont autorisés à entretenir un ministre résident à Katmandu.

NÉPENTHÉ, ÉE adj. [-pain-]. Bot. Qui ressemble ou qui se rapporte au genre népenthès. — s. f. pl. Famille de plantes dicotylédones, ayant pour type le genre népenthès.

* **NÉPENTHÈS** s. m. (né-pain-tèss) (gr. *né*, non; *penthos*, douleur). Drogue calmante, connue des Egyptiens, de qui Hélène, d'après Homère, avait appris l'art de la composer. — Bot. Genre de népenthées, voisin des aristoloches, et comprenant plusieurs espèces de plantes que l'on trouve dans les marais des Indes orientales, de l'Australie, de Madagascar et de la Nouvelle-Calédonie. Leurs feuilles alternes ont le pétiole ailé à la base; au-dessus de cette aile, le limbe se prolonge en une vrille recourbée, terminée par une urne

pouvant contenir un verre d'eau et recouverte d'un opercule qui la bouche hermétiquement. Cet opercule s'ouvre pendant le jour, et, le soir, l'eau est presque évaporée. On a prétendu que l'eau sécrétée dans le limbe de la feuille est une ressource précieuse pour les voyageurs altérés qui se trouvent dans les régions privées de sources. L'espèce la plus abondante à Ceylan et dans l'Inde est le *népenthès de l'Inde (nepenthes distillatoria).*

NÉPHOSCOPE s. m. (gr. *nephos,* nuage; *shopéó,* je vois). Appareil servant à mesurer la rapidité des nuages, inventé par Karl Braun et décrit à l'Académie des sciences, le 27 juillet 1868.

• **NÉPHRÉTIQUE** adj. (rad. *nephros,* rein). Méd. Qui appartient aux reins. Ne s'emploie guère que dans cette expression, LA COLIQUE NÉPHRÉTIQUE, ou simplement, LA NÉPHRÉTIQUE, sorte de colique causée par le gravier qui se détache des reins, et qui cause de grandes douleurs en passant par les uretères : *il est sujet à la colique néphrétique.* — s. m. Celui qui est affligé de la colique néphrétique : *les néphrétiques sont à plaindre.* — s. et adj. Se dit des remèdes propres aux maladies des reins, et en particulier à la colique néphrétique : *la graine de lin, la pariétaire, sont des remèdes néphrétiques, sont des néphrétiques.*

• **NÉPHRITE** s. f. (gr. *nephros,* rein). Méd. Inflammation du rein. — Les néphrites sont ou interstitielles ou albumineuses; pour ces dernières, voy. ALBUMINURIE. La néphrite interstitielle est *aiguë* ou *chronique.* La *néphrite aiguë* a pour causes : les contusions, les irritations des conduits excréteurs, la rétention d'urine ou les maladies de la moelle épinière. Elle a pour symptômes : frissons plus ou moins prolongés, chaleur, soif, troubles gastriques, nausées et vomissements. Quant au traitement, on conseille le repos, la diète et les boissons émollientes, mais surtout les les bains tièdes prolongés. La *néphrite chronique* succède souvent à une néphrite aiguë. On emploiera contre elle les sinapismes et surtout des cautères appliqués à la région lombaire.

NÉPHROGRAPHIE s. f. (gr. *nephros,* rein; *graphô,* j'écris). Description des reins.

NÉPHROLITHE s. m. (gr. *nephros,* rein; *lithos,* pierre). Chir. Calcul des reins.

NÉPHROLITHOTOMIE s. f. (gr. *nephros,* rein; *lithos,* pierre; *tomé,* section). Chir. Opération qui consiste à ouvrir le rein pour en extraire les calculs.

NÉPHROLOGIE s. f. (*nephros,* rein ; *logos,* discours). Traité sur les reins.

NÉPHROPLÉGIE s. f. (gr. *nephros,* rein ; *plessô,* je frappe). Pathol. Atonie ou paralysie du rein.

NÉPHRORRHAGIE s. f. (gr. *nephros,* rein ; *rhagê,* écoulement). Écoulement du sang provenant des reins.

NÉPHROTOMIE s. f. (gr. *nephros,* rein; *tomé,* section). Chir. Incision des reins faite, soit pour en extraire des calculs, soit pour donner issue au pus qui s'y trouve amassé.

NEPHTALI, sixième fils de Jacob, le second que lui donna Bilhah, la servante de Rachel. La tribu de Nephtali reçut pour sa part de territoire une portion de la haute Galilée, s'étendant du lac de Gennésareth aux sources du Jourdain; elle était située entre les tribus d'Aser à l'O., de Zabulon au S., de Manassé à l'E. et la Syrie au N. Cette tribu fit plus tard partie de la Galilée.

NÉPOMUCÈNE (Saint) Jean ou JEAN DE NÉPOMUCK. Saint de l'Église catholique romaine, né en Bohême vers 1330, mort en 1383 ou 1393. En 1378, l'empereur Wenceslas le choisit pour prédicateur de la cour et le

nomma aumônier et chapelain de l'impératrice Jeanne. Ayant refusé de révéler à Wenceslas la confession de l'impératrice, il fut cruellement torturé, et finalement jeté dans la Moldau, pieds et mains liés. Il fut canonisé en 1729, et désigné comme le saint patron de la Bohême. Sa fête se célèbre le 16 mai. On a contesté l'authenticité de son histoire.

NÉPOMUCK, ville de Bohême, sur la Rakow, à 28 kil. E.-N.-É. de Klattau; 1,800 hab.

NEPOS (Cornelius) (né-poss), auteur latin, né sous le règne d'Auguste. Presque tous ses ouvrages ont péri. Il avait écrit un abrégé de l'histoire universelle, intitulé *Chronica;* une collection de faits et dits remarquables, ou *Exemplorum Libri ; De Historicis,* et *De Viris Illustribus,* dont on a les vies de Caton et d'Atticus. Les *Excellentium Imperatorum Vitæ* bien connues, qu'on avait longtemps attribuées à Æmilius Probus, sont aujourd'hui regardées comme l'abrégé fait par celui-ci d'un livre de Cornelius Nepos. Les éditions principales sont celles de Lambin (Paris, 1569), de Bosius (Leipzig, 1675), de Roth (Bâle, 1841). Trad. franç. de l'abbé Paul (1784), de Badonvilliers et Noël (1807), etc.

NEPOS (Julius), empereur d'Occident; il régna de 474 à 480. Il acheta la paix d'Euric, roi des Visigoths, en lui cédant l'Auvergne. Assiégé dans Ravenne, il s'enfuit en Dalmatie (475), où Glycérius, son compétiteur le fit assassiner.

NÉPOTIEN (Flavius-Popilius NEPOTIANUS), empereur d'Occident, neveu de Constantin le Grand; consul en 336; auguste en 350; détrôné et mis à mort par Marcellin, neveu de Magnence.

• **NÉPOTISME** s. m. (rad. lat. *nepos,* neveu). Autorité que les neveux d'un pape ont eue quelquefois dans l'administration des affaires, durant le pontificat de leur oncle : *les abus du népotisme ont été funestes au pouvoir pontifical.* — Par ext. Faiblesse qu'un homme en place a d'avancer ses parents.

NEPTUNALIES s. f. pl. Fêtes que l'on célébrait à Rome, le 23 juillet, en l'honneur de Neptune.

• **NEPTUNE** s. m. Mythol. Dieu de la mer. Se prend quelquefois poétiq. pour mer : *ce vaisseau brave les fureurs de Neptune.* — Planète découverte en 1846 sur les calculs de M. Le Verrier. — ◂◂ BIBLIOGR. Recueil de cartes marines.

NEPTUNE (Myth.); lat. *Neptunus,* appelé par les Grecs *Poseidon,* le principal dieu de la mer, et aussi, à l'origine, des fleuves et des sources. Il était fils de Saturne et de Rhée, et frère de Jupiter, de Pluton, de Cérès, de Vesta et de Junon. Après que Jupiter eut renversé son père, l'empire de la mer échut par le sort à Neptune. Il eut pouvoir sur les nuages et les orages, sur les vaisseaux et les marins et sur toutes les divinités de la mer. C'est lui qui créa le cheval et qui enseigna à l'homme à le monter. La femme de Neptune était Amphitrite, dont il eut trois enfants, Triton, Rhodé et Benthesicyme. Dans les œuvres d'art, ses emblèmes sont le trident, le cheval et le dauphin.

NEPTUNE, la plus éloignée des planètes connues, la huitième par ordre de distance du soleil, en ne comptant pas les astéroïdes. Neptune évolue à une distance moyenne du soleil d'environ 4 milliards de lieues. L'excentricité de son orbite est moindre que celle d'aucune autre planète du système solaire (à l'exclusion des astéroïdes), excepté Vénus. Elle ne va qu'à 0,008,720. L'inclinaison de son orbite sur le plan de l'écliptique est de 1° 47'. Elle tourne autour du soleil dans une période sidérale moyenne de 60,126 jours 7200 ou de 164 années tropiques et 226. 8 jours. On évalue son diamètre à ˙ ˙ ˙ viron

55,000 kil. Son volume est environ 105 fois celui de la terre, mais sa densité n'est que 0,16 de celle de la terre; par conséquent sa masse n'excède celle de la terre que d'environ 16 fois 3/4. — Après qu'Uranus eut été observé pendant environ un quart de siècle, on remarqua que sa route n'était pas tout à fait d'accord avec les calculs où l'on tenait un compte exact des perturbations produites par Jupiter et par Saturne. Bouvart, en 1821, exprima l'opinion qu'une planète de taille considérable existait de l'autre côté d'Uranus. Le rév. T.-J. Hussey de Hayes écrivit en 1834 à sir G.-B. Airy, astronome royal d'Angleterre, pour mettre en avant l'idée que la planète extérieure en question pouvait se découvrir par ses effets. En octobre 1845, J.-C. Adams soumit au professeur Airy un travail indiquant la place où l'on trouverait probablement la nouvelle planète. Airy ne semble pas avoir eu une grande confiance dans les calculs d'Adams et ne fit rien pour les vérifier. En juin 1846, Leverrier publia son calcul à lui sur la place de la planète qui produisait les perturbations remarquées; et cette place était, à très peu près, la même que celle que lui assignait Adams en 1845. Le professeur Challis chercha la nouvelle planète, lui même, mais ne sut pas la reconnaître. Le Dr Galle, de Berlin, la trouva le 23 sept. 1846. Neptune a au moins un satellite découvert par Lassell, de Liverpool, en 1847. Il tourne autour de sa planète en 5 jours, 21 heures et 8 minutes, à une distance de son centre égale à 12 fois son rayon supposé, l'éloignement maximum du centre de Neptune qui ait été observé par ce satellite étant de 18".

• **NEPTUNIEN, IENNE** adj. Géol. Se dit de dépôts ou de terrains qui doivent leur origine à l'eau. — THÉORIE NEPTUNIENNE, théorie d'après laquelle la terre a été primitivement couverte par les eaux.

NEPTUNISME s. m. Géol. Hypothèse dans laquelle on attribue à l'action de l'eau la formation des roches constituant la croûte terrestre, quand elles ne présentent pas des traces certaines de fusion.

NEPTUNIUM s. m. Nouveau métal découvert en 1877 par R. Herrmann, dans la tannalite du Connecticut.

NE QUID NIMIS, locution latine qui signifie : *rien de trop,* et que l'on emploie fréquemment pour dire : *pas d'excès, pas de zèle.*

NÉRA, anc. *Nar,* rivière qui prend sa source au pied du mont Sibillo (Italie) et se jette dans le Tibre sur sa rive gauche, à 2 kil. au-dessous d'Orte, après un cours de 106 kil.

NÉRAC, ch.-l. d'arr. à 26 kil. S.-O. d'Agen (Lot-et-Garonne), sur la Baïse, par 44° 8' 12" lat. N. et 2° 0' 1" long. O.; 8,000 hab. Elle possède des fabriques de différents articles, et spécialement de bouchons pour bouteilles. C'était autrefois la capitale du duché d'Albret; on y voit les restes d'un château où Marguerite de Navarre tint sa cour et où Calvin trouva asile.

NERBUDDA, fleuve de l'Inde qui prend sa source à près de 3,500 pieds au-dessus du niveau de la mer. Il coule généralement dans l'O., et, après un cours de 800 kil. à travers les provinces centrales d'Andore et de Bombay, il se jette dans le golfe de Cambay.

NÉRÉE (lat. *nereus*), divinité marine de la mythologie grecque et latine, fils de Partus et de Gœa (ou, dans le mythe romain, de l'Océan et de la Terre, *Oceanus* et *Terra*) et mari de Doris, qui lui donna cinquante filles, les Néréides. Les Néréides étaient les nymphes de la Méditerranée, de même que les Naïades étaient les nymphes des eaux douces, et les Océanides celle de l'océan extérieur. La plus célèbre d'entre elle était Thétis, épouse de Pélée et mère d'Achille.

NÉRÉIDE s. f. Chacune des nymphes qui, suivant la Fable, habitaient dans la mer. — Ann. Genre de vers à corpscylindrique, très allongé, très grêle, composé d'un grand nombre d'anneaux. Les néréides rampent et nagent avec facilité; certaines vivent dans les crevasses des rochers près du rivage, dans les éponges, les coraux, les coquilles abandonnées sous les pierres; d'autres s'enfouissent dans la boue ou le sable; quelques-unes des espèces tropicales sont très grosses, et brillamment phosphorescentes à la nuit. Leur nourriture consiste en matières animales vivantes ou mortes, telles que les vers marins et les invertébrés à corps mou. Les espèces en sont nombreuses, et on en trouve sur presque toutes les côtes. Les souris de mer (*aphrodita*, Linn.) appartiennent au même ordre.

NERF s. m. (nerf; au plur. nèr) (lat. *nervus*). Petits filaments blanchâtres qui, distribués dans les diverses parties du corps, transmettent au cerveau les sensations occasionnées par les objets extérieurs, et portent aux muscles les actes de la volonté : *le cerveau est le principe des nerfs*. — Pop. AVOIR SES NERFS, être sous l'empire d'une grande irritation nerveuse. — Se dit improprement, dans le langage vulgaire, des tendons des muscles : *il s'est foulé le nerf*. — NERF DE BŒUF, le membre génital du bœuf, arraché et desséché. (Dans cette acception, on prononce *Nèr*) : *donner des coups de nerf de bœufs*. — Se dit aussi du membre du cerf. — Fig. et au sens moral. Force, vigueur : *cet homme a du nerf, on ne le fait pas fléchir aisément*. — Prov. L'ARGENT EST LE NERF DE LA GUERRE, on ne soutient la guerre qu'avec beaucoup d'argent. — Cordelettes qui sont attachées au dos du livre, et sur lesquelles les cahiers sont cousus.

NERFÉRER (Se) [nèr-fé-ré]. Art vétér. Se faire une nerf-férure.

NERF-FÉRURE s. f. (fr. *nerf*; vieux fr. *férir*, frapper). Art vétér. Coup, atteinte qu'un cheval a reçu du pied d'un autre cheval, sur le tendon de la partie postérieure d'une jambe de devant ou de derrière.

NERI (Filippo de), appelé communément SAINT PHILIPPE DE NÉRI, saint de l'Église catholique romaine, né à Florence en 1515, mort à Rome le 26 mai 1595. Il distribua sa fortune aux pauvres, fonda à Rome, avec l'aide de Loyola, une association charitable de nobles, prit les ordres en 1551 et se consacra à l'instruction et à l'éducation des enfants et des jeunes gens. Finalement, il fonda la société appelée les *Prêtres de l'Oratoire*, qui eut bientôt des ramifications dans beaucoup de villes. (Voy. ORATORIENS.) Il fut canonisé en 1622.

NÉRIGLISSOR, roi de Babylone de 560 à 556 av. J.-C. Il périt dans une bataille livrée contre Cyrus.

NÉRIS-LES-BAINS, station balnéaire, arr. et à 8 kil. de Montluçon (Allier); 1,000 hab. Eaux bicarbonatées sodiques. Maladies nerveuses, névralgies, hystérie, chorée, affections rhumatismales, maladies utérines, affections cutanées de nature dartreuse.

NÉRITE s. f. (gr. *néros*, humide). Coquillage univalve, operculé et de forme à peu près sphérique, dont il existe plusieurs espèces: *la plupart des nérites vivent dans la mer, et quelques-unes dans l'eau douce*.

NÉROLI s. m. Essence tirée de la fleur d'oranger.

NÉRON, empereur romain, né en 37, mort le 9 juin 68. Il était fils de Cneius Domitius Ænobarbus, et d'Agrippine, sœur de Caligula, et son nom était d'abord Lucius Domitius Ænobarbus. Lorsqu'il avait 12 ans, sa mère épousa son oncle, l'empereur Claude, qui, quatre ans plus tard, donna sa fille Octavie

en mariage à Néron, après l'avoir formellement adopté sous le nom de Nero Claudius-Cæsar-Drusus-Germanicus. En 54, l'assassinat de Claude par Agrippine le mit sur le trône. Les cinq premières années de son règne se distinguèrent par sa clémence et sa justice, bien que sa vie privée fût extrêmement débauchée. Agrippine, qui se trouvait tenue à l'écart du pouvoir, devint bientôt jalouse, et menaça de dévoiler les circonstances de la mort de Claude et d'exciter les légions à soutenir les droits du fils de celui-ci, Britannicus. Néron répondit en faisant empoisonner Britannicus et en se plongeant encore plus avant dans les excès. Poppée, une de ses maîtresses, lui ayant persuadé que sa mère nourrissait des desseins contre sa vie, obtint l'ordre de l'assassiner (59). (Voy. AGRIPPINE.) Ce crime fut suivi du divorce d'Octavie, qui fut mise à mort bientôt après, et du mariage de l'empereur et de Poppée. En 64, un incendie terrible ravagea Rome pendant une semaine. Dius Cassius et Suétone disent que Néron l'alluma lui-même, et on affirma qu'il s'amusait à regarder les flammes du haut d'une tour, en chantant et en jouant de la lyre. Mais l'empereur chercha à en rejeter l'odieux sur les chrétiens, dont il mit à mort un grand nombre. Peu après, il fit mourir C. Calpurnius Pison, Plautius Lateranus, le poète Lucain et Sénèque, son ancien maître et ministre, pour prétendue complicité dans une conspiration. Ayant tué Poppée d'un coup de pied pendant qu'elle était enceinte, Néron épousa Statilia Messalina. Le juriste Longin fut exilé, et les plus vertueux citoyens mis à mort. Au milieu de ces exécutions, Néron visita la Grèce pour y déployer son talent de musicien et de cocher. Les courses de chars, la musique et tous les amusements frivoles absorbaient son temps. Pendant ce temps une formidable insurrection éclata en Gaule sous Julius Vindex, qui offrit la pourpre à Galba, alors gouverneur de l'Espagne tarraconaise. Néron, abandonné par la garde prétorienne et condamné à mort par le sénat, où, après une nuit de terreur et d'irrésolution, il se donna la mort. Les événements militaires du règne de Néron sont la guerre en Arménie contre les Parthes, terminée en 58 par Domitius Corbulo; la révolte de Boadicée en Grande-Bretagne (61), étouffée par Suetonius Paulinus, et le soulèvement des Juifs.

NÉRON (Claudius). Voy. CLAUDIUS NERO.

NÉRON (Claudius-Drusus). Voy. DRUSUS.

NÉRON (Claudius-Tiberius). Voy. CLAUDIUS NERO (*Tiberius*).

NÉRON GERMANICUS (Tiberius-Claudius-Drusus). (Voy. CLAUDE 1ᵉʳ.)

NÉRONDE, ch.-l. de cant., arr. et à 31 kil. S.-E. de Roanne (Loire); 1,300 hab. Fours à chaux.

NÉRONDES, ch.-l. de cant., arr. et à 40 kil. N.-E. de Saint-Amand (Cher); 1,500 hab.

NÉRONIEN, IENNE adj. De Néron, qui concerne Néron. — JEUX NÉRONIENS, concours littéraires pour la poésie et l'éloquence, institués à Rome par Néron (61 ap. J.-C.).

NERPRUN s. m. (de *noir* et de *prune*, à cause de la couleur du fruit). Bot. Genre de rhamnées, comprenant plusieurs espèces d'arbres ou d'arbrisseaux qui habitent principalement les régions tempérées de notre hémisphère. Parmi les espèces les plus importantes, nous citerons : le *nerprun alaterne* (voy. ALATERNE); le *nerprun purgatif* (*rhamnus catharticus*), arbre d'environ 5 m. de haut, à tige dressée et rameuse, à feuilles opposées, ovales, finement dentées et d'un vert clair, à fleurs dioïques, petites, verdâtres; en bouquets à l'aisselle des feuilles. C'est le nerprun des haies et des bois, dans l'Europe tempérée. La

Nerprun purgatif (Rhamnus catharticus).

pulpe de ses fruits est verdâtre, amère et nauséabonde; elle sert, comme purgatif, en tisane ou en sirop; elle est encore très employée pour purger les chiens. Les baies du nerprun fournissent un suc que l'on traite avec une solution d'alun pour en obtenir le *vert de vessie*, fréquemment employé dans les arts. Le *nerprun à baies jaunes* (*rhamnus infectorius*), haut d'environ 2 m., commun dans le midi de la France; à fruits connus dans l'industrie de la teinture sous le nom de *graines d'Avignon* et dont la décoction, traitée par le blanc de céruse, donne la teinture jaune appelée *stil de grain*.

NERTCHINSK [neur-tchinnsk'], ville de la Transbaïkalie, dans la Sibérie orientale, à environ 800 kil. E. d'Irkoutsk; 3,747 hab. Poste militaire commandant la frontière de Chine. Le premier traité de délimitation avec la Chine y fut conclu en 1689. Les célèbres mines du gouvernement de Nertchinsk sont à 400 kil. à l'E. de la ville, dans les monts Nertchinskoï.

NERVA (Marcus-Cocceius), empereur romain, né en 32, mort le 23 janv. 98. Il avait été deux fois consul avant de revêtir la pourpre. Lors de l'assassinat de Domitien, en 96, Nerva fut proclamé empereur par le peuple et les soldats. Il arrêta les persécutions de Domitien, permit aux exilés de revenir, distribua des terres aux pauvres, fit des économies pour le trésor, et accrut les ressources de l'empire.

NERVAL, ALE adj. Bon pour les nerfs. — BAUME NERVAL, baume pharmaceutique, employé en frictions contre les rhumatismes et les entorses; il se compose de 64 gr. de moelle de bœuf, 64 d'huile épaisse de muscade, 4 d'huile volatile de romarin, 4 de baume de Tolu, 2 d'huile volatile de girofle, 2 de camphre pulvérisé, et de 8 d'alcool à 34° Cartier.

NERVAL(Gérard de). Voy. GÉRARD DE NERVAL.

NERVATION s. f. Bot. Ensemble et disposition des nervures d'une feuille.

NERVER v. a. Garnir et couvrir du bois avec des nerfs que l'on colle dessus, après les avoir battus et comme réduits en filasse : *nerver un battoir, les arçons d'une selle*. — Reliure, NERVER UN LIVRE, dresser les nerfs ou les cordelettes sur le dos d'un livre, et les fortifier avec de la colle forte et de la toile ou du parchemin.

NERVEUSEMENT adv. D'une manière nerveuse.

NERVEUX, EUSE adj. Qui appartient aux nerfs : *affection, maladie nerveuse*. — FLUIDE NERVEUX, fluide que l'on supposait en circulation dans les nerfs, et que l'on regardait comme l'agent de la sensibilité et du mouvement. — ÊTRE NERVEUX, avoir les nerfs irritables : *cette femme est très nerveuse*. — Qui a de bons nerfs, qui a beaucoup de force dans les muscles : *c'est un petit homme nerveux*. — Fig. CE STYLE, CE DISCOURS EST NERVEUX, il a de la fermeté, de la vigueur. — Plein de nerfs et de muscles : *le pied est la partie du corps la plus nerveuse*. — Se dit de certaines substances qui ont un caractère particulier de ténacité : *du fer nerveux*. — SYSTÈME NERVEUX, ensemble de tous les nerfs et de tous les centres nerveux avec lesquels ils communiquent. On disait dans le même sens, Le GENRE NERVEUX, mais l'expression a vieilli. — Le système nerveux, l'un des caractères les plus importants et les plus remarquables qui distinguent l'organisation physique des animaux de celle des plantes, est l'existence chez les premiers d'un tissu ou substance particulière, appelé nerf. La propriété spéciale de cette substance est la sensibilité, ou cette faculté par laquelle un animal est capable de recevoir les impressions des objets extérieurs. La substance nerveuse présente deux grandes divisions, distinctes anatomiquement et physiologiquement. L'une, la matière blanche ou fibreuse, a la forme de fibres ou tubes qui servent de conducteurs et sont incapables de donner la force; l'autre, la matière grise, ou cendrée, ou vésiculaire, a la forme de cellules et est la génératrice de la force nerveuse. Les fibres des nerfs sont habituellement divisées en deux classes, les fibres médullaires et les fibres non médullaires; mais il y a en réalité une autre classe que nous devons noter, appelée fibres gélatineuses, ou fibres de Remak. Les fibres médullaires, dont le diamètre est environ $\frac{1}{1400}$ de pouce, ont trois tissus, une membrane d'enveloppe ou fourreau, en dedans de cette membrane, la moelle ou substance blanche de Schwann, et en dedans de celle-ci encore l'*axe cylindrique*. Ce dernier est probablement l'élément anatomique essentiel des nerfs, et existe dans tous, excepté dans les fibres gélatineuses ou fibres de Remak. Dans les fibres médullaires ordinaires, l'axe cylindrique ne peut se voir dans la condition naturelle, parce qu'il réfracte la lumière de la même manière que la substance médullaire. Mais si un nerf frais est traité par de l'acide acétique fort, les bouts séparés des fibres se rétractent, laissant apparaître l'axe cylindrique. On le voit alors comme une bande pâle, légèrement aplatie, quelque peu granuleuse, et quelquefois très finement striée dans le sens longitudinal. Les fibres nerveuses simples ou non-médullaires se trouvent distribuées en très larges proportions dans le système nerveux, principalement en relation avec la distribution des fibres périphériques extrêmes, tandis que les fibres périphériques des nerfs moteurs possèdent encore la moelle. Les fibres gélatineuses de Remak se trouvent surtout dans le système sympathique ou ganglionnaire, particulièrement dans la partie qui fournit aux muscles involontaires non striés. Il existe certaines différences d'opinion relativement aux filaments gélatineux; mais les meilleurs anatomistes s'accordent aujourd'hui à les reconnaître comme des fibres nerveuses. Les fibres de Remak sont beaucoup plus petites que les autres fibres nerveuses, n'ayant environ que $\frac{1}{5000}$ de pouce de diamètre, et contenant des *nuclei* longs de $\frac{1}{4000}$ de pouce environ. — Dans la plupart des animaux, cette espèce de tissu est disposée de façon à former un appareil distinct et complet appelé système nerveux. Son développement est toujours en relation directe avec la complexité de l'organisation physique et le degré de facultés physiques. Quatre principaux types de systèmes nerveux se présentent dans les quatre grandes classes d'animaux : les radiés, les mollusques, les articulés et les vertébrés. — 1° *Radiés*. C'est dans cette classe qu'on trouve la forme la plus simple de système nerveux, correspondant à la simplicité de l'organisation physique, puisque l'animal n'est formé que d'une série de parties similaires. Ainsi dans les *astéries* ou étoiles de mer à cinq branches, nous avons une chaîne de cinq ganglions entourant la masse centrale ou corps, laquelle contient la bouche et la cavité digestive. Ces ganglions sont unis les uns aux autres par des arcs nerveux appelés commissures, et chacun envoie dans le rayon ou membre vis-à-vis duquel il est placé des pro-

longements nerveux. 2° *Mollusques*. Dans ces animaux, nous avons plusieurs organes séparés et distincts, tels qu'un appareil digestif, un foie, des ouïes, des ovaires et des testicules, les fonctions du mâle et de la femelle co-existant généralement dans le même individu; nous avons en outre une enveloppe ou manteau musculaire et un pied ou organe de locomotion. La disposition du système nerveux s'adapte à ces divisions. Ainsi, dans les *aplysia*, il y a un ganglion antérieur ou cérébral résultant de la jonction de deux ganglions au-dessus de l'œsophage. De là partent des petits nerfs qui vont former le ganglion pharyngien, qui fournit l'innervation à l'appareil digestif; de là deux nerfs partent en arrière pour former le ganglion du pied, qui donne aussi les nerfs du manteau; et dans la partie postérieure du corps, il y a un ganglion additionnel, appelé le ganglion branchial, dont les nerfs se distribuent dans les ouïes. 3° *Articulés*. Dans cette classe, le corps est divisé en un certain nombre de segments similaires, dont l'antérieur, appelé la tête, présente le développement le plus grand. Prenant le myriapode comme type, nous remarquons un double cordon nerveux qui court le long de la surface ventrale, et qui a des grossissements en forme de ganglions vis-à-vis chaque articulation. Des prolongements latéraux, qui se réunissent à la surface supérieure du corps, forment une série de commissures circulaires. À la tête, il y a, au point de jonction des prolongements latéraux avec des ganglions infra-œsophagiens, un ganglion qui s'appelle ganglion supra-œsophagien; c'est de cet anneau ou collier que sortent les nerfs optiques et les autres nerfs répartis autour de la tête. 4° *Vertébrés*. Le système nerveux des mammifères se compose d'un axe de matière nerveuse appelée l'axe cérébro-spinal, qui est renfermé dans les cavités du crâne et du canal spinal. Cet axe est constitué par des ganglions et des commissures longitudinales et transversales, et il projette des nerfs qui se distribuent dans les organes de chaque sens spécial, de la sensation et du mouvement ordinaires. Cet axe cérébro-spinal, cependant, avec ses centres, ses commissures et ses nerfs, ne forme qu'une partie du système nerveux chez les vertébrés, celle qui préside aux fonctions purement animales de la locomotion, de la respiration, de la sensation et de l'intelligence. Un système séparé et distinct, appelé le système ganglionique ou sympathique, domine les fonctions de la vie organique ou végétative; ses centres se trouvent dans les cavités qui logent les viscères du corps, ils sont reliés les uns aux autres par des commissures longitudinales et transversales et ils envoient des filaments à tous les viscères. L'axe cérébro-spinal, tel qu'il est développé chez l'homme, peut se décrire brièvement comme suit : le ganglion principal est placé à l'extrémité supérieure de l'axe et s'appelle cerveau ou encéphale. Il est enfermé dans la cavité du crâne, et il est enveloppé de trois membranes : la *pia mater*, l'arachnoïde, et la *dura-mater* ou dure mère. L'encéphale se compose d'une série de ganglions rattachés les uns aux autres et désignés, en allant du devant à l'arrière, sous les noms de : 1° ganglions olfactifs; 2° *cerebrum* ou hémisphères; 3° corps striés; 4° *thalami* optiques; 5° tubercules quadrigéminés; 6° *cerebellum*; 7° ganglion du tube annulaire; et 8° ganglion de la moelle allongée. Le cerebrum et le cerebellum présentent une surface sillonnée de circonvolutions; les autres sont unis et arrondis irrégulièrement. La partie supérieure du cerveau présente à la vue une profonde fissure longitudinale qui divise le cerebrum en deux moitiés latérales, appelées les hémisphères cérébraux; toutefois ces hémisphères sont réunis dans leur

milieu par une commissure transversale désignée sous le nom de corps calleux. Sur sa surface inférieure, chaque hémisphère est divisé en lobe antérieur, moyen et postérieur. Le reste de l'axe, appelé le cordon spinal, est un cylindre de matière nerveuse qui s'étend tout le long de la colonne vertébrale, où il est enveloppé dans un prolongement des membranes du cerveau. Sur les parties antérieure et postérieure du cordon spinal, on voit deux fissures longitudinales qui indiquent les deux moitiés latérales dont se compose l'organe. Du cerveau et du cordon spinal sortent 44 paires de nerfs, parfaitement symétriques dans leur trajet et leur distribution. Ces nerfs se distinguent en nerfs crâniaux et nerfs spinaux. Les nerfs crâniaux, au nombre de 12 paires, se distribuent principalement aux organes des sens et à ceux de la respiration, de la voix et de la parole; ils sortent du crâne par plusieurs ouvertures qui sont à sa base. Les nerfs spinaux, au nombre de 31 paires, sortent du cordon par deux racines : l'une venant de la portion antérieure, l'autre de la portion postérieure. Ils s'échappent de la colonne vertébrale par les ouvertures qui sont entre les vertèbres et se distribuent principalement aux muscles volontaires et aux téguments du cou, du corps et des extrémités. L'axe cérébro-spinal ou système nerveux de la vie animale, comme on l'appelle par opposition au système sympathique qui est celui de la vie organique, présente, dans les différentes classes des vertébrés, des particularités qui méritent d'être mentionnées brièvement. À mesure que nous descendons dans la série des animaux vertébrés, nous sommes frappés de la différence de la taille et du développement relatifs du cerveau et de la moelle épinière. Ainsi, dans la lamproie, la proportion du cerveau à la moelle épinière est de 4 à 7,5; dans le triton, de 4 à 1,8; dans le pigeon, de 40 à 3 et dans la souris de 10 à 2,2. D'un autre côté, la portion du cerveau au corps est dans la lamproie, de 4 à 4,425; dans la tourterelle, de 4 à 4,545; dans le pigeon, de 4 à 91; dans la souris, de 4 à 35. Cette différence est surtout causée par la diminution de la masse proportionnelle du cerebrum. — *Fonctions des différentes parties du système nerveux*. Lorsqu'un nerf est exposé et soumis à une excitation mécanique, chimique ou électrique, il se produit de la douleur ou une contraction instantanée des muscles auxquels il est affecté. Il n'y a pas de changement visible dans le nerf, mais la propriété par laquelle il répond aux excitations extérieures s'appelle irritabilité, et peut être produite au centres et aux extrémités, aussi bien que sur tout le parcours des nerfs. Les effets de l'irritation varient dans les différentes parties du système nerveux; ainsi, l'irritation des tubercules ou nerfs optiques cause la sensation de la lumière, et l'irritation des nerfs auditifs, gustatifs ou olfactifs produisent respectivement les sensations de l'ouïe, du goût et de l'odorat. Cette différence est la base de la division des nerfs en : 1° nerfs moteurs, ou nerfs produisant les contractions musculaires; 2° nerfs de sensibilité commune, douloureuse ou agréable; et 3° nerfs des sens spéciaux, comme l'ouïe, le goût, etc. Quelquefois les nerfs moteurs et les nerfs sensitifs ont leur point de départ dans une proximité telle qu'une excitation appliquée aux derniers provoquera non seulement la sensation, mais le mouvement; cette action a reçu le nom de réflexe, et Marshall Hall suppose qu'elle appartient à des nerfs spéciaux qui possèdent à la fois des fibres incidentes et des fibres réfléchies, appelées nerfs sensitifs afférents et moteurs efférents, ou, par lui, nerfs excito-moteurs. Probablement la plupart des nerfs sont composés, et contiennent à la fois des filaments sensitifs et des filaments moteurs dans le même fourreau, ou « neurilemma ». Il n'existe pas de différence appréciable pour l'œil dans la structure des nerfs moteurs et des nerfs sensitifs, et la seule différence qu'on puisse jusqu'ici discerner est celle que présentent leurs différentes relations centrales ou périphériques. Quelle que soit la partie d'un nerf sensitif qui soit irritée, la sensation en résultera dans la partie à laquelle le nerf est distribué ; et, des années après l'amputation d'un membre, les amputés éprouvent la sensation d'avoir des doigts et des orteils. La même loi s'applique aux nerfs des sens spéciaux, de sorte que l'existence de tumeurs dans le cerveau donnera lieu à des illusions optiques, à des bruits, à des odeurs généralement désagréables. Les causes qui excitent la force nerveuse sont de deux sortes, physiques et mentales. Les premières embrassent la lumière, la chaleur, l'électricité et les irritants mécaniques ou chimiques. Les excitations mentales résultent de l'exercice de la volonté et de la pensée, tous les mouvements volontaires étant causés par l'action directe de la volonté, et les mouvements involontaires par l'excitation des impressions. Les nerfs moteurs ne sont jamais excités directement par des causes physiques ; mais ils le sont toujours par l'intermédiaire des nerfs sensitifs, ce qui constitue l'action réflexe. — *Nature de la force nerveuse.* On ne peut en juger que par ses effets. La contraction musculaire est causée par le développement d'une force vitale particulière qui ne ressemble à aucune des forces physiques connues. Elle a quelques analogies avec l'électricité, telles que l'identité des effets et la rapidité de l'action ; analogies renforcées encore par l'extrême sensibilité des nerfs à l'action électrique, et par les phénomènes des poissons électriques ; aussi quelques-uns ont-ils supposé que ces forces étaient identiques. Les expériences de Longet, de Matteucci, de Dumas et d'autres, montrent que les moyens d'investigation les plus délicats ne peuvent révéler un courant galvanique dans les nerfs ; et comme ils sont en outre inférieurs, comme conducteurs électriques, à plusieurs autres tissus du corps, la non-identité reste prouvée. Quant aux incontestables phénomènes électriques observés dans la torpille et le gymnote, on sait qu'ils dépendent de l'existence d'un organe spécial qui engendre de l'électricité. Les propriétés différentes appartiennent aux deux racines spinaux furent découvertes par sir Charles Bell vers 1810, et établies par Magendie en 1822. Physiologiquement et anatomiquement, le cordon spinal se divise en deux moitiés latérales, et les anatomistes regardent généralement chaque moitié latérale comme composée de trois colonnes, une antérieure, une latérale et une postérieure. La colonne antérieure est comprise entre la fissure antérieure et l'origine des racines antérieures des nerfs spinaux ; la colonne latérale, entre les racines antérieures et postérieures ; et la colonne postérieure, entre les racines postérieures et la fissure postérieure. Une section transversale du cordon montre la disposition de la matière blanche et de la matière grise, cette dernière étant interne et présentant de chaque côté l'apparence d'un croissant dont les cornes sont les points d'origine des nerfs qui partent du cordon. Une commissure de matière grise réunit les deux masses qui forment croissant, et, passant à travers cette commissure est le canal central qui se rattache au quatrième lobe du cerveau. Le cordon conduit au cerveau les impressions qui lui sont amenées par les racines postérieures, et il est aussi le conducteur de l'impulsion, ou *stimulus*, engendrée par le cerveau et qui part du cordon par les racines antérieures des nerfs spinaux. L'action se croise, la décussation ayant lieu principalement à la

moelle allongée pour les portions antérieures, et à travers toute l'étendue du cordon pour les colonnes postérieures. Indépendamment de son action comme conducteur, le cordon, séparé du reste de l'axe cérébro-spinal, agit comme centre nerveux en vertu de sa matière grise et des fibres reliées aux éléments cellulaires de sa substance. Toutes les fois que la communication est rompue entre une portion quelconque du cordon et le cerveau par la maladie, la sensibilité et la faculté du mouvement s'éteignent dans les parties qui sont au-dessous du point lésé ; mais les contractions involontaires et irrépressibles correspondent à toute irritation appliquée à la surface. On en conclut donc que le cordon spinal est un centre nerveux qui fournit l'innervation aux systèmes musculaires et cutanés par l'intermédiaire de filaments sensitifs et moteurs. — *Système sympathique ou ganglionnaire.* On l'appelle quelquefois le système nerveux de la vie organique. Il consiste en une double chaîne de ganglions nerveux occupant les cavités du corps où sont logés les viscères et s'étendant le long de la face et des côtés de la colonne vertébrale. Il y a quatre paires symétriques de ganglions dans la tête, trois paires dans le cou, dix dans la poitrine, une agglomération irrégulière de ganglions dans l'abdomen appelée le ganglion semi-lunaire, et cinq paires dans le bassin. Ils sont tous reliés par des commissaires, et envoient des filaments rejoindre les nerfs du système cérébro-spinal, ainsi que d'autres qui se distribuent dans tous les viscères qui concourent à entretenir la vie organique.

NERVIENS (Nervii), peuple de l'antiquité, l'une des tribus les plus guerrières de la Gaule Belgique, entre les Ardennes et l'Océan. Leur capitale était Bagacum (auj. Bavay). Ils furent presque anéantis par César (57 av. J.-C.).

NERVIFOLIÉ, ÉE adj. (lat. *nervus*, nerf ; *folium*, feuille). Bot. Qui a les feuilles garnies de nervures saillantes.

NERVIMOTION s. f. Physiol. Phénomène du mouvement que les agents extérieurs produisent dans les sens et que les nerfs transmettent aux muscles.

' NERVIN st adj. m. Méd. Se dit des remèdes propres à fortifier les nerfs. On dit substantiv. et plus communément, LES NERVINS.

NERVOIR s. m. Tech. Outil à l'aide duquel le relieur détache les nerfs de l'encollage sur le dos d'un livre. — Instrument dont se servent les confiseurs pour imiter les nervures des feuilles.

NERVOSISME s. m. Méd. Système qui attribue toutes les maladies à des aberrations de la force nerveuse. — Maladie générale du système nerveux.

NERVOSITÉ s. f. Qualité, état de ce qui est nerveux.

' NERVURE s. f. Reliure. Réunion des parties saillantes qui sont formées sur le dos d'un livre par les nerfs ou cordes qui servent à relier : *la nervure d'un livre.* — Archit. Moulure saillante et ronde placée sur les arêtes d'une voûte, sur les côtés des cannelures, sur les arêtes des volutes, sur les angles des pierres, etc. : *les nervures d'une voûte gothique.* — Bot. Filets saillants qui parcourent la surface des feuilles de certaines plantes et des pétales de certaines fleurs : *feuille à deux, à trois nervures.*

NERWINDE ou **Neerwinden**, village de Belgique, à 36 kil. N.-O. de Liège ; 600 hab. Victoire du maréchal de Luxembourg sur Guillaume III d'Angleterre le 19 juillet (nouv. style 29) 1693. Victoire du prince de Cobourg sur Dumouriez le 18 mars 1793.

NESCIO VOS, locution latine qui signifie :

Je ne vous connais pas. L'Écriture met cette parole dans la bouche du maître du festin comme réponse aux conviés qui arrivent trop tard. On l'emploie souvent fam. comme formule de refus : *adressez-vous à d'autres, nescio vos.*

NESLE, ch.-l. de cant., arr. et à 20 kil. S. de Péronne (Somme) ; 4,800 hab. Moutarde, huile, sucre de betterave. Ancienne seigneurie érigée en comté en 1466 et en marquisat en 1545. C'était le premier fief de France. Mille fiefs en dépendaient. On y battit monnaie. La ville fut prise en 1472 par Charles le Téméraire, qui y ordonna un affreux massacre.

NESLE (La Tour de), ancienne tour, située sur la rive gauche de la Seine, vers l'aile orientale du palais actuel de l'Institut. Dès le règne de Philippe-Auguste, elle formait, avec une autre tour placée en face, sur la rive droite, une défense de Paris. On tendait de l'une à l'autre une chaîne qui interceptait la navigation du fleuve. Elle fut démolie en 1663. — Titre qu'Alexandre Dumas et Gaillardet ont donné à l'une de leurs conceptions les plus originales, représentée pour la première fois sur le théâtre de la Porte-Saint-Martin le 29 mai 1832.

NESMOND (Henri de), prélat et membre de l'Académie. D'une noble famille de l'Angoumois, il fut évêque de Montauban, archevêque d'Albi, et remplaça Fléchier à l'Académie française (1710). Il montra une grande tolérance envers les calvinistes, fut nommé à l'archevêché de Toulouse (1723). On a de lui *Discours et Sermons* (Paris, 1734, in-12).

NESSELRODE (Karl-Robert von), comte et homme d'État russe, né en 1780, mort en 1862. Il appartenait à une famille allemande protestante de Livonie, et au moment de sa naissance, son père était ambassadeur à Lisbonne. Il fut de bonne heure employé dans différentes ambassades et au ministère des affaires étrangères ; il gagna la faveur d'Alexandre Ier, et par le style brillant de sa rédaction diplomatique (due d'ailleurs à la plume de son secrétaire) et en faisant passer ses propres conceptions pour les inspirations de l'esprit de l'empereur. Il devint ministre des affaires étrangères en 1812, forma la coalition avec l'Angleterre et la Prusse en 1813, dirigea la plupart des grandes négociations relatives à la lutte avec la France, en 1814, signa la capitulation de Paris. Au congrès de Vienne (1814-'15) il fut le premier à prendre pour la Russie cette attitude de supériorité qui a depuis donné à la diplomatie une célébrité universelle. Pour la modération dont il usa vis-à-vis de la France, Louis XVIII lui donna d'immenses sommes d'argent. Il fut quelque temps supplanté en partie dans la confiance de l'empereur par son collègue Capo d'Istria, dont la retraite au moment où éclata la révolution grecque, le laissa seul maître des affaires étrangères. En 1844, il devint chancelier de l'empire. Son administration fut remarquable par le mécanisme parfait qu'il y introduisit ; mais il adhéra strictement à la politique de la Sainte-Alliance, et ses dispositions pacifiques contrarièrent le caractère impétueux de Nicolas, particulièrement pendant les complications qui aboutirent à la guerre de Crimée. Il se retira après l'avènement d'Alexandre II et la signature du traité de Paris du 30 mars 1856.

NESSUS. Mythol. L'un des centaures, fils d'Ixion et de Néfélé. Ayant tenté d'enlever Déjanire, femme d'Hercule, il fut tué par le héros d'un coup d'une flèche trempée dans le sang de l'hydre de Lerne. Nessus, en mourant, donna à Déjanire sa tunique imprégnée de sang empoisonné ; ce présent fut fatal à Hercule. (Voy. HERCULE et DÉJANIRE.)

NESTIER, ch.-l. de cant., arr. et à 34 kil. E. de Bagnères (Hautes-Pyrénées) ; 600 hab.

* NESTOR s. m. Nom propre devenu appellatif, par allusion au Nestor d'Homère. — Vieillard âgé et respectable : *c'est le Nestor du conseil.*

NESTOR, héros grec légendaire, fils de Nélée et de Chloris, et roi de Pylos en Messénie ou en Triphylie. Il alla à Troie avec 60 vaisseaux, étant déjà arrivé à un grand âge et ayant gouverné trois générations d'hommes ; durant le siège, il futà la fois soldat, homme de conseil et orateur ; dans toutes les occasions, on en appelait à sa sagesse supérieure. Il revint heureusement dans sa ville après la chute de Troie.

NESTOR, le plus ancien des chroniqueurs russes, né vers 1056, mort vers 1114. Dans sa 17e année, il entra au couvent Petcherskoï, à Kiev. C'est là qu'il écrivit les annales de Russie, depuis l'apparition des Varègues dans le pays, vers le milieu du IXe siècle, jusqu'à son temps. L'ouvrage a été altéré et continué par d'autres ; on l'a traduit en allemand (1802-'09, 5 vol.).

* NESTORIANISME s. m. Hérésie des sectateurs de Nestorius qui consistait dans la séparation de la nature divine et de la nature humaine du Rédempteur.

* NESTORIEN, IENNE s. et adj. Partisan de la doctrine de Nestorius. — Les nestoriens se répandirent dans l'Orient et pénétrèrent jusque dans la Tartarie et la Chine. Une partie d'entre eux adhérèrent à l'hérésie monophysite. (Voy. CHRÉTIENS DE SAINT THOMAS.) Le progrès du mahométisme leur porta un coup fatal. Tamerlan en détruisit un grand nombre, et aujourd'hui on n'en compte plus en Perse, où ils ont toujours été les plus nombreux, que 150,000 environ. Ils sont disséminés dans le N.-O. du pays, jusqu'aux montagnes des Kurdes. Ils occupent notamment (au nombre d'environ 40,000) 300 villages dans la plaine d'Urumiah. Ils sont pauvres, méprisés de leurs voisins, et dans l'ignorance la plus grossière. Leurs prêtres seuls sont encore capables de lire la Bible syriaque, qu'ils reconnaissent comme livre saint. Ils admettent le credo de Nicée avec quelques modifications, rejettent la doctrine du purgatoire, la confession auriculaire et le célibat des prêtres, excepté pour les évêques et le patriarche. Des missionnaires américains se sont établis au milieu d'eux depuis 1833.

NESTORIUS [nès-to-riuss], évêque syrien, né vers la fin du IVe siècle, mort vers 440. Il était prêtre à Antioche, et fut fait patriarche de Constantinople en 428. Opposé à l'apolinarisme, Nestorius soutint qu'il y a une grande distinction à établir entre le Christ en tant que fils de Dieu et le Christ en tant que fils de l'homme; que les actions et les sensations de l'une de ces personnes devaient être soigneusement séparées de celles de l'autre, et que la vierge Marie ne pouvait être appelée Θεοτόκος « mère de Dieu », mais seulement Χριστοτόκος, « mère du Christ », parce que c'était seulement la nature humaine de Jésus-Christ qui était née d'elle, puisque Dieu ne saurait ni naître, ni mourir. Cyrille, évêque d'Alexandrie, son principal adversaire, engagea l'empereur Théodose II à convoquer un concile général à Ephèse en 431, qui eut Cyrille lui-même pour président. Nestorius fut condamné, privé de son évêché et banni. Il fut envoyé d'abord dans l'Arabie Pétrée, puis dans une des oasis de la Libye, où il mourut.

* NET, ETTE adj. [nè; nètt, à la fin d'une phrase : *clair et net* : nètt] (lat. *nitidus*, brillant). Propre, qui n'a aucune ordure, sans souillure : *il faut tenir les enfants nets; il a la tête nette.* — Prov. NET COMME UNE PERLE, très net, très propre. On dit, prov. et pop., dans le même sens, NET COMME UN DENIER. — UN ENFANT NET, un enfant qui ne laisse plus rien aller

sous lui : *cet enfant a été net dès l'âge de deux ans.* — UN CHEVAL SAIN ET NET, un cheval qui n'a aucun défauts, aucune des maladies qu'il est d'usage de garantir : *je vous ai vendu ce cheval sain et net.* — Qui est pur, sans mélange. Ainsi on dit : CE FROMENT EST NET, il n'y a ni seigle, ni orge, ni ivraie, etc. CE VIN EST NET, on n'y a mêlé ni liqueurs étrangères, ni drogues. CE RIZ, CE POIVRE, CE CAFÉ EST NET, on en a ôté tous les corps étrangers qui pouvaient s'y trouver. — Clair, transparent : *ce vin est bien net depuis qu'on l'a soutiré.* — Uni, poli, sans tache : *la glace de ce miroir est bien nette.* — Qui n'est point confus, qui est distinct, facile à discerner : *cette écriture, cette impression est bien nette.* — VOIX NETTE, voix qui a le son clair et fort égal. On dit dans le même sens : *cet instrument, cette corde rend un son fort net.* — AVOIR LA VUE NETTE, avoir des yeux qui distinguent bien les objets. On dit pop., dans le même sens : *avoir la visière nette, vide; faire place nette.* — Jeu. FAIRE TAPIS NET, gagner tout l'argent qui est sur le tapis. — FAIRE MAISON NETTE, chasser tous ses domestiques. — Fig. Clair, liquide, quitte de dettes, aisé à recevoir : *son bien est clair et net; cet homme ne doit rien, il a dix mille livres de rentes bien nettes.* — PRODUIT NET, ce qu'on retire d'un bien; d'un héritage, tous frais faits et toutes charges déduites. — Comm. PRIX NET, BÉNÉFICE NET. Dans la même acception, on dit en parlant d'un reliquat de compte, IL RESTE TANT DE NET. — POIDS NET, le poids d'une chose, sans ce qui tient au contenu ou l'enveloppe. — Fig., en parlant des opérations et des productions de l'esprit. Clair, pur, aisé : *une pensée nette; toutes ses explications sont claires et nettes.* — AVOIR LA CONCEPTION NETTE, L'ESPRIT NET, concevoir clairement les sujets auxquels on s'applique : avoir de la clarté, de la méthode dans l'esprit. — Fig. Qui est sans difficulté, sans embarras, sans ambiguïté : *il y a bien des embarras dans cette affaire, elle n'est pas nette.* — Fig. Franc., sans supercherie, qui ne donne lieu à aucun doute, à aucun soupçon : *il n'y a rien à lui reprocher, il est net.* — SON CAS N'EST PAS NET, il n'est pas sans reproche dans cette affaire. — IL A L'ÂME NETTE, LA CONSCIENCE NETTE, sa conscience ne lui reproche rien. — AVOIR LES MAINS NETTES, se conduire avec probité, administrer fidèlement, ne faire aucun profit illégitime : *c'est un bon comptable, il a les mains nettes.* On dit aussi, AVOIR LES MAINS NETTES DE QUELQUE CHOSE, ne s'en être pas mêlé, n'y avoir pris aucune part : *cela s'est fait sans moi, j'en ai les mains nettes.* — JE VEUX EN AVOIR LE CŒUR NET, je veux savoir ce qui en est, je veux me délivrer de mes doutes sur ce fait. — PATENTE NETTE, attestation légale qui constate qu'un bâtiment est sorti d'un pays exempt de maladies contagieuses. — s. METTRE AU NET UN ÉCRIT, UN DESSIN, etc., en faire une copie correcte sur l'original qui est brouillé, qui a des ratures. — adv. Uniment et tout d'un coup : *cela s'est cassé net, s'est cassé net comme un verre.* — Fig. *Trancher net la difficulté.*

NÈTHE, rivière de Belgique, qui se forme près de Lierre par la réunion de la Petite-Nèthe et de la Grande-Nèthe. Sous le Consulat, on forma d'une partie du Brabant, du marquisat d'Anvers et de la seigneurie de Malines un département des Deux-Nèthes, qui avait pour chef-lieu Anvers.

NETSCHER (Gaspar ou KASPAR) [netsch'-eur], peintre allemand, né à Heidelberg vers 1639, mort en 1684. En 1664, il se fixa à la Haye. Il excellait dans la peinture de genre et le portrait. Ses fils, Théodore (1661-1732) et Constantin (1670-1722) furent aussi des peintres éminents, de portraits surtout. Le premier habita l'Angleterre pendant plusieurs années.

* NETTEMENT adv. Avec netteté, avec propreté : *se tenir nettement.* — Fig. D'une manière

claire, distincte : *cette lunette fait voir nettement les objets.* — Franchement et sans rien déguiser : *je lui ai dit nettement la vérité.*

NETTEMENT (Alfred-François), écrivain français, né à Paris le 22 juillet 1805, mort le 15 nov. 1869. Il fonda à Paris en 1848 *L'Opinion publique*, qui fut supprimée après le 2 déc. 1851; lui-même fut arrêté comme membre de l'opposition de l'Assemblée législative. Il publia beaucoup d'ouvrages, entre autres : une *Histoire de la Restauration* (1860-'72, 8 vol.); *Histoire du Journal des Débats* (1838, 2 vol.); *Histoire de la littérature française sous la Restauration* (3e éd., 1874, 2 vol.); *Sous le gouvernement de Juillet* (2e éd., 1859, 2 vol.); *Henri de France* (3e éd., 1872); *Conquête d'Alger* (1856); *Histoire de la révolution de Juillet* (1833, 2 vol. in-8°); *Mémoires sur la duchesse de Berry* (1837, 3 vol. in-18); *Vie de Suger* (1842, in-18) ; *Vie de Marie-Thérèse de France, fille de Louis XVI* (1843, in-18); *Vie de Madame de la Rochejacquelein* (1854, in-18) ; *Le général de Lamoricière* (1861, in-18).

* NETTETÉ s. f. Qualité de ce qui est net. Se dit au propre et au figuré dans les mêmes acceptions que l'adjectif net : *il est propre, il aime la netteté.*

* NETTOIEMENT ou **Nettoyage** s. m. Action de nettoyer : *le nettoiement, le nettoyage des rues, des places publiques.*

* NETTOYER v. a. Se conjugue comme *Envoyer*. Rendre net : *nettoyer un habit.* — NETTOYER UNE MAISON, UNE CHAMBRE, prendre et emporter tout ce qui s'y trouve : *les huissiers ont nettoyé cette maison.* — NETTOYER LA MER DE CORSAIRES, LES CHEMINS DE VOLEURS, rendre la mer, les chemins libres; en chasser les corsaires, les voleurs. — NETTOYER LA TRANCHÉE, en chasser les assiégeants. — NETTOYER LES AFFAIRES, LE BIEN D'UNE PERSONNE, D'UNE FAMILLE, en acquitter les dettes, et en terminer les procès. — Fig., au Jeu. NETTOYER LE TAPIS, gagner tout l'argent qui est sur le jeu. — Peint. NETTOYER DES CONTOURS, les rendre plus purs et plus corrects. — ⁓ Jargon. Ruiner, vendre. — Tuer. — * Se nettoyer v. pr. *Vous êtes couvert de poussière, nettoyez-vous.*

NETTOYEUR, EUSE s. Celui, celle qui nettoie.

NEUBOURG (le), *Neoburgum* ch.-l. de cant., arr. et à 25 kil. S.-O. de Louviers (Eure); 2,300 hab. Bâtiments, grains, laines et toiles. Cette ville fut prise par Philippe-Auguste en 1198. Elle fut érigée en marquisat en 1649. Son château, dont il reste quelques ruines, fut bâti en 1118 par Henri Ier et 1198 par Jean-Sans-Terre. Patrie de Dupont (de l'Eure), auquel une statue a été élevée.

NEU-BRANDENBURG [neuf-brann'-denn-bourg], ville du Mecklenbourg-Strelitz, sur le lac Tollens, à 85 kil. O.N.-O. de Stettin ; 7,945 hab. Elle possède quatre belles portes gothiques. Manufactures de produits chimiques et de cartes à jouer.

* NEUF, nom de nombre [neu devant une consonne ou une *h* aspirée : *neu chevaux; neu héros; neuv* devant un substantif commençant par une voyelle ou une *h* non aspirée : *neuv ans; neuv hommes;* neuff quand il n'est suivi d'aucun mot ou s'il n'est suivi ni d'un adjectif, ni d'un substantif : *le nombre neuff; de neuf qu'ils étaient; neuff et demi*] (lat. *novem*). Nombre impair qui suit immédiatement HUIT : *les neuf Muses; le nombre neuf.*

Mécontent de mes gens, et n'en retenant qu'un,
L'un de ces jours passés j'en mis neuf à la porte.
COLLIN D'HARLEVILLE. *Monsieur de Crac, sc. XVIII.*

— Est aussi quelquefois employé comme nombre ordinal : *le roi Louis neuf.* — CETTE FEMME EST, ENTRE DANS LE NEUF, DANS SON NEUF, dans le neuvième mois de sa grossesse. On dit aussi d'un malade qui est, qui entre dans le neuvième jour de sa maladie, IL EST.

IL ENTRE DANS LE NEUF, DANS SON NEUF. — s. m. *Le produit de neuf multiplié par trois est vingt-sept.* — Jeu de cartes. UN NEUF DE CŒUR, UN NEUF DE CARREAU, etc., une carte qui est marquée de neuf points de cœur, de carreau, etc. : *il a brelan de neuf.* — Propriétés du nombre 9. Dans la numération décimale, le nombre 9 possède plusieurs propriétés assez curieuses ; ainsi : lorsqu'un nombre est divisible par 9, la somme de ses chiffres est également divisible par 9 ; la différence de deux nombres quelconques, composés des mêmes chiffres, est toujours un multiple de 9, exemple : 654 — 456 = 198 ou 22 × 9 ; tout multiple d'une puissance de 10 est un multiple de 9, augmenté du chiffre par lequel la puissance de 10 est multipliée, ex. : 654 peut se décomposer de la manière suivante :

$$600 = \text{multiple de } 9 + 6$$
$$50 = \text{id.} + 5$$
$$4 = \phantom{\text{id.}} + 4$$
$$\overline{654 = \text{multiples de } 9 + 6 + 5 + 4}$$

d'où 654 — multiples de 9 = 6 + 5 + 4, et il en résulte que si le nombre 654 est un multiple de 9, la somme de ses chiffres doit être également un multiple de 9. — Preuve par 9. Les propriétés du nombre 9 permettent de s'assurer rapidement, mais non avec une certitude absolue, de l'exactitude d'une multiplication ou d'une division. Dans le premier cas, on cherche les restes de la division par 9 des chiffres du multiplicande et du multiplicateur ; on multiplie ces deux restes l'un par l'autre et on divise leur produit par 9. Le reste de cette opération doit être égal au reste obtenu en divisant par 9 le produit des deux facteurs. Quant à la preuve de la division, il peut se présenter deux cas : ou bien il y a un reste à la division, ou bien il n'y en a pas. S'il n'y a pas de reste, le dividende est censé le produit exact du diviseur par le quotient obtenu ; et, dans ce cas, on applique la règle précédente, en regardant le diviseur et le quotient comme les deux facteurs d'une multiplication et le dividende comme le produit. S'il y a un reste, on fait le preuve en divisant le diviseur par 9 ; le quotient par 9 ; en multipliant les deux restes ainsi obtenus et en divisant leur produit par 9 ; on ajoute le reste de la division à ce dernier reste ; le nombre ainsi obtenu et divisé lui-même par 9 doit être égal à la somme des chiffres du dividende divisée par 9.

*NEUF, EUVE adj. (lat. *novus*). Qui se fait depuis peu : *maison neuve, habit neuf.* — Qui n'a point encore servi : *voilà des souliers neufs que j'ai fait faire il y a trois ans*

. . . De journée en journée,
Vous voudriez du neuf pendant toute une année.
COLLIN D'HARLEVILLE. *L'Inconstant*, acte Iᵉʳ, sc. VI.

— Qui a peu servi : *cet habit n'est pas use, il est encore tout neuf.* — Pop. TOUT BATTANT NEUF, tout neuf : *cet habit est tout battant neuf.* — Prov. et fig. FAIRE BALAI NEUF, se dit des domestiques qui servent bien dans les premiers jours de leur entrée en maison : *j'ai été bien servi pendant huit jours, il a fait balai neuf.* On dit, dans le même sens, C'EST UN BALAI NEUF, et IL N'EST RIEN TEL QUE BALAI NEUF. — FAIRE CORPS NEUF, rétablir sa santé, après avoir pris beaucoup de médicaments qui semblent avoir renouvelé le corps. — FAIRE MAISON NEUVE, renvoyer tous ses domestiques, et en prendre d'autres : *il a chassé tous ses valets, il a fait maison neuve.* — TERRE NEUVE, terre qui n'a point encore été défrichée, ou qui était demeurée longtemps inculte, ou qui n'est mise en valeur que depuis peu. On appelle aussi TERRE NEUVE, de la terre rapportée qui n'a point encore servi à la végétation. — BOIS NEUF, bois qui est venu par voiture ou par bateau ; par opposition à BOIS FLOTTÉ, celui qui est venu en train ou à flot

perdu. — Se dit pareillement des chevaux qui n'ont point encore servi, ou qui ont peu servi, et principalement des chevaux de carrosse : *acheter des chevaux neufs.* — Se dit aussi de certaines choses à l'égard d'autres de même espèce qui sont plus anciennes : *dans cette ville-là il y a deux châteaux, le château vieux et le château neuf.* — En parlant des personnes, signifie, novice, qui n'a point encore d'expérience en quelque chose : *il est tout neuf dans ce métier-là.* — AVOIR UN CŒUR TOUT NEUF, UNE AME TOUTE NEUVE, avoir un cœur, une âme que les passions n'aient pas agitée. On dit dans une acception analogue, AVOIR DES SENS TOUT NEUFS. — En parlant des pensées et des ouvrages d'esprit, signifie, qui n'a pas encore été dit, traité, produit, employé : *ce qui paraît neuf n'est souvent qu'une redite.* — Fam. VOILA QUI EST TOUT NEUF POUR MOI, VOILA UNE CHOSE TOUTE NEUVE POUR MOI, voilà une chose dont je n'avais pas d'idée, dont je n'avais pas encore entendu parler.

Le stratagème est neuf, et ne peut me déplaire.
COLLIN D'HARLEVILLE. *L'Inconstant*, acte Iᵉʳ, sc. V.

— s. *Donnez-nous du neuf ; coudre le neuf avec le vieux.* — A neuf loc. adv. Se dit en parlant de choses qu'on raccommode, et qu'on renouvelle en quelque sorte : *refaire un bâtiment à neuf, tout à neuf.* — De neuf loc. adv. Qui s'emploie surtout dans cette phrase : HABILLER DE NEUF, TOUT DE NEUF, c'est-à-dire, avec des habits neufs : *il a fait habiller ses gens tout de neuf.*

NEUF-BRISACH. Voy. BRISACH.

NEUFCHÂTEAU, *Neocastrum*, ch.-l. d'arr. à 70 kil. N.-O. d'Épinal (Vosges), sur le Mouzon et la Meuse ; par 48° 21' 48" lat. N. et 3° 24' 44" long. E. ; 4,000 hab. Églises Saint-Christophe et Saint-Nicolas ; château où se réunirent les états de Lorraine en 1845 ; statue en bronze de Jeanne d'Arc. Beau pont sur la Meuse. Commerce de fer et de grains ; cuirs, pâtes alimentaires.

NEUFCHÂTEL s. m. [neu-châ-tèl]. Fromage fabriqué dans le pays de Bray et surtout à Neufchâtel : *des neufchâtels.*

NEUFCHÂTEL [neu-châ-tèl], ch.-l. de cant., arr. et à 40 kil. S.-E. de Laon (Aisne), au confluent de l'Aisne et de la Retourne ; 742 hab. Marché aux grains.

NEUFCHÂTEL ou Neuchâtel (all. *Neuenburg*). I, canton de la Suisse occidentale, borné au N.-O., par la France ; 808 kil. carr. ; 97,284 hab., dont 11,500 catholiques. Il est

Château de Neufchâtel.

traversé par les chaînons des montagnes du Jura. Le lac de Neufchâtel, long de 50 kil. sur 40 kil. de large, sépare ce canton de ceux de Fribourg et de Vaud, et se relie au Rhin. L'élève des bestiaux, l'horlogerie (surtout à Chaux-de-Fonds et à Locle), les den-

telles et le coton sont les principales industries. La langue dominante est le français. La constitution est démocratique. — Neufchâtel appartint à la Bourgogne jusqu'en 1032, et devint alors partie de l'empire allemand. Frédéric Iᵉʳ de Prusse en hérita en 1707, et la maison de Hohenzollern la tint à titre de principauté jusqu'en 1806, époque où Napoléon l'obtint par échange et la donna à Berthier. En 1814, la Prusse en reprit possession, et la fit admettre dans la confédération suisse, où elle fut le seul canton monarchique. En 1848, un mouvement révolutionnaire mit fin à l'autorité prussienne, et son indépendance fut définitivement reconnue par Frédéric Guillaume IV le 26 mai 1857. — II, capitale de canton, sur le lac de Neufchâtel, à 25 kil. O. de Berne ; 13,321 hab. Elle est bâtie sur une pente escarpée du Jura ; elle possède un collège, un observatoire fameux, et des institutions charitables bien dotées. On a installé des bureaux administratifs dans son ancien château. L'horlogerie est l'industrie principale.

NEUFCHÂTEL-EN-BRAY, ch.-l. d'arr., à 30 kil. N.-E. de Rouen (Seine-Inférieure), sur la Béthune, par 49° 43' 57" lat. N. et 0° 53' 41" long. O. ; 4,000 hab. Fameux fromage qui se fabrique dans les environs ; volailles, beurre, bétail. Château en ruines.

NEUHOF (Theodor von, BARON) [neuf'-hoff], aventurier allemand, né vers 1686, mort en 1756. Après avoir eu à Cologne un duel où il tua son adversaire, il prit du service dans l'armée espagnole, en Afrique, fut pris par les Mores, et servit, croit-on, pendant 18 ans, d'interprète au dey d'Alger. En 1735, il conduisit deux régiments en Corse pour secourir les habitants contre Gênes. Les Corses l'élurent pour roi, le 15 avril 1736, sous le nom de Théodore Iᵉʳ. Quoiqu'il se fût assuré l'alliance des Hollandais, les Corses furent de nouveau soumis, en 1738, par les Génois aidés des Français. Il s'enfuit, et, en 1741, au départ des Français, il essaya, mais vainement, de regagner son pouvoir. Il se fixa alors en Angleterre, où il fut emprisonné pour dettes ; il ne sortit de prison que peu de temps avant sa mort, grâce à la générosité de Walpole. On raconte sa carrière suivant des versions différentes, mais celle que nous rapportons est la plus accréditée. Son fils servit sous le duc de Würtemberg sous le nom de colonel Frédéric ; il publia deux ouvrages historiques sur la Corse et se tua d'un coup de fusil, dans l'abbaye de Westminster en 1796.

NEUILLÉ-PONT-PIERRE, ch.-l. de cant., arr. et à 21 kil. N.-E de Tours (Indre-et-Loire) ; 950 hab.

NEUILLY-EN-THELLE, ch.-l. de cant., arr. et à 28 kil. O. de Senlis (Oise) ; 1,600 hab. Élève de mérinos.

NEUILLY-LE-RÉAL, ch.-l. de cant., arr. et à 17 kil. S.-E. de Moulins (Allier) ; 1,600 hab.

NEUILLY-L'ÉVÊQUE, ch.-l. de cant., arr. et à 12 kil. N.-E de Langres (Haute-Marne) ; 4,200 hab.

NEUILLY-SAINT-FRONT, ch.-l. de cant., arr. et à 25 kil. N.-O. de Château-Thierry (Aisne) ; 1,645 hab. Tanneries, bonneteries.

NEUILLY-SUR-MARNE, village du cant. de

Gonesse (Seine-et-Oise), à 15 kil. de Paris; 3,000 hab. Les Français et les Allemands s'y sont livré, le 30 nov. et le 21 décembre 1870, des combats acharnés. Près de Neuilly, se trouve Ville-Evrard, dont le château a été transformé en asile d'aliénés.

NEUILLY-SUR-SEINE, *Neivillium*, ch.-l. de cant., arr. et à 10 kil. S.-O. de Saint-Denis (Seine) et à 3 kil. des fortifications de Paris; 18,000 hab. Son ancien parc a été morcelé pour construire des villas. La populace y a détruit, le 25 fév. 1848, le palais de la famille d'Orléans, à l'exception d'une aile.

NEUKOMM (Sigismund, CHEVALIER) [neuï'-komm], compositeur allemand, né à Salzburg en 1778, mort en 1858. Il fut élevé par ses cousins Michael et Joseph Haydn, et il était chef de l'orchestre de l'opéra allemand à Saint-Pétersbourg en 1804-'05. Plus tard, Talleyrand le patronna à Paris et à Londres, puis il enseigna la musique à Rio-de-Janeiro (1816-'21) et passa plusieurs années en Suisse. Il a écrit les oratorios intitulés *Le mont Sinaï* et *David*, et plus de 800 compositions, vocales et instrumentales.

NEUMANN (Karl-Friedrich) [neuï'-mann], orientaliste allemand, né de parents juifs en 1798, mort en 1870. Il se composa une grande collection de livres en Chine, de 1829 à 1830, devint professeur à Munich en 1831, fut révoqué en 1852 à cause de ses principes libéraux, et, à partir de 1863, demeura à Berlin. Il écrivit en allemand, en français et en anglais, et fit dans ces langues de nombreuses traductions de l'arménien et du chinois; il édita la *Geschichte des chinesischen Reichs* de Gützlaff, et publia de nombreux ouvrages, entre autres: *Geschichte des Englischen Reichs in Asien* (1857, 2 vol.), et *Geschichte der Vereinigten Staaten von Amerika* (1863-'66, 3 vol.).

* **NEUME** s. m. (gr. pneuma, souffle). Plainchant. Suite de notes sans paroles qui se chantent sur une voyelle et le plus souvent sur la dernière syllabe du mot *Alleluia*. — Signes qui, au commencement du moyen âge, servaient à noter le plain-chant. Dans ce sens, ne s'emploie guère qu'au pluriel.

NEUNG-SUR-BEUVRON, ch.-l. de cant., arr. et à 24 kil. N. de Romorantin (Loir-et-Cher); 800 hab.

NEURILITE s. f. (gr. neuron, nerf). Physiol. Propriété que possèdent les fibres nerveuses de transmettre les sensations et la volonté.

NEUROLOGIE s. f. Synonyme de NÉVROLOGIE. Voy. J.-M. Charcot, *Archives de Neurologie* (1881 et suiv., in-8°).

NEUSATZ [neuï'-zatss] (hong. *Ujvidék*), ville de Hongrie, dans le comté de Bacs, sur le Danube, en face Peterwardein; 19,119 hab. Ce fut une place forte jusqu'au 11 juin 1849, où les Autrichiens, sous la conduite de Jellachich, le prirent d'assaut et où elle fut presque détruite par le feu des Hongrois de Peterwardein.

NEUSE (nieuce), fleuve de la Caroline du Nord, qui prend sa source dans le comté de Person, coule au S.-E. sur un parcours d'environ 500 kil. et se jette dans le détroit de Pamlico par un large estuaire long de 80 kil. Les steamers peuvent le remonter pendant 8 mois de l'année jusqu'à 160 kil. de son embouchure.

NEUSIEDLER (Lac) [neuï'-zid-leur] (hong. *Ferto*). Après Balaton, le plus grand lac de la Hongrie, près de la frontière autrichienne, sur les confins des comtés d'Oedenburg et de Wieselburg. Longueur, 45 kil. environ; largeur, 10 kil.; profondeur, de 9 à 13 pieds. Il tarit en 1865 (comme il l'avait déjà fait en 1693 et en 1738), et on le mit en culture. En

1870, on le remplit de nouveau avec de l'eau prise aux rivières Raab et Rabnitz.

NEUSS [neuïss], ville de la Prusse rhénane, sur l'Erft, près du Rhin, à 35 kil. N.-O. de Cologne; 15,563 hab. C'est un port franc, et un centre pour le commerce des grains. Elle produit plus d'huile de colza qu'aucune autre ville allemande.

NEU-STRELITZ [neuï-stré'-litss], ville d'Allemagne; capitale du Mecklembourg-Strelitz, sur le lac Zierke, à 90 kil. N.-N.-O. de Berlin; 8,525 hab. Le palais possède un beau parc, et la bibliothèque contient 70,000 volumes. A environ 2 kil., au S., se trouve Alt-Strelitz, l'ancienne capitale.

NEUSTRIE, division occidentale de l'empire frank sous les Mérovingiens et les Carlovingiens. La Meuse formait sa frontière du côté de l'Austrasie, qui était la division orientale; la Loire la séparait de l'Aquitaine. Paris lui appartenait. Plus tard, elle ne comprit plus que le pays entre la Seine et la Loire. Au bout de 400 ans, ce nom disparut, lorsque le littoral fut cédé aux Normands et prit d'eux le nom de Normandie (912).

NEUSTRIEN, IENNE s. et adj. De la Neustrie; qui concerne ce pays ou ses habitants.

NEUTRA [neuï'-tra] (hong. *Nyitra*). I, comté du N.-O. de la Hongrie, sur les confins de la Moravie; 5,749 kil. carr.; 361,005 hab., la plupart Slovaques et catholiques romains. C'est le comté qui élève le plus de moutons et de bétail. Il produit aussi beaucoup de vin. — II. Capitale du comté, sur la Neutra, à 120 kil. N.-O. de Pesth; 10,683 hab.; cathédrale et séminaire.

* **NEUTRALEMENT** adv. Gramm. D'une manière neutre: *le verbe actif s'emploie quelquefois neutralement*.

* **NEUTRALISANT, ANTE** adj. Chim. Propre à neutraliser: *une substance neutralisante*. — s. m. *La magnésie, l'oxyde de fer sont des neutralisants*.

* **NEUTRALISATION** s. f. Chim. Action de neutraliser. — Action de rendre neutre un territoire, une ville, un vaisseau: *la neutralisation d'un pays, d'une ville, est le préliminaire des négociations qui doivent y être entamées*.

* **NEUTRALISER** v. a. Chim. Rendre neutre un sel, par une opération chimique: *neutraliser un acide par un alcali, un alcali par un acide*. — Phys. *L'électricité positive neutralise l'électricité négative*. — Se neutraliser v. pr. *Ces deux effets se neutralisent mutuellement*.— Diminuer, réduire à rien, à presque rien: *neutraliser un projet en le modifiant*.

* **NEUTRALITÉ** s. f. Etat d'une puissance, qui ne prend point parti entre deux ou plusieurs autres puissances qui sont en guerre: *garder, observer, violer la neutralité*. — NEUTRALITÉ ARMÉE, neutralité dans laquelle la puissance qui reste neutre tient sur pied des forces suffisantes pour faire respecter son territoire, son commerce, ses droits. — Se dit, par ext., en parlant de ceux qui ne prennent point de parti dans les disputes, dans les différends. — ENCYCL. En droit international, on appelle neutralité la position indifférente et impartiale prise par une nation vis-à-vis d'autres nations qui sont en guerre. Ce caractère ne se prend d'ordinaire par une nation que lorsqu'il y a guerre d'autres états; cependant il peut aussi exister ce qu'on pourrait appeler la neutralité permanente, comme dans le cas de la Suisse et de la Belgique, qui ont pris l'engagement de rester toujours neutres quand il s'élève des complications entre les autres nations. La complète inviolabilité de son territoire est le plus clair, sinon le principal droit d'un état neutre. Il peut refuser à tous

l'entrée sur le territoire neutre, mais s'il l'accorde à un, il doit l'accorder également à tous. L'entrée des navires de guerre et de leurs prises peut aussi être interdite dans les ports neutres; mais cette liberté va de soi, à moins que l'interdiction n'ait été formellement exprimée. Le gouvernement des Etats-Unis concède cette faveur aux navires des puissances belligérantes, mais non à leurs prises. On ne peut logiquement accorder la permission de lever des troupes dans un pays neutre à un belligérant, à l'exclusion des autres; les Etats-Unis refusent ce privilège également à tous les belligérants. La question de savoir si un pavillon neutre protège le vaisseau et la cargaison qu'il couvre contre les prétentions des belligérants est depuis longtemps un point très controversé de droit international. Le principe que le caractère du vaisseau doit déterminer celui de la cargaison a été admis dans les traités d'Utrecht de 1743, et a été introduit dans de nombreuses conventions ayant ces traités pour base, et dans lesquelles l'Angleterre était participante. Mais, excepté quand elle est liée par une convention spéciale, cette puissance a constamment maintenu la règle que les marchandises de l'ennemi, à bord d'un vaisseau neutre, sont de bonne prise en guerre. Dans sa jurisprudence générale, les Etats-Unis ont adopté la règle anglaise; mais dans les traités qu'ils ont conclus, ils ont d'ordinaire inséré le principe plus libéral que les vaisseaux francs rendent les marchandises franches. En 1856, l'Angleterre a consenti formellement à la doctrine à laquelle elle s'était si longtemps opposée, en adhérant à la déclaration de Paris qui contient cette stipulation qu'un drapeau neutre doit couvrir les marchandises de l'ennemi, excepté la contrebande de guerre. Cette action des grandes puissances a probablement fixé désormais la maxime dans les lois de toutes les nations. La règle que les marchandises neutres, excepté la contrebande, ne sont pas de bonne prise, même chargées sur un navire ennemi, a été aussi insérée dans la déclaration de Paris, et bien que la France n'ait rejeté formellement, elle a été généralement observée depuis par les autres nations. Si un neutre peut continuer son commerce avec les puissances belligérantes, sous de raisonnables restrictions, ses navires ne doivent pas porter de contrebande, ni violer les blocus, ni donner aucune assistance directe en fait de guerre. Ils doivent aussi être pourvus des papiers nécessaires pour prouver leur nationalité, et se soumettre à un exercice raisonnable du droit de visite. Les marchandises propres par nature à servir dans la guerre sont naturellement considérées comme contrebande; mais pour les articles qui peuvent servir pendant la paix comme pendant la guerre, la décision dépend des circonstances de la guerre et de l'usage probable auquel ces articles sont destinés. Pour constituer violation de blocus, il doit y avoir: 1° blocus réel, par une force suffisante pour le maintenir; 2° notification régulière du blocus; 3° entrée ou sortie tentée ou effectuée avec un chargement, après que le blocus a été notifié. Quant à l'assistance qu'un neutre peut rendre à un belligérant, il vaut la peine d'être noté quele gouvernement anglais refusa de reconnaître à un officier de navire américain le droit d'arrêter les ambassadeurs confédérés sur le steamer anglais *Trent*, en 1861, et que les Etats-Unis désavouèrent cet acte. — Dans les polices d'assurance maritime, la neutralité de la propriété est quelquefois expressément garantie; dans ce cas, la garantie s'interprète comme signifiant possédé par les citoyens d'un pays qui n'est pas en guerre au moment où le risque commence, et que la propriété en question est accompagnée de tous les documents et précautions ordinaires qui prouvent sa neutralité et la protègent contre les risques des belligérants. La garantie exige un trafic, une conduite et une nature de transaction qui soient en conformité exacte avec ses stipulations. Ainsi elle est détruite si un vaisseau montre de faux papiers lorsqu'il est capturé, ou résiste à une visite demandée légalement, ou recherche, ou reçoit protection d'un belligérant. La garantie de la neutralité d'un navire est détruite si un belligérant en possède une part quelconque; mais pour ce qui est des marchandises, la garantie est regardée comme ne s'étendant qu'aux intérêts des assurés; et elle n'est pas détruite par le fait qu'une partie de la cargaison non assurée n'est pas neutre. Si cependant les intérêts ou les propriétés neutres sont mêlés d'une manière indistincte aux intérêts et aux propriétés des belligérants, ils deviennent soumis à toutes les conséquences du caractère de belligérant. — On donne, dans l'histoire, le nom de *neutralité armée* à l'alliance formée contre l'Angleterre par la Russie, la Suède et le Danemark, en 1780, et qui se termina l'année suivante. Il y eut aussi un traité de *neutralité armée* entre les mêmes puissances le 16 déc. 1800. C'est à la suite de cette alliance que Nelson, détruisit la flotte danoise devant Copenhague, le 2 avril 1804. Cette exécution et l'assassinat de l'empereur de Russie amenèrent la dissolution de la neutralité armée.

* **NEUTRE** adj. (lat. *neuter*, ni l'un ni l'autre). Qui ne prend point parti entre des puissances belligérantes, entre des personnes qui ont des opinions, des sentiments, des intérêts opposés: *ce prince demeure, reste neutre, et laisse ses voisins s'épuiser par la guerre.* — s. m. *Il serait temps de proclamer les principes qui doivent protéger la navigation des neutres.* — DROIT DES NEUTRES, droit reconnu par les puissances belligérantes aux Etats qui ne prennent point de part à la guerre. Cela s'applique surtout au droit maritime: *il est rare que, dans une longue guerre, on respecte toujours le droit des neutres.* — LIEU, TERRITOIRE NEUTRE, lieu, territoire appartenant à un Etat neutre, ou dans lequel les puissances belligérantes conviennent d'établir la neutralité: *on a décidé que ce lieu serait neutre, on veut y négocier la paix.* — PAVILLON NEUTRE, pavillon d'une puissance qui ne prend point part à la guerre: *ces marchandises ont été transportées sous pavillon neutre.* — Gramm. Se dit des noms latins et des noms de quelques autres langues, qui ne sont ni du genre masculin, ni du genre féminin: *nom neutre; substantif, adjectif neutre.* On le dit aussi du genre de ces noms: *le genre neutre.* — s. *Cet adjectif latin est au neutre.* — VERBE NEUTRE, verbe qui ne peut point avoir de régime direct, comme *Aller, venir, marcher,* etc. — Chim. SEL NEUTRE, sel qui n'est ni acide, ni alcalin. — Hist. nat. Se dit de certaines fleurs qui ne contiennent ni étamines ni pistils et aussi des insectes qui n'ont pas de sexe: *les abeilles ouvrières sont neutres.*

* **NEUVAINE** s. f. (rad. *neuf*). Espace de neuf jours consécutifs, pendant lesquels on fait quelque acte de dévotion, quelque prière en l'honneur d'un saint, pour implorer son secours: *faire une neuvaine à Notre-Dame, à sainte Geneviève.*

NEUVIC, *Novus Vicus*, ch.-l. de cant., arr. et à 24 kil. S. d'Ussel (Corrèze); 4,100 hab.

NEUVIC, ch.-l. de cant., arr. et à 24 kil. S.-E. de Ribérac (Dordogne); 500 hab.

* **NEUVIÈME** adj. ord. Qui suit immédiatement le huitième: *le neuvième mois de l'année.* — s. *Cette femme accouchera bientôt, elle est dans son neuvième.* — La neuvième partie d'un tout: *il est intéressé pour un neuvième, il a un neuvième dans cette affaire.*

* **NEUVIÈMEMENT** adv. En neuvième lieu.

Se dit pour indiquer une neuvième preuve de quelque chose, ou un neuvième article.

NEUVILLE, ch.-l. de cant., arr. et à 16 kil. N.-E. de Poitiers (Vienne); 1,800 hab.

NEUVILLE-AUX-BOIS, ch.-l. de cant., arr. et à 24 kil. N.-E. d'Orléans (Loiret); 4,200 hab. Bestiaux, safran, chanvre, etc.

NEUVILLE - SUR - SAÔNE, ch.-l. de cant., arr. et à 15 kil. N. de Lyon (Rhône); 3,000 hab. Eaux minérales ferrugineuses. Neuville était jadis la capitale du Franc-Lyonnais.

NEUVILLE (Hyde de). Voy. HYDE DE NEUVILLE.

NEUVY-LE-ROI, ch.-l. de cant., arr. et à 29 kil. N. de Tours (Indre-et-Loire); 960 hab.

NEUVY-SAINT-SÉPULCRE, ch.-l. de cant., arr. et à 17 kil. O. de la Châtre (Indre), sur la Bouzanne; 1,500 hab. Grains, bestiaux, vins.

NEUWIED [neuf'-vitt], ville de la Prusse rhénane, sur le Rhin, à 6 kil. N.-O. de Coblentz; 9,483 hab., en majorité protestants. Il y a environ 400 Moraviens (*Herrnhuter*), dont les établissements ont donné à Neuwied sa principale célébrité. Parmi les princes médiatisés de Neuwied (ou Wied), on compte: Hermann (1814-'64), homme de guerre distingué et auteur anonyme d'ouvrages philosophiques. Son fils, le prince Wilhelm (né en 1845), le chef actuel de la maison, est frère de la princesse de Roumanie. Un oncle du prince Hermann, le prince Maximilien (1782-1867), a publié des récits de ses explorations dans le Brésil et de ses voyages dans les Etats-Unis. Sa collection de spécimens de la faune de l'Amérique du Sud est au muséum d'histoire naturelle de New-York.

NEVA, fleuve de Russie; il sort du lac Ladoga, traverse Saint-Pétersbourg et se jette dans le golfe de Finlande après un cours de 65 kil. environ. Il est large et a une grande importance commerciale.

NEVADA [ni-vâ'-da], l'un des états occidentaux de l'Union américaine, entre 35° et 40° lat. N. et entre 116° et 122° long. O.; borné par l'Orégon, l'Idaho, l'Utah, l'Arizona et la Californie; divisé en 14 comtés; 269,672 kil. carr.; 65,000 hab., dont 4,000 Chinois, 7,000 Irlandais, 4,000 Anglais, 4,000 Canadiens,4,000 Allemands. Il y a un grand nombre d'Indiens. Principaux cours d'eau: Owyhee, Nevada; le territoire forme un plateau entre

Sceau de l'État de Nevada.

la Sierra-Nevada et la Wahsatch; on y rencontre de nombreux lacs et des sources minérales. Riches gisements de plomb, de cuivre, d'or, d'argent, de cinabre, de manganèse, etc. Climat généralement doux; au N. et dans l'intérieur, la température moyenne de l'été, à midi, est de + 32°; à minuit de 21°. Dans les plus durs hivers, le thermomètre ne descend guère au-dessous de — 4° à 5°. Il tombe peu de pluie. — L'aspect général de Nevada est aride et stérile. Les forêts y sont rares et l'on ne se livre à la culture que dans

les vallées, sur le bord des rivières.. Les principaux animaux sauvages sont le lièvre et le loup. On y trouve aussi la poule des prairies, les oies, les canards, le pélican. — Le gouverneur et les autres officiers appartenant au pouvoir exécutif sont élus pour 4 ans. L'autorité législative appartient à un sénat de 25 membres élus pour 4 ans, et à une assemblée législative de 50 représentants choisis pour 2 ans. Les juges sont également élus. — Dette,. 3 millions de francs; recettes, 2 millions de francs; dépenses, 2 millions et demi de francs. D'après la constitution, le pouvoir législatif doit établir un système uniforme d'écoles communales et une université d'Etat comprenant les départements de l'agriculture, des arts mécaniques et des mines. — 500 bibliothèques; 300,000 volumes. Principales organisations religieuses : épiscopaliens, 10; méthodistes, 20; mormons, 2; presbytériens, 10; catholiques romains, 18. Le territoire qui forme aujourd'hui l'état de Nevada appartenait jadis au Mexique et fut cédé aux Etats-Unis en 1848; il fut organisé en territoire en 1861 et en état en 1864. On y découvrit de l'or en 1849 et de l'argent en 1859, époque où la population ne dépassait pas 1,000 habitants. En peu d'années, les mineurs envahirent le territoire qui se peupla avec une grande rapidité. — Cap., Carson City; ville princ., Virginia City.

NEVADA (Sierra-), *chute neigeuse,* chaîne de montagnes de l'Espagne méridionale (Voy. ESPAGNE.) — Chaîne de montagnes de l'Amérique. (Voy. ETATS-UNIS.)

* **NE VARIETUR** [né-va-rié-tur], mots latins qui signifient : *dans la crainte d'un changement,* c.-à-d. que l'on applique avec ce paraphe sur toute pièce dont on veut empêcher l'altération ou la substitution. — Palais. Se dit des précautions que la justice prend pour constater l'état actuel d'une pièce et prévenir les changements qu'on pourrait y faire: *on a ordonné que la pièce serait signée et parafée ne varietur.*

NÉVÉ s. m. (lat. *nix,* neige). Phys. Amas de neige non encore transformé en glacier.

NEVERS [ne-vèr], *Noviodunum, Ambivoritum* in *Æduis,* ch.-l. du dép. de la Nièvre, à 236 kil. S.-S.-E. de Paris, sur la Loire; par 46° 59'45" lat. N. et 0° 49' 14" long. E.; 22,000 hab. Clovis y érigea un évêché. Nevers était autrefois la capitale du Nivernais, qui fut érigé en comté au IIᵉ siècle et en duché en 1239. Le dernier duc du Nivernais est mort en 1798. Nevers possède plusieurs édifices classés parmi les monuments historiques. Cathédrale de Saint-Cyr (XIIIᵉ siècle); église Saint-Etienne (XIᵉ siècle); porte de Crou, seul reste de l'enceinte bâtie au XVᵉ siècle, où l'on a installé un musée d'antiquités. Belle promenade; parc des ducs de Nevers; maison du poète menuisier Adam Billaut. Patrie de Chaumette. — Importantes manufactures de faïence et de poterie; forges, fonderie de canons.

NEVERS (Comtes et ducs de). Les premiers comtes de Nevers remontent au IXᵉ siècle. Nous citerons : I. (Guillaume II, COMTE DE NEVERS), capitaine français, mort en 1148. Il fit, dans l'Asie Mineure, une croisade malheureuse et soutint Louis le Gros dans sa lutte contre ses vassaux révoltés. — II. (François Iᵉʳ DE CLÈVES, *duc de Nevers*), capitaine français, né à Cussy-sur-Loire en 1516, mort à Nevers en 1562. Il remporta de grands avantages sur les Espagnols et découvrit la conspiration d'Amboise. — III. (Louis DE GONZAGUE), *duc de Nevers,* capitaine, né vers 1540, mort en 1595. Il était fils du duc de Mantoue et devint duc de Nevers en épousant Henriette de Clèves (1565). Général au service de la Ligue, il combattit vigoureusement les calvinistes, mais se rallia à Henri IV, dont il négocia la réconciliation avec le Saint-Siège. Il a laissé des *Mémoires*, publiés par Gomberville (Paris, 1665). Son fils, Charles de Gonzague, devint duc de Mantoue en 1627. — IV (Charles II DE GONZAGUE, *duc de Nevers*), pair de France, né à Paris en 1580, mort en 1627. Il prit part à la guerre de Hongrie en 1602, conspira avec les Malnote contre le but d'affranchir la Grèce. La succession du duc Vincent de Gonzague l'appela au duché de Mantoue. — V. (Philippe-Julien MANCINI-MAZARINI, *duc de Nevers*), écrivain français et neveu du cardinal Mazarin, né à Rome en 1645, mort à Paris en 1707. Il obtint à la cour de France une foule de dignités et de domaines; il soutint la médiocrité de Pradon contre le génie de Racine. Il eut aussi des démêlés avec Boileau, qu'il menaça de faire bâtonner. Molière le représenta sous les traits d'Oronte, dans le *Misanthrope*. Il a laissé quelques pièces de vers.

* **NEVEU** s. m. (lat. *nepos, nepotis*). Fils du frère ou de la sœur: *c'est mon neveu.* — PETIT-NEVEU, le fils du neveu ou de la nièce. — NEVEU A LA MODE DE BRETAGNE, le fils du cousin germain ou de la cousine germaine. — CARDINAL NEVEU, cardinal qui est le neveu du pape vivant.— Dans le style soutenu et en poésie, NOS NEVEUX, NOS DERNIERS NEVEUX, la postérité, ceux qui viendront après nous. — Le Neveu de Rameau, roman philosophique composé vers 1760 par Diderot et imprimé seulement en 1821.

NEVIANSK [nev-iannssk], ville de Russie, dans le gouvernement de Perm, dans les monts Oural, à 80 kil. N. de Yekaterinburg; 20,000 hab. environ. Centre de la plus ancienne et de la plus importante région minière, au milieu de vastes forêts, presque ininterrompues.

NEVILLE'S CROSS, village du comté de Durham (Angleterre). Le 17 octobre 1346, les Écossais commandés par David Bruce y furent vaincus par les Anglais; ils laissèrent plus de 15,000 hommes sur le champ de bataille et leur roi fut fait prisonnier.

NEVIS [nev'-iss], île des Antilles anglaises, dans le groupe des îles Sous-le-Vent, à 3 kil. S.-E. de Saint-Christophe; 143 kil. carr.; 11,735 hab. Une étroite bande de terrain sur la côte, l'île se compose d'une montagne unique de 2,500 pieds de haut. Le sucre est la grande production du pays, et, avec la mélasse et le rhum, forme le gros des exportations. Charlestown, sur la côte du S.-O., est la capitale et la ville la plus importante; elle possède une bonne rade. Nevis fut colonisée en 1628. Les Français s'en emparèrent le 14 févr. 1782 et la rendirent en 1783.

NÉVRAGMIE s. f. [né-vra-gmî] (gr. *neuron*, nerf; *agmos*, cassure). Physiol. Opération qui consiste à lier ou à couper certains nerfs pour faire des expériences sur leurs fonctions.

* **NÉVRALGIE** s. f. (gr. *neuron*, nerf; *algos*, douleur). Méd. Douleur des nerfs: *névralgie frontale, maxillaire*, etc. — Pathol. On désigne sous le nom de névralgie une douleur plus ou moins vive, continue ou intermittente, irrégulière ou périodique, qui suit le trajet d'un nerf, lorsque celui-ci soit le siège d'aucune lésion matérielle appréciable et sans qu'il se produise aucun mouvement fébrile. La *douleur* est donc le symptôme dominant et souvent unique de la névralgie. Cette douleur est parfois sourde et supportable, et ne consiste qu'en un léger engourdissement qui fixe à peine l'attention des malades; mais, dans d'autres cas et le plus souvent, elle est vive, aiguë et atteint un degré d'intensité tel qu'elle devient intolérable; elle produit des élancements appelés *éclairs de douleur*. Elle part souvent de véritables foyers d'où elle s'irradie dans les

parties voisines. Elle augmente vivement lorsqu'on comprime la peau au niveau de ces foyers, et elle revient par accès. Consécutivement à la douleur, on observe assez souvent dans les organes où se rendent les nerfs affectés de névralgie , des troubles fonctionnels qui varient selon les fonctions de ces organes. Les muscles sont agités de contractions involontaires et les organes sécréteurs éprouvent un surcroît d'activité. La durée de cette affection est très variable. Rare chez les enfants, elle est fréquente chez les adultes et les vieillards. Parmi les causes de cette maladie, il faut mettre au premier rang l'action du froid humide surtout chez les tempéraments nerveux et rhumatisants, car elle est presque toujours de nature rhumatismale; l'hérédité, les émotions vives, les fatigues excessives, etc., sont aussi des causes prédisposantes au développement des névralgies. La névralgie se distingue de la simple inflammation par la rougeur, la chaleur, la tuméfaction et la fièvre qui caractérisent cette dernière; elle se distingue du rhumatisme en ce que celui-ci n'a pas de foyer, occupe une plus grande étendue et change de place. Les névralgies sont souvent nommées d'après le nerf qu'elles affectent; c'est ainsi que l'on distingue les névralgies *frontale, sous-orbitaire, intercostale*, etc. Quelquefois elles tirent leur nom de l'organe où se distribue le nerf malade comme l'*odontalgie*, la *gastralgie*, etc. Enfin, on appelle névralgies *anomales* les douleurs ordinairement chroniques dont le siège varie à l'infini et se déplace à chaque instant. Comme traitement, on oppose aux névralgies une médication générale et locale. La première varie nécessairement avec la cause générale qui entretient l'affection; quant à la seconde, il faut avant tout rechercher à quelle diathèse se rattache la névralgie. Est-elle intermittente comme une fièvre? On donne le sulfate de quinine. Est-elle liée à une diathèse rhumatismale ou chlorotique? On traite les rhumatismes ou la chlorose. Est-elle syphilitique? On donne l'iodure de potassium. Mais s'il s'agit d'une névralgie simple, on emploie les antispasmodiques (éther, valérianate de zinc, musc, bromure de potassium) et surtout les narcotiques (belladone, morphine à l'intérieur et en topiques). Une compresse imbibée d'éther ou de chloroforme produit aussi un bon effet. La recette suivante réussit souvent à calmer les névralgies faciales rebelles: sulfate de morphine, 2 gr.; teinture d'iode iodurée, 15 gr.; en badigeonner toutes les deux heures le siège de la névralgie. Bromure de potassium, 10 gr.: eau de laurier-cerise, 50 gr.; sirop de codéine, 150 gr.; teinture de colchique, 10 gr.: prendre, le soir, une cuillerée ou une cuillerée et demie de ce mélange. — Névralgie sciatique. (Voy SCIATIQUE.)

* **NÉVRALGIQUE** adj. Méd. Qui appartient à la névralgie: *douleur névralgique.*

NÉVRARTÉRIEL, ELLE adj. Qui tient aux nerfs et aux artères.

NÉVRAXE s. m. Axe nerveux, comprenant l'encéphale et la moelle épinière.

NÉVRILÈME s. m. (gr. *neuron*, nerf; *eilèma*, enveloppe). Anat. Sorte de gaîne qui enveloppe les nerfs.

NÉVRILÉMITE s. f. Inflammation du névrilème.

NÉVRITE s. f. Pathol. Inflammation des nerfs.

* **NÉVRITIQUE** adj. Méd. Se dit des médicaments propres aux maladies des nerfs.

NÉVROBALISTIQUE adj. f. (gr. *neuron*, nerf; *ballein*, lancer). Art milit. Se dit d'une machine de guerre, mise en mouvement par la torsion de câbles.

* **NÉVROGRAPHIE** s. f. Anat. Description des nerfs.

* **NÉVROLOGIE** s. f. Partie de l'anatomie qui traite des nerfs.

NÉVROLOGIQUE adj. Qui appartient à la névrologie.

NÉVROLOGUE s. m. Celui qui étudie spécialement l'anatomie des nerfs.

NÉVROME s. m. Chir. Tumeur qui se développe dans le tissu des nerfs ou entre les filets qui les constituent.

NÉVROMYÉLITE s. f. (gr. *neuron*, nerf; *mullos*, moelle). Pathol. Inflammation de la moelle épinière.

NÉVROPATHIE s. f. (gr. *neuron*, nerfs; *pathos*, douleur). Pathol. Maladie des nerfs.

NÉVROPATHOLOGIE s. f. Histoire des maladies des nerfs.

* **NÉVROPTÈRE** s. et adj. (gr. *neuron*, nerf; *ptéron*, aile) Hist. nat. Nom générique des insectes dont les ailes sont transparentes, et sont traversées de veines croisées en réseau: *les insectes névroptères.* — s. m. pl. Huitième ordre des insectes dans la classification de Cuvier, comprenant ceux qui ont six pieds, quatre ailes membraneuses transparentes, à réseau très fin, généralement de même grandeur et également propres au vol; à mandibules et mâchoires pour la mastication; à corps allongé et mou, avec l'abdomen sans aiguillon et sans tarière; antennes en forme de soie composées d'un grand nombre d'articles; deux ou trois yeux lisses; tronc formé de trois segments intimement unis en un seul corps distinct de l'abdomen et portant les six pieds. Les névroptères sont pour la plupart carnassiers; ils se distinguent, en général, par un port élégant, un vol facile et des couleurs variées et agréables. Les uns ne subissent qu'une demi-métamorphose; les autres en éprouvent une complète; mais les larves ont constamment six pieds à crochet, dont elles font ordinairement usage pour chercher leur nourriture. Cuvier divise cet ordre en trois familles: 1° celle des SUBULICORNES (demoiselle ou libellule, éphémère); 2° celle des PLANIPENNES (panorpe ou mouche-scorpion, fourmilion, hémérobe, semblide, raphidie, termite, psoque, perle); 3° celle des PLICIPENNES (frigane).

NÉVROPTÉROLOGIE s. f. Description des insectes névroptères.

* **NÉVROSE** s. f. (neuron, nerf.) Méd. Affection nerveuse, maladie des nerfs en général, On désigne sous le nom générique de *névroses* un ordre de maladies qui paraissent avoir leur siège dans le système nerveux et qui consistent dans un trouble fonctionnel sans lésion sensible dans la structure des parties, ou du moins, sans lésion constante offrant un rapport direct avec l'affection morbide. Les principales maladies que l'on range dans la catégorie des névroses sont: la névralgie, la céphalalgie, la coqueluche, la chorée, l'épilepsie, l'hystérie, le somnambulisme, la catalepsie, l'hypocondrie, l'éclampsie, le tétanos, etc. (Voy. ces mots.)

NÉVROSIQUE adj. Pathol. Qui a le caractère d'une névrose.

NÉVROTIQUE adj. Méd. Qui est propre à agir sur les nerfs: *médicament névrotique.*

* **NÉVROTOMIE** s. f. Chir. Dissection des nerfs. Opération qui consiste à couper un nerf.

NEW-ALBANY [niou-Al'-bann-é], ville de l'Indiana (États-Unis), sur l'Ohio, à 4 kil. au-dessous des chutes, et vis-à-vis le quartier occidental de Louisville (Kentucky); 30,000 hab. La ville est bien située, elle a de larges rues se coupant à angles droits sur deux mouvements de terrain qui s'élèvent en pente douce de la rivière vers le N. A l'O. et au N.-O. est une chaîne de collines de 300 à 500 pieds, appelée les Knobs. Un bac à vapeur fait le service entre locaux.

des plus grandes et des plus belles du royaume. Newark fait un grand commerce de produits

charbon de terre. Il y a quatre banques nationales, deux caisses d'épargne, d'excellentes écoles publiques, une grande bibliothèque

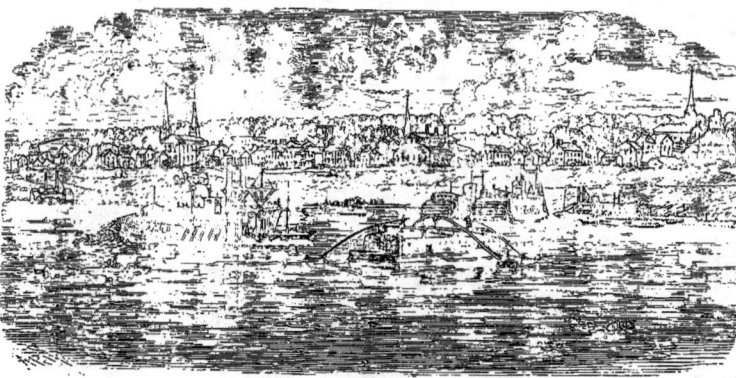
New-Albany.

publique, deux journaux quotidiens et deux hebdomadaires, et 25 ou 30 églises. — New-Bedford a été séparée de Dartmouth comme ville en 1787. Elle a été officiellement classée en 1847.

NEW-BERNE ou **Newbern** [niou'-bernn], ville et port de la Caroline du Nord (Etats-Unis), sur la rive S.-O. de la Neuse, à son confluent avec le Trent; 5,849 habit., dont 3,829 de couleur. Grand commerce de cabotage. Distillerie de térébenthine, fonderies, machines, scieries mécaniques, carrosserie, etc. Cette ville était autrefois la capitale de la Caroline du Nord. Pendant la guerre civile, malgré les fortifications provisoires dont on l'avait défendue, elle fut prise par le général Brunside, après un violent combat, le 14 mars 1862.

NEW-BRITAIN. Voy. BRETAGNE (Nouvelle-).

NEW-BRUNSWICK. Voy. BRUNSWICK (Nouveau-).

NEW-BRUNSWICK [niou-breunnss-ouik], ville du New-Jersey (Etats-Unis), sur le Raritan, à environ 25 kil. au-dessus de son embouchure; 16,600 hab. Manufactures de caoutchouc; harnais, bonneterie, fer, machines, cuirs, papiers de tenture, etc. Parmi les établissements d'instruction se trouvent Rutgers college et le séminaire de l'église réformée hollandaise.

NEWBURGH [niou'-beurg], ville de l'état de New-York (Etats-Unis), sur la rive occi-

New-Albany et le quartier ouest de Louisville. Trois chemins de fer viennent aboutir dans cette ville. Le commerce fluvial monte de 75,000,000 à 100,000,000 fr. par an. La chute de 29 pieds que fait l'Ohio, à une distance de 4 kil., est utilisée comme force hydraulique. 150 grands établissements industriels ont produit, en 1873, pour 122,432,870 fr. de marchandises. Tissus de coton et de laine, verre, machines, et tout ce qui concerne l'industrie du fer, du bronze et du bois.

NEWARK [niou'-ârk], port et principale ville du New-Jersey (Etats-Unis), sur la rive occidentale du Passaic, à 6 kil. au-dessus de son embouchure dans la baie de Newark, et à 15 kil. O. de New-York; 150,000 hab. — Les rues sont généralement larges et aérées, et bordées de belles maisons. Newark est reliée à New-York par des trains qui se succèdent toute la journée à quelques minutes d'intervalle. Newark est citée pour l'importance et la variété de ses industries, telles que la bijouterie, la sellerie, la chapellerie de feutre et de soie, les cuirs et maroquins, les voitures, les vernis, les bières fortes et douces, les malles et valises, les produits chimiques, les fils de coton, les vêtements, les chaussures, les instruments agricoles, les machines, la soie à coudre, etc. Les fonderies et les coupelleries d'or, d'argent et de plomb ont aussi un grand intérêt. La plus récente statistique (1874) donne 1,045 établissements industriels, occupant 29,174 personnes; avec un capital de 172,038,350 fr.; payant 73,836,275 fr. et produisant pour 364,395,480 fr. Il y a différentes institutions charitables, d'excellentes écoles publiques, une académie ou école secondaire, une école de théologie presbytérienne allemande, deux bibliothèques publiques, 5 journaux quotidiens et 100 églises. — Newark a été fondée en 1666 et 1667 par les puritains du Connecticut. Elle a été classée comme cité en 1836.

NEWARK, ville de l'Ohio (Etats-Unis), au confluent des trois branches de la rivière Licking, sur le canal de l'Ohio, à 50 kil. de Colombus; 6.698 hab. Dans le voisinage, se trouvent des carrières de grès, une importante mine de charbon, et plusieurs manufactures d'huile de houille.

NEWARK, bourg du Nottinghamshire (Angleterre), sur un bras oriental du Trent, à 775 kil. N.-N.-O. de Londres; 12,195 hab. La vieille église de Sainte-Marie-Madeleine est une

NEW-BEDFORD [niou-bed'-fordd], port d'entrée du Massachusetts (Etats-Unis), sur la rive occidentale de l'Acushnet, près de son embouchure dans la baie de Buzzard, à 95 kil. de Boston; 38,000 hab. Port commode. New-Bedford a été, pendant longtemps, le centre de la pêche de la baleine en Amérique, pêche qui date de 1755. L'année 1853-54 a marqué le point culminant de cette industrie. A ce moment, il y avait 400 baleiniers, jaugeant 132,966 tonneaux; les importations étaient de 44,923 livres d'huile de cachalot, 148,672 d'huile de baleine, et 2,838,800 livres d'os de baleine. La pêcherie a décliné depuis; le 1er janvier 1876, il n'y avait plus appartenant au port, que 116 baleiniers d'un tonnage total de 34,694 tonneaux. Cette perte a été en partie compensée par une plus grande activité industrielle. Les principaux établissements sont : la filature de coton de Wamsutta,

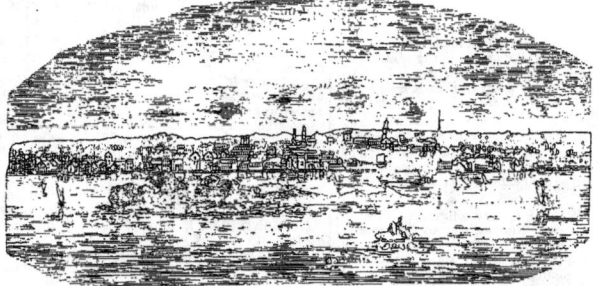
New-Bedford.

avec 86,000 broches, les forges de Gosnold, des fonderies de cuivre, une corderie, des verreries, une tannerie, des fabriques de bleu de Prusse, quatre huileries et fabriques de bougie, une manufacture d'huile de pétrole, cinq manufactures de chaussures, deux grandes photographies industrielles, des usines à gaz, une fabrique d'huile de pétrole, deux minoteries, et trois manufactures de couleurs. Tous ces établissements produisaient, en 1873, des marchandises pour une valeur de 40,000,000. C'est un lieu d'entrepôt pour le

dentale de l'Hudson, à 90 kil. de New-York, et à 125 kil. S. d'Albany; 20,000 hab. C'est le point de départ d'un embranchement du chemin de fer de l'Erie. Des bacs la relient au chemin de fer de l'Hudson. Elle est bâtie sur une pente escarpée qui s'élève de la rivière jusqu'à une hauteur de 150 pieds. Une vieille maison de pierre qui domine l'Hudson et qu'on appelle le Quartier Général de Washington, a été acquise par l'Etat. Le port de Newburgh possède beaucoup de navires, et a un important commerce, dont les bois de charpente forment une branche considérable. Fabriques de machines et de chaudières; fonderies de fer, tapisseries, cotonnades, bière, couvertures pour chevaux, bronze, con-

Newburgh.

duits en ciment, papiers, pianos et orgues. Le séminaire de Newburgh, appartenant à l'Eglise presbytérienne unie, a été établi en 1804 et officiellement reconnu en 1835.

NEWBURY, ville du comté de Berks (Angleterre), à 27 kil. S.-O. de Reading; 7,000 hab. Près de cette ville se livrèrent deux grandes batailles, l'une le 20 sept. 1643, l'autre le 27 oct. 1644, entre les royalistes et les parlementaires. Elles n'amenèrent aucun résultat décisif.

NEWBURYPORT [niou'-bé-ry-pôrt], ville maritime de l'état de Massachusetts (Etats-

Newburyport.

Unis), sur la rive méridionale du Merrimack, à 5 kil. de son embouchure; 15,000 hab. Le port, abrité par l'île Plum, est sûr et commode. Grand commerce de cabotage; pêcheries de morue et de maquereau. On y construit beaucoup de navires. Il y a quatre grands établissements de filature et de tissage, occupant environ 35,000 broches, et produisant annuellement près de 10 millions de yards de cotonnades imprimées et de belle toile pour draps et chemises. Manufactures de chaussures, fabriques de peignes, de chapeaux, de pompes à vapeur, de papier, de machines; fonderies de fer et de bronze; bijouterie, etc. Les écoles publiques de Newburyport occupent depuis longtemps un rang élevé. La bibliothèque publique contient plus de 15,000 volumes. Newburyport se distingua dans la guerre de 1812 par la bravoure et les succès de ses corsaires.

NEW-CASTLE [niou'-cass-eul], ville de la Pennsylvanie (Etats-Unis), sur le Shenango, à 85 kil. N.-N.-O. de Pittsburgh, par chemin de fer; 6,164 hab. Grandes forges et verreries.

NEWCASTLE. I. (William-Cavendish, DUC DE), général anglais, né en 1592, mort en 1676. En 1620, il fut fait baron Ogle et vicomte Mansfield, et en 1628 earl de Newcastle-upon-Tyne. Lorsque la guerre éclata, il se rangea du côté du roi. Chargé du commandement des quatre comtés septentrionaux, il leva 10,000 hommes, défit sir Thomas Fairfax à Atherton Moor, le 30 juin 1643, et fut fait marquis de Newcastle. En 1644, Fairfax l'assiégea pendant trois mois dans la ville d'York. A l'arrivée de l'armée royale sous Rupert, il se réunit à celui-ci avec la plus grande partie de la garnison. Après la bataille de Marston Moor, il se fraya un chemin avec un petit nombre de compagnons jusqu'à Scarborough, et alla à Anvers. Il revint à la restauration, et en 1664 fut créé earl of Ogle et duc de Newcastle. Il est l'auteur d'une nouvelle méthode pour dresser les chevaux (A new Method to Dress Horses) et de plusieurs comédies. Sa femme a publié sa vie (1667). — II. (Margaret

Cavendish, DUCHESSE DE), sa seconde femme, écrivain, née vers 1625, morte en 1673. Elle était la plus jeune fille de Thomas Lucas, fut nommée fille d'honneur de la reine Henriette-Marie en 1643, et épousa le marquis de Newcastle en 1645. Ils écrivirent à eux deux « une quantité illimitée de mauvaise prose et de plus mauvaise poésie. » Dans leurs conversations et dans leurs écrits, ils parlaient l'un de l'autre comme des plus grands génies du monde. Elle a écrit 13 volumes in-folio, dont 10 sont imprimés. Les plus connus de ses ouvrages sont deux volumes de pièces de théâtre.

NEWCASTLE ou **Newcastle-under-Lyme** I. (THOMAS HOLLES PELHAM, duc de), homme d'Etat anglais, né en 1693 ou 1694, mort en 1768. Il était fils et successeur du premier baron Pelham; il fut créé vicomte Haughton et earl de Clare en 1714, et marquis de Clare et duc de Newcastle-upon-Lyme en 1715. Il fut secrétaire d'Etat dans le ministère de Walpole, et resta en fonctions pendant l'administration de son frère Henry Pelham. A la mort de celui-ci, en 1754, le duc devint premier ministre, mais il se retira en 1756. Il fut rétabli en 1757, et se retira en mai 1762. En 1756, il fut créé duc de Newcastle-under-Lyme. Son incapacité administrative était notoire. — II.(Henry Pelham FIENNES-PELHAM-CLINTON, duc de), homme d'Etat anglais, né en 1811, mort en 1864. Il entra à la chambre des communes comme conservateur en 1832, avec le titre honorifique de lord Lincoln, et en 1834-'35 il fut pendant quelques mois lord de la trésorerie. En 1841, il fut nommé commissaire en chef des bois et des forêts, et en 1846, secrétaire en chef pour l'Irlande. Il se retira avec sir Robert Peel dans l'été de 1846, et fut, jusqu'à son entrée à la chambre des lords (12 janv. 1851), un des chefs de la petite bande des fidèles de Peel au parlement. En 1853, il devint secrétaire d'Etat pour les colonies et la guerre sous le ministère d'Aberdeen, et ensuite pour la guerre seulement. Lorsque en 1855 le parlement ordonna une enquête sur la façon dont avait été conduite la guerre de Crimée, il donna sa démission. En 1859, il fit partie de l'administration de lord Palmerston comme secrétaire pour les colonies; il garda ce poste jusqu'en avril 1864. Il avait accompagné le prince de Galles au Canada et aux Etats-Unis.

NEWCASTLE-UNDER-LYME [niou'-cass-eul-onn'-deur-laï'-me], ville du Staffordshire (Angleterre), près du Trent, à 220 kil. N.-O. de Londres; 15,948 hab. Chapellerie, papier, chaussures, soies, cotons et faïence.

NEWCASTLE-UPON-TYNE [niou'-cass-eul-eup-ona-taï'-ne], anc. Pons Ælii, et plus tard Monkchester, ville du Northumberland (Angleterre), sur la rive gauche de la Tyne, à 12 kil. de son embouchure et à 400 kil. N.-N.-O. de

Newcastle-upon-Tyne.

Londres; 140,000 hab. Elle est bâtie sur trois collines escarpées, et s'étend sur près de 3 kil.

le long du fleuve. Le grand pont (*high level bridge*), sur la Tyne, est soutenu par six piles massives à 124 pieds de distance les unes des autres; il se compose d'un tablier carrossable, à 90 pieds au-dessus du fleuve, et par-dessus d'un viaduc à l'usage du chemin de fer, élevé de 118 pieds au-dessus de l'eau. La ville possède beaucoup d'hôpitaux, des asiles pour les sourds-muets et pour les aveugles, des sociétés littéraires et scientifiques, et une institution des beaux-arts. Le vieux château, bâti en 1080 par Robert, fils aîné de Guillaume le Conquérant, est un des plus beaux spécimens d'architecture militaire normande du royaume. Manufactures importantes. Les forges d'Elswick couvrent une superficie de 11 acres. A cet établissement se rattachent des fabriques de balles, d'obus et de fusées. La construction des navires à vapeur en fer est une branche d'industrie de grande importance. Newcastle est le plus grand marché du monde pour les charbons de terre bitumineux. On exporte annuellement plus de 200,000 tonnes de coke. On fait aussi de grands chargements de plomb, et le commerce étranger aussi bien que le cabotage y a une extension considérable.

NEW-ENGLAND. Voy. ANGLETERRE (*Nouvelle-*).

NEWFOUNDLAND. Voy. TERRE-NEUVE.

NEWGATE [niou-ghé-te], prison de Londres, construite au XIIIᵉ siècle, rebâtie au XVᵉ siècle, en 1780 et en 1857.

NEW-GUINEA. Voy. PAPOUASIE.

NEW-HAMPSHIRE [niou-hammp'-cheur], l'un des treize états primitifs de l'Union américaine, entre le Canada, l'état de Maine, l'Atlantique, le Massachusetts et le Vermont; entre 42° 40′ et 45° 18′ lat. N. et entre 72° 57′ et 74° 57′ long. O.; 24,099 kilom. carr.; 142,000 hab. en 1790 et 347,000 en 1880, divisé en dix comtés; cap. Concord; villes principales : Dover, Keene, Manchester, Nashua et Portsmouth. La population actuelle

Sceau de l'état de New-Hampshire.

comprend 15,000 Canadiens, 4,000 Anglais et 16,000 Irlandais. — Côtes maritimes, 40 kil., dont les bords sont ordinairement sablonneux avec marais salants. Portsmouth est le seul endroit où puissent arriver les gros navires. Princ. cours d'eau : Connecticut, Hall's Indian, Perry, Merrimack, etc. Gisements de cuivre, de zinc, de plomb, d'argent, d'or, de mica, de graphite, etc. Territoire généralement fertile; climat rude. En été, le baromètre atteint souvent + 37°; et, en hiver, il n'est pas rare de voir geler le mercure; dans le voisinage des montagnes Blanches, la terre est couverte de neige pendant six ou huit mois de l'année. Loups, ours et autres bêtes fauves; gibier abondant. Froment, seigle, maïs, avoine, pommes de terre, tabac, bois, beurre, fromages, etc.; 3,500 établissements industriels, occupant 65,000 ouvriers. D'après la nouvelle constitution ratifiée par le peuple en mars 1877, la cour générale se compose

d'un sénat de 24 membres et d'une chambre des représentants de 375 membres; le gouverneur est nommé par un conseil de cinq membres. Les uns et les autres sont élus pour 2 ans. Précédemment, les protestants étaient seuls éligibles aux charges de gouverneur, de sénateurs ou de représentants; mais la nouvelle constitution a fait disparaître les incapacités religieuses. Les juges sont nommés par le gouverneur. Dette, 20 millions de francs; revenu, 3 millions; dépenses, 2 millions. Tous les enfants de 8 à 14 ans sont forcés de fréquenter l'école pendant 12 semaines au moins chaque année; 2,000 bibliothèques (800,000 vol.). Principales dénominations religieuses : baptistes, 190 organisations; congrégationalistes, 175; méthodistes, 130; catholiques romains, 20; etc.; 80 journaux et publications périodiques. — Le New-Hampshire fut pour la première fois visité par les Européens en 1614; les établissements de Dover et de Portsmouth datent de 1623. En 1776, le New-Hampshire fit une déclaration publique d'indépendance. Il eut sa première constitution en 1784. Le siège du gouvernement fut transféré à Concord en 1807.

NEWHAVEN [angl. niou-hè'- v'n] (nouveau port). I, village maritime d'Ecosse, à 2 kil. de Leith; 2,500 hab. — II, ville maritime du Sussex (Angleterre). à l'embouchure de l'Ouse, et à 13 kil. S.-E. de Brighton; 6,000 hab. Une ligne de bateaux à vapeur la met en communication avec Dieppe, qui se trouve en face d'elle, de l'autre côté de la Manche. Newhaven est donc le point de débarquement de la plupart des voyageurs français qui se rendent à Londres. — III, port du Connecticut

(Etats-Unis), et ville la plus grande de l'état, au fond de la baie ou du port de Newhaven.

Newhaven.

à 6 kil. du détroit de Long Island, à 60 kil. S.-S.-O. de Hartford, par chemin de fer, et à 120 kil. E.-N.-E. de New-York; 50,840 hab.

Newhaven. La bibliothèque.

La ville est bâtie dans une plaine de 3 kil. de large environ, presque entièrement entourée de collines. Les maisons sont géné-

Newhaven : salle Sheffield.

ralement bien construites, et entourées de jardins; beaucoup sont presque cachées par les arbres. Les ormes magnifiques des principales avenues lui ont fait donner le nom de

« cité des Ormes ». Il y a plusieurs beaux squares publics. Yale college est l'un des plus anciens et des plus grands collèges américains. Il fut fondé en 1700 par une société de prêtres. Il reçut son nom d'Elihu Yale, qui l'avait enrichi de ses donations. L'école scientifique de Sheffield fut fondée en 1847. La bibliothèque comprend plus de 100,000 volumes. On remarque aussi dans le même établissement les collèges de théologie et la

Newhaven : Yale college (chapelle Marquand; écoles de théologie).

chapelle Marquand. On peut citer, en outre, à Newhaven la douane, l'hôtel du gouvernement de l'état, le tribunal, l'hôtel de ville, l'hôpital, le collège de médecine, l'asile des orphelins et l'hospice. Le port est peu profond, et contient des bancs d'huîtres considérables. Pour arriver au chenal de la partie commerçante de la cité, on a bâti deux quais de débarquement de 3,500 et de 1,500 pieds de long. On travaille à améliorer le port. Outre le cabotage, les ventes aux Antilles que se fait le principal trafic. On commence aussi à faire des affaires avec l'Europe. Les établissements industriels représentent un capital d'environ 50 millions de fr. On fait à Newhaven beaucoup d'horloges et de pendules qui s'exportent dans toutes les parties du monde. C'est la ville de la Nouvelle-Angleterre où la carrosserie a pris le plus d'extension. L'industrie du fer, surtout dans ses applications les plus délicates et les plus précieuses, y est aussi très avancée; il en est de même des articles en caoutchouc. Parmi les autres produits de l'industrie de Newhaven, on peut encore citer les faucheuses, les balances, les chaudières, les vases de laiton, les boutons, les charrettes, les lampes de voiture, la dentelle, la passementerie, les cafetières, la coutellerie, les limes, les hameçons, les aiguilles, les armes à feu, l'ébénais, l'ivoire, la bijouterie, les orgues, les mélodéons, les pianos, le papier, les épingles, les scies, les corsets, les chemises et les lunettes. — Newhaven a été fondée en 1638 par une société venue en majorité de Londres. Elle forma une colonie distincte jusqu'en 1665, et fut alors réunie au Connecticut. De 1704 à 1875, elle a été une des capitales de l'état.

NEW-HÉBRIDES. Voy. HÉBRIDES (Nouvelles-).

NEW-IRELAND. Voy. IRLANDE (Nouvelle-).

NEW-JERSEY [niou-djer-si], l'un des treize états primitifs de l'Union américaine, entre 38° 56' et 41° 21' lat. N., et entre 76° 14' et 77° 53' long. O., borné par l'état de New-York, par l'Hudson qui le sépare de l'état de New-York, par la baie de New-York, par l'Atlantique, par la baie de Delaware et par les états de Delaware et de Pennsylvanie; 20,240 kil. carr.; 485,000 hab. en 1790; et 1,134,000 hab. en 1880. Il est divisé en 21 comtés. Cap., Trenton; villes princ.: Newark, Jersey City, Paterson, Camden, Elizabeth, Hoboken, New-Brunswick et Orange. La population comprend 65,000 Allemands, 35,000 Anglais, 100,000 Irlandais, 10,000 Écossais. L'état de New-Jersey n'a pas moins de 200 kil. de côtes, sans compter celles qui bordent la baie de Delaware au S. Il est arrosé par la Delaware qui lui sert perpétuellement de frontière à l'O. et au S. Au N.-E., il est limité par la baie de New-York et par la rivière Hudson qui le sépare de la ville de New-York. Sa surface est ordinairement unie, excepté au N. et au centre où l'on trouve des collines et des montagnes. Mines de fer

Sceau de l'état de New-Jersey.

magnétique; carrières de pierres à chaux. Zinc, ardoises, grès, argile à poterie, etc. Chutes du Passaic, à Paterson. Climat chaud en été et rigoureux en hiver. Température moyenne annuelle au S. de l'état + 11°; au N., + 9°. Il règne des fièvres dans le voisinage des marais; mais sur le bord de la mer et dans les collines, le climat est sain. Dans les forêts, on trouve le chêne, l'hickory, le pin, le cèdre, etc. On cultive en grand le pommier à cidre et le pêcher. Productions de maïs, de froment, de seigle, d'avoine, de pommes de terre, etc.; 7,000 établissements industriels occupant 80,000 ouvriers. Pêcheries productives. — Il résulte du recensement des pêcheries des États-Unis en 1880 que les produits du New-Jersey s'élèvent à plus de 16 millions de fr., dont plus de 10 millions pour les huîtres, 600,000 fr. pour les crabes, 500,000 fr. pour l'alose menhaden. Les pêcheries de rivières produisent 12 millions de fr. — Les principaux ports de l'État de New-Jersey sont les suivants : Newark, Perth Amboy, Tuckerton, Great Egg, Harbor, Bridgton et Lamberton. — Le commerce étranger direct a lieu surtout à Newark et à Perth Amboy. Le canal Morris, de Jersey City à Phillipsburg, mesure 160 kil. Il existe plusieurs autres canaux navigables. La législature se compose d'un sénat de 21 membres élus pour 3 ans et d'une assemblée de 60 représentants élus annuellement. Le gouverneur est élu pour 3 ans. — Dettes, 12 millions de francs; recettes, 16 millions; dépenses, 18 millions. 325,000 jeunes gens suivent les cours des écoles, qui sont au nombre de 1,600. On compte dans l'état 2,500 bibliothèques contenant 900,000 volumes. Principales dénominations religieuses : baptistes, 175 organisations; épiscopaliens, 130; méthodistes, 535; presbytériens, 275; catholiques romains, 120. — On publie dans l'état 180 journaux et publications périodiques. La première colonie du New-Jersey fut probablement celle de Bergen, créée vers 1620 par les Hollandais de la Nouvelle-Amsterdam, qui donnèrent au pays le nom de Nouvelle-Néerlande. En 1634 quelques aventuriers anglais envahirent ce territoire, qu'ils appelèrent la Nouvelle-Albion ; et en 1638, on y vit arriver des Suédois et des Finnois. Les Hollandais et les Suédois s'étant liguées finirent par chasser les Anglais; et, en 1655, les Suédois eux-mêmes furent forcés de quitter le pays et de revenir dans leur patrie. En 1664, Charles II d'Angleterre ayant donné à son frère, le duc d'York, les pays compris entre la Delaware et le Connecticut, envoya une expédition pour s'en emparer. Les Hollandais furent vaincus et les Anglais fondèrent plusieurs villes; mais, en 1673, les premiers possesseurs reparurent et reprirent New-York et New-Jersey, qu'ils abandonnèrent l'année suivante par un traité avec la Grande-Bretagne. En 1682, tout ce territoire fut acheté par William Penn et 11 autres quakers. Vingt ans plus tard, ils abandonnèrent leurs droits à la couronne anglaise. Pendant la guerre de l'indépendance, l'état de New-Jersey fut témoin de plusieurs grandes batailles. Sa première capitale fut Princeton, puis Trenton (1790). La constitution actuelle a été ratifiée le 13 août 1844 et amendée en 1875.

NEW-JERSEY (Thé de), nom vulgaire du *ceanothus americanus*, plante de la famille des *rhamnacées*, que l'on appelle aussi, avec plusieurs autres plantes, racine rouge (*red-root*). On le trouve depuis le Canada jusqu'à la Floride, croissant d'ordinaire dans les bois secs, à l'état de sous-arbrisseau bas et à branches nombreuses, atteignant rarement 3 pieds de haut. Sa racine est d'un rouge sombre. Il fleurit en juillet, et porte tant de fleurs qu'il mérite d'être placée parmi les arbrisseaux d'ornement. On se servit des feuilles de cette plante, entre bien d'autres, pour remplacer le thé pendant la Révolution.

NEW-LEBANON [niou-lib'-é-nonn], ville de l'état de New-York (États-Unis), sur le Harlem, à 32 kil. E.-S.-E. d'Albany; 3,000 hab. Sources thermales fréquentées.

NEW-LONDON [niou-lonn'-donn], port du Connecticut (États-Unis), sur la rive occidentale de la Thames, à 5 kil. au-dessus de son embouchure dans le détroit du Long-Island; 9,576 hab. Le port est un des meilleurs des États-Unis, et, pour la pêche à la baleine, il vient en première ligne après New-Bedford. On commence à y armer pour la pêche du phoque. Pêcheries de morue et de maquereau. Chantiers de constructions navales. Fonderies, filatures de laine et de soie, etc. —

New-London fut fondée en 1645, par John Winthrop, fils du gouverneur du Massachu-

New-London.

setts. En 1781, les Anglais, commandés par Benedict Arnold, brûlèrent la ville et massacrèrent la garnison du fort Griswald de l'autre côté de la rivière, après que celle-ci se fut rendue prisonnière.

NEWMAN (Edward) [niou'-mann], naturaliste anglais, né en 1801. Il fut imprimeur à Londres jusqu'en 1869. Ses œuvres comprennent : *History of British Ferns; The Insect Hunters*, en vers; *Illustrated Natural History of British Moths et British Butterflies*.

NEWMARKET [niou'-mâr-kètt], ville d'Angleterre. Elle se compose aujourd'hui d'une seule longue rue dont l'extrémité nord est dans le comté de Suffolk et l'extrémité sud dans le comté de Cambridge, à 20 kil de Cambridge. Il y a 15 établissements pour entraîner les chevaux. La ville tire surtout son importance de ses sept courses annuelles. Le champ de courses, regardé comme le plus beau de la Grande-Bretagne, est à environ 3 kil. de la ville et a de 6 à 8 kil. de circonférence.

NEW-MEXICO ou **Nouveau-Mexique**, territoire des Etats-Unis, entre 31°20' et 37° lat. N., et entre 105° et 114° long. O.; borné par le Colorado, le territoire indien, le Texas, le Mexique et l'Arizona; divisé en 13 comtés; 347,469 kil. carr.; 60,000 hab. en 1860, et 120,000 hab. en 1880. Cap., Santa-Fé; villes princ., Albuquerque, Cimarron, etc. Presque tous les habitants sont d'origine mexicaine et parlent espagnol. On y compte en outre 26,000 Indiens, dont 11,000 Navajos, 8,500 Pueblos et environ 3,500 Apaches. La surface générale du territoire se compose de plateaux élevés, que traversent des chaînes de montagnes; entre celles-ci s'étendent de larges et fertiles vallées. Le principal cours d'eau est le Rio Grande del Norte, qui partage l'état en deux parties à peu près égales, l'une à l'E. et l'autre à l'O. Les autres cours d'eau sont la rivière Canadienne et le Rio Pecos. Anthracite, cuivre, or, argent, plomb, fer, zinc, manganèse, mercure, etc. Près de Santa-Fé, dans les montagnes, l'hiver est rigoureux. Au N. de cette ville, les nuits sont toujours froides; au S., la température est douce. La saison pluvieuse comprend juillet et août. Température moyenne, au printemps, + 9°; en été, + 45°; en automne, + 11°; en hiver, + 8°. Le territoire s'est montré propre à la culture de la vigne, du grenadier, du figuier, etc. Cerf, mouton des montagnes Rocheuses, antilope, élan, couguar, ocelot, lynx, coyote, ours, lièvres, écureuils et castors. On y trouve aussi le dindon sauvage, l'oie, le canard, la poule des prairies, etc. — Le pouvoir exécutif est confié à

un gouverneur que nomme le président de la république. — La législature se compose d'un conseil de 13 membres et d'une chambre de représentants de 26 membres élus par le peuple pour 2 ans. Presque tous les habitants appartiennent à la religion catholique romaine. — Le Nouveau-Mexique fut l'un des premiers territoires de l'Amérique du Nord que visitèrent les Espagnols. Alvar Nuñez (Cabeça de Vaca) atteignit cette région avant 1537. L'expédition de Marco de Niza eut lieu en 1539 et celle de Coronado en 1540. Vers 1595, le vice-roi du Mexique envoya dans ce pays Juan de Oñate pour en prendre formellement possession au nom de l'Espagne et pour y établir des colonies, des missions et des forts. Les missionnaires y trouvèrent un peuple relativement très civilisé qui vivait dans des maisons de pierres à plusieurs étages, dont les murailles étaient ornées de peintures. Des mines furent ouvertes et le pays ne tarda pas à arriver à un état florissant. En 1680, les Indiens, que les colons avaient réduits en esclavage, se révoltèrent et délivrèrent leur pays jusqu'à El Paso del Norte. Les Espagnols ne les soumirent qu'après une guerre de 20 ans. En 1846, les troupes de l'Union américaine envahirent le Nouveau-Mexique, qui fut cédé aux Etats-Unis par le traité de Guadalupe Hidalgo (1848). Le gouvernement territorial fut organisé en 1850.

NEW-MILFORD [niou'-mil'-fôrdd], ville du Connecticut (Etats-Unis), sur la rivière Housatonic et le chemin de fer du même nom; à 60 kil. de Hartford; 3,586 hab. C'est le centre du commerce du tabac pour toute la vallée; fabriques de papier, de boutons et de lainages.

NEW-ORLÉANS. Voy. NOUVELLE-ORLÉANS.

NEWPORT [niou'-pôrtt], l'une des capitales de l'état de Rhode-Island (Etats-Unis), sur la côte occidentale de Rhode-Island et la baie de Narragansett; 14,028 hab. Beau port; climat salubre. C'est une des villes à la mode aux Etats-Unis pour les bains de mer et les excursions. La vieille ville est intéressante par son aspect original et pittoresque. Le « Vieux moulin de pierre » (*Old stone mill*) passe aux yeux des antiquaires pour avoir été bâti par les Normands, 500 ans avant l'arrivée de Christophe Colomb. Le commerce de Newport est aujourd'hui très limité; on n'y compte guère que quelques filatures de coton, une fonderie de laiton et des plomberies. Un chemin de fer la relie à Boston, et les steamers quotidiens de New-York à Fall-River (Massachusetts) y font escale. — Newport fut fondée en 1638 par 17 colons détachés de la bande de Roger William, et conduits par William Coddington. 8,000 Anglais et Hessois qui

Vieux moulin, à Newport.

prirent garnison dans la ville pendant la révolution, portèrent à ses intérêts commerciaux un coup dont elle ne s'est pas relevée.

NEWPORT, ville de Kentucky (Etats-Unis), sur l'Ohio, immédiatement au-dessus de l'embouchure du Licking, et vis-à-vis de Cincinnati; 15,087 hab. Elle possède des établissements de laminage, des fonderies, des scieries mécaniques, et diverses manufactures.

NEWPORT. I, ville de Monmouthshire (Angleterre), sur l'Usk, à environ 8 kil. de son embouchure; à 32 kil. S.-O. de Monmouth; 27,069 hab. On y travaille beaucoup à la construction des navires; fonderies, clouteries; fabriques d'ancres, de chaînes, de câbles, etc. Commerce important. — II, bourg électoral du Hampshire (Angleterre), dans l'île de Wight, sur la Medina, qui est navigable pour les petits navires, à 30 kil. S.-S.-E. de Southampton; 8,522 hab. Dentelles; instruments agricoles.

NEW-PROVIDENCE, l'une des îles Bahama, près du centre du groupe, et contenant Nassau, le siège du gouvernement; 9,000 hab. environ. Elle a 25 kil. de long, de l'E. à l'O., et 11 kil. de large. Elle produit de bons fruits et exporte une grande quantité d'ananas.

NEW-ROSS, bourg électoral d'Islande, dans les comtés de Wexford et de Kilkenny, sur le Barrow, à 120 kil. S.-S.-O. de Dublin; 6,738 hab. Importantes pêcheries de saumons qui occupe plus de 800 hommes.

NEWRY [niou'-ré], bourg électoral d'Irlande, sur les confins des comtés de Doron et d'Armagh, sur le Newry et le canal du même nom, à 55 kil. S.-O. de Belfast, et à 90 kil. N. de Dublin; 14,184 hab. Principales industries: toile, coton, fer, bière et cordages; nombreux moulins, distilleries et poteries. Exportation considérable de beurre, de grains et de bestiaux.

NEW-SOUTH-WALES. Voy. GALLES DU SUD (Nouvelle.).

NEWSTEAD ABBEY [niou'-stedd-a-bè], l'abbaye de Newstead, château patrimonial de lord Byron, sur la lisière de la forêt de Sherwood (Angleterre), à 14 kil. O. de Birmingham. C'était primitivement un prieuré de chanoines noirs, fondé en 1170 par Henri II. Lors de la dissolution des monastères, Henri VIII le donna à sir John Byron. C'était alors un beau spécimen du gothique anglais de la première époque; mais depuis, des altérations successives en ont fait un singulier mé-

Newstead Abbey.

...ange de différents styles d'architecture. En 1817, Byron céda Newstead Abbey au colonel Thomas Wildman, pour 180,000 livres sterling. La propriété a passé depuis entre les mains de William-Frederick Web, qui en est le présent occupant.

NEWTON (niou'-t'n), ville du Massachusetts (États-Unis), sur la rivière Charles, à 12 kil. O. de Boston; 16,105 hab., dont beaucoup ont leurs affaires à Boston. Grandes manufactures, auxquelles les chutes de la rivière aux deux extrémités de la ville, fournissent facilement la force motrice.

NEWTON (Gilbert-Stuart), peintre anglais, né à Halifax (Nouvelle-Écosse ou *Nova Scotia*) en 1794, mort en 1835. Il étudia sous son oncle, Gilbert Stuart, à Boston, et, en 1817, alla à Londres. Il adopta de bonne heure une manière dérivée de celle de Watteau. On cite : *Abandonnée (Forsaken); Querelle d'amants (Lovers' Quarrel)*, scène du *Dépit amoureux* de Molière; *Shylock et Jessica; Yorick et la Grisette, L'Abbé Boniface*, et *Abélard dans son cabinet.*

NEWTON (SIR Isaac), philosophe anglais, né à Woolsthorpe, dans le Lincolnshire, le 25 déc. 1642, mort le 20 mars 1727. Il était fils unique et posthume, et il naquit avant terme. Jusqu'à sa douzième année, il alla à l'école à Skillington and Stoke; on l'envoya ensuite à l'école gratuite de Grantham, dont il fut bientôt le premier élève. Il entra à Trinity college, à l'université de Cambridge, en 1661. Pendant l'hiver de l'année où il fut nommé boursier (1664), ou peut-être plus tôt, il trouva son théorème connu sous le nom de binôme de Newton. En 1665, il prit le diplôme de bachelier ès arts, et, probablement la même année, inventa le calcul intégral. Pendant un séjour à Woolsthorpe, où il se retira en 1666 à cause de la peste, il eut la première conception de l'identité de la gravité et de la force qui retient les planètes dans leurs orbites, et il fit ses premiers calculs d'essai; mais, partant de la donnée erronée que l'on avait alors touchant la masse de la terre, il ne put vérifier son heureuse conjecture, et ce ne fut que 13 ou 14 ans plus tard qu'il reprit l'étude de ce problème. A la fin de la peste, il retourna à Cambridge et se fit recevoir maître ès arts en 1668. Dans l'automne de cette année, il termina un télescope de 6 pouces de longueur focale, grossissant 40 fois, et qui lui permit de voir les satellites de Jupiter et les phases de Vénus. Ce fut le premier télescope à réflecteur qu'on eût jamais dressé vers le ciel;

car James Gregory, qui l'avait inventé, n'avait pas construit l'instrument complet. Dans l'automne de 1671, Newton en fit un autre que l'on conserve dans la bibliothèque de la Société royale de Londres. Il avait été nommé, en 1669, professeur de mathématiques à Cambridge, et avait consacré, cette année-là et la suivante, beaucoup de temps à écrire des notes pour une traduction latine de l'algèbre de Kinckhuysen. En 1669-72, il fit un cours sur l'optique, et, de temps en temps, communiqua à la Société royale les résultats de ses recherches sur la lumière et les couleurs. Sa doctrine nouvelle de la nature composée de la lumière l'engagea dans une longue et aigre controverse en Angleterre et à l'étranger; ses recherches sur l'optique et les discussions qui en naissaient semblent avoir occupé la plus grande partie de son temps de 1671 à 1676. Le 9 déc. 1675, il envoya à la Société son « Hypothèse expliquant les propriétés de la lumière » (*Hypothesis explaining the Properties of Light*), et son « Explication des couleurs des plaques minces et des corps naturels » (*Explanation of the Colors of Thin Plates and of Natural Bodies*). En 1704, il publia son grand ouvrage sur l'optique. (Voy. LUMIÈRE.) En 1679, son attention fut ramenée sur le sujet de la gravitation universelle. Il vit que les masses des corps planétaires pouvaient être déterminées par l'observation des effets de leur attraction mutuelle, et que cette cause troublait leurs différents mouvements. Il fut ainsi conduit à élucider le sujet embarrassant des mouvements de la lune; et il déduisit théoriquement les deux inégalités lunaires connues sous le nom de variation et d'équation annuelle, ainsi que la progression de l'apogée et la régression des nœuds. En avril 1686, il communiqua à la Société royale le premier livre des *Principia*; en juin, Halley entreprit à ses frais la publication de ce livre, qui parut l'année suivante, sous le titre de *Philosophiæ naturalis Principia mathematica*. Il se divise en 3 livres. Le premier traite du mouvement dans l'espace libre; le second traite surtout du mouvement et de la résistance; et le troisième déduit des deux premiers le système du monde. Après la publication des *Principia*, Newton se contenta d'étendre et de développer les principes de sa philosophie sans s'avancer dans de nouveaux champs de la science. Il fut élu pour représenter l'université au parlement en 1689, et réélu en 1701. En déc. 1692, et en janv. et fév. 1693, il avait écrit les quatre lettres fameuses adressées au Dr Bentley, sur l'existence d'un Dieu. La perte de manuscrits précieux, auxquels une chandelle renversée mit le feu dans un cabinet, vers le commencement de 1692, l'affecta beaucoup. En 1695, il fut nommé conservateur de la monnaie, et, en 1699, promu à la direction, qui valait de 12 à 1,500 livres sterling par an. En 1701, il se démit de sa chaire à Cambridge. A partir de 1703 il fut, jusqu'à la fin de sa vie, choisi chaque année comme président par la Société royale. Il fut créé chevalier en 1705. Cette même année commença avec Leibnitz sa fameuse controverse, qui dura jusqu'à la mort de ce dernier en 1716. Le *Journal de Leipzig* critiqua vivement la « Quadrature des Courbes »

de Newton, dans laquelle était annoncée pour la première fois la méthode des fluxions, et il lui refusa toute originalité. L'astronome Keill répliqua, accusant Leibnitz de devoir en réalité son calcul à des suggestions données par Newton. Leibnitz en appela à la Société royale, qui nomma une commission, laquelle fit un rapport qui proclamait les droits de Newton (1712), et dont Newton peut être considéré lui-même comme complètement responsable. Il est clair aujourd'hui que Leibnitz et lui, avaient tous les deux inventé, chacun de son côté, l'analyse infinitésimale. Dans la première édition des *Principia*, justice était rendue aux droits de Leibnitz; mais dans la troisième (1725), son nom n'est pas mentionné. Comme résultat d'études sérieuses faites à Cambridge, on a sa « Chronologie des anciens empires corrigée » (*The Chronology of Ancient Kingdoms amended*, 1727), ouvrage fondé sur les observations astronomiques des anciens. Avant 1692, on donnait à Newton le nom « d'excellent théologien ». Il est probable, par conséquent, que ses écrits posthumes sur des sujets religieux, furent écrits dans sa jeunesse, à Cambridge. Ses *Observations sur les Prophéties de Daniel et sur l'Apocalypse de saint Jean* parurent en 1733. Son « Examen historique de deux notables corruptions des écritures » (*Historical Account of two Notable Corruptions of Scripture*; 1 Jean V, 7. et 1 Tim. iii, 16), composé en grande partie avant 1690 et fini cette année-là, ne fut publié qu'en 1754, sous le titre erroné de *Deux Lettres d'Isaac Newton à M. Le Clerc*. La publication de plusieurs de ses papiers personnels, dans les *Mémoires de Newton* de sir David Brewster (1855, 2 vol.) ne laisse pas de doute que Newton n'eût des opinions ariennes. Il fut inhumé dans l'abbaye de Westminster, où on lui éleva un monument en 1731. — **Anneaux de Newton**, série d'anneaux alternativement sombres et brillants, que l'on voit quand la lumière tombe sur une mince membrane d'une substance transparente, séparant d'autres substances, dont les indices de réfraction ne sont pas les mêmes. Si un morceau de verre légèrement convexe

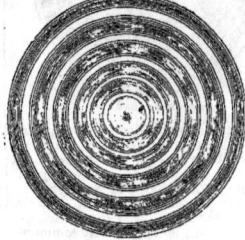
Anneaux de Newton.

est placé sur un morceau de verre plane, les anneaux sont produits par le mince espace d'air qui sépare les deux morceaux de verre. Le centre des anneaux est sombre; chaque anneau se compose réellement d'une série d'anneaux colorés; les couleurs du premier anneau brillant à partir du centre sont dites couleurs du 1er ordre; celle du second anneau, couleurs du 2e ordre et ainsi de suite. On voit des bandes semblables de couleurs sur les bulles de savon. Ces anneaux sont un phénomène dû à l'interférence. (Voy. LUMIÈRE.)

* **NEWTONIANISME** s. m. [angl. niou-; fr. académique neu-to-nia-nis-me]. Philos. nat. de Newton: *Voltaire est un des premiers qui aient fait connaître le newtonianisme en France.*

* **NEWTONIEN, IENNE** adj. [niou-; on académiquement, neu-to-ni-ain]. Qui a rapport à la doctrine de Newton : *l'école newtonienne.* — s. Qui a adopté cette doctrine : *il n'y a plus aujourd'hui un physicien, un astronome qui ne soit newtonien.*

NEW-WESTMINSTER [niou-ouestt'-minnsteur], ville de la Colombie anglaise, dont elle fut la capitale jusqu'en 1867, sur le Fraser, à 23 kil. au-dessus de son embouchure dans le golfe de Géorgie, et à 110 kil. N.-N.-E. de Victoria ; 2,000 hab. environ. Belle situation ; climat égal et agréable. La pêche du saumon est la principale industrie, et l'on en exporte de grandes quantités dans toutes les parties du monde.

NEW-YORK [niou-iork], l'un des treize états originaires de l'Union américaine, entre 40° 29' 40" et 45° 0' 42" lat. N. et entre 74° 11' et 82° 10' 8" long. E.; borné par le lac Ontario, le fleuve Saint-Laurent, le Canada et le lac Champlain (qui le sépare de l'état de Vermont), les états de Massachusetts, de Connecticut, l'Atlantique, le New-Jersey, la Pennsylvanie, le lac Erie et la rivière Niaragua ; divisé en 60 comtés ; 127,345 kil. carr.; 5,085,000 hab. Cap., Albany ; villes princ. : Brooklyn, Buffalo, Elmira, Kingston, New-York, Oswego, Rochester, Syracuse, Troy, Utica. La population n'était que de 20,000 hab. en 1700, de 340,000 en 1790 et de 4 millions en 1863. La population actuelle comprend 90,000 Canadiens, 130,000 Anglais, 550,000 Irlandais, 35,000 Ecossais, 30,000 Français et 375,000 Allemands. Il faut y ajouter 5,000 Indiens des Six-Nations établis sur 8 réserves, particulièrement au S.-O. de l'état. Ils ont adopté la vie civilisée et s'oc-

Sceau de l'état de New-York.

cupent surtout d'agriculture. — Les principaux cours d'eau sont : l'Hudson, qui reçoit la Mohawk, l'Oswego, qui sert de déversoir à plusieurs lacs de l'intérieur (Seneca, Cayuga, Oneida, etc.) ; l'Alleghany, la Susquehanna, la Delaware qui coulent vers le S., et la Genesee, la Black-River, la Packet, etc., qui vont au N.; l'O., le Niagara fait communiquer les lacs Erie et Ontario. Les magnifiques paysages, qui entourent les nombreux lacs de l'état de New-York, attirent sur leurs bords des milliers de touristes, pendant la saison chaude ; la réputation des chutes du Niagara est universelle. On cite ensuite celles de la Genesee, du Trenton, du Taghkanic, du Chittenango, du Lyon, du Kaaterskill, du Bash-bish, du Cohoes, etc. — Les deux seules montagnes dignes de mention sont les Catskill et les Adirondack ; mais partout le territoire est diversifié par des chaînes de collines. — Roches cristallines du système Laurentien, dans la région des Adirondack ; magnétite, granit, pierre à chaux, serpentin, minerai de fer, ardoises, pétrole. Nombreuses sources minérales. — Température moyenne, + 8°. Froids très rigoureux en hiver ; chaleurs excessives en été ; la neige couvre la terre pendant quatre ou cinq mois de l'an-

née. L'état de New-York est l'un de ceux où l'agriculture est le plus développée. Le sol y produit du froment, de l'orge, du maïs, de l'avoine, du seigle, des pommes de terre, du tabac, du vin, etc. L'industrie y a reçu un grand développement ; 37,000 établissements emploient 355,000 ouvriers. — De nombreuses rivières navigables, des canaux, des chemins de fer ont permis au commerce de prendre une extension extraordinaire. — La législature se compose d'un sénat de 32 membres élus pour 2 ans, et d'une assemblée de 128 membres élus chaque année. Le gouverneur et le lieutenant-gouverneur sont élus pour 3 ans. — Dette, 125 millions de fr.; recettes, 100 millions ; dépenses, 95 millions. — La surveillance générale des écoles communales appartient à un surintendant d'état qui est élu pour 3 ans par la législature. Tous les enfants de 8 à 14 ans sont forcés de fréquenter les écoles, qui sont au nombre de 12,000 (1,800,000 élèves et 20,000 professeurs). — 24,000 bibliothèques, comprenant 7 millions de volumes. — Principales dénominations religieuses : baptistes, 940 organisations ; christians, 98 ; congrégationalistes, 250 ; protestants épiscopaliens, 490 ; juifs, 51 ; luthériens, 205 ; méthodistes, 4,900 ; presbytériens, 750 ; réformés américains, 320 ; catholiques romains, 498 ; universalistes, 130. — 1,200 journaux, dont 140 quotidiens. — A l'arrivée des blancs sur la côte de ce qui constitue aujourd'hui l'état de New-York, ce territoire était habité par plusieurs tribus indiennes appartenant à la race algonquine et aux Cinq-Nations, d'origine iroquoise. En juillet 1609, Samuel Champlain, ayant remonté le Saint-Laurent, découvrit le lac qui porte son nom. En septembre 1607, Henri Hudson, au service de la compagnie hollandaise des Indes orientales, découvrit la baie de New-York et entra dans la grande et belle rivière d'Hudson ; les terres qu'il avait découvertes reçurent des Hollandais le nom de Nouvelle-Néerlande. En 1604, les premiers établissements hollandais furent fondés sur l'île Manhattan. En 1622, la compagnie hollandaise des Indes occidentales prit possession de la Nouvelle-Néerlande. Les colons se multiplièrent et ne tardèrent pas à entrer en lutte avec les Anglais du Connecticut et les Suédois de la Delaware. En 1655, ces derniers furent chassés ; mais les Anglais tinrent bon et, en mars 1664, Charles II ayant donné à son frère le duc d'York tous les territoires compris entre le Connecticut et la Delaware, une grande expédition fut organisée en Angleterre. La Nouvelle-Amsterdam tomba au pouvoir des envahisseurs et reçut le nom de New-York. En 1684, les Anglais conclurent un traité offensif et défensif avec les Indiens. Trois ans plus tard, De Nonville, gouverneur français du Canada, fit une incursion sur les territoires alliés et la guerre se continua pendant deux ans. En 1689, les Cinq-Nations envahirent le Canada et égorgèrent plus de 1,000 colons français. La paix se rétablit à la fin du règne de Louis XIV. Pour se mettre à l'abri de toute nouvelle invasion, les Français construisirent en 1734 le fort Frédéric, à Crown-Point, sur le lac Champlain, le fort Frontenac (auj. Kingston) sur le Saint-Laurent, et un fort au Niagara. Lorsque la guerre éclata de nouveau en 1754, les postes avancés

des Anglais à Fort-Edward, sur l'Hudson, et à Oswego, sur le lac Ontario, pouvaient résister à toute attaque. En 1755, une armée, commandée par sir William Johnson, marcha contre Crown-Point ; elle fut attaquée sur les bords du lac George par les Français que commandait Dieskau ; et la victoire resta aux Anglais. En 1756, les Français détruisirent Oswego ; en 1757, le fort William Henry, sur le lac George : l'année suivante, Abercrombie, à la tête de 15,000 Anglais, fut repoussé devant le fort Ticonderoga ou Carillon ; mais le colonel Bradstreet prit le fort Frontenac. En 1759, le général Prideaux s'empara du fort du Niagara, et les Français abandonnèrent Ticonderoga et Crown-Point à l'approche du général Amherst. A l'époque de la Révolution, New-York prit des mesures énergiques pour la défense de l'Union des colonies. En oct. 1775, Tryon, le dernier gouverneur royal, dut se réfugier à bord d'un vaisseau anglais. En mai, presque tout le territoire appartenait à l'insurrection ; mais après la bataille de Long-Island (27 août 1776), la ville et ses environs retombèrent au pouvoir des Anglais. Pendant l'été de 1777, Burgoyne envahit la province par le Canada, et une flotte anglaise remonta l'Hudson pour lui prêter la main. Après une série de revers, l'armée de Burgoyne capitula à Saratoga, le 19 octobre. Les Six-Nations, ayant épousé la cause de l'Angleterre, devinrent très inquiétantes, et il fallut, pendant plusieurs années, faire des expéditions pour punir et détruire leurs villages. New-York ne fut définitivement évacué par les Anglais que le 25 nov. 1783. Le siège du gouvernement fut transporté en 1787 de New-York à Albany.

NEW-YORK (City) [niou-iork], la plus grande ville d'Amérique et le principal port des Etats-Unis, à l'embouchure de l'Hudson, à 30 kil. de l'Atlantique, par 40° 42' 43" lat. N. et 76° 20' 17" long. O., à City-Hall. La principale partie de la ville est située sur l'île Manhattan ; les autres portions se trouvent dans les Randall, Ward et Blackwell, dans l'East River ; dans les îles du Gouverneur, Bedloe et Ellis, situées sur la baie ; et une portion se trouve au continent, au N.-E. de l'île Manhattan. New-York est bornée au N.

New-York : collège Columbia.

par la ville de Yonkers ; à l'E. par les rivières Bronx et East (de l'E.) ; cette dernière la sépare de Long-Island ; au S., par la baie de New-York ; et à l'O. par les rivières Hudson et North (du Nord) qui la séparent du New-Jersey. Sa longueur extrême est de 25 kil.; sa plus grande largeur est de 7 kil. L'île de Manhattan mesure à elle seule 24 kil. de long. et varie de largeur depuis quelques centaines de mètres jusqu'à 4 kil. environ. La portion continentale de la ville, constituant autrefois les bourgs de Morrisania, de West-Farms et de Kingsbridge, fut annexée en 1874 et forme aujourd'hui les 23ᵉ et 24ᵉ quartiers. La population de New-York n'était que de 1,000 hab.

Post Office.

en 1656, de 5,000 hab. en 1700, de 60,000 en 1800; elle est aujourd'hui de 1,210,000 hab.; mais si l'on y ajoute la population de ses faubourgs, Brooklyn, Jersey-City, Hoboken,

Église de la Trinité.

Newark, etc., on trouve qu'elle s'élève à plus de 2 millions d'hab. New-York-City compte dans son enceinte 250,000 Irlandais, 200,000 Allemands, 35,000 Anglais, 42,000 Français et 40,000 Écossais. — Ce qui frappe le plus l'Européen arrivant à New-York, c'est le nombre immense de navires de toutes sortes et de toute grandeur qui sillonnent sa baie et ses ports formés par l'Hudson et l'East River. Quand on approche du quai, l'aspect de la ville paraît triste, à cause des grands bassins flottants, en bois et en fer, qui sont placés tout le long du rivage et dont la vue est loin d'être pittoresque. Des milliers de navires marchands de tous les pays ont leur marquée devant Brooklyn, à New-York et à Jersey-City. En outre, ces grandes villes, qui n'en forment qu'une seule, communiquent à chaque instant au moyen de centaines de bacs à vapeur (ferries) dont le va-et-vient continuel donne un grand mouvement aux bras de mer séparant New-York de ses faubourgs. Le quartier où l'on débarque le plus ordinairement est situé près du quartier français, l'un des plus anciens et des plus beaux de la ville; non loin de là se trouve l'hôtel des Postes (Post office) qui est, sans contredit, le monument public le plus important et le plus riche de New-York. Il est construit dans le style renaissance, avec plusieurs dômes dans le genre de ceux du Louvre et se trouve à l'extrémité méridionale de City-Hall park. Le Post office est tout en granit; sa construction a coûté 35 millions de fr. Toutes les rues de cette ville sont tirées au cordeau et elles se coupent généralement à angle droit. Quelques-unes portent des noms particuliers; mais, en général, on les distingue par des numéros, chaque quartier ayant sa 1ʳᵉ, sa 2ᵉ, sa 3ᵉ rue ou avenue. Les avenues mesurent ordinairement 30 m. de large, tandis que les rues n'ont guère que 20 m. Les maisons sont très compactes, depuis la pointe méridionale jusqu'au parc central. Broadway, la rue la plus fréquentée et aussi la plus belle, mesure 25 m. de large et est bordée des principaux hôtels, de banques, etc. L'église de la Trinité, sur la Broadway, appartient au style gothique. Le temple juif Emmanuel est le plus magnifique spécimen d'architecture sarrasine d'Amérique; l'intérieur est merveilleusement décoré dans le goût oriental. Le plus vaste monument religieux de New-York et l'un des plus beaux et des plus grands du continent américain est Saint-Patrick, cathédrale catholique romaine, en marbre blanc et dans le style gothique; elle est surmontée de deux tours hautes chacune de 228 pieds anglais. New-York renferme 30 parcs publics généralement ornés de grands arbres, de fleurs, etc. Les principaux sont : City-Hall park; Central park, construit en 1858 et qui couvre un vaste espace; Washington square; Union square, etc. Le seul cimetière dans lequel on enterre encore les morts et qui soit situé dans la ville est celui de l'église de la Trinité; il renferme plusieurs beaux monuments. On enterre aujourd'hui dans des cimetières situés hors de la ville. — Le climat de New-York, tempéré par le voisinage de l'Océan, est généralement doux, mais changeant; les étés sont très chauds et les hivers très rigoureux. Température moyenne annuelle, + 11°. — Les principales avenues sont sillonnées de lignes de tramways (street cars); des voitures publiques et des omnibus les traversent perpétuellement. Les ferries permettent aux voitures de passer d'une rive à l'autre avec attelage et chargement. De plus, New-York est réuni à Brooklyn par un pont suspendu unique au monde. (Voy. BROOKLYN.) — Les fortifications se composent du fort inachevé de Sandy-Hook et de plusieurs travaux sur la baie. Il y a aussi un fort nommé Trompkins et différentes batteries pour défendre l'entrée du port; et le fort Hamilton domine Long-Island. Dans la baie, se trouvent les forts Columbus, Castle-Williams, et des batteries en barbette sur l'île du Gouverneur; le ford Wood, sur l'île Bedloe, et le fort Gibson, sur l'île Ellis. Le port est pourvu d'un grand nombre de phares. — New-York est en communication avec toutes les villes maritimes de l'univers; les transatlantiques européens ont fait de cette ville leur principal point de relâche, dans l'Amérique du Nord. C'est dans ce port que se fait plus de la moitié du commerce étranger des États-Unis. La valeur des produits exotiques qui y entrent chaque année peut être évaluée à 600 millions de fr. Entrées, 5,600 navires au long cours, jaugeant 4,500,000 tonnes; 2,500 caboteurs, jaugeant 1,800,000 tonnes. Voici le nombre et le tonnage des navires appartenant aux armateurs de la ville : 2,800 vaisseaux à voiles (610,000 tonnes); 800 bateaux à vapeur (340,000 tonnes); 2,300 bateaux de canaux (215,000 tonnes); 800 barges (123,000 tonnes). — Environ les deux tiers des émigrants aux États-Unis débarquent à New-York. Depuis 1850, cette ville a vu arriver dans ses murs 6 millions d'étrangers. — 50 banques nationales; 26 banques d'État; 8,000 établissements industriels employant 4,300 machines à vapeur (30,000 chevaux) et 140,000 ouvriers dont 95,000 hommes. L'industrie new-yorkaise embrasse tous les genres de productions, depuis la fabrication des chaussures jusqu'à celle des navires. Des ouvriers français y ont introduit, vers 1872, la fabrication de l'article de Paris. — La ville est gouvernée par un maire (mayor) et un conseil de 22 aldermen; elle est divisée en 24 quartiers. Le maire est élu pour 2 ans. La police se compose de 2,600 hommes. Le corps des pompiers, organisé en 1865, est l'un des mieux équipés qu'il y ait au monde. Il se compose de 800 hommes, possédant 50 machines à vapeur; il existe un système complet de télégraphes d'alarme. — New-York est approvisionné d'eau douce par la rivière Croton, au moyen d'un aqueduc terminé en 1842. L'eau est transportée au-dessus de la rivière Harlem par un pont de granit long de 4,460 pieds, haut de plus de 100 pieds et composé de 14 piles. — Dépenses, 165 millions de fr.; recettes, 210 millions de fr.; dette 700 millions de fr. — Les principaux établissements charitables sont: l'hôpital Bellevue, l'Almshouse, etc. On trouve dans la ville 25 autres hôpitaux, 30 dispensaires, 43 asiles d'orphelins, plus de 50 écoles industrielles et une centaine d'autres asiles. — 25 églises catholiques romaines, l'Association des jeunes chrétiens, la Société biblique américaine, etc. — Les écoles

Saint-Patrick, cathédrale catholique romaine.

communales sont divisées en écoles primaires avec six grades et en écoles de grammaire avec huit grades. Le nombre des élèves est de 160,000; celui des élèves fréquentant les écoles du soir est de 21,000; le collège normal, destiné à former des professeurs, compte 2,000 élèves; l'école nautique en a 110; les écoles professionnelles n'en ont pas moins de 25,000. Il y a aussi des écoles secondaires pour le latin, le grec et les langues européennes. Le collège de la ville de New-York occupe un bel édifice. Parmi les institutions d'éducation qui n'appartiennent pas à la ville, nous citerons le collège Columbia (épiscopalien), le plus ancien collège de l'état; il fut ouvert en 1754 sous le nom de collège du Roi. Il comprend une école de droit, une école des mines, une école de médecine. Ses

Académie de dessin.

cours sont suivis par environ 1,000 élèves. L'université de la ville de New-York occupe un beau monument et comprend une école

d'arts et une école de sciences. Les catholiques possèdent le collège Saint-François-Xavier et le collège Manhattan, outre 30 écoles particulières et 60 écoles paroissiales fréquentées par 35,000 élèves. La Société géographique américaine possède une riche bibliothèque et une collection de 2,000 grandes cartes; la Société historique de New-York, fondée en 1804, est particulièrement riche par une collection d'antiquités égyptiennes et par la collection Lenox de sculptures de Ninive. L'Académie nationale de dessin, fondée en 1826, occupe un grand bâtiment de grès, de marbre et de pierre bleue et renferme une riche collection de peintures. — La bibliothèque Astor a été fondée en 1848 par une donation de John-Jacob Astor. La bibliothèque Lenox, créée en 1870 par James Lenox, est une belle construction, située en face de Central park. — New-York renferme 350 églises. — On y publie 420 journaux, dont près de la moitié en allemand, 4 ou 5 en français et plusieurs en espagnol, en suédois, en italien et en portugais. — Henry Hudson découvrit l'île Manhattan en 1609; les Hollandais créèrent leur premier établissement permanent en 1623. La Nouvelle-Amsterdam, comme ils appelaient leur ville américaine, dut se rendre aux Anglais en 1664 et reçut le nom de New-York. Neuf ans plus tard, les Hollandais reprirent leur ville et la nommèrent Nouvelle-Orange; mais ils durent l'évacuer en 1674. Les délégués des nouvelles colonies s'y réunirent en 1765 et déclarèrent que l'on ne paierait plus les impôts non votés par les colonies elles-mêmes. — En 1770, une réunion de 3,000 citoyens fut dispersée par la troupe; mais les troubles ne cessèrent pas, et, en 1774, un navire chargé de thé dut repartir pour l'Angleterre; quelques jours plus tard, 18 caisses de thé, trouvées dans un autre navire, furent jetées par-dessus bord. Les troupes anglaises furent chassées de la ville en 1775; mais elles y rentrèrent le 15 sept. 1776, à la suite de la bataille de Long-Island; elles ne l'évacuèrent que le 5 nov. 1783, après la signature de la paix. La ville avait été le siège du gouvernement colonial jusqu'au moment de la révolution; elle resta la capitale de l'état de 1784 à 1797; elle fut le siège du gouvernement des États-Unis de 1785 à 1790. — L'ouverture du canal Érié, en 1825, donna un grand développement à son commerce. Elle fut presque entièrement incendiée le 16 déc. 1835 et le 19 juillet 1845. Pendant la guerre civile, la ville fournit aux armées fédérales

117,000 hommes. Elle fut le théâtre de plusieurs émeutes esclavagistes.

NEW-YORKAIS, AISE s. et adj. [neu; ou, beaucoup mieux, niou-ior-kè]. De New-York; qui appartient à ce pays ou à ses habitants.

NEXON, ch.-l. de cant., arr. et à 21 kil. N. de Saint-Yrieix (Haute-Vienne); 850 hab. Moulins, tuileries, céréales, fourrages.

NEY. I. (Michel) [nè], duc d'Elchingen et prince de la Moskova, maréchal de France, né à Sarrelouis en 1769, fusillé le 7 déc. 1815. Il entra dans l'armée en 1787, devint général de brigade en 1796, contribua, en avril 1797, à la victoire de Neuwied, et fut fait général de division en 1799, pour avoir surpris Mannheim à la tête de 150 hommes. Il empêcha l'archiduc Charles de faire sa jonction avec les Russes pendant que Masséna livrait la bataille de Zurich; il se distingua sous Moreau à Hohenlinden (1800), et devint inspecteur général de la cavalerie, ministre en Suisse et maréchal (1804). Pour sa conduite à Elchingen, où il commandait en chef, il reçut le titre de duc. Il força Mack dans Ulm, s'empara du Tyrol, et aida aux opérations qui aboutirent à la victoire d'Austerlitz; il cueillit de nouveaux lauriers à Iéna, força Magdebourg à capituler, se maintint dans ses positions à Eylau et décida la victoire à Friedland. En 1808, il occupa les Asturies et la Galice, en Espagne, et protégea ensuite la retraite de Masséna quittant le Portugal. Napoléon, qui suspectait sa fidélité, le rappela. En 1812, il accompagna l'empe-

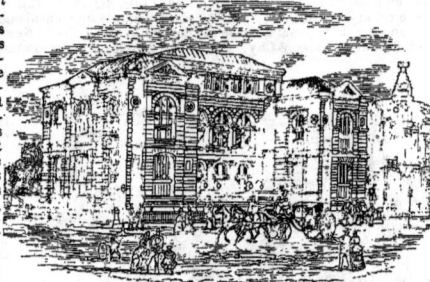

Bibliothèque Lenox.

reur en Russie, et gagna le titre de prince à Borodino. Pendant la retraite, il battit les troupes russes qui s'opposèrent à lui, et, lorsque Napoléon et Murat eurent quitté l'armée, il sauva tout ce qui pouvait se sauver du naufrage. Il travailla ensuite nuit et jour à réorganiser l'armée, et se signala à Lutzen, à Bautzen, à Dresde et à Leipzig. Pendant l'invasion de la France en 1814, il livra une série de batailles. A l'abdication de Napoléon, le 11 avril, Ney vola vers Louis XVIII qui le combla de distinctions; et, lorsque l'empereur débarqua à Cannes, il promit solennellement au roi de le lui amener prisonnier dans une cage de fer. Mais l'enthousiasme avec lequel Napoléon fut reçu à Lyon le ramena à son ancien maître. A Waterloo, Ney eut cinq chevaux tués sous lui. Proscrit le 24 juillet, il s'échappa; mais il fut arrêté en août, et traduit devant une cour martiale qui refusa de le juger. Mais la cour des pairs, dont la majorité se composait de ses ennemis, le condamna à mort le 6 déc., et il fut fusillé le lendemain matin dans le jardin du Luxembourg. On lui a élevé, en 1854, une statue sur le lieu même de son exécution. Ses Mémoires (1833, 2 vol.) ont été publiés par sa veuve et ses fils. Dumoulin a publié l'histoire de son procès (1815, 2 vol.). — II. Joseph-

Napoléon), prince de la Moskova, son fils, né en 1803, mort en 1857. Après avoir été pair, il fut, en 1849, nommé député et soutint les intérêts de Louis-Napoléon. Il fut un des premiers sénateurs du second Empire. En 1853, il fut fait général de brigade. Il était surtout connu pour son goût pour les arts, la littérature et le turf. Sa fille unique épousa Persigny. — III. (Michel-Louis-Félix), duc d'Elchingen, et frère du précédent, né à Paris en 1804, mort à Gallipoli en 1854. Il servit d'abord en Suède et rentra en France après 1830. Aide de camp du duc de Nemours (1831), il se distingua à Mascara et à Médéah, fut nommé colonel en 1844, député du Pas-de-Calais en 1848, général de brigade après le 2 déc., fut envoyé en Crimée (1854) et mourut du choléra au début de la campagne. Il a laissé : *Documents inédits sur la campagne de 1815.*

NEYRAC, station thermale, commune de l'arr. de Largentière (Ardèche). Eaux bicarbonatées calciques. Leucorrhées, affections scrofuleuses, engorgements abdominaux, affections dartreuses. Etablissement de douches.

* **NEZ** s. m. [né] (lat. *nasus*). Partie saillante du visage qui est entre le front et la bouche, et qui est l'organe de l'odorat : *il s'est cassé le nez; il saigne du nez.* — Se dit aussi en parlant de quelques animaux : *le nez d'un chien.* — PARLER, CHANTER DU NEZ, parler, chanter d'une manière désagréable, comme si le nez était bouché. Les phrases figurées et proverbiales qui suivent sont toutes du style fam. et fig. — SAIGNER DU NEZ, manquer de résolution, de courage dans l'occasion : *il s'était vanté de faire hardiment cette proposition, mais il a saigné du nez.* — NE PAS VOIR PLUS LOIN QUE SON NEZ, QUE LE BOUT DE SON NEZ, avoir peu de lumières, peu de prévoyance. — TIRER LES VERS DU NEZ A QUELQU'UN, tirer de lui un secret en le questionnant adroitement. — JETER A QUELQU'UN UNE CHOSE AU NEZ, la lui reprocher : *il me jette toujours mon âge au nez.* — METTRE SON NEZ, METTRE LE NEZ, FOURRER SON NEZ OU L'ON N'A QUE FAIRE, se mêler indiscrètement de quelque chose. On dit dans un sens analogue, METTRE SON NEZ PARTOUT. — METTRE LE NEZ DANS UNE AFFAIRE, commencer à l'examiner : *à peine eut-il mis le nez dans cette affaire, qu'il vit le point de la difficulté.* — METTRE LE NEZ DANS LES LIVRES, commencer à étudier; IL N'A JAMAIS MIS LE NEZ DANS UN LIVRE, il n'a jamais lu. — AVOIR TOUJOURS LE NEZ SUR QUELQUE CHOSE, y être toujours appliqué : *cette femme a toujours le nez sur son ouvrage.* On dit dans le même sens, NE PAS LEVER LE NEZ DE DESSUS QUELQUE CHOSE : *cette fille est fort laborieuse, elle ne lève pas le nez de dessus son ouvrage.* — MENER QUELQU'UN PAR LE NEZ, PAR LE BOUT DU NEZ, abuser de l'ascendant qu'on a sur quelqu'un pour lui faire faire tout ce qu'on veut. — DONNER DU NEZ EN TERRE, échouer dans quelque entreprise : *il espérait faire une grande fortune, mais il a donné du nez en terre.* On dit, à peu près dans le même sens, SE CASSER LE NEZ : *il croyait gagner des monts d'or dans cette affaire, il s'y est cassé le nez.* — AVOIR TOUJOURS QUEL-QU'UN SUR LE NEZ, A CHEVAL SUR LE NEZ, en être perpétuellement occupé d'une manière désagréable. — SE COUPER, S'ARRACHER LE NEZ POUR FAIRE DÉPIT A SON VISAGE, faire par dépit contre quelqu'un une chose dont on souffre le premier. — AVOIR UN PIED DE NEZ, avoir la honte de ne pas obtenir un succès dont on s'était flatté. FAIRE UN PIED DE NEZ A QUELQU'UN, se moquer de lui. — CASSER LE NEZ A COUPS D'ENCENSOIR, donner des louanges exagérées. — IL LUI EN PEND AUTANT AU NEZ, il est menacé du même désagrément, de la même mésaventure. — IL VAUT MIEUX LAISSER SON ENFANT MOR-VEUX QUE DE LUI ARRACHER LE NEZ, il est de la

sagesse de tolérer un petit mal, lorsqu'on risque, en voulant y remédier, d'en causer un plus grand. — IL EST SI JEUNE, QUE, SI ON LUI TORDAIT LE NEZ, IL EN SORTIRAIT ENCORE DU LAIT, se dit d'un très jeune homme qui se veut mêler de choses au-dessus de son âge. — CELA PARAIT COMME LE NEZ AU MILIEU DU VISAGE; et, par ironie, CELA NE PARAIT PAS PLUS QUE LE NEZ AU MILIEU DU VISAGE, se dit d'une chose qui paraît et qu'on s'efforcerait en vain de cacher. — JAMAIS GRAND NEZ NE GATA BEAU VISAGE, ce n'est pas la petitesse du nez, c'est la pureté de sa forme qui sert à la beauté du visage. — CE N'EST PAS POUR SON NEZ, la chose dont il s'agit ne lui est pas destinée. On dit ironiq., dans le même sens, C'EST POUR SON NEZ; VRAI-MENT C'EST POUR SON NEZ. — Se dit aussi, fam., pour tout le visage : *on voyait autrefois des femmes qui avaient toujours un masque sur le nez.* — Fig. DONNER SUR LE NEZ A QUELQU'UN, lui faire éprouver quelque mortification. — AU NEZ DE QUELQU'UN, en sa présence, en le bravant : *il lui a soutenu cela à son nez.* — RIRE AU NEZ DE QUELQU'UN, se moquer de lui en face : *il dit des choses si hors de propos, qu'on ne saurait s'empêcher de lui rire au nez.* — Le sens de l'odorat : *il a bon nez, il sent de loin.* AVOIR BON NEZ, avoir de la sagacité, prévoir les choses de loin : *cette entreprise a fort mal tourné, il a eu bon nez de ne pas s'en mêler.* On dit de même, AVOIR LE NEZ FIN, AVOIR DU NEZ. — Mar. L'éperon, l'avant, la proue d'un vaisseau. On ne l'emploie guère que dans cette phrase, CE VAISSEAU EST TROP SUR LE NEZ, il penche trop en avant. — ↪ Pop. AVOIR QUEL-QU'UN DANS LE NEZ, le détester. — AVOIR LE NEZ CREUX, être perspicace. — FAIRE LE NEZ, paraître de mauvaise humeur. — SE PIQUER LE NEZ, s'enivrer.

NEZ D'ARGENT (Jean ou Pierre CRAON, plus connu sous le nom de), savant français, pendu à Paris en 1561. Son surnom lui vint d'un nez d'argent qu'Ambroise Paré lui avait confectionné, en remplacement de son nez naturel qui avait subi de fortes avaries. Professeur d'humanités à Reims, il avait embrassé la Réforme et s'était mis en relations avec Théodore de Bèze et autres chefs protestants. Dénoncé par les catholiques, il fut accusé d'hérésie, jugé et exécuté.

NEZLA s. f. Mot arabe signifiant littéralement : station, *lieu hospitalier où l'on s'arrête*; de la racine *nazala*, faire halte, bivouaquer. — Par ext. Les Arabes nomades donnent ce nom à la fraction de tribu campée au milieu des pâturages qui lui sont assignés. *Nezla* devient alors synonyme de *douar*, qui signifie : campement circulaire d'une tribu ou d'une fraction de tribu nomade (de la racine *dara*, affecter une forme circulaire).

NEZ-PERCÉS, tribu d'Indiens d'Amérique, de la famille Sahaptin, comptant environ 2,800 individus. La moitié d'entre eux sont établis sur les réserves de Kamiah et de Lapwai, dans le North Idaho, et quelques autres, sur des terres en dehors des réserves, sont des fermiers et des éleveurs en pleine prospérité. Les autres ont refusé de se soumettre aux règles des traités et font chaque année des expéditions pour la chasse et la récolte des racines. Une de leurs bandes fait paître de grands troupeaux de chevaux dans la vallée de Vallowa, au N.-E. de l'Orégon. L'origine du nom qu'on leur donne est incertaine. Ils s'appellent eux-mêmes Numepo, dit-on. Lewis et Clarke les appellent Chopunnish.

NGAMI, lac de l'Afrique méridionale. On le croit long de 80 à 110 kil. et large de 11 à 45 kil. Il a été découvert par Livingstone, Oswell et Murray en 1849. Il gît, autant qu'on peut l'établir, à peu près par 20° 28' de lat. S., et 20° 30' de long. E. Il est à 3,283 pieds au-dessus du niveau de la mer, suivant Livingstone, et à 2,743 pieds, suivant Andersson.

* **NI** (lat. *nec*; gr. *né*). Particule conjonctive et négative : *il n'est ni bon ni mauvais.*

On ne distingue plus ni le bien, ni le mal.
PONSARD. *Charlotte Corday*, acte IV, sc. IV.

— GRAMM. Ni s'emploie à la place de *et* pour unir les parties négatives ou les dépendances semblables d'une proposition négative, ainsi que pour unir deux propositions négatives dont la dernière est elliptique : *il n'est ni beau ni laid; je n'entends pas que l'on m'attaque, ni que l'on m'insulte; il n'attaque ni ne se défend.* — Dans une énumération, on répète *ni* autant de fois qu'il y a de choses auxquelles on veut rendre la négation commune : *la boussole n'a point été trouvée par un marin, ni le télescope par un astronome, ni le microscope par un physicien, ni l'imprimerie par un homme de lettres, ni la poudre à canon par un militaire* (L. Racine, note 173 du *Poème de la Religion*, ch. IV). — Quand plusieurs verbes se succèdent, c'est communément *ni* qui tient la place de *ne* avant le premier : *je ne veux, ni ne dois, ni ne puis obéir* (Marmontel). — Jamais, avec *ni* répété, on ne doit employer PAS OU POINT, et l'on ne dira pas : *il ne faut pas être ni avare ni prodigue;* mais on dira : *il ne faut être ni avare ni prodigue.* C'est pourquoi l'on a blâmé Corneille d'avoir écrit :

Vous ne connaissez point ni l'amour, ni ses traits.
Horace, acte III, sc. IV.

— Toutefois, on peut employer PAS OU POINT lorsque la conjonction *ni* n'est pas répétée :

Ma maison ni mon lit ne sont point pour vous.
BOILEAU. X* satire.

— Une faute grave que commettent journellement les écrivains consiste à employer *et* au lieu de *ni* pour les substantifs, les adjectifs, les verbes et les adverbes dans les propositions négatives; ex. :

Je ne connaissais pas Almanzor et l'Amour.
ROY. *Ballet des Éléments.*

La phrase étant négative, il faut : *ni l'Amour.* Nos meilleurs auteurs vont même plus loin et font usage de *ni* après les verbes EM-PÊCHER, ÉVITER, DÉFENDRE, GARDER, et autres qui semblent avoir quelque chose de négatif dans leur signification; ex. :

Défendit qu'un ver faible y pût jamais entrer,
Ni qu'un pied mis osât y remontrer.
BOILEAU. *Art. poét.,* ch. II.

— On peut employer *ni* après SANS, mais alors SANS ne doit pas être répété :

Seigneur, se montrer lâche ni téméraire,
Par quelque vain hommage on peut le satisfaire.
J. RACINE. *Alexandre,* acte 1er, sc. II.

— Si l'on répète le mot SANS, il faut employer la conjonction *et* : *sans lâcheté et sans témérité.* — Après plusieurs mots unis par NI le verbe ou les autres variables restent au singulier ou prennent la marque du pluriel suivant les cas. Ils restent au singulier quand l'action marquée par le verbe ne peut être faite ou reçue que par l'un des sujets : *ni l'un ni l'autre n'est mon père; ce ne sera ni M. le duc, ni M. le comte qui sera nommé ambassadeur.* Ils prennent la marque du pluriel quand tous les sujets concourent à l'action :

Ni l'or ni la grandeur ne nous rendent heureux.
LA FONTAINE. *Philémon et Baucis.*

Dans ce cœur malheureux son visage est tracée;
La vertu ni le temps ne l'ont point effacée.
VOLTAIRE. *Œdipe,* acte III, sc. I.

Ni cet asile même où je te fais garder,
Ni mon juste courroux n'ont pu t'intimider.
RACINE. *Mithridate,* acte III, sc. I.

— Mais cette dernière règle n'est pas absolue, et les auteurs mettent souvent les variables au singulier, bien qu'il puisse y avoir concours d'action :

Quoi! sans que ni serment ni devoir vous retienne,
J. RACINE. *Andromaque,* acte IV, sc. V.

Ni mon grenier ni mon armoire
Ne se remplit à batailler.
LA FONTAINE. *La Mouche et la Fourmi.*

— Nota. Jusqu'au xviiᵉ siècle, on a employé NE pour NI, et l'on a dit : *ne plus ne moins*, etc.

° **NIABLE** adj. (rad. *nier*). Qui peut être nié : *cette proposition est très niable.* — Prov. TOUT MAUVAIS CAS EST NIABLE, se dit lorsque quelqu'un nie une faute qu'il a commise ou dont on l'accuse. On dit aussi, mais moins ordinairement, TOUT MAUVAIS CAS EST RE-NIABLE.

NIAGARA, rivière coulant au N., sur un parcours de 55 kil., et unissant le lac Erie au lac Ontario. A environ 25 kil. du lac Erie, son cours devient de plus en plus étroit et rapide, et aboutit à une grande cataracte, dont la chute est de 164 pieds sur la rive des Etats-Unis et de 450 sur la rive canadienne. A cet endroit, la rivière a une largeur extrême de 4,750 pieds, dont un quart environ est occupé par Goat Island, ou île de la Chèvre. La cataracte forme un gouffre de 1,000 pieds de large à peu près, plein de tourbillons et de remous, qui ont creusé du côté canadien une caverne, appelée Cave des Vents (*Cave of the Winds*), dans la falaise. La gorge où s'engouffre le fleuve est traversée

Chutes du Niagara.

par deux ponts suspendus. A environ 5 kil. de la chute, le fleuve qui se dirigeait vers le côté du Canada, traverse avec violence une passe de 220 pieds de large environ, et se précipite, en tournant presque à angle droit, du côté des Etats-Unis. Cet endroit s'appelle par excellence le *whirlpool*, le tourbillon. L'endroit où s'effectue la chute rétrograde, d'une façon irrégulière, mais certaine, en raison de l'usure de la roche par les eaux; cette marche en arrière peut, suivant les calculs de Lyell, s'évaluer à un pied par an en moyenne; mais elle s'opère par de brusques dégradations du roc, qui, par intervalles, s'écroule tout d'un coup sur une grande étendue.

NIAGARA, ville de l'état de New-York (Etats-Unis), sur le Niagara, au-dessus et au-dessous des chutes; 6,876 hab. Elle comprend deux villages, Niagara Falls, aux chutes mêmes, et Suspension Bridge, autrefois appelé Niagara City, environ 2 kil. au-dessous. Niagara Falls est uni à Buffalo et à Suspension Bridge par un chemin de fer, et à Drummond-ville, sur la rive canadienne, par un pont suspendu. Suspension Bridge est le port d'entrée pour l'octroi du district du Niagara. C'est l'une des extrémités occidentales du chemin de fer le *New-York Central*, et il se relie à Clifton (extrémité orientale du chemin de fer le *Great Western*), sur la rive canadienne, par le fameux pont suspendu terminé en 1855.

° **NIAIS, AISE** adj. S'est dit au propre des oiseaux de fauconnerie que l'on prenait dans le nid, et qui n'en étaient pas encore sortis : *un oiseau niais.* — Fig. Qui est simple, qui n'a encore aucun usage du monde : *c'est un garçon bien niais.* — Se dit aussi de l'air, des manières, du ton, etc. : *il a l'air niais, la mine niaise, la contenance niaise.* — Se dit également, au sens moral, des choses qui annoncent la sottise ou l'inexpérience : *il a une démarche fort niaise.* — s. En parlant des personnes : *c'est un niais, un grand niais.* — FAIRE, CONTREFAIRE LE NIAIS, se dit d'un homme fin et adroit qui fait semblant d'être simple. — C'EST UN NIAIS DE SOLOGNE, IL EST DE CES NIAIS DE SOLOGNE QUI NE SE TROMPENT QU'A LEUR PROFIT, se dit d'un homme adroit et alerte sur ce qui regarde son intérêt, et qui contrefait le simple. — C'EST DE LA GRAINE DE NIAIS, c'est une chose qui ne peut tromper que les plus simples.

° **NIAISEMENT** adj. D'une façon niaise : *parler niaisement.*

° **NIAISER** v. n. Badiner, s'amuser à des choses de rien : *il ne fait que niaiser.* (Fam.)

° **NIAISERIE** s. f. Bagatelle, chose frivole : *ne nous amusons point à des niaiseries.* — Caractère de celui qui est niais : *il est d'une niaiserie dont on ne soupçonnerait pas un homme de son âge.*

NIAM-NIAM. Voy. NYAM-NYAM.

NIAOULI s. m. Espèce de mélaleuque très abondante et très utile dans la Nouvelle-Calédonie. Le *niaouli* (*melaleuca viridiflora*) est un arbre dont le tronc est d'un blanc sale, courbé et tordu. Son bois est excellent pour les pilotis, et sert aux travaux d'ébénisterie, de charronnage et de charpente. Son écorce blanche s'enlève par feuilles minces et transparentes qui servent à tapisser l'intérieur des maisons. Ses feuilles distillées donnent une huile volatile.

NIASSA. Voy. NYASSA.

NIBELUNGENLIED ou **Nibelungennot** (LE) [ni'-bé-lounn-ghenn-litt,- noit], ancien poème épique allemand, embrassant plusieurs cycles de traditions héroïques. On trouve, avec quelques modifications, les légendes qu'il renferme dans d'autres poèmes germaniques et scandinaves. Au nombre de ses héros et de ses héroïnes, sont Günther, roi des Burgondes, régnant à Worms; Sigfried, le vainqueur de l'ancienne race royale des Nibelungen; la sœur de Günther, Chriemhild, la merveille du monde, que Sigfried séduit; la redoutable Brunehild, reine d'Isenland, que Sigfried conquiert pour Günther; le farouche Hagen,

qui égorge Sigfried, et qui jette le trésor des Nibelungen de Chriemhild dans le Rhin; et Etzel (Attila), roi des Huns. L'action du poème comprend 30 années. Il abonde en passages d'une grande beauté. On l'a attribué à plusieurs poètes, sans rien établir de certain. Lachmann s'est efforcé de prouver que le Nibelungenlied se compose de 20 chants, à l'origine séparés et indépendants les uns des autres, et datant de diverses époques. Suivant Holtzmann, c'est l'œuvre d'un seul poète, fondée sur les traditions courantes de son temps, et dont on peut suivre la trace jusqu'aux mythes et aux légendes qui sont communs à toutes les races européennes. Quant à l'époque de la composition du poème, les opinions varient, depuis le xᵉ siècle jusqu'au commencement du xiiiᵉ.

NICAISE (Saint), apôtre de la Neustrie, au iiiᵉ siècle. Il est regardé comme ayant, le premier, occupé le siège épiscopal de Rouen. Il fut martyrisé avec saint Mellon. Fête le 11 octobre. — II, martyr et évêque de Reims au vᵉ siècle. Il fonda dans sa ville épiscopale la première église qui ait été consacrée à la Vierge dans les Gaules. Sur l'emplacement de cette église, s'élève aujourd'hui la cathédrale de Reims. Fête le 14 décembre.

NICANDER, poète grec du iiᵉ siècle av. J.-C. Il était prêtre d'Apollon à Claros, en Ionie. De ses nombreux ouvrages, il ne reste que deux traités en vers : l'un sur les animaux venimeux, l'autre sur les poisons et leurs antidotes.

NICANOR, général des armées d'Antiochus Epiphane, roi de Syrie; il fut deux fois vaincu par Judas Macchabée qui lui fit trancher la tête.

NICARAGUA [ni-ca-ra-goua], république de l'Amérique centrale, entre 10° 45' et 14° 55' lat. N. et entre 85° 35' et 89° 58' long. O. Limites : le Honduras au N.: à l'E. la mer Caraïbe; au S. Costa Rica, et à l'O. l'océan Pacifique; 133,800 kil. carrés; 275,000 hab.; cap., Managua. La côte orientale à environ 500 kil. au sud de Monkey Point (11° 38' lat.), elle a des forêts épaisses et des rochers qui avancent en forme de promontoires. Au N., les montagnes s'enfoncent dans l'intérieur; le pays avoisinant la mer est plat et fait d'alluvions, formant de vastes savanes, coupées, ça et là les fleuves les traversent, par des ceintures de forêts. Au large de la côte, se trouvent de nombreuses cayes de craie et des îlots de sable, et la côte elle-même est semée de lagunes couvertes de bois épais et reliées entre elles par des canaux naturels. Principaux cours d'eau : le San Juan, (sur la frontière méridionale), l'Indio, le Rama, les Bluefields, la Grande ou Awaltara, la Prinzapulka, le Warva, et le Coco ou Wanks (sur la frontière septentrionale). Le Coco est le plus long fleuve de l'Amérique centrale; il a un cours d'environ 550 kil., et est navigable pour les petits bateaux à vapeur jusqu'à environ 220 kil. de son embouchure. Le seul port du Nicaragua sur l'Atlantique est Greytown (San Juan del Norte), à l'embouchure du fleuve San Juan. Ce fleuve reçoit une grande partie des eaux du Nicaragua et de Costa Rica, son versant s'étendant jusqu'à quelques milles de l'océan Pacifique; il va à la mer par trois branches : le Colorado, la Taura et le San Juan. Ses méandres, le San Juan a 200 kil. de long. Sa grande importance est qu'il marque la seule ligne possible pour la section atlantique du canal interocéanique projeté dans le Nicaragua. La côte occidentale du Nicaragua, longue d'environ 320 kil., n'a que de dentelures. Le principal port, sur l'océan Pacifique, est Corinto (12° 28' lat. N.). Dans la partie la plus septentrionale de la côte se trouve la baie de Fonseca, à l'extrémité S.-E.

de laquelle est l'Estero Real, long bras de mer, qui forme l'estuaire de plusieurs fleuves dont la Villanueva est le plus grand. A une distance de 15 à 30 kil. de la côte du Pacifique, et presque parallèle à cette côte, court une chaîne de montagnes parfois s'élevant en cônes volcaniques d'une grande hauteur et parfois s'abaissant en petites collines et en insensibles ondulations. Cette chaîne semble avoir été la principale ligne de l'action volcanique. Quelques cratères sont encore en activité, mais la plupart sont depuis longtemps éteints. Presque parallèle à cette ligne est une seconde chaîne, l'épine dorsale du continent d'Amérique, et la vraie Cordillère, qui vient du Honduras, et s'étend au S.-E. du fleuve San Juan, à environ 50 kil. au-dessus de son embouchure. Cette chaîne contient plusieurs pics volcaniques. Elle envoie, vers l'Atlantique, de nombreux contre-forts, entre lesquels sont les vallées des cours d'eau qui se jettent dans la mer des Caraïbes. Entre les deux rangées principales, s'étend un grand bassin intérieur, la plaine de Nicaragua, longue d'environ 350 kil. sur 150kil. de large, et contenant les beaux lacs de Nicaragua et de Managua. Le Nicaragua se trouve ainsi divisé en trois zones : la plus orientale, entre la principale chaîne de montagnes de l'océan Atlantique, pays de forêts presque continues; la zone centrale, entre les deux chaînes, composée de savanes et de lacs; et la zone occidentale, qui borde le Pacifique, pays de sol riche et fertile. La seule issue du bassin central et des lacs est le fleuve San Juan, qui sort de la pointe S.-E. du lac de Nicaragua. — On y trouve de l'argent en maints endroits; mais il n'y a que quelques mines exploitées. On extrait beaucoup d'or près de Libertad. On trouve également du cuivre, du fer, du plomb, de l'étain, du zinc, de l'antimoine, du vif-argent et du charbon de terre. La pierre calcaire, le marbre, l'albâtre, l'alun, le soufre, le nitre, et d'autres minéraux abondent dans les districts montagneux. Le climat, excepté dans les montagnes, est essentiellement tropical. La partie N.-E. est très humide. Dans le bassin du Nicaragua, la saison des pluies dure généralement de mai à novembre. La température est très égale, se maintenant entre 24° et 31° C.; elle s'abaisse quelquefois dans le jour jusqu'à 21° la nuit, pour s'élever à 32° dans l'après-midi. Pendant la saison sèche, la température est plus basse, les nuits sont froides, et les vents quelquefois glacés. C'est la saison la plus saine. Le climat de la côte du Pacifique est presque le même que dans la zone centrale. Le sol du Nicaragua est très riche, particulièrement sur le versant du Pacifique, où prospèrent toutes les plantes et tous les fruits des tropiques. La zone centrale est essentiellement un pays de pâturages, qui nourrit de grands troupeaux de bestiaux, de mules et de chevaux. On élève aussi beaucoup de bestiaux dans les savanes de la côte de l'Atlantique qui est presque entièrement inculte. La quantité de terres en culture est plus que suffisante pour l'entretien de la population. Les principales productions sont : le cacao, le sucre, le coton, le café, l'indigo, le riz, le tabac et le maïs; on peut y ajouter, pour le commerce extérieur, le caoutchouc, la salsepareille, l'aloès, le gingembre, la vanille, l'ipécacuanha, l'arrow-root, le copal, le cowhage, la gomme arabique, le copahu et le sang-dragon. Le Nicaragua est surtout riche en bois précieux. Outre un grand nombre d'espèces de bois de charpente, il y a, comme bois d'ébénisterie, l'acajou, le bois de rose, la grenadille et le ronron; comme bois de teinture, le bois de Nicaragua, le bois de campêche, le fustic, le bois de santal, le moran, le quercitron et le nanzite; comme arbres utiles en médecine, le copahu, le liquidambar, le baume du Pérou, le cascarilla,

le quinquina, et le sassafras. — Le Nicaragua se divise, au point de vue administratif, en sept départements : Chinandega, Chontales, Granada, Leon, Matagalpa, Rivas, et Segovia. Sur la côte de l'Atlantique se trouve la réserve de Mosquito dont les limites sont : au N., le fleuve Warva; à l'E., l'Atlantique; au S., la Rama, et à l'O. 86° 35' long. O., ce qui embrasse une superficie de près de 22,000 kil. carr. Sur les 250,000 hab. du Nicaragua, 220,000 appartiennent à des races civilisées et 30,000 à des races sauvages. Les premiers peuvent se répartir proportionnellement ainsi : sur 1,000 hab., 550 Indiens, 400 métis, 45 blancs, 5 nègres. Les tribus indiennes sauvages occupent les bassins des fleuves du versant de l'Atlantique. Le commerce du Nicaragua est sans grande importance. On exporte du sucre, du coton, de l'indigo, du café, du caoutchouc, du fromage, du cacao, de la mellada, du bois du Brésil, du cèdre, de l'écaille de tortue et des noix de coco. On importe des tissus, des épiceries, des liqueurs, des faïences, et diverses autres marchandises. La valeur totale des exportations pour l'année finissant le 1er septembre 1873 a été, pour San Juan del Norte : 4,889,590 fr., et pour Corinto: 2,317,935 fr.; les importations montaient pour la même année à 5,036,545, pour San Juan del Norte, et à 2,643,855 fr. pour Corinto. La plus grande partie du commerce se fait avec la Grande-Bretagne. Le gouvernement se compose d'un président élu pour quatre ans, d'un congrès de deux chambres; sénat formé de 10 membres et chambre des représentants qui en compte 11. Le président est assisté de quatre ministres. Le pouvoir judiciaire est aux mains d'une cour suprême et de tribunaux inférieurs. La condition des finances est déplorable. Les revenus proviennent surtout des droits d'importation, d'un monopole du rhum, du tabac et de la poudre à canon, et d'une taxe sur les animaux tués pour la boucherie; ils montent annuellement à 6 millions de fr. environ. Les dépenses portent surtout sur l'entretien de l'armée et des services administratifs, et sur le paiement des intérêts de la dette nationale qui est d'environ 20 millions de fr. L'instruction, entièrement laïque, est très peu avancée. Il y a deux soi-disant universités, à Leon et Granada. En 1872, il y avait 404 écoles primaires avec 4,403 élèves. L'instruction est gratuite, et les professeurs sont payés sur les fonds publics. Aux termes de la constitution, la religion d'État est la religion catholique romaine. Des traités avec les nations amies garantissent la liberté aux autres cultes. — Les premiers habitants du Nicaragua furent probablement les Toltecs, qui y pénétrèrent en venant du Mexique. Ils furent suivis, à une date bien postérieure, par les Aztèques, qui s'établirent sur les lacs et dans les pays qui séparent ceux-ci du Pacifique. En 1502, Colomb longea la côte du Nicaragua. En 1521, Gil Gonzalès de Avila entra dans le pays par le sud, avec une petite troupe, et pénétra jusqu'à l'emplacement actuel de Granada; mais, rencontrant de grandes masses d'indigènes, il rebroussa chemin. Pedrarias Davila, gouverneur de Panama, envoya en 1523 une grosse force sous Francisco Fernandez de Cordova, qui fonda Granada et Leon. Nicaragua resta une colonie de l'Espagne jusqu'à la révolution de 1821, qui lui valut son indépendance. Bientôt après, toute l'Amérique centrale devint une partie de l'empire du Mexique; mais en 1823, l'indépendance fut proclamée de nouveau et le Nicaragua fut un des états des Provinces-Unies de l'Amérique centrale. Cette union fut dissoute en 1839, et le Nicaragua eut une existence séparée. En 1847-'48, il entra en dissentiment avec la Grande-Bretagne à propos du territoire de Mosquito, sur la côte orientale, sur lequel celle-ci se prétendait un droit de protectorat.

Les Anglais, contrairement aux stipulations des traités avec l'Espagne, s'étaient gardé un pied dans le pays depuis 1740; et, en 1825, un chef d'indigènes avait été couronné, sous leurs auspices, « roi de la nation mosquito ». En mourant, il nomma pour régent l'agent britannique de Balize. Par la convention de Managua en 1860, le Nicaragua prit le protectorat des Mosquitos, après la retraite des Anglais; il était convenu que les Mosquitos reconnaîtraient la souveraineté de la république, et que le roi et ses successeurs n'exerceraient qu'une autorité purement administrative. Le nouveau roi est mort en 1864, et la république a refusé de reconnaître son successeur. En 1855, une guerre civile éclata dans le Nicaragua, et le pays se divisa en deux gouvernements, celui de Leon et celui de Granada. Les libéraux appelèrent à leur aide le colonel William Walker, de Californie, lequel, d'abord victorieux, fut définitivement renversé par une coalition des autres états de l'Amérique centrale. (Voy. WALKER, WILLIAM.) Après son expulsion, le gouvernement fut rétabli. Le Nicaragua a pris une part active à la lutte entre le Guatemala et le San Salvador, qui eut pour résultats la mort du président Barrios, tué d'un coup de fusil, et celle de Carrera, en 1865. — On avait projeté de faire passer par l'état de Nicaragua le canal destiné à unir l'Atlantique à l'Océan. Ce canal devait avoir 280 kil. de long et 17 écluses. Il aurait commencé à l'embouchure de la rivière San-Carlos sur l'Atlantique, et aurait traversé le lac Nicaragua. En 1879, la commission internationale, présidée par M. de Lesseps, a repoussé ce projet et lui a préféré le tracé de Colon, sur l'Atlantique, à Panama, sur le Pacifique. — Monnaies, poids et mesures comme dans le Honduras. — 70 kil. de chemin de fer. — BIBLIOGR. N. Belly, Percement de l'isthme de Panama par le canal de Nicaragua (Paris, 1858, in-8°); J. Keller, Le Canal de Nicaragua (Paris, 1859, in-8°); Squier, History of Nicaragua.

NICARAGUA (Lac de), masse d'eau douce, dans la république du Nicaragua, entre 10° 57' et 12° 9' de lat. N., entre 87° 2' et 88° 13' long. O. Il a environ 180 kil. de long, et 80 kil. dans sa plus grande largeur. Il est à 120 pieds au-dessus du niveau de la mer à marée basse dans le Pacifique, dont il est séparé par une chaîne de collines basses, qui, à un endroit, ne sont que de 48 pieds environ plus élevées que le lac. La moindre distance entre le lac et le Pacifique est d'environ 11 kil.; celle qui le sépare de l'Atlantique est de 110 kil. Il est de 28 pieds plus bas que le lac Managua, avec lequel il est relié par le Rio Tipitapa ou Estero de Panaloya. Il reçoit beaucoup de cours d'eau; mais n'a pour issue que le fleuve San-Juan. Il contient des îles nombreuses, dont les plus grandes sont Ometepe et Zapotera. Les ports principaux sont Granada et le Charco Muerto, belle baie entre Zapotera et la côte. La plus grande profondeur du lac est d'environ 45 brasses. Il forme une partie du cours que l'on projette de donner au canal interocéanique, par le fleuve San-Juan et le lac Managua. Il a été découvert en 1521 par les Espagnols qui l'appelèrent Nicarao agua, du nom d'un cacique indien établi sur sa rive occidentale.

NICARAGUA (Bois du), bois de teinture rouge de l'Amérique espagnole. Variété du bois du Brésil. (Voy. BRÉSIL.)

NICARAGUAYEN, ENNE s. et adj. (ni-ka-ra-goua-iain]. Du Nicaragua; qui appartient à ce pays, à cette ville ou à leurs habitants.

NICATOR s. m. (gr. niké, victoire). Antiq gr. Nom donné, chez les Macédoniens, aux soldats qui faisaient partie de la cohorte royale.

NICCOLATE s. m. [rad. nickel]. Chim. Se

résultant de la combinaison de l'oxyde nic- colique avec une base salifiable.

NICCOLEUX adj. m. Chim. Se dit d'un des oxydes du nickel.

NICCOLINI (Giovanni - Battista), poëte italien, né en 1785, mort en 1861. En 1807, il fut nommé bibliothécaire et professeur d'histoire et de mythologie à l'académie des beaux-arts de Florence. Ses œuvres drama- tiques comprennent : *Polissena, Ino e Temisto, Medea, Edipo, Matilda, Nabucco, Antonio Fos- carini, Arnaldo da Brescia* et *Filippo Strozzi.* Ses leçons sur la mythologie ont été publiées en 1855.

NICCOLIQUE adj. Chim. Se dit d'un des oxydes du nickel et des sels dérivés de cet oxyde.

NICCOLO D'AREZZO (Niccolo SELLI, plus connu sous le nòm de), sculpteur italien, né à Arezzo vers 1350, mort à Bologne en 1417. Il fut le précurseur de Michel-Ange et se forma tout seul.

NICDOUILLE s. m. [*ll* mll.]. Homme niais, nigaud.

* **NICE** adj. (lat. *nescius,* ignorant). Simple, niais. (Vieux.)

NICE (ital. *Nizza* [ni'-tsa]). I, ancienne division du royaume de Sardaigne, dont la plus grande partie fut cédée à la France en 1860. L'Italie en a gardé une petite portion, qui forme aujourd'hui la province de Porto Maurizio ; la partie française, avec une frac- tion du département dn Var, est devenue le nouveau département des Alpes-Maritimes.

Nice. Vue prise de la Promenade des Anglais.

II, ville de France, chef-lieu du département des Alpes-Maritimes, sur une plaine étroite entre les Alpes et la Méditerranée, à 150 kil. S.-S.-O. de Turin ; à 879 kil. S.-S.-E. de Paris, par 43° 41' 58" lat. N. et 4° 56' 32" long. E. ; 56,000 hab. La plus ancienne partie se trouve sur le côté oriental du Paillon ou Paglione, et s'est beaucoup embellie. La division occiden- tale, ou « quartier de la croix de marbre », a deux squares, dont l'un est entouré de co- lonnades. Nice est un port franc. Elle est connue comme station balnéaire hivernale pour les malades ; elle est surtout fréquentée par les Anglais. Son climat est remarquable- ment doux et salubre, et les faubourgs, qui s'é- tendent, au milieu de collines basses, à deux ou trois kil. dans les terres, sont particulière- ment délicieux. La température moyenne annuelle est de 15° C. ; les températures extrêmes sont en janvier de — 3° C. et en août de + 31° C. A Nice, on parle générale-

ment le français. Le langage vulgaire est un dialecte corrompu du provençal. — Nice est bâtie près du site de l'ancienne ville ligurienne de Nicæa, fondée par Marseille, dont elle dépendit longtemps. Au XIIᵉ siècle, c'était la capitale d'un comté indépendant, et en 1388, elle passa à la maison de Savoie. Les Fran- çais l'occupèrent de 1793 à 1814, période pen- dant laquelle elle fut le chef-lieu du dép. des Alpes-Maritimes. Par le traité de mars 1860, elle a été cédée à la France avec la Savoie ; et, peu après, la grande majorité des habi- tants ratifia cette annexion par un vote. — Patrie de l'astronome Cassini, de Carle Vanloo, du voyageur Pacho et de Garibaldi. — Le théâtre a été détruit par un incendie, dans la nuit du 24 mars 1881, pendant une repré- sentation. Cette catastrophe coûta la vie à 62 personnes qui, dans leurs efforts pour s'é- chapper, s'étouffèrent et s'écrasèrent sans trouver d'issue.

NICÉE ou **Nicæa** (auj. *Isnik*), ancienne ville de l'Asie Mineure, en Bithynie, sur la rive orientale du lac Ascanius, à 90 kil. S.-E. de Constantinople. Elle se disputait avec Nico- médie le titre de métropole de la Bithynie. Elle fut longtemps un boulevard contre les Arabes et les Seldjoucides ; mais ceux-ci s'en emparèrent vers 1080. Elle leur fut reprise pendant la 1ʳᵉ croisade, mais bientôt rendue. En 1204, Théodore Lascaris fit de Nicæa la capitale d'un royaume ou empire grec, que Michel Paléologue, en 1261, réunit à celui de Constantinople. Elle se rendit à Orkhan en 1330, et fut incorporée dans l'empire ottoman. La moderne Isnik est une localité sans im- portance, comptant 1,000 hab. environ.

NICÉE (Conciles de). Deux conciles œcumé- niques furent tenus à Nicée, en Bithynie. I, le premier concile de Nicée, suivant les cal- culs les plus probables, s'ouvrit le 20 mai 325 et se ferma le 25 août. On le considère géné- ralement comme le premier de la série des conciles œcuméniques. Les lettres de convo- cation aux évêques furent lancées par l'empe- reur Constantin ; c'est là le premier exemple de la participation active du pouvoir séculier dans la législation ecclésiastique. L'objet de la convocation était de supprimer l'hérésie arienne et le schisme de Meletius en Egypte, et de régler les différences touchant le temps où il fallait célébrer Pâques, objets qui furent du reste atteints. Près de 318 évêques et 2,000 autres membres du clergé s'y rendirent. L'empereur assista aux principales sessions. Le principal orateur orthodoxe était Atha- nase. Une formule de confession de foi fut adoptée par le concile ; elle est encore connue

sous le nom de *Credo du concile de Nicée,* quoiqu'elle ait été modifiée depuis. — II, sep- tième concile œcuménique, convoqué par l'impératrice régente Irène, avec le concours du pape Adrien I, pour condamner les er- reurs et les excès des iconoclastes. Le concile se réunit d'abord à Constantinople le 1ᵉʳ août 786, s'ajourna à Nicée, où il s'ouvrit le 24 septembre 787, et se sépara le 13 octobre. Il y avait de 330 à 387 évêques, outre 130 ab- bés. Il décréta que les images et la croix pouvaient être exposées et vénérées comme des symboles pieux, mais non traitées avec l'honneur et l'adoration qui ne sont dus qu'à Dieu seul.

NICÉEN, ÉNNE s. et adj. De Nicée ; qui concerne cette ville ou ses habitants.

NICÉPHORE (gr. *niké,* victoire ; *phoros,* qui porte). Mythol. Surnom de Jupiter, qui est souvent représenté portant sur sa main droite une Victoire.

NICÉPHORE (Saint), patriarche de Cons- tantinople, mort en 828. Elu patriarche en 806, il fut déposé en 815, comme partisan du culte des images et fut enfermé dans un monastère où il mourut. Fête le 13 mars. On lui doit une *Chronologie* depuis la création jusqu'en 828, continuée après lui et publiée par Credner (Giessen, 1832-'39, in-4°), et une *Histoire abrégée,* de l'année 602 à 770 (Paris, 1618, in-8° et 1648 in-fol.).

NICÉPHORE, nom de plusieurs empereurs grecs. Voy. ORIENT (*Empire de*).

NICÉRON (Jean-Pierre), barnabite et au- teur français, né à Paris en 1685, mort en 1738 Il a laissé : *Mémoires pour servir à l'histoire des hommes illustres de la république des lettres, avec un catalogue raisonné de leurs ouvrages* (Paris, 1727-'45, 43 vol. in-12). Les 4 derniers volumes ont été publiés par le P. Oudin, Michault et l'abbé Goujet.

NICET, ETTE adj. (dimin. de *nice*). Simple, sans malice. (Vieux.)

NICET (Saint), archevêque de Trèves, mort en 566. Fête le 5 décembre.

* **NICHE** s. f. (ital. *nicchia* ; de *nicchio,* co- quille). Enfoncement pratiqué dans l'épais- seur d'un mur pour y placer une statue, un buste, un vase, un poêle, etc. : *mettre une statue dans une niche.* — Petit réduit pratiqué dans un appartement pour y mettre un lit, ou dans un jardin pour s'y retirer en parti- culier : *il y a une petite niche au bout de ce jardin.* — Petit meuble portatif dans lequel se retire et couche un chien d'appartement, un chat favori : *elle a toujours auprès d'elle la niche de son chat, de son chien.*

* **NICHE** s. f. (corrupt. de *nique*). Malice, espièglerie que l'on fait à quelqu'un : *faire une niche à quelqu'un.* (Fam.)

* **NICHÉE** s. f. Coll. (rad. *nid*). Les petits oiseaux d'une même couvée, qui sont encore dans le nid : *il a pris la mère et toute la ni- chée.* On dit aussi, UNE NICHÉE DE SOURIS. — Fig. *Une nichée d'enfants.*

* **NICHER** v. n. (lat. *nidificare*). Se dit d'un oiseau qui fait son nid : *les hirondelles ni- chent dans les cheminées, aux fenêtres.* — v. a. Placer en quelque endroit. Ne se dit guère qu'en plaisanterie : *qui vous a niché en cet endroit ?* — Fig. CET HOMME S'EST NICHÉ DANS UNE BONNE MAISON, il a trouvé une bonne re- traite, un bon établissement. — Se nicher v. pr. *Nichez-vous là ; où la vertu va-t-elle se nicher ?*

* **NICHET** s. m. Œuf qu'on met dans les nids préparés pour la ponte des poules.

NICHEUR, EUSE adj. Qui niche ; qui fait un nid.

* **NICHOIR** s. m. (rad. *nicher*). Cage propre à mettre couver des serins.

NICHOL (John PRINGLE) [ni-kol], astronome écossais, né en 1804, mort en 1859. Il était prédicateur; il devint professeur d'astronomie pratique à Glasgow, et écrivit *The Architecture of the Heavens*, et d'autres ouvrages sur la science astronomique et physique.

NICHOLSON (William) [ni-kol-s'n], chimiste et physicien, né à Londres, en 1753, mort en 1815. Après avoir suivi la carrière commerciale, il ouvrit à Londres une école (1775), et se livra à l'étude des sciences. On lui doit l'invention de l'aréomètre qui porte son nom. (Voy. ARÉOMÈTRE.) Ses nombreuses expériences mécaniques et la publication de ses écrits le ruinèrent et il fut mis en prison pour dettes. On a de lui : *Introduction à la philosophie naturelle et expérimentale* (1784, 2 vol. in-8°); *Premiers éléments de chimie* (1789, in-8°); *Dictionnaire de chimie* (1795, 2 vol. in-4°); *Encyclopédie britannique* (1807-'09, 6 vol. in-4°); *Journal de philosophie naturelle des sciences et des arts* (1797-1800, 5 vol. in-4°), etc.

NICIAS [ni-ci-ass], général athénien, mort en 413 av. J.-C. Il fut plusieurs fois associé avec Périclès dans le commandement, et s'acquit une réputation de prudence et d'incorruptibilité. Dans la guerre du Péloponèse, il se distingua par sa prudence plutôt que par son génie; mais il fut presque toujours heureux. En 415, on l'envoya en Sicile avec Alcibiade et Lamachus. Alcibiade ne tarda pas à être rappelé. Lamachus fut tué devant Syracuse, et Nicias continua la guerre, mais avec de constants revers, bien que Démosthène et Eurymédus lui eussent amené des renforts. Sa superstition, alarmée par une éclipse de lune, l'empêcha de se retirer à temps, et les Syracusains détruisirent sa flotte et firent prisonnière l'armée athénienne. Eurymedus était tombé sur le champ de bataille; quant à Nicias et à Démosthène, ils furent mis à mort par le vainqueur.

NICKEL Mythol. scandin. Génie nain des mines.

* **NICKEL** s. m. [ni-kèl] (nom d'un nain de la mythol. scandin., donné par mépris à ce métal, parce qu'il ne répondait pas à l'idée que s'en étaient d'abord faite ceux qui l'avaient découvert). Chim. Espèce de métal, qui a, comme le fer, la propriété magnétique, mais à un moindre degré : *il y a du nickel dans les aérolithes.* — Le nickel est un métal ductile, malléable et d'un blanc d'argent, découvert par Croustadt en 1751 ; symbole : Ni ; poids atomique, 58,8; poids spécifique, 8.279, allant jusqu'à 8.666 quand il est forgé. Il est un proche parent du fer et du cobalt, et se trouve associé à eux dans les météorites et dans un grand nombre de minerais. Celui dans lequel on le rencontre surtout est l'arséniure, auquel les mineurs allemands ont donné le nom de *kupfernickel*, ou faux cuivre, parce qu'ils essayaient vainement d'en retirer du cuivre. C'est dans ce minéral que Croustadt découvrit pour la première fois le métal qui nous occupe. Parmi les autres minerais du nickel, on peut citer : 1° la pentlandite, sulfure de fer et de nickel, qui se trouve dans la hornblende et dans le gneiss ; 2° le vitriol de nickel, sulfate natif que l'on rencontre souvent avec le kupfernickel dans les mines de cobalt ; 3° le *nickel brillant*, ou gersdorffite, ou *weisses nickelerz*, arsenio-sulfure de nickel, qui se trouve avec la calcite, le spath-fluor, le quartz et le vif-argent et avec la galénite et la *blende* décomposées. Ce métal se rencontre aussi dans le nickel émeraude, que l'on trouve dans le fer chromique du comté de Lancastre en Pennsylvanie, et en d'autres lieux. (Voy. NOUVELLE-CALÉDONIE.) D'après Deville, le nickel est plus tenace que le fer et pas beaucoup plus fusible. Il est magnétique aux températures ordinaires, mais il perd cette propriété à 250° C., et la recouvre en re-

froidissant. Les principaux alliages du nickel sont : l'argent allemand, composé de : cuivre 51, zinc 30,6, et nickel, 18,4 p. 100; ces proportions peuvent, du reste, être modifiées ; le *tiers-argent*, composé de deux parties de nickel et d'une d'argent; le *packfong*, alliage ressemblant à l'argent allemand, apporté de Chine il y a près de 200 ans, et composé, sur 100 parties, de : zinc 37, cuivre 46, et nickel 17. Le nickel a deux oxydes : un protoxyde, NiO, et un sesquioxyde, Ni²O³, dont le premier seul forme des sels. On peut l'obtenir à l'état anhydre en calcinant le nitrate ou le carbonate dans un creuset couvert, ou en chauffant de la limaille de nickel avec du nitre. On connaît trois sulfures de nickel : un sous-sulfure, Ni⁴S; un protosulfure, NiS, qui se trouve natif sous le nom de *millérite*, et un bisulfure, NiS². Il y a un carbonate anhydre, NiCO³, et un hydrocarbonate, NiCO³, 2NiH²O⁴, qui existe à l'état natif dans le nickel émeraude déjà mentionné. Parmi les autres sels citons : le nitrate, Ni²NO³, ⁶H²O, cristallisant en prismes octogones, d'un vert d'émeraude ; et le sulfate, NiSO⁴, ⁷H²O, cristallisant en prismes rhomboïdes verts. Chaque molécule de sulfate de nickel à l'état solide peut absorber six molécules de gaz ammoniac. Il y a encore différents autres sels, tels que le fluorure, le bromure, l'iodure, le phosphure, et beaucoup de sels oxygénés. Les sels de nickel sont en général d'un vert tendre, soit à l'état solide, soit en solution ; ils rougissent légèrement le papier de tournesol, ont un goût sucré, métallique et astringent, et, ingérés dans l'estomac, provoquent des vomissements. — Isaac Adams, de Boston, a inventé une méthode pour faire déposer le nickel au moyen d'une batterie. Il emploie le double chlorure de nickel et d'ammonium, ou le sulfate de nickel et d'ammonium. Lorsque les sels sont purs, les couches de métal se déposent avec une grande régularité et avec assez d'épaisseur pour recevoir un beau poli. Le placquage de nickel est devenu aujourd'hui une industrie de grande importance. On se sert du nickel pour les aiguilles magnétiques, les instruments de mathématique et de chirurgie, et en grande quantité dans la fabrication des monnaies, où, allié avec le cuivre. — En 1880, J. Garnier a fait connaître, à notre Académie des sciences, sa méthode pour produire, à différents degrés de dureté, le nickel malléable. Le nickel fondu devient cassant parce qu'il contient plus ou moins d'oxygène en solution. J. Garnier enlève cet oxygène par l'addition de phosphore. Lorsqu'il ne contient pas plus de 3 millièmes de phosphore, le nickel devient doux et malléable ; mais lorsqu'il en contient davantage sa dureté augmente aux dépens de sa malléabilité. Une méthode employée pour incorporer le phosphore, consiste à ajouter au métal en fusion, une quantité convenable de phosphure de nickel obtenu en faisant fondre ensemble un mélange de phosphate de calcium, de silice, de coke et de nickel.

NICKELAGE s. m. Art et action de nickeler. Le nickelage se fait par la galvanoplastie ; le bain contient du cyanure de nickel. Le nickelage s'applique surtout aux objets de sellerie, aux pièces d'arquebuserie, aux instruments de chirurgie et aux caractères d'imprimerie quand on veut leur communiquer une grande résistance.

NICKELER v. a. Couvrir d'une couche de nickel.

NICKELIFÈRE adj. Qui contient du nickel.

NICKÉLINE s. f. Combinaison de nickel et d'arsenic.

NICKÉLIQUE adj. Qui a rapport au nickel : *sel nickélique.*

NICKELURE s. f. Résultat du nickelage : *une belle nickelure.*

NICKLÈS (François-Joseph-Jérôme), chimiste, né dans le Bas-Rhin en 1821, mort à Nancy en 1869. Il suivit les cours de Liebig et ensuite, à Paris, ceux de Dumas. Il publia, en 1860, *Electro-aimant et adhérence magnétique.* On lui doit la découverte de la solidification de l'huile par l'action du chlorure de soufre (1849) et celle de la liguline.

NICOBAR s. m. Ornith. Genre de colombes qui habitent les Moluques et la Nouvelle-Zélande.

NICOBAR (Iles), groupe de neuf îles d'une grande étendue et de plusieurs autres plus petites, dans l'océan Indien, au N. de Sumatra, entre 6° 45' et 9° 45' lat. N., et entre 90° 25', et 92° long. E.; 6,000 hab. environ. Elles sont généralement accidentées, bien boisées et fertiles, mais peu cultivées. La plus grande est Grand Nicobar, qui a environ 50 kil. de long sur 18 kil. de large. Les naturels ressemblent aux Malais, et dans beaucoup de ces îles, sont arrivés à une grande dégradation. Le gouvernement britannique des Indes orientales, a pris possession du groupe en 1869, et, y a établi une colonie pénitenciaire. On exporte annuellement 5,000,000 de noix de coco environ.

NICOBARIN, INE s. et adj. Des îles Nicobar ; qui concerne ces îles ou leurs habitants.

* **NICODÈME** s. m. Nom propre devenu nom commun pour signifier, un homme simple et borné, un niais : *c'est un nicodème, un grand nicodème.* (Pop.)

NICODÈME (Saint), membre du sanhédrin, qui vint trouver Jésus pendant la nuit et eut avec lui la conversation rapportée au troisième chapitre de saint Jean. Plus tard, il réclama pour Jésus le droit légal d'être entendu avant d'être jugé, et aida Joseph d'Arimathie à ensevelir le corps du Christ.

NIÇOIS, OISE s. et adj. De Nice; qui appartient à cette ville ou à ses habitants.

NICOLAI (Karl-Otto-Ehrenfried) [ni-ko-laï], compositeur allemand, né à Kœnigsberg en 1810, mort en 1869. Il fut organiste de l'ambassade prussienne à Rome, de 1834 à 1839, maître de chapelle de l'opéra impérial de Vienne, de 1842 à 1848, et enfin directeur d'orchestre à Berlin. Ses principaux opéras sont : *Enrico II*, *Il Templario*, *Odoardo e Gildippe*, *Il Proscritto*, et *Die lustigen Weiber von Windsor.* Pour le 300° anniversaire de l'université de Kœnigsberg, il a écrit une Ouverture bien connue dont le thème est *Ein' feste Burg.*

NICOLAÏEF. Voy. NICOLAYEV.

NICOLAÏTE s. m. Membre d'une secte hérétique d'origine incertaine, à laquelle il est fait allusion dans l'Apoc. ii, 6, 15. Suivant Irénée, les nicolaïtes tenaient que la fornication et l'acte de manger des viandes offertes aux idoles n'étaient pas péchés.

NICOLAO (San-), ch.-l. de cant., arr. et à 35 kil. S. de Bastia (Corse); 750 hab.

NICOLAS, nom de plusieurs papes. — I. (Saint), *le Grand*, né vers 800, mort le 13 nov. 867. Il appartenait à la famille Conti, et fut élu pape le 24 avril 858. Ses légats à Constantinople approuvèrent la déposition du patriarche légitime Ignace, et l'élévation de Photius; mais le pape les désavoua. Ceci amena la rupture définitive entre l'Église grecque et l'Église latine. Lothaire, roi de Lorraine, ayant renvoyé sa femme Theutberge, et obtenu de deux synodes d'évêques une sentence qui autorisait son divorce et son mariage avec Waldrada, sa concubine, Theutberge en appela au pape. Nicolas renvoya l'affaire à une cour siégeant à Metz (863), de qui Lothaire obtint un décret favorable. Nicolas annula le décret, bien que l'empereur Louis eût épousé la cause de Lothaire et se fût mis en marche sur Rome. Mais Louis tomba malade et demanda pardon, et Lothaire fut à la fin contraint de céder. Nicolas eut aussi une longue controverse avec Hincmar, archevêque de Reims, et avec le roi Charles le Chauve. — II. (Gérard), né en Savoie, mort en 1061. Il était évêque de Florence lorsqu'il fut élu pape, en 1058, au concile de Sienne. Sous son règne, la papauté commença à s'affranchir de la tutelle de l'empire. Il leva l'anathème qui pesait sur les Normands. — III. (Jean-Gaëtan Orsini), élu pape en 1277, mort en 1280. Il fit rendre aux États de l'Église Bologne, Imola, etc., mais travailla vainement à la réunion des Églises romaine et grecque. — IV. (Jérôme d'Ascoli), né à Ascoli. Pape de 1288 à 1292. Il essaya vainement de déterminer les princes chrétiens à une nouvelle croisade. — V. (Thomas Parentucelli), né en 1398, mort le 24 mars 1455. Il remplit des offices diplomatiques sous plusieurs papes, et fut élu pape lui-même le 6 mars 1447. En 1453, il publia une bulle appelant tous les chrétiens à s'unir contre les Turcs; il abandonnait en faveur de cette croisade tous les revenus de l'Église, et il donna de grands secours à Scanderberg. Il déploya aussi une grande magnificence à recevoir les réfugiés grecs, acheta les manuscrits sauvés du sac de Constantinople, embellit Rome de bâtiments magnifiques et peut être considéré comme le fondateur de la bibliothèque du Vatican. — Un antipape, Pierre de Corbière, prit aussi le nom de Nicolas V. Il avait été opposé, en 1328, à Jean XXII, par l'empereur Louis de Bavière.

NICOLAS (Saint), évêque de Myre, né en Lycie, mort vers 340. C'est le patron des marins, des marchands, des voyageurs et des captifs; c'est aussi le gardien des écoliers, des filles et des garçons. Sa fête se célèbre le 6 déc. Dans ce jour, saint Nicolas est représenté avec trois enfants, ou trois bourses, ou trois boules.

NICOLAS. I. (Nikolaï Pavlovitch), empereur de Russie, né le 6 juillet 1796, mort le 2 mars 1855. Il était le troisième fils de Paul Ier, et de la princesse de Wurtemberg, seconde femme de celui-ci; il épousa en 1817 Charlotte de Prusse (Alexandra Feodorovna), fille aînée de Frédéric-Guillaume III. Vers 1821, son frère aîné, Constantin, fit une renonciation secrète à la succession impériale en sa faveur. Cependant, à la mort d'Alexandre Ier (1er déc. 1825), qui était leur aîné à l'un et à l'autre, Nicolas prêta serment à Constantin, et il ne prit le pouvoir que lorsque celui-ci eut publiquement déclaré qu'il ne voulait pas régner. L'avènement de Nicolas fut le signal d'une formidable insurrection à Saint-Pétersbourg, dans la répression de laquelle il montra à la fois du courage et une rigueur implacable. La première partie de son règne fut illustrée par les victoires de Paskevitch et de Diebitsch, sur la Perse et la Turquie, en 1827-'29; ces succès agrandirent ses possessions caucasiennes, sauvèrent l'indépendance de la Grèce, et établirent l'autonomie des principautés danubiennes sous le protectorat russe. La révolution polonaise de 1830-'31 fut écrasée après une lutte acharnée, et suivie de mesures de répression de nature à détruire la nationalité polonaise. Nicolas soutint indirectement don Carlos en Espagne, mais non pas don Miguel de Portugal; il arrêta la marche d'Ibrahim Pacha sur Constantinople en 1833, et agit de concert avec l'Angleterre et les États allemands dans la guerre d'Orient en 1840. Il s'abstint d'intervenir lors des mouvements révolutionnaires de 1848, excepté dans les principautés danubiennes, jusqu'à

ce que l'empereur d'Autriche eût invoqué son assistance contre les Hongrois, dont la révolution fut écrasée en 1849 à l'aide des troupes russes. Ses efforts pour s'assurer la prépondérance en Turquie amenèrent, en 1853, la guerre de Crimée, avec la Turquie, l'Angleterre, la France et la Sardaigne, guerre dont les événements désastreux précipitèrent sa mort.

NICOLAS (Augustin), littérateur, né à Besançon en 1622, mort dans la même ville en 1695. Il a laissé : *Discours sur le succès des armes de la France dans le comté de Bourgogne* (1673); *Dissertation sur la torture* (1684); etc.

NICOLAS (sir Nicholas Harris), archéologue anglais, né en 1799, mort en 1848. Il servit dans la marine, puis étudia le droit, et, en 1826, devint un des éditeurs de la *Retrospective Review*. Ses œuvres comprennent : *Synopsis of the Peerage of England* (1825; nouv. éd., à W. Courthope, sous ce titre : *Historic Peerage of England*, 1857); *Testamenta vetusta* (1826); *History of the Battle of Agincourt* (1827), et *History of the Orders of Knighthood of the British Empire* (1841-'42, 4 vol.). Il a édité les *Lettres et Dépêches* de l'amiral Nelson (1844-'46, 7 vol.), et d'autres ouvrages.

NICOLAS (Saint-), ville de la Flandre orientale (Belgique), à 32 kil. E.-N.-E. de Gand, 27,000 hab. C'est l'un des plus grands marchés du monde pour le commerce du lin, ainsi que pour l'industrie des lainages et des toiles de lin.

NICOLAS-DU-PORT (Saint-), ch.-l. de cant., arr. et à 13 kil. S.-E. de Nancy (Meurthe-et-Moselle), sur la Meurthe; 4,000 hab. Blanchisseries; fabriques de noir animal. Magnifique église ogivale (mon. hist. des XVe et XVIe siècles).

NICOLAS-DE-LA-GRAVE (Saint-), ch.-l. de cant., arr. et à 7 kil. N.-O. de Castel-Sarrazin (Tarn-et-Garonne); 2,000 hab. Culture de melons renommés. Beau pont suspendu sur la Garonne.

NICOLAS-DU-PELEM (Saint-), ch.-l. de cant., arr. et à 32 kil. S. de Guingamp (Côtes-du-Nord); 500 hab.

NICOLAS-DE-REDON (Saint-), ch.-l. de cant., arr. et à 70 kil. N. de Saint-Nazaire (Loire-Inférieure), sur la Vilaine; 800 hab. Chantiers pour la marine.

NICOLE. I. (Pierre), poète, né et mort à Chartres (1611-'86). Le recueil de ses œuvres a été publié en 1660 (2 vol. in-12). — II. (Pierre), moraliste, neveu du précédent, né à Chartres en 1625, mort à Paris en 1695. Il était professeur à l'école de Port-Royal et collabora à la rédaction des livres classiques et des ouvrages de controverse de Port-Royal. Il fut obligé de quitter Paris en 1677. Son principal titre à la renommée est son ouvrage intitulé *Essais de morale et instructions théologiques* (1671 et s., 25 vol.).

NICOLE (François), géomètre, né à Paris en 1683, mort en 1758. Il a laissé de nombreux mémoires publiés dans le *Recueil de l'Académie des sciences*, dont il était membre.

NICOLET (Jean-Baptiste), directeur de théâtre, né à Paris vers 1710, mort en 1796. Il organisa une troupe de saltimbanques qui fut très à la mode et qui attira la foule aux foires de Saint-Germain, etc. Tout le monde connaît cette expression devenue proverbiale: *de plus en plus fort, comme chez Nicolet.*

NICOLLET (Jean-Nicolas), explorateur français, né à Cluse (Savoie) en 1786, mort à Washington en 1843. Il alla aux États-Unis en 1832, entreprit des explorations dans l'ouest, et prépara un rapport d'ensemble et une carte pour le gouvernement. Avant de quitter la France, il avait publié des ouvrages sur les assurances sur la vie, sur la mensuration d'un arc de méridien, et, avec Rey-

naud, un cours de mathématiques à l'usage des marins.

NICOLO DA PISA. Voy. Pisan (Le).

NICOMAQUE. 1. peintre de Thèbes, en Grèce, au IVe siècle av. J.-C. Ses plus beaux ouvrages allèrent à Rome. Pline cite l'*Enlèvement de Proserpine*, et ses *Bacchantes surprises par des Satyres*. — II. philosophe pythagoricien du Ier siècle, né à Gerasa, en Palestine. Son nom est devenu proverbialement attaché à l'idée d'habileté dans les calculs. Il reste de ses œuvres une introduction à l'étude de l'arithmétique et un manuel sur la musique.

NICOMÈDE, nom de trois rois de Bithynie. — Nicomède Ier, qui succéda à son père Zipœtes en 278 av. J.-C., fut le premier des princes de la dynastie thrace qui prit le titre de roi. Il mit à mort ses trois frères, bâtit une capitale nouvelle sur le site d'Astacus, qu'il appela Nicomédie, et mourut vers 250. — Nicomède II, surnommé Epiphane, quatrième successeur du précédent, régna de 149 à 91 av. J.-C. Il détrôna et tua son père, Prusias II, qui avait donné l'ordre de l'assassiner, et s'allia d'abord avec les Romains, ensuite contre eux. Les Romains lui ayant enlevé la Paphlagonie, on dit qu'il en mourut de dépit. — Nicomède III, surnommé Philopator, fils et successeur du précédent, et dernier roi de Bithynie, mourut en 74 av. J.-C. Il fut deux fois déposé par Mithridate, et deux fois restauré par les Romains, auxquels, étant sans enfants, il légua son royaume.

NICOMÉDIE (lat. *Nicomedia*; auj. *Ismid*), capitale de l'ancienne Bithynie, sur le golfe Astacénien, à l'extrémité orientale de la Propontide. Elle fut bâtie en 264 av. J.-C. par Nicomède Ier, et servit souvent de résidence aux empereurs romains pendant leurs guerres en Orient. Elle était ornée de magnifiques édifices. (Voy. Ismid.)

NICOPOLI ou *Nicopolis*, ville de la Turquie d'Europe, en Bulgarie, sur le Danube, à 120 kil. S.-O. de Bucharest; 10,000 hab. environ. Elle se compose d'une ville fortifiée et d'un quartier ouvert. Elle fut fondée par Trajan au commencement du IIe siècle. Le sultan Bajazet Ier défit sous ses murailles, le 28 sept. 1396, le roi de Hongrie Sigismond, qui devait être plus tard empereur d'Allemagne. L'armée chrétienne, forte de 60,000 hommes, et comptant plusieurs milliers de Français, fut mise dans une complète déroute; Sigismond s'échappa dans un bateau.

NICOPOLIS [ni-ko-po-liss], ville de la Grèce ancienne, en Épire, sur le golfe Ambracique, bâtie par Auguste en souvenir de sa victoire sur Antoine au large du promontoire d'Actium, situé non loin de là (31 av. J.-C.). Elle devint la capitale de l'Épire, mais elle tomba en décadence pendant le moyen âge. Le théâtre romain est bien conservé.

NICOPOLITAIN, AINE s. et adj. De Nicopolis; qui appartient à Nicopolis ou à ses habitants.

NICOSIA, ville de Sicile, à 60 kil. N.-O. de Catane; 14,544 hab. Elle est bâtie sur une crête rocheuse, dont le sommet est couronné par les ruines d'un ancien château. Salines en exploitation, et sources sulfureuses. Commerce actif de grains, de vin, d'huile et de bestiaux.

NICOSIE, *Leucosia*, ou *Lefkosha*, ville de la Turquie d'Asie, capitale de Chypre, dans la partie septentrionale de l'île, à 15 kil. de la mer; 12,000 hab. environ. Elle est entourée de fortes murailles avec trois portes. Manufactures de cuir de Turquie, de tapis et de soie. On y imprime des calicots assez jolis pour l'exportation. Au temps de Constantin le Grand, elle avait 15 kil. de circuit. Elle fut prise aux Vénitiens par les Turcs en 1570.

NICOT (Jean), *seigneur de Villemain*, diplomate et érudit, né à Nîmes en 1530, mort à Paris le 5 mai 1600. Il collabora au *Dictionnaire français-latin* de Robert Estienne et y donna, sous le titre de *Nicotiane*, une description du tabac, qu'il disait être une « plante d'une merveilleuse vertu, contre toutes plaies, ulcères, etc. ». Il nous apprend dans cet article que maître Jean Nicot, étant ambassadeur en Portugal, fit connaître cette plante en France et lui donna son nom. Jean Nicot a aussi publié l'un des plus anciens dictionnaires de notre langue, le *Thrésor de la langue françoise* (1606, in-fol.) et il y consacre à la *nicotiane*, un article dans lequel nous apprenons que c'est en l'an 1560 que Jean Nicot, ambassadeur en Portugal, envoya en France cette plante *de vertu admirable* « dont toutes provinces du royaume ont été peuplées, à cause de quoi ladite herbe a obtenu e. porté ledit nom de nicotiane ».

* **NICOTIANE** s. f. (ni-co-si-a-nè) (de *Nicot*, n. pr.). Bot. Genre de solanées, comprenant une quarantaine d'espèces dont quelques-unes sont connues sous le nom vulgaire de tabac.

NICOTIANÉ, ÉE adj. (-si-a-né). Qui ressemble ou se rapporte à la nicotiane.

NICOTIANINE s. f. (-si-a-). Substance fournie par les feuilles fraîches du tabac.

* **NICOTINE** s. f. Alcaloïde organique très vénéneux, qu'on extrait du tabac : *la nicotine pure, même à faible dose, tue en très peu de temps.* — L'alcaloïde volatil nommé nicotine (C¹⁰ H⁷¹ N²), est le principe actif du tabac ; il fut découvert par Vauquelin en 1809. On peut le préparer en distillant l'infusion de la plante. C'est un liquide huileux, clair, ayant pour poids spécifique 1.048, soluble dans l'eau l'alcool, l'éther, les huiles fixes, et l'huile de térébenthine. C'est l'un des poisons les plus violents ; une goutte de nicotine anhydre ou pure tue un chien dans un temps qui varie d'une demi-minute à deux minutes. L'huile empyreumatique du tabac, qui communique aux vieilles pipes leur odeur bien connue, contient une grande proportion de nicotine, et est un poison violent.

NICOTIQUE adj. Qui appartient ; qui a rapport au tabac.

NICOTISER v. a. Imprégner, charger de vapeurs de tabac.

NICOYA (Golfe de), baie sur la côte de Costa-Rica (Pacifique), formée par la presqu'île de Nicoya, dont la pointe méridionale, le cap Blanco, est par 9° 37' lat. N. et 87° 27' long. O. L'entrée de la baie est large d'environ 50 kil., et elle s'enfonce au N. sur une profondeur d'environ 80 kil. Le port de Punta Arenas se trouve sur la côte orientale.

NICTATION s. f. (lat. *nictatio*). Pathol. Clignotement.

* **NID** s. m. [ni] (lat. *nidus*). Espèce de berceau, de logement que les oiseaux construisent pour y déposer leurs œufs et y élever leurs petits. On appelle AIRE, le nid de l'aigle et des autres grands oiseaux de proie : *nid de pie, de corneille, de rossignol*, etc. — Prov. et fig., IL CROIT AVOIR TROUVÉ LA PIE AU NID, se dit par plaisanterie d'un homme qui s'imagine avoir fait quelque découverte importante. — IL N'Y A PLUS QUE LE NID, ON N'A PLUS TROUVÉ QUE LE NID, se dit lorsqu'on est allé chercher quelqu'un chez lui pour l'arrêter, et qu'on ne l'y a pas trouvé. — PETIT A PETIT L'OISEAU FAIT SON NID, on fait peu à peu sa fortune, sa maison. — A CHAQUE OISEAU SON NID EST BEAU, chacun trouve sa maison, sa propriété belle. — UN BON NID, un bon établissement où l'on est à son aise : *il a épousé une veuve fort riche, il a trouvé là un bon nid.* — C'EST UN NID A RATS, UN VRAI NID A RATS, se dit d'une méchante petite maison, d'une

méchante petite chambre. — NID D'OISEAU, se dit particulièrement de nids que certains oiseaux de mer, semblables à des hirondelles, forment avec du frai de poisson, et qui passent pour un mets friand, à la Chine et dans les Indes.

NIDIFICATION s. f. (lat. *nidus*, nid ; *facere*, faire). Action ou manière de faire les nids. — L'art avec lequel certains animaux préparent une retraite pour leurs petits ou pour leurs œufs a toujours fait l'admiration des observateurs. Il est impossible de suivre le travail des oiseaux, sans être frappé de l'intelligence bien plus que de l'instinct qu'ils apportent dans ces constructions. L'hirondelle, par exemple, change la forme de son habitation suivant qu'elle la pose sur le côté d'une poutre ou dans l'angle d'une fenêtre ; elle se livre donc, pour modifier son genre d'architecture, à des calculs compliqués dénotant une véritable intelligence. Et pourtant ce travail si merveilleux est de beaucoup dépassé par celui de plusieurs autres oiseaux. Les uns, comme le merle de roche, le pétrel, le guillemot, etc., sont de véritables mineurs qui creusent leurs nids dans les escarpements des murs ou des rochers. Parmi les maçons, il faut citer, outre l'hirondelle, le flamant, qui construit, avec de la terre délayée, un grand cône qu'il loge entre ses longues jambes ; le fournier (voy. ce mot), dont l'habitation d'argile est en forme de four et comprend un vestibule et une chambre de famille. Les pics sont les charpentiers qui creusent le bois pour y aménager un nid bien abrité. La plupart des passereaux tressent d'élégantes corbeilles qu'ils garnissent à l'intérieur de matières élastiques et chaudes :

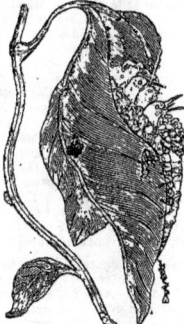

Nid de la fauvette couturière de l'Inde.

tels sont les nids de fauvettes, de pinsons, de cassiques, de carouges, etc. D'autres, comme le nélicourvi, le républicain, etc., fabriquent une sorte de feutre ou de drap, ce qui leur a valu le nom d'oiseaux *tisserands* ou *tisserins*. D'autres, plus industrieux encore, cousent avec une véritable perfection ; le plus remarquable en ce genre est la *fauvette couturière*, joli habitant de l'Inde, du Burmah et de Chine, où on l'appelle *oiseau tailleur*. Cette fauvette recueille du coton sur les cotonniers, elle le tisse, à l'aide de son bec et de ses pattes, et s'en sert pour coudre ensemble les feuilles sous lesquelles elle cache son nid. Toutes les espèces prennent des précautions infinies pour isoler leur nid ou pour le dissimuler et le mettre à l'abri de toute attaque ; qu'il nous suffise de rappeler l'exemple du loriot, du nélicourvi, du rémiz, etc. — La nidification n'est pas un art exclusivement pratiqué par les oiseaux ; nous avons vu que l'épinoche, parmi les poissons, les mygales et d'autres araignées, le plus grand nombre

des insectes hyménoptères, plusieurs mammifères hibernants et des rongeurs, construisent de véritables nids, qui sont toujours curieux et souvent même de véritables merveilles d'architecture.

NIDIFIER v. n. Construire son nid.

NIDIFORME adj. Qui a la forme d'un nid ; qui enveloppe, qui protège les œufs.

* **NIDOREUX, EUSE** adj. (lat. *nidor*, odeur forte). Pathol. Qui a une odeur et un goût de pourri, de brûlé, d'œufs couvis. S'emploie surtout dans le langage médical : *les crudités qui s'engendrent dans les premières voies, sont acides et nidoreuses.*

NIDULANT, ANTE adj. (lat. *nidulus*, petit nid). Qui construit un nid : *animal nidulant.* — MEMBRANE NIDULANTE, membrane vésiculeuse, dans laquelle certains animaux, particulièrement les crapauds, renferment leurs œufs.

NIEBUHR (Barthold-Georg) [ni'-bour], historien allemand, fils de Karstens Niebuhr, né à Copenhague en 1776, mort le 2 janv. 1831. Il habita Londres et Edimbourg (1798-'99), remplit des fonctions dans le ministère danois, et, en 1806, devint un des directeurs de la banque de Berlin ; mais il fut obligé de prendre la fuite après la bataille d'Iéna. Hardenberg lui confia l'administration financière du commissariat, et il accompagna l'armée jusqu'à la bataille de Friedland. Après le renvoi de Hardenberg (1807), il fut nommé membre de la commission chargée de gouverner provisoirement, et il suggéra des réformes fiscales qui furent acceptées de Stein, et se trouva à la tête de plusieurs départements administratifs ; mais il se retira parce que ses plans financiers rencontraient de l'opposition. Il fut nommé historiographe du roi, et fit des cours sur l'histoire ancienne de Rome à l'université de Berlin, de 1810 à 1811. En 1816, il alla à Rome comme ambassadeur de la Prusse, et découvrit en chemin, à Vérone, le manuscrit palimpseste des *Institutes* de Gaius. En 1818, Bunsen fut envoyé comme secrétaire de la légation, et Niebuhr s'occupa de faire le plan de l'ouvrage sur la topographie romaine qu'il aida ensuite Bunsen, Platner et d'autres à préparer. Il quitta Rome en 1822 et alla en 1823, à Bonn en qualité de professeur adjoint d'histoire ancienne. Il doit surtout sa gloire à ses *Rœmische Geschichte* (1811-'32 ; 2ᵉ éd., 1827-'42, 3 vol.). C'est une analyse critique et une reconstruction de l'histoire romaine, une mise en œuvre de matériaux historiques provenant des anciennes traditions et légendes, exécutée avec une érudition, une sagacité et une ingéniosité extraordinaires. Certaines de ses théories, cependant, sont aujourd'hui généralement abandonnées en Allemagne. On a publié après sa mort trois séries de ses cours ; et, en 1838, sous le titre de *Lebensnachrichten*, des souvenirs de sa vie, où sa correspondance tient une grande place (2 vol.).

NIEBUHR (Karstens), voyageur allemand, né à Lauenburg en 1733, mort en 1815. De 1761 à 1767, le gouvernement danois l'employa, avec les titres de mathématicien de l'expédition et de lieutenant du génie, à des explorations dans l'Orient, destinées à éclaircir la géographie et l'histoire naturelle de l'Ancien Testament. Tous les autres membres de l'expédition, von Haven, Forskal, Baurenfeind et Cramer, moururent en chemin. A son retour, il publia *Beschreibung von Arabien* (Copenhague, 1772), et *Reisebeschreibung von Arabien und andern umliegenden Laendern* (1774-'78). Un troisième volume, racontant son retour, a paru en 1837. Il édita aussi les papiers laissés par Forskal. Son fils, l'historien, a écrit sa vie (1817).

* **NIÈCE** s. f. (lat. *neptis*, petite-fille). Fille

du frère ou de la sœur : *l'oncle et la nièce.* — Petite-nièce, la fille du neveu ou de la nièce. — Nièce a la mode de Bretagne, la fille du cousin germain ou de la cousine germaine.

NIEDERBRONN, station minérale, à 20 kil. S.-O. de Wissembourg (Alsace-Lorraine). Eaux chlorurées sodiques. Usage principal en boisson; les bains se prennent dans les hôtels. — Maladies chroniques de l'appareil digestif et de l'abdomen; engorgements du foie; calculs biliaires; affections goutteuses, lymphatiques et scrofuleuses; constipation; maladies de la peau de forme eczémateuse.

NIEDERMEYER (Louis) [ni'-deur-mai-eur], compositeur, né à Nyon, canton de Vaud, en 1802, mort à Paris en 1861. Il se fixa à Paris en 1823, et produisit plusieurs opéras, notamment *Stradella* (1836) et *La Fronde* (1853); mais, découragé par leur insuccès, il se consacra à la résurrection de l'école de Choron, pour la musique religieuse, et il y fut beaucoup plus heureux. Il a composé d'excellents morceaux de chant.

NIEL (Adolphe), général français, né à Muret (Haute-Garonne) le 4 octobre 1802, mort le 14 août 1869. Il se distingua en Algérie, et, comme ingénieur militaire, en France; il devint général de division en 1853, et fut employé aux sièges de Bomarsund et de Sébastopol (1854-'55). En 1859, avec l'artillerie qu'il commandait, il décida la victoire de Solferino (24 juin) et fut fait maréchal. A partir de 1867, il fut ministre de la guerre.

NIELLE s. f. (lat. *nigellus*, dimin. de *niger*, noir). Bot. Espèce d'agrostemmes, dont les graines sont noires et qui est très nuisible aux moissons. La nielle des blés est dangereuse, parce que ses graines se mêlent à la récolte et donnent un mauvais goût à la farine. — Maladie des grains qui a pour résultat de réduire la substance farineuse en une poussière noire. La nielle attaque particulièrement les graminées dont elle convertit en une poussière noire toute la substance farineuse du grain. Quand elle domine dans le blé, le pain devient malsain et peut causer des convulsions et la diarrhée. — Nielle des arbres, maladie des arbres dans laquelle ces végétaux sont marqués de taches livides ou blanches.

* **NIELLE** s. m. Orfèvr. Ornements ou figures que l'on grave en creux sur un ouvrage d'orfèvrerie, et dont les traits sont remplis d'une sorte d'émail noir, fait d'un mélange d'argent, de plomb et de soufre liquéfiés : *les nielles de Russie, de Perse.* — Se dit aussi de l'émail noir qui sert à former ce genre d'ornements.

* **NIELLER** v. a. Orner de nielles : *nieller la poignée d'un sabre.*

* **NIELLER** v. a. Gâter par la nielle : *le mauvais temps a niellé les blés.* — Se nieller v. pr. Etre gâté par la nielle : *les blés se niellent.*

* **NIELLEUR** s. m. B.-Arts. Graveur de nielles : *les nielleurs florentins.* — Adj. Ouvriers *nielleurs.*

* **NIELLURE** s. f. B.-Arts. Art du nielleur.

* **NIELLURE** s. f. Agric. Se dit de l'action qu'exerce sur les grains la maladie appelée Nielle.

NIEMCEWICZ (Julian-Ursin) [nièmm-tsé-vitch], auteur polonais, né en Lithuanie en 1757, mort en 1841. Il fut un des membres les plus en vue de la diète (1788-'92), combattit aux côtés de Kosciuszko en 1794, partagea son emprisonnement en Russie, et, en 1797, l'accompagna en Amérique. Après la chute de Varsovie, en 1831, il vécut à Paris. Ses *Chants historiques des Polonais* (1816) lui ont acquis une immense popularité. Il a écrit d'admirables contes et fables dans le style de

La Fontaine, des romans et d'autres ouvrages. Ses œuvres poétiques ont été réunies en 12 vol. (1840).

NIEMEN [nié-mènn; polon., niémm-ènn], fleuve d'Europe qui prend sa source dans le gouvernement de Minsk (Russie), coule à l'O., au N., puis encore à l'O. et se jette dans le Kurisches Haff, bras de la Baltique. Il a environ 800 kil. de long., et dans les 80 derniers kil., coule sur le territoire prussien, où il prend le nom de Memel. Au-dessous de Tilsitt, il se divise en deux branches, le Russ et le Gilge, qui forment un delta très fertile. Sa navigation est importante.

NIEPCE [nièpp-se]. I. (Joseph-Nicéphore), chimiste français, un des inventeurs de la photographie, né à Châlon-sur-Saône le 7 mars 1765, mort près de Châlon le 3 juillet 1833. Il fut administrateur civil de Nice de 1795 à 1801, et dès lors il se consacra à la mécanique et à la chimie. En 1813, il commença ses *Recherches héliographiques*, pour fixer les images sur des plaques métalliques par le moyen de la lumière. En 1824, il réussit jusqu'à un certain point, à produire des figures, d'abord sur l'étain et sur le verre poli, puis sur du cuivre, et enfin sur de l'argent dont il revêtait la surface d'une mince couche de bitume. Mais le procédé était très lent. En 1829 il s'associa avec Daguerre pour perfectionner la découverte qui, aux termes de leur contrat, avait été faite par Niepce; mais celui-ci mourut avant le succès. — II. (Claude-Marie-François Niepce de Saint-Victor), son neveu, chimiste, né à Saint-Cyr, près Châlon, le 26 juillet 1805, mort le 7 avril 1870. Après avoir été officier de dragons, il entra dans la garde municipale de Paris en 1842, et, en 1854, fut nommé commandant du Louvre. Il fit plusieurs inventions, et perfectionna les procédés photographiques de son oncle, en reproduisant les dessins par le moyen des vapeurs d'iode, en obtenant des images sur des plaques de verre enduites d'une légère couche d'amidon, de gélatine ou d'albumine. Il fit aussi des expériences pour photographier les couleurs et réussit à produire des représentations exactes de différents objets colorés, mais il ne parvint pas à fixer les teintes. En 1855, il publia ses *Recherches photographiques*, où se trouve la description de son procédé d'héliographie. *Il ne prit jamais de brevet* pour aucune de ses inventions. Il a laissé un *Traité pratique de gravure héliographique* (1856).

* **NIER** v. a. [nié] (lat. *negare*). Dire qu'une chose n'est pas vraie, soutenir qu'une chose n'est pas : *nier un fait.* — Nier une dette, un dépôt, nier qu'on ait une dette à payer, qu'on ait reçu un dépôt. — Log. Ne pas demeurer d'accord d'une proposition : *il ne faut point disputer contre ceux qui nient les principes.* — Absol. *Toutes les fois que j'affirme, vous niez.* — Se nier v. pr. *Le fait peut se nier.*

NIESHIN [nièch-inn], ville de Russie, sur l'Osir, à 55 kil. S.-E. de Tchernigov; 21,590 hab., dont beaucoup de Grecs. Le tabac constitue le principal commerce.

NIEUL, ch.-l. de cant., arr. et à 14 kil. N.-O. de Limoges (Haute-Vienne); 350 hab.

NIEUWENTYT (Bernardus) [nu-venn-taït], philosophe hollandais, né en 1654, mort en 1718. Il s'établit à Purmerend, et acquit de la réputation comme médecin, magistrat et orateur. Son ouvrage principal a pour sujet : *La manière légitime de contempler les œuvres du Créateur* (1715); c'est là que Paley a emprunté, suppose-t-on, la substance de sa *Natural Theology.*

NIEUWLAND (Pierre), né à Diemermeer (Pays-Bas), le 5 nov. 1764, mort à Leyde le 14 nov. 1794. Il unissait, à de vastes connaissances dans les sciences exactes, qu'il enseigna

à l'université de cette dernière ville, le don de la poésie. Ouvrages : *Zeevaartkunde* (Art de la navigation, 1793; le 1er volume a seul paru); *Poésies* (1788); *Poésies et Discours* (1814); *Poésies posthumes* (dernière édition, 1827). Parmi ces poèmes nous citerons une cantate : *Orion*, et une élégie : *Lykzang* (chant funèbre).

NIÈVRE. I, rivière non navigable, qui naît de la réunion de deux ruisseaux à Guérigny (Nièvre) et afflue à la Loire à Nevers, après un cours de 45 kil. et après avoir baigné Guérigny, Urzy et Coulanges. — II, département de la région centrale de la France; doit son nom à la petite rivière qui le traverse; situé entre les départements de l'Yonne, du Loiret, du Cher, de l'Allier, de Saône-et-Loire et de la Côte-d'Or; formé de l'ancien Nivernais et de quelques parties des contrées adjacentes; 6,846 kil. carr.; 347,576 hab. Le département de la Nièvre, formé d'un sol sablonneux, rocheux et peu fertile, est parcouru dans tous les sens par des chaînes granitiques et porphyriques connues sous le nom de Monts du Morvan (point culminant, mont Presnay, 887 m.). Princ. cours d'eau : au N. l'Yonne; au S. la Loire qui y reçoit l'Allier et la Nièvre. Les canaux du Nivernais, du Centre et le canal latéral à la Loire traversent le département. Sol pauvre; bois et pâturages; vins, chanvre, chevaux estimés. Fer, houille, grès, pierres de taille, marbre. Usines à fer, forges, fonderies; faïence estimée dite *de Nevers.* Sources minérales de Pougues et de Saint-Honoré. — Ch.-l., Nevers; 4 arr., 25 cant., 313 comm. Evêché à Nevers, suffragant de Sens. Les tribunaux ressortissent à la cour d'appel de Bourges. — Ch.-l. académique, Dijon. — Ch.-l. d'arr. : Nevers, Château-Chinon, Clamecy et Cosne.

* **NIGAUD, AUDE** adj. Sot et niais : *que cet homme est nigaud !* (Fam.) — s. *Un grand nigaud.*

* **NIGAUD** s. m. Oiseau, petit cormoran.

* **NIGAUDER** v. n. Faire des actions de nigaud, s'amuser à des choses de rien : *il ne fait que nigauder.*

* **NIGAUDERIE** s. f. Action de nigaud : *il ne fait que des nigauderies.* — Caractère du nigaud : *il est d'une nigauderie qu'on n'excuserait pas dans un enfant.*

NIGAUDINOS s. m. [-noss]. Grand nigaud. (Pop.)

* **NIGELLE** s. f. (lat. *nigella*, dimin. de *niger*). Genre de renonculacées, tribu des elléborées, dont plusieurs espèces croissent naturellement dans le midi de l'Europe : *la nigelle des champs.* On connaît une douzaine d'espèces de nigelles. Ce sont des herbes annuelles, à feuilles finement découpées, à fleurs solitaires au sommet des tiges ou des rameaux, à grains noirâtres, dont la saveur est âcre et aromatique. La seule espèce indigène aux environs de Paris est la *nigelle des champs* (nigella arvensis), petite plante à fleurs bleuâtres ou blanches, abondante dans nos moissons. On trouve aussi dans nos jardins la *nigelle de Damas* (nigella Damascena), nommée aussi *cheveux de Vénus* ou *barbe de capucin.* Elle a produit de remarquables variétés à fleurs simples ou doubles. La *nigelle cultivée* (nigella sativa) est haute de 30 à 40 centim. Ses fleurs sont bleues ou blanchâtres.

NIGER [ni-jèrr], ou Quorra, fleuve de l'Afrique occidentale, qui se jette dans le golfe de Guinée par plusieurs embouchures, entre les anses de Bonin et de Biafra. Le Niger est formé de plusieurs rivières principales, le Benowe ou Tchadda (voy. Benoowe), et le Djoliba; cette dernière, qui est la plus occidentale, est regardée comme le bras principal. Elle prend sa source, suivant Winwood Reade, par 9° 25' lat. N., et 12° 40' long. O., a plus de 450 m. au-dessus de l'Océan, sur la pente septentrionale du mont Loma, dans le pays de Koranko, à environ 325 kil. de la côte de Sierra Leone. De là, elle coule au N.-E., suivant une ligne très tortueuse sur les deux cinquièmes de sa longueur totale, dans la direction du Sahara. Près de Cabra, le port de Tombouctou, elle tourne à l'E. et ensuite au S.-E., et près des montagnes Kong, par 7° 47' lat. N. et 5° 7' long. E., elle est rejointe par le Benoowe. A partir de ce point, elle coule de plus en plus au S.-O., jusqu'à ce qu'elle tombe dans l'Océan après un parcours d'environ 4,000 kil. Jusqu'à environ 65 kil. du lieu où l'on suppose qu'il prend sa source, lieu qui n'a encore été visité par aucun Européen, le fleuve est connu sous le nom de Teembo ou Toombeenko; mais au-dessus il prend le nom de Joliba, qui signifie « grande rivière », et qui se change en Quorra, au-dessous de Tombouctou. A Farabana, point où s'arrêtent jusqu'à présent les explorations, et qu'a atteint Winwood Read en 1869, le courant est rapide et large d'environ 90 m.; dans les plaines du Soudan, la largeur varie entre 2 et 45 kil., et la moyenne de sa vitesse est de 8 à 15 kil. par heure. Le delta a une superficie évaluée à 80,000 kil. carr. et est sujet à des inondations. C'est un des lieux les plus pestilentiels du monde. On admet généralement aujourd'hui l'identité du Niger moderne, avec le Niger de Ptolémée et de Strabon. Mungo-Park (1796-1805) fut le premier voyageur européen qui atteignit ses rives dans la partie supérieure de son cours. Parmi les explorateurs de la région du Niger qui vinrent ensuite sont : le voyageur français Caillié (1828), Richard et John Lander (1830), Barth (1854) et Winwood Reade.

NIGRITIE [ni-gri-ci]. Voy. SOUDAN.

* NIHILISME s. m. (la.. nihil, rien). Suppression de tout, négation de toute croyance. — Philos. École qui repousse ce qui ne peut se démontrer, renonce à toute forme de révélation divine et ne met rien à la place. — Polit. Parti des nihilistes.

* NIHILISTE s. m. Partisan du nihilisme, philosophe qui nie toute croyance. — Polit. Nom donné, en Russie, à une organisation d'ultra-réformateurs, dont le but apparent est de renverser toutes les institutions religieuses et sociales, et qui sont devenus, depuis 1872, une source constante de terreur pour le gouvernement. On ne sait presque rien relativement à l'organisation de cette association; mais il est certain qu'elle possède de grandes ressources et qu'elle s'est introduite dans toutes les classes de la société russe. Elle a eu des chefs tels que Bakounine, Zichareff, etc. Le gouvernement prit, en sept. 1875, des mesures énergiques mais inefficaces pour le supprimer. L'emprisonnement et la mort ne firent qu'irriter les esprits. 160 nihilistes, accusés d'avoir fait de la propagande révolutionnaire, furent condamnés aux travaux forcés en fév. 1878; quelques-uns périrent au milieu des tortures les plus raffinées. Mais l'attentat de Vera Zassoulitch, qui tira un coup de pistolet sur le préfet de Saint-Pétersbourg, M. Trépoff, différentes tentatives d'assassinat commises sur la personne du czar Alexandre II et la mort violence de ce prince montrèrent que le nombre des conspirateurs ne diminuait pas. L'assassinat d'Alexandre II (3 mars 1881) fut suivi d'un manifeste du conseil exécutif nihiliste au czar Alexandre III, pour lui offrir la paix s'il voulait accorder : une amnistie, une assemblée législative élue au suffrage universel, la liberté de la presse, etc. Cette offre de pacification fut repoussée par le pouvoir, qui ne changea rien aux anciennes institutions. Des milliers de nihilistes furent arrêtés, déportés, exilés ou mis à mort, sans que leur société ait semblé moins résolue ni moins formidable. — Adjectiv. : doctrines nihilistes.

NIIGATA, port de mer le plus commerçant de la côte occidentale de la grande île du Japon; capitale du Ken ou préfecture du même nom, sur le Shinano, à 250 kil. de Tokio; 50,000 hab. environ. Une barre dangereuse, à l'embouchure du fleuve, le rend à peu près impraticable, excepté aux petits navires d'un faible tirant d'eau; mais un grand trafic se fait par terre avec Sendai, sur la côte orientale. Niigata a été fondée au XVIIe siècle et a été ouverte au commerce étranger par les traités de 1858.

NIJNI-NOVGOROD. Voy. NIZENI-NOVGOROD.

NIKKO (Splendeur solaire), chaîne de montagnes dans la grande île du Japon; à environ 150 kil. N. de Tokio, fameuse par ses paysages pittoresques et parce que c'est là qu'est inhumé le plus grand personnage de l'histoire du Japon, Tokugawa Iyeyasu. La plus haute montagne de la chaîne est Nan-Taizan. La sainteté des monts Nikko date de 767, et dès les plus anciens temps, ce fut le séjour de toutes les divinités, Shinto. On y rencontre un grand nombre de temples et d'édifices religieux de toute sorte, et ils sont depuis longtemps le rendez-vous favori de milliers de pèlerins. Le village de Hachiishi est à l'entrée des lieux sanctifiés. Dans le voisinage se trouvent le lac de Chiuzenji et la fameuse chute d'eau de Kiri-furi (brouillard qui tombe), qui se précipite d'une hauteur de plus de 700 pieds.

NIKOLAYEV [nik-o-la'-iév], ville forte de la Russie méridionale, à 60 kil. N.-O. de Kherson, près du confluent du Bog et de l'Ingul; 73,681 hab. Les rues y sont d'une largeur énorme; il y a un beau boulevard le long du Bog, un observatoire et de grands docks. Depuis la chute de Sébastopol, elle est devenue une station navale de premier ordre.

NIKOLSBURG [ni'-kolss-bourg], ville de Moravie, en Autriche, à 70 kil. de Vienne; 8,758 hab. Au centre de la ville, sur un rocher, se dresse le château du prince Dietrichstein, qui contient une bibliothèque, de plus de 20,000 volumes. Des négociations entamées ici en décembre 1805, conduisirent à la paix de Presbourg. Une trêve et des préliminaires de paix y furent arrêtés entre l'Autriche et la Prusse, le 26 juillet 1866, ainsi qu'une trêve entre la Prusse et la Bavière, le 28.

NIKSICH, ville forte du Monténégro plusieurs fois assiégée; 2,000 hab. Les Monténégrins s'en emparèrent le 8 sept. 1877. Depuis cette époque elle ne fait plus partie de l'Herzégovine.

NIL (anc. Nilus), le principal fleuve de l'Afrique, et l'un des plus grands du monde. Près de Khartoum, dans la province égyptienne du Soudan, par 15° 36' lat. N. et 30° 48' long. E., deux grands cours d'eau se réunissent, l'un venant du S., le Bahr el-Abiad ou Nil Blanc, l'autre du S.-E., le Bahr el-Azrek, ou Nil Bleu. Si nous regardons la rivière abyssinienne Abai, qui a été explorée jusqu'à sa source par Bruce en 1770, comme le bras principal du Nil Bleu, celui-ci a probablement une longueur de 830 kil. environ. Mais la grandeur la plus considérable du Bahr el-Abiad lui donne le droit d'être considéré comme le Nil proprement dit, et la détermination des sources de ce fleuve a été pendant longtemps un des plus grands problèmes géographiques. On atteignit une solution approximative lorsqu'on découvrit deux grands lacs équatoriaux, dont l'un reçoit les eaux de l'autre et n'a pour issue que le Nil Blanc. Ces lacs sont le Victoria N'yanza, exactement sous l'équateur, que Speke découvrit en 1858 et que Speke et Grant explorèrent en 1862, et l'Albert N'yanza au N.-O., découvert par Baker en 1864. La rivière Somerset ou Nil Victoria les relie, et le Bahr el-Abiad sort de la partie septentrionale du lac Albert, pour couler au N. (Voy. N'YANZA.) On a néanmoins cherché les véritables et premières

sources du grand fleuve beaucoup plus au S., et on ne peut encore les considérer comme déterminées. On a, il y a longtemps, suggéré l'idée qu'il pourrait exister un canal par lequel les eaux du lac Tanganyika se rendraient dans un des grands lacs équatoriaux; mais les différences de niveaux s'opposaient à la possibilité du fait, et en 1871 Livingstone et Stanley ne purent trouver aucune issue de déversement dans l'extrémité N. du Tanganyika. L'opinion des géographes européens est contraire à la conclusion de Livingstone, à savoir que le vaste système de cours d'eau et de lacs à l'O. du Tanganyika, qu'il découvrit pendant son dernier séjour en Afrique, se rattache au bassin du Nil. Le principal courant parait être, dans ce grand réseau, le Lualaba, qui sort directement au S. du lac Tanganyika, mais qui, en somme, occupe une vallée en pente vers le N., à l'O. de ce lac, et généralement parallèle à lui. D'après la carte non corrigée de Livingstone, cette rivière traverse le lac Bangweolo ou Bemba, de 225 kil. de long sur 120 kil. de large, le grand lac Moero, de 80 kil. de long sur une largeur de 20 à 65 kil., et le lac Kamolondo, que l'on croit long de 225 kil. A l'O. de cette vallée du Lualaba propre, et au delà de celle-ci, la vallée du Loeki ou Lomame, autre grande rivière aussi appelée Lualaba de Young (Young's Lualaba) par Livingstone, et qui traverse le lac qu'il a nommé Lincoln. On conjecture que cette rivière rejoint le Lualaba propre en quelque point, entre le 7e degré de lat. S. et l'équateur. Tout ce système fluvial sort d'un plateau représenté par Livingstone comme s'étendant à environ 1,400 kil. le long du 12e degré de lat. S., avec une altitude de 6,000 pieds. Dans son journal, cependant, il exprime un doute sur la question de savoir si les eaux ne se font pas un chemin jusqu'au Congo; d'un autre côté, la découverte faite par Schweinfurth, en 1870, de la rivière Welle qui coule à l'O. et se trouve au N.-O. du lac Albert, s'accorde avec l'opinion qui fait du système du Lualaba un système entièrement occidental. — Entre l'Albert N'yanza et la première chute, qui est à Afuddo, à 2,146 pieds au-dessus du niveau de la mer, par 3° 32' lat. N., le Nil coule au N. avec un courant à peine perceptible, en quelques endroits, il a plusieurs kilomètres de large. Quelques kilomètres plus bas, il reçoit de l'E. son premier affluent important, l'Asua. Des montagnes entourent sa vallée à l'O. jusqu'au 4e degré de lat.; endroit où le Nil est environ large de 650 pieds et profond de 5 à 8. Par 4° 37' lat., le fleuve descend une série de rapides jusqu'à Gondokoro, station commerciale sur la rive orientale, à 20 kil. au-dessous à peu près, célèbre comme point de départ des explorations. Là le Nil passe au travers d'un pays boisé et densément peuplé. Au delà du 5e degré, il fait une grande courbe vers l'O., au travers près de 3 degrés de long., et revient au méridien de Gondokoro avant d'atteindre 10e lat. Après avoir passé le 6e degré de lat., le lit du fleuve devient roineux, avec un courant qui ne dépasse pas 5 kil. à l'heure, et une largeur d'environ 115 mètres d'eau claire. Les forêts disparaissent, les rives sont marécageuses. Par 9° 46' lat. se trouve la bouche du grand affluent occidental du Nil, le Bahr el-Ghazal, ou rivière de la Gazelle, dont la partie navigable se prolonge d'environ 220 kil. vers l'O. Schweinfurth évalue à 400,000 kil. carr. la superficie du bassin de cette rivière et de ses tributaires. A quelques milles au N. de cette réunion, le Nil reçoit du S. le Bahr Giraffe, qui a environ 65 mètres de large et près de 7 de profondeur dans la saison chaude. On croyait autrefois que c'était un affluent particulier et indépendant; mais on a reconnu aujourd'hui que ce n'est qu'une branche orientale du Bahr el-Abiad lui-même, qu'il quitte non loin du 6e degré de lat., et qu'il rejoint par 9° 25'. Le Sobat, qui vient du S.-E. et que Baker regarde comme probablement le plus puissant de tous les affluents, se réunit au cours principal 60 kil. plus bas, à environ 1,200 kil. de Gondokoro. La distance de la bouche du Sobat à Khartoum est de 1,000 kil. La rivière s'élargit de 1,500 mètres à 3 kil. et coule dans une région où la végétation forestière consiste surtout en minosas et se limite aux bords du courant. — De Khartoum, les eaux mêlées du Nil Blanc et du Nil Bleu coulent vers le N. pendant environ 80 kil.; puis se courbent à l'E. et descendent les rapides connus sous le nom de sixième cataracte; elles courent ensuite au N.-E. jusqu'au delà de la ville de Shendy et des ruines de Meroë, à travers une région bien cultivée. La rivière abyssinienne Atbara se jette dans le Nil à 250 kil. au-dessous de Khartoum, par 17° 37' de lat., et apporte au courant limoneux la plus grande partie du limon qui fertilise tous les ans l'Egypte. Entre l'Atbara et la mer, il n'y a point d'autre affluent. A partir de ce point de jonction, le Nil traverse la Nubie sur un parcours de 4,200 kil. jusqu'à Syene ou Assouan, sur les frontières de l'Egypte. Pendant les 200 premiers kil. il court presque au N. à travers la province de Berber, et est bordé d'une bande de terre arable large d'environ 3 kil. Il fait une grande courbe vers le S.-O. à Aban Hammed, et court pendant environ 220 kil. dans cette direction, embrassant sur sa gauche le désert de Babiouda, que les voyageurs traversent d'ordinaire par une marche de 650 kil., au lieu de suivre le cours du fleuve, qui a plus de 1,000 kil. de long. Près de Jebel Barkal, sur la rive droite, sont des ruines qui marquent, on le suppose du moins, les limites méridionales de l'empire des Pharaons. Le Nil continue à se diriger vers le S.-O., jusqu'à ce qu'il atteigne le 18e degré de lat.; alors il tourne au N. de nouveau, et entre dans la province assez fertile de Dongola. Près du 22e parallèle, on atteint la seconde cataracte, que les anciens appelaient la grande cataracte. Elle est formée par des roches primitives qui se dressent au milieu du grès dans une suite d'îles qui divisent le courant; c'est plutôt une série de rapides qu'une chute. A partir de ce point jusqu'à la frontière d'Egypte (350 kil.), il y a, sur les deux rives, des ruines nombreuses, dont les plus remarquables sont les temples d'Ipsamboul. Dans la basse Nubie, les montagnes arrivent très près du Nil, et la terre arable n'est qu'une étroite bordure; d'ailleurs, les berges sont si élevées que le terrain adjacent ne retire que peu de profit de la crue annuelle du fleuve. A la frontière, entre la Nubie et l'Egypte, se trouve l'île de Philæ, où le Nil a 1,000 mètres de large; immédiatement au-dessous se trouve la première cataracte (la dernière en descendant le fleuve), qui s'étend jusqu'à Assouan et à l'île d'Eléphantine, et qui a une pente de 30 mètres, sur 8 kil. D'Assouan à la Méditerranée (1,100 kil.), le Nil descend par une douce déclivité de 300 pieds environ. La vallée au fond de laquelle il coule jusqu'à ce qu'il atteigne le sommet du delta, a une largeur moyenne de 11 kil., et est semée des temples et des monuments de l'ancienne Egypte. Par 25° 38' de lat., à un endroit où le fleuve a 2 kil. de large, se dressent les magnifiques ruines de Thèbes. Vers 29° 9' de lat., la chaîne des collines libyques s'éloigne du Nil, s'infléchit au N.-O., puis revient vers le fleuve enfermant dans la province de Fayoum, dans laquelle étaient le labyrinthe et le lac Mœris. Juste au-dessus du Caire sont les grandes pyramides de Gizéh, sépulcres royaux de l'ancienne Memphis. Le delta du Nil commence à

18 kil. au-dessous du Caire : c'est une plaine d'alluvions, s'étendant jusqu'à 130 kil. vers la mer, sans collines ni roches. Le fleuve la traversait autrefois par sept branches; mais aujourd'hui, il entre dans la Méditerranée par deux canaux, la branche de Rosette à l'O. et la branche de Damiette à l'E.; leurs bouches gisent par 31° 36' de lat., et sont séparées par 140 kil. de côtes. La branche de Rosette est le canal de communication ordinaire entre le Caire et Alexandrie; elle a une largeur de 1,800 pieds, et une profondeur minimum de 5; celle de Damiette est large de 900 pieds, avec une profondeur de 8 pieds environ lorsque les eaux sont le plus basses. — La crue annuelle du Nil commence dans la dernière partie de juin en Egypte, et y atteint sa hauteur maximum entre le 20 et le 30 septembre; elle est alors à 24 pieds au-dessus de l'étiage des eaux basses au Caire. Vers le milieu d'octobre, elle commence à diminuer et le fleuve est à son plus bas niveau en Egypte au milieu de mai. L'eau est chargée de limon que l'inondation dépose sur les terres cultivées de l'Egypte, y formant une couche dont l'épaisseur moyenne ne dépasse pas d'ordinaire 1/2 de pouce chaque année. Dans son état ordinaire, le Nil n'est pas assez profond pour porter des bateaux de plus de 60 tonneaux de charge; mais de grands navires peuvent remonter jusqu'au Caire au moment où l'inondation est à son maximum. Comme l'étendue du bassin du Nil n'est pas connue, on ne peut évaluer exactement sa superficie; mais elle n'est probablement pas au-dessous de 1,250,000 kil. carr. La longueur approximative du fleuve depuis la limite de la navigation à vapeur, au-dessus de Gondokoro, par 4° 37' de lat., est de 5,000 kil., ce qui donne une pente moyenne de 30 centim. par mètre. — L'exploration du Nil Blanc a été poussée au-dessus de Khartoum, jusqu'à 13° 23' de lat. N. par M. Linant, en 1827, plus loin encore au S. par des expéditions égyptiennes entre 1839 et 1842, et par le Dr Knoblecher qui, en 1849, remonta le fleuve jusqu'à 4° 40' lat. N. Petherick a exploré le Bahr el-Ghazal entre 1853 et 1863. Il faut encore citer parmi les voyageurs qui se sont signalés dans l'étude des affluents du S.-O., miss Tinné et le Dr Schweinfurth. Sir Samuel Baker, le colonel Gordon, et d'autres officiers au service de l'Egypte ont récemment ajouté des notions importantes à la géographie du Nil. D'après les derniers travaux de Gordon (1877), une branche occidentale s'éloigne du fleuve Blanc non loin de l'Albert N'yanza, et vers le 9e degré de lat. N. revient se réunir au grand courant.

NILES [naïlzz], ville du Michigan (Etats-Unis), sur le Saint-Joseph, à 240 kil. de Détroit; 4,592 hab. (1874). Commerce important, fonderies et manufactures de papier.

NIL ADMIRARI (Ne rien admirer). Paroles célèbres d'Horace (Ep.).

* **NILGAUT** s. m. [nil-gô] (pers. nil-guido).

Nilgaut (antilope picta).

de nil, bleu, guido, bœuf). Mamm. Espèce

d'antilope à deux cornes lisses, remarquable par sa haute taille. — ~~ On écrit aussi NYLGAUT. — Cet animal appelé aussi taureau bleu ou antilope à pieds blancs, est indigène de l'Indoustan. Le mâle mesure plus de 4 pieds de haut; la femelle est plus petite et sans cornes. La couleur du mâle est bleu d'ardoise, sombre autour de la tête et en dessous, avec les jambes noires et des anneaux noirs et blancs aux pieds.

NILIAQUE adj. Qui a rapport au Nil.

NILIGÈNE adj. Qui est né sur les bords du Nil.

NIL NOVI SUB SOLE, locution latine qui signifie : rien de nouveau sous le soleil; pensée exprimée par Salomon dans l'Ecclésiaste.

* **NILOMÈTRE** s. m. (fr. Nil; gr. metron, mesure). Nom de certaines colonnes qui sont divisées dans leur longueur en coudées et en parties de coudée, et qui, placées en différents lieux de l'Egypte, servent à mesurer la crue des eaux du Nil dans ses débordements périodiques: Hérodote est le premier qui ait parlé des nilomètres.

NILOTIQUE adj. (gr. neilotikos). Qui appartient au Nil ou aux contrées riveraines du Nil.

* **NIMBE** s. m. (lat. nimbus). Didact. Cercle de lumière que les peintres et les sculpteurs mettent autour de la tête des saints. — Cercle de lumière que les peintres anciens traçaient quelquefois autour de la tête d'une divinité, d'un héros divinisé : le nimbe rayonné indiquait Apollon ou Diane. — Numism. Cercle que, sur certaines médailles, et particul. sur des médailles du Bas-Empire, on remarque autour de la tête de quelques empereurs.

NIMBUS s. m. [nain-buss]. (Mot latin qui signifie nuage). Météor. Nuage pluvieux, gris, et occupant de grands espaces dans le ciel.

NIMÈGUE (holl. Nimwegen ou Nijmegen; anc. Noviomagus), ville forte, frontière des Pays-Bas, dans la Gueldre, sur la Waal, à 16 kil. S.-O. d'Arnhem; 24,098 hab. Dans son hôtel de ville a été signé, le 10 août 1678, le traité de paix entre l'Espagne, la France et la Hollande, et le 5 févr. 1679 le traité entre l'Espagne, la France, l'Allemagne et la Suède. L'édifice contient des antiquités romaines, des statues d'empereurs romains et les portraits des ambassadeurs qui ont pris part à ces traités. Nombreuses brasseries; 4 moulins; manufactures. Les Espagnols s'en emparèrent en 1585; elle fut reprise par Maurice de Nassau en 1591. Turenne s'en rendit maître en 1672; mais, en 1702, elle résista à une nouvelle attaque des Français. Ces derniers y remportèrent une victoire sur le duc d'York le 28 oct. 1794 et prirent possession de la place le 8 nov. suivant.

NÎMES ou **Nismes** (lat. Nemausus), ch.-l. du dép. du Gard, dans une plaine fertile, à 705 kil. S.-E. de Paris et à 62 kil. N.-O. de Marseille, par 43° 50' 36" lat. et 2° 0' 46" long. E.; 64,240 hab. Ses trois faubourgs sont plus beaux, et l'un d'eux, le Cours Neuf, plus grand que la ville proprement dite. Aucune autre ville de France n'égale Nîmes pour les restes de l'antiquité romaine. Les plus célèbres sont la maison carrée, beau temple corinthien, dont on se sert aujourd'hui comme de musée, et l'amphithéâtre, ou arènes, l'un des édifices les plus complets qui existent en ce genre. Il pouvait contenir de 17,000 à 23,000 spectateurs. On en fit une forteresse au moyen âge et, en 1809, époque où on le dégagea, il était occupé comme lieu d'habitation par environ deux mille personnes. On en commença la restauration en 1853. Le magnifique aqueduc connu sous le nom de Pont du Gard est dans le voisinage. Le jardin public contient encore une fontaine qui fournissait l'eau aux bains romains. — Nîmes est la résidence d'un évêque, possède plusieurs institutions savantes, et emploie 10,000 ouvriers à des industries diverses. C'est le grand marché du Midi pour les soies brutes et manufacturées, et le commerce de vins y est aussi très considérable. C'était une importante cité des Gaules et la capitale des Volscæ Arecomici, lorsqu'elle fut prise par les Romains (121 av. J.-C.), qui l'em-

L'amphithéâtre de Nîmes.

bellirent. Mais des revers en amoindrirent par la suite la population, au point qu'au XIVe siècle celle-ci atteignait à peine le nombre de 400 hab. François Ier aida à son relèvement. La plupart de ses nouveaux habitants étant huguenots, elle eut à souffrir pendant les guerres de religion; elle fut aussi le théâtre de scènes sanglantes en 1791 et en 1815. — Patrie de Domitius Afer, de Jacques Saurin, de Jean Nicot, de Guizot, de Teste, de Reboul, etc. — PACIFICATION DE NÎMES, traité du 14 juillet 1629, accordant la tolérance religieuse aux huguenots.

NÎMOIS, OISE s. et adj. De Nîmes; qui appartient à cette ville ou à ses habitants.

NIMROUD. Voy. NINIVE.

NIMRUD (Birs). Voy. BABEL et BABYLONE.

NIMWEGEN. Voy. NIMÈGUE.

NINGPO [ninng-po], ville de Chine, dans la province de Chekiang, sur le fleuve Takin ou Ningpo, près de son embouchure dans le port de Chusan, à 150 kil. S. de Shanghaï; 115,000 hab. environ. Elle est entourée d'une muraille en ruine de 9 kil. de circonférence, percée de cinq portes. Ses rues sont larges; la ville est coupée de canaux, et reliée à ses faubourgs par un pont de bateaux. Soies, cotonnades, lainages, sel. Les navires de 300 tonneaux peuvent arriver jusqu'à la ville. Ningpo est un des cinq ports ouverts au commerce général par le traité du 26 août 1842.

NINIVE (gr. Ninos; lat., Ninus; assyrien Ninua), Capitale de l'ancienne Assyrie, sur la rive orientale du Tigre, en face de la moderne Mossoul, à environ 350 kil. N.-O. de Bagdad. Son nom semble dérivé de celui d'une divinité assyrienne, Niu. Suivant Schrader, il signifiait « demeure », et correspondant à l'hébreu naveh. Longtemps avant Alexandre, elle était complètement détruite. D'énormes tertres, apparemment formés simplement de terre et de décombres, en recouvraient l'emplacement; les plus considérables sont connus aujourd'hui sous les noms de tertres de Koyounjik, de Selamiyeh, de Nebi Younous ou du prophète Jonas, de Keremlis, à environ 23 kil. N.-E. de Nimrud et de Khorsabad, à 20 kil. N. de Mossoul. C.-J. Rich, agent politique de la compagnie

anglaise des Indes orientales à Bagdad, fut celui qui donna le premier une description et un plan exacts de ces ruines. Il les avait visitées en 1820, et en rapporta quelques spécimens de poterie et de briques chargées d'inscriptions cunéiformes. En 1843, M. Botta, consul français à Mossoul, mit au jour, à Khorsabad, les ruines d'un magnifique palais, évidemment détruit par le feu. Il trouva des chambres revêtues de plaques grossières d'albâtre gris, sur lesquelles étaient sculptées en bas-relief des figures d'hommes et d'animaux, avec des inscriptions cunéiformes. En novembre 1845, M. Layard commença à Nimrud des fouilles, qui se continuèrent jusqu'en avril 1847. Il découvrit des quantités immenses de sculptures, d'inscriptions, de poteries, et d'antiquités de toute sorte. Des fouilles, qui amenèrent des résultats semblables, furent aussi faites dans les tertres de Koyounjik et de Nebi Younous. Dans la dernière partie de 1849, M. Layard reprit, aux frais du Musée britannique, ses explorations et les poursuivit pendant un an environ. — Les ruines en face de Mossoul consistent en une enceinte formée par une ligne continue de tertres qui marquent les traces d'une muraille dont le côté occidental est interrompu par les deux grands tertres de Koyounjik et de Nebi Younous. Vers l'est, se trouve une ligne parallèle de remparts et de douves. L'enceinte entière forme un quadrangle dont le côté septentrional a 2,300 m. de long, et le côté occidental 13,600 pieds; celui-ci forme la corde de l'arc décrit par le fleuve, qui, autrefois, coulait parallèlement à la muraille et tout près d'elle. Le côté oriental, qui fait une légère courbe extérieure, a 15,900 pieds, et le côté méridional, 10,000 pieds. L'ensemble de la circonférence est ainsi de 10 à 15 kil. La hauteur ordinaire de cette muraille de terre est de 40 à 50 pieds. On a trouvé des restes de maçonnerie de

Bas-reliefs de l'entrée du Palais, à Koyounjik.

pierre qui revêtait le mur jusqu'à une certaine hauteur. Quelquefois ce mur s'élève au-dessus de la hauteur ordinaire; c'est la marque d'une porte ou d'une tour. Le tertre de Nimrud contient les ruines de plusieurs édifices distincts, érigés à différentes époques, et dont les plus anciens ont fourni des matériaux aux plus récents. Comme plan d'ensemble, les ruines consistent en salles, chambres et galeries, lambrissées de plaques sculptées et couvertes d'inscriptions, et donnant l'une dans l'autre par des porches ou

vestibules, généralement formés d'énormes lions ou de taureaux ailés et à visages humains, disposés en face les uns des autres, deux à deux. On n'a pas pu rétablir l'architecture extérieure. L'angle N.-O. du tertre, en forme de pyramide, s'élève au-dessus des ruines d'un soubassement de 165 pieds carrés, soutenu, jusqu'à une hauteur de 20 pieds, par un mur de briques séchées au soleil, revêtu sur le devant de blocs de pierre soigneusement égalisés et taillés; il est surmonté d'une construction en briques. Au-dessus de cette base s'élevait probablement une succession de plates-formes, de plus en plus petites, jusqu'au sommet couronné par un petit temple ou un autel. Une galerie voûtée, longue de 100 pieds, large de 6, et haute de 12, traversait le sommet du tertre, au niveau du haut de la plinthe de pierre. Dans les ruines d'un second palais, au centre du tertre, on a trouvé un obélisque noir, aujourd'hui au musée britannique. On a encore découvert à Nimrud des restes d'autres palais bâtis par Ivalush, Esarhaddon et Asshur-emit-ilin. Le plus grand de ceux qui ont été explorés jusqu'ici se trouve à l'angle S.-O. du tertre de Koyounjik. Il fut bâti par Sennachérib vers 700 ans av. J.-C., et avait une étendue de près de 100 acres. On a mis au jour environ 60 cours, salles, chambres et passages; quelques salles ont 150 pieds carrés, et un passage a 200 pieds de long; le tout est revêtu de plaques d'albâtre sculpté. Les lions et les taureaux ailés à figure humaine qui se trouvent aux principales entrées ont 20 pieds de haut. M. Layard en a découvert 27 de ce genre. Les édifices assyriens étaient généralement construits sur d'énormes plates-formes revêtues de pierres, auxquelles on montait par de larges degrés. Les palais étaient bâtis surtout de briques séchées au soleil. Les murs avaient environ vingt pieds d'épaisseur, et étaient bordés de plaques d'albâtre sculptées. On se servait aussi, pour la décoration, d'ivoire, de bronze et du cèdre du mont Liban; on y ajoutait l'éclat des dorures et de peintures brillantes. Les Assyriens connaissaient l'arcade. Dans quelques palais, le revêtement de plaques sculptées a près d'un kil. de long. Les sujets favoris de ces sculptures, qui racontent les exploits du prince qui bâtit l'édifice, sont la guerre à l'étranger, et, à l'intérieur, les affaires de l'État. Les sièges, le châtiment des captifs, lequel était poussé aux dernières limites de la cruauté, la réception des tributs et des hommages des vaincus, telles sont les principales scènes des bas-reliefs. Beaucoup de sculptures cependant ont un caractère religieux; quelques-unes sont des scènes de chasse, d'autres des paysages. Au-dessous de chaque scène étaient gravées, en caractères creux remplis de cuivre brillant, des inscriptions explicatives. Des bordures en couleur, d'un dessin savant et élégant, les entouraient.

Parmi les ornements, on remarque surtout l'arbre emblématique, les taureaux ailés et autres animaux monstrueux. On ne peut faire que des hypothèses sur le caractère des parties supérieures de ces édifices; de même pour la manière dont les parties inférieures, qui n'avaient pas de fenêtres, recevaient la lumière. Le palais de Ninive semble avoir été détruit par le feu, lequel ne pouvait endommager les murs incombustibles et massifs des parties basses du premier étage. Celles-ci furent probablement ensevelies avec leurs sculptures par la chute des étages supérieurs, et, avec le temps, les ruines finirent par être complétement cachées par l'accumulation des décombres des villages construits sur elles et par le débris de la végétation entassés pendant plus de deux mille ans. On a trouvé dans ces ruines des vases, des jarres, des bronzes, des bouteilles en verre, des ornements en ivoire sculpté et en nacre, des pierres gravées, des sonnettes, des plats, des boucles d'oreilles, des armes, des outils, généralement de forme élégante et indiquant une connaissance des arts et un goût raffiné. Le plus récent explorateur de Ninive, George Smith, du musée britannique, a été probablement le premier visiteur de ces ruines, capable d'en lire les inscriptions. (Voy. ASSYRIE et CUNÉIFORME.)

NINIVITE s. et adj. De Ninive; qui appartient à cette ville ou à ses habitants.

NINON DE LENCLOS (Ninon ou ANNE DE), femme galante, née à Paris en 1616, morte en 1706; belle, spirituelle et instruite, elle fut courtisée par Richelieu, le grand Condé, La Rochefoucauld, d'Estrées, Gourville, La Châtre, Huyghens et une foule d'autres hommes distingués. M⁰⁰ de Lafayette et M⁰⁰ Scarron (plus tard M⁰⁰ de Maintenon) furent de ses amies. Christine de Suède, étant à Paris, chercha en vain à l'attirer à sa cour. Elle resta, jusque dans un âge avancé, la reine de la mode et de la galanterie. L'un de ses deux fils, le chevalier de la Boissière, se distingua dans la marine. Un autre, qui reçut de son père, le marquis de Gersay, le nom de Villiers, fut élevé dans l'ignorance de son origine. A l'âge de 19 ans, il devint amoureux de Ninon. Lorsque celle-ci lui fit savoir qu'elle était sa mère, il se brûla la cervelle. Après avoir été la conseillère de Molière, Ninon devina le génie de Voltaire et lui légua en mourant 2,000 fr. pour acheter des livres. Les *Lettres de Ninon de Lenclos au marquis de Sévigné* (Paris, 1752, 2 vol. in-12) et la *Correspondance secrète avec M. de Villarceaux et M⁰⁰ de Maintenon* (1789) manquent d'authenticité.

NINOVE, ville de la Flandre orientale (Belgique), sur la Dendre; 6,500 hab. Nombreuses fabriques de fil et de toiles.

NINUS, roi d'Assyrie, mort vers 1918 av. J.-C. La tradition nous apprend qu'il porta ses armes victorieuses en Arménie, en Médie et en Égypte. Il agrandit Ninive et lui donna son nom. Il épousa Sémiramis, qui le fit tuer.

NINYAS, fils de Ninus et de Sémiramis, monta sur le trône d'Assyrie après la mort de sa mère. Il est le héros principal de la tragédie de Voltaire, *Sémiramis*.

NIO, anc. *Ios*, une des Cyclades. On crut y avoir retrouvé, en 1772, le tombeau d'Homère.

NIOBÉ, Myth. Fille de Tantale, roi de Lydie, et d'une nymphe; femme d'Amphion. Elle eut six fils et six filles, et comme elle se vantait d'être supérieure à Latone qui n'avait eu que deux enfants, Apollon et Diane tuèrent tous à progéniture, et Niobé pleura jusqu'à ce qu'elle fût métamorphosée en pierre.

NIOBIQUE adj. Qui contient du niobium.

NIOBIUM s. m. [ni-o-bi-omm]. Métal rare, découvert par Hatchett dans la colombite et nommé colombium en 1801. Rose lui donna le nom de niobium en 1846. Il est d'un blanc jaunâtre ou gris. Symbole, Cl.

NIOLE s. m. Jargon parisien. Chapeau d'occasion.

NIORT (Aller à). Nier.

NIORT, *Pagus Niortensis*, ch.-l. du dép. des Deux-Sèvres, à 414 kil. S.-O. de Paris, sur la Sèvre Niortaise, par 46° 19' 13" lat. N. et 2° 68' 12" long. O.; 22,000 hab. Bibliothèque de 30,000 vol.; musée; nombreuses sociétés savantes; et bains publics. Chaussures, peausseries, chamoiseries; commerce de grains, cuirs, bestiaux, chevaux, mulets. Niort fut pris par les Anglais en 1361. En 1569, les protestants y soutinrent un siège contre l'armée royale. Patrie du général Chabot, de Fontanes, de M⁰⁰ de Maintenon. Niort est célèbre pour ses fleurs: et ses jardins publics doivent être classés parmi les plus beaux de France.

NIORTAIS, AISE s. et adj. De Niort; qui appartient à cette ville ou à ses habitants.

NIPHON. Voy. NIPPON.

NIPISSINGS, l'une des tribus algonquines du Canada, venue avec les Hurons pour trafiquer peu après l'arrivée des premiers colons français. Ils étaient alors sur le lac Nipissings, et très nombreux. Les Iroquois, après avoir détruit les Hurons, forcèrent les Nipissings à prendre la fuite; et ceux-ci se retirèrent jusqu'au lac Alimipegon. Au rétablissement de la paix, ils revinrent vers l'est, et la plupart des survivants rejoignirent finalement la mission iroquoise et algonquine au lac des Deux-Montagnes, où il en existe encore quelques-uns.

* **NIPPE** s. f. Vêtement, meuble, et tout ce qui sert à l'ajustement et à la parure. Son usage le plus ordinaire est au pluriel : *il a de belles nippes, de bonnes nippes.* — IL EN A EU, IL EN A TIRÉ DE BONNES NIPPES, se dit d'un homme qui a tiré beaucoup d'utilité, beaucoup d'avantage de quelque liaison, de quelque commerce, de quelque emploi.

* **NIPPER** v. a. Fournir de nippes : *son père l'a nippé en le mariant.* — Se nipper v. pr. *Il s'est fort bien nippé avant de prendre femme.*

NIPPON ou Niphon, nom improprement donné par les Européens à l'île principale de l'empire japonais. Les Japonais appellent l'ensemble de leur empire Dai Nippon; mais ils n'eurent pas de nom à part pour la grande île avant 1873, époque où, dans une géographie militaire, publiée par le ministère de la guerre, on l'appelle Houdo. Nippon s'étend de 33° 26' à 41° 35' lat. N. Elle est séparée au N. de Yezo, ou Yesso, ou Xeddo, par le détroit de Tsougarou; au S. et au S.-E. de Kiouchiou et de Chikokoss par de petits détroits; et, au S.-O. de la Corée par le détroit de Corée qui a 200 kil. de large. Elle est longue de 1,250 kil. environ, sur une largeur moyenne de 160 kil. Superficie : 14,571 kil. carr.; 23 millions d'hab. Elle se divise en 53 provinces. (Voy. JAPON.)

* **NIQUE** s. f. (all. *nîken*, cligner de l'œil). Signe de mépris ou de moquerie. N'est usité que dans cette locution, FAIRE LA NIQUE, se moquer de quelqu'un, de quelque chose, comme ne s'en souciant point : *faire la nique à quelqu'un.* (Fam.)

NIQUETER v. a. Art vétér. Inciser les muscles abaisseurs de la queue du cheval, de manière qu'elle reste relevée.

NISCO. Jargon. Non. — On dit aussi NIX.

NISIBIS [ni-zi-biss]. (Géogr. anc.) Capitale de la Mygdonie (Mésopotamie), sur le Mygdonius. C'était une ville importante pour le commerce et comme poste militaire. On en parle souvent dans les guerres des Romains contre l'Arménie, la Parthie et la Perse. Depuis la seconde moitié du IV⁰ siècle, elle est restée aux mains des Persans. Ses ruines sont près de Nizibin, dans le vilayet turc de Diarbekir.

NISSA ou Nich (anc. *Naissus*), ancienne ville de la Turquie d'Europe, dans le vilayet de Prisrend; autrefois capitale de la Servie, dont elle fait aujourd'hui partie, à 120 kil. S.-O. de Widdin; on évalue la population à des chiffres variant de 6,000 à 16,000. Ses fortifications, qui commandent les communications militaires entre la Thrace, la Bulgarie et la Servie, en font un point stratégique important.

NISUS. Mythol. Roi de Mégare. Le salut de son royaume était attaché à l'un de ses cheveux blancs; sa fille Scylla ayant coupé secrètement ce cheveu le porta à Minos, qui assiégeait Mégare et dont elle était éprise. Minos, ayant pris la ville, chassa Scylla, à l'amour de laquelle il ne répondait pas. Cette princesse fut métamorphosée en alouette et son père devint épervier.

NISUS, héros troyen, qui suivit Enée en Italie. Son amitié pour Euryale a fourni à Virgile l'un des plus touchants épisodes de son *Enéïde*.

* **NITÉE** s. f. Voy. NICHÉE.

NITESCENCE s. f. [ni-tèss-san-ce] (lat. *nitesco*, je brille). Lueur, clarté.

NITIDATION s. f. (lat. *nitidare*, nettoyer). Action de nettoyer. (Vieux.)

NITIDULE s. f. (dimin. du lat. *nitidus*, brillant). Entom. Genre de coléoptères clavicornes, comprenant une soixantaine d'espèces d'insectes de petite taille, à mandibules se rétrécissant vers le bout et se terminant en pointe échancrée. Les larves sont aplaties, ovoïdes et saupoudrées leur métamorphose dans la terre. La *nitidule colon* (nitidula colon), longue de 4 à 5 millim., noire, à hélitres tachetés de rouille, se trouve sous l'écorce des vieux arbres. La *nitidule cuivreuse* (nitidula ænea), longue de 1 à 2 millim., est d'un vert bronzé, brillant et très ponctué. Elle vit en grand nombre sur les fleurs.

NITIOBRIGES, peuple celtique de la Gallia Aquitanica, entre la Garonne et la Loire, au S.-E. des Bituriges Vivisques. Leur ville principale était *Aginum* (Agen).

NITOCRIS, reine de Babylone, épouse de Nabuchodonosor II, pendant la démence duquel elle gouverna l'État.

* **NITOUCHE** s. f. N'est usité que dans cette locution familière, SAINTE NITOUCHE, par laquelle on désigne une personne qui contrefait la sagesse ou la dévotion, qui affecte des airs d'innocence, de simplicité : *c'est une sainte nitouche.*

NITRANILATE s. m. Chim. Sel produit par la combinaison de l'acide nitranilique avec une base.

NITRANILIQUE adj. Chim. Se dit d'un acide produit par l'action de l'acide nitrique sur l'indigo.

NITRANISIDE s. f. [-zi-]. Chim. Substance produite par l'action de l'acide nitrique sur l'essence d'anis. Formule : C³⁰H¹⁰(AzO⁴)²O¹.

NITRANISIQUE adj. [-zi-]. Chim. Se dit de l'acide produit par l'action de l'acide nitrique sur l'acide anisique.

* **NITRATE** s. m. Chim. Nom générique des sels formés par la combinaison de l'acide nitrique et des bases salifiables : *nitrate d'argent, de chaux, de fer, de cuivre,* etc. On dit aussi *azotate.* — ENCYCL. Quelques nitrates sont des produits naturels, comme les nitrates de

potasse, de soude, de chaux et de magnésie; d'autres sont artificiels, comme les nitrates des métaux. Aucun de ces sels ne possède de réaction acide. Ils se distinguent par leur solubilité dans l'eau; aussi l'acide ne formant de précipité avec aucune base, sa présence, à l'état libre ou en combinaison, ne peut se déterminer que par d'autres méthodes. — *Nitrate de potasse, nitre* ou *salpêtre:* formule K N O³; c'est un sel blanc, dimorphe, anhydre, dont le poids spécifique est 2,07, cristallisant en longs prismes hexagones à sommets dihédraux, appartenant au système rhombique, et aussi en formes rhomboédriques ressemblant au spath calcaire commun. Il se dissout dans 3 parties et demie d'eau à 17° C. et dans un tiers de son poids d'eau bouillante. Il est insoluble dans l'alcool absolu, n'est pas sujet à fondre à l'air, a un goût âcre et mordant et est sans action sur les couleurs végétales. Il entre en fusion sans se décomposer à 356°, et, lorsqu'il est jeté dans des moules, il se solidifie en une masse radiée et fibreuse connue sous le nom de *sel de prunelle*. A la chaleur rouge, il se décompose avec formation de nitrite et dégagement d'oxygène; à une chaleur plus élevée, le nitrite se décompose à son tour, avec dégagement d'oxygène et d'azote et formation d'oxyde et de peroxyde de potasse. Un mélange de salpêtre et de matières carbonisées est explosif lorsqu'il est chauffé fortement; lorsque ce mélange est fait d'une manière intime, on a de la poudre à canon, car le soufre n'en est pas un élément essentiel. (Voy. POUDRE A CANON.) Le salpêtre s'engendre partout où des matières végétales ou animales azotées subissent une décomposition en présence d'une terre calcaire humide contenant de la potasse, à une température ordinaire de plus de 13° C. Il se produit de l'ammoniaque, laquelle se décompose, son azote formant avec l'oxygène de l'acide nitrique qui se combine avec les terres alcallines présentes. Le nitre se forme naturellement sur les murs des celliers et des caves, sous forme d'efflorescence, et à la surface de certains terrains dans les pays chauds, après la saison des pluies. Dans l'Indoustan, il se produit ainsi abondamment et à bon marché; on exploite aussi des couches naturelles de salpêtre en Hongrie, en Égypte, en Espagne et dans d'autres pays chauds. Le salpêtre se fabrique aujourd'hui sur une grande échelle par la double décomposition du nitrate de soude du Chili et du chlorure de potassium de Stassfurt, en Allemagne. On l'emploie dans la fabrication de la poudre à canon et de l'acide nitrique. Il est utile comme fondant oxydant, et est très employé, pour ses propriétés rafraîchissantes, dans les affections inflammatoires, et aussi pour exciter la transpiration et la sécrétion du foie. C'est un antiseptique puissant; on s'en sert pour la conservation des viandes et la préparation des jambons. — 2. *Nitrate de soude* ou *nitrate sodique*, appelé aussi *nitre cubique*, NaNO³; cristallise en rhomboèdres obtus, et a un poids spécifique de 2,26. Il est déliquescent, soluble dans environ deux fois son poids d'eau froide, et a un goût frais et salin. Il entre en fusion à 255° et se décompose à une plus haute température. On le trouve en couches dans les collines de la province de Tarapaca, au Chili, et on l'exporte en grandes quantités pour la fabrication de l'acide nitrique, du salpêtre, de l'iode et comme engrais. Sa tendance à entrer en déliquescence le rend impropre à la fabrication de la poudre à canon. — 3. *Nitrate d'argent*, ou *caustique lunaire*, ou *pierre infernale* (A g N O³); peut se préparer en dissolvant de l'argent pur dans de l'acide nitrique, l'évaporant jusqu'à siccité, et le soumettant à la fusion pour chasser l'acide nitreux et détruire les impuretés; on le fait ensuite dissoudre dans l'eau et on le laisse cristalliser. Ce sel cristallise en carrés

incolores et anhydres; poids spécifique 4,336. A 220° il entre en fusion et peut être coulé en bâtons cristallins appelés *caustique lunaire* et *lapis infernalis (pierre infernale)*, dont on se sert en chirurgie. Une solution de pierre infernale dans l'eau pure reste incolore; mais si des matières organiques sont présentes, en l'exposant à la lumière, la décomposition a lieu avec formation d'un oxyde d'un brun foncé. En raison de cette propriété, on s'en sert en photographie et pour faire de l'encre indélébile à marquer le linge. — Parmi les autres nitrates importants, il y a le nitrate d'ammoniaque, NO³NH⁴, si employé dans la production du gaz hilarant (voy. OXYDE NITREUX); le nitrate de baryum, ou salpêtre de baryte, Ba 2 N O³, d'un grand usage dans les laboratoires de chimie; le nitrate de bismuth, Bi 3 N O³, 5 H² O, qui, lorsqu'il est largement dilué dans l'eau, dépose un sous-nitrate Bi² O³, 2 H N O³, appelé par les anciens écrivains magistère de bismuth; le nitrate de cuivre, Cu³ N O³, 6 H² O; et le protonitrate et le pernitrate de fer. Le mercure forme un plus grand nombre de nitrates qu'aucun autre métal; entre autres le sous-nitrate normal ou nitrate mercurure, et le nitrate mercurique normal, lequel est employé en médecine. — *Nitrates alcooliques* ou *éthers nitriques*. Lorsque l'acide nitrique est chauffé avec de l'alcool, une partie de l'alcool s'oxyde, et l'acide nitrique est réduit en acide nitreux, qui, agissant sur le reste de l'alcool, produit de l'éther nitreux et d'autres corps. Mais si l'on ajoute de l'urée au liquide, elle décompose immédiatement l'acide nitreux et il se produit du nitrate d'éthyle. Les autres radicaux alcooliques peuvent aussi se transformer, sous l'action de l'acide nitrique en présence de l'urée, en éthers nitriques correspondants tels que l'éther nitrique amylique, l'éther nitrique méthylique, etc. (Voy. NITRITES.) — NITRATE D'AMMONIAQUE, nitrate obtenu en traitant le carbonate ammoniacal par l'acide nitrique ou le nitrate de chaux; sert à préparer le protoxyde d'azote. — NITRATE DE BISMUTH, sel de bismuth que l'on prépare en dissolvant le bismuth dans de l'acide nitrique; décomposé par l'eau, il forme un précipité blanc de *sous-nitrate*, dont la composition varie avec la proportion d'eau employée et que l'on nomme aussi *magistère de bismuth*. C'est un antispasmodique et un antidiarrhéique souvent conseillé dans la gastralgie, la gastro-entérite, la diarrhée et la dysenterie : de 50 centigr. à 3 gr.

˙ NITRE s. m. Chim. Nom vulgaire du nitrate, ou azotate de potasse appelé aussi *salpêtre* (Voy. NITRATE). Sel formé par la combinaison de l'acide nitrique et de la potasse jusqu'au point de la saturation. — Poét. Poudre à nitre.

Et le *nitre* irascible, irrité par les feux,
Ébranle au loin les airs, la terre et les cieux,
DELILLE.

NITRÉ, ÉE adj. Qui contient du nitre : *tisane nitrée*.

˙ NITREUX, EUSE adj. Chim. Qui tient du nitre : *gaz nitreux*. — ACIDE NITREUX (Voy. AZOTE). — OXYDE NITREUX (N² O), autrefois appelé protoxyde d'azote ou gaz 'hilarant', composé chimique qui peut se préparer en soumettant du zinc à l'action d'acide nitrique et d'acide sulfurique en proportions égales, diluées dans dix parties d'eau. On l'obtient à l'état pur en décomposant le nitrate d'ammoniaque. L'oxyde nitreux est un gaz transparent, incolore, ayant pour poids spécifique 1,527. A + 7° C., une pression de 50 atmosphères le réduit à l'état de liquide incolore; poids spécifique : 0,9004; point d'ébullition — 89°. L'oxyde nitreux liquide, mêlé au sulfure de carbone et placé dans le vide, a amené, d'après Natterer, un abaissement de température jusqu'à — 100°, le plus grand

degré de froid qu'on ait encore obtenu. Lorsqu'on le respire, il produit un effet exhilarant sur tout le système, et donne souvent lieu à un rire qu'on ne peut maîtriser. Il diminue et détruit la sensation de la douleur (voy. ANESTHÉSIQUES), et si l'on continue à l'administrer, il produit l'insensibilité et l'inconscience. On l'emploie pour l'extraction des dents et quelquefois dans les opérations chirurgicales.

˙ NITRIÈRE s. f. Lieu où se forme le nitre, et d'où on le tire : *nitrières naturelles*.

˙ NITRIFICATION s. f. Opération naturelle par laquelle il se forme des nitrates ou du nitre.

NITRIFIER (Se) v. pr. Se couvrir de nitre : *les pierres tendres et poreuses se nitrifient d'autant plus facilement qu'elles sont plus perméables aux matières animales 'et à l'air*.

NITRIODIQUE adj. Chim. Se dit d'un acide formé par la combinaison de l'acide nitrique et de l'acide iodique. On dit aussi AZOTIODIQUE.

˙ NITRIQUE adj. Chim. Qui a rapport au nitre. ACIDE NITRIQUE, acide composé de deux parties d'azote et de cinq d'oxygène, que l'on appelle aussi ACIDE AZOTIQUE, et communément EAU FORTE. — ENCYCL. L'acide nitrique, aussi nommé nitrate hydrique, est le plus important composé d'oxygène et d'azote, formé par l'union de l'anhydride nitrique ou acide nitrique anhydre (voy. AZOTE) et de l'eau. On l'appelait autrefois aqua fortis, eau forte, et il fut connu des alchimistes; mais c'est Cavendish qui le premier en détermina la composition en 1785. Sa formule est HNO³. L'acide nitrique pour les usages chimiques s'obtient d'un des nitrates alcalins. Lorsque le nitrate de potasse est chauffé dans une cornue avec de l'acide sulfurique fort (H² SO⁴), une double décomposition se produit; il se forme du bisulfate de potasse (sulfate de potasse hydrique) et de l'acide nitrique, comme le montre l'équation suivante : K N O³ + H ² S O⁴ = H N O ³ + K H S O⁴. Le bisulfate reste dans la cornue, tandis que l'acide nitrique se distille et peut être recueilli dans un récipient. Dans la fabrication en grand, on emploie de grandes cornues cylindriques en fer, garnies d'argile réfractaire au-dessus du niveau de la masse du liquide, et placées horizontalement; pour condenser le produit de la distillation, on se sert d'une série de grandes bouteilles de Woulf, en terre, contenant de l'eau. D'ordinaire, on emploie le nitrate de soude au lieu du nitrate de potasse, parce qu'il est moins cher; on se sert aussi le plus souvent d'acide sulfurique; mais celui-ci produit un sulfate normal, au lieu du bisulfate. L'acide nitrique pur est un liquide très corrosif, incolore, fumant, limpide, ayant un poids spécifique de 1,53 à 15° et de 1,559 à 0°, gelant à — 40 C. et bouillant à + 86°. Le point d'ébullition s'élève, par suite de la décomposition, jusqu'à ce que la chaleur atteigne 120°, auquel point la distillation se fait. L'acide ordinaire contient une plus grande proportion d'eau, la composition étant 2 HNO³, 3H²O; mais il semble être un hydrate d'une grande stabilité, car il a 4,424 pour poids spécifique. L'acide nitrique du commerce est généralement coloré de matières étrangères, telles qu'acide sulfurique, chlore, oxyde de fer, que l'on découvre aisément par les méthodes ordinaires. Il contient souvent plus de 50 p. 100 d'eau. Par suite de sa disposition à se séparer de l'oxygène, l'acide nitrique s'emploie beaucoup comme agent d'oxydation. Si l'on jette de l'acide concentré sur du charbon de bois chaud en poudre, la combustion se produira. Si on le mêle à de l'huile de vitriol et qu'on le répande sur de l'huile de térébenthine, celle-ci jaillira en flamme. Il agit avec une grande énergie sur les métaux plus oxydables; l'or, le platine, le rhodium et l'iridium résistent seuls à son pouvoir oxydant. C'est quand son poids spécifique est entre 1.35 et 1.25 que son action est le plus énergique, et la présence de l'acide nitreux accroît son pouvoir. Il sert surtout à la fabrication des nitrates métalliques et de l'acide sulfurique. (Voy. ACIDE SULFURIQUE.)

NITRITE s. m. Chim. Sel produit par la combinaison de l'acide nitreux avec une base. Formule générale M N O². Les principaux sels métalliques sont ceux de potassium, de sodium, de baryum, d'ammonium, de cuivre, de plomb et de nickel. On les prépare d'ordinaire en réduisant les nitrates. Les principaux nitrites alcooliques sont ceux d'amyle, d'éthyle, de méthyle et de butyle. Le nitrite d'amyle (C⁵H¹¹NO²) est un liquide inflammable, d'une odeur de poire, d'une couleur jaune rougeâtre, et d'un poids spécifique de 0.877. Il bout à 91° C. Respiré, c'est un puissant stimulant du cœur; l'excitation qu'il produit est suivie d'une grande diminution dans l'énergie de cet organe, de la contraction des vaisseaux externes, et d'une suspension de la respiration; mais on peut mesurer les effets de manière à éviter la mort, et le résultat est alors un état pareil à la catalepsie. Le nitrite d'éthyle, ou éther nitreux (C²H⁵NO²), est un liquide jaunâtre, qui sent la pomme, médiocrement soluble dans l'eau, mais très soluble dans l'alcool en toutes proportions. Il bout à + 16° C.; poids spécifique 0.947. L'esprit de nitre doux de la pharmacie est une solution d'éther nitreux, d'aldéhyde et de plusieurs autres substances préparées en distillant 3 parties d'alcool avec 4 parties d'acide nitrique. Le nitrite de méthyle (CH³NO²), poids spécifique: 0.991; bout à 12° C. Son odeur ressemble à celle de l'éther nitreux. — NITRITE D'AMYLE, liquide très volatil préparé par l'action de l'acide nitreux sur l'alcool d'amyle. Quand on respire, l'inhalation de la vapeur du nitrite d'amyle produit un remarquable relâchement des vaisseaux sanguins; on y a recours dans plusieurs affections asthmatiques.

NITROBENZINE s. f. Combinaison d'acide nitrique et de benzine. La transformation de la benzine en nitrobenzine s'accomplit en dissolvant la benzine dans de l'acide nitrique et en mêlant avec de l'eau le liquide clair obtenu par cette dissolution; la nitrobenzine se précipite comme un liquide jaune et épais. Mise en contact avec l'hydrogène à l'état naissant, elle produit l'aniline. Sa formule est C¹²H⁵(Az O⁴) AzO⁵.

NITROCODÉINE s. f. Chim. Substance obtenue en traitant la codéine par l'acide azotique étendu: C³⁶H¹⁹(Az O⁴) Az O⁵.

NITROGÈNE s. m. (franç. nitre; gr. gennaô, je produis). (Voy. AZOTE.) Adjectif: gaz nitrogène.

NITROGLYCÉRINE s. f. Huile jaunâtre, corrosive, extrêmement vénéneuse et douée d'une force explosive prodigieuse, que l'on obtient en faisant réagir l'acide nitrique sur la glycérine. — La nitroglycérine, appelée aussi huile fulminante, nitroleum, trinitrine, nitrate de glycéryl et glonoine, est sans aucun doute la matière explosive la plus importante après la poudre à canon. Elle fut découverte en 1847 par Sombrero, étudiant à Paris. Elle se forme en traitant la glycérine par les acides sulfurique et nitrique concentrés. Son application pratique ne commença qu'en 1864, époque où Alfred Nobel, Suédois établi à Hambourg, la manufactura sur une grande échelle. C'est un liquide clair, huileux, sans couleur, sans odeur et légèrement doux; elle est plus lourde que l'eau qui ne peut la dissoudre, mais elle est soluble dans l'éther et dans l'alcool de méthyle; elle cristallise

en longues aiguilles, de 4° à 11° C. A 15° C., elle devient un peu épaisse; si on l'expose longtemps à 2° C., elle se solidifie. Elle détonne en plein air, sous l'action d'un coup violent ou d'un choc; elle s'enflamme avec difficulté quand on la répand en nappe clairsemée et elle brûle même alors incomplètement sans produire d'explosion. On peut l'évaporer à 100° C., si on évite l'ébullition; mais amenée à l'ébullition ou à la température de 180° C., elle fait explosion. Lorsqu'elle est renfermée ou gelée et disposée de façon à permettre la transmission instantanée d'un choc à travers sa masse, il suffit d'un très léger coup pour lui faire faire explosion. Quand elle est mal préparée ou mal conservée, elle est sujette à décomposition et elle développe des gaz qui exercent une pression sur son récipient et créent une périlleuse sensibilité aux chocs extérieurs. La formule récente est C³ H³ N² O⁹, ou C³H¹₅(O³; c'est donc de la glycérine, C³H⁵¹)O³, dans laquelle trois atomes de H ont été remplacés par 3 atomes de NO². D'après L'HÔTE, l'oxygène est uni avec une partie de l'azote comme protoxyde. La chaleur émise par la combustion est évaluée à deux fois celle de la poudre; ainsi, tandis qu'un volume de cette dernière abandonne en pratique 200 volumes de gaz froids, dilatés par la chaleur à 800 volumes, un poids égal de nitroglycérine contient 1,298 volumes de gaz, dilatés à 10,384 volumes et donnant 13 fois la force de la poudre. Mais l'explosion a lieu bien plus soudainement que celle de la poudre à canon. La promptitude avec laquelle se développe la force explosive de la nitroglycérine la rend dangereuse pour l'artillerie, mais lui donne de grands avantages dans l'explosion des mines, particulièrement dans celle des mines sous-marines. — La dynamite est un silex finement pulvérisé, ou des cendres siliceuses, ou des terres calcaires (le plus souvent ces dernières) saturées avec environ trois fois leur poids de nitroglycérine. La dualline est une autre poudre de nitroglycérine, contenant, suivant une formule, 50 parties de nitroglycérine, 30 de sciure de bois très fine et 20 de nitre.

NITROMÈTRE s. m. (fr. nitre; gr. metron, mesure). Instrument qui sert à essayer les salpêtres du commerce.

NITROMURIATE s. m. Chim. Sel produit par la combinaison de l'acide nitromuriatique avec une base.

NITROMURIATIQUE adj. Se dit d'un acide provenant de la combinaison d'acide nitrique et d'acide hydrochlorique. C'est l'aqua regia, eau régale des alchimistes, parce qu'il possède la propriété de dissoudre « le roi des métaux », l'or. Le platine et l'or sont l'un et l'autre insolubles dans chacun de ces acides pris séparément; mais le mélange les attaque promptement, et forme avec eux des chlorures.

NITRURE s. m. Chim. Combinaison d'azote avec un corps simple. (Voy. AZOTURE.)

NIVE (La), rivière qui naît en Espagne et se jette dans l'Adour à sa sortie de Bayonne, après avoir baigné Saint-Jean-Pied-de-Port et avoir traversé la gorge pittoresque du Pas-de-Roland. Cours 65 kil., dont 22 navigables.

NIVÉAL, ALE adj. (lat. nix, neige). Bot. Qui naît à la neige: plante, fleur nivéale.

NIVEAU s. m. [ni-vô] (lat. libella; dimin. de libra, balance). Instrument par le moyen duquel on connaît si un plan, un terrain est horizontal, et l'on détermine de combien un point de la surface de la terre est plus haut ou plus bas qu'un autre: dresser au niveau, avec le niveau. — NIVEAU A PERPENDICULE, appelé aussi niveau de maçon ou niveau de charpentier, instrument composé d'un triangle, dont un sommet porte un fil à plomb;

ou de deux règles assemblées à angle droit, dont le sommet porte un fil à plomb. Ce niveau sert à vérifier l'horizontalité d'une ligne ou d'une surface. Le fil à plomb tombe sur une ligne tracée d'avance lorsque celle que l'on vérifie est horizontale. — NIVEAU D'EAU, instrument composé d'un tube cylindrique de fer-blanc ou de laiton, recourbé aux deux bouts, long de 1 m. 30 et aux extrémités duquel on ajuste deux fioles de verre dans lesquelles l'eau, s'élevant à la même hauteur horizontale, permet de mener un rayon visuel horizontal. — NIVEAU A BULLE D'AIR, niveau composé d'un tube de verre légèrement bombé, contenant un liquide très fluide qui ne le remplit pas entièrement. Le reste de la capacité est occupé par l'air ou par la vapeur du liquide: c'est la bulle d'air qui gagne le milieu du tube et se fixe entre deux repères tracés sur le milieu du tube de verre, lorsque le plan vérifié est horizontal. — NIVEAU A LUNETTE, instrument composé d'une lunette et d'un niveau à air qui sert à mettre l'axe de la lunette dans un plan horizontal. — NIVEAU A ÉQUERRE, instrument servant en même temps, de niveau, d'équerre et de règle à jambes. — NIVEAU DE PENTE, appareil semblable au niveau à perpendicule, mais dans lequel la règle inférieure est remplacée par un arc de cercle gradué dans les deux sens à partir de la verticale, de façon que l'on connaît la pente de la ligne vérifiée, en observant la division de l'arc sur laquelle tombe le fil à plomb. — NIVEAU DES CANONNIERS, niveau à pente, composé d'une plaque triangulaire, au bas de laquelle se trouve un arc de cercle divisé. — État d'un plan horizontal, ou de plusieurs points qui sont dans le même plan horizontal: prendre le niveau d'un terrain. — NIVEAU DE PENTE, surface d'un terrain qui a une pente réglée par le niveau. — De niveau, au niveau loc. adv. ou prép. Selon le niveau. On le dit des choses dont la surface est unie, égale, horizontale: mettre de niveau; la cour n'est pas au niveau du jardin. — De niveau, au niveau Fig. De pair, à la même hauteur: il est au niveau des grands écrivains; ou de niveau avec les grands écrivains.

La noble République, où le ciel nous convie
N'abaisse pas la gloire au niveau de l'envie.
　　POINSARD. Charlotte Corday, acte I, sc. 1.

— A SON NIVEAU, A LEUR NIVEAU, A VOTRE NIVEAU, etc., de pair avec lui, avec eux, avec vous, etc.: je me sens m'élever à son niveau.

NIVELER v. a. Mesurer avec le niveau, au niveau: niveler une avenue, une allée. — Rendre un plan uni et horizontal: on a bien nivelé le terrain de cette place, le pavé de cette rue. — Fig. Rendre égal: cette révolution tendait à niveler les fortunes, les conditions, les rangs. — Se niveler v. pr. Devenir de niveau: ce champ s'est nivelé.

NIVELETTE s. f. Jalon portant une plaque d'une ou de deux couleurs et dont on fait usage pour régler la pente d'une chaussée entre des points rapprochés. La nivelette sert dans la pose d'une voie de fer. Les paveurs en font aussi un fréquent usage.

NIVELEUR s. m. Celui qui nivelle, qui fait profession de niveler. — Fig. Se dit de ceux qui veulent niveler les fortunes, les conditions: le parti des niveleurs. Dans l'histoire d'Angleterre, on désigne particulièrement sous le nom de niveleurs, les membres les plus exaltés de la secte des indépendants.

NIVELLE (La), rivière de France (Basses-Pyrénées); se jette dans la mer à Saint-Jean-de-Luz, après un cours de 45 kil.

NIVELLE (Jean DE MONTMORENCY, sire de), fils aîné de Jean II de Montmorency, né en 1423, mort en 1477. Il quitta le parti de Louis XI pour s'attacher au duc de Bourgogne, Charles le Téméraire. Devenu chambellan de ce dernier, il refusa de rentrer dans le devoir, c'est-à-dire de se soumettre aux ordres du roi de France. Son père le déshérita et lui donna l'épithète injurieuse de *chien*, et comme il refusa encore de rentrer à la cour lorsque le roi lui-même l'y invita, le peuple dans son langage proverbial, introduisit ce dicton : *C'est comme le chien de Jean de Nivelle; il fuit quand on l'appelle.* Retiré en Flandre, Jean devint la tige de la famille des Montmorency-Nivelle.

NIVELLE (Sébastien), célèbre imprimeur-libraire de Paris au XVIᵉ siècle, a publié un précieux *Droit civil* (1576, 5 vol. in-fol.).

* NIVELLEMENT s. m. Action de mesurer avec le niveau : *travailler au nivellement d'un aqueduc.* — Action de rendre un plan uni et horizontal : *on travaille au nivellement de ce terrain, qui est fort inégal.* — Fig. Action de rendre égal, état des choses qu'on a rendues égales : *le nivellement des fortunes.*

NIVELLES ou **Nivelle** (flam., *Nyvel*), ville de Belgique (Brabant), sur la Thinne à 25 kil. S. de Bruxelles; 9,000 hab. environ. La ville s'est formée autour d'une abbaye de bénédictines fondée en 645, dont l'abbesse était, jusqu'à la Révolution française, princesse de l'Empire, et nommait les magistrats de la cité qui, au XVᵉ siècle, comptait 30,000 hab. Les Français, commandés par Marceau, y défirent les Autrichiens en 1794. Dentelles, serges, siamoises, étoffes de laines, chapeaux, etc.

NIVÉOLE s. f. (lat. *niveus*, de neige). Genre d'amaryllidées, comprenant des plantes bulbeuses à feuilles linéaires, à fleurs réunies au sommet d'une hampe anguleuse, et accompagnées d'une spathe monophylle. La *nivéole printanière* (*leucoium vernum*), haute de 15 centim., porte à l'extrémité de sa hampe, une seule fleur un peu penchée, suave, blanche, avec une tache verdâtre sur chacune de ses divisions. On la rencontre dans les bois et les prés humides de la France, où elle fleurit aussitôt après la fonte des neiges. La *nivéole d'été* (*leucoium æstivum*), haute de 50 centim., porte, à l'extrémité de chaque hampe, 3 ou 6 fleurs blanches, odorantes, en ombelle; elle fleurit en avril et mai à peu près dans les mêmes régions que la précédente. La *nivéole d'automne* (*leucoium automnale*) du midi de la France, porte en octobre des fleurs penchées, blanches, marquées de rouge et réunies par deux ou trois. On cultive comme plante d'ornement la *nivéole rose*, originaire de la Corse et portant une seule fleur rose.

NIVERNAIS, AISE s. et adj. De Nevers ou du Nivernais; qui appartient à cette ville, à cette province ou à leurs habitants.

NIVERNAIS, ancienne province de la France centrale, située entre l'Orléanais et l'Auxerrois au N., la Bourgogne à l'E., le Bourbonnais au S., le Berry à l'O. et formant aujourd'hui le dép. de la Nièvre. Sa capitale était Nevers. Le Nivernais se divisait en 8 petits pays : les *Vaux de Nevers*, ville princ. Nevers; le *Bazois*, ville princ. Saint-Saulger; les *Vallées de Montenoison*; ville princ. Premery; les *Vallées de l'Yonne*; ville princ. Clamecy; le *Morvan*, ville princ. Château-Chinon; le *Pays d'entre Loire et Allier*, ville princ. Saint-Pierre-le-Moutier; le *Donziois*, cap. Donzy; les *Amognes*. — Le Nivernais fut habité primitivement par les Ambivarètes ou Vadicasses; il fit partie de la Lyonnaise 1ʳᵉ, du royaume de Bourgogne et du royaume d'Aquitaine; il eut ses comtes particuliers au IXᵉ siècle, et passa dans la maison de Bourgogne. Marguerite de Flandre l'apporta à Philippe le Hardi (1384). Il fut érigé en duché-pairie en 1538, passa par mariage dans la maison de Gonzague (1562) et fut acquis en 1569 par le cardinal

Mazarin, qui le donna à son neveu, Jules-Philippe Mancini, dont le petit-fils, Louis-Jules Barbon-Mancini-Mazarini, duc de Nivernais, fut dépossédé en 1789.

NIVERNAIS ou **Nivernois** (Louis-Jules Barbon-Mancini-Mazarini, *duc de*), né à Paris en 1716, mort en 1798. Il fut tour à tour militaire, diplomate et conseiller de Louis XVI. Il remplaça Massillon à l'Académie française. Ses *Œuvres complètes* (Paris, 1796, 8 vol. in-8°), et ses *Œuvres posthumes* (1807, 2 vol. in-8°) contiennent des fables, des traductions en vers, des imitations, etc.

NIVEROLLE s. f. (lat. *nix, nivis*, neige). Ornith. Nom vulgaire du *bruant des neiges.* — Genre de fringilles dont l'espèce principale, la *niverolle commune* (*junco hyemalis*,

Niverolle commune (Junco hyemalis).

Sclater) se trouve aux Etats-Unis, et vit en petites familles qui visitent les fermes et se retirent en hiver dans des trous près des poulaillers.

* NIVET s. m. Bénéfice illicite et caché qu'un agent, un mandataire obtient sur un marché qu'il fait pour autrui. (Pop.)

NIVIFORME adj. (lat. *nix, nivis*, neige; fr. *forme*). Qui a la forme de la neige.

NIVILLERS, ch.-l. de cant., arr. et à 8 kil. N.-E. de Beauvais (Oise); 300 hab.

* NIVÔSE s. m. (lat. *nix, nivis*, neige). Quatrième mois du calendrier républicain, qui commençait, suivant les années, le 21 ou le 22 décembre.

NIZAM s. m. [ni-zamm]. Titre porté, sous l'empire mogol, par le gouverneur du Deccan.

NIZAM ou **Domaines du Nizam**. Voy. Hyderabad.

NIZHNI-NOVGOROD [nij'-ni nov'-go-rodd], ou **Bas Novgorod**. I, gouvernement de la Russie (aussi appelé Nizhegorod); 51,272 kil. carr.; 4,274,564 hab., y compris 400,000 Tartares environ. Le principal cours d'eau est le Volga. Le pays est généralement plat et fertile, excepté le nord-est, qui est boisé. Il produit quantité de grains, de chanvre, de lin, de fruits et de bois de charpente. On y trouve du fer et du gypse. Fabriques de draps grossiers, de cuirs et de savons. — II, ville, capitale du gouvernement, sur le Volga, à son confluent avec l'Oka, à 400 kil. de Moscou; 44,190 hab. Elle est presque en entier bâtie sur un promontoire élevé ou ravin escarpé, à l'extrémité duquel se trouve la citadelle. La ville est célèbre pour ses trois foires annuelles. (Voy. Foire.)

NIZONNE (La), rivière de France qui naît dans la Dordogne et afflue à la Dronne après un cours de 62 kil. Elle fait mouvoir de nombreuses usines.

NOACHIDE s. [-ki-]. Descendant de Noé.

NOAILLES, ch.-l. de cant., arr. et à 16 kil. S.-E. de Beauvais (Oise); 1,200 hab. Commerce de chanvre et de bestiaux.

NOAILLES, comm. de l'arr. et à 7 kil. S. de Brives (Corrèze); 700 hab. Jadis ch.-l. d'un duché-pairie; berceau de la famille de ce nom.

NOAILLES, famille française, qui tire son nom d'un village du département de la Corrèze. En voici les membres les plus marquants. — I. (Antoine de), né en 1504, mort en 1562. Il devint grand amiral en 1547, et fut trois ans ambassadeur à Londres, où son frère François (1519-'85) le remplaça. Les *Négociations en Angleterre*, ouvrage qu'ils écrivirent en commun, fut publié en 1763 (3 vol.). — II. (François de), frère du précédent, (1519-'85), entra dans les ordres et se distingua comme diplomate. Il fut successivement ambassadeur à Venise, à Londres, à Rome et à Constantinople. — III. (Louis-Antoine de), né en 1651, mort en 1729. Il devint archevêque de Paris en 1695 et cardinal en 1700. Il tenta d'amener la conciliation entre Bossuet et Fénelon dans la querelle du quiétisme, mais prit à la fin parti contre ce dernier. Il se montra d'une charité inépuisable envers les pauvres, rebâtit l'archevêché de Paris (auj. détruit) et embellit Notre-Dame. — IV. (Anne-Jules, duc de), frère du précédent, né à Paris en 1650, mort à Versailles en 1708. Il servit comme officier, et la Hollande, fut gouverneur du Languedoc, et se montra très indulgent vis-à-vis des calvinistes persécutés. — V. (Adrien-Maurice, duc de), fils du précédent, né à Paris en 1678, mort dans la même ville en 1766. Il épousa une nièce de Mᵐᵉ de Maintenon, et servit longtemps en Espagne. Comme président du conseil des finances, il inaugura de grandes réformes; mais il perdit sa charge pour s'être opposé aux plans de John Law, et le cardinal Dubois la fit exclure du conseil de régence de dernier. Il rentra dans l'armée en 1733, s'empara de Worms et gagna le grade de maréchal au siège de Philippsbourg (1734). Il fut battu à Dettingen en 1743 par George II d'Angleterre. Il fut ensuite ambassadeur en Espagne et membre du cabinet. Il a laissé des *Mémoires* (1777, 6 vol.). — VI. (Louis-Marie, vicomte de), petit-fils du précédent, né à Paris en 1756, mort le 9 janv. 1804. Il était fils de Philippe de Noailles (1715-'94), qui devint maréchal sous le titre de duc de Mouchy. Il combattit vaillamment pendant la guerre de l'indépendance, en Amérique, et, en 1789, proposa l'abandon par la noblesse de tous ses privilèges féodaux. Lorsque le roi fut emprisonné, il se retira en Angleterre; mais revint en France après le 18 brumaire, fut nommé général de brigade à Saint-Domingue, et reçut une blessure mortelle en s'emparant d'un navire anglais près de la Hogue.

* NOBILIAIRE s. m. (lat. *nobilis*, noble). Catalogue détaillé des familles nobles d'un pays : *on trouve la généalogie de cette maison dans le nobiliaire de la province.*

* NOBILIAIRE adj. Qui appartient à la noblesse. On l'emploie souvent par une sorte de dénigrement : *la caste nobiliaire.* — La particule nobiliaire, la préposition qui précède le nom d'un noble : *De est, en France, la particule nobiliaire.*

* NOBILISSIME adj. Antiq. Titre d'honneur accordé, dans le Bas-Empire, aux césars et à leurs femmes. — s. m. Nom d'une dignité créée par Constantin, laquelle donnait le droit de porter la pourpre : *le nobilissime était inférieur au césar, il avait le pas sur le patrice.* — Se disait aussi, dans le cours des études théologiques en Sorbonne, de celui qui était le premier de la licence ou du cours, non par sa science, mais par sa naissance.

NOBILI (Leopoldo), physicien italien, né en 1784, mort en 1835. Il est l'auteur de plusieurs mémoires sur l'électricité et inventa une pile thermo-électrique en 1834.

NOBILING (Karl-Edouard), socialiste allemand, né le 10 avril 1848 à Kollno, mort le 10 sept. 1878. Il se fit recevoir docteur en médecine, et devint l'agent des socialistes saxons. Il était professeur de philologie à Berlin lorsque le 2 juin 1878, il attenta à la vie de l'empereur d'Allemagne, Guillaume Ier, qu'il blessa de 30 chevrotines. Au moment de son arrestation, il tourna son arme contre lui-même et mourut de ses blessures.

NOBILITÉ s. f. Noblesse. — Corps des n'oblee. — Fig. Pompe, éclat, grandeur.

NOBLAILLE s. f. [ll mll.]. Petite noblesse et, par dénigr., noblesse ahâtardie.

NOBLAILLON, ONNE s. [ll mll.]. Par dénigr. Petit noble.

* **NOBLE** adj. (lat. nobilis). Qui, par droit de naissance ou par lettres du prince, fait partie d'une classe distinguée dans l'État : il est noble par sa naissance. noble de naissance, noble d'extraction. — ÊTRE NOBLE COMME LE ROI, être d'une extraction fort noble, que personne ne conteste. — IL EST FOU, OU LE ROI N'EST PAS NOBLE, il est fou incontestable. — Jurispr. féod. BIENS NOBLES, les biens qui étaient tenus en fief. — NOBLE HOMME, qualité que prenaient quelquefois, non seulement ceux qui étaient nobles, mais aussi quelques bourgeois, dans les actes qu'ils passaient. — Fig. Qui a ou qui annonce de la grandeur, de l'élévation, de la supériorité : une âme noble et généreuse. — Physiol. LES PARTIES NOBLES, le cœur, le foie, le cerveau, etc. — Noble s. Homme qui jouit d'un titre de noblesse ou qui jouit des privilèges de la noblesse : petit noble de campagne ; les anciens nobles.

Les bourgeois ont chassé les nobles et les rois.
PONSARD. Charlotte Corday, acte IV, sc. II.

— Celui qui était noble par lettres, et non de race. Ainsi l'on disait : tout 'gentilhomme est noble, mais tout noble n'est pas gentilhomme. — Ce qui est grand, élevé : son goût était pour le grand et pour le noble.

* **NOBLEMENT** adv. D'une manière noble, avec noblesse : il fait les choses noblement, très noblement. — VIVRE NOBLEMENT, signifiait autrefois, vivre sur sa terre, ou à la ville, sans exercer aucune profession, ou sans en avoir d'autre que celle des armes : ses ancêtres n'ont jamais dérogé, ils ont toujours vécu noblement. — Jurispr. féod. TENIR NOBLEMENT UNE TERRE, la tenir en fief.

* **NOBLESSE** s. f. Qualité par laquelle un homme est noble : noblesse d'épée, de robe, noblesse personnelle. — NOBLESSE D'EXTRACTION, celle dont l'origine est inconnue. — NOBLESSE DE LA CLOCHE, celle qui venait de mairie ou d'échevinage. (Voy. CLOCHE.) — Particul. ANCIENNE NOBLESSE, celle qui existait avant la Révolution de 1789 ; et, NOUVELLE NOBLESSE, celle qui a été créée depuis. — SOUTENIR SA NOBLESSE, faire une dépense convenable à la noblesse de sa naissance. Cette locution a vieilli. — NOBLESSE VIENT DE VERTU, un homme n'est proprement au-dessus d'un autre que par la vertu et par le mérite. — NOBLESSE OBLIGE, quiconque prétend être noble doit se conduire noblement. — Coll. Tout le corps des hommes qualifiés nobles, ou partie de ce corps : les trois états du royaume étaient le clergé, la noblesse et le tiers état. — HAUTE NOBLESSE, la partie de la noblesse qui a le plus d'ancienneté ou d'illustration ; par opposition à PETITE NOBLESSE, celle qui en a le moins : dans cette ville, la haute et la petite noblesse sont divisées d'opinion et ne se fréquentent pas. — ASSEMBLÉE DE NOBLESSE, assemblée particulière de gentilshommes : il se fit une assemblée de noblesse. — Fig. Grandeur, élévation, dignité : noblesse d'âme, de sentiments, d'âme. — Peint. et Sculpt. Caractère élevé de la composition, des airs de tête, des formes, et généralement du système d'imitation : ce peintre a de la noblesse dans ses compositions. — Législ. « Nous n'avons pas à démêler ici les origines souvent confuses et

très peu relevées de la noblesse en France, mais à résumer seulement en quelques mots la législation qui la concerne. La noblesse, obtenue soit par hérédité, soit par la faveur du roi, soit par l'occupation de l'une des charges qui la conféraient, procurait à ses titulaires de nombreux privilèges. Les nobles étaient exemptés des tailles personnelles, des aides, subsides et autres impositions, et ils étaient dispensés des corvées et des servitudes, tandis que les vilains, manants, ou roturiers étaient taillables et corvéables à merci. La plupart des fonctions publiques, des bénéfices et dignités ecclésiastiques étaient réservés aux nobles ; il fallait, pour être officier dans l'armée française, justifier de quatre quartiers ou générations de noblesse (édit. 22 mai 1781). Les nobles avaient seuls le droit de porter l'épée et de se livrer à la chasse. S'ils étaient condamnés à mort, ils étaient décollés, c'est-à-dire décapités et non pendus, sauf en cas de trahison ou de parjure. L'Assemblée nationale, par un décret du 19 juin 1790, abolit la noblesse et défendit à tous de porter ou de donner à qui que ce fut les titres de prince, de duc, de marquis, de comte, de vicomte, de vidame, de baron, de chevalier, d'écuyer, de noble et tous autres titres semblables. Napoléon Ier créa, comme un accompagnement nécessaire de sa dynastie, une nouvelle noblesse que la charte de 1814 (art. 71) conserva en même temps qu'elle rétablissait les anciens titres, et qu'elle attribuait au roi le pouvoir de faire des nobles à volonté. La loi du 12 mai 1835 qui abolit les majorats (voy. ce mot) laissa subsister les titres de noblesse, et ces titres ne furent abolis de nouveau que par un décret du gouvernement provisoire du 29 février 1848. Ce décret a été abrogé par un décret-loi du 24 janvier 1852, et le second Empire ne se contenta pas de créer une troisième noblesse ajoutée aux deux précédentes ; il s'attacha à relever la valeur des titres anciens ou nouveaux en empêchant les usurpations que la vanité a toujours rendues si fréquentes. Dans ce but, on rétablit les défenses que le premier Empire avait lui-même copiées sur celles contenues dans les anciennes ordonnances de janvier 1560 (art. 110), de mai 1579 (art. 257), de mars 1583 (art. 1er), etc. En conséquence, la loi du 28 mai 1858, faisant revivre en la modifiant une disposition de l'article 259 du Code pénal que la loi du 28 avril 1832 avait effacée, déclare passibles d'une amende de 500 à 10,000 fr. quiconque s'arroge sans droit, et en vue de s'attribuer une distinction honorifique, soit pris un titre, soit changé, altéré ou modifié le nom que lui assignent les actes de l'état civil. Il est en outre interdit à tout Français, par décret du 5 mars 1859, de porter en France un titre conféré par un souverain étranger, sans y avoir été autorisé par décret, et sans avoir acquitté les droits de sceau fixés pour la collation en France du titre correspondant. La législation actuellement en vigueur laisse donc subsister les titres de noblesse, sans attribuer à aucune autorité le droit d'en créer, en attendant que ces distinctions héréditaires, si peu compatibles avec les institutions républicaines, soient définitivement supprimées et interdites ». (CH. Y.)

NOBOUNAGA, guerrier et législateur japonais, né en 1533, mort en 1582. Son nom de famille était Ota. Son père lui laissa de grandes propriétés terriennes, et ses talents lui donnèrent bientôt la prééminence parmi tous les autres chefs, à une époque de guerre civile. Vers 1573, il déposa le shogoun, et gouverna le Japon sous le nom du mikado. Ennemi des prêtres bouddhistes, Nabounaga encouragea les jésuites, en se servant d'eux pour contre-balancer les bonzes indigènes, tout en les détestant également. En 1571, il détruisit le monastère fortifié de Hiyeizan, près de

Kioto, brûlant les temples et égorgeant tous les bonzes et des milliers de fidèles. Le bouddhisme japonais ne s'est jamais relevé de cette persécution. En 1582, un de ses ennemis attaqua le temple de Honnoji, dont il faisait sa résidence. Nabounaga, blessé, mit le feu à l'édifice et se tua de sa propre main.

NOC s. m. Petit tuyau placé sous une route pour conduire les eaux d'un côté à l'autre côté.

* **NOCE** s. f. (lat. nuptiæ). Mariage. En ce sens, il ne se dit qu'au pluriel : il épousa une telle en premières noces ; convoler en secondes noces. — Festin, danse et autres réjouissances qui accompagnent le mariage. En ce sens, se dit au singulier aussi bien qu'au pluriel : les noces de tel prince ; une noce de village. — C'EST UN DES GARÇONS DE LA NOCE. QUI EST-CE QUI FERA LA NOCE ? qui fera la dépense du festin ? Dans ces dernières phrases, NOCE ne se dit qu'au singulier. — Toute l'assemblée, toute la compagnie qui s'est trouvée à la noce : après le dîner, toute la noce est allée à l'Opéra. — IL NE FUT JAMAIS, IL N'A JAMAIS ÉTÉ A TELLES NOCES, A PAREILLES NOCES, il n'a jamais reçu un pareil traitement (cela ne se dit guère qu'en mauvaise part) ; ou il n'a jamais couru un pareil danger. — N'ÊTRE PAS A LA NOCE, être dans une situation pénible, inquiétante. — IL Y VA COMME AUX NOCES, COMME A DES NOCES, COMME A LA NOCE, se dit d'un homme de guerre qui va gaiement au combat. — TANT QU'A DES NOCES, abondamment : ils burent tant qu'à des noces. — FAITES CELA, JE VOUS SERVIRAI LE JOUR DE VOS NOCES, se dit pour demander à une personne quelque petit service, et comme pour lui promettre qu'on lui en rendra quelque autre. — FAIRE LA NOCE, se bien divertir, bien manger et bien boire. — ∿ Se dit aussi en mauvaise part de l'action de gaspiller son bien, son revenu en plaisirs.

NOCÉ, ch.-l. de cant., arr. et à 25 kil. S.-E. de Mortagne (Orne) ; 500 hab. Ruines d'un château fort.

NOCER v. n. Célébrer une noce. — Pop. S'amuser, faire la noce.

NOCEUR, EUSE adj. Celui qui aime faire la noce. — s. C'est un noceur.

* **NOCHER** s. m. (du gr. naus, navire). Celui qui gouverne, qui conduit un vaisseau, une barque. N'est guère usité qu'en poésie : le habile nocher ; le nocher du Styx, le vieux nocher des morts, Caron.

* **NOCTAMBULE** s. m. et adj. (lat. nox, noctis, nuit ; ambulare, marcher). Celui, celle qui marche la nuit en dormant. On dit mieux SOMNAMBULE.

* **NOCTAMBULISME** s. m. État de ceux qui marchent la nuit en dormant.

NOCTIFÈRE adj. (lat. nox, nuit ; fero, je porte). Mythol. Épithète de Vesper.

NOCTIFLORE adj. (lat. nox, nuit ; flos, fleur). Bot. Qui ouvre ses fleurs pendant la nuit.

NOCTILUQUE adj. (lat. nox, nuit ; luceo, je luis). Qui répand une lueur dans l'obscurité. — Substantiv. Un noctiluque.

NOCTUÉLITE s. f. (rad. noctuelle). Entom. Qui ressemble ou se rapporte au genre noctuelle. — s. f. pl. Tribu de lépidoptères nocturnes ayant pour type le genre noctuelle.

NOCTUELLE s. f. (dimin. du lat. noctua, chouette). Ornith. Variété de huiotte. — Entom. Genre de noctuélites, caractérisé par le dernier article des palpes inférieurs très court et couvert d'écailles, par des antennes simples, par les ailes supérieures arrondies au sommet. Chenille cylindrique, veloutée, ayant deux séries de taches noires sur le dos. Chrysalides cylindro-coniques, lisses. La noctuelle gamma (noctua gamma) est ainsi nommée parce que l'on voit, au milieu du dessus de ses ailes supérieures brunes, une tache dorée représentant un gamma couché de côté. Sa chenille vit sur les plantes potagères. La *noctuelle dorée* (*noctua chrysitis*) a les ailes supérieures d'un brun clair, avec deux larges ∕andes transversales glacées d'or pâle. La *noctuelle cordon blanc* (*noctua pecta*) est connue surtout parce que sa chenille verte vit sur le caille-lait. La *noctuelle cordon noir* (*noctua nigrum*) porte au milieu des ailes supérieures une tache noire en forme de C; sa chenille, mélangée de gris et de brun, vit sur l'épinard. La *noctuelle piniperde* (*noctua piniperda*), d'un rouge brun bleuâtre, tacheté de blanc et strié, est l'une des espèces les plus nuisibles. Sa chenille verte porte des raies blanches longitudinales sur le dos et une raie orange de chaque côté.

NOCTURLABE s. m. (gr. *nuktôr*, nocturne; *lambanô*, je prends). Anc. mar. Instrument dont on se servait pour trouver, dans toutes les heures de la nuit, combien l'étoile du nord est plus haute ou plus basse que le pôle. On le nommait aussi *quadran aux étoiles*, parce qu'il montrait de nuit les heures par le moyen des étoiles qui ne se couchent pas. On se servait, dans l'hémisphère septentrional, des étoiles de la Grande-Ourse pour cette opération, parce qu'elles sont plus remarquables que les autres qui sont plus près du pôle nord; mais au delà de la ligne on se servait de la *croisade*, constellation de quatre étoiles qu'on distingue facilement.

* **NOCTURNE** adj. (lat. *nocturnus*; de *nox*, nuit). Qui a lieu, qui arrive durant la nuit : *vision, apparition nocturne.* — Hist. nat. Se dit · des animaux qui veillent la nuit, et des végétaux dont les fleurs ne s'ouvrent que dans l'obscurité : *animaux nocturnes; plante nocturne.* — Astron. Arc nocturne. (Voy. Arc.) — s. m. Partie de l'office de la nuit, composée d'un certain nombre de psaumes et de leçons : *le premier, le second, le troisième nocturne.* — Morceau de musique à plusieurs voix ou à plusieurs instruments, qui est d'un caractère tendre et plaintif : *nocturne à deux voix, à trois voix.*

NOCTURNÉITÉ s. f. Faculté de voir pendant la nuit.

NOCTURNEMENT adv. Pendant la nuit.

NOCUITÉ s. f. (lat. *nocuitas*; de *nocere*, nuire). Caractère de ce qui est nuisible.

NODAL, ALE, AUX adj. (lat. *nodus*, nœud). Phys. Qui se rapporte au nœud d'une surface vibrante. — Astron. Se dit en parlant des points opposés où le plan de l'écliptique est coupé par l'orbite d'un corps céleste : *changements nodaux.* — Ligne nodale, partie pour ainsi dire inerte d'une verge rigide mise en vibration. — Points nodaux, points d'une lentille tels que tout rayon incident passant par la direction de l'un correspond à un rayon émergent parallèle au premier et passant par la direction de l'autre.

NODICOLLE adj. (lat. *nodus*, nœud ; *collum*, cou). Entom. Dont le cou ou le corselet est des tubercules semblables à des nœuds.

NODICORNE adj. (lat. *nodus*, nœud; *cornu*, corne). Entom. Qui a les antennes noueuses.

NODIER (Charles), littérateur, né à Besançon le 29 avril 1781, mort à Paris le 26 janvier 1844. Il fit connaître dans sa jeunesse par quelques publications sur l'entomologie, mais sa véritable vocation l'entraîna vers les lettres. En 1801, il vint à Paris et il y publia contre le premier consul sa fameuse ode *La Napoléone*, qui lui valut quelques mois de prison à Sainte-Pélagie, et le fit exiler à Besançon; il mena alors une existence aventureuse et vagabonde, parcourut la Suisse, l'Illyrie, fut tour à tour correcteur d'impri-

merie, enlumineur d'estampes et bibliothécaire à Laybach. Il salua avec enthousiasme la Restauration et devint, en 1815, l'un des rédacteurs du *Moniteur de Gand*. Louis XVIII lui accorda des lettres de noblesse et, en 1824, le nomma conservateur de la bibliothèque de l'arsenal, poste qu'il conserva jusqu'à sa mort. Il fut nommé membre de l'Académie française en 1833. On a de lui, comme romans : *Stella*, le *Peintre de Salzbourg* (1802); *Journal des émotions d'un cœur souffrant* (1803); *Thérèse Aubert* (1819); *Adèle* (1820); *Smarra* (1821), le *Nouveau Faust, Jean Sbogar, Trilby*; comme ouvrages de sciences naturelles : *Bibliothèque entomologique* (1801); *De l'Usage des antennes et de l'ouïe chez les insectes*; comme ouvrages de philologie : *Dictionnaire raisonné des onomatopées françaises* (1808); *Questions de littérature légale* (1812); *Examen critique des dictionnaires de la langue française* (1828); *Notions élémentaires de linguistique* (1834); comme œuvres littéraires : *Essais d'un jeune barde* (1812); *Contes en prose et en vers* (1803); *Histoire des sociétés secrètes de l'armée* (1815); le *Dernier banquet des Girondins*, ouvrage aussi peu vrai que peu vraisemblable; *Souvenirs, épisodes et portraits pour servir à l'histoire de la Révolution* (1831, 2 vol, in-8°); *Souvenirs de jeunesse* (1832, in-8°), écrits pleins de mensonges.

NODIFÈRE adj. (lat. *nodus*, nœud; *fero*, je porte). Hist. nat. Dont la surface est pleine de nodosités.

NODIFLORE adj. (lat. *nodus*, nœud; *flos*, fleur). Bot. Se dit des plantes qui ont les fleurs situées sur les nœuds des tiges et des rameaux.

NODIPÈDE adj. (lat. *nodus*, nœud; *pes*, pied). Zool. Se dit des animaux dont les pieds sont garnis de nodosités.

NODIPENNE adj. (lat. *nodus*, nœud; *penna*, aile). Entom. Se dit des coléoptères dont les élytres sont garnis de nodosités.

* **NODOSITÉ** s. f. (lat. *nodus*, nœud). Chir. et Bot. État de ce qui a des nœuds. Se dit plus ordinairement des nœuds mêmes : *il a des nodosités à tous les doigts de la main.*

NODULAIRE adj. Qui est chargé de nœuds.

NODULE s. m. (lat. *nodulus*; dimin. de *nodus*, nœud). Petit nœud.

NODULEUX, EUSE adj. Qui est couvert de nœuds.

* **NODUS** s. m. [no-duss]. Mot latin qui signifie tumeur dure et indolente qui vient sur les os, les tendons et les ligaments du corps humain : *la goutte fait venir des nodus aux articulations.*

NOÉ, patriarche de la Bible, père de la nouvelle race des hommes après le déluge. Il fut averti de l'approche du déluge, et construisit une arche, grâce à laquelle il fut sauvé avec sa famille et toutes les espèces d'animaux, tandis que tout le reste périt. Lorsque les eaux eurent baissé, l'arche s'arrêta sur le mont Ararat. Il y a des coïncidences entre l'histoire biblique de Noé et les traditions d'autres nations. (Voy. Déluge.)

NOÉ (Amédée). Voy. Cham.

* **NOËL** s. m. [no-èl] (lat. *natalis*, natal). Fête de la nativité de Notre-Seigneur : *à la fête de Noël.* ou elliptiq., *à Noël, à Noël.* — Bûche de Noël, grosse bûche qu'on met au feu la veille de Noël au soir, dans une île entretienne le feu pendant toute la nuit. — On a tant chanté, tant crié Noël, qu'à la fin il est venu, se dit en parlant d'une chose qu'on arrive après qu'on l'a fort désirée, et qu'on en a souvent parlé. — Cri que le peuple poussait autrefois à l'occasion d'un événement qu'il considérait comme heureux, c'est-à-dire, à propos de la naissance d'un héritier

du trône, du mariage ou de l'arrivée d'un souverain : *quand le roi parut le peuple cria : Noël, noël!* — Se dit aussi d'un cantique spirituel fait à l'honneur de la nativité de Notre-Seigneur : *un recueil de noëls.* — Se dit encore des airs sur lesquels ces cantiques ont été faits : *exécuter des noëls sur l'orgue.* — Se dit également de certaines chansons satiriques qui se font sur ces airs : *il courut un noël contre le ministère.* (Vieux.) — Encycl. La fête en commémoration de la nativité du Christ paraît avoir été célébrée pour la première fois le 25 décembre de l'an 98. Mais son institution est attribuée aux lettres décrétales du pape Télesphore vers l'an 137. Au IV° siècle, le pape Jules I°ʳ ordonna de faire des recherches relativement au jour exact où le Christ était né et l'on s'accorda à reconnaître que ce fut le 25 décembre. C'est au VI° siècle que remonte l'usage dans l'Église catholique romaine de célébrer trois messes le jour de Noël. Pendant le moyen âge, cette fête était célébrée par des mystères grotesques et par des moralités, qu'accomplissaient des personnages portant des masques originaux et des costumes singuliers. Parmi les réjouissances, il y avait les fêtes des fous et des ânes, des saturnales, dans lesquelles on tournait en ridicule tout ce qui était sérieux. Dans les pays protestants d'Allemagne et dans le nord de l'Europe, la veillée de Noël se passe à donner des présents qui sont suspendus à un arbre dit *arbre de Noël*, coutume qui se répand chez nous. Dans quelques villages de l'Allemagne du Nord, les présents sont distribués par des personnes déguisées, appelées *Knecht Rupert*. Noël (*Christmas*) a de tout temps été une fête religieuse et domestique en Angleterre. Partout, en Europe, les enfants mettent la veille de Noël leur soulier près de la cheminée, attendant le présent du petit Noël. En Hollande et aux États-Unis, saint Claus (saint Nicolas) et en Allemagne Knecht Rupert remplacent le petit Noël comme distributeurs de présents.

NOËL (Jean-François-Michel), littérateur, compilateur et traducteur, né à Saint-Germain-en-Laye vers 1755, mort en 1841. Après de fortes études faites à Louis-le-Grand, il embrassa la carrière ecclésiastique qu'il quitta au moment de la Révolution; il entra dans la diplomatie, fut chargé de missions à Londres, à la Haye (1793) et fut nommé, en 1794, ministre plénipotentiaire à Venise. L'année suivante, il devint membre de la commission de l'instruction publique, commissaire général de police à Lyon (1800), préfet du Haut-Rhin (1804) et inspecteur général de l'instruction publique (1802), poste qu'il occupa jusqu'à sa mort. Il a laissé : *Leçons de littérature et de morale* (8 vol. in-8°); *Dictionnaire latin-français* (1807); *Dictionnaire français-latin* (1808); *Gradus ad Parnassum* (1808); *Dictionnaire de la Fable* (1803, 2 vol. in-8°); il donna, en outre, de nombreuses traductions d'auteurs latins, et, avec Chapsal, *Abrégé de la grammaire française* (1826).

NOËL (Jules), peintre de genre et de marines, né à Quimper en 1818, mort en avril 1881. Il débuta au Salon de 1840 et donna : le *Port de Brest, Sites d'Orient* (1845-'48), *Danses bretonnes* (1850); *Sites bretons* (1853); *Une vieille rue à Quimper* (1861); *Arrivée de la diligence à Quimper* (1875); *Une rue en Bretagne* (1877); *Souvenirs de Normandie* (1878), etc.

NOÈME s. m. (gr. *noêma*; de *noeô*, je conçois). Philos. Idée en général. — Rhétor. Figure consistant à faire entendre une chose quand on en exprime une autre.

NOÉMI, femme juive, épouse d'Élimélech, de la tribu de Benjamin. Ayant perdu son mari, elle vint en Palestine accompagnée de Ruth, veuve d'un de ses fils.

NŒRDLINGEN [neurl'-ling-enn], ville forte de Bavière, à 60 kil. N.-O. d'Augsbourg; 7,224 hab. Toiles, lainages, tapisseries, cuirs. Le 6 sept. 1634, une armée suédoise y fut écrasée par les Impériaux qui, à leur tour, y furent défaits en 1645 par Turenne. En 1647, les Bavarois bombardèrent la ville. Les Français et les Autrichiens s'y livrèrent des batailles en 1796 et en 1800. Ce fut une ville libre impériale jusqu'en 1802.

NOËT, hérésiarque du III° siècle; il était prêtre à Smyrne et enseignait qu'il n'y avait qu'une seule personne en Dieu et que Jésus-Christ ne différait pas du Père. Sabellius fut son disciple. Cette doctrine fut condamnée au concile d'Alexandrie (261).

NOÉTARQUE s. m. (gr. *noëtarchos*; de *noétos*, intellectuel, *archos*, chef). Philos. Premier principe chez les philosophes alexandrins.

NOÉTIEN s. m. [no-é-siain]. Membre d'une secte fondée par Noël. — Les noétiens enseignaient qu'il n'y a pas de distinction entre les personnes de la Trinité; ils professaient outre la doctrine des patripassiens, à savoir que Dieu le Père avait souffert dans sa propre personne et sa propre nature. Ils furent excommuniés vers 230, et condamnés à Alexandrie. Cette secte prépara les voies au sabellianisme.

* **NŒUD** s. m. [neu] (lat. *nodus*). Enlacement fait de quelque chose de flexible, comme ruban, soie, fil, corde, etc., dont on passe les bouts l'un dans l'autre en les serrant : *nœud de ruban; nœud simple*. — **Nœud coulant**, nœud d'une forme particulière qui le rend facile à dénouer. — **Nœud gordien**. (Voy. **Gordien** et **Gordius**.) — **Nœud d'épée**, nœud de ruban dont on orne la poignée d'une épée. — **Faire des nœuds**, former au moyen d'une navette, sur un cordon de fil ou de soie, des nœuds serrés les uns contre les autres : *les dames s'amusaient autrefois à faire des nœuds*. — Se dit aussi de certaines choses qui sont disposées en forme de nœuds de ruban, et qui servent à la parure des femmes : *des nœuds de perle*. — Fig. Difficulté, point essentiel d'une affaire, d'une question : *voilà le nœud de l'affaire*. — Théâtre. Obstacle qui donne lieu à l'intrigue d'une action dramatique : *le nœud de cette pièce est mal formé*. — Fig. Attachement, liaison entre des personnes : *le nœud sacré du mariage*.

Et se sacrifieront à de si puissants *nœuds*
Amis, femme, parents, et moi-même avec eux.
Tartufe, acte IV, sc. vii.

Mais je songe à l'instant qu'à tous ces objets
Je serai, par des *nœuds*, attaché pour jamais.
Collin d'Harleville. *L'Inconstant*, acte II, sc. 1.

— Bosses ou saillies qui viennent à l'extérieur d'un arbre, d'un arbrisseau : *le bois d'épine, le bois de cornouiller est tout plein de nœuds.* — Certaine partie, fort serrée et fort dure, qui se trouve quelquefois dans l'intérieur de l'arbre : *ce bois ne saurait se fendre droit, il a trop de nœuds.* — Endroit où la tige des graminées et de quelques autres plantes, telle que la vigne, le fenouil, etc. est renflée et comme articulée : *il faut tailler la vigne au second, au troisième nœud.* — Article. jointures des doigts de la main; et, par anal., cette partie du gosier et de la gorge qu'on nomme autrement le larynx : *le nœud de la gorge.* — **Ce ris ne passe pas le nœud de la gorge**, il n'est pas naturel, il est forcé. — Se dit également de ces os qui forment la queue du cheval, du chien, du chat, etc. : *on a coupé ce chien deux nœuds de la queue.* — Chir. Tumeurs dures qu'on nomme autrement **Nodus**. — Physiol. **Nœud vital**, point situé au commencement de l'épine dorsale qui gouverne tous les mouvements respiratoires de l'animal et dont la lésion suffit pour le tuer instantanément. — Bot. Se dit de la ligne médiane qui existe au collet de la plante entre la racine et la tige. — Astron. Chacun des deux points opposés où l'écliptique est coupée par l'orbite d'un corps céleste : *les nœuds de la lune; les nœuds de Jupiter.* — Mar. Nœuds de la ligne de loch, formés à la distance d'environ cinquante pieds les uns des autres, et par le moyen desquels on estime le nombre de lieues que le navire a parcourues : *ce vaisseau file tant de nœuds à l'heure.* — Géol. Se dit du point où des chaînes de montagnes se réunissent en un système.

NOGARET, ancienne ville. Voy. **Nogaro**.

NOGARET (François-Félix), littérateur et poète, né à Versailles en 1740, mort à Paris en 1834. Il adopta les principes de la Révolution, fit partie de la société des Jacobins, devint censeur dramatique sous le Consulat et fut disgracié comme républicain sous l'Empire. Nous citerons parmi ses nombreux ouvrages : *la Capucinade* (Paris, 1765, in-12); le *Prodigue récompensé*, comédie (Versailles, 1774, in-4°); *Contes en vers* (Paris, 1798, 2 vol. in-18), etc.

NOGARET (Guillaume de), homme d'État français et chancelier de *Philippe le Bel*, né à Saint-Félix de Caraman (Haute-Garonne), vers le milieu du XIII° siècle, mort en 1314. Son grand'père avait été brûlé comme albigeois; de là, plus tard, la haine du petit-fils contre la papauté. Il fut *professeur des lois* à Montpellier en 1291, juge de la sénéchaussée de Nîmes en 1295 et conseiller du roi en 1298. En 1302, étant secrétaire du roi, il joua un grand rôle dans la lutte entre Philippe le Bel et le pape Boniface et fit lui-même le pape prisonnier à Anagni (7 sept. 1303). Obligé, le 9, de fuir devant une émeute populaire, il fut excommunié par le pape Boniface et par son successeur Benoît XI. En 1307, le roi le nomma son chancelier; ce fut en cette qualité qu'il prépara la ruine des Templiers; il arrêta lui-même Jacques du Molay, grand maître de l'ordre (oct. 1307), et fit instruire le procès par l'Inquisition. En 1310, il tenta de faire condamner, à Avignon, la mémoire du pape Boniface. Clément V ne le releva de l'excommunication, en 1313, que lorsque le roi se fut désisté de son instance contre le pontife défunt.

NOGARO, autrefois **Nogaret**, ch.-l. de cant., arr. à 45 kil. S.-O. de Condom (Gers), sur la rive gauche du Midou; 1,600 hab. Jadis capitale du bas Armagnac. Commerce de bestiaux, grains, vins.

NOGENT-LE-ROI. I, ch.-l. de cant., arr. et à 18 kil. S.-O. de Dreux (Eure-et-Loir), sur l'Eure; 1,500 hab. Jadis défendu par un château fort. Érigé en comté par Richelieu. Commerce de blés et farines. — II, ch.-l. de cant., arr. et à 22 kil. E.-S.-E. de Chaumont (Haute-Marne); 3,500 hab. Fabrique de coutellerie dite de Langres.

NOGENT-LE-ROTROU, *Novigentum Rotrudium*, ch.-l. d'arr., à 67 kil. E.-S.-E. de Chartres (Eure-et-Loir), sur l'Huisne, par 48° 19' 29" lat. N. et 4° 31' 27" long. O.; 7,500 hab. Ville de forme singulière, ne se compose seulement que de quatre rues. Au sommet d'une colline qui la domine, on voit les ruines imposantes d'un château fort. Fabriques de droguets et serges; tanneries; bestiaux, fourrages, toiles, chanvre. Nogent fut pris par les Anglais en 1428. Combat du 21 nov. 1870 entre les troupes allemandes et les mobiles français.

NOGENT-SUR-MARNE, comm. du cant. de Charenton-le-Pont (Seine), à 8 kil. de Paris; 10,000 hab. Fort de défense de Paris. Nombreuses villas.

NOGENT-SUR-SEINE, ch.-l. d'arr., à 51 kil. O.-N.-O. de Troyes (Aube), par 48° 29' 35" lat. N. et 1° 9' 44" long. E.; 3,500 hab. Charmantes promenades; beau pont en pierre sur la Seine. Combat de 1814 entre le général Bourmont à la tête de 1,000 soldats et toute une armée autrichienne qui finit par s'emparer de la ville et la brûla en grande partie. Église Saint-Laurent (monument hist. du XV° siècle), surmontée d'une tour richement ornée. Commerce de grains, de bois, de farines et de vins.

NOGENTAIS, AISE s. et adj. De Nogent; qui appartient à Nogent ou à ses habitants.

NOINTEL (Charles-François **Olier**, *marquis de*), diplomate, mort en 1685. Il fut ambassadeur à Constantinople (1670), parcourut les Échelles du Levant, accompagné de deux peintres à qui il fit dessiner tous les objets d'art et d'antiquité qui frappèrent son attention (1674).

* **NOIR, OIRE** adj. *(lat. niger)*. Qui est de la couleur la plus obscure, et la plus opposée au blanc : *une barbe noire*. — **Cheval noir mal teint**, cheval dont la couleur noire tire sur le roux. — Grav. **Manière noire**, manière de graver en taille-douce, qui consiste à couvrir d'abord entièrement le cuivre de points uniformes, et à rétablir ensuite le poli de la planche plus ou moins, selon qu'on veut avoir des tons plus ou moins clairs : *gravure à la manière noire*. — Se dit aussi de certaines choses qui approchent de la couleur noire : *cette femme à la peau noire*. — **Bêtes noires**, certaines bêtes, comme le sanglier, à la différence de celles qu'on appelle **fauves**, comme le cerf, etc. — **Viandes noires**, certains animaux dont la chair tire un peu sur le noir, comme le lièvre, la bécassine, etc., à la différence des autres viandes qui sont blanches, comme le veau, le poulet, etc. : *il préfère la viande noire à la viande blanche*. — **Blé noir**, sorte de blé, qu'on nomme autrement **blé sarrasin**. — Livide, meurtri : *on l'a tant battu, qu'il en est tout noir*. — Obscur : *nuit noire*. — **Froid noir**, le froid qu'il fait quand le temps est fort couvert. — **Chambre noire** ou **obscure**, chambre dans laquelle on intercepte toute lumière extérieure, pour y introduire ensuite des rayons solaires, directs ou réfléchis, qu'on soumet à diverses analyses. On donne plus particulièrement ce nom à des instruments d'optique de formes très variées, à l'aide desquelles on voit, sur un papier blanc ou sur un verre dépoli, une peinture exacte, mobile, et pour ainsi dire animée de tous les objets extérieurs. — Sale, crasseux. Se dit surtout du linge et des mains : *lavez vos mains, elles sont toutes noires.* — Fig. Triste, morne, mélancolique : *il a une humeur noire.* — **Il voit tout noir, il voit en noir, il voit noir, il voit bien noir**, il est sujet à prendre les choses du côté fâcheux, à prévoir des événements tristes et funestes. **Noir** est employé adjectiv. dans la première phrase, et adv. dans les trois autres. — Fig. Se dit des crimes, des mauvaises actions et des personnes qui les commettent : *une noire trahison.*

Et commençant par moi sa noire trahison.
J. Racine. *Alexandre*, acte III, sc. i.

— **Rendre noir**, diffamer, faire passer quelqu'un pour méchant, pour criminel : *on l'a rendu bien noir dans cette affaire.* — **Il n'est pas si diable qu'il est noir**, il n'est pas si méchant qu'il le paraît. — **Cet homme est ma bête noire**, il est pour moi l'objet d'une aversion particulière. — Poétiq. **L'onde noire**, le Styx. **Il a passé l'onde noire**, il est mort. — **Noir** s. m. La couleur noire, et ce qui est de couleur noire : *le noir est l'absence de toutes les couleurs, il y a autant de différence de l'un à l'autre, que du blanc au noir.* — **Passer du blanc au noir, aller du blanc au noir**, passer d'une opinion à l'opinion contraire, passer d'une extrémité à l'autre. — **Si vous lui dites blanc, il répondra noir**, il se plaît à contredire. — METTRE DU NOIR SUR DU BLANC, écrire, composer : *depuis qu'il met du noir sur du blanc, il se croit un personnage.* — FAIRE DU NOIR, BROYER DU NOIR, se livrer à des réflexions tristes, à des pensées mélancoliques, sombres. On dit également, S'ENFONCER DANS LE NOIR, DANS SON NOIR. — B.-arts. LES NOIRS, les ombres d'un tableau ou d'une estampe. POUSSER, TIRER AU NOIR, se dit d'un tableau dans lequel les ombres et les demi-teintes noircissent par l'effet du temps : *les ouvrages de ce peintre poussent au noir ; il avait des noirs aux bras.* — NOIR D'ALLEMAGNE, mélange de lie de vin, d'ivoire et de noyaux brûlés et pulvérisés, qui sert dans l'impression en taille-douce. — NOIR ANIMAL, charbon obtenu en chauffant des os dans des vases clos. Quand on le pulvérise, il ressemble au charbon de bois en poudre. On le prépare en plaçant les os dans des cornues semblables à celles d'une usine à gaz. On tient ces cornues à la chaleur rouge blanc pendant 36 heures ; alors on enlève les os, et on recharge. Voici la composition du noir animal pour 100 parties :

Carbone......................	9, 6
Sulfate de chaux.............	0, 2
Carbonate de chaux...........	8. 6
Phosphate de chaux...........	78, 3
Phosphate de magnésie........	1, 3
Chlorure de soude............	0, 4
Silicate et sable............	0, 8
Protoxyde de fer.............	0, 2
Alcalis et soufre............	0, 5

Le noir animal possède la propriété d'absorber plusieurs fois son volume de gaz. Il absorbe aussi les matières colorantes, les principes amers et les corps astringents dans beaucoup de bases végétales. Il sert surtout à purifier le sucre ; et on l'emploie aussi pour enlever la chaux des eaux très calcaires et pour décolorer les solutions acides. — NOIR ANIMALISÉ, noir obtenu par la calcination en vase clos de mélanges dans lesquels entrent des substances organiques, et dont la propriété est de désinfecter instantanément toutes les matières auxquelles il est mêlé. On appelle aussi *noir animalisé*, un engrais humain desséché et réduit en poudre. — NOIR DE CADRAN, charbon d'écailles, brûlé avec de l'huile d'aspic. *noir animal* réduit en poudre fine. Le noir fin sert au raffinage du sucre et est ensuite employé comme engrais. — NOIR DE FUMÉE, matière noire qui provient de la fumée de la poix-résine, de substances huileuses impures, etc. — NOIR EN GRAIN, noir animal réduit en poudre grossière et qui sert au raffinage du sucre. On peut le revivifier, c'est-à-dire s'en servir de nouveau en y ajoutant un dixième de noir neuf. — NOIR D'IMPRESSION ou *noir de Prusse*, noir tirant un peu sur le bleu, que l'on fabrique avec du bleu de prusse français ou de la terre de Sienne calcinée. On lui donne une couleur excellente pour la peinture et la fabrication des papiers peints. — NOIR D'IVOIRE, noir obtenu par la calcination des éclats d'ivoire et qui sert dans la peinture, la fresque, etc. — NOIR DE LAMPE, sorte de noir de fumée obtenu en brûlant des huiles dans des quinquels à becs simples, placés au-dessous d'une plaque métallique. En frappant légèrement sur la plaque, la couche de noir se détache. On s'en sert dans la fabrication de l'encre de Chine. (Voy. FUMÉ.) — NOIR DE TERRE, sorte de charbon minéral dont on fait usage dans la peinture à fresques. — NOIR VÉGÉTAL, charbons de bois pulvérisé, qui sert pour épurer les sirops, les huiles, etc. et pour filtrer les eaux potables. — NOIR DE VIGNE, noir provenant de sarments brûlés. — Noire s. f. Jeu. Carte, jeton, boule ou case de couleur noire : *la rouge et la noire.*

* NOIR s. m. Nègre. Se dit par opposition à blanc : *il y a vingt noirs et trois blancs dans cette habitation.* — Jargon, café : *un verre de noir.*

NOIR (Le prince). Voy. EDOUARD.

NOIR (Yvan SALMON, dit *Victor*), journaliste né à Attigny (Vosges), le 27 juillet 1848, tué à Auteuil, près de Paris, le 10 janvier 1870. Après avoir fait l'apprentissage de la profession d'horloger qu'exerçait son père, il devint journaliste et entra à la *Marseillaise*, où il rédigea les ECHOS. Il était sur le point de se marier, lorsque Paschal Grousset l'envoya avec Ulric de Fonvielle pour provoquer en duel le prince Pierre Bonaparte. Ce dernier, qui voulait bien se battre avec Rochefort, mais qui ne voulait point se mesurer avec *ses manœuvres*, tira à bout portant un coup de pistolet sur Victor Noir qui eut encore la force de s'enfuir et qui tomba sur la porte du prince. Cette mort provoqua une excitation extraordinaire et les obsèques de Victor Noir furent accompagnées d'immenses manifestations hostiles à l'Empire, auxquelles assistèrent plus de cent mille personnes. Le 21 mars 1870, le prince Pierre Bonaparte fut acquitté par la haute cour de justice réunie à Tours, mais le jugement le condamna à payer 25,000 fr. à la famille de Victor Noir.

* NOIRÂTRE adj. Qui tire sur le noir, qui approche du noir : *couleur noirâtre.*

* NOIRAUD, AUDE adj. Qui a les cheveux noirs et le teint brun : *un homme noiraud ; une femme noiraude.* — s. *Un gros noiraud.* (Fam.)

* NOIRCEUR s. f. Qualité qui fait qu'un corps est noir, paraît noir : *la noirceur de l'ébène, de l'encre.* — Tache noire : *il a des noirceurs au visage, une noirceur à la jambe.* — Fig. Atrocité d'une action, d'un caractère : *la noirceur de son crime.* — Fig. Action faite ou parole dite avec l'intention de nuire : *il a dit des noirceurs contre cette femme.*

* NOIRCIR v. a. Rendre noir : *noircir une muraille.* — Fig. NOIRCIR L'ESPRIT, y faire naître des pensées tristes, sombres : *cette lecture m'a noirci l'esprit.* — NOIRCIR DU PAPIER, écrire : *on a bien noirci du papier dans cette affaire.* — Fig. et au sens moral, diffamer, faire passer pour méchant, pour infâme : *la calomnie peut noircir l'homme le plus innocent, la conduite la plus pure.* — v. n. Devenir noir : *ses cheveux ont noirci.* — Se noircir v. pr. *Cela s'est noirci à la fumée.* — LE TEMPS SE NOIRCIT, LE CIEL SE NOIRCIT, le temps devient obscur, le ciel se couvre de nuages épais. — Fig. Se rendre odieux, infame par quelque mauvaise action : *il s'est noirci par beaucoup de méchancetés.*

NOIRCISSEMENT s. m. Action de noircir.

* NOIRCISSURE s. f. Tache de noir : *d'où vient cette noircissure ?*

* NOIRE s. f. Musiq. Note qui vaut pour la durée le double d'une croche, la moitié d'une blanche.

NOIRE (Mer) le *Pont Euxin* des Anciens, (*Pontos Euxeinos*, mer *hospitalière* des Grecs), la *Kara Deniz* des Turcs, la *Maurethalassa* des Grecs modernes, la *Tcheriago More* ou *Czarne More* des Russes. Mer intérieure, entre l'Europe et l'Asie, bornée au N. et à l'E. par la Russie, au S. et à l'O. par la Turquie, réunie au N.-E. avec la mer d'Azov par le détroit d'Yénikale, et au S.-O. avec la Méditerranée par le Bosphore, la mer de Marmara et les Dardanelles. Extrême longueur, 1,120 kil. de l'E. à l'O. ; extrême largeur, 600 kil ; 421,000 kil. carr. ; longueur des côtes, plus de 3,000 kil. L'Europe lui envoie les eaux du Danube, du Dniester, du Bog, du Dnieper, et par la mer d'Azov, celles du Don. Elle reçoit de l'Asie le Kizil Irmak (Haïys), le Sakaria et plusieurs cours d'eau moins importants. Sa surface est presque toujours couverte de brouillards épais qui se résolvent en pluies abondantes ; des vents incessants la

violents la maintiennent dans un état de perpétuelle tempête. Les Grecs l'appelèrent d'abord *Axenos*, inhospitalière ; mais ensuite, par un euphémisme qui leur était familier, ils changèrent ce *nom* en celui d'*Euxeinos*, hospitalière. D'ailleurs, la mer Noire ne renferme que peu de hauts fonds, ce qui facilite la navigation ; et elle offre de bonnes rades et des ports d'une grande sûreté. Sa principale péninsule est la Crimée. Ses eaux, qui ne donnent lieu à aucune marée appréciable, sont traversées par de forts courants qui prennent naissance dans le Bosphore. Elles sont moins salées que celles de l'Océan et gèlent plus facilement. Odessa est le plus important de ses côtes ; Varna est la forteresse des Turcs ; elle baigne en outre Sébastopol, Sinope, Trébizonde, Nikolaiev, Kherson, etc. — Jusqu'à la chute de Constantinople (1453), la mer Noire fut ouverte à tous les navires ; depuis cette époque, les Turcs prétendirent en exclure les bâtiments chrétiens. Les Russes obtinrent le droit d'y naviguer par le traité de Kainardji (10 juillet 1774) ; les autres nations acquièrent ensuite le même droit ; mais la Russie essaya, après 1815, d'en faire une mer *fermée*, sous son propre commandement militaire. Cette prétention fut l'une des principales causes de la guerre de Crimée. Le traité de Paris (30 mars 1856), ouvrit la mer Noire au commerce de tous les peuples ; mais il la *neutralisa* au point de vue militaire et défendit, à l'avenir aux Russes et aux Turcs d'y entretenir des navires de guerre ou d'y construire des arsenaux. Le 31 octobre 1870, la Russie dénonça ce traité. La conférence de Londres (17 janvier 1871) se termina par un traité entre les grandes puissances, traité en vertu duquel la neutralisation de la mer Noire est abrogée.

NOIREAU (Le), rivière qui naît à Tinchebray (Orne), passe à Condé-sur-Noireau et se jette dans l'Orne après un cours de 42 kil.

NOIRÉTABLE, ch.-l. de cant., arr. et à 44 kil. N.-O. de Montbrison (Loire) ; 2,000 hab. Tannerie, grande forêt aux environs.

NOIRMOUTIER ou Noirmoutiers (ILE DE), île de l'Atlantique et arr., à 66 kil. des Sables-d'Olonne (Vendée), au S.-O. de la baie de Bourgneuf ; 450 kil. carr. ; 6,350 hab. ; ch.-l., Noirmoutiers. L'île de Noirmoutier est séparée du continent au S. par le goulet de Fromantine, guéable à marée basse. Son sol très bas est protégé contre les hautes marées par des digues. Elle renferme de beaux pâturages, des marais salants, des fabriques de soude ; sur ses côtes, on se livre à la pêche de l'huître. Son ch.-l., qui est en même temps ch.-l. de canton, renferme 2,000 hab. C'est une place de guerre de 4e classe, située sur la côte orientale de l'île. Les Normands y descendirent plusieurs fois ; les Hollandais la pillèrent en 1674 et elle fut réunie à la couronne en 1720. Les Vendéens s'en emparèrent le 5 mars 1793, en furent expulsés le 30 avril, y rentrèrent le 12 octobre et en furent définitivement chassés le 2 janvier 1794. Leur généralissime Dieu y fut arrêté.

NOIR-MUSEAU s. m. Art vétér. Dartre qui ronge le nez des moutons.

* NOISE s. f. [noua-ze]. Querelle, dispute : *chercher noise à quelqu'un.* (Fam.)

NOISERAIE s. f. (rad. *noix*). Lieu planté de noyers ou de noisetiers.

* NOISETIER s. m. Bot. Genre de quercinées, caractérisé par des fleurs monoïques, les mâles sans calice, les femelles enveloppées trois ou quatre ensemble par des écailles ovoïdes. Ce genre comprend un petit nombre d'espèces d'arbrisseaux qui habitent les régions tempérées de l'hémisphère nord. Le *noisetier commun*, vulgairement appelé *coudrier*

(corylus avellana) est la seule espèce qui croisse spontanément aux environs de Paris. C'est un petit arbre à tige droite, rameuse, revêtue d'une écorce brunâtre inférieurement, grisâtre sur les rameaux, parsemée de lenticelles qui produisent l'effet de petites taches. Il ne s'élève guère à plus de 5 m. Ses fruits, appelés *noisettes* ou *avelines*, sont solitaires ou par deux. Il a produit plusieurs variétés que l'on rencontre dans les taillis et les haies de presque toute l'Europe. La variété sauvage, appelée *coudrier des bois*, porte des fruits petits et peu abondants, mais doués d'une saveur agréable. On cultive une dizaine de variétés qui

Fleurs du noisetier.

Feuilles et fruits du noisetier.

produisent des fruits plus ou moins abondants et plus ou moins gros.

* **NOISETTE** s. f. Espèce de petite noix ou d'amande que porte le coudrier : *noisettes franches*. — Prov., fig. et pop. DONNER DES NOISETTES À CEUX QUI N'ONT PLUS DE DENTS, donner à quelqu'un des choses dont il n'est plus en état de se servir. — COULEUR DE NOISETTE OU COULEUR NOISETTE, gris roussâtre qui approche de la couleur de la noisette : *voilà un drap d'un beau couleur de noisette.* — ENCYCL. On distingue : 1° la *noisette franche*, allongée, déprimée au sommet, enveloppée d'un involucre qui la dépasse ; sa saveur douce est très agréable. Certaines amandes ont la peau rouge, d'autres l'ont blanche ; 2° l'*aveline*, noix ovoïde, anguleuse, plus grosse que la précédente, d'un involucre qui la dépasse à peine ; 3° l'*aveline de Provence*, à fruits ronds, gros, à coque tendre et à pellicule rouge ; 4° la *noisette d'Espagne*, à fruit oblong, gros, à pellicule rouge. La ville de Barcelone en exporte annuellement plus de 70,000 hectolitres. — L'huile de noisette est d'un jaune clair et peut remplacer jusqu'à un certain point l'huile d'amandes douces.

NOISSEVILLE, village d'Alsace-Lorraine, à 8 kil. de Metz ; 400 hab. Bataille du 31 août et du 1er sept. 1870 entre l'armée de Bazaine et les 1er et 9e corps allemands, sous les ordres du prince Frédéric-Charles.

NOISY-LE-SEC, village de l'arr. et à 15 kil. S.-E. de Saint-Denis (Seine), à 9 kil. de Paris ; 4,000 hab. Fort qui fut bombardé par les Prussiens en 1870-'71.

* **NOIX** s. f. [noua] (lat. *nux*). Sorte de fruit ayant une coque dure et ligneuse, couverte

d'une écale verte : *il en a pris gros comme une noix.* — Se dit aussi d'autres fruits qui ont quelque ressemblance avec la noix : *noix muscade; noix d'Inde.* — NOIX DE GALLE, ou GALLE, excroissance produite, sur le chêne et sur d'autres arbres, par la piqûre de certains insectes : *la noix de galle sert à teindre en noir et à faire de l'encre.* (Voy. GALLE.) — Petite glande qui se trouve dans une épaule de veau, proche la jointure des deux os : *la noix de veau est un morceau délicat.* — Rotule, ou qui est sur l'articulation de la cuisse avec la jambe : *la noix du genou.* — Partie du ressort d'une arbalète, où la corde est arrêtée quand elle est tendue. — Partie du ressort d'un fusil, d'un pistolet, etc., qui est garnie de deux crans, dont l'un sert pour le repos et l'autre pour la détente, et qui s'engrènent dans la mâchoire de la gâchette. — Roue dentelée etc., et qui sert à broyer la graine : *la noix de ce moulin est usée.* — ENCYCL. La noix ou fruit du noyer est enveloppée du *brou*, substance un peu charnue, lisse, lustrée, verte et noircissant par la dessiccation. Avant leur maturité, les noix reçoivent le nom de *cerneaux*. Les noix fraîches servent à l'alimentation ; sèches, elles deviennent un peu plus indigestes. Ces fruits ont une grande importance par leur huile comestible, claire et limpide. L'huile provenant des noix chauffées n'est bonne qu'à l'éclairage. — **Noix vomique,** fruit du vomiquier (*strychnos nux*

Noix vomique (strychnos nux vomica).

vomica). C'est un fruit ovoïde, gros comme une orange, à enveloppe crustacée, à graines orbiculaires, ayant environ 15 millim. de large sur 6 millim. d'épaisseur, et logées dans une pulpe aqueuse. Sous la pellicule qui recouvre ces graines, se trouve une amande dure, cornée, d'un blanc sale. Les graines sont la partie médicinale de la plante. Elles ont un goût âcre et amer, elles agissent comme un excitant d'une grande puissance sur le système nerveux, et sont employées dans les cas de paralysie qui ne sont pas causés par un ramollissement du cerveau. A haute dose, la noix vomique est un poison qui produit des spasmes tétaniques dans les muscles de la respiration. Chez l'homme et chez les carnivores, ce poison détruit rapidement la vie ; mais les herbivores sont moins sensibles à ses atteintes. Trois ou quatre grains suffisent pour tuer un chien ; tandis que 100 gr. font à peine périr un cheval ; et un oiseau du pays où croît le vomiquier se nourrit impunément de ses graines. (Voy. STRYCHNINE.) — Gîte à la noix, creux qui contient la noix, chez le bœuf. C'est un morceau de premier choix ; il constitue la première partie de la cuisse, côté extérieur, au-dessous de la pointe de la culotte. On y distingue : la *tranche au petit os, le milieu de gîte à la noix* (partie la plus avantageuse) et le *derrière de gîte à la noix,* d'une valeur plus ou moins inférieure, selon que la jambe a été coupée plus ou moins haut.

NOLA, ville d'Italie, province de Caserte, à 25 kil. E.-N.-E. de Naples ; 9,128 hab. C'est l'une des plus vieilles cités de Campanie ; Annibal l'attaqua trois fois sans succès. Elle possède un musée d'antiquités, et ses sépulcres ont fourni de vases étrusques les musées de l'Europe.

NOLAY, ch.-l. de cant., arr. et à 20 kil. S.-O. de Beaune (Côte-d'Or) ; belle église. Patrie de Carnot. Environs très pittoresques ; ruines d'un camp romain.

* **NOLI ME TANGERE** s. m. [no-li-mé-tan-jé-ré]. Expression latine, qui signifie : *Ne me touchez pas,* et qui s'emploie dans notre langue pour désigner certaines plantes que le moindre attouchement flétrit, ou qui sont armées de fortes épines, ou dont les semences, s'élançant avec roideur quand on les touche, causent une espèce de surprise et une légère douleur : *impatiens noli me tangere.* — Se dit aussi d'une espèce d'ulcère que les moyens thérapeutiques employés ne font qu'aggraver.

* **NOLIS** s. m. [no-lî] (gr. *naulon*; de *naus,* navire). Mar. Fret ou louage d'un navire, d'une barque, etc. : *j'ai payé tant pour le nolis de ce navire.* On dit aussi. NAULAGE. N'est usité que dans la Méditerranée.

* **NOLISER** v. a. [no-li-zé]. Mar. Affréter : *noliser un bâtiment.*

* **NOLISEMENT** ou ∾ **Nolissement** s. m. Mar. Action de noliser, de faire un nolis : *on l'a chargé du nolissement des navires nécessaires au transport des troupes.* — Suivant les termes de l'article 273 du Code de commerce, toute convention ayant pour objet le louage d'un navire est appelée *charte partie, affrétement* ou *nolissement.* Pour la législation, voy. CHARTE PARTIE.

NOLLEKENS (John) [nol'-li-kènnss], sculpteur anglais, né en 1737, mort en 1832. Il fit les bustes de beaucoup d'hommes éminents, plusieurs œuvres monumentales, et des statues de sujets classiques. Son meilleur ouvrage est la statue de William Pitt, à Cambridge.

NOLLET (L'ABBÉ Jean-Antoine), physicien français, né à Pimpré, près de Noyon, le 19 nov. 1700, mort à Paris en 1770. Il entra dans les ordres, mais les sciences l'attiraient. Il se livra particulièrement à l'étude de l'électricité. Associé à Dufay, il entreprit, en 1734, un *voyage scientifique* en Angleterre et en Hollande. Il fut nommé membre de l'Académie des sciences. Il a laissé : *Leçons de physique expérimentale* (Paris, 1743, 6. vol in-12); *Causes particulières des phénomènes électriques* (Paris, 1749, in-12); *Électricité des corps* (Paris, 1750, in-12); *Lettres sur l'électricité* (1753, 3 vol. in-12), etc.

* **NOM** s. m. (lat. *nomen*). Terme dont on a coutume de se servir pour désigner une personne ou une chose, une agrégation de personnes ou de choses : *un nom propre; un nom de baptême.* — Se prend quelquefois pour la personne : *un nom figure souvent dans l'histoire.* — PETIT NOM, prénom, nom de baptême. — NOM DE GUERRE, nom que chaque soldat prenait autrefois en entrant au service. On le dit encore d'un nom supposé que l'on prend dans certains états, dans certaines situations où l'on ne veut pas être connu sous son nom de famille : *beaucoup de comédiens ont des noms de guerre.* On le dit aussi quelquefois d'un sobriquet sous lequel une personne est connue. — NOM DE RELIGION, nom que des religieux, des religieuses prennent en entrant au couvent, et qui rappelle ordinairement des idées de dévotion : *Elle a pris pour nom de religion Marie de l'Incarnation.* — DÉCLINER SON NOM, dire qui l'on est, afin de se faire connaître : *il a été obligé de décliner son nom.* — JE NE LUI AI JAMAIS DIT PIS QUE SON NOM, je ne lui ai jamais rien dit d'injurieux ni d'offensant. — On ne saurait lui dire pis que son nom, son nom est si décrié, si diffamé, que c'est la plus grande injure qu'on lui saurait dire. — C'est un homme a qui il ne faut pas dire plus haut que son nom, c'est un homme qui s'offense aisément. — Prov. Nommer les choses par leur nom, donner, sans aucun ménagement, aux choses et aux personnes les noms qu'elles méritent : il nomme les choses par leur nom : il appelle les voleurs voleurs, les fripons fripons. — Nommer les choses par leur nom, employer dans la conversation des termes que la bienséance a bannis : il se donne la liberté de nommer toutes les choses par leur nom. — Je réussirai ou j'y perdrai mon nom, je suis décidé à ne rien ménager, à tout sacrifier pour réussir dans cette affaire. — Prat. Titre, qualité en vertu de laquelle on agit, en vertu de laquelle on prétend à quelque chose : il procède au nom et comme tuteur. — Céder ses droits, noms, raisons et actions, transporter les droits et titres en vertu desquels on prétend quelque chose. — Répondre d'une chose en son propre et privé nom, en être personnellement responsable. On dit aussi, Être attaqué, poursuivi en son propre et privé nom, être attaqué, poursuivi directement et personnellement. — Comm. Nom social, le nom que des associés doivent signer pour représenter la raison de leur commerce. — Réputation : il s'est acquis, il a acquis un grand nom. — La gloire de son nom, sa gloire, sa renommée : la gloire de son nom était parvenue jusqu'aux contrées lointaines. — Cet homme est sans nom, c'est un homme sans nom, on ne le connaît point dans le monde, il est sans crédit, sans autorité, sans réputation. — Naissance, noblesse : c'est un homme de nom. — C'est un nom qui s'éteint, se dit d'une famille dont le nom ne peutplus se continuer faute d'héritiers mâles. — Se dit quelquefois d'une épithète, d'une qualification morale : ce prince a mérité le nom de grand. — Le nom chrétien, le nom romain, le nom français, etc., tous les chrétiens, le christianisme; tous les Romains, l'empire romain; tous les Français, la monarchie française, etc : le nom romain s'était répandu par toute la terre. — Le nom de père, d'époux, etc., le titre, la qualité de père, d'époux, etc. : on avilit le nom d'époux en se prêtant aux dérèglements de sa femme.

> Et puisque l'on ne peut, grâce à la loi sévère,
> Sans cesser d'être libre, être époux, être pere,
> Mon cher oncle, à ce prix, je ne suis point jaloux
> D'acheter les beaux noms et de père et d'époux.
> Collin d'Harleville. L'Inconstant, acte II, sc. x.

— Gramm. Mot qui sert à désigner ou à qualifier une personne ou une chose, les personnes ou les choses : le nom est susceptible de nombre et de genre. — Au nom de loc. prépos. De la part de : il est allé emprunter de l'argent au nom de son maître. On dit aussi dans le même sens, En mon nom, En son nom, etc. — En considération de : je vous demande cela au nom de notre ancienne amitié, au nom de tout ce que vous avez de plus cher. — De nom loc. adv. qui se dit par opposition à réellement et de fait : il n'était roi que de nom : le maire du palais gouvernait l'État. — Encycl. Les noms de personnes ne consistaient d'ordinaire, à l'origine, qu'en un seul mot, comme Lévi, Aaron, dans les généalogies hébraïques; mais, avec le temps, il fut nécessaire d'adopter des surnoms. Les Romains avaient tout un système de nomenclature très complet. La république était divisée en clans appelés gentes, subdivisés en familles. Chaque citoyen portait trois noms : le prænomen qui désignait l'individu; le nomen, qui désignait la gens, et le cognomen qui désignait la famille. Ainsi Publius Cornelius Scipio appartenait à la gens Cornelia et à la famille des Scipio; et Publius était son nom individuel. Quelquefois on donnait un quatrième nom, agnomen, généralement à la suite de quelque

succès militaire, comme Publius Cornelius Scipio Africanus. Il n'y avait guère que 30 prénoms reconnus. En Angleterre, il n'y eut pas de surnoms avant l'invasion normande, et ce ne fut pas l'habitude d'abord de les transmettre du père au fils. Au milieu du XIIe siècle, on trouva essentiel qu'une personne de qualité portât un surnom. Après la réformation, la tenue des registres paroissiaux contribua à donner en Angleterre de la permanence aux surnoms. . — Les papes changent leur nom le jour de leur élection (voy. Conclave); cette coutume a été introduite par le pape Sergius Ier, dont le vrai nom, d'après Platina, était Groin (687). Mais Onuphrius prétend que Jean XII (956) fut le premier qui adopta ce changement, en imitation de saint Pierre et saint Paul, qui s'étaient appelés primitivement Simon et Saul. Dans beaucoup de communautés religieuses d'hommes et dans presque tous les couvents de femmes, il est d'habitude de quitter son nom de famille pour prendre celui d'un saint. — Législ. « Aucun citoyen ne peut porter de nom ni de prénom autres que ceux exprimés dans son acte de naissance (L. 6 fructidor an II), sous peine d'une amende de 500 fr. à 10,000 fr. (C. pén. 259). Et celui qui a pris un nom supposé en se faisant délivrer un passeport ou un permis de chasse est en outre puni d'un emprisonnement de trois mois à un an (id. 154). Le nom attribué à tout enfant, au moment où sa naissance est déclarée est celui de son père légitime. Les noms en usage dans les différents calendriers et ceux des personnages connus de l'histoire ancienne peuvent seuls être reçus comme prénoms sur les registres de l'état civil (L. 11 germinal an XI, art. 1er). Les changements de noms peuvent être obtenus sur demande adressée au ministre de la justice, par l'intermédiaire d'un référendaire au sceau. Lorsqu'il y a motif suffisant, l'autorisation de changer de nom est accordée, après enquête, par un décret rendu dans la forme des règlements d'administration publique. — Les droits de sceau s'élèvent à 650 fr. Ladite autorisation ainsi conférée n'a d'effet définitif et ne peut recevoir son exécution qu'après un délai d'une année à compter du jour de cette insertion au Bulletin des lois; et, pendant le délai, toute personne y ayant droit est admise à présenter requête au gouvernement afin d'obtenir la révocation du décret d'autorisation (id. art. 4 et s.). Si le changement demandé consiste seulement dans la rectification d'une erreur commise dans un des actes de l'état civil, il est statué par le tribunal de première instance, sur le rapport d'un juge et sur les conclusions du ministère public. Aucune rectification n'est faite sur l'acte; mais le jugement rectificatif est inscrit sur les registres de l'état civil; mention en est faite en marge de l'acte réformé, et les expéditions de cet acte ne sont plus délivrées qu'avec les rectifications ordonnées (C. civ. 99 à 401; C. pr. 855 et s.). L'adoption régulièrement faite confère le nom de l'adoptant à l'adopté, en l'ajoutant à son propre à ce dernier (C. civ. 347). — L'usurpation du nom d'un fabricant sur des objets fabriqués est punie d'un emprisonnement de trois mois à un an et d'une amende de 50 fr. au moins (L. 28 juillet 1824). — La détermination des noms des rues et places publiques a été longtemps considérée comme faisant partie de la police municipale et comme rentrant dans les attributions des maires; mais la loi du 5 avril 1884 (art. 68, 7°) a rangé cette matière parmi celles sur lesquelles les conseils municipaux (celui de Paris excepté) sont appelés à statuer, sauf approbation des délibérations par le préfet. »

(Ch. Y.)

* NOMADE adj. (gr. nomas; de nomenô, je fais paître). Errant, qui n'a point d'habitation fixe. Se dit surtout des nations, des tribus, des peuplades : les Tartares sont des peuples nomades. — Substantiv. : C'est un peuple de nomades.

NOMARCHIE s. f. [no-mar-chi] (gr. nomarchia; de nomos, nome; arké, commandement). Gouvernement d'un nome, fonction d'un nomarque. — Division administrative de la Grèce : la Grèce est divisée en nomarchies ou préfectures. (Voy. Grèce.)

* NOMARQUE s. m. Antiq. Gouverneur d'un nome dans l'ancienne Égypte, et dans la Grèce actuelle.

NOMBLES s. m. pl. (bas lat. numbile). Nom donné aux deux muscles de l'intérieur de la cuisse chez le cerf et le bœuf.

NOMBABLE adj. Qui peut être nombré.

* NOMBRANT adj. m. Qui nombre. N'est usité que dans cette locution, Nombre nombrant. (Voy. Nombre.)

* NOMBRE s. m. (lat. numerus). Unité, collection d'unités, parties de l'unité : le nombre se considère de deux manières, comme nombre abstrait, ou comme nombre concret. — Nombre abstrait, tout nombre considéré en lui-même, sans application à rien de déterminé. On dit aussi, mais plus rarement, Nombre nombrant : l'unité est le principe des nombres. — Nombre cardinal, tout nombre qui sert à marquer la quantité, comme : un, deux, trois, etc. Nombre d'ordre ou ordinal, tout nombre qui sert à marquer l'ordre, comme : premier, second, troisième, etc. Nombre collectif, tout nombre qui exprime l'assemblage de plusieurs nombres, comme : une dizaine, une vingtaine, une centaine, etc. — Nombre entier, celui qui contient l'unité un certain nombre de fois exactement, comme : un, deux, trois, quatre, cinq, etc.; et, Nombre fractionnaire, celui qui ne contient que des parties de l'unité, comme : un demi, deux tiers, trois quarts, etc., on l'appelle autrement Fraction. — Nombre rond, nombre complet, parfait, sans fraction, par rapport à un autre nombre qui en approche : cinquante est un nombre rond par rapport à quarante-neuf et à cinquante et un. — Nombre premier, tout nombre qui ne peut être divisé exactement et sans reste par aucun autre nombre que par l'unité, comme : trois, cinq, sept, onze, treize, etc. — Nombres premiers entre eux, nombres qui n'ont point de diviseur commun, tels que dix-huit et trente-cinq. — Nombre carré, tout nombre qui vient de la multiplication d'un nombre par lui-même, comme, quatre, qui vient de la multiplication de deux par deux; neuf, qui vient de la multiplication de trois par trois; vingt-cinq, qui vient de la multiplication de cinq par cinq, etc. — Nombre cube ou cubique, le produit d'un nombre multiplié deux fois par lui-même. Ainsi, huit est un nombre cube, dans lequel quatre, qui est le nombre carré, a été multiplié par sa racine, qui est deux. — Nombre décimal, nombre de parties de l'unité divisée en dix. — Numération. Nombre, dizaine, centaine, mille, etc., unité, dizaine, centaine, etc. — Nombre concret, se dit de l'application du nombre abstrait à quelque sujet que ce soit. On dit aussi, mais beaucoup plus rarement, Nombre nombré : les juges n'étaient pas en nombre, en nombre suffisant, en nombre compétent. — N'être là que pour faire nombre, se dit d'une personne qui n'est de nulle considération dans la compagnie dont elle est membre. — Le livre des Nombres, ou Les Nombres, le quatrième des livres de Moïse, ainsi appelé, parce qu'il contient le dénombrement du peuple hébreu. — Astron. et Chronol. Nombre d'or, le nombre dont on se sert pour marquer chaque année du cycle lunaire, qui est une révolution de dix-neuf années, au bout desquelles les nouvelles et les pleines lunes retombent à peu près au même jour et à la même heure. — Quantité,

multitude : *il y avait un nombre infini de per- sonnes à cette fête.* — LIVRES EN NOMBRE, ceux don't un marchand de livres d'occasion pos- sède de nombreux exemplaires. — L'ASSEMBLÉE N'EST PAS EN NOMBRE, elle ne compte pas un assez grand nombre de membres présents pour émettre un vote valable. — Gramm. Se dit des noms et des verbes, selon qu'ils s'appliquent à une chose ou à plusieurs : *nombre singulier; nombre pluriel.* — Harmonie qui résulte d'un certain arrangement de mots dans la prose et dans les vers : *cette période, cette phrase, ce style, cette prose, cette poésie a du nombre, manque de nombre.* — Dans le nombre loc. adv. Qui signifie, parmi plusieurs, entre plusieurs; et qui s'emploie relative- ment à des personnes ou à des choses dont on vient de parler : *j'ai vu ces tableaux; dans le nombre, il y en a beaucoup de médiocres, il n'y en a qu'un d'excellent.* — Au nombre, du nombre loc. prép. Parmi, au rang : *on l'a mis au nombre des saints, des martyrs.* — Adv.: *j'ai vu la liste des personnes invitées, vous n'êtes pas du nombre.* — Sans nombre loc. adv. Qui se dit d'une grande multitude, d'une quantité que l'on suppose innombrable : *cet événement a eu des témoins sans nombre.* — ∾ NOMBRE DE FOIS, souvent.

* NOMBRER v. a. Supputer combien il y a d'unités dans une quantité. Ne s'emploie presque plus que dans un sens négatif, et relativement à des choses qui ne sont pas de nature à être comptées : *on ne saurait nom- brer les grains de sable de la mer.*

NOMBREUSEMENT adv. En grand nombre.

* NOMBREUX, EUSE adj. Qui est en grand nombre : *l'assemblée, la compagnie était fort nombreuse.* — Fig. Harmonieux, qui flatte l'oreille par un heureux choix et une habile disposition des mots : *une période nombreuse; son style est nombreux.*

* NOMBRIL s. m. [non-bri]. Partie qui est au milieu du ventre de l'homme et des qua- drupèdes et qui est la cicatrice du cordon ombilical, par lequel le fœtus reçoit sa nour- riture : *lier le nombril aux enfants nouveau- nés.* — Bot. Certaines cavités qu'on aperçoit à la partie des fruits qui est opposée à la queue, et auxquelles les jardiniers donnent le nom d'ŒIL.

* NOME s. m. (gr. *nomos*, loi). Antiq. Mot emprunté du grec, et qui signifie proprement loi. Ce mot, lorsqu'on parle de la poésie des anciens, désigne, une sorte de poèmes qui se chantaient en l'honneur d'Apollon, comme les dithyrambes se chantaient en l'honneur de Bacchus. Lorsqu'on parle de la musique des anciens, ce mot désigne un chant ou un air assujetti à une certaine cadence, à laquelle il n'était pas permis de manquer, en chan- geant à son gré le ton de la voix, ou celui des cordes de l'instrument; les *nomes* em- pruntaient leur dénomination de certains peuples, *nome éolien, nome béotien;* ou de la nature du rhythme, *nome orthien, nome tro- chaïque;* ou de leurs inventeurs, *nome hiéra- cien, nome polymnestan;* ou de leur sujet, *nome pythique;* ou enfin de leur mode; *nome aigu, nome grave.* — Préfecture, gouverne- ment. Se dit surtout des différentes parties de l'Egypte, suivant une ancienne division du pays : *l'Egypte fut divisée par Sésostris en trente-six nomes.*

NÔME s. m. (lat. *nomen*, nom). Algèb. Terme joint à un autre par le signe + ou par le signe —. Le mot nôme est entré dans la for- mation de monôme, binôme, polynôme, etc.

* NOMENCLATEUR s. m. Esclave dont les Romains qui briguaient les magistratures se faisaient accompagner, afin qu'il leur dît le nom des citoyens qu'ils rencontraient, et qu'ils avaient intérêt de saluer. — Celui qui s'applique à la nomenclature d'une science ou d'un art. — ∾ AU FÉM. NOMENCLATRICE.

* NOMENCLATURE s. f. Collection des mots employés pour désigner les différents objets d'une science ou d'un art : *la nomenclature de la géométrie, de la botanique, de la gram- maire.* — Ensemble des mots qui composent un dictionnaire : *la nomenclature de ce dic- tionnaire n'est pas exacte, n'est pas complète.* — Nomenclature chimique, vocabulaire des termes usités en chimie. Plusieurs chimistes avaient compris l'importance qu'il y avait à désigner les corps composés par les noms de leurs composants, et s'étaient efforcés de remplacer avantageusement les noms vagues et irrationnels adoptés par les alchimistes ; mais on n'avait conçu aucun système général avant l'adoption de l'admirable méthode de nomenclature proposée par Guyton de Mor- veau en 1782, modifiée par un comité de l'Académie française dont Lavoisier était pré- sident, en 1787, et publiée sous les auspices de ce corps dans un volume intitulé *Méthode de nomenclature chimique.* Elle a pour carac- tère principal de former, d'une manière sim- ple et uniforme, les noms des composés avec les noms des substances qui les composent. Les éléments seuls ne sont sujets à aucune règle, leurs noms dépendent généralement du choix de celui qui les découvre. Dans le cas de l'oxygène, de l'hydrogène, du chlore et d'un petit nombre d'autres, on a tenté d'exprimer par le nom de l'élément quelqu'un de ses caractères ; mais la plupart du temps, ce sont des noms dénués de toute significa- tion chimique qu'on a choisis. Conformément à l'idée suggérée par Davy, les noms des métaux récemment découverts ont uniformé- ment reçu la terminaison um, comme po- tassium, sodium, etc. Les noms d'une autre classe d'éléments se terminent en ine, comme aniline, nicotine, etc. Devant l'importance supérieure acquise par l'oxygène à la suite des expériences de Lavoisier, il n'est pas étonnant qu'on ait accordé une attention particulière à cet élément. Et de fait ses com- posés forment la base du système. Les com- posés binaires de l'oxygène sont, à l'exception d'un petit nombre de substances neutres, soit des bases, soit des acides. On les appelle oxydes, la finale indiquant la combinaison avec l'oxygène. Le terme oxyde est actuel- lement limité aux composés qui sont dépour- vus de propriétés acides. On appelle souvent les acides oxacides. Le nom d'un oxyde particulier quelconque se forme en ajoutant à ce terme générique le nom de l'autre élé- ment, comme oxyde de plomb. En règle générale, le nom de l'élément électro-négatif d'un composé en détermine le genre, tandis que celui de l'élément électro-positif en dé- finit l'espèce. Les noms des composés basi- ques de l'oxygène forme avec les métaux dont les noms finissent en um prennent sou- vent la terminaison muette e ; ainsi, au lieu d'oxyde de sodium et d'oxyde de baryum, on se sert des termes soude et baryte. Par une exception remarquable, l'oxyde de calcium s'appelle ordinairement chaux. L'oxygène se combine ordinairement avec les autres élé- ments en des proportions variées, et forme ainsi plusieurs bases. On applique le préfixe proto à l'oxyde dans lequel un équivalent d'oxygène est uni à un équivalent de l'autre élément. Un oxyde contenant moins d'un équivalent d'oxygène pour un de l'autre élé- ment, est appelé sous-oxyde. Le préfixe ses- qui (un et demi) dénote un composé où l'oxygène est à l'autre élément dans la pro- portion de 3 à 2; deuto ou bi, un oxyde contenant deux équivalents d'oxygène ; et trito ou ter, un oxyde contenant trois équiva- lents d'oxygène pour un de l'autre élément. La base qui contient la plus grande quantité d'oxygène reçoit souvent le nom de peroxyde (per, préposition indiquant l'extrémité, le plus haut degré). Lorsque la nomenclature fut établie, on croyait que l'oxygène, en se

combinant avec un autre élément, ne pou- vait former que deux acides. On les distin- guait l'un de l'autre en donnant au nom du second élément la terminaison ique dans la combinaison où l'oxygène entrait pour la plus grande part, et la terminaison eux pour celle qui contenait le moins d'oxygène ; le mot acide était dans tous les cas employé, exemple : acide sulfureux et acide sulfurique. On a étendu ces terminaisons à des composés binaires où l'élément électro-négatif est autre que l'oxygène, tels que les chlorures ferreux et ferriques, les iodures mercureux et mer curiques. Un grand nombre de composés binaires du soufre sont analogues à ceux de l'oxygène. On les appelle sulfures, et, en rè gle générale, ils correspondent aux oxydes Comme ceux-ci, on peut les classer en acides, bases et corps neutres. Les corps des deux premières classes, comme les oxacides et les bases, s'unissent entre eux pour former des sulfosels. (Voy. SELS.) Les acides de soufre sont nommés en préfixant le terme sulfo au nom de l'acide d'oxygène correspondant ; ainsi le composé de carbure et de soufre analogue à l'acide carbonique s'appelle acide sulfo-carbonique. Les noms des composés binaires, ou sels, dans le sens primitif du mot, se forment en combinant les noms de l'acide et de la base dont ils sont composés. Si le nom de l'acide se termine en ique, le nom du sel se terminera en ate; s'il se termine en eux, le nom du sel se terminera en ite ; et l'on fait précéder les mots ainsi formés du nom de la base. Lorsqu'un sel contient comme base l'oxyde d'un métal qui ne forme avec l'oxygène qu'une seule base bien défi nie, on sous-entend d'ordinaire dans son appellation les mots « oxyde de ». S'il existe d'un seul oxyde basique capable de se combiner avec les acides, on conserve dans les noms des sels le préfixe distinctif de chacune de ces combinaisons ; ainsi l'on dira sulfate de protoxyde de fer et sulfate de sesquioxyde de fer. Ces sels s'appellent aussi souvent protosulfate et persulfate de fer, étant entendu que les préfixes se rappor- tent au degré d'oxydation du métal. — Tant que l'attention des chimistes s'est portée principalement sur les composés inorgani ques, le système de nomenclature que nous venons de décrire s'est trouvé suffisant ; mais il a été impuissant à fournir des noms con venables pour maintes classes nouvelles de composés. Le défaut radical de ce système est son intime dépendance de la théorie appelée dualistique, laquelle suppose que tous les composés peuvent être divisés en deux fac teurs, théorie généralement rejetée aujour d'hui. Les composés organiques sont habi tuellement divisés en familles ou groupes naturels, dont les noms génériques sont fournis par quelque substance bien connue, à laquelle chaque membre du groupe se rattache d'une façon ou de l'autre. Ainsi le terme alcool s'applique à une grande classe de corps analogues à l'alcool commun, cha que corps spécial de la même classe étant désigné particulièrement par l'adjonction d'un nom ou d'une épithète spécifique ; ainsi alcool méthylique (esprit de bois); alcool d'éthyle (alcool commun), etc. De la même manière, l'éther est le nom générique d'une grande classe de corps dont l'éther commun est le type. Pour les composés produits par substitution, on forme les noms en préfixant au nom du composé primitif celui de l'élé- ment ou des éléments nouvellement intro duits. Les préfixes bi, ter, etc. ou di, tris, tetra, etc., si les substances remplaçantes possèdent des propriétés basiques, sont usités pour indiquer les cas où deux ou plusieurs équiva lents d'un élément quelconque se trouvent substitués. Beaucoup de chimistes ont cher ché à appliquer des noms se terminant de la même manière à tous les corps d'une classe donnée. Quoiqu'il ne soit pas facile d'appliquer ce principe dans le détail, il l'a été avec succès aux radicaux composés qui se terminent en *yle*, comme éthyle, méthyle, etc. Les noms des alcaloïdes, et en général des bases qui ne sont pas des radicaux comme l'éthyle, se terminent en *ine*; ainsi strychnine, morphine, etc. De récents changements dans la notation chimique (voy. CHIMIE) ont rendu nécessaires des changements correspondants dans la nomenclature. Ainsi, au lieu de dire, comme autrefois, carbonate de potasse, il est habituel de dire aujourd'hui carbonate de potassium; au lieu d'acide carbonique, bioxyde de carbone; au lieu de protosulfate de fer, sulfate ferreux, et au lieu de persulfate de fer, sulfate ferrique, etc.

NOMENCLATURER v. a. Faire une nomenclature.

NOMENOÉ ou **Nominoé**, duc ou roi de Bretagne, mort à Vendôme en 851. Il soutint une guerre heureuse contre Charles le Chauve, essaya de se rendre indépendant et prit le titre de roi vers l'an 825.

NOMÉNY, ch.-l. de cant., arr. et à 28 kil. N. de Nancy (Meurthe-et-Moselle), sur la rive droite de la Seille; 1,200 hab. Jadis titre d'un marquisat.

NOMINAL, ALE, AUX adj. Qui dénomme, ou qui est dénommé. Ne s'emploie guère que dans les locutions suivantes : APPEL NOMINAL, action d'appeler successivement par leur nom les membres d'une assemblée : *on procéda à l'appel nominal ; tous les membres se trouvèrent présents et votèrent.* — PRIÈRES NOMINALES, se disait en parlant du droit honorifique qu'avaient les patrons et hauts justiciers d'être nommés aux prières du prône. — VALEUR NOMINALE, valeur exprimée sur un papier-monnaie, sur un effet de commerce, etc., et qui est ordinairement au-dessus de la valeur réelle : *la valeur de ces billets, dans le commerce, est bien au-dessous de leur valeur nominale.*

NOMINALEMENT âdv. De nom, avec une valeur nominale : *cela n'existe que nominalement.*

NOMINALIES s. f. pl. (lat. *nominalia*). Antiq. rom. Fêtes que l'on célébrait le jour où l'on donnait un nom à un enfant.

NOMINALISME s. m. Une des principales doctrines qui se partagèrent la philosophie scolastique et suivant laquelle les universaux, c'est-à-dire les termes qui expriment les idées générales ne sont que de pures dénominations qui ne correspondent à aucune réalité : *le nominalisme était l'opposé du réalisme.* (Voy. PHILOSOPHIE.) Le fondateur du nominalisme, Jean Roscelin, chanoine à Compiègne, fut condamné vers la fin du concile de Soissons (1092), mais la controverse renaquit au XIIe siècle. Les plus célèbres nominalistes ont été Abélard, Occam, Hobbes, Locke, Berkeley, etc.

NOMINALISTE adj. Qui appartient au nominalisme. — Substantiv. Partisan du nominalisme ; au pluriel, on dit ordinairement LES NOMINAUX.

NOMINATAIRE s. m. Celui qui était nommé par le roi à un bénéfice.

NOMINATEUR s. m. Celui qui nomme, qui a droit de nommer : *le roi était le nominateur des bénéfices consistoriaux, des bénéfices qui vaquaient en régale.*

NOMINATIF s. m. (lat. *nominativus*). Gram. Le nom tel qu'il est avant d'être décliné, dans les langues qui ont des cas : *le nominatif d'un nom, d'un adjectif, d'un pronom.* — Mot qui, dans l'ordre direct, précède le verbe, et qu'on appelle en logique le sujet de la proposition ; parce que, dans les langues qui ont des cas, ce mot est toujours au nominatif. Dans cette phrase, *Le père aime le fils*,

c'est *le père* qui est le nominatif; et dans cette autre, *Le fils aime le père*, c'est *le fils* qui est le nominatif.

* **NOMINATIF, IVE** adj. Qui dénomme, qui contient des noms : *l'état nominatif des employés d'un ministère.*

* **NOMINATION** s. f. Action de nommer à quelque emploi, à quelque charge, à quelque dignité, etc. : *on a fait la nomination aux places vacantes dans ce tribunal.* — Droit de nommer à un emploi, à une charge, à une dignité, etc. : *adressez-vous au ministre pour cet emploi, la nomination lui en appartient.* — Se dit aussi, dans le sens passif, en parlant de celui qui a été nommé à un emploi, à une charge, à une dignité, etc. JE NE L'AI POINT ENCORE VU DEPUIS SA NOMINATION AU MINISTÈRE, depuis qu'il a été nommé ministre.

* **NOMINATIVEMENT** adv. Par son nom : *interpellé nominativement de répondre, il a déclaré que* :

* **NOMINAUX** s. m. pl. Voy. NOMINALISTE.

* **NOMMÉ, ÉE** part. passé de NOMMER. — Fam. ETRE BIEN NOMMÉ, MAL NOMMÉ, se dit d'une personne dont le nom propre est un nom significatif qui lui convient ou qui ne lui convient pas. — ÉVÊQUE NOMMÉ, évêque qui a été nommé par le souverain, mais qui n'a pas encore reçu ses bulles du pape. — s. A *qui est cette maison? C'est à un nommé Dubois.* Cette manière de parler emporte l'idée d'infériorité dans celui qu'on désigne. — A point nommé loc. adv. Précisément, au temps qu'il faut, fort à propos : *il arriva à point nommé, comme le combat allait commencer.* — A jour nommé loc. adv. Au jour qui avait été marqué, dont on était convenu : *il se trouva au rendez-vous à jour nommé.*

* **NOMMÉMENT** adv. [no-mé-man]. Avec désignation par le nom. Ce terme est principalement en usage lorsque, après avoir parlé de plusieurs personnes ou de plusieurs choses en général, on vient à en désigner quelques-unes par leur nom : *on accuse plusieurs personnes, et nommément tels et tels.*

* **NOMMER** v. a. (rad. nom). Donner, imposer un nom : *il fut le premier qui découvrit cette île, qui rapporta en France cette plante, et il la nomma de son nom.* — Se dit aussi en parlant de certaines épithètes, de certaines qualifications qu'on joint quelquefois aux noms propres, soit des personnes, soit des villes : *Gênes a été nommée la Superbe, à cause de la beauté de ses édifices.* — Dire le nom d'une personne, d'une chose; dire comment une personne, une chose s'appelle : *si vous voulez, je vous nommerai mon auteur.* — Citer :

Le reste ne vaut pas l'honneur d'être nommé.

CORNEILLE, *Cinna*, acte V, sc. I.

— NOMMER SES COMPLICES, les déclarer, les faire connaître. — NOMMER QUELQU'UN SON PROTECTEUR, SON LIBÉRATEUR, SON BIENFAITEUR, l'appeler son protecteur, son libérateur. — NOMMER QUELQU'UN A UN EMPLOI, A UNE CHARGE, A UNE DIGNITÉ, choisir, constituer quelqu'un pour posséder un emploi, une charge : l'élever à une dignité : *le roi l'a nommé à l'ambassade de Rome.* On dit dans le même sens : *le roi l'a nommé ministre des affaires étrangères, ambassadeur en Angleterre.* — NOMMER QUELQU'UN SON HÉRITIER, l'instituer son héritier. — NOMMER D'OFFICE, se dit du juge qui, d'après la loi, choisit et nomme des experts, des arbitres, des défenseurs, etc. : *l'une des parties n'ayant pas nommé d'expert, le tribunal en a nommé pour elle un d'office.* — Se nommer v. pr. Déclarer son nom : *vous êtes obligé de vous nommer.* — COMMENT SE NOMME-T-IL ? Comment est-il nommé ? quel est son nom ?

NOMOGRAPHE s. m. (gr. *nomos*, loi ; *graphô*, j'écris). Celui qui écrit sur les lois.

NOMOLOGIE s. f. (gr. *nomos*, loi ; *logos*, discours). Science des lois.

* **NOMOTHÈTE** s. m. (gr. *nomos*, loi ; *tithémi*, je place). Antiq. gr. Membre élu d'une commission qui, chez les Athéniens était chargée d'examiner celles des lois existantes dont on demandait la révision ou l'abrogation et d'y apporter les modifications nécessaires.

* **NON** (lat. *non*). Particule négative, qui est directement opposée à la particule affirmative oui : *il ne dit jamais non.* — Se joint souvent avec la particule PAS : *prendrai-je cela ? Non pas, s'il vous plaît.*

Aimés qu'on vous conseille et non pas qu'on vous loue.

BOILEAU.

— S'emploie aussi d'une manière simplement négative, sans opposition directe à oui : *il en est fâché, non sans cause.* — Se met, quelquefois, au commencement d'une phrase négative pour en annoncer le caractère, et pour fortifier l'expression de la pensée : *non, je n'en ferai rien.*

Non, je ne prétends point troubler votre alliance.

J. RACINE, *Alexandre*, acte. II. sc. III.

— On le redouble même quelquefois, pour s'exprimer plus énergiquement : *non, non, je n'y consentirai jamais.*

Non, non, vos intérêts me touchent davantage.

J. RACINE, *La Thébaïde*, acte II, sc. III.

— Se joint aussi aux adverbes *Certes*, *certainement*, *vraiment*, etc., qui rendent la négation plus formelle : *non certes, non vraiment, je ne le ferai pas.* — Se joint quelquef. à des noms adjectifs ou substantifs, et à des verbes : *tous les gens non intéressés, non préoccupés, non solvables, non recevables. Non-prix.* (Voy. PRIX.) *Fin de non-recevoir.* (Voy. FIN.) — Substantiv. *Ils sont gens à se brouiller pour un oui ou pour un non.* — Non seulement loc. adv. qui est ordinairement suivie de la conjonction adversative *mais* : *non seulement il n'est pas savant, mais il est très ignorant.* — Non plus loc. adv. Pas plus : *il n'en fut non plus ému que s'il eût été innocent.* — Pareillement; mais il n'a cette acception que dans une phrase négative : *vous ne le voulez pas, ni moi non plus.*

* **NON-ACTIVITÉ** s. f. Position d'un officier qui, momentanément, n'exerce aucune fonction.

* **NONAGÉNAIRE** adj. (lat. *nonagenarius*). Qui a quatre-vingt-dix ans. N'est guère usité qu'en parlant de l'espèce humaine : *un homme, une femme nonagénaire.* — Substantiv. *Un nonagénaire.*

* **NONAGÉSIME** adj. m. (lat. *nonagesimus*). N'est usité qu'en astronomie, dans cette locution, LE NONAGÉSIME DEGRÉ, ou simplement, LE NONAGÉSIME, le point de l'écliptique qui est éloigné de quatre-vingt-dix degrés des points où l'écliptique coupe l'horizon.

NONAGONE s. m. (lat. *nonus*, neuvième, gr. *gônia*, angle). Géom. Figure qui a neuf angles.

NONANCOURT, ch.-l. de cant., arr. et à 35 kil. S. d'Évreux (Eure) ; sur l'Avre ; 2,000 hab. Filatures de laine et de coton ; tanneries; commerce de grains, etc. Restes des fortifications. Cette ville fut assiégée par Louis VII de France (1152), prise par Richard Cœur de Lion (1196), reprise par Philippe Auguste, et entièrement détruite par les Anglais (1424). On ne la reconstruisit que vingt ans plus tard.

NONANDRE adj. (lat. *nonus*, neuvième ; gr. *anèr, andros*, mâle). Bot. Qui a neuf étamines.

NONANTE adj. (lat. *nonus*, neuvième). Nom de nombre cardinal composé de neuf dizaines. On dit aujourd'hui : *quatre-vingt-dix.*

* **NONANTIÈME** adj. Nombre ordinal qui répond à l'adjectif numéral nonante : *la nonantième année de son âge*. Il a vieilli; on dit, QUATRE-VINGT-DIXIÈME.

NON BIS IN IDEM [nonn-biss-inn-idèmm], locution latine qui signifie littéralement, *non deux fois pour le même motif*, et que l'on employait en jurisprudence pour dire qu'on ne poursuivait pas un inculpé deux fois pour le même délit. — Pop. Il ne faut pas employer deux fois le même moyen.

* **NONCE** s. m. (lat. *nuntius*). Prélat que le pape envoie en ambassade : *le nonce du pape en France, en Espagne*. — Titre des députés que la noblesse des diétines polonaises envoyait à la grande diète, pour composer la chambre de la noblesse. — Législ. « Sous l'ancienne monarchie, le nonce du pape n'était considéré en France que comme l'ambassadeur d'un prince temporel ; il ne pouvait exercer aucune juridiction dans le royaume, même en matière ecclésiastique comme juge délégué du saint-siège. Un arrêt, rendu le 5 août 1591 par le parlement de Paris, séant alors à Tours, décréta de prise de corps le nonce de Grégoire XIV, qui était entré en France sans autorisation du roi, et fit défense à tous banquiers de porter or ni argent à Rome. La loi du 18 germinal an II, porte (art. 2) que « aucun individu se disant nonce, légat, vicaire ou commissaire apostolique, ne peut, sans autorisation du gouvernement, exercer, sur le sol français ni ailleurs, aucune fonction relative aux affaires de l'Église gallicane ». (CH. Y.)

* **NONCHALAMMENT** adv. Avec nonchalance : *il agit si nonchalamment, qu'il manque toutes ses affaires*. — Mollement, avec abandon : *il était couché nonchalamment sur un lit de repos*.

* **NONCHALANCE** s. f. Négligence, manque de soin : *grande, extrême nonchalance*. — Mollesse, abandon : *elle marche, elle parle avec une certaine nonchalance qui n'est pas sans grâce*.

* **NONCHALANT, ANTE** adj. Qui, par insouciance, par mollesse, par négligence, ne se donne pas les soins qu'il devrait : *vous êtes bien nonchalant*. On dit de même : *une humeur nonchalante*. — s. *Un nonchalant; une nonchalante*.

NONCHALOIR v. a. (de *non* et de *chaloir*). Négliger.

* **NONCHALOIR** s. m. (de *non* et de *chaloir*). Nonchalance, abandon :

Elle aime aussi la paix, les champs, l'air frais du soir,
Un penser calme et fort, mêlé de nonchaloir.
SAINTE-BEUVE.

* **NONCIATURE** s. f. (rad. *nonce*). Emploi, charge de nonce : *le pape a nommé tel prélat à la nonciature de France*. — Temps pendant lequel on exerce cet emploi : *cela arriva pendant sa nonciature*.

NON-COMBATTANT s. m. Homme attaché à l'armée, mais dispensé de prendre part aux combats, comme chirurgien, musicien, aumônier, etc.

NON-COMPARANT, ANTE adj. Qui ne comparaît pas en justice. — Substantiv. *Les non-comparants*.

NON-CONDUCTEUR, TRICE adj. Phys. Qui est mauvais conducteur de la chaleur et de l'électricité : *substance non-conductrice*.—Substantiv. *Les non-conducteurs*.

* **NON-CONFORMISTE** s. et adj. Terme générique par lequel on désigne, en Angleterre, ceux des protestants qui s'écartent de la religion anglicane. En vertu de l'acte d'uniformité (*act of uniformity*) de 1558, un grand nombre de pasteurs furent, après 1565, expulsés de leurs bénéfices, et quelques-uns emprisonnés. Un nouvel acte d'uniformité

fut passé en 1662, exigeant que tout ministre pourvu d'un bénéfice et même tout instituteur, acceptât ce qui est contenu dans le « Livre de Prières communes » (*Book of Common Prayer*), et que personne n'occupât aucun poste ecclésiastique sans l'ordination épiscopale. Pour leur refus de se conformer aux exigences de cette loi, 2,000 pasteurs furent expulsés de leurs bénéfices. C'est à ce moment que le terme de non-conformiste entra dans l'usage. (Voy. DISSIDENTS.) — Au plur. Des NON-CONFORMISTES.

NON-CONFORMITÉ s. f. Défaut de conformité : *les non-conformités*.

* **NONE** s. f. (lat. *nona*, neuvième; sous-entendu *hora*, heure). Antiq. rom. Se disait de la quatrième partie du jour qui commençait à la fin de la neuvième heure, ou, selon notre manière de compter, à trois heures après midi.

* **NONE** s. f. Liturg. cathol. Celle des sept heures canoniales qui se chante ou qui se récite après sexte : *où en êtes-vous de votre bréviaire ? J'en suis à none*.

* **NONES** s. f. p. C'était, chez les Romains, le septième jour dans les mois de mars, mai, juillet et octobre, le cinquième dans les autres et toujours le huitième avant les ides.

NON EST HIS LOCUS, locution latine tirée d'Horace (*Art Poét.*, v. 19) et qui signifie : *Ce n'est pas ici le lieu*. On fait souvent un léger changement à cette citation et l'on dit : NON ERAT HIC LOCUS.

NON-ÊTRE s. m. Philos. Ce qui n'a pas d'existence, de réalité : *l'être et le non-être*.

NON-EXÉCUTION s. f. Manque d'exécution.

NON-EXISTENCE s. f. Défaut, manque d'existence.

* **NONIDI** s. m. (lat. *nonus*, neuvième; *dies*, jour). Le neuvième jour de la décade, dans le calendrier républicain.

NONILLION s. m. [no-ni-li-on]. Neuvième ordre d'unités, égal à l'octillion multiplié par mille.

NON-INTERVENTION s. f. Polit. Se dit d'un principe du droit des gens en vertu duquel on ne devrait pas intervenir, militairement ou par menace, dans les affaires des autres peuples.

* **NONIUS** s. m. [no-ni-uss] (de *Nuñez*, mathématicien portugais du XVIe siècle). Echelle de certains instruments de mathématique, formé de très petites parties, et qui sert à déterminer avec une grande précision les quantités que l'on mesure.

NONIUS (Marcellus), l'un des plus anciens grammairiens latins, né à Tubursicum (Numidie), vers le IIIe siècle de notre ère. Il a laissé un important traité intitulé *Nonii Marcelli peripaletici tubericensis de compendiosa doctrina per litteras ad filium*, quelquefois appelé par erreur *De proprietate sermonis*. L'une des meilleures éditions est celle qui fut publiée en 1842, à Bâle, par Gerlach et Roch. La meilleure de toutes est celle de L.-M. Quicherat (1872).

* **NON-JOUISSANCE** s. f. Palais. Privation de jouissance : *il lui est dû une indemnité pour la non-jouissance du terrain qui lui était affermé*.

NON LICET OMNIBUS ADIRE CORINTHUM, locution latine qui signifie mot à mot : *Il n'est pas loisible à tout le monde d'aller à Corinthe*, et que l'on emploie, fig., pour dire que tout le monde ne peut avoir la fortune, l'esprit, la science en partage.

* **NON-LIEU** s. m. Jurispr. Ne s'emploie guère que dans cette expression, ORDONNANCE DE NON-LIEU, déclaration d'un juge, d'un tribunal pour constater qu'il n'y a pas sujet

de donner suite à une plainte, à une action en justice.

NON LIQUET [nonn-li-kuètt]. Mot latin qui signifie : *Ce n'est pas clair*.

NON MI RICORDO, locution italienne qui signifie : *Je ne me souviens pas*. (Voy. BERGAMI.)

* **NON-MOI** s. m. Philos. Se dit, par opposition au *moi* métaphysique, de tout ce qui nous est extérieur.

* **NONNAIN** s. f. (dimin. de *nonne*). Par plaisant. Petite nonne :

Tel fut l'adieu d'une nonnain poupine.
GRESSET. *Vert-Vert*.

* **NONNE** s. f. (lat. *nonna*; de non *nupta*, non mariée). Religieuse : *un couvent de nonnes*. Ne se dit plus qu'en plaisanterie.

Désir de fille est un feu qui dévore ;
Désir de nonne est cent fois pis encore.
GRESSET. *Vert-Vert*.

NONNERIE s. f. Couvent de nonnes. Ne se prend guère qu'en mauvaise part.

* **NONNETTE** s. f. Jeune nonnain :

A son réveil, de la fraîche nonnette,
Libre témoin il voyait la toilette.
GRESSET. *Vert-Vert*.
...... Les nonnettes sans voix,
Font, en fuyant, mille signes de croix.
GRESSET. *Vert-Vert*.

— Nom qu'on donne à de petits pains d'épice de forme ronde et d'un goût délicat, que des religieuses ont fabriqués les premières : *nonnettes de Reims, nonnettes de Dijon*.

NONNEUR s. m. Argot. Compère de voleur à la tire.

NON-NOBLE s. m. Roturier : *les non-nobles*.

NONNOTTE (L'ABBÉ Claude-François), jésuite et littérateur né et mort à Besançon (1711-'93). Il prêcha pendant plusieurs années à Paris, à Versailles et à Turin. Ayant publié contre Voltaire la *Réfutation du livre des mœurs* (Paris, 1757, in-12) et les *Erreurs de Voltaire* (Avignon, 1762, 2 vol. in-12), il s'attira la colère du célèbre philosophe qui l'accabla de sarcasmes dans ses *Éclaircissements historiques*. Nonnotte a laissé un *Dictionnaire philosophique de la religion en réponse aux objections des incrédules* (Avignon, 1772, 4 vol. in-12); *Les philosophes des trois premiers siècles* (Paris, 1789 in-12). Les *Œuvres de Nonnotte* ont été publiées à Besançon (1819, 8 vol. in-8o).

NONNUS, poète grec, né à Panoplis (Egypte) au Ve siècle après J.-C. Il est l'auteur d'un poème en 48 chants, les *Dionysiaques*, traduit en français par Boitel (Paris, 1625, in-8o) et par le comte de Marcellus dans la *Bibliothèque des auteurs grecs* de Didot (1856, gr. in-8o).

NONO adv. Mot latin qui signifie : *neuvièmement*.

* **NONOBSTANT** prépos. (lat. *non*, non; *obstare*, mettre obstacle). Malgré, sans avoir égard à : *il a été obligé de payer, nonobstant l'appel*. Palais. NONOBSTANT OPPOSITION OU APPELLATION QUELCONQUE.

NON OMNIS MORIAR, paroles d'Horace (ode XXIV, liv. 3, 6) qui signifient : *Je ne mourrai pas tout entier*.

* **NON-PAIR, NON-PAIRE** adj. Signifie la même chose qu'IMPAIR, et est moins usité.

* **NONPAREIL, EILLE** adj. [ll mll.]. Qui excelle par-dessus tous les autres, qui est sans pareil, sans égal : *un mérite nonpareil*. (Peu usité.)

* **NONPAREILLE** s. f. [ll mll.]. Ce qu'il y a de plus petit. — Se dit, en mercerie, d'une sorte de ruban fort étroit : *un nœud de nonpareille*. — Se dit, chez les confiseurs, d'une sorte de dragée fort menue : *de la nonpareille de Verdun*. — Typogr. Se dit, d'un des plus petits caractères, que l'on fond maintenant

sur un corps de six points : *la* nonpareille *est entre le petit-texte et la sédanoise ou parisienne.* On appelle par opposition Grosse nonpareille, le plus gros caractère, celui qui est au-dessus du triple canon.

* **NON-PAYEMENT** s. m. Fin. Défaut de payement : *en cas de non-payement.*

NON PLUS adv. Pas plus.

NON PLUS QUE adv. Pas plus que.

* **NON PLUS ULTRA.** Voy. Nec plus ultra.

NON POSSUMUS, mots latins qui signifient : *Nous ne pouvons pas.* — Réponse de saint Pierre et de saint Jean aux princes des prêtres qui voulaient les empêcher de prêcher l'Evangile : *Non enim possumus quæ vidimus, et audivimus, non loqui.* (Car pour nous, nous ne pouvons pas ne point parler des choses que nous avons vues et entendues) (Actes des ap., IV, 20). — Réponse du pape Clément VII au roi d'Angleterre Henri VIII, qui voulait se faire autoriser à divorcer. — Réponse que font invariablement les papes à toutes les demandes qui leur semblent porter atteinte à leur autorité temporelle ou spirituelle.

* **NON-PRIX** s. m. Voy. Paix.

NON-PROCÉDER s. m. Voy. Fin.

NON QUE loc. conj. Ce n'est pas que : *non que je veuille vous retenir*

* **NON-RECEVOIR** s. m. Voy. Fin.

* **NON-RÉSIDENCE** s. f. Absence du lieu où l'on devrait résider.

* **NON-RÉUSSITE** s. f. Manque de réussite.

* **NON-SENS** s. m. Défaut de sens, de signification : *cette phrase est un non-sens.*

NON-SUCCÈS s. m. Manque de succès.

NONTRON, ch.-l. d'arr., à 40 kil. N. de Périgueux (Dordogne), par 45° 31′ 45″ lat. N. et 1° 40′ 19″ long. O.; 3.000 hab. Coutellerie, quincaillerie, tanneries; restes d'un manoir féodal.

NON TROPPO [nonn'-tro-po], mots italiens qui signifient : *pas trop et qui s'ajoutent,* en musique, à un adjectif pour indiquer que le mouvement ne doit pas être exagéré : *allégro non troppo.*

* **NONUPLE** adj. (lat. *nonus*, neuvième). Qui contient neuf fois. (Peu us.)

* **NONUPLER** v. a. Répéter neuf fois. (Peu us.).

* **NON-USAGE** s. m. Cessation d'usage : *l'usufruit, les servitudes se prescrivent par le non-usage pendant trente ans.*

* **NON-VALEUR** s. f. Manque de produit dans une terre, dans une ferme, dans une maison : *cette terre n'est pas bien cultivée, elle est en friche en bien des endroits, elle est en non-valeur.* — Fin. et Comm. Se dit de certaines parties d'impositions qu'on n'a pu lever, de certaines créances qu'on n'a pu recouvrer : *il y a dans la masse des contributions de ce département pour cent mille francs de non-valeurs.* — Se dit, dans une armée, des hommes qu'on ne peut compter, ni pour le service de campagne ni pour le combat : *il y avait dans les troupes beaucoup de non-valeurs.* — Adm. Les comptables de deniers publics ne peuvent se dispenser de produire à l'appui de leurs comptes annuels, un état des recettes irrécouvrables, afin que ces recettes, portées en non-valeurs par les budgets, soient admises en *non-valeurs* par l'autorité administrative. Les comptables doivent justifier qu'ils ont fait tout ce qui était nécessaire pour opérer le recouvrement des sommes portées sur ledit état.

* **NON-VUE** s. f. Mar. Effet de la brume, quand elle est si épaisse, qu'on ne peut avoir connaissance du parage où l'on se trouve:

nous fûmes en risque de périr par non-vue. (Vieux)

NONZA, ch.-l. de cant., arr. et à 12 kil. N.-O. de Bastia (Corse), au sommet d'un roc escarpé; 500 hab.

NOOGÈNE adj. (gr. *noos*, esprit; *genos*, naissance). Pathol. Produit par l'influence du moral sur le physique: *maladie noogène.*

NOOLOGIE s. f. (gr. *noos*, esprit; *logos*, discours). Philos. Science de l'esprit humain.

NOOTKAS ou **Ahts** [noutt'-ka; âtts], groupe de tribus dans l'île de Vancouver, qui comprend les Ahts proprement dits, sur la côte occidentale de l'île, au nombre de 3,500; les Quackewiths, qui se divisent en 16 ou 17 tribus sur les côtes occidentales et orientales, et dont on évalue le nombre à 3,500, et les Cowichans, sur la côte orientale, au nombre de 7,000. Les Ahts chassent, pêchent et fabriquent certains articles. Ils sont cruels et traîtres. Ils ont fréquemment détruit des vaisseaux et constamment tué des trafiquants, provoquant ainsi de la part des blancs des châtiments répétés. Les Cowichans, quoique alliés aux Ahts, sont à demi civilisés.

NOOTKA SOUND, bras de mer, sur la côte occidentale de l'île de Vancouver, par 39° 35′ lat. N. et 128° 55′ long. O., long de 16 kil., dans une direction N.-N.-E. Au milieu se trouve une grande île boisée, et à cet endroit la plus grande largeur de l'eau ne dépasse pas 450 mètres. Les rives sont rocheuses et l'encrage est bon.

* **NOPAL, ALS** s. m. (abrégé de son nom *nopalnochezli,* en langue mexicaine). Nom qu'on donne à tous les cactiers qui ont les tiges aplaties ou articulées, principalement à celui sur lequel se trouve la cochenille : *il y a des nopals de plusieurs espèces.* — Le nopal *(nopalea coccinellifera),* vulgairement appelé porte-cochenille, est originaire du Mexique d'où on l'a transporté dans les Antilles, dans l'Amérique du Sud et en Algérie. C'est sur cette plante, haute souvent de plus de 2 mètres, que vit l'insecte connu sous le nom de cochenille (Voy. ce mot.) Le nopal, est armé d'épines, il a des feuilles épaisses et ovales. Sa fleur est large, et son fruit, qui ressemble à une figue, est rempli d'un suc rouge auquel la cochenille doit vraisemblablement sa couleur. Le nopal sert ordinairement d'une ou deux de ses feuilles, qu'on a mises dans un trou et couvertes de terre. Sa culture se réduit à extirper les mauvaises herbes qui l'environnent. Dès que la saison est favorable, les Mexicains sèment, pour ainsi dire, les cochenilles sur la plante qui leur est propre, en y attachant de petits nids de mousse qui en contiennent chacun de 12 à 1,500. Elles font, trois ou quatre jours après, leurs petits, qui se répandent avec une célérité surprenante sur toutes les branches. Mais ils ne tardent pas à perdre cette activité, et on les voit s'attacher, sans plus se mouvoir, à la partie la plus nourrissante, la mieux exposée de la feuille, jusqu'à ce qu'ils aient pris tout leur accroissement. Ils ne la rongent pas, ils ne font que la piquer et en tirer le suc avec une petite trompe que la nature leur a donnée pour cet usage.

NOPALERIE s. f. Plantation de nopals.

NOPER v. a. Séparer les fils doubles des draps, et en rapprocher les fils dans les endroits clairs.

NOPEUSE s. f. Ouvrière chargée de noper.

NOQUET s. m. Bande de plomb ou de zinc qu'on place sur les couvertures d'ardoises, aux joints et aux angles que l'on veut préserver des infiltrations d'eaux pluviales.

NORBERT (Saint), fondateur de l'ordre des Prémontrés, né à Santon (Clèves) vers 1092, mort en 1134. Après avoir fondé, en 1120, l'ordre des Prémontrés, dans la forêt de Coucy,

il devint archevêque de Magdebourg et plus tard primat des Deux-Saxes. Grégoire XIII le canonisa en 1582. Fête le 6 juin.

* **NORD** s. m. [nor] (anglo-sax. *north*). Septentrion, partie du monde qui est opposée au midi : *ce pays est borné au nord par telle rivière, a au nord telle province.* — Particul. Celui des pôles du monde qui répond à l'étoile polaire arctique, et qui est opposé au sud : *l'aiguille aimantée se tourne vers le nord.* On dit aussi adjectiv. Le Pôle nord. — Géogr. Degrés de latitude nord, ceux qui vont de l'équateur au pôle septentrional. — Faire le nord, faire route au nord. — Absol. Le vent du nord : *le nord est le plus froid de tous les vents.* On dit plus ordinairement, Le vent du nord. On dit adjectiv. Le vent est nord. — Pays septentrionaux, considérés absolument ou relativement : *les plus belles fourrures viennent du Nord.*

C'est du Nord aujourd'hui que nous vient la lumière.

Voltaire.

NORD (Cap), promontoire situé à l'extrémité N. de l'île de Magerö (Norvège); c'est le point le plus septentrional de l'Europe. Lat. N., 74° 10′; long. E., 23° 26′.

NORD (Département du), dép. frontière et maritime, tirant son nom de sa situation à l'extrémité septentrionale de la France; entre la mer du Nord, les dép. du Pas-de-Calais, de la Somme, de l'Aisne et la Belgique, formé de la Flandre française, du Cambrésis et de la partie occidentale du Hainaut français; 5,680 kil. carr.; 1,603,659 hab. C'est le moins accidenté de nos départements. Tout le pays est plat; seul, l'arrondissement d'Avesnes a des vallons bien accusés, des coteaux élevés et abrupts et de vastes forêts. Sur les frontières de la Belgique, se trouve le bois de Saint-Hubert, point culminant du département (266 m.). Principaux cours d'eau : l'Escaut et ses affluents (la Haisne, la Scarpe, la Sensée, la Lys, la Law et la Deule), la Sambre, l'Aa, la Colme, l'Yser, etc. Nombreux canaux. Par son agriculture, son industrie et son commerce, le dép. du Nord est le plus riche de toute la France. Céréales, betteraves, houblon, colza, lin, tabac, etc. Élève de chevaux et de gros bétail flamand. Houille, fer, tourbe, marbre, etc. Fabriques de batistes, cotonnades, etc.; tulles, dentelles, faïence, porcelaine, sucre de betteraves, huiles, savons, etc. Usines à fer, raffineries de sucre et de sel, distilleries. Un seul département, celui de la Loire, produit plus de houille. La filature et le tissage occupent à Lille, à Roubaix et à Tourcoing, des centaines de mille d'ouvriers. — Côte longue de 35 kil., presque droite, basse, marécageuse sur certains points, bordée de grèves sablonneuses et de dunes, hautes de 10 à 20 mètres. Ports : Gravelines et Dunkerque. — Points fortifiés : Maubeuge, Landrecies, Condé, Valenciennes, Bouchain, Cambrai, Douai, Lille, Bergh et Dunkerque. — Ch.-l., Lille; 7 arr., 61 cant., 664 communes. Archevêché à Cambrai. Cour d'appel à Douai, qui est également le ch.-l. académique. — Ch.-l. d'arr. : Lille, Avesnes, Cambrai, Douai, Dunkerque, Hazebrouck et Valenciennes.

NORD (Mer du) ou **Mer d'Allemagne** (appelée par les Danois *Mer occidentale*), portion considérable de l'Atlantique, entre la Grande-Bretagne et le continent européen, s'étendant du 51° au 62° degré de lat. N. et du 6° degré de long. O. au 6° de long. E. Sa plus grande longueur est d'environ 1,100 kil., et sa plus grande largeur de 700 kil. Elle communique avec l'océan Atlantique au N., avec la Manche par le Pas-de-Calais au S.-O., et avec la Baltique par le Skager Rack à l'E. Ses rivages sont découpés par des baies, des anses et des estuaires nombreux. Outre les Orkneys et les Shetlands, il y a beaucoup

IV.

d'autres îles, toutes sur les côtes de la Norvège, du Danemark, de l'Allemagne et de la
Hollande. Les rochers Bell et May sont les
seules îles de la mer du Nord sur la côte de la
Grande-Bretagne. La profondeur moyenne
de cette mer est d'environ 30 brasses, mais
vers la Norwège les sondages atteignent jusqu'à 190 brasses. La mer du Nord est traversée par plusieurs bancs de grande étendue.
Plusieurs milliers de personnes s'y occupent
à la pêche, et la qualité de son poisson est
célèbre depuis longtemps.

NORDCAPER s. m. [nor-dka-pèr]. Espèce
de baleine caractérisée par sa mâchoire inférieure très arrondie, très haute et très large.
Le *nordcaper* (*balæna glacialis*) est difficile à
prendre; il a moins de lard que la baleine
ordinaire. On le trouve sur les côtes de la
Norwège et près du cap Nord (d'où il a tiré
son nom).

* **NORD-EST** s. m. [nord-dèsst; les marins
disent nor-ê]. Partie du monde qui est entre
le nord et l'est : *le vent souffle du nord-est.* —
Vent qui souffle entre le nord et l'est : *le
le nord-est est extrêmement froid dans ce pays.*
On dit, adjectiv., LE VENT EST NORD-EST.

NORD-EST-QUART-EST s. m. Point de
l'horizon situé entre le nord-est et l'est-nord-
est.

NORD-EST-QUART-NORD s. m. Point de
l'horizon également éloigné du nord-est et
du nord-nord-est. — Vent qui vient de cette
direction. — Adjectiv. *Le vent est nord-est-
quart-est.*

NORDESTER v. n. Mar. Incliner vers le
nord-est.

NORDHAUSEN [nortt'-hao-zènn], ville de
la Saxe prussienne, à 55 kil. N.-O. d'Erfurt;
23,676 hab. Elle contient plus de 30 distilleries
d'eau-de-vie et un grand nombre de brasseries. Point central pour le commerce du blé.
Au XIIIᵉ siècle, elle devint cité impériale.
Donnée à la Prusse en 1802, elle lui fut rendue en 1843, après avoir appartenu pendant
six ans au royaume de Westphalie.

NORDIR v. n. Passer au nord.

NORDISTE s. m. Hist. Partisan de l'Amérique du Nord. — Adjectiv. *L'armée nordiste.*

NORD-LIBRE, nom que portait, pendant la
Révolution, la ville de Condé-sur-Escaut.

NORD-NORD-EST s. m. [nor-nor-dèsst; les
marins disent nor-nor-ê]. Point de l'horizon
situé à égale distance entre le nord et le
nord-est. — Vent qui vient de cette direction.
— Adjectiv. *Le vent est nord-nord-est.*

NORD-NORD-OUEST s. m. [nor-nor-douèsst;
les marins disent nor-nor-ouê]. Point de
l'horizon situé à égale distance du nord et
du nord-ouest. — Vent qui vient de cette
direction. — Adjectiv. *Le vent est nord-nord-
ouest.*

* **NORD-OUEST** s. m. [nor-douèsst; les marins prononcent nor-ouê]. Partie du monde
qui est entre le nord et l'ouest : *cette ville est
au nord-ouest de Paris.* — Vent qui souffle
entre lenord et l'ouest : *le nord-ouest est d'ordinaire froid et pluvieux.* — On dit, adjectiv.,
LE VENT EST NORD-OUEST.

NORD-OUEST (Passage du). Voy. ARCTIQUE.

NORD-OUEST (Provinces du) (angl. *North-
west Provinces*), division politique de l'Inde
britannique, à côté de la partie septentrionale
centrale, comprenant une bande de territoire
longue et irrégulière entre 21ᵒ 51' et 31ᵒ 10'
lat. N. et 75ᵒ et 82ᵒ 25' long. E.; à l'ouest du
Bengale; 210,825 kil. carr.; 30,790,900 hab. Ces
provinces forment sept commissariats administratifs (Meerut, Kumaon, Rohilcund, Agra,
Jhansi, Allahabad et Benares), subdivisés en
35 districts. Elles occupent en grande partie
la riche plaine du Gange, et sont arrosées

par ce fleuve et la Jumma. Couvertes de forêts
au N., elles sont très peu boisées dans leur
partie inférieure. Dans les hauts districts, on
récolte le thé; dans la plaine, l'opium, l'indigo, la canne à sucre et les céréales. L'industrie cotonnière est la plus importante. On
trouve dans le N. des mines de plomb et de
cuivre. La grande voie ferrée de Calcutta à
Lahore traverse le pays. Les villes les plus
importantes sont : Allahabad, la capitale;
Agra, Bareilly, Benares, Cawnpore, Furruc-
kabad, Ghazepoor et Meerut. Ces provinces,
qui ont été détachées en 1833 de la présidence de Fort William (Bengale) pour former
une division administrative particulière,
furent, lors de la révolte des cipayes, le principal théâtre de la guerre.

NORDOUESTER v. n. Décliner vers le nord-
ouest.

NORD-OUEST-QUART-OUEST s. m. Point de
l'horizon, à égale distance du nord-ouest et
du nord-nord-ouest.

NORD-QUART-NORD-EST s. m. Point de
l'horizon également distant du nord et du
nord-est.

NORD-QUART-NORD-OUEST s. m. Point de
l'horizon également distant du nord et du
nord-nord-ouest.

NORFOLK [nor'-fôk], comté oriental de
l'Angleterre, bordé d'un côté par la mer du
Nord; 5,488 kil. carr.; 438,511 hab. La côte
consiste en falaises, en parties crayeuses. Le
pays est plat, excepté au N. Principaux cours
d'eau : la Grande et la Petite-Ourse, le Nev
et la Yare. L'orge est le grain qui donne les
meilleures récoltes. Importantes pêcheries de
hareng. Grandes manufactures de lainages.
Les principales villes du comté sont : Norwich,
la capitale; Lynn Regis, Thetford et Yarmouth.

NORFOLK, ville et port du comté de Norfolk
dans la Virginie (États-Unis), sur la rive
septentrionale de l'Elizabeth, à 15 kil. de
rade de Hampton, à 50 kil. de l'Atlantique, et
à 150 kil. S.-E. de Richmond; 19,229 hab.,
dont 8,766 de couleur. Elle est bâtie dans un
lieu bas. Les rues sont généralement larges,
mais irrégulières, et les maisons bien construites en brique et en pierre. Elle possède
un beau port accessible aux plus grands vaisseaux. Dans le voisinage, à Gosport, se trouve
un arsenal de marine. Des canaux rattachent

Norfolk.

la ville aux détroits ou *sounds* de la Caroline
du Nord, facilitent le commerce de Norfolk.
La valeur des exportations pour la circonscription douanière, qui comprend Portsmouth,
a été, pour 1875-76, de 26,220,010 fr. Des services réguliers de steamers relient Norfolk à
Richemond, à Baltimore, à Philadelphie et à
New-York. On y expédie, pour les ports du
nord, de grandes quantités d'huîtres et de
primeurs, de légumes et de fruits. — Norfolk a
été fondée en 1705. Les Anglais l'incendièrent
en 1776. En avril 1866, un corps de troupes
de la Virginie entra dans la ville, qui devint
le principal dépôt maritime des confédérés.

Mais ceux-ci l'abandonnèrent en mai 1862,
et elle fut occupée par les fédéraux qui la
gardèrent jusqu'à la fin de la guerre.

NORFOLK (île de), dépendance de la Nouvelle-Galles du Sud, dans l'océan Pacifique
méridional, à environ 1,600 kil. N.-E. de Sidney, par 28ᵒ 58' lat. S., et 165ᵒ 26' long. E.
C'est la plus grande d'un petit groupe d'îles
composé des îles Norfolk, Nepean et Philip,
et de plusieurs îlots que l'on appelle îles de
l'Oiseau (*Bird Islands*); 45 kil. carr. environ
Le sol est très inégal, et la côte élevée et à
pic. Climat sain et agréable. L'île de Norfolk
a été découverte en 1774 par le capitaine
Cook, et fut colonisée, en 1787, par des convicts et des libérés de la Nouvelle-Galles du
Sud; mais on l'abandonna en 1810. En 1825,
on en fit un établissement pénitencier pour
les incorrigibles, et il y en eut, à un moment,
plus de 2,000. Mais elle fut abandonnée de
nouveau en 1855. En 1857, elle fut donnée
par le gouvernement britannique à des descendants des révoltés de la *Bounty*, dont
quelques-uns y vinrent de l'île de Pitcairn.

* **NORIA** s. f. Sorte de machine hydraulique qu'on emploie pour les irrigations.

NORIAC (Claude-Antoine-Jules CAIRON, dit
Jules), écrivain, né à Limoges en 1827, mort
à Paris, du cancer des fumeurs, le 1ᵉʳ octobre
1882. Il débuta dans la presse parisienne vers
1855 et collabora à différents journaux. Il a
laissé: *Le 101ᵉ Régiment* (1860), livre qui fit sa
réputation; *La Bêtise humaine* (1860, in-18), qui
n'eut pas moins de vingt éditions; *Le Capitaine Sauvage* (1866), etc. Il donna, en outre, au théâtre,
la Boîte au lait (Variétés, 1862); *la Timbale d'argent*, en collaboration avec Granger (Bouffes-
Parisiens, 1872); *la Cruche cassée* (3 act. 1875),
etc. Il fut directeur des Bouffes-Parisiens
de 1862 à 1867.

NORIQUE (lat. *Noricum*), province de l'empire romain, dans la partie S.-E. de l'Allemagne actuelle, comprenant la plupart des
provinces modernes de la haute et de la
basse Autriche et de la Styrie, la Carinthie
toute entière, des parties de la Carniole,
Salzbourg et la Bavière. Les principales
villes étaient: Noreia ou Noréja (*Neumarkt*
en Styrie), Juvavum ou Juvavia (Salzbourg),
Lentia (Linz) et Lauriacum (Lorch). La Norique fut conquise par les Romains sous le
règne d'Auguste, et, plus tard, divisée en
deux provinces: *le Noricum ripense* touchant
au Danube et *le Noricum mediterraneum*, au
S. du premier.

NORIUM s. m. Métal qu'on trouve en divers
endroits du nord de l'Europe.

NORMA (La). Voy. BELLINI.

* **NORMAL, ALE, AUX** adj. (lat. *normalis*; de
norma, règle). Qui sert de règle. Se dit principalement des écoles destinées à former des
maîtres pour l'enseignement public: *école
normale.* — ÉCOLE NORMALE PRIMAIRE, école où
se forment les instituteurs et les institutrices
primaires. D'après la loi de 1833 (art. 11),
tout département est tenu d'entretenir une

école normale primaire d'hommes, soit par lui-même, soit en se réunissant à un ou plusieurs autres départements. La première école normale fut organisée à Stettin, en Prusse, en 1735, et, d'autres suivirent bientôt en diverses parties de l'Allemagne. Depuis le commencement du siècle, les écoles spéciales pour les professeurs se sont multipliées rapidement. Le cours d'instruction se prolonge pendant 3 ou 4 ans. La première école destinée à former des professeurs en France fut établie en 1810 et dans les Pays-Bas en 1816; depuis, il s'en est fondé dans les autres pays principaux de l'Europe. En Grande-Bretagne, on les appelle d'ordinaire *training colleges*. La première école normale d'Amérique, aujourd'hui établie à Framingham (Massachusetts), fut ouverte à Lexington en 1839. En 1873, il y avait aux Etats-Unis 137 écoles normales, avec environ 1,000 professeurs et 29,000 étudiants. — ÉCOLE NORMALE SUPÉRIEURE, école destinée à former des professeurs pour l'enseignement secondaire. (Voy. ENSEIGNEMENT SECONDAIRE.) — ⌁LES NORMAUX, les élèves d'une école normale.
— ' ETABLISSEMENT NORMAL, établissement qui sert de modèle pour en former d'autres du même genre. — Qui est régulier, conforme à la règle, à l'ordre. — Anat. ÉTAT NORMAL, état d'un être organisé ou d'un organe qui n'a éprouvé aucune altération; état ordinaire et régulier : *à l'état normal, cet organe offre telle apparence.* — s. f. Géom. et Phys. La ligne verticale ou perpendiculaire : *les corps tombent suivant la normale.* — Législ. « Tout département doit, suivant l'art. 1er de la loi du 9 août 1879, être pourvu d'une école normale d'instituteurs et d'une école normale d'institutrices, pour assurer le recrutement de ses instituteurs communaux et de ses institutrices communales. Un décret du président de la République peut, sur l'avis conforme du conseil supérieur de l'instruction publique, autoriser deux départements à s'unir pour fonder et entretenir en commun, soit l'une ou l'autre de ces écoles normales, soit toutes les deux. L'installation et l'entretien annuel des écoles normales primaires sont, pour les départements, des dépenses obligatoires. Les écoles normales primaires relèvent du recteur, dans le ressort de chaque académie. Leur régime est l'internat gratuit; mais elles peuvent, avec l'approbation du ministre, recevoir des demi-pensionnaires et des externes également gratuits. La durée du cours d'études est de trois années. À chaque école primaire d'instituteurs, est annexée une école primaire dans laquelle les élèves s'exercent à la pratique de l'enseignement; et à chaque école normale d'institutrices, est annexée une école maternelle. (Voy. ENSEIGNEMENT.) Les professeurs sont nommés par le ministre, conformément aux prescriptions du décret du 5 juin 1880; et, dans toute école normale primaire, le directeur est chargé des cours de pédagogie et de ceux d'instruction morale et civique (Décr. 29 juillet 1881). Tout candidat à l'admission dans une école normale primaire doit justifier qu'il était âgé de 15 ans au moins et de 18 ans au plus au 1er janvier de l'année dans laquelle il se présente, et il doit être pourvu du certificat d'études primaires institué par l'arrêté ministériel du 16 juin 1880. Il doit, en outre, produire un engagement signé par lui de servir pendant dix ans dans l'enseignement public, et une déclaration par laquelle le père ou le tuteur du candidat l'autorise à contracter cet engagement et s'oblige lui-même à rembourser les frais d'études dans le cas de non réalisation de l'engagement décennal de son fils ou pupille. Une commission nommée par le recteur examine les candidats et classe les admissibles par ordre de mérite. Le recteur, en suivant cet ordre, prononce l'admission des élèves-maîtres, selon

le nombre déterminé à l'avance par le ministre. Tous les élèves-maîtres sont tenus de se présenter aux examens du brevet élémentaire de capacité, à la fin de la première année, et aux examens du brevet supérieur à la fin du cours d'études. (Voy. BREVET, INSTITUTEUR, etc.). Ceux qui échouent au premier examen sont rendus à leur famille. Nous avons déjà parlé (voy. ENSEIGNEMENT) des *écoles normales supérieures d'enseignement primaire* qui ont été fondées en 1882, pour former des professeurs d'écoles normales primaires d'instituteurs ou d'institutrices. L'*école normale supérieure* établie à Paris, est destinée à former des professeurs de lettres ou de sciences pour l'enseignement secondaire de l'Université. Le candidat qui désire être admis dans cette école doit être âgé de 18 ans au moins et se présenter aux épreuves écrites qui ont lieu chaque année. Ceux qui, à la suite de ces épreuves, sont admissibles aux épreuves orales doivent produire : 1° le diplôme de bachelier ès lettres ou celui de bachelier ès sciences mathématiques; 2° l'engagement de se vouer pendant dix ans à l'instruction publique; 3° l'engagement de restituer le prix de la pension dont ils auraient joui, dans le cas où ils ne rempliraient pas le service décennal dans l'Université. L'admission à l'école est prononcée par le ministre, suivant l'ordre de mérite et selon le nombre de places libres. L'enseignement de l'école normale supérieure comprend trois années; et les élèves sont répartis en deux sections : celle des lettres et celle des sciences. Cet enseignement est donné par des professeurs nommés par le chef de l'État et auxquels on donne le nom de maîtres de conférences. Toutes les dépenses de l'école normale supérieure sont à la charge de l'État. » (CH. V.)

NORMALEMENT adv D'une façon régulière.

NORMALIEN s. m. Élève de l'école normale

NORMANBY (Constantine-Henry-Phipps, MARQUIS DE) [nor'-mann-bé], homme d'État anglais, né en 1797, mort en 1863. Il entra au parlement en 1818, succéda à son père comme *earl* de Mulgrave en 1831, fut gouverneur de la Jamaïque de 1832 à 1833, devint lord du petit sceau en 1834, lord lieutenant d'Irlande de 1835 à 1839, secrétaire d'État pour le ministère de l'intérieur de 1839 à 1841, ambassadeur en France de 1846 à 1852, et en Toscane de 1854 à 1858. Il fut créé marquis en 1838. Il publia *A Year of Revolution* (1857, 2 vol.), et plusieurs romans.

' NORMAND, ANDE s. et adj. (angl.-sax. *north*, nord; *man*, homme; homme du Nord). De Normandie ; qui appartient à ce pays ou à ses habitants. — RÉPONDRE EN NORMAND, ne répondre ni oui, ni non. — C'EST UN FIN NORMAND, c'est un homme adroit, et à qui il ne faut pas se fier. — RÉPONSE NORMANDE, réponse ambiguë. — RÉCONCILIATION NORMANDE, réconciliation simulée. — Normands ou NORTHMANS, *hommes du Nord.* Noms donnés habituellement aux habitants de la Scandinavie pendant l'antiquité et le moyen âge, et à ceux d'entre eux qui conquirent la Normandie et s'y établirent. A partir de l'année 787, les Danois firent des incursions le long de la côte anglaise, et finirent par dominer l'Angleterre pendant 30 ans; ils conquirent aussi des parties de l'Irlande. L'Islande fut découverte par eux en 860 et colonisée en 874. En .876 ou 877, ils découvrirent le Groënland et y fondèrent une colonie en 983-'85. Cette dernière découverte conduisit, disent les sagas islandaises, à celle du continent américain en 986. Vers 1001 Leif, fils d'Eric le Rouge, visita une île qu'il nomma Helluland (Terre de la Pierre

plate) et qu'on suppose être Terre-Neuve ; puis Markland (Terre des Bois), qu'on suppose être la Nouvelle-Ecosse ou Nova-Scotia, et enfin Vinland (Terre de la Vigne), probablement la Nouvelle-Angleterre, où il hiverna. Vers 1002, le frère de Leif, Thorvald, alla au Vinland, et y fut tué par les naturels en 1004. En 1007, Thorfinn Karlsefni y alla à son tour, et y passa trois hivers. Le document le plus récent qui tende à prouver les relations entre le Groënland et l'Amérique est le récit du Vénitien Nicolo Zeno de son voyage en Groënland vers 1390. En Russie, les Northmans étaient appelés Varangiens ou Varègues. Un Northman, Rurik, s'empara de Novgorod en 862 et y fonda la dynastie qui donna des souverains à la Russie jusqu'en 1598. Vers 865, les Varègues parurent avec une flotte devant Constantinople; et ce ne fut que lorsqu'une alliance eût été conclue entre Vladimir le Grand et l'empereur grec (988) que les incursions cessèrent. Chez nous, les Normands commencèrent leurs déprédations dès la fin du règne de Charlemagne. Montés sur leurs légers *drakkars* (voy. MARINE), ils apparaissaient et disparaissaient avec la rapidité de la foudre. Le succès de leurs premières expéditions enhardit de nouveaux aventuriers, qui devinrent le fléau et la terreur des rivages de la France. Quand ils eurent pillé le littoral européen depuis l'Elbe jusqu'au Guadalquivir, ils remontèrent les fleuves et dévastèrent l'intérieur du pays. En 843, ils pillèrent Paris et en 847, l'une de leurs bandes parvint jusqu'en Bourgogne, pendant que d'autres troupes arrivaient à Orléans, à Toulouse et à Valence. Parmi leurs chefs ou *wikings* se distinguaient Oger (dont on a nommé notre mot Oger), Hasting (voy. ce mot), etc. En 885, les Normands parurent de nouveau devant Paris, qui leur opposa, cette fois, une résistance héroïque. Le roi Charles le Gros eut la faiblesse ou la lâcheté d'acheter leur départ au prix de 700 livres d'argent et le passage libre vers la haute Seine et la Bourgogne. Après ce temps, le plus redoutable des Normands fut Hrolf, plus connu sous le nom de *Rollo* ou *Rollon*, premier duc de Normandie. Il reçut de Charles le Simple, la main d'une de ses filles, Gisèle, avec une portion du territoire neustrien au N. de la Seine, depuis les Andelys jusqu'à la mer (c'est la partie N.-E. de la Normandie moderne), en échange du baptême chrétien et d'un serment d'allégeance (912). Rollon distribua entre ses compagnons les terres de la Neustrie et jeta les fondements du système féodal que Guillaume le Conquérant transplanta en Angleterre (1066-'87). Les Normands français conservèrent leur goût inné pour les aventures, et dans le cours du XIe siècle, ils conquirent l'Italie méridionale et la Sicile.

NORMANDES (Iles)(angl. CHANNEL ISLANDS), groupe d'îles anglaises, dans la Manche, à environ 16 kil. du cap de la Hague (Normandie) et à 90 kil. de Bill of Portland (Angleterre) ; 193 kil. carr.; 90,600 hab. Ces îles sont: Jersey, Guernesey, avec les îlots de Herm et de Jethou; Alderney (Aurigny) et Sark. Leur situation pittoresque, la douceur de leur climat et le bon marché des vivres en font un séjour de prédilection pour les Anglais. Les habitants se livrent principalement à l'élevage du bétail et à la pêche. Ils parlent l'ancien normand dans les campagnes et l'anglais dans les villes. La possession de ces îles par les Anglais est un des derniers souvenirs de la domination étrangère dans notre pays. Par leur position et par leur population, elles appartiennent à la France.

NORMANDIE, ancienne province du N.-O. de la France, le long de la Manche, à partir de l'embouchure de la Brèsle, à l'E., jusqu'à celle du Couesnon (baie du mont Saint-Michel), formant aujourd'hui les 5 départements de la Seine-Inférieure, de l'Orne, de l'Eure, du Calvados et de la Manche; 29,537 kil. carr.; 2,600,000 hab.; cap., Rouen. Elle était divisée, par la Dives, en : 1° HAUTE NORMANDIE, ch.-l. Rouen, comprenant les trois grands bailliages de Rouen, Caudebec et Evreux; 2° BASSE NORMANDIE, ch.-l. Caen, subdivisée en bailliages du Cotentin, d'Alençon et de Gisors. — Sous les Romains, le territoire qui forme actuellement la Normandie était compris dans la *Gallia Lugdunensis Secunda*. — Sous les Mérovingiens, il fit partie de la Neustrie. A partir du commencement du IXe siècle, ses côtes furent continuellement dévastées par les Scandinaves, qui finirent par s'en rendre maîtres au commencement du Xe siècle. (Voy. NORMAND.) Vers 912, le roi de France, Charles le Simple, sanctionna cette conquête et donna au chef normand Rollon le titre de duc de Normandie, avec sa fille, Gisèle, en mariage. Le sixième successeur de Rollon conquit l'Angleterre en 1066 et, à partir de ce moment, le duc de Normandie fut plus puissant que son suzerain, le roi de France. A la mort du Conquérant (1087), l'Angleterre et la Normandie se séparèrent; Robert Courte-Heuse garda le duché, tandis que son frère Guillaume le Roux devenait roi. Elles furent réunies de nouveau par Henri Ier, mais la fille de celui-ci, Mathilde, fut seulement duchesse de Normandie. Sous le règne de Henri II, il y eut une nouvelle réunion. Philippe-Auguste finit par enlever au roi anglais Jean sans Terre ses possessions continentales; la Normandie fut de nouveau reprise par Henri V (1418), et conservée en tout ou en partie par les Anglais jusqu'en 1450. (Voy. FORMIGNY.) Charles VII fit de la Normandie une portion intégrale de son royaume et cette province est toujours restée depuis l'une des plus françaises. Pendant la longue lutte maritime de la France et de l'Angleterre, la Normandie a produit des marins nombreux, et principalement des redoutables corsaires. Son port principal, pendant cette période, était Dieppe, qui vit naître l'immortel Duquesne.

DUCS DE NORMANDIE :

Rollon, Roll ou Raoul	912 - 921
Guillaume Longue-Épée	921 - 943
Richard sans Peur	943 - 996
Richard II, le Bon	996-1026
Richard III	1026-1028
Robert le Diable	1028-1035
Guillaume II le Conquérant	1035-1087
Robert Courte-Heuse	1087-1106
Henri Ier	1106-1135
Etienne de Blois	1135-1144
Mathilde et Geoffroy Plantagenest	1144-1151
Henri II	1151-1189
Richard Cœur de Lion	1189-1199
Jean sans Terre	1199-1204

— BIBLIOGA. Nagerel, *Description du pays et duché de Normandie* (1578, in-8°); Taylor et Ch. Nodier, *La Normandie* (1820, 2 vol. in-8°); Jules Janin, *La Normandie historique et monumentale* (1843, in-8°); G. Dumoulin, *Histoire générale de la Normandie*, etc.

NORMANDISME s. m. Gramm. Faute de langage empruntée à la façon de parler des Normands.

NORNE s. f. Mythol. scandin. Chacune des trois déesses qui présidaient à la destinée des hommes.

NOROY-LE-BOURG, ch.-l. de cant., arr. et à 13 kil. E. de Vesoul (Haute-Saône); sur un plateau ; 1,100 hab.

NORRBOTTEN [nor'-bott-ènn], la province (*læn*) la plus septentrionale de la Suède; 106,818 kil. carr.; 94,000 hab. Les monts Kiœlen la traversent, et elle contient beaucoup de lacs et de fleuves. Le bois de charpente est le produit le plus important. Cap., Piteå.

NORRENT-FONTES, ch.-l. de cant., arr. et à 25 kil. N.-O. de Béthune (Pas-de-Calais); 1,400 hab.

NORRISTOWN [no'-riss-taounn], bourg électoral de Pennsylvanie (Etats-Unis), sur la rive septentrionale du Schuylkill, à 16 kil. N.-O. de Philadelphie, par chemin de fer; 10,753 hab.

NORRKŒPING [nor-tcheu'-pinng], ville de Suède, dans la province de Linkoeping, à l'embouchure du Motala, à 140 kil. S.-O. de Stockholm ; 28,000 hab. C'est une des plus vieilles et des plus belles villes de Suède, et la force hydraulique fournie par le Motala en fait la ville manufacturière la plus importante. Fabriques de drap, bonneterie, papier; cartes à jouer, tabac, sucre, savon, amidon. Il y a aussi plusieurs chantiers de constructions navales.

NORSE s. et adj. De la Norique; qui appartient à ce pays ou à ses habitants. — s. m. Ancien idiome parlé aux Orcades et au Shetland. (Voy. les articles sur les langues et les littératures de l'Islande, du Danemark, de la Suède et de la Norvège.)

NORT, ch.-l. de cant., arr. à 37 kil. S. de Châteaubriant (Loire-Inférieure), sur la rive droite de l'Erdre ; 2,000 hab. Exploitation de houille; commerce de bois, charbon, fer, noir animal, vins, grains, farines.

NORTHAMPTON [nortt-hamptt'-onn], ville d'Angleterre, cap. du Northamptonshire, sur une éminence au bord du Nen, à 95 kil. N.-O. de Londres; 43,000 hab. On y fabrique surtout des chaussures.

NORTHAMPTON, ville du Massachusetts (Etats-Unis), sur la rive occidentale du Connecticut, à 125 kil. O. de Boston et à 25 kil. N. de Springfield; 1,400 hab. Le site en est d'une beauté remarquable.

NORTHAMPTONSHIRE, un des comtés de l'intérieur de l'Angleterre ; 2,549 kil. carr.; 243, 896 hab. Principaux cours d'eau : le Nen, le Welland et l'Avon. Sol onduleux. L'extrémité N.-E. du comté appartient à la grande région des marais (*fen district*). L'élève des bestiaux est la grande industrie agricole du pays. Princ. villes : Northampton, la capitale; Peterborough, Daventry, Kettering et Oundle.

NORTH RIVER. Voy. HUDSON (*fleuve*).

NORTHUMBERLAND [nortt-heummb'-eurlanndd], comté le plus septentrional d'Angleterre, séparé en partie de l'Ecosse par la Tweed, et baigné par la mer du Nord; 5,224 kil carr. ; 386,646 hab. A l'O., il est bordé par les monts Chéviot; la Tyne, le Blyth, le Coquet, l'Aln, le Till et la Tweed sont les principaux cours d'eau. Il contient d'énormes quantités de houille, et on, en différents endroits, du minerai de fer. L'agriculture est très développée. Principales villes : Newcastle, le grand centre du commerce; Tynemouth, North Shields, Morpeth et Alnwick, la capitale.

NORTHUMBRIE, royaume anglo-saxon, fondé par Ida en 547 (voy. ANGLO-SAXON), et dont la capitale était York.

NORTON (Caroline-Elizabeth-Sarah) [nortt'-onn] (SHERIDAN), femme auteur anglaise, née en 1808, morte en 1877. C'était la petite-fille de Richard Brinsley Sheridan. En 1827, elle épousa l'honorable George Chapple Norton. En 1836, elle fut accusée d'adultère avec lord Melbourne, alors premier ministre, et acquittée; mais dès lors elle vécut séparée de son mari. En 1877, elle se maria avec sir William Sterling Maxwell. Son premier volume de vers fut publié anonymement en 1829. Ses autres ouvrages comprennent : *The Undying One* ; *The Wife and Woman's Reward* ; *A Voice from the Factories* ; *The Lady of La Garaye* ; *Lost and Saved* ; *Old sir Douglas*, et plusieurs volumes de poèmes

NORVÈGE (norv. et dan. *Norge*; suéd. *Norrige*), royaume de l'Europe septentrionale, occupant la partie occidentale de la presqu'île scandinave, entre 57° 57' et 74° 11' lat. N., et entre 2° 25' et 28° 55' long. E. Limites : au N. l'océan Arctique; à l'E. la Laponie russe et la Suède; au S. le Skager Rack, et à l'O. la mer du Nord et l'océan Atlantique. Longueur : 1,700 kil. environ; largeur maximum : 480 kil.; 325,422 kil. carr. Il est divisé, au point de vue politique, en six *stifts* ou diocèses, qui prennent le nom de leur ville principale. Au point de vue administratif, le *royaume de Norvège* comprend 20 préfectures, ou amter, dont voici le tableau :

PRÉFECTURES (Amter).	KILOM. CARRÉS.	POPULATION.
Smaalenene	4.109.8	107.806
Akershus	5.272.3	116.365
Christiania	10.2	76.054
Hedemarken	26.316.3	120.618
Christians	26.854.8	115.814
Buskerud	14.867.9	102.186
Jarlsberg et Laurik	2.358.6	87.506
Bratsberg	15.136.7	83.171
Nedenæs	10.219.4	73.415
Lister et Mandal	6.397.9	75.121
Stavanger	9.278.7	110.965
Sôndre Bergenhus	15.120.3	119.303
Bergen	1.0	33.830
Nordre Bergenhus	18.373.1	86.205
Romsdal	14.700.3	117.220
Sôndre Troudhjem	18.991.1	115.804
Nordre Troudhjem	22.115.0	82.271
Nordland	42.401.4	104.151
Tromsô	24.569.6	54.019
Finmarken	47.957.1	24.075
TOTAL	325.422.42	1.806.900
Diocèses (Stifts).		
Christiania	26.118	689.915
Hamar	51.086	236.432
Christiansand	40.184	242.672
Bergen	28.511	284.061
Troudhjem	50.632	271.575
Tromsô	111.664	182.245
TOTAL	318.195	1.806.900

La côte est découpée par de nombreux bras de mer, dont quelques-uns s'étendent loin dans les terres et forment plusieurs branches. Ces baies ou fiords, dont les rives s'élèvent souvent à pic jusqu'à une hauteur de 3,000 à 4,000 pieds, présentent des paysages uniques au monde. Beaucoup sont profondes et forment des ports excellents; mais la navigation y est rendue difficile par de nombreuses îles qui obstruent leur entrée et bordent partout la côte. Les îles Loffoden, à l'extrémité septentriodale de la côte de l'Atlantique, sont le groupe principal. Dans Magerœ se trouve le cap Nord, le point le plus septentrional de l'Europe. Dans Kvalœe est Hammerfest, la ville la plus septentrionale du monde; dans Tromsœ la ville du même nom, qui a 4,000 hab. Senjen, est par ordre de grandeur, la seconde île de la Norvège. Toutes ces îles sont au large de la côte arctique. A l'extrémité S.-O. des îles Loffoden se trouve le Maelstrom. (Voy. MAELSTROM.) Principaux ports : Christiania et Christiansand sur le Skager Rack; Bergen, Christiansund et Drontheim sur la mer du Nord. Le pays est très montagneux, surtout dans le N.; mais il n'y a pas d'arêtes régulières et bien définies. La grande chaîne scandinave, qui s'étend, sous les noms de Kiœelen, Dovrefield, etc., au N. et au S. sur toute la longueur de la péninsule, se compose de hauts plateaux d'où s'élèvent des masses montagneuses. Les principaux sommets sont Ymés Field (8,340 pieds au-dessus du niveau de la mer), et Skagtœis Tind (8,061 pieds). Il y a de nombreuses vallées, étroites et profondes, chacune avec son lac et son cours d'eau. Les montagnes sont riches en fer, cuivre, argent, nickel et cobalt. Les mines d'argent de Kongsberg appartiennent à l'Etat. Voilà plus de deux siècles qu'on exploite les mines de cuivre de Roeraas. Les mines de fer ne sont exploitées qu'imparfaitement, mais le métal est de qualité supérieure. Le sol est généralement pauvre. Il n'y a en culture que 0,8 p. 100 de la surface : 2,4 p. 100 est en prairie, et 97,4 p. 100 en forêts, en pâturages, ou complètement nu. Le climat est sain et moins rigoureux qu'on ne pourrait s'y attendre en raison de la hauteur de la latitude et de l'élévation de la surface; la mer et les vents chauds du S.-O. le tempèrent sensiblement. La température y est même plus douce qu'en aucune autre contrée à égale distance de l'équateur. Environ 1/38 de la surface est couvert de neiges éternelles; dans d'autres districts la neige ne reste sur la terre que quatre mois environ, et commence vers la fin de novembre. En janvier et en février, le mercure varie entre — 10° C. à — 25°, et quelquefois il tombe jusqu'à —35°. En été, il monte quelquefois jusqu'à + 42°; les moissons sont mûres trois mois après les semailles. La principale récolte est l'orge qui se cultive jusqu'au 70° degré de lat. N. Le seigle, l'avoine, le froment (dans les saisons favorables et dans les districts méridionaux), les pommes de terre, le lin, le chanvre, un peu de tabac, des pommes, des poires, des cerises et d'autres fruits y viennent aussi. On s'applique plus à l'élève des bestiaux qu'au labourage. Il y a de grandes étendues couvertes d'excellents bois de charpente. Les principaux animaux sauvages sont le loup et l'ours. Les lièvres, les oies et canards sauvages et autres gibiers y abondent. — Parmi les habitants nés en Norvège, outre les Norvégiens proprement dits, il y avait en 1866, 7,637 Finnois, 15,604 Lapons à demeure fixe, 1,577 Lapons nomades, appelés en Norvège *Finner*, et environ 4,000 individus de race mêlée. Les Lapons habitent les provinces septentrionales, presque isolés du reste de la population; ils s'occupent surtout de leurs troupeaux de rennes. Les Norvégiens comptent parmi les meilleurs marins du monde. L'Église établie est l'Église luthérienne, et bien que le libre exercice de tous les cultes soit autorisé, personne ne peut se marier légalement sans que le mariage soit confirmé par l'Église luthérienne, et les membres seuls de cette Église sont admis aux fonctions publiques. Il n'y a guère que 5,000 personnes qui ne soient pas luthériennes. L'Église luthérienne est gouvernée par six évêques dont le plus âgé est le primat. Il n'y a pas de privilèges de naissance, la noblesse héréditaire ayant été abolie par une loi en 1821; mais les fils de ceux qui ont acquis la noblesse individuelle et les fils des riches sont toujours la préférence pour les dignités. L'éducation scolaire ou universitaire est aussi essentielle pour obtenir une position dans l'Église ou dans l'État. La presse est libre de fait, et presque toutes les villes importantes ont au moins un journal. Tous les enfants de 7 à 14 ans sont obligés de recevoir l'instruction publique. Chaque paroisse a son maître d'école qui est rémunéré par une petite taxe sur les propriétaires et sur les locataires de maisons. Il y a 6,500 écoles primaires et 16 écoles classiques publiques. Il y a une université à Christiania, avec des facultés de théologie, de droit, de médecine, de philosophie et des sciences; elle est fréquentée par 1,000 étudiants environ. La Norvège possède, relativement à sa population, la plus grande flotte marchande du monde. À la fin de 1874, elle se composait de 7,664 vaisseaux, jaugeant ensemble 1,319,734 tonneaux. La valeur totale des exportations, en 1874, a été d'environ 162,500,000 fr. et celle des importations d'environ 243,500,000 fr. Les principales matières d'exportation sont : le bois, l'écorce, le poisson, la glace, les peaux de veau et de mouton, le minerai de cuivre et de fer; on importe surtout des tissus de coton et de

laine, de l'épicerie, des grains, du tabac, et du fer manufacturé. À la fin de 1875, il y avait 346 kil. de chemin de fer et 4,455 kil. de lignes télégraphiques en activité. La pêche est une des industries les plus importantes et emploie des milliers d'hommes. (Voy. Pécheries.) Les autres grandes industries sont les mines et l'exploitation des bois de charpente. On ne fabrique des tissus que pour la consommation intérieure. — La Norvège est réunie à la Suède sous un seul souverain; mais, aux termes de sa constitution, elle est « libre, indépendante, indivisible et inaliénable ». Cette constitution remet le pouvoir législatif au *storthing*, ou assemblée de députés, nommés par une élection à plusieurs degrés. Le *storthing* s'assemble tous les ans, et se divise en deux chambres : la chambre haute, appelée *lagthing* et composée d'un quart des membres, et la chambre basse ou *odelsthing*, qui comprend le reste des députés. Le roi exerce le pouvoir exécutif par l'intermédiaire d'un conseil d'État, formé de deux ministres d'État et de sept conseillers. Deux des conseillers et un ministre résident près du roi à Stockholm, et les autres sont à Christiania, la capitale de la Norvège. Les pouvoirs du roi sont très limités. Recettes : environ 55,500,000 fr. (recettes ordinaires : 37,250,000 environ); dépenses : environ 52,375,000 fr. (dépenses ordinaires : 36,200,000 environ). La dette publique environ 64,750,000 fr.; le capital disponible de l'État est d'environ 72 millions de fr. L'armée en temps de paix se compose de 42,000 hommes et ne peut être élevée au-dessus de 18,000 sans le consentement du storthing. La flotte se composait, en 1876, de 32 navires à vapeur d'une force totale de 2,750 chevaux et de 156 canons. Il y a aussi 52 canonnières à rames, armées de 112 canons, et 30 plus petites portant un canon chacune. — L'histoire authentique de la Norvège commence avec Harald Harfager ou le Blond, qui soumit les petits rois ou *jarls* et réunit les tribus en nation (863-933). Un grand nombre des princes vaincus émigrèrent, et c'est là l'origine des plus fameuses aventures des Northmans. (Voy. Normands.) Le fils de Harald, Haco le Bon, introduisit le christianisme; mais la vieille religion ne fut complètement extirpée que trois siècles plus tard. En 1028, Canute le Grand de Danemark et d'Angleterre, débarqua en Norvège, chassa du royaume Olaf II (saint Olaf), et fut lui-roi. Le fils de Canut, Sweyn, fut à son tour chassé par Magnus I, fils de saint Olaf. Magnus III (1093-1103) conquit l'île de Man, les Shetlands, les Orkneys et les Hébrides. Haco V (appelé par quelques chroniqueurs Haco IV) soumit l'Islande (1261). Après la mort de Haco VII, en 1319, deux rois suédois se succédèrent sur le trône, Magnus VIII de Norvège et II de Suède, et Haco VIII de Norvège, compté par quelques-uns comme sixième du nom. Haco VIII épousa Marguerite, fille de Waldenar de Danemark, et mourut en 1380. La couronne échut à son fils en bas âge, Olaf III, de Danemark; à partir de ce moment jusqu'en 1814, les deux pays restèrent réunis. Marguerite succéda à son fils Olaf III, et, ayant réduit la Suède, forma l'Union de Colmar (1397), qui réunissait les trois couronnes scandinaves. Cette union fut rompue par Gustave Vasa en 1523, et après le règne de Christian IV (1588-1648), la Norvège ne fut plus guère qu'une province du Danemark. La réformation avait pénétré en Norvège en 1536. La Suède étant entrée dans la coalition contre Napoléon (8 avril 1812), une convention avec la Russie lui garantit la possession de la Norvège. L'Angleterre se porta aussi garant de ce pacte. Les Danois furent contraints à la paix de Kiel (14 janv. 1814), et la Norvège fut reconnue comme faisant partie des États de Charles XIII de Suède. Le

prince héréditaire de Danemark, Christian, alla aussitôt en Norvège convoqua une diète nationale à Eidsvold, près de Christiania, en mai, et accepta la couronne de Norvège comme souveraineté indépendante, en même temps qu'une constitution hâtivement rédigée pour la circonstance. En juillet, Bernadotte, le prince héréditaire de Suède, à la tête d'une armée, envahit la Norvège. Une flotte anglaise parut sur la côte et bloqua les ports. La résistance était évidemment inutile, et le pays se soumit. Le prince danois abdiqua son trône récent, et le 14 août un armistice et une convention furent signés à Moss, unissant la Norvège et la Suède. Le *storthing* ratifia formellement cette union le 20 octobre. — Le roi accepta, le 4 novembre, la constitution d'Eidsvold avec quelques changements. — Langue et Littérature. Le *norræna mâl*, ou langue du nord, rameau de la famille des langues teutoniques ou germaniques, aujourd'hui représenté par l'islandais, fut la langue commune du Danemark, de la Norvège et de la Suède, jusqu'au xi° siècle. La Norvège garda la vieille langue plus longtemps que les deux autres royaumes. Mais à partir de la fin du xiv° siècle environ, il se produisit une transformation rapide, et peu après le commencement du xvi° siècle, la langue écrite et le langage des hautes classes devinrent identiques à ceux du Danemark. En dehors des grandes villes et parmi les paysans, le danois n'a cependant jamais été la langue parlée; c'est le vieux norræna, corrompu en plusieurs dialectes. Les dialectes norvégiens peuvent se ramener à trois divisions : le groupe nordenfjeld, qui comprend les dialectes parlés dans Drontheim et les provinces de l'extrême nord; le groupe vestenfjeld, à l'ouest des montagnes, dans Bergen et la partie occidentale de Christiansand; et le groupe de soedenfjeld, dans la Norvège méridionale ou à l'est des montagnes. De ces groupes, c'est le second qui se rapproche le plus de l'islandais, tandis que le dernier est celui qui a subi le plus l'influence du danois. — On ne peut dire que la Norvège ait eu une littérature propre avant son union avec la Suède; avant cette date, sa littérature forme réellement corps avec celle du Danemark. Pendant les 10 ou 20 premières années qui suivirent l'union, les principaux écrits furent des études politiques, des traités de jurisprudence, des ouvrages sur l'agriculture et l'industrie, des textes populaires. Voici les noms les plus remarquables : statistique sociale, Eilert Sundt; physique, Christopher Hansteen (1784-1873); géologie, B.-M. Keilhau (1797-1858), Theodor Kjerulf (1825-'73), Jens Esmark (1763-1839), et J.-C Hoerbye; botanique, Christen Smith (1785-1816), Sommerfeldt, Blytt et Schubeler (né en 1815); zoologie, Michael Sars (1805-'69), et son fils G.-O. Sars; mathématiques, N.-H. Abel (1802-'29), B. Holmboe, O.-J. Broch, et M.-S. Lie; médecine, Danielson et Boeck; théologie, Hange (1771-1824), W.-A. Wexels, S.-J. Steuersen (1789-1835), C.-P. Caspari (né en 1814), et un peu plus tard Tœnder, Nissen, G. Johnson, et F.-W. Bugge. En métaphysique, les seuls auteurs à citer sont : M.-J. Monrad, C. Heiberg, et G.-V. Lyng. L'histoire, la philologie et les antiquités de la Norvège ont été étudiées avec zèle. Jacob Aall (1773-1844), A. Faye et Rudolph Keyser (1803-'65), sont les historiens les plus remarquables. Un fils important ouvrage sur l'histoire nationale est *Det norske Folks Historie*, par Peder Andreas Munch (1810-'63, 9 vol.). Plus récemment, on cite les historiens O. Rygh, J.-E. Sars, S. Petersen et Gustav Storm. Les œuvres de P.-A. Munch, C.-R. Unger (né en 1817), R. Keyser et Sophus Bugge (né en 1833), comprennent un traité sur la plus ancienne forme de l'écriture runique, une grammaire gothique et du vieux suédois, et des éditions des différentes sagas. Ivar-Andreas Aasen (né en 1813) a publié *Det norske Folkesprogs Grammatik* (1848), et C.-A. Holmboe (né en 1796), un lexique comparé de plusieurs langues indo-européennes (Vienne, 1852). Les dialectes des Lapons ont été étudiés par le missionnaire Stockfleth et par I.-A Friis, qui publia en 1852 *Lappisk Sproglaere* Parmi les poètes et les auteurs dramatiques, on trouve H.-A. Bjerregaard (mort en 1842), Henrik-Arnold Wergeland (1808-'45), J.-S. Welhaven (1807-'73), Andreas Munch (né en 1810), M.-C. Hausen (1794-1842; a aussi écrit des romans); J. Moe, Kjerulf, Schiwe, Bentsen, Schwach, Sivertson, C.-P. Riis, R. Olsen, et Henrik Ibsen (né en 1828). P.-C. Asbjoernsen et J. Moe, dans leur *Folke-ventyr* et *Huldreeventyr* (4° éd. 1871), ont recueilli les contes populaires conservés oralement pendant bien des générations par les paysans norvégiens; et M.-B. Lanstad et Sophus Bugge ont édité chacun de leur côté des recueils d'anciennes ballades populaires. Le plus distingué des récents écrivains est Bjoernstjerne Bjoernson (né en 1832); beaucoup de ses récits, scènes de la vie rurale en Norvège, ont été traduits en différents langages. Parmi les écrivains en dialecte populaire, ou *folkesprog*, les plus remarquables sont, outre Aasen, le poète O. Vinje (mort en 1870); Kristofer Janson, dont les œuvres principales sont *Jon Arason* (1867) et *Sigmund Brestesson* (1872), poème fondé sur la *Færeyinga Saga*, et Kristofer Bruun. A côté de cette école, se rattachant presque à elle, est Jonas Lie, dont les derniers romans, peintures de la vie des pêcheurs, ont acquis une grande popularité. Mme Camilla Collett, sœur de Wergeland, et Mme Magdalene Thoresen ont publié des romans de mérite. — Voy. *La Norvège littéraire* (1868), par P. Botten-Hansen. — BIBLIOGR. Dr O.-J. Broch, *Le Royaume de Norvège et le Peuple norvégien* (Christiania, 1878, in-8°); *Statistique de la Norvège*, publiée par le bureau central de statistique (Christiania, 1883, in-8°).

NORVÉGIEN, IENNE s. et adj. De la Norvège; qui appartient à ce pays ou à ses habitants. — Norvégienne s. f. Embarcation de plaisance et de service très employée dans la basse Seine.

NORVÉGIUM s. m. [nor-vé-ji-omn]. Chim. Nouveau métal découvert, par Dahll, qui l'a extrait, en 1878, d'une terre qui se trouve dans la petite île d'Otero, près de la ville de Kragerœ sur le Skager-Rack (Norvège). Le *norvégium* présente une étroite ressemblance avec le bismuth.

NORVINS (Jacques MARQUET, *baron de Montbreton de*), historien, né à Paris en 1769, mort en 1854. Il émigra pendant la Révolution, et se dévoua ensuite à la cause de Napoléon. Il fit les campagnes de Saint-Domingue et de Prusse; fut employé au ministère de la guerre du royaume de Westphalie et rentra dans la vie privée sous la Restauration. Il fut un moment préfet au commencement du règne de Louis-Philippe. Son *Histoire de Napoléon* (1827-'28, 4 vol. in-8°) a obtenu un immense succès et a été souvent réimprimée. Parmi ses autres ouvrages, nous citerons : *Histoire de la campagne de 1813* (1830, 2 vol. in-8°); *Histoire de France pendant la République, le Consulat, l'Empire et la Restauration* (1839, in-8°), pour faire suite à l'*histoire* d'Anquetil, etc.

NORWALK [nor'-ouok], ville du Connecticut (Etats-Unis), sur le détroit de Long-Island, à 65 kil. de New-York; 12,119 hab. Une partie de la ville prend le nom de cité de South Norwalk (3.000 hab.) Le fleuve Norwalk se jette dans le détroit, en cet endroit. A marée basse, les vaisseaux de six pieds de tirant d'eau peuvent arriver aux quais de de

barquement de la haute ville. Norwalk est principalement célèbre par son grand commerce d'huitres.

NORWALK, ville de l'Ohio (Etats-Unis), à 90 kil. O. de Cleveland; 4,498 hab. Fonderies, machines, moulins à farine et scieries mécaniques.

NORWICH [nor'-ridj], ville capitale du comté de Norfolk (Angleterre), sur le Wensum, à 155 kil. N.-E. de Londres; 85,000 hab. C'est une ville d'une grande antiquité; et elle est encore entourée par les ruines de ses anciennes murailles. La place du marché est une des plus grandes du royaume. La cathé-

Cathédrale de Norwich.

drale, fondée en 1094, et d'architecture en majeure partie normande, a la forme d'une croix, avec une tour et un clocher haut de 313 pieds. Norwich est célèbre par ses tissus de laine, depuis le règne de Henri Ier.

NORWICH [nor'-ritch], ville du Connecticut (Etats-Unis), au commencement du fleuve Thames, à 25 kil. du détroit de Long-Island

Norwich, Conn.

et à 55 kil. S.-E. de Hartford; 16,653 hab. La partie la plus importante de la ville est bâtie sur les flancs et sur le sommet de l'éminence

située entre le Yantic et le Shetucket, qui s'unissent ici pour former la Thames. La partie commerçante est au bas, près de l'eau, et s'appelait autrefois Chelsea Landing. Greeneville, dans la partie N.-E. de la cité, sur la rive droite du Shetucket, contient une des plus grandes manufactures de papier de la Nouvelle-Angleterre. La ville s'étend au N.-O. dans une agréable vallée entourée de collines. Aux chutes du Yantic, à environ 2 kil. de son confluent avec la Thames, est un village très manufacturier appelé The Falls (*Les Chutes*). Norwich communique par chemin de fer avec les principaux points de la Nouvelle-Angleterre, et par un service quotidien de steamers avec New-York. Le port est commode et accessible aux navires tirant 10 pieds d'eau. La ville fait un important commerce de houille, de bois de charpente, d'épices, et de drogues. On y fabrique des machines, des presses à imprimer, des armes à feu, des serrures, des roues de moulin, de la fonte typographique, du papier, des orgues, des tissus de coton et des laines filées.

NORWICH, village de l'état de New-York (Etats-Unis), sur le Chenango, à 90 kil. au S. d'Utica; 4,279 hab. Manufactures de pianos, de marteaux et de voitures.

NOS [nô], pluriel de l'adjectif possessif *notre*. (Voyez ce mot.)

NOSO [no-zo] (gr. *nosos*, maladie). Préfixe qui signifie maladie.

NOSOCHTONOLOGIE s. f. [no-zo-kto-no-lo-jī] (gr. *nosos*, maladie; *chthôn*, terre; *logos*, discours). Géographie médicale, c'est-à-dire ayant pour objet de signaler les maladies propres à chaque pays.

NOSOCOMIAL, ALE, AUX adj. (préf. *noso*; gr. *koneô*, je soigne). Pathol. Qui se rapporte aux maladies endémiques des hôpitaux : *miasmes nosocomiaux*.

NOSOGRAPHE s. m. (préf. *noso*; gr. *graphein*, écrire). Celui qui écrit sur les maladies.

NOSOGRAPHIE s. f. Classification et description des maladies.

NOSOLOGIE s. f. [no-zo-lo-jī] (gr. *nosos*, maladie; *logos*, discours, traité). Partie de la pathologie qui traite des maladies en général; nomenclature et classification des maladies. — On divise ordinairement les maladies en 24 classes ou familles, d'après leurs analogies symptomatiques. Ce sont : 1° Les FIÈVRES : *continues* (rhumo-catarrhales, éphémères, bilieuses, typhoïdes, typhus, fièvre jaune, choléra-morbus, peste); *intermittentes* (ordinaires, pernicieuses, larvées); *rémittentes*; *éruptives* (rougeole, scarlatine, variole, varioloïde, varicelle, suette, miliaire). — 2° Les INFLAMMATIONS OU PHLEGMASIES : *phlegmasies du tissu cellulaire* (panaris, abcès, phlegmon, etc.); *phlegmasies des organes du sens* (maladies de la peau, de l'oreille, de l'œil, des fosses nasales, de la langue); *phlegmasies du système nerveux* (névrite, myélite, encéphalite, méningite); *phlegmasies des or-*

ganes digestifs (péritonite, hépat..., dysenterie, entérite, gastrite, angine, aphtes); *phlegmasies des organes respiratoires* (pleurésie, pneumonie, grippe, bronchite, croup, laryngite); *phlegmasies des organes circulatoires* (adénite, angioleucite, phlébite, aortite, artérite, péricardite); *phlegmasies des organes urinaires et génitaux* (uréthrite, ovarite, métrite, cystite, néphrite). — 3° Les MALADIES RHUMATISMALES : *rhumatisme articulaire, musculaire, viscéral*. — 4° Les MALADIES GOUTTEUSES : *goutte*. — 5° Les MALADIES SYPHILITIQUES : *syphilis, végétations, bubons, chancre, blennorrhagie*, etc. — 6° Les FLUX, augmentation de sécrétion ou altération des sécrétions : *spermatorrhée, catarrhe vésical, gravelle, diabète, leucorrhée, diarrhée catarrhale, ictère, choléra sporadique, embarras gastrique, gastrorrhée, ptyalisme*, etc. — 7° Les CONGESTIONS : *cérébrale, pulmonaire, hépatique*, etc. — 8° Les HÉMORRAGIES : *apoplexie, épistaxis, hématémèse, hémoptysie, hématurie, ménorrhagie, flux hémorroïdal*. — 9° Les MALADIES SCORBUTIQUES : *scorbut, purpura*. — 10° Les NÉVROSES : *des organes des sens* (amaurose, otalgie, etc.); *du cerveau* (aliénation, délire, délirium tremens, nervosisme, épilepsie, éclampsie, catalepsie, hypocondrie, migraine, rage, etc.); *des nerfs* (névralgies); *des muscles* (convulsions, chorée, tétanos); *des organes digestifs* (entéralgie, gastralgie, dyspepsie, pica, indigestion, etc.); *des organes respiratoires* (coqueluche, asthme); *névroses propres à la femme* (hystérie, etc.). — 11° Les MALADIES SATURNINES : *colique de plomb*. — 12° Les HYDROPISIES : *anasarque, œdème, ascite, hydrothorax, albuminurie*, etc. — 13° Les MALADIES CHLOROTIQUES : *chlorose, anémie*. — 14° Les MALADIES SCROFULEUSES : *scrofules, rachitis*, etc. — 15° Les MALADIES TUBERCULEUSES : *phtisie, carreau*, etc. — 16° Les MALADIES CANCÉREUSES : *cancer*. — 17° Les MALADIES GANGRENEUSES : *gangrène, pustule maligne, charbon, ergotisme*. — 18° Les MALADIES VERMINEUSES : *ascarides lombricoïdes, ascarides vermiculaires, ténia*. — 19° Les AFFECTIONS HERPÉTIQUES OU DARTREUSES : *herpès, eczéma*, etc. — 20° Les MALADIES PAR LÉSIONS LOCALES DES PROPRIÉTÉS PHYSIQUES DES ORGANES : *hypertrophie, atrophie, anévrisme, endocardite, insuffisance des valvules du cœur*, etc. — 21° Les EMPOISONNEMENTS. — Les MALADIES CHIRURGICALES, telles que *plaies, ulcères, fractures, luxations, entorses*, etc. pourraient former une 22° classe.

NOSSEIGNEURS s. m. pl. [*gn mll.*]. Pluriel de *monseigneur* : *nosseigneurs les évêques*.

NOSSI-BÉ ou **Hellville**, village et siège du gouvernement de Nossi-Bé. Doit son nom à M. Hell, ancien gouverneur de l'île Bourbon.

NOSSI-BÉ ou **Varion-Bé**, île française, sur la côte N.-O. de Madagascar ; par 13° 23' 46" lat. S. et 45° 59' 44" long. E.; 32 kil. de tour; 195 kil. carr.; 40,000 hab., presque tous Sakalaves. Les créoles, les colons, l'administration et la garnison forment à peine un total de 900 personnes Ch.-l., Hellville. Parmi les îlots qui lui forment une ceinture, on remarque le montagneux Nossi-Comba. Nossi-Bé, en partie volcanique, en partie granitique, atteint 600 m. au Niorné-Loucoubé. Elle est arrosée par trois petites rivières. — Climat malsain; pluies abondantes : trois mètres d'eau en moyenne par an. — Sol fertile, qui produit le riz et la canne à sucre. Cette île appartient à la France depuis 1841.

* **NOSTALGIE** s. f. (gr. *nostos*, retour; *algos*, douleur). Maladie causée par un désir violent de retourner dans sa patrie. On dit vulgairement, LA MALADIE DU PAYS, LE MAL DU PAYS. — La nostalgie est un vif regret du pays natal ou de la famille absente; c'est un ennui, une souffrance morale qui peut aller jusqu'au désespoir si l'on n'a pas l'espérance

de revoir bientôt son pays ou sa famille. Ce n'est pas une maladie, mais cette affection peut occasionner des troubles organiques et conduire au suicide. Elle est rare chez les enfants et les vieillards ainsi que chez les adultes doués d'une certaine dose de force morale. Les jeunes gens impressionnables qui n'ont pas encore quitté le foyer, les jeunes soldats entre autres, y sont les plus sujets. Les distractions et l'espoir du retour au toit paternel sont les seuls remèdes à la nostalgie.

NOSTALGIQUE adj. Qui a rapport à la nostalgie.

* **NOSTOC** s. m. Bot. Genre d'algues, famille des alvacées, comprenant des végétaux qui se présentent sous la forme d'expansion gélatineuse, gluante, membraneuse et d'un vert brun. Au moyen âge, on croyait que les nostocs tombaient du ciel et on leur attribuait des propriétés merveilleuses. Le *nostoc commun* (nostoc commune) se montre sur le sol après la pluie, quand la température est humide; on le trouve par masses gélatineuses, sans point d'attache avec le sol; dès que revient la sécheresse, il disparaît. Cette algue singulière est plissée ou onduleuse.

NOSTRADAMUS (Michel DE NOTRE-DAME, dit), célèbre médecin et astrologue d'origine juive, né à Saint-Remy (Provence) le 14 déc. 1503, mort à Salon le 2 juillet 1566. Il étudia à Avignon et à Montpellier, inventa une poudre pour la guérison de la peste, et vers 1547, commença à croire à son don prophétique. En 1555, il publia sept *Centuries* en quatrains, et en 1558, une nouvelle édition, dédiée au roi Henri II, dont la mort y était prédite. Il devint médecin de Charles IX ; il était alors consulté par toutes les classes, pour la guérison des maladies et pour la divination. Les éditions les plus recherchées de ses *Centuries* sont celles de Lyon ou de Troyes (1568, in-8°) et de J. Janson (Amsterdam 1668, in-12).

NOSTRAS adj. [noss-trass] (lat. *nostras*, de notre pays). Pathol. Se dit du choléra sporadique : *choléra nostras*.

* **NOTA** (lat. *nota*, note). Expression latine par laquelle on invite quelqu'un à faire une remarque. On dit aussi NOTA BENE, que l'on écrit ainsi : N. B. — Remarque, note que l'on met à la marge d'un écrit, d'un livre : *mettez là un nota*. Il n'a point de pluriel.

* **NOTABILITÉ** s. f. (rad. *notable*). Qualité de ce qui est notable : *une grande notabilité*. — S'emploie quelquefois comme synonyme de notable : *les notabilités de la ville*.

* **NOTABLE** adj. Remarquable, considérable : *dommage, préjudice notable; les notables commerçants élisaient des membres du tribunal de commerce.* — s. Les principaux et les plus considérables citoyens d'une ville, d'une province, d'un État : *l'assemblée des notables.* — On donnait autrefois en France le nom d'ASSEMBLÉE DES NOTABLES à une réunion d'évêques, de chevaliers et d'hommes de loi. Les plus célèbres de ces assemblées furent : celle que convoqua le duc de Guise (20 août 1560); celle qui s'assembla à Versailles le 22 fév. 1787. (Voy. FRANCE.) — Législ. « Les membres des tribunaux de commerce ont été, pendant longtemps, élus dans une assemblée de *notables commerçants* choisis par le préfet. La loi du 21 décembre 1874, en modifiant les articles 618 et 619 du Code de commerce, remplaça les commerçants notables par des électeurs choisis par une commission et « pris « parmi les commerçants recommandables par « leur probité, esprit d'ordre et d'économie ». Suivant la loi du 8 décembre 1883, les membres des tribunaux de commerce sont aujourd'hui élus par tous les commerçants portés depuis cinq ans au moins au rôle des patentes. Cependant la liste des électeurs choi-

sis par une commission spéciale parmi les *commerçants recommandables*, sert encore à l'élection des membres des chambres de commerce et à celle des membres des chambres consultatives des arts et manufactures. » (CH. V.)

* **NOTABLEMENT** adv. Grandement, considérablement, beaucoup : *il est notablement lésé dans cette affaire.*

* **NOTAIRE** s. m. (lat. *notarius*; de nota, note). Officier public qui reçoit et qui passe les contracts, les obligations, les transactions, et les autres actes volontaires : *un acte signé de deux notaires.* — NOTAIRE EN SECOND, celui des deux notaires qui ne retient pas la minute de l'acte qu'ils signent tous deux. — Prov. C'EST COMME SI LE NOTAIRE Y AVAIT PASSÉ, se dit en parlant d'une chose sur laquelle on peut compter, sur laquelle il n'y a pas à revenir : *je vous l'ai promis, vous l'aurez; c'est comme si le notaire y avait passé.* — NOTAIRE APOSTOLIQUE, officier établi pour les expéditions en cour de Rome, et affaires ecclésiastiques. — Législ. « Par un édit de 1597, Henri IV institua dans toute la France des offices de *notaires royaux*, qui remplacèrent peu à peu : 1° les offices de *notaires au Chatelet de Paris* que saint Louis avait fondés; 2° les *notaires seigneuriaux*; 3° les *tabellions* établis dans les provinces par un édit de François Ier, et qui avaient pour fonctions de grossoyer et de sceller les expéditions des actes notariés; 4° les *garde-notes* qui étaient chargés, en vertu d'un édit de 1575, de la conservation des actes des notaires décédés; 5° les *garde-scels*, supprimés en 1706, lorsque les notaires furent investis du droit d'apposer eux-mêmes le sceau royal sur leurs actes; 6° les *notaires apostoliques*, épiscopaux ou de l'officialité, qui s'étaient arrogé le droit de dresser toutes sortes de contrats, et qui, après avoir été réduits à ne faire que les actes concernant les matières bénéficiales, ont été plus tard supprimés ou furent reconnus comme notaires royaux. L'institution du notariat, conservée par un décret de l'Assemblée constituante du 6 octobre 1791, a été réorganisée par la loi du 25 ventôse an XI qui la régit encore. Cette loi donne aux notaires le titre de fonctionnaires publics; mais il semble qu'ils doivent plutôt être rangés parmi les officiers ministériels, puisqu'ils sont tenus de prêter leur ministère lorsqu'ils en sont requis, et ils sont placés sous la surveillance de la magistrature. Ils sont institués à vie par décret, dans une résidence fixe; et le gouvernement détermine le nombre des notaires de chaque résidence dans les limites fixées par la loi. Les fonctions de notaire sont incompatibles avec celles de juge, d'avoué, de greffier, de commissaire-priseur, d'huissier, d'avocat, et avec toute fonction salariée. Il y a trois classes de notaires, savoir : 1° ceux des villes où il y a une cour d'appel. Leur compétence s'étend dans tout le ressort de la cour. 2° ceux des villes où il n'y a qu'un tribunal de première instance. Leur compétence se borne à l'étendue de l'arrondissement. 3° ceux des autres communes. Ces derniers ne peuvent instrumenter en dehors du canton où ils sont établis. Pour être admis à exercer les fonctions de notaire, il faut remplir les conditions suivantes : 1° jouir de l'exercice des droits de citoyen français; 2° avoir satisfait aux lois du recrutement militaire; 3° être âgé de 25 ans accomplis; 4° justifier d'un stage de six années non interrompues, dont une des deux dernières au moins à titre de premier clerc chez un notaire d'une classe égale à celle dans laquelle est comprise la place à remplir. La durée du stage peut être réduite, lorsqu'il a été passé dans une étude d'une classe supérieure, et aussi dans plusieurs autres cas; 5° produire un certificat de moralité et de capacité délivré après examen par la chambre des notaires de l'arrondisse-

ment dans lequel on doit exercer; 6° être présenté par le titulaire de l'office ou par ses ayants-droit, excepté dans le cas de création de l'office, ou de vacance résultant de destitution; 7° être nommé par décret et avoir versé le cautionnement exigé par la loi, lequel varie de 4,800 à 50,000 fr., selon la population des lieux de résidence; 8° avoir, dans le délai de deux mois à partir de la nomination, prêté le serment professionnel devant le tribunal de première instance, et avoir déposé sa signature et son parafe au greffe de chacun des tribunaux de première instance du département ou du ressort de la cour, ainsi qu'au secrétariat de la mairie du lieu de la résidence. Les notaires ont pour attributions principales de dresser des actes et des contrats, en leur donnant le caractère d'authenticité attaché aux actes de l'autorité publique et de délivrer des grosses exécutoires de ceux de ces actes qui contiennent une obligation. Les contrats de mariage, les actes contenant donation entre-vifs ou constitution d'hypothèque conventionnelle, etc., doivent nécessairement être faits devant notaires. Tout acte notarié doit être signé en présence de deux notaires, ou d'un seul notaire assisté de deux témoins instrumentaires, indépendamment des témoins certificateurs qui, lorsque le notaire le réclame, doivent être présents pour attester l'identité des parties. La présence à l'acte du second notaire ou des témoins instrumentaires n'est prescrite, à peine de nullité de l'acte, que pour les donations, les testaments en la forme authentique ou en la forme mystique, les révocations de donations ou de testaments, les reconnaissances d'enfants naturels, et les procurations données pour consentir ces divers actes (C. civ. 974 et s.; L. 21 août 1843). Les notaires ne peuvent recevoir les actes dans lesquels leurs parents ou alliés en ligne directe à l'infini, et en ligne collatérale jusqu'au degré d'oncle ou de neveu, seraient parties, ni les actes qui contiendraient quelque disposition en leur faveur. Ils sont tenus de garder minute de tous les actes qu'ils dressent; mais ils sont dispensés de cette obligation lorsqu'il s'agit de certificats de propriété, de procurations, d'actes de notoriété, de quittances de fermages, loyers ou salaires, de quittances d'arrérages de pensions ou de rentes, et d'autres actes simples qui peuvent être délivrés en brevet. (Voy. BREVET et MINUTE.) Les notaires ne peuvent, sans y être invités par ordonnance du président du tribunal civil de l'arrondissement, délivrer expédition ou donner connaissance des actes qu'ils détiennent à d'autres qu'aux personnes intéressées en nom direct dans ces actes, ou à leurs héritiers ou ayants-droit, à peine de dommages-intérêts et d'une amende de 20 fr. En cas de récidive, ils sont suspendus de leurs fonctions pendant trois mois. Lorsque la grosse d'un acte a été délivrée aux parties intéressées, le notaire ne peut en délivrer une autre, à peine de destitution, à moins qu'il ne soit autorisé à le faire par une ordonnance du président du tribunal, laquelle reste annexée à la minute. Tout notaire doit tenir un répertoire, visé, coté et parafé par le président du juge du tribunal civil, et sur lequel sont inscrits, par ordre de date, tous les actes dressés, avec l'indication de leur espèce (minute ou brevet) et de leur nature, les noms des parties et la relation de l'enregistrement. Un double de ce répertoire est déposé chaque année au greffe du tribunal civil (L. 16 floréal an IV). Les notaires peuvent réclamer les sommes qui leur sont dues pour les actes de leur ministère, pendant cinq ans à partir de la date de ces actes (L. 5 août 1884). Il y a, dans chaque arrondissement, une chambre des notaires dont les membres sont nommés par l'assemblée de tous leurs collègues. Les membres de la

chambre choisissent parmi eux un président, un syndic, un rapporteur et un trésorier. La chambre exerce sur les notaires de l'arrondissement une certaine action disciplinaire (Ord. 4 janvier 1843); mais la suspension et la destitution ne peuvent être prononcées que par les tribunaux. Depuis l'autorisation accordée en avril 1441 par le roi Charles VI aux notaires du Châtelet de Paris, les notaires sont restés en possession du droit de placer, à l'extérieur de leurs études, des panonceaux aux armes de l'autorité publique. La patente à laquelle ils sont assujettis consiste uniquement dans une taxe proportionnelle, égale au quinzième de la valeur locative de tous les locaux qu'ils occupent. »   (Ch. Y.)

TARIF DES NOTAIRES DE PARIS, FIXÉ PAR LA CHAMBRE.

Actes simples...............	Brevets	Sur 1/2 feuille et 3 fr. 60 d'enregistrement, 8 fr. 20, non compris la légalisation.
	Minutes	Sur 1/2 feuille avec expédition n'excédant pas 2 rôles, où 3 fr. 60 d'enregistrement, 15 fr. 50.
Actes de société...........		À fixer à l'amiable (Pas de tarif arrêté).
Actes simples...............		Dans la forme solennelle, 25 fr. au lieu de 15 fr. 50.
Adjudications...............		Honoraires indiqués dans le cahier des charges, 1/2 p. 100 en sus pour le notaire adjudicataire.
Baux.....................		1/4 p. 100 sur 9 ans et 1/8 p. 100 sur le surplus
Bordereaux................		6 fr. jusqu'à 2,000 fr.; 12 fr. au-dessus de cette somme = Bordereau de renouvellement, 6 fr. au-dessous de 6,000 fr., et 1 p. 1,000 au-dessus de 6,000 fr.
Certificats de propriété......		Néant s'ils sont la conséquence d'un partage reçu par le notaire; autrement 1/8 p. 100 sur le capital de la rente.
Comptes d'emploi............		Honoraires à régler à l'amiable et suivant les difficultés du travail.
Contrats de mariage.........		1/4 p. 100 sur les apports, plus 1/8 p. 100 sur les constitutions de dot = Extrait pour publications, toujours sur un rôle chacun.
Délivrances de propriété.....		1/2 p. 100.
Donations entre époux.......		35 fr., timbre compris.
Échanges..................		1 p. 100 sur la plus forte partie cédée.
Inventaires................		9 fr. par vacation; 3 fr. par rôle et 4 fr. 50 en sus et par rôle pour le dépouillement.
		Notaire en second, 9 fr. par vacation.
Liquidations et partages.....		1 p. 100 sur l'actif net réel, non compris les rapports jusqu'à 500,000 fr.; 1/2 p. 100 de 500,000 fr. à 1 million et 1/4 p. 100 au-dessus de ce chiffre.
Liquidations de reprises.....		1 p. 100 sur les reprises de la femme quand elle en est remplie par l'acte. Dans le cas contraire 1/2 p. 100 seulement sur les reprises en deniers et 1/4 p. 100 sur les reprises en nature.
Obligations................		1 p. 100 quand le notaire procure le créancier; en cas contraire, 1/2 p. 100 = Signification à l'assurance et extrait, 20 fr. 50.
Prorogations...............		1/2 p. 100.
Quittances.................		1/4 p. 100, — 1/2 p. 100 pour les sommes qui ne sont pas dues en vertu d'actes notariés.
Testaments authentiques.....		1/2 p. 100 sur l'importance des legs } lors du décès.
Testaments olographes.......		id }
Transactions..............		1 p. 100 sur l'objet de la transaction (presque toujours les honoraires sont exceptionnels).
Transports et quittances subrogatives........		Droits des obligations.
Ventes d'immeubles.........		1 p. 100 sur le prix jusqu'à 500,000 fr.; 1/2 p. 100 jusqu'à 1 million et 1/4 en sus.
Ventes de fonds de commerce.		1/2 p. 100 sur le prix.
Publications de contrats de mariage et de sociétés. Extrait compris........		42 fr. 70.
Certificats de vie pour renouvellement de titres de rente..............		6 fr. 50.

Observations. — Les notaires de Paris ne perçoivent aucun droit sur la première grosse ou la première expédition des actes qu'ils ont reçus. Cependant chaque rôle d'expédition étant compté à 3 fr., si les honoraires de rôles se trouvent plus élevés que ceux du tarif ci-dessus, ce sont ceux-là que le notaire perçoit. Les notaires n'ont droit à aucun honoraire pour rédaction des cahiers des charges préalables aux ventes immobilières, encore bien que ces cahiers ne soient pas vendus le jour fixé pour l'adjudication.

NOTAIRESSE s. f. Femme d'un notaire.

NOTALGIE s. f. (gr. *nôtos*, dos; *algos*, douleur). Pathol. Douleur dans le dos.

* **NOTAMMENT** adv. [no-ta-man]. Spécialement : *il a cité plusieurs lois, et notamment celle-là.*

NOTARIAL, ALE, AUX adj. Qui concerne le notariat.

* **NOTARIAT** s. m. Charge, fonction de notaire : *il a exercé longtemps le notariat.*

* **NOTARIÉ, ÉE** adj. S'emploie surtout dans cette locution : ACTE NOTARIÉ, acte passé devant notaire : *quittance notariée.*

NOTARIER v. a. Dresser à la façon des notaires. — Se notarier v. pr. Etre passé devant notaire : *ces actes ne se notarient pas.*

NOTASIE, synonyme de MALAISIE.

NOTATEUR, TRICE adj. Celui, celle qui note. — s. m. Mus. Appareil qui note automatiquement des airs.

* **NOTATION** s. f. Action, manière d'indiquer, de représenter par des signes convenus : *notation musicale.*

* **NOTE** s. f. (lat. *nota*). Marque que l'on

fait, avec une plume ou un crayon, en quelque endroit d'un livre, d'un écrit : *j'ai mis une note sur mon exemplaire, pour retrouver ce passage.* — Remarque, espèce de commentaire sur quelque passage d'un écrit, d'un livre : *les satiriques anciens ont besoin de notes pour être bien compris.* — Observation qu'on fait sur un mot, une phrase : *il faut mettre ce mot dans le dictionnaire, avec la note.* Il est vieux, il est bas, etc. — Extrait sommaire, exposé succinct : *j'ai pris note de ce que j'ai à payer et à recevoir à la fin du mois.* — Mémoire : *j'ai dit au marchand de me remettre la note de ce que je lui dois.* — Diplom. Communication entre des agents diplomatiques : *note officielle, confidentielle,*

secrète. — pl. Observations qu'un professeur fait sur la conduite, le travail d'un élève; un chef sur un subordonné : *un écolier a de bien mauvaises notes.* — Déshonneur qui résulte d'une action blâmable, ou de l'exercice d'une profession honteuse : *les mauvais traitements qu'il a fait éprouver à sa femme sont une note, une mauvaise note dans sa vie.* — NOTE D'INFAMIE, ou NOTE INFAMANTE, note imprimée juridiquement pour quelque cause grave : *le blâme en justice était une note infamante.* — Caractères dont on se sert pour écrire la musique : *ce copiste n'emploie pas de l'encre assez noire pour faire ses notes.* — Noms qu'on donne à ces différents caractères : *quelle est cette note ? C'est un sol.* — Se dit encore des sons représentés par ces caractères, selon leurs divers degrés du grave à l'aigu, et selon leurs différentes durées : *les sept notes de la gamme, par leurs combinaisons, forment tous les chants possibles.* — NOTE TONIQUE, la note principale ou fondamentale d'un ton ou d'un mode. — NOTE SENSIBLE, la note qui est d'un demi-ton au-dessous de la tonique. — NOTES DE GOÛT, celles qui, appartenant à la mélodie et non à l'harmonie, entrent dans la mesure et n'entrent pas dans l'accord. Se dit aussi de certaines petites notes qu. n'entrent ni dans la mélodie ni dans l'harmonie, et dont la durée très rapide se prend sur la note qui précède ou sur celle qui suit. On dit aussi, CE MUSICIEN CHANTE LA NOTE, il chante juste, mais sans expression. On dit NE SAVOIR QU'UNE NOTE, il chante juste, mais sans expression. — BIEN ATTAQUER LA NOTE, faire une intonation juste et nette. — NE SAVOIR QU'UNE NOTE, CHANTER TOUJOURS SUR LA MÊME NOTE, dire toujours la même chose, proposer toujours le même expédient. — CHANGER DE NOTE, CHANTER SUR UNE AUTRE NOTE, changer de façon d'agir ou de parler : *je vous ferai bien changer de note.* — CELA CHANGE LA NOTE, cela change l'état des choses. — FAUSSE NOTE. (Voy. FAUX.)

* **NOTÉ, ÉE** part. passé de NOTER. — HOMME NOTÉ, homme qui a une mauvaise réputation, méritée par quelques fautes qui ont fait de l'éclat.

* **NOTER** v. a. Faire une note sur quelque chose : *j'ai noté deux passages dans le premier volume.* — Fig. Remarquer : *notez bien cela.* — Fig. Marquer d'une manière défavorable. *ce dernier trait le note bien mal dans mon esprit ; voilà qui le notera aux yeux du public.* — NOTER D'INFAMIE, couvrir de honte, d'opprobre. — Ecrire de la musique avec les caractères destinés à cet usage : *noter un chant, un air.*

* **NOTEUR** s. m. Copiste de musique : *le noteur de l'Opéra.* On dit aujourd'hui COPISTE.

* **NOTICE** s. f. Livre, traité où l'on donne une connaissance particulière des dignités, des charges, des lieux, des chemins d'un royaume, d'une province, d'un pays : *la notice des Gaules.* — Indication ou extrait raisonné qui se met à la tête d'un manuscrit, pour faire connaître l'auteur, le temps où il a vécu, et pour donner une idée générale de l'ouvrage : *on travaille depuis longtemps à faire les notices des manuscrits de la bibliothèque du roi.* — Par ext. Compte succinct que l'on rend d'un ouvrage quelconque : *ce journal contient de bons extraits et des notices exactes.* — NOTICE HISTORIQUE, BIOGRAPHIQUE, écrit de peu d'étendue contenant les principales circonstances de la vie d'un écrivain, d'un savant, d'un artiste, etc. NOTICE NÉCROLOGIQUE, celle qui a pour sujet un personnage mort depuis peu de temps. — Libr. Liste imprimée contenue dans un cabinet, quand elle n'est pas assez étendue pour s'appeler catalogue : *on vient de distribuer la notice des livres du cabinet de monsieur un tel.*

NOTIFICATIF, IVE adj. Qui sert à notifier.

* **NOTIFICATION** s. f. Action de notifier, acte ; ar lequel on notifie : *ils ne peuvent plus en douter, la notification leur en a été faite.* — Le mot notification est à peu près synonyme de mot signification ; mais il s'appli que plus spécialement à la communication de certains actes administratifs qui est fait e aux intéressés, par l'intermédiaire d'agents de l'administration et non par le ministère d'un huissier. Le Code emploie quelquefois le terme notifier au lieu de signifier, notamment dans l'indication des formalités de la purge des privilèges et hypothèques. (C. civ. 2183 et 2184.)

* **NOTIFIER** v. a. Faire savoir dans les formes légales, dans les formes usitées : *cet acte ne sera point valable, si on ne le fait notifier.*

* **NOTION** s. f. (lat. *notio* ; de *noscere*, connaître). Connaissance, idée qu'on a d'une chose *je n'ai pas une connaissance parfaite de cela, je n'en ai qu'une simple notion, qu'une faible notion.*

NOTO, ville de Sicile, à 22 kil. S.-O. de Syracuse ; 14,767 hab. C'est l'une des plus jolies villes de l'île. Siège d'un évêché. La ville a plusieurs écoles. L'ancienne ville de *Notum* était florissante plusieurs siècles avant l'ère chrétienne.

* **NOTOIRE** adj. Connu généralement : *le fait est notoire.* On disait autrefois, en style d'Ordonnance et de Palais, SOIT NOTOIRE A TOUS QUE...

* **NOTOIREMENT** adv. Evidemment, manifestement : *cela est notoirement vrai, notoirement faux.*

NOTONECTE s. m. (gr. *nôtos*, dos ; *nectos*, qui nage). Entom. Genre d'hémiptères, famille des punaises d'eau, distingué par un bec en cône allongé, les étuis en toit, les pattes postérieures très longues. Les notonectes nagent toujours sur le dos pour mieux saisir leur proie. Le notonecte glauque (notonecta glauca), commun en France, est long de 14 millim. ; il est jaunâtre en dessus, tacheté de noirâtre sur les côtés, avec l'écusson noir. Il vit dans les eaux stagnantes et se tient ordinairement à leur surface. Dès qu'il est inquiété, il se laisse couler au fond la tête la première. La femelle pond sur les tiges ou sur les feuilles des plantes aquatiques, des œufs blancs et allongés qui deviennent des larves au printemps. Les notonectes sont carnassiers et voraces ; ils saisissent leur proie avec les crochets de leurs pattes et sucent le sang à l'aide de leur trompe ; ils attaquent les autres insectes, même les individus de leur propre espèce.

* **NOTORIÉTÉ** s. f. Connaissance générale, publique, d'une chose de fait : *ceci est de notoriété publique.* — ACTE DE NOTORIÉTÉ, acte par lequel les officiers d'un tribunal attestaient un usage établi dans ce tribunal, et faisant jurisprudence. On appelle aussi ACTES DE NOTORIÉTÉ, certains actes passés devant notaires, par lesquels des témoins suppléent à des preuves par écrit. — Législ. « Un acte de notoriété est celui par lequel des témoins attestent un fait notoire devant un officier public qui constate leur déclaration. Les juges de paix reçoivent des actes de notoriété, lorsqu'il y a lieu de suppléer à l'acte de naissance de l'un des futurs époux, ou lorsque l'on doit procéder au mariage en l'absence d'un ascendant auquel un acte respectueux aurait dû être fait s'il n'eut pas été absent (C. civ., 70 et s. 155). La plupart des actes de notoriété sont faits par les notaires, et les actes ont pour but, soit de constater à défaut d'inventaire quels sont les héritiers appelés à recueillir une succession, soit de réparer certaines erreurs ou omissions faites d'autres actes ou sur des titres, soit de pourvoir à d'autres besoins. Deux témoins suffisent presque toujours pour attester un fait dans un acte de notoriété ; mais la loi en exige quelquefois un plus grand nombre. Ces actes peuvent être délivrés en brevet ; et ils sont soumis à un droit fixe d'enregistrement de 3 fr. 75 ».   (CH. V.)

NOTORNIS s. m. [-niss] (gr. *nôtos*, sud ; *ornis*, oiseau). Ornith. Genre d'échassiers macrodactyles, comprenant plusieurs espèces de gros oiseaux, dont une seule a été observée vivante. C'est le *notornis de Mantell* (*notornis Mantelli*), décrit et classé par Owen en 1848. On ne le connaissait que pour rencontrer de loin en loin ses os, lorsque Walter Mantell, en 1849, se procura une peau de cet oiseau, provenant de la Nouvelle-Zélande. L'oiseau avait, quant au bec et à la couleur, l'aspect d'un gros *porphyrio* ; mais il avait les pieds relativement petits du *tribonyx*, avec les ailes et la queue rudimentaires de l'autruche. Longueur, 75 centim. ; ouverture du bec, 6 centim. ; ailes, 17 centim. ; tarses et queue, 5 centim. chacun. La tête, le cou, la poitrine et la partie antérieure de l'abdomen étaient d'un bleu pourpré ; le dos, le croupion, les pennes supérieures de la queue, les pennes inférieures de l'aile, d'un vert olive sombre avec le bout d'un vert cendré ; les ailes d'un riche bleu foncé, avec l'extrémité des plus grandes

pennes d'un vert cendré ; la queue d'un vert sombre ; le bas de l'abdomen, l'anus et les cuisses d'un noir bleuâtre. C'était un oiseau essentiellement terrestre, mais probablement capable de nager.

NOTOSTOME adj. (gr. *nôtos*, dos ;, *stoma*, bouche). Arachn. Qui a la bouche sur le dos.

NOTOU s. m. Nom donné, dans la Nouvelle-Calédonie, à un pigeon géant (*carpophage goliath*), qui vit de grains, de fruits et de baies, et dont le cri ressemble au mugissement d'un bœuf.

* **NOTRE** adj. (lat. *noster*). Qui est à nous, qui nous appartient, qui est relatif à nous. Il précède toujours le substantif, et fait *Nos* au pluriel : *notre père ; notre patrie ; nos ancêtres.* — Parmi le peuple, est quelquefois synonyme de MON. Ainsi un artisan dit : *notre femme, notre ménagère ;* une servante, *notre maître ;* etc. — Est également employé au lieu de MON, par le souverain, par les évêques, etc., dans les mêmes cas où ils emploient Nous pour JE ou MOI : *notre Conseil d'Etat entendu, nous avons ordonné et ordonnons ce qui suit.* (Voy. Nous.) — Se dit d'une manière indéterminée pour rappeler une personne dont on a parlé : *notre homme n'en voulut pas démordre*

* **NÔTRE** pr. possessif qui a un sens analogue à celui de *Notre* adjectif, et qui se dit par rapport à une personne ou à une chose dont on a déjà parlé. Il est ordinairement précédé de l'article, et fait au pluriel LES NÔTRES : *c'est votre avis, mais ce n'est pas le nôtre.*

S'il donne des États, qu'il te donne les nôtres.
       J. RACINE, *Alexandre*, acte III, sc. II.

On supprime quelquefois l'article dans le langage familier, NOUS POUVONS COMPTER SUR LUI, IL EST NÔTRE, il est de notre parti, il nous est dévoué. CES EFFETS SONT NÔTRES, ils nous appartiennent. — s. m. Ce qui est à nous, ce qui nous appartient, soit bien, soit réputation, etc. : *nous défendons le nôtre ; il y va trop du nôtre.* — Ce qui vient de nous : *ne mettons rien, n'ajoutons rien du nôtre dans le compte que nous avons à rendre.* — s. pl. Ceux qui sont de notre famille, nos parents : *c'est un devoir pour nous d'avoir soin des nôtres, de les aider dans leur établissement, de les secourir dans leur détresse.*

C'est à nous à payer des crimes des nôtres ?
       J. RACINE, *La Thébaïde*, acte II, sc. II.

— Ceux qui sont de notre pays, de notre parti, de notre compagnie : *celui-là est-il des nôtres ?* — Fam. NOUS AVONS BIEN FAIT DES NÔTRES, nous avons fait beaucoup de folies, de bons tours, nous nous sommes bien divertis.

* **NOTRE-DAME** s. f. Fête de la sainte Vierge : *la Notre-Dame d'août, de septembre.* — Se dit aussi quelquefois des églises consacrées à la sainte Vierge : *Notre-Dame d'Amiens.* — Se dit aussi de certaines images de la Vierge qui sont l'objet d'une vénération particulière : *la Notre-Dame de Lorette.* On écrit souvent par abréviation N.-D. — **Notre-Dame de Paris**, cathédrale de Paris, l'un des chefs-d'œuvre de l'architecture ogivale. Elle fut commencée en 1163 et continuée jusqu'au XIXᵉ siècle. L'un des derniers architectes a été L. Viollet-le-Duc, chargé de sa restauration en 1845. — **Notre-Dame de Paris**, célèbre roman de Victor Hugo (1831, 2 vol. in-8°).

NOTTINGHAM [not'-tinng-eumn], ville d'Angleterre, capitale du Nottinghamshire, et formant à elle seule un comté, sur le Leen, près de son point de réunion avec le Trent, à 160 kil. N.-N.-O. de Londres ; 86,621 hab. Elle est bâtie sur le flanc d'une colline escarpée. Au sommet du rocher abrupt, à 133 pieds au-dessus des prairies environnantes, sont les ruines du château, vaste édifice formé par la

duc de Newcastle en 1674. Il y a cinq asiles pour les aliénés et les aveugles, des hôpitaux, plusieurs bibliothèques, et un institut des arts et métiers. Principales industries : dentelles (c'est là qu'on en fit à la machine pour la première fois) ; bonneterie de coton et de soie ; bière. C'est un lieu d'une grande antiquité ; il dérive son nom du Saxon Snotingaham.

NOTTINGHAMSHIRE, ou Notts [nottss], l'un des comtés de l'intérieur de l'Angleterre; 2,429 kil. carr.; 349,956 hab. Pays généralement uni. La forêt de Birkland, enfermée dans le parc de l'*earl* de Mauvers à Thoresby, est une partie de l'ancienne forêt royale de Sherwood. On exploite des mines de houille en différents endroits. On extrait de grandes quantités de gypse près de Newark ; et on trouve dans le comté des pierres de taille et de la marne. Climat sain et relativement sec. Le Trent traverse le Nottinghamshire sur un parcours d'environ 95 kil. On y fabrique de la drèche, du papier, du fer, des cordes, de la bougie, de la bière, de la poterie, de la dentelle et de la bonneterie. Cap., Nottingham.

NOTTOWAYS [not-to-ouaiz], tribu d'Indiens d'Amérique, une des plus méridionales de la famille des Hurons-Iroquois ; ils habitent sur la Nottoway, dans la Virginie, et se donnent le nom de Cherobakah. En 1729, ils étaient 200. En 1822, Edie Turner, leur reine, et deux autres naturels étaient les seuls à parler leur ancien langage, dont le vocabulaire prouve sa parenté avec le huron, l'iroquois et le susquehanna.

NOTULATION s. f. Action de mettre des notules.

* NOTULE s. f. (dimin. de *note*). Courtenote.

NOTUS s. m. [-tuss] (gr. *notos*, sud). Vent du midi. Chez les Romains, c'était l'Auster.

NOU (Ile), située en face de Nouméa (Nouvelle-Calédonie), dont elle ferme la rade. (Voy. NOUVELLE-CALÉDONIE.)

NOUAGE s: m. (rad. *nouer*). Opération de tissage qui consiste à nouer séparément et un à un tous les fils d'une chaîne terminée à ceux de la chaîne qui succède.

NOUE s. f. Endroit où se rencontrent les surfaces inclinées de deux combles. — Lame de plomb ou de cuivre placée dans la noue. — Tuile creuse servant à l'écoulement des eaux : *les noues d'une lucarne.* — Terre grasse et humide, qui est une espèce de préservatif à la pâture des bestiaux.'

* NOUÉ, ÉE part. passé de NOUER. — CET ENFANT EST NOUÉ, les nœuds qui se sont formés aux ses articulations, l'empêchent de croître. (Voy. RACHITIS.) — CET HOMME EST NOUÉ DE LA GOUTTE, l'humeur de la goutte s'est arrêtée, s'est fixée dans les jointures de ses membres. — Fig. UN ESPRIT NOUÉ, UNE INTELLIGENCE NOUÉE, un esprit, une intelligence qui ne se développent pas.

* NOUEMENT s. m. Action de nouer. — N'est usité que dans cette locution populaire, NOUEMENT DE L'AIGUILLETTE.

* NOUER v. a. (rad. lat. *nodus*, nœud). Lier en faisant un nœud, faire un nœud à quelque chose : *nouer un ruban, des jarretières.* — Pop. et fig. NOUER L'AIGUILLETTE, faire un prétendu maléfice pour empêcher la consommation du mariage. — Fig. Man. Ce CHEVAL NOUE L'AIGUILLETTE, il détache vivement la ruade. Cette locution a vieilli. — Fig. NOUER UNE PARTIE, faire une partie, lier une partie. NOUER UNE INTRIGUE, former une intrigue. NOUER AMITIÉ, lier amitié. Cette dernière locution vieillit. — Fig. Théâtre. Former le nœud, l'obstacle qui donne lieu à l'intrigue : *il a noué fortement l'action, l'intrigue de sa pièce.* — Envelopper dans quel-

que chose, en faisant un nœud : *nouer de l'argent dans le coin d'un mouchoir.* — v. n. *Les fruits commencent déjà à nouer.* — Se nouer v. pr. — Se dit en parlant des arbres à fruits. Passer de l'état de fleur à celui de fruit : *les pommes, les citrons, les poires commencent à se nouer.* — CET ENFANT SE NOUE, il devient rachitique. — LA GOUTTE SE NOUE, ELLE EST NOUÉE, se dit lorsque l'humeur qui cause la goutte s'épaissit, se durcit dans les jointures. — LES INTESTINS SE NOUENT DANS LA COLIQUE DE MISÉRÉRÉ, ils rentrent en eux-mêmes.

* NOUET s. m. Linge noué, dans lequel on a mis quelque substance pour la faire infuser ou bouillir : *mettez un nouet de telle drogue dans votre bouillon.*

NOUEUR s. m. Argot. Complice.

* NOUEUX, EUSE adj. Qui a beaucoup de nœuds. Ne se dit guère que du bois : *c'est un bois fort noueux.*

NOUGARET (Pierre-Jean-Baptiste), littérateur, né à la Rochelle en 1742, mort en 1823. Il a laissé de nombreuses compilations, entre autres : *Histoire des prisons de Paris et des départements pour servir à l'histoire de la Révolution française* (1797, 4 vol. in-12). Sa *Lucette ou les Progrès du libertinage*, date de 1763 (3 vol.). La *Capucinade* (1765) le fit mettre à la Bastille.

* NOUGAT s. m. (esp. *nogado*). Espèce de gâteau fait d'amandes ou de noix au caramel: *on a servi du nougat, un nougat.*

* NOUILLES s. f. pl. [*ll* mll.] (all. *nudel*). Espèce de pâte d'Allemagne, faite avec de la farine et des œufs, et qui, par la manière dont elle est coupée, ressemble au vermicelle : *un potage aux nouilles.* Dans les livres de cuisine, on écrit ordinairement, NOULES.

NOUKA-HIVA, la principale des îles Marquises (Polynésie), par 8°59' lat. S. et 142°45' long. O., 30 kil. sur 24 ; environ 10,000 hab. Sol fertile, mais mal cultivé. Le capitaine Marchand l'avait nommée île Beau. Les Français s'en emparèrent en 1822 et y établirent le fort Collet, siège du gouvernement des îles de l'Archipel. En 1850, on voulut faire de Nouka-Hiva un lieu de déportation, mais on n'y envoya que trois condamnés qui furent graciés en 1854.

* NOULET s. m. Canal pour l'écoulement des eaux, fait avec des noues, c'est-à-dire avec des tuiles creuses, des lames de cuivre ou de plomb courbées, etc. — Petits chevrons qui forment le fond de la noue entre deux combles

NOUMÉA, autrefois PORT-DE-FRANCE, cap. de la Nouvelle-Calédonie, au S.-O. de cette île, à 1,800 kil. de Sidney, par 22° 16' 4" lat. S. et 164° 6' 53" long. E.; 3,000 hab. Commerce considérable avec Sidney, la Nouvelle-Zélande et les colonies australiennes. Cette ville fut fondée le 25 juin 1854 sous le nom de Port-de-France ; mais elle reprit, en 1866, son appellation indigène. Nouméa est située au fond d'une baie d'un facile accès, bornée au S.-O. par la presqu'île Ducos et protégée par l'île Nou. (Voy. NOUVELLE-CALÉDONIE.)

* NOUMÈNE s. m. (gr. *noos*, esprit). Philos. de Kant. Se dit des faits qui se passent dans notre âme elle-même et qui nous sont révélés par la conscience. Il est opposé à PHÉNOMÈNE.

NOUN ou Nun (CAP.), promontoire de la côte occidentale du Maroc, à l'extrémité S.-O. de l'Atlas. Lat. N., 28° 45'; long. O., 13° 25'.

NOUNOU s. f. Jargon. Nourrice.

NOUREDDIN (Malek Al-Adel Nur ed-Din Mahmoud), chef mahométan en Syrie et en Egypte (né vers 1116, mort en 1173 ou 1174). Il succéda à son père Zenghi en Syrie en 1145, et fit d'Alep sa capitale. Il chassa les

chrétiens d'Edesse, envahit Antioche, défit et tua le prince Raymond, et conquit toute la Syrie septentrionale. En 1156, il entra dans Damas, dont il fit sa capitale. En 1159, il battit et fit prisonnier Reginald de Châtillon, prince d'Antioche. Ses capitaines firent ensuite la conquête de l'Egypte, et il reçut du calife de Bagdad le titre de sultan et l'investiture directe de la Syrie et de l'Egypte.

* NOURRAIN s. m. (rad. *nourrir*). Fretin, petit poisson qu'on met dans un étang pour le repeupler. Il est synonyme d'ALEVIN.

* NOURRI, IE part. passé de NOURRIR. — Elevé :

> *Nourri dans le sérail, j'en connais les détours*
> *Racine.*

— Par plaisant., CET HOMME EST BIEN NOURRI, il a beaucoup d'embonpoint. — Ce BLÉ, CE GRAIN EST BIEN NOURRI, il est bien plein, bien rempli. — UN STYLE NOURRI, un style riche, plein, abondant. UN OUVRAGE NOURRI DE PENSÉES, DE RÉFLEXIONS, un ouvrage où les pensées justes, où les réflexions judicieuses abondent. On dit aussi, UN ÉCRIVAIN NOURRI DES BONS AUTEURS, un écrivain qui fait preuve d'une grande connaissance des bons auteurs. — Calligr. CETTE LETTRE EST BIEN NOURRIE, les traits qui la forment ont beaucoup de corps; et, ELLE N'EST PAS BIEN NOURRIE, elle est plus déliée qu'il ne faut. — Peint. UNE COULEUR NOURRIE, une couleur bien empâtée. UN TRAIT NOURRI, un trait qui n'est pas trop fin

* NOURRICE s. f. (lat. *nutrix*). Femme qui allaite l'enfant d'une autre : *des contes de nourrice.* — Mère qui allaite son propre enfant : *elle a voulu être la nourrice de son dernier-né.* — METTRE UN ENFANT EN NOURRICE, le donner à une nourrice hors de chez soi. RETIRER UN ENFANT DE NOURRICE, le retirer de chez la nourrice. — CET ENFANT A ÉTÉ CHANGÉ EN NOURRICE, la nourrice lui a substitué à celui qu'elle avait reçu des parents. On le dit aussi de l'enfant qui a été remplacé : *cette mère est en nourrice, elle croit que son enfant a été changé en nourrice.* — Prov. IL FAUT QU'IL AIT ÉTÉ CHANGÉ EN NOURRICE, se dit d'un enfant qui ne ressemble point à ses parents, par les traits, pour le caractère. On dit, dans le sens opposé, IL N'A PAS ÉTÉ CHANGÉ EN NOURRICE. — Prov. et fig. BATTRE SA NOURRICE, attaquer les choses ou les personnes auxquelles on est redevable de son éducation, de sa fortune : *les écrivains modernes qui attaquent les anciens, sont des enfants qui battent leur nourrice.* — LES MOIS DE NOURRICE, le temps qu'un enfant est resté en nourrice. Se dit, fam., des personnes qui veulent se rajeunir : *cette femme se donne vingt-cinq ans, mais elle ne compte pas les mois de nourrice.* — Fig. Province qui fournit à une ville, à un pays de quoi subsister : *la Sicile était la nourrice de Rome.* — Fam. Choses qui, dans certaines professions, procurent le plus de gain : *il y a certaines questions de droit qui sont les nourrices des gens de palais.* (Vieux.) La loi du 23 déc. 1874 a institué une surveillance sur la situation de tous les enfants en bas âge placés en nourrice. (Voy. ENFANT.) — Econ. dom. Quand une mère est forcée de renoncer aux fonctions de l'allaitement et quand elle est obligée d'avoir recours à une étrangère, elle doit, autant que possible, choisir une nourrice jeune et vigoureuse ; les brunes sont préférables aux blondes, surtout pour les enfants des villes. Avant d'arrêter le concours de la nourrice, il est bon de s'assurer qu'elle n'est pas atteinte de phtisie, de dartres, de scrofule, de scorbut, de pierre, de gravelle, de goutte ou d'autres affections dont le germe se transmet avec le lait. On préférera toujours une femme des champs. On appelle *nourrice sur lieu* celle qui s'établit au domicile des parents jusqu'à l'époque du sevrage. — Que l'enfant soit élevé sur lieu ou à la campagne, il est toujours bon de sur-

veiller constamment la conduite et le régime de la nourrice, d'où dépend la santé du nourrisson. Pour la nourrice sur lieu, on doit conserver les habitudes que cette femme avait contractées chez elles; ne pas lui donner d'aliments trop nourrissants, lui laisser prendre de l'exercice, bannir de sa nourriture les assaisonnements relevés, les alcools, etc.

* **NOURRICIER** s. m. Le mari d'une nourrice : *le nourricier d'un enfant; son père nourricier.* — Adjectiv. C'EST SON PÈRE NOURRICIER, se dit d'un homme qui en fait subsister un autre : *cet homme est le père nourricier des pauvres.*

* **NOURRICIER, IÈRE** adj. Qui opère la nutrition, qui sert à la nutrition, qui se répand dans un corps pour en augmenter la substance : *le suc nourricier.*

* **NOURRIR** v. a. (lat. *nutrire*). Sustenter, servir d'aliment : *les aliments les plus propres à nourrir l'homme.* — Absol. *il y a des aliments qui nourrissent trop.* — Fig. et au sens moral : *nourrir son imagination de chimères.* — Se dit aussi d'une femme qui donne à téter à un enfant : *c'est elle qui l'a nourri.* CETTE FEMME NE SAURAIT NOURRIR D'ENFANTS, elle a le malheur de perdre tous ses enfants, dès leur bas âge. — Entretenir d'aliments : *je l'ai vêtu et nourri pendant dix ans.* — N'ÊTRE PAS NOURRI, n'être pas suffisamment nourri, être mal nourri : *les enfants ne sont pas nourris dans cette pension, dans ce collège.* Fig. Instruire, élever : *il faut avoir soin de nourrir les enfants dans les sentiments de piété et d'honneur.* — IL NOURRIT UN SERPENT DANS SON SEIN, il élève, il protège, il assiste un ingrat, un méchant qui le perdra, qui le ruinera quelque jour. — Se dit aussi d'un pays qui entretient ou fournit un autre de vivres; d'une terre, d'un héritage qui donne au propriétaire de quoi le faire subsister; d'une profession qui procure de quoi vivre à celui qui l'exerce : *la Sicile nourrissait Rome.* — Prov. IL N'Y A SI PETIT MÉTIER QUI NE NOURRISSE SON MAITRE, on peut, en travaillant, gagner de quoi vivre, quelque peu lucrative que soit l'industrie qu'on exerce. — Produire, porter, renfermer : *l'Afrique nourrit beaucoup d'animaux féroces.* — Fig. Entretenir, faire subsister, faire durer : *nourrir l'espoir, le mécontentement, l'orgueil de quelqu'un.* — NOURRIR UNE ACTION, fournir un supplément de finance au capital d'une action. — NOURRIR UN NUMÉRO A LA LOTERIE, mettre sur le même numéro à chaque tirage, en augmentant toujours la mise. — Se dit également de certaines choses qui en entretiennent d'autres, qui les font profiter : *la bonne terre nourrit les plantes, les arbres.* — Se dit de même au sens moral : *l'espérance nourrit l'amour.*

> Souvent d'un faux espoir un amant est nourri.
> MOLIÈRE. *Le Dépit amoureux,* acte I. sc. I.

> Son menton *nourrissait* une barbe touffue.
> LA FONTAINE.

— Peint. NOURRIR UN TABLEAU DE COULEURS, mettre les couleurs avec une certaine abondance qui donne le moyen de les mêler aisément, de les empâter. NOURRIR LE TRAIT, éviter la maigreur et la sécheresse. — Mus. NOURRIR LES SONS, faire qu'ils soient pleins et retentissants, et les soutenir exactement pendant leur durée. — Se nourrir v. pr. Se dit au propre et au figuré : *l'homme se nourrit de pain, de viandes, de légumes, etc.; se nourrir de la lecture des bons livres.* — CET ENFANT, CET ANIMAL SE NOURRIT BIEN, SE NOURRIT MAL, les aliments lui profitent bien, ne lui profitent pas. — CET ARBRE N'A PAS DE QUOI SE NOURRIR, il est planté dans une mauvaise terre, où il ne trouve pas un suc convenable et suffisant.

NOURRISSABLE adj. Qui peut être nourri.

* **NOURRISSAGE** s. m. Econ. rur. N'est usité que dans cette locution, LE NOURRISSAGE DES BESTIAUX, le soin et la manière de nourrir

et d'élever les bestiaux. On dit plus souvent : *l'élève ou l'élevage des bestiaux.*

* **NOURRISSANT, ANTE** adj. Qui sustente, qui nourrit beaucoup : *une viande bien nourrissante.*

* **NOURRISSEUR** s. m. On appelle ainsi, à Paris et dans les autres grandes villes, celui qui nourrit des vaches dans l'étable, pour faire commerce de leur lait.

* **NOURRISSON** s. m. Enfant qui est en nourrice : *c'est une bonne nourrice, elle ne manquera pas de nourrissons.* — Fig. Élève : *Télémaque fut le nourrisson de Mentor.* — LES NOURRISSONS DES MUSES, les poètes.

* **NOURRITURE** s. f. Aliment; subsistance des hommes et des animaux au moyen des aliments : *bonne, mauvaise nourriture.* — STIPULER PAR CONTRAT DE MARIAGE TANT D'ANNÉES DE NOURRITURE, faire insérer dans le contrat que les conjoints seront nourris durant tant d'années par les parents de l'un d'eux. — Certaines humeurs, certains sucs qui servent au développement et à l'entretien des corps animés et des végétaux : *son bras était amaigri, mais il recommence à prendre nourriture.* — Fig. et au sens moral : *l'esprit a besoin de nourriture aussi bien que le corps.* — Allaitement, action de nourrir un enfant de son lait : *cette femme a déjà fait plusieurs nourritures.* — Fig. Celui qu'on a élevé, disciple qu'on a formé : *sa chère nourriture.* Iron. VOUS AVEZ FAIT LA UNE BELLE NOURRITURE. Il a vieilli dans cette acception. — Prov. NOURRITURE PASSE NATURE, la bonne éducation peut corriger les défauts d'un mauvais naturel. — FAIRE DES NOURRITURES, nourrir, élever du bétail, de la volaille dans une terre, dans une maison de campagne : *c'est une terre propre à y faire des nourritures.*

* **NOUS** (lat. *nos*). Pronom de la première personne, qui est le pluriel de *Je* ou *Moi,* et qui est des deux genres. — Peut être ou sujet, ou régime direct, ou régime indirect : *nous partons; on nous observe; on nous parle; nous nous voyons souvent; nous nous parlons.* Il est sujet dans la première phrase, régime direct dans la seconde, régime indirect dans la troisième, sujet et régime direct dans la quatrième, sujet et régime indirect dans la cinquième. — Sujet se place avant le verbe : *nous partons.* Il faut excepter les phrases interrogatives, dans lesquelles il se place après le verbe : *partons-nous?* — Quelquefois, par une répétition qui donne de l'énergie à la phrase, on place *nous,* sujet, avant et après le verbe : *nous voulons, nous, que telle chose se fasse.* — Régime direct ou indirect, se place avant le verbe : *il nous regarde; il nous parle.* Il faut excepter les phrases impératives sans négation, dans lesquelles il se place après le verbe : *regardez-nous; parlez-nous.* — Régime, quand il est précédé d'une préposition, se met toujours après le verbe, l'adjectif ou l'adverbe dont il est le complément : *il parle de nous; il s'en rapporte à nous.* Mais on dit, ENTRE NOUS SOIT DIT. — Fam. NOUS AUTRES, ce que nous sommes de personnes de même côté, de même avis, du même rang : *vous allez jouer, nous autres nous allons à la promenade.* — S'emploie au lieu du singulier JE ou MOI, par le roi dans les lois, dans les ordonnances, etc. : *nous avons ordonné et ordonnons ce qui suit,* par les évêques dans leurs mandements, et en général par les personnes qui ont caractère et autorité : *nous N., certifions; nous N., déclarons.* Un auteur, un orateur, le dit quelquefois en parlant de lui-même. — S'emploie aussi quelquefois, dans le style familier, au lieu du pronom personnel IL ou ELLE : *on l'a fait apercevoir plusieurs fois de sa faute, mais nous sommes opiniâtre, nous ne voulons pas nous corriger.*

* **NOUURE** s. f. [nou-u-re] (rad. *nouer*). Etat d'un enfant noué; rachitisme. — Se dit aussi

des fruits, lorsqu'ils commencent à se former, après que les fleurs sont tombées : *le temps de la nouure.* (Voy. NOUER.)

* **NOUVEAU** ou **Nouvel**, NOUVELLE adj. (lat. *novus*). Qui commence d'être ou de paraître, qui n'existe ou qui n'est connu que depuis peu de temps. *Nouveau* se met devant un nom masculin qui commence par une consonne ou une *h* aspirée, et *Nouvel* devant un nom masculin qui commence par une voyelle ou un *h* muette : *un nouveau livre; un nouvel ouvrage.* — Mots NOUVEAUX, mots qui commencent à se répandre, mais que l'usage n'a pas encore autorisés. — UN HABIT NOUVEAU, un habit d'une nouvelle mode. UN NOUVEL HABIT, un habit différent de celui qu'on avait auparavant : *l'habit que vous avez est nouveau.* — LE NOUVEL AN, L'AN NOUVEAU, le commencement de l'année. LA SAISON NOUVELLE, le printemps. LA NOUVELLE LUNE, la lune qui commence. LE NOUVEAU MONDE, cette partie du monde qui a été découverte à la fin du XVe siècle, et à laquelle on a donné le nom d'Amérique. LE NOUVEAU STYLE, la manière de compter dans le calendrier, depuis qu'il a été réformé par Grégoire XIII. — NOUVEAU TESTAMENT, le livre des Évangiles, les Actes des apôtres, les Épîtres de saint Paul, les autres Épîtres canoniques, et l'Apocalypse; par opposition à l'ANCIEN TESTAMENT, les livres saints qui ont précédé la naissance de JÉSUS-CHRIST. (Voy. BIBLE.) — Pratique. PASSER TITRE NOUVEL. *Nouvel* ne s'emploie après le substantif que dans ce seul exemple. (Voy. TITRE.) On dit aussi, dans le même style, ARTICULER FAITS NOUVEAUX. — C'EST DU FRUIT NOUVEAU QUE DE LE VOIR, se dit à l'arrivée d'un homme qu'on n'a pas vu depuis longtemps. — En parlant des personnes, novice, inexpérimenté : *cet homme est bien nouveau dans son métier, dans son emploi.* — UN HOMME NOUVEAU, celui qui a fait fortune, qui n'a pas de naissance; le premier de sa race qui se fasse remarquer : *Cicéron était un homme nouveau.* — NOUVEL HOMME, et HOMME NOUVEAU, le chrétien régénéré par la grâce. — UN NOUVEAU VISAGE, une personne qu'on n'a vue encore : *je change de domestiques le moins que je peux, je n'aime pas les nouveaux visages.* — Se dit quelquefois d'une personne ou d'une chose qui a de la ressemblance, de la conformité avec une autre personne ou avec une autre chose : *c'est un nouveau César, un nouvel Alexandre, un nouvel Attila.* — s. m. Personne qui existe ou qui a existé dans ces temps modernes : *les anciens et les nouveaux.* — Ce qui est nouveau :

> Il me faut du nouveau, n'en fût-il plus au monde.
> LA FONTAINE. *Clymène.*

— Nouveau adv. Nouvellement : *beurre nouveau battu; vin nouveau percé.* On ne l'emploie pas en ce sens avec un substantif féminin, excepté dans la locution UNE FILLE NOUVEAU-NÉE. (Voy. NOUVEAU-NÉ.) — S'emploie encore, dans le sens de nouvellement, avec quelques autres participes qui deviennent des substantifs; et alors il est adjectif variable : *un nouveau marié; des nouvelles mariées; des nouveaux arrivés; les nouvelles venues.* — De nouveau loc. adv. Derechef, encore une fois : *on l'a emprisonné tout de nouveau.* — A nouveau loc. adv. Comm. Sur un nouveau compte : *créditer, débiter, porter à nouveau.*

NOUVEAU-BRUNSWICK. Voy. BRUNSWICK (Nouveau-).

NOUVEAU-MEXIQUE. Voy. NEW-MEXICO.

* **NOUVEAU-NÉ, ÉE** adj. Qui est né depuis peu de temps, qui vient de naître : *un enfant nouveau-né.* — Dans cet adjectif composé, NOUVEAU est pris adverbialement : *des enfants nouveau-nés, des filles nouveau-nées.* — s. m. Je viens de voir le nouveau-né. — ENCYCL. On doit présenter le sein aux nouveau-nés quatre ou cinq heures après leur naissance, quand

même la sécrétion laiteuse ne serait pas complète. Le premier lait ou colostrum est laxatif et favorise l'expulsion du méconium. — Dès qu'un enfant arrive au monde, on doit s'assurer s'il respire bien, s'il ne présente pas les symptômes de l'*apoplexie* ou de l'*asphyxie*. (Voy. ces mots.) Lorsqu'il ne réclame aucun des soins indiqués pour l'un de ces accidents, on lui nettoie le corps à l'aide d'huile d'olive, de graisse, de cérat ou de beurre; on l'essuie avec un linge fin et on le tient quelque temps enveloppé dans des serviettes chaudes. Le vice de conformation le plus commun est le filet qui empêche l'enfant de bien prendre le sein. On panse le nombril; le cordon se détache du quatrième au cinquième jour à l'endroit marqué par la nature. On continue de panser tous les jours la petite plaie en la saupoudrant de poudre de riz et en mettant dessus une compresse sèche.

* **NOUVEAUTÉ** s. f. (lat. *novitas*). Qualité de ce qui est nouveau, de ce qu'il y a de nouveau dans une chose : *la nouveauté plaît à la plupart des hommes*. — Chose nouvelle : *je n'avais jamais entendu parler de cela, c'est une nouveauté pour moi*. — Fam. C'EST UNE NOUVEAUTÉ, C'EST UNE NOUVEAUTÉ QUE DE VOUS VOIR, se dit à une personne qu'on avait coutume de voir souvent, et qu'il y a longtemps qu'on n'a vue. — Innovation, introduction de quelque doctrine, de quelque pratique nouvelle: *toute nouveauté trouve des partisans*. — Etoffe la plus nouvelle et la plus à la mode: on *trouve toujours quelque nouveauté chez ce marchand*. — Livres qui viennent de paraître: *ce libraire a toujours quelque nouveauté*. — MARCHAND DE NOUVEAUTÉS, celui qui fait particulièrement métier de vendre des étoffes nouvelles: *vous trouverez de cette étoffe chez les marchands de nouveautés*. — Se dit aussi d'un libraire qui vend des livres nouveaux. — MAGASIN DE NOUVEAUTÉS, magasin où l'on vend toute sorte d'objets de fantaisie, en mercerie, bijouterie, tabletterie, etc. — Spectacle, pièce nouvelle qui a une certaine vogue : *avez-vous vu la nouveauté?* — Légumes, fruits qui sont dans leur primeur: *des pois au commencement d'avril, c'est de la nouveauté*. — Temps pendant lequel une chose est nouvelle : *cette mode est encore dans sa nouveauté*.

* **NOUVEL** adj. Voy. NOUVEAU.

* **NOUVELLE** s. f. Le premier avis qu'on reçoit d'une chose arrivée récemment: *c'est une nouvelle toute fraîche*.

> Savez-vous, citoyens, si la nouvelle est vraie?
> PONSARD. *Charlotte Corday*, acte IV, sc. 1.

— ETRE A LA SOURCE DES NOUVELLES, être au lieu où se passent les choses les plus importantes, et où l'on est le plus tôt instruit des événements. — NOUVELLES D'ANTICHAMBRE, DE BASSE-COUR, nouvelles fausses, ridicules. — NOUVELLES A LA MAIN, espèce de journal manuscrit qu'on distribuait à des abonnés. — NE FAITES RIEN QUE VOUS N'AYEZ DE MES NOUVELLES, QUE JE NE VOUS AIE DONNÉ, QUE VOUS N'AYEZ REÇU DE MES NOUVELLES, que je ne vous aie fait savoir quelque chose de nouveau sur l'affaire dont il s'agit. — Par menace. VOUS AUREZ, VOUS ENTENDREZ DE MES NOUVELLES, je me vengerai de vous. — En plaisantant. JE SAIS DE VOS NOUVELLES, je sais de vos aventures secrètes, je sais des particularités que vous m'aviez cachées. — Fam. VOUS EN POUVEZ DIRE DES NOUVELLES, vous êtes mieux instruit de cela que personne. JE PUIS EN DIRE DES NOUVELLES, je le sais pertinemment. — ENVOYER SAVOIR DES NOUVELLES DE QUELQU'UN, envoyer demander quel est l'état de sa santé. MANDEZ-MOI DE VOS NOUVELLES, écrivez-moi, faites-moi savoir l'état où vous vous trouverez, ce que vous ferez. RECEVOIR DES NOUVELLES DE QUELQU'UN, recevoir de ses lettres: *il y a longtemps que je n'ai reçu de ses nouvelles*. — EN-

VOYER AUX NOUVELLES, envoyer prendre des informations et particul. en termes de guerre, envoyer quelqu'un pour s'instruire de la position, de la force des ennemis. — ON NE SAIT POINT DE NOUVELLES, ON EST SANS NOUVELLES DE CE PAYS, DE CETTE ARMÉE, on n'en a point reçu de lettres, on ignore ce qui s'y passe. — Fam. N'AVOIR NI VENT NI NOUVELLES D'UNE PERSONNE, n'en point entendre parler, et ne savoir ce qu'elle est devenue. — IL Y A BIEN DES NOUVELLES, VOICI BIEN DES NOUVELLES, ON DIT DE GRANDES NOUVELLES, il est arrivé quelque chose de fort surprenant, de fort extraordinaire, de fort important. — Prov. et absol. POINT DE NOUVELLES, se dit lorsqu'on ne peut obtenir un résultat qu'on attend, la décision d'une affaire, l'exécution d'une promesse, etc.: *il me dit souvent qu'il me payera; mais pour de l'argent, point de nouvelles*. ON A BEAU HEURTER A SA PORTE, POINT DE NOUVELLES, personne n'ouvre. — POINT DE NOUVELLES, BONNES NOUVELLES, quand on ne reçoit pas de nouvelles d'une personne, on doit présumer qu'il ne lui est point arrivé de mal. — Roman très court, récit d'aventures intéressantes ou amusantes : *une jolie nouvelle; les Nouvelles de la reine Marguerite*.

NOUVELLE (La), petit port maritime de création récente, formé par le chenal qui relie l'étang de Sigean à la mer, cant. de Sigean, arr. et à 26 kil. S. de Narbonne; 2,500 hab. Chantiers de construction; c'est le seul port du dép. de l'Aude; et son importance croît chaque jour. Entrées annuelles moyennes : 300 navires à voiles et 280 caboteurs. Le port communique avec Narbonne par le canal de la Robine. Phare; bains de mer.

NOUVELLE-ANGLETERRE. Voy. ANGLETERRE (Nouvelle-).

NOUVELLE-BRETAGNE. Voy. BRETAGNE (Nouvelle-).

NOUVELLE-CALÉDONIE. Voy. CALÉDONIE (Nouvelle-).

NOUVELLE-ÉCOSSE. Voy. NOVA SCOTIA.

NOUVELLE-GALLES DU SUD. Voy. GALLES DU SUD (Nouvelle-).

NOUVELLE-GRENADE. Voy. COLOMBIE.

NOUVELLE-GUINÉE. Voy. GUINÉE (Nouvelle-).

NOUVELLE-HOLLANDE. Voy. AUSTRALIE.

NOUVELLE-IRLANDE. Voy. IRLANDE (Nouvelle-).

NOUVELLE-JÉRUSALEM. Voy JÉRUSALEM (Nouvelle-).

* **NOUVELLEMENT** adv. Depuis peu : *maison nouvellement bâtie*.

NOUVELLE-ORLÉANS (La). Voy. ORLÉANS (La Nouvelle-).

NOUVELLES-HÉBRIDES. Voy. HÉBRIDES (Nouvelles-).

NOUVELLES-PHILIPPINES. Voy. CAROLINES (Iles).

* **NOUVELLETÉ** s. f. Jurispr. Entreprise faite sur le possesseur d'un héritage, trouble dans la possession : *le possesseur peut former complainte en cas de saisine et nouvelleté*.

NOUVELLE-ZÉLANDE. Voy. ZÉLANDE (Nouvelle-).

NOUVELLE-ZEMBLE. Voy. ZEMBLE (Nouvelle-).

* **NOUVELLISTE** s. m. Celui qui est curieux de savoir des nouvelles, et qui aime à en débiter : *c'est un nouvelliste*. — NOUVELLISTE A LA MAIN, rédacteur de nouvelles à la main. — Nom d'un certain nombre de journaux de province : *le Nouvelliste de Rouen*.

NOUVION-EN-PONTHIEU, ch.-l. de cant., arr. et à 12 kil. N. d'Abbeville (Somme); 900 hab.

NOUVION-EN-THIÉRACHE (Le), ch.-l. de cant., arr. et à 30 kil. N.-N.-O. de Vervins (Aisne); 3,275 hab. Tissus, fils et mousseline. — Vaste forêt qui fait corps avec celle des Ardennes et qui appartient au duc d'Aumale.

NOUZON, ville du cant. de Charleville (Ardennes), à 8 kil. N. de Mézières, sur la Meuse; 6,000 hab. Nombreux établissements métallurgiques.

* **NOVALE** s. f. (lat. *novalis*, nouvellement défriché). Terre nouvellement défrichée et mise en valeur : *il a défriché cette terre et l'a mise en novale*. — pl. La dîme que les curés levaient sur les novales : *les novales et les vertes dîmes*. — Adj. *Terres novales, dîmes novales*.

NOVALIS (Friedrich von), baron de Hardenberg, auteur allemand, né en 1772, mort en 1801. Il fut vérificateur des mines de sel de Weissenfels. Sa vie fut abrégée par la mort (1797) de Sophie von Kuhn, à laquelle il portait un vif attachement. La beauté morale de son caractère et de ses écrits lui gagnèrent l'admiration générale. Ses œuvres, publiées sous le nom de Novalis, sont pleines de belles pensées. Friedrich von Schlegel et Tieck rassemblèrent ses écrits; ce dernier y ajouta une biographie (Berlin, 1802, 2 vol. in-8°).

NOVARE (ital. *Novara*). I, province du N.-O. de l'Italie, dans le Piémont, touchant à la Suisse; 6,543 kil. carr.; 624,985 hab. Le lac Majeur, le Tessin et le Pô sont sur ses frontières de l'E. et du S. La ligne principale des Alpes, avec un grand nombre de vallées et de cours d'eau, occupe à peu près toute la province. Elle appartenait en majeure partie autrefois au duché de Milan. Abondante production de grains, de riz, de chanvre et de soie. — II, ville fortifiée, à 50 kil. O. de Milan; 29,516 hab. La cathédrale est célèbre par son magnifique maître-autel, ses sculptures par Thorwaldsen, ses archives et sa musique. Les Sardes, commandés par Chrzanowski, y furent écrasés par les Autrichiens sous Radetzky, le 23 mars 1849; c'est après cette bataille que Charles-Albert abdiqua en faveur de son fils Victor-Emmanuel.

NOVA SCOTIA ou Nouvelle-Écosse, province du Canada, entre 43° 26' et 47° 5' lat. N. et entre 62° et 68° 45' long. O. Elle se compose de la presqu'île de la Nouvelle-Écosse et de l'île du Cap-Breton, qui en est séparée par le goulet de Canso, large de 2 kil. (Voy. CAP BRETON.) La presqu'île est reliée au Nouveau-Brunswick, au N.-O., par un isthme de 23 kil. de large. Elle a, y compris les îlots voisins et le Cap-Breton, 56,280 kil. carr. La province est divisée en 18 comtés. La capitale, centre du commerce et la ville la plus grande du pays, est Halifax (29,582 hab.). En 1871, la population était de 387,800 hab., dont 75,483 résidaient sur le Cap-Breton. — Les principales montagnes sont la chaîne des Cobequids, qui atteint 1,100 pieds. La Nouvelle-Écosse possède des baies et des ports excellents. On y trouve de la houille bitumineuse, de l'or et du gypse. De 1861, époque où l'on commença l'extraction, jusqu'à la fin de 1874, on a retiré environ 260,000 onces d'or, valant 23,950,000 fr. Le climat y est très sain, et, malgré des variations subites et considérables, la température est meilleure et plus douce que dans les autres parties du Canada. — Le nord est plus fertile que le sud, et les vallées sont d'une grande richesse. Grandes forêts qui donnent du bois propre à la charpente et aux constructions navales. On y récolte toutes les céréales, des pommes de terre, des navets, des pommes, etc. On y fabrique des draps grossiers pour la consommation intérieure, des cuirs, des chaussures, des harnais, des meubles, des instruments agricoles. On y construit beaucoup de vaisseaux. La pêche est une des industries principales; en 1874, elle employait 21,031 hommes, 529 navires et 8,923 bateaux. Les poissons qu'on pêche le plus sont la morue, le maquereau, le homard, le hareng, le saumon et la merluche. Pour la même année, les importations ont été de 54,536,900 fr. et les exportations de 38,282,235 fr. Il y a dans la province de 500 à 600 kil. de chemin de fer en activité. — Le gouvernement, au point de vue de l'exécutif, est entre les mains d'un lieutenant gouverneur nommé en conseil par le gouverneur général du Canada; il est assisté d'un conseil de neuf membres nommés par lui et responsables devant une assemblée de 38 membres, élus pour quatre ans, qui compose, avec un conseil législatif de 20 membres nommés à vie par le lieutenant gouverneur, le pouvoir législatif. Au parlement du Canada, la Nouvelle-Écosse a 12 sièges de sénateurs et 21 de membres des communes. En 1864, on a organisé un système d'écoles publiques et gratuites; en 1874, il y avait 1,673 écoles fréquentées par 79,910 élèves. Les principales sectes religieuses sont celles des baptistes, des épiscopaliens, des méthodistes, des presbytériens et des catholiques romains. — Le premier essai de colonisation de la Nouvelle-Écosse fut fait fut fait en 1604 par de Monts et quelques autres Français. Ils l'appelèrent Acadie, et, pendant huit années, s'efforcèrent de former des établissements à Port-Royal (auj. Annapolis) et en quelques autres lieux; mais ils furent à la longue chassés par les colons de la Virginie, qui réclamaient la possession du pays par droit de première découverte. En 1621, des lettres royales donnèrent la contrée, sous le nom de *Nova Scotia*, à sir William Alexander, et l'on créa ensuite l'ordre des *baronets* de la Nouvelle-Écosse, pour encourager à la colonisation; mais la tentative échoua. Les Français et reprirent pied une seconde fois, et furent réduits en 1654. Par le traité de Breda (1667), l'Angleterre céda le pays à la France; mais il lui fut rendu en 1713. En 1748, le gouvernement britannique tenta de la coloniser en y envoyant des émigrants à ses frais. Environ 4,000 colons et leurs familles arrivèrent ainsi dans la colonie et fondèrent Halifax En 1867, la Nova Scotia devint une des provinces de la *Dominion of Canada*. (Voy. ACADIE.)

NOVAT, *Novatus*, diacre de Carthage et hérésiarque du IIIᵉ siècle. Cité devant un synode pour avoir pris les biens des pauvres, il s'enfuit à Rome, vers 251, fut excommunié et se lia avec Novatien dont il admit les nouvelles doctrines.

• **NOVATEUR, TRICE** s. (lat. *novator*). Celui, celle qui fait ou qui tente de faire des innovations : *un hardi novateur*. — Adjectiv. : *un esprit novateur*.

NOVATIEN s. m. [-si-ain]. Membre de la secte schismatique des novatiens, qui commença au IIIᵉ siècle, et qui fut ainsi appelée de son fondateur, Novatien, prêtre de Rome. Celui-ci soutenait que ceux qui avaient commis les péchés les plus irrémissibles, et surtout ceux qui avaient renié la foi pendant la persécution de Dèce, ne devaient plus être reçus de nouveau dans l'Église. En 251, ses partisans le proposèrent pour la chaire de Rome, en opposition au pape Cornelius. Son coadjuteur le plus important fut Novat de Carthage. Suivant Novatien, le caractère principal de la véritable Église est la pureté et la sainteté; aussi ses partisans s'appelaient *oi katharoi* (les purs). La secte survécut environ trois siècles à son fondateur.

NOVATIEN, hérésiarque et antipape. Voy. NOVATIENS.

• **NOVATION** s. f. [-si-on] (lat. *novatio*; de *novare*, innover). Jurispr. Changement d'une obligation en une autre : *ils ont stipulé dans la transaction qu'il n'y aurait point de nova-*

tion au premier contrat. — Législ. « La novation est, suivant l'exacte définition de l'ancien jurisconsulte Pothier, « la substitution d'une dette nouvelle à une ancienne dette ». Ce n'est pas seulement un changement de titre, une nouvelle reconnaissance ou un nouveau billet, laissant subsister la dette ancienne, mais bien l'extinction d'une obligation, laquelle est remplacée par une autre. La novation s'opère de plusieurs manières : 1° par le changement de l'objet de la dette, par exemple, lorsque celui auquel était due une certaine quantité de blé accepte que la dette consistera désormais en une somme d'argent. 2° par le changement de débiteur, lorsque le créancier accepte qu'une nouvelle personne soit obligée envers lui, de telle sorte que l'ancien débiteur soit déchargé. Cette novation ne peut s'opérer sans le concours du premier débiteur. D'un autre côté, la délégation par laquelle le débiteur donne au créancier un nouveau débiteur n'opère pas novation, si le créancier ne déclare pas décharger le premier. 3° par le changement de créancier, lorsque le débiteur en accepte un nouveau que lui désigne le premier, et lorsque celui-ci le décharge à son égard. 4° par le changement de cause de la dette, par exemple, lorsqu'un propriétaire accepte en paiement de ses loyers une simple reconnaissance ou un billet à ordre, ce qui a pour effet de faire disparaître le privilège attaché à la dette primitive, à moins de réserve expresse. Cette dernière manière est confondue par le Code avec la première. La simple indication faite par le débiteur d'une personne qui doit payer à sa place ne suffit pas pour opérer la novation; et il en est de même de la simple indication faite par le créancier d'une personne qui doit recevoir pour lui (C. civ. 1271 à 1281) »

(CH. Y.)

• **NOVELLES** s. f. pl. (lat. *novellæ*). Jurispr. Constitutions de l'empereur Justinien, qui forment la quatrième et dernière partie du corps du droit romain. Quand on cite une de ces constitutions, on dit au singulier, LA NOVELLE X, LA NOVELLE XII, etc.

• **NOVEMBRE** s. m. [-van-] (lat. *novem*, neuf). Le neuvième mois de l'année, lorsque l'année commençait en mars, et le onzième mois selon notre manière actuelle de compter : *c'était au mois de novembre*. — Les sénateurs romains voulurent donner à ce mois le nom de Tibère, qui était né en novembre; mais l'empereur refusa en ces mots : « Que feriez-vous donc, pères conscrits, si vous aviez un *treizième* César ? »

NOVEMPOPULANIE [-vèmm-] (lat. *Novempopulania*), l'une des 17 provinces de la Gaule, la même que l'Aquitaine IIIᵉ. Elle était ainsi nommée parce qu'elle contenait 9 peuples principaux : Tarbelli, Bigii, Vasales, Ausci, Elusates, Osquidates, Bigerrones, Convenæ et Consorrani.

NOVER v. a. Transformer une obligation, une dette en une autre.

NOVGOROD [nov'-go-rodd]. I, gouvernement du N.-O. de la Russie d'Europe; 122,337 kil. carr.; 1,011,445 hab. On y trouve le Bielo Ozero (lac Blanc) au N.-E., long de 40 kil. et large de 30 (le lac Ilmen, au S.-O. (50 kil. de long sur 30 de large environ) et le lac Voshe, au N.-E. (25 kil. de long sur 16 de large environ). Les rivières de la contrée sont des tributaires de ces lacs, ou des affluents du Volga. Les districts méridionaux donnent du seigle, de l'orge, de l'avoine, du lin et du chanvre. Les vastes forêts fourmillent d'animaux sauvages, et les lacs et les rivières de poissons. — II, la capitale de ce gouvernement, appelée aussi Novgorod Veliki (la Grande), sur le Volkhov, près du lac Ilmen, à 165 kil. S.-S.-E. de Saint-Pétersbourg; 19,000 hab. La rivière la divise en

deux parties. La cathédrale a été construite et nommée d'après l'église de Sainte-Sophie à Constantinople. Fabriques de toile à voile et de cuirs. La ville a été fondée par les Slaves vers l'an 500. C'est là que Rurik, vers 862, jeta les fondements de la monarchie russe, dont on a célébré le millième anniversaire en 1862. Un magnifique monument

Novgorod. Monument millénaire.

a été élevé à cette occasion. Plus tard le siège du gouvernement fut transporté à Kiev, et au XIIᵉ siècle, Novgorod devint une république sous un magistrat héréditaire; son territoire s'étendait alors jusqu'à la Sibérie à l'E., et à la Livonie à l'O. Elle avait un commerce très étendu et des forces immenses, et sa population était de 400,000 âmes, lorsque, en 1477, Ivan III détruisit à la fois son indépendance et sa prospérité.

NOVI, ville fortifiée du Piémont (Italie), à 22 kil. S.-S.-E. d'Alexandrie, et à 40 kil. N.-O. de Gênes; 12,162 hab. Elle est célèbre pour ses manufactures de soie, ses villas et ses palais. Les Français y furent battus le 15 août 1799 par les Russes et les Autrichiens commandés par Souvaroff, et leur général Joubert resta sur le champ de bataille.

NOVIBAZAR ou **YENIBAZAR**, ville de Bosnie, sur la frontière méridionale de la Serbie, à 200 kil. S.-O. de Bosna-Serai; 15,000 hab. environ. Importante par sa situation; elle a de grandes foires annuelles.

NOVICE s. (lat. *novitius*; de *novus*, nouveau). Homme, femme qui a pris nouvellement l'habit de religion dans un couvent, pour y passer un temps d'épreuve avant de faire profession : *un jeune novice*. — FERVEUR DE NOVICE, empressement, ardeur qu'on met à remplir les obligations d'un nouvel état : *il n'est que depuis deux mois en place, aussi il a une ferveur de novice*. — Adj. Qui est nouveau et peu exercé, peu habile en quelque métier, en quelque profession : *un orateur novice*. — Personne qui n'a point encore la connaissance du monde : *une jeune personne, un jeune homme encore novice*. — N'ÊTRE PAS NOVICE, avoir une habileté, une finesse, une expérience portées trop loin : *défiez-vous de lui, il n'est pas novice en affaires*. — Se dit, par ext., des choses prises pour la personne : *une main,* *une plume novice.* — Encycl. On appelle novice le candidat à l'admission dans un ordre religieux, lorsqu'il n'a pas encore prononcé de vœux et qu'il traverse le temps d'épreuve voulu. Les novices doivent avoir atteint l'âge de puberté, autrement les vœux prononcés ensuite par eux sont nuls. Nulle personne mariée ne peut être admise sans le consentement de l'autre époux; de même pour les mineurs qui n'ont pas obtenu le consentement de leurs parents. La période d'épreuve, appelée noviciat, doit être, d'après le concile de Trente, d'un an au moins. Les règles réformatrices publiées par Pie IX rendent le noviciat de deux ans obligatoire dans presque tous les ordres religieux.

* NOVICIAT s. m. Etat des novices avant qu'ils fassent profession; temps pendant lequel ils sont dans cet état: *un long, un rude noviciat.* — Maison ou partie d'une maison religieuse que les novices habitent, et où ils font leurs exercices pendant leur année de probation: *il demeure au noviciat.* — Fig. Apprentissage qu'on fait de quelque art, de quelque profession: *il a fait son noviciat à la guerre sous un excellent général.*

NOVIKOFF (Nikolaï-Ivanovitch), écrivain russe, né en 1744, mort en 1818. Il publia de bonne heure *le Peintre* sur le plan du *Spectateur* d'Addison, et fonda à Moscou une société pour la propagation des livres à bon marché et le premier cabinet de lecture en Russie. Ses œuvres comprennent une collection historique appelée *La Vieille Bibliothèque russe* (1773-'75, 10 vol.)

NOVIODUNUM, nom latinisé de plusieurs lieux de la Gaule situés sur des hauteurs (celt. *dun*, colline). — I, aujourd'hui *Nouan*, ville des *Bituriges Cubi*, dans la *Gallia Aquitanica*, à l'E. de leur capitale *Avaricum.* — II. *Nevers*, ville des Ædui, dans la *Gallia Lugdunensis*, sur la route d'Augustodunum à Lutetia, au confluent de la Niveris et de la Liger, d'où elle fut appelée ensuite *Nevirnum*, ce qui forma son nom moderne. — III, ville des Suessones, dans la *Gallia Belgica*, probablement *Soissons*. — IV, *Nyon*, ville des Helvetii, dans la *Gallia Belgica*, sur la rive N. du *Lacus Lemanus*, fut faite colonie romaine par Jules César, en 45 av. J.-C., sous le nom de *Colonia Equestris*.

NOVIOMAGUS ou Neomagus, nom latinisé de plusieurs villes de la Gaule. — I. Aujourd'hui Castelnau de Médoc, ville des Bituriges Vivisci dans la Gallia Aquitanica, au N.-O. de Burdigala. — II. Ville des Tricastini dans la Gallia Narbonensis, probablement auj. Nyons, bien que plusieurs savants supposent qu'elle était la même que Augusta Tricastinorum (Aoust). — III. Aujourd'hui Spire, cap. des Nemètes. — IV. Ville des Treviri dans la Gallia Belgica, sur la Moselle, auj. Neumagen. — V. Ville des Bataves, auj. Nimègue. — VI. Ville de la Lyonnaise IIe chez les Lexovii, auj. Lisieux.

NOVION-PORCIEN, ch.-l. de cant., arr. et à 12 kil. de Rethel (Ardennes), sur la rive droite de l'Aisne et près du canal des Ardennes; 1,200 hab.

NOVISSIMÉ adv. Mot emprunté du latin. Tout récemment: *ce fait est arrivé novissimé, tout novissimé.* Il est familier.

NOVOGEORGIEVSK [no-vo-ghé-or-ghi-évsk], autrefois Modlin; ville très forte de Pologne, à 30 kil. N.-O. de Varsovie; 10,000 hab. Elle fut fondée en 1809 par Napoléon, et elle résista aux Russes de janvier à novembre 1813; la famine l'obligea enfin à se rendre. Les Polonais révoltés la reprirent en décembre 1830, et la gardèrent jusqu'après la chute de Varsovie en 1831; c'est alors que les Russes changèrent son nom.

NOVOGOROD. Voy. Novogorod.

NOX (La Nuit), dans la mythologie classique, la déesse de la nuit, fille du Chaos. De son frère Erebus (l'Erèbe) elle eut Æther (l'Air) et Héméra (le Jour); elle eut ensuite, sans aucun époux, Thanatos (la Mort), les Songes, Momus, les Hespérides, Némésis et autres êtres de cette nature. Dans les poètes plus récents, elle n'est plus que la personnification de l'obscurité de la nuit.

NOYABLE adj. Susceptible d'être noyé.

* NOYADE s. f. Action de noyer quelqu'un. La noyade fut un supplice de tous les temps, mais on la pratiqua particulièrement sous l'ancienne royauté française. Des milliers d'individus ont péri dans les eaux de la Seine; et sur le sac de cuir où l'on enveloppait, on avait soin d'attacher l'étiquette suivante: *Laissez passer la justice du roi*, pour empêcher les riverains de tenter le sauvetage des victimes. — Au pl., ne se dit guère qu'en parlant des exécutions ordonnées à Nantes en 1793 par le représentant Carrier: *les noyades de Nantes.*

* NOYALE ou Noyalle [noua-ia-le] s. f. Toile de chanvre écru, très forte et très serrée, dont on fait des voiles: *noyales rondelettes.*

NOYANT-SOUS-LE-LUDE, ch.-l. de cant., arr. et à 17 kil. S.-E. de Baugé (Maine-et-Loire), près de la source de la Marcomme; 1,600 hab.

* NOYAU s. m. [noua-io; ou no-io] (lat. *nucalis*, amande; de *nux*, *nucis*, noix). Substance dure et ligneuse qui est enfermée au milieu de certains fruits, comme la prune, l'abricot, la pêche, etc., et qui contient une amande: *casser un noyau pour en avoir l'amande.* — Eau de noyau, liqueur dans la préparation de laquelle entrent des noyaux. — Prov. et fig. Il faut casser le noyau pour en avoir l'amande, il faut prendre de la peine avant de retirer de l'utilité, du profit de quelque chose. — Prov., fig. et pop. Il a amassé des noyaux, il a gagné bien des écus. — Archit. Toute partie plus ou moins brute et massive, qui est enveloppée d'un revêtement: *ce piédestal de marbre a un noyau de maçonnerie.* — Noyau d'escalier, la partie d'un escalier à vis qui est au centre, et sur laquelle porte l'extrémité des marches. — Fond. Masse de terre à potier, de plâtre, de brique, ou autre matière, qui remplit l'intérieur d'un moule, et qui est destinée à soutenir la cire que doit remplacer le métal en fusion: *le noyau d'une statue, d'une cloche, d'un canon, d'un mortier,* etc. — Minéral. Substance qui s'est moulée et durcie dans l'intérieur d'une coquille pétrifiée. — Partie la plus dure qui se trouve au centre de certains cailloux. — Partie centrale d'un cristal, dont la forme diffère souvent beaucoup de celle du cristal lui-même. — Astron. Le noyau d'une comète, la partie la plus lumineuse de la comète. — Fig. Origine, fonds, commencement d'une société politique ou civile, d'une compagnie littéraire ou scientifique, d'un corps militaire, ou d'un rassemblement d'hommes: *dix magistrats désignés par le sort ont formé le noyau de cette compagnie.*

NOYE (La), rivière qui naît dans le canton de Froissy (Oise), baigne Breteuil, Dommartin et se jette dans l'Avre après un cours de 52 kil.

* NOYÉ, ÉE part. passé de Noyer. — Des yeux noyés de larmes, des yeux pleins de larmes. — Fig. Un homme noyé de dettes, un homme qui doit plus qu'il n'a de bien. Fam. Un homme noyé, un homme dont les affaires sont en mauvais état, qui n'a plus de ressources, ou qui a perdu toute espérance de s'avancer. — s. En parlant des personnes: *on a perfectionné les moyens de rappeler les noyés à la vie.* Encycl. On appelle noyé, tout individu asphyxié par submersion. Les soins à donner

après un accident de ce genre doivent être administrés avec persévérance et sans découragement, parce qu'on a vu des noyés ne donner signe de vie qu'après plusieurs heures d'insensibilité. On couche le malade sur le côté droit, la tête légèrement élevée; on le débarrasse sans secousse de ses vêtements, en les coupant. On essuie la bouche et le nez pour en enlever les mucosités. On frictionne le malade avec des linges chauds; puis on s'efforce de rétablir la circulation et la respiration par les moyens que nous avons déjà indiqués à notre article Asphyxie, et l'on continue longtemps ces soins, alors même qu'ils paraîtraient infructueux. On conseille de donner un lavement avec 4 gr. de tabac en infusion. Nous ne saurions trop interdire de mettre le noyé la tête en bas comme on le fait encore quelquefois, dans l'espoir de lui faire rendre l'eau qu'il aurait avalée en trop grande quantité. A défaut de lavement au tabac, on donne des lavements irritants salés ou vinaigrés (125 gr. de sel marin ou de vinaigre pour un lavement). Si le malade ne revient pas, on a recours aux moxas. Quand la respiration est rétablie, on donne au malade des vins généreux, des potions alcoolisées. Si sa face qui était pâle se colore trop vivement, il faut craindre une congestion et faire des applications de sinapismes aux cuisses et entre les épaules. S'il y a des nausées, on administre un vomitif.

* NOYER s. m. (rad. *noix*). Arbre qui porte les noix: *grand, vieux noyer.* — Par abrév. Une table de noyer, un lit de noyer, de bois de noyer. — Encycl. Le noyer forme un genre de juglandées, comprenant plusieurs espèces d'arbres souvent élevés et d'un port élégant, à feuilles alternes, pennées, avec folioles impaires, et répandant, quand on les froisse, une odeur forte et aromatique. L'espèce la plus répandue chez nous est le

Noyer cultivé. Fleurs mâles et fleurs femelles.

noyer cultivé (*juglans regia*), bel arbre originaire de Perse et qui peut atteindre de 15 à 20 mètres. Il est cultivé dans presque tous les pays de l'Europe et s'y est même naturalisé. Son bois doux, liant, flexible, se taille bien et prend un beau poli; aussi est-il très employé par les ébénistes, les carrossiers, les armuriers, etc. Il a produit un certain nombre de variétés, parmi lesquelles nous citerons: le *noyer à très gros fruits* (*juglans maxima*), à coquilles très grosses, mais dont l'amande est plus petite que la cavité de la noix, ce qui fait qu'elle ne se conserve pas; le *noyer à gros fruits longs*, à coques tendres, bien pleines; le *noyer à mésange*, à fruits longs, pleins, produisant beaucoup d'huile; le *noyer à coque dure* (*juglans angulosa*), à fruits anguleux, durs, d'un volume médiocre; à amande qui sort difficilement des anfractuosités de la coque; à bois bien veiné; le *noyer tardif* (*juglans serotina*), à noix arrondie, à coque tendre bien pleine, à bois recherché; le *noyer à grappe* (*juglans racemosa*), à fruits en grappes au nombre de 12 à 28, etc. — Le *noyer* se développe dans les terrains secs et légers; mais il préfère les terres profondes, un peu calcaires et inclinées. Aucune plante ne vient sous son ombrage. On le multiplie par semis et par greffe. Il ne commence à produire que vers l'âge de 15 à 20 ans. On

Noyer noir (Juglans nigra).

trouve en Amérique le *noyer noir* (*juglans nigra*), qui croît spontanément aux États-Unis où il atteint une grande hauteur. Celui que représente notre figure a été planté en 1713, à Roslyn (Long-Island), à trois pieds du sol, son tronc mesure 25 pieds de circonférence.

Noyer cendré. — Feuilles, fleurs, fruits et section de la noix.

Le bois du noyer noir est d'un brun foncé, dur, fin, durable et susceptible du plus beau poli. Le *noyer cendré* (*juglans cinerea*), également américain, atteint jusqu'à 20 m. de haut.

* **NOYER** v. a. (lat. *necare*, tuer). Se conjugue comme EMPLOYER. Faire périr, causer une suffocation dans l'eau ou dans quelque autre liquide : *noyer un homme, un chien.* — QUI VEUT NOYER SON CHIEN, DIT QU'IL A LA GALE, OU L'ACCUSE DE LA RAGE, on ne manque point de prétexte quand on veut quereller ou perdre quelqu'un. — NOYER SA PENSÉE DANS UN DÉLUGE DE MOTS, DE PAROLES, l'exprimer avec diffusion, l'affaiblir en prodiguant inutilement les mots. On dit, à peu près dans le même sens : *il y a dans cet ouvrage des traits ingénieux, des idées neuves et profondes; mais tout cela est noyé dans une mer, dans un déluge de phrases.* — NOYER SON CHAGRIN DANS LE VIN, perdre le souvenir de son chagrin en buvant. NOYER SA RAISON DANS LE VIN, perdre la raison à force de boire. — Inonder : *les*

pluies ont noyé la campagne. — NOYER LES POUDRES, introduire de l'eau dans une poudrière pour mettre la poudre hors d'état de servir. — NOYER SON VIN D'EAU, mettre trop d'eau dans son vin. — Jeu de boule. NOYER UNE BOULE, la pousser ou la chasser de manière qu'elle passe une certaine ligne qui est au delà du but : *il a noyé la boule de celui qui a joué avant lui.* — Peint. NOYER LES COULEURS, en mêler les extrémités avec celles des couleurs voisines, de manière qu'elles se fondent insensiblement les unes dans les autres. — Se *noyer* v. pr. Mourir, suffoquer dans l'eau ou dans quelque autre liquide : *il s'est noyé dans la rivière.* — SE NOYER DANS LA DÉBAUCHE, DANS LES PLAISIRS, DANS LE VIN, faire excès de débauche, de plaisirs, de vin. SE NOYER DANS LES LARMES, pleurer excessivement. SE NOYER DANS LE SANG, commettre d'horribles cruautés. — IL SE NOIERAIT DANS SON CRACHAT, DANS UN CRACHAT, se dit d'un homme malheureux et malhabile. — IL SE PREND À TOUT COMME UN HOMME QUI SE NOIE, se dit d'un homme qui se sert de toute sorte de moyens pour sortir d'une mauvaise affaire. — C'EST UN HOMME QUI SE NOIE, se dit d'un homme qui se ruine, qui se perd. — Jeu de boule. Pousser sa boule plus loin que la ligne qui est marquée au delà du but : *il a trop poussé sa boule et s'est noyé.*

NOYERS, ch.-l. de cant., arr. et à 21 kil. S. de Tonnerre (Yonne), dans la vallée du Serain ; 1,500 hab. Ruines d'un château féodal.

NOYERS-SUR-JABRON, ch.-l. de cant., arr. et à 13 kil. O. de Sisteron (Basses-Alpes) ; 500 hab.

* **NOYON** s. m. [noua-ion ou né-ion] (rad. *noyer*). Jeu de boule. Ligne qui borne le jeu, et au delà de laquelle la boule est noyée.

NOYON, *Noviomagus*, ch.-l. de cant., arr. et à 26 kil. N.-O. de Compiègne (Oise), sur la Verse ; 6,500 hab. Sa cathédrale, fondée par Pépin le Bref et rebâtie au XIIe siècle, est un des plus beaux spécimens de l'architecture de transition en France. Fabriques de draps, dentelles, bonneterie. Charlemagne y fut couronné en 768. — A environ 6 kil. E. est le village de Salency, où se trouvent un palais et une ancienne église. — Traité de Noyon, traité conclu le 13 août 1516 entre François Ier et Charles-Quint. Les principales conditions portaient que Charles épouserait la fille du roi de France, Louise, alors âgée d'un an, quand elle aurait atteint sa douzième année ; François abandonnait ses droits sur le royaume de Naples moyennant un paiement annuel de 100,000 écus d'or.

NOYONNAIS, AISE s. et adj. De Noyon; qui appartient à cette ville ou à ses habitants.

NOYONNAIS, petit pays de la Picardie orientale, qui forme aujourd'hui le N.-E. du dép. de l'Oise; ch.-l. Noyon.

NOYURE s. f. Techn. Creux pratiqué pour loger la tête d'une vis.

NOZAY, ch.-l. de cant., arr. et à 27 kil. S.-O. de Châteaubriant (Loire-Inférieure); 1,400 hab.

NOZÉROY, ch.-l. de cant., arr. et à 34 kil. E.-S.-E. de Poligny (Jura), au sommet d'une montagne isolée ; 900 hab. Église du XIIIe siècle ; porte de beaux vitraux ; porte de l'Horloge garnie de machicoulis. Noseroy fut pris et pillé en 1638 par Guébriant.

N.-S. Abréviation de Notre-Seigneur.

* **NU, NUE** adj. (lat. *nudus*). Qui n'est point vêtu, qui n'est couvert d'aucun vêtement. Ne se dit proprement que de l'espèce humaine : *un homme nu.*

> La Vérité, toute nue,
> Sortit un jour de son puits.
> FLORIAN.

— Est invariable lorsqu'il précède le substantif : *il était nu-tête. nu-jambes.* — UN VA-NU-

PIEDS, un gueux, un misérable. — ÊTRE NU EN CHEMISE, n'avoir sur soi que sa chemise. — Par exag. ÊTRE TOUT NU, avoir de méchants habits tout déchirés ou n'être pas vêtu comme l'exigerait la saison ou la bienséance. — Fig. IL EST ARRIVÉ TOUT NU, JE L'AI PRIS TOUT NU; se dit en parlant d'un homme qui était dans le dénûment, et à qui l'on a prodigué les bienfaits. — Prov. S'ENFUIR UN PIED CHAUSSÉ, L'AUTRE NU, s'enfuir en toute hâte, sans avoir le temps de s'habiller. — Astron. et Phys. OBSERVER QUELQUE CHOSE A L'ŒIL NU, l'examiner, l'observer sans lunette, sans microscope. — Chim. FEU NU, celui dont l'action est dirigée immédiatement vers le corps sur lequel on travaille. — Se dit aussi d'un cheval lorsqu'on le vend ou qu'on l'achète sans selle ni bride : *ce cheval-là tout nu me coûte mille francs.* — S'applique par ext. à certaines choses qui n'ont pas l'enveloppe, la couverture, l'ornement qu'elles ont d'ordinaire. Ainsi on dit : UNE ÉPÉE NUE, une épée hors de son fourreau. UNE MURAILLE NUE, une muraille sans boiserie, ni tenture. UNE MAISON NUE, une maison dégarnie de meubles. LES ARBRES SONT NUS EN HIVER, ils sont dépouillés de leur feuillage. — Qui manque des ornements convenables : *vous ne voulez ni dentelles, ni rubans, ni ganses, suivez votre robe, cela sera bien nu.* — PAYS NU, pays qui est sans arbres, sans verdure. — Se dit encore fig. et au sens moral : *la vérité a besoin d'ornements ; toute nue, elle risque de déplaire !* — Particul. Qui est sans fard, sans déguisement : *c'est la vérité toute nue.* — Jurispr. NUE PROPRIÉTÉ, propriété d'un fonds dont un autre a l'usufruit; droit qui reste au propriétaire d'un objet mobilier ou immobilier dont l'usufruit appartient à une autre personne. (Voy. PROPRIÉTÉ, USUFRUIT, etc.) — NUE, charge achetée sans clientèle qui y soit jointe. — Nu, s. m. Peint. et Sculpt. Les figures non drapées, les parties des figures qui ne sont pas drapées : *le nu de cette figure n'est pas correct.* On dit en parlant des parties des figures que les draperies recouvrent, mais sans empêcher de voir les formes : *ces figures sont bien dessinées, la draperie suit bien le nu.* — Archit. Se dit de l'absence d'ornements : *il y a trop de nu dans cette décoration.* — LE NU DU MUR, la partie du mur qui est plane, où il n'y a point de ressaut, d'ornements qui excèdent : *voilà le nu du mur, c'est là qu'il faut en mesurer l'épaisseur.* — s. pl. VÊTIR LES NUS, donner des habits aux pauvres : *c'est une des œuvres de miséricorde que de vêtir les nus.* — A nu loc. adv. A découvert : *toucher un bras à nu.* — MONTER UN CHEVAL A NU OU A DOS NU, monter dessus sans selle. — Fig. DÉCOUVRIR, FAIRE VOIR SON CŒUR A NU, ne rien cacher de ce qu'on a dans le cœur.

* **NUAGE** s. m. (lat. *nubes*). Amas de vapeurs élevées dans l'air, et qui se résolvent ordinairement en pluie : *le ciel est couvert de nuages.* (Voy. MÉTÉOROLOGIE.) — Fig. SE PERDRE DANS LES NUAGES, rendre vague et emphase les idées vagues, obscures, inintelligibles. — Fig. Tout ce qui offusque la vue, ce qui empêche de voir distinctement les objets : *avoir les yeux couverts d'un nuage.* — Difficultés qui répandent le doute, l'incertitude dans notre esprit, et qui obscurcissent pour nous la vérité : *la vérité dissipe les nuages de l'erreur.* — Chagrin, tristesse, mauvaise humeur : *aucun nuage ne trouble la sérénité de son âme.* — Soupçons qui s'élèvent sur la conduite de quelqu'un, sur son amitié, etc., commencement ou reste de brouillerie : *il a dissipé par des explications franches les nuages qui s'étaient élevés, qui s'étaient répandus sur sa conduite.* — Méd. Substance légère et blanchâtre, qui nage quelquefois dans l'urine. — Blas. Fasce, bande ou toute autre pièce représentée par des ondes ou lignes sinueuses.

NUAGÉ, ÉE adj. Blas. Se dit de l'écu dans

lequel se trouvent des pièces ondées dites *nuages*.

NUAGER, ÈRE adj. Qui ressemble à un nuage; qui est légèrement voilé.

NUAGEUSEMENT adv. D'une manière nuageuse.

* **NUAGEUX, EUSE** adj. Où il y a des nuages: *un ciel nuageux*. — Joaill. PIERRE NUAGEUSE, pierre précieuse dont la transparence est terne en quelques endroits.

* **NUAISON** s. f. Mar. Tout le temps que dure un vent fait et soutenu.

* **NUANCE** s. f. (rad. *nuer*). Degrés différents par lesquels peut passer une couleur, en conservant le nom qui la distingue des autres: *la dégradation d'une seule couleur produit un nombre infini de nuances*. — Mélange et assortiment de plusieurs couleurs qui vont bien ou mal ensemble: *les nuances de cette garniture ne sont pas bien entendues*. — Fig. Différence délicate et presque insensible qui se trouve entre deux choses de même genre: *les nuances qui distinguent l'astuce de la finesse.*

* **NUANCER** v. a. Assortir, disposer des couleurs de manière qu'il se fasse une diminution insensible d'une couleur à l'autre, ou d'une même couleur, en allant soit du clair à l'obscur, soit de l'obscur au clair: *nuancer les couleurs*. — Fig. *Cet auteur sait bien nuancer les caractères de ses personnages.*

* **NUBÉCULE** s. f. (diminut. du lat. *nubes*, nuage). Méd. Maladie de l'œil qui fait voir les objets comme à travers un nuage ou un brouillard.

NUBIE, contrée de l'Afrique, et dépendance de l'Égypte. Ce mot comprend, dans son sens le plus étendu, tout le territoire borné au N. par l'Égypte supérieure, à l'E. par le mer Rouge, au S.-E. et au S. par l'Abyssinie et le Dinka, et à l'O. par le Sahara et un étroit repli du désert qui la sépare du Darfour. Elle s'étend ainsi entre 10° et 24° lat. N., et entre 26° et 37° long. E., sur une longueur d'environ 1,500 kil., et une largeur d'un peu plus de 900 kil.; elle renferme la basse Nubie, ou Nubie propre, des frontières de l'Égypte à la limite méridionale de la province de Dongola; l'ancien royaume de Meroë, sur la rive orientale du Nil, entre l'Atbara et le Bahr el-Azrak ou Nil Bleu, et le Sennaar, tout à fait au sud. Les géographes considèrent généralement le Kordofan comme une partie de la Nubie; mais le sens de ce terme est très indéfini. La basse Nubie se compose principalement de déserts qui s'étendent à l'est jusqu'à la mer Rouge, dont les côtes sont bordées d'un rang de collines, et à l'ouest presque jusqu'au Sahara. La haute Nubie est un plateau de hauteur moyenne, bien arrosé, coupé de chaînes de montagnes peu élevées, mais composé surtout de plaines vastes et fertiles, quoique mal cultivées. Les principales formations géologiques sont le granit, le quartz et le micaschiste. Le climat est sec au nord, relativement humide au sud, et très chaud, mais non pas malsain. Le grain qu'on y cultive le plus est la *durra* (*sorghum andropogon*). On y récolte aussi de l'orge, des fèves, des lentilles, des melons, des citrouilles et du tabac. La fabrication de grossiers tissus de coton et de laine constitue l'industrie principale. On exporte des grains, du miel, du musc, de l'ébène, des sangsues et de l'ivoire. Les habitants sont une race de beaux mulâtres, d'un teint brun foncé, hardis, francs et gais. Khartoum, presqu'au confluent de Nil Bleu et de Nil Blanc, est la ville la plus importante. — On suppose que le nom de Nubie est d'origine égyptienne; le mot *nob* ou *noub*, signifiant *or* en Égypte, aurait été appliqué aux pays d'où venait ce métal. En 1821, Méhémet Ali envoya une expédition contre les États indépendants qui se partageaient alors

la Nubie, et, depuis, le pays est resté sous la domination des maîtres de l'Égypte.

NUBIEN, IENNE s. et adj. De la Nubie; qui appartient à ce pays ou à ses habitants.

NUBIFÈRE adj. (lat. *nubes*, nuage; *fero*, je porte). Qui porte des nuages: *vent nubifère*.

NUBIFUGE adj. (lat. *nubes*, nuage; *fugo*, je chasse). Qui chasse les nuages: *vent nubifuge*.

* **NUBILE** adj. (lat. *nubilis*; de *nubere*, se marier). Qui est en âge d'être marié. Se dit principalement des jeunes filles, ainsi que le mot suivant: *d'après le Code civil, les filles sont nubiles à seize ans, et les garçons à dix-huit*. — AGE NUBILE, l'âge auquel on est en état de se marier.

* **NUBILITÉ** s. f. État d'une personne nubile; âge nubile.

ÑUBLE [niou'-blé], province de l'intérieur du Chili, confinant aux provinces de Maule et de Concepcion et aux Andes; 436,880 hab. Des contreforts brisés des Andes la divisent en fertiles vallées. Le Ñuble coule près de la capitale. Le pays produit toutes les céréales, et une grande variété de fruits et de légumes. On y élève beaucoup de bétail et de chevaux, et on y fait d'excellent vin. Capit., Chillan.

NUCAL, ALE, AUX adj. (rad. *nuque*). Qui a rapport à la nuque.

NUCIFÈRE adj. (lat. *nux*, noix; *fero*, je porte). Bot. Qui porte des noix; des fruits semblables à la noix.

NUCIFORME adj. Bot. Qui a la forme d'une noix.

NUCIVORE adj. (lat. *nux*, noix; *voro*, je mange). Qui se nourrit de noix.

NUCLÉAIRE adj. (lat. *nucleus*, noyau). Bot. Qui a rapport au noyau. — CORPS NUCLÉAIRE, ensemble des parties qui constituent d'amande d'une graine.

NUCLÉ, ÉE adj. (lat. *nucleus*, noyau). Bot. Qui est pourvu d'un noyau.

NUCLÉIFÈRE adj. (lat. *nucleus*, noyau; *fero*, je porte). Bot. Qui porte un noyau.

NUCLÉOBRANCHE adj. (lat. *nucleus*, noyau; franç. *branchis*). Qui a les branchies groupées en forme de noyau. — s. m. pl. Ordre de mollusques gastéropodes, ainsi nommés par de Blainville parce que les organes respiratoires et digestifs forment une espèce de *nucleus*, noyau, sur la partie supérieure du dos. Des écrivains plus récents les ont appelés hétéropodes, leur pied se terminant en une nageoire ventrale, une ventouse et une nageoire terminale. Ce sont des nageurs rapides; on les trouve en pleine mer, se dirigeant avec leur pied et leur queue en forme de nageoires, et s'attachant aux algues avec leur ventouse. Quelques-uns n'ont pas d'organes respiratoires spéciaux; les sexes sont distincts; les centres nerveux sont largement séparés; les yeux et les vésicules auditives bien développées. Dans les *carinaria*, bon échantillon du groupe, les ouïes et le cœur sont protégés par une petite écaille; l'animal nage le dos en bas, au moyen de sa nageoire ventrale aplatie verticalement; il se nourrit de ptéropodes minuscules et de mollusques.

NUCLEUS s. m. [-klé-uss]. Mot latin qui signifie *noyau* et qui sert à former un certain nombre de mots scientifiques

NUCODE s. m. Bot. Fruit composé de plusieurs noix distinctes dont les attaches partent du même point.

NUCULAINE s. m. Bot. Fruit charnu contenant plusieurs petits noyaux distincts de nucules.

NUCULAIRE adj. Bot. Qui renferme une amande.

NUCULE s. f. Bot. Noyau des nuculaires.

NUCULEUX, EUSE adj. Qui renferme des nucules.

NUDIBRANCHE adj. (lat. *nudus*, nu; fr. *branchis*). Moll. Qui a les branchies à nu. — s. m. pl. Ordre de mollusques gastéropodes, caractérisé surtout par des branchies toujours à nu, par l'absence de coquille et de cavité

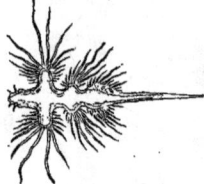

Glauque.

pulmonaire. Les nudibranches sont tous hermaphrodites et marins; ils nagent renversés sur le dos en agitant les bords de leur manteau et leurs tentacules. Principaux genres: *doris*, *tritonies*, *éolides* et *lézard de mer* ou *glauque*. (Voy. GLAUQUE.)

NUDICAUDE adj. (lat. *nudus*, nu; *cauda*, queue). Zool. Qui a la queue nue.

NUDICAULE adj. (lat. *nudus*, nu; *caulis*, tige). Bot. Qui a la tige nue, dépourvue de feuilles.

NUDICOLLE adj. (lat. *nudus*, nu; *collum*, cou). Zool. Qui a le cou nu.

NUDIFLORE adj. (lat. *nudus*, nu; *flos*, fleur). Bot. Dont les corolles sont nues.

NUDIFOLIÉ, ÉE adj. (lat. *nudus*, nu; *folium*, feuille). Bot. Dont les feuilles sont dépourvues de poils, sont lisses et unies.

NUDIPARE adj. (lat. *nudus*, nu; *pario*, je mets au monde). Zool. Dont les petits éclosent, sortent de l'œuf avant de sortir du corps de la mère.

NUDISEXÉ, ÉE adj. (lat. *nudus*, nu; *sexus*, sexe). Bot. Dont les organes sexuels sont à nu; dont les fleurs sont dépourvues d'enveloppe florale.

NUDITÉ s. f. (lat. *nuditas*). État d'une personne qui est nue: *la charité ordonne de couvrir, de revêtir la nudité du pauvre*. — Parties que la pudeur oblige de cacher: *couvrir, cacher sa nudité*. — Fig. Figure nue, s'emploie communément au pluriel: *ce peintre se plaît à faire des nudités.*

* **NUE** s. f. (lat. *nubes*, nuage). Nuage: *l'éclair qui sort de la nue*. — Fig. PORTER, ÉLEVER UNE PERSONNE, UNE ACTION AUX NUES, JUSQU'AUX NUES, la louer excessivement. — CETTE PIÈCE A ÉTÉ AUX NUES, cette pièce de théâtre a obtenu un très grand succès. — FAIRE SAUTER QUELQU'UN AUX NUES, l'impatienter, le mettre en colère: *quand on lui parle de son procès, on le fait sauter aux nues.* — TOMBER DES NUES, être extrêmement surpris: *quand je vois, quand j'entends de pareilles choses, je tombe des nues.* — IL SEMBLE TOMBER DES NUES, se dit d'un homme qui est embarrassé, déconcentré, qui ne sait à qui s'adresser dans la compagnie où il se trouve. — IL EST TOMBÉ DES NUES, il n'est connu ni avoué de personne. — Fig., en parlant d'une pièce de théâtre, CE DÉNOUEMENT TOMBE DES NUES, il n'est point amené, point préparé, il ne sort point du sujet. On dit dans le même sens: *ce personnage, cet incident tombe des nues.* — Fig. SE PERDRE DANS LES NUES, s'élever dans ses discours, dans ses raisonnements, de manière à faire perdre aux autres et à perdre soi-même de vue le sujet qu'on traite, ou la chose qu'on a entrepris de prouver: *à force de vouloir s'élever, il se perd dans les nues.*

* NUÉ, ÉE, part. passé de Nuer. — Nuancé : *Un arc-en-ciel nué de cent sortes de soies.*
La Fontaine.

* NUÉE s. f. Nuage étendu, épais, sombre : *il faut laisser passer la nuée.* — Fig. Entreprise, complot, conspiration, punition, vengeance, etc., qui se prépare et qui est près d'éclater : *on ne sait où la nuée crèvera.* — Multitude de personnes, d'oiseaux, d'animaux venus par troupes : *il vint une nuée de barbares qui désolèrent tout le pays.* On dit, par exag. : *il est tombé chez lui une nuée de parents qui le grugent.* — Astron. Nuées de Magellan, se dit de deux lueurs blanchâtres que l'on observe dans le ciel austral.

* NUEMENT adv. Voy. Nument.

* NUER v. a. (lat. *mutare*, changer). Assortir, disposer des couleurs, dans des ouvrages de laine ou de soie, etc., de manière qu'il se fasse une diminution insensible d'une couleur à l'autre, ou d'une même couleur, en allant du clair à l'obscur, ou de l'obscur au clair : *nuer les couleurs.* — Absol. *Cet ouvrier sait bien nuer, s'entend à nuer.*

NUEVA ESPARTA [noué-va-éss-par'-ta] ou Margarita, île de la mer des Antilles, au large de la côte du Vénézuéla, dont elle forme un état ; elle a environ 80 kil. de longueur et de 9 à 35 kil. de largeur ; 30,983 hab. Elle se compose de deux parties réunies par un isthme bas et étroit. Sol rocheux et montagneux. La côte est raboteuse et abrupte, mais a des ports excellents. L'intérieur est fertile et produit du maïs, des bananes, du sucre, du café et du cacao. Il y avait autrefois des pêcheries de perles célèbres. Capitale, Asuncion.

NUEVA-GUATEMALA. Voy. Guatemala.

NUEVO-LEON [noué-vo-lé-onn], l'un des états de l'intérieur du Mexique, confinant aux états de Coahuila, Tamaulipas et San Luis Potosi ; 62,384 kil. carr. ; environ 175,000 hab. Plusieurs branches de la Sierra Madre le traversent. De grandes vallées, occupées par des forêts, des pâturages et des champs cultivés, s'étendent entre les montagnes et sont coupées de nombreuses rivières. Productions minérales : or, argent, cuivre, plomb, fer, soufre et sel. Le sol est généralement fertile, mais aurait besoin d'irrigation. Les principales cultures sont le maïs et la canne à sucre, avec quelques fèves (*frijoles*) et un peu de froment et d'orge. On y exploite les mines, mais sur une petite échelle. Fabriques importantes de tissus de coton, de chapeaux, de meubles, de cuirs et de chaussures. Cap., Monterey.

* NUIRE v. n. [nui-re ; UI forme une diphtongue dans ce mot et les suivants. Cette diphtongue ne compte, dans les vers, que pour une syllabe] (lat. *nocere*). *Je nuis, tu nuis, il nuit ; nous nuisons, vous nuisez, ils nuisent. Je nuisais. Je nuirai. Nuis. Que je nuise. Que je nuisisse. Nui.* Faire tort, porter dommage, faire obstacle, empêcher, incommoder : *il cherche à me nuire.* — Ne pas nuire, aider, servir, être utile : *je ne lui nuirai pas à obtenir ce qu'il sollicite.* Impersonnellement : *il ne nuit pas d'avoir étudié, d'avoir voyagé.* — Prov. Abondance de bien ou de biens ne nuit pas ; surabondance de droit ne nuit pas. — Se nuire v. pr. *Il s'est nui à lui-même.*

NUISANCE s. f. [-zan-]. Peine, ennui, incommodité. (Vieux.)

NUISIBILITÉ s. f. [-zi-]. Caractère, état de ce qui est nuisible.

* NUISIBLE adj. Dommageable, qui nuit : *cela est nuisible à vos affaires.*

NUISIBLEMENT adv. D'une manière nuisible.

* NUIT s. f. (lat. *nox*). Espace de temps

pendant lequel le soleil est sous notre horizon : *nuit obscure, claire, calme, profonde.*

C'était pendant l'horreur d'une profonde nuit.
Racine. Athalie.

— Bonnet de nuit, bonnet dont on se couvre la tête pour dormir. Chemise de nuit, chemise que l'on met le soir en se couchant, et que l'on quitte le jour, pour en prendre une autre. Table de nuit, table que l'on place la nuit à côté de son lit pour divers besoins. Sac de nuit, sac dans lequel on emporte ce qui est nécessaire dans un voyage, surtout pour la nuit. — Nuit blanche, nuit qu'on passe sans dormir. — Bon soir et bonne nuit, ou si vous souhaite une bonne nuit, se dit en prenant congé, le soir, des personnes avec qui l'on vit en familiarité. — Se mettre a la nuit, se mettre au hasard d'être surpris par la nuit, avant qu'on soit arrivé au lieu où l'on veut aller : *il est tard, ne vous mettez pas à la nuit.* — Passer la nuit à étudier, a jouer, a danser, a boire, etc., étudier, jouer, etc., pendant toute la nuit. — Passer une mauvaise nuit, bien dormir dans son lit ; et, Passer une mauvaise nuit, être agité ou souffrant dans son lit, et ne point dormir ou peu dormir. On dit de même, Bien passer, mal passer la nuit. On dit aussi d'un malade, *comment a-t-il passé la nuit ?* — Absol. Passer la nuit, veiller hors de son lit : *il a passé la nuit auprès de ce malade.* — Ce malade ne passera pas la nuit, il mourra dans la nuit. — Prov. La nuit porte conseil, il faut se donner le temps de réfléchir, il est bon de remettre au lendemain pour prendre un parti dans une affaire grave. — Prov. et fig. La nuit tous chats sont gris, la nuit, il est aisé de se méprendre, de ne pas reconnaître ceux à qui on parle. Il signifie aussi que, dans l'obscurité, il n'y a nulle différence, pour la vue, entre une personne laide et une belle personne. — Poétiq. Les feux de la nuit, les étoiles. L'astre des nuits, la lune. Les voiles de la nuit, l'obscurité de la nuit : *la nuit a déployé, a replié ses voiles.* — Poétiq. et fig., La nuit du tombeau, l'éternelle nuit, la mort.

Quand la nuit du tombeau se répand sur mes yeux.
C. Delavigne. *Le Paria*, acte III, sc. III.

— Fig. La nuit des temps, les temps reculés dont les traditions sont effacées : *l'origine de cet usage se perd dans la nuit des temps.* — La nuit de l'ignorance, en parlant des époques et des pays où l'on était privé de connaissances, de lumières : *la nuit de l'ignorance couvrait alors tout l'Occident.* — Peint. Effet de nuit, tableau représentant une scène de nuit, éclairée par une lumière artificielle ou seulement par la faible lueur que l'atmosphère conserve durant la nuit. — De nuit loc. adv. Pendant la nuit : *aller, marcher, partir, courir de nuit.* — Nuit et jour, ou Jour et nuit loc. adv. Sans cesse : *il travaille nuit et jour.* — Ni jour ni nuit loc. adv. Jamais : *il n'a de repos ni jour ni nuit.*

* NUITAMMENT adv. [-ta-man]. De nuit. Ne se dit guère qu'en parlant d'un vol, ou de quelque autre mauvaise action faite de nuit, et il est particulièrement d'usage en style de Palais : *un assassinat, un vol commis nuitamment.*

* NUITÉE s. f. Espace d'une nuit. Ne se dit guère qu'en parlant de l'ouvrage, du travail fait pendant une nuit ; et de ce qu'on paye par nuit en certains endroits pour le gîte et pour la dépense : *on fait payer tant dans cette hôtellerie par nuitée.* (Pop.)

NUITON, ONNE s. et adj. De Nuits ; qui appartient à ce pays ou à ses habitants.

NUITS s. m. [nui]. Vin de Nuits : *une bouteille de nuits.*

NUITS [nut ou nuiss], ch.-l. de cant., arr. et à 16 kil. N.-E. de Beaune (Côte-d'Or) ;

4,000 hab. Commerce important de vins de Bourgogne, de vins mousseux, d'eaux-de-vie et de kirsch-wasser. Belle église de Saint-Symphorien, construite au XIIIᵉ siècle. Nuits appartint au moyen âge aux comtes de Vergy, puis aux ducs de Bourgogne. Ses fortifications, détruites en 1720, ont fait place à de belles promenades. Cette ville eut beaucoup à souffrir des guerres de religion. Patrie du célèbre corsaire Thurot. — La ville de Nuits fut prise par le général badois von Werder, le 18 déc. 1870, après une lutte de 5 heures. Les Français, commandés par Crémer, perdirent 1,000 hommes tués ou blessés et 700 prisonniers. Les Allemands trouvèrent à Nuits un dépôt d'armes et de munitions. Mais leurs pertes avaient été si grandes qu'ils évacuèrent aussitôt la position.

NUKHA [nou-khâ], ville fortifiée de la Russie d'Asie, dans la Transcaucasie, à 100 kil. N.-E. d'Elisabethpol ; 24,994 hab. Elle contient une ville tartare et une ville arménienne. La partie occidentale forme le quartier de Tzarabad, renommé par sa manufacture de soie.

* NUL, NULLE adj. (lat. *nullus*). Aucun, pas un : *nul homme ; nulles gens.* — Au masc., employé absol. et comme sujet de la phrase. — Nul homme, personne : *nul n'est exempt de mourir.* — Qui est sans valeur, sans effet, qui se réduit à rien : *notre observation est nulle.* — Se dit particul. des actes qui, étant contraires aux lois, pour la forme ou dans la forme, sont comme s'ils n'étaient pas, ne peuvent avoir leur effet : *ce testament est nul, la forme en est du fond de la forme.* — Son crédit est nul, son talent est nul, il n'a point de crédit, point de talent. — Fig. C'est un homme nul, c'est un homme sans mérite, qui n'est propre à rien. Cela se dit quelquefois dans un sens restreint : C'est un homme nul dans sa compagnie, c'est un homme qui n'a, dans sa compagnie, ni autorité, ni considération.

* NULLE s. f. Caractère qui ne signifie rien, et qu'on emploie dans les lettres en chiffre pour les rendre plus difficiles à déchiffrer : *les nulles d'un chiffre.*

* NULLEMENT adv. En aucune manière : *je ne le souffrirai nullement.*

NULLIFICATEUR s. m. [nul-li-]. Celui qui nullifie.

NULLIFICATION s. f. [nul-li-fi-ka-si-on]. Action de nullifier. — Polit. Opposition que l'un des états américains fait à l'exécution d'une loi du congrès fédéral. Le droit de chaque état à interpréter à sa manière la constitution fédérale fut affirmé dans les résolutions du Kentucky en 1798 et en 1799, et par la Virginie vers la fin de l'administration de John Quincy Adams. En 1832, la Caroline méridionale refusa d'accepter le tarif établi par acte du congrès. Mais le président Jackson envoya des troupes à Charleston, et un compromis arrêta la querelle. La doctrine de la nullification a été une seconde fois pratiquement affirmée dans la guerre de sécession.

NULLIFIER v. a. [nul-li-]. Rendre nul.

* NULLITÉ s. f. Jurisp. Vice, défaut qui rend un acte nul, de nul effet, de nulle valeur : *je proteste de nullité contre tout ce que vous ferez.* — Fig. Cet homme est d'une parfaite nullité, il est absolument nul, il est sans aucun mérite. — Absol. C'est une nullité, c'est un homme nul. — Législ. « La nullité des actes peut avoir été déclarée par le législateur dans un intérêt public, et alors elle est dite *absolue* ; elle peut être seulement fondée sur un intérêt privé, et dans ce cas elle est dite *relative* et ne peut être invoquée que par les personnes qui sont intéressées à le faire. La nullité des actes ou contrats peut résulter du défaut d'accomplissement de certaines formalités, de l'incapacité des personnes et de plusieurs autres causes; mais elle doit toujours avoir été établie par la loi. Les tribunaux ne peuvent se dispenser de la prononcer lorsqu'elle résulte de plein droit du vice constaté; mais lorsqu'il y a seulement *annulabilité*, ils peuvent prononcer ou non la rescision des contrats. Certaines causes de nullité ou d'annulation peuvent être couvertes par une ratification ou par la prescription. En général, l'action en nullité se prescrit par trente ans et l'action en rescision par dix ans, lorsque la loi n'a pas fixé une prescription particulière. Nous avons parlé, au mot Mariage, des diverses sortes de nullité relatives à cet acte. (Voy. aussi Consentement, Contrat, Dol, etc.) Les nullités des actes de procédure, qui ont été créées en si grand nombre par la loi, ne portent pas atteinte à l'action elle-même ni au fond du droit. Lorsqu'un acte a été annulé après son enregistrement, les droits perçus ne sont pas restituables; mais les actes refaits pour cause de nullité ne sont sujets qu'au droit fixe de 3 fr. 75. »   (Ch. Y.)

NUMA POMPILIUS [nu-ma pon-pi-liuss], roi préhistorique de Rome, successeur de Romulus. Il était Sabin de la ville de Cures, et il fut unanimement élu lorsqu'on eut décidé que le nouveau roi serait pris parmi les Sabins. Son premier soin fut la réforme des institutions civiles. On l'a considéré comme l'auteur de la loi qui réglait le cérémonial religieux à Rome. Il régna 39 ans, et pendant tout ce temps, comme Tite-Live le rapporte, il n'y eut ni guerre, ni famine, ni peste. A sa mort, la nymphe Égérie, qui avait été son guide et sa conductrice pendant sa vie, pleura tant, qu'elle fondit dans les larmes et fut changée en fontaine. On disait que les livres sacrés de Numa avaient été enterrés avec lui, et découverts 500 ans après (181 av. J.-C.).

NUMANCE (lat. *Numantia*), ancienne ville d'Espagne, capitale des Arevaques. On suppose qu'elle se trouvait dans l'Espagne Tarraconaise, sur l'emplacement actuel de Puente-de-Don-Guarray, sur le Douro, à 5 kil. N. de Soria (Vieille Castille). C'était la plus forte place de toute la Celtibérie. Après la chute de Carthage, les Numantins détirent successivement (140-137, av. J.-C.) les généraux romains Quintus Pompeius, Popilius, Mancinus et Lepidus, et, bien qu'n'étant pas plus de 4,000 hommes capables de porter les armes, soutinrent pendant 14 mois un siège contre Scipion l'Africain à la tête de 60,000 hommes; et lorsque leurs provisions furent épuisées, ils mirent le feu à leurs maisons et tuèrent leurs femmes, leurs enfants et enfin s'entr'égorgèrent (133).

NUMANTIN, INE s. et adj. De Numance; qui appartient à cette ville ou à ses habitants.

• NÛMENT adv. (rad. *nu*). Sans déguisement : *je vous dirai nûment la vérité*. — Jurispr. féod. Ce fief relève nûment de la couronne, ou de telle seigneurie, il est mouvant immédiatement du roi, ou de telle seigneurie.

• NUMÉRAIRE adj. (lat. *numerarius*; de *numerare*, compter). Ne se dit que de la valeur légale des espèces qui ont cours : *la pièce d'or nouvelle est de vingt francs, valeur numéraire*. — s. m. Absol. Argent monnayé : *le numéraire est fort augmenté en France depuis un siècle*.

NUMÉRAL, ALE, AUX adj. Qui désigne un nombre : *nom numéral; adjectif numéral*. — Vers numéraux ou chronologiques, vers dont toutes les lettres numérales marquent le millésime de quelque événement.

NUMÉRALEMENT adv. Comme signe ex-

primant un nombre; comme caractère numéral : *prises numéralement les lettres de son nom forment tel total*.

• NUMÉRATEUR s. m. (lat. *numerator*, compteur). Arithm. Nombre qui indique, dans une fraction, combien elle contient de parties de l'unité : *dans la fraction ⁷⁄₈, 7 est le numérateur*.

NUMÉRATIF, IVE adj. Qui sert à compter.

• NUMÉRATION s. f. Art de nombrer, de compter : *les principes de la numération*. — Notarial. Action de compter : *il n'y a pas eu numération de deniers*. — Numération parlée, moyen d'exprimer tous les nombres avec un système limité de mots combinés entre eux d'une manière convenable. Les mots de la numération parlée dans la langue française sont : un, deux, trois, quatre, cinq, six, sept, huit, neuf, dix, onze, douze, treize, quatorze, quinze, seize, dix-sept, dix-huit, dix-neuf, vingt, vingt et un, etc. ; trente, trente et un, etc. ; quarante, cinquante, soixante, septante (soixante-dix), octante (quatre-vingts), nonante (quatre-vingt-dix), cent, cent un, etc.; deux cents, trois cents, etc.; mille, deux mille, etc.; un million, un milliard ou un billion, un trillion, etc. — Numération écrite, manière de représenter les nombres à l'aide de caractères ou chiffres. (Voy. Chiffre.)

NUMÉRIEN (Marcus-Aurelius Numerianus), fils de l'empereur Carus, fut nommé César en 282. Il mourut assassiné en 284.

• NUMÉRIQUE adj. Qui appartient aux nombres : *opération numérique*. — Calcul numérique, calcul qui se fait avec des nombres, et que l'on appelle arithmétique; à la différence du Calcul littéral, qui se fait avec des lettres, et qu'on appelle algèbre. — Qui consiste dans le nombre : *la supériorité numérique*.

• NUMÉRIQUEMENT adv. En nombre exact : *trente témoins qui se répètent, n'en font souvent qu'un ou deux numériquement*.

• NUMÉRO s. m. (ital. *numero*; lat. *numerus*, nombre). Nombre, cote, qu'on met sur quelque chose, et qui sert à la reconnaître : *dites-moi le numéro de la page*. — Marque particulière qu'un marchand met sur les étoffes ou autres marchandises, marque qui n'est connue que de lui, et qui est destinée à le faire souvenir du prix auquel il a acheté et de celui auquel il peut vendre : *donnez à monsieur de tel numéro*. — Prov., fig. et pop. Cet homme entend le numéro, il est habile dans le commerce dont il se mêle, et son habileté lui est profitable. — Comm. Grosseur, longueur, largeur, qualité de certaines marchandises : *les épingles des numéros trois, quatre et cinq sont les plus petites de tout*e*s*. — Fig. et fam. Cette marchandise, cette denrée est du bon numéro, elle est de bonne qualité. — Parties d'un ouvrage publié par cahiers ou par feuilles numérotées : *il me manque des numéros de ce journal*. — Pop. Connaître le numéro de quelqu'un, être fixé sur sa valeur morale.

NUMERO DEUS IMPARE GAUDET, locution latine qui signifie : *Les dieux aiment les nombres impairs* (Virg. *Eglog.* VIII, v. 73).

• NUMÉROTAGE s. m. Action de numéroter : *on a renouvelé le numérotage des maisons, des voitures de place*.

• NUMÉROTER v. a. Mettre un numéro, une cote, distinguer par des numéros : *on n'a pas numéroté ces pièces*.

NUMÉROTEUR s. m. Celui qui numérote. — Instrument qui sert à imprimer des numéros successifs.

NUMIDE s. et adj. De la Numidie; qui appartient à ce pays ou à ses habitants.

NUMIDIE (hist. anc.), contrée de l'Afrique septentrionale, correspondant presque à l'Algérie moderne. Dans les premiers temps, elle était occupée par des tribus nomades, et c'est d'elles, suppose-t-on, et de leur genre de vie, que lui vint son nom de Numidie. Parmi les principales villes, on comptait : Hippo Regius (auj. Bone), la capitale des Massyliens; Cirta (Constantine), résidence de Masinissa; Zama, fameuse par la défaite finale d'Annibal en 202 av. J.-C.; Cæsarea ou Césarée (Cherchell), qui plus tard donna son nom à la Mauritania Cæsariensis; et Siga, la capitale de Syphax. Les Romains l'enlevèrent à Jugurtha (106) et la donnèrent à Hiempsal, dont le fils, Juba, combattit contre Cæsar (46) et se tua de sa propre main. Les parties occidentales de la Numidie furent peu à peu annexées à la Mauritanie, et la partie orientale réduite en province romaine.

NUMISMAL, ALE adj. (lat. *numisma*, médaille). Hist. nat. Qui ressemble à une pièce de monnaie : *huître numismale*.

• NUMISMATE s. m. Celui qui étudie les médailles, qui est versé dans la numismatique : *un savant numismate*.

• NUMISMATIQUE adj. (lat. *numisma*, pièce de monnaie). Qui a rapport aux médailles antiques : *art, science numismatique*. — s. f. Science des médailles : *il a étudié la numismatique*. — Encycl. La numismatique ne s'occupe que de l'historique des monnaies et des médailles dans tous les siècles et tous les pays, et de l'étude de l'histoire par les éclaircissements que lui donnent les effigies et les légendes. Une pièce de monnaie est un morceau de métal portant l'empreinte d'une devise, et destinée à la circulation comme valeur représentative. Une médaille est un morceau de métal frappé pour commémorer quelque événement. L'avers d'une pièce quelconque est le côté qui porte le portrait ou la figure principale. L'autre côté est le revers. Le champ, sur une pièce ou une médaille, est l'espace libre qui n'est occupé ni par une devise, ni par une inscription. L'exergue s'entend quelquefois de l'espace resté libre en dehors de la figure et de l'inscription, ou de la portion de cet espace qui est au-dessous de la devise principale, ni qui en est nettement séparée. Strictement, l'exergue se trouve que sur le revers d'une pièce. La légende s'entend ordinairement de toute inscription autre que le nom du monarque ou du personnage représenté sur la pièce ou médaille. L'inscription comprend les légendes, noms, titres, etc. La marque de la monnaie sur une pièce est la marque particulière qui y est mise par l'hôtel de la Monnaie, pour en indiquer l'authenticité, ou le lieu de fabrication, ou pour tout autre objet. — De hautes autorités pensent que la plus vieille pièce de monnaie qui existe est un stater d'or de la ville ionienne de Milet, aujourd'hui au musée Britannique, datant de 800 ans av. J.-C. environ. L'avers porte une tête de lion, et le revers une marque fruste de poinçon dentelé. Mais d'autres croient que les pièces d'or trouvées dans les ruines de Sardes sont plus anciennes que l'échantillon ionien. Le stater ou darique percer a été aussi frappé à une époque très ancienne. Les plus vieilles monnaies d'argent qui existent sont celles de l'île d'Égine, portant une tortue sur l'avers. Le premier perfectionnement apporté dans la monnayage, fut de mettre à l'extrémité du poinçon quelque grossière figure. Le progrès suivant fut d'adapter le poinçon au coin, ce qui produisit une pièce ayant un dessin en relief d'un côté et une impression en creux de la même figure de l'autre. Les pièces de Tarente, dans la Grande Grèce, sont de beaux exemples de cette espèce; quelques-uns remontent à 600 ans av. J.-C. On lit dans la Grande Grèce, vers 540 av. J.-C., des pièces ayant l'avers et le revers en relief; et cette forme était devenue d'un usage général avant l'an 400. Les premières empreintes sur les pièces de monnaie furent généralement des figures d'animaux, de génies locaux, de fleuves déifiés, de nymphes, etc. Les portraits n'apparaissent pas avant le temps d'Archelaüs I, de Macédoine (413-399 av. J.-C.). C'est aux Grecs qu'appartient l'honneur d'avoir porté l'art de frapper la monnaie à la perfection. Plus de 4,000 séries de pièces autonomes grecques existent aujourd'hui. Il y a aussi la magnifique série des rois parthes, les séries macédonienne, arménienne, bactrienne, syrienne, thrace, bithynienne, cappadocienne, carienne, la série ptolémaïque d'Égypte, etc., toutes distinctes de celles de l'empire romain et de ses dépendances. La famille des pièces romaines, ou monnaies consulaires et monnaies impériales, forme de superbes séries, qui conservent un grand nombre de portraits et des renseignements précieux. Une autre série est celle qu'on appelle la série grecque impériale, émise par les cités grecques soumises à Rome. Les pièces des colonies romaines forment aussi une classe distincte, marquée généralement de l'abréviation col. pour colonia. Dans l'empire d'Orient, le monnayage devint très grossier, et au moyen âge, les monnaies de l'Europe et de l'Orient ne valent guère mieux que les premiers échantillons du monnayage ionien. — Suivant les meilleures autorités, il n'y a aucune certitude que des pièces chinoises aient existé avant l'an 247 ans av. J.-C. Les premières pièces hindoues authentiques datent d'un siècle environ avant l'ère chrétienne. Les Hébreux n'eurent point de monnaie nationale avant le temps des Macchabées, où Simon émit le sicle et le demi-sicle. La série arabe commence avec les successeurs de Mahomet au VII° siècle. (Voy. MONNAIE.) — Le frappage des médailles est une coutume très ancienne. La série des médailles romaines d'or, d'argent, de bronze et de cuivre est très étendue. La série française commence avec Louis XI et est la plus parfaite et la plus complète du monde. La série anglaise commence avec Henri VIII; mais ses médailles n'ont pas une grande valeur comme œuvres d'art. Les médailles italiennes et allemandes de date moderne sont très fines; celles du moyen âge sont hardies de dessin, mais grossières d'exécution. Une des premières médailles américaines est celle qui fut offerte au général John Armstrong, pour son succès sur les Indiens à Kittanning en 1756. — Il existe un grand nombre de pièces et de médailles contrefaites de fabrication ancienne et moderne. Les faussaires grecs étaient très habiles.

* **NUMISMATOGRAPHIE** s. f. (lat. numisma, médaille; gr. graphein, écrire). Description des médailles antiques.

NUMITOR, fils de Procas, descendant d'Énée et roi d'Albe la Longue. Son frère Amulius l'ayant chassé du trône, il y fut rétabli par ses deux petits-fils Romulus et Rémus qui, en récompense, furent autorisés à fonder une ville sur les bords du Tibre. Telle est l'origine de Rome. (Voy. ROMULUS.)

NUMMIFÈRE adj. [nomm-mi-]. Qui est marqué de taches rondes comme des pièces de monnaie.

NUMMIFORME adj. [nomm-mi-]. Qui a la forme d'une pièce de monnaie.

* **NUMMULAIRE** s. f. [nomm-mu-] (lat. nummulus, petite pièce de monnaie). Plante ainsi nommée, parce que ses feuilles ont la forme ronde d'une pièce de monnaie. — Petite coquille pétrifiée, en forme de lentille, qui compose souvent des roches entières.

NUMMULITE ou **Nummuline** s. f. [nomm-

mu-] (lat. nummulus, petite monnaie). Foramin. Genre de zoophytes fossiles, comprenant des animaux de grande taille, qui vivaient dans les mers de l'époque tertiaire éocène, et qui forment des couches épaisses quelquefois de plusieurs milliers de pieds. Ce qu'on appelle le calcaire nummulitique s'étend de Londres, de Paris et du bassin méditerranéen vers l'est jusqu'à la Chine, et est composé presque entièrement de ces minces fossiles en forme de disques.

NUMMULITIQUE adj. Qui a rapport aux nummulites.

NUNC DIMITTIS SERVUM TUUM, DOMINE paroles de Siméon à la vue du Sauveur et qui signifient : Maintenant, Seigneur, vous pouvez rappeler votre serviteur.

* **NUNCUPATIF** adj. m. [non-] (lat. nuncupare, nommer expressément). Jurispr. Se dit d'un testament dicté par le testateur avec les formalités prescrites par la loi : les testaments solennels sont nuncupatifs, ou mystiques.

NUNCUPATION s. f. [non-ku-pa-si-on]. Droit rom. Désignation d'héritier faite de vive voix, en dictant un testament.

* **NUNDINALES** adj. f. pl. [non-di-na-le] (lat. nundinalis; de nundina, marché). Antiq. Se disait, chez les Romains, des huit premières lettres de l'alphabet, qui s'appliquaient de suite à tous les jours de l'année, de même que nos lettres dominicales; en sorte qu'il y en avait tous les ans une qui indiquait les jours de marché, lesquels revenaient de neuf en neuf jours : LETTRES NUNDINALES. — JOUR NUNDINAL, jour de marché indiqué par une de ces lettres.

NUÑEZ (Alvar) [nou'-nièzz] (CABEÇA DE VACA), explorateur espagnol, né vers 1490, mort en 1564. Il était principal officier sous Narvaez dans l'expédition en Floride (1527-'28) et après le naufrage et la mort de celui-ci, il parvint à atteindre, avec quelques compagnons, la terre ferme à l'ouest de l'embouchure du Mississipi. Il fut roulé au N.-O., jusqu'à ce qu'il arriva dans une contrée montagneuse que l'on croit être le Nouveau-Mexique. Après des souffrances incroyables, il atteignit les établissements espagnols sur la côte du Pacifique en 1536, avec trois compagnons, les seuls qui eussent survécu : ils avaient mis huit années à traverser le continent. En 1540, il fut nommé administrateur

de la Plata ; mais un naufrage le jeta sur la côte du Paraguay qu'il fut le premier à explorer. Il s'établit à Asuncion en 1542, et soumit plusieurs tribus ; mais après un échec,

il fut envoyé en Espagne, accusé par son lieutenant, et banni en Afrique. Huit ans plus tard, il fut rappelé par le roi, pensionné et nommé juge à la cour suprême de Séville. Le Naufragios de Alvar Nuñez fut publié en 1544.

NUÑEZ (Fernan), érudit espagnol, né vers 1470, mort en 1553. Il était chevalier de l'ordre de Santiago, professeur de grec à Alcalà, et traducteur latin de la version des Septante pour la polyglotte complutensienne. En 1521, il combattit du côté des communes dans la guerre des comunidades, et professa ensuite à Salamanque. Il a restauré le texte de Sénèque, et publié un commentaire sur ses écrits (1543), etc.

NUPHAR s. m. [nu-far] (ar. naufar). Bot. Genre de nymphéacées, qui se distingue des nénuphars surtout par ses pétales plus courts que le calice, par ses étamines insérées, sous l'ovaire, et par ses fleurs jaunes. Nous avons en

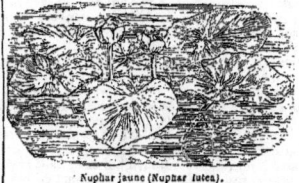

Nuphar jaune (Nuphar lutea).

France le nuphar jaune (nuphar lutea), appelé aussi lis jaune d'eau, à feuilles très grandes, en cœur allongé, fendues à la base jusqu'au pétiole. Ses fleurs, qui s'épanouissent en juin, répandent une légère odeur de citron.

* **NU-PIEDS** s. m. Nom donné à des insurgés normands du XVII° siècle.

* **NUPTIAL, ALE, AUX** adj. (lat. nuptialis, de nuptiæ, noces). Qui concerne la cérémonie des noces, qui appartient au mariage : bénédiction nuptiale. — Jurispr. GAINS NUPTIAUX OU DE SURVIE. (Voy. GAIN.)

* **NUQUE** s. f. [nu-ke]. Le derrière du cou, et surtout sa partie creuse, immédiatement sous l'occiput : la nuque du cou.

NUREMBERG (all. Nürnberg), ville de Bavière, dans la Moyenne Franconie, à 150 kil.

Murs et fossés de Nuremberg

N.-O. de Munich ; 91,017 hab., la plupart protestants. Le Pegnitz divise la ville en deux parts : la partie méridionale, la plus grande, s'appelle le côté de Lorentz, et la partie septentrionale, le côté de Sebald. La ville est fameuse pour son originalité et son antiquité. La démolition des anciennes murailles, après la guerre de 1866, avec leurs centaines de tours carrées et rondes et leur fossé, a donné de la place pour de nouveaux et beaux faubourgs. L'église du Saint-Esprit a contenu les joyaux de la couronne impériale allemande de 1424 jusqu'à leur transport à Vienne en 1806. L'hôtel de ville est un des plus remarquables édifices de ce genre en Europe, à cause de ses dimensions et de sa collection de tableaux par Albert Dürer et d'autres maîtres. Au-dessous du monument sont des passages souterrains et secrets, des cachots et la chambre de torture. Dans le *Gaensemarkt* se vendent de prodigieuses quantités d'oies. Nuremberg possède un excellent gymnase, une école secondaire, fondé par Malanchthon, un musée général allemand fondé en 1853, et un musée de l'industrie bavaroise. C'était autrefois une des plus prospères des villes libres impériales, elle avait une population de 100,000 âmes, et était fameuse par son commerce, ses arts et sa littérature. Dürer et Hans Sachs figurent parmi les célébrités qui y naquirent. Les montres, qui y furent fabriquées pour la première fois, se sont appelées longtemps des œufs de Nuremberg. La ville eut beaucoup à souffrir de la guerre de Trente ans, pendant laquelle elle fut témoin de la première lutte entre Gustave-Adolphe et Wallenstein (1632); elle y perdit sa grandeur commerciale. Elle est aujourd'hui redevenue fameuse par son activité industrielle, surtout dans la fabrication des jouets, des crayons de mine de plomb, des glaces étamées, de papier mâché, de machines et de bleu d'outre-mer. C'est un des principaux marchés de l'Europe pour le houblon.

NUTANT, ANTE adj. (lat. *nutans*; de *nutare*, osciller). Bot. Se dit des végétaux ou des parties de plante dont le sommet est légèrement incliné vers le sol.

* **NUTATION** s. f. [-si-on] (lat. *nutatio*; de *nutus*, mouvement de tête). Astron. Balancement. Est principalement usité dans cette phrase, NUTATION DE L'AXE DE LA TERRE, balancement de cet axe pour s'approcher et s'éloigner alternativement de quelques secondes du plan de l'écliptique. — Bot. NUTATION DES PLANTES, habitude qu'elles ont de pencher leurs fleurs, leurs feuilles, ou de les redresser dans certains moments de la journée. — ENCYCL. La nutation est un petit mouvement giratoire périodique dans la direction de l'axe de la terre, au moyen duquel, s'il existait indépendamment du mouvement de précession, le pôle de la terre décrirait dans les cieux une très petite ellipse. Cette ellipse couvrirait par son axe le plus long un espace de 18' 5'', et, par son plus court, de 13' 7'', l'axe le plus long étant dirigé vers le pôle de l'écliptique. La période de nutation est un peu moindre de 19 ans (18.6) et correspond à celle d'une révolution des nœuds de la lune, avec lesquels elle est directement liée. L'effet de la nutation sur la position des étoiles se combine avec celle de la précession, et l'une et l'autre sont dues à la même influence. (Voy. PRÉCESSION.)

NUTRESCIBILITÉ s. f. Physiol. Caractère de ce qui est nutrescible.

NUTRESCIBLE adj. [nu-trèss-] (lat. *nutrescibilis*; de *nutrire*, nourrir). Physiol. Propre à nourrir l'animal.

NUTRICIER, IÈRE adj. Qui concourt à la nutrition.

NUTRICINE s. f. Nouvelle substance alimentaire préparée comme suit : de la viande crue, soigneusement débarrassée des os et des tendons, est passée dans des machines convenables, une espèce d'alimentaires azotées, telles que du pain, susceptibles d'absorber l'eau contenue dans la viande et de

former de nouvelles combinaisons avec celleci. La masse ainsi préparée est mise ensuite dans un four, où on la laisse dessécher à une douce chaleur. Puis on la pulvérise, on la tamise et on en obtient une poudre d'un goût agréable et d'un gris jaunâtre. En ajoutant du blanc d'œuf, de l'eau gommée ou de la graisse à cette poudre, on eu forme des gâteaux de différentes formes, faciles à conserver et très nutritifs.

* **NUTRITIF, IVE** adj. (lat. *nutritus*). Qui nourrit, qui sert d'aliment : *ce remède est nutritif et purgatif.* — FACULTÉ NUTRITIVE, propriété par laquelle l'aliment se convertit en la substance de l'animal.

* **NUTRITION** s. f. (lat. *nutritio*; de *nutrire*, nourrir). Fonction naturelle par laquelle le chyle est converti en la substance de l'animal : ou effet qui en résulte : *les parties de l'aliment qui servent à la nutrition.* — Se dit dans un sens analogue en parlant des végétaux. — ENCYCL. On appelle nutrition la croissance et la réparation des organismes vivants. La nutrition animale embrasse les opérations complexes : la digestion, la chylification, le changement du chyle en sang, la circulation, la respiration, l'assimilation, la sécrétion et l'excrétion. Dans un sens plus limité, c'est le phénomène par lequel les matières nutritives deviennent les différents tissus du corps. La première phase importante de la nutrition est la digestion (voy. DIGESTION); la seconde est la conversion des matières digérées en sang; la troisième est la formation des tissus par les éléments constitutifs du sang (assimilation), phénomène qui se produit en vertu du pouvoir de sélection et d'appropriation que possèdent les tissus eux-mêmes. Les matières que s'approprie l'organisme peuvent se diviser en matières azotées ou protéinacées, et en matières non azotées ou hydrocarburées. Le grand but ou la fin de la nutrition est de développer certains phénomènes vitaux qui dépendent de divers changements moléculaires exigeant le maintien de la température dans de certaines limites. La dépendance réciproque où se trouvent entre eux les différents phénomènes de la vie dans le système animal fait qu'il est difficile d'apprécier quels sont ceux qui ont une importance première et ceux qui n'ont qu'une secondaire. Ainsi la chaleur est l'une des forces développées directement ou indirectement par la nutrition. Mais la chaleur, c'est-à-dire une température maintenue dans de certaines limites, est aussi une condition nécessaire de la nutrition; et la digestion ne peut s'opérer en dehors de ces limites. La nutrition demande que le système soit fourni non seulement de principes alimentaires oxydables capables de produire immédiatement de la force; mais aussi d'autres substances, telles que l'eau et différents corps salins; elle dépend aussi beaucoup de la digestibilité des aliments. Les fonctions de la digestion, de la sanguification et de l'assimilation sont regardées comme de la même nature que les phénomènes d'assimilation chez les plantes, et on les appelle souvent les fonctions végétatives, leur effet étant de mettre les principes organiques dans une condition qui leur permettra de subir l'oxydation, ou un mode quelconque de métamorphose, et de développer quelque forme de force vitale ou physique. On peut par conséquent considérer les phénomènes formatifs de la nutrition comme analogues aux phénomènes formatifs qui se produisent dans le règne végétal, et par lesquels les éléments les plus rapprochés, sous l'influence de la lumière et de la chaleur, sont élevés au-dessus de la nature organique et amenés à un degré supérieur de potentialité, potentialité qui est de nouveau réduite par les métamorphoses animales à un degré inférieur d'évolution. D'après les

expériences de Bischof et de Voigt, on a conclu que toutes les matières azotées qui sont digérées et emportées dans la circulation sont assimilées et changées en chair (ce terme ne se limitant pas à la fibre musculaire, mais embrassant tous les tissus protéens) avant de subir la métamorphose en urée. On a aussi trouvé que les animaux, lorsqu'ils sont nourris d'un mélange de viande maigre et de viande grasse, n'ont besoin que d'un tiers environ de la viande qu'il leur faut lorsqu'ils sont nourris de maigre seulement. On a constaté que le sucre et l'amidon ont un effet semblable, mais à un degré plus fort. Ces expériences s'accordent avec les résultats obtenus par M. Banting. Ranke a trouvé que chez l'homme, qui est omnivore, l'équilibre peut s'obtenir par la viande maigre seule, et qu'il se produit une perte de poids dès qu'on en mange la plus grande quantité possible; mais il est facile d'arriver à l'équilibre ou à une augmentation par une addition de graisse ou d'amidon.

NUTTALL (Thomas) [neutt'-tâl], naturaliste américain, né en Angleterre en 1786, mort en 1859. Il était imprimeur; il étudia l'histoire naturelle aux États-Unis, et explora les grands lacs, les branches supérieures du Mississipi, l'Arkansas et les régions avoisinantes. Il fut professeur d'histoire naturelle à Haward College de 1822 à 1834, puis retourna en Angleterre. Ses principaux ouvrages sont : *Manual of the Ornithology of the United States and Canada* (1834, 2 vol.) et *The North American Sylva* (1842-'49, 3 vol.).

NYACK (naï-ak], village du comté de Rockland, état de New-York (États-Unis), sur la rive occidentale de l'Hudson, à 50 kil. audessus de son embouchure et presque vis-à-vis Tarrytown, au point extrême du chemin de fer septentrional (*Northern Railway*) de New-Jersey; 3,438 hab. Il est au pied des collines Nyack, et est très fréquenté en été par les habitants de New-York.

NYAM-NYAM ou Niam-Niam [niammniamm], tribu nègre N. de l'Afrique centrale, dont le territoire s'étend de 4° à 6° lat. N. et de 22° à 27° long. E. Schweinfurth, en 1870, fut le premier qui traversa une grande partie du pays. Les Nyam-Nyam sont cannibales; mais, sous quelques rapports, ils sont plus civilisés que les tribus voisines, et montrent une grande adresse dans la fabrication des vases de terre et de fer. — Voy. SCHWEINFURTH, *Im Herzen von Africa* (1874, 2 vol.).

N'YANZA [niann-za], mot par lequel les naturels de l'Afrique centrale désignent les grandes masses d'eau, mais plus particulièrement appliqué aux deux grands lacs équatoriaux que l'on regarde aujourd'hui comme les sources premières du Nil. — I. Victoria N'yanza, le plus oriental de ces lacs (chez les naturels, *Ukerewe*), se trouve directement sous l'équateur, entre 2° 26' lat. S. et 0° 21' lat. N. et entre 29° 10' et 31° 29' long. E., a une élévation d'environ 3,800 kil. au-dessus du niveau de la mer, d'après Stanley. Il fut découvert le 30 juillet 1858, par le capitaine J.-H. Speke, qui n'en visita alors que l'extrémité méridionale; mais, en 1862, de concert avec le capitaine (auj. colonel) J.-W. Grant, il explora ses bords occidentaux et septentrionaux, jusqu'à l'endroit où le lac trouve une issue, par 0° 21' 19'' lat. N. et 34° 10' long. E. C'est une rivière magnifique, large de 500 à 600 m., aujourd'hui connue sous le nom de Somerset ou Nil Victoria. Speke croyait que c'était le Nil Blanc; et sa conjecture, fondée sur des renseignements puisés chez les naturels, qu'il se déchargeait dans un autre lac plus à l'O., d'où il entrait dans le Nil même, a été vérifiée par la découverte de l'Albert N'yanza. Stanley a fait le tour entier du lac en 1875, et cet article résume les résultats de son exploration. Les sondages les plus profonds atteignirent 275 pieds. Le lac est alimenté par beaucoup de larges cours d'eau, et est généralement bordé de contrées humides, tempérées, boisées et populeuses. Le Nil Victoria, qui lui sert de déversoir, court du N. à l'O. Près de 1° 30' lat. N. et de 31° long. E. ; il traverse le lac Ibrahim, que le colonel Long, de l'armée égyptienne, découvrit en 1874, et qu'il suppose être long de 50 kil. environ. Beaucoup plus bas se trouvent les chutes Murchison, d'une hauteur de 120 pieds, et qui sont la plus grande chute d'eau du Nil ; 32 kil. plus loin, le fleuve atteint le second lac. — II. Albert N'yanza. Dans leur voyage au N. de Victoria N'yanza, Speke et Grant rencontrèrent Samuel Baker et sa femme, près de Gondokoro, et leur dirent qu'ils avaient entendu parler de l'existence de ce second lac. Son nom indigène est M'wootan N'zigé ; c'est Baker qui, le premier, le vit et en toucha les eaux, le 14 mars 1864, par 1° 45' lat. N. et 28° 30' long. E., à Vacovia, village de pêcheurs, sur le rivage oriental. De là le lac, qu'il nomma Albert N'yanza, s'étendait très apparentes vers le S. et le S.-O ; sur le rivage opposé s'élevaient des montagnes de 7,000 pieds environ au-dessus du niveau du lac. L'Albert N'yanza fut exploré avec des bateaux en 1876 par R. Gessi, sous les ordres du colonel Gordon; ses cartes le représentent comme long de 220 kil. et large de 80 kil., avec son extrémité-méridionale par au S. de 12° de lat. N. ; mais Stanley déclare avoir visité sa rive occidentale au moins 50 kil. plus au S. La contrée avoisinant le lac est revêtue de forêts; elle est montagneuse à l'O. L'embouchure du Somerset se trouve à Magungo, par 2° 16' lat. N.; de ce village on peut voir la sortie du Nil propre. L'altitude rectifiée de l'Albert N'yanza au-dessus du niveau de la mer (Baker) est de 2,720 pieds. (Voy. NIL.)

NYASSA, lac du S.-E. de l'Afrique; son extrémité méridionale est par 14° 25' lat. S. et 32° 50' long. E. Les récentes explorations de M. E.-D. Young (1876) ont prouvé qu'il s'étend au N. jusqu'à 9° 20' lat. S. Sa largeur varie de 20 à 60 kil. La rivière Shiré, qui se jette dans le Zambèze, sort de sa pointe méridionale. Suivant le Dr Kirk, le Nyassa est à 1,522 pieds au-dessus du niveau de la mer. Il est très profond, dépassant en quelques lieux 40 brasses; il est sujet à de violentes tempêtes. Des deux côtés le pays est montagneux, mais bien peuplé. Le lac Nyassa a été découvert en 1859 par Livingstone.

NYBORG [nu'-borg], ville forte dans l'île de Fünen (Danemark); sur le grand Belt, à 29 kil. E.-S.-E. d'Odense; 4,000 hab. environ. C'est là que se levaient autrefois les taxes de l'entrée du Sound.

NYCTAGE s. m. (gr. *nux*, nuit). Bot. Genre de nyctaginées dont l'espèce principale s'appelle *Belle-de-nuit*. (Voy. ce mot.)

NYCTAGINÉ, ÉE adj. Bot. Qui ressemble ou se rapporte au genre nyctage. — s. f. pl. Famille de plantes dicotylédones dialypétales périgynes, ayant pour type le genre nyctage.

* **NYCTALOPE** s. (gr. *nux*, nuit; *ops*, œil). Celui ou celle qui voit mieux la nuit que de jour.

* **NYCTALOPIE** s. f. Maladie des yeux, qui fait qu'on n'y voit pas si bien le jour que la nuit.

NYCTÈRE s. f. Mamm. Genre de chéroptères comprenant quelques espèces de chauves-souris qui habitent les régions chaudes de l'ancien continent.

NYCTOGRAPHE s. m. (gr. *nux*, nuit; *graphein*, écrire). Appareil à l'aide duquel on peut écrire dans l'obscurité.

NYCTOGRAPHIE s. f. Art d'écrire sans y voir.

NYERUP (Nasmus) [nu'-é-roupp], archéologue danois, né en 1759, mort en 1829. Il fut professeur d'histoire et littérature à Copenhague. Il doit surtout sa réputation à son livre sur la condition du Danemark et de la Norvège dans les temps anciens et modernes (1802-'06; 2 vol.), et à ses nombreux écrits sur l'ancienne langue et l'ancienne littérature danoises.

NYKŒPING [nu'-tcheu-pinng], ville de Sœdermanland (Suède) sur une baie de la Baltique, à 80 kil. S.-O. de Stockholm; 5,000 hab. environ. Elle est traversée par le Nyköping, qui relie le réseau des lacs de l'intérieur avec la Baltique. On y construit des machines à vapeur, des locomotives, des navires doublés de fer, etc.

NYLGAUT s. m. [nil-gô]. Voy. NILGAUT.

* **NYMPHE** s. f. (lat. *nympha*; gr. *numphê*, jeune fille). Chacune des divinités subalternes de la Fable, qui, selon les païens, habitaient les fleuves, les fontaines, les bois, les montagnes et les prairies ; *les nymphes des bois, des eaux.* — Poésie. Jeune fille belle et bien faite. — ELLE A UNE TAILLE DE NYMPHE, se dit d'une jeune personne dont la taille est élégante et légère. — Hist. nat. Insecte au premier degré de ses métamorphoses : *le ver devient nymphe ou chrysalide, et mouche.* (Voy. CHRYSALIDE.) — Anat. Les deux productions membraneuses des parties génitales de la femme, placées en dedans des grandes lèvres. — ENCYCL. Les nymphes étaient des divinités féminines d'un ordre inférieur, présidant aux divers objets de la nature. Les Océanides et les Néréides étaient les nymphes des eaux salées. Les Naïades étaient les nymphes des fontaines et des autres eaux douces; mais celles qui présidaient aux lacs s'appelaient aussi Limniades, et celles des fleuves, Potamides. Les nymphes des montagnes et des grottes s'appelaient Oréades ou Orestiades; celles des forêts et des bosquets, Dryades et Hamadryades; celles des vallées, des gorges et des prairies, Nappées et Limniades. On leur donnait aussi des noms tirés de certaines familles ou de localités auxquelles elles se rattachaient, par exemple les Nysiades, les Dodonides. Elles n'étaient pas immortelles, et périssaient souvent avec les choses qui leur étaient consacrées.

* **NYMPHÉA** s. m. Bot. Nom scientifique du genre nénuphar.

NYMPHÉACÉ, ÉE adj. Bot. Qui ressemble ou se rapporte au nymphéa. — * s. f. pl. Famille de plantes dicotylédones dialypétales hypogynes, ayant pour type le genre nymphéa ou nénuphar, et divisée en trois tribus, savoir : 1° *euryalées*, dont le tube du calice est soudé avec l'ovaire (euryale, victoria, etc.); 2° *nénupharinées*, à calice libre (nénuphar et nuphar); 3° *barclayées*, à corolle gamopétale (barclaya).

* **NYMPHÉE** s. m. ou s. f. Archit. Lieu où il y a de l'eau, et qui est orné de statues, de vases, de bassins et de fontaines : *dans presque toutes les maisons de plaisance des anciens, il y avait des nymphées, qui servaient ordinairement de bains.*

NYMPHÉEN, ÉENNE adj. Géol. Se dit des terrains dont la formation est due aux eaux douces.

NYMPHOMANE adj. Qui est attaqué de nymphomanie.

NYMPHOMANIAQUE adj. Qui a rapport à la nymphomanie.

* **NYMPHOMANIE** s. f. [nain-fo-ma-nî] (gr. *numphê*, nymphe; *mania*, fureur). Méd. Fureur utérine; penchant irrésistible et délirant à l'acte vénérien, chez la femme et les femelles des animaux.

NYON, *Noviodunum, colonia Julia equestris*, ville du cant. de Vaud (Suisse), sur le lac de Genève, à 34 kil. S.-O. de Lausanne ; 2,500 hab., appartenant à la religion protestante. Aux environs, château de Prangins, habité par Voltaire en 1755 et possédé de nos jours par le prince Napoléon.

NYONS, *Neomagus*, ch.-l. d'arr., à 90 kil. S.-S.-E. de Valence (Drôme), sur l'Aigues, par 44° 21' 40'' lat. N. et 2° 48' 49'' long. E.; 3,000 hab. Draps, huile d'olives, coutellerie, excellentes truffes. Élève de vers à soie. Un édit de pacification donna Nyons aux calvinistes comme place de sûreté.

NYSSA s. m. Voy. TUPÉLO.

NYSSIA, femme de Candaule. Voy. ce mot.

NYSTADT, ville de Finlande, sur le golfe de Botnie; 3,000 hab. Traité du 30 août 1721, en vertu duquel la Suède céda à la Russie, la Livonie, l'Estonie et divers autres territoires.

NYSTEN (Pierre-Humbert), célèbre médecin belge, né à Liège en 1774, mort à Paris le 3 mars 1818. Il se fit recevoir docteur à Paris (1802). Il est connu surtout comme ayant attaché son nom au fameux *Dictionnaire de médecine, de chirurgie*, etc., publié pour la première fois en 1806 sous le nom de Joseph Capuron et dont l'édition attribuée à Nysten parut en 1810. Cet ouvrage, devenu classique, eut sa 12e édition en 1855 et sa 13e en 1873. Les changements apportés au livre par Littré et Robin mécontentèrent la veuve de Nysten qui assigna l'éditeur et fit enlever du livre le nom de son mari.

O

O s. m. Quinzième lettre de l'alphabet, et la quatrième des voyelles : *un grand O. Un petit o.* — Ô, avec l'accent circonflexe, est une interjection qui sert à marquer diverses passions, divers mouvements de l'âme, etc. : *O temps! ô mœurs! O douleur! ô regret! O le malheureux d'avoir fui une si méchante action!* — Marque aussi le vocatif, l'apostrophe. *O mon fils! O mon Dieu!* — *Les O de Noël.* Neuf antiennes qui commencent chacune par la particule latine *O*, et que l'Eglise chante successivement dans les neuf jours qui précèdent Noël. — Est encore la figure numérique qu'on appelle zéro. — Dans les anciens manuscrits et dans les inscriptions latines, O est souvent le signe abréviatif de *optimus, très bon;* O. M. est l'abréviation de *optimus, maximus, très bon, très grand;* O. P. de *optimus princeps, l'excellent prince.* — Géogr. O. signifie *Ouest,* N.-O. *Nord-Ouest,* S.-O. *Sud-Ouest.* — Mathém. Le petit °, après un chiffre, veut dire *degré.* — Sur les anciennes monnaies de France, O. indique qu'elles ont été frappées à Riom.

O (Saint-Martin d'), village de l'arr. et à 13 kil. S.-E. d'Argentan (Orne); 1,800 hab. Jadis titre d'un marquisat.

O (François MARQUIS D'), surintendant des finances né en 1535, mort en 1594. Issu d'une noble et ancienne famille normande, il eut d'abord embrassé la carrière des armes. Il y renonça pour entrer dans l'administration des finances et devint surintendant en 1578. Ses concussions, ses dilapidations lui attirèrent la haine universelle et il mourut misérablement.

OAHOU, l'une des îles du groupe de Hawaï, la quatrième pour la grandeur, par 160° long. O. et entre 21° et 22° lat. N.; longueur 55 kil.; largeur, 32 kil.; 20,671 hab. Elle est de formation volcanique et montagneuse; mais ses pics les plus élevés sont revêtus de végétation. Elle est bien arrosée, et ses vallées sont fertiles. Les rivages sont presque partout bordés de récifs de corail, souvent larges de 1 kil. Sur la côte méridionale se trouve Honolulu.

OAJACA [oua-ja'-ka]. J, état maritime du Mexique, confinant à ceux de Puebla, Vera-Cruz, Chiapas, Guerrero et à l'océan Pacifique; 86,950 kil. carr.; 650,000 hab. environ. Il est traversé du S. au N. par la grande chaîne des Andes mexicaines, et arrosé par le Tehuantepec, l'Atoyac ou Verde, et autres cours d'eau. Le climat offre toutes les variations qui caractérisent les zones torrides et tempérées, et il est, en général, très salubre. On y exploite quelques mines d'or, d'argent, de fer et de plomb. Les produits agricoles comprennent le maïs, le chilli, des fèves de différentes espèces, du froment, de l'orge, du riz, de l'anis, du café, du coton, de la cire et du tabac; mais les denrées principales sont : la canne à sucre, la cochenille, l'indigo et le cacao. On y fabrique du savon, du sucre, du rhum, de la bière de la poudre à

canon, des chapeaux de palmier, de la farine, du sel, du cuir et des tissus. — Il, capitale de cet état, sur l'Atoyac, à 350 kil. S.-E. de Mexico; 25,000 hab. environ. Les rues sont spacieuses et régulières; elle est presque partout propre et bien bâtie, bien que beaucoup de maisons soient faites d'adobes. Il y a plusieurs squares ou places embellies d'arbres et de fleurs; et le pays environnant est excessivement pittoresque, étant littéralement couvert de jardins et de bosquets de cochenilliers. Oajaca est célèbre pour ses préparations de cacao et de cochenille. On y fabrique aussi de l'indigo, du sucre, des soies, et des chapeaux de feuilles de palmier.

OAKLAND [ôk'-lanndd], ville de Californie (Etats-Unis), sur la rive orientale de la baie de San-Francisco, qui a ici 12 kil. de large, vis-à-vis San-Francisco, à l'extrémité du chemin de fer le *Central Pacific.* 30,000 hab. La ville est bien située; les rues en sont larges et bien ombragées; c'est un séjour à la mode pour les commerçants de San-Francisco, et on y vient beaucoup pour la campagne environnante et ses beaux paysages.

OALTITUDO, paroles de saint Paul (ép. aux Romains XI, 33), et qui signifient : *O profondeur!* Saint-Paul proféra cette exclamation en pensant à la profondeur des mystères de Dieu. — Fig. Se dit quelquefois d'une chose inexplicable.

OARIULE s. f. (gr. *oarion,* petit œuf; *oulé,* cicatrice). Physiol. Organe qui se forme sur l'ovaire par la cicatrisation des vésicules de Graaf.

OASIEN, IENNE s. et adj. Habitant d'une oasis; qui a rapport aux oasis.

° OASIS s. f. [o-a-ziss] (gr. *oasis*). Lieu, espace qui, dans les déserts de sable de l'Afrique ou de l'Asie, offre de la végétation : *la grande oasis; on découvre chaque jour en Egypte de nouvelles oasis.* — ‿ Fig. Lieu de repos, solitude :

Tous deux seuls dans la foule,
Nous faisant dans notre âme une chaste *oasis.*
TH. GAUTIER. *Poésies diverses.*

— ENCYCL. « *Oasis* est un mot d'origine égyptienne passé dans la langue grecque (*oasis*) c'et adopté par nous pour désigner un lieu vert et couvert de végétation, isolé au milieu d'un désert aride comme une île au milieu de la mer. Le nom arabe est *rhaba;* pl. *rhieb,* qui signifie littéralement *bas fond couvert de végétation,* ou *djezirat nakhel,* île de palmiers. (Voy., par ex., Bou'L Fêda); celui de *ouahh,* pl. *ouahhat* est particulier aux oasis égyptiennes, il n'a point de racine arabe. — Les oasis ne sont donc pas, comme le dit Littré, « des sommets de montagnes dont les vallées ont été remplies de sable » : le Nedjed, le Châmmer, le Djôf en Arabie; le Hoggar, le pays d'Aïr, etc., dans le grand désert saharien, tous pays montagneux et fertiles entourés de déserts, ne sauraient, vu leur étendue et leur configuration, être considérés comme des oasis; ce n'est que par analogie qu'on peut

leur appliquer ce nom. C'est, au contraire, en général, dans les parties basses et humides des déserts que l'on rencontre les oasis. Une autre erreur, également répandue, consiste à les croire disséminées au hasard. Il est rare de les rencontrer isolées et inhabitées. — Dans le Sahara septentrional, au S. de l'Algérie et du Maroc, elles sont groupées en archipels à portée des rivières qui descendent de l'Atlas et dont les eaux vives, captées en amont et dirigées dans des *sagias* (canaux) servent à l'irrigation des cultures. Plus au S., elles sont échelonnées par groupes le long des vallées, routes naturelles des caravanes dont elles sont elles-mêmes les points de relâche et de ravitaillement; souvent aussi elles entourent, verdoyantes ceintures, le fond, tantôt fauve et morne, tantôt éblouissant de blancheur, des chotts et des sebkhas. (Voy. ces mots.) — Dans le S., les sources naturelles existantes sont toujours insuffisantes pour les cultures de quelque importance; pour remédier à cet inconvénient, les habitants des oasis ont dû imaginer, selon les lieux, différents moyens d'irrigation artificielle. Dans l'Oued-Rirh, par exemple, où les eaux souterraines coulent en abondance à une faible profondeur, les indigènes, à l'instar des anciens habitants de l'oasis de Thèbes, creusent des puits jaillissants (*aïoun*); dans le Touât et autres lieux, ils rassemblent, dans des tranchées couvertes creusées au pied des plateaux environnants, les eaux d'infiltration qui en descendent, puis ils les dirigent dans leurs jardins au moyen de canaux souterrains (*fogagir*). Dans le Souf, où une large nappe aquifère, celle de l'ancien fleuve Triton, filtre à une faible profondeur à travers les sables amoncelés dans la vallée, on creuse, jusqu'à la couche humide, des fosses plus ou moins spacieuses au fond desquelles on plante les palmiers. Les habitants évitent ainsi les travaux d'irrigation et les accidents paludéens. — La principale culture des oasis est celle du palmier-dattier; mais on y trouve aussi des figuiers, des abricotiers, des orangers, des citronniers, des bananiers, de la vigne; on y cultive également avec profit l'orge, la luzerne, le béchena, le tabac, le navet, l'oignon, la citrouille, la pastèque, etc., le coton y pousse spontanément. Le blé froment n'y est pas cultivé à cause de la trop grande quantité d'eau nécessaire à son irrigation. Le sol des Ziban nourrit des oliviers d'une taille remarquable. — Les oasis du Sahara, toutes d'une merveilleuse fertilité, sont, pour la plupart très insalubres en été à cause des eaux stagnantes qu'elles renferment; aussi habite-t-on, de préférence, sur des éminences rocheuses, au milieu ou à l'une des extrémités de la forêt et hors de la portée des miasmes. Les villages situés au niveau des cultures sont à peu près inhabitables, dans la saison chaude, pour les individus de race blanche. Ces villages, entourés de murailles en terre ou en moellons calcaires, sans entretien, et parfois de fossés remplis d'eaux stagnantes et corrompues;

prennent, suivantes les lieux, les noms de *qçour* (sing. *qçar*) ou de *dechour* (sing. *dechera*). Leur population sédentaire se compose de Berbères, d'Arabes et de Nègres sahariens et soudaniens. Les premiers s'adonnent au commerce et à l'industrie; les Nègres, réfractaires à l'impaludisme, ne s'occupent que de culture. Les oasis servent aussi de centres de ralliement et de ravitaillement aux tribus nomades circonvoisines qui, au moment de la récolte des dattes, abandonnent les salubres pâturages du désert pour venir passer l'hiver dans leurs clairières. — Quelques qçour sahariens, entrepôts de commerce entre le Soudan et les côtes méditerranéennes, comme autrefois Palmyre entre l'extrême Orient et les côtes de Syrie, ne renferment pas moins de 5 à 6,000 hab. Ce sont autant de petites républiques gouvernées par des cheikhs sous le contrôle de djemâas ou assemblées de notables. — Parmi les oasis les plus célèbres de l'antiquité, nous citerons celle au milieu de laquelle s'élevait Palmyre, Tadmor ou Tamar (la ville des dattes), jadis capitale d'un puissant empire, aujourd'hui vaste champ de ruines ombragé par quelques pauvres palmiers; en Egypte, celle de Siyouah, l'antique Ammon, dont les palmiers couvrent encore un espace de 100 kil., et, plus au S., celle de Thèbes, appelée par les Arabes *el ouahh el Khardjé* (la bigarrée), vaste archipel encore long de 140 et large de 20 kil. environ. Ces deux oasis, ainsi que d'autres moins célèbres et importantes, sont situées à l'O. de l'Egypte, dans une vallée qui fut peut-être arrosée jadis par un bras du Nil, mais dont l'exploration est encore à faire. — Les principales oasis qui se rencontrent, de nos jours, dans le Sahara, sont, au S. de l'Algérie, les archipels des Ziban, dont la ville principale, Biskra, est bien connue des touristes; ceux de l'Oued-Rirh, dont les centres principaux sont Touggourt et Temacine; du Souf, ville principale, El Oued; des Mzab, ville principale Ghardaya; de l'Ouargla, dont la forêt principale renferme la ville de ce nom, jadis très florissante comme centre de commerce; entre cette dernière et le Touât, l'oasis isolée de Qeliyâ (El Goléa) entoure un qçar antique digne de l'attention des archéologues; ensuite viennent les archipels du Touât dont le qçar le plus renommé est celui d'Aïn-Çalahh et dont les chefs reconnaissent la suzeraineté du Maroc. L'oued Saoura, descendant du Touât, qu'il limite à l'O., d'une ligne presque ininterrompue de luxuriantes oasis; celles du Tafilalt, également du S. du Maroc, sont justement renommées tant pour leur commerce que pour les produits de leur sol; plus au S., les caravanes qui se dirigent vers Tombouctou relâchent à Araouânn, perdue au milieu d'un océan de sables. Dans le Sahara tunisien, on remarque la belle oasis de Nefta, résidence du grand maître de l'ordre religieux des *Khouann*. Au S.-O. de la Tripolitaine se trouve l'oasis également isolée de Rhadamès, riche entrepôt de commerce, fertilisée par sa source légendaire. Enfin, la Tripolitaine elle-même et le Fezzann, qui lui fait suite, ne sont en réalité, sur la plus grande partie de leur étendue, que de vastes déserts parsemés d'oasis plus ou moins considérables. »   (V. LARGEAU.)

OACKS s. m. pl. [ôkss] (angl. *chênes*). Nom d'une course célèbre qui a lieu tous les ans en Angleterre à Epsom, après le *Derby*. Son nom lui vient de ce que la course a lieu dans un endroit planté de vieux chênes. Ces courses furent fondées par la famille Derby. Les pouliches de 3 ans, seules, peuvent y prendre part.

OATES (Titus) [ôtts], inventeur du *complot papiste*, né en Angleterre vers 1620, mort en 1705. Après avoir perdu sa prébende pour cause de parjure il s'associa avec un D'

Tonge, Teonge ou Tongue, pour machiner une intrigue contre les catholiques romains. Il rédigea contre les jésuites (1678) un mémoire, que Tonge présenta à Charles II, mais auquel celui-ci n'accorda aucune attention. Oates dénonça de nouveau les catholiques d'Angleterre, les accusant de former un vaste complot où entrait la reine elle-même, et il jura la vérité de ce qu'il avançait devant sir Edmonbury Godfrey, qui fit arrêter plusieurs catholiques et qui mourut dans le courant du mois, par assassinat ou par suicide, le point n'a jamais été éclairci. Il en résulta une sorte de persécution contre les catholiques; mais, peu après l'avènement de Jacques II, en 1685, Oates fut condamné comme parjure à l'amende, au pilori, au fouet, et à la prison perpétuelle. A l'avènement de Guillaume d'Orange, cette sentence fut annulée et il reçut une pension.

OAXACA. Voy. OAJACA.

OB (lat. *ob*). Préfixe qui marque ordinairement empêchement, obstacle, opposition. Se change en *oc* devant un c : *occasion*; en *of* devant un F : *offenser*; en *op* devant un P : *opprimer*; quelquefois en *os* devant un T : *ostentation*. Ces règles ne sont pas absolues; l'usage fait connaître les exceptions.

OBCURRENT, ENTE adj. (préf. *ob*; lat. *currens*, qui court). Bot. Se dit des cloisons partielles d'un fruit lorsqu'elles concourent, par leur rapprochement, à diviser la cavité péricarpienne en plusieurs loges.

OBÉANCIER s. m. Hist. ecclés. Titre du premier dignitaire du chapitre de Saint-Just, à Lyon.

* **OBÉDIENCE** s. f. [o-bé-di-an-se] (lat. *obedientia*). Obéissance. Ne se dit ordinairement qu'en parlant des religieux : *le supérieur a commandé à ce religieux en vertu de sainte obédience*. — Ordre, permission par écrit qu'un supérieur donne à un religieux ou à une religieuse pour aller en quelque endroit, pour passer d'un couvent à un autre : *il ne saurait partir sans obédience, s'il n'a son obédience*. — Emploi particulier qu'un religieux ou une religieuse a dans son couvent : *cette religieuse est cellérière, c'est son obédience*. — AMBASSADEUR D'OBÉDIENCE, ambassadeur que le roi envoie vers le pape, pour l'assurer de son obéissance filiale. L'AMBASSADEUR FUT REÇU A L'OBÉDIENCE, il fut reçu par le pape en plein consistoire, avec les cérémonies accoutumées. — PAYS D'OBÉDIENCE, pays dans lequel le pape nomme aux bénéfices qui viennent à vaquer dans certains mois de l'année : *l'Allemagne était un pays d'obédience*. — Dans les temps de schisme, où il y avait deux papes à la fois, servait à désigner les différents pays qui reconnaissaient l'un ou l'autre pape : *l'obédience d'Urbain, et l'obédience de Clément*. — LETTRE D'OBÉDIENCE, lettre délivrée par un supérieur à un religieux ou à une religieuse appartenant à un ordre enseignant, et qui tient lieu pendant la moitié ou les deux tiers de l'année. — Législ. « Le mot *obédience* employé exclusivement en matière ecclésiastique, avait autrefois plusieurs acceptions. On nommait *pays d'obédience* les provinces de France qui n'étaient pas soumises au concordat de 1516; telles étaient la Bretagne, la Franche-Comté, le Roussillon et la Provence. Dans ces provinces, le pape avait le droit de nommer à certains bénéfices, s'ils venaient à vaquer pendant la moitié ou les deux tiers de l'année. — Le mot *obédience* signifiait le plus souvent et signifie encore aujourd'hui l'autorisation que donne un supérieur ecclésiastique à son inférieur de se rendre dans un lieu autre que sa résidence. Les moines errants pouvaient être arrêtés comme vagabonds lorsqu'ils ne montraient pas leur obédience. — En vertu de l'article 49 de la loi du 15 mars 1850, les *lettres d'obédience* tenaient

lieu du brevet de capacité pour l'enseignement primaire aux institutrices appartenant à des congrégations religieuses vouées à l'enseignement et reconnues par l'État; mais cette équivalence a été supprimée ainsi que toutes les autres par la loi du 16 juin 1881, sauf pour les institutrices ayant 4 ans d'âge et cinq années au moins de services dans les écoles publiques ou privées. (Voy. BREVET et INSTITUTEUR.) »   (CH. Y.)

* **OBÉDIENCIER** s. m. Religieux qui, par ordre de son supérieur, dessert un bénéfice dont il n'est pas titulaire.

* **OBÉDIENTIEL, ELLE** adj. Qui appartient, qui est relatif à l'obédience.

OBEID ALLAH. Voy. FATIMITE.

* **OBÉIR** v. n. (lat. *obedire*). Se soumettre à la volonté, aux ordres de quelqu'un, et les exécuter : *obéir à Dieu, aux lois, au prince, au magistrat*;

> On se fait un devoir d'obéir à son père.
> COLLIN D'HARLEVILLE. L'Inconstant, acte II, sc. x.

il veut être obéi. Dans ce dernier exemple, *obéi* est participe passif, comme si *Obéir* était verbe actif. — Fig. OBÉIR A LA FORCE, OBÉIR A LA NÉCESSITÉ, faire ce que la force, ce que la nécessité contraint de faire. — IL FAUT QUE LES PASSIONS OBÉISSENT A LA RAISON, il faut que les passions soient soumises, soient assujetties à la raison. — LES CORPS OBÉISSENT A LA LOI DE L'ATTRACTION, DE LA GRAVITATION, etc., ils suivent les mouvements qui leur sont imprimés par celles de leurs propriétés naturelles qu'on nomme attraction, gravitation, etc. — CE CHEVAL OBÉIT BIEN A L'ÉPERON, A LA MAIN, AUX AIDES, il se laisse gouverner, manier aisément. — Se dit aussi des peuples, des provinces, des villes qui sont soumises à l'autorité d'un prince, d'un Etat : *les provinces qui obéissent au roi*. — Fig. Céder, plier : *l'acier obéit plus que le fer*.

* **OBÉISSANCE** s. f. Action de celui qui obéit : *un acte d'obéissance*. — PRÊTER OBÉISSANCE A UN PRINCE, se soumettre solennellement à sa domination. — Disposition à obéir, habitude d'obéir, soumission d'esprit aux ordres des supérieurs : *grande, parfaite, entière obéissance*.

> Créon, la reine ici commande en mon absence,
> Disposez tout le monde à son obéissance.
> J. RACINE. La Thébaïde, acte I, sc. IV.

— Prov. Dévotion. OBÉISSANCE VAUT MIEUX QUE SACRIFICE, rien ne plaît à Dieu autant qu'une entière soumission à ses volontés. — En parlant des princes, se prend quelquefois pour domination, autorité : *vivre sous l'obéissance d'un prince*. — ÊTRE SOUS L'OBÉISSANCE DE PÈRE ET DE MÈRE, être soumis à l'autorité légale de son père et de sa mère.

* **OBÉISSANT, ANTE** adj. Qui obéit : *un fils obéissant*. On dit, par formule de civilité, en terminant une lettre, VOTRE TRÈS HUMBLE ET TRÈS OBÉISSANT SERVITEUR. — Fig. et au sens moral. Soumis, docile : *rendre ses passions obéissantes à la raison*. — Se dit aussi, fig., de certaines choses inanimées, et signifie, souple, qui se plie facilement : *du cuir, du bois obéissant*.

OBÉLISCAL, ALE adj. Qui appartient, qui ressemble à un obélisque. — Fig. Gigantesque : *chapeau obéliscal*. — Étonnant : *paradoxe obéliscal*.

* **OBÉLISQUE** s. m. (gr. *obeliskos*; dimin. de *obelos*, chose rendue pointue, ou broche). Monument quadrangulaire en forme d'aiguille, élevé sur un piédestal, et ordinairement monolithe : *les obélisques qui sont à Rome ont été apportés d'Egypte*. — ENCYCL. Les obélisques paraissent être particuliers à l'Egypte; ils symbolisaient la divinité. Le plus ancien de ceux que nous connaissons est celui d'Hé-

liopolis, portant le nom a usortasen I⁰ʳ, de la douzième dynastie (2,000 av. J.-C.); tous les autres furent construits entre cette époque et la conquête des Perses (525 av. J.-C.) On a longtemps considéré les obélisques comme des styles qui servaient à marquer l'heure sur des cadrans solaires, ou comme des colonnes monumentales élevées en l'honneur du soleil. Dans l'opinion des égyptologues contemporains, les obélisques étaient des monuments mi-religieux, mi-historiques, placés à l'entrée des palais ou des temples, pour indiquer, au moyen de leurs inscriptions, à quels objets ces édifices étaient appliqués, la divinité à laquelle ils étaient dédiés, le nom du roi qui les avait fait ériger et l'année de son règne. Comme accessoires d'architecture, ils rompaient la monotonie des nombreuses lignes horizontales que l'on observe dans les édifices égyptiens. Ils étaient généralement deux par deux : les plus petits en grès ou en granit, les plus grands presque invariablement en granit rose de Syene (Egypte méridionale), qui est susceptible d'un beau poli. — Le nombre des monuments de ce genre, probablement très considérable autrefois en Egypte, a été diminué par la violence des guerres, par la négligence et par différentes causes physiques. Plusieurs ne sont plus debout; ils sont brisés et mutilés. Sous les Ptolémées, on en porta un certain nombre à Alexandrie; les Romains en transportèrent d'autres à Rome, comme souvenirs de leur triomphe. Onze obélisques se trouvent encore à Rome; mais on les a changés de place et ils ont été brisés ou mutilés. Sixte-Quint eut le premier l'idée de les restaurer et, en 1586, l'obélisque du Vatican fut placé sur son piédestal actuel, par l'architecte Domenico Fontana, dont le plan fut préféré par le pape à 500 autres qui lui avaient été présentés. Cet obélisque, qui, outre son piédestal et les ornements de son sommet, mesure 25 m. de haut, avait été transporté d'Héliopolis par l'empereur Caligula sur un navire que Pline nous représente comme le plus grand qui ait jamais tenu la mer. Avec l'aide de Fontana, le même pape érigea ensuite les obélisques de Sainte-Marie-Majeure, de Saint-Jean-de-Latran et de la piazza del Popolo. Ces monuments gisaient abandonnés sur le sol et dans un état déplorable. Celui du Latran, le plus haut que l'on connût alors, avait été transporté d'Héliopolis à Alexandrie par Constantin le Grand, et ensuite à Rome par son fils Constance, qui en décora la spina du cirque Maxime. Outre une portion de la partie inférieure que coupa Fontana pour adapter les divers fragments, il mesure 32 m. 35, sans ses ornements et son piédestal, et il pèse environ 450 tonnes. Celui de la piazza del Popolo mesurant 23 m., fut enlevé d'Héliopolis par Auguste et placé dans le cirque Maxime. Celui de Sainte-Marie-Majeure, qui est le plus petit, ne porte pas d'hiéroglyphes. Les autres obélisques de Rome sont : celui de la piazza Pavona (16 m.) trouvé dans le cirque de Romulus, et érigé par Bernini, dans sa position actuelle, en 1651, sous le pontificat d'Innocent X ; celui de Santa-Maria-sopra-Minerva (12 m.), érigé en 1667 par Bernini, sous le pontificat d'Alexandre VII; celui du Panthéon (6 m.), érigé en 1711 par Clément XI; ceux de Monte Cavallo (16 m.), de Trinità de Monti (15 m.) et de Monte Citorio (21 m.), érigé en 1786-'92, sous le pontificat de Pie VI; et celui de Monte Pincio (9 m.) érigé en 1822, sous Pie VII. Les dimensions que nous donnons ci-dessus ne comprennent pas les bases et les additions sans quoi consistant en globes, en étoiles ou en rayons que les Romains avaient placés au-dessus des obélisques parce qu'ils pensaient que ces monuments étaient autrefois des styles de cadrans solaires. Plusieurs obélisques de la Rome moderne se terminent par des croix — Des obélisques avaient été

transportés à Constantinople et dans d'autres villes de l'empire; on en rencontre à Velletri, à Bénévent, à Florence et. à Arles. Celui de cette dernière ville fut découvert en 1389, dans la vase des bords du Rhône, et on le dressa en 1675; il ne mesure pas moins de 17 m. de haut. — Les obélisques qui sont restés dans leur position primitive sont rares. Parmi les plus célèbres, nous citerons : celui d'Héliopolis déjà mentionné (21 m.); le bel obélisque de Louqsor (22 m.), érigé par Ramsès II ; il était accompagné d'un autre obélisque qui fut transporté à Paris en 1833 et érigé sur la place de la Concorde en 1836; les quatre obélisques de Karnak, dont un est tombé et mesurait 29 m. de haut. Les prétendues aiguilles de Cléopâtre, qui ont 22 m. de haut et un diamètre de 2 m. 25 à la base, avaient été érigées à Héliopolis par Totmès III, vers 1600 av. J.-C.; elles se trouvaient devant la façade du grand temple du Soleil. Après être restées 16 siècles dans cette position, elles furent enlevées de leur piédestal par les Romains et transportées à Alexandrie (23 av. J.-C.), Cléopâtre était morte depuis 7 ans déjà et l'on ne sait trop pourquoi elles ont reçu son nom. L'une des deux fut offerte, par Méhémet-Ali, au gouvernement britannique, mais elle était tellement mutilée que les Anglais la regardèrent comme ne valant pas la peine d'être transportée; et elle resta durant près d'un siècle couchée sur le sable, à Alexandrie, jusqu'en 1877, époque où un riche Anglais, le Dʳ Erasmus Wilson, offrit de la faire transporter à Londres à ses frais. Elle y arriva le 27 janvier 1878, et fut érigée sur le quai de la Tamise entre Charing-Cross et le pont de Waterloo (12 sept 1878). La seconde aiguille de Cléopâtre fut offerte par le khédive à la ville de New-York et érigée en 1880 dans Central Park. Parmi les autres obélisques, nous citerons ceux d'Axoum (voy. ce mot), qui étaient autrefois au nombre de 55. — Obélisque de Louqsor, magnifique obélisque transporté en France en 1833, sous la direction de l'ingénieur Le Bas, et qui orne aujourd'hui la place de la Concorde, à Paris. Il est dans un état parfait de conservation; il mesure, outre son socle, un peu plus de 22 m. de haut. Sa circonférence à la base est de 9 m. 70. Son poids est de 220 tonnes. Ce monolithe a été offert au gouvernement français par Méhémet-Ali.

* OBÉRER v. a. (préf. ob; lat. æs, æris, argent). Endetter : il a fort obéré sa maison. — S'obérer v. pr. S'endetter : je crains de m'obérer.

OBER-AMMERGAU, village de la Haute-Bavière, à 80 kil. S.-O. de Munich; 1,100 hab. environ, qui s'occupent surtout de sculpter le bois. En exécution d'un vœu fait par la population en 1634, pour échapper à la peste qui les menaçait alors, on y représente, une fois tous les dix ans, la passion et la mort du Christ. La représentation dure douze dimanches consécutifs, pendant l'été, et attire de tous les pays de grandes multitudes. Les acteurs et les musiciens sont pris parmi les villageois, et quelques-uns d'entre eux montrent un vrai génie dramatique.

OBERKAMPF (Christophe-Philippe), industriel, né à Weissenbach en 1738, mort en 1815. Il était fils d'un teinturier qui s'établit en Suisse. Il introduisit en France la fabrication des toiles peintes dites indiennes et y construisit la première filature de coton. La manufacture de Jouy et la filature de coton d'Essones lui doivent leur création. Il faisait lui-même le dessin, la gravure, l'impression et la teinture de ses toiles. Ses agents allaient jusqu'aux Indes pour tâcher de dérober aux indigènes le secret de leur travail. Louis XVI l'anoblit; le conseil général de Seine-et-Oise vota l'érection d'une statue en son honneur ; mais la modestie du célèbre manufacturier

empêcha la réalisation de ce projet, et Napoléon ne put le décider à entrer au Sénat. « Vous et moi, lui dit un jour l'empereur en plaçant sur sa poitrine la croix d'honneur, nous faisons une bonne guerre aux Anglais, mais vous faites la meilleure. »

OBERLAND BERNOIS, pays du canton de Berne (Suisse), qui forma en 1798 un canton particulier ayant Thun pour capitale. Territoire des plus pittoresques, fréquenté par de nombreux touristes.

OBERLIN [o'-beur-linn], village de l'Ohio (Etats-Unis), à 55 kil. O.-S.-O. de Cleveland par chemin de fer; 2,888 hab. Là se trouve Oberlin College appartenant à la congrégationnalistes, et fondé en 1833; il reçoit des élèves sans distinction de sexe ni de couleur.

OBERLIN (Jean-Frédéric) [o-bèr-lin; ou o-beur-linn], philanthrope français, né à Strasbourg le 31 août 1740, mort le 1⁰ʳ juin 1826. Pendant 60 ans, il fut pasteur des villages du Steinthal au Ban-de-la-Roche, en Alsace, qu'il éleva, d'une misère et d'une dégradation abjectes, à une condition remarquable de bien-être matériel et moral. Parmi ses nombreux biographes, nous citerons H. Ware Junior (Boston, 1845).

OBERNAI (all. Oberehnheim), ville d'Alsace-Lorraine, à 25 kil. N. de Schlestadt ; 6,000 hab. Calicot, percales, savon, etc.

OBÉRON, roi des génies de l'air dans la mythologie scandinave.

* OBÈSE adj. [o-bè-ze] (lat. obesus, bien nourri). Qui est surchargé d'embonpoint.

* OBÉSITÉ s. f. [o-bé-zi-té] (rad. obèse). Excès d'embonpoint, occasionné par l'extrême développement du tissu graisseux, sous l'influence du repos et d'une nourriture succulente et copieuse. Pour prévenir cette infirmité, on doit prendre fréquemment de l'exercice, éviter la bonne chère, le sommeil prolongé, les occupations sédentaires, boire de l'eau de Seltz, s'abstenir de sucre, etc.

OBI, ou Ob (proprement Oey), fleuve de Sibérie, formé vers 52⁰ de lat. N. et 83⁰ long. E. par la réunion du Katun et de la Biya, qui descendent des monts Altaï. Il coule généralement au N.-O. jusqu'à ce qu'il reçoive l'Irtish, par 61⁰ lat. environ; et dès lors il se dirige au N. jusqu'au golfe d'Obi, profond baie de mer de Kara, dans lequel il se jette par trois embouchures. Sa longueur est d'environ 5,000 kil.

* OBIER ou Aubier s. m. Arbrisseau fort dur qui ressemble un peu au cornouiller, et qui porte de petites baies rouges : l'obier est un viorne. Une variété d'obier cultivée dans les jardins se nomme vulgairement Boule-de-Neige.

* OBIT s. m. [o-bitt] (lat. obitus, décès). Liturg. cathol. Service fondé pour le repos de l'âme d'un mort, et qui doit être célébré à des époques déterminées: fonder, dire, chanter un obit.

* OBITUAIRE adj. m. [rad. obit]. N'est usité que dans cette locution, Registre obituaire, le registre qu'on tient dans une église, des obits qui y sont fondés — Substantiv. : toutes les fondations qui sont sur l'obituaire. — Celui qui était pourvu en cour de Rome d'un bénéfice vacant par mort, Per obitum, en termes de la terie : ce bénéfice était poursuivi par trois prétendants, l'un obituaire, l'autre résignataire, et l'autre dévolutaire.

* OBJECTER v. a (lat. objicere). Opposer une difficulté à une proposition, à une demande: opposer quelque chose à ce qu'une personne dit ou prétend : on peut objecter de bonnes raisons à cette hypothèse. — Reprocher : ce témoin est irréprochable, on ne veut rien lui objecter.

* OBJECTIF, IVE adj. [ob-jèk-tiff] (rad. objet).

Didact. Opt. Verre objectif, verre d'une lunette, destiné à être tourné du côté de l'objet qu'on veut voir; à la différence du Verre oculaire, celui qui est destiné à être placé du côté de l'œil. — **Philos.** Qui a rapport à l'objet: *la réalité objective.* — **Théol.** Dieu est notre béatitude objective, Dieu est le seul objet qui puisse faire notre bonheur. — *s. m. l'objectif d'une lunette.* — **Philos.** Tout ce qui est en dehors du sujet pensant et observant; il est opposé à Subjectif. — **Guerre.** But que l'on cherche à atteindre, point où l'on se propose d'arriver: *dans toutes ses manœuvres, le général eut cette ville pour objectif.*

* **OBJECTION** s. f. [ob-jèk-si-on] (lat. *objectio*). Difficulté qu'on oppose à une proposition, à une demande : *résoudre, repousser, réfuter une objection.*

* **OBJECTIVEMENT** adv. **Philos.** D'une manière objective : Considérer une chose objectivement, l'examiner en elle-même, abstraction faite de toute autre et même du sujet observant.

OBJECTIVER v. a. **Philos.** Considérer comme objectif.

* **OBJECTIVITÉ** s. f. **Philos.** Qualité de ce qui est objectif, existence des objets en dehors de nous.

* **OBJET** s. m. (lat. *objectum*). Tout ce qui s'offre, tout ce qui est présenté à la vue : *cet objet a frappé mes yeux.* — **Fig.** et au sens moral. Tout ce qui se présente à l'esprit, tout ce qui l'occupe : *les objets se peignent confusément dans son esprit, dans son imagination.* — **Philos.** Tout ce qui touche, tout ce qui affecte les sens : *les objets des sens.* — Tout ce qui meut, occupe les facultés de l'âme : *le vrai est l'objet de l'entendement.* — **Prov.** L'objet meut, émeut la puissance, la présence de l'objet excite le désir. — Tout ce qui sert de matière à une science, à un art : *les corps naturels sont l'objet de la physique.* — Tout ce qui peut être la cause, le sujet, le motif d'un sentiment, d'une passion, d'une action : *être l'objet de la raillerie, de la médisance, de la calomnie, du mépris.*

> Un esclave est pour elle un objet de courroux.
> J. Racine. *Alexandre*, acte I, sc. II.

— **Particul.** et dans le même sens, la personne qu'on aime : *l'objet aimé.*

> Eh quoi! l'amant qui touche au moment désiré
> D'être uni pour jamais à *l'objet* adoré,
> De joie et de plaisir tressaille, et tu frissonnes!
> Collin d'Harleville. *L'Inconstant*, acte II, sc. x.

— **But**, fin qu'on se propose : *cet homme n'a pour objet que la gloire, que sa fortune, que son intérêt.*

> Tu crois donc que la paix est *l'objet* de mes soins?
> J. Racine. *La Thébaïde*, acte III, sc. vi.

— Se prend quelquefois pour chose, dans un sens indéterminé : *c'est un objet considérable, un objet de peu de valeur.*

OBJURGATEUR s. m. Celui qui réprimande.

* **OBJURGATION** s. f. (lat. *objurgatio*). Reproche violent, réprimande vive. C'est un terme didactique par lequel on désigne les reproches animés qui entrent dans un discours.

OBJURGATOIRE adj. Qui a rapport à l'objurgation.

OBJURGUER v. a. Réprimander.

* **OBLAT** s. m. (lat. *oblatus*). Laïque, ordinairement homme de guerre invalide, qui était logé, nourri et entretenu dans une abbaye ou dans un prieuré de fondation royale. On disait autrement, Moine lai. (Vieux.) — Encycl. On donne le nom d'oblats à deux congrégations de prêtres et à une congrégation de religieuses, dans l'Église catholique romaine. — I. Oblats de Saint-Charles, fondés à Milan par saint Charles Borromée en 1570, pour évangéliser les classes déshéritées. Ils

font « oblation », ou vœu d'obéissance à l'évêque. Le vœu de pauvreté est facultatif. La « Société du Sacré-Cœur de saint Joseph pour les Missions étrangères », est attachée aux oblats de Londres, mais s'en distingue par son but et son institution; Pie IX lui a confié le soin spirituel des nègres affranchis d'Amérique. — II. Oblats de Marie-Immaculée, société de prêtres réguliers, fondée à Aix (France), en 1815, par Charles-J.-E. de Mazenod, plus tard évêque de Marseille. Ils se consacrent à l'enseignement des séminaires, au service des pénitenciers, des établissements de charité et des Missions étrangères. Depuis 1841, ils se sont établis aux points extrêmes, nord et sud, de l'Amérique anglaise; ils ont un grand nombre de maisons aux Etats-Unis. — III. Sœurs oblates de la Providence, congrégations de femmes de couleur, fondée à Baltimore, en 1825, par le rév. H. Joubert, pour les besoins généraux de la population de couleur.

OBLATE s. f. Femme qui fait partie d'une congrégation fondée par sainte Françoise, en 1425, sous la règle de saint Benoît.

* **OBLATION** s. f. [o-bla-si-on] (lat. *oblatio*, de *offerre*, offrir). Culte cathol. Offrande, action par laquelle on offre quelque chose à. Dieu : Jésus-Christ, *étant sur la croix, fit une oblation de lui-même à son père.* — Chose offerte à Dieu : *les prêtres ne vivaient autrefois que d'oblations.* — **Législ.** « Les oblations devraient être toujours volontaires dans l'Église catholique, plusieurs conciles ayant reconnu que les dîmes avaient été destinées au clergé, ainsi que le sont aujourd'hui les traitements alloués par l'Etat, afin que les sacrements fussent administrés gratuitement. Suivant la législation actuelle, les ministres du culte catholique sont *autorisés* à recevoir des oblations, en se conformant à un règlement et à un tarif rédigé par l'évêque et approuvé par le gouvernement (L. 18 germinal an X, art. 5 et 69). La plupart des oblations sont ainsi converties en taxes; et ces taxes sont souvent très élevées; mais on peut dire qu'elles sont volontairement payées par ceux qui réclament les services d'un clergé et la pompe extérieure d'un culte. Le produit des oblations tarifées est réparti entre la fabrique et le clergé de la manière fixée par les règlements de chaque diocèse. Les décrets du 30 décembre 1809 et du 26 décembre 1843 attribuent à la fabrique les cierges offerts pour le pain bénit et pour les annuels, ainsi que la moitié en poids de ceux employés aux services funèbres. L'autre moitié appartient aux membres du clergé qui y ont droit; et ceux-ci conservent intégralement les cierges dont ils sont porteurs. Quant aux offrandes faites au trône, à la quête, au plat, à l'autel, à des images, à des reliques, etc., leur répartition entre la fabrique, le curé, le chapelain, etc. a donné lieu autrefois à de nombreux procès; et ce partage est aujourd'hui l'objet de règlements particuliers faits par l'évêque (Décr. 30 déc. 1809, art. 75) ou soumis à des usages traditionnels. »   (Ch. Y.)

OBLATIONNAIRE s. m. Hist. ecclés. Prêtre qui vivait d'offrandes. — Clerc chargé de recevoir les offrandes.

* **OBLIGATAIRE** s. m. Propriétaire, porteur d'obligations d'une compagnie de chemin de fer, d'un établissement de crédit, etc.

* **OBLIGATION** s. f. (lat. *obligatio*). Lien, engagement qui impose quelque devoir concernant la religion, la morale, ou la vie civile: *s'acquitter des obligations d'un bon citoyen.* — Jurisp. Lien de droit, qui oblige à donner, à faire, ou à ne pas faire une chose : *le professeur explique le titre du Code intitulé : Des Contrats ou des Obligations.* — Acte, fait par devant notaire ou sous seing privé, par lequel

on s'oblige à payer une certaine somme, à donner ou à faire telle chose dans un temps fixé : *une obligation de dix mille francs; il lui en a passé obligation devant notaire.* — Faire honneur a ses obligations, payer ses dettes, acquitter ses engagements. — Lien de reconnaissance envers les personnes qui nous ont rendu des services plus ou moins importants, ou qui nous ont fait quelque plaisir : *il prétend ne vous avoir aucune obligation.* — S'emploie quelquefois dans des occasions de peu d'importance : *prêtez-moi ce livre pour une huitaine de jours; je vous en aurai une grande obligation.* — **Législ.** « En droit civil, le mot *obligation* signifie, dans son sens général, toute dette sanctionnée par la loi, tout lien de droit par lequel une personne est astreinte envers une autre, soit à payer une somme, soit à livrer un objet, soit à faire ou à ne pas faire quelque chose. Les obligations peuvent naître de quatre sources : 1° de la loi elle-même; 2° d'un contrat ou d'un quasi-contrat; 3° d'un acte illicite, qualifié crime, délit ou contravention; 4° d'un quasi-délit, c'est-à-dire d'un acte volontaire non puni par la loi mais dommageable, ou même d'une omission, d'une imprudence, d'une simple négligence portant dommage à autrui. (Voy. Quasi-délit.) Une obligation purement *naturelle*, que la loi ne sanctionne pas, peut servir de cause suffisante à une obligation contractée civilement; ou, si elle a été remplie, elle peut faire repousser toute demande en restitution; mais une obligation *sans cause* ne peut avoir aucun effet légal. (Voy. Cause.) Toute obligation de payer une somme ou de livrer un corps certain a pour sanction les moyens d'exécution que la loi permet d'exercer sur les biens du débiteur ou sur la chose elle-même; l'obligation de faire ou de ne pas faire se résout en dommages-intérêts que les tribunaux allouent, en cas d'inexécution de la part du débiteur. (Voy. Dommage.) Les obligations sont *réelles*, lorsqu'elles sont transmissibles avec la chose dont elles sont l'accessoire; elles peuvent être purement *personnelles*; et si elles sont à la fois réelles et personnelles, elles sont dites *mixtes*. Elles sont *pures* et *simples* ou *conditionnelles*; et la condition peut-être *casuelle*, *potestative* ou *mixte*, *suspensive* ou *résolutoire*. Une obligation est *actuelle* ou *à terme*; elle peut-être *alternative*, c'est-à-dire consister à faire une chose ou une autre, au choix soit du débiteur, soit du créancier. Elle peut être ou non *solidaire*, soit entre plusieurs créanciers, soit entre plusieurs débiteurs. Elle est *divisible* ou *indivisible*, selon que le rapport sous lequel la chose due doit être considéré rend ou non l'obligation susceptible d'exécution partielle, et que ladite obligation est ainsi divisible ou non entre les divers débiteurs, s'il y en a plusieurs, ou entre les héritiers du débiteur primitif. Enfin, l'obligation peut être ou non sanctionnée par une *clause pénale*. (Voy. Clause.) Les obligations s'éteignent par les modes suivants : 1° par le paiement; 2° par la novation; 3° par la remise volontaire de la dette; 4° par la compensation; 5° par la confusion; 6° par la perte de la chose due; 7° par la nullité ou la rescision; 8° par l'effet de la condition résolutoire; 9° par la prescription (C. civ. 1404 et s.). (Voy. ces mots.) — La prorogation de terme consentie par le créancier laisse subsister l'obligation sans aucune altération. (Voy. Prorogation.) Quiconque a extorqué par contrainte la signature ou la remise d'un écrit portant obligation, est puni des travaux forcés à temps. Si l'extorsion a eu lieu à l'aide de la menace écrite ou verbale de révélations ou d'imputations diffamatoires, la peine consiste en un emprisonnement d'un an à cinq ans et en une amende de 50 fr. à 3,000 fr. (C. pén. 400). — Le mot *obligation* signifie souvent, dans la pratique, un contrat de prêt d'argent passé

devant notaires. On donne aussi ce nom aux titres négociables de tout emprunt contracté, soit par des départements ou des communes, soit par des compagnies de chemins de fer, des sociétés industrielles ou financières. »
(Ch. Y.)

* **OBLIGATOIRE** adj. Qui a la force d'obliger suivant la loi : *clauses obligatoires.*

OBLIGATOIREMENT adv. D'une manière obligatoire.

* **OBLIGÉ, ÉE** part. passé de Obliger. — Je vous suis fort obligé de votre attention, de la peine que vous avez prise, je vous suis fort redevable. On dit souvent par forme de remerciment, Je vous suis bien obligé, ou, par ellipse, Bien obligé. — Je suis votre obligé, votre obligée, se dit à quelqu'un dont on a reçu un service ; et, dans ce sens, Obligé est substantif. — Substantiv. Le principal obligé, le principal débiteur, pour le distinguer de la caution. — s. m. Acte passé entre un maître et un apprenti, sous des conditions réciproques. — Adjectiv. Qui a reçu l'usage, dont on ne peut guère se dispenser : *c'est le compliment obligé.* — Mus. Partie obligée, partie qu'on ne pourrait retrancher sans gâter l'harmonie ou le chant. Récitatif obligé, récitatif accompagné et coupé par les instruments.

* **OBLIGEAMMENT** adv. [-ja-man]. D'une manière obligeante : *il m'a reçu obligeamment.*

* **OBLIGEANCE** s. f. [-jan-se]. Disposition, penchant à obliger : *vous avez mis beaucoup d'obligeance dans cette affaire.*

* **OBLIGEANT, ANTE** adj. Officieux, qui aime à obliger, à faire plaisir : *c'est un homme fort obligeant, extrêmement obligeant.*

Ma figure jamais n'effaroucha les gens,
Même elle m'a valu des propos obligeants.
Collin d'Harleville, *L'Inconstant*, acte 1er, sc. VIII.

* **OBLIGER** v. a. (lat. *obligare*). Imposer l'obligation de dire ou de faire quelque chose : *la loi naturelle, la loi divine nous oblige à honorer père et mère.* — Porter, exciter, engager à faire quelque chose : *mes réprimandes, mes exhortations l'ont obligé à changer d'avis.*

Souffrez que sa douceur vous *oblige* à garder
Un trône que Porus devait moins hasarder.
J. Racine, *Alexandre*, acte III, sc. II.

— Lier quelqu'un par un acte, en vertu duquel on puisse l'appeler en justice, s'il n'exécute pas la chose à laquelle il s'est engagé : *son contrat l'oblige à cela.* — Se dit aussi en parlant des biens : *il a obligé tous ses biens.* — Contraindre, forcer : *après un mois de siège, le gouverneur fut obligé de se rendre.*

Si je lègue, en mourant, tous les biens que j'acquiers
A ceux qui m'ont rendu des services notables,
C'est afin d'*obliger* mes cruels héritiers
A répandre à ma mort des larmes véritables.
Collette.

— Rendre service, faire plaisir : *il m'a obligé quand il était malheureux.* — Obliger un apprenti, l'engager chez un maître pour y apprendre pendant un certain temps le métier de ce maître. — S'obliger v. pr. : *s'obliger par devant notaire.* — S'obliger pour quelqu'un, lui servir de caution, répondre des pertes ou des dommages qui peuvent arriver par sa faute, des engagements qu'il ne remplirait pas. — Se lier par une simple promesse : *prêtez-moi ce livre, je m'oblige à vous le rendre dans deux jours.*

OBLIGULÉ, ÉE adj. (préf. *ob*; lat. *ligula*, languette). Bot. Se dit des corolles dont le limbe se partage en deux languettes du côté interne.

OBLIQUANGLE adj. (fr. *oblique*; et angle). Géom. Dont les angles sont obliques.

* **OBLIQUE** adj. (lat. *obliquus*). Qui est de biais, ou incliné : *ligne oblique; plan oblique.* — Sphère oblique, celle où l'équateur n'est

ni parallèle ni perpendiculaire à l'horizon. — Fig. Qui manque de droiture, de franchise : *sa conduite est oblique.* — Indirect, détourné : *une louange oblique.* (Peu us.) — Gramm. Cas obliques, tous les cas, hors le nominatif singulier. — Gramm. Modes obliques, ceux qui ne peuvent servir qu'à énoncer une proposition subordonnée, tels que le subjonctif et le conditionnel. Propositions obliques, les propositions subordonnées qui sont énoncées par ces modes. — Tact. Ordre oblique, disposition d'après laquelle une armée ou un corps d'armée engage le combat par une de ses ailes, en refusant l'autre aile à l'ennemi. Pas oblique, celui d'une troupe qui marche sur une ligne diagonale, supposée tirée du point d'où elle part à celui où elle tend, de manière que le front reste toujours parallèle à lui-même. Feux obliques, feux dirigés à droite ou à gauche, au lieu d'être directs : *feux obliques à droite.* — Anat. Se dit de divers muscles de l'abdomen, de l'œil, de la tête, qui ont une direction oblique par rapport au plan supposé qui coupe le corps en deux parties égales et symétriques. Dans ce sens, il s'emploie souvent substantiv. : *le grand oblique de l'abdomen.*

* **OBLIQUEMENT** adv. De biais, d'une manière oblique : *une ligne tirée obliquement.* — Fig. D'une manière insidieuse, contraire à la droiture, à la franchise, à la probité : *il est parvenu à ses fins, mais obliquement.* — Indirectement : *louer, blâmer, désigner obliquement.* En ce sens, il est peu usité.

* **OBLIQUER** v. n. Prendre une direction oblique. Ne se dit guère que dans l'art milit. : *obliquer à droite.*

* **OBLIQUITÉ** s. f. [-kui-; ou -ki-]. Mathém. Inclinaison d'une ligne, d'une surface sur une autre : *l'obliquité d'une ligne.* — Astron. L'obliquité de l'écliptique, l'angle que l'écliptique fait avec l'équateur, et qui est d'environ 23° 28'. — Fig. L'obliquité de sa conduite, de ses démarches, ce qu'il y a de contraire à la droiture, à la franchise dans sa conduite, dans ses démarches.

* **OBLITÉRATION** s. f. (lat. *obliteratio*; de *obliterare*, effacer). Action d'oblitérer ; état de ce qui est oblitéré.

* **OBLITÉRER** v. a. Effacer insensiblement et de manière à laisser des traces. Se dit principalement en parlant de ce qui a souffert du laps de temps, ou de quelque autre cause naturelle : *le temps a oblitéré cette inscription.* — Oblitérer un timbre-poste, lui imprimer une marque pour qu'il ne puisse plus servir. — S'oblitérer v. pr. : *ces caractères se sont oblitérés.* — Se dit quelquefois au sens moral : *cette coutume s'est oblitérée avec le temps.* Il est peu usité dans cette acception. — Anat. Se dit d'un canal qui se ferme peu à peu et dont les parois finissent par adhérer l'une à l'autre, en sorte que sa cavité ne paraît presque plus : *cette partie de l'intestin, cette veine s'est tout à fait oblitérée.*

OBLIVIEUX, EUSE adj. (lat. *obliviosus*). Qui fait oublier. (Vieux.)

* **OBLONG, ONGUE** adj. [o-blon] (préf. *ob*; fr. *long*). Qui est beaucoup plus long que large : *un carré oblong.* — Libr. Se dit des livres qui ont moins de hauteur que de largeur : *les livres de musique sont souvent oblongs.*

OBLONGIFOLIÉ, ÉE adj. Bot. Qui a des feuilles oblongues.

OBNUBILATION s. f. (préf. *ob*; lat. *nubilus*, nuageux). Pathol. Obscurcissement de la vue.

OBOCK, port de la côte orientale d'Afrique, sur l'océan Indien, à l'entrée de la baie de Tadjoura et près du détroit de Bab-el-Mandeb dont il commande le passage : situé par environ 41° 5' de long. O. et 11° 58' de lat. N. — Obock fut cédé à la France en vertu

d'une convention passée, le 11 mars 1862, entre les chefs indigènes du pays et M. Lambert, consul à Aden, qui fut assassiné au cours des négociations. Le pavillon français y fut néanmoins planté en 1863 et l'hydrographie des côtes fut relevée, l'année suivante, par M. le lieutenant Salmon, commandant du *Surcouf.* Cependant la France laissa pendant plus de vingt ans Obock inoccupé ; ses navires continuèrent à relâcher à Aden. Il ne fallut rien moins que les visées ambitieuses de l'Allemagne et la crainte de voir les ports anglais refuser du charbon à ses navires de guerre allant en Chine pour faire sortir le gouvernement français de son indifférence. En 1884, un poste militaire, défendu par une petite garnison, fut enfin fondé à Obock, et un dépôt de charbon y fut établi. En même temps, le pavillon tricolore fut arboré à Tadjoura et à Sagallo, situés à l'O. d'Obock, et à Ras-Ali, sur la côte méridionale de la vaste baie de Tadjoura. — Le climat d'Obock est sain ; les territoires environnants, peu cultivés, sont cependant fertiles ; l'eau y est douce et suffisamment abondante ; le gibier y est commun ; les indigènes y élèvent de nombreux troupeaux de bêtes à cornes, ressource précieuse pour l'alimentation de la place. Le port d'Obock est séparé de la haute mer par des rochers de coraux entre lesquels s'ouvrent des passages accessibles aux plus grands navires. Il suffirait de quelques travaux pour pour le rendre excellent. — Les avantages que présente ce poste, au double point de vue militaire et commercial, sont incontestables. Bien mieux qu'Aden, il commande le passage de la mer Rouge, et les navires qui se rendent d'Europe dans les mers des Indes et de la Chine peuvent y faire escale et s'y approvisionner de charbon presque sans se détourner de leur route. D'autre part, il commande les routes commerciales qui conduisent dans l'Abyssinie méridionale et le Choa. De nombreuses tentatives, déjà, ont été faites pour établir des relations commerciales entre Obock et ces riches contrées ; les premières échouèrent par la malveillance de Bou Bekr, gouverneur de Zéila. MM. Arnoux et Lucereau furent assassinés en 1880. Cependant deux autres voyageurs intrépides, MM. Soleillet et Chefueux, ont vu leurs efforts couronnés de succès et, grâce à la protection du roi Ménélick, ont pu conduire à Obock plusieurs caravanes marchandes venant du Choa.

(V. Largeau.)

Nous pouvons ajouter ici quelques renseignements qui nous sont donnés sur Obock par un officier de vaisseau, l'un des collaborateurs de ce Dictionnaire. Il les a écrits de ce lieu même où il avait débarqué, en se rendant dans les mers de Chine : « Le territoire d'Obock qui appartient à la France s'étend sur plus de 100 kil. de côtes et sur 38 kil. en profondeur. Il est excellent, et il est fermé du côté du large par un récif de corail. Des falaises le protégent contre les vents d'ouest et Ju nord, et l'on trouve dans la baie des mouillages d'une profondeur de 10 à 30 m. L'établissement d'Obock est encore de peu d'importance. mais on y a établi un dépôt de charbon et nous avons pu nous y approvisionner facilement. Récemment l'aviso *le Brandin* a pris possession de Tadjoura, petite ville située dans la même baie qu'Obock, mais plus dans l'intérieur. Le pays est assez giboyeux ; je suis allé deux fois à la chasse, au lever du jour, et j'ai vu de petites antilopes, des lièvres, des tourterelles sauvages, etc. En résumé, Obock offre des ressources bien supérieures à celles que l'on trouve à Aden où j'avais relâché pendant un autre voyage, et les navires auront tout avantage à venir s'approvisionner en territoire français, car, à Aden, l'eau douce fait défaut, ainsi que les produits du sol, et tout, sauf le charbon, s'y paie à des prix exorbitants. »

(P. Y.)

* **OBOLE** s. f. (gr. *obolos*; lat. *obolus*). Nom d'une ancienne petite monnaie de cuivre valant la moitié d'un denier tournois. S'emploie encore dans cette phrase proverbiale, JE N'EN DONNERAIS PAS UNE OBOLE, je ne fais aucun cas de cela, je n'en donnerais pas le moindre prix. — Petite monnaie d'Athènes, qui faisait la sixième partie d'une drachme, et qui valait environ 16 centimes de notre monnaie. — Petit poids qui pesait 12 grains, ou un peu plus de 72 centigrammes.

* **OBOMBRER** v. a. (lat. *obumbrare*). Couvrir de son ombre. Ne s'emploie guère que dans le sens mystique : *les anges l'obombraient de leurs ailes.*

OBOVALE adj. (préf. *ob*; fr. *ovale*). Se dit de ce qui est oval, mais dont une extrémité est plus étroite que l'autre.

OBOVÉ, ÉE adj. Qui a la forme d'un œuf renversé, c'est-à-dire dont le gros bout est en haut.

OBRENOVITCH. Voy. SERBIE.

* **OBREPTICE** adj. (préf. *ob*; lat. *rapere*, enlever). Chancell. Se disait des grâces obtenues en faisant une vérité qu'on aurait dû exprimer pour qu'elles fussent valables; à la différence des SUBREPTICES, qui sont celles qu'on a obtenues sur l'exposé d'un fait faux : *privilége obreptice.*

* **OBREPTICEMENT** adv. D'une manière obreptice.

* **OBREPTION** s. f. [o-brèp-si-on]. Chancell. Réticence d'un fait vrai qui aurait dû être exposé, et dont l'omission rend les lettres obreptices : *il y a obreption dans ces lettres.*

O'BRIEN (William-Smith) [o'-brinn], patriote irlandais, né en 1803, mort en 1864. Il entra au parlement en 1827, et en fit partie pendant quelques années. En 1843, il devint un membre actif de la *repeal association*, qu'il abandonna en 1846 avec le parti de la « Jeune Irlande ». En avril 1848, il accompagna une députation envoyée à Paris par la « Confédération irlandaise », pour solliciter le secours en faveur de la « nationalité opprimée de l'Irlande ». Revenu dans son pays au mois de mai, il aida à organiser une convention nationale du peuple irlandais, qu'on ne laissa pas se rassembler; il fut alors jugé sous l'accusation de sédition, mais il échappa à une condamnation. En juillet, il tenta d'exciter un soulèvement au milieu des paysans de Ballingarry; mais ce mouvement fut vite réprimé, et O'Brien arrêté le 5 août, jugé pour haute trahison, trouvé coupable et condamné en celle de la transportation à vie. En vertu de l'amnistie de 1856, il revint de Tasmanie, mais ne prit plus part aux affaires publiques.

* **OBSCÈNE** adj. (lat. *obscenus*). Qui blesse la pudeur : *paroles obscènes.*

* **OBSCÉNITÉ** s. f. Parole, image, action qui blesse la pudeur : *il y a de l'obscénité dans ce discours, dans ce tableau, dans cette danse.*

* **OBSCUR, URE** adj. [ob-skur] (lat. *obscurus*). Sombre, ténébreux, qui n'est pas éclairé : *lieu obscur, chambre obscure.* — IL FAIT OBSCUR, le jour est sombre, le temps est bas. IL FAIT OBSCUR DANS CET ENDROIT, de lieu n'est pas bien éclairé, on n'y voit pas bien clair. — CHAMBRE OBSCURE. (Voy., au mot NOIR, CHAMBRE NOIRE.) — Qui est moins clair, moins vif, moins éclatant, plus brun, plus chargé : *couleurs obscures.* — Peint. CLAIR-OBSCUR, l'imitation de l'effet que produit la lumière en éclairant les surfaces qu'elle frappe, et en laissant dans l'ombre celles qu'elle ne frappe pas : *le clair-obscur est la principale source de l'illusion que produit la peinture.* Ce qui est peint sans mélange d'autres couleurs que du blanc et du noir, ou du blanc avec une seule couleur,

comme les camaïeux : *des dessins de clair-obscur.* — Qui n'est pas bien clair, bien intelligible, qui ne se fait pas comprendre, ou se fait difficilement comprendre : *discours obscur; livre fort obscur.* — Peu connu, caché : *il mène une vie obscure.* — CET HOMME EST D'UNE NAISSANCE, D'UNE FAMILLE OBSCURE, EST NÉ DE PARENTS OBSCURS, il n'est pas né dans une classe distinguée.

OBSCURANT s. m. Celui qui est opposé aux progrès de la civilisation. On dit aussi OBSCURANTISTE.

OBSCURANTISME s. m. Opposition aux progrès de la science moderne.

OBSCURANTISTE s. m. Syn. de OBSCURANT. — Adjectiv. *Menées obscurantistes.*

* **OBSCURATION** s. f. Astron. Obscurcissement produit par une éclipse.

* **OBSCURCIR** v. a. Rendre obscur : *les nuages obscurcissent le jour, le soleil.* — Fig. *Quand l'entendement est obscurci par les passions, par les préjugés.* — S'obscurcir v. pr. Devenir obscur, perdre sa clarté : *le soleil s'obscurcit quand des nuages s'élèvent.* — La VUE S'OBSCURCIT DANS LA VIEILLESSE, dans la vieillesse, la vue diminue, s'affaiblit. — Fig. *Sa gloire s'est obscurcie peu à peu.*

* **OBSCURCISSEMENT** s. m. Affaiblissement de lumière : *l'obscurcissement du soleil.* — Fig. *La manière dont il interprète ce passage l'obscurcit, et l'obscurcissement vient du sens qu'il attache à tel mot.* Dans ce sens, il est peu usité.

* **OBSCURÉMENT** adv. Avec obscurité. Se dit au propre et au figuré : *la nuit approchait, on ne voyait les objets qu'obscurément.*

* **OBSCURITÉ** s. f. Privation de lumière : *grande, profonde obscurité.* — Fig. L'OBSCURITÉ DES TEMPS, L'OBSCURITÉ DE L'AVENIR, le peu de connaissance qu'on a des temps éloignés, l'ignorance où l'on est de l'avenir. — Fig. Défaut de clarté dans les idées, dans les expressions : *son discours est plein d'obscurité.* — Fig. Privation de célébrité, d'éclat : *il n'a point voulu s'élever, il est demeuré dans l'obscurité.*

* **OBSÉCRATION** s. f. (lat. *obsecratio*). Figure de rhétorique, par laquelle l'orateur implore l'assistance de Dieu ou de quelque personne. — s. f. pl. Prières publiques que, chez les Romains, on ordonnait pour apaiser les dieux, lorsque la république était affligée de quelque calamité.

OBSÉCRER v. a. (lat. *obsecrare*). Supplier avec instances.

* **OBSÉDER** v. a. (préf. *ob*; lat. *sedere*, s'asseoir). Etre assidûment autour de quelqu'un, pour empêcher que d'autres n'en approchent, et pour se rendre maître de son esprit : *ce ministre obsédait le prince.* Se prend toujours en mauvaise part. — Importuner quelqu'un par ses assiduités, par ses démarches : *il est obsédé par la foule des solliciteurs.* — Se dit, particul., en parlant d'une personne qu'on suppose tourmentée par les illusions du malin esprit : *il y a un malin esprit qui l'obsède.* Dans ce sens, on l'emploie quelquefois, absol., au passif : *cet homme est obsédé.*

* **OBSÈQUES** s. f. pl. (lat. *obsequium*, devoir). Convoi pompeux : *faire les obsèques d'un prince.*

* **OBSÉQUIEUSEMENT** adv. [-kui ; ou -ki-]. D'une manière obséquieuse.

* **OBSÉQUIEUX, EUSE** adj. [-kui- ; ou -ki-] (lat. *obsequiosus*). Qui porte à l'excès le respect, les égards, la complaisance, les attentions : *c'est un homme obséquieux.*

* **OBSÉQUIOSITÉ** s. f. [-kui- ; ou -ki-]. Défaut de l'homme obséquieux; complaisances

et attentions poussées jusqu'à l'excès : *cet homme est d'une obséquiosité insupportable.*

* **OBSERVABLE** adj. (lat. *observabilis*). Didact. Qui peut être observé : *la différence de ces deux quantités n'est pas observable.*

* **OBSERVANCE** s. f. Pratique d'une règle, exécution de ce que prescrit une règle, une loi : *l'observance de la règle dans les maisons religieuses.* — Règle, loi même : *le judaïsme était chargé d'un nombre infini d'observances.* — OBSERVANCES LÉGALES, certaines pratiques ou cérémonies que prescrivait la loi de Moïse : *l'Évangile nous a délivrés du joug des observances légales.* — Communauté religieuse où certaines règles s'observent : *observance relâchée.* — ÉTROITE OBSERVANCE, la partie d'un ordre religieux qui fait profession d'observer la règle plus littéralement que les autres religieux du même ordre : *l'étroite observance de Cîteaux.*

* **OBSERVANTIN** s. m. et adj. Religieux de l'observance de Saint-François : *religieux observantin.* (Voy. FRANCISCAIN.)

* **OBSERVATEUR, TRICE** s. Celui, celle qui accomplit ce que prescrit quelque loi, ou quelque règle. Dans ce sens, il ne s'emploie guère sans épithète : *religieux observateur des commandements de Dieu.* — Qui s'applique à observer les phénomènes de la nature, les événements du monde, les mœurs et les actions des hommes; *observateur attentif, exact.* — Se dit quelquefois par opposition à celui qui agit : *je n'ai pris aucune part à ce qui se faisait, j'étais là comme observateur.* — S'emploie adjectiv. dans la seconde acception : *médecin observateur.*

* **OBSERVATION** s. f. (lat. *observatio*). Action par laquelle on observe ce qui est prescrit par quelque loi, ce que l'on a promis à quelqu'un : *l'observation des commandements de Dieu, des lois.* — Action de considérer avec attention, avec étude des choses physiques ou les choses morales : *l'observation est le premier fondement de toutes les sciences.* — Résultat de l'observation : *il a fait une belle observation.* — AVOIR L'ESPRIT D'OBSERVATION, savoir remarquer les causes et les effets des phénomènes, des événements, des actions des hommes. — Remarque sur des écrits de quelque auteur. En ce sens, il s'emploie ordinairement au pluriel : *observations sur la Rhétorique d'Aristote.* — Réflexion, considération : *je demande à faire une observation.* — ARMÉE, CORPS D'OBSERVATION, armée, corps d'armée dont la destination est d'observer, de surveiller les mouvements d'une armée étrangère. — ÊTRE EN OBSERVATION, SE TENIR EN OBSERVATION, être, se tenir dans un lieu d'où l'on observe, d'où l'on surveille, d'où l'on épie l'arrivée de quelqu'un ou de quelque chose.

* **OBSERVATOIRE** s. m. Edifice destiné aux observations astronomiques : *l'observatoire de Paris, de Greenwich.* — Par ext. Lieu destiné à faire des observations sur toutes les grandes classes des phénomènes naturels. — Les observatoires sont de trois genres : *magnétiques*, pour observer les phénomènes de magnétisme terrestre; *météorologiques*, pour observer les phénomènes des changements atmosphériques; et *astronomiques*, pour l'observation des corps célestes. Dans un observatoire astronomique, il est nécessaire qu'il y ait un support fixe pour les instruments, et qu'on soit à l'abri de toute trépidation et des troubles atmosphériques. Les instruments qui forment la base de l'astronomie exacte sont la lunette méridienne et son horloge pour obtenir et garder le temps vrai; le cercle de transit et le cercle mural pour mesurer les distances méridiennes des étoiles en passant du zénith. Il y a aussi plusieurs autres instruments importants, savoir : le télescope équatorial, que l'on peut diriger vers n'importe quel point

du ciel; l'héliomètre, pour prendre les mesures micrométriques les plus délicates; et le cercle d'altitude et d'azimuth pour déterminer la situation d'une étoile. Tout observatoire bien outillé a aussi une collection d'autres instruments moins importants. La méthode américaine d'enregistrer les observations au moyen de l'électro-magnétisme a amené la construction d'un appareil nouveau et élégant, et a de beaucoup facilité et fécondé les travaux de l'observateur. — La première période de l'astronomie pratique *moderne* commence avec les travaux de Tycho-Brahé dans son château d'Uranienborg, près de Copenhague (1580). Cependant Uranienborg a disparu; à peine en connaît-on l'emplacement. Des grands établissements astronomiques existant aujourd'hui, l'observatoire de Paris est le plus ancien. Il a été bâti en 1667-74, par ordre de Louis XIV. L'observatoire royal de Greenwich commença ses opé-

Observatoire de Greenwich.

rations en 1676, avec Flamsteed pour astronome royal. L'empereur Nicolas bâtit en 1839 un observatoire à Pulkowa, petite ville à 16 kil. S. de Saint-Pétersbourg, avec une magnificence sans précédent. Cet observatoire a coûté environ 2,500,000 fr., et le trésor impérial dépense annuellement 250,000 fr. pour son entretien. Wilhelm Struve, son premier directeur, en a laissé une description complète (Saint-Pétersbourg,1845). L'observatoire de Berlin (vers 1834) a été illustré par les travaux d'Encke. Il y a encore beaucoup d'autres observatoires fameux, soit en Grande-Bretagne, soit sur le continent. De nombreux observatoires particuliers, sur divers points de l'empire britannique, ont enrichi la science de brillantes découvertes. Citons celui qui existe à Parsonstown (Irlande). Lassell, qui son beau réflecteur établi à Liverpool, fut le premier à découvrir un satellite de Neptune. — Le premier télescope dont on se servit aux Etats-Unis pour des études astronomiques fut établi, en 1830, à Yale College. Les observatoires de West-Point et de Washington ne tardèrent pas à être construits. En 1874, ce dernier reçut un réfracteur dont le verre objectif a 26 pouces d'ouverture, ce qui en fait probablement le plus puissant télescope à réfracteur du monde. L'observatoire de Cambridge (vers 1846) est muni d'un des meilleurs équatoriaux du monde. Parmi les observatoires particuliers d'Amérique, celui de Lewis-M. Rutherfowd, de New-York, est le plus célèbre. (Voy. LONGI-TUDE.) — Outre notre observatoire de Paris, qui a été illustré par des directeurs tels que les Cassini, les Arago, les Le Verrier, etc., et qui est aujourd'hui dirigé par l'amiral Mou-

chez, nous avons en France des observatoires très importants, parmi lesquels nous citerons celui de Marseille, dont le directeur, M. Stéphan, s'occupe surtout de la découverte des nébuleuses, des astéroïdes, etc., et des observations géodétiques; ceux de Lyon, de Toulouse, d'Alger et de Nice. — L'observatoire solaire de Meudon est dirigé par M. Janssen, qui s'est engagé particulièrement dans des observations photographiques et spectroscopiques du soleil. (Voy. SOLEIL.) — Adm. « Les observatoires astronomiques et météorologiques qui existent en France sont presque tous entretenus par l'Etat; quelques-uns le sont avec le concours des départements et des communes. Celui de Paris a été construit sous Louis XIV, de 1664 à 1672. Il a été réorganisé en dernier lieu par un décret du 21 fév. 1878. Les principaux observatoires de l'Etat sont, après celui de Paris, ceux de Marseille, de Toulouse, d'Alger, de Besançon, de Lyon, de Bordeaux et de Nice. Des observatoires de météorologie sont installés sur le puy de Dôme, sur le pic du Midi, etc. L'observatoire central de météorologie et de physique du globe, établi à Paris dans le parc de Montsouris, a été fondé par décret du 15 juin 1872. Une loi du 18 avril 1879 a affecté une partie du domaine de Meudon (Seine) à la fondation d'un observatoire d'astronomie. Il existe, à l'observatoire de Paris, *un bureau central météorologique* dont nous avons déjà fait connaître le fonctionnement. (Voy. BUREAU.) Enfin, en exécution d'un arrêté ministériel du 24 nov. 1881, on a ouvert à Paris, dans le palais du Trocadéro, un *observatoire populaire* destiné à la vulgarisation de la science astronomique, et dans lequel sont admis le soir, à certains jours, les élèves des lycées, ceux des écoles primaires, ainsi que les personnes qui en ont fait la demande au directeur. »
(CH. V.)

* **OBSERVER** v. a. (lat. *observare*). Accomplir, suivre ce qui est prescrit par quelque loi, par quelque règle : *observer les commandements de Dieu*. — Prov. et fig. OBSERVER LES LONGUES ET LES BRÈVES, être très cérémonieux, être extrêmement exact dans les plus petites choses. On dit aussi, OBSERVER LES POINTS ET LES VIRGULES. — Manège. CE CHEVAL OBSERVE PARFAITEMENT LES HANCHES, SA LIGNE, etc. — Regarder, considérer avec application, avec étude, les choses physiques ou les choses morales : *observer le cours des astres, le changement du temps, le vol des oiseaux.*

Vous veniez de mon front observer la pâleur
Pour aller dans ses bras rire de ma douleur.
J. RACINE. *La Thébaïde*, acte IV, sc. v.

— Absol. *Observer avec de bons instruments.* — Remarquer, faire attention : *j'ai observé qu'il n'adressait la parole qu'à vous.* — Epier, remarquer les actions, les discours, les gestes d'une personne : *on a mis autour de lui des gens qui l'observent.* — S'observer v. pr. Etre fort circonspect dans ses actions, dans ses paroles : *c'est un homme qui s'observe beaucoup, qui s'observe fort.* — Se regarder l'un l'autre avec attention : *ces deux champions, avant d'en venir aux mains, s'observent, se mesurent des yeux.*

* **OBSESSION** s. f. (rad. *obséder*). Etat des personnes qu'on croit obsédées du malin esprit : *les accidents extraordinaires qu'on remarquait en lui firent croire qu'il y avait de l'obsession du démon, de l'obsession.* — Action de celui qui obsède quelqu'un, qui est tellement assidu auprès de lui, que d'autres personnes ne peuvent en approcher : *il ne le quitte point, on n'a jamais vu une pareille obsession.* — Etat de celui qui est obsédé : *cet homme, avec ses visites continuelles, me tient en obsession.*

* **OBSIDIANE** ou **Obsidienne** s. f. (lat. *obsidianus*). Pierre noire, qui est un verre volca-

nique, et qui prend un très beau poli : *les anciens employaient l'obsidiane à faire des miroirs.* — ENCYCL. On appelle *obsidiane* et *pierre ponce* deux modifications de la lave feldspathique ou trachytique : l'obsidiane est vitreuse, tandis que la pierre ponce est une masse poreuse, fibreuse ou tuméfiée. Les différentes conditions auxquelles la lave est soumise sont la cause de la différence des deux minéraux. L'obsidienne est produite principalement par l'action de la chaleur, tandis que la pierre ponce est le résultat de divers agents extérieurs, et surtout de la vapeur d'eau et d'une certaine température pendant que la lave est à l'état liquide. Les anciens employaient l'obsidienne pour faire des miroirs et des ornements. Les Mexicains primitifs en fabriquaient des instruments tranchants. La pierre ponce s'emploie pour polir les objets. On la tire surtout de Campo Bianco, une des îles Lipari, qui en contient une colline de près de 1,000 pieds de haut.

* **OBSIDIONAL, ALE** adj. (rad. lat. *obsidium*, siège). Qui concerne les sièges. N'est guère usité que dans ces deux locutions : COURONNE OBSIDIONALE, couronne d'herbes que les Romains donnaient à celui qui avait fait lever le siège d'une ville ; et, MONNAIE OBSIDIONALE, monnaie qu'on frappe dans une place assiégée, pour suppléer au défaut ou à la rareté du numéraire, et à laquelle on donne ordinairement cours, durant le siège, pour une valeur beaucoup plus forte que sa valeur intrinsèque : *on a employé le cuir à faire des monnaies obsidionales.*

* **OBSOLÈTE** adj. (lat. *obsoletus*). Néol. Qui est hors d'usage : *terme obsolète.*

* **OBSTACLE** s. m. (lat. *obstaculum*). Empêchement, opposition, ce qui empêche qu'une personne n'arrive à son but, ne parvienne à ses fins, qu'une chose ne se fasse, ne réussisse : *lever tout obstacle.*

Va voir si leur fureur n'a point trouvé d'obstacle.
J. RACINE. *La Thébaïde*, acte III, sc. vI.

OBSTANT, ANTE adj. (lat. *obstans*, qui s'oppose). Qui fait obstacle : *raison obstante.*

* **OBSTÉTRICAL, ALE, AUX** adj. (rad. lat. *obstetrix*, sage-femme). Méd. Qui a rapport aux accouchements.

* **OBSTÉTRIQUE** s. f. (lat. *obstetrix*, accoucheuse). Méd. Art des accouchements.

* **OBSTINATION** s. f. (rad. lat. *obstinare*, s'entêter). Entêtement, opiniâtreté : *ridicule, étrange obstination.*

* **OBSTINÉ, ÉE** part. passé de OBSTINER. — Adj. Qui s'obstine : *un enfant obstiné; plaideur obstiné.* — Qu'on ne peut faire cesser : *rhume obstiné.*

Nous avons l'un et l'autre une haine obstinée.
J. RACINE. *La Thébaïde*, acte IV, sc. Iᵉʳ.

— Substantiv. *Les obstinés sont bien à charge.*

* **OBSTINÉMENT** adv. Avec obstination : *soutenir obstinément un mensonge.*

* **OBSTINER** v. a. (lat. *obstinare*, s'obstiner). Rendre opiniâtre, faire qu'une personne mette de l'obstination à quelque chose : *si vous ne cessez de lui parler, vous l'obstinerez davantage.* (Fam.) — S'obstiner v. pr. S'opiniâtrer, s'attacher opiniâtrement à quelque chose : *plus on le prie, plus il s'obstine.*

En cet âpre courroux, quoi qu'elle en puisse dire,
Ne s'obstinera point au refus d'un empire.
J. RACINE. *Alexandre*, acte III, sc. III.

OBSTRUANT, ANTE adj. (lat. *obstruans*). Qui obstrue.

* **OBSTRUCTIF, IVE** adj. Méd. Qui cause obstruction : *aliment obstructif.*

* **OBSTRUCTION** s. f. [ob-struk-si-on] (lat. *obstructio*). Méd. Engorgement, embarras qui se forme dans les vaisseaux par lesquels les

liqueurs se portent dans tout le corps de l'animal, et qui en arrête le passage, ou le rend moins libre: *le quinquina occasionne des obstructions, s'il est donné mal à propos.* — ◦ Par ext. Empêchement de la circulation des personnes dans les rues; de la circulation des eaux dans les conduits, etc.

OBSTRUCTIONNISME s. m. Acte de l'obstructionniste. — Polit. Action de faire traîner en longueur les discussions parlementaires.

OBSTRUCTIONISTE s. Personne qui dans une réunion politique emploie tous les moyens pour faire traîner une discussion en longueur. — Adjectiv.: *manœuvres obstructionnistes.*

* **OBSTRUER** v. a. (lat. *obstruare*). Interposer un obstacle: *vous obstruez le passage.* — Former, causer une obstruction, un engorgement: *cela peut obstruer les vaisseaux.* — ◦ S'obstruer v. pr. Se boucher.

OBSUBULÉ, ÉE adj. (préf. *ob*; fr. *subulé*). Bot. Qui va s'épaississant peu à peu de la base au sommet.

OBSUTURAL, ALE adj. (préf. *ob*; fr. *suture*). Bot. Qui est directement appliqué contre les sutures.

OBTEMPÉRATION s. f. . (lat. *obtemperatio*; de *obtemperare*, obéir). Action d'obtempérer.

* **OBTEMPÉRER** v. n. [ob-tan-] (lat. *obtemperare*, obéir). Obéir: *obtempérer à un ordre, à un commandement.*

OBTENEUR s. m. Celui qui obtient: *obteneur de places.*

* **OBTENIR** v. a. (lat. *obtinere*). Parvenir à se faire accorder ce qu'on demande: *j'ai obtenu de lui qu'il demeurerait encore trois jours avec nous.* — Obtenir un arrêt, parvenir à avoir un arrêt qu'on poursuivait. Obtenir ses fins et conclusions, obtenir en justice ce qu'on demande par sa requête, par ses conclusions. — Chim. Parvenir à un effet, à un résultat: *par ce procédé chimique, j'ai obtenu tel résidu.* — ◦ S'obtenir v. pr. Pouvoir être obtenu: *cette place ne s'obtient pas facilement.*

* **OBTENTION** s. f. [ob-tan-si-on] (lat. *obtentio*). Impétration, action d'obtenir. Ne se dit guère qu'en style de Chancellerie et de Palais: *l'obtention d'un privilège, d'un arrêt, d'une grâce.*

* **OBTURATEUR** s. m. Pièce, appareil destiné à empêcher la fuite d'un gaz, d'un liquide. — Chir. Plaque d'or ou d'argent, destinée à boucher un trou contre nature à la voûte du palais, aux os du crâne, etc. — Chim. Plaque de verre que l'on met sous les cloches remplies de gaz ou de liquide, pour les boucher, et pour pouvoir les transporter d'un lieu à un autre. — Photogr. Couvercle de cuivre qui ferme le tube de l'objectif.

* **OBTURATEUR, TRICE** adj. Chir. Se dit de certaines parties destinées à boucher le trou ovale de l'os des îles: *muscle, nerf, ligament obturateur.*

* **OBTURATION** s. f. Chir. Manière dont on bouche les trous qui se font, contre l'ordre naturel, à la voûte du palais, aux os du crâne, les cavités qui proviennent de la carie des dents.

OBTURER v. a. (lat. *obturare*). Boucher par l'introduction ou l'application d'un corps.

* **OBTUS, USE** adj. [ob-tû] (lat. *obtusus*). Géom. Se dit d'un angle plus grand, plus ouvert qu'un angle droit: *angle obtus.* — Fig. Esprit obtus, esprit peu pénétrant, qui a de la peine à concevoir: *cet homme a l'esprit obtus.* — Sens obtus, sens dont les perceptions manquent de vivacité, de netteté: *dans la vieillesse, les sens deviennent obtus.* — Hist.

nat. Se dit aussi de ce qui est comme écrasé, arrondi, émoussé, au lieu d'être anguleux ou pointu: *les feuilles de cette plante sont obtuses.*

* **OBTUSANGLE** adj. [o-btu-zan-gle]. Géom. Se dit principalement d'un triangle qui a un angle obtus: *triangle obtusangle.*

OBTUSEMENT adv. [-ze-mann] D'une manière obtuse.

* **OBUS** s. m. [ô-buzz] (esp. *obuz*). Artill. Projectile creux, cylindrique, éclatant par percussion, et que l'on lança d'abord au moyen d'un obusier, mais que l'on projette plus ordinairement aujourd'hui à l'aide d'un canon rayé. Les obus se meuvent la pointe en avant; et comme celle-ci est munie d'une fusée à percussion, le projectile éclate dès que le but est touché. Les obus ont été très employés pendant la dernière guerre entre la France et l'Allemagne. Ceux que les Prussiens lancèrent sur Paris à l'aide de leurs canons Krupp étaient cylindriques et recouverts de lamelles de plomb. Ces lamelles, en se modelant exactement sur la rainure des pièces, fermaient toute issue aux gaz pendant l'explosion de la charge. Dès que leur pointe rencontrait un corps dur, la fusée mettait le feu à la poudre contenue à l'intérieur et le projectile éclatait en plusieurs morceaux qui se répandaient dans tous les sens à une très grande distance. Le système d'obus cylindrique ou cylindro-ogival est aujourd'hui adopté dans toutes les armées.

* **OBUSIER** s. m. [ô-bu-zié]. Artill. Bouche à feu dont on se sert pour lancer les anciens obus ou petites bombes: *un obusier de 24.*

* **OBVENIR** v. n. (préf. *ob*; fr. *venir*). Jurispr. Revenir à l'État par succession ou autrement.

* **OBVENTION** s. f. Droit can. Impôt ecclésiastique.

OBVERS s. m. [ob-vèr] (lat. *obversus*). Numism. Côté d'une médaille qui correspond à ce que l'on appelle la *face* dans les monnaies. On dit plus ordinairement Avers.

OBVIABLE adj. À quoi l'on peut obvier.

* **OBVIER** v. n. (lat. *obviare*). Prendre les précautions, les mesures nécessaires pour prévenir, pour empêcher un mal, un accident fâcheux: *on ne saurait obvier à tous les inconvénients.*

OBVOLUTIF, IVE adj. (préf. *ob*; lat. *volutus*, roulé). Bot. Qui est enroulé sur une autre partie: *feuille obvolutive.*

OC, préfixe. Voy. Os.

* **OC** [ok], particule qui signifiait *oui* dans le dialecte roman du sud de la Loire. — Langue d'oc, langue que parlaient en France, dans le moyen âge les peuples situés au sud de la Loire.

* **OCA** s. m. Sorte de racine longue dont on fait une espèce de pâte appelée Cavi, qui tient lieu de pain dans quelques contrées de l'Amérique du Sud.

OCAÑA [o-ka-nia], ville de la province et à 36 kil. É.-N.-É. de Tolède (Espagne), à 40 kil. S.-S.-É. de Madrid, 6,000 hab. Victoire des Français, commandés par Mortier et par Soult, sur les troupes espagnoles (19 nov. 1809).

OCCAM ou **Ockham** (William of) [o'-kamm], philosophe scolastique anglais, né vers 1270, mort en 1347. Il était prébendier de Bedford et de Stowe, et en 1319 se fit moine franciscain. Élève et adversaire de Duns Scot, il enseigna la philosophie à Paris avec un tel succès qu'il acquit le surnom de « docteur invincible »; il s'opposa énergiquement aux prétentions de souveraineté des papes sur les princes séculiers. En 1322, il fut nommé provincial des franciscains d'Angleterre. Sommé en 1327, par le pape Jean XXII, de comparaître

devant la cour d'Avignon, il s'enfuit à la cour de l'empereur Louis de Bavière, où il resta jusqu'à sa mort. Il fut dans son temps le champion des nominaux contre les réalistes. Il a laissé de nombreux écrits philosophiques et théologiques.

* **OCCASE** adj. f. (lat. *occasus*, coucher du soleil. Astron. Ne s'emploie que dans cette expression. Amplitude occase, l'arc de l'horizon compris entre le point où se couche un astre, et l'occident vrai, qui est l'intersection de l'horizon et de l'équateur. (Voy. Ortive.)

* **OCCASION** s. f. (lat. *occasio*; de *occidere*, advenir). Rencontre, conjoncture de temps, de lieux, d'affaires, convenable pour quelque chose: *je lui ferai plaisir dans l'occasion, quand l'occasion s'en présentera.* — A l'occasion, au moment favorable: *à l'occasion, il saura se montrer.* A la première occasion, au premier moment favorable. — L'occasion fait le larron, souvent l'occasion fait faire des choses auxquelles on n'aurait pas songé. — Les anciens représentaient l'Occasion sous la figure d'une femme qui a un toupet de cheveux au-dessus du front, et qui est chauve par derrière; de là viennent ces manières de parler proverbiales et figurées: Il faut prendre l'occasion aux cheveux, au toupet, dès que l'occasion se présente, il faut la saisir et en profiter; L'occasion est chauve, elle est difficile à saisir, on n'a qu'un moment pour la saisir. — Combat et rencontre de guerre: *une occasion bien chaude.* En ce sens, il a vieilli. — Sujet, ce qui donne lieu à quelque chose: *cela est arrivé à l'occasion de la guerre.* — Occasions prochaines de péché, ou simpl., Occasions prochaines, celles qui sont présentes, ou qui peuvent porter facilement au péché. — D'occasion loc. adv. Par occasion. Se dit en parlant de choses que l'on achète à bon marché, soit parce qu'elles ont déjà servi, soit parce que le marchand est pressé de s'en défaire, etc.: *j'ai acheté, j'ai eu ce livre d'occasion, il m'aurait coûté plus cher chez le libraire.* On dit dans un sens analogue: *marchandise d'occasion, meuble d'occasion.*

OCCASIONNALISME s. m. Système des causes occasionnelles.

* **OCCASIONNEL, ELLE** adj. Didact. Qui occasionne, qui sert d'occasion. — Causes occasionnelles, se disait dans la philosophie cartésienne, des causes secondes qui ne produisent pas réellement un effet, mais qui donnent à une cause immédiate l'occasion de le produire: *le système des causes occasionnelles.*

* **OCCASIONNELLEMENT** adj. Par occasion.

* **OCCASIONNER** v. a. Donner lieu à, être cause de: *cela occasionnera bien des malheurs, bien des troubles.*

* **OCCIDENT** s. m. [ok-si-dan] (lat. *occidens*; de *occidere*, se coucher). Celui des quatre points cardinaux qui est du côté où le soleil se couche: *l'occident est opposé à l'orient.* — Particul. Partie de notre hémisphère qui est au couchant par rapport aux Orientaux: *les régions, l'empire, l'Église d'Occident.* — Empire d'Occident, nom donné à la partie occidentale de l'empire romain, lorsque cet empire fut divisé en deux parties, à la mort de Théodose le Grand (395 av. J.-C.). Déjà l'empire romain avait été partagé par Dioclétien en 296, mais avait été réuni sous Constance en 340. Il fut divisé de nouveau en empire d'Orient et empire d'Occident entre Valentinien Ier et Valens (364). Théodose, devenu seul empereur, fit une nouvelle division par son testament, et donna l'Orient à son fils Arcadius (Voy. Orient.) L'empire d'Occident, qu'il légua à son fils Honorius, alors âgé de 11 ans, comprenait l'Italie, les îles de la Méditerranée occidentale, la province d'Afrique, la Mauritanie, la Gaule, l'Espagne, la Bretagne

(Angleterre), la Rhætie, la Norique, la Pannonie et la Dalmatie. Le tuteur d'Honorius fut Stilicon, qui battit les Visigoths commandés par Alaric, en 403, et repoussa les hordes de Radagaise, en 405. Deux ans plus tard, il réprima une insurrection qui était née en Bretagne (Angleterre), et qui s'était répandue dans la Gaule et en Espagne. En 408, Alaric traversa tout à coup les Alpes et le Pô, ravagea tout le N. de l'Italie et vint camper sous les murs de Rome. Il ne leva le siège de cette ville qu'après avoir reçu un large tribut; mais il revint en 409, prit Rome et porta au trône Attale, préfet de cette ville, qui, à son tour, le nomma grand maître de l'empire. Presque toute l'Italie se soumit; et Honorius était sur le point de se sauver auprès de son neveu Théodose II. lorsque 4,000 vétérans débarquèrent à Ravenne, sa capitale. Les troupes d'Attale furent battues en Afrique, et Alaric, qui avait repris Rome le 10 août 410, mourut soudainement pendant qu'il se disposait à se rendre en Sicile. Jovin, s'étant fait proclamer empereur dans la Gaule, marcha sur le Rhône avec une grande armée de barbares, et Constance, général d'Honorius, abandonna la Gaule, sans avoir livré une seule bataille. Mais Jovin fut ensuite vaincu et tué par Ataulphe, beau-frère d'Alaric, qui fut lui-même contraint de s'enfuir en se retirer en Espagne, où il fut assassiné en 415. Wallia, son successeur, fut reconnu comme roi dans le S.-O. de la Gaule. A la mort d'Honorius (423), le trône fut usurpé par son principal secrétaire Jean, qui le conserva jusqu'en 425. A cette époque, Valentinien III, fils de Constance, et âgé seulement de 6 ans, reçut la pourpre impériale. Sa mère, Placidie, fille de Théodose le Grand, devint la véritable souveraine. Les villes et les provinces excentriques se détachèrent peu à peu de l'empire. En 451, Attila, roi des Huns, entra dans les Gaules et fut écrasé par Aétius dans la bataille qui se livra dans les plaines de Châlons. Valentinien, assassiné en 455, eut pour successeur Petrone-Maxime, qui força Eudoxie, veuve de son prédécesseur à devenir son épouse, bien qu'il lui eût fait connaître la part qu'il avait prise au meurtre de Valentinien. Cette princesse implora secrètement le secours de Genséric, roi des Vandales. Le roi barbare et son armée débarquèrent à l'embouchure du Tibre, et Maxime fut tué par la populace romaine après trois mois de règne. Trois jours plus tard, les Vandales marchèrent sur Rome, et la livrèrent au pillage pendant 14 jours et 14 nuits. Un illustre citoyen romain, Avitius, monta sur le trône, mais il fut presque aussitôt renversé par le comte Ricimer, l'un des chefs des troupes barbares au service de l'empire. En 457, Ricimer consentit à l'avènement de Majorien, le plus habile et le meilleur des derniers empereurs romains. Ce prince réduisit la Gaule à l'obéissance, battit le Visigoth Théodoric et le força à devenir son allié. Il entreprit de rattacher l'Afrique à l'empire, mais une trahison permit à Genséric de détruire l'immense flotte de Majorien dans la baie de Carthage. Ricimer persuada aux soldats de se révolter, et Majorien abdiqua le 2 août 461. Cinq jours plus tard, il mourut ou fut mis à mort; et le sénat romain conféra que comme terme impérial à Libius Severus. Le règne de ce dernier prince est très obscur. Le gouvernement resta entre les mains de Ricimer qui, après avoir empoisonné l'empereur en 465, ne lui donna pas de successeur. Les Vandales continuèrent leurs déprédations sur les côtes d'Italie, et Ricimer sollicita humblement l'assistance de Léon, empereur d'Orient. Ce monarque plaça sur le trône d'Occident, en 467, l'un de ses sujets les plus distingués, Anthème; ce nouvel empereur fut renversé par Ricimer en 472 et remplacé par Olybrius. Ricimer mourut peu après. laissant le commandement de

l'armée à son neveu Gondébauld, prince des Bourguignons. La mort d'Olybrius arriva le 23 octobre. Gondébauld persuada à un obscur soldat nommé Glycerius d'accepter le fantôme de souveraineté, et ce nouvel empereur fut élevé au trône en mars 473, à Ravenne. Son titre ne fut pas reconnu par l'empereur d'Orient, qui conféra la dignité impériale à Julius Nepos. Ce dernier marcha contre Glycerius et le renversa. En 475, Oreste, général des confédérés barbares déposa Nepos et mit à sa place son propre fils, Romulus Augustule, qui fut le dernier empereur. Romulus fut renversé en 476 par Odoacre, chef des barbares, et le vainqueur, déterminé à détruire le nom aussi bien que la puissance de l'empereur d'Occident, prit le titre de roi d'Italie. (Voy. ODOACRE.)

EMPEREURS D'OCCIDENT

364. Valentinien Ier, fils de Gratien.
367. Gratien, fils de Valentinien.
375. Valentinien II, autre fils de Valentinien Ier.
392. Eugène, usurpateur.
394. Théodose le Grand, qui devint seul empereur.
395. Honorius, fils de Théodose.
423. Usurpation de Jean, le secrétaire.
425. Valentinien III, fils de l'impératrice Placidie.
455. Maxime.
455. Marcus-Mæcilius Avitus.
457. Julius-Valérius Majorianus.
461. Libius Severus.
465. Interrègne. Ricimer garde le pouvoir sans prendre le titre d'empereur.
467. Anthème.
472. Flavius-Amicius Olybrius.
473. Glycerius.
474. Julius Nepos.
475. Romulus Augustule.
476. Odoacre.

* **OCCIDENTAL, ALE, AUX** adj. Qui est à l'occident : pays occidental ; peuples occidentaux. — Substantiv. LES OCCIDENTAUX, les Européens.

* **OCCIPITAL, ALE, AUX** adj. (rad. occiput). Anat. Qui appartient à l'occiput : l'os occipital.

OCCIPITO (rad. occiput). Préfixe qui signifie crâne et qui entre dans la formation d'un grand nombre de mots.

* **OCCIPUT** s. m. [ok-si-putt] (préf. ob; lat. caput, tête). Anat. Le derrière de la tête : on lui a fait un cautère au-dessous de l'occiput.

* **OCCIRE** v. a. [ok-si-re]. Tuer. (Vieux.)

* **OCCISEUR** s. m. Tueur. (Vieux.)

* **OCCISION** s. f. Tuerie. (Vieux.)

OCCLURE v. a. [ok-klu-re] (lat. occludere, du préf. oc; et claudere, clore). Clore, en parlant du conduit : le grisou est souvent occlus dans le charbon de terre. — Chir. Soumettre à l'opération de l'occlusion, en parlant des paupières.

* **OCCLUSION** s. f. [ok-klu-]. Fermeture ; ne s'emploie guère que comme terme didactique. — Méd. État des intestins, lorsque la cavité en est bouchée ou rétrécie, oblitérée en quelque endroit. — Chir. Se dit de l'action de fermer les paupières à l'aide de bandelettes de taffetas gommé dans les cas d'ophthalmie. — OCCLUSION INTESTINALE. (Voy. Iléus.)

* **OCCULTANT, ANTE** adj. (rad. occulter). Qui cache. — Bot. Se dit d'une feuille appliquée contre la tige de manière à se dérober aux regards.

* **OCCULTATION** s. f. Astron. Disparition passagère d'une étoile ou d'une planète cachée par la lune : occultation des fixes par la lune.

* **OCCULTE** adj. [o-kul-te] (lat. occultus). Caché : cause occulte ; sciences occultes ; philosophie occulte. N'est guère usité que dans ses sortes de locutions.

OCCULTEMENT adv. D'une manière occulte.

OCCULTER v. a. (lat. occultare, cacher). Astron. Cacher par interposition. — S'occulter v. pr. Être caché.

* **OCCUPANT, ANTE** adj. (rad. occuper). Qui occupe, qui est en possession : nous étions occupants, nous avons été dépossédés. — Se dit aussi d'un avoué qui occupe pour une partie dans un procès : une même personne ne peut avoir sur une même demande deux avoués occupants. — Substantiv. PREMIER OCCUPANT, celui qui s'empare, qui se saisit le premier : le droit du premier occupant est souvent sujet à contestation.

* **OCCUPATION** s. f. Emploi, affaire à laquelle on est occupé : occupation importante. — Fam. et par ext. DONNER DE L'OCCUPATION A QUELQU'UN, lui susciter des affaires, de l'embarras : laissez-moi faire, je lui donnerai bien de l'occupation. — Droit. Habitation : il a été forcé de payer les loyers des lieux, à proportion du temps, car l'occupation qu'il a faite. — Action d'occuper, de s'emparer d'un lieu, d'un bien : l'occupation a précédé la propriété. — Guerre. Action de s'emparer, de se rendre maître d'un pays, d'une place, de prendre possession militairement : on a fortement réclamé contre l'occupation de ces provinces. — ARMÉE D'OCCUPATION, armée destinée à contenir un pays nouvellement conquis ou envahi.

* **OCCUPÉ, ÉE** part. passé de Occuper. — Adj. Qui a de l'occupation : c'est un homme fort occupé.

* **OCCUPER** v. a. (lat. occupare). Tenir, remplir un espace de lieu ou de temps : ce meuble occupe trop de place. — Habiter : il occupe deux chambres dans ma maison. — Se rendre maître, demeurer maître d'un pays, d'une place forte, d'un poste militaire : notre armée a d'abord occupé la plupart des places frontières de l'ennemi. — Jurispr. S'emparer, se saisir, se rendre possesseur d'un bien : il a occupé le premier ce bien abandonné, cette alluvion. — Fig. Remplir, posséder : occuper une place, un emploi. — Donner de l'occupation, employer : il faut occuper les jeunes gens. — Se dit pareillement des choses qui sont l'objet d'un travail du corps ou d'une application de l'esprit : son métier l'occupe beaucoup. — v. n. Jurispr. Se dit d'un avoué qui est chargé d'une affaire en justice : c'est tel avoué qui occupe pour moi dans cette cause. — S'occuper v. pr. — Il a deux significations différentes, selon qu'il est suivi de la préposition de ou de la préposition à. — S'OCCUPER DE QUELQUE CHOSE, penser, en avoir la tête remplie, chercher les moyens d'y réussir : il s'occupe beaucoup de ses affaires. — S'OCCUPER A QUELQUE CHOSE, travailler : il s'occupe à son jardin. — Absol. AIMER A S'OCCUPER, aimer le travail.

> Beautés, si vous voulez conserver votre cœur,
> Il faut que votre esprit s'occupe.
> Ch. PERRAULT. L'Adroite Princesse.

* **OCCURRENCE** s. f. [o-kur-ran-se] (lat. occurrentia; de occurrere, rencontrer). Rencontre, événement fortuit, occasion : favorable occurrence.

* **OCCURRENT, ENTE** adj. [-kur-ran]. Se dit des choses, des circonstances qui surviennent : il faut se gouverner selon les cas occurrents. (Peu us.)

* **OCÉAN** s. m. (lat. oceanus). Vaste étendue d'eau salée qui baigne toutes les parties de la terre : le vaste Océan. — Quelques-unes des grandes portions de l'Océan : l'Océan Atlantique, ou absol. L'Océan. — Fig. Une grande quantité, une grande étendue : un océan de lumière. — ENCYL. Les océans couvrent plus des trois cinquièmes de toute la surface du globe. La configuration des terres qui s'élèvent au-dessus de leur surface les sépare en divisions connues sous des noms particuliers, tels que, l'océan Atlantique, le Pacifique, l'océan Indien, l'océan Arctique et Antarctique, qui font l'objet

d'articles à part; les deux derniers cependant sont réunis dans l'article sur les Mers Polaires. L'océan Antarctique n'est séparé des océans adjacents que par la ligne imaginaire du cercle Antarctique. Toutes ces masses d'eau sont réunies en un seul grand système, et se maintiennent de composition presque uniforme, malgré les causes nombreuses de variations locales, dont les grands courants constituent la plus importante. Quelques-uns de ces courants s'étendent sur une large partie des océans auxquels ils appartiennent, et ils sont, à part quelques variations légères, en mouvement constant dans le grand système de la circulation des eaux. Un des caractères principaux de l'eau de l'océan est sa salure. Elle est due à différentes matières salines, parmi lesquelles sont en première ligne les chlorures, principalement le chlorure de sodium ou sel commun. Il y a aussi des sulfates, des carbonates, des iodures et des bromures; et l'ensemble de ces matières salines forme environ 1/30 du poids de l'eau qui les tient en dissolution. *Le professeur Henry Wurtz a mis en avant dans le* American Journal of Mining, en 1868, l'idée que l'on pourrait chercher de l'or dans l'eau de mer; et, depuis, Soustadt en a trouvé un peu moins d'un grain par tonne d'eau, tenu en dissolution dans l'iodure de calcium. L'argent déposé sur les vieux doublages de cuivre des navires a été extrait en quantités suffisantes pour que cette opération donnât des bénéfices, et l'on a calculé que l'ensemble de l'océan contient en dissolution environ 2,000,000 de tonnes d'argent. La profondeur de l'océan a été grandement exagérée. Sa superficie peut être évaluée à environ 375 millions de kil. carr. — La comparaison des derniers sondages maritimes a produit les résultats suivants : 1° l'eau du Pacifique septentrional est plus froide que celle de l'Atlantique; 2° l'eau du Pacifique méridional est, jusqu'à 1,400 m., un peu plus chaude que celle de l'Atlantique ; mais plus bas elle devient plus froide; 3° les températures sont généralement au fond du Pacifique que celles de l'Atlantique aux mêmes profondeurs et sous les mêmes latitudes. Mais nulle part dans le Pacifique, on ne trouve au fond des mers températures aussi basses que dans la portion antarctique de l'Atlantique du Sud, où le thermomètre descend de —3° C. à — 6°; 4° dans les parties occidentales du Pacifique et les parties voisines de l'Archipel des Indes orientales, la température de l'eau atteint son minimum à des profondeurs de 600 m. à 2,995 m. et elle reste la même depuis cette dernière profondeur jusqu'au fond de la mer. — Océan Indien, le troisième en étendue des océans du monde. Il est borné au N. par l'Asie, au N.-E. par la péninsule Malaise et les îles de la Sonde, à l'E. par l'Australie et par le méridien du cap Leeuwen sur la côte S.-E. de ce continent, au S. par le cercle antarctique, à l'O. par l'Afrique et par le méridien du cap de Bonne-Espérance. La terre N. est profondément découpée par la péninsule de l'Inde, formant deux larges baies, la mer d'Arabie et la baie du Bengale. Deux mers intérieures sont en communication avec cet océan : la mer Rouge et le golfe Persique. Il n'est pas riche en îles ; deux seulement sont d'une étendue considérable, Ceylan et Madagascar. Les plus petites forment des archipels. Il y a aussi quelques îles tropicales ont une formation coralienne, quelques-unes sont volcaniques et une barrière de récifs. La côte asiatique renferme moins de récifs, mais elle a quelques barrières de récifs sur les côtes de Ceylan et de Madagascar, de l'Afrique et sur les côtes de la mer Rouge. La seule rivière africaine importante qui se jette dans cet océan est le Zambèse. L'Asie lui envoie l'Euphrate,

le Tigre, l'Indus, le Gange, le Brahmapoutre et l'Irrawaddy. La profondeur de la mer est plus grande près des côtes S. de l'Asie. Vis-à-vis du fleuve Hoogly, dans la baie de Bengale, il y a une dépression soudaine et profonde dans le lit de l'océan: c'est ce que l'on appelle le puits sans fond.

*OCÉANE adj. f. Ne s'emploie que dans cette locution, qui vieillit, LA MER OCÉANE, l'Océan.

*OCÉANIDE s. f. Mythol. Chacune des nymphes des mers, filles de l'Océan.

OCÉANIE, nom appliqué par les géographes français à une cinquième division du globe, comprenant l'Australie et presque toutes les îles qui sont entre l'océan Indien et la mer de la Chine à l'O., et le continent américain à l'E. On la subdivise en Malaisie, Australie et Polynésie. Certains géographes donnent le nom de Micronésie à la division septentrionale de la Polynésie, et de Mélanésie à la division nord-est ou à l'Australie tout entière.

OCÉANIEN, IENNE s. et adj. Qui habite l'Océan; qui concerne l'Océan.

*OCÉANIQUE adj. Didact. Qui appartient à l'Océan : *courants océaniques*.

OCEANUS [o-cé-a-nuss]. Mythol. Le dieu de l'eau (le fleuve Océan), que l'on supposait entourer la terre. Suivant Hésiode, il était fils d'Uranus et de Gœa. Il avait eu, disait-on, de Thétis 3,000 filles (les Océanides) et autant de fils.

OCELLAIRE adj. [-sèl-lè-] (rad. *ocelle*). Zool. Qui porte sur le corps de petites taches en forme d'yeux.

OCELLATION s. f. [o-sèl-la-si-on]. Zool. Figure d'un œil sur le corps, sur les ailes, les plumes de certains animaux.

OCELLE s. m. [o-sè-le] (lat. *ocellus*, dimin. de *oculus*, œil). Zool. Tache arrondie dont le centre est d'une autre couleur que la circonférence, ce qui la fait ressembler à la prunelle de l'œil. — Entom. Nom donné par quelques auteurs aux yeux des insectes.

OCELLÉ, ÉE adj. [o-sèl-lé]. Zool. Qui est marqué de taches rondes en forme d'yeux.

OCELLUS LUCANUS [o-cèl-luss lu-ka-nuss], philosophe pythagoricien grec de l'Italie méridionale, probablement du vᵉ siècle av. J.-C. On lui attribue des ouvrages sur la Loi, sur la Règle et la Piété royales, sur la Nature du Tout (l'ensemble des choses). Il ne reste que le dernier de ces ouvrages (Leipzig, 1804, in-8°) ; trad. franç. de Batteux (Paris, 1768, in-8°).

OCELOT s. m. [o-se-lo] (rad. *ocelle*). Mamm. Groupe de félins de taille moyenne, appartenant à l'Amérique. L'*ocelot commun* (*felis pardalis*, Linn.), a environ 1 m. de long jusqu'à l'origine de la queue, qui mesure en-

Margay (Felis tigrina).

viron 40 centim.; sa couleur générale est grisâtre, avec de larges taches fauves bordées de noir, disposées en bandes obliques sur les flancs. On le trouve au Brésil, à la Guyane,

au Mexique et dans la partie sud-ouest des États-Unis. Au Texas et dans le Mexique, on l'appelle léopard et chat-tigre. Il a des habitudes plutôt nocturnes, et grimpe aux arbres à la poursuite des oiseaux et des petits animaux. Il est actif, robuste, s'apprivoise aisément, et est, en captivité, doux et joueur, à moins qu'on ne le nourrisse exclusivement de viande crue. Sa petite taille fait qu'il est peu redoutable pour le berger ; mais, en raison de la beauté et de la valeur de sa peau, on le tue chaque fois que l'occasion s'en présente. Une espèce voisine, de l'Amérique du Sud, est le *margay* (*felis tigrina*, Linn.) ; qui mesure 45 centim. de long, sans compter la queue, longue de 22 centim. ; sa couleur est d'un jaune basané, avec des lignes et des bandes noires sur la tête, le cou et la gorge.

OCHINO (Bernardino) ou OCHIN, moine apostat, né à Sienne en 1487, mort en Moravie en 1564. Après avoir prononcé ses vœux dans l'ordre des Capucins, il embrassa la réforme, se maria, se fit chasser d'Angleterre, de Suisse et de Pologne et mourut de la peste. Il a laissé : *Sermons* (Vienne, 1543, 4 vol.); *Cent apologues contre les abus et les erreurs de la synagogue papale, de ses prêtres, moines*, etc. (Genève, 1554), etc.

*OCHLOCRATIE s. f. [o-klo-kra-sî] (gr. *oklos*, foule; *kratos*, puissance). Sorte de gouvernement où le pouvoir est dans les mains de la multitude turbulente, du bas peuple : *l'ochlocratie est l'abus du gouvernement démocratique*.

OCHLOCRATIQUE adj. Qui appartient à l'ochlocratie.

OCHOSIAS [o-ko-zi-ass]. I, roi d'Israël (897-885 av. J.-C.), fils d'Achab, suivit les conseils de sa mère Jésabel; perdit Moab, par suite d'une révolte, et la vie par suite de l'effondrement de son palais. — II, roi de Juda, (885-4), nommé aussi *Azarias* ; il régna sous le contrôle de sa mère Athalie, et périt dans un combat contre Jéhu.

OCHRACÉ, ÉE adj. [o-kra-sé] (gr. *okros*, jaune). Hist. nat. Qui est d'un jaune pâle.

OCHRÉA s. m. [o-kré-a] (lat. *ocrea*, gaîne). Bot. Sorte de gaîne qui, dans certaines plantes, entoure une partie plus ou moins longue de la tige ou du rameau, au-dessus du point d'insertion du pétiole.

OCIEUX, EUSE adj. (lat. *otiosus*; de *otium*, repos). Oisif. Vie OCIEUSE, vie passée dans l'oisiveté.

OCKHAM. Voy. OCCAM.

OCKLEY (Simon) [ok'-lè], orientaliste anglais, né en 1678, mort en 1720. Il était ministre protestant, et professeur d'arabe à Cambridge. Son ouvrage principal, écrit d'après des manuscrits arabes de la bibliothèque Bodléienne, est une *Histoire des Sarrasins* (1708-18, 2 vol.).

OCMULGEE [ok-moul-ghi], rivière de Géorgie, longue d'environ 320 kil. ; formée de trois branches, le South, le Yellow et l'Ulcofauhachee, lesquelles prennent naissance dans la partie septentrionale de l'état et se réunissent à l'angle méridional du comté de Newton. Elle coule S.-S.-E. et à la fin se courbe au N.-N.-E. et atteint l'Oconee à l'extrémité méridionale du comté de Montgomery, où ils forment l'Altamaha. Elle est navigable, pour les petits bateaux à vapeur d'un faible tirant, jusqu'aux chutes de Macon.

OCONEE [ok-o'-ni], rivière de Géorgie, longue d'environ 400 kil. Elle naît dans le N.-E. de l'état, où coule S.-S.-E. jusqu'à son confluent avec l'Ocmulgee, pour former l'Altamaha. Elle est navigable jusqu'à Milledgeville, sur une longueur de 450 kil.

O'CONNELL (Daniel) [u-koun'-nel], homme

politique irlandais, né en 1775, mort le 15 mai 1847. Il entra au barreau en 1798, et se distingua comme avocat. Il prononça son premier discours politique à Dublin, le 13 janvier 1800, à une réunion de catholiques, pour pétitionner contre l'union législative proposée entre la Grande-Bretagne et l'Irlande. La réunion fut dispersée par la force armée. C'est de ce moment que date sa carrière d'agitateur public; en peu d'années, il devint le chef reconnu de la réforme politique en Irlande. En 1828, l'agitation de l'émancipation catholique atteignit son plus haut point sous la direction de l'association catholique. En juin, O'Connell fut élu au parlement. En s'avançant pour prendre son siège, il refusa, en qualité de catholique romain, de prêter le serment du test. Sous sa direction, l'agitation de l'Irlande monta à un point tel qu'à la fin les principaux chefs du parti conservateur, sir Robert Peel et le duc de Wellington, se décidèrent à accorder l'émancipation aux catholiques. Le parlement se rassembla le 6 février 1829; les dernières des incapacités civiles, auxquelles les catholiques avaient été si longtemps soumis, furent détruites, et, au mois de mai, O'Connell prit possession de son siège, auquel il avait été plusieurs fois réélu. En 1841, il fut élu lord-maire de Dublin. Il déclara que le rappel de l'union législative entre la Grande-Bretagne et l'Irlande était le seul moyen d'obtenir justice pour ce dernier royaume. En 1842 et 1843, les partisans du rappel tinrent d'immenses meetings. Quelques-unes de ces assemblées ne comptaient pas moins, dit-on, de 500,000 personnes. Le Libérateur, comme on appelait O'Connell alors, y paraissait, prononçant les discours les plus ardents. Le 7 oct. 1843, une proclamation parut, qui déclarait la paix publique mise en danger par ces meetings. Le 14 oct., O'Connell fut arrêté sous l'accusation de conspiration, de sédition et de rassemblement illégal. Il fut jugé, convaincu et condamné à une année de prison et à une amende de 2,000 livres sterling, avec surveillance pendant sept ans. Appel fut porté devant la chambre des lords, et la décision des juges irlandais cassée. Les discussions éclatèrent entre O'Connell et quelques-uns de son parti, qui le raillaient de renoncer à la force comme moyen d'obtenir des réformes politiques; il tomba malade et dut abandonner toute activité politique. Il mourut à Gênes, en allant à Rome. — Voy. Life et Speeches of Daniel O'Connell, par son fils, John O'Connell, membre du parlement (1846), et The Liberator, his Life and Times, par L.-F. Cusack (1872).

O'CONNOR (Arthur) [o-conn'-nor], l'un des chefs de la rébellion irlandaise de 1798, né en 1763, mort au barreau en 1788, et fut élu au parlement irlandais. Il s'affilia aux United Irishmen (Irlandais Unis) et devint un de leurs cinq directeurs. Il fut arrêté deux fois, et jugé une fois pour haute trahison, mais acquitté. Il se retira en France, où Napoléon le fit lieutenant général en 1804, et plus tard général de division. Il a publié plusieurs ouvrages politiques.

O'CONNOR (Feargus-Edward), agitateur anglais, né en Irlande en 1796, mort en 1855. Il fut envoyé au parlement en 1832, mais sa réélection de 1835 ne fut pas ratifiée, et il fut déclaré inhabile à siéger. Il devint alors le chef du parti chartiste, qui le renvoya au parlement en 1847. Il devint fou en 1852.

OCOSINGO [o-ko-sinn-go], ville de l'état de Chiapas (Mexique), à 100 kil. S.-E. de Ciudad Real; 4,000 hab. environ. Dans le voisinage se trouve une série de curieux monuments aborigènes ressemblant beaucoup à ceux de Palenque.

* **OCRE** s. f. (gr. okra, terre jaune). Terre argileuse colorée en jaune, en rouge ou en brun par une certaine quantité de peroxyde de fer : ocre jaune. — L'ocre est un oxyde de fer terreux que l'on a mêlé à l'huile pour l'employer en peinture. A l'état natif, il est mélangé de terre argileuse ou calcaire. On le prépare aussi par la décomposition et l'oxydation des minerais pyriteux. Il s'en produit des dépôts auprès des sources venues des couches rocheuses contenant des pyrites de fer décomposées. Sa couleur varie avec le degré d'oxydation du fer, et la chaleur peut l'amener du jaune au brun et au rouge.

* **OCREUX, EUSE** adj. Qui est de la nature de l'ocre : couche, terre ocreuse.

OCTACORDE adj. (gr. oktô, huit; kordê, corde). Mus. Qui a huit cordes. — s. m. Lyre à huit cordes.

* **OCTAÈDRE** s. m. (gr. oktô, huit; hedron, côté). Géom. Corps solide à huit faces. — Se dit plus particulièrement de l'octaèdre régulier, dont les faces font huit triangles équilatéraux. — On appelle octaèdre une figure

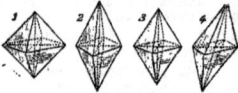

Octaèdres.

solide bornée par huit triangles. Si les triangles sont équilatéraux et égaux en surface, l'octaèdre est dit régulier (fig. 1). Les autres formes sont appelées octaèdre à base carrée droite (fig. 2), octaèdre à base rectangulaire droite (fig. 3) et octaèdre oblique (fig. 4).

OCTAÉDRIFORME adj. (fr. octaèdre, et forme). Qui a l'apparence ou la forme d'un octaèdre.

OCTAÉDRIQUE adj. Qui a rapport à l'octaèdre.

* **OCTAÉTÉRIDE** s. f. (gr. oktô, huit; etos, année). Astron. et Chronol. Espace, durée de huit ans.

OCTANDRE adj. (gr. oktô, huit; anêr, andros, mâle). Bot. Qui a huit étamines ou huit organes mâles.

* **OCTANDRIE** s. f. Bot. Huitième classe du système de Linné, qui renferme les plantes dont les fleurs ont huit étamines. — L'octandrie se divise en quatre ordres caractérisés par le nombre des pistils : 1° monogynie, 1 pistil (capucine, fuchsia, airelle, bruyère, etc.); 2° digynie, 2 pistils (mœaringia, etc.); 3° trigynie, 3 pistils (polygonum, paullinia, etc.); 4° tétragynie, 4 pistils (adoxa, parisette).

OCTANE adj. (gr. oktô, huit). Pathol. Se dit d'une fièvre qui revient tous les huit jours.

* **OCTANT** s. m. (lat. octans, huitième partie). Astron. Instrument ou secteur qui contient la huitième partie du cercle, c'est-à-dire quarante-cinq degrés, et dont on se sert pour mesurer les angles : l'octant sert, en mer, à prendre la hauteur du soleil. (Voy. SEXTANT.) — Distance de quarante-cinq degrés entre deux astres. Ainsi on dit, LA LUNE EST DANS LES OCTANTS, elle est à quarante-cinq degrés du soleil.

* **OCTANTE** adj. num. (rad. lat. octo, huit). Quatre-vingts. (Vieux.)

* **OCTANTIÈME** adj. Nombre ordinal qui répond à l'adjectif numéral Octante. Il est vieux : on dit maintenant, QUATRE-VINGTIÈME.

OCTARQUE s. m. (gr. oktô, huit; arkein, commander). Principal roi de l'heptarchie. Hengist fut le premier octarque (455) et Egbert fut le dernier (800).

* **OCTAVE** s. f. (lat. octavus, huitième). Huitaine, espace de huit jours consacré, dans l'Église romaine, à solenniser quelque grande fête : octave de Pâques, de la Pentecôte. — Particul. Dernier jour de l'octave, qui répond au jour de la fête qu'on célèbre : c'est aujourd'hui l'octave du saint sacrement. — Mus. Ton éloigné d'un autre de huit degrés, les deux extrémités comprises : chanter à l'octave. — Consonnance que font deux tons éloignés l'un de l'autre de huit degrés, les deux extrémités comprises : l'octave est la plus parfaite des consonnances. — Huit degrés pris ensemble : parcourir toute l'octave. — DOUBLE OCTAVE, l'octave de l'octave. — Stances de huit vers, employées dans la poésie italienne, espagnole et portugaise : les poèmes de l'Arioste, du Tasse, du Camoëns, d'Alonzo de Ercilla, etc., sont écrits en octaves.

OCTAVE (lat. Octavius). Voy. AUGUSTE.

OCTAVIA, gens Octavia, célèbre maison plébéienne qui acquit, à Rome, un grand éclat par suite de l'élévation d'un de ses membres, Octave, à l'empire.

OCTAVIE (lat. Octavia), sœur de l'empereur Auguste et femme de Marc-Antoine, née l'an 44 av. J.-C. Elle fut d'abord mariée à Claudius Marcellus, qui mourut en 41; puis elle épousa Antoine pour raffermir davantage l'alliance entre celui-ci et son frère Octave. En 32, Antoine la répudia. Lorsqu'il fut mort cependant, elle éleva les enfants qu'il avait eus de Fulvie et même de Cléopâtre. Octavie était une personne accomplie de tout point, et était unanimement regardée comme supérieure en beauté à Cléopâtre.

OCTAVIEN, Octavianus, nom que prit Octave après son adoption par César.

OCTAVIEN, antipape, connu en cette qualité sous le nom de Victor IV. né à Rome en 1095, mort à Lucques en 1164. Issu de la noble famille des Frascati, il devint cardinal en 1138; mais, son ambition ne connaissant point de bornes, il capta la confiance de Frédéric Ier, fit déposer Alexandre III (1160) et se fit nommer à sa place par le concile de Pavie, Il fut déposé par le concile de Toulouse (1161).

OCTAVIER v. n. Mus. Faire entendre accidentellement l'octave haute d'un son au lieu du son lui-même. — v. a. Jouer à l'octave.

* **OCTAVIN** s. m. Instrument de musique à vent, espèce de petite flûte dont on tire des sons très aigus.

OCTAVINE s. f. Mus. anc. Petite épinette qui n'avait que des sons très élevés.

OCTAVIUS I. (Cneius), consul romain, mort en 162 av. J.-C. Décemvir en 169, préteur en 168, il vainquit Persée, obtint les honneurs du triomphe et parvint au consulat en 165. — II. (Cneius), consul et petit-fils du précédent, mort en 87 av. J.-C. Il fut vaincu et tué par Cinna. — III. (Marcus), général romain, petit-neveu du précédent, mort dans la dernière moitié du premier siècle av. J.-C. Il devint édile curule vers l'an 50; en qualité de lieutenant de Pompée il prit part à la bataille de Thapsus (46) et commanda le centre de la flotte d'Antoine à la bataille d'Actium (31).—IV. (Caïus), général romain, père de l'empereur Auguste, mort à Nôle en 58 av. J.-C. Préteur en 61, il épousa la nièce de Jules César. Proconsul et gouverneur de la Macédoine, il reçut de ses troupes le titre d'imperator et revint en Italie (59 av. J.-C.).

* **OCTAVO.** Voy. IN-OCTAVO.

* **OCTAVON, ONNE** s. Celui, celle qui provient d'un quarteron et d'une blanche, ou d'un blanc et d'une quarteronne.

OCTEVILLE, ch.-l. de cant., arr. et à 3 kil. S.-O. de Cherbourg (Manche); 1,650 hab. Fromages, bestiaux, grains, cidre.

* **OCTIDI** s. m. (lat. octo, huit; dies, jour).

Le huitième jour de la décade dans le calendrier républicain.

* OCTIL adj. m. [ok-til] (lat. *octo*, huit). Astron. Ne s'emploie que dans cette expression peu usitée, Aspect octil, la position de deux planètes qui sont éloignées l'une de l'autre de la huitième partie du zodiaque, ou de quarante-cinq degrés.

OCTILLION s. m. [-li-on]. Arith. Mille septillions.

OCTIPÈDE adj. (lat. *octo*, huit; *pes*, pied). Qui a huit pieds.

* OCTOBRE s. m. (lat. *october*). Huitième mois de l'année de Romulus, le dixième de l'année de Numa. Octobre a conservé son nom primitif, bien que le sénat romain eût ordonné de l'appeler *faustinus*, en l'honneur de Faustine, femme de l'empereur Antonin. Commode le nommait *invictus* et *domitianus*. Le mois d'octobre était consacré au dieu Mars. — JOURNÉE DU 31 OCTOBRE 1870, l'un des épisodes révolutionnaires du siège de Paris. La perte du Bourget, la nouvelle officielle de la capitulation de Metz et le bruit que M. Thiers était arrivé à Paris avec des projets d'armistice soulevèrent la garde nationale qui marcha sur l'hôtel de ville aux cris de : « Vive la Commune! à bas Trochu! » L'hôtel de ville fut envahi ; le gouvernement fut renversé, mais plusieurs bataillons de la garde nationale, restés fidèles, parvinrent à dégager le général Trochu et plusieurs autres membres de la Défense nationale. Deux bataillons de mobiles bretons, pénétrant par le souterrain qui relie l'hôtel de ville à la caserne Napoléon, se rendirent maîtres du siège du gouvernement, et les chefs de l'insurrection firent leur soumission, sans effusion de sang. Le 3 nov., un plébiscite donna 340,000 Oui au gouvernement de la Défense, contre 54,000 Non. A la suite de cette affaire, on arrêta Tibaldi, Vermorel, Vésinier, Félix Pyat, Flourens, Blanqui, etc.

OCTOCÈRE adj. (gr. *oktô*, huit; *keros*, corne). Moll. Qui a huit cornes ou tentacules.

OCTODACTYLE adj. (gr. *oktô*, huit; *daktulos*, doigt). Qui a huit doigts.

OCTODURUM, ville de Gaule, capitale des Véragres, près de laquelle eut lieu le massacre de la légion thébaine. Elle était située dans le pays des Helvètes, au milieu d'une vallée entourée de hautes montagnes, sur la Dranse, près du point où cette rivière se jette dans le Rhône. C'est aujourd'hui Martigny, canton du Valais (Suisse).

* OCTOGÉNAIRE adj. (lat. *octogenarius*). Qui a quatre-vingts ans. Ne se dit guère qu'en parlant de l'espèce humaine : *cet homme, cette femme est octogénaire.* — s. *C'est un octogénaire, une octogénaire.*

Un octogénaire plantait:
Passe encor de bâtir, mais planter à cet âge.
LA FONTAINE.

OCTOGONAL, ALE, AUX adj. (gr. *oktô*, huit; *gônia*, angle). Qui a huit angles.

* OCTOGONE adj. (gr. *oktô*, huit; *gônia*, angle). Géom. Qui a huit angles et huit côtés: *figure octogone.* — s. m. Figure plane de huit angles et huit côtés. Quand les côtés et les angles sont égaux, l'octogone est dit *régulier.*

OCTOGYNIE s. f. (gr. *oktô*, huit; *gunê*, femelle). Bot. Ordre comprenant les genres dans lesquels la fleur a huit pistils.

OCTONAIRE s. m. (lat. *octonarius*). Soldat de la 8e légion romaine. — Adj. Se dit d'un vers composé de 8 pieds.

OCTONVILLE (Raoul d'), assassin du duc d'Orléans, né près de Granville (Manche), mort vers 1412.

OCTOPODE adj. (gr. *oktô*, huit; *pous*, *podos*, pied). Qui a huit pieds.

OCTOPUS s. m. [ok-to-puss] (gr. *oktô*, huit; *pous*, pied). Nom scientifique du genre poulpe. (Voy. PIEUVRE.)

* OCTOSTYLE adj. (préf. *octo*, huit; fr. *style*). Archit. Qui a huit colonnes: *temple, façade octostyle.*

* OCTROI s. m. (rad. *octroyer*). Concession. Ne s'emploie guère que dans les lettre de chancellerie : *l'octroi des lettres de noblesse appartient au prince.* — Certains droits que les villes sont autorisées à lever sur les denrées qui entrent dans leur enceinte, et dont elles appliquent le produit à leurs différents besoins : *l'octroi municipal de Paris; le gouvernement belge s'est rendu très populaire en abolissant les octrois, en juillet 1860.* — Législ. « Les taxes d'octroi, qui sont aujourd'hui perçues au profit d'un certain nombre de communes sur des objets de consommation locale, avaient été d'abord créées en 1323 au bénéfice exclusif du trésor royal. Quelques villes furent autorisées à percevoir des taxes à l'entrée des denrées; mais cette perception n'était *autorisée* ou *octroyée* qu'à la condition de verser une part des produits à l'Epargne du roi. La totalité des produits ayant été plus tard attribuée à l'Epargne en vertu d'une déclaration de 1647, les villes furent alors autorisées à faire le doublement des taxes, afin de pouvoir fournir à leurs propres dépenses. Puis, en 1782, des taxes spéciales furent établies au profit des hôpitaux. L'Assemblée constituante abolit tous les droits d'octroi (L. 17-25 févr. 1791); mais en l'an VII, un *octroi municipal et de bienfaisance* fut rétabli à Paris. Bientôt après, en vertu de la loi du 5 ventôse an VIII, le gouvernement autorisa un grand nombre de villes à percevoir des taxes d'octroi. En l'an XI, le Trésor public commença à prélever 5 p. 100 sur le produit des octrois; ce prélèvement fut ensuite doublé par la loi du 24 avril 1806, et il n'a cessé d'être exercé qu'en vertu du décret-loi du 17 mars 1852, lequel réduisit en masse d'un dixième toutes les taxes d'octroi. La création d'un octroi doit être votée par le conseil municipal et autorisée par un décret rendu en Conseil d'Etat, après avis du conseil général. Il en est de même : 1° des règlements relatifs à la perception; 2° des modifications apportées soit à ces règlements, soit aux périmètres existants; 3° de l'assujettissement à la taxe d'objets non encore imposés au tarif local; 4° de l'établissement ou du renouvellement d'une taxe non comprise dans le tarif général (annexé au décret du 12 février 1870), ou excédant le maximum fixé par ledit tarif; 5° de toute augmentation ou prorogation de taxe, pour une période de plus de cinq ans. Les surtaxes d'octroi frappant sur les boissons ne peuvent être autorisées que par le parlement, lorsqu'elles sont établies les proportions déterminées par les lois qui y sont relatives. (Voy. BOISSONS, impôts 10°.) Les conseils municipaux ont la faculté de voter la suppression ou la diminution des taxes d'octroi, sauf approbation de la délibération par le préfet, après avis du conseil général. Ils peuvent, sans qu'il soit besoin d'aucune autorisation, proroger et même augmenter les taxes d'octroi existantes, pour une période de cinq ans au plus, à la condition qu'aucune des taxes maintenues ou accrues n'excède le maximum fixé par le tarif général, et ne porte sur des objets qui ne sont pas compris dans ce tarif (L. 5 avril 1884, art. 137 à 139). Le tarif général, auquel les tarifs locaux doivent se conformer, comporte seulement cinq classes d'objets susceptibles d'être taxés, savoir : 1° boissons et liquides (ce qui comprend les huiles autres que les huiles minérales); 2° comestibles (en nombre restreint); 3° combustibles; 4° fourrages (sauf les fourrages verts) et 5° matériaux employés à la construction des bâti-

ments). Pour la perception des taxes d'octroi, il existe quatre modes différents entre lesquels les conseils municipaux ont la faculté de choisir. Ce sont: 1° la *régie simple*, qui est faite par des préposés, sous l'autorité directe du maire; 2° la *régie intéressée*, dans laquelle le conseil municipal traite avec un entrepreneur, en stipulant que la ville recevra une somme fixe et en outre une part dans les produits excédant l'évaluation des frais de perception et la redevance; 3° la *ferme* qui est la location à forfait; 4° l'*abonnement* fait avec la régie des contributions indirectes, laquelle se charge de faire faire la perception par ses agents, moyennant un prélèvement convenu. Les règlements généraux concernant les octrois municipaux, les préposés, la comptabilité des produits, la recette des droits d'entrée perçus pour le compte de l'Etat, les visites et vérifications, les formalités de passe-debout, de transit et d'entrepôt, les remises à faire au personnel, les contraventions, saisies, poursuites et pénalités, sont trop étendus pour que nous puissions en donner ici une analyse. Les contestations relatives à l'application des tarifs d'octroi sont de la compétence des juges de paix; mais les contraventions sont jugées par les tribunaux correctionnels. La peine, dans tous les cas de fraude ou de contravention, est une amende de 100 fr. au moins, en outre de la confiscation des objets saisis. Dans certains cas, l'amende peut être portée à 1,000 fr. et le tribunal peut infliger au délinquant un emprisonnement de six mois. Le maire est autorisé, sauf approbation du préfet, à faire remise, par voie de transaction et même après jugement rendu, de partie des condamnations encourues ou de la totalité; mais ce droit est réservé à la régie des contributions indirectes, lorsque la saisie a été faite dans l'intérêt commun du Trésor et de la commune. Le produit des amendes et confiscations appartient, après les prélèvements autorisés, à la commune pour une moitié et aux employés de l'octroi pour l'autre moitié. (Ord. 9 déc. 1814; L. 28 avril 1816; L. 29 mars 1832; L. 26 mai 1834, etc.). Le nombre des communes ayant un octroi dépasse 1,500; le produit brut annuel est d'environ 300 millions, dont l'octroi de Paris figure pour la moitié dans ce produit. Les frais de perception atteignent une proportion qui varie de 5 à 20 p. 100 des produits, selon les villes. — Les octrois sont des douanes intérieures qui entravent la circulation et le commerce; leur suppression demandée par les économistes, a été réclamée, surtout par les populations rurales dans toutes les enquêtes agricoles. Il est certainement à regretter que les octrois, créés par l'ancien régime et abolis en 1791, aient été rétablis par les lois rendues sous le Directoire et sous le Consulat; mais il semble bien difficile de remplacer aujourd'hui cette source abondante de revenus qui permet aux villes de satisfaire aux dépenses de la voirie, de l'assainissement, de l'instruction publique, etc. Il faudrait nécessairement supprimer du même coup les droits perçus au profit de l'Etat à l'entrée des villes. La loi permet à un conseil municipal de voter la suppression des taxes d'octroi, sauf approbation de la délibération par le préfet; mais ce conseil ne peut, sans qu'une loi l'y autorise, reporter la charge au delà d'une certaine mesure, sur les impôts directs qui pèsent déjà si lourdement sur la propriété immobilière et sur le petit commerce; et si l'on veut supprimer les octrois, il faudra nécessairement pour les remplacer créer de nouveaux impôts. En Angleterre, il n'y a pas de taxe d'octroi, sauf à Londres, où un droit d'entrée est établi sur la houille; mais on y trouve vingt-quatre taxes locales dont la plupart datent de l'époque féodale et dont les produits dépassent celui de nos octrois. En Belgique, les octrois ont été supprimés en 1860, et ils ont été remplacés au moyen d'un accroissement des droits d'accise. Une partie de l'accise et d'autres prélèvements faits sur le produit des douanes et sur celui des postes sont attribués à toutes les communes belges, en proportion des impôts directs perçus dans chacune d'elles. En Hollande, les octrois ont été aussi abolis par une loidu 7° juillet 1865, qui accorde en échange aux communes quatre cinquièmes de la contribution personnelle. — On donne le nom d'*octroi de mer* à des taxes qui sont perçues, aux frontières des colonies française, et au profit de ces colonies, sur diverses marchandises importées. En Algérie, le produit de ces taxes est, en majeure partie, réparti entre les communes du territoire civil, et suivant le tarif qui est entré en vigueur le 1er janvier 1885, l'octroi de mer porte exclusivement sur les denrées coloniales, l'alcool et les bières introduits en Algérie.»   (Ch. Y.)

* **OCTROYER** v. a. (lat. *auctorare*, autoriser). Il se conjugue comme *Employer*. Concéder, accorder. N'est guère d'usage qu'en style de Chancellerie : *octroyer une grâce, une demande.*

Quel est-ce grand secours que son bras nous octroie?
J. Racine, *Alexandre*, acte II, sc. II.

* **OCTUPLE** adj. (lat. *octuplus*.) Qui contient huit fois : *seize est octuple de deux.* (Peu us.)

* **OCTUPLER** v a. Répéter huit fois. (Peu us.)

OCTYLAMINE s. f. (fr. *octyle*, et *amine*). Chim. Base artificielle qui renferme le radical de l'alcool octylique substitué à l'hydrogène : $C^8 H^{17} Az H^2$.

OCTYLE s. m. (gr. *oktô*, huit; *ulé*, matière). Chim. Radical alcoolique qui renferme huit atomes de carbone : $C^8 H^{17}$.

OCTYLÈNE s. m. Chim. Hydrocarbure qui diffère de l'alcool octylique par les éléments d'une molécule d'eau : $C^8 H^{16}$.

OCTYLIQUE adj. Se dit d'un alcool dont la formule est : $C^8 H^{17} O H$.

* **OCULAIRE** adj. (lat. *ocularius*; de *oculus*, œil). Anat. Se dit de ce qui appartient à l'œil : *nerfs oculaires.* — Opt. Verre oculaire, ou s. m. Oculaire, le verre d'une lunette d'approche qui est destiné à être placé du côté de l'œil : *l'oculaire de cette lunette est cassé.* — Témoin oculaire, celui qui rend témoignage d'une chose qu'il a vue de ses propres yeux : *j'en suis témoin oculaire.*

* **OCULAIREMENT** adj. Par le secours de ses propres yeux : *je m'en suis convaincu oculairement.* (Peu us.)

OCULARISTE s. m. Chir. Celui qui prépare les pièces destinées à l'étude de l'anatomie et des maladies de l'œil.

OCULATION s. f. Arbor. Nom que l'on donne quelquefois à la greffe en écusson.

OCULÉ, ÉE adj. Zool. Qui a des yeux : *animal oculé.*

OCULI s. m. (nominatif plur. de *oculus*, œil). On appelle dimanche d'Oculi le troisième dimanche de carême, parce que l'introït de la messe de ce jour commence par ces mots : *Oculi mei semper.*

OCULIFORME adj. Qui a la forme d'un œil.

* **OCULISTE** s. m. Celui qui fait profession .le connaître les différentes maladies de l'œil 'et de les traiter : *c'est un très bon, un très habile oculiste.* — Adjectiv. *Médecin, chirurgien oculiste.*

OCULISTIQUE s. f. Science de l'oculiste.

OCULOS HABENT, ET NON VIDEBUNT (Ils *ont des yeux et ne verront pas*), paroles tirées du psaume *In exitu.*

O'CURRY (Eugène) [o-keur'-ré], archéologue

irlandais, né en 1796, mort en 1862. En 1853, il fut employé avec le D' O'Donovan par la *Brehon Law Commission* à transcrire et à traduire d'anciennes lois, sur les originaux qui sont conservés à Trinity College et au musée Britannique. Il les avait en grande partie découvertes lui-même, et il fut le premier érudit moderne qui les déchiffra et les expliqua. En 1854, il fut nommé professeur d'histoire et d'archéologie irlandaises à l'université catholique romaine de Dublin. Il a publié ses *Lectures on the manuscript materials of ancient Irish History* (1861).

OCY (gr. *ôkus*, rapide). Préfixe qui marque la légèreté, la rapidité.

* **ODALISQUE** s. f. Femme du sérail destinée aux plaisirs du sultan. — Se dit, dans l'usage ordinaire, des femmes mêmes qui composent le harem.

ODD FELLOWS (Ordre indépendant des) [odd-fè-lôzz] (campagnons excentriques, ou originaux), société secrète de charité, existant surtout en Grande-Bretagne et aux Etats-Unis. Il existait à Londres, dans la seconde partie du XVIIIe siècle, des associations d'ouvriers et d'artisans s'intitulant *Ancient and Honorable Loyal Odd Fellows* et se réunissant à des banquets périodiques. C'est de là que sortit l'*Union Order of Odd Fellows*. En 1813, plusieurs loges se séparèrent de l'*Union Order* et formèrent la *Manchester Unity*, qui compte aujourd'hui environ 500,000 membres. En Amérique, la première loge fut organisée à Baltimore, en 1819, par Thomas Wildey et quatre autres compagnons. En 1875, il y avait aux Etats-Unis et au Canada 542,439 membres répartis entre 48 grandes loges, et 9,079 autres groupes de différents degrés, le tout sous le gouvernement de la loge de Baltimore, dont les membres sont élus pour dix ans. Les conditions d'admission sont d'être blanc, de bonnes mœurs, d'avoir 21 ans au moins et de croire en un Etre suprême. Les femmes ou les proches parentes des membres peuvent faire partie de l'association et forment ce qu'on appelle le degré de Rebecca, *Rebekah degree*. Tout le secret de l'ordre consiste en un langage non écrit et non parlé, intelligible aux membres seuls, et qui ne leur sert que de moyen de reconnaissance. Son but est de venir en aide aux membres malades ou indigents, de faire enterrer les morts, de secourir les veuves et d'élever les orphelins. L'Allemagne, la Suisse, l'Australie, l'Amérique du Sud, les îles Hawaï ont des organisations d'*Odd Fellows*, affiliées à l'ordre américain.

* **ODE** s. f. (gr. *ôdê*, chant). Anc. poésie. Poème lyrique destiné à être chanté en l'honneur des dieux. Sur le théâtre, l'ode se composait de la *strophe*, de l'*antistrophe* et quelquefois de l'*épode*. Les plus célèbres odes classiques sont celles de Pindare et d'Horace, ainsi que celles que l'on attribue à Anacréon. — Poésie moderne. Poème divisé en strophes, semblables entre elles par le nombre et la mesure des vers. On appelle Ode héroïque, celle dont le sujet et le style sont nobles, élevés; et Ode anacréontique, celle dont le sujet et le style sont légers, gracieux. La première a surtout été cultivée par Malherbe, Boileau, J.-B. Rousseau, Le Franc de Pompignan, Gresset, J. Chénier, Lebrun, Lamartine, Victor Hugo, etc.; la seconde par Ronsard, Saint-Amand, Chaulieu, Béranger. Boileau a dit de l'*Ode* (*Art poét.*, ch. II) :

Son style impétueux souvent marche au hasard,
Chez elle un beau désordre est un effet de l'art.

* **ODELETTE** s. f. Petite ode du genre gracieux. Les *Odelettes* de Th. de Banville ont été publiées en 1856 (in-12).

ODENSE [o-dènn-sé], port de mer du Danemark, capitale de l'île de Fünen, à 150 kil. O.-S.-O. de Copenhague : 16,670 hab.

Château royal; cathédrale fondée en 1086 et achevée en 1301; distilleries, fonderies, filatures de laine; commerce important.

ODENWALT [o-denn-valt], région montagneuse d'Allemagne, dans la Hesse méridionale et dans les parties voisines de Bade et de la Bavière, entre le Neckar, qui la sépare de la Forêt Noire, et le Mein, qui la sépare du Spessart. La montagne la plus haute est le Hardberg, de 2,000 pieds environ.

* **ODÉON** s. m. [o-dé-on] (gr. *ôdeion*; de *ôdê*, chant; lat. *odeum*). Edifice destiné, chez les anciens, à la répétition de la musique qui devait être chantée sur le théâtre : *le plus magnifique odéon de l'antiquité était celui que Périclès fit bâtir dans la ville d'Athènes.* — On a donné le nom d'Odéon à l'un des théâtres de Paris : *aller à l'Odéon.* On a écrit aussi Odéum. — Encycl. Un odéon était une sorte d'édifice public qui servait chez les Grecs aux concours musicaux et quelquefois à d'autres usages. Comme plan général, il ressemblait aux théâtres; mais il était plus petit et recouvert d'un toit. La plupart des grandes cités grecques avaient des bâtiments de ce genre. Celui qui fut construit par Hérodes Atticus à Athènes, contenait 8,000 personnes. C'est Domitien qui bâtit le premier odéon de Rome. — Le théâtre de l'Odéon, à Paris, appelé aussi second Théâtre-Français, a été construit sur les plans des architectes de Wailly et Peyre. Ce bel édifice, qui offre quelque ressemblance avec un temple antique, fut terminé en 1782. La salle actuelle est une des plus majestueuses et des mieux aménagées pour l'acoustique. Elle contient 1,500 places. On lui donna le nom d'Odéon parce que, à l'origine, on le destinait à la représentation d'opéras et de pièces mêlées de chants. Mais, depuis longtemps, on n'y joue que la tragédie, le drame et la comédie.

ODER [o'-deur] (anc. *Viadrus*), fleuve d'Allemagne; prend sa source en Moravie, à 22 kil. E.-N.-E. d'Olmütz, traverse la Silésie autrichienne et prussienne, le Brandebourg, la Poméranie, et le Grosses Haff, pour se jeter dans la Baltique. Sa longueur est d'environ 900 kil. Les navires de 50 tonneaux peuvent le remonter jusqu'à Breslau (650 kil.). Au-dessous de Breslau, les principales villes qu'elle arrose sont Francfort et Stettin. La Warthe est son plus grand affluent.

ODESCALCHI [o-dèss-kal'-ki], famille noble italienne, originaire de Come. Marc' Antonio (né vers 1620, mort en 1670), prêtre, fonda à Rome un superbe hôpital qui fut agrandi par son cousin, le pape Innocent XI (Benedetto Odescalchi), et qui porte aujourd'hui le nom d'hôpital de Saint-Gall. Son parent, Tommaso (morten 1692), aumônier d'Innocent XI, fonda un asile pour les petits enfants à Rome, et un grand hôpital pour les enfants mâle vagabonds. Carlo (mort en 1848), cardinal vicaire sous Grégoire XVI et ensuite (1842) jésuite, fonda une école industrielle pour les filles pauvres. Baltassare, duc de Ceri (né en 1748, mort en 1810), fonda l'*academia degli occulti* à Rome; il a publié un volume de poèmes et une histoire de l'*academia de' Lincei.*

ODESSA, ville de Russie, sur une baie, au N.-O. de la mer Noire, à 150 kil. S.-O. de Kherson; 139 462 hab., dont beaucoup de Grecs, d'Arméniens, de Juifs et d'Italiens. C'est la résidence du gouverneur général de la Nouvelle-Russie et de la Bessarabie, et d'un archevêque grec. Elle est bâtie sur un large plateau, auquel on arrive du rivage par un escalier de 200 marches; elle est défendue par un fort et des batteries, et a une belle cathédrale, une université et plusieurs jolies places. La poussière des steppes avoisinantes y rend l'été intolérable. Odessa est le principal port d'exportation de la mer Noire pour les grains, et contient environ 500 magasins greniers. Le suif, le bois de charpente, la laine donnent aussi lieu à un commerce important. La ville a été fondée en 1794 sur un

Odessa.

emplacement choisi par Catherine II. Elle a été port franc de 1817 à 1847. Les chemins de fer de Moscou et de Saint-Pétersbourg, et de récentes lignes de paquebots ont beaucoup accru sa prospérité. Les Anglais la bombardèrent le 21 avril 1854.

ODET, petit fleuve qui naît dans la Montagne Noire (Finistère), passe à Quimper où il devient navigable et se jette dans l'Atlantique après un cours de 62 kil. Son embouchure forme un vaste estuaire qui s'ouvre dans l'anse de Benodet.

* **ODEUR** s. f. (lat. *odor*). Sensation que produisent sur l'odorat les émanations des corps : *bonne, mauvaise odeur.* — Au plur., se prend quelquefois pour *parfums*, pour toute sorte de bonnes odeurs. Ainsi on dit, CET HOMME CRAINT LES ODEURS, il craint même celles qui seraient agréables pour d'autres que lui.—Fig. et fam. ÊTRE EN BONNE ODEUR, EN MAUVAISE ODEUR, avoir une bonne réputation, une mauvaise réputation. — Fig. MOURIR EN ODEUR DE SAINTETÉ, se dit d'une personne qui, ayant vécu saintement, meurt de même : *cette religieuse est morte en odeur de sainteté.*—Prov. et fig. N'ÊTRE PAS EN ODEUR DE SAINTETÉ AUPRÈS DE QUELQU'UN, n'être pas bien dans son esprit, être soupçonné par lui de mauvaise conduite.

ODÉVAERE (Josephus-Dionysius) [o-dé-va'-ré], peintre d'histoire flamand, né en 1778, mort en 1830. En 1804, il obtint en France un grand prix pour un tableau représentant la mort de Phocion. Il étudia à Rome, de 1805 à 1812, et, en 1814, s'établit à Bruxelles.

* **ODIEUSEMENT** adv. (rad. *odieux*). D'une manière odieuse : *ce que j'ai dit a été interprété odieusement.*

* **ODIEUX, EUSE** adj. (lat. *odiosus*). Haïssable, qui excite l'aversion, la haine, l'indignation : *un homme odieux.*

Plus il approche, et plus il me semble *odieux*.
J. RACINE. *La Thébaïde*, acte IV, sc. 1.

— Prov. TOUTE COMPARAISON EST ODIEUSE, se dit en parlant des comparaisons que quelqu'un fait d'une personne avec une autre, parce qu'ordinairement une de ces deux personnes, et quelquefois toutes deux, croient avoir à s'en plaindre. — S'emploie substantiv. pour signifier, ce qui excite, ce qui mérite la haine : *tout l'odieux de cette mesure retomba sur lui.*

ODILE ou **Odilia** (SAINTE), patronne de l'Alsace, fille du duc d'Alsace, Attic ; fonda, vers l'an 675, sur le sommet du Hohenburg (auj. Odilienberg), un monastère qui fut vendu pendant la Révolution française. (Voy. BARR.) Fête le 13 déc.

ODILON (Saint), cinquième abbé de Cluny, né en Auvergne en 962, mort en 1048. Il fut en relations avec tous les rois et les papes de l'époque, qui l'avaient en grande vénération. Fête le 2 janv.

ODILON BARROT. Voy. BARROT.

ODIN, le principal dieu de la mythologie scandinave, demeurant à Asgard avec les 12 Æsir. Il gouverne le ciel ; les nuages et les vents lui sont soumis. Frigga, sa compagne favorite, règne sur la nature, et Freyja, qu'on représente aussi quelquefois comme sa fille, est la gardienne des morts. Saga la déesse de la poésie, est la fille d'Odin. Il est aussi dieu de la guerre, et dirige le sort des combats par le moyen des Valkyries, vierges divines, qui emportent les tués dans le Valhalla (Voy. MYTHOLOGIE.) — Le mythe d'Odin se rapporte, croit-on, à Odin le Conquérant, qui, suivant la tradition, régnait, au temps de Pompée, sur une portion de la Scythie, près de la mer Noire. Chassé de son territoire, il passe pour avoir conquis le Danemark et la Scandinavie.

ODINIQUE adj. Qui concerne le culte d'Odin.

ODI PROFANUM VULGUS (*Je hais le vulgaire profane*), paroles d'Horace, liv. III, ode 1.

ODJAK ou **Odjéac** (mot turc signifiant *foyer, cheminée*). Nom turc des janissaires, parce qu'ils avaient le privilège d'entrer dans les maisons et de s'asseoir au foyer. — Fig. Le gouvernement turc.

ODOACRE (lat. *Odoacer*), roi d'Italie, mort en 493. Après l'abdication de Nepos et l'élévation au trône impérial de Romulus, appelé par dérision Augustule, les mercenaires barbares demandèrent, pour prix de leurs services, le tiers des terres de l'Italie. Ceci leur ayant été refusé, ils choisirent pour chef Odoacre, commandant des Hérules au service de l'empire, qui obligea Augustule à abdiquer (476). Odoacre fit sa capitale de Ravenne, et, bien que portant le titre de roi d'Italie, il ne prit jamais la pourpre. Il gouverna avec douceur, veilla à l'exécution des lois, et protégea les frontières contre les barbares de Gaule et de Germanie. A la fin, Théodoric, à la tête des Ostrogoths, le défit près d'Aquilée et à Vérone, et mit une autre armée en déroute sur

l'Adda. Odoacre se retira à Ravenne, et, au bout de trois ans, capitula à condition qu'il régnerait à pouvoir égal avec Théodoric, mais quelques jours après il fut tué par l'ordre de celui-ci.

* **ODOMÈTRE** s. m. (gr. *odos*, chemin ; *metron*, mesure). Instrument qui sert à mesurer le chemin qu'on a fait, soit à pied, soit en voiture, et qui s'appelle autrement COMPTE-PAS, ou bien PÉDOMÈTRE, PÉRAMBULATEUR, etc. Les odomètres attachés aux roues des voitures enregistrent le nombre des tours de roue faits pour aller d'un lieu à un autre. L'odomètre porté par les piétons et destiné à enregistrer le nombre de pas qu'ils font, prend généralement le nom de pédomètre. Il ressemble pour la grosseur et la forme à une montre, et peut se porter dans la poche du gilet. L'élévation et l'abaissement du corps à chaque pas fait vibrer un levier qui met en mouvement l'aiguille indicatrice.

ODON, rivière qui naît dans les collines d'Ondefontaine (Calvados), baigne Aunay et se jette dans l'Orne à Caen, après un cours de 50 kil.

ODON (Saint). I, né en Angleterre vers la fin du IXᵉ siècle, mort en 961. Il fut archevêque de Cantorbéry. Fête le 4 juillet. — II, deuxième abbé de Cluny, né dans le Maine vers 879, mort à Tours en 943. Fête le 18 nov.

ODON, frère utérin de Guillaume le Conquérant, né en Normandie en 1032, mort à Palerme en 1097. Il fut nommé évêque de Bayeux en 1049, assista à la conquête de l'Angleterre (1066), dont gouverneur de ce pays, dépouilla les Anglais pour distribuer leurs biens aux Normands, reçut pour sa part le comté de Kent et 253 fiefs. Il se livra à de telles spoliations que son frère le fit emprisonner à Rouen. Plus tard, son neveu Guillaume le Roux le dépouilla de tous ses biens.

O'DONNELL (Leopold) (esp. O'DONEL, LEOPOLDO), comte de Lucena et duc de Tetuan, homme de guerre espagnol né en 1809, mort en 1867. Il était fils d'un général espagnol d'origine irlandaise. Il combattit pour la reine Isabelle contre les carlistes, et fut créé comte de Lucena pour avoir fait lever le siège de cette ville. Il prit ensuite parti pour Marie-Christine, et, en 1841, lorsque Espartero fut fait régent, il s'enfuit en France. Rentré en 1841 à condition de rester sujet fidèle, il se mit presque aussitôt à la tête d'une insurrection en Navarre ; mais il fut battu et prit la fuite de nouveau. A la chute d'Espartero en 1843, il fut fait capitaine général de Cuba où il amassa une fortune considérable. Il devint ensuite directeur général de l'infanterie jusqu'en 1851. En 1854, ayant été proscrit en avoir dirigé une révolte, il s'unit au parti progressiste, demandant le rétablissement de la constitution de 1837, l'émancipation d'Isabelle, le bannissement perpétuel de sa mère et d'autres mesures populaires. Pendant cette crise, Espartero forma un cabinet où O'Donnell eut le portefeuille de la guerre avec le grade de maréchal. En juillet 1856, il succéda à Espartero à la présidence du conseil, proclama immédiatement la loi martiale, renvoya les cortès et abolit la garde nationale ; mais l'opposition du Narvaez l'obligea de se démettre au mois d'octobre. Il revint au pouvoir en 1858, et, en 1859, fut à la fois premier ministre et commandant en chef au Maroc, où il termina la guerre par la victoire de Tetuan (février 1860) ; et il fut créé duc. En février 1863, il donna sa démission ; mais il reprit le pouvoir en juin 1865. Après quelques soulèvements révolutionnaires, il fut remplacé par Narvaez en juillet 1866.

O'DONOVAN (John) [o'-donn-o-vann], archéologue irlandais, né en 1809, mort en 1861.

En 1849, il fut nommé professeur d'histoire et d'archéologie à Queen's collège (Belfast). Son ouvrage principal a pour titre : *The Annals of Ireland, by the Four masters, from the earliest Historic Period to A. D. 1616.*

* **ODONTALGIE** s. f. (gr. *odous, odontos,* dent; *algos,* douleur). Chir. Douleur des dents. — On appelle *odontalgie rhumatismale* celle qui attaque les dents sans rougeur ni gonflement et qui se lie aux variations atmosphériques. On la combat par la teinture de colchique additionnée de laudanum; l'*odontalgie sanguine* ou *inflammatoire* est accompagnée de rougeur, de gonflement et de sensibilité des gencives; il y a même quelquefois fluxion à la joue; elle tient souvent à la suppression d'une hémorragie habituelle : bains de pied répétés; calmants; dérivatifs intestinaux; la *névralgie dentaire* ou *odontalgie intermittente* est celle qui revient par accès périodiques sans autre phénomène qu'une douleur lancinante et déchirante. Sulfate de quinine. Lorsque la dent attaquée d'odontalgie est cariée, il est nécessaire de la faire extraire.

* **ODONTALGIQUE** adj. Se dit des remèdes propres à calmer la douleur des dents : *élixir, poudre odontalgique.* — s. m. Un bon odontalgique.

ODONTIASE s. f. [o-don-ti-a-ze]. Développement des germes dentaires.

ODONTINE s. f. Pharm. Opiat employé pour l'entretien des dents.

ODONTIQUE adj. Syn. d'odontalgique.

ODONTITE s. f. Chir. Inflammation de la pulpe dentaire.

ODONTOGÉNÉSIE s. f. (gr. *odous, odontos,* dent; *genesis,* génération). Partie de l'anatomie qui traite de la formation des dents.

ODONTOGRAPHIE s. f. (gr. *odous, odontos,* dent; *graphein,* décrire). Description des dents.

* **ODONTOÏDE** adj. Anat. Qui a la forme d'une dent. Se dit de l'apophyse de la seconde vertèbre du cou : *apophyse odontoïde.* (Voy. Axis.)

ODONTOÏDIEN, IENNE adj. Qui a rapport à l'apophyse odontoïde.

ODONTOLITHE s. f. (gr. *odous, odontos,* dent; *lithos,* pierre). Tartre des dents.

ODONTOLITHIASE s. f. Formation de l'odontolithe.

* **ODONTOLOGIE** s. f. (gr. *odous, odontos,* dent; *logos,* discours). Anat. Discours sur les dents, qui traite des dents. L'odontologie date de 1839, époque où Richard Owen décrivit le rapport organique qui existe entre les parties vasculaires et molles et les substances dures de la dent. Ce sujet fut développé dans son *Odontographie,* magnifique ouvrage illustré, publié en 1840-'45.

ODONTOLOGIQUE adj. Qui a rapport à l'odontologie.

ODONTOLOGISTE s. m Celui qui s'occupe d'odontologie.

* **ODORANT, ANTE** adj. (rad. *odeur*). Qui exhale une bonne odeur : *les particules odorantes des corps.* — Qui répand une bonne odeur : *les fleurs odorantes.*

* **ODORAT** s. m. (lat. *odoratus*). Le sens qui perçoit les odeurs : *odorat excellent.* — Le nez est l'organe du sens de l'odorat chez les animaux vertébrés; dans les trois plus hautes classes, cet organe se rattache aux fonctions respiratoires. Chez l'homme, le sens de l'odorat est moins développé que celui de la vue et, comparé à celui de quelques autres animaux, il semble très faible. Chez les pois-

sons, qui respirent par les ouïes, il n'y a pas de communication entre le nez et la bouche ou la gorge, excepté chez les myxinoïdes. Chez les batraciens et les reptiles, qui, tous, à l'état adulte, respirent plus ou moins par les poumons, le nez et la bouche communiquent au moyen d'un conduit court, comme chez la grenouille, ou long, comme chez le crocodile; chez les oiseaux, les narines s'ouvrent sur le haut du bec, généralement tout près de la base; elles sont fréquemment couvertes de plumes hérissées qui empêchent l'entrée des corps étrangers, et elles communiquent avec la bouche par derrière. Chez les mammifères seulement se trouvent les sinus et les cavités cellulaires dans les os frontaux, sphénoïdes, ethmoïdes et maxillaires supérieurs, plus grands chez quelques-uns que chez d'autres. — La fonction du nez est de donner passage à la respiration; le véritable organe de l'odorat est la membrane muqueuse qui tapisse les parties supérieures des passages nasaux et qui est pourvue des filaments des nerfs olfactifs ou première paire de nerfs crâniaux. La quantité de matière vaporeuse nécessaire pour produire une impression sur l'organe olfactif est très minime; et une substance telle que le musc ou l'essence de rose peut remplir de son odeur tout un appartement et même toute une maison pendant des semaines, sans que cette substance souffre une perte appréciable de son poids.

ODORATIF, IVE adj. Qui a rapport à l'odorat.

ODORATION s. f. (lat. *odoratio*). Action d'odorer.

ODORER v. a. (lat. *odorari*). Flairer, sentir par l'odorat : *odorer des fleurs.* — v. n. Avoir le sens de l'odorat : *tous les animaux n'odorent pas.*

* **ODORIFÉRANT, ANTE** adj. (lat. *odor, ferens,* qui porte). Signifie la même chose qu'odorant : *des parfums odoriférants.*

ODORIFIQUE adj. (lat. *odor,* odeur; *facere,* faire). Qui produit l'odeur.

ODORINE s. f. Chim. Base salifiable que l'on trouve dans l'huile empyreumatique animale.

ODORIQUE adj. Se dit des sels dont l'odorine fait la base.

ODOROSCOPE s. m. Appareil qui sert à apprécier les odeurs.

* **ODYSSÉE** s. f. Poème épique d'Homère, qui contient le récit des aventures d'Ulysse, et dont on applique le nom, par plaisanterie, à tout voyage semé d'aventures variées et singulières : *racontez-nous votre odyssée.* (Voy. Homère.)

ŒCOLAMPADIUS ou **Œkolampade** (Johannes), réformateur allemand, dont le vrai nom était Hussgen ou Heussgen; né en 1482, mort en 1531. Il vint en 1515 à Bâle où il aida Erasme dans ses travaux de critique; et en 1525 il fut nommé curé de Saint-Martin. A la conférence de Bade, en 1526, il dirigea la discussion contre Eck, et seconda Zwingle dans sa querelle avec Luther touchant la présence réelle. On l'a appelé le Mélanchthon de la Suisse. Ses œuvres principales sont des commentaires sur les Écritures. Hagenbach a écrit sa vie (1859).

* **ŒCUMÉNICITÉ** s. f. [é-ku-]. Qualité de ce qui est œcuménique : *l'œcuménicité d'un concile.*

* **ŒCUMÉNIQUE** adj. [é-ku-] (gr. *oikouménè,* habitable; sous-entendu *globe*). Universel, de toute la terre habitable. N'est guère usité que dans cette locution, Concile œcuménique, concile de l'Église universelle. (Voy. Concile.) — Patriarche œcuménique, titre que pren-

nent les patriarches de l'Église grecque, depuis le pontificat de Jean, évêque de Constantinople (587).

* **ŒCUMÉNIQUEMENT** adv. [é-ku-]. D'une manière œcuménique.

* **ŒDÉMATEUX, EUSE** adj. [é-dè-] (rad. *œdème*). Chir. Qui est attaqué d'œdème; qui est de la nature de l'œdème.

ŒDÉMATIER v. a. [é-dé-ma-si-é]. Rendre œdémateux.

* **ŒDÈME** s. m. (gr. *oidéma,* enflure). Chir. Tumeur molle, non douloureuse, cédant à l'impression du doigt, et la retenant quelque temps. — Œdème de la glotte, gonflement de la membrane muqueuse qui circonscrit l'ouverture supérieure du larynx. — L'œdème est un gonflement qui résulte d'une infiltration de sérosité dans le tissu cellulaire. Il n'offre ni rougeur, ni tension, ni douleur. Lorsque le gonflement œdémateux est général, il reçoit le nom d'anasarque. (Voy. ce mot.) L'œdème se distingue du phlegmon par l'absence de symptômes inflammatoires. Cette maladie peut être quelquefois le résultat de quelque cause locale, mais le plus souvent elle n'est qu'un effet secondaire d'une autre affection et alors son traitement est subordonné à celui de la maladie principale. Dans tous les cas, on conseille les laxatifs, les diurétiques et les diaphorétiques.

ŒDENBURG [eu-denn-bourg] (hong. *Soprony*). 1, comté de la Hongrie occidentale, confinant à la basse Autriche; 3,307 kil. carr.; 230,458 hab. Il est arrosé par la Raab, le Rabnitz et la Leïtha. Productions principales : blé, fruit, vin, tabac et houille. — II, capitale de ce comté, près du lac Neusiedler, à 55 kil. S.-S.-E. de Vienne; 21,108 hab., la plupart Allemands. Manufactures de coton et de laine; commerce de vin.

* **ŒDIPE** s. m. (Œdipe n. pr.). Homme qui trouve facilement le mot des énigmes, des logogriphes, ou la solution de questions obscures: *il faudrait être un Œdipe pour deviner ce que cela veut dire.*

ŒDIPE (Myth.), roi de Thèbes, fils de Laïus et de Jocaste. Son père ayant informé Laïus qu'il serait tué par son fils, l'enfant en bas âge fut exposé sur le mont Cithéron. Il fut trouvé par un berger et apporté au roi Polybe de Corinthe, qui l'adopta. Comme on lui reprochait de n'être pas le fils du roi, il consulta l'oracle de Delphes qui répondit : « Évite la terre de ton pays, ou tu seras le meurtrier de ton père et l'époux de ta mère ». Supposant que c'était de Corinthe qu'il s'agissait, il résolut de n'y point retourner. Sur la route, entre Delphes et Daulis, il rencontra Laïus, et le tua dans une rixe soulevée par le conducteur du char de Laïus. A cette époque, le sphynx ravageait le territoire de Thèbes, proposant à tous les passants une énigme, et dévorant tous ceux qui ne pouvaient la résoudre. Les Thébains offrirent la couronne et la main de Jocaste à celui qui délivrerait le pays de ce monstre. Œdipe devina l'énigme, sur quoi le sphynx se donna la mort, et Œdipe épousa sa mère qui lui donna deux fils, Étéocle et Polynice, et deux filles, Antigone et Ismène. Une peste désolant le pays par suite de cette alliance incestueuse, l'oracle ordonna l'expulsion du meurtrier de Laïus. Le devin Tirésias apprit alors à Œdipe qu'il était parricide et époux de sa mère. Jocaste se pendit; Œdipe se creva les yeux et se retira à Colonne. Des tragédies fondées sur cette légende, ont été composées par Eschyle, Sophocle, Euripide, Sénèque, Corneille, Voltaire, Houdard de la Motte, Ducis, etc. (Voy. Énigme.)

ŒHLENSCHLÆGER (Adam-Gottlob) [eu-lènn-chlé-gheur], poète danois, né en 1779, mort le 20 janv. 1850. Ses premiers essais lui valurent une pension de voyage de la part du gouvernement. En Allemagne, il apprit à fond la langue allemande, dans laquelle il traduisit lui-même ses ouvrages. A Halle, il écrivit *Hakon Jarl*, la première et l'une des plus belles de ses tragédies purement scandinaves; à Paris, il composa *Painatoke* que quelques-uns considèrent comme son chef-d'œuvre. Après avoir visité Rome, il revint en Danemark en 1810, et fut nommé professeur d'esthétique à Copenhague. Il doit surtout sa gloire à ses tragédies. Ses œuvres, qui comprennent des romans, des poésies, des traductions, son autobiographie, et une collection des légendes éparses des Eddas, ont été réunies en 41 vol.

ŒIL s. m. [euil ; *l* mll.] (lat. *oculus*). Organe de la vue. Au plur. Yeux: *le globe de l'œil; des yeux de sphynx.* — Chez l'homme, l'œil est logé dans une cavité qui se trouve de chaque côté de la portion supérieure de la face et que l'on appelle orbite. Le globe de l'œil présente l'aspect général d'une sphère; mais une partie de sa portion antérieure forme le segment d'un cercle d'un rayon moindre que celui du reste de l'organe. L'œil se compose de membranes et d'humeurs. Parmi les membranes, nous citerons en première ligne la *cornée* qui a été décrite à son ordre alphabétique et qui est pourvue de filaments délicats appelés *nerfs ciliaires*. Les autres sont la *sclérotique*, la *choroïde* (voy. ce mot), les *procès ciliaires*, l'*iris* et la *rétine*. La sclérotique ou blanc de l'œil est la membrane externe formant les quatre cinquièmes postérieurs du globe de l'œil, le cinquième antérieur étant constitué par la cornée; la sclérotique est blanche, ferme, résistante, opaque, épaisse et composée de fibres entrelacées. Au-dessous de la sclérotique s'étend la choroïde, composée de petites artères et de veines unies par un tissu aréolaire délicat; ces deux surfaces sont couvertes d'un pigment foncé, qui donne la couleur sombre vue dans l'intérieur de l'œil. Le cercle ciliaire ou ligament est un anneau grisâtre, large de 2 à 3 milim., uni à la choroïde par sa circonférence la plus étendue et à l'iris par sa circonférence la moins étendue; les procès ciliaires sont des plis membraneux, au nombre de 60 à 80, s'étendant depuis la choroïde jusqu'au voisinage de l'ouverture de la pupille; ils forment par leur union un anneau en arrière de l'iris et en avant de l'humeur vitrée, enveloppant comme une couronne la lentille cristalline. A une petite distance en arrière de la cornée, se trouve l'iris, voile membraneux, vertical et circulaire, contractile, percé en son milieu par la pupille, plongé dans l'humeur aqueuse et diversement coloré suivant les individus; sa surface postérieure est pourvue d'un certain nombre de fibres circulaires servant à contracter la pupille et est couverte d'une tunique pigmentaire, sombre et épaisse appelée uvée. Au-dessous de la choroïde se trouve la rétine, expansion mince et molle du nerf optique, entourant l'humeur vitrée et s'étendant en avant, jusqu'aux procès ciliaires et à la lentille cristalline. La rétine est l'organe direct de la vision, celui qui reçoit les rayons de lumière et transmet les impressions visuelles au sensorium par le moyen du nerf optique. Parmi les humeurs de l'œil, la première est la *lentille cristalline* ou *cristallin*, corps lenticulaire transparent, situé entre les humeurs aqueuses et vitreuses; cette lentille mesure environ 8 milim. de diamètre et 4

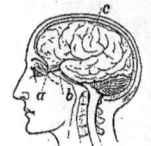

Position de l'œil et rapport de cet organe avec le cerveau : *a*, nerf optique ; *b*, arrivée du nerf optique dans le cerveau ; *c*, cerveau.

milllim. d'épaisseur chez l'homme. Son axe correspond au centre de la pupille. La courbure de la lentille est en proportion de la densité du milieu dans lequel l'œil est placé; ainsi elle est très plate dans les oiseaux de haut vol et très convexe chez les mammifères aquatiques et chez les oiseaux plongeurs; elle est presque sphérique chez les poissons. La mince membrane qui l'enveloppe se nomme *capsule cristalline*. Les autres humeurs sont l'*humeur aqueuse* et l'*humeur vitrée*. La première est un liquide transparent et limpide variant en quantité et pesant, chez l'homme, de 20 à 30 centigr. Cette humeur occupe l'espace situé en avant de la lentille, et est divisée par l'iris en chambre antérieure et chambre postérieure. Elle contient en solution un peu d'albumine et les sels que l'on trouve ordinairement dans les sécrétions de ce genre. L'humeur vitrée occupe les trois quarts postérieurs du globe de l'œil; la lentille est encaissée dans sa partie antérieure. Elle se compose d'un liquide gélatineux, transparent, enveloppé dans un grand nombre de cellules que forment les cloisons de la *membrane hyaloïde* (membrane enveloppant l'humeur vitrée) et qui communiquent les unes avec les autres. Sur le côté externe de l'insertion du nerf optique, on remarque une dépression appelée *foramen*, entourée d'une zone jaunâtre nommée *tache jaune*. Les nerfs optiques sont la seconde paire des nerfs cérébraux. Le globe de l'œil se meut dans son orbite au moyen de six muscles qui naissent des parois de la cavité orbitaire et qui s'insèrent par leur autre extrémité à la sclérotique. — Les parties protectrices de l'œil sont : l'orbite, les sourcils, les paupières et l'*appareil lacrymal*. L'orbite est la cavité presque entièrement osseuse et conique qui maintient l'organe de la vision; elle est percée en son sommet d'une cavité pour laisser passer le nerf optique qui se rend dans le globe de l'œil dont il occupe la partie élargie. Les paupières situées en avant de l'orbite, sont munies de cils destinés à écarter les atomes de poussière ; elles sont tapissées d'une membrane muqueuse appelée *conjonctive*, qui se réfléchit aussi sur le globe de l'œil. (Voy. Conjonctive.) La paupière supérieure, plus longue et plus mobile que la paupière inférieure, contient un muscle qui la relève ou la laisse retomber au-devant de l'œil; des glandes spéciales versent sur la base des cils une matière onctueuse propre à les unir en une sorte de rideau protecteur. A l'angle interne de l'œil, les paupières forment ce que l'on appelle le *larmier*. L'appareil lacrymal se trouve au côté externe de l'œil ; c'est une glande d'une conformation analogue à celle des glandes salivaires qui verse les larmes sous la paupière supérieure ; ces larmes se répandent en nappe sur toute la face antérieure de l'œil et sont dirigées vers le larmier par les mouvements des paupières. Le larmier se trouve à l'angle interne des paupières où l'on remarque un organe charnu appelé *caroncule*. A chacun des angles de l'anse formée par le larmier se voit un pore appelé *point lacrymal*, par où les larmes s'écoulent dans le *canal nasal*; après avoir servi à la vision en lubrifiant le globe de l'œil, elles vont servir à l'olfaction en humectant la membrane pituitaire. — Pour comprendre le mécanisme de la vision, il est nécessaire de posséder les principales notions d'*optique*. (Voy. ce mot.) L'œil peut être considéré comme une chambre noire tapissée par la rétine. Le cristallin remplit l'office d'une lentille qui reproduit sur la rétine l'image des objets. Les rayons lumineux traversent la cornée et sont réfractés par elle; la pupille, se dilatant ou se contractant, mesure la quantité de rayons nécessaires à la vision parfaite ; le cristallin rassemble ces

rayons et les fait converger à travers le corps vitré jusqu'à la rétine sur laquelle se peint l'image renversée de l'objet. Le nerf optique transmet au sensorium l'impression reçue par la rétine. Le pouvoir par lequel l'œil reçoit instantanément l'impression des différences de distances repose sur un changement de courbure du cristallin, ce corps devenant plus convexe, et, conséquemment plus réfractif lorsqu'il est frappé par l'image d'objets rapprochés, et moins convexe quand il est frappé par la lumière d'objets plus éloignés. Lorsque la cornée ou le cristallin est trop convexe, les rayons convergent, et le foyer, au lieu de se former sur la rétine, a lieu en avant de celle-ci et produit une image confuse : c'est la *myopie*. Au contraire, si les rayons lumineux ne sont pas assez convergents, l'image se forme au delà de la rétine : c'est la *presbytie*. (Voy. Lunette.) Outre ces défauts de conformation de l'œil, l'organe de la vision peut être affecté de différentes maladies dont les principales sont : la *blépharite*, l'*ophtalmie*, la *conjonctivite*, la *kératite*, le *ptérigion*, l'*iritis*, l'*amaurose*, la *cataracte*, etc. — Par exag. Les yeux lui sortent de la tête, se dit en parlant d'une personne qui a de forts gros yeux, ou dont les yeux sont enflammés de fureur. — Ce cheval a l'œil vairon, il a un œil dont la prunelle est entourée d'un cercle blanchâtre ; ou il a un œil d'une façon, et un d'une autre. — Ce poisson a deux pieds entre œil et bat, il a deux pieds entre les yeux et la queue. — Œil de verre, œil artificiel de verre ou d'émail, qu'on met à la place d'un œil naturel. — Un bel œil, de beaux yeux, deux yeux, une belle femme : *il est épris de deux beaux yeux.* — L'organe de la vue, considéré comme l'indice des qualités et des défauts de l'esprit ou du caractère, des passions et des sentiments : *avoir l'œil spirituel, malin, doux, tendre.*

> *Le ciel est dans ses yeux, l'enfer est dans son cœur.*
> La Henriade.

— Action de la vue, manière de : *arrêter, fixer, jeter, porter ses yeux sur quelqu'un, sur quelque chose.* — Je n'ai fait que jeter les yeux sur cette brochure, je n'ai fait que la parcourir superficiellement. — Dévotion. L'œil de Dieu voit tout, pénètre tout, perce le fond des abîmes, etc., il n'y a rien de caché à Dieu. — Coup d'œil, regard prompt et de peu de durée : *jeter un coup d'œil sur quelqu'un, sur quelque chose.* On l'emploie quelquef. au fig. : *jetons un coup d'œil sur les événements remarquables de cette période* — Avoir le coup d'œil excellent, voir promptement le parti qu'on doit prendre dans une circonstance inopinée ; et, en général, discerner rapidement ce qu'il y a d'important, d'intéressant dans les affaires. On dit, à peu près, dans le même sens, et absol. Avoir du coup d'œil. — Coup d'œil, se dit aussi de la vue d'un paysage, d'un aspect d'un édifice, d'une assemblée, etc. : *le coup d'œil en est beau.* — Le premier coup d'œil, ce qu'on voit d'abord, ce qui s'offre d'abord à la vue : *au premier coup d'œil, sa figure déplaît.* — Clin d'œil, mouvement de la paupière qu'on baisse et qu'on relève au même instant : *faire un clin d'œil.* — En un clin d'œil, en moins d'un clin d'œil, en un moment, en fort peu de temps : *en un clin d'œil, en moins d'un clin d'œil, ils avaient tous disparu.* — Fam. C'est l'affaire d'un clin d'œil, cela fut fait d'un clin d'œil, se dit d'une chose qui doit se faire ou qui a été faite très promptement. — Au plur. Se dit quelquef. fig. et fam., pour lunettes : *il porte ses yeux dans sa poche.* — Signifiant l'organe de la vue, l'action de la vue, le regard, s'emploie dans un grand nombre de manières de parler propres ou figurées. — Aimer quelqu'un comme ses yeux, plus que ses yeux, l'aimer beaucoup, l'aimer tendrement. — Fig. et fam. AVOIR DES YEUX, ne pas être dupe, s'apercevoir de ce qui se passe : *j'ai des yeux, Dieu merci, et l'on ne me trompe pas facilement.* — AVOIR DE BONS YEUX, voir promptement et distinctement de certaines choses qui échapperaient aux autres : *ce joaillier se connaît bien en diamants, il a de bons yeux.* Fig. et au sens moral : *les défauts de cet homme ne lui ont point échappé, il a de bons yeux.* — Fig. AVOIR DES YEUX D'AIGLE, avoir les yeux vifs et perçants; et, au sens moral, avoir une grande pénétration d'esprit. — AVOIR DES YEUX DE LYNX, voir, découvrir les objets de loin; et, au sens moral, voir clair dans les affaires, dans les desseins, dans les pensées des autres. — AVOIR DES YEUX D'ARGUS, être fort vigilant, observer tout avec soin, exercer une active surveillance. — AVOIR DES YEUX AU BOUT DES DOIGTS, avoir le tact très fin, faire avec habileté des ouvrages de la main très délicats. — AVOIR DES YEUX DE BŒUF, avoir de gros yeux. AVOIR DES YEUX DE CHAT, avoir les yeux entre gris et roux. — AVOIR LES YEUX PLUS GRANDS QUE LE VENTRE, annoncer un appétit vorace, et se trouver bientôt rassasié. — AVOIR LES YEUX MALADES, LES YEUX BOUCHÉS, LES YEUX DE TRAVERS, ne pas voir les choses telles qu'elles sont et qu'elles paraissent à ceux qui ont de bons yeux. On dit de même à une personne à qui l'on reproche de n'avoir pas aperçu ce qui devait la frapper : *où aviez-vous donc les yeux? Aviez-vous les yeux aux talons?* — Pop. AVOIR LES YEUX POCHÉS, LES YEUX AU BEURRE NOIR, LES YEUX EN COMPOTE, les avoir livides et meurtris de quelque coup, rouges et malades de quelque fluxion. — AVOIR L'ŒIL A QUELQUE CHOSE, SUR QUELQUE CHOSE, en avoir soin, y veiller, y prendre garde : AVOIR L'ŒIL SUR QUELQU'UN, prendre garde à sa conduite : *j'aurai l'œil à cela.* — AVOIR LES YEUX SUR QUELQU'UN, le regarder, l'observer attentivement. Se dit au sens physique et au sens moral : *on était charmé de le revoir, tout le monde avait les yeux sur lui.* — AVOIR L'ŒIL EXERCÉ, avoir acquis, par l'habitude de regarder attentivement, la faculté de voir bien et promptement. Se dit au sens physique et au sens moral : *pour bien corriger ces épreuves, il faut avoir l'œil très exercé.* — AVOIR L'ŒIL AU GUET, prendre garde à tout ce qui se passe, afin d'en profiter ou de s'en garantir suivant l'occurrence. — AVOIR UN ŒIL AUX CHAMPS ET L'AUTRE A LA VILLE, prendre garde à tout, être attentif à tout. — AVOIR LE MAUVAIS ŒIL, dans quelques pays, de la faculté attribuée à certains individus de porter malheur à ceux qu'ils regardent. — AVOIR BON PIED, BON ŒIL, être vigoureux, se porter bien. Ne se dit guère que d'une personne qui commence à n'être plus jeune : *il est un peu âgé, mais il a bon pied, bon œil.* — Etre vigilant, se tenir sur ses gardes : *en ces sortes d'affaires et avec des gens-là, il faut avoir bon pied bon œil.* On dit quelquefois par ellipse, BON PIED, BON ŒIL, prenez garde à vous. — AVOIR LE COMPAS DANS L'ŒIL, mesurer presque aussi juste à l'œil qu'on pourrait le faire avec un compas. — AVOIR UN BANDEAU SUR LES YEUX, être préoccupé de quelque passion, de quelque prévention qui empêche de juger sainement des choses. — AVOIR QUELQUE CHOSE DEVANT LES YEUX, avoir la pensée tellement remplie, qu'on en fasse la règle de sa conduite : *il a son devoir, il a l'honneur devant les yeux.* — Au sens moral, BLESSER LES YEUX, déplaire, causer du chagrin, de la jalousie, etc. : *l'indécence de ces figures, la saleté de cet appartement blesse les yeux.* — CONSERVER UNE CHOSE COMME LA PRUNELLE DE L'ŒIL, COMME LA PRUNELLE DE SES YEUX, la conserver soigneusement, précieusement. — COUVER DES YEUX UNE PERSONNE, UNE CHOSE, regarder cette personne, cette chose avec intérêt, avec complaisance : *il couve des yeux son fils.* — CREVER LES YEUX, se dit d'une chose tellement en vue, qu'il soit en quelque façon impossible de ne pas la voir : *vous cherchez votre livre, il vous crève les yeux.* S'emploie aussi au sens moral : *vous disputez à tort; la chose est évidente, elle crève les yeux.* — DESSILLER LES YEUX A QUELQU'UN, le désabuser, le détromper, lui faire voir clair sur quelque chose. — DONNER DANS LES YEUX DE QUELQU'UN A QUELQU'UN, l'éblouir, le tenter, le séduire par un certain éclat : *depuis que la fortune lui a donné dans les yeux, il brûle de s'enrichir.* — DONNER DANS L'ŒIL A QUELQU'UN, faire une impression vive sur lui par des agréments extérieurs : *cette femme lui a donné dans l'œil.* — ETRE PRÈS DE S'ARRACHER LES YEUX, se dit de deux personnes qui ont ensemble une altercation violente. On dit dans le même sens, SE MANGER LES YEUX, LE BLANC DES YEUX. On dit aussi, SE SAUTER AUX YEUX. — FAIRE LES DOUX YEUX, LES YEUX DOUX A UNE PERSONNE, lui témoigner de l'amour par ses regards. — FASCINER LES YEUX, les éblouir par des tours de subtilité. Signifie aussi, tromper par un faux éclat, par une fausse apparence. — Fig. et fam. ETRE TOUT YEUX, épier, surveiller avec vigilance. On dit aussi, ETRE TOUT YEUX, TOUT OREILLES. — FAIRE DE L'ŒIL A UNE PERSONNE, lui jeter des œillades, lui faire quelque signe des yeux. — Fam. FAIRE LES GROS YEUX A QUELQU'UN, le réprimander. — Fig. FERMER LES YEUX SUR QUELQUE CHOSE, faire semblant de ne pas s'en apercevoir : *il ferme les yeux sur les fautes de son enfant, pour n'être pas obligé de le punir.* Se refuser à voir ce qui est évident, à croire ce qui est prouvé : *il ferme les yeux à la vérité.* — FERMER LES YEUX DE QUELQU'UN, A QUELQU'UN, l'assister à ses derniers moments : *il est arrivé assez à temps pour fermer les yeux de son père, pour lui fermer les yeux.* — FERMER LES YEUX, mourir : *lorsque mon père eut fermé les yeux, je songeai à remplir fidèlement ses dernières volontés.* — FRAPPER LES YEUX, être fort visible : *cette tache frappe les yeux, et vous ne la voyez pas.* Se dit au sens moral, et signifie, être évident : *cette vérité frappe les yeux, et vous hésitez à la reconnaître!* — JETER DE LA POUDRE AUX YEUX, éblouir, surprendre par quelque éclat extérieur, par quelque apparence trompeuse. — JETER LES YEUX SUR QUELQU'UN POUR QUELQUE CHOSE, songer à lui par rapport à cette chose : *on a jeté les yeux sur lui pour cet emploi, pour cette commission.* — LA CHRONOLOGIE ET LA GÉOGRAPHIE SONT LES YEUX DE L'HISTOIRE, la connaissance des dates et des lieux est d'un secours indispensable pour l'étude de l'histoire. — LES YEUX FERMÉS, LES YEUX CLOS, n'avoir besoin du secours de la vue : *je connais si bien le chemin, que j'irais les yeux fermés.* On dit au sens moral, lorsque, par confiance en quelqu'un, on fait ce qu'il désire, sans vouloir rien examiner après lui : *il signa le contrat les yeux fermés, les yeux fermés.* — L'ŒIL DU MAÎTRE ENGRAISSE LE CHEVAL, quand un maître va voir souvent ses chevaux les valets en prennent plus de soin. Fig. Quand on surveille soi-même ses affaires, elles en vont mieux. — LOIN DES YEUX, LOIN DU CŒUR, ordinairement l'absence détruit ou refroidit les affections. — MANGER, DÉVORER QUELQU'UN DES YEUX, attacher sur lui, avec plaisir, des regards attentifs et en quelque sorte avides. On dit dans le même sens, MANGER, DÉVORER QUELQUE CHOSE DES YEUX. — METTRE UNE CHOSE SOUS LES YEUX DE QUELQU'UN, la soumettre à son examen, à sa décision : *on a mis votre demande sous les yeux du roi, sous les yeux du ministre.* — N'AVOIR DES YEUX QUE POUR UNE PERSONNE, n'avoir d'affection que pour elle, lui accorder une préférence exclusive : *elle n'a des yeux que pour son fils aîné, ses autres enfants lui sont presque indifférents.* — NE POUVOIR FERMER L'ŒIL, N'AVOIR PAS FERMÉ L'ŒIL, LES YEUX, DE TOUTE LA NUIT, ne pouvoir dormir, n'avoir pu reposer de toute la nuit. — NE DORMIR QUE D'UN ŒIL, n'être qu'à moitié endormi de manière à se réveiller au moindre bruit, au moindre danger. — NE RIEN VOIR QUE PAR LES YEUX D'AUTRUI, ne connaître les choses, n'en juger que par le rapport d'autrui; ne trouver rien de bien ou de mal que suivant le jugement qu'en fait la personne pour qui on est prévenu. — ŒIL POUR ŒIL, DENT POUR DENT, se dit en parlant de la peine du talion, qui consiste à traiter un coupable de la même manière qu'il a traité ou voulu traiter les autres. — Fig. OUVRIR LES YEUX, regarder : *ouvrez les yeux, et vous verrez que cette étoffe est verte.* Au sens moral, cette locution signifie, découvrir des choses que la prévention avait empêché de voir : *j'ai longtemps été sa dupe; mais enfin j'ai ouvert les yeux.* — OUVRIR LES YEUX, FAIRE OUVRIR LES YEUX A QUELQU'UN SUR QUELQUE CHOSE, lui donner sur cette chose des connaissances qu'il n'avait pas : *il m'a ouvert les yeux sur les beautés de cet ouvrage, sur les avantages de cette affaire.* — OUVRIR DE GRANDS YEUX, être très étonné : *quand je lui ai parlé de cela, il a ouvert de grands yeux.* — PLEURER D'UN ŒIL ET RIRE DE L'AUTRE, être partagé entre le chagrin et la joie. — POUR LES BEAUX YEUX DE QUELQU'UN, pour lui, en vue de lui faire plaisir : *je ne veux point me compromettre pour vos beaux yeux, pour ses beaux yeux.* Gratuitement : *croit-il que je le logerai chez moi pour ses beaux yeux?* — SAUTER AUX YEUX, être évident, manifeste : *il y a dans cet ouvrage des défauts qui sautent aux yeux.* — SE BATTRE L'ŒIL DE QUELQUE CHOSE, DE QUELQU'UN, s'en soucier peu, s'en moquer, n'en faire aucun cas : *je m'en bats l'œil.* — SUIVRE QUELQU'UN DE L'ŒIL, faire attention à sa conduite, à ses démarches. — VOIR UNE PERSONNE, UNE CHOSE DE BON ŒIL, DE MAUVAIS ŒIL, la voir avec satisfaction ou avec déplaisir, avec affection ou avec inimitié : *avant notre démêlé, il me voyait de bon œil.* — VOIR UNE PERSONNE, UNE CHOSE D'UN ŒIL INDIFFÉRENT, JALOUX, DÉDAIGNEUX, CHAGRIN, D'UN ŒIL DE PITIÉ, DE COMPASSION, D'ENVIE, DE CONCUPISCENCE, DE MÉPRIS, D'INDIGNATION, DE COLÈRE, etc., voir cette personne, cette chose avec indifférence, avec des sentiments de jalousie, de dédain, de chagrin, de pitié, etc. On dit aussi au pluriel : *voir avec des yeux indifférents, jaloux, avec des yeux d'envie, de pitié,* etc. On dit de même : *regarder d'un œil indifférent, jaloux, ou avec des yeux jaloux,* etc. — VOIR UNE CHOSE D'UN ŒIL SEC, voir sans s'affliger une chose qui est propre à causer de l'affliction : *il a vu d'un œil sec la mort de son ami, la perte de sa fortune.* — VOIR LES CHOSES D'UN AUTRE ŒIL, AVEC D'AUTRES YEUX QU'AUPARAVANT, les voir avec des sentiments différents de ceux qu'on avait. — VOIR UNE CHOSE PAR LES YEUX DE L'ESPRIT, l'examiner par la raison; et, LA VOIR PAR LES YEUX DE LA FOI, la considérer avec les dispositions, les sentiments que donne la foi. Cette dernière phrase se dit aussi, par ext. et iron., pour donner à entendre qu'on ne veut pas contester une chose, mais qu'on ne la conçoit pas : *il faut donc voir cela des yeux de la foi.* — VOIR TOUT PAR SES YEUX, ne s'en rapporter qu'à soi pour voir les choses et pour en juger. — VOIR UNE PAILLE DANS L'ŒIL DE SON PROCHAIN, ET NE PAS VOIR UNE POUTRE DANS LE SIEN, s'apercevoir aisément des défauts d'autrui, quelque légers qu'ils puissent être, et ne pas voir les siens, quelque grands qu'ils soient. Pour les locutions adv. et prépos., voyez à la fin de l'article. — Ouvertures pratiquées dans quelques outils ou instruments : *l'œil d'un marteau, d'une meule,* etc. — L'ŒIL D'UNE GRUE, D'UNE CHÈVRE, D'UN ENGIN, le trou par où passent les câbles. — Archit. ŒIL DE DÔME, couverture ronde qui est au haut de la coupole d'un dôme. L'ŒIL DE LA VOLUTE, le milieu de la volute du chapiteau ionique. — Au plur. Certains vides, certains trous qui se trouvent dans la mie du pain et dans plusieurs espèces de fromages : *un pain qui a des yeux, qui a de grands yeux.* — Certaines marques de graisse qu'on aperçoit dans le bouillon : *ce bouillon est très gras, il a beaucoup d'yeux.* — Jardin. et Bot. Bouton, petite excroissance qui paraît sur une tige ou sur une branche d'arbre, et qui annonce une feuille, une branche, un fruit. Particul. Endroit par où sort le petit bourgeon de la vigne et des arbres fruitiers. — TAILLER A DEUX YEUX, A TROIS YEUX, laisser sur la branche que l'on coupe, deux, trois boutons à fruit. — ENTER A ŒIL POUSSANT, à ŒIL DORMANT, greffer en écusson, à la première, à la seconde sève. — Fig. Lustre des étoffes, éclat des pierreries, nuance d'une couleur ; ce en sens, il n'est d'usage qu'au singulier : *ces perles n'ont pas un bel œil.* — CE VIN A UN ŒIL LOUCHE, il a une couleur un peu trouble. — CETTE AFFAIRE A UN ŒIL LOUCHE, elle a quelque chose de suspect, une apparence peu satisfaisante. — UN ŒIL DE POUDRE, une légère teinte de poudre mise sur les cheveux : *il n'a qu'un œil de poudre.* — Typogr. Relief de la lettre, partie saillante du caractère qui laisse son empreinte sur le papier : *cicéro gros œil ; cicéro petit œil ; œil ordinaire.* — Ensemble que présentent à la vue les caractères imprimés : *ce caractère manque d'œil ; cette impression n'a pas d'œil.* — Entre dans les dénominations vulgaires de diverses productions naturelles. (Voy. à leur ordre alphabétique : ŒIL-DE-BOUC, ŒIL-DE-CHÈVRE, ŒIL-D'OR, ŒIL-DE-CHAT, ŒIL-DE-SERPENT, ŒIL-DE-PERDRIX, etc.) — VIN COULEUR D'ŒIL DE PERDRIX, couleur de, VIN ŒIL DE PERDRIX, vin qui a une légère teinte de rouge. — ∾ SE METTRE LE DOIGT DANS L'ŒIL, ne pas voir juste. — OUVRIR L'ŒIL, veiller attentivement. — TAPER A L'ŒIL, borgne. — TAPER DE L'ŒIL, dormir. — TOURNER DE L'ŒIL, mourir. — MON ŒIL, non. (C'est une formule négative très naturaliste, qui s'accompagne de l'application du bout de l'index sous la paupière inférieure.) — Crédit : *il a l'œil dans telle boutique ;*

Ma bourse est en deuil,
Pour juin bombance
Bien heureux qu'a l'œil.
          J. GOISET, chans.

— FAIRE L'ŒIL, OUVRIR UN ŒIL, vendre à crédit, ouvrir un crédit. — *A L'ŒIL* loc adv. Avec l'œil, à la vue. CETTE CHOSE SE VOIT A L'ŒIL, ON EN JUGE A L'ŒIL, il suffit de la regarder pour la connaître, pour en juger. — Opt. A L'ŒIL NU, avec l'œil seulement, sans le secours d'une lunette, d'un microscope : *on ne peut apercevoir ces insectes à l'œil nu.* — FAIRE LA GUERRE A L'ŒIL, observer avec soin toutes les démarches de ceux avec qui l'on a quelque chose à démêler, afin de profiter des conjonctures. — FAIRE TOUCHER UNE CHOSE AU DOIGT ET A L'ŒIL, la démontrer clairement, en convaincre par des preuves indubitables, telles que sont ordinairement celles de la vue et du toucher. CETTE MONTRE VA AU DOIGT ET A L'ŒIL, elle est fort mauvaise, et il faut toucher souvent à l'aiguille pour la mettre sur l'heure. — ∾ A crédit : *on vend à l'œil.* — *A vue d'œil* loc. adv. Autant qu'on en peut juger par la vue seule : *je n'ai jugé de cette distance qu'à vue d'œil et sans la mesurer.* — Visiblement, et se dit, par exag. en parlant des choses dans lesquelles il arrive quelque changement qui est imperceptible aux yeux pendant qu'il s'opère, mais qui ne laisse pas d'être sensible au bout d'un temps très court : *cet enfant croît à vue d'œil ; cette femme embellit à vue d'œil.* — *Aux yeux, sous les yeux* loc. préposit. Sous les regards, en présence : *cela s'est passé aux yeux de toute la ville, sous les yeux de toute la ville.* — Fig. et au sens moral, suivant la manière de voir, selon le sentiment : *aux yeux du monde, la vertu est quelquefois ridicule.* — Entre deux

yeux, entre les deux yeux loc. adv. Fixement. Ne s'emploie que dans cette phrase familière, REGARDER QUELQU'UN ENTRE DEUX YEUX, ENTRE LES DEUX YEUX, avoir les yeux fixés sur les siens : *je l'ai regardé entre les deux yeux, et j'ai vu qu'il se troublait.* — *Entre quatre yeux* loc. adv. (On prononce ordinairement, par euphonie, *entre quatre-z-yeux*.) Tête à tête : *je lui dirai cela entre quatre yeux.* (Fam.) — *Par-dessus les yeux* loc. adv. et fig. Plus qu'on n'en peut faire ou supporter : *j'ai des affaires par-dessus les yeux, jusque par-dessus les yeux.* (Fam.) — Non plus ou Pas plus que dans mon œil loc. adv. Point du tout. On dit aussi, CE QU'IL EN TIENDRAIT DANS L'ŒIL, pour exprimer une très petite quantité. (Pop.)

° ŒIL-DE-BŒUF s. m. Archit. Fenêtre ronde ou ovale. Dans cette acception, on dit au pluriel, DES ŒILS-DE-BŒUF : *les œils-de-bœuf de la cour du Louvre sont ornés de sculptures.* — Absol. L'ŒIL-DE-BŒUF se disait autrefois, à Versailles, de l'antichambre du grand appartement, qui était éclairée par un œil-de-bœuf, et où les courtisans se rassemblaient avant d'entrer chez le roi : *cet homme ne quittait point l'Œil-de-bœuf.*—Chroniques de l'Œil-de-bœuf, compilation de Touchard-Lafosse, publiée en 1829-33 (8 vol.) et plusieurs fois réimprimée.

° ŒIL-DE-BOUC s. m. Moll. Nom vulgaire de diverses patelles qui se trouvent sur nos côtes. — pl. DES ŒILS-DE-BOUC.

° ŒIL-DE-CHAT s. m. Bot. Nom vulgaire du fruit du bonduc. — Nom vulgaire du corindon nacré, caractérisé par son aspect gris verdâtre. — pl. DES ŒILS-DE-CHAT.

° ŒIL-DE-CHÈVRE s. m. Moll. Nom vulgaire d'une espèce d'hélice. — Bot. Nom vulgaire des œgilops. — pl. DES ŒILS-DE-CHÈVRE.

ŒIL-DE-LIÈVRE s. m. Méd. Contraction de la paupière qui empêche de fermer l'œil entièrement. — pl. DES ŒILS-DE-LIÈVRE.

° ŒIL-DE-PERDRIX s. m. Mar. Pavillon de signaux dont le milieu est un carré bleu ceint de bandes blanches qu'entourent des bandes aurores. — Méd. Sorte de cor qui se forme entre les doigts des pieds. — pl. DES ŒILS-DE-PERDRIX.

ŒIL-DE-PIE s. m. Mar. Nom donné à des trous percés dans les bandes des voiles près de la ralingue, pour passer les garcettes. — pl. DES ŒILS-DE-PIE.

° ŒIL-DE-SERPENT s. m. Petite pierre de peu de valeur, qu'on monte en bague, et qui a quelque ressemblance avec un œil de serpent. — pl. DES ŒILS-DE-SERPENT.

° ŒIL-D'OR s. m. Icht. Espèce de poisson que l'on appelle aussi *crénilabre* (lutjanus chrysops). — pl. DES ŒILS-D'OR.

° ŒILLADE s. f. [eu-ia-de ; *ll* mll.]. Regard, coup d'œil jeté comme furtivement, à dessein et avec une expression marquée, en signe de tendresse ou de bienveillance : *jeter des œillades à la dérobée ; lancer une œillade amoureuse.*

ŒILLADER v. a. Faire des œillades.

ŒILLARD s. m. Tech. Trou percé au centre d'une meule pour recevoir une tige de fer.

ŒILLER v. a. Faire des œillets.

° ŒILLÈRE adj. f. [eu-iè-re ; *ll* mll.]. N'est guère usité que dans cette expression, DENTS ŒILLÈRES, dents de la mâchoire supérieure, qui sont entre les incisives et les molaires : on les nomme plus exactement DENTS CANINES. — s. f. *On lui a arraché une œillère.*

° ŒILLÈRE s. f. Chacune des deux petites pièces de cuir que l'on attache à la têtière d'un cheval, pour l'empêcher de voir de côté, l'assujettir à regarder devant lui, et lui garantir les yeux des coups de fouet. — Espèce

de petit bassin ovale, monté sur un pied, dont on se sert pour se baigner les yeux.

° ŒILLET s. m. [eu-iè ; *ll* mll.]. Petit trou entouré de fil, de soie, etc., qu'on fait à du linge, à des habits, pour passer un lacet. une aiguillette, un cordon, etc. : *faire des œillets à un corset, à des brodequins.*

ŒILLET s. m. Sorte de fleur odoriférante : *œillet simple, double, panaché.* — Se prend aussi pour la plante même : *planter, lever des œillets.* — ŒILLETS D'ESPAGNE, sorte de petits œillets qui sont d'un rouge fort vif. ŒILLETS DE POÈTE, autre sorte d'œillets, encore plus petits, qui viennent dans les bois. — ŒILLET D'INDE, sorte de fleur d'automne, dont la corolle veloutée tire sur l'orangé, et qui a une odeur forte et peu agréable. — ENCYCL. Les œillets forment un genre de silénées caryophillées, comprenant environ 150 espèces de plantes herbacées, vivaces, à tiges noueuses, très cassantes à leurs nœuds, d'où naissent des feuilles opposées, aiguës, glauques et canaliculées ; à fleurs disposées au sommet des tiges ou des rameaux, ordinairement d'une odeur très agréable, et de couleurs variées. Plusieurs espèces sont cultivées depuis longtemps dans nos jardins ; l'une des plus populaires est l'*œillet barbu* (dianthus barbatus), appelé aussi *œillet de poète, œillet bouquet* ou *jalousie*, dont les fleurs sont petites, roses ou rouges ou panachées de blanc. Il a produit plusieurs variétés de nuances diverses. Cette jolie plante se trouve en Europe dans les lieux secs et stériles. L'*œillet très joli* (dianthus pulcherrimus) nous vient de la Chine. L'*œillet des Chartreux* (dianthus Cartusianorum) abonde dans les pâturages secs de toute l'Europe ; ses fleurs sont rouges et disposées en faisceaux terminaux. L'*œillet velu* (dianthus armeria) est annuel et se trouve aux environs de Paris.

Œillet des fleuristes.

Œillet barbu (dianthus barbatus).

L'*œillet arbuscule* (dianthus arbuscula), de Chine, introduit chez nous vers 1824 ; à les tiges pourprées, les fleurs en panicules avec les pétales dentées rouges intérieurement et d'un gris violacé à l'extérieur. L'*œillet géant* (dianthus giganteus) a des fleurs d'un beau pourpre. L'*œillet des fleuristes* (dianthus caryophyllus), appelé aussi *œillet girofle*, par allusion à l'odeur de ses fleurs, est l'espèce la plus importante à cause de ses variétés aussi riches que nombreuses. Il a été longtemps le favori des horticulteurs. Il est originaire de l'Europe méridionale et centrale, où on le trouve dans les fentes des rochers. L'œillet de Chine (dianthus Sinensis) ou œillet régence, est bisannuel, à fleurs rouge vif, solitaires et rapprochées en bouquet. L'œillet de Montpellier (dianthus Monspessulanus), originaire des Alpes, des Pyrénées et de l'Auvergne, porte des fleurs purpurines. L'œillet superbe (dianthus superbus), vivace, haut de 50 à 60 centim., donne des fleurs blanches ou roses, à pétales frangées; il croît en abondance dans les Alpes et les Pyrénées. On le recherche dans nos jardins. L'œillet mignardise ou œillet plumeux (dianthus plumarius), haut de 15 à 20 centim., à feuilles linéaires, à fleurs simples ou doubles, présentant toutes les teintes du blanc au rouge, et originaire d'Europe, a produit la belle variété appelée mignardise couronnée, à fleurs blanches, d'un pourpre foncé à la circonférence. — Hortic. Les œillets se cultivent dans une terre bien ameublie; ils redoutent surtout l'humidité. On les multiplie par semis, et très facilement par marcotte. Les variétés les plus recherchées sont: l'œillet grenadin, d'un rouge foncé, utilisé par les parfumeurs et les liquoristes; l'œillet Joseph, moitié blanc, moitié rouge; l'œillet blanc pur; l'œillet gris ardoisé; l'œillet de bois ou prolifère à grandes fleurs rouges ou mélangées de rouge et de blanc; l'œillet jaune, appelé aussi œillet de Condé, à pétales très découpées sur les bords; l'œillet flamand ou œillet d'amateur, à pétales fond blanc pur, nuancé de rose, de rouge ou de violet en bandes parfaitement nettes. — RATAFIA D'ŒILLET. On fait macérer pendant 15 jours dans de l'alcool à 22° des fleurs d'œillet rouge. (500 gr. pour 2 litres d'alcool), on ajoute 2 gr. de cannelle, 2 gr. de girofle et un sirop fait avec un kilogr. de sucre.

* **ŒILLETON** s. m. Rejeton d'œillet, marcotte d'œillets: ôter les œilletons d'un pied d'œillet. — Bourgeons que poussent les racines de certaines plantes, telles que les artichauts, et qu'on détache afin de multiplier ces plantes: lever des œilletons d'artichaut.

ŒILLETONNER v. a. Détacher les œilletons.

* **ŒILLETTE** s. f. [Il mll.] (lat. oleum, huile). Nom vulgaire du pavot cultivé, dont on tire de l'huile. — HUILE D'ŒILLETTE, huile comestible que l'on extrait des graines de l'œillette.

ŒLAND [eu'-lanndd], île de la Baltique, appartenant à la Suède, dont elle est séparée par un détroit appelé Calmar Sound; 1,349 kil. carr.; 45,000 hab. Elle est fameuse par ses tout petits chevaux. Capit., Borgholm.

ŒLS [eulss], ville de la Silésie prussienne, à 46 kil. N.-E. de Breslau; 8,856 hab. C'est la capitale d'une principauté médiatisée, autrefois duché, qui a une population totale d'environ 170,000 âmes. Grandes fabriques de tissus.

ŒNANTHE s. m. [é-nan-te] (gr. oinos, vin; anthos, fleur). Bot. Genre d'ombellifères renfermant plusieurs espèces d'herbes glabres, la plupart aquatiques, à fleurs blanches disposées en ombelles composées. Quatre espèces croissent aux environs de Paris. La plus commune est l'œnanthe ciguë aquatique (œnanthe fellandrium) bisannuelle, commune dans les étangs et les fossés. Ses propriétés vénéneuses la rendent quelquefois dangereuse pour les bestiaux. — L'œnanthe fistuleuse (œnanthe fistulosa), très abondante dans les marais, en été, n'est pas moins redoutable pour les animaux domestiques. L'œnanthe safranée (œnanthe crocata) croît dans les étangs et sur le bord des rivières de l'O. de l'Europe. Ses racines sont tubéreuses; ses tiges, rousâtres et rameuses, contiennent un suc jaune safrané. Toutes ses parties sont vénéneuses.

ŒNANTHINE s. f. (gr. oinos, vin: anthos, fleur). Chim. Substance à laquelle certains vins doivent leur arome.

ŒNANTHIQUE adj. Qui appartient au vin.

ŒNANTHYLE s. m. Chim. Radical de l'acide œnanthique.

ŒNICOLE adj. (gr. oinos, vin; lat. colo, je cultive). Qui s'occupe du vin; qui en fait le commerce.

ŒNOCARPE s. m. (gr. oinos, vin; karpos, fruit). Bot. Genre d'arécinées comprenant cinq ou six espèces de palmiers des forêts de l'Amérique.

ŒNOLINE s. f. Matière colorante du vin rouge.

ŒNOLIQUE adj. Pharm. Qui a le vin pour excipient.

* **ŒNOLOGIE** s. f. (gr. oinos, vin; logos, parole). Art de faire le vin; traité sur cette matière.

ŒNOLOGIQUE adj. Qui se rapporte à l'œnologie.

ŒNOLOGISTE s. m. Celui qui écrit sur les vins. On dit aussi ŒNOLOGUE.

ŒNOLOTIF, IVE adj. Pharm. Se dit d'une préparation pharmaceutique qui contient du vin.

* **ŒNOMANCIE** s. f. (gr. oinos, vin; manteia, divination). Antiq. Divination qui se faisait avec le vin destiné aux libations.

ŒNOMEL s. m. (oinos, vin; meli, miel). Vin mélangé de miel; vin miellé.

* **ŒNOMÈTRE** s. m. (gr. oinos, vin; metron, mesure). Instrument pour mesurer le degré de force du vin.

ŒNOMÉTRIE s. f. Usage de l'œnomètre; art de s'en servir.

ŒNOPHILE s. et adj. (gr. oinos, vin; philein, aimer). Qui aime le vin.

* **ŒNOPHORE** s. m. (gr. oinos, vin; pheró, je porte). Antiq. Grand vase où les anciens mettaient du vin. Officier qui avait soin du vin, qui portait le vin.

ŒNOTHÈRE s. m. (gr. onothéras; de onos, âne; théra, proie). Bot. (Voy. ONAGRE.)

ŒNOTRIE, Œnotria, nom donné par les anciens à l'Italie méridionale en mémoire d'Œnotrus.

ŒNOTRUS, fils de Lycaon, roi d'Arcadie, il conduisit dans l'Italie méridionale une colonie de Pélasges arcadiens environ 17 siècles av. J.-C.

ŒREBRO [eu-ré-bro], ville de Suède, ch.-l. de la province du même nom à l'extrémité occidentale du lac Hielmar; à 160 kil. O. de Stockholm; 14,000 hab.; c'est une ville d'une haute antiquité. Manufactures de draps et de bonneteries. Lors de la diète d'Œrebro (1529), le luthéranisme fut déclaré religion du royaume de Suède. Le 21 août 1810 Bernadotte fut élu dans cette ville prince héritier du trône et, deux ans plus tard, un traité y fut signé pour l'alliance entre la Suède, l'Angleterre et la Russie.

ŒRSTED (Anders-Sando), [eur'-stèd] homme d'État danois, né en 1778, mort en 1860. Il fut avocat-général en 1825, membre du cabinet de 1841 à 1848 et premier ministre de 1853 à 1854. Il a écrit différents ouvrages, y compris son autobiographie et plusieurs travaux philosophiques.

ŒRSTED (Hans-Christian), naturaliste danois, frère du précédent, né en 1777, mort le 9 mars 1851. Il dirigea une pharmacie en 1800 et fit des découvertes importantes sur l'action des acides pendant la production de l'électricité galvanique. En 1806, il devint professeur de physique à l'université de Copenhague, et, en 1809, il publia son Manuel

de Physique mécanique. En 1812, il publia un ouvrage tendant à montrer l'identité du magnétisme et de l'électricité. En juillet 1820, il proclama la découverte de cette identité, découverte qu'il avait faite l'hiver précédent. Il fonda l'observatoire magnétique de Copenhague et la société danoise pour la diffusion des sciences naturelles. Ses œuvres ont été réunies en 9 vol. (1850-'51).

ŒRTEL (Philipp-Friedrich-Wilhelm) [eur'-teul], écrivain allemand, connu sous le pseudonyme de W.-O. von Horn, né à Horn, près de Simmern, en 1798, mort en 1867. Il était ministre protestant, et écrivit de nombreux volumes de récits populaires.

ŒSEL [eu'-zeul], île de la Baltique, à l'embouchure du golfe de Riga, appartenant à la Livonie (Russie); longueur : 95 kil. environ; largeur, de 5 à 80 kil.; 2,618 kil. carr.; environ 46,000 hab., en majorité luthériens. Importantes pêcheries de phoques. Œsel appartint aux chevaliers teutoniques, aux Danois et aux Suédois, avant que la Russie s'en emparât; elle lui fut formellement cédée en 1721. Ville princ. : Arensburg.

ŒSOPHAGE s. m. [é-zo-fa-je] (rad. gr. oisein, porter; phagein, manger). Anat. Canal membraneux qui s'étend depuis le fond de la bouche jusqu'à l'orifice supérieur de l'estomac, dans lequel il conduit les aliments. (Voy. ESTOMAC.)

ŒSOPHAGIEN, IENNE adj. Qui concerne l'œsophage.

ŒSOPHAGISME s. m. Pathol. Constriction plus ou moins complète du canal pharyngo-œsophagien pouvant empêcher la déglutition.

ŒSOPHAGITE s. f. Pathol. Inflammation de l'œsophage.

ŒSOPHAGOTOMIE s. f. (rad. fr. œsophage; gr. tomé, section). Chir. Opération qui consiste à ouvrir l'œsophage.

* **ŒSTRE** s. m. [èss-tre] (gr. oistros). Hist. nat. Genre d'insectes diptères, ressemblant à de grosses mouches et dont chaque espèce dépose ses œufs sur une espèce particulière d'animal : l'œstre du bœuf. — Fig. Fureur, enthousiasme : l'œstre poétique et musical. (Peu us.) — Les œstres forment un genre de diptères athéricères, caractérisé par des ailes couchées, par des cuillerons médiocres et par des larves qui habitent l'estomac des quadrupèdes. Ce sont de grosses mouches velues dont l'existence est courte à l'état parfait et dont les organes de manducation sont presque rudimentaires. La femelle dépose sur la peau des quadrupèdes un œuf très allongé et recourbé en avant. Celui-ci s'attache aux poils de l'animal au moyen de l'humeur glutineuse dont il est recouvert. Le quadrupède, en se léchant, enlève cet œuf et le fait passer dans son estomac. La larve descend dans l'intestin d'où elle sort avec les excréments pour subir sa dernière métamorphose. Après être resté 5 ou 6 semaines à l'état de chrysalide, l'insecte parfait sort de sa coque. L'œstre du cheval (œstrus equi), long de 11 à 12 millim., est peu velu, d'un brun fauve, avec deux points et une bande noire sur les ailes. L'œstre hémorroïdal (œstrus hemorroidalis), très velu, avec des ailes sans tache, doit son

ŒEstre du cheval.

nom à la croyance populaire que la femelle dépose ses œufs sur le fondement des chevaux, tandis qu'il est démontré que ce dépôt a lieu sur le bord des lèvres.

ŒSTRIDE adj. (rad. œstre). Qui ressemble ou se rapporte aux œstres. — s. m. pl. Tribu d'insectes diptères athéricères, ayant pour type le genre œstre.

ŒSTRIDIE s. f. Affection produite chez les animaux par le développement des larves d'œstrides.

ŒTA, montagne de Grèce. (Voy. GRÈCE.)

ŒTTINGEN (eut'-tinng-enn), comté médiatisé de l'Allemagne, dans le Riesgau (Souabe), appartenant en partie à la Bavière (depuis 1806) et en partie au Würtemberg (depuis 1810). Il est partagé entre les familles Spielberg et Wallerstein; la ville principale de la seconde branche, qui en porte le nom, dans le district bavarois de Souabe et Neuburg, est célèbre par son palais et sa bibliothèque de 100,000 volumes. — Le prince LUDWIG-KRAFT-ERNST VON ŒTTINGEN-WALLERSTEIN (né en 1791, mort en 1870) a été ministre de l'intérieur en Bavière de 1831 à 1838, et premier ministre de 1847 à 1848.

*** ŒUF** s. m. [euff; au plur. dè-zeû] (lat. *ovum*). Corps qui se forme dans la femelle des plusieurs classes d'animaux, et qui, sous une enveloppe dure ou molle, renferme des fluides où se développe le germe d'un animal de la même espèce, qui s'y nourrit jusqu'à ce qu'il éclose : *gros œuf; petit œuf.* — Employé sans déterminatif, s'entend presque toujours des œufs de poule, qui sont d'un grand usage dans l'économie domestique, surtout comme aliment : *œuf frais; manger des œufs.* — ŒUFS ROUGES, ŒUFS DE PAQUES, œufs durcis dans de l'eau bouillante, dont la coque est teinte en rouge, et qu'il est d'usage de vendre vers le temps de Pâques. — DONNER À QUELQU'UN SES ŒUFS DE PAQUES, lui faire, dans le temps de Pâques, quelque petit présent qui se trouve renfermé dans un œuf artificiel. — PLEIN COMME UN ŒUF, tout à fait plein. — IL TONDRAIT SUR UN ŒUF, se dit d'un homme fort avare, qui cherche à faire du profit sur les moindres choses. — PONDRE SUR SES ŒUFS, être riche dans son état, et jouir tranquillement de son bien. — DONNER UN ŒUF POUR AVOIR UN BŒUF, faire un léger présent dans l'espoir d'en recevoir en retour un considérable. — METTRE TOUS SES ŒUFS DANS UN PANIER, placer tous ses fonds dans une même affaire, faire dépendre d'une seule chose son sort, sa fortune, son bonheur, etc. — MARCHER SUR DES ŒUFS, se conduire, dans les circonstances délicates, avec une extrême circonspection. — SE RESSEMBLER COMME DES ŒUFS, se dit de deux choses qui sont parfaitement semblables. — CELA EST ÉGAL COMME DEUX ŒUFS, se dit d'une chose indifférente. — ENCYCL. En réalité, l'œuf est la masse organisée qui renferme dans une même enveloppe le germe du nouvel être et les produits destinés à le nourrir pendant quelque temps. Tous les êtres organisés, sans en excepter l'homme, se reproduisent par le moyen de l'œuf. (Voy. EMBRYOLOGIE.) Les œufs de plusieurs ordres d'animaux inférieurs sont réunis et maintenus ensemble en grand nombre par une membrane visqueuse et sont appelés *frai*. Celle des oiseaux, de plusieurs reptiles et des tortues sont pondus un à un. Les œufs des oiseaux sont renfermés dans une coquille calcaire, blanche ou colorée, formée presque entièrement de carbonate de chaux. Les autres constituants de cette coquille sont de petites quantités de matière animale, de phosphate de chaux, de carbonate de magnésie, d'oxyde de fer et de soufre. A l'intérieur, cette coquille est revêtue d'une membrane mince et flexible appelée chorion, et composée surtout d'albumine. Dans la membrane se trouve le *blanc de l'œuf*, liquide visqueux, contenu dans des cellules membraneuses et qui enveloppe le jaune et le véritable germe de l'animal. Le jaune ou *vitellus*, liquide glaireux, est enveloppé dans une membrane particulière, appelée membrane vitelline, et se compose d'une grande variété de constituants. Sur l'un des côtés du jaune se trouve une tache ronde d'un blanc jaunâtre appelée *cicatricule*; c'est le germe de

l'être à venir. On appelle OVIPARES les animaux qui pondent des œufs dans lesquels se développe, pendant la période de l'*incubation*, un jeune animal que l'éclosion met au jour par la rupture des enveloppes de l'œuf. On donne le nom de VIVIPARES aux animaux dont les œufs subissent l'incubation dans le sein maternel. — ÉCON. DOM. L'œuf frais se reconnaît lorsque, en le mirant, on le trouve plein et sans bulle d'air à l'intérieur. On conserve les œufs en les garantissant du contact de l'eau, de l'humidité, de la gelée et de la chaleur. Les œufs de poule sont les plus recherchés, mais on peut aussi manger les œufs de cane, de dinde, de pintade, etc. Ils s'accommodent de mille manières : en omelettes, au beurre noir, brouillés, à la coque, frits, au miroir, sur le plat, pochés, au lait, à la neige, etc. Le blanc d'œuf est très employé pour la clarification des liquides et le collage des vins. Le jaune d'œuf sert à lier certaines sauces.

*** ŒUVÉ, ÉE** adj. Se dit des poissons qui ont des œufs : *carpe œuvée; hareng œuvé.*

*** ŒUVRE** s. f. (lat. *opus*). Ce qui est fait, ce qui est produit par quelque agent, et qui subsiste après l'action : *les œuvres de la nature; les œuvres de la grâce.* Dans le style soutenu, il est quelquefois masculin, au singulier : *un si grand œuvre; ce saint œuvre.* — A L'ŒUVRE ON CONNAIT L'OUVRIER, c'est par le mérite de l'ouvrage qu'on juge du mérite de celui qui l'a fait. — LA FIN COURONNE L'ŒUVRE, ce n'est pas assez de bien commencer, il faut bien finir. Se dit aussi en parlant de quelqu'un qui, ayant bien ou mal commencé, finit encore mieux ou plus mal : *il a vécu en dissipateur, et il est mort à l'hôpital : la fin couronne l'œuvre.* — NE FAIRE ŒUVRE DE SES DIX DOIGTS, ne faire rien du tout. — VOILA DE VOS ŒUVRES, se dit à quelqu'un qui a gâté ou brisé quelque chose. — JAMAIS UN TEL N'Y FIT ŒUVRE, jamais un tel, quoique fort habile, ne fit ou n'aurait pu faire aussi bien. Cela se dit ordinairement par exag. : *il écrit en latin mieux que personne, jamais Muret n'y fit œuvre.* — L'ŒUVRE DE LA CHAIR, ou L'ŒUVRE DE CHAIR, la conjonction charnelle de l'homme et de la femme. Dans la traduction vulgaire des commandements de Dieu, on dit : *Œuvre de chair ne désireras qu'en mariage seulement.* — Palais. CETTE FEMME EST ENCEINTE DES ŒUVRES D'UN TEL, elle est grosse du fait d'un tel. — METTRE EN ŒUVRE, employer à quelque usage : *mettre du bois, des pierres en œuvre.* — Fig. *Mettre tout en œuvre pour réussir.* Se dit aussi en parlant des personnes : *c'est à ceux qui mettent les ouvriers en œuvre à les payer.* — METTRE A L'ŒUVRE, faire commencer un travail à quelqu'un, le mettre à un travail : On dit, dans un sens analogue, SE METTRE A L'ŒUVRE, et ÉTRE A L'ŒUVRE, EN ŒUVRE. — MAIN-D'ŒUVRE. (Voyez ce mot composé à son rang alphabétique, dans la lettre M.) — MAITRE DES ŒUVRES, officier qui avait juridiction et inspection sur les ouvrages de maçonnerie et de charpenterie. — MAITRE DES BASSES ŒUVRES, cureur de retraits, vidangeur. — MAITRE DES HAUTES ŒUVRES, le bourreau, l'exécuteur de la haute justice. On dit aussi, EXÉCUTEUR DES HAUTES ŒUVRES. — Mar. ŒUVRES DE MARÉE, radoub, carénage que l'on donne aux vaisseaux, soit mer basse, soit sur un banc, quand la mer est retirée. ŒUVRES MORTES, les parties d'un vaisseau qui sont hors de l'eau, par opposition à ŒUVRES VIVES, les parties qui sont dans l'eau. — Joaill. Enchâssure d'une pierre, le chaton dans lequel une pierre est enchâssée : *mettre un diamant en œuvre.* — UN DIAMANT QUI EST HORS D'ŒUVRE, hors de l'œuvre, un diamant qui n'est pas encore monté ou qui est sorti de sa sertissure. — Fabrique d'une paroisse, revenu affecté à la construction et à la réparation des bâtiments, à l'achat et à l'entretien des choses nécessaires au service divin : *l'œuvre*

de cette paroisse est fort riche. — Banc particulier que les marguilliers d'une paroisse occupent dans la nef de l'église : *les marguilliers sont assis dans l'œuvre, entendent le sermon dans l'œuvre.* — Productions de l'esprit, ouvrages en prose ou en vers, considérés relativement à celui qui en est l'auteur; et, dans cette acception, il n'est d'usage qu'au pluriel, si ce n'est en poésie : *œuvres poétiques : les œuvres de Corneille, de Racine, de Molière.* — ŒUF-D'ŒUVRE. (Voy. ce mot composé à son rang alphabétique, dans la lettre C.) — Toute sorte d'actions morales, et particulièrement celles qui ont rapport au salut : *chacun sera jugé selon ses œuvres, selon ses bonnes ou mauvaises œuvres* — Dévotion. GAGNER LES ŒUVRES DE MISÉRICORDE, faire certaines actions de charité, comme d'assister les pauvres, de visiter les malades, etc. — BON JOUR, BONNE ŒUVRE, se dit en parlant d'une bonne action faite le jour d'une grande fête : *ils se sont réconciliés le jour de Pâques : bon jour, bonne œuvre.* On ne le dit guère que par ironie : *il a volé le jour de Pâques : bon jour, bonne œuvre.* — ŒUVRE PIE, œuvre de charité faite dans la vue de Dieu : *il a fait de grands legs pour être employés à doter les hôpitaux, et en autres œuvres pies.* — ŒUVRES DE SURÉROGATION, les bonnes œuvres qu'on fait sans y être obligé : *ce qui est d'obligation et de devoir doit aller avant toutes les œuvres de surérogation.* Se dit aussi de tout ce qu'on fait au delà du devoir, ou au delà de ce qui est nécessaire pour l'affaire dont il s'agit : *ce sont des œuvres de surérogation dont on se passerait bien.* — s. m. Recueil de toutes les estampes d'un même graveur : *avoir tout l'œuvre d'Albert Durer, de Callot, de Mellan, etc.* — Ouvrages des musiciens : *le premier, le second œuvre de ce musicien.*—Métall. Plomb qui contient de l'argent. — Alchim. LE GRAND ŒUVRE, la pierre philosophale : *travailler au grand œuvre.* — Archit. LE GROS ŒUVRE, les grosses murailles d'une bâtisse.—Dans œuvre, hors d'œuvre loc. adv. Archit. Dans le corps du bâtiment, hors du corps du bâtiment : CE PETIT ESCALIER, CE CABINET EST DANS ŒUVRE, pratiqué dans œuvre, on l'a ménagé dans le corps du bâtiment. IL EST HORS D'ŒUVRE, il est en saillie, hors du bâtiment, hors de l'aplomb des gros murs. — Se disent aussi en parlant des bâtiments et parties de bâtiments que l'on mesure en comprenant l'épaisseur des murs, ou en ne la comprenant pas. CETTE CHAMBRE, CETTE SALLE A TANT DE PIEDS DANS ŒUVRE, elle a tant de pieds du dedans d'un mur au dedans de l'autre. CETTE MAISON A TANT DE PIEDS HORS D'ŒUVRE, elle a tant de pieds du dehors d'un mur au dehors du mur opposé. — Hors d'œuvre, se dit, fig., dans le langage ordinaire, en parlant des choses qui, dans un ouvrage de littérature ou d'art, ne font point partie essentielle du sujet, qu'on semble avoir ajoutées après coup, et qu'on pourrait retrancher sans nuire à l'ensemble : *cette description est hors d'œuvre.* — Hors-d'œuvre s. m. (Voy. *Hors d'œuvre* à la lettre H.)—Sous œuvre loc. adv. Archit. TRAVAILLER SOUS ŒUVRE, REPRENDRE SOUS ŒUVRE OU EN SOUS ŒUVRE, UN BATIMENT, UN MUR, en réparer les fondations sans l'abattre, et en le soutenant. — REPRENDRE SOUS ŒUVRE, se dit en parlant des ouvrages d'esprit : *il a vu que sa tragédie péchait par le plan, il l'a reprise sous œuvre.* — A pied d'œuvre loc. adv. Maçon. A la proximité du bâtiment que l'on construit : *il tire la pierre à pied d'œuvre.*

ŒXMELIN (Alex.-Olivier), voyageur et historien, né probablement en Flandre, mort vers la fin du XVIIe siècle. Il s'engagea au service de la compagnie des Indes occidentales. Arrivé à l'île de la Tortue, près de Saint-Domingue, il fut vendu 30 écus à un commis général, qui le traita en esclave. Un riche chirurgien du pays l'associa, et remboursa les 30 écus au barbare commis général

Quelque temps après, l'amour des aventures poussa Œxmelin à s'embarquer en qualité de chirurgien, avec un parti de flibustiers; mais la vue des atrocités que commettaient ces terribles pirates ne tarda pas à le dégoûter d'une semblable société. Il revint en Europe en 1674. Il fit ensuite trois autres voyages en Amérique, tant avec les Hollandais qu'avec les Espagnols, et assista, en 1697, à la prise de Carthagène. Ses manuscrits, précieux par le ton de vérité qui y règne et par les détails qu'ils fournissent sur les flibustiers, furent publiés sous ce titre : *Histoire des aventuriers flibustiers qui se sont illustrés dans les Indes* (Paris, 1686, 2 vol. in-12). On les réimprima à Trévoux en 1744. En 1774, ils furent réédités à Lyon (3 vol. in-12); le troisième volume contient le *Journal du voyage fait à la mer du Sud*, par Raveneau de Lussan. Enfin, en 1775, cet ouvrage fut encore réimprimé à Trévoux; mais, aux trois volumes de l'édition de Lyon, on a ajouté un quatrième, contenant l'*Histoire des pirates anglais*.

OFEN [of-ènn]. Voy. Bude.

OFFA, roi de Mercie (Grande-Bretagne), qui régna pendant environ 40 ans, dans la seconde moitié du VIIIᵉ siècle. Charlemagne l'appelait le plus puissant des rois chrétiens de l'Occident. Cynedrida, sa femme, le poussa à tuer Ethelbert, roi de l'Est-Anglie, et à s'emparer de ses États. Il mourut de remords. Son fils, Egferth, ne régna que quelques mois. Offa rédigea en corps les lois de ses domaines, lesquelles sont pour la plupart comprises dans le code d'Alfred le Grand.

OFFÉMONT (Château d'), célèbre château des environs de Compiègne (Oise), sur la lisière de la forêt de Laigne. Il conserve le souvenir de la Brinvilliers, qui l'habita pendant quelque temps.

OFFENBACH (Jacques) [of-faim-bak], célèbre compositeur français, né de parents juifs, à Cologne, le 20 juillet 1822, mort à Paris le 4 oct. 1880. Il vint à Paris en 1842, débuta dans le monde des concerts, connut un instant la misère, mit en musique quelques-unes des fables de La Fontaine, obtint la place de chef d'orchestre au Théâtre-Français, qu'il abandonna pour prendre la direction des Bouffes-Parisiens (1855). C'est à cette époque qu'il écrivit ses premières pièces de théâtre dont la plupart devinrent populaires : les *Deux Aveugles*, *Bataclan*, le *Violonneux* (1855); *Trombalcazar*. Il fit représenter aux Variétés la *Belle Hélène* (1864), dont le succès ne fut pas moins brillant que celui d'*Orphée aux enfers*. Il donna successivement sur le même théâtre *Barbe-bleue* (1866); la *Grande Duchesse de Gerolstein*, son triomphe (1867); la *Périchole* (1868), les *Brigands* (1869); aux Bouffes-Parisiens, l'*Ile de Tulipatam* (1868); aux Menus-Plaisirs, *Geneviève de Brabant* (1868); aux Bouffes, la *Diva* (1869); à l'Opéra-Comique, *Robinson Crusoé* (1867), et *Vert-Vert* (1868), le *Financier et le Savetier*, la *Rose de Saint-Flour* (1856), *Croquefer*, le *Mariage aux lanternes* (1857), la *Chatte métamorphosée en femme*, les 66, *Mesdames de la Halle*, la *Chanson de Fortunio* (1861), *Daphnis et Chloé*, *Orphée aux enfers* (1858), le *Roman comique*, *Monsieur et Madame Denis* (1862); dans ces pièces, Jacques Offenbach créa un genre nouveau, la bouffonnerie musicale, légère, originale, essentiellement parisienne; aux Variétés, *Boule de neige* (1871); à l'Opéra-Comique, *Fantasio* (1872); aux Variétés, la *Permission de dix heures* et les *Braconniers* (1873); à la Renaissance, *Pomme d'Api* et la *Jolie parfumeuse* (1873); à la Gaîté, le *Roi Carotte*, *Jeanne d'Arc*; aux Bouffes, *Madame l'Archiduc* (1874) et la *Créole*; en 1875, la *Boulangère a des écus* (Variétés); *Voyage dans la lune* (Gaîté); en 1876, la *Foire Saint-Lau-*

rent (Folies-Dramatiques); le *Docteur Ox* (1877, Variétés). Ses *Contes fantastiques d'Hoffmann* furent d'abord représentés à Vienne, puis ensuite à Paris. En 1876, à l'occasion de l'exposition de Philadelphie, Offenbach fit un voyage en Amérique et en publia le récit sous le titre de *Notes d'un musicien en voyage* (1877, in-12).

OFFENBACH [of'-fenn-bakh], ville du grand-duché de Hesse (Allemagne), sur le Mein, à 7 kil. E. de Francfort; 26,000 hab.; château; filatures de coton, lainages, instruments de musique, bijouterie, etc.

OFFENBURG [of'-fenn-bourg], ville du duché de Bade, à 65 kil. S.-O. de Carlsruhe; 6,588 hab. Autrefois ville libre impériale, elle eut beaucoup à souffrir pendant les guerres du XVIIᵉ siècle. Commerce de grains et de vin.

• **OFFENSANT, ANTE** adj. (rad. *offenser*). Qui offense, qui est injurieux : *discours, procédé offensant*.

• **OFFENSE** s. f. (lat. *offensio*). Injure ou fait ou de parole : *faire une offense à quelqu'un*. — Dév. Faute, péché : *Seigneur, pardonnez-nous nos offenses*. — La législation concernant les offenses est exposée aux mots DIFFAMATION, INJURE et OUTRAGE.

• **OFFENSÉ, ÉE** part. passé de OFFENSER. Blessé, choqué. — s. *C'est moi qui suis l'offensé*.

• **OFFENSER** v. a. (lat. *offendere*). Faire une offense : *il l'a offensé dans son honneur, dans sa personne*. — Prov. Il N'Y A QUE LA VÉRITÉ QUI OFFENSE, les reproches les plus sensibles sont ceux que l'on mérite, et dont on sent soi-même la justice. — OFFENSER DIEU, pécher : *offenser Dieu mortellement*. — Blesser : *le nerf, le muscle a été offensé*. — Fig. Blesser, choquer : *ces paroles offensent les oreilles chastes*. — S'offenser v. pr. Se piquer, se fâcher : *il s'offense de ce que je ne le vais pas voir*.

• **OFFENSEUR** s. m. Celui qui offense ou qui a offensé : *l'offenseur et l'offensé se sont réconciliés*.

Plus *l'offenseur* m'est cher, plus je ressens l'injure.
J. Racine, *La Thébaïde*, acte Iᵉʳ, sc. v.

• **OFFENSIF, IVE** adj. Qui attaque, qui sert à attaquer. Il est corrélatif de *Défensif*, et ne s'emploie guère que dans les locutions suivantes : — TRAITÉ OFFENSIF, LIGUE OFFENSIVE, traité par lequel deux princes ou deux États s'obligent d'entrer conjointement en guerre contre un autre prince ou contre un autre État. — TRAITÉ OFFENSIF ET DÉFENSIF, LIGUE OFFENSIVE ET DÉFENSIVE, traité par lequel deux princes ou deux États conviennent de s'assister mutuellement, soit pour attaquer, soit pour se défendre. — GUERRE OFFENSIVE, guerre dans laquelle on attaque l'ennemi; par opposition à GUERRE DÉFENSIVE, celle où l'on ne fait que se défendre. — ARMES OFFENSIVES, les armes dont on se sert pour attaquer; par opposition à ARMES DÉFENSIVES, celles qui ne sont propres qu'à la défense. — On dit de même, RETOUR OFFENSIF, attaque faite par une troupe qui se tenait sur la défensive ou qui s'était mise en retraite.

• **OFFENSIVE** s. f. Attaque : *prendre l'offensive*.

• **OFFENSIVEMENT** adv. D'une manière offensive : *agir offensivement contre l'ennemi*.

• **OFFERTE** s. f., ou **Offertoire** s. m. (rad. *offrir*). Liturg. cathol. Prière qui dans la messe précède immédiatement l'oblation du pain et du vin. — Partie de la messe dans laquelle le prêtre offre à Dieu le pain et le vin avant de les consacrer : *le prêtre en était à l'offertoire, à l'offerte*. — Morceau de musique composé pour orgue et exécuté entre le CREDO et le SANCTUS : *un offertoire de Mozart*.

• **OFFICE** s. m. (lat. *officium*). Devoir de la vie humaine, de la société civile : *il est de*

l'office d'un magistrat, d'un bon pasteur, d'un bon citoyen, de... — Palais. LE JUGE A INFORMÉ D'OFFICE, il a informé sans en être requis, et par le seul devoir de sa charge. AVOCAT, EXPERT NOMMÉ D'OFFICE, avocat, expert nommé par le juge : *on conviendra d'experts, sinon il en sera nommé d'office*. — FAIRE QUELQUE CHOSE D'OFFICE, faire quelque chose de son propre mouvement, sans en être requis. — Protection, assistance, service : *accordez-moi vos bons offices auprès d'un tel*. On dit dans le sens opposé, RENDRE DE MAUVAIS OFFICES A QUELQU'UN, le desservir, lui nuire. — Service de l'Église, prières publiques et cérémonies qu'on y fait : *l'office de la cathédrale est pompeux*. — Manière particulière de dire l'office de chaque jour, en raison du mystère ou du saint dont l'Église fait commémoration : *aujourd'hui l'office est double, semi-double, simple*. — L'office abrégé de la Vierge. — L'OFFICE DES MORTS, certaines prières que l'Église a réglées en commémoration des morts. — Partie du bréviaire que tout ecclésiastique dans les ordres sacrés, est obligé de dire chaque jour; et, en ce sens, il se joint ordinairement avec l'adjectif possessif : *dire son office*. — LIVRE D'OFFICE, livre qui contient les prières énumérées ou récitées au service divin : *acheter un livre d'office*. Certains emplois, certaines charges avec juridiction : *l'office de connétable, de chancelier, de maréchal de France*, etc. (Vieux.) — PROCUREUR D'OFFICE ou PROCUREUR FISCAL, se disait, dans les juridictions seigneuriales, de celui qui faisait les fonctions du ministère public. — LE SAINT-OFFICE, la congrégation de l'inquisition établie à Rome; le tribunal de l'inquisition : *il a été détenu deux ans dans les prisons du saint-office*. — Se dit aussi pour fonction : *il n'a plus de secrétaire, mais un de ses domestiques en fait l'office*. — Art de faire, de préparer ce qu'on met sur la table pour le dessert : *ce domestique sait bien l'office*. — Classe de domestiques qui mange à l'office dans une maison : *dans cette maison, l'office est très nombreux*. — Législ. « On appelait autrefois *offices* les charges de judicature et quelques autres fonctions qui étaient conférées à vie; et l'on distinguait les offices royaux, accordés par lettres patentes, les offices seigneuriaux auxquels nommaient les seigneurs qui avaient le droit de donner des provisions de justice, et les offices ecclésiastiques conférés par les évêques aux officiaux, vice-gérants et promoteurs. La plupart des offices royaux étaient des charges vénales, et les rois ont créé un grand nombre d'offices inutiles, dans le but de subvenir aux besoins momentanés du Trésor. Aujourd'hui les offices sont des fonctions dont les titulaires sont tenus de prêter leur ministère à tous ceux qui le requièrent : sont considérés comme *officiers ministériels* ; les avocats au conseil d'État et à la cour de cassation, les notaires, les avoués, les greffiers, les huissiers, les agents de change, les courtiers et les commissaires-priseurs. Les offices sont la propriété de leurs titulaires, et ceux-ci ou leurs ayant cause ont le droit d'en faire la cession et de présenter un successeur à l'agrément du gouvernement, lequel peut refuser le candidat présenté. (L. 28 avril 1816, art. 91). Cette faculté de présentation est retirée aux titulaires destitués. La transmission des offices donne lieu à un droit d'enregistrement qui est de 2 p. 100 en principal sur le prix de vente. (L. 25 juin 1841, art. 6 à 14). »

(Ch. V.)

• **OFFICE** s. f. Lieu, dans une maison, où l'on fait, où l'on prépare tout ce qui se met sur la table pour le dessert, où l'on garde le linge et la vaisselle : *manger, boire à l'office*. — pl. Tous les lieux où l'on prépare, où l'on garde les diverses choses nécessaires pour le service de la table : *il y a dans ce palais de grandes offices*.

* **OFFICIAL** s. m. Juge ecclésiastique délégué par l'évêque pour exercer en son nom la juridiction contentieuse : *l'official de Paris, l'official de Lyon*, etc.

* **OFFICIALITÉ** s. f. Juridiction de l'official : *le parlement les renvoya à l'officialité.* — Lieu où l'official rend la justice : *il y avait beaucoup de monde à l'officialité.*

* **OFFICIANT** adj. m. (rad. *officier*). Qui officie à l'église : *le prêtre officiant.* — s. *L'officiant encensa l'autel.* — Officiante s. f. Se dit, dans les monastères de filles, de la religieuse qui est de semaine au chœur.

* **OFFICIEL, ELLE** adj. (lat. *officialis*; de *officium*, devoir). Négoc. Qui est déclaré, dit, proposé en vertu d'une commission expresse, d'une autorité reconnue : *déclaration, proposition, réponse officielle.* — Adm. Qui émane du gouvernement, qui est déclaré, publié par lui : *le ministre m'a écrit une lettre officielle.* — Fig. et fam. UNE CHOSE OFFICIELLE, une chose certaine, authentique. C'EST OFFICIEL, c'est sûr. — CANDIDATURE OFFICIELLE, candidature patronnée par le gouvernement, qui fait tous ses efforts pour qu'elle réussisse. — CANDIDAT OFFICIEL, celui qui a accepté une candidature officielle. — L'Officiel, journal officiel du gouvernement français; il remplaça le *Moniteur* le 1er janv. 1869; il publie chaque jour le compte rendu sténographique des Assemblées législatives.

* **OFFICIELLEMENT** adv. D'une manière officielle : *la cour n'a pas été instruite officiellement de l'affaire.*

* **OFFICIER** v. n. [o-fi-si-é]. Faire l'office divin à l'église : *ces prêtres officient bien.* — Se dit plus particul. de celui qui célèbre une grand'messe, de celui qui préside à l'office divin : *c'était l'évêque qui officiait à cette cérémonie.* — CET HOMME OFFICIE BIEN, il mange et boit bien à table.

* **OFFICIER** s. m. [o-fi-si-é]. Celui qui a un office, une charge, un emploi, qui est à la tête de quelque compagnie : *officier de justice; officier de police.* — OFFICIER DE SANTÉ, médecin d'un ordre inférieur qui n'a pas le diplôme de docteur : *les officiers de santé doivent s'adjoindre un docteur en médecine dans certains cas déterminés.* — Particul. Gens de guerre qui ont quelque commandement : *officier d'infanterie, de cavalerie, d'artillerie.* — OFFICIERS GÉNÉRAUX, ceux dont le commandement n'est pas restreint à une seule compagnie, à un seul régiment, mais qui ont sous leurs ordres un corps de troupes composé de plusieurs régiments : tels sont les maréchaux de France, les généraux de division et de brigade. — OFFICIER DE LA LÉGION D'HONNEUR, titulaire du grade qui vient immédiatement au-dessus de celui de chevalier. GRAND OFFICIER, titulaire du grade qui est au-dessus de celui de commander. — Domestique d'une grande maison, qui a soin de l'office, qui prépare le fruit, et qui garde le linge, la vaisselle, etc. : *c'est un officier de maison.* — Au pluriel, comprend l'officier proprement dit, le cuisinier et le maître d'hôtel : *il est bien servi, il a de bons officiers.* — OFFICIERS DE LA BOUCHE, chez le roi, ceux qui travaillaient pour la table du roi; OFFICIERS DU GOBELET, ceux qui étaient chargés de fournir le vin pour la table du roi; et, OFFICIERS DU COMMUN, tous ceux qui travaillaient pour les autres tables de la maison du roi. — OFFICIER D'ACADÉMIE, titulaire d'une distinction honorifique attribuée aux membres de l'enseignement public ou libre et aux personnes qui, bien qu'étrangères au corps universitaire, ont rendu service à l'enseignement. Ce titre fut institué par décret du 9 déc. 1850. Insignes : double palme d'argent avec filet violet sur la tige, suspendue à un ruban violet foncé (Décr. du 7 avril 1866). Cette distinction est conférée par le ministre de l'instruction pu-

blique, sur la proposition des recteurs. — OFFICIER DE L'INSTRUCTION PUBLIQUE, titulaire d'une distinction honorifique qui peut être conférée aux officiers d'académie qui portent ce dernier titre depuis cinq ans au moins (Décret du 9 déc. 1850); instituée par décret du 9 déc. 1850. Insignes : Double palme en or avec filet violet sur la tige, suspendue à un ruban violet foncé avec rosette. (Décr. du 7 avril 1866.) Même mode de collation que le titre d'officier d'Académie. — Officiers d'administration. LÉGISL. « Le personnel des officiers d'administration de l'intendance militaire forme un corps distinct, ainsi que nous l'avons déjà dit. (Voy. INTENDANCE.) Ce corps, qui a été institué en 1838 (Ord. roy. 28 fév.), est chargé, sous la direction des officiers de l'intendance, de certains travaux dans les bureaux de l'intendance et de la gestion des services des hôpitaux militaires, des subsistances, de l'habillement et du campement. La hiérarchie du corps des officiers d'administration est ainsi organisée par la loi du 16 mars 1882 : 1° élèves stagiaires de l'école d'administration de l'armée, admis à cette école à la suite d'un concours; 2° adjudants-élèves d'administration, recrutés parmi les élèves stagiaires de l'école; 3° officiers d'administration adjoints de 2e classe, se recrutant exclusivement parmi les adjudants-élèves d'administration ayant servi au moins un an dans cet emploi; 4° officiers d'administration adjoints de 1re classe; 5° officiers d'administration de 2e classe; 6° officiers d'administration de 1re classe, et 7° officiers d'administration principaux. En cas de mobilisation, les cadres des officiers d'administration du service actif sont complétés par les officiers d'administration de la réserve et par ceux de l'armée territoriale. En dehors des officiers d'administration du service de l'intendance, il y a ceux de la justice militaire, c'est-à-dire les officiers d'administration qui composent le personnel des parquets et des greffes des conseils de guerre et des conseils de révision, et ceux qui sont attachés au service des prisons et des établissements pénitentiaires de l'armée. (Voy. série J des tableaux annexés à la loi du 13 mars 1875.) » (CH. V.)

OFFICIÈRE s. f. Religieuse chargée d'un office.

* **OFFICIEUSEMENT** adv. D'une manière officieuse : *il s'est offert à moi fort officieusement.*

OFFICIOSITÉ s. f. (rad. *officieux*). Qualité de celui qui est officieux.

* **OFFICIEUX, EUSE** adj. (lat. *officiosus*; de *officium*, office). Qui est prompt à rendre de bons offices, serviable : *il est officieux envers tout le monde.* — MENSONGE OFFICIEUX, mensonge qu'on se permet pour faire plaisir à quelqu'un, ou pour lui rendre service, sans nuire à personne. — Substantiv. C'est un officieux maladroit.

* **OFFICINAL, ALE, AUX** adj. (rad. *officine*. Pharm. N'est guère usité que dans ces expressions : PLANTES OFFICINALES, celles qui entrent dans les préparations utiles ou agréables, et qu'on trouve dans les boutiques d'herboristes, etc. COMPOSITIONS OFFICINALES,

préparations pharmaceutiques qui se trouvent toutes composées chez les apothicaires; à la différence des COMPOSITIONS MAGISTRALES, qui sont composées immédiatement, et conformément à l'ordonnance du médecin.

* **OFFICINE** s. f. (préf. *ob*; lat. *facere*, faire). Laboratoire d'un pharmacien, endroit où il prépare ses médicaments. — S'emploie aussi fig. et se prend toujours alors dans un mauvais sens : *cette maison est une officine de calomnies.* — Fig. L'OFFICINE DU GENRE HUMAIN, se dit, en histoire, des contrées du Nord d'où partirent les barbares qui envahirent et repeuplèrent l'empire romain.

* **OFFRANDE** s. f. (rad. *offrir*). Don que l'on offre à Dieu, à ses saints ou à ses ministres : *offrande agréable à Dieu.* — Cérémonie qui se pratique aux messes, dans lesquelles le prêtre, tourné vers le peuple, présente la patène à baiser et reçoit les offrandes des fidèles : *aller à l'offrande.* — Tout ce qu'on offre à quelqu'un pour lui marquer son respect, son dévouement, son zèle : *veuillez bien agréer, accepter mon offrande.*

* **OFFRANT** adj. m. Celui qui offre. N'est usité que dans cette phrase de Pratique. AU PLUS OFFRANT, à celui qui offre le plus haut prix de la chose mise à l'enchère : *on a vendu ses meubles à l'encan, et on les a adjugés au plus offrant.*

OFFRANVILLE, ch.-l. de cant., arr. à 8 kil. S. de Dieppe (Seine-Inférieure), près de la Scie; 1,500 hab.

* **OFFRE** s. f. (rad. *offrir*). Action d'offrir : *faire une offre.* — Ce que l'on offre : *une belle offre.* — Jurispr. Particul. Acte par lequel on propose de payer ce qu'on doit, ou de faire quelque autre chose, afin de prévenir des poursuites, ou d'arrêter des poursuites. *ses offres ont été reçues en justice, ont été déclarées bonnes et valables.* — Écon. polit. Quantité de produits, de services offerte, mise en vente par les fabricants, les marchands, les ouvriers, etc. : *l'offre et la demande constituent l'état du marché.* — Législ. « Lorsqu'un créancier refuse de recevoir ce qui lui est dû, le débiteur peut néanmoins arriver à se libérer par un mode qui équivaut au paiement, et qui produit les mêmes effets. Il peut, par le ministère d'un notaire ou d'un huissier, faire au créancier des offres réelles suivies de *consignation.* Lorsqu'il s'agit d'une somme d'argent, la somme est offerte réellement au créancier; et si celui-ci refuse de la recevoir, elle est consignée à la caisse des dépôts et consignations à Paris, ou chez les trésoriers généraux et receveurs particuliers des finances dans les départements. (Voy. CAISSE.) Lorsque la chose due est un corps certain, le débiteur doit faire sommation au créancier d'en prendre possession; et il peut ensuite obtenir des tribunaux l'autorisation de mettre ladite chose en dépôt dans un lieu déterminé, aux frais et risques du créancier. Dans le cours d'une instance, les offres peuvent être faites sans le ministère d'huissier, à la barre du tribunal qui en donne acte. Lorsque des offres réelles ont été refusées, le débiteur qui veut être définitivement libéré doit les faire déclarer valides par jugement. Les frais des offres réelles et de la consignation reconnues valables sont à la charge du créancier. (C. civ. 1257 et s.; C. proc. 811 et s.). »   (CH. V.)

OFFREUR s. m. Celui qui offre.

* **OFFRIR** v. a. (lat. *offerre*). J'offre, tu offres, il offre; nous offrons, vous offrez, ils offrent. J'offrais. J'offris. J'offrirai. J'offrirais. Offre, Offrez. Que j'offre. Que j'offrisse. Offert. Présenter ou proposer quelque chose à quelqu'un afin qu'il l'accepte : *offrir un présent.*

Je fais les premiers pas et vous offre ma main.
PONSARD. Charlotte Corday, acte 1er, sc. 2.

Palmes académiques.

— OFFRIR SES AMIS A QUELQU'UN, lui offrir d'employer, pour le servir, le crédit de ses amis. — OFFRIR LE COMBAT, présenter la bataille, défier son ennemi. — OFFRIR LE CHOIX DES ARMES A SON ENNEMI, lui en donner, lui en laisser le choix. — OFFRIR SON ÉPÉE A QUELQU'UN, lui témoigner qu'on est prêt à tirer l'épée pour sa querelle. — OFFRIR LA MAIN A UNE DAME, lui présenter la main pour l'aider à marcher, ou par civilité. — OFFRIR L'HOMMAGE DE SON RESPECT, DE SES RESPECTS A QUELQU'UN, est une formule de civilité dont on se sert à l'égard de personnes pour lesquelles on a beaucoup de considération. — Se dit aussi en matière de religion : offrir un sacrifice. — Fig. OFFRIR A DIEU SES MAUX, SES DOULEURS, SES MALADIES, SES PERTES, etc., les présenter à Dieu en expiation de ses péchés. — Se dit aussi en parlant de ce qu'on propose de donner ou de faire à telle ou telle condition : il offre cent mille écus de cette étude de notaire, de cette charge d'agent de change.

Alexandre veut bien différer ses exploits.
Et vous offrir la paix pour la dernière fois.
J. RACINE. Alexandre, acte II, sc. ii.

— Se dit des personnes et des choses, en parlant de ce qu'elles montrent, de ce qu'elles présentent, soit à la vue, soit à l'esprit : jamais femme n'a offert à ma vue tant de charmes, tant de beautés.

Hélas ! l'état horrible où le ciel me l'offrit
Revient à tout moment effrayer mon esprit.
Athalie, acte Ier, sc. ii.

— S'offrir v. pr. : il s'est offert de lui-même à me servir.

* OFFUSCATION s. f. (rad. offusquer). Astron. Nom qu'on donne à des affaiblissements passagers qu'éprouve l'éclat du soleil.

OFFUSQUEMENT s. m. Action d'offusquer.

* OFFUSQUER v. a. (lat. offuscare). Signifie, dans quelques phrases, empêcher d'être vu : les nuées offusquent le soleil, offusquent le jour. Dans d'autres, signifie empêcher de voir : ôtez-vous de devant moi, vous m'offusquez la vue. Dans quelques autres, signifie empêcher de voir et d'être vu : CES ARBRES OFFUSQUENT LA MAISON, ils empêchent qu'on ne voie la maison, et que de la maison on ne voie les environs. — Fig. LES VAPEURS DU VIN OFFUSQUENT LE CERVEAU, LES PASSIONS OFFUSQUENT LA RAISON, etc., les vapeurs du vin troublent le cerveau, les passions troublent la raison, etc. — Empêcher de voir en éblouissant, éblouir : le soleil m'offusque les yeux. — Fig. Choquer, déplaire, donner de l'ombrage : qu'est-ce qui vous offusque en cela ? — ᴠ S'offusquer v. pr. : Etre choqué : cet homme s'offusque facilement.

O FILII, premiers mots latins d'une hymne que l'Eglise catholique chante au temps de Pâques. — s. m. Chanter, composer un o filii.

O FORTUNATOS NIMIUM, SUA SI BONA NORINT, AGRICOLAS (Trop heureux les hommes des champs s'ils connaissaient leur bonheur), paroles de Virgile (Géorgiques, liv. II, v. 458).

OFTERDINGEN (Heinrich von) [of-terding-enn], ménestrel allemand, né en Saxe ; florissait vers 1200. Le poème de la Lutte des chanteurs (Sængerkrieg) le représente comme un des grands ménestrels au combat poétique du Wartburg.

OG, roi de Basan ; un des deux rois des Amorites qui résistèrent à l'invasion des Israélites conduits par Moïse. Il fut écrasé à Edréi et son royaume donné à la demi-tribu de Manassé. C'était un géant. Son lit de fer, que l'on conservait à Rabbath-Ammon, mesurait 9 coudées de long et 4 de large.

OGDENSBURG [og'-dennss-bourg], ville de de l'état de New-York (Etats-Unis), sur le Saint-Laurent, en face de la ville canadienne de Prescott, à l'embouchure de l'Oswega'chie,

à 120 kil. au-dessous du lac Ontario et à 6 kil. au-dessus des rapides, au point extrême de deux lignes de chemins de fer, à 225 kil. N.-O. d'Albany ; 12,000 hab.

OGÉ (Vincent), mulâtre de Saint-Domingue, né en 1756, mort en 1791. Député à la Constituante (1789), il réclama pour les hommes de couleur l'égalité des droits politiques, retourna à Saint-Domingue, souleva une insurrection, échoua et fut condamné au supplice de la roue. Les noirs prirent aussitôt les armes.

OGER I, ou Ogier le Danois, guerrier austrasien. Pépin le Bref le chargea de plusieurs missions en Italie. Il figure dans les romans de chevalerie parmi les paladins de Charlemagne comme le compagnon de Roland. Dans nos jeux de cartes, il représente le valet de pique. — II. pirate scandinave qui ravagea la France et dont le nom, suivant quelques étymologistes, a formé notre mot Ogre.

OGERON DE LA BOUÈRE (Bertrand d'), marin, né en Anjou vers 1615, mort vers 1676. Il était, depuis 1641, capitaine dans un régiment de marine, lorsqu'des aventuriers l'engagèrent à partir avec eux pour l'Amérique du Sud. Il arriva à La Martinique en 1656, essaya de se faire céder une partie de l'île pour la coloniser ; mais, n'ayant pu s'entendre avec le gouverneur, il partit pour Saint-Domingue avec les hommes de son équipage. Il fit naufrage en abordant à Léogane, perdit ses marchandises et ses provisions, congédia ses hommes et vécut pendant quelque temps avec les boucaniers ; puis il revint en France pour se créer de nouvelles ressources. Dans un second voyage, il réussit à faire prospérer le port Margot et Léogane. La compagnie des Indes occidentales l'ayant choisi pour gouverneur de la colonie de Saint-Domingue (1665), il fit reconnaître son autorité dans l'île de la Tortue, occupée par les boucaniers, et revint à Paris, où il mourut.

OGGIONE, ou Uggione (MARCO DA) [o-, oudjio'-né], peintre italien, né à Oggione, près de Milan, vers 1470, mort en 1540. Il étudia sous Léonard de Vinci, de la Cène duquel il a fait une copie célèbre.

OGILBY (John) [o'-ghil-bi], poète écossais, né en 1600, mort en 1676. Il était maître de danse à Londres ; fut maître des fêtes à Dublin, puis étudia à Cambridge et se fixa à Londres. Il a publié des traductions en vers, dont une d'Homère, et une Géographie descriptive du Monde (9 vol.), où ce qui a trait à l'Amérique est curieux et a de la valeur. — On lui doit encore une paraphrase en vers des Fables d'Esope (1661-'65 et 1674, 2 vol. in-8°) ; un Atlas ; le Guide du voyageur (1674, in-fol.) ; Itinéraire oriental (1689, in-8°) ; Histoire et description de l'Asie (1673, in-fol.) ; Atlas chinensis (1667 et 1674, in-fol.) ; Histoire du Japon (1671, in-fol.) ; Description de l'Afrique (1670, in-fol.) ; Histoire de l'Amérique (1671, in-fol.) ; etc.

OGILVIE (John) [o'-ghil-vi], écrivain écossais, né en 1733, mort en 1814. Il était ministre protestant. Il a écrit The Day of Judgment et Providence, poèmes, et The Theology of Plato compared with the Principles of the Oriental and Grecian Philosophers.

OGINSKI. I. (Michel-Casimir, COMTE), homme d'Etat, né noble polonais, né en 1731, mort en 1803. Il gagna les bonnes grâces de Catherine II et devint grand maréchal de Lithuanie. Il se déclara sur ses compatriotes insurgés en 1771, battit les Russes à Ianof, leur prit Minsk mais fut complètement défait à Stolowice. Il se réfugia à Dantzig, rentra plus tard en Pologne et fit construire à ses frais le canal qui relie la Baltique à la mer Noire. Il était habile musicien, et on lui attribue l'inven-

tion de la pédale de la harpe. — II. (Michel-Cléophas), neveu du précédent, né dans les environs de Varsovie en 1765, mort à Florence en 1833. Il lutta pour l'indépendance de la Pologne depuis 1791 jusqu'en 1796, se soignait à Kosciusko, se réfugia à Venise et ne voulut point implorer la clémence de Catherine II. Ayant obtenu en 1801 l'autorisation de rentrer en Pologne, il fit sa soumission et jura fidélité à l'empereur Alexandre Ier, qui lui rendit ses biens et le nomma sénateur en 1810. Il vint ensuite en France et se fixa plus tard et définitivement à Florence. Il a laissé des Mémoires sur la Pologne et les Polonais depuis 1778 jusqu'à 1815 (Paris et Genève, 1826-'27, 4 vol. in-8°).

* OGIVAL, ALE, AUX adj. Archit. Qui présente des ogives, dont le caractère est l'ogive : style ogival. — ARCHITECTURE OGIVALE, architecture caractérisée par l'emploi de l'ogive et que l'on appelle ordinairement GOTHIQUE.

* OGIVE s. f. Archit. Nervures ou arêtes saillantes qui, en se croisant diagonalement, forment un angle au sommet d'une voûte : les ogives sont communes dans l'architecture gothique. — Se dit en outre de l'arc brisé formé par les ogives. — Adj. Se dit de toute arcade, voûte, etc., qui, étant plus élevée que le plein cintre, se termine en pointe, en angle : voûte ogive. — On dit aussi, VOÛTE, FENÊTRE EN OGIVE, OU OGIVALE.

OGLETHORPE (James-Edward), fondateur de la colonie de la Géorgie, né à Londres en 1688, mort en 1785. Il était officier aux gardes de la reine, et servit d'aide de camp au Prince Eugène. De 1723 à 1754, il fut membre du parlement. Il forma un plan de colonie dans l'Amérique du Nord pour servir d'asile aux protestants opprimés de l'Allemagne et des autres Etats du continent, mais sans exclusion des autres personnes. En 1732, une commission de 21 « commissaires pour fonder la colonie de la Géorgie », fut légalement constituée, et en 1733 une bande de colons, sous la conduite d'Oglethorpe, nommé gouverneur de la colonie, arriva à Charleston. Il revint en Angleterre en 1743. En 1775, il fut promu au grade de général de toutes les forces de Sa Majesté.

OGLIO [o-lio] (anc. Ollius), rivière de Lombardie (Italie), prend sa source dans les Alpes Rhétiques, au pied du mont Tonale, dans la partie N.-E. de la province de Bergame, coule au S.-O. et au S.-E., traverse le lac Iseo, reçoit la Mella et la Chiese au N., et rejoint le Pô près de Borgoforte, à 10 kil. S.-O. de Mantoue. Elle a environ 220 kil. de long.

* OGNON. Voy. OIGNON.

OGOOUÉ ou Ogobay [o-go-bai], grand fleuve de l'Afrique occidentale, qui se jette dans l'Atlantique au-dessous du cap Lopez, à 100 kil. S. du Gabon, par environ 1° lat. S. Son delta est très vaste. Ce fleuve, découvert en 1856 par du Chaillu, a été exploré depuis par les voyageurs Marche, de Compiègne, Ballay, Savorgnan de Brazza, Walker et Lanta (1873-'80). Marche, qui l'a remonté, en 1876, jusqu'à 700 kil. de son embouchure, a constaté qu'il est constamment large et navigable. En 1878, Savorgnan de Brazza et Marche le remontèrent jusqu'à sa source, délimitèrent son bassin et décrivirent ses affluents. — Voy. Relation du voyage du marquis de Compiègne. — Bulletin de la Société de géographie, fév. 1879.

* OGRE s. m. (étymol. controversée. Peut venir du lat. Orcus, dieu de l'enfer ; du scandinave Oger, nom d'un célèbre pirate qui ravagea la France ; ou du mot Hongrois, à cause des dévastations que fit en France le peuple de ce nom). Personnage des contes fées, espèce de monstre, de géant, d'homme

sauvage, qu'on suppose se nourrir de chair humaine. — Fam. MANGER COMME UN OGRE, manger excessivement.

* OGRESSE s. f. C'est le féminin d'ogre.

OGULNIENNE (Loi), loi que firent passer les tribuns Quintus et Cneius Ogulnius, pour augmenter le nombre des pontifes et des augures et pour donner aux plébéiens le droit d'être élus à ces offices (300 av. J.-C.).

OGYGÈS [o-ji-jèss] (Myth.), roi de Grèce, sous le règne duquel arriva le déluge d'Ogygès. D'après une tradition, il était fils de Bœotus; régna sur les Hectenes, et gouverna le premier la Béotie qui, de son nom, fut nommée Ogygie. D'autres légendes en font un roi de l'Attique, de l'Achaïe et de l'Egypte. Le *Déluge* d'Ogygès eut lieu vers l'an 1764 av. J.-C.

OGYGIE, pays de l'antiquité. (Voy. OGYGÈS.)

OGYGIE s. f. (gr. *ogugios*, ogygien). Crust. Genre de trilobites voisin des asaphes.

OGYGIEN, IENNE adj. D'Ogygès; qui se rapporte à ce roi ou au déluge arrivé de son temps. — s. et adj. D'Ogygie; qui appartient à ce pays ou à ses habitants.

OGYGIQUE adj. Qui a rapport à Ogygès ou à son temps.

* OH. Interj. qui marque la surprise : *Oh! quelle chute! Oh! oh! je n'y prenais pas garde.* — Sert aussi à donner un sens plus de force : *oh! je me vengerai.*

OHÉ. Interjection qui sert à appeler.

OHIO [o-io; angl. o-haï-o] l'un des états du centre de l'Union américaine, entre 38° 27' et 41° 57' lat. N. et entre 82° 54' et 87° 9' long. O.; borné par le Michigan, le lac Erie, la Pennsylvanie, la Virginie occidentale, le Kentucky et l'Indiana; divisé en 88 comtés; cap.. Columbus; villes princ.: Cincinnati, Cleveland, Dayton, Sandusky, Toledo, etc.; 106,344 kil. carr.; sa population, qui n'était que de 45,000 hab. en l'an 1800, est aujourd'hui de 3,200,000 hab., dont 65,000 hommes de couleur, 42,000 Canadiens, 42,000 Anglais, 105,000 Irlandais, 11,000 Écossais, 49,000 Gallois, 220,000 Allemands et 15,000 Suisses.

Sceau de l'état d'Ohio.

— La surface du territoire présente une alternation de colline et de vallées. Les principaux cours d'eau sont : l'Ohio et ses affluents. — Sol généralement fertile, autrefois couvert de forêts, mais aujourd'hui partout défriché. Chêne, châtaignier, érable, orme, etc. Grands gisements de charbon bitumineux qui ont jusqu'à 100 m. d'épaisseur. Fer, gypse, pétrole, etc. — Climat agréable et sain, mais très variable. Grandes productions de grains, de pommes de terre, etc.; 25,000 établissements manufacturiers occupant 180,000 personnes. Exportation de charcuterie, de graisse, etc. — L'assemblée générale se compose d'un sénat de 36 membres et d'une chambre de représentants de 105 membres, élus les uns et les autres pour

2 ans. Le pouvoir exécutif appartient au gouverneur et à plusieurs autres officiers civils nommés pour 2 ou 4 ans. Tous les juges sont élus pour un temps limité. Recettes, 30 millions de fr.; dépenses, 35 millions; dettes, 40 millions. — Nombreuses institutions d'éducation publique. Princ. dénominations religieuses : baptistes, 725 organisations; christians, 740; luthériens, 525; méthodistes, 2,300; presbytériens, 805; catholiques romains, 310, etc. — 595 journaux, dont 35 quotidiens. — Les premières explorations dans le territoire qui constitue aujourd'hui l'état d'Ohio, sont dues aux Français, qui visitèrent tout ce pays dans la seconde moitié du XVIIe siècle. La Salle traversa toute la région de l'Ohio vers 1680. Presque aussitôt Français et Anglais entrèrent en lutte pour la souveraineté du territoire arrosé par l'Ohio et par ses affluents. Pendant la guerre des colonies, une forte armée commandée par le général anglais Braddock fut vaincue par les Français et en partie scalpée par les sauvages, (voy. BRADDOCK); mais ce territoire passa aux Anglais en vertu du traité de 1763. Vingt ans plus tard, les Américains commencèrent à y émigrer; ils y fondèrent Marietta (1788); les Indiens furent peu à peu exterminés ou repoussés et, en 1799, le territoire de l'Ohio fut organisé. Il entra dans l'Union comme état en 1803. Columbus devint capitale en 1816. La convention actuelle fut ratifiée en 1851.

OHIO, le plus grand affluent de gauche du Mississipi, renommé pour l'égalité de son courant aussi bien que pour la beauté et la fertilité de ses rives. Il se forme, dans la Pennsylvanie occidentale, de la réunion de la Monongahela et de l'Alleghany à Pittsburgh. Le bassin de l'Ohio et de ses tributaires est évalué à 500,000 kil. carr. Sa longueur est de 1,500 kil. Sa direction générale est O.-S.-O. Il sépare l'Ohio de la Virginie occidentale, et le Kentucky de l'Ohio, de l'Indiana et de l'Illinois. La largeur de son tiers supérieur est de 4,000 pieds à eau basse et de 4,200 pieds à eau haute; près de l'embouchure, elle est de 3,000 pieds. Sa profondeur, entre les eaux hautes et les eaux basses, est, par places, de 50 pieds. Pendant certaines périodes de l'été et en automne, lorsque l'eau est basse, les grands steamers ne remontent pas au delà de Wherling, et, en hiver, l'Ohio est souvent pris par la gelée, et pendant plusieurs semaines, les glaces flottantes empêchent la navigation. Les seuls rapides se trouvent à Louisville et on y a construit un canal. La chute est d'environ 27 pieds sur une longueur de 4 kil. Les principaux tributaires de l'Ohio sont le Muskingum, le Miami, le Wabash, le Sandy, le Licking, le Kentucky, le Cumberland, le Green et le Tennessee.

OHM s. m. [ômm] (de *Ohm*, n. pr.). Nom donné par les électriciens à l'unité pratique de résistance. (Voy. ÉLECTRICITÉ, AMPÈRE, COULOMB, VOLT, etc.)

OHM [ômm]. I. (Georg-Simon), physicien allemand, né à Erlangen en 1787, mort en 1854. Il fut professeur à Cologne (1817-'26), vice-directeur de l'école polytechnique de Nuremberg, 1833-'49, et ensuite professeur de physique à Munich. Il étudia spécialement les lois qui président aux courants galvaniques. Ses découvertes, y compris la loi qui forme la base de la théorie mathématique de l'électricité, ont été publiées en 1825-'26 et plus complètement dans son livre *Die galvanische Kette* (1827), trad. franç. par Gaugain, sous le titre de *Théorie mathématique des courants électriques* (1860). Il a aussi publié *Elemente der analytischen Geometrie* (1849) et *Grundzuge der Physik* (1854). — Les fameuses *lois d'Ohm*, relatives à la distribution de l'électricité dans l'intérieur d'un corps, à sa dispersion dans

l'air ambiant et à son développement au point de contact de deux corps hétérogènes sont les suivantes : 1° l'intensité du flux est proportionnelle à la différence de tensions que possèdent deux molécules voisines l'une de l'autre; 2° la perte d'intensité est proportionnelle à la tension et à un coefficient déterminé par l'état de l'atmosphère; 3° il s'établit, au point de contact de deux corps hétérogènes, une différence constante entre leurs tensions. D'où résulte la *théorie d'Ohm*, relative aux phénomènes des courants constants : l'action d'un circuit est égale à la somme des forces électro-motrices divisée par la résistance; l'effet reste toujours le même, que le courant soit voltaïque ou thermo-électrique. — II. (Martin), son frère, mathématicien, né en 1792, mort en 1872. Il était professeur à l'université de Berlin, et faisait des cours dans plusieurs autres institutions de la même ville. Ses œuvres comprennent un système complet de mathématiques (1822-'52, 9 vol.). *Lehrbuch der Mechanik* (1836-'38) et *Geist der matematischen Analysis* (1842-'45, 2 parties).

OHMACHT (Landolin) [ô'-makht], sculpteur allemand, né dans le Wurtemberg vers 1761, mort en 1834. Il étudia sous Canova à Rome, et se fixa à Strasbourg en 1801. Sa statue de *Vénus sortant du bain* est regardée comme son chef-d'œuvre.

* OÏDIUM s. m. [o-ï-di-om] (gr. *ôon*, œuf). Genre de champignons très petits, dont une espèce s'attaque au raisin, aux feuilles, aux sarments de la vigne, et les détruit. — Les champignons parasites du genre oïdium appartiennent au groupe des épiphytes (voy. ÉPIPHYTE), famille des mucédinées; parmi les végétaux les plus redoutables de ce genre, nous mettrons en première ligne l'*oïdium albicans*, qui cause les maladies appelées aphtes, sur la membrane muqueuse, particulièrement sur la langue des enfants. (Voy. MUGUET.) Plus célèbre encore est l'*oïdium Tuckeri*, ainsi nommé par Berkeley en 1847, parce qu'il avait été observé deux ans auparavant par Tucker, de Margate. C'est l'*oïdium* de la vigne, qui se répandit avec une fâcheuse rapidité dans nos vignobles, après 1850. Il attaque le raisin, qui semble alors recouvert d'une poussière blanche et il se répand une odeur particulière de moisi. Les graines se flétrissent, se gercent et tombent même quelquefois. Le remède préconisé contre cette maladie est le soufrage des ceps et des raisins.

* OIE s. f. (bas lat. *auca*). Espèce d'oiseau aquatique, plus gros et plus grand qu'une cane : *oie sauvage; oie domestique.* — TIRER L'OIE, se dit d'une sorte d'exercice qui consiste à suspendre une oie vivante à un pieu, et à lancer horizontalement des bâtons contre cette espèce de but, jusqu'à ce que le cou de l'animal ait été rompu et détaché par les atteintes répétées : *tirer l'oie est un exercice barbare, qui devrait être interdit.* — JEU DE L'OIE, jeu que l'on joue avec deux dés et un carton où il y a des figures d'oie placées dans un certain ordre. — C'EST UNE OIE, se dit d'une personne fort sotte, fort niaise. — CONTES DE MA MÈRE L'OIE, contes dont on amuse les enfants : *cette nourrice fait des contes de ma mère l'oie.* — FAIRE DES CONTES DE MA MÈRE L'OIE, dire des choses où il n'y a nulle apparence de raison ou de vérité. — MERDE D'OIE, couleur verdâtre, mêlée de jaune : *couleur merde d'oie.* — PATTE-D'OIE. (Voy. ce mot composé à son rang alphabétique, sous la lettre P.) — PETITE-OIE. (Voy. à l'ordre alphabétique dans la lettre P.) — ENCYCL. Les oies forment un genre de gros palmipèdes ansérinés, comprenant une vingtaine d'espèces répandues dans les diverses régions du globe. — D'immenses troupes d'oies sauvages vivaient autrefois sur le territoire de la Gaule et de la Grande-Bretagne; mais le travail de l'homme, en produisant le drainage et la culture des

marais, a depuis longtemps fait disparaître
les animaux aquatiques que l'on ne trouve
plus guère, dans notre occident, que parmi les
Hébrides et dans quelques districts d'Ecosse.
En France, ce sont seulement des oiseaux de
passage, qui se jettent sur nos étangs et dans
nos cours d'eau, pendant les temps les plus
rigoureux de l'hiver. Au printemps et en été,
les oies vivent sous les plus hautes latitudes
de la terre, mais à l'approche des frimas,
elles émigrent vers des pays plus chauds. On
les trouve surtout dans les prairies et dans les
pays marécageux de l'intérieur de l'Europe;
elles paissent pendant le jour les herbes et les
plantes aquatiques; elles mangent aussi des
graines. Pendant la nuit, elles se reposent.
Leur vol, qui est très élevé, s'accomplit
avec un ordre qui dénote une intelligence
développée. Chaque individu garde sa place
dans les rangs. Un mâle se met à la tête de
la ligne ou à la pointe du triangle formé par
la troupe; et quand il est fatigué, il abandonne cette place pour se retirer au dernier
rang; un autre mâle le remplace dans le
poste fatigant de chef de file. La vue et l'ouïe
de ces oiseaux sont d'une extrême finesse et
leur défiance se tient constamment en éveil.
Qu'ils prennent leur repas ou qu'ils se reposent, une sentinelle veille perpétuellement sur
la sécurité de la troupe et donne l'alarme à
l'approche du danger, en poussant un cri déchirant, plus perçant que celui d'une trompette. On chasse peu l'oie sauvage dans nos
pays, parce que sa chair n'est pas délicate;
mais dans les régions septentrionales, on en
détruit de grandes quantités, pour s'emparer
de leur duvet. — L'oie dépose cinq ou six
œufs dans un nid posé à terre, au milieu des
bruyères, et formé de quelques brins d'herbes
sèches. Pendant l'incubation, qui dure de 20
à 30 jours, suivant les espèces, le mâle fait la
garde auprès de la femelle. L'oie sauvage
(anser ferus, Gesn.), appelée aussi oie cendrée
(anas cinereus, Meyer.), souche probable de
nos races domestiques, est un gros oiseau
d'une couleur générale grise, avec un manteau
brun ondulé de gris et un bec orange. L'oie
des moissons (anser segetum, Gmel.), considérée
par quelques ornithologistes comme formant
une espèce distincte, et par d'autres comme
n'étant qu'une simple variété de l'oie sauvage, a les ailes un peu plus longues, et le
front marqué de taches blanches. Qu'elle
forme une variété ou une espèce, cette oie
est probablement plus ou moins mélangée à
l'espèce sauvage dans plusieurs races domestiques. — L'oie rieuse, appelée aussi oie à front

Oie ricuse (Anser Gambelii).

blanc (anser Gambelii, Hartl.; anser albifrons,
Gmel.), n'a guère que 70 centim. de long et
1m50 d'envergure; elle est grise, à ventre
noir et à front blanc. Elle habite le nord des
deux continents. Parmi les espèces américaines, nous citerons : l'oie sauvage d'Amérique, appelée aussi oie du Canada (bernicla
Canadensis, Lin.). Elle mesure environ 1 m.
de long et 1m80 d'envergure; elle pèse

3 kilogr. et demi. On la trouve dans toute
l'Amérique du Nord et accidentellement en
Europe. Pendant ses voyages, au printemps
et à l'automne, elle vole en troupes, à une
telle hauteur, que l'on entend son cri dans la

Oie du Canada (Bernicla Canadensis).

nue, mais que l'on cherche vainement à
apercevoir les oiseaux qui émigrent. Elle se
nourrit d'herbes et de graines et y joint des
vers, des insectes, des crustacés, des poissons,
des coquillages, etc. Elle vit volontiers en
captivité, et quand elle est domestiquée, elle
se marie facilement avec l'oie commune, produisant ainsi des métis de forte taille, faciles à
engraisser. L'oie brant (bernicla brenta, Steph.),
également américaine, mesure 65 centim. de

Oie brant (Bernicla brenta).

long, 1m30 d'envergure et pèse 2 kilogr. Elle
est remarquable par le croissant blanc qui
s'étend sur le milieu du côté de son col noir.
C'est un oiseau d'eau salée qui voyage le
long des côtes de l'Atlantique. Sa chair savou-
reuse est très recherchée. — L'oie bernacle

Barnache (Bernicla leucopsis).

(bernicla leucopsis, Bechst.) mesure 70 centim.
de long, 1m45 d'envergure et pèse plus de
2 kilogr. Elle est commune en Europe septentrionale pendant l'hiver. Elle doit son nom à
la croyance où l'on fut, pendant longtemps, qu'elle était produite par la bernache.
— Dans l'antiquité et pendant le moyen âge,
l'oie fut, sans contredit, le plus utile des oi-

seaux et l'on estimait sa valeur intrinsèque
presque à l'égal de celle du mouton. L'oie
fournissait la nourriture la plus recherchée,
que la chair du dindon a seule pu détrôner
sur nos tables; son duvet et ses petites plumes,
aussi précieuses que la laine, servent à rem-
bourrer des couches molles ou à garnir de
chaudes couvertures; ses plus grosses plumes,

Oie de Brême.

taillées en pointe et fendues, servirent pendant des siècles à la transmission de la
pensée, et l'invention des plumes de métal
n'a pu complètement faire abandonner l'usage
de celles de l'oie. — Econ. rur. L'oie ordinaire (anas anser), aujourd'hui domestique,
paraît n'être qu'une variété de l'oie sauvage
cendrée ou de l'oie des moissons. Elle a produit une infinité de races, qui ne diffèrent
entre elles que par la grosseur de leur corps.
Il existe ordinairement, chez les individus de
la même race, une grande diversité de plumage; les uns étant uniformément gris, d'autres blancs (surtout les mâles ou jars), d'autres
irrégulièrement blancs et gris, avec quelques
plumes noires. — On se livre à l'élevage de
ces utiles oiseaux dans presque toutes les exploitations agricoles, où des prés et des marécages peuvent fournir un aliment à leur
voracité. Les oies paissent l'herbe, en la coupant avec leur bec comme avec des ciseaux;
elles mangent toute espèce de graines, de
racines et de fruits. Elles font, chaque année,
une ou deux pontes de 8 à 12 œufs. La
femelle place son nid dans un endroit retiré
et y porte un peu de paille sèche. On lui ôte
ordinairement ses œufs, à mesure qu'elle les
pond, et on les lui rend quand elle veut
couver. L'incubation dure de 29 à 30 jours;
pendant ce temps, le mâle ou jar ne quitte
pas la femelle. On place le boire et le manger
à portée de la couveuse. Les oisons s'élèvent
avec facilité, en raison de leur grande rusti-
cité. On leur donne, pendant les premiers
jours, une pâtée faite avec de la mie de
pain, du jaune d'œuf et des orties hachées;
on substitue bientôt la recoupe aux jaunes
d'œufs. Dès l'âge de 15 jours, les jeunes oisons vont au pâturage avec la mère, qui les
mène barboter soit en eau courante, soit dans
une mare, et les reconduit seule au logis. Le
mâle l'accompagne et défend les petits avec
une sollicitude paternelle. Un jar suffit à 4
ou 5 femelles. A l'âge de 4 ou 5 ans, les oies
commencent à devenir moins fécondes et l'on
doit songer à les engraisser pour les livrer à
la consommation. L'engraissement s'exécute
en les gavant d'une pâtée faite de pomme de
terre ou avec du maïs, des pois, etc., et en les
tenant dans un endroit obscur. — L'oie engraissée pèse de 6 à 8 kilogr., dont 200 gr. et même
500 gr. pour le foie. On sait que ce dernier
fait la base des pâtés de Strasbourg et des
terrines de Nérac. — Le Lincolnshire (Angleterre) est fameux pour l'élevage des oies.
Sur le continent, les lieux les plus renommés
pour ce genre d'industrie agricole sont : Hambourg, Brême, Emden et leurs environs. L'oie
de Brême est la plus grosse, la plus belle

celle qui s'élève le plus facilement; mais elle est peu prolifique. Chez nous, les plus grosses races se trouvent dans les départements du Tarn, de l'Aude et la Haute-Garonne; la plus petite est l'*oie de Meuse*, élevée en troupes nombreuses dans le bassin de la Meuse, en France et en Belgique. — ECON. DOM. L'oie ne paraît plus depuis longtemps dans les repas de cérémonie; elle peut être servie comme rôti ou comme relevé dans les dîners de famille ou d'amis. On la fait cuire à la broche, quand elle est jeune et grasse, en farce ou en daube quand elle n'est pas de première tendreté. Dans les provinces du S. et du S.-O. de la France, on fait confire les membres d'oie, que l'on conserve ensuite dans des pots de graisse ou d'huile et qui se gardent, sans altération, d'une année à l'autre. La graisse d'oie est très recherchée.

OIGNON ou **Ognon** s. m. [o-nion; *gn*. mll.] (lat. *unio*, pour *usino*). Nom générique que l'on donne à cette partie de la racine de quelques plantes, qui est d'une forme renflée, et dont la base produit des racines fibreuses : *oignon de lis, de jacinthe, de tulipe*. — Particul. Plante potagère qui a une racine bulbeuse de figure ronde, communément un peu aplatie, de saveur et d'odeur fortes, composée de plusieurs tuniques ou pellicules qui s'enveloppent les unes les autres. Cette racine est ce que, dans l'usage ordinaire, on appelle oignon : *tête, botte d'oignons*. — CHAPELET D'OIGNONS, une grande quantité d'oignons attachés ensemble. — PELURE D'OIGNON, une des enveloppes de l'oignon. Se dit fig. d'une étoffe, d'un papier très mince. — ÊTRE VÊTU COMME UN OIGNON, être fort couvert de vêtements. — REGRETTER LES OIGNONS D'ÉGYPTE, regretter son ancien état, quoiqu'on soit dans un état meilleur. — Montre. — AUX PETITS OIGNONS, très bien. — ' MARCHAND D'OIGNONS SE CONNAÎT EN CIBOULES, on est difficilement trompé sur les choses de son métier. — Certaine callosité douloureuse qui vient aux pieds : *avoir des oignons*. — Grosseur de la sole du cheval, qui se manifeste plus souvent en dedans qu'en dehors, et qui ne vient presque jamais aux pieds de derrière. — **En rang d'oignon** loc. adv. et fam. dont on se sert en parlant de plusieurs personnes qui sont rangées sur une même ligne : *ils étaient tous en rang d'oignon*. — ENCYCL. L'oignon (*allium cepa*) est une espèce du genre ail, remarquable par la forme de sa bulbe arrondie ou ovale, dont les tuniques internes sont charnues et les extrémités membraneuses. La hampe de l'oignon atteint jusqu'à 1 m. et se termine par une grosse ombelle sphérique de fleurs blanches, verdâtres ou rosées. On suppose que cette plante si utile est originaire de l'Asie occidentale; en Égypte on en avait fait une sorte de divinité. Ses bulbes sont beaucoup plus douces dans les contrées méridionales que dans les pays du Nord et peuvent alors être mangées crues. C'est une plante bisannuelle qui a produit de nombreuses variétés; les unes à bulbes rouges, jaunes ou d'un blanc veiné de rouge; les autres caractérisées par leur forme plus ou moins ovale ou plus ou moins aplatie. L'Italie, l'Espagne, le Mexique et la Californie sont renommés pour la grosseur et la belle qualité de leurs oignons. L'odeur que répandent ces plantes est due à une huile volatile, similaire, sinon identique à celle de l'ail. On emploie chez nous les oignons comme assaisonnement. Les variétés les plus connues sont : l'*oignon d'Espagne*, très doux, à bulbe allongée d'un jaune soufre; l'*oignon de Niort*, rouge pâle; l'*oignon blanc*, petit, hâtif, originaire d'Italie; l'*oignon d'Égypte* ou bulbifère, à très grosse bulbe.

OIGNON (L'), rivière qui naît dans le dép. de la Haute-Saône, passe à Lure, forme la limite des dép. de la Haute-Saône, du Doubs et du Jura et se jette dans la Saône au-dessus de Pontailler, après un cours de 150 kil.

OIGNONADE s. f. Mets accommodé avec beaucoup d'oignons.

' **OIGNONET** s. m. Sorte de poire d'été.

OIGNONETTE s. f. Graine d'oignon.

' **OIGNONIÈRE** s. f. Terre semée d'oignons.

' **OÏL** s. m. [oïl; *l* mll.]. Ancienne forme du mot OUI. N'est plus employé que dans cette locution, LA LANGUE D'OÏL, la langue qui se parlait au N. de la Loire et qui est devenue le français moderne : *la langue d'oïl et la langue d'oc*.

' **OILLE** s. f. [o-ieu; *ll* mll.] (esp. *olla*, sorte de pot-au-feu). Espèce de potage dans lequel il entre plusieurs racines et plusieurs viandes différentes : *on servit une excellente oille*.

' **OINDRE** v. a. [ouain-dre] (lat. *ungere*). *J'oins, tu oins, il oint; nous oignons. J'oignais. J'oignis. J'ai oint. J'oindrai. Que j'oigne. Que j'oignisse, Oignant. Oint.* Frotter d'huile ou de quelque autre matière grasse : *autrefois on oignait les athlètes pour la lutte*. — OIGNEZ VILAIN, IL VOUS POINDRA; POIGNEZ VILAIN, IL VOUS OINDRA, en faisant du bien à un malhonnête homme, on n'en reçoit que du déplaisir; et au contraire, en le gourmandant, on en tire ce qu'on veut. — Se dit aussi en parlant de l'huile consacrée dont on se sert dans quelques cérémonies religieuses, et dans l'administration de quelques sacrements : *Samuel oignit Saül.*

' **OING** s. m. [ouain]. N'est usité que dans cette expression, VIEUX OING, vieille graisse de porc fondue, dont on se sert pour frotter les essieux des voitures et pour d'autres usages : *graisser les essieux d'une voiture avec du vieux oing*.

' **OINT, OINTE** part. passé de OINDRE. — s. Écrit. sainte : *les rois sont les oints du Seigneur.*

OISE (anc. *Isara* et *Esia*), rivière qui prend sa source dans les bois de Thiérache, près de Sélogne (Belgique), entre en France, coule au S.-O. à travers les dép. de l'Aisne, de l'Oise et de Seine-et-Oise et se jette dans la Seine, par sa rive droite, près de Conflans-Sainte-Honorine après un cours de 245 kil. Ses principaux affluents : sont la Serre, la Nonette et l'Aisne. Elle communique par des canaux avec la Somme, la Sambre et l'Escaut. Elle baigne : Guise, la Fère, Chauny où elle devient navigable, Noyon, Compiègne, Verberie, Pont-Saint-Maxence, Creil, Beaumont et Pontoise.

OISE, département de la région N.-O. de la France; tire son nom de la rivière qui le traverse du N.-E au S.-O.; situé entre les dép. de la Somme, de la Seine-Inférieure, de l'Eure, de Seine-et-Oise, de Seine-et-Marne et de l'Aisne; formé d'une partie de l'Ile-de-France et d'une partie de la Picardie; 5,855 kil. carr.; 404,556 hab. Le dép. de l'Oise dont la surface est généralement plate et monotone, quoique fertile et bien cultivée, se compose de trois plateaux principaux que séparent de profondes vallées. La vallée de l'Oise se distingue par sa fertilité et sa fraîcheur, celle de l'Aisne, par sa largeur et sa fécondité; celle de la Bresse, surnommée la *Vallée dorée*, doit ce nom à ses prairies émaillées de fleurs et parsemées de bouquets d'arbres; celle de la Nonette attire de nombreux visiteurs qui viennent y admirer le parc et le château de Chantilly, les environs de Senlis et Ermenonville, où se trouve le tombeau de J.-J. Rousseau; enfin à l'E., la ravissante vallée de l'Epte peut être considérée comme la plus belle de la contrée. Le point culminant du dép. se trouve sur la lisière de la forêt de Thelle (235 m.). La sixième partie de son territoire est couverte de forêts; la plus considérable est celle de Compiègne (94 kil. de circonférence); citons encore celle d'Ermenonville, de Hallate, de Chantilly et de Hez. Principaux cours d'eau : l'Oise, l'Aisne, l'Ourcq, l'Epte, le Thérain, la Nonette, etc. Grains, betteraves, légumes secs, cidre. Tourbe, marne, pierres dites de *Saint-Leu*; bétail, volailles et abeilles; draps, tapisseries, lainages, tabletterie, papeterie. Source minérale à Pierrefonds. — Ch.-l. Beauvais; 4 arr., 35 cant., 701 communes. Évêché à Beauvais, suffragant de Reims. Les tribunaux ressortissent à la cour d'appel d'Amiens et les établissements d'instruction publique relèvent de l'Académie de Paris. — Ch.-l. d'arr. : Beauvais, Clermont, Compiègne, Senlis.

' **OISEAU** s. m. [oua-zo] (lat. *avis*). Animal ovipare à deux pieds, ayant des plumes et des ailes : *le gazouillement des petits oiseaux*. — Par ext. OISEAU DE PARADIS, plumes de l'oiseau de paradis, parure que des femmes mettent dans leur coiffure : *son oiseau de paradis est fort cher*. — L'OISEAU DE JUPITER, l'aigle. L'OISEAU DE JUNON, le paon. L'OISEAU DE MINERVE, la chouette. L'OISEAU DE VÉNUS, le pigeon ou la colombe. L'OISEAU DE SAINT LUC, le bœuf : *léger comme l'oiseau de saint Luc*. — OISEAU DE BON AUGURE, DE MAUVAIS AUGURE, se dit d'un homme dont l'arrivée fait prévoir quelque bonne ou quelque mauvaise nouvelle. — ⁔ Triste personnage : *c'est un vilain oiseau*. — AUX OISEAUX, très bien : *il est meublé aux oiseaux*. — ÊTRE COMME L'OISEAU SUR LA BRANCHE, dans un état incertain, et sans savoir ce qu'on deviendra. — PETIT A PETIT L'OISEAU FAIT SON NID, on fait peu à peu sa fortune, sa maison. — A CHAQUE OISEAU SON NID EST BEAU, chacun trouve sa maison, sa propriété belle. — L'OISEAU N'Y EST PLUS, ou L'OISEAU S'EST ENVOLÉ, se dit d'une homme qui s'est évadé, qui n'est plus où on va le chercher. On dit dans le même sens, LES OISEAUX SONT DÉNICHÉS. — IL A BATTU LES BUISSONS, ET UN AUTRE A PRIS LES OISEAUX, il a eu bien de la peine, et un autre a eu le profit. — NE VOILA-T-IL PAS ENCORE UN BEL OISEAU? se dit pour se moquer d'un homme laid qui se pavane, ou d'un sot qui fait l'important. — Faucon. S'est dit pour certain exercice où l'on propose un prix pour celui qui abat d'un coup de fusil ou d'un coup de flèche la figure d'un oiseau attachée au haut d'une perche. — Astron. OISEAU DE PARADIS, constellation de l'hémisphère austral, qui n'est point visible dans les latitudes de l'Europe. — A vol d'oiseau loc. adv. En ligne droite : *de Paris à Rouen, il n'y a que vingt lieues à vol d'oiseau*. — A vue d'oiseau loc. adv. Dessin. et Peint. De la manière dont un oiseau verrait l'objet dont il s'agit, s'il planait au-dessus : *il a dessiné cette ville à vue d'oiseau*. — ENCYCL. Le groupe des oiseaux est le mieux déterminé dans la nature; il forme la seconde classe des vertébrés et comprend des animaux faciles à distinguer en raison de leur conformation extérieure, car ils sont tous bipèdes, leurs membres antérieurs étant transformés en ailes. A peu d'exceptions près, ils sont couverts de plumes et leurs ailes sont disposées de façon à leur permettre de voler. Leurs os sont percés de toutes parts de petites cellules d'air qui les rendent plus légers et facilitent leurs mouvements. Leur bec suffirait à lui seul pour leur donner une physionomie remarquable. Les oiseaux sont exclusivement ovipares, et leurs œufs doivent être couvés pour arriver à l'éclosion. Leur langue est d'habitude mince, pointue, sèche et plus ou moins cornée. Leur canal digestif se compose d'abord d'un œsophage, d'un jabot, d'un ventricule succenturié, d'un gésier, d'un canal intestinal et d'un cloaque dans lequel se terminent les canaux excréteurs. Le gésier est un puissant organe, qui est indispensable aux oiseaux, à défaut de dents. Il est très fort chez les gallinacées et chez les autres granivores. Mais la particularité de structure qui distingue surtout les oiseaux des autres animaux, c'est la connexité immédiate et constante des poumons avec les nombreuses cellules d'air qui traversent toute la carcasse et qui s'étendent même à toutes les parties des os. Ces cellules membranes à air occupent une portion très considérable de la poitrine et de l'abdomen et sont en communication directe avec les poumons. Par ce moyen, le corps de l'animal devient extrêmement léger et se meut avec une rapidité extraordinaire dans l'air, dans l'eau ou sur terre. C'est pourquoi les oiseaux les plus rapides et dont le vol est le plus élevé sont ceux dont le corps est le plus largement pourvu de cellules aériennes. Cet appareil pneumatique sert en outre, à ce que l'on suppose, à l'oxydation du sang veineux; et l'on présume que l'air contenu dans les cellules agit sur les vaisseaux sanguins en contact avec lui. Le volume d'air que certains oiseaux peuvent introduire dans leur corps et la facilité avec laquelle ils peuvent l'expulser expliquent comment de petis êtres comme le canaris jouissant d'une voix sonore et peuvent continuer leur chant pendant si longtemps sans aucun effort apparent. Le grand développement relatif de la cervelle et du système nerveux des oiseaux est un autre caractère particulier de leur organisation. (Voy. Cerveau.) Les sens de la vue, de l'odorat et de l'ouïe paraissent être extrêmement délicats chez un grand nombre de ces animaux; mais ils semblent ne pas posséder le sens du goût à un degré aussi développé et l'on présume que celui du toucher leur manque complètement. Les organes de la vue occupent une grande portion de leur développement cérébral et sont construits avec une si merveilleuse délicatesse qu'on les a comparés à des télescopes naturels. Ils sont pourvus d'un appareil très curieux appelé membrane clignotante, pli de la tunica conjunctiva arrangé de telle sorte qu'il peut se tirer de dedans en dehors pour couvrir l'œil comme un rideau et se relever à volonté; quand il est abaissé, il permet à l'oiseau de recevoir les plus brillants rayons du soleil sans en être affecté. A part quelques exceptions, les oiseaux n'ont pas d'organe auditif externe comparable à l'organe des mammifères; ils n'ont qu'un limaçon rudimentaire. Les membranes externes de cet organe sont réunies les unes aux autres par les cellules d'air du crâne. Le cœur des oiseaux est creusé de quatre cavités. Pour la classification des oiseaux, voy. Ornithologie. Quant à la manière dont ils font leurs nids, voy. Nidification. — Bibliogr. Les ouvrages les plus remarquables sur les oiseaux sont ceux de John Gould. En 1878, ils comprenaient 40 vol. in-fol., contenant une grande quantité de planches coloriées. On y trouve les oiseaux de l'Europe, de l'Asie, de l'Australie, de la Nouvelle-Guinée, la monographie des oiseaux-mouches, etc. — Nous citerons aussi les Oiseaux d'Amérique, par Audubon (1826-'40). — Oiseaux de basse-

cour, nom que l'on donne à toute la volaille : poules, oies, dindes, canards, pintades, pigeons, etc. — Oiseaux de volière et de cage, oiseaux que l'on peut élever en volière ou en cage. Dans ce nombre les plus recherchés sont : les serins, les bouvreuils, les chardonnerets, les tarins, les verdiers, les linots, les merles, les fauvettes, les rossignols, les pinsons, les geais, les pies, les tourterelles, etc. On recherche surtout parmi les oiseaux étrangers : les perroquets, les bengalis, les sénégalis, les becs de corails, les veuves, les cardinaux, les perruches, les inséparables, etc. — Oiseaux de proie, nom que l'on donne aux oiseaux carnivores; ils ont le bec crochu, à pointe aiguë et recourbée vers le bas, les narines percées dans une membrane qui revêt toute la base du bec; les pieds armés d'ongles vigoureux; le vol puissant. Ils sont parmi les oiseaux ce que les carnassiers sont parmi les quadrupèdes. Dans la classification de Cuvier, ils forment le premier ordre des oiseaux. Ils sont divisés en deux familles, les diurnes et les nocturnes : 1° les diurnes ont les yeux dirigés sur les côtés, une membrane appelée cire couvre la base du bec; leurs pattes ont trois doigts en avant et un en arrière. Cette

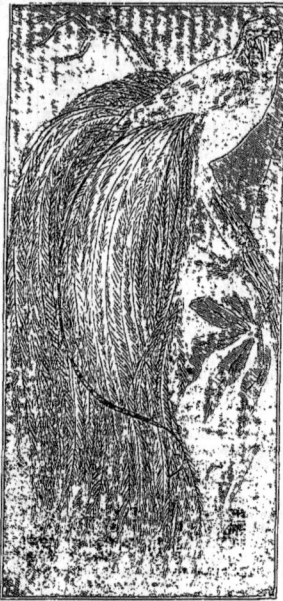

Oiseau de paradis émeraude (Paradisea apoda).

famille comprend les genres vautour, griffon, faucon, gerfault, aigle, balbusard, autour, milan, bondrée, buse, busard, secrétaire, etc. On donne le nom d'oiseaux de proie ignobles à ceux du genre faucon, qui ne s'apprivoisent pas pour la chasse; 2° les nocturnes ont la tête grosse, les yeux très grands et dirigés en avant, entourés d'un cercle de plumes effilées dont les antérieures recouvrent la cire du bec et les postérieures l'ouverture de l'oreille. Leur énorme pupille laisse entrer tant de rayons de lumière que le plein jour les éblouit. Leurs plumes à barbe douce et finement duvetée ne font aucun bruit en volant. Le doigt externe de leurs pieds se dirige à volonté en avant ou en arrière. Pendant

le jour, quand un objet nouveau les frappe, ils ne cherchent point à s'envoler, mais ils se rédressent, prennent des postures bizarres, et font des gestes étranges. Cette famille comprend les genres hibou, chouette, effraie, chathuant, duc, chevêche, scops, etc. — Oiseaux chanteurs. On donne ce nom aux oiseaux qui font le charme de nos champs et de nos bois, tels que le rossignol, le chardonneret, la fauvette, la mésange, la linotte, le roitelet, le rouge-gorge et toute la tribu des insectivores. — Oiseau de paradis, grand genre de passereaux conirostres, à bec droit, comprimé, fort ; à corps d'une grosseur moyenne. Les oiseaux de paradis, appelés aussi paradisiers, sont remarquables par le développement extraordinaire de leur plumage, son extrême délicatesse et ses brillantes couleurs. Ils habitent la Nouvelle-Guinée et, en général, tout l'archipel Malais. Ce sont des oiseaux très actifs et très légers qui se tiennent ordinairement à la cime des arbres les plus élevés. Ils se nourrissent de graines et d'une figue du pays. Leur cri est sonore et perçant, formé de plusieurs notes qui se suivent avec rapidité. L'espèce la plus connue est l'oiseau de paradis émeraude (paradisea apoda), gros à peu près comme une corneille et assez commun à Batavia et à Singapour, d'où on l'apporte en Europe. Son brillant plumage constitue l'ornement appelé oiseau de paradis. On croyait autrefois que cet oiseau n'avait pas de pieds. — Oiseaux mécaniques, appareils d'aviation dans lesquels l'aérostat est mis en mouvement à l'aide d'ailes. En 1870, M. Maret construisit différents oiseaux mécaniques qui s'élevaient en battant des ailes au moyen d'un petit manège muni d'un contre-poids. L'année suivante, MM. Hureau de Villeneuve et Penaud mirent les ailes en mouvement à l'aide de caoutchouc tordu. M. Penaud construisit de véritables oiseaux artificiels qui se soutenaient mécaniquement dans l'atmosphère.

* OISEAU s. m. Instrument dont les manœuvres se servent pour porter le mortier sur leurs épaules : cet architecte si riche a commencé par porter l'oiseau.

* OISEAU-MOUCHE s. m. Genre très voisin des colibris, dont il ne se distingue que par un bec droit. Les oiseaux-mouches vivent en Amérique, comme les colibris. Il en est qui ont la tête huppée; quelques-uns ont la queue pointue et très longue; d'autres l'ont fourchue ou carrée. Le plus petit des oiseaux mouches (trochilus minimus), gros comme une abeille, a le corps vert doré, brun en dessus et blanchâtre sous le ventre. Il habite le Brésil, les Guyanes et les Antilles. L'oiseau-mouche rubis topaze (trochilus moschitus), de la Guyane, a le dessus de la tête couleur rubis et la gorge d'un beau jaune topaze.

* OISELER v. a. Fauconn. Dresser un oiseau pour le vol. — v. n. Chasse. Tendre des filets, des gluaux, etc., pour prendre des oiseaux.

* OISELET s. m. Petit oiseau.

* OISELEUR s. m. Celui qui fait métier de prendre des oiseaux à la pipée, aux filets, ou autrement : les filets d'un oiseleur. — Celui qui avait un goût décidé pour la chasse à l'oiseau : Henri l'Oiseleur. (Vieux.)

* OISELIER s. m. Celui dont le métier est d'élever et de nourrir des oiseaux : à la solennité de l'entrée des rois, le corps des oiseliers de Paris était obligé de lâcher cinq cents petits oiseaux, auxquels on rendait ainsi la liberté.

* OISELLERIE s. f. Art de prendre et d'élever des oiseaux : il entend bien l'oisellerie.

OISEMONT, ch.-l. de cant., arr. et à 51 kil. O. d'Amiens (Somme); 4,100 hab.

OISEUSEMENT adv. D'une manière oiseuse.

• **OISEUX, EUSE** adj. (lat. *otiosus*). Qui, par goût ou par habitude, ne fait rien, ou ne fait que des riens : *gens oiseux et fainéants*. — Se dit aussi des choses, et signifie, inutile, vain, qui n'est bon à rien, ne sert à rien : *se livrer à des goûts oiseux*.

• **OISIF, IVE** adj. Qui ne fait rien, qui n'a point d'occupation : *un homme oisif*. — **Vie** oisive, la vie d'une personne oisive. — Se dit aussi de certaines choses, pour marquer qu'on n'en fait point d'usage : *il y a bien des talents oisifs*. — **Laisser son argent oisif**, laisser son argent sans le faire profiter. — s. m. *Les oisifs sont à charge à eux-mêmes et aux autres.*

• **OISILLON** s. m. [oua-zi-ion; *ll* mll.]. Dimin. Petit oiseau. (Fam.)

• **OISIVEMENT** adv. D'une manière oisive.

• **OISIVETÉ** s. f. État, habitude d'une personne qui est oisive : *demeurer, croupir, languir dans l'oisiveté*.

• **OISON** s. m. [oua-zon]. Le petit d'une oie : *un jeune oison*. — **Oison bridé**, celui à qui l'on a placé une plume dans les ouvertures de la partie supérieure du bec, afin de l'empêcher d'entrer dans les lieux fermés de haies. — **Cet homme est un oison, un oison bridé, il se laisse mener comme un oison**, c'est un imbécile, un esprit borné, à qui l'on fait croire ou faire tout ce qu'on veut.

OJIBWAYS ou *Chippeways* [o-djibb-ouèiz; tchipp-ouaizz], tribu de la grande famille algonquine, éparse sur les rivages du lac Huron et du lac Supérieur, autour de la Pointe comme point central. Ils furent connus des Français vers 1640. En 1642, les P. Jogues et Raymbaud commencèrent une mission parmi eux à Sault-Sainte-Marie. Ils restèrent fidèles à la France jusqu'à la fin, et pendant la Révolution américaine prirent parti pour les Anglais. En 1876, il y avait encore environ 13,000 Ojibways dans le Michigan, le Minnesota et le Wisconsin, et 3,500 dans le Canada. Ils sont grands, bien formés, braves, chasseurs experts, mais peu enclins à l'agriculture et très amis des aventures. L'évêque Baraya, le rév. G.-A. Belcourt, Schoolcraft et d'autres ont écrit des dictionnaires, grammaires ou traités de la langue des Ojibways. Deux membres de la tribu, George Copway et Peter Jones, ont écrit des histoires de leur nation (Boston, 1851 et Londres, 1861).

OKA, rivière de Russie: naît à environ 60 kil. S. d'Orel, coule au N.-N.-E., au S.-E., puis au N.-E. et se jette dans la Volga à Nijni-Novgorod, après un cours de 1,300 kil., presque partout navigable.

OKANAGANS, tribu de la branche Soushwap de la famille Selish des Indiens d'Amérique; ils résident le long de l'Okanagan, sur le territoire de Washington, à l'E., des montagnes de la Cascade. Ils ont toujours été amis des Etats-Unis. Ils sont au nombre de 330 environ.

OKEGHEM ou *Ockenheim* (Jan) [ok'-é-ghemm, ok'-enn-aïmm], musicien flamand, né vers 1430, mort vers 1513. Il occupa des fonctions civiles importantes en France. L'invention du canon et du contrepoint artificiel lui a été attribuée à tort. Il excellait dans les messes, les motets et les chansons.

OKEN (Lorenz) [o'-kènn], naturaliste allemand, né en 1779, mort en 1851. Son vrai nom était Ockenfuss. Il avait déjà publié plusieurs ouvrages importants, contenant les principaux traits de son système, lorsque, en 1807, il devint professeur extraordinaire de sciences médicales à Iéna. Son célèbre discours inaugural, *Ueber die Bedeutung der Schædelknochen*, fut prononcé en présence de Gœthe qui l'avait fait venir. La première

édition de son *Lehrbuch der Naturphilosophie* fut publiée en 1808-'11. En 1816, il commença la publication de l'*Isis*, périodique, consacré principalement aux sciences naturelles. Ses critiques sur les événements politiques l'obligèrent à se retirer d'Iéna, et il continua à publier son journal à Rudolstadt jusqu'en 1848. Après avoir été quelque temps professeur à Munich, il fut nommé professeur d'histoire naturelle à Zurich en 1832, et garda ce poste jusqu'à sa mort. (Voy. **Anatomie philosophique**.)

OKHOTSK, ville de Sibérie, autrefois capitale de la province du même nom, et, depuis 1858, capitale d'un district dans la province du Littoral (voy. **Primorsk**), à l'embouchure de l'Okhota et du Kukhtui; environ 200 hab. L'acquisition du pays de l'Amour lui a fait perdre de son importance.

OKHOTSK (Mer d'), portion de l'océan Pacifique du Nord, entourée par le Kamtchatka, les îles Kouriles, les îles Yezo et Saghalien et le district d'Okhostk. Elle a environ 4,600 kil. de long et 950 kil. de large, et renferme plusieurs îles. Elle communique avec la mer du Japon par le golfe d'Amour.

OLAF (Saint), roi de Norvège, mort le 29 juillet 1030. Comme *viking*, il visita la Suède, ravagea les côtes de France et d'Espagne, et pendant l'absence d'Eric (1014), qui était en Angleterre, il se rendit maître du royaume de Norvège. Il traversa ses nouveaux Etats à la tête d'une armée, obligeant ses sujets à embrasser le christianisme. Canut le Grand avait des prétentions sur la Norvège, et il en fit la conquête. Olaf s'enfuit en Russie avec Magnus, son fils en bas âge; mais deux ans après (1030), il rentra en Norvège par le nord, livra bataille aux Danois près de Drontheim, et fut tué.

OLARGUES, ch.-l. de cant., arr. et à 18 kil. N.-E. de Saint-Pons (Hérault); 1,000 hab.

OLBERS (Heinrich-Wilhelm-Matthæus) [ol'-berss], astronome allemand, né en 1758, mort en 1840. Il était médecin à Brême, et faisait ses observations avec un télescope portatif. Il computa les orbites des comètes de 1781, 1795, 1798, 1799, 1802 et celle de la grande comète de 1811, d'après une méthode nouvelle et perfectionnée qu'il avait découverte en 1779. Il fut un des astronomes occupés à vérifier l'hypothèse de Kepler touchant l'existence d'un corps planétaire entre Mars et Jupiter. Le 28 mars 1802, il découvrit la planète Pallas. Il explora les deux régions opposées du ciel dans lesquelles s'intersectaient les orbites des astéroïdes, et où il supposait que devaient passer les fragments d'une planète plus grande existant autrefois. Le 29 mars 1807, il découvrit la planète Vesta, et, en mars 1815, près de Persée, une comète n'ayant pas de noyau visible. En 1828, il publia une dissertation sur la possibilité d'une collision entre une comète et la terre.

OLDCASTLE (sir John) [oldd'-kass-eul], baron Cobham, réformateur anglais, né sous le règne d'Edouard III, mort le 14 déc. 1417. Pour avoir propagé la doctrine de Wycliffe, il fut enfermé dans la Tour de Londres et condamné aux flammes; mais il parvint à se réfugier dans le pays de Galles. Au bout de quatre ans, il fut découvert, amené à Londres, suspendu enchaîné à un gibet et brûlé vif. Il avait écrit: *Twelve Conclusions addressed to the Parliament of England*, sans compter plusieurs traités et discours religieux.

OLDENBURG [ol'-denn-bourg]. I. grand-duché d'Allemagne comprenant trois territoires séparés, d'une superficie totale de 6,399 kil. carr.; 377,000 hab., dont 75,000 catholiques romains : 1° le duché d'Oldenburg, situé à l'O. et au S.-O. du Weser, et confinant à la mer du Nord et au Hanovre; 5,376 kil. carr.;

265,000 hab. Tout le pays est entièrement plat. Les principaux cours d'eau sont : le Weser, qui forme la frontière du N.-E., le Hunte, le Jade et la Leda. Il y a une quantité de petits lacs. L'Oldenburg est presque exclusivement agricole. Cap., Oldenburg. 2° La principauté de Lübeck, enfermée dans la province prussienne de Schleswig-Holstein et par le territoire de Lübeck, 541 kil. carr.; 35,000 hab. Elle se compose de la cité d'Eutin, d'un bourg et de 82 villages groupés autour du lac d'Eutin. 3° La principauté de Birkenfeld, dans la partie méridionale de la province prussienne du Rhin; 502 kil. carr.; 39,000 hab. (Voy. **Birkenfeld**.) Le grand-duché a la même constitution pour les trois parties qui le composent, et des conseils provinciaux pour Lübeck et Birkenfeld. La diète se compose d'une seule chambre de 33 députés élus pour trois ans par tous les citoyens imposés. Le pouvoir exécutif est remis, sous le grand-duc, à un cabinet responsable, de trois ministres. La dette de l'état était, en 1875 de 34,283,782 marks, y compris 15,000,000 environ pour les chemins de fer. Les revenus pour 1876 étaient estimés à 8,519,800 marks, et les dépenses à 7,059,624 marks. Au reichstag, le grand-duché est représenté par trois députés. — Le territoire actuel de l'Oldenburg proprement dit, habité primitivement par les Chauci, fut ensuite envahi par les Saxons. En 1180, les comtes d'Oldenburg obtinrent leur indépendance des ducs de Saxe. En 1448, un fils du dernier comte fut élu roi de Danemark. La ligne d'Oldenburg s'étant éteinte, le pays échut au Danemark en 1667. En 1773, le Danemark l'échangea contre les possessions et les droits de la famille de Holstein-Gottorp dans le Schleswig-Holstein, et il redevint indépendant. Il fut annexé à la France en 1811, regagna son autonomie en 1843, et obtint des agrandissements de territoire (notamment Birkenfeld) du congrès de Vienne, qui l'éleva au rang de grand-duché. Après la révolution de 1848, une constitution libérale lui fut accordée, et rognée en 1852. Le grand-duc actuel, Auguste (né en 1852), a succédé à son père, Pierre, le 12 déc. 1874. En 1864, la baie et le territoire de Jade ont été cédés à la Prusse. — II, ville capitale du grand-duché, sur le Hunte, à 24 kil. O.-N.-O. de Brême; 17,000 hab. Le palais contient un grand nombre d'œuvres de l'art allemand, et la bibliothèque publique compte plus de 100,000 volumes. Fabriques de sucre, de savon et d'instruments de musique; nombreuses brasseries et distilleries.

OLDHAM [oldd'-hamm], ville du Lancashire (Angleterre), à 9 kil. N.-E de Manchester; 82,619 hab. Il y a dans la ville et dans le voisinage plus de 150 fabriques, la plupart filatures de coton.

OLDHAM (John), poète satirique anglais, né en 1653, mort en 1683. Il fit la satire des jésuites et fut appelé le Juvénal anglais. On a publié en 1854 une nouvelle édition de ses œuvres.

OLDTOWN [oldd'-taounn], ville du comté de Penobscot, état du Maine (Etats-Unis), sur la rive occidentale du Penobscot, à 19 kil. N. de Bangor; 4,529 hab. Le commerce des bois de charpente et de sciage qui s'y rapporte constitue sa principale industrie.

OLÉACÉ, ÉE adj. (lat. *olea*, olivier). Bot. Qui ressemble ou se rapporte à l'olivier. — • s. f. pl. Famille de plantes dicotylédones gamopétales hypogynes, ayant pour type le genre olivier et divisée en trois tribus : 1° **fraxinées**, caractérisées par un fruit sec, ailé, indéhiscent (frêne); 2° **syringées**, à fruit sec, capsulaire, s'ouvrant en deux valves (lilas); 3° **olinées**, à fruit charnu, drupacé ou bacciforme (olivier, troène, etc.).

* **OLÉAGINEUX, EUSE** adj. (lat. *oleago*, marc d'huile ; d'*oleum*, huile). Dont on peut tirer de l'huile, ou qui tient de la nature de l'huile. N'est guère usité que dans le style didactique : *les olives, les noix, les amandes*, etc., *sont des fruits oléagineux.*

* **OLÉANDRE** s. m. Voy. LAURIER-ROSE.

OLÉATE s. m. Sel formé par la combinaison de l'acide oléique avec une base.

OLÉCRANE s. m. (gr. *olekranon*; de *olené*, coude; *kranon*, crâne). Anat. Eminence très saillante qui existe à l'extrémité supérieure du cubitus, et qui contribue à former le coude.

OLÉ, ÉE adj. Qui ressemble ou se rapporte au genre olivier.

OLÉÈNE s. f. Chim. Produit de la distillation de l'acide métaoléique. L'oléène est blanche, plus légère que l'eau et soluble dans l'alcool et l'éther; très inflammable et d'une odeur analogue à celle de l'arsenic.

OLÉFIANT adj. (lat. *oleum*, huile; *fio*, je deviens). Chim. Qui produit de l'huile. S'emploi surtout dans le terme *gaz oléfiant*, qui désigne l'*hydrogène carburé lourd* (voy. CARBONE), gaz incolore, composé de 2 atomes de carbone pour 4 atomes d'hydrogène. Le gaz oléfiant existe, avec d'autres oléfines, dans le gaz de charbon de terre, qui lui doit, en grande partie, ses propriétés éclairantes. Mêlé au chlore, et exposé ensuite aux rayons solaires, le gaz oléfiant se combine avec le chlore et forme avec lui la *liqueur hollandaise* ou *chlorure d'éthylène*, liquide huileux et incolore; d'où est venu le mot *oléfiant*.

OLÉFINE s. f. (rad. *oléfiant*). Chim. Nom donné à une série d'hydrocarbures, dans lesquels le nombre d'atomes d'hydrogène est exactement le double du nombre d'atomes de carbone. Le premier membre de la série est l'éthylène ou gaz oléfiant, qui reste gazeux à la température ordinaire, ainsi que les deux membres suivants; les membres plus élevés, contenant une plus grande proportion de carbone, sont liquides à la température ordinaire, tandis que les membres supérieurs sont solides. Les oléfines se combinent directement avec les *halogènes* (chlore, brôme, etc.), ainsi que avec les acides des halogènes (acides hydrochlorique, hydrobromique et hydriodique), ce qui les distingue des paraffines.

OLÉIFÈRE adj. Qui produit de l'huile ou des graines oléagineuses : *plantes oléifères.*

OLÉILE s. f. Nom générique des huiles.

* **OLÉINE** s. f. [o-lé-i-ne](lat. *oleum*, huile). Chim. Un des principes des huiles grasses et des graisses solides qu'on obtient sous forme de liquide incolore, insipide, insoluble dans l'eau et ne se figeant qu'à 6 degrés au-dessous de zéro. — L'oléine est le principal constituant de la portion d'huile d'olive qui reste liquide après que la stéarine et la palmitine ont cristallisé sous l'action d'une température froide. Elle est très sujette à se décomposer à devenir rance quand on l'expose à l'air. Sous l'action de l'acide nitreux, elle se convertit en une modification isomère solide, appelée *élaïdine*.

OLÉINÉ, ÉE adj. Syn. de OLÉACÉ, ÉE. — s. f. pl. Tribu de la famille des oléacées.

* **OLÉIQUE** adj. m. Se dit d'un acide qu'on obtient par la saponification de l'oléine — L'acide oléique est un acide monoatomique, organique, qu'on trouve en combinaison avec la glycérine dans les huiles et les graisses, à l'état d'oléine ou d'oléate de glycérine. On l'obtient par la saponification de l'oléine, constituant le plus liquide des graisses naturelles et des huiles fixes. L'huile d'amande ou d'olive est traitée par la potasse, qui met en li-

berté la glycérine, tandis qu'il se forme de l'oléate de potasse dans le mélange savonneux. Ce savon est traité alors par l'acide tartrique, lequel, en se combinant avec la potasse, forme du tartrate de potasse. L'acide gras, une fois séparé, est chauffé pendant quelques heures dans un bain-marie avec de l'oxyde de plomb, puis l'oléate de plomb est dissous dans de l'éther, et l'acide oléique est dégagé de cette solution par l'action de l'acide hydrochlorique. On obtient aujourd'hui de grandes quantités d'acide oléique impur dans la fabrication des bougies de stéarine, en traitant par l'acide sulfurique dilué le savon de chaux produit par l'action de la chaux sur le suif. — L'acide oléique pur cristallise en brillantes aiguilles blanches, qui ne se dissolvent pas dans l'eau, mais qui sont aisément dissoutes dans l'alcool et dans l'éther. Sous l'action de l'acide nitreux, il se convertit en une modification isomère, l'*acide élaïdique*; il forme avec les métaux les sels nommés *oléates.*

OLÉOCALCAIRE adj. Pharm. Qui contient de l'huile et de la chaux. (Voy. LINIMENT.)

OLÉOCIROLE s. m. (lat. *oleum*, huile; *cera*, cire). Pharm. Nom scientifique du cérat.

OLÉOGAZOGÈNE s. m. Appareil propre à la fabrication des gaz d'huile.

OLÉOL s. m. Pharm. Huile fine naturelle.

OLÉOLAT s. m. Pharm. Huile essentielle.

OLÉOLATÉ s. m. Pharm. Médicament fait avec des huiles essentielles.

OLÉOLÉ s. m. Pharm. Huile médicinale obtenue par infusion et par décoction.

OLÉOLIQUE adj. Pharm. Qui a l'huile pour excipient.

OLÉOLITE s. m. Pharm. Médicament qui a l'huile pour excipient.

OLÉOMARGARINE s. f. (lat. *oleum*, huile; fr. *margarine*). Substance butyreuse que l'on obtient du suif de bœuf, par le procédé Mège. Dans le commerce, on donne le nom d'oléomargarine à un espèce de beurre fabriqué en battant de l'oléomargine avec du lait, et qui remplace le véritable beurre. Vers 1870, Mège-Mouriez ou Hippolyte Mège, chargé par le gouvernement français de faire des recherches sur différents sujets d'économie domestique, s'occupa de découvrir, pour venir en aide aux classes pauvres et aux marins, un beurre artificiel dont le prix de revient ne fût pas très élevé et que l'on pût conserver sans craindre de le voir rancir. Mège observa que le lait des vaches contient encore du beurre lorsque ces animaux ont été soumis à unjeûne excessif et prolongé; il en conclut que la graisse de la vache se convertit en beurre. Il prit du suif et en tira une certaine portion de palmitine et de stéarine, à laquelle une proportion calculée d'oléine donna la consistance de beurre. Son procédé, simplifié et perfectionné par une pratique constante, est aujourd'hui largement appliqué aux États-Unis. On prend du gras de bœuf aussi frais que possible et débarrassé de toute matière maigre ou filamenteuse ; on le lave à plusieurs eaux, on le hache à l'aide d'une machine particulière et on le fait fondre. Quand on la laisse refroidir, la plus grande partie de la stéarine cristallise et est séparée du reste du gras par le moyen de la pression hydraulique. L'huile limpide et d'un jaune d'ambreobtenue par cette pression peut être employée dans la cuisine; elle est utile surtout dans la marine comme n'étant pas sujette à rancir. C'est l'*oléomargarine* proprement dite. Pour la convertir en beurre, on la bat avec du lait et on place le mélange dans de la glace en poudre. Le refroidissement subit de la masse empêche le gras de cristalliser en se solidifiant. Au bout de quelque temps, on retire le mélange de la

glace, on le bat de nouveau avec du lait et on le travaille comme on fait pour le beurre ordinaire. La substance ainsi obtenue est assez semblable, pour la composition, au beurre de lait; mais elle contient une plus grande proportion de gras insoluble et de caséine; et elle manque des gras solubles auxquels le beurre doit sa saveur et son odeur caractéristiques. Elle est néanmoins supérieure à la plupart des espèces de beurres artificiels ou falsifiés que l'on trouve sur nos marchés. La seule ville de New-York produit annuellement plus 6 millions de kilog. de beurre d'oléomargarine, beurre que l'on connaît en France sous le nom de MARGARINE.

OLÉOMÈTRE s. m. (lat. *oleum*, huile; gr. *métron*, mesure). Phys. Hydromètre employé pour déterminer la densité des huiles grasses. (Voy. ARÉOMÈTRE.)

OLÉONE s. f. Chim. Corps gras liquide, obtenu par la distillation de l'acide oléique avec de la chaux.

OLÉOPHOSPHORIQUE adj. Chim. Se dit d'un acide qui fait partie, à l'état de sel de soude, de la masse cérébrale.

OLÉORÉSINE s. f. Chim. Résine qui se trouve naturellement dissoute dans de l'huile volatile.

OLÉORÉSINEUX, EUSE adj. Qui contientde l'huile et de la résine.

OLÉOSACCHARUM s. m. [o-lé-o-sa-ka-romm] (lat. *saccharum*, sucre). Pharm. Mélange d'huile essentielle et de sucre, que l'on obtient ordinairement en frottant avec du sucre l'écorce fraîche de l'orange ou du citron, ou en triturant du sucre avec de l'huile essentielle extraite des mêmes écorces.

OLÉOSACCHARURE s. m. Pharm. Mélange d'une huile essentielle avec du sucre.

OLÉOSULFURIQUE adj. Chim. Se dit d'un acide résultant de la combinaison de l'acide oléique avec l'acide sulfurique.

OLÉRACÉ, ÉE adj. (rad. lat. *olus, oleris*, légume). Qui appartient ou qui se rapporte aux légumes. — s. f. pl. Groupe de plantes apétales comprenant les chénopodées, les amaranthacées, les polygonées et les nyctaginées.

OLERON (anc. *Uliarus*), île de France, dans le golfe de *Gascogne*, séparée du continent par un détroit de 1 km. et demi de large dans sa partie la plus étroite, en face de l'embouchure de la Charente; longueur, 30 kil.; largeur maximum, 11 kil. 20,000 hab. environ. Oleron possède cinq ports, outre les villes de Château et de Saint-Pierre-d'Oleron. Elle appartint successivement aux comtes d'Anjou, aux ducs d'Aquitaine, aux Anglais et aux Français. — Jugements ou RÔLES D'OLERON, code de lois maritimes que l'on suppose avoir été compilé par Richard Ier d'Angleterre, pendant qu'il habitait Oleron en 1194, mais qui date réellement d'une époque antérieure. Ces rôles eurent longtemps force de loi sur tout le littoral français.

OLETTA, ch.-l. de cant., arr. et à 16 kil. S.-O. de Bastia (Corse); 900 hab.

OLETTE, ch.-l. de cant., arr. et à 16 kil. S.-O. de Prades (Pyrénées-Orientales), sur le Tet; 900 hab. Eaux minérales.

OLÉULE s. f. [o-lé-u-le]. Huile essentielle.

OLÉULÉ s. m. Pharm. Médicament qui a pour base une huile essentielle.

* **OLFACTIF, IVE** adj. (rad. lat. *olfacere*, flairer; de *olere*, avoir de l'odeur, et *facere* faire). Anat. Qui appartient, qui est relatif à l'odorat : *les nerfs olfactifs.*

OLFACTION s, f. Physiol. Exercice actif de l'odorat.

OLFACTOIRE adj. Anat. et Physiol. Qui sert à l'olfaction.

OLGA, princesse russe et sainte de l'Eglise grecque, morte en 969. Elle était femme d'Igor, grand-duc de Kiev, fils de Rurik, et, après sa mort en 945, elle fut régente jusqu'en 955, pour son fils Sviatoslav. Ce dernier resta païen, tandis qu'elle recevait le baptême à Constantinople en 957. On célèbre sa fête le 11 juillet (23).

* **OLIBAN** s. m. (bas lat. *olibanum*). Pharm. Le premier encens qui découle de l'arbre, en grosses larmes nettes, de couleur jaunâtre. Cet encens de première qualité est aussi appelé ENCENS MALE. — L'oliban ou véritable encens (voy. ENCENS) est une gomme-résine d'une ou de plusieurs espèces d'arbres, appartenant au genre *busswellie*, et originaires de l'Inde. L'oliban possède une agréable odeur balsamique; sa saveur est acide et amère; il s'amollit quand on le mâche, adhère aux dents et blanchit la salive. Il s'enflamme aisément et répand, en brûlant, un parfum agréable. Les anciens l'employaient comme l'un des ingrédients de l'encens qu'ils brûlaient (*incensum*), d'après Maimonides, pour masquer l'odeur qui s'élevait des animaux égorgés pour les sacrifices; il servait aussi en médecine, à cause de ses propriétés stimulantes. L'encens arabe est une substance analogue.

* **OLIBRIUS** s. m. [o-li-bri-uss] (d'*Olybrius*, n. pr.). Etourdi qui fait le brave ou l'entendu, qui se donne des airs avantageux : *il fait l'olibrius*. (Fam.)

OLIER DE VERNEUIL (Jean-Jacques), prêtre français, né en 1608, mort en 1657. Il s'associa à saint Vincent de Paul, devint curé de Saint-Sulpice, à Paris, et en 1645, fonda le célèbre séminaire de ce nom. Il avait en 1636, avec cinq autres personnes, fondé la société de Montréal, pour coloniser cette île, qu'ils achetèrent en 1640. Une ville ne tarda pas à s'y élever, et les sulpiciens y établirent un séminaire et un collège, qui existent encore. Olier a écrit plusieurs ouvrages.

* **OLIFANT** s. m. (ancienne forme du mot *éléphant*). Espèce de petit cor d'ivoire dont se servaient les chevaliers du moyen âge : *l'olifant de Roland*.

OLIG, OLIGO (gr. *oligos*). Préfixe qui signifie *petit* ou *peu nombreux* et qui entre dans la formation d'un grand nombre de mots. *Olig* se met devant les voyelles, et *oligo* devant les consonnes.

* **OLIGARCHIE** s. f. (préf. *olig*; gr. *arkê*, commandement). Gouvernement politique où l'autorité souveraine est entre les mains d'un certain nombre de personnes : *l'aristocratie quelquefois en oligarchie*.

* **OLIGARCHIQUE** adj. Qui appartient à l'oligarchie : *état, gouvernement oligarchique*.

OLIGISTE adj. (gr. *oligistos*, très peu nombreux). Minér. Ne s'emploie guère que dans cette expression : FER OLIGISTE, nom donné à l'hématite, minerai de fer très peu riche.

* **OLIM** [o-limm]. Mot lat., qui signifie *autrefois*, et dont on s'est servi comme d'un substantif pluriel, pour désigner les anciens registres du parlement de Paris : *les olim furent commencés en mil trois cent treize par Montluc, greffier du parlement*.

* **OLINDE** s. f. Sorte de lame d'épée : *les olindes viennent de la ville d'Olinde, dans le Brésil*.

OLINDE ou **Olinda**, ville du Brésil (Pernambouc), sur l'océan Atlantique; 10,000 hab.

OLINIQUE adj. Chim. Se dit d'un acide analogue à l'acide oléique, mais qui est propre aux huiles siccatives.

OLIVA, village de Prusse, à 6 kil. de Dantzig, et à 2 kil. de la Baltique; 1,500 hab. Célèbre par la paix qui y fut signée entre la Pologne et la Suède en 1660 et qui assurait à celle-ci la possession de l'Esthonie et de la Livonie.

OLIVAIE s. f. Bot. Champ planté d'oliviers.

* **OLIVAIRE** adj. Anat. et Chirur. Qui ressemble à une olive : *corps, éminences olivaires*.

* **OLIVAISON** s. f. Saison où l'on fait la récolte des olives. — Se dit aussi de la récolte même.

OLIVAREZ (Gaspard DE GUZMAN, comte) [o-li-va-'ress], homme d'Etat espagnol, né à Rome en 1587, mort en 1645. Il était gentilhomme de la chambre du prince des Asturies, plus tard Philippe IV, lequel le fit premier ministre et duc de San Lucar en 1621. Il recommença bientôt les hostilités avec les Hollandais, mais il fut malheureux, et les colonies espagnoles furent presque ruinées. Il échoua aussi dans ses efforts pour rétablir l'influence espagnole en Italie et en Allemagne, pendant qu'il fomentait des troubles et des conspirations en France. Les troupes espagnoles, agissant de concert avec les Autrichiens contre les protestants allemands, furent battues presque sur tous les points; finalement, les intrigues de Richelieu aboutirent à une rébellion en Catalogne, et le Portugal secoua le joug de l'Espagne en 1640. Olivarez fut renvoyé des affaires en 1643, et banni à Toro pour avoir publié sa défense.

* **OLIVÂTRE** adj. (rad. *olive*). Qui est couleur d'olive. N'est guère usité que dans ces locutions, TEINT OLIVÂTRE, PEAU OLIVÂTRE, VISAGE OLIVÂTRE, teint, peau, visage jaune et basané.

* **OLIVE** s. f. (lat. *oliva*). Sorte de fruit à noyau, dont on tire de l'huile, et qui est bon à manger après une certaine préparation : *olive de Lucques, d'Espagne, de Vérone*. — BARIL D'OLIVES, PLAT D'OLIVES, baril, plat d'olives vertes confites dans la saumure. — COULEUR D'OLIVE, ou COULEUR OLIVE, couleur verdâtre qui tire un peu sur le jaune : *drap couleur d'olive*. — BOUTONS FAITS EN OLIVE, ou BOUTONS EN OLIVE, ou simplement OLIVES, boutons qui ont la forme d'une olive. — Se dit quelquefois pour olivier : *un rameau d'olives; le jardin des Olives*. — Poétiq. et fig. JOINDRE L'OLIVE AUX LAURIERS, faire la paix après les victoires. — Archit. Certains ornements en forme d'olives, c'est-à-dire, oblongs et arrondis, qu'on taille sur les baguettes et les astragales, ou dans les cannelures.

OLIVÉNITE s. f. Arséniate de cuivre qui offre ordinairement une teinte olivâtre, d'où son nom. C'est un minéral que l'on trouve en cristaux dans le voisinage des dépôts de minerai de cuivre. Il y a aussi une variété fibreuse appelée cuivre de bois.

OLIVER v. n. Faire la cueillette des olives.

OLIVERIE s. f. Moulin, endroit où l'on fait l'huile des olives.

OLIVET (Pierre-Joseph THOULIER, abbé d'), traducteur et grammairien, né à Salins en 1682, mort à Paris en 1768. Il entra d'abord dans la compagnie de Jésus, qu'il quitta dans la suite, et se consacra aux lettres. Elu membre de l'Académie française en 1723, il y reçut lui-même Voltaire, son ancien élève. Il a laissé des éditions de *Cicéron* (Paris, 1740-'42, 9 vol. in-8°), des *Philippiques* de Démosthène (1727, in-12), une *Histoire de l'Académie française* (Paris, 1729, 2 vol. in-4°), *Essais de grammaire, Traité de la prosodie*, etc.

OLIVÉTAIN s. m. Hist. ecclés. Membre de l'ordre du Mont-Olivet. La congrégation des olivétains fut fondée en 1319 par Bernard Tolomæi, sur le mont Oliveto, près d'Arezzo, avec la règle de saint Benoît.

OLIVÉTAN (Pierre-Robert), parent de Calvin, né à Noyon vers la fin du xve siècle, mort à Ferrare en 1588. Il propagea la réforme et donna une traduction française de la Bible.

* **OLIVÈTE** s. f. Plante qui porte sa graine en tête comme le pavot : on tire de cette graine une huile bonne à manger.

OLIVETIER s. m. Moll. Ancien nom des parties molles appelées olives, parties qui étaient alors considérées comme constituant seules l'animal.

OLIVETTE s. f. Terrain planté d'oliviers.

* **OLIVETTES** s. f. pl. Espèce de danse en usage chez les Provençaux, après qu'ils ont cueilli les olives : *danser les olivettes*.

OLIVEUR, EUSE s. Personne employée à la cueillette des olives.

* **OLIVIER** s. m. (celt. *eol*, huile). Bot. Genre type de la famille des oléacées, comprenant plusieurs espèces d'arbres ou d'arbrisseaux à feuilles persistantes et à fruit charnu appelé *olive*. L'espèce la plus importante est l'*olivier d'Europe* (*olea Europæa*), appelé aussi *olivier commun*. C'est le premier des arbres dont il soit fait mention dans l'antiquité. Il était probablement originaire de Palestine, et peut-être de Grèce, d'où il fut introduit dans d'autres pays à une époque très reculée. On le

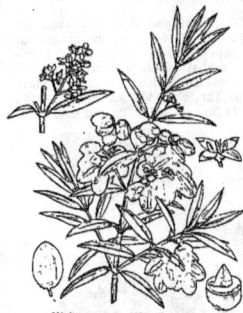

Olivier commun (Olea Europæa).

cultive sur une grande échelle dans l'Europe méridionale, dans l'Asie occidentale et dans l'Afrique septentrionale. Il a été apporté dans l'Amérique du Sud et au Mexique il y a plus de 200 ans, et dans différentes parties de la Californie, il a été planté aux établissements des missions. Il est tout à fait acclimaté dans la Caroline du Sud. L'olivier dépasse rarement 10 m. de hauteur; il a des feuilles lancéolées ou oblongues en forme de lance, d'un vert pâle en dessus et blanchâtre en dessous; ses fleurs sont en grappes axillaires. La couleur des feuilles donne à un bosquet d'oliviers un aspect sombre. Le bois est jaunâtre et d'un grain très fin, surtout celui de la racine, qui est souvent veiné et marbré d'une façon remarquable; de là sa valeur comme bois d'ébénisterie et d'incrustation. Le fruit est trop amer pour être mangé autrement qu'en conserves. Dans les pays d'oliviers, on en prépare de grandes quantités pour la consommation locale et pour l'exportation; certaines espèces se cultivent spécialement pour la qualité de leurs fruits; les différentes variétés d'olives varient de grosseur, depuis celle d'un gland jusqu'à celle d'une grosse prune. L'olive bien mûre est d'un pourpré foncé. Les olives bien mûres donnent une quantité d'huile plus grande, mais de moins fine qualité que celles qui ne font que commencer à mûrir; la pulpe du fruit complètement mûr contient presque 70 p. 100 d'huile.

La production de l'huile en Italie est estimée annuellement à 120 millions de litres et celle de la France à 30 millions de litres environ. Dans les pays de production, on consomme beaucoup d'huile d'olive; elle remplace le beurre, dans la cuisine et surtout dans les fritures. Comme les autres huiles fixes, elle est très nourrissante, mais les estomacs faibles ne la digèrent pas facilement. En médecine, on l'emploie quelquefois comme laxatif léger à la dose d'une ou deux onces; dans le cas d'empoisonnement par des substances corrosives, on la donne dans le but d'utiliser son effet mécanique pour garantir l'estomac de l'action des poissons; mais son grand usage médical est dans la préparation des liniments, des onguents et des emplâtres. Dans les arts, l'huile s'emploie comme lubrifiant, et l'oléine, séparée à froid, fait la meilleure huile pour les horlogers. On consomme beaucoup d'huile dans les lieux de production pour la fabrication des savons; c'est la base des savons faits connus de Castille, de Marseille et de Venise. — L'olivier américain (O. Americana), aussi appelé bois du diable (devilwood), à cause de la difficulté que l'on éprouve à le couper et à le fendre, est un petit arbre qui se trouve depuis la Virginie jusqu'à la Floride. — L'olivier était considéré comme un symbole de paix chez les anciens, qui l'avaient consacré à Minerve.

OLIVIERS (Montagne des) ou MONT DES OLIVIERS (arabe, Jebel et-Tur), montagne de Palestine, séparée de Jérusalem à l'O. par la vallée de Josaphat. C'est une crête à trois sommets. Celui du milieu, sur lequel s'élève le village de Tur, est à 900 m. au-dessus du niveau de la mer, et à 130 m. au-dessus de

Montagne des Oliviers, vue de la vallée de Jérusalem.

la vallée. C'est sur ce sommet central, suivant la tradition qu'eut lieu l'ascension de Jésus. Le jardin de Gethsémani se trouve sur la pente occidentale, au pied de la colline. La route de Béthanie passe par-dessus le mont des Oliviers Le Christ avait l'habitude de s'y asseoir avec ses disciples, de s'y retirer seul et d'y prier. C'est là qu'il passa la nuit avant d'être livré à Ponce-Pilate.

OLIVIER (Guillaume-Antoine), entomologiste français, né aux Arcs, près de Toulon, en 1756, mort à Lyon en 1814. Il étudia la médecine, fut envoyé avec Brugières par le gouvernement pour explorer la Perse, et publia son Voyage dans l'empire ottoman, l'Egypte et la Perse (1801-'07, 6 vol.) Ses autres œuvres sont : Histoire naturelle des coléoptères (1789-1808, 6 vol.), et Dictionnaire de l'Histoire naturelle des insectes, papillons, crustacés, etc. (1789-1825, 7 vol.).

OLIVIER (Théodore), mathématicien fran-

çais, né à Lyon en 1800, mort en 1853. C'est un des écrivains les plus compétents sur la géométrie descriptive qu'il enseigna longtemps à Paris. Ses leçons ont été publiées en 1845 (2° éd. 1855).

OLIVILE s. f. Chim. Matière organique extraite de la racine d'olivier.

OLIVINE s. f. Syn. de PÉRIDOT.

OLIVITE s. f. Chim. Substance qui se rencontre dans les olives non encore arrivées à maturité.

* **OLLAIRE** adj. f. [ol-lè-re] (lat. ollaris). Se dit d'une pierre tendre et facile à tailler, qui sert à faire des pots : pierre ollaire.

* **OLLA-PODRIDA** s. f. [ol-la-] (esp. pot putride). Mot emprunté de l'espagnol et dont on se sert pour désigner un mets qui consiste en plusieurs viandes cuites ensemble dans un pot : l'olla-podrida est le mets national des Espagnols. — On se sert souvent de ce terme pour désigner toute espèce de mélange hétérogène.

OLLIERGUES, ch.-l. de cant., arr. et à 20 kil. N.-N.-O. d'Ambert (Puy-de-Dôme), sur la rive gauche de la Dore; 900 hab. Vieux château.

OLLIOULES, ch.-l. de cant., arr. et à 8 kil. O.-N.-O. de Toulon (Var), à l'entrée d'une gorge resserrée entre des rochers appelée Vaux d'Ollioules; 3,000 hab. Vins rouges; fruits secs; vieux château du XIII° siècle.

OLMÉTO, ch.-l. de cant., arr. et à 18 kil. N.-O. de Sartène (Corse); 1,600 hab. Aux environs, bains sulfureux de Boraci.

OLMI-E-CAPELLA, ch.-l. de cant., arr. et à 35 kil. E. de Calvi (Corse); 900 hab.

OLMÜTZ [ol'-muttss] (slav. Holomauc), ville d'Autriche et l'une des principales forteresses du pays, autrefois capitale de la Moravie, sur une île de la March, à 160 kil. N.-N.-E. de Vienne; 47,000 hab. Fabriques de lainages; foires annuelles pour les bestiaux. Olmütz fut prise par les Suédois en 1642 et reprise par les Impériaux. Les Prussiens s'en emparèrent dans la première guerre de la succession d'Autriche, mais ils l'assiégèrent vainement pendant la guerre de Sept ans. Lafayette y fut prisonnier. L'empereur Ferdinand y abdiqua en 1848.

OLO (gr. olos). Préfixe qui signifie entier et qui entre dans la formation d'un grand nombre de mots.

* **OLOGRAPHE** adj. m. (préf. olo; gr. graphein, écrire). Jurispr. N'est usité que dans l'expression, TESTAMENT OLOGRAPHE, testament écrit tout entier de la main du testateur.

OLOGRAPHIE s. f. Acte écrit en entier de la main de son auteur.

OLOGRAPHIER v. a. Ecrire en entier de sa propre main.

OLONETZ (o-lonn'-ettss), l'un des gouvernements du N.-O. de la Russie, confinant à la Finlande; 148,760 kil. carr.; 330,000 hab. Le sol est en grande partie couvert de forêts, de marais et de lacs. Les plus grands lacs sont l'Onega et le Vyg; le lac Ladoga est sur la frontière S.-O. Principaux cours d'eau : l'Onega, le Svir et la Vodla. On y récolte surtout du lin et du chanvre. On y trouve du porphyre, du marbre, du cuivre et du fer. La population s'adonne surtout à la chasse et à la pêche. Cap. : Petrozavodsk. Olonetz, l'ancienne capitale, est une petite ville près de la rive orientale du lac Ladoga.

OLONNAIS (Jean-David Nau, dit L'), fameux flibustier, né aux Sables-d'Olonne. Il fut longtemps la terreur de la marine espagnole et avait mérité le surnom de fléau des Espagnols. Il fut pris et mangé par les Indiens en 1667.

OLONNE, bourg du cant., et à 5 kil. des Sables-d'Olonne; 1,300 hab.

OLONZAC, ch.-l. de cant., arr. et à 32 kil S. de Saint-Pons (Hérault); 1,800 hab.

OLORON-SAINTE-MARIE, ch.-l. d'arr., à 32 kil. S.-O. de Pau (Basses-Pyrénées), au confluent des gaves d'Aspe et d'Ossau, qui forment celui d'Oloron; par 43° 11' 31'' lat. N. et 2° 56' 40'' long. O.; 6,000 hab. Commerce de laines, genre de mouton, bestiaux; dépôt de bois de mâture. Cette ville fut ravagée au VIIIe siècle par les Sarrasins et par les Normands. Ancienne cathédrale, dont certaines parties datent du XIe siècle. Eglise Sainte-Croix, au sommet de la vieille ville.

OLOZAGA (Don Salluste), diplomate espagnol, né à Logrono vers 1803, mort en 1873. Il exerça la profession d'avocat dans sa ville natale jusqu'en 1833, époque où il fut envoyé aux cortès; il y devint le chef de l'opposition dynastique. Ambassadeur à Paris de 1840 à 1843, il en fut rappelé pour former un cabinet contre Narvaez; accusé de haute trahison, il dut s'enfuir. Il ne reparut sur la scène de la politique espagnole qu'en 1868, lorsqu'une révolution eut emporté le trône et la dynastie d'Isabelle. Il fut admis au conseil du gouvernement provisoire et se rangea à l'opinion de la majorité qui repoussa la république et se montra favorable à l'avènement d'Amédée. En nov. 1868, il fut nommé ambassadeur à Paris.

OLSHAUSEN (Hermann) [ôlss'-hao-zènn], théologien allemand, né en 1796, mort en 1839. Il fut professeur à Kœnigsberg (1821-'34), et ensuite à Erlangen. Son ouvrage principal est un commentaire biblique sur le Nouveau Testament, complété par Ebrard et Wiesinger.

OLTMANS (Jan-Frederik), romancier néerlandais, né à la Haye le 1er sept. 1806, mort à Steenderen (Gueldre), le 29 janv. 1854; il écrivit quelques romans historiques d'une grande valeur, dans le genre de Walter Scott, sous le pseudonyme J. van den Hage : Slot (Château de) Loevestein en 1870 (1833, 2 vol.); De Schaapherder (Le Berger) (1838, 4 vol.); et, sous le pseudonyme de J. van de Capell, un mémoire relatif au siège de Haarlem en 1572-'73 (1844).   (J. Ey.)

OLYBRIUS, gouverneur des Gaules, au v° siècle; il fit mourir sainte Reine et figura pendant tout le moyen âge dans une foule de mystères où on le représenta comme un fanfaron.

* **OLYMPE** s. m. En poésie, le séjour des divinités du paganisme ancien : les dieux de l'Olympe.

OLYMPE (Mont), groupe de montagnes dans

la Turquie d'Europe; sur la frontière N.-E. de l'ancienne Grèce, partie en Macédoine et partie en Thessalie. Son extrémité méridionale, à l'embouchure du Pénée, est séparée par la vallée de Tempé du mont Ossa. Son pic le plus haut a une élévation de 2,973 m. Dans la mythologie grecque, le mont Olympe était la résidence des principales divinités célestes, et les nuages qui voilaient son sommet cachaient, suppose-t-on, l'entrée du ciel. — Dans l'Élide, sur la frontière de la Mysie et de la Bithynie, et ailleurs, il y avait aussi des montagnes appelées de ce nom.

* **OLYMPIADE** s. f. Antiq. Espace de quatre ans, qui s'écoulait d'une célébration des jeux Olympiques à une autre : *les Grecs supputaient les années par olympiades.*

OLYMPIAS [o-lin-piass], fille de Néoptolème I, roi d'Épire, femme de Philippe de Macédoine et mère d'Alexandre le Grand. Son caractère jaloux et impérieux et les infidélités de Philippe amenèrent entre les époux des dissensions, et lorsque Philippe épousa Cléopâtre, en 337 av. J.-C., elle s'enfuit à la cour de son frère Alexandre, roi d'Épire, qu'elle excita à faire la guerre à la Macédoine. A la mort de Philippe, elle revint en Macédoine, et mit à mort sa rivale Cléopâtre et la fille de celle-ci, encore en bas âge. En 323, lorsque, après la mort d'Alexandre le Grand, Antipater prit la direction absolue des affaires, Olympias se retira en Épire. En 317, elle entra en campagne avec Polysperchon, le nouveau régent, contre Arrhidæus et Eurydice, qu'elle défit et mit à mort. A la fin, elle fut vaincue et prise par Cassandre à Pydna, en 316, et fut exécutée.

OLYMPIE, plaine de l'Élide, dans la Grèce ancienne, sur l'Alphée, près du village actuel de Druva. C'était le théâtre des jeux Olympiques; elle était fameuse aussi pour son bois sacré, où s'élevait le grand temple de Jupiter Olympien, contenant la statue colossale du dieu, en or et en ivoire, chef-d'œuvre de Phidias. A l'intérieur et autour du bois se dressaient nombre d'autres temples et d'édifices publics appelés du nom collectif d'Olympie. Au N. de la plaine est la colline de Cronion, qui donne une vue panoramique du site entier. Des archéologues allemands l'ont exploré en 1877, d'après un plan donné par Ernst Curtius en 1856, et conformément à une convention entre les gouvernements grec et allemand. On a bâti au pied du Cronion un musée provisoire pour les antiquités d'importance secondaire. Parmi celles qu'on a découvertes, les plus précieuses comme œuvres d'art sont la statue de la Victoire par Pæonius et d'autres sculptures du même maître, prises au soubassement oriental du temple; mais ces dernières sont mutilées, et, excepté une, toutes sans tête.

OLYMPIEN, IENNE adj. Se dit des douze divinités de l'Olympe, savoir: Jupiter, Mars, Neptune, Pluton, Vulcain, Apollon, Junon, Vesta, Minerve, Cérès, Diane, et Vénus : *il y avait à Athènes un autel consacré aux dieux olympiens.* — Surnom de Jupiter et de Junon : *le temple de Jupiter Olympien; Junon Olympienne.*

* **OLYMPIQUE** adj. Antiq. gr. N'est guère usité que dans ces locutions : JEUX OLYMPIQUES, jeux publics, ainsi nommés, parce qu'on les célébrait auprès d'Olympie, en Élide; et, COURONNE OLYMPIQUE, la couronne qu'on décernait aux vainqueurs, dans ces jeux ' *remporter le prix aux jeux olympiques.* — s. f. pl. Désigne les odes de Pindare destinées à célébrer les vainqueurs aux jeux olympiques : *les Olympiques de Pindare.* — ENCYCL. On donnait le nom de jeux olympiques à la plus ancienne et la plus fameuse des quatre grandes fêtes nationales des Grecs, célébrée

une fois tous les quatre ans à Olympie. Après une assez longue interruption, les jeux olympiques furent rétablis au IXe siècle av. J.-C. par Iphitus, roi de l'Élide, et par Lycurgue. Pendant plus d'un siècle, les jeux continuèrent comme fête locale; mais, à mesure qu'ils grandissaient en importance, des spectateurs venaient des États les plus éloignés de la Grèce et des colonies grecques éparses en Asie, en Afrique et en Europe. Lorsque l'époque approchait de la célébration des jeux, une trêve sacrée était proclamée, et les hostilités étaient suspendues par toute la Grèce. D'abord la fête ne durait qu'un seul jour, et se réduisait à un simple concours de coureurs dans le stade; mais, avec le temps, d'autres concours s'y ajoutèrent, tels que le ceste et la lutte, le disque et le javelot, les courses de chevaux et de chars. A partir du commencement de la LXVIIe olympiade (472), les jeux durèrent cinq jours. Ils étaient ouverts aux personnes de tout rang et de toute condition, pourvu qu'elles prouvassent qu'elles étaient d'origine hellénique sans mélange et de bonnes mœurs. Après la conquête de la Grèce par les Romains, ceux-ci purent se porter compétiteurs. Après la VIIe olympiade, le prix consista en une couronne de l'olivier sacré qui croissait près d'Olympie, ce qui, avec l'honneur d'être proclamé vainqueur, paraissait suffisant. Il était défendu aux femmes, sous peine de mort, d'assister aux jeux. Les jeux olympiques furent définitivement abolis par un décret de l'empereur Théodose, en 394.

OLYNTHE (auj. *Aio Mamas*), ancienne ville de Macédoine, en Chalcidique, au fond du golfe Toronaïque. Grâce à son excellente situation maritime, elle acquit une importance de plus en plus grande, jusqu'à ce que les Spartiates s'en emparassent en 379 av. J.-C. En 352, elle s'allia avec les Athéniens, et en 347, Philippe de Macédoine la démolit et fit vendre ses habitants comme esclaves.

OLYNTHIAQUE adj. Syn. d'OLYNTHIEN.

OLYNTHIEN, IENNE s. et adj. D'Olynthe; qui appartient à cette ville ou à ses habitants.

OMAHA, la plus grande ville de l'état de Nebraska (États-Unis), sur le Missouri, en face Council Bluffs (Iowa), à laquelle elle est reliée par un pont, à 700 kil. S.-O. de Chicago; 30,000 hab

OMAHAS, tribu d'Indiens américains de la famille des Dakotas. Marquette les fit figurer sur sa carte en 1673, et vers 1766 Carver les trouva sur le Saint-Pierre. En 1803, Lewis et Clarke les rencontrèrent, au nombre de 600, sur le Quicoure. Leur grand chef, Logan Fontanelle, fut tué par les Sioux en 1855. Depuis lors, ils se sont consacrés exclusivement à l'agriculture, et leur condition s'est rapidement améliorée. En 1876, ils étaient au nombre de 1,027, sur une réserve de 500 kil. carr. dans l'état de Nebraska.

OMALOÏDE adj. (gr. *omalos*, plan, uni; *eidos*, aspect). Entom. Qui a une forme plane ou aplatie.

OMAN, contrée du S.-E. de l'Arabie, comprenant la côte depuis Abou-Debi, sur le golfe Persique, par 57° long. E., jusqu'au voisinage de Merbat sur l'océan Indien; 440,000 kil. carr.; population évaluée à 2 millions et demi d'hab. A l'intérieur, elle n'a d'autres limites que le grand désert. Elle court le long de la côte du golfe Persique, au delà d'Abou-Debi, sur Bahrein et sur les autres îles du golfe du côté de l'E., et sur les îles avoisinantes de l'océan Indien, y compris Socotra. Une chaîne de montagnes traverse le pays du S.-E. au N. On y exploite des mines de plomb et de cuivre, et l'or existe, dit-on,

dans Jebel Akhdar. On extrait de grandes quantités de sel gemme pour l'exportation. L'or, les perles, l'ambre et le sel sont monopolisés par le gouvernement. Le sol près de la mer est pauvre; mais, à l'intérieur, il est très fertile quand il est arrosé. Le froment, le maïs, l'orge, le durra, et d'autres grains y croissent en abondance; on y produit un peu de coton, de sucre, de tabac, d'indigo et de café. On y fait beaucoup d'excellent vin, semblable à celui de Shiraz. Les chameaux et les ânes d'Oman sont célèbres, et ceux-ci font un article d'exportation considérable. On élève de vastes troupeaux de moutons et de chèvres. On envoie des quantités de poisson sec et salé dans l'Inde, au Maroc et en Australie. Dans quelques unes des plus grandes villes, on fait beaucoup de filigrane d'or et d'argent. Il y a aussi des fabriques de tissus grossiers de laine et de coton, de tapis et de couvertures, d'étoffes de soie pour les femmes, et de sucre. — L'Oman proprement dit est divisé en plusieurs districts par sa chaîne de montagnes. Sur comprend la côte entre Ras el-Hadd et Mascate. Jailan se trouve au S.-O. de Sur, de l'autre côté des montagnes. Jebel Akhdar, au N.-O. de Jailan, est le district le plus montagneux et le plus riche. De l'autre côté des montagnes, à l'E. de Jebel Akhdar et de Dahira, se trouve Batina, entre Batina et Sur, sur la côte, le district de Mascate. (Voy MASCATE.) Sharja, sur la côte du golfe Persique, est de fait indépendant. Outre Mascate et son faubourg Muttra, les principaux ports de mer et centres de commerce sont: Khur-Fahkan, Shinaz, Sohar, Saveik et Barka. Le port principal sur le golfe Persique est Sharja. Mascate est généralement regardée comme la capitale de l'Oman, mais Palgrave dit que Sohar, Nezwa et Bahila occupent le même rang et sont tour à tour la résidence du souverain. — L'Oman est gouverné par un souverain dont le titre vrai est seyide, quoique les Européens l'appellent tantôt iman de Mascate, et tantôt sultan d'Oman; ce dernier titre n'a jamais été pris par ces princes, et le premier ne l'a pas été durant ce siècle. Les revenus provenant des droits à l'importation et des taxes sur le commerce intérieur et les industries locales, ont été, ces dernières années, affermés à une maison anglaise de Bombay, pour 573,000 fr. par an. Le revenu total monte à un peu moins de 1,000,000. — Le souverain d'Oman a été élu sans égard à la descendance jusqu'en 1750, époque où Ahmet ibn-Saïd rendit la dignité élective dans sa famille. Son descendant, Saïd, mourut en 1856 après un règne d'un demi-siècle, laissant quinze fils. A ce moment le gouvernement d'Oman s'étendait sur la meilleure partie de la côte de l'Arabie, sur les îles de Zanzibar, de Pemba et de Monfia, et sur une grande partie de la côte africaine en face; sa flotte comptait 40 vaisseaux. Mais à cette époque commencèrent des dissensions intestines; le fils aîné de Saïd, Thoweiny, fut élu souverain de l'Oman, et son frère Majid de Zanzibar, après quoi le Zanzibar devint indépendant (1862). L'un et l'autre paient trib aux Wahabites.

OMAR Ier. (Abou-Hafsah ibn al-Khattab), second calife, troisième cousin d'Abdallah, père de Mohammed, né vers 581, mort en novembre 644. Aboubékr, à son lit de mort, l'avait désigné pour son successeur (634). Pendant son règne, les Musulmans furent partout victorieux. Une armée poursuivit la conquête de la Syrie, tandis qu'une autre réduisait Alexandrie et parcourait l'Afrique jusqu'aux déserts de Tripoli et de Barca. Les Musulmans remportèrent aussi des succès en Perse et en Arménie. Omar fut assassiné, pendant qu'il accomplissait ses dévotions dans la mosquée de Médine, par un esclave persan qui poursuivait une vengeance personnelle; il eut pour successeur Othman. Il fut le premier à prendre le titre d'*émir el-mumenim*, ou commandant des croyants. C'est de son temps que fut établie l'ère de l'hégire. — II. (Abou-Hafs), huitième calife ommiade, descendant d'Omar 1er, succéda à Soliman en 747; mourut en 720. Pour réconcilier les maisons d'Omar et d'Ali, il révoqua les malédictions portées contre les partisans de ce dernier, et qui étaient lues dans toutes les mosquées, depuis le temps de Moawiyah; mais les membres de sa famille l'empoisonnèrent.

OMASUM s. m. [o-ma-zomm] (mot lat. qui signifie, *tripes de bœuf*). Anat. Troisième ventricule de l'estomac des ruminants. On dit aussi FEUILLET.

* **OMBELLE** s. f. (lat. *umbella*, parasol). Bot. Réunion de pédoncules ou de petits rameaux sans feuilles, qui, partant de l'extrémité d'une tige, s'évasent comme les rayons d'un parasol, et portent les fleurs et les semences : *l'aneth, le panais, le cerfeuil, ont leurs fleurs en ombelle.*

OMBELLÉ, ÉE adj. [on-bèl-lé]. Bot. Qui est pourvu d'ombelles.

* **OMBELLIFÈRE** adj. [-bèl-li-]. Bot. Se dit des plantes qui portent des ombelles : *le fenouil est une plante ombellifère.* — s. f. pl. Famille de plantes dicotylédones dialypétales périgynes, comprenant des genres caractérisés surtout par des fleurs disposées en ombelles. Cette famille est ordinairement partagée en trois divisions : 1° *orthospermées*, dont la graine est plane ou convexe avec une commissure à la face (hydrocotyle, sanicle, astrance, ciguë, ache, céleri, persil, carvi, œnanthe, æthuse, livèche, perce-pierre, angélique, aneth, berle, panais, cumin, carotte); 2° *campylospermées*, à graine marquée sur sa face commissurale d'un canal ou sillon profond (caucalis, cerfeuil, arracacha); 3° *cœlospermées*, à graine roulée, courbée à la base au sommet (bifore, coriandres).

OMBELLIFLORE adj. [-bèl-li-]. Bot. Dont les fleurs sont en ombelle.

OMBELLIFORME adj. [-bèl-li-]. Bot. Qui a la forme d'une ombelle.

OMBELLULE s. f. [-bèl-lu-]. Bot. Nom donné aux ombelles partielles qui, par leur réunion, constituent l'ombelle générale.

OMBELLULÉ, ÉE adj. Bot. Qui est disposé en forme d'ombellule.

* **OMBILIC** s. m. [on-bi-lik] (lat. *umbilicus*). Anat. synonyme de nombril. — Bot. Se dit, par une espèce d'analogie, de l'enfoncement qui se trouve à l'une ou à l'autre extrémité de certains fruits, et de la petite cicatrice qu'on voit sur les graines des plantes et qui s'appelle aussi HILE.

* **OMBILICAL, ALE, AUX** adj. Anat. Qui appartient, qui a rapport à l'ombilic : *cordon ombilical; vaisseaux ombilicaux.*

* **OMBILIQUÉ, ÉE** adj. Bot. Pourvu d'un ombilic. — FEUILLE OMBILIQUÉE, feuille attachée au pétiole par le milieu de sa surface, qui est un peu enfoncé, et d'où les nervures divergent comme d'un centre commun : *les feuilles de la capucine sont ombiliquées.*

* **OMBRAGE** s. m. Ensemble, réunion des branches et des feuilles des arbres, qui produit de l'ombre : *un ombrage impénétrable aux rayons du soleil.*

Nos arrière-neveux nous devront cet ombrage.
LA FONTAINE.

— Poétiq. LES OMBRAGES VERTS, l'ombrage que font les arbres quand ils sont bien garnis de leurs feuilles. — Fig. Défiance, soupçon : *donner de l'ombrage à quelqu'un.*

OMBRAGER v. a. Faire de l'ombre, donner de l'ombre : *un grand arbre ombrageait sa chaumière.*

Sur ce rang d'ais serrés qui forment sa clôture,
Put jadis un lutrin d'inégale structure,
Dont les flancs élargis de leur vaste contour
Ombrageaient pleinement tous les lieux d'alentour.
BOILEAU. Le Lutrin.

— UN PANACHE OMBRAGEAIT SA TÊTE, SON FRONT, il avait un panache sur sa tête. — LES LAURIERS OMBRAGENT SA TÊTE, SON FRONT, se dit d'un capitaine qui a remporté plusieurs victoires, d'un poète qui a obtenu de grands succès.

OMBRAGEUSEMENT adv. D'une manière ombrageuse.

* **OMBRAGEUX, EUSE** adj. Ne se dit au propre que des chevaux, des mulets, etc., qui sont sujets à avoir peur, et à s'arrêter, ou à se jeter subitement de côté, quand ils voient leur ombre, ou quelque objet qui les surprend : *ce cheval est ombrageux.* — Se dit, fig., des personnes qui prennent trop légèrement des soupçons, de l'ombrage sur des choses qui les regardent, qui les intéressent : *c'est un esprit ombrageux.*

* **OMBRE** s. f. (lat. *umbra*). Obscurité que cause un corps opaque en interceptant la lumière : *l'ombre de la terre cause l'éclipse*

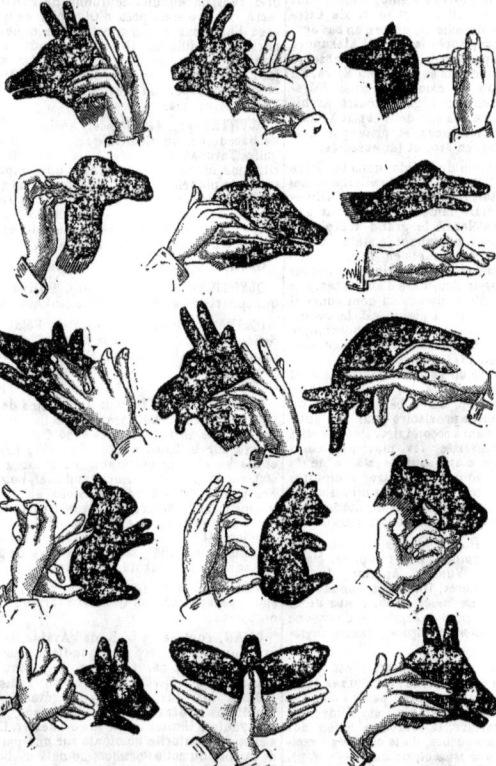

Ombres de la main. — Renne, chamois, brebis, chameau, porc, oie, loup, chèvre, éléphant, lièvre, ours, bœuf, chien, papillon, âne.

de la lune. — Endroit protégé contre les rayons du soleil : *se coucher à l'ombre.* — Fig. TOUT LUI FAIT OMBRE, il se défie de tout. —

Fig. FAIRE OMBRE A QUELQU'UN, obscurcir le mérite le crédit de quelqu'un par un mérite plus éclatant, par un plus grand crédit : *il fait ombre à tous les concurrents.* — LES GRANDEURS DU MONDE NE SONT QU'OMBRE ET QUE FUMÉE, elles n'ont rien de permanent, de solide. — PASSER COMME UNE OMBRE, se dit des choses de courte durée : *la vie des hommes passe comme l'ombre.* — Fig. et pop. METTRE UN HOMME A L'OMBRE, le mettre en prison, le tuer. — LES OMBRES DE LA NUIT, l'obscurité causée par l'absence du soleil. — LES OMBRES DU MYSTÈRE, l'obscurité qui couvre les choses secrètes. — Image, ressemblance des corps qui projettent l'ombre : *l'ombre grandit à mesure que le jour baisse.* — Notre figure représente les ombres que l'on peut projeter sur une surface blanche et plane par l'emploi de la main et d'une lumière dans un milieu obscur. — IL LE SUIT COMME L'OMBRE FAIT LE CORPS, se dit d'un homme qui en suit un autre partout. On dit aussi, IL NE LE QUITTE PAS PLUS QUE SON OMBRE; et, fig., dans le même sens, C'EST SON OMBRE. Dans un sens analogue, on appelait OMBRES, chez les anciens Romains, les personnes que les convives invités amenaient avec eux. — C'EST L'OMBRE ET LE CORPS, se dit de deux personnes qui ne se quittent pas, qui sont insé

parables. — IL A PEUR DE SON OMBRE, se dit d'un homme qui s'effraye et s'alarme trop légèrement. — PRENDRE L'OMBRE POUR LE corps, prendre l'apparence pour la réalité. — COURIR APRÈS UNE OMBRE, se livrer à une espérance chimérique. — COURIR APRÈS UNE OMBRE, se livrer à une espérance chimérique. — Légère apparence : *il n'y a pas ombre de doute, l'ombre du doute.* — Signe, figure d'une chose à venir ; et, en ce sens, il ne se dit qu'en parlant de l'ancienne loi, par rapport à la nouvelle : *les cérémonies et les sacrifices du Vieux Testament n'étaient que les ombres des mystères et des vérités du Nouveau.* — En poésie et dans le langage des anciens païens, signifie tantôt l'âme après qu'elle a quitté le corps, tantôt une apparence, un simulacre du corps, après que l'âme en a été séparée par la mort : *l'ombre d'Achille lui apparut ; le royaume des ombres.*

..... En achevant ces mots épouvantables,
Son ombre vers mon lit a paru se baisser.
Athalie, acte 1er, sc. v.

— Fig. Personne ou établissement qui a perdu les qualités, les avantages qui faisaient sa force, sa grandeur, son éclat : *ce beau génie s'est affaibli avec l'âge, il n'est plus que l'ombre de lui-même.* — Peint. Couleur obscure qu'on emploie dans un tableau, pour représenter les parties des objets les moins éclairées, et qui sert à donner du relief aux autres : *donner des ombres plus ou moins fortes.* — OMBRE PORTÉE, toute ombre qu'un corps projette sur une surface ; et l'imitation qu'on en fait dans un dessin, dans un tableau. — C'EST UNE OMBRE AU TABLEAU, se dit d'un léger défaut qui n'efface point, ou même qui fait mieux sentir les beautés d'un ouvrage, les bonnes qualités d'une personne. — OMBRES CHINOISES, spectacles dans lesquels les personnages sont des silhouettes apparaissant sur un écran transparent. — Sous l'ombre, sous ombre loc. prépost. et fig. Sous apparence, sous prétexte : *il a attrapé bien des gens sous ombre de dévotion.* — A l'ombre, loc. prépost. et fig. Sous la protection, à la faveur : *qu'a-t-il à craindre à l'ombre d'un si puissant protecteur ?*

* OMBRE s. f. (lat. *umber*). S'emploie dans cette locution, TERRE D'OMBRE, terre brune et noirâtre dont on se sert dans la peinture pour ombrer ; on dit aussi simplement OMBRE.

OMBRE s. m. Icht. Genre de salmones, comprenant un certain nombre d'espèces distinguées par une bouche peu fendue et des dents très fines et se rapprochant, par la saveur exquise de leur chair ainsi que par leurs habitudes, du saumon et de la truite. L'*ombre commun* (*salmo thymallus*) se distingue par sa première dorsale plus longue et plus

Ombre tacheté (Thymallus signifer).

haute ; il est brunâtre, rayé en long de noirâtre et d'un excellent goût ; il est long de 60 à 70 centim., a la tête petite et le corps allongé ; on le trouve dans les eaux douces de l'Auvergne, de la Suisse et de l'Allemagne. L'*ombre tacheté* (*thymallus signifer*) se trouve dans les rivières du nord de l'Amérique. — On appelle *ombre chevalier* (*salmo umbla*) une espèce de truite sans tache, à chair très grasse qui se rapproche de celle de l'anguille. Les *ombres chevaliers* du lac de Genève sont célèbres.

* OMBRE s. m. Jeu. (Voy. HOMBRE.)

* OMBRELLE s. f. (rad. ombre). Petit parasol dont se servent les dames. — Connue dès la

plus haute antiquité dans les pays chauds, l'ombrelle figura dans les cérémonies religieuses jusqu'à l'invention du dais. Elle ne pénétra en France qu'à la fin du XVIe siècle.

OMBRELLÉ, ÉE adj. Hist. nat. Qui porte un appendice en forme d'ombrelle.

OMBRELLIFORME adj. Qui a la forme d'une ombrelle.

OMBRELLINO s. m. (mot ital.). Petit dais en forme d'ombrelle que l'on porte dans les cérémonies du culte catholique pour abriter le saint sacrement.

* OMBRER. v. a. Peint. Distinguer, par le moyen du crayon ou du pinceau, ce qui, dans la nature, n'est pas frappé de la lumière, d'avec ce qui en est frappé : *il faut ombrer cela davantage.*

OMBREUSEMENT adv. De manière à donner de l'ombre.

OMBREUX, EUSE adj. Qui fait de l'ombre : *des bois ombreux.* — Qui est couvert d'ombre : *les vallées ombreuses.* Dans ces deux acceptions, on ne l'emploie guère qu'en poésie.

OMBRIE, *Umbria*, contrée de l'ancienne Italie, entre la Gaule Cispadane au N., l'Etrurie à l'O., la Sabine au S., le Picenum et la mer Adriatique à l'E. — Avant son annexion au royaume d'Italie, en 1860, l'Ombrie faisait partie des Etats de l'Eglise. — Les Ombriens étaient d'origine gauloise. Ils prirent part aux guerres des Etrusques et des Samnites contre Rome et ce ne fut qu'en 280 av. J.-C. que les Romains finirent par les soumettre.

OMBRIEN, IENNE s. et adj. De l'Ombrie ; qui appartient à ce pays ou à ses habitants.

OMBRINE s. f. Icht. Genre de sciénoïdes, comprenant une dizaine d'espèces dont une seule vit dans nos mers, et qui sont caractérisées surtout par un barbillon sous la symphyse de la mâchoire inférieure. L'*ombrine commune* (umbrina vulgaris, Cuv.), longue de 65 centim., habite la Méditerranée et le golfe

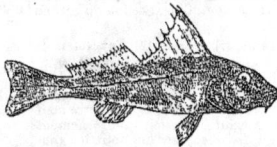

Ombrine des Etats-Unis (Umbrina nebulosa).

de Gascogne ; elle a des raies couleur d'acier sur un fond jaune ; sa chair est très estimée. L'*ombrine des Etats-Unis* (umbrina nebulosa), appelée aussi *king fish,* longue de 40 centim., est commune dans l'Atlantique sur les côtes de l'Amérique du Nord. Les Américains font le plus grand cas de sa chair.

OMBROMÈTRE s. m. (gs. ombros, pluie ; metron, mesure). Phys. Instrument propre à déterminer la quantité de pluie tombée dans un lieu déterminé et dans un temps donné. (Voy. PLUVIOMÈTRE.)

O'MEARA (Barry-Edward) [o-mè'-ra], chirurgien irlandais, né vers 1780, mort en 1836. Il était chirurgien du *Bellérophon*, lorsque Napoléon fut amené à bord ; il l'accompagna à Sainte-Hélène en qualité de médecin attaché à sa personne, revint en Angleterre en 1818, fut renvoyé de la marine pour avoir accusé sir Hudson Lowe de conduite cruelle et arbitraire. Il a publié : *Letters from S.-Helena; Exposition of the Treatement of Napoleon Bonaparte;* une traduction anglaise des Mémoires de Napoléon, *A Voice from S.-Helena;* etc.

* OMÉGA s. m. (gr. *omega;* de o, et de *méga* grand). Nom de la dernière lettre de l'alpha-

bet grec. — Fig. L'ALPHA ET L'OMÉGA, le commencement et la fin ; la première chose et la dernière, en parlant des choses rangées dans un certain ordre.

* OMELETTE s. f. Œufs battus ensemble, et cuits dans la poêle avec du beurre, du lard ou de l'huile : *omelette au beurre, au lard, aux fines herbes.* — ON NE SAURAIT FAIRE UNE OMELETTE SANS CASSER DES ŒUFS, quand on veut faire une chose, il faut se résigner aux peines, aux sacrifices qu'elle exige.

OMENTUM s. m. [o-main-tomm] (mot lat. qui signifie *épiploon*). Feuille membraneuse composée de deux ou plusieurs replis du péritoine, s'étendant entre certains organes abdominaux. On le divise en trois parties principales : l'omentum gastro-hépatique, repli double s'étendant du foie à l'estomac ; l'omentum gastro-splénique, repli double s'étendant de la grande cavité de l'estomac jusqu'à la rate ; et le grand omentum, repli quadruple, partant de la grande courbure de l'estomac et au colon transverse, et suspendu devant la masse de l'intestin grêle.

OMER (Saint), *Audomarus*, saint de l'Eglise catholique, né près de Constance, vers la fin du VIe siècle, mort en 670. Il entra au monastère de Luxeuil et, en 637, il monta sur le siège épiscopal de Thérouanne. Fête le 9 septembre.

OMER (Saint—) *Audomari fanum*, ch.-l. d'arr., à 68 kil. N.-O. d'Arras (Pas-de-Calais), sur l'Aa et à l'embouchure du canal de Neuf-Fossé ; par 50° 44' 53" lat. N. et 0° 5' 3" long. O. 23,000 hab. Place de guerre de seconde classe ; fortifications importantes. Lainages, papier, cuirs, broderies, brasseries, distilleries, huileries. Magnifique cathédrale gothique. — Cette ville bâtie sur un terrain marécageux, se forma autour du couvent de Sithin fondé en 640 par saint Bertin. Louis XI l'assiégea en 1477 ; les Français la prirent en 1487 et les Impériaux y rentrèrent en 1489. A partir de 1677, cette ville resta au pouvoir des Français. Patrie de l'abbé Suger. Sous la première République, on appela Saint-Omer *Morin-la-Montagne.*

OMER-PACHA (Michaël-Lattas) [o-merr pacha], homme de guerre turc, né en Croatie en 1806, mort en 1871. Il déserta de l'armée autrichienne en 1826, se fit mahométan en Bosnie, et entra au service de la Turquie en 1834. En 1848, il commandait en Valachie, et en 1849-'50 il étouffa l'insurrection de Bosnie. Il fut créé généralissime au moment où éclata la guerre de 1853, fut heureux dans maints engagements sur le Danube et dans la défense de Silistrie (1854), et fut nommé ensuite gouverneur général de Bagdad. Il envahit et pacifia le Monténégro en 1862, et resta en occupation à Shumla aussi longtemps que dura son commandement jusqu'au mois de mars 1867, où il reçut l'ordre d'écraser l'insurrection crétoise ; mais ses violences le firent rappeler en octobre. En 1868-'69 il fut ministre de la guerre, et ensuite ministre sans portefeuille.

OMESSA, ch.-l. de cant., arr. et 12 kil. N.-E. de Corte (Corse) ; 1,200 hab.

* OMETTRE v. a. (lat. *omittere*). Il se conjugue comme *Mettre.* Manquer, soit volontairement, soit involontairement, à faire ou à dire ce qu'on pouvait, ce qu'on devait faire ou dire : *je n'omettrai rien de ce qui dépendra de moi pour vous servir.* — S'omettre v. pr. Être omis, s'oublier.

OMICRON s. m. (gr. *omikron;* de o et *mikros,* petit). Quinzième lettre de l'alphabet grec, répondant à notre o bref.

OMISSION s. f. (lat. *omissio*). Action d'omettre, ou la chose omise : *ce n'est qu'une faute d'omission.* — Théol. PÉCHÉ D'OMISSION, péché qui consiste à ne pas faire ce qui est commandé ; par opposition à PÉCHÉ DE COMMISSION, celui qui consiste à faire ce qui est défendu : *c'est un péché d'omission que de manquer à entendre la messe un jour de fête.*

OMMIADES ou **Ommiyades**, seconde dynastie des califes d'Orient, commençant avec Moawyah, fils d'Abou Sofian, en 661, et allant jusqu'en 750. Elle tire son nom d'Ommiyah, un des ancêtres de Moawiyah. Après l'assassinat d'Ali, Moawyah prit possession de tout l'empire, et le califat resta dans sa famille jusqu'à la défaite et la mort de Merwan II, le 44ᵉ souverain (750). Tous les Ommiyades furent alors égorgés par trahison, à l'exception de deux, dont l'un s'enfuit en Arabie, où ses descendants gouvernèrent jusqu'au XVIᵉ siècle ; l'autre fonda le royaume et subséquemment le califat de Cordoue en Espagne, sous le nom d'Abderrahman Iᵉʳ.

OMNI, mot latin qui signifie *A tout* et qui entre dans la formation d'un certain nombre de mots.

OMNIA MECUM PORTO (*Je porte tout avec moi*), mot du philosophe Bias, un des sept sages de la Grèce.

* **OMNIBUS** s. m. [omm-ni-buss]. Mot latin qui signifie *Pour tous*, et dont on se sert pour désigner certaines voitures fort grandes qui parcourent une ville dans des directions déterminées, et où chacun peut monter moyennant une rétribution assez modique : *un conducteur d'omnibus.* — L'idée des omnibus a été attribuée à Pascal (1662) ; mais elle ne reçut pas d'application avant 1827, époque où parurent à Nantes les premières voitures de ce genre. Paris en eut l'année suivante. On dit quelquefois, adj., *Une voiture omnibus.* TRAIN-OMNIBUS, train de chemin de fer qui contient des voitures de toutes les classes. — ⁕ Part ext. Qui sert à tout le monde. — Jargon. OMNIBUS DE CONI, corbillard.

OMNICOLORE adj. (préf. *omni* ; lat. *color*, couleur). Qui a toutes sortes de couleurs.

OMNIFORME adj. Susceptible de prendre toutes sortes de formes.

* **OMNIPOTENCE** s. f. [-tan-se] (préf. *omni* ; lat. *potentia*, puissance). Toute-puissance : *l'omnipotence est un des attributs de Dieu.* — Particul. Faculté de décider souverainement en certaines matières : *omnipotence parlementaire.*

* **OMNIPOTENT, ENTE** adj. Tout-puissant : *un ministre omnipotent.*

* **OMNISCIENCE** s. f. [o-mni-si-an-se] (préf. *omni* ; fr. *science*). Terme dont les théologiens se servent quelquefois pour exprimer la science infinie de Dieu.

OMNISCIENT, ENTE adj. Qui sait et connaît tout.

OMNIS HOMO MENDAX, paroles tirées du psaume CXV et qui signifient : *Tout homme est sujet à se tromper.*

OMNIUM s. m. (mot. lat. qui signifie *De tous*). Econ. polit. Ensemble des effets qui représentent la totalité de la dette publique en Angleterre. — OMNIUM CONSENSU, mots latins qui signifient *Du consentement de tous.* — Sport. Course dans laquelle sont admis les chevaux de tout âge.

* **OMNIVORE** adj. (préf. *omni* ; lat. *voro*, je dévore). Se dit des animaux qui se nourrissent également de chair et de végétaux : *l'homme est omnivore.*

OMNIVORITE s. f. Zool. Caractère des animaux omnivores.

OMOALGIE s. f. (gr. *ômos*, épaule, *algos*, douleur). Pathol. Douleur dans l'épaule.

OMOCLAVICULAIRE adj. (gr. *ômos*, épaule ; fr. *clavicule*). Anat. Qui appartient à l'humérus et à la clavicule.

OMOCOTYLE s. f. (gr. *ômos*, épaule ; *kotulé*,

cavité). Anat. Cavité de l'omoplate destinée à recevoir la tête de l'humérus.

OMONT, ch.-l. de cant., arr. et à 22 kil. S. de Mézières (Ardennes) ; 600 hab. Restes d'un vieux château.

OMOPHAGE s. m. (gr. *ômos*, cru ; *phagein*, manger). Qui mange de la chair crue.

OMOPHAGIE s. f. Habitude de manger de la chair crue.

* **OMOPLATE** s. f. (gr. *ômos*, épaule ; *platus*, large). Os large, mince et triangulaire, qui forme la partie postérieure de l'épaule, et auquel s'articule l'os du bras : *il avait l'omoplate rompue.* — Fam. Plat de l'épaule : *il lui a donné un coup sur l'omoplate.*

OMPHAL ou **Omphalo** (gr. *omphalos*, nombril). Préfixe qui sert à former un grand nombre de mots.

OMPHALE (Myth. gr.), fille de Dardanus, roi de Lydie, et femme de Tmolus à qui elle succéda sur le trône. Mercure la vendit comme esclave à Hercule, qui en eut plusieurs enfants.

OMPHALE, tragédie lyrique en 5 actes avec un prologue, représentée à Paris (Académie de musique) en 1701 ; reprise cinq ou six fois avec succès ; paroles de la Motte, musique de Destouches.

OMPHALIEN, IENNE adj. (gr. *omphalos*, ombilic). Techn. Se dit d'une roue propre à donner le mouvement aux tours d'une filature.

OMPHALO-MÉSENTÉRIQUE adj. Anat. Qui appartient au nombril et au mésentère.

OMPHALOSITE adj. et s. [on-fa-lo-zite]. Tératol. Nom donné par Isidore Geoffroy Saint-Hilaire au 2ᵉ ordre des monstres unitaires. Le principal caractère des *omphalosites* est de subsister dans le sein de leur mère seulement et de mourir dès la naissance. On les divise en deux tribus, selon que le corps renferme des viscères ou n'on contient pas.

OMPHALOTOMIE s. f. (gr. *omphalos*, nombril ; *tomé*, section). Chir. Section du cordon ombilical.

OMRI [omm-ri], roi d'Israël. Voy. JUIFS.

OMSK, ville de Sibérie, à 530 kil. N.-E. d'Akmolinsk, sur l'Irtish, au confluent de l'Om ; 30,559 hab., dont un grand nombre d'exilés. Fabriques de draps ; commerce actif avec les Kirghiz. L'ancien gouvernement d'Omsk est divisé aujourd'hui entre les gouvernements de Tobolsk, de Tomsk et d'Akmolinsk.

* **ON** (lat. *homo*, qui a fait le vieux franç. *hom*, homme) pr. pers. indéf. et des deux genres, qui indique d'une manière générale une ou plusieurs personnes, et qui ne se joint jamais qu'avec la troisième personne du verbe au singulier : *on dit, on raconte que...*

> Quelque raison qu'on trouve à l'amour qui nous dompte,
> On trouve à l'avouer toujours un peu de honte.
> On s'en défend d'abord ; mais de l'air qu'on s'y prend,
> On fait connaître bientôt que notre cœur se veut.
>
> *Tartufe, acte IV, sc. v.*

> Moins on mérite un bien, moins on l'ose espérer.
>
> *Tartufe, acte IV, sc. v.*

— Quoique ce pronon soit ordinairement suivi d'un masculin, comme dans cette phrase : *on n'est pas toujours heureux*, il y a des circonstances qui marquent si précisément qu'on parle d'une femme, qu'alors *On* est suivi d'un féminin : *on n'est pas toujours jeune et belle.* S'emploie aussi avec le pluriel des et un nom : *on n'est point des esclaves, pour essuyer, pour endurer de si mauvais traitements.* — Quelquefois, pour la douceur de la prononciation, on met avant ce pronom l'article *le*, dont l'e s'élide : *il faut que l'on consente.*

> L'on hait avec excès lorsque l'on hait un frère.
>
> J. Racine. *La Thébaïde.* acte III, sc. vi.

— SE MOQUER DU QU'EN DIRA-T-ON, ÊTRE AU-DESSUS DU QU'EN DIRA-T-ON, BRAVER LE QU'EN DIRA-T-ON, mépriser tout ce que les gens pourront dire. On dit aussi, IL EST SENSIBLE AU QU'EN DIRA-T-ON. — CROIRE SUR UN ON DIT, SUR DES ON DIT ; CONDAMNER QUELQU'UN SUR UN ON DIT, SUR DES ON DIT, croire quelque chose, condamner quelqu'un sur un simple rapport, sur des bruits vagues. — Prov. ON EST UN SOT, un rapport vague et sans autorité, un rapport qui n'est appuyé que sur des on dit ne mérite aucune croyance, et peut être regardé comme une sottise. — *Remarque.* ON peut être suivi d'un adjectif ou d'un substantif au pluriel quand ce sens indique clairement qu'on parle de plusieurs personnes ; mais le verbe reste toujours au singulier : *on se battit en désespérés ; ici, on est égaux* (inscription de cimetière).

ONAGRARIÉ, ÉE adj. Bot. Qui ressemble ou se rapporte au genre onagre. — s. f. pl. Famille de plantes dicotylédones dialypétales périgynes, comprenant plusieurs espèces d'herbes ou d'arbrisseaux : *circea, gaura, fuchsia, épilobium, clarkia, onagre*, etc.

* **ONAGRE** s. m. (gr. *onagros* ; de *onos*, âne ; *agrios*, sauvage). Ane sauvage : *les onagres du désert.* — Ancienne machine de guerre qui servait à lancer des pierres.

* **ONAGRE** s. f. Bot. Genre type des onagrariées comprenant une centaine d'espèces d'herbes, originaires d'Amérique, sauf une espèce de Tasmanie. Toutes sont herbacées ou à peine légèrement ligneuses près de la racine. L'onagre *bisannuelle* (*œnothera biennis*), appelée vulgairement *herbe aux ânes*, se trouve presque par toute l'Amérique du Nord ; c'est une plante biennale, à forte racine charnue, et à tiges hautes de 3 à 5 pieds. Chez elle, comme chez les autres individus du même genre, les fleurs ne s'ouvrent qu'au crépuscule, et se fanent le matin suivant ; l'épanouissement en a lieu tout d'un coup. On en cultive plusieurs variétés dont les racines sont comestibles. La plus grande et la plus belle, appelée Œ. *Lamarckiana*, est fort branchue à la base, et forme une belle plante pyramidale, avec des fleurs nombreuses de 3 à 4 pouces de diamètre ; l'épanouissement soudain de ces fleurs à la tombée de la nuit offre un spectacle d'une beauté rare. L'onagre *du Missouri* (Œ. *Missouriensi*) a une grande racine charnue, persistante, d'où sortent de

Onagre du Missouri (Œnothera macrocarpa).

nombreuses tiges couchées et traçantes, qui portent des feuilles d'un vert cendré et de brillantes fleurs jaunes de 4 à 6 pouces de diamètre. Cette espèce, appelée quelquefois Œ. *macrocarpa*, est celle qui a les fleurs les plus grandes. Il y a sur la côte du Pacifique toute une série bien distincte d'espèces annuelles, qu'on a placées dans un genre à part, les *godetia.* Elles ont les pétales blancs, roses ou pourpres, souvent frangés sur le bord. L'Œ. *grandiflora*, récemment introduit dans la culture sous le nom de *godetia whitulyi*, est une espèce du paysayant les fleurs bleues avec un point d'un cramoisi foncé au centre.

* **ONANISME** s. m. (de *Onan*, n. pr.). Genre de pollution qui trompe le vœu de la nature, conduit souvent les jeunes gens aux plus déplorables excès, quelquefois même à la bestialité. On dit aussi MASTURBATION. — Ce mal, beaucoup plus fréquent qu'on ne le pense, existe chez les enfants des deux sexes, souvent dès le plus jeune âge. Il engendre de nombreuses maladies, notamment la spermatorrhée, la consomption, la démence, l'hypocondrie, l'hystérie, le rachitisme, le priapisme, la leucorrhée, etc. Il infecte surtout les réunions d'enfants, où il suffit d'un seul pour les corrompre tous. Celui qui est atteint de ce vice honteux perd ses forces ; son caractère devient inégal, triste, ombrageux, solitaire ; le marasme survient quelquefois et amène la mort. Lorsque la cause du mal est connue, il faut y apporter les moyens hygiéniques et moraux : alimentation douce et végétale, occupations variées et continuelles, et surtout exercices corporels poussés jusqu'à l'extrême fatigue ; surveillance de chaque instant, jamais de solitude. Les parents devront s'ingénier à apporter et à trouver des remèdes efficaces pour débarrasser leurs enfants d'un mal qui dégénérerait bien vite en un véritable fléau.

ONANISTE adj. Qui appartient, qui a rapport à l'onanisme.

* **ONC** ou **Onques** adv. de temps [onk] (lat. *unquam*). Jamais : *je ne vis onc un si méchant homme*. Il est vieux et ne s'emploie guère que par plaisanterie.

* **ONCE** s. f. [on-se] (lat. *uncia*). Ancien poids qui était la douzième partie de la livre romaine ; en France, il formait la huitième partie du marc, ou la seizième partie de la livre de Paris : *l'once valait* 30 *gr.* 59. — N'AVOIR PAS UNE ONCE DE JUGEMENT, UNE ONCE DE SENS COMMUN, UNE ONCE DE BON SENS, n'en avoir point du tout. — NE PAS PESER UNE ONCE, être très léger, être content. — Nom de différentes monnaies dont on se sert en Espagne, en Sicile, etc.

* **ONCE** s. f. (pers. *youz*, léopard chasseur). Mamm. Espèce de carnassier du genre chat, voisin du jaguar et dont la peau est tachetée comme celle du léopard, mais plus irrégulièrement. L'*once* (*felis uncia*, Ruff., *leopardus uncia*, Gray) est un félidé de taille moyenne, plus petit que le léopard et habitant les régions montagneuses de l'Asie. Buffon le distingue

Once (Leopardus uncia).

tingue de la panthère par sa taille plus petite, par sa fourrure plus longue et plus épaisse et par sa queue presque aussi longue que le corps. Le fond de sa robe est un gris blanchâtre sur le dos et sur les côtés, plus claire en dessous, avec des taches fauves. En Perse, on se sert de l'once pour chasser et prendre les gazelles.

ONCEAU s. m. Blas. Meuble de l'écu qui figure une petite once, une petite panthère.

ONCELLE s. f. Mamm. Espèce de petit tigre d'Afrique.

ONCHOBOTRIDE adj. [-ko-] (gr. *oghos*, courbure ; *bothros*, trou). Helminth. Se dit des vers intestinaux qui ont la tête armée de crochets.

* **ONCIALE** adj. f. Antiq. Se dit des grandes lettres dont on se servait anciennement pour les inscriptions et les épitaphes, et même pour les manuscrits : *lettres onciales*. — s. f. *L'onciale cessa d'être en usage à partir du septième siècle.* On le fait quelquefois masculin, alors on écrit ONCIAL.

ONCIDIE s. f. (dimin. du gr. *oghos*, enflure). Bot. Genre d'orchidées, tribu des vandées, comprenant des plantes parasites, à base souvent bulbiforme, à feuilles coriaces, planes, cylindriques ou triangulaires, à fleurs grandes, jaunes ou fauves, carnées blanches, portées sur des hampes radicales. Toutes les espèces connues croissent dans l'Amérique

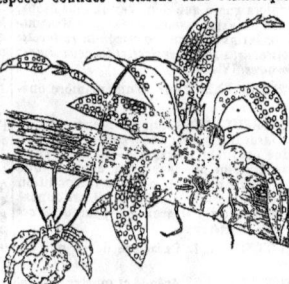

Oncidie papillon (Oncidium papilio).

tropicale et sont cultivées chez nous comme plantes de serre chaude. L'*oncidie de Barker* (*uncidium Barkeri*) a des rameaux florifères pendants, chargés de jolies fleurs d'un jaune verdâtre, zébrées de bandes d'un pourpre foncé avec le labelle d'un jaune serin. L'*oncidie papillon* (*uncidium papilio*) est ainsi nommée parce que ses fleurs d'un beau jaune d'or tacheté de rouge ont la forme de gracieux papillons.

ONCIROSTRE adj. (gr. *oghos*, courbure ; fr. *rostre*). Hist. nat. Qui a le bec crochu. — s. m. Oiseau à bec crochu.

* **ONCLE** s. m. (lat. *avunculus*). Le frère du père ou de la mère : *oncle paternel, maternel*. — GRAND-ONCLE, le frère du grand-père ou de la grand'mère : *son grand-oncle du côté paternel*. — ONCLE A LA MODE DE BRETAGNE, le cousin germain du père ou de la mère : *mon père et lui étaient cousins germains, par conséquent il est mon oncle à la mode de Bretagne*. — ONCLE D'AMÉRIQUE, oncle très riche ou supposé tel. — Jargon. Usurier.

* **ONCTION** s. f. (lat. *unctio*; de *ungere*, oindre). Action d'oindre. Méd. Action de frotter doucement quelque partie du corps avec une substance grasse, huileuse. — Particul. Action d'oindre qui entre dans l'administration de quelques sacrements, et dans plusieurs cérémonies de l'Église : *l'onction du baptême, de la confirmation*. — EXTRÊME-ONCTION. (Voy. EXTRÊME.) — Fig. Mouvement de la grâce, consolation du Saint-Esprit : *l'onction de la grâce*. — Ce qui, dans un discours, dans un écrit, touche le cœur et porte à la dévotion ou à une sorte d'attendrissement : *il y a de l'onction dans ce sermon, dans ce discours, dans ce livre de piété*.

* **ONCTUEUSEMENT** adv. Avec onction : *cet homme parle onctueusement*.

* **ONCTUEUX, EUSE** adj. Qui est d'une subs-

tance grasse et huileuse : *ce bois est onctueux*. — Fig. Qui a de l'onction ; se dit des choses et des personnes : *ce prédicateur parle de la religion de la manière la plus onctueuse*.

* **ONCTUOSITÉ** s. m. Qualité de ce qui est onctueux. N'est guère usité que dans le langage didactique : *les bois qui ont de l'onctuosité brûlent facilement*.

ONDAIN s. m. Ligne parcourue par la faux quand on coupe le foin ou les céréales.

ONDATRA s. m. Mamm. Genre de rongeurs, voisin des campagnols et qui ne renferme qu'une espèce américaine, bien connue pour ses habitudes aquatiques ; on l'appelle aussi musquash, castor musqué et rat musqué (*fiber zibethicus*). Ce rat mesure de 35 à 40 centim. de long, sans compter la queue qui en a de 20 à 25. Sa couleur générale est d'un brun rouge, plus foncé sur le dos, cendré en dessous. Il y a des individus d'un brun très foncé. Le poil, long, est fin, compact et soyeux, mais mêlé de poils plus grossiers, surtout dans la partie supérieure. On le trouve

Ondatra (Fiber zibethicus).

de l'Atlantique au Pacifique et du Rio Grande à l'Amérique arctique, même sur la côte N.-O. On ne le rencontre nulle part dans l'ancien monde. Il se plaît dans les marais herbeux ou sur les bords d'un lac ou d'un cours d'eau tranquille. De mœurs nocturnes, on l'aperçoit parfois, pendant le jour, traversant un cours d'eau à la nage ou plongeant dans la gueule de son terrier. Gauche sur terre, c'est un nageur et un plongeur excellent, très vif et folâtre dans l'eau. Il fait quelquefois 15 ou 20 m. sous l'eau. Son terrier est creusé dans la berge des rivières ; l'entrée en est sous l'eau ; il ne remonte au-dessus du niveau des plus hautes crues. L'ondatra a une forte odeur de musc, mais moins désagréable pour beaucoup de personnes que celle de la loutre, et beaucoup moins que celle du putois. On en mange la chair dans quelques endroits.

* **ONDE** s. f. (lat. *unda*). Flot, soulèvement de l'eau agitée : *le vent fait des ondes sur les rivières*. En ce sens, il ne s'emploie guère qu'au pluriel. — Est principalement d'usage en poésie, et signifie, l'eau en général : *elle se regardait dans le cristal d'une onde pure*. — Particul. et dans le même langage, mer : *sur la terre et sur l'onde*. — Poét. L'ONDE NOIRE, le Styx, le Cocyte. PASSER L'ONDE NOIRE, mourir. — pl. Fig. Ce qui ressemble à des ondes : *des cheveux en ondes*. — Phys. ONDES SONORES, ONDES LUMINEUSES, ondulations de l'air et d'un fluide éthéré que l'on admet pour expliquer les phénomènes du son et de la lumière. (Voy. SON et LUMIÈRE.)

* **ONDÉ, ÉE** adj. Qui offre des dessins, des lignes, etc., en forme d'ondes : *il y a certains bois qui sont ondés*.

* **ONDÉE** s. f. Grosse pluie qui vient tout à coup, et qui ne dure pas longtemps : *j'ai eu toute l'ondée sur le dos*.

* **ONDIN, INE** s. Nom que les cabalistes donnent aux prétendus génies élémentaires qu'ils supposent habiter les eaux.

IV.

ON DIT s. m. Voy. l'art. ON.

ONDOIEMENT s. m. (rad. *ondoyer*). Baptême où l'on n'observe que l'essentiel du sacrement, en se réservant de suppléer ensuite les cérémonies qui ont été omises. — Action d'ondoyer, de flotter par vagues : *l'ondoiement des vagues.*

ONDOYANT, ANTE adj. Qui ondoie, qui a un mouvement par ondes : *vagues ondoyantes.* — Peint. Se dit, dans le même sens, des lignes, des contours, des draperies : *ligne ondoyante.* — Fig. Mobile, changeant, incertain : *un caractère ondoyant.*

ONDOYER v. n. [on-doua-ié](rad. lat. *unda*, onde). Se conjugue comme *Employer*. Flotter par ondes. Ne se dit guère qu'au figuré : *ses cheveux ondoyaient au gré du vent.* — v. a. Répandre de l'eau sur la tête d'un enfant, au nom des trois personnes de la Trinité, sans observer les cérémonies ordinaires du baptême : *cet enfant est en danger, il faut l'ondoyer.*

ONDULANT, ANTE adj. Qui ondule.

ONDULATION s. f. Phys. Mouvement dans un fluide dont les parties s'élèvent et s'abaissent alternativement : *une pierre jetée dans l'eau y cause des ondulations.* — SYSTÈME DES ONDULATIONS, système de physique qui explique la propagation de la lumière par les vibrations d'un fluide subtil répandu dans l'espace. — Par ext. Tout mouvement qui imite celui des ondes : *les ondulations d'un champ de blé agité par le vent.* — Peint. Lignes, contours, draperies : *ce peintre excelle à rendre les ondulations des draperies.*

ONDULATOIRE adj. Phys. N'est guère usité que dans cette locution, MOUVEMENT ONDULATOIRE, mouvement d'ondulation.

ONDULÉ, ÉE part. passé de ONDULER. — Adj. Dont la surface présente ou semble présenter des ondulations : *la surface du lac était légèrement ondulée.*

ONDULER v. n. Avoir un mouvement d'ondulation lent, mais sensible : *le vent faisait onduler l'eau de ce lac.*

ONDULEUSEMENT adv. D'une manière onduleuse.

ONDULEUX, EUSE adj. Qui forme des ondulations, des sinuosités : *des replis onduleux.*

ONEGA, lac du N.-O. de la Russie, dans le gouvernement d'Olonetz ; long. maximum, 250 kil. ; larg., 80 kil. ; 9,751 kil. carr. A l'exception du lac Ladoga, c'est la plus grande masse d'eau douce de l'Europe. Des écueils et des bancs de sable y entravent la navigation. Il communique avec le lac Ladoga par le Svir, et avec le Volga par le lac Bielo.

ONEIDA [o-néï'-da], lac situé dans l'état de New-York (États-Unis) ; 35 kil. de long. sur 6 de large. Il se décharge par l'Oneida, rivière longue de 25 kil., dans l'Oswego.

ONEIDAS, tribu d'Indiens d'Amérique, faisant partie de la confédération iroquoise. C'est une branche séparée de la tribu des Mohawks, dont les résidaient dans l'état de New-York, leur territoire comprenant le comté actuel d'Oneida. Ils prirent part au traité général de paix avec les Français du 8 sept. 1700 ; mais, dans toutes les guerres suivantes, ils agirent du côté des Anglais. A la révolution, seuls dans le grand conseil de la confédération, ils s'opposèrent à ce qu'on prît le parti des Anglais, et, avec les Tuscaroras, ils restèrent fidèles aux colons. En 1785 et 1788, ils cédèrent leurs terres à l'état de New-York, s'en réservant une petite partie. Quelques-uns s'établirent sur les Thames, dans le Canada ; en 1821, une bande nombreuse d'entre eux acheta une étendue de terrain sur la baie Verte (*Green bay*). Ils ont

fait des progrès en agriculture et dans les arts mécaniques, tandis que des écoles et des églises les rendaient capables des devoirs du citoyen. En 1876, il y avait 250 Oneidas dans l'état de New-York, 1,387 dans le Wisconsin, et environ 500 sur la Thames.

ONEILLE (ital. *Oneglia*), ville d'Italie, sur le golfe de Gênes, à l'embouchure de l'Impero ; 6,000 hab. Patrie d'André Doria.

ONEIZA [o-néï-'za], ou Aneiza, ville du Nedjed (Arabie), dans le bas Kasim, à 430 kil. E.-N.-E. de Médine ; environ 25,000 hab. Pendant des siècles, elle fut la capitale de la province du Kasim et l'un des centres commerciaux les plus importants de l'Arabie intérieure ; mais, en 1862, elle se révolta ; après un long siège, elle fut prise d'assaut en 1863, et en grande partie détruite.

ONÉRAIRE adj. (lat. *onerarius ; de onus*, fardeau). Jurispr. Qui a le soin et la charge d'une chose. Il est opposé à HONORAIRE, et ne s'emploie guère que dans ces qualifications, TUTEUR ONÉRAIRE, SYNDIC ONÉRAIRE et MARGUILLIER ONÉRAIRE : *des quatre marguilliers de cette paroisse, deux sont onéraires, et les deux autres honoraires.* (Vieux.)

ONÉREUSEMENT adv. D'une manière onéreuse.

ONÉREUX, EUSE adj. (lat. *onerosus ; de onus*, fardeau). Qui est à charge, qui est incommode : *condition onéreuse.* — Jurispr. TITRE ONÉREUX, celui par lequel on acquiert une chose à prix d'argent, ou sous la condition d'acquitter certaines charges. Il est opposé à TITRE GRATUIT : *il avait été pourvu de cet office à titre onéreux.*

ONÉROSITÉ s. f. Caractère de ce qui est onéreux.

ONÉSIME (Saint), évêque et martyr, né en Phrygie, mort en 95. Il fut converti par saint Paul, devint évêque de Bérée, en Macédoine, où il fut martyrisé. C'est de lui dont il est question dans l'épître de saint Paul à Philémon. Fête le 16 fév. Un autre saint du même nom est fêté le 10 avril.

ONGARO. Voy. DALL'ONGARO (*Francesco*).

ONGLADE s. m. Chir. Ongle incarné, ongle qui entre dans les chairs et y forme une plaie.

ONGLE s. m. (lat. *ungula*, dimin. de *unguis*). Partie ferme et cornée qui couvre le dessus du bout des doigts : *les ongles des mains, des pieds.* — ROGNER LES ONGLES A QUELQU'UN, LES LUI ROGNER DE BIEN PRÈS, lui retrancher de ses profits ou de son pouvoir. — IL A BIEN RONGÉ SES ONGLES, se dit d'un homme qui, travaillant à quelque ouvrage d'esprit, ne lui a pas fait sans beaucoup rêver, sans beaucoup s'appliquer. — AVOIR DU SANG SOUS LES ONGLES, AU BOUT DES ONGLES, avoir du cœur. — AVOIR BEC ET ONGLES, avoir de l'esprit et du courage pour se bien défendre. — AVOIR DE L'ESPRIT JUSQU'AU BOUT DES ONGLES, en avoir beaucoup. — RUBIS SUR L'ONGLE. (Voy. RUBIS.) — Se dit aussi des griffes de plusieurs animaux : *les ongles des lions, des tigres, des ours, des chats.* On dit plus ordinairement SERRES, pour les oiseaux de proie. — A L'ONGLE ON CONNAÎT LE LION, on reconnaît aux moindres traits un homme d'un grand talent, d'un grand caractère. — C'EST L'ONGLE DU LION, se dit en parlant d'un trait qui décèle un grand talent un grand caractère. — Sabot d'un cheval : *chute de l'ongle.* — Ocul. Pellicule qui commence en forme d'ongle ou de croissant vers l'angle interne de l'œil, et qui s'étend peu à peu jusque sur la prunelle. — Amas de pus entre l'iris et la cornée, qui forme une tache de la figure d'un croissant. — ONGLE INCARNÉ. (Voy. *Incarné.*)

ONGLÉ, ÉE adj. Qui est armé d'ongles.

ONGLÉE s. f. Engourdissement douloureux au bout des doigts, causé par un grand froid : *je ne puis écrire, j'ai l'onglée.* — Art vétér. Excroissance membraneuse que les oculistes appellent ONGLE.

ONGLET s. m. Bande de papier ou de parchemin que l'on coud au dos d'un livre en le reliant, pour y coller des estampes, des cartes, etc. — Extrémité d'une planche, d'une moulure, qui, au lieu d'être terminée à angle droit, forme un angle de quarante-cinq degrés, *couper, tailler d'onglet.* — Échancrure sur le plat d'une règle de fer ou de bois. — Espèce de petit burin plat dont se servent les serruriers, et les graveurs sur métaux en creux et en relief. Dans ce sens et dans celui qui précède, on dit aussi ONGLETTE. — Bot. Partie inférieure du pétale, par laquelle il s'insère au réceptacle : *dans l'œillet, l'onglet des pétales est très allongé.* — Typogr. Carton de deux pages. (Voy. CARTON.)

ONGLETTE s. f. Voy. ONGLET.

ONGUENT s. m. [on-gan](lat. *unguentum*). Médicament d'une consistance plus molle que dure, qu'on étend sur le linge, sur du papier, etc., et qu'on applique ensuite extérieurement pour guérir les plaies, les tumeurs, etc. — bon onguent ; *onguent rosat.* — ONGUENT MITON MITAINE, remède qui ne fait ni bien ni mal ; expédient inutile que l'on propose sans quelque affaire que ce soit. — DANS LES PETITES BOÎTES SONT LES BONS ONGUENTS, flatterie populaire envers les personne de petite taille, pour faire entendre qu'elles ont souvent plus de mérite que les autres. — Se disait anciennement des drogues aromatiques et des essences dont on se parfumait, et dont on embaumait les corps : *là Madeleine versa une boîte d'onguent sur les pieds de Notre-Seigneur.* — ENCYCL. Les onguents sont des médicaments externes composés de corps gras et de résine. Nous citerons : *l'onguent d'altea*, siccatif et résolutif, composé de fénugrec (80 gr.), de cire jaune (20 gr.), de résine jaune (10 gr.) et de térébenthine du mélèze (10 gr.) ; *l'onguent basilicum* (voy. BASILICON) ; *l'onguent digestif*, pour favoriser la suppuration et préparé en mêlant ensemble 60 gr. de térébenthine, un jaune d'œuf et de l'huile d'amandes ou de mille-pertuis en quantité suffisante pour leur donner une consistance molle ; *l'onguent gris*, ou *onguent mercuriel simple*, pour détruire les parasites (65 gr. de mercure pour 500 gr. d'axonge) ; *l'onguent napolitain* ou *onguent mercuriel double* souvent employé en frictions comme fondant sur les phlegmons, comme contro-stimulant sur le ventre dans la péritonite, et comme altérant (parties égales de mercure et d'axonge) ; *l'onguent populeum*, employé sur les hémorroïdes et sur les gerçures (bourgeons de peuplier récemment séchés, 800 gr. ; feuilles de pavot, de belladone, de jusquiame, de morelle, de chaque 500 gr. ; axonge 4 kilog.) ; *l'onguent de la mère Thécle*, employé dans le pansement des ulcères et des abcès indolents (huile d'olives, 100 gr. ; axonge, beurre, cire jaune, litharge en poudre fine, suif de mouton, de chaque 50 gr. ; poix noire purifiée, 10 gr.) ; *l'onguent canet*, employé sur les furoncles.

ONGUENTAIRE adj. Pharm. Qui a les caractères de l'onguent.

ONGUICULE s. m. [on-ghui-ku-le] (dimin. de *ongle*). Petit ongle.

ONGUICULÉ, ÉE adj. [on-ghui]. Hist. nat. Se dit des animaux qui ont un ongle à chaque doigt. — Bot. Se dit des pétales qui sont pourvus d'onglets très apparents, tels que ceux de l'œillet.

ONGUIFORME adj. [on-ghui-]. Qui a la forme d'un ongle.

ONGULE s. f. (lat. *ungula*). Anat. Enveloppe cornée formant le sabot des solipèdes.

* **ONGULÉ, ÉE** adj. Hist. nat. Se dit des animaux dont le pied est terminé par un sabot continu, ou divisé seulement en deux parties.

* **ONIROCRITIE** s. f. [o-ni-ro-kri-sî] (gr. *oneiros*, songe; *krinein*, deviner). Explication des songes.

* **ONIROMANCE** ou **Oniromancie** s. f. (gr. *oneiros*, songe; *manteia*, divination). Divination par les songes.

ONIROSCOPIE s. f. (gr. *oneiros*, songe; *skopein*, examiner). Art d'interpréter les songes.

ONOBA ou **Æstuaria**, ancienne ville de l'Hispania Bætica. Aujourd'hui *Huelva*.

* **ONOCROTALE** s. m. Voy. **Pélican**.

ONOMASTICON s. m. (gr. *onomastikon*, sousent. *biblion*, livre; de *onoma*, nom). Philol. Ouvrage dans lequel un auteur se propose de fixer le sens et l'emploi des mots.

ONOMASTIQUE adj. Qui a rapport aux noms propres.

ONOMATIQUE adj. Qui a rapport aux noms.

ONOMATOLOGIE s. f. (gr. *onoma*, nom; *logos*, discours). Science des noms, de la classification des noms.

* **ONOMATOPÉE** s. f. (gr. *onoma*, nom; *poieõ*, je fais). Gramm. Formation d'un mot dont le son est imitatif de la chose qu'il signifie : *les mots tictrac, glouglou, coucou, cliquetis, sont formés par onomatopée.* — Se dit aussi des mots imitatifs eux-mêmes : *dictionnaire des onomatopées françaises de Ch. Nodier.*

ONOMATOPÉIQUE adj. Qui offre les caractères de l'onomatopée.

ONONDAGAS, « hommes de la montagne », l'une des cinq tribus iroquoises de l'état de New-York. Les Onondagas furent de bonne heure en guerre avec les Hurons, les Montagnais et les Algonquins du Canada, et plus tard avec les Français. Ils prirent une part principale à la destruction des Hurons. Après la chute de Jacques II, les Iroquois furent gagnés à la cause anglaise. Les Français envoyèrent des députés à Onondaga en 1700, et un traité de paix générale ne tarda pas à être signé à Montréal. En 1709, les Onondagas reprirent la hache contre les Français. Au commencement de la révolution américaine, chaque tribu fut laissée libre de prendre le parti qu'elle voudrait. Après l'expédition de van Schaick contre eux, les Onondagas se mirent du côté des Anglais. En 1788, ils cédèrent toutes leurs terres à l'état de New-York, à part une réserve. En 1876, il y avait 450 Onondagas dans l'état de New-York, et 400 environ dans l'Ontario (Canada).

ONSLOW (George), compositeur français, né à Clermont-Ferrand le 27 juillet 1784, mort le 5 octobre 1853. D'origine américaine, il quitta de bonne heure sa ville natale et fut envoyé à Londres pour y faire son éducation. Il s'adonna principalement à la musique instrumentale. Sa musique de chambre, ses quartets et ses quintets pour instruments à cordes sont restés longtemps populaires et le sont encore en Allemagne. Onslow a donné 3 opéras : *L'Alcade de la Véga* (1824); *Le Colporteur* (1827), *Le duc de Guise* (1837). Il remplaça Cherubini à l'Institut, en 1842.

ONTARIO (Lac), le plus bas et le plus petit de la série des cinq grands lacs du nord des Etats-Unis et du Canada. Il se trouve entre l'état de New-York et la province d'Ontario, et s'étend de l'E. à l'O. sur une longueur d'environ 300 kil. avec une largeur moyenne de 60 kil. et une profondeur que l'on suppose être en moyenne de 500 pieds. Superficie, 19,823 kil. carr. La ligne frontière entre les Etats-Unis et le Canada traverse la portion centrale du lac Ontario depuis la bouche du Niagara jusqu'à son issue dans le Saint-Laurent. En raison de sa grande profondeur, l'Ontario est beaucoup moins troublé par les orages que le lac Erie, et la navigation y est aussi beaucoup moins obstruée par les glaces. Le pays environnant est généralement fertile, et bien peuplé. Une chaîne de collines basses, appelée *Lakeridge*, l'arête du lac, court au S. du lac, à une distance qui varie entre 5 à 15 kil., et marque sans doute la limite qu'atteignaient autrefois ses eaux. Outre le Niagara, le lac Ontario reçoit la Genesee, l'Oswego, et la rivière Noire. La plus grande île du lac, Amherst, a 45 kil. de long sur 9 de large. Elle se trouve à l'entrée de Quinté, sorte de baie qui s'étend sur près de 120 kil. entre la presqu'île du Prince-Edward, près du pied du lac, et la terre ferme. Le canal de Welland, long de 45 kil., fait communiquer, pour les besoins de la navigation, le lac Ontario avec l'Erie.

ONTARIO (jadis *haut Canada* ou *Canada occidental*), province de la puissance du Canada, entre 41° 30' et 50° 30' lat. N. et entre 76° 45' et 92° 50' long. O.; borné par les Etats-Unis, les territoires du N.-O. et la province de Québec; 279,139 kil. carr.; 1,930,000 hab. Cette province a pour limites naturelles : à l'O. les lacs Supérieur et Huron; au S. les lacs Erie et Ontario et le fleuve Saint-Laurent; à l'E. l'Ottawa. Sa population comprend 100,000 hab. d'origine française, 640,000 d'origine irlandaise, 490,000 d'origine anglaise, 380,000 d'origine écossaise, 240,000 d'origine allemande, 30,000 d'origine hollandaise, 25,000 d'origine africaine et 25,000 Indiens. Cap., Toronto; villes princ. : Hamilton, Ottawa (capitale de la fédération du Canada), etc. — Territoire peu élevé et généralement ondulé, parsemé de grands lacs (Tamagamingue, Nipissing, Muskoka, Simcoe, etc.), arrosé par de nombreuses rivières, revêtu, en plusieurs endroits, de vastes forêts où dominent le pin blanc et le pin rouge, bien cultivé par une population qui s'augmente avec une rapidité presque incroyable, produisant le froment, l'avoine, l'orge, le maïs, les pommes de terre, et recélant d'immenses richesses minérales, dont la principale est le pétrole, que l'on recueille surtout dans les environs des villes d'Oil-Springs et de Petrolia, à 25 kil. au S. du lac Huron. Climat froid, mais sain; 4,000 kil. de chemin de fer. L'administration est confiée à un lieutenant gouverneur nommé pour cinq ans par le gouverneur général de la puissance du Canada et assisté d'un conseil exécutif de 5 membres qui nomme lui-même et qui est responsable à l'assemblée. Celle-ci se compose de 88 membres élus par les voteurs qualifiés. Recettes 12 millions de fr.; dépenses 2 millions. — La province possède un bon système d'écoles publiques libres, dont un grand nombre d'écoles catholiques. De 7 à 12 ans, les enfants sont tenus d'aller en classe. — Principales dénominations religieuses : baptistes, épiscopaliens, méthodistes, presbytériens et catholiques. — Le territoire de l'Ontario fut visité dès le commencement du XVIIᵉ siècle par les Français, qui y établirent des postes pour leur commerce et pour la chasse des animaux à fourrures, mais qui ne s'y établirent d'une manière permanente que vers la fin du XVIIIᵉ siècle. Ce territoire subit le sort du Canada. (Voy. ce mot.)

ONTO (gr. *ón*, *ontos*, de *eimi*, être), préfixe qui signifie *être*.

ONTOGONIE s. f. (préf. *onto*; gr. *goné*, génération). Histoire de la génération ou de la production des êtres.

ONTOGRAPHIE s. f. (préf. *onto*; gr. *graphein*, écrire). Description des êtres.

* **ONTOLOGIE** s. f. (préf. *onto*; gr. *logos*, discours). Didact. Science de l'être en général : *l'ontologie est une des parties de la métaphysique.* — Traité sur cette matière : *l'Ontologie de Wolf.* (Voy. **Philosophie.**)

* **ONTOLOGIQUE** adj. Didact. Qui a rapport à l'ontologie : *notions ontologiques.*

ONTOLOGISTE s. m. Celui qui traite de l'ontologie.

ONYX s. m. [o-nikss] (gr. *onux*, ongle). Espèce d'agate très fine, qui présente des couches parallèles de différentes couleurs : *il a une tête d'Auguste gravée sur un onyx.* On dit adjectiv. **Une agate onyx.** — L'onyx est employé en joaillerie et particulièrement pour la gravure des camées. Dans les meilleures variétés, les bandes de couleurs sont bien définies : soit noires et blanches, soit noires, brunes et blanches alternativement.

ONZAINE s. f. Quantité de onze objets.

* **ONZE** adj. numéral (lat. *undecim*). Nombre qui contient dix et un : *ils étaient onze.* — Quoique ce mot commence par une voyelle, il arrive quelquefois, et surtout quand il est question de dates, qu'on prononce et qu'on écrit sans élision l'article, la préposition, ou la particule qui le précède : *de onze enfants qu'ils étaient, il en est mort dix.* On dit aussi, dans la conversation familière : *il n'en est resté qu'onze.* — Quand *onze* est précédé d'un mot qui finit par une consonne, on ne prononce pas plus la consonne finale que s'il y avait une aspiration : *vers les onze heures* [-lè-on-ze]. — Est quelquefois pris substantiv. : *onze multiplié par deux.* — Se prend quelquefois pour le nombre d'ordre qu'il forme : *le onze du mois.* On dit de même adjectiv. Louis onze, etc. — Hist. gr. **Les onze** officiers publics d'Athènes qui étaient chargés de l'exécution des sentences criminelles.

* **ONZIÈME** adj. [La première syllabe est ordinairement aspirée.] Nombre d'ordre qui suit immédiatement le dixième : *le onzième du mois.* — Elliptiq. Il est le dixième sur la liste, et *vous le onzième.* — Quelques-uns disent encore, **L'onzième.** — Substantiv. La onzième partie d'un tout : *il est héritier pour un onzième.*

* **ONZIÈMEMENT** adv. En onzième lieu.

OO, lac situé à 3 kil. de port d'Oo (Haute-Garonne); il a 2,670 m. d'altitude et est glacé pendant une grande partie de l'année.

OO (Port d'), montagne des Pyrénées (Haute-Garonne), à 3 kil. du lac de ce nom; elle est élevée de 3,000 m. au-dessus du niveau de la mer et, après la Brèche-de-Roland, c'est le pic le plus haut de toute la chaîne des Pyrénées.

* **OOLITHE** s. m. (gr. *oón*, œuf; *lithos*, pierre). Pierre composée de petites coquilles pétrifiées, qui ressemblent à des œufs de poisson. — L'oolithe est un calcaire formé de particules arrondies semblables à du frai ou œufs de poisson. Chacun des grains a ordinairement comme noyau un petit fragment de sable, autour duquel se sont accumulées des couches concentriques de matière calcaire. On trouve aussi des oolithes ferrugineux, comme dans le groupe Clinton des Etats-Unis; dans ce cas, la matière qui se dépose est de l'oxyde rouge de fer. — Le nom d'oolithe s'applique aussi à un groupe de la période jurassique, très développé en Angleterre et où se présentent des calcaires qui ont le caractère ci-dessus décrit. (Voy. **Géologie.**)

* **OOLITHIQUE** adj. Qui résulte d'une agglomération d'oolithes : *terrains oolithiques.*

OOLOGIE s. f. *óon*, œuf; *logos*, discours). Histoire de l'œuf; traité de la génération dans l'œuf.

OOMANCIE s. f. (gr. *óon*, œuf; *manteia*, divination). Divination pratiquée au moyen des œufs.

OONIN s. m. (gr. *óon*, œuf). Physiol. Nom

OPÉR   OPÉR

donné par quelques savants à l'albumine ou blanc d'œuf.

OONINE s. f. (rad. *oonin*). Physiol. Membrane réticulée contenant l'albumine de l'œuf dans ses cellules.

OORT (Adam van) [ôrtt], peintre flamand, né en 1557, mort en 1641. Il avait un atelier à Anvers où étudièrent Rubens et Jordaens; ce dernier devint son gendre. Van Oort était brutal et avare.

OOZOAIRE adj. (gr. ôon, œuf; zôon, animal). Zool. Se dit des animaux qui n'ont ni nerfs, ni vaisseaux et paraissent réduits à l'état d'œufs. — s. m. pl. Groupe d'animaux chez lesquels le système nerveux et sanguin ne s'est pas développé.

OPACIFIER v. a. (fr. *opaque*; lat. *facere*, faire). Rendre opaque.

* **OPACITÉ** s. f. Didact. Qualité de ce qui est opaque, impénétrable aux rayons de la lumière. Se dit par opposition à diaphanéité, transparence : *l'opacité de ce corps*.

OPALAGE s. m. Techn. Opération du raffinage du sucre, qui consiste à briser la croûte dite opale, après que les formes ont été remplies, et à remuer d'une certaine manière la masse sucrée afin que la cristallisation s'y produise d'une façon régulière.

* **OPALE** s. f. Pierre précieuse, dont le fond est de couleur laiteuse, mais qui, par différents changements de position, présente des couleurs très vives, très variées, et assez semblables à celles de la nacre de perle : *une belle opale*. — L'opale est un minéral composé principalement d'acide silicique combiné avec de 5 à 13 p. 100 d'eau. Les plus belles variétés ont le jeu le plus délicatement resplendissant de couleurs iridescentes, avec un éclat particulier, vitreux, et quelquefois résineux ou d'un laiteux de perle. Elle est moins dure que le quartz, sa dureté variant de 5.5 à 6.5; poids spécifique, 1.9 à 2.3. Les variétés passent de l'une à l'autre par degrés insensibles, de sorte qu'il est difficile de classer celles qui forment les transitions. Dana les classe ainsi : 1° opale *précieuse*, que Pline décrit comme présentant une succession de diverses teintes resplendissantes; 2° *opale feu*, variant du rouge hyacinthe au rouge corné, avec des reflets de feu; 3° *girasol*, d'un blanc bleuâtre, translucide, avec des reflets rougeâtres de lumière brillante; 4° *opale commune*, classe embrassant entre autres l'opale résine, la demi-opale, et l'hydrophane; 5° *opaque cacholong (Kascholong, Perlmutter)*, opaque, d'un blanc bleuâtre et rougeâtre, adhérant à la langue, et contenant un peu d'alumine; 6° *opale agate*; 7° *ménilite (Leberopal)*; 8° *opale jaspe (Eisenopal; jasper opal)*, contenant de l'oxyde de fer jaune et ayant la couleur du jaspe jaune; 9° *opale ligneuse ou opale de bois (wood opal)*, composée de bois pétrifié par l'opale; 10° l'*hyalite*, claire et incolore comme le verre, formant des concrétions globuleuses, et aussi des croûtes à surface uniforme, et devenant transparente; 11° *florite*, qui se trouve dans le tuf; 12° *pierre flottante (Schwimmstein, floating stone)*, en masses légères, poreuses, spongieuses, flottant sur l'eau; 13° *tripolite*, variété terreuse d'opale, formée par les écailles siliceuses de diatomes et par d'autres espèces microscopiques, et qui comprend plusieurs sous-variétés, les unes désagrégées, les autres modérément dures. — L'*opale commune*, celle que l'on nomme ordinairement opale, est d'une jaune pâle ou blanchâtre, avec de beaux reflets rouges, bruns, verts ou gris. Dans quelques spécimens, on admire le magnifique jeu de couleurs appelé *opalescence*.

OPALER v. a. Techn. Soumettre à l'opération de l'opalage.

OPALESCENCE s. f. [-lèss-san-]. Reflet opalin.

OPALIN, INE adj. Se dit d'une teinte laiteuse et bleuâtre, ayant des reflets irisés comme ceux de l'opale.

OPALISÉ, ÉE adj. Minér. Converti en opale.

* **OPAQUE** adj. (lat. *opacus*). Didact. Qui n'est point transparent, qui ne laisse point passer la lumière : *corps opaque*.

OPATAS, tribu d'Indiens à demi civilisés, au nombre de 30,000 environ, à l'E. et au S. de Sonora (Mexique). Ils résident principalement le long du Yaqui et du Mayo et on les connaît généralement sous ces noms.

OPE s. m. (gr. *opé*, ouverture). Archit. Trou ménagé dans un mur pour recevoir la tête d'une poutre. — L'Académie n'admet ce mot qu'au pluriel. (Voy. OPES.)

* **OPÉRA** s. m. (ital. *opera*, œuvre). Espèce de poème dramatique, fait pour être mis en musique, et chanté sur le théâtre, avec des accompagnements, des danses et des changements de décorations : *les opéras de Gluck, de Mozart*. — Genre de spectacle que constituent les poèmes dramatiques mis en musique; théâtre qui est destiné à leur représentation : *l'opéra est un genre qui n'est pas goûté de tout le monde; avoir une loge à l'Opéra*. — GRAND OPÉRA, se dit quelquefois de l'Opéra pour le distinguer de l'Opéra-Comique. — OPÉRA BOUFFE, opéra dont le sujet est comique. — OPÉRA-BALLET, opéra mêlé de danses, qui était très à la mode à la fin du XVII° siècle et au commencement du XVIII°. — OPÉRA SPIRITUEL, drame musical religieux, appelé ordinairement *oratorio*. — En Italie, OPÉRA SÉRIEUX, se dit d'un opéra dont les personnages

Le nouvel Opéra de Paris

sont ceux de la tragédie; par opposition à OPÉRA BOUFFON, celui dont les personnages appartiennent à la comédie. — En France, OPÉRA-COMIQUE, drame mixte qui tient de la comédie par l'intrigue et les personnages, et de l'opéra par les paroles chantées qui entrecoupent le dialogue. Il se dit aussi du genre de spectacle que constitue cette espèce de drame et du théâtre où il se représente : *suivant beaucoup de personnes, l'opéra-comique est un genre faux; aller à l'Opéra-Comique.* — Fig. et fam. C'EST UN OPÉRA, se dit d'une affaire qui entraîne beaucoup d'embarras. — ENCYCL. L'opéra est une pièce de théâtre

Où les beaux vers, la danse, la musique,
L'art de tromper les yeux par les couleurs,
L'art plus heureux de séduire les cœurs,
De cent plaisirs font un plaisir unique.

VOLTAIRE.

— C'est un drame où des airs, des récita-

lifs, des chœurs, etc., avec accompagnement d'orchestre et avec les accessoires ordinaires du théâtre, tiennent lieu de texte parlé. C'est là le vrai opéra; mais ce terme s'applique aussi à une sorte de compositions où le texte est en partie parlé et en partie chanté. Adam de la Halle (voy. ADAM) est quelquefois considéré comme le véritable créateur de l'opéra, parce qu'on lui attribue la composition de la musique de *Li Gieus (Le Jeu) de Robin et de Marion*, qui est en réalité un opéra-comique, le premier qu'il y ait jamais eu (XIII° siècle). L'opéra italien commence avec *Il Satiro* de Cavalière et avec *Dafne* de Rinuccini, musique de Peri (1590). Mais le premier ouvrage qui mérite vraiment le nom d'opéra fut le drame d'*Euridice* par Ottavio Rinuccini, mis en musique par Ottavio Rinuccini, mis en musique par Giacomo Peri et représenté à Paris en 1600, à l'occasion du mariage de Marie de Médicis avec Henri IV. L'opéra devint de bonne heure une sorte de composition musicale populaire en Italie. Le cardinal Mazarin l'introduisit en France en 1655. On peut faire dater l'établissement de l'opéra italien en Angleterre de la représentation de *Rinaldo* en 1700. L'*Almahide* de Bononcini (1720) est le premier opéra qui s'y soit chanté entièrement en italien. En Allemagne, Gluck introduisit de grandes réformes dans l'art de composer des drames chantés. Parmi les compositeurs qui, depuis cette époque, ont fait le plus pour le théâtre musical citons : Mozart, Meyerbeer, et von Weber chez les Allemands; Cimarosa, Cherubini, Spontini, Rossini, Donizetti, Mercadante, Bellini et Verdi chez les Italiens; et Boïeldieu, Auber, Halévy, Gounod et Thomas chez les Français. Richard Wagner a essayé de modifier les théories sur lesquelles repose l'opéra. Les Italiens divisent les opéras en quatre classes : l'opéra sacré, l'opéra sérieux, l'opéra demi-sérieux et l'opéra bouffon ou comique; les Français reconnaissent deux divisions, le *grand opéra* et l'*opéra-comique* (qui comprend l'*opéra bouffe*). — On donne les noms d'*Opéras*, d'*Opéras-Comiques*, de *Théâtres-Lyriques*, de *Bouffes*, etc. aux théâtres où l'on joue les poèmes dramatiques en musique. On réserve le terme de *Grand-Opéra* à notre Académie nationale de musique. Presque toutes nos grandes villes ont leur Opéra. On cite particulièrement les scènes de Bordeaux, de Lyon, de Marseille, de Rouen, de Nantes, etc. Avant la construction du nouvel Opéra, notre Conservatoire national de musique déménageait constamment de salle en salle sans pouvoir se fixer en aucun lieu convenable. Le nouvel Opéra est le plus splendide monument que l'on ait jamais élevé en aucun temps et en aucun pays à l'art théâtral, dont l'opéra est la plus haute expression. Il fut commencé en 1861 et inauguré le 5 janvier 1875. Il a été construit, sur les plans de Charles Garnier, par André Violet; les peintures du foyer sont dues à Baudry; l'admirable plafond de la salle est de Lenepveu. Presque tous nos principaux sculpteurs ont prêté leur talent à la décoration de ce magnifique monument. Nous citerons: Carpeaux, Chapu, Guillaume, Falguières, Moreau, etc.

*OPÉRATEUR s. m. (lat. *operator*). Celui qui fait certaines opérations de chirurgie : *opérateur oculiste*. — Celui qui débite ses remèdes et qui vend ses drogues en place publique. On emploie, quelquefois, dans les deux sens, le féminin OPÉRATRICE.

    Voici l'opératrice aussitôt en besogne.
                      La Fontaine.

OPÉRATIF, IVE adj. Qui a rapport aux œuvres; qui est destiné à l'action.

* OPÉRATION s. f. (lat. *operatio*; de *operare*, agir). Action d'une puissance, d'une faculté qui agit, selon sa nature, pour produire un effet : *les opérations de Dieu.* — Dévotion : *l'opération du Saint-Esprit.* — Philos. LES OPÉRATIONS DE L'ESPRIT, DE L'ENTENDEMENT: *il y a trois opérations principales de l'entendement : la perception, la comparaison et le jugement.* — Particul. Action, effet d'un remède, d'une médecine : *la médecine commence à faire son opération.* (Peu us.) — Action méthodique de la main sur le corps de l'homme ou de l'animal, pour réunire qui est divisé, diviser ce qui est uni contre nature, extraire ce qui est étranger, couper, amputer, cautériser, etc. : *ce chirurgien a fait plusieurs belles opérations.* — OPÉRATIONS DE CHIMIE OU CHIMIQUES, tous les moyens particuliers employés pour faire réagir les corps, pour connaître leur nature, la proportion de leurs principes, leurs propriétés. — OPÉRATIONS D'ARITHMÉTIQUE, les supputations, les calculs qu'on fait par l'addition, la soustraction, la multiplication et la division : *multiplier un nombre par un autre, est une opération d'arithmétique.* — Guerre. Polit. Adm. Fin. Comm., etc. Desseins qui sont ou qui doivent être mis à exécution : *on a longtemps délibéré pour régler les opérations de la campagne prochaine; les opérations du commerce.* — Fam. et par iron. VOUS AVEZ FAIT LA UNE BELLE OPÉRATION, VOILA UNE BELLE OPÉRATION, vous n'avez rien fait qui vaille. — Typogr. Composition en plus petit caractère que le texte, formée de chiffres ou de mots disposés en colonne, et séparés par un blanc ou par des filets perpendiculaires.

* OPÉRATOIRE adj. Qui a rapport aux opérations chirurgicales : *médecine opératoire.*

OPERCULAIRE adj. Hist. nat. Qui remplit le rôle d'un opercule.

* OPERCULE s. m. (lat. *operculum*; de *operire*, couvrir). Hist. nat. Couvercle, pièces osseuses et mobiles qui ferment les ouïes d'un grand nombre de poissons; pièce testacée ou cartilagineuse, ou même membraneuse, qui ferme en tout ou en partie l'ouverture de quelques coquilles univalves. — Espèce de couvercle qui ferme l'urne des mousses et autres organes analogues, soit dans les animaux, soit dans les végétaux.

* OPERCULÉ, ÉE adj. Hist. nat. Muni d'un opercule : *coquillage operculé; l'urne des mousses est operculée.*

OPERCULIFORME adj. Qui a la forme d'un opercule.

* OPÉRER v. a. (lat. *operare*). Faire, produire quelque effet : *le général, en faisant attaquer sur ce point, opère une diversion utile à ses desseins.* — Absol Dans beaucoup de maladies, il faut laisser opérer la nature. — Prov. et par iron. IL A BIEN OPÉRÉ, il n'a

rien fait qui vaille. — Se dit particul. en parlant de l'effet que produit une médecine, un remède : *cette médecine a bien opéré.* — Se dit encore en parlant de quelques arts ou sciences qui demandent une certaine pratique, comme la chirurgie, la chimie, l'arithmétique : *ce chirurgien est habile, il opère parfaitement bien, je l'ai vu opérer de la main.* — ÊTRE OPÉRÉ, SE FAIRE OPÉRER, subir une opération : *il a été opéré par un habile chirurgien.* — S'opérer v. pr. Se produire : *un grand changement s'est opéré en lui.*

* OPÉRETTE s. f. (dimin. de *opéra*). Petit opéra-comique : *ce musicien n'est encore connu que par d'agréables opérettes.*

* OPES s. m. pl. Archit. Trous qui reçoivent les poutres, les solives, les chevrons, les boulins, etc. : *les métopes sont entre les opes de la frise dorique.* — ◊ (Voy. OPE.)

OPHÉLIE, personnage créé par Shakspeare dans sa tragédie d'*Hamlet.* C'est une des plus touchantes figures de femme mélancolique qu'ait dépeintes l'illustre écrivain.

OPHI ou Ophio (gr. *ophis*, serpent), préfixe qui entre dans la formation d'un certain nombre de mots.

* OPHICLÉIDE s. m. [o-fi-] (gr. *ophis*, serpent; *kleis*, clef). Serpent à clefs, instrument de basse dans la musique militaire. C'est le plus gros des instruments de l'espèce des trompettes; il comprend trois octaves. On en attribue l'invention au Français Frichot, fixé à Londres vers la fin du XVIII° siècle.

* OPHIDIEN, IENNE adj. (rad. gr. *ophis*, serpent). Zool. Qui ressemble à un serpent. — s. m. pl. Les OPHIDIENS, ordre de reptiles comprenant ceux qui sont privés de membres et qu'on désigne généralement sous le nom de SERPENT. (Voy. SERPENT.)

OPHIDOSAURIENS s. m. pl. (préf. *ophio*; fr. *saurien*). Groupe de reptiles comprenant les ophidiens et les sauriens.

OPHIOGÈNE adj. (préf. *ophio*; gr. *genos*, origine). Pathol. Qui est produit par la piqûre d'un serpent.

* OPHIOGLOSSE s. f. [o-fi-o-] (préf. *ophi*; gr. *glôssa*, langue). Bot. Genre de fougères, type des ophioglossées, comprenant une quinzaine d'espèces à sporanges soudés entre eux et formant un épi linéaire. L'espèce la plus répandue, l'*ophioglosse commune* (*ophioglossum vulgatum*), appelée aussi langue-de-serpent, est une petite fougère qui croît dans nos bois humides.

OPHIOGLOSSÉ, ÉE adj. Qui appartient ou ressemble au genre ophioglosse. — s. f. pl. Tribu de fougères ayant pour type le genre ophioglosse.

OPHIOGRAPHIE s. f. (préf. *ophio*; gr. *graphein*, décrire). Zool. Description des serpents.

OPHIOÏDE adj. (préf. *ophio*; gr. *eidos*, aspect). Icht. Qui a l'aspect d'un serpent.

OPHIOLÂTRE adj. (préf. *ophio*; gr. *latreuein*, adorer). Qui adore les serpents. — Substantiv. Adorateur de serpents.

OPHIOLÂTRIE s. f. Culte des serpents.

OPHIOLITE ou Ophiolithe s. f. ou s. m. (préf. *ophio*; gr. *lithos*, pierre). Minér. Roche talqueuse recouvrant du fer oxydulé.

OPHIOLOGIE s. f. Description des serpents.

OPHIOMANCIE s. f. (préf. *ophio*; gr. *manteia*, divination). Divination par le moyen des serpents.

OPHIOPHAGE s. et adj. (préf. *ophio*; gr. *phagein*, manger). Qui se nourrit de serpents.

OPHIR, région d'où la flotte de Salomon rapportait l'or et les pierres précieuses. On a voulu y voir tantôt la côte africaine de Zanzibar et de Mozambique, où il semble que des mines d'or et d'argent aient fait autrefois l'objet d'une exploitation considérable; tantôt l'Arabie méridionale, qui contient une ville nommée El-Ophir, jadis centre d'un commerce considérable; tantôt l'Inde, où se trouvent en abondance les marchandises citées comme venant de Tarsis et d'Ophir.

OPHISAURE s. m. [o-fi-sô-re] (préf. *ophi*; gr. *sauros*, lézard). Erpét. Genre de reptiles sauriens, comprenant une seule espèce qui se rapproche des ophidiens par la forme et l'aspect. La seule espèce connue, l'*ophisaure ventral* (*ophisaurus ventralis*, Daud.), du midi des Etats-Unis, ne présente aucun vestige

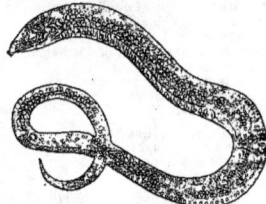

Ophisaure ventral (Ophisaurus ventralis).

extérieur de membres postérieurs. Il est long de 80 centim. à 1 m. 20; ses paupières sont mobiles; sa teinte générale est d'un vert jaunâtre. Il se nourrit d'insectes et de mollusques. La fragilité de sa queue lui a valu le nom de *glass snake* (serpent de verre).

OPHISURE s. m. [o-fi-zu-re] (préf. *ophi*; gr. *oura*, queue). Icht. Genre d'anguilliformes qui se distingue des anguilles proprement dites par l'absence de nageoire caudale, ce qui force les ophisures à nager à la manière des serpents. L'espèce type, appelée vulgairement *serpent de mer* (*ophisurus serpens*), se trouve dans la Méditerranée, où elle atteint 2 m. de long et la grosseur du bras. C'est un poisson très vif, brun en dessus, argenté en dessous, et dont la chair peu estimée.

* OPHITE s. m. Espèce de porphyre antique, ainsi nommé, parce qu'il rappelle, par son fond vert tacheté de blanc, la peau bigarrée des serpents. On dit aussi, DU MARBRE OPHITE; et alors *Ophite* est adjectif.

OPHITES s. m. pl. Voy. GNOSTIQUES.

OPHIURE adj. [o-fi-u-re] (préf. *ophi*; gr. *oura*, queue). Qui a la forme d'une queue de serpent. — s. m. Genre d'échinodermes, voisin des étoiles de mer et comprenant un grand nombre d'espèces chez lesquelles les cinq branches rayonnantes sont longues, minces, flexibles et serpentiformes, d'où leur nom; chez quelques-unes, les bras sont très fragiles. Leur nom vulgaire d'étoiles de sable est dû à l'habitude où sont ces animaux de se cacher dans le sable. Les ophiures ne rampent pas; ils rampent au moyen de leurs 5 rayons non branchus, qui ne servent pas à saisir leur nourriture. On trouve sur les côtes européennes l'*ophiure natté* (*ophiura texturata*), à rayons arrondis, lisses, tubulés; et l'*ophiure lézardelle* (*ophiura lacertata*), assez grand, roussâtre ou panaché d'orange et de brun.

OPHRYDE s. f. [o-fri-de] (gr. *ophrys*, sourcil, allusion à la forme arquée des sépales et

Ophioglosse. — 1. Plante entière. — 2. Partie de fronde — 3. Sporanges. — 4. Spores.

aux poils qui les garnissent dans certaines espèces). Bot. Genre d'orchidées, tribu des ophrydées, comprenant plusieurs espèces de plantes herbacées, dont les fleurs singulières présentent une curieuse ressemblance avec certains insectes (mouche, abeille, bourdon, etc.). Parmi les espèces qui appartiennent à la flore française, nous citerons l'*ophryde mouche* (ophrys myodes), à sépales verdâtres, à pétales bruns filiformes, à labelle trilobé, dont le lobe moyen est bilobé; l'*ophryde araignée* (ophrys aranifera), à labelle brun velouté; la coquette *ophryde abeille* (ophrys apifera), à fleurs groupées en épi lâche et terminal, à sépales roses, avec le labelle d'un brun ferrugineux, terminé par un appendice qui se recourbe en dessous; l'anthère est muni d'un bec imitant la tête d'un petit oiseau qui n'aurait pas encore les yeux ouverts; l'*ophryde bourdon* (ophrys arachnites), se distingue de la précédente par les appendices du labelle qui sont courbés en dessus; le bec de l'anthère est plus court. — Les plantes de ce genre et plusieurs autres de la même tribu atteignent une hauteur de 20 à 30 centim.; chaque plante possède deux tubercules ovoïdes. On trouve ces jolies orchidées dans les prairies, le long des haies, sur la lisière des bois. Essentiellement sauvages, elles réussissent mal dans nos jardins et se sont, jusqu'ici, montrées rebelles aux soins des horticulteurs.

OPHRYDÉ, ÉE adj. Bot. Qui ressemble ou qui se rapporte au genre ophryde. — s. f. pl. Tribu d'orchidées ayant pour type le genre ophrys.

* **OPHTALMIE** s. f. [of-tal-mî] (gr. *ophthalmos*, œil). Pathol. Inflammation du globe de l'œil, avec rougeur de la conjonctive, et quelquefois accompagnée de *chémosis* et de *ptérygion*; elle reçoit le nom de *blépharite*, quand l'inflammation se borne aux paupières. Elle affecte plusieurs formes: 1° OPHTALMIE AIGUE SIMPLE, sorte de catarrhe de l'œil, caractérisé par la rougeur, la chaleur et une cuisson qui se répand avec rapidité sur toute la conjonctive; il semble au malade que des grains de sable roulent dans son œil; il supporte difficilement la lumière; ses paupières restent fermées et quelquefois collées l'une à l'autre. Elle peut être causée par une action vive et prolongée de la lumière, par un vent froid ou chargé de poussière, des émanations acides, des contusions, l'abus des liqueurs fortes, une inflammation chronique de l'estomac ou des intestins, la suppression d'un écoulement habituel, d'un ulcère, d'une dartre, etc. On ordonne le repos et une diète plus ou moins sévère, selon l'intensité du mal; on met un bandeau sur l'œil malade, et on le baigne souvent dans une solution de borax (10 gr. de borax dans 1 litre d'eau). Lorsque la douleur est intense et profonde, avec retentissement dans la partie antérieure du cerveau, on l'apaise en faisant prendre un peu de chloral au malade, qui est de suite soulagé et qui recouvre aussitôt le sommeil: hydrate de chloral, 8 gr.; sirop de morphine, 120 gr.; deux cuillerées à bouche, au moins trois heures après le dîner. Lorsque l'œil reste très affaibli, à la suite de la maladie, on y verse, matin et soir, une goutte du collyre suivant: sulfate d'atropine, 5 milligr.; eau distillée, 4 gr. Se défier des huiles, des pommades et des émollients, qui causent souvent la fonte de l'œil. — 2° OPHTALMIE CHRONIQUE, celle dont la durée est plus longue que dans la forme aiguë, mais dont les symptômes inflammatoires sont moins prononcés. On a recours au bandeau, pendant la nuit, aux lavages fréquents à l'eau boratée et aux purgatifs. — 3° OPHTALMIE SPÉCIFIQUE, celle qui est liée à une diathèse scrofuleuse, arthritique, dartreuse, etc.; on la combat par les moyens antiscrofuleux, antiarthri-

tiques, antidartreux, etc., associés au traitement indiqué plus haut. — 4° OPHTALMIE PURULENTE, celle qui est caractérisée surtout par l'écoulement d'un liquide muco-purulent très âcre; dans cette affection, les paupières sont tuméfiées. C'est une maladie grave qui peut déterminer la fonte de l'œil. Elle comprend l'ophtalmie des nouveau-nés, qui atteint surtout les enfants mal soignés; l'*ophtalmie blennorrhagique*, qu'une mère infectée donne à l'enfant qu'elle porte dans son sein; l'*ophtalmie contagieuse*, qui se communique d'un œil à l'autre, du mari à la femme et successivement à tous les membres d'une famille; et l'*ophtalmie d'Égypte*, particulière aux déserts de l'Afrique et de l'Asie; ainsi nommée parce qu'elle fut connue en France à la suite de l'expédition de saint Louis en Égypte. Les ravages qu'elle fit motivèrent la création de l'hospice des *Quinze-Vingts*. Le traitement est à peu près le même que celui de l'ophtalmie aiguë simple. La cécité est très souvent la suite de l'*ophtalmie granuleuse*, qui est caractérisée par des granulations à l'intérieur de la paupière et sur la sclérotique, avec liséré rougeâtre à l'extérieur. La marche du mal est très rapide et il est utile d'employer sans retard des lotions froides d'une solution de nitrate d'argent à raison de 1 à 3 gr. par 30 gr. d'eau. Le refroidissement rend le mucus membraneux, blanc, opaque, et on l'enlève avec une éponge et un collyre astringent à la température tiède. En Algérie, l'ophtalmie granuleuse atteint, dans les écoles primaires, de 40 à 95 p. 100 des enfants. Elle se développe épidémiquement dans les armées, surtout dans les climats chauds. Il faut éviter que les mucosités des yeux malades puissent être communiquées à des yeux sains. A l'institut des jeunes aveugles, M. le Dr Clarisse a constaté que sur 128 garçons, 47 avaient perdu la vue par suite de l'ophtalmie purulente et que sur 80 filles, 48 sont devenues aveugles par la même cause.

* **OPHTALMIQUE** adj. Anat. et Méd. Qui a rapport ou qui appartient aux yeux; qui est propre aux maladies des yeux: *artère ophtalmique*.

* **OPHTALMOGRAPHIE** s. f. (gr. *ophthalmos*, œil; *graphein*, décrire). Partie de l'anatomie, qui traite de la composition de l'œil, et de l'usage des différentes parties dont il est composé.

OPHTALMOLOGIE s. f. Anat. Traité sur les yeux.

* **OPHTALMOSCOPE** s. m. (gr. *ophthalmos*, œil; *scopein*, regarder). Instrument qui sert à examiner l'intérieur de l'œil vivant: La lumière d'une bougie ou d'une petite lampe placée à côté de la tête du patient, se réfléchit dans l'œil à un angle déterminé au moyen d'un petit miroir concave. On distingue l'intérieur ainsi illuminé en le regardant par un petit trou percé au centre du miroir; en se servant de lentilles, on peut grossir la partie à examiner; des modifications apportées à cet appareil si simple, permettent de prendre des photographies de l'intérieur de l'œil.

OPHTHALMOTOMIE s. f. (gr. *ophthalmos*, œil; *tomé*, section). Chir. Dissection ou extraction de l'œil.

* **OPIACÉ, ÉE** adj. (rad. *opium*). Méd. Se dit des médicaments qui contiennent de l'opium. — Médicament contenant de l'opium et qui doit à cette substance ses propriétés narcotiques. On emploie les opiacés comme calmants, dans l'excitation générale, dans l'insomnie, dans les cas de vives souffrances, dans la diarrhée, la toux nerveuse, etc. Les principaux opiacés sont: l'opium, auquel ils doivent leur nom; la *morphine*, principe le plus actif de l'opium, employée surtout sous

forme de sels: acétate, sulfate, chlorhydrate de morphine, à la dose de 4 à 2 centigr.; en sirop, à la dose de 1 à 2 cuillerées; *les sels de morphine et de codéine* peuvent être administrés par la peau, sur un vésicatoire, ou sous l'épiderme par la seringue de Pravaz; le *laudanum de Sydenham* (5 à 15 gouttes par jour); le *laudanum de Rousseau* (3 à 6 gouttes par jour); le sirop *thébaïque*. (Voy. ce mot.)

OPIACER v. a. Mettre de l'opium dans: *opiacer une potion*.

OPIANINE s. f. Chim. Alcaloïde organique, extrait de l'opium d'Égypte.

OPIANIQUE adj. Chim. Se dit d'un acide organique produit par l'oxydation de la narcotine.

OPIANYLE s. m. (fr. *opium*; gr. *ulé*, matière). Chim. Substance cristalline, dérivée de la narcotine, assez soluble dans l'eau, dans l'alcool et dans l'éther: $C^{20}H^{10}O^5$.

* **OPIAT** s. m. [o-pi-att] (rad. *opium*). Méd. Électuaire d'une consistance un peu molle, et qui est composé de diverses substances: *de l'opiat purgatif*. Quelques-uns disaient, OPIATE, substantif fém. (Voy. ÉLECTUAIRE.) — Se dit aussi de certaines pâtes dont on se sert pour nettoyer les dents: *composer un opiat pour les dents*.

* **OPIATE** s. f. Voy. OPIAT.

OPIATIQUE adj. Qui se fait par l'opium.

OPIE. I. (John), peintre anglais, né en 1761, mort en 1807. Il pratiqua son art sans études préalables à Truro, et en 1781 il alla à Londres, où on le nomma la Merveille des Cornouailles. Une année s'était à peine écoulée qu'il avait fait les portraits de la plus haute noblesse; mais ses œuvres manquaient d'élégance et de délicatesse, et sa popularité tomba aussi vite qu'elle s'était élevée. Il s'appliqua alors à la peinture historique, et fit dans ce genre plusieurs toiles populaires. En 1806, il fut élu professeur de peinture à l'académie royale. Ses conférences ont été publiées en 1809. — II. (Amélia ALDERSON), sa seconde femme, écrivain, née en 1769, morte en 1833. Elle se maria en 1798. En 1825 elle entra dans la Société des Amis, et abandonna à peu près tous les travaux littéraires. Ses ouvrages comprennent: *Father and Daughter, Adeline Mowbray*, ou *Mother and Daughter, Simple Tales, Tales of Real Life, Illustrations of Lying*, et plusieurs autres volumes.

* **OPILATIF, IVE** adj. (rad. *opiler*). Méd. Qui a pour effet de boucher les passages, les conduits intérieurs du corps: *les viandes qui se digèrent difficilement sont opilatives*.

* **OPILATION** s. f. Méd. Obstruction: *il est malade d'une opilation de rate*.

* **OPILER** v. a. (lat. *oppilare*, obstruer). Méd. Boucher, obstruer les vaisseaux, les conduits intérieurs du corps: *ces viandes opilent la rate*.

* **OPIMES** adj. f. pl. (lat. *opimus*; de *ops*, richesse). Antiq. N'est usité que dans cette locution, DÉPOUILLES OPIMES, celles que remportait, chez les Romains, un général d'armée qui avait tué de sa main l'ennemi ennemi.

* **OPINANT** s. m. (rad. *opiner*). Celui qui opine dans une délibération: *le premier opinant*.

* **OPINER** v. n. (lat. *opinari*). Dire son avis dans une assemblée, dans une compagnie, sur un sujet qui a été mis en délibération: *quand on eut opiné sur cette affaire*. — Prov. et fig. OPINER DU BONNET, être de l'avis des autres, sans y rien ajouter ni en rien retrancher: *l'affaire était si claire, qu'après que le rapporteur eut dit son avis, tous les juges n'opinèrent que du bonnet*.

* **OPINIÂTRE** adj. (rad. *opinion*). Obstiné, entêté, qui est trop fortement attaché à son opinion, à sa volonté : *il est trop opiniâtre.* — Se dit aussi des choses où l'on met de la persévérance. de l'obstination, de l'acharnement : *le combat fut opiniâtre.* — UN MAL OPINIATRE, UNE FIÈVRE, UN RHUME OPINIATRE, etc., un mal, une fièvre, un rhume, etc., qui dure longtemps, qui résiste aux remèdes. — Substantiv. : *c'est un opiniâtre.*

* **OPINIÂTRÉMENT** adv. Avec opiniâtreté : *il soutient opiniâtrément cette erreur.* — Avec fermeté, avec constance : *il n'avait que cinq cents hommes avec lui, et il soutint opiniâtrément le combat contre deux mille hommes.*

* **OPINIÂTRER** v. a. Contredire, contrarier quelqu'un, de manière à le rendre opiniâtre : *n'opiniâtrez point cet enfant.* — Soutenir une chose avec obstination : *n'opiniâtrez point cela.* Il a vieilli dans ces deux acceptions. — S'opiniâtrer v. pr. S'obstiner fortement : *ne vous opiniâtrez point à cela.*

* **OPINIÂTRETÉ** s. f. Obstination forte, trop grand attachement à son opinion, à sa volonté : *grande, extrême, furieuse opiniâtreté.* — Fermeté, constance : *nos troupes lassèrent l'ennemi par l'opiniâtreté de leur défense.*

* **OPINION** s. f. (lat. *opinio*; de *opinari*, opiner). Avis, sentiment de celui qui opine sur quelque affaire mise en délibération : *aller aux opinions.* — Sentiment particulier qu'on se forme d'une chose en la considérant en soi-même : *les opinions sont libres.* — C'EST UNE AFFAIRE D'OPINION, c'est une chose sur laquelle chacun peut penser comme il lui plaît. — C'EST UNE OPINION, c'est une assertion qui n'est pas sûre. — UN MAL D'OPINION, un mal imaginaire. — L'OPINION PUBLIQUE, ou simpl., L'OPINION, ce que le public pense sur quelque chose, sur quelqu'un : *il respecte, il craint, il brave l'opinion publique.* En ce sens, on dit proverb., L'OPINION EST LA REINE DU MONDE. — Jugement, en bien ou en mal, qu'on porte d'une personne ou d'une chose : *il a bonne opinion de lui-même.* — Absol. AVOIR OPINION DE QUELQU'UN, DE QUELQUE CHOSE, en bien augurer: *je n'ai pas opinion du mérite, du succès de cet ouvrage.* — Foi. Croyance probable : *la démonstration engendre la science, et l'argument probable engendre l'opinion.* Cette acception a vieilli. — Polit. Parti, ensemble des personnes qui pensent de même sur le gouvernement : *il fut soutenu par l'opinion libérale.*

* **OPISTHODOME** s. m. (gr. *opisthos*, postérieur; *domos*, maison). Archit. anc. Partie postérieure d'un temple. Se disait particul. d'une chambre fermée où n'entrait pas le public et bâtie dans la partie postérieure d'un temple.

* **OPISTHOGRAPHE** adj. Paléog. Qui est écrit par derrière. — FEUILLET OPISTHOGRAPHE, feuillet écrit sur le recto et sur le verso.

* **OPIUM** s. m. [o-pi-omm] (gr. *opos*, jus végétal). Suc épaissi et concret des capsules de pavot blanc, qui a une qualité narcotique et soporative : *on lui a donné de l'opium.* — ENCYCL. L'opium est le jus épaissi des capsules de pavot blanc, *papaver somniferum*, et de ses variétés. Il est probable que c'est en Asie Mineure qu'on recueillit d'abord l'opium; peu à peu cette industrie se répandit dans d'autres pays; le commerce s'approvisionne aujourd'hui d'opium en Asie Mineure, en Perse, dans l'Inde, en Chine, et en Égypte; on a essayé de le récolter dans les différentes parties de l'Europe, en Algérie, en Australie, et dans plusieurs des états de l'Union américaine, y compris la Californie. La méthode de récolter l'opium, quoique essentiellement la même partout, varie dans ses détails avec les différents pays de production. Le pavot de l'opium est une plante annuelle qui exige

un sol riche, et l'époque où on le sème dépend de la nature du climat. En Asie Mineure, cette époque est novembre; mais les gros cultivateurs le sèment à intervalles, pendant trois mois, pour se préserver des pertes causées par les insectes, les orages, etc., aussi bien que pour éviter que tout n'arrive à maturité en même temps. Lorsque la terre est bien préparée, on jette la graine à la volée et on la recouvre à la herse; le champ est ensuite arrangé en plates-bandes de 10 pieds de large; les plants sont éclaircis et sarclés. Quelques jours après la chute des pétales, les jeunes capsules, qui ont alors environ 3 centim. de diamètre, sont scarifiées; ce qui se fait en coupant transversalement avec un couteau la capsule jusqu'à sa moitié. Cette scarification a lieu dans l'après-midi et le lendemain matin on enlève avec un couteau le jus demi sorti et on le place dans une feuille que l'on tient de la main gauche. Quand on a récolté de ce jus à demi séché une quantité suffisante pour former un gâteau, dont le poids varie entre quelques onces et deux livres ou davantage, on l'enveloppe dans des feuilles de pavot et on le met à l'ombre pour le faire sécher complètement. Le produit sous cet état est connu dans le commerce sous le nom d'opium de Smyrne ou de Turquie, et c'est celui qu'on estime le plus en Europe et en Amérique; il nous vient dans des boîtes d'étain hermétiquement soudées et enfermées dans des boîtes en bois; chaque boîte contient environ 140 livres d'opium en morceaux pesant d'une once à plusieurs livres. Cette espèce, lorsqu'elle est fraiche, est facilement malléable sous le doigt et se coupe sans difficulté au couteau. Dans l'Inde on suit un procédé un peu différent; le centre de la culture du pavot se trouve le long du Gange, sur une étendue de pays variant entre 900 kil. de long et 350 kil. de large environ. Là, outre le jus du pavot, on récolte aussi les pétales au moment où ils sont sur le point de tomber, et on en fait, au moyen de la chaleur, des tablettes, ou gâteaux, appelés feuilles. — La composition chimique de l'opium est remarquable. La morphine, alcaloïde le plus précieux de ses éléments, a été découverte par Sertüner, pharmacien à Einbeck (Hanovre), qui, en 1816, signala l'existence d'un alcali organique, ou, comme on dit aujourd'hui, d'un alcaloïde, dans l'opium. Auparavant, Derosne, de Paris (1803), avait tiré de l'opium les cristaux que l'on sait aujourd'hui être de la narcotine. La morphine contenue dans les morceaux d'opium brut varie de 1 à 15 p. 100. Le bon opium a une odeur narcotique très caractéristique, et très désagréable pour presque tout le monde. Sa couleur est d'un brun ou d'un fauve rougeâtre et son tissu compact. L'opium est principalement usité en médecine sous forme de préparations liquides, dont voici les plus importantes :

	Milligr.		Milligr.
Teinture d'opium, ou laudanum.....	13	=	65 opium.
Élixir ou teinture sans odeur......	11	=	—
Vin d'opium............	8	=	—
Vinaigre d'opium ou goutte noire....	6 1/2	=	—
Teinture camphrée d'opium ou élixir. parégorique..........	272	=	—

Sydenham disait que l'opium est un des plus grands présents que Dieu ait faits aux hommes, et que sans les opiacés, la médecine serait impossible. L'opium est le médicament le plus complexe que nous connaissions. Parmi les éléments qu'il contient, on n'a pas trouvé moins de douze alcaloïdes distincts et deux acides organiques caractéristiques, sans compter une substance volatile odorante et beaucoup d'autres de moindre importance. Il communique ses vertus à l'eau, à l'alcool, aux acides dilués, mais non à l'éther. L'alcool dilué peut dissoudre les deux tiers de son volume d'opium.

L'eau en dissout environ la moitié de son volume, mais elle ne se charge pas des matières résineuses et odorantes si abondantes dans cette drogue. — La morphine ($C^{17}H^{19}$ $NO^3 + H^2O = 303$) est la plus considérable et de beaucoup le plus important des ingrédients qui entrent dans la composition de l'opium. Elle forme, avec les acides, des sels solubles dans l'eau. Le sulfate de morphine, très employé en Amérique, se présente sous forme de beaux cristaux blancs, ténus, semblables à des plumes, solubles dans deux parties d'eau froide et plus soluble dans l'eau bouillante; 8 milligr. équivalent à 65 milligr. d'opium en poudre. En Angleterre on emploie surtout le muriate. L'acétate est d'un grand usage en France. La narcotine, autre alcaloïde, forme avec les acides des sels très amers; mais, par elle-même, elle est insipide. Elle existe presque toute entière à l'état libre dans l'opium. — L'action physiologique et thérapeutique de l'opium est représentée, avec des différences sans importance, par celle de la morphine. Une petite dose produit d'abord une légère excitation mentale, ordinairement tranquille et tenant du rêve, avec peu de manifestations extérieures. Le pouls est un peu accéléré et la température légèrement élevée. Cet état de tranquillité et de bien-être peut durer plusieurs heures; mais tôt ou tard il se transforme en un sommeil calme, qui sera probablement de peu de durée pendant le jour, mais qui, la nuit, peut se prolonger comme le sommeil ordinaire. Un peu de mal de tête, quelques nausées et de la lassitude peuvent suivre le réveil : mais ces phénomènes varient beaucoup suivant la dose et le sujet. Les sécrétions, excepté celles de la peau, sont diminuées. Les femmes sont un peu plus sujettes que les hommes à éprouver des effets subséquents désagréables, et les personnes nerveuses et excitables, plus que celles qui ont le tempérament indolent. A mesure que la dose s'accroît, le sommeil devient plus lourd ou dégénère en coma; le pouls et la respiration deviennent lents, le visage est pâle ou livide; la peau se couvre d'une sueur froide et la pupille se contracte. Le sujet peut sortir de cet état; ou, si la respiration devient insuffisante et l'aération du sang moins parfaite, la mort s'en suit. De violents stimulants peuvent arracher, pour quelques moments, une personne à l'état qu'on vient de décrire; mais au malade qu'on aura plongé dans l'insensibilité dès qu'elle sera laissée à elle-même. S'il y a souffrance, cette souffrance disparaît ou diminue sous l'influence du médicament; et la dose peut enêtre augmentée presque en proportion directe de la rigueur du mal. Mais il n'est nullement nécessaire, pour soulager la souffrance, de mettre dans tous les cas dans l'état d'insensibilité. Une névralgie violente ou une douleur spasmodique disparaîtra souvent tout à fait avec une dose qui ne procure au malade qu'une simple excitation, ou qui même ne fait que lui rendre son état normal de bien-être et de gaieté. La dose ordinaire pour commencer l'usage de la morphine est de 8 à 15 milligr., bien que des doses plus petites ne soient nullement sans effet, et qu'on en administre souvent de plus grandes dans des cas de fortes douleurs. Le traitement de l'empoisonnement par l'opium consiste à évacuer l'estomac; à faire usage de café fort; à appliquer de puissants irritants, tels que la flagellation, la douche froide, la batterie galvanique, et, parfois, de petites doses d'atropine ou de teinture de belladone. Il ne faut pas laisser le malade s'endormir. Dans les doses thérapeutiques, l'opium diffère de la morphine en ce qu'il est plus susceptible de produire le mal de tête, la nausée et la constipation. Pratiquement, leur action toxique est identique. Les usages thérapeutiques de la morphine et de l'opium sont de soulager la douleur, de donner le sommeil, de calmer les spasmes, d'arrêter les excès de sécrétion, et, donnés à petites doses, d'agir comme stimulants dans diverses conditions morbides. L'opium peut s'administrer par la bouche ou par le rectum; en outre, la morphine peut s'administrer par application sous une surface vésiquée, ou, plus commodément et plus efficacement, par injection dans les tissus sous-cutanés, au moyen d'une petite seringue attachée à une aiguille perforée, appelée seringue hypodermique ou sous-cutanée. — L'usage de l'opium comme stimulant habituel, produisant un bien-être exhilarant et des rêveries ou des songes agréables, est très répandu dans plusieurs pays. Ses mauvais effets sont surtout manifestes sur les systèmes nerveux et digestif. Parmi les symptômes, on peut mentionner la perte de l'appétit, les vomissements, les douleurs d'estomac, une constipation obstinée alternant avec la diarrhée, l'émaciation, la perte de la force, une démarche chancelante, des douleurs dans les membres, une paresse intellectuelle, des hallucinations et un état ressemblant à celui du delirium tremens. La quantité que les mangeurs d'opium s'habituent à prendre est énorme et dépasse souvent 5 grammes d'opium ou 850 milligr. de morphine. L'usage de l'opium fumé ou mâché, dans le but de produire une sorte d'intoxication, existe en Orient depuis des siècles; mais on ne croit pas que les Chinois aient fumé beaucoup d'opium avant le milieu du XVII° siècle, et cette pratique fut énergiquement combattue par le gouvernement. On fume l'opium à l'état d'extrait doux; on place une petite pilule, de la grosseur d'un pois, dans une pipe; on l'allume et on l'aspire d'une seule bouffée. Le premier effet est de produire un bavardage plein de volubilité et de faire rire pour un rien le fumeur; mais bientôt ses traits se tirent, il pâlit et il tombe dans un profond sommeil qui dure plusieurs heures. — Le plus célèbre ouvrage sur les effets de l'usage habituel de l'opium est *Confessions of an English opium Eater*, par de Quincey (1822). Voyez aussi : *The opium Habit*, par Horace Day, que Fitz Hugh Ludlow a réimprimé dans ses *Outlines of opium Cure* (New-York, 1868), et *Opium and the opium appetite*, par A. Calkins (Philadelphie, 1870).

OPLITE s. m. Soldat pesamment armé chez les anciens Grecs. — L'Académie écrit HOPLITE.

* **OPLOMACHIE** s. f. (gr. *oplos*, gladiateur; *maké*, combat). Antiq. Escr. Combat de gladiateurs armés d'épées ou de poignards.

OPOBALSAMUM s. m. [o-po-bal-za-momm] (gr. *opos*, suc; *balsamon*, baumier). Pharm. Baume de la Mecque.

OPOCALPASUM s. m. [-pa-zomm]. Sorte de gomme résine semblable à la myrrhe.

OPODELDOCH s. m. [-dok] (gr. *opos*, jus). Ne s'emploie que dans l'expression : BAUME OPODELDOCH, baume pharmaceutique, employé en frictions contre les rhumatismes chroniques, le lumbago et la goutte. Il se compose de : savon blanc, 15; camphre, 12; ammoniaque, 4; huile volatile de romarin, 3; huile de thym, 1; alcool, 125. Ce liniment fut inventé par l'alchimiste Paracelse.

OPONTIEN s. et adj. D'Oponte; qui appartient à cette ville ou à ses habitants.

OPONTE, anc. *Atalanti* ou *Bodonitza*, ville des anciens Locriens. Patrie de Patrocle.

OPOPONAX s. m. [-nakss] (gr. *opos*, suc). Bot. Genre d'ombellifères, voisin des panais et comprenant plusieurs espèces de plantes qui croissent dans l'Europe australe. L'*opoponax chironium* produit, par des incisions faites au collet de la racine un suc gommo-résineux qui nous vient surtout du Levant, tantôt en

larmes de couleur orangée, tantôt en masses jaunâtres à l'extérieur, blanchâtres à l'intérieur. Ce suc entre dans la composition de la thériaque.

OPORIN (Jean), savant qui se fit imprimeur à Bâle par goût pour les lettres, né à Bâle en 4507, mort en 1568. Il changea son nom de famille, *Herbst* (automne, en allemand), pour celui d'*Oporinos*, qui a la même signification en grec. Il a donné de bonnes éditions d'auteurs classiques, et des *Notes* estimées sur Solin, Pline et Plutarque.

OPORTO ou **Porto** (port. *O Porto*, le port), ville du Mincio (Portugal), sur le Douro, à environ 5 kil. de la mer, et à 260 kil. N.-E. de Lisbonne; environ 90,000 hab., y compris les six faubourgs. C'est le marché le plus important du Portugal. Elle est bâtie en partie sur un terrain uni, le long du fleuve, et en partie sur les flancs et les sommets de deux collines. Les maisons sont généralement bien construites et blanchies à la chaux. Elle possède une bibliothèque de 80,000 volumes, un hôtel des monnaies, un collège de médecine, et une académie de navigation et de commerce. La barre du Douro empêche l'entrée des vaisseaux de plus de 500 tonneaux, et est fameuse pour les désastres qu'elle cause. On travaille

cependant à améliorer les conditions de la navigation. Les importations, découragées par un tarif élevé, ne dépassent pas annuellement 4,000,000 fr. Les exportations consistent surtout en vins de Porto, mais elles embrassent aussi le bétail, les fruits, le sumac, l'huile, le sel, le cuir, le liège, etc. Leur valeur annuelle totale monte à 45,000,000. — Le lieu où s'élève Oporto s'appela autrefois Cale, puis Portus Cale, d'où le nom du pays, Portugal. Oporto servit alternativement de principale résidence à don Miguel et à don Pedro pendant leurs luttes de 1828 à 1833.

* **OPOSSUM** s. m. [o-po-somm]. Nom scientifique du genre sarigue. — Nom particulier d'une espèce de sarigue. — Les opossums ne se trouvent qu'en Amérique, depuis les états du centre jusqu'à Buenos-Ayres au S., et, à quelques exceptions près, jusqu'à l'E. des Andes. Quelques-uns sont aussi gros qu'un chat domestique, mais la plupart ne dépassent pas la taille du rat. On les divise en deux branches, d'après la présence ou l'absence de la poche. Parmi ceux qui ont une poche bien développée se trouve l'*opossum commun* (*didelphis Virginiana*, Shaw), long d'environ 50 centim. sans compter la queue qui a 40 centim., poils longs, doux et laineux, blanchâtres à la racine et brunâtres au sommet, ce qui donne à l'animal une couleur sombre.

L'opossum sort quelquefois le jour; mais il préfère généralement rôder, par les nuits brillantes et tranquilles, autour des plantations, des champs de riz et des lieux bas et marécageux. Il va seul d'ordinaire, excepté quand il a des petits. Il fait sa nourriture de

Opossum (Didelphis Virginiana).

blé, de noix, de baies, de racines, de jeunes pousses, d'insectes, de petits oiseaux et d'œufs, de souris et d'autres petits quadrupèdes. Quelquefois il tue les volailles et en suce le

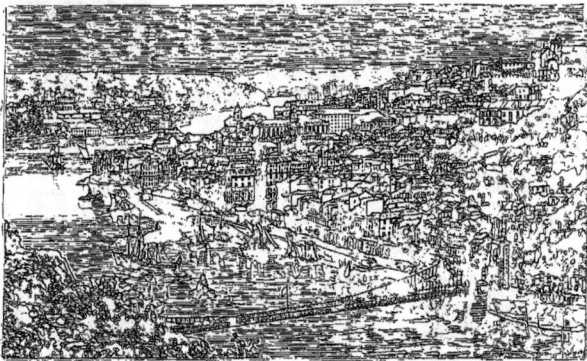

Oporto.

sang, mais sans en manger la chair. Il est très habile à grimper à la recherche de sa proie, se suspendant par la queue, et se lançant ainsi d'un arbre à l'autre. Puis, il fait le mort et quelquefois il supporte les plus mauvais traitements sans manifester aucun signe de vie, mais guettant toujours l'occasion de mordre ou de fuir, de là l'expression américaine « faire l'opossum », *playing'possum*. Il a la vie très tenace. Sa chair est mangeable; sa peau est fétide. Les Indiens teignent son poil et le tissent pour en faire des ceintures et d'autres ornements. Pris jeune, l'opossum s'apprivoise aisément. Il est très prolifique, ayant des portées de 12 à 16 petits. La période de gestation est de 15 à 16 jours; à leur naissance, les petits sont longs d'environ 1 centim., aveugles et nus; la mère les met avec sa gueule dans sa poche qu'elle tient ouverte avec les pattes de devant; et chacun d'eux s'attache fortement à une mamelle. A cinq semaines, lorsqu'ils ont la taille d'une souris, ils laissent la poche, et n'y reviennent que pour teter ou à l'approche du danger; ils restent avec la mère environ deux mois; celle-ci aime beaucoup; elle les emporte avec elle, leurs queues entrelacées à la sienne, ou grimpés sur différentes parties de son corps. Les femelles sont fécondes à un an. Cette espèce se trouve depuis la rivière Hudson jusqu'au delà du Missouri. — Chez les opossums qui n'ont qu'une poche rudimentaire, ou qui en manquent totalement, la taille est plus petite, et les jeunes sont surtout portés sur le dos de la mère, où ils se tiennent en enroulant leurs queues à la sienne.

OPPELN [op'-pelln], ville de la Silésie prussienne, sur l'Oder, à 80 kil. S.-E. de Breslau; 43,000 hab. Commerce actif de vins, bestiaux et minéraux; fabriques de toile, de rubans, de cuir et de poterie. Après l'extinction de la ligne des ducs de la Haute-Silésie de la maison de Piast (1532), qui avaient jusque là possédé la principauté d'Oppeln, elle a été annexée à l'empire, et plus tard à la Prusse.

OPPENHEIM [op'-pènn-haïmm], ville du grand-duché de Hesse, sur le Rhin, à 46 kil. S.-E. de Mayence; 3,000 hab. environ. C'était une ville forte importante avant d'avoir été dévastée par les Français en 1689. L'église protestante de Sainte-Catherine, célèbre pour ses fenêtres à vitraux, est presque toute en ruines.

OPPIEN, poète grec, né en Cilicie; florissait vers 480. Il a écrit un poème sur la pêche en 3,500 vers, intitulé *Halieutica*. Le poème *Cynegetica* sur la chasse, a été probablement composé par un autre écrivain du même nom. La meilleure édition des œuvres d'Oppien est celle de Schneider (Strasbourg, 1776, in-8°). Les *Halieutiques* ont été traduites en français par Limes (1817) et les *Cynégétiques* par Belin de Ballu (1786).

*** OPPORTUN, UNE** adj. (lat. *opportunus*). Qui est à propos, selon le temps et le lieu : *dans un temps plus opportun.*

> Il trouve d'un coup d'œil le moment opportun.
> Ponsard. *Charlotte Corday*, acte III, sc. 1re.

OPPORTUNE (Sainte), abbesse du monastère de Montreuil, près de Séez (Orne), morte en 770. Fête le 22 avril.

*** OPPORTUNÉMENT** adv. D'une manière opportune.

OPPORTUNISME s. m. Polit. Système qui consiste à appliquer les principes dans toute leur rigueur qu'en tenant compte des circonstances et de l'opinion des partis. Le mot, employé pour la première fois lors du concile du Vatican, par Louis Veuillot, pour qualifier la conduite des adversaires de la promulgation de l'infaillibilité papale, a été introduit dans la politique en 1875, époque où le vote de la Constitution amena les radicaux, dont Gambetta était le chef, une division profonde; les uns admettant, avec leur leader, la *politique des résultats* et les autres (*instransigeants*) ne voulant abandonner aucun point du programme de 1869.

OPPORTUNISTE adj. Qui concerne l'opportunisme. — s. Partisan de l'opportunisme.

*** OPPORTUNITÉ** s. f. Qualité de ce qui est opportun : *opportunité de la circonstance.* — Absol. Occasion propre, favorable : *il a su se prévaloir de l'opportunité.*

*** OPPOSABLE** adj. (rad. *opposer*). Qui peut être mis en face, vis-à-vis. S'emploie surtout dans cette expression anatomique : *Pouce opposable.* — Fig. CET ARGUMENT NE M'EST PAS OPPOSABLE, cet argument ne peut être opposé.

*** OPPOSANT, ANTE** adj. Jurispr. Qui s'oppose suivant les formes judiciaires à une sentence, à un arrêt, à un payement, à une vente, etc. : *il s'est rendu opposant à l'exécution de cet arrêt.* — s. *Il y a un nouvel opposant.* — S'emploie aussi dans le langage ordinaire, tant adjectiv. que substantiv. et se dit de quiconque s'oppose à une mesure, combat une opinion, etc. : *le parti opposant; minorité opposante.* — Anat. Qui met en opposition, en face : *muscle opposant.* S'emploie substantiv. en ce sens : *l'opposant du petit doigt.*

*** OPPOSÉ, ÉE** part. passé de OPPOSER. — adj. Contraire, de différente nature. Se dit des caractères, des esprits, des humeurs, des intérêts, etc : *ce sont deux humeurs directement opposées.* — Dialect. Se dit de même d'un terme relatif ou contraire à un autre terme. Ainsi le mot de FILS, qui est relatif, est opposé à celui de PÈRE; et le terme de CHAUD est opposé à celui de FROID, qui est son contraire. — Dans le même langage : *tous les contraires sont opposés, mais tous les opposés ne sont pas contraires.* Dans le second membre de cette phrase, OPPOSÉ est employé substantiv. — Substantiv CETTE PROPOSITION EST L'OPPOSÉ DE TELLE AUTRE, EN EST JUSTEMENT L'OPPOSÉ, elle lui est directement contraire. CETTE PERSONNE EST TOUT L'OPPOSÉ DE TELLE AUTRE, elle est d'un caractère tout différent : *ce fils est tout l'opposé de son père.*

*** OPPOSER** v. a. (lat. *opponere*). Placer une chose de manière qu'elle fasse obstacle à une autre : *opposer une digue à l'impétuosité de la mer.* — Se dit aussi en parlant des personnes : *On leur opposa des troupes fraîches.* — Se dit, fig., en parlant des choses et des personnes dont on se sert pour résister à d'autres, pour les combattre, pour les vaincre : *vous mettrez en avant que... mais à cela j'oppose que...* — Mettre une chose vis-à-vis d'une autre, ou en placer plusieurs de manière à faire contraste : *opposer une porte feinte à la porte d'entrée, un trumeau à une cheminée.* — Mettre en comparaison, en parallèle : *quel orateur avons-nous qu'on puisse opposer à Cicéron, à Démosthène?* — S'opposer v. p. Etre contraire, se mettre en travers : *il s'est toujours opposé à mes desseins.* — Jurispr. Déclarer suivant les formes judiciaires qu'on met empêchement à l'exécution de quelque acte, de quelque arrêt, de quelque formalité de justice : *s'opposer à l'exécution d'un arrêt.*

*** OPPOSITE** s. Ce mot, qui signifie opposé, et qui est originairement adj., ne s'emploie plus que substantiv., et il est peu usité : *ce caractère est l'opposite, tout l'opposite de l'autre.* — A l'opposite loc. prépost. et adv. Vis-à-vis : *leurs maisons sont situées à l'opposite l'une de l'autre.*

OPPOSITIF, IVE adj. Qui a le caractère de l'opposition.

*** OPPOSITION** s. f. [o-po-zi-si-on]. Empêchement, obstacle qu'une personne met à quelque chose : *je n'y apporterai, je n'y mettrai aucune opposition.* — Jurispr. Particul. Action de se rendre opposant : *faire opposition à un scellé, à un inventaire, à une vente.* (Voy. SAISIE et TIERS.) — Contrariété, différence considérable dans la manière d'être, de sentir, de penser, d'agir de deux ou de plusieurs personnes : *il y a toujours eu de l'opposition entre eux.* — Se dit même en parlant des choses : *il y a une grande opposition entre ces deux systèmes, entre ces deux méthodes.* — LE PARTI DE L'OPPOSITION, ou simplement, L'OPPOSITION, la partie d'une assemblée législative qui contrarie habituellement et s'efforce de balancer l'opinion de la partie dominante : *l'opposition l'emporta, fut la plus forte.* Se dit, par ext., du parti qui s'attache à la minorité opposante d'une assemblée, et qui professe les mêmes opinions qu'elle : *écrivain, journaliste de l'opposition.* On dit de même, JOURNAL, ÉCRIT DE L'OPPOSITION. — Rhét. Figure par laquelle on réunit deux idées qui paraissent contradictoires, comme dans ces expressions : *une folle sagesse; un avare fastueux.* — Astron. Aspect d'un corps céleste qui est à cent quatre-vingts degrés d'un autre : *les éclipses de lune ont lieu quand la lune est en opposition avec le soleil.* — Législ. « L'opposition s'applique, en droit civil, à un grand nombre d'actes, et les formes à suivre varient selon la nature de l'acte auquel on s'oppose. On peut faire opposition à un mariage, à un jugement

rendu par défaut, à un partage, à une vente, etc. Lorsqu'une *opposition à un mariage* a été faite dans les formes légales, par certaines personnes et par exploit d'huissier, entre les mains des parties elles-mêmes et de l'officier de l'état civil, celui-ci ne peut, à peine d'une amende de 300 fr. et de dommages-intérêts s'il y a lieu, procéder au mariage avant que la mainlevée de l'opposition ait été donnée par l'opposant ou prononcée par le tribunal de première instance. L'original et la copie de l'opposition doivent être signés par les opposants ou par leurs fondés de pouvoirs. La loi accorde le droit de faire opposition au mariage, savoir : 1° au conjoint de l'un des futurs; 2° au père de l'un d'eux; si le père est décédé ou incapable, à la mère; à défaut de père et de mère, aux aïeuls de l'une et de l'autre ligne; à défaut d'aïeul dans une ligne, à l'aïeule; à défaut d'aïeul et d'aïeule, aux autres ascendants; 3° à défaut d'aucun ascendant, aux frères, sœurs, oncles, tantes, cousins et cousines germains, mais seulement en cas de démence du futur époux, ou lorsqu'un mineur n'ayant pas d'ascendants se marie sans que le conseil de famille ait donné son consentement; 4° au tuteur ou au curateur autorisé spécialement par le conseil de famille, mais seulement aussi lorsqu'il n'existe aucun ascendant, et dans les deux seuls cas où l'opposition est permise aux collatéraux; 5° suivant quelques auteurs, au procureur de la République, dans les cas qui intéressent l'ordre public ou la morale (C. civ. 66 et s, 172 et s.). — L'*opposition à un jugement par défaut* est un recours particulier par lequel la partie défaillante demande au tribunal de rapporter sa décision; elle doit être faite, dans un certain délai qui court de la signification du jugement. Ce délai est de trois jours pour les jugements rendus par les juges de paix; de cinq jours, pour les jugements des tribunaux correctionnels et pour les arrêts rendus sur l'appel de ces jugements; et de huitaine pour les jugements des tribunaux de première instance, pour ceux des tribunaux de commerce ou pour les arrêts des cours d'appel en matière civile ou de commerce. Lorsqu'un jugement par défaut a été rendu contre une partie qui n'avait pas constitué avoué, l'opposition est recevable jusqu'à l'exécution du jugement (C. proc. 20, 157, 436; C. inst. crim. 187, 208). Elle est faite alors par un acte extra-judiciaire ou par déclaration sur les commandements ou autres actes d'exécution du jugement; mais elle doit être réitérée dans la huitaine par requête, avec constitution d'avoué. L'opposition suspend l'exécution du jugement, à moins qu'il n'ait été déclaré exécutoire par provision, et elle met les parties en l'état où elles étaient avant le jugement. — On nomme *tierce opposition* une voie extraordinaire accordée à celui qui, n'ayant pas été partie dans une instance, veut faire réformer le jugement par lequel il se trouve lésé. La tierce opposition doit être formée devant le tribunal qui a rendu le jugement, à moins qu'elle ne soit portée incidemment devant un autre tribunal égal ou supérieur au premier, et qui se trouve saisi de la contestation relative à l'exécution. Le tiers opposant dont l'opposition est rejetée est condamné à une amende de 50 fr., sans préjudice des dommages-intérêts qui peuvent être réclamés (C. proc. 474 et s.). L'opposition à un paiement faite entre les mains du débiteur prend le nom de *saisie-arrêt.* (Voy. SAISIE.) » (CH. Y.)

*** OPPRESSER** v. a. Presser fortement. Se dit en parlant de certaines affections corporelles, dans lesquelles il semble qu'on ait une espèce de poids sur l'estomac, sur la poitrine, etc. : *je sens quelque chose qui m'oppresse, et qui m'ôte la respiration.* — Se dit aussi des affections morales qui produisent le même effet; *il est oppressé par un violent chagrin.*

* **OPPRESSEUR** s. m. Celui qui opprime : *il fut l'oppresseur du peuple.* — Adjectiv. *Un pouvoir oppresseur.*

* **OPPRESSIF, IVE** adj. Qui tend à opprimer, qui sert à opprimer : *système oppressif.*

* **OPPRESSION** s. f. État de ce qui est oppressé : *oppression de poitrine.* — Action d'opprimer, et état de ce qui est opprimé : *jamais on ne poussa l'oppression plus loin; le peuple est las de l'oppression.*

OPPRESSIVEMENT adv. D'une manière oppressive.

* **OPPRIMÉ, ÉE** part. passé de OPPRIMER. — substantiv. *Il prend toujours la défense des opprimés*

* **OPPRIMER** v. a. (lat. *opprimere*). Accabler par violence, par autorité : *les puissants oppriment trop souvent les faibles.* — Absol. *Malheur à ceux qui oppriment!*

* **OPPROBRE** s. m. (lat. *opprobrium*). Ignominie, honte, affront : *souffrir, endurer un opprobre.* — ÊTRE L'OPPROBRE DE SA FAMILLE, DE SA NATION, DU GENRE HUMAIN, faire honte à sa famille, à sa nation, au genre humain.

OPS, Myth. Déesse de la fécondité chez les Latins.

OPSOLO, faubourg de Christiania, qui fut, pendant longtemps, la capitale du royaume de Norvège.

OPTAT (Saint), *Optatus*, évêque de Milève en Numidie, dans le IVᵉ siècle. Il est surtout connu par ce qu'en dit saint Augustin et par sa lutte contre les donatistes. Fête le 4 juin.

* **OPTATIF, IVE** adj. (rad. *opter*). Qui exprime le souhait : *formule optative.* — Gramm. MODE OPTATIF, ou simpl. et plus ordinairement, OPTATIF, mode qui, dans certaines langues, sert à exprimer le souhait, et qui est image du subjonctif : *l'optatif manque à notre langue, et nous exprimons le souhait par le subjonctif.*

OPTATION s. f. [op-ta-si-on] (lat. *optatio*). Souhait, désir, sollicitation. — Rhét. Figure qui consiste à exprimer un souhait sous forme d'imprécation.

* **OPTER** v. n. (lat. *optare*). Choisir entre deux ou plusieurs choses qu'on ne peut avoir ensemble, entre deux ou plusieurs partis pour l'un desquels il faut se déterminer : *il a opté pour celle de ces deux places qui lui était la plus avantageuse.*

* **OPTICIEN** s. m. rad. *optique*. Celui qui sait, qui enseigne l'optique, qui est versé dans l'optique : *habile opticien.* — Celui qui fait, qui vend des instruments d'optique : *cet opticien m'a fait un excellent télescope.*

OPTICOGRAPHIE s. f. (fr. *optique*; gr. *graphein*, écrire). Traité sur l'optique.

OPTICOMÈTRE s. m. (fr. *optique*; gr. *métron*, mesure). Phys. Instrument qui permet de mesurer l'étendue de la vue de chaque personne et de déterminer le choix des verres de lunettes qui lui conviennent.

OPTIMATE s. m. (rad. lat. *optimus*, le meilleur). Hist. anc. Citoyen important d'une ville.

* **OPTIME** [op-ti-mé]. Mot latin qui signifie *Très bien*, et qu'on emploie quelquefois en français, pour marquer son approbation de ce qu'une personne a dit ou a fait. (Fam.)

* **OPTIMISME** s. m. Didact. Système des philosophes qui soutiennent que tout ce qui existe est le mieux possible. — Certaine disposition à voir les choses en beau, à ne pas s'inquiéter des embarras présents et à bien augurer de l'avenir.

* **OPTIMISTE** s. et adj. Celui ou celle qui admet l'optimisme : *Leibnitz était optimiste.* — Se dit, par ext., de quiconque, sans avoir fait de l'optimisme un système, est disposé

naturellement à croire que tout est bien, que tout va bien, à être content de tout.

OPTIMITÉ s. f. (rad. lat. *optimus*, très bon). Excellence, bien absolu.

* **OPTION** s. f. [op-si-on] (lat. *optio; de optare*, choisir). Pouvoir, faculté, action d'opter : *je laisse cela à votre option.* — Jurispr. DROIT D'OPTION, faculté de choisir entre plusieurs objets qui a été réservée dans un contrat. Se dit également de la faculté que possède la femme d'accepter la communauté après la dissolution du mariage, ou d'y renoncer. — Législ. « Le droit d'option entre plusieurs qualités ou entre plusieurs partis à prendre peut résulter des termes d'un contrat ou de la loi elle-même. Ainsi, l'héritier majeur et maître de ses droits peut opter entre l'acceptation pure et simple de la succession qui lui est échue, l'acceptation sous bénéfice d'inventaire, et la renonciation. La femme commune en biens, devenue veuve, divorcée ou séparée de biens, a le même droit à l'égard de la communauté. Tout individu, né en France d'un étranger, peut, dans l'année qui suit sa majorité, réclamer la qualité de Français. Ce droit d'option appartient, pendant le même temps, aux enfants de l'étranger naturalisé, si ces enfants étaient mineurs au moment de la naturalisation de leur père; mais s'ils sont majeurs à ce moment, ils doivent opter dans l'année qui suit cette naturalisation (C. civ. 9; L. 14 fév. 1882). A la suite de l'annexion à l'Allemagne des départements français du Haut-Rhin, du Bas-Rhin et de la Moselle, les habitants des pays annexés eurent, à certaines conditions déterminées par le traité de Francfort (10 mai 1871), le droit d'option entre la nationalité française et la nationalité allemande. » (CH. Y.)

* **OPTIQUE** adj. (rad. gr. *ops, opos, œil*). Qui sert à la vue, qui a rapport à la vision : *le nerf optique paraît avoir été découvert au XVIᵉ siècle par N Varole.*

* **OPTIQUE** s. f. (rad. gr. *ops, opos, œil*). Partie de la physique qui traite de la lumière et des lois de la vision : *l'optique comprend la dioptrique, la catoptrique et la perspective.* — Perspective, aspect des objets vus dans l'éloignement : *les illusions de l'optique.* — OPTIQUE DU THÉÂTRE, se dit quelquef., fig., en parlant des ouvrages dramatiques : *l'optique du théâtre exige que les caractères soient peints à grands traits.* — Espèce de boîte dans laquelle on regarde, à travers une grosse lentille; estampes enluminées qui, placées horizontalement au fond de la boîte, sont représentées comme perpendiculaires par un miroir incliné à quarante-cinq degrés : *acheter une optique.* — ENCYCL. L'optique est la science qui traite de la nature de la lumière et des lois des phénomènes de lumière et de vision. Le présent article nous étant consacré aux lois de la réflexion (catoptrique) et à celles de la réfraction simple (dioptrique). Ces deux divisions forment une grande partie de l'optique géométrique ou positive, qui, sans s'occuper d'aucune théorie, observe et généralise les phénomènes réels de la lumière et s'assure des lois des changements produits dans les rayons lumineux par les surfaces et les milieux. — I. Catoptrique. Lorsque des rayons de lumière tombent sur une surface opaque polie, la plupart de ces rayons sont réfléchis, mais jamais leur totalité absolue. Les surfaces opaques douées d'un haut pouvoir réfléchissant s'appellent des miroirs (*specula*). Les faisceaux de lumière venus des différents points d'un objet placé devant un miroir plan, étant divergents, d'après les lois de la réflexion (voy. LUMIÈRE) dans la même proportion après la réflexion qu'auparavant, l'œil voyant nécessairement l'objet dans la direction dans laquelle les rayons de lumière arrivent finalement à lui, la détermination

de la position et de la grandeur des images se résoud à examiner les images d'un série de points. Considérons d'abord le cas d'un simple point, A (fig. 1), placé devant un miroir plan, M N. Un rayon quelconque A B, tombant de

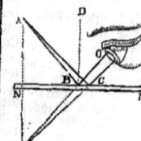

Fig. 1.

ce point sur le miroir, est réfléchi dans la direction B O, faisant l'angle de réflexion D B O égal à l'angle d'incidence D B A. Si, maintenant une perpendiculaire, A N, est abaissée du point A sur le miroir, et si le rayon O B est prolongé au-dessous du miroir jusqu'à ce qu'il rencontre cette perpendiculaire en un point a, deux triangles sont formés, ABN et N B a, qui sont égaux, car ils ont le côté B N commun entre eux, et les angles ANB, ABN, égaux aux angles aNB, aBN; en effet, les angles ANB et aNB sont des angles droits, et les angles ABN et aBN sont égaux à l'angle OBM. De l'égalité de ces triangles, il résulte que aN est égal à AN; c'est-à-dire qu'un rayon quelconque, AB, après avoir été réfléchi, prend une direction telle que son prolongement au-dessous du miroir coupe la perpendiculaire A a en un point a, qui est à une distance du miroir égale à celle du point A. Ceci s'applique également au cas de tout autre rayon venant du point A, à A C par exemple. Il suit de là l'importante conséquence que tous les rayons venant du point A, réfléchis par le miroir, suivent, après la réflexion, la même direction que s'ils émanaient du point a. L'œil est trompé, et voit le point A comme s'il était réellement situé en a. De là, dans les miroirs plans, d'un point quelconque se forme derrière le miroir à une distance égale à celle de la surface du miroir au point donné, et sur la perpendiculaire abaissée de ce point sur le miroir. Il se manifeste que l'image d'un objet quelconque s'obtiendra en construisant, d'après cette règle, l'image de chacun de ses points, ou du moins de ceux de ses points qui suffisent pour déterminer sa forme; et aussi que, dans les miroirs plans, l'image sera de la même grandeur que l'objet. Lorsqu'un objet est entre deux miroirs plans presque parallèles, les images primaires vues dans chacun de ces miroirs sont réfléchies à une plus grande distance, et ainsi de suite, formant dans chaque miroir une longue succession d'images, de plus en plus éloignées. A mesure qu'on tourne les miroirs, en les rapprochant l'un et l'autre de l'angle droit, le nombre des répétitions de l'objet devient de moins en moins grand, et l'ensemble présente une disposition circulaire. A angle droit, il n'y a plus de visible que l'objet et trois images, comme on le représente dans la fig. 2. Les rayons OC et OD du point O, après une seule réflexion, donnent l'un une image O' et l'autre une image O'', tandis que le rayon O A, qui a subi deux réflexions en A et en B, donne une troisième image en O''. Quand l'angle des miroirs est

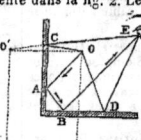

Fig. 2.

de 60°, il se produit cinq images, et sept lorsqu'il est de 45°. Le nombre des images continue à s'accroître à proportion que l'angle diminue, et quand il est de zéro, c'est-à-dire quand les miroirs sont parallèles, le nombre des images est théoriquement infini. Si l'on se rappelle que la surface frappée par un seul rayon de lumière est extrêmement petite, on verra que tout réflecteur courbe n'est en effet simplement qu'une collection de ces petits plans minuscules ; et, si l'on considère les rayons tombant sur une surface de ce genre comme réfléchis des mêmes points en autant de différents plans tangents à la surface par les points d'incidence, on s'étendra aussitôt la loi pour les surfaces planes à toutes les surfaces courbes quelconques. — Lorsqu'un faisceau de rayons parallèles à l'axe tombe sur un miroir concave, les rayons se coupent, après la réflexion, en un même point, qui est à une égale distance du centre de la courbure et du miroir, et qu'on appelle le foyer principal. Si l'angle du miroir excède 10° d'ouverture, la totalité des rayons réfléchis ne se rencontrera pas en un seul et même point focal ; mais, en raison des différents angles d'incidence faits par les rayons incidents sur la surface courbe, plus le point d'incidence d'un rayon sera éloigné du centre M du miroir A M B (fig. 3), plus le rayon se réfléchira près de ce centre ; mais les rayons incidents compris dans un angle de 10° d'ouverture seront approximativement réfléchis à un seul foyer, F. La fig. 3 représente exactement les trajets

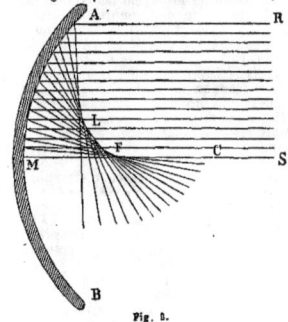

Fig. 3.

du rayon réfléchi d'un ensemble incident de rayons parallèles. M est le centre de figure du miroir sphérique A M B ; C est le centre de courbure et F le foyer. Cet éloignement d'un véritable foyer par les rayons réfléchis dans des miroirs sphériques s'appelle « aberration sphérique ». La ligne courbe A L F, formée par les intersections des rayons réfléchis, s'appelle « caustique ». L'aberration sphérique ne peut s'éviter qu'en employant des miroirs dont les angles d'ouverture soient petits, ou des miroirs ayant des surfaces paraboloïdes, comme le montre en section la fig. 4. C'est une propriété bien connue de la parabole qu'une normale coupe en deux l'angle fait par un diamètre au point de contact avec la ligne tirée de ce point au foyer ; par suite, tous les rayons, RM, OB (fig. 4), parallèles à

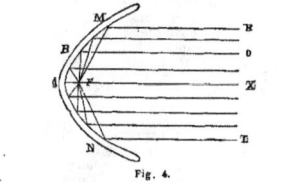

Fig. 4.

'axe principal A X, seront réfléchis en un point F, foyer du miroir ; et, inversement, si F est un point lumineux, tous les rayons qui en émanent et qui tomberont sur le miroir se continueront extérieurement en lignes parallèles. — II. Dioptrique. Lorsqu'un rayon

ou un mince faisceau de lumière passe à travers une surface quelconque, séparant un milieu quelconque d'un autre milieu, une portion de la lumière se réfléchit à cette surface, et une autre portion se transmet. Cette lumière transmise est toujours infléchie hors de sa course directe à la surface de division, et jamais dans le milieu lui-même, si celui-ci est homogène ; la lumière est alors dite réfractée. La loi de réfraction de Snell et les phénomènes qui en résultent sont exposés à l'article Lumière. La combinaison de surfaces sphériques, soit les unes avec les autres, soit avec des surfaces planes, donne lieu à six espèces de lentilles, dont la fig. 5 représente des sections ; quatre sont formées de deux surfaces sphériques, et deux d'une surface

Fig. 5.

plane et d'une surface sphérique. A est une lentille *biconvexe* ; B une lentille plan-convexe ; C un ménisque convergent, D une lentille biconcave, E une lentille plan-concave, et F un ménisque divergent. Les trois premières, qui sont plus épaisses au centre qu'aux bords, sont convergentes ; les autres, qui sont plus minces au centre qu'aux bords, sont divergentes. Avec les lentilles comme avec les miroirs, si l'on considère une surface courbe quelconque comme composée d'une multitude de surfaces planes minuscules, on appliquera immédiatement la loi de la réfraction ; et dès lors il ne faut plus que connaître les angles d'incidence et la valeur du coefficient de réfraction pour retracer la route des rayons. La réfraction à travers une perpendiculaire à la première surface d'une lentille se combinera avec celle qui vient de la perpendiculaire à la seconde surface, toutes les deux, se présentant dans la même direction réelle dans l'espace. Un rayon passant par les centres de courbure C et F (fig. 6) des surfaces, passe aussi à travers le point médian de la lentille, et n'est pas réfracté.

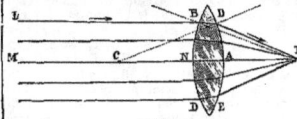

Fig. 6.

Cette ligne M F est l'axe de la lentille. Ses rayons parallèles à cet axe viennent, lorsque la lentille est convexe, se rencontrer en un foyer réel F, en un certain point de l'axe ; ils divergent comme d'un foyer virtuel quelque part sur cette ligne chaque fois que la lentille est concave. L'ouverture d'une lentille est l'arc total ou le nombre des degrés de courbure de la surface des deux côtés de l'axe à travers lequel la lumière est admise à passer. Par conséquent elle ne dépend pas de la grandeur seulement ; et la lentille minuscule, qui n'est qu'un grain de verre, a presque nécessairement une ouverture beaucoup plus grande qu'une lentille de quelques pouces ou de quelques pieds de foyer. Le principal foyer F d'une lentille biconvexe ou biconcave en «crown-glass », ayant des courbures égales, se trouve au centre F de la sphère dont fait partie la surface B N D de la lentille, la distance focale est égale au rayon ; pour les lentilles plan-convexes et plan-concaves, elle est égale à deux fois le rayon. La règle

générale pour trouver la distance focale est celle-ci : pour les ménisques ou lentilles concaves-convexes, divisez le double produit des rayons de la courbure par leur différence ; pour les lentille biconvexes et biconcaves, divisez par leur somme. Quand, avec une lentille biconvexe, l'objet est à une distance quelconque plus grande que deux fois le rayon, d'un côté, l'image se trouve toujours quelque part entre le foyer et l'autre côté de la sphère, et de l'autre côté, à une distance de deux fois le rayon ; ici encore, les places de l'objet et de l'image peuvent se changer entre elles ; les foyers sont conjugués. La fig. 7 montre

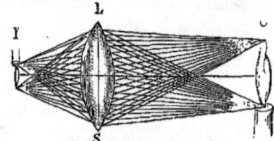

Fig. 7.

la manière dont l'image I de la bougie C est formée par la lentille L S. Des cônes de rayons, ayant pour bases la surface de la lentille et pour sommet chaque point de la surface de la bougie qui fait face à la lentille, sont réfractés par celle-ci à des points de l'image correspondants aux points de la bougie d'où sont émanés les rayons. — III. **Dispersion.** La dispersion de la lumière est la séparation des couleurs existant, réellement ou potentiellement, dans la lumière blanche ou solaire. Elle peut se produire par réfraction, par diffraction ou par interférence. La longueur totale du spectre obtenu par des prismes, c'est-à-dire la dispersion totale, et aussi la surface sur laquelle se déploient les diverses couleurs, diffèrent avec la nature du milieu ou du prisme employé. Appelant V' la réfractibilité pour un prisme donné du rayon violet, R', celle du rayon rouge, et c le coefficient de réfraction, le pouvoir de dispersion est égal à $\frac{V' - R'}{c - 1}$. Cette proportion donne pour le « flint-glass » 0,052 ; pour le baume du Canada, 0,045 ; pour le diamant, 0,038 ; pour le « crown-glass », 0,036 ; pour l'eau, 0,035 ; pour le cristal de roche, 0,026. Les lentilles, comme les prismes, doivent disperser ou décomposer la lumière. Les différentes couleurs sont réellement amenées à des foyers qui, dans les lentilles biconvexes, sont disposés dans l'ordre suivant : le foyer du rayon le moins réfrangible, ou rayon rouge, correspond à la vraie place du foyer principal ; et les rayons plus réfrangibles viennent à des foyers de plus en plus rapprochés de la lentille, soit : orange, jaune, vert, bleu, indigo et violet. Ces rayons colorés se croisent à leurs foyers, et divergent de nouveau ; l'effet produit est un bord en frange de couleurs, principalement bleu ou rouge, suivant le cas, qui entoure l'image et qui est d'autant plus marqué que l'ouverture de la lentille est plus grande. C'est là l'aberration chromatique des lentilles. (La chromatique est la branche de l'optique qui traite des relations mathématiques des couleurs et aussi des phénomènes de la polarisation et de la réfraction double). On la corrige d'une façon presque parfaite en combinant les lentilles de diverses manières, et en formant ainsi des combinaisons achromatiques que l'on appelle lentilles achromatiques ou lentilles aplanatiques, ce dernier terme signifiant littéralement que dans ces lentilles les rayons n'éprouvent point de déviation, c'est-à-dire aboutissent à un véritable foyer. La méthode la plus répandue est de corriger, par exemple, la dispersion moindre du « crown-glass » par le pouvoir dispersant plus grand du « flint-glass ». Pour y arriver, on combine une lentille concave de « flint » d'une courbure moins complète, avec une lentille de « crown-glass », convexe et de la plus grande courbure. La dispersion est corrigée, mais une partie des effets réfractifs restent non détruits, et la distance focale devient plus grande.

OPTIQUEMENT adv. A la vue; au point de vue de l'optique.

OPTOGRAPHIE s. f. (rad. gr. ops, œil ; graphein, décrire). Description de la vue.

OPTOMÈTRE s. f. Phys. Instrument qui sert à mesurer l'étendue de la vue distincte.

OPTOMÉTRIE s. f. Art de déterminer l'étendue de la vue distincte.

* **OPULEMMENT** adv. [o-pu-la-man] (rad. opulence). Avec opulence : *ce financier vivait opulemment*. (Peu us.)

* **OPULENCE** s. f. (lat. opulentia ; de ops, opis, richesse). Grande richesse, abondance de biens : *il y a dans cette maison un air d'opulence*.

* **OPULENT, ENTE** adj. Très riche, qui est dans l'opulence : *le commerce rend le villes opulentes*.

* **OPUNTIA** s. m. [o-pon-si-a](gr. opountios, qui est de la ville d'Oponte). Bot. Genre de cactées, comprenant les espèces dont la tige, dépourvue de feuilles, est articulée, aplatie, et s'élargit, dans les articulations, en forme de raquette. On le nomme vulgairement RAQUETTE et FIGUIER DE BARBARIE. — La plupart des espèces appartiennent à l'Amérique centrale, depuis le Mexique jusqu'au Brésil et au Pérou. Parmi les petites espèces, nous citerons l'*opuntia commun* (*opuntia vulgaris*) (Voy. FIGUIER DE BARBARIE), et parmi les plus grandes, l'*opuntia Tuna* (*opuntia Tuna*), haut de 20 pieds et cultivé dans les pays chauds pour former les clôtures. Il sert, dans le Mexique, pour attirer la cochenille, mais il ne faudrait pas le confondre avec la plante nommée *nopalea coccinellifera*.

OPUNTIÉ, ÉE adj. Qui ressemble ou se rapporte à l'opuntia. — s. f. pl. Famille de plantes dicotylédones appelées aussi cactées.

* **OPUSCULE** s. m. (lat. opusculum ; dimin. de opus, ouvrage). Petit ouvrage de science ou de littérature : *les opuscules de Plutarque*.

* **OR** (lat. porró). Particule dont on se sert pour lier un discours à un autre : or, pour revenir à ce que nous disions. — Sert aussi à lier une proposition à une autre, comme la mineure d'un argument à la majeure : *le sage est heureux : or Socrate est sage, donc Socrate est heureux.* — S'emploie fam. pour exhorter, pour inviter : *or dites-nous... or sus commençons notre ouvrage.*

* **OR** s. m. (lat. aurum). Métal d'un jaune brillant, très ductile, très pesant, mou, inaltérable à l'air, insoluble dans les acides, et dont on fait les monnaies de la plus haute valeur, les ouvrages de bijouterie les plus précieux : *or est à l'or ce juste comme l'or.* — pl. Les différentes couleurs qu'on peut donner à l'or : *une botte de deux ors ; des ors de différentes couleurs.* — Particul. Monnaie d'or, espèces d'or, par opposition à celles qui sont d'argent ou d'autre métal : *demander de l'or pour de l'argent blanc.* — JUSTE COMME L'OR, se dit fam. d'un poids très juste, d'une mesure très exacte. — Fil d'argent doré dont on fait des passements, des galons, des franges, des cordons, des étoffes, des broderies, etc. : *passement d'or et d'argent.* — DÉFENDRE L'OR ET L'ARGENT, défendre de porter des étoffes, des dentelles, etc., tissues de fil d'argent doré. — Poét. et fig. DES JOURS FILÉS D'OR ET DE SOIE, des jours heureux. — Fig. Richesse, opulence : *l'or supplée trop souvent au mérite.* — JE NE FERAIS CELA NI POUR OR NI POUR AR-

GENT, JE NE FERAIS PAS CELA POUR TOUT L'OR DU MONDE, aucun avantage ne pourrait me déterminer à le faire. — ON N'EN PEUT AVOIR NI POUR OR NI POUR ARGENT, se dit d'une chose extrêmement rare. — UN MARCHÉ D'OR, UNE AFFAIRE D'OR, un marché très avantageux, une affaire très avantageuse. — ACHETER, VENDRE QUELQUE CHOSE AU POIDS DE L'OR, l'acheter, le vendre fort cher. — MARCHER SUR L'OR ET SUR L'ARGENT, être dans une grande opulence. On dit dans le même sens, AVOIR DES MONCEAUX D'OR, ÊTRE TOUT COUSU D'OR. — C'EST DE L'OR EN BARRE, se dit d'un effet, d'un billet, d'une marchandise dont on aura de l'argent comptant quand on voudra. — IL VAUT SON PESANT D'OR, se dit d'un homme qui réunit beaucoup de qualités sociales; et d'un subalterne, d'un domestique laborieux, attaché à ses devoirs. On dit dans le même sens, C'EST UN HOMME D'OR — C'EST UN CŒUR D'OR, c'est un excellent cœur. — C'EST UN LIVRE D'OR, se dit d'un livre excellent, et particul. d'un petit livre qui contient beaucoup d'idées justes et d'une utilité pratique : *le manuel d'Épictète est un livre d'or.* — IL DIT D'OR, IL PARLE D'OR, il dit ce qu'il y a de mieux à dire dans la circonstance, ou de plus satisfaisant pour celui à qui il parle. — SAINT JEAN BOUCHE D'OR, homme qui dit toujours sa pensée avec franchise et sans ménagement : *c'est un saint Jean bouche d'or.* — TOUT CE QUI RELUIT N'EST PAS OR, tout ce qui a l'apparence de la richesse, du mérite, n'en a pas toujours la réalité. — PROMETTRE DES MONTS D'OR, faire de grandes promesses; promettre de grands avantages, de grands biens, de grandes richesses. — FAIRE UN PONT D'OR A L'ENNEMI, lui faciliter la retraite, même par quelque sacrifice. FAIRE UN PONT D'OR A QUELQU'UN, lui faire de grands avantages pour le déterminer à se désister de quelque prétention, à quitter une place, un emploi : *on lui a fait un pont d'or, on lui a donné une belle ambassade pour lui faire quitter le ministère.* — ADORER LE VEAU D'OR, faire sa cour à un homme riche, pour en tirer quelque avantage. — C'EST L'HISTOIRE DE LA DENT D'OR, C'EST LA DENT D'OR, se dit d'une prétendue merveille, d'un prétendu prodige, qu'il faudrait vérifier avant d'y croire, et de vouloir l'expliquer. — Fig. et poétiq. Certaines choses qui sont jaunes et brillantes : *l'or de sa chevelure ; l'or des moissons.* — L'AGE D'OR, LE SIÈCLE D'OR, les premiers temps du monde où l'on suppose que les hommes vivaient dans l'innocence et le bonheur ; *l'âge d'or est une des fictions les plus agréables de la mythologie.* (Voy. AGE.) — Fig. C'EST UN HOMME DE L'AGE D'OR, c'est un homme qui rappelle l'âge d'or par sa vertu, par sa probité, par l'innocence de ses mœurs. On dit dans le même sens, IL A LES MŒURS DE L'AGE D'OR. — Un des métaux du blason, que dans les armoiries peintes, on représente avec de l'or ou avec du jaune, et que dans les armoiries gravées on distingue par des points : *il porte d'or à la tour de gueules.* — Se dit encore de diverses compositions où il entre de l'or et d'autres qui n'ont de commun avec l'or qu'une certaine apparence. — OR BLANC, ancien nom du platine. — OR FIN. (Voy. FIN.) — OR AU TITRE, celui qui est à l'un des titres spécifiés par la loi. — OR BAS, or qui est au-dessous de 750 millièmes. — OR BRUNI, or poli à l'aide du brunissoir. — OR TRAIT, or passé par la filière. — OR BATTU, or réduit en feuilles. — OR MOULU, or appliqué sur les métaux qu'on veut dorer. — EAU D'OR, ratafia dans lequel on a mis quelques paillettes d'or; on l'appelle aussi *eau-de-vie de Dantzig* ou *liqueur d'or.* — OR MUSSIF, sulfure d'étain de couleur jaune, dont on se sert pour frotter les coussins des machines électriques. (Voy. MUSSIF.) — OR DE MANHEIM, composition de cuivre et de zinc, qui a l'apparence de l'or. Ce mot est synonyme de SIMILOR. — OR FULMINANT, poudre jaunâtre, qui s'obtient en ajoutant de l'am-

moniaque à la dissolution d'or, et qui détone par la chaleur ou par la pression. — ON POTABLE, liqueur que les anciens chimistes disaient être de l'or dissous radicalement, et qu'ils prétendaient être très efficace pour la santé. (Voy. CHLORURE D'OR.) — OR VERT, alliage d'or et d'argent employé en bijouterie et qui s'obtient par la fusion simultanée de 708 parties d'or pour 292 parties d'argent. — Chronol. NOMBRE D'OR, place occupée par une année donnée dans le cycle lunaire de 19 années juliennes. On s'en sert pour déterminer quel jour la lune pascale tombe, et pour trouver ainsi le jour de Pâques. Voici la règle à suivre pour cette opération : ajoutez 1 à la date et divisez la somme par 19 ; le quotient est le nombre de cycles écoulés depuis le commencement de l'ère chrétienne et le reste est le nombre d'or. Lorsque le reste est 0, l'année proposée est la dernière ou 19e du cycle. Ex. : quel est le nombre d'or pour l'an 1885? Rép. 5 ; celui de 1889 sera 9, et celui de 1900 sera 1. Le calendrier grégorien rejette les nombres d'or, lesquels ne sont adaptés qu'au calendrier julien; le calendrier grégorien les remplace par une autre série de nombres appelés épactes. (Voy. ÉPACTE.) — L'invention du nombre d'or est attribuée à Méton d'Athènes, vers 432 av. J.-C. — ENCYCL. L'or est un métal précieux, classé le premier par la beauté et la valeur et reconnu tel depuis les âges les plus reculés. Il se distingue comme étant le seul métal jaune et comme possédant au plus haut degré les propriétés de ductilité et de malléabilité. En chimie, son symbole est Au, du latin aurum, or; son équivalant est 98,5, ou, dans la pratique de beaucoup de chimistes, le double de ce nombre, 197. Sa densité varie suivant que le métal est plus ou moins comprimé; elle est évaluée en moyenne, quand il est battu au marteau, de 19,258 à 19,4. Sous un état de fine division, et précipité par le sulfate de fer, il a donné pour poids spécifique, 20,72. Pur, il est presque aussi tendre que le plomb et susceptible de la plus grande extension par le battage ou l'étirage à la filière. En feuilles minces, il est transparent et la lumière qu'il transmet est verte; mais s'il est chaud, cette couleur se change en rouge de rubis. Telle est sa malléabilité que l'on parvient à le battre en feuilles n'ayant pas plus d'un millième de millimètre d'épaisseur; c'est-à-dire qu'il faut mille feuilles d'or martelé pour produire l'épaisseur d'un millimètre; et en continuant le martelage, on est arrivé à produire des feuilles ayant un dix millième de millimètre d'épaisseur. Le point de fusion de l'or est indiqué de diverses façons : 1,100°, 1,200°, 1,380° et 1,420° C. A la chaleur des fourneaux, il ne se volatilise pas; mais le fil d'or est vaporisé par le chalumeau oxyhydrogène, par la chaleur des rayons solaires concentrés au moyen d'une puissante lentille convexe, et par la batterie électrique. Les alcalis n'ont aucune action sur l'or, non plus que les acides simples, excepté l'acide sélénique; l'oxygène de l'air est aussi sans action sur lui, même lorsqu'il y est exposé longtemps à l'état de fusion. Le soufre ne l'affecte pas; mais il se laisse dissoudre par le brome et par le chlore, ou par toute combinaison d'acides ou d'autres substances dans lesquelles se trouve le chlore libre. L'or forme des alliages avec la plupart des métaux. L'argent ou le cuivre augmentent sa dureté et le rendent plus durable quand il est employé pour faire des monnaies, de la bijouterie ou de la vaisselle plate. Ces composés sont aussi plus fusibles que l'or pur. Il s'unit au mercure pour former avec lui un amalgame dont on peut ensuite faire évaporer le mercure par la chaleur. L'or se trouve très largement distribué dans la nature. Il est ordinaire répandu à travers les roches solides, bien qu'il ne soit que rarement accumulé en quantités suffisantes pour qu'on puisse en profiter. Les dépôts exploitables se rencontrent dans des roches stratifiées de différentes formations, depuis les plus anciennes roches cristallines, jusqu'aux sables et aux graviers post-pliocènes, et aussi dans certaines veines qui traversent les roches des différentes périodes géologiques. La pierre où ces veines se présentent le plus communément est le quartz; mais on le trouve aussi dans le spath, et disséminé dans les sulfures métalliques, tels que les pyrites de fer, qui très souvent contiennent assez de métal pour qu'on puisse l'extraire avec avantage. Là, de même que dans les gangues quartzeuses, l'or est quelquefois à l'état de gros grains ou de fils, ou de masses cristallines, et quelquefois semé en particules invisibles à l'œil nu. Les roches qui contiennent les veines aurifères, en se désagrégeant et se s'émiettant, s'écroulent à des niveaux inférieurs, et, par sa densité, l'or se place en dessous de toutes ces matières. C'est de cette façon que se produisent les dépôts de graviers aurifères des formations d'alluvion, les sables d'or des rivières. En lavant les matières terreuses et pierreuses qui y sont mêlées, le métal s'obtient en poussière, en plaques minces semblables à des écailles, en petits fragments et en pépites de toutes tailles et de toutes formes. C'est dans ces dépôts qu'on a découvert les plus gros morceaux d'or : par exemple celui du comté de Cabarrus (Caroline du Nord, Etats-Unis), pesant 12 kilog. trouvé en 1810; la masse de 35 kilog., de Zlatoust, district de l'Oural méridional (1842); celui de Victoria, en Australie, qui pesait 54 kilog. et où on n'estima la gangue qu'à 200 gr.; et la masse trouvée à Ballarat, dans la même région, pesant 66 kilog. D'après Philips, le plus gros morceau d'or qu'on ait jamais trouvé est probablement la grosse pépite australienne connue sous le nom de *Sarah Sands*, qui pesait 86 kilog. Quoique à l'état métallique, l'or ne s'obtient jamais pur ; l'argent y est toujours allié, mais non en proportions définies. L'échantillon le plus pur est probablement un bloc de l'Oural qui a donné, sur 100 parties, or 98,96, argent 0,16, cuivre 0,35, et qui avait pour poids spécifique 19;099. La richesse moyenne de l'or de la Californie est évaluée de $\frac{1}{1000}$ à , et celle de l'Australie de $\frac{2}{1000}$ à $\frac{3}{1000}$. On trouve aussi, alliés avec l'or, le cuivre, le palladium et le rhodium. En Transylvanie, on exploite des veines qui donnent un mélange de tellure, d'or, d'argent et d'antimoine ; d'ordinaire, le tellure constitue de 55 à 60 p. 100, et l'or de 25 à 30 p. 100. L'or se présente aussi dans quelques autres combinaisons avec le tellure. — Dans les plus anciennes annales des races humaines, on fait mention de l'or comme d'un élément de richesse. L'Ancien Testament en parle souvent. En bâtissant le temple de Jérusalem, Salomon employa de grandes quantités d'or pour son ameublement et sa décoration. La source d'où les Phéniciens et les Israélites tiraient leurs immenses approvisionnements d'or était la terre d'Ophir, pays dont on ne sait pas encore le lieu exact. L'Ethiopie et la Nubie produisaient aussi une grande quantité de ce métal précieux. Au temps des Romains, on exploitait de riches dépôts aurifères le long des Pyrénées et dans quelques-unes des provinces confinant aux Alpes. L'Espagne avait aussi des dépôts exploités autrefois le long du Tage, et les Athéniens s'approvisionnaient de ce métal en Thessalie et dans l'île de Thasos. Au moyen âge, l'art d'exploiter les mines aurifères paraît avoir été peu pratiqué. Les richesses des mines connues étaient relativement épuisées. De 1492 à 1500, la quantité moyenne d'or apportée d'Amérique en Europe était évaluée par Humboldt à 1,300,000 fr. Dans les trois premiers siècles qui suivirent la découverte de l'Amérique,

l'arrivée de l'or américain est estimée à trois fois et demi le produit des mines de l'ancien continent. L'or anglais était surtout produit par le pays de Galles, où le principal district aurifère a une superficie d'environ 75 kil. carr. dans le pays de Galles septentrional. On a aussi trouvé de petites quantités d'or dans le lit du Rhin, du Rhône, du Danube, de la Reuss et de l'Aar, en Suisse ; en Hongrie et dans les provinces autrichiennes de Salzburg et du Tyrol, à Bockstein et à Zell. La production totale annuelle des mines autrichiennes a atteint pendant quelque temps une moyenne de 165 kilog. En Italie, il y a des mines exploitées dans le Piémont, dans les vallées d'Anzasca, de Toppa, d'Antrona, d'Alagua, de Sesia et de Novara. En Lombardie, les mines principales sont à Peschiera et à Minerva di Sotto. A elles toutes, elles ne produisent pas plus de 500,000 fr. par an. La France produit une petite quantité d'or, surtout de galène aurifère; il y a des mines en Savoie. On trouve de petits cristaux ou des lamelles d'or disséminés dans du quartz à la Gardette (Dauphiné); on rencontre quelques paillettes dans le lit du Rhône, de l'Ariège et de plusieurs autres cours d'eau. Les mines d'or d'Espagne sont exploitées depuis des temps très reculés; mais la production annuelle ne dépasse pas aujourd'hui 50,000 fr. Les mines des pentes asiatiques de l'Oural s'étendent sur une longueur de plus de 650 kil., le long des crêtes secondaires de la chaîne, du N. au S. Pendant le règne de Nicolas, on a découvert, au S. et à l'E. de la Sibérie, une région que l'on regarde comme aussi grande que la France, et qui est plus riche en or que l'Oural. Des chaînes orientales et occidentales des monts Altaï, entre la Sibérie et la Mongolie, des roches cristallines se projettent vers le N. en rangées de collines basses dans les gouvernements de Tomsk et de Yeniseisk; ce sont là les gisements des métaux précieux. Jusqu'à la découverte de la Californie, la Russie était le pays du monde qui produisait le plus d'or. Le rendement moyen de ses mines est d'environ 75 millions de fr. par an; et l'on peut évaluer leur rendement total depuis leur découverte, vers 1745, jusqu'en 1876, à 3 milliards de fr. en chiffre rond. D'après Pumpelly, l'or existe en plusieurs localités dans 14 des 19 provinces de la Chine. Les régions les plus riches paraissent se trouver dans la province de Szechuen et dans les contreforts de la chaîne des montagnes Kuenlun, s'avançant profondément dans la Chine centrale, entre Szechuen et la rivière Wei. Pendant plusieurs siècles, le Japon a tenu un rang élevé dans la production de l'or; et c'était l'un des principaux articles du trafic fait par les Portugais et les Hollandais; mais on ne sait pas grand'chose sur la production actuelle de l'or dans cet empire, ni sur les localités où il existe. On l'a pendant longtemps trouvé en abondance à Bornéo. On l'a aussi signalé dans l'Inde, au Thibet, à Ceylan, à Sumatra, dans les Célèbes et dans les îles Philippines. En Afrique, on a découvert l'existence de placers d'or d'une grande étendue dans l'Afrique méridionale, entre 17° et 21°30' lat. S.; mais leur production a été jusqu'ici insignifiante. L'existence de l'or en Australie était connue dès 1839; mais la découverte qui amena l'exploitation des mines sur une grande échelle fut faite en 1851, près de Bathurst, dans la Nouvelle-Galles du Sud, sur la Macquarie. Le rendement de la Nouvelle-Galles du Sud est important, mais les placers les plus riches de l'Australie sont dans la colonie de Victoria, qui en occupent une superficie d'environ 2,000 kil. carr. L'or s'y obtient directement de trois sources distinctes, savoir : *placers superficiels, fosses profondes*, et *veines de quartz*. Le

nombre auquel on estime les veines de quartz dans la province de Victoria est d'environ 2,000. Leur épaisseur varie depuis celle d'un fil jusqu'à 130 pieds. On les a exploitées jusqu'à une profondeur de plus de 600 pieds, et on a trouvé que le rendement ne décroît pas avec l'augmentation de la profondeur. La plus grande partie de l'or obtenu en Australie provient de dépôts de graviers ou de placers semblables à ceux de la Californie. On les trouve dans le lit des torrents, le long des rives et dans des lits abandonnés. L'épaisseur de ces dépôts varie de 100 à 400 pieds. L'Australie méridionale et Queensland produisent aussi de l'or, mais en petite quantité. L'or australien a une plus brillante couleur et est plus fin que celui de Californie. Sa finesse est de 20 à 23,5 carats, et c'est celui de Ballarat qui atteint le plus haut rang. On a découvert l'or pour la première fois dans la Nouvelle-Zélande en 1842; et en 1856 on a commencé de pays de grands travaux miniers. Les formations rocheuses et les dépôts d'alluvions profonds et considérables, sont analogues à ceux d'Australie. — Aux Etats-Unis, il y a deux grandes régions aurifères ou zones d'or, l'une sur le versant de l'Atlantique, connue sous le nom de champ d'or Appalachien, et l'autre sur la côte du Pacifique, comprenant la Californie et les Etats et les territoires voisins. Le champ d'or Appalachien s'étend au S.-O. à partir de la Virginie, à travers la Caroline du Nord, la Caroline du Sud et la Géorgie, et comprend aussi des portions de l'Alabama et du Tennessee. La largeur de la bande de terrain aurifère varie beaucoup et dépasse en certains endroits 225 kil. Le métal n'existe pas à l'état de zone continue à travers toute cette région; mais il y a de nombreux gisements aurifères. Deux zones principales traversent la Caroline du Nord, au S.-O. et au N.-E. On trouve dans ces régions des veines de quartz qui ressemblent à celles de Californie. L'or est ou à l'état libre en grains grossiers, ou en fines parcelles disséminées dans des sulfures de fer ou de cuivre. Jusqu'au commencement de ce siècle, les régions aurifères des Etats méridionaux n'attirèrent aucune attention. Ce n'est qu'en 1824 que l'or natif commença à apparaître à l'hôtel des monnaies de Philadelphie. Jusqu'en 1827, la Caroline du Nord fut le seul Etat qui produisit de l'or en quantité notable, dont on évalue la totalité depuis 1804 jusqu'à cette époque, à environ 550,000 fr. Lorsqu'on annonça la découverte des gisements d'or en Californie, beaucoup de placers et de filons restèrent abandonnés dans le Sud. L'existence de l'or en Californie était connue depuis le temps de l'expédition de Drake (1577-'79). Mais une découverte importante, en février 1848, près de la ville de Coloma, dans le comté d'El Dorado, amena des travaux miniers considérables et une remarquable affluence d'immigrants. On exploita d'abord les dépôts. En 1851, on commença des travaux dans le quartz à Spring Hill, comté d'Amador, et dès lors les recherches ne firent que s'accroître. C'est surtout sur le versant occidental de la Sierra Nevada que se trouve la grande région de l'or, du 35e degré de lat. N. environ jusqu'à l'Oregon, sur une étendue de 800 kil. environ; la largeur moyenne de cette zone est d'environ 65 kil. Les principales opérations se sont concentrées entre les 37e et 40e parallèles, dans les comtés de Mariposa, Tuolumne, Calaveras, Amador, El Dorado, Placer, Nevada, Sierra, Yuba, Butte et Plumas. Le filon le plus considérable de l'état, et peut-être du monde, est connu parmi les mineurs sous le nom de « veine mère », *mother vein*, et s'étend, non sans des interruptions et des lacunes importantes, à partir du N.-O. du comté de Mariposa, sur une longueur de 125 à 160 kil., suivant une zone d'ardoises et de grès juras-siques, et intimement associé à une couche de roche dolomite ou magnésienne, remplie de veines de quartz formant réseau, et char-gée de pyrites. Ce sont les placers qui ont fourni le plus d'or en Californie. La grande région des placers comprend les comtés du centre depuis Mariposa jusqu'à Butte. Les dépôts se trouvent non seulement dans le lit des rivières, mais aussi sur les flancs et le sommet des collines, où l'on suppose qu'il y avait autrefois des cours d'eau. Les dépôts aurifères consistent en graviers et en galets, de grosseurs variables depuis un grain de blé jusqu'à des masses d'un poids de plu-sieurs tonnes. Ces collines, sur le versant occidental de la Sierra Nevada, forment une étendue de pays de 80 à 100 kil. de lar-geur, et s'élèvent jusqu'à 4,000 pieds. Cette même formation géologique aurifère de la Californie se retrouve dans les Etats et dans les territoires voisins, car toute la partie des Etats-Unis qui est à l'O. des montagnes Ro-cheuses produit de l'or en plus ou moins grande quantité. Dans la Nevada, l'or se tire surtout des minerais d'argent aurifères du grand filon de Comstock, découvert en 1859, et qui donne environ un tiers d'or et deux tiers d'argent. On tire de l'or de l'Orégon, depuis 1850, et dans ces derniers temps on estime approximativement ce qui s'y extrait à 10 millions de fr. par an. On l'a découvert pour la première fois dans le territoire de Washington, sur la pente orientale des mon-tagnes de la Cascade, en 1858. On remonta ensuite la contrée de l'or le long de la Co-lumbia supérieure et de ses affluents, et en 1860 on trouva le précieux métal sur la pente occidentale des monts Bitter Root, aujour-d'hui dans l'Idaho. Il y a des lavages fruc-tueux dans presque toutes les parties de l'Idaho. Dans le Montana, on trouve de grands placers et des veines de quartz sur les pen-tes orientales des monts Bitter Root, et des deux côtés de la chaîne des montagnes Ro-cheuses, aux sources du Missouri. Dans le Colorado l'or se présente dans des fissures ap-pelées lodes, sur une zone large d'environ 80 kil., au centre du territoire. On extrait aussi de l'or de l'Utah et de l'Arizona, et on sait qu'il existe dans le Dakota. La zone aurifère de l'Orégon et des territoires d'Idaho, de Montana et de Washington court le long des pentes des montagnes Rocheuses jusque dans la Colombie britannique. Dans ce dernier pays on a commencé l'extraction de l'or en 1858. On a trouvé l'or le long du Fraser, à partir de 80 kil. de son embouchure jus-qu'à sa source dans les Montagnes Rocheuses, soit sur un parcours de plus de 1,100 kil., à cause des méandres du fleuve. On trouve aussi de l'or dans un grand nombre de ses affluents et dans l'île de Vancouver. Les champs qui ont été le plus exploités sont dans le district de Caribou, dans l'anse septentrionale for-mée par une courbure du Fraser. Au N. de ce district, on a découvert des placers sur la rivière de la Paix (Peace river), et encore plus loin sur le Stickeen, qui se décharge dans le Pacifique au-dessous de Sitka, vers 55e lat. La plus grande partie de l'or de la Colombie britannique provient de placers su-perficiels. On en trouve aussi dans la Nova Scotia et l'Ontario, et en d'autres points du Canada. — Les districts qui donnent de l'or dans l'Amérique du Sud se trouvent dans le Brésil, le Chili, et toute la contrée au N. de la ligne des Andes. Presque partout ce sont des terrains d'alluvion. Après avoir été le premier pays producteur du monde, l'Amé-rique du Sud est tombée parmi ceux qui ont le moins d'importance. L'or du Mexique n'a jamais été qu'un produit secondaire de ses filons argentifères; mais, dans l'Oajaca, il y a de vraies veines d'or dans les ardoises mi-cacées et le gneiss. On tire annuellement une

petite quantité d'or de l'Amérique centrale, et on sait qu'il existe des placers d'or à Cuba et à Saint-Domingue. — Le tableau approximatif suivant, montrant la quantité d'or produit en 1867 par les principaux pays où l'on en trouve, est emprunté au livre de Blake intitulé *Production of the Precious Metals* :

PAYS.	PRODUCTION.	Proportion p. 100.
Etats-Unis..................	282,500,000	43.23
Colombie britannique........	10,000,000	1.96
Canada et Nova Scotia.......	2,800,000	
Mexique....................	5,000,000	0.76
Brésil.....................	5,000,000	
Chili......................	2,500,000	
Bolivie....................	1,500,000	
Pérou......................	2,500,000	4.05
Vénézuéla, Colombie, Amérique centrale, et Saint-Domingue.	15,000,000	
Australie..................	157,750,000	24.14
Nouvelle-Zélande...........	30,000,000	4.59
Russie.....................	77,500,000	11.87
Autriche...................	5,875,000	
Espagne....................	400,000	
Italie.....................	475,000	1.78
France.....................	600,000	
Grande-Bretagne............	60,000	
Afrique....................	4,500,000	
Bornéo et Indes orientales.	25,000,000	3.83
Chine, Japon, Asie centrale, Rou-manie, et sources diverses....	25,000,000	3.82
TOTAL.....	653,400,000	100.00

L'exportation de l'or d'Australie, de 1851 au commencement de 1875, se décompose en 47,630,019 livres sterling, dont 33,617,612 d'or monnayé, venant de la Nouvelle-Galles du Sud, et 185,833,738 livres sterling, dont 14,770,419 d'or monnayé venant de la pro-vince de Victoria. Les exportations de la Nouvelle-Zélande commencèrent en 1857, et au début de 1875, elles avaient atteint 29,984,905 livres. En 1874, la Nouvelle-Galles du Sud a exporté 1,942,082 livres, dont 1,719,888 d'or monnayé ; Victoria, 5,408,039 livres, dont 1,354,751 d'or monnayé, et la Nouvelle-Zélande 1,505,334 livres. On estime l'or produit par les Etats-Unis depuis 1867, comme suit :

ANNÉE	CALIFORNIE.	AUTRES ÉTATS ET TERRITOIRES	TOTAL.
1848	50,000,000 fr.		50,000,000 fr.
1849	200,000,000		200,000,000
1850	250,000,000		250,000,000
1851	275,000,000		275,000,000
1852	300,000,000		300,000,000
1853	325,000,000		325,000,000
1854	300,000,000		300,000,000
1855	275,000,000		275,000,000
1856	275,000,000		275,000,000
1857	250,000,000		250,000,000
1858	250,000,000		250,000,000
1859	250,000,000		250,000,000
1860	225,000,000	5,000,000 fr.	230,000,000
1861	200,000,000	15,000,000	215,000,000
1862	173,500,000	22,500,000	196,000,000
1863	150,000,000	50,000,000	200,000,000
1864	133,000,000	67,500,000	200,500,000
1865	142,500,000	123,625,000	266,125,000
1866	127,500,000	140,000,000	267,500,000
1867	125,000,000	133,625,000	258,625,000
1868	110,000,000	130,000,000	240,000,000
1869	112,500,000	135,000,000	247,500,000
1870	125,000,000	125,000,000	250,000,000
1871	100,000,000	117,500,000	217,500,000
1872	95,000,000	85,000,000	180,000,000
1873	85,000,000	95,000,000	180,000,000
1874	85,000,000	125,000,000	210,000,000
Total.	5,017,000,000 fr.	1,396,750,000 fr.	6,413,750,000 fr.

On compte que les trois quarts environ de tout l'or produit servent à la monnaie, et le reste aux œuvres d'art. La valeur de l'or monnayé dans le monde, de 1848 à 1872, a été esti-mée en chiffres ronds à 15 milliards de francs ; dans cette somme, la France entre pour 6 milliards et demi, les Etats-Unis pour 4 milliards et demi, l'Angleterre pour 3 mil-liards et l'Australie pour 700 millions. — EXTRACTION DE L'OR. L'or se présente princi-pa-

lement sous forme métallique : fils, lamelles, paillettes, grains, cristaux monométriques, pépites, etc., et se trouve le plus communé-ment associé avec d'autres minéraux. On le divise en deux classes: l'or de quartz (trouvé dans les veines, etc.) et l'or de lavage (trouvé dans les placers, dans les dépôts de ciment et de gravier, etc.). Les méthodes d'extrac-tion sont ou mécaniques, ou chimiques, ou l'une et l'autre à la fois. Le lavage est la méthode presque universelle de séparation mécanique. Le chercheur d'or lave la terre ou la roche pulvérisée qu'il suppose en conte-nir, sur le plat d'une pelle, ou dans une casserolle de fer, une écuelle de bois, ou une large cuillère de corne. Les chercheurs d'or américains appellent cette opération pan-ning, passage à la casserole. On se sert aussi de différents autres appareils pour obtenir l'or par le lavage. Un des plus communs est la vanne. C'est généralement une longue auge de bois inclinée, dans laquelle on jette la poussière à la pelle, et où coule constamment un courant d'eau rapide. La vanne ordinaire est une série de grandes boîtes en bois, de 12 pieds de long chacune, de 40 à 50 cen-tim. de large et profondes de 25 à 35 cen-tim. L'inclinaison est d'ordinaire de 25 à 30 centim. pour chaque boîte. On se sert très généralement du vif-argent pour retenir l'or plus facilement. L'amalgame et le mercure retirés de la vanne sont soumis à un panning pour les séparer du sable, etc., puis pressés dans une peau de daim ou une toile pour enlever le vif-argent liquide. L'amalgame est alors passé à la cornue, le vif-argent, qui passe au-dessus de la cornue, est condensé dans de l'eau et se retrouve ainsi, tandis que l'or reste sous forme de masse poreuse d'un jaune clair, appelée or de cornue, et constituant généralement de 35 à 40 p. 100 du poids de tout l'amalgame. Le célèbre pro-cédé hydraulique inventé dans le comté de Placer (Californie) en 1852, consiste à laver toute la surface et la masse sous-jacente des dépôts aurifères, avant de les passer à la vanne. Cela s'effectue au moyen de courants d'eau sous une grande pression hydraulique. Des centaines de kilomètres de fossés et de canaux, conduisent aujourd'hui pour ces opé-rations l'eau des hauts courants de la Sierra ; on fait sauter d'un coup des mines de 5 à 50 tonnes de poudre pour préparer le terrain à l'action des eaux ; on se sert de la nitrogly-cérine et de la mèche de diamant pour per-cer des conduits de drainage; des abîmes de 4,000 pieds de profondeur verticale sont tra-versés par d'immenses tuyaux de fer qui portent l'eau aux points isolés ; et à l'aide de becs ingénieusement agencés et réglés, des courants, qui n'ont pas moins de six pouces de diamètre se déchargent sous des pressions qui dépassent quelquefois 400 pieds de co-lonne hydraulique, avec une vitesse de 140 pieds et plus par seconde, débitant dans ce même temps plus de 1,600 livres d'eau. L'eau, lorsqu'elle jaillit de ces becs, paraît au toucher aussi rigide qu'une barre d'acier, et elle frappe le banc de gravier en le creu-sant avec une puissance énorme. Les lourds galets sont lancés, çà et là comme de petits cailloux ; l'argile, la terre, le gravier, désa-grégés par le torrent, sont emportés dans le système de vannes. — L'or de quartz s'extrait le plus souvent en pulvérisant d'abord la matière, puis en le lavant et en l'amalga-mant. Les pilons mécaniques, les rouleaux de fer, les plaques tournantes, les tambours pleins de boules de fer, les moulins chiliens, les arrastras, les mâchoires broyantes, telles sont quelques-unes des machines employées pour pulvériser le roc. Les mâchoires à broyer s'emploient beaucoup pour réduire tout d'a-bord le roc en fragments convenables pour les rouleaux ou les pilons. On regarde ordi-nairement l'écrasement par le pilon comme le plus économique et le plus efficace moyen de pulvériser le minerai. Les meilleurs pilons mécaniques sont, dit-on, ceux de la Californie et de la Nevada. Ils se composent de batteries contenant trois, quatre, cinq ou six pilons chacune ; le nombre ordinaire est cinq. Chaque batterie manœuvre dans une boîte ou mortier de fer fondu, au fond de laquelle sont placés des blocs de fer trempé appelés dés, qui reçoivent le choc des pilons. Le roc en fragments arrive en quantité suffisante dans le mortier et est écrasé entre les dés et les pilons. Les pilons tombent d'une hauteur de 15 à 30 centim., avec une vitesse qui varie entre 25 à 90 chutes à la minute. L'eau coule dans le mortier avec le minerai qui y entre, et la matière, dans un état de très grande division, est rejetée par les pilons contre les toiles métalliques ou des feuilles de fer perforées, fixées dans les parois du mortier. Cette mixture de minerai écrasé et d'eau est traitée différemment suivant les lieux pour l'extraction de l'or. Dans les établissements les mieux organisés, le courant qui emporte les sédiments est conduit à travers une succession d'appareils, dont chacun est destiné à retenir une portion de l'or qui a échappé au premier. Les rebuts définitifs s'appellent *tailings*, « les queues » ; on les recueille d'ordinaire dans des réservoirs, on les y laisse reposer, et ensuite on les met en tas. — Les méthodes de traitement pour les minerais d'or pyriteux sont : 1° l'extrême pulvérisation du minerai, mettant en liberté, autant que cela est possible mécaniquement, les parcelles d'or ; 2° l'amalgamation des résidus pyriteux dans des vases où l'on verse des matières chimiques destinées à en faciliter la décomposition ; 3° le traitement par le chlore ; 4° la fonte. Le traitement par le chlore est employé en Amérique depuis une trentaine d'années. Le principe qui préside à ce travail est la transformation de l'or métallique par le chlore gazeux en un chlorure d'or soluble, qui peut se dissoudre dans l'eau froide et faire un précipité métallique avec le sulfate de fer. Ce précipité peut alors être filtré, séché, soumis à l'action de fondants appropriés, et amené à l'état d'or malléable. Les procédés d'extraction par la fonte sont les mêmes que pour l'argent.

* **ORACLE** s. m. (lat. *oraculum*). Réponse que les païens s'imaginaient recevoir de leurs dieux : *les oracles étaient ordinairement ambigus.* — LES ORACLES DES SIBYLLES, LES ORACLES SIBYLLINS, les prédictions attribuées aux sibylles. — Divinité même qui rendait des oracles : *consulter les oracles.*

> Ils iront bien, sans nous, consulter les oracles.
> J. RACINE. *La Thébaïde*, acte II. sc. 1ᵉ.

— PARLER COMME UN ORACLE, très bien parler. — PARLER D'UN TON D'ORACLE, AVOIR UN TON D'ORACLE, affecter un ton confiant, imposant, sentencieux, qui commande la croyance. — S'EXPRIMER EN STYLE D'ORACLE, s'exprimer d'une manière ambiguë, obscure. — Se dit, fig., des vérités énoncées dans l'Écriture sainte, ou déclarées par l'Église : *les oracles de la sainte Écriture.* — LES ORACLES DE LA JUSTICE, les arrêts, les sentences, les décisions des tribunaux ; *ce grand magistrat était digne de rendre les oracles de la justice.* — Fig. Décisions données par des personnes d'autorité ou de savoir : *ses discours sont des oracles.* — Personnes mêmes qui donnent des sortes de décisions : *il passe pour un oracle dans son parti.* — ORACLE D'EPIDAURE, nom que l'on donne quelquefois aux pronostics de la médecine, parce que le dieu Esculape avait un temple à Epidaure.

> Fatal oracle d'Épidaure,
> Tu m'as dit : Les feuilles des bois,
> A tes yeux jauniront encore
> Mais c'est pour la dernière fois.
> MILLEVOYE.

— ENCYCL. Dans les religions anciennes, l'oracle était la révélation attribuée à quelque divinité, en réponse aux questions des hommes. Ce terme s'appliquait aussi au lieu où se faisaient ces révélations. Les réponses se donnaient soit par la bouche des prêtres ou des prêtresses, soit par d'autres signes. Il y avait 22 oracles où l'on consultait Apollon ; le plus célèbre était celui de Delphes. (Voy. DELPHES.) Les autres principaux se trouvaient à Abæ, en Phocide ; à Didyme, près de Milet ; à Clarus, dans le territoire de Colophon ; à Ismenium, en Béotie ; à Patara et à Telmesse, en Lycie. Les plus importants oracles de Jupiter étaient à Olympie en Elide, et à Dodone en Épire : ce dernier était le plus ancien et le plus fameux. Il y avait aussi un oracle de Jupiter Ammon en Libye, lequel était en décadence dès le temps de Strabon. Parmi les autres divinités, Cérès présidait à Patræ, en Achaïe, et l'on consultait Mercure à Pharæ, et aussi en Achaïe. Il y avait un oracle de Pluton et de Proserpine près de Nysa en Carie. Pausanias appelle l'oracle d'Amphilochus, à Mallus (Cilicie), le plus digne de foi qu'on connût de son temps. L'oracle de Trophonius, à Lébadée (Béotie), fut tenu dans la plus haute estime jusqu'à une période très avancée. Esculape avait de nombreux oracles ; le plus célèbre était celui d'Épidaure (Argolide). Les principaux oracles romains étaient ceux de Faune, dans le bois d'Albunea et sur le mont Aventin ; ceux de la Fortune, et celui de Mars, qui existait depuis les temps les plus reculés à Tiora Matiena.

ORADOUR-SUR-VAYRES, ch.-l. de cant., arr. à 12 kil. S.-S.-O. de Rochechouart (Haute-Vienne) ; 4,000 hab. Grande exploitation de marne.

* **ORAGE** s. m. (gr. *aura*, souffle). Tempête, vent impétueux ; grosse pluie ordinairement de peu de durée, et quelquefois accompagnée de vent, de grêle, d'éclairs et de tonnerre : *sauvons-nous avant que l'orage vienne.* — Fig. Malheurs dont on est menacé, disgrâces qui surviennent tout à coup, soit dans les affaires publiques, soit dans la fortune des particuliers : *laissez passer l'orage, vos ennemis se lasseront de vous persécuter.* — Reproches et emportements que l'on essuie de la part de ses supérieurs : *une tête est fort en colère, vous allez essuyer un grand orage.*

> L'estime où l'on vous tient a dissipé l'orage.
> MOLIÈRE. *Tartufe*, acte IV, sc. v.

— Tumulte de la société, agitation du cœur humain : *les orages de la vie ne sauraient l'atteindre dans sa retraite.*

* **ORAGEUSEMENT** adv. D'une manière orageuse : *la séance commença fort orageusement.*

* **ORAGEUX, EUSE** adj. Qui cause de l'orage, qui menace d'orage : *le temps est orageux.* — Sujet aux orages : *une mer orageuse.* — Troublé par l'orage : *nous avons eu une soirée, une nuit orageuse.* — Se dit, fig., dans les mêmes acceptions qu'au propre, en parlant de la vie, de la société, des États, des assemblées, de l'âme, de la santé : *mener une vie orageuse ; ce peuple ne connut qu'une liberté orageuse.*

ORAIRE s. m. (lat. *orare*, prier). Liturg. Partie du vêtement sacerdotal plus connu sous le nom de ÉTOLE.

* **ORAISON** s. f. (lat. *oratio*; de *orare*, prier). Gramm. Discours, assemblage de mots qui forment un sens complet, et qui sont construits suivant les règles grammaticales : *les parties d'oraison ou de l'oraison sont les différentes espèces de mots.* — Ouvrage d'éloquence composé pour être prononcé en public : *une oraison dans le genre démonstratif.* Ne s'emploie jamais en parlant que dans le didactique, ou en parlant des discours des anciens orateurs. Pour les ouvrages modernes, il n'est plus usité qu'en parlant de certains discours prononcés à la louange des morts, particul. dans la chaire sacrée et qu'on nomme ORAISONS FUNÈBRES : *les oraisons funèbres de Bossuet.* — Prière adressée à Dieu ou aux saints : *oraison vocale, mentale, jaculatoire.* — Communication de l'âme avec Dieu sans l'intermédiaire des paroles et d'aucune formule de prières : *l'état d'oraison.*

* **ORAL, ALE, AUX** adj. (lat. *oralis*; de *os, oris,* bouche). Qui passe de bouche en bouche. N'est guère usité qu'au féminin et dans ces deux locutions, LOI ORALE, TRADITION ORALE, loi, tradition non écrite, mais transmise de bouche en bouche. — Qui est dit de vive voix, par opposition à écrit : *enseignement oral.*

ORAN. I. province d'Algérie, sur la Méditerranée, s'étendant sur une longueur de 180 kil., de l'embouchure du Chélif, à l'E., à l'O ; 289,615 kil. carr. ; 330,000 hab., dont les quatre cinquièmes Arabes. Parmi les cours d'eau sont le Chélif, la Makra et la Tafna. Une grande partie du sol est fertile, et de grandes étendues sont couvertes de forêts. La province se divise administrativement en deux districts, Oran et Mostaganem. Les principales villes de la côte sont : Oran, Arzeu et Mostaganem, et, à l'intérieur, Tlemcen et Mascara. — II. (*Madaurum, Aeram, Auranum ;* ar. *Ouaharan; de ouahar,* lieu escarpé), grande et belle ville maritime d'Algérie, ch.-l. de la province de son nom, à 360 kil. O.-S.-O. d'Alger, par 35° 44' lat. N. et 2° 60' long. O. ; 60,000 hab. C'est une place défendue autant par sa situation sur les deux flancs d'un ravin, que par les fortifications qu'y élevèrent successivement les Espagnols et les Français. Elle est riche, bien bâtie, au fond d'une baie, à l'embouchure de l'Oued-el-Ralihi. Son climat est sain, quoique extrêmement chaud ; elle est peuplée d'Espagnols presque autant que de Français ; son industrie s'est développée avec une grande rapidité ; son port a été amélioré, ne vaut pas celui de Mers-el-Kébir, qui se trouve à 8 kil. N.-O. de là, sur la même baie. — Oran se peupla de Maures espagnols fugitifs, après la prise de Grenade et pendant les persécutions religieuses qui suivirent. Elle fut quelque temps le centre principal de la piraterie barbaresque ; mais le cardinal Ximénès ayant équipé, en grande partie à ses frais, une puissante armée espagnole, parvint à la réduire, par suite de la trahison d'un juif, et fit ou laissa massacrer toute la population musulmane (1509). Les Espagnols perdirent la ville en 1708, la reprirent en 1732 et l'évacuèrent définitivement en 1791, à la suite d'un tremblement de terre et après avoir dépensé des sommes considérables à la fortifier. Les Français s'y établirent en 1831 et construisirent de nouvelles défenses, un arsenal, des casernes, des magasins, etc.

ORANAIS, AISE s. et adj. De l'Oran ; qui appartient à cette province ou à ses habitants.

* **ORANGE** s. f. Fruit à pépins de forme ronde, de couleur jaune doré, d'odeur agréable, et qui a beaucoup de jus : *il y a des oranges amères qu'on appelle bigarades.* — COULEUR D'ORANGE, COULEUR ORANGE, couleur approchant de celle de l'orange : *du taffetas couleur d'orange, couleur orange.* On dit de même : *du taffetas, une robe, un ruban orange.* — S'est dit anciennement pour oranger, de là cette expression encore usitée, FLEUR D'ORANGE : *de l'eau de fleur d'orange.*

ORANGE, *Arausio,* ch.-l. d'arr., à 30 kil. N. d'Avignon (Vaucluse), sur la rive droite de l'Aigues, non loin du Rhône, par 44° 8' 18" lat. N. et 2° 28' 45" long. E. ; 11,000 hab. Ruines d'un amphithéâtre romain et d'un arc de triomphe, haut de 60 pieds ; soie, ga-

rance, truffes; commerce d'eaux-de-vie.
Orange était jadis la cap. de la principauté
qui porte son nom.

ORANGE [o'-rann-dje], ville de l'état de
New-Jersey (États-Unis), à 6 kil. N.-O. de Newark, et à 25 kil. O. de New-York; 10,818 hab.
Le pays environnant est très sain, et très
fréquenté par les personnes qui font des
affaires à New-York. La montagne d'Orange
a une hauteur uniforme de 650 pieds environ
avec un large sommet où l'on peut construire
des villas.

ORANGE (Principauté d'), ancienne seigneurie indépendante du S.-E. de la France,
longue de 20 kil. sur 15 kil. de large; aujourd'hui comprise dans le dép. de Vaucluse.
Elle fut successivement tenue par quatre maisons: celle de Giraud Adhemar (jusqu'en 1174),
celle de Baux (1182-1393); celle de Châlons,
qui finit en 1530 avec l'illustre général Philibert, et celle de Nassau-Dillenburg, qui en
acquit la pleine possession en 1570, et la
garda jusqu'à la mort de Guillaume III, roi
d'Angleterre, en 1702. La France obtint définitivement cette principauté par le traité
d'Utrecht (1713). Depuis l'avènement au trône
des Pays-Bas des princes de Nassau-Dietz, qui
continuaient à s'appeler princes d'Orange, ce
titre est donné à l'héritier présomptif de la
couronne de Hollande.

ORANGE (Rivière), fleuve de l'Afrique méridionale, qui naît dans les monts Drakenberg, coule d'abord vers le S.-O., puis vers le
N.-O. reçoit la Vaal et se dirige ensuite vers
l'O. jusqu'à l'Atlantique, où il se jette après
un cours de 1,800 kil. (Voy. CAP. *Colonie du*).

ORANGE (État libre d'), république de
l'Afrique méridionale, comprise entre la rivière Orange au S. et la Vaal au N., à l'O. du
mont Quathlamba, ou Drakenberg, et complètement enveloppée par les possessions
anglaises. Le Gariep ou Vaal la sépare du
territoire Transvaal; 107,439 kil. carr.;
62,000 blancs ou boers (voy. ce mol) et
73,000 indigènes; presque tous les habitants
civilisés appartiennent à l'Église néerlandaise
réformée. — Cap., Bloemfontein (3,000 hab.).
On trouve sur ce territoire des diamants et
d'autres pierres précieuses; mais l'agriculture
est la principale occupation du peuple. Le
pays forme un plateau élevé, renfermant
d'excellents pâturages et abondamment arrosé. Climat est salubre. D'excellentes
routes communiquent avec la colonie du
Cap et Port Natal. Les villes principales
sont, outre Bloemfontein, Smithfield,
Winburg et Harrismith, centres du principal
district agricole. L'organisation politique
est un pure démocratie. *Un président, élu
pour 5 ans, est le suprême magistrat,* et le
congrès (*volksraad*) possède tous les pouvoirs
législatifs. Les 5 districts sont gouvernés par
des landdrosts et des heemraaden. Depuis
quelques années, un grand nombre d'émigrants se sont précipités sur ce pays pour s'y
livrer à la recherche des diamants, dont on
a découvert des gisements sur les rives de la
Vaal, en mai 1870. Les mineurs ont organisé
un gouvernement particulier. Leur principal
établissement est à Du Toit's Pan. — Les
premiers colons du pays furent des boers
hollandais (voy. BOERS), qui déclarèrent leur
indépendance le 23 février 1854 et la firent
reconnaître par l'Angleterre.

ORANGE (Philibert DE CHALONS, prince d'),
capitaine célèbre, né en Franche-Comté vers
1502, mort le 3 août 1530. Irrité contre
François Ier, qui s'arrogeait le droit de suzeraineté sur la principauté d'Orange, il passa
du côté de Charles-Quint. Pris par les Français en 1525, il fut enfermé jusqu'au traité de
Madrid. En 1527, il se trouvait au siège de
Rome et succéda au connétable de Bourbon
dans le commandement des Impériaux.

Vice-roi de Naples l'année suivante, il fit
lever aux Français le siège de cette ville et se
montra cruel et barbare envers les barons
napolitains qui avaient soutenu la cause de
'a France. Il fut tué devant Florence, qu'il
assiégeait.

ORANGÉ, ÉE adj. Qui est de couleur d'o-
range : *taffetas, velours, satin orangé.* —
Substantiv. *L'orangé est une des sept couleurs
primitives données par le prisme.*

ORANGEADE s. f. Sorte de boisson qui se
fait avec du jus d'orange, du sucre et de
l'eau : *boire de l'orangeade.*

ORANGEAT s. m. Espèce de confiture
sèche faite de petits morceaux d'écorce d'o-
range. — Certaines dragées faites d'écorce
d'orange.

ORANGEOIS, OISE s. et adj. D'Orange; qui
appartient à ce pays, à cette ville ou à leurs
habitants.

ORANGER v. a, Techn. Teindre de couleur
orange.

ORANGER s. m. (ar. *narauy*, orange). Bot.
Genre d'aurantiacées, comprenant plusieurs
espèces d'arbres et d'arbrisseaux à feuilles
aromatiques toujours vertes et dont les fruits
reçoivent le nom *d'oranges*. — Les orangers
peuvent se diviser en 5 groupes : 1° ORANGER
A FRUIT DOUX (*citrus aurantium*), dont toutes
les variétés sont cultivées pour leurs fruits et
pour leurs fleurs, dont on fait le néroli et
l'eau de fleurs d'oranger. On distingue :
l'oranger sauvage à fruit doux, à fruit moyen,

Oranger à fruits doux. (Citrus aurantium).

arrondi, jaune doré, à peau un peu chagrinée,
à pulpe jaune; l'*oranger de Chine,* à fruit rond,
moyen, dont la peau est lisse et luisante;
l'*oranger à fruit pyriforme,* à fruit gros, en
forme de poire, à chair jaune au centre,
rouge à la circonférence; cultivé dans le
midi de l'Europe et à Nice; l'*oranger à larges
feuilles,* à fruit gros, sphérique, dont l'écorce
est mince et la pulpe jaune; il est cultivé à
Nice; l'*oranger de Gênes,* à fruit rond, mame-
lonné à la base, à peau un peu chagrinée,
d'un jaune rouge, à pulpe semblable à celle
de l'orange pyriforme; l'*oranger de Nice,*
dont le fruit est très gros, chagriné, jaune
rouge, à pulpe d'un jaune foncé; l'*oranger de
Malte* ou *oranger rouge de Portugal,* à fruit
moyen, rond, chagriné, à pulpe d'un rouge
foncé, également cultivé à Nice; l'*oranger de
Majorque,* à gros fruit jaune foncé, lisse, luisant, dont la peau est assez mince et la pulpe
jaune; l'*oranger multiflore,* à petit fruit rond,
dont l'écorce est mince et la pulpe
jaune; l'*oranger à fruit tardif,* dont le fruit
est gros, un peu chagriné, jaune et doré; la
pulpe est rouge. 2° BIGARADIER (*citrus vulgaris*)
appelé aussi citronnier-oranger, caractérisé
par des rameaux épineux, des feuilles elliptiques, un fruit à surface tourmentée, un peu
rude, rouge oranger foncé, présentant une

écorce amère odorante et un suc acide amer.
Ce groupe comprend une trentaine de
variétés. (Voy. BIGARADIER.) 3° BERGAMOTIER
(*citrus Bergamia*), arbre à rameaux menus
ou munis d'épines courtes, à fleurs petites,
très odorantes, dont les fruits, d'un jaune
pâle, souvent pyriformes, renferment une
pulpe un peu acide et d'un goût très agréable. (Voy. BERGAMOTIER.) 4° LIMONIER (*citrus
limonium*), à rameaux effilés, à feuilles ovales,
oblongues, dentées, à fleurs de grandeur
moyenne, lavées de rouge en dehors, blanches
en dedans; à fruit jaune clair, ovale, oblong,
terminé par un mamelon et qui porte vulgairement le nom de *citron.* (Voy. LIMONIER.) —
Les espèces de ces divers groupes sont originaires de l'Inde tropicale; mais la culture
les a propagées dans toutes les parties chaudes
du globe. Les oranges douces et amères, variétés du *citrus aurantium* et du *citrus vulgaris,*
ne se distinguent les unes des autres par
aucun caractère botanique important. L'orange
amère a une aile plus large au pétiole de
la feuille; la peau du fruit est plus rude, sa
couleur est d'un rouge plus foncé, et son jus
plus sûr et plus amer; toutes les parties de
l'orange amère sont plus fortement aromatiques que celles de l'orange douce. L'orange
a d'abord été introduite en Arabie et en Syrie;
de là elle s'est répandue en Italie, en Sicile
et en Espagne, vers le XIe siècle. La première
importation d'oranges en Angleterre date de
1290, dans une cargaison de fruits assortis
venant d'Espagne. Le temps exigé pour la
maturation de l'orange après la floraison varie
suivant les climats; il est d'environ six mois
et quelquefois de beaucoup plus. On dit
souvent dans les livres de voyage que la floraison et la maturation des fruits sont continues, et que les arbres portent des fleurs,
des fruits verts à tous les degrés de croissance
et des fruits mûrs en même temps. L'arbre
ne fleurit qu'une fois l'an, et la présence des
fruits mûrs à l'époque de la floraison est due
à la coutume qu'on a en certains pays de
laisser le fruit de l'année précédente sur
l'arbre pour qu'il atteigne une plus grande
perfection. En Italie, les fruits du commerce sont cueillis aussitôt la maturité et
même verts encore; mais ceux qu'on garde
pour la consommation intérieure restent à
l'arbre tout l'hiver, et n'atteignent toute leur
qualité qu'au printemps ou à l'été suivant.
— L'orange de Séville du commerce est une
variété d'orange amère, dont on se sert surtout pour faire de la marmelade; sa peau
s'emploie comme aromate tonique dans plusieurs préparations médicinales; elle est
aussi glacée au sucre et employée pour donner du goût aux puddings et autres mets. Les
oranges ordinaires du commerce sont des
sous-variétés de l'orange douce, bien qu'elles
diffèrent grandement de douceur entre elles.
On les distingue par les noms des pays qui
les produisent ou des ports où on les charge:
les oranges de Messine, de Saint-Michel, de
Malte et d'autres pays du sud de l'Europe
sont d'une grosseur moyenne, unies, à peau
assez fine, un peu aplaties, avec un jus très
abondant, mais non très sucré. La mandarine,
ou orange noble, qui est originaire de
Chine, est un fruit petit, aplati, lisse, d'une
riche couleur; lorsque le fruit est complètement mûr, la peau se sépare spontanément
de la pulpe, qui est excessivement abondante
et agréable. En Chine, on l'a en grande estime
et on en fait des présents aux mandarins.
Elle a été introduite en Europe au commencement de ce siècle, et on la cultive aujour-
d'hui en Algérie, aux Açores, au Brésil et
dans d'autres pays. Les oranges de la Havane,
qui viennent aussi d'autres parties des Antilles, sont grosses, très douces, et d'une
peau souvent rugueuse; comme on les importe par cargaisons sans emballage, on les
cueille encore très vertes, et on les voit rare-

ment sur le marché dans leurs meilleures conditions. Il en est de même des oranges de la Floride, qui cependant sont cueillies un peu plus mûres et arrivent avec une qualité un peu supérieure. L'orange sert surtout de fruit de dessert; elle fournit un breuvage rafraîchissant dans les fièvres; mais les produits utiles de l'arbre ne se réduisent pas aux fruits mûrs. Son bois jaunâtre et d'un grain fin s'emploie dans l'incrustation et pour faire de petits objets au tour; les pousses droites, de taille convenable, s'exportent avec l'écorce pour faire des cannes. Les feuilles de l'arbre sont amères et aromatiques, surtout dans l'espèce à fruit amer. Les fleurs de l'oranger, à cause de leur parfum et de leur pure blancheur, sont considérées comme l'élément essentiel des couronnes de mariées et comme le symbole de la virginité; et les fleuristes cultivent cet arbre uniquement pour ses fleurs. L'espèce à fruit amer est préférée pour cet objet, parce que ses fleurs sont plus odorantes et qu'il y a des espèces à fleurs abondantes doubles, particulièrement propres à cet usage. Par leur distillation dans l'eau, les fleurs d'oranger donnent une huile essentielle, l'essence ou huile de néroli, l'eau dont cette huile est séparée se vend sous le nom d'eau de fleur d'oranger. L'huile de néroli s'appelle ainsi parce qu'elle fut employée au XVIIe siècle par Anne-Marie, femme du prince de Nerola ou Néroli, pour parfumer ses gants. — Les méthodes de culture de l'oranger ne diffèrent guère les unes des autres. C'est dans le sud de la France que cet arbre reçoit probablement la culture la plus systématique et l'émondage le plus judicieux. Il y a trois méthodes pour établir un bois d'orangers: 1° nettoyer un bois d'orangers sauvages, enlever tous les arbres inutiles, et greffer des fruits doux sur ceux qu'on garde; 2° prendre de jeunes arbres sauvages, les mettre dans un terrain préparé, et les y greffer; 3° enfin, les faire venir de graine, les greffer dans la pépinière, et quand ils sont assez grands, les mettre en plantation, comme on le fait pour les autres fruits. Presque tous les sols, excepté l'argile lourde, conviennent à l'oranger; mais dans les sols sablonneux et légers, il faut employer les engrais. Les gelées rigoureuses sont fatales; certains insectes, surtout un coccus, causent de grands ravages dans les cultures d'orangers; une espèce de fungus s'attaque aux fruits et aux feuilles, et il y a une autre maladie, dont on ne connaît pas encore bien la nature, qui fait mourir les jeunes rejetons. En Angleterre, la culture de l'oranger devint populaire au XVIIe siècle, et l'orangerie était regardée comme une partie importante des riches résidences. En donnant aux plantes, en hiver, un abri qui les garantisse de la gelée, sans assez de chaleur pour activer leur végétation, mais avec assez de lumière pour les maintenir en santé, on peut avoir des orangers comme arbres d'ornement dans les climats du nord; mais pour obtenir des fruits satisfaisants, il faut une serre chaude spécialement construite pour ces arbres.

* **ORANGER, ÈRE** s. Celui, celle qui vend des oranges. Se joint ordinairement au mot FRUITIER: un fruitier oranger; une fruitière orangère.

* **ORANGERIE** s. f. Lieu fermé, où l'on met, pendant l'hiver, des orangers en caisse et d'autres plantes frileuses; il a fait bâtir une belle orangerie. — Partie d'un jardin où les orangers sont placés pendant la belle saison.

ORANGETTE s. f. (dimin. de orange). Orange cueillie pour être confite avant qu'elle ait atteint la grosseur d'une noix.

ORANGIN s. m. Bot. Nom vulgaire du fruit d'une espèce de coloquinte.

ORANGISME s. m. Opinion des orangistes.

ORANGISTE s. m. Arboric. Celui qui se livre à la culture de l'oranger.

ORANGISTE s. m. Polit. Partisan de Guillaume d'Orange. — Protestant d'Irlande. Les orangistes ou orangemen [o-rann'-dj-mènn] forment une société politique secrète qui s'intitule officiellement The Loyal orange Institution. Elle se compose exclusivement de protestants, et a pour objets avoués de soutenir et de défendre le souverain régnant de la Grande-Bretagne, la religion protestante, les lois du pays, l'union législative entre la Grande-Bretagne et l'Irlande, et la succession au trône dans la famille royale actuelle, aussi longtemps qu'elle restera protestante. Les membres de cette société se rassemblent en l'honneur du roi Guillaume III, dont ils portent le nom comme « défenseurs de sa glorieuse mémoire ». L'Orange institution a été fondée dans le nord de l'Irlande en 1795, ostensiblement pour contrebalancer l'association secrète romaine catholique appelée « les défenseurs » ou « les hommes à ruban » (ribbonmen). Ces deux associations furent bientôt en hostilité violente l'une avec l'autre, et des rixes en résultèrent fréquemment. En 1836, le grand maître impérial des orangemen, le duc de Cumberland, fut obligé de dissoudre l'institution en Irlande. Elle fut rétablie en 1845, et devint très répandue dans les Iles Britanniques, bien que la loi défende ses processions. Elle a été introduite dans l'Amérique anglaise en 1829, et en 1884, elle y avait 4,200 loges et environ 150,000 membres. Il y a aussi beaucoup de loges dans les Etats-Unis.

* **ORANG-OUTANG** s. m. [o-ran-ou-tan] (malais orang utan, homme de la forêt). Mamm. Genre de grands singes anthropoïdes sans queue, que l'on trouve au S.-E. de l'Asie, dans les îles Bornéo à Sumatra. L'orang-outang (pithecus, Geoff.; simia, Linn. et Illig.) est le singe qui se rapproche le plus de l'homme. — pl. des orangs-outangs. L'orang que l'on voit le plus souvent dans les ménageries est le pithecus satyrus (Geoff.), le pongo de certains auteurs, et le mias des na-

Orang-outang (Pithecus satyrus).

turels de Bornéo. Le pongo ou orang adulte est plus fort et moins anthropoïde que le chimpanzé; il représente en Asie le gorille d'Afrique, et sa taille varie entre 5 et 7 pieds. Le pongo de Bornéo a de longs poils clairsemés d'une couleur fuligineuse, presque noire en certains endroits; le mâle adulte a sur les os des joues de grosses protubérances graisseuses, qu'on ne retrouve pas dans l'espèce de Sumatra; les jeunes individus, à Bornéo comme à Sumatra, sont d'un brun plus roux. Ces animaux aiment les contrées basses et marécageuses, bien boisées, car toute leur structure les rend éminemment propres à vivre sur les arbres; ils font rarement beaucoup de chemin à terre, et alors ils marchent à quatre pattes, ou en balan-

çant leur corps gauchement en avant, et en s'appuyant à terre sur les jointures de leurs doigts repliés. Ils construisent une espèce de nid dans les arbres, y passent la nuit, ne le quittant que tard dans la matinée, lorsque le soleil a dissipé la rosée et complètement réchauffé l'air. Ils ne vivent pas en société; mais les petits restent quelque temps avec leurs parents. Leur nourriture se compose de fruits, de noix, de plantes tendres, de feuilles, de pousses, et, à l'état de nature, elle est exclusivement végétale. Les naturels disent qu'ils attaquent toujours le crocodile, de même qu'ils sont toujours attaqués par lui. En captivité, leur caractère est doux et affectueux, leur attitude est sérieuse et souvent mélancolique; ils ont une intelligence et une faculté d'imitation considérables, et ils apprennent à aimer la nourriture variée de l'homme, surtout ses boissons, telles que liqueurs fortes et café.

ORANIENBAUM [o-ra'-ni-enn-baomm], ville de Russie, sur le golfe de Finlande, à 40 kil. O. de Saint-Pétersbourg, vis-à-vis de Cronstadt; 4,043 hab. Célèbre par son palais impérial et son parc magnifique. Le palais se compose de trois bâtiments reliés par des colonnades et entourés de tous côtés par des jardins et des orangeries, d'où son nom.

ORANT s. m. (lat. orans). Personnage représenté sur les images religieuses dans l'attitude de la prière.

* **ORATEUR** s. m. (lat. orator). Celui qui compose, qui prononce des discours, des ouvrages d'éloquence: c'est un grand orateur. — Par antonomase, L'ORATEUR ROMAIN, Cicéron. — ORATEUR SACRÉ, auteur de sermons, d'oraisons funèbres: Bossuet, Bourdaloue et Massillon sont nos premiers orateurs sacrés. On dit dans le même sens, ORATEUR ÉVANGÉLIQUE, ORATEUR DE LA CHAIRE. — ORATEUR DU BARREAU, avocat plaidant: Gerbier est au premier rang des orateurs du barreau. — En Angleterre, L'ORATEUR, le président de la chambre des communes.

* **ORATOIRE** adj. (lat. oratorius; de orator, orateur). Appartenant à l'orateur: figure oratoire. — ART ORATOIRE, art de parler en public. Aristote divisait l'art oratoire en trois branches: le démonstratif, le délibératif et le judiciaire. L'art oratoire comprend le domaine de la rhétorique ou la composition et l'élocution, cette dernière division renfermant l'intonation, le débit, la prononciation et le geste dont l'expression de la physionomie est une partie. L'histoire de l'art oratoire remonte aux temps les plus reculés. L'âge d'or de la Grèce est l'âge de ses plus grands orateurs; Périclès ouvre glorieusement la liste, dont le plus grand nom est Démosthène. L'art oratoire romain atteignit son apogée avec Cicéron, et déclina avec la décadence de la liberté romaine. Au IVe et au Ve siècle, les prédicateurs chrétiens eurent une grande réputation d'éloquence, et parmi eux, on donne généralement la prééminence à saint Jean Chrysostome. Le moyen âge ne nous offre que l'éloquence de Pierre L'Ermite, d'Abélard, de saint Bernard, de François d'Assise, de Thomas d'Aquin et de quelques autres ecclésiastiques; la réforme fit surgir la rude mais puissante prédication de Luther, en contraste avec la dignité de Mélanchthon. La plus grande éloquence de la génération suivante se trouve dans la chaire catholique française, où Bossuet, Fénelon, Massillon et Bourdaloue élevèrent l'éloquence religieuse à son apogée. Le XVIIIe siècle vit la merveilleuse éloquence parlementaire de Chatham et de Pitt, de Shéridan, de Burke et de Fox. La révolution américaine donna naissance à l'éloquence de James Otis et de Patrick Henry, et la révolution française inspira Camille Desmoulins, Mirabeau, Vergniaud, Ba-

rère, Robespierre, etc. Les temps plus récents s'honorent des sermons éloquents de Robert Hall et de Thomas Chalmers, et de l'éloquence politique de lord Brougham et de Canning, de M. Gladstone et de John Bright, de Berryer, de Guizot, de Gambetta, d'O'Connel et de Kossuth. Aux Etats-Unis, les discours sénatoriaux de Clay, de Calhoun et de Webster peuvent soutenir la comparaison avec les harangues les plus parfaites de tous les temps.

* **ORATOIRE** s. m. (lat. *oratorium; de orare*, prier). Petite pièce qui, dans une maison, est destinée aux actes de dévotion : *il était retiré, enfermé dans son oratoire.* — LA CONGRÉGATION DE L'ORATOIRE, ou simplement, L'ORATOIRE, s'est dit d'une congrégation d'ecclésiastiques établie en France par le cardinal de Bérulle, au commencement du dix-septième siècle : *les pères de l'Oratoire.* — Maison et église de la congrégation de l'Oratoire : *j'ai été ce matin à l'Oratoire.*

* **ORATOIREMENT** adv. D'une manière oratoire : *c'est parler oratoirement.*

* **ORATORIEN** s. m. Membre de la congrégation de l'Oratoire : *Massillon était oratorien.* On disait adjectiv., LES PÈRES ORATORIENS. — ENCYCL. Les oratoriens forment une société religieuse, fondée par saint Philippe de Néri en 1564. Les membres vivent en communauté et ne font pas de vœux spéciaux. La société resta confinée, ou à peu près, en Italie, jusqu'en 1848, époque où deux maisons furent fondées en Angleterre par John-Henry Newman à Londres et à Edgbaston, près de Birmingham. — On donne aussi le nom d'oratoriens à un ordre fondé en France en 1611 par l'abbé (plus tard cardinal) de Bérulle, sous le nom de *Prêtres de l'oratoire de Jésus.* Son but était la restauration de la discipline ecclésiastique dans le clergé. La congrégation se distingua bientôt par le grand nombre et l'éminence de ses savants, qui s'engagèrent ardemment dans la controverse janséniste, et se divisèrent en partis janséniste et antijanséniste. Après que la révolution française eut éclaté, l'ordre fut dissous. Une nouvelle congrégation fut rétablie, en 1852, par le P. Pététot, sous le nom de l'*Oratoire de l'Immaculée Conception.*

* **ORATORIO** s. m. Terme emprunté de l'italien. Espèce de drame en latin ou en langue vulgaire, divisé par scènes à l'imitation des pièces de théâtre, dont le sujet est toujours religieux, et qu'on met en musique pour l'exécuter ordinairement dans une église, pendant le carême ou en d'autres temps : *composer, exécuter un oratorio.* — L'oratorio est une composition de musique sacrée, consistant en airs, récitatifs, duos, trios, chœurs, etc., avec accompagnement d'orchestre complet. Le sujet se prend généralement dans l'Ecriture, et le texte se chante et se récite sans rien des accessoires des représentations théâtrales. L'oratorio est une forme modifiée des mystères ou tragédies religieuses du moyen âge On en attribue généralement l'origine à saint Philippe de Neri, qui, en 1564, fonda la congrégation de l'Oratoire à Rome, dont un des objets était de rendre attrayants les offices religieux. Toutefois, la signification actuelle du mot, on ne produisit pas d'oratorios avant le milieu du XVII° siècle.

ORB (L'), *Orbis*, rivière qui naît près du Caylar (Hérault), passe à Béziers et se jette dans la Méditerranée près de Port-Vendres, après un cours de 110 kil.

* **ORBE** adj. (lat. *orbus*, privé de). Chir. N'est guère usité que dans cette locution, Coup ORBE, coup qui n'entame pas la chair, mais qui fait une forte contusion, une grande meurtrissure.

* **ORBE** s. m. (lat. *orbis*, cercle). Astron.

Cercle. Particul. — Espace que parcourt une planète dans toute l'étendue de son cours : *l'orbe de Saturne, de Vénus.* — LE GRAND ORBE DE LA TERRE, le chemin que la terre fait tous les ans autour du soleil. On dit plus ordinairement et mieux, dans le même sens, ORBITE. — En poésie, signifie quelquefois, globe, en parlant des corps célestes.

ORBE (L'), rivière de Suisse, qui a sa source au lac des Rousses, traverse le lac de Joux et se jette dans celui de Neufchâtel, après un cours de 60 kil. Au sortir du lac de Joux, l'Orbe disparaît dans les rochers en amont de Vallorbe et reparaît 5 kil. plus bas.

ORBEC-EN-AUGE, ch.-l. de cant., arr. et à 20 kil. S.-E. de Lisieux (Calvados), sur l'Orbiquet, dans une charmante et fertile vallée ; 3,000 hab. Gros draps, tanneries, bonneterie.

* **ORBICULAIRE** adj. (lat. *orbicularis*; dimin. de *orbis*, cercle). Didact. Qui est rond, qui va en rond : *figure orbiculaire.*

* **ORBICULAIREMENT** adv. En rond : *cette machine se meut orbiculairement.*

ORBICULE s. f. (lat. *orbiculus*, petit cercle). Moll. Genre de mollusques brachiopodes, comprenant un petit nombre d'espèces vivantes ou fossiles.

ORBICULÉ, ÉE adj. Hist. nat. Qui a la forme orbiculaire.

ORBIÈRE s. f. (lat. *orbis*, cercle). Morceau de cuir rond, percé au centre, qu'on met sur chacun des yeux du cheval ou de toute autre bête de trait afin qu'l'animal ne puisse voir que devant lui.

ORBIGNY. I. (Alcide DESSALINES D'), naturaliste français, né à Couëron (Loire-Inférieure) en 1802, mort à Pierrefitte (Seine) en 1857. Le gouvernement l'envoya dans l'Amérique du Sud en 1826 ; il alla jusqu'à fond le pays, et y recueillit de grandes collections zoologiques et botaniques. Il revint en 1833, fit des cours au muséum d'histoire naturelle (1836-'53) et publia : *Voyage dans l'Amérique du Sud* (1834-'52), 9 vol. in-4°) ; *Paléontologie française* (1840-'54, 14 vol.), etc. — II. (Charles DESSALINES D'), naturaliste et frère du précédent, né à Couëron (Loire-Inférieure) en 1802, mort à Paris en 1876. Il a laissé : *Dictionnaire universel d'histoire naturelle* (24 vol., 1839-'49). A partir de 1835, il fut employé au Muséum d'histoire naturelle.

* **ORBITAIRE** adj. Anat. Qui a rapport à l'orbite de l'œil : *arcade orbitaire.*

* **ORBITE** s. f. ou s. m. (lat. *orbita*; de *orbis*, cercle). Didact. Route, chemin que décrit une planète par son mouvement propre : *l'orbite de Saturne, de Jupiter*, etc. — Anat. L'ORBITE DE L'ŒIL, la cavité dans laquelle l'œil est placé : *le coup a été si violent, qu'il s'en est peu fallu que mon œil ne sortît de son orbite.*

ORBITÉ s. f. (lat. *orbitas*; de *orbus*, privé). Etat de privation.

ORBITELLO, ville de Toscane (Italie), à 100 kil. de Sienne, sur le petit lac qui porte son nom ; 3,000 hab. Orbitello fut prise par les Français en 1646.

ORCADES (Les). Voy. ORKNEY.

ORCAGNA, ou **Orgagna** (ANDREA DI CIONE), artiste italien du XIV° siècle. Il était fils du sculpteur florentin Cione, et fut surnommé *L'Archangelo* (l'Archange), d'où, par corruption, Orcagna. Ses fresques du Campo Santo, à Pise, représentant *Le Triomphe de la Mort, Le Jugement dernier* et *L'Enfer*, aujourd'hui presque effacées, furent d'une grande utilité à Michel-Ange et à Raphaël. Vasari le place plus haut comme sculpteur et architecte que comme peintre. Son chef-d'œuvre en architecture fut la *Loggia de' Lanzi* à Florence, et en sculpture, la *Vierge* de l'église de San Michele.

* **ORCANÈTE** s. f. Plante de la famille des bourraches, dont la racine sert à teindre en rouge.

ORCHÉSOGRAPHIE s. f. [or-kè-zo-gra-fî] (gr. *orkêsis*, danse; *graphein*, décrire). Description de la danse; art de faire cette description.

* **ORCHESTIQUE** adj. m. [or-kèss-ti-ke] (rad. *orchestre*). Antiq. Art de la danse et de la pantomime chez les anciens. — Adj. GENRE ORCHESTIQUE, celui des deux genres principaux de la gymnastique ancienne, qui embrassait tout ce qui avait rapport à la danse et à l'exercice de la paume.

ORCHESTRAL, ALE, AUX adj. Qui appartient, qui a rapport à l'orchestre : *Lulli est le créateur de la musique orchestrale française.*

* **ORCHESTRATION** s. f. Mus. Manière dont les parties d'un orchestre sont combinées entre elles : *une savante orchestration.*

* **ORCHESTRE** s. m. [or-kèss-tre] (gr. *orkestos*). C'était, dans le théâtre des Grecs, le lieu où l'on dansait ; et, dans le théâtre des Romains, le lieu où se plaçaient les sénateurs et les vestales. C'est, parmi nous, le lieu où l'on place les musiciens. — Réunion de tous les musiciens d'un théâtre, d'un concert, d'un bal : *un orchestre excellent, bien composé.* — Plusieurs rangs de banquettes destinées à des spectateurs, et qui sont placées entre l'orchestre des musiciens et le parterre : *une place, un billet d'orchestre.*

* **ORCHESTRER** v. a. Mus. Arranger pour l'orchestre une composition musicale.

ORCHESTRINO s. m. Mus. Instrument à clavier, dont les cordes sont mises en vibration par un archet ou par une roue qui en tient lieu.

ORCHESTRION s. m. Mus. Nom donné à une espèce d'orgue portatif ou à un piano-orgue très employé en Belgique.

ORCHIDÉ, ÉE adj. [or-ki-dé]. Qui ressemble ou qui se rapporte au genre orchis. — * s. f. pl. Grande famille de plantes monocotylédones apérispermées, dont le genre type est l'*orchis* et qui comprend plus de 4,000 espèces herbacées, vivaces, ordinairement parasites ou grimpantes. Les orchidées se trouvent à peu près dans tous les pays, excepté dans ceux qui sont situés sur les confins de la zone glaciale, et ceux qui souffrent d'une sécheresse excessive. Dans le nord, les espèces sont terrestres, habitant d'ordinaire les lieux marécageux et les bois ombreux ; dans les pays tropicaux beaucoup d'entre elles sont épiphytes, croissant sur les branches des arbres dans les forêts épaisses et humides, sans contact avec la terre. L'Angleterre a dix espèces d'orchis. Quoique si nombreuse, la famille des *orchidées* ne donne que peu de produits utiles; le plus important pour le commerce est la gousse de plusieurs espèce de vanille. Les tubérosités de certaines espèces contiennent une sorte de fécule nutritive associée à une gomme particulière; on la recueille, on la fait sécher, et elle se trouve dans le commerce sous le nom de salep. Les orchidées comptent parmi les plus précieuses des fleurs cultivées, les unes pour leur beauté, d'autres pour leur parfum, d'autres pour l'étrangeté de leurs formes. Les ressemblances qu'elles affectent sont quelquefois merveilleuses; dans une espèce, les fleurs sont absolument semblables à la bouche d'une seiche; dans une autre, à une grosse araignée; dans plusieurs autres, à différents insectes. Un des exemples les plus remarquables est celui de l'oncidior papillon, *oncidium papilio*, dont les fleurs sont, pour la taille, la figure et la couleur, semblables à un éclatant papillon. Dans la *peristeria*, l'épi floral prend une forme qui se rapproche de celle de la tourterelle. (Voy. PLANTE DU SAINT-ESPRIT.) Chez les riches amateurs de fleurs, la culture des orchidées devient souvent une passion, et ils paient des prix presque incroyables pour de beaux échantillons d'espèces rares. Ces plantes n'atteignent une grande taille que très lentement. Quelques orchidées sont remarquables pour la durée de leurs fleurs, ce qui les rend particulièrement utiles dans les décorations florales. On divise ordinairement les orchidées en 7 tribus : 1° *malaxidées*; 2° *épidendrées*; 3° *vandées*; 4° *ophrydées*; 5° *arélusées*; 6° *néottiées*; 7° *cypripédiées*.

ORCHIES, *Origiacum*, ch.-l. de cant., arr. et à 18 kil. N.-E. de Douai (Nord); 4,000 hab. Brasseries, huileries, tanneries; grains, bestiaux.

ORCHIOTOMIE s. f. (gr. *orkis*, testicule; *tomê*, section). Chir. Ablation du testicule.

ORCHIS s. m. [or-kiss] (gr. *orchis*, tubercule). Bot. Genre type de la famille des orchidées, tribu des ophrydées, comprenant de nombreuses espèces de plantes herbacées à racines formées de deux tubercules ovales, et dont les fleurs en épi ont leur corolle divisée en six pétales et prolongée à sa base en éperon. On trouve aux environs de Paris une dizaine d'espèces d'orchis. L'*orchis taché* (*orchis maculata*) porte les fleurs blanches ou purpurines, marquées de lignes ou de taches; à labelle presque plan; l'*orchis à larges feuilles* (*orchis latifolia*), à fleurs purpurines en épis compacts, accompagnées de bractées plus longues qu'elles; éperons dirigés en bas; l'*orchis bouffon* (*orchis morio*), à fleurs violacées en épi; etc.

ORCHITE s. f. [or-ki-te] (gr. *orkis*, testicule). Inflammation du testicule. Cette maladie, que l'on nomme aussi *didymite*, peut être aiguë ou chronique. L'*orchite aiguë* a pour cause principale la blennorrhagie, l'équitation, une métastase des oreillons et l'action du froid humide. On observe une *tuméfaction* qui se développe rapidement et l'on éprouve une *douleur* violente au testicule, soit en marchant, soit par la pression; la peau est rouge et tendue, et souvent il y a de la fièvre. Comme traitement, on conseille le repos au lit, des cataplasmes émollients, des bains tièdes et des compresses d'eau blanche, puis, après une dizaine de jours, employer les frictions fondantes. L'*orchite chronique* est plus grave que l'orchite aiguë; ses principales causes sont la scrofule, l'abus du mercure, l'alimentation insuffisante, les maladies de l'urètre, les contusions légères, etc. Comme traitement, on emploie les antiphlogistiques et les sangsues sur le testicule lui-même; purgatifs, etc.

ORCHOMÈNE [or-ko-mè-ne], ville de la Grèce ancienne, dans le N.-O. de la Béotie, à l'endroit où le Céphia se jette dans le lac Copaïs. Homère la cite souvent; elle envoya 30 navires à la guerre de Troie. Elle se soumit aux Thébains après la bataille de Leuctre (374 av. J.-C.), et elle fut admise dans la confédération béotienne; mais, en 367, elle fut accusée de conspirer contre la constitution démocratique, et brûlée. Rebâtie pendant la guerre phocéenne, elle devint pour les Phocéens une place forte; mais, à la fin de la guerre sacrée (346), les Thébains la détruisirent de nouveau. Après la bataille de Chéronée (338), elle fut encore une fois rebâtie, mais elle ne reconquit plus jamais d'importance historique.

ORCIÈRES, ch.-l. de cant., arr. à 52 kil. N.-E. d'Embrun (Hautes-Alpes); sur le Drac, 1,800 hab. Laines, fromages.

ORCINE s. f. Chim. Substance qui paraît exister dans les lichens et que l'on a trouvée dans une espèce de variolaire : C⁷ H⁸ O⁶.

ORD, ORDE adj. (lat. *horridus*, qui fait horreur). Vilain, sale. (Vieux.)

ORDALIE s. f. (anc. all. *urteili*, jugement).

Se dit des diverses épreuves qui étaient usitées dans le moyen âge sous le nom de Jugement de Dieu : l'*ordalie du fer chaud*, de *l'eau froide, du fromage bénit*, etc.

ORDERIC VITAL (*Ordericus Vitalis*), chroniqueur français, né Attingham (Angleterre) en 1075, mort vers 1143. Il passa la majeure partie de sa vie dans un monastère de Normandie, et écrivit en latin une *Histoire ecclésiastique de l'Angleterre et de la Normandie jusqu'à 1141*. La première édition date de 1619. Elle a été traduite en anglais par E. Forestor dans l'*Antiquarian Library* de Bohn (1853-'56, 4 vol.), et en français par Dubois, dans la collection Guizot.

ORDINAIRE adj. (lat. *ordinarius*). Qui est dans l'ordre commun, qui a coutume de se faire, qui arrive communément : *le cours ordinaire de la nature*. — Art milit. Pas ordinaire, le pas le plus lent de ceux qui sont réglés pour les troupes; elles doivent toujours le prendre lorsque celui qui commande n'en indique pas un autre : *la longueur du pas ordinaire est de deux pieds, et sa vitesse de soixante-seize par minute*. — Jurispr. crim. Question ordinaire, se disait des premiers degrés de la torture qu'on faisait subir à un accusé : *arrêt qui ordonne que préalablement l'accusé subira la question ordinaire et extraordinaire*. — S'est dit des officiers de la maison du roi, qui remplissaient leurs fonctions toute l'année, par opposition à ceux qui servaient par quartier : *maître d'hôtel ordinaire*. — S'est dit aussi de quelques autres officiers de la maison du roi, quoiqu'ils ne servissent que par quartier : *gentilhomme ordinaire du roi*. — S'est dit également des conseillers d'État qui siégeaient au conseil toute l'année, à la différence de ceux qui y siégeaient par semestre : *conseiller d'État ordinaire*. Il y a aujourd'hui des conseillers d'État en service ordinaire et d'autres en *service extraordinaire* : ces derniers sont ceux auxquels ont été confiées des fonctions qui les empêchent d'assister au conseil. — S'est dit pareillement des juges, des cours qui servaient toute l'année, à la différence des juges et des cours qui ne servaient que par semestre : *juges ordinaires*. — Juges ordinaires, s'est dit aussi des juges à qui appartenait naturellement la connaissance des affaires civiles ou criminelles; à la différence des juges de privilège, et de ceux qui étaient établis par commission : *il demanda son renvoi par-devant les juges ordinaires*. — Se dit encore des ambassadeurs qu'on envoie résider dans une cour, à la différence de ceux qui sont envoyés pour un objet particulier : *ambassadeur ordinaire*. — S'est dit aussi de certains officiers de guerre : *commissaire ordinaire des guerres*. — s. m. Ce qu'on a coutume de servir pour le repas : *il a toujours un bon ordinaire*. — Portion d'aliments que, dans les auberges, chez les traiteurs, on donne à une personne pour un repas : *prendre un ordinaire chez le traiteur*. — Mesure d'un vin qu'on donne par chaque repas aux domestiques : *il a eu son ordinaire*; et mesure d'avoine qu'on donne le soir et le matin aux chevaux : *mon cheval a-t-il eu son ordinaire?* — Vin d'ordinaire, vin de qualité ordinaire qu'on boit dans le cours du repas chez les gens riches, à la différence des vins plus fins, qu'on boit à l'entremets et au dessert : *un bon vin d'ordinaire*. — Ce qu'on a coutume de faire, ce qui a coutume d'être : *ne vous en étonnez pas, c'est son ordinaire*. — L'ordinaire des guerres, se disait autrefois d'un certain fonds établi pour payer la maison du roi, les commissaires des guerres, et les compagnies de gendarmerie : *cela est assigné sur l'ordinaire des guerres*. — Jurispr. Régler un procès, une affaire à l'ordinaire, ordonner qu'un procès intenté au criminel ne pourra être poursuivi qu'au civil. On dit

dans le même sens, Recevoir les parties a l'ordinaire. — Ordinaire de la messe, prières qui se disent tous les jours à la messe. — Mat. ecclés. Évêque diocésain, ou autorité diocésaine, le siège épiscopal vacant : *il s'est pourvu devant l'ordinaire*. — S'est dit en outre du courrier de la poste, qui partait et qui arrivait à certains jours précis : *l'ordinaire de Lyon*. On dit aujourd'hui, *Je vous écrirai par le premier courrier*. — S'est dit également du jour où le courrier partait ou arrivait : *je ne vous écrirai que cela aujourd'hui, le reste à l'ordinaire prochain*. — pl. Purgations menstruelles des femmes. — A l'ordinaire loc. adv. Suivant la manière accoutumée : *accommodez cela à l'ordinaire*. — D'ordinaire, pour l'ordinaire loc. adv. Le plus souvent : *on se repent d'ordinaire d'avoir trop parlé*.

ORDINAIREMENT adv. Le plus souvent : *cela arrive ordinairement*.

ORDINAL, AUX adj. m. (lat. *ordinalis*; de *ordo*). Qui regarde l'ordre dans lequel les choses sont rangées : *premier, dixième, centième, sont des nombres ordinaux*. — Gramm. Adjectif ordinal, adverbe ordinal, adjectif, adverbe qui sert à indiquer l'ordre dans lequel sont rangées les choses : *premier, second ou deuxième, troisième*, etc., *sont des adjectifs ordinaux; quatrièmement est un adverbe ordinal*. On dit aussi, Nom de nombre ordinal. — Au fém. Différences ordinales, caractères essentiels des divers ordres d'animaux. — Ordinal s. m. Livre anglican qui contient les prières usitées pour célébrer le service divin et pour conférer les ordres.

ORDINAND s. m. (lat. *ordinandus*). Celui qui se présente à l'évêque pour être promu aux ordres sacrés : *examiner les ordinands*.

ORDINANT s. m. (lat. *ordinans*). Évêque qui confère les ordres sacrés.

ORDINATION s. f. (lat. *ordinatio*). Action de conférer les ordres de l'Église : *c'est tel évêque qui a fait l'ordination*. — Les Églises catholique romaine, orientale et anglicane s'accordent à maintenir que l'ordination est une prérogative des évêques. Conséquemment elles nient la validité de l'ordination, et même son existence légitime dans toute Église qui n'a pas d'évêques. Les Églises presbytériennes tiennent que, dans l'Écriture, évêques et prêtres sont identiques. Les vues des autres sectes protestantes à ce sujet ne diffèrent pas essentiellement. Les Églises catholique romaine et orientale regardent l'ordination comme un des sept sacrements dans lesquels est conférée une grâce surnaturelle. Les Églises protestantes croient que ce n'est qu'un rite pour désigner le ministre qui doit accomplir des devoirs ecclésiastiques.

ORDO s. m. Mot emprunté du latin. Livret qui s'imprime tous les ans, pour indiquer aux ecclésiastiques la manière dont ils doivent faire et réciter l'office de chaque jour : *acheter un ordo; les ordo des divers diocèses*.

ORDONNANCE s. f. Disposition, arrangement : *l'ordonnance d'une bataille, l'ordonnance d'un poëme, d'un tableau, d'un bâtiment*. — Règlement fait par une ou plusieurs personnes qui ont droit et pouvoir de le faire : *ordonnance difficile à observer*. — S'est dit particul., dans l'ancien régime, des lois et constitutions des rois de France : *l'ordonnance, les ordonnances de saint Louis*. On disait au pluriel, en termes de Palais, Ordonnances royaux. — Ordonnances du Louvre, recueil des ordonnances imprimées à l'imprimerie royale. — S'est dit, de 1814 à 1848, des règlements et actes faits par le roi, pour l'exécution des lois ou pour des objets d'administration qui ne devaient pas être la matière d'une loi : *toute ordonnance du roi doit être contre-signée par un ministre, qui en est responsable*. — Se prend quelquefois au singulier dans un sens collectif, pour toutes les ordonnances en général : *cela est contraire à l'ordonnance.* — Fam. ÊTRE MEUBLÉ SUIVANT L'ORDONNANCE, n'avoir que les meubles absolument nécessaires que la loi défend de saisir ; et, par extension, être mal meublé. — COMPAGNIES D'ORDONNANCE, se disait autrefois de certaines compagnies de cavalerie qui ne faisaient partie d'aucun régiment : *la compagnie des gendarmes du roi était la première compagnie d'ordonnance.* — HABIT D'ORDONNANCE, habillement uniforme que les officiers et les soldats doivent avoir dans chaque corps militaire, ou dans une certaine compagnie du corps. — Militaires qui sont placés près d'un officier supérieur ou d'un fonctionnaire public pour porter ses ordres et ses messages : *le général envoya une ordonnance le chercher.* On dit dans un sens analogue, OFFICIER D'ORDONNANCE. — Fin. Mandement à un trésorier de payer une certaine somme : *contrôler, viser, réformer une ordonnance.* — Palais. UNE ORDONNANCE DE DERNIÈRE VOLONTÉ, un testament. (Vieux.) — Ce que prescrit le médecin, soit pour le régime à suivre, soit pour les remèdes à faire : *il a fait cela par ordonnance du médecin, par l'ordonnance de tel médecin.* — Écrit par lequel le médecin ordonne quelque chose : *porter l'ordonnance chez l'apothicaire.* — Législ. « Les ordonnances royales rendues de 1814 à 1848 étaient des actes du pouvoir exécutif, équivalents aux décrets du président de la République. (Voy. DÉCRET.) *Les ordonnances du juge* sont des ordres donnés dans les cas déterminés par la loi, soit par le président d'un tribunal ou d'une cour, soit par un autre magistrat; elles sont exécutoires comme tout autre acte judiciaire. — Une *ordonnance de paiement* ou mandat de paiement doit être délivrée par l'administrateur compétent pour qu'une dépense puisse être payée par un comptable de deniers publics. — On donne le nom d'*ordonnance de police* à tout arrêté du préfet de police prescrivant des mesures générales. » (CH. Y.)

* **ORDONNANCEMENT** adv. Adm. Action d'ordonnancer un paiement.

* **ORDONNANCER** v. a. Fin. Écrire au bas d'un état, d'un mémoire, l'ordre d'en payer le montant : *ordonnancer un état de dépense.*

* **ORDONNATEUR** s. m. Celui qui ordonne, qui dispose : *quel architecte a été l'ordonnateur de ce bâtiment?* On lui donne quelquefois un féminin : *elle a été l'ordonnatrice de la fête.* — Celui qui ordonne des payements : *chaque ministre est l'ordonnateur des dépenses de son département.* — Se dit adjectiv. pour qualifier certains administrateurs qui ordonnancent les dépenses de l'armée, de la marine : *commissaire ordonnateur des guerres, de la marine.*

* **ORDONNÉ, ÉE** part. passé de ORDONNER. — Prescrit, réglé.

> Autre incident. Tandis qu'au procès on travaille,
> Ma partie en mon pré laisse aller sa volaille.
> *Ordonné* qu'il sera fait rapport à la cour
> Du foin que peut manger une poule en un jour.
> JEAN RACINE. *Les Plaideurs.*

— Prov. CHARITÉ BIEN ORDONNÉE COMMENCE PAR SOI-MÊME, il est naturel de songer à ses propres besoins, avant de s'occuper de ceux des autres. — UNE TÊTE BIEN ORDONNÉE, un esprit juste et méthodique, une tête dans laquelle les idées sont nettes et bien classées. On dit dans le sens contraire, UNE TÊTE MAL ORDONNÉE. — UNE MAISON BIEN ORDONNÉE, une maison tenue avec beaucoup d'ordre. — Ordonnée s. f. Géom. Ligne droite tirée d'un point de la circonférence d'une courbe perpendiculairement à son axe.

* **ORDONNER** v. a. (lat. *ordinare*; de *ordo, ordre*). Ranger, disposer, mettre en ordre : *les matières ont été bien ordonnées, mal ordonnées dans cet ouvrage.* — Commander, prescrire : *il est plus aisé d'ordonner que d'exécuter.*

> Faites ce que j'ordonne, et venez sur mes pas.
> J. RACINE. *La Thébaïde,* acte Ier, sc. IV.

> Achève, et fais de moi ce que ta haine ordonne.
> J. RACINE. *Alexandre,* acte III, sc. II.

> Je conçois vos douleurs ; mais un devoir austère
> Quand mon père a parlé, *m'ordonne* de me taire.
> J. RACINE. *Andromaque,* acte III, sc. IV.

— ORDONNER DE QUELQUE CHOSE, en disposer : *vous n'avez qu'à ordonner de toutes choses comme il vous plaira.*

> Et seul de tous les Grecs ne m'est-il pas permis
> D'*ordonner* des captifs que le sort m'a soumis ?
> J. RACINE. *Andromaque,* acte Ier, sc. II.

Dans cet emploi, *Ordonner* est neutre. — Fin. Donner à un trésorier l'ordre, le mandement de payer une certaine somme à quelqu'un : *quelle somme vous a-t-on ordonnée pour votre voyage?* En ce sens, il a vieilli. (Voy. ORDONNANCER.) — Mat. ecclés. Conférer les ordres de l'Église : *c'est tel évêque qui l'a ordonné prêtre.* — Absol. *Un évêque ne peut ordonner dans le diocèse d'un autre sans sa permission.*

* **ORDRE** s. m. (lat. *ordo*). Arrangement, disposition des choses mises en leur rang, à leur place :

> .... D'un mot, créateurs ou fléaux,
> Nous allons faire l'ordre ou faire le chaos.
> PONSARD. *Charlotte Corday,* acte IV, sc. VII.

il n'y a point d'ordre dans ce discours, dans cet écrit. — ORDRE DE MARCHE, ORDRE DE BATAILLE, disposition selon laquelle une armée doit être rangée pour marcher ou pour combattre : *faire un ordre de bataille.* — MARCHER EN ORDRE DE BATAILLE, se dit des troupes, lorsqu'elles marchent dans le même ordre où elles combattraient, et gardent les rangs et les intervalles comme en un jour de combat. — Tact. ORDRE MINCE, disposition suivant laquelle une troupe est rangée sur un front très étendu, avec très peu de profondeur. ORDRE PROFOND, disposition suivant laquelle une troupe est rangée sur une grande profondeur. — ORDRE OBLIQUE, disposition d'après laquelle une armée ou un corps de troupes engage le combat par une de ses ailes, en refusant l'autre aile à l'ennemi. — Procéd. ORDRE DES CRÉANCIERS, état qu'on dresse de tous les créanciers d'une personne, d'une succession, pour les payer suivant la date de leur hypothèque : *il est le premier créancier en ordre.* — En parlant d'un État, d'une province, d'une ville, d'une armée, signifie, tranquillité, police, discipline, subordination : *les magistrats chargés d'établir, de maintenir l'ordre, de veiller au bon ordre.* — Se dit aussi en parlant des finances d'un État, de la fortune, des affaires d'un particulier, et signifie, régularité, exactitude, économie : *ce ministre a établi, a rétabli l'ordre dans les finances du royaume.* — Se dit aussi en parlant d'une maison, d'un appartement, d'un jardin, etc., et signifie, arrangement, état des choses qu'ils contiennent : *sa maison, son appartement, son jardin est bien en ordre.* — Absol. Loi, règle établie par la nature, par l'autorité, par les bienséances, par l'usage, etc. : *ce que vous faites là est dans l'ordre, n'est pas dans l'ordre.* — ORDRE SOCIAL, règles qui constituent la société : *les fondements de l'ordre social.* — ORDRE DE CHOSES, système, régime, ensemble des choses. Se dit particul. d'un système de gouvernement, d'administration : *l'ancien ordre de choses; le nouvel ordre de choses.* — ORDRE D'IDÉES, système, ensemble d'idées, classe particul. d'idées relatives à un objet déterminé : *cette réflexion est étrangère à la question, elle appartient à un autre ordre d'idées.* — ORDRE DU JOUR, se dit, dans les assemblées délibérantes, du travail dont on doit s'occuper dans le jour : *on écarta cette proposition, et l'on passa à l'ordre du jour.* — GRAND ORDRE DU JOUR, affaires qui ont le plus d'importance. PETIT ORDRE DU JOUR, celles qui ont le moins d'importance et qu'on traite les premières. (Peu us.) — DEMANDER L'ORDRE DU JOUR, demander qu'on écarte une proposi-

tion incidente et qu'on reprenne le cours de la discussion. — ORDRE DU JOUR MOTIVÉ, résolution par laquelle une assemblée, en passant à l'ordre du jour, exprime un jugement favorable ou défavorable sur la proposition incidente qui lui a été soumise. Quand la résolution n'est accompagnée d'aucun considérant elle s'appelle ORDRE DU JOUR PUR ET SIMPLE. — Fig. ÊTRE A L'ORDRE DU JOUR, se dit d'une chose qui, dans le moment présent, occupe le public et est l'objet de ses discussions. — RAPPEL A L'ORDRE, sorte de blâme que le président d'une assemblée inflige à un des membres qui a manqué au règlement ou aux convenances ; on dit dans le même sens, RAPPELER A L'ORDRE. — METTRE ORDRE, DONNER ORDRE, APPORTER ORDRE, pourvoir : *voilà une mauvaise affaire, mettez-y ordre.* — Classes subordonnées entre elles qui composent un État, une corporation : *il y avait à Rome l'ordre des patriciens, l'ordre des chevaliers et l'ordre plébéien.* — Hist. ecclés. L'ORDRE HIÉRARCHIQUE, les différents degrés de dignité, d'autorité, de juridiction. Se dit, par ext., en parlant de tous les établissements où l'on reconnaît divers degrés d'autorité et de pouvoir subordonnés les uns aux autres. — L'ORDRE DES AVOCATS, compagnie des avocats exerçant près d'une juridiction et inscrits sur le tableau. — Les neuf classes, appelées autrement *chœurs,* dans lesquelles on suppose que les anges sont distribués : *les neuf ordres des anges.* — Fig. Rangs qu'occupent entre eux les esprits, les talents, les ouvrages : *un talent du premier ordre.* — Compagnie dont les membres font ou s'obligent par serment de vivre sous de certaines règles, avec quelque marque extérieure qui les distingue : *l'ordre de Saint-Basile, de Saint-Benoît, des Frères prêcheurs, des Frères mineurs,* etc. — Certaines compagnies de chevalerie que des souverains ont instituées, et dans lesquelles on est admis en raison de sa naissance, de ses services, du son mérite, ou de la faveur du prince : *l'ordre de Saint-Michel.* (Voy. CHEVALERIE.) — En France, CHEVALIER DES ORDRES DU ROI, chevalier de Saint-Michel et du Saint-Esprit ; CHEVALIER DE L'ORDRE DU ROI, chevalier de Saint-Michel ; et simplement, CHEVALIER DE L'ORDRE, chevalier du Saint-Esprit. — Par ext. Collier, ruban ou autre marque d'un ordre de chevalerie : *il porte l'ordre de la Toison, l'ordre de la Jarretière.* — Commandement d'un supérieur : *c'est à lui de donner l'ordre.*

> On cède au plaisir que l'ordre d'une mère.
> COLLIN D'HARLEVILLE. *L'Inconstant,* acte II, sc. XI.

— Mot que l'on donne tous les jours aux gens de guerre pour distinguer les amis d'avec les ennemis : *le gouverneur, le général d'armée donne l'ordre.* On dit aussi, LE MOT DE L'ORDRE, et plus ordinairement, LE MOT D'ORDRE. (Voy. MOT.) — Moment de la journée où le général distribue ses ordres à son armée : *cette nouvelle s'est débitée à l'ordre.* — Publication qu'on se fait par ordre du général : *cet avis, ce trait de bravoure a été à l'ordre de l'armée.* — ORDRE DE MARCHE, DE BATAILLE, manière dont une troupe est disposée pour marcher, combattre ou manœuvrer. — FAIRE BATTRE A L'ORDRE, ordre par une batterie de tambour, les sous-officiers de service pour leur communiquer les ordres qui doivent être transmis à leurs corps respectifs. — Banque, Comm. Affaires. Endossement ou écrit succinct que le propriétaire d'un billet ou d'une lettre de change met au dos de cet effet pour en faire le transport à une autre personne qui en devra recevoir le montant : *mettre un ordre, son ordre au dos d'un billet.* — BILLET A ORDRE, billet payable à la personne qui y est dénommée, ou à telle autre personne qu'il lui conviendra de substituer à sa place. *Je payerai a un tel ou a son ordre,* est la formule d'un billet à ordre. — Nom du sacrement de l'Église, par lequel celui à qui l'évêque le confère, reçoit le pouvoir de faire les fonctions ecclésiastiques : *les ordres sacrés*. — LES QUATRE MOINDRES ORDRES, OU LES QUATRE MINEURS, les ordres de portier, de lecteur, d'exorciste et d'acolyte. — Hist. nat. Une des principales divisions admises dans la classification des animaux, des végétaux, etc : *les ordres sont en général des subdivisions de classes*. — Archit. Proportions, ornements qui distinguent la colonne et l'entablement, dans les diverses manières de construire les édifices : *il y a cinq ordres d'architecture : le toscan ou rustique, le dorique, l'ionique, le corinthien, et le composite*. (Voy. ARCHITECTURE.) — En sous-ordre loc. adv. Subordonnément. (Voy. SOUS-ORDRE.)—**Ordres français de chevalerie** : 1° ORDRES ANCIENS : l'ordre du *Saint-Esprit*, institué par Henri III roi de France et de Pologne (29 déc. 1578 et 1er janv. 1579), pour remplacer celui de Saint-Michel tombé en discrédit. Le roi en était le grand maître. Les membres, au nombre de 100, devaient appartenir à la religion catholique et justifier de trois degrés de noblesse au moins. Devise : *Duce et auspice*. Décoration : croix d'or à huit pointes pommetées d'or, émaillées d'une bordure blanche à fond d'or, avec des fleurs de lis d'or dans les angles; au milieu, une colombe en émail, avec les ailes déployées; au revers, l'image de saint Michel. Large ruban bleu céleste moiré, passé de droite à gauche en forme de baudrier. Collier de fleurs de lis et de trophées d'armes en or. — Cet ordre supprimé en 1791 fut rétabli le 16 nov. 1816; mais on ne le confère plus depuis 1830 et le dernier chevalier créé est le duc de Nemours, reçu en 1829. — L'ordre de *Saint-Louis*, ordre royal et militaire créé par Louis XIV au mois d'avril 1693 et confirmé par Louis XV en 1719. Pour en faire partie, il fallait être catholique et officier La grande maîtrise était attachée à la couronne. L'ordre se composait de grands-croix, de commandeurs et de chevaliers dont le nombre varia suivant les temps. Croix d'or à 8 pointes cantonnées de fleurs de lis, portant d'un côté saint Louis cuirassé et revêtu du manteau royal, avec une couronne de lauriers dans sa main droite et une couronne d'épines dans la main gauche, et la devise *Ludovicus Magnus instituit*, 1693; de l'autre côté, une épée flamboyante passée dans une couronne de lauriers liée de l'écharpe blanche, avec la légende *Bellicæ virtutis præmium*. Ruban rouge feu. Les commandeurs portaient la croix en écharpe. Les chevaliers la portaient sur la poitrine. Cet ordre fut supprimé par décret en date du 15 oct. 1793, rétabli le 28 sept. 1814 et on ne le confère plus à partir de 1830. — L'ordre du *Mérite militaire*, institué par Louis XV le 10 mars 1759, en faveur des officiers protestants que cette qualité rendait inhabiles à recevoir l'ordre de Saint-Louis. Croix d'or émaillée à 8 pointes pommetées et angiées de fleurs de lis d'or. Au centre de gueules, une épée en pal réal entourée de la légende *Pro virtute bellica*. Au revers, une couronne de lauriers portait l'inscription *Ludovicus XV instituit*, 1759. Large ruban bleu en écharpe pour les grands-croix et les commandeurs; les chevaliers portaient la croix à la boutonnière. Cet ordre, aboli comme les autres en 1793, reparut en 1814 et cessa d'être conféré en 1830. — L'ordre de *Saint-Michel*. (Voy. MICHEL.) — Il a existé également en France un grand nombre d'autres ordres supprimés depuis longtemps et dont quelques-uns n'eurent que peu de durée. — 2° ORDRES NOUVEAUX, l'ordre civil et militaire de la *Légion d'honneur*. Pour l'histoire, voy. nos articles LÉGION, DÉCORATION, etc. L'insigne est une étoile à 5 rayons doubles, émaillée de blanc, dont le centre, entouré d'une couronne de chêne et de laurier, offrait autrefois d'un côté la figure de Napoléon Ier et de l'autre un aigle tenant la foudre avec cette légende *Honneur et Patrie*. La Restauration remplaça

l'image de Napoléon par celle de Henri IV et l'aigle par trois fleurs de lis Sous Louis-Philippe, deux drapeaux tricolores furent substitués aux fleurs de lis. L'effigie de Napoléon Ier fut rétablie en 1848, puis remplacée par celle de Napoléon III, après le coup d'État, et par celle de la République

Médaille militaire.   Croix de la Légion d'honneur.

en 1870. Les *chevaliers* portent la croix suspendue à la boutonnière de l'habit par un ruban moiré rouge; ils peuvent ne porter que le simple ruban; les *officiers* ont une croix qu'ils peuvent remplacer par une rosette; les *commandeurs* portent la croix en sautoir avec un ruban un peu plus large; les *grands-officiers* portent la croix d'or à la boutonnière, et au côté droit de l'habit une plaque d'argent sur laquelle sont répétées les insignes de la décoration; les *grands-croix* portent une plaque au côté gauche de l'habit, et de l'épaule droite au côté gauche un large ruban. — Comme annexe à la Légion d'honneur, nous avons la *Médaille militaire*.

Croix du Mérite agricole.

(Voy. MÉDAILLE.) — Du *Mérite agricole*, créé par M. Méline, ministre de l'agriculture, le 7 juillet 1883.

LISTE DES ORDRES ÉTRANGERS.

— **Ordre souverain de Saint-Jean de Jérusalem**. (Voy. MALTE.) — **Anhalt**. *Albert-l'Ours*. (Les ducs Henri d'Anhalt-Cœthen, Léopold-Frédéric de Dessau, Alexandre-Charles de Bernbourg, le 18 nov. 1836.) — **Autriche-Hongrie**. *Toison-d'Or*. (Philippe III le] Bon, duc de Bourgogne, le 10 janv. 1429.) — *Marie-Thérèse*. (L'impératrice Marie-Thérèse, le 18 juin 1757.) — *Saint-Étienne de Hongrie*. (L'impératrice Marie-Thérèse, le 5 mai 1764.) — *Léopold*. (L'empereur François Ier, le 8 janv.1808.) — *Couronne de Fer*, fondé, sous le titre d'« Ordine della Corona di Ferro », par Napoléon Ier, en sa qualité de roi d'Italie, le 5 juin 1805, éteint en 1814, rétabli par l'empereur François Ier, le 12 fév. 1816. — *François-Joseph*. (L'empereur François-Joseph Ier, le 2 déc. 1849.) — *Elisabeth-Thérèse*. (Fondé en 1750 par l'impératrice Elisabeth-Christine, veuve de l'empereur Charles VI; renouvelé par l'impératrice Marie-Thérèse, en 1771.) — *Croix étoilée*. Ordre pour les dames. (Eléonore-Gonzague, veuve de l'empereur Fer-

dinand II, le 18 sept. 1668.) — *Teutonique*. (Fondé en 1190, aboli en 1809, renouvelé en 1834, réorganisé le 28 juin 1840 et en avril 1865.) — **Bade**. *Fidélité*. (Le margrave Charles-Guillaume de Bade-Dourlach, le 17 juin 1715.) — *Mérite militaire*. (Le grand-duc Charles-Frédéric, le 4 avril 1807.) — *Lion-de-Zæhringen*. (Le grand-duc Charles-Louis-Frédéric, le 26 déc. 1812.)— *Berthold de Zæhringen*. (Comme classe supérieure de l'ordre du Lion-de-Zæhringen, créé le 24 avril 1877 par le grand-duc Frédéric.) — **Bavière**. *Saint-Hubert*. (Gérard V, duc de Juliers-et-Berg, en 1444.) — *Saint-George*. (L'électeur Charles-Albert, le 28 mars 1729.) — *Maximilien-Joseph*. (Le roi Maximilien Ier Joseph, le 1er janv. 1806.) — *Couronne de Bavière*. (Le roi Maximilien Ier Joseph, le 19 mai 1808.) — *Saint-Michel*. (Joseph-Clément, électeur de Cologne, duc de Bavière, le 29 sept. 1693. Le roi Louis Ier donne de nouveaux statuts le 16 fév. 1837.) — *Maximilien* (pour les arts et les sciences.) (Le roi Maximilien II, le 28 nov. 1853.) — *Louis*. (Le roi Louis Ier, le 25 août 1827.) — *Mérite militaire*. (Le roi Louis II, le 19 juillet 1866.) — *Croix du mérite*, aussi *Ordre pour les dames*. (Le roi Louis II, le 13 mai 1870.) — ORDRES POUR LES DAMES. — *Sainte-Elisabeth*. (L'électrice Elisabeth-Augustine, le 18 oct. 1766.) — *Thérèse*. (La reine Thérèse, le 12 déc. 1827.) — *Sainte-Anne du Couvent des dames de Munich*. (L'électrice Anne-Marie-Sophie, le 6 déc. 1784, et l'électeur Maximilien-Joseph, le 18 fév. 1802.) — *Saint-Anne du Couvent des dames de Wurzbourg*. (L'électeur Maximilien-Joseph, le 12 juillet1803.) — **Belgique**. *Léopold*. (Léopold Ier, le 11 juillet 1832.) — *Mérite civil*. (Le roi Léopold II, le 21 juillet.1867.) — **Birmanie**. *Soleil-d'Or*. — **Brésil**. *Croix-du-Sud*. (L'empereur Pierre Ier, le 1er déc. 1822.)— *Pierre Ier* (L'empereur Pierre Ier, le 16 avril 1826.) — *Rose*. (L'empereur Pierre Ier, le 17 octobre 1829.) — *Christ, Saint-Benoît-d'Avis, Saint-Théodoric*. (L'empereur Pierre II, le 9 septembre 1843). — **Brunswick**. *Henri-le-Lion*. (Le duc Guillaume, le 25 avril 1834; étendu le 12 septembre 1870.) — **Bulgarie**. *Saint-Alexandre*. (Le prince Alexandre Ier, en 1878.) — **Cambodge**. *Ordre royal de Cambodge*. (Institué par le roi Noroden, le 8 février 1864.) — **Chine**. *L'Étoile précieuse*. — **Danemark**. *L'Éléphant*. (Christian Ier, en 1462, Christian V, le 1er décembre 1693.) — *Danebrog*. (Le roi Waldemar II, en 1219.) — **Espagne**. *Calatrava*. (Le roi Sanète de Castille [Saucho III], en 1158.) — *Saint-Jacques de-l'Épée*. (Confirmé par le pape Alexandre III, le 5 juillet 1175.) — *Alcantara* (ci-devant de Saint-Julien.) (Les frères don Suero et Gomez Fernando Barrientes, en 1156; approuvé par le pape Alexandre III, le 29 déc. 1177.) — *Notre-Dame-de-Montesa*. (Jacques II, roi d'Aragon et Valence, en 1316.) — *Toison-d'Or*. (Voy. AUTRICHE.) (Philippe III, duc de Bourgogne, le 10 janv. 1429.) — *Charles III* (le roi Charles III, le 19 sept. 1771.) — *Marie-Louise*. (Marie-Louise, femme de Charles IV, le 19 mars 1792.) — *Saint-Ferdinand*. (Les Cortès générales du royaume, le 31 août 1844.) — *Sainte-Hermenégilde*. (Le roi Ferdinand VII, le 27 nov. 1814.) — *Isabelle-la-Catholique*. (Le roi Ferdinand VII, le 24 mars 1815.) — *Isabelle II*. (Le roi Ferdinand VII, le 19 juin 1833.) — *La Bienfaisance*. (La reine Isabelle II.) — *Mérite militaire*. (La reine Isabelle II, en 1866.) — *Marie-Victoire*. (Le roi Amédée.) — **France**. Voy. Plus haut. — **Grande-Bretagne**. *Jarretière*. (Voy. ce mot.) — *Bain*. (Voy. ce mot.) — *Chardon ou Saint-André*. (Institué en 787, rétabli en 1540 par Jacques V, roi d'Écosse, renouvelé en 1687 par le roi Jacques II; modification des statuts en 1705, 1714, 1717.

1827 et 1833.) — *Saint-Patrick* (pour l'Irlande ; George III. le 5 fév. 1783.) — *Saint-Michel et Saint-George.* (Fondé pour les indigènes des îles ioniennes et de l'île de Malte, ainsi que pour les sujets britanniques au service de la couronne, par le roi George III, le 27 avril 1818. Amplification des statuts par égard aux mérites acquis dans les colonies et à l'étranger, par la reine Victoria Ire, le 34 déc. 1850.) — *Étoile des Indes.* (La reine Victoria Ire, le 23 fév. 1861 ; modification des statuts en 1866.) — *Empire des Indes.* (La reine Victoria Ire, le 1er janv. 1804.) — *Couronne des Indes.* (La reine Victoria Ire, le 1er janv. 1878 ; seulement pour les dames.) — *Ordre militaire,* pour les indigènes des Indes orientales britanniques. (Fondé en 1842 par le gouvernement général des Indes orientales en commémoration de la guerre contre l'Afghanistan et le Sindh.) — *Croix Rouge.* (La reine Victoria Ire, en 1883; seulement pour les dames.) — **Grèce.** *Rédempteur.* (Othon Ier, le 1er juin 1833, Modification des insignes, août 1863.) — **Hawaii.** *Kaméhaméha.* (Institué par le roi Kaméhaméha V, le 4 avril 1865.) — **Hesse grand-ducale.** *Louis.* (Le grand-duc Louis Ier, le 25 août 1807.) — *Lion-d'Or.* (Le landgrave Frédéric II, le 14 août 1770.) — *Mérite de Philippe.* (Le grand-duc Louis II, le 1er mai 1840.) — *Croix militaire de la santé.* (Fondé le 25 août 1870.) — *Mérite militaire.* (Fondé le 12 sept. 1870.) — **Honduras.** *Santa Rosa.* (Institué sous la présidence du capitaine-général don José Medina par le corps législatif de la république.) — **Royaume d'Italie.** (Les quatre premiers ordres qui suivent se conféraient dans l'ancien royaume de Sardaigne.) — *Annonciade.* (Le duc Amé, ou Amédée VI, 1362; nouveaux statuts du 3 juin 1869.) (Voy. ANNONCIADE.) — *Saint-Maurice et Saint-Lazare.* (Le duc Amédée VIII, en 1434; le roi Charles-Albert, le 9 oct. 1831 et le 19 mai 1837; le roi Victor-Emmanuel II, le 14 déc. 1855.) — *Ordre militaire de Savoie.* (Le roi Victor-Emmanuel Ier de Sardaigne, le 14 août 1815; le roi Victor-Emmanuel II, le 28 sept. 1855.) — *Ordre civil de Savoie.* (Le roi Charles-Albert de Sardaigne, le 29 oct. 1831.) — *Couronne d'Italie.* (Le roi Victor-Emmanuel II, le 20 fév. 1868.) — **Japon.** *Soleil levant.* (L'empereur Mouts-Hito, en 1875.) — *Chrysanthème.* (L'empereur Mouts-Hito, en 1876.) — **Libéria.** *Rédemption africaine.* (Corps législatif de la république, le 13 janv. 1879.) — **Lippe et Schaumbourg-Lippe.** *Croix d'honneur de Lippe.* (Fondée par les princes Léopold de Lippe et Adolphe de Schaumbourg-Lippe, le 25 oct. 1869.) — **Luxembourg.** (Voy. PAYS-BAS.) — **République San-Marino.** *San-Marino.* (Le grand-conseil souverain de la république, le 13 août 1859.) — **Mecklembourg-Schwérin et Strélitz.** *Couronne des Wendes.* (Fondé par les grands-ducs Frédéric-François II, de Mecklembourg-Schwérin et Frédéric-Guillaume de Mecklembourg-Strélitz, le 12 mai 1864. — La grand-croix se donne aussi aux dames.) — **Monaco.** *Saint-Charles.* (Le prince Charles III, le 15 mars 1858.) — **Monténégro.** *Danilo Ier* pour l'indépendance du Monténégro. — *Maison de Saint-Pierre.* (Vladica Petar II, 184..) — *L'Oblica d'Or.* (Vladica Petar II, 184..) — **Nicaragua.** *San Juan de Nicaragua* ou *de Grey Town.* (Fondé le 1er mai 1857.) — **Oldenbourg.** *Mérite du duc Pierre-Frédéric-Louis.* (Le grand-duc Paul-Frédéric-Auguste, le 27 nov. 1838.) — **Pays-Bas.** *Guillaume.* (Guillaume Ier, le 30 avril 1815.)

Insignes de l'ordre du Chardon (Grande-Bretagne).

Lion Néerlandais. (Guillaume Ier, le 19 sept. 1815.) — *Couronne de Chêne.* (Le roi et grand-duc Guillaume II, le 29 déc. 1841 ; pour le Luxembourg.) — *Lion-d'Or de la Maison de Nassau.* (Voy., à la fin de la liste, NASSAU.) — **Perse.** *Ordre du Soleil et du Lion.* (Le schah Feth-Ali-Khan, en 1808.) — *Ordre pour les dames.* (Le schah Nasr-ed-Din, en 1873.) — **Portugal.** *Christ.* (Le roi Denis, en 1317.) (Voy. SAINT-SIÈGE.) — *Saint-Benoît d'Aviz.* (Don Alphonse Ier [Henriquez], le 13 août 1162.) — *Saint-Jacques de l'Épée.* (Don Alphonse Ier [Henriquez], en 1177.) — *La Tour et l'Épée.* (Don Alphonse V, en 1459.) — *Notre-Dame de la Conception de Villa-Viçosa.* (Don Jean VI, le 6 fév. 1818.) — *Sainte-Isabelle.* Pour les dames. (Don Jean, prince-régent, le 4 nov. 1804.) — **Prusse.** *L'Aigle-Noir.* (Le roi Frédéric Ier, le 18 janv. 1701 ; voy. AIGLE.) — *Aigle-Rouge.* (George-Guillaume, prince héréditaire de Brandebourg-Anspach et Bayreuth, 1705 et 1712; étendu sous les rois Frédéric-Guillaume III et Frédéric-Guillaume IV et en dernier lieu par le roi Guillaume Ier, le 18 oct. 1861. (Voy. AIGLE.) — *Mérite militaire, Mérite civil.* (Le prince Charles-Émile, 1663 ; 1685 ; ordre de la Générosité; réorganisé par Frédéric II, en 1740 comme ordre pour le Mérite civil et militaire et de nouveau par Frédéric-Guillaume III en 1810, comme ordre du Mérite militaire, auquel Frédéric-Guillaume IV ajouta une classe civile pour les artistes et les savants le 31 mai 1842.) — *Couronne.* (Le roi Guillaume Ier, le 18 oct. 1861.) — *Maison de Hohenzollern.* (Fondé par le roi Frédéric-Guillaume IV, le 23 août 1851, étendu par le roi Guillaume Ier, le 18 oct. 1861.) — *Croix-de-Fer.* (Frédéric-Guillaume III, le 10 mars 1813 ; renouvelé et modifié le 19 juillet 1870 par le roi Guillaume.) — *Bailliage de Brandebourg de l'ordre chevaleresque de Saint-Jean de l'hôpital de Jérusalem.* (Originaire dans la première moitié du XIVe siècle, reconnu par le traité de Haimbach, le 11 juin 1382; aboli le 23 janv. 1841; relevé le 15 oct. 1852.) — *Maison de Hohenzollern.* (Fondé par le prince Frédéric-Guillaume-Constantin de Hohenzollern-Hechingen et Antoine-Frédéric de Hohenzollern-Sigmaringen, le 5 déc. 1841; il est conféré par les princes de Hohenzollern-Hechingen et Sigmaringen avec l'approbation du roi.) — *Cygne.* (L'électeur Frédéric II, en 1440; statuts : le 15 août 1443 ; renouvelé par Frédéric-Guillaume IV, le 24 déc. 1843. (Voy. CYGNE.) — ORDRES POUR LES DAMES. *Maison de Louise.* (Frédéric-Guillaume III, le 3 août 1814; renouvelé par le roi Frédéric-Guillaume IV, en 1848 et en 1849; renouvelé encore une fois par le roi Guillaume Ier, le 30 oct. 1865.) — *Croix du Mérite.* (Guillaume Ier, empereur d'Allemagne, roi de Prusse, le 22 mai 1874.) — **Reuss.** *Croix d'honneur.* (Le prince Henri LXVII, le 20 oct. 1857, pour les employés, etc. du pays.) — *Croix d'honneur.* (Le prince Henri XIV, le 24 mai 1869.) — **Roumanie.** *L'Étoile de Roumanie.* (Le prince Charles, en 1877.) — *La Couronne de Roumanie.* (Le roi Charles, le 10/22 mai 1881.) — **Russie.** *Saint-André.* (Le tzar Pierre Ier, en 14 décembre 1698. Voy. ANDRÉ.) — *Sainte-Catherine.* Ordre des dames. (Le tzar Pierre Ier, en 1714.) — *Saint-Alexandre-Newski.* (Le tzar Pierre Ier, en 1722. Voy. ALEXANDRE.) — *L'Aigle-Blanc.* (Wladislaw IV, roi de Pologne, en 1325. Voy. AIGLE.) — *Saint-Anne.* (Charles-Frédéric de Slesvig-Holstein, le 14 fév. 1735. Voy. ANNE.) — *Saint-Stanislas.* (Le roi Stanislas II de Pologne, le 7 mai 1765.) — *Saint-George.* (L'impératrice Catherine II, le 7 déc. 1769.) — *Saint-Wladimir.* (L'impératrice Catherine II, le 4 oct. 1782.) — **Saint-Siège.** *Christ.* (Fondé par Denis, roi de Portugal, voir ci-dessus; confirmé en 1320 par le pape Jean XXII; pour les personnes de haut rang. L'origine de cet ordre se rapporte à l'ancien ordre du Temple.) — *Pie IX.* (Le pape Pie IX, le 17 juin 1847, pour les membres de toutes les religions.) — *Saint-Grégoire-le-Grand.* (Fondé par Grégoire XVI, le 1er sept. 1831.) — *Saint-Sépulcre.* (Contemporain d'origine avec celui de Saint-Jean de Jérusalem, confirmé par Benoît XIV le 7 janv. 1746 et transmis par Pie IX au patriarche latin de Jérusalem, le 10 déc. 1847.) — *Saint-Sylvestre.* (Grégoire XVI l'a établi le 31 oct. 1841 pour remplacer l'Éperon-d'Or tombé en désuétude et qu'une tradition ferait remonter jusqu'au pape saint Sylvestre.) — **Royaume de Saxe.** *Crancelin* (Rautenkrone). (Frédéric-Auguste Ier le 20 juillet 1807.) — *Saint-Henri.* (L'électeur Frédéric-Auguste II, le 7 oct. 1736, nouveaux statuts, le 23 déc. 1829; supplément des statuts, le 9 déc. 1870.) — *Mérite.* (Frédéric-Auguste Ier, le 7 juin 1815; voir ci-dessous; supplément des statuts, le 25 déc. 1870.) — *Albert.* (Frédéric-Auguste II, le 31 déc. 1850.) — A été fondé en 1866, dans ces deux derniers ordres, une décoration militaire; supplément des statuts, le 9 déc. 1870.) — *Sidonie.* Pour les dames. (Le roi Jean, le 14 mars 1871.) — **Saxe-Weimar.** *Vigilance* ou *Faucon-Blanc.* (Le duc Ernest-Auguste, le 2 août 1732; renouvelé le grand-duc Charles-Auguste, en 1815.) — **Duchés de Saxe.** *Maison Ernestine.* (Frédéric Ier de Saxe-Gotha-Altenbourg, en 1690, sous le nom d'ordre de la Probité allemande, renouvelé par les ducs Frédéric d'Altenbourg, Ernest Ier de Cobourg-et-Gotha, Bernard-Erich-Freund de Meiningen, le 25 déc. 1833; étendu en 1864.) — **Schwarzbourg-Rudolstadt-et-Sondershausen.** *Croix d'honneur de Schwarzbourg.* (Fondée par le prince Frédéric-Gonthier pour la principauté de Schwarzbourg-Rudolstadt, le 20 mai 1853, changée le 28 mai et le 9 juin 1857 en une croix d'honneur pour les deux principautés de Schwarzbourg, par une convention faite avec le prince Gonthier-Frédéric-Charles de Schwarzbourg-Sondershausen.) — **Serbie.** *Takovo.* (Le roi Milan Ier, le 15 fév. 1878.) — **Siam.** *Étoile des neuf pierres, Éléphant-Blanc de Siam, Couronne de Siam, Chulachonclao.* — **Suède et Norvège.** *Séraphins* (cordon bleu). (Frédéric Ier, le 23 fév. 1748.) — *Glaive* (cordon jaune). (Gustave Wasa Ier, en 1522.) — *Étoile du Nord* (cordon noir). (Frédéric Ier, le 28 avril 1748.) — *Wasa* (cordon vert). (Gustave III, le 27 mai 1772.) — *Charles XIII.* (Charles XIII, le 27 mai 1811.) — *Saint-Olaf de Norvège.* (Le roi Oscar Ier, le 21 août 1847.) — **Tunis.** *Le Nichan.* — **Turquie.** *Gloire, Nischan-Iftikar.* (Mahmoud II, le 19 août 1831.) — *Medjidié.* (Abdul-Medjid, en août 1852.) — *Osmanié.* (Abdul-Aziz, en 1861.) — *Mérite, Nichani-Imtiaz.* (Abdul-Hamid II, en 1879.) — **Vénézuéla.** *Ordre* (médaille) *del Busto de Bolivar.* (Fondé le 12 fév. 1825 par le congrès du Pérou, renouvelé le 9 mars 1854 par J.-G. Monagas, président du congrès de Vénézuéla.) — **Waldeck.** *Mérite.* (Prince George-Victor, le 3 juillet 1857, le 14 janv. 1871 et le 26 sept. 1878.) — *Mérite militaire.* (Prince George-Victor, le 14 janv. 1854, le 3 mai 1861 et le 26 sept. 1878.) — **Wurtemberg.** *Couronne de Wurtemberg.* (Le roi Guillaume Ier, le 23 sept. 1818; modification des statuts par le roi Charles Ier, le 22 déc. 1864.) — *Mérite militaire.* (Le duc Charles-Eugène, le 11 fév. 1759.) — *Frédéric.* (Le roi Guillaume Ier, le 1er janv. 1830, étendu le 3 janv. 1856.) — *Olga,* aussi ordre pour les dames. (Le roi Charles Ier, le 27 juin 1871.) — Ordres conférés par les souverains d'États qui n'existent plus et ordres qui ne sont plus reconnus par le gouvernement des pays auxquels ils appartiennent. — **Deux-Siciles.** *Saint-Janvier.* (Charles III, roi d'Espagne, le 3 janv. 1738.) — *Saint-Ferdinand et Mérite.* (Ferdinand Ier, le 1er avril 1800.) — *Constantin.* (L'empereur Constantin, en 317, l'empereur Isaac-Ange Comnène, en 1190.)

— *Saint-George de la Réunion.* (Ferdinand Ier, le 1er janv. 1819.) — *François Ier.* (François Ier, le 28 sept. 1829.) — *Deux-Siciles* (supprimé 1815). (Joseph Bonaparte, le 24 fév. 1808.) — *Hanovre. Saint-George.* (Ernest Ier Auguste, le 23 avril 1839.) — *Guelfes.* (George, prince-régent d'Angleterre, le 12 août 1815, Ernest Ier Auguste, le 20 mai 1844.) — *Ernest-Auguste.* (Le roi George V, le 15 déc. 1865; récompense civile et militaire.) — *Hesse-électorale, Electeur Guillaume.* (L'électeur Guillaume Ier, le 20 août 1831.) — *Mérite militaire.* (Le landgrave Frédéric II, le 25 fév. 1769.) — *Casque de Fer.* (L'électeur Guillaume Ier, le 18 mars 1814.) — **Empire du Mexique.** *Notre-Dame de la Guadeloupe.* (Fondé par l'empereur Iturbide, en 1822 ou en 1823, renouvelé par le président Santa-Anna, en 1853, supprimé en 1855, rétabli par un décret du gouvernement impérial provisoire, le 30 juin 1863, réformé par l'empereur Maximilien, le 10 avril 1865.) — *Aigle mexicain.* (Fondé par l'empereur Maximilien, le 1er janv. 1865; nouveau règlement, le 10 avril 1865.) — *Saint-Charles.* Pour les dames. (Fondé par l'empereur Maximilien, le 10 avril 1865; l'impératrice conférait cette décoration de concert avec l'empereur, pour récompenser la piété, l'humilité et la charité.) — **Modène.** *Aigle d'Este.* (Le duc François V, le 27 déc. 1855.) — **Nassau.** *Lion-d'Or.* (Fondé par le duc Adolphe de Nassau en commun avec Guillaume III, roi des Pays-Bas, le 29 janv. et le 16 mars 1858.) — *Adolphe de Nassau.* (Le duc Adolphe, le 8 mai 1858.) — **Paraguay.** *Del Merito.* (Lopez II, 1864.) — **Parme.** *Constantin.* (Voy. DEUX-SICILES.) — *Mérite de Saint-Louis.* (Charles II, alors duc de Lucques, le 22 déc. 1836.) — **Toscane.** *Saint-Étienne, pape et martyr.* (Le duc Côme Ier de Médicis, le 15 mars 1561.) — *Mérite de Saint-Joseph.* (Le grand-duc Ferdinand III, à Wurzbourg, le 19 mars 1807.) — *Mérite militaire.* (Le grand-duc Léopold II, le 49 déc. 1853.) — *Législ.* « *L'ordre* est une procédure servant à déterminer le rang de préférence suivant lequel les créanciers privilégiés ou hypothécaires doivent être payés sur le prix de vente de l'immeuble affecté à leur garantie commune; tandis que la *distribution par contribution* consiste dans le partage, entre les créanciers chirographaires : 1° des sommes qui restent sur le prix des immeubles lorsque les créanciers ayant un droit de préférence ont été désintéressés; 2° des valeurs mobilières et des sommes provenant de la vente, soit d'immeubles non grevés, soit d'objets mobiliers non affectés de privilèges légaux. (C. civ. 2218.) La procédure de l'ordre est aujourd'hui réglée par la loi du 21 mai 1858, qui a modifié les articles 749 à 779 du Code de procédure civile. Cette loi a eu principalement pour objet de favoriser l'*ordre amiable* et de diminuer les frais. — Pour la législation commerçant l'*ordre national de la Légion d'honneur* et les ordres étrangers, voy. DÉCORATION, LÉGION, etc. — Les *ordres sacrés* de l'Église catholique ne peuvent être conférés par l'évêque qu'aux sujets de son diocèse; et nul ne peut recevoir ces ordres avant l'âge de vingt-deux ans. Jusqu'à l'âge de vingt-cinq ans, le consentement des parents est indispensable. (Décr. 28 fév. 1810, art. 4.) Le ministre de la justice doit avoir reçu et approuvé à l'avance le tableau indiquant, pour chaque ordination, les noms et la date de naissance des élèves ecclésiastiques postulants. » La législation concernant les ordres religieux a été résumée ailleurs. (Voy. CONGRÉGATION et RELIGIEUX.)   (CH. Y.)

ORDRES RELIGIEUX. Voy. RELIGIEUX (Ordres) et MONACHISME.

* **ORDURE** s. f. (rad. *ord*). Excréments et autres impuretés du corps : *ce chien a fait là*

son *ordure*. — Tout ce qui rend un appartement, une cour, un escalier, etc., sale et malpropre : *balayez cette chambre, elle est toute pleine d'ordures*. — Poussière, duvet, paille, etc. et toutes les petites choses malpropres qui s'attachent aux habits, aux meubles, etc.: *nettoyez votre chapeau, votre manteau, il est tout plein d'ordures*. — Fig. Turpitude dans les actions, corruption honteuse dans les mœurs : *cet homme n'est pas innocent, il y a bien de l'ordure dans son fait*. — Fig. et fam. Paroles, discours, écrits obscènes : *c'est un homme qui se plaît à dire des ordures, qui aime les ordures*.

* **ORDURIER, IÈRE** adj. Qui se plaît à dire ou à écrire des ordures, des choses sales et déshonnêtes : *cet homme-là est bien ordurier; un auteur, un écrivain, un poète ordurier*. Substantiv.: *c'est un ordurier*. — Se dit aussi des choses, et signifie, qui contient des ordures, des choses obscènes : *un conte ordurier*.

ORE (Monts). Voy. ERZGEBIRGE.

* **ORÉADE** s. f. (gr. *oreas;* de *oros,* montagne). Mythol. Nymphe ou divinité des montagnes.

OREBRO ou **Œrebro** [eu'-ré-bro], ville de Suède, capitale de la province ou *læn* du même nom. A l'extrémité occidentale du lac Hjelmar, à 160 kil. O. de Stockholm; 13,142 hab. Elle est d'une grande antiquité. Fabriques de drap et de bonneterie; imprimeries importantes. A la diète qui s'y tint en 1529, le luthéranisme fut adopté comme religion du royaume.

* **ORÉE** s. f. (rad. lat. *os, oris,* ouverture). Le bord, la lisière d'un bois : *il était à l'orée du bois.* (Vieux.)

ORÉGON ou **Columbia**, fleuve de l'Amérique du Nord. Il naît sur le versant occidental des montagnes Rocheuses, dans la Colombie anglaise, court avec une grande rapidité, traverse des gorges étroites, forme de nombreuses cascades, sert de frontière au territoire de Washington et à l'Orégon et se jette dans le Pacifique par 46° 15' lat. N., son cours de 4,800 kil. Ses branches les plus importantes sont le Kootenay, le Clarke's-fork, le Spokane, le Lewis fork et la Willamette.

OREGON ou **Oregon** [or'-i-gh'n], état du N.-O. de l'Union américaine, sur la côte du Pacifique, entre 42° et 46° 20' lat. N. et entre 119° et 126°55' long. O.; 248,707 kil. carr. La population s'élevait à 13,000 hab. en 1850; à 52,000 en 1860; à 90,000 en 1870 et à 170,000 en 1880. La population actuelle comprend 10,000 Chinois, 5,000 Anglais, 6,000 Allemands, etc. Cap. Salem; v. princ., Portland. — Territoire divisé en deux parties inégales appelées Orégon oriental et Orégon occidental, par rapport aux monts Cascade, qui le traversent du N. au S. et qui contiennent des sommets de 1,000 à 3,000 m.; point culminant, le mont Hood, 3,500 m. Côtes : 450 kil. Principaux cours d'eau : Columbia ou Orégon, qui limite l'état au N., sur une longueur d'environ 500 kil., le John-Day, le Des Chutes, la Willamette, tributaire de la Columbia. Le Snake, tributaire principal du même fleuve, limite l'état sur une grande partie de sa frontière orientale. — Grande richesse minérale : or, cuivre, fer, charbon de terre, pierre à chaux, marbre, granit, sources salines. Climat humide et égal dans l'Orégon occidental; sec et variable dans la partie orientale. Dans la première de ces divisions, il n'y a que deux saisons, l'une sèche, l'autre humide (de nov. à mars). Les neiges sont assez fréquentes au milieu des montagnes et le climat y est rude. Terrain fertile dans les vallées. Vastes forêts de gigantesques conifères sur les pentes occidentales des monts Cascade, où l'on trouve l'énorme *sequoia*

sempervirens. Dans la plus grande partie de l'état, on se livre surtout à l'élevage des moutons; mais on cultive, dans les vallées, nos principales plantes européennes. Parmi les quadrupèdes indigènes, nous citerons : l'ours gris, l'ours noir, la panthère d'Amérique (*felis concolor*), le chat sauvage, le loup gris, le coyote (*canis Latrans*), le mouton sauvage, l'antilope, etc. Sur les côtes et dans les cours d'eau, on pêche annuellement pour près de 10 millions de poisson. — Le gouverneur et les autres magistrats de l'état sont élus pour 4 ans. La législature se compose d'un sénat de 30 membres élus pour 4 ans

Sceau de l'état d'Orégon.

et d'une chambre de 60 représentants élus pour 2 ans. Les juges sont tous élus. Recettes, 2 millions de fr.; dépenses, 2 millions; dettes 500,000 fr. Plus de 30,000 élèves fréquentent les écoles publiques; 50 journaux; 3,000 bibliothèques contenant 450,000 volumes. Principales dénominations religieuses : baptistes (35 organisations), christians (46), méthodistes (607), presbytériens (40), catholiques (23). — Le nom d'Orégon fut donné pendant longtemps aux territoires réclamés par les États-Unis, sur la côte du Pacifique et qui furent occupés conjointement par les Américains et par les Anglais jusqu'en 1846, époque où ces derniers abandonnèrent leurs prétentions. Le pays qui forme l'Orégon fut organisé en territoire en 1848; on lui enleva le territoire de Washington en 1853 et on l'admit comme état dans l'Union en 1859; il fut troublé par plusieurs soulèvements d'Indiens, dont le dernier fut celui de 1872-'73.

* **OREILLARD, ARDE** adj. [*ll* mll.] (rad. *oreille*). Se dit d'un cheval, d'une jument dont les oreilles sont longues, basses, pendantes ou mal plantées, et qu'on les remue ordinairement en marchant: *un cheval oreillard.* On dit aussi, ORILLARD.

* **OREILLARD** s. m. (rad. *oreille*). Genre de

Oreillard vulgaire (Plecotus auritus).

chéiroptères, tribu des chauves-souris, caractérisé par des oreilles plus grandes que la tête, unies l'une à l'autre sur le crâne. L'o-reillard d'Europe ou oreillard vulgaire (pleio-tus auritus), long d'environ 5 centim. et ayant 25 centim. d'envergure, est d'un pelage noirâtre ou gris roussâtre. La barbastelle (pleiotus barbastellus) a les oreilles moins grandes. On la trouve en France.

* OREILLE s. f. [ʒl mll.](lat. auricula). Or-gane de l'ouïe, placé de chaque côté de la tête: se mettre du coton dans les oreilles. — Se dit aussi, soit au singulier, soit au pluriel, de l'ouïe, du sens qui a la perception des sons: avoir l'oreille bonne, l'oreille fine. — Se dit souvent de l'oreille externe, de cette partie cartilagineuse qui est au dehors et autour du trou de l'oreille: tirer les oreilles à quelqu'un. — Dans les trois significations de l'organe de l'ouïe, d'action de cet organe, et de cartilage extérieur, s'emploie dans un grand nombre d'expressions propres, fig. et proverb. — Fig. et fam. AVOIR L'OREILLE BASSE, être humilié, mortifié par quelque perte, par quelque mauvais succès. On dit dans le même sens, BAISSER L'OREILLE. — AVOIR L'OREILLE BASSE, signifie aussi, être fa-tigué, abattu par le travail, par quelque excès, par quelque maladie. On dit dans le même sens, EN AVOIR SUR L'OREILLE : sa der-nière maladie l'a beaucoup vieilli, il en a sur l'oreille. On dit, par ext., AVOIR SUR L'OREILLE, en parlant des arbres fruitiers, des blés, de fleurs, etc., qui sont endommagés par la gelée, par les mauvais temps: ces blés ont eu sur l'oreille. — AVOIR LES OREILLES DÉLICATES, se fâcher aisément, se choquer des moindres choses. — AVOIR LES OREILLES CHASTES, crain-dre les paroles qui blessent tant soit peu la pudeur. — AVOIR LES OREILLES BATTUES, RE-BATTUES D'UNE CHOSE, en avoir souvent enten-du parler, en être ennuyé: je n'ai les oreilles battues d'autres choses. — Fig. AVOIR L'OREILLE DE QUELQU'UN, avoir un libre accès auprès de lui, en être écouté favorablement: il a l'o-reille de ce ministre. — AVOIR LA PUCE A L'O-REILLE, être inquiet, occupé de quelque chose au point d'en perdre le sommeil, ou de se réveiller plus matin qu'à l'ordinaire: cette lettre lui a mis la puce à l'oreille. — CELA LUI ENTRE PAR UNE OREILLE ET LUI SORT PAR L'AUTRE, se dit en parlant d'une personne qui oublie facilement les conseils qu'on lui donne, les remontrances qu'on lui fait, ou en général qui ne fait aucune attention à ce qu'on lui dit. — CHIEN HARGNEUX A TOUJOURS L'OREILLE DÉCHIRÉE, il arrive toujours quelque accident aux gens querelleurs. — CORNER AUX OREILLES DE QUELQU'UN, parler continuellement d'une chose à quelqu'un, dans le dessein de la lui persuader. — Fam. DIRE UN MOT A L'OREILLE DE QUELQU'UN, parler à quelqu'un de fort près, et de manière à n'être entendu que de lui seul. On dit dans le même sens, PARLER A L'OREILLE DE QUELQU'UN. — DONNER SUR LES OREILLES A QUELQU'UN, le frapper, le maltrai-ter: je luidonnerai sur les oreilles. On dit dans le même sens, IL A RU SUR LES OREILLES. — DORMIR SUR LES DEUX OREILLES, SUR L'UNE ET L'AUTRE OREILLE, être parfaitement tran-quille : vous pouvez dormir sur l'une et l'autre oreille, votre affaire réussira. — ECHAUFFER LES OREILLES A QUELQU'UN, le mettre en co-lère par quelque discours: si vous lui échauf-fez les oreilles, vous vous en repentirez. — Fam. ÉTOURDIR, ROMPRE LES OREILLES A QUELQU'UN, lui tenir des discours qui l'importunent, qui le fatiguent: il m'a étourdi les oreilles de ses projets. — DRESSER L'OREILLE, devenir atten-tif à ce qui se dit. — Prov. et fig. MONTRER LE BOUT DE L'OREILLE, UN BOUT D'OREILLE, laisser voir par quelque côté ce que l'on est sûr ce que l'on pense, malgré le soin qu'on met à le cacher. — Fig. et fam. ETRE TOUJOURS PENDU AUX OREILLES DE QUELQU'UN, être assidu à le suivre, à lui parler: il me fatigue, il est toujours pendu à mes oreilles. — FAIRE LA SOURDE OREILLE, faire semblant de ne pas en-

tendre ce qu'on nous dit, et n'y avoir point d'égard. — FERMER L'OREILLE A QUELQUE DIS-COURS, ne vouloir pas l'écouter. — FROTTER LES OREILLES A QUELQU'UN, SE disposer à le battre: je lui frotterai les oreilles. On dit aussi, par exag. et par menace, JE LUI COUPERAI LES OREILLES. — LES MURAILLES, LES MURS ONT DES OREILLES, se dit lorsqu'on parle dans un lieu où l'on peut craindre d'être entendu. — LES OREILLES ONT BIEN DU VOUS CORNER, nous avons beau-coup parlé de vous, nous avons souvent parlé de vous en votre absence. — LES OREILLES VOUS CORNENT, se dit de quelqu'un qui croit entendre ce qu'on ne lui dit pas, ou un bruit qui n'est pas réel. — N'AVOIR POINT D'OREILLES POUR QUELQUE CHOSE, ne vouloir pas le faire, ne vouloir pas y accéder: ne lui parlez point de restituer, il n'a pas d'oreilles pour cela. — Fig. OUVRIR L'OREILLE, écouter très attenti-vement : j'ouvre l'oreille, et je n'entends rien. — OUVRIR LES OREILLES, écouter favorable-ment une proposition par quelque motif d'in-térêt: quand je lui ai fait espérer telle chose, il a ouvert les oreilles, cela lui a fait ouvrir les oreilles, il a commencé à ouvrir les oreilles. — PRÊTER L'OREILLE, être attentif, ou, fig., écouter favorablement : prêtez-moi l'oreille. — SECOUER LES OREILLES, ne pas tenir compte de quelque chose, se moquer: quand on veut lui représenter son devoir, il secoue les oreilles. Se dit aussi d'une personne à qui il est arrivé quelque accident, quelque maladie, quelque affront, et qui témoigne ne s'en pas soucier: il n'a fait que secouer les oreilles. — SE FAIRE TIRER L'OREILLE, avoir de la peine à consentir à quelque chose: il s'est fait tirer l'oreille pour s'accommoder avec moi. — SE GRATTER L'OREILLE, avoir quelque souci; avoir de la peine à se souvenir de quelque chose. — SOUFFLER QUELQUE CHOSE AUX OREILLES DE QUEL-QU'UN, lui dire quelque chose secrètement. — TENIR LE LOUP PAR LES OREILLES, être dans une situation difficile et pressante, et ne savoir comment en sortir. — VENIR AUX OREILLES, se dit des choses dont on entend parler: si cela vient aux oreilles de votre père, vous recevrez une forte réprimande. — VENTRE AFFAMÉ N'A POINT D'OREILLES, un homme pressé par la faim n'entend point les représentations qu'on lui fait. — Y LAISSER SES OREILLES, être maltraité, ne pas revenir sain et sauf de quelque occasion périlleuse: il y a laissé ses oreilles. On dit dans le sens opposé, IL SERA BIEN HEUREUX, S'IL EN RAPPORTE SES OREILLES. — Se dit, fig., de plusieurs choses qui ont quel-que ressemblance avec la figure de l'oreille, qui sont doubles comme les oreilles : les oreilles d'un soulier. — Particul. Pli qu'on fait à un feuillet de livre, au coin d'en haut ou d'en bas, pour marquer l'endroit où l'on a interrompu sa lecture, ou quelque passage qu'on veut pouvoir retrouver facilement : marquez ce passage, faites-y une oreille. — Se dit également de la partie de toile d'em-ballage qu'on laisse aux quatre coins d'un ballot pour pouvoir le saisir, le remuer, le transporter plus facilement. — Se dit encore de chacune des deux dents d'un peigne qui sont placées aux extrémités et qui, étant plus fortes que les autres, servent à les main-tenir et à les préserver. — Bot. Se dit des appendices qui se trouvent à la base de cer-taines feuilles, de quelques pétales. On les appelle aussi quelquefois OREILLONS ou OREIL-LETTES. — OREILLE-D'OURS ou CORTUSE, petite plante printanière, à fleurs monopétales, qui sert à l'ornement des jardins. — OREILLE-DE-SOURIS ou MYOSOTIS, petite plante à fleurs bleues et quelquefois blanches, dont une feuilles velues, croît au bord des eaux et dans les lieux humides. — Jusqu'aux oreilles loc. adv. Des pieds à la tête : être crotté jusqu'aux oreilles. — Fig. Bien avant: il est dans les procès jusqu'aux oreilles; si je le voyais dans la peine, je m'y mettrais jus-qu'aux oreilles pour l'en tirer. Il est familier

dans les deux acceptions. — Par-dessus les oreilles loc. adv. N'est d'usage qu'au fig., et signifie, plus qu'on ne peut endurer, suppor-ter: j'ai de cet homme-là par-dessus les oreilles. (Fam.) — ENCYCL. Les anatomistes divisent l'oreille en trois parties : 1° OREILLE EXTERNE, comprenant la partie externe visible de l'appareil, d'une structure cartilagineuse et charnue et d'une forme qui la rend ca-pable de réunir les vibrations atmosphé-riques. Cette portion offre le pavillon, qui présente diverses saillies (les hélix et les tra-gus) et des fossettes servant à rassembler les ondes sonores. La plus grande de ces fossettes est la conque, qui précède le conduit au-ditif. Ce dernier va jusqu'à l'oreille moyenne, dont il est séparé par la membrane du tym-pan, solide membrane parcheminée, fibreuse, tendue en travers de l'ouverture, et dont l'office, ainsi que l'indique son nom, consiste à communiquer les vibrations comme la peau d'un tambour. Les parois intérieures du con-

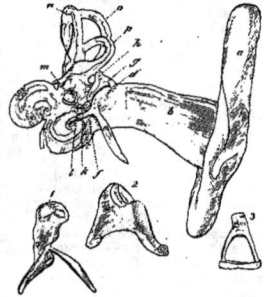

Parties de l'appareil auditif. — a, oreille externe ; b, con-duit auditif ; c, membrane du tympan ; d, tête du mar-teau ; e, procès osseux du marteau ; f, manche du mar-teau ; g, enclume (incus) ; h, i, procès court et procès long de l'enclume ; k, l, articulation de l'enclume et de l'étrier ; m, étrier (stapes) ; n, o, p, canaux semi-circu-laires ; q, limaçon (cochlea) ; r, sommet (apex) du lima-çon ; 1, 2, 3, marteau (malleus), enclume (incus) et étrier (stapes), séparés les uns des autres et très grossis.

duit auditif sont couvertes de petits poils qui empêchent le passage des corps étrangers minuscules ; la surface de ces mêmes parois est percée de trous microscopiques commu-niquant avec les glandes qui sécrètent la cire des oreilles. La membrane du tympan, quel-que élastique et relativement solide, est très délicate et peut être brisée par de violentes détonations, par des chocs ou par l'intro-duction d'un corps dur dans l'oreille ; et la surdité est la conséquence inévitable de son déchirement. 2° OREILLE MOYENNE, petite ca-vité, percée dans l'os temporal, entre la membrane du tympan et l'oreille interne. On pourrait la comparer à un tambour qui aurait pour peau la membrane du tympan. Cette partie présente la caisse du tympan, dans l'intérieur de laquelle se trouvent quatre osselets : le marteau, l'enclume, l'étrier et l'os lenticulaire, réunis uns aux autres par un cartilage et un tendon, et ayant pour office de transmettre les vibra-tions de l'air à l'oreille interne, qui contient les filaments du nerf auditif. Cette caisse a deux parois, l'une externe appelée mem-brane du tympan, comme nous l'avons dit ; l'autre interne, présentant deux ouvertures : la fenêtre ovale, qui communique avec le vestibule de l'oreille interne, bouché presque entièrement par l'étrier ; et la fenêtre ronde, ces fenêtres sont fermées l'une et l'autre par une membrane extrêmement délicate. L'o-reille moyenne communique avec le pharynx au moyen de la trompe d'Eustache, canal qui se termine par une expansion en forme de trompette. 3° Oreille interne ou *labyrinthe*, partie située dans l'épaisseur du rocher et composée de trois portions distinctes : le *vestibule*, cavité irrégulière séparée de l'oreille moyenne par la membrane qui couvre la fenêtre ovale; les *canaux semi-circulaires* qui communiquent avec le vestibule par cinq ouvertures; deux de ces canaux se joignent à une extrémité; le *limaçon*, partie osseuse, ressemblant par la forme à une coquille de limaçon et divisée par une lame en deux cavités. Toute l'oreille interne est revêtue d'une membrane séreuse délicate contenant de la lymphe. Dans le vestibule se trouve une poudre cristalline de carbonate de chaux appelée otolithe, et dont l'office paraît être de communiquer les vibrations aux surfaces nerveuses. Les filaments du nerf auditif se terminent dans les canaux semi-circulaires et dans la lame membraneuse qui divise le limaçon. — Mécanisme de l'audition. Les vibrations de l'atmosphère traversent l'oreille externe où elles sont réunies et concentrées; elles frappent ensuite la membrane du tympan, où elles produisent de nouvelles vibrations; et celles-ci sont communiquées par la chaîne des osselets à la membrane qui couvre la fenêtre ovale; cette fenêtre les transmet dans le vestibule et la fenêtre ronde les fait passer dans le limaçon; elles ébranlent le liquide contenu dans les cavaux semi-circulaires, et arrivent ainsi au nerf auditif, qui a ses expansions dans ces canaux. Ce nerf conduit au cerveau l'impression sonore. — Maladies de l'oreille. Les principales et les plus fréquentes sont: l'*otite*, l'*otalgie* et la *surdité*. (Voy. ces mots.)

* **OREILLE-D'OURS** s. f. Bot. Sorte de primevère : *des oreilles-d'ours*.

* **OREILLER** s. m. [*ll* mll.]. Coussin carré qui sert à soutenir la tête, quand on est couché : *petit oreiller*. — Prov. et fig. Une conscience pure est un bon oreiller, quand on n'a rien à se reprocher, on dort en repos.

* **OREILLETTE** s. f. [*ll* mll.]. Anat. Les deux cavités du cœur, qui reçoivent le sang des veines, et dont chacune est au-dessus de l'un des deux ventricules : *les oreillettes du cœur*. (Voy. Cœur.)

* **OREILLON** s. m. On appelle ainsi vulgairement un gonflement inflammatoire des parotides et du tissu cellulaire qui les entoure. — Il s'emploie surtout au pluriel. On dit aussi Orillons. — Les *oreillons*, appelés aussi *ourles* ou *parotidite*, sont communs chez les enfants et les jeunes gens, ils sont souvent épidémiques pendant le printemps et les automnes chauds et humides. Ils affectent soit les deux côtés de la face, soit un seul côté. Ils sont précédés et accompagnés d'une fièvre légère; la tuméfaction est peu douloureuse; le changement de couleur de la peau est peu marqué, mais la mastication devient souvent très pénible. Cette affection, peu grave en général, dure de cinq à huit jours et se termine par résolution, quelquefois par métastase. Le traitement se borne à conserver le repos dans une atmosphère douce, à tenir la tête enveloppée et à prendre des boissons tempérantes.

O'REILLY (Alexander, comte) [o-rèï-lí], homme de guerre espagnol, né en Irlande vers 1725, mort en 1794. Il entra au service de l'Espagne très jeune et y revint après avoir servi dans les armées françaises et autrichiennes. Lors de l'expulsion d'Ulna par les colons français de la Louisiane, O'Reilly y fut envoyé avec une flotte en 1768, fit juger par une cour martiale et mettre à mort les meneurs, rétablit la règle espagnole avec un nouveau code noir, et revint en Espagne l'année suivante. En 1775, il commanda contre Alger une expédition qui échoua, et fut ensuite commandant général de l'Andalousie

et gouverneur de Cadix. En 1794, il fut appelé à commander l'armée des Pyrénées orientales, mais il mourut en allant prendre son commandement.

OREL. I, gouvernement de la Russie centrale; 46,725 kil. carr.; 1,650,000 hab. Principaux cours d'eau : la Desna, l'Oka et la Sosna, tributaires l'une du Dnieper, l'autre du Volga et la troisième du Don. Des forêts couvrent à peu près les deux tiers de la surface du sol. Produits : grains, chanvre, lin et tabac. On y fait du sucre de betteraves et des tissus grossiers de fil et de laine. — II, ville capitale du gouvernement, sur l'Oka, à 320 kil. S.-S.-O. de Moscou ; 44,284 hab. Grand commerce de chanvre, de grains, de suif et de bestiaux.

ORELLANA (Francisco) [o-rè-lia'-na], aventurier espagnol mort vers 1550. Il coopéra avec Francisco Pizarro à la conquête du Pérou, et, en 1540, commandait en second sous Gonzalo Pizarro dans l'exploration de la région orientale des Andes, au cours de laquelle, chargé de descendre le Napo dans un brigantin pour se procurer des vivres, il atteignit l'Amazone, où jamais vaisseau européen n'avait encore jusque-là navigué (1541). Épouvanté par l'aspect sauvage de la contrée, il abandonna son commandant et continua de descendre le courant. Au bout de sept mois, pendant lesquels il avait été constamment harcelé par les naturels, il atteignit l'Océan en août 1541, et arriva à l'île de Cubagua; de là il passa en Espagne, où il raconta qu'il avait traversé un pays uniquement habité par des Amazones et qu'on lui avait affirmé positivement l'existence d'un El Dorado où les maisons avaient des toits d'or. Il périt en commandant une expédition destinée à conquérir et à coloniser ce pays.

ORELLI (Johann-Kaspar), philologue suisse, né en 1787, mort en 1849. Il devint professeur d'herméneutique et de rhétorique à Zurich en 1819. Ses éditions d'Horace, de Tacite et de Cicéron sont particulièrement estimées. Il a aussi écrit, entre autres ouvrages : *Onomasticon Tullianum* (3 vol.) et *Inscriptionum latinarum selectarum Collectio* (2 vol.) — Son frère, **Konrad**, a donné des grammaires françaises et un autre ouvrage sur la vie et la doctrine de Spinoza.

* **ORÉMUS** s. m. [o-ré-muss] (1ᵉ pers. pl. du prés. du subjonctif du verbe *orare*, prier). Prière, oraison : *dire des orémus*. (Fam.)

ORENBURG [o'-rènn-bourg]. I, gouvernement de Russie, partie en Europe et partie en Asie, traversé par les monts Oural et borné à l'E. et au S. par le fleuve Oural et la mer Caspienne; 191,364 kil. carr.; 950,000 hab., y compris les Cosaques, Tartares, etc. Mines d'or, de cuivre, de fer et de sel; grand élevage de chevaux et de bétail. — II, capitale de ce gouvernement, sur l'Oural, à 550 kil. S.-E. de Kazan ; 35,623 hab. C'est la plus forte place de celles qui composent la ligne de défense d'Orenburg, laquelle s'étend sur une longueur d'environ 1,400 kil., de la mer Caspienne au Tobol. Draps, cuirs, savons, on y fait d'énormes quantités de suif. On y commencé, en 1876, un chemin de fer allant à Tashkend.

ORÉNOQUE (esp. *Orinoco*), fleuve du Vénézuéla (Amérique du Sud) qui se jette dans l'Atlantique par des bouches nombreuses, entre 8° 40' et 10° lat. N., après un cours d'environ 16,000 kil. Il naît dans la Sierra de Parima, près de 3° 40' lat. N. et 66° 50' long. O.; il dévie d'abord au N., recevant le Ventuari à droite et le Guaviare et la Meta à gauche, jusqu'à son confluent avec l'Apure, par 7° 30' lat. et 69° 5' long.; de là il coule presque à l'E. et ses principaux tributaires dans cette section sont : la Caura et le Caroni, tous les deux sur la rive droite. A environ

200 kil. de la mer, il forme un delta, envoyant au N. une branche divisée elle-même en plusieurs bras, appelés les Bocas Chicas. Le bras principal, la Boca de Navios, est séparé en deux pendant près de 65 kil., par une ligne d'îles qui laissent de chaque côté un canal large de 3 kil. environ. A la grande embouchure du fleuve, la largeur dépasse 95 kil.; mais une barre de sable s'étend en travers du canal navigable du milieu, et n'est recouverte que par 15 pieds d'eau. Plusieurs des autres embouchures sont navigables, et le bras principal peut être remonté jusqu'à la moitié de sa longueur environ. A Angostura, ou Ciudad Bolívar, point extrême où la marée se fait sentir, à 390 kil. de la mer, il a 6 kil. de large et 130 m. de profondeur. La région arrosée par l'Orénoque embrasse une superficie de 600,000 kil. carr. ; elle est tout entière occupée par des plaines immenses, s'élevant en certains endroits jusqu'à 1,300 pieds, mais en beaucoup d'autres lieux, à peine plus hautes que le niveau de la mer. Le fleuve monte d'avril à octobre, et atteint sa plus grande crue en juillet et en août. En cette saison, les plaines sont en grande partie inondées. Il y a deux rapides remarquables, appelés Maypures ou Apures et Atures ; l'un par 5° 8' lat. N., environ à 125 kil. au-dessous du confluent du Guaviare, et l'autre environ 60 kil. plus bas. Près de sa source, l'Orénoque est reliée au Rio Negro, affluent de l'Amazone, par le Cassiquiare.

ORENSE [o-renn'-sé]. I, province du N.-O. de l'Espagne, en Galice, sur la frontière du Portugal ; 7,093 kil. carr.; 402,796 hab. environ. Pays montagneux arrosé par le Minho, le Sil et la Tamega. Grand nombre de sources minérales et médicinales. C'est une des provinces les plus pauvres du royaume. — II, ville capitale de la province, sur le Minho, à 80 kil. S.-E. de Santiago; environ 11,000 hab. Les sources d'eau bouillante, le fameux miraculeuse el Santo Cristo et le pont sur le Minho, long d'environ 1,400 pieds et haut de 145, sont célèbres.

ORÉODAPHNE s. m. [o-ré-o-daf-né] (gr. *oros*, montagne ; *daphné*, laurier). Bot. Genre de laurinées comprenant plusieurs espèces d'arbres auxquels on donne vulgairement le nom de lauriers. Le *laurier de Californie* (*oreodaphne Californica*) atteint jusqu'à 30 m. de haut. Ses feuilles, agréablement aromatiques, sont employées dans l'art culinaire et son bois sert dans l'ébénisterie.

* **ORÉOGRAPHIE** s. f. Voy. Orographie.

* **ORES** ou **Ors** adv. Vieille forme de la particule *Or* et qui ne s'emploie que dans cette locution, D'ores et déjà, dès maintenant.

ORESTE (Myth. gr.), héros légendaire, fils d'Agamemnon et de Clytemnestre. On le représente comme le vengeur de son père et le libérateur de sa sœur Électre, par le meurtre de sa mère et de son amant Égisthe. En expiation de ces meurtres, Apollon lui ordonna d'apporter de Tauride à Athènes la statue de Diane qui était tombée du ciel. Il le fit, avec l'aide de son ami Pylade, fils de Sophias, roi de Phocide, à la cour de qui il avait été élevé, et de sa sœur Iphigénie, prêtresse de Diane en Tauride, qui s'en revint avec lui. Oreste gouverna le royaume de son père, à Mycène, devint ensuite roi d'Argos, et épousa Hermione, fille de Ménélas. La légende d'Oreste fait le sujet de drames par Eschyle, Sophocle et Euripide.

OREZZA, village et station minérale de Corse, dans une charmante vallée, cant. de Piédicroce, arr., à 18 kil. N.-O. de Corte. Eaux ferro-gazeuses, à 14° C. — Chlorose, aménorrhée, hémorragies passives, anémie, leucorrhées, gastralgies, diarrhées chroniques.

ORFAH. Voy. Édesss.

* ORFÈVRE s. m. (lat. *auri faber*, travailleur d'or). Ouvrier et marchand qui fait et qui vend toute sorte d'ouvrages d'or et d'argent : *il a porté sa vieille vaisselle chez l'orfévre, pour en avoir de la neuve.* — Orfèvre-bijoutier, celui qui fabrique et vend des bijoux d'or : *des orfèvres-bijoutiers.* — Orfèvre-joaillier, celui qui met en œuvre et vend des diamants, des pierres précieuses, des perles : *des orfèvres-joailliers.*

* ORFÈVRERIE s. f. L'art des orfèvres : *il sait fort bien l'orfèvrerie.* — Ouvrage fait par l'orfèvre : *il y a dans cette boutique pour trente mille francs d'orfèvrerie.*

* ORFÈVRI, IE adj. Se dit de l'or et de l'argent travaillé par l'orfèvre : *l'argent monnayé et l'argent orfévri.*

ORFILA (Mateo-José-Bonaventura), chimiste français, né à Minorque le 24 avril 1787, mort à Paris le 12 mars 1853. Il termina ses études à Paris et devint, en 1816, médecin de Louis XVIII; en 1819, professeur de jurisprudence médicale à la faculté de médecine, en 1823 professeur de chimie, et en 1831 doyen de la Faculté. Il a organisé l'hôpital des cliniques, et établi un nouveau jardin botanique, un muséum d'anatomie pathologique appelé *musée Dupuytren*, et la *galerie Orfila* d'anatomie comparée. Comme toxicologiste, il était sans rival. Son *Traité de toxicologie*, perfectionné dans des éditions successives, est le plus original de ses nombreux ouvrages. Nous citerons encore ses *Éléments de chimie* (1817), 2 vol. in-8o; 8e éd. 1851; *Médecine légale* (1823-'25 : 4e éd. 3 vol. in-8o, 1848).

* ORFRAIE s. f. (lat. *ossifraga*; de *os*, os; *frangere*, broyer). Ornith. Espèce de pygargue ou aigle de mer dont le cri est fort désagréable :

Tu chantes faux, à rendre envieuse une *orfraie.*
V. Hugo.

— L'orfraie d'Europe (*haliætus nisus*) habite les forêts au bord de la mer ou des grands lacs. Elle vit de poisson qu'elle chasse la nuit en le saisissant à fleur d'eau et même en plongeant. Elle mange aussi des oiseaux aquatiques, des mammifères, etc. Elle éta-

Orfraie d'Amérique (Pandion Carolinensis).

blit son aire sur des rochers escarpés ou à terre. Elle y dépose deux œufs d'un blanc sale. L'orfraie adulte a la queue toute blanche et le bec jaune pâle. L'*orfraie d'Amérique* (*pandion Carolinensis*) mesure environ 60 centim. de long; mais le mâle est un peu plus petit.

* ORFROI s. m. (lat. *aurifrigia*). Nom qu'on donnait autrefois aux étoffes tissuées d'or, et qui s'est conservé dans l'Église, pour signifier les parements d'une chape, d'une chasuble.

* ORGANDI s. m. Sorte de mousseline ou de toile de coton fort claire : *des organdis.*

* ORGANE s. m. (lat. *organon*, instrument). Partie du corps organisé, laquelle remplit quelque fonction nécessaire ou utile à la vie : *l'organe de la vue, de l'ouïe, de l'odorat, du goût, de la voix.* — Particul. Voix : *avoir un bon organe, un bel organe.* — Fig. Personne dont on se sert pour déclarer ses volontés, par l'entremise et par le moyen de laquelle on fait quelque chose : *souvent les opprimés manquent d'organes pour faire entendre leurs plaintes.* On dit dans le même sens : *sa bouche est l'organe de la vérité, de la sagesse.* — On dit dans le même sens : *tel journal est l'organe du ministère.*

* ORGANEAU s. m. Mar. Anneau de fer où l'on attache un câble : *l'organeau d'une ancre.* On a dit aussi, Arganeau. — ∾ Anneau réunissant deux forçats.

* ORGANIQUE adj. Phys. N'est guère usité que dans les locutions, Corps organique, corps de l'animal, en tant qu'il agit par le moyen des organes, Partie organique, partie qui sert d'organe, d'instrument pour quelque action; Molécules organiques, particules qui, selon certains philosophes, sont les premiers éléments des corps organisés; Vie organique, ensemble des fonctions qui servent à la nutrition de l'individu; Substances organiques, substances tirées des êtres organisés; Chimie organique, partie de la chimie qui s'occupe des substances organiques. — Méd. Lésion, maladie organique, maladie qui attaque un des organes nécessaires à la vie. — Législ. Loi organique, celle qui a pour objet de régler le mode et l'action d'une institution, d'un établissement dont le principe a été consacré par une loi précédente.

* ORGANIQUE s. f. Antiq. Les anciens donnaient ce nom à la partie de la musique qui s'exécute avec les instruments.

ORGANIQUEMENT adv. D'une manière organique.

* ORGANISATEUR, TRICE s. (rad. *organiser*) Qui s'entend à organiser : *c'est un bon organisateur.* — Adjectiv. *Un génie organisateur.*

* ORGANISATION s. f. Manière dont un corps est organisé : *l'organisation du corps humain.* — Se dit, fig., en parlant des États, des établissements publics ou particuliers : *l'organisation du corps politique.*

* ORGANISÉ, ÉE part. passé d'Organiser. — Fig. Une tête bien organisée, une personne dont l'esprit a de la justesse et de la netteté, de la force et de l'étendue.

* ORGANISER v. a. Donner aux parties d'un corps la disposition nécessaire pour les fonctions auxquelles il est destiné : *la nature est admirable dans la formation des corps qu'elle organise.* — Fig. Donner à un établissement quelconque une forme fixe et déterminée, en régler le mouvement intérieur : *organiser une armée, un tribunal, un ministère, une administration*, etc. — Mus. Joindre, unir un petit orgue à un forte-piano ou à quelque autre instrument semblable, de sorte qu'en abaissant les touches de cet instrument, on fasse jouer l'orgue en même temps: *organiser un forte-piano, un clavecin, une épinette.* — S'organiser v. pr. *Ils commencent à s'organiser.*

* ORGANISME s. m. Physiol. Ensemble des fonctions qu'exécutent les organes : *l'organisme du corps humain est un assemblage de merveilles.*

* ORGANISTE s. Celui, celle dont la profession est de jouer de l'orgue : *bon, savant organiste.*

ORGANOGÉNIE s. f. (fr. *organe*; gr. *genos*, naissance). Manière dont les organes se développent dans l'embryon.

* ORGANOGRAPHE s. m. Celui qui s'occupe d'organographie.

ORGANOGRAPHIE s. f. (fr. *organe*; gr. *graphein*, décrire) Physiol. Description des organes.

ORGANOLEPTIQUE adj. (fr. *organe*; gr. *leptikos*, de *lambanein*, prendre). Se dit des propriétés par lesquelles les corps agissent sur les sens et sur les organes.

ORGANOPLASTIE s. f. (fr. *organe*; gr. *plassō*, je façonne). Art de modifier artificiellement les formes des êtres vivants.

ORGANOSCOPIE s. f. (fr. *organe*; gr. *skopein*, examiner). Examen des organes.

ORGANOTAXIE s. f. (fr. *organe*; gr. *taxis*, ordre). Art de grouper les êtres vivants d'après les rapports de leur organisation.

* ORGANSIN s. m. Manuf. Fil de soie très fin composé de plusieurs brins de soie grège, déjà apprêtés isolément par une première opération qui les tord à droite, et qu'on retord une seconde fois ensemble à gauche sur le moulin à organsiner : *organsin de Piémont.*

* ORGANSINAGE s. m. Action d'organsiner : *l'organsinage piémontais est d'une grande perfection.*

* ORGANSINER v. a. Tordre ensemble plusieurs brins de soie pour en faire de l'organsin : *les Piémontais ont les premiers excellé dans l'art d'organsiner les soies, dans l'art d'organsiner.*

ORGANSINEUR s. m. Fabricant d'organsin.

* ORGASME s. m. (rad. gr. *orgaō*, je désire avec ardeur). Méd. État de gonflement et d'excitation des organes, et particulièrement de ceux de la génération : *faire cesser l'orgasme.*

* ORGE s. f. (lat. *hordeum*). Bot. Genre de graminées, type de la tribu des hordéacées, comprenant un assez grand nombre d'espèces réparties dans les régions tempérées des deux continents : *de l'orge bien levée.* — Graine fournie par les plantes de ce genre : *farine d'orge.* — Grossier comme du pain d'orge, fort grossier. — Faire ses orges, faire bien ses orges, faire son profit, faire ses affaires. Ne se prend guère qu'en mauvaise part. — Sucre d'orge, espèce de pâte jaunâtre, transparente et solide, faite avec du sucre fondu dans une légère décoction d'orge : *un bâton de sucre d'orge.* — Grain d'orge, ou Toile, linge grain d'orge, de grain d'orge, a grain d'orge, toile semée de points ressemblants à des grains d'orge : *service de linge de grain d'orge, à grain d'orge.* On dit aussi, Futaine, broderie a grain d'orge. — Orge s. m. S'emploie seulement dans ces deux expressions : Orge mondé, grains d'orge qu'on a passés entre deux meules, pour les débarrasser de leur première enveloppe; et Orgeperlé, orge passée entre deux meules plus rapprochées pour la réduire en petits grains dépouillés de leur son : *elle a pris son orge mondé*, son *orge perlé*, c'est-à-dire, sa tisane d'orge, etc. — Eau d'orge ou simplement orge, une dans laquelle on a fait bouillir l'orge perlé ou mondé. — Encycl. On trouve en France à l'état sauvage, l'orge des prés (*hordeum secalinum*), commune dans les gazons; l'orge maritime (*hordeum maritimum*), des rivages de l'Océan; et l'orge queue-de-rat ou orge des murs (*hordeum murinum*). — L'orge est cultivée depuis les temps les plus anciens dans les pays civilisés et y forme un article important de consommation alimentaire. Les épillets à une fleur sont disposés en épi simple et groupés par trois sur chaque dent de l'axe. Dans l'orge commune (*hordeum vulgare*), appelée aussi orge carrée du printemps, tous les épillets sont fertiles; elle succède le plus souvent à une récolte de blé d'automne, et les grains

sont disposées sur six rangs et adhérents aux balles ou glumes. Assez sensible au froid, cette espèce ne se sème pas avant avril ou mai et se récolte en août. Elle a produit comme variétés principales, l'orge à épis violets, l'orge noire, l'orge tortile, etc. L'orge escourgeon (hordeum hexastichon) est très précoce et résiste aux plus rudes froids. On la cultive chez nous comme orge d'hiver. Elle produit plus et est moins épuisante que l'orge de printemps. L'orge céleste porte un épi allongé; elle est moins rustique que les précédentes; on la cultive parce que son grain est estimé pour la préparation du gruau. L'orge éventail (hordeum zeocriton), appelée aussi riz d'Allemagne. donne un grain d'assez bonne qua-

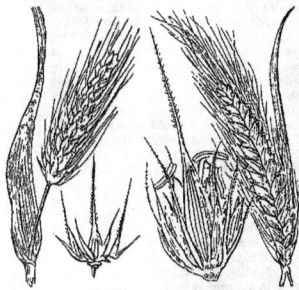

Orge commune (Hordeum vulgare).   Orge paumelle (Hordeum distichum).

lité. L'orge paumelle (hordeum distichum), très cultivée en France comme orge de printemps, porte des grains excellents pour la fabrication de la bière. — L'orge demande un sol propre, préparé par deux ou trois labours et autant de hersages et de roulages. — La quantité de semence employée est de 250 à 300 litres par hectare. — La farine d'orge produit un pain gris, grossier, prompt à sécher; mais les graines d'orge moulues et écrasées fournissent une excellente nourriture pour les animaux. La paille d'orge est une des meilleures pour le bétail. Dans les pays chauds, l'orge remplace, pour la nourriture des chevaux, l'avoine qui serait trop échauffante. — On mange parfois en potage l'orge perlé. On fait usage en médecine des tisanes d'orge mondé, c'est-à-dire décortiqué par le frottement.

ORGE, petite rivière qui a sa source près de Dourdan (Seine-et-Oise), et afflue à la Seine au-dessous d'Athis, près de Savigny-sur-Orge, après un cours de 50 kil.

* ORGEAT s. m. Boisson rafraîchissante, faite avec de l'eau, du sucre, des amandes, et autrefois avec une décoction d'orge : un verre, une carafe d'orgeat. — IL EST FROID COMME UNE CARAFE D'ORGEAT, c'est un homme extrêmement froid, que rien ne touche, n'émeut. Se dit aussi d'un écrivain, d'un comédien qui manque absolument de chaleur. — SIROP D'ORGEAT, ou simplement orgeat, sirop fait avec une émulsion d'amandes douces, dont on se sert pour faire l'orgeat. — PATE D'ORGEAT, pâte d'amandes servant au même usage que le sirop d'orgeat.

* ORGELET s. m. Maladie des paupières, qui consiste en une petite tumeur du volume et de la forme d'un grain d'orge.

ORGELET, ch.-l. de cant., arr. et à 20 kil. S. de Lons-le-Saunier (Jura); 1,900 hab. Fromages dits de Gruyère. Abeilles; commerce de bestiaux; cuirs, grains, vins.

ORGÈRES, ch.-l. de cant., arr. et à 28 kil. N.-E. de Châteaudun (Eure-et-Loir); 400 hab.

* ORGIAQUE adj. Qui tient de l'orgie : fureurs orgiaques.

* ORGIE s. f. (gr. orgia, orgies; fête de Bacchus). Débauche de table : ils ont fait une orgie. — s. f. pl. Antiq. Fêtes consacrées à Bacchus : célébrer les orgies.

ORGON, type créé par Molière dans Tartufe; il personnifie la bêtise proverbiale et la niaiserie entêtée.

ORGON, ch.-l. de cant., arr. et à 34 kil. N.-E. d'Arles (Bouches-du-Rhône); 2,800 hab. Ruines d'un château fort.

* ORGUE s. m. Orgues au pl. s. f. (gr. organon). Instrument de musique à vent et à touches, composé de tuyaux de différentes grandeurs, d'un ou de plusieurs claviers, et de soufflets qui fournissent du vent : l'orgue de telle église est excellent; il y a de bonnes orgues en tel endroit. — Se dit aussi du lieu élevé où les orgues sont placées dans une église : il était dans l'orgue, aux orgues, pour chanter un motet. — ILS SONT COMME DES TUYAUX D'ORGUE, se dit, par une espèce de proverbe, de plusieurs enfants qui sont tous d'une taille inégale. — ORGUE DE BARBARIE, instrument fabriqué à l'instar de l'orgue, mais dont les claviers et le soufflet sont mis en jeu par un cylindre qu'on fait mouvoir avec une manivelle : il y a des hommes dont le métier est de parcourir les rues en jouant de l'orgue de Barbarie. — Mus. POINT D'ORGUE, trait ou la partie chantante exécute ad libitum, et pendant lequel l'accompagnement est suspendu. — Espèce de herse avec laquelle on ferme les portes d'une ville attaquée, en ce qu'elle diffère de la herse ordinaire, en ce qu'elle est composée de plusieurs grosses pièces de bois détachées l'une de l'autre, qui tombent d'en haut séparément. — Espèce d'arme qu'on employait autrefois à la défense des brèches d'une place assiégée, et qui consistait en un assemblage de plusieurs gros canons de mousquets joints ensemble, dont les lumières se communiquaient. — Hist. nat. ORGUE DE MER, espèce de madrépore qui offre un assemblage de petits tuyaux rangés par étages les uns contre les autres. — ENCYCL. Le nom d'orgue a été donné à plusieurs instruments de musique très rapprochés entre eux pour la construction et le principe, mais il a été plus particulièrement réservé à l'orgue des salles de concert et des églises; c'est un instrument à vent, ayant un grand nombre de tuyaux de longueurs et de grosseurs diverses, où les sons se produisent par l'entrée de l'air comprimé qui y est poussé à travers différents conduits au moyen d'un soufflet. La première mention authentique qui soit faite d'un orgue est celle de l'orgue envoyé à l'empereur grec Constantin Copronyme à Pépin, roi des Francs, en 755. Les orgues étaient communes en Angleterre avant le Xe siècle; mais elles étaient de construction très grossière et de puissance restreinte. Au XIIe siècle, leur portée ne dépassait pas 12 ou 15 tons. Vers cette époque, les demi-tons s'introduisirent à Venise. Un Allemand, Bernhard, y ajouta les pédales en 1470; c'est pendant ce siècle que l'orgue atteignit sa forme actuelle dans ses éléments essentiels. — L'orgue se divise en six parties : 1o les tuyaux que sont, les uns en étain fin, les autres en un mélange d'étain et de plomb ou en bois et qui forment un certain nombre de jeux; le plus grand tuyau peut avoir 32 pieds d'élévation, et le plus petit quelques centimètres seulement. On dénomme un orgue par son plus grand tuyau et l'on dit : un trente-deux pieds, un seize pieds, etc.; 2o de deux, trois, ou quatre claviers à main en escalier; 3o d'un clavier de pédales dont les touches sont en bois et que l'organiste fait mouvoir avec les pieds; 4o d'une soufflerie qui fournit le vent; 5o d'une chambre d'air appelée sommier qui contient le vent; 6o d'un abrégé, mécanisme

qui met en communication le mouvement des claviers avec les soupapes des sommiers. — L'orgue est enfermé dans un grand corps de menuiserie appelé buffet, dont la partie placée en avant reçoit le nom de positif. — Un grand orgue est divisé intérieurement en positif au premier clavier; grand orgue, deuxième clavier; clavier de bombarde, troisième clavier; récit expressif, quatrième clavier; clavier de pédales, et pédales d'accouplement et de combinaison. Mais les orgues varient suivant leur grandeur et suivant les facteurs. Quelques-uns de ces instruments ont un orgue desolo, un orgue d'écho, etc. L'air, une fois emmagasiné et comprimé, est amené aux différentes divisions de l'orgue par le moyen de tubes. Chaque rangée de tuyaux de droite à gauche est soumise à l'action d'une touche à la portée de l'exécutant, et chaque rangée d'avant en arrière est soumise à une clef. S'il y a 100 touches sonores, il y aura de droite à gauche 100 rangées de tuyaux, avec 100 tables perforées qui glissent sous les tuyaux et permettent ou interdisent l'entrée de l'air au pied des tuyaux. Aucun de ceux-ci ne peut donner au son que l'impulsion d'une touche ne laisse libres les trous au fond des tuyaux, et, en frappant une clef, on permet à une quantité d'air de se précipiter. Chaque clef règle un compartiment séparé et impénétrable à l'air du dehors dans le réservoir à vent et chaque touche un tuyau au-dessus de ce compartiment. Dans les cas de touches complexes ou mixtes, un groupe de plusieurs tuyaux prend la place d'un seul tuyau. Outre les touches et les clefs dont il faut jouer avec les mains, il y a, dans les orgues de la plus grande espèce deux octaves et demie de grandes clefs placées sous les pieds de l'exécutant, et appelées pédales. Il y a aussi des pédales et des mécanismes pour faire mouvoir un certain nombre de touches par un seul effort, et une pédale qui ouvre et ferme une boîte dans laquelle sont les tuyaux du récital. A mesure que cette boîte s'ouvre, le son s'accroît. Il y a aussi des accoupleurs pour les différentes rangées de clefs. Un accoupleur est un mécanisme par lequel un clavier peut être combiné avec un autre, ou le même clavier peut être uni à lui-même dans l'octave au-dessus et au-dessous. Dans les grandes orgues de 100 touches, on joue plus de 100 notes en pressant une seule clef. Les principales variétés des tuyaux de métal sont, d'après leurs formes, le cylindrique, le conique, le conique surmonté d'un pavillon, le cône renversé, le cône renversé surmonté d'un pavillon, etc. De leur côté, les tuyaux en bois se divisent en tuyaux à quatre pans, à trois pans, cylindriques, pyramidaux et pyramidaux renversés. L'invention récente la plus importante relativement à la construction des orgues est celle du pouvoir pneumatique. On ne pouvait auparavant construire des orgues au delà d'une certaine grandeur, parce que l'exécutant n'avait pas dans les doigts la force nécessaire pour ouvrir les tuyaux ou valves nécessaires à l'alimentation des tuyaux si nombreux et si gros; et, en effet, dans certaines orgues, il faut une force de 20 livres pour abaisser une simple clef, et la pression de l'air nécessaire pour produire le son ne pouvait s'obtenir. Bien qu'on prétende que ce soit originairement une invention allemande antérieure, ce pouvoir merveilleux, grâce auquel le jeu sur les plus grandes orgues est rendu aussi facile que sur le piano, n'a été complètement connu qu'en 1840 environ, époque où M. Barker, Anglais résidant à Paris, complèta le mécanisme de manière à le rendre pratique. Plusieurs facteurs d'orgues en Angleterre ont perfectionné son invention. En 1863-'67, M. Barker prit un brevet pour un appareil électro-magnétique destiné à faciliter le jeu de l'orgue. C'est un appareil excessivement compliqué combinant l'action électrique et l'action pneumatique, et où le rattachement entre les clefs et le mécanisme qui manœuvre les tuyaux est exécuté par des fils isolés en cuivre. Ces fils sont généralement groupés ensemble en un câble, qui peut être d'une longueur quelconque, de sorte que le clavier peut se placer à un bout de l'église et l'orgue à un autre. Le levier pneumatique a été introduit en Amérique par le facteur d'orgues anglais, Thomas Robjohn; mais c'est à des facteurs américains qu'il doit la perfection qu'il a aujourd'hui dans plusieurs de ses détails importants. — L'orgue le plus grand du monde se trouve dans Albert Hall, à Londres, et a été construit par Henry Willis en 1870. Il contient 138 touches, 4 claviers, et près de 10,000 tuyaux, tous en métal. L'air est fourni par une machine à vapeur. L'orgue de la salle Saint-George, à Liverpool, également construit par M. Willis, a 100 touches et 4 claviers. Celui de Saint-Sulpice, à Paris, est de la même grandeur et à 5,000 tuyaux. Le plus grand orgue d'Amérique est celui du *Music Hall* de Boston, construit par Wolcher de Ludwigsburg; il a 89 touches, 4 claviers et 4,000 tuyaux. — Dans l'orgue de Barbarie, ou orgue à manivelle, un soufflet placé à l'intérieur de l'instrument est mis en mouvement par une manivelle qui fait tourner en même temps, au moyen d'une vis sans fin, un cylindre ou tambour sur lequel les airs sont notés avec des épingles et des chevilles de cuivre placées aux intervalles calculés, sur la longueur et la succession des notes, comme sur le cylindre d'une boîte à musique. Les épingles lèvent des clefs, qui abaissent des obturateurs et ouvrent des palettes ou valves, laissant ainsi entrer l'air nécessaire dans les tuyaux. — En France, Alexandre Debain et Cavaillé-Coll ont porté les orgues à leur plus haut degré de perfectionnement.

* ORGUEIL s. m. [or-gheul; *l* mll.]. Présomption, opinion trop avantageuse de soi-même : *étrange orgueil*.

Ce n'est pas son orgueil, c'est lui seul que je hais.
L. RACINE. *La Thébaïde*, acte IV, sc. 1re.

On l'emploie quelquefois d'une manière elliptique, comme dans ces phrases, *L'orgueil de sa naissance, de ses richesses, de ses belles actions*, l'orgueil que lui inspire sa naissance, etc. — Se prend aussi quelquefois en bonne part; et alors il signifie un sentiment noble et élevé, qui donne une raisonnable confiance en son propre mérite, qui porte à faire de grandes choses, et qui éloigne de toute sorte de bassesses : *j'ai l'orgueil de croire que je ne suis pas indigne de votre amitié*.

* ORGUEILLEUSEMENT adv. [or-ghe-ieû-zeman; *ll* mll.]. D'une manière orgueilleuse : *agir, parler orgueilleusement*.

* ORGUEILLEUX, EUSE adj. [or-ghe-ieû; *ll* mll.]. Qui a de l'orgueil : *il est insolent et orgueilleux*. — Se dit, aussi des choses que l'orgueil inspire, ou dans lesquelles l'orgueil se montre : *il lui fit une réponse orgueilleuse.* — Substantiv. En parlant des personnes : *c'est un orgueilleux*. — Se dit, fig. et poétiq., de certaines choses inanimées, comme les flots de la mer, les montagnes : *l'orgueilleux Apennin; les cimes orgueilleuses des montagnes.*

ORGUEILLIR (S') v. pr. S'enorgueillir. (Vieux.)

* ORICHALQUE s. m. [o-ri-kal-ke]. Antiq. Composition métallique analogue au laiton des modernes.

* ORIENT s. m. (lat. *oriens*). Partie, point du ciel où le soleil se lève sur l'horizon : *l'orient d'été; l'orient d'hiver.* — CE PAYS EST A L'ORIENT DE TEL AUTRE, il est situé à son égard, du côté de l'orient. — Signifie plus précisément, celui des quatre points cardi-

naux où le soleil se lève à l'équinoxe : *l'orient, le midi, l'occident, le septentrion.* — Se dit aussi des États et des provinces de l'Asie orientale, comme l'Inde, les royaumes de Siam, de la Chine, etc. ; à la différence des États et des provinces de l'Asie occidentale, comme la Natolie, la Syrie, etc. : *l'Orient est le berceau des fables.* — COMMERCE D'ORIENT, commerce qui se fait dans l'Asie orientale par l'Océan; à la différence du COMMERCE DU LEVANT, celui qui se fait dans l'Asie occidentale par la Méditerranée. — L'EMPIRE D'ORIENT, l'empire romain, lorsqu'il eut été transféré à Byzance. — L'ORIENT D'UNE CARTE DE GÉOGRAPHIE, le côté qui est à notre droite, lorsque la carte est étendue sous nos yeux dans son sens naturel. — L'ORIENT D'UNE PERLE, son eau, sa couleur : *cette perle est d'un bel orient.* — Empire d'Orient, appelé aussi *empire byzantin* ou *empire grec*. A la mort de Théodose le Grand (395 apr. J.-C.), la division du grand empire romain en empire d'Orient et empire d'Occident devint permanente. La partie orientale ayant pour capitale Constantinople, l'ancienne Byzance, fut donnée à Arcadius, fils aîné de l'empereur. Elle se composait de deux préfectures : 1° l'Orient, comprenant cinq diocèses, Orient proprement dit, Égypte, Asie, Pont et Thrace, et s'étendant à l'est jusqu'à l'Euphrate et à l'O. jusqu'à la grande Syrte; 2° l'Illyricum avec les deux diocèses de Macédoine et de Dacie, embrassant toute la Mœsie, l'Illyrie orientale, l'ancienne Macédoine, l'Hellade, la Crète, les îles de la mer Égée et les possessions dans la Chersonèse Taurique (Crimée). Rufinus, tuteur du jeune Arcadius, tomba bientôt victime de sa rivalité avec Stilichon, ministre de l'empire d'Occident. Les Goths ravagèrent la Grèce. Le jeune fils d'Arcadius, Théodose II, devint empereur en 408, mais sa sœur Pulchérie, régente en 415, le supplanta complètement. Les Perses furent vaincus et l'empire d'Occident fut conquis pour Valentinien III, qui, par reconnaissance, céda l'Illyrie occidentale à l'empire d'Orient. Mais la Thrace et la Macédoine furent ravagées par Attila, qui parvint à se faire payer un tribut annuel. Le *Codex Theodosianus* fut compilé pendant ce règne. Après la mort de son frère (450), Pulchérie fut appelée au trône. Cette princesse donna sa main au vieux sénateur Marcien, qui régna encore 4 ans après elle. Léon Ier, d'une obscure origine thrace (457-474), aida les Romains contre les Vandales. Son petit-fils, Léon II, lui succéda et mourut à l'âge de 3 ans. Zénon l'Isaurien (474-491), renversé du trône par Basiliscus, parvint à ressaisir le pouvoir souverain. Des disputes sanglantes s'élevèrent relativement à la nature du Christ entre les monophysites et les orthodoxes; Zénon prit parti pour ces derniers et son *Hénoticon* ne put rétablir l'harmonie. Sa veuve, Ariadne, épousa et fit asseoir sur le trône Anastase Ier (491-518), qui protégea Constantinople contre les Bulgares en bâtissant à travers la péninsule les célèbres grandes murailles. La protection qu'il accorda aux monophysites amena de formidables insurrections. Justin Ier, officier thrace, élevé au trône par les soldats (518-527), prit le parti contraire et persécuta les monophysites. Il eut pour successeur Justinien Ier (527-565), dont le général Bélisaire détruisit l'empire des Vandales dans l'Afrique du N., repoussa les Perses et les Bulgares et s'empara de la Sardaigne, de la Corse et des îles Baléares. Narsès détruisit la puissance des Ostrogoths et rétablit en Italie et en Sicile le sceptre de Byzance. L'Italie fut placée sous les ordres d'un gouverneur (exarque), résidant à Ravenne. L'industrie devint florissante et un code immortel de lois civiles fut promulgué. Mais les factions des courses de chevaux (les bleus, les verts, les rouges et les blancs) et les querelles monophysites troublèrent l'em-

pire. Pendant le règne de Justin II (565-578), les Lombards enlevèrent aux Byzantins une grande partie de l'Italie (568). Les Avares désolèrent les provinces du Danube. Tibérius II (578-582) acheta la paix et repoussa Chosroès Ier, roi de Perse. Maurice (582-602) rétablit Chosroès II sur le trône de Perse et fit une paix avantageuse avec lui. Il fut assassiné par la faction des verts; et Phocas (602-610), que la soldatesque fit empereur, fut détrôné par Héraclius et mis en pièces par la multitude. Héraclius (610-641), d'abord malheureux dans ses guerres contre les Perses, finit par les repousser; il sauva Constantinople d'une attaque des Avares. C'est à cette époque que les Arabes, électrisés par les prédications de Mahomet et de ses successeurs, commencèrent à se montrer les plus formidables ennemis des Grecs. Ils s'emparèrent du pays qui s'étend sur l'Euphrate, de la Syrie, de la Judée et de toutes les possessions byzantines en Afrique (631-641), tandis que les Byzantins discutaient les questions du monothélisme. Du côté du Danube, des royaumes slaves se formèrent. Constantin III mourut en 641 et son beau-frère, Héracléonas, fut banni quelques mois après. Constant II, (641-668) perdit Chypre et Rhodes dont s'emparèrent les Sarrasins. Il publia le *Typos* pour apaiser la controverse monothélite; il fut assassiné dans un bain. Son fils Constantin IV (668-685) vit plusieurs fois assiéger sa capitale par les Musulmans et ne put son salut qu'au terrible feu grégeois. Justinien II (685-711), fils de Constantin, se montra tellement tyrannique que le peuple se souleva, lui coupa le nez et les oreilles et le remplaça successivement par Léonce et par Tibère III, Aspimar. Il remonta sur le trône en 705, fit mettre à mort ses deux rivaux et périt assassiné. Les règnes de Philippique-Bardanès, d'Anastase II, de Théodose III, sont sans importance. Léon III l'Isaurien (718-741) repoussa les Arabes qui s'étaient présentés devant Constantinople, mais causa plusieurs séditions et ruina l'influence byzantine en Italie, par la destruction des images dans les églises. Son fils, Constantin IV ou V (641-775), également zélé comme iconoclaste, fut beaucoup plus heureux comme général. Il ferma les monastères et les couvents, reconquit plusieurs territoires sur les Arabes, chassa du Péloponèse une armée de 200,000 Slaves et battit les Bulgares. Léon IV, le Khazar, son fils (775-780), ne fut pas moins heureux. Constantin VI le remplaça sous la tutelle de sa mère Irène, qui persécuta les iconoclastes et finit par arracher les yeux à son fils pour régner à sa place. Mais elle fut détrônée par une insurrection (802) et remplacée par Nicéphore Ier. Ce prince fit un traité avec Charlemagne, se reconnut tributaire d'Haroun-al-Raschid; il tomba dans une bataille contre les Bulgares (811). Stauracé, qui lui succéda, ne régna que peu de jours et fut vaincu, lui aussi, par le même peuple. Michel Ier, vaincu à son tour, abdiqua et se retira dans un monastère. Léon V l'Arménien (813-820), repoussa les Bulgares et leur imposa une trève de 30 ans. Son iconoclasme causa sa mort. Il fut assassiné à Constantinople pendant la nuit de Noël. Michel II, le Bègue (820-829), abandonna la Crète et la Sicile aux Sarrasins et la Dalmatie aux Bulgares. Son fils Théophile (829-842) embellit la capitale et combattit bravement, mais sans succès. Il laissa une veuve, Théodora, comme tutrice de Michel III; cette princesse termina la controverse des iconoclastes par la restauration des images (842). Sous le règne de Michel III, l'Ivrogne, les Russes parurent à la frontière et la querelle entre Photius et le pape Nicolas Ier commença la séparation des Églises d'Orient et d'Occident. Basile Ier, le Macédonien (867-886), publia une importante compilation de lois, les *Basiliques*, combattit les Arabes en Orient et leur enleva la Pouille et la Calabre. Son fils Léon VI, le Philosophe (886-911), protégea les arts et les sciences, mais son règne fut troublé par les attaques des Bulgares, des Russes et des Lombards. Zoé, sa veuve, régnant sous le nom de Constantin VII Porphyrogénète, repoussa les Bulgares. Romain Lecapène (919) usurpa le pouvoir et s'associa ses trois fils Christophe, Étienne et Constantin VIII, mais ils furent obligés de céder la place à Hélène, femme de Constantin VII (945). Sous le fils de Constantin, Romain II, la Crète fut reprise. Nicéphore II Phocas (962-969) recouvra la Syrie, la Cilicie et Chypre. Sa femme Théophanie, qui avait empoisonné Constantin VIII, l'assassina et épousa son successeur, Jean Ier Zimiscès (969-976). Celui-ci était un général très habile qui vainquit les Arabes, les Russes et les Bulgares; il prit comme collègues Basile II et Constantin VIII, fils de Romain II. Basile II (976-1025) anéantit le royaume bulgare. (Voy. BULGARIE.) Il eut pour successeurs Romain III (1028) et Michel IV (1034), l'un et l'autre époux de sa fille Zoé. A la mort de Michel IV, Zoé plaça sur le trône Michel V le Calfat (1041); mais cette princesse ne tarda pas à le détrôner et à lui faire arracher les yeux, après quoi elle partagea le trône avec sa sœur Théodora. Elle épousa en 1042 Constantin IX, Monomaque, et elle mourut en 1050. Théodora régna seule à partir de 1054. Pendant cette période, les Russes, les Arabes, les Seldjoucides et les aventuriers normands assaillirent l'empire. En 1054 eut lieu la séparation totale des Eglises grecque et latine. Deux ans plus tard, Michel VI Stradiot, fut le dernier prince de la dynastie macédonienne (1057). Isaac, le 1er des Comnènes (1057), abdiqua en 1059 et eut pour successeurs Constantin XI Ducas, Romain IV qui battit les Seldjoucides en Asie Mineure, mais fut pris par eux. Pendant son absence, Michel VII régna avec ses frères Andronic Ier et Constantin XII (1071-1078). Les Serbes et les Seldjoucides envahirent l'empire. Michel abdiqua, et Nicéphore III fut détrôné par Alexis Comnène (1081). Les Turcs ayant envahi la Bithynie, Alexis appela à son secours les peuples de l'Occident. Le pape Urbain II autorisa la prédication de la première croisade. Alexis promit de fournir un contingent à la condition que les croisés ne tiendraient leur conquête que comme fief de l'empire de Byzance. Le pacte ne fut pas tenu. Jean Comnène, fils d'Alexis (1118-'43), et Manuel, petit-fils du même (1143-'80), vainquirent les Seldjoucides et les Hongrois. Les règnes de Manuel Comnène, d'Alexis II, et d'Andronic, le dernier des Comnènes, furent sans durée et sans importance. Isaac II, l'Ange, (1185-'95) fut forcé de reconnaître l'indépendance des Bulgares. Il fut détrôné par Alexis III (1195-1203) et remonta sur le trône avec son fils Alexis IV, qui avait imploré l'aide des croisés alors à Venise. Ceux-ci prirent Constantinople, mais Isaac fut tué l'année suivante et les Croisés reprirent la ville en 1204 et firent périr Alexis V, qui avait assassiné Alexis IV. L'empire latin (1204-'61) fut alors établi avec Beaudoin, comte de Flandre, comme empereur. Ce prince fut forcé de partager ses possessions européennes et de se contenter de régner sur Constantinople, la Thrace quelques iles· et plusieurs châteaux; le marquis de Montferrat reçut la Macédoine et une partie de la Grèce qui formèrent un royaume de Thessalonique; Venise eut les côtes de l'Adriatique et de la mer Egée, une partie de la Morée, les Cyclades, les Sporades, Crète et Négrepont. Les chevaliers français s'adjugèrent les fiefs d'Athènes et de Béotie, sous le titre de duchés d'Achaïe, une partie de la Morée, etc. La capitale elle-même fut divisée. L'empire grec n'était plus qu'à l'état de fragments. Beaudoin fut fait prisonnier, en 1206, par le roi de Bul-

garie et l'on n'entendit plus jamais parler de lui. Théodore Lascaris, qui avait été élu empereur par le sénat de Constantinople, régnait dans l'Asie Mineure occidentale (empire de Nicée). Dans le Pont, l'empire de Trébizonde prit naissance, Alexis et David Comnène ayant déclaré leur indépendance dès la chute de l'empire byzantin et le premier de ces princes ayant assumé le titre impérial dans l'Epire, la Thessalie et l'Etolie; Michel l'Ange avait établi une principauté et partout les Grecs avaient appelé les Bulgares à leurs secours. Henri Ier (1206-'16), frère et successeur de Beaudoin, remporta quelques succès contre Lascaris et força les Bulgares à accepter la paix. Il eut pour successeur Pierre de Courtenay, son beau-frère (1216-'21), qui fut prisonnier par Théodore d'Epire et remplacé par son fils, Robert de Courtenay (1224-'28). Sous le règne de ce prince, l'empire latin fut réduit presque à Constantinople et à sa banlieue. Jean de Brienne, régent pendant la minorité de Beaudoin II, conserva et défendit avec habileté ces restes d'un puissant empire; mais Beaudoin suppliait vainement les peuples de l'Occident de lui fournir des hommes, des armes et de l'argent. Michel Paléologue, empereur de Nicée, ayant obtenu l'assistance de la marine génoise, s'empara de Constantinople et mit fin à l'empire latin·ou empire franc, le 25 juillet 1261, mais plusieurs principautés latines survécurent encore quelque temps. Michel Paléologue (1261-'82) s'efforça vainement de réunir les Eglises grecque et latine. Son fils, Andronic II (1282-1328), rétablit le rituel grec. Pour combattre les Turcs, il prit à sa solde, en 1303, un corps de Catalans qui pillèrent la Grèce et régnèrent partout par la terreur. Son petit-fils, Andronic III (1328-'41), fit de stériles alliances avec les peuples d'Occident contre les Turcs, qui prirent Nicée, Nicomédie et ravagèrent les côtes d'Europe. Le fils de ce dernier, Jean Paléologue (1344-'91), ne put éviter une guerre civile, pendant laquelle les Turcs prirent Gallipoli, qui fut leur première possession en Europe (1357). En 1361, le sultan Amurat prit Andrinople dont il fit sa résidence. Jean invoqua vainement l'aide du pape; il fut réduit à se reconnaître vassal du sultan et mourut de désespoir. Son fils Manuel (1391-1425) eut à repousser trois fois les ennemis, qui arrivèrent jusque sous les murs de Constantinople; l'invasion de Tamerlan sauva l'empire byzantin. Manuel reprit quelques territoires pendant que les fils de Bajazet se faisaient la guerre. En 1422, Amurat II parut devant la capitale, mais il dut lever le siège pour aller combattre un de ses frères. Jean VI ou VII, fils de Manuel (1425-'48), essaya de sauver l'empire par une réunion avec l'Eglise d'Occident, et se rendit en personne aux conciles de Ferrare et de Florence. Son domaine se composait alors de sa capitale et encore celle-ci était tributaire du sultan. Son frère et successeur Constantin XIII fit un dernier appel à l'Occident; il ne reçut d'autre secours que celui du Génois Giovanni Giustiniani qui lui amena, avec 4 navires de guerre, environ 2,000 soldats génois et vénitiens. Constantinople n'avait alors que 8,000 défenseurs, tandis que les ennemis parurent sous les murs de la ville le 6 avril 1453 au nombre de 400,000. Une chaine protégeait l'entrée du port; mais Mahomet II lit entrer sur des rouleaux sa flotte dans le golfe intérieur. Constantinople tomba le 29 mai et Constantin périt héroïquement sur la brèche. Les habitants furent vendus en masse comme esclaves. La Morée, défendue par les frères de Constantin, et le reste des principautés latines furent subjuguées en 1460; et David, le dernier des Comnènes soumit l'année suivante. — BIBLIOGR. Voy. BYZANTINS (historiens). Voy. aussi Gibbon et

Finlay. *History of the Byzantine, and Greek empires.*

LISTE DES EMPEREURS D'ORIENT.

Dynastie théodosienne.			
Valens.	364	Constantin VII (ou VIII).	945
Théodose Ier le Grand.	379	Romain II.	959
Arcadius, de Théodose.	395	Nicéphore II Phocas.	963
Théodose II.	408	Jean Ier Zimiscès.	969
Marcien.	450	Basile II et Constantin VIII (ou IX).	976
Dynastie de Thrace.		Romain III.	1008
Léon Ier.	457	Michel IV.	1034
Léon II.	474	Constantin IX (ou X) et	1041
Zénon l'Isaurien.	474	Zoé.	1042
Anastase Ier.	491	Théodora.	1054
Dynastie de Justinien.		Michel VI.	1056
Justin Ier.	518	**Dynastie des Comnènes.**	
Justinien Ier.	527	Isaac Ier Comnène.	1057
Justin II.	565	Constantin X (ou XI),	
Tibère II.	578	Ducas.	1059
Maurice.	582	Eudoxie et Romain IV.	1067
Phocas.	602	Michel VII.	1071
Dynastie d'Héraclius.		Nicéphore III.	1078
Héraclius Ier.	610	Alexis Ier Comnène.	1081
Constantin II (ou III).	640	Jean Comnène.	1118
Héracléonas.	641	Alexis II.	1143
Constant II.	641	Andronicus Ier.	1180
Constantin III (ou IV).	668	Isaac II.	1185
Justinien II.	685	Alexis III.	1195
Léonce.	695	Isaac II.	1203
Tibère III.	698	Alexis IV.	1206
Justinien II (de nouveau).	705		
Philippique-Bardanès.	711	**Empereurs latins.**	
Anastase II.	713	Beaudoin, comte de Flandre.	1204
Théodose III.	716	Henri Ier.	1206
Dynastie isaurienne.		Pierre de Courtenay.	1216
Léon III l'Isaurien.	718	Robert de Courtenay.	1221
Constantin IV.	741	Beaudoin II.	1228
Léon IV.	775		
Constantin V (ou VI).	780	**Empereurs grecs de Nicée.**	
Irène.	792	Théodore Lascaris Ier.	1204
Nicéphore Ier.	802	Jean Lucas.	1222
Stauracе.	811	Théodore Lascaris II.	1255
Michel Ier.	811	Jean Lascaris (1259) et	
Léon V.	813	Michel VIII.	1260
Michel II.	820		
Théophile.	829	**Empereurs grecs de Constantinople.**	
Michel III.	842		
Dynastie macédonienne.		Michel VIII.	1261
Basile Ier le Macédonien.	867	Andronicus II.	1282
Léon VI.	886	Andronicus III.	1328
Alexandre et Constantin VI		Jean Paléologue Ier.	1341
(ou VII).	911	Jean Cantacuzène.	1347
Romain Lecapène.	919	Jean Paléologue (de nouveau).	1355
Christophe.	920	Manuel II Paléologue.	1391
Etienne et Constantin VII (ou VIII).	928	Jean Paléologue.	1425
		Constantin Paléologue.	1448

— **Question d'Orient,** ensemble des questions et des complications politiques qui mettent constamment en danger la paix européenne et qui se rattachent à l'existence de l'empire ottoman, à la possession de l'Egypte, à l'antagonisme des populations chrétiennes et musulmanes dans l'empire de Turquie, et à la conquête de cet empire soit par les Russes, soit par les Autrichiens, s'il ne se forme pas, avec les débris de la Turquie d'Europe, des nationalités grecques ou slaves assez puissantes pour s'unir en corps de peuples. — L'expression *Question d'Orient* reçoit souvent une acception plus vaste et comprend toutes les questions relatives aux affaires de l'Asie et de l'Afrique septentrionale. — **Guerre d'Orient** I, guerre soutenue d'un côté par la Russie, d'un autre côté par la Turquie, la France, l'Angleterre et la Sardaigne, pendant les années 1854-1856. Cette guerre a donné lieu aux expéditions de Crimée (voy. CRIMÉE), de la Baltique, etc. Elle se termina par la paix de Paris et par la neutralisation de la mer Noire. (Voy. NOIRE.) — II, guerre qui commença par le soulèvement de l'Herzégovine et se termina par le démembrement de la Turquie d'Europe. (Voy. RUSSO-TURQUE.)

• **ORIENTAL, ALE, AUX** adj. Qui est du côté de l'orient; qui appartient à l'orient : *pays oriental, peuples orientaux*. — INDES ORIENTALES, partie de l'Asie qui est entre la Perse et la Chine, et qu'on nomme ainsi, pour la distinguer de l'Amérique, à laquelle on donne souvent le nom d'INDES OCCIDENTALES. — LANGUES ORIENTALES, langues ou mortes ou vivantes de l'Asie; telles que l'hébreu, le syriaque, le chaldéen, l'arabe, le persan, etc. — STYLE ORIENTAL, style métaphorique et hyperbolique dont les peuples de l'Asie font usage. — LUXE ORIENTAL, POMPE ORIENTALE, luxe, pompe digne de l'Orient. — Qui croit en Orient, qui vient d'Orient : *les plantes orientales.* — s. pl. Peuples de l'Asie les plus voisins de nous, et plus communément les Turcs, les Persans, les Arabes : *les coutumes des Orientaux ; le style des Orientaux.*

ORIENTALEMENT adv A la manière orientale.

ORIENTALISER v. a. Donner les mœurs orientales.

ORIENTALISME s. m. Ensemble des connaissances des peuples orientaux, de leurs idées et de leurs mœurs. — Connaissance des langues, des mœurs, etc. de l'Orient. — Doctrine de ceux qui font venir de l'Orient les mœurs, les langues, les manières des Occidentaux.

* ORIENTALISTE s. m. Celui qui est versé dans la connaissance des langues orientales : *c'est un de nos plus savants orientalistes.* — Adjectiv. *Paul Delamain fut un peintre orientaliste.*

† ORIENTATION s. f. Didact. Art de reconnaître l'endroit où l'on est en déterminant les points cardinaux. — Position d'un objet relativement aux pôles. — Mar. Disposition convenable des voiles et des vergues. — Se dit quelquef. par exposition en parlant d'une maison : *cette maison a une bonne orientation.*

* ORIENTÉ, ÉE part. passé de ORIENTER. — MAISON BIEN ORIENTÉE, MAL ORIENTÉE, maison qui est dans une bonne ou dans une mauvaise exposition, à l'égard de l'orient et des autres points cardinaux.

* ORIENTER v. a. Disposer une chose selon la situation qu'elle doit avoir par rapport à l'orient et aux trois autres points cardinaux : *orienter avec la boussole.* — Archit. ORIENTER UN PLAN, UN DESSIN, etc., y placer la rose des vents, pour indiquer comment sont ou devront être orientés, dans la nature, les objets que le plan, le dessin représente. — Mar. ORIENTER LES VOILES, les disposer de manière qu'elles reçoivent le plus avantageusement possible l'impulsion du vent. — S'orienter v. pr. Reconnaître l'orient et les trois autres points cardinaux du lieu où l'on est : *orientez-vous.* — Fig. Reconnaître de quoi il s'agit dans une affaire, en considérer les différentes faces, et examiner comment on doit s'y prendre pour réussir : *ne me pressez pas tant de conclure, laissez-moi m'orienter, donnez-moi le temps de m'orienter.*

* ORIFICE s. m. (lat. *orificium* ; de os, ouverture ; *facere*, faire). Ouverture qui sert comme d'entrée et de sortie à certaines cavités du corps de l'animal : *l'orifice inférieur de l'estomac.* — Chim. Hydr. Entrée, ouverture plus ou moins étroite de certains objets : *l'orifice est bouché par une soupape.*

* ORIFLAMME s. f. (rad. lat. *aurum*, or; *flamma*, flamme). Étendard que les anciens rois de France faisaient porter devant eux quand ils allaient à la guerre : *le roi alla prendre l'oriflamme à Saint-Denis.* — L'oriflamme était la bannière des rois de France de la dynastie des Capétiens ; ce fut à l'origine, celle de l'abbaye de Saint-Denis. Louis VI la leva pour la première fois en 1124, et on ne s'en servit plus après la bataille d'Azincourt en 1415. Elle était en soie rouge avec des flammes d'or et deux échancrures à l'extrémité ; elle était ornée de glands de soie verte, et attachée à une hampe dorée.

* ORIGAN s. m. (lat. *origanum*). Bot. Genre de plantes de la famille des labiées : *la marjolaine est une espèce d'origan.*

ORIGÈNE (gr. *Origénès*). L'un des pères de l'Église, né à Alexandrie vers 185, mort probablement en 254. Son père, le martyr Léonidès, était professeur d'éloquence. Après sa mort Origène, ouvrit une école où il enseigna d'abord les éléments ordinaires de la littérature grecque. En 202 l'école des catéchistes lui fut confiée, et il se consacra dès lors exclusivement à l'enseignement religieux. En 206, après plusieurs années d'un ascétisme rigoureux, interprétant trop littéralement le passage de saint Mathieu, XIX, 12, il s'émascula. En 210, il se reconnut pour disciple du néoplatonicien Ammonius Sarcas. Laissant une partie de ses fonctions à son aide Heraclas, il s'adonna à l'étude de l'hébreu, et y devint versé. En 212, il convertit le Valentinien Ambroise, dont le savoir et les richesses le mirent plus tard à même de publier ses commentaires sur les Écritures. Ambroise acheta ses manuscrits et lui fournit sept secrétaires. Étant en mission pour Démétrius, évêque d'Alexandrie, Origène reçut l'ordination en Palestine ; mais sa mutilation volontaire rendait cette ordination anti-canonique. Des synodes tenus à Alexandrie, lui refusèrent tout rang ecclésiastique, et déclarèrent hérétiques plusieurs de ses opinions et son livre sur les Principes, et lui défendirent d'enseigner dans l'école des catéchistes. En conséquence, il ouvrit une école d'exégèse sacrée à Césarée, en Palestine, et un grand nombre de disciples distingués portèrent au loin sa renommée et ses principes d'interprétation. Pendant la persécution de Maximin, en 235, il fut obligé de fuir ; il trouva un asile à Césarée, en Cappadoce, et dans cette retraite, il acheva sa collection des textes hébreux et grecs de l'Écriture, connus sous le nom de *Hexapla*. En 238, il revint à Césarée de Palestine, et reprit ses travaux. Il était fréquemment consulté par les synodes sur les questions particulièrement difficiles. Dans la persécution de Dèce, il fut emprisonné et soumis à des tortures raffinées et graduées avec un art horrible. — Les écrits d'Origène étaient critiques, philosophiques, polémiques et pratiques. La plupart sont perdus. De ceux qui restent, les principaux sont des parties des *Hexapla* et *Octapla*, commentaires sur les Écritures, les traités sur les principes, sur la prière, sur le martyre, et ses huit livres contre Celse, qui sont une apologie du christianisme. L'ouvrage intitulé *Hexapla* était une édition de l'Ancien Testament sur six colonnes parallèles, en hébreu, en hébreu écrit en caractères grecs, et les quatre versions d'Aquila, de Symmachus, des Septante et de Théodotion. Dans quelques livres on trouve ajoutées les versions marquées 5, 6, 7, d'où le nom *Octapla*. Les commentaires d'Origène sont remarquables par l'usage constant qu'il fait de la méthode allégorique. Il ne manque jamais, quand cela est possible, de trouver dans le plus simple exposé d'un fait quelque sens caché. Ses œuvres complètes ont été publiées par les bénédictins C. et C.-V. de la Rue (Paris, 1733-'59, 4 vol. f°), par Lommatzsch (Berlin, 1831-'48, 25 vol.), et forment les t. XI à XVII de la *Patrologie grecque* de Migne.

ORIGÉNISME s. m. Doctrine philosophique et théologique d'Origène.

ORIGÉNISTE adj. Qui a rapport au système d'Origène. — Substantiv. Partisan d'Origène et de ses doctrines.

* ORIGINAIRE adj. (lat. *originarius* ; de *origo*, origine). Se dit des personnes, des familles et des peuples lorsqu'on désigne les lieux d'où ils tirent leur origine : *les Francs qui conquirent les Gaules étaient originaires de Germanie.* — Se dit aussi des animaux et des plantes, en parlant des espèces : *les castors sont originaires du Canada.*

* ORIGINAIREMENT adv. Primitivement,

dans le commencement, dans l'origine : *cet homme, cette famille est originairement d'Allemagne ; il avait originairement beaucoup de bien.*

* ORIGINAL, ALE, AUX adj. Qui n'a pas été fait d'après un modèle de même nature, et qui sert de modèle pour des copies ou des imitations : *le tableau original.* — Se dit, par ext., d'une copie qui, à défaut de l'exemplaire primitif, perdu ou détruit, sert elle-même d'exemplaire, comme étant la copie la plus authentique : *au défaut du manuscrit, on a consulté l'édition originale.* — Par ext. Qui parait inventé, imaginé sans aucun souvenir qui précède : *cette pensée, cette expression est originale.* — Se dit également des auteurs et des artistes qui écrivent, qui travaillent d'une manière neuve, non empruntée, non imitée : *c'est un écrivain, un peintre, un compositeur original.* — AVOIR UN CARACTÈRE ORIGINAL, avoir une manière de penser et d'agir qui est singulière, particulière, qui ne ressemble point à celle des autres. — s. m. Minute, manuscrit primitif des contrats, traités, actes, chartes, et autres écritures : *voilà l'original du contrat, du traité.* — Ouvrage d'esprit, par opposition à version, à traduction : *ce traducteur a pris de grandes libertés avec son original.* — L'ORIGINAL HÉBREU, le texte hébreu de la Bible. — Peinture, sculpture, etc., qui sont réellement du peintre, du sculpteur, etc., à qui on les attribue : *voilà une belle statue, l'original est à Rome.* — Personne dont on a fait le portrait, et chose d'après laquelle on copie : *je ne puis juger de la ressemblance de ce portrait, je n'ai pas vu l'original.* — Fig. Auteur qui excelle en quelque genre, sans s'être formé sur aucun modèle : *les anciens sont les vrais originaux qu'il faut étudier.* — Fam. C'EST UN ORIGINAL, UN VRAI ORIGINAL, UN FRANC ORIGINAL, UN GRAND ORIGINAL, UN ORIGINAL SANS COPIE, se dit, par raillerie, d'un homme qui porte la singularité jusqu'à se rendre plus ou moins ridicule. — En original loc. adv. *Ce traité existe en original dans les archives.* — En propre ORIGINAL, en personne : *c'est lui-même, en propre original.* — D'original loc. adv., qui ne s'emploie guère que dans cette phrase peu usitée, SAVOIR UNE CHOSE D'ORIGINAL, l'avoir apprise de ceux qui en doivent être les mieux informés.

* ORIGINAL s. m. Nom que l'on donne à l'élan dans le Canada.

* ORIGINALEMENT adv. D'une manière originale : *il pense, il s'exprime toujours originalement.* (Peu us.)

* ORIGINALITÉ s. f. Qualité de ce qui est original ; caractère de ce qui est neuf, sans modèle de même nature, digne de servir de modèle : *l'originalité est une des qualités qui constituent le beau dans les arts.* — Singularité, bizarrerie : *l'originalité de son caractère, de ses manières le rend ridicule.*

* ORIGINE s. f. (lat. *origo, originis*). Principe ou commencement de quelque chose : *savez-vous l'origine de cette coutume, de cette cérémonie ?* — Extraction d'une personne, d'une race, d'une nation : *l'origine des Français ; il était de basse origine, de noble origine.*

A d'illustres parents s'il doit son origine,
La splendeur de son sort doit hâter sa ruine.
RACINE, *Athalie.*

— Etym. *L'origine d'un mot.* — Dans l'origine loc. adv. Originairement, dans le principe : *dans l'origine son mal n'était rien.* — Dès l'origine loc. adv. Dès le commencement, dès le principe : *dès l'origine, j'ai vu qu'il se ruinerait dans son entreprise.*

* ORIGINEL, ELLE adj. Qui vient de l'origine, qui remonte jusqu'à l'origine : *il y a dans cet ouvrage un vice originel.* — Théol. JUSTICE ORIGINELLE, GRACE ORIGINELLE, état d'innocence où Adam a été créé. PÉCHÉ ORIGINEL, péché que tous les hommes ont contracté en la personne d'Adam. — Fig. et fam. CET HOMME A LE PÉCHÉ ORIGINEL, sa famille, sa nation, ses liaisons sont une espèce d'empêchement à ce qu'il parvienne à telle charge, à telle dignité.

*ORIGINELLEMENT adv. Dès l'origine, dans l'origine. Ne se dit que dans le langage théologique : *selon les théologiens, l'homme est originellement pécheur.*

*ORIGINAL s. m. [*gn mll.*]. Elan du Canada. (Voy. ORIGNAL.)

ORIGNY-EN-THIÉRACHE, comm. du cant. d'Hirson, arr. et à 10 kil. N.-E. de Vervins (Aisne); 2,812 hab. Fabrique et exportation de paniers.

ORIGNY-SAINTE-BENOÎTE, comm. du cant. de Ribemont, arr. et à 16 kil. E. de Saint-Quentin (Aisne); 2,632 hab. Filatures.

ORIGNY (Pierre-Adam d'), poète, né à Reims, mort à Sedan en 1587. Son *Temple de Mars* fut publié à Reims (1599, in-8°). Ayant embrassé la réforme, il dut se retirer à Sedan.

ORIHUELA (o-ri-oué'-la), ville de la province de Valence (Espagne), sur la Segura, à 50 kil. S.-O. d'Alicante; 10,000 hab. environ. Manufactures de toiles et de soies.

*ORILLARD, ARDE adj. Voy. OREILLARD.

*ORILLON s. m. [*ll mll.*]. Petite oreille. N'est d'usage qu'au figuré. Ainsi on dit : LES OBILLONS D'UNE CHARRUE, les pièces de bois qui accompagnent le soc de la charrue pour verser hors du sillon la terre enlevée par le soc; ÉCUELLE A ORILLONS, écuelle à oreilles; et, en termes de fortification, BASTION A ORILLONS, bastion aux côtés duquel il y a des avances, des épaulements de figure ronde ou carrée, pour couvrir le canon qui est dans le flanc retiré.

*ORILLONS s. m. pl. Voy. OREILLONS.

*ORIN s. m. Mar. Câble qui tient par un bout à l'ancre, et par l'autre à la bouée : *l'orin sert à lever les ancres avec plus de facilité.*

ORIOL, station minérale de l'Isère, à 55 kil. de Grenoble et à 3 kil. de Mens. — Eaux bicarbonatées ferrugineuses, et alcalines gazeuses, froides. Sources *Accarias* et de *Burdonenche*; débit 3,700 litres. — Sels ferrigineux, 0,074; sels alcalins et terreux, 2,195; acide carbonique, plus de 1,000 centim. cub. par litre. — Emploi en boisson. — Chlorose, anémies diverses, fièvres intermittentes rebelles, hémorragies passives, catarrhe vésical, engorgement des viscères abdominaux.

*ORION s. m. Astron. Nom d'une constellation de l'hémisphère méridional : *le lever d'Orion.*

ORION (Myth. gr.), héros mythique, fils d'Hyrieus, de Hyria en Béotie, appelé par les Béotiens Candaon. Il aima Æro ou Mérope, fille d'Œnopion de Chios, et, pour lui plaire, purgea l'île de ses bêtes sauvages. Ayant, en état d'ivresse, pénétré de force jusque dans la chambre de Mérope, le père de celle-ci, avec l'aide de Bacchus et des Satyres, lui creva les yeux. Il recouvra la vue en exposant ses prunelles au soleil levant, et il alla en Crète, où il vécut en chassant avec Diane. Après sa mort, il fut placé parmi les étoiles, où il est représenté avec une ceinture, une épée, une peau de lion et une massue, et où il forme la plus brillante constellation du ciel septentrional.

*ORIPEAU s. m. (lat. *auripellis*, peau d'or). Lame de cuivre très mince, polie et brillante, qui de loin a l'éclat de l'or. — Toute étoffe, toute broderie de faux or ou de faux argent : *on habille les poupées d'oripeau.* — Par ext. et fam. Ancienne étoffe, vieux vêtement dont l'or est passé : *je vois dans votre garde-robe plusieurs vieux habits brodés ou galonnés d'or; que faites-vous de tous ces oripeaux?* — Fig. et fam. Ouvrages d'esprit où il y a de faux brillants : *tout n'est pas or pur dans ce poème, il y a bien de l'oripeau.* — Se dit encore, fig. et d'une manière plus générale, des choses qui brillent, qui ont un éclat apparent et sous lesquelles il n'y a rien de solide : *les oripeaux de la vanité.*

ORISSA, ancienne province de l'Inde, aujourd'hui commissariat du Bengale, s'étendant le long de la côte occidentale du golfe du Bengale, et bornée au S. par Madras et à l'O. par les Provinces centrales; 22,568 kil. carr.; 4,317,999 hab. Se compose de trois districts maritimes et plats : Balasore, Pooree, et Cuttack, avec 19 états tributaires montagneux et boisés, dans l'intérieur. Les montagnes y sont hautes de 2,500 à 3,500 pieds. Le plus grand fleuve est le Mahannuddy, à la principale embouchure duquel se trouve False-Point qui forme un des plus beaux ports de l'Inde. Le climat d'Orissa est chaud, humide et malsain. Le riz est le grand article de production, et fait le fond de la nourriture. On y produit aussi des légumineuses (*pulse*), de la jute, du chanvre, du lin, du tabac, de la canne à sucre, du maïs, du coton et des graines oléagineuses. Les Uriyas forment une grande partie de la population. Les principales villes sont : Cuttack, la capitale sur le Mahannuddy, Jeypoor, Juggernaut, Balasore et Pooree. Les Anglais ont définitivement annexé Orissa à leurs possessions en 1803. Le pays a eu souvent à souffrir d'horribles famines.

ORIZABA, ville de l'intérieur du Mexique, dans l'état de Vera-Cruz, à 250 kil. E.-S.-E. de la ville de Mexico; environ 20,000 hab.; dans une plaine délicieuse, à 4,000 m. audessus du niveau de la mer; belles rues, quelques belles maisons; l'une des principales stations sur la ligne du chemin de fer de Mexico à Vera-Cruz. Exportation de tabac, de café, de sucre, de rhum et de fruit. Orizaba a existé pendant des siècles, dit-on, sous le nom d'Izhuatlan. Montezuma Ier s'en empara en 1457, et elle resta soumise au royaume aztèque jusqu'à la conquête espagnole. Le Pico de Orizaba, ou Citaltepetl, volcan éteint, haut de 17,176 pieds, est à 9 kil. N. de distance. — Cette ville a été témoin de 4 combats entre Français et Mexicains : 24 avril 1862; 18 mai 1862; nuit du 13 au 14 juin; 14 juin.

ORKNEYS (Iles), groupe de 67 îles, situé au large de la côte septentrionale d'Écosse, dont il est séparé par le *frith* de Pentland, entre 58° 44' et 59° 23' lat. N. et entre 4° 44' et 4° 46° long. O., 642 kil. carr. environ, dont un quart est cultivé; 31,274 hab. Sur les 67 îles, 29 sont habitées. Les principales sont : Pomona ou Mainland, Hoy, North et South Ronaldshay, Westray, Sanday, Eday, Stronsay, Ronsay et Shapinsay. Le sol est surtout du sable et de l'argile, mêlé à des mousses qui forment la tourbe; on y rencontre la marne à coquilles et le fer des marais. Peu de gelée et de neige. La pêche de la morue et du hareng sont très productives, et on exporte de grandes quantités de homards. On y fabrique des tresses de paille pour chapeaux. Les Orkneys forment un comté, et avec Shetland une circonscription électorale qui envoie un membre au parlement. Pomona ou Mainland, l'île principale, a 45 kil. de long, et une largeur qui varie de 5 à 25 kil. Kirkwall, la ville principale de l'île et la capitale du comté (3,434 hab.), est une très vieille localité; mais beaucoup de maisons et de magasins y sont neufs et de belle apparence. Le port est bon, et le commerce d'exportation considérable. Le principal édifice est la cathédrale de Saint-Magnus, fondée en 1138 — Les mêmes populations celtiques qui ont colonisé la Grande-Bretagne du S. au N. furent les premiers habitants des Orkneys. Agricola les visita en 84, et elles furent depuis un des rendez-vous favoris des pirates normands. En 876, Harald Harfager les soumit et en confia l'administration à Ronald, père de Rollon, l'ancêtre de Guillaume le Conquérant. En 920, Sigard, frère de Ronald, les reçut de lui, et les deux frères fondèrent une longue ligne d'*earls* scandinaves qui prirent les allures de princes indépendants. En 1098, ils devinrent sujets de la couronne de Norvège. En 1469, les îles furent données en gage à Jacques III d'Écosse pour le douaire de sa femme Marguerite de Danemark.

*ORLE s. m. Archit. Rebord ou filet sous l'ove d'un chapiteau. — Blas. Pièce honorable qui est faite en forme de bordure, mais qui ne touche pas les bords de l'écu : *porter de sable à orle d'or, huit tours en orle.*

*ORLÉ, ÉE adj. Blas. Rangé en orle.

ORLÉANAIS, AISE s. et adj. D'Orléans, qui appartient à cette ville ou à ses habitants.

ORLÉANAIS, ancienne province et grand gouvernement de la France, entre l'Ile-de-France, la Normandie, le Perche, le Maine, la Touraine, le Berry, le Nivernais, la Bourgogne et la Champagne. — Ch.-l., Orléans. Il comprenait l'Orléanais proprement dit, le Blaisois, le Vendômois, le Dunois, la Sologne, le Gâtinais, la Beauce ou Pays Chartrain et le Perche-Gouet. Il forme aujourd'hui les dép. du Loir-et-Cher, d'Eure-et-Loir et du Loiret. — Le haut Orléanais avait pour villes princ. : Orléans, Beaugency, Meung et Pithiviers; le bas Orléanais avait seulement Jargeau, Olivet et la Ferté.

ORLÉANISME s. m. Polit. Parti des orléanistes.

ORLÉANISTE s. Partisan des princes de la famille d'Orléans. — adjectiv. *Système orléaniste.*

*ORLÉANS s. f. [or-lé-anss]. Etoffe légère de laine et de coton, qui est employée pour les vêtements d'été : *un paletot d'orléans.*

ORLÉANS [or-lé-an], *Genabum* ou *Cenabum*; *Aurelianum* ou *Aureliani*, ch.-l. du dép. du Loiret, sur la rive droite de la Loire, par 47°54' 9" lat. N. et 0° 25' 35" long. O.; à 122 kil. S. de Paris; 55,000 hab. Les fortifications ont été converties en promenades. Parmi les monuments intéressants, on cite la cathédrale restaurée et la statue équestre de Jeanne d'Arc, *la Pucelle d'Orléans.* Orléans est un grand centre industriel et un important point de jonction pour les chemins de fer. On y fabrique surtout de la bonneterie, des couvertures de laine et de coton, des cuirs et du sucre. L'ancienne ville, *Genabum*, fut détruite par César; rebâtie par Aurélien, elle prit le nom d'*Aurelianum*. Elle fut conquise par Clovis en 496, et, sous ses successeurs, devint la capitale d'un sol royaume franc, et, après l'avènement de la maison de Valois, un duché appartenant au prince royal. En oct. 1428, les Anglais mirent le siège devant la ville qui résista héroïquement et fut à la fin secourue par Jeanne d'Arc, le 29 avril 1429. En 1563, le duc de Guise fut assassiné pendant qu'il l'assiégeait à la tête des catholiques. Le 12 oct. 1870, les Allemands s'en emparèrent, sous le commandement de von der Tann; à l'approche de l'armée de la Loire conduite par Aurelle de Paladines, ils se retirèrent (9 nov.) dans le voisinage de Coulmiers, où, après une bataille acharnée commencée le 7, ils furent obligés de battre en retraite. Les Français rentrèrent dans Orléans le 10. Mais au bout d'une semaine de combats autour de la ville, combats dans lesquels les troupes d'Aurelle furent à plusieurs reprises défaites par le prince Frédérick-Charles et par le grand-duc de Mecklemburg, Orléans finit par se rendre à

celui-ci (4-5 déc.), et l'armée française se retira derrière la Loire. Le 435ᵉ anniversaire
de la délivrance d'Orléans par la vierge de
Domrémy fut célébré avec une grande pompe

Orléans.

dans cette ville le 14 mai 1865, ainsi que l'anniversaire de la mort de cette héroïne, le
30 mai 1878.

ORLÉANS (Duché et familles d'). La partie
de la France dont la ville d'Orléans était la capitale, forma successivement une vicomté et
un comté sous les dynasties carlovingienne et
capétienne. Philippe VI l'érigea en duché en
1344 pour son fils Philippe (mort en 1375). Postérieurement, le duché ou son titre furent tenus successivement par trois familles ou branches : 1° celle de Valois-Orléans, 1392-1498;
2° la première maison de Bourbon-Orléans,
1626-'60; 3° la seconde maison de Bourbon-
Orléans, 1660-1842, qui commença avec Philippe, frère de Louis XIV, et compte parmi
ses membres Philippe-Égalité et le roi Louis-
Philippe, frère de Louis XIV (mort en 1842) a
été le dernier duc titulaire d'Orléans. — Nous
citons ici les plus célèbres membres des diverses familles d'Orléans : I. **Louis**, chef de
la famille de Valois-Orléans, né en 1371,
assassiné le 23 nov. 1407. C'était le second
fils du roi Charles V et de Jeanne de Bourbon, et lorsque son frère Charles VI fut frappé
de folie, il partagea le pouvoir avec ses oncles.
A la mort de Philippe de Bourgogne en 1404,
il eut pendant un moment, de concert avec la
reine, toute la direction des affaires, en qualité de lieutenant-général du royaume ; mais
sa mauvaise administration fit saluer comme
un libérateur Jean sans Peur, fils de Philippe,
lorsqu'il se présenta devant les portes de
Paris. L'assassinat de Louis, à l'instigation
de Philippe, produisit la guerre civile des
Bourguignons et des Armagnacs; ces derniers
étaient les adhérents de la famille d'Orléans. — II. **Charles**, fils aîné du précédent,
né en 1394, mort en 1465. Il épousa sa veuve
de Richard II d'Angleterre, laquelle mourut
peu après. Il montra peu d'habileté pratique,
et en 1409 il signa avec Jean de Bourgogne
un traité de paix caractérisé par le surnom
de *paix fourrée*. La guerre civile se renouvela
sous la direction du comte Bernard d'Armagnac, père de sa seconde femme, et elle prit
fin par le traité d'Arras en 1414. Charles combattit bravement à Azincourt; mais il y fut
blessé, pris et emmené en Angleterre, où il
resta 25 ans. En 1440, il fut relâché à la condition de payer 200,000 couronnes d'or et de
ne pas porter les armes contre l'Angleterre.
Il épousa alors Marie de Clèves qui, 22 ans
plus tard, lui donna un fils qui devait devenir Louis XII. Ses poésies, en français et en

anglais, ont été mises au jour en 1734 par
l'abbé Sallier. — III. **Jean-Baptiste-Gaston**, le
plus jeune fils de Henri IV, frère de Louis XIII,
né en 1608, mort en 1660. Il fut d'abord connu
sous le titre de duc d'Anjou. Tout en trempant dans toutes les conspirations contre
Richelieu, la peur le poussait chaque fois à
faire sa soumission et à trahir ses amis. C'est
sur son témoignage que Cinq-Mars, avec qui
il avait conspiré, périt sur l'échafaud; et
pendant la guerre de la Fronde, il servit et
trahit tour à tour le roi, les princes, le parlement et le parti populaire. Finalement, il
fut exilé à Blois. On a publié ses *Mémoires*
en 1683. — IV. **Philippe II**, régent de France
pendant la minorité de Louis XV, né en 1674,
mort le 2 déc. 1723. Il était fils du duc Philippe Iᵉʳ, frère de Louis XIV. Jusqu'à la mort
de son père, en 1701, il porta le titre de duc
de Chartres. Sur l'avis de son précepteur, le
trop célèbre abbé Dubois, il épousa en 1692
Mˡˡᵉ de Blois, fille naturelle de Louis XIV et
de Mᵐᵉ de Montespan. Il se distingua au siège
de Mons en 1691, et à la prise de Namur en
1692; et il fut blessé à Steinkerque. En 1693,
à Neerwinde, il déploya une telle habileté et
une telle bravoure que Louis XIV en fut jaloux
et l'éloigna de l'armée. Mais il y reprit son
rang en 1706; soumit, en 1707, la Valence,
l'Aragon, la Catalogne, et prit Lérida, qui,
60 ans auparavant, avait résisté au grand
Condé, et en 1708 dirigea encore heureusement plusieurs expéditions. Des soupçons le
firent rappeler; il dut renoncer à tous droits
ou prétentions sur le trône d'Espagne, et il
fut banni de Versailles. Il se livrait alors à
la chimie et fut accusé d'avoir empoisonné
le dauphin, le duc et la duchesse de Bourgogne et leur second fils, pour arriver au trône.
Il repoussa l'accusation et demanda instamment qu'on fît son procès, tandis que son
chimiste offrait de se livrer. Louis XIV ne lui
permit pas de faire publiquement son procès;
mais le duc lava plus tard sa réputation de
ce soupçon par le soin paternel qu'il prit de
l'enfant roi, la seule barrière qui fût alors
entre lui et la couronne. Après la mort de
Louis XIV, le testament royal fut mis de côté
par le parlement, et le duc exerça la régence
du 2 sept. 1715 au 22 fév. 1723. Il trouva les
finances nationales dans une condition désespérée, et en 1716 il adopta le plan d'une
banque nationale que lui soumit John Law,
et qui, pour un moment, créa une prospérité factice, mais se termina, en 1720,
par une terrible catastrophe et un accroissement de la dette publique. Cédant aux représentations de Dubois, qui était soudoyé
par les Anglais, le régent conclut la *triple*

alliance avec l'Angleterre et la Hollande, le
4 janv. 1747, dans des conditions désastreuses
pour la France. Une conspiration de l'ambassadeur espagnol à Paris, Cellamare, entreprise à l'instigation d'Alberoni, premier
ministre d'Espagne, et aidée par les nobles
Bretons mécontents, dans le but de renverser
le régent en France et la maison de Hanovre
en Angleterre, fut découverte par Dubois, et
amena avec l'Espagne une guerre qui aboutit à la chute d'Alberoni et au remaniement
d'une partie de l'Europe occidentale. Après
que Louis XV fut déclaré majeur, Dubois resta
premier ministre pendant six mois environ. A sa mort, le duc d'Orléans reprit,
avec ce titre, les rênes du gouvernement;
mais sa constitution avait été ruinée par la
débauche, et il mourut bientôt d'apoplexie.
— V. **Louis-Philippe-Joseph**, appelé *Philippe-
Égalité*, cinquième duc de sa maison et
arrière petit-fils du régent, né en 1747, guillotiné le 6 nov. 1793. Sous le titre de duc de
Chartres, qu'il porta jusqu'en 1785, il épousa
en 1769, Louise-Marie-Adélaïde de Bourbon-
Penthièvre, arrière petite-fille de Louis XIV
et de Mᵐᵉ de Montespan, et qui lui apporta
le riche patrimoine de sa maison. En 1776, il
devint le chef du *parti des princes*, opposé à
Marie-Antoinette. Ayant échoué dans ses prétentions à l'emploi de grand-amiral, il prit
part comme volontaire à la bataille navale
d'Ouessant, en 1778, action pour laquelle il fut
d'abord couvert des plus grands éloges, et
bientôt après de railleries. Le procès du collier lui donna l'occasion de manifester sa
haine envenimée contre Marie-Antoinette.
En 1787, il parut dans l'Assemblée des notables,
complota avec les membres les plus ardents
de l'opposition, contrecarra la politique financière du gouvernement, et fut exilé à Villers-
Cotterets. La popularité qu'il acquit ainsi fut
encore augmentée par la libéralité avec laquelle il secourut le peuple pendant le rigoureux hiver de 1788-'89. Aux états-généraux, il
fut un des premiers nobles qui se réunirent aux
députés du tiers-état, et il aida à sa transformation en Assemblée nationale. Le Palais-
Royal, sa résidence, devint un centre de
manifestations révolutionnaires, et ce fut de là
que partit le signal de la prise de la Bastille.
On attribua généralement à lui et à ses partisans les événements des 5 et 6 oct., mais
l'Assemblée refusa de le mettre en accusation.
Cependant Lafayette le força par les menaces
à se retirer à Londres, où il resta neuf mois.
A son retour, le 11 juillet 1790, il fut fait amiral; mais la manière dont le traitèrent les
courtisans l'éloigna de la cour plus que jamais,
et l'excita à pousser plus loin ses projets révolutionnaires. Bientôt sa conduite hésitante
et pusillanime découragea ses partisans, et
Mirabeau, qui avait favorisé ses aspirations
au trône, se détourna de lui avec dégoût.
Lors de la fuite du roi, il laissa échapper la
meilleure occasion de lui succéder. Il prit
alors le surnom d'Égalité, fut élu à la Convention, et vota la mort de Louis XVI. Le complot
de Dumouriez augmenta les soupçons des révolutionnaires à son égard; il fut arrêté, jugé
à Marseille, et acquitté; mais à la proscription
des girondins, on le ramena à Paris,
devant le tribunal révolutionnaire qui le condamna à mort. Son excellente femme fut
prisonnière pendant toute la Révolution; lorsqu'on la relâcha, en 1797, elle reçut une pension de 400,000 fr., puis se retira à Palerme.
Elle revint en 1814, et mourut en 1821. Outre
Louis-Philippe, elle avait deux fils: Antoine-
Philippe, duc de Montpensier (1775-1807),
qui a laissé d'intéressants mémoires *intimes*,
et Alphonse-Léodgar, comte de Beaujolais
(1779-1808), et une fille. (Voy. ADÉLAÏDE.) — VI.
**Ferdinand-Philippe-Louis-Charles-Henri-
Joseph**, fils aîné du roi Louis-Philippe, né à
Palerme en 1810, mort le 13 juillet 1842. Il
servit en Belgique et prit part au siège d'An-

vers (1832). En 1835-'39 et -'40, il se distingua beaucoup en Algérie. Il allait à Neuilly visiter ses parents lorsque ses chevaux s'emportèrent; il sauta de sa voiture, tomba et se fractura le crâne; il mourut au bout de quelques heures. Le duc d'Orléans était très populaire, et sa mort causa des regrets universels. — VII. Hélène-Louise-Élisabeth, femme du précédent et fille du prince Frédéric-Louis de Mecklembourg-Schwerin, née en 1814, morte en 1858. Elle fut mariée en 1837 et eut deux fils, le comte de Paris et le duc de Chartres. Louis-Philippe fit présenter aux deux Chambres une loi de régence par laquelle elle était privée des droits qui lui appartenaient suivant les usages. Elle se montra avec ses deux fils à la Chambre le 24 fév. 1848, et était sur le point d'être proclamée régente, lorsque la salle fut envahie par la populace. Elle parvint à s'échapper et à atteindre la Belgique avec ses deux fils, et elle alla résider avec son oncle, le grand-duc de Weimar, à Eisenach. — Le décret d'exil de la famille d'Orléans, rendu le 30 mai 1848, fut abrogé en 1871, et leurs immenses domaines, confisqués en 1852 par Napoléon III, leur furent rendus en 1872.

ORLÉANS (La Pucelle d'). Voy. Jeanne d'Arc.

ORLÉANS (La Nouvelle-) angl. *New-Orleans* [niou-ôr-liannss], capitale de la Louisiane; la neuvième ville des États-Unis pour le nombre des habitants, sur les deux rives du Mississipi, à 160 kil. au-dessus de l'embouchure du fleuve et à 1,500 kil. S.-O. en droite ligne de Washington; par 29° 57' lat. N. et 92° long. O. La plus ancienne et la plus considérable partie de la ville s'élève sur la rive gauche du fleuve, dont elle suit les méandres de manière à représenter à peu près un S dont le développement aurait de 17 à 19 kil. de long. Les limites officielles de la Nouvelle-Orléans sont le lac Pontchartrain au N. et le lac Borgne au S.-E., ce qui comprend une superficie de 400 kil. carr. Mais la plus grande partie n'est pas bâtie et est occupée par des jardins de maraîchers, des marécages, des roseraies, et des *bayous*. La véritable ville ne couvre guère qu'une superficie de 100 kil. carr., dans lesquels il y a encore bien des terrains vagues. On a fait des travaux de protection contre le fleuve, car le pays est au-dessous du niveau du Mississipi à marée haute. Plusieurs lignes de tramways traversent la partie centrale de la ville. Un assez grand nombre de rues sont solidement pavées de blocs de granit oblongs. Mais beaucoup ne le sont pas du tout, et deviennent presque impraticables quand il pleut, et intolérablement poudreuses pendant les temps chauds. Il y a dix squares publics. Le plus remarquable des monuments est l'hôtel de la douane, qui contient aussi les bureaux du maréchal des États-Unis et ceux de la poste; il est bâti de massifs blocs de granit, avec d'immenses piliers de marbre blanc et de lourds escaliers de fer. L'hôtel Saint-Charles, l'hôtel de ville, la monnaie, sont d'élégantes constructions. Il y a de belles églises en grand nombre. La vieille cathédrale gothique de Saint-Louis, bâtie à l'origine par don Andres Almonaster y Roxas et rebâtie en 1850, a une imposante façade surmontée d'un clocher élevé et flanquée de deux tours dont chacune porte son clocher plus petit. Il y a plus de 30 cimetières. Ils présentent cette particularité que, le sol étant trop poreux pour permettre de creuser des fosses, toutes les tombes sont au-dessus du sol. Quelques-unes sont de coûteuses et belles constructions de marbre, de fer, etc.; mais la grande majorité consiste en cellules, juste assez grandes pour recevoir la bière, et que l'on bouche hermétiquement avec des briques, dès que les rites funéraires ont été accomplis. Sans la fièvre jaune, la salubrité de la Nouvelle-Orléans ne serait surpassée par aucune autre

grande ville: et, tout considéré, la santé et la longévité des personnes nées dans la ville ou acclimatées depuis longtemps soutiennent favorablement la comparaison avec n'importe quelle autre cité. En 1810, la population de la Nouvelle-Orléans était de 17,243 hab.; en 1881, de 220,000, dont 60,000 noirs. Des lignes de steamers réunissent cette ville aux ports de la Havane, de Baltimore, de Key-West, de Philadelphie, de New-York, de Boston, du Texas, de la Vera-Cruz, de Liverpool, du Havre et de Brême. Pour l'importance de ses exportations et de son commerce général, la Nouvelle-Orléans vient après New-York, bien que plusieurs ports la dépassent dans le chiffre de leurs importations. Tout le sucre, tout le riz et tout le coton de la Louisiane, la plus grande partie du coton du Mississipi, et une grande quantité de celui de l'Arkansas et du Texas viennent s'y embarquer, ce qui fait de la Nouvelle-Orléans le premier marché de coton du pays. Dans ces dernières années, on a fait des efforts, qui ne sont pas restés sans succès, pour créer un grand commerce de grains avec l'étranger. En 1875, on pouvait citer comme établissements industriels importants 5 fabriques d'huile de graine de coton, 8 fabriques de sirops et de liqueurs, 7 manufactures de tabacs, 3 d'engrais, 3 de vinaigre, 13 de savon, 5 raffineries, 5 distilleries et 45 brasseries. Il y avait aussi 2 compagnies à gaz, 2 compagnies pour la fabrication de la glace; 5 docks de construction de navires, 42 compagnies d'assurances et 23 banques. — La plupart des maisons sont pourvues de vastes citernes pour recueillir les eaux de pluie. Près de Jackson square se trouvent plusieurs bâtiments qui forment le marché français. Son étendue est son apparence ancienne, l'abondance et la diversité des marchandises qu'il contient, le nombre de races d'hommes qu'on y voit, les langues qu'on y entend et qui le font ressembler à la tour de Babel, ont donné à ce marché une renommée universelle. La *Howard association* a pour mission spéciale le soulagement des malades dans les épidémies, particulièrement la fièvre jaune et le choléra. On compte environ 50 établissements hospitaliers. Il y a deux bibliothèques, une publique, l'autre à l'état, qui, bien qu'encore considérables, sont loin d'être ce qu'elles étaient avant la guerre de sécession. Le fameux carnaval de la Nouvelle-Orléans se célèbre avec de grandes réjouissances, auxquelles contribuent plusieurs sociétés fondées dans ce but. Il y a six journaux quotidiens, dont un français et un allemand. Le nombre des églises est d'environ 150 (catholiques romaines, baptistes, méthodistes, épiscopaliennes, presbytériennes, congrégationalistes, et juives). — L'emplacement de la Nouvelle-Orléans fut reconnu en 1717 par de la Tour; un établissement y fut fondé en 1718, mais on l'abandonna bientôt à la suite d'inondations, de tempêtes et de maladies. Recolonisée en 1723, occupée par les Français jusqu'en 1769, puis par les Espagnols jusqu'en 1801, elle revint au pouvoir des Français jusqu'en 1803, époque où, avec toute la Louisiane, elle fut cédée aux États-Unis. La constitution de 1868 en a fait la capitale de l'état. L'événement le plus mémorable de l'histoire de la Nouvelle-Orléans, depuis sa cession aux États-Unis jusqu'au commencement de la guerre civile, fut la bataille du 8 janv. 1815. Les confédérés occupèrent la Nouvelle-Orléans par force dès le commencement de 1861. En 1862, une armée de terre et de mer, sous le commodore Farragut et le général Buttler, fut envoyée pour la reprendre. Le 24 avril, Farragut franchit l'obstacle redoutable qu'on lui présentait les forts Jackson et Saint-Philip, sur les deux rives du Mississipi, et détruisit la flotte ennemie. Il remonta ensuite le fleuve jusqu'à la Nouvelle-Orléans, qui n'était couverte que par cette flotte. Le

1er mai, Buttler prit officiellement possession de la ville en qualité de gouverneur militaire.

ORLÉANSVILLE, ville de la province et à 240 kil. O.-S.-O. d'Alger (Algérie), sur la rive gauche du Chélif; 2,000 hab. Cette ville fut fondée en 1843, au milieu d'un plateau sur lequel avait existé jadis la ville romaine de *Castellum Tingitii.*

ORLEY (Bernard van), peintre, né à Bruxelles en 1474, mort en 1541. Il voyagea en Italie. Ami de Raphaël, dont il devint l'élève, il est resté l'un des types de l'école flamande au XVIe siècle. On doit citer son *Jugement dernier* et son *Histoire de Job.*

ORLOFF, nom d'une famille russe qui devint importante au commencement du XVIIIe siècle. I. (Ivan), fondateur de la famille. Il faisait partie des strélitz que la princesse Sophie excita en 1689 à se mutiner contre le jeune czar Pierre le Grand. Condamné à mort, il montra un tel sang-froid sur l'échafaud, qu'il fut gracié et obtint une commission militaire. Il adopta le nom d'Orloff. — II. (Grigori), son petit-fils, né en 1734, mort en 1783. Il devint favori de la grande-duchesse Catherine, et aida à faire déposer son mari, Pierre III, et à la mettre sur le trône sous le nom de Catherine II (1762). Outre d'autres honneurs, il reçut, ainsi que ses quatre frères qui l'avaient assisté, le titre de comte. Mais il aspira en vain à la main de l'impératrice, dont il eut un fils, le comte Bobrinski. Il lui déplut par son inconstance et son indiscrétion; enfin un autre favori le supplanta auprès d'elle; il fut banni de Saint-Pétersbourg et devint fou. — III. (Alexis), frère du précédent, né en 1737, mort en 1800. Il passe pour avoir étranglé de ses propres mains Pierre III dans sa prison. En 1768, il devint amiral de la flotte de l'Archipel, et, avec l'assistance de l'officier anglais Elphinston, il remporta de brillants succès au large de Chio et de Tchesmé (5-7 juillet 1770); il reçut alors de grandes distinctions, mais Paul I exila ce fils. — IV. (Fedor), autre frère, né en 1741, mort en 1796. Il servit contre les Turcs et devint général en chef. Il laissa quatre fils illégitimes. C'est par eux que s'est continuée la ligne mâle des Orloff. — V. (Alexis), fils du précédent, né en 1787, mort en 1861. Il contribua beaucoup à écraser l'insurrection qui suivit l'avènement de Nicolas (1825) et fut créé comte. Après avoir combattu contre les Turcs en 1828, il négocia la paix d'Andrinople (1829), et le traité secret d'Unkiar-Skelessi (1833). A partir de 1844, comme directeur de la police secrète, il exerça une prodigieuse influence, sous Nicolas et Alexandre II. En 1856, il était plénipotentiaire en chef au congrès de Paris, et plus tard il devint président du grand conseil et reçut le titre de prince.

ORMAIE ou Ormoie s. f. Lieu planté d'ormes; *sous l'ormaie.*

ORME s. m. (lat. *ulmus*; celt. *ourn*, javelots, à cause de l'usage de ce bois). Bot. Genre type des ulmacées, comprenant plusieurs espèces d'arbres souvent très élevés, à feuilles alternes, simples, dentées, accompagnées de stipules et rudes au toucher : *on voit encore de vieux ormes que Sully fit planter dans les villages, et qu'on appelle de son nom.* — Attendez-moi sous l'orme, se dit en parlant d'un rendez-vous où l'on n'a pas dessein d'aller, d'une promesse sur laquelle il ne faut pas compter : *vous croyez que j'irai à votre assemblée; attendez-moi sous l'orme.* — Encycl. Les ormes croissent dans les régions tempérées de l'hémisphère boréal. On en a décrit 13 espèces, dont la plus répandue chez nous est l'orme champêtre *(ulmus campestris)*, appelé aussi ormeau ou orme pyramidal. C'est un grand et bel arbre qui peut vivre plusieurs siècles. Ses fleurs rouges s'épanouissent avant le développement des feuilles. Ses bois de courts pédicelles, et présentent un calice cilié. Ses fruits sont glabres. C'est l'arbre le plus employé pour la plantation des routes et des avenues depuis que Sully l'a répandu en

Orme rouge (Ulmus fulva).

France pour cet usage. Son bois dur et solide est employé pour la charpente et le charronnage. Comme bois de chauffage, il dégage un peu moins de chaleur que le hêtre. Cette

Orme champêtre (Ulmus campestris).

espèce a produit de nombreuses variétés dont la plus importante est l'orme à moyeu ou orme tortillard, dont le bois à fibres très enchevêtrées est recherché pour la fabrication

Orme d'Amérique (Ulmus Americana).

des moyeux de voitures. Le tronc des vieux individus porte des excroissances ou broussins qui offrent de belles veines et qui servent aux ébénistes pour le placage des meubles. L'orme pédonculé (ulmus pedunculata) est assez rare en France ; l'orme rouge (ulmus fulva),

nommé vulgairement orme gras, est plus petit que les précédents, mais son feuillage plus beau se compose de grandes feuilles en cœur ; ses fleurs sont ramassées en capitules serrés. L'orme nain (ulmus parvifolia), originaire de Chine et du Japon, a été introduit chez nous par l'abbé Gallois sous le règne de Louis XV et fut considéré comme étant le véritable thé. L'orme d'Amérique (ulmus Americana) est l'un des plus beaux arbres des États-Unis orientaux.

ORME (Robert), écrivain anglais, né en 1728, mort en 1801. Il fut commissaire et chef de la comptabilité dans l'Inde en 1757-'58 ; en 1760, il s'établit à Londres, et fut nommé historiographe de la compagnie des Indes orientales. Il a écrit History of the Military Transactions of the British Nation in Indostan, Historical Fragments of the Mogul Empire from the Year 1659, A general Idea of the Government and People of Indostan, etc.

* ORMEAU s. m. Jeune orme : danser sous l'ormeau, à l'ombre des ormeaux. — Se dit quelquefois pour orme, en général : de vieux ormeaux

ORMEK s. m. Étoffe rase, lisse, à gros grains, faite de poil de chameau ou de duvet de cachemire et qui se fabrique dans l'Asie centrale.

ORMESSON I. (Olivier Lefebvre d'), né en 1525, mort en 1600. Il devint intendant et contrôleur des finances puis, plus tard, président à la chambre des comptes. Il fut un des premiers à reconnaître Henri IV. — II. (Olivier Lefebvre d'), petit-fils du précédent, (1610-1686) ; il fut nommé rapporteur dans le procès du surintendant Fouquet et résista énergiquement à ceux qui voulaient la mort de l'accusé. Il a laissé des Mémoires de 1643 à 1672. Ils sont manuscrits à la bibliothèque de Rouen. — III. (Henri-François-de-Paule Lefebvre d'), petit-fils du précédent (1681-1756). Il fut membre du conseil de régence pendant la minorité de Louis XV et devint surintendant des finances. — IV (Louis-François-de-Paule Lefebvre d'), fils du précédent (1718-1789) ; élevé par Daguesseau, son oncle maternel, il fut appelé aux plus hautes charges de la magistrature et devint premier président du Parlement en 1788.

ORMIAH (Lac d'), lac salé du N.-O. de la Perse, province d'Aderbaidjan ; 120 kil. de long sur 60 de large.

* ORMILLE s. f. (ll mll). Coll. Plant de petits ormes : bottes d'ormilles.

* ORMIN s. m. Bot. Plante du genre des sauges.

ORMOY (Charlotte Chaumet, dame d'), femme auteur, née à Étampes vers 1732, morte en 1791 Elle épousa le président d'Ormoy et s'adonna à la littérature, après avoir éprouvé des revers de fortune. Ses ouvrages les plus connus sont : les Malheurs de la jeune Emilie (Paris, 1776, in-8°) ; Zelmis ou la Jeune Sauvage, opéra comique (Paris, 1780, in-8°), etc.

ORMOND (James-Butler Earl, et plus tard, duc d'), [ôr-monndd] lord lieutenant d'Irlande, né en 1610, mort en 1688. Lorsque la rébellion irlandaise éclata en 1640, il fut choisi comme commandant des troupes royales, repoussa à plusieurs reprises les rebelles, fut créé marquis, et nommé lord lieutenant d'Irlande en 1644. Après le succès du parti parlementaire, il se démit de sa charge et se retira en France. Il fut fait duc après la Restauration. L'Irlande l'eut encore pour lord lieutenant en 1662-'69, et en 1676-'85. La vie d'Ormond et l'histoire de son administration en Irlande a été écrite par Thomas Carte (1735-'36, 3 vol. in-fol. ; nouvelle éd., 1851, 6 vol. in-8°).

ORMUZ ou Hormouz [or-mouzz], île de Perse, dans le détroit du même nom, qui fait communiquer la mer d'Arabie avec le golfe Persique, à environ 8 kil. de la côte ; 50 kil. carr. ; 300 hab. environ. Au S. et S.-O. sont des collines de sel pétrifié. À l'extrémité septentrionale. on trouve les restes d'une forteresse construite jadis importante, consistant en un fort bastionné quadrangulaire, de 750 pieds de long sur 620 de large. Au XIVe siècle, Ormuz devint la capitale d'un royaume comprenant une partie considérable de l'Arabie et de la Perse, et au XVe siècle ce fut l'entrepôt du commerce entre l'Inde et la Perse. En 1515, Albuquerque la soumit, et en 1543 l'île fut forcée de payer au Portugal un tribut annuel de 100,000 ducats. En 1622, le shah de Perse Abbas s'empara de la forteresse, détruisit la ville, et transféra son commerce au nouveau port Bunder Abbas. En 1856, le seyid de l'Oman la reçut pour 20 ans en vertu d'un traité contre paiement d'un tribut annuel.

ORMUZD ou Ahura Mazda, divinité suprême des anciens Persans. Il était le dieu du firmament, symbole de la bonté et de la vérité et créateur de l'univers. Suivant Zoroastre, il existait de toute éternité un être incompréhensible nommé Zeruane Akerene (ou Zrvan Akarana, « le temps sans limites ») ; de lui émana la lumière première, et de celle-ci sortirent Ormuzd et Ahriman, ou le roi de la lumière et le prince des ténèbres. Une doctrine plus récente, encore professée par les Guèbres et les Parsis, au lieu de faire d'Ormuzd le grand créateur, le réduit au rôle de simple démiurge, ou organisateur d'un univers déjà créé. (Voy. Zend-Avesta.)

ORNAIN ou Orne, petite rivière qui prend sa source près de Neuville-aux-Bois (Haute-Marne), arrose Gondrecourt, Ligny, Bar-le-Duc, et se jette dans la Marne à 2 kil. N. de Vitry-le-François.

ORNANS, ch.-l. de cant., arr. et à 27 kil. S.-E. de Besançon (Doubs), sur les deux rives de la Loire, entre deux montagnes ; 3,000 hab. Fromages façon de Gruyère. Patrie de l'abbé Millot et du peintre Courbet.

ORNATEUR, TRICE adj. Qui orne. — Substantiv. Celui qui fait les ornements, les décorations.

* ORNE s. m. Arbre qui ressemble beaucoup au frêne ordinaire, et qui donne la manne. On le nomme aussi Frêne à fleurs.

ORNE, rivière qui prend sa source à Aunou, près de Séez, arrose Séez, Argentan, Écouché, Harcourt, Caen et se jette dans la Manche, à Oyestreham, après un cours de 158 kil., dont 20 navigables. L'Orne a pour principaux affluents le Noireau et l'Odon. La vallée de l'Orne est une des plus accidentées et des plus pittoresques de la Normandie.

ORNE, dép. de la région N.-O. de la France, tire son nom de la principale rivière qui y prend sa source ; situé entre les dép. du Calvados, de la Manche, de la Mayenne, de la Sarthe, d'Eure-et-Loir et de l'Eure ; formé de l'ancien duché d'Alençon et du Perche ; 6,097 kil. carr. ; 376,126 hab. Le dép. de l'Orne, formé de terrains granitiques, jurassiques, tertiaires, etc., présente l'aspect le plus varié. Sans être le plus élevé, il est le plus accidenté de toute la Normandie. Le point culminant du dép. se trouve aux sources de la Briante, dans le massif boisé de la forêt d'Écouves (447 m.). L'arr. de Mortagne est l'un des plus agrestes de la France. Sol fertile en grains, cidre, lin, chanvre, etc. Élève de bons chevaux normands, bœufs, moutons, volailles, aiguilles, épingles, clouterie ; dentelles d'Alençon. — Principaux cours d'eau : l'Orne, la Dives, la Touque, la Mayenne, la Sarthe et l'Huisne. — Sources minérales à

Bagnolles. — Ch.-l. Alençon; 4 arr., 36 cant., 514 comm. Evêché à Séez, suffragant de Rouen. Ch.-l. judiciaire et académique à Caen. — Ch.-l. d'arr. : Alençon, Domfront, Argentan et Mortagne.

ORNE SAOSNOISE, petite rivière qui naît près de Bellême (Orne) et se jette dans la Sarthe après un cours de 50 kil.

* ORNEMANISTE s. m. Archit. et Sculpt. Artiste, ouvrier qui ne fait que des ornements.

* ORNEMENT s. m. (lat. ornamentum ; de ornare, orner). Parure, embellissement, ce qui orne, ce qui sert à orner : ce meuble n'est que pour servir d'ornement à ma chambre. — Ce qui sert à faire honneur, à donner du lustre à un pays, à un siècle, à une famille, etc. : il est l'ornement de son pays, de sa nation, de son siècle, de sa famille. — Rhét. et Poés. Figures, formes de style dont on se sert pour embellir le discours : ce récit est trop chargé d'ornements. — Figures de caprice, comme fleurons, rosaces, festons, etc., que différents arts ou métiers emploient comme embellissements : la sculpture d'ornement. — Archit. Menuis. Sculptures, moulures, etc., qui servent à décorer les différentes parties d'un bâtiment ou d'une boiserie : les modillons, les mutules, les denticules, les oves, sont des ornements d'architecture. — ORNEMENT COURANT, tout ornement qui se continue, qui se répète, dans une frise ou une moulure : les entrelacs, les rinceaux, les oves sont des ornements courants. — Particul. Peintures faites dans une galerie, pour servir d'accompagnement au sujet principal, et qui n'en font point partie : ce peintre réussit dans les figures, mais il n'entend pas les ornements. — Habits sacerdotaux, et autres, dont on se sert pour l'office divin dans le culte catholique. En ce sens, il se met toujours au pluriel et comprend plusieurs pièces différentes, comme la chasuble, l'étole, etc. : l'évêque officia avec les ornements pontificaux. — Se dit au singulier de plusieurs pièces d'une même couleur ou d'une même parure, faisant un assortiment entier, dans lequel les habits sacerdotaux et les devants d'autel sont compris : un ornement blanc ; un ornement rouge. — En ce sens, il a aussi son pluriel, pour signifier plusieurs assortiments de cette nature : dans cette sacristie, il y a quantité de beaux ornements.

* ORNEMENTAL, ALE, AUX adj. Qui appartient à l'ornement.

* ORNEMENTATION s. f. Art ou manière de disposer les ornements.

ORNEMENTER v. a. Arranger l'ornementation ; enrichir d'ornements.

ORNEMENTISTE s. m. Forme régulière qu'on a essayé de substituer au mot ORNEMANISTE.

* ORNER v. a. (lat. ornare). Parer, embellir une chose, y en ajouter, y en joindre d'autres qui lui donnent plus d'éclat, plus d'agrément : les glaces, les tapis, les beaux meubles, ornent bien un appartement. — Se dit souvent au sens moral : les vertus ornent l'âme.

Mais, monsieur, franchement pour vous plaire,
J'ai d'un peu de folie orné mon caractère.
COLLIN D'HARLEVILLE. L'Inconstant, acte II, sc. v.

— « S'orner v. pr. Se parer : les arbres s'ornent de feuilles et de fleurs.

* ORNIÈRE s. f. (bas lat. orbitaria; du lat. orbita, roue de voiture). Trace profonde que les roues d'une voiture font dans les chemins : les ornières sont trop creuses, la roue y entre jusqu'au moyeu. — Se dit, fig., au sens moral, des habitudes auxquelles on ne peut renoncer aisément, des opinions adoptées et suivies sans examen : l'ornière des préjugés.

ORNITH ou Ornitho (gr. ornis, ornithos, oiseau). Préfixe qui entre dans la formation d'un certain nombre de mots.

ORNITHICHNITES s. m. [or-ni-tik-ni-te] (préf. ornith; gr. ichnos, empreinte). (Voy. ICHNOLITHE.)

ORNITHOCÉPHALE adj. (préf. ornitho; gr. képhalé, tête). Qui a une tête semblable à celle d'un oiseau.

ORNITHODELPHE adj. (préf. ornitho; gr. delphus, matrice). Mamm. Qui a les organes générateurs semblables à ceux des oiseaux.

* ORNITHOGALE s. m. (préf. ornitho; gr. gala, lait). Bot. Genre de plantes bulbeuses, dont les fleurs sont d'un beau blanc.

ORNITHOLITHE s. m. (préf. ornitho; gr. lithos, pierre). Ornith. Nom donné à tous les ossements et aux débris fossiles des oiseaux.

* ORNITHOLOGIE s. f. (gr. ornis, oiseau; logos, discours). Partie de l'histoire naturelle qui concerne les oiseaux : Gessner est le restaurateur de l'ornithologie. — Ouvrage, traité fait sur cette matière : l'Ornithologie de Willughby. — ENCYCL. L'ornithologie est la partie de la zoologie qui traite de la structure, des habitudes et de la classification des oiseaux, c'est-à-dire de la seconde classe des animaux vertébrés. Pour la structure de ces animaux, voy. OISEAUX. Jusqu'en 1825, la plupart des ornithologistes classèrent les oiseaux d'après les caractères du bec et du pied. Depuis lors, plusieurs auteurs, notamment Oken, Nitzsch, Sundevall, Müller, Cabanis, Bonaparte et Burmeister ont appelé l'attention sur le soin que ces vertébrés ont de leurs petits, sur leur chant, sur leurs muscles vocaux, sur le nombre et la grandeur des pennes, sur les écailles et les plumes de leurs jambes, sur le nombre des plumes de la queue, la position du doigt postérieur, l'absence, la présence et l'étendue des palmures, comme étant des données dont il faut tenir compte dans une classification naturelle. L'ouvrage de Willughby, Ornithologiæ Libri tres (Londres, 1676), a été la première tentative systématique qu'on ait faite pour classer les oiseaux. Dans son livre, ces animaux sont divisés en deux groupes : ceux qui ont le bec et les serres recourbés, et ceux qui ont le bec et les ongles droits. Les oiseaux aquatiques se subdivisent aussi en échassiers et en nageurs. Ray, dans sa Synopsis methodica Avium, publiée en 1713, après sa mort, a apporté quelques améliorations au système de Willughby; ces deux systèmes servent de base à la classification adoptée par Linné. Dans la douzième édition du Systema naturæ (1766), Linné divisait la classe des oiseaux en six ordres : 1° Accipitres, ou oiseaux de proie, avec le bec recourbé et la mandibule supérieure dilatée de chaque côté ou armée d'une dent; les jambes courtes et robustes, les doigts verruqueux, et les serres recourbées et tranchantes. 2° Picæ, les pics, avec le bec convexe ou arrondi en dessus, et effilé dans la partie inférieure; les jambes courtes et robustes, mais les doigts lisses. 3° Anseres, oies ou oiseaux aquatiques nageurs, à bec lisse, recouvert d'un épiderme et épaissi à sa pointe; pieds à doigts palmés. 4° Grallæ, échassiers, avec un bec presque cylindrique, les cuisses à demi-nues, et les jambes faites pour marcher dans la boue et les bas-fonds. 5° Gallinæ, avec le bec convexe, la mandibule supérieure arquée sur l'inférieure; les pieds disposés pour la marche, et les doigts rudes en dessous. 6° Passeres, passereaux, avec le bec conique et pointu, des jambes disposées pour le saut, et des doigts tendres et bien divisés. Brisson, dans son Ornithologia (Paris, 1760) décrit environ 1,300 espèces d'oiseaux, arrangés en 26 ordres et 115 genres, dont les caractères sont tirés des doigts et de leurs palmures, du bec et des plumes des jambes. Latham, avec sa General Synopsis of Birds et ses suppléments (1781-1801), son Index ornithologicus (1790), et son History (Winches-

ter 1821-'24, 10 vol. in-4°), est l'écrivain le plus important au point de vue de l'ornithologie générale. Dans le dernier de ses ouvrages, il divise les oiseaux terrestres en ordres : 1° les rapaces ou accipitrins ; 2° les pics (tels que les laniers, les corneilles, les perroquets, les coucous, les pics proprement dits, et les martins-pêcheurs); 3° les passereaux (pinsons, hirondelles, grives, gobe-mouches), 4° les colombins ou pigeons; 5° les gallinacés (dindons, faisans, tétras, outardes); 6° les struthionidés (dodo, émou et autruche). Les oiseaux aquatiques forment ensuite les ordres 7° : échassiers à pieds fourchus (hérons, bécasses, pluviers); 8°, échassiers à pieds pennés (foulques et grèbes), et 9°, à pieds palmés (flamand, albatros, mouette, canard, pingouin). Il adopte en tout 111 genres et 4,324 espèces, dont beaucoup sont mal déterminées et improprement dénommées. Cuvier (Règne animal, 1817) conserva les six ordres de Linné, fondés sur les caractères du bec et des pieds; mais il substitua le terme autrefois employé de scansores pour désigner ceux des picæ qui ont deux doigts devant et deux doigts derrière, plaçant le reste parmi les passeres. Voici les ordres qu'il établit : 1° accipitres, divisés en diurnes (faucons, etc.) et en nocturnes (hiboux); 2° passeres, divisés en tribus dentirostres (comme les laniers), fissirostres (hirondelles et engoulevents), conirostres (corneilles, bruants et sansonnets), tenuirostres (oiseaux-mouches) et syndactyles (martins-pêcheurs); 3° scansores ou grimpeurs (pics et perroquets); 4° gallinæ ou oiseaux ressemblant au coq domestique; 5° grallæ ou échassiers, divisés en brevipennes (autruche), pressirostres (outardes), cultrirostres (grues), longirostres (ibis, courlis, bécasse), et macrodactyles (râle, jacana): 6° palmipèdes, divisés en brachyptères (pinguoins et grèbes), longipennes (hirondelles de mer et pétrels), totipalmes (pélicans) et lamellirostres (canards). Gray (Genera of Birds, 1837-'49, 3 vol. in-4°, Londres) prend le système de Cuvier pour base de sa classification; mais il sépare les columbæ, comme un ordre à part, des gallinæ, et les struthiones des grallæ, formant 8 ordres et 49 familles. — Le fameux système quinaire de classification fut pendant beaucoup d'années en vogue en Angleterre, et exerça une influence considérable sur l'ornithologie en appelant l'attention sur beaucoup d'affinités et d'analogies auparavant négligées. Macbay, son système (Horæ entomologicæ, Londres, 1819-'21), suppose que tous les animaux d'un groupe doivent avoir leurs analogues dans ceux de chaque autre groupe, et qu'en outre, ils forment un cercle par eux-mêmes; en conséquence, il les dispose en cercles et en groupes de manière à faire ressortir les analogies extérieures, sans grand égard aux affinités de leur structure intime. — Oken a publié, de 1809 à 1843, dans différents ouvrages, son système de classification, dans lequel les oiseaux sont appelés animaux à oreilles, parce que chez eux, apparaît parfaitement le méat auditif externe, aussi bien que le limaçon; les oiseaux sont aussi des animaux à nerfs, dans la division anatomique, puisqu'ils ont un système nerveux complet avec cerveau et cervelet. Dans la Physio-philosophie d'Oken (Londres, 1847), on divise les oiseaux en deux grandes sections, suivant que les petits ont besoin d'être nourris ou non, par leurs parents, les premiers étant le plus bas sur l'échelle; ce principe de division, publié pour la première fois en 1821, a gardé sa place dans la science ornithologique et se trouve à la base des systèmes généralement suivis aujourd'hui en Europe et en Amérique. Dans la classification d'Agassiz (Contributions to the Natural History of the United States Boston, 1857, vol. i), les oiseaux forment la septième classe des vertébrés avec quatre ordre: natatores, grallæ, rasores et insessores (comprenant les scansores et les accipitres).

Richard Owen(*Anatomy of Vertebrates* London, 1866, vol. i et ii) garde avec quelques modifications les ordres adoptés par Gray. La classification donnée par Huxley, dans sa *Classification of Animals* (London 1869) et dans son *Anatomy of Vertebrate Animals* (1871), s'éloigne beaucoup de toutes celles qui précèdent. Elle est fondée principalement sur les caractères du sternum et du vomer. Cet auteur divise les oiseaux en trois groupes primaires : les *saururæ*, les *ratitæ* et les *carinatæ*. — Nulle branche de la zoologie n'a été si complètement et si élégamment illustrée que l'ornithologie : on peut citer les figures des ouvrages de Sloane, de Catesby, de Seba, d'Edwards, d'Albinus, de Brisson, de Sepp, de Browne, de Latham, de Pennant, de Hardwick, de Berwick, de Donovan, de Lewin, de Shaw, de Jardine et Selby, de Buffon, de Desmarest, de Le Vaillant, de Temminck, de Spix, de Vieillot, de Rüppel, d'Audebert, de Horsfield, de Lesson, de Swainson, de Gray, de Gould, et en Amérique, de Wilson, de Bonaparte, d'Audubon, de de Kay, de Cassin, de Baird et de Brewer; celles des *Proceedings of the Zoölogical Society* de Londres (descriptions de M. Sclater et autres), et celles des différents ouvrages illustrés contenant les résultats des expéditions nationales organisées par l'Angleterre, la France, les Etats-Unis, la Russie, la Hollande, etc. L'Amérique n'a produit aucun système original de classification d'oiseaux; mais les écrits de Nuttall, de Wilson, de Bonaparte, d'Audubon, de de Kay, de Baird, de Coues, d'Allen, de Brewer, de Lawrence et de Cassin décrivent bien l'ornithologie du nouveau monde.

ORNITHOLOGIQUE adj. Qui concerne l'ornithologie ou qui s'y rapporte.

* **ORNITHOLOGISTE** ou **Ornithologue** s. m. Celui qui s'applique à la connaissance des oiseaux : *le docteur Ray fut un grand ornithologiste.*

* **ORNITHOMANCE** ou **Ornithomancie** s. f. (préf. *ornitho*; gr. *manteia*, divination). Divination par le vol ou par le chant des oiseaux.

ORNITHOMYZIEN, IENNE adj. (préf. *ornitho*; gr. *muzô*, je suce). Entom. Qui vit en parasite sur les oiseaux.

ORNITHOPHILE s. (préf. *ornitho*; gr. *philein*, aimer). Personne qui aime les oiseaux.

* **ORNITHORYNQUE** s. m. (gr. *ornis*, oiseau; *rynkos*, bec). Mammifère de l'Australie, dont le museau allongé, aplati et corné, a quelque ressemblance avec le bec d'un canard. — Les ornithorynques forment un genre de mammifères sans placenta (ordre des *monotre-*

Ornithorhynchus paradoxus.

mata), qui semblent former un anneau entre les mammifères et les oiseaux, et comprennent des animaux qui ont même à quelques égards des affinités avec les reptiles. On n'en connaît qu'une seule espèce, le *platypus ana-*

tinus (Shaw), ou *ornithorynchus paradoxus* (Blumenb.), le platypus à bec de canard des écrivains anglais, la taupe d'eau des colons et le *mallangong* des naturels. Il habite les courants d'eau douce de l'Australie et de la Papouasie. Il a de 40 à 50 centim. de l'extrémité des mâchoires à la pointe de la queue, laquelle a environ 12 centim. Sa couleur, blanchâtre en dessous, varie ailleurs du roux clair au brun foncé. Ses jambes sont courtes; ses pieds ont cinq doigts palmés, et garnis de longues griffes; les pattes de devant ont les plus fortes, et leur palmure très lâche dépasse les griffes; les jambes de derrière sont armées d'un éperon osseux, conique et tranchant, revêtu d'une enveloppe cornée, et percé pour laisser passer un canal qui communique avec une glande située dans la cuisse; la queue est plate, large et garnie de poils rigides. Le canal digestif, le canal urinaire, et les organes de la reproduction s'ouvrent tous dans un cloaque *commun, comme chez les oiseaux*; il y a des glandes mammaires, sécrétant du lait pour la nourriture des petits, qui naissent aveugles et nus; il n'y a pas de mamelon saillant, et les ouvertures *mammaires* sont de simples fentes dans le tégument; le bec du petit est court et flexible, et approprié à la succion. Les os de l'épaule diffèrent de ceux des autres mammifères, et *constituent* une disposition intermédiaire entre ceux des oiseaux et ceux des reptiles; en beaucoup de points de leur système de reproduction, il y a aussi des affinités avec les oiseaux et les reptiles. L'animal se creuse un terrier dans la berge des cours d'eau; il y passe le jour à dormir, roulé en boule; mais il sort à la brune, et la nuit, est en quête de nourriture. C'est un nageur et un plongeur excellent; il se nourrit de vers, d'insectes et de petits animaux aquatiques, à la manière du canard. Il marche très bien, et grimpe aux arbres avec facilité. Les ornithorhynques ne pondent pas d'œufs; ce sont de véritables mammifères. Le liquide que sécrète la glande de la cuisse n'est pas du poison. Les peaux d'ornithorhyques sont assez communes, mais le squelette en est rare.

ORNITHOSAURIEN s. m. (préf. *ornitho*; fr. *saurien*). Reptile volant de la période mésozoïque. (Voy. PTÉRODACTYLE.)

ORNITHOSCOPIE s. f. (préf. *ornitho*; gr. *skopein*, examiner). Divination d'après certaines observations faites sur les oiseaux.

ORNITHOTROPHIE s. f. (préf. *ornitho*; gr. *trophê*, nourriture). Art d'élever les oiseaux.

ORNITHOTYPOLITHE s. m. (préf. *ornitho*; gr. *tupos*, trace; *lithos*, pierre). Ornith. Empreinte de débris d'oiseaux fossiles.

ORNOIS, *Odornensis pagus*, petit pays de l'ancienne France situé en Lorraine. Il y avait l'Ornois-en-Barrois et l'Ornois-en-Verdunois.

ORO (gr. *oros*, montagne). Préfixe qui entre dans la composition d'un grand nombre de mots.

* **OROBANCHE** s. f. (gr. *orobagchê*; de *orobos*, vesce; *agchô*, j'étrangle). Bot. Genre type des orobanchées, comprenant un assez grand nombre d'espèces de plantes parasites, qui ont une tige charnue garnie d'écailles au lieu de feuilles, et dont l'espèce commune (*orobanche major*) croît principalement sur les racines des plantes légumineuses.

OROBANCHÉ, ÉE adj. Bot. Qui ressemble au genre orobanche ou qui s'y rapporte. — s. f. pl. Famille de plantes dicotylédones, ayant pour type le genre orobanche.

* **OROBE** s. f. (gr. *orobos*, vesce). Bot. Plante légumineuse, assez semblable aux pois, et dont l'espèce commune porte, à sa racine, des tubercules bons à manger.

OROGÉNIE s. f. (préf. *oro*, gr. *genos*, naissance). Formation des montagnes.

OROGNOSIE s. f. [-ghno-] (préf. *oro*; gr. *gnôsis*, notion). Science de la formation et de la constitution des montagnes.

OROGRAPHE s. m. (préf. *oro*; gr. *graphein*, écrire). Auteur d'un traité sur les montagnes, savant qui s'occupe des montagnes.

* **OROGRAPHIE** s. f. [-fi]. Didact. Traité, description des montagnes. On a dit aussi ORÉOGRAPHIE.

OROHYDROGRAPHIE s. f. (préf. *oro*; fr. *hydrographie*). Traité des montagnes et des cours d'eau qui en descendent.

OROLOGIE s. f. (préf. *oro*; gr. *logein*, parler). Dissertation, traité sur les montagnes.

ORONCE s. m. Bot. Genre d'aroïdées, type de la tribu des oronticacées et comprenant plusieurs espèces d'herbes aquatiques qui habitent l'Amérique du Nord.

* **ORONGE** s. f. (altérat. de *orange*). Nom vulgaire d'une espèce de champignon du genre amanite, qui croît dans le midi de la France, et qui est très bon à manger. On appelle FAUSSE ORONGE, un champignon qui pour la forme approche du précédent, mais qui est vénéneux. — Non scientifique ou des champignons qui sont bulbeux à leur base. — ORONGE BLANCHE, amanite ovoïde. — ORONGE VRAIE, amanite orangée (*amanita aurantiaca*), beau champignon à chapeau rougeâtre, lisse, strié aux bords; à lames très larges, jaunes, inégales et frangées; à gros pédicule renflé à la base, jaune à l'extérieur, blanc à l'intérieur; à volva blanche. Ce champignon délicieux se trouve dans les bois à la fin de l'été et en automne.

ORONTE, personnage créé par Molière dans le *Misanthrope*; c'est le type du rimailleur en quête de louanges.

ORONTES, fleuve de Syrie; il prend naissance non loin de Baalbeck, dans la Cœle-Syrie, coule au N. entre le Liban, l'anti-Liban et les plaines septentrionales de la Syrie, tourne à l'O. dans la vallée d'Antioche, et se jette dans la Méditerranée par 36° lat. N. environ. Il mesure à peu près 450 kil. de long. Son nom arabe est *Nahr-el-Aasy.*

ORONTIACÉ, ÉE adj. [-si-a-sé](rad. *oronce*). Bot. Qui ressemble à l'oronce. — s. f. pl. Tribu d'aroïdées, ayant pour type le genre oronce.

OROOMIAH. Voy. URUMIAH.

OROQUIÉTA, bourg de Navarre (Espagne septentrionale) où don Carlos et 4,000 insurgés royalistes furent mis en complète déroute par 2,000 soldats le 6 mai 1872.

OROSE (Paul) (lat. *Orosius*), théologien espagnol des IVe et Ve siècles. Il prit parti, avec saint Augustin, en Afrique, et avec saint Jérôme, en Palestine, aux controverses contre Pélage; il revint en Espagne en 416. Son ouvrage intitulé *Historiarum adversus Paganos Libri VII*, depuis la création du monde jusqu'à l'année 617, a été traduit en anglo-saxon par le roi Alfred et en franç. par Vérard (Paris, 1491, in-fol.).

ORPAILLAGE s. m. [ll mll.]. Ouvrage, travail de l'orpailleur.

* **ORPAILLEUR** s. m. [ll mll.] (fr. *or*, et *paille*). Homme qui s'occupe à recueillir, au moyen du lavage, les paillettes d'or qui se trouvent dans le sable de certaines rivières.

ORPHAT. Voy. ARAFAT.

ORPHÉE (Myth. gr.), personnage mythique, chef d'un cercle de poètes à qui l'on attribuait différents hymnes et poèmes enseignant des conceptions religieuses différentes de celles d'Homère et d'Hésiode. On assignait à ces écrits apocryphes une antiquité pré-homérique, et ils étaient reçus chez les Grecs comme une sorte de révélation divine. Le nom d'Orphée ne paraît ni dans Homère, ni dans Hésiode; mais il est mentionné par Ibycus, au VIe siècle av. J.-C. Des récits plus récents font de ce personnage un barde de la Thrace, à qui Apollon donna une lyre dont les Muses lui enseignèrent l'usage; il fut un des Argonautes. Pendant l'expédition de ceux-ci, la puissance de sa lyre retint loin du vaisseau les mouvantes Symplégades qui menaçaient de l'écraser, endormit le dragon de Colchide, et rendit d'autres services importants. A son retour, il alla chercher sa femme Eurydice dans l'Enfer (Hadès), et la reconquit à condition qu'il ne se retournerait pas pour la regarder avant d'avoir atteint de nouveau le monde des vivants. Il ne put observer cette condition jusqu'au bout, et elle s'évanouit à sa vue. Dans son désespoir, il repoussa avec mépris les Ménades de Thrace, qui se vengèrent en le déchirant en pièces au milieu de leurs orgies. Les chrétiens et les néo-platoniciens des IIIe et IVe siècles considéraient les écrits orphiques comme la plus ancienne exposition de la foi grecque. Ces récits furent à cette époque augmentés d'une quantité d'interpolations dues aux philosophes chrétiens. — Orphée, titre de l'un des premiers drames lyriques représentés à Paris (26 février 1647). La représentation eut lieu au Louvre. Mazarin avait fait venir d'Italie des musiciens et des décorations. — Orphée, opéra en trois actes, représenté à Paris (Académie de musique) en 1690. Paroles de Dubouiloy, musique de Lulli. Ce fut un insuccès. — Orphée, célèbre opéra de Gluck (1764), écrit à Vienne sur un livret italien de Calzabigi, livret que Mollinet traduisit en français (1784), pour l'Académie de musique, et qui fut repris au Théâtre-Lyrique en 1859. — Orphée aux Enfers, opérette en 3 actes, jouée aux Bouffes en 1858 et souvent reprise. Musique de Jacques Offenbach.

* **ORPHELIN, INE** (gr. *orphanos*). s. Enfant en bas âge, qui a perdu son père et sa mère, ou l'un des deux : *un pauvre orphelin*.

> Je suis, dit-on, un *orphelin*
> Entre les bras de Dieu jeté dès ma naissance,
> Et qui de mes parents n'eus jamais connaissance.
> RACINE.

Dans l'usage ordinaire, on se sert peu du mot *Orphelin*, en parlant d'un enfant à qui il reste son père. — Mendiant du XVIIe siècle. Les orphelins étaient de jeunes garçons presque nus; ils n'exerçaient que l'hiver, car leur rôle consistait à paraître gelés et à trembler de froid avec art.

ORPHELINAGE s. m. Etat de celui qui est orphelin.

* **ORPHELINAT** s. m. Etablissement charitable destiné à élever des orphelins.

* **ORPHÉON** s. m. (rad. *Orphée* n. pr.). Ecole de chant choral sans accompagnement. — Société chorale.

ORPHÉONIQUE adj. Qui a rapport aux orphéons : *concours orphéonique*.

* **ORPHÉONISTE** adj. Elève qui suit les cours d'un orphéon.

* **ORPHIQUE** adj. Antiq. Se dit des dogmes, des mystères et des principes de morale qu'Orphée passait pour avoir inventés ou établis. — VIE ORPHIQUE, vie sage et réglée par l'amour de la vertu. — Substantiv. Nom donné à certains philosophes pythagoriciens qui prétendaient avoir reçu d'Orphée les dogmes et la morale qu'ils professaient : *ce philosophe était de la secte des orphiques*. — s. f. pl. Orgies ou fêtes de Bacchus, parce que Orphée avait péri dans une de ces solennités, ou, suivant d'autres, parce qu'il les avait instituées. — s. m. pl. Poèmes attribués

Orphée : *une édition des Orphiques a été donnée à Leipzig* (1764).

ORPHISME s. m. Antiq. *gr.* Système théologico-philosophique qu'on faisait remonter à Orphée et qui avait pour base le culte de Bacchus.

ORPIERRE, ch.-l. de cant., arr. et à 50 kil. S.-O. de Gap (Hautes-Alpes); 800 hab.

* **ORPIMENT** s. m. [or-pi-man] (lat. *aurum*, or ; *pigmentum*, couleur). Combinaison d'arsenic et de soufre, qui se sublime dans les fissures des matières volcaniques, et dont on se sert pour peindre en jaune. On le nomme aussi ORPIN.

* **ORPIN** s. m. Bot. Plante à feuilles charnues, à fleurs à cinq pétales, qui croît sur les toits sur les murs. (Voy. SEDUM.) — Se dit aussi de l'orpiment.

* **ORQUE** s. f. Voy. EPAULARD.

ORSAY (Alfred-Guillaume-Gabriel d') comte, homme à la mode, né à Paris en 1801, mort en 1852. Il vint à Londres en 1822, et devint le constant compagnon de lady Blessington dans ses voyages, à Gore House, à Londres, et à Paris, jusqu'à la mort de cette dame en 1849. Il était très beau et très brillant, excellait dans la peinture et la sculpture, et à Londres était l'oracle de la vie fashionable. Grand ami de Louis-Napoléon, il fut nommé par celui-ci directeur des beaux-arts. Il épousa la belle-fille de lady Blessington, mais se sépara d'elle en 1832. Après sa mort, celle-ci se remaria avec l'hon. Charles Spencer Cowper, et mourut en 1869.

ORSEILLE s. f. Bot. Genre de lichénacées, comprenant des espèces maritimes dont le thallus est couvert de tubercules farineux. L'orseille des Canaries (*roccella tinctoria*) a été recherchée dès la plus haute antiquité pour la fabrication de la pourpre; elle se trouve à Madère et aux îles du Cap-Vert. Il s'en fait un grand commerce pour la couleur rouge violet ou lilas qu'elle contient. L'orseille fuciforme (*roccella fuciformis*) croît aux environs de Granville et de Saint-Malo. — On donne aussi le nom d'orseille à divers lichens dont on extrait des couleurs. — PASTILLES D'ORSEILLE, matière colorante dont on se sert pour teindre les étoffes en rouge violet et qui est extraite de l'orseille. — ORSEILLE DE TERRE, orseille qu'on prépare avec le lichen parelle (*patellaria parella*) et qui contient toujours une certaine quantité de matière terreuse. Le lichen parelle est abondant en Auvergne.

ORSINI, famille italienne importante au moyen-âge. — Giordano fut, pour les services militaires qu'il avait rendus au pape, fait cardinal en 1145, et, en 1152, envoyé comme légat auprès de Conrad III d'Allemagne. Son neveu Matteo fut préfet de Rome. A la fin du XIIe siècle, Orso gouverna la ville en qualité de sénateur, et un autre Orsini fut pape sous le nom de Célestin III. Un autre Matteo, surnommé le Grand, fut sénateur de Rome, et possédait de grands fiefs dans la Campagne romaine. Son fils Giovanni devint pape sous le nom de Nicolas III en 1277. Les Orsini, qui étaient guelfes, furent alors toutpuissants; mais ils s'engagèrent dans une lutte interminable avec la famille gibeline de Colonna. La branche napolitaine eut successivement les titres de comte de Nola et de duc de Gravina. Pietro-Francesco abandonna son duché à son frère Domenico, et en 1724 devint pape sous le nom de Benoît XIII. Le prince Domenico Orsini, duc de Gravina, qui épousa une fille de Torlonia et mourut en 1874, eut pour successeur son fils, le prince Filippo, 19e duc de Gravina (né en 1842), résidant à Rome.

ORSINI (Felice, COMTE D'), régicide né à Meldola (prov. de Forli, Italie) en 1819, décapité à Paris le 13 mars 1858. Son histoire est celle d'un conspirateur acharné. Tout en terminant ses études à Bologne, en 1837, il s'affilia à la *Jeune Italie*, dont il devint l'un des membres les plus actifs et les plus énergiques. Condamné aux galères à perpétuité, à la suite du soulèvement de la légation de Bologne (1843), il fut enfermé au bagne de Civita-Castellana (1844) et dut la liberté à l'amnistie que signa Pie IX (16 juillet 1846). Il se retira en Toscane, où il répandit des publications clandestines. En 1848, il accourut à Rome, se fit élire membre de l'assemblée républicaine de cette ville, combattit les troupes françaises et se sauva ensuite à Gênes, puis à Nice. Agent du comité révolutionnaire italien, il essaya de soulever l'Italie centrale en février 1853, fut arrêté, emprisonné à Mantoue, puis expulsé. Il se réfugia à Londres (1853) d'où il revint en Italie, pour tenter un nouveau soulèvement, qui ne réussit pas. On l'arrêta en Transylvanie et il fut condamné à mort (20 août 1855), mais il parvint à s'évader de la forteresse de Saint-Georges et à gagner Londres (mai 1856), où il publia *Prisons de l'Autriche en Italie* et *Mémoires politiques*. Considérant Napoléon III comme le principal obstacle à la révolution italienne, il résolut de supprimer ce souverain. C'est pourquoi il se rendit à Paris en 1857 et s'y associa avec trois réfugiés italiens, Pieri, Rudio et Gomez, pour mettre à exécution son projet d'assassinat. Le 14 janvier 1858, vers huit heures du soir, les conspirateurs jetèrent trois bombes fulminantes sous les roues de la voiture qui entrait l'empereur et l'impératrice dans le passage réservé, à l'extrémité du péristyle de l'Opéra. Deux personnes furent tuées; cent cinquante autres furent blessées, mais les deux souverains ne furent pas atteints, bien que leur voiture eût reçu près de 80 projectiles. Pieri avait été arrêté quelques minutes avant l'attentat; trois heures plus tard, on se saisit de Gomez, qui avoua tout. ; Orsini et Rudio ne tardèrent pas à tomber sous la main de la justice. Le 25 février, les quatre complices parurent devant la cour d'assises de la Seine. Gomez fut condamné aux travaux forcés à perpétuité; Rudio, condamné à mort, vit commuer sa peine en celle des travaux forcés à perpétuité. Orsini, âme du complot, fut défendu par Jules Favre et condamné à la peine capitale, ainsi que son complice Pieri. Ils moururent courageusement l'un et l'autre en chantant le refrain des *Girondins* et en criant *Vive l'Italie*. A la suite de cet attentat, le Corps législatif vota la loi de sûreté générale, en vertu de laquelle 2,000 innocents furent arrêtés et 500 furent transportés en Afrique.

* **ORT** adj. inv. [or]. Comm. L'emballage compris : PESER ORT, peser avec l'emballage : *cette balle pèse cent livres ort ou brut*.

ORTEGAL (Cap), promontoire rugueux et inégal qui forme l'extrémité septentrionale de l'Espagne, dans le golfe de Gascogne, par 43°45' lat. N. et 10° 16' long. O.

* **ORTEIL** s. m. [or-tèi] (lat. *articulus*; de *artus* membre). Doigt du pied : *se dresser sur ses orteils*. — Se dit particul., et le plus souvent, du gros doigt du pied : *avoir la goutte à l'orteil, au gros orteil*.

ORTH ou **Ortho** (gr. *orthos*, droit). Préfixe qui entre dans la formation d'un grand nombre de mots.

ORTHEZ, *Orthesium*, ch.-l. d'arr. à 40 kil. N.-O. de Pau (Basses-Pyrénées); sur le penchant d'une colline qui domine la rive gauche du gave de Pau; par 43°29' 25'' lat. N. et 3° 6' 48'' long. O.; 7,000 hab. Tanneries, mégisseries, papeteries, filatures, tuileries.

Commerce important des jambons de Bayonne. Ancien pont de 4 arches inégales construit sur les rochers qui encaissent le gave, et au milieu duquel se dresse une tour qui défendait jadis l'entrée de la ville. Curieuse tour Moncade, seul reste du château construit au XIII° siècle par Gaston VII, vicomte d'Orthez. C'est dans ce château que Gaston Phœbus poignarda Pierre de Béarn et assassina son propre fils ; Blanche de Navarre y mourut empoisonnée. Eglise du XIV° siècle. Orthez fut un instant capitale du Béarn et Jeanne d'Albret y fonda une université calviniste. Aux environs d'Orthez l'armée de Wellington remporta un succès sur celle de Soult, le 27 février 1814.

ORTHITE s. f. (gr. orthos, droit). Minér. Minéral qui cristallise en longs prismes bacillaires droits et que l'on trouve dans les Etats scandinaves, dans le Groënland, en Allemagne et aux Etats-Unis.

ORTHOBASIQUE adj. (préf. ortho; fr. base). Minér. Se dit des substances dont les cristaux ont des coordonnées orthogonales.

ORTHOCÉRAS s. m. [rass-] (gr. orthos, droit et keras, corne). Moll. Genre de céphalopodes tétrabranchiés fossiles dont les espèces connues ne se trouvent qu'à l'époque paléozoïque et à la première époque mésozoïque, pendant lesquelles ces animaux tenaient la place occupée aujourd'hui par la seiche carnivore. Ils atteignaient une très grande taille, quelques individus ayant plus de 10 pieds de long, et étant aussi gros que le corps d'un homme.

ORTHOCÈRE s. f. (préf. ortho; gr. keras, corne). Foram. Genre de foraminifères, à coquille microscopique, comprenant plusieurs espèces qui habitent la Méditerranée.

ORTHOCLASE s. f. (préf. ortho; gr. klasis, rupture). Synon. d'ORTHOSE.

* ORTHODOXE adj. [-do-kse] (préf. ortho; gr. doxa, croyance). Conforme à la droite et saine opinion en matière de religion : cette doctrine, cette proposition est orthodoxe. — Se dit, par ext., des doctrines morales ou littéraires : ses principes sur l'art dramatique ne sont pas orthodoxes. — s. Les orthodoxes et les hérétiques.

ORTHODOXEMENT adv. D'une manière orthodoxe.

* ORTHODOXIE s. f. Conformité à la saine et droite opinion en matière de religion : l'orthodoxie de cette proposition est certaine. — Se dit, par ext., en parlant des doctrines morales ou littéraires : j'ai toujours douté de l'orthodoxie de ses principes en grammaire, en littérature.

ORTHODOXOGRAPHIE s. f. (fr. orthodoxe; gr. graphein, écrire). Traité sur les dogmes orthodoxes.

* ORTHODROMIE s. f. (préf. ortho; gr. dromos, qui court). Mar. Route qu'un vaisseau fait en droite ligne vers l'un des quatre points cardinaux. (Peu us.)

* ORTHOGONAL, ALE adj. (préf. ortho; gr. gónia, angle). Géom. Qui est perpendiculaire, qui est à angles droits.

ORTHOGONALEMENT adv. D'une manière orthogonale.

ORTHOGONE adj. (préf. ortho; gr. gonia, angle). Géom. Qui forme un angle droit, qui est perpendiculaire.

* ORTHOGRAPHE s. f. (préf. ortho; gr. graphein, écrire). Art et manière d'écrire les mots d'une langue correctement, selon l'usage établi : enseigner, montrer, apprendre, savoir l'orthographe. — Manière quelconque d'écrire les mots ; et alors le sens est déterminé par une épithète : son orthographe est détestable. — Se dit, particul., en parlant des changements que différents écrivains ont essayé,

avec plus ou moins de succès, d'introduire dans la manière d'écrire ordinaire :-l'orthographe de Dumarsais, de Duclos, de Voltaire. — Fig. et fam. FAIRE UNE FAUTE D'ORTHOGRAPHE, avoir un tort de conduite.

* ORTHOGRAPHE s. f. Archit. Dessin représentant sans perspective la façade d'un bâtiment; élévation géométrale : l'orthographie de ce bâtiment est fort régulière et fort fidèle. — Partical. Profil ou coupe perpendiculaire d'une fortification.

* ORTHOGRAPHIER v. a. Ecrire les mots suivant l'orthographe : comment orthographiez-vous ce mot-là ? — Absol. Il a appris à orthographier correctement, à orthographier.

* ORTHOGRAPHIQUE adj. Qui appartient à l'orthographe : dictionnaire orthographique. — Se dit aussi de ce qui appartient à l'orthographie : un dessin orthographique.

ORTHOGRAPHIQUEMENT adv. D'une manière orthographique.

ORTHOGRAPHISTE s. Personne qui écrit sur l'orthographe. — Personne qui sait l'orthographe.

ORTHOLOGIE s. f. (préf. ortho; gr. logos, discours). Traité sur l'art de parler correctement : l'orthologie française de Boinvilliers.

ORTHOMÉRIQUE adj. (préf. ortho; gr. meros, partie). Dont les parties forment des angles droits.

* ORTHOPÉDIE s. f. (préf. ortho; gr. pous, podos, pied). Méd. Art de corriger ou de prévenir, dans les enfants, les difformités du corps : il y a des traités d'orthopédie.

* ORTHOPÉDIQUE adj. Qui appartient à l'orthopédie : un établissement orthopédique.

* ORTHOPÉDISTE s. m. Celui qui pratique l'art de l'orthopédie ou qui dirige un établissement orthopédique. — Adj. Un médecin orthopédiste.

ORTHOPHONIE s. f. (préf. ortho; gr. phoné, voix). Art de corriger les vices de la parole.

* ORTHOPNÉE s. f. (préf. ortho; gr. pneein, respirer). Méd. Oppression qui ne permet de respirer que debout ou assis, ou en élevant les épaules : l'orthopnée est le troisième degré de l'asthme.

ORTHOPNOÏQUE adj. Qui a rapport à l'orthopnée.

* ORTHOPTÈRE adj. (préf. ortho; gr. ptéron, aile). Entom. Dont les ailes sont pliées en long ou marquées de nervures droites. — Sixième ordre de la classe des insectes, dans la méthode Latreille, comprenant ceux qui ont six pieds, avec quatre ailes dont les deux supérieures en étuis, le plus souvent coriaces et croisées au bord interne; les ailes inférieures pliées en long en manière d'éventail. Les orthoptères ne subissent que des demi-métamorphoses, parce qu'ils naissent, sous une petite taille, avec leurs formes définitives, et prennent, à l'âge adulte, les ailes dont les rudiments seuls existaient d'abord. Leur bouche, conformée pour la mastication, est composée d'un labre ou lèvre supérieure, de deux mandibules, de deux mâchoires et d'une languette ou lèvre inférieure divisée en deux ou quatre lanières. Chez beaucoup d'espèces, la femelle porte à l'extrémité postérieure une espèce de sabre qui n'est autre chose qu'une tarière servant à introduire ses œufs dans les corps propres à les protéger. Les orthoptères forment deux familles dans le système de Latreille : 1° les coureurs, qui ont les pieds postérieurs uniquement propres comme les autres à la course et dont les femelles n'ont pas de sabre (perce-oreilles, blatte, mante); 2° les sauteurs, dont les pieds postérieurs, pourvus de cuisses musculeuses, sont organisés pour le saut ; les femelles sont pourvues d'un sabre et les mâles font en-

tendre une sorte de chant bien connu (grillon, sauterelle, criquet, tétrix, etc). — Appareil d'aviation qui a pour organes principaux des surfaces animées de mouvements verticaux.

ORTHOSE s. f. (gr. orthos, droit). Minér. Sorte de feldspath dont les cristaux donnent au clivage des solides dont certaines arêtes forment des angles droits. Formule : KO, Si O³ + Al³ O³, 3 Si O³.

ORTHOSEL s. m. [or-to-sèl] (préf. ortho; fr. sel). Chim. Sel d'un acide normal par opposition aux sels des anhydrides et des acides condensés.

* ORTIE s. f. [or-tî] (lat. urtica). Plante sauvage et fort commune, dont la tige et les feuilles sont piquantes: graine, racine d'ortie. — ORTIE BLANCHE, ORTIE JAUNE, ORTIE PUANTE, plantes labiées, qui ne sont point du même genre que l'ortie, mais qui ont avec elle une certaine ressemblance. — JETER LE FROC AUX ORTIES, renoncer à la profession monacale; et, par ext., renoncer à l'état ecclésiastique. Se dit aussi de toute personne qui, par inconstance, renonce à quelque profession que ce soit. — ORTIE DE MER, nom vulgaire sous lequel on désigne les méduses et autres animaux de la classe des radiaires. — Art vétér. Morceau de cuir ou mèche qu'on insinue, par le moyen d'une incision, entre le cuir et la chair d'un cheval, pour dégorger la partie malade : pratiquer une ortie. — ORTIE-GRIÈCHE, ortie dont la piqûre est douloureuse. — ENCYCL. Les orties forme un genre d'urticées, type de cette famille et comprenant de nombreuses espèces de plantes herbacées

Ortie brûlante (Urtica urens), avec les fleurs staminées et les fleurs pistillées.

annuelles, rarement sous-frutescentes, couvertes de poils déliés qui possèdent la propriété de produire une sensation de brûlure. Ces poils consistent en une simple cellule, bulbeuse à la base, entourée par les cellules de l'épiderme; ils se terminent par une pointe excessivement aiguë et fragile, qui se brise en entrant dans la peau et laisse couler dans la plaie le suc irritant que contient la cellule. Si l'on empoigne rudement la plante, les poils se brisent avant que la pointe puisse pénétrer dans la peau, et il n'en résulte que peu ou point de mal. Trois espèces seulement de ce genre croissent aux environs de Paris, ce sont : l'ortie dioïque (urtica dioica), plante persistante, si commune le long de nos chemins et de nos haies, à feuilles d'un vert sombre, dentées en scie et couvertes de poils brûlants; ses tiges peuvent produire de bonne filasse et ses jeunes pousses se mangent comme les épinards; elle est haute de 65 centim. à 1 m. et porte des épis de fleurs, mâles sur un individu, femelles sur un autre; l'ortie brûlante (urtica urens), monoïque, plus petite que la précédente, à feuilles elliptiques oblongues, à grappes courtes, très abondante près des habitations; l'ortie pilulifère (urtica pilulifera) commune dans le midi de la France, dont les fleurs femelles forment des têtes globuleuses pédonculées. Parmi les espèces des Etats-Unis, on peut citer l'*urtica gracilis*, persistante, haute de 5 à 13 centim.; l'*urtica capitata*, espèce méridionale de 3 à 5 pieds de haut, et l'*urtica chamædryotdes*, haute de 6 à 30 pouces, avec des fleurs en épaisses grappes sphériques, que l'on trouve dans l'O. et dans le S. Plusieurs espèces tropicales sont utiles comme plantes textiles. Une espèce australienne, l'*urtica gigas*, ou *ortie géante*, est un arbre de 120 à 140 pieds, dont les feuilles, larges de 12 à 15 pouces, sont abondamment pourvues d'aiguillons et peuvent blesser cruellement.

ORTIER v. a. [or-ti-é]. Piquer, frotter avec des orties.

* **ORTIVE** adj. f. (lat. *ortivus*; de *oriri*, naître). Astron. Ne s'emploie que dans cette expression, AMPLITUDE ORTIVE, arc de l'horizon qui est entre le point où se lève l'astre, et l'orient vrai où se fait l'intersection de l'horizon et de l'équateur.

* **ORTOLAN** s. m. (lat. *hortulanus*). Petit oiseau de passage, d'un goût délicat : *gras comme un ortolan*. — L'ortolan (*emberiza hortulana*), appartient au genre bruant (voy. BRUANT) ; c'est un petit oiseau, long d'environ 17 centim., d'un roux clair sur les parties supérieures, avec une tache noire au milieu de chaque plume; au-dessous, les plumes sont rouges, bordées de gris. Cet oiseau abonde dans l'Europe méridionale, où l'on en prend

Ortolan (Emberiza hortulana).

de grandes quantités à l'aide de pièges, au commencement de l'automne, afin de les engraisser dans des chambres obscures constamment éclairées par des lanternes; on donne à ces oiseaux de l'avoine, du millet et du pain d'épice; leur chair devient très grasse et d'une haute et délicieuse saveur. On les considère comme arrivés à leur plus haut degré d'esculence lorsqu'ils pèsent 1 hectog. environ. C'est un joli oiseau, dont le chant ressemble au son de la flûte; mais le ventre des gourmands n'a pas d'oreilles.

ORTOLAN (Joseph-Louis-Elzéar), jurisconsulte, né à Toulon en 1802, mort à Paris en 1873. Il fit de brillantes études et se fit connaître par une bonne *Histoire de la législation romaine* (1828), et par une *Explication historique des Institutes* de Justinien (1828, 3 vol., in-8°). Il devint professeur à la faculté de droit de Paris en 1836, et écrivit des ouvrages très estimés : *Origine du gouvernement représentatif* (1831) ; *Histoire du droit constitutionnel en Europe pendant le moyen âge* (1831, in-8°) ; *Souveraineté du peuple* (1848, in-8°), etc.

ORTYGIE. Voy. DÉLOS et SYRACUSE.

ORTYGIEN, IENNE s. et adj. D'Ortygie ou de Délos; qui appartient à cette ville ou à ses habitants.

ORURO [o-rou'-ro]. 1, «l'un des départements occidentaux de la Bolivie. Il occupe une grande partie de la vaste plaine du même nom, appelée aussi quelquefois vallée de Desaguadero, sur la frontière du Pérou; 68,388 kil. carr.; environ 112,000 hab. Situé entre les Cordillères des Andes orientales et occidentales, il a une élévation moyenne de 13,310 pieds. Ses mines d'argent sont d puis longtemps célèbres pour l'abondance de leur rendement. On y trouve aussi de l'or. Les mines d'étain sont parmi les plus riches du monde. On exporte de grandes quantités de sel gemme. Les principaux produits de l'agriculture sont les pommes de terre et le *quinoa* qui les remplace dans le peuple. Dans les vallées plus abritées, les fruits viennent à profusion. Les guanacos, les alpacas, les blamas et les vigognes abondent partout. — II, ville forte, ch.-l. du dép. ci-dessus, dans une vallée de 50 kil. de long environ, à 325 kil. N.-O. de Sucre; 7,980 hab. Les principales industries y sont : l'agriculture, les mines, et la fabrication de lainages grossiers et de fromages. Oruro a été fondée en 1590.

ORVAL (Abbaye d'), *Aurea vallis*, célèbre abbaye de bénédictins, établie dans le village du même nom, à 19 kil. S.-S.-O. de Neufchâteau (Belgiqu.), et qui fut détruite par les Français en 1793. On n'en voit plus que les ruines

* **ORVALE** s. f. Bot. Espèce de sauge nommée autrement TOUTE-BONNE.

* **ORVET** s. m. (lat. *orbatus*; s.-ent. *lumine*, privé de lumière; parce qu'on a longtemps supposé que cet animal était aveugle). Erpét. Grand genre de sauriens, famille des scincoïdes, à corps et à queue cylindriques, à forme générale le faisant ressembler à un serpent. L'espèce répandue en Europe est l'*orvet commun* (*anguis fragilis*), nommé vulgairement *serpent de verre* et quelquefois

Orvet commun d'Europe (Anguis fragilis).

aveugle ; il est long de 25 à 30 centim., à écailles très luisantes, jaune argenté en dessus, noirâtre en dessous, timide et complètement inoffensif. Il se nourrit d'insectes et fait ses petits vivants. Sa tête est couverte de 11 grandes lames et de plusieurs autres plus petites. Ses narines sont latérales; sa queue est libre, plate, légèrement divisée à son extrémité, mais non fourchue comme celle des serpents; son palais n'est pas armé de dents. Les dents de ses mâchoires sont petites, aiguës et inclinées en arrière.

* **ORVIÉTAN** s. m. (d'*Orvieto*, n. pr.). Drogue composée, espèce de thériaque, qui avait autrefois beaucoup de vogue : *prendre de l'orviétan*. — MARCHAND D'ORVIÉTAN, se dit aujourd'hui de tout charlatan qui débite des drogues en public. — MARCHAND D'ORVIÉTAN, celui qui débite beaucoup de paroles pompeuses, qui fait beaucoup de promesses magnifiques pour tromper le monde : *ne vous fiez pas à ses promesses, c'est un marchand d'orviétan*.

ORVIETO, ville d'Italie, dans la province

de Pérouse, sur la Paglia et la Chiana, à 95 kil. N.-N.-O. de Rome; 7,423 hab. Magnifique cathédrale gothique en marbre blanc et noir. Ville célèbre pour son vin blanc. Trafic considérable de bestiaux; grains et soie; depuis l'ouverture du chemin de fer d'Orte, en 1874, la population et l'importance de la ville se sont accrues rapidement. Sa forte position ont souvent engagé les papes à y chercher un refuge dans les temps de troubles.

ORVILLERS (Louis GUILLOUET, comte d') [Il mll.], marin français, né à Moulins en 1708, mort dans la même ville en 1792. Il entra dans la marine en 1728, devint capitaine de vaisseau en 1754, lieutenant général en 1777, reçut le commandement de la flotte de Brest et battit l'amiral anglais Keppel, à la hauteur d'Ouessant, le 27 juillet 1778. L'année suivante, il tenta en vain une descente en Angleterre. Humilié de cet insuccès, il donna sa démission (1783), et entra dans un couvent à Rochefort.

ORY (Le Comte). Voy. COMTE ORY (*Le*).

ORYCT ou **Orycto** (gr. *oruktos*, déterré). Préfixe qui entre dans la formation d'un grand nombre de mots et qui désigne tantôt des fossiles et tantôt des minéraux.

ORYCTÉROPE s. m. (gr. *oruktêr*, qui creuse la terre; *pous*, pied). Mamm. Genres de plantigrades particulier à l'Afrique et qui se distingue du genre fourmilier par des dents mâchelières et des ongles non tranchants, mais propres à fouir. La seule espèce connue, le *cochon de terre* (holl. *aard-vark*) ou *orycté-*

Orycterope du Cap (Orycteropus capensis).

rope du Cap (*orycteropus Capensis*), long de 1 m. 10, du bout du museau à l'origine de la queue, est inoffensif et d'une grande timidité; au moindre bruit, il s'enfonce dans son terrier. Il se nourrit de fourmis. Il est très recherché comme gibier par les Européens et par les Hottentots.

ORYCTOGNOSIE s. f. (préf. *orycto*; gr. *gnosis*, connaissance). Partie de l'histoire naturelle qui apprend à connaître et à distinguer les minéraux.

* **ORYCTOGRAPHIE** s. f. (préf. *orycto*; gr. *graphein*, écrire). Description des fossiles.

* **ORYCTOLOGIE** s. f. Partie de l'histoire naturelle, qui traite des fossiles.

ORYCTOTECHNIE s. f. [o-rik-to-tek-nî] (préf. *orycto*; gr. *tekné*, art). Etude des moyens par lesquels l'homme se procure les minéraux.

ORYCTOZOOLOGIE s. f. (préf. *orycto*; fr. *zoologie*). Partie de l'histoire naturelle qui traite des animaux fossiles.

ORYX s. m. [o-rikss]. Mamm. Deuxième sous-genre des antilopes, dans la classification de Chenu. Ce sous-genre comprend des antilopes à cornes plus ou moins arquées en arrière. comme celle des chèvres, ordinairement très longues, implantées à l'angle postérieur des orbites; tête presque toujours marquée de bandes de couleur foncée. (Voy. ANTILOPE.)

ORYZÉ, ÉE adj. Bot. Qui ressemble ou se rapporte au riz (*oryza*). — s. f. pl. Tribu de graminées ayant pour type le genre riz.

ORYZOPHAGE adj. Qui se nourrit principalement de riz.

* **OS** s. m. [ô ou oss] (lat. *os, ossis*). Partie du corps de l'homme ou de l'animal, dure et solide qui sert à attacher, à soutenir toutes les autres parties : *les os grêles des poissons s'appellent communément arêtes.* — *Os DE SEICHE*, partie dure et friable qui soutient le dos de la seiche. — EN CHAIR ET EN OS, en propre personne. — IL N'A QUE LA PEAU ET LES OS, IL A LA PEAU COLLÉE SUR LES OS, LES OS LUI PERCENT LA PEAU, il est fort maigre. — Fam. et par exag. IL EST PERCÉ JUSQU'AUX OS, il est extrêmement mouillé de la pluie ou de l'eau qui est tombée sur lui. — CASSER, ROMPRE, BRISER LES OS A QUELQU'UN, le battre cruellement. — CET HOMME NE FERA PAS DE VIEUX OS, il mourra jeune, ou il mourra bientôt. — IL Y LAISSERA SES OS, se dit d'un homme qui va ou qui est allé dans un pays d'où l'on croit qu'il ne reviendra pas. On dit dans le même sens, IL EST ALLÉ PORTER LA SES OS. — MANGER, RONGER QUELQU'UN JUSQU'AUX OS, le *ruiner petit à petit et complètement.* — DONNER UN OS A RONGER A QUELQU'UN, lui proposer une difficulté qui l'embarrasse ; lui susciter une affaire qui l'empêche de s'occuper d'autre chose : *ils n'ont plus à craindre ses intrigues, ils lui ont habilement donné un os à ronger.* On dit, dans un sens analogue, C'EST UN OS BIEN DUR A RONGER. — DONNER UN OS A RONGER A QUELQU'UN, signifie aussi, lui donner quelque occupation qui l'aide à vivre, ou lui faire quelque légère grâce, afin de se délivrer de ses importunités. — JUSQU'A LA MOELLE DES OS, *profondément : le froid l'a pénétré jusqu'à la moelle des os.* — JUSQUE DANS LA MOELLE DES OS, s'emploie fig. et fam., dans la même signification, au sens moral : *il est avare, intéressé, chicaneur jusque dans la moelle des os.* — Vén. Se dit des ergots du cerf, sur lesquels cet animal ne porte pas lorsqu'il court : *dès que le cerf fuit, il donne des os en terre.* — ENCYCL. On appelle os la substance qui forme le squelette des animaux vertébrés. Cette substance se compose de matière organique et de matière inorganique, qui peuvent être séparées soit en faisant consumer la première par la chaleur, soit en dissolvant la seconde par l'acide muriatique. La matière organique est partiellement combinée avec l'inorganique pour former l'*ostéine*, substance fondamentale de l'os ; elle existe en outre partiellement sous le nom de vaisseaux sanguins, de moelle et de périoste. La partie inorganique de la substance fondamentale se compose principalement de sulfate de chaux ; elle contient aussi du carbonate et du fluorure de chaux, des phosphates de magnésie et de soude et du chlorure de soude. La substance fondamentale de l'os est disposée en lamelles concentriques, épaisses d'environ un millième de centim.; ces lamelles, dans les os longs, entourent les *canalicules de Havers* qui sont montrés par 1 dans notre figure. Ces canalicules servent à la circulation du sang. Autour sont arrangées concentriquement des excavations microscopiques irrégulières, appelées ostéoplastes. Celles-ci sont réunies ensemble par de très nombreux petits canaux ondulés, appelés canalicules et rayonnant autour des canalicules de Havers. Ces derniers ont un diamètre d'environ un centième de centimètre. Les ostéoplastes mesurent à peu près un cinq centième de centimètre. Autour de chacun d'eux rayonnent 18 ou 20 canalicules longs d'environ un trois centièmes de centimètre et dont le diamètre n'est pas de plus de un dix millième de centimètre. Notre fig. 4 représente la section transverse d'un os long ; le canalicule de Havers étant marqué 1. En traitant un os frais par des solutions acides, Virchow a démontré l'existence de corpuscules qui remplissent exactement les ostéoplastes et qui envoient des prolongements dans les canalicules. Les os longs sont

percés de cavités médullaires contenant une substance particulière appelée *moelle* qui remplit aussi les cellules des parties spongieuses. Cette moelle occupe donc tous les espaces de la substance fondamentale, sauf les canalicules et les ostéoplastes. Sa fonction n'est pas encore bien connue ; on a découvert qu'elle est en contact direct avec la substance osseuse. Elle contient des cellules particulières, des noyaux, une matière amorphe, des vésicules adipeuses, des vaisseaux sanguins et des nerfs. Le périoste est la membrane fibreuse compacte qui couvre tous les os ; il se compose généralement d'une seule couche de

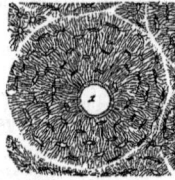

Fig. 1. — Os montrant un canalicule de Havers.

tissus fibreux ; mais, dans quelques cas, les os longs ont deux ou trois couches de ce tissu. Le périoste couvre complètement les os, sauf aux surfaces articulaires où il est remplacé par le cartilage. Il a le pouvoir de développer et de créer la membrane nourricière. On pense aussi que la moelle peut reproduire la substance osseuse. On distingue chez l'homme trois sortes d'os : 1° os longs, qui se rencontrent dans les membres et se composent d'un corps et de deux têtes ou extrémités. La soudure des épiphyses pour former les apophyses (voy. ce mot) n'a lieu chez

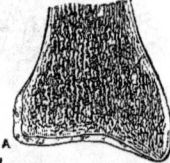

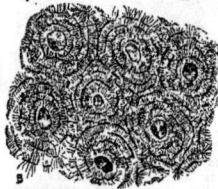

Fig. 2. — A. Section d'os montrant la structure intérieure ; B. Tissu de l'os (grossi). Les taches noires sont les canalicules de Havers.

l'homme que vers l'âge de 20 ans. A l'extérieur, les os longs forment un tissu osseux, serré, compact, blanc, assez semblable à l'ivoire ; c'est la *substance éburnée.* La variété de tissus osseux qui se trouvent aux deux extrémités d'un os long se compose de lamelles osseuses, entrecroisées dans diverses directions et dont la masse celluleuse reçoit le nom de *substance spongieuse* ; 2° os courts, à peu près uniquement formés de substances spongieuses que recouvre à peine extérieurement une mince lame de substance éburnée ; 3° os plats ou larges, formés de deux lames extérieures de substance éburnée, entre lesquelles s'étend une couche de substance spon-

gieuse appelée le *diploé de l'os*. (Voy. SQUELETTE.)

OSAGE, rivière. Voy. MISSOURI.

OSAGES, tribu d'Indiens de la famille Dakota, qui vivait sur le Missouri du temps de Marquette. Ils étaient les alliés des Illinois, et avant 1700 leurs ennemis les avaient chassés jusqu'à l'Arkansas. Ils agirent de concert avec les Français contre les Chickasaws, et contre les Anglais dans la lutte finale. Au commencement de ce siècle, ils étaient en guerre avec les Sacs et les Renards (*Foxes*), mais la paix se fit en 1804. De 1808 à 1825, ils conclurent avec les États-Unis plusieurs traités, par lesquels ils cédaient leurs terres. Ils comprenaient à cette époque les Grands Osages de l'Osage et du Neosho, et les Petits Osages et les Chances de l'Arkansas. Ils étaient constamment en guerre avec d'autres tribus, et grands pillards. Au début de la guerre civile, 4,000 environ s'en allèrent au S.; des traités, en sept. 1865 et en mai 1868, préparèrent le départ de tous les autres. En 1870, la tribu, réduite à 3,450, accepta un acte remettant en dépôt leurs terres aux États-Unis et pourvoyant à leur transfert en territoire indien. En 1876, il y en avait 2,679 sur une réserve.

OSAKA. Voy. OZAKA.

O SALUTARIS, premières paroles d'une hymne composée en l'honneur de l'Eucharistie. — s. m. *Composer, chanter un O salutaris.*

OSANORE adj. [o-za-no-re] (fr. *os*; gr. *an* privatif ; fr. *or*). Chir. Se dit des dents artificielles que l'on fait tenir dans les alvéoles sans employer l'or.

OSAR s. m. [o-zar]. Géol. Monticule de terre ou de sable, à base elliptique, et surmonté de blocs erratiques.

OSBORN (Sherard) [oz'-beurn], officier de marine et écrivain anglais, né en 1822, mort en 1875. Il servit dans l'expédition à la recherche de sir John Franklin, dans la guerre de Crimée, au Japon et en Chine, et devint contre-amiral. Ses œuvres comprennent : *Stray Leaves from an Arctic Journal* (1852) ; *A Cruise in Japanese Waters* (1859) ; *The Career, Last Voyage, and Fate of sir John Franklin* (1860) et *Japanese Fragments* (1860).

OSCAR Ier (Joseph-François), roi de Suède et de Norvège, né à Paris en 1799, mort le 9 juillet 1859. Il était fils de Bernadotte, et épousa une fille d'Eugène de Beauharnais. Il abandonna l'Église romaine pour l'Église luthérienne, et publia divers opuscules et un ouvrage sur les lois pénales et les établissements pénitentiaires (1841) qui fit beaucoup de bruit. Il monta sur le trône le 8 mars 1844, et établit des mesures libérales ; mais ses projets de réforme parlementaire vinrent échouer devant la résistance de la noblesse. En 1857, il se retira en nommant régent son fils aîné, le futur Charles XV, qui mourut en 1872.

OSCILLANT, ANTE adj. [oss-sil-lan]. Qui oscille.

* **OSCILLATION** s. f. [oss-sil-la-si-on] (lat. *oscillari*). Mécan. Mouvement d'un pendule qui va et vient alternativement en deux sens contraires : *axe, centre d'oscillation.* — Balancement de certains corps naturels ou artificiels : *les oscillations du flux et du reflux.* — Fig. et au sens moral. Fluctuation : *les oscillations de l'opinion publique.*

* **OSCILLATOIRE** adj. [-sil-la-]. Mécan. Qui est de la nature de l'oscillation : *mouvement oscillatoire.*

* **OSCILLER** v. l. [oss-sil-lé] (lat. *oscillari*). Mécan. Se mouvoir alternativement en deux sens contraires. Au fig. et partícul. d'un pendule : *un pendule qui oscille.*

OSCITATION s. f. [oss-si-ta-si-on] (lat. *oscitatio*). Pathol. Bâillement.

OSCULATEUR, TRICE adj. (rad. lat. *osculari*, baiser). Géom. Se dit de deux lignes ou de deux surfaces qui ont, en un point, un contact du second ordre au moins.

OSCULATION s. f. (lat. *osculatio*). Géom. Genre de contact propre aux lignes osculatrices.

* **OSÉ, ÉE** part. passé de OSER. — Adj. Hardi, audacieux : *serez-vous si osé que de dire... assez osé pour dire...*

OSÉE, le premier des douze petits prophètes. Il était fils de Beeri et commença ses prophéties vers 785 av. J.-C.; il exerça sa mission à divers intervalles pendant une période d'environ 60 ans. Ses prophéties forment une série continuelle sans distinction du temps où elles ont été faites ou des sujets qu'elles traitent.

OSÉE, dernier roi d'Israël; ayant refusé de payer un tribut à Salmanazar, roi d'Assyrie, il fut emmené en captivité par ce prince (721 av. J.-C.).

* **OSEILLE** s. f. [o-zè-ieu ; *ll* mll.] (lat. *oxalis*). Plante potagère d'un goût acide : *oseille de jardin*. — SEL D'OSEILLE, oxalate de potasse, que l'on retire de l'oseille et de plusieurs autres plantes et qui a la propriété de détruire certaines taches. — « LA FAIRE A L'OSEILLE, duper, en conter. (Pop.) — ENCYCL. On appelle *oseille* un genre de polygonées comprenant de très nombreuses espèces d'herbes annuelles ou vivaces qui habitent principalement les régions tempérées de l'hémisphère boréal. La plus répandue des

Oseille des jardins (Rumex acetosa). Variété appelée *Belleville*.

13 espèces connues aux environs de Paris est l'*oseille des jardins* (rumex acetosa). Indigène de l'Europe, de l'Asie et de l'Amérique arctique, elle est cultivée depuis la plus haute antiquité pour les usages culinaires. Ses feuilles ont un goût acidulé qu'elles doivent à la présence de l'oxalate de potasse. En France, on cultive une demi-douzaine de variétés, dont la plus connue est l'*oseille de Belleville*. Une autre variété, appelée *oseille vierge*, se multiplie surtout par éclats. L'oseille se cultive en bordure et demande peu de soins. — Ses feuilles entrent dans la préparation de toutes les soupes vertes et servent de garniture à diverses viandes, au veau par exemple. On en fait des conserves en les passant dans l'eau bouillante, en les égouttant, en les foulant dans des vases et en les couvrant de graisse fondue. La petite oseille (rumex acetosella), plus petite que la précédente, est commune dans nos bois sablonneux.

* **OSER** v. a. [o-zé] (lat. *audere*). Avoir la hardiesse, l'audace de dire, de faire quelque chose; entreprendre hardiment : *vous n'oserien, ce n'est pas le moyen de réussir.*

J'ose, j'ose espérer qu'un jour la vérité
Paraîtra toute nue à la postérité.
CORNEILLE. *Clitandre*, acte IV, sc. VII.

— Absol. *Je n'oserais.* — Par forme de défi,

de menace : *vous n'oseriez.* — SI J'OSE LE DIRE, SI J'OSE M'EXPRIMER AINSI, espèce de formule dont on se sert pour faire passer une idée ou une expression qui pourrait paraître hasardée. — Avec la négation, signifie quelquefois, ne pas vouloir, par circonspection, faire ou dire certaines choses : *personne n'ose lui annoncer cette fâcheuse nouvelle.*

* **OSERAIE** s. f. [o-ze-rè] (rad. *osier*). Lieu planté d'osiers : *planter une belle oseraie.*

OSEREUX, EUSE adj. Agric. Plein d'osiers; où l'osier croît naturellement.

OSEUR, EUSE s. Personne qui ose; personne hardie.

OS HABENT ET NON LOQUENTUR, paroles tirées du psaume *In exitu* et qui signifient : *Ils ont une bouche et ne parleront pas.* — Se dit quelquefois d'une personne qui ne parle guère.

OSHIMA [o-chi-ma] (grande île), nom habituellement donné par les Japonais à la plus grande de deux îles voisines l'une de l'autre, la plus petite étant appelée Koshima (petite île). Oshima, sur la côte de la province d'Idzu, est la mieux connue des nombreuses *oshimas* qui sont dans les eaux japonaises. Les étrangers l'appellent quelquefois Vries ou île de Barneveld. Elle a environ 8 kil. de long. et 5 de large. Au centre, se trouve un volcan en activité, haut de 2,356 pieds.

OSHKOSH [och-koch], ville de Wisconsin (Etats-Unis), sur la rive occidentale du lac Winnebago, à l'embouchure de l'Upper Fox, à 430 kil. N.-N.-O. de Milwaukee; 19.000 hab. Nombreuses scieries mécaniques, fonderies, magasins de machines, brasseries, etc.

OSHMOONEYN ou Ashmooneim [och-; achmou-naïnu]. (Voy. HERMOPOLIS MAGNA.)

OSIANDER (Andreas) [o-zi-ann'-deur], souvent appelé de son nom allemand HOSEMANN ou HOSSMANN; réformateur allemand, né en 1498, mort en 1552. De 1522 à 1548, il fut pasteur d'une église à Nuremberg. En 1548, il devint pasteur et professeur de théologie à Koenigsberg. Il propageait sur la pénitence, l'image divine dans l'homme, les deux natures du Christ et la justification, des opinions qui furent combattues par Melanchthon, et conduisirent à une aigre controverse qui dura encore deux ans après sa mort, et qui se termina par l'exécution de son gendre, Funck, et de trois de ses amis. Osiander doit les ouvrages sur l'Harmonie des Evangiles, sur les Derniers Temps et la Fin du Monde, sur les Mariages prohibés, etc.

OSIER s. m. [o-zié] (gr. *oisos*). Espèce de petit saule, dont les jets ou scions sont fort pliants, et propres à faire des liens, des paniers : *osier franc.* — Se dit aussi des jets ou scions de cet arbrisseau : *une botte d'osier.* — Fam. ETRE PLIANT COMME DE L'OSIER, avoir l'esprit souple et accommodant. ETRE FRANC COMME L'OSIER, être sincère, sans finesse et sans dissimulation. — ENCYCL. Plusieurs espèces de saule produisent des rameaux longs et flexibles susceptibles d'être employés par les vanniers; voici les principales : *osier jaune* (salix vitellina), remarquable par la couleur jaune de ses rameaux; *saule viminal ou osier blanc* (salix viminalis), à rameaux très longs et très flexibles; *osier rouge* (salix purpurea); etc. La plus grande partie de l'osier jaune et de l'osier rouge s'emploie avec son écorce qui lui donne de plus de force; le premier, refendu en deux ou en trois brins, est employé par les tonneliers. L'osier blanc ou osier sans écorce provient du saule viminal, parce que les brins de celui-ci sont beaucoup plus unis; il sert pour les ouvrages de vannerie les plus soignés.

OSIRIEN, IENNE adj. [o-zi-riain]. Qui concerne Osiris.

OSIRIS [o-zi-riss], l'une des principales di-

vinités de l'ancienne Egypte. Il est fils de Seb (*Chronos*, le Temps), et représente l'élément de l'eau, symbolisant dans un sens élevé, d'après Brugsch, l'existence finie ou le passé. On le représente comme le promoteur de la civilisation humaine. Dans une lutte terrible avec Typhon ou le Mal, Typhon l'emporte; Osiris est égorgé, et son cadavre est jeté dans le Nil et emporté à la mer. Isis, l'épouse d'Osiris, le trouve ainsi mutilé par Typhon. Osiris descend alors dans les régions infernales, et à une existence nouvelle sous le nom de Sérapis. C'est par lui que tous les morts sont jugés. D'anciens écrivains disent que les Egyptiens croyaient que l'âme d'Osiris entrait dans le corps du bœuf Apis, et l'on suppose que le temple de Sérapis mentionné par les Grecs était le temple d'Osarapi, ou Osiris Apis.

OSISMIENS, *Osismii*, peuple de la Gallia Lugdunensis, à l'extrémité N.-O. de la côte et dans le voisinage des villes modernes de Quimper et de Brest.

OSKALOOSA [oss-ka-lou'-sa], ville de l'Iowa (Etats-Unis), à 98 kil. E.-S.-E. de Des Moines; 4,500 hab. Elle est bâtie sur une élévation entre les rivières Des Moines et South Skunk; nombreuses manufactures; deux collèges, dont l'un, Penn College, appartient à la secte des Amis.

OSMAN. Voy. OTHMAN.

OSMANLI s. m. (turc *Othmanli*, descendant d'Othman). Descendant d'Othman I⁰⁰. — Nom que l'on donne quelquefois à tous les Turcs.

* **OSMAZÔME** s. f. (gr. *osmé*, odeur; *zômos*, bouillon). Chim. Principe qui se trouve surtout dans la chair du bœuf, et qui donne le parfum au bouillon : *il y a, dans le bouillon, sept parties de gélatine contre une d'osmazôme.*

OSMAZÔMÉ, ÉE adj. Chim. Qui contient de l'osmazôme.

OSMIAMIQUE adj. Chim. Se dit d'un acide qui prend naissance lorsque l'on fait agir l'ammoniaque sur le tétroxyde osmique en présence d'un alcali fixe. Formule : H³ Os² Az² O⁴.

OSMIATE s. m. Chim. Sel produit par la combinaison de l'acide osmique avec une base.

OSMIE s. f. [oss-mî] (gr. *osmé*, odeur). Entom. Genre d'apiaires, comprenant plusieurs espèces d'abeilles solitaires qui maçonnent leur nid dans la terre, dans les fentes des murs, dans les trous des vieux bois, etc., et emploient pour cette construction une sorte de mortier. L'osmie cornue (osmia cornuta), du midi de la France, est noire et velue; la femelle est longue d'environ 15 millim.; l'*osmie bicornue* (osmia bicornis) est un peu plus petite et moins velue que la précédente.

OSMIÉ, IÉE adj. Minér Qui contient de l'osmium.

OSMIEUX adj. m. Chim. Se dit d'un des oxydes de l'osmium. — Se dit également des sels dans lesquels entre cet oxyde.

OSMIMÉTRIQUE adj. (gr. *osmé*, odeur; *metron*, mesure). Qui mesure, qui apprécie les odeurs.

OSMIQUE adj. Chim. Se dit d'un des oxydes de l'osmium et des sels de cet oxyde.

OSMIRIDIUM s. m. (rad. *osmium*; et *iridium*). Minér. Alliage naturel d'osmium et d'iridium.

* **OSMIUM** s. m. [oss-mi-omm] (gr. *osmé*, odeur). L'un des quatre métaux qui accompagnent le platine : *l'osmium fut découvert en 1803.* — L'osmium est un métal appartenant au groupe du platine, découvert par Tennant en 1803 dans le minerai de platine, associé à l'iridium, au ruthenium, et à

de petites quantités de rhodium ; ainsi que dans l'alliage appelé osmiridium ou iridosmène, qui constitue le résidu restant après le traitement du minerai de platine par l'eau régale. Les propriétés de l'osmium varient suivant son mode de préparation. A l'état pulvérulent noir, sa gravité spécifique est d'environ 10; lorsqu'il est chauffé à une point de fusion du rhodium, il acquiert une densité de 21,4; mais Delille et Debray ont réussi (1876-77) à la préparer à la densité de 22,447, montrant ainsi que c'est le métal le plus lourd de tous les métaux appartenant au groupe du platine. On connaît cinq oxydes d'osmium : Os O, Os² O³, Os O³, Os O⁴ et Os O⁵. Les trois premiers forment des sels avec les acides; le quatrième (tétroxyde), forme, avec un petit nombre de bases, des sels appelés osmites et est un puissant agent d'oxydation, décolorant la solution d'indigo, et convertissant l'alcool en aldéhyde et en acide acétique.

OSMIURE s. m. Chim. Alliage d'osmium avec un métal.

OSMOLOGIE s. f. (gr. osmé, odeur ; logos, discours). Science, traité des odeurs.

OSMOND (Saint), évêque de Salisbury, mort en 1099. Il assista Guillaume de Normandie dans sa conquête de l'Angleterre et fut appelé en 1078 à l'évêché de Salisbury. Il fut canonisé en 1458. Fête le 4 décembre.

° **OSMONDE** s. f. Bot. Genre de fougères comprenant plusieurs espèces de plantes, dont la fructification est en forme de bouquet. On nomme l'espèce commune OSMONDE ROYALE, et abusivement FOUGÈRE A FLEURS.

OSMOSE s. f. (gr. ôsmos, impulsion). Phénomène qui se produit lorsque deux fluides sont séparés par une cloison plus ou moins poreuse et qui consiste en ce qu'il s'opère un mélange de ces deux fluides. Le passage du liquide qui traverse le plus rapidement la cloison se nomme exosmose (voy. ce mot), le passage de l'autre étant l'endosmose. (Voy. ce mot.)

OSMOTIQUE adj. Phys. Qui a rapport à l'osmose.

OSNABRUCK, ville du Hanovre (Prusse), sur la Hase, à 140 kil. O. de Hanovre ; 30,850 hab. Entourée de vieilles murailles, ses rues sont tortueuses et étroites, et sa cathédrale date du XIIᵉ siècle. Fabriques de cuirs, toiles, lainages, fer, machines, et, surtout, manufactures de tabac. Le traité de Westphalie, à propos duquel la dernière conférence se tint dans cette ville en 1548, décida que le siège épiscopal d'Osnabruck, qui embrassait un territoire d'une étendue considérable, serait alternativement gouverné par un évêque catholique et par un évêque protestant. Le dernier évêque, Frédéric d'York, céda la ville au Hanovre comme principauté. Elle appartint ensuite successivement au royaume de Westphalie et à l'Empire français, en 1815, elle retourna au Hanovre avec lequel elle passa à la Prusse en 1866.

OSNABURG. Voy. OSNABRUCK.

OSORIO (Hieronymo), écrivain portugais, évêque de Silves, né en 1506, mort en 1580. Il a écrit en latin une histoire du règne du roi Emmanuel. On cite aussi parmi ses autres œuvres un traité De Gloria Libri V, admiré pour sa pure latinité.

OSPHYALGIE s. f. [oss-fi-al-jî] (gr. osphus, rein; algos, douleur). Pathol. Douleur dans les reins.

OSQUE s. m. [oss-ke]. Ethnogr. Habitant du pays des Osques. — Osques, Osci, Opisci, peuple de l'antique Latium. (Voy. ITALIE.)

OSSA v. m. Un des noms vulgaires des sarigues.

OSSA, montagne de la Grèce ancienne, auj. Kissavo ou montagne de lierre. Elle était située au N. de la Magnésie (Thessalie), se réunissait au Pélion du côté du S.-E., et était séparée de l'Olympe au N.-O. par la vallée de Tempé. C'est l'une des plus hautes montagnes de la Grèce, mais elle est beaucoup moins escarpée que l'Olympe. Suivant la mythologie, et d'après les récits d'Homère, les Géants entassèrent sur elle la montagne de Pélion pour escalader le ciel. Ce mythe est l'origine de la locution proverbiale : Entasser Pélion sur Ossa, pour dire : Réunir toutes sortes de moyens afin de réussir.

OSSAT (Arnaud d'), cardinal, né à la Roque-en-Magnoac en 1536, mort en 1604. En 1596, il fut appelé à l'évêché de Rennes et, trois ans plus tard, nommé cardinal. Il négocia le divorce de Henri IV avec Marguerite de Valois. Nommé à l'évêché de Bayeux en 1600, il le résigna et se retira à Rome. Il a laissé des Lettres publiées en 1624 et réimprimées en 1732 (5 vol. in-12). Voy. Vie du cardinal d'Ossat, par Mᵐᵉ d'Arconville (1774, 2 vol. in-8°).

° **OSSATURE** s. f. Didact. Ensemble de la charpente d'un homme, d'un animal.

OSSAU, vallée de France (Basses-Pyrénées), longue d'environ 46 kil., large de 2 kil, dominée par de hautes et pittoresques montagnes; elle est célèbre pour la beauté de son ciel, pour les mœurs et le costume de ses habitants. Le gave d'Ossau l'arrose.

OSSEC s. m. [o-sèk]. Mar. Endroit d'un bâtiment où s'écoule toute l'eau qui s'introduit dans la cale et où se trouve le pied des pompes destinées à l'épuiser.

OSSEINE s. f. Chim. Substance particulière qui se trouve dans la plupart des tissus animaux et spécialement dans les parties osseuses. L'Académie dit OSTÉINE.

° **OSSELET** s. m. Petit os : les osselets de l'oreille. — Au plur., se dit de petits os avec lesquels les enfants jouent, et qui sont tirés de la jointure d'un gigot de mouton : jouer aux osselets. — Se disait autrefois d'un instrument de torture qui se mettait entre les doigts. — Art vét. Tumeur osseuse placée sur la partie inférieure de la jambe d'un cheval, à côté du boulet : l'osselet est une exostose.

° **OSSEMENTS** s. m. pl. Os desséchés de personnes qui sont mortes : des ossements humains. — Se dit quelquefois en parlant des animaux : les ossements fossiles.

OSSEUSEMENT adv. A la manière des os.

° **OSSEUX, EUSE** adj. Didact. Qui est de nature d'os : la charpente osseuse.

OSSIAN [angl. och'-ann], barde celte, que l'on suppose avoir fleuri au IIᵉ ou au IIIᵉ siècle de l'ère chrétienne, et dont les compositions en langue celtique se sont conservées pendant plusieurs générations parmi les paysans écossais et irlandais. Son père, Fingal, était l'un des plus fameux héros de la légende celtique. Alexander Mac Donald fut le premier à attirer l'attention sur la poésie des celtes d'Écosse en publiant, en 1574, un volume de ses propres poésies dans l'idiome gaélique. En 1760, James Macpherson (voy. MACPHERSON) publia, sous le titre de Fragments of Ancient Poetry collected in the Highlands of Scotland, 16 petites pièces, qu'il donnait comme des épisodes d'un long poème d'Ossian sur les guerres de Fingal. Ce volume fut suivi de la publication de Fingal en 1762, et de Temora en 1763, avec cinq morceaux moins étendus, tous traduits par Macpherson en prose anglaise. Ils créèrent une sensation prodigieuse qui fit naître une violente controverse. En Écosse presque tous les hommes de lettres les plus distingués soutenaient leur mérite et leur authenticité, tandis qu'en Angleterre le

Dʳ Johnson les dénonçait comme d'impudentes inventions, forgées par Macpherson lui-même. De récentes recherches tendent à justifier Macpherson des accusations portées contre lui. — Il n'existe en français qu'une traduction d'Ossian par Letourneur (Paris, 1777, 2 vol. in-8° et 1810, avec dissertation de Guinguené).

° **OSSIANIQUE** adj. Se dit de ce qui se rapporte aux poésies attribuées à Ossian, de ce qui s'en rapproche. Le genre ossianique fut mis à la mode en France par Laharpe, Baour-Lormian et Napoléon Iᵉʳ, qui plaçait le barde écossais bien au-dessus d'Homère.

OSSIANISER v. a. Rendre semblable aux poésies d'Ossian.

° **OSSIANISME** s. m. Littér. Imitation des poésies d'Ossian. — Admiration outrée de ces poésies.

OSSIANISTE s. m. Admirateur, partisan des poésies d'Ossian.

OSSICULE s. m. (lat. osciculum, dimin. de os). Petit os.

OSSIFÈRE adj. (lat. os, ossis, os; fero, je porte). Qui contient des ossements.

° **OSSIFICATION** s. f. (lat. os. ossis, os; facere, faire). Formation des os, changement insensible des parties membraneuses et cartilagineuses en os : l'ossification se fait peu à peu.

° **OSSIFIER** v. a. Changer en os les parties membraneuses et cartilagineuses : plusieurs causes contribuent à ossifier, dans la vieillesse, certaines parties du corps qui auparavant étaient molles. — S'ossifier v. pr. Les membranes et les cartilages s'ossifient quelquefois.

OSSIFIQUE adj. Qui contribue à la formation des os.

OSSIFLUENT, ENTE adj. (lat. os, ossis, os; fluere, couler). Méd. Se dit d'un abcès qui a son siège sur une articulation et qui s'alimente par la décomposition des os.

OSSIFORME adj. Qui a la forme d'un os.

OSSIFRAGE adj. (lat. os, ossis, os; frangere, briser). Qui rompt les os.

OSSOLI (Margaret-Fuller, MARQUISE), femme auteur américaine, née à Cambridge-port (Massachusetts) en 1810, morte le 16 juillet 1850. A six ans, elle lisait le latin ; à huit, elle commença à étudier Shakspeare, Cervantes et Molière ; ses études solitaires lui avaient donné des habitudes de mélancolie et de réserve lorsqu'elle fut envoyée à l'école à Groton (Massachusetts). Elle s'y fit remarquer par son intelligence, ses emportements et ses excentricités. Elle revint à la maison à l'âge de 15 ans, se mit à poursuivre un vaste cours d'études personnelles. Elle commença à étudier l'allemand en 1832, et au bout de l'année, elle avait lu les œuvres principales de Gœthe, de Schiller, de Tieck, de Koerner et de Novalis. En 1837, elle devint directrice d'une école à Providence, et, en 1840, éditeur de The Dial (Le Cadran), revue trimestrielle de Boston, qu'elle dirigea pendant deux ans. Un de ses travaux, inséré d'abord dans cette publication, fut ensuite étendu et complété en un volume intitulé : Woman in the Nineteenth Century. En 1841, elle traduisit et publia les lettres de Gunderode et de Bettina, et, en 1843, elle fit paraître Summer on the Lakes. En décembre 1844, elle se transporta à New-York et devint collaboratrice de The Tribune, et y écrivit surtout des revues qui furent publiées plus tard sous le titre de Papers on art and Literature. Elle alla en Europe au printemps de 1846 et arriva à Rome en mai 1847, où, en décembre, elle épousa un noble Romain, le marquis Giovanni Angelo Ossoli. Elle était à Rome pendant la révolution de 1848; et, lors du siège de la ville par les Français, en 1849, elle fut, à la requête de Mazzini, nommée directrice d'un des hôpitaux pour les blessés. En mai 1850, elle s'embarqua à Livourne pour New-York sur le vaisseau *Elizabeth*, avec son mari et son petit enfant qui, l'un et l'autre périrent avec elle dans le naufrage du vaisseau, tout près du port. Une nouvelle édition de ses œuvres a été publiée à Boston en 1874 (6 vol.). Voy. *Memoirs of Margaret Fuller Ossoli*, par R.-W. Emerson, W.-H. Channing, et J.-F. Clarke (1852).

OSSORY (Thomas-Butler, EARL, D'), officier anglais, fils de James, duc d'Ormond, né en 1634, mort en 1680. Charles II le fit lieutenant général de l'armée en Irlande, et en 1666 le créa lord Butler of Moore Park. Il se distingua dans le combat naval avec les Hollandais dans les Dunes, et, en 1673, fut amiral de la flotte. En 1677, il commandait les troupes anglaises au service du prince d'Orange, et il contribua grandement à la défaite du maréchal de Luxembourg à Mons en 1678.

OSSU, UE adj. [oss-su]. Qui a de gros os. (Vieux.)

* OSSUAIRE s. m. [oss-su-è-re] (lat. *ossuarium*). Amas d'ossements, endroit couvert où l'on met des ossements de morts. — OSSUAIRE DE MORAT, monument que les Suisses formèrent avec les ossements des Bourguignons tués à la bataille de Morat.

OSSUN, ch.-l. de cant., arr. et à 11 kil. S.-O. de Tarbes (Hautes-Pyrénées); 3,000 hab. Jambons estimés. Restes d'un camp romain.

OSSUNA. Voy. OSUNA.

OST ou Host s. m. Vieux mot qui vient du latin *hostis*, ennemi, et qui signifiait armée. — Féod. Service de guerre : *être sujet à l'ost*.

OSTADE (holl. oss'-tâ-dé). I. (Adrian van), peintre hollandais, né à Lübeck en 1610, mort en 1685. Il étudia à Haarlem, et en 1672 s'établit à Amsterdam. Ses peintures, généralement de petites dimensions, représentent des intérieurs hollandais, des foires ou des fêtes rurales. Elles sont relativement rares. Il gravait à l'eau-forte d'après ses propres dessins. — II. (Isaac van), son frère et son élève, né vers 1615, mort vers 1670. Il adopta un style original. Ses sujets favoris sont des scènes d'auberges, où s'arrêtent des voyageurs, des rues de villages hollandais, des paysages d'hiver, des canaux pris par la glace et animés par des patineurs.

OSTAGRE s. f. (gr. osteon, os; agra, saisie). Chir. Pince propre à saisir les os.

OSTÉ, Osteo, OSTO (gr. *ostéon*, os). Préfixe qui entre dans la formation d'un grand nombre de mots.

OSTÉALGIE s. f. (préf. osté; gr. algos, douleur). Douleur dans les os.

* OSTÉINE s. f. Chim. Substance du tissu osseux : *on a essayé d'employer l'ostéine comme aliment.* (Voy. OSSÉINE.)

OSTÉITE s. f. Pathol. Inflammation du tissu osseux.

OSTENDAIS, AISE s. et adj. D'Ostende; qui appartient à cette ville ou à ses habitants.

OSTENDE s. f. Huître très estimée que l'on cultive à Ostende : *une bourriche d'ostendes.* (Voy. HUITRE.)

OSTENDE, ville de la Flandre occidentale (Belgique), sur la mer du Nord, à 110 kil. O.-N.-O. de Bruxelles; 18,000 hab. Après Anvers, c'est le principal port de la Belgique, et c'est l'une des villes de bains de mer les plus fréquentées de l'Europe; il y vient annuellement 20,000 personnes, en moyenne. De l'autre côté des ports de Bruges se trouvent les parcs d'huîtres ou réservoirs d'eau

salée remplies d'huîtres anglaises. Il entre annuellement dans le port environ 700 vaisseaux. Les exportations consistent surtout en huîtres, beurre, œufs, viande, chicorée et huile. Ostende a été détruite par la mer en 1333, et ne fut plus pendant quelque temps qu'un village de pêcheurs. Le prince d'Orange la fit fortifier en 1583. Le mémorable siège fait par les Espagnols, et qui se termina par la reddition de la forteresse à Spinola, dura de juillet 1601 à sept. 1604, et coûta la vie à plus de 100,000 personnes. Dans la guerre de la succession d'Espagne, les alliés s'emparèrent de la ville en 1706; en 1745, elle fut cédée par la Hollande à Charles VI d'Autriche. Les Français l'occupèrent de 1745 à 1748 et de 1794 à 1814. Les Anglais essayèrent vainement de s'en emparer en 1798. Les fortifications ont été démolies en 1867. Pour le *Manifeste d'Ostende*, voy. BUCHANAN (James).

* OSTENSIBLE adj. (lat. *ostensibilis*; de *ostendere*, montrer). Qui peut être montré, qui est fait pour être montré : *faites-moi par écrit une réponse ostensible.*

* OSTENSIBLEMENT adv. D'une manière ostensible.

OSTENSIF, IVE adj. Se disait autrefois des pièces diplomatiques que l'on pouvait communiquer, par opposition aux pièces secrètes.

OSTENSION s. f. Action de montrer. (Vieux.)

* OSTENSOIR ou Ostensoire s. m. [os-tan-souar] (lat. *ostensorius*). Pièce d'orfèvrerie dans laquelle les catholiques romains exposent la sainte hostie ou des reliques, qu'on y voit à travers une glace.

OSTENTATEUR, TRICE adj. Qui a de l'ostentation. — Substantiv. Personne qui parle ou qui agit avec ostentation.

* OSTENTATION s. f. (lat. *ostentatio*; de *ostendere*, montrer). Affectation de montrer quelque qualité ou quelque avantage dont on veut faire parade : *à quoi bon toute cette ostentation?*

* OSTÉOCOLLE s. f. (préf. ostéo; fr. colle). Concrétion calcaire en forme de tube, que l'on croyait autrefois propre à accélérer la consolidation des os.

* OSTÉOCOPE adj. Méd. Se dit de douleurs aiguës qui ont leur siège dans les os.

OSTÉODERME adj. (préf. ostéo; gr. derma, peau). Qui a la peau dure ou moins osseuse.

OSTÉODYNIE s. f. (préf. ostéo; gr oduné, douleur). Douleur des os.

OSTÉOGÈNE adj. (préf. ostéo; gr. genos, né). Physiol. Qui concourt à la formation des os.

OSTÉOGÉNIE s. f. Physiol. Formation, développement des os.

OSTÉOGRAPHE s. m. Auteur d'une ostéographie.

* OSTÉOGRAPHIE s. f. (préf. ostéo; gr. *graphein*, décrire). Anat. Description des os.

OSTÉOIDE adj. (préf. ostéo; gr. eidos, aspect). Méd. Se dit de certaines productions osseuses qui se développent autour des articulations dans certains cas.

OSTÉOLÉPIS s. m. [oss-té-o-lé-piss] (préf. ostéo; gr. lepis, écaille). Icht. Genre de ga-

Ostéolépis.

noïdes, comprenant plusieurs espèces de poissons fossiles ayant deux anales qui alternent avec deux dorsales, deux pectorales rondes, de petites ventrales, une grande bouche et des écailles d'une grandeur moyenne.

* OSTÉOLITHE s. m. (préf. ostéo; gr. lithos, pierre). Hist. nat. Os pétrifié.

* OSTÉOLOGIE s. f. (préf. ostéo; os; logos, discours). Partie de l'anatomie qui enseigne les noms, la situation, les usages, la nature, et la figure des os : *traité d'ostéologie.* (Voy. ANATOMIE et Os.)

OSTÉOLOGUE s. m. Celui qui se livre à l'ostéologie.

* OSTÉOLYSE s. f. (préf. ostéo; gr. lusis, action de dissoudre). Pathol. Altération particulière du tissu osseux qui consiste dans l'usure de la substance, sans qu'il y ait de résidu.

* OSTÉOMALACIE s. f. (préf. ostéo; gr. malakia, mollesse). Pathol. Ramollissement des os.

* OSTÉOMYÉLITE s. f. (préf. ostéo; gr. muelos, moelle). Inflammation de la membrane qui tapisse les cavités osseuses, la moelle étant plus ou moins affectée. Les symptômes sont ceux de l'inflammation des os en général : douleur profonde, aiguë, intense; grande fièvre et troubles constitutionnels; accroissement de la température, raideur, chaleur hectique. Le traitement est de la même nature que celui de la nécrose.

OSTÉONÉCROSE s. f. (préf. ostéo; fr. nécrose). Pathol. Mortification des os.

OSTÉPHTISIE s. f. (préf. ostéo; fr. phtisie). Atrophie des os.

OSTÉOPHYTE s. m. (préf. ostéo; gr. phuton, végétation). Production osseuse qui naît quelquefois dans les lames profondes du périoste lorsque l'os est carié.

OSTÉOPLASTE s. m. (préf. ostéo; gr. plassein, façonner). Nom donné à de petites cavités situées dans les os et d'où partent des canalicules ramifiés.

OSTÉOPLASTIE s. f. Chir. Réparation d'une partie d'os qui était détruite.

OSTÉOSARCOME s. m. [-sar-ko-] (préf. ostéo; fr. sarcome). Chir. Tumeur de consistance charnue qui se développe dans un os.

* OSTÉOTOMIE s. f. (préf. ostéo; gr. tomé, section). Anat. Dissection des os.

OSTERGOETLAND ou Œstergœtland [eusster-gheutl-lannd]. (Voy. LINKOEPING.)

OSTIAIRE s. m. (lat. ostiarius; de ostium, porte). S'est dit de celui qui gardait la porte.

OSTIAK s. m. Membre d'un peuple de l'Asie septentrionale. (Voy. FINNOIS.) — Idiome spécial à ce peuple.

OSTIE [lat. *Ostia*], ville du Latium, à l'embouchure du Tibre, à 25 kil. S.-O. de Rome, par la via Ostiensis. A l'époque de la seconde guerre punique, c'était une importante station navale; mais son port se combla peu à peu, et l'empereur Claude en creusa un autre à 3 kil. O., sur la rive opposée (rive droite), appelé Portus Augusti. Malgré la rivalité de la ville de Portus, qui s'éleva autour du nouveau port, Ostie continua à prospérer, et, à son apogée, elle contenait 80,000 hab. Mais, vers 830 elle était entièrement en ruines. La moderne Ostie est une petite ville en proie à la malaria, qui a bien qu'à l'origine, bâtie sur la mer, en est maintenant à 5 kil.

OSTIOLE s. m. (lat. ostiolum; dimin. de ostium, porte). Hist. nat. Petit orifice.

* OSTRACÉ, ÉE adj. (gr. ostrakon, coquille). Hist. nat. Qui est de la nature de l'huître : les mollusques ostracés. — s. m. pl. Famille de mollusques acéphales, à coquille bivalve, ayant pour type le genre huître et comprenant, en outre, les genres anomies, spondyles, peignes, arondes, pintadines, avicules, jambonneaux, arches, pétoncles, nucules, etc.

* OSTRACISME s. m. (gr. ostrakon, coquille). Antiq. Jugement par lequel les Athéniens

bannissaient pour une période déterminée les citoyens que leur puissance, leur mérite trop éclatant, ou leurs services rendaient dangereux pour la liberté : *l'ostracisme n'était point infamant.* — D'abord, le bannissement fut de dix ans, mais il fut plus tard réduit à cinq années. Il n'entraînait aucun déshonneur, ni aucune perte de biens. Le sénat et l'assemblée publique décidaient si l'ostracisme devait être appliqué ; un jour était alors fixé, et l'on disposait un espace clos dans l'agora ; chaque citoyen y venait déposer, dans une urne préparée d'avance, une écaille d'huître ou un tesson de poterie *sur lequel était inscrit le nom de la personne* qu'il désirait bannir. S'il y avait 6,000 votes contre une personne, celle-ci devait quitter la cité dans les dix jours. Parmi les hommes distingués qui furent frappés d'ostracisme, on compte Aristide, Thémistocle, Cimon, Miltiade, etc. L'ostracisme fut aboli en 445 av. J.-C.

* **OSTRACITE** s. f. Hist. nat. Coquille d'huître pétrifiée.

OSTRÉICOLE adj. (lat. *ostrea,*, huître ; *colo*, je cultive). Qui a rapport à l'ostréiculture.

* **OSTRÉICULTURE** s. f. (lat. *ostrea*, huître ; fr. *culture*). Ensemble de procédés à l'aide desquels on cherche à favoriser la production des huîtres.

OSTRÉIFORME adj. (lat. *ostrea*, huître ; fr. *forme*). Moll. Qui a la forme de l'huître.

* **OSTROGOT** s. m. Nom qu'on a donné aux habitants des parties orientales de la Gothie, et qui a passé dans notre langue, où il signifie, familièrement, un homme qui ignore les usages, les coutumes, les bienséances, tel que serait un barbare venu d'un pays lointain : *vous me prenez pour un ostrogot.* — Adjectiv. *Cela est d'un goût ostrogot.* — Les Ostrogots ou Goths orientaux furent distingués des Visigoths (Goths occidentaux), vers l'an 330. Après avoir ravagé l'Europe orientale, la Thrace, etc., leur chef principal, Théodoric, établit en Italie un royaume qui dura de 493 à 553.

OSTROGOTHIE, partie orientale de la Gothie, aujourd'hui province de Linkoeping. (Voy. ce mot.)

OSTROLENKA [oss-tro-lenn'-ka], ville de la Pologne russe, sur le Narew, à 95 kil. N.-N.-E. de Varsovie ; 5,865 hab. Le 16 fév. 1807, Savary y défit les Russes ; et le 26 mai 1831, les Russes, sous Diebitsch, y livrèrent aux Polonais un combat acharné et sanglant, qui resta indécis.

OSTRYA s. m. (gr. *ostrua*, hêtre). Bot. Genre de cupulifères, voisin du charme, et

Ostrya Virginica.

dont l'espèce type, *ostrya Virginica*, qui croît dans l'Europe australe et aux États-Unis, est connue sous le nom vulgaire de charme-houblon.

OSUNA ou **Ossuna** (PEDRO TELLEZ Y GIRON, *duc d'*) [o-sou'-na], vice-roi de Naples, né en 1579, mort en 1624. Son tour d'esprit satirique le fit éloigner de la cour de Philippe II. Après l'avènement de Philippe III (1598), il épousa une fille du duc d'Alcala, et s'intitula duc d'Osuna. Il fut de nouveau chassé ; mais, après s'être distingué à l'armée de Flandre, il fut, en 1611, nommé vice-roi de Sicile, et en 1616, vice-roi de Naples. Il s'opposa à l'établissement de l'inquisition à Naples. Soupçonné de viser à se faire souverain absolu avec l'aide de l'étranger, il fut rappelé en 1620, et, immédiatement après l'avènement de Philippe IV, mis en jugement. Bien qu'il n'eût pas été convaincu de culpabilité, il fut emprisonné, et, dit-on, mourut d'un poison que lui fournit sa femme. Son fils devint vice-roi de Sicile.

OSWALD (Saint) [oss'-valdd], roi de Northumbrie, né vers 605, mort le 5 août 642. Il était fils du roi Ethelfrid, et, en 634, reprit son royaume sur Ceadwalla. Avec sa femme, il fut l'un des premiers propagateurs de la religion chrétienne parmi les Anglo-Saxons. Il tomba dans une bataille contre Penda, le roi païen de la Mercie, et fut canonisé.

OSWEGO [oss-oui'-go], ville de l'état de New-York (États-Unis), sur la rive S.-E. du lac Ontario, à l'embouchure de la rivière du même nom, à 500 kil. N.-O. de New-York ; 25,000 hab. La rivière divise la ville en deux parties presque égales, East et West Oswego. Source minérale, dont l'eau se vend sous le nom de *Deep Rock Spring Water.* Minoteries au nombre de 14, manufactures d'amidon, forges, fonderies, chantiers de constructions navales, ateliers de tonnellerie et de charronnage, etc.

OT, Oti ou Oro (gr. *oûs, ôtos*, oreille). Préfixe qui signifie oreille.

OTACOUSTIQUE adj. (préf. *ot*; fr. *acoustique*). Qui peut perfectionner le sens de l'ouïe.

* **OTAGE** s. m. (bas lat. *ostaticum*). Personne qu'un général, un prince, un gouverneur de place, etc., remet à ceux avec qui il traite, ou qu'il exige qu'on lui remette, pour la sûreté de l'exécution d'un traité, d'une convention. Ne se dit proprement qu'en parlant d'affaires d'État: *on donna six officiers, six magistrats en otage.* — Se dit encore de personnes que l'on arrête et que l'on détient comme une espèce de gage pour obtenir ou pour arracher ce que l'on exige. — Se dit quelquefois des places qu'on donne à ceux d'un parti ennemi, pour garantie d'un traité de paix, d'un armistice: *les ennemis se firent donner des villes en otage, demandèrent des villes d'otage.*

OTAÏTI ou **Otahiti**. Voy. TAÏTI.

* **OTALGIE** s. f. (gr. *ous, ôtos*, oreille; *algos*, douleur). Méd. Douleur d'oreille. — L'otalgie se distingue de l'otite en ce que les douleurs névralgiques viennent et cessent brusquement dans l'otalgie; elles sont intermittentes; absence de fièvre. Traitement: éviter l'air froid et mettre dans l'oreille du coton imbibé de laudanum. S'il y a fluxion rhumatismale, employer les bains de pied et les purgatifs.

OTALGIQUE adj. Qui a rapport à l'otalgie.

* **ÔTÉ, ÉE** part. passé de ÔTER. — S'emploie quelquefois comme préposition, et signifie, excepté, hormis : *ôté deux ou trois chapitres, cet ouvrage est excellent.*

OTELLE s. f. (lat. *hastila*, dimin. de *hasta*, hache). Blas. Meuble d'armoiries qui représente un large fer de pique.

O TEMPOR A OMORES : *O temps, ô mœurs*, paroles de Cicéron déplorant la perversité des hommes de son temps.

* **ÔTER** v. a. (lat. *obstare*). Tirer une chose de la place où elle est. Se dit quelquefois en parlant des personnes et des animaux: *ôtez cette table de là.* — Fig., au sens moral. ÔTER A QUELQU'UN QUELQUE CHOSE DE L'ESPRIT, DE LA TÊTE, DE LA FANTAISIE, faire en sorte qu'il n'y songe plus, qu'il ne soit plus attaché à la pensée, à l'opinion, au dessein qu'il avait: *vous ne lui ôterez jamais cela de l'esprit.* — ÔTER QUELQU'UN DE PEINE, D'INQUIÉTUDE, le tirer de peine, le délivrer d'inquiétude. On dit de même, ÔTER DE DOUTE, D'UN DOUTE, D'INCERTITUDE. — Se dit en parlant des différentes parties du vêtement, et signifie, quitter, déposer, se dépouiller de : *ôter sa chemise, son habit, son gilet, son pantalon, ses bas, ses souliers, sa cravate, son manteau, ses gants, son épée, son chapeau.*

Page, mets bas ton cor, et viens m'ôter mes guêtres.
COLLIN D'HARLEVILLE, *Monsieur de Crac, sc. VI.*

— ÔTER SON CHAPEAU A QUELQU'UN, le saluer en se découvrant la tête. — Ravir, enlever, prendre quelque chose à quelqu'un, l'en priver. Se dit au sens physique et au sens moral: *les voleurs lui ont ôté son habit.*

En me privant d'un fils, le ciel m'ôte un rival.
J. RACINE, *La Thébaïde*, acte V, sc. IV.

— Prov. et fig. ÔTER LE PAIN DE LA MAIN A QUELQU'UN, lui ôter le moyen de subsister. — ÔTER L'HONNEUR A QUELQU'UN, le diffamer par des médisances, par des calomnies. — ÔTER L'HONNEUR A UNE FEMME, la séduire et en abuser. — CET OBJET ÔTE LA VUE DE TEL AUTRE, il empêche qu'on ne puisse le voir: *cet arbre, ce mur ôte la vue de la rivière, de la prairie.* — Retrancher. Se dit au sens physique et au sens moral : *ce morceau de bois est trop long, il en faut ôter un pied.* — Faire cesser, faire passer; délivrer quelqu'un de quelque chose qui l'incommode. Se dit au sens physique et au sens moral: *prenez un doigt de vin, cela vous ôtera votre mal de cœur.* — S'ôter v. pr. Se tirer d'un lieu : *il ne veut pas s'ôter de là.* — ÔTE-TOI DE LA QUE JE M'Y METTE, se dit pour qualifier la conduite des gens qui veulent, sans droit, occuper la place d'un autre et qui n'ont pour mobile qu'une ambition impatiente.

OTFRIED [ott'-fridd], poète allemand du IXe siècle; c'était un moine de Weissenburg. Il a écrit *Der Krist*, une des premières traductions en vers de l'Évangile.

OTHELLO, tragédie de Shakspeare et l'un de ses chefs-d'œuvre, représentée en 1611 Le principal personnage, Othello, aventurier brutal, parvient à épouser la belle et vertueuse Desdémone, dont il devient le tyran et qu'il étouffe dans un accès de jalousie. Son nom sert à caractériser un époux rude, défiant, emporté, qui interprète en mal les actions les plus innocentes. — Titre d'un opéra italien représenté à Naples en 1816; belle musique de Rossini; livret du marquis de Berio, qui l'a tiré de la tragédie anglaise; ce livret fut traduit en français pour l'Opéra de Paris par Alphonse Royer et Gustave Vaëz.

OTHMAN ou **Osman**, surnommé le Conquérant; fondateur de l'empire ottoman, et de la dynastie régnante de Turquie, né en Bithynie en 1259, mort en 1326. Il passe pour être le fils d'Orthogrul, chef d'une horde de Turcomans. Ayant succédé à son père dans le commandement de cette horde, il reçut, à la chute de la dynastie des Seldjoucides, une partie de la province de Bithynie. Aussitôt, il attaqua l'empire byzantin, et conquit le territoire de Nicée (1299), la province de Marmora (1307) et toute la Bithynie et les provinces avoisinantes. A plusieurs reprises, il avait été repoussé dans ses attaques sur Nicomédie et sur Brousse (*Prusa*); mais la prise de Brousse par son fils Orkhan, en 1326, assit les fondements de l'empire turc. Il est douteux qu'Othman ait jamais pris le titre de sultan, bien qu'il ait tenu une cour à Kara-Hissar et qu'il frappât monnaie.

OTHMAN IBN AFFAN, le troisième calife arabe, tué à Médine en 655. Il était un des secrétaires de Mahomet, et l'un des six personnages désignés par Omar pour choisir son successeur; ce fut lui-même qui fut élu (644). Les armées s'emparèrent de Hamadan, achevèrent la conquête de la Perse et prirent les principales villes de l'Afrique orientale. Othman étouffa, non sans difficulté, une insurrection excitée par sa partialité pour sa famille et ses favoris, et parce qu'il avait perdu l'anneau d'argent qui servait de sceau à Mahomet, et que les musulmans considéraient comme le palladium de leur empire. Ayesha, la veuve du prophète, corrompit le secrétaire d'Othman pour qu'il fît en sorte qu'une ordre au gouverneur de l'Egypte lui commandant de mettre à mort Mohammed, fils d'Aboubèkre, tombât entre les mains de l'intéressé. Aussitôt Mohammed marcha sur Médine, investit le palais et fit tuer Othman, qui était âgé de 82 ans, ou, suivant quelques-uns, de 90 ou 95. Il fut le premier calife qui fît faire une copie authentique du Coran.

OTHON (Marcus Salvius) (lat. *Otho*), empereur romain, né en 32, mort en avril 69. Sa famille faisait remonter son origine aux rois d'Etrurie. Pendant les premières années du règne de Néron, Othon fut son intime compagnon de débauches; mais il fut réellement banni pour dix ans en étant envoyé comme gouverneur en Lusitanie. Il fit ensuite une opposition active à Néron et contribua à mettre Galba sur le trône (68). Il s'attendait à être désigné comme le successeur de Galba, mais celui-ci adopta Piso Licinianus. Othon alors conspira et travailla les gardes prétoriens qui le proclamèrent empereur et mirent Galba à mort. Les légions de Germanie avaient déjà proclamé Vitellius. Othon marcha contre lui; mais, après quelques succès, son armée fut battue entre Mantoue et Crémone, et il se donna la mort, après un règne de 95 jours seulement.

OTHON (Saint), apôtre de la Poméranie, mort en 1139. Fête le 2 juillet.

OTHON Ier, le Grand, empereur d'Allemagne, né en 912, mort le 7 mai 973. Il succéda à son père, Henri l'Oiseleur, et fut couronné à Aix-la-Chapelle en 936. Il soumit Boleslas, duc de Bohème, et les ducs de Bavière et de Franconie, rendit les tribus slaves tributaires jusqu'à l'Oder, obligea les Danois à reconnaître son autorité, et, par sa diplomatie, acquit tout ce que la France occupait encore de la Lorraine. Appelé par Adélaïde de Bourgogne, veuve de Lothaire d'Italie, dont le trône avait été usurpé par Bérenger II, il franchit les Alpes en 951, battit Bérenger, prit Pavie, fut couronné roi de Lombardie, épousa Adélaïde, et revint en Allemagne. Il eut alors à faire face à une révolte, à la tête de laquelle était son fils Ludolph, et qui ne fut pas apaisée avant 954. Les Hongrois assiégèrent Augsbourg, et furent taillés en pièces sur le Lechfeld, près de cette ville (10 août). Bérenger s'étant révolté, Othon repassa les Alpes, fut couronné roi d'Italie par l'archevêque de Mayence, et le 2 fév. 962, empereur d'Occident par le pape Jean XII. Mais le pape ayant voulu reprendre son indépendance, Othon le fit déposer et élire Léon VIII à sa place. Les Romains chassèrent Léon et rappelèrent Jean; Othon assiégea Rome, la prit et réinstalla Léon. Il battit ensuite les Grecs dans la basse Italie.

OTHON II, le Roux, empereur d'Allemagne, fils du précédent, né en 955, mort le 7 déc. 983. Il fut couronné roi de Rome du vivant de son père (961) qui lui fit épouser Théophania, fille de l'empereur grec Romanus II. En 977, il battit son cousin Henri, duc de Ba-

vière, dans une guerre civile, et donna ce pays à son neveu Othon, duc de Souabe. Les Français ayant envahi la Lorraine en 978 et pris Aix-la-Chapelle, Othon les repoussa, traversa le Champagne, et marcha sur Paris dont il brûla un faubourg. En 980, il marcha sur l'Italie méridionale, et prit Naples, Salerne et Tarente; mais il fut battu à Basantello en Calabre par les Grecs, et mourut à Rome.

OTHON III, empereur d'Allemagne, fils du précédent, né en 980, mort le 23 janvier 1002. Pendant son règne, l'Allemagne, gouvernée surtout par sa mère, sa grand'mère, sa tante et l'archevêque de Mayence, fut le théâtre de désordres et de guerres sans fin. En 996, Othon alla en Italie, réprima l'insurrection de Crescentius, mit un de ses parents, Bruno, sur le trône papal sous le nom de Grégoire V, et le 21 mai, fut couronné empereur par celui-ci. Après son départ, Crescentius chassa Grégoire. Othon revint en 998, et mit Crescentius à mort. Il revint en Italie en 1001, et y mourut, empoisonné suivant quelques-uns. Avec Othon s'éteignit la branche masculine de la ligne saxonne.

OTHON IV, empereur d'Allemagne, né en 1174, mort le 19 mai 1218. Il était fils de Henri le Lion, duc de Saxe et de Bavière, et de Mathilde, sœur de Richard Cœur de Lion. En 1197, l'empereur Henri VI mourut, et laissa sa couronne à son fils Frédéric II, encore en bas âge. Othon, soutenu par les guelfes, réclama le trône impérial, mais il rencontra pour adversaire Philippe de Souabe, qui avait l'appui des gibelins. Après huit années de guerre, Othon s'enfuit en Angleterre, et Philippe occupa le trône jusqu'en 1208, année dans laquelle il fut assassiné. Othon fut alors reconnu empereur, et couronné à Rome en 1209. Il fut ensuite excommunié par le pape, et l'héritier légitime, Frédéric, alors roi de Naples et de Sicile, fut élu à sa place. Une seconde guerre civile commença ensuite, dans laquelle la France et le Danemark se joignirent à ses ennemis. Othon fut défait par Philippe-Auguste à la bataille de Bouvines en 1214, et finalement, se retira dans ses états héréditaires de Brunswick.

OTHON Ier (Otto-Friedrich-Ludwig), roi de Grèce, second fils de Louis Ier de Bavière, né en 1815, mort en 1867. De l'aveu de l'Angleterre, de la France et de la Russie, il accepta le trône grec en 1832; il arriva en Grèce en février 1833, et reprit les rênes du gouvernement en juin 1835. En 1836, il épousa la princesse Amalie d'Oldenburg. La même année, les Grecs se révoltèrent contre le cabinet bavarois. En 1837, il renvoya quelques-uns des étrangers les plus gênants, et substitua la langue grecque à l'allemand dans les documents officiels; mais, comme le gouvernement continuait d'ailleurs à être despotique, le peuple entoura son palais en septembre 1843, et il fut à la fin obligé d'adopter des institutions constitutionnelles et de renvoyer les ministres bavarois. Cependant il essaya de reprendre les concessions faites, et souleva ainsi des résistances continuelles. A la fin de la guerre de Crimée, l'hostilité populaire éclata. Après plusieurs insurrections sans résultat, un gouvernement populaire fut formé et le trône déclaré vacant. Othon quitta la Grèce, le 27 oct. 1872, et retourna en Bavière. Sa veuve mourut en 1865.

OTIDÉ, ÉE adj. (préf. *oti*; gr. *idea*, forme). Dont la forme rappelle celle d'une oreille.

OTIEUX, EUSE adj. [o-si-eû] (lat. *otiosus*). Oisif. (Vieux.)

OTIQUE adj. (gr. *ous*, *ôtos*, oreille). Qui appartient à l'oreille.

OTITE s. f. (gr. *ous*, *ôtos*, oreille). Pathol. Inflammation de l'oreille. Cette inflammation occupe le conduit auditif externe; il y a sou-

vent rouger érythémateuse et sécrétion muco-purulente. On fait d'abord des injections calmantes et ensuite des injections astringentes (4 gr. de tannin pour 50 gr. d'eau). Si l'écoulement est fétide ou s'il y a des vers parasitaires (comme chez les enfants), on lave le Missouri, les Français la connurent vers 1673 sous le nom d'Olontanta; ils s'appellent eux-mêmes Watoohtahtah. Ils appartiennent à la famille Dakota. Ils sont, depuis des années, unis aux Missouris, dont ils faisaient partie à l'origine. En 1876, les deux tribus comptaient environ 450 membres, et vivaient dans l'état de Nebraska.

le conduit avec de l'eau phéniquée et on y tient une boulette de coton imbibée de deux gouttes de pétrole. Si l'écoulement tient à une constitution scrofuleuse ou dartreuse, il faut traiter la cause première de l'affection. Quand l'otite occupe l'oreille interne, elle produit une douleur profonde, continue, pulsative, de l'agitation et de la fièvre. Il survient alors souvent un écoulement de pus qui produit un soulagement marqué. Il faut, dans ce cas, arrêter l'inflammation pour éviter des complications : mettre 8 ou 10 sangsues derrière l'oreille; bains de pied; dérivatifs intestinaux.

OTIUM CUM DIGNITATE : *Repos avec dignité*, paroles de Cicéron à la louange des hommes riches qui se consacrent aux lettres, dont le culte permet de *nobles loisirs*.

OTOCONIE s. f. (gr. *ous*, *ôtos*, oreille; *kônia*, poussière). Pathol. Concrétion pulvérulente qui se produit dans l'oreille interne.

OTOES ou **Ottoes**, [o-toz], tribu indienne du Missouri; les Français la connurent vers 1673 sous le nom d'Olontanta; ils s'appellent eux-mêmes Watoohtahtah. Ils appartiennent à la famille Dakota. Ils sont, depuis des années, unis aux Missouris, dont ils faisaient partie à l'origine. En 1876, les deux tribus comptaient environ 450 membres, et vivaient dans l'état de Nebraska.

OTOGRAPHIE s. f. (gr. *ous*, *ôtos*, oreille; *graphein*, écrire). Description, traité de l'oreille.

OTOIATRIE s. f. (gr. *ous*, *ôtos*, oreille; *iatre5*, je guéris). Partie de la médecine qui se rapporte aux maladies de l'oreille.

OTOLITHE s. f. (gr. *ous*, *ôtos*, oreille, *lithos*, pierre). Poudre qui se trouve dans le vestibule de l'oreille. (Voy. OREILLE.) — Icht. Genre d'acanthoptérygiens sciénoïdes, comprenant une quinzaine d'espèces de poissons à corps allongé, qui habitent les

Otolithe commune (Otolithus regalis).

mers de l'Amérique et des Indes. L'espèce commune (*otolithus regalis*, Cuv.) mesure de 35 à 60 centim. de long; elle est d'un bleu brunâtre en dessus avec des taches irrégulières plus foncées; les côtés argentés; l'abdomen blanc et la partie inférieure orangée.

OTOMIS, ou **Othomis** [o-to-miss'], tribu indienne la plus répandue dans le Mexique, après les Aztèques. Ils occupaient autrefois la vallée du Mexique avant l'invasion des Tollecs qui les refoulèrent dans les montagnes. Lors de la chute des Tollecs, ils furent vaincus par les Aztèques. Les Otomis se soumirent aux Espagnols. C'est une population grossière, très nombreuse dans les états de Querétaro et de Guanajuato. Ils ont un langage particulier, rude et pauvre, plein de monosyllabes, avec cinq intonations distinctes.

OTOMYS s. m. (gr. *ous*, oreille; *mus*, rat). Mamm. Genre de mammifères rongeurs, voisin des rats et des campagnols.

OTOPLASTIE s. f. (gr. *ous*, *ôtos*, oreille; *plassein*, façonner). Chir. Restitution de l'oreille externe aux dépens des tissus voisins.

OTOSCOPE s. m. (gr. *ous*, oreille; *skopein*, examiner). Chir. Instrument au moyen duquel on examine l'appareil auditif.

OTOTOMIE s. f. (gr. *ous*, oreille; *tomé*, section). Anat. Dissection de l'oreille.

OTRANTE (anc. *Hydruntum*), port de mer d'Italie, sur le détroit du même nom, qui fait communiquer l'Adriatique et la mer Ionienne, à 40 kil. S.-E. de Lecce; 2,000 hab. environ. Elle fut prise par les Turcs en 1480, et ne s'est jamais relevée du coup porté alors à sa prospérité. — Terre d'Otrante. (Voy. LECCE.) — Duc d'Otrante. (Voy. FOUCHÉ.)

OTTAVA adv. (ital. *ottava*, octave). Mus. A l'octave, en dessus ou en dessous, suivant que ce mot est écrit au-dessus ou au-dessous de la portée. On écrit quelquefois *all'ottava* ou 8ª. — CON OTTAVA, AVEC l'octave au-dessus. — CON OTTAVA AD LIBITUM, comme le passage est noté ou avec l'octave au-dessus, suivant la volonté de l'exécutant.

OTTAWA [ott'-ta-oua], ville de l'Illinois (Etats-Unis), sur l'Illinois, immédiatement au-dessous de l'embouchure du Fox, et sur le canal d'Illinois et Michigan, à 130 kil. S.-O. du Chicago; 15,000 hab. Manufactures importantes d'amidon et de verre; grand commerce.

OTTAWA, ville de l'Ontario et capitale du Canada, sur l'Ottawa, à l'embouchure du Rideau, à 140 kil. au-dessus du Saint-Laurent et à 350 kil. E.-N.-E. de Toronto, par 45° 20' lat. N. et 78° 2' long. O.; 28,000 hab. Le canal Rideau, qui la fait communiquer avec Kingston, la divise en haute et basse ville. Le paysage des environs est pittoresque et majestueux. A l'extrémité occidentale de la ville se trouvent les chutes de la Chaudière dans l'Ottawa (40 pieds de haut), et à l'extrémité N.-E., deux autres chutes, dans le Rideau (même hauteur). Rues larges et régulières. Les bâtiments

Ottawa. — Chambre du parlement.

du gouvernement forment les trois côtés d'un quadrilatère sur une éminence de 150 pieds au-dessus de l'Ottawa. Le côté méridional est consacré au parlement. Les bâtiments ministériels sont au N. de ce dernier, avec leur façade vers le square. Ottawa communique par des chemins de fer avec les principaux points de la province. C'est l'entrepôt du commerce des bois de construction de l'Ottawa et de ses tributaires. Minoteries, scieries mécaniques, ateliers de fonte de fer, fabrication de machines pour l'industrie et l'agriculture, etc. La ville contient une école normale pour la province, de bonnes écoles publiques, un collège catholique et un séminaire. — Ottawa fut fondé en 1827 par le

colonel By, officier anglais; et elle s'appela d'abord Bytown. Elle fut classée comme cité sur son nom actuel en 1854, et peu après choisie pour siège du gouvernement canadien.

OTTAWA, ou Grand, rivière du Canada, qui prend sa source dans la partie N.-O. de la province de Quebec. Elle coule, d'un cours tortueux, d'abord au N.-O., puis à l'O., en traversant de grands lacs, pendant environ 480 kil., jusqu'au lac Temiscamingue, et de là au S.-E. pendant environ 650 kil., séparant Quebec de l'Ontario, pour s'unir au Saint-Laurent à la pointe supérieure de l'île de Montreal. Les derniers 39 kil. de la rivière ont une largeur de 2 à 10 kil. et prennent le nom de lac des Deux Montagnes. 10 kil. au-dessus d'Ottawa commencent les rapides qui se terminent par les célèbres chutes de la Chaudière. La rivière est navigable au-dessous d'Ottawa et pendant plus de 200 kil. au-dessus; on évite par des canaux les rapides et les chutes. Avec ses tributaires, le Montreal, la Madawaska, le Gatineau, etc., elle occupe un bassin estimé à 200,000 kil. carr.

OTTAWAS, tribu d'Indiens d'Amérique de la famille algonquine; les premiers explorateurs français les rencontrèrent dans les îles Manitoulin et sur le rivage N.-O. de la presqu'île du Michigan. Ils prirent part à la dernière guerre des Français pour la possession du Canada, et, à la fin, Pontiac, chef des Ottawas de Détroit, organisa une vaste conspiration indienne pour la destruction des Anglais. (Voy. PONTIAC.) Pendant la révolution, ils subirent l'influence anglaise. Ils adhérèrent aux traités faits par plusieurs tribus en 1785 et 1789, mais prirent les armes peu après, avec les Miamis, et ne firent définitivement la paix qu'en 1795. La plupart des Ottawas sont aujourd'hui dans le Michigan, sur les lacs Michigan et Supérieur, alternant avec les Ojibways, et formant avec cette

nation un groupe total de 7,000 individus environ. Sur le territoire indien du N.-E., ils sont environ 140. Dans le Canada, il y a probablement 1,000 Ottawas, dans les îles Walpole, Christian et Manitoulin, mêlés avec d'autres Indiens. Tous se suffisent à eux-mêmes et ont des missions catholiques et protestantes.

OTTERBEIN (Philip-William) [ott'-teur-baïnn], fondateur de l'Eglise des frères-unis dans le Christ (*United Brethren in Christ*), né en Allemagne en 4726, mort à Baltimore (Maryland), en 1813. Il reçut les ordres dans l'Eglise réformée en 1749, et en 1752, il fut envoyé en Amérique comme missionnaire. Il s'établit d'abord à Lancaster (Pennsylvanie),

et en 1774, fonda à Baltimore une congrégation indépendante, à laquelle il présida pendant près de 40 ans. A Lancastre, il fut amené à tenir des lieux de prières publiques, des classes publiques et des assemblées en plein air dans les bois. Il s'associa d'autres prédicateurs, et, au moment de sa mort, il dirigeait 100 prédicateurs et 20,000 fidèles environ.

OTTETTE s. m. [ott-tè-te] (ital. *otto*, huit). Mus. Morceau pour huit voix ou huit instruments.

OTTO (Friedrich-Julius), chimiste allemand, né en Saxe en 1809, mort en 1870. En 1866, il devint directeur de l'institut polytechnique de Brunswick. Il a traduit en allemand les *Elements of Chemistry* de Graham (1840-'43), dont il a fait, dans les dernières éditions, un ouvrage original. Parmi ses autres ouvrages se trouvent : *Lehrbuch der rationellen Praxis der landwirthschaftlichen Gewerbe* (6ᵉ éd. 1865-'67); *Lehrbuch der Essigfabrikation* (2ᵉ éd. 1857); et *Anleitung zur Ausmittelung der Gifte* (4ᵉ éd., augmentée par Robert Otto, 1870).

OTTOCAR Iᵉʳ, duc de Bohême (1192); nommé roi par Philippe de Souabe.

OTTOCAR II, roi de Bohême, né vers 1230, mort le 26 août 1278. Dans sa jeunesse, il se mit à la tête d'une insurrection des nobles contre son père, Winceslas I, et fut emprisonné. Il acquit l'Autriche et la Styrie en épousant Marguerite, veuve du duc d'Autriche. Il succéda à son père en 1253; en 1254, il fit une croisade heureuse contre les Prussiens païens, et en 1260, il remporta une victoire sur les Hongrois. En 1269, la Carinthie et la Carniole tombèrent en son pouvoir. Candidat à la couronne impériale en 1273, il fut battu par Rodolphe de Hapsbourg. Ottocar refusa d'admettre son échec; mais Rodolphe envahit ses états et lui arracha la renonciation à ses droits sur l'Autriche, la Styrie, la Carinthie, la Carniole et le territoire des Wendes (1276). Peu après, il viola le traité, et fut défait et tué dans une bataille sur le Marchfeld.

OTTOMAN, ANE adj. (rad. *Otsman*, n. pr.). Se dit des Turcs et de tout ce qui les concerne. (Voy. TURQUIE.)

*OTTOMANE** s. f. Sorte de grand siège sans dossier, où plusieurs personnes peuvent être assises à la fois.

OTTUMWA [ott-teumm-oua], ville de l'Iowa (Etats-Unis), sur la rivière Des Moines, à 130 kil. S.-E. de Des Moines par chemin de fer; 7,000 hab. Commerce considérable; importants ateliers de carrosserie, d'ébénisterie, de machines agricoles et fabriques de lainages.

OTWAY (Thomas) [ott'-oué], poète anglais, né en 4651, mort en 1685. Sa première pièce, la tragédie d'*Alcibiade*, parut en 1675. *Don Carlos*, qui parut en 1676, eut beaucoup de succès. En 1677, sa tragédie de *Titus and Berenice*, traduite de Racine, et la farce *The Cheats of Scapin*, traduite de Molière, furent données au théâtre; la même année il fit représenter une comédie, *Friendship in Fashion*, remarquable par l'absence d'esprit et de décence. En 1677, Otway reçut une commission de cornette dans un régiment de cavalerie; mais les troupes ayant été bientôt licenciées, il se remit à écrire. En 1680, il donna la tragédie de *Caius Marius* qui eut un grand succès. Son chef-d'œuvre, *Venice preserved* (Venise sauvée), joué pour la première fois en 1682, est encore souvent représenté. Il passa ses derniers jours dans une grande pauvreté, mais la légende qui le montre mourant réellement de faim est aujourd'hui considérée comme controuvée.

*OU. Conj. alternat. (lat. *aut*). J'irai aujourd'hui ou demain; la peur ou la misère ont *fait commettre bien des fautes.* — Autrement, d'une autre façon, en d'autres termes : *la logique, ou la dialectique; Byzance, ou Constantinople.* — Se joint souvent dans les deux sens avec l'adv. BIEN : *il payera, ou bien il ira en prison; Byzance, ou bien Constantinople.*

* **OÙ** adv. de lieu (lat. *ubi*). En quel lieu, en quel endroit : *où allez-vous? où demeurez-vous?* — Où QUE, en quelque lieu que; en quelque endroit que : *où que vous alliez, conformez-vous aux mœurs du pays.* — Fig. A quoi : *où me réduisez-vous?* — Se joint avec la préposition *De*, et sert à marquer le lieu, ou la cause, selon les différentes matières dont il s'agit : *d'où venez-vous? voilà d'où cet usage tire son origine; d'où vient que vous faites cela?* Et, par une ellipse que l'usage autorise : *d'où vient faites-vous cela?* — Se joint aussi à la préposit. *Par*, et signifie, par quel endroit ou par quel moyen, selon les différentes choses dont on parle : *par où avez-vous passé pour aller là?* — S'emploie aussi en place des pronoms relatifs lequel, laquelle, lesquels, lesquelles, précédés des prépositions *Dans, à, vers,* etc. Ne se dit que des choses : *le lieu où je suis; l'état où je me trouve; les affaires où je suis intéressé.*

J'ai honte des horreurs où je me vois contraint.
J. RACINE. *La Thébaïde*, acte IV, sc. III.

* **OUAICHE** s. m. Mar. Sillage d'un vaisseau. (Vieux.) S'employait dans certaines occasions où l'on n'eût pas dit sillage. TIRER UN VAISSEAU EN OUAICHE, le remorquer avec un autre vaisseau. TRAÎNER UN PAVILLON ENNEMI EN OUAICHE, le traîner pendant à fleur d'eau à l'arrière d'un vaisseau.

* **OUAILLE** s. f. [ou-a-ieu; *ll* mll.] (lat. *ovis*, brebis). Brebis. Il est vieux au propre, et ne se dit qu'au figuré en parlant d'un chrétien par rapport à son pasteur, à son supérieur spirituel, à son évêque : *voilà une de vos ouailles.* Ne s'emploie guère qu'au pluriel.

* **OUAIS** [ouè]. Interj. fam. qui marque de la surprise : *ouais! cet homme-là fait bien le fier.*

OUALO, territoire du Sénégal, à l'O. du Cayor, long d'environ 150 kil.; 50,000 hab. Le Oualo a été incorporé aux possessions françaises en 1856; il forme aujourd'hui les cercles de Dagana, de Richard-Tol, de Merinaghen et de Lampsar.

OUANDEROU s. m. Nom vulgaire d'un singe du genre macaque qui habite l'île de Ceylan.

OUAPOA ou **Marchand**, île de l'Océanie (Polynésie), au S. de Nouka-Hiva; longue de 13 kil. Elle fut découverte par le capitaine Marchand.

OUARENSERIS, massif montagneux de l'Algérie, au S. d'Orléansville, entre Tiaret et Boghar.

OUARGLA, ville du Sahara algérien, chef-lieu de l'aghalik du même nom, située par 31°58' de lat. N. et 2°54' de long. E., à environ 770 kil. S.-S.-E. d'Alger, à 300 kil. S.-E. de Laghouat et à 330 kil. S.-S.-O. de Biskra. — Bâtie sur une île au milieu du *chott* (ancien lac formé par un élargissement de l'oued Miyâ), la ville d'Ouargla est entourée d'une belle oasis de 221,035 palmiers. Divisée en deux quartiers séparés par des murailles, elle est défendue par une enceinte en pierres percée de sept portes, précédée d'un fossé rempli d'eau stagnante et fétide. D'après les renseignements recueillis par nous sur place, en 1877, sa population sédentaire se composerait de 1,400 familles, sur lesquelles 1,250 appartenant à la race aborigène des Nègres sahariens, 100 de Berbères Beni-Mzab, 12 de Mehadjeria (Juifs musulmans) et 38 d'Arabes. Les rues, étroites, tortueuses et sales, sont souvent bordées de

ruines; quelques-unes sont en parties couvertes. Les maisons, bâties en moellons bruts recouverts d'un crépissage, sont généralement basses et creusées à l'intérieur, pour plus de fraîcheur. Cependant il se rencontre encore, çà et là, quelques anciennes maisons plus ou moins ruinées dont le style rappelle les plus beaux types d'architecture mauresque. Ce sont les derniers vestiges de la grandeur et de la richesse de l'ancienne Ouargla. Dans le quartier des Beni-Sissinn, au S.-O. de la ville, on remarque la qasba, restaurée en 1871; c'est une grande enceinte carrée, divisée en plusieurs cours, dans laquelle s'élève le « palais » des anciens sultans, maison de style mauresque à un étage, avec cour intérieure décorée de grossières colonnades. A une faible distance se trouve la place du marché, entourée d'arcades irrégulières, et au centre de laquelle existe une plate-forme en maçonnerie, à l'usage des dévots qui aiment à faire leur prière en public. La ville possède 19 mosquées, dont deux très vastes, mais mal bâties, sont surmontées de minarets hauts de 20 mètres, en forme d'obélisques. — Sept mosquées-écoles reçoivent un nombre très variable d'enfants auxquels on se borne à apprendre la prière et la lecture du Coran; ceux, en très petit nombre, qui parviennent à lire et à écrire couramment, sont réputés instruits et prennent le titre de *tholba* (lettrés). — L'industrie est à peu près nulle à Ouargla. Les laines et les dattes du pays, les tissus et différents objets de vannerie fabriqués dans l'Oued-Rirh et les blés importés du Tell, y sont l'objet d'un commerce assez étendu dont le monopole appartient au Beni-Mzab. Un marché à esclaves y existait encore ouvertement en 1877. Nous avons constaté que les individus des deux sexes que l'on y exposait en vente étaient surtout des Nègres du Bambara et des autres contrées arrosées par le Haut Niger; ces infortunés sont achetés à Tombouctou par des marchands d'Aïn Çalahh qui viennent les revendre sur les marchés du Sahara septentrional. — L'oasis d'Ouargla est arrosée par 140 puits artésiens, creusés et entretenus par trois corporations de puisatiers nègres (*rhethassa*) comprenant en tout 24 individus, et par une *foggara* (canal souterrain) qui amène dans les jardins les eaux des collines avoisinantes. Quelques sources naturelles existent aussi aux environs. La profondeur moyenne des puits est de 35 à 40 m., la température de leurs eaux de 24° 5' à 26 degrés et leur débit moyen de 600 litres seulement à la minute, les Nègres ne pouvant, au moyen de leur faible outillage, dépasser la première nappe jaillissante. La principale culture de l'oasis est celle des palmiers; les dattes qu'ils produisent sont, après celles du Souf, les plus estimées du Sahara septentrional. On y cultive aussi des abricotiers, des figuiers, de la vigne, des pastèques, des citrouilles, des navets, des oignons, de la luzerne, du béchena, de l'orge, etc. Le coton, cultivé surtout à Ngoussa, donne un produit d'une beauté et d'une richesse tout à fait supérieures. Le sol, du reste, pourvu qu'il soit humecté, est d'une fertilité prodigieuse. — Le climat d'Ouargla, tempéré en hiver, est très chaud en été; les écarts de température y sont considérables. Il arrive qu'au mois de janvier le thermomètre qui, dans le jour, marque parfois + 35° C. à l'ombre, descend, la nuit, jusqu'à 4° et 5° au dessous de zéro. En 1852, il est, au dire des habitants, tombé de la neige dans le pays. Ayant dû passer dans la ville même d'Ouargla, l'été de 1877, nous y avons fait les observations météorologiques suivantes : Le 19 mai, le thermomètre marqua + 44° C. à l'ombre et descendit, la nuit, à + 26°; le 29 juin, nous observâmes + 49° à l'ombre avec un minimum nocturne de + 31°.

Dans le courant de juillet, où la température atteignit son maximum, le thermomètre marqua 19 fois + 50° C. et au-dessus à l'ombre; la plus chaude journée fut celle du 23, où il y eut, le jour + 55° 1, et la nuit + 29° 2. Dans le mois d'août, le thermomètre ne s'éleva que 6 fois au-dessus de + 50° à l'ombre; le maximum diurne, qui eut lieu le 10, fut de + 53°; mais le minimum ne descendit pas au-dessous de + 44°; les nuits, cependant, devinrent plus fraîches; le minimum nocturne descendit trois fois à + 20°. Dans les premiers jours de septembre, le thermomètre se maintint encore, le jour, entre + 47° et + 50°; mais il descendit entre + 28° et 30° dans les derniers jours du mois, le minimum nocturne s'abaissant lui-même jusqu'à + 48°. Enfin, en octobre, nous n'observâmes qu'une journée à + 30°, la plus basse fut de + 26°, et le minimum nocturne varia entre + 14° et + 19°. Cependant il arrive qu'en hiver les vents du sud font encore monter la température jusqu'à + 35° et + 40° C. à l'ombre. — La stagnation des eaux dans les fossés des remparts et dans les bas-fonds de l'oasis, la fermentation des troncs de palmiers employés au coffrage des puits, la malpropreté des rues et des habitants sont autant de causes qui font de la ville et de l'oasis d'Ouargla un séjour des plus insalubres en été pour les individus de race blanche. Le *tehem* (fièvre paludéenne pernicieuse) y éclate dès la fin d'avril pour ne disparaître entièrement que dans les derniers jours du mois d'août. Pendant cette période de *malaria*, les Arabes nomades vont dans le désert rejoindre leurs troupeaux, les négociants berbères s'en retournent dans leurs pays, et les Arabes sédentaires vont, ils sont un habiter le qçar de Rouissat, les autres camper sur les hauteurs avoisinantes. Il ne reste dans la ville que les Nègres aborigènes réfractaires à la maladie. — L'aghalik dont Ouargla est le chef-lieu comprend, outre la ville de ce nom : 1° le qçar de Ngoussa, habité exclusivement par des Nègres sahariens agriculteurs qui surent garder leur indépendance jusqu'à la conquête française, et dont le cheikh actuel descend des anciens rois. Bien déchu de nos jours, le qçar de Ngoussa ne compte plus que 4,200 hab., cultivant 47,216 palmiers; 2° le qçar de Rouissat, situé sur un mamelon qui domine le chotth et renommé pour sa salubrité. Il ne compte plus que 40 maisons, habitées par des Arabes sédentaires; 18,435 palmiers en dépendent; 3° la zaoula de Sidi Khouil, habitée par 10 familles de marabouts arabes et entourée de 4,763 palmiers; 4° Chotth, aussi appelé Aïn Ameur, qçar habité par 109 familles nègres, cultivant 20,702 palmiers; 5° Adjadja, 90 familles nègres, 16,329 palmiers. — Outre sa population sédentaire et agricole, l'aghalik d'Ouargla est le centre de ralliement et de ravitaillement de plusieurs tribus d'Arabes nomades formant ensemble une population d'environ 12,000 âmes. Ces Arabes possèdent, outre leurs troupeaux, 82,657 palmiers dans les oasis; ils s'occupent, dans leurs déserts, de l'élevage des chameaux, et sont les convoyeurs des marchandises entre le Tell et celle partie du Sahara. Leurs tribus sont : 1° les Châamba Bou Rouba, surnommés *Hab-er-Rchh*, c'est-à-dire *Souffe-de-Vent*, à cause de leurs habitudes vagabondes; leurs champs de pâturage s'étendent vers l'E. et le S.-E.; 2° les Beni Çour, qui conduisent également leurs troupeaux vers le S.-E.; 3° les Mokhadma, qui errent dans les steppes du S.-O.; 4° enfin les Saïd Olhba et les Fatnassa réunis, qui remontent dans le Tell jusqu'au pays de Tiaret. — Le pays d'Ouargla (partie méridionale de l'ancien pays de Rirha) fut d'abord habité par des peuples préhistoriques qui ont laissé de nombreuses traces de leur passage : grottes creusées dans les flancs des plateaux qui bordent la vallée, ateliers de silex taillés, etc. Dans ces temps reculés où l'oued Miya coulait à ciel ouvert, le chotth d'Ouargla était rempli d'eaux profondes; aussi les débris préhistoriques se rencontrent-ils qu'aux alentours du chotth et sur les îles qui s'élevaient dans son lit, particulièrement sur la fameuse gara de Qrima, qui se dresse en amont d'Ouargla, au point où le fleuve commençait à s'élargir pour former le lac. Le pays fut ensuite colonisé par des tribus venues d'Egypte dont les Nègres sahariens paraissent être les descendants; puis, plus tard, envahi par les Berbères dont les principales migrations durent avoir lieu au temps de la conquête romaine. Deux tribus principales s'y fixèrent : les Beni Ouargla et les Beni Ceddrata. Les premiers seraient issus, si l'on en croit Ibn Khaldoun, de Ouargla, fils de Férini, fils de Djana, ancêtre de la grande tribu des Zenata ; les autres seraient une branche des Beni Badin ibn Mohhammed, de la même descendance. Quelle que soit leur origine, ces tribus vivaient côte à côte et, sous leur domination, le pays d'Ouargla devint riche et prospère ; les nombreuses ruines, les débris de canaux et les restes de cultures anciennes que l'on rencontre aux alentours du chotth et dans les environs, en témoignent suffisamment. L'invasion des Arabes nomades, les incursions d'Ibn Ghania et de ses partisans (1204-1233) et les luttes acharnées qui s'en suivirent, portèrent une première atteinte à cette prospérité et le pays commença à se couvrir de ruines. Cependant, grâce à sa situation avantageuse entre le Tell, le Touât et le Hoggar, dans une vallée riche en eaux, route préférée des caravanes qui se rendaient au Soudan, Ouargla, grand entrepôt de commerce, était, à cette époque, une cité florissante. Bou-Zékéria, le fondateur de la dynastie Hafside, qui la visita vers l'an 1229, en fut émerveillé ; il y bâtit une grande mosquée dont il ne reste, de nos jours, qu'un pan de mur. Après avoir définitivement rompu les liens qui le rattachaient à la dynastie d'Abd-el-Moumen, l'émir plaça les pays de Rirha, dans lequel Ouargla se trouvait comprise, sous l'administration du gouverneur du Zab (1237), et sa prospérité, un instant compromise, reprit un nouvel essor. Mais Abd-Allah el Mostancer, premier successeur de Bou-Zékéria, le chef des nomades Douaouida, Chibl ibn Moussa (1267), la puissante tribu se vengea par la conquête et la dévastation du pays de Rirha, dont les cultures furent détruites et les bourgades transformées en monceaux de ruines. C'est à cette époque, si l'on en croit les traditions locales, qu'eurent lieu les immenses massacres de Berbères à la suite desquels les survivants des Beni Ceddrata, les Beni Mzab, émigrèrent dans les déserts pierreux du N.-O., après s'être héroïquement défendus sur la gara de Qrima. Les ruines de Ceddrata, leur principal centre de population, que nous avons découvertes en 1876 et que nous avons décrites dans notre ouvrage le *Pays de Rirha* (Hachette, éditeur), coiffent deux mamelons, autrefois deux îles, situés dans le chotth, à quelques kilomètres d'Ouargla. — Chaque année, les Beni Mzab vont pleurer sur ces ruines, comme les Juifs sur celles du temple de Jérusalem. Sur ces entrefaites, que devinrent les Beni Ouargla? Un desquartiers de la ville porte bien encore le nom des Beni Ouagguinn, une de leurs familles citée par Ibn Khaldoun ; mais ce quartier n'est plus habité, de nos jours, que par des nègres et quelques familles de Beni Mzab. S'ils ne furent pas entièrement exterminés, les survivants durent, après leur fuite, se fondre dans d'autres peuplades, car le souvenir de leur existence même est à tel point

effacé dans la contrée, que la tradition locale attribue la fondation d'Ouargla à une femme de ce nom qui, après le massacre des Ceddrata par les Arabes, aurait rallié dans cet endroit, jusque-là inhabité, les Nègres dispersés. Quoi qu'il en soit, la ville d'Ouargla, gouvernée par un sultan indépendant, était encore en 1378, grâce à sa situation exceptionnellement avantageuse, « la porte du désert par laquelle passaient les caravanes qui partaient du Zab pour se rendre au Soudan ». Mais, depuis cette époque et par suite des troubles incessants dont le Sahara fut le théâtre, elle ne cessa de décliner; les caravanes marchandes, cherchant des routes plus sûres, s'en éloignèrent de plus en plus. Si Hamza, khalifa des Oulad Sidi Cheikh, s'en empara au nom de la France en 1853. En 1871, le général de Lacroix-Vaubois infligea aux Ouarglis un châtiment exemplaire pour avoir ouvert les portes de leur ville au faux chérif Bou-Choucha ; le quartier qui entoure la qasba fut entièrement détruit. Il a été depuis en partie reconstruit. La prise de possession par la France, qui aurait dû être, pour la Palmyre saharienne, le point de départ d'un nouveau relèvement commercial, eut au contraire pour résultat de n'en éloigner les quelques caravanes du Touât qui venaient encore y trafiquer. D'autre part les chefs indigènes placés à la tête du pays, avec le titre d'agha, indignes favoris, illettrés pour la plupart, et sans autre mission que celle d'y faire une fortune rapide, complétèrent la ruine de cette malheureuse cité en accablant d'impôts arbitraires et vexatoires agriculteurs et nomades, et en provoquant des soulèvements qui, après le châtiment, étaient toujours le prétexte de nouvelles extorsions. Mais le jour où, par l'occupation du Touât et du Hoggar, la France aura assuré la paix et la sécurité dans le Sahara, et que des administrateurs capables et honnêtes auront été placés à la tête de ce pays, Ouargla, comme par enchantement, renaîtra de ses ruines. Naturellement désignée pour être la principale station du futur chemin de fer transsaharien et le point de jonction des lignes descendant des provinces algériennes, elle redeviendra le principal entrepôt commercial du Sahara, et de nouveau « la porte du désert par laquelle devront passer, non plus les caravanes, mais les trains de marchandises qui « partiront du Tell pour se rendre au Soudan ».

              (V. LARGEAU.)

* **OUATE** s. f. [ou-a-te; on ne prononce plus ou-è-te; on aspire la première syllabe de ce mot, quand il est précédé de l'article : *acheter de la ouate*] (anc. franç. *oue*, *oie*). Espèce de coton plus fin et plus soyeux que le coton ordinaire, qui sert à garnir un vêtement, une couverture, etc., entre la doublure et le dessus : *une camisole, une couverture d'ouate, une jupe doublée d'ouate, acheter de la ouate.* Quelques-uns écrivent DE L'OUATE. — OUATE DE SOIE, soie effilée et cardée qu'on emploie aux mêmes usages que la ouate de coton. On dit de même, OUATE DE LAINE, DE CHANVRE, etc.

* **OUATER** v. a. [ou-a-té] Mettre de la ouate entre une étoffe et la doublure : *ouater une robe, un couvre-pied.*

OUATEUX, EUSE adj. Qui tient de la ouate.

OUAZZAN ou **Ouezzan** [-zane], ville du Maroc, dans la province de Féz, sur un affluent de l'oued Sebou, par 7° 52' de long. O. et 34° 52' de lat. N.; en ligne droite, à environ 100 kil. N.-O. de Féz et à 33 kil. E.-S.-E. de Qçar-el-Kebir. — Bâtie dans un site élevé, au pied et sur la pente septentrionale du djebel bou Helleul (la montagne de la Direction), la ville est entourée de verdoyants jardins, de champs bien arrosés et cultivés et d'excel-

lents pâturages. — Ouazzan est surtout célèbre en ce qu'elle possède dans ses murs la zaouïa centrale de l'ordre religieux de Moulay Thayeb. Cet ordre, très répandu au Maroc et dans le Sahara occidental, a pour chef actuel le chérif Abd-es-Selam bèn el Arbi.

              (V. LARGEAU.)

* **OUBLI** s. m. (lat. *oblivio*). Manque de souvenir : *ses écrits sont condamnés à l'oubli.*

> Sur un événement épaississez l'*oubli*,
> Vous n'empêcherez pas qu'il ne soit accompli.
>   F. PONSARD. *Charlotte Corday,* Prologue.

— L'OUBLI DES INJURES, l'action d'oublier les injures, les offenses, de les pardonner, de n'en garder aucun ressentiment : *l'oubli des injures est ordonné par l'Evangile.* — L'OUBLI DE SES DEVOIRS, l'action de manquer à ses devoirs : *il a poussé l'oubli de ses devoirs jusqu'à injurier son maître.* — L'OUBLI DE SOI-MÊME, l'abnégation de ses droits, de ses intérêts, de ses affections : *il a poussé l'oubli de soi-même jusqu'à s'immoler pour sa famille.* — LE FLEUVE D'OUBLI, le fleuve qui, suivant les anciens, coulait dans les enfers, et dont les eaux, disaient-ils, faisaient perdre la mémoire à ceux qui en buvaient. On l'appelle autrement LE LÉTHÉ.

OUBLIABLE adj. Qui peut être oublié.

* **OUBLIANCE** s. f. Oubli, faute de mémoire. (Vieux.)

* **OUBLIE** s. f. (bas lat. *oblata ;* de *oblatus,* offert). Sorte de pâtisserie mince, de figure ronde, et que l'on cuit entre deux fers : *on roule ordinairement les oublies en forme de cornets.*

* **OUBLIÉ, ÉE** part. passé de OUBLIER. — METTRE UNE PERSONNE, UNE CHOSE, AU RANG DES PÉCHÉS OUBLIÉS, n'y plus songer.

* **OUBLIER** v. a. (lat. *oblivisci*). Perdre le souvenir de quelque chose : *je savais tout cela par cœur, je l'ai oublié.* — OUBLIER L'HEURE, laisser passer, par inattention, l'heure où l'on avait quelque chose à faire : *j'avais un rendez-vous, j'ai oublié l'heure.* — OUBLIER A CHANTER, A DANSER, etc., en perdre l'usage, l'habitude. Il vieillit. — IL A OUBLIÉ LA COMMISSION, il a négligé de la faire, et a gardé l'argent. — Laisser quelque chose en quelque endroit, par inadvertance : *il a oublié ses gants, sa canne, sa bourse, sa clef,* etc. — Omettre, manquer à faire mention de quelque chose dans un écrit dans un discours : *vous avez oublié le titre de ce livre dans votre catalogue.* — Négliger : *oublier le soin de sa fortune.* — Manquer à quelque obligation : *oublier le respect, les égards qu'on doit à quelqu'un.* — Ne point conserver de reconnaissance : *je n'oublierai jamais vos bienfaits.* — Ne point garder de ressentiment : *il faut vous réconcilier, et oublier tout ce qui s'est passé.* — Se dit souvent en parlant des personnes, et signifie, négliger quelqu'un, ne pas songer à lui, manquer à lui faire du bien dans une occasion qui se présente : *depuis qu'il a fait fortune, il oublie ses parents, ses amis.* — Se dit aussi par forme de reproche obligeant : *vous ne venez plus nous voir, vous nous oubliez.* — N'OUBLIEZ PAS LES PAUVRES, N'OUBLIEZ L'ŒUVRE, N'OUBLIEZ PAS LES BESOINS DE L'ÉGLISE, etc., espèce de formule qui s'emploie à l'église, quand on quête pour les pauvres, pour l'œuvre, pour les besoins de l'église, etc. Ces manières de parler vieillissent. — S'oublier v. pr. Manquer à ce qu'on doit aux autres ou à soi-même : *serait-il si fort oublié que de vous manquer de respect?* — Devenir vain, orgueilleux, insolent dans la prospérité : *les gens de fortune, les parvenus s'oublient aisément.* — Négliger ses intérêts, ne pas se servir de l'occasion, n'en pas profiter : *il fait le compte des autres; il ne s'oubliera pas*. En ce sens, on dit proverbial., EST BIEN FOU QUI S'OUBLIE.

* **OUBLIETTES** s. f. pl. Cachot où l'on renfermait ceux qui étaient condamnés à une prison perpétuelle; et, suivant une tradition populaire, espèce de fosse couverte d'une fausse trappe, dans laquelle on faisait tomber ceux dont on voulait se défaire secrètement : *il fut mis aux oubliettes*.

* **OUBLIEUR** s. m. Garçon pâtissier qui allait le soir par les rues crier des oublies : *appelez l'oublieur*.

* **OUBLIEUX, EUSE** adj. Sujet à oublier : *les vieillards sont ordinairement oublieux*. (Fam.)

OUCHDA ou **Oudjda**, ville forte du Maroc, près de la frontière algérienne, et près de la rive droite de l'Isly, dans une position formidable, au milieu de montagnes d'un difficile accès, à 25 kil. S.-S.-O. de Tlemcen ; 2,000 hab. C'est à quelques kil. au N. de cette ville, sur la rive gauche de l'Isly, que Bugeaud battit les Marocains en 1844.

OUCHE s. f. (bas lat. *olca*, clos). Agric. Clos voisin de la maison.

OUCHE (L'), *Uticensis pagus*, ancien petit pays de la haute Normandie, aujourd'hui compris dans le dép. de l'Eure et de l'Orne et qui avait pour villes principales Bernay, Laigle, Beaumont-le-Roger et la Ferté-Fresnel.

OUCHE (L'), rivière qui prend sa source à l'étang de Lusigny (Côte-d'Or), passe à Dijon et se jette dans la Saône après un cours de 90 kil.

OUDAAN ou **Oudaen** (JOACHIM), auteur néerlandais, né à Rynsburg (Holl. mérid.), le 7 oct. 1628 et mort à Rotterdam le 26 avril 1692. Il fut l'amit et le secrétaire de Petrus Scriverius. Sa tragédie *Johanna Gray* doit être considérée comme une réponse à la tragédie de Vondel : *Maria Stuart*. Parmi ses ouvrages principaux on cite encore : *Conradijn et Het verworpen Huis van Eli* (La Maison [famille] réprouvée d'Eli). Toutefois sa *Poezy* (3 vol.), sa *Tooneelpoezy* (Poésie dramatique), éditées toutes deux en 1712, ainsi que ses *Okuilgegeven Gedichen* (Poésies inédites)(1724), et sa *Psalmberyming* (Traduction en vers des Psaumes (1684), lui assignent un rang élevé dans la littérature de son pays. Ses écrits sont, pour la plus grande partie, froids et ennuyeux ; son style, surchargé de termes surannés ou inusités, manque de clarté et de souplesse.

OUDE ou **Oudh** (sanscr. *Ayodhya*, invincible). — I. Province de l'Inde britannique, autrefois royaume indigène, entre 25° 34' et 29° 6' lat. N. et 77° 10' et 80° 49' long. E., bornée par les provinces du N.-O. de tous les côtés, excepté le N. et le N.-E. où elle touche au Népaul ; 62,709 kil. carr. ; 11,400,000 hab. Elle est divisée en quatre commissariats : Lucknow, Seetapore, Fyzabad et Rai Bareily. L'Oude est compris, pour la plus grande partie, dans la vaste plaine de l'Indoustan, où la campagne est plate et monotone. Les principaux cours d'eau sont : le Gange, le Goomtee, la Gogra, le Raptee et le Ramganga, tous coulant au S.-E. Le climat est généralement sec et soumis à des variations extrêmes de chaud et de froid, le thermomètre montant quelquefois jusqu'à + 45° et descendant jusqu'à 0°. Les forêts ne se trouvent guère que dans la haute région qui avoisine le Népaul ; elles fournissent une grande quantité de bois de chauffage. Parmi les animaux sauvages du pays sont : l'éléphant, le tigre, le rhinocéros, l'hyène, le chacal, le daim, le sanglier, la loutre, le chat sauvage, etc. Le sol n'a probablement pas de rival comme fertilité dans l'Inde. On y récolte surtout du riz, différentes sortes de grains indigènes, des graines

oléagineuses, des légumineuses, de l'orge, du maïs, du millet, du blé, de l'opium, du coton, de l'indigo, du chanvre et du tabac. La principale industrie indigène est la fabrication d'un gros tissu de coton, qui donne lieu à un commerce actif. Les exportations portent généralement sur les produits agricoles. — L'administration du gouvernement est entre les mains d'un commissaire en chef. La grande masse du peuple se compose d'Indous. L'organisation actuelle, complétée en 1859, reconnaît les droits des deux classes, confirmant à chacune leurs possessions telles qu'elles existaient au temps de l'annexion en 1856. Revenu foncier, 1,340,000 livres sterling ; revenu total, 1,660,000 livres ; dépenses, 627,000 livres. 1,900 établissements d'éducation, y compris le Canning College à Lucknow. Les villes principales sont : Lucknow (capitale), Oude ou Ayodhya, Fyzabad, Rai Bareily et Sultanpore. — L'Oude, sous le nom de Kasala, fut, suppose-t-on, l'un des plus anciens foyers de la civilisation hindoue. Une dynastie, qui s'était rendue indépendante des empereurs mogols, vers 1753, gouverna le pays jusqu'à ce qu'il fût devenu une possession britannique. D'abord le souverain pontife porta le nom de nawaub vizir ; mais, en 1819, il prit le titre de roi. Dans la dernière partie du XVIII° siècle, la compagnie des Indes orientales convint avec le nawaub d'entretenir un corps de troupes sur son territoire, pour les services duquel il devait payer une somme considérable. On lui demandait aussi beaucoup d'argent pour l'entretien des fonctionnaires anglais, de sorte que toutes les sources de richesse de la province étaient épuisées et que le pays fut divisé entre d'avides fermiers des revenus. Le nawaub demanda qu'on retirât les troupes, mais les Anglais refusèrent. A la fin, en 1781, il signa avec le gouverneur général, Warren Hastings, un traité qui le déchargeait de quelques-uns de ses plus onéreux engagements, à condition d'appliquer les trésors des deux begums ou princesses, sa mère et sa grand'mère, à la liquidation de cette dette que la compagnie des Indes orientales, dette qui se monta alors à 1,400,000 livres. Cette spoliation des begums de l'Oude devint plus tard fameuse, grâce aux dénonciations de Burke et de Sheridan. L'état du royaume sous l'administration indigène devint déplorable, et la compagnie des Indes orientales déposa le roi en 1856, et prit en main le gouvernement de l'Oude. La population ne s'est jamais soumise volontairement à ce changement de régime. Aussi, lorsque la révolte des Cipayes éclata en 1857, le soulèvement dans l'Oude devint populaire. La province fut soumise vers la fin de 1858 ; en 1859, toute la population fut désarmée ; l'Oude entra dans une ère de prospérité continue. — II, ville, anciennement capitale de cette province, sur la rive droite de la Gogra, à 120 kil. E. de Lucknow. Elle touche à la ville moderne de Fyzabad, et est aujourd'hui presque déserte. On croit qu'Oude fut la plus ancienne cité de l'Inde, et qu'elle fut fondée en 1366 av. J.-C.

OUDENARDE ou **Audenarde**, ville forte de la Flandre orientale (Belgique), sur l'Escaut, à 23 kil. S.-O. de Gand ; 7,000 hab. Marlborough et le prince Eugène y infligèrent une défaite aux Français, le 11 juillet 1708.

OUDINOT [ou-di-no]. I. (Nicolas-Charles), duc de Reggio, homme de guerre français, né en 1767, mort en 1847. Il se distingua en 1794 à la bataille de Moorlautern, et, en 1796, sur le Danube avec Moreau ; il devint général de division en 1799. Il contribua au succès de Masséna à Zurich, et à la victoire d'Austerlitz ; il reçut le titre de comte et un million de francs pour ses services à Ostrolenka et à Friedland, et ceux de maréchal et duc de Reggio avec un revenu de 100,000 fr., pour

sa bravoure à Essling et à Wagram. En 1812, il fut proclamé le *sauveur de l'armée*, pour avoir habilement protégé le passage de la Bérésina. En 1813, il fut battu par Bernadotte à Grossbeeren, et grièvement blessé à Leipzig. Il se rallia aux Bourbons et leur resta fidèle pendant les Cent-Jours. Louis-Philippe le fit gouverneur des Invalides en 1842. — II. (Nicolas-Charles-Victor), fils du précédent, né en 1791, mort en 1863. Il commanda l'expédition contre la république romaine et entra dans Rome après une lutte acharnée, le 2 juillet 1849. En reprenant son siége dans l'Assemblée législative, en 1851, il protesta contre le *coup d'État* et fut emprisonné pendant quelque temps.

OUDOT (Charles-François), conventionnel, né à Nuits (Bourgogne) en 1755, mort à Paris en 1841. Député de la Côte-d'Or à la Législative, puis à la Convention, il vota la mort du roi sans appel ni sursis. Au conseil des Cinq-Cents et aux Anciens, il resta toujours partisan de la Révolution, s'opposa au coup d'État du 18 brumaire, entra ensuite à la cour de cassation (1800) et fut exilé en 1816 comme régicide. Il habita Bruxelles et ne rentra qu'en 1830. Il a laissé entre autres ouvrages : *Projet d'organisation judiciaire civile présenté au conseil des Cinq-Cents* (Paris, an V, in-8°) ; *Théorie du jury* (Paris, 1843, in-8°), etc.

OUED s. m. (litt. *Ouadi*, pl. vulg. *Oudian*). Nom arabe généralement adopté par les voyageurs et les géographes pour désigner un fleuve, une rivière, un torrent ou une vallée située en pays arabe.

OUED (El-), ville principale du Souf, dans le Sahara algérien. Située par environ 6° 32' de long. E. et 33° 22' de lat. N., à 490 kil. S.-E. de Biskra et à 105 kil. E.-N.-E. de Touggourt ; environ 7,000 hab. Son nom signifie *la Vallée*. — Les rues sont larges, mais tortueuses ; les maisons, généralement petites, sont construites en moellons bruts de calcaire liés avec du plâtre non cuit ; leur élévation moyenne est de 2 m. au-dessus du sol, mais toutes sont creusées à l'intérieur. Le toit est formé de petits dômes en maçonnerie supportés par des poutres transversales en troncs de palmiers. Comme il ne pleut presque jamais dans le pays, ces maisons servent plutôt de magasins que d'habitations ; presque toutes sont précédées ou entourées d'une cour enceinte de palmes sèches et dans laquelle campe la famille. On y remarque la qasba, vaste enceinte crénelée, construite par le calif Ali Bey, en 1868, et une mosquée dont le minaret, en forme d'obélisque, s'aperçoit de fort loin. (Voy. SOUF.)   V. L.

OUEN (Saint), *Audoenus*, né près de Soissons en 609, mort en 686. Appelé à la cour de Clotaire II, il s'y lia avec saint Éloi et fut élu évêque de Rouen en 640. Fête le 24 août.

OUEN (Saint-), ville de l'arr. et à 2 kil. de Saint-Denis (Seine), près de la Seine ; 40,000 hab. Port important. Château reconstruit avec magnificence de 1817 à 1823. — DÉCLARATION DE SAINT-OUEN, déclaration par laquelle Louis XVIII, rentré en France en 1814, posa les bases de la forme du gouvernement qu'il voulait accorder à la France.

OUESSANT, angl. *Ushant*, la principale des sept îles du Finistère (France), à 18 kil. du continent et à 60 kil. O.-N.-O. de Brest ; long de 8 kil., large de 5 kil. ; 2,500 hab., presque tous pêcheurs. L'île d'Ouessant est la terre la plus occidentale du territoire français, dont elle est séparée par le passage du Fromveur. Elle se compose d'un plateau cultivé de 61 m. d'altitude maximum, et de bancs d'écueils et d'îlots. Sa superficie est d'environ 1,500 hectares. Sa côte présente presque partout un front inaccessible de falaises escarpées. Elle est très fertile et abonde en prairies excellentes où l'on élève des chevaux et des moutons. Elle forme un canton de l'arr. de Brest; un château fort la protège; et un phare de 4er ordre, à feu fixe, fait reconnaître la passe de Brest. Elle ne possède qu'un port de pêcheurs et de pilotes et fait le commerce de poissons. A l'époque celtique et longtemps après l'introduction du christianisme dans les Gaules, elle eut un collège de druides. Son nom celtique est Enez Heussa (île de l'Epouvante). — A la hauteur d'Ouessant, les flottes anglaise et française se livrèrent, le 23 juillet 4778, une bataille qui resta indécise. (Voy. D'ORVILLIERS.) C'est encore à la hauteur d'Ouessant que, le 4er juin 1794, la flotte française livra aux Anglais une grande bataille navale destinée à détourner l'attention des ennemis d'un convoi de vivres qui arrivait en France, et pendant laquelle s'illustra le vaisseau le Vengeur.

* **OUEST** s. m. [ouèst] (anc. all. west). Partie de l'horizon qui est au soleil couchant: *cette province a tant de lieues de l'est à l'ouest.* — Partie d'un pays située du côté de l'ouest: *les provinces de l'Ouest.* — LE VENT EST A L'OUEST, IL EST OUEST, il vient du couchant.

* **OUF**, interj. qui annonce une douleur subite, ou l'étouffement, l'oppression.

OUGHROUD s. m. pl. de *ghourd* ou *rhourd*, montagne de sable. (Voy. GHOURD dans le supplément.)

* **OUI**, particule d'affirmation, opposée à Non : *avez-vous fait cela? Oui.* — Fam. IL NE DIT NI OUI NI NON, se dit pour s'expliquer sur la chose dont il s'agit. On dit dans le même sens, IL N'A REPONDU NI OUI NI NON. — S'emploie quelquefois d'une manière simplement affirmative, sans opposition directe à Non; et alors il ne se met guère qu'au commencement d'un discours, d'une phrase: *oui, je veux que tout le monde sache ce que je pense.*

> Oui, je viens dans son temple adorer l'Eternel.
>
> *Esther*, acte 1er, sc. 1re.

> Oui, puisque je retrouve un ami si fidèle,
> Ma fortune va prendre une face nouvelle.

— Il se redouble quelquefois pour marquer davantage l'affirmation : *oui, oui, je le ferai; oui, oui, je m'en souviens.* — S'emploie quelquefois substantiv. et alors il se prononce comme s'il était aspiré: *le oui et le non; se quereller pour un oui ou pour un non.* — JE VEUX SAVOIR LE OUI OU LE NON DE LA PROPOSITION QUE JE VOUS AI FAITE, je veux savoir positivement si vous l'acceptez ou si vous la refusez. — Prov. DIRE LE GRAND OUI, se marier : *c'est demain qu'elle dit le grand oui.* — Marque quelquefois la surprise, et signifie, quoi, cela est vrai? *Il a dit telle chose; oui?* Dans ce sens, on le prononce en l'allongeant, et il est toujours suivi d'un point d'interrogation. — Se joint quelquef. avec les adverbes Certes, vraiment, certainement, sans doute, etc., pour affirmer davantage : *oui certes; oui vraiment; vraiment oui; Eh mais oui.* Ces deux derniers sont familiers.

* **OUÏ, OUÏE** part. passé de OUIR. Entendre. — Jurisp. *Ouï le rapport d'un tel; ouï le procureur en ses conclusions.*

OUÏCHE, interj. Ah! bien oui.

OUÏCOU s. m. Boisson faite de manioc, de patates, de bananes, et de cannes de sucre, dont se servent les sauvages de l'Amérique, et même les Européens quand le vin manque.

* **OUI-DA** adv. d'affirmation. De bon cœur, volontiers, oui.

* **OUÏ-DIRE** s. m. invar. [ou-i-di-re]. Ce qu'on n'a ni vu ni entendu soi-même, et qu'on ne sait que par le rapport d'une autre personne ou par le bruit public : *je n'en sais rien que par ouï-dire; les ouï-dire.*

* **OUÏE** s. f. [ou-î]. Celui des cinq sens par lequel on reçoit les sons. Ne se dit qu'au singulier : *avoir l'ouïe bonne.* (Voy. OREILLE.) — ∾ OUÏE DE LA COGNÉE, distance à laquelle le garde-vente de l'adjudicataire d'une coupe de bois de l'Etat est autorisé par la loi à dresser des procès-verbaux en dehors de la coupe elle-même. Cette distance est fixée, par l'article 34 du Code forestier, à 250 mètres à partir des limites de la coupe.

* **OUÏES** s. f. pl. [ou-î]. Ouvertures que les poissons ont aux côtés de la tête, et qui donnent issue à l'eau qui est entrée dans leur bouche pour la respiration : *prendre une carpe par les ouïes.* — Branchies, ou organes en forme de peignes, qui sont renfermés dans les oules, et qui opèrent la respiration : *ce maquereau est frais, il a les oules toutes vermeilles.* — Luthier. Ouvertures pratiquées dans la table supérieure de certains instruments de musique, tels que le violon, la harpe, etc., et par lesquelles sort le son harmonieux.

OUILLAGE s. m. [ll mll.]. Action d'ouiller, remplissage d'un tonneau : *l'ouillage est nécessaire pour la conservation du vin.*

* **OUILLER** v. a. Remplacer par du vin de même provenance celui qui a diminué dans un tonneau par suite de l'évaporation, de manière qu'il n'y reste pas de vide : *un bon vigneron doit ouiller soigneusement ses tonneaux.* — ∾ S'ouiller v. pr. Boire.

T. DE M***.

> Si vous désirez que je m'ouille
> De ce liquide sans saveur
> Dont on se débarbouille,
> Changez-moi d'abord en grenouille.
>
> T. DE M***.

* **OUÏR** v. a. (lat. *audire*). J'ois, tu ois, il oit; nous oyons, vous oyez, ils oient. J'oyais. J'ouïs. J'oirai. J'oirais. Que j'oie ou que j'oye. Que j'ouïsse. Oyant. Ouï. On ne se sert aujourd'hui presque jamais de ce verbe qu'à l'infinitif, et au temps formés du participe Ouï et du verbe Avoir. Entendre, recevoir les sons par l'oreille : *avez-vous ouï-dire cette nouvelle?*

> La reine, à vous ouïr, n'a des yeux que pour vous.
>
> J. RACINE. *Alexandre*, acte 1er, sc. II.

— OUÏR LA MESSE, assister à la messe. — Donner audience, écouter, prêter attention : *un juge doit ouïr les deux parties.* — Ecouter favorablement, exaucer : *Seigneur, daignez ouïr nos vœux.* Il vieillit dans toutes ces acceptions. — Procéd. OUÏR DES TÉMOINS, recevoir leurs dépositions : *on a fait ouïr tant de témoins.* — Mat. crim. IL EST ASSIGNÉ POUR ÊTRE OUÏ, se disait, d'un prévenu assigné pour répondre en personne devant le juge. — DÉCRET D'ASSIGNÉ POUR ÊTRE OUÏ, ordonnance judiciaire en vertu de laquelle un prévenu était assigné à comparaître en personne.

* **OUISTITI** s. m. (onomatop. du cri de

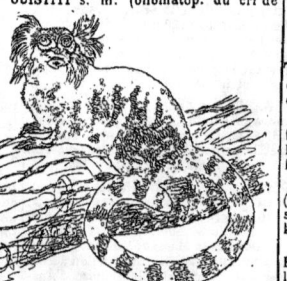

Ouistiti ordinaire (Hapale jacchus).

l'animal). Mamm. Genre de quadrumanes, intermédiaire entre les singes et les makis,

et comprenant une quinzaine d'espèces américaines, à tête ronde, à visage plat, sans abajoues, à fesses velues et non calleuses, à queue non prenante. Les ouistitis sont de petits animaux doux, gracieux et faciles à apprivoiser, dont la taille, l'apparence et l'agilité rappellent assez notre écureuil. L'ouistiti ordinaire (*hapale jacohus*), long d'environ 20 centim. sans compter la queue qui mesure 30 centim., est d'une couleur générale gris foncé; on le trouve dans les bois du Brésil; il s'apprivoise facilement et se reproduit en captivité.

OUISTREHAM. Voy. OYESTREHAM.

OULCHY-LE-CHÂTEAU, ch.-l. de cant., arr. et à 24 kil. S. de Soissons (Aisne); 703 hab. Château ruiné dont l'enceinte renferme l'église, beau monument du XIIe siècle (stalles du XVe siècle, chaire du XVIIe siècle). — Dans une ferme au-dessus du château, monument du XIIIe siècle, attribué aux Templiers.

OURA s. m. (lat. *os*, *oris*, bouche). Conduit pratiqué vers le fond des fours de boulanger pour conduire dans la cheminée les produits de la combustion : *des ouras.*

* **OURAGAN** s. m. (caraïbe *huracan*). Tempête violente, causée par le choc de plusieurs vents qui forment les tourbillons : *ce pays est souvent dévasté par les ouragans.*

OURAL, autrefois *Yaïk*, rivière de Russie, formant une partie de la limite géographique entre l'Europe et l'Asie. Elle naît dans la partie méridionale des monts Ourals, coule principalement au S.-O. à partir d'Orenbourg et ensuite au S. et se jette dans la mer Caspienne par plusieurs embouchures près de Gourief, par environ 47° lat. N.; cours 1,800 kil. Sa navigation est sans importance. Une ligne de forts a été érigée le long de ses rives, contre les Bashkirs et les Kirghiz.

OURALIEN, IENNE s. et adj. De l'Oural; qui concerne le fleuve, les monts ou les habitants de l'Oural.

OURALO-ALTAÏQUE adj. (De *Oural* et de *Altaï*). Se dit de certaines langues asiatiques appelées aussi langues tartares.

OURALS (Monts), chaîne de montagnes qui forme la frontière d'Europe au N.-E. et qui sépare géographiquement la Russie d'Europe de la Sibérie, mais qui est presque entièrement comprise dans les divisions administratives de cette dernière. Elle court presque continuellement du N. au S. sur une étendue de 18° ou 19° de lat. avec une largeur générale d'environ 65 kil. Son élévation moyenne n'est probablement pas de plus de 700 m. Ses points culminants sont : Telposis (1,632 m.), Deneschkin-Kamen (1,620 m.) et Iremel. En général, cette chaîne est couverte de forêts où domine le gigantesque *pinus cembra*. Importantes mines d'or, de platine, de fer et de cuivre; on y trouve aussi des diamants, des émeraudes, du jaspe et autres pierres précieuses. Les principaux districts miniers se trouvent autour de Nizhni-Tagilsk, de Yekaterinbourg, de Berezov, de Zlatoust et de Miyask.

OURAQUE s. m. (gr. *ourachos*). Anat. Partie intermédiaire qui, chez l'embryon, joint l'allantoïde externe ou proprement dite à l'allantoïde interne ou vessie urinaire.

OURCE, rivière qui naît au mont Aigu (Côte-d'Or) et se jette dans la Seine au-dessus de Bar-sur-Seine, après un cours de 85 kil.

OURCQ, rivière qui naît dans la forêt de Bièze (Aisne), baigne la Fère-en-Tardenois, la Ferté-Milon, arrose le département de Seine-et-Marne et se jette dans la Marne au-dessous de Lizy après un cours de 80 kil. dont 11 navigables. — Canal de l'Ourcq, dérivation de cette rivière, qui part de Mareuil et aboutit au bassin de la Villette (Paris). Ce canal, commencé en 1802 et terminé en 1809, mesure 98 kil. de long. Pente totale, 15 m. 50; 40 écluses; tirant d'eau, 1 m. 20. (Voy. CANAL.)

* **OURDI, IE** part. passé de OURDIR. Tramé, machiné. — Prov. et fig. A TOILE OURDIE DIEU ENVOIE LE FIL, la Providence fournit les moyens d'achever l'ouvrage qu'on a commencé.

* **OURDIR** v. a. (bas lat. *ordire*). Préparer ou disposer sur une machine faite exprès les fils de la chaîne d'une étoffe, d'une toile, etc., pour mettre cette chaîne en état d'être montée sur le métier, où l'on doit la tisser, le fil de la trame : *ourdir de la toile.* — OURDIR UNE TRAME, former un complot : *c'est lui qui a ourdi cette trame.* On dit de même, OURDIR UN COMPLOT, OURDIR UNE TRAHISON.

* **OURDISSAGE** s. m. Action de l'ouvrier, de l'ouvrière qui ourdit; façon de l'ouvrage ourdi.

* **OURDISSEUR, EUSE** s. Celui, celle qui ourdit.

* **OURDISSOIR** s. m. Pièce de bois sur laquelle les tisserands, les rubaniers, les fabricants de draps mettent le fil, la soie, la laine, quand ils ourdissent.

OUREBIA s. m. Sixième sous-genre des antilopes, dans la classification de Chenu. Cornes courtes, parallèles, droites ou légèrement courbées en avant, implantées à l'angle postérieur des orbites; quatre mamelles. (Voy. ANTILOPES.)

OURIQUE, ville de l'Alemtéjo (Portugal), à 48 kil. S.-O. de Béja; 3,000 hab. Grande victoire d'Alphonse Ier sur les Maures le 25 juillet 1139.

* **OURLÉ, ÉE** part. passé de OURLER. — OREILLE OURLÉE, oreille où le rebord est en forme d'ourlet.

* **OURLER** v. n. Faire un ourlet à du linge ou à quelque autre étoffe: *ourler des mouchoirs, des serviettes,* etc.

* **OURLET** s. m. (lat. *orula*, dimin. de *ora*, rebord). Repli qu'on assujettit, en le cousant, au bord d'une toile ou d'une étoffe, pour empêcher qu'elle ne s'effile: *ourlet rond, plat, large.* — Se dit, par anal., du rebord de divers objets. — FAUX OURLET, bord formé avec un morceau d'étoffe rajouté.

OURLIAC (Edouard), littérateur, né à Carcassonne le 31 juillet 1813, mort à Paris le 31 juillet 1848. Il débuta à 20 ans par deux romans, l'*Archevêque et la Protestante* (1832) et *Jeanne la Noire* (1833), écrivit dans le *Figaro* et entra à la rédaction de divers journaux. Il a laissé: *Confession de Nazarille* (1840, in-8°), *Physiologie de l'écolier* (1841, in-32), les *Contes du Bocage* (1843, in-12), *Nouvelles diverses* (1844, in-12), le *Prince Coqueluche* (1847, in-8°), etc.

OURO PRETO ou **Villarica**, ville du Brésil, capit. de la province de Minas Geraes, à 269 kil. N.-O. de Rio de Janeiro; 20,000 hab. Elle est irrégulièrement bâtie sur plusieurs collines, près du mont Itacolumi, à 4,000 pieds au-dessus du niveau de la mer. Elle possède un musée, un hôtel des monnaies, un collège de pharmacie et de chirurgie, une bibliothèque publique et un jardin botanique modèle avec une école d'agriculture. Elle fait un trafic considérable avec Rio de Janeiro. Les mines d'or des environs, autrefois riches, ne sont plus guère aujourd'hui d'aucun rapport.

* **OURS** s. m. [our; ou ourss] (lat. *ursus*). Mamm. Genre de carnivores plantigrades, comprenant des quadrupèdes remarquables par leur grosseur, leur forme trapue et la pesanteur de leur allure: *l'ours vit dans les montagnes et dans les forêts.* — OURS BLANC, ours des mers polaires qui diffère de l'ours commun par sa fourrure blanche, par sa forme du corps et par ses habitudes. — Fam. IL EST FAIT COMME UN HENEUR D'OURS, se dit d'un homme qui est mal vêtu, ou dont les habits sont fort en désordre. — C'EST UN OURS, c'est un homme qui fuit la société. — UN OURS MAL LÉCHÉ, un homme difforme et mal fait, ou un homme rustre, brutal, mal élevé. — IL NE FAUT PAS VENDRE LA PEAU DE L'OURS AVANT QU'ON L'AIT PRIS, AVANT QU'ON L'AIT MIS PAR TERRE, il ne faut pas disposer d'une chose avant de la posséder; il ne faut pas se flatter trop tôt d'un succès incertain.

.... Il ne faut jamais
Vendre la peau de l'ours qu'on ne l'ait mis par terre.
LA FONTAINE.

— Argot. Typogr. Surnom des imprimeurs, parce que l'on a comparé leurs mouvements, lorsqu'ils travaillent à la presse à bras, aux mouvement de l'ours qui monte à l'arbre. — ENVOYER A L'OURS, envoyer promener; mot à mot, envoyer voir l'ours du jardin des plantes. — Salle de police: *mettre quelqu'un à l'ours.* — ENCYCL. Les ours ont le corps trapu, les membres épais, la queue courte, le cartilage du nez prolongé et mobile, trois grosses molaires entièrement tuberculeuses à chaque mâchoire, une carnassière et un nombre variable de très petites fausses molaires, ce qui annonce des habitudes presque frugivores. En effet, les ours ne mangent guère de chair que par nécessité; ils lui préfèrent les végétaux succulents, le miel et autres substances non animales. Ceux qui habitent les climats très froids hibernent souvent. Les ours marchent facilement et grimpent avec agilité. Ils ont à chaque pied cinq doigts armés d'ongles forts et crochus; ils se dressent souvent sur leurs membres posté-

Ours blanc ou ours polaire (Ursus maritimus).

rieurs et combattent alors avec leurs pattes de devant. Leur fourrure est grossière; leurs mœurs sont solitaires et farouches. Ces animaux sont distribués sur tout le globe, sauf en Australie qui n'en nourrit aucune espèce. L'espèce européenne la plus remarquable est l'ours blanc ou ours polaire (*ursus maritimus*), le plus gros, le plus puissant et, sauf une exception, le plus féroce de tous; il est invariablement d'une teinte blanc jaunâtre. Il diffère des autres animaux du même genre par une tête allongée et aplatie et par la forme allongée de son cou, de son corps et de ses extrémités. Il habite les contrées glacées de notre hémisphère, où il vit de fruits, de graines et de cadavres. Sa taille varie considérablement. Le capitaine Lyon mentionne un de ces animaux qui mesurait 8 pieds 7 pouces de long et qui pesait 1,500 livres. L'ours brun d'Europe (*ursus arctos*), répandu dans les montagnes boisées de l'Europe continentale (Alpes, Pyrénées, Carpathes, Balkans), se distingue par un front convexe, un pelage brun, laineux chez les jeunes, lisse et assez long chez les adultes, qui atteignent 1 m. 60 de longueur et qui vivent une cinquantaine d'années. C'est un animal solitaire qui vit retiré dans les trous de rochers ou quelquefois sur les arbres. Pendant l'hiver, il se plonge dans un sommeil léthargique. Il rôde ordinairement la nuit et se montre très circonspect, fin et courageux. Il se nourrit habituellement de faînes, de baies sauvages, de graines diverses et de fruits

Ours gris d'Amérique (Ursus horribilis).

acides; le miel est son régal; affamé, il se jette quelquefois sur les troupeaux, mais il ne combat l'homme que pour se défendre. La chair de l'ours est bonne quand elle est grasse. Sa fourrure est grossière. L'ours des Pyrénées est plus petit avec un pelage plus clair. L'ours de Syrie (*ursus Isabellinus*) est intéressant surtout parce que les Ecritures

Ours noir d'Amérique (Ursus Americanus).

juives y font souvent allusion. L'ours de Sibérie porte à tout âge un collier blanc. L'ours noir d'Amérique (*ursus Americanus*), objet d'une chasse active, fournit des jambons que l'on fume et que l'on sale et qui sont renommés. C'est un excellent grimpeur qui se nourrit de miel, de racines, de blé vert, de

Ours cannelle (Ursus occidentalis).

maïs et quelquefois de cochons et de jeune bétail. L'ours orné des Cordillères n'est sans doute qu'une variété du précédent. Mais l'Amérique du Nord nourrit une espèce bien distincte, l'*ours gris* (*ursus horribilis*) qui est à la faune américaine ce que le tigre du Bengale est à celle de l'Indoustan et ce que le lion est à celle de l'Afrique centrale. C'est le plus sauvage des ours et l'animal

Ours d'Asie (Ursus labiatus).

dont la vie est le plus tenace. Il atteint jusqu'à 3 m. de longueur. Sa force et ses appétits sanguinaires en ont fait la terreur des Indiens. L'*ours cannelle* (*ursus occidentalis*) est considéré comme une simple variété de

Ours de Syrie (Ursus Isabellinus).

l'ours noir. L'ours d'Asie, appelé aussi *ours jongleur* ou *ours à grandes lèvres* (*ursus labiatus*), est ordinairement timide et inoffensif, mais il combat courageusement quand il est blessé ou quand il défend ses petits. Il habite les hautes régions montagneuses de l'Inde, se creuse un terrier, se nourrit de miel et de riz et vit en famille.

* OURSE s. f. La femelle de l'ours. — Astron. Nom de deux constellations situées près du pôle arctique : *la Grande Ourse; la Petite Ourse.* — Se prend quelquefois en poésie pour le septentrion, parce que l'étoile polaire se trouve dans la Petite Ourse : *du midi jusqu'à l'Ourse.* — Encycl. La *Grande Ourse*

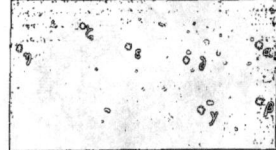

Grande Ourse (Ursa major).

(*ursa major*) est la plus apparente des constellations situées près du pôle arctique ; elle se trouve sous 65° lat. N. et ne passe jamais au-dessous de l'horizon. Les 7 principales étoiles de ce groupe sont distribuées comme le montre notre gravure, mais cette constellation contient un grand nombre d'autres étoiles dont plusieurs ne sont visibles qu'au télescope. La Grande Ourse est extrêmement utile comme guide quand on veut établir la

position des autres constellations ; parce que les deux étoiles les plus brillantes, *Alpha* et *Béta*, sont presque toujours en ligne droite avec la polaire. Les 4 étoiles arrangées en carré forment le train de derrière de la Grande Ourse qui porte aussi le nom de *Chariot*. Les 3 autres étoiles forment le timon ou l'avant du chariot. La Petite Ourse (*ursa minor*) est une constellation située près du pôle N., et qui comprend, elle aussi, 7 étoiles principales arrangées de la même manière que dans la Grande Ourse. La plus brillante, située au bout de la queue, porte le nom d'*étoile polaire* (*polaris*) et ne se trouve qu'à 1° et demi du pôle N. Sa position peut facilement se trouver en tirant une ligne imaginaire qui passe par l'*Alpha* et le *Béta* de la Grande Ourse.

OURSERIE s. f. Disposition prononcée pour la vie solitaire.

OURSIN s. m. Zooph. Genre d'échinodermes à coquille calcaire, hérissée d'épines mobiles. — Encycl. Les oursins ont le corps revêtu d'une croûte calcaire, régulièrement composée de pièces anguleuses, percées d'innombrables petits trous qui livrent passage aux pieds membraneux de l'animal. A la surface du test est implantée une multitude de pointes mobiles qui a valu aux oursins le nom populaire de *châtaignes de mer*. La bouche de ces animaux a 5 dents ; leur intes-

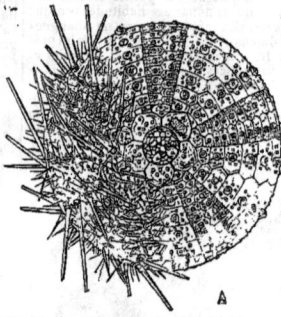

Oursin commun. D'un côté, on a enlevé les épines pour faire voir le test.

tin est très long ; ils se nourrissent surtout de petits coquillages et se meuvent lentement. L'oursin commun (*echinus esculentus*), gros comme une pomme, couvert de piquants violets, est comestible ; on mange au printemps ses ovaires crus. Sa bouche est au milieu de la face inférieure et l'anus à l'opposé de la bouche.

* OURSON s. m. (dimin. de *ours*). Petit de l'ours : *on a pris deux oursons*.

OURTHE ou **Ourte**, all. *Ourt*, rivière de Belgique qui prend sa source dans les Ardennes, baigne la Roche, entre dans la province de Liège et afflue à la Meuse après un cours d'environ 110 kil. De 1801 à 1814, elle donna son nom à un dép. français qui avait Liège pour ch.-l.

* OURVARI s. m. Vén. Voy. Hourvari.

OURVILLE, ch.-l. de cant., arr. à 20 kil. N.-O. d'Yvetot (Seine-Inférieure) ; 900 hab.

OUSELEY [ouzz-li] I. (sir William), orientaliste anglais, né en 1771, mort en 1842. Il étudia à Leyden, publia les *Persian Miscellanies* (1795), et accompagna comme secrétaire particulier son frère, sir Gore Ouseley, ambassadeur en Perse. Ses œuvres comprennent : *Oriental collections* (1797, 3 vol.), et une relation de ses voyages en Perse (1819-'22, 3 vol.).

— (sir William Gore), son fils aîné, né en 1797, mort en 1866. Il fut attaché à la légation anglaise à Washington (1825), et représenta ensuite l'Angleterre dans l'Amérique du Sud. Il a écrit sur ce pays et sur les États-Unis.

OUST, rivière qui prend sa source dans le dép. des Côtes-du-Nord, se confond sur un espace de quelques kil. avec le canal de Nantes à Brest, entre ensuite dans le dép. du Morbihan et afflue à la Vilaine près de Redon, après un cours de 150 kil.

OUST, ch.-l. de cant., arr. et à 14 kil. S.-E. de Saint-Girons (Ariège), sur le Salat ; 800 hab. Forges importantes.

* OUTARDE s. f. (lat. *avis tarda*, oiseau lent).Ornith. Genre d'échassiers pressirostres, comprenant plusieurs espèces d'oiseaux à bec médiocre, à mandibule supérieure légèrement arquée et voûtée, à ailes courtes peu propres au vol, à formes lourdes et massives, à petites palmatures à la base des doigts et à jambes nues. Les outardes se trouvent dans les prairies d'Europe, d'Asie et d'Afrique ; aucune espèce n'a été décrite en Amérique et une seule espèce vit en Australie. La *grande outarde* (*otis tarda*) est le plus gros oiseau d'Europe ; le mâle mesure 1 m. du bout du bec au bout de la queue et pèse 10 kilog. Les plumes de ses oreilles portent, de chaque côté, une espèce de grande moustache. Son plumage est d'un fauve vif sur le dos avec des traits noirs. La femelle pond 2 œufs gros comme ceux d'une dinde, mais plus allongés.

Grande outarde (Otis tarda).

C'est un gibier qui aujourd'hui a presque disparu de nos plaines. D'un naturel farouche, ces oiseaux se laissent difficilement approcher. Ils vivent de grains, de vers, d'herbes, d'insectes et se rencontrent quelquefois par troupes en hiver. Le mâle porte au bas du cou une poche dont l'entrée se trouve sous la langue et peut contenir un demi-litre d'eau. La femelle, plus petite que le mâle et de couleur moins brillante, ne porte point cette poche. La *petite outarde* ou *canepetière* (*otis tetrax*) est grosse comme une poule, brune, piquetée de noir en dessus. Le mâle a le col noir avec deux colliers blancs. La femelle pond jusqu'à 5 œufs d'un beau vert luisant. C'est le meilleur gibier des landes de Bretagne ; et sa chair passe pour être supérieure à celle du dindon. L'*outarde d'Australie* (*otis Australasiana*) est plus grosse et plus haute sur jambes que celle d'Europe. Le mâle pèse 7 ou 8 kilos.

OUTARDEAU s. m. Petit d'une outarde.

OUTARVILLE, ch.-l. decant., arr., et à 20 kil. O. de Pithiviers (Loiret) ; 500 hab.

* OUTIL s. m. [ou-ti]. Tout instrument dont les artisans, les laboureurs, les jardiniers, etc., se servent pour leur travail : *les outils d'un menuisier, d'un charpentier, d'un charron, d'un* *serrurier, d'un maçon*, etc. — Prov. : *Méchant ouvrier ne saurait trouver de bons outils; et, un bon ouvrier se sert de toute sorte d'outils.*

OUTILLAGE s. m. [*ll* mll.]. Ensemble des outils qui servent pour une exploitation industrielle, agricole : *l'outillage de cette usine est excellent.*

* **OUTILLÉ, ÉE** part. passé de OUTILLER. — S'emploie comme adj. et avec les adv. BIEN ou MAL : *outillé tant bien que mal.* — Se dit, fig. et pop., d'un homme bien ou mal pourvu de ce qui lui serait nécessaire pour ce qu'il entreprend : *vous n'êtes pas assez bien outillé pour réussir dans ce que vous entreprenez.*

* **OUTILLER** v. a. Garnir, fournir d'outils. Il est familier et ne s'emploie guère que dans ces phrases : *il a fallu l'outiller; on l'a outillé comme on a pu.*

OUTILLERIE s. f. Fabrique ou commerce d'outils.

OUTILLEUR s. m. Fabricant ou marchand d'outils.

* **OUTRAGE** s. m. Injure grave de fait ou de parole : *se venger d'un outrage.*

> Essuya-t-on jamais un plus sensible *outrage* ?
> COLLIN D'HARLEVILLE. *L'Inconstant*, acte III, sc. 1re.

— OUTRAGE A LA MORALE PUBLIQUE, sorte de délit qualifié par le code. — Fig. FAIRE OUTRAGE A LA RAISON, A LA MORALE PUBLIQUE, faire ou dire quelque chose qui y soit fort contraire. Dans le même sens, FAIRE OUTRAGE AU BON SENS, A LA GRAMMAIRE, dire ou écrire quelque chose qui offense grossièrement le bon sens, la grammaire. — Poétiq. L'OUTRAGE DES ANS, LES OUTRAGES DU TEMPS, le dommage que la durée du temps cause à la solidité, à la beauté de certaines choses : *cet édifice se ressent des outrages du temps.* — Législ. — « L'outrage adressé publiquement ou par la voie de la presse, soit à un fonctionnaire public, soit à un particulier, soit une *diffamation* ou une *injure;* et il est puni par la loi du 29 juillet 1884. (Voy. DIFFAMATION.) Mais cette loi n'a pas abrogé les dispositions du Code pénal relatives aux cas particuliers ci-après exposés. L'outrage adressé à des magistrats ou à des jurés dans l'exercice de leurs fonctions ou à l'occasion de cet exercice, soit par paroles, soit par écrit ou dessin, non rendus publics, et tendant à inculper leur honneur ou leur délicatesse, entraîne pour le coupable un emprisonnement de quinze jours à deux ans. Si le même outrage a eu lieu par gestes ou par menaces, l'emprisonnement est d'un mois à six mois. Lorsque l'outrage adressé à un magistrat ou à un juré a eu lieu à l'audience d'une cour ou d'un tribunal, le président dresse procès-verbal du fait, entend le prévenu et les témoins; puis le tribunal applique sans désemparer la peine prononcée par la loi. S'il s'agit d'un outrage par paroles, la peine est un emprisonnement de deux à cinq ans; s'il a été fait par gestes ou menaces, l'emprisonnement n'est que d'un mois à deux ans. L'outrage fait par paroles, gestes ou menaces, soit à un officier ministériel, soit à un agent de la force publique, soit à un citoyen chargé d'un service public, dans l'exercice ou à l'occasion de l'exercice de ses fonctions, est puni d'un emprisonnement de six jours à un mois et d'une amende de 16 à 200 fr., ou de l'une de ces deux peines seulement. Si l'offensé est un commandant de la force publique, le coupable est puni d'un emprisonnement de quinze jours à trois mois et il peut l'être aussi d'une amende de 16 à 500 fr. Dans tous les cas qui précèdent, l'offenseur peut être, en outre condamné à faire réparation verbale ou écrite; et le temps de l'emprisonnement n'est alors compté que du jour où la réparation a eu lieu (C. inst. crim. 181; C. pén. 222 à 227). Les membres d'un collège

électoral qui, pendant la réunion, se rendent coupables d'outrages ou de violences envers les membres du bureau, sont punis d'un emprisonnement d'un mois à un an et d'une amende de 100 à 2,000 fr. (Décr.-loi 2 février 1852, art. 45). Dans tous ces divers cas d'outrages à des fonctionnaires, c'est la juridiction correctionnelle qui est compétente (Arr. cass. 20 oct. 1883); tandis que la poursuite pour diffamation ou injures commises envers un fonctionnaire ou un corps constitué, soit par la voie de la presse, soit par tout autre moyen de publication, a lieu devant la cour d'assises, en vertu de la loi sur la presse. L'outrage ou offense, commis publiquement par la voie de la presse ou par tout autre moyen de publication envers le président de la République ou envers les chefs d'Etat étrangers, est puni d'un emprisonnement de trois mois à un an et d'une amende de 100 à 3,000 fr. ou de l'une de ces deux peines seulement. L'outrage commis envers les ambassadeurs ou autres agents diplomatiques accrédités près le gouvernement de la République est puni d'un emprisonnement de huit jours à un an et d'une amende de 50 à 2,000 fr., ou de l'une de ces deux peines seulement. Ces délits d'offenses ou outrages sont déférés au cours d'assises (L. 29 juillet 1881 sur la presse, art. 26, 36, 37). Toute personne qui, par paroles ou gestes, outrage les objets d'un culte, dans les lieux destinés à son exercice, ou les ministres de ce culte dans leurs fonctions, est punie d'une amende de 16 à 500 fr. et d'un emprisonnement de quinze jours à six mois; si c'est le ministre a été frappé dans ses fonctions, l'offenseur est puni de la dégradation civique (C. pén. 262 et s.). *L'outrage public à la pudeur,* est un délit que la loi punit d'un emprisonnement de trois mois à deux ans et d'une amende de 16 à 200 fr. (C. pén. 330). *L'outrage aux bonnes mœurs,* commis par la vente, l'offre, l'exposition, l'affichage ou la distribution gratuite sur la voie publique ou dans les lieux publics, d'écrits, d'imprimés autres que le livre, d'affiches, dessins, gravures, peintures, emblèmes ou d'images obscènes, est puni d'un emprisonnement d'un mois à deux ans et d'une amende de 16 à 3,000 fr. Les complices de ces délits sont punis de la même peine. (L. 2 août 1882). (CH. Y.)

* **OUTRAGEANTE, ANTE** adj. Qui outrage. Ne se dit que des choses : *paroles outrageantes.*

* **OUTRAGER** v. a. Offenser cruellement, faire outrage : *il ne l'a pas seulement offensé, il l'a outragé.*

> C'est trop favoriser un tyran qui m'*outrage.*
> J. RACINE. *La Thébaïde,* acte II, sc. III.

— Se dit aussi en parlant de certaines choses morales : *outrager la pudeur; outrager le bon sens, la raison.*

* **OUTRAGEUSEMENT** adv. Avec outrage, d'une manière outrageuse : *il l'a traité outrageusement.* — Avec excès, à outrance : *on l'a battu outrageusement.*

* **OUTRAGEUX, EUSE** adj. Qui fait outrage : *paroles outrageuses.*

OUTRAM (SIR James) [outt'-ramm], général anglais, né en 1803, mort en 1863. Il alla à Bombay en 1819, devint bientôt adjudant du 23e régiment d'infanterie indigène, et soumit les Bheels. Il était aide de camp de sir John Keane dans la guerre de l'Afghanistan, et, en 1840, il prit part à la capture de la forteresse de Kélat dans le Béloutchistan. Il condamnait la guerre avec les Ameers du Sinde; ce qui l'entraîna à une polémique amère avec sir Charles Napier En 1845, il fut nommé résident à Sattara, en 1847 à Baroda, et en 1854, à Lucknow. En 1856, il était commandant en chef des forces anglaises en Perse, et il défit les Persans à plusieurs

reprises. De retour dans l'Inde, il prit le commandement militaire des divisions de Coownpore et de Dinapoor. Il secourut Havelock à Coownpore, le 15 sept 1857, et l'aida à secourir Lucknow, le 25 sept. Il dirigea la défense de la résidence jusqu'à l'arrivée de sir Colin Campbell, en nov., et pendant les quelques mois qui suivirent, il battit à plusieurs reprises les rebelles dont il fit de grands carnages. Il prit part au Campbell au siège final et à la prise de Lucknow en mars 1858, et fut nommé commissaire civil en chef; plus tard, il devint membre du conseil suprême à Calcutta. Il fut créé baronet en 1858, et revint en Angleterre en 1860.

* **OUTRANCE** s. f. (rad. *outrer*). N'est usité que dans ces locutions adverbiales, A OUTRANCE, A TOUTE OUTRANCE, jusqu'à l'excès : *brave à outrance; plaideur, chicaneur à outrance.* — COMBAT A OUTRANCE, duel qui ne devait se terminer que par la mort d'un des combattants.

OUTRANCIER, IÈRE adj. (rad. *outrer*). Qui pousse les choses à outrance. — s. m. Partisan de la lutte à outrance, pendant la guerre franco-allemande : *les outranciers.*

* **OUTRE** s. f. (lat. *uter*). Peau de bouc préparée pour recevoir des liquides, comme du vin, de l'huile, etc. : *une outre de vin, une outre d'huile.*

* **OUTRE** (rad. lat. *ultra*), prépos. de lieu. Au delà. N'est en usage, comme préposition de lieu, que dans certains mots composés, tels que OUTRE-MEUSE, OUTRE-RHIN, OUTRE-MER : *les pays d'outre-Meuse; les guerres, les voyages d'outre-mer.* — Est aussi adverbe, et s'emploie tant au propre qu'au figuré : *la nuit qui survint l'empêcha de passer outre; les juges ont passé outre sur l'instruction, et mieux à l'instruction de son procès.* — Prépos. Signifie aussi, par-dessus : *on lui donna cent écus, et outre cela, on lui promit...* — Jurispr. LÉSION D'OUTRE MOITIÉ, lésion de plus de la moitié : *dans ce partage, dans ce marché, il y a lésion d'outre moitié du juste prix.* — Outre mesure loc. adv. Avec excès, déraisonnablement : *il a été battu outre mesure.* — D'outre en outre loc. adv. De part en part : *un coup d'épée qui le perçait d'outre en outre.* — En outre loc. adv. De plus, davantage : *je lui ai donné tant, et en outre je l'ai nourri.* — Outre que loc. conjonct. : *outre qu'elle est riche, elle est belle et sage.*

* **OUTRÉ, ÉE** part. passé de OUTRER. — OUTRÉ DE DOULEUR, DE DÉPIT, DE COLÈRE, etc., pénétré, transporté de douleur, de dépit, de colère, etc. — IL EST OUTRÉ DE VOS REFUS, DE VOS INJURES, etc., vos refus, vos injures l'irritent, le révoltent. En ce sens, on dit absol. IL EST OUTRÉ : *je suis outré.* — Adjectiv. Se dit des choses exagérées, excessives, qui passent les bornes prescrites par la raison : *une pensée outrée.* En ce sens, se dit quelquefois des personnes : *cet homme est outré, il est outré en tout.*

* **OUTRECUIDANCE** s. f. (lat. *ultra*, outre; *credere*, croire). Présomption, témérité : *parler avec outrecuidance.* Est vieux, et ne se dit guère que par plaisanterie.

* **OUTRECUIDANT, ANTE** adj. Présomptueux téméraire : *c'est un personnage très outrecuidant.*

* **OUTRECUIDÉ, ÉE** adj. Présomptueux, téméraire : *vous êtes bien outrecuidé.* (Vieux.)

* **OUTRÉMENT** adv. D'une manière outrée : *il l'a battu outrément.* (Peu us.)

* **OUTREMER** s. m. Couleur bleue extraite du lapis pulvérisé : *acheter, employer de l'outremer.* — BLEU D'OUTREMER, poudre bleue qu'on obtient de la pulvérisation des plus belles qualités de *lazulite outremer.* L'outremer factice, aussi beau que celui de la lazulite, est appelé bleu Guimet.

OUTRE-MONTS adv. Au delà des monts.

* **OUTRE-PASSE** s. f. Eaux et Forêts. Abatis que l'adjudicataire d'une coupe de bois fait lu delà des limites qui lui ont été marquées : *la loi contient des dispositions relatives aux outre-passes.*

* **OUTRE-PASSER** v. a. Aller au delà de. Se dit au propre et au figuré : *son mur outre-passait l'alignement, on l'a fait abattre.*

* **OUTRER** v. a. (lat. *ultra*, outre ; *ire*, aller). Porter les choses au delà de la juste raison : *les stoïciens ont outré la morale.* — Absol. *Il ne fut jamais outré.* — Accabler, surcharger de travail : *c'est outrer des ouvriers, que de les faire travailler sans relâche.* Dans cette acception, il a vieilli. — OUTRER UN CHEVAL, le pousser au delà de ses forces : *mener un cheval si longtemps au galop, c'est l'outrer.* — Offenser quelqu'un grièvement, pousser sa patience à bout : *vous l'avez outré.* — S'outrer v. pr. Se fatiguer, s'accabler : *cet homme s'est outré à courir ainsi.*

OUTRE-RHIN adv. Au delà du Rhin : *les peuples d'outre-Rhin.*

OUTRE-TOMBE adv. Au delà de la tombe : *nul n'est revenu d'outre-tombe.*

OUTU, UE adj. (forme polie de *foutu*). Perdu, ruiné.

* **OUVERT, ERTE** part. passé de OUVRIR. — TENIR TABLE OUVERTE, tenir une table où l'on reçoit beaucoup de personnes, même celles qui n'ont pas été priées. — CE PORT EST OUVERT A TOUS LES ÉTRANGERS, ils peuvent y venir commercer librement et avec sûreté. — RADE OUVERTE, rade qui n'est pas protégée contre les vents. — LA PORTE DE CETTE MAISON EST OUVERTE A TOUS LES HONNÊTES GENS, tous les honnêtes gens y sont bien reçus. — Prov. et fig. UN ENFONCEUR DE PORTES OUVERTES, un fanfaron, un homme qui se vante d'avoir surmonté des obstacles qui n'existaient pas. — LE PARI EST OUVERT, LES PARIS SONT OUVERTS, chacun est reçu à parier, l'on est prêt à parier contre qui voudra. Cela se dit aussi, figurément, en parlant d'une affaire incertaine, sur laquelle il y a des opinions contraires, et qui doit bientôt se décider. — CE PAYS EST OUVERT, il n'y a ni rivières, ni montagnes, ni places fortes, qui empêchent l'ennemi d'y entrer. — CETTE VILLE EST OUVERTE, elle n'est point fortifiée. — CE CHEVAL EST BIEN OUVERT, il est bien traversé, il a les jambes, particulièrement celles de devant, éloignées comme il faut l'une de l'autre. — Jurispr. LA SUCCESSION, LA SUBSTITUTION EST OUVERTE ; ELLE EST OUVERTE A UN TEL, et mieux AU PROFIT D'UN TEL, la personne dont il s'agit est dans le cas de recueillir la succession d'entrer en jouissance de la chose substituée. — Comm. COMPTE OUVERT, celui qui n'est point arrêté, et auquel on ajoute journellement des articles. — GUERRE OUVERTE, guerre déclarée. — Adjectiv. Franc, sincère : *c'est un homme ouvert.* — A force ouverte, loc. adv. Les armes à la main : *il est entré à force ouverte dans le pays ennemi.* — A cœur ouvert, loc. adv. Sans déguisement : *il m'a parlé à cœur ouvert.* — A bras ouverts, loc. adv. Avec empressement, avec cordialité : *il m'a reçu à bras ouverts.* — A livre ouvert, loc. adv. Sans préparation, sans étude préalable : *chanter, accompagner à livre ouvert.* — A bureau ouvert, loc. adv. Fin. et Comm. LE CAISSIER PAYE A BUREAU OUVERT, dès qu'on se présente.

* **OUVERTEMENT** adv. Hautement, franchement, sans déguisement : *il s'est déclaré ouvertement pour moi.*

OUVERTURE s. f. Fente, trou, espace vide, dans ce qui d'ailleurs est continu : *l'eau et l'air s'insinuent par les plus petites ouvertures.*

— Archit. Portes, arcades, croisées d'un édifice : *ce bâtiment a trop d'ouvertures.* — CETTE PORTE, CETTE FENÊTRE N'A PAS ASSEZ D'OUVERTURE, A TROP D'OUVERTURE, la baie de cette porte, de cette fenêtre est trop petite, est trop grande. — Action par laquelle on ouvre : *l'ouverture d'un coffre.* — A L'OUVERTURE DU LIVRE, en ouvrant le livre au hasard : *à l'ouverture du livre, il a trouvé ce qu'il cherchait.* — Guerre. L'OUVERTURE DE LA TRANCHÉE, le premier travail que l'on fait pour pratiquer, pour creuser la tranchée. — Fig. Commencement de certaines choses : *l'ouverture de l'Assemblée ; l'ouverture des Chambres.* — Particul. Symphonie par laquelle commence un opéra : *l'ouverture de la Caravane, de Guillaume Tell.* — Fig. Premières propositions relatives à une affaire, à une négociation, à un traité, etc. : *faire des ouvertures de paix.* — Expédient, voie, occasion : *voilà une bonne ouverture pour vous faire sortir de cette affaire.* — Aveu, confidence : *faire des ouvertures inutiles, indiscrètes.* — Fig. OUVERTURE DE CŒUR, franchise, sincérité, épanchement amical : *il m'a parlé avec une grande ouverture de cœur.* — Fig. OUVERTURE D'ESPRIT, facilité de comprendre, de saisir : *il n'a aucune ouverture d'esprit.* On dit de même absol. : *il a beaucoup d'ouverture pour les sciences,* etc. — Jurispr. IL Y A OUVERTURE A LA SUBSTITUTION, la substitution commence d'avoir lieu en faveur de quelqu'un. — L'OUVERTURE D'UNE SUCCESSION, le moment où les biens d'un défunt sont dévolus à ses héritiers : *l'ouverture de la succession se fait au lieu du dernier domicile du mort.* — IL Y A OUVERTURE A CASSATION, A REQUÊTE CIVILE, il y a lieu de se pourvoir par cassation, par requête civile. — Jurispr. féod. IL Y A OUVERTURE DE FIEF, le seigneur de qui relève le fief est en droit d'en lever les fruits ; et on appelait OUVERTURE DE RACHAT, le cas dans lequel le droit de rachat d'une terre était dû au seigneur dont elle relevait. — Dioptrique. Surface plus ou moins grande des verres des lunettes présentant aux rayons de la lumière : *plus l'oculaire d'une lunette a d'ouverture, plus l'instrument a de clarté ; et plus l'objectif a d'ouverture, plus l'instrument a de champ..* — Géom. L'OUVERTURE D'UN ANGLE, l'écartement plus ou moins grand de deux lignes droites qui, se rencontrant en un point, forment un angle. On dit dans un sens analogue, L'OUVERTURE D'UN COMPAS, l'écartement plus ou moins grand de ses deux branches.

* **OUVRABLE** adj. m. Consacré au travail. N'est usité que dans l'expression, JOUR OUVRABLE, jour qui n'est point férié, où il est permis de travailler et d'ouvrir les boutiques.

* **OUVRAGE** s. m. (lat. *opus*). Œuvre, ce qui est produit par l'ouvrier, ce qui résulte d'un travail : *cette grotte est l'ouvrage de la nature, et non l'ouvrage de l'art.* — S'emploie quelquefois fig., au sens moral : *ce succès fut l'ouvrage du hasard, de la fortune.*

> Quoi ! ma grandeur serait l'ouvrage d'une femme.
> J. RACINE. *La Thébaïde,* acte IV, sc. III.

— Prov. et fig. C'EST L'OUVRAGE DE PÉNÉLOPE, se dit d'une chose commencée cent fois, et que l'on défait à mesure, et qui ne finit jamais. — Se dit absol. des objets auxquels les femmes travaillent à l'aiguille : *elle avait toujours son ouvrage à la main.* — Typogr. OUVRAGE DE VILLE, se dit, par opposition à *Labeur,* des travaux de peu d'étendue, qui se tirent ordinairement à petit nombre, tels que les affiches, les circulaires, les factures, les billets de naissance, de mariage, de mort, etc. — Fam. C'EST UN OUVRAGE DE PATIENCE, c'est un ouvrage qui demande principalement du temps et de la constance. — Façon, travail que l'on emploie à faire quelque ouvrage : *il y a beaucoup d'ouvrage à ce vase, à cette taille-douce, à ce plafond,* etc. — Absol. Travail,

action de travailler : *se mettre à l'ouvrage.* — Fam., AVOIR CŒUR A L'OUVRAGE, travailler de bon cœur, avec ardeur. — Se dit particul. des productions de l'esprit : *les ouvrages de Cicéron, de Virgile.* — Se dit aussi des lois, des institutions : *la législation d'Athènes fut l'ouvrage de Solon.* — Fortif. Toute sorte de travaux avancés au dehors d'une place, et destinés à la fortifier : *ouvrage à corne ; ouvrage à couronne.* — Maçonn. LES GROS OUVRAGES, les murs de fondation, de face, de refend, les contre-murs ; et LES MENUS OUVRAGES, les cheminées, les plafonds, les carrelages, etc.

* **OUVRAGÉ, ÉE** part. du verbe OUVRAGER, qui n'est point en usage. Ne se dit proprement que de certains ouvrages qui demandent beaucoup de travail de la main, comme les ouvrages de damasquinerie, de filigrane et de broderie : *la garde de cette épée est fort ouvragée, bien ouvragée.*

OUVRAGER v. a. Travailler avec une grande minutie de détails.

OUVRAISON s. f. Techn. Action ou manière d'ouvrer, de mettre en œuvre. — MACHINES D'OUVRAISON, machines employées au doublage et au dévidage des soies grèges.

* **OUVRANT, ANTE** adj. N'est guère usité que dans les locutions : A PORTE OUVRANTE, A LA PORTE OUVRANTE, A PORTES OUVRANTES, à l'heure où l'on ouvre la porte ou les portes d'une ville. La seconde de ces locutions a vieilli. On dit quelquefois, A JOUR OUVRANT, dès que le jour commence à paraître.

OUVRARD (Gabriel-Julien) [ou-vrar], financier français, né près de Clisson (Loire-Inférieure) en 1770, mort à Londres en 1846. Après avoir fait une grande fortune comme fournisseur de la flotte, il devint le chef d'une banque, traita de grands intérêts avec les gouvernements français et espagnol. En 1805, il s'assura le monopole du commerce avec les colonies espagnoles. En octobre, le gouvernement espagnol suspendit ses paiements en espèces, et en janvier 1806 Napoléon obligea Ouvrard à donner tout son actif pour liquider complètement ses dettes ; après quoi, il intrigua avec Fouché, et fut emprisonné de nouveau. En 1814, il fit des contrats pour approvisionner les armées des alliés. Ayant entrepris de fournir l'armée française envoyée en Espagne en 1823, il fut poursuivi pour agissements frauduleux, et il fut emprisonné encore une fois ; mais au bout de cinq ans, sur l'intercession de Ferdinand VII, on le relâcha sans lui faire de procès, et il finit sa vie à Londres, dans l'obscurité. Il a publié plusieurs ouvrages sur les finances, et a laissé des *Mémoires* (1826, 3 vol.).

* **OUVRÉ, ÉE** part. passé de OUVRER. Travaillé. — DU FER OUVRÉ, DU CUIVRE OUVRÉ, du fer, du cuivre façonné en ouvrages ; à la différence du fer en barres, du cuivre en lames : *les droits de douane sur le fer et le cuivre ouvrés sont plus forts que ceux qui sont dus pour le fer et le cuivre non ouvrés.* — Se dit particul. d'une sorte de linge façonné de manière à représenter des figures, des fleurs, des compartiments : *du linge ouvré ; des serviettes, des nappes ouvrées.*

* **OUVREAU** s. m. Se dit des ouvertures latérales par lesquelles on travaille dans les fourneaux de verrerie.

* **OUVRER** v. n. Travailler : *les règlements de police défendent d'ouvrer les fêtes et les dimanches.* (Vieux.) — Monnayeur. OUVRER LA MONNAIE, fabriquer, façonner les espèces. Dans cette phrase, OUVRER est actif.

* **OUVREUR, EUSE** s. Celui, celle qui ouvre. Se dit particul. des personnes commises pour ouvrir les loges dans les spectacles : *l'ouvreur,*

l'ouvreuse de loges. On dit aussi Ouvreuse d'huîtres.

* **OUVRIER, IÈRE** s. (lat. *operarius*). Celui, celle qui travaille habituellement de la main, et qui fait quelque ouvrage pour gagner sa vie : *habile ouvrier*. — Cela est du bon ouvrier, de la bonne ouvrière, cette chose est faite par l'ouvrier, par l'ouvrière qui a le plus de réputation dans son genre. — La marque de l'ouvrier. (Voy. Marque.) — Écrit. sainte. La moisson est grande, mais il y a peu d'ouvriers, il y a beaucoup de gens à instruire, à convertir, mais il y a peu de personnes pour y travailler. Dans le même style, Les ouvriers d'iniquité, les méchants. — Se dit aussi quelquefois, fig. et fam., de ceux qui font des ouvrages d'esprit : *je ne sais pas d.. qui est cette pièce de théâtre, mais elle est d'un bon ouvrier.* — Se dit aussi, fig., de ceux qui font quelque œuvre de vertu, de courage, etc. — Les ouvriers évangéliques, les prêtres, les missionnaires.

* **OUVRIER, IÈRE** adj. N'est usité que dans ces locutions : La classe ouvrière, la partie de la population qui se compose des ouvriers, des artisans ; Jour ouvrier, ou autrement, Jour ouvrable, jour qui n'est pas férié, où il est permis de travailler et d'ouvrir les boutiques ; et, Cheville ouvrière, grosse cheville de fer, qui joint le train de devant d'un carrosse avec la flèche ou avec les brancards. — Fig. et fam. Cheville ouvrière, le principal, mobile, le principal agent d'une affaire. — Abeilles ouvrières ou substantiv., Ouvrières, abeilles neutres qui forment la plus grande partie de la ruche et y font tout l'ouvrage.

* **OUVRIR** v. a. (lat. *aperire*). (J'ouvre, tu ouvres, il ouvre ; nous ouvrons, etc. J'ouvrais, J'ouvris. J'ouvrirai. J'ouvrirais. Ouvre ; ouvrez. Que j'ouvre. Que j'ouvrisse. Ouvert). Faire que ce qui était clos, fermé, le ne soit plus. Se dit en parlant de ce qu'on ouvre, et de ce qui sert à ouvrir : *ouvrir une chambre ; ouvrir un pli*. On dit absol. *Les marchands n'ouvrent pas les jours de fête.* — Fig. Ouvrir sa maison a quelqu'un, l'accueillir, le recevoir chez soi. — Ouvrir sa bourse a quelqu'un, lui offrir de l'argent. — Ouvrir la porte aux abus, aux désordres, etc., donner lieu, donner occasion aux abus, aux désordres. — Ouvrir son cœur a quelqu'un, lui confier ses plus secrets sentiments. — Ouvrir les oreilles, écouter attentivement : *ouvrez les oreilles et vous entendrez qu'on se querelle dans la pièce voisine.* Au sens moral, écouter favorablement une proposition par quelque motif d'intérêt : *il a ouvert les oreilles au premier mot de ma proposition.* — Ouvrir de grandes oreilles, entendre, écouter avec étonnement, avec curiosité. — Ouvrir l'esprit, le rendre plus capable de connaître, de comprendre, de penser : *deux ou trois ans d'étude lui ont bien ouvert l'esprit.* — Ouvrir l'appétit, il donne de l'appétit, il excite l'appétit. — Absol. Ouvrir la porte : *qui est là ? Ouvrez, c'est un tel.* — Pratiquer une ouverture, une percée : *on a ouvert une porte, une fenêtre dans ce mur.* — Se dit dans le même sens, Ouvrir un mur, ouvrir une forêt, un bois. — Entamer, fendre, couper, percer quelque chose : *ouvrir un pâté ; ouvrir un melon.*

Les noix ont fort bon goût, mais il faut les ouvrir.
Florian.

— Ouvrir quelqu'un, ouvrir son corps après sa mort : *sa famille l'a fait ouvrir.* — Maréch. Ouvrir les talons d'un cheval, percer le pied d'un cheval : *il faut ouvrir les talons d'un cheval à plat, et non en creusant.* — Commencer à creuser, à fouiller : *ouvrir la tranchée ; ouvrir la terre pour faire un fossé.* — Diviser une chose, séparer les parties jointes ou contiguës dont elle est formée : *ouvrir des noix.* — Ouvrir la bouche, parler : *il n'ose pas ouvrir la bouche.* — Fig. Ouvrir la bouche a

quelqu'un, le faire parler. — Le pape ouvre la bouche aux cardinaux nouvellement créés, se dit en parlant de la cérémonie que le pape fait pour donner aux cardinaux le droit de parler dans les consistoires. — Fig. Ouvrir les yeux, regarder : *ouvrez les yeux, et vous verrez que cette maison est plus basse que l'autre.* Se dit au sens moral, et signifie, voir, découvrir des choses qu'on n'avait pas remarquées auparavant : *il a ouvert les yeux sur les défauts de son fils.* — Fig. et fam. Ouvrir de grands yeux, voir, regarder avec surprise, avec curiosité. — Ouvrir les yeux, faire ouvrir les yeux a quelqu'un sur quelque chose, lui donner sur cette chose des connaissances, des lumières qui lui manquaient : *ce que je lui ai dit lui a ouvert les yeux, lui a fait ouvrir les yeux.* — Séparer, écarter : *ouvrir les rangs, les files d'un bataillon, d'un peloton.* — Ouvrir les bras a quelqu'un, l'accueillir avec empressement : *dès qu'il s'est repenti, je lui ai ouvert les bras.* — Rendre une chose libre, en rendre facile l'abord, le passage, l'occupation : *ouvrir à quelqu'un le chemin des honneurs.* — Fig. Commencer : *ouvrir la campagne par un siège, par une bataille.* — Ouvrir le feu, commencer à faire jouer des batteries d'artillerie. — Ouvrir la lice, entrer le premier dans la lice. Se dit au propre et au figuré : *ce poète a ouvert la lice, et il y a été bientôt suivi de nombreux concurrents.* — Ouvrir la chasse, déterminer l'époque où il sera permis de chasser : *l'arrêté du préfet de ce département ouvre la chasse pour lundi prochain.* — Ouvrir boutique, commencer à tenir boutique. — Ouvrir une école, commencer à tenir une école. On dit dans le même sens : *ouvrir une auberge, un café, un bureau d'affaires, une maison de commerce,* etc. — Ouvrir sa maison, commencer ou recommencer à tenir table ouverte, à tenir des cercles, des assemblées : *il est revenu de la campagne, mais il n'a pas encore ouvert sa maison.* — Ouvrir un avis, être le premier à proposer un avis : *ce fut tel conseiller qui ouvrit cet avis.* — Comm. Ouvrir un compte avec quelqu'un, porter sur ses livres un compte d'une personne avec qui on entre en relation d'affaires. — Ouvrir un crédit a quelqu'un, l'autoriser à prendre à une caisse jusqu'à concurrence d'une certaine somme, ou mettre tout l'argent dont il aura besoin : *on lui a ouvert un crédit de cent mille francs sur le trésor public.* On dit de même, Avoir un crédit ouvert. — Au brelan et aux autres jeux de renvi. Ouvrir le jeu, faire la première vade. — v. n. *Cette porte n'ouvre jamais ; les boutiques n'ouvrent point les jours de fête.* — Cette porte ouvre sur le jardin, sur la cour, elle donne accès dans le jardin, dans la cour. — S'ouvrir v. pr. Être ouvert : *cette porte ne s'ouvre qu'aisément ; son cœur s'ouvre à la joie, à l'espérance, à la pitié.*

Pour moi, ce que je veux, c'est un mot d'entretien
Où tout votre cœur s'ouvre et ne me cache rien.
Tartufe, acte III, sc. III.

— Se frayer :

Sur les monceaux de piques,
De corps morts, de rocs, de briques,
S'ouvrir un large chemin.
Despréaux. Ode sur la prise de Namur.

— Fig. S'ouvrir a quelqu'un, lui confier, lui déclarer ce qu'on pense sur quelque chose : *il ne s'était jamais ouvert de cela à personne.*

* **OUVROIR** s. m. Lieu où plusieurs ouvriers travaillent ensemble. Se dit particul., dans les communautés des filles, du lieu où elles s'assemblent à des heures réglées pour travailler à différents ouvrages. — Espèce d'asile ou d'atelier de charité où de jeunes filles se réunissent pour travailler sous la direction de religieuses et où elles reçoivent aussi l'instruction primaire.

OUZOUER-LE-MARCHÉ, ch.-l. de cant., arr. à 45 kil. N.-E. de Blois (Loire-et-Cher); 700 hab.

OUZOUER-SUR-LOIRE, ch.-l. de cant., arr. et à 14 kil. N.-O. de Gien (Loiret); 500 hab.

* **OVAIRE** s. m. (rad. lat. *ovum*, œuf). Anat. Organe où sont enfermés les œufs, dans les femelles des animaux ovipares. — Signifie aussi, en parlant de la femme et des femelles de mammifères, chacun des deux corps glanduleux placés près des reins, au-dessus de la matrice, et que l'on suppose remplir les mêmes fonctions. — Bot. Partie inférieure du pistil, où sont attachées les semences.

* **OVALAIRE** adj. (rad. *ovale*). Qui est de forme ovale. Se dit, en anat., du trou dont est percé l'os ischion.

* **OVALE** adj. (rad. lat. *ovum*, œuf). Qui est de figure ronde et oblongue, à peu près semblable à celle d'un œuf : *une table ovale.* — s. m. Figure ronde et oblongue : *un grand ovale ; un ovale bien formé.*

OVALITÉ s. f. Forme ovale.

OVARIEN, IENNE adj. Qui a rapport à l'ovaire.

OVARIFÈRE adj. (fr. *ovaire*; lat. *fero*, je porte). Bot. Qui porte l'ovaire.

OVARINE s. f. Anat. Liquide qui remplit les vésicules de Graaf.

OVARIOCÈLE s. f. (fr. *ovaire*; gr. *kelê*, tumeur). Chir. Hernie de l'ovaire.

* **OVARIOTOMIE** s. f. (fr. *ovaire*; gr. *tomê*, section). Chir. Opération qui consiste à enlever un ovaire malade.

OVARIQUE adj. Anat. Qui appartient à l'ovaire.

OVARISME s. m. Physiol. Système d'après lequel tous les corps organisés ou au moins tous les animaux proviennent d'un œuf.

OVARITE s. f. Pathol. Inflammation du tissu des ovaires.

OVARIULE s. m. Anat. Ovisac qui a pris une forme nouvelle chez les mammifères nubiles.

OVAS ou **Hovas**. Voy. Madagascar.

* **OVATION** s. f. (lat. *ovatio*). Espèce de triomphe chez les Romains, où le triomphateur entrait dans la ville à pied ou à cheval, et sacrifiait une brebis; à la différence du grand triomphe, où le triomphateur était sur un char, et sacrifiait un taureau. — Se dit quelquefois, par ext. et fam., des honneurs que plusieurs personnes assemblées rendent à une autre, en lui faisant cortège, en la saluant par des acclamations, en la portant dans leurs bras, etc. : *il a été l'objet d'une ovation, à l'espèce d'ovation qu'on lui préparait.*

* **OVE** s. m. (lat. *ovum*). Archit., orfèvr., etc. Ornement taillé en forme d'œuf.

OVERBECK (Friedrich), peintre allemand, né à Lübeck en 1789, mort le 12 nov. 1869. Une madone peinte en 1811, le mit d'abord en vue à Rome. Peu à peu il se cantonna dans les ouvrages de dévotion, qu'il s'efforçait de pénétrer d'un sentiment religioso-mystique, et en 1814 il abandonna l'Église luthérienne pour la catholique. Il passa la plus grande partie de sa vie à Rome. Ses fresques les plus remarquables illustrent la *Gerusalemme liberata* du Tasse (à Rome) et la *Vision de saint François* (dans une église, près d'Assise). L'*Entrée du Christ à Jérusalem*, terminée en 1824 pour la Marienkirche (église de Marie) de Lübeck, étendit sa réputation et fut suivie de nombreux ouvrages sur des sujets tirés de l'Écriture. Son chef-d'œuvre est peut-être la savante composition qui est à l'institut de Stædel à Francfort, et qui représente le triomphe de la chrétienté dans les arts. Populairement, il était surtout connu comme dessinateur au fusain et au crayon blanc; c'est ainsi qu'on a gravé sa *Passion de Notre-Seigneur*, et plusieurs autres de ses dessins.

OVERBURY (sir Thomas) [o'-veur-berr-é], écrivain anglais, né en 1581, mort en 1613. En 1601, il se lia intimement avec Robert Carr, plus tard vicomte Rochester, et comte de Somerset. Dans la suite, il s'opposa au projet d'obtenir le divorce de Frances Howard, *femme du comte d'Essex*, pour que Rochester pût l'épouser, et il écrivit son poème *The Wife* (1614, souvent réimprimé) pour l'en dissuader. La comtesse essaya de faire assassiner Overbury: mais son oncle, le comte de Northampton, lui fit offrir une mission étrangère, et Rochester le poussa à ne pas l'accepter. Son refus fut déclaré mépris des ordres du roi, et il fut mis à la Tour, où il mourut en moins de cinq mois. En nov., Rochester fut créé comte de Somerset et en déc. il épousa la comtesse d'Essex. En mai 1616, ils furent tous les deux arrêtés sous l'inculpation d'avoir fait empoisonner Overbury; la comtesse s'avoua coupable, et tous les deux furent condamnés à mort, mais graciés, pendant que cinq complices subalternes, qui avaient fourni ou administré le poison, étaient exécutés. Les écrits d'Overbury, publiés tous après sa mort, comprennent: *Characters; Newes from any whence; The First and second Part of the Remedy of Love; Miscellaneous Works in Prose and Verse*, et *Table Talk*. On a publié, en 1856, une édition complète de ses œuvres, avec sa vie par E.-F. Rimbault.

OVERWEG (Adolf) [o'-fer-vèg], voyageur allemand, né à Hambourg en 1822, mort à Koûka, dans l'Afrique centrale, le 27 sept. 1852. Dans l'hiver de 1849-'50, il se joignit à Barth et à Richardson dans l'expédition anglaise qui explora l'Afrique centrale; il trouva que le désert de Sahara est un plateau élevé, et non pas une plaine déprimée, et fit d'autres découvertes. (Voy. BARTH.)

OVERYSSEL ou **Overijssel** [o'-verr-aï-sel], province orientale des Pays-Bas, confine à la Prusse et au Zuyderzee; 3,343 kil. carr.; 265,144 hab. Les meilleures terres se trouvent près d'Yssel. Pâturages très riches. Industries principales: élève de bestiaux et exploitation de la tourbe.

OVIBOS s. m. [-boss] (lat. *ovis*, brebis; *bos, bœuf*). Mamm. Genre de ruminants, voisin des bœufs et ne comprenant qu'une espèce, le *bœuf musqué*, (*ovibos moschatus*, de Blainv.), animal qui se trouve dans les régions arctiques de l'Amérique et qui paraît former, comme son nom générique l'indique, la transition entre le bœuf et le mouton. Il est de la taille d'une génisse, mesure 1 m. 75 du nez à

Ovibos.

l'origine de la queue, et pèse environ 350 kilog., deux ou trois fois autant que le renne. Il a la tête grosse et surmontée de larges cornes plates chez les deux sexes. Son poil est si long qu'il atteint presque le sol, de sorte que l'animal a plutôt l'air d'un gros mouton ou d'un gros bouc que d'un bœuf; sa couleur est d'un brun noirâtre, plus ou moins parsemé de gris. Bien que ses jambes soient courtes, il court très vite, et gravit les collines et les rochers avec une grande facilité. Sa chair, lorsqu'il est gros, a bon goût; mais lorsqu'il est maigre, elle sent fortement le musc, comme l'animal vivant; ce qui lui a valu le nom de bœuf musqué.

OVICAPRE s. m. (lat. *ovis*, brebis; *caper*, bouc). Écon. rur. Métis provenant du croisement du mouton et de la chèvre ou du bouc et de la brebis.

OVIDE (Publius-Ovidius NASO), poète latin, né en 43 av. J.-C., mort en 18 de notre ère. Il était d'ancienne famille équestre, et fut élevé pour le Forum. Il finit son éducation à Athènes voyagea en Asie et en Sicile, et revint à Rome où il fut juge dans différents tribunaux secondaires, et l'un des décemvirs qui présidaient le tribunal des centumvirs. Il se maria trois fois; sa première femme fut bientôt renvoyée pour cause d'infidélité; et sa seconde parce qu'elle était devenue ennuyeuse pour le poète, qui était alors épris d'une maîtresse célèbre par qui lui sous le nom de Corinne. On peut dire que c'est elle qui le poussa à ses premiers et heureux essais poétiques en mètre élégiaque, dans le recueil appelé *Amores*. Vers l'âge de 30 ans, il épousa sa troisième femme, dont il eut une fille. Sa réputation poétique fut augmentée par *Epistolæ Herodium*, *Ars amatoriu* ou *De arte amandi*, et par *Medea*, tragédie aujourd'hui perdue. En l'an 8 de notre ère, un édit d'Auguste le bannit à Tomi sur l'Enxin, dans le pays des Gètes. La seule raison donnée à cet exil fut son poème de *l'Art d'aimer*, mais on suppose que le véritable motif était une intrigue avec une personne de la famille de l'empereur. Dans l'exil, il mit la dernière main à ses *Fastes*; il y écrivit aussi les *Tristes*, tableaux de ses souffrances et appels au pardon; des lettres à sa femme et à ses amis *ex Ponto*, et une satire, l'*Ibis*. Il mourut dans la dixième année de son exil. Son ouvrage principal comme longueur et valeur, est intitulé les *Métamorphoses*, et divisé en 15 livres: il l'avait composé avant son exil. Les principales éditions d'Ovide sont celles de: François de Pozzuolo (Bologne, 1471, in-fol.); des Aldes (Venise, 1502-'16, 3 vol. in-8°); de Chipping (Leyde, 1670, 3 vol. in-fol.); de Burmann (Amsterdam, 1727, 4 vol. in-4°); de Fischer (Leipzig, 1773, 2 vol. in-8°); de Mitscherlich (Gœttingue, 1796-'98 et 1819, 2 vol. in-8°); de Baumgartin Crusius (Leipzig, 1823, 3 vol. in-8°); d'Amar (Paris 1820-'25, 10 vol. in-4° de Jahn, 1828-'32, 2 vol. in-8°). Parmi les nombreuses traductions d'Ovide, nous citerons, en prose, celle des *Métamorphoses*, par Bannier (1732, in-4°), par Fontanelle (1802) et par Villenave (1805); celle des *Fastes*, par Lezeau (1744), par le P. Kervillars (1742), par Bayeux (4 vol., 1783); celle des *Tristes* et des *Pontiques* par le P. Kervillars (1724). Martignac a traduit les œuvres complètes d'Ovide (1697, 9 vol., in-12) et divers auteurs les ont également traduites dans la *Bibliothèque latine-française* de Panckoucke (Paris, 1824-'27, 10 vol. in-8°). Les traductions en vers sont: celle des *Métamorphoses*, par Th. Corneille (1797), et par Saint-Ange (1780); celle des *Héroïdes*, par Boisgelin (1786); celle des *Fastes* (1804), celle de l'*Art d'aimer* et des *Remèdes de l'Amour* (1823), par Saint-Ange. Voy. *Vie d'Ovide* par Villenave (Paris, 1809, 1 vol. in-8°).

* OVIDUCTE s. m. (lat. *ovum*, œuf; *ducere*, conduire). Anat. Conduit par lequel les œufs passent de l'ovaire hors du corps de l'animal.

OVIEDO [o-vi-é'-do], ville d'Espagne, capitale de la province du même nom (voy. As-turies), à 26 kil. S.-O. du port de Gijon, sur la baie de Biscaye; 13,000 hab. environ. Elle est bien bâtie, quoique irrégulièrement, contient dix places publiques, et a une université, une cathédrale, et plusieurs des plus anciennes églises de l'Espagne. D'après quelques autorités, Oviedo avait été fondée vers 760; suivant d'autres, elle est d'origine plus ancienne. Ce fut la capitale du royaume d'Oviedo jusqu'en 914, où Ordoño II transféra sa résidence à Leon.

OVIEDO Y VALDÈS (Gonzalo-Fernandez de) [o-vi-é'-do i val-dess], chroniqueur espagnol, né en 1478, mort en 1557. Il fut élevé à la cour parmi les pages du prince Juan. En 1513, on l'envoya à Saint-Domingue comme inspecteur des fonderies d'or, et il y passa la plus grande partie de sa vie dans des emplois divers. Nommé historiographe des Indes, il composa son *Historia general y natural de las Indias occidentales*, en 50 livres, dont 21 ont été publiés à Séville en 1535. Dans sa soixante dix-neuvième année, Oviedo termina son précieux ouvrage de biographie contemporaine, intitulée *Las quinquagenas*, resté en manuscrit dans la bibliothèque royale. Il écrivit aussi des chroniques de Ferdinand et d'Isabelle, et de Charles V. On lui attribue une vie du cardinal Ximenes.

OVIGÈRE adj. (lat. *ovum*, œuf; *gerere*, porter). Qui porte des œufs ou des organes en forme d'œufs.

OVINE adj. (rad. lat. *ovis*, brebis). Se dit des animaux qui appartiennent au genre de la brebis.

* OVIPARE adj. (lat. *ovum*, œuf; *pario*, j'enfante). Zool. Se dit des animaux qui pondent des œufs, par opposition à ceux dont les petits naissent vivants et qui sont dits VIVIPARES: *les oiseaux, les insectes et beaucoup de reptiles sont ovipares; il y a des poissons qui sont vivipares, et d'autres qui sont ovipares* — s. m. *Les ovipares et les vivipares.*

OVIPARISME s. m. Condition des êtres ovipares.

OVISAC s. m. Anat. Vésicule ovarienne.

OVISCAPTE s. m. (lat. *ovum*, œuf; gr. *skapto*, je creuse). Entom. Prolongement de l'abdomen à l'aide duquel certains insectes introduisent ou déposent leurs œufs dans la terre ou dans certains corps.

OVO (Ab). Voy. AB OVO.

OVIVORE adj. (lat. *ovum*, œuf; *voro*, je dévore). Zool. Qui se nourrit d'œufs.

OVOGÉNIE s. f. (lat. *ovum*, œuf; gr. *genos*, naissance). Physiol. Production et développement de l'œuf.

* OVOÏDE adj. (lat. *ovum*; œuf gr. *eidos*, aspect). Didact. Qui est en forme d'œuf, qui a la forme d'un œuf: *fruit ovoïde; glandes ovoïdes.*

OVOIR s. m. Techn. Ciselet servant à faire des ovales en relief sur les métaux.

OVOLOGIE s. f. (lat. *ovum*, œuf; gr. *logos*, discours). Traité sur les œufs.

OVOPHORIDIE s. f. (lat. *ovum*, œuf; *fero*, je porte: gr. *vidos*, forme). Corps reproducteur qui représente, dans certains genres de champignons et d'algues, l'organe femelle des plantes phanérogames.

OVOVIVIPARE adj. (lat. *ovum*, œuf; *vivus*, vivant; *pario*, j'engendre). Zool. Se dit des animaux qui gardent leurs œufs dans leurs corps jusqu'à la fin de l'incubation et qui mettent ainsi au jour des petits vivants.

OVULAIRE adj. (rad. *ovule*). Hist. nat. Dont la forme et la grosseur se rapprochent d'un œuf de poule. — Bot. Qui a rapport à l'ovule.

OVULATION s. f. Physiol. Évolution de l'œuf qui s'échappe de l'ovisac et de l'ovaire; ensemble des phénomènes menstruels qui accompagnent cette évolution.

* **OVULE** s. m. (dimin. lat. de *ovum*, œuf). Physiol. Produit jeune et non encore fécondé de l'ovaire.

OVULIFORME adj. (fr. *ovule*; et *forme*). Qui a la forme et la grosseur d'un petit œuf.

OWEN (John) [ô'-enn], théologien anglais, né en 1645, mort en 1683. En avril 1646, connu déjà comme controversiste et prédicateur éloquent, il fut appelé à prêcher devant le parlement. Cromwell fit de lui son chapelain particulier, et lorsqu'il eut reçu les fonctions de doyen de Christ Church College, à Oxford, il le fit en outre chancelier de l'université. De 1667 à 1670, ayant refusé l'offre d'un bénéfice que lui faisait Clarendon, à condition qu'il cesserait d'être dissident, il prit la direction d'une congrégation à Londres, où son éloquence attira beaucoup de membres de la noblesse. C'était un calviniste rigide. Il y a des éditions de ses œuvres complètes en 21 vol. (Londres, 1826) et en 24 vol. (Édimbourg, 1859).

OWEN. I. (Robert), réformateur socialiste anglais, né dans le pays de Galles en 1771, mort en 1858. En 1799, il épousa la fille de David Dale, auquel il avait, avec d'autres, acheté le village et les filatures de coton de New Lanark, en Écosse. Il y introduisit un système de réformes qui, pendant un temps, fut couronné du plus grand succès. En 1812, il publia *New Views of Society*, et plus tard, un livre du nouveau monde moral (*Book of the New Moral World*), ainsi que différents autres ouvrages, où il soutenait une modification de la doctrine communiste. Il alla, en 1823, aux États-Unis et essaya d'y fonder une société communiste à New-Harmony (Indiana); mais son plan échoua, il revint en 1827 en Grande-Bretagne, où il fit des expériences de même nature, suivies du même résultat à Orbiston dans le Lanarkshire, à Tytherley dans le Hampshire. En 1828, il alla au Mexique, invité par le gouverneur du pays à y faire ses expériences, mais il n'arriva à rien d'effectif. Il retourna en Amérique plusieurs fois. Ses idées sont clairement développées dans ses *Lectures on a New State of Society*, dans *Essays on the Formation of Human character*, dans *Outline of the rational System*, et surtout dans le *Book of the New moral World*, où il se posait comme la fondateur d'un système de religion et de société basé sur la nature. A la fin, il devint spirite. — II. (Robert-Dale), son fils aîné, écrivain américain, né à Glasgow en 1801, mort en 1877. En 1828, il commença à New-York, avec Francis Wright, *The Free Enquirer*, journal hebdomadaire qui vécut trois ans. Il se fixa ensuite à New-Harmony, où il fut trois fois (1835-'38) membre de la législature de l'Indiana. En 1853, il fut nommé chargé d'affaires à Naples et, en 1855, ministre; il y resta jusqu'à 1858. Il croyait au spiritisme depuis bien des années. Ses principaux ouvrages sont : *Moral Physiology* (1831); *Footfalls on the Boundary of Another World* (1860); *The Wrong of Slavery and the Right of Emancipation* (1864); *Beyond the Breakers*, roman (1870); *The Debatable Land between this World and the Next* (1872), et *Threading my Way* (1874), qui est son autobiographie. — III (David-Dale), frère du précédent, géologue, né en Écosse en 1807, mort en 1860. Il dirigea les explorations géologiques de l'Indiana, de l'Iowa, du Wisconsin, du Minnesota, du Kentucky et le l'Arkansas; et il publia à ce sujet plusieurs rapports fort étudiés.

OWEN (William), peintre anglais, né en 1769, mort en 1825. Il était élève de sir Joshua Reynolds, et peignit les portraits de

quelques-uns des hommes les plus célèbres du temps. Il a aussi peint, entre autres ouvrages : *l'Enfant du Mendiant de Bethnal Green*; *La Sleeping Girl*, et *The Children in the Wood*.

OWOSSO [o-ouoss'-so], ville du Michigan, sur le Shiawassee, à 118 kil. N.-O. de Detroit par chemin de fer; 2,448 hab. (1874). Fonderies; objets en bois, chaussures, tuiles; commerce de grains. La ville possède une source minérale et un établissement de bains.

OX ou **Oxy** [okss] (gr. *oxus*, acide, aigu). Préfixe qui entre dans la formation d'un certain nombre de mots et signifie, en chimie, *acide* ou *oxyde* et, en histoire naturelle, *aigu*.

OXACIDE s. m. [o-ksa-si-de] (préf. *ox*; fr. *acide*). Chim. Acide résultant de la combinaison d'un corps simple avec l'oxygène.

* **OXALATE** s. m. [o-ksa-]. Chim. Sel produit par l'acide oxalique et une base.

OXALATÉ, ÉE adj. Chim. Converti en oxalate.

OXALHYDRATE s. m. (fr. *oxalide* et *hydrate*). Chim. Sel résultant de la combinaison de l'acide oxalhydrique avec une base.

OXALHYDRIQUE adj. (fr. *oxalide* et *hydrique*). Chim. Se dit d'un acide produit par l'action de l'acide azotique faible sur la cellulose.

* **OXALIDE** s. f. [o-ksa-] (gr. *oxalis*, oseille). Bot. Genre d'oxalidées, comprenant de très nombreuses espèces d'herbes à feuilles alternes, pétiolées, composées, qui croissent, pour la plupart, dans l'Amérique méridionale et au cap de Bonne-Espérance; quatre espèces sont indigènes d'Europe. La plus commune est la *petite oseille* ou *oseille des bois* (*oxalis acetosella*), appelée aussi *oseille blanche*, *surette*, *alleluia*, *pain-de-pourceau*, etc. Elle porte, vers le mois d'avril, des fleurs blanches. Sa saveur est piquante et acide, en raison du bioxalate de potasse ou sel d'oseille qu'elle contient en abondance. Ses longs pétioles sont pourvus de trois folioles obovées, d'un vert délicat, et ses tiges florales, hautes de 5 à 8 centim., portent chacune une fleur solitaire, avec des pétales blancs veinés de rouge. Cette oxalide partage avec le trèfle blanc (*trifolium repens*), l'honneur de passer pour le vrai *shamrock*, ou plante nationale d'Irlande; Bentham la regarde comme le véritable shamrock, par la raison qu'elle est originaire d'Irlande, tandis que le trèfle est d'introduction relativement récente. L'oseille violette des bois (*oxalis violacea*) a un aspect général analogue à celui de la précédente; mais chacune de ses tiges florales porte plusieurs fleurs en ombelle, et leur couleur est violette. On cultive un grand nombre de variétés d'oxalides; ce sont des plantes recherchées pour les serres et les jardinières, car elles produisent quantité de fleurs brillantes et gaies.

OXALIDÉ, ÉE adj. Bot. Qui ressemble ou qui se rapporte au genre oxalide. — s. f. pl. Famille de plantes dicotylédones comprenant les genres oxalide et averrhoa.

* **OXALIQUE** adj. Chim. Se dit d'un acide qui existe dans les oxalides et qui fut découvert par Scheele en 1776, ou, d'après quelques-uns, par Bergman; formule : $H^2 C^2 O^4$, $2 H^2 O$; équivalent chimique, 126. L'acide oxalique se trouve dans les végétaux, les animaux et rarement dans les minéraux, comme sous forme de sesquioxalate de fer dans l'humboldtite. Il entre fréquemment dans la composition du suc des plantes. Son nom vient de ce qu'il donne aux feuilles de l'*oseille des bois* (*oxalis acetosella*) leur goût très acide. Dans cette plante comme dans l'oseille commune (*rumex acetosa*), il se présente en combinaison avec la potasse, à l'état de bioxalate de potasse. Combiné avec la chaux, il donne

de la solidité à beaucoup de lichens; on le trouve dans les racines de la rhubarbe, de la valériane et d'autres plantes. On l'obtient artificiellement au moyen de l'oxydation du sucre ou de la fécule par l'acide nitrique; en Angleterre, pour l'impression des calicots, on le fabrique sur une large échelle en chauffant de la sciure de bois avec un mélange d'hydrate de potasse. Il cristallise en prismes à quatre ou six pans, transparents et incolores. Ces cristaux sont très aigres, et se dissolvent dans neuf parties d'eau froide, ou dans une partie environ d'eau bouillante. L'acide oxalique forme deux sels d'une importance spéciale : le bioxalate de potasse et l'oxalate de chaux. Le premier, connu sous le nom de sel d'oseille et appelé quelquefois sel d'oseille, ploie pour enlever les taches d'encre en formant un double sel de potassium et du métal dont l'oxyde ou le composé produit la tache. En raison de sa grande affinité pour la chaux, cet acide est un excellent réactif pour déceler la présence de la chaux dans les solutions. — L'acide oxalique est un poison corrosif, extrêmement virulent et rapide dans ses effets lorsqu'il est ingéré dans l'estomac à hautes doses. On doit administrer immédiatement l'émétique, ou appliquer la pompe stomacale; mais le véritable antidote consiste à avaler une grande quantité d'eau contenant de la craie pulvérisée ou de la magnésie, ce qui fait former un oxalate de chaux insoluble. L'acide oxalique est d'un grand usage dans l'impression des calicots, pour faire dégorger les couleurs; il sert aussi à nettoyer la paille des fabricants de chapeaux, et le cuir des bottes, et à enlever les taches d'encre ou de rouille sur les tissus.

OXALITE s. f. Substance de couleur jaune qu'on trouve en cristaux capillaires formant une sorte d'enduit sur certains lignites.

OXAMIDE s. f. (préf. *ox*; fr. *amide*). Chim. Amide de l'acide oxalique.

OXENFORD (John) [ox'-enn-fordd], écrivain anglais, né en 1812, mort en 1877. Il publia des traductions de l'autobiographie de Gœthe, des Conversations d'Eckermann avec Gœthe et de la *Hellas* de Jacobs, *Illustrated Book of French-Songs*, et une traduction de l'Essai de Kuno Fischer sur lord Bacon et sa philosophie. Il a aussi donné plusieurs pièces de théâtre.

OXENSTIERN [oks'-ênn - stirnn] (suéd. OXENSTJERNA, ox-enn-cherr-na)(Axel, COMTE), homme d'État suédois, né en 1583, mort le 28 août 1654. En 1608, il fut fait membre du sénat et lorsque Charles IX ne put plus régner, il fut choisi pour président du conseil de régence. A l'avènement de Gustave-Adolphe en 1611, il fut nommé chancelier, conclut une paix entre le Danemark et la Suède en 1613, et en 1617 négocia le traité de Stolbova avec les Russes. Il joua un rôle dominant dans les affaires de la guerre de Trente ans, et lors de la mort de Gustave-Adolphe à Lutzen en 1632, il assuma la tâche de la continuer. Il fut le réel maître pendant la minorité de Christine, et gouverna de façon que, lorsqu'elle arriva à sa majorité en 1644, le royaume était dans la condition la plus prospère. Dans la suite, les intrigues des courtisans sapèrent peu à peu son influence. Quelques-uns de ses écrits, y compris sa correspondance avec son fils, ont été publiés.

OXFORD s. m. Comm. Toile de coton rayée ou quadrillée.

OXFORD [ox'-fordd] (lat. *Oxonium*), ville d'Angleterre, capitale de l'Oxfordshire, sur une colline en pente douce, entre le Chervell et l'Isis ou la haute Tamise, qui ont là leur confluent, à 52 kil. O.-N.-O. de Londres; 34,554 hab. Bien qu'irrégulièrement bâtie, avec des rues et ☐ ruelles étroites et tortueuses, et un petit nombre seulement de beaux quartiers, elle présente à distance une apparence pittoresque et imposante. La cathédrale sert de chapelle à Christ Church College, et l'église de Sainte-Marie est celle de

Université d'Oxford.

l'université. C'est de l'université que la ville tire presque toutes ses ressources. On ne sait pas la date de sa fondation. Le pape Martin II (vers 882) la cite déjà comme un centre d'érudition.

OXFORDSHIRE, un des comtés méridionaux de l'Angleterre; 4,902 kil. carr.; 177,936 hab. Au S.-E. se trouvent les collines de Chiltern, pleines de forêts et de bandes de terres fertiles; le centre et le nord du comté sont presque entièrement plats, mais bien cultivés. La population s'adonne surtout à l'agriculture. Le pays a depuis longtemps de la réputation pour ses beaux bois et l'abondance de ses prairies et de ses pâturages. Les villes principales sont : Oxford, la capitale ; Woodstock et Banbury.

OXHYDRIQUE adj. Chim. Se dit d'un gaz formé d'oxygène et d'hydrogène.

OXUS [o-ksuss], nom classique et cependant donné communément encore au fleuve Amou Darya ou Jihoon, dans l'Asie occidentale. Sa source se trouve à environ 5,000 m. au-dessus du niveau de la mer, dans le Sir-i-kol (lac Sir) ou lac Victoria, district de Pamir; il prend de là une direction N.-O. à travers Bakhara et Khiva, et va tomber par plusieurs bouches dans la mer d'Aral. Cours, de 1,800 à 4,900 kil. Pendant les 500 premiers kil. de son cours supérieur, on l'appelle Panja. Il devient navigable près de sa jonction avec le Koksha. Son delta est peu profond et marécageux. La plus grande largeur de la branche principale est de 1,000 m. environ, et sa plus grande profondeur dépasse un peu 5 brasses. Il semble établi d'une manière concluante que l'Oxus se déchargeait à une certaine époque dans la mer Caspienne.

OXYBASE s. f. (préf. *oxy*; fr. *base*). Chim. Oxyde jouant le rôle de base.

OXYCÈDRE s. m. (préf. *oxy*; fr. *cèdre*). Bot. Nom scientifique du genévrier cade.

OXYCHLORATE s. m. (préf. *oxy*; fr. *chlorate*). Chim. Sel produit par la combinaison de l'acide oxychlorique avec une base.

OXYCHLORIQUE adj. Chim. Se dit de l'un des acides du chlore.

OXYCHLORURE s. m. Chim. Composé de chlore, d'oxygène et d'un troisième élément.

OXYCLADÉ, ÉE adj. (préf. *oxy*; gr. *klados*, rameau). Bot. Qui a des ramifications pointues.

OXYCRAT s. m. Boisson qui se fait avec de l'eau, du vinaigre et du sucre : *boire de l'oxycrat pour se rafraîchir.*

OXYDABILITÉ s. f. Etat de ce qui est oxydable.

OXYDABLE adj. Chim. Qui peut s'oxyder : *le manganèse est un métal très oxydable.*

OXYDATION s. f. Chim. Action d'oxyder; état de ce qui est oxydé.

OXYDE s. m. [o-ksi-de] (gr. *oxus*, acide). Chim. Résultat de la combinaison de l'oxygène avec quelque autre substance : *oxyde métallique.* — Encycl. Ce qui caractérise l'oxygène, c'est la vigueur avec laquelle il entretient la combustion. Si nous plongeons un morceau de bois incandescent dans un récipient plein d'oxygène, le bois s'enflamme aussitôt; le charbon, le soufre, le phosphore brûlent avec beaucoup plus d'éclat dans l'oxygène que dans l'air; et certaines substances incombustibles dans l'air, comme un ressort de montre, par exemple, peuvent brûler rapidement dans l'oxygène. Lorsqu'une substance subit la combustion dans ce gaz, elle se combine avec lui et forme ce que l'on appelle Oxyde; et quelques oxydes dissous dans l'eau produisent des *acides*, d'où vient le mot Oxygène. Mais un grand nombre d'oxydes ne possèdent aucune propriété acide. Les oxydes sont très différents les uns des autres. Tous les oxydes métalliques sont solides et la plupart sont insolubles dans l'eau; plusieurs sont des bases, c'est-à-dire forment des sels sous l'action des acides. Les uns sont blancs, d'autres noirs, rouges, jaunes, verts ou bruns. Un petit nombre, comme l'hématite (peroxyde de fer) et la cassitérite (oxyde d'étain) se trouvent en grandes masses minérales et constituent de riches minerais. — Notre figure montre la manière de séparer les éléments de l'oxyde de mercure. Si un peu d'oxyde (appelé quelquefois *précipité rouge*) est placé au fond d'une éprouvette tubulaire en verre et chauffé à la flamme d'une lampe à alcool (a), cet oxyde change d'abord de couleur; il devient presque noir. Si nous plaçons en ce moment à l'ouverture du tube un morceau de bois sec embrasé (c), mais ne flammant pas, nous le verrons jeter des flammes brillantes, et se consumer rapidement. Cette activité de la combustion annonce le dégagement de l'oxygène. Sur le côté (b) du tube se forme un miroir dû au dépôt du mercure. — Oxyde d'antimoine, *fleurs argentines d'antimoine, neige d'antimoine,* oxyde obtenu par la calcination de l'antimoine au contact de l'air dans un creuset incomplètement fermé (Sb^2O^3). L'oxyde d'antimoine forme de petits cristaux; il est la base de l'émétique. Dans ses combinaisons avec les alcalis, il joue le rôle d'acide. — Oxyde de bismuth. Il existe deux oxydes de bismuth : l'un appelé *sesquioxyde* (Bi^2O^3); quand il est anhydre, il est pulvérulent, jaune clair; hydraté, il se présente sous forme de poudre blanche. Dans le 1er cas, il s'obtient en brûlant le bismuth à l'air ou en décomposant le sous-azotate de bismuth par la chaleur; dans le 2e cas, il s'obtient en décomposant le sous-azotate de bismuth par un alcali; l'autre, appelé *sous-oxyde* de bismuth; c'est une poudre noire, qui, à une température supérieure à 300°, se transforme en acide bismuthique. Sa formule est Bi^2O^3. — Oxyde de baryum. (Voy. Baryum.)

Séparation des éléments de l'oxyde de mercure.

OXYDENDRON s. m. [ok-si-dain-dron] (préf. *oxy*; gr. *dendron*, arbre). Bot. Genre d'éricinées comprenant une seule espèce d'arbres (*oxydendrum arboreum*), qui croît aux Etats-

Unis où il atteint quelquefois 20 m. de haut. On le nomme aussi Arbre a l'oseille; on le cultive dans nos jardins comme plante d'or-

Arbre à l'oseille (oxyoandrum arboreum).

nement. Ses feuilles sont acidules, rafraîchissantes et peuvent remplacer l'oseille pour les usages domestiques.

OXYDER v. a. Chim. Réduire à l'état d'oxyde : *l'air oxyde le fer.* — S'oxyder v. pr. *Le fer s'oxyde à l'air.*

OXIGÉNABLE adj. Chim. Qui est susceptible de se combiner avec l'oxygène.

OXIGÉNATION s. f. Chim. Action d'oxygéner; état de ce qui est oxygéné.

OXYGÈNE s. m. [o-ksi-jè-ne] gr. *oxus*, acide; *gennaô*, je produis). Chim. L'un des principes de l'air atmosphérique, qui entretient la respiration et la combustion, et qui, combiné avec différentes substances, forme les oxydes et la plupart des acides : *l'oxygène est un gaz.* — Adjectiv. *Le gaz oxygène.* — Encycl. L'oxygène est le plus abondant et le plus important de tous les corps élémentaires. A l'état libre, il se présente sous une forme gazeuse, incolore, inodore, insipide. Symbole, O; poids atomique, 16. Il constitue les huit neuvièmes en poids de l'eau répandue

Production de l'oxygène par le bioxyde de manganèse.

sur le globe, dans laquelle il est combiné avec l'hydrogène; et environ un cinquième de la masse entière de l'atmosphère, où il est mêlé à l'azote et à quelques autres gaz. En combinaison avec la silice et d'autres métaux, il forme des oxydes qui constituent environ la moitié de la croûte terrestre. Il fut découvert le 1er août 1774, par Priestley, qui l'obtint en chauffant de l'oxyde de mercure. (Voy. Oxyde.) Presque simultanément le Suédois Scheele se le procura l'année suivante. Il reçut de ces deux savants les noms d'air déphlogistiqué et d'air empyréal. C'est Lavoisier qui se servit le premier du terme oxygène, et qui crut à tort que ce gaz est essentiel à la constitution de tout acide. On peut obtenir l'oxygène par diverses méthodes, qui reposent sur des principes physiques et chimiques différents. On peut le séparer mécaniquement de l'azote de l'atmosphère en appliquant le principe de l'osmose dans la dialyse. On peut le tirer de l'eau par l'électrolyse; de plusieurs de ses composés par l'action désassociante de la chaleur; d'autres oxydes métalliques plus élevés, soit par la chaleur seule, soit par l'action de la chaleur jointe à celle de quelque autre substance qui s'unit à un oxyde inférieur, laissant ainsi libre une partie de l'oxygène. Jusqu'à ces derniers temps, la façon ordinaire de le préparer en grande quantité était de soumettre du bioxyde de manganèse à la chaleur rouge dans une cornue en fonte, d'où part un tube, qui passe à travers un flacon laveur contenant une solution alcaline, et aboutit à un récipient renversé. On peut aussi l'obtenir en décomposant l'acide sulfurique dont on fait passer la vapeur sur du platine chauffé au rouge, ce qui donne pour produits de l'acide sulfureux, et de l'oxygène, H³SO⁴ = H³O + SO³ + O. Deville et Debray recommandent ce procédé comme le moins coûteux dans la fabrication en grand.

Combustion du phosphore dans l'oxygène.

Pour les expériences, on le prépare d'ordinaire en décomposant par la chaleur du chlorate de potasse, K Cl O³, qui devient K Cl + 3O. On mêle habituellement du bioxyde de manganèse au chlorate de potasse pour l'action. — L'oxygène est le moins réfractif de tous les gaz. Comparé à l'air atmosphérique, il est comme 0.83 est à 1. Il a été liquéfié par Pictet de Genève, le 22 déc. 1877, sous une pression de 320 atmosphères, à une température de — 95°. Son poids spécifique est 1.1056, ou 16 fois celui de l'hydrogène. Son calorique spécifique, comparé avec celui d'un égal volume d'air, suivant de la Roche et Bérard, est de 0.9765. Faraday a montré que c'est le plus magnétique de tous les gaz; comparé à l'air, sa capacité magnétique est comme 5 est à 1; comparé à l'azote, environ comme 40 est à 1. A cet égard, il occupe parmi les gaz une place semblable au fer parmi les métaux, et, son magnétisme est détruit par la chaleur comme celui de ce dernier métal, mais, à cause de sa nature gazeuse, le magnétisme revient quand le gaz refroidit, tandis que le fer reste démagnétisé parce que ses molécules ont subi une déformation. Faraday a émis l'idée que la variation diurne de l'aiguille aimantée peut être due à l'augmentation ou à la diminution de la force magnétique que possède l'oxygène de l'atmosphère, par suite de la variation de la chaleur solaire. L'eau ne dissout l'oxygène qu'en petite quantité; 100 volumes d'eau à 17° C. dissolvent 3 volumes de gaz, et à 0° C., environ 4 volumes. L'air tenu en dissolution dans les eaux terrestres contiennent une bien plus grande proportion d'oxygène que l'air atmosphérique, et c'est cette condition qui le rend propre à la respiration des animaux aquatiques. L'oxygène est ce qu'on appelle habituellement un actif agent de combustion; la plupart des corps appelés combustibles, comme les gaz hydrogène et carbohydrogène, le charbon de terre, le nelz, les huiles, brûlent avec vivacité dans l'oxygène lorsqu'ils sont élevés à la chaleur rouge. Le phosphore, allumé dans une petite coupe attachée à un fil de fer recourbé, et plongé dans un vaisseau plein d'oxygène, brûle avec un excessif éclat. Les produits de l'union de l'oxygène avec les autres éléments, particulièrement avec leurs composés binaires, s'appellent oxydes (voy. ce mot); tels sont les oxydes des métaux, comme la chaux ou oxyde de calcium, la potasse ou oxyde de potassium, et la litharge ou oxyde de plomb; et les oxydes des éléments non métalliques, comme les oxydes d'azote, l'oxyde nitrique. (Voy. Azote.) On trouvera les différents oxydes aux articles traitant des éléments dont ils sont formés. — Bien que l'oxygène, comme on l'a fait remarquer, ne soit pas nécessaire, ainsi que

le supposait Lavoisier, à la production de tous les acides, il n'y a cependant pas de corps non-métallique qui soit aussi généralement lié à la production des acides dans les composés. Parmi les différentes combinaisons qu'un métal forme avec l'oxygène, les composés qui contiennent le moins de cet élément ne sont pas acides, mais jouent le rôle de bases, tandis que ceux qui sont plus fortement oxydés sont acides. On en voit des exemples dans les différents oxydes de manganèse et de fer. (Voy. Manganèse.) Dans ces combinaisons de l'oxygène avec l'azote, on remarque des résultats semblables. (Voy. Azote.) Une des importantes applications du gaz oxygène est l'emploi qu'on en fait dans le chalumeau à gaz oxyhydrogène, qui, sauf la batterie électrique, fournit le plus haut degré connu de chaleur artificielle. L'épreuve ordinaire du chalumeau à bouche, dans laquelle un petit bouton de métal s'oxyde ou se désoxyde suivant qu'il est placé à l'extérieur ou à l'intérieur de la flamme, est due à l'action de l'oxygène, et l'opération de la coupellation repose sur le même principe. Dans cette opération on se sert souvent avec avantage de nitrate de potasse (K³ NO³). L'oxygène est un des plus importants facteurs de la vie animale, et les anciens chimistes l'appelaient pour cela l'air vital. Dans la fermentation, l'oxygène joue un rôle actif dans le développement de la levure et dans l'oxydation du gluten; dans la transformation de l'amidon en glucose et de la glucose en alcool; enfin, dans la transformation ultérieure de l'alcool en acide acétique. La fonction de la respiration animale se fait en vertu d'un mécanisme par lequel l'absoption de l'oxygène atmosphérique par le sang s'opère dans les capillaires des poumons, en raison de l'affinité de ce gaz pour un constituant des globules du sang, lequel constituant possède la propriété d'absorber une quantité additionnelle d'oxygène; et, grâce à ce dernier, le sang, de pourpre qu'il était, prend une nuance d'un rouge vif ou écarlate. L'oxygène est susceptible d'allotropie. Quand on fait agir sur lui l'électricité et quand il se trouve sous certaines conditions, il subit une modification allotropique particulière et a reçu le nom d'ozone et d'antozone. (Voy. ces mots.)

* OXYGÉNER v. a. Chim. Opérer la combinaison d'un corps avec l'oxygène. On dit plus ordinairement OXYDER, quand il s'agit de métaux.

OXYGÉNÈSE s. f. (rad. oxygène). Pathol. Maladie attribuée à un trouble dans l'oxygénation des parties.

OXYGÉNIFÈRE adj. (rad. oxygène; lat. fero, je porte). Qui porte l'oxygène. — Corpuscules oxygénifères, nom donné quelquefois aux globules du sang.

* OXYGONE adj. (préf. oxy; gr. gônos, angle). Géom. Il est principalement usité dans cette expression, Triangle oxygone, triangle dont tous les angles sont aigus. On dit mieux Triangle acutangle.

OXYHÉMOGLOBINE s.f. (préf. oxy; gr. aima, sang.; fr. globe). Nom que l'on donne à l'hémoglobine quand les globules sanguins ont absorbé de l'oxygène. (Voy. Sang.)

OXYHYDROGÈNE adj. Se dit d'un mélange d'oxygène et d'hydrogène. — Chalumeau à gaz oxyhydrogène ou simplement Chalumeau oxyhydrogène, chalumeau inventé par Robert Hare, de Philadelphie, au commencement du XIXᵉ siècle. Un mélange d'oxygène et d'hydrogène produit un jet, qui s'enflamme juste au point où les deux gaz se mêlent l'un à l'autre et développe une chaleur intense bien supérieure à tout ce que l'on avait obtenu avant cette époque. La chaux pure, frappée par la flamme du chalumeau oxyhydrogène, donne une lumière beaucoup plus intense

que celle qu'elle produit par tout autre moyen. C'est sur cet effet lumineux qu'est basé un système d'éclairage des phares (Voy. Drummond.) Peu de substances peuvent résister à la température du chalumeau oxyhydrogène. Le platine fond instantanément. L'or se volatilise dès qu'on le met en contact avec le borax. Un cristal de quartz fond avec une belle lumière. — Lanterne oxyhydrogène, lanterne magique dans laquelle la lumière de chaux est employée au lieu de celle de la lampe à huile. — Microscope oxyhydrogène, lanterne oxyhydrogène, disposée de manière à projeter une image grossie.

OXYIODURE s. m. (pr. oxy; fr. iodure). Chim. Composé d'un iodure et d'un oxyde métallique, corps analogue aux oxychlorures.

OXYMANGANATE s. m. (préf. oxy; fr. manganate). Chim. Sel formé par la combinaison de l'acide oxymanganique avec une base.

OXYMANGANIQUE adj. Chim. Se dit de l'un des oxydes de manganèse.

* OXYMEL s. m. (préf. oxy; lat. mel, miel). Boisson qui se fait avec de l'eau, du miel et du vinaigre.

OXYRHYNQUE adj. (préf. oxy; gr. rugkos, bec). Entom. Qui a le bec ou le rostre aigu.

OXYSTOME adj. (préf. oxy; gr. stoma, bouche). Hist. nat. Dont la bouche ou l'ouverture est à bords tranchants ou de forme aiguë.

OXYSULFURE s. m. (préf. oxy; fr. sulfure). Chim. Composé de soufre, d'oxygène et d'un troisième élément. — Oxysulfures d'antimoine, appelés aussi verre d'antimoine, foie d'antimoine, crocus. Ces divers oxysulfures sont produits par le grillage du sulfure d'antimoine naturel. Le verre d'antimoine contient 8 parties d'oxyde et 4 de sulfure; il est rouge, vitreux et transparent; le foie d'antimoine contient 8 parties d'oxyde et 4 de sulfure; il est opaque et d'un brun foncé; le crocus contient 8 parties d'oxyde et 2 de sulfure; il est opaque et d'un rouge jaune.

OXYURE adj. (préf. oxy; gr. oura, queue). Zool. Qui a la queue terminée en pointe.

* OYANT, ANTE adj. verbal employé substantiv. [o-ian] (rad. ouir). Pratiq. Celui, celle à qui on rend un compte en justice : le compte de tutelle se rend aux dépens des oyants.

OYAPOCK, fleuve de l'Amérique du Sud qui trace une partie de la limite entre la Guyane française et la Guyane brésilienne et se jette dans l'Atlantique par un large estuaire, après un cours d'environ 310 kil.

OYER s. m. (rad. oie). Marchand d'oies rôties; rôtisseur.

OYESTREHAM ou Ouistreham, village et port maritime du cant. de Douvres (Calvados), arr. et à 16 kil. N. de Caen, à l'embouchure de l'Orne et au point où le canal de Caen se déverse dans la mer; par 49° 16' 37" lat. N. et 2° 35' 43" long. O.; 1,200 hab. Oyestreham sert de port de relâche ou d'allègement aux navires qui remontent à Caen. Deux feux fixes sont à l'extrémité N. de ses estacades et un autre au haut du clocher, à 30 m. au-dessus du niveau de la mer. Belle église de style roman (mon. hist.).

OYONNAX, ch.-l. de cant., arr. et à 20 kil. N.-E. de Nantua (Ain); 6,000 hab. Fabriques de peignes; tabletteries.

OZAKA, ville du Japon, au S.-O. de la grande île, sur le Yodogawa et près de son embouchure, à 39 kil. S.-O. de Kioto; 373,000 hab. C'est une des trois îons impériales; elle est défendue par un château et deux forts. Les rues sont étroites et coupées à angle droit, divisant la ville en îlots de grandeur uniforme. Les nombreux canaux de la ville sont traversés par plus de 1,000 ponts de bois et de fer. On compte 1,380 temples bouddhistes, 538 autels shinto, 2 églises catholiques pour les indigènes, un collège du gouvernement, un hôtel des monnaies. Depuis l'ouverture du port et l'établissement de magasins étrangers, en 1868, Ozaka a rapidement acquis une grande importance commerciale.

OZANAM (Antoine-Frédéric), écrivain français, né en 1813, mort en 1853. Étant étudiant en droit à Paris, il prit part à la formation d'une association charitable (1833), qui fut l'origine de la société de Saint-Vincent de Paul. Il fut suppléant de Fauriel dans la chaire de littérature étrangère à la Sorbonne, et, en 1844, lui succéda comme professeur. Il a écrit différents ouvrages dans un esprit ultramontain, y compris *Dante et la philosophie catholique au XIIIᵉ siècle* (éd. augmentée, 1845).

OZANEAUX (Georges), littérateur et poète, né à Paris en 1795, mort en 1852. Il fut successivement professeur au lycée Charlemagne puis recteur à Bourges, à Clermont-Ferrand et à Toulouse et enfin inspecteur général de l'université. Il a laissé : le *Dernier jour de Missolonghi*, drame en trois actes et en vers libres; *La Pérouse*, tragédie en 5 actes; la *Mission de Jeanne d'Arc*, chronique en vers (1835, 1 vol. in-8°). Ozaneaux a réuni ses œuvres poétiques sous le titre : *Erreurs poétiques* (Paris, 1849, 3 vol. in-8°). Dans le genre classique, il a laissé : *Les Romains ou Tableau des institutions politiques, religieuses et sociales de la République romaine* (Paris, 1845, 1 vol. in-8°); *Dictionnaire français-grec*, en collaboration avec Roger et Ebling (Paris, 1847); *Histoire de France jusqu'au règne de Louis-Philippe 1ᵉʳ*, ouvrage couronné par l'Académie française (Paris, 1850, 2 vol. in-8°); etc.

OZARK (Monts), sont de hautes collines, atteignant par endroits 1,500 et 2,000 pieds, commençant à la rivière du Missouri, dans le Missouri entre les rivières Gasconade et Osage, et s'étendant au S.-O. à travers la partie N.-O. de l'Arkansas, jusque dans le territoire indien, pour se terminer près de la rivière Rouge. Les monts de Boston ou collines Noires (*Black hills*), et la chaîne des monts Washita ou Masserne, dans l'Arkansas, en sont des contreforts.

OZÈNE s. m. (gr. *ozaina*, puanteur). Méd. Ulcère du nez qui communique à l'haleine une odeur fétide. (Voy. CORYZA.)

OZEROV (Wladislas-Alexandrovitch), poète russe, né en 1770, mort en 1816. Il a laissé : la *Mort d'Oleg* (1798); *Œdipe à Athènes* (1804); *Fingal* (1805); *Dmitri* (1807). Ces deux derniers ouvrages ont été traduits en français par Alexis de Saint-Priest.

OZOLES. Voy. LOCRIDE.

OZOLIEN, IENNE adj. Qui a rapport aux Locriens Ozoles ou à la contrée habitée par ce peuple.

OZONE s. m. (gr. *ozaina*, puanteur). Chim. Oxygène dans une condition allotropique particulière, qui se manifeste par une odeur spéciale et par un pouvoir oxydant plus considérable : *l'ozone a été découvert par Schœnbein*. — ENCYCL. Vers la fin du dernier siècle, van Marum, pendant ses expériences avec une puissante machine électrique, fit les premières observations sur l'ozone, en notant son odeur particulière et le pouvoir qu'il possède d'attaquer le mercure. Schœnbein, qui fut le premier à étudier la question d'une façon satisfaisante, en fit l'objet d'une communication à l'académie de Munich, en 1840. Il trouva que, dans l'électrolyse d'une eau acidulée, le gaz accumulé au pôle positif avait une odeur particulière, semblable à celle qu'on observe pendant le passage d'une étincelle de la machine électrique ordinaire, ou à celle qui accompagne un éclair. Le gaz se trouve être de l'oxygène, mais avec de nouvelles propriétés, parce qu'il avait pris une condition allotropique. Schœnbein découvrit bientôt après que l'oxydation lente du phosphore dans l'air humide ou dans l'oxygène est suivie de l'apparition du même corps, qui reçut le nom d'ozone. On peut commodément préparer l'ozone par l'un des procédés suivants : 1° En faisant passer un courant d'air humide à travers une série de bouteilles de Woulfe contenant des bâtons de phosphore; 2° en soumettant à l'électrolyse un mélange composé, d'après Andrews, d'un volume d'acide sulfurique et de trois volumes d'eau; 3° par l'oxydation lente de l'éther, de l'huile de thérébentine, et d'autres huiles essentielles; 4° en transmettant un courant d'oxygène à travers un tube dans lequel sont scellés deux fils de platine ayant leurs pointes à une petite distance l'une de l'autre, en faisant communiquer l'un des fils avec le premier conducteur d'une machine électrique et l'autre fil avec le sol; 5° par une méthode d'induction imaginée par Siemens: un long tube de verre est garni intérieurement d'une feuille d'étain; un tube plus grand, garni extérieurement d'une feuille d'étain, passe au-dessus du plus petit, laissant entre les deux un espace à travers lequel on amène un courant d'oxygène pur et sec. Ce courant s'électrise par induction lorsqu'on met les deux garnitures des tubes en contact avec les extrémités des fils d'une bobine d'induction. On dit que par ce moyen on peut convertir en ozone de 10 à 15 p. 100 d'oxygène. Schœnbein regardait l'ozone comme un oxygène négatif d'une façon permanente, et il croyait aussi qu'il y avait un oxygène positif d'une façon permanente, qu'il nommait l'antozone; mais, d'après les expériences de von Babo, de sir Benjamin Brodie et d'autres, il est probable que le prétendu antozone de Schœnbein est le peroxyde d'hydrogène de Thénard.—L'ozone est insoluble dans l'eau, dans l'alcool et dans l'éther, quoique M. Carius affirme que 200 volumes d'eau absorbent environ un volume de gaz. Son poids spécifique est plus grand que celui de l'oxygène dans les proportions de 3 à 2. L'air contenant de l'ozone a une action irritante sur les poumons quand on le respire, et lorsque de grandes quantités sont présentes, il peut en résulter la mort.

C'est un agent d'oxydation excessivement puissant, qui corrode le liège, le papier, les membranes organiques, le caoutchouc, et oxyde rapidement le fer, le cuivre, le mercure et l'argent humide. On le ramène facilement à l'état d'oxygène ordinaire; la poussière et les exhalaisons des cités le détruisent. On le trouve en plus grande proportion dans l'air des montagnes et au bord de la mer; il est à peu près absent de nos villes. — Il diffère chimiquement de l'oxygène en ce qu'il se combine avec plusieurs substances qui ne sont pas affectées par l'oxygène à la température ordinaire; d'ailleurs, une molécule d'oxygène ne contient que deux atomes, tandis que celle de l'ozone en contient trois. — Le 20 sept. 1880, MM. Hautefeuille et Chapuis ont lu devant l'Académie des sciences un remarquable travail sur la liquéfaction de l'ozone et sur sa couleur à l'état gazeux. Ces savants font passer dans un appareil Cailletet de l'oxygène ozonisé, préparé par leur nouveau procédé. Pendant les premiers coups du piston, le tube capillaire paraît bleu d'azur. Avec la pression de plusieurs atmosphères, le gaz devient d'un bleu indigo. Une soudaine libération, à la pression de 75 atmosphères, produit un brouillard qui indique la liquéfaction. Or, pour liquéfier l'oxygène, il faut une pression de 300 atmosphères; l'ozone est donc un peu plus facile à liquéfier que l'acide carbonique. Si l'oxygène ozonisé n'est pas comprimé lentement et dans le froid, l'ozone est décomposé et fait entendre une bruyante détonation accompagnée d'une lumière jaunâtre. Donc le mélange contient un gaz explosif.

OZONISATION s. f. Chim. Combinaison d'un corps avec l'ozone.

OZONISER v. a. Chim. Combiner avec l'ozone.

OZONISEUR s. m. Chim. Appareil au moyen duquel on produit de l'ozone.

OZONOMÈTRE s. m. (fr. *ozone*; gr. *metron*, mesure). Chim. Appareil au moyen duquel on détermine la quantité d'ozone contenue dans un gaz. Le premier ozonomètre fut construit en 1858.

OZONOMÉTRIE s. f. Art de constater la présence de l'ozone et d'en déterminer les quantités. Pour reconnaître la présence de l'ozone dans l'atmosphère, on fait usage d'une bande de papier trempée dans une solution d'iodure de potassium qui contient de l'empois d'amidon. L'iode, en contact avec l'amidon, colore le papier en bleu. En soumettant cette bande de papier à l'action atmosphérique, on fait, d'autre part, une échelle de 12 teintes bleues qui vont en s'assombrissant de plus en plus. C'est cette échelle que l'on nomme ozonomètre. Le papier exposé à l'air prend une teinte plus ou moins foncée suivant que l'air contient plus ou moins d'ozone. En comparant la teinte obtenue avec les diverses nuances de l'ozonomètre, on dit que l'atmosphère marque 1, 3, 6 degrés ozonométriques, suivant que la teinte se confond avec celle de la 1ʳᵉ, de la 3ᵉ, ou de la 6ᵉ bande de l'ozonomètre.

P

* P s. m. [pé ou pe]. Consonne, seizième lettre de l'alphabet : *le p est une consonne labiale ; il y a beaucoup de mots où le p ne se prononce pas, comme* Temps, romps, exempter, *etc.* — Quand le P est suivi de la lettre H, ces deux consonnes se prononcent comme F. Ainsi on prononce *philosophe, pharmacie, œsophage,* comme s'il y avait *filosofe, farmacie, œsofage,* etc. — P est l'abréviation de plusieurs mots latins tels que *Pater* ou *patres, patris, pius, pontifex, prius, post, pridiè.* Ex. P. P., pater patriæ ; P. C., patres conscripti ; P. F., pius felix ; P. M., pontifex maximus ; P. R., populus romanus ; P. R. C., post Romam conditam ; P. Ka., pridiè kalendas. — En français P, est l'abréviation de *père* quand on parle de religieux ; il se met aussi quelquefois pour *patriarche* : P. C., patriarche de Constantinople. A la fin d'une lettre, P.-S. signifie post-scriptum. Dans les anciennes mesures le P majuscule signifiait pied et le P minuscule signifiait pouce. Sur les monnaies de France P était la marque de Dijon.

PACA s m. Mamm. Genre de rongeurs, comprenan: deux espèces de l'Amérique du Sud. Le *paca brun (cœlogenys paca* du gr. *coilos,* creux ; *genys,* mâchoire), mesure environ 2 pieds de long ; son corps est ramassé et

Paca (Cœlogenys paca).

robuste, ses membres sont courts. Il habite l'Amérique du Sud, de Cayenne au Paraguay. On le trouve quelquefois dans le Pérou, à l'E. des Andes et dans quelques-unes des Antilles. Ces paca se voient généralement seuls, ou par couples, sur les bords des forêts et des rivières, après le coucher du soleil. Pendant le jour, ils restent cachés dans des terriers qu'ils se creusent, comme des lapins ; leur nourriture se compose de feuilles, de fruits, de plantes tendres, et quelquefois de cannes à sucre et de melons. Ils courent, nagent et plongent parfaitement ; propres dans leurs habitudes, leur chair est grasse et de saveur agréable. Le *paca fauve (cœlogenys fulvus)* habite surtout le Brésil.

* PACAGE s. m. (rad. lat. *pascere;* paître). Lieu où l'herbe est abondante, et où l'on mène paître les bestiaux : *mettre les bœufs dans le pacage.* — DROIT DE PACAGE, droit d'envoyer son bétail paître dans certains pâturages.

* PACAGER v. n. Cout. Faire paître, faire pâturer : *il est permis de pacager en terre vaine et vague.* — ∾ Se pacager v. pr. *Les seigles peuvent se pacager en automne.*

* PACANT s. m. Manant, homme grossier. (Pop. et vieux.)

PACAUDIÈRE (La), ch.-l. de cant., arr. et à 24 kil. N.-O. de Roanne (Loire) ; 1,100 hab. Toiles, blé, vins.

PACCA (Barthélemy), cardinal, né à Bénévent (Italie) en 1756, mort en 1844. Evêque de Velletri en 1801, il fut nommé ministre de Pie VII en 1808, rédigea la bulle d'excommunication contre Napoléon en 1809, fut pendant 3 ans captif à Fenestrelle, fut remis en liberté en 1812 et fit rétracter à Pie VII le Concordat en 1813. Il a laissé des *Mémoires* traduits en français par l'abbé Jamet (Caen, 1832, 2 vol. in-8°).

PACCARD (Alexis), architecte français, né à Paris en 1813, mort en 1867. Il a publié *Le Parthénon d'Athènes* (1855), première tentative qu'on ait faite des restaurations polychromes. En 1863, il fut nommé professeur d'architecture à l'école des beaux-arts à Paris.

PACCHIONI (Antonio) [pak-kio'-ni], anatomiste italien, né à Reggio vers 1665, mort en 1726. Il s'associa de bonne heure avec Malpighi pour pratiquer la médecine, et fit maintes recherches originales en anatomie, particulièrement sur le cerveau et ses membranes. Son nom s'est perpétué dans les *glandulæ Pacchioni,* petits corps arrondis adhérant aux membranes du cerveau tout le long de la grande fissure longitudinale. Ses ouvrages ont été réunis en 1741 (1 vol. in-4°).

* PACE (In). Voy. IN PACE.

PACH ou **Pachy** (gr. *pakus,* épais), préfixe qui entre dans la formation d'un grand nombre de mots.

* PACHA s. m. (turc *bach,* tête ; *chah,* roi ; appui du roi). Titre donné, en Turquie, à un gouverneur d'une province, à un ministre ou à un chef naval ou militaire de haut rang. Les pachas du premier rang sont appelés pachas à trois queues, parce que trois queues de cheval étaient jadis portées devant eux comme étendard, quand ils paraissaient en public ; devant les pachas d'un rang inférieur on portait deux queues de cheval. Cette habitude n'existe plus, mais le titre est resté. — Anciennement on disait BACHA. — ∾ Homme riche, somptueux.

PACHACAMAC (Ruines de), restes d'une ancienne cité péruvienne, à 7 lieues de Lima. C'était la cité consacrée à la divinité suprême du Pérou, Pachacamac, qui y avait un temple magnifique.

* PACHALIK s. m. (rad. *pacha*). Etendue de pays soumise au gouvernement d'un pacha.

PACHE (Jean-Nicolas), homme politique, né à Paris en 1740, mort en 1823. En 1789, Pache se fit remarquer par l'exaltation de ses opinions démocratiques et fut élu membre de la Convention. Nommé ministre de la guerre en 1792, il prit parti pour les montagnards ; destitué le 2 fév. 1793, il fut élu maire de Paris, contribua à la chute des girondins, fut poursuivi après le 9 thermidor et acquitté par le tribunal d'Eure-et-Loir. Inquiété encore lors de la conspiration de Babeuf, il publia *Trois Mémoires apologétiques* et se retira à Charleville. On lui attribue l'inscription républicaine : LIBERTÉ, ÉGALITÉ, FRATERNITÉ.

PACHECO (Francisco) [pa-tché-ko], peintre espagnol, né en 1571, mort en 1654. Jusqu'à l'âge de quarante ans, sa réputation comme peintre fut limitée à *Séville,* où il était né. Il visita Madrid et l'Escurial en 1611, et à son retour, ouvrit une académie de peinture. En 1618, il fut nommé par l'Inquisition censeur des tableaux exposés en vente à Séville. Son chef-d'œuvre est *L'Archange Michel chassant Satan du Paradis.* Il a fait des centaines de portraits au pastel, et a écrit *Arte de Pintura* (1649).

PACHO (Jean-Raymond), voyageur, né à Nice en 1794, mort en 1829. Il visita plusieurs fois l'Egypte ; il a laissé : *Voyage dans la Marmorique et la Cyrénaïque* (Paris, 1827-'29, in-4°).

PACHOMÈTRE s. m. [pa-ko- ou pa-cho-](gr. *paxus,* épais ; *metron,* mesure). Instrument destiné à mesurer l'épaisseur des glaces.

* PACHYDERME s. et adj. m. [pa-ki- ; ou pa-chi-] (gr. *pachus,* épais ; *derma,* peau). Hist. nat. Se dit des animaux mammifères qui ont la peau très épaisse, et les pieds terminés par deux sabots : *l'éléphant, le rhinocéros, l'hippopotame, le cochon, sont des pachydermes.* — Les pachydermes forment, dans la nomenclature de Cuvier, un groupe de mammifères herbivores, la plupart gros et pesants, à la peau épaisse, nue ou peu couverte de poils. Parmi les animaux encore existants de ce groupe sont : l'éléphant, l'hippopotame, le rhinocéros, le manatee, le tapis, le porc et le pécari ; et parmi les genres éteints : le mastodonte, le dinotherium, le palæothérium, le lophiodon, le macrauchenie et le toxodon. La plupart des classificateurs modernes n'emploient pas ce terme depuis Owen, et divisent les membres de ce groupe en différents ordres, d'après les sabots et les doigts du pied. Le squelette est généralement massif, dénotant une grande force, mais des habitudes peu actives ; la cavité thoracique est énorme, relativement à la grande masse et au poids des viscères ; les membres sont robustes, bien que propres à la course dans les individus de petite taille comme le porc. L'estomac est généralement simple, et les intestins très longs et très volumineux, en rapport avec la nature végétale et la quantité de leur nourriture ; le cerveau est bien développé ; mais, à l'exception du porc, ils sont, à cet égard, au-dessous des ruminants et des carnivores; l'appareil nasal est abondamment pourvu de nerfs, et forme un organe délicat de toucher et quelquefois de préhension. On rencontre ces animaux, dans toutes les parties chaudes du monde, excepté en Australie.

* **PACIFICATEUR** s. m. (rad. lat. *pax, pacis,* paix; *facere,* faire). Celui qui pacifie, qui apaise les troubles d'un Etat, les dissensions d'une ville, d'une famille, les différends des particuliers : *c'est le pacificateur de l'Etat.* — Adjectiv. *Un pouvoir pacificateur.* — ⁓ Au fém. *Pacificatrice.*

* **PACIFICATION** s. f. Rétablissement de la paix dans un Etat agité par les dissensions intestines. — ÉDIT DE PACIFICATION, nom que l'on donna à différents édits royaux du XVIᵉ siècle, qui avaient pour but de garantir la tolérance religieuse. Le premier édit, signé par Charles IX, autorisa l'exercice de la religion reformée près de toutes les villes (28 janv. 1561). — Le culte réformé fut autorisé dans les maisons déterminées par l'édit d'Amboise du 19 mars 1563. — Cet édit ayant été violé en 1568, et les ministres protestants ayant reçu l'ordre de quitter la France dans les 15 jours, il en résulta une guerre que termina la paix de Saint-Germain (8 août 1570), en vertu de laquelle les calvinistes pouvaient pratiquer leur religion dans leurs maisons et dans les 4 villes de la Rochelle, de Cognac, de Montauban et de la Charité. Le massacre de la Saint-Barthélemy vit finir la paix produite par cet édit de pacification. D'autres édits furent signés en 1573 et 1577. L'édit de Nantes (15 avril 1598) fut le couronnement de toutes les concessions arrachées à l'autorité royale. — Soin qu'on prend pour apaiser les dissensions domestiques, les différends entre particuliers : *ils étaient tous divisés dans cette famille, c'est lui qui a travaillé à la pacification de leurs différends.*

* **PACIFIER** v. a. Apaiser, calmer en rétablissant la paix : *c'est lui qui a pacifié leurs différends.*

Mais après la bataille, il faut *pacifier.*
PONSARD. *Charlotte Corday,* acte IV, sc. VII

— ⁓ Se pacifier v. pr. Se calmer.

* **PACIFIQUE** adj. (lat. *pacificus*). Qui aime la paix, qui est favorable à la paix : *un prince pacifique.* — Paisible, tranquille, exempt de guerre : *son règne fut pacifique.* — MER PACIFIQUE, mer qui est au couchant de l'Amérique, et qu'on nomme autrement Mer du Sud. On dit aussi *océan Pacifique* ou simpl., *le Pacifique.* C'est le plus vaste océan du globe; il est borné à l'E. par le continent américain, au N. par le continent américain et les îles Aléoutiennes, à l'O. par les îles et les péninsules de la côté d'Asie, les îles de la Mélanésie et l'Australie. Toute cette ligne de limites est remarquable comme étant, sauf quelques interruptions, la grande zone de volcans; on n'en compte pas moins de 400, en activité ou éteints. La limite méridionale est le cercle antarctique. Le premier Européen qui découvrit le Pacifique fut Vasco Nuñez de Balboa, qui, le 26 sept. 1513, le vit d'une des montagnes avoisinant l'isthme de Darien. Magellan fut le premier qui le traversa, depuis le détroit qui porte son nom jusqu'aux îles Philippines (1620-'21). C'est lui qui lui donna le nom qu'il a gardé, en raison du beau temps constant qui régna pendant son voyage. Ses anciens noms de grand Océan et de mer du Sud, sont à peu près en désuétude aujourd'hui. La côte orientale est d'une uniformité remarquable et presque ininterrompue, excepté par les anses de la Patagonie, de l'Amérique anglaise et d'Alaska, et par le golfe de Californie. Les rivages septentrionaux et occidentaux au contraire sont coupés d'innombrables, qui forment

des mers intérieures, telles que la mer de Behring, d'Okhotsk, du Japon, Jaune, de Chine, de Banda, d'Arafura et de Corail. La profondeur de cet océan n'est pas encore bien connue dans ses détails. Le professeur Bache l'a estimée, d'après le temps que les vagues, produites par un tremblement de terre, mirent à se transmettre du Japon en Californie, à 2,000 ou 3,000 brasses environ; et les sondages ont donné à peu près ces résultats. La profondeur maximum est d'environ 3,000 brasses. Les courants se résolvent en deux systèmes, comme dans l'Atlantique. Celui du S. commence au S.-O. et au S. et se dirige à l'E. vers la côte l'Amérique du S.; avant de l'atteindre, il se divise en deux branches. Le courant septentrional, ou courant de Mentor, va vers le N.-E. jusqu'au 72ᵉ degré de long. O. environ; il tourne alors à l'O. en une large nappe, pour rejoindre le courant équatorial du S. La branche méridionale frappe la côte américaine, produit le courant du cap Horn, passe autour de ce cap dans l'Atlantique, court alors au N., serre la côte occidentale sous le nom de courant de Humboldt ou du Pérou, presque jusqu'à l'équateur, où il tourne à l'O. et traverse l'océan comme courant équatorial du S., suivant à peu près le 40ᵉ parallèle S. Le courant de Humboldt, recevant beaucoup d'eau des régions antarctiques, est froid et abaisse la température de la côte S. américaine bien au-dessous de ce que comporte la latitude. Un peu au N. de l'équateur, on trouve un contre-courant qui court à l'E. à travers l'océan tout entier, et qui sépare les courants équatoriaux du N. et du S. Le courant équatorial du N. touche la côte d'Asie près de l'île de Formose, s'infléchit au N. et au N.-E., formant le courant du Japon (Kouro-Siwo ou courant Noir), qui est la contrepartie du Gulf Stream de l'Atlantique. Il forme en chemin le courant du Kamtchatka, mais la branche principale traverse dans la direction d'Alaska, puis court au S. sous le nom de courant côtier de la Californie, et au large de la côte du Mexique, retourne dans la circulation équatoriale. Les vents alizés ne soufflent régulièrement que dans la partie de l'Océan la plus dépourvue d'îles. Ainsi, on ne peut compter sur les vents alizés du S.-E. qu'entre les méridiens des îles Galapagos et Marquises, et le tropique du Capricorne, ou, tout au plus, entre le 30ᵉ degré S. de l'équateur on un peu plus au N. Les vents alizés du N.-E. se renferment surtout entre 30ᵉ et 10ᵉ lat. N. En long. on les rencontre à peu près à 200 lieues de la côte d'Amérique, et aussi loin que les îles des Larrons. Une zone de vents calmes et variables se rencontre à quelques degrés au N. de l'équateur. Le long de la côte d'Amérique, et parmi les îles de la Polynésie, y compris la Mélanésie et la Micronésie, il y a des aires de vents périodiques, aussi réguliers en certains parages que les moussons de l'océan Indien. Le changement des moussons est accompagné d'orages; mais ici on ne connaît point d'ouragans analogues à ceux des Indes orientales et de l'île Maurice, excepté dans la région occidentale de l'archipel des Larrons, où s'étendent quelquefois les typhons des mers de la Chine. Les marées du Pacifique montrent à un bien plus haut degré que celles de l'Atlantique l'inégalité diurne qui rend une des marées de la journée beaucoup plus haute que l'autre. A Tahiti, la marée solaire surpasse la marée lunaire, phénomène qu'on n'observe nulle part ailleurs. — L'océan Pacifique est noté pour le grand nombre de ses îles. Toutes ces îles océaniques proprement dites sont ou volcaniques ou formées par des coraux. Les plus gros mammifères marins du Pacifique sont les baleines et les veaux marins. Le poisson y est partout abondant.

mais il ne forme pas encore un article de commerce comparable à la morue et au hareng de l'Atlantique. Le Pacifique septentrional a sa mer des Sargasses, qui est, par rapport au courant japonais et au Pacifique septentrional, ce qu'est au Gulf Stream la mer des Sargasses de l'Atlantique. Elle se trouve au N. des îles Hanoï.

* **PACIFIQUEMENT** adv. D'une manière pacifique, tranquillement : *cette entrevue se passa fort pacifiquement.*

PACINI (Giovanni) [pa-tchi'-ni], compositeur italien, né à Catane en 1796, mort en 1867. Le style de ses opéras ressemble à celui de Rossini. Les plus connus sont *Saffo, L'ultimo giorno di Pompei* et *Medea.* Il cessa d'écrire pour la scène en 1830, et devint directeur du conservatoire à Viareggio en 1836.

PACÔME (Saint), fondateur de la première communauté monastique organisée, né dans la haute Egypte en 292, mort vers 348. Il se convertit lorsqu'il était à l'armée, et en 340 se retira dans l'île de Tabennæ, sur le Nil, entre Tentyra et Thèbes. Ses disciples occupaient des maisons différentes, et plusieurs maisons combinées formaient un monastère, gouverné par un abbé. Le nombre total des moines monta à certains moments jusqu'à 7,000, reconnaissant un supérieur commun. Les préceptes et règles de saint Pacôme existent encore. On célèbre sa fête le 14 mai. Sa sœur avait fondé un couvent de femmes sur la rive opposée du Nil.

PACKET-BOAT s. m. [pak-ètt-bôtt] (angl. *packet,* paquet; *boat,* bateau). (V. PAQUEBOT.)

* **PACOTILLE** s. f. [ll mll.] (rad. *paquet*). Se dit proprement d'une certaine quantité de marchandises, qu'il est permis à ceux qui s'embarquent sur un vaisseau, comme officiers, matelots, gens de l'équipage ou passagers, d'emporter avec eux, afin d'en faire commerce pour leur propre compte: *une pacotille de quincaillerie, de montres,* etc. (Voy. PORT PERMIS.) — Comm. Certaines parties de marchandises qui composent ensemble la cargaison d'un navire : *ce navire a des pacotilles de quincaillerie, de bijouterie, qui lui font une riche cargaison.* — MARCHANDISES DE PACOTILLE, marchandises de qualité inférieure, qu'on ne pourrait débiter dans les marchés de l'Europe, et qu'on envoie ordinairement dans les colonies. S'emploie quelquefois par dénigr.: *ce que vous m'offrez là n'est que de la marchandise de pacotille,* au simpl., *n'est que de la pacotille.* — Fig. et fam. Certaine quantité d'objets quelconques: *vous vous plaignez de n'avoir pas assez d'habits, de meubles, de livres; vous en avez pourtant une belle pacotille.*

PACOTILLER v. n. Faire de la pacotille.

PACOTILLEUR s. m. Celui qui fait le commerce de pacotille.

PACQUAGE s. m. Art et action de pacquer.

PACQUER v. a. Trier et disposer le poisson salé dans les barils pour le transporter.

* **PACTA CONVENTA** s. m. pl. [pak-ta-kon-vain-ta]. Expression latine, qui signifie : *Pactes consentis,* et que l'on employait pour désigner les conventions que le roi de Pologne, nouvellement élu, et la république s'obligeaient mutuellement d'observer et de maintenir : *signer les pacta conventa.*

* **PACTE** s. m. (lat. *pactum*). Convention : *il y a pacte entre eux.* — PACTE DE FAMILLE, accord fait entre les membres d'une famille souveraine occupant des trônes différents. On appelle particulièrement *pacte de famille* le célèbre traité signé le 15 août 1761 entre Louis XV et Charles III d'Espagne, pour établir une union intime entre les deux branches des Bourbons, contre la puissance envahissante de l'Angleterre. Ce pacte ne produisit aucun effet; mais Louis XVIII l'invoqua en 1823 pour intervenir en Espagne. — PACTE DE FAMINE, association d'accapareurs, formée en 1729, pour acheter les blés pendant les années d'abondance et les revendre très cher pendant les années de disette. Cette association, dont le roi était l'un des principaux actionnaires, subsista jusqu'à la Révolution, et les hommes de bien qui eurent le courage de la dénoncer furent jetés à la Bastille. La hausse du prix des blés produisit une effroyable misère et causa plusieurs émeutes.

* **PACTISER** v. n. Faire un pacte, une convention : *il est interdit aux avoués de pactiser avec leurs clients sur le montant des sommes qui font la matière du procès.*

Noo, il n'est point de cas où la raison d'État
Consiste à *pactiser* avec l'assassinat.
Pomsau. *Charlotte Corday*, acte Ier, sc. 1re.

— S'emploie quelquef. fig. au sens moral ; et signifie, composer, transiger : *il ne faut jamais pactiser avec ses devoirs, avec sa conscience.*

* **PACTOLE** s. m. (de *Pactole*, nom d'une faible rivière de Lydie qui roulait des paillettes d'or). — Source de grandes richesses : *le Pactole coule chez lui.*

PACTOLE (auj. *Sarabat*), petite rivière de l'ancienne Lydie ; elle naît sur le flanc septentrional du mont Tmolus, et, après un cours dirigé vers le N., se réunit à l'Hermus. Elle a été longtemps fameuse pour ses paillettes d'or.

PACUVIUS (Marcus) [pa-ku-viuss], poète dramatique latin, né vers 219 av. J.-C., mort vers 130. Les écrivains anciens s'accordent à le déclarer l'un des plus grands des poètes tragiques latins. La plupart de ses sujets étaient empruntés aux auteurs dramatiques grecs, mais il avait composé plusieurs tragédies fondées sur l'histoire romaine, en outre d'une comédie appelée *Dulorestes*. Il ne reste de ses œuvres que des fragments. Il était également peintre.

PACY-SUR-EURE, ch.-l. de cant., arr. et à 23 kil. E. d'Évreux (Eure), 1,800 hab. Ancienne ville fortifiée dont il reste encore des ruines.

PADANG. Voy. SUMATRA.

PADELIN s. m. Techn. Creuset de petite dimension qui sert à faire l'essai des matières premières dans les verreries.

PADERBORN [pa-dèr-bornn], ville de Prusse, dans la Westphalie, sur le Pader, à 65 kil. S.-O. de Minden ; 13,728 hab. Elle fut fondée par Charlemagne qui y réunit plusieurs diètes saxonnes, et y établit un évêché, lequel fut plus tard érigé en principauté. Au moyen âge, elle faisait partie de la ligue Hanséatique. Elle fut cédée à la Prusse en 1803, incorporée au royaume de Westphalie en 1807 et rendue à la Prusse en 1815.

PADILLA (Juan Lopez de) [pa-di'-lia, *ll* mll.], patriote espagnol, né vers 1490, mort en 1521. A la suite des vexations auxquelles les Castillans étaient sujets sous les fonctionnaires flamands nommés par Charles-Quint, il excita le peuple de Tolède à s'insurger en 1520, et organisa une forme populaire de gouvernement à Tordesillas, avec la reine mère, Jeanne, à sa tête. Mais ses mesures réformatrices lui aliénèrent les nobles, qui parvinrent à lui enlever le commandement militaire et à le faire conférer à don Pedro de Giron dont l'incapacité amena la prise de Tordesillas par les royalistes. Padilla reprit le commandement ; mais, après quelques succès au début, il fut battu à Villalar, le 23 avril 1521, fait prisonnier et exécuté le jour suivant. — Sa femme, Maria Pacheco, se plaça, à sa mort, à la tête du parti, et,

après la chute de Tolède, se réfugia en Portugal.

* **PADISCHAH** s. m. (pers. *pad*, protecteur ; *schah*, roi). Titre que porte l'empereur des Turcs.

* **PADOU** s. m. (de *Padoue*, ville où l'on fabriqua d'abord ces rubans). Ruban tissu moitié de fil et moitié de soie : *il ne faut pas du ruban de soie, il ne faut que du padou pour border cette étoffe.*

PADOUAN, OUANE s. et adj. De Padoue ; qui appartient à cette ville ou à ses habitants.

* **PADOUANE** s. f. Antiq. Nom donné à certaines médailles qui ont été parfaitement contrefaites d'après l'antique par deux graveurs de Padoue : *les coins des padouanes ont passé du cabinet de Sainte-Geneviève de Paris dans celui du roi.*

PADOUE (ital., *Padova*). I, province du N.-E. de l'Italie, dans la Vénétie ; 1,956 kil. carr.; 364,430 hab. Le pays est généralement plat ; mais, au S.-O., on trouve les monts Euganéens, de formation volcanique. Les principaux cours d'eau sont : l'Adige, qui borne la province au S., la Brenta et le Bacchiglione. On cultive avec soin le froment, le maïs, le riz, le chanvre, le lin, le foin, la vigne ; on y produit de la laine, de la soie, de la laine fine. — Il, capitale de la province de ce nom (anc. *Patavicum*), sur le Bacchiglione, à 35 kil. O. de Venise ; 66,407 hab. L'ancienne muraille décrit un triangle de 10 kil. de développement environ. Les rues étroites sont bordées

Maison de ville de Padoue.

d'arcades, et coupées çà et là d'espaces irréguliers découverts ; il y a de larges squares dans les faubourgs. Le palais municipal repose entièrement sur des arches ouvertes entourées d'une *loggia*, et il est surmonté d'un vaste toit non supporté par des piliers et s'élevant encore à peu près la moitié aussi haut que les murailles. La grande salle a environ 240 pieds de long sur 80 de large et 70 de haut. La cathédrale a été, dit-on, dessinée par Michel-Ange, mais elle n'a pas été terminée avant 1754. Au milieu des arènes, ruines d'un amphithéâtre romain plus tard converti en forteresse, se trouve une chapelle bâtie par Giotto et ornée de quelques-unes de ses meilleures peintures. L'université, fondée au commencement du XIIIe siècle, a été une fameuse école de loi et de médecine, et est encore la meilleure école de l'Italie pour cette dernière science. L'université comprend aussi des facultés de théologie, de droit et des lettres ; en 1873, elle comptait 65 professeurs et 1,124 étudiants. L'édifice actuel a été commencé en 1493, et la cour

intérieure, par Palladio, est d'une grande beauté. Le jardin botanique de Padoue, établi en 1543, est le plus vieux de l'Europe. La ville a des fabriques de soie, de rubans, de cuirs et de lainages ; elle fait un grand commerce de vins, d'huile, de bétail et de légumes. — Padoue est une des plus anciennes cités de l'Italie ; la tradition veut qu'elle ait été fondée par Anténor après la chute de Troie. Elle fut mise à sac par Attila en 452, et par les Lombards en 601 ; mais elle se releva au xe siècle. En 1239, elle tomba au pouvoir d'Ezzelino ; mais, celui-ci ayant été vaincu en 1259, elle resta longtemps indépendante. Au commencement du XIVe siècle, elle passa à la maison de Carrara, et, en 1405, à Venise, avec celle-ci à l'Autriche par le traité de Campo-Formio en 1797, et, en 1866, au royaume d'Italie.

PADOUE (Arrighi, DUC DE). Voy. ARRIGHI

PADOVANO. I. (Dario VAROTARI, dit il *Cavino* et plus communément il), peintre et architecte italien (1539-'96). Ses toiles ornent plusieurs églises et des palais italiens. — II. Alessandro VAROTARI, dit *il Padovanino*, peintre italien, fils du précédent (1580-1643) ; ses *Noces de Cana* soulevèrent un enthousiasme indescriptible ; mais elles sont loin de valoir celles de Paul Véronèse. Le Louvre possède de cet artiste, l'*Amour et Vénus*, toile assez faible. On admire encore sa *Femme adultère* et son *Portrait*, peint par lui-même, et une *Lucrèce le poignard à la main*.

PADUCAH [pé-diou'-ka], ville du Kentucky (États-Unis), sur l'Ohio, précisément au-dessous de l'embouchure du Tennessee à 350 kil. S.-O. de Louisville ; 12,000 hab. environ.

PADUS [pa'-duss]. Voy. Pô.

PÆAN s. m. Voy. PÉAN.

PÆONIE. Voy. MACÉDOINE.

PÆONIÉ, IÉE adj. Bot. Qui ressemble ou se rapporte au genre pivoine. — s. f. pl. Tribu de renonculacées ayant pour type le genre pivoine.

PAER (Ferdinando) [pa-err'], compositeur italien, né en 1771, mort en 1839. Il était maître de chapelle à Dresde ; Napoléon le nomma compositeur impérial en 1806, et il fut directeur de l'opéra italien à Paris de 1818 à 1825. Ses principaux opéras sont : *Camilla, Sargino, Achille, Léonora, Dido, Griselda* et *Agnese.*

PÆSIELLO. Voy. PAISIELLO.

PÆSTUM [pèss-tomm] (primitiv. *Posidonia*, cité de Poséidon, ou Neptune), ancienne ville de l'Italie méridionale, sur une baie de la mer Thyrrhénienne appelée *Sinus Pæstanus*, auj. golfe de Salerne. Son emplacement, aujourd'hui appelé Pesto, sur une plaine déserte, près du rivage de la mer, est couvert de ruines magnifiques. Les principaux restes sont ceux de deux temples qui comptent parmi les plus importants spécimens de l'architecture dorique existant encore de nos jours. Le plus grand, connu sous le nom de temple de Neptune, est à ciel ouvert, et mesure 180 pieds sur 80 ; l'autre, appelé temple de Vesta ou de Cérès, a 107 pieds sur 48.

Une colonie grecque, venue de Sybaris, s'établit là en 524 av. J.-C. Vers le xi° siècle, après les ravages des Sarrasins, la ville

Temples ruinés à Pæstum.

tomba en décadence. Le lieu est malsain et la malaria y règne.

PÆSTUMNIEN, IENNE s. et adj. [pès-to-mniain]. De Pæstum; qui concerne cette ville ou ses habitants.

PÆTUS. Voy. Arria.

PAEZ (Francisco) [pa-èzz], jésuite espagnol et missionnaire, né en 1564, mort vers 1620. En 1588, on l'envoya de Goa en mission directe en Abyssinie, et, en route, lui et un compagnon de mission, Montserrat, furent faits prisonniers par un pirate arabe et emmenés à Sarra, capitale de l'Yemen. Ils y passèrent sept ans, et furent rachetés en 1596. En 1603, il atteignit Massowa, où il apprit la langue du pays; bref, il eut un tel succès que le roi d'Abyssinie, Za-Denghel, écrivit au pape et à Philippe III d'Espagne pour avoir d'autres missionnaires. Le P. Paez découvrit les sources de l'Abaï, branche supérieure orientale du Nil Bleu.

PAEZ (José-Antonio), homme de guerre du Vénézuéla, né en 1790, mort en 1873. A l'âge de 18 ans, il se rallia aux patriotes, réunit une bande d'audacieux llaneros et devint bientôt la terreur des généraux espagnols. En 1815 et 1816, il défit les troupes royales sous Lopez. Bientôt après, il fut fait commandant des forces révolutionnaires; il reconnut l'autorité de Bolivar, et remporta plusieurs victoires. Celle de Carabobo (1821) assura l'indépendance de la Colombie Lors de la formation du nouveau gouvernement, il représenta le Vénézuéla; en 1826, la chambre des représentants ayant résolu de le mettre en accusation, il se mit à la tête d'une révolte qui dura jusqu'à ce que Bolivar fût revenu et eût reconnu Paez comme commandant dans le Vénézuéla. En 1829, le Vénézuéla fut déclaré indépendant et en 1830, Paez fut élu président pour quatre ans, il le fut de nouveau en 1839. En 1848, lorsque Monagas essaya d'usurper l'autorité suprême, Paez prit le commandement de l'armée révolutionnaire; mais il fut pris et emprisonné. Finalement relâché par le congrès, mais exilé, il résida à New-York de 1850 à 1858; et alors le parti de Monagas ayant été renversé, il revint sur un appel spécial dans le Vénézuéla. En 1860, il fut accrédité en qualité de ministre aux Etats-Unis, mais il donna sa démission, en 1861. A son retour, il fut investi de l'autorité suprême pour apaiser les troubles dans le Vénézuéla; mais il échoua dans ses efforts et retourna à New-York en 1864. Ensuite il vécut quelque temps dans la république argentine au Pérou, et revint à New-York en 1872.

PAF interj. Exprime la rapidité d'un coup, d'un accident : paf! il me flanque un soufflet. — s. m. Argot. Vin : boire un coup de paf. — Adjectiv. Ivre : vous étiez joliment paf hier.

PAFFER (Se) v. p. Argot. S'enivrer : au milieu de cette plèbe bariolée qui se paffe de vin bleu.

PAGAIE s. f. [pa-ghè]. Espèce de rame dont se servent les Indiens pour faire voguer leurs pirogues. — ↳ Sorte d'aviron dont les rameurs se servent en le tenant par le milieu avec la main qui est en dehors et en plaçant l'autre main à l'extrémité. Les rameurs sont assis et mettent en jeu la pelle dans un plan vertical de l'avant en arrière. Au lieu de faire levier comme l'aviron, la pagaie prend son point d'appui dans l'eau qui résiste à la pression; elle agit comme ferait une gaffe dont on se servirait pour pousser un bateau.

PAGALE (En) loc. adv. Mar. En désordre; sans soin : amener une voile en pagale.

PAGANALIES s. f. pl. Fêtes champêtres chez les anciens Romains. C'étaient les fêtes des villages (pagi) et les villageois les célébraient en purifiant leurs maisons, en offrant des gâteaux à leurs lares et en sacrifiant à Proserpine.

PAGANINI (Nicolo), musicien né à Gênes le 18 fév. 1784, mort à Nice le 27 mai 1840. A six ans il était violoniste; à huit il avait composé une sonate; à neuf, il parut pour la première fois en public à Gênes, sa ville natale. En 1797, avec son père, il fit sa première tournée musicale en Italie, et bientôt après, il composa de la musique qui défiait les essais des autres violonistes. A 14 ans, il s'échappa et mena pendant plusieurs années une vie vagabonde. En 1805, il commença une autre tournée musicale en Italie, et de 1806 à 1808 il fut directeur de l'orchestre de la princesse Elisa de Lucques, sœur de Napoléon. C'est à cette époque qu'il accomplit ce fait remarquable de jouer sur une seule corde la sonate militaire intitulée Napoléon. Il passa les 20 années suivantes dans les grandes villes italiennes. Après une carrière triomphale en Allemagne, il arriva à Paris en 1831 et y produisit une sensation presque sans exemple. En Angleterre, il ne fut pas reçu avec moins d'enthousiasme. Peu après, il se retira dans sa maison de campagne, près de Parme. Paganini était d'un tempérament grossier et sensuel; il s'étudiait à être excentrique; il était en général d'une avarice excessive et extrêmement vain des applaudissements populaires. Ses compositions sont pleines d'originalité et de beauté.

PAGANIQUE adj. (lat. paganicus; de pagus, village). Antiq. rom. Qui appartient à la campagne ou à ses habitants.

PAGANISER v. n. Se livrer au paganisme.

* **PAGANISME** s. m. Idolâtrie, religion des païens, culte des faux dieux : durant les ténèbres du paganisme. — Le terme paganisme fut appliqué à toutes les formes du culte religieux autres que le christianisme, le judaïsme et le mahométisme. Lorsque Constantin interdit le culte des idoles, les sectateurs de la vieille religion se retirèrent dans les villages de la campagne (pagi), où ils pouvaient pratiquer leurs rites en secret; et de là, ils furent appelés pagani, païens, littéralement gens de la campagne.

PAGAYER v. n. [pa-ghé-ié]. Mar. Voguer à l'aide d'une pagaie. — v. a. Conduire à la pagaie : pagayer un canot.

* **PAGE** s. f. (lat. pagina). Un descôtés d'un feuillet de papier, de parchemin, de vélin, etc. : numéroter et parapher les pages d'un registre. — Se prend quelquefois pour l'écriture ou pour l'impression contenue dans la page même : il faut tenir, il faut faire la page plus longue d'une ligne. — Fig. C'est la plus belle page de son histoire, c'est l'action qui lui fait le plus d'honneur, c'est le moment le plus honorable de sa vie. — Typogr. Assemblage déterminé, tant pour la largeur que pour la longueur, d'un certain nombre de lignes de texte, accompagnées de la ligne de tête ou folio, et de la ligne de pied : les pages composent les feuilles, les feuilles composent les livres. — Page blanche, page qui ne contient aucun caractère. — Page courte, page longue, page dont le nombre de lignes a été diminué ou augmenté pour une cause quelconque. — Belle page. (Voy. Belle, fém. de Beau.) — Tomber en fausse page, expression que l'on emploie lorsque le texte qui précède certaines grandes divisions, au lieu de tomber en page impaire, ne se prolonge pas jusque sur le verso et le laisse en blanc. — Mettre en pages, rassembler plusieurs paquets de composition pour en former les pages d'une longueur déterminée. (Voy. Metteur en pages et Mise en pages.)

* **PAGE** s. m. (ital. paggio; du gr. païs, enfant). Jeune homme servant auprès d'un roi, d'un prince, d'un seigneur, etc., dont il porte la livrée : châtier, renvoyer un page. — Etre sorti de page, être hors de page, avoir accompli le temps de son service dans les pages. — Substantiv. Le hors de page, la récompense accordée aux pages qui sortent de service. — Hors de page, hors de la puissance, hors de la dépendance d'autrui : il n'est plus en puissance de tuteur, il est hors de page. — Un tour de page, un tour d'espièglerie. — Etre effronté comme un page de cour, comme un page, être hardi jusqu'à l'impudence. — Pages de la musique, enfants qui étaient élevés pour chanter devant le roi : pages de la musique de la chapelle. — Page de la vénerie, jeune homme destiné à devenir officier de vénerie.

PAGERIE (Joséphine Tascher de la), Voy. Joséphine.

PAGÈS (Pierre-Marie-François, vicomte de), marin, né à Toulouse en 1748, mort à Saint-Domingue en 1793. Il entra à 19 ans dans la marine, comme enseigne de vaisseau; visita la Louisiane en 1667, remonta le Mississipi, traversa le Texas, le Mexique, le Pacifique, l'Inde, et arriva à Marseille en 1771, après avoir fait le tour du monde. Il entreprit plusieurs autres voyages vers les deux pôles. Après avoir pris sa retraite en 1793, il se retira à Saint-Domingue où il fut égorgé par les nègres. Il a laissé : Voyages autour du monde et vers les deux pôles par terre et par mer (Paris, 1782, 2 vol. in-8°).

PAGÈS (Garnier-). Voy. Garnier-Pagès.

* **PAGINATION** s. f. Impr. et Libr. Série des numéros des pages d'un livre : la pagination de ce livre commence au titre.

* **PAGINER** v. a. Numéroter les pages d'un

livre : *la préface est paginée en chiffres romains, et le reste du livre en chiffres arabes.*

* **PAGNE** s. m. [gn mll.] (esp. *paño*, étoffe, du lat. *pannum*, linge, drap, lange). Morceau de toile de coton, dont les nègres et les Indiens qui vont nus, se couvrent depuis la ceinture jusqu'aux genoux — ᴠ Argot. Lit.

* **PAGNON** s. m. [gn mll.] (nom de l'inventeur). Drap noir très fin, fabriqué à Sedan : *un habit de pagnon.* — Adject. *Du drap pagnon.*

* **PAGNOTE** s. m. [gn mll.] (ital. *pagnotta*, sorte de pain). Poltron, lâche : *c'est un vrai pagnote, un franc pagnote.* — Prov. et fig. ᴍᴏɴᴛ ᴘᴀɢɴᴏᴛᴇ, tout lieu élevé d'où l'on peut, sans aucun péril, regarder un combat : *pendant l'action, il se tint sur le mont pagnote.* (Vieux.)

* **PAGNOTERIE** s. f. Action de pagnote. (Vieux.)

* **PAGODE** s. f. (pers. *pout*, idole ; *gheda*, temple). Nom que l'on donne aux temples païens de certains peuples de l'Asie, particulièrement à ceux des Chinois, des Indiens et des Siamois : *il y a dans cette ville une pagode magnifique.* — Idole qu'on adore dans un temple de ce genre : *une pagode d'or.* — Par ext. Petites figures, ordinairement de porcelaine, et qui souvent ont la tête mobile : *il a des pagodes sur sa cheminée.* — Fig. et fam. ᴄᴇ ɴ'ᴇsᴛ qᴜ'ᴜɴᴇ ᴘᴀɢᴏᴅᴇ, se dit d'une personne qui fait beaucoup de gestes insignifiants. — Nom d'une monnaie d'or en usage dans l'Inde, et dont la valeur et le poids varient selon les différents lieux : *la valeur moyenne des pagodes est de 9 fr. 50 c.* — Encycl. Les pagodes sont les temples, communs en Chine et en Indo-Chine, et surtout dans le Burmah. Les pagodes chinoises sont généralement des tours de neuf étages. La plus célèbre était la tour de porcelaine, à Nankin, bâtie de 1413 à 1432, et qui fut détruite pendant la révolte des Taïping. Les pagodes du Burmah sont des édifices carrés de grandes dimensions, avec des clochers octogonaux ou polygonaux. Le principal de ces temples, Khomado, sur le bord de l'Irrawaddy, presque en face d'Ava, a 160 pieds de haut ; il est surmonté d'un clocher de 22 pieds de haut et de 45 pieds de diamètre. Le Shoëmadoo à Pegu est haut de 361 pieds.

PAGODITE s. f. Minér. Stéatite rose ou verte avec laquelle les Chinois font leurs magots.

PAGRATIDES ou **Bagratides**, descendants des Bagrades, famille royale d'Arménie et de Géorgie, dont les ancêtres avaient embrassé le christianisme vers l'an 300. Plusieurs membres de cette famille furent gouverneurs d'Arménie, et dans la deuxième moitié du ɪxᵉ siècle, Achod prit le titre de prince des princes et, plus tard, celui de roi. Cette dynastie arménienne se termina en 1079. La dynastie pagratide de Géorgie exista depuis environ 790 jusqu'à la conquête russe (1801).

PAGRATION. Voy. Bagration.

PAGURE s. m. (lat. *pagurus*). Crust. Genre de crustacés décapodes anomoures, comprenant un grand nombre d'espèces dont l'aspect rappelle celui des écrevisses et des homards, mais dont l'abdomen est ramolli et contourné en hélice ; ce qui fait que l'animal est forcé pour le protéger de se pourvoir de la dépouille résistante de quelque autre habitant de la mer. (Voy. Bernard ʟ'ᴇʀᴍɪᴛᴇ.)

PAGURIEN, IENNE adj. Qui ressemble ou se rapporte au genre pagure. — s. m. pl. Tribu de crustacés décapodes anomoures ayant pour type le genre pagure et comprenant en outre les genres cancelle, cénobite et birgue.

PAHLEN (Peter-Louis, ᴄᴏᴍᴛᴇ) [pà-'lènn],

conspirateur russe, né vers 1750, mort en 1826. Il fut successivement envoyé à Stockholm, gouverneur de la Livonie et lieutenant-gouverneur de Courlande. En 1801, il fut créé comte et gouverneur militaire de Saint-Pétersbourg. Il prit part à la conspiration qui eut pour résultat l'assassinat de l'empereur Paul (23 mars 1801), et il passa le reste de sa vie en disgrâce. — Son fils Peter (1777-1864) servit contre Napoléon et contre la Turquie, et fut ambassadeur à Paris depuis 1835 jusqu'à 1841, puis inspecteur général de la cavalerie. — Frederick, autre fils (1770-1863), fut ministre à Washington et à Munich (1780-1863) ; il négocia avec Orlof le traité d'Andrinople (1829).

* **PAIEMENT** [pè-man]. Voy. Payement.

* **PAÏEN, ÏENNE** adj. [pa-iain] (lat. *paganus*). Idolâtre, adorateur des faux dieux, des idoles. Se dit principalement par opposition à chrétien, et en parlant des anciens peuples, comme les Égyptiens, les Grecs, les Romains, qui demeurèrent idolâtres après la publication de l'Évangile : *sous Théodose le Grand, le sénat était encore païen.* — Se dit quelquefois des peuples modernes qui adorent des idoles : *la plupart des habitants de l'Inde sont encore païens.* — Se dit aussi de tout ce qui est relatif au culte des faux dieux, des idoles : *la religion païenne.* — Substantiv. En parlant des personnes : *la religion des païens.* — Prov., ᴊᴜʀᴇʀ ᴄᴏᴍᴍᴇ ᴜɴ ᴘᴀïᴇɴ, faire beaucoup de jurements, faire des jurements horribles.

PAILLAGE s. m. [ll mll.] (rad. *pailler*). Agric. Action de pailler.

PAILLANTINE s. f. [ll mll.] (rad. *paillette*). Épiderme brillant du dos d'une plume qui est employé dans la confection de certaines fleurs artificielles.

* **PAILLARD, ARDE** adj. [ll mll.] (rad. *paille*). Luxurieux, adonné aux plaisirs charnels : *être paillard ; être d'humeur paillarde.* On dit de même : *avoir les yeux paillards, la mine paillarde,* etc. Ce mot est libre ainsi que ses dérivés. — s. *C'est un franc paillard ; c'est une paillarde.*

PAILLARDEMENT adv. [ll mll.] D'une manière paillarde.

* **PAILLARDER** v. n. Faire des actes d'impudicité : *tu ne paillarderas point.* (Vieux.)

* **PAILLARDISE** s. f. Goût, habitude de l'impudicité : *être adonné à la paillardise.* — Se dit quelquefois, surtout au plur., des actions que ce goût, cette habitude fait commettre : *il se livrait à toute sorte de paillardises.*

* **PAILLASSE** s. f. [ll mll.] Grand coussin de toile, ordinairement rempli de paille qu'on étend sur un lit, entre le bois ou le fond sanglé et le matelas : *coucher sur une paillasse.* — Toile de la paillasse et celle où l'on enferme la paille : *il faut vider cette paillasse, et y mettre d'autre paille.* — Ventre. ᴄʀᴇᴠᴇʀ ʟᴀ ᴘᴀɪʟʟᴀssᴇ ᴀ qᴜᴇʟqᴜ'ᴜɴ, donner des coups dans le ventre de quelqu'un. ᴛᴜ ᴠᴇʀʀᴀs sɪ ᴊᴇ ᴛᴇ ᴛᴏᴍʙᴇ sᴜʀ ʟᴀ ᴘᴀɪʟʟᴀssᴇ, tu verras si tu tombes sous ma main.

* **PAILLASSE** s. m. Sorte de bateleur et de saltimbanque. — Fig. et fam. ᴄ'ᴇsᴛ ᴜɴ ᴘᴀɪʟʟᴀssᴇ, c'est un homme sans consistance.

* **PAILLASSON** s. m. Sorte de paillasse plate, et piquée entre deux coutils, qu'on met au-devant des fenêtres, pour garantir une chambre du soleil, du bruit : *mettre des paillassons devant les fenêtres.* — Jard. Espèce de claie faite avec de la paille longue, étendue et attachée sur des perches, qui sert à garantir de la gelée les couches et les espaliers. — Natte de paille ou de roseau qu'on met à l'entrée d'un appartement pour servir à essuyer les pieds.

PAILLASSONNAGE s. m. Hortic. Action ou manière de paillassonner.

PAILLASSONNER v. a. Garnir de paillassons.

* **PAILLE** s. f. [pa-ieu, ll mll.] (lat. *palea*). Tuyau et épi du blé, du seigle, de l'orge, etc., quand le grain en a été séparé : *paille nouvelle ; paille fraîche.* — Un ᴄᴇɴᴛ, ᴜɴ ᴍɪʟʟɪᴇʀ ᴅᴇ ᴘᴀɪʟʟᴇ, un cent, un millier de bottes de paille. — Uɴᴇ ᴘᴀɪʟʟᴇ, un fétu, un très petit brin de paille : *il m'est entré une paille dans l'œil.* — Dans le langage de l'Évangile, ᴠᴏɪʀ ᴜɴᴇ ᴘᴀɪʟʟᴇ ᴅᴀɴs ʟ' œɪʟ ᴅᴇ sᴏɴ ᴘʀᴏᴄʜᴀɪɴ, ᴇᴛ ɴᴇ ᴘᴀs ᴠᴏɪʀ ᴜɴᴇ ᴘᴏᴜᴛʀᴇ ᴅᴀɴs ʟᴇ sɪᴇɴ, remarquer jusqu'aux moindres défauts d'autrui, et ne pas voir les siens propres, quelque grands qu'ils soient. — ɪʟs sᴏɴᴛ ʟᴀ ᴄᴏᴍᴍᴇ ʀᴀᴛs ᴇɴ ᴘᴀɪʟʟᴇ, se dit des gens qui sont dans un lieu où ils ont tout à souhait, où ils font grand'chère, sans qu'il leur en coûte rien. — Hᴏᴍᴍᴇ ᴅᴇ ᴘᴀɪʟʟᴇ, homme de néant, de nulle considération. Se dit plus particul. de ces gens qui prêtent leur nom, qui s'y font intervenir dans une affaire, quoiqu'ils n'y aient point de véritable intérêt : *c'est lui qui a signé le marché pour cette fourniture, mais il n'est qu'un homme de paille.* — Fᴇᴜ ᴅᴇ ᴘᴀɪʟʟᴇ, passion qui commence avec ardeur, avec véhémence, et qui est de peu de durée : *cet amour si violent n'a été qu'un feu de paille.* — Se dit aussi des troubles passagers : *la sédition n'était qu'un feu de paille.* — Cᴇʟᴀ ʟᴇᴠᴇ, ᴇɴʟᴇᴠᴇ, ᴇᴍᴘᴏʀᴛᴇ ʟᴀ ᴘᴀɪʟʟᴇ, se dit de certaines choses excellentes en leur genre : *ce conte est excellent, il lève la paille, il lève la paille.* — Rᴏᴍᴘʀᴇ ʟᴀ ᴘᴀɪʟʟᴇ, annuler un accord, un marché : *la paille est rompue.* — Rᴏᴍᴘʀᴇ ʟᴀ ᴘᴀɪʟʟᴇ ᴀᴠᴇᴄ qᴜᴇʟqᴜ'ᴜɴ, déclarer ouvertement qu'on cesse tout commerce, toute liaison avec lui : *après ce débat, ils ont rompu la paille.* — Tɪʀᴇʀ ᴀ ʟᴀ ᴄᴏᴜʀᴛᴇ ᴘᴀɪʟʟᴇ, tirer au sort avec des brins de paille d'une longueur inégale : *ils ont tiré à la courte paille à qui payerait.* — Tᴏᴜᴛ ʏ ᴠᴀ, ʟᴀ ᴘᴀɪʟʟᴇ ᴇᴛ ʟᴇ ʙʟᴇ, se dit en parlant d'une dépense ruineuse pour celui qui la fait. — Par exag. Cᴏᴜᴄʜᴇʀ sᴜʀ ʟᴀ ᴘᴀɪʟʟᴇ, ᴇᴛʀᴇ ᴀ ʟᴀ ᴘᴀɪʟʟᴇ, être dans une grande misère. Mᴇᴛᴛʀᴇ qᴜᴇʟqᴜ'ᴜɴ sᴜʀ ʟᴀ ᴘᴀɪʟʟᴇ, le réduire à la misère, le ruiner. ɪʟ ᴍᴏᴜʀʀᴀ sᴜʀ ʟᴀ ᴘᴀɪʟʟᴇ, se dit d'un homme qui se ruine. — Pᴀɪʟʟᴇ ᴅ'ᴀᴠᴏɪɴᴇ, balle du grain, que l'on en sépare par le van ou par le crible. — Vɪɴ ᴅᴇ ᴘᴀɪʟʟᴇ, vin fait avec du raisin qu'on a laissé quelque temps sur la paille après la récolte. — Cᴏᴜʟᴇᴜʀ ᴘᴀɪʟʟᴇ, couleur jaune clair. Dans ce sens, *paille* est invariable : *des gants paille.* — Certain défaut de liaison dans la fusion des métaux : *cette lame est fine, mais il y a quelques pailles.* — Défaut qui se trouve quelquefois dans les pierreries, principalement dans les diamants, et qui en diminue l'éclat : *il y a une paille dans ce diamant.*

* **PAILLE-EN-CUL** s. m. [pa-ian-ku]. Ornith. Genre de palmipèdes totipalmes, comprenant des espèces d'oiseaux dont la queue a deux longues plumes étroites. On les nomme aussi PAILLE-EN-QUEUE [pa-ian-keu] et Oɪsᴇᴀᴜx ᴅᴇs ᴛʀᴏᴘɪqᴜᴇs. — Plur. des Paille-en-cul ; des PAILLE-EN-QUEUE. — On distingue deux espèces principales de paille-en-queue ou phaétons : le *paille-en-queue à brins blancs (phaëton æthereus)* et le *paille-en-queue à brins rouges (phaëton phœnicurus).* Cette dernière, qui est la plus jolie, habite l'île Ronde, près l'île de France. C'est dans les crevasses des rochers que les paille-en-queue déposent leurs œufs et élèvent leurs petits. — Le paille-en-queue à brins rouges a le plumage généralement blanc par tout le corps, mais nuancé d'une légère teinte rosée ; un croissant de plumes noires entoure son œil, les deux longues plumes de sa queue sont d'un rouge écarlate. Le phaéton à brins rouges ne souffre pas d'autres oiseaux sur l'île ; l'autre espèce, la blanche, vit tout à fait séparée à l'île de France et à la Réunion. Les plumes de ces oiseaux sont recherchées. — Condamnés à cause de leur organisation, à ne pouvoir se reposer impunément sur la terre, on voit constamment ces oiseaux, comme les sternes, les pétrels, les frégates, voltiger au-dessus de l'Océan pour guetter et saisir les poissons volants ou d'autres proies. Ils ne se posent jamais sur une surface plane d'où ils ne pourraient prendre leur essor à cause de la brièveté de leurs jambes et de l'étendue de leurs ailes. S'ils s'arrêtent dans leur vol, c'est sur des rochers inaccessibles, escarpés et dans des lieux élevés.

PAILLEMENT s. m. Action de pailler.

* **PAILLER** s. m. La cour d'une ferme où il y a des pailles, des grains : *chapon de pailler.* — Adjectiv. *Poularde paillère.* — ÊTRE SUR SON PAILLER, être en lieu où l'on est le plus fort, comme dans sa maison, dans son quartier : *un homme est bien fort sur son pailler.* On dit dans le même sens : *c'est un coq sur son pailler.*

PAILLER v. a. Couvrir ou envelopper de paille.

* **PAILLET** adj. m. Vin rouge peu chargé de couleur : *le vin rosé se garde mieux que le paillet.*

* **PAILLETÉ, ÉE** adj. Brodé de paillettes : *habit pailleté.*

PAILLETEUR s. m. Ouvrier qui recueille les paillettes d'or dans les sables des rivières.

* **PAILLETTE** s. f. Petit morceau d'une lame d'or, d'argent, de cuivre, ou d'acier, qui est mince, percé au milieu, ordinairement rond, et qu'on applique sur quelque étoffe pour l'orner : *il y a bien des paillettes à cette broderie.* — Petites parcelles d'or, qu'on trouve dans le sable de quelques rivières.

* **PAILLEUR, EUSE** s. Celui, celle qui vend ou qui voiture de la paille.

* **PAILLEUX** adj. m. Se dit du fer et des autres métaux qui ont des pailles : *du fer, de l'acier pailleux.*

PAILLIS s. m. [*ll* mll.]. Hortic. Couche de litière courte ou de fumier non consommé, épaisse de 2 à 4 centim., que l'on répand sur les semis ou autour des jeunes plantes pour empêcher la terre de geler, de sécher, de durcir, de se fendre, et pour favoriser ainsi la végétation.

* **PAILLON** s. m. Grosse paillette : *un habit brodé de paillons.* — Lame de cuivre battu, très mince, colorée d'un côté, dont les joailliers mettent de petits morceaux au fond des chatons des pierres précieuses et des cristaux. — Orfèv. Petit morceau de soudure.

PAILLONNER v. a. Entamer à l'aide de paillons déteints que l'on fait fondre dans la pièce après l'avoir enduite de cire.

PAILLOT s. m. Petite paillasse.

PAILLY (Le), village de cant. de Longeau (Haute-Marne), arr. de Langres; 400 hab. Magnifique château Renaissance construit vers 1553 par le maréchal de Saulx-Tavannes.

PAIMBŒUF, ch.-l. d'arr., à 50 kil. O. de Nantes (Loire-Inférieure), sur la Loire, et près de l'embouchure de ce fleuve; par 47° 17′ 17″ lat. N. et 4° 22′ 23″ long. O.; 4,000 hab. C'était autrefois une petite ville maritime importante dont le nom celtique, Pen-Ochen, signifiait tête de bœuf. Les sables, en encombrant l'embouchure de la Loire et en fermant aux grands navires l'entrée du port de Nantes, firent la fortune de Paimbœuf; mais aujourd'hui les grands navires s'arrêtent à Saint-Nazaire.

PAIMPOL, ch.-l. de cant., arr. et à 40 kil. N.-O. de Saint-Brieuc (Côtes-du-Nord); 4,700 hab.

PAIMPONT, village du cant. de Plélan (Ille-et-Vilaine), arr. et à 23 kil. de Montfort-sur-Meu, près d'une forêt qui est la plus belle de toute la Bretagne; 200 hab.

* **PAIN** s. m. (lat. *panis*). Aliment fait de farine pétrie et cuite au four : *rompre un pain, manger du pain.* — Prov. et fig. MANGER SON PAIN DANS SA POCHE, manger seul ce qu'on a, n'en faire part à personne : *c'est un égoïste qui mange son pain dans sa poche.* — Fam. MANGER DU PAIN D'UN AUTRE, être domestique : *il a mangé de mon pain pendant dix ans.* — Prov. et pop. PAIN COUPÉ N'A POINT DE MAÎTRE, se dit lorsqu'à table un prend le pain d'un autre. — IL A MANGÉ DE PLUS D'UN PAIN, il a beaucoup voyagé, il a couru le monde. — IL SAIT SON PAIN MANGER, se dit d'un homme habile et intelligent. On dit à peu près dans le même sens: *il sait plus que son pain manger.* — IL NE VAUT PAS LE PAIN QU'IL MANGE, se dit d'un fainéant, d'un homme qui n'est bon à rien. — IL A MANGÉ SON PAIN BLANC LE PREMIER, il a été dans un état heureux, agréable, et n'y est plus. — IL A DU PAIN QUAND IL N'A PLUS DE DENTS, se dit d'un homme à qui le bien arrive quand, par son âge ou ses infirmités, il n'est plus en état d'en faire usage. — DU PAIN CUIT, DU PAIN DE CUIT, se dit d'un ouvrage, d'un travail qui ne sert pas au moment où il vient d'être fait, mais qui servira plus tard : *voilà du pain cuit.* Se dit aussi de plusieurs autres choses que l'on fait pas esprit de précautions, et en vue de l'avenir. — AVOIR SON PAIN CUIT, avoir sa subsistance assurée, avoir de quoi vivre en repos. — LIBERTÉ ET PAIN CUIT, les deux plus grands biens sont d'être libre et d'avoir de quoi vivre. — C'EST DU PAIN BIEN LONG, se dit d'un travail d'une entreprise, d'une affaire qui exigera bien du temps avant de donner aucun profit. — C'EST DU PAIN BIEN DUR, se dit d'une condition fâcheuse où le besoin contraint à rester. — TREMPER SON PAIN DE SES LARMES, vivre dans une componction continuelle. — DONNER UNE CHOSE POUR UN MORCEAU DE PAIN, la vendre à bas prix. — IL Y A LA UN MORCEAU DE PAIN, UN BON MORCEAU DE PAIN À MANGER, c'est un ouvrage, une entreprise profitable. — METTRE À QUELQU'UN LE PAIN À LA MAIN, être le premier artisan de sa fortune, de son bien-être. ÔTER LE PAIN DE LA MAIN À QUELQU'UN, lui ôter les moyens de subsister. — AVOIR DU PAIN SUR LA PLANCHE, jouir d'une certaine aisance qui assure l'avenir. — LONG COMME UN JOUR SANS PAIN, fort long, fort ennuyeux. — IL EST BON COMME LE BON PAIN, COMME DU BON PAIN, c'est un homme extrêmement bon et doux. — MANGER SON PAIN À LA FUMÉE DU RÔT, ou simpl., À LA FUMÉE, être témoin, spectateur des plaisirs d'autrui, sans y avoir part. — PROMETTRE PLUS DE BEURRE QUE DE PAIN, promettre plus qu'on ne veut ou qu'on ne peut tenir. — FAIRE PASSER, FAIRE PERDRE LE GOÛT DU PAIN À QUELQU'UN, le faire mourir. — PAIN DE MUNITION, pain qu'on fabrique pour les soldats. — PAIN DES PRISONNIERS, le pain qu'on distribue journellement aux prisonniers : *on condamnait autrefois certains délinquants à payer tant pour le pain des prisonniers.* — PAIN DU ROI, s'est dit du pain des soldats, et de celui des prisonniers : *être au pain du roi.* (Vieux.) — ÊTRE CONDAMNÉ AU PAIN DE DOULEUR, être condamné à vivre de pain et d'eau. — PAIN DE CHIEN, pain grossier destiné à la nourriture des gros chiens. PAIN DE CRETONS, la même espèce de pain où l'on a mis les pellicules qui restent après la fonte des graisses de porc, de mouton, etc. — PAIN D'ÉPICE, certain pain qui est fait avec de la farine de seigle, de l'écume de sucre, du miel, des épices, etc. : *pain d'épice de Reims.* — PAIN AUX CHAMPIGNONS, AUX MOUSSERONS, À LA CRÈME, etc., sorte de mets fait avec la croûte d'un pain, des champignons, des mousserons, la crème, etc. : *nous avions à l'entremets un excellent pain aux champignons.* — PAIN BÉNIT, pain qui est béni avec les cérémonies de l'Église

et que l'on distribue à la grand'messe, dans les églises paroissiales : *rendre, distribuer le pain bénit.* — C'EST DU PAIN BÉNIT, se dit quand il arrive quelque petit mal à une personne qui l'a bien mérité. — PAIN À CACHETER, sorte de petit pain sans levain et très mince, dont on se sert pour cacheter des lettres. — PAIN À CHANTER, pain sans levain, coupé en rond, portant l'empreinte de la figure ou de quelque symbole de JÉSUS-CHRIST, et que le prêtre consacre pendant la messe. — Fig. LE PAIN DES ANGES, LE PAIN CÉLESTE, l'eucharistie. On dit aussi, fig., *la parole de Dieu est le pain des fidèles,* ou simpl., *le pain de la parole.* — Écrit. sainte. IL NE FAUT PAS DONNER AUX CHIENS LE PAIN DES ENFANTS, il ne faut pas communiquer les choses saintes aux personnes profanes. — Anc. Test. PAINS DE PROPOSITION, les douze pains qu'on offrait tous les jours de sabbat, dans le tabernacle ou dans le temple, qui demeuraient exposés durant sept jours sur la table, et dont les prêtres seuls avaient droit de manger. — PAIN AZYME, pain sans levain, que les Juifs mangent en faisant la pâque. — PAIN QUOTIDIEN, expression employée dans l'oraison dominicale : la nourriture de chaque jour, ou les besoins journaliers. — PAIN QUOTIDIEN, ce que l'on fait tous les jours ou presque tous les jours : *ils puisent leur vie à jouer, c'est leur pain quotidien.* — Nourriture, subsistance : *gagner son pain à la sueur de son corps.* — Se dit aussi de certaines substances mises en masse : *pain de sucre, pain de roses,* etc. — PAIN DE NOIX, PAIN D'OLIVES, PAIN DE ROSES, etc., masse formée de résidu des noix, des olives, des roses, etc., quand on en a extrait l'huile, l'arome. — Arbre à pain. (Voy. ARTOCARPE.) — Législ. (Voy. BOULANGERIE.) — ENCYCL. Le pain est, à proprement parler, la base de la nourriture en France; l'usage de cet aliment est fort ancien puisque, dans les Écritures, nous voyons Abraham en offrir aux trois personnages qui lui apparurent dans la vallée de Membré. — Le meilleur pain est celui qui se fait avec la farine de froment. Les diverses opérations dont l'ensemble constitue la fabrication du pain ou panification sont : l'hydratation, la fermentation, le pétrissage, l'apprêt et la cuisson. — L'hydratation se fait en travaillant la farine avec de l'eau, de manière à pénétrer et à dissoudre les principes solubles de la farine. Mais, si l'on se contentait de pétrir la farine avec de l'eau seulement, on produirait qu'un pain compact, lourd et de digestion difficile; il faut ajouter à l'eau une substance propre à y déterminer une fermentation alcoolique, laquelle donne lieu à un dégagement d'acide carbonique; cette substance s'appelle levain. — Le levain est une portion de pâte conservée de la fournée précédente et qui a été abandonnée quelque temps à elle-même pour la fermentation spontanée s'y développe. — Lorsque l'on a eu mis préalablement dans le pétrin la quantité de farine que l'on veut convertir en pain, on fait un trou dans cette farine et on y place le levain, en ayant soin de le délayer parfaitement avec un peu d'eau tiède; on y mélange à peu près le quart de la farine destinée à la fournée et on laisse fermenter. Si on sale le pain, comme on le fait généralement, il faut faire fondre le sel dans l'eau qui sert au pétrissage, mais non dans celle qui sert à faire le levain. Lorsque le second levain est fait, on l'entoure avec la farine qui reste à employer afin qu'elle forme une espèce de digue qui contienne le levain pendant la fermentation. On ferme le pétrin pour que le levain puisse *travailler.* La fermentation est jugée suffisante lorsque le levain fait fendre la farine qui le recouvre. Quand le travaille de la fermentation se fait trop rapidement et d'une manière trop active, on *rafraîchit* le levain en y ajoutant un peu de nouvelle eau et de nouvelle farine. Lorsque le levain est à point, on procède au pétrissage. — Le pétrissage doit être opéré avec le plus de soin possible. Il faut que la main de l'ouvrier non seulement délaye la farine de manière qu'aucune partie n'échappe, ce qui produirait des noyaux, mais il faut en outre qu'elle travaille la pâte pour faciliter les réactions qui pourraient y survenir. On commence d'abord par écarter la farine qui entoure le levain et on laisse celui-ci se répandre en jetant un peu d'eau dessus et en le démêlant parfaitement et avec rapidité. A plusieurs reprises, on jette de l'eau et on mélange de la farine que l'on pêtrit ainsi petit à petit avec le levain. On agite la masse en tous sens et on passe les poings fermés en dessus de la pâte pour la soulever et incorporer la farine et l'eau jusqu'à ce que la presque totalité de la farine soit absorbée; l'ouvrier divise alors cette masse en un certain nombre de pâtons, sur lesquels il agit successivement en déchirant la matière avec les deux mains; il la soulève et la rejette vivement, lourdement et à plusieurs reprises dans le pêtrin jusqu'à ce que toute la farine soit bien mélangée. C'est à ce moment qu'on sépare la pâte et qu'on la pèse pour donner au pain un poids déterminé. A la cuisson, la pâte perd environ un sixième de son poids. On donne alors aux petits pâtons la forme que le pain doit avoir et on saupoudre ces pains de pâte avec du remoulage ou de la farine de maïs, afin qu'ils ne s'attachent ni aux doigts ni aux objets. On les place ensuite dans les plis d'une longue toile ou dans des corbeilles appelées *panetons* où ils prennent l'apprêt, c'est-à-dire fermentent et gonflent avant d'être enfournés. — L'habitude seule fait connaître le temps qu'il faut pour chauffer le four et pour que la pâte soit arrivée au degré convenable de fermentation. En plaçant les pains dans le four, on a soin qu'ils ne se touchent pas ou très peu. C'est également la pratique qui indique exactement le temps qu'il faut pour le pain du four. Lorsque l'on retire le pain du four, il ne faut pas le poser à plat, mais l'appuyer le long d'un mur ou le long des corbeilles jusqu'à complet refroidissement. — C'est habituellement la farine de froment qui sert à la confection du pain, mais on en fait également avec de la farine d'orge, de seigle, etc. — Depuis quelques années de nombreuses améliorations ont été introduites dans la fabrication du pain et l'on en a fait une opération tout à fait industrielle. L'emploi des *pêtrins mécaniques* s'est répandu partout et ces machines ingénieuses *travaillent* la pâte beaucoup mieux et beaucoup plus vite que la main de l'homme. Les Chinois attribuent à Ching-Noung, successeur de Fohi, l'art de faire le pain (1998 av. J.-C.). La boulangerie était connue au temps des patriarches (*Exode* XII, 15). Il y eut des boulangers à Rome dès l'an 170 av. J.-C.

PAIN (Marie-Joseph), chansonnier et poète comique, né à Paris en 1773, mort en 1830. Parmi ses comédies-vaudevilles, nous citerons : l'*Appartement à louer* (1779); *Allez voir Dominique* (1801); *Amour et Mystère* (1807); etc.

* **PAIN-DE-COUCOU.** Voy. ALLELUIA.

* **PAIN-DE-POURCEAU.** Voy. CYCLAMEN.

* **PAIN-DE-SINGE.** Voy. BAOBAB.

* **PAIR** adj. m. (lat. *par*). Egal, semblable, pareil : *il est pair et compagnon avec lui.* — Arith. NOMBRE PAIR, nombre qui peut se diviser exactement par le nombre deux : *deux, quatre, six, sont des nombres pairs.* — PAIR OU NON, sorte de jeu dans lequel on donne à deviner si le nombre de plusieurs pièces de monnaie, de plusieurs jetons, ou d'autres choses que l'on tient dans la main, est pair ou impair : *jouer à pair ou non.* — PAIR ET IMPAIR, sorte de jeu qui se joue avec trois dés

comme le passe-dix. — s. m. VIVRE AVEC SES PAIRS. ETRE JUGÉ PAR SES PAIRS. — Se dit du mâle ou de la femelle de certains oiseaux, et particulièrement de la tourterelle, en parlant de l'un par rapport à l'autre : *quand la tourterelle a perdu son pair.* — Comm. LE PAIR, l'égalité de change qui résulte de la comparaison du prix d'une espèce dans un pays, avec le prix de la même espèce dans un autre pays. LE CHANGE EST AU PAIR, il n'y a rien à gagner ni à perdre dans les traites et dans les remises d'argent de tel pays à tel autre. — LA RENTE EST AU PAIR, elle ne perd rien sur la place; elle se vend et s'achète au prix de sa création. On le dit aussi en parlant des autres effets publics. — Fig. ETRE AU PAIR, n'avoir point de travail en arrière : *j'étais en arrière dans mon travail, maintenant je suis au pair, je me suis mis au pair.* — De pair loc. adv. D'égal, d'une manière égale : *il marche de pair avec les grands seigneurs.* — VIVRE AVEC QUELQU'UN, TRAITER QUELQU'UN DE PAIR A COMPAGNON, le traiter comme si on était son égal. Cela se dit plus ordinairement en parlant d'un inférieur qui vit trop familièrement avec une personne qui est au-dessus de lui. — Hors du pair, hors de pair loc. adv. Au-dessus de ses égaux : *il s'est mis, il s'est tiré hors du pair, hors de pair.*

* **PAIR** s. m. (lat. *par*, égal). Titre de dignité. Se disait autrefois des grands vassaux du roi. S'est dit plus tard de ceux qui possédaient des terres érigées en pairies, et qui avaient droit de séance au parlement de Paris : *il y avait six pairs ecclésiastiques.* — Les DOUZE PAIRS DE FRANCE OU DE CHARLEMAGNE, se dit, dans les romans de chevalerie, de douze paladins que l'on suppose avoir été attachés à la cour de Charlemagne comme ses lieutenants et les plus braves chevaliers de son armée. — Se disait également autrefois des principaux vassaux d'un seigneur, qui, en certaines affaires, avaient droit de juger avec lui : *les pairs de fief avaient droit de juger leurs pairs ou égaux.* — S'est dit depuis des membres de la Chambre qui, sous la monarchie constitutionnelle, exerçaient la puissance législative avec le roi et la Chambre des députés : *les pairs de France.*

* **PAIRE** s. f. (lat. *par*). Couple d'animaux de même espèce, mâle et femelle. Ne se dit guère qu'en parlant de certains volatiles : *une paire de pigeons, de tourterelles, de poulets.* — UNE PAIRE DE BŒUFS, UNE PAIRE DE CHEVAUX, deux bœufs destinés à être attachés à même joug, deux chevaux destinés à être attelés à la même voiture. — Fam. UNE PAIRE D'AMIS, deux amis. — Deux choses de même espèce, qui vont ou nécessairement ou ordinairement ensemble : *une paire de gants, de bas, de bottes.* On dit quelquefois, dans le langage familier : *une paire de joues; une paire d'oreilles.* — Abusiv. UNE PAIRE D'HEURES, un livre qui contient les prières du jour et celles de la nuit. — Anat. PAIRE DE NERFS, ou simplement PAIRE, chaque division de nerfs semblables qui ont une origine commune. — Chose unique, mais composée essentiellement de deux pièces : *une paire de lunettes, de ciseaux, de mouchettes.* — Fam. LES DEUX FONT LA PAIRE, se dit en parlant de deux personnes, de deux ouvrages qui ont les mêmes défauts : *ils sont étourdis, ignorants l'un et l'autre; les deux font la paire.* — C'EST UNE AUTRE PAIRE DE MANCHES, VOICI BIEN UNE AUTRE PAIRE DE MANCHES, c'est une autre affaire, voici bien une autre affaire.

* **PAIREMENT** adv. Arith. N'est guère usité dans cette locution, NOMBRE PAIREMENT PAIR, nombre pair, dont la moitié est aussi un nombre pair, ce qui revient au même, nombre qui peut se diviser par quatre, c'est-à-dire en quatre parties égales : *huit, douze, etc., sont des nombres pairement pairs.*

* **PAIRESSE** s. f. Femme qui, en Angleterre, possède une pairie femelle. On donne aussi ce titre aux femmes de pair.

* **PAIRIE** s. f. Dignité de pair qui était attachée à un grand fief relevant immédiatement de la couronne : *les honneurs, les prérogatives de la pairie.* — Fief, domaine auquel cette dignité était attachée : *cette terre était une pairie.* — PAIRIES FEMELLES, celles qui passaient aux femmes : *il existe encore des pairies femelles en Angleterre.* — S'est dit aussi de la dignité de membre de la Chambre qui, en France, de 1814 à 1848, concourait avec le roi et avec la Chambre des députés à la confection des lois : *le roi l'éleva à la pairie.*

PAIRLE s. m. Blas. Pièce honorable en forme d'Y majuscule dont la partie inférieure est mouvante du bas de l'écu, tandis que les deux branches supérieures aboutissent aux angles du chef.

PAISIBILITE s. f. Etat de ce qui est paisible.

PAISIBLE adj. (rad. *paix*). Qui est doux et pacifique : *c'est un homme paisible, qui ne vous tourmentera point.* — Se dit aussi des animaux : *ce cheval est doux et paisible.* — Qui n'est point inquiété, qui n'est point troublé dans la possession d'un bien : *paisible possesseur d'une terre, d'un héritage.* — Qui n'est point troublé, point agité, qui est calme et tranquille : *mener une vie paisible.* — Se dit également des lieux, et signifie, où l'on est en paix, où il n'y a point de bruit : *une retraite, une habitation paisible.*

* **PAISIBLEMENT** adv. D'une manière paisible, sans trouble : *il dormait bien paisiblement.*

PAISIELLO (Giovanni) [paī-zi-êl'-lo], compositeur italien, né en 1741, mort en 1816. Il composa de nombreux opéras entre 1763 et 1776, dont la plupart sont oubliés; mais ceux qu'il produisit pendant qu'il était à Saint-Pétersbourg (1776-'85) comprennent quelques-unes de ses meilleurs ouvrages, surtout *Il Barbiere di Seviglia*. Plus tard, il composa pour l'empereur Joseph II, 12 symphonies, et l'opéra bouffe *Il Re Teodoro*, qui offre le premier exemple de l'emploi du finale dans ce genre de composition. En 1785, il devint maître de chapelle à Naples, en 1802 à Paris en 1804 à Naples de nouveau. Son œuvre comprend 27 grands opéras, 51 opéras bouffes et un grand nombre d'oratorios et de morceaux divers. Quelques-unes de ses mélodies, comme l' « *Espoir dit un conte flatteur* » sont devenues très populaires.

PAISLEY [pezz'-lè], ville manufacturière du Renfrewshire (Ecosse), sur les deux rives du White Cart, à 5 kil. au-dessus de son confluent avec la Clyde, à 15 kil. S.-O. de Glasgow; 48,257 hab. Sa célèbre fabrique de châles de luxe a été fondée vers 1800. Elle produit aussi de la gaze de soie, des mousselines, des tartans, des tapis, des cuirs, des savons et des liqueurs. La ville doit son existence à un prieuré fondé vers 1160.

PAISSEAU s. m. Echalas.

PAISSELER v. a. Agric. Munir d'échalas.

PAISSELURE s. f. Agric. Menu chanvre avec lequel on attache la vigne aux échalas.

* **PAISSON** s. f. (rad. *paître*). Nom collectif que l'on donne à tout ce que les bestiaux et les bêtes fauves paissent et broutent, principalement dans les forêts.

PAISSONNER v. a. Déborder et ouvrir avec le paisson.

PAISSONNIER, IÈRE s. Personne qui mène paître les bestiaux.

* **PAÎTRE** v. a. (lat. *pascere*). *Je pais, tu pais, il paît; nous paissons, etc. Je paissais. Je paîtrai. Je paîtrais. Paissez. Que je paisse.*

Paissant; les autres temps ne sont pas en usage. — Se dit proprement des animaux qui broutent l'herbe, qui la mangent sur la racine, ou qui se nourrissent de certains fruits tombés par terre : *les vaches, les moutons paissent l'herbe ; les cochons paissent le gland, la faine dans les forêts.* — v. n. *Mener paître des moutons.* — Fig. et pop. ENVOYER PAÎTRE QUELQU'UN, le renvoyer avec mépris : *s'il me vient parler de cela, je l'enverrai bien paître.* — v. a. Faire paître, mener paître : *Joseph et ses frères paissaient les troupeaux.* Dans cette acception, il ne s'emploie guère qu'en poésie et dans le style soutenu. — Fauconn. PAÎTRE UN OISEAU, lui donner à manger : *on a oublié de paître ces oiseaux.* — Fig., dans le langage de la religion : *il faut qu'un curé ait soin de paître son troupeau, de paître ses ouailles du pain de la parole.* — Se paître v. pr. Se repaître, se nourrir ; se dit des oiseaux carnassiers : *les corbeaux se paissent de charogne.* — Fig. SE PAÎTRE DE VENT, aimer les louanges ; et, SE PAÎTRE DE CHIMÈRES, se livrer à de vaines imaginations. On dit plus ordinairement : *se repaître de vent, de chimères.*

* PAIX s. f. (lat. *pax*). Situation tranquille d'un État, d'un peuple, d'un royaume qui n'a point d'ennemis à combattre : *la paix régnait alors dans toute l'Europe.* — Absol. Traité de paix : *faire une paix avantageuse, glorieuse.* — LA PAIX DE WESTPHALIE, DES PYRÉNÉES, DE NIMÈGUE, D'AMIENS, etc., le traité de paix conclu en Westphalie, au pied des Pyrénées, à Nimègue, à Amiens, etc. — Fig. et fam. PAIX FOURRÉE, et PAIX PLÂTRÉE, fausse paix, faite de mauvaise foi par les deux parties, chacune ayant intention de la rompre lorsqu'elle le croira utile à ses intérêts. — LES ARTS DE LA PAIX, les arts auxquels la paix est favorable, qui fleurissent pendant la paix ; par opposition aux ARTS DE LA GUERRE, ceux que la guerre enfante, et qui servent à la guerre. — Concorde, tranquillité intérieure qui règne dans les États, dans les familles, dans les sociétés particulières : *ces deux maisons se ruineront, si quelque homme de bien n'y met la paix.*

> Un bon mari, sa femme et deux jolis enfants
> Coulaient ca paix leurs jours dans le simple ermitage
> Où, paisible comme eux, vécurent leurs parents.
>   FLORIAN.

— Se dit quelquefois en parlant des animaux : *ces espèces d'animaux vivent en paix l'une avec l'autre.* — FAIRE LA PAIX, se dit en parlant de deux personnes qui étaient brouillées ensemble, et qui se réconcilient. — IL A FAIT SA PAIX, il est rentré dans les bonnes grâces de son maître, de son protecteur. — JUGE DE PAIX. (Voy. JUGE.) — PAIX DU ROI, expression dont on se sert, en Angleterre, pour désigner la tranquillité intérieure, dans les provinces, dans les villes : *les lois portent des peines contre ceux qui troublent la paix du roi.* On appelait aussi PAIX DU ROI, les vingt-quatre heures de trêve que, dans quelques guerres civiles, les deux partis s'imposaient le jour de la fête du roi. — Tranquillité de l'âme : *Dieu vous veuille donner sa paix.* — Écrit. sainte. L'ANGE DE PAIX, JÉSUS-CHRIST. — Fig. C'EST UN ANGE DE PAIX, se dit d'une personne qui porte toujours les esprits à l'union, à la concorde. — BAISER DE PAIX, cérémonie qui se fait à la grand'messe, lorsque le célébrant et ses ministres s'embrassent. — Fam. ILS SE SONT DONNÉ LE BAISER DE PAIX, ils se sont réconciliés. — NE DONNER NI PAIX NI TRÊVE A QUELQU'UN, ne lui donner aucun relâche, le presser continuellement. — LAISSER QUELQU'UN EN PAIX, ne plus le molester, ne plus l'importuner : *après m'avoir bien tourmenté, il m'a laissé en paix.* — IL FAUT LAISSER LES MORTS EN PAIX, il ne faut point parler mal d'eux. Calme, repos, silence, éloignement du bruit ou des affaires : *vous êtes ici bien en paix.* — LE SÉJOUR DE L'ÉTERNELLE PAIX, le lieu où

vont les âmes des justes après leur mort. — DIEU LUI FASSE PAIX, souhait pieux en faveur de l'âme d'une personne morte. — ÊTRE EN PAIX ET AISE, avoir toutes ses commodités, et en jouir paisiblement. On dit dans le même sens : *Vivre en paix et aise. Il ne veut que paix et aise.* Ces phrases sont vieilli. — PAIX ET PEU, avoir peu et vivre en paix, il n'en faut pas d'avantage à l'homme raisonnable. — Sorte d'interjection dont on se sert pour faire faire silence : *paix-là, messieurs ; eh, paix donc.* — Se dit aussi de la patène que le prêtre donne à baiser quand on va à l'offrande, et de cette plaque que l'acolyte, après l'*Agnus Dei*, porte à baiser aux principales personnes du chœur: *baiser la paix ; donner la paix à baiser.* — Encycl. « Le moyen d'assurer la paix entre les nations et de mettre les peuples civilisés à l'abri des calamités que cause la guerre a dû être de tout temps l'objet de recherches de la part des esprits les plus charitables et les plus humains. Sully rapporte que Henri IV avait songé à établir en Europe une sorte de confédération, une *République chrestienne* divisée en quinze *Dominations*, et dans laquelle tous les peuples et aussi toutes les religions auraient été placés sur un pied d'égalité. Les représentants des puissances européennes auraient formé un congrès dont les décisions, appuyées par les armées, eussent empêché toute guerre dans l'avenir. L'abbé de Saint-Pierre, célèbre philanthrope, frappé des malheurs excessifs que causaient à la France les guerres suscitées par l'ambition de Louis XIV, publia en 1713 un *Projet de paix perpétuelle.* Plus d'un demi-siècle après, Kant, le fondateur de la philosophie allemande, écrivit aussi un *Essai sur la paix perpétuelle.* L'utopiste Saint-Simon rêva de même de mettre fin aux guerres entre les nations, et il développa ses idées, en 1814, dans l'ouvrage intitulé : *De la réorganisation de la société européenne.* La *Sainte Alliance*, conclue le 28 sept. 1815 entre les souverains de Russie, d'Autriche et de Prusse, maintint effectivement la paix pendant quelques années, en comprimant les aspirations des peuples et en refusant de reconnaître leurs droits ouvertement violés. Depuis cette époque, le traité de Paris (1856) et le congrès de Berlin (1878) ont cherché à établir, par quelques-unes de leurs dispositions, les bases d'une paix constante entre les peuples de l'Europe ; mais aucun tribunal arbitral n'a été constitué; et, s'il l'eût été, il eût fallu donner à ses sentences une sanction efficace. Des sociétés de la paix ont été fondées dans le but de répandre les idées de pacification et d'arriver à une réduction des armées permanentes qui sont une charge écrasante pour les peuples. La plus ancienne de ces sociétés est la *Peace-Society* de Londres, fondée en juillet 1865. L'*Universal Peace Union* de Philadelphie date de la même année. Sont venues ensuite : la *Ligue internationale de la paix et de la liberté* (Genève, 1866), la *Société française des amis de la paix* (Paris, 1867), la *Ligue néerlandaise de la paix* (la Haye, 1870), l'*Association cosmico-unanitaria* (Rome, 1872), la *Lega italiana di pace e fratellanza* (Milan, 1873), l'*Institut international* (Gand, 1877), etc. Ces diverses sociétés ont, par leurs délégués, ouvert des congrès dont le premier a eu lieu en 1867, à Genève, sous la présidence de Garibaldi. Le congrès international des sociétés des amis de la paix, tenu à Paris du 26 sept. au 1er oct. 1878 a abouti à cette déclaration que le devoir des gouvernements et l'intérêt des puissances civilisées, après avoir épuisé toutes les voies de la négociation pour régler leurs différends, est de recourir à l'arbitrage. (Voy. ce mot.) Mais est-il possible d'espérer que cette sage règle sera toujours observée ? Les raisons de la politique égoïste et souvent aveugle, le caprice ou l'entêtement d'un monarque ont

déjà fait échouer plus d'une fois et feront échouer encore tous les plans de paix perpétuelle. »   (CH. Y.)

PAIXHANS (Henri-Joseph) [pè-zan ou pèksanss], inventeur français, né à Metz le 22 janv. 1783, mort le 20 août 1854. Il servit dans l'artillerie, devint général de division, fut député de 1830 à 1848, et attaché à divers titres au ministère de la guerre. Les canons et les projectiles qui portent son nom ont été employés pour la première fois en France en 1824. Son principal ouvrage a pour titre : *Nouvelle force maritime* (1822).

PAJOL (LE COMTE Claude-Pierre), général, né à Besançon en 1772, mort en 1844. Dès le commencement de la Révolution, il devint aide de camp de Kléber, se fit remarquer à la bataille de Fleurus et prit part à toutes les campagnes de la République. Général après Austerlitz, il fit les guerres de Prusse et de Pologne, combattit vaillamment à Eylau, à Friedland, à Eckmöhl, à Essling et à Wagram, fit la campagne de France et fut nommé pair au retour de Napoléon. Mis à la retraite par la Restauration, il se signala aux journées de Juillet 1830 et détermina le départ de Charles X.

PAJOU (Augustin), sculpteur français, né à Paris en 1730, mort dans la même ville en 1809. Il a exécuté plus de 200 ouvrages en pierre, en métal et en bois; il fut longtemps professeur de sculpture à l'Académie des beaux-arts de Paris.

* **PAL, Pals** ou **PAUX** s. m. (lat. *palus*). Pieu, pièce de bois longue et aiguisée par un bout : *le supplice du pal.* — Est principalement usité dans le blason : *il porte d'or au pal de gueules, à deux pals de sinople.* — EN PAL, se dit d'un meuble de longueur qui est posé dans le sens du pal, contre l'usage ordinaire qui est de mettre en fasce; se dit aussi de trois menus meubles qui sont disposés l'un au-dessus de l'autre à la même manière : *d'or, à trois croisettes de gueules, posées en pal.* — SUPPLICE DU PAL, supplice qui consiste à enfoncer un pieu dans le fondement du condamné et à le laisser ainsi jusqu'à ce que mort s'ensuive.

PALACIOS DE CAMPOS, ville d'Espagne, à 30 kil. N.-O. de Valladolid; 1,000 hab. Victoire de Bessières sur Cuesta en 1808.

PALACKY (Frantisek) [pa-lats'-ki], historien bohémien, né en Moravie en 1798, mort en 1876. En 1829, il fut nommé historiographe national, et il commença son histoire de Bohême (vol. I-V, 1836-'67), qui reste son principal titre, quoiqu'il ait publié d'autres ouvrages importants. A la chambre haute d'Autriche et à la diète provinciale de Bohême, il a été pendant des années le chef du parti national tchèque. En 1867, il prit part à la réunion panslaviste de Moscou.

PALADE s. f. Mar. Coup de rame; chemin parcouru par l'embarcation à chaque coup de rame.

* **PALADIN** s. m. (lat. *palatinus*, qui appartient au palais). On appelle ainsi, dans les vieux romans, quelques-uns des principaux seigneurs qui suivaient Charlemagne à la guerre; et par extension les chevaliers qui couraient le monde en cherchant des aventures : *le paladin Roland.* — Fig. et fam. C'EST UN VRAI PALADIN, un homme intrépide, et animé de sentiments chevaleresques.

PALAFOX (esp. PALAFOX Y MELZI) [pâ-lafokh y mêl'-zi] José), patriote espagnol, né en 1780, mort en 1847. Très jeune, il devint officier dans la garde royale. Lorsque Saragosse fut menacée par les Français en 1808, le peuple le proclama capitaine général de l'Aragon, et il dirigea la défense de la cité pendant deux sièges mémorables. A la capitulation de février 1809, il fut enfermé à Vincennes. Relâché en 1814, son grade de capitaine général lui fut confirmé. Il se retira de charge en 1820, signa la protestation contre l'absolutisme de Ferdinand VII en 1823, s'unit au parti de la reine Isabelle en 1833 et fut fait duc de Sarragosse en 1836.

PALAGONITE s. f. (de *Palagonia*, bourg des environs de Catane). Minéral amorphe, qui paraît être un élément constituant essentiel aux formations volcaniques de l'Islande et de la Sicile.

* **PALAIS** s. m. (lat. *palatium*). Maison vaste et somptueuse destinée à loger un souverain, un prince, un grand personnage, etc. : *le Palais-Royal à Paris s'appelait autrefois le Palais-Cardinal.*

Dussé-je après dix ans voir mon *palais* en cendre.
J. Racine. *Andromaque*, acte Iᵉʳ, sc. IV.

— Révolution de palais, révolte qui a lieu dans l'intérieur du palais d'un souverain, et qui a pour but de lui ôter la vie ou de le détrôner. (Voy. Maire.) — Par exag. Maison magnifique : *voilà une belle maison, c'est un palais.* — Se dit également des maisons considérables de la plupart des villes d'Italie : *le palais Pitti; le palais Farnèse*, etc. — Le palais de justice, ou absol. Le palais, lieu où les tribunaux rendent la justice : *la grand'salle du palais de Paris.* — Jours de palais, jours où l'on plaide au palais : *c'est aujourd'hui jour de palais.* — Gens de palais, juges, avocats, avoués, huissiers, etc. — Style du palais, style du palais, termes de palais, formules, termes de pratique dont on se sert dans les actes judiciaires, dans les plaidoiries. — Se dit aussi, collectivement, des officiers et des gens du palais : *tout le palais vous dira que votre cause est mauvaise.* — Fig. Profession d'avocat : *le palais ne l'a pas enrichi, mais il l'a rendu célèbre.* — Le Palais-Royal, monument de Paris, bâti en 1636, par Richelieu, sous la direction de Jacques Lemercier, et qui reçut pendant longtemps le nom de Palais-Cardinal. Richelieu en fit présent à Louis XIII en 1636 et il fut habité par Anne d'Autriche et par Louis XIV encore enfant. Plus tard, le roi l'assigna comme résidence à Henriette de France, qui l'habita jusqu'en 1661. En 1692, Louis XIV en fit donation à Philippe d'Orléans, son neveu. Mansart y éleva une superbe galerie. Il fut agrandi y donna des fêtes splendides. Le jardin du Palais-Royal vit naître l'agitation révolutionnaire qui précéda la prise de la Bastille. Pendant la Révolution, ce palais fut en quelque sorte le temple de la débauche. Napoléon y installa le Tribunat, et le palais resta ensuite désert jusqu'en 1814. Le duc d'Orléans le racheta pendant la Restauration et y fit faire quelques embellissements. Il fut saccagé en février 1848, reçut le nom de Palais-National et rentra dans le domaine de l'Etat. Il fut en partie incendié le 23 mars 1871; il a été reconstruit et affecté au service des comptes et au conseil d'Etat. Richelieu y avait fait construire une salle de spectacle, incendiée plusieurs fois et qui est devenue la salle de la Comédie-Française. — Théâtre du Palais-Royal, théâtre de genre, situé à Paris, galerie de Beaujolais (Palais-Royal). La salle fut construite en 1783 par Louis, architecte du duc d'Orléans. On y joue surtout le genre léger.

* **PALAIS** s. m. Partie supérieure du dedans de la bouche : *se brûler le palais.* — Se dit aussi en parlant des animaux : *cette herbe blesse le palais des bestiaux.* — Se prend quelquefois, fig., pour le sens du goût : *il a le palais fin.* — Bot. Partie supérieure du fond de la corolle, dans les labiées et les personnées. — Encycl. Le palais ou la cloison osseuse et musculaire qui sépare, dans les animaux vertébrés, la bouche des cavités nasales anté-

rieures et postérieures. Le palais osseux ou dur forme la voûte de la bouche, et se compose en avant de la portion horizontale des os maxillaires supérieurs, en arrière des os du palais; ces os forment une voûte bornée devant et sur les côtés par les dents supérieures et leurs alvéoles, recouverte d'une membrane muqueuse, et offrant à l'arrière un point d'attache au voile du palais. La largeur, les contractions, les élévations, l'étendue, les fentes plus ou moins grandes ou les autres ouvertures dont il est percé, fournissent des indications précises pour estimer le rang des différentes subdivisions des vertébrés; les plus élevés sont ceux chez lesquels cette partie est la plus large, la plus uniforme, la moins percée de trous, et formant une cloison complète, comme chez l'homme. Les changements dans les os du palais se relient à des modifications correspondantes dans le sphénoïde, et, par conséquent, à toute l'anatomie du crâne. La voile du palais (palais mou) est une cloison musculaire mobile, recouverte d'une membrane muqueuse. Son bord libre flotte au-dessus de la base de la langue, et est muni en son centre d'un appendice unique, la luette ou *uvula*, et sur les côtés de ce qu'on appelle les « arches palatines » ou amygdales, au nombre de deux, l'antérieure et la postérieure, de chaque côté.

PALAIS (Le), ch.-l. de cant., arr. et à 56 kil. S. de Lorient (Morbihan); 3,000 hab. Le Palais est situé dans l'île de Belle-Ile. Place forte de première classe. Bonne rade; port d'échouage; bains de mer. Restes du château de Fouquet.

PALAIS (Saint-), ch.-l. de cant., et à 24 kil. N.-O. de Mauléon (Basses-Pyrénées), sur un coteau élevé, près de la Bidouze; 400 hab.

PALAISEAU, ch.-l. de cant., arr. et à 15 kil. S.-E. de Versailles (Seine-et-Oise), sur l'Yvette; 2,500 hab.

PALAMÈDE, héros légendaire grec, fils de Nauplius et de Clymène. Il prit part à l'expédition contre Troie, et pendant un temps commanda en chef à la place d'Agamemnon, aux mesures duquel il s'opposait. Les uns disent qu'il se noya, d'autres qu'il fut mis à mort sur de fausses preuves de trahison imaginées par Ulysse. Homère ne le mentionne pas; mais il a été pris pour sujet de tragédies par Eschyle, Sophocle et Euripide.

PALAMOS, petite ville fortifiée d'Espagne et port sur la Méditerranée, province et à 38 kil. S.-E. de Girone; 3,000 hab. Les Français y livrèrent bataille en 1694 et en 1810.

* **PALAN** s. m. (ital. *palanco*, rouleau). Mar. Assemblage de poulies et de cordages, dont on se sert sur les bâtiments, soit pour exécuter quelques parties de la manœuvre, soit pour mouvoir de pesants fardeaux.

PALANCHE s. f. (rad. *pal*). Morceau de bois un peu concave au milieu, qu'on met sur l'épaule pour porter deux seaux pleins à la fois.

* **PALANÇONS** s. m. pl. Maçonn. Morceaux de bois qui retiennent les torchis.

PALANGRE s. f. Corde noyée et soutenue par des bouées le long de laquelle sont attachées des lignes.

* **PALANQUE** s. f. Fortif. Retranchement formé de pièces de bois jointives et plantées verticalement.

* **PALANQUIN** s. m. (pâli, *pallangka*). Sorte de chaise, de litière, que des hommes portent sur leurs épaules, et dont les personnes considérables se servent, dans l'Inde et à la Chine, pour se faire transporter d'un lieu à un autre : *se faire porter dans un palanquin.*

PALAPRAT (Jean de Bigot), poète, né à

Toulouse en 1650, mort à Paris le 23 oct. 1521. Issu d'une famille de robe, capitoul en 1675, chef du consistoire protestant en 1684, se livra aux lettres, s'attacha en qualité de secrétaire au duc de Vendôme. Passionné pour le théâtre, il donna, à la Comédie-Française, plusieurs pièces aujourd'hui tombées dans l'oubli, à l'exception de celles qu'il écrivit en collaboration avec Augustin-David de Brueys, né à Aix en 1640, mort à Montpellier, le 25 nov. 1723. Ce dernier converti au catholicisme par l'illustre Bossuet, s'était déjà fait connaître par des ouvrages de controverse religieuse, lorsque son penchant pour le théâtre amena entre lui et son compatriote Palaprat une association, à laquelle nous devons plusieurs pièces charmantes, pleines de naturel, de gaîté et d'observation : le *Concert ridicule*, 1 acte, prose, Comédie-Française, 14 sept. 1689; le *Secret révélé*, 1 acte, prose, 13 sept. 1690; le *Grondeur*, 3 actes, prose, 3 fév. 1691; le *Muet*, 5 actes, prose, 22 juin 1691; l'*Avocat Patelin*, 3 actes, prose, 4 juin 1706; etc. L'inaltérable amitié de ces deux auteurs a inspiré à Etienne une jolie comédie en 1 acte et en vers : *Brueys et Palaprat*, Comédie-Française, 28 nov. 1807. — Brueys a produit, sans la collaboration de son ami, plusieurs pièces qui ont été publiées à Paris en 1735, 3 vol. in-12. Les œuvres de Palaprat ont paru à Paris en 1741, 1 vol. in-12; les *Œuvres de Brueys et Palaprat* forment 5 vol. in-18, Paris, 1755.

* **PALASTRE** ou **Palâtre** s. m. Serrur. Boîte de fer qui forme la partie extérieure d'une serrure, et où sont montées toutes les pièces qui servent à la fermer.

* **PALATALE** s. et adj. f. Se dit des consonnes produites par les mouvements de la langue qui va toucher le palais : *D, T, L, N, R sont des consonnes palatales.*

* **PALATIAL, ALE, AUX** adj. [-si-al] (lat. *palatium*, palais). Qui concerne le palais.

* **PALATIN** adj. m. (lat. *palatinus*). Titre qu'on donnait jadis à tous ceux qui avaient quelque office ou charge dans le palais d'un prince : *il y a eu quatre comtes palatins en Angleterre : celui de Lancastre, celui de Durham, celui de Chester et celui d'Ely.* — S'est dit aussi, très anciennt, des seigneurs qui avaient un palais où l'on rendait la justice : *les comtes palatins de Champagne, de Béarn*, ou substantiv. *Les palatins de Champagne, de Béarn.* — Substantiv. Vice-roi de Hongrie, et de chaque gouverneur de province en Pologne : *le palatin de Hongrie.* — On dit aussi quelquefois adjectiv. *Un seigneur palatin.* — Le nom de *palatin* (hongr. *nador*) était, sous l'ancienne constitution hongroise, le titre du lieutenant royal. L'archiduc Etienne, cousin de l'empereur Ferdinand, fut le dernier palatin; il était en charge au commencement de la révolution de 1848. — Ce titre (polon., *wojewoda*) se donnait aussi aux gouverneurs des provinces (*wojewodztwa*, palatinats) de la Pologne indépendante. Pour « comte palatin », voy. Palatinat.

* **PALATIN, INE** adj. Anat. Qui a rapport au palais : *os, nerfs palatins.*

PALATIN (Le), *Mons Palatinus*, une des sept collines de Rome, à l'E. du Tibre et séparée de l'Aventin par une étroite et profonde vallée.

* **PALATINAT** s. m. Dignité de palatin : *le palatinat était une dignité ancienne dans la maison de Bavière.* — Pays qui était sous la domination de l'électeur palatin : *le palatinat du Rhin.* — Nom de chaque province de l'ancienne Pologne : *le palatinat de Cracovie.*

PALATINAT (Haut et bas), partie de l'ancien empire allemand. Sous les rois mérovingiens de France, un haut fonctionnaire de l'ordre judiciaire avait à la cour le titre de *comtes* *palatii*, comte du palais et le tenant d'un fief particulier, jouissant par ses domaines de la même autorité que le comte du palais, s'appelait *comes palatinus*, ou comte palatin ; de là le nom de palatinat donné plus tard au pays dont cet officier était le chef. — Le haut Palatinat forme aujourd'hui une partie du district bavarois du haut Palatinat et de la haute Franconie. Sa superficie était d'environ 7,000 kil. carr. Sa ville princ. était Amberg. Le bas Palatinat se trouvait sur les deux rives du Rhin, et avait pour villes princ.: Mannheim, Heidelberg et Zweibrücken (Deux-Ponts). Sa superficie était d'environ 8,000 kil. carr. C'est au XIe siècle que les comtes palatins devinrent souverains héréditaires de ces deux provinces. Au XIIIe siècle, ils acquirent la dignité d'électeurs de l'empire. L'un d'eux, Rupert III, fut élu empereur en 1400. A sa mort, le pays fut divisé entre ses quatre fils. Frédéric III (1559-76), de la ligne des Simmern, fit cesser cette division et introduisit le calvinisme. Frédéric V fut élu roi de Bohème au début de la guerre de Trente ans, mais il perdit ses deux couronnes par sa défaite à Prague (1620), et Maximilien de Bavière reçut la dignité électorale. Le fils de Frédéric, Charles-Louis, recouvra le bas Palatinat à la paix de Westphalie (1648). Son territoire fut à plusieurs reprises ravagé par les armées de Louis XIV. A la famille de Simmern succéda celle de Neuburg (1685). En 1777, l'électeur Charles-Théodore hérita de la Bavière et les deux États se trouvèrent réunis. Aujourd'hui le district bavarois du haut Palatinat, avec Ratisbonne, une superficie de 9,674 kil. carr.; 505,000 hab. Le district bavarois du Palatinat du Rhin (bas Palatinat) a 5,937 kil. carr. de superficie; 645,000 hab.

* **PALATINE** adj. Ne s'emploie que dans les qualifications suivantes : MAISON PALATINE, maison, famille de l'électeur palatin. PRINCESSE PALATINE, ou simpl., PALATINE, femme d'un palatin, ou princesse de la maison palatine.

* **PALATINE** s. f. Fourrure que les femmes portent sur le cou en hiver : *une palatine de martre*.

PALATO-DENTAL, ALE adj. (rad. *palais*, et *dent*). Gramm. Qui se prononce à l'aide du palais et des dents.

PALATO-LABIAL, ALE adj. (lat. *palatum*; fr. *labial*). Anat. Qui appartient au palais et aux lèvres.

PALATO-PHARYNGIEN, IENNE adj. (lat. *palatum*, palais; fr. *pharynx*). Anat. Qui appartient au palais et au pharynx.

PALATOPLASTIE s. f. (lat. *palatum*, palais; gr. *plassein*, former). Chir. Opération par laquelle on reconstruit une partie détruite de la membrane du palais.

PALATRE s. m. (lat. *pala*, pelle). Partie de la garde d'un sabre qui a la forme d'une pelle.

* **PALE** s. f. [pa-le] (lat. *pala*, pelle). Espèce de petite vanne *qui sert à ouvrir et à fermer le biez d'un moulin, la chaussée d'un étang, selon qu'on veut lâcher les eaux ou les retenir : lever, baisser la pale du moulin*. — Partie d'une rame, d'un aviron, qui est plate, et qui entre dans l'eau.

* **PALE** ou **Palle** s. f. Liturg. cathol. Carton carré garni ordinairement de toile blanche et servant à couvrir le calice quand on dit la messe.

* **PÂLE** adj. (lat. *pallidus*). Blème, décoloré par une teinte de blanc sans vivacité, sans éclat. En ce sens, ne se dit guère que des personnes, soit qu'elles aient naturellement cette couleur, soit qu'une maladie ou un saisissement la leur donne : *il est pâle comme*

un mort, *comme la mort*. — Poétiq. LES PALES OMBRES, les âmes des morts. — Se dit aussi des corps lumineux, quand ils se répandent qu'une lumière faible, terne, blafarde : *le soleil est bien pâle aujourd'hui*. — Se dit aussi des couleurs qui sont déchargées, qui ne sont pas vives : *un bleu pâle*. — PALES COULEURS, ou CHLOROSE, maladie qui se montre surtout chez les jeunes filles, et qu'on nomme ainsi parce qu'elle leur rend le visage pâle. — Se dit quelquefois, fig., du style, quand il manque d'éclat, de couleur : *cet ouvrage est d'un style pâle, beaucoup trop pâle*.

PALÉ, ÉE adj. (rad. *pal*). Blas. Se dit de l'écu et des pièces honorables, quand leur surface est divisée perpendiculairement en quatre, six ou huit parties, alternativement de métal et de couleur.

PALÉACÉ, ÉE adj. (lat. *palea*, paille). Bot. Qui a la forme d'une paillette.

PALE-ALE s. m. [pè-lè-le]. Sorte de bière anglaise. (Voy. ALE.)

* **PALÉE** s. f. (rad. *pal*). Rang de pieux enfoncés en terre à refus de mouton, pour former une digue, soutenir des terres, etc.

* **PALEFRENIER** s. m. (rad. *palefroi*). Valet qui panse des chevaux : *un cheval bon pour monter un palefrenier*.

* **PALEFROI** s. m. (bas lat. *parafredus*; du lat. *paraveredus*). On appelait ainsi autrefois un cheval de parade, sur lequel les rois et les grands seigneurs faisaient leur entrée dans les villes. Se dit aussi des chevaux qui servaient ordinairement aux dames, avant qu'on eût l'usage des carrosses : *monter sur un palefroi; autrefois les dames allaient sur des palefrois*.

PALEMBANG [pa-lemm-bangn']. I, province hollandaise dans la S.-E. de Sumatra, sur le détroit de Banca; 160,343 kil. carr.; 578,000 hab. C'est, pour la plus grande partie, une plaine marécageuse, traversée par plusieurs grands cours d'eau et couverte de forêts étendues. Le sol est fertile et le climat chaud et humide, mais pas malsain. On y cultive le riz, la canne à sucre, le tabac, le gambir, l'indigo, le café et le poivre. L'ancien sultanat de Palembang comprenait un quart environ de la province actuelle. Il fut conquis par les Hollandais en 1821. — II, capitale de cette province, sur les deux rives du Musi ou Sungsang, le plus grand cours d'eau de Sumatra, à environ 85 kil. du détroit de Banca; 40,000 hab. Relations commerciales avec Java, Banca, Siam, la Chine, etc.

PALÉMON s. m. Crust. Genre de crustacés décapodes macroures, section des écrevisses salicoques, comprenant un certain nombre d'espèces d'animaux à corps peu comprimé, à crête médiane, à front recourbé en haut vers le bout. Ces crustacés sont recherchés à cause de la délicatesse de leur chair.

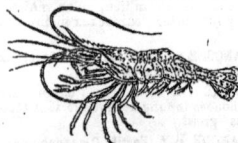

Palémon à scie. (Palæmon serratus).

On les trouve dans les fonds sablonneux, près des côtes maritimes; ils remontent quelquefois l'embouchure des rivières. Plusieurs espèces se distinguent par de splendides couleurs et par un magnifique éclat. Elles atteignent quelquefois des proportions considérables sous le climat des tropiques, mais nos espèces sont petites et désignées vulgai-

rement sous le nom de crevettes, salicoques, etc. Le *palémon à scie* (*palæmon serratus*), long de 8 à 10 centim., est d'un rouge pâle et se vend communément sur nos marchés. — Le *palémon squille* ou *salicoque* (*palæmon squilla*) est beaucoup plus petit et également commun sur nos côtes.

PALENCIA [pa-lenn'-si-a]. I, province du N.-O. de l'Espagne, dans la Vieille-Castille; 8,097 kil. carr.; 184,668 hab. environ. Elle est arrosée par le Carrion, la Cueza, la Pisuerga et plusieurs autres rivières; le canal de Castille la traverse. Le sol est en grande partie plat et nu, mais fertile. Le climat est chaud et salubre. Parmi les principales villes, on compte Cervera, Saldaña et Carrion. — II, capitale de cette province (anc. *Pallantia*), sur le Carrion, à 170 kil. N.-N.-O. de Madrid; environ 13,000 hab. Elle est entourée d'une forte muraille, et possède une cathédrale ancienne. Le tiers de la population environ est occupé aux filatures de laine. C'était une place importante du temps des Romains.

PALENQUE, ancienne ville ruinée du Mexique, état à 150 kil. N.-E. de Chiapas, sur le Rio Chacamas, à 13 kil. S.-F. de Santo-Domingo-de-Palenque. On y trouve de remarquables vestiges de l'ancienne architecture au temps des Incas; terrasses artificielles ou pyramides tronquées en pierres de taille, surmontées d'édifices du même genre, avec des figures et des hiéroglyphes en relief ou en stuc, qui conservent encore les traces de brillantes couleurs. L'une des principales constructions que l'on admire à Palenque est le temple pyramidal

Palenque (temple pyramidal).

représenté par notre figure. Le palais, encore plus important, mesure 228 pieds de longueur, 180 de profondeur et 25 de hauteur; il a de larges corniches de pierre en saillie. Il est bâti en pierres taillées, cimentées avec un mortier de chaux et de sable. Il y a d'autres constructions du même genre, avec des tablettes couvertes de figures humaines en relief et d'hiéroglyphes. Ces ruines ont été découvertes par les Espagnols en 1750; du Pair, Stephens, Catherwood et Morelet les ont décrites.

PALÉO (gr. *palaios*, ancien). Préfixe qui entre dans la formation d'un certain nombre de mots.

* **PALÉOGRAPHE** s. m. (préf. *paléo* : gr. *graphein*, écrire). Celui qui s'occupe de paléographie, qui connaît cette science : *un habile paléographe*. — Adjectiv. *Archiviste paléographe*.

* **PALÉOGRAPHIE** s. f. (gr. *palaios*, ancien; *graphô*, j'écris). Science des écritures anciennes, art de les déchiffrer : *traité de paléographie*. — Voy. les ouvrages de Kopp, de Champollion-Figeac, de Sylvestre de Sacy, etc.

PALÉOLE s. f. (lat. *paleolum*). Bot. Petite

écaille charnue qui se trouve dans les fleurs des graminées.

PALÉOLITHIQUE adj. (gr. *palaios*, ancien ; *lithos*, pierre). Archéol. Se dit de la période la plus ancienne de l'âge de pierre, période pendant laquelle les hommes se fabriquaient de grossiers instruments à l'aide de cailloux non polis : *après l'âge paléolithique vint l'âge néolithique.*

PALÉOLOGUE adj. (préf. *paléo* ; gr. *logos*, discours). Qui connaît les langues anciennes. — s. m. *Un paléologue.*

PALÉOLOGUE, nom d'une famille byzantine qui occupa le trône de Constantinople de 1261 à 1453, année où cette ville fut prise par les Turcs. Le premier empereur de la famille fut Michel VIII, qui s'était fait empereur de Nicée en déposant son pupille Jean Lascaris, et qui, avec l'aide de la flotte génoise, s'empara de Constantinople et fonda la dynastie. Il mena à bien plusieurs entreprises, s'efforça de mettre un terme au schisme de l'Eglise, et mourut en 1282. Le dernier empereur, Constantin XIII, fut tué en combattant pour défendre sa capitale. Une branche de la même famille gouverna la principauté de Montferrat en Italie, de 1305 à 1533, et une autre régna en Morée de 1380 à 1460. On suppose que la famille s'est éteinte avec Théodore Paléologue, qui mourut en Angleterre en 1693.

PALÉONTOGRAPHE s. m. (préf. *paléo* ; gr. *ón, ontos*, être ; *graphein*, écrire). Celui qui se livre à la paléontographie.

PALÉONTOGRAPHIE s. f. Histoire des animaux et de végétaux fossiles dont les espèces ont disparu.

PALÉONTOLOGIE s. f. (gr. *palaios*, ancien; *ón, ontos*, être ; *logos*, discours). Partie de l'histoire naturelle qui a pour objet la connaissance des races d'animaux et de végétaux, qui ont existé à la surface du globe et dont on trouve des débris ou des vestiges fossiles : *la paléontologie est une science d'origine récente.* — ENCYCL. La paléontologie traite des vestiges de la vie organique sur la terre pendant les époques géologiques écoulées. Ces vestiges consistent en restes de plantes et d'animaux conservés dans les couches de roches ou à leur surface, et en traces, empreintes, terriers, coprolithes et autres matières organiques. Depuis des temps très reculés, on avait observé ces objets dans les couches des roches, bien au-dessus du niveau de la mer. Pythagore, Platon, Aristote, Strabon, Sénèque et Pline parlent de l'existence de coquilles marines, à une grande distance de la mer ; et tous les anciens expliquaient par des changements survenus dans la surface de la terre leur présence, qui semblait la preuve concluante que les roches les contenant avaient été submergées jadis. Au commencement du XVIe siècle, lorsque les nations chrétiennes portèrent leur attention vers les phénomènes géologiques, des opinions fantaisistes se firent jour, attribuant des formations à des « jeux de la nature », *lusus naturæ*, ou à la « force plastique de la nature » ; l'on disait encore que, datant de la première création, elles avaient été produites au temps de la formation des cristaux et des montagnes mêmes. Il fallut plus d'un siècle pour discréditer cette théorie ; et il fallut un autre siècle et demi pour démontrer la fausseté de l'hypothèse que tous les corps organisés avaient été ensevelis dans les couches solides par le déluge de Noé. Mais, même pendant ce temps, il ne manquait pas de bons esprits qui soutenaient des opinions plus rationnelles. Au commencement du XVIe siècle, Léonard de Vinci combattit ces vues, affirmant que le limon des fleuves se jetant dans la

mer avait recouvert les coquilles et pénétré dans leur intérieur lorsqu'elles étaient encore sous l'eau. En 1552, Cardan soutint que les coquilles pétrifiées indiquaient clairement l'ancienne présence de la mer. En 1580, Palissy affirma l'origine animale des restes fossiles, et, comme le dit Fontenelle, fut le premier à Paris qui se risqua à déclarer que les restes fossiles des testacés et des poissons avaient autrefois appartenu à des animaux marins. En 1592, Fabio Colonna combattit un grand nombre de théories erronées de son temps, et fut le premier à montrer que certains fossiles avaient appartenu à des testacés marins, et d'autres à des testacés terrestres. Pendant ces discussions du XVIe siècle, de vastes collections de coquilles fossiles et d'autres restes s'étaient accumulées dans les cabinets particuliers, dans les musées publics, et notamment dans celui du Vatican à Rome, et dans le *Museo calceolario* de Vérone, qui était peut-être le plus fameux de son temps. La première moitié du XVIIe siècle s'écoula sans qu'il y eût aucun progrès réel dans les notions relatives à l'origine des fossiles. Le livre de Steno *De solido intra solidum naturaliter contento* (1669) est une production remarquable de la période suivante. Les Italiens ont été à la tête des investigateurs dans cette partie de la science, et parmi ceux qui, au XVIIIe siècle, firent le plus avancer les vues philosophiques à propos des restes organiques fossiles, de leur origine et de leur importance, on peut nommer Valisnieri (1721), Spada (1737), Moro en 1740, Generelli en 1749 et Donati en 1750. Dans le nord de l'Europe, les noms de Bromel et de Linné sont associés à l'étude des restes organiques fossiles au milieu du XVIIIe siècle. En 1790, William Smith, ingénieur civil, publia un *Tabular View of British Strata*, en suivant la continuité des formations secondaires sur des aires très étendues, et en les reconnaissant par les fossiles qu'elles contiennent. La valeur de la question des fossiles commençait à être appréciée en France, et les noms de Cuvier, de Brongniart, de Lamarck et de France sont attachés aux recherches scientifiques faites dans cette branche des connaissances humaines pendant la première partie du XIXe siècle. Les études de Cuvier sur l'ostéologie comparée des vertébrés vivants et fossiles, celles de Lamarck et autres sur les mollusques, d'Alexandre Brongniart sur les crustacés fossiles et d'Adolphe Brongniart sur la botanique fossile, firent beaucoup pour l'avancement de la paléontologie, et aidèrent à lui faire prendre rang parmi les sciences naturelles. Ce fut un long et fastidieux travail que d'amener l'esprit humain à se débarrasser de la notion d'une création subite de la terre et de ses habitants, et à reconnaître l'énergie créatrice s'étendant à des myriades de siècles ; à admettre le fait que la terre sèche sur laquelle nous vivons aujourd'hui a été simplement formée par les dépôts successifs de boue, de sable et de gravier sur le fond ou sur les bords de l'océan ; que ces dépôts sont marqués par les restes des animaux qui vivaient alors, de même que les formes analogues vivent aujourd'hui dans les eaux de l'océan ; et finalement que ces couches de rochers, de quelque genre qu'elles soient, marquent certaines ères, et contiennent des témoignages indestructibles des conditions qui existaient et des changements qui ont amené le dernier et présent état des choses. La preuve de l'existence d'êtres vivants se trouve dans leurs empreintes fossiles, et les marques les plus anciennes de la vie se rencontrent dans les restes de plantes et d'animaux enfouis au fond des anciennes mers ou échoués sur les rivages. A travers des siècles dont on ignore le nombre, la vie a présenté sans cesse des formes variées depuis

qu'elle a fait sa première apparition sur le globe ; chaque époque successive, chaque nouvelle condition physique offre sa faune et sa flore nouvelles et spéciales. Dans le cours de ces périodes incalculables, l'aspect et le caractère des existences ont changé, et il y a eu, sinon un progrès régulier, du moins une merveilleuse amélioration sur les organismes primitifs. Les rapports de ces lits fossilifères entre eux ont amené à la constatation d'époques géologiques ; et ces époques se vérifient sur des étendues de pays considérables, d'une façon continue ou interrompue, et même d'un hémisphère à l'autre. C'est par la présence de certaines formes particulières, isolées ou réunies, dans ces couches, que les périodes ou âges géologiques peuvent être déterminés. — Puisque toutes les observations ont prouvé qu'aucune espèce ne continue à durer à travers tous les âges géologiques, que très peu, s'il en est dans ce cas, se trouvent, dans plus de deux époques, nous avons le droit d'en conclure qu'il y a une loi de durée limitée pour chaque espèce, mais que cette loi a des exceptions. 1° Certaines espèces, étant plus robustes, plus prolifiques, ou vivant dans des circonstances plus favorables, ont pu résister aux causes de destruction qui ont été trop fortes pour leurs voisines ; 2° les causes d'extinction ont rarement opéré avec uniformité ou avec une force égale sur toute l'aire géographique de la faune à une même période. On pourrait citer des cas où la brusque arrivée à 1,000 ou 2,000 pieds de sédiment a détruit la faune existante sur une étendue de milliers de kilomètres ; et cependant au delà de la limite de plus en plus mince du dépôt, on trouve des restes de la faune précédente en contact avec la formation supérieure, et les fossiles des deux époques sont mêlés, quoique n'ayant pas en apparence vécu en même temps. Nous en inférons, par conséquent, que, sur les limites extrêmes des régions bouleversées, il peut y avoir eu dès bassins où quelques animaux se sont réfugiés, et se sont ainsi mêlés plus tard à la nouvelle population. A part quelques exceptions individuelles, la différence entre les animaux perdus ou fossiles et les animaux existant aujourd'hui, est d'autant plus grande que ceux-là sont plus anciens. Les formes récentes sont plus variées ; la diversité de l'organisation animale a augmenté avec le cours du temps. Mais cela ne nous permet pas de conclure que, parce que les faunes les plus anciennes se composent d'animaux d'organisation moins élevée, le degré de perfection augmente, comme règle, à mesure que nous approchons des plus récentes époques. Nous trouvons les organismes les plus parfaits comme les organismes les moins parfaits, les plus bas comme les plus hauts, vivant en même temps dans les dernières époques géologiques, et chaque époque présentant une faune et une flore adaptées aux conditions physiques existantes. On a montré dans lequel ont paru les différents types représente les phases du développement embryonnaire, et nous voyons que les animaux fossiles étaient construits sur le même plan que les animaux actuels, et que les mêmes principes zoologiques sont applicables à leur étude et à leur classification.

CLASSIFICATION DU RÈGNE ANIMAL.

INVERTÉBRÉS.

Sous-règne : PROTOZOAIRES.

Classe : RHIZOPODES (amorphozoaires).

Ordre - *Spongida* (éponges).
    Les éponges fossiles se rencontrent dans les terrains cambriens, siluriens, carbonifères, permiens, triassiques, jurassiques, crétacés et tertiaires.

Ordre : *Foraminifères.*
    Les organismes de cet ordre sont ordinairement très petits ou microscopiques. On en connaît quelques formes dans les roches cambriennes et silu-

riennes de l'Europe, et dans les calcaires carbonifères de l'Ohio, de l'Indiana, de l'Illinois, et d'autres états occidentaux des Etats-Unis. Les foraminifères abondent dans la période jurassique, mais ils acquièrent tout leur développement dans la dernière partie des époques crétacée et tertiaire éocène.

Sous-règne : Cœlentérata (radiés ; polypes).

Classe : Hydrozoaires (*graptolitides*). Les graptolites sont les fossiles caractéristiques des terrains cambriens et siluriens inférieurs. On en trouve des espèces des divers genres depuis les grès de Postdam jusqu'au groupe de Clinton inclusivement.

Classe : Actinozoaires (coraux, madrépores). Parmi les coraux, le type cyathophylloïde (ordre : *zoantharia rugosa)* commence à apparaître dans le cambrien, et se trouve depuis la base du groupe de Trenton, à travers toutes les formations jusqu'à la fin de l'ère palæozoïque, acquérant tout son développement dans le devonien.

Classe : Échinodermes 1° *crinoïdes* (encrinites, lis de pierre); 2° *cystides* (cystidéens); 3° *blastoïdes* (pentrémites); 4° *astérides* (étoiles de mer); 5° *ophiurides* (étoiles de sable; étoiles serpents); 6° *echinides* ou *palæchinides* (oursins de mer); 7° *holothuries* (concombres de mer). Les encrinites sont les types les plus anciens de cette classe; elles apparaissent dans le système cambrien de l'Europe, et dans les roches du même âge en Amérique, mais elles ne deviennent nombreuses que dans l'époque du Trenton; elles abondent dans le Niagara et le Helderberg inférieur. Les astéries ou étoiles de mer commencent à l'époque du Trenton : les véritables *échinidés* et les *holothuries* dans le lias, et continuent jusqu'à l'époque actuelle. Les autres formes paraissent et disparaissent à différents intervalles.

Sous-règne : Mollusques.

Classe : Lamellibranchiés (*conchifères*, coquilles bivalves). Les fossiles de cette classe de coquillages apparaissent d'abord à l'époque cambrienne. Leur nombre s'accroît graduellement à travers les couches siluriennes jusqu'au devonien où elles sont parfois plus nombreuses que les *brachiopodes*. Dans les temps récents, les coquilles de cette classe ont une importance beaucoup plus grande et l'emportent notablement sur les *brachiopodes*.

Classe : Gastéropodes (coquilles univalves). Les fossiles de cette classe ont commencé leur existence aux époques géologiques les plus lointaines, et on les reconnaît dans les grès de Postdam en Amérique et les roches cambriennes en Europe.

Classe : Ptéropodes. Les fossiles de cette classe commencent dans les couches fossilifères les plus inférieures, et se continuent à travers les époques silurienne, devonienne et carbonifère.

Classe : Céphalopodes. Se trouvent à tous les âges géologiques. Le genre *nautilus* apparaît dans le silurien et persiste à toutes les époques jusqu'à notre temps.

Sous-règne : Molluscoïdes.

Classe : Polyzoaires ou Bryozoaires. En Amérique, ces fossiles atteignent leur développement maximum dans la période carbonifère.

Classe : Brachiopodes. Les fossiles de cette classe sont abondants partout, et constituent le meilleur guide dans l'étude des couches pendant toute la période palæozoïque. Le type linguloïde, dans les genres *lingulella* et *lingulepis*, commence dans les formations fossilifères les plus inférieures que l'on connaisse, et se continuent à travers toutes les époques géologiques jusqu'au temps actuel.

Classe : Tuniciers (*ascidées*). Les individus de cette classe n'ont pas de coquilles solides; leurs parties molles sont protégées par une enveloppe élastique et gélatineuse percée de deux orifices. La nature molle de ces organismes empêche leur conservation dans les couches rocheuses.

Sous-règne : Annelés (*articulata*).

Classe : Annélides. Des traces d'animaux de cette classe (ou peut-être de crustacés) se trouvent dans le grès de Postdam d'Amérique et dans les roches cambriennes d'Europe.

Classe : Crustacés. Les *entomostraca*, dans l'ordre des *trilobites*, sont représentés par des genres nombreux, commençant aux roches cambriennes inférieures et s'éteignant pendant l'époque carbonifère. Les *merostomata* s'étendent du silurien moyen à la fin des assises de houille. Les *phyllopoda* commencent près de la base du silurien propre, et apparaissent dans les roches palæozoïques. Les *ostracoda* ou *cyproidea* se trouvent dès les premières roches fossilifères. Les *decapoda* (crabes, homards, etc.) commencent après l'âge palæozoïque. Les *cirripedia* existent en petit nombre au-dessous des terrains carbonifères, et augmentent ensuite.

Classe : Arachnides. Les araignées fossiles se trouvent dans les couches carbonifères, dans les ardoises de Solenhofen des terrains jurassiques, et dans le terrain tertiaire.

Classe : Myriapodes. Les centipèdes et les millipèdes commencent leur existence dans la période carbonifère.

Classe : Insectes. Des restes fossiles d'insectes ont été trouvés dans les assises inférieures de la houille, dans le devonien, dans le lias de l'Europe, et dans les terrains tertiaires de l'ouest des Etats-Unis et de l'Europe.

VERTÉBRÉS.

Classe : Poissons. Les ganoïdes, ordre où les individus sont couverts de plaques osseuses, comme l'anguille de mer et l'esturgeon, sont parmi les plus anciennes formes de poissons connues. Parmi les sélachiens ou poissons à squelette cartilagineux, les cestracions commencent leur existence dans l'âge du Helderberg supérieur, et continuent à travers toutes les formations jusqu'au temps présent. Les hybodonts apparaissent d'abord dans les carbonifères inférieurs, et se perpétuent à travers les formations successives. Les *raiidæ* (raies) commencent leur existence dans les carbonifères ; on les rencontre dans le lias et l'éocène et dans la faune actuelle. Les squalodonts, ou véritables requins, apparaissent pour la première fois dans la période crétacée, et se continuent jusqu'au temps présent. Les *teliostei*, ou poissons osseux, tels que la perche, la morue, le saumon, etc., commencent dans le trias. Il s'en présente quelques formes dans le jurassique moyen et supérieur, mais ils ne sont pas communs au delà de la période crétacée. On ne connaît aucuns poissons fossiles dans le silurien d'Amérique; et il est permis de douter que les espèces européennes citées comme siluriennes soient plus vieilles que celles d'Amérique.

Classe : Amphibies (batraciens). Les *labyrinthodontes* sont représentés dans la période carbonifère en Europe et en Amérique. Le *cheirotherium* et d'autres amphibies se trouvent dans le trias.

Classe : Reptiles. L'ordre des *lacertia* est représenté dans le permien; plusieurs genres sont caractéristiques du trias; d'autres du jurassique et du crétacé, arrivant jusqu'à l'époque actuelle. L'ordre des crocodiles *(crocodilia)* commence dans le trias. Les *pterosauria* s'étendent à partir du lias à travers le terrain crétacé; les *dinosauria*, depuis le trias jusqu'à la base du crétacé; les enaliosauriens depuis le trias, à travers le crétacé; les ophidiens paraissent dans le tertiaire eocène; et les chéloniens commencent au milieu de la période jurassique.

Classe : Oiseaux. On a inféré l'existence des oiseaux de la présence de traces de pattes à trois doigts dans les grès de la vallée du Connecticut de l'âge du trias (?). Les couches du miocène en France en fournissent plus de 70 espèces.

Classe : Mammifères. Les *marsupiaux* furent, dans l'ordre géologique, les premiers parmi les mammifères, le genre *microlestes* se rencontrant dans le trias supérieur de l'Allemagne et de l'Angleterre. Le *dromatherium sylvestre* d'Emmons est un petit marsupial du trias de la Caroline du Nord. Dans le miocène, on a les genres *anchitherium*, *hipparion*, *titanotherium*, *rhinoceras*, *oreodon*, *brontotherium*, et d'autres. Le cheval, le chameau, le lama, le daim, le bœuf musqué, le pourceau, le tapir, l'hippopotame, et d'autres formes sont représentés à cette époque, et se perpétuent de notre temps. Le genre *bos* ne se présente que dans les derniers temps de l'époque tertiaire ou quaternaire. Parmi les *proboscides*, on a le dinotherium, le mastodonte, et l'éléphant dans le miocène supérieur; mais l'éléphant et le mastodonte caractérisent plutôt le pliocène et les formations plus récentes. Les *carnivores* commencent leur existence dans le tertiaire.

— Jusque vers la fin de l'époque silurienne, les seuls restes de plantes sont d'origine marine, telles que les *algues* et les *fucus*; et certaines des formes que l'on classe comme plantes pourraient bien être réellement des éponges. Les plus anciens vestiges de végétation terrestre coïncident avec les conditions qui apparaissent au début de l'époque devonienne. A chaque période géologique successive, la flore paraît s'être rapprochée davantage de la flore actuelle, bien que la distribution par latitudes ne soit pas analogue; car les anciennes flores des zones tempérées ont à maints égards un aspect tropical. Dans les périodes crétacée et tertiaire, la flore embrasse un grand nombre de genres de la flore aujourd'hui existante des zones tempérées. Les causes affectant la distribution des faunes et des flores aux différentes périodes géologiques ne sauraient se discuter dans un résumé aussi rapide; mais que ces faunes et ces flores aient successivement paru et disparu, c'est ce qui est absolument démontré pour toutes les parties habitables du globe. — Voy. les ouvrages de Brugière, Lamarck, Cuvier, Brongniart, Agassiz, Owen, d'Orbigny, Rœmer, Oppel, etc.

*** PALÉONTOLOGIQUE** adj. Qui appartient à la paléontologie : *découvertes paléontologiques.*

*** PALÉONTOLOGISTE** s. m. Celui qui s'occupe de paléontologie, qui a fait des travaux sur cette science : *un savant paléontologiste.*

***PALÉOTHÉRIUM** s. m. [pa-lé-o-té-ri-omm] (préf. *paléo;* gr. *therion*, animal). Zool. Type d'une tribu d'ongulés fossiles appartenant à la famille des *perissodactyla* (Owen), ou des animaux ayant un nombre inégal de doigts; il est intermédiaire entre le tapir et le rhinocéros; on le trouve surtout dans le gypse d'Europe. Sa forme ressemblait à celle du tapir. On en a décrit plusieurs espèces, dont la plus grosse et la mieux connue est le *paléothérium magnum* (Cuv.), qui est de la taille

Paléothérium restauré.

d'un cheval, mais de formes plus massives. D'autres espèces ont des tailles qui varient de celle du pourceau à celle du lièvre.

PALÉOZOÏQUE adj. (préf. *paléo;* gr. *zôe*, vie). Hist. nat. Se dit des terrains et des êtres qui appartiennent aux plus anciennes couches terrestres, comprenant les formations permiennes. Les roches paléozoïques sont aussi appelées *roches primaires* et leurs fossiles représentent les premières formes de la vie sur notre globe. (Voy. Géologie.)

PALERME (ital. *Palermo*). I, province de Sicile, au N.-O., sur la Méditerranée; 5,087 kil. carr.; 617,678 hab. C'est la plus grande des provinces de Sicile; elle est hérissée de collines, avec un grand nombre de vallées très fertiles. Elle produit des grains, de l'huile, des fruits, des amandes, de la manne, du sumac, de la réglisse, et de la soie. — II, ville capitale de la province et de la Sicile tout entière (anc. *Panormus*), sur une baie profonde, à 200 kil. S.-O. de Messine; 219,398 hab. Situation extrêmement pittoresque. Le climat est délicieux, surtout en hiver. Le port, formé par un môle long d'environ 1,300 pieds, est protégé par une puissante citadelle et plusieurs forts. Palerme est divisé en quatre parties à peu près égales par le *corso* Vittorio Emmanuele, bordé de beaux magasins, et par le *corso* Garibaldi, où sont les églises et les palais. La Marina, terrasse large de 70 mètres, s'étend sur une longueur de près d'un kil., le long du rivage de la mer. Le principal édifice public est le palais royal. La cathédrale est une construction gothique du XIIe siècle, à laquelle on a ajouté un dôme moderne; l'intérieur est supporté par 80 piliers de granit oriental et divisé en chapelles. La plus riche de ces chapelles est celle de Santa Rosalia, construite en 1631, quelque temps après la découverte d'un coffre en argent massif pesant près de 1,300 livres, contenant les reliques de cette sainte, patronne de Palerme. Une des plus splendides de toutes les magnifiques églises de Palerme est Santa Caterina, grand édifice de style corinthien fini en 1596. On a découvert, en 1785, un ancien cimetière souterrain (*le catacombe*), en dehors de la porte d'Ossuna. Le théâtre Belloni, rebâti en 1803, est le théâtre le plus grand et le plus à la mode. En 1873, l'université avait 56 professeurs. Parmi les autres institutions savantes, il faut citer l'observatoire, dans le palais royal, que les découvertes de Piazzi et d'autres astronomes ont rendu célèbre. On y manufacture surtout de la soie; on fabrique aussi des cotonnades, des toiles cirées, des articles d'or et d'argent, et de la quincaillerie. La pêche du thon y est très productive. Non loin de la ville se trouve le mont Pellegrino, renommé par la caverne dont il est parlé dans l'histoire de sainte Rosalie, princesse normande, caverne qui est aujourd'hui un rendez-vous de pèlerinage, le 15 juillet. — Palerme a été le premier établissement des Phéniciens en Sicile, et devint leur principale cité. Les Grecs l'appelèrent Panormus, à cause de l'excellence de l'arrivage qu'on y trouve. Les Carthaginois l'occupèrent de 480 à 276 av. J.-C., époque où elle fut prise par Pyrrhus, roi d'Épire ; mais ils ne tardèrent pas à s'en emparer de nouveau. Elle tomba au pouvoir des Romains en 254, et devint colonie romaine. Les Goths la prirent ; mais elle leur fut reprise par Bélisaire, et, en 835, les Sarrasins s'en emparèrent. Sous eux, elle fut la capitale de l'île, ainsi que sous les Normands, qui, au XIe siècle, chassèrent les infidèles, et, au XIIe, fondèrent le royaume

Cathédrale de Palerme.

de Sicile. Le despotisme de Charles d'Anjou et la brutalité d'un Français amenèrent le massacre connu sous le nom de « Vêpres siciliennes », le 30 mars 1282, et l'expulsion des Français hors de l'île. Palerme fut la résidence de la cour jusqu'à la réunion de la Sicile au royaume de Naples. La cité a beaucoup souffert des tremblements de terre. Pendant l'insurrection de 1848, les troupes royales la bombardèrent. Garibaldi s'empara de Palerme le 6 juin 1860, après une lutte acharnée dans les rues ; elle devint le siège du gouvernement provisoire, et, en 1861, elle entra dans le royaume d'Italie. Une terrible insurrection contre la fermeture des établissements monastiques y éclata le 13 septembre 1866 et ne fut réprimée qu'après une grande effusion de sang ; l'ordre ne fut rétabli que le 22 sept.

PALERMITAIN, AINE s. et adj. De Palerme ; qui concerne cette ville ou ses habitants.

* **PALERON** s. m. (lat. *pala*, pelle). Partie de l'épaule qui est plate et charnue. N'est usité qu'en parlant de certains animaux : *ce cheval est blessé au paleron.*

PALÈS (pa'-lèss) (Myth.), divinité romaine, protectrice des troupeaux et des bergers, tenant à peu près la même place que Pan parmi les Grecs, et représentée par certains écrivains comme une déité mâle, et par d'autres comme une déité femelle. Les fêtes de Palès, appelées *Palilia*, se célébraient le 21 avril, anniversaire de la fondation de Rome.

* **PALESTINE** s. f. Typogr. Gros caractère entre le parangon et le petit canon, dont le corps est aujourd'hui de vingt-quatre points.

PALESTINE, contrée de l'Asie occidentale, formant une partie de l'empire turc, entre 30° 40' et 33° 45' lat. N., et entre 37° 25' et 34° 20' long. E., bornée au N. par les montagnes du Liban, à l'E. et au S. par le désert qui la sépare de l'Arabie et de l'Égypte, et à l'O. par la Méditerranée. Du N. au S., la longueur du pays est d'environ 310 kil. et sa largeur moyenne de 95 kil. ; 30,000 kil. carr. ; 300,000 hab. Le nom de Palestine (héb. *Pelesheth*) n'a jamais été appliqué par les anciens Hébreux qu'à la partie méridionale de la région côtière, la Philistie (*Philistia*) ; c'est le sens qu'a ce mot dans la version anglaise de la Bible. L'usage grec était le même à l'origine ; mais, sous les Romains, ce terme devint le nom général de tout le pays des Juifs. La Palestine moderne est comprise dans le vilayet de Syrie, et contient les deux souspachaliks d'Acre et de Jérusalem. C'est une terre de collines et de vallées. Elle n'a pas un seul bon port. L'ancien port de Césarée était artificiel, et son brise-lames est aujourd'hui en ruines. Jaffa est maintenant le seul port, et on n'y peut débarquer à terre qu'au moyen de bateaux et quand le temps est favorable. Dès la côte, le sol s'élève rapidement jusqu'à une chaîne de montagnes au centre, et descend de l'autre côté jusqu'à la basse plaine du désert, coupée en son milieu du N. au S. par la profonde vallée du Jourdain. La partie méridionale de la plaine qui longe la côte s'appelle dans l'Écriture *Shefelah*, plaine ou bas pays, et c'est l'ouest de cette plaine qu'occupaient les Philistins. Elle est très fertile, et couverte de champs de blé. Au N., se trouve une autre plaine, moins unie et moins fertile, le Sharon de l'Écriture. Au delà de Césarée, cette plaine se rétrécit jusqu'au mont Carmel qui la termine, et au N. duquel s'étend la plaine d'Acre, qui formait la partie méridionale de l'ancienne Phénicie. A l'extrémité S. de l'anti-Liban, la chaîne orientale du Liban (voy. LIBAN), s'élève le pic conique et neigeux du Hermon (haut d'environ 10,000 pieds), qui domine toute la Palestine. Au S. du Hermon, l'anti-Liban s'abaisse pour devenir les collines de Galilée, au S. desquelles se trouve la plaine d'Esdraelon, le grand champ de bataille de l'histoire juive. Sur sa frontière N.-E. se dresse le mont Thabor. Au S. de la plaine d'Esdraelon s'allonge une chaîne de montagnes continue, qui atteint au S. une élévation de 3,000 pieds. La partie septentrionale de cette région comprenait Samarie et la Judée méridionale. Les collines de Judée sont des masses de roches nues, en général atteignant une hauteur de 2,000 à 3,000 pieds. A l'E., elles descendent abruptement jusqu'à la vallée du Jourdain, et leurs flancs sont coupés de gorges escarpées et sauvages.

Le flanc occidental est en pente plus régulière et plus douce, mais il est encore de difficile accès, et les hauteurs du centre de la Palestine sont des forteresses naturelles formidables. Le Jourdain est le seul cours d'eau important. Les lacs principaux sont la mer Morte au S. et le lac de Gennésareth au N. Beaucoup de localités du pays, spécialement dans la vallée du Jourdain et le voisinage de la mer Morte, portent des traces d'une origine volcanique, et l'on y ressent fréquemment des tremblements de terre. — La Palestine a un climat doux et uniforme, avec une saison pluvieuse à la fin de l'automne ; tout le reste de l'année, ou à peu près, se composant d'un hiver et d'une saison sèche et presque sans pluie. En été, la chaleur est accablante dans le bas pays, surtout dans la vallée du Jourdain ; mais non pas sur les hauteurs. Le froid de l'hiver n'est pas assez grand pour geler le sol, bien que la neige tombe quelquefois à Jérusalem et atteint un pied de profondeur. Les montagnes ont un aspect aride à l'extrême ; mais les plaines et les vallées sont d'une fertilité remarquable. — Les habitants actuels sont une race mélangée d'origines bien diverses. Les mahométans y sont dominants et forment la secte la plus nombreuse. Les chrétiens sont presque tous de race syrienne. Ils appartiennent pour la plupart à l'Église grecque, qui a un patriarche à Jérusalem. Les Juifs, surtout d'Espagne, et un peu de Pologne et d'Allemagne, sont au nombre de 10,000 environ et habitent presque exclusivement les villes de Jérusalem, de Hébron, de Tibériade et de Safet. La population est d'un tiers au-dessous de ce qu'elle était autrefois. La Palestine fut d'abord connue sous le nom de terre de Chanaan ; mais ce nom était limité au pays compris entre la Méditerranée et le Jourdain, les principales régions à l'E. de ce fleuve étant Galaad et Basan. Le nom de Judée appartient, strictement parlant, à la partie méridionale du pays. Dans les temps les plus reculés dont nous ayons connaissance touchant la Palestine ou terre de Chanaan, elle était divisée en diverses tribus, que les Juifs appelaient tous collectivement du nom de Chananites. Après la conquête de Chanaan par les Israélites sous Moïse et Josué, la terre fut distribuée entre les tribus. Au temps du Christ, la Palestine était soumise aux Romains, et la contrée à l'O. du Jourdain, fut divisée, en partant du N., en provinces de Galilée, de Samarie et de Judée. De l'autre côté du Jourdain, le pays était appelé Peræu et se divisait en Peræa propre, Gilead, Decapolis, Gaulonitis, Batanæa, Auranitis (voy. Iburea), Trachonitis, et Abilène. — La partie primitive de l'histoire de la Palestine est traitée dans l'article HÉBREUX. Le pays resta assujetti à Rome et aux empereurs byzantins pendant plus de six siècles après le Christ. Les Juifs, après de fréquentes rébellions, dont l'une desquelles, en 70, Jérusalem fut détruite par Titus, furent, pour la plupart chassés du pays, vendus comme esclaves, ou dispersés par le monde. En 614, les Perses, sous Chosroès II, s'emparèrent de Jérusalem. Elle fut reconquise par Héraclius, mais les Arabes mahométans en prirent possession en 637. Les croisades forment une époque mémorable dans l'histoire de la Palestine. (Voy. CROISADES et JÉRUSALEM.) En 517, les Turcs conquirent ce pays sur le sultan d'Égypte. En ces derniers temps, on a accordé une grande attention à l'exploration attentive de la Palestine et on a obtenu des résultats importants pour l'identification des lieux nommés dans l'Écriture. Ce mouvement a commencé avec le Dr Edward Robinson, qui publia les résultats auxquels il était arrivé dans ses *biblical Researches* (1841) et dans *Later Researches* (1856). Parmi les plus récentes explorations, il faut compter celle du *Palestine Exploration Fund*, société organisée en 1865, par les capitaines Wilson et Warren (1871), dont les rapports ont paru d'abord dans *The Recovery of Jerusalem*, et ensuite dans des comptes rendus trimestriels. La *Palestine exploration Society*, organisée en Amérique en 1871, a publié les résultats de ses travaux dans trois *Statements* (1871-'75).

* **PALESTRE** s. f. (gr. *palaistra*; de *palaiô*, lutter). Antiq. Nom que les Grecs et les Romains donnaient aux lieux publics où les jeunes gens se formaient aux différents exercices du corps : *il y avait, dans les palestres, des portiques, des bains chauds et froids, et même des salles pour les leçons de philosophie et de grammaire.* — Signifie quelquefois les exercices mêmes.

PALESTRINA (anc. *Præneste*), ville d'Italie, à 36 kil. E.-S.-E. de Rome; 6,015 hab. Elle est presque entièrement bâtie sur l'emplacement de l'ancien temple de la Fortune. (Voy. **Præneste**.)

PALESTRINA (Giovanni-Pietro-Aloisio da). compositeur italien, né en 1524, mort en 1594. Il fut nommé maître de chapelle de la cour papale par Jules III, et porta le premier ce titre. En 1555, Paul IV le renvoya parce qu'il s'était marié; mais il occupa ensuite la même position dans les églises de Saint-Jean-de-Latran et de Sainte-Marie-Majeure, et, à partir de 1571, à Saint-Pierre. Le concile de Trente lui ayant demandé de composer une œuvre d'un style plus simple et plus religieux que celui de la musique à la mode, Palestrina écrivit sa célèbre *Messe du pape Marcellus*. Sa musique, qui consiste surtout en messes, psaumes, motets et madrigaux, est grave et savante.

* **PALESTRIQUE** adj. Se dit des exercices qui se faisaient dans les palestres, et n'est guère usité. — s. f. *La palestrique se composait du pugilat, de la lutte, de la course, du saut, du disque, du pancrace, de l'oplomachie*, etc.

PALESTRITE s. (rad. *palestre*). Jeune homme ou jeune fille qui fréquentait la palestre, qui se livrait aux exercices de la palestre.

PALESTRO, bourg d'Italie, à 83 kil. N.-E. de Turin; 3,000 hab. Victoire des troupes franco-sardes sur les Autrichiens les 30 et 31 mai 1859.

* **PALET** s. m. (lat. *pala*, pelle). Pierre plate et ronde, ou morceau de métal de la même forme, avec lequel on joue en le jetant le plus près qu'on peut du but qui a été marqué : *jouer au palet, au petit palet*.

PALETOQUE s. m. Espèce de sarrau que portent les marins. — Capote sans manches, portée par les Espagnols.

* **PALETOT** s. m. (rad. lat. *pallium*). Vêtement d'homme qui se met par dessus l'habit ou la redingote et qui diffère de cette dernière en ce qu'il a des poches sur les côtés.

* **PALETTE** s. f. (rad. lat. *pala*, pelle). Instrument de bois plat, qui a un manche, et avec lequel les enfants jouent quelquefois au volant : *une palette pour jouer au volant.* — Petite planche fort mince, d'un bois dur, ordinairement de forme ovale, sur laquelle les peintres placent leurs couleurs, et qu'ils tiennent de la main gauche, à l'aide d'un trou pratiqué vers le bord pour y passer le pouce. **Charger sa palette**, y mettre les couleurs. **Faire des teintes sur la palette**, y mélanger les couleurs. — **Sentir la palette**, se dit d'un tableau dont les couleurs sont crues, les teintes trop vives et sans accord. — **Fait d'une seule palette**, se dit d'un tableau dont l'harmonie et l'exécution sont si bien entendues et continuées, qu'on n'y peut apercevoir les reprises du travail. — **Il a une palette brillante**, se dit d'un peintre qui est bon colo-

riste; et, fig., d'un poète dont le style a de l'éclat. On dit dans le même sens, Sa palette est riche : *il a bien des couleurs sur sa palette.* — *Nom de divers instruments et outils dont se servent les horlogers, les doreurs, les reliurs, les couvreurs*, etc. — Chir. Espèce de petite écuelle de métal, et d'une capacité déterminée, dans laquelle on reçoit le sang de ceux à qui on ouvre la veine : *apportez des palettes.* — Fig. Quantité de sang qu'on tire par la saignée : *on lui a tiré trois palettes de sang.*

* **PALÉTUVIER** s. m. Bot. Genre de rhizoporées, comprenant des espèces d'arbres qui croissent au bord des mers dans les contrées tropicales, s'élèvent à dix ou douze pieds et dont la semence commence à germer dans l'intérieur du fruit aussitôt qu'elle est parvenue à sa maturité. — Le *palétuvier manglier (rhizopora mangle)* a été traité à notre article **Manglier**. Pour le *palétuvier rouge*, voy. **Avicennie**.

* **PÂLEUR** s. f. (rad. *pâle*). Couleur de ce qui est pâle. Ne se dit guère qu'en parlant des personnes : *il lui est resté une grande pâleur de sa maladie.*

> Si de jeunesse on doit attendre
> Beau coloris,
> *Pâleur qui marque une âme tendre*
> A bien son prix.
> De Montgrif. *Romances.*

PALFFY, famille hongroise, d'origine allemande, datant du xie siècle. Nicolas II (1550-1600) fit de grands exploits contre les Turcs. Le comte Jean IV (1659-1751), de la branche Hédervar, rétablit la paix en Hongrie en 1711 par le traité de Szatmár et fut nommé gouverneur général par Marie-Thérèse en 1744.

PALFFY (Albert), écrivain hongrois, né en 1813. En 1848, il fonda à Pesth un journal ultra-radical. Pour avoir dénoncé les autorités révolutionnaires comme trop conservatrices, il fut emprisonné en 1849, et vécut ensuite à l'étranger jusqu'à 1861. Il a publié plusieurs romans.

PALGRAVE [pâl-grè-ve]. I. (sir Francis), écrivain anglais, né en 1788, mort en 1861. Il appartenait à une famille juive nommée Cohen, nom qu'il échangea pour celui de Palgrave. Il étudia le droit, fut, en 1822, employé aux archives, et en 1838, nommé conservateur-adjoint des archives de Sa Majesté. Il se fit d'abord connaître comme éditeur de *Parliamentary Writs* (1827-'34, 4 vol. in-fol.). En 1834, il publia une brochure intitulée *Conciliatory Reform*, et une Histoire d'Angleterre, pendant la période anglo-saxonne. En 1832, il fut fait chevalier « pour ses services en général et pour l'attention donnée par lui à la littérature constitutionnelle et parlementaire ». Son livre *Rise and Progress of the English Commonwealth* (1832, 2 vol. in-4°) est consacré à la civilisation et aux mœurs des Anglo-Saxons; il s'adresse spécialement à ceux qui étudient la jurisprudence anglaise. Parmi ses autres ouvrages, on peut citer : *Rotuli Curiæ Regis* (1835, 2 vol.); *Calendars and Inventories of the Treasury of the Exchequer* (1836, 3 vol.); *Truths and Fictions of the Middle Ages; the Merchant and the Friar* (1837), et *History of Normandy and England* (1851-'64, 4 vol.). — II. (Francis-Turner), son fils, poète, né en 1824. Il fut employé à la section de l'instruction au conseil privé, et fut ensuite secrétaire particulier du comte de Granville. Ses principaux ouvrages sont : *Idyls and Songs* (1854); *Essays on Art* (1866); *A Life of sir Walter Scott* (1867); *Hymns* (1868), et *Lyrical Poems* (1871).

* **PALI** s. m. Langue sacrée de l'île de Ceylan et de la presqu'île au delà du Gange : *étudier le pali.* — Adjectiv. : *la langue palie.* Voy. **Inde** (*races et langues de l'*).

* **PALICE** (Jacques **Chabannes**, seigneur de la). (Voy. **La Palisse** et **Chabannes**.)

* **PALIER** s. m. Espace ou plate-forme servant de repos dans un escalier, dans un perron, dans une rampe douce, ou dans les gradins d'un théâtre : *il y a un palier au repos à chaque étage d'une maison.* — **Palier de communication**, celui qui est entre deux appartements de plain-pied, et qui leur est commun. C'est dans ce sens qu'on dit, **Demeurer sur le même palier.** — Prov. et fig. **Un homme est bien fort sur son palier**, on est bien fort chez soi, dans sa maison. On dit aussi dans le même sens, **Sur son palier.** (Voy. **Pailler**.)

* **PALIFICATION** s. f. Archit. hydr. Action d'affermir, de fortifier un sol avec des pilotis.

PALIFIER. v. a. (lat. *palum*, pieu; *facere*, faire). Fortifier par des pilotis.

PALIKAO, village de Chine, à 12 kil. S.-E. de Pékin. Les Français, commandés par le général Cousin-Montauban, y battirent une immense armée chinoise le 21 août 1860. (Voy. **Chine**.)

PALIKAO (Charles-Guillaume-Marie-Apollinaire-Antoine Cousin-Montauban, *comte de*), général français, né en 1796, mort à Paris le 8 janv. 1878. Garde du corps à l'âge de 18 ans, il devint général de division à Paris le 24 juin 1855. En 1860, il se distingua comme commandant en chef de l'armée de Chine, particulièrement à Pa-li-kia-ho (21 sept.), d'où lui vint son titre. Napoléon III lui attribua 600,000 fr. sur l'indemnité chinoise, parce que le Corps législatif, en raison du pillage du palais d'été, avait refusé de lui allouer une dotation. En août 1870, il succéda à Ollivier comme premier ministre, avec le portefeuille de la guerre. Il donna à Trochu le commandement de Paris, publia de faux bulletins de victoires, et fut regardé comme en grande partie responsable du désastre de Sedan, après lequel il s'enfuit en Belgique.

* **PALIKARE** ou Pallikare s. m. Mercenaire grec ou albanais au service des pachas turcs et qui menait quelquefois une vie de brigandage. — S'est dit aussi de miliciens grecs qui combattirent dans la guerre de l'indépendance, et se dit encore de soldats qui, dans le royaume de Grèce, conservent le costume des anciens palikares.

* **PALIMPSESTE** s. m. (gr. *palimpséstos*, gratté une seconde fois; de *palin*, de nouveau; *psao*, j'efface). Manuscrit sur parchemin dont on a fait disparaître l'écriture, pour y écrire de nouveau : *au moyen âge, le défaut de science et d'industrie rendit commun l'usage des palimpsestes.* On dit quelquefois adjectiv. **Un manuscrit palimpseste**. — Encycl. On appelle papyrus, un parchemin sur lequel on a écrit deux ou plusieurs fois, la première écriture ayant été grattée et la surface ayant été préparée par un polissage. Après la conquête de l'Égypte par les Sarrasins, l'Europe occidentale fut privée de papyrus, et la production du parchemin étant limitée, on eut recours au grattage des anciens manuscrits. Cette pratique a régné en Occident du viie au viiie siècle, pendant une période de profonde ignorance; et, en Orient, où le papyrus fut moins vite rare, à partir du xie siècle environ; on est parvenu à déchiffrer les écrits ainsi effacés, et on a ainsi recouvré des fragments importants d'auteurs anciens, dont beaucoup auraient été sans cela perdus à jamais. Les scribes du moyen âge avaient deux procédés pour la préparation des palimpsestes : le premier consistait à laver l'écriture avec une éponge et, le parchemin une fois sec, à le polir avec la pierre ponce; dans le second, on enlevait les lignes entières avec une lame tranchante, ou l'on grattait chaque lettre sé-

parément, et la surface était ensuite polie avec la pierre ponce ou avec un polissoir fabriqué exprès. Dans les temps modernes, on s'est servi de différentes compositions chimiques, pour raviver les écritures effacées des palimpsestes, et on a pu en rendre un grand nombre assez lisibles pour être déchiffrés par des paléographes expérimentés: en plusieurs cas, on fait reparaître deux couches d'écritures en dessous de la première. Celui qui a le beaucoup fait le plus de recherches dans le champ de la littérature des palimpsestes est le cardinal Angelo Maï, qui, de 1814 à 1853, a publié un grand nombre de fragments précieux d'auteurs classiques considérés comme perdus. D'autres ont aussi rendu d'importants services du même genre, tels que Barrett, Blume, Peyron, G. H. Pertz et son fils Carl Pertz, Gaupp, F.-F. Mone et son fils Fridegar Mone, Cureton, Hase, Tregelles et Tischendorf. (Voy. MANUSCRITS).

PALINDROME s. et adj. (gr. *palin*, de nouveau; *dromos*, course). Vers ou phrase de prose que l'on peut lire indifféremment de gauche à droite et de droite à gauche, comme :

Signa te, signa, temere me tangis et angis.

* **PALINGÉNÉSIE** s. f. (gr. *palin*, de nouveau; *genesis*, naissance). Didact. Régénération, renaissance : *la palingénésie du phénix est une allégorie.* — S'est dit quelquefois de la régénération, de la rénovation des sociétés: *la palingénésie sociale.*

PALINGES, ch.-l. de cant., arr., et à 15 kil. N. de Charolles (Saône-et-Loire), sur le canal du Centre ; 3,000 hab.

PALINLOGIE s. f. (gr. *palin*, de nouveau; *logos*, discours). Figure poétique consistant à répéter au commencement d'un vers le dernier mot ou l'un des derniers mots du vers précédent.

* **PALINOD** s. m. [-no] (gr. *palin*, de nouveau; *odé*, chant). On appelait ainsi autrefois un poème en l'honneur de l'Immaculée Conception de la Vierge : des prix étaient décernés annuellement à la meilleure pièce de ce genre, par les académies de Rouen, de Caen et de Dieppe : *le palinod se faisait ordinairement en chant royal, ballade, ode, sonnet, etc., au gré du poète.*

* **PALINODIE** s. f. (rad. *palinod*). Rétractation de ce qu'on a dit : *il nous a parlé hier en termes honorables d'un homme qu'il avait souvent dénigré; son discours était une palinodie.* — Fig. et fam. CHANTER LA PALINODIE, se rétracter, dire du bien d'une personne ou d'une chose dont on avait dit du mal précédemment.

PALINURE s. m. (lat. *palinurus*, ou gr. *palin*, de nouveau; *oura*, queue). Crust. Synon. de LANGOUSTE — Icht. Genre de maque-

(Palinurus perciformis.)

reaux comprenant une seule espèce, le *palinurus perciformis* ou *pilote noir*, qui se trouve dans l'Atlantique, sur les côtes des Etats-Unis.

PALINURE (anc. *Palinurum*; ital. *Palinuro*), promontoire de l'ancienne Lucanie (Italie), sur la mer Tyrrhénienne, à mi-chemin environ entre Velia et Buxentum, par 40° lat. N., et 12°55' long. E. Elle tirait son nom de la tradition qui voulait que Palinure, pilote d'Enée, fût enseveli à cette place.

* **PÂLIR** v. n. (lat. *pallescere*). Devenir pâle : *pâlir à l'aspect du danger.*

Je vois ceux qui riaient des écrits du savant,
Pâlir au bruit que fait ma plume en écrivant.
PONSARD. *Charlotte Corday*, acte IV, sc. 11.

— SON ÉTOILE PALIT, se dit de quelqu'un dont la prospérité, la puissance, le crédit diminue. — v. a. Rendre pâle : *la fièvre l'a beaucoup pâli.*

* **PALIS** s. m. [pa-li] (rad. *pal*). Petit pieu pointu par un bout, dont plusieurs, enfoncés en terre et rangés à la suite les uns des autres, forment une clôture : *un jardin clos de palis.* — Lieu entouré de palis : *entrer dans le palis.*

PALISOT (Ambroise-Marie-François-Joseph BEAUVOIS DE), naturaliste français, né à Arras en 1752, mort à Paris en 1820. Il fut le premier naturaliste qui explora le royaume de Benin ; mais, sa santé faiblissant, il se rendit, en 1788, à Saint-Domingue et y devint attaché au conseil colonial. En 1793, après une mission sans succès à Philadelphie, pour assister aux nègres révoltés, il fut emprisonné et fut même sur le point d'être massacré par eux. Ses œuvres illustrées comprennent : *Flore d'Oware et de Benin* (1804-'21, 2 vol.) et *Insectes recueillis en Afrique et en Amérique.*

* **PALISSADE** s. f. Clôture de palis, espèce de barrière faite avec des pieux, ou même avec des planches, fichés en terre. On l'emploie surtout en termes de fortification : *l'accès des ouvrages en terre est ordinairement protégé par des palissades; tirer de derrière une palissade.* — Chacun des pieux qui forment la palissade : *il fut blessé en passant entre deux palissades.* — Jard. Mur de verdure, suite d'arbres ou d'arbustes feuillus, plantés à la ligne, et dont les branches, qu'on laisse croître dès le pied, forment une espèce de haie, qu'on taille de temps en temps : *palissade de charme, de laurier, d'if, de troène, de houx, de citronnier, etc.*

PALISSADEMENT s. m. Action de palissader.

* **PALISSADER** v. a. Entourer une fortification de palissades : *fraiser et palissader une demi-lune.* — Dresser, établir des palissades autour des murailles d'un jardin, d'un parc: *palissader les murailles d'un jardin avec des charmes, avec des ifs.*

* **PALISSAGE** s. m. Jard. Action de palisser un arbre.

* **PALISSANDRE** ou Palixandre s. m. Bois d'un noir violet qui vient de la Guyane et qui est propre aux ouvrages de tour et de marqueterie.

* **PÂLISSANT, ANTE** adj. (rad. *pâlir*). Qui pâlit, qui devient pâle : *front, visage pâlissant.*

PALISSE s. f. (rad. *palis*). Nom des haies dans le S.-O. de la France.

PALISSE (La). Voy. LA PALISSE.

* **PALISSER** v. a. Jard. Etendre et fixer contre une muraille ou un treillage les branches d'un arbre dont on veut faire un espalier : *palisser des pêchers, des poiriers.*

PALISSON s. m. Outil de fer plat sur lequel le chamoiseur adoucit les peaux. — Bois refendu que l'on emploie pour garnir les entrevous des solives et à barrer les futailles.

PALISSONNER v. a. Adoucir sur le palisson.

PALISSOT (Charles DE MONTENOY), littérateur, né à Nancy en 1730, mort à Paris en 1814. Il entra chez les Oratoriens, ne tarda pas à en sortir, se maria à 18 ans, déclara la guerre aux philosophes et aux encyclopédistes, publia les *Petites lettres contre les grands philosophes* (1756, in-12), fit représenter la comédie les *Nouveaux Ménechmes* (1762), donna la comédie du *Cercle* des Ego (1764),

obtint par de méchants vers adressés aux maîtresses de Louis XV, la protection du roi dont les libéralités l'enrichirent. Outre les ouvrages déjà cités, Palissot a laissé : *Mémoires sur la littérature* (1771); *Histoire des rois de Rome* (1753-'56, in-12). Les *Œuvres* de Palissot ont été plusieurs fois imprimées. La meilleure édition est celle de 1809 (6 vol. in-8°).

PALISSY (Bernard), savant, né à la Capelle-Biron (Lot-et-Garonne) vers 1510, mort à la Bastille en 1590. Après 16 années d'expériences, et dans les circonstances les plus décourageantes, il découvrit l'art d'émailler. S'étant fait protestant, il fut emprisonné à Bordeaux, puis relâché, et nommé fabricant des rustiques figulines du roi; il présida à la décoration des jardins des Tuileries. Il perfectionna sa découverte, et fabriqua des figures et des ornements en terre d'un goût exquis : vases, pots, aiguières, plats. Son *Traité de l'art de terre* a été caractéristiquement appelé le *Novum Organum* de la chimie. Dans ses autres traités, *De la marne, De la nature des eaux et fontaines*, etc., il devança les découvertes qui devaient se faire plus tard, composa une méthode pour faire des sondages, et donna la théorie des puits artésiens et des stratifications. La haine des ligueurs le fit jeter à la Bastille en 1588, et il y mourut. Ses œuvres ont été éditées en 1777 par Faujas de Saint-Fond et Gobet, et réimprimées en partie en 1844 par A. Cap. On a découvert en 1865, sur la place du Carrousel, à Paris, son four et d'autres reliques de cet illustre inventeur.

PALLA s. f. Voy. PALLIUM.

PALLADATE s. m. (rad. *palladium*). Chim. Sel produit par la combinaison de l'oxyde palladique avec une base.

PALLADIO (Andréa), architecte italien, né en 1518, mort en 1580. Le plus fameux de ses ouvrages est la Rotonda Capra, connue sous le nom de villa de Paladio, près de Vicence, sa ville natale. Il a bâti d'autres villas et des palais dans le style qu'il a rendu populaire sous le nom de palladien, des églises, des couvents, etc., à Venise et ailleurs. On a souvent réimprimé son traité sur l'architecture (1570). — La biographie de Palladio a été écrite par Quatremère (1830, 2 vol.) et par Magrini (1846).

PALLADIQUE adj. Chim. Se dit de l'un des oxydes du palladium et des sels dans lesquels cet oxyde joue le rôle d'acide.

* **PALLADIUM** s. m. [pal-la-di-omm] (de *Pallas*, n. pr.). Nom d'une statue de Pallas, qui passait pour être le gage de la conservation de Troie. On a désigné depuis par ce nom les divers objets auxquels certaines villes, certains empires attachaient leur durée : *le bouclier sacré qu'on croyait être tombé du ciel, sous Numa, était le palladium de l'empire romain.* — Fig. Tout ce qui est le garant de la conservation d'une chose : *la loi civile est le palladium de la propriété; en Angleterre, on regarde l'acte d'Habeas corpus comme le palladium de la liberté individuelle.* — ENCYCL. D'après la légende grecque, l'image en bois de Pallas (ou Minerve), jetée sur la terre par Jupiter, tomba du ciel près d'Ilus, pendant que ce prince bâtissait Ilium (Troie). L'oracle d'Apollon ayant déclaré que la ville nouvelle ne pourrait être prise tant que le Palladium se trouverait dans ses murs, les Grecs chargèrent Ulysse et Diomède de le dérober; tâche que ces guerriers parvinrent à accomplir; et Troie ne tarda pas à devenir la proie des assiégeants. D'après une légende toute romaine, Ulysse et son compagnon ne s'étaient emparés que d'un faux Palladium, le véritable ayant été transporté de Troie en Italie, par Enée, et ensuite conservé au milieu du plus grand secret dans le temple de Vesta.

* **PALLADIUM** s. m. Chim. Espèce de métal blanc, extrêmement difficile à fondre. — Le palladium est un métal du groupe du platine, découvert par Wollaston en 1803. On le trouve quelquefois pur, en petite quantité, sous forme d'octaèdres, mêlé à des grains de platine, dans le minerai du Brésil; mais le plus ordinairement il est à l'état d'alliage. Il existe dans le minerai de platine de l'Oural et de Saint-Domingue, et on le trouve aussi mêlé à l'or et au séléniure de plomb dans le Hartz et dans le minerai aurifère d'autres localités. On l'extrait du minerai du platine en faisant digérer celui-ci dans l'acide nitro-muriatique, en précipitant le platine par le chlorure d'ammonium, et le palladium par le cyanure de mercure, et ensuite en calcinant le cyanure ainsi obtenu. Le symbole du palladium est Pd; son poids atomique est 106.5; son poids spécifique de 11.4 à 11.8. C'est le plus fusible de tous les métaux du groupe du platine; il entre en fusion au feu de forge, et fond aisément devant le chalumeau au gaz oxyhydrogène à 1,360° C. Sa couleur est intermédiaire entre l'argent et le platine. Il est dimorphe (cubique et hexagonal), et aussi en lables à six pans, avec un clivage parallèle aux surfaces terminales. Il est à peu près aussi dur que la platine, mais un peu moins ductile. Lorsqu'il est chauffé sur la chaux jusqu'au point de fusion de l'iridium, il se volatilise en vapeurs vertes qui se condensent en une poussière de métal et d'oxyde d'une couleur bistre. Avec deux fois son poids d'argent, il forme un alliage ductile qui ne se ternit pas et qui est très propre à la fabrication des poids de petite dimension. On l'emploie aussi à la construction d'échelles graduées pour les instruments astronomiques. Le palladium a la propriété remarquable d'absorber un grand nombre de fois son volume d'hydrogène, qu'il abandonne à une température élevée. Comme la platine, il forme deux classes de composés : les palladieux où son équivalence est double, et les palladiques, où elle est quadruple.

PALLADIUS [pal-la-diuss]. I, surnommé le Sophiste ou l'Iatrosophiste, médecin grec, qui florissait à une époque indéterminée entre le nᵉ et le ixᵉ siècle. On a encore ses commentaires sur les œuvres d'Hippocrate, sur les fractures et sur les épidémies, et son traité sur les fièvres. — II. (Rutilius-Taurus-Æmilianus), écrivain romain du ivᵉ siècle de notre ère. Il a écrit sur l'agriculture un ouvrage intitulé De Re rustica en 14 livres. — III. Père de l'Église, né vers 367. En 400, il fut nommé évêque de Helenopolis en Bithynie, et, environ 20 ans après, évêque d'Aspona en Galatie. Il a écrit une collection de notices et d'anecdotes biographiques, généralement connues sous le nom de Histoire Lausiaque, parce qu'elle sont adressées à Lausus.

* **PALLAS** s. f [pal-lass]. Astron. Nom d'une planète découverte par Olbers.

PALLAS [pal-lass]. Voy. Minerve.

PALLAS (Peter-Simon), naturaliste allemand, né à Berlin en 1741, mort en 1811. En 1768, il devint professeur d'histoire naturelle à Saint-Pétersbourg. Dans un voyage où il observait le passage de Vénus, il pénétra jusqu'aux frontières de la Chine, et revint en 1776. Après avoir résidé pendant 15 ans en Crimée, il revint à Berlin en 1810. Il a publié une relation de ses voyages à travers les provinces méridionales de l'empire russe, ainsi que des ouvrages sur la zoologie et la botanique russes, sur les Mongols, etc., et il collabora à la préparation du vocabulaire de tous les idiomes de l'empire (2ᵉ éd., 1790-'91, 3 vol.).

PALLAVICINO (Ferrante)[pal-la-vi-tich·no],

écrivain italien, né vers 1615, exécuté en 1644. Il passait pour un frère augustin dévot et savant; mais il tourna au libertinage et écrivit des livres immoraux. Après avoir été en Allemagne chapelain du duc d'Amalfi, il fut emprisonné pour un ouvrage satirique et relâché seulement par l'appui d'une de ses maîtresses. Pendant la guerre entre Urbain VIII et le duc de Parme, il publia contre le pape de violents pamphlets, parmi lesquels Il divorsio celeste. En allant chercher un refuge en France, il tomba aux mains des autorités papales à Avignon, et eut la tête tranchée comme apostat et traître. Des collections de ses œuvres ont paru en 1655 et en 1660.

PALLAVICINO (Sforza)], écrivain italien, né en 1607, mort en 1667. Il était jésuite, et fut fait cardinal par Alexandre VII. Son ouvrage principal est Istoria del concilio di Trento (1656-'57, 2 vol. in-fol.), écrit en opposition à celui de Paolo Sarpi.

PALLE s. f. (lat. palla, manteau). Grand voile dont on couvrait autrefois tout l'autel.

PALLÉAL, ALE adj. [pal-lé-al] (lat. pallium, manteau). Moll. Se dit de la cavité qui, dans le manteau des larets, est soudée en un tube ouvert seulement en l'un de ses points : cavité palléale.

* **PALLIATIF**, IVE adj. [pal-li-]. Qui pallie. N'est guère usité que dans ces deux locutions, Remède palliatif, cure palliative, remède qui ne guérit pas à fond, cure qui ne soulage que pour peu de temps. — Substantiv. Ce remède n'est qu'un palliatif; cette mesure n'est qu'un palliatif qui aggrave les maux de l'État en paraissant les soulager.

* **PALLIATION** s. f. [pal-li-]. Déguisement, action de pallier : ce n'est pas une justification, c'est une palliation. (Vieux.) — Méd. Adoucissement, modération de la douleur et des symptômes les plus violents : il faut se contenter de la palliation du mal, quand on n'en peut obtenir la cure.

* **PALLIKARE**. Voy. Palikare.

* **PALLIER** v. a. [pal-li-] (lat. palliare). Déguiser, couvrir une chose qui est mauvaise, l'excuser en y donnant quelque couleur favorable : il essaye de pallier sa faute. — Méd. Pallier le mal, ne le guérir qu'en apparence. — Pallier le mal, se dit aussi fig. et au sens moral : les moyens employés pour remédier au mauvais état de ses affaires, n'ont point guéri le mal; ils n'ont fait que le pallier.

PALLIOT (Pierre), savant imprimeur, né à Paris en 1608, établi à Dijon et mort dans cette ville en 1698. A publié un grand nombre d'ouvrages sur la généalogie des maisons de Bourgogne, avec des gravures dont il est l'auteur.

* **PALLIUM** s. [pal-li-omm](lat. pallium). Ornement fait de laine blanche, semé de croix noires, et bénit par le pape, qui l'envoie aux archevêques, pour marque de leur dignité, et quelquefois l'accorde à des évêques comme faveur particulière : cet archevêque a le pallium. — Antiq. Vêtement de dessus porté par les personnes des deux sexes chez les Grecs, et quelquefois chez les Romains. C'était une pièce carrée ou rectangulaire de laine, de lin ou de coton. Quelquefois on l'enroulait simplement autour du corps; d'autres fois on l'attachait sur l'épaule droite avec une broche; d'autres fois encore on le rejetait sur l'épaule gauche, en le ramenant à travers le dos sous le bras droit et en le rejetant de nouveau sur l'épaule gauche. Chez les Grecs, le pallium jouait le rôle de la toge chez les Romains.

PALLUAU, Paludellum, ch.-l. de cant., arr. et à 40 kil. N.-N.-E. des Sables-d'Olonne (Vendée); 500 hab.

PALLUCCI (Noël-Joseph), chirurgien, né

en 1719, mort en 1797. Il exerça sa profession à Florence et à Vienne, inventa un nouveau procédé pour l'opération de la fistule lacrymale et perfectionna les méthodes pour l'extraction de la pierre. On a de lui : Description d'un nouvel instrument pour abattre la cataracte. (Paris, 1750, in-12); Lithotomie perfectionnée (Vienne, 1757), etc.

PALM (Johann-Philippe) [pâlm], éditeur allemand, né en 1766, exécuté le 26 août 1806. Étant libraire à Nuremberg, il reçut en commission un pamphlet très acerbe contre Napoléon ; l'empereur fit juger le libraire par une cour martiale, et donna l'ordre de le fusiller aussitôt après sa condamnation à mort. Cette exécution souleva les esprits en Allemagne.

PALMA, capitale de l'île espagnole de Majorque, dans la Méditerranée ; 50,000 hab. environ. Elle est sur la côte S.-O., au fond de la baie de Palmas. Elle est entourée d'une muraille de 36 pieds d'épaisseur, est bâtie régulièrement, et possède une grande cathédrale et de belles rues et promenades. C'est la résidence du capitaine général des îles Baléares. Manufactures de laine et de soie ; c'est à Palma que se font tous les cordages de la flotte espagnole avec des fibres importées de Manille.

PALMA (San-Miguel de la), île du groupe des Canaries, à environ 50 kil. O. de Ténériffe; 726 kil. carr. ; 34,000 hab. environ, Elle est traversée par deux masses montagneuses, au sommet le plus septentrional desquelles se trouve un profond cratère appelé la Caldera, large de 8 kil., et entouré de précipices de 500 à 700 mètres. Les flancs de la montagne sont couverts de bon bois de charpente. Le climat est doux et égal. Principales industries : rubans, gants et bas de soie, taffetas et autres tissus; mais surtout pêcheries. La plus grande forteresse est Santa-Cruz, sur la côte orientale. On exporte surtout de la cochenille.

PALMA I. (Jacopo le Vieux), peintre italien de la première partie du xvɪᵉ siècle. Il fait partie de l'école de Venise. Ses peintures sont estimées pour la composition et l'expression. — II. (Jacopo le Jeune), son petit-neveu, né vers 1544, mort en 1628. Après la mort du Tintoret et de Paul Véronèse, il était sans rival à Venise.

* **PALMA-CHRISTI** s. m. [-kriss-ti]. Un des noms vulgaires du ricin.

PALMAGE s. m. (rad. palmer). Mar. Action de palmer une pièce de mâture, de la dégrossir pour l'amener aux dimensions convenables. — Action de palmer des aiguilles, d'en aplatir les têtes.

PALMAIRE adj. (rad. lat. palma, paume). Anat. Qui a rapport à la paume de la main. Face palmaire de la main, creux de la main. — s. m. Muscle de la main interne : le grand palmaire.

PALMARÈS s. m. [-rèss] (lat. palmaris, qui concerne la victoire). Catalogue qui contient des noms de vainqueurs dans une distribution de prix : j'ai vu le palmarès de Louis-le-Grand.

PALMAROLI (Pietro), peintre italien, né après 1750, mort à Rome en 1828. Il fut le premier à transporter les fresques de la muraille sur la toile, et il restaura d'innombrables beautés dans des peintures effacées et souillées.

PALMAS (Cap), promontoire de la côte occidentale d'Afrique, à l'extrémité S. de l'État de Libéria. Lat. N. 4° 22', long. O. 10° 4'.

PALMAS (Ciudad Real de las) [pal'-mass], ville maritime fortifiée des îles Canaries, sur la côte N.-E. de la Grande-Canarie ; 15,000 hab. environ. Elle est sur le fleuve Angostura, au fond d'une belle baie, et se divise en vieux quartier et quartier neuf. Un aqueduc fournit l'eau à la ville. Le climat est très doux et très égal; la température varie de 20° à 22° C. Plus de 1,000 vaisseaux entrent chaque année dans le port, et la valeur annuelle des exportations, dont la cochenille forme l'article principal, est d'environ 9 millions de fr.

PALMATE s. m. Chim. Sel produit par la combinaison de l'acide palmique avec ses alcalis ou avec les radicaux alcooliques.

PALMATURE s. f. (lat. *palmatus*, palmé). Disposition, état de ce qui est palmé.

PALMBLAD (Vilhelm-Fredrik) [palmm'-bladd], écrivain suédois, né en 1788, mort en 1852. En 1810, il commença la publication du *Phosphoros*, en 1812 celle du *Poetisk Kalender*, et en 1813, celle du *Svensk Literaturtidende*, périodiques, qui eurent une grande influence pour détourner la littérature suédoise de ses modèles ordinaires, français et allemands. Il devint professeur de littérature grecque à Upsal en 1835, et édita le lexique biographique des Suédois remarquables, en 23 vol., terminé en 1857. Entre autres ouvrages, il a écrit plusieurs romans, dont les meilleurs on pour titres : *Familjen Falkenswärd* et *Aurora Königsmark*.

* **PALME** s. f. (lat. *palma*). Branche de palmier : *ils portaient tous une palme à la main*. — Se dit quelquefois du palmier même : *du vin de palme*. — REMPORTER LA PALME, remporter la victoire : cela se dit non seulement des avantages qu'on remporte dans un combat, mais de ceux qu'on obtient dans quelque lutte que ce soit : *c'est lui qui a remporté la palme*. On dit dans le même sens : *il vient d'obtenir une belle palme*. — LES PALMES IDUMÉES ou d'IDUMÉE, du nom d'un pays où il croît beaucoup de palmiers. — LA PALME DU MARTYRE, la gloire éternelle qui est le prix de la mort soufferte par les martyrs pour la confession de la foi. — Ornement qui entre le plus souvent dans le dessin des châles de l'Inde. — Huile de palme, huile graisseuse, de la consistance du beurre, d'une belle couleur orange, d'un goût douceâtre, et d'une odeur qui ressemble à celle de la violette ou à celle de la racine d'iris. Elle est produite par l'enveloppe charnue et fibreuse du drupe ou fruit à noyau de l'*elæis Guineensis* de l'Afrique occidentale, appartenant à la tribu des palmiers cocotiers. Cette huile s'obtient aussi au Brésil, à Cayenne et dans les Antilles, et pourrait sans doute s'extraire d'autres espèces de palmiers. Les nègres concassent le fruit et le mettent baigner dans de l'eau à la surface de laquelle l'huile monte. Chaque drupe donne environ 1/16 d'once d'huile, et chaque arbre 3 ou 4 livres seulement. On emploie beaucoup l'huile de palme dans la fabrication des chandelles et des savons et pour la graisse à machines. Elle fond et devient très claire à des températures qui varient entre 24° et 35° C.; plus elle est vieille, plus il faut de chaleur pour la fondre. Le temps et l'air la rendent rance et blanchâtre. Dans l'éther, elle est parfaitement soluble, légèrement dans l'alcool froid, et très promptement dans l'alcool bouillant; mais elle s'en sépare quand il se refroidit. Elle se compose d'oléine et de palmitine. Les savons faits avec l'huile de palme gardent l'odeur naturelle de l'huile. En Afrique, on mange l'huile de palme comme du beurre. La médecine y a reconnu un émollient, et l'emploie quelquefois en friction ou en embrocation.

* **PALME** s. m. (lat. *palma*, paume). Espèce de mesure jadis commune en Italie, et qui était de l'étendue de la main : *le palme n'est pas le même dans toutes les villes d'Italie; le palme dont on se sert encore pour la mesure des marbres est de 0 m. 25.* — Nom d'une mesure en usage chez les anciens : *le palme grec valait quatre doigts ou le sixième d'une coudée ce qui équivaut à 77 millim. Le petit*

palme romain valait 73 millim., le grand palme romain valait 225 millim.

* **PALMÉ, EE** adj. Bot. Divisé profondément en plusieurs lanières allongées, de manière à ressembler à une main ouverte : *feuille palmée*. — Zool. Se dit des pieds des oiseaux dont les doigts sont unis par une membrane.

PALMELLA (don Pedro DE SUNZA-HOLSTEIN, duc de), homme d'Etat portugais, né à Turin en 1786, mort en 1850. Après qu'il eut occupé les plus hauts emplois au Brésil et au Portugal, don Miguel le fit condamner à mort pour trahison; mais, sous la régence de don Pedro, il devint premier ministre en 1832, et de nouveau en 1834, sous dona Maria, qui le fit duc. Il resta en exil de 1836 à 1846.

PALMER v. a. (rad. *palme*). Mar. Dégrossir, amincir. — PALMER DES AIGUILLES, en aplatir les têtes.

PALMERSTON (Henry-John TEMPLE, vicomte) [pâ'-meur-stonn], homme d'Etat anglais, né en 1784, mort le 18 oct. 1865. Il hérita de son titre comme pair irlandais en 1802, entra au parlement en 1807, devint ministre de la guerre en 1809, et resta en charge sous cinq administrations; il se retira en 1828. Bientôt après, il abandonna le parti tory, et fut secrétaire d'Etat pour les affaires étrangères dans le ministère de lord Grey, de nov. 1830 à déc. 1834, et d'avril 1835 à sept. 1841. En 1846, il fut de nouveau appelé à ce poste dans le cabinet Russell; mais ayant offensé la cour et ses collègues par son attitude bienveillante pour le *coup d'Etat* de Louis-Napoléon, il se retira en décembre 1851. En 1852, il devint ministre de l'intérieur dans le ministère de coalition de lord Aberdeen, à qui il succéda comme premier ministre en 1855. En 1857, la chambre des communes censura sa politique vis-à-vis de la Chine, mais la chambre fut dissoute, et les nouvelles élections lui furent favorables. L'échec du « *conspiracy to murder bill* », présenté à l'occasion de la tentative d'Orsini contre Napoléon III, en février 1858, amena sa retraite. Une fois de plus il devint premier ministre en juin 1859, et garda ensuite son poste jusqu'à sa mort. Il avait épousé la veuve du comte Cowper en 1839, mais il n'eut pas d'enfant, et son titre est éteint. Il stigmatisa le traité de d'Ashburton avec les Etats-Unis, en 1842 du nom de « capitulation d'Ashburton ». Dans les affaires internationales, il fit partout respecter l'Angleterre, et encourut souvent l'animosité des monarques en intervenant en faveur de la liberté constitutionnelle sur le continent. Cependant il détermina la reconnaissance de Napoléon III à la coalition subséquente de l'Angleterre et de la France dans la guerre de Crimée. Il ne se montra pas ami de l'Union pendant la guerre civile américaine. Sa vie a été écrite par Henry Lytton Bulwer (1870-'74, 3 vol.), et par Evelyn Ashley (1876).

* **PALMETTE** s. f. (dimin. de *palme*). Ornement en forme de feuille de palmier, qu'on taille ou qu'on applique sur des moulures, qu'on peint ou qu'on brode sur des étoffes, etc.

PALMEUR, EUSE s. Personne qui palme des aiguilles.

PALMACÉ, ÉE s. Qui ressemble au palmier; qui se rapporte au palmier. — s. f. pl. Voy. PALMIER.

* **PALMIER** s. m. (lat. *palma*). Arbre portant des fruits qu'on nomme dattes, et qui ne vient guère que dans les pays chauds: *palmier mâle; palmier femelle; branche de palmier*. Les naturalistes appellent du nom général de PALMIERS, une famille d'arbres monocotylédones, tels que le dattier, le cocotier, le latanier, dont la plupart croissent entre les tropiques. — ENCYCL. La famille des

palmiers, appelée quelquefois famille des *palmacées*, comprend près de mille espèces de plantes, distribuées entre plus de 50 genres. Comme dans d'autres larges familles, il y a une grande diversité entre les genres, et on groupe ceux-ci, suivant leurs affinités, en cinq tribus ou sous-familles bien tranchées. Les palmiers sont pour la plupart des plantes tropicales; mais on en trouve quelques-uns dans les parties les plus chaudes des zones tempérées. Comme utilité, ils viennent après

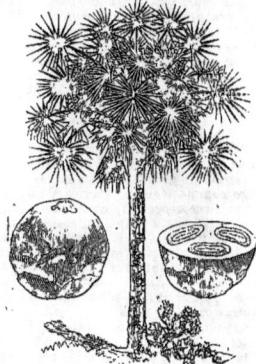

Palmier de Palmyre (Borassus flabelliformis).

les herbes, car il n'y a guère d'espèce qui ne puisse s'utiliser de quelque façon; le bois sert à construire des maisons et les feuilles à les couvrir; presque tous donnent des fibres utiles, qui peuvent s'employer comme matières textiles ou pour faire du papier; avec les feuilles, on fabrique des nattes, des paniers et différents ustensiles; outre leurs différents fruits comestibles, les palmiers fournissent des aliments sous forme de fé-

Palmier coquita (Jubæa spectabilis).

cule, de sucre et d'huile; on se nourrit même de leurs feuilles en bourgeons; plusieurs produisent des liqueurs alcooliques par la fermentation de leur sève. — Pour signaler les nombreux produits utiles de cette famille de plantes, il convient de grouper les genres en leurs différentes tribus ou sous-familles : 1° la tribu des *arécinées*, qui se compose d'arbres et d'arbrisseaux à feuilles pennées ou bipennées; la spathe, qui manque quelquefois, est généralement formée de plusieurs feuilles; le fruit à trois lobes profonds, est une baie ou un drupe. Le palmier à noix de bétel (*areca catechu*), connu aussi sous le nom de palmier catechu, et appelé pinang par les Malais, est un grand arbre qui croît dans l'Inde, à Ceylan, et dans les Moluques. Ses fleurs sont très odorantes; sa graine est à peu près de la grosseur d'une noix muscade, à laquelle elle ressemble, en outre, par l'apparence bigarrée de son albumen. Ces noix sont très astringentes et produisent un charbon qui s'emploie comme dentifrice. Dans le pays, on les mâche comme certains hommes mâchent chez nous le tabac. Voy. BÉTEL (*Noix de*). Le chou-palmier des Indes occidentales, *oreodoxa oleracea*, est ainsi appelé à cause de son bourgeon terminal qui se compose de feuilles non développées et serrées les unes contre les autres; on le mange comme légume. Plusieurs espèces du genre *œnocarpus* ont, dans l'Amérique du Sud, des fruits à pulpe huileuse, et l'huile qu'on en tire sert à la cuisine et à l'éclairage; les nervures rigides des palmiers fournissent aux Indiens des flèches pour leurs sarbacanes, lesquelles se fabriquent en perforant les pédoncules des feuilles d'autres espèces de la même tribu. Le genre *caryota*, des Indes orientales, qui comprend des arbres élevés et d'une grande beauté, donne plusieurs produits utiles : les épis floraux fournissent le vin et le sucre de palmier; le tronc fournit un bon sagou et les feuilles une fibre d'une grande force appelée *kittul*, qui sert à fabriquer des cordes et des nattes. 2° La tribu des *calamées* se compose de plantes à rejetons nombreux et de quelques arbres. Le genre le plus important est le *calamus*, dont on connaît plus de 80 espèces, toutes originaires d'Asie (particulièrement de la péninsule Malaise), sauf une africaine et deux australiennes. On les connaît sous le nom de rotins ou palmiers cannes, parce que plusieurs fournissent sous ces noms leurs tiges à commerce. Les rotins du commerce viennent du *calamus rotang*, *calamus verus*, *calamus rudentum* et d'autres; on les coupe par longueur de 12 à 16 pieds, on les plie sur eux-mêmes et on en fait des paquets de 100. Des nombres immenses de ces cannes sont importées en Europe et en Amérique, et encore on leur trouve à chaque instant de nouveaux usages, la consommation s'en accroît rapidement. On s'en sert beaucoup pour faire des fonds de chaises; il y a des chaises qui sont exclusivement faites avec des rotins: le cadre est fait de cannes entières et les intervalles sont remplis d'un treillis de lamelles de rotin; beaucoup de sofas, de chaises longues, de voitures de fantaisie sont faites en rotin; pour les paniers qui exigent une grande résistance on emploie des cannes entières, tandis que les mêmes cannes fendues en lames et tressées servent à faire des paniers plus délicats à l'usage des dames. 3° La tribu des *borassinées* se compose d'arbres à feuilles pennées, ou en éventail, avec une spathe ligneuse, fibreuse ou (dans un seul genre) semblable à un réseau; le fruit est un drupe. Le *borassus flabelliformis* est le magnifique palmier de Palmyre, que l'on trouve dans toute l'Asie tropicale, et qui est célèbre par la quantité de ses produits utilisables. Son tronc, de 60 à 80 et même 100 pieds de haut, et de 2 pieds de diamètre à la base, porte une magnifique couronne de feuilles en forme d'éventail circulaire, qui, y compris les pétioles, ont 10 pieds de long. On s'en sert pour couvrir les maisons, pour faire des nattes de plancher et de plafond, et

pour fabriquer un grand nombre d'articles utiles, depuis des sacs et des paniers jusqu'à des ombrelles et des chapeaux; on en fait aussi du papier, sur lequel on écrit avec un stylet. Tous les livres importants en cingalais relatifs à la religion de Bouddha sont écrits sur des lamelles de ce palmier. Ses produits les plus importants sont le vin de palmier et le sucre; il y a bien des autres espèces qui en donnent aussi, en différents pays, mais les méthodes pour l'obtenir sont essentiellement les mêmes. On les tire de la sève de l'épi floral encore développé ou de la spathe, que l'on peut faire couler quatre ou cinq mois à raison d'un litre au moins par jour. Le palmier d'Egypte, qui croît aussi en Arabie et en Abyssinie, est le *hyphæne Thebaica* (ou *cucifera*). Ses fruits, de la grosseur d'une orange, viennent au nombre d'une centaine par grappes; l'écorce, qui est sèche, fibreuse et farineuse, a, dit-on, exactement le même goût que le pain d'épice, et, bien que sa sécheresse la rende désagréable au palais, elle constitue une nourriture commune chez les Arabes. 4° La tribu des *coryphinées* consiste en arbres ou en plantes sans tiges, à feuilles en éventail, rarement pennées, dont les pennules ont des rebords verticaux; spathes rarement parfaites; fleurs habituellement parfaites, quelquefois polygames; pour fruit, une baie. Le genre *corypha* comprend plusieurs espèces d'aspect majestueux; l'une des mieux connues est le palmier talipot (*corypha umbraculifera*) de Ceylan et d'autres contrées de l'Orient. Ses feuilles magnifiques sont remarquables par leurs plis réguliers, et présentent un éventail qui forme un cercle presque complet de 4 pieds au plus de diamètre; les segments, nombreux, se fendent et forment une double frange sur le bord. Il ne faut pas grande préparation à ces feuilles pour faire les éventails dont se servent les Cingalais comme emblèmes de leur rang. Ces feuilles servent, d'ailleurs, à beaucoup d'autres usages, tels que la fabrication du papier. Le tronc donne du sagou. L'arbre le plus important de cette tribu est le *phœnix dactylifera*. (Voy. DATTE.) 5° La cinquième tribu, celle des *cocoïnées*, tire son nom du genre le plus important, le *cocotier* dont il y a une douzaine d'espèces, y compris le *cocos nucifera*, ou cocotier. (Voy. COCOTIER.) Le palmier-pêcher, *guilielma speciosa*, originaire du Venezuela et cultivé dans d'autres parties de l'Amérique du Sud, est un arbre élevé, dont le tronc est armé de petites épines aiguës; son fruit est à peu près de la grosseur d'un abricot, en forme de poire, et rouge orangé quand il est mûr; la partie extérieure abonde en matière féculente, et entre pour une grande part dans la nourriture des indigènes, qui font aussi fermenter le fruit dans de l'eau et en préparent une boisson alcoolique. Le palmier *coquita* du Chili, ou *jubæa spectabilis*, l'une des espèces les plus méridionales, donne le miel de palmier si employé par les Chiliens; on l'obtient en abattant l'arbre, en enlevant la tête, et en recueillant la sève qui coule de la blessure; on fait bouillir cette sève jusqu'à consistance de mélasse et l'on s'en sert en place de sucre. La *piassata* du Brésil, *attalea funifera*, fournit une fibre forte et précieuse qui se trouve dans les bases mortes des pétioles des feuilles. On en envoie des quantités considérables en Angleterre, où on en sait faire des balais grossiers; les brosses des balayeuses mécaniques qui nettoient les rues sont faites de cette matière. Les noix sont un article de commerce connu sous le nom de noix coquilla; on en fait des boutons de porte et autres petits articles semblables à ceux que se fabriquent en ivoire végétal. Un des produits les plus importants des arbres de cette famille est l'huile de palme, qui s'obtient du fruit de l'*elæis Guineensis* de l'A-

frique occidentale, où il croît en nombres immenses. — Dès les temps les plus reculés, le palmier était considéré comme un symbole de victoire, et dans un sens plus général, comme un insigne d'honneur et de distinction; c'est un usage qui subsiste encore. La coutume de porter des branches de palmiers (qui, bien entendu, sont en réalité des feuilles), dans les fêtes, était ancienne chez les Juifs, et fut observée par le Christ lorsqu'il entra à Jérusalem, en commémoration de quoi l'Église catholique romaine a institué le dimanche des Rameaux, qui est le dimanche d'avant Pâques.

* **PALMIPÈDE** s. et adj. m. (lat. *palma*, paume; *pes*. pied). Hist. nat. Se dit des oiseaux nageurs qui ont des pieds dont les doigts sont unis par une membrane : *les oies, les canards, etc., sont des palmipèdes.* — s. m. pl. Sixième et dernier ordre des oiseaux, dans la classification de Cuvier, comprenant ceux dont le principal caractère est d'avoir les pieds palmés, circonstance favorable à la natation. Les palmipèdes ont un plumage serré, lustré, garni d'un duvet épais, imbibé d'un produit huileux qui le rend imperméable. Leurs pieds, implantés à l'arrière du corps, sont pourvus de tarses courts et comprimés. Leur cou est ordinairement long, ce qui leur permet de chercher leur nourriture au fond de l'eau. Cet ordre se divise en 4 familles : 1° *plongeurs* ou *brachyptères* (plongeon, grèbe, guillemot, pingouin, macareux, manchot); 2° *longipennes* ou *grands voiliers* (pétrel, albatros, goéland, mouette, labbe, hirondelle de mer, bec-en-ciseaux); 3° *totipalmes* (pélican, cormoran, frégate, fou, anhinga, paille-en-queue); 4° *lamellirostres* (canard, cygne, oie, macreuse, eider, garrot, milouin, morillon, souchet, tadorne, sarcelle, harle, etc.).

PALMIQUE adj. Chim. Se dit d'un acide organique que l'on croit isomère avec l'acide ricinolique et qui prend naissance par une modification moléculaire que subit ce dernier acide lorsqu'il est soumis à l'action des vapeurs nitreuses.

* **PALMISTE** s. m. Nom générique et vulgaire des palmiers dont la cime porte une espèce de chou, appelé *chou-palmiste*, qui est formé par les feuilles tendres de la pousse nouvelle, et qui se mange: *palmiste épineux.* — Le *palmiste des Indes occidentales* (oreodoxa

Palmiste des Indes occidentales (Oreodoxa oleracea).

oleracea) atteint jusqu'à 30 et quelquefois même 40 m. de haut. Le *palmiste des montagnes* (*euterpe oleracea*), également grand, se rencontre dans l'Amérique du Sud, à la Jamaïque et à la Trinité. Les genres *arenga, attalea, maximiliana* et *cocos* (cocotier) fournissent aussi le chou.

* **PALMITE** s. m. (rad. *palmier*). Nom donné à la moelle des palmiers, qui est une

substance blanche comme du lait caillé, fort tendre, et d'une saveur douce et agréable.

PALMITINE s. f. Chim. Nom donné à des corps produits par la combinaison de l'acide palmitique avec la glycérine.

PALMITIQUE adj. Chim. Se dit d'un acide gras qui constitue le principal élément des bougies dites stéariques.

PALMURE s. f. Zool. Membrane qui joint les doigts des animaux palmipèdes.

PALMYRE, ancienne cité, dans une oasis du désert Syrien, à environ 200 kil. N.-E. de Damas. On suppose que c'est la Tadmor fondée ou (suivant Josèphe) agrandie par Salomon, et son nom hébreu, aussi bien que son nom grec et latin, signifie « la cité des palmes ». Elle était autonome et devint de bonne heure un grand entrepôt de commerce, mais elle est rarement citée par les plus anciens historiens. Pline en fait mention comme d'une ville de marchands faisant le trafic avec les Romains d'un côté et les Parthes de l'autre. Sous le règne d'Adrien,

Ruines de Palmyre.

elle forma une alliance avec Rome. Son prince, Odenathus, reçut le titre d'Auguste de l'empereur Galien, pour les services qu'il avait rendus contre les Perses en 260. Assassiné en 266, sa veuve, Zénobie, étendit grandement son empire et prit le titre de reine de l'Orient. (Voy Zénobie.) Après sa défaite et sa capture par l'empereur Aurélien, et après la reddition de Palmyre en 273, le peuple se révolta et Aurélien détruisit la ville. Justinien la rétablit en 527. Elle fut prise par les Sarrasins en 633, pillée par eux en 744 et prise par Tamerlan en 1400. Il y a maintenant une petite population de Syriens et une garnison turque. Les ruines se composent d'innombrables colonnes corinthiennes de marbre blanc, des restes d'un grand temple du Soleil, et des tours funéraires contenant des inscriptions avec les. caractères et la langue de Palmyre, qui est un rameau du tronc sémitique.

PALMYRÈNE, ancienne contrée de l'Asie occidentale, comprise entre l'Euphrate, l'Arabie et la Cœlosyrie. Cap., Palmyre.

PALMYRIEN, IENNE s. et adj. De Palmyre; qui appartient à cette ville ou à ses habitants.

PALOMBE s. f. (lat. *palumba*). Espèce de pigeon ramier des provinces voisines des Pyrénées.

PALOMINO DE VELASCO (ou de Castro y Velasco) (Acislo-Antonio), peintre espagnol,

né en 1653, mort en 1726. En 1688 il fut nommé peintre du roi. Ses œuvres comprennent la fresque de l'église de San Juan del Mercado à Valence, celle du *Triomphe de la Religion* au couvent de San Estéban de Salamanque et une série de morceaux d'autel à Cordoue. Il a publié *El museo pictorico y escala optica* (1715-'24), et *Vidas de los pintores y estatuarios eminentes españoles*(1739-'42, 8 vol.), ouvrages traduits en français, en anglais et en allemand.

* **PALONNIER** s. m. (rad. lat. *palus*, pieu). Pièce qui fait partie du train d'une voiture, et à laquelle les traits des chevaux sont attachés : *il y a un palonnier de rompu au train de cette voiture.*

PALOS (pa'-loss), ville d'Andalousie (Espagne), à 9 kil. S.-E. de Huelva, sur le Tinto, près de son embouchure dans le golfe de Cadix; 1,200 hab. environ. Colomb partit de là le 3 août 1492, pour aller découvrir l'Amérique.

* **PALOT** s. m. Terme de mépris. Villageois grossier : *c'est un gros palot.* (Pop.)

* **PALOT, OTTE** adj. (rad. *pâle*) Un peu pâle : *cet enfant est palot.*

PALOURDE s. f. Nom vulgaire des mulettes dans le midi de la France.

PALPABILITÉ s. f. Caractère de ce qui est palpable.

* **PALPABLE** adj. (rad. *palper*). Qui se fait sentir au toucher : *tous les corps sont palpables.* — Fig. Fort évident, fort clair : *ce que je vous dis est clair et palpable.*

* **PALPABLEMENT** adv. D'une manière palpable.

PALPATION s. f. Action de palper.

* **PALPE** s. f. Entom. Se dit de ces petites antennes, au nombre de deux ou davantage, articulées, sensibles et mobiles, qui sont placées à la partie inférieure de la bouche d'un insecte : *les palpes d'un hanneton.*

* **PALPÉBRAL, ALE, AUX** adj. (lat. *palpebra*, paupière). Anat. Qui appartient à la paupière : *muscle palpébral.*

* **PALPER** v. a. (lat. *palpare*). Toucher avec la main doucement, à plusieurs reprises, et en pressant légèrement; manier : *son médecin l'a palpé pour savoir s'il n'avait pas des obstructions.* — Fig. et fam. Palper de l'argent, le toucher le recevoir : *il a déjà palpé la dot. J'ai palpé l'argent, la somme.*

PALPEUR, EUSE adj. Qui palpe; qui a l'habitude de palper.

* **PALPICORNE** adj. (rad. *palpe* et *corne*). Qui a des palpes ressemblant à des antennes.

* **PALPITANT, ANTE** adj. Qui palpite : *des entrailles palpitantes.*

* **PALPITATION** s. f. (rad. *palpiter*). Agitation convulsive de quelque partie du corps : *il a une palpitation à l'artère du cou, à la paupière.* — Battements du cœur, lorsqu'ils deviennent plus forts, plus sensibles qu'à l'ordinaire : *il a une palpitation de cœur continuelle.* — PALPITATION DU CŒUR. On donne ce nom aux battements du cœur quand ils sont plus fréquents et plus violents qu'à l'état normal. Les palpitations *continues* proviennent souvent d'une lésion du cœur. (Voy. Cœur.) Quant aux palpitations *intermittentes*, elles tiennent, soit à une affection nerveuse (hystérie, hypocondrie), soit à la chlorose et à l'anémie, soit à des émotions vives. La cause disparaissant, l'effet disparaît. On traite les palpitations qui viennent des nerfs par l'eau de fleur d'oranger ou de laurier-cerise et celles qui dépendent de la chlorose ou de l'anémie par les toniques, les ferrugineux et les analeptiques.

* **PALPITER** v. n. (lat. *palpitare*). Avoir des palpitations : *on voit souvent palpiter la tête des enfants nouveau-nés, à l'endroit de la fontanelle, Il palpite d'amour, de crainte, d'espérance.* — Se dit quelquefois des mouvements réglés du cœur, du sein, etc. : *son sein palpitait doucement.*

PALPLANCHE s. f. (rad. *pal*; et *planche*). Constr. Madrier équarri ou aiguisé par un bout pour le planter en terre. — Planche irrégulière fournie par l'équarrissage des bois.

* **PALSAMBLEU.** Interj. Jurement de l'ancienne comédie : *palsambleu, voilà un plaisant personnage!* On disait aussi : *par le sambleu.* L'origine de ce mot est : *par le sang de Dieu,* qu'on a ainsi modifié pour éviter le blasphème.

PALSGRAVE (Jean), grammairien, né à Londres vers 1480, mort vers 1554. Il publia, en 1530, *L'esclaircissement de la langue françoyse en anglais* (1 vol. in-fol.). C'est la plus ancienne grammaire française connue; elle a été réimprimée en 1852 dans la collection des *Documents inédits sur l'histoire de France.*

* **PALTOQUET** s. m. (corrupt. de *paletot*). Homme épais et grossier : *c'est un franc paltoquet.* (Pop.)

PALUD (La), anc. *Palus,* village du cant. de Bollène (Vaucluse), à 24 kil. N.-O. d'Orange, près de la rive gauche du Rhône; 3,000 hab. Beau viaduc sur le Louzon. Capitulation du duc d'Angoulême en 1815.

* **PALUDÉEN, ÉENNE** adj. (rad. lat. *palus*, marécage). Qui appartient aux marais; qui est causé par les marais : *terrains paludéens, fièvre paludéenne.* (Voy. Intermittent.)

PALUDIER s. m. Ouvrier qui travaille dans les marais salants.

* **PALUS** s. m. [-luss]. Géogr. Marais. N'est plus guère usité que dans le nom ancien de la mer d'Azof ou de Zabache : *le Palus Méotide,* ou *Les Palus Méotides.* — Vin de Palus, vin que l'on récolte sur la rive droite de la Garonne et sur la gauche de la Dordogne, près du point où ces deux cours d'eau se réunissent au bec d'Ambez.

* **PALUSTRE** adj. (lat. *palustris*). Hist. nat. Qui croît, qui vit dans les marais.

* **PÂMER** v. n., ou **Se pâmer** v. pr. (rad. gr. *spama,* spasme). Tomber en pâmoison, en défaillance : *il n'en peut plus, il se pâme, il pâme.* — Fam. et par exag. PÂMER DE RIRE, SE PÂMER DE RIRE, ou RIRE A PÂMER, A SE PÂMER, rire bien fort : *il vous ferait pâmer de rire.* On dit de même, PAMER DE JOIE, SE PAMER DE JOIE, se laisser aller au transport de la joie.

PAMIERS, *Apamia,* ch.-l. d'arr., à 19 kil. N. de Foix (Ariège), sur l'Ariège ; par 43° 6' 53'' lat. N. et 0° 43' 44'' long. O. ; 9,000 hab. Évêché, filatures, moulins ; commerce de fruits, de légumes, de grains, etc. Cathédrale reconstruite en partie par Mansart. Pamiers fut pendant longtemps capitale du comté de Foix. Elle s'était formée autour d'une abbaye et d'un château fort que Roger de Foix fit construire en 1104 et auquel il donna le nom d'Apamée. L'emplacement de ce château forme aujourd'hui une promenade dite le Castella, d'où l'on jouit d'une vue magnifique.

PAMLICO (Étang ou Sound de), bas-fond de la Caroline du Nord, séparé de l'Atlantique par de longues et étroites lies de sable ; d'une largeur de 15 à 45 kil. et d'une longueur de 125 kil. environ. L'entrée principale est par le goulet d'Ocracoke, au S.-O. Il communique avec les étangs ou sounds d'Albemarle et de Currituck, au N.

PÂMOISON s. f. (rad. *pâmer*). Défaillance, évanouissement : *tomber en pâmoison.*

PAMPA s. f. Nom que l'on donne aux vastes plaines de l'Amérique du Sud ; s'emploie surtout au pluriel : *d'innombrables troupeaux de bœufs sauvages parcourent les pampas de la Plata.* — ENCYCL. Les pampas sont de grandes plaines de l'Amérique du Sud. s'étendant au N. de 50° de lat. S., dans la Patagonie, à travers la république Argentine, jusqu'à la frontière bolivienne ; 1,5000,00 kil. carr. La partie septentrionale est occupée par le vaste territoire inexploré du Gran-Chaco ; la partie méridionale forme un immense désert ; à l'E. s'étendent des plaines et des marais, avec des terrains complètement inondés ; et la région occidentale s'élève graduellement vers les Andes. En s'avançant vers l'O. à partir de Buenos-Ayres, on trouve pendant près de 320 kil., alternativement des trèfles et des chardons, nourrissant en hiver d'innombrables troupeaux de bestiaux sauvages ; à la suite vient une étendue de 620 kil. à l'O. couverte d'herbe et de fleurs brillantes ; enfin, jusqu'à la base des Andes, un fourré ininterrompu d'arbrisseaux et de petits arbres à feuillage persistant.

PAMPE s. f. (lat. *pampinus*). Feuille du blé, de l'orge, etc. : *pampe de blé, d'avoine.*

PAMPELONNE, ch.-l. de cant., arr. et à 30 kil. N.-E. d'Albi (Tarn), sur le Viaur ; 1,100 hab.

PAMPELUNE (esp. *Pamplona* ou *Pampeluna*) ; anc. *Pampelon*) ville forte d'Espagne, capitale de la province de Navarre, sur l'Arya, à 300 kil. N.-E. de Madrid ; 23,000 hab. environ. Elle s'élève sur un plaine flanquée de trois côtés par les Pyrénées, et on y entre par six portes. Elle possède une cathédrale et une université. L'eau y est amenée des montagnes de Subiza, à une distance de 20 kil., par un superbe aqueduc. La citadelle, séparée de la ville par une vaste esplanade, est dans une position dominante. — Pampelune était autrefois la ville principale des Vascones, dans l'Espagne Tarraconaise. Elle devint la capitale de la Navarre vers le milieu du IXᵉ siècle. Elle a été maintes fois assiégée et prise. Les carlistes l'ont bloquée en 1874.

PAMPHILE, peintre grec, né à Amphipolis, florissait entre 390 et 350 av. J.-C. Quintilien dit qu'il était un des plus célèbres artistes grecs pour l'art de la composition. Il fut le maître d'Apelle et de Mélanthius.

PAMPHILE (Saint), écrivain des premiers temps du christianisme ; il était prêtre à Césarée, en Palestine, et souffrit le martyre le 16 fév. 309. Il est probablement, avec son intime ami Eusèbe, l'auteur des cinq livres de l'apologie pour Origène. A Césarée, il forma une bibliothèque publique célèbre, et fonda une école de théologie. Il prépara avec Eusèbe une édition des Septante.

PAMPHLET s. m. [pan-flè]. (Mot emprunté de l'anglais). Brochure. Se prend souvent en mauvaise part : *un pamphlet injurieux, séditieux ; les pamphlets de Paul-Louis Courier.*

PAMPHLÉTAIRE s. m. Auteur de pamphlets.

PAMPHYLIE, ancienne division de l'Asie mineure, sur la côte méridionale, aujourd'hui comprise dans le vilayet turc de Konieh. C'était un étroit territoire d'environ 140 kil. de long, et longeant le golfe de Pamphylie (auj. golfe d'Adalia). Cyrus la conquit et elle fut successivement assujettie à la Macédoine, à la Syrie et à Pergame ; elle devint enfin province romaine. Les villes principales étaient Attalia : (auj. Adalia), Olbia, Corycus, Aspendus, Perge, Syllium, Side, Cibyra et Ptolemaïs.

PAMPLEMOUSSE s. f. Espèce d'oranger dont le fruit, qui prend le même nom, est très bon à manger, et devient quelquefois aussi gros que la tête d'un homme.

PAMPRE s. m. (lat. *pampinus*). Branche de vigne avec ses feuilles : *on peint Bacchus avec une couronne de pampre.* — Ornement d'architecture imitant une branche de vigne.

PAN, Pant ou Panto (gr. *pas, pasa, pan ;* gén. *puntos,* tout), préfixe qui entre dans la formation d'un grand nombre de mots.

PAN s. m. (lat. *pannus*, étoffe). Partie considérable d'un vêtement, comme d'une robe, d'un manteau : *le pan d'une robe ; les Romains se couvraient la tête d'un des pans de leurs robes lorsqu'il pleuvait.*

> Quand on a tout perdu, quand on n'a plus d'espoir,
> Du pan de sa chemise on se fait un mouchoir.
>   LAVA. *L'Ami des Lois,* acte Iᵉʳ, sc. IV.

On dit aussi, *Un pan de tapisserie.* — Partie d'un mur : *le canon avait abattu un grand pan de la courtine.* — Un des côtés, une des faces d'un ouvrage de maçonnerie, de menuiserie, d'orfèvrerie, etc., qui a plusieurs angles : *un cabinet à puns.* — PAN DE COMBLE, un des côtés de la couverture d'un comble. Le côté le plus long s'appelle LONG-PAN. — PAN COUPÉ, surface qui remplace l'angle à la rencontre de deux pans de mur : *faire un pan coupé à l'angle d'une rue.* — PAN DE BOIS, assemblage de charpente dont on remplit les vides de maçonnerie, et qu'on recouvre d'un enduit sur lattes : *autrefois la plupart des maisons de Paris étaient construites en pans de bois.*

PAN (Myth. gr.), dieu des troupeaux et des bergers. On le représente avec des cornes, un nez camard, une barbe, des pieds et une queue de bouc. Il naquit complètement développé. Il jouait sur la *syrinx* ou flûte de Pan, dont il était l'inventeur, et était le patron des chasseurs ; mais les voyageurs le redoutaient. C'était le dieu des apiculteurs et des pêcheurs, et, suivant Servius, il était regardé comme le dieu de la nature en général, et comme une personnification de l'univers. Son culte, originaire d'Arcadie, s'étendit de là dans les autres parties de la Grèce. A Rome, il était honoré sous les noms d'Innus et de Faunus (Faune). Les satyres formaient sa suite. — Par son apparition soudaine, il effrayait fréquemment les voyageurs ; d'où vint le mot *panique.*

PAN PAN, onomatopée dont on se sert pour exprimer le bruit produit par une chose qui éclate, ou par un corps qui frappe sur un autre : *il entendit à sa porte, pan pan.*

PANABASE s. f. (préf. *pan* ; fr. *base*). Minér. Sulfure de cuivre, d'antimoine, de fer, d'arsenic, de zinc et d'argent.

PANACÉE s. f. (préf. *pan* ; gr. *axos,* remède). Remède universel : *il se vante d'avoir trouvé la panacée.* On a aussi donné ce nom à quelques préparations pharmaceutiques : *panacée antimoniale.*

PANACHE s. m. (rad. lat. *penna,* plume). Assemblage de plumes flottantes, qui sert d'ornement : *son casque était ombragé d'un panache.* — PANACHE DE MER, nom donné à divers animaux aquatiques dont quelques parties ont des formes de plumes. — Partie supérieure d'une lampe d'église : *le panache porte le culot par le moyen de plusieurs chaines.* — Archit. Surface triangulaire de cette partie de voûte qu'on appelle pendentif, et qui supporte un dôme ou un plafond en coupole.

PANACHÉ, ÉE part. passé de PANACHER : *tulipe, anémone, rose panachée.* — Se dit aussi de certains oiseaux : *poule panachée.* — GLACE PANACHÉE, glace formée de deux ou de plusieurs sortes de glaces, ordinairement de différentes couleurs. — ∾ Varié : *conversation panachée.*

PANACHER v. n. Se dit des plantes dont les fleurs, les feuilles ou les fruits sont rayés de mélange de couleurs qui tranchent avec la couleur naturelle : *voilà une tulipe, une anémone, une rose, un œillet qui panache bien.* — Se panacher v. pr Devenir panaché : *cette tulipe commence à se panacher.*

PANACHURE s. f. Veine, tache blanchâtre ou de diverses couleurs qui se mêle à la couleur principale d'une fleur, d'une feuille ou d'un fruit : *de belles panachures.*

PANADE s. f. (rad. lat. *panis,* pain). Espèce de soupe ordinairement faite avec de l'eau, du sel, du beurre, un jaune d'œuf, et de la croûte de pain, qu'on laisse longtemps mitonner : *faire de la panade.*

PANADER (Se) v. pr. (rad. *paon*). Se dit d'une personne qui marche avec un air d'ostentation et de complaisance, à peu près comme un paon quand il fait la roue : *voyez comme il se panade.* (Fam. et peu us.)

PANÆNUS [pa-né-nuss], peintre grec, qui florissait à Athènes vers 448 av. J.-C. Son œuvre principale représentait quatre épisodes de la bataille de Marathon et se trouvait dans le Pœcile, à Athènes.

PANÆTIUS, philosophe stoïcien, né à Rhodes dans les premières années du IIᵉ siècle av. J.-C. Il vint à Rome où il se lia avec tout ce que cette ville renfermait d'illustrations littéraires. Étant retourné à Athènes, il y devint le chef de l'école stoïcienne, dont il fut l'un des plus illustres représentants.

PANAGE s. m. Droit que l'on paye au propriétaire d'une forêt, pour avoir la permission d'y mettre des porcs qui s'y nourrissent de gland, de faine, etc. : *droit de panage et glandée.*

PANAIRE adj. (lat. *panis,* pain). Qui a rapport au pain : *fermentation panaire.*

PANAIS s. m. (lat. *panax*). Plante potagère, dont la racine, qui prend le même nom, est d'un blanc jaunâtre, et d'une saveur doucereuse : *manger des panais.* — ENCYCL. Les panais forment un genre d'ombellifères orthospermes, comprenant quelques espèces de plantes herbacées à racines fusiformes, quelquefois charnues, à feuilles incisées. L'espèce la plus répandue, le *panais cultivé* (*pastinaca sativa*), est indigène chez nous, où on la trouve, à l'état sauvage, sur le bord des chemins. Sa variété comestible (*pastinaca edulis*) a les racines épaisses, charnues et douces ; on les met dans le potage auquel elles donnent un bon goût. La variété dite panais rond a les racines en forme de toupie Le panais se cultive à peu près comme la carotte.

PANAMA s. m. Comm. Nom vulgaire donné à l'écorce d'un arbre du Chili, le *quillaia saponaria*, qui appartient à la famille des rosacées, tribu des spiréacées. Les propriétés de cette écorce appelée *bois de Panama* sont analogues à celles du savon. — Chapeau tressé avec des feuilles de divers arbres de l'Amérique du Sud, particul. avec la feuille d'un arbuste du genre latanier. Les panamas se vendent jusqu'à 400 fr.

PANAMA. I, l'un des états des Etats-Unis de Colombie, comprenant l'isthme qui relie l'Amérique du Nord et l'Amérique du Sud, entre 6° 45' et 9° 40' lat. N. et entre 79° et 85° long. O.; 81,780 kil. carr.; 220,542 hab. Il a la forme générale d'un arc se courbant de l'E. à l'O. avec son côté convexe tourné vers le N. Au S.-E. il touche à l'état de Cauca; à l'O. il est borné par Costa Rica. Sa plus grande largeur est d'environ 490 kil., sa moindre, de 50 kil. Le développement des côtes sur la mer Caraïbe, à partir du golfe de Darien en allant à l'O., est de 720 kil. environ. Sur la côte du Pacifique, la baie de Panama s'enfonce sur une profondeur d'environ 170 kil. et a 195 kil. de large à son entrée. A partir de la côte de l'Atlantique, l'isthme est traversé dans toute sa longueur par une chaîne de hautes montagnes, qui est la continuation des Andes; mais, en quelques endroits, l'élévation ne dépasse pas 100 m. au-dessus du niveau de la mer. Les plus grands cours d'eau sont le Tuira et le Chepo dans le versant du Pacifique, et le Chagres dans celui de l'Atlantique. Parmi les minéraux, on trouve l'or, le mercure, le cuivre, le fer, le sel, le gypse, la chaux et la houille. Le climat est très chaud sur les côtes; sur les flancs des montagnes, dans l'intérieur, il est relativement frais, mais les fièvres paludéennes règnent partout. La saison des pluies dure de mai à décembre inclusivement; juillet, août, septembre sont les mois les plus chauds. Une grande partie du pays est couverte de forêts épaisses où croissent beaucoup des plus précieux bois de construction, de teinture, d'ébénisterie, ainsi que des arbres et des arbrisseaux utilisés en médecine. A peine la dixième partie du sol est-elle cultivée. On récolte surtout du maïs et du riz; le café, le cacao, le tabac et la canne à sucre se cultivent pour la consommation intérieure; le coton croît à l'état de plante indigène et persistante, et l'indigo pousse spontanément. On ne fabrique que des hamacs d'étoffe ou d'herbes textiles, des toiles grossières, des chapeaux et des havresacs de même matière que les hamacs, des bâts, des nattes, des tuiles, de petites embarcations, des voiles, du savon et quelques autres articles. Parmi les objets d'exportation figurent les noix et l'huile de coco, les bananes, le caoutchouc et les écailles de tortue. Le commerce étranger se fait principalement par les ports de Panama et d'Aspinwall, où vient aboutir le chemin de fer du Panama, possédé et administré par une compagnie des Etats-Unis. Il a été construit en 1850-'55. Avec ce chemin de fer correspondent des lignes de steamers entre Aspinwall et New-York et entre Panama et San-Francisco. Le commerce de transit est estimé à 250 millions de fr. par an. — Colomb découvrit cet isthme en 1502. Le premier établissement permanent fut celui de Portobello, fondé par Nicuesa en 1510. Au XVIIe siècle, les établissements eurent à soutenir des attaques des boucaniers. L'isthme de Panama, aussi appelé isthme de Darien, tire son importance particulière des facilités qu'il offre au percement d'un canal interocéanique. — II, capitale de cet état, sur la baie du même nom, par 8°56' lat. N. et 81°51' long. O.; 11,000 hab. environ. Elle occupe une presqu'île rocheuse qui, partant de la base d'une colline volcanique, s'avance à environ 1/2 kil. dans la

baie. Les maisons y sont en majeure partie de pierre. Les petits navires seulement peuvent s'approcher du rivage, et la rade, bien qu'abritée par plusieurs flots, est dangereuse à cause de la fréquence des vents du nord; les vaisseaux trouvent un excellent ancrage à l'île voisine de Taboga. A environ 4 kil. de la ville sont les îles de Perico et de Flamenco, où s'arrêtent les steamers de la *California and Central American Company*. Panama a été fondée en 1518 par Pedrarias Davila, à environ 10 kil. N.-E. de son emplacement actuel, où elle a été transférée après la destruction de l'ancienne cité par les boucaniers en 1670. — Canal de Panama, canal que l'on a entrepris de percer à travers l'isthme de Panama, pour réunir les océans Atlantique et Pacifique. — Le 15 mai 1879, s'ouvrit à Paris, dans l'hôtel de la Société de géographie, un congrès où fut résolu le problème du percement de l'isthme de Panama. Le tracé qui obtint définitivement les suffrages est celui de deux officiers de la marine française, MM. Wyse et Reclus. Ce tracé coupe l'isthme entre la baie de Limon, sur l'Atlantique et le golfe de Panama, sur le Pacifique. Il emprunte le lit de la rivière Chagres, traverse la Cordillère par une tranchée gigantesque et descend vers le Pacifique par la vallée du Rio Grande. Sa longueur est de 73 kil. D'après M. de Lesseps, il y a 75 millions de mètres cubes de terre à excaver; 3,000 ouvriers doivent y être occupés pendant six ans. — Golfe de Panama, golfe formé par le Pacifique sur la côte occidentale de l'Amérique centrale dans l'état de Panama. — Isthme de Panama, langue de terre qui unit les deux Amériques.

* PANARD adj. m. Manège. Se dit d'un cheval dont les deux pieds de devant sont tournés en dehors : *cheval panard*.

PANARD (Charles-François), chansonnier, né à Nogent-le-Roi en 1694, mort en 1765. Il se fit surtout un nom comme chansonnier spirituel et gai et a laissé *Chansons et Fugitives; Divertissements*, etc. Ses œuvres complètes ont été publiées sous ce titre : *Théâtre et œuvres diverses* (Paris, 1763, 4 vol. in-12). Armand Gouffé a publié, en 1803, les *Œuvres choisies de Panard* (3 vol. in-18).

* PANARIS s. m. (corrupt. du gr. *parônuchia*). Inflammation phlegmoneuse qui vient des doigts ou à la racine des ongles, et qui fait éprouver de vifs élancements : *il a un panaris qui lui cause une grande douleur.* — ENCYCL. Le panaris est une inflammation phlegmoneuse des doigts. Cette inflammation peut être ou superficielle ou profonde. Le *panaris superficiel* ou *tourniole* a son siège sous l'épiderme, surtout autour de l'ongle, et présente une inflammation quasi-érysipélateuse. Il y a prurit, légère douleur, puis suppuration. Cette inflammation guérit facilement, il suffit de faciliter l'écoulement du pus au dehors. Le *panaris profond* a son siège soit dans le tissu cellulaire sous-cutané, c'est le panaris phlegmoneux ; soit dans la gaine des tendons, c'est le panaris tendineux, soit même la périoste. On éprouve au début une violente douleur pulsative avec rougeur et tension de la peau, puis surviennent des symptômes tels que la fièvre, l'insomnie et une agitation qui va quelquefois jusqu'au délire. Il arrive parfois aussi que la tuméfaction gagne la paume de la main. — Traitement : s'efforcer d'arrêter l'inflammation dès le début par une large application de sangsues dont on laisse saigner les morsures, et frictionner avec de l'onguent napolitain, avec application de cataplasmes émollients. Mais si le panaris continue à progresser, il faut faire dans la partie enflammée une incision longitudinale assez profonde et assez longue pour permettre aux tissus comprimés et engorgés de se

vider librement. Il ne faut pas redouter pour cette opération l'usage d'un instrument tranchant et surtout il ne faut pas la retarder, car le stationnement du pus amènerait vite la gangrène qui, en produisant l'adhérence des tendons, rendrait le doigt complètement immobile. Après l'incision, on favorise l'écoulement du pus par des bains de mains, par des cataplasmes émollients froids ou tièdes, mais non chauds. Il faut se tenir la main suspendue à la hauteur de la poitrine. Quelquefois il est utile de faire cautériser les bourgeons charnus qui pourraient retarder la cicatrisation de la plaie.

* PANATELLA ou Panatela s. m. Cigare très long et très mince : *fumer des panatellas.*

* PANATHÉNAÏQUE adj. Antiq. Qui appartient aux Panathénées. — VASE PANATHÉNAÏQUE, vase antique sur lequel est représenté quelque scène des Panathénées.

* PANATHÉNÉES s. f. pl. (préf. *pan*; gr. *Athéné*, Minerve). Antiq. Fêtes solennelles qu'on célébrait à Athènes en l'honneur de Minerve : *les grandes Panathénées revenaient tous les cinq ans.* — Les Panathénées constituaient la plus magnifique des fêtes athéniennes; on les célébrait en l'honneur d'Athéné (Minerve) Polias, protectrice de la cité. Suivant la tradition, elles furent instituées par Erichtonius sous le titre d'Athénées. Leur célébration fut réservée à Athènes seule, jusqu'au règne de Thésée, qui réunit les tribus de l'Attique, et qui leur rendit les fêtes communes, sous le nom de Panathénées. Ces fêtes se divisaient en grande fête et en petite fête; celle-ci se célébrait tous les ans, et l'autre, la troisième année de chaque olympiade.

PANAY (pa-naï). Voy. ILES PHILIPPINES.

* PANCALIERS s. m. (de *Pancalieri* nom d'une famille du Piémont). Variété du chou frisé, qui tire son nom de la ville de Pancaliers, en Piémont, d'où elle nous a été apportée : *un pancaliers.* — Adjectiv. *Des choux pancaliers.*

* PANCARTE s. f. (préf. *pan*; gr. *kartês*, papier). Placard affiché pour avertir le public de quelque chose, comme de certaines défenses, des droits imposés sur certaines denrées ou marchandises, sur le passage d'une rivière ou d'un pont, etc. : *une pancarte affichée à l'entrée d'un pont.* — Toute sorte de papiers et d'écrits : *quelle pancarte portez-vous là ? êtes-vous toutes ces pancartes, toutes ces vieilles pancartes.* (Par plaisant.)

PANCKOUCKE (pan-kouk). I. (Charles-Joseph, éditeur français, né à Lille en 1.... mort à Paris en 1798. Son père, André-Joseph PANCKOUCKE (1700-'53), était un janséniste marquant, et rédigea de nombreux ouvrages. Le fils devint bientôt un des premiers libraires de Paris; il édita les œuvres de Buffon et d'autres publications célèbres. Il a traduit la *Gerusalemme liberata* du Tasse, l'*Orlando* de l'Arioste, et Lucrèce. Sa plus grande entreprise a été l'*Encyclopédie méthodique*, publiée en société avec Agasse (1781-1382, 201 vol.). Il était propriétaire du *Mercure français*, et en 1789 fonda le *Moniteur*. — II (Charles-Louis-Fleury), son fils, né en 1780, mort en 1844. Sa plus célèbre publication est la *Bibliothèque latine-française* (1828 et suiv., 174 vol.), pour laquelle il traduisit les œuvres de Tacite (1830-'38, 7 vol.). — La maison d'édition a été continuée par son fils Ernest (né en 1806), qui a pendant quelque temps administré le *Moniteur*; il a traduit Horace en vers (1834), et édité beaucoup d'ouvrages importants.

* PANCRACE s. m. (préf. *pan*; gr. *kratos*, force). Antiq. Exercice qui faisait partie de la gymnastique, et qui consistait dans la réunion de la lutte et du pugilat. — ☞ Pop. Docteur Pancrace, se dit d'un homme qui se croit habile sur tous les sujets de discussion.

* PANCRATIASTE s. m. [pan-kra-si-as-te). Antiq. Celui qui avait remporté le prix à la lutte et au pugilat.

* PANCRÉAS s. m. [pan-kré-ass](préf. pan; gr. kréas, chair). Anat. Corps glanduleux situé dans l'abdomen, et qui verse dans l'intestin une liqueur analogue à la salive. — Le pancréas est un organe simple, non symétriquement glandulaire situé chez l'homme à travers la partie supérieure de l'abdomen, à peu près à la hauteur de la dernière vertèbre dorsale. Sa longueur est d'environ 18 centim., sa largeur de 4 centim., son épaisseur de 2 centim. et demi, et son poids de 100 à 120 grammes; il est un peu plus petit chez la femme. Le conduit est intérieur, allant de gauche à droite, et donne dans le duodénum, à la partie inférieure de la seconde courbe, par un orifice spécial, ou qui lui est commun avec celui de la bile. Il ressemble beaucoup pour la structure aux glandes salivaires, telles que la parotide. La sécrétion du pancréas, appelée suc pancréatique, est un liquide incolore, visqueux, alcalin; il se compose de près de 40 p. 100 de matières solides, dont la plus importante et la plus abondante est une substance organique nommée pancréatine, qui ressemble à l'albumen en ce qu'elle est coagulable par la chaleur, par l'acide nitrique et par l'alcool, mais qui en diffère en ce qu'elle est aussi coagulable par le sulfate de magnésie en excès. Sa propriété la plus remarquable est que, lorsqu'elle est mise en contact avec des matières oléagineuses, elle les amène immédiatement à un état d'émulsion, et que son mélange avec des matières alimentaires huileuses et albuminoïdes forme un liquide blanc, opaque et laiteux appelé chyle. Il est peu douteux que l'office principal du suc pancréatique dans la digestion ne soit d'agir sur les parties oléagineuses des aliments, et de les préparer à être absorbées. La quantité de suc pancréatique sécrété et versé dans l'intestin est évaluée chez l'homme à 1 livre et demie ou 2 livres par jour. On appelle souvent ris de veau le pancréas du veau, mais ce terme appartient plus proprement à la glande nommée thymus.

PANCRÉATINE s. f. Nom donné aux diverses préparations représentant l'activité du suc pancréatique et contenant son ferment particulier. Les procédés de fabrication de la pancréatine ne sont pas formulés dans le codex, et quelques-uns sont secrets. Le pancréas même, haché avec de la viande, fait une bonne préparation digestive dans certains cas. La pancréatine digère les matières albuminoïdes, et aide à la transformation de la fécule en sucre; mais sa fonction spéciale est de digérer la graisse, en formant une émulsion absorbable. (Voy. Pancréas.)

* PANCRÉATIQUE adj. Anat. et Méd. Qui appartient, qui a rapport au pancréas : canal pancréatique. — Suc pancréatique, liqueur qui sort du pancréas.

PANCRÉATITE s. f. Inflammation du pancréas.

PANCSOVA [ponn'-tcho-vâ], ville forte de la Hongrie méridionale, sur l'ancienne frontière militaire, près du confluent du Temes et du Danube, à 115 kil. S.-S.-O. de Temesvar; 43,608 hab. Grandes manufactures de sucre de betterave; le trafic par le fleuve est actif.

PANDANÉ, ÉE adj. Bot. Qui ressemble ou se rapporte au pandanus. — s. f. pl. Famille de plantes monocotylédones périspermées, ayant pour type le genre pandanus et

comprenant plusieurs autres genres qui se distinguent surtout des palmiers par l'absence des enveloppes florales; leurs feuilles, arrangées en spirale, ont quelque rapport avec celles de l'ananas. Les pandanées habitent, pour la plupart, les régions tropicales.

PANDANUS s. m. [pan-da-nuss] (malais pandang). Bot. Genre type des pandanées, comprenant plusieurs espèces de plantes vulgairement appelées baquois ou vaquois. Les pandanus sont originaires de l'Orient, surtout des îles de l'archipel Indien, et abondent le long des rivières et des marais du littoral. On en connaît 30 espèces, ou davantage. Une des plus belles est le pandanus

Pandanus candelabrum.

candelabrum, ou arbre chandelier, ainsi appelé à cause de la façon dont ses branches sont disposées. L'espèce la plus utile (pandanus utilis) est le vacoa de l'île Maurice, où il croît à l'état sauvage et où on le cultive sur une grande échelle, ses feuilles servent à fabriquer les sacs dans lesquels on exporte le sucre et le café.

* PANDECTES s. f. pl. (lat. pandectæ; du gr. pandektés, qui reçoit tout). Recueil des décisions données par les anciens jurisconsultes romains, auxquelles Justinien, qui les fit compiler, donna force de loi. On nomme aussi ce recueil Le Digeste. — Pandectes florentines, édition des Pandectes faite sur le manuscrit de Florence.

* PANDÉMONIUM s. m. [pan-dé-mo-ni-omm] (préf. pan; gr. daimôn, démon). Lieu imaginaire que l'on suppose être la capitale des enfers, et où Satan convoque le conseil des démons : il y a dans le Paradis perdu de Milton une belle description du Pandémonium. — Fig. C'est un Pandémonium, c'est un vrai Pandémonium, réunion de mauvais esprits, de gens qui ne s'assemblent que pour méditer le mal.

PANDICULAIRE adj. Se disait des jours consacrés aux cultes de tous les dieux.

* PANDICULATION s. f. Méd. Action automatique et souvent forcée, par laquelle on porte les bras en haut, en renversant la tête et le tronc en arrière, et en allongeant les jambes; elle a lieu ordinairement lorsqu'on est très fatigué ou près de céder au sommeil : les pandiculations sont presque toujours accompagnées de bâillements.

PANDORE, bon gendarme d'une chanson de Nadaud, type de l'obéissance passive, et qui n'ouvre la bouche que pour dire : « Brigadier vous avez raison ».

PANDORE (préf. pan; gr. dôron, présent). Myth. gr. Première femme créée. Suivant Hésiode, Jupiter, irrité de ce que Prométhée avait dérobé le feu du ciel, fit faire par Vulcain une belle vierge, et lui fit offrir des présents par tous les immortels, puis il l'envoya à Épiméthée, qui, méprisant l'ordre de son père de n'accepter aucun don de Jupiter, la reçut pendant l'absence de Prométhée. Ad-

mise au milieu des hommes, elle ouvrit une boîte qui contenait tous les maux du genre humain, et tout s'en échappa, hors l'espoir réconfortant. Une autre version prétend que la boîte de Padore était remplie de bénédictions ailées des cieux, lesquelles s'enfuirent au delà de toute atteinte.

* PANDUR ou Pandoure s. m. (de Pandur, ville du comté de Pesth, qui fournit le premier contingent de ces soldats). Nom de certains soldats irréguliers hongrois, qui se rendirent fameux par leur férocité, vers le milieu du XVIIIe siècle.

* PANÉ, ÉE part. passé de Paner. — Eau panée, eau où l'on a fait tremper du pain grillé pour en ôter la crudité, et pour la rendre plus nourrissante : il ne boit que de l'eau panée.

* PANÉGYRIQUE s. m. (gr. panéguris, assemblée). Discours public fait à la louange de quelqu'un : faire, composer, prononcer un panégyrique. — Par ext. et fam. Tout ce qu'on dit à la louange de quelqu'un : il fait le panégyrique de cet homme en toute occasion. — Ironiq. Discours médisants, malins : il vous aura bien des obligations, vous lui faites là un beau panégyrique.

* PANÉGYRISTE s. m. Celui qui fait un panégyrique; et, par ext., celui qui fait l'éloge de quelqu'un. Dans cette seconde acception, il se prend ordinairement en mauvaise part : c'est un éloquent panégyriste.

De la frivolité digne panégyriste !
Collin d'Harleville. L'Inconstant, acte Ier, sc. 2.

PANEM ET CIRCENSES, Du pain et les jeux du cirque. Paroles d'amer mépris que Juvénal adressait aux Romains de la décadence, qui ne demandaient plus que du pain et des réjouissances.

* PANER v. a. Couvrir de pain émietté de la viande qu'on fait griller ou rôtir : paner des pieds de cochon, des côtelettes, une poularde.

* PANERÉE s. f. Contenu d'un panier entièrement rempli. N'est guère usité qu'en parlant des fruits : une panerée de raisins, de pommes, de poires, etc.

* PANETERIE s. f. Lieu où se fait la distribution du pain dans les grandes maisons, les communautés, les collèges, les hospices, etc. : on a placé la paneterie près du réfectoire. — Absol. S'est dit de la paneterie du roi : avoir une charge à la paneterie. — S'est dit aussi, collectiv., des officiers qui servaient à la paneterie : chef de la paneterie.

* PANETIER s. m. Celui qui est chargé, dans les communautés, les collèges, les hospices, etc. de garder et de distribuer le pain. — Grand panetier, Grand officier de la couronne, qui avait autrefois la charge de faire distribuer le pain dans toute la maison du roi, et qui avait autorité sur tous les boulangers du royaume : le grand panetier de France.

* PANETIÈRE s. f. Petit sac dans lequel les bergers, les bergères portent du pain en allant garder les moutons : la panetière d'un berger.

PANETON s. m. Techn. Corbeille destinée à recevoir le pain après le pétrissage.

PANGE, village d'Alsace-Lorraine, à 16 kil. S.-E. de Metz, sur la Nied; 300 hab. Bataille du 14 août 1870.

PANGERMANISME s. m. Polit. Système d'après lequel toutes les populations d'origine germanique devraient former un seul État ou une seule confédération.

PANGLOSS, personnage du roman de Voltaire intitulé Candide. Pangloss est le type de l'optimiste qui répète à satiété que tout est pour le mieux dans le meilleur des mondes possibles.

* **PANGOLIN** s. m. (malais *peng goting*, animal qui s'enroule). Mamm. Genre d'édentés, voisin des tatous et des fourmiliers, à langue très extensible et gluante, à corps revêtu de grosses écailles tranchantes qui se relèvent quand l'animal se met en boule pour se défendre; 5 doigts à chaque pied; naturel doux; chair délicate et recherchée. On trouve ces animaux dans les parties chaudes de l'Afrique et de l'Asie; ils habitent des trous qu'ils se pratiquent dans la terre ou dans le creux des arbres, et se nourrissent d'insectes, principalement de fourmis. L'es-

Pangolin à queue courte. (Manis pentadactyla).

pèce la plus grande est le *pangolin a queue courte*(*manis pentadactyla*, Linn.), qui mesure 1 m. 20 de long. On le trouve dans l'Inde et à Ceylan; les écailles sont d'un brun foncé chez l'animal adulte, et assez dure pour faire rebondir une balle de fusil. La chair des pangolins, qui sont probablement les mieux protégés des mammifères contre les carnivores, est très prisée des naturels de l'Afrique. Le *pangolin à longue queue* (*manis tetradactyla*) mesure 70 centim., sans compter la queue, longue de 1 m. 40 centim.

PANHELLÉNIEN, IENNE adj. Qui a rapport à toute la Grèce.

PANHELLÉNIES s. f. pl. Fêtes nationales grecques en l'honneur de Jupiter.

PANHELLÉNISME s. m. (préf. *pan*; fr. *hellénisme*). Polit. Système qui tend à réunir les Grecs en corps de nation.

PANIC s. m. [pa-nik] (lat. *panicum*) Bot. Genre de graminées, type de la tribu des panicées, comprenant plus de 400 espèces d'herbes à feuilles planes et à fleurs disposées en panicule ou en épi. Le *panic sanguin* (*panicum sanguinale*), annuel, haut de 40 à 50 centim., est commun en France. Le *panic engainé* (*panicum vaginatum*), originaire d'Amérique, est cultivé comme fourrage dans le midi de la France. Le *panic miliacé* (*panicum Italicum*) a été décrit dans notre Dictionnaire à l'article MILLET.

PANICAUT s. m. Bot. Genre d'ombellifères saniculées, comprenant une centaine d'espèces d'herbes épineuses. Le *panicaut des champs* (*eryngium campestre*), appelé vulgairement *chardon roulant* ou *chardon à cent têtes*, se trouve abondamment dans nos champs incultes. Le *panicaut maritime* (*eryngium maritimum*) vient sur nos côtes.

PANICÉ, ÉE adj. Bot. Qui ressemble ou se rapporte au panic. — s. f. pl. Tribu de graminées ayant pour type le genre panic.

PANICONOGRAPHIE s. f. (préf. *pan*; gr. *eikon*, image; *graphein*, tracer). (Voy. GILLOTAGE.)

* **PANICULE** s. f. (lat. *panicula*; de *panus*, peloton de laine). Bot. Disposition de fleurs ou de fruits dont les pédoncules, divisés plusieurs fois et de différentes manières, s'élèvent inégalement : *fleurs, fruits en panicule*.

* **PANICULÉ, ÉE** adj. Bot. Se dit des tiges dont les rameaux, se divisant et se subdivisant diversement, forment une panicule.

* **PANIER** s. m. [pa-nié] (bas lat *panarium*, corbeille à pain). Ustensile fait d'osier, de jonc, etc., qui sert à contenir des marchandises, des denrées, des provisions, etc., et particulièrement celles qu'on veut transporter: *prendre son panier, pour aller au marché*. — PANIER D'UN COCHE, grande caisse faite d'osier, qui se mettait par devant ou par derrière la coche, et dans laquelle on plaçait des marchandises, quelquefois des voyageurs. — PANIER DE MARÉE, panier dans lequel on apporte d'ordinaire la marée à la halle. — PANIER A BOUTEILLES, panier à compartiments, dans lequel on met des bouteilles. On dit de même : *le panier aux verres, le panier à l'argenterie*. — PANIER A OUVRAGE, petite corbeille où les femmes mettent leurs ouvrages d'aiguille. — Archit. UNE VOÛTE, UNE ARCADE A ANSE DE PANIER, une voûte, une arcade surbaissée, qui n'a pas son cintre parfait, son plein cintre. — FAIRE DANSER L'ANSE DU PANIER, se dit d'une servante qui fait payer à ses maîtres ce qu'elle achète plus cher qu'on ne l'a vendu. On dit dans le même sens: *l'anse du panier vaut beaucoup à cette servante*. — A PETIT MERCIER, PETIT PANIER, ou simpl., PETIT MERCIER, PETIT PANIER, les personnes qui ont peu de bien doivent proportionner leur dépense à leur revenu. On le dit plus particul., en parlant de commerce : il ne faut pas faire des spéculations, des entreprises au-dessus de ses forces. — IL EST SOT COMME UN PANIER, se dit d'un homme fort sot. IL EST RESTÉ SOT COMME UN PANIER, se dit d'un homme qui, s'apercevant qu'il a été attrapé, est demeuré muet de surprise. — C'EST UN PANIER PERCÉ, se dit d'une personne qui dépense tout son argent, qui n'en saurait garder. — METTRE TOUS SES ŒUFS DANS UN PANIER, faire dépendre d'une seule chose son sort, sa fortune, son bonheur, etc. Signifie particul., placer tous ses fonds dans une même affaire ou dans un seul genre de propriété, d'industrie, ou enfin dans une seule créance : *il ne faut pas mettre tous ses œufs dans un panier*. — Prov. ADIEU PANIERS, VENDANGES SONT FAITES, se dit lorsque les vendanges sont passées ou qu'il est arrivé malheur aux vignes. Se dit, fig., de toutes les affaires manquées sans ressource, et quelquefois des affaires qui sont entièrement terminées. — Panerée, contenu d'un panier : *un panier de raisins, de pêches, de fraises, de pommes*, etc. — LE DESSUS DU PANIER, le choix, ce qu'il y a de plus beau et de meilleur, et qu'on place ordinairement en évidence pour faire valoir le reste. LE FOND DU PANIER, le rebut, ce qu'il y a de moins beau et de moins bon : *prendre le dessus du panier; il n'y a plus que le fond du panier*. L'un et l'autre s'emploient quelquefois, fig., dans le langage familier : *il ne nous a fait voir que les meilleurs dessins, il montrait le dessus du panier*. — Ruche d'abeilles faite en osier ou en paille : *il a jusqu'à vingt paniers dans son jardin*. — Espèce de jupon, garni de verges de baleine, qui soutenait et étendait les jupes et la robe des femmes à droite et à gauche jusqu'à une largeur d'un demi-pied au moins de chaque côté : *les femmes ne portent plus de paniers*. (Vieux.) — ⚓ Voiture basse à caisse d'osier. Jargon. PANIER A SALADE, voiture de prisonniers. — PANIER A CROTTE, jupon.

PANIFIABLE adj. (rad. *panifier*). Dont on peut faire du pain.

* **PANIFICATION** s. f. Conversion des matières farineuses en pain : *la pomme de terre est susceptible de panification*.

PANIFIER v. a. (lat. *panis*, pain; *facere*, faire). Faire du pain avec une farine quelconque.

PANINI, grammairien sanscrit du IVᵉ siècle av. J.-C. Max Müller dit à propos de sa célèbre grammaire : « C'est la perfection de l'analyse purement empirique du langage,

que rien n'a surpassé, ni même approché, dans la littérature grammaticale des autres nations. » — (Voy. Goldstucker, *Panini, his Place in sanskrit Literature* (1860).

PANIPUT [pa-ni-poutt], ville de l'Inde britannique, à 95 kil. N.-N.-O. de Delhi; 23,000 hab. environ. Territoire fertile, bien irrigué et entouré par une ligne de murs irréguliers. C'est en ce lieu que Baber mit Ibrahim en déroute en 1526. Les Mahrattes y furent défaits par les Afghans dans une grande bataille, en janvier 1761.

* **PANIQUE** adj. (gr. *panikos*, du nom du *Pan*). N'est usité que dans cette locution, TERREUR PANIQUE, frayeur subite et sans fondement : *une terreur panique s'empara des esprits*. Quelques personnes disent, par ellipse, UNE PANIQUE.

PANIS s. m. Voy. PANIC.

PANIS (Etienne-Jean), conventionnel, né dans le Périgord en 1756, mort à Marly-le-Roi en 1832. Il épousa la sœur de Santerre, fut envoyé à la Convention, où il vota la mort du roi sans appel ni sursis, fut exilé par la Restauration et se retira en Italie.

PANISLAMIQUE adj. Qui a rapport au panislamisme.

PANISLAMISME adj. Polit. Système qui aurait pour résultat de réunir en un seul corps de nation tous les peuples appartenant à l'islamisme.

PANIZZI (SIR Anthony) [pâ-nitt'-si], bibliothécaire du British Museum, né à Modène en 1797, mort en 1879. Forcé de s'expatrier après l'insuccès de l'insurrection de 1821, il se réfugia en Angleterre, enseigna l'italien à Liverpool, puis à l'université de Londres (de 1828 à 1831) et fut nommé aide bibliothécaire au British Museum, directeur du département des imprimés, qu'il réorganisa (1837) et bibliothécaire principal (1850). Il donna sa démission en 1866. Sous son administration et avec ses conseils fut construite la salle de lecture, dont le type a été imité à Paris lors de la reconstruction de la Bibliothèque nationale.

PANNAIRE s. f. (lat. *pannus*, étoffe). Basane écrue dont on recouvre la partie d'une pièce de soie déjà tissée.

PANNARTZ (Arnold), imprimeur, mort en 1476. Il s'associa avec Conrad Swenheym, et publia, en 1467, le *Livre de la cité de Dieu* de saint Augustin, en employant un caractère qui, pour cette raison, porte encore le nom de saint-augustin.

* **PANNE** s. f. (lat. *pannus*, étoffe). Graisse dont la peau du cochon et de quelques autres animaux se trouve garnie au dedans et principalement au ventre : *un cochon maigre qui n'a presque point de panne*.

* **PANNE** s. f. Sorte d'étoffe de soie, de fil, de laine, de coton, de poil de chèvre, fabriquée à peu près comme le velours, mais dont les poils sont plus longs et moins serrés : *panne de soie; panne de fil*, etc. Employé sans complément, il s'entend toujours de la panne de soie : *bonne panne; panne forte*. ÊTRE DANS LA PANNE, être dans la misère. En ce sens, *panne* signifie HAILLON.

* **PANNE** s. f. Mar. S'emploie principalement dans cette locution, METTRE EN PANNE, suspendre ou ralentir la marche d'un vaisseau en disposant les voiles de manière que moitié de leur effort tende à le faire avancer, et que l'autre moitié tende à le faire reculer : dans cet état, le mouvement du vaisseau se borne à la dérive : *dès qu'on aperçut les ennemis, on mit en panne pour les attendre*. On dit de même, ÊTRE EN PANNE, SE TENIR EN PANNE, RESTER EN PANNE. — Fig. et fam. SE TENIR EN PANNE, RESTER EN PANNE, suspendre toute action en attendant l'événement ou un temps plus favorable : *trop de précipitation aurait pu gâter mon affaire, je me suis tenu en panne, je suis resté en panne jusqu'au moment d'agir.*

* **PANNE** s. f. Charpent. Pièce de bois placée horizontalement sur la charpente d'un comble pour porter les chevrons. — Partie du marteau opposée au gros bout : *frapper de panne.*

* **PANNÉ, ÉE** adj. Pop. Misérable : *il a l'air panné.*

* **PANNEAU** s. m. (rad. *pan*). Petit pan. — Archit. Chacune des faces d'une pierre taillée : *panneau de lit.* — Par ext. Plaque de carton, de fer-blanc ou de bois, qui sert à tracer les différentes faces d'une pierre. — Toute partie d'un ouvrage d'architecture, de menuiserie, etc., qui offre un champ, une surface de médiocre grandeur encadrée, ou ornée de moulures : *un panneau de lambris.* — PANNEAU DE SCULPTURE, se dit des ornements sculptés dans un panneau. — PANNEAU DE GLACE, celui pour lequel on emploie une glace, au lieu de bois. On dit dans un sens analogue, PANNEAU DE VITRE. — PANNEAU DE FER, ensemble des ornements fixés dans le cadre d'un balcon, d'une rampe, d'une porte de fer. — Filet pour prendre des lièvres, des lapins, etc. : *tendre un panneau, des panneaux.* — Fig. et fam. TENDRE UN PANNEAU A QUELQU'UN, lui tendre un piège pour le faire tomber dans quelque faute, dans quelque méprise, pour lui causer quelque mal ou quelque désagrément. DONNER DANS LE PANNEAU, se laisser tromper, attraper : *c'est un homme à donner dans tous les panneaux qu'on lui tendra.*

Seigneur Ours, comme un sot, donna dans ce panneau.
LA FONTAINE.

— Sellier. Chacun des deux coussinets, chacune des deux garnitures rembourrées de crin, qu'on met aux côtés d'une selle, sous les arçons, pour empêcher que le cheval ne se blesse : *il faut mettre, il faut attacher des panneaux à cette selle.*

PANNEAUTAGE s. m. Chasse au panneau.

* **PANNEAUTER** v. n. Chasse. Tendre des panneaux pour prendre des lapins ou d'autres animaux.

PANNEAUTEUR s. m. Celui qui chasse au panneau.

PANNELLE s. f. Coupe employée à Madagascar. Les pannelles, objet d'un grand commerce pour les Malgaches, se font avec une espèce de terre très micacée, remplie de molybdènes, qui donne à ces pannelles, d'une forme assez agréable, leur couleur plombée et luisante. Cette terre a l'inconvénient de se décomposer à l'humidité; mais elle est réfractaire, et propre surtout à faire des creusets.

PANNEQUET s. m. Art culin. Sorte de gâteau anglais qui offre une certaine analogie avec les crêpes.

* **PANNETON** s. m. Partie d'une clef qui entre dans la serrure : *les trois parties d'une clef sont l'anneau, la tige et le panneton.* — PANNETON D'ESPAGNOLETTE, partie saillante sur le corps de l'espagnolette, qui sert à fermer les deux volets de la fenêtre, en entrant dans l'agrafe posée sur l'un, et en appuyant sur l'autre.

PANNICULE s. m. (lat. *panniculus*). Chir. Excroissance membraneuse qui se forme sur la cornée. — *Pannicule charnue*, enveloppe musculaire qui se trouve sous la peau des quadrupèdes.

PANNIFORME adj. Bot. Qui ressemble à un morceau de drap ou de feutre.

PANNONIE, province de l'empire romain, qui comprenait le cercle transdanubien de la Hongrie, l'ensemble de l'Esclavonie, et des parties de la Croatie, de la Carniole, de la Styrie et de la basse Autriche. Les habitants, en majorité de race illyrienne, étaient divisés en un grand nombre de tribus. Les Romains, qui les soumirent sous Auguste, bâtirent en Pannonie de nombreuses villes et forteresses, parmi lesquelles Vindobona (Vienne), Æmona (Laybach), Taurunum (Semlin), Sirmium sur la Save, et Mursa (Eszék). La province fut ensuite divisée en haute et en basse Pannonie. Sous le règne de Galerius, une partie de la basse Pannonie fut érigée en province sous le nom de Valeria, et les trois parties entrèrent ensuite dans la division illyrienne de l'empire. Les écrivains nationaux emploient souvent le nom de Pannonie, au lieu de Hongrie.

PANNONIEN, IENNE s. et adj. De la Pannonie ; qui appartient à ce pays ou à ses habitants.

PANNONIQUE adj. Qui a rapport à la Pannonie.

PANNUS s. m. [pann-nuss] (lat. *pannus*, étoffe). Pathol. Réseau vasculaire qui recouvre la cornée.

* **PANONCEAU** s. m. (lat. *pannus*, étoffe). Ecusson d'armoiries mis sur une affiche, pour y donner plus d'autorité; ou sur un poteau, pour marque de juridiction : *les panonceaux du prince.* — Ecusson placé à la porte des notaires, des huissiers, etc.

* **PANOPLIE** s. f. (préf. *pan*; gr. *óplon*, arme). Armure complète d'un chevalier du moyen âge. — Faisceau d'armes diverses attachées à une planche et qui servent à l'ornement d'une salle.

* **PANORAMA** s. m. (gr. *pan*, tout ; *oraó*, je vois). Grand tableau circulaire et continu, disposé de manière que le spectateur qui est au centre voit les objets représentés, comme si, placé sur une hauteur, il découvrait tout l'horizon dont il serait environné : *le panorama d'Athènes, de Jérusalem, de Paris, de Londres*, etc. — L'invention des panoramas a été attribuée à Robert Barker, artiste d'Edimbourg, qui exposa en 1788, une vue de cette ville. Il appert du *Recueil des lois de la République française* que « le 7 floréal de l'an VII (26 avril 1799), il a été délivré au citoyen Robert Fulton, ingénieur, demeurant à Paris, rue de Vaugirard, un brevet pour dix années, à compter dudit jour, à l'effet de peindre, établir et exposer, dans toute l'étendue de la République, des tableaux circulaires qu'il a nommés *Panoramas*, et dont il a déclaré être l'importateur, à la charge par lui de suivre les procédés indiqués dans le mémoire descriptif et dans les planches de dessins qu'il a exposés ». — Le *Diorama* est un perfectionnement du panorama.

PANORAMIQUE adj. Qui offre les caractères du panorama : *vue panoramique.*

PANORME. Voy. PALERME.

PANOROGRAPHE s. m. (préf. *pan*, tout ; gr. *oraó*, je vois ; *graphó*, je trace). Phys. Instrument à l'aide duquel on obtient immédiatement, sur une surface plane, le développement en perspective des objets dont l'instrument est entouré.

* **PANSAGE** s. m. Action de panser de la main un cheval, un mulet, etc. : *le pansage de la main.* — EFFETS DE PANSAGE, le bouchon de paille, l'étrille, la brosse, l'éponge, etc., qui servent au pansage du cheval.

* **PANSE** s. f. (lat. *pantex, panticis*, ventre). Ventre : *grosse panse; avoir la panse pleine.* (Fam.) — Prov. et pop. SE FAIRE CREVER LA PANSE, se faire tuer à la guerre ou dans un combat singulier. — Prov. et fig. AVOIR PLUS

GRANDS YEUX QUE GRAND'PANSE, ou AVOIR LES YEUX PLUS GRANDS QUE LA PANSE, après avoir annoncé un appétit vorace, se trouver bientôt rassasié. — Prov. et pop. APRÈS LA PANSE VIENT LA DANSE, lorsqu'on a fait bonne chère, on ne songe qu'à se divertir. — Premier estomac des animaux ruminants. — Ecrit. La partie arrondie d'un petit *a* : *la panse de cet a est mal faite.* — N'AVOIR PAS FAIT UNE PANSEMENT D'A, n'avoir rien écrit, n'avoir rien composé : *cet enfant n'a pas fait aujourd'hui une panse d'a.* On dit aussi de celui qui s'attribue ou à qui d'autres attribuent quelque part à un ouvrage, mais qui cependant n'y a nullement travaillé, IL N'Y A PAS SEULEMENT FAIT UNE PANSE D'A.

* **PANSÉ, ÉE** part. passé de PANSER. — CET HOMME EST BIEN PANSÉ, il a bien mangé et bien bu.

* **PANSEMENT** s. m. Action de panser une plaie, une blessure : *l'heure du pansement approchait.* — Soins qu'on donne et remèdes qu'on emploie pour panser une blessure, des blessés : *il est dû beaucoup au chirurgien pour ses pansements.* — Action de panser les chevaux en santé : *ce domestique entend bien le pansement des chevaux, le pansement de la main.*

* **PANSER** v. a. Lever l'appareil d'une plaie, d'une blessure ; appliquer sur une plaie, sur une blessure les remèdes nécessaires à sa guérison : *on l'a pansé ce matin.* — En parlant d'un cheval, l'étriller, le brosser, le nettoyer, et lui donner tout ce qui lui est nécessaire ; ce qu'on appelle quelquefois, PANSER DE LA MAIN, pour distinguer cette opération de la précédente : *ce palefrenier emploie la plus grande partie de la matinée à panser ses chevaux.*

PANSLAVISME s. m. (préf. *pan*; fr. *slavisme*). Polit. Mouvement pour l'unification des différentes branches de la race slave. L'idée panslaviste a pris naissance en Russie où l'on a la prétention de réunir sous le sceptre moscovite toutes les nations d'origine slave en leur donnant pour capitale Byzance et en basant l'unité politique sur l'adoption de la foi orthodoxe grecque. Cette idée fut émise pour la première fois dans un livre anonyme publié à Leipzig en 1839, préconisant l'établissement d'une sorte de pentarchie européenne. Déjà en 1831, le Slave Kollar avait publié à Pesth un écrit sur l'unité ethnographique des peuples slaves, dans lequel il faisait appel aux sentiments de fraternité de toutes les nations appartenant à cette race. Le mouvement se dessina en 1848, et l'Autriche, désireuse de combattre l'influence russe, se mit à la tête d'un contre-mouvement ayant pour but d'attirer à elle les peuples d'origine slave. Elle trouva dans la Prusse une auxiliaire qui la poussa vers l'Orient, et le traité de Berlin (1878) a donné plus de force à sa prépondérance autrichienne.

PANSPERMIE s. f. (préf. *pan*; gr. *sperma*, germe). Physiol. Diffusion des germes, système suivant lequel les germes des corps organisés sont disséminés partout et n'attendent, pour se développer, que des circonstances favorables.

* **PANSU, UE** adj. (rad. *panse*). Qui a une grosse panse : *c'est un homme fort pansu.* (Fam. et peu us.) — Substantiv. *C'est un gros pansu.*

PANTAGRUEL, personnage de Rabelais. — s. m. Homme qui mange et boit beaucoup.

PANTAGRUÉLIQUE adj. Qui appartient ou qui ressemble à Pantagruel : *estomac pantagruélique.*

PANTAGRUÉLISME s. m. Philosophie épicurienne digne de Pantagruel.

PANTAGRUÉLISTE s. m. Partisan du pantagruélisme. — Joyeux buveur.

PANTALÉON (Saint), martyr, né à Nico-médie. Il était médecin et subit le martyre pendant la persécution de Galérius. Fête le 27 juillet.

* PANTALON s. m. (nom d'un personnage de la comédie italienne; voy. PANTALON). Espèce de culotte longue qui descend jusque sur le cou-de-pied : *pantalon de drap, de ca-simir, de nankin, de tricot*, etc. — PANTALON A PIEDS, pantalon qui a des pieds comme les bas. — Nom d'un personnage de la comédie italienne, qui porte une culotte longue, une espèce de robe de palais, un masque à barbe, et qui représente les vieillards. — A LA BARBE DE PANTALON, en présence et en dépit de celui que la chose intéresse le plus. — Fig. et fam. Homme qui prend toute sorte de figures, et qui joue toute sorte de rôles pour arriver à ses fins : *c'est un vrai pantalon*. — Le pantalon remonte à la plus haute antiquité (voy. BRAIE); mais son usage fut oublié pendant des siècles et il ne reparut en France que pendant la Révolution. Il est aujourd'hui d'un usage universel chez tous les peuples civilisés.

* PANTALONNADE s. f. (rad. *pantalon*). Bouffonnerie et postures comiques, sembla-bles à celles d'un pantalon, d'un farceur : *il est venu faire une pantalonnade, une plai-sante pantalonnade*. — Subterfuge ridicule pour sortir d'embarras : *il s'en est tiré par une pantalonnade*. — Fausse démonstration de joie, de douleur, de bienveillance : *sa joie, sa douleur n'est que pantalonnade*.

PANTE s. f. Chapelet de coquilles blanches. — s. m. Argot. Homme ridicule; personne que l'on dupe. — FAIRE LE PANTE, payer pour un autre.

* PANTELANT, ANTE adj. Qui halète, qui respire avec peine, par secousse : *il est tout pantelant*. — CHAIR PANTELANTE, chair d'un animal récemment tué, lorsqu'elle palpite encore.

PANTÉLÉGRAPHE s. m. (préf. pan; fr. *télé-graphe*). Appareil télégraphique qui transmet au moyen de l'électricité le fac-simile de toute écriture.

* PANTELER v. n. (de l'anc. fr. *pantoyer*, être essoufflé). Haleter, avoir la respiration embarrassée et pressée. (Vieux.)

PANTELLARIA, anc. *Cosyra*, île d'Italie, à 70 kil. S.-O. de la côte de Sicile et à 60 kil. de celle d'Afrique. Ch.-l., Pantellaria (3.600 hab.). Elle appartient à la province de Tra-pani, mesure 145 kil. carr., et renferme 7,200 hab.

PANTENNE s. f. Sorte de filet. — EN PAN-TENNE, se dit d'un vaisseau dont le gréement est brisé, en désordre.

* PANTHÉE adj. f. (préf. pan; gr. *théos*, dieu). Antiq. Ne s'emploie que dans cette locution, FIGURE PANTHÉE, statue qui réunissait les symboles ou les attributs de différentes divi-nités : *la statue de la déesse syrienne était une figure panthée*.

* PANTHÉISME s. m. (préf. pan; gr. *théos*, dieu). Système de ceux qui n'admettent d'autre dieu que le grand tout, l'universalité des êtres. (Voy. PHILOSOPHIE.)

* PANTHÉISTE adj. Qui appartient au pan-théisme : *système panthéiste*. — Se dit aussi de ceux qui font profession de panthéisme : *un philosophe panthéiste*. — Substantiv. *Les panthéistes*.

PANTHÉISTIQUE adj. Qui se rapporte au panthéisme; qui en a le caractère.

* PANTHÉON s. m. (gr. *pâs*, tout; *théos*, dieu). On donnait ce nom aux temples consa-crés à tous les dieux à la fois : *le panthéon le plus célèbre est celui de Rome, bâti par Agrippa, et qui subsiste encore*. — Nom donné,

en France, à l'église Sainte-Geneviève, lorsqu'on en fit un monument national où l'on devait déposer les restes de ceux qui ont rendu de grands services à la patrie, qui l'ont illustrée : *le Panthéon porte cette inscription : Aux grands hommes la patrie reconnaissante*. — Figure panthée, petite statue qui portait les symboles de plusieurs divinités. — ENCYCL. Le mot *panthéon* désignait littéralement un temple dédié à tous les dieux. Le plus fameux est celui que M. Agrippa, gendre d'Auguste, éleva à Rome en 26 av. J.-C., et qui fut con-sacré en 608 par le pape Boniface IV, comme église chrétienne, sous le nom de *Sancta Maria ad Martyres*, mais qu'on appelle encore communément le Panthéon. C'est une rotonde de 43 m. 50 de diamètre, surmontée d'un dôme dont le sommet est à 43 m. 50 au-dessus du pavé. La particularité la plus remarquable de cet admirable édifice est un portique corinthien de 36 m. 50 de long sur 14 m. 25 de large; il se compose de 16 colonnes de granit, avec des chapiteaux et des bases de marbre, dis-posées en une triple rangée, chaque colonne ayant 16 m. de haut sur 1 m. 60 de diamètre. — Le Panthéon, ou Sainte-Geneviève, à Paris, est une croix grecque formée de quatre ailes, s'unissant sous un dôme de 43 m. 77 centim. de diamètre à la base, et 83 m. de hauteur, depuis le sol jusqu'au sommet de la lanterne. La hauteur intérieure de l'édifice est de 57 m.; sa longueur à l'extérieur, de 112 m. Ce monument fut commencé en 1764, terminé en 1790, et inauguré en 1791 comme un Panthéon destiné à perpétuer la mémoire des citoyens illustres. On en fit une église en 1822; il redevint Panthéon en 1831, et rendu au culte en 1853, sous le nom d'église Sainte-Geneviève. (Voy. GENEVIÈVE.)

* PANTHÈRE s. f. (gr. *panther*; de *pâs*, tout; *thér*, bête féroce). Bête féroce du genre des chats, dont la peau est semée de taches noires en forme de roses. — La panthère *(felis pardus*, Linn.) est un gros félin tacheté d'Afrique, considéré par Temminck et par la plupart des naturalistes modernes comme une variété du léopard (F. *leopardus*, Linn.; L. *varius*, Gray), mais regardé par Cuvier, Hamilton, Smith et autres, comme une véritable espèce. Si ce ne sont pas des espèces distinctes, la panthère et le léopard sont des variétés très tranchées. La première est plus forte, d'un pelage plus sombre, couvert de taches pressées et arrangées avec une régularité remarquable, et une queue proportionnée à la taille. C'est probablement l'animal qui paraissait si souvent aux spec-tacles publics de l'ancienne Rome, où l'on en exhiba des centaines à la fois. La panthère est à peu près, sinon complètement, confinée en Afrique; elle est habile grimpeuse, très active et facilement éducable. La panthère de l'Amérique du Sud est le jaguar, et celle de l'Amérique du Nord est le cougar.

PANTICAPÆUM [pan-ti-ka-pé-omm]. Voy. KERTCH.

PANTICOSA, célèbre station thermale de la prov. et à 83 kil. de Huesca (Espagne), au milieu des Pyrénées et près de la frontière française, à 22 kil. de Cauterets. Établisse-ment thermal. Sources sulfureuses salines à 25° R. Les eaux minérales de Panticosa sont très fréquentées et ont acquis une répu-tation égale à celle des eaux les plus célèbres des Pyrénées. Maladies chroniques de la poi-trine, catarrhes pulmonaires, extinctions de voix, phtisie, affections chroniques de l'esto-mac. Du 16 juin à fin septembre.

* PANTIÈRE s. f. (gr. *pantheron*). Chasse. Espèce de filet qu'on tend verticalement pour prendre certains oiseaux : *les braconniers se servent de la pantière pour prendre les com-pagnies de perdrix pendant la nuit*.

* PANTIN s. m. Petite figure de carton

mince et colorié, qui représente un homme ou une femme, dont on fait mouvoir les membres par le moyen d'un fil : *donner un pantin à un enfant*. — Fig. et fam. Homme qui gesticule sans motif et ridiculement, homme qui n'a rien de sérieux ni de cons-tant dans ses actes, dans ses opinions : *c'est un vrai pantin*.

PANTIN. ch.-l. de cant., arr. et à 7 kil. S.-E. de Saint-Denis (Seine), et à 2 kil. N.-E. de Paris, près du canal de l'Ourcq et du bois de Romainville; 15,000 hab. Carrières de plâtre.

PANTINOIS, OISE s. et adj. De Pantin; qui appartient à cette ville ou à ses habitants. — Par ext. Parisien.

PANTOGÈNE adj. (préf. *panto*; gr. *genos*, naissance). Minér. Se dit des cristaux dont tous les bords et tous les angles ont éprouvé un décroissement.

* PANTOGRAPHE s. m. (préf. *pan*; gr. *gra-phein*, écrire). Sorte d'instrument au moyen duquel on copie des dessins, des gravures, mécaniquement et avec aucune connaissance de l'art. On l'appelle aussi SINGE.

PANTOGRAPHIE s. f. Géom. Art ou manière de se servir du pantographe.

PANTOGRAPHIQUE adj. Qui a rapport à la pantographie.

PANTOGRAPHIQUEMENT adv. Avec l'aide du pantographe.

PANTOIEMENT s. m. Fauconn. Asthme dont les oiseaux sont attaqués.

* PANTOIS adj. m. Haletant, hors d'haleine. (Vieux.) — Fig. et fam. Stupéfait, interdit : *il resta tout pantois*.

* PANTOMÈTRE s. m. (préf. *panto*; gr. *mé-tron*, mesure). Géom. Instrument pour mesu-rer toute sorte d'angles, de longueurs et de hauteurs; il a été inventé en 1752 par l'abbé Louvrier.

PANTOMIME s. m. (préf. *panto*; fr. *mime*). Acteur qui exprime les passions, les senti-ments, et même les idées, par des gestes et par des attitudes, sans proférer aucune pa-role : *les anciens avaient d'excellents panto-mimes*.

* PANTOMIME s. f. Art ou action d'expri-mer les passions, les sentiments, les idées par des gestes et par des attitudes, sans le secours de la parole : *la pantomime de cet ac-teur est très expressive*. — Espèce de drame où les acteurs suppléent à la parole par le geste : *jouer, exécuter une pantomime*. — Adj. *Danse pantomime, ballet pantomime*. — ENCYCL. L'art pantomimique fut porté à son plus haut degré de perfection sous le règne de l'empe-reur Auguste. En Sicile, les danses pantomi-miques étaient appelées *ballismoi*, d'où pa-raissent venir les termes modernes *bal* ou *ballet*. Dans le théâtre moderne italien, la pantomime fut une représentation mimique accomplie par Arlequin et par Colombine, comme héros et comme héroïne, avec l'as-sistance de Pantalon et du son domestique. Arlequin et Colombine ne parlaient jamais; mais Pantalon et son valet ou paillasse amu-saient le public par un feu roulant de lazzis. — En France, la pantomime a été portée à son apogée par Deburau et Legrand.

PANTOMIMER v. a. Imiter par pantomimes.

PANTOMIMIQUE adj. Qui appartient à la pantomime.

PANTOSCALE s. m. (préf. *panto*; lat. *scala*, échelle). Instrument destiné à mesurer la superficie d'un polygone; il a été inventé, en 1841, par John Miller.

* PANTOUFLE s. f. (all. *pantoffel*). Chaus-sure dout on se sert dans la chambre, et qui ne s'attache pas comme le soulier : *pan-toufle de maroquin, de peau de mouton, de

lisières, etc. — Mettre ses souliers en pantoufle, mettre le quartier de ses souliers sous ses talons, au lieu de le relever. — Prov. et fig. Raisonner comme une pantoufle, ou elliptiquement, Raisonner pantoufle, parler au hasard, battre la campagne : *il n'a fait que raisonner pantoufle.* — A la pantoufle, ou simpl., Pantoufle, fer de cheval forgé de façon qu'il a plus d'épaisseur en dedans qu'en dehors, et qu'il s'amincit en talus du côté où il s'applique à la corne : *mettes un fer à pantoufle à ce cheval, dont le pied serait bientôt encastelé sans cette précaution.* — En pantoufles loc. adv. et prov. A son aise, avec toute sorte de commodité : *ce professeur loge dans le collège; il fait sa classe en pantoufles.*

PANURE s. f. Mie de pain dont on saupoudre les aliments que l'on veut faire cuire sur le gril ou au four.

PANURGE, un des personnages du *Pantagruel* de Rabelais, type du farceur peu scrupuleux sur les moyens de duper les nigauds. (Voy. Moutons de Panurge.)

PAOLI. I. (Pasquale), patriote corse, né à Morosaglia en 1726, mort à Londres le 5 fév. 1807. *Il partagea l'exil de son père Giacinto,* l'un des chefs de la résistance corse contre les Génois et contre les Français, servit dans l'armée napolitaine et revint en Corse en 1755. Il fut élu à la magistrature annuelle, puis nommé commandant à vie en 1757, battit les Génois et établit dans l'île un gouvernement régulier. En 1765, il fut visité par Boswell, dont le journal étendit sa renommée (1768). Il avait complètement repoussé les Génois en 1767, lorsque ceux-ci vendirent leurs droits aux Français, qui attaquèrent les patriotes et furent d'abord forcés de se réfugier à Bastia. Mais en 1769, une armée de 22,000 hommes commandée par le comte de Vaux soumit complètement l'île après la sanglante victoire de Ponte-Novo, et Paoli passa en Angleterre, où il reçut une pension de 1,200 livres sterling et où il vécut 20 ans. Au début de la Révolution, il devint président de l'administration française en Corse; mais son but était de se rendre indépendant; la Convention le devina et prit des mesures qui le poussèrent à invoquer l'assistance des Anglais et à organiser une révolte. Les Français furent chassés en 1793 et la Corse tomba sous le joug de l'Angleterre. Gilbert Elliot fut nommé vice-roi, au nom de George III, proclamé « roi de Corse ». Le patriote, trompé dans ses espérances, déçu dans son ambition, fut brutalement arraché à sa patrie et emmené comme une sorte d'otage à Londres, où il passa le reste de ses jours dans l'obscurité. Il fut enterré à l'abbaye de Westminster. — II. (Clemente), son frère, né en 1715, mort en 1793. Il se distingua contre les Génois et les Français, spécialement à la bataille de Borgo, et vécut ensuite pendant 20 ans dans un couvent, près de Vallombrosa.

PAOLO (Fra), ou Paolo Sarpi. Voy. Sarpi.

PAOLO VERONÈSE. Voy. Cagliari (Paolo).

* **PAON** s. m. [pan] (lat. pavo). Ornith. Genre de phasianidés, caractérisé par une aigrette sur la tête, les couvertures de la queue du mâle très longues, larges, marquées de nombreux et brillants ocelles, et pouvant se relever quand l'animal veut faire la roue. — On n'a décrit que deux espèces de paons : 1° le *paon domestique* (pavo cristatus), le plus magnifique des oiseaux, dépeint avec tant de charme par Buffon et Guéneau de Montbéliard; il est à peu près de la grosseur d'un jeune dindon, ayant une longueur totale de 70 centim. jusqu'à l'origine de la queue, qui mesure 50 centim. Les tarses du mâle sont armés d'un fort éperon long de 2 centim. et qui se termine par une pointe acérée. Tête, gorge, cou et poitrine d'un vert brillant à

reflets d'or et de bleu; deux taches blanches sur les côtés de la tête; plumes du dos et du croupion d'un vert doré brillant et bordées d'un cercle noir velouté; longues couvertures de la queue placées les unes sur les autres, garnies de longues barbes et portant l'ocelle; ventre et flanc noirâtres avec quelques teintes d'un vert doré; bec en cône courbé, robuste et blanchâtre; pieds et ongles gris. La femelle est plus petite et beaucoup moins brillante que le mâle; ses tarses n'ont pas d'éperon. A l'état sauvage, le paon vit dans les districts boisés et dans les jungles de l'Inde et de l'archipel Indien. Il est assez robuste pour résister aux froids excessifs des montagnes de l'Inde septentrionale. Il se tient ordinairement sur les branches supérieures des grands arbres, et fait son nid sur le sol au milieu d'épaisses broussailles. Le mâle ne prend sa splendide livrée d'adulte qu'à l'âge de 3 ans. Son plumage est alors beaucoup plus brillant que celui du paon domestique. Son vol est bas et lourd; il est polygame. La femelle pond de 12 à 20 œufs, gros comme ceux d'une oie. La nourriture des paons se

Paon domestique (Pavo cristatus).

compose de graines, de fruits et d'insectes; leur voix est perçante et désagréable; leur vanité a été proverbiale dès la plus haute antiquité. Le paon domestique se plaît sur les lieux élevés, sur les toits des maisons et sur les plus grands arbres; on le nourrit d'orge, de millet, de pois, etc.; et il y joint quelques insectes. Il vit de 20 à 25 ans. La femelle ou *paonne* pond dans un endroit retiré de 6 à 10 œufs tachetés de vert foncé blanc. — Cet oiseau fut transporté en Palestine par les flottes de Salomon, et en l'élève en Europe de temps immémorial. Le paon blanc n'est qu'un albinos de cette espèce; 2° le *paon spicifère* (pavo spiciferus), originaire du Japon, doit son nom à la forme de son aigrette formée de plumes longues et étroites; il a le dessus du corps vert noir; les épaules bleues; les ailes noires; chaque plume bordée d'or et le dessous du corps vert émeraude profond. — Être glorieux comme un paon, être fort glorieux, fort vain. — C'est le grai paré des plumes du paon, se dit, par allusion à une fable bien connue, d'une personne qui se fait honneur de ce qui ne lui appartient pas. — Astron. Le Paon, constellation de l'hémisphère austral, qui n'est point visible dans nos climats. — Entom. Nom de plusieurs espèces de papillons qui ont sur leurs ailes des yeux chatoyants, à peu près

semblables à ceux de la queue du paon; *le grand paon; le petit paon,* ou *paon du jour.*

* **PAONNE** s. f. [pa-ne]. Femelle du paon.

* **PAONNEAU** s. m. [pa-no]. Jeune paon : *manger des paonneaux.*

PAONNER v. n. [pa-né]. Faire la roue, étaler ses avantages physiques.

* **PAPA** s. m. (gr. pappas, lat. pappas, père nourricier). Terme dont les petits enfants et ceux qui leur parlent ont coutume de se servir, au lieu du mot père : *il commence à parler, il dit déjà papa et maman.*

> *Le papa près de moi ne sera qu'un enfant.*
> Collin d'Harleville. *Monsieur de Crac, sc. 1ère*

Les enfants et ceux qui leur parlent disent aussi, Grand-papa, bon papa, au lieu de Grand-père. — Fam. C'est un gros papa, un gros papa de bonne mine, se dit d'un homme d'un certain âge, qui a de l'embonpoint et de la fraîcheur. — v A la papa, sans façon, bourgeoisement. — Supérieurement : requinquer quelqu'un à la papa.

PAPA, ville du S.-O. de la Hongrie, à 40 kil. N.-O. de Veszprém, dont la sépare la chaîne principale des monts Bakamy; 14,223 hab., en majorité madgyars. On y fabrique du drap, du papier et de la poterie de grès.

* **PAPABLE** adj. m. (rad. pape). Propre à être élu pape. N'est usité qu'en parlant des prélats, et surtout des cardinaux, qu'on regarde comme pouvant parvenir quelque jour à la papauté: *c'est un sujet papable, très papable.*

PAPAGALLO s. m. Vent violent qui souffle au Mexique.

PAPAGOS [pa-pa-goss], tribu d'Indiens d'Amérique, appartenant à la famille Pima, et s'appelant Papapootam. Ils ont été de bonne heure les ennemis des Apaches et les amis des Espagnols. En 1694, ils chassèrent ces derniers, mais ne tardèrent pas à faire la paix. Lors de la suppression des jésuites, les franciscains établirent chez eux une mission qui a duré jusqu'à nos jours. En 1874, le président Grant leur a réservé un territoire à Santa-Cruz, entre Tucson et Tubac. En 1876, ils étaient 5,900. Ils sont industrieux et en partie civilisés.

* **PAPAL, ALE, ALS** adj. (rad. pape). Qui appartient au pape: *pouvoir papal.* — Terres papales, terres de la domination du pape.

PAPALIN, INE adj. Qui est sous la dépendance du pape.

* **PAPAS** s. m. [pa-pass], nom que les peuples du Levant donnent à leurs prêtres: *un papas arménien.*

PAPAT s. m. Papauté, dignité de pape.

* **PAPAUTÉ** s. f. Dignité de pape : *aspirer à la papauté.* — Temps pendant lequel un pape a occupé le saint-siège : *pendant sa papauté, Rome a reçu beaucoup d'embellissements.* (Voy. Pape et Pontificaux (États).

PAPAVÉRACÉ, ÉE adj. (rad. lat. papaver, pavot). Bot. Qui ressemble ou se rapporte au genre pavot. — s. f. pl. Famille de plantes dicotylédones dialypétales hypogynes, ayant pour type le genre pavot et comprenant plus de 50 espèces d'herbes qui habitent principalement les régions tempérées de l'hémisphère boréal, et qui contiennent pour la plupart un suc particulier, laiteux, blanc ou rougeâtre, corrosif ou narcotique. Cette famille comprend les genres principaux suivants : chélidoine, glaucienne, pavot, argémone, sanguinaire, etc.

PAPAVÉRINE s. f. Chim. Alcaloïde qui existe en très faible quantité dans l'opium.

PAPAYACÉ, ÉE adj. [pa-pa-ia-sé]. Bot. Qui ressemble ou se rapporte au genre papayer.

— s. f. pl. Petite famille de plantes dicotylédones dialypétales périgynes, voisine des cucurbitacées, comprenant plusieurs espèces d'arbres à suc laiteux, répandues dans l'Inde et dans l'Amérique tropicale. Genres: papayer et vasconcella.

PAPAYE s. f. [pa-pa-ieu]. Fruit du papayer.

* **PAPAYER** s. m. [pa-pa-ié] (de *papaya*, mot malais). Bot. Genre de papayacées, comprenant quelques espèces d'arbres ou d'arbrisseaux qui habitent les deux Indes, et dont le fruit, gros comme un petit melon, charnu, jaunâtre, d'une saveur douce, possède une odeur aromatique : *on mange les fruits du papayer confits au sucre ou au vinaigre.*— Le *papayer commun* (*carica papaya*), haut de 5 m., produit une espèce de lait végétal. Il est originaire des Indes orientales.

* **PAPE** s. m. (lat. *papa; gr. pappas*). L'évêque de Rome, chef de l'Église catholique romaine: *notre saint-père le pape.*— Dans l'Église grecque, on donne le nom de pape ou *pope* à tous les prêtres. Dans l'Église d'Occident, ce titre fut, dans l'origine, donné à tous les évêques; maintenant, il est spécialement réservé à l'évêque de Rome. Les catholiques romains regardent le pape comme le légitime successeur de saint Pierre, le chef visible de l'Église, le vicaire du Christ et son représentant sur la terre. Dans l'origine le pape était choisi et élu par le peuple; aujourd'hui il est nommé par le collège des cardinaux d'après les règlements qui régissent le conclave. (Voy. ce mot.) — Suivant saint Bernard, le pape n'est pas le maître des évêques, mais seulement l'un d'eux et le premier, *primus inter pares*; il est particulièrement chargé de veiller à l'unité et à la pureté de la foi. Ses rapports avec le clergé des différents peuples sont réglés, pour quelques-uns, par des concordats; pour d'autres, par d'anciens usages. — Le pape est qualifié de *saint-père* par les fidèles; dans le langage officiel et diplomatique on lui donne le titre de *Sa Sainteté*; lui-même s'intitule *Vicaire de Jésus-Christ, Serviteur des serviteurs de Dieu*. Son siège est à Rome; ses insignes sont la *tiare* ou triple couronne et les *clefs* dites de *saint Pierre*. Il entretient des *nonces* près des cours étrangères et y envoie temporairement des *légats*.

LISTE CHRONOLOGIQUE DES PAPES

avec la date de leur avènement au souverain pontificat.

S. Pierre	42
S. Clément	[illegible]
S. Lin	66
S. Clet ou Anaclet	78
S. Clément II	91
S. Evariste	100
S. Alexandre	109
S. Sixte Ier	119
S. Télesphore	127
S. Hygin	139
S. Pie Ier	142
S. Anicet	157
S. Soter	168
S. Eleuthère	177
S. Victor Ier	193
S. Zéphyrin	202
S. Calixte	219
S. Urbain	223
S. Pontien	230
S. Antère	235
S. Fabien	236
S. Corneille	251
Novatien, antipape	251
S. Lucius Ier	252
S. Etienne Ier	253
S. Sixte II	257
S. Denis	259
S. Félix Ier	269
S. Eutychien	275
S. Caïus	283
S. Marcellin	296
Siège vacant	304-308
S. Marcel Ier	308
S. Eusèbe	310
S. Melchiade	311
S. Silvestre	314
S. Marc	336
S. Jules Ier	337
S. Libère	352
Félix II, administrateur	355
S. Damase	366
Ursin, antipape	367
S. Sirice	384
S. Anastase	398
S. Innocent Ier	401
S. Zozime	417
S. Boniface Ier	418
S. Célestin Ier	422
S. Sixte III	432
S. Léon Ier le Grand	440
S. Hilaire	461
S. Simplicius	468
S. Felix II ou III	483
S. Gélase	492
S. Anastase II	496
Symmaque	498
Laurent, antipape	498
Hormisdas	514
S. Jean Ier	523
Félix III ou IV	526
Boniface II	530
Jean II	533
S. Agapet Ier	535
S. Silvère	536
Vigile	537
Pélage Ier	555
Jean III	560
Benoit Ier	574
Pélage II	578
S. Grégoire Ier le Grand	590
Sabinien	604
Boniface III	607
Boniface IV	608
S. Deusdedit	615
Boniface V	618
Honorius Ier	625
Séverin	640
Jean IV	640
Théodore Ier	642
S. Martin Ier	649
S. Eugène Ier	654
Vitalien	657
Adéodat	672
Donus	676
Agathon	678
S. Léon II	682
Benoit II	684
Jean V	685
Conon	686
Sergius Ier	687
Jean VI	701
Jean VII	705
Sisinnus	708
Constantin	708
S. Grégoire II	715
Grégoire III	731
Zacharie	741
Etienne (non consacré)	752
Etienne II	752
S. Paul Ier	757
Constantin, antipape	767
Etienne III	768
Adrien Ier	772
S. Léon III	795
Etienne IV	816
S. Pascal Ier	817
Eugène II	824
Zizime, antipape	824
Valentin	827
Grégoire IV	827
Sergius II	844
S. Léon IV	847
Benoit III	855
S. Nicolas Ier	858
Adrien II	867
Jean VIII	872
Martin II	882
Adrien III	884
Etienne V	885
Formose	891
Boniface VI	896
Etienne VI	896
Romain	897
Théodore II	898
Jean IX	898
Benoit IV	900
Léon V	903
Christophe	903
Sergius III	904
Anastase III	911
Landon	913
Jean X	914
Léon VI	928
Etienne VI	929
Jean XI	931
Léon VII	936
Etienne VIII	939
Martin III	942
Agapet II	946
Jean XII	956
Léon VIII	963
Benoit V	964
Jean XIII	965
Benoit VI	972
Boniface VII, antipape	974
Donus II	974
Benoit VII	975
Jean XIV	983
Jean XV (non sacré)	984
Jean XVI	985
Grégoire V	996
Jean XVII, antipape	997
Sylvestre II	999
Jean XVII	1003
Jean XVIII	1003
Sergius IV	1009
Benoit VIII	1012
Jean XIX	1024
Benoit IX	1033
Grégoire VI	1045
Sylvestre III, } anti-	
Jean XX, } papes	1044
Clément II	1046
Damase II	1048
S. Léon IX	1049
Victor II	1055
Etienne IX	1057
Nicolas II	1058
Benoit X, antipape	1058
Alexandre II	1061
Honorius II, antipape	1061
Grégoire VII	1073
Clément III, antipape	1080
Victor III	1086
Urbain II	1088
Pascal II	1099
Gélase II	1118
Calixte II	1119
Honorius II	1124
Innocent II	1130
Anaclet II, antipape	1130
Célestin II	1143
Lucius II	1144
Eugène III	1145
Anastase IV	1153
Adrien IV	1154
Alexandre III	1159
Victor IV, }	1159
Pascal III, } anti-	1164
Calixte III, } papes	1168
Innocent III, }	1178
Lucius III	1181
Urbain III	1185
Grégoire VIII	1187
Clément III	1187
Célestin III	1191
Innocent III	1198
Honorius III	1216
Grégoire IX	1227
Célestin IV	1241
Innocent IV	1242
Alexandre IV	1254
Urbain IV	1261
Clément IV	1265
Grégoire X	1271
Innocent V	1276
Adrien V	1276
Jean XXI	1276
Nicolas III	1277
Martin IV	1281
Honorius IV	1285
Nicolas IV	1288
S. Célestin V	1294
Boniface VIII	1294
S. Benoit XI	1303
PAPES RÉSIDANT A AVIGNON	
Clément V	1305
Jean XXII	1316
Nicolas V, antipape	1328
Benoit XII	1334
Clément VI	1342
Innocent VI	1352
Urbain V	1362
Grégoire XI	1370
GRAND SCHISME	
1° PAPES RÉSIDANT A ROME	
Urbain VI	1378
Boniface IX	1389
Innocent VII	1404
Grégoire XII	1406
Martin V	1415
Eugène IV	1431
Félix V, antipape	1439
Nicolas V	1447
2° ANTIPAPES RÉSIDANT A AVIGNON PUIS EN ESPAGNE	
Clément VII	1378
Benoit XIII	1394
Clément VIII	1424
3° PAPES NOMMÉS PAR LE CONCILE DE PISE	
Alexandre V	1409
Jean XXIII	1410
Calixte III	1455
Pie II	1458
Paul II	1464
Sixte IV	1471
Innocent VIII	1484
Alexandre VI	1492
Pie III	1503
Jules II	1503
Léon X	1513
Adrien VI	1522
Léon VII	1523
Paul III	1534
Jules III	1550
Marcel II	1555
Paul IV	1555
Pie IV	1559
S. Pie V	1566
Grégoire XIII	1572
Sixte-Quint	1585
Urbain VII	1590
Grégoire XIV	1590
Innocent IX	1591
Clément VIII	1592
Léon XI	1605
Paul V	1605
Grégoire XV	1621
Urbain VIII	1623
Innocent X	1644
Alexandre VII	1655
Clément IX	1667
Clément X	1670
Innocent XI	1676
Alexandre VIII	1689
Innocent XII	1691
Clément XI	1700
Innocent XIII	1721
Benoit XII	1724
Clément XII	1730
Benoit XIV	1740
Clément XIII	1758
Clément XIV	1769
Pie VI	1775
Pie VII	1800
Léon XII	1823
Pie VIII	1829
Grégoire XVI	1831
Pie IX	1846
Léon XIII	1878

— De tous ces papes dont nous venons de donner la chronologie, 15 furent Français, 13 Grecs, 8 Syriens, 6 Allemauds, 5 Espagnols, 2 Africains, 2 Savoisiens, 2 Dalmates, 1 Anglais, 1 Portugais, 1 Hollandais, 1 Suisse, 1 Candiote; tous les autres ont été Italiens et, à partir de 1522, aucun pape n'a été pris en dehors des cardinaux italiens. Celui qui a exercé le plus longtemps le souverain pontificat est Pie IX, dont le règne a été de 32 ans. — Bibliogr. Fleury, *Histoire ecclésiastique*, 1691 (20 vol. in-4°); *Vie des papes d'Avignon*, par Baluze (Paris, 1693, 2 vol. in-4°); *Histoire des papes*, par de Beaufort (Paris, 1841, 4 vol. in-8°); *Histoire des souverains pontifes romains jusqu'au règne de Pie VI*, par Artaud (1847, 8 vol. in-8°); *Vitæ romanorum pontificum, collectæ, per Barus* (1555); *Histoire des papes*, par Bruys (la Haye, 1752, 5 vol. in-4°); *Storia dei papi*, par Bianchi Giovini (Turin, 1850, 15 vol. in-12); *The History of the popes*, par Bower (Londres, 1749, 7 vol. in-4°); *Du pape*, par Joseph de Maistre (Lyon, 1819, 2 vol. in-8°); *Histoire des papes*, par André Duchesne (1616, 2 vol. in-4°); *Histoire politique des papes*, par Lanfrey (Paris, 1860, in-12); *Chronologie historique des papes*, par Maslatrie (Paris 1838); etc.

PAPE s. m. Nom d'un bel oiseau de trois couleurs, gros comme un serin, qu'on trouve à la Caroline et au Canada.

PAPE-CARPENTIER (Marie Carpentier, *dame*), directrice de l'école maternelle de Paris, née le 10 septembre 1815, à la Flèche (Sarthe), morte le 1er août 1878. Elle a laissé : *Préludes*, poésies (1841, in-12); *Conseils sur la direction des salles d'asile* (1845); *Enseignements pratiques dans les écoles maternelles* (1849); *Histoires et leçons de choses pour les enfants*, etc.

* **PAPEGAI** s. m. Oiseau de carton ou de bois peint, que l'on place au bout d'une perche pour servir de but à ceux qui s'exercent à tirer de l'arc, de l'arbalète, ou de l'arquebuse : *tirer au papegai*.

PAPÉGER v. n. Faire son possible pour arriver à la papauté.

PAPÉITI, ch.-l. de l'île Taïti, au N. de cette île, sur un bon port, large et profond, dans lequel on pénètre par deux passes étroites; 800 hab., dont 758 Européens.

* **PAPELARD** s. m. Hypocrite, faux dévot : *c'est un papelard, un franc papelard.* (Fam.) — Adj. *Un air papelard; voix, mine papelarde.*

PAPELARDER v. n. Faire le papelard.

* **PAPELARDISE** s. f. Hypocrisie, fausse dévotion. (Fam.)

* **PAPELINE** s. f. Voy. Popeline.

PAPELONNÉ adj. Blas. Se dit de l'écu rempli de demi-cercles un peu allongés, rangés les uns sur les autres comme les écailles d'un poisson, le plein de ces demi-cercles tenant lieu de champ et les bords formant les pièces.

PAPENBURG [pa-penn-bourg], ville du Hanovre (Prusse), près de l'Ems, auquel la relient des canaux, à 31 kil. S.-E. d'Emden; 6,849 hab. (1875). Après Emden, c'est le port principal de la province. On exporte surtout du bois de chêne.

* **PAPERASSE** s. f. (rad. *papier*). Papier écrit qui ne sert plus de rien, qu'on regarde comme inutile : *vieille paperasse*.

* **PAPERASSER** v. n. Remuer, feuilleter, arranger des papiers : *il a passé toute la matinée à paperasser.* — Fam. Faire des écritures inutiles : *cet avoué aime à paperasser*.

PAPERASSERIE s. f. Grande quantité de papiers inutiles.

* **PAPERASSIER** s. m. Homme qui aime à ramasser, à conserver des papiers inutiles : *c'est un grand paperassier*. (Fam.).

* **PAPESSE** s. f. Femme pape. N'est d'usage

qu'en parlant de la PAPESSE JEANNE, personnage féminin, imaginaire, que quelques-uns ont prétendu avoir occupé le trône pontifical. (Voy. JEANNE.)

* PAPETERIE s. f. [pa-pe-te-ri]. Manuf. de papier : *il a une belle papeterie dans le département des Vosges.* — Art de fabriquer le papier et commerce de papiers : *la papeterie lui doit plusieurs procédés nouveaux.*

* PAPETIER s. m. Celui qui fait le papier, et celui qui le vend : *la boutique d'un papetier.*

PAPHIEN, IENNE s. et adj. De Paphos; qui appartient à cette ville ou à ses habitants.

PAPHLAGONIE (Géogr. anc.), contrée de l'Asie Mineure septentrionale, bornée au N. par le Pont-Euxin, à l'E. par le Pont, au S. par la Galatie, et à l'O. par la Bithynie. Les villes principales étaient Sinope, fondée par une colonie grecque, sur le Pont-Euxin, Cytorus et Amastas, sur la côte, et Pampeiopolis et Gangra dans l'intérieur. Les seuls cours d'eau importants étaient le Halys (auj. Hizil Irmack) sur la frontière orientale, son affluent l'Amnias (Kara-sou), et le Parthenius (Bartan-sou) sur la frontière occidentale. Le pays est montagneux et sauvage. Il était célèbre par ses chevaux, et sa cavalerie redoutée à la guerre. — La Paphlagonie fut d'abord gouvernée par des princes nationaux; mais elle appartint successivement ensuite à la Lydie, à la Perse, à la Macédoine et au Pont. Les Romains l'incorporèrent dans la province de Galatie; mais Constantin en fit une province à part. Aujourd'hui, elle fait partie du vilayet turc de Kastamouni.

PAPHLAGONIEN, IENNE s. et adj. De la Paphlagonie ; qui concerne cette province ou ses habitants.

PAPHOS [pa-foss], nom de deux villes de l'antiquité dans le S.-O. de Chypre. La vieille Paphos, à environ 2 kil. du rivage, était considérée comme le lieu où Vénus avait atterri en sortant de la mer ; et son culte y était très ancien. La nouvelle Paphos, la moderne Bafia, à 14 ou 12 kil. N.-O. de la première cité, se faisait aussi remarquer par le culte qu'on y rendait à Vénus.

PAPIANISTE s. m. (de *Paprin*, l'un des défenseurs du manichéisme). Nom donné aux Manichéens.

PAPIAS (Saint) [pa-pi-ass], écrivain des premiers temps du christianisme, évêque de Hiérapolis en Phrygie ; il souffrit le martyre en 163, d'après la chronique Alexandrine. Il reste quelques fragments de son *Explication des discours du Seigneur.* Fête le 22 févr.

* PAPIER s. m. (rad. *papyrus*). Composition faite ordinairement de vieux linge détrempé dans l'eau, pilé par des maillets ou broyé par des cylindres armés de lames, et réduit en pâte, ensuite étendu par feuilles, que l'on fait sécher, soit à l'air, soit sur des cylindres chauffés par la vapeur, et qu'on met en presse, pour servir à écrire, à imprimer, etc.: *bon papier, mauvais papier.* — PAPIER AUTOGRAPHIQUE, papier ordinaire sur lequel on a étendu une couche de gomme dissoute dans l'eau et colorée en jaune. Le papier autographique sert à faire des transports sur pierre ou sur zinc. Ce genre de papier a été inventé en 1796 par Aloïs Senefelder. — PAPIER AZURÉ, papier dont la pâte a été teintée au moyen d'une très petite quantité de matière colorante bleue ou violette : bleu de Prusse, azur ou bleu de cobalt, outremer, cendre bleue. — PAPIER BLANC, papier dont la pâte n'a pas été colorée. — PAPIER BLANC, se dit quelquefois d'un papier sur lequel il n'y a rien d'écrit ou d'imprimé : *un feuillet de papier blanc.* — PAPIER BROUILLARD, papier spongieux, qui sert à sécher l'encre fraîche en l'absorbant.

On le fabrique avec de grossiers chiffons. — PAPIER A CALQUER, papier translucide, fabriqué avec de la filasse de lin ou de chanvre pris en vert et non blanchie. On appelle aussi *papier à calquer*, le papier ordinaire que l'on a huilé. — PAPIER DE CARTOUCHE, gros papier gris qui sert à faire des cartouches. — PAPIER DE CHINE, papier fait avec la seconde pellicule de l'écorce de bambou, réduite en pâte. — PAPIER A CIGARETTES, papier mince dont on enveloppe le tabac pour en faire des cigarettes. C'est une invention espagnole de la fin du XVIIIe siècle, introduite chez nous par l'expédition de 1823. Aujourd'hui, c'est la France qui approvisionne l'Espagne. Nos papiers à cigarettes de toile et de coton sont manufacturés avec les haillons que ramassent les chiffonniers. De cette horrible matière, on fait une pulpe dégoûtante que l'on blanchit au moyen de la chaux et d'autres substances pernicieuses pour les membranes du gosier et des narines. Le papier de riz, moins redoutable, coûte plus cher, ce qui restreint naturellement son usage. Le papier-tabac se compose simplement de papier ordinaire saturé de tabac et marqué de façon à imiter assez fidèlement les veines d'une feuille de tabac ; on en fait usage, non seulement pour les cigarettes, mais encore pour les cigares à bon marché. L'emploi de ces différents papiers, surtout quand ils ont été blanchis par des préparations arsenicales, accélère le développement de la phtisie chez toute personne prédisposée à cette maladie. — PAPIER COLBERT ou *papier de compte*, papier aux armes de Colbert, employé à mettre les comptes au net. — PAPIER COLLÉ, papier dans la pâte duquel on a mis une colle faite de savon résineux, de fécule et d'alun. Les papiers collés servent seuls pour l'écriture ; sans l'encollage, ils boiraient et ne pourraient être employés que pour l'impression. Dans la fabrication du papier à la main, ce n'est plus la pâte qu'on encolle, mais la feuille elle-même, en la plongeant dans un bain de gélatine ou de colle forte préparée avec de l'alun et maintenue à une température de 25° environ. Dans le commerce on classe les papiers en trois catégories : *papiers collés, papiers demi-collés* et *papiers non collés*. Le premier a plus de fermeté que les autres et tient mieux l'encre. Le papier sans colle est plus favorable à l'impression; mais il présente moins de corps que celui qui est collé. Afin de satisfaire à toutes les exigences, les fabricants ont pris un terme moyen : le papier demi-collé. — PAPIER DEMOISELLE, papier brouillard dont on se sert pour faire les papillottes. — PAPIER D'EMBALLAGE, papier de paille ou de bois que l'on rend imperméable en le trempant dans une solution de savon blanc, de gomme arabique et de colle de farine. — PAPIER DE FANTAISIE, nom général donné à tous les papiers dorés, argentés, peints, gaufrés, cartonnés, imprimés, marbrés, moirés, chagrinés, dont on se sert pour le cartonnage, les dentelles, la pharmacie, la confiserie, etc. — PAPIER A FILTRER, papier très perméable, fabriqué avec des chiffons de chanvre ou de lin bien blancs que l'on traite par l'acide sulfurique étendu et que l'on lave à l'eau distillée. — PAPIER GÉLATINE, papier transparent qui sert à calquer et ordinairement composé d'une feuille de gélatine très mince. — PAPIER GOUDRON, papier fabriqué avec de vieux cordages et employé soit pour l'emballage, soit pour préserver les murs de l'humidité ou pour couvrir les hangars et les ateliers. — PAPIER GRIS, gros papier sans colle, dont le principal usage est de filtrer. — PAPIER JOSEPH, papier très léger et à demi-transparent, inventé par *Joseph Montgolfier*. On l'appelle aussi *papier de soie* ou de Chine. Il se fabrique surtout en Auvergne. Il sert à envelopper les bijoux, les bonbons, les bougies, etc. — PAPIER A LETTRES, papier spécialement fabriqué

pour la correspondance. — PAPIER LIBRE, ou BONT, le papier non timbré. — PAPIER DE LUXE, papier à lettre épais, résistant, glacé, fabriqué d'abord en Angleterre mais produit aujourd'hui en France avec beaucoup d'élégance. — PAPIER A LA MAIN, papier fabriqué à la main et non à la mécanique. Quand il n'est pas vergé, il porte le nom de papier vélin. Très solide, il sert pour les actes publics, pour l'impression des livres précieux, etc. — PAPIER MAROQUINÉ, papier ferme et bien collé, que l'on enduit de plusieurs couches de gélatine, que l'on colore, qu'on lustre ensuite avec une couche de colle, puis avec une dissolution d'alun, de nitre et de crème de tartre et qu'on passe enfin au laminoir sur une toile métallique ou sur une planche gravée qui forme les grains. — PAPIER A LA MÉCANIQUE, papier fabriqué à la mécanique. — PAPIER MÂCHÉ, pâte de papier qui a été mélangée de colle forte ou de gomme arabique et que l'on a moulée et séchée, ou collée en feuille sur des modèles. — Les objets les moins chers en papier mâché, sont faits de papier blanc ou brun, macéré dans de l'eau et pressé dans des moules huilés. Les meilleurs articles s'obtiennent en collant ensemble des feuilles de papier. Lorsqu'on a atteint une épaisseur convenable, on les soumet à une forte pression et on les fait sécher. Encore humide, cette préparation peut prendre au moule toutes les formes, et sèche, on peut arriver au même résultat en la rabotant et la raclant. On recouvre ensuite l'objet de plusieurs couches de vernis, et on enlève les inégalités à la pierre ponce. On l'orne à la poudre d'or ou de bronze, ou avec des couleurs, puis on applique une couche de laque en écaille et on sèche à une température de 138°. Le papier mâché sert aux anatomistes et aux chirurgiens pour faire des membres artificiels. (Voy. AUZOUX.) — PAPIER MINISTRE, ou *papier Tellière*, papier employé dans les bureaux pour les écritures et pour les imprimés. On s'en servit pour la première fois dans les bureaux du ministre Letellier. — PAPIER DE PAILLE, papier jaunâtre, à pâte inégale, qui sert à envelopper la quincaillerie, la mercerie, la bimbeloterie, etc. — PAPIER PARCHEMIN, papier qui a pris la consistance du parchemin par son immersion dans une solution d'acide sulfurique (2 vol d'acide pour 1 vol. d'eau). — PAPIER PÉLURE, papier mince comme une pelure d'oignon, blanc, souple, obtenu avec du chiffon dur. On le fabrique surtout à Annonay et à Angoulême. Il sert à envelopper les boîtes de bonbons, les objets de luxe, les bijoux. On l'emploie, quand il est collé, pour écrire ou pour imprimer des livres que l'on veut rendre peu volumineux. — PAPIER PORCELAINE, papier fort sur lequel on étend une dissolution de céruse et qui sert principalement à faire des cartes de visite. Cette espèce de papier fut inventée en Allemagne vers la fin du XVIIIe siècle. — PAPIER DE RIZ, nom que l'on donna d'abord au papier de Chine, parce que l'on crut qu'il était fabriqué avec cette plante. — PAPIER SERPENTE, papier extrêmement mince, employé, quand il est coloré, à fabriquer des fleurs et quand il est blanc à couvrir les gravures. — PAPIER TABAC. (Voy. *Papier à cigarettes.*) — PAPIER TELLIÈRE ou *papier d'État*, papier aux armes de Letellier et employé surtout à copier des états. On dit aussi *papier ministre.* — PAPIER TIMBRÉ ou MARQUÉ, papier marqué d'un timbre, dont on est obligé de se servir pour les écritures judiciaires, et pour les actes publics ou privés, dans les cas déterminés par la loi. L'usage du papier timbré fut imposé à la France par Louis XIV en 1675, pour payer les frais énormes de la guerre de Hollande. Le gouvernement anglais ayant voulu créer du papier timbré dans ses colonies américaines, pour couvrir les frais de la conquête du Canada, amena le soulèvement de ces colonies, qui proclamèrent leur indépendance. — Papier réglé, papier de musique, papier où sont tracées d'avance les lignes sur lesquelles on écrit les notes de musique. — Papier réglé, papier où les lignes sont tracées d'avance. — Papier vélin. (Voy. Vélin.) — Papier velouté, nom que l'on donne quelquefois au papier tontisse. — Papier de verre, papier grossier enduit de colle forte et de poudre de verre; employé au polissage des pièces de bois et métal. — Sur le papier, ce qui ne figure que sur le papier, par opposition à effectif : l'armée était de cinquante mille hommes sur le papier. — Mettre, jeter ses raisons, ses idées, ses réflexions sur le papier, les mettre par écrit. — Fam. Cela est beau sur le papier, se dit d'un projet, d'un plan qui paraît beau en théorie; mais dont l'exécution serait impossible, ou inutile, ou dangereuse. — Brouiller, barbouiller, gâter du papier, écrire des choses inutiles ou ridicules. — Le papier souffre tout, on écrit sur le papier tout ce qu'on veut, et il ne faut pas conclure qu'une chose soit vraie, de cela seul qu'elle est écrite. — Figure, visage de papier mâché, visage blême, qui annonce un manque de force ou de santé. — Papier qui ne sert ni pour l'écriture, ni pour l'impression, mais qu'on emploie à beaucoup d'autres usages : papier brouillard; papier gris, bleu, rouge, etc. — Toute sorte de titres, documents, mémoires et autres écritures : perdre un papier de conséquence. — Être sur les papiers de quelqu'un, lui devoir de l'argent. Se dit aussi en parlant d'une personne contre laquelle il a été donné quelque mémoire, quelque renseignement à celui qui a droit d'inspection et de juridiction : il est sur les papiers du préfet de police. — Être bien, être mal dans les papiers de quelqu'un, être bien, être mal dans son esprit. — Rayez cela, ôtez cela de vos papiers, ne comptez pas là-dessus : vous croyez que cet homme-là est votre ami, rayez, ôtez cela de vos papiers. — Papier volant, feuille détachée sur laquelle on a écrit quelque chose : n'écrivez pas celu sur un papier volant qui peut se perdre, mettez-le dans un registre. — Papier terrier, registre contenant le dénombrement de toutes les terres et de tous les tenanciers qui relevaient d'une seigneurie, et le détail des droits, cens et rentes qui étaient dus : faire un papier terrier. — Au plur. Passeport, livret, et différents actes qui certifient la qualité, la profesion, l'état civil d'une personne : ce voyageur n'avait pas de papiers. — Journal, livre de compte : papier-journal. — Lettres de change, billets payables au porteur, et autres effets de cette nature, qui représentent l'argent comptant : tout son bien est en papier. — Bon papier, mauvais papier, papier dont le signataire est solvable ou n'est pas solvable, qui perd peu ou qui perd beaucoup sur la place. — Le papier d'un négociant, les lettres de change et billets souscrits par lui : je ne veux pas de son papier. — Effets publics, valeurs en papier données par le gouvernement : le papier hausse, baisse. — Papiers publics, papiers-nouvelles, les journaux, les gazettes. — Encycl. On donne le nom de papier à une feuille mince fabriquée avec une pâte composée de fibre végétale et de tissu cellulaire. Il est probable que le premier papier a été fait en Egypte avec le papyrus. (Voy. Papyrus.) Les anciens Mexicains se servaient d'un papier fait avec l'agave Americana, ou maguey, qui croît sur les plateaux américains. Le papier de riz chinois se fait avec la moelle de l'æschynomene paludosa, découpée en une mince spirale qui, étendue et soumise à la pression, forme une feuille de papier longue quelquefois de 30 centim. et large de 12 à 15 centim. Les Chinois ont été les premiers à faire lavec des fibres végétales la substance qui constitue le papier moderne. Parmi les nombreuses matières dont on a fait du papier, nous citerons

l'acacia, l'althæa, l'aloès américain ou maguey, l'artichaut, l'asperge, le tremble, le bambou, le bananier, le tilleul, les tiges de fève, le poa pratensis, le genêt, la paille de sarrasin, les joncs, la canne, l'alfa, le cèdre, le china grass, la clématite, le trèfle, le liège, la balle et les tiges de blé, le coton, le chiendent, le sureau, l'orme, le sparte, les fougères, le sapin, l'iris, le lin, la vigne, un grand nombre d'herbes, le chanvre, les tiges du houblon, le marronnier d'Inde, l'indigo, le jute, l'écorce et le bois du mûrier, le chêne, l'éloupe, la paille d'avoine, l'osier, le palmier, le palmier nain, l'herbe des pampas, le papyrus, les tiges de pois, le pin, le plantain, le peuplier, les tiges de pommes de terre, les chiffons de toute espèce, les roseaux, la paille de riz, les cordes, la paille de seigle, les tiges de glaïeul, la soie, le bombax, le sorgho, l'épinette du Canada, les chardons, le tabac, la paille de froment, le vieux papier, le saule et la laine. A Ratisbonne, en 1773, un savant, nommé Christiaen Schœffer, obtint 81 échantillons de papier en employant une substance différente pour chaque échantillon : sciure de bois de hêtre, copeaux de saule, de mûrier, de tremble, de clématite, mousse, feuilles et trognons de chou, tiges de houblon, d'aloès, de muguet, d'algue marine, de paille, de chanvre et de vigne, feuilles de mauve, etc. Plus tard, on fit du papier avec l'ortie, l'écorce d'osier, le roseau, la racine de chiendent, le bois de fusain, l'écorce de peuplier, etc. Un médecin allemand fit imprimer sur papier d'amiante en 1727. On a été jusqu'à fabriquer du papier avec du kaolin. Les matières dont on se sert le plus sont : les chiffons de coton et de toile, le vieux papier, la paille, le sparte, l'alfa, le bois, la canne, le jute et le bananier de Manille. — Quand on emploie les chiffons de coton et de toile, on les met dans les machines cylindriques où ils sont remués par de longues dents fixées sur des cylindres tournants. On les passe ensuite dans une machine à couper et à nettoyer, puis on les lave et on les fait bouillir dans une solution alcaline pour réduire les parties dures de la fibre végétale. On se sert de grandes chaudières cylindriques en fer, où l'on fait arriver de la vapeur à une pression d'environ 25 kilogr. Les chiffons ainsi bouillis sont alors convertis en pulpe dans une machine, qui, sous une forme légèrement modifiée, s'emploie pour les trois opérations du lavage, du blanchissage et de la réduction de la matière en pâte ou pulpe. Le lavage dure ordinairement de trois à quatre heures; les chiffons sont ensuite égouttés et mis dans la machine à blanchir, qui diffère de l'autre en ce qu'elle n'a pas de caisse perforée pour l'écoulement de l'eau. Le blanchiment s'opère avec du chlorure de chaux, et dure habituellement trois heures. La matière à demi préparée est mise alors dans des cuves pour s'égoutter, après quoi on la soumet à l'action de la machine à battre ou à triturer, en ayant au préalable neutralisé le chlorure et les sels qui y sont associés par une solution de soude ou d'anti-chlore, composé de sulfite de soude, de chlorure d'étain et d'hyposulfite de soude. Lorsque la trituration est à peu près complète, on peut colorer ou teinter la pâte. Le papier peut se coller dans la machine à triturer, ou dans la machine où il reçoit sa forme définitive. Les ingrédients employés ne sont pas les mêmes dans les deux cas. Il y a différents procédés pour le collage dans la machine à triturer; le plus ordinaire est le collage à la résine, qui se fait en ajoutant une solution d'alun à un savon résineux dissous dans une solution de soude. Le collage en cas où il s'applique directement au papier même et non à la pâte, se fait avec de la gélatine; généralement, les fabricants font leur propre colle dans une salle adjacente à celle qui contient la machine, de façon à pouvoir

l'employer quand elle est encore liquide. On la fait avec des rognures de peau de la meilleure qualité. L'espace ne nous permet pas de décrire la fabrication de la pâte que l'on tire d'autres matières; nous dirons seulement quelques mots du procédé appliqué au bois. On fait du papier de bois depuis aussi longtemps que du papier de paille; mais seulement sur une petite échelle jusqu'à ce qu'il se fût formé en Amérique une compagnie pour ce genre de fabrication. Charles Watt et Hugh Burgess prirent un brevet d'invention pour cette industrie en 1853-'54. Le bois dont on se sert est principalement celui du peuplier d'Amérique ou bois blanc. On le coupe en lames d'un demi-pouce d'épaisseur environ, au moyen de coupeurs mécaniques, dont un seul peut réduire en morceaux quarante cordes de bois par jour. Les copeaux sont mis dans des chaudières cylindriques verticales d'environ 5 pieds de diamètre et 16 pieds de haut, à extrémités hémisphériques, et pourvues intérieurement de cloisons perforées de façon que l'intervalle entre deux cloisons contienne une quantité de copeaux égale à une corde de bois. On introduit ensuite une solution de soude caustique de la force de 12° Baumé, et l'on fait du feu en dessous. La digestion est complète au bout de six heures environ; le contenu est alors violemment vidé dans un cylindre de tôle placé à côté de la chaudière, sous une pression de 65 livres par pouce carré. Puis on passe la matière dans la machine à laver, et si l'on doit s'en servir immédiatement et sur place, on la blanchit et on la mélange avec de la pâte de chiffons dans la machine à triturer, dans la proportion de 60 à 80 p. 100, et on en fait du papier de la même manière que s'il s'agissait de pâte de chiffons pure. Si la pâte de bois doit être transportée avant d'être utilisée, on se contente de la passer au laveur, et de la convertir provisoirement en une sorte de papier épais sur une machine à cylindre, afin de la sécher et de lui donner une forme commode pour le transport. — Pour la fabrication du papier d'imprimerie, du papier à écrire et du papier d'emballage, la pâte, collée ou non, est mise dans une cuve et mêlée avec de l'eau jusqu'à ce qu'elle soit assez liquide pour s'étendre. — Jusque vers le commencement de ce siècle le papier se fit exclusivement à la main. Dans ce procédé, l'ouvrier se sert d'un moule en bois peu profond, un peu plus grand que la feuille de papier et dont le fond est formé de fils de fer rapprochés et parallèles avec quelques autres fils de fer qui les croisent. Ainsi arrangés, les fils donnent ce qu'on appelle le « papier vergé », si les fils de fer reposent avant d'être utilisée, on obtient « le papier quadrillé ». Le « filigrane » du papier, qui sert à en indiquer les différentes sortes, s'obtient en adaptant aux moules de gros fils de fer, représentant la figure que l'on veut reproduire, de façon à rendre la couche de pâte un peu plus mince sur les lignes qu'ils tracent. Certains papiers tirent encore aujourd'hui leur nom des filigranes qui les distinguaient autrefois. Ainsi les Anglais appellent le papier écolier foolscap paper, parce que le filigrane de cette qualité représentait un bonnet de folio avec ses grelots, en anglais fool's cap. En même temps que l'ouvrier tient en main le moule, un cadre libre appelé forme, exactement de la grandeur du moule, est abaissé sur la surface de celui-ci, servant de bordure aux fils de fer et déterminant le format de la feuille. On verse, d'une manière bien uniforme, une petite quantité de pâte sur les fils de fer, et puis, en renversant le moule, on la dépose sur une feuille de feutre et on la recouvre avec une autre, sur laquelle on dépose une nouvelle couche de pâte passée au moule, et ainsi de suite. Lorsque ces feuilles alternées sont au nombre de 130, on soumet la pile à différentes pressions successives, et ensuite on suspend les feuilles pour les sécher. La dernière touche se donne en pressant les feuilles mises en pile alternativement avec du carton glacé, et quelques plaques de métal chaud. — La fabrication du papier à la main est presque entièrement abandonnée aujourd'hui, et le plus fin papier, même celui des billets de banque, peut se fabriquer à la machine. Il y a plusieurs machines en usage; celle de Fourdrinier est la plus répandue. Elle a été perfectionnée par Bryan Donkin et d'autres. Voici comment le Dictionnaire de mécanique de Knight (*American Mechanical Dictionary*) décrit son action : « La pâte sortant du cylindre de trituration entre dans la cuve *a* par un filtre *b*, fait d'une feuille métallique à travers laquelle sont ménagés des interstices; elle est constamment remuée par un agitateur *c*, et elle coule dans une seconde chambre, plus petite, pourvue d'un agitateur moins grand, qui la remet (après l'avoir fait passer sur une plaque cannelée, pour arrêter les matières

donner la forme aux feuilles. En France et en Allemagne, cette fabrication date de 1314, et en Italie, de 1367. Le papier fil semble n'avoir été connu en Allemagne dès 1324. En 1498, Henri VII d'Angleterre donna une somme d'argent pour encourager une fabrique de papier. C'est probablement la fabrique de John Tate, qui mourut en 1514 et dont parle Wynkin de Worde dans *De Proprietatibus rerum*. Les Allemands essayèrent l'usage de la paille en 1756; en France, on imprima en 1776, un livre sur du papier blanc de bonne apparence, fait avec de l'écorce de tilleul. Les Français firent faire les plus grands progrès à la fabrication du papier; surtout lorsque se répandit la machine Fourdrinier, inventée par Louis Robert, employé chez François Didot d'Essonnes (1799), machine au moyen de laquelle on pouvait obtenir un papier de 12 pieds de large et d'une longueur indéfinie. En 1801, cette machine fut exposée en Angleterre et la maison Fourdrinier l'acheta à Didot et dépensa 60,000 livres à l'amé-

cembre 1873. Ils sont applicables aux papiers importés de l'étranger, indépendamment des droits de douane qui pour la plupart des papiers sont fixés à 11 fr. par 100 kilog., selon le tarif général des douanes du 7 mai 1880, mais qui ont été réduits à 8 fr. par les traités de commerce de 1882. Les fabricants de papier et les marchands en gros doivent être munis d'une licence, et ils sont soumis à l'exercice de la régie des contributions indirectes. La loi du 6 septembre 1871 avait frappé d'un droit de 20 fr. par 100 kilog. (en outre de la taxe commune de 10 fr.) le papier employé à l'impression des journaux, et des autres publications périodiques assujetties au cautionnement; mais la loi du 29 juillet 1881 sur la presse ayant dispensé ces publications de tout cautionnement, la taxe supplémentaire s'est trouvée implicitement supprimée. L'impôt sur le papier est un de ceux dont l'abolition doit être réclamée de la manière la plus urgente, car il est une entrave à la diffusion de l'instruction publique et de la

Machine Fourdrinier.

étrangères plus lourdes que la pâte) sur la toile métallique sans fin ou tablier, *d*; à cette partie est imprimé un mouvement de va-et-vient qui distribue également la pâte sur la surface. La toile métallique sans fin est soutenue par une série de petits rouleaux, et la largeur du papier est déterminée de chaque côté par des lanières *e* qui font l'office de formes. Ces lanières sont conduites par les rouleaux *f f*, leur tension étant réglée par l'arrangement figuré en *g*; *h* est une caisse vide, dont l'air est partiellement aspiré par une machine pneumatique, et qui enlève une partie de l'humidité du papier à mesure que celui-ci passe sur la caisse. Le papier est alors conduit entre les cylindres recouverts de drap *i i*; l'inférieur de ces rouleaux et les rouleaux *j j* ramènent le tablier de fil de fer pour le faire se charger d'une nouvelle quantité de pâte; tandis que le papier est transmis au blanchet de feutre *k*, qui le transporte sous l'action des rouleaux *l l*. Les laminoirs sont ajustés, par la vis *m*. Le feutre conduit ensuite la feuille de papier aux seconds laminoirs *n n*, qui le pressent davantage et en expriment l'humidité. Au moyen des rouleaux *o o o*, le feutre retourne au point d'où il est parti. Après avoir dépassé les laminoirs, le papier est reçu sur une autre feutre sans fin qui le porte jusqu'à une série de cylindres chauffés à la vapeur 1, 2, 3, 4, 5, entre lesquels la feuille se sèche en partie; elle passe encore entre d'autres laminoirs *s*, et va de là à une seconde série de cylindres de dessiccation 6, 7, 8, d'où, après avoir été successivement soumise à l'action de pression et d'extension des rouleaux *p p*, elle est remise au dévidoir *r*. — HIST. D'après Gibbon, on cite comme autorité le bibliothécaire Casiri, dans la *Bibliotheca Arabico-Hispana*, l'art de fabriquer le papier avec des fibres végétales, nous est venu de Samarcande, où il avait été apporté de Chine en 654; de là il se répandit en Europe; et, dès 707, il était connu à la Mecque. Vers la même époque, les Sarrasins apprirent, dit-on, à fabriquer du papier de coton, et probablement cet art en Espagne (711). Il y eut des fabriques de papier à Tolède (Espagne), dès 1085; on y faisait du papier de chiffons avec des moules pour

liorer. La première manufacture de papier fut établie en Amérique en 1690 à Roxborough, près de Philadelphie, par un Hollandais, nommé William Rittinghuysen, orthographe transformée aujourd'hui en Rittenhouse. Vers 1340, un moulin à papier fut installé près d'Essonnes, et quelques mois plus tard un autre fut établi près de Troyes. Mais cette industrie existait depuis des siècles dans le midi de la France. — CLASSEMENT DES PAPIERS. Sous le rapport du format, les papiers se classent de la manière suivante :

	LARG.	HAUT.
Grand monde (cartes géogr., dessins, etc.)	1.194	0.870
Grand aigle (cartes géogr., gr. registres)	1.014	0.688
Grand soleil (grands ouvrages)	1.000	0.690
Grand colombier (cartes, gravures)	0.900	0.600
Grand jésus (dessins, impression)	0.720	0.560
Jésus ordinaire (impression)	0.700	0.550
Grand raisin (impression)	0.640	0.500
Cavalier (impression)	0.600	0.450
Double cloche (écriture)	0.580	0.390
Carré (impression, écriture)	0.560	0.450
Coquille (écriture)	0.560	0.440
Écu (écriture)	0.530	0.400
Couronne (écriture, impression)	0.460	0.360
Tellière (tableaux, comptes, dessins)	0.450	0.350
Florette (exportation)	0.440	0.340
Pot ou Écolier (écriture)	0.400	0.340
Cloche de Paris (écriture)	0.390	0.290
Petite cloche normande (écriture)	0.360	0.260
Petit à plat (écriture)	0.360	0.260

— COMM. Le papier est livré au commerce en rames de 500 feuilles, distribuées ordinairement en vingt mains de 25 feuilles. Les papiers de petit format, dits *papiers à lettres*, se vendent ordinairement en cahiers de 6 feuilles; 20 cahiers font une *ramette* et 4 ramettes font une rame de 480 feuilles. — Législ. « La loi du 6 septembre 1871 a établi sur les papiers de toute sorte un droit de fabrication, lequel est ainsi fixé : 15 fr. par 100 kilog., pour les papiers à cigarettes, papiers-soie, papiers-pelure, papiers à lettres, papiers-parchemin blancs et similaires; 10 fr. pour les papiers à écrire, à imprimer, à dessiner, papiers pour musique, papiers de tenture blancs, papiers coloriés et marbrés pour reliure et assimilables; et de 5 fr. pour les cartons, papiers-cartons, papiers d'enveloppe et de tenture à pâte de couleurs, papiers d'emballage, papiers buvards et tous les similaires. Ces droits, non sujets aux décimes, ont été accrus de p. 100 par la loi du 30 dé-

civilisation; et c'est pourquoi il a dû être abandonné en Angleterre ainsi qu'aux États-Unis d'Amérique. De plus, cet impôt nuit à l'industrie française en favorisant les imprimeurs étrangers, puisque les papiers blancs sont assujettis en France à un droit de fabrication, et ceux importés sont en outre soumis à un droit de douanes, tandis que les papiers imprimés, les gravures et les dessins venant de l'étranger sont exempts de tous droits. »

(Ch. Y.)

* **PAPIER-ARABESQUE** s. m. Sorte de papier-tenture sur lequel sont dessinées des arabesques: *des papiers-arabesque*.

* **PAPIER-DAMAS** s. m. Sorte de papier peint qui fut d'abord fabriqué à Damas: *des papiers-damas*.

* **PAPIER-GRANIT** s. m. Sorte de papier peint qui représente du granit: *des papiers-granit*.

* **PAPIER-JOURNAL** s. m. Nom que l'on a donné autrefois au livre de compte que nous appelons aujourd'hui journal: *des papiers-journal*.

* **PAPIER-LAMBRIS** s. m. Papier peint qui simule un lambris : *des papiers-lambris*.

* **PAPIER-MARBRE** s. m. Papier fort, épais et bien collé sur lequel on dessine des marbrures à l'aide d'un peigne. Il sert aux reliurs pour la couverture des livres.

* **PAPIER-MONNAIE** s. m. Papier créé par le gouvernement ou en son nom pour circuler comme de l'argent: *des papiers-monnaie*.

* **PAPIER-NOUVELLE** s. m. Nom que l'on donnait autrefois aux journaux.

* **PAPIER-TENTURE** s. m. Papier de différentes espèces et de toutes sortes de couleurs et de dessins, imitant les étoffes, les tableaux, les lambris, l'architecture, etc., que l'on emploie en guise de tapisserie : *manufacture de papiers-tenture*. — On dit aussi PAPIER PEINT. — ENCYCL. Les tentures en papier sont entrées dans l'usage européen depuis 200 ans environ ; mais les Chinois s'en servaient depuis bien des siècles. L'invention de la machine à papier Fourdrinier, qui permet de fa-

briquer à bon marché des bandes de papier d'une longueur indéfinie, les a rendues communes en Europe et aux États-Unis. Auparavant, on collait bout à bout des carrés de papier faits à la main. Jusqu'à ces derniers temps, l'impression de ce papier se faisait à la main comme celle du calicot ou des toiles cirées. Aujourd'hui on se sert de presses cylindriques qui facilitent l'opération et en diminuent le prix. Le modèle est gravé par fragments sur une série de cylindres de cuivre, à chacun desquels s'applique une couleur spéciale pendant que ces cylindres tournent. Beaucoup de couleurs dont on se sert dans la fabrication des papiers peints se préparent avec des substances minérales, dont certaines sont de violents poisons. C'est surtout le cas pour les verts éclatants des papiers veloutés qui se font d'ordinaire avec le vert de Schweinfurt, composé dangereux d'arsenic et de cuivre.

* **PAPIER-TONTISSE** s. m. Papier sur certains endroits duquel on a appliqué un mordant composé d'huile de lin cuite et de céruse broyée, afin de retenir et de coller des parcelles de tonture de drap réduites en poudre fine (tontisse), qui doivent former le velouté.

PAPIFIANT adj. (rad. *papifier*). Hist. ecclés. Qui concourt à l'élection du pape: *cardinal papifiant.*

PAPIFIER v. a. (rad. *papa*, pape; *facere*, faire). Faire un pape.

* **PAPILIONACÉ, ÉE** ou **Papillonacé**, ée adj. (lat. *papilio*, papillon). Bot. Se dit des fleurs dont les corolles, formées de cinq pétales inégaux, ont quelque ressemblance avec un papillon qui vole: *presque toutes les fleurs des légumineuses sont papilionacées; corolle papilionacée.* — s. f. Plante papilionacée. — Les papilionacées forment une famille de plantes dicotylédones dialypétales périgynes comprenant des herbes, des arbrisseaux et souvent même de grands arbres à feuilles alternes, le plus ordinairement composées et accompagnées de stipules. On divise ordinairement cette famille en 7 tribus: 1° *podalyriées* (anagyre, podalyrie); 2° *lotées* (lupin, bugrane, ajonc, genêt, cytise, anthyllide, luzerne, trigonelle, mélilot, trèfle, lotier, amorphe, indigotier, réglisse, galéga, robinier, baguenaudier, astragale); 3° *viciées* (pois chiche, lentille, pois, vesce, gesse, orobe); 4° *hédysarées* (coronille, ornithope, arachide, sainfoin, onobrychide, ébénier); 5° *phaséolées* (glycine, apios, haricot, abrus); 6° *dalbergiées* (dalbergia, coumarou); 7° *sophorées* (myrosperme, sophora).

PAPILLACÉ, ÉE adj. Qui est muni de papilles.

* **PAPILLAIRE** adj. [pa-pill-lè-re]. Anat. Qui a des papilles, des mamelons, ou qui est en forme de mamelon: *tunique, membrane papillaire; corps papillaire; éminences papillaires.*

° **PAPILLE** s. f. [pa-pil-le] (lat. *papilla*). Anat. Certaines petites éminences semblables à des mamelons, qui sont répandues sur la surface du corps, et particulièrement sur la langue.

PAPILLÉ, ÉE adj. [-pil-lé]. Garni de papilles.

PAPILLEUX, EUSE adj. Parsemé de papilles.

PAPILLIFÈRE adj. [-pil-li-] (rad. *papille*; lat. *fero*, je porte). Bot. Qui porte des papilles.

PAPILLIFORME adj. [-pil-li-] (rad. *papille*, et *forme*). Qui a la forme d'une papille.

* **PAPILLON** s. m. [*ll* mll.] (lat. *papilio*). Insecte volant, à quatre ailes, couvertes d'é-

cailles fines comme de la poussière: *les papillons ont d'abord la forme de chenilles.* — Il VA SE BRULER A LA CHANDELLE COMME UN PAPILLON, se dit d'un homme qui, se laissant tromper par des apparences agréables, est près de donner dans un piège. — C'EST UN PAPILLON, se dit d'un esprit léger, qui voltige d'objets en objets. — COURIR APRÈS LES PAPILLONS, s'amuser à des bagatelles. — Fig. PAPILLONS NOIRS, idées sombres, visions noires. — ENCYCL. On appelle *papillons* tous les lépidoptères à l'état parfait; mais on réserve ordinairement ce nom, dans le langage scientifique, aux lépidoptères diurnes dont nous allons seulement nous occuper ici. Ces insectes ont le bord externe des ailes inférieures dépourvu de soie raide ou de frein pour retenir les deux supérieures; leurs antennes, ordinairement terminées en petites massues, sont quelquefois pointues et crochues à leur extrémité. Cette famille comprend les papillons hexapodes (papillons proprement dits, parnassiens, piérides et coliades); les papillons tétrapodes (danaïdes, argynes, vanesses, nymphales, satyres, etc.) et les papillons hespériens et uraniens. Au genre papillon proprement dit appartient le *papillon étoilé* (*papilio asterias*), que représente

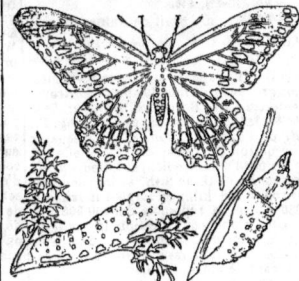

Papilio asterias.

notre figure. (Pour les autres familles, voy. LÉPIDOPTÈRES.) — Papillons de mer, nom que l'on donne dans tous les pays aux mollusques *ptéropodes*, parce qu'ils paraissent voler plutôt que nager, au moyen de deux nageoires placées à peu près comme les ailes d'un insecte. D'autres particularités les font ressembler à des papillons: longueur du corps qui ne dépasse pas 3 centimètres; brillantes couleurs qui les ont fait surnommer les bijoux des flots; rapidité de mouvement qui fait que leur vie semble n'être qu'une course vagabonde au milieu des vagues. Ces charmants animaux vivent dans l'onde comme l'oiseau dans l'air; ils planent, montent, descendent, se balancent dans l'écume; on les rencontre dans toutes les mers. (Voy. PTÉROPODES.)

PAPILLON, ONNE adj. Inconstant, infidèle.

PAPILLON (Fernand), physiologiste français, né en 1847, mort en 1874. A partir de 1864, il fut attaché à la rédaction du *Moniteur scientifique* de Paris. Le plus connu des ouvrages de ce savant est intitulé *La Nature et la Vie* (1873), et fut traduit en plusieurs langues.

* **PAPILLONACÉ, ÉE** adj. [*ll* mll.]. Voy. PAPILIONACÉ.

PAPILLONNAGE s. m. Action de papillonner.

* **PAPILLONNER** v. n. Voltiger d'objets en objets, sans s'arrêter à aucun. On ne l'emploie qu'au figuré: *il ne fait que papillonner.*

Et quand on fut chenille on peut *papillonner.*

***

PAPILLONNEUR, EUSE s. Argot. Personne qui exécute le vol au papillon.

* **PAPILLOTAGE** s. m. Mouvement incertain et involontaire des yeux, qui les empêche de se fixer sur les objets: *le papillotage des yeux.* — Fig. Effet d'un tableau qui éblouit et fatigue les yeux par des lumières également brillantes et des couleurs également vives. Par ext. Écrit dont le style est semé d'un trop grand nombre d'expressions brillantes: *il y a beaucoup de papillotage dans ce tableau, dans ce style.* — Typogr. Feuille imprimée, lorsque le caractère a marqué double, ou a laissé certaines petites taches noires aux extrémités des pages et des lignes.

* **PAPILLOTE** s. f. Morceau de papier dont on enveloppe les cheveux que l'on met en boucles, pour les faire tenir frisés: *mettre les cheveux sous les papillotes, dans des papillotes.* — ETRE EN PAPILLOTES, AVOIR LA TÊTE EN PAPILLOTES, avoir les cheveux sous des papillotes: *elle était encore en papillotes, lorsque j'entrai dans sa chambre.* — Prov. CELA N'EST BON QU'A FAIRE DES PAPILLOTES, se dit, d'un écrit sans mérite, d'un papier sans valeur, bon à mettre au rebut. — CÔTELETTE DE VEAU EN PAPILLOTE, côtelette de veau panée, que l'on enveloppe d'une feuille de papier pour la faire cuire. — Confis. Dragée de sucre ou de chocolat enveloppée dans un morceau de papier: *une livre de papillotes.*

PAPILLOTEMENT s. m. Éclat qui trouble et fatigue la vue.

* **PAPILLOTER** v. n. Se dit des yeux, lorsqu'un mouvement incertain et involontaire les empêche de se fixer sur les objets: *les yeux lui papillotent continuellement.* — Se dit fig., d'un tableau qui fatigue les yeux par des lumières également brillantes et des couleurs également vives. — Se dit, par ext., du style, lorsque les expressions brillantes y ont été répandues avec trop de profusion: *ce style papillote.* — Typogr. Se dit de la feuille imprimée, lorsque le caractère a marqué double, ou a laissé de petites taches noires aux extrémités des pages et des lignes. — ∾ Se papilloter v. pr. Se mettre les cheveux en papillotes.

PAPIN (Denis), physicien français, né à Blois le 22 août 1647, mort en Angleterre vers 1714. Après avoir pratiqué la médecine, il devint l'aide de Huygens; il visita l'Angleterre en 1680 et publia en 1682, un ouvrage sur son *digesteur* ou *marmite*, appareil pour amollir les os, dont le principe est encore aujourd'hui appliqué sous le nom de digesteur de Papin. Il fut persécuté en France comme protestant, et, en 1687, il se fit nommer professeur de mathématiques à Marburg. En 1690, il proposa la vapeur comme force motrice universelle, et donna la description d'une machine à vapeur et même d'un grossier steamer à aubes. Des documents découverts à Hanovre par le professeur Kuhlmann en 1852 montrent qu'en 1707, il fit construire et lancer une sorte de steamer sur la Fulda. (Voy. BATEAU A VAPEUR.) En 1880, on a érigé à Blois une statue à la mémoire de celui que l'on considère, avec raison, comme ayant le premier appliqué la vapeur à la propulsion des navires. Comme perfectionnement à son digesteur, Papin a inventé la soupape de sûreté, auxiliaire indispensable de toute machine à vapeur. Des biographies de Papin ont été écrites par La Saussaye et Péan (1859) et par Ernoul (1874).

PAPINEAU (Louis-Joseph), homme politique canadien, né près de Montreal en 1789, mort en 1871. En 1811, il entra au parlement provincial, et en 1815 fut élu président de la chambre du Canada. Il était chef du parti radical; et, pour neutraliser son influence, le gouverneur général, lord Dalhousie, le nomma du conseil exécutif, mais il ne parut jamais aux séances. En 1827, il fut réélu à la chambre et choisi de nouveau pour président, sur quoi Dalhousie ajourna le parlement, et le tint ainsi éloigné de son siège jusqu'en 1828. Son cahier de doléances, présenté en 1834 par Bédard, est connu sous le nom de 92 résolutions. Le nouveau gouverneur, lord Gosford, mit son veto à la loi passée par son influence en 1836 et qui ne votait des subsides que pour six mois. Le bas Canada fut menacé de mesures rigoureuses contre lesquelles les Canadiens français se révoltèrent sans succès, et Papineau, accusé de haute trahison, s'enfuit aux Etats-Unis. Il vécut à Paris de 1839 à 1847, puis retourna au Canada à la faveur de l'amnistie générale de 1840 et fut de nouveau élu au parlement; mais il se retira en 1854. (Voy. CANADA.)

PAPINIANISME s. m. Doctrine de Papinien.

PAPINIANISTE s. m. Partisan des doctrines de Papinien.

PAPINIEN (Æmilius-Papinianus), jurisconsulte romain, né vers 170, mort en 212. Ce fut un des plus éminents jurisconsultes de Rome; le Digeste contient 595 extraits de ses ouvrages. Parmi ses élèves on compte Ulpien et Paulus. Il fut décapité par ordre de Caracalla.

PAPION s. m. (altér. de babouin). Mamm. Espèce de cynocéphale comprenant des quadrumanes d'une grandeur et d'une force extraordinaires. Le papion noir (cynocephalus porcarius) est d'un noir jaunâtre ou verdâtre

Papion noir (Cynocephalus porcarius).

surtout au front, avec le visage et les mains noirs, une crinière à l'âge adulte, la queue longue et velue. On le trouve en Afrique, dans le voisinage du cap de Bonne-Espérance. Il est extrêmement féroce; mais il se rend utile en détruisant chaque jour des centaines de scorpions dont il est friand.

PAPIRIEN adj. m. Se dit d'un recueil de lois fait, sous Tarquin le Superbe, relativement aux choses sacrées.

PAPIRIUS CURSOR [pa-pi-riuss cur-sor], famille romaine de la gens Papiria, que l'on suppose devoir son nom à un habile coureur qui la fonda. En voici les principaux membres : — I. (Lucius), maître de la cavalerie sous le dictateur L. Papirius Crassus, en 340 av. J.-C., et consul en 333. Dans la seconde année de la seconde guerre Samnite (325), il fut fait dictateur pendant la maladie du consul Lucius Camillus, mena la campagne avec grand succès et reçut les honneurs du triomphe. En 320, consul pour la seconde ou la troisième fois, il dirigea encore une campagne contre les Samnites, en Apulie, où il fut à la fin victorieux, et reçut une seconde fois le triomphe. Il fut ensuite réélu consul

trois fois, toujours pendant la guerre du Samnium. En 309, créé de nouveau dictateur, il remporta une dernière et décisive victoire sur les Samnites et célébra un troisième triomphe avec une magnificence inaccoutumée. — II. (Lucius), son fils, doué de talents militaires qui ne le cédaient guère à ceux de son père. Consul en 293, il dirigea une grande partie de la troisième guerre Samnite. Il termina une campagne heureuse en Campanie par de grandes victoires près d'Aquilonia, et eut les honneurs du triomphe. En 272, élu consul une seconde fois, il soumit les Brutiens et les Lucaniens, et reçut une seconde fois les honneurs du triompha-teur.

* PAPISME s. m. Terme dont quelques communions chrétiennes se servent pour désigner l'Eglise catholique romaine.

* PAPISTE s. et adj. Terme dont quelques communions chrétiennes se servent pour désigner les catholiques romains.

PAPON (Jean-Pierre), né au Puget, près de Nice, en 1734, mort en 1803. Il a laissé entre autres travaux : Histoire de la Provence (1777-'86, 4 vol. in-4°); Histoire de la Révolution française jusqu'au 18 brumaire (Paris, 1815, 6 vol. in-8°), etc.

PAPOTAGE s. m. Bruit de vaines paroles.

PAPOU, OUE s. et adj. De la Papouasie; qui appartient à ce pays ou à ses habitants.

PAPOUASIE, Papoua, ou NOUVELLE-GUINÉE, la plus grande île du monde après l'Australie, et peut-être après Bornéo. Elle gît par 0° 6' et 10° 45' lat. S. et 128° 25' et 149° long. E., au N. de l'Australie, dont elle est séparée par le détroit de Torres. Au S.-O., elle est baignée par l'océan Indien, et ailleurs par le Pacifique. Du N.-O. au S.-E. sa longueur est d'environ 2,300 kil.; sa largeur maximum de 650 kil. et sa superficie de 750,000 kil. carr. L'île a une configuration irrégulière, et est largement échancrée par des baies profondes, faisant de ses extrémités des presqu'îles considérables, au N.-O. et S.-E. Les Hollandais prétendent avoir des droits sur tout le pays à l'O. du 141e parallèle. La Papouasie est montagneuse; a un climat chaud et humide et est couverte d'épaisses forêts. Les principales chaînes de montagne sont les monts Arfak, dans la presqu'île du N.-O., dont la hauteur maximum est estimée par les uns à 2,000, par les autres à 3,000 m.; les montagnes neigeuses, d'une altitude semblable, près du milieu de l'île, et la chaîne de Stanley, de plus de 3,000 m., avec le mont Owen Stanley, qui mesure plus de 4,000 m., dans la presqu'île du S.-E. La Papouasie passe pour être bien arrosée. En 1876, on a remonté le fleuve Fly avec une chaloupe à vapeur, depuis son embouchure sur la côte méridionale jusqu'au cœur de l'île, où il n'a forme plus qu'un courant sans profondeur, de 75 à 100 pieds de large et d'une vitesse de 9 à 10 kil. à l'heure. Le Baxter, qui coule aussi au S., est navigable sur une étendue de 95 kil. Au N., l'Amberno déverse une grande masse d'eau dans la baie de Geelvink. La faune de la Papouasie se compose de 47 mammifères, tous marsupiaux, à l'exception de trois, de 108 genres d'oiseaux terrestres, y compris 44 espèces d'oiseaux de paradis, et de 63 espèces de reptiles et de batraciens. On manque de données pour évaluer le chiffre de la population. Les habitants appartiennent pour la plupart au type pur de la race papoue. (Voy. PAPOUS; RACES ET LANGUES.) Il n'y a que les Hollandais qui aient des établissements coloniaux dans l'île. Leur principale station est Dorey, dans la presqu'île du N.-O. Il y a dans cette partie de la Papouasie plusieurs postes de missionnaires. Il se fait un commerce considérable avec les Moluques; on exporte surtout des oiseaux de paradis,

des trépangs, des noix de muscade sauvages, des écailles de tortue. — Les Portugais découvrirent la Papouasie au commencement du XVIe siècle et la nommèrent Nouvelle-Guinée. L'occupation de diverses localités par les Hollandais date de 1828. Jusqu'à ces derniers temps, la géographie de cette île était moins connue que celle d'aucune autre région de la même étendue; mais depuis 1870, les explorations de Moresby, de d'Albertis, de Beccari, de Meyer, de Maclay, de Macfarlane, de Stone et d'autres nous en ont donné une connaissance bien plus complète. — Races et langues des Papous. Les Papous sont les habitants primitifs des îles des océans Indien et Pacifique; mais, chassés par les races malayo-polynésiennes, ils ne sont plus guère aujourd'hui en possession que de certaines parties intérieures et inaccessibles de ces îles. Le mot Papou dérive du malais papuwah, aux cheveux crépus. L'archipel Indien est regardé comme le berceau de la race Papou. Bien que les Malais ne se soient guère mélangés avec eux, il faut distinguer entre les Papous purs et les Papous de sang-mêlé. Dans la première classe, on compte les habitants de la Papouasie, des îles Key, Arroo, Mysol, Salawaty et Waigioo, et aussi les Aetas ou Negritos des Philippines. (Voy. NEGRITOS.) Le grand pays des Papous de race mêlée est la Mélanésie, et principalement les îles Fidji. Wallace représente le type papou comme d'un brun ou noir de suie foncé, avec des cheveux crépus, poussant par touffes, et assez longs pour être arrangés en une sorte de perruque; la barbe est crépue; les bras, les jambes, la poitrine sont plus ou moins couverts de poils semblables. La taille est égale à celle des européens. Intellectuellement, les Papous sont supérieurs aux Malais. Leurs villages, d'ordinaire sur le bord des cours d'eau, ressemblent aux anciennes habitations lacustres de l'Europe centrale. Chaque homme a autant de femmes qu'il peut en acheter et en nourrir; on dit cependant que les Négritos sont monogames. — Les langues que parlent les Papous ne sont pas assez connues pour qu'on puisse en faire une étude comparée. Les dialectes de la Papouasie semblent avoir certains rapports les uns avec les autres. Dans les districts de Minahasa et de Gorontalo, dans l'île des Célèbes, et sur les côtes de la baie de Tomini, Riedel n'a pas étudié moins de 23 dialectes, et, dans toute l'île, il y en a au moins 100. La variété des dialectes est encore plus grande dans la Papouasie. Chaque village a le sien, et les termes qui désignent les objets les plus communs sont entièrement différents.

PAPPE s. m. Bot. Aigrette qui surmonte les semences de quelques plantes après la floraison.

PAPPENHEIM (Gottfried-Heinrich, COMTE) [pap-pènn-haïmm], général de l'empire pendant la guerre de Trente ans, né en 1594, mort en 1632. Pour défendre le catholicisme, il se fit capitaine de cavalerie. Il faisait partie de l'armée bavaroise, en 1620, il reçut 20 blessures. En 1623, l'empereur le nomma commandant d'un régiment de cuirassiers, célèbre plus tard sous le nom de cuirassiers de Pappenheim. En 1626, il écrasa en un mois une insurrection dans l'Autriche supérieure, dans laquelle périrent 40,000 paysans protestants. En mai 1631, il se distingua à la prise d'assaut de Magdebourg où ses troupes déployèrent la plus grande férocité. Après la mort de Tilly, il se réunit à Walleinstein et reçut une blessure mortelle à Luizen (6 nov. 1632).

PAPPIFÈRE adj. (lat. pappus, aigrette; fero, je porte). Qui porte une aigrette.

PAPPUS (Alexandrinus) [pap-puss], géomètre grec, probablement du IVe siècle. Tous ses ouvrages ont péri, à l'exception des six derniers des huit livres des *Collections mathé-matiques.*

PAPULE s. f. Pathol. Petit bouton rouge qui s'élève sur la peau et qui se dessèche. — Bot. Protubérance qui se trouve sur l'épiderme de certaines plantes.

PAPULEUX, EUSE adj. Couvert de papules.

PAPYRACÉ, ÉE adj. Hist. nat. Qui est mince et sec comme du papier : *membrane papyracée.*

PAPYRIFÈRE adj. (fr. *papyrus;* lat. *fero,* je porte). Se dit des végétaux dont le liber peut servir à faire du papier.

PAPYRIFORME adj. Qui a la forme du papier.

PAPYRIN, INE adj. Qui a l'apparence du papier.

PAPYROGRAPHE s. m. Celui qui exerce la papyrographie.

PAPYROGRAPHIE s. f. Art d'imprimer en lithographie au moyen du carton-pierre substitué à la pierre lithographique.

PAPYRUS s. m. [pa-pi-russ]. Plante qui croît en Égypte, le long du Nil, et dont la tige est triangulaire : *on se servait autrefois, pour écrire, de feuilles faites avec des tiges de papyrus battues; et de là est venu le mot* PAPIER. — ENCYCL. Le papyrus, ou roseau à papier, appartient à la famille des *cypéracées* ou souchets, proche parent des graminées. Linné le nommait *cyperus papyrus;* mais des botanistes plus récents font de *papyrus* un genre, et appellent la plante qui nous occupe *papyrus antiquorum.* Cette plante croît sur les bancs marécageux des rivières en Abyssinie, en Syrie et en Sicile; elle abondait autrefois sur les bords du Nil; mais, d'après sir Gardiner Wilkinson, elle aurait disparu d'Égypte. Elle y avait été probablement introduite d'un autre pays. On s'en servait à beaucoup d'usages, entre le papier. Ses épis graineux couronnaient les statues des dieux et décoraient les temples; sa moelle servait d'aliment; de sa tige on fabriquait des ouvrages de vannerie, des paniers, des boîtes et même des bateaux; son écorce faisait des voiles, des cordages, du drap, des nattes et des sandales pour les prêtres; en médecine, le papyrus guérissait les fistules et les ulcères; il fournissait de quoi faire des torches et des chandelles; ses racines s'employaient comme combustible, ou à la fabrication de meubles et d'ustensiles domestiques. La partie qui servait à faire le papier était la portion interne de la tige, dont les lames, au nombre de 20 environ, se séparaient, pour la fabrication des différentes qualités, les meilleures étant les plus rapprochées de la moelle, tandis que celles qui avoisinaient l'écorce étaient très grossières. La feuille se formait en mettant des bandes de papyrus côte à côte sur une surface plate et lisse; on les recouvrait d'une autre couche à angles droits, et on mettait le tout sous presse jusqu'à ce que les lamelles adhérassent fortement l'une à l'autre. On se servait du papyrus en Égypte pour écrire dès une époque très reculée, probablement dès la troisième ou quatrième dynastie. C'était déjà un article de commerce avant le temps d'Hérodote, mais il ne devint pas d'un usage commun en Grèce avant l'époque d'Alexandre. Sous les successeurs de ce prince, c'était un des principaux objets de commerce de l'Égypte. L'usage en fut général jusqu'au VIIe siècle, époque où le parchemin et le vélin le remplacèrent, parce que l'Égypte cessait de le fournir.

PAQUAGE s. m. Arrangement du poisson dans les barils.

PÂQUE s. f. (lat. *pascha*). Fête solennelle que les Juifs célèbrent tous les ans, le quatorzième jour de la lune après l'équinoxe du printemps, en mémoire de leur sortie d'Égypte : *Notre-Seigneur célébra la pâque avec ses disciples.* — Écrit. sainte. IMMOLER LA PÂQUE, MANGER LA PÂQUE, se dit en parlant de l'agneau que la loi de Moïse prescrit d'immoler et de manger pour célébrer la pâque. — s. m. PÂQUE ou PÂQUES, fête que les chrétiens solennisent tous les ans en mémoire de la résurrection de Notre-Seigneur, et qu'on célèbre toujours le premier dimanche qui suit immédiatement la pleine lune de l'équinoxe du printemps. Dans cette acception, il est masculin : *quand Pâques sera venu.* — LA QUINZAINE DE PÂQUES, tout le temps qui est entre le dimanche des Rameaux et celui de Quasimodo inclusivement. LA SEMAINE DE PÂQUES, temps qui est entre la fête de Pâques et le dimanche de Quasimodo aussi inclusivement : *j'irai passer la quinzaine de Pâques, la semaine de Pâques à la campagne.* — PÂQUES FLEURIES, dimanche des Rameaux, qui précède immédiatement celui de Pâques. PÂQUES CLOSES, le dimanche de Quasimodo, qui suit immédiatement celui de Pâques. FAIRE SES PÂQUES, faire ses dévotions, communier un des jours de la quinzaine de Pâques : *il a fait aujourd'hui ses pâques; faire de bonnes pâques.* Dans ces diverses expressions, *Pâques* est féminin, et ne se dit jamais qu'au pluriel. — ŒUFS DE PÂQUES, œufs ordinairement teints en rouge, qu'il est d'usage de vendre dans le temps de Pâques; et fig., petits présents qu'on fait vers le temps de Pâques : *je lui ai donné ses œufs de Pâques.* — SE FAIRE POISSONNER LA VEILLE DE PÂQUES, s'engager dans une affaire, lorsqu'il n'y a plus aucun avantage à en espérer. — SE FAIRE BRAVE COMME UN JOUR DE PÂQUES, se parer comme en un jour de fête.

PAQUEBOT s. m. (angl. *packet,* paquet; *boat,* barque). Petit bâtiment de mer, qui va et vient d'un pays à un autre, pour transporter des lettres et des passagers : *ils s'embarquèrent sur le paquebot qui va de Calais à Douvres.*

PAQUER v. a. Pêche. Disposer les poissons salés dans les barils.

PÂQUERETTE s. f. (rad. *Pâque*). Bot. Genre de composées, tribu des astéracées, comprenant plusieurs espèces de plantes herbacées, ordinairement acaules, à feuilles en rosette et à hampe nue portant un seul capitule. L'espèce la plus populaire est la *pâquerette vivace* (*bellis perennis*), nommée aussi *petite marguerite,* à feuilles spatulées, à hampe

Pâquerette vivace (Bellis perennis).

haute de 20 centim. environ. C'est la marguerite qui émaille nos prairies vers le temps de Pâques. Ses fleurs s'épanouissent au soleil et se referment à l'ombre, quand l'air est humide. Elle a produit plusieurs jolies variétés simples ou doubles, roses ou rouges. La *pâquerette annuelle* (*bellis annua*) a les tiges courtes et rameuses. La *pâquerette sauvage* (*bellis sylvestris*), plus élevée que les précédentes. croît spontanément en Portugal.

PÂQUES s. m. Voy. PÂQUE.

PAQUET s. m. (angl. *packet*). Assemblage de plusieurs choses attachées ou enveloppées ensemble : *charger quelqu'un d'un paquet.* — FAIRE SON PAQUET, s'en aller de la maison où l'on demeurait. — PLIER SON PAQUET, s'en aller furtivement. — FAIRE SES PAQUETS POUR L'AUTRE MONDE, ou PLIER SON PAQUET, mourir. Se prend quelquefois pour toutes les lettres et les dépêches que porte un courrier : *le paquet d'Angleterre.* — Fig. et fam. Personne qui a pris beaucoup d'embonpoint, et qui se remue difficilement; personne qui n'apporte aucun agrément dans la société, qui y cause plutôt de la gêne : *cette femme est devenue un paquet; elle est devenue bien paquet.* — DONNER UN PAQUET A QUELQU'UN, lui attribuer, lui imputer d'avoir fait quelque chose qui n'est pas de nature à être avoué : *on le soupçonne d'être l'auteur du libelle, on lui donne ce paquet-là.* (Vieux.) — Pop. DONNER UN PAQUET A QUELQU'UN, lui faire une tromperie, une malice : *ne nous donnez plus de ces paquets-là.* — DONNER DANS UN PAQUET, être trompé, attrapé : *il a donné dans le paquet.* — DONNER A QUELQU'UN SON PAQUET, lui faire une réponse vive et ingénieuse qui le réduit au silence : *il m'a voulu railler, mais je lui ai donné son paquet.* On dit dans le même sens, IL A BIEN EU SON PAQUET. — Faire un paquet, DES PAQUETS SUR QUELQU'UN, tenir sur lui des propos désobligeants et faux : *il a fait des paquets sur toutes les personnes de cette société.* On dit dans le même sens, C'EST UN FAISEUR DE PAQUETS. — HASARDER, RISQUER LE PAQUET, s'engager dans une affaire douteuse : *il a eu bien de la peine à se résoudre, mais enfin il a hasardé, il a risqué le paquet.*

Chacun promet enfin de risquer *le paquet.*
LA FONTAINE.

— Typogr. Certaine quantité de lignes de composition, sans folio ni ligne de pied, et liées avec une ficelle en attendant la mise en pages : *composer en paquets.*

PAQUETAGE s. m. Action ou manière de mettre en paquet.

PAQUETER v. a. Mettre en paquet.

PAQUETEUR, EUSE s. Personne qui met en paquets.

PAQUETIER s. m. Compositeur qui travaille en paquets, qui fait des paquets. Le paquetier concourt à la confection d'un labeur ou d'un journal confié à un metteur en pages, en fournissant à celui-ci des paquets de composition.

PÂQUIS s. m. [-ki]. Lieu où le gibier vient paître, et, par ext., toute sorte de pâturages : *les pâquis humides.*

PAR ou Para (gr. *para,* auprès). Préfixe qui sert à former un certain nombre de mots.

PAR (lat. *per*). Prépos. de lieu, qui sert à marquer le mouvement et le passage : *il a passé par Paris, pour Bordeaux.* — En, dans : *il se promène par la ville, par la rue, par les champs.* — DE PAR LE MONDE, dans le monde : *j'ai un cousin de par le monde, qui a fait une grande fortune.* — Mar. A : *nous étions par trente degrés de latitude.* — S'emploie aussi pour indiquer la position d'un navire : *par l'avant, par le travers.* — Endroit, partie d'une chose, ou d'une personne qu'on saisit, qu'on tient : *prenez-le par le bras.* — Désigne la cause, l'agent, le motif, le moyen, l'instrument, la manière : *il a fait cela par crainte, par haine, par animosité, par bonté.* — Au lieu de PAR, on emploie DE quand il s'agit d'un sentiment, d'une passion, d'une opération à laquelle le corps n'a point de part : *l'homme vertueux est estimé de tout le monde.* Au contraire si le verbe exprime une opération de l'esprit ou une action du corps on emploie PAR : *la poudre* à canon fut inventée par..., la Gaule fut conquise par César. — Si le verbe passif est suivi, outre son régime, de la préposit. DE et d'un subst., on doit employer PAR devant le régime : il fut convaincu de mensonge par son maître. — PAR LE AOI, formule du contre-seing des lois et ordonnances. — DE PAR, par l'ordre, par le commande de. Cette locution s'employait principalement dans la formule DE PAR LE ROI, qui se mettait au commencement de divers actes publics portant sommation, injonction, etc. On mettait aussi en tête des jugements qui autorisaient la saisie ou la vente des biens meubles et immeubles, DE PAR LE ROI, LA LOI ET JUSTICE. — PAR QUOI, raison pour laquelle, en conséquence de quoi : par quoi il fut unanimement résolu de décamper. (Vieux.) — S'emploie aussi pour affirmer, jurer, conjurer : il m'en a assuré par tout ce qu'il y a de plus saint. — Devant un infinitif, peut tenir lieu de EN avec le participe présent : il se fatigue par trop écrire. — Préposition de temps. Durant : il faut labourer la vigne par le beau temps. — Se joint à plusieurs prépositions et adverbes de lieu, sans modifier beaucoup leur signification : par delà les mers ; cette maison est belle par dedans et par dehors. (Voy. DEÇA, DELA, DEDANS, DEHORS.) — Fig. PAR-DESSUS LES MAISONS, LES MOULINS, L'ÉPAULE. (Voy. DESSUS, MAISON, MOULIN, ÉPAULE, etc.) — Par ici loc. adv. Par cet endroit-ci, vers cet endroit-ci : passez par ici ; venez par ici. Cette locution s'emploie en parlant du lieu où l'on est. — Par là loc. adv. Par ce lieu-là, par ce point-là : passez, prenez par là ; allez par là. Cette locution s'emploie en parlant d'un lieu où l'on n'est pas. — Fig. Par ce parti, par ce moyen, par ces paroles : il a été forcé d'en passer par là. — IL FAUT PASSER PAR LA OU PAR LA FENÊTRE, c'est une nécessité, c'est le seul parti qui reste à prendre. — Par-ci, par-là loc. adv. En divers endroits, de côté et autre : nous avons couru par-ci par-là. — A diverses reprises, à diverses fois, et sans aucune suite : il m'a entretenu de cette affaire par-ci par-là. — Par après loc. adv. Depuis : cela n'est arrivé que par après. (Vieux.) — Par trop loc. adv. Beaucoup trop : il est par trop pressant. — Par conséquent loc. adv. En conséquence, donc : l'équité l'exige, par conséquent vous le ferez. — Parce que conj. qui sert à marquer la raison de ce qu'on a dit, le motif de ce qu'on a fait. la cause d'un événement, d'un fait. D'autant que, à cause que : je le veux, parce que cela est juste.

* PARA s. m. Petite monnaie de cuivre qui a cours dans les diverses contrées de l'empire ottoman et dont le prix a beaucoup varié suivant le temps et les pays : le para est la quarantième partie de la piastre.

PARA ou Grâo Para, province du N.-E. du Brésil, bornée au N. par la Guyane, au N.-E. par l'Atlantique, au S.-E. par Maranhão et Goyaz, au S. par Matto Grosso, et à l'O. par Amazonas ; 1,149,712 kil. carr. ; 290,000 hab. La côte est coupée de nombreuses baies et échancrures, dont la principale est l'embouchure de l'Amazone. On représente l'intérieur comme une vaste plaine entrecoupée de grandes rivières, et n'ayant que peu de collines, si ce n'est dans les angles N.-E. et S.-O. Le climat n'est généralement pas malsain. Sur l'Amazone la pluie tombe presque toutes les après-midi. Le sol est fertile, et la végétation est la plus riche et la plus variée du monde. Les forêts vierges offrent d'inépuisables réserves de bois de construction et de bois précieux. Les principaux produits cultivés sont le riz, le coton, la canne à sucre, le café et certains légumes ; les objets d'exportation sont : le caoutchouc, le cacao, les marrons Maranhão, le riz, le miel, les peaux, le tapioca, l'urucu, qu'on dit supérieur au bois du Brésil comme teinture, la salseparelle, le baume copahu, et un grand

nombre d'autres drogues, la colle de poisson, etc. On y élève un grand nombre de bestiaux. Cap., Para ou Belem.

PARA ou Belem, ville et port de mer du Brésil, capitale de la province de Para ou Grâo Para, sur la rive droite de l'estuaire du Rio Para, à 75 kil. de l'Atlantique, et à 2,400 kil. N.-N.-O. de Rio-de-Janeiro ; 35,000 hab. environ. Elle fut fondée en 1616 ; c'est la quatrième ville commerciale de l'empire, une des mieux bâties ; remarquable pour la magnificence de ses édifices publics, surtout la cathédrale. Le port est défendu par plusieurs forts ; il est d'approche difficile, et, dit-on, s'ensable peu à peu. On exporte surtout de Para, du riz, du café, du coton, du tapioca, de la salseparelle, du cacao, du baume de copahu et d'autres drogues, de la colle de poisson, des marrons Maranhão, du caoutchouc, des peaux et des cuirs.

PARA (Rio), estuaire séparé de l'embouchure de l'Amazone au N. par l'île de Marajo, et réuni à lui par un canal comparativement étroit à l'O. de l'île, entre elle et la terre ferme ; longueur, environ 260 kil. ; largeur, 19 kil. au fond et 65 kil. à l'entrée. L'affluent principal est le Tocantins. Il est remarquable par son raz de marée.

* PARABASE s. f. [-ba-ze] (gr. parabasis, écart, digression). Litt. gr. Partie de la comédie ancienne où le poète s'adressait en son propre nom aux spectateurs : il y a de belles parabases dans les comédies d'Aristophane.

* PARABOLAIN s. m. (gr. parabolos, hardi). Nom qu'on donnait aux plus hardis des gladiateurs, et qu'on donna dans la suite à des clercs qui affrontaient les plus grands dangers pour secourir les malades, et surtout les pestiférés.

* PARABOLE s. f. (gr. parabolé). Allégorie qui renferme quelque vérité importante. N'est guère usité qu'en parlant des allégories employées dans l'Ecriture sainte : les paraboles de l'Evangile. Les Proverbes de Salomon sont aussi appelés LES PARABOLES DE SALOMON.

* PARABOLE s. f. Géom. Ligne courbe qui résulte de la section d'un cône quand il est coupé par un plan parallèle à un de ses côtés : décrire une parabole. — Ligne courbe décrite dans l'atmosphère par une bombe ou tout autre projectile. Mais on dit mieux TRAJECTOIRE. — La courbe nommée parabole ne revient jamais sur elle-même, c'est-à-dire qu'elle ne complète jamais son circuit comme le font le cercle et l'ellipse ; au contraire, elle élargit de plus en plus sa courbe ; c'est pourquoi on l'appelle courbe d'un mouvement continu. Dans la

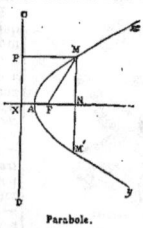

Parabole.

courbe x A y, représente une parabole. Le point culminant A est nommé sommet ; et la ligne A B qui, passant par le sommet, divise la figure en deux moitiés semblables est l'axe. Un point particulier F, situé sur l'axe A B, est appelé foyer de la courbe. Si nous prolongeons B A, en x, si nous prenons A x égal à A F et si nous menons la ligne c x D perpendiculairement à l'axe, cette ligne c x D sera nommée la directrice. Une propriété particulière à la parabole est la suivante : si un point H est pris sur la courbe, sa distance H F du foyer est toujours égale à sa distance H P de la directrice. Toute ligne droite H N H' coupant l'axe à angles droits et dont les deux extrémités se terminent à la courbe est une double

ordonnée ; B H et H' N sont les ordonnées ; et A N est l'abscisse..

PARABOLICITÉ s. f. Géom. Forme parabolique.

* PARABOLIQUE adj. Géom. Qui est courbé en parabole : un miroir parabolique.

* PARABOLIQUEMENT adv. En parabole, par paraboles : parler paraboliquement. — En décrivant une parabole : un corps qui se meut paraboliquement.

PARABOLISER v. a. Donner la forme parabolique à.

PARABOLISTE s. m. Auteur de paraboles.

PARABOLOÏDE s. m. Surface engendrée par une parabole qui se meut d'une certaine manière.

PARACELSE (Philippus-Aureolus-Theophratus-Bombastus VON HOHENHEIM), alchimiste suisse, né en 1493, mort en 1541. Il était fils d'un médecin qui lui apprit un peu de médecine, d'alchimie et d'astrologie, et il se rendit habile dans l'art de conjurer et de jongler. Il traversa l'Europe à pied, apprit quelques remèdes nouveaux à Constantinople, et, en 1526, fut nommé professeur de physique et de chirurgie à l'université de Bâle. Il se proclama le seul monarque de la physique, brûla publiquement les œuvres de Galien et d'Avicenne, et fit profession de connaître l'art de prolonger la vie et de guérir toutes les maladies. Vers la fin de 1527, il fut obligé de quitter Bâle pour avoir insulté un magistrat, et après avoir erré en Allemagne pendant plusieurs années, il mourut à Salzbourg dans la pauvreté. Une des dernières éditions de ses œuvres latines est celle de Genève, 1658, en 3 vol. in-fol.

PARACELSISME s. m. Doctrine médicale de Paracelse.

PARACENTÈSE s. f. (préf. para ; gr. kentéo, je pique). Chir. Opération qui consiste à pratiquer une ponction dans une cavité remplie de liquide pour en obtenir l'évacuation.

PARACENTRIQUE adj. Géom. Se dit d'une courbe telle, qu'un corps pesant, tombant librement le long de cette courbe, s'éloigne ou s'approche également, dans des temps égaux, d'un point donné.

PARACERQUE s. m. (préf. para ; gr. kerkos, queue). Ornith. Fausse queue produite chez certains oiseaux, par les plumes allongées des hypocondres, du dos et du croupion.

* PARACHÈVEMENT s. m. Fin, perfection d'un ouvrage. (Vieux.)

* PARACHEVER v. a. Achever, terminer, finir : parachever une affaire.

PARACHOC s. m. Appareil en bois, à coulisse, qui se place en avant de chaque voiture, pour amortir le choc dans le cas d'arrêts subits ou de rencontres, sur les chemins de fer.

* PARACHRONISME s. m. [-kro-] (préf. para ; gr. kronos, temps). Espèce d'anachronisme qui consiste à placer un fait dans un temps postérieur à celui où il est réellement arrivé. Il est opposé à PROCHRONISME.

* PARACHUTE s. m. (gr. para, contre ; fr. chute). Machine en forme d'ombrelle destinée à ralentir la chute des corps, en offrant, par son déploiement, une résistance à l'air : se dit particulièrement de la machine de ce genre qu'employaient certains aéronautes, pour descendre en abandonnant leur ballon : cet aéronaute a fait plusieurs descentes en parachute. — Le parachute fut inventé par l'aéronaute Blanchard, qui s'en servit pour la première fois à Strasbourg en 1785.

PARACITRIQUE adj. (préf. para ; fr. citrique). Chim. Se dit d'un acide qui existe tout formé dans l'aconit napel et qui se produit aussi dans là déshydratation de l'acide citrique par la chaleur.

* **PARACLET** s. m. (gr. *paraklêtos*, consolateur). Consolateur. Se dit particul. du Saint-Esprit. — Le Paraclet, hameau de la commune de Quincey, arr. et à 5 kil. S.-E. de Nogent-sur-Seine (Aube). C'est là qu'Abélard fonda un couvent de femmes à la tête duquel il mit Héloïse. Le tombeau d'Héloïse et d'Abélard qui s'y trouvait primitivement a été transféré au Père La Chaise.

PARACOUSIE s. f. [-kou-zî] (préf. *par*; gr. *akouô*, j'entends). Physiol. Trouble de l'audition.

PARACROTTE s. m. Bande de cuir posée de chaque côté de la portière d'une voiture, afin que les vêtements ne touchent pas les roues.

PARACYANOGÈNE s. f. Chim. Corps solide polymère du cyanogène.

* **PARADE** s. f. (esp. *parada*; du lat. *apparatus*, apparat). Montre, étalage de quelque chose : *mettre une chose en parade.* — Tout ce qui est moins pour l'usage ordinaire, que pour l'ornement : *un lit, une chambre, un meuble de parade.* — Lit de parade, grand lit sur lequel on expose après leur mort les rois, les princes, les évêques et autres personnages de grande distinction. — Fig. au sens moral, Faire parade d'une chose, en faire ostentation, en tirer vanité : *il fait parade de son esprit, de son savoir.* — Scènes burlesques que les bateleurs donnent au peuple à la porte de leur théâtre, pour engager à y entrer : *la parade vaut mieux que la pièce.* — Par ext. Imitation ridicule, vain semblant, étalage plein de fausseté : *cette cérémonie ne fut qu'une parade.* — Lieu où ceux qui vendent des chevaux viennent habituellement les montrer aux acheteurs. (Voy. Montre.) — Guerre. Espèce de revue que l'on fait passer aux troupes qui vont monter la garde : *la parade se fait ordinairement à midi.* — Escr. Action par laquelle on pare un coup : *il n'est pas heureux à la parade.* — Fig. et fam. Il n'est pas heureux a la parade, se dit de celui qui ne sait pas écarter une plaisanterie, un reproche. — Manège. Arrêt d'un cheval qu'on manie : *ce cheval est sûr à la parade.*

* **PARADER** v. n. Manège. Faire parader un cheval, faire manœuvrer un cheval sur la parade ou la montre. — Mar. Croiser, aller et venir en paraissant défendre l'attaque.

PARADÈS (Victor-Claude-Antoine-Robert, comte de), aventurier, né en 1752, mort à Saint-Domingue en 1786. Après avoir capté la confiance du ministre français Sartine, il fut chargé par lui de missions secrètes en Angleterre et finalement enfermé à la Bastille comme traître. Il a laissé une apologie de sa conduite sous ce titre : *Mémoires secrets du comte de Paradès* (Paris, 1789, in-8°).

PARADIASTOLE s. f. (préf. *para*; gr. *diastolê*, distinction). Distinction qu'on établit entre deux idées présentant une grande analogie.

* **PARADIGME** s. m. (gr. *paradeigma*, exemple). Gramm. Exemple, modèle. *La conjugaison d'aimer est le paradigme de la première conjugaison des verbes français.*

PARADIN (Guillaume), historien français, né à Cuiseaux, près de Châlon-sur-Saône, vers 1510, mort à Beaujeu en 1590. Il a laissé : *De antiquo statu Burgundiæ* (1542, in-4°); *Histoire de notre temps* (Lyon, 1550, in-16); *La Chronique de Savoye* (Lyon, 1552, in-12); *Mémoires de l'histoire de Lyon en 3 livres* (1573, in-fol.), etc.

* **PARADIS** s. m. (lat. *paradisus*). Jardin délicieux. N'est d'usage en ce sens que dans

cette expression, Le paradis terrestre, jardin où Dieu mit Adam aussitôt qu'il l'eut créé : *Adam fut mis dans le paradis terrestre.* — Fig. et fam. Lieu, séjour délicieux, charmant, orné par la nature ou par l'art : *cette campagne, cette vallée, ce jardin est un paradis terrestre.* — Séjour des bienheureux, lieu de délices où les âmes des justes voient Dieu et jouissent d'un bonheur éternel : *les joies du paradis.* — Etre en paradis, croire être dans le paradis, être dans une extrême joie; ou se trouver délivré de quelque grande douleur, de quelque grande peine d'esprit : *depuis que mes douleurs ont cessé, je suis en paradis.* — C'est le chemin du paradis, se dit d'un chemin étroit, montant et difficile. — Se recommander a tous les saints du paradis, implorer l'assistance, la protection de tout le monde. — Faire son paradis en ce monde, se livrer à toute sorte de plaisirs. — Le paradis de Mahomet, lieu où Mahomet a fait espérer aux sectateurs de sa loi qu'après leur mort ils jouiront de tous les plaisirs des sens. — Fig. Etat le plus heureux dont on puisse jouir, et lieu où l'on en jouit : *un bon ménage est le paradis sur la terre.* — Théât. Espèce d'amphithéâtre placé au plus haut rang des loges. — Oiseau de paradis. (Voy. Oiseau.) — Pommier de paradis, ou simpl., Paradis, espèce de pommier nain : *greffer des paradis.* — Pomme de paradis, espèce de pomme rouge qui se mange en été. — Graines de paradis, nom vulgaire de la malguette ou fruit du cardamome. Ces graines nous arrivent privées de leur capsule; leur forme est anguleuse; leur couleur est le rouge vif; elles sont luisantes. On les mélange avec le poivre auquel elles donnent plus de vigueur. — Le Paradis perdu, poème épique en 12 chants de l'Anglais Milton (1667). C'est une des œuvres poétiques les plus célèbres de la littérature anglaise.

PARADISIAQUE adj. Du paradis; qui appartient au paradis.

PARADISIER s. m. Ornith. Genre de passereaux conirostres, à bec droit, comprimé et fort, dont l'espèce principale est l'*oiseau de paradis.* (Voy. Oiseau.)

* **PARADOXAL, ALE, AUX** adj. (rad. *paradoxe*). Qui tient du paradoxe : *opinion paradoxale.* — Qui aime le paradoxe : *esprit paradoxal.*

PARADOXALEMENT adv. D'une manière paradoxale.

* **PARADOXE** s. m. [-do-kse] (préf. *para*; gr. *doxa*, opinion). Proposition contraire à l'opinion commune : *avancer, soutenir un paradoxe.* Se prend quelquefois en mauvaise part : *c'est un homme à paradoxes.* — Adjectiv. *C'est un homme qui se plaît à avancer des propositions paradoxes.* (Vieux.)

PARADOXIQUE adj. Qui contient des paradoxes.

* **PARADOXISME** s. m. Figure de rhétorique, qui consiste à réunir sur un même sujet des attributs qui semblent inconciliables.

PARADOXOLOGIE s. f. Manie, abus du paradoxe.

PARADOXURE s. m. [-dok-su-] (gr. *paradoxos*, étrange; *oura*, queue). Mamm. Genre de carnassiers viverriens, voisin des civettes et des ichneumons, et comprenant une dizaine d'espèces qui habitent l'Inde et la Malaisie. Dans l'espèce la mieux connue, le *cupvack* (*Paradoxurus typus*), de la grosseur d'un chat, la couleur générale est d'un noir jaunâtre, avec trois rangées de taches sombres de chaque côté du dos; cet animal est plantigrade, et a les mouvements vifs sur terre comme sur les arbres; ses habitudes sont nocturnes, et il se nourrit de petits mammifères, d'oiseaux et d'œufs.

PARADROME s. m. (préf. *para*; gr. *dromos*, course). Lieu où s'exerçaient les lutteurs.

PARAELLAGIQUE adj. [pa-ra-èl-la-ji-ke]. Chim. Se dit d'un acide qui se produit par la réaction de l'acide sulfurique sur l'acide gallique: $C^7 H^3 O^4$, HO.

* **PARAFE** ou **Paraphe** s. m. (abréviat. de *paragraphe*). Marque faite d'un ou de plusieurs traits de plume, qu'on met ordinairement après sa signature; et qui, en certains cas, se met pour la signature même : *il a signé son nom avec parafe.*

* **PARAFER** ou **Parapher** v. a. Mettre un parafe à quelque acte : *il faut parafer cette pièce.* — Parafer ne varietur, se dit d'un officier public qui met son parafe sur un papier, afin que ce papier ne puisse être changé, et qu'on n'en substitue point un autre à la place.

* **PARAFFINE** s. f. (lat. *parum affinis*, de peu d'affinité). Chim. L'un des produits de la distillation du pétrole brut. (Voy. Pétrole.) La paraffine est une substance blanche, cireuse, découverte en 1830 par Reichenbach parmi les produits de la distillation du bois. On l'a tirée depuis de la distillation de beaucoup de substances organiques, telles que résines, schistes bitumineux, tourbe et houille ; et on l'a trouvée toute formée dans quelques variétés de pétrole, dans l'ozokerite minérale, dans le bitume et dans la cire terrestre. Christison d'Edimbourg l'a trouvée dans le pétrole de Rangoon en 1831, et l'a nommée pétroline. Le pétrole américain en contient très peu. On fait de grandes quantités de paraffine avec l'ozokerite, cire végétale jaune, de structure fibreuse et de poids spécifique faible, qui se trouve en Autriche, en Moldavie, dans le Caucase et près de la mer Caspienne. Cette substance rend 8 p. 100 d'huile et 60 p. 100 de paraffine. La paraffine brute contient une huile qui s'enlève à la presse hydraulique, et qu'on distille pour la séparer complètement de tout reste de paraffine et la faire servir à d'autres usages. Les gâteaux qui restent sous la presse sont fondus et traités par l'acide sulfurique; l'acide est neutralisé avec de la chaux, et la paraffine est distillée. Le produit est remis sous presse, fondu avec l'huile légère mentionnée plus haut, et pressé encore une fois. Le résultat final est une substance dure, transparente, parfaitement blanche, et prête pour la fabrication des bougies. Elle a de nombreux autres usages. La viande trempée dans de la paraffine fondue se conserve indéfiniment. On s'en sert pour recouvrir d'une couche les papiers destinés à la photographie, pour envelopper les pilules, conserver les fruits, sceller les bouteilles, etc.— On donne le nom de paraffine à une série d'hydrocarbures dont le premier est le gaz des marais ou grisou. Chaque membre de cette série diffère du membre correspondant des oléfines en ce qu'il contient 2 atomes additionnels d'hydrogène. Les trois premiers membres sont gazeux; les membres plus élevés, qui contiennent une grande proportion de carbone, sont liquides; et les plus élevés, qui renferment encore plus de carbone, sont solides.

PARAGE s. m. (rad. *parer*). Mar. Poli que reçoivent les surfaces des membrures d'un vaisseau, avant que les charpentiers y bordent.

* **PARAGE** s. m. (bas lat. *paraticum*; du lat. *par*, égal). Vieux mot, qui signifie extraction, qualité, et qui n'est usité que dans cette locution, De haut parage, de grande naissance, de haut rang : *gens, dame, demoiselle, personne de haut parage.*

* **PARAGE** s. m. Mar. Endroit, espace de mer, partie de côtes, accessible à la navigation : *nous nous trouvâmes dans tel parage.* — Par ext. et fam. Lieu, endroit sur terre, où des personnes se rencontrent: *que venez-vous faire dans nos parages, dans ces parages?*

—PARAGER, ÈRE adj. Putné : *branche para-gère.*

* PARAGOGE s. f. (gr. *paragôgé*). Gramm. Addition d'une lettre ou d'une syllabe à la fin d'un mot: *en latin,* Egomet, *pour* Ego, *est une paragoge;* en fr., nous citerons AVEC-QUE *pour* avec; JUSQUES *pour* jusque; GUÈRES *pour guère,* etc.

* PARAGOGIQUE adj. Gramm. Se dit de la lettre ou de la syllabe ajoutée à la fin d'un mot: *lettre paragogique.*

PARAGOMPHOSE s. f. (préf. *para;* fr. *gomphose*). Pathol. Enclavement incomplet de la tête d'un enfant dans le bassin de sa mère.

PARAGONITE s. f. (préf. *para;* gr. *agein*, mettre). Variété de mica analogue aux micas potassiques ordinaires, mais dans laquelle la potasse est remplacée presqu'en totalité par la soude.

PARAGRAMMATISME s. m. Synon. d'ALLI-TÉRATION.

PARAGRAMME s. m. (préf. *para;* gr. *gramma,* lettre). Faute d'orthographe qui consiste dans l'emploi d'une lettre pour une autre.

* PARAGRAPHE s. m. (préf. *para;* gr. *graphein,* écrire). Petite section d'un discours, d'un chapitre, etc. Se dit principalement d'usage en parlant des livres de droit: *paragraphe premier, paragraphe second.* — Se dit aussi en parlant des ouvrages de littérature, de science, etc.: *il y a dans ce chapitre plusieurs paragraphes excellents.* — Typogr. Signe que l'on figure de cette manière §, et qui se met quelquefois en tête ou au commencement d'un paragraphe.

PARAGRÊLE s. m. Appareil que l'on place sur un objet pour le préserver de la grêle.

* PARAGUANTE s. f. [-gouan-te] (esp. *para guante,* pour les gants). Présent fait en reconnaissance de quelque service : *il a eu tant pour sa paraguante.* Il a vieilli, et ne se prenait guère qu'en mauvaise part

PARAGUAY [pa-ra-ghè; esp. pa-ra-goual], fleuve de l'Amérique du Sud, dont les premières eaux descendent des sept lacs de la plateau communément appelé la Serra Diamantina, dans la province brésilienne de Matto-Grosso, à 260 kil. N. de *la ville de Cuyaba,* par 43° 20' lat. S. et 58° 40' long. O., près des sources du Xingu et du Tapajos, qui alimentent l'Amazone. Par 16° 23' de lat. il reçoit le Jauru, qui double son volume, et à 120 kil. environ plus au S., le São Lourenço. Deux autres affluents importants sont le Taquary à l'E. et le Pilcomayo et le Bermejo à l'O. A Tres Bocas (27° 13'lat.), après un cours de 1,600 kil. sans tenir compte de ses nombreuses sinuosités, il reçoit le Parana, et à partir de la, en prend le nom. D'Asuncion à Tres Bocas la largeur ordinaire du fleuve est de 4 kil. environ. Les vaisseaux de 16 pieds de tirant d'eau peuvent généralement remonter le Paraguay jusqu'à la ville brésilienne de Corumba, par 18° 55' lat., et les steamers construits pour la navigation fluviale vont en toute saison jusqu'au confluent du São Lourenço. La crue périodique du fleuve est de 13 pieds en moyenne. Le Paraguay a été ouvert aux navires de toutes les nations en 1852.

PARAGUAY, république de l'Amérique du Sud (*Republica del Paraguay*), s'étendant de 21° 37' à 27° 30' lat. S. et de 56° 53' à 60° long. O. Limites : au N. et au N.-E. le Brésil; au S.-E., au S. et au S.-O. la république Argentine; au N. et au N.-O. la Bolivie; superficie (non compris la section triangulaire du Gran Chaco, qui se trouve presque tout entière entre les rivières Paraguay et Bermejo et le 22° parallèle, dont une partie est réclamée par la Bolivie et le reste par la république Argentine), évaluée à 238,290 kil. carr.; 348,000 hab., non compris 60,000 Indiens demi-civilisés et 70,000 Indiens sauvages. Cap., Asuncion; v. princ. : Villa-Rica, Villa-Concepcion, Villa-San-Pedro, Luque, etc. La guerre de 1865-'70 a détruit au moins la moitié de la population. Les habitants sont en majorité des Guaranis et des Indiens de quelques autres tribus; l'idiome guarani domine dans toute la république. La capitale est Asuncion (Assomption). Le pays comprend deux grandes vallées: la plus grande, à l'O., forme une partie du bassin du Paraguay; celle de l'E. appartient au bassin du Parana. Ces deux vallées sont séparées par la Cordillère d'Amambay, qui forme la frontière N.-E. du Brésil, jusqu'au 24° degré de lat., et de là, sous les noms successifs de Cordillère d'Urucuty, de Caaguazu et de Villarica, traverse tout le pays jusqu'à sa limite méridionale. On pense que nulle part l'élévation ne dépasse 3,500 pieds, au-dessus du niveau de la mer. La partie supérieure du bassin du Paraguay est généralement plate, excepté à l'extrémité N., où la chaîne dentelée de Quince Puntas traverse la plaine. Le territoire méridional de la république est un vaste marécage. On trouve les fleuves Paraguay et Parana décrits à leurs articles respectifs. Le premier forme la frontière occidentale et le second les frontières orientale et méridionale de la république. L'un et l'autre reçoivent de nombreux affluents dont le Tibicuani (400 kil. de long), qui se jette dans le Paraguay, est le plus grand. Parmi les lacs, qui sont nombreux, le plus important est l'Ypua, qui a une superficie d'environ 160 kil. carr. Les ressources minérales du Paraguay ne sont qu'imparfaitement connues. M. Twite signale la présence de métaux précieux en plusieurs endroits, et une grande abondance de fer. On a trouvé quelques dépôts de cuivre. Le climat est chaud de novembre à février inclusivement, avec une température moyenne de 32° C. à l'ombre, mais un maximum dépassant rarement 38°. En juin, juillet et août, la température moyenne est 40° et la température minimum 4°. Le pays est généralement très sain. Le sol est uniformément fertile et la végétation de toute sorte des plus luxuriantes. Une grande partie est couverte de forêts qui donnent une grande variété de bois de construction et d'ébénisterie, des fruits comestibles, des fibres textiles, de l'écorce à tan, etc. La flore contient un grand nombre de plantes médicinales et tinctoriales. Les *yerbales,* qui couvrent environ 1,200,000 kil. carr. à l'intérieur, ont été pendant des années exploités par les indiens que dirigeaient les jésuites, grâce à qui la *yerba maté* ou *thé du Paraguay,* est devenu, dans presque toute l'Amérique du Sud, un succédané du thé et du café. On y cultive surtout le maïs et la mandioca; il y a aussi du riz, du tabac, des cannes à sucre, des fèves, du coton, des pistaches de terre, etc. La laine, les fruits, le miel, l'indigo et d'autres teintures s'y trouveraient en quantités prodigieuses, si l'on avait *des moyens de transport suffisants.* Il y a de grands troupeaux de bêtes à cornes, quelques moutons et autres animaux de ferme européens; les chevaux sont en général inférieurs à ceux de la république Argentine. La faune est semblable à celle du Brésil. Il y a peu d'industrie: on y fabrique surtout des tissus grossiers de coton, des ustensiles de bois ou de cuir, des cigares, des gommes et substances résineuses, des liqueurs distillées de la canne à sucre et de l'algarroba, de la mélasse et du sucre, des cordes et cordages. La valeur totale des importations est de 6 millions de fr.; celle des exportations de 7 millions de fr. Les princi-paux articles d'importation sont les tissus, le vin, le sucre et le café ; ceux de l'exportation, le maté, le tabac, la fécule, les fruits confits, les peaux, les cigares, les oranges, les cuirs et les bois. Le seul chemin de fer en exploitation est celui d'Asuncion à Paraguay, 65 kil., et l'unique télégraphe suit cette ligne.

— La constitution de 1870, calquée sur celle de la république Argentine, confie l'autorité législative à un congrès composé d'un sénat et d'une chambre des députés; le chef de l'exécutif est un président élu pour six ans, avec un vice-président non-actif et un cabinet de cinq ministres. Avant 1865, le Paraguay n'avait pas de dette nationale, et possédait chaque année un gros excédent. Aujourd'hui il doit aux puissances étrangères une somme de 100 millions de fr. La dette intérieure s'élève à 2 millions seulement, ayant été réduite par la vente des biens publics et par tous les autres moyens. Recettes, 2 millions et demi de fr.; dépenses, 2 millions. L'instruction est très en retard, bien qu'elle soit encouragée par le gouvernement. La religion de l'État est la religion catholique romaine, mais toutes les autres sont tolérées.

— Le Paraguay a été découvert en 1530 par Sébastien Cabot. Asuncion fut fondée en 1536 ou 1537. Le pays appelé Paraguay, qui comprenait d'abord tout le bassin de la Plata, fut soumis à la vice-royauté espagnole du Pérou jusqu'en 1776, époque où fut créée la vice-royauté de Buenos-Ayres. Les Espagnols avaient trouvé le pays occupé par des tribus guarani, populations intelligentes et industrieuses, susceptibles d'être facilement civilisées. Les premiers missionnaires, Field et Ortega, arrivèrent en 1557, et eurent d'étonnants succès. D'autres ne tardèrent pas à suivre, et des missions s'établirent entre le Paraguay et le Parana, franchissant ce dernier et atteignant presque les limites du Paraguay actuel. En vertu d'un mandat que les jésuites obtinrent vers 1690, interdisant à tout Espagnol d'entrer désormais sur leur territoire sans leur permission, ceux-ci eurent les moyens d'établir un gouvernement théocratique presque indépendant. Avant le milieu du XVII° siècle, 30 missions avaient été fondées, et, en 1740, on comptait plus de 140,000 Indiens civilisés. La langue espagnole fut interdite, et les presses de Santa Maria et de San Javier imprimèrent au XVII° et au XVIII° siècle, beaucoup d'ouvrages en guarini, dont quelques-uns existent encore. En 1767, le gouvernement espagnol décréta l'expulsion des prêtres, qui ne firent aucune résistance. Les convertis se dispersèrent promptement; beaucoup allèrent vivre dans les forêts ; les plantations furent abandonnées; les bestiaux, les moutons, les chevaux furent enlevés, et les édifices majestueux il ne reste plus que quelques ruines croulantes. En 1814, les Paraguayens voulurent se rendre indépendants, et battirent l'armée du général Belgrano, envoyée par les autorités de Buenos-Ayres pour les faire rentrer dans la soumission. Le pays fut gouverné quelque temps par une junte composée des généraux Pedro Juan Caballero, Fulgencio Yegros et du docteur José-Gaspar Rodriguez de Francia. La junte fut bientôt changée en un triumvirat (1813), avec Yegros et Francia comme consuls. En 1814, le gouvernement changea de nouveau et Francia obtint la dictature pour trois aus d'abord, et ensuite à vie. Dès lors, il resta le maître absolu du Paraguay jusqu'à sa mort en 1840. Il interdit l'entrée et la sortie des étrangers. Son gouvernement était rigoureux et souvent cruel, mais il introduisit beaucoup de réformes, établit des écoles et rédigea un code de lois. Pendant un bref intérim, le pays fut gouverné par une junte de gouvernement (*junta gubernativa*), successivement présidée par le docteur C.-L. Ortiz, et le général Juan-José Medina.

En 1851, le système consulaire fut rétabli, avec don Carlos Antonio Lopez et don Mariano Roque Alonso pour consuls. En 1844, on changea encore le titre de l'exécutif, et Lopez reçut la dictature pour 10 ans, à l'expiration desquels il fut réélu pour 3 ans, et de nouveau pour 7 ans en 1857. Son administration intérieure semble avoir été aussi énergique que celle de Francia, mais il se montra plus libéral envers les étrangers, et rendit aux prêtres le gouvernement des affaires ecclésiastiques. Lopez mourut en 1862; son fils, Francisco Solano, connu sous le nom de maréchal Lopez, lui succéda, et gouverna, toujours en conservant le titre de république, aussi despotiquement et aussi absolument que Francia. Cependant, de grands progrès s'accomplirent. Il visait aux conquêtes, et une occasion s'en présenta en 1864, lorsque le Brésil intervint dans les affaires de l'Uruguay en dépit de sa protestation. Le 11 nov. Lopez s'empara d'un steamer brésilien qui remontait à Matto Grosso, et l'invasion de Matto Grosso par une armée paraguayenne suivit de près (décembre). Craignant que les Argentins ne prissent parti contre lui, il saisit deux de leurs vaisseaux de guerre dans la baie de Corrientes, le 13 avril 1865, investit la ville le lendemain, et déclara les provinces de Corrientes et d'Entre-Rios annexées au Paraguay. Le 1ᵉʳ mai, une alliance offensive et défensive se forma secrètement entre la république Argentine, le Brésil et l'Uruguay. En juin, les hostilités commencèrent. La guerre se poursuivit avec des succès divers; mais les Paraguayens perdaient graduellement du terrain, et le 21 fév. 1868, Asuncion fut occupée par les alliés. En juin, Humaïta, forteresse considérable commandant le confluent de Paraguay et du Parana, fut bombardée et démolie. Dès lors, Lopez, qui s'était réfugié dans les montagnes inaccessibles de l'intérieur, persista vainement dans une lutte qui ne se termina que lorsqu'il tomba à Aquidaban, le 1ᵉʳ mars 1870. Le 28 juin, on signa les préliminaires de paix. Une constitution nouvelle fut adoptée et promulguée le 25 nov. Au gouvernement provisoire préside par C.-A. Rivarola succéda, en décembre 1871, Salvador Jovellanos. Le successeur de celui-ci, Juan Bautista Gill, a été assassiné en avril 1877. Le territoire de la république ne fut définitivement évacué que le 22 juin 1876. Villa-Occidentale, point en litige, fut accordée au Paraguay par le président des Etats-Unis pris pour arbitre, et en l'honneur de ce président la ville reçut le nouveau nom de Villa-Hayes. Au milieu des troubles, don Candido Bareiro fut élu président du Paraguay en sept. 1878. Il fut remplacé en mai 1881 par le général J. Caballero. — BIBLIOGR. L.-A. Demersay, *Hist. phys., écunom. et polit. du Paraguay et des établissements des jésuites* (Paris, 1865, 2 vol. in-8°); Alfred du Gratry, *La république du Paraguay* (Bruxelles, 1865, in-8°); Charles Quentin, *Le Paraguay* (Paris, 1856, in-8°); Ch.-A. Washburn, *History of Paraguay* (Boston, 1871, 2 vol. in-8°).

PARAGUAY (Thé du). Voy. MATÉ.

PARAGUAYEN, ENNE s. et adj. [pa-ra-ghé-ain]. Du Paraguay; qui appartient à ce pays ou à ses habitants.

PARAHYBA. I, province du N.-E. du Brésil, sur l'Atlantique; 74,731 kil. carr.; 433,000 hab. La côte est basse, mais l'intérieur est traversé par plusieurs chaînes de montagnes. Le principal cours d'eau est le Parahyba do Norte. Une grande partie du pays est propre aux pâturages, et on y élève beaucoup de bestiaux. Les portions fertiles sont, les unes couvertes d'épaisses forêts, les autres cultivées. On y récolte du coton, du sucre, et du tabac. Les gommes, la résine, les bois de construction s'exportent en

grandes quantités. Il y a des mines d'or à l'intérieur. — II, capit. de cette province, sur le Parahyba do Norte, à 16 kil. de la mer, et à 110 kil. N. de Pernambuco; environ 14,000 hab. Bon port et grand commerce de cabotage.

PARAISON s. f. (rad. *parer*). Opération qui consiste à tourner et à retourner une masse pâteuse de verre au bout de la canne sur la plaque de fer nommée marbre, afin de l'égaliser et de la préparer aux manipulations subséquentes.

* **PARAÎTRE** v. n. (lat. *parere*). Etre exposé à la vue, se faire ou se laisser voir, se manifester : *les boutons paraissent aux arbres.*

> Je ne sais quoi me dit qu'un Brutus va paraître.
> PONSARD. *Charlotte Corday*, acte III, sc. 1ᵉʳ.

En ce sens, on l'emploie quelquefois impersonnellement : *il paraissait des taches livides en plusieurs endroits de son corps.* — Prov. CELA PARAÎT COMME LE NEZ AU MILIEU DU VISAGE; et ironiq. CELA NE PARAÎT PAS PLUS QUE LE NEZ AU MILIEU DU VISAGE, se dit d'une chose qui est extrêmement visible. — Impersonnell. IL Y PARAÎT, on le voit bien, il y en a des marques, il en reste des marques : *l'orage a passé par cette contrée, il y paraît.* — Fam. IL N'Y A RIEN QUI N'Y PARAISSE, cela est encore très sensible, cela est évident : *vous avez reçu toute la pluie; il n'y a rien qui n'y paraisse, vos habits sont encore trempés.* Se dit quelquefois ironiq. : *vous dites qu'il est brave; il n'y a rien qui n'y paraisse, je l'ai vu lâcher pied en mainte circonstance.* — Se dit particul. d'un livre qui est sur le point d'être publié, mis en vente : *quand votre ouvrage paraîtra-t-il?* — Eclater, se faire briller, se faire remarquer : *les jeunes gens veulent quelque chose qui paraisse, aiment les choses qui paraissent.* — Sembler, avoir l'apparence : *cela me paraît beau; cela me paraît ainsi; l'armée était rangée en bataille d'une manière qui la faisait paraître beaucoup plus nombreuse qu'elle n'était.* En ce sens, il est souvent impersonnel : *il me paraît que vous vous êtes trompé.*

PARAJOUR s. m. Ecran disposé pour tenir dans l'ombre, dans un panorama, les spectateurs et tous les objets situés en dehors du tableau qu'ils regardent.

PARALACTIQUE adj. (préf. *para;* fr. *lactique*). Chim. Se dit d'un acide isomère de l'acide lactique, qui se trouve dans la chair musculaire.

PARALAMPSIE s. f. (préf. *para;* gr. *lampó,* je luis). Tache blanche sur la cornée.

PARALIEN, IENNE s. et adj. (gr. *paralios*). Des côtes de l'Attique.

* **PARALIPOMÈNES** s. m. pl. (gr. *paraleipomena*). Titre d'une partie de la Bible, qui forme un supplément aux livres des Rois : *les deux livres des Paralipomènes.*

* **PARALIPSE** s. f. (gr. *paraleipsis*, omission). Figure de rhétorique, qui consiste à fixer l'attention sur un objet, en feignant de le négliger.

PARALIQUE adj. (préf. *para;* gr. *als,* mer). Géol. Qui est propre aux rivages de la mer.

* **PARALLACTIQUE** adj. [-ral-lak-]. Astron. N'est guère usité que dans ces locutions : ANGLE PARALLACTIQUE, angle de la parallaxe; et, MACHINE PARALLACTIQUE, machine composée d'un axe dirigé vers le pôle du monde, et d'une lunette qui peut s'incliner sur cet axe et suivre le mouvement diurne des astres, sur le parallèle qu'ils décrivent.

* **PARALLAXE** s. f. [-ral-la-kse] (gr. *para,* au delà; *allassô,* je change). Astron. Angle formé au centre d'un astre par deux lignes droites menées de ce point, l'une au centre de la

terre, l'autre au point de la surface terrestre où se fait une observation : *les étoiles fixes n'ont point de parallaxe sensible, à cause de leur grand éloignement.* — PARALLAXE ANNUELLE, angle formé par deux lignes droites qui seraient ainsi menées aux extrémités d'un même diamètre de l'orbe de la terre.

* **PARALLÈLE** adj. [-ral-lè-] (gr. *parallélos*). Géom. Se dit d'une ligne ou d'une surface également distante d'une autre ligne ou d'une autre surface dans toute son étendue : *les tropiques et l'équateur sont parallèles.* — s. m. Sphère. Se dit des cercles parallèles à l'équateur, tirés par tous les degrés du méridien terrestre : *sur tel parallèle; tous les lieux qui sont sur le même parallèle, ont la même latitude, ont les jours et les nuits de la même longueur.* — s. f. Ligne parallèle à une autre : *tirer une parallèle.* — Fortific. Tranchée bordée d'un parapet avec banquette, et tracée parallèlement au côté de la place de guerre qu'on assiège : *première, seconde, troisième parallèle.*

* **PARALLÈLE** s. m. Comparaison au moyen de laquelle on examine, on explique ou fait ressortir les rapports et les différences que deux personnes ont entre elles : *faire le parallèle d'Alexandre avec César, d'Alexandre et de César.* Voici le parallèle de Corneille et de Racine, composé par Lamotte :

> Des deux souverains de la scène
> L'aspect a frappé nos esprits;
> C'est sur tous deux que Melpomène
> Conduit ses plus chers favoris;
> L'un plus fier, l'autre plus sublime,
> Tous deux partagent notre estime
> Par un mérite différent.
> Tout à tour ils nous font entendre
> Ce que le cœur a de plus tendre,
> Ce que l'esprit a de plus grand.

* **PARALLÈLEMENT** adv. D'une manière parallèle : *ces murs sont construits parallèlement, parallèlement les uns aux autres.*

* **PARALLÉLÉPIPÈDE** ou Parallélipipède s. m. [-ral-lé-li-] (gr. *parallélos,* parallèle; *epi,* sur; *pedion,* surface plane). Géom. Corps solide terminé par six parallélogrammes dont les opposés sont parallèles entre eux. — PARALLÉLÉPIPÈDE RECTANGLE, celui qui a pour base un rectangle. — PARALLÉLÉPIPÈDE DROIT, celui dont les faces sont perpendiculaires au plan de la base.

PARALLÉLIQUE adj. Qui est parallèle : *partie parallélique.*

* **PARALLÉLISME** s. m. Etat de deux lignes, de deux plans parallèles : *il y a un défaut de parallélisme entre les deux galeries du Louvre.* — Astron. LE PARALLÉLISME DE L'AXE DE LA TERRE, la propriété que l'axe de la terre a de rester sensiblement parallèle à lui-même, dans tous les points de la courbe que la terre décrit annuellement autour du soleil.

* **PARALLÉLOGRAMME** s. m. (gr. *parallélogra*). Géom. Figure plane dont tous les côtés opposés sont parallèles : *les propriétés du parallélogramme.* — Mécan. PARALLÉLOGRAMME DES FORCES, l'un des plus importants théorèmes de la mécanique théorique, au moyen duquel on trouve la résultante de deux ou plusieurs forces connues, non en ligne droite et agissant sur un corps. — PARALLÉLOGRAMME DE WATT, appelé aussi *parallélogramme articulé,* mécanisme usité dans beaucoup de machines, principalement dans les machines à vapeur à balancier.

PARALLÉLOGRAPHIE s. f. Art de tracer des lignes parallèles.

* **PARALOGISME** s. m. (préf. *para;* gr. *logos,* discours). Faux raisonnement, raisonnement qui porte à faux : *il croyait avoir trouvé une démonstration, mais ce n'est qu'un paralogisme, un pur paralogisme.* N'est guère usité que dans le style didactique.

* **PARALYSER** v. a. Frapper de paralysie:

cet accident lui a paralysé le bras. — Fig. Rendre nul, frapper d'inertie, neutraliser : *la frayeur paralysait toutes ses facultés.*

* PARALYSIE s. f. (gr. *paralusis*; préf. *para; lusis*, dissolution). Maladie qui consiste dans une privation ou dans une *diminution* considérable du sentiment, ou du mouvement volontaire, ou de l'un des deux : *tomber en paralysie.* — ENCYCL. On donne le nom de paralysie à toute abolition ou diminution de mouvement se manifestant par la cessation de la contraction des muscles de la vie animale ou de la vie organique. Il ne faut pas confondre la perte du mouvement (paralysie), avec la perte de la sensibilité (anesthésie) : l'une tient aux nerfs moteurs, l'autre aux nerfs sensitifs; d'ailleurs elles peuvent exister simultanément. Suivant le siège qu'elle occupe, la paralysie reçoit différents noms. On appelle *hémiplégie* la paralysie limitée à la partie droite ou gauche du corps; *paraplégie* celle des membres inférieurs. La paralysie est presque toujours symptomatique; dès lors, le traitement varie suivant les causes et c'est surtout contre ces causes qu'il le faut diriger. Il consiste, en outre dans les excitants locaux et généraux : frictions, massage, cautère, hydrothérapie, bains de mer, électricité, noix vomique, etc.

* PARALYTIQUE adj. Atteint de paralysie : *il est paralytique de la moitié du corps.* — Substantiv. *Le paralytique de l'Evangile.*

PARAMAGNÉTISME s. m. (préf. *para;* fr. *magnétisme*). Phys. Propriété que possèdent certains aimants de donner aux corps une direction parallèle à la ligne de leurs pôles.

PARAMARIBO, cap. de la Guyane hollandaise, sur le Surinam, à 35 kil. de la mer, par 5° 50' lat. N. et 57° 33' long. O.; 18,000 hab. dont 9,000 nègres. La ville est traversée par trois canaux; les rues sont bien percées et bien tenues. Paramaribo est le centre du commerce de l'Inde occidentale hollandaise. Elle exporte principalement du sucre, de la mélasse et du rhum (le tout exclusivement pour la Hollande), du café, du coton, de l'indigo, du cacao, des bois d'ébénisterie et de construction.

PARAMATTA, ville d'Australie, dans la Nouvelle-Galles du Sud, sur le Paramatta (qui est un bras de mer), à 25 kil. N.-O. de Sidney; 6,103 hab. C'est, après Sidney, la plus ancienne ville de la colonie. Les environs sont célèbres pour leurs orangeries et leurs vergers.

* PARAMÈTRE s. m. (préf. *para;* gr. *metron*, mesure). Géom. Ligne constante et invariable qui entre dans l'équation ou dans la construction d'une courbe. Il a d'ailleurs différentes acceptions selon les diverses courbes auxquelles on l'applique : *le paramètre d'une parabole est égal à quatre fois la distance du foyer de la parabole au sommet.*

PARANA, province du S.-E. du Brésil, confinant à l'Atlantique à l'E., et au Paraguay à l'O.; 221,349 kil. carr.; 490,000 hab. Les côtes sont généralement basses; le pays s'élève à l'intérieur jusqu'à un plateau mouvementé. Les principaux cours d'eau sont le Paranapanema au N., l'Uruguay le long de la frontière méridionale, et le Parana à l'O. On suppose qu'il y a de la houille sur la côte; on trouve du mercure, de l'or, des pierres précieuses. Le climat est doux et égal. Il y a de très grandes forêts. Le maté ou thé du Paraguay, le café, la canne à sucre, le tabac, la vanille, le thé, le coton y prospèrent. Cap. Curitiba; port princ. Paranagua.

PARANA (Le), fleuve de l'Amérique du Sud, formé, dans le Brésil, par la réunion (vers 20° lat. S. et 54° long. O.) des rivières Paranhyba et Grande, venant l'une et l'autre des montagnes de Minas Geraes. Il coule au S.-S.-O. jusqu'à 24° 6' lat., où il forme la magnifique cataracte de Guayra ou de Salto Grande; puis de là au S., et ensuite à l'O., séparant le Paraguay du Brésil, d'un côté, et de la république Argentine de l'autre, jusqu'à ce qu'il soit rejoint par le Paraguay à Tres Bocas, un peu au-dessus de Corrientes, à 4,500 kil. au-dessus de son embouchure. Il coule alors au S., puis au S.-E., à travers la république Argentine, jusqu'à sa réunion à l'Uruguay pour former le Rio de la Plata, après un cours de 3,000 kil., non compris celui du Paranahyba et du Grande. Le Parana est plein d'îles qui, composées de boue et de sable retenues par de la végétation, passent sans cesse par des alternatives de destruction et de reformation. Il est navigable jusqu'à Corrientes pour les navires tirant 16 pieds d'eau et jusqu'à Candelaria pour les bateaux plus petits.

PARANAPHTALINE s. f. (préf. *para;* fr. *naphtaline*). Hydrocarbure découvert par Dumas et Laurent en 1832 dans la distillation des matières organiques.

* PARANGON s. m. (esp. *para con,* en comparaison de). Modèle, patron; *parangon de beauté, de chevalerie.* — Comparaison : *mettre en parangon.* (Vieux.) — Adj. UN DIAMANT PARANGON, UN RUBIS PARANGON, UNE PERLE PARANGON, un diamant, un rubis, une perle qui n'a aucun défaut. — s. *Ce diamant est un parangon.* — Typogr. Gros parangon, caractère qui est entre le petit parangon et la palestine, dont le corps est de vingt et un points. — Petit parangon, caractère qui est entre le gros romain et le gros parangon, et dont le corps est de dix-huit points.

* PARANGONNAGE s. m. Typogr. Action de parangonner : *faire un parangonnage.*

* PARANGONNER v. a. Comparer. (Vieux.) — Typogr. Remédier à l'inégalité d'épaisseur des caractères qui doivent entrer dans une même ligne. — ◠◠ Se parangonner v. pr. Etre parangonné : *ces caractères doivent se parangonner pour aller ensemble.*

* PARANT, ANTE adj. (lat. *parans;* de *parare,* orner). Qui orne, qui pare : *rien n'est si parant que les diamants.*

* PARANYMPHE s. m. (préf. *para;* fr. *nymphe*). Antiq. Nom que les Grecs donnaient à une espèce d'officier qui présidait aux mariages, pour en régler les divertissements, et qui était spécialement chargé de la garde du lit nuptial. — Antiq. rom. Chacun des trois jeunes garçons qui conduisaient la mariée à la maison de son époux. — S'est dit, dans l'ancienne Université de Paris, de celui qui conduisait à la chancellerie les candidats désignés pour la licence et qui était complimentaire en cette circonstance. — Par ext. Discours de félicitation prononcé en cette circonstance.

* PARAPET s. m. (pr. *para;* ital. *petto,* poitrine). Massif de terre ou de maçonnerie, qui borde un ouvrage de fortification, et qui donne aux soldats le moyen de faire feu sur l'ennemi, en ne laissant à découvert que la partie supérieure de leur corps : *le parapet d'un bastion; le canon avait rasé le parapet.* — Muraille à hauteur d'appui, élevée sur le bord d'une terrasse, sur les côtés d'un pont, le long d'un quai, etc., pour servir de garde-fou : *le parapet d'une terrasse; les parapets d'un pont, d'un quai.*

* PARAPHE. Voy. PARAFE.

* PARAPHER. Voy. PARAFER.

* PARAPHERNAL, ALE, AUX adj. (préf. *para;* gr. *pherné,* dot). Jurispr. Ne s'emploie guère qu'au pluriel, et dans cette locution, BIENS PARAPHERNAUX, biens de la femme qui n'ont pas été constitués en dot, et dont elle conserve l'administration et la jouissance. — Substantiv. Au singulier et au pluriel : *le paraphernal; les paraphernaux.* — Législ. « Lorsque les époux, par leur contrat de mariage, ont adopté le régime dotal, tous les biens que la femme ne s'est pas constitués en dot sont dits *paraphernaux.* (Voy. DOTAL.) La femme a l'administration et la jouissance de ces biens; mais elle ne peut les aliéner sans l'autorisation du mari ou de justice. Le mari peut les administrer comme mandataire de sa femme et il répond alors de son administration, ainsi que tout autre mandataire. Il peut en jouir sans mandat, du consentement de sa femme, et alors il ne doit compte que des fruits existant au moment où cesse cette jouissance. Enfin, s'il en a joui malgré l'opposition constatée de sa femme, il lui doit compte des revenus. Lorsque tous les biens de la femme sont paraphernaux, elle doit contribuer aux charges du mariage jusqu'à concurrence du tiers de ses revenus, à moins qu'il ne se trouve, dans le contrat de mariage, une convention qui règle sa part dans lesdites charges. (C. civ. 1574 et s.). » (CH. Y.)

PARAPHERNALITÉ s. f. Etat des biens paraphernaux.

* PARAPHIMOSIS s. m. [-mo-ziss] (préf. *para;* gr. *phimos,* lien). Chir. Maladie dans laquelle le prépuce est tellement renversé et gonflé, qu'on ne peut le rabattre sur le gland.

PARAPHONIE s. m. (préf. *para;* gr. *phoné,* voix). Mus. Consonnance de quinte et de quarte chez les Grecs.

* PARAPHRASE s. f. (préf. *para;* fr. *phrase*). Explication plus étendue que le texte, ou que la simple traduction du texte : *paraphrase du Cantique des Cantiques.* — Fam. Interprétation maligne que l'on donne à des choses indifférentes : *il a fait une paraphrase maligne sur un propos très innocent.* — Discours, écrit verbeux et diffus : *il pouvait dire la chose en deux mots, il nous a fait une longue paraphrase fort ennuyeuse.*

* PARAPHRASER v. n. Faire une paraphrase, des paraphrases : *ceux qui ont paraphrasé le Pentateuque.* — Étendre, amplifier dans le récit : *vous ne rapportez pas le discours comme il est, vous le paraphrasez.* — Absol. *Ce n'est pas là traduire, c'est paraphraser.*

* PARAPHRASEUR, EUSE s. Celui, celle qui fait des paraphrases, qui étend, qui explique les choses en les rapportant : *c'est un paraphraseur éternel.* Il est familier, et ne se dit que dans un sens de blâme.

* PARAPHRASTE s. m. Auteur de paraphrases : *les paraphrastes chaldaïques.*

* PARAPHRASTIQUE adj. Qui appartient à la paraphrase.

PARAPHRÉNÉSIE s. f. (préf. *para;* gr. *phrén,* diaphragme). Pathol. Délire passager provenant de l'inflammation du diaphragme.

PARAPHYSE s. f. (préf. *para;* gr. *phusa,* vessie). Bot. Nom donné à des cellules qu'on observe sur les lichens et entre lesquelles sont placées les thèques et les sporidies.

PARAPLECTIQUE adj. (gr. *paraplexia,* paralysie). Qui cause la paralysie.

PARAPLÉGIE s. f. (préf. *para;* gr. *plégé,* coup). Pathol. Paralysie de la moitié inférieure du corps.

PARAPLÉGIQUE adj. Pathol. Qui est affecté de paraplégie; qui a les caractères de la paraplégie.

PARAPLEURE s. f. (préf. *para;* gr. *pleuron,* côté). Entom. Chacune des pièces qui entrent dans la composition du thorax des insectes.

PARAPLEXIE s. f. (préf. *para;* gr. *plêssô,* je frappe). Pathol. Paralysie légère.

* PARAPLUIE s. m. (préf. *para;* fr. *pluie*).

Sorte de petit pavillon portatif, qu'on étend au-dessus de la tête pour se garantir de la pluie : *le manche, les baleines d'un parapluie*.

* PARASANGE s. f. (gr. *parassaggés*). Antiq. Mesure itinéraire chez les anciens Perses : *la parasange répond à environ cinq mille mètres*.

PARASCÈVE s. f. (gr. *paraskené*). Liturg. Veille du sabbat, chez les juifs. — Vendredi saint, chez les chrétiens.

* PARASÉLÈNE s. f. [-sé-lè-ne] (préf. *para;* gr. *seléné*, lune). Image de la lune réfléchie dans un nuage.

PARASITAIRE s. et adj. Tératol. Nom donné par Isid.-Geofroy Saint-Hilaire au deuxième ordre des monstres doubles. Le principal caractère des *parasitaires* est de se composer de deux sujets, dont l'un, réduit à l'état rudimentaire, semble être un parasite de l'autre.

* PARASITE s. m. [-zi-te] (préf. *para;* gr. *sitos*, aliment). Ecornifleur, celui qui fait métier d'aller manger à la table d'autrui : *un parasite affamé*. — PLANTES PARASITES, celles qui végétent sur d'autres plantes, et qui se nourrissent de leur substance. INSECTES PARASITES, certains insectes qui vivent sur d'autres animaux aux dépens de leur substance. — MOTS, EXPRESSIONS, ORNEMENTS, PARASITES, mots, expressions, ornements superflus ou qui reviennent trop souvent dans un même ouvrage : *un style plein d'ornements parasites*. — Substantiv. *Les vers intestinaux sont des parasites*. — Tératol. Nom donné par Isid.-Geofroy Saint-Hilaire au troisième ordre des monstres unitaires. Le principal caractère des *parasites* est de se composer d'une masse inerte d'os, de dents, de poils, de cornes avec un peu de chair et de graisse. — ENCYCL. En médecine on donne le nom de parasites aux êtres organisés qui se développent à la surface ou dans l'intérieur du corps. On distingue les parasites *animaux* et les parasites *végétaux*. Parmi les parasites animaux, on nomme *épisoaires* ceux qui naissent et vivent sur la peau (pou, puce, etc.) et *entozoaires* ceux qui se développent à l'intérieur du tube digestif (helminthes, vers intestinaux, etc.). Quant aux parasites végétaux, ce sont des champignons microscopiques qui produisent le muguet, le croup, des maladies de la peau etc. (Voy. ÉPIPHYTE.)

PARASITICIDE adj. (fr. *parasite;* lat. *cædere*, tuer). Se dit des substances et des préparations qui ont la vertu de tuer les parasites.

PARASITIQUE adj. Qui appartient aux parasites.

* PARASITISME s. m. Méd. et Hist. nat. État d'un corps organisé qui vit sur un autre corps.

* PARASOL s. m. [-sol] (préf. *para;* lat. *sol*, soleil). Sorte de petit pavillon portatif, qu'on étend au-dessus de la tête pour être à couvert du soleil : *porter un parasol*. — PLANTE EN PARASOL, plante ombellifère. (Voy. OMBELLIFÈRE.)

* PARATITLAIRE s. m. Auteur de paratitles.

* PARATITLES s. m. pl. (préf. *para;* gr. *titlos*, titre). Explication abrégée de quelques titres ou livres de jurisprudence civile ou canonique : *les Paratitles de Cujas*.

* PARATONNERRE s. m. (préf. *para;* fr. *tonnerre*). Verge de fer terminée en pointe, que l'on dresse sur la partie la plus élevée d'un édifice, et que l'on fait communiquer, par une chaîne, avec la terre humide ou avec l'eau : cet appareil est destiné à garantir du tonnerre, en soutirant le fluide électrique des nuages : *il y a des paratonnerres sur la plupart des grands édifices de Paris*.

PARÂTRE s. m. Beau-père.

* PARAVASINUS (Dionysius), célèbre imprimeur de Milan, qui produisit, en 1476, la première grammaire grecque de Lascaris.

* PARAVENT s. m. Sorte de meuble fait de châssis de bois, couverts de papier peint ou d'étoffe, qui s'étendent et se plient l'un sur l'autre, et dont on se sert dans les chambres en hiver, pour se garantir du vent qui vient des portes : *des feuilles de paravent*.

PARAY-LE-MONIAL, ch.-l. de cant., arr. et à 13 kil. O. de Charolles (Saône-et-Loire), 3,500 hab. Ancienne abbaye de bénédictins, fondée en 973. La béatification de Marguerite-Marie Alacoque (1865), qui y demeura et qui a contribué plus que personne à la dévotion au Sacré-Cœur, a donné lieu à de nombreux pèlerinages tant d'Europe que d'Amérique.

* PARBLEU interj. (abrév. de *par le ciel bleu* ou *par Dieu*). Sorte de jurement en usage, pour éviter de dire PARDIEU.

* PARC s. m. [park] (celt. *pserch*, lieu clos). Grande étendue de terre entourée de murs, ou de fossés, ou de palis, ou de haies, pour conserver les bois dont elle est plantée, et pour réserver au propriétaire le plaisir de la chasse, ou la liberté de la promenade : *le parc de Saint-Cloud, de Saint-Germain*. — Pâtis entouré de fossés, où l'on met les bœufs pour les engraisser : *mettre les bœufs au parc*. — Clôture faite de claies, où l'on enferme les moutons en été quand ils se couchent dans les champs : *le berger couche au parc*. — Chasse. Enceinte de toiles dans laquelle on enferme les bêtes noires. — Pêche. Clôture que l'on fait pour prendre ou pour conserver du poisson; et, plus particul., lieu préparé pour y mettre des huîtres, qu'on y laisse grossir et verdir. — Guerre. Endroit

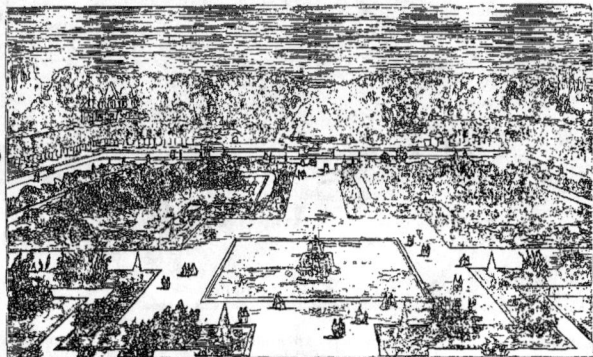

Parc de Fontainebleau. — Vue prise du château.

où l'on place l'artillerie, les munitions, ou les vivres : *le parc de l'artillerie*. — Par ext. Réunion des voitures qui traînent à la suite d'une armée le matériel de l'artillerie, du génie, de l'administration : *ils enlevèrent à l'ennemi un parc de cinquante pièces de canon*. — ENCYCL. On appelle parc ou jardin paysager une étendue de terrain affectée à l'agrément public ou particulier, différent d'un jardin par son étendue ou par le caractère grandiose, simple et naturel de sa disposition, et différent d'un bois par la plus grande dispersion des arbres, et par la plus vaste dimension de ses clairières, ce qui donne de la perspective et de la majesté aux paysages. Les parcs, même ceux des demeures particulières, sont le plus souvent ouverts au public.

Dès le XVIe siècle, le goût des parcs amena le développement de l'art qu'on appelle l'architecture paysagiste, qui a pour but, tout en maintenant la clôture, de permettre la vue de s'étendre en des perspectives harmonieuses et lointaines, au delà des bornes du parc, et d'apporter à celui-ci des changements de nature à le rendre plus agréable et plus pittoresque. — Le choix du site, le dessin, le système d'entretien sont les choses que l'on doit prendre en considération quand on veut établir un parc. On doit préférer un site qui ait un caractère de grandeur naturelle, assez vaste pour que les constructions nécessaires paraissent à peine dans l'ensemble. Dans les travaux d'arrangement, il faut créer un paysage attrayant, changer ou masquer les éléments disparates, et développer ceux qui sont favorables. L'élément le plus indispensable dans un parc, c'est la verdure en champs larges et continus. Il faut adapter des étendues considérables pour les chemins des piétons et des voitures. On ne peut concilier que jusqu'à un certain point les monuments publics avec les exigences d'un parc. Mais les statues et les décorations architecturales peuvent y être répandues avec profusion, car dans tous les lieux où elles ne deviennent pas un encombrement et un obstacle. Il en est de même pour les jardins botaniques, zoologiques et autres. — Dans la plus grande partie du monde civilisé, il est aussi difficile de trouver un site convenable pour un parc que d'avoir des paysages grandioses dans le voisinage des villes importantes. Dans le midi de la France, en Italie, sur tout le littoral de la Méditerranée, au Mexique et en Californie, partout en un mot où il est impossible d'entretenir constamment un beau et riche gazon, il est inutile d'essayer d'établir de vrais parcs. Dans des cas pareils, les deux éléments naturels du paysage que l'on doit rechercher et développer dans les terrains d'agrément suburbains sont la forêt, le bois et l'eau. Dans l'intérieur des villes; les places, les squares, les jardins publics et les tronçons de voie plantés d'arbres, doivent être disposés surtout en vue des besoins qu'ils sont appelés à satisfaire. La plus grande amélioration qui ait été apportée récemment dans le plan général des villes a été l'inauguration ou l'accroissement en nombre et en grandeur des larges voies plantées d'arbres qui, lorsqu'elles sont judicieusement ordonnées, deviennent les principaux canaux ou les grandes artères de la circulation, alimentées par les rues ordinaires. A ce point de vue, Paris s'est placé au premier rang; depuis 1855, il a été créé plus de 125 kil. de voies semblables larges de 33 m. à 100 m., bordées d'arbres ou de bosquets, pourvues de trottoirs, de refuges, de sièges, d'un éclairage approprié, et d'autres commodités que n'offrent pas les rues ordinaires. La plupart des grandes villes de l'Europe ont suivi l'exemple de Paris. New-York, sur une superficie d'environ 115 kil. carr., possède 12 kil. à peu près de longues voies suburbaines plantées d'arbres. En France, l'État possède et administre, depuis longtemps, de vastes bois et d'immenses forêts. On trouve plus de 20 forêts à peu de distance de Paris. Leur étendue varie depuis 400 hect. environ, comme à Saint-Cloud, jusqu'à 16.000 hect. comme à Fontainebleau.

de vieilles et de nouvelles plantations a été mis à nu pour les préparatifs de la défense de Paris, il y avait dans tout le bois de Boulogne, 1,100 hect. de bois, 350 de gazons découverts, 40 d'eau et 150 d'allées pour les cavaliers, de routes carrossables et d'allées pour les piétons (non compris la piste des courses). Le terrain des courses à Longchamp, qui est une partie du bois de Boulogne, contient 66 hect., l'espace loué par la société d'acclimatation pour le jardin zoologique d'acclimatation 28 hect., et le jardin loué à une entreprise de fêtes, appelé le Pré Catelan, au milieu du bois, 15 hect. Il y a 50 kil. de voies carrossables publiques,

(180 hect.), Saint-James's Park, Regent's Park (210 hect.), et Kensington Gardens (130 hect.); au N. : Hampstead Heath (100 hect.), Alexandra Park (80 hect.), Primrose Hill, etc. Tous ces parcs ou espaces découverts se trouvent dans l'intérieur de la métropole proprement dite. Si l'on cherchait dans un rayon plus grand, on en trouverait un nombre presque incalculable. Citons entre autres, à partir du S.-E. : Chiselhurst Common; Epsom, fameux pour ses courses; Richmond (1,000 hect.), Windsor (4,600 hect), Hampton Court et Bushy (800), le parc et les jardins de Kew (250 hect.), qui constituent le plus beau jardin botanique de l'Angleterre; les forêts

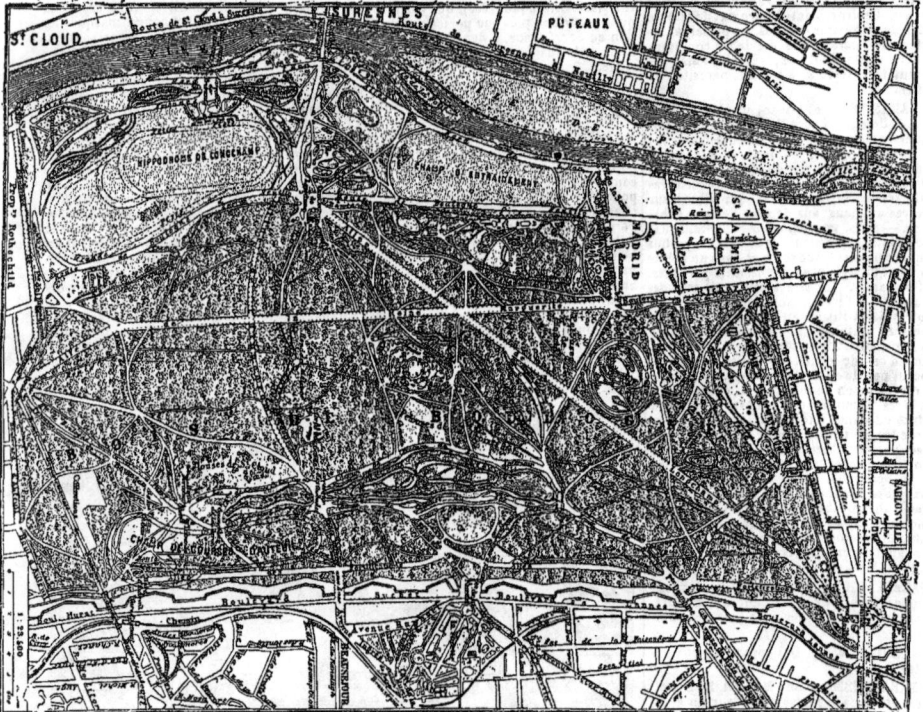

Plan du bois de Boulogne

Elles contiennent toutes un château, qui fut une résidence royale, et auquel est attaché un parc ou jardin de plusieurs hect., renfermant d'ordinaire une pièce d'eau, des fontaines, des statues, des monuments, des parterres (comme dans notre vue du parc de Fontainebleau), et parfois des serres, des volières et autres objets intéressants. Parmi les plus connues de ces promenades suburbaines autour de Paris, nous citerons Boulogne, Vincennes, Saint-Cloud, Marly, Saint-Germain, Rambouillet, Chantilly et Compiègne, qui mesurent ensemble plus de 68,000 hect. Les cinq premiers sont à moins de 15 kil. de la ville. Versailles est un autre lieu de promenade encore plus fameux, où les bois ont moins d'importance que le palais et les jardins. Le bois de Boulogne contient environ 873 hect. et a les fortifications de la ville pour limites à l'E. Avant 1870, époque où un espace considérable

11 kil. d'allées cavalières et 20 d'allées pour les piétons. Le bois de Vincennes contient 904 hect., dont la moitié environ en bois. Il y a un champ de course en plaine, et un lac de 35 hect. Dans l'intérieur des fortifications, Paris n'a pas de grands parcs; mais il renferme plusieurs beaux espaces plantés d'arbres et des jardins. — A Londres, les parcs et les espaces découverts sont très nombreux, et leur superficie totale dépasse peut-être tout ce que pourrait offrir dans ce genre aucune ville de première grandeur. La partie est (east end) de la ville à Victoria Park (460 hect.), Finsbury Park (60 hect.), Hackeny Downs; la partie sud en contient de très remarquables, ce sont : Woolwich Common, Greenwich Park, Peckham Rye, Southwark Park, Camberwell, Wandsnorth Common (140 hect.), Wimbledon Common (280 hect.), Battersea Park (10? hect.); à l'O., on trouve : Hyde Park

d'Epping et de Hainault. Hyde Park, le plus renommé de tous les parcs de Londres, tire son nom de l'ancien manoir de Hyde, qui, à une époque, appartint à l'abbaye de Westminster; il devint propriété publique en 1535, fut vendu par ordre du parlement en 1652, et revint à la couronne lors de la Restauration, en 1660. Ce qu'on appelle le Rotten Row (corruption des mots français Route du Roi) était autrefois un passage pour le roi et les cavaliers de sa suite, entre Westminster et son palais de Kensington; il a 2 kil. de long et 90 pieds de large, et ne sert qu'aux cavaliers; il est séparé de la Serpentine et de la route des Dames (Ladies' mile), lieu de promenade à la mode pour les équipages (45 pieds de large) par une allée et une bande de gazon. Dans le reste du Royaume-Uni, on peut encore mentionner les six parcs de Liverpool, dont l'un, le parc de Leeds a 350 hect., et le Phœnix Park, à Dublin (500 hect.). — Les vieilles villes du continent ont aussi d'ordinaire des lieux d'agrément et de promenade. La principale promenade de Vienne est le Prater, qui mesure 8 kil. de long, et est divisé sur une grande partie de son étendue en route pour les voitures, allée pour les piétons et piste pour les cavaliers. A Munich, le jardin anglais; à Berlin, le Thiergarten, ou jardin zoologique, les jardins de

la famille impériale, à environ deux heures de Saint-Pétersbourg, est aussi un parc remarquable. Outre le palais, il contient des temples, des salles de banquet, des théâtres, tout un village chinois, une mosquée turque, un ermitage, de nombreux monuments. Stoc-

di Chiaia, divisée en allée pour les cavaliers, chaussée carrossable et allée pour les piétons, d'une longueur de plus d'un kil., sur une largeur de 70 m. A New-York, le parc central (central Park) mesure 4 kil. de long et 1 kil. de large, mais il comprend les ré-

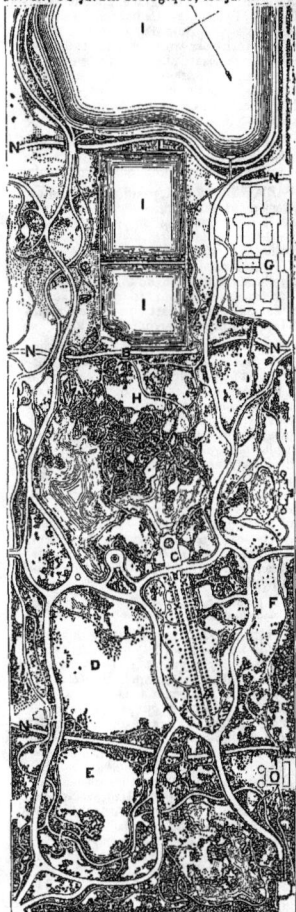

Hyde Park et Jardins de Kensington (Londres). — A. Palais de Kensington; B. B. la Serpentine; C. Round Pond; D. D. Rotten Row; E. E. le Ladies Mile; F. F. F. le Ring; G. entrée d'Hyde Park; H. Marble Arch; I. monument du Prince Consort.

kholm a le Djurgard ou parc aux Daims, qui mesure environ 5 kil. de circonférence; et le pittoresque parc de Haga. La promenade la plus remarquable de Copenhague est le parc aux Daims. Dans toutes les villes italiennes, les lieux fréquentés du public sont surtout des jardins dépendant des villas des

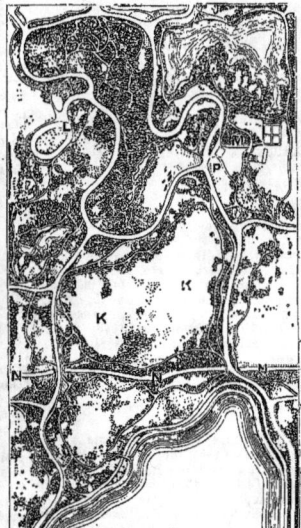

Central Park (New-York). — A, Le Mall; B, Belvédère; C, Terrasse; D, Green; E, Jeu de balle; F, East Green; G, Museum d'art; H, Promenade; I, I, I, Réservoirs des eaux de la cité de New-York; KK, Meadows; L, Hauteure Harlem; M. Mont Saint-Vincent; N, N, N, N, Rues; O, Musée provisoire; P, Musée provisoire.

Sans-Souci, de Charlottenburg, et de Heiligensee en Prusse; ceux d'Anvers, de la Haye, de Varsovie, de Pesth, méritent d'être cités. Les fameux jardins d'été de Saint-Pétersbourg, longs de 2 kil., larges de 500 m., sont pleins de beaux arbres et de statues, et passent pour les jardins les mieux tenus du monde. Cependant la promenade la plus à la mode de Saint-Pétersbourg se trouve aux jardins de Khatarinenhof. Tzarskoye Selo, où s'élève la résidence de

vieilles familles nobles. Les Cascine de Florence dominent des vues délicieuses. Depuis que Rome est devenue la capitale du nouveau royaume d'Italie, on a projeté et établi dans beaucoup de quartiers de larges terrains publics; mais la promenade à la mode est depuis longtemps sur la colline Pincienne, qui ne se recommande guère que par la magnificence du spectacle qu'on y découvre. A Naples, la promenade est une rue, la Riviera

servoirs d'eau de la ville et quelques autres constructions. On y remarque 8 ponts et 38 tunnels ou arches souterrains. On compte qu'il y passe plus de 10 millions de personnes par an. A Prospect Park, on jouit d'une belle vue, on découvre l'océan; il existe encore 33 parcs plus petits, tant à Brooklyn qu'à New-York. Citons encore aux États-Unis Fairmount Park à Philadelphie (1,200 hect.), Druid Hill Park avec ses vieux arbres de haute futaie à Baltimore (250 hect.), les parcs et promenades publiques de Buffalo qui forment un ensemble unique aux États-Unis et peut-être dans le monde entier; ceux de Chicago, de Saint-Louis, de Cincinnati, où le cimetière de Spring Grave n'a probablement pas de rival comme application de l'art décoratif du jardinier à un terrain consacré aux morts, et enfin ceux de San-Francisco, dont un, le Golden Gate Park, a plus de 500 hect. d'un seul tenant.

PARC AUX CERFS (Le), parc de Versailles, où Louis XII avait enfermé des cerfs et qui resta un rendez-vous de chasse royale jusqu'en 1694, époque où le roi Louis XIV y fit construire un palais. Pendant le règne de Louis XV, Mme de Pompadour fit du Parc aux Cerfs un sérail dont le nom rappelle les plus scandaleux souvenirs de la monarchie française (1753). Mme du Barry fit fermer cette maison en 1771. Voy., pour plus de détails, les Mémoires de Mme du Hausset.

• PARCAGE s. m. Séjour des moutons parqués sur des terres labourables : on paye tant par arpent à un berger pour le parcage de ses moutons.

• PARCELLAIRE adj. m. [-sél-lè-] (rad. parcelle). N'est usité que dans cette locution, CADASTRE PARCELLAIRE, cadastre fait par pièces de terre. — Substantiv. Le parcellaire d'une commune.

PARCELLARISME s. m. Système de division en parcelles.

PARCELLARITÉ s. f. État de ce qui est divisé en parcelles.

• PARCELLE s. f. [par-sè-le] (lat. particula) Petite partie de quelque chose : payer une somme par parcelles. — Cadastre. Chaque petite portion de terre, séparée des terres voisines et appartenant à un propriétaire différent.

PARCELLEMENT s. m. Division par parcelles.

PARCELLER v. a. [par-sè-lé]. Diviser en parcelles.

* **PARCE QUE** loc. conj. Voy. PAR.

PARCHASSER v. a. Chasser une bête avec des chiens courants quelque temps après son passage.

* **PARCHEMIN** s. m. (lat. *pergamena, pergamina;* de *Pergamus,* Pergame, nom d'une ville d'Asie d'où l'on tira d'abord le parchemin). Peau de brebis ou de mouton préparée pour écrire dessus, ou pour d'autres usages : *feuille de parchemin.* — PARCHEMIN VIERGE, la peau préparée des petits chevreaux ou agneaux mort-nés. — ALLONGER LE PARCHEMIN, allonger inutilement, et multiplier des écritures sans nécessité, souvent par esprit de chicane ou d'intérêt : *ce procureur allongeait le parchemin.* — UN VISAGE DE PARCHEMIN, un visage couvert d'une peau sèche et jaune. — Fig. et fam., surtout au pluriel, titre de noblesse : *il est fier de ses parchemins.* — ENCYCL. On appelle parchemin toute peau préparée en feuilles propres à recevoir l'écriture. On dit que la fabrication du parchemin fut perfectionnée par Eumène II, roi de Pergame (197-159 av. J.-C.). Suivant Hérodote, les anciens Ioniens écrivaient déjà sur la peau depuis des siècles, et il est certain que l'usage de cette matière était commun en Égypte longtemps avant l'époque d'Eumène. Les qualités les plus fines de parchemin s'appellent vélin ; on les fabrique avec la peau du veau, du chevreau ou de l'agneau mort-né. Le gros parchemin pour tambours, se fait avec la peau de l'âne, de veaux plus âgés, de loups et de chèvres. — Le *papier parchemin* ou *parchemin végétal,* signalé pour la première fois en 1846 par Pannaröde et Figuier, qui l'appelèrent papyrine, et que l'on commença à fabriquer en 1857. s'emploie pour les documents légaux et les cartes, pour maintenir les pièces des appareils de laboratoire, etc. On le fait en trempant pendant quelques secondes, du papier non collé dans un mélange par parties égales d'acide sulfurique fort et d'eau.

PARCHEMINER v. a. Rendre semblable à du parchemin.

* **PARCHEMINERIE** s. f. Lieu où l'on prépare le parchemin. — Art de préparer le parchemin, et négoce qui s'en fait.

* **PARCHEMINIER** s. m. Celui qui prépare le parchemin, et qui le vend.

* **PARCIMONIE** s. f. (rad. lat. *parcus, avare*). Épargne minutieuse, qui porte sur les petites choses : *il est d'une excessive parcimonie.*

* **PARCIMONIEUSEMENT** adv. D'une façon parcimonieuse.

* **PARCIMONIEUX, EUSE** adj. Qui a de la parcimonie.

* **PARCOURIR** v. a. (lat. *percurrere*). Se conjugue comme *Courir.* Aller d'un bout à l'autre ; courir çà et là : *ce cheval a parcouru la carrière en cinq minutes.* — Fig. PARCOURIR DES YEUX, ou simplement, PARCOURIR, passer légèrement la vue sur quelque chose, examiner rapidement : *j'ai parcouru des yeux tout l'appartement.* On dit dans le même sens : *de cette hauteur, la vue, l'œil parcourt tout l'horizon, parcourt une vaste étendue,* etc.

* **PARCOURS** s. m. Droit de mener paître, en un certain temps de l'année, ses troupeaux sur le terrain d'autrui ou sur un terrain commun. — Chemin que fait une voiture ou un animal. — Législ. « Le droit de *parcours* et celui de *vaine pâture,* qui existent encore sur certains points du territoire, sont fondés soit sur d'anciennes coutumes, soit sur des concessions obtenues des seigneurs. Le droit de parcours est une servitude qui permet réciproquement aux habitants de deux ou plusieurs communes de faire paître leurs

bestiaux sur les terres et prairies naturelles de ces communes après la première récolte. Le droit de vaine pâture est la même servitude restreinte au territoire d'une commune ou d'une section de commune. Lesdites servitudes sont aujourd'hui régies par la loi des 28 sept.-6 oct. 1791 (titre 1er, section IV). L'exercice des droits de parcours et de vaine pâture est limité par des règlements locaux. En ce qui concerne la vaine pâture, ces règlements sont faits par les conseils municipaux et soumis à l'approbation du préfet (L. 5 avril 1884, art. 68, n° 6) ; quant au droit de parcours, les délibérations sont prises par une commission syndicale instituée par décret et composée de délégués des conseils municipaux des communes intéressées (id. 164). Le droit de parcours dans les bois qui y sont sujets ne peut être exercé que dans les parties de bois reconnues défensables par l'administration forestière (C. forest. 119) ; et l'usager ne peut en aucun temps y introduire des moutons ou des chèvres (Avis Cons. d'État, 18 brumaire an XIV). Tout propriétaire a le droit de soustraire son terrain à l'exercice des servitudes dont il s'agit, en élevant des clôtures convenables ; mais son droit personnel est alors réduit en proportion du terrain qu'il a ainsi soustrait (C. civ. 648). Le droit de parcours et celui de vaine pâture seront probablement et sauf quelques restrictions, abolis par le nouveau code rural ; mais le chapitre qui traite de cette matière a été adopté seulement par le Sénat, en 1878, et n'est pas encore parvenu à l'état de loi. »   (CH. V.)

PARCQ (Le), ch.-l. de cant., arr. et à 21 kil. O. de Saint-Pol (Pas-de-Calais) ; 500 hab.

PARD s. m. (gr. *pardos,* léopard). Mammifère carnassier du genre chat. Il a servi à former le mot CHAT-PARD.

* **PAR-DESSUS** prép. Voy. DESSUS.

* **PARDESSUS** s. m. Vêtement d'homme ou de femme qui se met sur les autres habits.

PARDESSUS (Jean-Marie), jurisconsulte français, né à Blois le 11 août 1772, mort à Pimpeneau, près Blois, le 26 mai 1853. Avocat, il fut élu 1807 au Corps législatif, et réélu député plusieurs fois sous la Restauration. Il professa le droit commercial de 1810 à 1830 et publia son cours (*Cours de droit commercial;* 1814-'16, 4 vol. sixième édition 1857) et d'autres ouvrages, parmi lesquels nous citerons : *Collection des lois maritimes antérieures au XVIIIe siècle* (1828-'45, 6 vol.) ; *Diplomata... ad res franco-gallicas spectantia* (1843-'49, 2 vol.) ; *Loi salique* (1843). Sa biographie a été écrite par Eloy (1868).

PARDI interj. Syn. de PARDIEU.

PARDIEU interj. Par Dieu.

PARDINE interj. Transformation euphémique de pardieu.

PARDOE (Julia) [par'-do], femme auteur anglaise, née en 1806, morte en 1862. Sa première œuvre importante fut *Traits and Traditions of Portugal* (1833). Elle visita ensuite Constantinople et la Hongrie, et publia *The City of the Sultan* (1836) ; *The Romance of the Harem* (1839) ; *The City of the Magyar* (1840) ; etc. Parmi ses derniers ouvrages, on cite *Louis the Fourteenth, The Court and Reign of Francis Ier, Life of Mary de Medicis,* et *Episodes of French History during the Consulate and the Empire.*

* **PARDON** s. m. (préf. *par;* fr. *don*). Rémission d'une faute, d'une offense : *accorder le pardon; demander pardon.* — JE VOUS DEMANDE PARDON, formule de civilité dont on se sert dans le langage familier, lorsqu'on veut interrompre quelqu'un, ou qu'on est d'un avis différent du sien, ou qu'on lui cause quelque dérangement : *je vous demande pardon, si je vous interromps.* On dit quelquefois simplement et

absol, JE VOUS DEMANDE PARDON, je suis d'un autre avis que vous. Ainsi une personne dira, *Il est midi;* l'autre répondra, *Je vous demande pardon, il n'est pas encore onze heures et demie.* On dit aussi simplement et par abréviations : *Pardon; mille pardons.* — LETTRES DE PARDON, lettre que le prince accordait en petite chancellerie, pour remettre la peine de certains délits moins graves que ceux pour lesquels les lettres de grâce étaient nécessaires. — Pèlerinage : *le pardon de Sainte-Anne-d'Auray.* — Nom d'une certaine prière dont on avertit par trois coups de cloche sonnés à trois reprises ; et qui se dit le matin, à midi et le soir : *sonner le pardon.* Il est vieux : on dit plus ordinairement ANGELUS. — m. pl. Indulgences que l'Église catholique accorde aux fidèles : *il est allé gagner les pardons.*

* **PARDONNABLE** adj. Qui mérite d'être pardonné, d'être excusé. Ne se dit guère que des choses : *une offense, une faute pardonnable.*

* **PARDONNÉ, ÉE** part. passé de PARDONNER. — PÉCHÉ CACHÉ EST À DEMI PARDONNÉ, quand le scandale n'est pas joint au péché, le péché en est beaucoup moindre. — Dans la conversation, s'il arrive à quelqu'un de demander par civilité, pardon d'une liberté qu'il a prise, d'une inconvenance qu'il lui est échappée, on lui répond : VOUS ÊTES TOUT PARDONNÉ. Hors ce seul cas, le participe *Pardonné* ne s'applique point aux personnes.

* **PARDONNER** v. a. Accorder le pardon d'une faute commise, ne garder aucun ressentiment d'une injure reçue. En ce sens, il régit la chose directement, et la personne avec la préposition à : *pardonner les offenses.* — Faire grâce : *cet écolier avait mérité une punition, son maître lui a pardonné.* — Absol. Il est plus beau de pardonner que de punir. — DIEU ME PARDONNE, façon de parler qui s'emploie dans le discours familier, comme une espèce d'excuse et d'adoucissement : *à l'entendre parler, je croirais, Dieu me pardonne, qu'il a perdu l'esprit.* — Excuser, supporter, tolérer : *je lui pardonne facilement la négligence de son style, mais je ne saurais lui pardonner toutes les puérilités dont il a rempli son livre.*

> Puis, on pardonne tout aux jeunes de carnaval,
> COLLIN D'HARLEVILLE, *Monsieur de Crac,* sc. 1er.

— Voir sans chagrin, sans dépit, sans jalousie : *on lui pardonne ses succès à cause de sa modestie.* — Régit quelquefois les choses avec la préposition à, comme si elles étaient personnifiées : *pardonnez à ma franchise, à mon amitié les reproches que je vous fais.* — S'emploie souvent comme un terme de civilité : *pardonnez-moi,* ou simplement, *pardonnez si je vous contredis.* Dans cette acception, on dit quelquefois simplement, et sans rien ajouter, PARDONNEZ-MOI, VOUS ME PARDONNEREZ, pour exprimer honnêtement qu'on n'est pas d'accord de ce qu'un autre dit. — Excepter, épargner. En ce sens, il ne s'emploie guère qu'avec la particule négative *ne,* et avec la préposition à : *ne pas pardonner à personne.* — Absol. CETTE MALADIE NE PARDONNE POINT, on la surmonte tôt ou tard. — Se pardonner v. pr. S'accorder le pardon : *ils se sont pardonné mutuellement.*

PARDONNEUR, EUSE s. Qui pardonne.

PARDOUX-LA-RIVIÈRE (Saint-), ch.-l. de cant., arr. et à 11 kil. S.-E. de Nontron (Dordogne), sur la Dronne ; 900 hab.

* **PARÉ, ÉE** part. passé de PARER. — Fam. ELLE EST PARÉE COMME UNE ÉPOUSÉE, COMME UNE CHASSE, COMME UN AUTEL, se dit d'une femme qui est excessivement parée. — Procéd. CE TITRE EST PARÉ, IL PORTE UNE EXÉCUTION PARÉE, IL PORTE EXÉCUTION PARÉE, il est en forme exécutoire ; et, sans qu'il soit besoin de jugement, on peut, en vertu de ce titre, contraindre le débiteur au paiement : *les grosses*

de contrats, obligations, sentences, arrêts, etc., sont des titres parés.

. **PARÉ** (Ambroise), chirurgien français né à Bourg-Hersent, près de Laval, en 1517, mort à Paris le 20 déc. 1590. Il fut chirurgien de l'armée française en Italie (1536), occupa la prévôté du collège de chirurgie de Paris, et chirurgien de plusieurs rois successifs. Il doit sa gloire surtout à trois importantes améliorations qu'il introduisit dans la pratique : 1° le traitement des blessures d'armes à feu par pansement simple ; 2° la ligature des vaisseaux sanguins après l'amputation ; 3° la règle que pour chercher une balle, la position du patient doit être la même qu'au moment où il a reçu la blessure. Ses *Œuvres complètes* (1840-'61, 3 vol.) comprennent sa *Méthode curative des plaies et fractures de la tête humaine* (Paris, 1561, in-8°) ; son *Anatomie universelle du corps humain* (Paris, 1561, in-8°) ; ses *Dix livres de chirurgie* (Paris, 1564, in-8°) ; son *Traité de la peste, de la petite vérole, de la rougeole et de la lèpre* (Paris, 1578, in-8°) ; ses *Cinq livres de chirurgie* (1571, in-8°) ; sa *Génération de l'homme* (Paris, 1573, in-8°), etc. Ambroise Paré a été surnommé le *Père de la chirurgie moderne ;* telle était l'estime dans laquelle les rois le tenaient, que Charles IX refusa de le laisser égorger lors de la Saint-Barthélemy. Une statue en bronze de ce célèbre chirurgien a été érigée à Laval en 1841 ; elle est due au ciseau de David (d'Angers).

PARÉAGE ou **Pariage** s. m. Jurispr. féod. Égalité de droit et de possession que deux seigneurs avaient par indivis dans une même terre.

PARÉATIS s. m. [-a-tiss] (lat. *pareatis ;* de *parere,* obéir). Se disait de certaines lettres qu'on obtenait en chancellerie afin de pouvoir mettre un arrêt, un jugement à exécution ailleurs que dans le ressort du tribunal par lequel il avait été rendu : *aujourd'hui les arrêts et jugements sont exécutoires sans visa ni paréatis.* — Législ. « Il y avait trois espèces de *paréatis,* et celle du grand sceau emportait exécution dans toute l'étendue du royaume. Aujourd'hui, les jugements rendus, et les actes authentiques passés en France sont exécutoires dans tout le territoire de la République, sans *visa* ni *paréatis.* (C. pr. 547). » (Ch. Y.)

PARÉCHÈME s. m. [-kè-me] (gr. *paréchêma*). Faute de langage ou artifice d'harmonie imitative, qui consiste à accumuler des syllabes ayant le même son, comme dans cette phrase de Grimod de la Reynière : *à ce repas, on voyait des maris patentés et des femmes pas tentantes.*

PARÈDRE s. m. (préf. *para ;* gr. *edra,* siège). Magistrat d'Athènes qui assistait l'archonte. — Magistrat qui remplit aujourd'hui en Grèce les fonctions de maire.

PARÉGORIE s. f. (gr. *parégorein,* adoucir). Méd. Action, qualité des remèdes parégoriques.

PARÉGORIQUE adj. Méd. Se dit des remèdes qui calment, adoucissent, apaisent les douleurs : *user de remèdes parégoriques, de parégoriques.* Il est peu usité. On dit ordinairement **Anodin,** ine.

PAREIL, EILLE adj. [pa-réi ; l mll.] (lat. *par, paris*). Égal, semblable : *je voudrais d'une étoffe pareille à celle que vous m'avez montrée ; ils sont presque de pareil âge, de pareil tempérament.*

J'aurai toujours pour vous, ô suave merveille,
Une dévotion à nulle autre pareille.
Tartufe, acte III, sc. III.

— SANS PAREIL, excellent, supérieur dans son genre : *c'est un homme d'un sang-froid sans pareil.* — C'EST UN HOMME SANS PAREIL, c'est un homme d'un très grand mérite. Se dit plus souvent, en mauvaise part, d'un homme

extraordinaire et singulier dans ses manières, dans sa conduite. — TOUTES CHOSES PAREILLES, toutes choses étant égales : *un ami, un parent, toutes choses pareilles, doit s'emporter sur un homme qu'on ne connaît point.* — Tel, de cette nature, de cette espèce : *ce poème est fort beau, un pareil ouvrage annonce du génie.* — s. *C'est un homme qui n'a pas son pareil ; elle n'a pas sa pareille pour la malignité.* — Au pluriel, précédé des adjectifs possessifs *mes, tes, ses, nos,* etc., signifie, les gens de l'état, de la naissance, du caractère de la personne dont il s'agit : *vos pareils se comportent tout autrement que vous.* — Subst. LA PAREILLE, le même traitement qu'on a reçu ou qu'on a fait : *je vous rendrai la pareille.* — À la pareille, loc. adv. et fam. De la même manière, de la même façon : *je me comporterai à la pareille.* Il est vieux en ce sens. — Je vous rendrai la pareille : *si vous me faites ce plaisir-là, à la pareille.*

PAREILLEMENT adv. De la même manière : *vous m'avez traité avec bonté, je vous traiterai pareillement.* — Aussi : *vous le désirez et moi pareillement.* A une personne qui vous dit : *Portez-vous bien ; soyez heureux,* etc. ; on répond quelquefois : *Et vous pareillement.*

PARÉJA (Juan de) [pa-ré-jha], artiste espagnol mort en 1670. Il était esclave de Velasquez, et étudia secrètement sa manière tout en le servant. Son talent découvert, Velasquez l'affranchit et lui donna des leçons. Il imitait si parfaitement son maître que l'on confond souvent leurs toiles.

PARÉLIE s. m. Voy. PARHÉLIE.

PARELLE s. f. Plante. Voy. PATIENCE.

PARELLIPSE s. f. (préf. *par ;* fr. *ellipse*). Gramm. Omission d'une consonne lorsqu'elle est double dans le même mot.

PAREMBOLE s. f. [pa-ran-] (gr. *parembolé,* intercalation). Gramm. Espèce de parenthèse dans laquelle le sens de la phrase incidente a un rapport direct avec le sujet de la phrase principale.

PAREMENT s. m. [-man]. Ornement, ce qui orne, ce qui pare. Se dit des étoffes dont on pare le devant d'un autel : *un beau parement d'autel.* — Étoffe riche ou voyante, que les hommes portaient autrefois sur les manches de leurs habits, et les femmes sur le devant de leurs robes ; et que les militaires portent encore sur les manches de leurs uniformes : *les habits et les robes à parements d'étoffe d'or ou d'argent ne se voient plus qu'au théâtre.* — Espèce de retroussis qui est au bout des manches d'un habit, et qui est fait de la même étoffe : *les parements de cet habit sont usés, il en faut faire mettre de nouveaux, de neufs.* — LES PAREMENTS D'UN FAGOT, les plus gros bâtons d'un fagot, ceux que le bûcheron met en-dessus pour vendre sa marchandise : *il prit un parement de fagot pour le frapper.* — Maçon., menuis., etc. Surface apparente d'un ouvrage : *le parement d'un revêtement de marbre, de menuiserie.* — LE PAREMENT D'UNE PIERRE, le côté d'une pierre qui doit paraître en dehors du mur : *parement brut, taillé, poli.* — Pavage. Les gros quartiers de pierre ou de grès qui bordent un chemin pavé.

PAREMENTER v. a. Orner de parements.

PARÉMIOGRAPHIE s. f. (gr. *paroimia,* proverbe ; *graphein,* écrire). Recueil de proverbes.

PARÉMIOLOGIE s. f. (gr. *paroimia,* proverbe ; *logos,* discours). Traité sur les proverbes.

PAREMPTOSE s. f. [-rain-ptô-] (gr. *paremptôsis*). Gramm. Genre d'épenthèse qui consiste à insérer dans un mot une lettre qui ne forme pas syllabe comme *religio* pour *religio.*

PARENCHYMATEUX, EUSE adj. Hist. nat. Qui est formé d'un parenchyme ; qui a rapport au parenchyme.

PARENCHYME s. m. [pa-ran-chi-me] (gr. *parenchuma*). Méd. et anat. Nom que l'on donne à la substance propre de chaque viscère. — Bot. Tissu tendre et spongieux des feuilles, des tiges et des fruits.

PARÉNÈSE s. f. (gr. *parainéô,* je conseille). Didact. Discours moral, exhortation à la vertu. (Peu us.)

PARÉNÉTIQUE adj. Didact. Qui a rapport à la parénèse, à la morale : *on divise les discours de religion en dogmatiques, parénétiques, ascétiques et mystiques.* (Peu us.)

PARENT, ENTE [pa-ran] (lat. *parens*). Celui, celle qui est de même famille, qui est de même sang, qui touche par consanguinité à quelqu'un : *aux gens riches on en faveur, il pleut des parents.* — UN BON AMI VAUT MIEUX QU'UN PARENT ; et fam., Nous SOMMES TOUS PARENTS EN ADAM. LES ROIS ET LES JUGES N'ONT POINT DE PARENTS, ils doivent sacrifier leurs affections personnelles à l'intérêt public. — Ceux de qui on descend : *il est né de parents illustres.* — Se dit quelquefois plus particulièrement du père et de la mère : *il s'est marié sans le consentement de ses parents.* En ce sens, on ne l'emploie jamais au singulier pour désigner le père ou la mère. — Nos PREMIERS PARENTS, Adam et Ève. — Par ext. Ceux qui sont simplement alliés : *il est devenu mon parent en épousant ma cousine.* — Fam. LES GRANDS-PARENTS, les grands-pères et grand'mères, les grands-oncles et les grand'tantes.

PARENT (Antoine), savant, né à Paris en 1666, mort en 1716. Il a laissé : *Recherches de mathématiques et de physique* (1714, 3 vol. in-12) ; *Arithmétique théorico-pratique* (1714, in-8°) ; *Mécanique et physique* (1700), ouvrages dans lesquels on trouve des remarques d'une grande justesse. Antoine Parent fit partie de l'Académie des sciences.

PARENTAGE s. m. Parenté. (Vieux.)

PARENTALES, *Parentalia,* fêtes célébrées par les anciens Romains en l'honneur de leurs ascendants morts.

PARENT-DUCHÂTELET (Alexis-Jean-Baptiste), médecin français, né à Paris en 1790, mort en 1836. Il fit de l'hygiène publique sa spécialité, et a laissé entre autres ouvrages : *Recherches sur l'inflammation de l'arachnoïde cérébrale* (Paris, 1821) ; *Essai sur les cloaques ou égouts de la ville de Paris envisagés sous le rapport de l'hygiène publique et de la topographie médicale de cette ville* (Paris, 1824, in-8°) ; *De la prostitution dans la ville de Paris, considérée sous les rapports de l'hygiène publique, de la morale et de l'administration* (Paris, 2ᵉ édit. 1837, 2 vol. in-8°).

PARENTÉ s. f. Consanguinité : *il y a parenté entre eux.* — Tous les parents et alliés d'une même personne : *il a donné à dîner à toute sa parenté.*

PARENTÈLE s. f. Coll. Les parents. (Fam.)

PARENTHÈSE s. f. (pa-ran-tè-ze) (gr. *parenthesis,* interposition). Proposition, pensée isolée que l'on insère dans une phrase dont elle suspend la marche. — Les parenthèses doivent être courtes, vives et s'exprimer que des idées dignes de fixer l'attention, autrement elles embarrassent le style et le rendent traînant. — Se dit aussi des signes dont on se sert dans l'écriture et dans l'imprimerie pour enfermer les mots d'une parenthèse, et qui sont ainsi figurés ( ). Les crochets [ ] sont aussi des parenthèses. — OUVRIR LA PARENTHÈSE, placer ce signe (au commencement d'une parenthèse. — FERMER LA PARENTHÈSE, placer ce signe) à la fin d'une parenthèse. — Pop. AVOIR LES JAMBES EN PARENTHÈSE, avoir les jambes arquées. — Par parenthèse loc. adv. dont on se sert lorsqu'on interrompt la conversation pour dire quelque chose qui n'y a pas un rapport direct : *par parenthèse, je dois vous avertir que...*

PARENTIS-EN-BORN, ch.-l. de cant., arr. et à 80 kil. N.-O. de Mont-de-Marsan (Landes); 500 hab.

* **PARER** v. a. (lat. *parare*). Orner, embellir : *parer une église, un autel, une maison, une chambre.* — Fig. *Il est un art de parer la vertu, de parer à la raison.* — Préparer, apprêter certaines choses de manière à leur donner meilleure apparence, à les rendre plus belles, plus commodes, plus propres au service : *parer sa marchandise; parer les allées d'un jardin.* — PARER LE PIED D'UN CHEVAL, ôter de la corne du pied d'un cheval, pour le ferrer : *il faut parer le pied à ce cheval. On a paré le pied de ce cheval jusqu'au vif.* — PARER DU CIDRE, DU POIRÉ, le faire fermenter, pour lui ôter le goût douceâtre qu'il a naturellement. — PARER UN AGNEAU, lever la graisse qui est sur la panse, et l'étendre sur le quartier de derrière. — PARER UN CABLE, UNE ANCRE, UNE BARRIQUE, préparer un câble, une ancre, etc. — Empêcher, éviter un coup, soit en le détournant, soit en y opposant quelque chose qui l'arrête : *parer un coup, une botte, une estocade, un trait.* — PARER UN COUP, UNE BOTTE, se défendre d'un mauvais office, d'une demande fâcheuse, importune. — Mar. PARER UN CAP, le doubler, le laisser à côté en passant au delà. — v. n. Manège. S'arrêter : *ce cheval pare bien sur les hanches.* — Empêcher : *parer de la main.* — PARER DE, parer contre, mettre à couvert, défendre contre quelque attaque, quelque incommodité : *cela vous parera du soleil, de la pluie; le bois que vous plantez parera quelque jour votre maison contre le vent du nord.* — Parer à v. r. *Il n'a fait que parer aux coups; on ne saurait parer à tout.* — Se parer v. pr. S'orner : *cette femme aime à se parer; au printemps, la terre se pare de mille couleurs.* — Prov. et fig. SE PARER DES PLUMES DU PAON, DES PLUMES D'AUTRUI, s'approprier ce qui appartient à un autre, pour en tirer vanité. Il se dit principalement d'un plagiaire. — Faire parade : *les stoïciens se paraient d'une impassibilité fastueuse.* — Se garantir : *porter un manteau pour se parer de la pluie; je saurai bien me parer de ses coups.*

* **PARÈRE** s. m. (ital. *parere*, avis, opinion). Avis, sentiment de négociants sur des questions de commerce : *le livre de Parères de Savary.* — Légis. Ce mot était déjà employé dans l'ancien droit; il signifiait, comme aujourd'hui, un avis de négociants ou de banquiers réclamé par un tribunal, pour éclairer, soit un point de fait, soit une question subordonnée à l'existence d'usages commerciaux et locaux. On a publié des recueils de parères, et le livre de Savary a longtemps fait autorité. Les parères sont encore en usage aujourd'hui, dans les matières commerciales, mais à titre de simples renseignements. » (CH. Y.)

* **PARESSE** s. f. (lat. *pigritia*). Disposition habituelle à ne pas travailler, nonchalance, négligence des choses qui sont de devoir, d'obligation : *perdre toutes ses affaires par paresse, par sa paresse.* — Prov. RELEVER QUELQU'UN DU PÉCHÉ DE PARESSE, l'obliger, par des reproches, par des menaces, par des ordres pressants, à travailler, à mieux remplir ses devoirs : *je l'ai bien relevé, je le relèverai bien du péché de paresse.* — Fam. Certaine faiblesse de tempérament, qui porte à se dispenser de faire tout ce qui demande un peu d'action : *le spectacle est à ma porte; si je n'y vais pas, c'est la paresse qui me tient, qui m'en empêche.* — Se prend quelquefois dans une acception favorable, et signifie, amour du repos, du loisir, tranquillité du corps et de l'esprit : *le poëte a chanté la paresse; la paresse a ses douceurs.* — PARESSE D'ESPRIT, certaine lenteur, certaine noncha-

lance d'esprit, qui empêche de concevoir promptement ou de s'appliquer avec force, avec persévérance.

* **PARESSER** v. n. Faire le paresseux, se laisser aller à la paresse : *j'ai paressé toute la matinée dans mon lit.* (Fam.)

PARESSEUSE s. f. Coiffure de femme toute apprêtée qui se plaçait sur la tête comme une perruque :

Malgré les blonds cheveux, la mode avantageuse, Un bandeau sied au front mieux qu'une *paresseuse.*

TH. CORNEILLE.

— Corset qui se noue ou s'agrafe par devant et qu'on n'a pas besoin de lacer.

* **PARESSEUSEMENT** adv. D'une manière paresseuse.

* **PARESSEUX, EUSE** adj. Qui aime à éviter l'action, le travail, la peine : *vous êtes bien paresseux aujourd'hui d'être encore au lit.* — Méd. ESTOMAC, VENTRE PARESSEUX, estomac, ventre qui fait lentement ses fonctions : *l'usage fréquent des lavements rend le ventre paresseux.* — s. *C'est un paresseux.* — Hist. nat. Nom d'un quadrupède commun entre les tropiques, qui n'a point de dents incisives, et qui marche et se meut avec une extrême lenteur. (Voy. AI.)

* **PAREUR** s. m. Ouvrier qui perfectionne, qui finit un ouvrage. Se dit, en général, des ouvriers qui font le genre de travail qu'on désigne, dans les métiers, par le mot PARER.

* **PARFAIRE** v. a. Achever, compléter quelque chose en sorte qu'il n'y manque rien : *parfaire un ouvrage, un bâtiment.* (Peu us.) — Proc. crim. PARFAIRE UN PROCÈS OU PARFAIRE LE PROCÈS QUELQU'UN, conduire ou procès jusqu'au jugement définitif. (Vieux.) — Fin. PARFAIRE UN PAYEMENT, PARFAIRE UNE SOMME, ajouter à un payement à une somme, ce qui y manquait. — Jurisp. PARFAIRE LE JUSTE PRIX, réparer la lésion, le dommage qu'a éprouvé le vendeur d'un immeuble : *l'acquéreur a été condamné à délaisser la maison, si mieux n'il n'aimait en parfaire le juste prix.*

* **PARFAIT, AITE** part. passé de PARFAIRE. — N'est guère usité que dans cette locution, FAIT ET PARFAIT, entièrement terminé.

* **PARFAIT, AITE** adj. Qui réunit toutes les qualités, sans nul mélange de défauts : *nul homme n'est parfait.*

Les maîtres, sans mentir, sont étrangement faits ! Ils sont pleins de défauts, et nous veulent *parfaits.*

COLLIN D'HARLEVILLE. *L'Inconstant*, acte II, sc. II.

— Qui a beaucoup de qualités, qui paraît accompli dans son genre : *il règne entre ces deux personnes un accord parfait.*

Je sais fort bien qu'elle est d'une beauté *parfaite.*

COLLIN D'HARLEVILLE. *L'Inconstant*, acte Ier, sc. Ier.

— En mauvaise part : *un parfait imbécile* — Complet, total : *il est difficile d'obtenir le vide parfait.* — Mus. ACCORD PARFAIT, accord fondamental, qui ne se compose que d'intervalles consonnants, c'est-à-dire d'une tierce, d'une quinte, et de la réplique, à l'aigu, du premier son, que l'on nomme octave. CONSONNANCE PARFAITE, intervalle consonnant, comme la quinte et l'octave. CADENCE PARFAITE, celle qui porte la note sensible et qui tombe de la dominante sur la finale. — Gramm. PRÉTÉRIT PARFAIT, ou substantiv. PARFAIT, s. m. Prétérit qui marque une chose parfaite, une chose arrivée dans un temps qui n'est ni précis ni déterminé, comme *j'ai aimé, j'ai dit,* et, PRÉTÉRIT PLUS-QUE-PARFAIT, ou substantiv. PLUS-QUE-PARFAIT, prétérit qui marque une chose faite ou arrivée dans un temps plus éloigné que le temps marqué par le prétérit parfait, comme *j'avais aimé.* L'emploi de PARFAIT et de PLUS-QUE-PARFAIT comme substantifs est le plus ordinaire : *ce verbe est au parfait de l'indicatif, au plus-que-parfait du subjonctif.* — Arithm. NOMBRE PARFAIT, celui qui est égal

à la somme de ses parties aliquotes : *le nombre six est un nombre parfait, parce qu'il est égal à la somme de ses parties aliquotes, un deux, trois.* (Peu usité.) — Géom. CARRÉ PARFAIT, carré dont les quatre côtés et les quatre angles sont égaux. — Substantiv. Chose parfaite, perfection : *le parfait est rare en tout genre.* — PARFAIT AMOUR, liqueur alcoolique composée de citron, de girofle, de muscade, etc.

PARFAIT (Pierre-Alexandre-Laurent), ingénieur de la marine, né à Rouen en 1752, mort d'apoplexie le 8 nov. 1807. Membre de l'Assemblée législative, il ne cacha pas son peu de sympathie pour la république. Bonaparte le conçut à Venise, où Parfait était venu chercher, pour les envoyer à Paris, les quatre chevaux dits de *Saint-Marc*, que l'on vit figurer jusqu'en 1814 sur l'arc de triomphe du Carrousel. Parfait devint ministre de la marine le 24 nov. 1799. Il conserva son portefeuille jusqu'au lendemain de la signature des préliminaires du traité d'Amiens.

* **PARFAITEMENT** adv. D'une manière parfaite : *il joue parfaitement du violon.* — D'une manière complète, totale; *il est parfaitement ridicule; il est parfaitement guéri.* — Oui, certainement : *avez-vous écrit ? Parfaitement.*

PARFÈS s. m. pl. Nom que se donnaient les Albigeois.

* **PARFILAGE**. s. m. Action de parfiler : *le parfilage de cette étoffe sera long.* — Ce qui résulte du parfilage : *un tas, une botte de parfilage.*

* **PARFILER** v. a. Défaire fil à fil le tissu d'un morceau d'étoffe ou de galon, soit d'or, soit d'argent, et séparer de la soie l'or ou l'argent qui le recouvre : *parfiler du galon.* — Absol. : *cette femme passe son temps à parfiler.*

PARFILEUR, EUSE s. personne qui parfile.

PARFILURE s. f. Fils provenant d'une étoffe parfilée.

* **PARFOIS** adv. de temps et de nombre. Quelquefois : *on se trouve mal parfois de n'avoir pas demandé conseil.*

* **PARFONDRE** v. a. (lat. *perfundere*, mélanger). Peint. Incorporer les couleurs à la plaque de verre ou d'émail, et les faire fondre également.

* **PARFOURNIR** v. a. Fournir en entier, achever de fournir. (Peu usité.)

* **PARFUM** s. m. [par-fun] (lat. *per; fumus*, fumée.) Odeur aromatique, agréable, plus ou moins forte, plus ou moins subtile et suave, qui s'exhale d'une substance quelconque, et particulièrement des fleurs : *le parfum des fleurs.* — Fig. LE PARFUM DE LA LOUANGE, DES LOUANGES, le plaisir qu'on a à s'entendre louer : *il est peu de têtes assez fortes pour résister au parfum de la louange.* On dit aussi fig. : *le parfum de la prière s'élève jusqu'à Dieu, est agréable à Dieu.* — Fig. IL Y A DANS CE LIVRE UN PARFUM D'ANTIQUITÉ, on sent, à la lecture de ce livre, que l'auteur s'est pénétré du génie des auteurs anciens. — Choses mêmes dont il s'exhale une odeur agréable : *l'essence de rose est un délicieux parfum; la plupart des parfums viennent de l'Orient.* — Compositions minérales ou végétales d'une odeur forte, dont on se servait dans les lazarets pour purifier les personnes et les effets regardés comme suspects. — ENCYCL. On appelle parfum l'odeur émanant de certains corps, et aussi ces corps eux-mêmes. On a, de la plus haute antiquité, attaché un grand prix à certains parfums. On affirme qu'après la destruction des girofliers par les Hollandais, dans l'île de Ternate, la colonie eut à souffrir des épidémies inconnues auparavant, et que lorsque le choléra a régné à Londres et à

Paris, les personnes employées à la fabrication de la parfumerie ont échappé au fléau. L'art de la parfumerie était pratiqué à un degré extraordinaire par les anciens Egyptiens, les Grecs et les Romains. L'odeur des parfums servait d'offrande aux dieux, et lorsque ceux-ci apparaissaient aux hommes, ils s'accompagnaient toujours d'une odeur d'ambroisie. On se servait abondamment d'huiles, de pommades et d'autres parfums. Les bains, les vins étaient parfumés également. Pline a donné un détail très complet de l'extraordinaire variété de parfums en usage à Rome sous les empereurs. Les parfumeurs (*unguentarii*) étaient pour la plupart des Grecs et occupaient un quartier spécial à Rome. Leurs boutiques étaient le rendez-vous favori des flâneurs. Au moyen âge, la France et l'Italie étaient à la tête des autres nations pour la fabrication et l'emploi des parfums. On brûlait déjà de l'encens et des cierges parfumés dans les églises catholiques lors du baptême de Clovis, en 496. On pense que les parfums alcooliques ont été fabriqués pour la première fois au XIVe siècle; le premier dont nous ayons connaissance est l'eau de Hongrie, distillée du romarin en 1370 par Elisabeth, reine de Hongrie, qui en tenait la recette d'un ermite, et qui, grâce à l'usage qu'elle en fit, conserva, dit-on, sa beauté jusque dans la vieillesse. En Angleterre, le goût des parfums semble avoir été dominant du temps de Shakspeare; et à l'époque de Swift, les boutiques des parfumeurs étaient un rendez-vous d'oisifs, comme dans l'ancienne Rome. — Les principaux centres de la fabrication des parfums sont aujourd'hui Paris, Londres, et plusieurs villes près de la Méditerranée, spécialement dans le midi de la France. On tire les parfums d'une grande diversité de fleurs, de fruits, de graines, de bois et d'autres produits végétaux; on en extrait aussi des éthers, et des produits du charbon de terre et du goudron. Les parfums les plus importants d'origine animale sont: le musc, la civette, l'ambre gris et la corne de cerf. L'ambre gris, tout en ne se faisant pas beaucoup sentir par lui-même, communique aux autres parfums une odeur délicate et éthérée. Il y a plusieurs méthodes en usage pour extraire les propriétés odorantes des plantes, et pour les communiquer aux corps spiritueux ou huileux. Pour extraire les odeurs des plantes délicates, telles que le jasmin, la tubéreuse et la casse, dont la chaleur gâterait le principe odorant, le procédé en usage est celui de l'absorption, ou *enfleurage*. On a des boîtes carrées en bois avec des fonds de verre. Sur ces plaques de verre, on étend une couche d'un mélange de graisse de porc et de graisse de bœuf purifiées; sur cette couche on sème tous les matins des fleurs nouvellement cueillies, pendant toute la saison de la floraison. On garde les boîtes closes, et la graisse finit par acquérir une très forte odeur que l'on peut extraire avec de l'alcool. Les pastilles du sérail sont des articles de parfumerie faits de façon que, lorsqu'on y met le feu, elles se consument lentement et dégagent au dehors l'odeur dont elles sont imprégnées. On les compose de charbon de bois délicatement pulvérisé, de salpêtre, et de substances odorantes, de gommes-résines surtout, le tout moulé en petits cônes dont on fait adhérer les particules par l'addition d'un mucilage.

* PARFUMER v. a. Répandre une bonne odeur dans quelque lieu, sur quelque chose, ou sur quelqu'un : *les fleurs parfument l'air*. — PARFUMER UNE MAISON, UN LIEU, UN NAVIRE, y faire des fumigations, en chasser le mauvais air, en y brûlant quelque chose d'une odeur forte, comme de la poudre à canon, du soufre, etc. : *un foyer d'infection était dans cette maison, il a fallu la parfumer avec du*

soufre. Dans le même sens, PARFUMER UNE LETTRE, exposer au feu de soufre et tremper dans le vinaigre une lettre qui vient d'un pays où règne une maladie contagieuse. — Se parfumer v. pr. Remplir ses habits, son linge de bonnes odeurs; embaumer sa peau avec des eaux ou des pommades odorantes : *l'habitude de se parfumer est bien moins répandue qu'autrefois*.

* PARFUMERIE s. f. Art du parfumeur; objets de parfumerie ; commerce, boutique, de parfums, de pommades, de savons de toilette, etc.

* PARFUMEUR, EUSE s. Celui, celle qui fait et qui vend des parfums : *un excellent parfumeur*.

PARGA, ville d'Albanie, à 80 kil. S.-O. de Janina, sur la mer Ionienne, en face de l'île de Paxo; 6,000 hab. Les Français s'en emparèrent en 1797; les Russes en 1806; de nouveau les Français en 1807; les Anglais le 22 mars 1814. Cette ville fut livrée aux Turcs en 1817; mais plus de 3,000 hab. émigrèrent pour ne pas subir le joug des musulmans.

* PARHÉLIE ou Parélie s. m. (gr. para, sur le côté; hélios, soleil). Image du soleil réfléchi dans une nuée : on vit ce jour-là deux parhélies. (Voy. HALO.) Le parhélie de la lune se nomme parasélène.

PARHÉLIQUE adj. Qui concerne le parhélie.

* PARI s. m. (rad. lat. par, égal). Gageure, promesse réciproque, par laquelle deux ou plusieurs personnes qui soutiennent des choses contraires, s'engagent de payer une certaine somme à celui qui se trouvera avoir raison : *le pari est de mille francs*. — TENIR LE PARI, l'accepter, parier contre la personne qui le propose : *beaucoup de personnes parièrent; il tint tous les paris*. — LE PARI EST OUVERT, LES PARIS SONT OUVERTS, tout le monde est reçu à parier. Se dit, fig., d'une affaire incertaine, sur laquelle il y a des opinions contraires, et qui doit bientôt se décider. — IL EST HORS DE PARI, se dit de celui qui, dans un pari fait entre plusieurs personnes, a perdu, et n'a plus de droit aux enjeux que les autres se disputent encore. — Somme pariée : *payer le pari*.—Jeu. Somme, indépendante de l'enjeu ordinaire, que des personnes parient entre elles, et dont le sort est décidé par celui de la partie. — Jeu du piquet à écrire. Résultat des deux coups qui forment l'ide : *celui qui perd le pari est obligé de mettre à la queue*. — Législ. « Le pari est un contrat aléatoire auquel la loi n'accorde aucune sanction, excepté lorsqu'il s'applique à des luttes de force ou d'adresse engagées par les parieurs eux-mêmes. Néanmoins, le perdant qui a volontairement payé le montant d'un pari ne peut exercer de répétition, à moins qu'il n'y ait eu, de la part du gagnant, dol, supercherie ou escroquerie (C. civ. 1964 à 1967). Le Code pénal (art. 421, 422) punissait d'un emprisonnement d'un mois à un an et d'une amende de 500 fr. à 10,000 fr., ceux qui avaient fait des paris sur la hausse ou la baisse des effets publics ; et il considérait comme pari de ce genre toute convention de vendre ou de livrer des effets publics que le vendeur n'avait pas en sa possession au moment de la convention, ou qui ne devaient pas s'y trouver à l'époque fixée pour la livraison. Ces dispositions, trop rigoureuses, ont été abrogées par la loi du 28 mars 1885. Aux termes de cette loi, l'art. 1965 du Code civil n'est plus applicable aux marchés à termes sur effets publics et autres, ou sur denrées à livrer; et ces marchés sont reconnus légaux. (Voy. BOURSE et JEU.) L'abus des paris se manifeste surtout dans les courses de chevaux. Les *agences de paris* que l'on voit s'installer sur tous les champs de courses et dont quelques-unes sont établies en permanence dans quelques grandes villes doivent être assimilées à des maisons de

jeu (voy. JEU); ceci a été reconnu par un arrêt de la cour d'appel de Paris, en date du 31 décembre 1874, confirmé par la cour de cassation le 18 juin 1875. »   (CH. Y.)

* PARIA s. m. Homme de la dernière caste des Indiens qui suivent la loi de Brahma : *la caste des parias est réputée infâme par toutes les autres*. — Fig. C'EST UN PARIA, c'est un homme exclu de la société et que personne ne veut voir. — ENCYCL. Les parias forment une caste inférieure du pays de Tamil. Dans l'Inde méridionale, les européens appliquent par erreur leur nom à toutes les castes inférieures hindoues, dont les parias ne forment en réalité qu'une petite partie. Ce nom dérive de la cloche qu'ils étaient autrefois obligés de porter avec eux, pour avertir les brahmanes de l'approche d'un membre d'une caste réprouvée. — Les chiens errants de l'Inde et de Ceylan, bâtards de descendance européenne, qui infestent les cités et chassent par meutes dans les plaines, sont désignés du nom de chiens parias.

* PARIADE s. f. (rad. lat. par, paris, paire, couple). Chasse. État des perdrix, lorsqu'elles cessent d'aller par compagnies, pour s'apparier : *le temps de la pariade*. — Saison où les perdrix s'apparient : *la chasse est défendue pendant la pariade*. — Perdrix appariées : *il y a cinq ou six pariades dans ce champ*.

PARIAGE s. m. Jurispr. féod. Egalité de droit et de possession que deux seigneurs avaient par indivis sur une même terre.

PARIEN, IENNE s. et adj. De Paros; qui concerne cette île ou ses habitants.

* PARIER v. a. Faire un pari, une gageure : *ils ont parié deux cents francs*. — Soutenir une chose sans aucune intention de gageure : *je parie qu'il fera cette sottise*. — Fam. IL Y A PARIER, BEAUCOUP A PARIER, GROS A PARIER, TOUT A PARIER QUE, il est presque certain que, il y a de fortes raisons de croire que : *il y a à parier qu'il ne viendra pas*. — Jeu. PARIER POUR QUELQU'UN, ou simpl. PARIER, gager que celui des deux joueurs qu'on désigne gagnera la partie : *il ne joue jamais, il ne fait que parier*. — PARIER A COUP SUR, parier avec la certitude qu'on gagnera le pari : *il n'y a qu'un malhonnête homme qui parie à coup sûr*.

* PARIÉTAIRE s. f. (lat. parietaria; du lat. paries, muraille, parce que l'espèce principale croît sur les murs). Bot. Genre d'urticées comprenant un petit nombre d'herbes à feuilles alternes et à fleurs à la fois hermaphrodites et unisexuées sur la même plante.

Pariétaire officinale.

L'espèce la plus commune est la *pariétaire officinale* (parietaria officinalis), aussi nommée *casse-pierre, herbe de Notre-Dame, perce-muraille*, etc., herbe haute de 40 à 50 centim., à tige velue, rougeâtre, un peu succulente, à feuilles couvertes d'un duvet rude; à fleurs sessiles verdâtres. Dès que l'on touche légèrement les boutons des fleurs mâles près d'éclore, les filets se détendent et les anthères lancent le pollen sous forme de petit nuage. La pariétaire possède des propriétés diurétiques, émollientes et rafraîchissantes. Les feuilles sont souvent utilisées en infusion : 20 gr. par litre.

° PARIÉTAL, AUX adj. m. (rad. lat. paries, paroi.) Anat. Se dit de deux os qui forment les côtés et la voûte du crâne : les deux os pariétaux, dans l'homme, couvrent la plus grande partie du cerveau. — Substantiv. Les pariétaux.

* PARIEUR s. m. Celui qui parie : c'est un grand parieur. — CELA NE VAUT RIEN POUR LES PARIEURS, se dit d'une chose qui doit faire craindre un résultat fâcheux à l'une des deux parties intéressées dans une affaire.

PARINI (Giuseppe), poète italien, né près de Milan en 1729, mort en 1799. Il était de basse naissance et de pauvre condition. Son principal ouvrage est Il Giorno, satire didactique et dramatique. On a réuni ses poésies en 6 vol. (Milan, 1804-'06 ; et 1825, 2 vol.).

PARIS [pa-ri]; Lutecia, Lucotecia, civitas Parisiorum, capitale de la France et ch.-l. du département de la Seine, sur les deux rives de la Seine, sur la Bièvre et sur deux îles formées par la Seine; par 0° long. à l'Observatoire et 0° 0' 35" long. O. au Panthéon; par 20° 30' long. E. du méridien de l'Ile de Fer, par 2° 20' 16" 4''' long. E, du méridien de Greenwich et par 58°40' 11" lat. N. (à l'Observatoire) et 48° 50' 49" lat. N. (au Panthéon). — Situation. Paris s'étend sur une grande plaine unie ou faiblement ondulée, qui constitue le bassin tertiaire appelé bassin de Paris et qui se termine, à environ 2 ou 3 kilom. du fleuve, par des buttes dont les principales sont celles de Charonne, de Ménilmontant, de Belleville, de la Villette, de Montmartre (105 m.) et de Chaumont (101 m.) sur la rive droite; de la Maison-Blanche, de la Butte-aux-Cailles et de Sainte-Geneviève (Panthéon), sur la rive gauche. D'immenses quantités de pierres à bâtir ont été extraites de carrières aujourd'hui épuisées, qui gisent sous la ville, et qui sont employées comme catacombes depuis 1784. (Voy. CATACOMBES.) — Paris est à 330 kil. N.-N.-E. de l'Océan; à 525 kil. N.-O. de la Méditerranée; à 362 kil. S.-E. de Londres; à 280 kil. S.-O. de Bruxelles, à 890 kil. S.-O. de Berlin; à 1,393 kil. O. de Vienne; à 3,050 kil. S.-O. de Saint-Pétersbourg; à 1,922 kil. S.-O. de Stockholm ; à 2,600 kil. N.-O. de Constantinople ; à 1,500 kil. N.-O. de Naples; à 1,785 kil. N.-O. de Rome; à 1,056 kil. N.-N.-E. de Madrid.—Superficie. La ville de Paris ne semble pas très étendue si on la compare à quelques autres grandes cités, comme Londres et New-York; son défaut d'extension est dû à ce fait qu'elle est entourée de fortifications et d'une large zone militaire, ne lui permettant pas de se développer au dehors; elle est donc forcée de se condenser intérieurement. C'est à Paris seulement, que l'on voit des maisons élevées de six et même sept étages, qui font l'étonnement des étrangers et qui sont distribuées en nombreux logements. Paris, ses promenades et son enceinte occupent 7,802 hectares (78 kilom. carr.), ou le quart de la superficie de Londres (316 kilom. carr.), et les sept dixièmes, de celle de New-York (115 kilom. carr.) — Topographie et physionomie générale. La Seine ne forme plus que trois îles dans son parcours de 11 kilom. à l'intérieur de la ville : l'Ile Saint-Louis et l'Ile de la Cité auxquelles on a réuni plusieurs îlots; et l'Ile des Cygnes, entre Passy et Grenelle. La ville se divise en deux parties principales : la rive droite et la rive gauche à laquelle se rattachent la Cité et l'Ile Saint-Louis. Le vieux Paris, ses faubourgs et les communes annexées ne forment plus aujourd'hui qu'une seule et même ville dont toutes les parties présentent un aspect à peu près semblable. Néanmoins les faubourgs ont, pour la plupart, conservé leurs anciens noms : Saint-Antoine, Saint-Denis, du Temple, Poissonnière, Saint-Honoré, Montmartre, Saint-Germain. Ce dernier est surtout habité par la vieille noblesse. Les faubourgs Saint-Antoine et du Temple sont particulièrement occupés par des établissement industriels; le premier produisant surtout les meubles et tout ce qui a rapport au mobilier; le second étant le centre de la fabrication des objets de fantaisie dits articles de Paris. Les faubourgs Saint-Martin, Saint-Denis et Poissonnière sont plutôt commerçants; ils s'occupent principalement de la vente en gros et d'exportation, tandis que les parties voisines des grands boulevards ont pour spécialité le détail et les articles de luxe. Le faubourg Montmartre, les quartiers de la

Paris et ses environs.

Limites de la ville sous Louis VII. — sous Philippe-Auguste.   Limites de Paris sous Louis XIV. — sous Louis XVI.

1. Hôtel de Cluny. — 2. Institut. — 3. Notre-Dame. — 4. Palais de Justice. — 5. Palais du Trocadéro. — 6. Avenue du bois de Boulogne. — 7. Arc de Triomphe. — 8. Avenue des Champs-Elysées. — 9. Parc de Monceau. — 10. Palais de l'Elysée. — 11. Palais de l'Industrie. — 12. Place de la Concorde. — 13. Madeleine. — 14. Opéra. — 15. Place Vendôme. — 16. Bibliothèque nationale. — 17. Bourse. — 18. Palais-Royal. — 19. Tuileries. — 20. Louvre. — 21. Halles centrales. — 22. Hôtel de Ville. — 23. Place des Vosges. — 24. Place de la Bastille. — 25. Cimetière de Montmartre. — 26. Bassin de la Villette. — 27. Douane. — 28. Gare de l'Arsenal. — 29. Cimetière du Père-Lachaise. — 30. Place de la Nation. — 31. Jardin des Plantes. — 32. Marché aux vins. — 33. Collège de France. — 34. Sorbonne. — 35. Panthéon. — 36. Observatoire. — 37. Jardin du Luxembourg. — 38. Palais du Sénat. — 39. Saint-Sulpice. — 40. Corps législatif. — 41. Palais de l'Archevêché. — 42. Hôtel des Invalides. — 43. Ecole Militaire. — 44. Champ de Mars. — 45. Cimetière de Montparnasse.

Bourse, du Palais-Royal et de l'Opéra renferment les principaux établissements financiers; le faubourg Saint-Honoré et le quartier des Champs-Elysées sont occupés par les riches hôtels de l'aristocratie de l'argent. Le quartier Latin est le siège de l'Université et d'une grande partie des établissements scientifiques. Quant aux communes annexées, les principales sont : Bercy, où se fait un grand commerce de vins en gros; Charonne, Ménilmontant, Belleville, la Chapelle, Montmartre, particulièrement habités par la population ouvrière et où se trouvent de vastes ateliers; les Batignolles, résidence d'un grand nombre d'artistes; Passy et Auteuil, pleins de jolies villas; Grenelle, Vaugirard, Montrouge, etc., où l'on trouve des rentiers, des industriels, beaucoup d'ouvriers et un certain nombre de jardins maraîchers. — En résumé, Paris est la plus merveilleuse ville du monde et certainement la plus séduisante pour les gens de loisir comme pour ceux qui se livrent aux travaux de l'esprit. Duclos disait : « Paris est la patrie universelle de tous ceux, de quelque pays qu'ils soient, qui vivent en bonne compagnie. » Ce jugement est aujourd'hui plus vrai que jamais. — Paris, ville de travail et de plaisir, de fabrication et de consommation, d'affaires et de luxe, reflète dans sa physionomie de chaque jour les caractères les plus divers. Chaque quartier a son aspect qui lui est propre ; ici, c'est le commerce avec le luxe de ses étalages et de ses boutiques; là, c'est l'aristocratie financière; à droite, l'industrie avec son activité fébrile; à gauche, la science avec ses innombrables branches. — Climat. Paris est au centre de la zone climatérique séquanienne ou de la Seine. La température y est beaucoup plus douce en hiver que ne semble le comporter la latitude, qui est à peu près la même que celle du Canada, où les habitants sont forcés de se servir de raquettes, pour marcher sur les neiges gelées; c'est ainsi que la latitude de Paris est supérieure à celle de la Crimée, où il fait cependant des froids bien plus excessifs. Cette douceur de température est due surtout au peu d'élévation du territoire. La moyenne est de + 10° 74 pour l'année entière à Paris; le maximum ne dépasse guère + 37° en été et le minimum ne descend guère au-dessous de — 10° en hiver. Cependant, on a vu, dans l'année extraordinairement froide de 1838, le thermomètre descendre à — 19°. — La moyenne de l'hiver est de 3° 3; celle du printemps est de 10° 3; celle de l'été de 18° 1 et celle de l'automne de 11° 2. — Moyenne annuelle des pluies : 480 millim., tombant en 145 jours, à peu près également partagés par saison. Nombre annuel des jours de gelée, 56; des jours de neige, 12; des jours de brouillard, 180; des jours nuageux, 181; des jours de grêle, 20; des jours d'orage, 13 et demi. — Hauteur moyenne de la colonne barométrique, 756 milim. 03.—Les vents d'ouest, du sud-ouest et du sud, dominent à Paris, les premiers amenant les nuées de l'Océan et versant les pluies sur les terres. — Population. Sous le rapport de la population, Paris est la première ville du continent européen et la seconde ville du monde; elle vient immédiatement après Londres.

ACCROISSEMENT DE LA POPULATION DE PARIS

Année	1270	120.000 hab.
—	1272	215.000
—	1563	290.000
Sous Louis XIV		492.600 •
Année	1718	509.900
—	1760	576.630
—	1768	670.000
—	1784	660.000
—	1798	640.000
—	1802	672.000
—	1817	713.976
—	1827	890.400
—	1836	909.400
—	1841	912.000
—	1846	1.055.000
—	1851	1.013.000
—	1856	1.174.000
—	1861	1.660.000
—	1866	1.709.000
—	18.2	1.850.000
—	1876	1.986.000
—	1877	2.000.000
—	1878	2.050.000
—	1881	2.225.910

RECENSEMENTS PAR ARRONDISSEMENT

Arrondissements.	ANNÉES		
	1872.	1876.	1881.
1er	74.286	71.896	75.390
2e	73.578	77.765	76.304
3e	89.687	90.797	94.151
4e	95.003	98.798	103.760
5e	96.689	104.373	113 804
6e	90.258	97.631	97.735
7e	76.553	83.612	82.388
8e	75.590	83.993	88.828
9e	102.767	115.689	123.980
10e	135.390	142.964	151.718
11e	146.383	182.387	209.164
12e	87.678	93.537	102.435
13e	69.641	73.203	93.231
14e	69.611	75.427	91.713
15e	75.449	78.579	100.348
16e	44.532	51.599	60.702
17e	101.804	116.683	143.187
18e	136.109	152.364	177.318
19e	93.174	98.367	116.772
20e	95.772	100.083	123.978
TOTAUX.	1.851.792	1.988.806	2.225.910

Deux arrondissements ont présenté, en 1881, une diminution de population sur 1876; c'est le 2e, qui a 1,475 habitants de moins, et le 7e, qui en a 284. La cause en est attribuée, pour le 2e arrondissement, à la reconstruction de l'hôtel des Postes, qui a nécessité l'expropriation et la démolition d'un grand nombre de maisons, et, pour le 7e arrondissement, au percement du boulevard Saint-Germain. Les dix-huit autres arrondissements présentent une augmentation de 238,762, ce qui fait pour tout Paris une augmentation réelle de 237,104 habitants. — La population parisienne occupe 68,200 maisons d'habitation, dont 32,500 sont élevées de plus de 4 étages. — Etat civil. Paris compte 400,000 hommes mariés et 416,000 femmes mariées;

621,000 célibataires mâles, 557,000 filles, et 123,000 veufs. Lors du recensement de 1881, on trouva dans la capitale 6,386 personnes âgées de plus de 80 ans, 2,747 ayant plus de 85 ans, 640 ayant dépassé 90 ans et 138 qui avaient atteint ou dépassé l'âge vénérable de 95 ans; et en outre 20 centenaires, dont 4 célibataires mâles, et une fille, 1 homme marié, 1 femme mariée, 6 veufs et 7 veuves.— Les vrais Parisiens, ceux qui sont nés à Paris, ne sont pas plus de 691,000, dont 319,000 hommes; les habitants nés en province sont au nombre de 1,381,000, dont 703,000 hommes. La population étrangère se chiffre par 91,872 hommes et 75,542 femmes. Elle se divise ainsi : Belges : hommes 23,981 ; femmes 21,300. Italiens : hommes, 15, 703 ; femmes, 5,874. Allemands: hommes, 15,444; femmes, 15,749. Suisses : hommes, 12,264; femmes, 8,546. etc. Anglais : 4,607 hommes et 6,482 femmes. Américains : 2,951 hommes et 2,973 femmes. Paris est habité par 149 Asiatiques et 65 Chinois. — Professions. Voici comment se répartit la population, classée en patrons, employés, ouvriers et membres de leur famille : 1° personnes vivant de l'agriculture, (propriétaires cultivant leurs terres, charbonniers, etc.), 9,678 (5,468 hommes, 4.210 femmes); 2° industrie, 1.102.313 (540.288 hommes, 562.205 femmes). Sur ce nombre, les individus attachés directement sont: comme ouvriers, 317.712; comme ouvrières, 272.187. 3° Le commerce fait vivre 551.677 personnes. 4° Les transports et la marine, 49.905. 5° La force publique comprend 25.482 hommes, sur lesquels l'armée de terre en compte 12,533 ; l'armée de mer 335; la gendarmerie et la police 42,594. 6° Il y a 66,720 personnes qui vivent de fonctions de tout ordre salariées par l'État, les départements ou les communes. 37,405 appartiennent au sexe masculin. — Le service des cultes comprend 1.858 hommes. — Les communautés religieuses, 5,938 individus (1,569 hommes, 4.369 femmes). — Les professions judiciaires font vivre 16.897 personnes (hommes 9.132). — Les professions médicales, 18,304 personnes dont 8.723 hommes. L'enseignement compte 9.324 hommes et 12.497 femmes. — Les artistes : peintres, sculpteurs, acteurs, etc., sont au nombre de 42,646, dont 22,462 hommes et 20,184 femmes. — Les savants et les publicistes comptent 5.684 hommes et 5.500 femmes. — Les professions libérales font donc vivre 186.731 individus. — Les propriétaires et les rentiers font vivre 210.860 individus, dont 131.822 femmes; les pensionnés et retraités, 20,050. Les individus sans profession, enfants et nourrices, étudiants et élèves, pensionnaires des hôpitaux, gens sans place, mendiants, vagabonds, filles publiques, etc., sont au nombre de 61,699, dont 25.478 hommes et 36.621 femmes. — Agriculture. Il semble presque impossible que dans une ville où la population est si extraordinairement condensée, l'agriculture puisse être pratiquée. Mais dans ses quartiers excentriques, Paris possède encore des terrains cultivés, dont l'étendue va s'amoindrissant chaque jour. C'est là que la science agricole est poussée à son plus haut degré de perfection ; c'est là que la culture maraîchère est conduite avec un soin et une intelligence que l'on ne peut égaler nulle part. On pourrait même dire que cette spécialité est une création parisienne. Son nom lui vient de l'ancien Marais, quartier aujourd'hui couvert de belles habitations, mais autrefois possédé exclusivement par les jardiniers chargés de fournir les légumes nécessaires à la capitale. C'est à Paris que cette industrie lucrative a reçu ses premiers perfectionnements; c'est là qu'elle est arrivée à cette perfection qui lui fait renouveler les prodiges des pays tropicaux, en donnant jusqu'à quatre récoltes par an. Nulle part, en

France, elle ne pouvait se développer comme ici. Ailleurs, elle ne saurait trouver cette immense quantité de fumier indispensable au chauffage des couches; à défaut de cet agent, il faudrait avoir recours au thermosiphon, et alors les bénéfices de l'opération disparaîtraient; nulle part elle ne trouverait à placer aussi avantageusement ses produits, nulle part elle ne parviendrait à réaliser ces bénéfices qui enrichissent un maraîcher en quelques années, juste rémunération d'un travail incessant et d'une surveillance qui s'exerce nuit et jour. La plus grande partie des légumes consommés à Paris provient de cette culture. — Industrie. Centre et foyer de l'activité industrielle nationale, Paris exerce toutes les professions connues. La branche la plus importante est celle qui se rapporte à l'alimentation (environ 30.000 établissements) : cuisine, restaurants, boulangerie, pâtes alimentaires, charcuterie, confiserie, liqueurs, chocolat, pâtisserie, moutarde, produits pharmaceutiques. Ensuite vient l'industrie du vêtement (20.000 établissements) : tissage, apprêt, impression des cotonnades, confection; cachemires, tapis (aux Gobelins), lavage, filage et tissage de laines, fabrication des étoffes de soie; fabrication des dentelles et des blondes, des gazes et des broderies; chapellerie, peausserie, tannerie, mégisserie, teinture, papiers peints. — L'ébénisterie est le triomphe du faubourg Saint-Antoine. Les autres principales branches industrielles sont : la papeterie, la mise en œuvre des substances minérales, telles que marbre, albâtre, etc.; les arts métallurgiques, les fabriques de bronze et d'orfèvrerie ; la bijouterie, la joaillerie, la tabletterie, l'horlogerie, la fabrication des instruments de précision, de musique, etc.; la poterie, la porcelaine, les cristaux; la typographie, la librairie, la lithographie et la gravure. Les graveurs parisiens jouissent d'une grande réputation dans toute la France; et c'est à Paris que se publient les plus magnifiques livres illustrés. Paris est le centre de la fabrication des livres de toute sorte et de la publication des journaux (près de 1.000 publications périodiques de tout genre, dont une centaine de journaux politiques quotidiens). La réputation de la capitale est encore plus répandue pour les objets de fantaisie qui portent le nom d'articles de Paris, et dans la fabrication desquels nulle autre place ne peut rivaliser avec elle, tant pour la modicité de la main-d'œuvre que pour le goût et le fini du travail. La manufacture des tabacs du Gros-Caillou, sur le quai, à l'O. de l'esplanade des Invalides, produit la cinquième partie du tabac qui se fume ou se prise en France. Elle occupe 2.200 personnes, dont plus de 1.900 femmes. — Journaux. La presse parisienne ne commença à se développer qu'à la Révolution. Paris compta alors jusqu'à 150 feuilles périodiques, nombre que Napoléon Ier réduisit à 13 ; il y eut de nouveau 450 journaux après la chute de l'empereur, mais 8 seulement furent autorisés à s'occuper de questions politiques. On compte aujourd'hui, à Paris, 1.250 publications (quotidiennes et hebdomadaires), dont près de 100 journaux politiques du grand et du petit format. La plupart se vendent sur la voie publique, notamment dans les kiosques des boulevards. — Abattoirs. Paris possède trois grands abattoirs : celui de Villejuif, près de la place d'Italie, celui de Grenelle, place de Breteuil et les abattoirs de la Villette, près du marché du même nom, vaste édifice qui n'est pas encore terminé, mais où il y a déjà plus de 250 échaudoirs, disposée autour de 20 cours. Les bouchers qui y travaillent ne sont pas des détaillants ; leur spécialité est d'abattre et ils vendent en gros aux bouchers de la ville. On abat à Paris une moyenne annuelle de 217.000 bœufs et taureaux, 56,000 vaches, 230.000 veaux, 1.800.000 moutons, 230.000 porcs, 8.000 chevaux, ânes et mulets, le tout produisant plus de 160 millions de kilogr. de viande. — Commerce. Nous venons de voir plus haut le Paris producteur de mille objets de consommation; mais le Paris commerçant emprunte à sa situation encore plus considérable. Pour ne donner qu'un exemple, nous prendrons les articles de papeterie, que Paris ne fabrique pas en aussi grande quantité que certaines villes de province telles qu'Angoulême, mais dont il est le grand entrepôt, si bien que la plupart des fabricants de province ont un magasin à Paris. Dans le domaine de la librairie, le commerce parisien est de même plus important que l'industrie, parce que un grand nombre de livres des éditeurs parisiens s'impriment dans les villes des départements, tandis que leur publication et leur vente ont lieu à Paris. Des centaines d'articles sont dans le même cas. D'immenses magasins renferment les produits coloniaux qui se dispersent ensuite chez les débitants de Paris et des départements. Les besoins donnent lieu à une immense importation de toute espèce d'objets : bœufs, porcs, volailles, poissons, coquillages, beurre, œufs, bois, charbons, matériaux de construction, etc. Paris demande son charbon de terre surtout à la Belgique, à Valenciennes, à l'Angleterre et au bassin de la Loire. On calcule que Paris consomme annuellement 275 millions de kilogr. de pain, 510 millions de litres de vin, 182 millions de kilogr. de viande fraîche; 30 millions de kilogr. de poisson frais, salé ou fumé, 250.000 centaines d'huîtres, 23 millions de kilogr. de volaille et de gibier, 43 millions de kilogr. de beurre, 47 millions de kilogr. d'œufs (à raison de 20 œufs par kilogr.), 7 millions de kilogr. de fromage. En tête des ports pourvoyeurs de poisson de mer se trouvent : Boulogne (5 millions et demi de kilogr.), Graveline (un million et demi), Calais (un million), Cherbourg, Dunkerque, Dieppe, Etaple, Berck, Morlaix, Fécamp, Quimper (2 millions de kilogr.), Lorient, les Sables-d'Olonne, la Rochelle. — Le commerce de détail a lieu dans de vastes magasins. Il y a peu de maisons dont le rez-de-chaussée ne soit occupé par une boutique. On donne le nom de bazars à deux espèces de grands magasins : dans les uns, on rencontre toutes sortes d'objets de ménage et de luxe; dans les autres, on trouve à l'étalage des articles à bon marché de toute catégorie, mais particulièrement des articles de voyage, de la bijouterie en imitation, des jouets, etc. Chaque soir prend un aspect de fête par la merveilleuse illumination de ses rues et de ses boulevards. Dans les grandes voies, l'effet de ces immenses cordons de lumière est vraiment féerique. L'animation de la ville cesse vers 2 heures du matin; il y a un quartier cependant où elle se renouvelle avant d'avoir cessé, c'est celui des Halles. Là, dès 11 heures du soir, quand le Parisien songe à prendre un peu de repos, les campagnards arrivent avec leurs charrettes et, au point du jour, cet immense marché offre l'aspect d'une fourmilière humaine. Les Halles centrales (rue Montmartre) se composent de 12 gigantesques pavillons en fer, couverts en verre, et forment comme une petite cité au milieu de la grande. Les

approvisionnements de la boucherie y arrivent chaque soir des abattoirs; les autres viennent de toutes les directions pendant la nuit, et les grands marchands de la ville, de la province et même de l'étranger viennent s'y approvisionner. Non loin des Halles centrales se trouve la halle au blé, reconstruite en 1874. La halle aux vins, au N. du Jardin des Plantes, renferme d'immenses quantités de produits vinicoles provenant de tous les vignobles. — Le marché du Temple est une halle qui a remplacé l'ancien marché aux hardes. Ce marché et le square voisin occupent l'emplacement du Temple. — Le commerce des journaux a pour centre principal la rue du Croissant. Celui des bestiaux se concentre au marché de la Villette, près des buttes Chaumont, comprenant 3 vastes pavillons couvrant une superficie de 4 hectares et recevant annuellement près de 3 millions de têtes de bétail. Celui des chevaux a lieu principalement au marché qui se trouve sur le boulevard Saint-Marcel. — Foires et fêtes foraines. Les trois principales foires de Paris et de sa banlieue sont : la foire aux Jambons, qui se tient le mardi-saint; la foire au Pain d'épice (à Pâques; place de la Nation) et la foire du Landit dans la banlieue à Saint-Denis. Les fêtes patronales des villes suburbaines et

La place du Théâtre-Français, à Paris.

des communes rurales sont marquées par des spectacles variés où afflue la population de la capitale. — Éducation. A la tête des institutions d'éducation se trouvait autrefois la fameuse Université de Paris, qui a été remplacée ici, comme dans les autres grandes villes, par une académie universitaire. Cinq académies constituent l'Institut. (Voy. Académie et Institut.) La Sorbonne, qui fut d'abord une faculté de théologie, est aujourd'hui, en même temps, le siège des facultés des lettres et des sciences. Le collège de France, où se font des cours supérieurs, publics, gratuits, sur toute sorte de matières, ne dépend pas de l'université; il relève directement du ministère de l'instruction publique. L'instruction supérieure est, en outre, dispensée par les facultés de médecine et de droit, par les écoles de pharmacie, des arts et manufactures, des chartes, des beaux-arts, des mines, normale supérieure, des ponts et chaussées, le conservatoire de musique et de déclamation, les écoles polytechnique, militaire, Turgot, etc., dont la plupart sont uniques

pour toute la France. L'observatoire de Paris a été surnommé le « Quartier général de la science astronomique » (voy. Observatoire); il a pour annexe celui de Montsouris. Le nombre des étudiants qui suivent les cours de l'enseignement supérieur varie de 8,000 à 10.000. L'instruction secondaire est donnée dans 5 grands lycées (Charlemagne, Louis-le-Grand, Henri IV (ancien Napoléon), Saint-Louis, Condorcet ou Fontanes), dans les collèges Chaptal, Rollin, Stanislas, etc., auxquels il faut ajouter de nombreuses institutions tant ecclésiastiques que laïques. Parmi les séminaires il faut citer celui de Saint-Sulpice et celui des Missions-Étrangères qui sont connus dans l'univers entier. — Paris possède 1,400 écoles libres et publiques (écoles municipales, salles d'asile, écoles maternelles, écoles congréganistes, etc.), abritant près de 100,000 enfants. Ceux qui reçoivent l'instruction chez eux sont au nombre de 12,000. Les dernières statistiques établissent que 260,000 enfants et jeunes gens reçoivent à Paris l'instruction publique, soit primaire, soit secondaire, soit supérieure. — Bibliothèques et Musées. La plus grande et la plus célèbre collection de livres est la bibliothèque Nationale, qui n'a pas de rivale et qui surpasse même celle du British Museum de

Londres. Elle renferme, outre 2 millions de volumes imprimés, d'immenses collections de manuscrits (150,000), de gravures, de monnaies, etc. Elle s'accroît constamment par les dons, les achats et surtout par le dépôt obligatoire d'un exemplaire de tout ce qui se publie en France. La nouvelle salle de travail a été construite sous le second Empire, d'après le modèle de celle du British Museum. Nous citerons parmi les autres établissements du même genre, la bibliothèque Mazarine, celles de l'Arsenal, de la Sorbonne, de Sainte-Geneviève, de l'École de médecine, etc. (Voy. notre article Bibliothèque.) Comme musée d'histoire naturelle, il en est peu qui surpassent le muséum du Jardin des Plantes, qui est d'une richesse remarquable sous le rapport de l'anatomie comparée, de l'anthropologie, de la zoologie, de la minéralogie, de la géologie et de la botanique. Un musée beaucoup plus fréquenté est celui du Louvre, qui mérite l'admiration universelle, par son immense et incomparable collection de tableaux des plus grands maîtres, par ses collections de gravures, de céramique, de cristaux, de bijoux, etc. Nous devons encore citer plusieurs autres musées : plans et reliefs (Invalides); Luxembourg (artistes vivants), des Gobelins, de Cluny (produits artistiques et industriels anciens), astronomique (à l'Observatoire), du Trocadéro (sculpture comparée et ethnographique); Carnavalet (monuments et objets relatifs à l'histoire de Paris et de la Révolution), céramique (à la manufacture de Sèvres, près Paris), Orfila ou d'anatomie comparée (à l'Ecole de médecine), Dupuytren (pathologie; en face de l'Ecole de médecine), d'artillerie (comprenant une riche collection d'armures et d'armes offensives et défensives, tant anciennes que modernes; se trouve aux Invalides), de l'Opéra (modèles de décors, bustes, portraits, manuscrits, etc.), de l'Ecole des mines (minéralogie, géologie et paléontologie), des Archives (paléographique; très riche, se trouve à l'ancien hôtel de Soubise, rue des Francs-Bourgeois), des Arts décoratifs (fondé en 1877, au palais de l'Industrie); des beaux-arts (copies de dessins des maîtres anciens, plâtres, portraits), du garde-meuble (quai d'Orsay); Grévin (passage Jouffroy), Industriel (aux arts-et-métiers); instrumental (Conservatoire de musique et de déclamation); Monétaire (hôtel des monnaies); Sigillographique (aux Archives). — **Voies de communication.** Paris est le point où aboutissent les routes nationales de France, et c'est à partir du pilier qui partage la grande porte de l'église Notre-Dame, que les bornes kilométriques commencent à être numérotées. Les rues de Paris sont classées en rues perpendiculaires et en rues parallèles à la Seine. La capitale compte 2,120 rues, 109 avenues, 79 boulevards, 257 impasses, 454 places, 350 galeries, 27 ponts, 45 quais, etc. Les rues principales sont aujourd'hui sillonnées de lignes de tramways qui leur donnent une animation extraordinaire; chaque porte de l'enceinte livre passage à une rue pourvue d'une voie ferrée pour les tramways qui relient la capitale aux communes voisines; mais le moyen de locomotion le plus usité est encore celui des omnibus; il y a aussi l'administration des *petites voitures* et différentes concurrences particulières de voitures publiques. Les omnibus se divisent en 35 lignes désignées par des lettres de l'alphabet. Les tramways se divisent en tramways de la compagnie des omnibus (19 lignes désignées par des lettres précédées de la lettre T), en tramways nord et tramways sud. Les boulevards se distinguent en 4 catégories : 1° anciens boulevards ou *boulevards intérieurs;* 2° *boulevards extérieurs;* 3° *nouveaux boulevards;* 4° *boulevards de ceinture.* Les premiers sont les plus beaux et les plus célèbres; ils s'étendent de la Madeleine jusqu'à la place de la Bastille sur la rive droite et occupent l'emplacement des fortifications au temps de Louis XIV. Ce sont les boulevards proprement dits, les *grands boulevards;* les plus fashionables sont ceux de la *Madeleine,* des *Capucines,* des *Italiens* et de *Montmartre,* qui offrent un panorama sans égal de brillante animation; et les boulevards *Poissonnière, Bonne-Nouvelle, Saint-Denis, Saint-Martin* et du *Temple,* célèbres comme le centre principal du commerce parisien, et continués par les boulevards des *Filles-du-Calvaire* et *Beaumarchais.* On ne trouve dans aucune autre ville, le brillant aspect des boulevards intérieurs, dont la longueur totale est de 4,800 m. et la

largeur de plus de 30 m. Sur la rive gauche, les boulevards intérieurs sont représentés par le nouveau boulevard Saint-Germain, mais on appelait autrefois boulevards intérieurs une ligne d'avenues formant un hémicycle de 7,200 m. — Les boulevards extérieurs méritèrent ce nom jusqu'à l'annexion de la banlieue. Ils ont été construits à la fin du XVIIIe siècle. Ils commencent sur la rive droite au pont de Bercy et mesurent 15 kil. et demi de long. Au S., ils ont 9 kil. et sont relativement peu intéressants. — Les nouveaux boulevards, créés depuis 1852, sont de magnifiques avenues parmi lesquelles nous devons citer : ceux de Strasbourg, de Sébastopol, de Saint-Michel, de Magenta, de Voltaire, Malesherbes, Haussmann, etc. — Les boulevards d'enceinte sont ceux qui longent les fortifications à l'intérieur de la ville. — Les boulevards sont macadamisés ou pavés en bois (voy. PAVÉ). Ils sont bordés de larges trottoirs en asphalte, plantés d'arbres et garnis de bec de gaz, remplacés quelquefois par la lumière électrique. Sur les trottoirs s'élèvent alternativement des *vespasiennes,* des *kiosques* où se vendent les journaux ou qui servent de bureaux de contrôle pour les fiacres, des *colonnes* sur lesquelles on pose les affiches des théâtres, des fontaines wallaces, etc. De place en place se trouvent sur les

Le boulevard des Italiens, à Paris.

trottoirs des bancs à l'usage de tout le monde, et dans les endroits les plus larges, des fauteuils et des chaises en fer, dont on ne peut user que moyennant rémunération. — Au milieu des carrefours les plus dangereux pour les piétons, on a établi des *refuges* ou plates-formes destinés à faciliter la traversée de la voie; les candélabres qui ornent ces refuges sont souvent munis aujourd'hui d'*horloges pneumatiques.* — Parmi les rues les plus célèbres par la splendeur de leurs élégants magasins, on cite celles de la Paix, Vivienne, Richelieu, de Rivoli, Royale, Castiglione, Saint-Honoré, Saint-Martin, Saint-Denis, La Fayette, du Quatre-Septembre, des Jeûneurs, du Sentier, de la Chaussée-d'Antin, etc., sur la rive droite; Bonaparte, du Bac, Soufflot, des Saints-Pères, de Rennes, Cherche-Midi, Vaugirard, de Grenelle, etc., sur la rive gauche. — Les plus célèbres avenues sont celles de Clichy, d'Antin, de l'Opéra, du Trocadéro, d'Orléans, Kléber, Montaigne, de la Grande-Armée, de la République, de

l'Observatoire, d'Orléans, d'Eylau, etc. Parmi les passages, nous citerons : Véro-Dodat, Delorme, des Panoramas, Jouffroy, Choiseul, du Saumon, Vivienne, Colbert, Brady, du Caire, des Princes, etc. — Les voies plantées d'arbres comprennent de 83 à 84,000 arbres; il y en a 8,500 dans les squares et à peu près 10,000 dans divers cimetières. — **Navigation.** La Seine présente une voie facile que sillonnent de nombreux bateaux. De huit heures du matin à minuit, des bateaux-omnibus remontent et redescendent continuellement le fleuve. Un remorqueur à vapeur peut traîner à sa suite quatre ou cinq chalands, à l'aide d'une longue chaîne qui va d'un bout à l'autre de la ville. Des bateaux à vapeur redescendent le cours de la Seine et mettent la capitale en relation avec Rouen et le Havre. En outre, le canal Saint-Martin et le canal Saint-Denis, alimentés par celui de l'Ourcq, sont navigables. — Les bateaux omnibus se divisent en *mouches* et en *hirondelles.* Les *mouches,* peintes en rouge, font le service de l'intérieur; les *hirondelles,* peintes en blanc, desservent l'intérieur de la ville et la banlieue. Sur chacune de ses rives, le fleuve est bordé de quais magnifiques. — **Chemins de fer.** A Paris aboutissent les principales lignes des chemins de fer français. Toutes les grandes compagnies (sauf celle du Midi) y ont leur tête de ligne avec un ou

deux embarcadères. Le chemin de fer de ceinture, à peu près parallèle aux fortifications, dessert toutes les extrémités de la ville. (Voy. CHEMIN DE FER.) — **Ponts.** Des 28 ponts jetés sur la Seine, le plus long est le *Pont-Neuf,* qui traverse les deux bras de la cité, et au milieu duquel se dresse la statue équestre de Henri IV. Il a 328 m. de long et 23 m. de large. Il fut construit de 1578 à 1604 et considérablement modifié en 1852. Les plus remarquables sous le rapport artistique sont : le pont *au Change* (de la place du Châtelet à la cité), reconstruit en 1858-'59; il était jadis bordé de boutiques d'orfèvres et de changeurs, d'où vient le nom qu'on lui a conservé; on y jouit d'un superbe coup d'œil; le pont d'*Iéna,* (du champ de Mars, au Trocadéro), construit de 1806 à 1813, en souvenir de la victoire dont il porte le nom; décoré d'aigles et de quatre groupes de dimensions colossales : un Grec, un Gaulois, un Romain et un Arabe domptant des chevaux; le pont de la *Concorde*, (de la place de la Concorde au palais Bourbon) construit de 1787 à 1790, la partie supérieure presque entièrement avec des pierres de la Bastille; le pont des *Invalides*, qui a remplacé un pont suspendu et qui a été reconstruit en 1879-'80, il est décoré de victoires; le pont de l'*Alma*, (de la place de l'Alma au quai d'Orsay); le pont des *Arts*, (entre le vieux Louvre et l'Institut), grande passerelle qui ne sert qu'aux piétons et dont le nom rappelle que le Louvre fut, pendant quelque temps, nommé le palais des Arts; le pont du *Carrousel* ou des *Saints-Pères*, en face du Carrousel, est l'un des plus élégants; il fut construit de 1832 à 1834 par Polonceau, d'après un système qui porte le nom de cet architecte; il se pose *sur trois arches* en fonte qui ont plus de 47 m. d'ouverture et est orné de statues

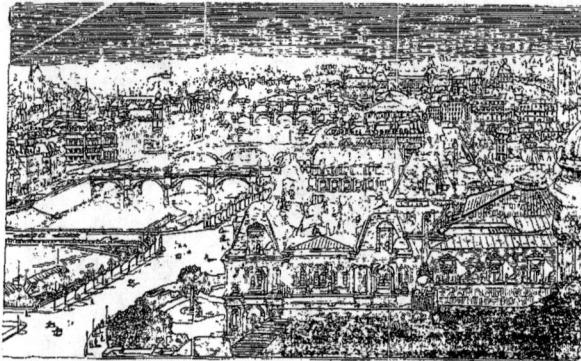

Vue des sept ponts.

colossales en pierre : Abondance et Industrie, sur la rive droite; Seine et ville de Paris, sur la rive gauche; le pont de *Solférino*, (du jardin des Tuileries au pont d'Orsay), construit en 1858-'59; le *Pont-Royal*, en face du pavillon de Flore; le pont *Saint-Michel*, reconstruit en 1857; le pont *Sully*, à côté de la halle aux vins et traversant les deux bras de la Seine, à l'extrémité orientale de l'île Saint-Louis; le pont d'*Arcole*, (entre la place de l'Hôtel-de-Ville et la rue d'Arcole) (cité). On donne, à l'étranger, le nom de *Sept-ponts* au panorama représenté par une de nos gravures et comprenant la vue des ponts d'Arcole, du Change, Pont-Neuf, des Arts, des Saints-Pères et Royal.

— **Parcs et promenades.** Paris renferme trois parcs : le *parc Monceaux* et les *buttes Chaumont*, sur la rive droite, et le *parc Montsouris*, sur la rive gauche. Le premier fut, avant la Révolution, le rendez-vous favori du beau monde; il est très bien entretenu et bien fréquenté, on y remarque une naumachie ovale, bordée d'une colonnade corinthienne en hémicycle. Le parc des *buttes*

Chaumont, beaucoup plus vaste, s'étend en forme de croissant irrégulier, à l'extrémité O. de la colline de Belleville, et occupe une superficie de plus de 22 hectares. En cet endroit se dressait jadis le gibet de Montfaucon; on y trouvait une des voieries de la ville, au milieu de terrains vagues et d'anciennes carrières devenues des repaires de gens mal famés. On en a fait une délicieuse promenade, pleine de rochers escarpés, de petites collines et de ravins; on y a creusé un lac, alimenté par une cascade qui tombe d'une grande hauteur dans une grotte artificielle à stalactites. Au milieu du lac se dresse un petit temple corinthien, sur le modèle de celui de la Sibylle à Tivoli. Le parc *Montsouris*, achevé en 1878, est moins grand (16 hectares) et moins pittoresque; il renferme le *Bardo* ou palais du bey de Tunis, qui se trouvait à l'exposition de 1867 et qui a été transformé en observatoire; un petit obélisque érigé en l'honneur du colonel Flatters (voy. ce mot); un lac alimenté par une cascade, etc. A côté de son entrée principale se trouve l'immense réservoir de la Vanne. — Les dimanches et les jours de fête, les Parisiens aiment à se répandre hors de l'enceinte et à chercher des plaisirs champêtres. Ce n'est donc point dans les parcs cités plus haut que l'on trouve ordinairement le véritable Parisien, dont les lieux de rendez-vous sont les bains de mer, les stations minérales, les champs de course et les promenades des environs (bois de Boulogne, Vincennes, Versailles, Saint-Cloud, Compiègne, Fontainebleau, etc.). (Voy. ces différents mots. Voy. aussi notre art. PARC.) — Les jardins publics et les promenades de Paris ont été très multipliés ces dernières années. L'un des plus fréquentés est le jardin des *Tuileries*, dessiné par Le Nôtre et remanié depuis; avec un bassin, des parterres, un bosquet de grands arbres, deux terrasses (des Feuillants et du Bord de l'eau), une contre-allée garnie en été d'orangers en caisse dont les plus âgés comptent, dit-on, quatre siècles; des statues et des vases, la plupart modernes; deux espèces d'amphithéâtres appelés *carrés d'Atalante*, créés en 1793 pour servir de sièges aux vieillards qui devaient assister aux jeux floraux de la jeunesse. Ce jardin mesure 740 m. de long et 347 m. de large. Celui du *Palais-Royal*, quoique beaucoup moins grand (230 m. sur 100 m.), n'est pas moins populaire. Il est ombragé par une quadruple rangée d'ormes et de tilleuls; il renferme des parterres, un bassin circulaire et des statues. À l'extrémité S. du premier parterre se trouve le petit ca-

non du Palais-Royal que le soleil fait partir à midi au moyen d'un verre ardent. On trouve, sur la rive gauche, le *Jardin des Plantes*, qui forme un quadrilatère irrégulier d'une superficie de plus de 30 hectares et qui se divise par rapport à sa configuration en partie basse (jardin botanique commençant à l'entrée principale et s'étendant jusqu'aux galeries de zoologie), vallée (où se trouve la ménagerie) et partie haute ou labyrinthe (petite colline de 25 m. au N.-O. du jardin). (Voy. notre article JARDIN DES PLANTES.) — Le *Jardin du Luxembourg*, sur l'un des côtés duquel se trouve le palais du même nom, était autrefois le plus grand charme du quartier Latin; c'est encore l'un des plus beaux jardins de Paris. Il est orné de la fontaine Médicis construite par Debrosse et dont le groupe principal de sculptures représente Polyphème surprenant Acis et Galatée. En face du palais s'étend un grand parterre au milieu duquel se trouve un bassin octogone. Partout se rencontrent des statues. (Voy. LUXEMBOURG.) — On comprend sous le nom de *Champs-Elysées* une espèce de parc voisin de la place de la Concorde et qui mesure environ 700 m. de long sur 300 à 400 m. de large. Il est traversé dans sa plus grande longueur par la superbe avenue des *Champs-Elysées*, qui commence à la place de la Concorde et se termine à l'Arc de triomphe (2,100 m. de long). C'est l'une des promenades les plus fréquentées tant par les piétons et par les cavaliers que par d'innombrables équipages. Les Champs-Elysées renferment le palais de l'Elysée (voy. ELYSÉE); le palais de l'Industrie, bâti en 1855, et formant un parallélogramme qui couvre 27,000 m. carr.; des cafés-chantants, des parterres, des panoramas; au milieu de l'avenue se trouve le rond-point des Champs-Elysées, place circulaire ornée de corbeilles de fleurs et de six jets d'eau. — Les squares ne sont pas, comme à Londres, des jardins où quelques privilégiés ont seuls le droit d'entrer; ce sont des lieux publics qui s'emplissent chaque jour de jeunes enfants quand le temps le permet et qui servent de but de promenade hygiénique aux habitants du quartier. Ce sont donc des créations au moins aussi *utiles* qu'*agréables*. — Les plus jolis sont ceux des *Arts-et-Métiers*, décoré d'une colonne avec une Victoire, en commémoration de la guerre de Crimée; des *Ménages*, ainsi appelé parce qu'il occupe l'emplacement d'un ancien hospice de ce nom; *Monge*, avec une statue de Voltaire d'après Houdon; *Montholon*, avec une statue (la Porteuse de pain), par Coutan; *Richelieu*, en face de l'entrée principale de la Bibliothèque nationale, sur l'emplacement de l'ancien grand Opéra au sortir duquel le duc de Berry fut assassiné en 1820, et qui fut démoli pour cette raison. Nous citerons ensuite ceux de Saint-Jacques, du Temple, des Innocents et des Batignolles. Les promeneurs visitent encore agréablement le Jardin du Louvre, l'Esplanade des Invalides et le beau jardin ou parc du Trocadéro, bien entretenu, orné d'une cascade et d'une tour avec une riche aquarium d'eau douce; *Saint-Jacques* qui est orné d'une belle tour gothique haute de 54 m., construite de 1508 à 1522 et qui faisait partie d'une église vendue et démolie pendant la Révolution. On monte dans cette tour par un escalier de 308 marches. Du haut de la plate-forme on jouit d'une vue qui est sans contredit la plus belle de Paris, car on y est à peu près au centre de la capitale. — Aux portes de Paris, le bois de Boulogne avec son magnifique jardin d'acclimatation et son vaste hippodrome dit de *Longchamp*, constitue l'un des principaux centres d'attraction du monde élégant. (Voy. PARC.) — **Places.** Quelques places de Paris présentent une étendue extraordinaire. En première ligne, il faut citer le *Champ-de-Mars*, qui sert de champ de manœuvre. Ensuite viennent la vaste place de l'*Hôtel-de-Ville* (jadis place de Grève), celle de la *Bastille*, sur laquelle se trouve la colonne de Juillet, la place *Vendôme*, ornée de la colonne du même nom, la place du *Trocadéro*, derrière le palais de ce nom; celle de la *Concorde*, d'où l'on jouit d'un merveilleux coup d'œil, comme on n'en peut trouver dans aucune ville de l'univers: elle forme un quadrilatère de 357 m. de long sur 217 de large, entre la Seine, les anciens garde-meubles, le jardin des Tuileries et les Champs-Elysées. De tous côtés, la vue n'est bornée que par les plus splendides monuments: la Madeleine, qui fait pendant au palais Bourbon; le Louvre, opposé à l'arc de triomphe de l'Etoile, etc.; c'est surtout le soir que, grâce à une féerique illumination produite par plus de 25,000 foyers de lumière et étendue à perte de vue, le spectacle devient vraiment incomparable. Cette place fut d'abord appelée *place Louis XV* et ornée en 1763 d'une statue équestre de ce roi, avec un piédestal et des statues de la Force, de la Prudence, de la Justice et de l'Amour de la paix, ce qui fit dire à un poète satirique de l'époque:

Grotesque monument, infâme piédestal!
Les vertus sont à pied, le vice est à cheval.

En 1792, la statue fut enlevée et la place devint place de la *Révolution*. La guillotine y commença son œuvre de destruction par l'exécution de Louis XVI (21 janvier 1793) et la continua ensuite par celles de Charlotte Corday, de la famille royale, des Girondins, des ennemis de Robespierre, puis de Robespierre lui-même et de ses amis, etc. (2,800 personnes du 21 janv. 1793 au 3 mai 1795). En 1799, cette place reçut le nom de place de la *Concorde*, puis ceux de place *Louis XV* et de place *Louis XVI*; elle redevint place de la *Concorde* sous Louis-Philippe. Au milieu se dresse aujourd'hui l'*obélisque* (voy. ce mot à son ordre alphabétique), entre deux fontaines monumentales ornées de statues, de tritons, de néréides. Autour de la place se trouvent huit statues assises, représentations allégoriques de grandes villes (Lille, Strasbourg, Bordeaux, Nantes, Rouen, Brest, Marseille et Lyon). Vingt colonnes rostrales portent les becs et les candélabres qui éclairent cette magnifique place. Nous citerons ensuite la place de la *République*, ancienne place du *Château-d'Eau*; au milieu de laquelle se dresse la statue de la République (1883) et où aboutissent diverses rues importantes; la place *Dauphine*, devant la façade occidentale du palais de Justice; la place de *Clichy* ou place *Moncey*, sur laquelle s'élève le monument de Moncey, érigé en 1869, groupe colossal en bronze, haut de 6 m. sur un piédestal haut de 8 m. Il représente la ville de Paris défendue par le maréchal, avec un soldat mourant près de lui; la place de la *Madeleine* où se terminent les grands boulevards de la rive droite; la place de la *Nation* (anc. place du *Trône*), ornée d'un bassin avec jet d'eau et de deux hautes colonnes doriques décorées de bas-reliefs et surmontées des statues de saint Louis et de Philippe le Bel; la place de l'*Etoile*, ainsi nommée parce que 12 avenues y aboutissent, et qui occupe une éminence au milieu de laquelle s'élève l'arc de triomphe de l'Etoile; la place de l'*Europe* formée par la rencontre de 6 rues sur le chemin de fer de l'Ouest; la place de l'*Opéra*, traversée par le boulevard des Capucines; celle des *Victoires*,

petite, circulaire, ornée d'abord d'une statue en 1792, par un obélisque sur lequel on inscrivait les victoires des armées républicaines; une nouvelle statue de Louis XIV a été rétablie en 1822; la place des *Vosges* (anc. place *Royale*), contenant un square au milieu duquel se dresse une statue équestre de Louis XIV, qui remplace, depuis 1829, une autre statue du même souverain détruite en 1792; la place du *Carrousel* (voy. CARROUSEL), séparée par une grille de la cour des Tuileries; celle du *Parvis-Notre-Dame*, devant la cathédrale, ornée d'une statue équestre en bronze de Charlemagne; la place *Voltaire*, devant la mairie du XIe arrondissement, sur laquelle la statue de Voltaire remplace aujourd'hui celle du prince Eugène, transporté aux Invalides; la place du *Châtelet*, sur l'emplacement de l'ancienne prison du Châtelet; entre le nouveau théâtre italien et le théâtre du Châtelet; elle est ornée de la fontaine de la Victoire avec la colonne du Palmier; la place de la *Bourse*, la place *Saint-Georges*, la place de la *Roquette*. La plus remarquable de la rive gauche est la place *Denfert-Rochereau* (anc. place d'*Enfer*), décorée d'un lion colossal en bronze, par Bartholdi, reproduction de celui de Belfort. Ensuite, viennent celles du *Panthéon*, de l'*Observatoire*, *Saint-Michel*, *Saint-Sulpice*, etc. — Ports et quais. Les ports formés par la Seine à Paris n'ont pas une grande importance commerciale. Les principaux sont ceux d'Orsay, de Grenelle et de Javel. Il y a aussi la gare de l'Arsenal, entre la place de la Bastille et la Seine. Les quais sont de belles promenades bordées pour la plupart de palais, de monuments publics ou de riches magasins.

PRINCIPAUX QUAIS. (*Rive droite de l'E. à l'O.*)

De Bercy.	De la Mégisserie.
De la Râpée.	Du Louvre.
Henri IV.	Des Tuileries.
Des Célestins.	De la Conférence.
De l'Hôtel-de-Ville.	De Billy.
De Gesvres.	De Passy.

Ile Saint-Louis.

D'Anjou (à droite).	D'Orléans (à gauche).
Bourbon (à droite).	De Béthune (à gauche).

Ile de la Cité.

Aux Fleurs (à droite).	Du Marché-Neuf (à gauche).
De l'Horloge (à droite).	De l'Arc (à gauche).
Des Orfèvres (à gauche).	

De la Gare.	Des Grands-Augustins.
D'Austerlitz.	Conti.
Saint-Bernard.	Malaquais.
De la Tournelle.	Voltaire.
De Montebello.	D'Orsay.
Saint-Michel.	De Grenelle.
	De Javel.

Le canal Saint-Martin est bordé par les quais de Jemmapes, d'un côté, et de Valmy de l'autre côté; le bassin de la Vilette, le canal de l'Ourcq et le canal Saint-Denis possèdent aussi les leurs. — Fontaines. La plupart ont un aspect monumental et servent à l'ornement de la ville plutôt qu'aux besoins des habitants. Tout le monde connaît la fontaine *Saint-Michel*, construite en 1860 sur la place du même nom, haute de 26 m., large de 15 m. et représentant un arc de triomphe du style byzantin; au milieu, sur un rocher artificiel d'où jaillit une cascade, dont l'eau tombe dans trois vasques flanquées de deux griffons, se dresse un saint Michel terrassant le dragon. Plus belle encore est la magnifique fontaine de l'*Observatoire*, terminée en 1874. Elle est décorée de l'un des chefs-d'œuvre de Carpeaux: groupe en bronze des quatre parties du monde qui supportent une sphère armillaire; autour du socle, 8 chevaux marins en bronze (par Frémiet) représentent allégoriquement le Progrès qui emporte le monde; plus loin, des tortues et des dauphins lancent des jets d'eau à la figure des chevaux.

La place de la Concorde, à Paris.

sans réussir à les effrayer. Dans le jardin du Luxembourg, se trouve la fontaine de *Médicis* construite par Debrosse. La fontaine *Saint-Sulpice*, en face l'église du même nom, a été érigée en 1847 sur les plans de Visconti; elle se compose de trois bassins superposés et est ornée des statues de Bossuet, Fénelon, Massillon et Fléchier. Celle de *Grenelle*, près de la rue du Bac, a été construite en 1738, sur les dessins de Bouchardon; devant un petit portique se trouvent les statues de Paris, de la Seine et de la Marne. La fontaine *Molière* (rue de Richelieu) a été érigée en 1844 à la mémoire de notre grand poète comique, qui mourut dans la maison située en face; Molière y est représenté assis, entre les statues de la comédie sérieuse et de la comédie légère. Plusieurs places sont ornées de belles fontaines, parmi lesquelles on distingue celle des *Innocents*, près des Halles; celle de la place de la *Concorde*; celle de la *Victoire*, surmontée de la colonne du Palmier, place du Châtelet; la fontaine *Gaillon*, rue Saint-Augustin, la fontaine *Richelieu* ou *Louvois*, sur le petit square situé devant la principale entrée de la Bibliothèque nationale, etc. Nous ne devons pas oublier les fontaines *wallaces*, monuments plus modestes, que l'on trouve sur tous les points de la ville et qui sont dus à la générosité du philanthrope Richard Wallace; ce sont de petites fontaines, d'un élégant modèle, munies de gobelets pour ceux qui veulent se désaltérer. — Co lonnes. La plus célèbre et la plus belle est celle de la place *Vendôme* qui s'élève au centre de la place du même nom et qui fut érigée de 1806 à 1810 par Napoléon Ier en l'honneur de la Grande-Armée et des victoires sur les Autrichiens et les Russes en 1805. C'est une imitation en bronze de la colonne Trajane de Rome, par Denon, Gondouin et Lepère. Hauteur, 43 m. 50. Sur la spirale sont représentés les faits mémorables de la campagne de 1805 depuis la levée du camp de Boulogne jusqu'à la victoire d'Austerlitz, d'après les dessins de Bergeret. Au sommet, se dressait jadis une statue populaire de Napoléon Ier,

L'Avenue des Champs-Elysées, à Paris.

on l'a remplacée par la statue de Napoléon vêtu en empereur romain. Sur la place de la Bastille se dresse la colonne de *Juillet* érigée par les architectes Alavoine et Duc en l'honneur des victimes de la révolution de 1830; elle est haute de 47 m. et repose sur un soubassement massif et circulaire, en marbre blanc élevé par Napoléon Ier. La colonne est surmontée d'un génie de la Liberté en bronze doré d'après J. Dumont. Un escalier de 238 marches conduit au sommet. Dans les caveaux se trouvent les sarcophages renfermant les restes des victimes de Juillet auxquels on ajouta en 1848 ceux des victimes de Février. — On appelle colonne du *Palmier* une colonne érigée en 1807 sur la place du Châtelet, et sur laquelle on inscrivit les noms de 15 batailles gagnées par Napoléon. Une Victoire, tenant une couronne de chaque main, s'élève au sommet du monument, et dans le bas sont les statues de la Fidélité, de la Vigilance, de la Loi et de la Force; sculptures de Bosio. On l'a augmentée depuis d'un soubassement à deux vasques décoré de quatre sphinx. — Arcs de triomphe. Le plus célèbre de tous les monuments de ce genre est l'*arc de l'Etoile*, dont nous avons donné une description

détaillée à notre article ARC DE TRIOMPHE. Il y manqua jusque dans ces derniers temps un couronnement digne d'un pareil édifice; le sculpteur Falguières a fait le projet de celui qu'on y voit aujourd'hui : c'est un groupe colossal, haut de 14 m., représentant la France, sur un quadrige qui écrase les préjugés et l'erreur. Un escalier en limaçon de 261 marches conduit à la plate-forme, d'où le regard embrasse une vaste étendue. — L'arc du *Carrousel*, érigé par Fontaine et Percier (1805-'06), est surmonté d'un quadrige en bronze par Bosio représentant la Restauration (voy. ARC DE TRIOMPHE). — La *porte Saint-Martin* est un arc de triomphe érigé en 1674 en l'honneur de Louis XIV, sur les plans de P. Bellet. Hauteur, 17 m. 50; largeur, 17 m. 50; épaisseur, 4 m. 50. Bas-reliefs représentant la prise de Besançon, la dissolution de la triple alliance, la prise de Limbourg et la défaite des Allemands. — La *porte Saint-Denis* est encore un autre arc de triomphe érigé en 1672 sur les plans de François Blondel, en l'honneur des victoires de Louis XIV sur les Hollandais et les Allemands. Hauteur, 24 m. 65; largeur, 25 m.; épaisseur, 5 m. Bas-reliefs représentant le passage du Rhin et la prise de Maestricht. — Palais. Le plus magnifique palais de Paris est sans contredit, le *Louvre*. (Voy. LOUVRE.) Ensuite vient celui de l'*Elysée*, résidence du chef de l'Etat (voy. ELYSÉE); puis le *Luxembourg*, où siège le Sénat. (Voy. LUXEMBOURG), l'*hôtel de ville*, entre la rue de Rivoli et la rive droite du fleuve. Associé à tous les grands événements de l'histoire moderne de Paris, c'était, avant sa destruction en 1871, un magnifique édifice, dans le style de la Renaissance, célèbre par ses vastes salles et particulièrement par sa grande *galerie des fêtes*; sa reconstruction est faite sur un plan analogue, par Ballu et Deperthes. (Voy. HÔTEL DE VILLE). Il est isolé et entouré d'un fossé bordé d'une grille. Sur la façade principale, se trouvent les statues d'hommes célèbres, une magnifique horloge entourée de 7 statues, un joli campanile. — Le *palais de Justice*, dans la Cité, a remplacé l'ancien palais des rois de France. Les incendies de 1618 et 1677 n'ont laissé subsister que les tours de l'Horloge, de César, de Montgomery et d'Argent, ainsi que la Sainte-Chapelle et les cuisines de Saint-Louis. Il fut incendié presque entièrement de nouveau en 1871,

mais sa restauration est maintenant à peu près achevée. Il renferme la Sainte-Chapelle. Le *Palais Royal*, où ont résidé plusieurs princes, a un vaste édifice quadrangulaire, entourant un grand jardin, où se sont accomplis plusieurs événements remarquables, notamment pendant la Révolution. (Voy. PALAIS-ROYAL.) Le rez-de-chaussée est occupé par de splendides boutiques, sous de magnifiques galeries. L'hôtel des *Invalides*, près de la rive gauche de la Seine, fut fondé en 1670, pour servir d'asile aux vétérans; il renferme plusieurs musées; sa façade est précédée d'une célèbre esplanade; dans l'église, sous le dôme qui la couronne, se trouve le tombeau de Napoléon Ier. — Le *palais de l'Industrie*, construit en 1855, occupe une partie des Champs-Elysées; il sert à diverses expositions, particulièrement à celle de peinture et de sculpture dites le *Salon*. Dans un de ses pavillons, on a établi le musée des arts décoratifs, à côté d'une exposition des produits coloniaux. — Le *palais de l'Institut* est un lourd édifice à coupole, qui s'élève sur la rive gauche, en face du Louvre. Il fut construit au milieu du XVIIe siècle, à la place qu'avait autrefois occupée le fameux hôtel de Nesle. Il s'appela d'abord Collège-Mazarin ou des Quatre-Nations. La Révolution en fit une prison; la Convention le donna aux Académies et le nomma palais de l'Institut. (Voy. INSTITUT). Il renferme la bibliothèque Mazarine. — La *Bourse*, magnifique palais dans le style gréco-romain, fut commencée en 1808 par Brongniart et achevée en 1826 par Labarre. C'est une reproduction du temple de Vespasien à Rome. Ce palais mesure 69 m. de long, sur 41 de large et 30 de haut. Son péristyle se compose de 66 colonnes corinthiennes, de 10 m. de haut et de 1 m. de diamètre. — Le *palais Bourbon*, où siège la Chambre des députés, se trouve sur la rive gauche et fait pendant à l'église de la Madeleine dont il est séparé par la place de la Concorde. Il fut commencé en 1722 par la duchesse veuve de Bourbon, sur les plans de Girardini; il devint propriété nationale en 1790, et fut orné de sa grande façade de 1804 à 1807. — Le *palais des Beaux-Arts* (Ecole des beaux-arts) est l'un des plus charmants de Paris si l'on se place seulement au point de vue de l'art. Il a été construit rue Bonaparte, en 1820-'38 et en 1860-'62 par Debret, puis par Duban; ses cours renferment de nombreux et beaux fragments de l'architecture nationale à toutes les époques. — Le *palais du Trocadéro*, qui s'élève sur le sommet d'une colline jadis déserte, a été construit pour l'exposition de 1878 sur les plans de Davioud et Bourdais. La rotonde centrale, de 58 m. de diamètre et 57 m. de hauteur, est flanquée de deux minarets de 32 m. et de deux ailes en retour avec galeries de 200 m. de long. L'ensemble forme un vaste hémicycle. Du soubassement tombe une cascade monumentale, avec jets d'eau, qui se termine par un bassin qu'entourent quatre animaux de fonte bronzée : taureau, cheval, éléphant et rhinocéros. Dans le bassin, d'autres animaux lancent des gerbes d'eau. Le palais renferme un musée de sculpture comparée et un musée d'ethnographie. — On peut aussi donner le nom de palais à de magnifiques résidences particulières que l'on appelle ordinairement *hôtels* et dont le plus grand nombre se trouve près des Champs-Elysées et dans le faubourg Saint-Germain. — **Casernes.** Plusieurs, construites sous le second Empire, ressemblent à des palais. L'une, la caserne du *Prince-Eugène*, qui peut contenir 3,225 hommes, n'est pas le moindre ornement de la place de la République (Château-d'Eau); deux autres, la caserne *Napoléon* (2,500 hommes), et la caserne *Lobau*, se trouvent derrière l'hôtel de ville; une plus grande encore, la caserne des *Célestins*, doit son nom à un couvent qu'elle a remplacé. Nous citerons encore les casernes de la *Banque*, de la *Cité* affectée aujourd'hui à la préfecture de police, l'*École Militaire*, non loin des Invalides, édifice imposant fondé en 1751 par Gabriel, transformé en 1792 en caserne pour 5,400 hommes et 1,500 chevaux. Superficie 116,528 m. carr.; façade monumentale avec portique de 8 colonnes corinthiennes cannelées. — **Monuments religieux.** La plus importante de toutes les églises parisiennes est la cathédrale de *Notre-Dame*, noble spécimen du style ogival primitif. Sa façade (XIIIe siècle) a servi de modèle à un grand nombre d'autres édifices du même genre construits dans la suite; elle est ornée de sculptures remarquables, d'une magnifique rosace au 2e étage, et dominée par deux grosses tours quadrangulaires hautes de 68 m. A l'intérieur, elle est divisée en 5 nefs avec un simple transept et mesure 127 m. de long sur 48 de large et 34 de haut, dans la nef majeure. La tour du N. renferme un escalier de 378 marches, et celle du S. possède le bourdon de Notre-Dame, l'une des plus grosses cloches du monde (16.000 kilogr.; son battant seul pèse 488 kilog.) — Au palais de Justice se trouve la *Sainte-Chapelle* surmontée d'une flèche élancée; cette chapelle, d'abord construite en 1245-'48, par ordre de saint Louis, pour renfermer la couronne d'épines et le morceau de la vraie croix acheté par ce monarque à l'empereur de Constantinople, fut, après de nombreuses vicissitudes, restaurée en 1837-'67; on la considère comme le spécimen le plus complet et peut-être le plus pur de l'architecture religieuse du milieu du XIIIe siècle. — *Saint-Germain des Prés* est un vénérable monument du XIe siècle; sa nef remonte, dit-on, au commencement du XIe siècle. Son nom vient des prés qui l'entouraient jadis, parmi lesquels le pré aux Clercs était surtout populaire. L'intérieur de l'église est décoré de remarquables peintures murales dues à Hipp. Flandrin. — L'époque de la Renaissance est représentée par *Saint-Eustache* (près des Halles), édifice construit de 1532 à 1637, sur les plans de Ch. David; le plein cintre y remplace l'ogive. L'intérieur (106 m. de long, 44 m. de large, 33 m. de haut sous voûte) est divisé en 5 nefs et présente des proportions élancées et aériennes pleines de grandeur. Le style italien trouve sa plus belle expression dans l'église *Saint-Paul-Saint-Louis* (rue Saint-Antoine), surmontée de l'un des plus anciens dômes construits à Paris; elle date de 1627-'41. — *Sainte-Geneviève*, vulgairement appelée le *Panthéon*, est bâtie à l'endroit le plus élevé de la rive gauche, près de l'emplacement du tombeau de sainte Geneviève, patronne de Paris. Le plan de l'édifice est dû à Soufflot. C'est un temple imposant en forme de croix grecque, long de 112 m., large de 84, ayant au milieu un dôme de 83 m. de haut. Ce dôme repose sur un tambour entouré d'une colonnade corinthienne et il est surmonté d'une lanterne couronnée elle-même d'un petit dôme. La façade se compose d'un portique colossal de 22 colonnes corinthiennes cannelées. Au-

355

dessus du péristyle se trouve un fronton sculpté par le célèbre David d'Angers, qui représente la France distribuant des couronnes à ses plus illustres enfants: Malesherbes, Mirabeau, Monge, Fénelon, Manuel, Carnot, Berthollet, Laplace, David (le peintre), Cuvier, La Fayette, Voltaire, Rousseau, Bichat, Bonaparte. Pendant la Révolution, le Panthéon servit de sépulture aux grands hommes comme l'indique l'inscription gravée sur son fronton: AUX GRANDS HOMMES LA PATRIE RECONNAISSANTE. L'escalier du dôme est formé de 425 marches. — L'église des *Invalides* se compose de deux parties distinctes: l'église Saint-Louis et le dôme. L'église Saint-Louis est décorée de deux rangées de drapeaux pris sur l'ennemi. Le dôme est une seconde église construite en 1706 par Mansart; il renferme le tombeau de Napoléon Ier construit par Visconti. Le dôme se compose de deux coupoles; la première, haute de 50 m., est ouverte au milieu et laisse apercevoir la seconde qui est décorée d'une grande composition. Le dôme est couronné par une lanterne que termine une flèche avec une croix, à 105 m. de hauteur. Il est en charpente couverte de plomb et en partie doré. — *Saint-Germain l'Auxerrois*, en face de la colonnade du Louvre,

L'église de la Madeleine et la rue Royale.

est un édifice gothique du XIIe au XVIe siècle. Son intérieur est richement orné. C'est de son beffroi que fut donné le signal du massacre de la Saint-Barthélemy. — *Saint-Gervais* ou *Saint-Gervais-et-Saint-Protais*, derrière l'hôtel de ville, renferme une chapelle exquise. Cette église, commencée en 1212, a été complètement transformée au XIVe siècle. Elle présente un mélange des styles flamboyant et renaissance. — La *Madeleine*, dont la façade est tournée vers la place de la Concorde, ne ressemble guère à une église; elle présente l'aspect d'un temple grec antique dans ses formes les plus pures; sa colonnade de 52 piliers, hauts de 19 m. 50, supporte une frise richement sculptée et une corniche; son fronton, le plus grand que l'on ait encore sculpté, couronne un portique comme l'on n'en a jamais construit depuis le Parthénon d'Athènes. Cet édifice fut commencé en 1764 et terminé en 1842 seulement; il eut pour architectes Contant d'Ivry, Couture, Vignon et Huvé. Il mesure 108 m. de long sur 43 de large. Tout autour règne une majestueuse colonnade corinthienne. Le fronton de la façade, par

Lemaire, représente le jugement dernier. L'aspect de l'entrée, à laquelle on arrive par un escalier de 18 marches, est des plus majestueux. L'intérieur ne renferme qu'une nef. La voûte, richement peinte et dorée, est divisée en trois coupoles. On admire dans la chapelle des mariages un splendide groupe de Pradier, le *Mariage de la Vierge*. Le maître-autel est surmonté d'un beau groupe de marbre, l'*Assomption de sainte Madeleine*, par Marochetti. — *Saint-Roch*, rue Saint-Honoré, est un échantillon du style rococo. Cette église a été construite de 1653 à 1760 sur les plans de Lemercier; la façade, décorée de deux ordres de colonnes doriques et corinthiennes fut exécutée sur les plans de Cotte. A l'intérieur se trouvent des ornements allégoriques dans le goût du XVIIe siècle. Cette église était autrefois précédée d'une grande place même du nom, construite de 1658 à 1740 en souvenir de la prise de la Rochelle et sur laquelle les royalistes furent écrasés par Bonaparte le 13 vendémiaire an IV. — Nous devons citer encore sur la rive droite: *Saint-Ambroise*, sur le boulevard Voltaire, bâtie par Ballu, de 1863 à 1869, dans le style roman; *Saint-Nicolas-des-Champs*, monument gothique agrandi au XVe siècle et dont le chœur a été reconstruit dans le style renais-

sance; portail remarquable flanqué d'une tour carrée; *Notre-Dame-des-Victoires*, sur la place même du nom, construite de 1656 à 1740 en souvenir de la prise de la Rochelle et célèbre comme siège d'une archiconfrérie qui a des ramifications dans le monde entier; *Saint-Merri*, jadis Saint-Médéric, rue Saint-Martin, église du meilleur style gothique, commencée en 1520 et achevée en 1612; *Saint-Laurent*, près de la gare de Strasbourg, l'une des plus anciennes églises de Paris; on l'a restaurée en 1865-'66; *Saint-Eugène*, près du Conservatoire de musique construite en 1854-'55; *Saint-Phillippe-du-Roule*, rue du Faubourg-Saint-Honoré, basilique du style grec, construite de 1769 à 1784 sur les plans de Chalgrin et surmontée d'une coupole richement décorée; *Saint-Augustin*, boulevard Malesherbes, église construite de 1860 à 1868 par Ballard, dans le style néo-roman et surmontée d'un dôme de 50 m. de haut; la *Chapelle expiatoire*, non loin de la précédente, érigée de 1820 à 1826, à la mémoire de Louis XVI et de Marie-Antoinette, sur l'emplacement de l'ancien cimetière de

IV.

la Madeleine, où leurs restes furent inhumés jusqu'en 1815 ; Notre-Dame-de-Lorette, construite de 1823 à 1836, par Hipp. Lebas, dans la forme sévère d'une basilique romaine, longue de 69 m., large de 34, haute de 48 m. ;la Trinité, par Ballu (1864-'67) dans le style de la fin de la Renaissance, avec une façade surchargée de décorations ; Saint-Vincent-de-Paul, par Lepère et Hittorf (1824-'44), sur un plan analogue à celui de Notre-Dame-de-Lorette, mais dans des proportions plus heureuses, mesure 80 m. de long sur 37 de large et est précédée de deux rampes en fer à cheval et d'un escalier central de 46 degrés. — Sur le sommet de la butte Montmartre, on a commencé la construction de l'église votive du Sacré-Cœur, dont les travaux sont peu avancés parce qu'il a fallu établir des soubassements considérables dans les anciennes carrières. — Sur la rive gauche nous trouvons : Saint-Étienne-du-Mont, derrière le Panthéon, monument construit de 1517 à 1620 ; dans le style de la dernière période ogivale, avec portail renaissance, tour carrée flanquée d'une tourelle ronde ; Saint-Séverin, l'une des plus an-

L'avenue du Bois de Boulogne, à Paris.

ciennes églises de Paris, à portail du XIIIe siècle ; Sainte-Clotilde, commencée par Gau en 1846 et terminée par Ballu en 1859, dans le style ogival du XIVe siècle ; à façade décorée de belles sculptures ; Saint-Thomas d'Aquin, rue du Bac, près du boulevard Saint-Germain, église commencée en 1682 et terminée en 1787 ; la vaste église Saint-Sulpice, reconstruite au commencement du XVIIIe siècle, sur les plans de Servandoni ; longue de 140 m., large de 56, haute de 33 ; à façade composée de deux portiques (dorique et ionique) superposés, flanquée de deux tours dont la plus élevée, reconstruite par Chalgrin et la seule achevée, n'a pas moins de 68 m. — Nombreux et vastes établissements religieux : 29 communautés ecclésiastiques et 84 communautés de religieuses. L'Oratoire de la rue Saint-Honoré est le centre principal de l'Église réformée de Paris. — On remarque, en outre, à Paris, des églises wesleyennes, baptistes, anglicanes, américaines, etc. Paris, résidence du grand-rabbin de France, compte 3 synagogues. Église russe (rit grec) de la rue Daru. — Établissements de bienfaisance. Paris renferme 17 hôpitaux et 11 hospices. Le principal hôpital est celui de l'Hôtel-Dieu, fondé au commen-

cement du IXe siècle par les frères de Saint-Christophe dont il reçut d'abord le nom. L'édifice actuel, commencé en 1868 et terminé en 1877, se compose de 3 grands corps de bâtiments séparés, comprenant près de 1,000 lits. Nous citerons ensuite l'hôpital Lariboisière, la Charité, Saint-Antoine, Cochin, Necker, Beaujon, la Pitié, Saint-Louis, Lourcine, Sainte-Anne, la Maternité, le Val-de-Grâce, la Salpêtrière, des enfants assistés, les Quinze-Vingts, etc. : aux environs, les hospices de Charenton, d'Ivry, de Bicêtre. La Morgue de Paris est un établissement qui se trouve derrière la cathédrale et où l'on expose les morts dont on veut constater l'identité ou dont la justice demande l'autopsie. Les cadavres sont d'abord gelés à 14° ou 15° au-dessous de zéro, puis déposés sur des tables de marbre dans la salle d'exposition, où ils sont maintenus à une température de 4° au-dessous de zéro. Ils peuvent se conserver ainsi pendant plusieurs mois. On expose chaque année de 700 à 800 cadavres, dont un septième de femmes. — Cimetières. Paris ne renferme que 3 cimetières : celui du Père-Lachaise,

celui de Montmartre et celui de Montparnasse. Aujourd'hui de nouveaux cimetières extra muros sont affectés à l'inhumation des Parisiens. — Catacombes. Comme plusieurs grandes et anciennes villes, Paris a des Catacombes qui sont une partie très intéressante de la ville souterraine. (Voy. CATACOMBE.) — Théâtres. Paris compte plus de 60 théâtres ou près de 60 en comprenant ceux des anciennes banlieues et les cafés-concerts. Voici les principaux : l'Opéra, le Théâtre-Français, l'Odéon, l'Opéra-Comique, la Porte-Saint-Martin, l'Ambigu, le Châtelet, la Gaîté, le Gymnase, le Vaudeville, les Variétés, le Palais-Royal, les Bouffes, les Nouveautés, les Folies-Dramatiques, le Théâtre-Lyrique (aujourd'hui Théâtre-Italien), l'Opéra populaire, l'Éden-Théâtre, etc., l'Hippodrome, le Cirque d'été, le Cirque d'hiver, le cirque Fernando, etc. — Les Panoramas devinrent à la mode au commencement du XIXe siècle. On en compte plusieurs. — Les concerts forment, depuis quelques années, l'un des principaux attraits de la capitale. Nous citerons, ceux du Conservatoire de musique dont la réputation est européenne ; les concerts populaires par Pasdeloup, fondés en 1861, pour développer le goût de la musique

classique ; ceux du Châtelet, ceux des Champs-Élysées, ceux du Jardin d'acclimatation ; les concerts militaires publics dans les jardins des Tuileries, du Luxembourg, etc. — Bals. Il n'est pas un seul lieu des bals masqués publics dont les plus curieux sont ceux de l'Opéra ; les bals publics ordinaires, qui sont également des particularités de la vie parisienne, jouissent d'une grande réputation parmi les étrangers. Le bal Mabile n'existe plus : l'Élysée-Montmartre, Tivoli et Bullier sont loin d'avoir la même importance. — Sport. Des courses de chevaux très suivies ont lieu, de février à novembre, à Auteuil, à Longchamp, à Chantilly, à Vincennes, à la Marche, au Vésinet, à Enghien, à Maisons-Laffite, à Saint-Germain, au parc de Saint-Ouen, au Champ-de-Mars, etc. — Le canotage, l'un des divertissements favoris de la jeunesse parisienne, en été, a pour sièges principaux : Asnières, Argenteuil, Bougival, Joinville-le-Pont et Nogent. Le patinage a lieu sur les lacs du bois de Boulogne. Il existe un skating-club qui possède un bassin réservé dans le même Bois. — Égouts. Les égouts sont une des grandes curiosités de la ville ; presque toutes les rues ou peu importantes ont un égout voûté en maçonnerie sous leur sous-sol. Ce Paris cloacal offre un parcours de près de 500 kilom. et il a, comme le Paris épanoui au soleil, ses maîtresses voies et ses voies accessoires. Ces divers canaux qui sillonnent sous le sous-sol parisien forment, par leur réunion définitive dans les égouts collecteurs, deux affluents que la Seine reçoit à Saint-Denis et à Clichy et qui lui apportent chaque année, plus de 400 millions de mètres cubes d'eau chargée de détritus organiques. — Prisons. Depuis la destruction de la Bastille, la Conciergerie, Mazas, la Roquette et Sainte-Pélagie sont devenues les principales prisons de Paris ; les femmes sont ordinairement détenues à Saint-Lazare. — Armes de Paris. Les armes de la ville de Paris sont de gueules, au vaisseau équipé d'argent, soutenu d'une mer de même, au chef d'azur, semé de fleurs de lis d'or sans nombre, surmonté d'une couronne murale de quatre tours et accompagné de deux tiges de lis formant support avec cette devise : fluctuat nec mergitur. — Administration. L'administration locale appartient au préfet de la Seine, au préfet de police et au conseil municipal. (Voy. plus loin LÉGISL.). L'office de gouverneur militaire a été aboli en avril 1876, lorsqu'on a levé l'état de siège. Paris est divisé en vingt arrondissements, subdivisés chacun en quatre quartiers où fonctionnent un commissaire de police et un juge de paix. Voici le tableau des arrondissements et de leurs quartiers : 1er, LOUVRE, Saint-Germain, Halles, Palais Royal et Place-Vendôme ; 2°, BOURSE : Gaillon, Vivienne, Mail et Bonne-Nouvelle. — 3°, TEMPLE : Arts-et-Métiers, Enfants-Rouges, Archives et Sainte-Avoie. — 4°, HOTEL-DE-VILLE : Saint-Merry, Saint-Gervais, Arsenal et Notre-Dame. — 5°, PANTHÉON : Saint-Victor, Jardin-des-Plantes, Val-de-Grâce et Sorbonne. — 6°, LUXEMBOURG : Monnaie, Odéon, Notre-Dame-des-Champs et Saint-Germain-des-Prés. — 7°, PALAIS-BOURBON : Saint-Thomas-d'Aquin, Invalides, École-Militaire et Gros-Caillou. — 8°, ÉLYSÉE : Champs-Élysées, Faubourg-du-Roule, Madeleine et Place-de-l'Europe. — 9°, OPÉRA : Saint-Georges, Chaussée-d'Antin, Faubourg-Montmartre et Rochechouart. — 10°, ENCLOS-SAINT-LAURENT : Saint-Vincent-de-Paul,

Porte-Saint-Denis, Porte-Saint-Martin et *Hôpital-Saint-Louis.* — 11e, Popincourt : *Folie-Méricourt, Saint-Ambroise, Roquette* et *Sainte-Marguerite.* — 12e, Reuilly : *Bel-Air, Picpus, Bercy* et *Quinze-Vingts.* — 13e, Gobelins : *Salpêtrière, Gare. Maison-Blanche* et *Croule-Barbe.* — 14e, Observatoire : *Montparnasse, Santé, Petit-Montrouge* et *Plaisance.* — 15e, Vaugirard : *Saint-Lambert, Necker, Grenelle* et *Javel.* — 16e, Passy : *Auteuil, Muette, Porte-Dauphine* et *Bassins.* — 17e Batignolles-Monceaux : *Ternes, Plaine-Monceau, Batignolles* et *Épinettes.* — 18e, Butte-Montmartre : *Grandes-Carrières, Clignancourt, Goutte-d'Or* et *la Chapelle.* — 19e, Buttes-Chaumont : *la Villette, Pont-de-Flandre, Amérique* et *Combat.* — 20e, Ménilmontant : *Belleville, Saint-Fargeau, Père-Lachaise* et *Charonne.* — Le siège de la préfecture de la Seine, est à l'Hôtel de ville. — **Postes et télégraphes.** Pendant la reconstruction de l'Hôtel-des-Postes la poste centrale s'installa au N. de la cour des Tuileries. Outre la poste centrale, le service des postes possède 80 bureaux dans les différentes parties de la ville ; dans plusieurs de ces bureaux le service des télégraphes est réuni à celui des postes. Il se fait chaque jour huit distributions de lettres, sauf les dimanches et jours de fêtes où il n'y en a que cinq. Il existe aussi à Paris un réseau téléphonique qui met en communication les principaux industriels de la ville (voy. Téléphone). — **Police municipale.** Elle relève du préfet de police et se compose de 7,800 agents, dont 6,800 gardiens de la paix, 700 sous brigadiers, 400 brigadiers, 38 officiers de paix, 25 inspecteurs divisionnaires et 13 médecins. Dans ce nombre, on ne compte pas les agents du contrôle et leurs employés aux écritures. Il y a, en outre 6,000 hommes de la garde républicain et 1,500 sapeurs-pompiers. — **Finances.** La ville de Paris possède un budget comparable à celui d'un royaume de second ordre. Dans celui de 1884, les revenus et les dépenses s'équilibraient par 261,903.000 fr. ; et dans celui de 1885 par 261,316,282 fr. La principale source de revenu de la ville consiste en un péage sur tous les articles de consommation en général, péage qui, sous le nom de droits d'octroi, produit environ 145 millions de francs par année. La principale source de dépenses est le paiement de l'intérêt et l'amortissement de la dette municipale, dépenses qui s'élèvent en 1885 à 98,204,903 fr. La dette est à peu près de 2 milliards de francs. — **Illustrations parisiennes:** Paris est la ville qui a produit le plus de grands hommes ; nous ne pouvons citer que les principaux : Anquetil, Arnauld, Argenson (d'), Arnould, Antier, Anicet-Bourgeois, Adolphe Adam, Audiffret, Auger, Augereau, C. Andral, Anquetil-Duperron, V. Adam, Appert, Alexandre, Anisson-Duperron, Baltard, Biot, Th. Barrière, J. Barbier, Bisebarre, Brazier, Beuchot, Rosc, Boussingault, Berton, Baudriard, Barbier du Bocage, Bailly, Beaumarchais, Béranger, Boileau, Bougainville, Burnouf, les deux Brongniart, Boiste, Bescherelle, Boniface, Barthelemy-Saint-Hilaire, Boissonnade, Bouillet, Berlin, Baraguay d'Hilliers, Bardin, Eug. Beauharnais, Beudan, J. Bastide, Eug. Bethmont, Blondel, Boullongne, Th. de Banville, Ch. Baudelaire, Hort. Beauharnais, Carmontel, La Chaussée, Cadet de Gassicourt, Cadet de Vaux, Carnes, Cartouche, général Colbert, Castellane, Cassini, Catinat, Caylus, Chal-

grin, Charlet, Charron, Chaudet, Clairaut, Clarac, le grand Condé, Condorcet, Courier, Cousin, Crébillon, Aug. Cochin, Cauchy, Chomel, God. Cavaignac, Cormenin. Mme Campan, le comte de Canclaux, Clermont-Tonnerre, Caussin de Perceval, L. Cognet, Corot, Coypel, Chapelain, Nivelle de la Chaussée, Coypeaux d'Assouci, Coustou, Dalembert, Delacroix, Delessert, Duc, Debureau, Déjazet (Mlle), Delambre, Didot, Dufresny, Duhamel, Dennery; J.-B. Dubois, Alexandre Dumas fils, Dupeuty, Dupont de Nemours, Dangeau, V. Duruy, Delescluze, P. Denis, Daubanton, Deleuze, Duperrey, Drouyn de Lhuys, le comte Duchâtel, Dupont de Bussac, David (le peintre), Decaen, P. Delaroche, Deveria, Ant. Deschamps, Mme Deshouillières. Ducerceau, Dufresnoy, la comtesse Dash, Dacier, Devienne, le vte. Dumonçel, Duret, Estienne, Esquiros, Empis, le duc d'Estrées, d'Estaing, Etex, Enfantin, Fauchet, Fréron, le P. Fabre. l'abbé Fleury, Favart, Foucher, Fourcroy, Fournier, Fréret, Flocon. le comte Flahaut, maréchal Forey, Fagon, Léon Foucault, Feydeau, G. Flourens, Falconnet, Fré-

lesquieu-Fezensac, Mansart, Marivaux, Mars (Mlle), Michallon, Miollet, Moitte, Molé, Meliàre, Montholon, Morand, le baron de Mackau, Le Maistre de Sacy, Et. Mignot, Nourrit, Neuwerkerke, Naudet, Née de la Rochelle, Ninon de Lenclos, Norvins, Alf. Nettement, Naigeon, J. Naudet, le duc de Nivernais, Nanteuil, Napoléon III, Petit Radel, Cl. Perrault, Pingré, Poirson, Payen, Pelletier, marquise de Pompadour, duc de Praslin, Patin, Pajou, Percier, Perrault. Pieyre, Picard, Picot, Pigalle, Poinsot, Préville, Planche, Prévost-Paradol, le duc Pasquier, Pastoret, Parceval Grandmaison, Panckoucke, Quicherat, Quatremère, Quinault, de Quélen, baron Quinette, Renouard, de Rancé, Ch. Romey, l'abbé Renaudot, H. Rochefort, Robinet, Romieu, Racine, Regnard, Richelieu, Riccoboni, Rollin, Rousseau (J.-B.) Mme Rolland, Regnaud de Saint-Jean-d'Angély, général Rossignol, Rémusat, Regnault (peintre), de La Rochefoucauld-Liancourt, Nancy, comte de Saint-Simon, Ph. de Ségur, Schoelcher, Santerre, Saint-Marc-Girardin. Scarron, Scribe, Santeuil, Mme Ségalas, G. Sand

La galerie d'Apollon (Louvre), à Paris

miet, Furne, Goujon, Gros, J.-P.-L. Girardin, Ch. Garnier, Guillemin, Goubaux, Gounod, Gail, Gaillardet, Em. de Girardin, Gérard de Nerval, Grimod de la Reynière, Grouchy, Garneret, Favard, Gudin, Ad. Garnier, Mme S. Gay, Francis Garnier, Halévy, Hérold, Hersent, Hérault de Seychelles, du Halde, la comtesse d'Hautpoul, d'Houdetot, les deux fils de V. Hugo, d'Hervilly, La Hire, P. Huet, Janet-Lange, Kersaint, La Valette, Ph. Lebas, Labrouste, Laugier, Labiche, Laugeon, L. Loya, La Condamine, La Luzerne, La Harpe, Lebeau, Lebrun, Leclère, Legendre, les deux Legouvé, Le Kain, Lemaistre, Lemercier, Lemierre, Lenoir, Le Nôtre, Lesueur, Latronne, Lavoisier. Labarre, de Laborde, Lepelletier de Saint-Fargeau, Louvet de Couvray, Lhomond, Littré, Th. Lavallée, Lally Tolendal, P. Lacroix, le comte de Lauragais, Luynes, Labédollière, le marquis de La Grange, Lameth, Leroy de Saint-Arnaud, de Latour-Maubourg, de Loménie de Brienne, Ledru (Camus), Laya, L. Lequesne, Louis-Philippe Ier, L. Laborde, Malesherbes, le comte Molé, Montmorency, le duc de Morny, Martial d'Auvergne, Alf. de Musset, H. Murger, Malebranche, La Malibran, Marsollier, P. Meurice, Menmerque, Mérimée, Michelet, Mon-

Saintine, Scribe, V. Sardou, de Saint-Georges, Sedaine, Staël (Mme de), Sylvestre de Sacy, Talleyrand, Talma, Tavernier, Thou (de), Tocqueville (de), Tronchet, Turgot, Tallien, Tardieu, Tavernier, M. Ugalde, L. Véron, Viollet-le-Duc, Vestris, L. Vilet, Vernet (les deux), Villemain. Vouet, Wailly, Walckenaer, etc. — **Fortifications.** Les abords de l'île qui servit de berceau à Paris ne furent d'abord fermés que par la Seine ; nulle muraille ne protégeait la ville, où l'on abordait des deux côtés par des ponts en bois, d'après le témoignage de Julien, dans son *Misopogon.* Vers le ve siècle, une première enceinte fut érigée pour résister aux barbares. En 885, on y ajouta quelques fortifications dont il est fait mention dans un poème du moine Abbon : « Cité de Paris, tu t'assieds au milieu d'une file fécondée par un fleuve protecteur qui lave les pieds de ses eaux limpides, et qui de presse dans une molle étreinte. Deux ponts jetés, l'un à la droite, l'autre à la gauche, ferment par des portes solides l'abord de tes deux rives, et de chaque côté de ces portes s'élèvent des tours redoutables qui en défendent l'entrée. » Abbon. *Poema de bello Paris.* — L'enceinte extérieure qui permit aux Parisiens de résister aux Scandinaves et qui subsistait encore du temps de Louis VII, dit *le Jeune*, commençait à peu près à la porte de Paris, et continuait le long de la rue Saint-Denis jusqu'à la rue des Lombards, où il y avait une porte; elle passait ensuite entre cette rue et la rue Trousse-Vache, jusqu'au cloître Saint-Médéric (*Saint-Merri*); il y avait là une seconde porte, dont il existait encore un jambage sous Charles V. La muraille tournait ensuite par la rue de la Verrerie, entre les rues Barre-du-Bec et des Billettes, descendait rue des Deux-Portes, traversait la rue de la Tixeranderie et le cloître Saint-Jean, proche duquel était une troisième porte, et finissait sur le bord de la rivière entre Saint-Jean et Saint-Gervais. « Les murs de cette ancienne clôture, dit le commissaire Delamarre, subsistaient encore proche la porte des Baudets, du temps de saint Louis. Le midi de la Cité, appelé depuis quartier de l'Université, n'était point encore entouré de murs. » — Avant de partir pour la croisade, Philippe-Auguste fit construire une nouvelle enceinte (la troisième), qui commençait à la Tournelle et finissait à la tour de Nesle, où

Galerie de la sculpture antique, au Louvre.

est aujourd'hui l'Institut, en passant par les rues Fossés-Saint-Bernard, Fossés-Saint-Victor, Contrescarpe, Vieille-Estrapade, Saint-Jacques, Monsieur le Prince et Mazarine. Sur la rive droite, l'enceinte commençait près du pont des Arts, passait près du Louvre, à l'Oratoire, à la Halle au blé, rue du Jour, rue Mauconseil, rue aux Ours, impasse des Anglais, passage Sainte-Avoie, rue du Paradis, rue Culture-Sainte-Catherine, collège Charlemagne. Cette enceinte, commencée en 1190, fut terminée en 1211. Elle se composait de murs hauts de 9 m., épais de 3 m. et défendus par 67 tours, sans compter la tour du Louvre qui se trouvait en dehors de l'enceinte et qui fut terminée en 1204. — Le prévôt des marchands, Etienne Marcel, éleva la quatrième enceinte fortifiée sur la rive droite, près de l'extrémité du canal Saint-Martin au pont du Carrousel, en suivant la direction des grands boulevards jusqu'à la porte Saint-Denis et passant dans le jardin du Palais-Royal. — Le roi Charles V fit agrandir l'enceinte de Paris et construisit l'hôtel fortifié de Saint-Paul et la bastille Saint-Antoine. — Sous François Ier, l'ancienne enceinte de Paris était tombée en ruines, et d'ailleurs le système des fortifications féodales n'avait

plus aucune valeur depuis que l'artillerie avait adopté le tir à plein fouet. On imagina de former, en avant de la vieille enceinte, une autre enceinte d'ouvrages avancés de formes diverses, composés de terre, très bas et revêtus d'un parement de pierre du côté de l'escarpe. On n'en commença sérieusement l'exécution qu'en l'an 1536 et l'on y travailla pendant les règnes de François Ier et de Henri II. Ces fortifications résistèrent à Henri IV. Au temps de ce prince, l'enceinte différait peu, comme étendue, de celle qui avait été établie sous Charles V; on y avait seulement ajouté diverses fortifications et l'on avait construit une portion de murailles qui, de la porte Saint-Denis, allait aborder au bastion du jardin des Tuileries. On entrait dans la ville par 16 portes fortifiées. : Saint-Antoine, Temple, Saint-Martin, Saint-Denis, Montmartre, Saint-Honoré, Porte-Neuve, Nesle, Dauphine, Buci, Saint-Germain, Saint-Michel, Saint-Jacques, Bordelle, Saint-Victor et Tournelle. — Sous le règne de Louis XIII, on recula les limites de la ville du côté du

N.-O., à peu près jusqu'à la ligne des boulevards actuels une enceinte bastionnée engloba l'enclos des Tuileries. Pendant le règne de Louis XIV, une invasion de la France étant devenue presque impossible par suite des travaux de Vauban sur nos frontières, on détruisit les fortifications de Paris qui furent remplacées par des avenues plantées d'arbres, dont le nom de *boulevard* rappela l'origine. — L'entrée des troupes étrangères à Paris, lors des deux invasions, ayant éveillé l'attention de nos hommes d'Etat, en 1840 M. Thiers prit l'initiative d'une loi qu'il fit voter par les Chambres, en vertu de laquelle furent construites les nouvelles fortifications protégées par des forts détachés. Paris fut entouré d'une ceinture de fortifications comprenant une enceinte continue de murs terrassés, longs de 33,930 m., composés de 94 fronts qui ont chacun une courtine et deux demi-bastions. Le rempart est formé d'un mur de 6 m. d'épaisseur, revêtu d'un mur de 10 m. de haut, sur 3 m. d'épaisseur moyenne. Ce dernier est construit en moellon et est revêtu d'un parement en meulière de 1 m. d'épaisseur. Le fossé, qui n'a pas moins de 15 m. de large, forme un circuit de 35 kil. En arrière de l'enceinte, du côté de Paris,

règne une rue militaire de 7 m. de large. Depuis 1860, cette enceinte continue est devenue le mur d'octroi; elle est percée de 70 portes. Outre cette enceinte, la ville était défendue avant la guerre franco-allemande par 17 forts détachés, savoir : sur la rive droite de la Seine, les forts de la *Briche*, du *Nord* ou *Double-Couronne*, du *Maine*, de l'*Est*, d'*Aubervilliers*, de *Romainville*, de *Noisy*, de *Rosny* et de *Nogent*; sur la rive gauche de la Marne, les forts de *Charenton* et de *Vincennes*; sur la rive gauche de la Seine, ceux d'*Ivry* de *Bicêtre*, de *Montrouge*, de *Vanves* et d'*Issy*; enfin à l'O. de Paris, l'inattaquable *Mont Valérien*. Ces forts, trop rapprochés des fortifications, et d'ailleurs dominés pour la plupart par de hautes collines, ne pouvaient prévenir un bombardement de la ville; il a fallu modifier les forts de la défense de Paris et construire une nouvelle ligne de forts détachés, afin de mettre la défense de la capitale en rapport avec les engins offensifs tels que la science moderne a su les perfectionner. Cette défense a été divisée en 3 sections : *Nord-Est*, *Nord* et *Sud-Ouest*, qui forment autant de camps retranchés. Le camp de l'Est, ayant pour but d'empêcher le passage de la Marne, est soutenu par les forts de *Chelles*, de *Villiers*, de *Vaujours* et de *Villeneuve-Saint-Georges*. Le camp du Nord est protégé par les forts de *Cormeil*, de *Domont*, de *Montlignon*, de *Montmorency*, d'*Ecouen* et de *Stains*. Le camp du Sud-Ouest, englobant Versailles, a pour fort principal *Saint-Cyr*, appuyant les forts de *Palaiseau* et de *Saint-Jamme*. Des forts de second ordre ont été, en outre, construits à *Châtillon*, à la butte *Chaumont*, à *Villerai*, à *Marly*, à *Haut-Buc* et à *Aigremont*. En avant des principaux forts se trouvent des batteries permanentes. — Voici comment le *Militair Wochenblatt*, de Berlin, apprécie les travaux de défense exécutés autour de Paris depuis 1871 : « Par suite des défenses de Saint-Denis, Versailles, Saint-Cloud, Sèvres, l'investissement de Paris serait maintenant une œuvre formidable; il faudrait une armée trois fois plus forte qu'en 1870 pour en faire le siège. 20,000 Français dans les forts extérieurs seraient suffisants pour assurer une protection efficace. — L'œuvre immense des nouvelles fortifications a été accompli en silence et sans attirer l'attention; mais elle n'en est pas moins importante pour cela. Au point de vue stratégique, Paris couvre maintenant le centre, l'ouest et le sud de la France; le général commandant à Paris défendra facilement une zone de 1,800 kil. carrés. Si les ouvrages de défense ne sont pas tous de création récente, ils sont néanmoins par leur agrandissement, par la solidité de leur construction et par la supériorité de leur armement, devenus des facteurs importants dont il faut tenir compte dans le grand calcul dont dépend souvent la grandeur ou la décadence des nations. » — *Histoire*. Plusieurs siècles avant J.-C., la vallée où devait plus tard s'élever Paris appartenait à la tribu gauloise des *Senones*; les Belges s'associèrent à cette tribu et ce mélange naquirent les Parisii dont le fort principal se trouvait dans l'île appelée aujourd'hui la Cité. La Seine formait en cet endroit un groupe de 7 îles, connues plus tard sous les noms suivants : l'île Louviers; trois îlots réunis sous le nom d'île Saint-Louis; l'île Notre-Dame; l'île du Passeur aux Vaches et l'île de Treilles. C'est sur cette dernière que s'élève aujourd'hui le terre-plain du Pont-Neuf. César découvrit la bourgade des Parisii en l'an 54 av. J.-C. C'était un lieu nommé *Lutetia* (habitation au milieu des eaux, en langue celtique). A peine eut-il quitté les rives de la Seine, que les Parisii se soulevèrent sous les ordres d'un vieux brenn appelé Camulogène; ils sacrifièrent les trois ponts de bois, qui donnaient accès dans leur ville et Paris, attaqué par Labiénus, subit son premier siège. Après la chute de Vercingétorix, Lutèce devint la résidence d'un magistrat romain; les deux ponts furent reconstruits et la ville fut défendue par des tours de bois. En 292, elle fut habitée par Constance Chlore qui y fit élever le palais des Thermes au bas du mont Leucotetius(auj.Montagne Sainte-Geneviève). Après lui, Constantin le Grand, Constantin II et Constance II visitèrent ou habitèrent Lutèce. Julien y résida pendant plusieurs années et y fut proclamé empereur en 360; il reste encore des vestiges de son palais. Sa « chère Lutèce » fut ensuite habitée par Valentinien et par Gratien. — Le christianisme fut introduit chez les Parisii vers l'an 250, par saint Denis. On convoqua à Lutèce, en 360, un concile au sujet duquel on la désigna sous le nom de *Parisea Civitas*, d'où est dérivé celui de Paris. En 451, une jeune chrétienne, sainte Geneviève, que la ville prit plus tard pour patronne, préserva les Parisiens de la colère du terrible Attila. (Voy. GENEVIÈVE.) Quelques années plus tard, la vierge de Nanterre les sauva encore du ressentiment de Clovis qui venait de les forcer à capituler après un long siège. — Clovis fit de Paris la capitale de son royaume (508). Il y fut enterré ainsi que la reine Clotilde. Pendant son règne de nombreuses églises avaient été construites. Sous ses successeurs, la capitale fut ravagée par divers fléaux. En 651, une famine épouvantable inspira à l'évêque Landri la création d'un refuge pour les pauvres, l'Hôtel-Dieu. En 845, le Normand Ragener arriva devant Paris la veille de Pâques; il pilla plusieurs églises et se fit payer par Charles le Chauve une rançon de 7,000 livres d'argent. Une nouvelle invasion eut lieu en 855 et une troisième le 6 avril 861. Ce fut pour mettre fin à ces déprédations, que les Parisiens construisirent les fortifications dont nous avons parlé plus haut. Aussi lorsque les pirates scandinaves se présentèrent de nouveau devant la ville, au nombre de 40,000 en nov. 845, on était prêt à les recevoir. Le siège fut long et héroïque; la population, exhortée par l'évêque Gozlin (voy. ce nom), repoussa tous les assauts. Au bout de 7 mois, le comte Eudes, qui était allé demander du secours à Charles le Gros, arriva avec des renforts; et quelque temps après, le roi vint en personne et délivra la ville en payant une rançon. (Voy. CHARLES.) — Pendant le IXᵉ siècle, Paris fut affligé par 44 famines. Sous les premiers Capétiens, descendants des anciens comtes de Paris, dont l'institution remontait à Charlemagne, on construisit un grand nombre d'abbayes. Les historiens attribuent à Louis VI la fondation des châtelets qui servaient de défense aux deux ponts : pont au Change et petit Pont. La sécurité, le commerce et la prospérité renaquirent. Les écoles parisiennes devinrent les plus célèbres du monde, grâce à des professeurs tels que Pierre Lombard et surtout Abélard. La *tour Saint-Jacques* est à peu près le seul édifice qui nous soit resté du règne de Louis VI, auquel on attribue aussi la construction d'une nouvelle enceinte de la ville, qui fut terminée ou perfectionnée par Louis VII. — C'est du règne de ce dernier que date l'établissement des templiers à Paris et la fondation de *Notre-Dame*. — Philippe-Auguste fit construire une nouvelle enceinte en dehors de laquelle il éleva la tour du Louvre, achevée en 1204. Les rois habitaient alors le palais de la Cité, aujourd'hui

palais de Justice. La ville fut pavée et l'on y construisit les premières halles, des aqueducs, des fontaines, des ports. Ses écoles furent désignées sous le nom d'université; la corporation des *marchands de l'eau* fut définitivement constituée sous la dénomination de *hanse parisienne;* le commerce se développa à mesure que la sécurité devint plus grande; les marchands formèrent une puissante corporation qui eut pour chef le prévôt des marchands. Sous le règne de saint Louis furent créés le guet à pied et à cheval, l'université de Paris, la Sainte-Chapelle, la Sorbonne, etc. — Philippe le Bel institua le parlement de Paris et le royaume de la basoche; il convoqua les états généraux, se défit des Templiers (1314) et provoqua la première insurrection parisienne par des impôts excessifs et par l'altération des monnaies (1306). — Sous Jean le Bon, les habitants de Paris, encouragés par l'affaiblissement de la royauté française, écrasée à Poitiers (1356), manifestèrent, pour la première fois, leurs sentiments républicains, sous la direction du prévôt Etienne Marcel, qui éleva la quatrième enceinte et se mit en mesure de soutenir un siège. Après la mort de ce chef populaire, l'insurrection communaliste fut étouffée dans le sang. — Charles V, pour prévenir le retour de pareils désordres, chercha à gagner l'amitié des Parisiens en étendant les privilèges de la bourgeoisie. Il fit construire l'hôtel Saint-Paul et agrandir l'enceinte fortifiée. A ces fortifications il ajouta la bastille Saint-Antoine. Il fonda une bibliothèque dans la grosse tour du Louvre. — Le règne de son successeur Charles VI fut accompagné des plus effroyables misères, en raison de la sanglante rivalité des ducs de Bourgogne et du comte d'Armagnac. Un impôt sur les vivres fit éclater la révolte des Maillotins (1382), à la suite de laquelle furent supprimées les franchises municipales; le mouvement des Cabochiens, qui coûta la vie à plus de 10,000 personnes, eut un caractère encore plus alarmant. Jean sans Peur ayant appelé à son secours le roi d'Angleterre, un traître nommé Perrinet-Leclerc, introduisit les étrangers dans Paris (1420), qui resta pendant plus de 15 ans, la capitale des possessions anglaises sur le continent et qui résista même à l'arméeque Jeanne d'Arc avait amenée d'Orléans. La ville, délivrée en 1436, reçut le roi légitime. L'année suivante, la peste y fit 50,000 victimes en six mois. — Louis XI résida peu à Paris; mais il augmenta les privilèges de la bourgeoisie, qu'il organisa en 72 compagnies de milice formant 30,000 hommes. Sous son règne s'établit la première imprimerie, une école de médecine, etc. L'*hôtel de Cluny* est un joli monument de cette époque. Les guerres d'Italie furent accompagnées d'une ère de progrès et de splendeur. — François Iᵉʳ fit commencer l'Hôtel de Ville, Saint-Eustache, etc., et fit abattre le vieux Louvre, agglomération de tours et de corps de logis; sur son emplacement, on fonda un magnifique édifice en style renaissance (1529). Pendant cette construction, le roi résida à Chambord, à Fontainebleau ou aux Tournelles. — François II s'établit au Louvre. A cette époque, on éleva de nouvelles fortifications, le collège *Sainte-Barbe*, l'hôpital des *Petites-Maisons* et l'hôpital de *Lourcine*. — Henri III posa la première pierre du Pont-Neuf (1578). Pendant les guerres de religion, Paris reçut peu d'accroissement; néanmoins Catherine de Médicis fit commencer les Tuileries et construire l'hôtel de Soissons. A la fin du règne de Henri III, le peuple, soulevé par la Ligue, chassa le roi légitime et se prépara à soutenir un siège contre les armées réunies de Henri de Valois et de Henri de Bourbon. Le poignard de Jacques Clément arrêta la vengeance du roi. — Henri IV mit plusieurs fois le siège devant Paris, et le peuple, fanatisé

par les prédications des moines, aima mieux se livrer au roi d'Espagne que d'admettre la domination d'un roi protestant. Henri IV assiégea Paris de 1589 à 1590; un nouveau siège plus long (1594) amena une épouvantable famine, qui fit périr 30,000 habitants, malgré le roi qui, d'ailleurs, pensait que « Paris vaut bien une messe », n'entra dans la capitale qu'après avoir abjuré sa religion, et avoir acheté sa ville à Brissac qui la vendit pour 200,000 écus. Pendant le règne de ce prince, le Louvre et les Tuileries furent continués, le Pont-Neuf fut terminé ainsi que l'Hôtel de Ville; la pompe de la Samaritaine fut construite (1607), et l'on créa la place *Royale* (auj. place des Vosges). L'archevêché de Paris date du règne de Louis XIII (1622); avant cette époque l'évêché de Paris était suffragant de l'archevêché de Sens. L'Académie française fut fondée en 1635; le jardin des Plantes en 1626. Richelieu fit bâtir le palais Cardinal (Palais-Royal); Marie de Médicis fonda le Luxembourg. Le palais de Justice fut reconstruit en 1618. La Sorbonne date de la même époque. La statue de Louis XIII fut érigée en 1639 sur la place Royale achevée depuis 1612. Au milieu de la paix publique, la ville s'accrut avec une telle rapidité qu'il fallut l'entourer d'une cinquième enceinte dont les boulevards intérieurs actuels font encore connaître le périmètre; six quais nouveaux furent ajoutés à ceux qui existaient déjà. On termina *Saint-Eustache*, moins le portail; on construisit *Saint-Roch*, le *Val-de-Grâce*, etc. La minorité de Louis XIV vit renaître les troubles civils; mais le peuple qui, après avoir fait la journée des Barricades, s'était retiré de la lutte, n'en paya pas moins les frais de la révolte : on enleva ses privilèges, on brisa ses milices, et le roi manifesta en toute circonstance son peu de sympathie pour sa capitale; il se retira à Versailles; et la cour ne revint à Paris qu'après sa mort. Du règne de Louis XIV datent plusieurs académies, des bibliothèques, l'Observatoire, les Invalides, la colonnade du Louvre, la Salpêtrière, les Quatre-Nations, les arcs de triomphe Saint-Denis et Saint-Martin; les places du Carrousel, Vendôme, des Victoires; les boulevards intérieurs; l'église Saint-Sulpice, l'hospice de Bicêtre; le jardin des Tuileries, le pont Royal, les Gobelins, la Comédie-Française, de nouveaux ports, de nouveaux quais. Les rues, régulièrement nettoyées, cessèrent d'être des foyers pestilentiels; éclairées et d'ailleurs surveillées par une police nombreuse, elles ne furent plus une coupe-gorge, où il n'était pas prudent, pour un honnête bourgeois, de s'aventurer après le coucher du soleil. Les étrangers affluèrent dans une ville où régnait une telle sécurité; les riches s'y firent construire de brillants hôtels; un luxe incomparable enrichit le commerce et l'industrie. La transformation fut si profonde, que le roi Henri, s'il fût revenu, n'aurait plus reconnu

Paris au grand'ville.

C'est à cette époque que la capitale de la France devint un centre universel pour les plaisirs, pour le bon goût et pour les arts de toute sorte. — Le règne de Louis XV fut troublé par les querelles entre jansénistes et molinistes et par les agitations des convulsionnaires. On fonda l'École militaire, le Panthéon, le Garde-meuble, Sainte-Geneviève, Saint-Sulpice, Saint-Philippe-du-Roule, le palais Bourbon, l'hôtel des Monnaies, le collège Mazarin (Institut), l'Ecole de médecine; on commença la place Louis XV (place de la Concorde); les cafés devinrent le rendez-vous des hommes de lettres et des nouvellistes. Les faubourgs Saint-Germain et Saint-Honoré, compris dans une nouvelle enceinte, se couvrirent de bâtiments somptueux. — Sous Louis XVI, Paris éprouva de grands changements et perdit son ancienne physionomie. On termina les bâtiments du collège de France commencés sous le règne précédent. On créa l'école des sourds-muets; le cimetière des Innocents fut supprimé (1786); on acheva la pompe à feu de Chaillot (1782); on construisit l'Odéon (1782) et l'Opéra-Comique; on établit le Mont-de-Piété (1777); on élargit l'enceinte de Paris et la ville fut enveloppée d'une muraille qui englobait les villages de Chaillot, du Roule, de Mousseaux, de Clichy et une partie de Montmartre. — En 1781, le duc de Chartres entreprit la transformation du Palais-Royal, qui devint le rendez-vous des beautés peu sévères et des joyeux cavaliers. On débarrassa les ponts des maisons dont ils étaient chargés et l'on démolit le Petit Châtelet. Au règne de Louis XVI se rattache l'établissement de l'hôpital Beaujon, de plusieurs marchés, etc. La révolution éclata à Paris le 14 juillet 1789 par la prise de la Bastille. Le 25 juillet, une municipalité provisoire, composée de 120 membres, fut chargée d'administrer la ville. Paris eut alors un maire qui fut Bailly, auquel succéda Pétion. Après le 10 août 1790, les 48 sections de Paris nommèrent chacune un administrateur du département et ainsi naquit la *Commune*. (Voy. ce mot.) Paris doit à la Convention : les écoles centrales (lycées), les écoles Normale et Polytechnique, l'Institut de France, le bureau des longitudes, des bibliothèques, le musée du Louvre, le musée d'artillerie, le musée des monuments français, les archives nationales, le Conservatoire des arts et métiers. Le Directoire ouvrit la première exposition des produits de l'industrie nationale (1798) et termina le mur d'octroi commencé sous Louis XVI. Les fêtes qui célébrèrent le sacre, les victoires de Napoléon Ier, et la naissance du roi de Rome rappelèrent ce que l'antiquité avait offert de plus luxueux. — Napoléon, qui voulait faire de Paris la capitale de l'Europe, fit élever l'arc de triomphe du Carrousel, commencer celui de l'Etoile, ériger la colonne Vendôme, entreprendre le palais de la Bourse, achever le Louvre, édifier la façade du palais Bourbon, couvrir la Halle au blé d'une vaste coupole métallique, fonder les ponts d'Austerlitz, des Arts, d'Iéna et de la Cité, améliorer 3 kil. de quai, élever 26 fontaines publiques, ouvrir 60 rues, construire 4 marchés, 5 abattoirs, l'entrepôt des vins, le grenier de réserve, les cimetières de l'Est et du Nord, le canal de l'Ourcq. Il divisa Paris en 12 arrondissements administrés chacun par un maire; c'est à lui que remonte l'organisation de la préfecture de la Seine et de la préfecture de police. Quoique ville ouverte, Paris résista pour l'honneur aux invasions de 1814 et de 1815. Les alliés ne quittèrent la capitale qu'après avoir dépouillé ses musées et mutilé ses monuments. Pendant la Restauration furent construits surtout des édifices religieux : grand séminaire Saint-Sulpice, Chapelle expiatoire, Notre-Dame-de-Bonne-Nouvelle, Notre-Dame de-Lorette, Saint-Vincent-de-Paul, Saint-Denis-du-Saint-Sacrement. Aux anciens ponts on ajouta ceux des Invalides, de l'Archevêché et d'Arcole; on creusa les canaux Saint-Martin et Saint-Denis; la ville fut éclairée au gaz; ses rues furent bordées de trottoirs et parcourues par des omnibus. Le peuple prit les armes aussitôt la publication des ordonnances de juillet 1830, et resta victorieux après une bataille de trois jours. — Le règne de Louis-Philippe fut marqué par l'agitation continuelle de « Paris et ses aimables faubourgs », suivant l'expression même du roi : manifestation légitimiste de Saint-Germain-l'Auxerrois (1831), suivie d'une émeute républicaine ou bonapartiste; insurrections, affaire de la rue Transnonain. Le terrible choléra de 1832 fit à peine diversion. Pen-

dant cette période, on acheva la Madeleine, commencée sous le règne de Louis XV, on restaura Notre-Dame et le palais de Justice, on embellit l'Hôtel de Ville, on termina le palais d'Orsay, l'arc de triomphe de l'Etoile, on érigea la colonne de Juillet, on transporta sur la place de la Concorde l'obélisque de Louqsor, on ouvrit le musée de Cluny, on jeta sur la Seine les ponts du Carrousel et Louis-Philippe, on éleva à la mémoire de notre plus grand poète comique la fontaine Molière, et à celle de Napoléon, dont les cendres avaient été rapportées de Sainte-Hélène, le tombeau des Invalides. Les chemins de fer commencèrent à remplacer les diligences. On creusa le puits artésien de Grenelle; on entreprit les travaux de la bibliothèque Sainte-Geneviève, et enfin on entoura Paris de sa septième enceinte et d'un cercle de forts détachés. — La troisième République, profondément troublée par l'insurrection de juin, ne fit que passer; et c'est pendant le règne de Napoléon III que Paris, complètement transformé, sous l'administration de M. Haussmann, nommé préfet de la Seine en 1853, est devenu la plus belle ville de l'univers, et en quelque sorte la capitale de la civilisation. Des édifices, dont l'élégance n'exclut pas la solidité, semblèrent sortir de dessous terre et s'élevèrent avec une merveilleuse rapidité. Le chemin de fer de ceinture fut ouvert aux voyageurs en 1862. On construisit ou agrandit les gares de Vincennes, du Nord, etc. On organisa le service des bateaux-mouches (1867), on prolongea la rue de Rivoli et on perça le boulevard Sébastopol (1852-54), continué par ceux de Strasbourg et de Saint-Michel. De toutes parts de nouvelles voies de communication furent percées : avenues Friedland, Reine-Hortense, Wagram, Eylau; boulevards Haussmann, Malesherbes, Magenta, du Prince-Eugène (auj. Voltaire), d'Austerlitz, Richard-Lenoir, Mazas, Saint-Germain, Pont-Royal, Arago, Saint-Jacques, Vaugirard; rues La Fayette, Quatre-Septembre, Turbigo, des Ecoles, de Rennes, etc.; la plupart des squares. On jeta sur la Seine un grand nombre de nouveaux ponts : Napoléon III (1863), Austerlitz (1854-'55), Petit-Pont (1853), Saint-Michel (1857), au Change (1860), Alma (1855), Solférino (1860), du Point-du-Jour. Les ponts encore soumis à un droit de péage en furent affranchis. Parmi les places qui furent alors créées, nous citerons celles de l'Hôtel-de-Ville, Saint-Michel, Château, Innocents, Tour-Saint-Jacques, Aris-et-Métiers, Monthoton, Théâtre-Français, Euro, Opéra, Etoile, Trocadéro. Les eaux de la Dhuys furent amenées à Paris. La ville fut entièrement éclairée au gaz. On traça de nouveaux égouts collecteurs; on embellit les places en les transformant en squares; on fit du parc Monceaux un lieu public des plus agréables, mais on mutila le Luxembourg; on embellit le parc des Buttes-Chaumont, on créa celui de Mont-souris, on transforma le bois de Boulogne ainsi que celui de Vincennes. Louis-Napoléon posa le 15 sept. 1851 la première pierre des Halles Centrales. Le marché du Temple fut reconstruit (1863-'65); les abattoirs de la Villette furent mis en activité le 1er juillet 1867; la maison Eugène-Napoléon fut inaugurée (1866); les asiles de convalescents de Vincennes et du Vésinet furent fondés (1855). L'asile de Sainte-Anne fut inauguré en janvier 1867. Le nouvel Hôtel-Dieu et l'Opéra furent commencés. Parmi les églises qui datent de cette époque, nous citerons : Saint-Augustin, Saint-Bernard, Notre-Dame-de-Clignancourt, la Trinité, Notre-Dame-de-Belleville et l'église russe. La bibliothèque nationale fut presque entièrement reconstruite; le Louvre fut réuni aux Tuileries; le palais de l'Industrie servit à l'exposition

universelle de 1855. Le second Empire s'occupa surtout d'élever des casernes : Prince-Eugène, Napoléon, Cité, etc. On érigea sur la place du Châtelet deux théâtres (1862). Le théâtre de la Gaîté et le Vaudeville datent également du second Empire. L'exposition universelle, ouverte le 1er avril 1867 au Champ-de-Mars, fit affluer à Paris les peuples et les rois de l'univers entier. Les quartiers insalubres disparurent comme par enchantement et sur l'emplacement des anciennes masures s'élevèrent de vastes habitations accessibles à l'air et à la santé. En 1860, la ville s'agrandit par l'annexion des communes comprises entre la nouvelle enceinte et les anciens boulevards extérieurs; le nombre des arrondissements se trouva ainsi porté à vingt. Tant de travaux, qui ont eu pour résultat l'admirable *Paris nouveau*, ne purent s'effectuer sans d'immenses sacrifices d'argent; et la ville se trouva endettée pour des siècles. — Lorsque les habitants de Paris reçurent la nouvelle que l'empereur venait de rendre son épée au roi de Prusse, une révolution éclata et la République fut proclamée; les forts furent mis en état de défense, ainsi que les murs d'enceinte; 300,000 hommes furent organisés en bataillons de garde nationale. Le 13 sept. 1870, sept corps d'armée allemands, comprenant 300,000 hommes enveloppèrent complètement la capitale. Ce jour même, le général Trochu passa en revue les troupes de Paris. Le siège commença le 15 sept. Des navires de commerce furent coulés dans la Seine et dans la Marne pour obstruer les approches de la ville et l'on adopta les mesures défensives les plus vigoureuses (18-19 sept.). Les divisions du général Vinoy ayant attaqué les Allemands sur les hauteurs de Sceaux le 19, furent repoussées après avoir perdu 7 canons et 7,500 prisonniers. Cette défaite, attribuée à la lâcheté des zouaves de nouvelle formation, créa une vive animation dans la ville. Le comte de Bismarck ayant consenti à parlementer avec J. Favre, ce célèbre avocat se rendit au château de Ferrières où se trouvait alors le roi de Prusse, et voici les conditions qui lui furent proposées : cession de l'Alsace-Lorraine, entrée des Prussiens au mont Valérien, constitution d'une Assemblée nationale chargée de voter des impôts de guerre. Ces propositions furent rejetées par le gouvernement français le 21 sept.; les troupes allemandes reprirent le siège et le prince de Prusse s'établit à Versailles. Les Français furent repoussés à Pierrefitte et à Ville-Juif (23 sept.); la levée en masse fut décrétée à Paris. Le général Vinoy tenta une sortie le 30 et fut repoussé après deux heures de combat. Le quartier général du roi de Prusse fut transporté à Versailles le 5 oct. Les Allemands, établis sur les hauteurs qui dominent les forts de Paris, commencèrent le bombardement le 11 oct. Le 13, les Français surprirent leurs ennemis à Bagneux et leur firent subir de grandes pertes; le même jour Saint-Cloud fut incendié. Une vigoureuse sortie fut tentée du côté de Versailles le 21 oct. Le principal engagement eut lieu à la Malmaison. Après trois heures de combat, les Français se retirèrent. La capitulation de Metz et les événements du Bourget (qui fut pris par les Allemands le 30 oct.) eurent pour conséquence une tentative de révolution. (Voy. Octobre.) Le bruit s'était répandu que les troupes de Paris et celles de la province voulaient tenter un grand effort pour se réunir; c'est pourquoi la capitale fut entourée d'une seconde ligne d'investissement (20 nov.), et lorsque, neuf jours plus tard, l'armée de la Loire et la garde nationale de Paris essayèrent de percer les lignes ennemies, elles furent repoussées avec de grandes pertes. Le 30 nov. eut lieu une grande sortie de 120,000 hommes sous les ordres de Trochu et de Ducrot; les Français traversèrent la Marne et livrèrent simultanément des combats à Champigny, à Brie et à Villiers; ils restèrent maîtres du champ de bataille, furent arrêtés dans leur marche bien plus par un froid excessif que par la résistance des ennemis. La lutte recommença plus terrible encore sur le plateau d'Avron le 2 déc., et il fallut évacuer Champigny et Brie. Une autre tentative de sortie (21 déc.) ne fut pas plus heureuse; le plateau d'Avron, furieusement bombardé, dut être abandonné le 29 déc. Pendant ce temps, le bombardement de Paris devenait de plus en plus violent. Les forts d'Issy et de Vanves étaient réduits au silence le 6 janv. De nombreux monuments publics étaient atteints et des incendies éclataient en plusieurs points. Les privations épuisaient les habitants; la famine commençait à régner. Il fallait en finir et, le 19 janv., Trochu organisa une sortie générale de 100,000 hommes qui marchèrent sur Versailles et furent repoussés après avoir perdu 4,000 tués et 5,000 blessés. Saint-Denis fut bombardé le 22 janv.; et, le lendemain, le général Trochu, qui avait juré que jamais en sa qualité de gouverneur il ne signerait de capitulation, abandonna le gouvernement à Vinoy. Le 28 janv., Paris capitula. Un armistice de 21 jours fut signé entre Bismarck et J. Favre; les forts furent occupés par les Allemands. L'entrée de troupes étrangères à Paris préluda à l'insurrection de la Commune. (Voy. ce mot). Après le second siège et la prise de Paris, il fallut d'abord songer à réparer, autant que possible, les désastres de la guerre civile. On dut restaurer ou reconstruire 238 maisons incendiées ou frappées par les boulets. Parmi les édifices publics dont les ruines fumantes témoignaient de la fureur de la lutte, nous citerons : le palais des Tuileries (que l'on n'a pas relevé), le ministère des finances, le Palais-Royal, une partie du Louvre (Bibliothèque), l'Hôtel de Ville, le palais de la Légion-d'honneur, le palais du quai d'Orsay, la Préfecture de police, le palais de Justice, les théâtres Lyrique (italien), du Châtelet et de la Porte-Saint-Martin. Sous la troisième République, on perça plusieurs rues et des boulevards dont le principal est le boulevard Saint-Germain; on établit les lignes de tramways, on construisit le palais du Trocadéro pour l'exposition de 1878; on termina le Grand-Opéra et on ouvrit l'avenue de l'Opéra. Parmi les édifices qu'il fallut reconstruire entièrement, nous citerons particulièrement l'Hôtel de Ville. — **Principaux traités de Paris.** : 12 avril 1229. Traité par lequel Raymond VII, comte de Toulouse, céda à saint Louis le Languedoc, moins certains diocèses et s'engagea à payer 20,000 marcs d'argent. — 20 mai 1383. Traité entre Philippe le Bel et Édouard III, par lequel le duché d'Aquitaine fut rendu au roi d'Angleterre, à condition que ce dernier rendrait au roi de France hommage pour ses possessions continentales. — 24 mars 1515, entre François Ier et Charles-Quint. — 1635. Traité d'union entre la France et la Hollande, contre l'Espagne. — 10 févr. 1763, entre la France, l'Angleterre, l'Espagne et le Portugal; l'Angleterre se fit céder le Canada par la France et la Floride par l'Espagne; la France recouvra Belle-Isle, la Martinique, la Guadeloupe, Marie-Galante et ses comptoirs en Afrique et dans l'Indoustan. L'Espagne recouvra la Louisiane, Cuba et les Philippines. — 15 mai 1796. La Sardaigne cède la Savoie à la France. — 6 janv. 1810, entre la France et la Suède; cette dernière puissance acquiert la Poméranie suédoise et l'île de Rugen et adopte le système prohibitif de Napoléon contre la Grande-Bretagne. — 11 avril 1814. Capitulation de Paris. — 23 avril 1814. Convention de Paris, entre la France et les puissances alliées; les frontières de la France redeviennent ce qu'elles étaient au 1er janv. 1792.

— 11 mai 1814. Paix de Paris, ratifiée par la France et par les alliés. — 3 juillet 1815. Convention de Saint-Cloud, entre le maréchal Davout, Wellington et Blücher pour une nouvelle capitulation de Paris. — 2 août 1815. Traité de Paris, entre la Grande-Bretagne, l'Autriche, la Russie et la Prusse, pour déclarer que Napoléon était le prisonnier de toutes ces puissances et pour confier à l'Angleterre la garde de l'empereur. — 20 nov. 1815. Traité établissant les nouvelles frontières de la France et stipulant pour 3 années l'occupation de certaines forteresses françaises par les troupes étrangères. — 20 nov. 1815. Traité de Paris, confirmant les traités de Chaumont et de Vienne. — 10 juin 1847. Traité de Paris acceptant les articles du congrès de Vienne. — 30 mars 1856. Traité de Paris entre la Russie, la Turquie, l'Angleterre, la France et la Sardaigne, pour mettre fin à la guerre de Crimée et pour admettre l'empire Ottoman dans le concert européen. — 16 avril 1856. Déclaration de Paris, signée par toutes les puissances, sauf par les États-Unis : 1° la course est et demeure abolie; 2° le pavillon neutre couvre la marchandise ennemie, à l'exception de la contrebande de guerre; 3° la marchandise neutre, à l'exception de la contrebande de guerre, n'est pas saisissable sous pavillon ennemi; 4° les blocus, pour être obligatoires, doivent être effectifs, c'est-à-dire maintenus par une force suffisante pour interdire l'accès du littoral de l'ennemi. (Voy. COURSE, NEUTRALITÉ, BLOCUS, etc.) — 5 mars 1857. Traité de Paris, entre l'Angleterre et la Perse — 26 mai 1857. Traité de Paris entre les puissances européennes, la Prusse et la Suisse, relativement à Neufchâtel. — 23 janv. 1860. Traité de commerce entre la France et l'Angleterre. (Voy. LIBRE-ÉCHANGE.) — 15 sept. 1864. Convention entre la France et l'Italie, pour le rappel des troupes françaises qui tenaient garnison à Rome. — Bibliogr. Corrozet, *Antiquités, chroniques et singularités de Paris* (1561, in-16); Dubreuil, *Fastes et antiquités de Paris* (1608, in-4°); Sauval, *Histoire et recherches des antiquités de la ville de Paris* (1724, 3 vol. in-fol.); Piganiol de la Force, *Description historique de la ville de Paris* (1765, 10 vol. in-12); l'abbé Le Bœuf, *Histoire de la ville et de tout le diocèse de Paris* (1754, 15 vol. in-12); Saint-Foix, *Essai historique sur Paris* (1763, 4 vol. in-12); Jaillot, *Recherches critiques sur la ville de Paris* (1775, 5 vol. in-8°); Dulaure, *Histoire physique, civile et morale de Paris* (1839, 8 vol. in-8°); Th. Lavallée, *Histoire de Paris depuis les temps des Gaulois jusqu'en 1850* (1852, 1 vol. in-4°); La Bédollière, *Histoire pittoresque de Paris et des Parisiens depuis les temps les plus reculés* (1868, in-fol.); Maxime du Camp, *Paris, ses organes, ses fonctions et sa vie au XIXe siècle* (Paris, 1869-74, 5 vol. in-8°); A. Joanne, *Paris illustré* (1871 in-48). — **Légis.** — « On doit reconnaître que la ville de Paris, siège du gouvernement de la France, ne peut pas être administrée suivant les mêmes lois que les autres communes. Ses finances sont gérées par un conseil municipal composé de 80 membres élus, à raison d'un par quartier; mais les fonctions administratives, qui partout ailleurs appartiennent aux maires, sont, à Paris, partagées entre le préfet de la Seine et le préfet de police. Celles d'officier de l'état civil sont exercées, dans chacun des vingt arrondissements, par un maire et trois adjoints nommés par le chef de l'État; et il y a incompatibilité entre les fonctions de maire ou d'adjoint et celles de conseiller municipal de la ville de Paris (L. 14 avril 1871, art. 10 à 17). La loi du 5 avril 1884 n'a pas changé cette organisation particulière; mais une loi spéciale doit y apporter prochainement des modifications, et c'est pourquoi nous ne croyons pas utile d'analyser les documents qui régissent encore aujourd'hui l'ad-

ministration de la ville de Paris. » (CH. Y.)

PARIS (Aimé), professeur de musique, né à Quimper en 1798, mort à Paris en 1866. Il se lia avec Galin et adopta ses théories musicales, qu'il résolut de propager tant en France qu'à l'étranger. La méthode *Galin-Paris-Chevé* trouva de nombreux admirateurs; mais on l'a abandonnée. Aimé-Paris a laissé quelques écrits de polémique et des recueils de notation chiffrée.

PARIS (Alexis-Paulin), écrivain, né à Avenay (Marne) en 1800, mort le 12 fév. 1881. Il se fit connaître, en 1827, par sa traduction des *Œuvres de lord Byron*. Attaché de bonne heure à la bibliothèque Nationale, il n'a cessé d'en exhumer les plus curieux manuscrits. Membre de l'Académie des inscriptions et belles-lettres (1837), il a occupé la chaire de littérature étrangère au collège de France de 1853 à 1872 et a laissé de nombreux et curieux écrits, parmi lesquels nous citerons : *Essai sur les romans historiques du moyen âge* (1833); *Mémoire sur le cœur de saint Louis* (1844); *Manuscrits français de la bibliothèque du roi, leur histoire et celle des textes allemands, anglais, hollandais, italiens, espagnols de la même collection* (1836-'48, 7 vol. in-8°), etc.

PARIS (John-Ayrton) [pê-riss], médecin anglais, né en 1785, mort en 1856. De 1844 jusqu'à sa mort, il fut président du collège des médecins de Londres. Il a publié une biographie de sir Humphry Davy (1810); une *Pharmacologie* (1819); un *Traité sur la diète et le régime* (1826); *Philosophy in sport made science in Earnest*, et, en collaboration avec J.-I.-M. Fonblanque, une jurisprudence médicale (1823, 3 vol.).

PARIS (Mathieu). Voy. MATHIEU.

PÂRIS [pâ-riss], appelé aussi **Alexandre**; prince troyen, second fils de Priam et d'Hécube. Sa mère ayant rêvé, avant sa naissance, qu'elle mettait au monde une torche enflammée qui allumait l'incendie dans la cité, il fut exposé sur le mont Ida, où un berger le trouva et l'éleva comme son propre enfant. Lorsqu'une dispute s'éleva entre Junon, Minerve et Vénus pour savoir qui aurait la pomme d'or adressée à « la plus belle », Pâris fut choisi par Jupiter pour décider de la querelle. Il décerna le prix à Vénus, qui lui avait promis en retour la plus belle des femmes pour épouse. Plus tard, le secret de sa naissance fut révélé par sa sœur, la prophétesse Cassandre, et Priam le reçut comme son fils. Entendant parler des charmes incomparables d'Hélène, femme de Ménélas, roi de Sparte, il partit pour la Grèce, avec une flotte et, avec l'assistance de Vénus, enleva Hélène et l'emporta à Troie. Ce fut la cause du siège de cette ville, où Pâris se montra guère son courage accoutumé. Blessé à mort, il retourna vers sa première Œnone, qu'il avait abandonnée pour Hélène. Elle refusa de le soigner, mais s'en repentit après qu'il se fut éloigné, le suivit lorsqu'il était trop tard, et se tua, sur le mont Ida, à côté du cadavre de son époux.

PÂRIS (François de), diacre janséniste, né à Paris en 1690, mort le 1er mai 1727. Il refusa d'accepter la bulle *Unigenitus*, ne put être admis à recevoir la prêtrise, se retira dans une maison du faubourg Saint-Marceau, où il se livra aux plus austères pénitences. Ses austérités hâtèrent sa mort, qu'ont rendue célèbre les excès des *Convulsionnaires*. (Voy. ce mot.)

PÂRIS (Pierre-Nicolas-Marie de), assassin politique, né à Paris en 1763, mort en 1793. Après l'assassinat du conventionnel Lepelletier, il s'enfuit chez sa maîtresse, parfumeuse au Palais-Royal, et essaya de gagner l'Angleterre. Au moment d'être arrêté à Forges-les-

Eaux, il se tira un coup de pistolet dans la tête (Voy. LEPELTIER.)

PARISET (Étienne), médecin et littérateur, né à Gand (Vosges) en 1770, mort à Paris en 1847. Il fut nommé médecin de Bicêtre en 1814. Il a laissé: *Rapport sur la fièvre jaune de Cadix* (1819); *Discours d'inauguration de l'Académie de médecine*, des éloges historiques de plusieurs membres de l'Académie (2 vol. in-18), etc.

PARISETTE s. f. (lat. *par*, *paris*, égal, à cause de la régularité du feuillage). Bot. Genre de liliacées, tribu des asparagées, comprenant plusieurs espèces de plantes herbacées, vivaces, à rizome rampant, à tige simple, à fleurs solitaires terminales. La *parisette à quatre feuilles* (*paris quadrifolia*), vulgairement appelée *herbe à Paris*, *raisin de renard*, *étrangle-loup*, habite les lieux humides et ombragés de l'Europe. Sa racine a des qualités émétiques.

PARISIEN, IENNE, s. et adj. De Paris; qui appartient à cette ville ou à ses habitants.

PARISIENNE s. f. Petit caractère d'imprimerie que l'on confondait autrefois avec la *sédanoise*, mais qui est aujourd'hui entre cette dernière et la *nonpareille*. Sa force de corps est de cinq points. — **La Parisienne**, chant patriotique de Casimir Delavigne, composé pour célébrer la révolution de 1830 et dont la musique est due à Auber. Son refrain fut populaire pendant le règne de Louis-Philippe:

> En avant marchons, contre les canons,
> A travers le fer, le feu des bataillons;
> Courons à la victoire!

PARISII, peuple celtique qui habitait les bords de la Seine et auquel on attribue la fondation de Paris.

* **PARISIS** adj. [pa-ri-ziss] (rad. *Paris*). On le disait de la monnaie qui se frappait à Paris, et qui était plus forte d'un quart que celle qui se frappait à Tours : *sou, denier parisis*.

PARISOT 1. (Jean-Patrocle), écrivain du XVIIe siècle. Il était maître des comptes à Paris et a laissé : *la Foi dévoilée par la raison* (Paris, 1682, in-8°). — II. (Pierre), ou le *P. Norbert*, capucin, né à Bar-le-Duc en 1697, mort en 1769. Adversaire des jésuites, il écrivit ses fameux *Mémoires historiques sur les missions des Indes orientales* (1744, 2 vol. in-4°). Poursuivi par le ressentiment de ses adversaires, il s'enfuit en Hollande et en Angleterre, où il ouvrit dans une fabrique de chandelles. Plus tard, il changea de nom, devint l'abbé Platel et passa en Portugal, où le marquis de Pombal lui servit une pension.

* **PARISYLLABIQUE** adj. [-sil-la-] (lat. *par*, égal; fr. *syllabique*). Se dit des déclinaisons qui ont à tous les cas le même nombre de syllabes : *les deux premières déclinaisons sont parisyllabiques.*

PARITÉ s. f. (lat. *paritas*). Egalité, similitude entre les objets de même qualité, de même nature. Ne se dit guère des personnes, et il appartient surtout au style didactique : *il y a parité de raison, de raisons pour et contre.* — Comparaison que l'on emploie pour prouver une chose par une autre semblable : *je vais vous prouver cela par une parité.* On dit dans le même sens, JE NIE LA PARITÉ, je nie que le cas allégué soit pareil à celui dont il s'agit. On dit encore, *La parité n'est pas exacte.*

* **PARJURE** s. m. (lat. *perjurium*). Faux serment; violation de serment : *horrible parjure; parjure manifeste.*

PARJURE adj. Qui fait un faux serment, qui viole son serment, qui se parjure : *il est parjure; un amant parjure.*

> Il ne saurait régner sans se rendre parjure.
> J. RACINE. *La Thébaïde*, acte IV, sc. 3.

— Substantiv. *C'est un parjure.*

> Prodiguer les doux noms de parjure et de traître.
> J. RACINE. *Andromaque*, acte IV, sc. v.

* **PARJURER (Se)** v. pr. Violer son serment : *il m'avait fait mille serments, et cependant il s'est parjuré.* — Faire un faux serment en justice : *il s'est parjuré devant le juge.*

PARK (Mungo-), voyageur écossais, né en 1771, tué en Afrique probablement au commencement de l'année 1806. Il étudia la médecine à Edimbourg, et, après un voyage à Sumatra, offrit ses services à l'Association africaine pour l'exploration du Niger. Il partit de Portsmouth le 22 mai 1795, apprit la langue mandingue à la factorerie anglaise de Pisania, en repartit le 2 déc., atteignit le Joliba ou Niger à Sego, et poursuivit son exploration jusqu'à Silla. Il eut beaucoup à souffrir de la maladie ainsi que de la barbarie des indigènes; et, obligé de rebrousser chemin, il arriva à Pisania le 10 juin 1797, et débarqua le 22 déc. en Angleterre, où on le considérait comme mort. Bryan Edwards rédigea un récit succinct de ses aventures, accompagné d'illustrations géographiques par le major Rennell (1799), mais cela ne jeta que peu de jour sur le problème de la direction du cours du Niger. En 1805, Park, sous les auspices du gouvernement britannique, entreprit un second voyage au Niger. Il arriva à Pisania le 28 avril, et se dirigea vers l'intérieur. En six mois, des 45 hommes qu'il avait avec lui, 4 seulement résistaient encore; tous les autres étaient tombés victimes du climat. Vers le milieu de nov., il renvoya son guide Isaaco, avec le journal de ses découvertes. On ne sut ce qu'il était devenu lui-même que lorsque le gouverneur du Sénégal, en 1810, eut chargé Isaaco de retourner dans l'intérieur pour s'informer de son sort. Isaaco put se procurer un dernier journal et apprit qu'à Boussa, étroit passage où le Niger coule entre les rochers à pic, l'expédition avait été assaillie par des guerriers du roi de Yauri et que tout le monde avait été tué. Clapperton trouva la confirmation complète du récit d'Isaaco, et apprit que les manuscrits de Park étaient entre les mains du roi; mais il ne put les obtenir. La relation du second voyage de Park, avec sa biographie, a paru en 1815. Le récit de ses *Voyages dans l'intérieur de l'Afrique* (Londres, 1798, in-4°) a été traduit en français par Castera (Paris, 1800, 2 vol. in-8°).

PARKERSBURG [par-kerss-bourg], port de la Virginie occidentale (Etats-Unis), la seconde ville de l'état par la population, sur l'Ohio, au confluent du petit Kanawha, à 150 kil. au-dessous de Wheeling; 5,546 hab., dont 447 de couleur. Situation favorable au commerce et à l'industrie. Il y a un port sur l'Ohio, où passe la section de Parkersburg du chemin de fer de Baltimore et de l'Ohio. Une des industries les plus importantes est le raffinage du pétrole.

* **PARLAGE** s. m. (rad. *parler*). Verbiage, abondance de paroles inutiles ou dépourvues de sens: *ce n'est là que du parlage.* (Fam.)

* **PARLANT, ANTE** adj. Qui parle : *l'homme est la seule créature parlante.* Dans les pièces de théâtre, PERSONNAGES PARLANTS; par opposition à PERSONNAGES MUETS, ceux qui ne font que paraître et ne disent rien. — CET HOMME EST PARLANT, EST PEU PARLANT, il parle volontiers, il parle rarement. — Par ext. DES REGARDS, DES GESTES PARLANTS, des regards, des gestes expressifs. — TROMPETTE PARLANTE, porte-voix. — Fig. Fort ressemblant: *ce portrait est parlant.* On dit dans le même sens : *vous êtes parlant dans votre portrait.* — Blas. ARMES PARLANTES, armes dont la pièce principale exprime le nom de la famille à qui elles appartiennent : *les armes de Mailly, qui sont des maillets, sont des armes parlantes.*

* **PARLEMENT** s. m. On appelait ainsi, du temps de nos premiers rois, une assemblée des grands du royaume, qui était convoquée pour traiter des affaires importantes : *ce roi tint trois parlements dans la même année.* — A signifié, depuis, une cour souveraine de justice connaissant directement des affaires qui lui étaient attribuées, et, par appel, des jugements des bailliages, sénéchaussées, duchés-pairies, et autres juridictions inférieures de son ressort. Par l'enregistrement, le parlement avait aussi des attributions politiques : *les édits, les déclarations, les lettres patentes, et autres ordonnances du roi, s'enregistraient au parlement.* — Signifiait quelquefois, le ressort, l'étendue de la juridiction d'un parlement : *le parlement de Paris s'étendait jusqu'en Saintonge.* — Se disait aussi de la durée du parlement, depuis le jour de son ouverture jusqu'aux vacances : *son procès fut remis au parlement prochain.* — L'OUVERTURE DU PARLEMENT, la première assemblée du parlement, qui se tenait après la Saint-Martin. — Lorsqu'il s'agit de l'Angleterre, se dit collectiv. des deux chambres ou assemblées qui exercent, avec le roi, le pouvoir législatif, et qui sont formées, l'une des pairs ecclésiastiques et séculiers, l'autre des députés des provinces, des villes et des bourgs : *la chambre haute, la chambre basse du parlement.* — LE LONG PARLEMENT, celui qui fut convoqué en 1640 par Charles Ier, dissous par Cromwell et réuni de nouveau après la mort de celui-ci. — Collectiv. Les trois parties du pouvoir législatif : *l'omnipotence du parlement.* — Sous la monarchie constitutionnelle, s'est dit aussi, en France, des assemblées qui partageaient la puissance législative avec le souverain : — Hist. « Le nom de parlement, d'abord appliqué collectivement aux deux assemblées législatives du Royaume-Uni, est aujourd'hui généralement en usage pour désigner ces assemblées, en France, en Italie, en Allemagne, etc. La réunion du sénat et de la chambre des représentants de l'Union américaine se nomme *congrès*. Lorsque le Sénat et la Chambre des députés de la République française se réunissent pour délibérer en commun sur les lois constitutionnelles, elles forment l'Assemblée nationale. — Les *Anciens parlements* de France étaient des assemblées de cours judiciaires, bien qu'ils aient usurpé, pendant plusieurs siècles, des attributions politiques qui auraient dû être réservées aux *états généraux*. En outre du parlement de Paris, dont l'origine se confond avec celle des conseils du roi, il en fut établi d'autres successivement, savoir : à Toulouse, en 1302 (deux fois supprimé et rétabli); à Grenoble, en 1451; à Bordeaux, en 1462; à Dijon, en 1476; à Aix, en 1501; à Rouen, en 1519; à Rennes, en 1533; à Pau, en 1620; à Metz, en 1633; à Besançon (d'abord à Dôle), en 1676; à Douai (d'abord à Tournai), en 1686; et à Nancy, en 1775. Ces cours souveraines connaissaient en appel des décisions rendues par les juridictions inférieures de leur circonscription, et directement de certaines affaires qui leur étaient réservées. Le parlement de Paris connaissait seul de ce qui concernait l'attribution de la tutelle des rois mineurs, ainsi que des affaires concernant les princes du sang, les pairs de France et les propres membres. Les parlements ont été supprimés par la loi des 16-24 août 1790 sur l'organisation judiciaire. » (CH. Y.)

PARLEMENTAGE s. m. Action de parlementer.

* **PARLEMENTAIRE** adj. Qui appartient au parlement. On l'emploie rarement en parlant des parlements de France; mais on s'en sert très souvent en parlant du parlement d'Angleterre, et, par allusion, en parlant des deux Chambres qui, en France, font partie de l'autorité législative : *esprit, régime*

parlementaire; usages, formes parlementaires. — Fig. **Ce langage n'est pas parlementaire**, il blesse les convenances. — Se dit aussi en parlant de ceux qui, pendant les divisions de l'Angleterre, et, en France, pendant les troubles de la Fronde, tenaient le parti du parlement : *l'armée parlementaire*. En ce sens, il s'emploie aussi substantiv. : *le parti des parlementaires*.

* **PARLEMENTAIRE** s. m. Personne que des assiégeants ou des assiégés envoient les uns aux autres pour porter quelque proposition, ou pour y répondre : *les assiégeants envoyèrent un parlementaire aux assiégés, pour les engager à capituler*. — Adj. Qui a rapport à l'action du parlement : *le drapeau parlementaire*. — **Vaisseau parlementaire**, ou substantiv. vaisseau qui est en voie porter des paroles à une flotte, ou dans un port de la nation avec laquelle on est en guerre.

PARLEMENTAIREMENT adv. D'une façon parlementaire.

PARLEMENTARISME s. m. Système, doctrine parlementaire.

* **PARLEMENTER** v. n. Faire et écouter des propositions pour rendre une place : *le gouverneur de la place demande à parlementer*. — Se dit aussi quelquefois des propositions échangées entre deux corps ennemis, en rase campagne, quand l'un n'est plus en état de résister à l'autre. — Fig. Entrer en voie d'accommodement : *d'abord il faisait le difficile, mais il commence à parlementer*. — Prov. et fig. **Ville qui parlemente est à demi rendue**, celui qui écoute les propositions qu'on lui fait pour l'amener à quelque composition, est à peu près décidé à les accepter.

* **PARLER** v. n. (bas. lat. *parabolare*). Proférer, prononcer, articuler des mots : *l'homme est la seule créature qui ait véritablement le don de parler*. — Se dit, en ce sens, de certains oiseaux qui imitent le langage de l'homme, comme les perroquets, les sansonnets, les geais, les pies, etc. : *apprendre à parler à un perroquet*. — Discourir, s'énoncer par le discours, soit dans un entretien familier, soit en public : *de quoi parlez-vous?*

Parlons peu, mais tranchons : l'air aisé, le ton ferme.
    Collin d'Harleville. *Monsieur de Crac*, sc. 1re.

Tout le peuple thébain vous parle par ma bouche.
    J. Racine. *La Thébaïde*, acte IV, sc. 1re.

Où suis-je ! de Baal ne vois-je pas le prêtre ?
Quoi, filles de David, vous parlez à un traître ?

— **Parler bien**, parler avec élégance et pureté ; et, dans le sens contraire, **Parler mal**, ou **Ne savoir pas parler**. — **Parler juste**, raisonner et s'exprimer avec justesse. — Fam. **Parler d'or**, parler de la manière la plus convenable dans la circonstance, ou la plus satisfaisante pour celui à qui on parle. — **Parler avec passion**, dire des choses que la passion suggère. — **Parler bien, parler mal d'une personne**, en dire du bien, en dire du mal, en discourir en bien ou en mal : *il ne faut point mal parler de son prochain*. — **Parler pour quelqu'un, en faveur de quelqu'un**, intercéder pour lui auprès d'un autre. — **Parler contre quelqu'un**, parler de quelqu'un à dessein de lui nuire. — Palais. **Cet avocat, cet avoué parle pour un tel**, il plaide pour un tel. — Prov. **Parler de la pluie et du beau temps**, discourir, s'entretenir de choses indifférentes. — **Parler d'une affaire à bâtons rompus**, en parler à diverses reprises, à diverses fois, et sans suite : *il ne m'a jamais parlé de son affaire qu'à bâtons rompus*. — **Parler en l'air**, parler sans aucun dessein, sans attacher la moindre importance à ce qu'on dit : *je vous parle de cela en l'air, et sans aucune intention*. — Fam. **Parler en**

l'air, parler sans fondement, sans être bien instruit : *il parle de cela en l'air, et sans savoir de quoi il est question*. — **Parler a tort et à travers**, parler sans discernement. — **Parler au hasard**, parler sans réflexion, parler de ce qu'on ne sait pas bien : *c'est un homme qui parle de tout au hasard*. — **Parler légèrement**, parler sans être suffisamment informé : *c'est parler avec discernement*. — **Parler pour parler**, parler pour avoir rien à dire. — **Parler comme un perroquet**, parler sans savoir ce qu'on dit, ou parler d'après autrui. — **Parler comme un livre**, parler avec facilité, mais en termes trop recherchés et trop arrangés pour la conversation. Se prend aussi en bonne part, et signifie, s'exprimer heureusement sur toute sorte de sujets. — **Il en parle comme un aveugle des couleurs**, se dit d'un homme qui se mêle de parler de choses dont il n'a aucune connaissance. — **Il en parle en maître**, se dit d'un homme qui parle sur une matière qu'il possède à fond ; et, **Il en parle en écolier**, se dit de celui qui n'a qu'une connaissance superficielle de ce dont il parle. — **Parler à cœur ouvert**, parler avec une entière franchise. — **Parler d'abondance de cœur**, parler avec épanchement, avec une pleine confiance ; et, **Parler d'abondance**, parler sans préparation, ou du moins sans réciter de mémoire. — **Parler au cœur, à l'imagination, aux passions**, parler de manière à intéresser le cœur, à plaire à l'imagination, à flatter, à exciter les passions. — **Parler à un mur, aux rochers**, parler à des gens qui ne sont point touchés de ce qu'on leur dit, des représentations qu'on leur fait. — **Parler à un sourd**, parler à un homme qui est résolu de ne rien accorder, de ne rien faire de ce qu'on lui demande. — **Parler à cheval à quelqu'un**, lui parler avec hauteur et dureté. — **Parler haut, parler bien haut**, parler sans ménagement, et quelquefois avec insolence : *je saurai bien l'empêcher de parler si haut*. — **Il en parle bien à son aise**, se dit d'un homme qui donne quelque conseil difficile à pratiquer, et qu'il n'est pas obligé de suivre, ou qui parle avec sang-froid des misères et des douleurs qu'il n'éprouve pas : *il parle fort éloquemment du mépris des richesses ; mais il en parle bien à son aise, lui qui est fort riche*. — Par menace. **Je vous apprendrai à parler**, je saurai bien vous contraindre à parler avec plus de retenue, avec plus de respect. — **Trouver à qui parler**, trouver de l'opposition, de la résistance, trouver des gens qui vous tiennent tête.

Traître ! tu trouveras en nous à qui parler !
    Molière. *Les Fâcheux*, acte III, sc. VI.

— **Je n'ai pu trouver à qui parler dans cette maison, dans cette société**, je n'y ai pas vu une personne de connaissance. — **Trop gratter cuit, trop parler nuit**, un grand parleur s'attire souvent de méchantes affaires. — **On en parle diversement**, se dit d'une action, d'un événement qui est raconté de différentes manières, ou d'une chose que les uns louent et que les autres blâment. — **On en parle fort, il en est fort parlé dans le monde**, se dit d'une chose qui fait le sujet de l'entretien du public. — **Il faut laisser parler le monde**, ou simpl., **Il faut laisser parler**, il ne faut pas se mettre en peine de ce que le monde dit de mal à propos. — **Cela ne vaut pas la peine d'en parler**, se dit d'une chose qui est peu importante, ou à laquelle on veut paraître attacher peu d'importance. Se dit aussi quelquefois, iron. pour relever l'importance de la chose dont on parle : *il ne lui a volé que cent mille écus ; ce n'est pas la peine d'en parler*. — **Ne m'en parlez pas**, ne me mettez pas sur ce chapitre, n'agitez pas cette question : *votre affaire marche-t-elle ! êtes-vous content de votre avocat ? Oh ! ne m'en*

parlez pas. — **Parlez-moi de cela** se dit en signe d'approbation ou de consentement : *voilà un noble procédé, parlez-moi de cela !* On dit aussi en sens analogue, **Parlez-moi de cet homme-la !** — **Faire parler de soi**, faire des choses qui viennent à la connaissance de tout le monde, dont tout le monde s'entretient : cela se dit également en bien et en mal : *c'est un homme qui a bien fait parler de lui dans le temps*. — **Cet homme n'a point fait parler de lui**, il n'a rien fait qui lui ait donné de la réputation. — **Cette femme n'a jamais fait parler d'elle**, elle a toujours eu une conduite régulière, elle n'a jamais donné prise à la médisance. — **C'est une femme, une fille dont on a parlé**, c'est une femme, une fille dont la réputation n'est pas intacte. — **Il en sera parlé, on en entendra parler**, cela doit faire du bruit, de l'éclat dans le monde. — **Il en sera parlé à jamais**, la postérité en conservera le souvenir. — **Il faut que quelqu'un ait parlé**, il faut que quelqu'un ait divulgué ce secret. — **Parler des grosses dents à quelqu'un**, le réprimander, lui parler avec menaces. — Prov. et fig. **Parler à son bonnet**, se parler à soi-même, parler sans adresser la parole à personne. — Fig. **Faire parler quelqu'un**, ajouter aux paroles de quelqu'un, y donner un mauvais sens : *on m'a fait parler*. Signifie aussi, prêter à quelqu'un un discours qu'il n'a pas tenu. — Par menace. **Ne me faites point parler**, craignez que je ne dise des choses qui ne seraient pas à votre avantage. — Fam. **Parler donc**, sorte d'interpellation dont on se sert lorsqu'on se dispose à demander compte de quelque chose à quelqu'un : *parler donc, n'avez-vous pas vu le livre que je cherche !*

Si j'ai failli, du moins, dites-le-moi, parlez.
    Collin d'Harleville. *L'Inconstant*, acte 1er, sc. VIII.

— Expliquer ses sentiments, sa pensée ; déclarer son intention, sa volonté : *on a fait ce qu'on a pu pour le faire parler, mais il n'y a pas eu moyen d'en venir à bout*. — Fam. **Voila ce qui s'appelle parler**, ou simpl., **Voila parler**; ou encore, **C'est ainsi que parler cela**, se dit lorsqu'on nous fait des propositions plus avantageuses qu'on ne s'y attendait. On emploie aussi ces locutions pour louer quelqu'un qui a dit, sur une question longtemps agitée, des choses claires, lumineuses, péremptoires. — **Parler en maître**, parler comme un homme dont le sentiment fait autorité. Signifie aussi simpl., parler d'un ton d'autorité, soit qu'on en ait le droit, soit qu'on ne l'ait pas. — **Dieu parle au cœur des pécheurs**, il leur envoie de saintes inspirations, il leur donne de bons mouvements. — Fig. Manifester ses sentiments, ses pensées par un autre moyen que celui de la parole : *il me parlait des yeux et du cœur*. — Se dit aussi, fig., des choses morales ou inanimées qui ont ou qui semblent avoir une sorte de langage : *la peinture parle aux yeux*.

Ce n'est que jeux de mots, qu'affectation pure.
Et ce n'est point ainsi que parle la nature.
    Molière. *Le Misanthrope*.

Tout ne vous parle ici que de paix et d'amour.
    J. Racine. *La Thébaïde*, acte IV, sc. III.

— **Les murailles parlent**, il se trouve souvent des témoins des choses mêmes les plus cachées. — **Cela parle tout seul, parle de soi**, cela se comprend sans qu'il soit besoin d'explication. On dit dans le même sens, **La chose parle d'elle-même**. — **Son mérite, ses services parlent, parlent pour lui, parlent en sa faveur**, son mérite, ses services le rendent recommandable, rendent ses prétentions légitimes. — **Tout parle pour lui**, le bon droit, l'équité et la raison sont de son côté. — **Il n'a rien qui parle pour lui, rien ne parle en sa faveur, tout parle contre lui**, il n'est recommandable sous aucun rapport ; le bon droit, la raison est contre lui. — CETTE PIÈCE PARLE CONTRE LUI, elle est contraire à ses prétentions, elle les détruit. — LA VÉRITÉ, LA RAISON, L'ÉQUITÉ PARLE PAR SA VOIX, PAR SA BOUCHE, ce qu'il dit est rempli de vérité, de raison, d'équité. — Expliquer sa pensée par écrit : *Aristote a très bien parlé de cette matière dans tel livre.* — PARLER DANS UN CONTRAT, PARLER AU CONTRAT, déclarer sa volonté dans un contrat, intervenir au contrat, s'obliger par le contrat : *vous avez parlé dans le contrat, et par conséquent vous y êtes obligé.* — Se dit quelquefois des écrits dans un sens analogue au précédent : *la loi est formelle là-dessus, et parle très clairement.* — Causer :

Dans une garnison, sans sortir de chez moi,
J'avais à qui parler....
COLLIN D'HARLEVILLE. *L'Inconstant*, acte I⁽ᵉʳ⁾, sc. II.

— v. a. *Parler une langue; parler français, italien, allemand,* etc. — Fig. PARLER FRANÇAIS, s'exprimer clairement, intelligiblement. On dit dans le même sens, mais populairement PARLER CHRÉTIEN. — PARLER FRANÇAIS, expliquer nettement son intention sur une affaire : *on a bien de la peine à vous faire parler français.* — PARLER FRANÇAIS A QUELQU'UN, lui parler avec autorité, et d'un ton menaçant. — PARLER GREC, BAS BRETON, HAUT ALLEMAND, s'exprimer d'une manière inintelligible, comme si l'on parlait une langue inconnue. — IL PARLE LATIN DEVANT LES CORDELIERS, se dit d'un homme qui parle de science devant des gens plus habiles que lui. — PARLER PHÉBUS, s'exprimer avec emphase en termes ampoulés. — PARLER RAISON, parler sagement, raisonnablement : *il faut de bonne heure parler raison aux enfants.* Se mettre à la raison : *voilà parler raison.* — PARLER AFFAIRES, s'entretenir d'affaires. — PARLER GÉOMÉTRIE, MUSIQUE, POLITIQUE, etc, en raisonner, en discourir. — PARLER CHASSE, s'entretenir de chasse. — PARLER CHICANE, s'exprimer en termes de chicane; parler de procès. — PARLER GASCON, PARLER NORMAND, parler français avec un accent gascon, avec un accent normand. — Généralement parlant. A prendre la chose en général : *cela est vrai, généralement parlant.* On dit aussi, ABSOLUMENT PARLANT, SÉRIEUSEMENT PARLANT, etc. — Sans parler de loc. prépost. Indépendamment de : *sans parler de sa fortune, c'est un des hommes les plus heureux que je connaisse.* — Se parler v. pr. *La langue française se parle, est parlée dans toute l'Europe.* — v. récipr. *Ces deux personnes ne se parlent pas.*

* PARLER s. m. Langage, manière de parler : *il a un parler doux et gracieux.* — AVOIR SON FRANC PARLER, s'être mis sur le pied de dire tout ce qu'on pense. — JAMAIS BEAU PARLER N'ÉCORCHA LA LANGUE, il est toujours bon de parler honnêtement. — Jargon. Accent particulier à certaines contrées de la France : *le parler picard; le parler normand.*

* PARLERIE s. f. Babil : *une grande parlerie.* (Fam. et peu us.)

* PARLEUR, EUSE s. Celui, celle qui a l'habitude de parler beaucoup, de parler trop : *c'est un parleur; c'est une parleuse.* On l'emploie plus ordinairement avec une épithète : *c'est un grand parleur, une grande parleuse.* — CET HOMME EST BEAU PARLEUR, EST UN AGRÉABLE PARLEUR, il s'énonce facilement, et d'une manière agréable.

* PARLOIR s. m. Lieu destiné pour parler, pour recevoir les étrangers : *il y a des parloirs dans presque toutes les maisons anglaises.* Peu us. en ce sens. — Se dit particul., dans les communautés religieuses, dans les collèges, dans les hospices, etc., du lieu où les religieux et religieuses, les écoliers, les malades, etc., viennent parler aux personnes du dehors : *on la fit venir au parloir.*

PARLOTTE s. f. Manie de parler.

PARMAIN. village voisin de l'Isle-Adam, à 15 kil. de Pontoise (Seine-et-Oise); 400 hab. Le 22 sept. 1870, quelques habitants, commandés par M. Capron, y repoussèrent une attaque des Prussiens. Ces derniers prirent le village le 29 et l'incendièrent de fond en comble.

PARME. I. province de l'Italie septentrionale, entre le Pô, qui la sépare de la Lombardie, et les Apennins ; 6,158 kil. carr.; 266,381 hab. Les contreforts des Apennins couvrent plus de la moitié de la province. Outre le Pô, les principaux cours d'eau sont ses affluents, le Taro et l'Enza. Productions : vin, huile, fruits, riz, bois de charpente, marbre, albâtre, cuivre et sel. La fabrication de la soie est l'industrie principale. On exporte de grandes quantités de fromage appelé parmesan. — Sous les Romains, le territoire de Parme faisait partie de la Gaule cisalpine. Charlemagne le céda au pape. Il devint indépendant pendant les guerres entre le saint-siège et les empereurs d'Allemagne, et fut gouverné par des dynasties locales jusqu'en 1366, époque où il tomba entre les mains des Visconti de Milan. Le pape Jules II en obtint la possession en 1511 et Paul III le donna en 1565, à son fils naturel, Pietro Luigi Farnèse, dont les successeurs (voy. FARNÈSE) possédèrent les duchés de Parme et de Plaisance jusqu'en 1731. Elizabeth Farnèse, femme de Philippe V d'Espagne, les obtint ensuite pour don Carlos ; mais lorsque celui-ci devint roi des Deux-Siciles, les duchés furent annexés à l'Autriche (1735), et, en 1748, assignés, avec Guastalla, à don Philippe, frère de don Carlos. A Philippe succéda en 1765 son fils Ferdinand. A la mort duquel ils furent annexés à la France (1802). En 1813, les trois duchés furent donnés à l'ex-impératrice de France, Marie-Louise. Le duc Charles-Louis de Bourbon, duc de Lucques (né en 1799, mort en 1883), lui succéda à Parme et à Plaisance en 1847, et abdiqua en 1849, en faveur de son fils Charles III. Ce dernier fut assassiné en mars 1854, et son fils mineur, Robert, lui succéda. Il fut déposé en 1859; en 1860 Parme et Plaisance furent annexés aux États de Victor-Emmanuel comme provinces séparées. — II. capitale de cette province, à 110 kil. S.-E. de Milan ; 45,541 hab. Elle est traversée par la rivière Parma, et divisée en deux parties presque égales par la via Æmilia. Les monuments les plus célèbres qui s'y trouvent sont le palais Farnèse, qui contient un théâtre, l'académie des sciences, une grande bibliothèque, des collections précieuses, et l'imprimerie publique où se conservent plus de 50,000 des modèles de caractères employés par Bodoni. La cathédrale contient l'*Assomption de la Vierge* du Corrège et d'autres belles œuvres. L'église de la Madonna della Steccata est bâtie sur le modèle de Saint-Pierre. Le baptistère, l'un des plus magnifiques d'Italie, est entièrement construit en marbre rouge et gris de Vérone. En 1875, l'université était fréquentée par plus de 300 étudiants. Dans la partie S.-E. de la ville se trouvent la citadelle et les jardins botaniques. Parme est une ville de palais et de beaux jardins ; mais c'est un triste séjour, excepté pendant la foire de la soie qui a lieu tous les ans au mois de juin. Parme avait acquis de l'importance au moyen âge, et elle fut excessivement brillante sous quelques-uns des princes de la maison Farnèse.

PARME (Alexandre FARNÈSE, *duc de*). Voy. FARNÈSE.

PARMEGIANO. Voy. PARMESAN.

PARMÉNIDE, philosophe grec, né à Élée, dans l'Italie méridionale, vers 513 av. J.-C. Aristote le considérait comme le chef de l'école éléatique. Ses opinions philosophiques étaient exposées dans un poème sur la Nature, dont il ne reste que des fragments.

PARITÉNION, général macédonien, né vers 400 av. J.-C., mort en 330. Il fut le favori de Philippe. Lorsque Alexandre envahit l'Asie, il eut le commandement en second. Pendant que le roi poursuivait Darius en Parthie et en Hyrcanie, il acheva la conquête de la Médie ; mais, compromis par des aveux que la torture arracha à son fils Philotas, lors d'une conspiration contre la vie d'Alexandre, il fut assassiné, après l'exécution de son fils.

PARMENTIER (Antoine-Augustin), célèbre agronome, né à Montdidier en 1737, mort à Paris le 17 déc. 1813. Pendant l'expédition de Hanovre (1757), il suivit l'armée française en qualité de pharmacien et fut fait 5 fois prisonnier. Ce fut pendant ces différentes captivités que, forcé de se nourrir de pommes de terre, il apprit à connaître l'utilité de ce tubercule. A son retour en France, il fut nommé pharmacien des Invalides et consacra ses loisirs à répandre en France la culture de la pomme de terre, qui fut d'abord appelée parmentière. Il entra à l'Institut en 1796. Il a laissé : *Examen chimique de la pomme de terre* (1773, in-12) ; le *Parfait boulanger* (1778, in-8°) ; *Méthode de conserver les graines et farines* (1785, in-12) ; *Économie rurale et domestique* (1788, 8 vol. in-12), etc. L'éloge de Parmentier a été prononcé par Cadet de Gassicourt (1816).

PARMENTIÈRE s. f. Nom que l'on donna d'abord en France à la pomme de terre.

PARMESAN, ANE s. et adj. [-zan]. De Parme; qui appartient à cette ville ou à ses habitants.

* PARMESAN s. m. Nom d'un fromage qui tire son nom du duché de Parme : *mettre du parmesan dans des macaronis.*

PARMESAN (Le) (ital. *Parmigiano*), peintre italien, dont le nom était Francesco Mazzuola ou Mazzola, né à Parme vers 1504, mort en 1540. A Rome, il peignit, en 1527, sa *Vision de saint Jérôme.* Rome ayant été mise à sac la même année, il s'enfuit à Bologne, où il produisit ses meilleures œuvres, parmi lesquelles deux madones fameuses en un tableau d'autel appelé la *Santa Margherita.* En 1531, il retourna à Parme, et fut chargé de décorer l'église de Santa Maria della Steccata. Parmi ses fresques, il en est une célèbre qui représente Moïse brisant les tables de la loi. Comme il ne terminait pas le travail, dont il avait reçu le prix, il fut mis en prison, mais il parvint à s'évader et se livra à l'alchimie. Le Louvre possède du Parmesan : *La sainte Famille, La Vierge, L'Enfant Jésus et sainte Marguerite,* etc. On attribue à cet artiste l'invention de la gravure à l'eau-forte.

* PARMI prép. (de *par* et de *mi*). Entre, dans le nombre de, etc. Ne se met qu'avec un pluriel indéfini, qui signifie plus de deux ou trois, ou avec un singulier collectif : *il se mêla parmi eux.*

Vit-on jamais chez lui nos peuples en courroux
Désoler un pays inconnu parmi nous ?
J. RACINE. *Alexandre*, acte II, sc. II.

* PARNASSE s. m. (lat. *Parnassus*). Montagne de la Phocide, qui était consacrée à Apollon et aux Muses. — S'emploie, fig., dans quelques locutions relatives à la poésie : LES NOURRISSONS DU PARNASSE, les poètes ; MONTER SUR LE PARNASSE, composer des vers, s'adonner à la poésie ; LE PARNASSE FRANÇAIS, la poésie française, les poètes français.

C'est ainsi qu'un *Parnasse* un téméraire auteur...
BOILEAU.

— ENCYCL. Le Parnasse est une chaîne de montagne de la Grèce centrale, qui traverse la Doride et la Phocide en se dirigeant vers le S.-E., et se termine au golfe de Corinthe. Dans un sens plus restreint, ce nom s'applique seulement à la plus haute partie de la chaîne, qui se trouve à quelques kil. au N. de Delphes, en Phocide, et atteint son point culminant au mont Lycorea (auj. *Liakura;* 2,459 m.). On disait qu'Apollon et les Muses faisaient de cette montagne leur séjour favori; on y trouvait la fontaine de Castalie et la grotte Corycienne.

PARNASSIEN, IENNE adj. Qui concerne le Parnasse. — s. m. Hist. littér. Nom donné à des poètes qui collaborèrent à un recueil de vers édité en 1866, par Lemerre (in-8°).

PARNELL (Thomas), poète irlandais, né en 1679, mort en 1717. Il travailla à la traduction d'Homère de Pope, et écrivit la vie d'Homère qui se trouve en tête de l'*Iliade.* Un choix de ses poésies, dont la plus connue est *The Hermit,* a été publié par Pope en 1722. Goldsmith a écrit sa vie.

PARNY (Evariste-Désiré Desforges, *chevalier de*), poète érotique, né à Saint-Paul (île Bourbon) le 6 février 1753, mort le 5 décembre 1814. Il renonça à la carrière ecclésiastique pour s'engager dans l'armée; étant retourné dans son pays natal en 1773, il s'éprit d'une jeune créole qu'il chanta sous le nom d'*Eléonore.* Son *Voyage de Bourgogne* (1777), son *Epître aux insurgents de Boston* (1778), et son premier recueil de poésies érotiques lui valurent le surnom de *Tibulle français.* Il suivit, en 1785, à Pondichéry, le gouverneur des possessions françaises dans les Indes. Pendant la Révolution, il remplit quelques fonctions peu importantes à Paris et publia divers petits poèmes : *Journées champêtres, Fleurs, Tableaux,* etc. Il fut admis à l'Académie française en 1803 et Napoléon lui accorda une pension de 3,000 fr. en 1813. Ses dernières poésies se font remarquer autant par leur obscénité que par leur esprit. Ses *Poésies inédites* ont été publiées en 1826, par Tissot (1 vol. in-18). Sainte-Beuve a donné en 1862 ses *Elégies* et *Poésies diverses,* avec une préface. Ses *Œuvres* ont paru en 1808 (5 vol. in-18); et Boissonade a donné une édition de ses *Œuvres choisies* (Paris, 1827, 3 vol. in-8°).

* **PARODIE** s. f. (prét. *para;* gr. *odé,* chant). Sorte d'ouvrage en vers, fait sur une pièce de poésie sérieuse, que l'on rend comique au moyen de quelques changements, et que l'on détourne à un autre sujet dont on veut plaisanter ou se moquer : *Boileau a fait la parodie d'une scène du Cid, sous le titre de « Chapelain décoiffé ».* S'applique aussi quelquefois à des ouvrages en prose : *ce n'est pas l'analyse, mais la parodie de son discours.* — Particul. Pièce de théâtre d'un genre gai ou burlesque, faite pour travestir, pour tourner en ridicule une autre pièce de théâtre d'un genre noble ou pathétique : *la parodie d'Inés de Castro, sous le titre d' « Agnès de Chaillot », a beaucoup réussi dans le temps.* — Vers faits sur un air de musique donné.

* **PARODIER** v. a. Faire une parodie : *parodier une scène, un air, une tragédie.* — **Parodier quelqu'un,** imiter, contrefaire ses gestes, ses manières, son langage.

* **PARODISTE** s. m. Auteur d'une parodie, de parodies.

* **PAROI** s. f. (lat. *paries*). Muraille. Désigne plus particulièrement une cloison de maçonnerie, qui sépare une chambre ou quelque autre pièce d'un appartement d'avec une autre : *s'appuyer contre la paroi.* — Anat. Parties qui forment la clôture, les limites des diverses cavités du corps, et principalement de leurs faces internes : *les parois de l'estomac, de la poitrine, de la vessie, de la matrice.* — Phys. Côtés intérieurs d'un vase, d'un tube, etc. : *les parois d'un vase, d'un tube, d'un tuyau.*

PAROIR s. m. Outil dont se servent les ouvriers dans divers corps de métiers pour parer leur ouvrage.

* **PAROISSE** s. f. (lat. *parochia*). Certain territoire ou arrondissement dans lequel un curé exerce ses fonctions, et dirige, pour le spirituel, les habitants qui sont de sa communion : *les habitants d'une paroisse.* — Eglise de la paroisse : *il est allé à la messe à sa paroisse.* — Tous les habitants d'une paroisse : *on assembla la paroisse.* — **Coq de paroisse,** celui qui est le plus riche et le plus considéré dans une paroisse de campagne : *c'est le coq de sa paroisse.* — **Habit de deux paroisses,** habit de deux étoffes, ou de deux couleurs mal assorties.

* **PAROISSIAL, ALE, AUX** adj. Appartenant à la paroisse : *église, messe paroissiale.*

* **PAROISSIEN, IENNE** s. Habitant d'une paroisse : *les devoirs d'un paroissien.* — Livre de prières dont on se sert principalement pour suivre l'office qui se dit à l'église : *paroissien romain.*

* **PAROLE** s. f. (lat. *parabola,* parabole). Faculté naturelle de parler : *Dieu a donné la parole à l'homme.* — **Avoir le don de la parole, avoir la parole a commandement, manier bien la parole;** et fam. **Avoir la parole a la main, en main,** bien parler, parler facilement. — Fig. **Perdre la parole,** devenir muet de surprise, de crainte, etc. — **Il ne lui manque il n'y manque que la parole,** se dit d'un portrait fort ressemblant, d'une statue bien faite.

L'artisan exprima si bien
Le caractère de l'idole
Qu'on jugea qu'il ne manquait rien
A Jupiter que la parole.

LA FONTAINE.

— Ton de la voix, selon qu'elle est forte ou faible, douce ou rude etc. : *il a la parole rude, la parole agréable, la parole douce, je l'ai reconnu à sa parole; déguiser, contrefaire sa parole.* Dans ces deux dernières phrases, il vieillit; on dit, plus ordinairement, **Déguiser, contrefaire sa voix :** *je l'ai reconnu à sa voix.* — **Avoir la parole haute,** parler avec autorité, avec arrogance. — Mot prononcé : *parole bien articulée.* — Ecrit. sainte. **La parole incarnée,** Jésus-Christ. On dit plus ordinairement le **Verbe.** — **Paroles sacramentales,** et absol., **Paroles,** mots que le prêtre prononce dans la consécration : *quand le prêtre a prononcé les paroles sacramentales, a dit les paroles,* etc. — **Paroles sacramentelles, mots sacramentaux,** mots essentiels pour la conclusion d'une affaire, d'un traité : *l'affaire est conclue; il a dit les paroles sacramentelles, les mots sacramentaux.* — **Paroles magiques,** paroles dont le peuple croit que les magiciens se servent pour les opérations de magie. — **Charmer, guérir avec des paroles,** faire un charme, guérir en prononçant certaines paroles, dans lesquelles on suppose une secrète vertu : *il prétendait guérir avec des paroles.* — Sentence, beau sentiment de l'idole : *il faudrait écrire cette parole en lettres d'or.* **La parole de Dieu, la parole divine,** ou simpl., **La parole,** l'Ecriture sainte et les sermons qui se font pour l'expliquer : *prêcher la parole de Dieu aux peuples.* Fig. **Distribuer le pain de la parole.** — **La parole écrite,** l'Ecriture sainte à la différence de **La parole non écrite,** la tradition. — Mot ou discours considéré sous le rapport des qualités que lui donnent l'idée ou le sentiment qu'il exprime. En ce sens, il s'emploie ordinairement au pluriel : *paroles civiles, obligeantes; paroles amicales; fâcheuses paroles.* — **De belles paroles,** de grandes promesses qu'on n'a pas dessein de tenir. — **De bonnes paroles,** des discours qui annoncent des intentions favorables : *il m'a donné de bonnes paroles.* On dit quelquefois, dans le sens contraire, **Il n'a**

donné de mauvaises paroles. — **Paroles emmiellées,** paroles flatteuses et d'une douceur affectée. — **Porter la parole,** parler au nom d'une autorité, d'une compagnie, d'un corps, au nom de plusieurs personnes : *c'était lui qui portait la parole au nom de la compagnie.* — **Avoir la parole,** avoir le droit de parler, en vertu de sa charge, de son emploi : *parmi les gens du roi, c'est l'avocat général qui a la parole.* — Dans les assemblées politiques, **Avoir la parole,** avoir le droit, la permission de parler, conformément au règlement : *vous avez la parole.* — **Demander la parole,** demander à parler, à être entendu. On dit aussi : **Accorder, refuser la parole.** — **Prendre la parole,** commencer à parler, à faire un discours dans une assemblée; et **Reprendre la parole,** recommencer à parler après une interruption. — **Adresser la parole a quelqu'un,** parler directement à quelqu'un. — **Couper la parole a quelqu'un,** l'interrompre dans son discours. — **Faire passer la parole de main en main,** faire passer d'une personne à une autre un avis, un avertissement, un ordre, jusqu'à celles qui sont les plus éloignées. — Guerre. **Passe parole,** absol., faites passer l'avis, l'ordre, le commandement : *avance, cavalerie, passe parole.* Se dit aussi, à certains jeux de renvi, quand celui qui doit parler ne veut par couvrir le jeu pour le moment. — Prov. et pop. **Paroles ne puent pas,** ou au sing., **Parole ne pue pas,** se dit, par manière d'excuse, lorsqu'on est obligé de parler de choses sales et dégoûtantes. — **Les paroles sont des femelles et les écrits sont des mâles,** les écrits restent et font preuve, les paroles sont plus légères et ne laissent pas de trace. — **En paroles couvertes,** en termes qui insinuent, qui font entendre quelque chose qu'on ne veut pas dire ouvertement : *je lui ai fait entendre cela en paroles couvertes.* Cette locution vieillit; on dit plus souvent, **A mots couverts.** — Termes, expressions considérées relativement à l'art de parler ou d'écrire : *la parole doit répondre exactement à la pensée.* — Eloquence, diction : *il possède le talent de la parole.* — Assurance, promesse verbale par laquelle on s'engage à faire certaines choses : *je vous donne ma parole que cela sera.*

On m'a donné *parole,* il faut que je la rende.
COLLIN D'HARLEVILLE. *L'Inconstant,* acte II, sc. II.

— **Etre homme de parole, un homme de parole,** tenir tout ce qu'on promet. — **Ma parole, ma parole d'honneur, parole d'honneur,** se dit quelquefois, dans la conversation, pour affirmer fortement : *ma parole d'honneur, cela s'est passé comme je vous le dis.* On dit aussi, **Votre parole?** à quelqu'un qui vient de faire une promesse ou d'avancer un fait, afin de s'assurer davantage de sa bonne foi, de sa sincérité. — **Jouer sur sa parole, perdre une somme d'argent sur sa parole,** perdre à crédit et sur sa bonne foi : *les joueurs raisonnables évitent de jouer sur leur parole.* Dans le même sens, **La parole fait le jeu, vaut le jeu, vaut jeu,** on est obligé de tenir, d'exécuter ce qu'on a dit en se mettant au jeu ou pendant qu'on jouait. Le se dit aussi, par ext., de toute parole donnée. — **Cet homme est a deux paroles, a deux paroles,** il parle tantôt d'une façon, tantôt d'une autre; il n'y a pas de fond à faire sur ce qu'il dit. — Comm. **N'avoir qu'une parole,** ne point surfaire, dire tout d'uncoup les conditions auxquelles on veut traiter. — Guerre. **Se parler sur parole,** se dit de deux personnes de partis contraires qui se voient, se parlent, sur la parole de ne rien entreprendre l'une contre l'autre. — Proposition que l'on fait de la part d'une autre : *parole d'accommodement, parole de paix.* — Plur. Discours piquants, aigres, offensants : *se prendre de paroles; ils ont eu des paroles, quelques paroles ensemble.* On dit, dans le même sens :

ils ont eu de grosses paroles ensemble. — JE LUI FERAI RENTRER LES PAROLES DANS LE CORPS, DANS LE VENTRE, je saurai bien le faire taire. Cette phrase signifie aussi, je lui ferai rétracter les paroles qu'il a dites. — Promesses vaines et vagues, par opposition à effets : *moins de paroles, plus d'effets.* On dit dans le même sens, *Des paroles vagues, des paroles vaines, des paroles en l'air.* — Mots d'un air, d'une chanson, d'un motet, etc. : *je me souviens de l'air, mais j'ai oublié les paroles.* — **Sur parole** loc. adv. D'après le témoignage d'autrui : *il ne faut ni approuver, ni surtout condamner sur parole.* — ÊTRE PRISONNIER SUR PAROLE, JOUER SUR PAROLE, sur sa parole.

* **PAROLI** s. m. Jeux. Le double de ce qu'on a joué la première fois : *faire le paroli.* — Fig. et fam. FAIRE PAROLI, RENDRE LE PAROLI A QUELQU'UN, l'égayer ou enrichir sur lui en ce qu'il a dit, en ce qu'il a fait de bien ou de mal : *il fit paroli à sa raillerie par une repartie vive et piquante.* — Corne qu'on fait à la carte sur laquelle on joue le double : *j'ai fait trois parolis dans cette taille, et je les ai gagnés.* — PAROLI DE CAMPAGNE, paroli qu'un joueur fait par friponnerie avant que sa carte soit venue, comme s'il avait déjà gagné.

PAROLIER s. m. Celui qui fait les paroles sur lesquelles on compose la musique.

PAROMOLOGIE s. f. (gr. *paromoios*, presque égal; *logos*, discours). Rhét. Figure par laquelle on fait une concession dont on tire aussitôt avantage.

* **PARONOMASE** s. f. [-ma-ze] (préf. *para*; gr. *onoma*, nom). Figure de diction, qui consiste à employer, dans une même phrase des mots dont le son est à peu près semblable, mais dont le sens est différent. Il y a une paronomase dans chacune des deux phrases suivantes : *ils donnent à la vanité ce que nous donnons à la vérité; son âme se remplit d'erreurs et de terreurs.*

* **PARONOMASIE** s. f. [-ma-zî]. Didact. Ressemblance entre des mots de différentes langues, qui peut marquer une origine commune.

* **PARONYME** s. m. Gramm. Mot qui a du rapport avec un autre par son étymologie, ou seulement par sa forme : *abstraire et distraire, amende et amande, se soumettre ou se démettre sont des paronymes.*

PARONYMIE s. f. (préf. *par*; *onuma*, nom). Ressemblance des mots paronymes.

PARONYMIQUE adj. Qui a rapport aux paronymes ou à la paronymie.

PAROPAMISUS, nom appliqué autrefois d'une manière générale à une portion occidentale de la chaîne de l'Hindou Koush dans l'Asie centrale; mais on ignore à quelle portion précise. Quelques-uns supposent qu'il désignait toute la chaîne. (Voy. HINDOU KOUSH.)

PAROPSIE s. f. (préf. *para*; gr. *opsis*, vue). Pathol. Trouble de la vision.

PAROPTIQUE adj. (préf. *para*; fr. *optique*). Se dit d'une couleur produite par la lumière qui a subi une diffraction.

PAROS [pa-ross], ou Paro, île de Grèce, dans l'Archipel; l'une des Cyclades, à 8 kil. O. de NAXOS; 203 kil. carr.; 6,000 hab. environ. Son point le plus élevé, le mont Saint-Élie, est à 2,530 pieds au-dessus du niveau de la mer. Les ports, Parikia à l'O., près de l'emplacement de l'ancienne ville de Paros, Santa Maria, Marmora et Trio à l'E., enfin Naussa à l'O. sont les meilleurs de l'Archipel. L'île est fertile et produit surtout des olives et du coton, mais aussi du blé, du vin, des fruits et des légumes. Dans l'antiquité, elle était célèbre par son marbre, que l'on tirait des carrières du

mont Marpessa. — Paros fut colonisée de bonne heure par les Ioniens, et appartint ensuite à Athènes. Au XIII° siècle, elle devint sujette de Venise. Au XVI°, elle fut prise par le pirate Barberousse.

* **PAROTIDE** s. f. (préf. *para*; gr. *oùs*, *ôtos*, oreille). Anat. Nom de deux grosses glandes salivaires qui sont situées chacune derrière une oreille, près de l'angle de la mâchoire inférieure. — Gonflement douloureux, et souvent inflammatoire, qui survient à ces glandes : *parotides essentielles, parotides symptomatiques.*

PAROTIDIEN, IENNE adj. Qui a rapport à la parotide.

PAROTIDITE s. f. Pathol. Inflammation des parotides.

PAROTIQUE adj. (préf. *para*, à côté; gr. *oùs*, *ôtos*, oreille). Qui avoisine l'oreille.

PAROXYSME s. m. [-ksiss-me] (préf. *para*, gr. *ozunein*, aiguiser). Méd. Accès, redoublement, temps le plus fâcheux de la maladie : *Il y a des paroxysmes réglés et périodiques.* — Fig. Moment le plus aigu, le plus intense d'une sensation, d'une passion : *il est arrivé au paroxysme de la douleur.*

PAROXYSTE s. m. Partisan des choses outrées.

PARPAILLOT, OTE s. m. [*ll* mll.]. Sobriquet donné aux calvinistes.

PARPAING s. m. [-pain] (lat. *per*, à travers; *pannus*, pan). Maçonn. Pierre, moellon qui tient toute l'épaisseur d'un mur, et qui a deux faces ou parements, l'un en dehors, l'autre en dedans : *mur de parpaing.* On dit dans le même sens, UNE PIERRE PARPAINGE. — Pierre placée sous un pan de bois, pour l'isoler du sol et de l'humidité.

PAR PARI REFERTUR, locution latine qui signifie : *On rend la pareille.*

* **PARQUE** s. f. (lat. *parca*). Myth. gr. et rom. Chacune des trois déesses, nommées Clotho, Lachésis et Atropos, qui, selon les anciens païens, filaient, dévidaient et coupaient le fil de la vie des hommes : *les anciens confondaient souvent les Parques et les Destinées.* — Les fonctions de chacune des trois déesses étaient exprimées dans le vers suivant :

Clotho filum retinet, Lachesis net, Athropos occat.

— Les Parques étaient filles d'Érèbe et de la Nuit, ou de Jupiter et de Thémis. Dans Homère, Mœra est le Destin personnifié, et presque invariablement cité au singulier; mais Hésiode décrit trois déesses de la destinée : Clotho, qui file le fil de la vie humaine; Lachésis, qui ordonne des destinées, et qui tourne le fuseau pendant que Clotho tient la quenouille; et Atropos, l'inévitable, qui coupe le fil, lorsqu'il a atteint assez de longueur, Les poètes les représentaient comme de vieilles femmes cruelles, sévères et hideuses.

* **PARQUER** v. a. (rad. *parc*). Mettre dans un parc, dans une enceinte : *parquer des bœufs, des moutons.* — Se dit aussi en parlant des munitions de guerre et de bouche, à l'armée : *on parqua l'artillerie, les vivres en tel endroit.* — v. n. Se dit des moutons ne parquent pas encore. — **Se parquer** v. pr. S'enfermer : *nos artilleurs se parquèrent du côté de la rivière.*

* **PARQUET** s. m. Espace qui est enfermé par les sièges des juges, et par le barreau où sont les avocats : *on fit entrer les parties dans le parquet.* — Lieu où les officiers du ministère public tiennent leur séance, pour recevoir les communications qui les concernent : *M. le procureur général est au parquet.* — TENIR LE PARQUET. Tenir séance au parquet. — Par ext. Officiers mêmes du ministère public, lorsqu'ils tiennent le parquet : *c'est au*

parquet à ordonner là-dessus. — LE PARQUET DES HUISSIERS, le lieu où les huissiers se tiennent pendant la séance des juges. — LE PARQUET DES AGENTS DE CHANGE, l'enceinte où se réunissent les agents de change pour faire constater le cours de la bourse. — Partie d'une salle de spectacle, qui est entre l'orchestre des musiciens et le parterre, et où sont placés plusieurs rangs de banquettes pour les spectateurs. On dit plus ordinairement aujourd'hui, ORCHESTRE. — Assemblage à compartiments, fait de pièces de bois minces clouées sur des lambourdes, et qui forme le plancher d'en bas d'une salle, d'une chambre, etc. : *un parquet de bois de chêne, de bois de noyer, de marqueterie.* — PARQUET EN FEUILLES, celui qui se compose de plusieurs assemblages pareils d'environ trois pieds carrés, qu'on appelle FEUILLES DE PARQUET. On dit, en ce sens, DU PARQUET EN POINT DE HONGRIE. — Assemblage de bois sur lequel les glaces sont appliquées et fixées, au moyen d'une bordure d'encadrement : *le parquet de cette glace est trop haut, pour l'appartement, il faut le raccourcir.*

* **PARQUETAGE** s. m. Ouvrage de parquet : *le parquetage de ce cabinet coûte tant.*

* **PARQUETER** v. a. Mettre du parquet dans un lieu : *il faut parqueter cette chambre, ce cabinet.*

* **PARQUETERIE** s. f. Art de faire du parquet.

* **PARQUETEUR** s. m. Ouvrier qui fait du parquet.

PARR (Catherine). Voy. CATHERINE.

PARR (Samuel), auteur anglais, né en 1747, mort en 1825. En 1777, il devint maître de l'école de Colchester et prit les ordres; en 1778, il fut appelé à celle de Norwich. Sa première publication digne d'être remarquée fut son *Discourse on Education, and on the Plans pursued in Charity Schools* (1785). A partir de 1786, il demeura à Hatton, dans le Warwickshire, comme desservant. C'était un whig ardent, arrogant et querelleur. En 1787, il publia une édition de *Bellendenus de Statu*, avec une préface politique en latin cicéronien. Ses autres écrits comprennent : une controverse avec le D' White, qu'il accusait de plagiat dans ses *Bampton Lectures* (1790); une biographie et *Characters of the late Charles James Fox* (1809). Ses œuvres, avec une biographie et des extraits de sa correspondance, ont été publiées par John Johnstone (1828, 8 vol.).

PARR (Thomas), vulgairement connu sous le nom du Vieux Parr, *Old Parr*; centenaire anglais, né en 1483, mort en 1635. C'était un fermier du Shropshire. On raconte qu'il se maria pour la première fois à l'âge de 80 ans, et qu'il eut deux enfants; après la mort de sa femme, il se remaria, âgé d'environ 120 ans. Il avait un peu plus de 152 ans lorsque Thomas, comte d'Arundel l'emmena à Londres; mais il mourut peu après et fut enterré dans l'abbaye de Westminster. Les traditions courantes touchant ce personnage se tirent d'une brochure de John Taylor (1635).

* **PARRAIN** s. m. [pa-rain] (lat. *patrinus*). Celui qui tient un enfant sur les fonts de baptême : *il est le parrain de mon fils.* — Celui qui est choisi pour assister à la cérémonie de la bénédiction d'une cloche, et pour lui donner un nom : *il est le parrain de la cloche qu'on bénit aujourd'hui à l'église de la paroisse.* — Se disait autrefois, dans les combats singuliers, de celui que chaque combattant choisissait pour l'accompagner, pour empêcher la surprise, et pour lui servir de témoin : *les deux combattants se trouvèrent au lieu du combat, chacun avec son parrain.* — Dans les ordres militaires. Chevalier qui présente le novice à sa réception. Toute personne qui

présente quelqu'un dans un cercle ou dans une société savante.

PARRAINAGE s. m. Qualité, fonctions de parrain.

PARRHASIOS (par-ra-zioss)(lat. *Parrhasius*), peintre grec, vers 400 av. J.-C. Il était fils et élève d'Évenor, et passa la plus grande partie de sa vie à Athènes. Pline dit à son sujet : « Il fut le premier qui donna à la peinture la véritable proportion, les détails de physionomie, l'élégance de la chevelure, la beauté du visage ; et, de l'aveu des artistes eux-mêmes, il remporta la palme par son talent pour dessiner les extrémités. » Son ouvrage le plus célèbre était une représentation allégorique du peuple athénien.

PARRHÉSIE s. f. Littér. Figure de rhétorique par laquelle, en feignant d'en dire plus qu'il n'est nécessaire, on arrive à un but opposé à celui où l'on paraissait tendre.

* **PARRICIDE** s. m. [par-ri-]{rad. lat. *pater*, père ; *cædere*, tuer). Celui qui 'tue son père ou sa mère, son aïeul ou son aïeule, ou quelque autre de ses ascendants. On qualifie aussi de PARRICIDE, celui qui attente à la personne du roi, ou qui porte les armes contre sa patrie. On étend cette dénomination à ceux qui ôtent la vie à leurs très proches parents, comme frères, sœurs, enfants, petits-enfants, etc., et enfin à tous ceux qui se rendent coupables d'un crime énorme et dénaturé : *il fut puni du supplice des parricides*.

Serai-je parricide, afin d'être bon père ?
J. RACINE, *La Thébaïde*, acte III, sc. IV.

— Crime que commet le parricide : *Henri IV fut ravi à l'amour des Français par un abominable, par un détestable parricide*. — adj. *Dessein parricide* ; *main parricide*.

Arrêter, s'il se peut, leurs parricides bras.
J. RACINE, *La Thébaïde*, acte 1er sc. II.

— **Législ.** « La loi qualifie parricide le meurtre des père ou mère légitimes, naturels ou adoptifs ; et elle déclare que ce crime n'est jamais excusable. (Voy. EXCUSE.) En droit romain, on comprenait aussi, sous le nom de parricide, le meurtre d'un allié en ligne directe, d'un descendant ou d'un collatéral jusqu'au degré de cousin germain. Le coupable était frappé de verges jusqu'à effusion de sang, puis enfermé dans un sac de cuir avec un chien, un coq, une vipère et un singe ; et le tout était jeté à la mer ou dans une rivière. Dans l'ancien droit français, le supplice infligé au parricide était réglé par les juges, selon les circonstances et selon le rang social du coupable. — Suivant les dispositions du Code pénal de 1810, celui qui a commis un parricide est condamné à mort, et il doit être conduit au lieu de l'exécution, en chemise, nu-pieds et la tête couverte d'un voile noir. Il reste ainsi exposé sur l'échafaud, pendant qu'un huissier fait au peuple la lecture de l'arrêt de condamnation : et il est ensuite immédiatement exécuté. (C. pén. 13, 299, 302, 323). Jusqu'à la réforme pénale due à la loi du 28 avril 1832, on coupait le poing droit du coupable avant de lui trancher la tête. L'attentat contre la vie ou la personne du monarque, roi ou empereur, était puni par la peine du parricide (id. 86). Sous l'ancienne monarchie, ce même attentat était qualifié crime de lèse-majesté au premier chef, et le coupable était écartelé à quatre chevaux. La loi sur le sacrilège (20 avril 1825) appliquait la peine des parricides à celui qui avait profané de toutes ou des vases sacrés. » (CH. Y.)

PARROCEL. I. (Joseph), peintre de batailles, né à Brignoles en 1648, mort en 1704. Il étudia à Rome, se fixa à Paris vers 1645, et devint membre de l'Académie de peinture. Son chef-d'œuvre est le *Passage du Rhin par Louis XIV*, que l'on admire au Louvre. — II.

(Charles), peintre d'histoire, fils du précédent, né à Paris en 1688, mort en 1753. Il servit d'abord dans la cavalerie, devint professeur à l'Académie de peinture et fut chargé de peindre les *Conquêtes de Louis XV*. — III. (Pierre), cousin du précédent, né à Avignon en 1664, mort en 1739. Il a laissé plusieurs tableaux religieux.

PARROT (Johann - Jakob - Friedrich-Wilhelm), médecin allemand d'origine française, né à Carlsruhe en 1792, mort en 1841. Il a publié des relations de voyage en Crimée et au Caucase (1815-'18, 2 vol.); il devint en 1821, professeur à Dorpat. Il fit le premier l'ascension du mont Ararat (1829) et en publia le récit sous le titre de *Reise zum Ararat*.

PARRY (SIR William-Edward) [pa'-ri], navigateur anglais, né en 1790, mort en 1855. Il entra dans la marine en 1803, reçut sa commission de lieutenant en 1810 et explora les mers polaires aux environs du cap Nord. En 1818, il commandait un vaisseau dans l'expédition arctique de Ross. En 1819-'20, à la tête d'une expédition composée de l'*Hecla* et du *Griper*, il traversa le détroit de Lancastre, explora et nomma le détroit de Barrow, l'îlot du Prince-Régent, et le canal de Wellington, et, entrant dans ce qui a été appelé plus tard le détroit de Parry ou de Melville, il atteignit, le 4 sept., le 113e degré de long. O., gagnant ainsi le prix de 5,000 francs, décerné par le parlement au premier navire qui atteindrait ce méridien. Sa relation fut publiée par l'amirauté. En 1821-'23, il commanda une autre expédition avec la *Fury* et l'*Hecla* ; il s'avança à travers le détroit d'Hudson et le canal de Fox jusqu'au détroit de Fury à Hecla. Pendant son absence, on lui donna le grade de capitaine de vaisseau, et, à son retour, il fut nommé hydrographe en exercice de l'amirauté. En 1824-'25, il fit une troisième expédition arctique avec les mêmes bâtiments, mais n'obtint pas un grand résultat. Les journaux do son second et de son troisième voyage parurent en 1824 et en 1826. En 1827, Parry appareilla avec l'*Hecla* pour le Spitzberg, d'où il partit pour le pôle dans deux petits bateaux-traîneaux. Il vogua dans une mer ouverte pendant 80 kil. environ et atteignit 82° 45' lat. N., le point le plus rapproché du pôle qu'aucune expédition eût encore atteint. En septembre, il était de retour en Angleterre, où il publia *Narrative of an attempt to reach the North Pole* (1827). En 1829, il fut fait chevalier. Il passa ensuite cinq ans à Port-Stephens comme commissaire de la compagnie agricole australienne. Il quitta le service actif en 1846, et, en 1852, reçut le grade de contre-amiral. Il a écrit : *Nautical Astronomy by Night* ; *The Parental character of God* et *Lecture on Seamen*. Son fils, le rév. E. Parry, a écrit sa vie (1857).

PARRY SOUND ou **Détroit de Parry**. Voy. MELVILLE SOUND.

* **PARSEMER** v. a. (lat. *per*, à travers ; fr. *semer*). Semer, jeter çà et là, répandre. Ne se dit guère qu'en parlant des choses qu'on répand pour orner, pour embellir : *parsemer un chemin de fleurs*.

PARSEVAL-GRANDMAISON (François-Auguste), poète, né à Paris en 1759, mort dans la même ville en 1834. Il appartenait à une famille de financiers et étudia d'abord la peinture. En 1798, il suivit Bonaparte en Égypte et fit partie de l'Institut du Caire. Les *Amours épiques*, poème en 6 chants (1804, 1 vol. in-18), lui ouvrirent les portes de l'Académie française. Mais son poème héroïque *Philippe-Auguste* manque complètement d'action et d'intérêt (2e éd. 1826, 2 vol. in-18).

* **PARSI** ou **Parse** s. m. Sectateur de la religion de Zoroastre. Il a le même sens que

GUÈBRE. — Langue usitée en Perse sous les derniers rois sassanides. — Adj. *La religion. parse*.—ENCYCL. On appelle *Parsis* (c'est-à-dire habitants du Pars ou Perse) les sectateurs modernes de Zoroastre. Ils habitent surtout Yezd et les villes voisines en Perse, et, dans l'Inde, Bombay et quelques autres localités. Tandis qu'en Perse leur nombre s'est abaissé jusqu'à environ 7,000, ils augmentent constamment dans l'Inde, où on les évalue, les uns à 150,000, les autres à 200,000. Les Mahométans leur appliquent par mépris le nom de Guèbres ou Ghaurs (giaours), qui signifie *infidèles*. (Voy. GUÈBRES.) Ceux de l'Inde forment une partie influente de la population et montrent un désir sérieux de se plier aux mœurs et aux coutumes des Européens. Beaucoup se livrent au commerce, et plusieurs des plus opulents marchands de l'Inde sont des membres de leur secte.

PARSISME s. m. Religion des Parsis.

* **PART** s. m. [partt] (lat. *partus*, enfantement). Jurispr. Enfant dont une femme vient d'accoucher. N'a point de plur., et n'est guère usité que dans ces locutions, SUPPOSITION DE PART, SUPPRESSION DE PART, CONFUSION DE PART.

* **PART** s. f. [par] (lat. *pars, partis*). Portion de quelque chose qui se divise entre plusieurs personnes : *on a fait trois parts de tout le bien de la succession*. — QUOTE PART. (Voy. QUOTE.) — **Mar.** ÊTRE A LA PART, NAVIGUER A LA PART, se dit lorsque chacun de ceux qui composent un équipage a sa part dans les bénéfices de la campagne. — AVOIR PART AU GATEAU, avoir part aux profits qui reviennent dans une affaire — IL N'EN JETTERAIT PAS SA PART AUX CHIENS, se dit d'un homme qui se croit bien fondé dans les prétentions qu'il a sur quelque chose. On dit de même : *il n'en quitte pas sa part*...— Prov. et fig. LA PART DU LION, se dit lorsqu'un homme abuse de son autorité, de sa force pour s'attribuer la totalité d'une chose qu'il devrait partager avec d'autres. — Choses qui, sans être divisées, peuvent se communiquer à plusieurs personnes : *avoir part à la faveur, aux bonnes grâces du prince*. — AVOIR PART A QUELQUE CHOSE, y contribuer, y concourir : *il a eu part à la dépense ; il a eu la principale part à cet ouvrage*. — Lorsque le verbe Avoir est précédé de la négation, l'usage assez ordinaire est d'employer la préposition de : *il n'a point eu de part à cet ouvrage*.

L'amour eut peu de part à cet hymen honteux.
J. RACINE, *La Thébaïde*, acte 1er, sc. II.

— PRENDRE PART A QUELQUE CHOSE, y participer : *il a pris part à cette entreprise, à cette négociation, à ce complot*. — PRENDRE PART A QUELQUE CHOSE, y prendre intérêt : *je prends part à tout ce qui vous touche*. — PRENDRE EN BONNE, EN MAUVAISE PART, trouver bon, trouver mauvais, interpréter en bien ou en mal. — FAIRE PART DE QUELQUE CHOSE A QUELQU'UN, partager avec lui quelque chose, l'y faire participer : *cet homme fait part de son bien aux pauvres*.

Dieu fait part au besoin de sa force infinie.
CORNEILLE.

— FAIRE PART DE QUELQUE CHOSE A QUELQU'UN, lui communiquer quelque chose, le lui faire savoir, l'en informer : *quand vous aurez des nouvelles, faites-m'en part*. On dit dans le même sens, en diplomatie, DONNER PART D'UN ÉVÉNEMENT : *il y a déjà longtemps que la nouvelle en est arrivée, mais l'ambassadeur n'en a pas encore donné la part*. — BILLETS DE FAIRE PART, ou elliptiq., BILLETS DE PART, billets circulaires par lesquels on fait part d'un mariage, d'une naissance, d'un décès, qui intéresse celui qui écrit. On dit dans le même sens, LETTRES DE FAIRE PART, LETTRE DE PART. — FAIRE LA PART DES ACCIDENTS, prévoir et mettre comme en ligne de compte tout ce que les accidents pourront apporter d'obstacles et causer de préjudice. On dit en des sens analogues : *en faisant la part du bonheur, du hasard*, on trouve encore qu'il a mis beaucoup d'habileté *dans cette affaire, dans cette négociation.* — FAIRE LA PART DE LA CRITIQUE, mêler quelques critiques aux éloges qu'on donne. — FAIRE LA PART DU DIABLE, ne pas juger avec trop de rigueur les actions, la conduite d'une personne, et tenir compte de la faiblesse humaine. — FAIRE LA PART DU FEU. (Voy. FEU.) — Lieu, endroit, côté : *je vais quelque part, je ne veux pas dire où.*

Mais il faut bien pourtant demeurer quelque part.
COLLIN D'HARLEVILLE. *L'Inconstant,* acte III, sc. XII.

— J'AI LU CELA QUELQUE PART, dans quelque écrit. — INTERPRÉTER, EXPLIQUER, PRENDRE QUELQUE CHOSE EN BONNE PART, y donner un sens favorable, lorsqu'on pourrait y en donner un autre ; ne s'en point fâcher. — CE MOT SE PREND EN BONNE PART, on doit l'entendre dans un sens favorable. — Personne d'où vient quelque chose : *de quelle part viennent ces nouvelles ?* — JE PRENDS CELA DE LA PART D'OÙ IL VIENT, je ne fais nul cas de tout ce que cet homme a pu dire d'offensant pour moi, je ne l'estime pas assez pour m'en fâcher. — POUR MA PART, POUR SA PART, quant à moi, quant à lui : *vous ferez ce qu'il vous plaira*; mais, *pour ma part, je n'y consentirai jamais.* On disait de même, DE MA PART, DE SA PART ; mais dans ces sens, ces locutions ont vieilli. — De part et d'autre, de toute part, de toutes parts loc. adv. De côté et d'autre, de tout côté : *j'ai trouvé, j'ai ramassé cela de part et d'autre ; il arrive des soldats de toutes parts.*

J'ai vu déjà le fer briller de toutes parts.
J. RACINE. *La Thébaïde,* acte 1er, sc. 1re.

— DE PART ET D'AUTRE, DES DEUX PARTS, D'UNE PART, D'AUTRE PART, DE TOUTE PART, DE TOUTES PARTS, se disent en parlant des personnes, pour marquer relation, réciprocité, opposition concours : *ils se sont bien traités de part et d'autre.* — DE PART ET D'AUTRE, D'UNE PART, D'AUTRE PART, DE TOUTE PART, DE TOUTES PARTS, se disent en parlant des choses que l'on considère, que l'on examine sous deux rapports : *d'une part, il considérait que...; d'autre part, il envisageait...; après avoir tout envisagé de part et d'autre.* — Dans les contrats, dans les procès, D'UNE PART, D'AUTRE PART, servent à désigner les parties contractantes ou plaidantes : *transaction entre un tel d'une part, et un tel d'autre part.* — Dans les mémoires, dans les livres de compte, etc., EN L'AUTRE PART, DE L'AUTRE PART, de l'autre côté de la feuille : *j'ai reçu le contenu en l'autre part, de l'autre part.* — De part en part loc. adv. D'un côté à l'autre, d'une superficie à l'autre : *un coup d'épée qui le perce de part en part.* — A part loc. adv. Séparément : *mettez cela à part.* — RAILLERIE A PART, mise en raillerie, en matant la raillerie de côté. On dit de même, PLAISANTERIE A PART. — C'EST UN HOMME, UN ESPRIT A PART, c'est un homme que son genre d'esprit, que ses qualités distinguent de tous les autres. — Se met quelquefois au commencement de la phrase; et il signifie, excepté : *à part quelques auteurs favoris, j'ai renoncé à tous les livres.* — Théâtre. Se dit en parlant de quelques mots ou de quelques phrases que les personnages en scène prononcent assez haut pour être entendus des spectateurs, mais que d'autres personnages, qui sont en scène avec eux, sont censés ne point entendre : *ce vers doit être dit à part.* (Voy. APARTÉ.) — A part moi, à part soi loc. adv. et fam. En moi-même, en soi-même, tacitement : *je disais à part moi.* (Voy. PLUPART (*La.*)

*PARTAGE s. m. Division de quelque chose en plusieurs portions : *faire le partage d'une succession.* — Portion de la chose partagée, assignée à chaque partageant : *cette ferme m'est échue, m'est tombée en partage.* — Acte, instrument qui contient la division d'une suc-

cession : *il a justifié par son partage que cette métairie lui appartient.* — Fig. Qualités bonnes ou mauvaises que l'on tient de la nature ou de la fortune : *les maladies et les misères sont le partage du genre humain.*

Le diadème est-il le partage du crime?
J. RACINE. *La Thébaïde,* acte IV, sc. III.

— POSSÉDER UN CŒUR SANS PARTAGE, posséder seul toute la tendresse, toute l'affection de quelqu'un. On dit de même : *il veut un cœur sans partage.* — UNE AME COMME LA SIENNE NE SOUFFRE POINT DE PARTAGE, veut qu'on soit tout à elle. — Se dit aussi en parlant des opinions, des voix, des suffrages d'une assemblée, d'une compagnie délibérante, lorsqu'il y en a autant d'un côté que de l'autre : *en cas de partage, on recommença le scrutin.* — Hydraul. POINT DE PARTAGE, point entre deux vallées assez haut pour que les eaux qui s'y rendent, puissent couler indifféremment dans l'une ou dans l'autre; et, lorsqu'il s'agit d'un canal ou des branches d'un canal, point où l'on place le réservoir supérieur qui doit les alimenter. Dans le premier sens, on dit aussi, POINT DE PARTAGE DES EAUX. — Législ. « Nul ne peut être contraint à demeurer dans l'indivision, et le partage peut toujours être provoqué, nonobstant toutes prohibitions ou conventions contraires : ce principe, établi pour les successions, est applicable à toute autre propriété indivise, sauf les restrictions apportées par les statuts des sociétés civiles ou commerciales. On peut aussi convenir que le partage pendant un délai que la loi limite à cinq années, et cette convention peut être indéfiniment renouvelée (C. civ. 815 et s., 1476, 1872, etc.). Le partage entre majeurs jouissant de leurs droits peut s'opérer à l'amiable, par convention écrite ou verbale; mais s'il s'élève des contestations, ou lorsque l'un des copartageants est mineur ou autrement incapable, le partage doit être fait en justice, dans les formes indiquées par la loi (id. 466, 823; C. pr. 966 et s.). (Voy. LICITATION, LIQUIDATION, etc.) Les partages peuvent être rescindés pour cause de violence ou de dol lorsque l'un des copartageants se trouve lésé de plus du quart de ses droits (C. civ. 887 et s.). — Les partages faits par des ascendants qui distribuent leurs biens entre leurs descendants, sont des donations-partages ou des testaments; et ces actes sont soumis aux formalités et conditions prescrites pour les donations entre vifs ou pour les testaments. (Voy. DONATION et TESTAMENT.) Lorsque le partage fait par un ascendant ne comprend que tous les biens par lui laissés à son décès, les biens non distribués sont l'objet d'un partage conventionnel ou judiciaire entre les héritiers. Le partage fait par l'ascendant est nul s'il n'a pas été fait entre tous les ayants-droit à se partage. Enfin ce partage est rescindable, soit pour cause de lésion de plus du quart, soit lorsque l'un des copartagés reçoit un avantage plus grand que la loi ne le permet (C. civ. 4075 et s.). Le droit d'enregistrement auquel sont assujettis les actes de partage est un droit gradué dont nous avons réproduit le tarif aux mots DÉLIVRANCE, SOCIÉTÉ, etc.; mais les partages faits par des ascendants sont soumis au droit de mutation en ligne directe, c'est-à-dire au droit de 1 p. 100 en principal.» (CH. Y.)

*PARTAGE, ÉE part. passé de PARTAGER. Divisé. — UN AMOUR PARTAGÉ, un amour réciproque.

*PARTAGEABLE adj. Qui peut être aisément partagé : *les experts ont reconnu que cette propriété n'est point partageable.*

*PARTAGEANT s. m. Jurispr. Celui qui reçoit une part de quelque chose, qui est intéressé dans un partage : *chacun des partageants.*

*PARTAGER v. a. Diviser une chose en plusieurs parties séparées, pour en faire la

distribution : *il a partagé également, inégalement son bien entre ses enfants.* — PARTAGER LE GATEAU, partager quelque profit. Se prend le plus souvent en mauvaise part. — Manège PARTAGER LES RÊNES, prendre une rêne dans chaque main, ou conduire ainsi son cheval. — PARTAGER LE DIFFÉREND PAR LA MOITIÉ, ou simpl., PARTAGER LE DIFFÉREND, se relâcher chacun de la moitié sur la différence qui existe entre le prix que l'un demande et celui que l'autre veut donner. Cela se dit surtout quand la différence de prix est légère. — Diviser, former dans un tout des parties distinctes, mais non séparées les unes des autres : *ce fleuve partage la province; l'équateur partage le globe.* — Fig. Donner, prendre, avoir une part égale à peu près égale : *ce père partage également sa tendresse entre tous ses enfants.* — S'intéresser, à : *je partage votre joie, votre douleur, vos regrets, vos ressentiments, etc.* — PARTAGER L'OPINION, L'AVIS, LE SENTIMENT DE QUELQU'UN, être de son opinion, son avis, de son sentiment. On dit de près dans le même sens, PARTAGER LES SOUPÇONS, LA DÉFIANCE, LES CRAINTES DE QUELQU'UN. — Donner en partage à quelqu'un ; et, en ce sens, il régit directement la personne : *son père l'a partagé en aîné, l'a partagé en cadet.* — Se dit aussi en parlant des dons de la nature ou de la fortune : *la nature ne l'a pas mal partagé.* — Séparer en partis opposés : *cette querelle va partager toute la cour; la chambre était partagée.* — v. n. Avoir part, avoir droit à une part : *il ne partage pas dans cette succession.* — PARTAGER EN FRÈRES, partager également et amiablement, sans dispute, sans contestation. — Se partager v. pr. Près de tel endroit, la route se partage en deux branches; les avis se partagèrent sur cette question.

PARTAGEUX, EUSE s. Personne qui partage. — Polit. Personne qui réclame le partage des biens ou la communauté des biens.

*PARTANCE s. f. (rad. *partir*). Mar. Départ d'une flotte, d'un vaisseau ou d'un autre bâtiment : *un navire en partance pour Buénos-Ayres.* — Par ext. COUP DE PARTANCE, signal du départ, dans quelques autres occasions : *huit heures sonnent, voilà le coup de partance.* (Peu us.)

*PARTANT adv. Par conséquent : *reçu tant, payé tant, et partant quitte.* — S'emploie aussi quelquefois dans le style familier : *il n'avait plus de fortune, partant plus d'amis.*

*PARTENAIRE s. (lat. *pars, partie*; *tenere, tenir*). Terme dont on se sert à plusieurs jeux, et principalement au jeu de whist, pour désigner l'associé avec lequel on joue : *vous serez mon partenaire, ma partenaire.* Quelques-uns écrivent PARTNER. — Personne qui figure avec une dans un bal : *choisir son partenaire, sa partenaire.*

*PARTERRE s. m. Jardin, ou partie d'un jardin, qu'on orne de compartiments de gazon ou de buis, de plates-bandes garnies de fleurs, etc. : *les plates-bandes, les bordures, les compartiments d'un parterre.* — PARTERRE D'EAU, canaux découverts qui ornent un jardin, et qui forment des compartiments à peu près semblables à ceux des parterres ordinaires. — La partie d'une salle de spectacle qui, plus basse que le théâtre, forme un espace ordinairement garni de banquettes, au milieu de l'enceinte des loges, entre l'orchestre et l'amphithéâtre : *autrefois on était debout dans tous les parterres.* — Pop. PRENDRE UN BILLET DE PARTERRE, tomber par terre. — Se dit, collect., des spectateurs qui sont placés au parterre : *le parterre a fort applaudi ce vers, cet acteur.*

Mon embarras est comment
On pourra finir la guerre
De Fredon en plein parterre.
DESPRÉAUX. *Epigrammes.*

— Se dit quelquefois, fig., du public, par

rapport à ceux qui sont dans les emplois élevés, qui dirigent les affaires de l'Etat : *le ministre vient de faire une grande faute; voilà de quoi réjouir, amuser, égayer, le parterre.* On dit, à peu près dans le même sens, JUGER DU PARTERRE LES ACTES, LES OPÉRATIONS DU GOUVERNEMENT, les juger de loin, sans y avoir aucune part.

PARTHENAY, *Partiniacum,* ch.-l. d'arr., à 45 kil. N.-E. de Niort (Deux-Sèvres), au confluent du Thouet et de la petite rivière du Palais, par 46° 38′ 49″ lat. N. et 2° 35′ 44″ long. O.; 4,000 hab. Restes d'un château fort et de l'église romane de Notre-Dame-de-la-Coudre. Fabriques d'étoffes. Commerce de blé et de bétail. — Parthenay, jadis capitale du pays de Gâtine, fut gouverné par des comtes particuliers jusqu'en 1425; elle passa au connétable de Richemont, puis à Dunois, et ensuite à la maison de Longueville.

* **PARTHÉNOGÉNÈSE** s. f. (gr. *parthenos,* vierge; *genesis,* naissance). Physiol. Phase des reproductions dans certains genres d'insectes, où une naissance d'êtres intermédiaires a lieu sans l'intervention des sexes. — La parthénogénèse, au sujet de laquelle on n'est pas d'accord, et de l'existence de laquelle plusieurs savants doutent encore, est un phénomène de la vie organique, par lequel se produit une succession de générations d'individus féconds, ayant toutes pour origine un seul œuf fécondé, sans que, pendant toute la série de ces générations successives, il y ait aucun renouvellement de fécondation. Bonnet, vers le milieu du XVIII° siècle, donna le premier un caractère scientifique à cette opinion, en découvrant que l'*aphis* (puceron des plantes) peut produire une nombreuse postérité, et celle-ci être suivie de plusieurs générations sans qu'il soit possible de reconnaître ou même d'imaginer l'intervention d'un principe fécondant mâle. M. de Quatrefages a proposé de nommer ce résultat *agamogénèse,* ou production sans union. Le terme qui fait le titre de cet article a été donné à certains cas de ce genre par le professeur Owen. Siebold a étudié cette génération unisexuelle, chez certains lépidoptères porteurs d'une poche, chez le papillon du ver à soie et chez l'abeille. Chez les premiers, ce genre de génération ne produit que des femelles; chez les seconds, il donne des individus des deux sexes; suivant l'exemple de Dzierzon, il soumit l'abeille aux observations les plus complètes. L'abeille mère, fécondée une fois pour toutes pendant une vie de cinq ou six ans, déposera dorénavant, à des périodes régulières, les germes d'essaims successifs; le microscope révèle le fait que les œufs destinés à faire des ouvrières (femelles imparfaites) et des reines (femelles parfaites) sont fécondés, comme à l'ordinaire par contact ou pénétration des spermatozoïdes, tandis que les œufs destinés à faire des bourdons (mâles) ne subissent pas cette influence; de sorte que la production de ces derniers est agamogénétique. Dans les plantes, l'existence de la parthénogénèse, c'est-à-dire le développement d'un embryon dans l'ovule et la production de graine parfaite sans l'action du pollen ou élément mâle, a été soutenue au siècle dernier, par Spallanzani, qui citait le chanvre et l'épinard, entre autres, comme des plantes chez lesquelles ce cas se présente. Depuis cette époque, le même sujet a été discuté par des botanistes éminents, sans qu'on soit arrivé à aucun résultat bien décisif.

PARTHÉNOLOGIE s. f. (gr. *parthenos,* vierge; *logos,* discours). Méd. Traité sur la santé, les maladies et la constitution des jeunes filles.

* **PARTHÉNON** s. m. (du gr. *parthenos,* vierge). Antiq. Le temple de Minerve à Athènes : *le Parthénon d'Athènes est aussi célèbre dans l'antiquité, que le Panthéon de Rome.* — Le Parthénon fut érigé en l'an 652 av. J.-C.; Phidias y plaça la célèbre statue de la déesse en 438. (Voy. ATHÈNES.)

PARTHÉNOPE (Myth.), sirène qui, dit-on, donna à Néapolis, en Campanie (Naples), le nom que cette ville a porté à l'origine. D'après la légende, Parthénope, éprise d'Ulysse et dédaignée par lui, se jeta dans la mer; les flots portèrent son cadavre sur les côtes d'Italie, où les habitants lui élevèrent un tombeau près du lieu où s'éleva peu après la ville de Parthénope.

PARTHÉNOPÉE, fils de Méléagre et d'Atalante; il fut un des sept chefs qui soutinrent les droits de Polynice contre Etéocle. Il périt devant Thèbes.

PARTHÉNOPÉEN, ÉENNE s. et adj. (ancien nom de Naples). De Naples; qui concerne cette ville ou ses habitants. — République parthénopéenne, république éphémère établie à Naples par les Français le 23 janv. 1799 et renversée le 15 mai de la même année.

PARTHES, nom des habitants de la Parthie.

PARTHIE, contrée de l'Asie ancienne, pendant plusieurs centaines d'années, forma un vaste empire. La Parthie propre était située au S.-E. de la mer Caspienne, entre l'Hyrcanie et l'Arie, pays qui se trouve aujourd'hui compris dans la partie septentrionale du Khorasan, avec une superficie de 85,000 kil. carr. Dans les vallées, le sol est fertile. Le climat est rigoureux en hiver et chaud en été. Les montagnes sont nombreuses, mais aucune ne dépasse 2,000 m. Il n'y a pas de grands cours d'eau. La ville la plus importante était Hecatompylos, fondée par Alexandre le Grand. Dans les inscriptions de Darius, fils d'Hystaspe (521-486 av. J.-C.) la Parthie est énumérée parmi les provinces de l'empire perse. Les habitants d'origine scythe parlaient un idiome mi-scythe, mi-aryen, et étaient des cavaliers et des archers consommés. Hérodote parle des Parthes comme étant des sujets de la Perse, et comme ayant pris part à l'expédition de Xerxès contre la Grèce (480 av. J.-C.). Après la bataille d'Arbelles, ils se soumirent à Alexandre. Lors du partage de l'empire, la Parthie échut à Antigone, et ensuite passa à Séleucus de Syrie. En 248 av. J.-C. (d'après une inscription découverte par George Smith en 1874), la Parthie, suivant l'exemple de la Bactriane, se rendit indépendante sous un chef nommé Arsace. Ce prince tomba dans un combat (247 ou 246) contre des révoltés probablement d'origine grecque; mais il eut pour successeur son frère, qui ajouta à son nom de Tiridates celui d'Arsace, comme le firent tous les rois parthes jusqu'à la chute de leur empire sous Arsace XXXIV, (ou XXX). Arsace II consolida la monarchie, annexa l'Hyrcanie et repoussa une formidable armée que le roi de Syrie, Séleucus Callinicus avait conduite contre la Parthie en 237. Arsace III (Artaban) fit une longue guerre contre Antiochus III, qui s'empara d'Hecatompylos, mais fut par reconnaître l'indépendance de la Parthie (vers 206). Mithridate I (Arsace VI, 174-136) fut le plus remarquable des rois parthes. Ses conquêtes étendirent la Parthie de l'Euphrate à l'Indus, et son empire comprit, outre la Parthie propre, la Bactriane, l'Arie, la Margiane, l'Hyrcanie, la Médie, la Perse et la Babylonie. Démétrius II entreprit une campagne entre les Parthes, bataille où son armée fut détruite et lui-même fait prisonnier. Antiochus Sidetes, frère de Démétrius, traversa l'Euphrate avec une grande armée en 129, mais fut totalement défait et tué. Mithridate II repoussa les hordes scythes, et ajouta à l'empire beaucoup de provinces du côté du nord. Il

envahit aussi l'Arménie, ce qui le mit en contact avec les Romains. Une période de guerre civile semble avoir suivi sa mort. Vers 55, Orodes devint roi. Le triumvir romain Crassus fit contre lui une grande campagne en 54-53, avec une puissante armée qui fut totalement mise en pièces par le général d'Orodes près de Carrhæ, en Mésopotamie. Crassus fut attiré dans une conférence et égorgé. Orodes prit part à la guerre civile romaine qui suivit la mort de César; il se mit du côté de Brutus et de Cassius; en 40, il envoya contre les triumvirs de grandes forces sous Labiénus, Romain du parti vaincu, et sous son propre fils Pacorus. Pacorus parcourut la Syrie, la Phénicie et la Palestine; Labiénus, de son côté, envahit l'Asie Mineure, défit et tua le général romain qui s'opposait à lui, et s'avança jusqu'en Carie. Mais en 39, le lieutenant d'Antoine, Ventidius, débarqua sur la côte de l'Asie Mineure, battit et dispersa les envahisseurs, s'empara de Labiénus et le mit à mort. Il reconquit alors la Syrie et repoussa Pacorus de l'autre côté de l'Euphrate en 39 ou 38. Le Parthe repassa bientôt l'Euphrate avec une puissante armée; mais il fut encore défait et tué. Orodes abdiqua le trône en faveur de son second fils, Phraates IV, qui le mit à mort peu après, ainsi que ses 30 frères. En 37, Antoine vint de la Syrie à la tête de plus de 100,000 hommes, qu'il conduisit à travers l'Arménie jusqu'en Médie; mais son expédition échoua. Après la mort de Phraates, vers le commencement de l'ère chrétienne, l'histoire de la Parthie, semble, pendant plus d'un siècle, avoir été surtout une succession de révolutions et de guerres civiles, qui finit par le démembrement de l'empire. En 114, l'empereur Trajan entreprit une expédition contre Chosroès, prince Arsacide, qui régnait à Ctésiphon. Il occupa l'Arménie, qu'il fit réduite en province romaine, la Mésopotamie et Ctésiphon, mais il battit en retraite en Syrie en 116. En 161, le roi parthe, Vologèse III, envahit tout à coup les territoires romains, conquit l'Arménie et porta le fer et le feu à travers la Syrie jusqu'en Palestine. Il fut défait par Avidius Cassius, qui porta la guerre en Parthie, brûla Séleucie, pilla Ctésiphon et reprit toute les conquêtes de Trajan. Une nouvelle guerre entre les Parthes et les Romains éclata pendant le règne de l'empereur Septime Sévère. En 197, celui-ci passa l'Euphrate avec une puissante armée, s'empara de Babylone et de Séleucie, et, après avoir défait le roi parthe dans une grande bataille sous les murs de Ctésiphon (198), prit d'assaut cette capitale et la livra au pillage. Son fils Caracalla recommença la guerre; mais il fut assassiné (217) après une campagne au delà du Tigre. Macrin, qui lui proclamé empereur, commença sa retraite vers la Syrie; mais il fut attaqué par Artaban IV (Arsace XXXIV), et défait dans une bataille de trois jours à Nisibis, la dernière et la plus cruelle qui se soit jamais livrée entre les forces des deux empires. Trois ou quatre années plus tard, Artaxerxès, roi tributaire ou satrape de la Perse, qui prétendait descendre de Cyrus et de Darius, fils d'Hystaspe, se révolta contre Artaban, appela aux armes les Perses et les sectateurs de Zoroastre, et, après une lutte qui dura cinq ou six ans, battit et tua Artabane dans la plaine de Hormuz, en 226. Ainsi finit l'empire parthe, après une existence de près de cinq siècles; il fut remplacé par l'empire perse des Sassanides.

PARTHIQUE adj. Qui appartient aux Parthes.

* **PARTI** s. m. (lat. *partitus,* partagé). Union de plusieurs personnes contre d'autres qui ont un intérêt, une opinion contraire : *chacun des deux partis, l'un et l'autre parti a des fautes à se reprocher.* — HOMME DE PARTI, celui qui se montre crédule ou passionné en

tout ce qui intéresse son parti : *il faut se défier de tout homme de parti.* — Esprit de parti, disposition morale d'un homme tellement attaché à son parti, qu'il est aveugle ou même injuste en tout ce qui regarde ce parti et le parti contraire : *l'esprit de parti altère tous ses jugements et tous ses récits.* — Prendre le parti de quelqu'un, se déclarer pour lui, le défendre, le protéger : *il a pris mon parti envers et contre tous.* On dit dans le même sens, Prendre parti pour quelqu'un; et, dans le sens opposé, Prendre parti contre quelqu'un, se tourner contre lui, l'attaquer. — Être, se ranger du parti de quelqu'un, de quelque chose, favoriser, préférer quelqu'un, quelque chose : *il est toujours du parti des malheureux, des opprimés.* — Avoir un parti, avoir pour soi, avoir dans ses intérêts un certain nombre de personnes par qui l'on est soutenu, défendu, prôné : *ce peintre, ce musicien a un parti, un parti nombreux dans le public.* On dit, dans le sens opposé, Il a un grand parti, un nombreux parti, un violent parti contre lui. — Résolution, détermination : *prendre un parti modéré, un parti violent.* — Prendre son parti, prendre une dernière et ferme résolution : *il est inutile de lui parler davantage de cette affaire, il a pris son parti.* On dit, à peu près dans le même sens, C'est un parti pris; et proverb., A parti pris point de conseil. — Prendre son parti, se résigner à ce qui doit arriver : *dès qu'on lui eut fait voir que sa maladie était sans espérance, il prit son parti, il en prit son parti.* Expédient : *on lui a proposé plusieurs partis pour sortir d'affaire, il a choisi le pire.* — Condition, traitement qu'on fait à quelqu'un : *on lui fera un bon parti.* — Avantage, utilité, profit : *il a tiré un bon parti de cette affaire.* — Tirer parti de la vie, en faire un bon et agréable usage. — Faire un mauvais parti, un méchant parti a quelqu'un, lui faire essuyer quelque mauvais traitement, ou même attenter à sa vie : *si vous ne vous tenez sur vos gardes, ces misérables vous feront un mauvais parti.* — Profession, genre de vie, emploi : *il a pris le parti des armes, le parti de la robe, le parti du barreau.* — Guerre. Prendre parti, s'enrôler : *la garnison ennemie a pris parti dans nos troupes.* — Troupe de gens de guerre, soit de cavalerie, soit d'infanterie, que l'on détache pour battre la campagne, reconnaître l'ennemi, faire des prisonniers, etc. : *un parti de cinq cents chevaux.* — Parti bleu, petit parti de gens de guerre sans commission et sans aveu : *il rencontra un parti bleu qui le vola et le dépouilla.* (Vieux.) — Personne à marier, considérée par rapport à son bien ou à sa naissance : *il veut se marier, il cherche un parti sortable.*

Lucile a refusé vingt partis d'importance.
Collin d'Harleville. *Monsieur de Crac*, sc. xvi.

* PARTI, IE part. passé de Partir. Blas. Divisé perpendiculairement en parties égales, se dit de l'écu : *il porte parti d'or et de gueules.* On le dit aussi en parlant d'un aigle à deux têtes : *il porte de sable à l'aigle d'or au chef parti.* (Voy. Mi-parti.)

* PARTIAIRE adj. m. [par-si-è-re]. Jurispr. Ne s'emploie que dans cette expression, Colon partiaire, cultivateur qui rend au propriétaire une portion convenue des récoltes et des autres produits de sa ferme.

PARTIAL, ALE adj. [par-si-al]. Qui s'affectionne de préférence, et par esprit de prévention, à une personne, à une opinion, à un parti : *il s'est montré fort partial en cette occasion.* Le plur. *partiaux* est inusité. — Didact. Partiel : *éclipse partiale.*

* * PARTIALEMENT adv. Avec partialité : *se conduire partialement dans une affaire.*

PARTIALISER v. a. Rendre partial.

* PARTIALITÉ s. f. Attachement de préfé-

rence et passionné à un parti, à une personne, à une opinion : *il est d'une partialité révoltante.* Le pluriel est peu usité.

PARTIBILITÉ s. f. Faculté de se diviser en plusieurs parties.

PARTIBLE adj. Qui peut se diviser en plusieurs parties.

PARTIBUS (In). Voy. In partibus.

PARTICIPABLE adj. A qui l'on peut participer.

* PARTICIPANT, ANTE adj. Qui participe à quelque chose : *si cette entreprise donne des bénéfices, vous en serez participant.* — Protonotaires participants, camériers participants, protonotaires, camériers en charge à la cour de Rome.

* PARTICIPATION s. f. Action de participer à quelque chose : *la participation aux sacrements, aux saints mystères.* — Connaissance qu'on nous a donnée d'une affaire, et part que nous y avons prise : *cela s'est fait sans ma participation, sans sa participation.* — Relig. Lettres de participation, lettres qu'un ordre religieux donne à une personne séculière, et en vertu desquelles elle participe aux prières et aux bonnes œuvres de l'ordre. — Comm. Société en participation. (Voy. Société.)

* PARTICIPE s. m. (lat. *particips*, participant; de *pars*, partie; *capere*, prendre). Gramm. Partie du discours qui est une des modifications du verbe. On l'appelle Participe parce que c'est un mot qui tient à la fois de la nature du verbe et de celle du nom. Il tient du verbe, en ce qu'il exprime les attributs d'existence, d'action et de temps qui constituent cette partie d'une langue : *étant, ayant, faisant, dormant,* etc., *été, eu, aimé, frappé,* etc. Il tient du nom, en ce qu'il tant quelquefois les fonctions d'adjectif, car alors, semblable à l'adjectif variable, il s'accorde en genre et en nombre avec le sujet auquel il se rapporte : *un homme pensant, une âme aimante, des troupeaux errants,* etc.; *un homme estimé, une femme chérie, des marchandises prohibées,* etc. — On distingue les participes en Participes présents ou actifs, et en Participes passés ou passifs. — Les premiers, qui se terminent toujours en *ant* et qui marquent une coïncidence d'époque, expriment en général une action, et sont employés avec ou sans régime direct, selon que le verbe auquel ils appartiennent est actif ou neutre : *il lui parlant en marchant; je le vis en passant.* — Les seconds, qui prennent différentes terminaisons, comme *aimé, suivi, lu, souffert,* etc., expriment, soit l'état passif; dans ce cas, ils se joignent à l'auxiliaire Être, sans jamais avoir de régime direct : *je suis aimé; vous serez reconnu; il était suivi;* soit une idée de temps écoulé; alors on les joint avec l'auxiliaire Avoir, quand le verbe auquel ils appartiennent marque l'action, ou avec l'auxiliaire Être, quand ce verbe est pronominal ou indique un état, et en peut leur donner un régime direct, si le verbe lui-même est de nature à en recevoir un : *j'ai étudié la musique; j'ai beaucoup ri de sa méprise; je me suis reproché mes fautes; elle s'en est bien repentie; je suis revenu depuis hier soir; elles sont parties.* Les expressions que le participe passé ou passif forme ainsi avec les auxiliaires Être et Avoir sont ce que l'on nomme les Temps composés des verbes. — Accord du participe présent. Le participe présent offre plusieurs difficultés, dues surtout à sa ressemblance parfaite avec l'adjectif verbal. Le participe présent reste toujours invariable :

L'autre esquive le coup; et l'assiette volant
S'en va frapper le mur, et revient en roulant.
Boileau. *Satire III.*

L'adjectif verbal ou adjectif dérivé d'un

verbe, s'accorde, au contraire, en genre et en nombre avec le substantif qu'il modifie :

......Surprise et *tremblante* à vos pieds,
Je baisse en frémissant mes regards effrayés.
Voltaire. *Mahomet*, acte III, sc. m.

Il est donc extrêmement important de distinguer le participe de l'adjectif. Le premier exprime, de même que tous les verbes, l'action faite par le sujet, comme dans cet exemple emprunté à Racine :

N'est-ce point à vos yeux un spectacle assez doux,
Que la veuve d'Hector *pleurant* à vos genoux ?
Andromaque, acte III, sc. iv.

L'adjectif verbal exprime simplement une qualité, un état, une aptitude, une disposition, comme dans cet exemple du même poète :

Pleurante après son char vous voulez qu'on me voie.
Andromaque, acte IV, sc. v.

Dans le premier exemple, *pleurant* marque une action; et dans le second, *pleurante* exprime moins une action qu'un état. — Le participe présent cesse d'être invariable dans quelques phrases de Palais, comme : *femme usante et jouissante de ses droits.* — Accord du participe passé. Le participe passé, employé sans auxiliaire, s'accorde, comme un adjectif, avec le substantif ou le pronom qu'il modifie :

Que de remparts *détruits* ! que de villes *forcées* !
Que de moissons de gloire en courant *amassées* !
Boileau. *Art poétique*, ch. iv.

Quand le participe passé est accompagné de l'auxiliaire Être, il s'accorde avec son sujet :

Je ne vois rien ici dont Je ne *sois blessée*.
Racine. *Bérénice à Titus*, acte V, sc. v.

Tous les maux sont *sortis* de ce dont détesté,
Tous les maux sont *venus* de la triste Pandore.
Voltaire. *Pandore*, acte V.

C'est à l'ombre de ces lois que tous les arts sont *nés*.
Thomas.

Les temps prédits par la sybille,
A leur terme sont *parvenus*.
J.-B. Rousseau. *Ode II.*

O toi qui vois la honte où Je *suis descendu*,
Implacable Vénus, *suis-je* assez *confondue* ?
Racine. *Phèdre*, acte III, sc. vi.

Tôt ou tard la vertu, les grâces, les talents,
Sont vainqueurs du jaloux et *vengés* des méchants.
Gresset. *Le Méchant*, acte IV.

Le conquérant est *craint*; le sage est *estimé*;
Mais le bienfaisant charme, et lui seul est *aimé*.
Voltaire.

Quels *pleurs* par un amant ne sont pas essuyés.
Racine. *Iphigénie*, acte II, sc. ix.

Quelquefois le sujet est placé après le participe, mais cette construction ne change rien à l'accord : *quand il vit l'urne où étaient renfermées les cendres d'Hippias, il versa un torrent de larmes* (Fénelon). — Quand le participe passé est accompagné de l'auxiliaire Avoir, il ne s'accorde jamais avec son sujet :

As-tu vu quelle joie a *paru* dans ses yeux ?
Th. Corneille. *Ariane*, acte III, sc. v.

Oui, c'est moi qui voudrais d'une course emportée,
Les jours que *j'ai vécu* sans vous avoir servie.
P. Corneille. *Le Menteur*, acte III, sc. v.

— Le participe passé, accompagné de l'auxiliaire Avoir, n'est pourtant pas invariable; mais au lieu de s'accorder avec son sujet, il s'accorde avec son régime direct, quand celui-ci précède le participe; le régime peut être représenté par l'un des pronoms que, le, la, les, me, nous, te, vous, se, ou par un substantif précédé de quel, que de, combien de :

S'assure-t-on de l'alliance
Qu'*a faite* la nécessité.
La Fontaine, fable 154.

Les vents nous auraient-ils *enfoncé* cette nuit.
Racine. *Iphigénie*, acte Ier, sc. Ier.

......Si le sort ne s'*eût donnée* à vous,
Mon bonheur dépendait de l'avoir pour époux.
Racine. *Mithridate*, acte III, sc. v.

Toutes les dignités que tu m'as *demandées*,
Je te les ai, sur l'heure et sans peine *accordées*.
P. Corneille. *Cinna*, acte V, sc. Ier.

Burrhus, vous **n** **y** vu, quels regards furieux
Néron, en me quittant, m'a laissée pour adieux.
      Racine. *Britannicus,* acte V, sc. vii.

Pauvre Didon, où t'a réduite,
De tes maris le triste sort!
L'un, en mourant, cause ta fuite;
L'autre, en fuyant, cause ta mort.
      Charpentier. Traduction d'une épigramme d'Ausone.

Fuis; et si tu ne veux qu'un châtiment soudain,
T'ajoute aux scélerats qo'a punis cette main.
      Racine. *Phèdre,* acte IV, sc. ii.

.............Oui, je sais, Acomat,
Jusqu'où **les** *a portés* l'intérêt de l'État.
      Bajazet, acte II, sc. iv.

C'est cette Rodogune, où l'un et l'autre frère
Trouve encor les appas qo'*avait trouvés* leur père.
      Corneille. *Rodogune,* acte I, sc. vi.

Laisse-moi respirer, du moins, si tu m'*as plainte.*
      Corneille. *Polyeucte,* acte II, sc. iii.

— Mais le participe passé, précédé de l'auxiliaire Avoir, reste invariable quand le régime direct est placé après ce participe ou quand il n'y a pas de régime direct :

Cette foule de chefs, d'esclaves, de muets,
M'ont vendu dès longtemps **leur silence et leurs vies.**
      Racine. *Bajazet,* acte I, sc. i**re**.

ont vendu *à moi.* — Il résulte de la règle précédente que le participe passé des verbes neutres, quand il est conjugué avec Avoir, ne varie jamais, puisque cette classe de verbes n'a pas de régime direct. Dans ces phrases : *les cinq heures que j'ai dormi, les dix ans qu'il a vécu,* les pronoms relatifs que se présentent sous forme de régimes directs, sont en réalité des régimes indirects; c'est comme s'il y avait : *pendant lesquels j'ai vécu, il a dormi.*

Puisse le ciel, qui lit dans mon cœur éperdu,
Ajouter à vos jours ceux que *j'aurais vécu!*
      La Chaussée, *La Gouvernante,* acte IV, sc. ix.

c'est-à-dire pendant lesquels j'aurais vécu. — Quelquefois les participes des verbes neutres conjugués avec Avoir sont employés activement; alors ils s'accordent avec leur régime direct, quand ils en sont précédés : *la langue que Cicéron a parlée; si vous saviez toutes les salutations que mon habit m'a values.*

N'épargnas pas les miens; achevez, Achorée,
L'histoire d'une mort que j'ai déjà pleurée.
      Corneille. *Pompée,* acte II, sc. ii.

Il paraît en effet digne de nos bontés;
Il mérite surtout les pleurs qo'il m'a coûtés.
      Voltaire. *La Comtesse de Givry,* acte II, sc. ii.

— Dans les verbes pronominaux ou réfléchis, le participe passé employé avec l'auxiliaire Être suit exactement les mêmes règles que le participe conjugué avec Avoir; c'est-à-dire qu'il s'accorde avec son régime quand il en est précédé et reste invariable quand il en est suivi ou quand il n'y en a pas :

A ces mots, j'ai frémi, mon âme s'est troublée.
      P. Corneille, acte I**re**, sc. iii.

Dis-leur que dans son sang cette main s'est plongée.
      Voltaire. *Zaïre,* acte V, sc. dernière.

Mes ans se sont accrus ......
      Racine. *Mithridate,* acte V, sc. ii.

Au joug, depuis longtemps, ils se sont façonnés.
      Racine. *Britannicus,* acte IV, sc. iv.

Dans les exemples suivants, le participe est suivi du régime direct, ou bien il n'y a pas de régime direct : *Lucrèce s'est donné la mort; ils se sont écrit* (se est régime indirect); *nous nous sommes succédé* (nous avons succédé à nous; le second nous est régime indirect). — Il résulte de la règle précédente que les participes des verbes essentiellement pronominaux (c'est-à-dire des verbesqui ne peuvent se conjuguer sans deux pronoms de la même personne), s'accordent toujours en genre et en nombre avec le second pronom, qui est leur régime direct : *nous nous sommes abstenus de toute réflexion; mes amis, vous vous êtes repentis.* — Au contraire, les participes des verbes pronominaux accidentels, quand ils sont formés d'un verbe neutre (comme : se plaire, se dé-

    357

plaire, se complaire, se rire, se parler, se sourire, se succéder, se nuire, s'entre-nuire) ont leur participe toujours invariable : *ils se sont ri; elles se sont nui; ils se sont succédé; elle s'est plu.* — Le participe d'un verbe unipersonnel ou d'un verbe employé unipersonnellement reste toujours invariable : *il s'est glissé une faute; les chaleurs qu'il a fait, la disette qu'il y a eu; il est arrivé de grands malheurs.*
— Participe passé suivi d'un verbe. Quand le participe passé d'un verbe actif conjugué avec Avoir est suivi de l'infinitif d'un verbe neutre, il s'accorde avec son régime direct qui le précède :

Les a-t-on vus marcher parmi vos ennemis?
      Racine. *Esther,* acte III, sc. iv.

Allez, dis-je, et sachez quel lieu les a vus naître.
      Voltaire, *Oreste,* acte II, sc. iii.

Cette nuit je l'ai vue arriver en ces lieux.
      Racine. *Britannicus,* acte II, sc. ii.

— Le participe passé d'un verbe neutre conjugué avec Avoir et suivi de l'infinitif d'un verbe actif est invariable : *je vous envoie les livres que vous avez paru désirer.* — Mais si le participe et l'infinitif sont l'un et l'autre actifs, le sens de la phrase peut seul déterminer l'accord ou l'invariabilité :

Croyez-moi, les humains, que j'ai trop su connaître,
Méritent peu, mon fils, qu'on veuille être leur maître.
      Voltaire, *Alzire,* acte I**er**, sc. i**re**.

(J'ai su connaître les humains; que est donc le régime de connaître.)

La biche étant morte, je l'ai laissé manger par mes chiens (J'ai laissé manger elle).
La biche étant affamée, je l'ai laissée manger de l'herbe (J'ai laissé elle manger).
Je les ai vu voler par des filous (J'ai vu voler eux).
Je les ai vus voler des fruits (J'ai vu eux voler).
Les airs que j'ai entendu chanter (J'ai entendu chanter les airs).
La dame que j'ai entendue chanter (J'ai entendu la dame chanter).

— Le participe Fait suivi d'un infinitif est toujours invariable :

Ne m'a-t-il pas caché le sang qui m'a fait naître.
      Voltaire. *Zaïre,* acte V, sc. ii. (C'est Zaïre qui parle.)

Une effrayante voix s'est fait alors entendre.
      Voltaire. *Œdipe,* acte I**er**, sc. iii.

— L'infinitif est quelquefois sous-entendu après les participes dû, voulu, pu; alors ces derniers restent invariables : *je lui ai fait les caresses que j'ai dû.* — Tout participe passé précédé d'un que relatif et suivi immédiatement de la conjonction que et d'un verbe, soit au conditionnel, soit au subjonctif, est toujours invariable : *la conduite que j'avais espéré que vous tiendriez.*

° **PARTICIPER** v. n. (lat. *pars, partis, partie; capere,* prendre). Avoir part. En ce sens, il s'emploie avec la préposition à : *je veux que vous participiez à ma fortune, comme vous avez participé à ma disgrâce.* On dit en langage de dévotion : *participer aux prières des fidèles, aux saints mystères, aux sacrements.* — Prendre part, s'intéresser : *je participe à votre douleur, à votre joie.* — Tenir de la nature de quelque chose. En ce sens, il s'emploie avec la préposition de : *le mulet participe de l'âne et du cheval.*

PARTICIPIAL, ALE, AUX adj. Qui appartient aux participes.

PARTICULAIRE adj. Gramm. Qui appartient à la particule.

PARTICULARISATION s. f. Action de particulariser.

° **PARTICULARISER** v. a. (lat. *particularis,* particulier). Faire connaître le détail, les particularités d'une affaire, d'un événement : *il est bon dans de certaines affaires de particulariser jusqu'à la moindre circonstance.* — Rendre particulier, par opposition à généraliser : *son observation est générale, il n'a rien particularisé.* — Jurisp. crim. Particulariser une affaire, poursuivre la vindicte d'un crime commun à plusieurs, contre un seul de ceux qui y ont eu part.

° **PARTICULARISME** s. m. Relig. Doctrine qui enseigne que Jésus est mort pour les élus et non pour les hommes en général : *la religion catholique réprouve le particularisme.* — Polit. Parti allemand qui désire que les divers États dont se compose l'empire conservent leur indépendance et gardent leurs institutions particulières.

° **PARTICULARISTE** s. m. Polit. Partisan du particularisme.

° **PARTICULARITÉ** s. f. Circonstance particulière : *il m'a conté toutes les particularités de cette affaire.*

° **PARTICULE** s. f. (lat. *particula;* diminut. de *pars, partis,* partie). Didact. Petite partie : *les particules dont les corps sont composés.* — Gramm. Petite partie du discours, qui est invariable et ordinairement d'une seule syllabe, comme et, ou, ni, pas, si, mais... et telles que la plupart des prépositions, conjonctions et interjections : *particule conjonctive, adversative, copulative, disjonctive,* etc. — Petit mot qui ne peut point être employé seul, et qui s'unit à un radical, pour le modifier, et former un seul mot avec lui, comme *ex* (ex-député), *ci* et *là* (celui-ci, celui-là, voici, voilà), *mé* ou *més* (médire, mésuser). — Particule nobiliaire. (Voy. Nobiliaire.)

° **PARTICULIER, IÈRE** adj. (lat. *particularis; de pars, partis,* partie). Qui appartient, proprement et singulièrement, à certaines choses ou à certaines personnes; qui n'est point commun à d'autres personnes, à d'autres choses de même espèce : *une raison particulière.* — Singulier souvent par opposition : *l'intérêt particulier doit céder à l'intérêt général.* — S'emploie aussi par opposition à public : *il aime mieux être reçu en audience particulière qu'en audience publique.* — Particularisé, détaillé, circonstancié : *il m'a fait un détail particulier de toute cette affaire.* — Qui est séparé, distinct d'une autre chose de même nature : *il mange à une table particulière.* — Singulier, extraordinaire, peu commun : *cette affaire exige une attention particulière.* — Un homme particulier, un homme qui n'aime pas à voir le monde, qui se communique à peu de gens : *il se fait particulier.* — Un esprit particulier, des opinions particulières, une sorte d'esprit qui ne s'accommode pas avec le reste du monde; des opinions différentes de l'opinion commune. — Il y a quelque chose de particulier entre ces deux personnes, elles ont ensemble quelque affaire qu'elles ne veulent pas qu'on pénètre. — Il n'y a rien de particulier entre cet homme et cette femme, il n'y a aucune liaison suspecte entre eux. — Considéré comme particulier : *il ne faut jamais conclure du particulier au général.* — s. Une personne privée, par opposition, soit à une société, soit à une personne publique ou d'un rang très élevé : *il y a des choses qu'un particulier peut se permettre, mais qui ne conviennent pas à une personne publique.* — Un particulier, un homme, un inconnu, un quidam : *un particulier s'approcha de lui.* — Particulier loc. adv. Dans la société particulière : *il est aimable dans le particulier.* — En particulier loc. adv. A part, séparément des autres : *il faut le voir en particulier.* — En mon particulier, pour ce qui est de moi : *en mon particulier, je suis d'avis qu'il a bien fait.* On dit dans le même sens, familièrement et par une espèce de modestie, En mon petit particulier. — Être en son particulier, être retiré dans sa chambre, dans son cabinet. — Vivre en son particulier, se mettre en son particulier, faire ordinaire peu élevé : *il vivait en pension, il s'est mis dans son particulier.*

° **PARTICULIÈREMENT** adv. Singulièrement : *il vous honore particulièrement.* — Spécialement : *j'en connais plusieurs et particulièrement un tel.* — En détail : *je vous conterai cela tantôt plus particulièrement.*

* **PARTIE** s. f. (lat. *pars, partis,* partie). Portion d'un tout. Se dit au sens physique et au sens moral ; *j'en ai la meilleure partie.* — Certaines parties du corps, considérées comme saines ou comme malades : *partie saine, malade, douloureuse.* — Certains organes. PARTIES NATURELLES OU PARTIES HONTEUSES ou simpl., PARTIES, parties qui servent à la génération. PARTIES NOBLES, viscères, les parties absolument nécessaires à la vie, comme le cœur, le poumon, le foie, le cerveau : *le coup a offensé les parties nobles.* — Fig. IL EST LA PARTIE HONTEUSE DE CE CORPS, DE CETTE COMPAGNIE, il fait déshonneur au corps, à la compagnie dont il est membre. — En parlant de l'âme, et dans le style de l'ancienne philosophie scolastique, LA PARTIE SUPÉRIEURE, la raison ; et, LA PARTIE INFÉRIEURE, LA PARTIE ANIMALE, l'appétit sensitif, la concupiscence. On dit aussi, LA PARTIE IRASCIBLE, LA PARTIE CONCUPISCIBLE. Ces expressions ont vieilli, surtout les deux premières, et ne s'emploient guère que dans le style familier. — Gramm. PARTIES D'ORAISON, mots dont le discours est composé, comme l'article, le nom, le pronom, le verbe, l'interjection, la conjonction, etc. FAIRE LES PARTIES D'UN DISCOURS, D'UNE PÉRIODE, etc., analyser un discours, une période, etc., en marquant sous quelle partie d'oraison chaque terme doit être rangé. — Bonnes qualités naturelles ou acquises : *une des parties les plus essentielles d'un honnête homme, c'est...; il a toutes les parties d'un grand capitaine.* Il vieillit en ce sens. — Mus. Chacune des mélodies séparées, dont la réunion forme l'harmonie ou le concert : *il y a quatre parties principales dans la musique vocale, qui sont : le dessus, la haute-contre, la taille ou le ténor, et la basse.* — PARTIE RÉCITANTE, celle qui exécute le sujet principal, dont les autres font l'accompagnement. — PARTIES CONCERTANTES, ou PARTIES DE CHŒUR, celles qui s'exécutent par plusieurs personnes chantant ou jouant à l'unisson, chacune selon la nature de sa voix ou de son instrument, et dont la réunion forme un ensemble que l'on nomme chœur. — CHANTER EN PARTIE, FAIRE SA PARTIE. — TENIR BIEN SA PARTIE, se bien acquitter de ce qu'il convient de faire dans la société où l'on est : *il tient bien sa partie à table.* — Papier, cahier sur lequel est écrite la partie séparée de chaque musicien : *distribuer les parties aux musiciens, aux exécutants.* — Quantité plus ou moins considérable de marchandise qu'on vend ou qu'on achète : *il a vendu, il a placé, il a acheté une grosse partie, une partie considérable de café, de cacao, de draps, de mousselines,* etc. On dit, dans le même sens, ACHETER, VENDRE UNE PARTIE DE RENTE. — Somme d'argent qui est due : *acquitter une partie.* — Compt. Article de compte : *laisser une partie en souffrance, une partie rayée.* (Vieux.) — Banque et Comm. TENUE DES LIVRES EN PARTIE SIMPLE OU À PARTIE SIMPLE, manière de tenir les livres, qui consiste à ne mentionner, dans chaque article, que celui qui doit, ou celui à qui l'on doit. On dit de même : TENIR LES LIVRES EN PARTIE OU À PARTIE SIMPLE : *passer un article en partie simple,* etc. — On appelle par opposition, TENUE DES LIVRES EN PARTIE DOUBLE OU À PARTIE DOUBLE, celle qui consiste à reconnaître à la fois un débiteur et un créancier, dans la rédaction d'un article quelconque, soit de recettes, soit de dépenses. On dit de même : TENIR LES LIVRES EN PARTIE OU À PARTIE DOUBLE : *compte en partie double,* etc. — LES PARTIES CASUELLES, les droits et revenus éventuels qui étaient perçus au profit de l'État : *trésorier des parties casuelles.* — pl. Articles d'un mémoire, de ce qui a été fourni par un marchand, un ouvrier, etc. : *parties de tailleur, de maître d'hôtel; parties d'apothicaire.* (Vieux.) — PARTIES D'APOTHICAIRE, comptes sur lesquels il y a beaucoup à diminuer à

rabattre. On dit plus ordinairement, MÉMOIRE D'APOTHICAIRE. — Jeu. Totalité de ce qu'il faut faire pour qu'un des joueurs ait gagné ou perdu, suivant les règles de chaque sorte de jeu : *il a gagné une belle partie; faire une partie de piquet, d'échecs, de dames,* etc. — LA PARTIE D'HONNEUR, troisième partie que l'on joue, lorsque chacun des deux joueurs en a gagné une. — COUP DE PARTIE, coup qui décide le gain ou la perte de la partie. — COUP DE PARTIE, ce qui décide du succès d'une affaire. FAIRE UN COUP DE PARTIE, faire quelque chose qui emporte avec soi une décision heureuse, ou qui doit avoir des conséquences très avantageuses. — LA PARTIE EST BIEN FAITE, EST MAL FAITE, EST INÉGALE, elle est faite entre des joueurs de piquet d'échecs, entre des joueurs de force inégale. — IL FAIT BIEN SES PARTIES c'est un homme qui sait prendre ses avantages. — LA PARTIE N'EST PAS ÉGALE, se dit lorsque, dans une contestation, une concurrence, un jeu, etc., il y a d'un des deux côtés une grande supériorité. On dit dans un sens analogue, LA PARTIE N'EST PAS TENABLE. — C'EST UNE PARTIE PERDUE, se dit lorsqu'on désespère de réussir dans ce qu'on a entrepris. — QUITTER LA PARTIE, convenir que partie contre qui l'on joue a gagné. — QUITTER LA PARTIE, se désister de quelque chose, y renoncer : *il a quitté la partie au moment où il allait obtenir ce qu'il demandait.* — QUI QUITTE LA PARTIE, LA PERD, celui qui cesse de suivre une affaire, qui se décourage, ne peut réussir. — PELOTER EN ATTENDANT PARTIE, faire quelque chose de peu de conséquence, en attendant mieux, faire par manière d'exercice ce qu'on fera plus sérieusement dans la suite. — Projet fait entre plusieurs personnes : *il faut remettre la partie à demain.* — Projet de divertissement : *faire une partie de promenade, de chasse, de pêche.* — Divertissement même : *cette partie a été très agréable, a été charmante, ennuyeuse, troublée par des fâcheux.* — PARTIE CARRÉE, partie de plaisir faite entre deux hommes et deux femmes. — PARTIE FINE, partie de plaisir où l'on met quelque mystère. — IL NE FAUT PAS REMETTRE LA PARTIE AU LENDEMAIN, il ne faut point différer ce qu'on peut faire dans le moment. — Celui qui plaide contre quelqu'un, soit en demandant, soit en défendant : *il est juge et partie.* — Se dit aussi, relativement aux avocats et aux avoués, de ceux dont ils défendent le droit ou les prétentions : *un avocat qui contente ses parties.* — Mat. crim. PARTIE CIVILE, celui qui agit non seulement en son nom contre un accusé, pour les intérêts civils : *il est intervenu dans le procès, il s'est constitué partie civile.* — PARTIE PUBLIQUE, le procureur général ou ses substituts. — PRENDRE QUELQU'UN A PARTIE, attaquer en justice un homme qui n'était pas d'abord notre adversaire. PRENDRE SON JUGE A PARTIE, se rendre partie contre un juge, l'accusant d'avoir prévariqué. PRISE A PARTIE, acte par lequel on prend son juge à partie : *il a craint la prise à partie.* — PRENDRE QUELQU'UN A PARTIE, lui imputer le mal qui est arrivé, s'en prendre à lui. — AVOIR AFFAIRE A FORTE PARTIE, avoir un adversaire redoutable. — IL N'EST PAS PARTIE CAPABLE, il n'a pas les talents, les qualités, les ressources qu'il lui faudrait pour l'emporter sur ses adversaires, pour réussir dans son entreprise. — QUI N'ENTEND QU'UNE PARTIE N'ENTEND RIEN, il faut écouter les deux parties pour se mettre en état de bien juger. — pl. Personnes qui contractent ensemble : *cela s'est fait à la satisfaction de toutes les parties, du consentement de toutes les parties.* — Dans le langage du droit, on nomme *parties* les personnes qui figurent en leur propre nom dans une convention ou dans un procès. — On donne le nom de *partie civile* à la personne qui, dans une affaire portée devant un tribunal de police, un tribunal correctionnel ou une cour d'assises, intervient en déclarant qu'elle a été lésée

par la contravention, le délit ou le crime commis, et en réclamant des dommages-intérêts (Voy. PLAINTE.) — PARTIES BELLIGÉRANTES, puissances qui sont en guerre les unes contre les autres. — PARTIES PRENANTES, créanciers de l'État, dont le payement a été assigné sur un fonds particulier. Se dit aussi de ceux qui participent à une distribution de vivres, d'habits, etc., faite par le gouvernement. Se dit encore de tous les créanciers qui viennent en ordre utile dans une distribution de fonds provenants de leur débiteur. — En partie loc. adv. Non en totalité, non entièrement : *il n'est propriétaire de cette terre qu'en partie.* Quand cette locution est répétée, elle a ordinairement le sens de MOITIÉ, pris adverb. : *un corps de troupes composé en partie de Français, en partie de Suisses.* On omet quelquefois la préposition EN : *le payement s'est fait partie avec de l'argent, partie avec des billets.*

* **PARTIEL, ELLE** adj. [par-si-èl]. Qui fait partie d'un tout : *les sommes partielles.* — Qui n'existe ou qui n'a lieu qu'en partie : *éclipse partielle.*

* **PARTIELLEMENT** adv. Par parties : *j'ai été payé partiellement,* au lieu de recevoir toute la somme en un seul payement.

* **PARTIR** v. a. (lat. *partiri;* pars, partie). Diviser en plusieurs parts. On ne l'emploie guère qu'à l'infinitif, et dans cette phrase proverb. et fig., AVOIR MAILLE A PARTIR AVEC QUELQU'UN, avoir avec lui quelque démêlé : *ils ont toujours maille à partir ensemble.*

* **PARTIR** v. n. Je pars, tu pars, il part; nous partons. Je partais. Je partis. Je suis ou J'ai parti. Pars. Partez. etc. Se mettre en chemin, commencer un voyage : *il est parti de Paris; il vient de partir pour Rome.* — Se mettre à courir ; et, en parlant des animaux, des oiseaux, prendre sa course, son vol : *au moindre signe, il part comme l'éclair.* — Man. CE CHEVAL PART BIEN DE LA MAIN, dès qu'on lui baisse la main, il prend bien le galop. — IL PART DE LA MAIN, se dit d'un homme qui fait avec promptitude ce qu'on lui ordonne, ce qu'on lui demande. — PARTIR D'UN ÉCLAT DE RIRE, D'UN GRAND ÉCLAT DE RIRE, rire tout à coup avec éclat : *en voyant cet homme, il est parti d'un grand éclat de rire.* — PARTIR D'UN PRINCIPE, poser ou admettre un principe, et raisonner en conséquence : *dans cette discussion, il est parti d'un bon, d'un faux principe.* On dit à peu près dans le même sens, PARTIR D'UN POINT, D'UNE DONNÉE : *partons de là.* — Sortir avec impétuosité : *la bombe part du mortier; la foudre qui part de la nue.*

Quand la foudre s'allume et s'apprête à partir,
Il s'efforce en secret de vous en garantir.
           J. RACINE. *Alexandre,* acte Iᵉʳ, sc. Iʳᵉ.

— Se dit également des armes à feu dont le coup part, d'un ressort qui se détend brusquement, etc. : *le fusil a parti tout à coup.* — Fig. Il est vif, sa réponse ne tarde pas à partir. — Tirer son origine, avoir son commencement : *tous les nerfs partent du cerveau; c'est de cette montagne que part la source du fleuve.* — Fig. *ce commencement part de lui.* On dit fig. et pop. CELA PART DE SA BOUTIQUE, cela vient de lui ; et cette expression s'emploie toujours en mauvaise part. — A partir de loc. préposit. A dater de; en commençant à : *à partir du règne de Louis le Gros, les communes ont commencé à être affranchies de la féodalité.* — A partir de là, en supposant telle chose : *vous prétendez que l'homme n'est pas libre; à partir de là, nos actions ne seraient ni bonnes, ni mauvaises.* — Partir s. m. Man. Action de partir : *ce cheval a le partir prompt, a de la grâce au partir.*

* **PARTISAN** s. m. Celui qui est attaché à la fortune d'une personne ou d'un parti, qui en épouse les intérêts, qui en prend la défense : *chacun a ses partisans.* — Se dit aussi

en parlant des choses: *les partisans de la musique italienne.* — Se disait autrefois de celui qui avait fait un traité avec le roi, pour des affaires de finances, qui avait pris à ferme les revenus de l'État, les impôts, etc.: *les partisans étaient sujets à être recherchés, à être taxés.*

Quelque gros partisan m'achètera bien cher.
LA FONTAINE.

— Officier de troupes légères ou irrégulières, détachées pour faire une guerre de surprises ou d'avant-postes: *faire la guerre en partisan.* — Se dit aussi des troupes qui font cette espèce de guerre: *un corps de partisans.*

PARTITEUR s. m. (lat. *partitus*, partagé). Diviseur.

* **PARTITIF, IVE** adj. (lat. *partitus*, partagé). Gramm. Désigne une partie d'un tout. — Moitié, dizaine, etc., sont DES SUBSTANTIFS PARTITIFS. Plusieurs, quelques, SONT DES ADJECTIFS PARTITIFS: *la préposition* DE *se prend souvent dans un sens partitif.*

* **PARTITION** s. f. [par-ti-si-on] (lat. *partitio; de partiri*, partager). Ensemble, réunion de toutes les parties d'une composition musicale, rangées les unes au-dessus des autres, selon la nature de leur diapason, et de manière à se correspondre exactement: *la partition d'Œdipe à Colonne, de Don Juan,* etc.— LES PARTITIONS ORATOIRES, ouvrage de Cicéron, qui traite des parties de la rhétorique.

* **PARTNER** s. [par-tnèr]. Voy. PARTENAIRE.

PARTOLOGIE s. f. (lat. *partus*, accouchement; gr. *logos*, discours). Pathol. Traité des accouchements.

* **PARTOUT** adv. En tous lieux: *il est partout.* — ON NE PEUT ÊTRE PARTOUT, on ne saurait être en même temps en deux endroits, on ne peut vaquer à plusieurs affaires à la fois. — SE FOURRER PARTOUT, FOURRER SON NEZ PARTOUT, se produire, s'introduire dans toutes les maisons, s'ingérer dans toute sorte d'affaires. — Jeu de domino. SIX PARTOUT, AS PARTOUT, etc., se dit pour annoncer que le nombre indiqué se trouve aux deux extrémités du jeu. On dit substantiv. FAIRE UN PARTOUT. — En quelque lieu que ce puisse être: *on reprend son bien partout où on le trouve.*

PARTURITION s. f. (lat. *parturire*, enfanter). Action par laquelle le fœtus sort du sein de sa mère.

* **PARURE** s. f. Ornement, ajustement, ce qui sert à parer: *il y avait à ce bal de fort jolies femmes et des parures très élégantes.* — Fig. *La modestie est la plus belle parure d'une jeune fille.* — PARURE DE DIAMANTS, PARURE DE RUBIS, etc., garniture de diamants, de rubis, pour servir de parure: *elle a une parure de diamants complète.* — Ressemblance, convenance entre deux ou plusieurs choses. CHEVAUX DE MÊME PARURE, chevaux de même taille, de même poil. MEUBLES DE MÊME PARURE, meubles de même étoffe, de même ouvrage. — TOUT EST DE MÊME PARURE, se dit en parlant d'un homme, d'un ouvrage dans lequel tout se ressemble, tout est d'accord: *son caractère, sa conduite, sa manière d'être, tout est en lui de même parure.* Il est peu usité, et ne se dit guère qu'en mauvaise part. — Arts. Ce qui a été retranché avec un outil. LA PARURE DU PIED D'UN CHEVAL, la corne que le maréchal en a ôté avant de le ferrer. LA PARURE D'UNE PEAU DE VEAU, ce que le relieur en détache avec le couteau, avant de l'employer à couvrir un livre: *faire de la colle forte avec des parures.*

* **PARVENIR** v. n. (lat. *parvenire* arriver; de *per*, par; *venire*, venir). Arriver à un terme qu'on s'est proposé, y arriver avec difficulté: *après une longue route, ils parvinrent au pied des Alpes.* — Arriver: *ce bruit n'est pas parvenu jusqu'à moi.* — Fig., au sens

moral: *il est impossible de parvenir à la connaissance de tous les secrets de la nature.* — Absol. S'élever en dignité, faire fortune: *c'est un homme qui ne peut pas manquer de parvenir.*

* **PARVENU, UE** part. passé de PARVENIR. Substantiv. Homme qui, né dans un état très obscur, a fait une grande fortune, est arrivé aux emplois, aux honneurs. Ne se dit guère qu'en mauvaise part: *c'est un parvenu, un nouveau parvenu.*

* **PARVIS** s. m. Place devant la grande porte d'une église, et principalement d'une église cathédrale: *le parvis de Notre-Dame,* et plus ordinairement, *le parvis Notre-Dame.* — En parlant de l'ancien temple de Jérusalem, signifie, espace qui était autour du tabernacle. — pl. Se dit poétiq. pour vestibule, enceinte: *les sacrés parvis.* — LES CÉLESTES PARVIS, le ciel.

* **PAS** s. m. Mouvement que fait une personne ou un animal en mettant un pied devant l'autre pour marcher: *le pas d'un homme; le pas d'un enfant.* — RETOURNER SUR SES PAS, retourner au lieu d'où l'on vient. — SUIVRE LES PAS DE QUELQU'UN, MARCHER SUR LES PAS DE QUELQU'UN, l'imiter, le prendre pour modèle. — S'ATTACHER, ÊTRE ATTACHÉ AUX PAS DE QUELQU'UN, le suivre partout. — VOUS DEVRIEZ BAISER LA TRACE DE SES PAS, CHACUN DE SES PAS, il vous a rendu de très grands services, vous lui devez beaucoup de reconnaissance. — IL N'Y A QUE LE PREMIER PAS QUI COUTE, en toute affaire, ce qu'il y a de plus difficile est de commencer; ou bien, quand on a fait une première faute, on en commet d'autres plus aisément. — TOUT DÉPEND DU PREMIER PAS, le succès d'une affaire dépend ordinairement de la manière dont elle a été commencée, entamée. — EN ÊTRE AU PREMIER PAS, n'être pas plus avancé dans une affaire, que si on venait de la commencer: *voilà déjà six mois d'écoulés, et nous n'en sommes encore qu'au premier pas.* — FAIRE LES PREMIERS PAS, faire les avances, les premières démarches, les premières propositions pour une affaire, pour une réconciliation: *il était l'offenseur, il devait faire les premiers pas.* — FAIRE ALLER QUELQU'UN PLUS VITE QUE LE PAS, lui donner de l'exercice en lui suscitant des affaires, des embarras.—FAIRE DES PAS, DE GRANDS PAS, faire des progrès: *faire de grands pas dans la carrière des sciences.* — FAIRE UN FAUX PAS, glisser ou chanceler en marchant, faute d'avoir bien assuré son pied. — FAIRE UN FAUX PAS, faire quelque faute dans sa conduite, dans une affaire: *je ne lui ai jamais vu faire un faux pas.* — PAS DE CLERC, faute commise par imprudence dans une affaire: *il a fait un pas de clerc qui a ruiné son affaire.* — MARCHER A PAS COMPTÉS, marcher avec une extrême lenteur. — ALLER A PAS DE TORTUE DANS LE CHEMIN DE LA FORTUNE, DANS UNE AFFAIRE, n'y avancer que lentement. — ALLER A PAS MESURÉS, procéder dans une affaire avec beaucoup de circonspection. — ALLER A PAS DE LOUP, marcher si doucement qu'on ne soit point entendu, dans le dessein de surprendre ou de tromper quelqu'un. — ALLER A GRANDS PAS AUX DIGNITÉS, AUX HONNEURS, franchir avec rapidité les degrés qui conduisent aux dignités, aux honneurs, être sur le point d'y parvenir. — ALLER A PAS DE GÉANT DANS UNE ENTREPRISE, DANS LE CHEMIN DE LA FORTUNE, faire de grands progrès en peu de temps. Danse. Différentes manières de conduire ses pas en marchant, en sautant, ou en pirouettant: *pas grave; pas battu; pas coupé; pas glissé.* — PAS DE DEUX, UN PAS DE TROIS, une entrée de ballet dansée par deux ou par trois personnes. — Art milit. Différentes manières de marcher qui ont été réglées pour les troupes: *pas ordinaire; pas accéléré; pas redoublé.* — CHANGER DE PAS, quitter un pas pour en prendre un autre; et CHANGER LE PAS, rapporter le pied qui est

derrière à côté de celui qui est devant, pour repartir de ce dernier pied. — MARQUER LE PAS, simuler le pas, en rapportant les talons à côté l'un de l'autre, sans avancer, et en observant la cadence du pas. — METTRE QUELQU'UN AU PAS, le mettre à la raison, l'obliger à faire son devoir. — Mus. Air dont la mesure est appropriée au pas des troupes: *pas redoublé.* — Man. Une des allures naturelles du cheval: *ce cheval va bien le pas.* — Le pas du cheval s'exécute en quatre temps: une jambe de devant se lève d'abord, puis est suivie d'une jambe de derrière du côté opposé; dès qu'elles sont à terre, les deux autres se lèvent à leur tour de la même manière et se posent aussi de même. — CE CHEVAL A LE PAS RELEVÉ; quand il marche, il relève bien les jambes de devant. — CHEVAL DE PAS, cheval qui va un grand pas, et fort à l'aise. — Allées et venues, démarches que l'on fait pour quelque affaire, et peines qu'on prend pour y réussir: *il a bien fait des pas pour son ami, pour ce mariage, pour obtenir cette place.* — JE NE FERAI PAS UN PAS, UN PAS DE PLUS, je ne ferai aucune démarche, je ne ferai pas une démarche de plus pour cette affaire. — REGRETTER SES PAS, regretter les peines que l'on s'est données. — PLAINDRE SES PAS, ne pas aimer à prendre de la peine pour autrui: *c'est un homme qui plaint ses pas, on n'en peut tirer aucun bon office.* — Vestige, marque qu'imprime, que laisse le pied d'une personne ou d'un animal, en marchant: *en voyant des pas d'hommes sur le sable du rivage, il connut que l'île était habitée.* — CELA NE SE TROUVE PAS SOUS LE PAS D'UN CHEVAL, se dit d'une chose difficile à trouver, et principalement d'une somme considérable. — PAS-D'ANE, sorte de mors de cheval: *c'est un mors à pas d'âne.* — PAS-D'ANE, instrument avec lequel les maréchaux tiennent la bouche d'un cheval ouverte, pour la considérer intérieurement: *voyez s'il a des surdents, prenez le pas-d'âne.* — Espace qui se trouve d'un pied à l'autre, quand on marche: *il y a tant de pas à la lieue française.* — PAS GÉOMÉTRIQUE, mesure précise de terrain, qui est longue de cinq pieds, ou 4 m. 62. Il est peu usité. — IL NE VEUT PAS S'ÉLOIGNER, RECULER, AVANCER D'UN PAS, il ne veut pas s'éloigner, reculer, avancer du tout, il veut rester où il est. — IL NE FAUT PAS LE QUITTER D'UN PAS, D'UN SEUL PAS, il ne faut pas le quitter du tout, il faut toujours être avec lui. — IL N'Y A QU'UN PAS, il n'y a que très peu de chemin à faire, qu'une très courte distance à parcourir: *il n'y a qu'un pas d'ici chez moi.* On dit dans le même sens: *il demeure à deux pas, à trois, à quatre pas d'ici.* — IL N'Y A QU'UN PAS, se dit, fig., au sens moral: *il n'y a qu'un pas de la vie à la mort, du plaisir à la douleur.* — Préséance, droit de marcher le premier: *le parlement avait le pas sur les autres compagnies.* — Passage étroit et difficile dans une vallée, dans une montagne: *le pas des Thermopyles.* — LE PAS DE CALAIS, détroit entre Calais et Douvres. — UN MAUVAIS PAS, un endroit par où il est difficile ou dangereux de passer, comme un bourbier, un précipice: *il y a là un mauvais pas.* — SE TIRER D'UN MAUVAIS PAS, D'UN PAS DIFFICILE, se tirer d'une affaire difficile, embarrassante. — C'EST UN PAS GLISSANT, c'est une occasion où il est difficile de se bien conduire. — IL A PASSÉ LE PAS, il est mort. Se dit plus ordinairement de ceux qui ont été exécutés par l'ordre de la justice. — IL LUI A FALLU PASSER LE PAS, se dit d'une personne qu'on a forcée à faire quelque chose. — FRANCHIR LE PAS, se décider à faire une chose. après avoir longtemps hésité: *il a balancé longtemps sa réponse, mais enfin il a franchi le pas.* On dit dans le même sens, SAUTER LE PAS. — Seuil: *il est sur le pas de la porte.* — Marches qui sont au devant d'une entrée: *prenez garde, il y a ici un pas.* — PAS D'UNE VIS, PAS-DE-VIS, espace compris entre deux filets d'une vis : *plus le pas de la vis est petit, plus la vis augmente de force.* — Horlog. Pas D'UNE FUSÉE, chacun des tours de l'espèce de rainure en spirale qui est taillée autour de la fusée : *la fusée d'une montre a ordinairement cinq ou six pas.* — Pas à pas, loc. adv. Un pas après l'autre et doucement : *aller pas à pas.* — Pas a pas on va bien loin, quand on va toujours, on ne laisse pas d'avancer beaucoup quoiqu'on aille lentement. Il se dit au propre et au figuré. — De ce pas, tout de ce pas, loc. adv. A l'heure même, à l'heure même, où je vous parle : *j'y vais de ce pas, allez-y tout de ce pas.*

* **PAS** adv. de négation, qui est toujours précédé ou censé précédé de l'une des négatives *ne* ou *non.* Point, nullement : *je ne le veux pas; n'y allez pas; Avez-vous de l'argent? Pas trop, pas beaucoup* : on dit quelquefois, Point trop: on ne dit jamais, point beaucoup. (Voy. la différence de pas et de *point* au mot ne.) — Joint avec le mot *un, une,* signifie nul, nulle, aucun, aucune : *pas un ne le dit, pas un ne le croit; pas une expérience ne lui a réussi.*) Pour les autres emplois de l'adv. pas, voy. ne.)

PAS ch.-l. de cant., arr. et à 28 kil. S.-O. d'Arras (Pas-de-Calais) ; 900 hab.

PASARGADE, cap. de la Perse ancienne sous les règnes de Cyrus et de Cambyse. On ne connaît son emplacement exact, mais on pense qu'elle s'élevait près de Murgab, dans le Farsistan, à 110 kil. N.-S. de Shiraz. On la vénérait à cause de son antiquité, et les rois de Perse y étaient couronnés. C'était la place forte de la plus noble des trois tribus principales des anciens Perses. Les Achéménides, famille royale de la Perse ancienne, étaient un clan de Pasargades.

PASCAGOULA, fleuve de l'état de Mississipi (États-Unis), formé par la réunion de la Leaf et du Chickasahay, dans le comté de Greene ; il coule au S. sur une long. d'environ 80 kil. à travers le comté de Jackson, dans le *Sound* du Mississipi, par deux embouchures, formant la baie de Pascagoula. Les petits navires peuvent le remonter, lui et son affluent pendant plus de 160 kil. Il dérive des Pasca-Ogoulas (Mangeurs-de-pain) ou Pascagoulas, tribu d'Indiens qui habitaient autrefois le voisinage.

* **PASCAL, ALE** adj. (lat. *paschalis;* de *pascha,* pâque). Qui appartient à la pâque des Juifs, ou à la fête de Pâques des chrétiens : *les Juifs mangeaient l'agneau pascal debout, les reins ceints, et un bâton à la main.* Le pluriel masculin *pascaux* n'est point usité.

PASCAL (Blaise), géomètre, philosophe et écrivain, né à Clermont (Puy-de-Dôme) le 19 juin 1623, mort à Paris le 19 août 1662. Son père, étant devenu veuf, vendit sa charge de président à la cour des aides de Clermont-Ferrand, s'établit à Paris et y dirigea l'éducation de Blaise, qui se fit remarquer par son aptitude pour les mathématiques. Admis dans un cercle de savants qui se réunissait chez son père, le futur géomètre montra une telle précocité dans son avidité à s'instruire que l'on crut devoir le garder à l'avenir de parler devant lui d'objets susceptibles d'encourager son goût; mais il étudia en secret, et, à l'âge de 16 ans, il composa un *Traité des sections coniques,* inventa une machine à calculer, la chaise à porteur à roue (brouette), une sorte de haquet, et, suivant quelques-uns, la presse hydraulique. Après avoir fait des expériences barométriques qui confirmaient les découvertes de Galilée, de Torricelli et de Descartes touchant la pesanteur et l'élasticité de l'air, il se servit du baromètre pour le nivellement et pour déterminer la pression des liquides sur les parois des vaisseaux où ils sont contenus, ainsi que pour établir les lois

de leur équilibre. Ses *Expériences touchant le vide,* parurent en 1647. En 1654, il termina un « triangle arithmétique », au moyen duquel il démontra mathématiquement certaines lois relatives aux jeux de hasard; c'était un pas vers le théorème du binôme de Newton. Ses travaux affectèrent sa santé, et il fut quelque temps paralysé des jambes. Pendant les huit dernières années de sa vie, il mena une vie austère, prit parti pour Port-Royal, et écrivit ses célèbres *Lettres provinciales* (1656-'57), qui furent condamnées par le saint-siège et brûlées publiquement. Elles étaient évidemment inspirées par le sentiment d'hostilité qui, un siècle plus tard, aboutit à l'expulsion des jésuites. Malgré ses souffrances physiques, il compléta les recherches de Galilée, de Torricelli, de Descartes et de Fermat sur les propriétés de la cycloïde, et, en 1659, publia son *Traité général de la roulette.* Ses *Pensées sur la Religion* ont été réimprimées sur l'édition originale de 1670, d'abord en 1672, et, en 1684, avec une vie de Pascal par sa sœur, Mᵐᵉ Périer; puis, en 1776, par Condorcet. En 1844, Prosper Faugère, suivant les suggestions de Cousin, qui avait indiqué des altérations et des omissions dans toutes ces réimpressions et dans celles qui les avaient suivies, publia une édition plus correcte qui donna lieu à une controverse relative à l'œuvre elle-même et au prétendu scepticisme de Pascal, qui fut suivie d'une série de publications par Cousin, Sainte-Beuve et autres. *Les pensées, opuscules et lettres de Pascal,* édités par Plon, conformément aux manuscrits originaux, parurent en 1873, et avec des illustrations par Gaucherel en 1874. — La jeune sœur de Pascal, Jacqueline (1625-'61) a laissé des mélanges, recueillis par Faugère (1845) et par Cousin, dans la biographie qu'il a donnée de cette femme célèbre (1849).

PASCAL, nom de deux papes et de deux antipapes. — Le premier antipape, mort en 694, était archidiacre, lorsqu'on l'élut contre Sergius (687). Il fut peu après relégué dans un monastère. — Pascal Iᵉʳ (Saint), pape, né à Rome, mort en 824. Il succéda à Étienne IV (817), couronna l'empereur Lothaire (823). Fête 14 mai. — Pascal II (Raniéri de Bieda), pape, mort en 1118. Il fut nommé cardinal par le pape Grégoire VII. Elu pape le 13 août 1099, il s'engagea presque immédiatement dans la querelle des investitures avec l'empereur d'Allemagne, Henri IV, qu'il excommunia. Henri V continua la lutte, emprisonna le pontife et lui arracha le droit de donner l'investiture à ses prélats, pourvu que l'élection fût libre. En 1112, un concile condamna solennellement l'abandon que Pascal avait fait de ses droits; Henri marcha sur Rome et obligea le pape à s'enfuir à Bénévent. Après le départ de l'empereur, Pascal fit de vigoureux préparatifs de guerre, mais il mourut avant d'avoir pu se mettre en campagne. Il avait eu sur le même sujet avec Henri Iᵉʳ d'Angleterre une querelle qui fut réglée par un compromis.

* **PAS-D'ÂNE** s. m. Nom vulgaire du tussilage commun.

PAS DE CALAIS, anc. *Fretum Gallicum,* appelé par les Anglais *Détroit de Douvres,* bras de mer qui fait communiquer la Manche avec la mer du Nord et qui sépare la France de l'Angleterre. Son entrée au S.-O. est marquée par les caps Gris-Nez, en France, et Dungenesse, en Angleterre, et se trouve de 41 kil. Il se termine au N.-E. entre le cap South-Foreland (Angleterre) et un point de la côte française situé à 12 kil. N.-E. de Calais; il y mesure également 41 kil. de large. Sa moindre largeur, entre Calais et Douvres, est de 34 kil. Sa longueur totale est de 40 kil.

PAS-DE-CALAIS (Le), dép. de la région

septentrionale de la France, ainsi nommé du détroit qui le sépare de l'Angleterre : situé entre le détroit du Pas de Calais, la mer de la Manche, les dép. de la Somme et du Nord; formé par la province d'Artois et du Boulonnais, du Calaisis et de l'Ardresis ; 6,605 kil. carr.; 849,022 hab. — Le territoire du dép. est plat; une chaîne de petites collines le coupe en deux parties à peu près égales et vient se terminer au cap Gris-Nez, partageant le versant de la Manche de celui de la mer du Nord. C'est dans le Boulonnais, qui se distingue par quelques jolis paysages, que se trouve le point culminant du dép. au S. de Desvres (212 m.). La partie orientale de l'ancien Calaisis se compose de plaines basses et de marais dont les deux tiers sont desséchés à l'aide de digues et de canaux. Les côtes du dép. se développent sur une longueur de 110 kil. dont 65 sur la Manche et 45 sur la mer du Nord. En partant de l'embouchure de l'Aa, on rencontre d'abord un rivage bordé de dunes, puis le port de Calais, les belles falaises à pic du cap Blanc-Nez (134 de haut), des dunes et des falaises, alternant jusqu'au cap Gris-Nez, l'un des points de la France les plus rapprochés de l'Angleterre; ensuite, des dunes qui ont ensablé les ports d'Ambleteuse et de Vimereux. Au S. de ce dernier port, les falaises reparaissent, elles dominent le port de Boulogne et se terminent vers le cap d'Alprech pour faire place à une chaîne de dunes remarquables qui ont jusqu'à 158 m. de haut près de Neufchâtel. Les principaux cours d'eau sont la Scarpe et la Lys (tributaires de l'Escaut), l'Aa et la Canche, réunis les uns aux autres par des canaux; on remarque aussi la Sensée et l'Authie. La grande richesse minérale du dép. consiste en houille (bassins de Valenciennes, de Mons et d'Hardinghen). Agriculture florissante : betteraves, légumes, orge pour la bière, plantes oléagineuses. Industrie développée : sucre, alcools, bière, fer; pain d'épice d'Arras. Ports : Calais, Boulogne, Etaples. — Ch.-l. Arras; 6 arr., 44 cant.; 904 comm., 9 places fortes, dont voici les principales : Arras, Béthune, Aire, Saint-Omer, Calais, Boulogne. — Diocèse d'Arras, suffragant de Cambrai. Les tribunaux ressortissant à la cour d'appel de Douai. — Ch.-l. d'arr. Arras, Béthune, Boulogne, Montreuil, Saint-Omer, Saint-Paul.

PASIGRAPHIE s. f. [pa-zi-gra-fî] (gr. *pasi,* pour tous; *graphein,* écrire). Écriture universelle. — Système dont le but est d'enseigner aux peuples le moyen de communiquer les uns avec les autres au moyen de nombres qui éveilleraient les mêmes idées dans toutes les langues. Une société ayant pour objet de répandre cette conception a été fondée à Munich et a publié un dictionnaire et une grammaire pour les Allemands, les Français et les Anglais (1868-'71).

PASIGRAPHIQUE adj. Qui a rapport à la pasigraphie.

PASILALIE s. f. [pa-zi-] (gr. *pasi,* pour tous; *laleô,* je parle). Langue universelle.

PASILALIQUE adj. Qui a rapport à la pasilalie.

PASIPHAÉ. Voy. Minos.

PASITHÉE, fille de Jupiter et d'Eurynomé; l'une des trois Grâces.

PASKÉVITCH (Ivan), prince de Varsovie, homme de guerre russe, né en 1782, mort en 1856. Après une brillante carrière militaire, il fut nommé en 1827 au commandement en chef contre les Persans, et en oct. il s'empara d'Erivan, fait pour lequel il reçut un million de roubles et le titre de comte d'Erivan. Franchissant l'Aras et exécutant une marche rapide, il entra bientôt dans Tabris. En 1829, profitant de la trahison des janissaires, il prit Erzeroum le 9 juillet, et fut fait maréchal de camp et gouverneur de la Géorgie. En 1834, il fut nommé commandant en chef en Pologne. Varsovie capitula (8 sept.) après une lutte désespérée, Paskevitch fut nommé prince de Varsovie et gouverneur de la Pologne, transformée alors en province russe. Différentes tentatives de soulèvement furent promptement réprimées, quoique Paskevitch montrât généralement une grande modération. Comme commandant pendant l'invasion de la Hongrie en 1849, il agit avec circonspection, et écrasa lentement les Hongrois sous le poids de masses convergentes. La reddition de Gœrgey à Vilagos (13 août) mit fin à la lutte. Lors du 50° anniversaire de son entrée dans l'armée, Paskevitch reçut le titre de maréchal de camp en même temps de l'empereur d'Autriche et du roi de Prusse. En avril 1854, il prit le commandement de la principale armée dans la guerre contre la Turquie après la première et désastreuse campagne sur le Danube; mais il fut blessé devant Silistrie (8 juin), où il échoua; et il donna sa démission.

PASQUIER (Étienne) [pâ-kié], célèbre jurisconsulte, né à Paris en 1529, mort dans la même ville en 1615; il devint, en 1585, procureur général à la cour des comptes, et fut, en 1588, élu aux états généraux de Blois. Après avoir suivi le parlement royaliste à Tours, il revint à Paris avec Henri IV, et s'engagea dans des querelles avec les jésuites. En 1603, il se démit de sa charge en faveur de son fils aîné. Ses meilleurs ouvrages sont ses *Recherches de la France*, lettres familières sur les mœurs du temps, et son *Interprétation des Institutes de Justinien*, éditée par Charles Giraud (1847). Ses *Œuvres complètes* ont été réunies en 2 vol. in-fol. (1723).

PASQUIER (Etienne-Denis, DUC), homme d'État français, de la même famille que le précédent, né en 1767, mort en 1862. Son père fut décapité pendant la Révolution, et il fut-lui-même emprisonné. Sous l'Empire, il occupa de hauts emplois. Préfet de police, il fut accusé d'inertie à l'occasion de la conspiration de Malet (1812), mais le tribunal l'acquitta. Sous la Restauration, il fut successivement directeur général des ponts et chaussées, garde des sceaux et ministre de la justice et des affaires étrangères. En 1830, Louis-Philippe le nomma président de la Chambre des pairs, avec le titre honorifique de chancelier de France; en 1844, le roi le créa duc. Il était membre de l'Académie française; il a laissé de volumineux mémoires.

PASQUIN s. m. [pass-kain] (ital. *pasquino*). Nom moderne d'une vieille statue mutilée, qui est à Rome, et à laquelle on a coutume d'attacher de petits écrits satiriques. On désigne quelquefois, par ce nom, un méchant diseur de bons mots, un satirique du genre bas et bouffon : *cet homme est un pasquin, n'est qu'un pasquin.* — Écrit satirique : *faire courir un pasquin.* — Nom d'un valet de comédie. — ENCYCL. Dans la seconde moitié du XVᵉ siècle, l'échoppe d'un tailleur nommé Pasquino était très fréquentée des gens à la recherche des nouvelles scandaleuses. Il sortit de cette boutique tant de personnalités caustiques que peu à peu tout propos satirique fut attribué à Pasquino ou à son échoppe. Une statue ayant été déterrée, après la mort du tailleur, tout près de la boutique qu'il occupait, le peuple proclama que Pasquino était revenu parmi les vivants. Le torse mutilé fut appelé de son nom, et de là la coutume d'y attacher des épigrammes ou des fragments d'écrits satiriques, dont les attaques s'adressaient surtout au pape et aux cardinaux.

PASQUINADE s. f. Placard satirique qu'on attache à la statue de Pasquin à Rome; et,

par ext., raillerie bouffonne et triviale : *faire des pasquinades; un faiseur de pasquinades.*

PASSABLE adj. Qui peut être admis comme n'étant pas mauvais dans son espèce : *ce vin n'est pas excellent, mais il est passable.*

PASSABLEMENT adv. D'une manière supportable, de telle sorte qu'on peut s'en contenter : *il s'est acquitté passablement, passablement bien de cette commission, de ce message, de ce rôle.*

PASSACAILLE s. f. [ll mll.] (esp. *pas a calle*; de *passar*, passer; *calle*, rue). Espèce de chaconne d'un mouvement plus lent que la chaconne ordinaire : *une belle passacaille.* — Espèce de danse qu'on exécutait sur l'air d'une passacaille : *il y a longtemps qu'on ne danse plus de passacailles.*

PASSADE s. f. Passage d'un homme dans un lieu où il fait peu de séjour : *il n'a pas séjourné là, il n'y a fait qu'une passade.* — Prov. CELA EST BON POUR UNE PASSADE, cela est bon pour une fois, mais à la charge de n'y plus retourner. — Commerce avec une femme qu'on quitte aussitôt après qu'on l'a possédée : *avoir une passade, quelques passades.* — Aumône demandée par des gens qui ne font que passer et qui n'ont pas coutume de mendier : *il y avait sur le chemin beaucoup de soldats qui demandaient la passade.* (Vieux.) — Man. Course d'un cheval qu'on fait passer et repasser plusieurs fois sur une même longueur de terrain : *il fit faire plusieurs passades à son cheval.* — Natat. Action par laquelle un nageur en enfonce un autre dans l'eau et le fait passer sous lui.

PASSAGE s. m. Action de passer. Se dit activement de la personne qui passe, et passivement du lieu qui est traversé, par lequel on passe : *le passage de l'armée; le passage des Alpes.* — Fam. CETTE ROUTE, CETTE VILLE EST D'UN GRAND PASSAGE, cette route est parcourue, cette ville est traversée par un grand nombre de personnes. — Se dit, particul. en parlant des oiseaux et des poissons qui changent de lieu dans certaines saisons : *le passage des ramiers, des cailles, des bécasses*, etc. — OISEAUX DE PASSAGE, oiseaux qui, en certaine saison, passent d'un pays dans un autre : *les hirondelles, les cailles sont des oiseaux de passage.* — Fig. et fam. C'EST UN OISEAU DE PASSAGE, se dit d'une personne qui n'est en quelque lieu que pour peu de temps. — Moment de passer : *son passage fut court.* — Fig. Transition : *le passage de cette idée à celle qui la suit est trop brusque, n'est pas bien ménagé.* — Particul. et au sens moral. Changement d'une situation, d'une disposition d'âme en une autre : *le passage d'une vie mondaine à une vie chrétienne est rare et difficile.* — LA VIE N'EST QU'UN PASSAGE, elle est courte. — Lieu par où l'on passe : *il passe bien du monde par là, c'est un grand passage.* — Se dit, particul. à Paris et dans quelques autres grandes villes, de certaines issues ordinairement couvertes, où l'on passent que les piétons, et qui servent comme de dégagement aux rues voisines : *le passage de l'Opéra.* — Chem. de fer. PASSAGE A NIVEAU, endroit où un chemin ordinaire rencontre sur le même niveau une voie ferrée de manière à former un passage d'un côté à l'autre de la voie. — Jurispr. Droit général ou particulier de passer sur la propriété d'autrui, par prescription ou par convention : *passage de souffrance, de servitude.* — Voyage au delà des mers, soit en allant, soit en revenant, ou somme qu'on paye pour faire transporter par mer sa personne, ses effets, sa pacotille : *j'ai payé mon passage sur le bateau à vapeur; nous avons eu un beau temps pendant notre passage.* — Droit qu'on paye pour traverser une rivière dans un bac ou dans un bateau, pour passer sous un pont, sur un pont, par une écluse, etc. :

ce passage de port appartient à la ville, qui l'afferme fort cher — DROIT DE PASSAGE, somme que payaient, au profit de l'ordre, ceux qui, sortis d'un ordre religieux, étaient reçus dans celui de Malte, ou dans quelques autres ordres religieux et militaires. — Fig. Certain endroit d'un auteur, d'un ouvrage que l'on cite, que l'on allègue, que l'on indique : *il y a dans ce livre un beau passage, un passage bien remarquable.* — Mus. Ornement qu'on ajoute à un trait de chant: *ce chanteur fait trop de passages.* — Astron. Moment où un astre est interposé entre l'œil d'un observateur et d'autres corps fixes ou mobiles auxquels il rapporte sa position : *observer le passage d'une étoile aux fils du micromètre.* — Man. Action mesurée et cadencée du cheval dans son allure, qui dès lors est ou doit être soutenue : *le passage qui tient du trot est plus brillant et plus sonore que le passage qui tient du pas.* — Législ. « Lorsqu'un terrain est enclavé de telle manière qu'il n'y a sur la voie publique aucune issue ou qu'une issue insuffisante pour son exploitation, le propriétaire de ce fonds peut réclamer un passage sur ceux de ses voisins, à la charge d'une indemnité proportionnée au dommage qu'il doit occasionner. En principe, le passage doit être pris du côté où le trajet est le plus court du fonds enclavé à la voie publique; mais il doit néanmoins être fixé dans l'endroit le moins dommageable à celui sur le fonds duquel il est accordé. Si l'enclave résulte de la division du fonds par suite d'une vente, d'un partage ou de tout autre contrat, le passage doit être exclusivement demandé sur les fonds qui ont fait l'objet de ces actes, à moins que l'on ne puisse y établir un passage suffisant. Le droit de réclamer le passage est imprescriptible; mais lorsque le mode de passage n'a pas été déterminé par un contrat, il est fixé par trente ans d'usage continu. L'action en indemnité peut être prescrite par le même espace de temps, le dans ce cas, le passage peut être continué quoique l'action en indemnité ne soit plus recevable (C. civ. 682 et s., L. 20 août 1881). En outre de ce droit de passage établi par la loi en faveur des fonds enclavés, des servitudes de passage peuvent être créées en vertu d'un titre, pour le service de tout autre immeuble. » (Voy. SERVITUDE.) (CH. Y.)

PASSAGER v. a. Man. PASSAGER UN CHEVAL, le conduire et le tenir dans l'action du passage. Se dit neutralement du cheval qui est dans cette action : *ce cheval passage bien.*

PASSAGER, ÈRE adj. Qui ne s'arrête point dans un lieu, qui ne fait que passer : *les maquereaux sont des poissons passagers.* — Fig. Qui est de peu de durée : *les plaisirs de ce monde sont passagers; ce n'est qu'une douleur passagère.*

Je n'aurais inspiré qu'un amour passager.
COLIN D'HARLEVILLE. *L'Inconstant*, acte II, sc. VII.

PASSAGER, ÈRE s. Celui, celle qui s'embarque sur un bâtiment pour le faire ou passer en quelque lieu: *il y avait sur ce bâtiment cent soldats et vingt passagers.* — Celui, celle qui ne fait que passer dans un lieu, qui n'y a point de demeure fixe : *je ne fais pas ma demeure ici, je n'y suis que passager; j'ai acheté cela d'un passager; je l'ai ouï dire à des passagers.*

PASSAGÈREMENT adv. En passant, pour peu de temps : *je ne suis ici que passagèrement.*

PASSAIC [pas-sè-ik], fleuve de New-Jersey, qui naît dans le comté de Morris, et après un cours tortueux, d'abord au N., puis au S., sur une longueur de 140 kil., entre dans la baie de Newark. Une petite partie de son cours est navigable pour les sloops. A Paterson, il fait une chute de 72 pieds (50 pieds perpendiculairement), qui donne une force hydraulique immense.

PASSAIS, ch.-l. de cant., arr. et à 13 kil. S.-O. de Domfront (Orne), dans la vallée de la Pisse ; 1,700 hab.

PASSAMAQUODDY (Baie de), baie située entre l'extrémité S.-E. du Maine, à l'angle S.-O. du Nouveau-Brunswick, longue d'environ 48 kil. et large de 9 kil. à son entrée. Elle reçoit le fleuve Sainte-Croix. L'île de Campo Bello se trouve en travers de l'entrée de la baie, et au dedans, on rencontre l'île de Daim (*Deer Island*) et un groupe d'îlots appelé les Iles du Loup (*Wolf Islands*). La marée y monte de 25 pieds et il est rare que la baie soit obstruée par les glaces.

* **PASSANT, ANTE** adj. N'est usité que dans ces locutions, CHEMIN PASSANT, RUE PASSANTE, chemin par lequel il passe beaucoup de monde, CHEMIN PASSANT, chemin public où tout le monde a droit de passer.

* **PASSANT** s. m. Celui qui passe par une rue, par un chemin, etc. : *il fait chez lui un bruit à rassembler, à amasser les passants.* On l'a souvent employé dans les épitaphes : « ARRÊTE, PASSANT », arrête, toi qui passes ici :

Sta, viator, heroem calcas.

PASSARO (Cap), Pachynum promontorium, promontoire de l'extrémité S.-E. de la Sicile, près de la petite île de ce nom, par 36°41′ lat. N. et 12°49′ long. E. Victoire de l'amiral anglais Byng sur les Espagnols (1718).

PASSAROWITZ [pas-sa-ro-vitss], (serb. *Pozharevatz*), ville de Serbie, à 65 kil. E.-S.-E. de Belgrade ; 7,000 hab. environ. La Turquie, humiliée par les victoires du prince Eugène, fit des concessions de territoire considérables à la paix qu'elle y conclut, le 21 juillet 1718, avec l'Autriche et Venise.

* **PASSATION** s. f. Prat. Action de passer un contrat : *assister à la passation d'un contrat, d'un acte.*

PASSAU [pas-sao], ville forte de la basse Bavière, à 150 kil. E.-N.-E. de Munich ; 14,757 hab. L'Inn, le Danube, l'Ilz la divisent en trois parties. C'est une des places les plus fortes du Danube. Manufactures de porcelaine, de cuirs, de papiers, de fer, de cuivre, etc. Ses évêques étaient autrefois princes indépendants ; mais elle a été sécularisée en 1803 et incorporée à la Bavière en 1805. Un traité, garantissant la liberté religieuse aux protestants de l'Allemagne, y fut conclu en 1552 entre Charles V et Maurice de Saxe.

* **PASSAVANT** s. m. Mar. Passage établi de chaque côté d'un grand vaisseau de guerre, pour servir de communication entre les deux gaillards.

* **PASSAVANT** s. m. Douanes et contr. indir. Acte, billet qui autorise à transporter d'un lieu à un autre une quantité de denrées ou marchandises de moindre valeur que celles qui sont assujetties à l'acquit à caution : *le passavant doit être représenté aux préposés, sur la route, toutes les fois qu'ils le requièrent.*

PASSAVANT (Johann-David), écrivain allemand qui s'est consacré à l'histoire de l'art, né en 1787, mort en 1861. Il était inspecteur du musée Staedel, à Francfort. Ses œuvres comprennent : *Rafael von Urbino und sein Vater Giovanni Santo* (1839-'58, 3 vol.); *Die christliche Kunst in Spanien* (1853), et *Le Peintre-graveur* (1860-'64, 6 vol.).

* **PASSE** s. f. (rad. *passer*). Petite somme qu'il faut ajouter à des pièces de monnaie, pour achever un compte : *vous me devez soixante-deux francs, et vous ne me donnez que trois pièces de vingt francs : il me faut encore deux francs pour la passe.* — Petite somme qui ramène à leur valeur primitive les pièces de monnaie

que le gouvernement a réduites à leur valeur intrinsèque : *voilà un écu de six francs et vingt centimes pour la passe.* — LA PASSE DU SAC, ce qu'on paie pour le prix du sac où est renfermée la somme qu'on reçoit : *j'ai donné quinze centimes pour la passe du sac.* (Vieux.) — Jeux de comm. Mise que chacun doit faire de quelques jetons ou fiches, à chaque nouveau coup : *mettez votre passe.* — Impr. MAIN DE PASSE, ou CHAPERON, main de papier qu'on délivre à l'ouvrier imprimeur en sus de chaque rame, pour servir à la mise en train, et pour suppléer aux feuilles qui seraient gâtées ou qui manqueraient dans la rame : *la main de passe a produit douze exemplaires de plus que les cinq cents exemplaires demandés.* — Escr. Action par laquelle on avance sur l'adversaire, en faisant passer le pied gauche devant le pied droit : *faire une passe sur quelqu'un.* — Danse. Mouvement du corps particulier à quelques figures. — Jeu de billard et Jeu de mail. Petite arcade de fer, par laquelle il faut que la bille ou la boule passe, selon les règles du jeu : *cette passe est trop large ; il n'y a presque plus de billards qui aient une passe.* — Jeu du mail. ÊTRE EN PASSE, SE METTRE EN PASSE, VENIR EN PASSE, être, se mettre, venir vis-à-vis de la passe : *il joue bien au mail; dès le second, dès le troisième coup, il vient en passe.* — ÊTRE EN PASSE, VENIR EN PASSE, etc., être dans un lieu du billard, d'où l'on peut sans bricole, et, en traversant la passe, toucher la bille opposée. — ÊTRE EN PASSE D'AVOIR QUELQUE EMPLOI, QUELQUE CHARGE, etc., être dans une position favorable pour l'obtenir : *il est en passe d'être, de devenir officier.* — Mar. Sorte de canal de mer entre deux bancs, par où les bâtiments peuvent passer sans échouer : *on peut entrer dans ce port par deux passes.* — LETTRES DE PASSE, lettres accordées pour passer d'un emploi à un autre. — MOT DE PASSE, mot qu'il faut dire pour pouvoir pénétrer dans un endroit gardé. — Partie d'un chapeau de femme, qui est attachée à la forme, et qui abrite le visage.

* **PASSÉ, ÉE** part. passé de PASSER. Flétri, écoulé : *une fleur passée.* — Adj. Qui a été autrefois et qui n'est plus : *le temps passé; on connaît sa vie passée.*

Je pleure, ô liberté! je pleure tes victimes;
Mais les âges passés sont-ils donc purs de crimes?
F. PONSARD, *Charlotte Corday*, prologue.

— s. Le temps passé : *le passé, le présent et l'avenir; on rappelle tout ce qu'il avait fait par le passé.* — Ce que l'on a fait ou dit autrefois : *il ne faut plus se souvenir du passé.* — Prépos. Après : *passé cette époque, il ne sera plus temps.* — Gramm. Le prétérit, l'inflexion du verbe par laquelle on marque un temps passé : *Le passé défini; le passé indéfini; le passé de l'indicatif, du subjonctif, de l'infinitif.* — PARTICIPE PASSÉ. (Voy. PARTICIPE.)

PASSE-BALLE s. m. Planche percée de trous, d'une grandeur déterminée, dans lesquels on fait passer des balles pour vérifier leur calibre. — pl. *Des passe-balles.*

* **PASSE-CARREAU** s. m. Morceau de bois long sur lequel les tailleurs passent les coutures au fer. — pl. *Des passe-carreaux.*

* **PASSE-CHEVAL** s. m. Espèce de petit bac destiné à passer un cheval d'un bord de la rivière à l'autre. — pl. *Des passe-chevaux.*

PASSE-CICÉRO s. m. Typogr. Caractère immédiatement au-dessus du cicéro. — pl. *Des passe-cicéro.*

PASSE-COLMAR s. m. Variété de poire. — pl. *Des passe-colmars.*

PASSE-CORDE s. m. Grosse aiguille d'emballeur, de bourrelier. — pl. *Des passe-cordes.*

PASSE-COUPE s. m. Opération familière aux tricheurs et qui consiste à faire sauter la coupe. — pl. *Des passe-coupes.*

* **PASSE-DEBOUT** s. m. Fin. Permission donnée à un négociant ou à un voiturier, de faire entrer, sans payer l'octroi, des marchandises dans une ville, où elles ne pourront être vendues, ni même déchargées, et qu'elles ne feront que traverser pour être conduites à leur destination. — pl. *Des passe-debout.*

* **PASSE-DIX** s. m. Sorte de jeu qui se joue avec trois dés, et dans lequel un des joueurs parie amener plus de dix.

* **PASSE-DROIT** s. m. Grâce qu'on accorde à quelqu'un, contre le droit et contre l'usage ordinaire, sans tirer à conséquence : *on l'a reçu docteur sans l'examiner, c'est un passe-droit qu'on a fait en sa faveur.* — Injustice qu'on fait à quelqu'un, en lui préférant, pour un grade, pour un emploi, pour une récompense, une personne qui a moins de titres ou qui par l'ancienneté ou pour les services : *on lui a fait un passe-droit en donnant le brevet de colonel à un de ses cadets.* — pl. *Des passe-droits.*

* **PASSÉE** s. f. Chasse. Moment du soir où les bécasses se lèvent du bois pour aller dans la campagne : *tuer, prendre des bécasses à la passée.*

* **PASSE-FLEUR** s. f. Sorte de plante et de fleur qu'ordinairement on appelle ANÉMONE. — pl. *Des passe-fleurs.*

* **PASSÉGER** v. n. Man. Voy. PASSAGER.

* **PASSE-LACET** s. m. Grosse aiguille aplatie, destinée à passer les lacets dans les œillets métalliques. — pl. *Des passe-lacets.*

* **PASSEMENT** s. m. Tissu plat et un peu large, de fil d'or, de soie, de laine, etc., qu'on met pour ornement sur des habits, sur des meubles : *passement d'or, d'argent, de soie,* etc.

* **PASSEMENTER** v. a. Chamarrer de passements : *passementer un habit.*

* **PASSEMENTERIE** s. f. Art et commerce du passementier.

* **PASSEMENTIER, IÈRE** s. Celui, celle qui fait, qui vend des passements d'or, d'argent, de soie, etc.

* **PASSE-MÉTEIL** s. m. Blé où il y a deux de froment sur un tiers de seigle. — pl. *Des passe-méteil.*

PASSE-MONTAGNE s. m. Sorte de bonnet de laine recouvrant la tête, le cou et le haut des épaules, mais dégageant les yeux et une partie de la figure. — pl. *Des passe-montagnes.*

* **PASSE-PAROLE** s. m. Guerre. Commandement donné à la tête d'une troupe, et qu'on fait passer de bouche en bouche jusqu'à la queue. — pl. *Des passe-paroles.*

* **PASSE-PARTOUT** s. m. Clef faite de façon qu'elle puisse ouvrir plusieurs serrures différentes dans un même appartement, dans une même maison : *les supérieurs des communautés avaient des passe-partout pour ouvrir toutes les portes.* — Clefs qui, étant pareilles, servent à plusieurs personnes pour ouvrir une même porte : *chacun des locataires de cette maison a un passe-partout pour ouvrir la porte de l'allée.* — Fig. et Prov. L'ARGENT EST UN BON PASSE-PARTOUT, l'argent donne entrée partout. — Grav. Planche gravée dans laquelle on a réservé une ouverture pour y placer une autre planche gravée exprès, à laquelle la première sert de bordure et d'ornement. — Dess. Cadre avec glace, dont le fond s'ouvre à volonté, pour recevoir les différents dessins qu'on voudra successivement y placer. — Encadrement de papier, orné de filets et de teintes variées, dans lequel on place un dessin. — Typogr. Ornement de bois ou de fonte, gravure ou vignette, dont le milieu est percé et peut recevoir une lettre quelconque destinée à être mise en tête d'un livre ou de ses chapitres. On emploie peu aujourd'hui les passe-partout. — pl. *Des passe-partout.*

* **PASSE-PASSE** s. m. N'est usité que dans cette locution, Tours de passe-passe, tours d'adresse, de subtilité, que font les joueurs de gobelets, les charlatans : *voilà un beau tour de passe-passe.* — Fig. et fam. Faire des tours de passe-passe, tromper, fourber adroitement. — pl. *Des passe-passe.*

* **PASSE-PIED** s. m. Espèce de danse sur un air à trois temps, dont le mouvement est fort vite : *danser le passe-pied.* — Air sur lequel on danse le passo-pied : *jouer un passe-pied.* — pl. *Des passe-pieds.*

* **PASSE-PIERRE** s. f. Plante qui croît naturellement sur les bords de la mer, et qui sort des fentes des rochers. On la nomme aussi Bacile, Perce-pierre, et Fenouil marin. — Pl. *Des passe-pierres.*

* **PASSEPOIL** s. m. Liséré de soie, de drap, etc., qui borde certaines parties d'un nabit, d'un gilet, etc., ou qui règne le long d'une couture ; il est formé d'une bande étroite d'étoffe qu'on met entre les deux parties d'une couture, ou entre le dessus et la doublure, de manière qu'elle dépasse un peu l'un et l'autre : *des revers bleus avec un passepoil rouge ; des passepoils.*

* **PASSEPORT** s. m. Ordre par écrit donné par les autorités compétentes, pour la liberté et la sûreté du passage des personnes, des effets, des marchandises, etc. Le passeport a aussi pour but de constater l'identité des personnes qui en sont munies : *les ambassadeurs furent quelque temps à attendre leurs passeports.* — Fig. et fam. Il porte son passeport avec lui, se dit d'un honnête homme reconnu pour tel, et d'un homme dont l'extérieur agréable et décent doit le faire bien recevoir partout. — Se dit quelquefois, fig., des choses qui en font passer, qui en font supporter d'autres : *l'allégorie sert de passeport aux vérités les plus hardies.* — Législ. « La présentation d'un passeport peut être exigée de toute personne qui voyage hors du territoire du canton où elle a son domicile (L. 10 vendém. an IV, tit. III). Cette prescription est depuis longtemps tombée en désuétude, par suite de la fréquence sans cesse croissante des déplacements ; mais la loi subsiste et l'autorité administrative peut, à toute époque, en exiger l'exécution. Le passeport à l'intérieur est délivré par le maire de la commune ; il n'est valable que pour un an. Le passeport à l'étranger est délivré par le sous-préfet, au vu motivé du maire (Décr. 13 avril 1861, art. 6, 2°). Les feuilles servant à délivrer les passeports doivent être timbrées, et elles sont fournies exclusivement par l'administration de l'enregistrement sous la forme de registres à souche (Décr. 11 juillet 1840). Le prix du passeport à l'intérieur est de deux francs, et celui du passeport à l'étranger de dix francs, non compris les deux décimes ajoutés par l'art. 5 de la loi du 2 juin 1875. Les passeports à l'étranger doivent être visés en France par le représentant du pays pour lequel ils sont destinés ; et ces visas sont diversement tarifés. Des passeports gratuits sont délivrés par les préfets aux indigents qui veulent regagner leurs foyers ; et ces passeports donnent souvent droit à des secours de route (30 centimes par myriamètre) qui sont payés de cinq en cinq myriamètres et qui sont avancés par les maires, sauf remboursement sur les fonds départementaux (L. 13 juin 1790, art. 7). La falsification et la supposition de noms dans les passeports sont des délits punis par le Code pénal. (Voy. Faux et Nom.) » (Ch. Y.)

* **PASSER** v. n. (rad. *pas* ; du lat. *passus*). Aller d'un lieu, d'un endroit à un autre, traverser l'espace qui est entre-deux ; ou simplement, traverser un lieu, une chose : *passez*

de ce côté-ci ; il a passé le long de la muraille.* — Fig. *La maladie a passé par toutes ses périodes ; passer de l'amour à la haine, de la tristesse à la joie, de l'opulence à la pauvreté,* etc. — Mus. *Passer d'un ton, d'un mode à un autre, dans un autre.* — Tactiq. *Passer de l'ordre en bataille à l'ordre en colonne.* — Passer debout, se dit des marchandises qui, pour être transportées à leur destination au delà d'une ville, la traversent sans pouvoir y être vendues, ni même déchargées. — Guerre. Passez au large ! cri par lequel les sentinelles avertissent, pendant la nuit, de passer à quelque distance de l'endroit où elles sont posées. — Passer chez quelqu'un, aller, entrer chez quelqu'un dont la demeure se trouve sur la route que l'on a prise pour se rendre quelque autre part : *je passerai chez vous ce soir en allant au spectacle.*

J'ai passé chez mon oncle et ne l'ai point trouvé.
Collin d'Harleville, *L'Inconstant*, acte Ier, sc. v.

On dit aussi, Je passerai par chez vous, par votre ville, par votre pays, etc. : *lorsque je ferai le voyage d'Italie, je passerai par chez vous.* — Passer a l'ennemi, déserter et se mettre du parti ennemi : *plusieurs corps passèrent à l'ennemi.* — Passer de cette vie en l'autre, Passer de cette vie a une meilleure, et absol., Passer, mourir, expirer : *il est à l'agonie, il va passer.* — Passer du blanc au noir, aller d'un extrême à l'autre ; changer brusquement de conduite, d'opinion, de langage. — Faire passer la parole de main en main ; et, en termes de guerre, Passe-parole. (Voy. Parole et Passe-parole.) — Passer au conseil de recrutement, être examiné par le conseil de recrutement. Passer a un conseil de guerre, être jugé par un conseil de guerre. — Cette compagnie, ce régiment a passé en revue, on en a fait la revue. — Cet homme a passé par l'étamine, il a été examiné sévèrement. — Passer par de rudes épreuves, par de grandes tribulations, avoir beaucoup à souffrir en certaines occasions. On dit fam. dans un sens analogue, J'ai passé par la, je sais ce qui en est. — Passer par les emplois, par les dignités, s'élever des moindres dignités aux plus grandes, et y parvenir par degrés. On dit de même : *passer par tous les grades militaires, par tous les degrés d'honneur.* — Cela lui a passé par la tête, par l'esprit, il lui est arrivé d'y penser, il s'en est occupé ; et, Cela lui a passé de la tête, de l'esprit, il a cessé d'y penser, il l'a oublié. — Passer par-dessus toutes sortes de considérations, n'avoir égard à rien de ce qui pourrait déterminer à faire ou à ne pas faire quelque chose. Passer par-dessus toutes les difficultés, n'être point arrêté par les difficultés. — Passer par-dessus les plus beaux endroits d'un livre, par-dessus les défauts d'un ouvrage, ne point s'y arrêter, ne point les remarquer. — Passer sur les défauts d'une personne, sur un ouvrage, les voir avec indulgence, ne pas les faire remarquer. — Escr. Passer sur quelqu'un, avancer sur lui en portant le pied gauche devant le droit. — Passer sur le ventre a quelqu'un, le renverser, parvenir malgré lui à ce qu'on veut : *nos hussards passèrent sur le ventre à l'ennemi.* — Passer outre, passer plus avant, ajouter encore à ce qu'on a dit, à ce qu'on a fait : *il ne se contenta pas de dire que... il passa outre.* — Procéd. Passer outre, commencer ou continuer d'exécuter, nonobstant une opposition : *il avait commencé de bâtir en tel endroit, il lui fut défendu par arrêt de passer outre.* — Cette affaire a passé par ses mains, il s'en est mêlé, il a eu une connaissance particulière. On dit de même : *tout lui passe par les mains.* — Il est fâcheux d'avoir a passer par ses mains, se dit en parlant d'un homme sévère, épineux, peu expéditif. Par manière de menace. C'est un homme qui passera par mes mains, c'est un homme dont j'aurai

occasion de me venger. — Par plaisant. Passer par les mains d'un médecin, être traité par lui : *il n'en réchappe guère de ceux qui passent par ses mains.* — Passer par la main du bourreau, être puni corporellement par ordre de justice. — Laisser passer une proposition, une parole, une action, ne pas la reprendre, ne pas la blâmer : *quoi ! vous avez laissé passer cette extravagance ?* — Laisser passer une faute, une erreur, ne pas la remarquer, ne pas l'apercevoir : *ce prote ne corrige pas exactement, il laisse passer bien des fautes.* — Il faut passer la-dessus, il faut pardonner, oublier cette faute. On dit de même : *je veux que vous passiez cette fois, passer là-dessus.* — En passer par, se résigner, se soumettre à : *j'en passerai par où il vous plaira.* On dit proverb., et à peu près dans le même sens, Il faut passer ou par la fenêtre, ou par la porte. — Y passer, subir une peine, un châtiment, un désagrément : *tout le monde y passa.* — Le notaire y a passé, se dit d'une chose constatée par un acte en forme. — Palais. Cette affaire a passé a l'avis du rapporteur, elle a été jugée suivant l'avis du rapporteur. Elle a passé contre l'avis du rapporteur, elle a été jugée contre le sentiment du rapporteur. Elle a passé du bonnet, ou Elle a passé tout d'une voix, tous les juges ont été du même avis. On dit aussi impers., tant en matière civile qu'en matière criminelle : A quoi passe-t-il ? Quelle est la décision des juges ? Il passe a tel avis, la décision des juges est telle. — En matière criminelle, seulement : Il passe en mitigée, l'avis le plus doux l'emporte ; et, Il passe au bannissement, il passe a la mort, il y a condamnation au bannissement, à la mort. — Toutes ces locutions sont vieilli, surtout les dernières. — La loi a passé, le projet a été porté, s'est rendue. Il fit passer cette loi à la Chambre, il la fit voter. — Fam. Passe, soit, je l'accorde, j'y consens : *eh bien ! passe, je le veux.*

Passe encore de bâtir, mais planter à cet âge.
La Fontaine.

— Passe pour celui-la, mais n'y revenez plus, passe pour cette fois-la, mais que cela n'arrive plus, se dit quand une personne a fait quelque chose de mal, et qu'on lui pardonne pour cette fois-là. — Être reçu, être admis à un emploi, à un grade : *il a passé capitaine.* Être reçu par l'usage, avoir cours : *cette monnaie ne passe plus, le mot a passé.* — Passer a la montre. (Voy. Montre.) — Être supportable : *ce vin est bon, il peut passer.* Rendre supportable : *la gaieté de cette plaisanterie fit passer ce qu'elle avait d'inconvénient.* — Se dit des choses qui excèdent : *son jupon passe.* — Se dit, particul., en parlant des transitions qui se font d'un point ou d'une matière à l'autre : *passons au second point ; passons à autre chose, à d'autres choses, ou absol., Passons,* ce dernier s'emploie surtout pour exprimer qu'on n'insiste point. — Se dit des choses qui changent de main, qui sont transmises de l'un à l'autre : *cette terre, cette charge passa dans telle maison par mariage.* — Cette nouvelle a passé jusqu'à lui, elle est arrivée, elle est parvenue jusqu'à lui. — S'introduire, se glisser : *ce mot est passé dans notre langue, est passé de l'italien dans le français.* — S'écouler, ne pas demeurer dans un état permanent : *les jours, les années passent ; le temps passe et la mort vient.* — Se dit en parlant des aliments qui se digèrent : *cette viande passe facilement.* — Finir, cesser : *il est en colère, mais cela passera.* — Suffire pendant quelque temps, durer quelque temps : *il faut que ce peu de blé nous passe tout l'hiver.* — Être admis, être reçu : *il ne passera pas à l'examen, il est trop ignorant.* — Jeu de billard et du mail. Faire passer la boule ou la bille par le passe : *j'ai passé ; avez-vous passé ?* On dit dans le même sens qu'une bille passe, a passé. — Jeu d'hombre, etc. Ne point faire jouer ;

jeu de brelan, etc., ne point ouvrir le jeu, ou ne point tenir la vade que fait un autre joueur : *je passe, personne n'y va-t-il ?* — Jeu de piquet. VOULEZ-VOUS PASSER DE POINT ? ou simpl., PASS DE POINT, voulez-vous que réciproquement nous n'accusions pas notre point ? — Jeux de cartes. LA CARTE, LA MAIN PASSE, aucun des joueurs ne la coupe. LA MAIN PASSE, signifie aussi qu'un joueur perd sa donne. — Passer pour, être réputé :

> La dame dont voici l'image
> Sut joindre, jusqu'à son trépas,
> A l'honneur de *passer pour sage*,
> Le plaisir de ne l'être pas.
> * * *
> Et, de quelque façon qu'un esclave te nomme,
> Le fils de Jupiter *passe* ici pour un homme.
> J. RACINE, *Alexandre*, acte II, sc. II.

— Passer v. a. Traverser : *passer la grande cour du Louvre; passer le pont.* — PASSER SON CHEMIN, continuer son chemin sans s'arrêter. — PASSEZ VOTRE CHEMIN, LAISSEZ-NOUS EN PAIX, se dit à un importun pour le renvoyer. On le dit aussi pour exhorter quelqu'un à ne pas s'inquiéter : *passez votre chemin, sans écouter les propos.* — EN PASSANT CHEMIN, en chemin, dans le chemin : *je l'ai rencontré en passant chemin.* (Vieux.)— Absol. et adverbial. EN PASSANT, se dit, fig., en parlant de tout ce que l'on fait avec quelque sorte de précipitation, et sans y avoir donné le temps nécessaire : *je n'ai pas eu le loisir d'examiner ce livre, je ne l'ai vu qu'en passant.* On se sert encore de cette locution lorsqu'on interrompt un discours, une conversation, pour parler succinctement de quelque chose qui se présente à l'esprit : *vous remarquerez en passant.* — PASSER LE PAS, mourir : *le pauvre homme a été longtemps malade, mais enfin il a passé le pas.* Se dit surtout en parlant d'une mort forcée : *si on l'attrape une fois, il passera le pas.* On dit aussi d'un homme qu'on a contraint à faire quelque chose : *il a été obligé de passer le pas, on lui a fait passer le pas.* — Transporter d'un lieu à un autre : *on a passé le canon dans les bateaux.* — Faire passer : *passez les bras dans les manches de votre robe de chambre.* — PASSER SON HABIT, SA ROBE, etc., mettre son habit, sa robe, etc. — PASSER A QUELQU'UN LA PLUME PAR LE BEC, le frustrer adroitement des espérances qu'il avait conçues. — PASSER UNE PIÈCE DE MONNAIE DOUTEUSE, LÉGÈRE, etc., l'employer, la faire recevoir : *je passerai bien cet écu; passer des pièces fausses.* — Faire couler des substances liquides au travers d'un tamis, d'un linge, etc. : *passer du ratafia, de la gelée dans une chausse.* — Se dit pareillement en parlant de certaines substances qui ne sont pas liquides: *passer de la farine au tamis, dans un tamis.* — PASSER UNE CHOSE AU GROS SAS, ne l'examiner que superficiellement. — Transmettre : *passez-moi ce volume; passez cela à votre voisin.* — Comm. PASSER UN BILLET, UNE LETTRE DE CHANGE A L'ORDRE DE QUELQU'UN, lui en transmettre la propriété par un endossement. — Aller au delà, excéder : *la boule a passé le but.* — QUI PASSE PERD, se dit, à certains jeux, lorsqu'on excède le nombre de points nécessaire pour gagner. — IL NE PASSERA PAS L'ANNÉE, LA JOURNÉE, LA NUIT, etc., il ne vivra pas jusqu'à la fin de l'année, de la journée, de la nuit, etc.: *s'il passe ce mois-ci, il en passera bien d'autres.* — QUE CELA NE NOUS PASSE PAS, que cela demeure secret entre nous. — Devancer: *cet enfant passera bientôt tous ses camarades dans ses études.* — Surmonter en mérite, valoir mieux, de quelque manière que ce soit: *Homère et Virgile ont passé de bien loin tous les autres poètes épiques.* Prov. CONTENTEMENT PASSE RICHESSE. — Être au-dessus des forces du corps ou des facultés de l'esprit : *cela passe l'imagination.* — CELA ME PASSE, je n'y entends rien, je ne le conçois pas: *que ces vers soient d'un tel, cela me passe.*

— Faire mouvoir, faire glisser une chose sur une autre : *passer sa main sur son visage, sur ses cheveux.* — NE FAIRE QUE PASSER LES YEUX SUR UN OUVRAGE, SUR UNE CHOSE, ne la regarder qu'à la hâte, ne l'examiner que superficiellement.— Exposer, soumettre à l'action de: *passer du papier au feu pour le faire sécher.* — Tailleur. PASSER DES COUTURES AU FER, les rabattreavec un fer, avec le carreau. — PASSER UN SOLDAT PAR LES ARMES, le fusiller, par jugement d'un conseil de guerre. On disait autrefois, PASSER UN SOLDAT PAR LES BAGUETTES, PAR LES VERGES, le punir en le faisant passer au travers des rangs d'une compagnie, dont chaque soldat le frappait avec une baguette. Dans la cavalerie, on disait de même, PASSER PAR LES COURROIES. — PASSER AU FIL DE L'ÉPÉE, tuer en passant l'épée au travers du corps, ne se dit guère qu'en parlant de gens massacrés de cette manière dans une ville, dans une place de guerre qui vient d'être prise: *si on prend la ville par force, on passera tout au fil de l'épée.*— PASSER DES TROUPES EN REVUE, en faire la revue. On dit de même, PASSER EN REVUE LES ACTIONS D'UNE PERSONNE, etc. On dit aussi, PASSER UNE REVUE, faire une revue de troupes. — PASSER UN EXAMEN, le subir: *il a passé son examen d'une manière brillante.* — Préparer, accommoder, apprêter certaines choses, comme cuirs, étoffes, etc.: *cette peau a été bien passée.* — Fig. Toucher, mentionner adroitement une chose dans le discours, sans l'approfondir, sans s'y arrêter: *il a passé cela délicatement, adroitement, légèrement.* — Omettre quelque chose, ou n'en point parler: *vous avez passé deux mots dans votre copie.* — Se dit, fig., en parlant des actes que l'on fait par-devant notaires: *passer un contrat, une procuration, une transaction, un compromis,* etc. — Vendre : *il m'a passé cette étoffe à bas prix.* — Approuver, allouer: *il faut que vous me passiez encore cela.* — PASSER CONDAMNATION, avouer qu'on a tort: *je passe condamnation.* — PASSEZ-MOI LA RHUBARBE, JE VOUS PASSERAI LE SÉNÉ, se dit en parlant de deux personnes qui se font mutuellement des concessions, qui ont l'une pour l'autre des complaisances intéressées. Ne se dit qu'en mauvaise part ou par plaisanterie. — PASSER QUELQU'UN MAITRE, le recevoir à la maîtrise: *nous l'avons passé maitre.* On dit aussi neutralement: IL A PASSÉ MAITRE ÈS ARTS, et fig., IL EST MAITRE PASSÉ, ou IL EST PASSÉ MAITRE EN FRIPONNERIE, EN FOURBERIE, il y est fort habile. — Pardonner: *je vous le passe.* — En parlant du temps. Consumer, employer: *passer sa vie dans l'oisiveté, dans les plaisirs.* — PASSER LE TEMPS, se divertir: *il a bien passé le temps, passé son temps; il passe son temps comme un roi.* Cette dernière phrase est du style familier. — PASSER MAL SON TEMPS, LE PASSER, souffrir, ou être maltraité. — PASSER UNE BONNE NUIT, bien dormir. — PASSER SON ENVIE DE QUELQUE CHOSE, satisfaire le désir qu'on a de quelque chose: *il souhaitait passionnément d'avoir cette maison de campagne, enfin il en a passé son envie.* — Se passer v. pr. S'écouler. En ce sens se dit proprement du temps : *les années se passent, le temps se passe insensiblement.* Prov. IL FAUT QUE JEUNESSE SE PASSE, on doit avoir de l'indulgence pour les fautes que la vivacité et l'inexpérience de la jeunesse font commettre. — Se dit aussi des choses qui perdent leur beauté, leur éclat, leur force, etc.: *les fleurs se passent en un jour.* On dit, dans un sens analogue, CETTE MODE SE PASSE; *le goût des liqueurs fortes se passe de jour en jour,* etc. — Arriver, avoir lieu: *ce qui s'est passé avant nous.*

> Tout ce qui s'est passé n'est qu'un songe pour moi.
> J. RACINE, *La Thébaïde*, acte V, sc. IV.

COMMENT S'EST PASSÉE VOTRE DISPUTE ? qu'est-il arrivé de votre dispute ? COMMENT S'EST PASSÉ VOTRE VOYAGE ? que vous est-il arrivé d'agréable ou de fâcheux dans votre voyage ? — Se dit

de même au sens moral: *je ne saurais dire ce qui se passait en moi, ce qui se passait alors dans mon cœur, dans mon âme.* — Se contenter: *il se passe de peu; il se passe à peu.* — S'avoir se priver, s'abstenir: *il ne saurait se passer de vin; si l'on n'en peut avoir, il faut s'en passer.* — IL NE PEUT NON PLUS S'EN PASSER QUE DE SA CHEMISE, QUE DE CHEMISE, se dit d'un homme qui a peine à s'abstenir d'une chose à laquelle il est accoutumé, et qui souffre quand il n'en est privé.

*PASSERAGE s. f. Nom vulgaire d'un genre de crucifères, dont une espèce, la *passerage cultivée* (*lepidium sativum*), plus connue sous le nom de *cresson alénois*, est antiscorbutique et passait jadis pour guérir la rage. C'est une plante annuelle, haute de 30 centim., à feuilles oblongues, découpées, à fleurs blanches très petites. Elle est originaire de Perse et se cultive depuis très longtemps chez nous. On la coupe toute jeune pour servir d'assaisonnement. La *passerage à larges feuilles* (*lepidium latifolium*) est indigène, haute d'un mètre, à feuilles ovales lancéolées.

PASSERAT (Jean), érudit, né à Troyes en 1534, mort à Paris en 1602. Il occupa une chaire au collège du Plessis, à Paris; et succéda à Ramus comme professeur au collège de France (1572). Il rima une partie des vers de la *Satire Ménippée* et a laissé plusieurs ouvrages. Son conte en vers intitulé le *Coucou* ou *Métamorphose d'un homme en oiseau* est narré avec une grâce naïve qui n'a été surpassée que par La Fontaine. (Voy. Duguerrois, Jean Passerat, 1856, in-8°).

*PASSEREAU s. m. (lat. *passer*). Ornith. Moineau, sorte de petit oiseau de plumage gris, qui fait son nid dans les trous des murailles. On dit plus communément, MOINEAU. — s. m. pl. Hist. nat. Ordre d'oiseaux auquel le passereau commun appartient. — Les passereaux forment le 2e ordre des oiseaux dans la classification de Cuvier. Leurs caractères principaux sont d'avoir les pieds courts ou médiocres, les jambes charnues, trois ou quatre doigts, dont le postérieur, attaché au tarse, est sur le même plan que les autres. Les passereaux sont divisés en 5 familles : 1° *dentirostres*, à bec échancré aux côtés de la pointe (pie-grièche, cassican, bécarde, choucari, béthyle, tangara, gobe-mouche, cotinga, drongo, merle, chocard, loriot, fourmilier, cincle, martin, lyre, manakin, bec-fin, rubiette, fauvette, roitelet, troglodite, hochequeue); 2° *fissirostres*, à bec court, large, fendu très profondément (hirondelle, engoulevent); 3° *conirostres*, à bec fort, plus ou moins conique et sans échancrure (alouette, mésange, moustache, bruant, moineau, tisserin, pinson, chardonneret, linotte, serin, veuve, gros-bec, bouvreuil, bec-croisé, durbec, pique-bœuf, cassique, étourneau, sittelle, corbeau, pie, geai, casse-noix, rollier, mainate, oiseau de paradis); 4° *ténuirostres*, à bec grêle, allongé, plus ou moins arqué dans sa totalité, sans échancrure (huppe, grimpereau, colibri, oiseau mouche); 5° *syndactyles*, à doigt externe, presque aussi long que celui du milieu, auquel il est uni jusqu'à l'avant-dernière articulation (guêpier, martin-pêcheur, calao, etc.).

*PASSERELLE s. f. Sorte de pont étroit, qui ne sert qu'aux piétons : *établir une passerelle sur une rivière.*

**PASSERINE s. f. Ornith. Genre de passereaux, voisin des moineaux, dont l'espèce ordinaire, le *moineau pape* (*emberiza ciris*), vit dans la Louisiane. — Bot. Genre de thymélées, comprenant des arbrisseaux et des arbustes et même des herbes annuelles à feuilles alternes, à fleurs axillaires, petites, peu colorées. La *passerine velue* (*passerina hirsuta*) est un arbuste qui croît sur les sables des bords de la mer en Provence. La *passe-rine à calice* (*passerina calycina*) et la *passerine des neiges* (*passerina nivalis*), vivent dans les Pyrénées.

*PASSE-ROSE s. f. Nom vulgaire de l'alcée rose, appelée aussi ROSE TRÉMIÈRE. — pl. DES PASSE-ROSES.

*PASSE-TEMPS s. m. Divertissement, occupation légère et agréable : *se donner du passe-temps, un passe-temps.*

Il faut des *passe-temps* de toutes les façons.
                        VOLTAIRE.

*PASSEUR s. m. Celui qui conduit un bac, un bateau pour passer l'eau : *appelez le passeur ; où est le passeur ?*

*PASSE-VELOURS s. m. Nom vulgaire de l'amarante : *des passe-velours.*

*PASSE-VOLANT s. m. Se disaitd'un homme qui, sans être enrôlé, se présentait dans une revue pour faire paraître une compagnie plus nombreuse, et pour toucher la paye au profit du capitaine : *il y a des peines établies contre les passe-volants.* — Fig. et fam. Homme qui s'introduit dans une partie de plaisir, sans payer sa part de la dépense comme les autres, ou qui entre au spectacle sans payer, quoiqu'il n'en ait ni le droit ni la permission : *nous ne voulons point de passe-volants parmi nous.* — Celui qui n'est dans une société que passagèrement, et sans y être invité.

*PASSIBILITÉ s. f. Dogmat. Qualité des corps passibles, des corps qui peuvent éprouver des sensations, le plaisir, la douleur.

*PASSIBLE adj. (lat. *passibilis*). Capable d'éprouver des sensations, de souffrir la douleur, de sentir le plaisir : *le corps humain dans son état naturel est passible.* — Jurispr. Qui doit subir, qui a mérité de subir une peine : *celui qui commet ce délit est passible d'un emprisonnement d'un mois, d'une amende de cinquante francs.*

*PASSIF, IVE adj. (lat. *passivus*; de *pati*, souffrir). Didact. Qui souffre, qui reçoit l'action, l'impression. Il est l'opposé d'actif : *qualité, puissance passive.* — S'emploie, par ext., dans le langage ordinaire, et signifie, qui n'agit point : *un homme, un personnage passif, purement passif.* — OBÉISSANCE PASSIVE, obéissance d'un homme qui exécute sans examen, sans objection, ce qu'on lui ordonne, ce dont on le charge. — Jurispr. DETTE PASSIVE, celle qu'on est tenu d'acquitter; par opposition à DETTE ACTIVE, celle dont on peut exiger le payement. — On appelle substantivement PASSIF, la totalité des dettes passives d'une personne : *comparer l'actif et le passif; dans cette succession, l'actif surpasse à peine le passif.* — Gramm. Se dit des verbes et des participes qui présentent le caractère de recevoir l'effet d'une action produite par un autre sujet : *les verbes passifs de la langue grecque et de la langue latine, dont les terminaisons diffèrent de celles des verbes actifs, s'expriment en français par le verbe substantif, et par le participe passif du verbe.* (Voy. PARTICIPE.) — SIGNIFICATION PASSIVE, celle des verbes ou des adjectifs verbaux qui servent à marquer l'action, l'impression reçue par le sujet, par opposition à SIGNIFICATION ACTIVE, celle des verbes ou des adjectifs verbaux qui servent à marquer l'action. — s. *Conjuguer le passif d'un verbe.*

*PASSIFLORE s. f. (lat. *passio*, passion; *flos, floris*, fleur, parce que les premiers missionnaires espagnols crurent trouver dans la fleur la disposition des instruments qui servirent à la passion de J.-C.). Bot. Genre de passiflorées, comprenant un grand nombre d'espèces de plantes volubiles, sarmenteuses, accompagnées de vrilles extra-axillaires, à baies globuleuses, renfermant ordinairement une pulpe abondante; à graine comprimée.

Ce genre contient près de 120 espèces qui toutes, sauf quelques-unes d'Asie et d'Australie, appartiennent au continent américain, spécialement dans ses parties tropicales. On en trouve cinq espèces dans les États baignés par l'Atlantique, et l'une croît au N. jusqu'à la Pennsylvanie et à l'Illinois. La plus belle de ces espèces américaines, la passiflore incarnat

Passiflore bleue (Passiflora cærulea).

(*passiflora incarnata*), se trouve jusque dans le Kentucky et la Virginie, mais est surtout abondante au S., où elle persiste souvent à l'état de mauvaise herbe dans les terres cultivées; ses tiges, qui traînent sur le sol ou grimpent autour du blé ou des autres récoltes, sont regardées comme nuisibles. Sa racine est vivace et se répand au loin par des rejetons souterrains. L'espèce la plus connue est la *passiflore bleue* (*passiflora cærulea*) de l'Amérique du Sud, cultivée depuis près de deux siècles : elle est rustique sur le continent d'Europe ; mais il n'en est pas de même dans l'Amérique du Nord, où on la cultive en serre, et où on la traite comme une plante de couche.

PASSIFLORÉ, ÉE adj. Bot. Qui ressemble ou se rapporte à la passiflore. — s. f. pl. Famille de plantes dicotylédones dialypétales périgynes, comprenant plusieurs genres de plantes ordinairement grimpantes, munies de vrilles. Genres principaux : passiflores, tascomies, etc.

PASSIM [pa-simm], mot latin qui signifie : Partout, en tout lieu, et çà et là : *voyez l'auteur passim.*

*PASSION s. f. (lat. *passio*, de *pati*, souffrir). Souffrance. En ce sens, ne se dit guère que des souffrances de Jésus-Christ, pour la rédemption du genre humain : *la passion de Notre-Seigneur ; sermon sur la passion.* — LA SEMAINE DE LA PASSION, celle qui précède la semaine sainte, et dans laquelle l'Église commence à faire l'office de la passion de Notre-Seigneur. LE DIMANCHE DE LA PASSION, dimanche qui ouvre cette semaine. — Par ext. Sermon qu'on prêche le vendredi saint sur le même mystère : *Bourdaloue a composé plusieurs passions presque également belles.* — Partie de l'Évangile où est racontée la passion de Notre-Seigneur : *la passion selon saint Jean, selon saint Mathieu*, etc. — SOUFFRIR MORT ET PASSION, éprouver de grandes douleurs, on être fort impatient : *ce mal de dents lui a fait souffrir mort et passion.* — CONFRÈRES DE LA PASSION, association de jeunes clercs qui, sous Charles VI, représentaient les drames religieux appelés mystères, notamment le *mystère de la Passion.* — FLEUR DE LA PASSION. (Voy. *Grenadille.*) — Méd. Se disait autrefois,

de certaines maladies très douloureuses : *passion hystérique, iliaque, cœliaque, hypocondriaque*, etc.

*PASSION s. f. Mouvement de l'âme, sentiment, agitation qu'elle éprouve, comme l'amour, la haine, la crainte, l'espérance, le désir, etc. : *la pitié et la terreur sont les passions que la tragédie se propose d'exciter.*

Chaque *passion* parle un différent langage :
La colère est superbe et veut des mots altiers ;
L'abattement s'explique en des termes moins fiers.
        BOILEAU, *Art poét.*, ch. III.

— LACHER LA BRIDE A SES PASSIONS, s'y abandonner entièrement. — Particul. Passion de l'amour : *cette femme est l'objet de sa passion* ou simpl., *est sa passion.*

Moi, madame, depuis ma *passion* nouvelle,
Je ne vous ai pas dit un mot de mon amour.
   COLLIN D'HARLEVILLE. *L'Inconstant*, acte III, sc. II.

— Fam. AIMER A LA PASSION, aimer extrêmement : *il aime cette femme à la passion.* — CETTE FEMME A FAIT, A CAUSÉ DE GRANDES PASSIONS, BEAUCOUP DE PASSIONS, elle a été éperdument aimée, elle a été aimée par beaucoup de gens. — Affection très vive qu'on a pour quelque chose que ce soit : *il a une grande passion pour les tableaux, pour les médailles.* — Objet de cette affection : *sa plus forte passion, c'est la chasse, c'est le jeu.* — Prévention forte pour ou contre quelqu'un, pour ou contre quelque chose : *cet homme n'est pas croyable, il juge de tout avec passion.* — Expression, représentation vive des passions que l'on traite dans une pièce de théâtre, ou dans quelque autre ouvrage d'esprit : *les passions sont admirablement bien traitées dans cette pièce.* — CET ORATEUR, CET ACTEUR, etc., ENTRE BIEN DANS LA PASSION, se pénètre bien du sentiment qu'il doit exprimer. — Se dit aussi, dans le même sens, en parlant de la musique et de la peinture : *il y a beaucoup de passion dans cet air-là ; les passions sont bien rendues dans ce tableau.* — Philos. Impression reçue par un sujet, et opposé à action : *le verbe actif marque l'action, le passif marque la passion du sujet.* — De passion, loc. adv. Passionnément : *sa femme marque de la passion.*

*PASSIONNÉ, ÉE part. passé de PASSIONNER : *langage, discours, style passionné.* — Adj. Rempli de passion, d'affection pour une personne ou pour une chose : *amant passionné ; il parle d'un air, d'un ton passionné.* — Rempli d'une forte prévention, d'une chaleur immodérée pour ou contre quelqu'un ou quelque chose : *c'est un homme passionné, qui s'emporte au moindre mot.*

PASSIONNEL, ELLE adj. Philos. Qui tient aux passions, qui en dépend.

*PASSIONNÉMENT adv. Avec beaucoup de passion. Ne se dit que de l'amour et du désir : *il aime passionnément sa femme, il en est passionnément amoureux, passionnément aimé.*

*PASSIONNER v. a. Donner un caractère animé, marqué de la passion : *passionner sa voix, son chant, son récit, sa déclamation, son langage.* — Se passionner v. pr. Se préoccuper par l'effet de quelque passion, prendre un extrême intérêt à quelque chose : *un homme sage agit toujours avec raison et ne se passionne jamais.* — Devenir amoureux : *il se passionne pour toutes les femmes qu'il voit.*

PASSIONNISTE s. m. Membre d'une congrégation de prêtres réguliers de l'Église catholique romaine, fondée par Paolo Francesco Danei, connu sous le nom de Saint-Paul de la Croix (né en 1694, mort en 1775), qui s'établit en 1720 avec quelques compagnons dans un ermitage et se livra à des travaux de missions religieuses. En 1746, sous le nom de « clercs déchaussés de la croix et de la passion de Notre-Seigneur Jésus-Christ », Danei établit son premier couvent et un noviciat sur le mont Cœlius à Rome. Les passionistes, quoique très appréciés en Italie, ne se répandirent pas au dehors avant le siècle présent. En 1861, la première maison de l'ordre fut fondée en Angleterre, à Highagte, près de Londres, par le P. Ignatius (George Spencer); ils se propagèrent rapidement jusqu'en Irlande et en Australie. Les premiers couvents passionnistes aux Etats-Unis s'établirent à Birmingham (Pennsylvanie) en 1852, et à West Hoboken (New-Jersey). Ils ont aujourd'hui d'autres maisons dans la Pennsylvanie et le Maryland.

* **PASSIVEMENT** adv. D'une manière passive : *il y a plusieurs verbes qui se prennent activement et passivement.*

* **PASSIVETÉ** ou **Passivité** s. f. Philos. Etat de celui qui est passif, de ce qui est passif : *la passiveté est opposée à l'activité.* — Mystic. Etat de l'âme passive sous l'inspiration de Dieu : *certains mystiques introduisent la passiveté dans l'oraison.*

* **PASSOIRE** s. f. Vaisseau de terre ou de métal percé d'un grand nombre de petits trous et dans lequel on écrase des pois, des lentilles, etc., pour en tirer la purée; des groseilles et d'autres fruits, pour en tirer le jus.

PASSOW (Franz-Ludwig-Karl-Friedrich) [pas'-so], philologue allemand, né en 1786, mort en 1833. En 1815, il devint professeur de littérature ancienne à Breslau. Son œuvre principale est un *Dictionnaire de la langue grecque.*

PASSY (*Paciacum*), ancienne commune du dép. de la Seine, aujourd'hui comprise dans l'enceinte de Paris. — Sources minérales ferrugineuses sulfatées, d'une saveur amère styptique, employées contre l'anémie, la chlorose. Cette eau ne doit être bue qu'à la source et perd ses qualités quand on l'expédie.

PASSY (Hippolyte-Philibert), homme politique, né à Garches près de Saint-Cloud, le 16 octobre 1793, mort le 1er juin 1880. Député de l'Eure sous le gouvernement de Louis-Philippe, il fit partie de divers ministères, fut nommé, en 1848, ministre des finances par Louis-Napoléon et rentra dans la vie privée après le 2 décembre.

PASTA (Giuditta), cantatrice italienne, d'origine juive, née en 1798, morte en 1865. Elle fit sa première apparition dans l'opéra en 1815, mais elle reprit bientôt ses études. Elle reparut en 1819 et eut un brillant succès; pendant plusieurs années, elle chanta alternativement à Paris et à Londres. En 1827, elle alla à Naples où Pacini composa *Niobe* pour elle. A Milan, Bellini écrivit à son intention *La Sonnambula* et *Norma.* Elle remporta ses derniers triomphes à Vienne en 1832, où sa voix, qui avait toujours été plus remarquable pour sa vigueur que pour ses qualités mélodiques, commença à faiblir. Elle se retira en 1836 à sa villa sur le lac de Côme, et, en 1840, reparut à Saint-Pétersbourg.

* **PASTEL** s. m. (lat. *pastillus*, petit gâteau; dimin. de *pastus*). Sorte de crayon fait de couleurs pulvérisées, mêlées soit avec du blanc de plomb, soit avec du talc, et incorporées avec une eau de gomme : *on fait des pastels de toute sorte de couleurs.* — Ce qui est peint au pastel : *les pastels de la Rosalba, de Latour.*

> ..... Ainsi de la beauté
> Le pastel a l'éclat et la fragilité.
> WATELY.

* **PASTEL** s. m. Bot. Genre de crucifères, comprenant plusieurs espèces de plantes herbacées dont la principale est le *pastel tinctorial* (*isatis tinctoria*). La fécule tirée de ses feuilles remplace l'indigo pour quelques usages. On l'appelle aussi GUÈDE. Cette plante, haute de 60 centim. à 1 m. 25, est bisan-

nuelle, d'un vert glauque, à tige dressée, rameuse, à feuilles lancéolées; elle croît dans les endroits pierreux de l'Europe et est cultivée depuis le moyen âge; mais elle a perdu presque toute son importance, à cause de l'introduction de l'indigo. — ORANGÉ-PASTEL, sorte de couleur orangée, qui tire un peu plus sur le brun que l'orangé ordinaire.

* **PASTENADE** s. f. Voy. PANAIS.

* **PASTÈQUE** s. f. (ar. *baticha*). Bot. Variété de citrouille appelée aussi MELON D'EAU, et dont le fruit, de même nom, ne mûrit que dans nos provinces méridionales : *la pastèque est très rafraîchissante.*

* **PASTEUR** s. m. (lat. *pastor*). Celui qui possède ou qui garde des troupeaux. Dans cette acception, il ne se dit guère qu'en parlant des peuples anciens : *la plupart des anciens patriarches étaient pasteurs ; quand Romulus voulut fonder Rome, il assembla les pasteurs de la contrée.* — Fig. Celui qui exerce une autorité paternelle sur un peuple, sur une réunion d'hommes : *Homère appelle les rois les pasteurs des peuples.* On l'applique surtout à Jésus-Christ, aux évêques et aux curés : *Jésus-Christ est le souverain pasteur des âmes.* — Titre des ministres protestants : *il étudie pour être pasteur.* — Adj. *Les rois pasteurs.*

* **PASTICHE** s. m. (ital. *pasticcio*). Tableau où l'on a peint à imité la manière d'un autre, son goût, son coloris, ses formes favorites : *il prend pour un tableau du Guide ce qui n'est qu'un pastiche fait dans sa manière.* — Imitation mélangée de la manière et du style de différents maîtres : *c'est un pastiche des anciens maîtres.* — Littér. Ouvrage où l'on a imité les idées et le style de quelque écrivain célèbre : *certaines réflexions de ce moraliste sont un pastiche où il a imité le raisonnement et le style de Pascal.* — Mus. Opéra dont la partition est composée de morceaux de différents maîtres.

PASTICHER v. a. Néol. Imiter le style, la manière de.

PASTICHEUR s. m. Celui qui fait des pastiches.

PASTILLAGE s. m. [*ll* mll.]. Imitation de quelque objet faite avec une pâte de sucre.

PASTILLAIRE adj. [-til-lè-]. Anc. Univ. Se disait d'une thèse médicale pour le succès de laquelle le candidat devait faire cadeau d'un pâté à chacun des examinateurs.

* **PASTILLE** s. f. [*ll* mll.] (lat. *pastillus*, petit gâteau). Petit pain composé de différentes substances odorantes, dont on se sert ordinairement pour parfumer l'air d'une chambre, en les brûlant : *pastilles à brûler; pastille d'encens, de benjoin,* etc. — PASTILLES DU SÉRAIL, pastilles qui viennent de Constantinople, qui répandent une odeur agréable, et dont on fait différents bijoux.—Petit pain rond fait avec du sucre, des aromates, des sucs de plantes, des jus de fruits, etc., et que l'on mange comme agréable au goût, ou utile à la santé : *pastilles d'ambre, de cannelle, de menthe, de cédrat, d'ananas,* etc.

PASTILLEUR s. m. Instrument dont les pharmaciens se servent pour fabriquer des pastilles. — Techn. Ouvrier qui fait les ouvrages de confiserie appelés pastillages.

* **PASTORAL, ALE, AUX** adj. (rad. lat. *pastor*, pasteur). Champêtre, qui appartient aux pasteurs ou bergers, et, en général, aux personnes des champs : *chant pastoral; vie pastorale.* — Ce qui retrace la vie, les mœurs pastorales : *poésies pastorales; roman pastoral.*—Choses qui appartiennent aux pasteurs spirituels : *sollicitude pastorale; la fonction pastorale.* Le pluriel PASTORAUX est peu usité.

* **PASTORALE** s. f. Pièce de théâtre dont

les personnages sont des bergers et des bergères : *l'Aminte du Tasse est la plus estimée de toutes les pastorales.*

* **PASTORALEMENT** adv. En bon pasteur. N'est d'usage qu'au figuré : *c'est un saint évêque qui prêche pastoralement.*

PASTORAT s. m. Dignité, charge de pasteur.

PASTORET I. (Claude-Emmanuel-Joseph-Pierre, COMTE, puis *marquis de*), homme d'Etat, né à Marseille en 1756, mort en 1840. Il entra à l'Académie des inscriptions en 1784, devint procureur syndic de la Seine, émigra, rentra en France en 1795, fut fait pair par Louis XVIII, fut admis à l'Académie française (1820), devint précepteur des enfants du duc de Berri (1821), fut nommé chancelier par Charles X (1829) et rentra dans la vie privée après 1830. — II. (Amédée-David, MARQUIS DE), fils du précédent, né à Paris en 1791, mort dans la même ville en 1857. Il fut sous-préfet pendant le premier Empire, se rallia à la Restauration et refusa de prêter serment à Louis-Philippe ; mais il fit, après le 2 déc., une évolution qui causa un grand scandale dans le parti légitimiste et il accepta un siège au Sénat (1852). Il a laissé des poèmes, des ouvrages historiques, etc.

PASTOUR s. m. (lat. *pastor*). Jeune pasteur :

> De l'amoureux pastour la parure est flétrie.
> ROUCASS.

* **PASTOUREAU, ELLE** s. (dimin.de *pastour*). Petit pasteur, petite bergère. N'est guère usité que dans les chansonnettes. — Hist. S'est dit des paysans fanatiques qui se réunirent en France vers l'an 1251, sous la conduite d'un moine de Cîteaux, nommé Jacob, se disant envoyé de Dieu pour délivrer le roi Louis IX des fers des Sarrasins. Après avoir commis de grands excès, les pastoureaux furent taillés en pièces dans le Berri et près de Beaucaire. — s. f. Une des figures de la contredanse française.

* **PAT** s. inv. [patt]. (ital. *pattare*, faire quitte). Jeu des échecs. Se dit lorsqu'un des deux joueurs, n'ayant pas son roi en échec, ne peut plus jouer sans le mettre en prise : *faire pat; je suis pat.*

* **PATACHE** s. f. (ital. *patascia*). Sorte de bâtiment léger employé au service des grands navires, pour aller à la découverte, et pour envoyer des nouvelles en diligence : *une patache d'avis.* (Vieux.) — Se dit aujourd'hui des bâtiments de la douane et des fifres en général — Petit bâtiment ancré dans des fleuves ou des rivières, pour la perception des droits sur les marchandises qui y entrent par eau, soit en descendant, soit en remontant la rivière : *la patache de Bordeaux; la patache de la Rapée.* — Barque, bâtiment qui portent des lettres ou des passagers, sur quelques fleuves, sur quelques rivières. — Par ext. Voiture publique, non suspendue, par laquelle on voyage à peu de frais : *voyager par les pataches.*

PATAFIOLER v. a. Jargon. Ecraser, confondre : *que le diable te patafiole !*

* **PATAGON** s. m. (esp. *patacon*). Monnaie d'argent fabriquée sous un duc roi d'Espagne, et valant à peu près trois livres tournois : *payer en patagons.*

PATAGON, ONNE s. et adj. De la Patagonie; qui concerne ce pays ou ses habitants.

PATAGONIE, territoire de l'Amérique méridionale, s'étendant de 38° 42' à 53° 52' lat. S. et de 65° 29' à 77° 50' long. O. Limites : au N. la république Argentine, à l'E. l'Atlantique, au S. le détroit de Magellan, et à l'O. le Pacifique et la république du Chili. Longueur maximum du N. au S., 1,700 kil. ; largeur maximum près de l'extrémité N., 750 kil. ; près de l'extrémité S., 300 kil. ; 893, 480 kil. carr. La côte a de nombreuses et profondes échancrures, particulièrement au S. et à l'O. On ne cite aucun port commode. La côte du Pacifique est bordée d'une chaîne d'îles continues (Wellington, Hanover, Queen Adelaïde, etc.), formant cependant d'ordinaire des groupes distincts. Les plus grands golfes, sur l'Atlantique sont les golfes San Mathias et Saint George, et sur le Pacifique, Peñas, Corcovado et Ancud. La Patagonie est traversée du N. au S. par les Andes, qui longent la côte. Ses montagnes ont un caractère alpestre, et les glaciers y sont nombreux. Les pics les plus élevés se trouvent entre 43° et 45° lat. S.; ce sont le mont Cay, les volcans Yanteles et le Corcovado. Un système de ramifications détachées des Andes par 41° lat. S., se recourbe vers le N. jusqu'aux bords mêmes du Rio Negro, où il forme la frontière septentrionale, puis s'infléchit de nouveau au S.-E. se dirigeant vers la côte de l'Atlantique, où il forme une zone marine qui s'étend dans la péninsule de Valdès. A partir de cette péninsule jusqu'à la pointe méridionale du continent, la côte de l'Atlantique est bordée de hauteurs rocheuses disposées en terrasses et atteignant parfois des élévations considérables. Les montagnes de la région moyenne des détroits, comprise dans la péninsule de Brunswick, varient de 1,000 à 3,000 pieds, mais n'ont pas de glaciers. Une chaîne transversale, basse et parallèle au lit du Santa Cruz, par 50° lat. S., rejoint au mont Stokes, à près de 160 kil. de la côte du Pacifique, la vraie Cordillère des Andes. L'espace compris entre les montagnes déjà indiquées embrasse les plaines stériles de la Patagonie, formées d'une couche de cailloux polis et accumulés par les vagues de la mer. Les principaux cours d'eau sont ceux qui se jettent dans l'Atlantique. Les plus importants sont le Negro et le Santa Cruz, grands fleuves navigables. Le dernier forme le débouché oriental du lac Viedma (49° 30' lat. S.), qui a 160 kil. de circonférence, et possède aussi une issue dans le Pacifique. Les ressources minérales de la Patagonie, bien que les géologues les supposent relativement étendues, ne sont connues qu'imparfaitement. On y a trouvé de l'or et des diamants. La houille est abondante dans la presqu'île de Brunswick. Le climat du N. est extrêmement froid en hiver et chaud en été; il est très sec, et souvent il se passe neuf mois sans qu'il y pleuve. Le S. est plus humide; les saisons venteuses et pluvieuses sont le printemps et l'automne; le reste de l'année se fait remarquer par un calme qu'interrompent seuls les faibles vents. — Un des caractères frappants de la Patagonie, c'est l'uniformité générale de ses productions, partout excepté dans la région des détroits. Les mêmes plantes rabougries se rencontrent partout dans les plaines arides et cailouteuses, et les mêmes arbrisseaux épineux dans les vallées. Quelques arbrisseaux à épines se présentent également au N., où, en l'absence de tout arbre, ils rompent seuls çà et là, avec des étangs salés, la triste monotonie des plaines herbues. A l'E., la végétation consiste en graminées avec quelques légumineuses, quelques composées et des arbrisseaux portant des baies sucrées, de différents genres. Au S., les forêts présentent quatre espèces d'arbres: deux de hêtres; l'écorce de Winter, connue pour les propriétés stimulantes de son écorce aromatique; et le libocedrus tetragona. Les arbrisseaux et les lianes abondent dans les fourrés. On trouve en grand nombre les fougères, les mousses et les lichens. L'agriculture, limitée jusqu'ici aux colonies de Sandy Point et de Port Santa Cruz, n'a réussi qu'à donner des pommes de terre et des légumes

de jardin. La faune comprend le puma, le guanaco et le capybara. Parmi les amphibies sont deux sortes de phocidæ. Un grand nombre de variétés d'excellents poissons, parmi lesquels le saumon, abondent dans quelques-unes des rivières et le long des fleuves. Les coquillages sont nombreux. Il y a beaucoup de condors et d'autruches ; les pingouins et les oiseaux aquatiques sont nombreux sur les côtes des détroits et ailleurs. — De récents voyageurs comptent neuf tribus de Patagons au S. du Rio Negro ; les Poyuches, les Puelches, les Cailliheches, les Cheuches, les Cañecauches, les Chaoches, les Huilliches, les Dilmaches et les Yakanaches. Ils parlent tous la même langue, qu'on dit être proche parente de l'araucanien du Chili, avec quelques légères modifications. Ils sont grands (les hommes, suivant le capitaine Mayne, ont environ cinq pieds onze pouces, ou cinq pouces au-dessus de la stature moyenne des Européens), robustes et forts en proportion de leur taille. Les femmes sont beaucoup plus petites. Leur nombre ne s'élève qu'à quelques milliers. Les descriptions les plus exactes des Patagons sont dues à l'Anglais Bourne et au Français Guinnard. On a composé trois vocabulaires de leur langue : par Pigafetta au XVIe siècle, par Schmid en 1863 et par Musters en 1870. — Ce pays fut découvert en 1520 par Magellan (Magalhaens), qui le nomma Patagonie (esp. patagon, grand pied), par suite de l'idée erronée qu'il s'était faite de la grandeur des pieds des naturels, lesquels sont relativement petits. La côte a été visitée par Drake, en 1578, par Byron en 1764 et par Cook, en 1774. Depuis ce temps, on a fréquemment exploré des parties du territoire. Autrefois, il faisait nominalement partie de la vice-royauté de Buenos-Ayres. Depuis, les Chiliens et les Argentins se le sont disputé ; mais ces derniers ont abandonné aux Chiliens tout le littoral du Pacifique. Les Chiliens ont une colonie à Sandy Point, sur la côte orientale de la presqu'île de Brunswick ; 1,144 hab. (1875). A Port Santa Cruz, il y a une colonie argentine depuis plusieurs années ; mais, à part une fabrique d'huile de poisson dans le voisinage, on n'y exploite aucune industrie profitable.

PATAGONIQUE adj. Qui appartient aux Patagons ou à la Patagonie.

PATAPSCO, fleuve du Maryland (Etats-Unis), coule S. et S.-E., environ 80 kil. en avant de Baltimore, et entre dans la baie de Chesapeake, en formant un large estuaire, à 14 kil. au-dessous de la ville.

PATAQUE s. f. Monnaie d'argent employée au Brésil, en Barbarie, en Turquie, etc.

PATAPOUF s. m. Jargon. Homme essoufflé : *quel gros patapouf!*

* **PATAQUÈS** s. m. [pa-ta-kèss]. Faute grossière de langage : *faire des pataqués.* (Fam.) Quelques-uns écrivent PAT-A-QU'EST-CE, parce que plusieurs étymologistes donnent pour origine à ce mot l'anecdote suivante : à laquelle nous ne donnons la publicité de notre Dictionnaire que sous toute réserve : Un monsieur se trouve au spectacle, entre deux dames ; il aperçoit à ses pieds, une bourse en *cuir*, garnie de *velours*; il la ramasse et, se tournant vers la voisine de gauche : « Est-elle à madame? » demande-t-il. — « Elle n'est point z'à moi », répond la voisine. — « Ah! quel beau *velours!* » réplique le monsieur, en souriant; et s'adressant à la voisine de droite. « Elle est sans doute à madame? » — Elle n'est pas t'a moi », fut la réponse. — « Oh! l'admirable *cuir*, s'écria le monsieur : elle n'est point z'à vous; elle n'est pas t'à vous; alors, je ne sais *pat-à-qu'est-ce».* Le mot court de bouche en bouche.

PATARA, ville maritime de l'ancienne

Lycie (Asie Mineure), célèbre par un oracle d'Apollon. Auj. *Patero.*

* **PATARAFE** s. f. (rad. *parafe*). Traits informes, lettres confuses et brouillées ou mal formées : *cette écriture ne se peut lire, elle est pleine de patarafes.*

* **PATARD** s. m. (bas lat. *patarus*). Petite monnaie ancienne. Ne s'emploie plus dans cette phrase familière : *je n'en donnerais pas un patard.*

* **PATARIN** s. m. Hist. relig. Membre d'une secte vaudoise du XIIe siècle. — Membre de la secte des Albigeois.

* **PATATE** s. f. (esp. *batata*). Plante du genre des Liserons, qui a de grosses racines tuberculeuses semblables à des pommes de terre. Se dit aussi de ces racines mêmes. — ENCYCL. La *patate* ou *batate (batatas edulis, convolvulus batatas, ipomæa batatas)* est herbacée vivace, à tige rampante, grêle et volubile, à feuilles alternes. Elle est originaire de

Patate (Ipomæa batatas).

l'Inde, mais on la cultive aujourd'hui dans un grand nombre de pays chauds. Ses racines tuberculeuses fournissent un aliment farineux et sucré, moins nourrissant que la pomme de terre. D'après quelques savants, cette plante serait originaire des Antilles, parce que les documents disent que Colomb, à son retour d'Amérique, présenta des patates à la reine Isabelle ; et, d'ailleurs, ce liseron était généralement cultivé en Espagne au XVIe siècle si bien que les Français donnèrent d'abord aux pommes de terre le nom de patates à cause de leur ressemblance avec les tubercules de cette plante.

* **PATATRAS** [pa-ta-tra], onomatopée dont on se sert, dans le langage familier, pour exprimer le bruit d'un corps qui tombe avec fracas : *il pose le pied maladroitement, et, patatras, le voilà par terre.*

* **PATAUD** s. m. (rad. *patte*). Jeune chien qui a de grosses pattes : *voyez quel gros pataud de chien.* — ÊTRE A NAGE PATAUD, se dit d'un chien qu'on a jeté à l'eau, et, par plaisant., d'un homme qui est tombé dans l'eau, et qui se débat pour en sortir : *le voilà à nage pataud.*

* **PATAUD, AUDE** adj. Se dit d'une personne grossièrement faite : *cet homme est bien pataud.* — Subsiv. *quel gros pataud! c'est une pataude.* (Fam.).

* **PATAUGER** v. n. (rad. *pataud*). Marcher dans une eau bourbeuse : *patauger dans les chemins, dans les rues, dans les ruisseaux, dans la boue.* (Fam.) — Fig. S'embarrasser dans son raisonnement, dans son discours dans ses opérations d'affaires.

PATAVINITÉ s. f. (lat. *Patavium*, Padoue). Latinité incorrecte, particulière aux habitants de Padoue. — Par ext. Provincialisme.

PATAY, ch.-l. de cant., arr. et à 22 kil. N.-O. d'Orléans (Loiret), sur la rive gauche de la Loire; 1,300 hab. Victoire de Jeanne Darc et du comte de Richemond sur les Anglais, le 18 juin 1429. Talbot fut fait prisonnier et Fastalfe prit la fuite. Cette brillante action permit à Charles VII d'aller se faire couronner à Reims. (Voy. Villepion.)

* **PATCHOULI** s. m. Parfum; mot qu'on dit venir de *patchey elley*, nom que les Hindous donnent aux feuilles du *patchey*, plante qui fleurit en France, pour la première fois, en 1845, et qui fut nommée *pogostemon patchouli*. Le genre *pogostemon* comprend des herbacées et quelques plantes arborescentes; il est entièrement asiatique, et se trouve dans

Patchouli (Pogostemon patchouly).

l'île de Penang, dans la presqu'île malaise et à Silhet. On prépare le patchouli pour le commerce en le coupant et en le séchant au soleil; les tiges coupées, à la longueur d'un pied environ, sont mises en paquet pour l'exportation dans des boîtes d'une contenance de 140 livres chacune. L'odeur des feuilles est due à une huile volatile, dont la plante donne par distillation environ 2 p. 100.

* **PATE** s. f. Voy. Patte.

* **PÂTE** s. f. (lat. *pasta*). Farine détrempée et pétrie, pour faire du pain, ou quelque autre chose de semblable bon à manger : — Prov. Il n'y a ni pain ni pate au logis, il n'y a rien à manger. — Prov. et fig. Mettre la main à la pate, ne pas s'en remettre à d'autres du soin de faire quelque chose, y travailler soi-même. On dit, dans un sens analogue, Avoir la main à la pate. — Mettre de la viande en pate, la mettre dans la pâte préparée pour la faire cuire au four : *mettre un lièvre, des perdrix, des canards en pâte*. — Prov. Etre comme un coq en pate, être dans son lit bien chaudement et bien couvert, de sorte que la tête seule paraisse; être dans une situation très commode, très agréable. — Pate d'Italie, pâtes faites de farine, auxquelles on donne différentes formes, et dont on fait des potages et des ragoûts : *les macaronis et le vermicelle sont les pâtes d'Italie dont il se fait le plus de consommation.* — On dit aussi de plusieurs autres choses qui sont mises en une masse, et comme pétries en r-mble : *pâte d'amandes pour décrasser les mains.* — Fig. et fam. Constitution complexion : *c'est un homme de bonne pâte.* — Fig. et au sens moral. C'est une bonne pate d'homme, une excellente pate d'homme, la meilleure pate d'homme qui fut jamais, c'est un bon homme, un bon cœur d'homme, un homme doux, accommodant. — Certaines matières broyées, et mêlées dans les proportions convenables, et qu'on emploie à différents usages dans les arts : *cette porcelaine est d'une pâte très fine.* — Impr. Cette forme est tombée en pate, elle s'est rompue par accident, les caractères en tombés-t se sont brouillés.

— Peint. Ensemble des couleurs d'un tableau. Peindre dans la pate, charger sa toile de masses épaisses de couleurs et les fondre ensuite les unes dans les autres : *les coloristes peignent dans la pâte.*

* **PÂTÉ** s. m. (rad. *pâte*). Sorte de pâtisserie qui renferme de la chair ou du poisson : *pâté de veau, de jambon*, etc.; *pâté de saumon, de truites.* — Hacher menu comme chair a paté, mettre en pièces, hacher par morceaux. C'est un prix fait comme celui des petits patés, se dit en parlant d'une chose dont le prix est réglé, et connu de tout le monde. — Paté en terrine, ou simpl., Terrine, viande assaisonnée d'épices, de truffes, etc., et cuite dans une terrine, où on la laisse pour la servir froide : *les pâtés en terrine de Nérac sont fort estimés.* — Paté d'ermite, pâte sèche dans laquelle on a enfermé une noix, une noisette ou une amande. — Un gros paté, un gros enfant potelé : *quel gros pâté que cet enfant-là!* — Fig. et fam. Goutte d'encre tombée sur du papier : *il ne saurait écrire trois lignes sans faire un pâté.* — Jeu. Faire le paté, arranger les cartes par tricherie, pour se donner beau jeu : *prenez garde, quand il mêle les cartes, il fait le pâté.* — Archit. mil. Sorte d'ouvrage avancé, placé dans un terrain inondé ou entouré d'eau : *le pâté de Blaye.* — Archit. civ. Assemblage de maisons, ou d'un seul édifice, isolé, et ayant une forme arrondie ou carrée, comme les pâtés. — Typogr. Désordre accidentel d'une certaine quantité de caractères qui se mêlent et se confondent lorsqu'une *forme* ou un paquet vient à se rompre. — Pâté de foies gras, pâté fait en général avec des foies d'oie, et, à Nérac, avec des foies de canard musqué. Strasbourg et Toulouse sont fameux pour leurs terrines de pâté de foies d'oie. Pour obtenir des foies d'une grosseur extraordinaire, on prend en automne une jeune oie; on l'enferme dans une cage étroite d'ordinaire en lieu obscur, et on la nourrit de fèves ou plus communément de maïs, ou d'une pâtée. (Voy. Oie.) A ce régime, le foie de l'animal enfle et atteint un poids qui varie d'une à deux livres. Le pâtissier l'assaisonne et l'épice, y ajoute des truffes et autres ingrédients, met le tout dans une terrine, le fait cuire au four, et verse par dessus une couche de graisse de porc pour le garantir de l'air.

* **PÂTÉE** s. f. Sorte de pâte faite avec de la farine et des herbes, dont on nourrit les jeunes dindons et quelques autres oiseaux. — Mélange de pain émietté et de petits morceaux de viande, qu'on donne à manger aux animaux domestiques, particulièrement aux chiens et aux chats.

PATEL (Pierre ou Le Père), peintre français, né en Picardie au commencement du xviie siècle, mort vers 1676. Il travailla avec Lesueur et Le Brun, et fut un des imitateurs de Claude Lorrain. — (Le fils), fils du précédent; il travailla aux embellissements du Louvre.

* **PATELIN** s. m. Nom d'un personnage d'une vieille comédie, qui est devenu nom commun pour désigner un homme souple et artificieux, qui, par des manières flatteuses et insinuantes, tâche de faire venir les autres à ses fins : *c'est un patelin, un vrai patelin.* (Voy. Palaprat) (Fam.) — Adjectiv. Se dit surtout du ton, de l'air, des manières, etc.; son féminin est Pateline : *ton patelin, voix pateline.*

* **PATELINAGE** s. m. Manière insinuante et artificieuse d'un patelin : *toute son habileté, toute sa conduite, tout ce qu'il dit n'est que patelinage.*

* **PATELINER** v. n. Agir en patelin : *il ne va point droit, il ne fait que pateliner.* — v. a. Ménager adroitement l'esprit d'une personne dans la vue de quelque intérêt : *il a si bien su*

pateliner ces gens-là, qu'il les a fait venir à ses fins. — Pateliner une affaire, la manier avec adresse pour la faire réussir comme on souhaite : *il a si bien ménagé, si bien pateliné cette affaire, qu'il l'a fait tourner comme il voulait.* (Peu us.)

* **PATELINEUR, EUSE** s. Celui, celle qui tâche de faire venir les autres à ses fins par des manières souples et artificieuses : *c'est un patelineur; c'est une grande patelineuse.*

PATELLE s. f. Hist. nat. Voy. Lépas.

PATELLÉ, ÉE adj. Qui a la forme d'un petit plat.

* **PATEMMENT** adv. [-ta-man] (rad. *patent*). D'une manière patente, publique.

* **PATÈNE** s. f. (lat. *patena*). Culte cath. Vase sacré fait en forme de petite assiette, qui sert à couvrir le calice et à recevoir l'hostie, et qu'on donne à baiser aux personnes qui vont à l'offrande : *baiser la patène.*

* **PATENÔTRE** s. f. (altér. de *pater noster*). L'oraison dominicale, ou le Pater noster. On comprend aussi sous ce nom l'Ave, et les autres premières prières qu'on apprend aux enfants : *cet enfant sait sa patenôtre.* (Pop.) — Toute sorte d'autres prières chrétiennes : *dire ses patenôtres; c'est une grande diseuse de patenôtres.* (Fam.) Ne se dit qu'en plaisantant. — Prov. et fig. Il dit la patenôtre de singe, il gronde et murmure entre ses dents. — pl. Grains d'un chapelet; chapelet tout entier. — Ornement composé de petits grains ronds ou ovales qu'on taille sur les baguettes, dans les profils d'architecture.

PATENÔTRERIE s. f. Profession, commerce du patenôtrier.

* **PATENÔTRIER** s. m. Fabricant, marchand de chapelets, de boutons, etc.: *maître patenôtrier.* (Vieux.)

* **PATENTABLE** adj. Qui est sujet à patente.

* **PATENT, ENTE** adj. (lat. *patens*; de *patere*, être ouvert). Evident, manifeste : *une vérité patente.* — Chancell. et Fin. Acquit-patent, se disait d'un brevet du roi, scellé du grand sceau, portant gratification de quelque somme d'argent, et servant d'acquit et de décharge à celui qui devait en faire le payement : *un acquit-patent de dix mille écus.* — Chancell. Lettres patentes, nom de toutes les lettres du roi en parchemin, scellées du grand sceau : *ses lettres patentes furent enregistrées au parlement.*

* **PATENTE** s. f. [-tan-te]. Se disait des lettres, des commissions, des diplômes accordés, ou par le roi, ou par des corps, des universités, etc. : *il alla prendre possession aussitôt qu'on lui eût délivré ses patentes.* (Vieux.) — Particul. Contribution annuelle et proportionnelle exigée sur ceux qui font un commerce ou qui exercent une industrie sujette à ce droit : *patente d'épicier, de tailleur, de logeur en garni*, etc. — Quittance de cette contribution : *prendre, payer une patente.* — Passeport et certificat de santé que se délivre dans les ports de mer aux vaisseaux qui partent. — Patente nette, celle qui atteste que le vaisseau est parti d'un pays non infecté. Patente brute, celle qui atteste le contraire. — Législ. « La contribution des patentes est l'une des quatre contributions directes. (Voy. Contribution.) Tout individu, Français ou étranger, qui exerce en France un commerce, une industrie, une profession, non compris dans les exceptions déterminées par la loi, est assujetti à la contribution des patentes. » L'impôt fut créé d'abord par la loi des 2-17 mars 1791 qui n'établissait que des droits proportionnels. Supprimé en 1793, il fut rétabli partiellement en l'an III, puis d'une manière définitive en l'an IV, époque où l'on adopta la combinaison du droit fixe

um au droit proportionnel. La loi du 25 avril 1844, qui avait entièrement refondu la législation en cette matière, est aujourd'hui remplacée par celle du 15 juillet 1880. Les professions assujetties à la patente sont imposées les unes eu égard à la population des communes où ces professions sont exercées, les autres sans y avoir égard. Les premières sont détaillées dans les deux premiers tableaux, A et B, annexés à la loi des patentes; les autres sont énumérées dans le tableau C et dans une partie du tableau D. Le tableau A comprend huit classes distinctes de marchands en gros, en demi-gros ou en détail et de petits fabricants, lesquels sont imposés à un droit fixe et à un droit proportionnel. Les deux droits varient selon la classe de la profession et aussi selon la population de la commune. Le droit proportionnel est basé sur la valeur locative de tous les locaux, habitation comprise, occupés par le patentable. Voici le tarif servant à l'application des deux droits pour les professions comprises dans le tableau A.

ment, et pour d'autres, du 40e, du 50e ou du 60e de la valeur locative de l'établissement industriel ou des locaux servant à l'exercice de la profession. — Enfin le tableau D détermine les bases du droit proportionnel applicable aux diverses classes de patentables; de plus il fixe au 45e de la valeur locative de tous les locaux occupés, et sans droit fixe, le taux de la patente s'appliquant aux personnes qui exercent l'une des professions suivantes : architecte, avocat, officier ministériel, médecin, dentiste, ingénieur civil, agréé ou vétérinaire. Le même droit s'applique aux maîtres de pension, mais sur leur logement personnel seulement. Les professions non classées dans les quatre tableaux et qui ne sont pas exemptées de la patente, sont imposées par assimilation. Les droits fixes et les droits proportionnels sont imposables, sauf exceptions, dans chaque commune où sont situés les locaux servant à l'exercice de la profession. Celui qui a plusieurs établissements destinés à la vente doit acquitter un droit spécial pour chaque maison. Le patentable qui exerce plu-

niers de l'armée, les écrivains publics; les commis, et toutes personnes travaillant à gages, à façon ou à la journée; les ouvriers travaillant chez eux ou chez les particuliers, sans compagnons ni apprentis, et ceux travaillant en chambre avec un apprenti de moins de 16 ans; la veuve qui continue, avec l'aide d'un seul ouvrier ou apprenti, la profession qu'exerçait son mari; les personnes qui vendent en ambulance des fleurs, des balais, des figures de plâtre ou de menus comestibles; les savetiers, chiffonniers, porteurs d'eau et rémouleurs ambulants; les gardes-malades. Les ouvroirs dépendant de maisons religieuses ou laïques sont, comme les autres ateliers, assujettis à la patente (Circ. 26 nov. 1880). La contribution de la patente est due pour l'année entière par tout individu exerçant au 1er janvier, une profession imposable. Celui qui entreprend une de ces professions dans le cours de l'année doit l'impôt à compter du premier jour du mois dans lequel il a commencé. Tout patentable est tenu d'exhiber sa patente, chaque fois qu'il en est requis par les officiers ou agents de police judiciaire. — Sont ajoutés au principal des patentes, savoir : 1° cinq centimes par franc qui portent aussi sur le principal des centimes départementaux et communaux, et qui sont destinés à couvrir les frais et les non-valeurs, lesquels ne peuvent être, comme pour les autre scontributions directes, reportés sur l'exercice suivant, puisque les patentes sont un impôt de quotité et non de répartition, 2° des centimes généraux extraordinaires perçus au profit de l'État et qui, après s'être élevés, pour certaines catégories de patentables, à 74 cent. 6 dixièmes en 1872, ont été réduits successivement à 43 en 1874, puis à 20 cent. en 1880; 3° les centimes spéciaux, ordinaires et extraordinaires, dont la perception est autorisée au profit des départements et des communes; 4° pour certaines classes de patentables, les centimes destinés à subvenir aux dépenses des bourses de commerce et des chambres de commerce. Il est prélevé, sur le principal de la contribution, perçue dans chaque commune, huit centimes par franc dont le produit est versé à la caisse municipale. Les réclamations relatives à la contribution des patentes sont présentées, instruites et jugées dans les formes et délais prescrits pour les autres contributions directes.(Voy. t. 1er, p. 218, col. 3.) Les demandes en dégrèvement, formées dans le cas de cession d'établissement, et dans le cas de fermeture par suite de faillite ou de décès, doivent être adressées au préfet dans les trois mois de la cession, de la faillite ou du décès. En cas de déménagement hors du ressort de la perception, et en cas de vente volontaire ou forcée, la contribution des patentes est immédiatement exigible en totalité. Le propriétaire est responsable du dernier douzième échu et du douzième courant dus par le locataire patentable, s'il n'a pas, un mois avant le terme fixé par le bail ou la convention verbale, donné avis du déménagement au percepteur; et s'il n'a pas, dans le cas de déménagement anticipé ou furtif, donné avis dans les trois jours. Le produit annuel de la contribution des patentes s'élève, pour l'État seulement, à près de 100 millions de francs. »   (Ch. Y.)

*PATENTÉ, ÉE adj. Qui a une patente : *marchand patenté.* — Substantiv. *Les patentés.*

*PATER s. m. [pa-tèrr] (lat. *pater*, père). Mot qui commence l'oraison dominicale en latin, et dont on se sert pour nommer cette prière : *cet enfant a dit son Pater.* — DIRE CINQ PATER ET CINQ AVE, réciter cinq fois de suite l'Oraison dominicale et la Salutation angélique. — Fam. SAVOIR UNE CHOSE COMME SON PATER, la savoir très bien par cœur. — Fig. et fam. IL NE SAIT PAS SON PATER, il est fort

TARIF GÉNÉRAL DES PROFESSIONS IMPOSÉES EU ÉGARD A LA POPULATION.

CLASSES	DROITS	A PARIS.	DANS LES COMMUNES						
			de plus de 100.000 hab.	de 50.001 à 100.000	de 20.001 à 50.000	de 10.001 à 20.000	de 5.001 à 10.000	de 2.001 à 5.000	de 2.000 et au-dessous
1re	fixe.	400 fr.	300 fr.	240 fr.	180 fr.	120 fr.	80 fr.	60 fr.	45 fr.	35 fr.
	proportionnel.	20e	20e	20e	20e	20e	20e	20e	20e	20e
2e	fixe.	200 fr	150 fr	120 fr	90 fr.	60 fr.	45 fr.	40 fr.	30 fr.	25 fr.
	proportionnel.	20e	20e	20e	20e	20e	20e	20e	20e	20e
3e	fixe.	140 fr.	100 fr.	80 fr.	60 fr.	40 fr.	30 fr.	25 fr.	22 fr.	18 fr.
	proportionnel.	20e	20e	20e	20e	20e	20e	20e	20e	20e
4e	fixe.	75 fr.	75 fr.	60 fr.	45 fr.	30 fr.	25 fr.	20 fr.	15 fr.	12 fr.
	proportionnel.	30e	30e	30e	30e	30e	30e	30e	30e	30e
5e	fixe.	50 fr.	50 fr.	40 fr.	30 fr.	20 fr.	15 fr.	52e fr.	9 fr.	7 fr.
	proportionnel.	30e	30e	30e	30e	30e	30e	30e	30e	30e
6e	fixe.	40 fr.	40 fr.	32 fr.	24 fr.	16 fr.	10 fr.	8 fr.	6 fr.	4 fr.
	proportionnel.	30e	30e	30e	30e	30e	30e	30e	30e	30e
7e	fixe.	30 fr.	20 fr.	16 fr.	12 fr.	8 fr.	8 fr.	5 fr.	4 fr.	3 fr.
	proportionnel.	50e	50e	50e	50e	50e	exempt.	exempt.	exempt.	exempt.
8e	fixe.	12 fr.	12 fr.	10 fr.	8 fr.	6 fr.	5 fr.	4 fr.	3 fr.	2 fr.
	proportionnel.	50e	50e	50e	50e	exempt.	exempt.	exempt.	exempt.	exempt.

Nous ne pouvons reproduire ici la liste complète des professions comprises dans les tableaux; et nous avons donné, dans ce *Dictionnaire*, des renseignements sur le taux de diverses patentes, en résumant la législation relative à certaines professions. (Voy. AVOCAT, AVOUÉ, BOUCHERIE, BOULANGERIE, etc.) — Le tableau B contient un certain nombre de professions (agent de change, banquier, commissionnaire, courtier, etc.) pour lesquelles le droit proportionnel est fixé, sauf exceptions, au dixième de la valeur locative de tous les locaux occupés, tandis que le droit fixe comprend à la fois une taxe déterminée et une autre taxe calculée par personne employée dans la maison de commerce en sus du nombre cinq. Ces deux taxes varient pour chaque profession, selon la population des communes; mais il n'y a pas de classes établies pour les professions, comme au tableau A. Le tableau C contient exclusivement des professions qui sont imposées sans avoir égard à la population des communes. Ce tableau comprend notamment : les armateurs, les les assurances, la banque de France, taxée à 50,000 fr.; les sociétés de crédit, taxées à 30 cent. par 4,000 fr. du capital social; les entreprises de bateaux à la plupart des manufactures. Pour les professions comprises dans ledit tableau, le droit fixe est souvent formé en entier du droit fixe taxe calculée par chaque ouvrier employé ou par chaque instrument de fabrication; tandis que le droit proportionnel est, pour certaines professions, du 20e de la valeur locative de tous les locaux occupés, ou de la maison d'habitation seule-

sieurs professions dans le même établissement n'est soumis qu'à un seul droit, qui est le plus élevé de tous ceux auxquels peuvent donner lieu ces diverses professions. Dans les sociétés en nom collectif, l'associé principal paie la totalité du droit fixe; en outre, le même droit (non compris la taxe calculée par employé ou ouvrier) est divisé en autant de parts qu'il y a d'associés, y compris l'associé principal, et une de ces parts est imposée à chaque associé secondaire. De sorte que, s'il y a deux associés en nom collectif, il est dû un droit fixe entier et un demi-droit; s'il y a trois associés, il est dû un droit entier et deux tiers de droit, et ainsi de suite. La maison d'habitation de l'associé principal seule soumise au droit proportionnel, ainsi que les locaux servant au commerce ou à l'industrie. Les individus exemptés de la patente, sont : d'abord ceux qui n'exercent aucune profession; puis les fonctionnaires et employés salariés par l'État, les départements ou les communes; les peintres, les sculpteurs et les autres artistes, ne vendant que le produit de leur art; les professeurs ne tenant pas pension et les instituteurs primaires; les sages-femmes qui ne reçoivent pas de pensionnaires; les éditeurs de feuilles périodiques; les artistes dramatiques; les laboureurs et cultivateurs, en ce qui concerne la vente de leurs produits; les propriétaires louant accidentellement une partie de leur habitation personnelle; les pêcheurs; les associés en commandite, les caisses d'épargne, les assurances mutuelles, les capitaines de navires ne navigant pas pour leur compte, les canti-

ignorant. — Gros grains d'un chapelet, sur lesquels on dit le *Pater* : les *Pater de son chapelet sont d'émeraude*.

PATERCULUS (Caius-Velleius) [pa-tèr'-ku-luss], historien romain,né vers 19 av. J.-C. Il suivit César dans son expédition en Orient, en l'an 2, et plus tard servit sous Tibère. Il fut questeur en l'an 7, et préteur en l'an 15. Son histoire romaine est un abrégé dont une partie a été perdue et qui paraît avoir été écrit en l'an 30 de l'ère chrétienne. Les meilleures éditions de ses ouvrages sont celles de Burmann (Leyde, 1658, 1719, 1744), de Jani et Krause (Leipzig, 1809, in-8°) ; traduct. franç., par l'abbé Paul (Avignon, 1784), par Despretz (1825, in-8°).

* **PATÈRE** s. s. (lat. *patera*). Antiq. Espèce de soucoupe de bronze ou d'argile, munie quelquefois d'un manche, dont les anciens faisaient usage dans les sacrifices : *il remplit de vin une patère*. — Espèce d'ornement de cuivre doré, à peu près de la forme d'une patère antique, qui est vissé à l'extrémité de ces verges de fer droites ou en croissant, dont on se sert pour tenir écartés et drapés les rideaux d'un lit ou d'une fenêtre. — Espèce d'ornement de cuivre doré ou bronzé dont on se sert pour suspendre divers objets : *il accrocha son chapeau à une patère*. — Achit. Ornement de forme circulaire imitant une patère antique : *la patère se place dans les métopes de la frise dorique*.

* **PATERNE** adj. (lat. *paternus*; de *pater*, père). Paternel, qui appartient à un père : *il me parla d'un ton patère*. Il est vieux, et ne s'emploie qu'en badinant.

PATERNE. I. (Saint), évêque de Vannes, mort vers l'an 500. Fête le 15 avril. — II, moine de Sens et martyr, mort vers 730. Fête le 12 nov.

PATERNE (Saint), ch.-l. de cant., arr. et à 24 kil. O.-N.-O. de Mamers (Sarthe) ; 500 hab.

* **PATERNEL, ELLE** adj. (lat. *paternus* ; de *pater*, père). Du père, qui appartient au père : *cet enfant a quitté la maison paternelle*.

..... Peut-être est-ce manquer de respect au cher père,
Mais le cœur paternel fera grâce, j'espère.
    COLLIN D'HARLEVILLE. *Monsieur de Crac*, sc. 1re.

— Qui vient du père, qui est du côté du père : *succession paternelle*.

Je t'ai vu soupirer de douleur et de rage,
Lorsque, pour remonter au trône paternel,
On le força de prendre un chemin si cruel.
    J. RACINE. *La Thébaïde*, acte II, sc. 1re.

— Qui est tel qu'il convient à un père, tel qu'il appartient à l'état, à la qualité de père : *l'autorité, la puissance paternelle*. (Voy. PUISSANCE.) — Se dit, dans ce dernier sens, en parlant d'un souverain. d'un maître, d'un supérieur, etc. : *ce monarque a pour ses sujets une tendresse paternelle*.

* **PATERNELLEMENT** adv. En père, comme un père doit faire : *il l'a traité paternellement*.

PATERNISER v. n. Ressembler à son père.

* **PATERNITÉ** s. f. (lat. *paternitas*). État, qualité de père : *la paternité et la filiation sont deux termes relatifs*.

PATER PECCAVI : *Mon père, j'ai péché*. Premières paroles que l'Évangile met dans la bouche de l'enfant prodigue revenant à la maison paternelle.

PATERSON [patt'-eur-sonn], ville du New-Jersey (États-Unis), sur le Passaic, à l'endroit des chutes, et sur le canal Morris, à 25 kil. N.-O. de New-York ; 40,000 hab. Le fleuve se recourbe autour de la ville, la contournant sur une longueur de 15 kil. ; il est traversé par 14 ponts. Les chutes ont, perpendiculairement, une hauteur de 50 pieds ; le paysage dans les environs est très pittoresque. Pater-

son doit sa prospérité surtout à ses manufactures, dont les chutes du Passaic fournissent abondamment la force motrice.

PATERSON (William), fondateur de la banque d'Angleterre et de la colonie écossaise de Darien ; né en Écosse vers 1660, mort en 1719. Il était, en 1692, marchand à Londres, et fit à cette époque des ouvertures relativement à la fondation d'une banque d'Angleterre. Il fut un des premiers directeurs de l'institution, mais il se démit de cette charge. Il avait depuis longtemps conçu le projet de fonder une *république libre de Darien*, et, après de vains efforts en Angleterre, son projet fut à la fin sanctionné par un acte du parlement écossais en 1695. Après l'échec de cette expédition, il revint en Angleterre et forma un nouveau plan pour la colonie ; mais la mort imprévue du roi Guillaume mit son projet à néant. Il se fit l'avocat du libre-échange et l'adversaire décidé des entreprises de John Law. On a recueilli ses œuvres sous le titre de *The Writings of William Paterson, with a Biographical Introduction* (1858, 2 vol.).

* **PÂTEUX, EUSE** adj. (rad. *pâte*). Se dit du pain qui n'est pas assez cuit : *ce pain est pâteux*. — Se dit aussi des choses qui font dans la bouche le même effet que ferait de la pâte : *ces poires sont pâteuses*. — CETTE LIQUEUR EST PÂTEUSE, CE VIN EST PÂTEUX, il y a dans cette liqueur, dans ce vin des filaments, des matières non fondues, qui empêchent son entière liquidité. On dit de même, CETTE LIQUEUR, CE VIN A UN ŒIL PÂTEUX. — CE DIAMANT, CETTE AGATE A UN ŒIL PÂTEUX, ce diamant n'est pas parfaitement clair, cette agate a quelque chose de trouble et de louche. — AVOIR LA BOUCHE, LA LANGUE PÂTEUSE, avoir la bouche, la langue comme empâtée d'une certaine salive épaisse : *quand on a bu de ce vin, on a la bouche pâteuse*. On dit, dans le même sens, CELA REND LA BOUCHE PÂTEUSE, LA LANGUE PÂTEUSE. — CHEMIN PÂTEUX, chemin dont la terre est grasse, molle et à demi détrempée. — STYLE PÂTEUX, style mou, lourd, filandreux. — Peint. TOUCHE PÂTEUSE, touche abondante en couleurs : *chairs pâteuses*, chairs peintes largement et moelleusement. Se prend en bonne part.

* **PATHÉTIQUE** adj. (rad. gr. *pathos*, passion). Qui émeut les passions : *ce discours est très pathétique*. — s. m. *Il y a dans cette scène beaucoup de pathétique*.

* **PATHÉTIQUEMENT** adv. D'une manière pathétique : *cette scène est écrite fort pathétiquement*.

PATHÉTISME s. m. Art d'émouvoir les passions ; emploi du pathétique.

PATHMOS. Voy. PATMOS.

PATHOGÉNÉSIE s. f. (gr. *pathos*, douleur ; *genesis*, origine). Pathol. Origine des maladies.

PATHOGÉNIE s. f. (gr. *pathos*, douleur ; *genos*, naissance). Pathol. Partie de la médecine qui a pour but de faire connaître l'origine, la formation et le développement des maladies.

PATHOGNOMONIE s. f. [-ghno-mo-] (gr. *pathos*, douleur ; *gignoskô*, je discerne). Partie de la pathologie qui s'occupe de l'existence ou de la non-existence des maladies.

* **PATHOGNOMONIQUE** adj. Méd. Se dit des signes ou symptômes qui sont propres, particuliers à la santé et à chaque maladie, et qui en sont inséparables.

* **PATHOLOGIE** s. f. (gr. *pathos*, douleur ; *logos*, discours). Didact. Partie de la médecine qui traite de la nature, des causes et des symptômes des maladies. — La pathologie est la partie la plus importante de la médecine. Elle comprend : 1° l'*étiologie* ou cause des maladies ; 2° la *symptomatologie* ou symp-

tômes des maladies ; 3° l'*anatomie pathologique*, étude sur le cadavre des altérations que produit la maladie sur les organes et que révèle l'autopsie ; 4° la *séméiotique*, ou signes des maladies, divisée en diagnostic et pronostic ; 5° la *thérapeutique* ou traitement des maladies ; 6° la *nosologie* ou classification des maladies. — On appelle *pathologie médicale* ou *interne*, la connaissance des maladies internes et *pathologie chirurgicale* ou *externe*, celle des maladies externes.

* **PATHOLOGIQUE** adj. Didact. Qui appartient à la pathologie : *questions pathologiques*.

PATHOLOGISTE s. m. Celui qui s'occupe spécialement de pathologie.

* **PATHOS** s. m. [pa-toss] (gr. *pathos*, passion). Passion ; nous l'employons surtout en mauvaise part, pour signifier, une chaleur, une emphase affectée et déplacée dans un discours, dans un ouvrage littéraire : *tout cela n'est que du pathos*. (Fam.)

On voit partout chez vous l'ithos et le pathos.
    MOLIÈRE.

— Les rhéteurs donnent ce nom aux mouvements, aux figures propres à toucher fortement l'âme des auditeurs ; ils opposent le *Pathos* à l'*ithos*.

* **PATIBULAIRE** adj. (rad. lat. *patibulum*, gibet). Qui appartient au gibet, qui est destiné à servir de gibet : *des fourches patibulaires*. — Fam. AVOIR LA MINE, LA FIGURE, LA PHYSIONOMIE PATIBULAIRE, avoir la mine, la figure, la physionomie d'un méchant homme, d'un homme qui mérite d'être pendu.

* **PATIEMMENT** adv. [pa-si-a-man] (rad. *patient*). Avec patience : *souffrir patiemment*.

* **PATIENCE** s. f. [pa-si-an-se] (lat. *patientia*). Vertu qui fait supporter les adversités, les douleurs, les injures, les incommodités, etc., avec modération et sans murmurer : *c'est un grand exemple de patience*; *il faut avoir patience jusqu'au bout*. — Prov. LA PATIENCE EST LA VERTU DES ÂNES, il y a de la sottise à rester dans une situation fâcheuse, d'où l'on peut sortir, à supporter ce qu'on ne doit pas endurer. — PRENDRE SON MAL EN PATIENCE, le supporter, le souffrir avec patience, avec résignation : *il ne m'eût servi à rien de me désespérer, j'ai pris mon mal en patience*. — Tranquillité, calme, sang-froid avec lequel on attaque ce qui tarde à venir ou à se faire : *il viendra dans un moment, prenez patience*. — Constance, persévérance, à faire une chose, à poursuivre un dessein, malgré la lenteur des progrès, malgré les difficultés, les obstacles, les peines, les dégoûts : *la patience vient à bout des travaux les plus longs et les plus pénibles*. — OUVRAGE DE PATIENCE, ouvrage qui demande principalement du temps et de la constance. — PATIENCE, amusement qui consiste à rassembler dans leur ordre véritable les pièces bizarrement découpées et mêlées d'une tablette de bois sur laquelle on a collé un dessin ou une carte géographique. — PATIENCE, PATIENCES, différentes combinaisons qu'une personne seule peut faire avec un jeu de cartes : *faire une patience*; *il faisait des patiences*. — Patience adv. : *si on lui laissait quelque chose, patience*; *mon cœur lui ôte tout*. — Fam. PATIENCE, PATIENCE, S'IL VOUS PLAÎT, ne m'interrompez point, laissez-moi dire. On dit aussi, dans une même phrase, PATIENCE, UN MOMENT DE PATIENCE. On dit, par menace, *Patience j'aurai mon tour*.

* **PATIENCE** s. f. Genre de plantes dont l'espèce commune, appelée aussi *parelle*, croît dans les terres incultes, et a des feuilles semblables à celles de l'oseille, mais plus longues.

PATIENS QUIA ÆTERNUS, loc. latine

qui signifie : *Patient parce qu'éternel*. Se dit surtout en parlant des attributs de Dieu.

* **PATIENT, ENTE** adj. (lat. *patiens*; de *pati*, souffrir). Qui souffre avec modération et sans murmurer, les adversités, les injures, les mauvais traitements, etc. : *c'est l'homme du monde le plus patient*. — Qui supporte, qui tolère avec bonté, avec douceur les défauts, les importunités de ses inférieurs : *le père a été fort patient à l'égard de son fils*. — Écrit. DIEU EST PATIENT ET MISÉRICORDIEUX, il supporte nos fautes, pour nous donner le temps de nous corriger. Dans le même langage, LA CHARITÉ EST PATIENTE. — Qui attend et qui persévère avec tranquillité : *quand on a quelque affaire à conduire, il faut être patient.* — Didact. Qui reçoit l'impression d'un agent physique : *tous les êtres à l'égard les uns des autres sont agents ou patients.* — Patient s. m. L'AGENT ET LE PATIENT, le sujet qui agit, et celui sur lequel il agit. — IL N'A ÉTÉ QUE LE PATIENT, se dit de celui qui, dans une querelle avec un autre homme, a souffert les injures, sans rien faire pour les repousser. — Individu condamné à la peine capitale, et livré à l'exécuteur : *les prêtres qui accompagnent les patients au supplice.* — Par ext. Celui qui est entre les mains des chirurgiens, et qui subit une opération douloureuse.

* **PATIENTER** v. n. Prendre patience, attendre avec patience : *patientez un peu, vous serez content.*

* **PATIN** s. m. (rad. *patte*). Sorte de soulier dont la semelle était fort épaisse, et que les femmes portaient autrefois pour se grandir : *elle était montée sur des patins, sur de hauts patins.* — Sous-chaussure, garnie dans toute sa longueur en dessous d'une lame d'acier,

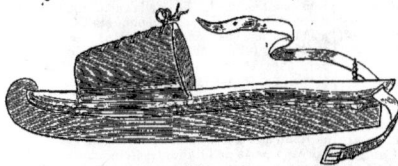

Patin.

et dont on se sert pour glisser sur la glace : *aller sur des patins, en patins.* — PATIN CANNELÉ, patin dont le dessous est creusé en rigole, ce qui permet de poser le pied à plat sur la glace, tandis qu'avec le patin ordinaire ou hollandais il faut couper la glace avec la carre ou tranchant de la lame. Avec ce genre de patins, on marche plus sûrement, mais plus lentement qu'avec le patin hollandais. — PATIN A ROULETTES, appelé aussi *roller-skating* ou *skating-ring*, appareil du genre du

Patin à roulettes.

précédent mais qui est destiné au patinage artificiel. — Charpent. Pièce de bois qu'on pose de niveau sous la charpente d'un escalier, pour la porter et lui servir de base : *le patin d'un escalier.* — Maréch. FER A PATIN, sorte de fer qu'on met au pied d'un cheval, dans certains cas, pour le forcer à s'appuyer sur le pied opposé.

PATIN (Henri-Joseph-Guillaume), érudit, né à Paris le 21 août 1793, mort en février 1876. Successivement professeur au lycée Henri IV, puis à la faculté des lettres de Paris, dont il était le doyen à la fin de sa vie; lauréat de

l'Académie française, puis membre de cette société en 1843; a publié les éloges de Bernardin de Saint-Pierre, de Lesage, de Bossuet, et des *Études sur les tragiques grecs*, ouvrage que l'on considère comme un chef-d'œuvre d'érudition.

PATIN. I. (Guy), médecin français, né en 1601 à la Place, mort en 1672. Il devint doyen de la faculté de médecine de Paris. Il a laissé des *Lettres* éditées seulement en 1846 (Paris, 3 vol. in-8°). On a aussi de lui : *Traité sur la conservation de la santé; Traité de la peste*. etc. — II. (Charles), médecin et fils du précédent, né à Paris en 1633, mort en 1693. Il est surtout connu comme antiquaire et a laissé un certain nombre d'ouvrages sur la numismatique.

PATINAGE s. m. Action de patiner, de glisser sur la glace ordinairement à l'aide de patins. — On appelle *patinage artificiel* ou *skating*, le patinage à l'aide de patins à roulettes, sur une surface bien plane, comme l'asphalte comprimé, ou un parquet bien uni. Ce genre de sport, d'origine anglaise, est aujourd'hui plus populaire en France que le vrai patinage, difficile à pratiquer à cause du manque de glace. Néanmoins le patinage sur la glace, qui est un exercice des plus hygiéniques, et qui est populaire dans tout le nord de l'Europe, principalement en Hollande et en Angleterre, trouve en France de nombreux partisans; et il existe, à Paris, un skating-club ou cercle des patineurs, qui possède au bois de Boulogne une pièce d'eau réservée.

* **PATINE** s. f. (lat. *patina*, plat). Oxyde vert de bronze; vert-de-gris noirâtre qui se forme sur les statues et les médailles de bronze de l'antiquité, et qui leur sert en quelque sorte de vernis : *la patine de cette médaille est fort belle.*

* **PATINER** v. n. Glisser sur la glace avec des patins : *dans les pays froids, c'est un divertissement commun pendant l'hiver que de patiner, d'aller voir patiner.*

* **PATINER** v. a. Manier indiscrètement : *ces fruits ont perdu toute leur fleur, on les a trop patinés.* — Prendre et manier les mains et les bras d'une femme. En ce sens, il est libre et vieux.

* **PATINEUR** s. m. Celui qui glisse sur la glace avec des patins : *il y avait beaucoup de patineurs sur la rivière, sur le canal.*

* **PATINEUR** s. m. Celui qui prend et manie les mains et les bras d'une femme : *les patineurs n'ont pas beau jeu avec elle.* (Il est libre et vieux.)

* **PÂTIR** v. n. (lat *pati*). Souffrir, avoir du mal, être dans la misère : *il a été longtemps malade, il a bien pâti avant de mourir.* — NATURE PÂTIT, se dit en parlant d'une personne qui se fait violence pour cacher les sentiments pénibles qu'elle éprouve. — PÂTIR DE QUELQUE CHOSE, en être puni, en souffrir du dommage: *vous vous êtes trop laissé aller à vos plaisirs, vous en pâtirez.*

Hélas ! on voit que de tout temps
Les petits ont pâti des sottises des grands.
LA FONTAINE.

— PÂTIR POUR QUELQU'UN, souffrir d'une faute qu'il a faite, d'un tort qu'il a eu : *il ne faut pas que l'innocent pâtisse pour le coupable.* — Souffrir du déchet, de l'altération, diminuer de profit : *votre bien pâtira de votre absence.*

* **PÂTIRA** ou **Pâtiras** s. m. (fr. *pâtir*). Souffre-douleurs.

* **PÂTIS** s. m. (rad. *pâtre*). Écon. rur. Espèce de lande ou de friche, dans laquelle on met paître des bestiaux : *ce n'était qu'un pâtis, j'en ai fait un pâturage.*

PÂTISSAGE s. m. Action de pâtisser.

* **PÂTISSER** v. n. Faire de la pâtisserie : *il pâtisse fort bien.*

* **PÂTISSERIE** s. f. Pâte préparée et assaisonnée, qu'on fait cuire ordinairement dans le four : *il aime beaucoup la pâtisserie; les pâtisseries.* — Art de faire la pâtisserie : *les pâtés, les tourtes, les biscuits, les gâteaux, etc., sont des ouvrages de pâtisserie.*

* **PÂTISSIER, IÈRE** s. Celui, celle qui fait des pâtés et autres pièces de four : *bon pâtissier; mauvaise pâtissière.*

* **PÂTISSOIRE** s. f. Table avec des rebords sur laquelle on pâtisse.

PÂTISSON s. m. (rad. *pâté*). Espèce de courge.

PATISSON (Mamert), imprimeur, né à Orléans, mort à Paris en 1601. Il devint imprimeur du roi et épousa la veuve de Robert Estienne. Il a laissé des éditions d'une grande valeur.

PATITO s. m. (mot ital. ; du lat. *pati*, souffrir; parce que le patito endure les boutades). Sigisbée : *vous auriez dû me prévenir, monsieur le marquis, que j'entrais ici pour être le patito de madame Maréchal.* (Emile Augier, *Le Fils de Giboyer*, acte II, sc. XIII.) — pl. des *patiti*.

PATKUL (Johann-Reinhold [patt'-koul], patriote livonien, né à Stockholm vers 1660, mort le 10 oct. 1707. Il devint capitaine dans l'armée suédoise, et, en 1689, fit partie de la députation de nobles livoniens qui vint adresser à Charles XI des remontrances sur les empiétements des officiers royaux. Il fut, de ce chef et pour d'autres démonstrations patriotiques, condamné à mort comme rebelle; mais il s'échappa et vécut plusieurs années en Suisse et en France. En 1698, il entra au service d'Auguste de Saxe et de Pologne, comme conseiller privé. Il poussa activement à la coalition contre Charles XII qui avait refusé de lui faire grâce, et il s'efforça de soulever la Livonie. Il devint ensuite général en Russie, et fut envoyé par Pierre le Grand comme ambassadeur à Dresde. Cela excita la colère d'Auguste, qui le fit arrêter en 1705. L'une des conditions de la paix imposée à Auguste, fut qu'il livrerait Patkul, dont il chercha vainement à favoriser la fuite. Charles fit passer le patriote devant une cour martiale, et le fit exécuter à Kazimierz, près de Posen, après d'épouvantables tortures.

PATMOS [patt'-moss] (auj. *Patmo*), l'une des Sporades, dans l'archipel grec, appartenant à la Turquie, à environ 55 kil. O. de la côte de l'Asie Mineure; environ 4,000 hab., tous Grecs. C'est une masse irrégulière de rochers stériles, de 50 kil. de circonférence; au temps des empereurs romains, elle servait de lieu de bannissement. C'est dans cette île que l'apôtre saint Jean fut exilé par Domitien, en 95; et, c'est là, d'après la tradition, qu'il écrivit l'*Apocalypse* et peut-être son Évangile.

PATNA I, division du Bengale (Inde anglaise), comprenant les districts de Patna, de Gaya, de Shahabad, et de Sarum, au S. du Gange, et ceux de Tirhoot et de Chumparun, au N. de ce fleuve; 13,122,743 hab. — II. district faisant partie de la division du même nom, borné au N. par le Gange, à l'O. et au N.-O. par la Sone; 4,559,638 hab. La production principale est l'opium. Patna fut cédé aux Anglais en 1765. — III. capitale de ce district, sur le Gange, à 500 kil. N.-O. de Calcutta; 158,900 hab. La cité proprement dite.

ou citadelle, est entourée par un mur. Les faubourgs, très vastes, s'étendent sur une longueur de 12 kil. sur les bords du Gange. Patna est un centre important pour le commerce de l'opium.

* **PATOIS** s. m. Langage du peuple et des paysans, particulier à chaque province : *le patois bourguignon, picard, normand, champenois, gascon, provençal,* etc. — Par ext. Certaines façons de parler qui échappent aux gens de province : *il parle encore patois.*

PATOISER v. n. Parler patois, avoir un accent provincial.

PATON s. m. Techn. Morceau de cuir qu'on met en dedans du soulier, au bout de l'empeigne.

* **PÂTON** s. m. Certains morceaux de pâte dont on engraisse les chapons, les poulardes, etc. : *on a engraissé ce chapon avec des pâtons.*

PATOUILLE s. f. [ll mll.]. Sorte d'échelle de corde.

PATOUILLER v. n. [ll mll.]. Patauger dans la boue.

PATOUILLET s. m. Machine hydraulique pour laver le minerai.

PATOUILLET (Louis), jésuite et écrivain, né à Dijon en 1699, mort à Avignon en 1779. Il est surtout connu par les traits acérés que lui décocha Voltaire. Il eut une grande part à la composition des *Lettres édifiantes et curieuses* (Paris, 32 vol. in-12) et publia une *Histoire de Cartouche* (Avignon, 1733).

PATOUILLEUR. s. m. [ll mll.] (rad. *patouiller*). Ouvrier qui opère le lavage du minerai.

PATOUILLEUX, EUSE adj. (rad. *patouiller*). Gâcheux, boueux.

* **PATRAQUE** s. f. Machine usée ou mal faite, et de peu de valeur : *cette montre n'est qu'une patraque, une vieille patraque.* — Fig. et fam. Personne faible et usée : *je ne suis plus qu'une vieille patraque; il devient patraque.* Il est employé adjectiv. dans cette dernière phrase.

* **PATRAS** [pa-trass] (anc. *Patræ*), ville forte et port de la Grèce, dans la partie N.-O. de la Morée, sur le golfe de Patras, à 170 kil. N.-O. d'Athènes ; 19,641 hab. C'est la capitale de la

Patras.

nomarchie d'Achaïe-et-Élide, et le centre du commerce extérieur en Morée. Un château se dresse sur l'emplacement de l'ancienne acropole. — Patræ fut fondée par les Ioniens, auxquels les Achéens l'enlevèrent sous Patreus; d'où son nom. Pendant la guerre du Péloponèse, elle fut la seule des villes Achéennes à prendre parti pour les Athéniens. Elle faisait partie de la ligue achéenne, et elle déclina pendant la guerre avec Rome. Auguste la choisit pour une des deux colonies sur la côte

occidentale de la Grèce. Elle fut duché de l'empire byzantin, vendue à Venise en 1408, et, après bien des vicissitudes, définitivement prise par les Turcs en 1716. C'est à Patras que fut levé pour la première fois l'étendard de l'indépendance grecque, le 12 février 1821. Les Turcs brûlèrent la ville en avril; mais les Grecs la reprirent, bien que la garnison turque ait gardé le château jusqu'en 1828.

* **PATRE** s. m. (rad. lat. *pascere*, paître). Celui qui garde, qui fait paître des troupeaux de bœufs, de vaches, de chèvres, etc. : *il y a beaucoup de pâtres dans ce pays.*

* **PATRES** (Ad). Voy. AD PATRES.

* **PATRIARCAL, ALE, AUX** adj. [-ar-kal] (rad. *patriarche*). Qui appartient à la dignité de patriarche : *il y a à Rome cinq églises patriarcales.* — Qui a rapport aux mœurs patriarcales; et, par ext., qui rappelle la simplicité des mœurs : *le gouvernement patriarcal; l'intérieur de sa maison offre un aspect patriarcal.*

PATRIARCALEMENT adv. D'une manière patriarcale.

* **PATRIARCAT** s. m. Dignité de patriarche : *il fut élevé au patriarcat de Constantinople.* — Etendue de territoire soumise à la juridiction d'un patriarche : *le patriarcat d'Alexandrie, d'Antioche,* etc. — Temps pendant lequel un patriarche a occupé son siège : *durant son patriarcat.* — La hiérarchie catholique romaine comprend : 1° *sept patriarcats du rit latin :* Constantinople, Alexandrie, Antioche, Jérusalem, Venise, Indes occidentales, Lisbonne; — 2° *cinq patriarcats du rit oriental :* Antioche, des Grecs melchites (*Antiochen, Melchitarum*); Antioche, des Maronites (*Antiochen, Maronitarum*); Antioche, des Syriens (*Antiochen, Syrorum*); Babylone, des Chaldéens (*Babylonen Chaldæorum*); Cilicie, des Arméniens (*Ciliciæ; Armenorum*).

* **PATRIARCHE** s. m. (rad. gr. *pater*, père; *arké,* commandement). Nom donné à plusieurs saints personnages de l'Ancien Testament : *Noé, Abraham, et les autres patriarches.* — IL A L'AIR D'UN PATRIARCHE, se dit d'un vieillard qui a une figure vénérable. — C'EST UN PATRIARCHE, se dit d'un vieillard qui vit au milieu d'une famille nombreuse. On dit de même, IL MÈNE UNE VIE DE PATRIARCHE, il vit comme un patriarche. — Titre de dignité dans l'Eglise, qui se donnait autrefois aux évêques des premiers sièges épiscopaux : *patriarche de Constantinople.* On donne encore ce titre à quelques évêques : *le patriarche de Lisbonne; le patriarche d'Aquilée.* — Titre des chefs de l'Eglise grecque, et de quelques autres communions regardées comme schismatiques par l'Eglise romaine, telles que celles des maronites, des jacobites, des nestoriens, etc. — Premier instituteur de certains ordres religieux, comme saint Basile, saint Benoît, etc.

PATRIARCHIE s. f. [-chî] Etendue de territoire soumise à l'autorité d'un patriarche.

* **PATRICE** s. m. (lat. *patritius;* de *pater,* père). Titre d'une dignité instituée dans l'empire romain, par Constantin : *les patrices avaient le premier rang dans l'empire, après les Césars.*

PATRICE (Saint). Voy. PATRICK.

PATRICIAL, ALE, AUX adj. Qui a rapport aux patrices.

* **PATRICIAT** s. m. Dignité de patrice : *on ne parvenait ordinairement au patriciat, qu'après avoir passé par les plus grandes charges, comme celle de consul, de préfet du prétoire, de préfet de la ville.* — Ordre des nobles dans les gouvernements où ils sont appelés les patriciens : *cela offensa le patriciat.*

* **PATRICIEN, IENNE** adj. Se dit de ceux qui, parmi les Romains, étaient issus des premiers sénateurs institués par Romulus : *dans les premiers temps de la république romaine, on ne faisait point de consuls qui ne fussent patriciens.* — Dans certains Etats. LES FAMILLES PATRICIENNES, les familles nobles. — s. Les Romains de condition patricienne : *les seuls patriciens furent longtemps en possession du consulat.* — Dans quelques républiques italiennes : *les patriciens de Sienne.* — Parext. Noble, dans quelque maison que ce soit : *cette belle et fière patricienne.* — ENCYCL. On appelle patriciens les membres et les descendants, par le sang ou par adoption, des maisons primitives qui composèrent exclusivement le *populus romanus,* jusqu'à l'établissement de l'ordre des plébéiens. Ils étaient d'abord divisés en 3 tribus; chaque tribu se composait de 10 curies, et chaque curie de 10 gentes, ou, pour les votes ou la guerre, en 10 décuries. La *gens* envoyait son chef au sénat. Pour distinguer les anciens sénateurs des nouveaux, lorsque Tarquin l'Ancien admit la tribu étrusque des Luceres à l'égalité des droits politiques avec les Ramnenses et les Titienses, les anciens furent appelés *patres majorum gentium,* et les derniers, *patres minorum gentium.* A la fin de la république, le nombre des familles patriciennes était tombé à 50 environ. Les plébéiens avaient conquis, après une lutte séculaire, tous leurs droits politiques, mais une nouvelle aristocratie s'était élevée, fondée sur la richesse et sur l'honneur d'avoir rempli les charges de consul, de préteur et d'édile curule. Constantin fit du nom de patricien une distinction personnelle au lieu d'être héréditaire comme auparavant. Après la perte de l'Italie, les Romains conférèrent le même titre à leurs gouvernants ou à leurs protecteurs. Pendant le moyen âge, il s'éleva, dans beaucoup de cités, des familles qui prirent le nom de patriciennes, et ce titre est encore usité en quelques pays.

PATRICK (Saint) (lat. *Patricius*), apôtre et patron de l'Irlande, né vers 372, mort à Down (Ulster), le 17 mars 493 ou 495 (et, suivant quelques-uns, vers 460). Le lieu de sa naissance est incertain. Son nom primitif était Succath. A l'âge de 16 ans, il fut emmené captif en Irlande par une bande de maraudeurs; mais, au bout de six mois, il s'enfuit en Ecosse. Enlevé une seconde fois, il s'échappa de nouveau, et résolut de se faire missionnaire chez les Irlandais. Il fut sacré évêque, et entra en Irlande vers 432. Il baptisa les rois de Dublin et de Munster, et les sept fils du roi de Connaught; avant de mourir, il avait converti presque toute l'île à la foi chrétienne et fondé un grand nombre d'églises, de cloîtres et d'écoles monastiques.

* **PATRIE** s. f. (lat. *patria*). Pays où l'on a pris naissance : *la France est notre patrie; dans des contrées pauvres, dont le climat est rude, on voit les hommes chérir leur patrie.* — Particul. Province, ville où l'on est né : *le Languedoc est sa patrie; Marseille est sa patrie.* — Fig. Nation dont on fait partie, société politique dont on est membre : *Solon donna des lois à sa patrie; les vertus de ce magistrat, les talents de ce poète font honneur à votre patrie, honorent votre patrie.* — Par ext. Climat, contrée propre à certains animaux, ou même à certains végétaux,

la Laponie est la patrie du renne. — ATHÈNES FUT LA PATRIE DES PHILOSOPHES, beaucoup de philosophes célèbres habitèrent cette ville, y donnèrent leurs leçons. LA FRANCE EST LA PATRIE DES SCIENCES ET DES ARTS, les sciences et les arts y fleurissent, y sont particulièrement en honneur. — LA CÉLESTE PATRIE, le ciel, considéré comme le séjour des bienheureux. ENCYCL. Nous ne pouvons donner une meilleure définition du mot patrie qu'en reproduisant les lignes suivantes extraites du *Manuel d'instruction nationale* publié en 1885 (Hachette et Cie), et dont l'auteur, M. Emmanuel Vauchez, secrétaire général de la Ligue française de l'enseignement (voy. LIGUE), s'est toujours montré si digne de parler de la patrie : « La réunion des communes d'un même pays, d'un pays reconnaissant les mêmes lois et obéissant au même gouvernement librement accepté, forme la patrie. La patrie n'existe point où se rencontre la servitude, que cette servitude soit le résultat de la guerre ou de toute autre cause. Est-ce ce l'unité du langage qui détermine la notion de la patrie? Nullement. En Suisse, on parle (suivant les contrées) français, allemand, italien. Et cependant, qui oserait dire que ces hommes de langages divers ne forment pas un peuple, une nation, la nation suisse ? Est-ce l'unité des croyances religieuses ou philosophiques ? Moins encore. Aux États-Unis, tous les cultes et toutes les philosophies se trouvent pêle-mêle, le catholique y coudoie le protestant qui vit à son tour dans le voisinage du juif, lequel est entouré de déistes, de non croyants de toutes sortes. La même liberté les enveloppe, la même égalité les protège. La volonté personnelle, intime, du citoyen, s'ajoutant le plus souvent à des conditions particulières de race, de famille, de naissance, tel est le facteur essentiel de l'idée de patrie. On n'a pas une patrie par ordre, on ne perd pas une patrie par ordre; sinon il faudrait admettre la traite des blancs, ainsi qu'on admettait jadis la traite des noirs. Mais la terre que le souvenir des ancêtres a rendue sacrée, la nation qu'on aime parce qu'elle paraît la meilleure et la plus grande, le peuple auquel on est fier d'appartenir, voilà ce qui est vraiment la patrie... Notre patrie à nous, c'est la patrie française; nous l'aimons dans ses grandeurs, dans ses souffrances, dans les manifestations si diverses de son génie. Le sentiment d'admiration et d'amour qu'elle nous inspire a été partagé par bien des hommes qui n'étaient pas nés sur son territoire. N'est-ce pas un étranger qui a dit : « Tout être humain a deux patries, celle où il est né et la France? »... Le patriotisme qui se complaît exclusivement dans l'humiliation d'autrui est un médiocre patriotisme. Quant à nous, tout en éprouvant la fierté qui convient devant les pages éclatantes de notre histoire, nous nous attachons plus encore aux grandes idées que notre pays a fait rayonner sur le monde, aux progrès qu'il a accomplis et dont il a doté l'humanité. Si notre esprit s'enorgueillit aux heures des triomphes nationaux, notre cœur s'émeut devant les défaites et les catastrophes. A ce moment-là, nous aimons davantage la France...»

* PATRIMOINE s. m. (lat. *patrimonium*). Bien qui vient du père et de la mère, qu'on a hérité de son père et de sa mère : *son père et sa mère lui ont laissé un grand patrimoine, un patrimoine opulent.* — En certains lieux, PATRIMOINE PATERNEL, biens qui viennent du côté du père. PATRIMOINE MATERNEL, biens qui viennent du côté de la mère. — Biens de famille, pour les distinguer des acquêts : *il n'a jamais voulu toucher à son patrimoine, il n'a disposé que de ses acquêts.* — Fig. Chose qui est le revenu ordinaire et naturel d'un homme ou d'une classe d'hommes : *les biens*

donnés à l'Église devaient être le patrimoine des pauvres. — Se prend aussi en mauvaise part : *les mauvais procès sont le patrimoine des praticiens fripons.* — LE PATRIMOINE DE SAINT-PIERRE, et LA PROVINCE DU PATRIMOINE, une partie du domaine que le pape possédait en Italie, et dont Viterbe était la capitale.

* PATRIMONIAL, ALE, AUX adj. Qui est de patrimoine : *héritage patrimonial; biens patrimoniaux.*

* PATRIOTE s. Celui, celle qui aime sa patrie, et qui cherche à lui être utile : *un bon patriote.* — Adj. *Turgot fut un ministre patriote.*

* PATRIOTIQUE adj. Qui appartient au patriote : *sentiment patriotique.* — DON PATRIOTIQUE, don fait à la patrie.

* PATRIOTIQUEMENT adv. En patriote : *il a agi patriotiquement.*

* PATRIOTISME s. m. Amour de la patrie: *acte de patriotisme.*

PATRIPASSIENS s. m. pl. (lat. *pater, patris*, père; *passio*, souffrance). Nom donné à ceux des chrétiens du IIe et du IIIe siècle qui attribuaient au Père les souffrances du Fils incarné. Cette doctrine n'est qu'un des aspects du noétianisme. (Voy. NOÉTIENS.)

PATRISTIQUE adj. (lat. *pater, patris*, père). Qui appartient aux pères de l'Église : *écrit patristique.*

PATRIX (Pierre), poète français, né à Caen en 1583, mort à Paris en 1671. Il a laissé des chansons et des poésies diverses.

* PATROCINER v. n. (lat. *patrocinari*). Parler longuement et jusqu'à l'importunité, pour persuader. Se joint ordinairement avec le verbe prêcher : *prêchez et patrocinez tant qu'il vous plaira.* (Vieux.)

PATROCLE, héros grec légendaire, ami d'Achille et fils de Ménœtius d'Opus. Il se retira du siège de Troie avec Achille; mais, lorsque les affaires des Grecs prirent une tournure désespérée, Achille lui prêta son armure et ses troupes, pour qu'il pût repousser les Troyens et préserver les navires. Pendant la lutte, Apollon le frappa d'étourdissement, et il fut tué par Euphorbe et Hector. Les Grecs l'enterrèrent sous un monticule, qui fut rouvert plus tard pour recevoir le cadavre d'Achille, après que celui-ci eût vengé son ami par la mort d'Hector. (Voy. ACHILLE.)

* PATROLOGIE s. f. (gr. *patêr, patros*, père; *logos*, discours). Connaissance des écrits et des doctrines des pères de l'Église. On dit aussi PATRISTIQUE. — Recueil des écrits des pères de l'Église : *la patrologie de Migne.*

* PATRON, ONNE s. (lat. *patronus*; de *pater*, père). Protecteur, protectrice. Se dit du saint, de la sainte dont on porte le nom, de celui, de celle sous l'invocation de qui une église est dédiée, et de celui, de celle qu'un pays, une ville, une confrérie, une communauté réclame comme son protecteur : *saint Jean est son patron, est le patron de cette ville; sainte Geneviève est la patronne de Paris.* — Homme puissant sous la protection de qui l'on se met pour faire sa fortune, pour avoir de l'appui; homme dont on obtient le secours dans une affaire, dans une circonstance difficile : *chez les Romains, les plébéiens s'attachaient, sous le nom de clients, à quelque praticien qu'ils appelaient leur patron; vous avez là un bon patron.* — Fam. Maître d'une maison : *où est le patron?* LE PATRON DE LA CASE. (Voy. CASE.) — Par ext. Maître d'une usine, d'une manufacture, chef d'un établissement commercial : *les ouvriers réclamèrent de leurs patrons une augmentation de salaire.* — Celui qui commande aux matelots d'un canot, d'une chaloupe ou d'un très petit bâtiment : *le patron de la barque du bateau.* —

IL EST LE PATRON DE LA BARQUE, se dit de celui qui a le plus de crédit dans une société, dans une compagnie, dans une affaire. —Se disait, chez les Romains, du maître à l'égard de son affranchi : *l'affranchi devait respect à son patron.* — Se dit, dans le Levant, du maître à l'égard de l'esclave : *réduit en esclavage, il eut le bonheur d'avoir pour patron un homme compatissant.* — Prélat ou seigneur laïque qui avait droit de nommer à un bénéfice : *le patron avait des droits honorifiques dans une église, comme successeur du premier fondateur.* — Se dit aussi, par manière de qualification amicale, à un homme d'un rang inférieur : *bonjour, patron.*—Adjectiv. GALÈRE PATRONNE ou simpl., PATRONNE, se disait de la seconde des galères du roi, que montait ordinairement le lieutenant général des galères: *la patronne souffrit beaucoup dans cette tempête.* — CARDINAL PATRON, s'est dit, à la cour de Rome, du cardinal qui gouvernait comme premier ministre : *c'était ordinairement le neveu du pape qui était le cardinal patron.* — ENCYCL. Chez les anciens Romains, on appelait patron le patricien qui avait sous sa protection des plébéiens, appelés clients (Voy. CLIENT), ou le maître qui avait affranchi ses esclaves. Lorsqu'un esclave était affranchi, le patron prenait l'affranchi sous sa protection, et l'affranchi devait à son ancien maître respect et gratitude, et était tenu de lui venir en aide, à lui et à ses enfants, en cas de besoin. La relation la plus importante existant entre le patron et l'affranchi était le droit du premier dans certains cas à devenir l'héritier de tout ou partie de l'héritage du dernier.

* PATRON s. m. Modèle sur lequel travaillent certains artisans, comme les brodeurs, les tapissiers et autres : *ce tapissier a de beaux patrons pour des chaises.* — DENTELLE D'UN BEAU PATRON, dentelle faite sur un beau patron. — Morceau de papier, de carte, ou de parchemin, que les tailleurs, les lingères, les marchandes de modes, etc., découpent de manière à figurer les différentes parties de leurs ouvrages, et sur lequel ils taillent l'étoffe dont leurs ouvrages doivent être faits : *le patron d'une veste, d'un gilet.*—Fig. et fam. CET HOMME S'EST FORMÉ SUR UN BON, SUR UN MAUVAIS PATRON, il s'est formé sur un bon, sur un mauvais modèle. — Luth. Certaines pièces de bois qui ont la forme des différentes parties d'un instrument, tel que violon, basse, guitare, etc., et d'après lesquelles on taille le bois dont ces instruments doivent être faits : *violon d'un grand patron, d'un petit patron.* — Papier ou carton découpé, qu'on applique sur une surface quelconque, pour peindre les parties que ces découpures laissent à découvert : *les peintres en décor font souvent usage de patrons.*

* PATRONAGE s. m. Droit qu'un prélat ou un seigneur laïque avait de nommer à un bénéfice : *ce bénéfice était en patronage ecclésiastique, en patronage laïque.* — Protection qu'un homme puissant accorde à un homme d'un état inférieur : *le patronage de ce ministre lui a été fort utile.* — Protection, secours que certaines associations donnent aux pauvres. — Il existe plusieurs sociétés de patronage dont la plus connue est l'Œuvre du patronage des enfants de Saint Vincent-de-Paul qui s'occupe surtout de surveiller dans les écoles et de placer en apprentissage les enfants qui lui sont recommandés. Cette œuvre ouvre des écoles du jour et du soir et des réunions du dimanche.

* PATRONAL, ALE, AUX adj. (rad. *patron*). Qui appartient au patron, au saint du lieu : *fête patronale.*

* PATRONAT s, m. Hist. rom. Condition du patron à l'égard du client. — DROIT DE PATRONAT, ensemble des droits que le patron conservait sur son affranchi.

° **PATRONNER** v. a. Protéger, pousser dans le monde : *il était patronné par un tel.*

° **PATRONNER** v. n. Cartier. Enduire de couleur, en se servant d'un patron évidé aux endroits où la couleur doit paraître.

° **PATRONNESSE** adj. Ne s'emploie que dans cette locution : UNE DAME PATRONNESSE, une dame qui préside à une œuvre de charité, à un bal donné au profit des pauvres.

PATRONNET s. m. Garçon pâtissier.

PATRONNEUR s. m. Ouvrier qui fait du patronage, qui colorie à l'aide de patrons.

PATRONOME s. m. (rad. gr. *patér*, père; *nomos*, loi). Nom donné aux magistrats de Sparte que créa Cléomène pour remplacer les éphores.

° **PATRONYMIQUE** adj. (gr. *patér*, père; *onuma*, nom). N'est usité que dans cette locution, NOM PATRONYMIQUE, nom commun à tous les descendants d'une race, et tiré du nom de celui qui en est le père : *Héraclides, Séleucides, sont des noms patronymiques.* — NOM PATRONYMIQUE, se dit aussi, chez les nations modernes, du nom de famille; par opposition aux noms de terre ou de fief, et aux surnoms.

° **PATROUILLAGE** s. m. [*ll* mll.] (rad. *patrouille*). Saleté, malpropreté qu'on fait en patrouillant : *quel patrouillage faites-vous là?* (Pop.)

° **PATROUILLE** s. f. Guerre. Marche qu'une partie des troupes de garde dans une ville fait, pendant la nuit, pour la sûreté des habitants; et, en général, toute marche que fait un détachement de soldats, soit pour prévenir les désordres et arrêter les malfaiteurs soit pour empêcher les surprises de la part de l'ennemi : *faire des patrouilles hors de la place, hors du camp.* — Détachement même qui fait la patrouille : *rencontrer la patrouille.*

° **PATROUILLER** v. n. Guerre. Faire la patrouille, aller en patrouille. (Fam.)

° **PATROUILLER** v. n. Agiter, remuer de l'eau sale et bourbeuse avec les mains, les pieds, ou autrement : *des enfants qui patrouillent dans les rues, dans le ruisseau.* — v. a. Manier malproprement les choses auxquelles on touche, les gâter, les déranger en les maniant : *un cuisinier qui patrouille les viandes.* Il est populaire dans les deux acceptions.

° **PATROUILLIS** s. m. Patrouillage : *quel patrouillis est-ce là?* — Bourbier : *mettre le pied dans le patrouillis.* Il est populaire dans les deux acceptions.

° **PATRU** (Olivier), avocat et écrivain, né à Paris en 1604, mort en 1681. Il embrassa d'abord la carrière du barreau et la quitta bientôt pour se livrer exclusivement à la littérature. Il entra à l'Académie en 1640. La meilleure édition de ses *Œuvres* est celle de Paris (1732, 2 vol. in-4°).

° **PATTE** s. f. (sansc. *pad*, aller). Pied des animaux quadrupèdes qui ont des doigts, des ongles ou des griffes; et celui de tous les oiseaux, à l'exception des oiseaux de proie : *patte de singe, de lion, de chat; les pattes d'un perroquet.* — CE CHAT FAIT PATTE DE VELOURS, il retire ses griffes en donnant la patte. — Fig. et au sens moral, FAIRE PATTE DE VELOURS, cacher sous des dehors caressants le pouvoir ou le dessein qu'on a de nuire. — SE SERVIR DE LA PATTE DU CHAT POUR TIRER LES MARRONS DU FEU, se servir adroitement d'un autre pour faire quelque chose de périlleux, dont on espère recueillir le profit. — Fig. et fam. Main de l'homme : *cet homme a une grosse vilaine patte; vous touchez à tout, ôtez vos pattes de là, voyez votre patte.* — MARCHER A QUATRE PATTES, marcher sur les pieds et sur les mains. — IL NE REMUE NI PIED NI PATTE, il est sans mouvement.

IL NE SAURAIT REMUER NI PIED NI PATTE, se dit d'un homme qu'une grande faiblesse ou une grande lassitude empêche de marcher. — METTRE LA PATTE SUR QUELQU'UN, le battre, le maltraiter : *si je mets une fois la patte sur lui, il y paraîtra.* — TOMBER SOUS LA PATTE DE QUELQU'UN, courir le risque d'en être maltraité; en être maltraité : *qu'il ne tombe pas sous ma patte, il s'en souviendrait longtemps.* On dit à peu près dans le même sens : *s'il passe jamais sous ma patte, il n'en sera pas quitte à bon marché.*

> Allez, vous n'êtes qu'une ingrate;
> Ne tombez jamais sous ma patte.
> LA FONTAINE.

— ETRE ENTRE LES PATTES DE QUELQU'UN, être soumis à l'examen d'un homme dont on a sujet de craindre la sévérité. — SORTIR DES PATTES, SE TIRER DES PATTES DE QUELQU'UN, n'être plus dans sa dépendance, n'avoir plus rien à redouter de lui : *je suis heureux de m'être tiré de ses pattes, d'être sorti de ses pattes.* — TENIR QUELQU'UN SOUS SA PATTE, être en état, en pouvoir de lui causer du déplaisir. — DONNER UN COUP DE PATTE, DES COUPS DE PATTE A QUELQU'UN, lâcher avec finesse quelque trait vif et malin contre quelqu'un, soit en sa présence, soit en son absence. — GRAISSER LA PATTE A QUELQU'UN, le corrompre, le gagner par argent : *on a graissé la patte au portier, au valet de chambre.* — Pieds de certains animaux aquatiques, comme l'écrevisse, le homard, etc., et de certains insectes, comme l'araignée, la mouche, etc. : *des pattes d'écrevisse, d'araignée.* — Fig. et fam. PATTES DE MOUCHES, écriture très peu lisible, dont le caractère est menu et mal formé. — Pied d'un verre, d'une coupe et d'autres objets semblables : *un verre à dattes.* — Fig. et fam. PATTE D'UNE ANCRE, les pièces triangulaires qui terminent à ses deux extrémités la partie courbe d'une ancre, et qui la font mordre sur le fond. — Morceau de fer pointu d'un bout, et plat de l'autre, par le bout pointu il se fiche dans le bois, ou se scelle dans le plâtre; et par l'autre bout, il sert à fixer un chambranle, un chambranle de porte, un châssis de croisée, etc. UNE PATTE EN BOIS, EN PLATRE, une patte à mettre dans le bois, dans le plâtre. — Instrument qui sert à régler du papier de musique, en traçant à la fois les cinq lignes parallèles qui forme une portée. — Taill. Petite bande d'étoffe qui est attachée par un de ses bouts à quelque partie d'un vêtement, et dont l'autre bout porte soit un bouton, soit une boutonnière. — Petite bande d'étoffe de couleur tranchante qui fait partie du parement d'un habit uniforme. — Bot. Racine de certaines plantes, qui a quelque ressemblance avec la patte d'un animal. — PATTE qu'on nomme autrement GRIFFE : *patte d'anémone, de renoncule.*

° **PATTE-DE-LION.** Voy. PIED-DE-LION.

° **PATTE-D'OIE** s. f. Point de réunion de plusieurs routes, de plusieurs allées divergentes, d'où on les aperçoit d'un coup d'œil. — Fam. Rides divergentes que les personnes qui commencent à vieillir ont à l'angle extérieur de chaque œil : *il n'est plus jeune, on lui voit déjà la patte-d'oie; des pattes-d'oie.*

PATTE-FICHE s. f. Morceau de fer, pointu d'un bout et plat de l'autre, qu'on emploie dans les constructions.

° **PATTE-PELU** s. m. Homme qui va adroitement à ses fins, sous des apparences de douceur et d'honnêteté. *C'est un franc pattepelu.* On dit aussi PATTE-PELUE, au féminin, même en parlant d'un homme : *cet homme cette femme est une vraie patte-pelue, est une dangereuse patte-pelue.*

° **PATTU, UE** adj. Qui a ou qui semble avoir de grosses pattes. N'est usité qu'en parlant de certains oiseaux d'une espèce particulière qui

ont de la plume jusque sur les pieds : *pigeons pattus; coqs pattus.*

PÂTURABLE adj. Qui peut être pâturé.

° **PÂTURAGE** s. m. (rad. *paître*). Lieu où les bestiaux pâturent : *on ne saurait faire de nourritures dans ce domaine, il n'y a point de pâturages.* — Usage du pâturage : *avoir droit de pâturage sur une terre.*

° **PÂTURE** s. f. Ce qui sert à la nourriture des bêtes, des oiseaux et même des poissons : *Dieu a soin de tous les animaux, il leur donne à chacun leur pâture, il leur apprend à chercher leur pâture.* — Herbe et paille qu'on donne aux bestiaux pour leur nourriture, et principalement à des bœufs : *mettre de la pâture devant des bœufs, leur donner de la pâture.* — Lieu où croît la nourriture des animaux qui paissent : *une belle pâture.* — METTRE, ENVOYER DES CHEVAUX EN PATURE, les mettre paître, les envoyer paître dans un pré de certains temps, *la cavalerie envoie les chevaux en pâture.* — VAINE PATURE, terre dont la pâture est libre, où tous les habitants d'une commune peuvent conduire leurs bestiaux, et généralement, toutes les terres où il n'y a ni semences ni fruits. DROIT DE PARCOURS ET VAINE PATURE, droit de mener ses bestiaux dans des terres qui sont en cet état. — Fam. Nourriture de l'homme : *vous ne mangez que des fruits et des salades, ce n'est pas là une pâture.* — Fig. *Il ne faut pas rester oisifs, il faut donner de la pâture à son esprit.* — On nomme *vaine pâture* le droit établi par d'anciens usages au profit des habitants d'une commune ou d'une section de commune, et qui donne à chacun la faculté de faire paître un certain nombre de bestiaux sur les terres non encloses, après la dépouille de la première récolte. (Voy. PARCOURS.)

° **PÂTURER** v. n. Prendre la pâture : *les bêtes cherchent à pâturer, vont pâturer.* — v. a. *Pâturer ses bestiaux.*

° **PÂTUREUR** s. m. Ce mot n'est guère usité qu'à la guerre, où il se dit des cavaliers et des valets qui mènent les chevaux à l'herbe : *donner une escorte aux pâtureurs.*

PATURIN s. m. (rad. *pâture*). Bot. Genre de graminées festucées, comprenant plus de deux cents espèces d'herbes à feuilles planes et à panicules diffuses ou resserrées. Le *paturin commun* (poa trivialis), à racines traçantes, à tiges d'environ 50 centim. de haut, donne un fourrage précoce, fin, abondant, très recherché par les bestiaux. Le *paturin des prés* (poa pratensis) est une des meilleures espèces pour la nourriture des bestiaux; le foin dans lequel il domine est appelé foin fin. Le *paturin des bois* (poa nemoralis), à tiges grêles et droites, convient aux prés frais. Le *paturin maritime* (poa maritima) se plaît dans les terrains salants. Le *paturin aquatique* (poa aquatica), haut de 1 m. et demi à 2 m., à tiges épaisses, à feuilles larges, donne un fourrage tardif assez nourrissant. Le *paturin d'Abyssinie* (poa abyssinica) se cultive dans les pays chauds et produit la graine appelée teff.

° **PATURON** s. m. (anc. fr. *pasture*). Art vétér. Partie du bas de la jambe d'un cheval, entre le boulet et la couronne : *un cheval blessé au paturon.*

PAU, *Palum*, ch.-l. du dép. des Basses-Pyrénées, anc. cap. du Béarn, sur un plateau au pied duquel coule la Gave de Pau, à 756 kil. S.-O. de Paris, par 43° 17' 44" lat. N. et 2° 42' 48" long. O.; 29,000 hab. La beauté du pays et du climat y attire beaucoup d'étrangers, particulièrement des Anglais, surtout en hiver. Cette ville possède une belle promenade et un parc agréable, des fabriques de toiles, célèbres sous le nom de *toiles du Béarn*, de nappes, de tapisseries et de coutellerie. L'édifice le plus remarquable est le château de Gaston Phœbus, où naquit Henri IV, et qui fut saccagé en 1793, restauré sous Louis-Philippe et servit un instant de prison à Abd-el-Kader. On y remarque un

Château de Pau.

vieux donjon haut de 75 m. et des salles ornées d'anciennes tapisseries. Patrie du maréchal Gassion, de Bernadotte, etc.

PAU (Gave de), rivière de France, affluent de l'Adour. Il est formé par les gaves de Barèges, de Gavarnie et d'Azun. Il arrose les villes d'Argelès, de Lourdes et d'Orthez et reçoit sur la rive gauche le gave d'Oloron. Cours, 200 kil.

PAUILLAC [*ll* mll.] *Pauliacus*, ch.-l. de cant., arr. et à 21 kil. S.-E. de Lesparre (Gironde), sur la rive gauche de la Gironde; 4,000 hab. Port important. Entrepôt du commerce de Bordeaux. Sur son territoire se trouvent les vignobles renommés de Château-Laffitte, Château-Latour, etc.

PAUL, nom d'un grand nombre de personnages célèbres parmi lesquels nous citerons :

SAINTS

PAUL. I. Le premier missionnaire chrétien qui étendit ses travaux au-delà des limites du peuple juif. L'Église chrétienne le met avec les douze apôtres, et il réclame ce rang lui-même. Il naquit à Tarse, métropole de Cilicie, probablement vers l'an 10. Sa famille jouissait des droits de cité romaine. Son nom primitif était Saul. C'était un pharisien rigide. Il apprit le métier de fabricant de tentes. Il reçut son éducation juive à Jérusalem, sous Gamaliel, où il devint un zélé persécuteur de l'Église chrétienne, ayant mission du sanhédrin de rechercher et d'amener au tribunal les confesseurs de la foi nouvelle. Comme il allait à Damas pour une affaire de ce genre, il fut converti par une vision qui changea tout le cours de sa vie, car elle le poussa à devenir l'apôtre de la foi qu'il avait persécutée. Les trois années suivantes, il les passa dans la retraite en Arabie et à Damas. Il s'établit ensuite à Antioche, et fut de cette ville le point central d'où il rayonnait dans ses excursions de mission en Asie Mineure et en Europe, en compagnie de Barnabé, de Jean, de Marc, et d'autres. On a connaissance de trois voyages distincts ayant Antioche pour point de départ. Il traversa Chypre et la plus grande partie de l'Asie Mineure, établissant des églises dans les principales cités. Philippes, Thessalonique et Bérée reçurent sa visite, et il y opéra de nombreuses conversions. A Athènes, il argumenta avec les philosophes, et sur leur invitation exposa publiquement les doctrines du

christianisme dans l'aréopage. Il resta près de deux ans à Corinthe. Deux de ses épîtres sont adressées à la florissante église qu'il y avait fondée. Un conflit avec les orfèvres d'Éphèse, pendant son troisième voyage, précipita son départ de cette ville. Après avoir visité de nouveau le théâtre de ses premiers travaux, il alla à Milet, accompagné de Timothée, de Luc et d'autres disciples. Il s'embarqua ensuite avec ses compagnons pour Rhodes et Tyr, en route pour la Palestine. Ils arrivèrent à Jérusalem à la fête de la Pentecôte de l'année 58. Pour se concilier les chrétiens judaïsants qu'il avait naguère combattus au concile de Jérusalem (vers l'an 50), il voulut remplir les rites de purification prescrits par la loi lévitique. Vu dans le temple, il fut arrêté sous l'inculpation de complot contre la religion mosaïque, et accusé, en outre, d'introduire des gentils dans les parvis sacrés. La garde romaine le délivra, et une conspiration contre sa vie ayant été découverte, on l'envoya à Césarée, à Félix, proconsul de la province de Judée. Au bout de deux ans, on offrit à Paul de porter sa cause devant le concile national à Jérusalem; ce qu'il refusa, sachant l'impossibilité où il serait d'obtenir qu'on l'écoutât impartialement. Il en appela, en vertu de son droit de citoyen romain, au gouvernement, à Rome, et, en conséquence, il fut envoyé à Rome. Il y resta deux ans, et, bien que toujours sous bonne garde, il put continuer ses travaux d'apostolat. C'est là que l'histoire perd sa trace. Beaucoup supposent qu'il souffrit le martyre à Rome en même temps que saint Pierre, et l'on célèbre leur fête le même jour, le 29 juin. — Des 24 épîtres que comprend le Nouveau Testament, on en attribue généralement 14 à saint Paul. Mais, parmi les 14 épîtres, beaucoup de critiques prétendent que l'épître aux Hébreux est due à un autre. On a aussi mis en question l'authenticité des épîtres pastorales (les deux épîtres à Timothée et l'épître à Tite), des épîtres aux Colossiens et aux Éphésiens, et même de celles aux habitants de Philippes, à Philémon et aux Thessaloniciens. Il est impossible d'en déterminer l'ordre chronologique. La plupart des critiques placent en premier lieu les deux épîtres aux Thessaloniciens, quand on en admet l'authenticité, et ensuite l'épître aux Galates. — Voy. le *Saint Paul* de Renan (1869) et *The Life and Epistles of saint Paul*, par Thomas Lewin (1874, 2 vol. in-4°). — II (L'Anachorète). Il fut le premier ermite et n'est connu sous ce nom. Il naquit dans la haute Égypte, vers l'an 230, et se retira au désert à l'âge de 22 ans. Il y vécut jusqu'à 113 ans. Saint Jérôme et saint

Athanase ont écrit sa vie. Fête, le 10 janvier. — III, patriarche de Constantinople, mort vers l'an 350. S'étant attiré la haine de l'empereur Constance à cause de son zèle à défendre la foi catholique contre la doctrine d'Arius, il fut exilé et mis à mort par les Ariens. Fête, le 7 juin. — IV, fondateur de l'ordre des Passionnistes et connu sous le nom de saint *Paul de la Croix*, né à Ovada, en 1694, mort à Rome en 1771. Il fut canonisé en 1864. Fête le 28 avril.

PAPES

PAUL I. (Saint), il succéda à Étienne II et fut pape de 757 à 767. Il a laissé 22 lettres. — **II.** (Pierre BARBO), Vénitien; il occupa la chaire pontificale de 1464 à 1471. Il excommunia le roi de Bohème et donna ses États à Mathias Corvin. Il contribua à l'embellissement de Rome et y construisit le palais de Venise. — **III.** (Alessandro FARNESE), né en 1468, mort le 10 nov. 1549. Il devint cardinal et successivement évêque de Parme et de Frascati, et fut élu pape le 13 oct. 1534. En 1535, il excommunia Henri VIII. Il convoqua le concile de Trente qui tint sa première session en 1545; il établit l'inquisition à Naples, approuva la société de Jésus, et envoya un contingent de 12,000 fantassins et de 4,000 chevaux aux troupes impériales dans sa guerre contre les protestants. Il chassa de Rome la famille Colonna, et créa son fils, né avant qu'il entrât dans les ordres, duc de Parme et de Plaisance. — **IV.** Giovanni-Pietro CARAFFA, né en 1476, mort le 18 août 1559. Archevêque de Chieti, un des fondateurs des Théatins (1524), cardinal et archevêque de Naples, il fut élu pape le 23 mai 1555. Il conclut une alliance avec Henri II de France contre l'empereur Charles-Quint (déc. 1555), et ensuite contre Philippe II, en conséquence de quoi ses domaines furent envahis par le duc d'Albe. L'empereur Ferdinand Ier ayant accepté le trône sans consulter le saint siège, le pape renvoya l'ambassadeur de l'empire, et Ferdinand ne vint pas se faire couronner à Rome, exemple qui fut dès lors imité par tous les empereurs. Paul travailla avec la reine Marie au rétablissement du catholicisme en Angleterre, et introduisit l'inquisition dans ses propres États. — **V.** (Camillo BORGHESE), né en 1552, mort le 28 janv. 1621. Il succéda à Léon XI en 1605, et dès son avènement se trouva en lutte avec Venise. Il excommunia le doge et le sénat, et mit la république en interdit, sentence dont le sénat défendit la publication. Il embellit Rome, restaura d'anciens monuments, et, au moyen des missionnaires, ouvrit des relations avec le Japon, l'Inde, etc.

PAUL (Père). Voy. SARPI PAOLO.

PAUL Ier (Petrovitch), empereur de Russie, né en 1754, assassiné le 23 mars 1801. Il était fils de Pierre III et de Catherine II. A l'âge de 19 ans, il épousa une princesse de Hesse-Darmstadt, et après sa mort, en 1776, une princesse de Wurtemberg qui lui donna quatre fils (Alexandre, Constantin, Nicolas, Michel) et cinq filles. A la mort de sa mère, le 17 nov. 1796, il lui succéda au trône ; et, comme elle l'avait toujours traité avec mépris, il fit rendre les honneurs funèbres à son père assassiné, fit jeter dans un fossé les restes de Potemkin, licencia les armées de Catherine, fit la paix avec la Perse, délivra Kosciuszko et les autres prisonniers polonais, et exclut de la succession la descendance féminine. Il prit d'abord une part heureuse à la coalition contre la France révolutionnaire ; mais après avoir essuyé de cruels revers, il chassa de Russie les émigrés français, et projeta, contre la Grande-Bretagne, une coalition qui aboutit à un traité de neutralité signé avec le Danemark, la Suède et la Prusse. Il défia en combat singulier tous les mo-

...rques qui refusaient de se ranger avec lui contre l'Angleterre. Dès le début il s'était fait remarquer par un exécrable caractère, et il semblait être maintenant sur les limites de la folie. Pahlen, Zuboff et d'autres conspirèrent contre lui, et, comme il ne voulut pas abdiquer, ils l'assassinèrent la nuit dans son palais, à portée de l'oreille de son fils aîné et successeur Alexandre Ier.

PAUL-EMILE (*Lucius Æmilius Paulus*), surnommé *Macedonicus*, général romain, le plus célèbre membre de l'illustre famille Æmilius Paulus (ou Paullus), de la *gens Æmilia*, né vers 230 ans av. J.-C., mort en 160. Il était fils du consul du même nom qui mourut à Cannes (216). En 192, il fut choisi pour être édile curule, et en 191, préteur; et on lui assigna l'Espagne ultérieure. En 182, il fut élu consul; l'année suivante, il défit les Ingauni, peuple de la Ligurie, et reçut les honneurs du triomphe. En 168, de nouveau consul, il vainquit Persée de Macédoine, auprès de Pydna, et, après avoir gouverné la Macédoine comme proconsul pendant près d'un an, il régla les affaires de Grèce, livra au pillage 70 villes de l'Epire, revint à Rome avec les trésors immenses et reçut le triomphe.

PAUL D'ÉGINE, médecin grec, né dans l'île d'Egine, probablement au viie siècle. Il reçut le surnom de « Voyageur », et semble avoir visité Alexandrie. Il a écrit sur la médecine, un traité en neuf livres, qui existe encore, et un autre sur les maladies des femmes, dont la plus grande partie est perdue. Les Arabes ont traduit ses ouvrages. Son livre de la *Chirurgie* a été traduit en français. (Tolet, Lyon, 1540, in-12); avec de savants commentaires d'Ambroise Paré.

PAUL (Le chevalier), ou *Paul de Saumur*, marin français, né dans une barque entre Marseille et le château d'If, en 1597, mort à Toulon en 1667. Il était fils d'une lavandière et fut élevé par le gouverneur d'If. Poussé par le goût des aventures, il se glissa, à peine âgé de 10 ans, dans un navire en partance. Devenu, grâce à son intrépide courage, capitaine d'un brigantin, il fit la chasse aux galères turques et amena tant de prisonniers à Malte que le grand-maître de l'ordre lui conféra le titre de frère servant d'armes et chevalier de grâce, d'où son nom de chevalier *Paul*. Richelieu l'appela en France et le nomma capitaine de vaisseau. Chef d'escadre en 1647, il parvint vite au grade de vice-amiral. En 1650, à la hauteur de l'île de Corse, il défit cinq vaisseaux espagnols et devint, en 1667, commandant général de la marine de Toulon. Louis XIV, étant allé à Toulon, l'honora de sa visite. Sa renommée égala celle de Duquesne et de Jean Bart.

PAUL (Clercs réguliers de Saint-). Voy. Barnabites.

PAUL ET VIRGINIE, célèbre roman pastoral de Bernardin de Saint-Pierre (Paris, 1788) et l'un des chefs-d'œuvre de notre langue.

PAUL (Saint Vincent de). Voy. Vincent.

PAUL DIACRE (Paul Warnefrides, *dit*), historien latin, né vers 740, mort en 801. Il avait été ordonné diacre, d'où son surnom. Il devint secrétaire de Didier, roi des Lombards; vécut ensuite à la cour de Charlemagne et mourut au monastère du mont Cassin. Il a laissé : *Historia romana*, dans les *Rerum italicarum scriptores* (1er vol., 1728); *Historia Longobardorum* (6 liv.).

PAUL DE SAMOSATE, hérésiarque du viie siècle. Il devint patriarche d'Antioche, en 260, et acquit de grandes richesses par extorsion et péculat. Il enseignait qu'il n'y a qu'un seul Dieu, qui est dénommé le Père; que le Verbe ou Sagesse de Dieu n'est pas une substance ou une personne, mais est l'esprit divin, analogue à la raison dans l'homme; que le Christ était purement un homme qui acquit le Verbe ou la Sagesse de Dieu, mais le Verbe divin se retira de lui lorsqu'il souffrit. Il fut condamné et déposé au concile d'Antioche en 269; mais la reine Zénobie, le maintint jusqu'en 273, époque où il fut chassé de l'Eglise. Ses sectateurs, appelés paulianistes, disparaissent de l'histoire vers le viie siècle.

PAUL (Ile Saint-), île de l'océan Indien, voisine de l'île d'Amsterdam, célèbre par les observations que le commandant Mouchez et la mission française y firent du passage de Vénus sur le soleil en 1875.

PAUL (Saint-), port de l'île de la Réunion, et ch.-l. de cant., à 28 kil. S.-O. de Saint-Denis; 33,000 hab. Commerce de café et de coton; belle rade. Patrie de Parny.

PAUL (Saint-), *Sao Paolo*. I, province méridionale du Brésil, sur l'Atlantique; 290,876 kil. carr.; 1,059,000 hab. dont 165,000 noirs esclaves. La Serra do Mar longe la côte. Les mines d'or de Jaragua ont été fameuses pendant longtemps. L'argent, le cuivre, le fer, les pierres précieuses et le charbon se trouvent en beaucoup d'endroits. Les principales plantes cultivées sont: le café, le coton, le tabac, la canne à sucre, la patate, le maïs, le manioc, etc. — II, cap. de cette province, à 65 kil. N.-N.-O. de Santos, qui lui sert de port et à 300 kil. S.-O. de Rio de Janeiro; 28,000 hab. Elle s'élève sur un sol entouré d'une plaine et possède une belle cathédrale. Elle fut fondée par les jésuites en 1532.

PAUL (Saint-), cap. de l'état de Minnesota, sur le Mississipi, à 3,400 kil. de l'embouchure de ce fleuve, par 44° 52' 46'' lat. N. et 95° 25' long. O.; 40,000 hab. Plusieurs églises catholiques. Académie des sciences naturelles. Avant 1840, cette ville était un poste de commerce avec les Indiens.

PAUL-CAP-DE-JOUX (Saint-), ch.-l. de cant., arr. et à 15 kil. S.-E. de Lavaur (Tarn), sur l'Agout; 1,000 hab.

PAULE (Saint François de). Voy. François de Paule.

PAUL-DE-FENOUILLET (Saint-), ch.-l. de cant. et station minérale, arr. et à 41 kil. O.-N.-O. de Perpignan (Pyrénées-Orientales), sur l'Agly; 3,000 hab. Sources minérales. Grottes; beau pont.

PAUL-DE-LOANDA (Saint-). Voy. Loanda.

PAULE (Sainte), née à Rome en 347, morte en 404. Issue de la noble famille des Gracques et des Scipions, elle devint veuve, se convertit au christianisme et fonda le couvent de Bethléem dont elle devint abbesse. Elle était très versée dans la connaissance des lettres et fut liée avec saint Jérôme. Fête le 26 janv.

* **PAULETTE** s. f. (de *Paulet*, nom d'un secrétaire de la chambre du roi qui donna l'idée de cet impôt en 1604 et en fut le fermier). Droit que la plupart des officiers de justice et de finance payaient tous les ans au roi, afin de pouvoir disposer de leurs charges, et pour que le prix en demeurât à leurs héritiers, s'ils venaient à mourir dans le cours de l'année: *sa charge fut perdue pour ses héritiers, parce qu'il n'avait pas payé la paulette.*

PAULHAGUET, ch.-l. de cant., arr. et à 46 kil. S.-E. de Brioude (Haute-Loire); 2,000 hab.

PAULIANISTE s. m. Membre d'une secte chrétienne fondée au iiie siècle par Paul de Samosate.

PAULICIEN s. m. Membre d'une secte de chrétiens d'Orient, dont l'origine est obscure. Elle date probablement du milieu du viie siècle, et eut pour fondateur Constantin, prédicateur marcionite de Mananalis, près de Samosate sur l'Euphrate, qui prit le nom de Sylvanus, comme étant celui d'un des compagnons de saint Paul (Silas), et établit ainsi le précédent, scrupuleusement suivi par les membres de la secte, de prendre les noms de ceux qui furent les amis du grand apôtre. Après 27 ans de prédications, Constantin fut mis à mort comme hérétique (vers 644). Sa secte s'augmenta par degrés et se répandit en Syrie, en Arménie et dans l'Asie Mineure. Vers le commencement du ixe siècle, la conversion du Galate Sergius donna une vie nouvelle à la secte. Sous le nouveau nom de Tychicus, Sergius prêcha dans toute l'Asie Mineure. Sous l'impératrice Théodora, une expédition fut envoyée d'Arménie pour exterminer les hérétiques. On en transporta un grand nombre en Thrace, d'où leurs doctrines se répandirent en Europe. Leurs principes furent perpétués par les Euchites, les Bogomiles, les Cathari, les Vaudois et, jusqu'à un certain point, par les disciples anglais de Wycliffe. Outre certaines vues mystiques et théologiques particulières, ils niaient la validité des sacrements, ne voulaient reconnaître aucune dignité ecclésiastique, et rejetaient les écritures hébraïques.

PAULIEN (Saint-) *Ruessium*, ch.-l. de cant., arr. et à 44 kil. N.-N.-O. du Puy (Haute-Loire); 1,500 hab. Restes d'antiquités romaines.

PAULIN (lat. *Paulinus*). I. (Pontius-Meso-pius-Anicius, *saint*), évêque de Nole, en Campanie, né à Bordeaux vers 353, mort le 22 juin 431. Il descendait d'une ancienne famille sénatoriale, et l'empereur Gratien lui accorda le rang de consul. Ayant connu saint Ambroise et saint Athanase, il abandonna toutes ses dignités, prit les ordres en 393, et devint évêque de Nole en 409. On célèbre sa fête le 22 juin. Il a écrit un grand nombre d'ouvrages et d'hymnes ascétiques; mais il n'existe que son *Discours sur l'Aumône*, l'*Histoire du martyre de saint Genet d'Arles* et des hymnes. La meilleure édition est celle de Muratori (1736). — II. (Saint), premier archevêque d'York, mort en 644. Envoyé en Angleterre par le pape Grégoire le Grand, et nommé archevêque d'York en 627. En 633, il se retira à Kent, et devint évêque de Rochester. Sa fête se célèbre le 10 oct. — IV. (Saint), patriarche d'Aquilée, né près du Friuli (Frioul), vers 730, mort en 804. Il se distinguait comme professeur d'humanités lorsque Charlemagne le fit élire patriarche. Il prêcha avec grand succès parmi les payens de Carinthie et de Styrie. Ses œuvres ont été publiées en 1737 et 1788. Son jour de fête tombe le 28 janv.

PAULINE Bonaparte (Marie-Pauline, vulgairement appelée), deuxième sœur de Napoléon Ier, née à Ajaccio le 20 septembre 1780, morte à Florence sans enfants le 9 juin 1825. Elle reçut une éducation incomplète, mais comme elle était d'une beauté remarquable, elle fut plusieurs fois demandée en mariage avant d'épouser, en 1801, le général Leclerc qu'elle accompagna à Saint-Domingue et dont elle ramena les restes en France en 1802. L'année suivante, Napoléon lui fit épouser le prince romain Camillo Borghèse, qu'elle abandonna presque aussitôt après qu'il lui eut fait plusieurs scènes de jalousie. L'empereur la nomma duchesse de Guastalla; mais elle se brouilla avec lui en essayant de lui ouvrir les yeux sur la conduite de l'impératrice Joséphine; elle fut même bannie de Paris après avoir fait un affront public à Marie-Louise. Elle se retira aux environs de la capitale, où elle mena une joyeuse existence, qu'elle continua ensuite à Nice. Elle visita son frère à l'île d'Elbe, s'occupa de sa restauration et lui donna des joyaux qui furent retrouvés sur le champ de bataille de Waterloo dans le carrosse de l'empereur. Elle rejoignit à Florence son époux peu avant la mort de celui-ci et habita ensuite ordinairement la ville de Rome, où elle se voua à des œuvres de charité et à la protection des lettres et des arts. Sa statue par Canova est l'un des chefs-d'œuvre de cet artiste.

PAULINIEN, IENNE adj. Qui a rapport à saint Paul. — Substantiv. Partisan de saint Paul et de sa doctrine.

PAULINISME s. m. Doctrine de saint Paul.

PAULINISTE s. Partisan de l'évêque d'Antioche, Paulin, accusé d'hérésie.

PAULISTE s. et adj. Habitant de la province de São-Polo (Brésil); qui appartient à cette province ou à ses habitants.

PAULISTE s. m. Membre d'une société de prêtres missionnaires de l'Eglise catholique romaine fondée à New-York, en 1858, par Isaac Thomas Hecker. On l'appelle « Congrégation des prêtres missionnaires de l'apôtre saint Paul ». Les membres ont publié plusieurs volumes de sermons et de discours, et ont fondé le *Monde catholique*, la plus importante des publications périodiques de l'Eglise catholique romaine en Amérique.

PAULMÉE s. f. [pol-mé] (rad. *paume*). Léger coup de la main que l'on donnait à celui qui se faisait recevoir chevalier.

PAULO MAJORA CANAMUS, paroles qui terminent un vers de Virgile, et qui signifient : *Chantons des choses plus élevées.* — Par ext. et fig. : *élevons nos sentiments.* — Paulo minora canamus, travestissement des paroles ci-dessus, qui signifie : *Abaissons nos sentiments.*

PAULO-POST-FUTUR s. m. (lat. *paulo*, un peu ; *post*, après ; franç. *futur*). Terme de gramm., composé de deux mots pris du latin et d'un mot français, et signifiant : *Futur très prochain*. C'est le nom d'un temps propre à la langue grecque, dans les verbes passifs seulement.

PAULOWNIA s. m. [pô-lô-nia] (de *Anna Paulownia*, fille du czar Paul Ier). Bot. Genre de personnées digitalées, comprenant une seule espèce connue d'arbres, qui atteint de 20

Paulownia

à 30 pieds de haut et a beaucoup de ressemblance avec le catalpa. Ses feuilles sont semblables, mais beaucoup plus cotonneuses. Elle se propage aisément par graines ou par boutures. Dans un climat favorable, la croissance des jeunes arbres est remarquablement rapide et vigoureuse; les feuilles ont souvent 2 pieds de large, tandis que sur les vieux sujets, leur dimension est moindre de moitié. On peut produire de jolis effets dans un jardin, en coupant l'arbre chaque année au ras du sol ; au printemps, il part du pied un grand nombre de pousses vigoureuses, et si l'on n'en laisse croître qu'une, elle atteindra 15 pieds et plus dans la saison, produisant un étalage de feuilles vraiment tropicales; tandis que si l'on désire un bouquet, on laissera croître ensemble plusieurs de ces pousses.

PAUL-SUR-UBAYE (Saint-), ch.-l. de cant., arr. et à 25 kil. N.-E. de Barcelonette (Basses-Alpes); 500 hab.

PAUL-TROIS-CHÂTEAUX (Saint-), *Tricastrum*, ch.-l. de cant., arr. et à 29 kil. S. de Montélimar (Drôme); 2,000 hab. Vins, huiles, soies;magnifique église romaine. Ancien couvent de dominicains.

* PAUME s. f. (lat. *palma*). Le dedans de la main entre le poignet et les doigts : *avoir la paume de la main longue, courte,* etc. — Pop., SIFFLER EN PAUME, appeler en faisant du creux de la main un espèce de sifflet.

* PAUME s. f. Sorte de jeu auquel jouent deux ou plusieurs personnes qui se renvoient une balle avec une raquette ou un battoir, dans un lieu préparé exprès : *nous avons fait une belle partie de paume.* — Absol. Jeu de la paume : *j'ai perdu six francs à la paume.* — LONGUE PAUME, celle à laquelle on joue dans un long espace de terrain ouvert de tous côtés et disposé exprès. JEU DE LONGUE PAUME, terrain où l'on y joue. — COURTE PAUME, celle à laquelle on joue dans un carré long enfermé de murailles ordinairement peintes en noir, et pavé de dalles de pierre. JEU DE COURTE PAUME, lieu où l'on y joue. — JEU DE PAUME, simpl., lieu où l'on joue à la courte paume : *jeu de paume couvert.* — JEU DE PAUME CARRÉ, ou simpl., UN CARRÉ, JEU DE PAUME A' DEDANS, ou simpl., UN DEDANS. (Voyez CARRÉ et DEDANS.)

* PAUMELLE s. f. Espèce d'orge très commune dans quelques provinces.

* PAUMER v. a. Ne s'emploie que dans cette phrase très populaire, PAUMER LA GUEULE, donner un coup de poing sur le visage. — Jarg. Empoigner. — SE FAIRE PAUMER, se faire prendre au collet.

* PAUMIER s. m. Maître d'un jeu de paume : *maître paumier.*

PAUMOYER v. a. Mesurer à la paume.

* PAUMURE s. f. Vén. Voy. EMPAUMURE.

* PAUPÉRISME s. m. (rad. *paupre*). Etat des pauvres ; existence d'un grand nombre de pauvres dans un pays : *l'extinction du paupérisme.* — Econ. soc. On appelle paupérisme l'ensemble des indigents auxquels l'assistance publique accorde ses secours, et leur degré de pauvreté. Dans les Etats grecs, des institutions de différentes espèces pourvoyaient au soulagement des pauvres, et il en fut très probablement de même dans la république et sous l'empire romain. A Rome pendant la période historique, le soulagement des pauvres fut d'ordinaire une des fonctions les plus importantes de l'Etat. La manière préférée de remplir cette fonction était d'offrir à bas prix ou gratis du blé au peuple, en vertu des lois sur les céréales, dues à l'initiative de Caius Gracchus en 123 av. J.-C. Après le IVe siècle, les institutions de bienfaisance se multiplièrent partout, principalement les établissements monastiques; de sorte que l'aumône devint un abus et la mendicité un mal que Charlemagne et d'autres princes après lui tentèrent vainement d'entraver. — *Histoire des lois modernes sur les pauvres.* Par loi des pauvres, on entend ici les dispositions législatives, établissant un impôt pour venir au secours des personnes incapables de travailler ou de trouver une occupation. Il n'y a pas trace d'une mesure législative de ce genre ayant un caractère général dans aucun pays d'Europe avant le XVIe siècle. Les premières lois relatives aux pauvres dans la chrétienté, furent dirigées contre la mendicité et le vagabondage; elles sont même antérieures à Charlemagne. L'Eglise aidait le pouvoir civil à arrêter et à localiser le mal croissant de la mendicité. Le premier statut anglais que l'on connaisse pour le soulagement des pauvres infirmes est celui de la 12e année de Richard II, c. 7 (1388). Celui de la 27e année de Henri VIII, c. 25 (1535), rend obligatoire la part d'assistance incombant à chaque localité. Le statut de la 43e année d'Elizabeth (1601) a servi de base pour toute la législation subséquente prescrivant une taxe pour les pauvres. Dans ce but, on imposa chaque paroisse. Le statut de la 14e année de Charles II, c. 12, connu sous le nom de *the law of settlement and removal*, tendait à déterminer la paroisse ou la localité où chaque pauvre devait être soulagé. Les mesures préventives de la mendicité devenaient une fonction et un devoir de la paroisse. L'acte de 1729 (9e année de George Ier, c. 7), autorisant plusieurs paroisses à s'unir afin d'entretenir une maison de travail (*workhouse*) et de pourvoir par d'autres moyens à l'entretien de leurs pauvres, fut le premier pas vers la centralisation. La base du nouveau système d'assistance publique a été posée par la loi de 1834. Cette loi centralisa la direction de la charité publique, et créa, dans ce but, un service local des pauvres dans des groupes de paroisses. L'ensemble de l'administration relève du ministre de l'intérieur. On ne donne aucun salaire aux pauvres sur la taxe des pauvres, excepté dans des cas tout à fait spéciaux, le secours n'est donné aux pauvres valides à leurs familles que dans l'intérieur du workhouse, où l'on exige un travail en retour. Les enfants des pauvres sont élevés au workhouse. Deux ans après son adoption, cette loi avait réduit les frais de secours aux pauvres de 40 p. 100. Un système analogue a été introduit en Irlande au commencement du règne de Victoria, et il y a aujourd'hui dans ce pays environ 180 unions de paroisses entretenant des infirmeries, des hôpitaux, et des workhouses. Il existe en outre de nombreuses institutions libres entretenues par la charité privée. En Ecosse, depuis 1845, une commission centrale de contrôle a été établie comme en Angleterre au-dessus des unions paroissiales. La loi écossaise ne donne pas de secours au pauvre adulte et valide. — En France, la première institution ayant quelque ressemblance avec l'assistance publique moderne fut *l'aumône générale*, établie à Lyon en 1531. Elle servit de modèle pour l'organisation du *grand bureau des pauvres*, à Paris, en 1544, qui exista jusqu'en 1791. Ce bureau fut autorisé par François Ier à lever une taxe des pauvres sur toute propriété, tant laïque ou ecclésiastique; et ce fut là la première taxe des pauvres levée en France. Louis XIII, en 1612, décréta l'érection à Paris de plusieurs établissements, mi-hôpitaux, mi-ateliers. Ce projet ne fut complètement exécuté qu'en 1853, lorsque Louis XIV établit la vaste organisation connue sous le nom de « l'hôpital général », pour arrêter l'accroissement alarmant du paupérisme, ou y remédier. En 1793, il fut décrété que des *dépôts de mendicité* seraient établis aux frais de la nation et que tous les mendiants valides y seraient envoyés. La loi de juillet 1808 disposait qu'un dépôt de mendicité serait établi et entretenu par le gouvernement dans chaque département. En peu de temps, 59 de ces dépôts départementaux furent ouverts, capables de recevoir 22,500 pauvres. La Restauration les négligea complètement; mais après la révolution de 1830, ce système fut remis en vigueur. Sous le second Empire, le gouvernement favorisa les dépôts centraux de mendicité; et dans les villes et les communes, des *bureaux de bienfaisance* locaux s'établirent avec des fonds provenant de souscriptions volontaires. En 1872, outre plusieurs hôpitaux et asiles nouveaux dus à la charité particulière, la France possédait 46 dépôts départementaux et 12,867 bureaux de bienfaisance locaux. C'est le ministre de l'intérieur qui a la haute main sur toutes les institutions de charité en France. A Paris, ces institutions sont placées sous un directeur agissant d'après les avis d'un conseil composé de personnages éminents, laïques et ecclésiastiques, dont le président est le préfet de la Seine. Le bureau local de chaque chef-lieu d'arrondissement distribue des secours supplémentaires à ceux que l'on accorde dans les hôpitaux et asiles publics. — Comme la Belgique appartenait à la France en 1808, la loi établissant des *dépôts de mendicité* s'appliqua à ce pays, et elle y est encore en vigueur. Ces établissements, avec les nombreuses institutions religieuses et quelques colonies de pauvres libres soutenues par des sociétés particulières, donnent des secours considérables à la nombreuse population indigente du pays. — En Hollande, les caractères particuliers du système d'assistance publique sont les trois colonies de pauvres d'Amsterdam, de Middelburg et de Groningue, où tous les pauvres vagabonds et valides sont obligés de travailler pour gagner leur vie. Il y a en outre, des colonies de pauvres libres pour les familles dans l'indigence, entretenues par la charité particulière. Dans les royaumes scandinaves, l'Eglise officielle est toujours la principale distributrice des charités. — Au Danemark, l'assistance prend le plus souvent la forme de prêts, que les pauvres doivent rembourser sur leur travail. — Dans tout l'empire allemand, les lois contre la mendicité et le vagabondage sont rigoureusement appliquées. On y maintient l'ancienne méthode de l'assistance paroissiale: des *workhouses* et des dépôts existent dans chaque province; les hôpitaux, asiles, sont subventionnés par le gouvernement. Dans la plupart des provinces, parmi les impôts obligatoires se trouve une taxe des pauvres; dans d'autres les propriétaires fonciers se taxent eux-mêmes. — Dans l'empire d'Autriche, l'assistance publique est aussi organisée sur la bourse communale ou municipale. Les bureaux de paroisse, ou instituts des pauvres, se bornent surtout, et souvent d'une manière exclusive, à soulager les impotents, à entretenir les asiles d'aliénés, les services de femmes en couche, les hôpitaux d'enfants trouvés et les orphelins. En Suisse, chaque commune est obligée de pourvoir à l'assistance des impotents, et de donner du travail à tous les gens valides. — En Europe, dans les pays qui professent la religion catholique romaine, l'Eglise a été, jusqu'à ces derniers temps, la grande administratrice de la charité publique, par ses institutions de bienfaisance et ses ordres religieux. Depuis la suppression de ces derniers en Espagne, en Portugal et en Italie, la législation n'a pris aucune mesure ressemblant à un système régulier de loi des pauvres. En Espagne, les hôpitaux et les asiles dotés jadis pour les aliénés, les aveugles, les sourds-muets, les enfants trouvés, etc., continuent à être entretenus par le gouvernement. — *Statistique du paupérisme.* En Angleterre, le paupérisme a beaucoup diminué depuis 1870, époque où, sur environ 22,400,000 hab., il y avait plus d'un million de pauvres. A Noël 1874, il n'y avait plus que 750,444 pauvres sur une population de plus de 23,500,000 hab., et plus de 97,357 d'entre

eux étaient à Londres. En 1870, le paupérisme coûtait dans le Royaume-Uni 9,593,000 livres sterling, soit 6 sh. 4 a (8 fr. 10) par tête d'hab. Aux Etats-Unis, la même année, avec une population plus grande d'un quart environ, le paupérisme ne coûtait pas plus de 3,000,000 de livres sterling. Le nombre des pauvres aux Etats-Unis est beaucoup moindre en été qu'en hiver, tandis qu'en Angleterre, la saison n'exerce que peu d'influence sur ce nombre. Dans les années ordinaires cependant, les pauvres qui reçoivent l'assistance sont, en Angleterre, bien plus nombreux à la fin de janvier et au commencement de février, et moins nombreux au commencement d'octobre. On estime que plus des quatre cinquièmes du paupérisme anglais est permanent. En Amérique, il est probable qu'il n'y en a pas plus des trois cinquièmes. Dans la plupart des pays européens il y a eu une amélioration dans la condition des pauvres, par suite surtout de l'émigration considérable en Amérique et en Australie. En Irlande, pendant la famine de 1846-'47 et quelques années après, le chiffre moyen des pauvres recevant l'assistance variait entre 200,000 et 250,000, tandis qu'en 1874 il n'a pas dépassé 75,000. Les frais de secours aux pauvres irlandais n'ont pourtant pas beaucoup diminué; ils étaient environ de 1,400,000 liv. en 1852, et environ de 1,000,000 de liv. en 1874. Le nombre des pauvres irlandais admis dans les *workhouses* était en 1874 de 252,000; avec les pauvres du dehors, montant à 74,000, cela fait un total de 328,648. Si les statistiques anglaises étaient faites comme celles de l'Irlande, le total dépasserait sans doute 2,500,000 personnes par an (ou plus d'un dixième de toute la population), qui sont des pauvres accidentels ou permanents. La Belgique, la Suisse et la France, d'où l'émigration en Amérique est relativement minime, montrent un accroissement plutôt qu'une diminution dans le paupérisme. En Allemagne et, à ce qu'il semble, en Autriche, il a diminué. — *Rapport des pauvres à la population.* La *Statistique de l'Europe* de Hausner donne les proportions suivantes: en Belgique, 1 pauvre sur 7 hab. 1/2; en Hollande, 1 sur 7; dans le duché de Bade, 1 sur 16; en Suisse, 1 sur 19 1/2, en Grande-Bretagne, 1 sur 22; dans l'Allemagne du sud, 1 sur 25 environ; en France, 1 sur 29 1/2; dans l'Allemagne du nord, environ 4 sur 30; et en Prusse et en Autriche, 4 sur 34 1/2 environ. Dans les Etats-Unis, la proportion des habitants sur les pauvres n'est nulle part moindre de 75 à 100 pour un, et dans l'ensemble du pays, il doit y avoir au moins 150 hab. contre 1 pauvre. La population de l'Irlande en 1871 était de 5,402,759, et le nombre des pauvres de 60,000, à 75,000, ce qui donne une proportion de 72-90 contre 1. Les pauvres anglais étaient alors au nombre de 1,000,000 et la population de l'Angleterre, toujours y compris le pays de Galles, de 22,704,108. Ceci donne une proportion de moins de 23 hab. pour un pauvre, c'est-à-dire que le paupérisme est trois fois plus commun en Angleterre qu'en Irlande. En Ecosse, la population en 1874 était de 3,360,018; le nombre des pauvres entre 100,000 et 130,000, soit 1 pauvre pour 26 ou 33 hab. Ces chiffres donnent la moyenne; si l'on relevait le nombre total des pauvres assistés pendant l'année, leur proportion semblerait beaucoup plus forte. On ne risque probablement pas de se tromper en disant que, dans l'ensemble des pays de l'Europe, à l'exception de la Russie, de la Turquie et de la Grèce, la proportion des pauvres recevant une assistance régulière et constante de la charité publique, est comme 3 est à 100, et que la classe indigente dans toute l'Europe ne monte pas à moins de 15,000,000 à 25,000,000 d'individus. Sur les

52,000,000 d'hab. qui étaient aux Etats-Unis au commencement de 1875, il n'est pas probable que la classe pauvre comptât pour plus de 400,000, ni que le chiffre moyen des indigents assistés atteignit 250,000. — *Assistance intérieure et extérieure.* On emploie ces termes un peu vagues pour signifier l'assistance donnée à l'intérieur des établissements publics, et celle qui est donnée à l'extérieur, d'ordinaire chez le pauvre même. En Angleterre, les aliénés indigents sont classés, bien qu'ils soient renfermés dans des asiles, parmi ceux qui reçoivent l'assistance extérieure. Il n'y a guère, en Ecosse, qu'un dixième des indigents adultes qui reçoivent l'assistance dans les *workhouses* ou dans les maisons de pauvres; si l'on y ajoute les aliénés, on atteindra un cinquième environ. En Angleterre, en tenant compte des aliénés, les indigents internes forment un cinquième à peu près du chiffre de total; mais en Irlande, ils en forment le quart. Aux Etats-Unis la proportion tient, on peut dire, le milieu entre le chiffre de l'Ecosse et celui de l'Irlande. En France l'assistance extérieure, ou les secours aux familles, est la forme favorite de la charité publique. Les 46 dépôts de France ont en 1872 coûté moins de 4,000,000 de fr. et secouru 5,470 personnes; et les 12,867 bureaux de bienfaisance ont dépensé 26,719,000 fr., et distribué nominalement 4,347,386 fr. de secours. Le nombre total des personnes assistées a sans doute dépassé un million. La moyenne de ceux qui ont reçu l'assistance à domicile en 1874 a été d'environ 750,000; tandis que la moyenne de ceux qui l'ont reçue à l'intérieur des établissements n'a sans doute pas dépassé 150,000. La pratique en France est de ne donner l'assistance complète à l'intérieur qu'aux aliénés, aux malades, aux vieillards, aux infirmes, et aux enfants abandonnés; mais les frais de l'assistance à l'intérieur sont plus grands que ceux de l'assistance à domicile. Ce double système est organisé en Autriche d'une façon très efficace. Les Armeninstituten s'occupent de la misère sous toutes ses faces. En Prusse, il n'y a guère plus d'un tiers de la somme totale dépensée pour les pauvres qui serve à l'assistance intérieure, et près des deux tiers s'emploient à l'assistance au dehors; mais les frais dans les deux cas sont minimes, comparés avec ce qu'on paie en France, en Angleterre et aux Etats-Unis. Les secours d'assistance au dehors, en Prusse, ne dépasse pas 50,000 en moyenne. En Norvège, le nombre des pauvres recevant l'assistance complète est d'environ un tiers du nombre total. En 1866, la population étant de 1,701,756, les pauvres étaient 84,678 et coûtaient 5 millions de francs en espèces. Le nombre des maisons de charité est d'environ 2,510 en Suède, et le chiffre moyen des indigents ne doit pas dépasser 100,000. La méthode de l'assistance en dehors, soumise à un contrôle sévère et systématique, est aujourd'hui adoptée dans la plus grande partie des Etats. — *Paupérisme aux Etats-Unis.* Aux Etats-Unis, le paupérisme s'est quelque peu accru. Les tables de recensement de 1870 sont certainement au-dessous des chiffres réels. Elles n'accusent, pour une population de 38,558,371 hab., qu'un total de 116,102, à peu près le même qu'en Ecosse pour une population dix fois moindre. La somme donnée comme celle des frais de l'assistance dans tous les Etat-Unis est de 54,652,145 fr., dont la moitié environ aurait été dépensée par trois états, New-York, la Pennsylvanie et le Massachusetts, pour assister moins de 50,000 pauvres. Depuis la famine irlandaise de 1846, le paupérisme a rapidement augmenté dans les états du nord et du centre, où plus de la moitié des pauvres sont aujourd'hui des émigrants ou des descendants d'émigrants. En 1874 la dépense totale des Etats-

Unis pour l'assistance des pauvres peut s'estimer à 75,000,000 fr. et le nombre moyen des pauvres assistés à 225,000. La moitié des Etats n'ont encore aucun système régulier de distribution de secours aux pauvres, dont l'assistance est entièrement laissée au autorités locales. — Écon. polit. « Paupérisme est une locution qui s'applique à l'état de dénûment de certaines classes de la population, spécialement dans les contrées industrielles. Nous avons traité cette question sous le rapport historique et en ce qui concerne la législation. (Voy. ASSISTANCE, BIENFAISANCE, MENDICITÉ.) Il nous reste à présenter, au point de vue économique, quelques observations que nous emprunterons en grande partie à des auteurs compétents. Le remède au paupérisme doit consister, selon les uns (Leplay, *Réforme sociale*, M. J. Simon, etc.), dans la reconstitution de la famille antique et patriarcale; ce qui est une utopie, car les lois de l'évolution sociale ne permettent pas à l'humanité de rétrograder vers le passé; et le type de la famille-souche ne peut plus se rencontrer qu'en Russie et chez quelques peuples primitifs. Suivant l'école ultra-catholique, dont M. de Mun est le coryphée, le remède cherché devrait se trouver dans le rétablissement des anciennes corporations de métiers que Turgot avait entrepris de détruire et qui, pendant plusieurs siècles, ont entravé l'essor de l'industrie et du commerce. Selon d'autres rêveurs, qui sont abusés par leur ignorances faits et souvent par une respectable mais aveugle passion du bien (voy. SOCIALISME), le problème peut être résolu par une organisation idéale, artificielle de la société; mais chaque inventeur présentant un système particulier, l'accord de tous est impossible et la réalisation impraticable. Les gouvernants eux-mêmes, bien que la pratique des affaires eût dû les éclairer et les garantir des conceptions trop imaginaires, ont eu quelquefois la folle pensée de soumettre la ‚nature humaine à des règles inventées par eux, au lieu de se contenter de favoriser l'évolution progressive que l'on peut malheureusement retarder mais non faire dévier. La Convention crut pouvoir décréter le droit à l'assistance publique; et d'autres ont proposé de reconnaître le droit au travail. De nos jours, le chancelier de l'empire allemand, M. de Bismarck, n'a-t-il pas la prétention d'éteindre le paupérisme, par une série de mesures législatives dont quelques-unes consistent dans l'assurance obligatoire des ouvriers contre les maladies, les accidents et le chômage? Le code industriel allemand de 1869 avait fait celui l'obligation, pour les membres des corps de métiers, de verser des cotisations aux caisses corporatives de secours contre la maladie, la mort ou le chômage. La loi du 15 juin 1883 a réorganisé l'assurance obligatoire contre les maladies et en a fait une institution communale. D'autres projets de loi présentés au Reichstag doivent faire intervenir le trésor public dans l'assurance contre les accidents; mais ce socialisme d'État rencontre des contradicteurs, et c'est le véritable bon sens qui répondait au chancelier, au mois de février 1881, par la bouche de M. Bamberger, député au Reichstag : « La condition absolue « des progrès ici-bas, c'est le développement « de l'initiative privée et de la conscience « personnelle ». Il faut enfin reconnaître que l'assistance garantie à tous et autrement assurée que par la prévoyance et l'économie, tend à détruire le ressort de l'activité et du travail et que, loin d'apporter un remède au paupérisme, elle en produit l'extension. « Dans le domaine de l'assistance, a dit « Louis Reybaud (*Revue des Deux-Mondes*, « 15 sept. 1877), l'excès d'un bon sentiment « peut conduire à de mauvaises conséquences. « Le danger ne serait ce dans ...

« l'absence ou dans le petit nombre des établissements, il serait dans la multiplication « indéfinie de ces institutions. A mesure « qu'elles se propagent, elles assistent un « plus grand nombre de personnes qui trouvent leur pain ailleurs que dans le travail. « Il est impossible que la richesse du pays « n'en éprouve pas quelque atteinte... La misère n'est pas seulement un plaie matérielle; elle est encore et surtout une plaie « morale. Plus le sentiment de la dignité « personnelle est vif chez un peuple, moins il « donne le spectacle de ce genre d'abaissement... C'est la dignité personnelle qui « empêche de demander à l'aumône ce « qu'on peut obtenir par le travail, et elle « est ainsi la meilleure sauvegarde contre « le paupérisme qui s'éteint faute d'aliments, « là où ce mâle instinct a jeté ses racines « profondes. » *Giving alms no charity* (l'aumône n'est pas la charité); tel est le titre d'un pamphlet publié vers 1705, contre la charité légale, par Daniel de Foë, l'auteur du *Robinson Crusoé*. De Foë démontrait dans cet ouvrage, ainsi que l'on fait plus tard tous les économistes, que la principale cause du paupérisme, pendant le longtemps la plaie de l'Angleterre, était due à l'entretien obligatoire des pauvres. Cette obligation avait été imposée aux paroisses dès 1604, par les statuts d'Élisabeth, après la fermeture des couvents qui, par leurs distributions régulières de secours, avaient entretenu la paresse et la mendicité; et le droit des pauvres non valides à l'assistance des paroisses a été confirmé par la loi de 1834. Malthus, dans son *Essai sur le principe de la population*, dont la première édition a été publiée à Londres en 1798, a émis sur le même sujet des idées particulières que les diverses Églises d'une part et les socialistes de l'autre se sont plu à déformer en les exagérant. Malthus, dans le but unique de combattre les progrès du paupérisme, réclamait l'abolition graduelle des lois sur les pauvres; il repoussait toute déclaration d'un droit à l'assistance et il recommandait à ses concitoyens de se montrer prévoyants en retardant le mariage jusqu'au jour où les moyens d'élever une famille seraient convenablement assurés à chaque couple « afin, dit-il, de ne pas faire naître « plus d'enfants que le pays n'en peut nourrir ». (Voy. PROLÉTARIAT.) Malthus déclarait aussi que, si l'assistance obligatoire n'eût pas existé, on aurait vu moins de parents disposés à abandonner leurs enfants. Il considérait la charité légale comme une source de dépravation, comme une chose injuste et immorale. Cette opinion était aussi celle de l'un des fondateurs de l'Union américaine, lequel s'exprimait ainsi : « Soulager la misère de « nos frères, c'est concourir à l'œuvre de « Dieu; mais si nous donnons des encouragements à la paresse et des secours à la « folie, ne combattons-nous pas contre l'ordre « de la nature qui peut-être a établi le besoin et la misère comme la punition, le « préservatif et la conséquence nécessaire « de l'oisiveté et de la charité ». (B. Franklin, *Lettre à P. Collinson*, 9 mai 1753.) Concluons donc que le véritable remède au paupérisme ne se trouve ni dans une organisation particulière de la société, ni dans la charité légale, mais dans le développement de l'énergie morale, dans le travail et dans la vie de famille. On le trouve aussi dans les institutions de prévoyance et de solidarité, telles que les caisses d'épargne, les assurances sur la vie volontairement contractées, les sociétés de secours mutuels, etc. L'orphelin, le vieillard, le malade, l'infirme doivent être secourus; mais celui qui peut travailler doit songer au lendemain; sinon, il est juste et moral que son imprévoyance soit punie. »

(CH. Y.)

* **PAUPIÈRE** (lat. *palpebra*) s. f. Peau mobile qui sert à couvrir le globe de l'œil quand elle s'abaisse et qui est bordée de petits poils appelés cils : *l'envie de dormir appesantit la paupière.* — FERMER LA PAUPIÈRE, dormir : *je n'ai pas fermé la paupière de toute la nuit.* — Mourir : *il n'eut pas plutôt fermé la paupière, qu'on mit le scellé chez lui.* — FERMER LA PAUPIÈRE, LES PAUPIÈRES A QUELQU'UN, l'assister jusqu'à la mort, lui rendre le dernier service : *je l'ai vu mourir, c'est moi qui lui ai fermé les paupières.* — Fig. OUVRIR LA PAUPIÈRE, s'éveiller. — Poil de la paupière, les cils : *paupière noire, blonde.*

PAUPIETTE s. f. Art culin. Nom donné à des tranches de viande recouvertes d'un hachis, cuites en papillotes. On dit aussi POUPIETTE.

PAUSANIAS (pô-za-niass), général spartiate, fils de Cléombrote et neveu de Léonidas, de la branche agide de la famille royale; mort vers 468 av. J.-C. Il commandait les forces combinées des Grecs à la bataille de Platée en 479, et en 478, la flotte qui fut envoyée contre Chypre, rétablit la liberté dans la plupart des villes de cette île, et ensuite réduisit Byzance. Il entama plus tard des négociations coupables avec les Perses et offrit à Xerxès de lui soumettre la Grèce, demandant la main de sa fille en retour. Il prit le costume perse, et traversa la Thrace avec une troupe de gardes perses et égyptiens. Les Spartiates le rappelèrent et firent son procès, mais les preuves manquèrent pour le convaincre. Il recommença ses menées, fut de nouveau rappelé et mis en prison, puis relâché sur sa demande d'être jugé. Enfin un esclave qu'il avait chargé d'une lettre, le montra aux éphores. Comme il allait être arrêté, il se réfugia dans le temple de Minerve Chalcœcos, où on le mura et où il mourut de faim.

PAUSANIAS, topographe grec, qu'on croit né en Lydie. Son *Itinéraire de la Grèce*, écrit vers le milieu du IIe siècle, contient des descriptions minutieuses de tout le Péloponèse et des parties les plus intéressantes de l'Hellade proprement dite. Les principales éditions de Pausanias sont celles des Alde, en grec (Venise, 1516, in-fol.), de Leipzig (1794-'97, 4 vol. in-8°), de Clavier (Paris, 1814-'21, 6 vol. in-8°, avec texte et traduction française).

* **PAUSE** (gr. *pausis*, cessation) s. f. Suspension, interruption momentanée d'une action : *le cortège fit une pause en tel endroit.* — Mus. Silence, intervalle de temps pendant lequel un ou plusieurs musiciens ou même tous les concertants, demeurent sans chanter, sans jouer : *marquer les pauses dans la musique.* — Silence de la durée d'une mesure pleine. — DEMI-PAUSE, silence de la valeur d'une blanche, quelle que soit la mesure.

* **PAUSER** v. n. Mus. Appuyer sur une syllabe en chantant : *pausez sur cette syllabe.* (Vieux.)

PAUSIAS [pô-ziass], peintre grec, de Sicyone, qui florissait entre 360 et 330 av. J.-C. Il se distingua particulièrement par son talent à peindre à l'encaustique avec le *cestrum*; on croit qu'il fut le premier à décorer de cette manière les plafonds et les murs des maisons. Il avait à faire de petites peintures représentant des enfants, et avait un grand talent pour peindre les fleurs.

PAUSILIPPE, montagne d'Italie, au S.-O. de Naples, sur le bord de la mer Thyrrhénienne, couverte de villas et de jardins toujours verts, d'un aspect riant. A l'entrée d'une grotte, se trouve le tombeau de Virgile, ombragé par un laurier que l'on regarde comme impérissable.

* **PAUVRE** (lat. *pauper*) adj. Qui n'a pas le nécessaire ou qui n'a pas trop strictement : *il est*

pauvre comme Job. — Par ext. Personne qui n'a pas de quoi subsister honorablement selon sa condition : *vous faites cet homme-là bien plus pauvre qu'il n'est.* — CET HOMME FAIT LE PAUVRE, il feint de n'avoir pas le nécessaire relatif à son état. En ce sens, *pauvre* est pris substantiv. — Se dit aussi des pays stériles ou dont les habitants sont misérables et des associations , des établissements qui ont des revenus très modiques ou insuffisants : *ce royaume, cette province, cette ville, ce village, ce pays est pauvre.* — Se dit de ce qui annonce la pauvreté : *une pauvre demeure.* — Se dit encore de certaines choses dans lesquelles on ne trouve pas l'abondance qu'on y pourrait désirer. UNE MINE PAUVRE, celle d'où l'on n'extrait que peu de métal. UNE LANGUE PAUVRE, celle qui n'a pas tous les termes et tous les tours nécessaires pour bien exprimer les pensées. UN SUJET PAUVRE, UNE MATIÈRE PAUVRE, un sujet, une matière stérile, qui fournit peu à l'écrivain. — Se dit quelquefois par sentiment de compassion : *le pauvre homme ! il a bien souffert.* — Se dit encore par tendresse et par familiarité : *mon pauvre enfant; mon pauvre ami.* — Se dit aussi de diverses choses, par manière de plainte : *voilà mon pauvre habit tout gâté.* — Se dit souvent par mépris, et signifie chétif, mauvais dans son genre : *il a fait un pauvre discours.*

> Apprenez, sans que je vous nomme,
> Le tort que le monde vous fait;
> Car vous êtes riche, en effet,
> Et l'on vous tient pour un *pauvre homme.*
>
> GOMBAULD.

— On remarquera que PAUVRE, employé au sens figuré et moral, précède en général le substantif et qu'il le suit quand il est employé au propre. Ainsi *un pauvre écrivain* n'est pas la même chose qu'*un écrivain pauvre*; dans le premier cas, l'écrivain manque de talent ; dans le second cas, il manque de fortune. — IL NE M'A PAS DIT UN PAUVRE MOT, pas un seul mot d'honnêteté, de consolation. — Prov. UN PAUVRE SIRE, un homme sans considération, sans mérite. UN PAUVRE HÈRE, UN PAUVRE DIABLE, un homme qui est dans la misère : *il faudrait qu'on aidât à ce pauvre diable, car il prend bien de la peine.* — UN PAUVRE HOMME, celui qui manque d'industrie, d'esprit, de cœur pour ses affaires : *vous êtes un pauvre homme de vous laisser mener ainsi, de vous laisser duper de la sorte.* — s. Un mendiant, un homme qui est véritablement dans le besoin : *donnez l'aumône à ce pauvre, aux pauvres.* — Prov. LE PAUVRE EST TOUJOURS PAUVRE, les moyens lui manquent pour se tirer de la misère. — PAUVRE HONTEUX, personnes qui sont dans l'indigence et qui n'osent demander publiquement l'aumône. PAUVRES DE LA PAROISSE, DE LA COMMUNE, ceux qui sont à l'aumône de la paroisse, de la commune. — Écrit. PAUVRES D'ESPRIT, ceux qui ont le cœur et l'esprit entièrement détachés des biens de la terre : *l'Evangile dit : Bienheureux les pauvres d'esprit, car le royaume des cieux est à eux.* — PAUVRE D'ESPRIT, personne de peu d'esprit. — TAXE DES PAUVRES. Législ. étr. « La taxe des pauvres, en Angleterre, est due par tout propriétaire ou locataire d'un immeuble situé dans la circonscription (ou union de paroisses) d'une maison de travail (*workhouse*). Les unions de paroisses chargées de pourvoir à la subsistance des indigents ont été instituées par une loi de 1834 (Poor-law; V et VI, Will. IV, C. 76). Ces unions sont aussi chargées de l'enregistrement des naissances, des mariages et décès, qu'elles font constater par des agents (*registrars*), rétribués au moyen d'une taxe spéciale. Chaque union comprend en moyenne vingt-cinq paroisses et est administrée par un bureau des curateurs (*board of guardians*). La taxe des pauvres varie entre 5 et 15 p. 100 du revenu immobilier; elle

donne pour l'Angleterre, un produit qui a souvent excédé sept millions de livres sterling (175,000,000 fr.). Elle doit subvenir non seulement aux dépenses des *workhouses* et à celles de l'assistance des indigents à domicile, mais aussi au service de la vaccine qui est obligatoire dans le Royaume-Uni, et à certains frais de police locale. (Voy. BIENFAISANCE, PAUPÉRISME, etc.) »   (CH. Y.)

* **PAUVREMENT** adv. Dans l'indigence, dans la pauvreté : *c'est un homme qui vit pauvrement.* — ETRE VÊTU PAUVREMENT, être mal habillé, être habillé comme quelqu'un qui est dans la misère. — UNE MAISON PAUVREMENT MEUBLÉE, une maison mal meublée et d'une manière insuffisante.

* **PAUVRESSE** s. f. Femme pauvre qui mendie : *donner l'aumône à une pauvresse.* (Fam.)

* **PAUVRET, ETTE** s. Dimin. de pauvre : terme de commisération, d'affection : *le pauvret, la pauvrette ne sait où aller.* (Fam.)

* **PAUVRETÉ** s. f. Indigence, manque de biens, manque des choses nécessaires à la vie : *grande pauvreté; il représenta au prince la pauvreté du pays.*

> Une pauvreté libre est un trésor si doux !
>
> ANDRÉ CHÉNIER.

— PAUVRETÉ N'EST PAS VICE, pour être pauvre, on n'est pas malhonnête homme. — Dévot. PAUVRETÉ ÉVANGÉLIQUE, renonciation volontaire aux biens temporels, suivant le conseil de l'Evangile. — PAUVRETÉ D'ESPRIT, détachement entier des biens de la terre. — Fig. LA PAUVRETÉ DE LA LANGUE, se dit dans un sens analogue à celui de LANGUE PAUVRE. — Fig. et fam. Certaines choses basses et méprisables qu'on dit ou qu'on fait : *il ne m'a dit, il ne m'a écrit que des pauvretés.* — Ce qui est commun, plat, mauvais, dans les ouvrages de l'art : *ses épîtres, ses odes ne sont que des pauvretés.*

* **PAUXI** s. m. Genre de gallinacés, famille des alectors, comprenant cinq espèces de gros oiseaux à bec robuste, à narines percées dans une membrane qui recouvre des fosses nasales très grandes. Les pauxis habitent les grands bois solitaires des régions chaudes de l'Amérique. Ils se plient facilement à la domesticité et l'on cherche à les acclimater en France.

* **PAVAGE** s. m. Ouvrage fait avec le pavé : *un pavage bien fait.* — Travail du paveur, et matériaux fournis par lui : *j'ai payé tant pour le pavage de ma cour.* — Revêtement dur dont on recouvre les routes, les promenades et le sol des habitations. La première mention qui soit faite de grandes routes pavées se trouve dans la légende de Sémiramis. Isidore dit que les Carthaginois eurent les premières routes pavées. Les rues de Rome n'étaient pas pavées au temps des rois; la voie Appienne fut construite par Appius Claudius 200 ans après leur expulsion, et l'on sait que beaucoup de rues furent pavées de pierres dans le IVe et le Ve siècle de la fondation de cette ville. Le sol des maisons romaines était pavé de briques, de tuiles, de pierres, etc.; quelquefois de tuiles réduites en poudre et mêlées à du mortier, d'autrefois encore avec des fragments de marbre empâtés dans le ciment, et bien battus et tassés. C'est au temps de Sylla que se firent les premiers pavés de mosaïque. Bien que les routes pavées des anciens Romains fussent supérieures à toutes les autres constructions de genre faites depuis chez les nations civilisées, on trouve au Pérou des restes d'ouvrages de ce genre d'une date inconnue, et qui les surpassent en grandeur et en étendue. Telles étaient les grandes routes de Quito à Cuzco, continuées dans la direction du Chili, et passant à travers des régions monta-

gneuses et presque inaccessibles sur des distances de 2,400 à 3,000 kil. et sur une largeur de 20 pieds environ. Elles étaient construites en lourdes dalles de grès, et, en quelques parties, recouvertes d'un ciment bitumineux, que le temps a rendu plus dur que la pierre même. Il y avait quelques rues pavées en Angleterre avant Henri VII. C'est en 1533 que Londres fut pavée dans la première fois, et partiellement. — Dans les temps modernes, on a employé pour le pavage différentes méthodes et différents matériaux. En Hollande, toutes les rues sont pavées de briques; il en est de même à Venise. Cette matière n'a évidemment pas la force et la durabilité nécessaire pour supporter de lourdes charges. Les pavages les plus communs en Europe sont ceux de moellons, de macadam, de béton hydraulique ou bitumineux, de pavé de Neufchâtel et autres genres d'asphalte. Les moellons ordinaires sont des blocs carrés de pierre, le plus souvent en granit, d'environ 30 centim. de haut sur 25 à 30 centim. de long et 12 à 18 de large. Le pavé en gros blocs de bois, qu'on a souvent expérimenté, est généralement abandonné. Une sorte de pavage, qu'on a essayé à Boston avec succès dès 1848, consiste en un plancher de bois sur lequel on aligne de petits cubes de bois également, dont les rangées sont séparées par d'autres blocs de forme oblongue et un peu plus élevés. On remplit les interstices de gravier et on verse sur le tout de l'asphalte chaud. Le pavé d'asphalte a depuis quelques années été expérimenté, surtout en France; c'est le seul qui soit convenablement établi sur un solide fondement de béton, on obtient probablement la meilleure route qui puisse être construite. On se sert aujourd'hui en Europe et un peu aux Etats-Unis d'un excellent calcaire asphaltique que l'on trouve dans le Val de Travers en Suisse, et qu'on exporte de Neufchâtel ; on le connaît sous le nom de roche asphaltique de Seyssel ou de Neufchâtel. C'est un calcaire naturel composé de 92 à 93 p. 100 de calcaire proprement dit et de 7 à 8 p. 100 de bitume. La roche écrasée et torréfiée est tassée avec des pilons de fer sur un lit de béton hydraulique. Lorsque le tassement est achevé, on peut au bout de quelques heures ouvrir la route aux voitures de tout genre. On compose des mélanges à base d'asphalte qui remplissent le même but et dont les proportions varient suivant les localités et le climat. — Législ. « Dans un certain nombre de communes, les frais de pavage, de réfection et d'entretien des voies publiques sont à la charge des propriétaires riverains, en vertu d'anciens usages reconnus, et cela existe notamment dans la ville de Paris en ce qui concerne le pavage. Suivant la jurisprudence des tribunaux, ces anciens usages sont encore en vigueur, et c'est là une servitude reconnue par l'article 650 du Code civil. Cette obligation peut être convertie en une taxe payable en argent et réglée par un tarif délibéré par le conseil municipal et approuvé par le préfet (L. 25 juin 1841, art. 28; L. 5 avril 1884, art. 66, 7°). Les contestations relatives à la servitude de pavage doivent être portées devant le conseil de préfecture, sauf recours au Conseil d'Etat. »   (CH. Y.)

* **PAVANE** s. f. (ital. *padovana*). Sorte d'ancienne danse grave et sérieuse : *danser la pavane.*

* **PAVANER (Se)** v. pr. (rad. lat. *pavo*, paon). Marcher d'une manière fière, superbe, comme un paon qui fait la roue : *voyez comme il se pavane.*

* **PAVÉ** s. m. (lat. *pavimentum*). Morceau de grès, de pierre dure, de marbre, etc., dont on se sert pour paver : *le grès de Fontainebleau fait de bon pavé.* Lorsqu'on ne désigne pas de quelle espèce sont les pavés dont on parle, on entend ordinairement des pavés de grès ou de caillou, servant à paver les rues, les cours, etc.: *lever un pavé; arracher un pavé.* — GROS PAVÉ, celui dont on se sert pour les rues et les grands chemins. PETIT PAVÉ, celui que l'on emploie pour paver les cours, les cuisines, les écuries. — PAVÉ REPENDU, pavé qui n'a que la moitié de l'épaisseur du pavé ordinaire, et dont on se sert pour les lieux où les voitures ne circulent pas. — Assemblage de pavés qui couvre une aire, une surface : *ce pavé est bien fait, est mal fait.* — Particul. Chemin, rue, etc.: *ne quittez pas le pavé ; le pavé de Paris à Orléans.* — Fam. SE PROMENER SUR LE PAVÉ DE PARIS, se promener dans les rues de Paris. — Prov. ÊTRE SUR LE PAVÉ, se dit d'une personne qui n'a point de domicile, qui ne trouve pas où loger. Il signifie aussi, être sans place, sans condition, sans emploi. — ON L'A MIS SUR LE PAVÉ, on l'a fait sortir de son logement, sans qu'il sache où en trouver un autre. ON A MIS SES MEUBLES SUR LE PAVÉ, on les a mis dans la rue. — ÊTRE SUR LE PAVÉ DU ROI, être sur la voie publique, être dans un lieu où l'on a droit d'être comme tout le monde, et d'où l'on ne peut être exclu par personne : *on n'a rien à lui dire, il est sur le pavé du roi.* — BRIDE EN MAIN SUR LE PAVÉ, il est dangereux de galoper sur le pavé. — BRIDE EN MAIN SUR LE PAVÉ, il ne faut rien précipiter dans les affaires délicates, et qui peuvent avoir des suites fâcheuses. — BATTRE LE PAVÉ, aller par les rues, courir par la ville sans aucune affaire et pour perdre le temps: *il ne fait que battre le pavé.* — BATTEUR DE PAVÉ, fainéant qui passe son temps à courir les rues. — LE HAUT DU PAVÉ, la partie du pavé qui est du côté des murailles: *prendre, céder, disputer le haut du pavé.* — TENIR LE HAUT DU PAVÉ, être au premier rang, jouir d'une grande considération dans une ville, dans une compagnie : *il tient le haut du pavé dans ce pays-là.* On dit de même : *je ne connais ici personne qui puisse lui disputer le haut du pavé.* — CE MÉDECIN, CE MAÎTRE DE DANSE, DE MUSIQUE, etc., GAGNE BEAUCOUP SUR LE PAVÉ DE PARIS; LE PAVÉ DE PARIS LUI VAUT BEAUCOUP, il a beaucoup de pratiques, beaucoup d'écoliers dans Paris. — FAIRE QUITTER LE PAVÉ À QUELQU'UN, le faire retirer, faire qu'il n'ose plus paraître. — BRÛLER LE PAVÉ, aller très vite à cheval ou en voiture. — TÂTER LE PAVÉ, agir avec circonspection. — ENCYCL. Les pavés de la Juive et de l'Yvette, qui régnaient autrefois en maîtres à Paris, ont de nos jours, de redoutables concurrents : le quartz, le porphyre, l'arkose, le granit qui, avec le macadam, sont parvenus, sinon à les supplanter, du moins à partager avec eux. Aux gros pavés cubiques d'autrefois, qui mesuraient 33 centim. carr., et qui avaient l'inconvénient de s'arrondir rapidement, la Ville substitue des pavés de plus petit échantillon, offrant une surface plus unie. Le type courant est un parallélipipède de 16 centim. sur 10, avec une hauteur de 16 centim. — La surface des chaussées de Paris se compose : de 5,750,000 m. carr. en pavé; de 1,930,000 en macadam; de 265,100 en asphalte; de 4,230 en pavage en bois; de 1,280,000 en parties sablées ou en terrain naturel (*Journal officiel*).

* PAVÉ, ÉE part. passé de PAVER. — LES RUES EN SONT PAVÉES, se dit en parlant de choses dont il y a une grande abondance dans une ville, et de certaines gens dont il y a une multitude : *les oranges étaient autrefois fort rares, maintenant les rues en sont pavées.* — IL A LE GOSIER PAVÉ, se dit d'un homme qui mange ou boit extrêmement chaud, ou qui fait un grand usage soit d'épices, soit de liqueurs fortes.

* PAVEMENT s. m. Action de paver, et matériaux qu'on emploie pour cet effet : *il en a coûté tant pour le pavement de cette cour.*

— Particul. Ouvrages de luxe et de goût qui forment les pavages intérieurs : *le pavement des édifices grecs et romains était souvent de marbre de couleur.*

* PAVER v. a. Couvrir le terrain, le sol d'un chemin, d'une rue, d'une cour, d'une écurie, d'une salle, etc., avec du grès, de la pierre dure, du caillou, du marbre, de la brique, etc., pour le rendre plus solide et plus uni, pour y marcher, ou y faire passer des voitures plus commodément : *paver un chemin, une rue, une cour.* — Absol. Chacun fut obligé de faire paver devant sa porte.

* PAVESADE s. f. [pa-ve-za-de](rad. *pavois*). Mar. Toile ou étoffe qu'on tendait en dehors autour des bords d'une galère, le jour d'un combat, pour dérober aux ennemis la vue de ce qui se faisait, de ce qui se passait sur le pont : *tendre la pavesade.*

PAVESAN, ANE s. et adj. [-zan]. De Pavie; qui appartient à cette ville ou à ses habitants.

* PAVEUR s. m. Celui dont le métier est de paver des rues, des chemins, des cours : *faire marché avec les paveurs.*

* PAVIE s. m. [pa-vi]. Sorte de pêche dont la chair est adhérente au noyau : *le pavie nous a été apporté de Lombardie.*

PAVIE (ital. *Pavia*). I, province septentrionale de l'Italie, en Lombardie ; 3,345 kil. carr.; 448,435 hab. Les principaux cours d'eau sont : le Pô et le Tessin. Le pays est

Pavie.

généralement plat. Les industries les plus importantes sont la culture des vers à soie, l'élevage des bestiaux et la fabrication du fromage parmesan. — II (anc. *Ticinum*), capitale de cette province, près du Pô, à 30 kil. S.-O. de Milan; 30,000 hab. Elle est entourée d'une vieille muraille. Son faubourg se rattache à la ville par un pont jeté sur le Tessin, d'où part la principale voie qui la traverse. Pavie était appelée jadis « la cité aux cent tours ». Parmi celles qui subsistent encore, Belcredi et Maino ont chacune environ 190 pieds de haut. Dans une chapelle de la cathédrale, monument resté inachevé, se trouve le magnifique tombeau de saint Augustin. Santa Maria del Carmine, immense église gothique bâtie au XIVe siècle, et l'église de San Francesco, sont des spécimens très remarquables de construction en briques. L'université, l'une des plus anciennes d'Italie, passe pour avoir été fondée par Charlemagne en 774; elle reçut sa plus vigoureuse impulsion de Galéas Visconti. Les étudiants y sont instruits, logés et nourris gratuitement. Leur nombre total, dans les deux collèges de l'université, s'élève à 600 environ. — L'ancienne ville de *Ticinum* fut prise par Attila, en 452. Théodoric, roi des Goths, la rebâtit et la fortifia, et elle devint la principale for-

teresse de l'empire goth dans le nord de l'Italie. Lors de l'invasion lombarde, elle résista pendant trois ans à Alboin qui finit par s'en emparer en 572. Elle fut la capitale des rois lombards jusqu'en 774, époque où Desiderius, après un siège prolongé, la soumit à Charlemagne. Elle fut alors appelée Papia, nom changé plus tard en celui de Pavie. Au moyen âge, elle fut un moment république indépendante, puis gouvernée par des tyrans, et enfin soumise à l'autorité des Visconti de Milan. Les Français y furent écrasés, le 24 fév. 1525, par l'armée de Charles-Quint, commandée par Lannoy, et François Ier y fut fait prisonnier. En 1527, et de nouveau en 1528, Pavie fut prise et ravagée par les Français. En 1796, Bonaparte la prit d'assaut et la livra au pillage, à la suite d'une insurrection qui en avait chassé la garnison française. En 1814, l'Autriche en acquit la possession; et, après la guerre de 1859, elle passa à la Sardaigne.

* PAVILLON s. m. [ll mll.] (lat. *papilio*, tente). Espèce de logement portatif de forme ronde ou carrée, et terminé en pointe par en haut, qui servait jadis au campement des gens de guerre : *les pavillons étaient ordinairement faits de coutil.* — Tapiss. Tour de lit plissé par en haut, et suspendu au plancher, ou attaché à un petit mât vers le chevet : *un pavillon de toffetas, de toile des Indes, de serge.* On dit aujourd'hui COURONNE. — Tour d'étoffe dont on couvre le tabernacle, dans quelques églises. — Tour d'étoffe qu'on met sur le saint ciboire. — Archit. Corps de bâtiment ordinairement carré, appelé ainsi, à cause de la ressemblance de sa forme avec celle des pavillons d'armée : *sa maison ne consiste qu'en un pavillon.* — Extrémité évasée d'une trompette, d'un cor, d'un porte-voix, etc. — Anat. LE PAVILLON DE L'OREILLE, le cartilage de l'oreille. — Mar. Espèce de bannière ou d'étendard, qui est en forme de carré long, et dont le principal usage est de faire connaître à quelle nation appartient le bâtiment sur lequel il est arboré. Quand il a cet usage, on le place au mât de l'arrière; placé à d'autres mâts, il sert à indiquer le rang de l'officier général de mer qui commande : *il n'y a que l'amiral qui porte le pavillon au grand mât; arborer le pavillon.* — AMENER LE PAVILLON, le baisser par déférence ou par force. — ASSURER SON PAVILLON, tirer un coup de canon, en arborant le pavillon de sa nation. — METTRE LE PAVILLON EN BERNE, le plier dans sa hauteur, de manière qu'il ne fasse qu'un faisceau, pour rappeler que l'équipage qui est à terre, ou pour demander du secours. — Fig. et fam. BAISSER LE PAVILLON ou BAISSER PAVILLON, ou METTRE PAVILLON BAS, céder et se reconnaître inférieur à la personne à qui l'on se trouve comparé, avec qui l'on est en concurrence, en contestation : *quant à cela, je baisse le pavillon, je baisse pavillon et je reconnais que vous l'emportez sur moi.* — Fig. SE RANGER SOUS LE PAVILLON DE QUELQU'UN, se mettre sous sa protection. — Fig. Vaisseaux, armée navale, puissance maritime d'une nation : *on est protégé, dans les parages étrangers, par le pavillon de sa nation.* — LE PAVILLON COUVRE LA MARCHANDISE, le commerce des neutres doit être respecté par les puissances belligérantes. — TRAFIQUER SOUS LE PAVILLON NEUTRE, SOUS PAVILLON NEUTRE, employer, en

temps de guerre, des bâtiments neutres pour le transport de ses marchandises. — Jeu de trictrac. Marque façonnée en étendard, qui annonce qu'on a la bredouille : *prendre le pavillon.* — Pavillons dans la marine. Tous les navires français naviguent aujourd'hui sous un même drapeau; les bâtiments de commerce portent, d'ordinaire, outre le pavillon spécial de leur armateur, *un guidon ou banderolle* indiquant l'arrondissement maritime qui comprend leur port d'armement. Avant la Révolution, les pavillons français étaient ainsi classés par les ordonnances : 1° Pavillon royal : blanc, semé de fleurs de lys d'or, chargé des armes de France, entourées des colliers des ordres de Saint-Michel et du Saint-Esprit, et deux anges pour supports. — 2° Étendard royal des galères : rouge, semé de fleurs de lys d'or, chargé des armes de France, entourées des colliers des ordres de Saint-Michel et du Saint-Esprit. — 3° Pavillon des vaisseaux du roi : blanc. — 4° Pavillon des marchands français : rouge, semé de fleurs de lys d'or, chargé des armes de France. — 5° Autre pavillon des marchands (ordonnance de 1689) : bleu, traversé d'une croix blanche, chargé des armes de France entourée des colliers des ordres de Saint-Michel et du Saint-Esprit. — 6° Autre pavillon des marchands : il est de sept bandes mêlées, à commencer par la plus haute, blanche, bleue, et ainsi de suite. — 7° Pavillon de Normandie : mi-partie bleu et blanc. — 8° Pavillon de Provence : blanc, traversé d'une croix bleue. — 9° Pavillon de Marseille : blanc, au franc quartier d'azur, chargé d'une croix blanche. — 10° Pavillon de Dunkerque : blanc, au franc quartier d'azur, chargé d'une croix blanche. — 11° Pavillon de Calais : bleu, traversé d'une croix blanche. — 12° Pavillon de Corse : Blanc, chargé d'une tête de Maure, tortillée d'une bande blanche. (Léon Guérin, *Histoire de la Marine française,* t. XI, p. 584.) A dater de la Révolution française, le pavillon est devenu tricolore : bleu, blanc et rouge. La Restauration a ramené le drapeau blanc, qui a disparu de nouveau en 1830. Les navires de guerre et la marine marchande portent aujourd'hui le même pavillon : tricolore. — Pour être distingué dans une escadre, le vaisseau monté par un amiral français porte un pavillon carré, aux couleurs nationales, à la tête du grand mât. Celui que monte un vice-amiral en déploie un pareil, à la tête du mât de misaine; et le contre-amiral porte le même insigne au mât d'artimon. Si des officiers généraux du même grade se trouvent dans la même escadre, ils portent écrit sur le pavillon le numéro qu'ils ont dans la liste d'ancienneté. Le capitaine de vaisseau qui commande une réunion de bâtiments, une division, porte au grand mât un *guidon* aux couleurs nationales; c'est un élu de Louis XIV à ses pointes. — Pavillons dans les armées de terre. La plupart des officiers généraux qui exercent un commandement de quelque importance ou qui occupent un haut emploi spécial dans les armées en campagne possèdent un fanion, qui sert de point de repère autour des colonnes en marche, soit dans les bivouacs, camps et cantonnements; soit enfin sur les champs de bataille. Pour le commandant en chef d'une armée, le pavillon est tricolore, en forme de pavillon, avec une cravate tricolore, nouée au fer de la lance. Pour le commandant d'un corps d'armée, même fanion, moins la cravate. Pour le commandant de la première division d'infanterie de chaque corps d'armée, fanion écarlate en forme de pavillon, divisé sur son milieu et dans sa hauteur par une bande blanche. Pour le commandant de la deuxième division d'infanterie d'un corps d'armée, pavillon également écarlate, mais divisé dans sa hauteur par deux bandes blanches. Pour le commandant d'une division

de cavalerie, pavillon bleu de ciel et blanc, les deux étoffes assemblées en triangles, le bleu au-dessus, le blanc au-dessous. Pour le commandant d'une brigade de cavalerie de corps d'armée, fanion en forme de flamme bleu de ciel et blanc, les deux étoffes assemblées en trapèzes, le bleu en haut, le blanc en bas. Pour le commandant de l'artillerie ou du génie d'une armée, pavillon écarlate et bleu de ciel, les deux étoffes assemblées en triangles, le rouge au-dessus, le bleu au-dessous. Pour le commandant d'une brigade d'artillerie de corps d'armée, fanion en forme de flamme, écarlate et bleu de ciel, les deux étoffes assemblées en trapèzes, le rouge en haut, le bleu en bas. D'autres pavillons sont aussi employés en campagne pour marquer l'emplacement de certains services. Nous citerons notamment : le pavillon des ambulances, fond blanc, bordé écarlate avec croix rouge au milieu, le pavillon des postes télégraphiques, fond blanc, bordure bleue et T de même couleur au milieu; les pavillons jaunes des caissons de munitions d'infanterie et de toutes les sections de munition de cette arme. Le pavillon bleu des sections de munitions d'artillerie. Enfin, de nuit, pour indiquer où se trouvent dans les cantonnements les quartiers généraux et les services que nous venons de mentionner, on se sert de lanternes dont les verres sont : blancs, pour les commandants d'armée et de corps d'armée; rouges, pour les commandants des divisions d'infanterie et de cavalerie, ainsi que pour les commandants de l'artillerie et du génie d'une armée; verts, pour les commandants des brigades de cavalerie et d'artillerie d'un corps d'armée; rouge et blanc, pour les ambulances; bleu et blanc, pour les postes télégraphiques; jaunes, pour les caissons, sections et parcs de munitions d'infanterie; bleus, pour les sections et parcs de munitions d'artillerie. Par l'emploi de ces signaux on espère faire disparaître tous les inconvénients des allées et venues qui faisaient perdre tant de temps, qui ralentissaient la transmission des ordres, et qui fatiguaient si rapidement les cavaliers et les chevaux du service des estafettes et correspondances. — Le pavillon du nouvel état constitué en Afrique sous l'autorité de l'*Association internationale du Congo* est un drapeau bleu avec étoile d'or au centre. Ce nouvel État et son pavillon ont été reconnus par toutes les puissances maritimes de l'Europe et par les États-Unis d'Amérique, aux termes des décisions arrêtées par la conférence de Berlin le 26 février 1885.

PAVILLON (Nicolas), évêque d'Alet et janséniste, né à Paris en 1597, mort en 1677. Il fut d'abord associé aux travaux de saint Vincent de Paul et devint évêque en 1639. Partisan de Jansénius, il encourut la disgrâce de Louis XIV et offrit un asile à ses coreligionnaires dans le monastère de saint Polycarpe, près d'Alet.

PAVILLON (Jean-François du Cheyron, *chevalier du*), major général, né à Périgueux en 1730, mort en 1782. Il entra, en 1748, dans le corps de la marine et devint major général sous les ordres de d'Orvilliers. Il perfectionna les signaux et a laissé *Tactique navale* (1778).

PAVILLON (Étienne), neveu du précédent, né à Paris en 1632, mort en 1705. Il fut d'abord avocat-général au parlement de Metz et entra à l'Académie française en 1691. Ses *Poésies* ont été imprimées à la Haye (1715 et 1747, in-12).

PAVILLONNÉ, ÉE adj. Blas. Se dit d'un instrument à vent quand on veut exprimer l'émail particulier de son pavillon.

PAVILLY, ch.-l. de cant., arr. et à 20 kil. N.-O. de Rouen (Seine-Inférieure); sur l'Austreberte; 2,200 hab. Filatures de coton.

PAVIMENTEUX, EUSE adj. (rad. lat. *pavimentum,* pavé), se dit de certaines roches employées à faire des dalles ou des pavés.

PAVIN, lac de l'arr. d'Issoire (Puy-de-Dôme), à 5 kil. de Besse et à 1,197 m. d'altitude. Il occupe le fond d'un cratère, mesure 1,650 m. de long, 1,525 m. de large et 96 m. de profondeur.

* **PAVOIS** s. m. (bas lat. *pavensis*). Sorte de grand bouclier. On n'emploie guère ce mot qu'en parlant de nos anciens usages, ou dans la poésie : *quand les Français élevaient un roi, ils l'élevaient sur un pavois, le portaient sur un pavois.* — Mar. Teinture de toile ou de drap qu'on étend sur le bord d'un bâtiment, les jours de solennité ou de réjouissance. — Fig. Élever sur le pavois, mettre en grand honneur, en grande renommée.

* **PAVOISEMENT** s. m. Action de pavoiser, résultat de cette action : *le pavoisement des navires.*

* **PAVOISER** v. a. Mar. Garnir un bâtiment de ses pavois et de ses pavillons : *l'amiral fit pavoiser tous les vaisseaux de la flotte.*

PAVONINÉ, ÉE adj. (rad. lat. *pavo, pavonis,* paon). Ornith. Qui ressemble ou se rapporte au paon. — s. f. pl. Groupe de phasianidés comprenant les genres paon et crossoptilon.

* **PAVOT** s. m. (lat. *papaver*). Bot. Genre type de la famille des papavéracées comprenant une vingtaine d'espèces d'herbes annuelles ou vivaces à suc souvent blanc et laiteux qui a la vertu d'assoupir. — Poétiq. Les pavots du sommeil, les pavots de Morphée, le sommeil : *les pavots du sommeil avaient appesenti ses yeux.* On dit de même, Morphée avait versé sur lui tous ses pavots, il était profondément endormi.

Un jour la belle Dionée,
Dans le air et ses bosquets qui couronnent Paphos
Fit enlever le fils d'Énée,
Tandis que le sommeil lui versait des pavots.
Douat. *Les Baisers.*

— Encycl. Il existe 14 espèces de pavots dans l'Afrique méridionale, une espèce en Australie et 8 ou 10 espèces dans les autres parties tempérées du globe. L'opium provient du *pavot somnifère (papaver somniferum)* souche de la

Pavot somnifère (Papaver somniferum).

plupart des pavots cultivés dans nos jardins. Il est originaire de l'Europe méridionale; il a été naturalisé dans tous les autres pays tempérés, où il a produit des variétés simples ou très doubles et de diverses couleurs : blanche, rose, lilas, violette, panachée; avec des pétales quelquefois agréablement déchiquetés. Le pavot simple est très cultivé en Europe pour ses capsules qui constituent un article de commerce sous le nom de têtes de pavot, et pour ses graines dont on extrait l'huile d'œillette. On rencontre dans nos champs le *pavot hybride (papaver hybridum),* à fleurs rouges et à capsules globuleuses et la *pavot argémone (papaver argemone)*, à capsules allongées. Le *coquelicot (papaver rhoeas)* est très abondant au milieu de nos blés (voy. Coquelicot), ainsi que le *pavot parviflore (papaver dubium)*. Le *pavot du Levant (papaver orientale)* et le *pavot à bractées (papaver bracteatum)* se cultivent comme plantes d'ornement.

PAVY (Louis-Antoine-Augustin), théologien français, né en 1805, mort en 1866. Il fut professeur à Lyon (1838-'43), et, en 1846, il devint évêque d'Alger. On a de lui, entre autres ouvrages : *Histoire critique du culte de la sainte Vierge en Afrique* (1858-'59).

PAW (Cornelis de) [pau], érudit hollandais, né en 1739, mort en 1799. Il devint chanoine de Xanten et plus tard lecteur de Frédéric le Grand. Il a publié des *Recherches sur les Américains* (1769) montrant l'infériorité naturelle des sauvages d'Amérique; des *Recherches sur les Égyptiens et les Chinois* (1794, 2 vol.), et des *Recherches sur les Grecs* (1788, 2 vol.).

PAWNEES [pâo-niss'], tribu guerrière des Indiens de l'Amérique, qui eut longtemps pour résidence la Platte (auj. Nebraska) et ses affluents, avec des séjours temporaires sur le Kansas. Ils se divisent en quatre bandes. Ils furent hostiles aux Espagnols avant et après la cession de la Louisiane aux États-Unis; mais ils ont toujours été les amis des Américains. Ils demeuraient dans des villages composés de cahuttes recouvertes de terre, et cultivaient un peu de blé, de fèves, de melons, etc., mais descendaient régulièrement vers la plaine où paissent les buffles. En 1806, Pike estimait la population des trois villages à 6,223, dont 2,000 guerriers à peu près. En 1832, les Pawnees étaient environ 12,000; en 1840, 7,000 et en 1870, 3,000. De fréquentes guerres avec les Sioux et d'autres tribus, ainsi que la petite vérole, ont beaucoup réduit leur nombre. Récemment, ils se sont transportés en territoire indien, où ils sont à peu près 2,000 sur une réserve de 680 kil. carr.

PAWTUCKET [pâo-teuck'-ett], ville de Rhode-Island (États-Unis), sur les deux rives du Pawtucket, qui est ici navigable; à 7 kil. N. de Providence. C'est là que Samuel Slater établit, en 1790, la première filature de coton des États-Unis, et, pendant 40 ans, Pawtucket occupa le 1er rang parmi les villes manufacturières du pays. Nombreuses fabriques de filés, de lainages, de tissus de coton, de fil, de machines, etc.

PAXO, autrefois *Paxos*, île de la mer Ionienne, à 13 kil. S.-E. de Corfou; 9 kil. de long sur 5 de large; 5,000 hab. Ch.-l., Porto-Gayo.

PAXTON (Sir Joseph) [paks'-tonn], horticulteur anglais, né en 1803, mort en 1863. Il était jardinier et intendant du duc de Devonshire. En 1851, il projeta et surveilla les travaux de l'érection du palais de cristal à Londres, ce qui lui valut d'être fait chevalier. Après la clôture de l'exposition, il agrandit et réédifia le palais de Sydenham. A partir de 1854, il fut membre du parlement. Il a publié : *Culture of the Dahlia; Cottage Calendar*, et *Pocket Botanical Dictionary*.

PAYA (Charles-Jean-Baptiste), littérateur, né à Toulouse en 1813, mort à Nice en 1865. Il écrivait dans le *Siècle* et publia divers ouvrages dont le plus important est intitulé *Cachot du Pape* (Paris, 1865).

*°**PAYABLE** adj. [pè-ia-] (rad. *payer*). Qui doit être payé à certains termes ou à certaines personnes : *une lettre de change payable à vue*.

*°**PAYANT, ANTE** adj. [pé-ian]. Qui paye : *de dix que nous étions à ce dîner, il n'y en avait que quatre payants; le nombre des payants était de six seulement*. Dans cette dernière

phrase, *Payant* est employé substantiv. — Billet payant, billet que l'on achète pour voir un spectacle, pour aller à un bal, à un concert, etc.; par opposition à Billet gratis, celui qu'on reçoit pour rien. — Restaur. Carte payante, compte de la dépense que l'on y a faite; par opposition à la carte sur laquelle sont portés les noms des mets et leur prix.

*°**PAYE** ou ~ **Paie** s. f. [pè-ieu: ou pè]. Ce qu'on donne aux gens de guerre pour leur solde : *donner la paye aux troupes*. — Haute paye, solde plus forte que la solde ordinaire : *il est à la haute paye*. Se dit aussi de celui qui reçoit la haute paye; et, en ce sens, il s'emploie principalement au pluriel : *les hautes payes du régiment*. — Salaire des ouvriers : *cet ouvrier reçoit sa paye tous les huit jours*. — Action de donner la paye : *la paye des soldats se faisait tous les cinq jours*. — Celui qui paye : C'est une bonne paye, une mauvaise paye, il paye bien, il paye mal. — Prov. D'une mauvaise paye on tire ce qu'on peut, quand un débiteur n'a pas la volonté ou le moyen de payer tout ce qu'il doit, il faut quelquefois se contenter du peu qu'il offre; et, fig., il ne faut pas exiger des gens plus qu'il n'ont la volonté ou le pouvoir de faire. — Morte-paye. Nom que l'on donnait autrefois à un soldat entretenu à demeure dans une garnison, tant en paix qu'en guerre. — Morte-paye, se dit, par ext., d'un vieux domestique ou de quelque autre homme qu'on entretient dans une maison, sans qu'il y fasse aucune fonction, ni qu'il y rende aucun service. Se dit également, surtout au plur., de ceux qui ne peuvent pas payer la contribution à laquelle ils sont imposés.

*°**PAYÉ, ÉE** part. passé de Payer. — Substantiv. Plus-payé (Voy. Plus.). — Cela est bien payé, n'est pas payé, se dit d'une chose, d'une marchandise dont on donne tout ce qu'elle vaut, ou dont on n'offre pas la valeur. — Tant tenu, tant payé, se dit pour exprimer que le service d'une personne, ou que l'usage d'une chose a été ou sera payé en raison de sa durée. — Je suis payé pour cela, j'ai fait, à mes dépens, l'expérience de ce que telle chose a de dangereux, de nuisible, de désagréable : *je ne retournerai plus dans cette maison, je suis payé pour cela*. On dit de même, il n'est pas payé pour aimer cet homme, pour se fier à cet homme.

*°**PAYEMENT, Paiement** ou **Paiment** s. m. [pè-ieu-man; ou pè-man]. Ce qui se donne pour acquitter une dette : *cet ouvrier demande son payement*. — Action de payer : *faire un payement*. — Législ. « Le paiement est le mode le plus habituel d'extinction des obligations. Il consiste dans le versement au créancier de la somme qui lui est due ou dans l'accomplissement de l'obligation. (Voy. Obligation.) — Tout paiement suppose une dette, et ce qui a été payé par suite d'erreur ou de contrainte, sans qu'il y eut obligation légale, civile ou naturelle, est sujet à répétition. (Voy. Quasi-contrat.) Le paiement peut être fait : 1° par le débiteur, et alors la dette est éteinte avec tous ses accessoires; 2° par un tiers intéressé à payer (caution, débiteur, solidaire, co-créancier, tiers-détenteur d'un immeuble affecté à la garantie de la dette, héritier bénéficiaire, etc.), et il y a alors subrogation légale au profit de la personne qui paie et qui se trouve mise ainsi de plein droit, à la place du créancier primitif; 3° par un tiers non intéressé à payer, et celui-ci n'est subrogé dans les droits du créancier qu'à la condition que cette subrogation conventionnelle soit consentie par le créancier et de plus, formellement stipulée dans la quittance. Le débiteur qui emprunte pour payer une dette peut, en remplissant certaines formalités, subroger le prêteur dans les droits du créancier. (Voy. Subrogation.)

Le paiement fait avec subrogation n'éteint pas la dette, et celle-ci subsiste au profit du subrogé, tandis que le paiement fait par un tiers sans subrogation éteint la dette primitive et en fait naître une nouvelle. (Voy. Novation.) Les frais du paiement incombent au débiteur (C. civ. 1235 à 1256). Dans le cas où le créancier refuse, sans motifs fondés en droit, le paiement de ce qui lui est dû, le débiteur peut se libérer en faisant des offres réelles suivies de consignation. (Voy. Offres.)
(Ch. Y.)

*°**PAYEN, ENNE** adj. et s. [pa-iain] (lat. *paganus*.) (Voy. Païen, enne.)

PAYEN (Anselme), célèbre chimiste, né à Paris le 17 janv. 1795, mort dans la même ville en 1871. Il introduisit des procédés plus parfaits dans l'importante fabrique de sucre de betteraves que son père avait fondée, suppléa Dumas à l'école centrale (1835), fut nommé l'année suivante professeur titulaire à cette même école, puis chargé de la chaire de chimie appliquée au Conservatoire des arts et métiers. Il entra à l'Académie des sciences en 1842. Ses ouvrages sont très nombreux et très appréciés dans le monde industriel. Nous citerons seulement : *Traité élémentaire des réactifs* (Paris, 1822, in-8°; nouv. éd. 1844); *Mémoire sur le houblon* (1822); *Fabrication des bières* (1829, in-12); *Chimie destinée aux gens du monde* (1830, 2 vol. in-8°); *Fabrication du sucre indigène* (1838, in-8°); *Chimie organique appliquée aux arts industriels et agricoles* (1843, in-8° avec atlas); *Chimie industrielle* (1859, in-8° avec atlas); *Distillation des betteraves* (1854); *Traité de distillation* (1866, 5e éd.), etc.

*°**PAYER** v. a. [pè-ié] (ital. *pagare*). (Je paye, tu payes, il paye, ou il pai; nous payons, vous payez, ils payent, ou ils paient. Je payais; nous payions, vous payiez, qu'elle payait. Je payai. J'ai payé. Je payerai, ou je paierai ou que vous payiez, qu'ils payent. Que je payasse. Payant.) Acquitter une dette : *payer une somme d'argent*. — Se dit aussi en parlant de celui à qui on doit : *payer ses créanciers, payer un marchand*. — Se faire bien payer, vendre cher ses services, son travail : *cet ouvrier travail bien, mais il se fait bien payer*. — Se faire payer, vendre ses services, tirer un profit de fonctions qui doivent être gratuites; *il n'a pas cette place pour rien, son protecteur a eu la bassesse de se faire payer*. — Se dit encore en parlant de la chose pour laquelle on doit : *payer des marchandises*. — Pop. Payer pinte, chopine, bouteille à quelqu'un, mener quelqu'un boire au cabaret, et payer pour lui. — Payer une obligation, une promesse, un billet, une lettre de change, etc., payer la somme portée dans une obligation, etc. — Payer le tribut a la nature, mourir. — Payer le tribut a la faiblesse humaine, avoir quelqu'une des imperfections, commettre quelqu'une des fautes auxquelles l'espèce humaine est sujette. — Payer les violons, faire les frais d'une affaire dont un autre tire tout le profit. — Il en payera les pots cassés, on fera retomber sur le dommage, la perte, on s'en vengera sur lui. — Les battus payent l'amende, souvent ceux qui auraient droit à une réparation, sont réprimandés, condamnés, maltraités de nouveau. — Il le payera, se dit pour exprimer qu'on trouvera le moyen de se venger du déplaisir, de l'injure qu'on a reçue de quelqu'un : *il m'a fait un mauvais tour, il m'a rendu un mauvais office, mais il me le payera*. Dans le même sens, on dit fam. : *il le payera plus cher qu'au marché, il me le payera au double*. — Absol. Il se défendait, il refusait de payer; *j'ai été obligé de payer pour lui*. — Cela est a payer, cela ne se peut payer, se dit de ce qui est excellent dans son genre, trèsagréable,

ou très curieux : *cet homme est à payer pour son originalité.* — PAYER POUR LES AUTRES, être seul puni d'une faute commune à plusieurs : *il a payé pour tous les autres.* — PAYER RIC A RIC, payer avec lésinerie, s'acquitter, mais en payant le moins qu'on peut : *il n'est pas généreux, il paye ric à ric ;* et, FAIRE PAYER RIC A RIC, faire payer tout ce qui est dû, sans grâce, ni remise : *c'est un homme qu'il faut faire payer ric à ric.* — PAYER EN MONNAIE DE SINGE, EN GAMBADES, se moquer de celui à qui on doit, et ne le point payer. — PAYER AUX MÊMES MONNAIE, rendre la pareille. — QUI RÉPOND PAYE, on est obligé de payer pour celui dont on s'est rendu caution. Il se dit au propre et au fig. — IL FAUT PAYER OU AGRÉER, quand on doit, il faut donner de l'argent ou du moins de bonnes paroles. — Se dit quelquefois des personnes ou des choses qui sont sujettes à quelque impôt, qui doivent quelque droit : *ce marchand paye cent francs de patente; l'hectolitre de vin paye tant d'entrée.* — Fig. Récompenser, reconnaître : *on a bien payé, mal payé ses services, ses soins.*

> De mes soins c'est ainsi que je me vois payé.
> COLLIN D'HARLEVILLE. *L'Inconstant,* acte II, sc. x.

— Dédommager : *ce moment de bonheur l'a payé de toutes ses peines.* — Obtenir, acquérir quelque chose à un sacrifice : *il a payé de sa liberté, de sa vie, de son sang, un court instant de plaisir.* — Punir : *on l'a payé de son insolence.* — IL A ÉTÉ BIEN PAYÉ DE L'INJURE QU'IL A DITE, DE L'INSULTE QU'IL A FAITE, il en a été bien puni, on s'en est bien vengé sur lui; et absol. IL A ÉTÉ PAYÉ, il a reçu son fait, il a reçu ce qu'il méritait. — Expier : *il a payé de sa tête un si grand forfait.* — Payer de. PAYER DE BELLES PAROLES, ne donner satisfaction qu'en paroles. On dit, dans le même sens, PAYER DE MOTS. — PAYER D'INGRATITUDE, manquer de reconnaissance pour un bienfait reçu. — PAYER QUELQU'UN DE RETOUR, reconnaître ses procédés ou ses sentiments par des procédés ou des sentiments pareils. — PAYER DE RAISONS, donner de bonnes raisons sur les choses dont il s'agit. On dit en sens contraire, Payer de mauvaises raisons. — PAYER D'EFFRONTERIE, soutenir effrontément un mensonge, se tirer d'un mauvais pas par effronterie. — PAYER D'AUDACE, faire si bonne contenance, que par là on arrête, on intimide ses ennemis. — PAYER DE SA PERSONNE, s'exposer dans une occasion dangereuse, et y bien faire son devoir : *c'est un homme brave, et qui a payé de sa personne en cent occasions.* — Agir par soi-même dans les occasions qui le demandent : *cette compagnie a un chef qui sait, au besoin, payer de sa personne.* — IL PAYE DE BONNE MINE, IL NE PAYE QUE DE MINE, se dit d'un homme de peu de mérite, mais d'une belle représentation. — IL NE PAYE PAS DE MINE, dont l'apparence est chétive ou disgracieuse. — Se payer v. pr. S'indemniser. — SE PAYER PAR SES MAINS, s'indemniser sur ce qu'on a en sa possession et qui appartient au débiteur. — Se payer de, SE PAYER DE RAISONS, se rendre aux raisons qu'un autre allègue. — S'en payer, se donner du bon temps, du plaisir : *il s'en est payé.*

* PAYEUR, EUSE s. m Celui, celle qui paye: *c'est un bon payeur, une mauvaise payeuse.* — Homme chargé par son emploi, par son office, de payer des dépenses, des traitements, des rentes : *il était payeur de l'armée; son père était payeur des rentes à l'hôtel de ville.*

PAYNE (John-Howard), auteur dramatique américain, né à New-York en 1792, mort à Tunis en 1852. A 13 ans, étant commis dans une maison de banque à New-York, il publia le *Thespian mirror,* journal hebdomadaire; et, en 1807, étudiant à Union collège, il fit paraître 15 numéros d'un autre journal, *The Pastime.* Il débute comme acteur à Park théâtre, à New-York, en 1809, sous le nom de Young Norval et joua ensuite à Boston, à Philadelphie, à Baltimore et ailleurs. En 1813, il parut, à Londres, au théâtre de Drury Lane, et, pendant 20 ans, poursuivit sa carrière en Angleterre avec des succès divers, comme acteur, directeur, et dramaturge. Il a traduit des drames français, et écrit des pièces originales et des adaptations, entre autres : *Brutus, Thérèse, Or the Orphan of Geneva,* et *Clari.* Ce dernier, présenté comme opéra, contient l'air *Home, Sweet Home.* En 1832, il retourna aux États-Unis, et, en 1841, fut nommé consul américain à Tunis.

PAYRAC, ch.-l. de cant., arr. et à 16 kil. N.-E. de Gourdon (Lot); 800 hab.

* PAYS s. m. [pé-i] (lat. *pagus,* village). Région, contrée: *pays gras, maigre, riche, stérile, fertile, inculte, abondant.* — PAYS PLAT, PAYS DE PLAINES, par opposition à PAYS MONTUEUX et PLAT PAYS, la campagne, par opposition aux lieux fortifiés. — Habitants mêmes du pays : *chaque pays a ses usages, ses mœurs, ses habitudes.* — PAYS D'ÉTATS, anciennes provinces de France où les impositions étaient consenties et réparties par l'assemblée des états; PAYS D'ÉLECTION, celles où il y avait des généralités et des élections établies; et, PAYS D'OBÉDIENCE, celles où le pape nommait à certains bénéfices. — PAYS CONQUIS, on nommait ainsi les conquêtes faites par la France, depuis le règne de Louis XIII. — PAYS COUTUMIER, pays où l'on suivait une coutume provinciale ou locale; et, PAYS DE DROIT ÉCRIT, pays où l'on suivait le droit romain. — A Paris, LE PAYS LATIN, le quartier où sont la plupart des collèges. — LE PAYS DE SAPIENCE, la Normandie. — LES PAYS-BAS, la Belgique et la Hollande. — PAYS DE COCAGNE, pays où tout abonde, où l'on fait bonne chère à bon marché. — VIN DE PAYS, vin recueilli dans le canton : cela se dit d'un vin qui n'est pas de la première qualité, mais qui n'est pas d'un vignoble fameux : *voilà d'assez bon vin pour du vin de pays.* — GAGNER PAYS, avancer, faire du chemin : *la nuit vient, gagnons pays.* — TIRER PAYS, s'enfuir, s'évader. — Guerre, BATTRE LE PAYS, explorer, reconnaître le pays. — BATTRE DU PAYS, voir, parcourir beaucoup de lieux différents; et, prov. et fig., traiter beaucoup de sujets différents. — VOIR DU PAYS, voyager. — FAIRE VOIR DU PAYS A UNE PERSONNE, lui donner bien de l'exercice, bien de la peine, lui susciter beaucoup d'embarras. — SAVOIR LA CARTE DU PAYS, connaître les gens avec qui on a à vivre. — ETRE EN PAYS DE CONNAISSANCE, se trouver parmi des gens de sa connaissance. Il s'applique aussi en général à toutes les choses que l'on connaît. — PARLER, JUGER A VUE DE PAYS, parler, juger d'après un premier aperçu, et avant d'avoir approfondi les choses. — DE QUEL PAYS VENEZ-VOUS? se dit à une personne qui ignore quelque chose que tout le monde sait. — UN PAYS PERDU, un lieu où il y a peu de ressources; et, particul., un quartier éloigné du centre des affaires et de la société : *il s'est allé loger en pays perdu.* — Patrie, lieu de naissance. Il s'entend quelquefois de l'État dans lequel on est né; et quelquefois de la province, de la contrée, de la ville où l'on a pris naissance : *pays natal; la France est mon pays; Rennes est son pays.*

> Il immole à sa sœur sa gloire et son pays.
> J. RACINE. *Alexandre,* acte II, sc. v.

— Dans l'acception qui précède, s'emploie quelquefois au plus. possessif : *écrire au pays; recevoir des nouvelles du pays.* Il est pop., excepté dans cette phrase du style fam., AVOIR LA MALADIE DU PAYS, être triste, abattu, malade, parce qu'on est éloigné de son pays, et qu'on désire vivement d'y retourner. — Prov. et fig. NUL N'EST PROPHÈTE EN SON PAYS, un homme de mérite est ordinairement moins considéré dans son pays qu'ailleurs. — Prov. et fig. CET HOMME EST BIEN DE SON PAYS, il est bien simple, bien crédule: *vraiment vous êtes bien de votre pays, de croire...* — Fig. *Les modernes ont découvert dans les sciences de nouveaux pays, des pays inconnus.*

* PAYS, PAYSE s. Compatriote : *c'est un de mes pays; elle est allée avec une de ses payses.* (Pop.)

* PAYSAGE s. m. [pè-i-za-je]. Étendue de pays que l'on voit d'un seul aspect : *il y a des paysages délicieux sur les bords de la Seine, de la Loire.* — Tableau qui représente un paysage : *c'est un paysage de tel peintre.* — Genre de peinture qui a pour objet la représentation des paysages : *il étudie le paysage.*

PAYSAGER, ÈRE adj. Se dit des jardins d'un dessin varié renfermant des massifs de formes diverses : *parcs et jardins paysagers.*

PAYSAGESQUE adj. Qui est propre au paysage.

* PAYSAGISTE s. m. Peintre qui fait des paysages : *il est bon paysagiste.*

* PAYSAN, ANNE s. [pè-i-zan](lat. *paganus,* villageois). Homme, femme de village, de campagne : *c'est un paysan du village où j'ai ma maison de campagne.* — C'EST UN PAYSAN, UN GROS PAYSAN, IL A L'AIR D'UN PAYSAN, D'UN FRANC PAYSAN, c'est un homme rustre, impoli, grossier dans ses manières et dans son langage. — A la paysanne loc. adv. A la manière des paysans : *une danse à la paysanne.* — Guerre des Paysans, mouvement révolutionnaire de l'Allemagne méridionale et centrale, qui accompagna la réforme de Luther et de Zwingle. Un grand nombre d'insurrections isolées le précédèrent. En 1476, Hans Boeheim, prétendant avoir reçu une révélation, rassembla autour de lui 34,000 paysans, et leur souverain, l'évêque de Wurzbourg, fut obligé de recourir à la trahison pour les réduire. En 1492, les *Enfants du pain et du fromage,* pendant une famine, prirent et occupèrent quelque temps les villes d'Alkmaar, de Hoorn et de Haarlem, en Hollande. Le *Bundschuh* se montra pour la première fois, en 1493, à Schelestadt en Alsace, en 1502 à Bruchsal, en 1512 à Fribourg, et avec la plus grande énergie à Würtemberg en 1513. Le duc Ulrich étouffa cette insurrection sous de fausses promesses et par des exécutions en bloc. En 1514, George Dozsa, forma une armée de paysans de la Hongrie, et commença une guerre d'extermination contre les nobles, dans laquelle il périt, avec 60,000 paysans. En juin 1524, les paysans des bords de la Wutach, au S.-O. de l'Italie, se soulevèrent contre le landgrave de Stühlingen. Les paysans de Hauenstein, du Klettgau et du Hegau se réunirent bientôt à eux, et vers la fin de 1524 l'insurrection s'étendait sur toute la Souabe. Les insurgés demandaient l'abolition du servage, le droit de chasse et de pêche, le règlement du socage et d'autres réformes. Au commencement de 1525, l'insurrection gagna le Tyrol, Salzburg, et, au nord, toute la Franconie. Elle s'étendit même à la Thuringe, où elle eut pour meneur principal Münzer. (Voy. MÜNZER.) De nombreuses villes et beaucoup de nobles se réunirent aux insurgés. Les paysans de la Souabe choisirent le renommé chevalier Goetz von Berlichingen pour général. Toutefois, il n'y eut pas d'unité dans le mouvement, et il se commit d'épouvantables excès. Le massacre du comte Helfenstein avec une vingtaine d'autres nobles faits prisonniers à l'assaut de Weinsberg, près de Heilbronn, excitèrent la colère et le désir de vengeance du comte George de Waldburg, et fit publier à Luther son pamphlet, intitulé *Contre les paysans rapaces et meurtriers.* Le 12 mai 1525, à Bœblingen, dans le Würtemberg, Waldburg, mit en déroute les paysans de la Forêt

Noire et des environs. Le 15 mai, les paysans de Thuringe, commandés par Münzer, furent mis en déroute à Frankenhausen, et le 17 mai, ceux de Lorraine, par le duc Anton, près de Zabern. Waldburg défit ensuite les armées de paysans en Franconie et le 8 juin, il entra dans Würzburg et assista à l'exécution des citoyens les plus éminents, et des chefs des paysans. Il ne restait alors qu'une armée de paysans, celle de Salzburg. Le duc de Bavière conclut avec eux un traité avantageux (30 août); mais de nombreuses exécutions eurent lieu après la guerre.

* PAYSANNERIE s. f. Condition, manières, mœurs des paysans : *franche paysannerie.* (Peu us.)

PAYSANNESQUE adj. Qui appartient aux paysans, qui est dans leurs mœurs: *habitudes paysanesques.*

PAYS-BAS (Les) (holl. *Nederlanden;* angl. *Netherlands;* all. *Niederlande*). I, nom donné pendant longtemps à la contrée de l'Europe occidentale qui forme aujourd'hui les royaumes de Belgique et de Hollande. Cette expression vient de ce que le territoire de ces pays s'étend généralement en une plaine unie dont une grande partie se trouve au-dessous du niveau de la mer, contre laquelle elle est protégée en partie par des collines de sable et en partie par de vastes digues. Le Rhin, la Meuse et l'Escaut la traversent. C'est le limon de ces fleuves mêlé aux bancs de sable rejetés par l'océan autour de leurs embouchures, qui a formé le pays, dont une grande partie n'est autre chose que leur delta. — II. Royaume des Pays-Bas, *Koninkrijk der Nederlanden* ou ROYAUME DE HOLLANDE, royaume du N.-O. de l'Europe, entre 50° 45' et 53° 35' lat. N. et entre 1° 4' et 4° 48' long. E.; borné, au N. et à l'O., par la mer du Nord, à l'E. par la Prusse et au S. par la Belgique. Sa longueur, du N. au S., est d'environ 300 kil. et sa largeur de 90 à 490 kil. Il est divisé en 11 provinces, comme suit :

TABLEAU STATISTIQUE.

PROVINCES.	KIL. CARR.	HABITANTS	CAPITALES.
1. Hollande sept.....	2.769,71	750.419	Amsterdam.
2. Hollande mérid...	3.021,63	865,406	La Haye.
3. Utrecht..........	1.384,02	203.702	Utrecht.
4. Zélande..........	1.785,06	195,137	Middelbourg.
5. Brabant sept.....	5.125,35	485,520	Bois-le-duc.
6. Limbourg........	2.204,36	246,298	Maestricht.
7. Gueldre..........	5.080,97	485,425	Arnhem.
8. Overyssel........	3.345,15	284,307	Zwolle.
9. Drenthe..........	2.662,68	122,491	Assen.
10. Groningue.......	2.297,61	262,640	Groningue.
11. Frise............	3.320,44	329,120	Leeuwarden.
TOTAUX.	32.999,92	4,225,065	

La Haye, résidence du roi, est la capitale de fait; Amsterdam, la capitale de nom. — Il faut ajouter, aux États du roi des Pays-Bas, le grand-duché de Luxembourg, qui possède une administration particulière et qui, depuis 1867, forme un territoire neutre. Les villes principales du royaume sont, outre les capitales ci-dessus : Rotterdam, Leyde, Harlem, Tilburg, Dordrecht, Delft, Nimègue, Breda, Schiedam, Deventer, Flessingue. La population n'était que de 3 millions d'hab. en 1850 et l'accroissement annuel est, par conséquent, de 1,2 p. 100. La Hollande nourrit 68,000 étrangers, dont 43,000 Allemands et 19,000 Belges. — Dans ce pays, on ne voit presque pas de mendiants, parce que la mendicité y est prohibée par la loi. Dans le but de la faire disparaître entièrement, on a créé une grande quantité d'organisations charitables, tant religieuses que privées. La moyenne des indigents assistés est d'environ 217,000 ou 5 p. 100 de la population totale. Total des institutions charitables en 1881 :

5,342. — COLONIES. Comme puissance colonisatrice, la Hollande vient immédiatement après l'Angleterre et tient le deuxième rang. Voici le tableau de ses possessions :

INDES ORIENTALES.

	KIL. CARR.	HABITANTE.
Java et Madura.........	131.732	20,000,000
Sumatra, Riouw, Banca, Billiton, Bornéo, Célèbes, Moluques,Nouvelle-Guinée, Timor, Bali, Lombok, etc.	1.728.000	8.400,000

Capitale des Indes Orientales, Batavia. Résidence du gouverneur général, Buitenzorg.

INDES OCCIDENTALES.

Surinam (Guyane hollandaise).............	119.321	70,900
Antilles hollandaises, (Curaçao, Bonsire, Aruba, la moitié de Saint-Martin, Saint-Eustache, Saba).....	1.120	45,000
Totaux......	1.980.184	29,415,900

Les quelques postes de la côte de la Guinée ont été cédés aux Anglais en 1872. — TOPOGR. Les digues qui protègent une grande partie de la côte ont d'ordinaire 30 pieds de haut, 70 pieds de large à la base, et au sommet assez de largeur pour former une route. Les principaux cours d'eau, la Meuse, le Rhin et ses branches, le Waal, le Leck et l'Yssel, et le bas Escaut sont maintenus dans un lit déterminé par les levées et sont reliés les uns aux autres par des canaux faits à la fois pour la navigation et pour prévenir les inondations en recevant l'excès des eaux. Environ 90 des lacs qui existaient primitivement ont été desséchés, tandis que d'autres ont été changés en golfes par des inondations. Le Zuyderzee est parmi ces derniers. (Voy. ZUYDERZEE.) Le lac de Haarlem, avant d'être desséché, couvrait 480 kil. carr. — CLIMAT. La température normale est de 10° au-dessus de zéro, elle tombe quelquefois à 25° au-dessous de zéro et monte jusqu'à + 37°. En hiver, les rivières et les canaux sont parfois gelés pendant trois mois. Le pays est sujet à de violents ouragans; l'atmosphère est généralement humide; il règne d'épais brouillards; les fièvres, les pleurésies et les rhumatismes sont fréquents. — PRODUCTIONS. L'énergie et l'industrie de la population, presque toute hollandaise, et la propreté des maisons sont remarquables : il y a peu de pays où la prospérité soit plus généralement répandue et où l'on en abuse moins. Exception doit être faite pour les boissons alcooliques. On produit en grande quantité des grains, des pois, des fèves, diverses graines, du houblon, du tabac, du lin, du chanvre, du beurre, du fromage, un peu de houille et de la tourbe. Parmi les fleurs, on cultive surtout les tulipes et les jacinthes. Les trois quarts environ de la superficie sont en culture, et plus de la moitié consiste en prairies et en pâturages. Les établissements industriels les plus importants sont les forges, les briqueteries, les moulins à huile, les manufactures de tabac, les poteries de Delft et de Maestricht, les brasseries, les distilleries de genièvre et autres esprits. On y fait beaucoup de papier et de chaussures, et les toiles hollandaises sont d'une qualité supérieure. En 1873, les manufactures de coton employaient environ 230,000 broches. A Tilburg, il y a de grandes filatures de laine, et Eindhoven, Helmond, Bokstel possèdent de vastes manufactures. Dans le S.-E. de la province d'Overyssel, il y a de grandes fabriques de coton, surtout à Enschedé et à Almelo. Les moulins à farine abondent partout. La pêche des harengs a été appelée la mine d'or de la Hollande. En 1882 : 145 bateaux étaient employés à la pêche du hareng (salé). Prod. —

2,304,000 fl.; 260 bateaux à celle du hareng (doux), prod.: 944,000 fl. Le nombre total des familles qui vivaient de la pêche, en 1882, était estimé à 20,000. — MARINE MARCHANDE, 800 navires, dont 702 à voiles (600,000 tonnes) et 98 vapeurs (290,000 tonnes). — COMMERCE. Le commerce a lieu surtout avec l'Allemagne, la Grande-Bretagne, la Belgique, les États-Unis, l'Inde anglaise, Java et la France. Exportation : 700 millions de florins ou guldens; importation : 950 millions de florins; Entrées : 8,480 navires, jaugeant 2,998,584 tonneaux; sorties : 8,503 jaugeant 3,054,824 tonneaux. Le grand canal qui unit Amsterdam par une voie nouvelle et courte à la mer du Nord a été achevé en 1876. Les deux tiers des exportations des colonies passent par les mains de la *Handel Maatschapij*, qui fut érigée en 1824 :

1883 : navires entrés, 8,300, jaugeant 11,186,000 tonneaux.
— sortis 8,100, — 11,074,000 —
1882: importation fl. 992 millions.
exportation fl. 1,752 —

— ÉDUCATION. Un dixième des miliciens ne savent ni lire ni écrire; 26 p. 100 des prisonniers sont au même degré d'ignorance. Le quart des jeunes hommes et le tiers des jeunes femmes ne savent également ni lire ni écrire; mais la loi du 18 août 1878 accorde des subsides aux écoles primaires (30 p. 100 des frais), dont le nombre est en voie d'accroissement. Outre 3,965 écoles primaires (16,000 professeurs ; 562,000 élèves), on compte, en Hollande, 78 écoles moyennes, (5,800 élèves), 29 gymnases et écoles de latin (4,900 élèves) et un grand nombre d'écoles spéciales secondaires. Il y a quatre universités : Leyde, Groningue, Amsterdam et Utrecht, avec 4,600 étudiants. La proportion des élèves des écoles primaires à la totalité de la population est comme 1 à 8. — RELIGIONS. Aux termes de la constitution, toutes les religions sont libres. La famille royale et la majorité des habitants appartiennent à l'Église hollandaise réformée. Le nombre des protestants est de 2,470,000; celui des catholiques, de 1,440,000 (répandus surtout dans le Brabant septentrional et dans le Limbourg); celui des juifs, de 82,000; celui des vieux catholiques (jansénistes), de 6,340. Le gouvernement de l'Église réformée est le presbytérianisme. La hiérarchie catholique se compose d'un archevêché (à Utrecht) et de quatre évêques (Harlem, Breda, Roermond et Hertogenbosch). — CONSTITUTION ET GOUVERNEMENT. La constitution actuelle a reçu la sanction royale le 14 oct. 1848 et fut solennellement proclamée le 3 nov. 1848; elle accorde l'autorité législative au roi et au parlement composé de deux chambres qui portent le nom d'états généraux. La chambre haute ou première chambre comprend 39 membres, élus par les états provinciaux et choisis parmi les plus hauts imposés. La seconde chambre des états généraux compte actuellement 86 membres (1 membre par 45,000 hab.) élus par les citoyens âgés de 23 ans et payant une taxe qui varie de 20 florins dans les districts les plus pauvres, jusqu'à 112 guilders dans celui d'Amsterdam, qui est le plus riche et le plus populeux. Les membres de la seconde chambre reçoivent annuellement 2,000 florins. Le roi a le pouvoir de dissoudre en tout temps les deux chambres, ensemble ou séparément, mais de nouvelles élections doivent avoir lieu dans les 40 jours et les nouvelles chambres doivent se réunir dans les deux mois. Seule, la seconde chambre possède l'initiative des lois nouvelles; la haute chambre peut seulement les adopter ou les rejeter, mais non les amender. Les ministres peuvent assister aux séances des chambres et y prendre la parole; mais ils ne sont ordinairement pas députés. Le roi a un droit absolu de veto, dont il n'use, du reste, presque jamais. Les changements dans la constitution ne peuvent résulter que du vote des deux tiers des membres des deux chambres, suivi d'une élection générale et d'une seconde confirmation par les deux tiers des votes des nouveaux états généraux. — Le pouvoir exécutif appartient au souverain, assisté d'un conseil de ministres responsables. Il y a aussi un conseil d'État de 14 membres et un vice-président. — La justice est administrée par la haute cour des Pays-Bas (cour de cassation), par 5 cours, 23 tribunaux d'arrondissements et diverses cours cantonales. Le jury est inconnu en Hollande. — La liste civile du roi était fixée à un million de florins, sous le règne de Guillaume II; mais on l'a réduite à 600,000 florins au commencement du règne de Guillaume III. Le revenu des différents domaines de l'État est de 4 millions de florins. La famille d'Orange possède une grande fortune personnelle. — Revenus : 114 millions de florins; dépenses : 145 millions de florins; dette : 1 milliard de florins. Chaque province et chaque commune possèdent en outre leur budget séparé. Pour l'administration des colonies, les dépenses sont de 150 millions de guilders et les recettes de 160 millions. — ARMÉE. L'armée hollandaise, qui a été réorganisée en 1881, se recrute en partie par engagements volontaires et en partie au moyen de la conscription. Outre l'armée régulière, il existe une milice (schutteryen), divisée en milice active, comprenant tous les hommes de 25 à 34 ans et en milice sédentaire (rustende). Cette dernière existe dans les communes comptant moins de 2,500 hab. dans le centre de la commune. Tous les jeunes gens non favorisés par le sort doivent nominalement servir depuis 20 jusqu'à 25 ans, mais en réalité le service n'est que de 12 mois et ensuite de 6 semaines chaque année. L'armée régulière se compose de 44,000 fantassins, 4,000 cavaliers, 1,400 soldats du génie, 13,000 artilleurs. La milice active est de 30,000 hommes; la milice sédentaire en compte 40,000. Outre cela, il y a une armée coloniale de 33,000 hommes (dont 16,000 indigènes). — Il n'y a presque plus de villes fortifiées en Hollande. En cas d'invasion, on se borne à défendre le cœur du pays entouré d'une triple ligne de défense, celle de l'Ysel, celle de la Grebbe et celle de la Hollande, qui est la plus formidable à cause d'un système d'inondations, couvert par des forts. Outre cela, il y a des ports fortifiés tels que Helder, Brielle, Flessingue, etc. — FLOTTE. La marine se compose de 187 bateaux, à vapeur, dont 23 cuirassés, 30 navires pour le service des Indes orientales et 22 torpilleurs. La force active des équipages est de 6,900 hommes, 2,400 miliciens de marine et 1,100 matelots indigènes; plus 2,200 hommes d'infanterie de marine. — MONNAIES. L'histoire du système monétaire des Pays-Bas est la suivante : en 1816, on adopta l'étalon double : florin d'argent = 9,61 gr.; 10 fl. en or, 6,056 gr. (en 1839 le florin d'argent était de 9,45 gr.); en 1847, on adopta l'étalon d'argent et on démonétisa l'or. Le 6 juin 1875, on introduisit l'étalon boiteux avec la suspension du monnayage de l'argent, 10 fl., en or = 6,048 gr. D'après cette loi, on a

Flenguiden en or valant environ 21 fr. (varie d'après le cours)
Rykadaalders en argent (2. 1,50) valant un peu plus de 5 fr.
Gulden . . . . 2 »
Halve gulden . . . . . 1 »
Kwart gulden . . . . . 1/2 »
Dubbeltje 20cent
Stuiver . . . . . . 10 »
Monnaie de cuivre :
2 1/2 cent . . . . . 2 »
1 cent . . . . 1 »
1/2 cent . . . . . . 1/2 »

Ces vieilles appellations ne sont plus en usage que chez le peuple; le système et les dénominations légales sont les mêmes qu'en France. — POIDS ET MESURES. Système décimal français. depuis 1821; mais on a con-

servé les appellations hollandaises; ainsi on dit pond, pour kilogr., et pour mètre, wisse pour stère, vat pour hectol., kan pour litre, etc. — CHEMINS DE FER : de l'État, 1,104 kil.; particuliers, 1,009 kil. = 2,113 kil. — POSTES. 1,282 bureaux distribuant 82 millions de lettres et de cartes, et 66 millions d'imprimés, y compris les journaux. Recettes, 5 millions de guilders; dépenses, 3 millions et demi. — TÉLÉGRAPHES. 510 bureaux, dont 255 à l'État et 255 à des compagnies : 4,260 kil. de lignes; 46,000 kil. de fils; 3 millions et demi de dépêches. — HISTOIRE. Les récits que fit César de ses guerres avec les Belges et les autres tribus barbares qui habitaient ces marais constituent les premières annales des Pays-Bas dans le sens le plus large du mot. Ces tribus étaient au S., principalement de race gaëlique; au N., d'origine germanique. Parmi eux occupaient le premier rang les Frisons et surtout les Bataves, que Tacite appelle les plus braves de tous les Germains. Ils étaient les alliés et non les sujets des Romains, et une légion batave forma la garde du corps des empereurs jusqu'au temps de Vespasien. Pendant la lutte de ce dernier avec Vitellius, Claudius Civilis, guerrier batave au service de Rome, organisa une confédération de différentes tribus des Pays-Bas contre les Romains (69); mais, après d'héroïques efforts, les insurgés furent écrasés, et la paix resta soumis à Rome jusqu'à ce qu'il fût envahi par les Francs et les Saxons au IVe siècle. Les Bataves formaient encore la partie la plus brave des forces romaines, et ce fut leur cavalerie qui décida la grande victoire de Strasbourg sur les Germains en 357. Avec les Belges ils se fondirent, à ce qu'il semble, dans les tribus franques qui envahirent et occupèrent la contrée; la monarchie franque des VIe et VIIe siècles comprenait tout le territoire méridional des Pays-Bas. Au commencement du IXe siècle, le pays entier formait une partie de l'empire de Charlemagne. Un siècle plus tard, tout le pays était aux mains de princes féodaux, devant une allégeance limitée, les uns à l'empire allemand et les autres aux rois francs. Le comté de Hollande paraît s'être fondé en 1015. Avant le XIIIe siècle, les Pays-Bas avaient fini par être divisés en comtés et en comtés presque souverains. Le plus puissant potentat était le comte de Flandre, dont les domaines, en 1384, échurent à la maison de Bourgogne. En 1436, Philippe le Bon, duc de Bourgogne, se trouva maître de presque tout le pays, et ses successeurs acquièrent le reste. Sous la maison de Bourgogne, les Pays-Bas devinrent le pays le plus prospère de l'Europe, et Anvers, Gand et Bruges se firent connaître du monde entier. En 1477, l'héritière, Marie de Bourgogne, épousa l'archiduc Maximilien d'Autriche, et la souveraineté des Pays-Bas passa à cette maison en 1482. En 1555, son petit-fils Charles-Quint la transféra à son fils Philippe II, qui commença bientôt une croisade contre les protestants. Les Pays-Bas comptaient alors 17 provinces, 208 cités fermées, et 60 places fortes. Dans les sciences et les arts, principalement dans la peinture, ils occupaient un rang très élevé. En 1559, Philippe donna la régence à sa sœur Marguerite de Parme. Le gouvernement anti-national de Philippe II et son intolérance vis-à-vis des protestants, provoquèrent une résistance énergique conduite par le prince d'Orange et les comtes Egmont et Horn. Ils ne prirent toutefois pas ouvertement part à la ligue des nobles, connue sous le nom de Compromis. Les excès iconoclastes d'une partie des protestants (1566) amenèrent le duc d'Albe dans les Pays-Bas à la tête d'une puissante armée (1567). Egmont et Horn furent exécutés (5 juillet 1568), et pendant six ans, le pays gémit sous une oppression presque sans

exemple. Guillaume d'Orange, aidé par ses frères et par les princes allemands protestants, revint avec une armée en 1568, et fut plus tard investi par la Hollande et la Zélande de la dignité de stathouder avec des pouvoirs dictatoriaux; en même temps, ces États équipèrent une flotte qui contribua grandement à la conquête de l'indépendance nationale. Albe, n'ayant pas réussi à dominer la révolution par les armes et l'échafaud, fut rappelé en 1573. Son successeur, Requesens, mourut en 1576, et fut remplacé par le frère de Philippe, don Juan d'Autriche, le vainqueur de Lépante. Après plusieurs succès, il mourut en 1578 et eut pour successeur son neveu Alexandre Farnèse. En 1579, la soi-disant pacification de Gand qui avait eu pour but d'unir toutes les provinces contre l'Espagnol ayant échoué, l'union d'Utrecht posa les fondements de la république des sept Provinces-Unies (Hollande, Zélande, Utrecht, Frise, Groningue, Overyssel et Gueldre). A partir de ce moment, l'histoire des Pays-Bas se divise en histoire de la Hollande et en histoire des provinces méridionales et catholiques qui restèrent sous la domination de l'Espagne et qui aujourd'hui, bien que diminuées par des cessions de territoire, constituent le royaume de Belgique. L'assassinat de Guillaume d'Orange, le 10 juillet 1584, fut une perte terrible pour la république naissante qui lui devait en grande partie son existence; mais les patriotes persistèrent dans leurs héroïques efforts. Son fils et son successeur comme stathouder, Maurice de Nassau, se montra un des plus grands capitaines des temps modernes, tandis que Barneveldt soutint la cause des patriotes comme diplomate et financier. La reine Elisabeth, après avoir refusé la couronne des Pays-Bas, leur fournit des troupes sous le earl de Leicester, qui fut bientôt rappelé (1587). Avant la mort de Philippe II, en 1598, les Pays-Bas furent cédés à Albert et Isabelle, et, en 1609, Philippe III fut obligé d'accepter une trêve de douze ans, pendant laquelle la lutte continua pourtant aux Indes Orientales, où les Hollandais jetèrent alors les fondements leur empire colonial. Maurice, qui aspirait à devenir monarque héréditaire, était le chef du parti calviniste ou anti-remontrant. Barneveldt, tête du parti arminien ou remontrant, fut exécuté en 1619. A l'expiration de la trêve, en 1621, la guerre avec l'Espagne recommença. Maurice mourut en 1625. Sous son frère et successeur, Frédéric-Henri, les Hollandais devinrent la première puissance maritime de l'Europe. Ils s'emparèrent d'une grande portion du Brésil qui appartenait alors à l'Espagne. A la fin, l'Espagne reconnut (en 1648) l'indépendance des Provinces-Unies, qui s'augmentèrent en même temps du Brabant septentrional et d'une partie du Limbourg. Pendant ce temps, Guillaume II avait succédé à Frédéric-Henri. Quelques années après sa mort, la république se trouva entraînée dans une guerre avec la république anglaise, jalouse de sa puissance navale et il se livra plusieurs grandes batailles entre les célèbres amiraux hollandais Tromp, de Ruyter et de Witt, et l'amiral anglais Blake. Les Hollandais furent finalement vaincus, et Tromp périt en juillet 1653. La Hollande conclut la paix avec l'Angleterre, mais se prépara à recommencer la lutte par les soins du grand-pensionnaire Jean de Witt. Charles II déclara la guerre à la Hollande en 1665. Plusieurs batailles acharnées se livrèrent sur mer; l'avantage resta en somme, aux Hollandais, surtout après que de Ruyter eut fait « le célèbre exploit » de Chatham, un mois avant la paix de Breda (juillet 1667). En 1668, la Hollande se réunit à l'Angleterre et à la Suède contre Louis XIV, qui voulait s'emparer des Pays-Bas espagnols. Charles II, acheté par Louis, lui envoya quelques troupes pour coopérer avec lui. La Suède entra aussi dans la ligue contre les Hollandais et Louis envahit la Hollande à la tête de 100,000 hommes, commandés par les premiers généraux du siècle; il conquit rapidement Utrecht et la Gueldre, tandis que ses alliés allemands s'emparèrent de l'Overyssel. Les Hollandais, dont les forces n'excédaient pas 25,000 hommes, étaient en proie à de violentes discussions entre la maison d'Orange et ses adversaires, à la tête desquels étaient. Les de Witt et son frère Cornelius, dont l'influence avait fait abolir le stathouderat dans la plupart des provinces, en 1650. Le jeune prince d'Orange, Guillaume III, plus tard roi d'Angleterre, déclara qu'il « mourrait dans le dernier fossé » de sa patrie, et fut créé stathouder avec des pouvoirs dictatoriaux, tandis que les Witt étaient massacrés. Les digues furent coupées, et accès fut donné à l'Océan pour noyer le pays et ses envahisseurs, dont la retraite fut désastreuse. La paix fut conclue avec l'Angleterre en 1674, et avec la France en 1678. En 1677, le prince d'Orange avait épousé la princesse Marie, fille de Jacques II, et la révolution de 1688 le fit roi d'Angleterre. A sa mort, le parti contraire à la maison d'Orange l'emporta, mais le grand pensionnaire Heinsius (mort en 1720) continua la politique de Guillaume III. En 1747, Guillaume IV (mort en 1751) devint stathouder. Son fils, tout enfant, Guillaume V, lui succéda et resta en charge jusqu'en 1795, époque où la Hollande fut conquise par la France et la république batave établie. Celle-ci prit fin en 1806 par l'érection de la Hollande en royaume, sur le trône duquel Napoléon plaça son frère Louis; mais la préférence que celui-ci donna aux intérêts de la Hollande sur ceur de la France irrita tellement l'empereur qu'en 1810, Louis dut abdiquer, et la Hollande fut annexée à l'Empire. A la chute de Napoléon, le prince d'Orange, fils de Guillaume V, fut déclaré souverain sous le nom de Guillaume Ier, et le congrès de Vienne ajouta à la Hollande les provinces méridionales. Lorsque éclata la révolution française de 1830, les provinces se révoltèrent, et, avec l'aide des Français, se rendirent indépendantes comme royaume de Belgique, avec Léopold de Saxe-Cobourg pour roi. L'arrangement définitif entre les deux royaumes se fit en 1839 : une partie du Luxembourg qui, en 1815, avait été constituée en grand-duché gouverné par le roi des Pays-Bas, fut laissée à la Belgique; Guillaume Ier reçut en compensation une partie du Limbourg belge. Après la révolution française de 1848, la constitution hollandaise fut encore rendue plus libérale, et on y introduisit de grandes réformes. Guillaume Ier avait abdiqué en 1840, en faveur de son fils Guillaume II, qui mourut en 1849 et eut pour successeur Guillaume III, le roi actuel. En août 1862, les états généraux passèrent une loi pour l'abolition de l'esclavage dans les Indes Orientales hollandaises, loi qui fut mise en vigueur le 1er juillet 1863. Une guerre avec Atchim, pays qui comprend le N.-O. de Sumatra, éclata en 1873, et n'est pas encore entièrement terminée, quoique l'autorité hollandaise soit reconnue sur les côtes. — BIBLIOG. Bijdragen tot de Algemeene Statistiek van Nederland, Jaargang, 1881, in-8°; s'Gravenhage, 1883. — Geregtelijke Statistiek van het koningrijk der Nederlanden, in-4°, s'Gravenhage, 1883. — Fontpertuis, La Guyane hollandaise, dans l'Economiste français, 30 déc. 1876; in-8°, Paris, 1876. — Havard, Les Villes mortes du Zuyderzee; Les Frontières menacées. — E. d. Amicis, Olanda. — Langue et Littérature. A l'article Races et Langues germaniques, nous avons établi la relation de la langue néerlandaise avec les autres langues. On la parle actuellement dans tout le royaume des Pays-Bas et dans cette partie de la Belgique qui est située au N. d'une

ligne, allant de Menin, par Bruxelles et Tongres à Eisden (pays flamand). Les Boers, dans le S. de l'Afrique, s'en servent également; mais leur idiome a subi des altérations profondes. L'alphabet néerlandais comprend 23 lettres y compris le ch; les lettres c, q, x et y ne se rencontrent que dans les mots d'origine étrangère. Les consonnes ont le même son qu'en français, sauf les exceptions suivantes : g tient le milieu entre le g français (dans grand) et le ch allemand; ch n'en diffère que par une prononciation plus gutturale. Sch initial se prononce presque skh; à la fin d'un mot ou d'une syllabe, il a le son de s. J se prononce comme y; w comme en allemand (comme ou fr. dans ouate), en glissant rapidement sur ou). Les voyelles sont longues ou brèves; outre cela, elles peuvent se doubler, ce qui amène un allongement du son. Ie, œ et eu ne sont pas des diphtongues, mais des voyelles longues : ie se prononce comme i dans machine; œ—ou dans doux; eu comme œu dans vœu. Les diphtongues se forment en plaçant, soit i, soit u, après les voyelles brèves ou longues : ai, aai, ei, ooi, ui, oei, au, eeu, ieu, ou. Ai ne se rencontre que dans l'interj. ai! — aïe! et se prononce comme aï dans bâiller; aai équivaut à a long suivi de y; ei à ei dans peigne; ooi à eau suivi de y; ui à eui dans feuille; au à aû en allemand; ou n'en diffère pas sensiblement; eeuw se prononce comme e long, suivi de w; ieu comme i long, suivi de w; y (composé originairement de ii) se prononce actuellement comme ei. On distingue trois genres : le masculin, le féminin et le neutre; quatre cas : nominatif, génitif, datif, accusatif. Il y a un art. défini (de) et un art. indéfini (een). Le pluriel des noms se forme généralement en ajoutant en au singulier, plus rarement s. La déclinaison est forte ou faible; mais cette différence ne se remarque qu'au génitif singulier qui se termine dans le premier cas en s, dans le second en en. Les adjectifs ont aussi une double déclinaison; la plupart des pronoms et des adjectifs pronominaux ont la déclinaison forte. Le comparatif se forme en ajoutant er (der après r) au positif; le superlatif en y ajoutant st (t après une sifflante). On emploie aussi dans des cas déterminés le circonlocution avec meer = plus et meest = le plus. Les principaux pronoms personnels sont : ik = je; wij = nous; gij = tu ou vous [la forme du (pron. dou) du singulier est hors d'usage; on la remplace tant bien que mal par jij]; hij = il, zij = elle, het = il ou elle, zij = ils ou elles. Les dix premiers nombres cardinaux sont : één, twee, drie, vier, vijf, zes, zeven, acht, negen, tien. Outre l'infinitif qui se termine en en, il y a, comme modes du verbe : l'indicatif, le subjonctif, le conditionnel et l'impératif; deux participes; et comme temps: le présent, l'imparfait, le passé indéfini, le plus-que-parfait, le futur, le futur-parfait et les passés de ces deux derniers temps. Les verbes auxiliaires sont au nombre de quatre : hebben = avoir, zijn en wezen = être; zullen = avoir (aux.) fait berninnen : j'aimerai — j'ai à aimer) et worden pour indiquer le passif. Les verbes transitifs se conjuguent ordinairement avec hebben; les intransitifs aussi; excepté lorsqu'ils marquent la transition d'un état à l'autre; alors ils se conjuguent avec zijn. De même que pour les substantifs et les adjectifs, on distingue deux sortes de conjugaisons, la forte, avec changement de voyelle à l'imparfait et au participe passé, qui se termine en en; la faible, qui forme l'imparfait, en ajoutant de ou te, le participe passé en ajoutant d ou t à la racine du verbe. Il y a des verbes irréguliers de l'une et l'autre conjugaison. Les prépositions régissent l'accusatif, sauf dans quelques expressions où elles ont gardé l'ancienne construction avec le datif et le génitif. Le hollandais forme des mots composés presque aussi facilement que l'alle-

mand; il en est de même pour les mots dérivés : les préfixes et les suffixes sont presque les mêmes que dans cette dernière langue. — ÉTUDE DE LA LANGUE. Celle-ci commence au XVIe siècle, lorsque le célèbre imprimeur Plantin édita un Thesaurus Teutonicæ linguæ (1573), suivi de l'Etymologicon Teut. linguæ de kiliaen (meilleure édition par v. Hasselt, 1777). Elle reçut une vigoureuse impulsion par la chambre de rhétorique, in Liefd blœgende d'Amsterdam, qui publia la Tiocespraeck van de Nederduitsche Letterconst, en 1584. Bien avant J. Grimm, l'instituteur L. ten Kate (1674-1732) jeta les fondements de l'étude comparée des langues germaniques par sa Aenleiaing tot de Kennisse van het verheven deel der Nederd. Spraecke. Après lui, vint B. Huyde Coper (1696-1778), justement renommé pour son édition de M. Stoke et sa Prave v. Tael en Dichtkunde, puis Moonen, Stijl, van der Palm, etc. Siegenbeck édita la première orthographe dans sa Spellingleer, de concert avec P. Weiland, l'auteur d'un Woordenbœk der Nederl. Taal. Bilderdijk écrivit plusieurs ouvrages sur la langue, dont les principaux sont : Verhandelingen over de Geslachten, Verklarende Geslachtslijst, Taal en Dichtkundige Verscheidenheden; ses opinions furent souvent combattues par Kinker. Dans le XIXe siècle, l'étude de la langue fit de grands progrès, grâce aux travaux de Lulofs, Brill, David, de Jager, Te Winkel, Verwijs, Costijn, Beckering Vinkers, v. Helten, le célèbre orientaliste Kern, Dozy, de Vries, le savant auteur du Nederlandsch Woordenboek (immense travail en train de paraître), Verdam et Franck, professeur à Heidelberg, dont le premier publie un Midd. Nederl. Woordenboek de grand mérite, et le second un Etymologisch Woordenboek. — LITTÉRATURE. Quoique la langue néerlandaise commence déjà au IXe siècle à différer essentiellement du bas allemand, on ne peut citer au xe siècle un écrit se distinguant assez nettement par son caractère néerlandais : les Wachtendoncksche Psalmen, traduction des Psaumes, qui a dû être faite dans le Limbourg ou sa frontière, la même province où nous rencontrons aussi les premières productions de la littérature néerlandaise au moyen âge (1170), l'Eneit et la sainte Servaes-Legende de Henri van Veldeke. Vers 1200 seulement on voit poindre les prémices du mouvement flamand. Celui-ci débute dans le genre romantique par des imitations et des traductions de modèles français, chansons de geste, roman du Renard, pour passer avec Maerlant et son école, v. Heelu, Melis Stoke, Boendaele, etc. au genre didactique et aborder enfin sous les auspices de l'Eglise (Mystères), le genre dramatique (Abele Spelen, Sotterniën, Spelen van Sinne), qui fut surtout cultivé par les Chambres de Rhétorique. Toutefois, sous ces dernières, langue et littérature étaient dans un état languissant lorsque la Renaissance vint y porter remède. Les écrivains ferment transition sont Anna Bijns (cath.) et Marnix de Sainte-Aldegonde (prot.), célèbres par leurs satires. Pendant la guerre pour l'indépendance, le mouvement littéraire passa des Flandres dans les Provinces-Unies. A Amsterdam, la Chambre de Rhétorique In Liefde bloeyend se distingua, entre toutes, grâce surtout à trois écrivains de grand talent : Coornhert (1522-1590), Spieghel (1549-1612) et Roemer Visscher (1547-1620). Ils furent les précurseurs de l'âge d'or de la littérature néerlandaise, le XVIIe siècle, illustré par J. Cats (1577-1660), poète didactique, dont le mérite toutefois n'égale pas la popularité; P.-C. Hooft (1584-1647), poète aussi distingué qu'historien célèbre; Constantin Huyghens (1596-1687) écrivain fécond et spirituel; S. Coster, poète et fondateur d'un cercle littéraire de Nederduytrche Academie. Bredero, le meilleur comique qu'ait produit la Hollande; J. Vos, Les *filles de R. Visscher (Anna et Marie)*, etc. Mais la plus grande gloire poétique du siècle fut *J. van den Vondel*, le prince des poètes (1581-1679), qui cultiva de préférence la tragédie; mais excella dans le genre lyrique et la satire. A l'exception de Cats, qui forma une école nombreuse d'imitateurs, tous ces écrivains appartiennent à ce qu'on a appelé depuis le *Muyder Kring*, cercle littéraire, ainsi nommé du lieu de résidence de *Hooft*, *bailli de Muyden*. Après eux l'on peut citer : *Starter* (1594-?) auteur du *Friescheluslhof*; *D. Heynsius* (1580-1655); *J. v. Zevecote* (1596-1642); *Slalpaert van der Wiele* (1579-1630); le jésuite *A. Poirters* (1606-'75), auteur du *Masker der Weerelt*; *Westerbaen* (1599-1649); *Jonctijs* (1906-1654); *J. van Heemskerck* (1597-1656), dont la *Batavische Arcadia*, espèce de roman, provoqua de nombreuses imitations; *J. de Decker* (1609-1666); *J. Oudaen* (1628-'92); *R. Anslo* (1626-'69), l'historien *G. Brandt* (1625-1685), *Vollenhove* (1631-1708) et surtout l'auteur du *Ystroom*, *Antonides van der Goes* (1647-1684), etc. Le XVIIIᵉ siècle marque une décadence de la Néerlande, tant dans la politique que dans la littérature. L'imitation des modèles français fut funeste à l'art néerlandais, qui s'attacha à en reproduire la forme plutôt que le fond. A la tête du mouvement, se plaça le Cercle littéraire *Nil Volentibus Arduum*, qui s'érigea en législateur du Parnasse et s'attaqua à tous les écrivains qui firent preuve d'originalité. Peu d'auteurs échappèrent à la contagion. Parmi eux, citons : *J. Luy Ken* (1649-1712), qui, dans sa *Duytsche Lier*, continua les traditions des grands maîtres. *L. Rotgans* (1654-1710), *L. Schermer* (1688-1711), *A. Alewijn* et *Langendijk* (1683-1756), le meilleur poète comique après Brodero, ne furent que des poètes de deuxième ou de troisième rang. Plus connu que *J.-B. Wellekens* (1658-1726) est le poète lyrique *H.-C. Poot* (1689-1733), surnommé « le poète fermier ». Le poème épique *Abraham de Aartsvader* de *A. Hoogvliet* fut surpassé par les productions des frères *W. v. Haren* (1710-1760) et *O.-Z. van Haren* (1711-1779) *Dirk Smits* (1703-1752), etc. Parmi les prosateurs se sont distingués: le spirituel auteur du *Nederlandsche Spectator*, *J.v. Effen*(1684-1735), *S. Stijl* (1731-1804), l'historien *Wagenaar* (1709-1773), et surtout les dames *E. Bocker-Wolf* (1738-1804) et *A. Deken* (1741-1804), qui écrivirent en commun plusieurs romans de grand mérite. Vers la fin du XVIIIᵉ siècle, sous l'influence des idées modernes, les lettres se relèvent : *v. Alphen* (1746-1803), *Bellamy* (1757-1786), auteur de chants patriotiques et populaire par sa romance *Roosje*; l'astronome *Nieuwland* (1764-1694) et le trop sentimental *R. Feith* (1753-1824) forment comme l'avant-garde de ce grand génie, qui dispute à *Vondel* la première place parmi les écrivains néerlandais, *W. Bilderdijk* (1756-1834). Parmi ses contemporains méritent une mention spéciale les poètes : *A. Borger* (1784-1820), *C. Loots*(1765-1834), *J.-F. Helmers* (1767-1813), un peu trop fêlé pour sa *Hollandsche Natie*; *Kinker* (1764-1845), *J. Immerzeel*, *Spandaw*, *J. v. Walré*, et d'une manière spéciale, *A.-C.-W. Staring* (1767-1840); les prosateurs *Fokke Simons* (1755-1842), qui anéantit le sentimentalisme par son *Moderne Helicon*; *van der Palm* (1761-1844), le plus célèbre orateur de la Hollande; le romancier *A. Loosjes*, etc. Ils furent tous surpassés par *H. Tollens*(1780-1856), qui acquit une grande popularité par ses ballades et romances, et *Is. da Costa* (1798-1860), le disciple de Bilderdijk et presque son émule. Depuis l'érection de la Belgique en royaume, les lettres néerlandaises, qui avaient sommeillé dans le pays flamand, ont pris un nouvel essor. Le promoteur en fut *J.-F. Willems* (1793-1846), et il se vit secondé dans ses efforts par des savants tels que : *Snellaert*, *David*, *Serrure*, *Blommaert*, *Heremans*. Les

principaux poètes flamands depuis cette époque sont : *P. van Duyse* (1804-1859), *Ledeganck* (1805-1847), *Th. v. Rysujijk* (1811-1849), *Dantzenberg* (1808-1869), *F. de Cort*, *J. Nolet*, *J. v. Beers*, *C. Hiel*, *Vuylsteke*, *P. de Mont*; Mˡˡᵉˢ R. et *V. Loveling*. En tête des prosateurs viennent *H. Conscience* (1812-1883), dont les romans, fidèles peintures des mœurs flamandes, sont connus du monde entier; *Dierx*, *Snieders*, *Ecrevisse*, *Max Rooses*, etc. Les écrivains des Pays-Bas proprement dits ne restèrent pas en arrière, témoins les poètes : *Withuys*, *van der Hoop*, *Bogaers* (1795-1870), *B. ter Haar* (1807), et les posateurs : *J. Geel* (1789-1862), *J. van Lennep* (1802-1868), dont les romans historiques ont acquis une grande popularité; *A. des Amoric*, *v. d. Hoeven*, *P. van Limburg Brouwer*, *v. Koetsveld*, *Oltmans*, etc. Parmi les auteurs plus récents il faut placer au premier rang les fondateurs du *Gids* (1837), la meilleure revue qui se publie encore actuellement : *Bakhuizen van den Brink*, *Potgieter*, *Heye*, et surtout *N. Beets*, qui a écrit, sous le pseudonyme de *Hildebrand* une série d'esquisses immortelles, intitulée *Camera obscura*; Mᵐᵉ *Bosboom-Toussaint*, dont les romans historiques surpassent ceux de *Schimmel* et de *L. Mulder*. Parmi les poètes, occupent un rang élevé : *Ten Kate*, *Alberdingh-Thijm*, également apprécié comme prosateur; *de Genestet*, dont la mort a été une grande perte pour la littérature; *de Bull*, *Hofdijk*, *Helvetius v. d. Bergh*, *Schaepman*, *Emants*, *Perk*, *v. Hall*, *Soera Rana*, *v. Lochem*, etc.; parmi les prosateurs : *Hasebroeck*, *Busken Huet*, critique et styliste distingué; *S. Gorter*, le général *Knoop*, *Vissering*, *R. Fruin*, historien éminent, *Jonckblaet* et *van Vloten*, connus par leurs travaux sur la littérature; *Kneppelhout*, les hommes d'Etal : *Thorbecke* et *Groen van Prinsterer*, *Opzoomer*, *Buys*, *M. P. Lindo*, *Douwes Dekker* (*Multatuli*), dont le roman *Max Havelaar* a eu un si grand retentissement; les nouvellistes *Cremer* et *Keller*, *Ten Brink*, *de Veer*, *Gram*, *Ising*, *v. Nievelt*, *Vosmaer*, *Smit Kleine*, Mˡˡᵉ *Opzoomer* (*Wallis*), etc. — SCIENCES. Le nombre des auteurs qui se sont acquis une grande renommée dans les sciences a été de tout temps fort grand dans les Pays-Bas. Déjà, aux XIVᵉ et XVᵉ siècles, les écoles de Deventer et de Zwolle produisaient des hommes tels que : *Geert Groote*, *Gansfoort*, *Agricola*, *Thomas à Kempis*. L'humaniste *Erasme*, de Rotterdam, est connu du monde entier. Les ouvrages géographiques de *Mercator* et *Ortelius* passent pour les meilleurs de leur temps. Au XVIIᵉ siècle nombre d'ouvrages classiques furent édités par *Heinsius*, *Vossius*, *Gronovius*, *Scaliger*. Imprimeurs: *Plantin*, *Elzévir*, *Salmasius*, *Burmannus*, etc. Parmi les historiens citons: *Hooft*, *Bor*, *v. Meteren*, *Aitzema*, *Brandt*; les auteurs de voyage : *van Linschoten* et *Schouten*, le cartographe *Blaeu*. Se sont distingués dans les sciences physiques et naturelles : *Chr. Huyghens*, *Simon Slevin*, *Witsen* et *Menno v. Coehoorn*, l'émule de Vauban; *s'Gravesande*, *Hartsœker*, *Lecuwenhoek*, *Swammerdam*; dans la philosophie, *Spinoza*; dans la médecine, *Tulp*; dans la jurisprudence, *Grotius*, *Bijnckershœck*, etc.; dans la théologie, *Arminius*, *Episcopius*, etc. Le XVIIIᵉ siècle fut moins fertile. Citons néanmoins: *Hemsterhuis*, *Boerhave*, *Musschenbroek*, *Ruhnkenius*, *Wyttenbach*. Le XIXᵉ siècle peut être à juste titre fier des hellénistes ou latinistes : *Peerlkump*, *v. Heusde*, *Bake*, *Coobet*; des orientalistes : *Roorda*, *Uylenbroek*, *Dory*, *de Goeje*, *Kuenen*, *Kern* (sanscrit), *Leemans*, *Pleyte*; du géologue *Staring*; des naturalistes : *Oudemans*, *Miquel*, *Suringar*, *Snellen*, *v. Vollenhoven*, *Schlegel*; du mathématicien *Bierens de Haan*; des astronomes : *Kaiser*, *Buys Ballot*; des géographes : *Veth*, *Kan*, *van der Lith*; des philosophes : *Sprugt* et *Opzoomer*; des juristes : *Meyer*, *Lipman*, *de Bosch Kemper*. *Diephuis*. *Vreede*; des théologiens :

Doedes, *v. Oosterzee*, *Hofstede*, *Scholten*. *Kuenen*, *Tiele*, etc., etc.   (EYMAEL.)

PAZZI (Conspiration des) [pât'-zi]. Voy. MÉDICIS.

PÉ (Saint), ch.-l. de cant., arr. et à 22 kil. N.-O. d'Argelès (Hautes-Pyrénées), sur le gave de Pau; 2,200 hab. Ancien monastère bénédictin. Fabriques de mouchoirs.

PEABODY [pi'-bo-dé], ville de Massachusetts, près de Salem; pop., 8,066 hab. Fabriques de cuir et de maroquin; manufactures de colle, blanchisserie, etc.

PEACE RIVER [pi-se-ri'-veur] (*Rivière de la Paix*), cours d'eau qui prend naissance dans la Colombie anglaise, par 55ᵉ lat. N. environ; il coule d'abord au N., puis se fraye un lit à travers les montagnes Rocheuses, au N.-E. jusqu'au lac Athabasca. Sa longueur est d'environ 1,000 kil.

* PÉAGE s. m. (rad. lat. *pedaticum*; de *pedes*, pied). Droit qui se lève sur les personnes, les animaux, les marchandises, pour leur passage sur un chemin, sur un pont, sur une rivière, etc. : *cela ne doit point de péage*. — Lieu où l'on paye le droit de passage : *il faut arrêter au péage*.

* PÉAGER s. m. Celui qui reçoit le péage. — ◦ Au fém. PÉAGÈRE.

PÉAN ou **Pæan** s. m. Hymne joyeux en l'honneur d'Apollon ou de Diane; il était destiné à remercier la divinité d'avoir écarté quelque fléau. On chantait également un *péan* en l'honneur de Mars, avant d'engager une bataille. On donnait également ce surnom à la Mort, pour la remercier de délivrer les mortels des maux d'ici-bas.

PEARCE (Zachary) [pir-se], prélat anglais, né en 1690, mort en 1774. En 1739, il fut fait doyen de Winchester; en 1748, évêque de Bangor, et en 1756, évêque de Rochester. Il a publié *An Account of Trinity College Cambridge*, et *The Miracles of Jesus vindicated*. Son principal ouvrage a pour titre : *A Commentary, with Notes, on the Four Evangelists and the Acts*.

PEARL RIVER [peurl'-ri'-veur] (*Rivière de la Perle*), cours d'eau qui prend naissance dans le comté de Winston, état du Mississipi (Etats-Unis), et coule au S., servant de limite entre la Louisiane et le Mississipi, au S. du 31ᵉ parallèle; il se jette dans le golfe de Mexique en traversant le lac Borgne. Il a plus de 300 kil. de long.

* PEAU s. f. [pô] (lat. *pellis*). Membrane qui enveloppe et couvre extérieurement toutes les parties du corps de l'homme et des animaux: *la peau de l'homme*. — Fam. Parties de la peau qui sont flasques et pendantes : *il a de grandes peaux qui lui pendent au menton*. — MALADIES DE PEAU, OU DE LA PEAU, celles qui altèrent la peau : *le soufre est employé avec succès dans les maladies de la peau*. — LES OS LUI PERCENT LA PEAU, IL N'A QUE LA PEAU ET LES OS, IL A LA PEAU COLLÉE SUR LES OS, se dit d'un homme ou d'un animal fort maigre. — IL EST GRAS À PLEINE PEAU, se dit d'un homme ou d'un animal extrêmement gras. — IL CRÈVE DANS SA PEAU, il est gras à pleine peau, à ne plus tenir dans ses habits. Cela se dit aussi d'un homme qui a quelque grand dépit qu'il s'efforce de renfermer en lui-même. — IL NE SAURAIT DURER DANS SA PEAU, se dit d'un homme inquiet, agité, tourmenté par quelque désir. — VOUS AUREZ BEAU FAIRE, IL NE CHANGERA JAMAIS DE PEAU, IL MOURRA DANS SA PEAU, il ne changera point de mœurs, il ne se corrigera point. On dit, dans le même sens, IL MOURRA DE HAAN; DANS SA PEAU D'UN INSOLENT, D'UN EFFRONTÉ, D'UN FAT, etc. — DANS SA PEAU MOURRA LE RENARD, se dit en parlant d'un homme rusé, et pour faire entendre qu'il ne se corrigera pas. On dit de même. en parlant d'un méchant homme. LE LOUP MOURRA DANS SA PEAU. — JE NE VOUDRAIS PAS ÊTRE DANS SA PEAU, je ne voudrais pas être à sa place, dans la position fâcheuse ou périlleuse où il se trouve.— LA PEAU LUI DÉMANGE, se dit d'une personne qui, sans aucune nécessité, s'expose à se faire battre. — Simple épiderme de la première peau : *cette femme s'est servie d'une drogue qui lui a enlevé la peau.*— Fig. et fam. Personne même dont on parle. FAIRE BON MARCHÉ DE SA PEAU, prodiguer sa vie, s'exposer au danger, aux coups, sans nécessité. CRAINDRE POUR SA PEAU, AVOIR PEUR POUR SA PEAU, MÉNAGER SA PEAU, craindre les coups, le danger, éviter de s'y exposer. AVOIR SOIN DE SA PEAU, se dorloter, avoir soin de sa personne. VENDRE BIEN CHER SA PEAU, se bien défendre contre ceux par qui l'on est attaqué. JE NE VEUX POINT ME CHARGER DE VOTRE PEAU, je ne veux point me charger de vous, je ne veux point avoir l'embarras de vous mener. Ce dernier exemple est populaire. — Dépouille de l'animal, sa peau séparée de son corps : *une peau d'ours, de renard, de tigre, de loutre, de lapin, de mouton, de veau, de bouc,* etc. — PEAU DE VÉLIN, peau de veau préparée pour la reliure ou pour l'impression : *un exemplaire imprimé sur peau de vélin.* — PEAU CRUE OU VERTE, peau qui n'a point encore reçu de préparation. — PEAU DE BON APPRÊT, peau facile à préparer. — PEAU DU RENARD AVEC CELLE DU LION, joindre la finesse à la force. — IL NE FAUT PAS VENDRE LA PEAU DE L'OURS AVANT DE L'AVOIR PRIS, AVANT DE L'AVOIR MIS PAR TERRE, il ne faut pas disposer d'une chose avant de la posséder; il ne faut pas se flatter trop tôt d'un succès incertain. — CONTES DE PEAU D'ANE, par allusion à un vieux conte dont l'héroïne s'appelle PEAU D'ANE, petits contes inventés pour l'amusement des enfants. — Parchemin : *greffer à peau ou à la peau.* (Vieux.) — Parties tendineuses et coriaces qui se trouvent dans la viande : *vous avez cru me donner de la viande, ce n'est rien qu'une peau.* — Enveloppe qui couvre les fruits, les amandes des noyaux, les oignons, etc. : *la peau des pêches, des fruits à noyau, est fort déliée.* — Espèce de croûte plus ou moins déliée qui se forme sur les substances liquides ou onctueuses, par l'épaississement qui résulte de l'évaporation : *il se forme une peau sur le lait bouilli, sur l'encre, sur les confitures, sur le fromage,* etc. — La peau est une membrane épaisse qui forme l'enveloppe générale du corps des animaux, pour protéger les parties internes contre les violences extérieures, et qui se prête, en raison de son élasticité, à tous les mouvements; de plus, elle agit comme organe du toucher et comme organe excrétoire et absorbant. Elle se compose, chez l'homme, de deux couches principales superposées : 4° le *derme,* couche la plus épaisse de la peau, formant un lacis libreux de lamelles entre-croisées et présentant des orifices nombreux pour le passage des petits vaisseaux et des nerfs qui forment les papilles (voy. DERME) : il contient en outre les glandes sudorifères et les glandes sébacées; 2° l'*épiderme,* couche superficielle très mince, qui est comme une gaze jetée sur le corps papillaire. (Voy. ÉPIDERME.) La peau repose sur une couche de tissus aréolaires sous-cutanés; dans son intérieur et au-dessous d'elle, se trouvent les glandes sudorifiques. De sa partie supérieure, s'élèvent les papilles sensitives, très petites élévations coniques, plus nombreuses sous la paume de la main et sous la plante des pieds, ainsi que sous les doigts, arrangées en lignes parallèles et courbes. Ces papilles sont abondamment fournies de sang. Les glandes sébacées et sudorifiques sont dispersées sur tout le corps, mais elles sont surtout nombreuses là où les papilles font défaut. Les glandes sébacées manquent absolument sous la paume des mains et sous les plantes des pieds. L'aéra-

tion du sang a lieu, jusqu'à un certain point, à travers la peau. Les maladies de la peau peuvent se diviser en 8 groupes :

1° LES EXANTHÈMES		rougeole scarlatine érythème éry ipéle roséole urticaire
2° LES BULLES OU PHLYCTÈNES		pemphigus rupia
3° LES VÉSICULES		herpès eczéma gale
4° LES PUSTULES		acné impétigo teigne ecthyma
5° LES PAPULES		lichen prurigo
6° LES SQUAMES		psoriasis pityriasis
7° LES TUBERCULES		lupus éléphantiasis
8° LES MACULES		éphélides

PÉAUCIER adj. m. Anat. Se dit d'un muscle très mince quoique large, situé sur les parties antérieures et latérales du cou.

* **PÉAUSSERIE** s. f. Commerce, marchandise de peaux : *la péausserie est un commerce considérable en France.*

* **PÉAUSSIER** s. m. Artisan qui prépare les peaux, pour en faire des cuirs propres à certains usages, comme gants, bourses, reliures de livres, etc. — Anat. MUSCLE PÉAUSSIER, muscle qui adhère à la peau, et qui, dans plusieurs animaux, sert à la remuer. Dans cette locution, PÉAUSSIER est adjectif.

* **PÉAUTRE** s. m. Vieux mot qui n'est plus usité que dans cette phrase populaire, ENVOYER QUELQU'UN AU PÉAUTRE OU AUX PÉAUTRES, le brusquer pour le congédier, le chasser.

PEAUX-ROUGES, nom générique sous lequel les Français désignèrent toutes les tribus indiennes disséminées sur le bassin du Mississippi; mais les Peaux-Rouges n'ont jamais formé une nation particulière.

* **PÉBRINE** s. f. (prov. *pebré,* poivre). Sorte de maladie épidémique du ver à soie.

* **PEC** adj. m. [pèk] (all. *pækel;* holl. *pekel*). N'est usité que dans cette expression, HARENG PEC, hareng en caque fraîchement salé : *manger un hareng pec.*

PÉCARI s. m. Genre de pachydermes particulier à l'Amérique. Le pécari à collier ou *porc mexicain* (*dicotyles torquatus,* F. Cuv.) mesure environ 3 pieds 1/2 du groin à la racine de la queue, chez le mâle du moins, car la femelle est un peu plus petite. Il est

Pécari (Dicotyles torquatus).

plus court, mais plus ramassé que le porc domestique; le poil est blanc et noir, assez long, moins gros à l'extrémité. Le pécari fait sa nourriture de noix, de fruits, de graines, de racines, et de toute chose vivante qu'il trouve sur le sol, ou dessous; il est omnivore, bien

que moins carnivore que le porc domestique. Sa chair est blanche et tendre, plus semblable à celle du lièvre qu'à celle du porc, et a très peu de graisse. Les pécaris vivent dans des troncs d'arbre, sous le sol ou dans toute cavité qui peut leur offrir un abri. Ils se montrent souvent très hardis, et attaquent l'homme sans être provoqués. Pris jeunes, ils s'apprivoisent aisément. On trouve cette espèce au Mexique et aux États-Unis, jusqu'à la rivière Rouge (*Red River*), dans l'Arkansas, par 31° de lat., et probablement à l'O. jusqu'en Californie; dans l'Amérique du Sud, on le rencontre jusqu'au 27° degré de lat. S., dans le Parag ay.

PECCABILITÉ s. f. [pèk-ka-] (lat. *peccabilitas;* de *peccare,* pécher). État d'un être peccable.

* **PECCABLE** adj. [pèk-ka-] (lat. *peccabilis*). Qui est capable de pécher : *tout homme est peccable.*

* **PECCADILLE** s. f. [pè-ka-, *ll* mll.] (rad. lat. *peccatum,* péché). Petit péché, faute légère : *sa conscience s'alarme de la moindre peccadille.* Ne se dit guère qu'en plaisanterie.

* **PECCANT, ANTE** adj. [pèk-kan] (lat. *peccans*). Qui pèche. Il était d'usage autrefois dans cette phrase de médecine, HUMEUR PECCANTE, humeur qui pèche en quantité ou en qualité : *évacuer, corriger l'humeur peccante, les humeurs peccantes.*

* **PECCATA** s. m. [pèk-ka-] (pl. du lat. *peccatum,* péché). Terme populaire par lequel on désigne un âne, dans les combats publics d'animaux. — Fig. Homme stupide, sot : *c'est un peccata.*

* **PECCAVI** s. m. [pèk-ka-] (mot lat. qui signifie : *J'ai péché*). Aveu qu'un pécheur fait de sa faute devant Dieu, et regret qu'il en a. Il n'est usité que dans cette locution familière, UN BON PECCAVI, une bonne contrition, un véritable repentir de ses péchés : *il ne faut à la mort qu'un bon peccavi, pour être sauvé.*

* **PÊCHE** s. f. (lat. *persicum,* sous-ent. *malum,* fruit de la Perse). Gros fruit à noyau, qui a beaucoup d'eau, et qui est d'un goût excellent : *la pêche rivalise avec la poire, et beaucoup la considèrent comme la reine des*

Pêche.

fruits de dessert; elle plaît au regard, au toucher, à l'odorat, au goût, c'est-à-dire aux quatre principaux sens de l'amateur. — UN MATELAS, UN COUSSIN REMBOURRÉ DE NOYAUX DE PÊCHES, un matelas, un coussin fort dur.

* **PÊCHE** s. f. (rad. *pêcher*). Art, exercice, action de pêcher : *cet homme entend bien la pêche, est adroit à la pêche.* — Droit de pêcher. AVOIR LA PÊCHE D'UNE RIVIÈRE, avoir seul le droit d'y pêcher; et, AFFERMER LA PÊCHE

D'UNE RIVIÈRE, affermer le droit d'y pêcher. — Poisson qu'on a pêché ou même celui qu'on pêchera : *combien voulez-vous vendre votre pêche ?* — PÊCHE MIRACULEUSE, celle que firent les disciples de Jésus-Christ sur son invitation. — Se dit encore en parlant des perles et du corail, qu'on prend dans certaines mers : *la pêche des perles.* — Marchandises qu'on retire de l'eau lorsqu'un navire a fait naufrage : *la pêche du débris d'un vaisseau.* — L'exploitation des richesses de la mer alimente, en France, de nombreuses industries, et il serait difficile de donner une statistique exacte du nombre de nos concitoyens qui vivent de ses produits. Les bureaux de l'inscription maritime réunissent chaque année tous les documents nécessaires pour suivre le mouvement de la population qui s'adonne à la pêche et les résultats de son exploitation. On a ainsi une idée de l'importance de cette grande industrie ; mais, à côté de ce que nous appellerons ses résultats directs, il serait intéressant de savoir à combien d'âmes s'élève la masse des gens qui en vivent indirectement, et nous ne croyons pas nous tromper en l'estimant à plus d'un demi-million d'habitants. Les seules familles de pêcheurs forment un total de plus de 200,000 âmes ; à ce nombre il faut ajouter les ouvriers qui participent à la construction des bateaux et des engins de pêche : charpentiers, ferrerons, voiliers, cordiers, etc., etc., et les nombreux intermédiaires, entre le pêcheur et le consommateur, celui-ci répandu aujourd'hui, grâce aux voies ferrées sur toute la surface du territoire.—En 1883, la pêche a fait vivre directement 83,572 marins pêcheurs en bateau et 52,994 personnes, hommes, femmes et enfants qui ont pratiqué la pêche à pied sur les grèves ; ces chiffres sont un peu inférieurs à ceux de l'année précédente, mais la valeur des captures montre une augmentation de 14,263,920 francs et s'est élevée à 107,226,921 francs en 1883. — Plus de produits se distribuant sur moins de têtes, l'année a donc été prospère, mais il y a une ombre à ce tableau, l'hiver a été tempétueux, la mer a englouti 563 pêcheurs laissant 271 veuves et 525 orphelins. Les pêcheurs vivent souvent au jour le jour et la mort du chef de famille plonge les siens dans la plus profonde des misères. L'Etat les aide dans une petite mesure, c'est la charité privée qui fait le reste. — Ce sont nos pêcheurs des quartiers entre Dunkerque et Nantes qui ont le plus profité de l'abondance du poisson : la morue en Islande et à Terre-Neuve, le hareng sur nos côtes et dans la mer du Nord, la sardine sur le littoral breton. Le nombre des sardines a plus que doublé ; on en a capturé 1,143,375,470 (chiffre officiel) en 1883. L'année précédente, on avait à peine dépassé 512 millions. — Voici quelques chiffres intéressants qui donneront une faible idée de la puissance de reproduction du poisson, car nous sommes loin de tenir le tête dans l'industrie de la pêche. — En 1883, nos pêcheurs ont pris 34 millions de kilog. de morue, 36 millions de kilog. de harengs, plus de 6 millions de kilog. de maquereaux, plus d'un milliard de sardines, 157 millions et demi d'huitres. — La moule n'a pas donné : elle figure pour 578 millions d'*hectol.* en diminution sur l'année précédente de 343 millions. Crustacés, crevettes figurent pour des millions de kilog. La moule seule et les coquillages divers n'ont pas réussi. — Veut-on savoir le nombre de bateaux et d'hommes employés à chaque genre de grande pêche : à Terre-Neuve, à la pêche dans les baies et sur le grand banc, 160 navires, jaugeant 23,292 tonneaux, montés par 6,099 hommes ; en Islande, où l'on ne pratique que la pêche sur lignes, 236 navires jaugeant 23,739 tonneaux, montés par 4,148 hommes. La pêche côtière a employé 72,167

hommes et 21,866 bateaux. — Dans les évaluations de l'administration, la valeur du poisson frais qui a paru aux criées du littoral a été, en 1883, un peu supérieure à 35 millions de francs. — En Algérie, la pêche a employé 4,960 marins, 44 de plus qu'en 1882. Ils ont été moins heureux cependant que les pêcheurs français, car les produits de leurs prises ont diminué de 233,699 francs. Ils se sont élevés à la somme de 3,829,248 francs. Le pêcheur algérien ne pratique pas la grande pêche : il reste sur le littoral. Les espèces principales que l'on y rencontre sont : la sardine, le thon, la bonite, l'allache, l'anchois. Peu d'huitres, pas de moules et peu de crustacés. — Le corail qui se récolte dans les parages de la Calle n'a pas donné de bons résultats en 1883 ; les bancs semblent appauvris : au lieu de 19,702 kilog. en 1882 on n'en a pris que 13,194 kilog. en 1883. D'autre part, un banc qui a été découvert sur la côte de Sicile a attiré de nombreux coralleurs napolitains qui exploitaient la côte algérienne. Nos bancs, moins tourmentés, ont ainsi des chances de se repeupler. — Législ. « D'après les lois romaines, les fleuves et les ports étaient publics et chacun avait le droit d'y pêcher. En France, sous l'ancien régime, la pêche appartenait exclusivement aux seigneurs, sauf dans les rivières navigables où elle fut réservée au roi par l'ordonnance de 1669 sur les eaux et forêts. La pêche en mer ou sur les grèves était permise à tous ; mais des règlements fixaient les époques pendant lesquelles il était interdit de pêcher. La *pêche fluviale*, affranchie des privilèges féodaux, en 1789, fut déclarée libre par la loi du 8 frimaire an II ; elle fut réglementée en l'an VI, et la loi du 14 floréal an X rendit au domaine de l'Etat le droit exclusif de concéder la pêche dans les fleuves, rivières et canaux navigables ou flottables ; le même droit existe pour les bras et fossés dépendant des rivières navigables et dont l'entretien est à la charge de l'Etat. Néanmoins, il est permis à tout individu de pêcher à la ligne flottante tenue *à la main*, dans ces fleuves, rivières, canaux et fossés, aux époques pendant lesquelles la pêche est autorisée. Le droit de pêcher par d'autres moyens dans les rivières navigables ou flottables est exploité pour le compte de l'Etat, au moyen de l'adjudication publique des cantonnements de pêche, soit au moyen de licences personnelles accordées en location. En ce qui concerne les rivières non navigables ou flottables, le droit de pêche a été transporté aux propriétaires riverains par le décret de l'Assemblée nationale du 4 août 1789 ; et chacun d'eux a la faculté de pêcher sur son bord jusqu'au milieu de la rivière. La pêche fluviale est réglementée par les lois du 15 avril 1829, du 6 juin 1840, du 31 mai 1865, par un grand nombre d'ordonnances des préfectures, ainsi que par des arrêtés préfectoraux contenant des prescriptions temporaires et locales et qui doivent être approuvées par le ministre des travaux publics. Ces arrêtés ne sont valables que pour une année. La pêche n'est permise que depuis le lever jusqu'au coucher du soleil ; elle ne peut avoir lieu aux heures de la nuit, sans une autorisation donnée par le préfet. La pêche est interdite par la loi, savoir : 1° du 20 oct. au 31 janv., pour le saumon, la truite et l'ombre-chevalier ; 2° du 15 nov. au 31 déc., pour le lavaret ; 3° du 15 avril au 15 juin, pour tous les autres poissons et pour l'écrevisse. Ces interdictions peuvent être prolongées par des arrêtés préfectoraux. Les mailles des filets doivent avoir des dimensions fixées par les règlements pour chaque genre de pêche, et les poissons qui n'atteignent pas un minimum de longueur déterminée pour chaque espèce doivent être rejetés (Décr. du 10 août 1875 et 18 mai 1878). Ces dispositions ne sont pas applicables à la

pêche dans les étangs ou réservoirs particuliers. La police et la surveillance de la pêche fluviale sont exercées par des gardes-pêche, qui dépendent de l'administration des ponts et chaussées ; et les infractions peuvent être également constatées par les gardes champêtres, les divers officiers de police judiciaire, les agents des domaines, les employés des contributions indirectes et des octrois, les éclusiers, etc. Les peines consistent dans la confiscation des engins, dans des amendes qui peuvent s'élever de 20 à 300 fr. et dans l'emprisonnement pour une durée de dix jours à un mois. — La *pêche maritime* est celle qui a lieu en mer ou sur les grèves, ainsi que dans les parties de rivières où la marée se fait sentir et qui sont désignées dans le tableau annexé au décret du 4 juillet 1853. Cette pêche est réservée aux marins portés sur les rôles de l'inscription maritime. On distingue la *pêche côtière* de la *grande pêche*. La première s'exerce à peu de distance des côtes de France : elle comprend la pêche du hareng, la pêche du maquereau, la pêche des huitres, etc. La grande pêche comprend la pêche de la baleine, du cachalot et du phoque, et la pêche de la morue. Des primes d'armement sont allouées par l'Etat pour l'encouragement de la grande pêche. (Voy. ARMEMENT.)   (CH. Y.)

* **PÉCHÉ** s. m. (lat. *peccatum*). Transgression volontaire de la loi divine ou religieuse : *la désobéissance a été le péché du premier homme.*

> Il s'impute à péché la moindre bagatelle.
> *Tartufe*, acte 1er, sc. v.

— LAID COMME LE PÉCHÉ, très laid. — ILS SE SONT DIT LES SEPT PÉCHÉS MORTELS, ils se sont dit l'un à l'autre les plus grandes injures. IL A DIT DE CETTE FEMME LES SEPT PÉCHÉS MORTELS, il en a dit tout le mal possible. — PÉCHÉ MIGNON, mauvaise habitude à laquelle on est sujet, et dont on ne veut pas se défaire : *la paresse est son péché mignon.* — PÉCHÉ CACHÉ EST À DEMI PARDONNÉ, quand on a soin d'éviter le scandale, le mal est à moitié moindre. — METTRE QUELQU'UN, METTRE QUELQUE CHOSE AU RANG DES PÉCHÉS OUBLIÉS, ne plus s'en soucier, ne vouloir plus y songer. — CE N'EST PAS UN GRAND PÉCHÉ, CE N'EST PAS UN PÉCHÉ IRRÉMISSIBLE, se dit lorsqu'on veut diminuer quelqu'une des fautes légères qui regardent le commerce de la vie. — A TOUT PÉCHÉ MISÉRICORDE, signifie tantôt, il faut avoir de l'indulgence ; tantôt, espérez votre pardon. — RECHERCHER LES VIEUX PÉCHÉS DE QUELQU'UN, rechercher sa vie passée, à dessein de lui nuire.

* **PÉCHER** v. n. (lat. *peccare*). Transgresser la loi divine ou religieuse : *pécher mortellement ; pécher véniellement.*

> Le scandale du monde est ce qui fait l'offense !
> Et ce n'est pas pécher que pécher en silence.
> MOLIÈRE. *Tartufe*, acte IV, sc. IV.

— PROV. QUI PERD PÉCHÉ, celui qui éprouve quelque dommage est exposé à passer les bornes de la justice et de la modération. — Faillir contre quelque règle de morale : *pécher contre l'honneur ; pécher contre la bienséance.* — Par ext. Faillir contre quelque règle que ce soit : *vous avez péché contre les règles de l'art.* — Mal-user d'une bonne qualité ou d'une bonne intention, la porter trop loin, en avoir l'excès : *il a péché par trop de précaution, par trop de zèle.* — CE N'EST PAS PAR LÀ QU'IL PÈCHE, ce n'est pas là son défaut : *vous ne diriez pas qu'il manque d'esprit, de prudence ; ce n'est pas par là qu'il pèche.* — CE VIN PÈCHE EN COULEUR, PAR LA COULEUR, il n'a pas la couleur qu'il devrait avoir naturellement, ou il est naturellement un peu louche

* **PÊCHER** v. a. (lat. *piscari* ; de *piscis*, poisson). Prendre du poisson avec des filets, ou autrement : *pêcher une anguille, un brochet,* une carpe; et absol. *Pêcher à la ligne, au filet,* etc. — PÊCHER UN ÉTANG, pêcher tout le poisson d'un étang : *on pêche les étangs de trois en trois ans.* — TOUJOURS PÊCHE QUI EN PRENDUN, ce n'est pas perdre tout à fait son temps que de faire un petit gain. — Prov. et fig. PÊCHER EN EAU TROUBLE, se prévaloir du désordre des affaires publiques ou particulières, pour en tirer son profit, son avantage : *il y a des gens qui, durant les désordres d'un État, ne songent qu'à pêcher en eau trouble.* — Fig., fam. et par une espèce de mépris, OU AVEZ-VOUS PÊCHÉ CELA? OU ÊTES-VOUS ALLÉ PÊCHER CELA? où avez-vous pris, où avez-vous trouvé cela? On dit aussi : OU AVEZ-VOUS PÊCHÉ CETTE NOUVELLE? OU PÊCHE-T-IL CE QU'IL DIT? On dit de même, OU ÊTES-VOUS ALLÉ PÊCHER CET HOMME-LA? Qui vous a suggéré un pareil choix? — PÊCHER AU PLAT, prendre dans le plat ce qu'on veut. — Se dit aussi en parlant de tout ce qu'on tire de l'eau : *pêcher des perles, du corail; pêcher du bois qui est emporté par le courant de l'eau.*

* **PÊCHER** s. m. (rad. *pêche*). Bot. Genre de rosacées amygdalées, voisin des amandiers et dont l'espèce type, originaire de la Perse, produit le fruit appelé pêche. — ENCYCL. Le pêcher (*persica vulgaris*, ou *amygdalus persica*) est un arbrisseau ou un arbre peu élevé, à feuilles elliptiques, lancéolées, dentées, à fleurs d'un rose vif, à fruits dont la drupe globuleuse est succulent et dont le noyau est très rugueux. L'introduction du pêcher en

Pêcher (Amygdalus Persica).

Europe remonte au règne de l'empereur Claude. Il a produit, au moyen de semis, plus de 200 variétés, qui peuvent être subdivisées en 4 groupes, savoir : 1° *pêche proprement dite,* à peau duveteuse, à chair fondante, se détachant du noyau; 2° *pavie* ou *persèque,* à peau duveteuse, à chair ferme, adhérente au noyau; 3° *nectarine* ou *pêche lisse,* à chair fondante, quittant le noyau; 4° *brugnon,* à peau lisse, à chair adhérente au noyau. — COULEUR DE FLEUR DE PÊCHER, sorte de couleur de chair, à peu près semblable à celle des fleurs de pêcher.

* **PÊCHERESSE** s. f. (rad. *pécher*). Une femme qui pèche : *la pêcheresse de l'Evangile.*

* **PÊCHERIE** s. f. Lieu où l'on a coutume de pêcher, ou qui est préparé pour une pêche.

PÊCHETTES s. f. pl. Petits filets pour prendre des écrevisses.

* **PÊCHEUR, CHERESSE** s. Celui, celle qui commet des péchés, qui est sujet au péché, qui est enclin au péché, qui est dans l'habitude du péché : *tout homme est pécheur.* — Fam. VIEUX PÊCHEUR, vieux débauché. — Prov. et fig. DIEU NE VEUT PAS LA MORT DU PÉCHEUR, il ne faut pas être inexorable. — Adj. *La femme pécheresse de l'Evangile.*

* **PÊCHEUR** s. m. Celui qui fait métier et profession de pêcher, ou qui a le goût et l'habitude de la pêche : *les filets d'un pêcheur.* — L'ANNEAU DU PÊCHEUR, le sceau qui est apposé à certaines expéditions de la cour de Rome : *des brefs donnés sous l'anneau du pêcheur.* — MARTIN-PÊCHEUR, MARTINET-PÊCHEUR, oiseau de l'ordre des passereaux, espèce d'alcyon, qui se tient ordinairement le long des rivières, et qui y plonge pour prendre des petits poissons.

PÉCHYAGRE s. f. [-ki-a-] (gr. *pêchus,* coude). Goutte fixée au coude.

* **PÉCORE** s. f. (rad. lat. *pecus,* bête). Animal, bête :

> La chétive *pécore*
> S'enfla si bien qu'elle creva.
> LA FONTAINE.

Ce sens est peu usité. — S'emploie plus ordinairement au fig., comme terme injurieux, pour signifier, une personne stupide : C'EST UNE GROSSE PÉCORE, UNE VRAIE PÉCORE. (Fam.)

* **PECQUE** s. f. (lat. *pecus,* troupeau de bêtes). Femme sotte et impertinente, qui fait l'entendue : *c'est une pecque.* (Fam. et peu us.)

PECQUET (Jean) [pé-ké], anatomiste français, né vers 1620, mort en 1674. Il était encore étudiant lorsqu'il fit la découverte anatomique la plus importante de sa vie, à savoir le véritable cours des vaisseaux lactés, ce qui contribua beaucoup, dit-on, à faire accepter la doctrine de Harvey sur la circulation du sang. Il habita surtout Paris, et fut un des premiers membres de l'Académie des sciences. Ses principaux ouvrages sont : *Experimenta nova anatomica, De Circulatione sanguinis et chyli motu,* et *De Thoracicis lacteis.*

PECTATE s. m. Chim. Sel produit par la combinaison de l'acide pectique avec une base.

PECTINE s. f. Chim. Principe particulier qui existe dans un grand nombre de fruits.

PECTINÉ, ÉE adj. Qui est en forme de peigne.

PECTINIBRANCHE adj. [pék-tenn] (lat. *pecten,* peigne; fr. *branchies*). Zool. Qui a les branchies en forme de peigne.

PECTIQUE adj. Chim. Se dit d'un acide qui se produit par l'action de la pectine sur la potasse.

* **PECTORAL, ALE, AUX** adj. (lat. *pectoralis;* de *pectus,* poitrine). Qui concerne la poitrine. Se dit particul. des remèdes propres aux maladies de la poitrine, des poumons : *julep, sirop pectoral.* — Se dit aussi de la poitrine : *ce vin léger est pectoral.* — CROIX PECTORALE, celle que les évêques portent sur la poitrine, pour marque de leurs fonctions. — Anat. LES MUSCLES PECTORAUX, ou substantiv. LES PECTORAUX, muscles qui s'attachent à la poitrine. On dit aussi substantiv. LE GRAND PECTORAL, LE PETIT PECTORAL. — TISANE DE FRUITS PECTORAUX, tisane employée dans les affections de poitrine. On l'obtient en faisant bouillir à petit feu pendant 2 heures, 30 gr. de dattes, 30 gr. de jujubes et 40 gr. de gomme adraganthe dans un litre d'eau; on sucre à volonté.

* **PECTORAL, AUX** s. m. Ornement garni de pierres précieuses que le grand prêtre des Juifs portait sur la poitrine.

PECTORILOQUE adj. (rad. *pectus,* poitrine; *loqui,* parler). Qui a rapport à la pectoriloquie.

PECTORILOQUIE s. f. [-kì] (lat. *pectus, pectoris,* poitrine; *loqui,* parler). Nom donné par Laënnec au phénomène que l'on perçoit au moyen du stéthoscope, lorsque l'on applique cet instrument sur la poitrine de personnes atteintes de la tuberculisation du poumon : la voix du malade semble sortir directement des parois du thorax et arriver à l'oreille en traversant le conduit dont le stéthoscope est percé. La pectoriloquie chevrotante reçoit le nom d'*égophonie.*

PECTUS EST QUOD DISERTUM FACIT, expression latine qui signifie : *C'est le cœur qui rend l'homme éloquent*

* **PÉCULAT** s. m. (lat. *peculatus*). Vol des deniers publics, fait par ceux qui en ont le maniement et l'administration : *être accusé de péculat.* — Législ. « Dans l'ancien droit français, le *péculat,* ou détournement quelconque des deniers publics par les fonctionnaires, était considéré comme un crime. Les coupables étaient, selon les circonstances, condamnés soit à mort, soit aux galères ou au bannissement perpétuel avec confiscation de leurs biens, soit seulement à des restitutions envers le roi et à des amendes. Le péculat différait de la *concussion,* en ce que celle-ci était le crime commis par un magistrat ou un fonctionnaire qui se laissait corrompre par des présents. La peine infligée aux concussionnaires était plus ou moins forte, selon les circonstances. (Pour la législation actuelle, voy. CONCUSSION.) » (CH. Y.)

* **PÉCULE** s. m. (lat. *peculium;* de *pecunia,* argent). Ce qu'un esclave amassait par ses épargnes et qui lui servait à racheter sa liberté. — Ce qu'une personne en puissance d'autrui acquiert par son industrie, par son travail et par son épargne, et dont il lui est permis de disposer : *il a disposé de son pécule à l'insu de ses parents.* — Législ. « Chez les Romains, on donnait le nom de pécule au patrimoine personnel dont un fils pouvait disposer. On distinguait quatre sortes de pécules : 1° le pécule *castrense,* qui avait été acquis par le fils, soit à la guerre, soit dans les emplois militaires; 2° le pécule *quasi castrense,* acquis dans des professions libérales ou attaché à des dignités ecclésiastiques; 3° le pécule *profectice,* donné au fils par son père ou en considération de ce dernier; 4° le pécule *adventice* qui était le produit du travail personnel du fils ou qui lui était advenu fortuitement. Le père n'avait aucun droit sur les deux premiers pécules; il avait seulement l'usufruit du troisième, et des droits restreints sur le quatrième. Cette législation fut appliquée en France, dans les pays de droit écrit. (Voy. PUISSANCE.) Les esclaves avaient aussi la faculté d'amasser un pécule, et un certain nombre d'entre eux conquirent ainsi leur affranchissement. — On donne aujourd'hui le nom de *pécule* au fonds de réserve qui doit être constitué à chaque individu détenu dans les prisons par suite de condamnation à l'emprisonnement ou à la réclusion. Ce pécule est formé d'une partie du produit du travail personnel du prisonnier, et il est remis à ce dernier, au moment de sa sortie de prison. » (CH. Y.)

PÉCUNE s. f. (lat. *pecunia*). Argent comptant. Ne se dit guère que par plaisanterie : *plein de courroux et vide de pécune.*

* **PÉCUNIAIRE** adj. Qui a rapport à l'argent, qui consiste en argent. PEINE PÉCUNIAIRE, somme d'argent à laquelle une personne est condamnée par justice, en réparation de quelque faute. INTÉRÊT PÉCUNIAIRE, intérêt, profit d'argent : *ce n'est pas pour un motif d'honneur, c'est pour un intérêt pécuniaire qu'ils se sont brouillés.*

PÉCUNIAIREMENT adv. Avec de l'argent; sous le rapport de l'argent.

* **PÉCUNIEUX, EUSE** adj. Qui a beaucoup d'argent comptant : *cet homme est pécunieux.* (Fam.)

* **PÉDAGOGIE** s. f. (gr. *païs, paidos,* enfant, *agô,* je conduis). Didact. Instruction, éducation des enfants : *la pédagogie est un art fort important, qui exige beaucoup de raison, de*

lumières et d'expérience. — Etablissement public d'éducation : *instituer, fonder une pédagogie.*

· PÉDAGOGIQUE adj. Qui a rapport à l'éducation des enfants : *système, méthode, ouvrage pédagogique.*

PÉDAGOGISME s. m. Manières du pédagogue, de l'homme infatué de sa science.

· PÉDAGOGUE s. m. (lat. *pedagogus*). Celui qui enseigne des enfants, et qui a soin de leur éducation : *il n'a plus besoin de pédagogue.* Il est peu usité en ce sens, et ne se dit plus guère que par dérision.— Par ext. Celui qui, s'en en avoir le droit, censure les actions et les discours des autres : *cet homme est un vrai pédagogue.*

·PÉDALE s. f. (ital. *pedale;* du lat. *pes, pedis,* pied). Gros tuyau d'orgue, qu'on fait jouer avec le pied : *un jeu de pédales.* — CLAVIER DE PÉDALES, la rangée des touches que l'organiste abaisse avec les pieds pour faire parler le jeu de pédales. — PÉDALES DE HARPE, touches de fer qui sont placées au bas du corps de la harpe et qui, étant abaissées font le pied, servent à faire les dièses et les bémols. — PÉDALES DE PIANO, touches de bois qui sont placées sous l'instrument, et qu'on abaisse avec le pied pour modifier le son de différentes manières. — Mus. Tenue d'un même son pendant plusieurs mesures, dans une partie, tandis que les autres parties, sans cesser de chanter, continuent leur marche. — Arts et Mét. Morceau de bois plat que l'on fait mouvoir avec le pied pour communiquer la rotation à une meule, à un tour.

PÉDALÉ, ÉE adj. Bot. Qui présente l'aspect ou la forme d'une pédale.

PÉDALIFORME adj. Qui a la forme d'une pédale.

· PÉDANÉ adj. m. (lat. *pedaneus*). N'était usité que dans cette dénomination, JUGES PÉDANÉS, juges d'une petite justice subalterne, qui jugeaient debout, n'ayant point de siége d'audience particulier.

· PÉDANT s. m. (rad. gr. *pais, paidos,* enfant). Terme injurieux dont on se sert pour désigner ceux qui enseignent les enfants : *un pédant de collège.* — Celui qui affecte mal à propos de paraître savant, ou qui parle avec un ton, avec un air trop décisif : *il n'y a pas moyen de souffrir l'air décisif de ce pédant.* — Celui qui affecte trop d'exactitude, trop de sévérité dans les bagatelles, et qui veut assujettir les autres à ses règles : *cette femme a pour mari un pédant qui ne lui laisse pas la moindre liberté, qui ne lui permet pas le moindre divertissement.* Dans les cas qui précèdent, il a un féminin, PÉDANTE : *elle fait la pédante.* — Adj. *Cet homme est bien pédant.* — Se dit aussi de l'air, du ton, des manières : *il parle d'un ton pédant.*

PÉDANTAILLE s. f. Ramassis de pédants.

PÉDANTER v. n. Faire mal le métier de régent dans les colléges, dans les classes : *cet homme n'a fait toute sa vie que pédanter.*

· PÉDANTERIE s. f. Profession de ceux qui enseignent dans les classes : *il se ressent de la pédanterie.* (Par mépris.) — Air pédant, manière pédante, affectation d'exactitude, de sévérité dans les choses peu importantes : *sa pédanterie le porte à contrôler tout ce qu'on fait et tout ce qu'on dit.* - Erudition pédante : *ce n'est pas là du savoir, c'est de la pédanterie.*

· PÉDANTESQUE adj. Qui tient du pédant, qui sent le pédant : *il a fait sur ce livre des notes, des observations pédantesques.*

· PÉDANTESQUEMENT adv. D'un air, d'une manière qui sent le pédant : *gronder, raisonner, parler pédantesquement.*

· PÉDANTISER v. n. Faire le pédant. On dit aussi PÉDANTER.

· PÉDANTISME s. m. Pédanterie ; air, ton, caractère, manière de pédant : *cette lettre, ce livre sent le pédantisme.*

PÉDANTOCRATIE s. f. [-sî] (fr. *pédant ;* gr. *kratos,* puissance). Gouvernement des pédants, des érudits : *le régime chinois des lettrés a été surnommé la pédantocratie.*

PÉDAUQUE (La reine) (ital. *pede d'occa,* patte d'oie). Nom que l'on a donné à un personnage féminin dont la représentation se trouve dans les sculptures de quelques anciennes églises, parce que ce personnage singulier porte au front une couronne de reine et a les pieds palmés comme ceux d'une oie. On a supposé que la reine Pédauque n'est autre que la Berthe aux longs pieds.

PEDE PŒNA CLAUDO, expression d'Horace (ode, liv III, 2 vol., 32) et qui signifie : *La vengeance au pied botteux.*

· PÉDÉRASTE s. m. (gr. *pais, paidos,* enfant, garçon ; *crastès,* amoureux). Celui qui est adonné à la pédérastie.

· PÉDÉRASTIE s. f. Vice contre nature, amour honteux d'un homme pour un jeune garçon, ou des hommes entre eux.

· PÉDESTRE adj. (lat. *pedestris ; de pes, pedis,* pied). Est principalement usité dans cette locution, STATUE PÉDESTRE, celle qui représente un homme à pied : par opposition à STATUE ÉQUESTRE, celle qui représente un homme à cheval. — Qui se fait à pied : *course, voyage, promenade pédestre.*

· PÉDESTREMENT adv. N'est usité que dans cette phrase familière, ALLER PÉDESTREMENT, aller à pied.

PÉDESTRIAN s. m. (mot angl. du lat. *pedestris,* pédestre). Coureur, marcheur.

PÉDESTRIANISME s. m. Course à pied ; lutte entre marcheurs ou coureurs.

PÉDIAL, ALE adj. (rad. lat. *pes, pedis,* pied). Qui appartient aux pieds.

· PÉDICELLE s. m. (lat. *pediculus;* dimin. de *pes,* pied). Bot. Petit pédoncule, le pédoncule propre de chaque fleur. — Entom. Deuxième article des antennes des insectes.

PÉDICELLÉ, ÉE adj. [-sèl-lé]. Qui est muni d'un pédicelle ou porté sur un pédicelle.

· PÉDICELLULE s. m. Bot. Support de l'ovaire dans les fleurs de certaines composées.

· PÉDICULAIRE adj. N'est usité que dans cette locution, MALADIE PÉDICULAIRE, sorte de maladie dans laquelle il s'engendre une grande quantité de poux.

· PÉDICULAIRE s. f. Bot. Plante qui croît dans les prés, les marais et autres lieux humides. On la nomme aussi HERBE AUX POUX.

· PÉDICULE s. m. Bot. Espèce de queue propre à certaines parties des plantes : *le pédicule d'une aigrette, d'un nectaire.* Chir. LE PÉDICULE D'UNE VERRUE, etc.

· PÉDICULÉ, ÉE adj. Qui a un pédicule : *aigrette pédiculée.*

· PÉDICURE adj. m. (lat. *pes,* pied; *cura,* soin). N'est usité que dans cette expression, CHIRURGIEN PÉDICURE, celui qui extirpe ou réduit les cors, les oignons et les durillons des pieds. — Substantiv. *C'est un habile pédicure.*

PÉDIEUX, EUSE adj. Anat. Qui appartient aux pieds : *artère pédieuse.*

PÉDIFÈRE adj. Qui est muni d'un pied.

PÉDIFORME adj. Qui a la forme d'un pied.

PÉDIGÈRE adj. Qui est muni d'un ou de plusieurs pieds.

PEDIGREE s. m. [pé-di-grî]. Turf. Mot angl. qui signifie généalogie, origine d'un cheval.

· PÉDILUVE s. m. (rad. *pes,* pied; *luere,* laver). Méd. Bain de pieds : *les pédiluves sont très favorables à la santé.*

· PÉDIMANE s. m. (lat. *pes,* pied; *manus,* main). Hist. nat. Mammifère carnassier qui a le pouce des pieds de derrière écarté des autres doigts, comme il l'est dans les singes. — Adj. *Le sarigue est pédimane.*

PÉDIONALGIE s. f. (gr. *pedion,* plante des pieds; *algos,* douleur). Pathol. Douleur vive à la plante des pieds.

PÉDIPALPE adj. Entom. Dont les pieds sont pourvus de palpes.

PÉDOMANCIE s. f. (lat. *pes,* pied; gr. *manteia,* divination). Divination par l'inspection des pieds.

· PÉDOMÈTRE s. m. lat. *pes,* pied; gr. *metron,* mesure). Voy. ODOMÈTRE.

PÉDON s. m. (bas lat. *pedo*). Piéton.

PÉDONCULAIRE adj. Bot. Qui a rapport aux pédoncules.

· PÉDONCULE s. m. (lat. *pedunculus,* petit support). Bot. Queue d'une fleur ou d'un fruit. — Zool. et Anat. Support d'une partie quelconque.

PÉDONCULÉ, ÉE adj. Bot. Porté par un pédoncule.

PÉDONCULEUX, EUSE adj. Qui a de longs pédoncules.

PEDRO Ier (de Alcantara) de Brésil, et IV de Portugal, né près de Lisbonne, en 1798, mort le 24 sept. 1834. Son père, en devenant roi de Portugal sous le nom de Jean VI, en 1821, le nomma régent du Brésil, alors royaume. Lorsqu'on se proposa, à Lisbonne, de le réduire de nouveau au rang de colonie, une révolution éclata, avec don Pedro à sa tête ; le pays se déclara indépendant en oct. 1822. Pedro fut proclamé empereur constitutionnel, et couronné le 1er déc. Son père étant mort en 1826, il hérita de la couronne de Portugal ; mais il abdiqua immédiatement en faveur de sa fille en bas âge, dona Maria da Gloria. Une sédition populaire à Rio de Janeiro l'obligea à abdiquer son trône du Brésil en faveur de son fils, le 7 avril 1831, et il appliqua alors son énergie à combattre l'usurpateur don Miguel au Portugal. Il débarqua, dans l'île de Terceira, une des Açores, publia un décret en faveur de doña Maria, et commença une guerre qui se termina à son avantage en 1834.

PEDRO (Dom), duc de Coïmbre et régent de Portugal, né en 1392, mort le 20 mai 1449. Il était le second fils de Jean Ier de Portugal et de Philippa de Lancaster, fille de John of Gaunt (Jean de Gand). En 1439, les cortès le nommèrent défenseur et régent du royaume. Sa fille Isabelle se maria au jeune roi Alfonse V (1446). Une querelle avec son frère naturel, le duc de Bragance, amena une guerre civile, et Bragance gagna le roi à sa cause. Pedro, à la tête de 4,000 cavaliers et de 5,000 fantassins, livra une bataille aux troupes royales à Alfarrobeira, et fut défait et tué.

PEDUM s. m. [pé-domm] (rad. lat. *pes, pedis,* pied). Antiq. rom. Bâton en forme de crosse qui était l'attribut de plusieurs divinités champêtres.

PEEBLESSHIRE [pi'ble-shaï-re]. ou Tweeddale [touïdd-dè-le], comté du sud de l'Ecosse; 922 kil. carr; 12,330 hab. Il est arrosé par la Tweed. La hauteur des montagnes y varie de 2,400 à 2,740 pieds. Cap., Peebles, sur la Tweed, à 32 kil. S. d'Edimbourg; 3,160 hab.

PEEKSKILL [pir'-kil], village de l'état de New-York (Etats-Unis), sur la rive orientale de l'Hudson, et sur le chemin de fer de Hudson

River, à 70 kil. au-dessus de New-York;
6,550 hab.

PEEL [pil]. I. (sir Robert), manufacturier
anglais, né en 1750, mort en 1830. Son père,
filateur de coton, lui laissa une modeste fortune, et en 1773, il prit une manufacture de
coton à Bury (Lancashire). En 1803, il employait plus de 15,000 personnes. Il fut
membre du parlement de 1790 à 1820. En
1800, il avait été créé *baronet*. Il laissa une
fortune estimée à plus de deux millions de
livres sterling. — II. (sir Robert), son fils
aîné, homme d'État, né en 1788, mort le
† juillet 1850. Il prit ses grades universitaires
à Oxford en 1808, et en 1809, fut envoyé au
parlement. En 1811, il fut nommé sous-secrétaire d'État pour les colonies, et en 1812,
premier secrétaire pour l'Irlande. Ses principes *tory* bien arrêtés et son opposition à
l'émancipation des catholiques, le rendirent
désagréable aux ultra-catholiques romains.
Son acte le plus important en Irlande fut
l'établissement de la police régulière irlandaise, dont les membres ont reçu le surnom
de « *the peelars* » (les peleurs, les écorcheurs).
En 1817, l'université d'Oxford l'élut pour son
représentant au parlement. En 1818, il se
démit de son secrétariat irlandais, et, comme
président du comité des monnaies, il présenta, en 1819, la loi autorisant la reprise des
paiements en espèces, loi qui porte son nom.
Il fut ministre de l'intérieur de 1822 à 1827,
et, de nouveau, de 1828 à 1830. Dans un discours, prononcé en mars 1829, Peel, cédant
à ce qu'il regardait comme les exigences du
moment, proposa l'émancipation des catholiques. Les *tories* orthodoxes le dénoncèrent
aussitôt comme apostat; et lorsqu'il se présenta devant les électeurs de l'université
d'Oxford, il subit un échec. Mais il fut temporairement nommé par Westbury, et, en
1830, par Tamworth, dont il resta le représentant jusqu'à sa mort. Il devint premier
ministre en déc. 1834, se démit en avril 1835,
et resta en charge comme premier ministre
et lord de la trésorerie en 1841. Son ministère, formé sur les principes protectionnistes,
adopta partiellement les doctrines du libre-
échange sous la pression de la ligue appelée
the anti-corn-law leagne. En 1842, une taxe sur
le revenu fut imposée pour trois ans, et le
gouvernement put par ce moyen réduire les
impôts indirects de 12,000,000 livres sterling.
En 1845, cette taxe fut renouvelée pour trois
ans, et en 1846, prévoyant l'approche de la
famine en Irlande, il abolit complètement
les droits sur les matières premières de la
boulangerie. Cette mesure lui attira une
forte hostilité de la part des propriétaires fonciers, et il se retira en 1846. — Voy. *Sir Robert
Peel*, par Guizot (1859), et *Sir Robert Peel, a
Historical Sketch*, par Henry lord Dalling et
Bulwer (1874). — Ses fils, sir Robert (né en
1822) et Frederick (né en 1823), se sont fait
remarquer au parlement et dans différentes
charges. Le dernier a été créé conseiller
privé en 1857, et le premier en 1866.

PEELE (George) [pile], auteur dramatique
anglais, né vers 1553, mort vers 1598. Sa
meilleure pièce a pour titre : *The Love of
king David and fair Bethsabe, with the tragedy
of Absalon*. Ses drames, poèmes et mélanges
ont été édités par Dyce (1828-'39, 3 vol.).

PÉ-FOURNIER, procureur dont Boileau fait
mention dans sa 1re satire :

    Et dont les cicérons se font chez Pé-Fournier.

* **PÉGASE** s. m. Cheval fabuleux, né de
Méduse et de Neptune, qui portait les foudres
de Jupiter, suivant les uns, ou qui, placé
parmi les astres, servait de coursier à l'aurore, d'après les autres. Les anciens poètes lui
ont donné des ailes, et, selon eux, il fit jaillir
d'un coup de pied les eaux inspiratrices de
l'Hippocrène. Ce nom s'emploie, fig., dans

plusieurs phrases poétiques ou relatives à la
poésie. Monter sur Pégase, faire des vers.

> *Pégase est un cheval qui porte
> Les grands hommes à l'hôpital.*
>   Maynard.

— Pégase est rétif pour lui, son Pégase est
rétif, c'est un mauvais poète.

> *Pour lui Phœbus est sourd et Pégase est rétif.*
>   Boileau.

— Astron. Nom d'une constellation de l'hémisphère boréal assez semblable, pour la forme,
à la Grande et à la Petite Ourse.

PÉGASIDES s. f. pl. Nom donné aux Muses,
parce que Pégase leur servait quelquefois de
monture.

PÉGASIEN, IENNE adj. Qui concerne Pégase.

PÉGOMANCIE s. f. (gr. *pega*, fontaine;
manteia, divination). Divination pratiquée en
examinant le mouvement des eaux des fontaines.

PÈGRE s. f. (lat. *piger*, paresseux). Argot.
Association de voleurs, classe des voleurs :
la haute pègre. — s. m. Voleur.

PÉGRIOT s. m. Argot. Voleur maladroit,
apprenti voleur.

PEGU ou **Pégou**. I. division de Burmah
anglais, sur la baie du Bengale et le golfe de
Martaban; 70,704 kil carr.; 1,650,000 hab.
Villes importantes : Rangoon, Martaban,
Pegu et Prome. L'Irrawaddy et ses ramifications traversent la province. Minéraux : fer,
étain, plomb et pierres précieuses. Le climat
est chaud et humide, mais non malsain.
Les productions principales sont : les bois de
charpente, les gommes, l'ivoire et le bois de
teinture. Le Pegu fut conquis par les Anglais
en 1852, et en 1862, on en fit, avec l'Aracan
et le Tennasserim, la province de Burmah.
(Voy. Burmah anglais.) — II, ville de cette division, sur la rivière du même nom, à 92
kil. N. de Rangoon; 15,000 hab. environ.
Pegu, qui passe pour avoir eu autrefois
150,000 hab., a été détruite par les peuples du
Burmah en 1757.

PEHLVI s. m. Nom de la langue parlée
en Perse sous la dynastie des Sassanides : *le
pehlvi est un mélange de l'idiome des Perses et
de celui des Babyloniens*. — Adjectiv. *La
langue pehlvie*. (Voy. Iranien et Zend-Avesta.)

PEIGNAGE s. m. [*gn* mll.]. Action de
peigner.

* **PEIGNE** s. m. [pè-nieu; *gn* mll.] (lat.
pecten). Instrument de buis, de corne, d'ivoire,
etc., qui est taillé en forme de dents, et qui
sert à démêler les cheveux et à nettoyer la
tête : *peigne de buis, de corne, d'ivoire,
a'écaille*. — Etre sale comme un peigne, se dit
d'une personne extrêmement sale. — Donner
un coup de peigne a quelqu'un, le maltraiter.
— Sorte de peigne courbe et à longues dents,
dont les femmes se servent pour retrousser
leurs cheveux, ou seulement pour les orner :
*elle avait un peigne d'écaille, un peigne d'or
dans ses cheveux*. Un peigne de diamants, de
corail, orné de diamants, de corail. — Instrument de fer dont se servent les cardeurs et
les tisserands pour apprêter la laine, le
chanvre et le lin : *peigne de cardeur, de
tisserand*. — Hist. nat. Nom d'un genre de
mollusques acéphales à coquille bivalve, qui
étaient fort estimés des anciens, et que l'on
mange encore sur nos côtes.

PEIGNE s. m. Genre de mollusques acéphales testacées, voisin des huîtres, caractérisé
par une coquille inéquivalve, demi-circulaire,
presque régulière, présentant des côtés qui
rayonnent du sommet vers les bords; de
chaque côté de la charnière s'étendent deux
productions anguleuses appelées oreillettes.
La coquille présente des couleurs très vives.
On trouve sur nos côtes la grande espèce ap-

pelée *palourde, coquille de Saint-Jacques,
pèlerine* (pecten *maximus* ou *Jacobæus*), que
l'on mange malgré la dureté de son muscle.
Il est commun dans la Méditerranée et les

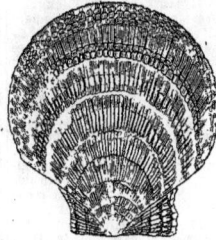

Peigne (Pecten Islandicus).

pèlerins le portaient. Le *peigne bénitier* (pecten
ziczac) est très convexe en dessous. Le *peigne
d'Islande* (pecten *Islandicus*) se trouve dans
les mers du Nord.

* **PEIGNÉ. ÉE** part. passé de Peigner. — Il
est peigné a la diable, se dit d'un homme qui
a les cheveux ou la perruque en désordre. —
Ce jardin est bien peigné, il est bien tenu,
bien soigné. — Ce discours, ce style est trop
peigné, le soin s'y fait trop remarquer, l'exactitude y paraît trop affectée. — Substantiv. Un
mal peigné, homme malpropre et mal vêtu.
Dans cette phrase, *Peigné* est employé substantiv.

PEIGNÉE s. f. Jargon. Action de battre ou
de se battre : *se donner une bonne peignée*.

* **PEIGNER** v. a. Démêler, arranger les
cheveux, les poils, etc., avec un peigne :
peigner ses cheveux; peigner une perruque. —
Se dit aussi en parlant du lin, du chanvre,
etc. : *peigner du lin*. — Fig. et pop. Maltraiter,
battre : *je le peignerai comme il faut*. — Se
peigner v. pr. Se nettoyer les cheveux. —
Fig. Se maltraiter : *ces femmes se sont bien
peignées*.

PEIGNEUR, EUSE s. et adj. Qui peigne.

* **PEIGNIER** s. m. Celui qui fait et qui vend
des peignes : *marchand peignier*.

* **PEIGNOIR** s. m. Espèce de manteau fait
de toile ou de mousseline, que l'on met sur
ses épaules quand on se peigne, pour empêcher que la crasse, la poudre ne tombe sur
les habits, sur la robe de chambre : *elle était
en déshabillé, elle n'avait qu'un peignoir sur
les épaules*. — Manteau de toile, à peu près
semblable, dont on se couvre dans le bain,
au quand on en sort : *faire chauffer un peignoir*. — Vêtement en forme de robe sans
taille que les femmes portent lorsqu'elles
sont en déshabillé.

PEIGNON s. m. Quantité de chanvre peigné que le cordier met à sa ceinture quand
il file une corde.

PEIGNOT (Etienne-Gabriel), bibliographe,
né à Arc (Haute-Marne) en 1767, mort à
Dijon en 1849. Il se fit recevoir avocat à Besançon en 1790, combattit pour la royauté
pendant la Révolution, fut employé par
l'Empire et devint inspecteur d'académie
sous la Restauration. Il a laissé, entre autres
ouvrages érudits : *Manuel bibliographique*
(1800); *Dictionnaire de bibliologie* (1802);
Curiosités bibliographiques (1805); *Dictionnaire des livres condamnés au feu, supprimés
ou censurés* (1806); *Bibliographie universelle*
(1812); *Manuel du bibliophile* (1823, 2 vol.);
*Recherches sur les danses des morts et l'origine
des cartes à jouer* (1826); *Essai sur la reliure*,
etc.

* **PEIGNURES** s. f. pl. Cheveux qui tombent

de la tête quand on se peigne : *ramasser des peignures.*

PEI-HO [pé-ho] ou **Rivière du Nord**, fleuve de Chine, qui naît près de la frontière mongolienne, vers 41° lat. N. et 143°10′ long. E., et qui, après avoir couru au S.-E. pendant environ 550 kil., se jette dans le golfe de Petchili, par 38° 30′ lat. et 115° 27′ long. E. Les villes les plus importantes qu'on trouve sur ses bords sont Tien-Tsin à 115 kil. de la mer, et Tungchow, à 170 kil. plus haut. Son principal affluent est le Hoen-ho. C'est sur un petit affluent, le Tunghui, à 22 kil. du fleuve que se trouve Pékin. On estime que la superficie du bassin de ce fleuve est de 500,000 kil. carr. A l'embouchure sont des forts et des ouvrages en terre, élevés sur des monticules naturels ou artificiels, à dix ou douze pieds au-dessus du niveau de la mer à marée haute. Dans un engagement entre les canonnières anglaises et françaises et les Chinois, le 19 mai 1858, les Chinois furent défaits ; mais ils repoussèrent les Anglais dans une autre attaque, le 25 juin 1859. Le 21 août 1860, une flotte anglo-française renouvela l'attaque et détruisit les fortifications chinoises. (Voy. CHINE.)

* **PEINDRE** v. a. (lat. *pingere*). Représenter une personne, une chose, par des lignes et par des couleurs : *il a fait peindre son père, sa femme, ses enfants.* On l'emploie souvent absol. : *peindre d'après nature.* — PEINDRE L'HISTOIRE, représenter des sujets historiques. On dit de même, PEINDRE LE PORTRAIT, LE GENRE, LE PAYSAGE, L'ORNEMENT, etc. — PEINDRE UNE GALERIE, UNE CHAMBRE, UN CABINET, UN PLAFOND, DES LAMBRIS, les embellir par diverses représentations de figures, par des arabesques, des ornements. — CET HOMME EST FAIT A PEINDRE, il est très bien fait. CET HABIT EST FAIT A PEINDRE, IL VA A PEINDRE, il est bien fait et sied bien. — Fig. ÊTRE A PEINDRE, être dans un costume dans une posture singulière, ridicule. On peut aussi le prendre dans un sens favorable. — MANIÈRE, FAÇON DE PEINDRE, manière de faire, d'agir. — Couvrir simplement avec des couleurs ; sans qu'elles représentent aucune figure : *il y a des sauvages qui se peignent le corps et le visage de plusieurs couleurs.* — CE VIEILLARD, SE PEINT LA BARBE ET LES CHEVEUX, il les teint d'une couleur propre à le faire paraître plus jeune. — Fig. Décrire, représenter vivement quelque chose par le discours : *il a peint admirablement les combats dans son poème.* — Écrire, former les lettres, les caractères : *il peint si mal qu'on ne peut lire son écriture.* — Se peindre v. pr. *Voilà son portrait, c'est lui-même qui s'est peint.* — CET AUTEUR SE PEINT DANS SES OUVRAGES, ses pensées, son style font connaître son caractère et ses inclinations. — Prov. S'ACHEVER DE PEINDRE, se dit d'un homme qui se conduit de manière à préparer sa ruine, son déshonneur. Se dit aussi d'un homme qui, après avoir beaucoup bu, recommence à boire. — POUR NOUS ACHEVER DE PEINDRE... et VOILA QUI NOUS ACHÈVE DE PEINDRE, se disent de même en parlant d'un malheur ou d'un embarras nouveau qui vient accroître d'autres embarras ou d'autres malheurs.

* **PEINE** s. f. lat. *pæna* Châtiment, punition : *on lui ordonné cela sur peine, sous peine, à peine de la vie.* (De ces trois façons de parler, *sous peine* est la plus usitée et la meilleure.) — Jurispr. SOUS LES PEINES DE DROIT, sous les peines portées par la loi : *la réimpression de ce livre avait été défendue sous les peines de droit.* — PEINE ARBITRAIRE, peine dont l'application est laissée à l'arbitrage du juge. Se dit aussi des peines qu'on fait subir par un abus d'autorité, sans qu'elles soient prononcées par la loi. — Théol. LA PEINE DU SENS, les douleurs que les damnés souffrent par les tourments de l'enfer ; et, LA PEINE DU

DAM, ce que la privation de la vue de Dieu leur fait souffrir. — LES PEINES DE L'ENFER ou LES PEINES ÉTERNELLES, ce que les damnés souffrent en enfer, et, LES PEINES DU PURGATOIRE, ce que les âmes souffrent dans le purgatoire. — Douleur, affliction, souffrance, sentiment de quelque mal dans le corps ou dans l'esprit : *consoler quelqu'un dans ses peines.* — ÊTRE DANS LA PEINE, être dans le besoin. — Inquiétude d'esprit : *j'étais fort en peine de ce qu'il était devenu.* — Fam. IL EST COMME UNE AME EN PEINE, C'EST UNE AME EN PEINE, se dit d'un homme fort inquiet. — Travail, fatigue : *il n'a pas fait cela sans peine.* — NUL BIEN SANS PEINE, *quelquefois la peine passe le plaisir.* — MOURIR A LA PEINE, mourir sans avoir exécuté, sans avoir obtenu une chose pour laquelle on s'était donné beaucoup de peine : *il voulait avoir cette place, et il n'a jamais pu l'obtenir ; il est mort à la peine.* — JE RÉUSSIRAI DANS CETTE ENTREPRISE, OU JE MOURRAI A LA PEINE, je ne veux point me désister de ce que j'ai entrepris, rien ne m'y fera renoncer. — PERDRE SA PEINE, SES PEINES ; et prov. PERDRE SON TEMPS, AUSSI SA PEINE, travailler inutilement à quelque chose. — EN ÊTRE POUR SA PEINE, ne pas réussir. — IL COMPTE POUR RIEN LA PEINE, SES PEINES ; IL NE PLAINT PAS SA PEINE, SES PEINES, se dit d'un homme obligeant et actif. — Par polit. PRENEZ LA PEINE, DONNEZ-VOUS LA PEINE DE FAIRE CELA, je vous prie de faire cela. — A PRIS LA PEINE DE VENIR ME VOIR, il est venu me voir. — Fam. LA CHOSE EN VAUT BIEN LA PEINE, la chose mérite qu'on ne néglige rien afin d'y réussir : *si vous voulez obtenir cette grâce, il faut faire agir tous vos amis ; la chose en vaut bien la peine.* On dit dans le sens contraire : CELA N'EN VAUT PAS LA PEINE, CE N'EST PAS LA PEINE. — CELA NE VAUT PAS LA PEINE D'EN PARLER, se dit d'une chose qui est peu importante, ou à laquelle on veut paraître attacher peu d'importance. Se dit aussi quelquefois ironiquement, pour relever l'importance de la chose dont on parle : *il ne lui a volé que cent mille francs ce n'est pas la peine d'en parler, cela ne vaut pas la peine d'en parler, qu'on en parle.* — EN VALOIR LA PEINE, se dit aussi des personnes : *les auteurs étrangers qui en valent la peine ont été traduits en français.* — UN HOMME DE PEINE, DES GENS DE PEINE. celui, ceux qui gagnent leur vie par un travail pénible de corps, sans avoir aucun métier particulier. — Salaire du travail d'un artisan : *il ne faut pas retenir la peine du mercenaire.* — Difficultés, obstacles que l'on trouve à quelque chose : *il aura beaucoup de peine à gagner ce procès-là.*

> Vous marchez d'un tel pas qu'on *a peine à* vous suivre.
>
> Tartufe, acte Ier, sc. Iᵉ.

— AVOIR DE LA PEINE A PARLER, avoir de la difficulté à parler par quelque empêchement naturel. On le dit aussi fig. : *répondez donc ; vous avez bien de la peine à parler.* — AVOIR DE LA PEINE A MARCHER, se servir difficilement de ses jambes. On dit fig. : CETTE AFFAIRE, CETTE ENTREPRISE A BIEN DE LA PEINE A MARCHER. — Répugnance d'esprit qu'on a à dire ou à faire quelque chose : *j'ai de la peine, j'ai peine à lui annoncer une si fâcheuse nouvelle.* — FAIRE UNE CHOSE SANS PEINE, la faire de bon cœur, sans nulle contrainte. — A peine loc. adv. qui a différentes significations, selon les différentes façons de parler avec lesquelles on l'emploie. On s'en sert quelquefois pour marquer le peu de temps qui s'est écoulé, depuis que la chose dont on parle s'est arrivée : A PEINE EST-IL HORS DE SON LIT, A PEINE EST-IL HORS DU LIT, A PEINE SOMMES-NOUS ENTRÉS, il ne fait que sortir du lit, il n'y a qu'un moment que nous sommes entrés : *à peine le soleil est-il levé, on se met en marche.* Dans ce cas, on met quelquefois que au commencement du second membre de la phrase : *à peine le soleil était-il levé, à*

peine le soleil était levé, qu'on aperçut l'ennemi. — Presque pas; on dit, par exemple : A PEINE EST-IL JOUR, A PEINE A-T-IL LE NÉCESSAIRE, A PEINE SAIT-IL LIRE, il n'est presque pas encore jour, il n'a presque pas le nécessaire, il ne sait presque pas lire. On dit de même : *cela est à peine indiqué, à peine esquissé.* — Difficilement : *à peine voit-on à se conduire.* — A GRAND'PEINE, malaisément, difficilement : *à grand'peine lui persuaderez-vous cela.* — Hist. « Dans l'ancien droit, on divisait les peines de la manière suivante : *Peines capitales :* l'écartèlement, le feu vif, la roue, le décollement pour les nobles et la corde pour les vilains, la claie et le feu après la mort, le bannissement, les galères et la réclusion à perpétuité. Toutes ces peines emportaient la mort civile, et aussi, dans certaines provinces, la confiscation des biens. *Peines afflictives :* la question ordinaire ou extraordinaire (voy. QUESTION), le poing coupé, la lèvre fendue, la langue coupée ou percée d'un fer chaud, la marque, les galères à temps, le fouet, la flétrissure, l'amende honorable, le bannissement à temps, la réclusion à temps et l'authentique ou réclusion prononcée contre les femmes adultères. Celui qui était condamné à la peine des *galères* restait attaché jour et nuit à un banc de rameurs sur les galères du roi. Il était à peine vêtu contre les intempéries, portant pendant l'été une camisole de laine rouge et pendant l'hiver un long caban. Beaucoup de galériens mouraient sur leur banc, soit par le froid, soit par les mauvais traitements qu'ils recevaient de leurs voisins ou des gardes-chiourme, soit par des maladies résultant de leur état d'immobilité et du défaut de propreté. La chiourme de France contenait, au XVIIᵉ siècle, plusieurs milliers de galériens, dont une grande partie étaient des protestants relaps, condamnés à vie. Ce nombre paraissait insuffisant et, afin de l'augmenter, Colbert stimulait le zèle et la sévérité des juges. Lorsque la marine à voiles se substitua peu à peu à la marine à rames, le nombre des galériens diminua ; les derniers furent renvoyés en 1748, et le bagne remplaça le banc de rameurs (voy. BAGNE et GALÈRE). *Peines purement infamantes :* le carcan, le pilori, le blâme, l'amende en matière criminelle. *Peines pécuniaires :* les dommages-intérêts, les réparations civiles, et l'aumône obligatoire. Les juges ecclésiastiques pouvaient condamner à des peines pécuniaires, pourvu que le jugement énonçât à quel usage était l'argent était destiné. Celui qui n'avait pas d'argent payait sur son corps, c'est-à-dire qu'il subissait une peine afflictive. *Peines militaires :* l'estrapade, la tête cassée, les baguettes, le cheval de bois, etc. Les peines particulières aux matelots étaient encore plus variées et plus barbares. Enfin l'édit de mars 1685, connu sous le nom de *Code noir,* autorisait l'application de peines spéciales aux esclaves fugitifs. Pour la première fois, on leur coupait une fleur de lis sur une épaule ; pour la seconde fois, on leur coupait le jarret et on les marquait sur l'autre épaule. — Législ. « Le Code pénal de 1810 divise les peines en trois classes distinctes, selon qu'elles sont infligées en matière criminelle, en matière correctionnelle ou en matière de simple police. *En matière criminelle,* les peines sont ou afflictives et infamantes, ou seulement infamantes, distinction qui a parfois son importance, puisque les premières seules peuvent être une cause de divorce. Les peines *afflictives et infamantes* sont aujourd'hui au nombre de six, savoir : 1° la mort ; 2° les travaux forcés à perpétuité ; 3° la déportation ; 4° les travaux forcés à temps (d'une durée de cinq ans à vingt ans) ; 5° la détention, et 6° la réclusion. (Voy. ces mots.) La marque et la confiscation qui pouvaient être prononcées concurremment avec une peine afflictive, dans certains cas déterminés, ont été abolies par la loi du 28 avril 1832, qui a aussi supprimé la peine infamante du carcan. Les *peines dites infamantes*, sont le bannissement et la dégradation civique. Les *peines correctionnelles* sont : 1° l'emprisonnement à temps (de six jours à cinq ans), dans un lieu de correction (voy. Prison); 2° l'interdiction à temps, de certains droits civils ou de famille ; 3° l'amende excédant 15 fr. Les *peines en matière de simple police* sont : 1° l'emprisonnement d'une durée de vingt-quatre heures au moins et de cinq jours au plus ; 2° l'amende de 1 fr. à 15 fr. ; 3° la confiscation de certains objets saisis. Il est de principe que les peines ne peuvent être cumulées ; néanmoins, l'amende est souvent prononcée en même temps qu'une autre peine, et il existe des *peines accessoires*, qui sont communes aux matières criminelles et aux matières correctionnelles ; telles sont : 1° le renvoi du condamné sous la surveillance de la haute police, après l'expiration de la peine principale ; 2° la confiscation spéciale, soit du corps du délit, soit de celles qui ont servi à le commettre ; 3° la contrainte par corps qui n'a été conservée dans nos lois que comme moyen d'assurer l'exécution des condamnations pécuniaires. La mort civile était aussi une peine accessoire de certaines condamnations criminelles, mais elle a été abolie par la loi du 31 mai 1854 (C. pén. 6 et s. ; 464 et s). Les peines prononcées en matière criminelle ou correctionnelles sont réduites par la loi elle-même, lorsque le coupable est un mineur de seize ans, et que le jugement reconnaît que ce mineur a agi avec discernement (id. 67). Les peines peuvent être modifiées ou réduites dans certaines limites par la cour d'assises qui les applique, lorsque le jury a déclaré qu'il y a des circonstances atténuantes. Les tribunaux correctionnels sont également autorisés, lorsqu'ils reconnaissent que les circonstances sont atténuantes, à réduire l'emprisonnement et l'amende jusqu'au niveau des peines de simple police, et même à substituer l'amende à l'emprisonnement prononcé par la loi ; mais la peine n'en reste pas moins correctionnelle, et la condamnation figure au casier judiciaire (id. 463 ; décr. 27 nov. 1870). Des *peines disciplinaires* peuvent être infligées aux magistrats par le ministre de la justice et par le conseil supérieur de la magistrature. (Voy. Magistrature.) Les avocats et les officiers ministériels sont soumis pour l'exécution de leurs devoirs professionnels à la juridiction des tribunaux et à celle de leurs propres chambres de discipline. — Dans l'armée de terre et dans l'armée de mer, les peines disciplinaires sont infligées par les supérieurs de tous grades à leurs inférieurs, dans les conditions et dans les limites fixées par les règlements. Les tribunaux militaires prononcent contre leurs justiciables les peines détaillées ci-dessus en matière criminelle et en matière correctionnelle. En outre, il y a des *peines spéciales a l'armée de terre*, qui sont, en matière de crime, la dégradation militaire, et en matière de délit, la destitution du grade et les travaux publics. Les *peines spéciales à l'armée de mer* sont, en matière de crime, la dégradation militaire, et en matière de délit, la destitution, les travaux publics, la privation de commandement, l'inaptitude à l'avancement, la réduction de grade ou de classe et le cachot ou double boucle. »　　(Ch. Y.)

* **PEINÉ, ÉE** part. passé de Peiner : *vous me voyez fort peiné de cela.* — Il se dit surtout des ouvrages de l'esprit ou de la main, dans lesquels la peine, le travail se fait beaucoup sentir : *cet ouvrage est peiné, paraît peiné.*

* **PEINER** v. a. Faire de la peine, causer du chagrin, de l'inquiétude : *cette nouvelle m'a beaucoup peiné.* — Donner de la peine, fatiguer : *ce travail vous peinera trop, vous peinera beaucoup.* — Travailler beaucoup et difficilement ce qu'on fait : *ce peintre peine beaucoup ses ouvrages.* — V. n. Répugner à : *on voit qu'il peine à punir, à gronder.* — Faire des efforts pour, se fatiguer à : *les chevaux peinent beaucoup à tirer les bateaux qui remontent la rivière.* — Cette poutre, cette solive peine beaucoup, peine trop, elle est chargée d'un faix trop pesant. — Se peiner v. pr. Se donner de la peine : *se peiner pour faire quelque chose.*

PEINEUX, EUSE adj. Pénible, malheureux.

PEINTADE s. f. Voy. Pintade.

* **PEINT, EINTE** part. passé de Peindre. — Toiles peintes, certaines toiles où sont empreintes différentes figures, et qui servent à l'habillement des femmes, aux tentures et aux meubles : *on fait depuis longtemps des toiles peintes en Europe, à l'imitation de celles des Indes.* — Papier peint. (Voy. Papier.)

* **PEINTRE** s. m. (lat. *pictor*). Celui qui exerce l'art de peindre : *les peintres anciens; les peintres modernes.* — Celui dont le métier est de mettre en couleur des murailles, des lambris, des plafonds, etc. : *on a mis les peintres depuis hier dans cet appartement.* — Fam. Être gueux comme un peintre, être fort mal dans ses affaires. — Fig. Ceux qui représentent vivement les choses dont ils parlent, dont ils traitent, soit en prose, soit en vers: *Pline et Buffon sont les peintres de la nature ; Molière est un grand peintre des vices et des travers de l'humanité.*

PEINTRE-VITRIER s. m. Artisan qui fait fait le double métier de badigeonneur et de vitrier: *des peintres-vitriers.*

* **PEINTURAGE** s. m. Action de peinturer, effet qui en résulte.

* **PEINTURE** s. f. [pain-tu-re] (lat. *pictura*; de *pingere*, peindre). Art de peindre : *la peinture est un bel art.* — Toute sorte d'ouvrages de peinture : *il y a de belles peintures dans ce château.* — Pop. Cela est fait comme une peinture, se dit d'une chose bien faite, d'un ouvrage exécuté avec soin. — Toute couleur qui est étendue, appliquée sur une surface: *prenez garde de vous gâter, de vous salir à ce lambris, la peinture en est toute fraîche, la peinture n'est pas sèche.* — Toute substance colorante préparée de façon à être étendue avec une brosse, pour colorer des surfaces. On applique ordinairement ce terme à ces substances lorsqu'elles sont délayées dans l'huile; mais il peut aussi les désigner lorsqu'elles sont délayées dans l'eau, ou la gomme ou tout autre véhicule. Le pigment, ou matière colorante pulvérisée s'appelle base; le liquide se nomme le véhicule, et l'on y ajoute quelquefois une troisième substance pour donner une teinte particulière. Les peintures on l'emploient les artistes sont des *couleurs.* Pour la peinture en bâtiment, on regarde généralement le blanc de plomb comme la meilleure base, et l'huile de graine de lin bouillie comme le meilleur véhicule. L'ébullition, surtout lorsqu'on y ajoute une petite quantité de litharge, la dispose à se durcir par l'oxydation. Si la peinture au blanc de plomb est exposée à des émanations d'hydrogène sulfuré, la surface se changera en un sulfure noir. Le blanc de zinc, ou oxyde de zinc, qui ne se ternit pas de cette manière, s'emploie souvent dans la peinture blanche, surtout pour peindre les intérieurs. Les blancs de plomb les plus fins se font à Krems dans la basse Autriche. Après ceux-ci, les meilleurs se fabriquent en Hollande et en Angleterre. Parmi les procédés de la fabrication de Krems, et aussi de la fabrication hollandaise, le blanc de plomb devient amorphe et très opaque, par suite de ce que l'oxyde de plomb y est en excès et qu'une partie de l'acide carbonique est remplacée par de l'eau. Les terres naturelles, ou les ocres, comme le jaune, la terre d'Oxford, la terre romaine, le brun de pierre, la terre de Sienne, composées de silice et d'alumine colorées par l'oxyde de fer, sont des couleurs permanentes, et fournissent aux peintres quelques-uns de leurs meilleurs matériaux. Le rouge indien, fait d'un silicate naturel et d'oxyde de fer, est aussi une couleur bonne et durable. Les laques garance, qui sont des teintures végétales mêlées à des bases terreuses, sont belles et riches; mais on ne doit avoir qu'une confiance restreinte dans les composés végétaux, quels qu'ils soient. — Fig. Description vive et naturelle: *ce poète excelle dans la peinture des caractères, des passions, des mœurs, des faiblesses du cœur humain, des objets, des scènes de la nature.* — En peinture loc. adv. et fig. En apparence, sans réalité: *il n'a des richesses qu'en peinture.* — Je ne voudrais pas y être, même en peinture, se dit en parlant d'un endroit où l'on aurait beaucoup de répugnance à se trouver. — Encycl. La peinture est l'art de représenter les objets au moyen de couleurs, sur une surface unie. Dans l'ancienne Égypte, la sculpture et la peinture se pratiquèrent d'abord conjointement; la peinture était l'art subordonné, et les premiers travaux du peintre consistèrent à revêtir de couleurs les statues, les bas-reliefs, et les figures gravées. Puis vint l'exécution, conformément à un code précis de règles conventionnelles, prescrites par la caste sacerdotale, de ces ouvrages minutieux qui illustrent d'une façon si frappante les mœurs et les coutumes des anciens Égyptiens. La période la plus florissante de l'art égyptien est comprise entre l'an 1400 av. J.-C. et la conquête perse en 525 av. J.-C.; après quoi on observe une décadence graduelle jusque dans la première partie de l'ère chrétienne, époque où l'art grec y devient dominant. La peinture paraît s'être développée en Grèce lorsque ce pays eut des relations avec l'Égypte et l'Asie, et antérieurement au ve siècle av. J.-C., elle était principalement ornementale ou représentative, et son application se limitait à la décoration des temples, à la mise en couleurs ou à l'imitation des bas-reliefs, etc. Pendant la lutte contre les Perses, qui fut le grand aiguillon de l'activité intellectuelle dans les races helléniques, la peinture commença à prendre son caractère particulier et à être pratiquée comme un art indépendant. C'est à partir de cette époque jusqu'après la mort d'Alexandre, qu'elle atteignit son plus parfait développement. Avec l'arrivée à Athènes, de Polygnote de Thasos, vers 463 av. J.-C., commencent l'histoire authentique de l'art grec et la suprématie d'Athènes comme capitale des arts, bien que peu des grands peintres de la Grèce soient nés dans cette cité. Parmi les autres peintres célèbres de l'école athénienne contemporains de Polygnote, qui passe pour être le fondateur de cette école. on cite Dionysius de Colophon, portraitiste excellent, dont Aristote a dit: « Il peignait les hommes comme ils sont »; Micon, dont on admirait les chevaux ; Panænus d'Athènes et Onatas d'Égine. Un peu plus tard brilla Apollodore, qui, vers 404 av. J.-C., développa les principes de l'ombre et de la lumière. La peinture, qui avait été jusque-là sculpturale, prit une allure plus dramatique, et à l'école d'Athènes succéda l'école asiatique ou ionienne, dont Zeuxis, Parrhasius et Timanthes sont les maîtres principaux. Eupompe de Sicyone, le derdier peintre véritablement supérieur de cette période, fonda, vers le temps de Philippe de Macédoine, l'école sicyonienne, qui se distingue par la science, une grande aisance et une grande exactitude de dessin, et qui constitue la troisième et dernière phase de la peinture grecque. Les principaux peintres de ce temps furent Pamphilus, remarquable surtout comme professeur théorique de son art, ses élèves, Apelles, Melanthius et Pausias, le premier non moins supérieur par la grâce et la beauté de la forme que par l'énergie et la puissance dans les sujets sublimes, et le dernier qui compte parmi ceux qui inaugurèrent la peinture à l'encaustique; Protogènes de Rhodes, rival d'Apelles; Micias, Euphranor, Nicomaque et Aristide de Thèbes; suivant Pline, ce dernier fut, pour l'expression de ses personnages, le plus grand maître de toute la Grèce. A partir du temps d'Alexandre, l'art dégénéra rapidement, et c'est à peine si l'on rencontre un nom remarquable après le milieu du III° siècle av. J.-C. — La peinture étrusque, dont on a trouvé des spécimens dans les caveaux funéraires de Tarquinies, de Cères, etc., est essentiellement grecque; et, dans une certaines mesure, elle offre des phases analogues de développement et de déclin. Les Romains reçurent leur art directement de la Grèce, et bien qu'ils missent beaucoup de zèle et d'intelligence à recueillir les ouvrages des anciens maîtres de ce pays, ils n'eurent pas d'école de peinture nationale. Mais les trésors d'art accumulés à Rome par les généraux et les empereurs, depuis le temps de Marcellus, firent de cette ville, comme le dit Cassiodore « une vaste merveille ». La plupart de ces chefs-d'œuvre furent transportés à Constantinople par Constantin et par ses successeurs, et le reste disparut dans les incendies et les désordres qui marquèrent le temps de l'exarchat. On ne connaît pas une seule œuvre authentique des grands maîtres de l'antiquité. — Pendant que l'art, dans les anciens foyers de son développement, passait par les dernières phases de ce qu'on a appelé « son âge de décrépitude », le christianisme avait pris racine en beaucoup de parties du monde, et les premiers chrétiens, avant l'époque de Constantin, s'essayaient à la représentation des personnages et des événements sacrés, au moyen de symboles et de peintures mystiques. Les monuments les plus intéressants de l'art chrétien pendant les trois premiers siècles se trouvent sous les murs ou sous les voûtes des catacombes de Rome. Lorsque l'établissement officiel du christianisme permit aux pieux décorateurs de la primitive Église d'émerger de l'obscurité des catacombes, ils appliquèrent leurs travaux aux nombreux édifices dédiés à la nouvelle religion. Mais avant que l'art chrétien eût le temps d'atteindre son développement normal et d'acquérir une forme distincte, des commotions civiles et les invasions barbares l'arrêtèrent en Italie, et au VI° siècle, Constantinople devint son centre principal. Pendant les VII° et VIII° siècles, l'influence des iconoclastes découragea l'art grec. Cependant, Constantinople resta la capitale artistique du monde jusqu'au XIII° siècle, et le style byzantin, raide, conventionnel et sans expression, fut le style dominant. La prise de Constantinople par les Vénitiens en 1204 est regardée comme ayant donné la première impulsion à la renaissance des arts en Italie et dans l'Occident. Beaucoup de peintres byzantins passèrent en Italie et en Allemagne, apportant avec eux leurs méthodes et leurs types de formes et de couleurs, qu'adoptèrent les Italiens. C'est dans la première partie du XVI° siècle que l'art atteignit son apogée. Les premiers pas avaient été lents, et l'on peut dire que la peinture ne se soit affranchie d'une façon notable des entraves byzantines avant le XIV° siècle. C'est à Cimabue de Florence (mort vers 1302) qu'on attribue généralement la renaissance de la peinture en Italie. Les écoles toscanes, qui comprennent celles de Sienne, de Pise et de Florence, se fondirent toutes, au XV° siècle, dans cette dernière, dont Giotto di Bondone avait été le créateur au siècle précédent. Giotto rejetta la couleur sombre que ses prédécesseurs avaient gardée de leurs modèles byzantins, et introduisit des effets plus naturels. Au XV° siècle la peinture fit des progrès considérables, et Florence, sous la magnifique administration des Médicis, devint un des foyers artistiques les plus splendides qu'il y eut jamais. Pietro della Francesca et Paolo Uccello développèrent la science de la perspective et Masolino da Panicale celle du clair obscur. Les œuvres de Lorenzo Ghiberti, sculpteur des fameuses portes de San Giovanni, à Florence, donnèrent une nouvelle vigueur aux principes d'imitation établis par Giotto, et c'est peut-être à son influence qu'il faut faire remonter la supériorité de l'art florentin. Mais c'est à Mosaccio, qui méprisa les types conventionnels de la forme humaine et étudia directement la nature, qu'appartient l'honneur d'avoir fondé la grande époque de peinture pendant ce siècle. Avec Léonard de Vinci, maître accompli dans un grand nombre d'arts, commence une autre époque, où les conceptions plastiques de Mosaccio se combinent avec une composition plus vigoureuse et plus dramatique, et des notions plus nettes de la couleur locale et du clair obscur, comme le montre la fameuse Cène, du couvent de Santa Maria delle Grazie, à Milan. Les maîtres florentins de cette période sont Fra Bartolommeo di San Marco, Andrea del Sarto, tous les deux maîtres sans rivaux, et Michel-Ange Buonarotti, grand peintre, grand sculpteur et grand architecte. La peinture semble avoir fait peu de progrès à Venise avant le temps de Giotto, et pendant le XIV° siècle, il ne se produisit aucune œuvre importante. Le style byzantin, que les peintres vénitiens imitaient exclusivement, resta en vigueur plus d'un siècle après que les florentins y avaient renoncé; mais avec le XV° siècle s'ouvrit une époque nouvelle dans l'histoire de l'école vénitienne, grâce surtout au génie de Giorgione et du Titien, élèves de Bellini, qui furent les premiers en Italie à remplacer la détrempe par la peinture à l'huile. Dans la dernière moitié de ce siècle florissaient le Tintoret et Paul Véronèse. Laissant de côté l'école de Padoue, intimement liée à celle de Venise, nous avons à signaler l'école romaine. A cette école appartint Pietro Perugino (le Pérugin) qui compta parmi ses nombreux disciples Raphaël (Raffaelle Sanzio d'Urbino), dont la renommée éclipsa celle de tous les autres. Il fit aussi des élèves, dont les meilleurs furent Jules Romain (Giulio Romano) et le Caravage (Caravaggio). Parmi les autres écoles d'Italie, on remarque celle de Bologne, dont l'époque la plus brillante commença vers 1585 avec l'ouverture de la célèbre académie des Carracci, qui compta parmi ses élèves le Dominiquin (Domenichino), le Guide (Guido Reni) et le Guerchin (Guercini); celle de Parme, avec le Corrège (Correggio) et celle de Naples qui n'offre pas de nom important avant l'Espagnolet (Giuseppe Ribera) et Salvator Rosa au XVII° siècle. — Bien qu'on puisse faire remonter la peinture en Allemagne jusqu'à l'époque carlovingienne, on ne sait pas grand'chose sur ses artistes avant le XIII° siècle, si l'on en excepte les enlumineurs de manuscrits. Pendant la seconde moitié du XIV° siècle, Meister Wilhelm fit acquérir à l'école de Cologne une réputation considérable. Au XVI° siècle, le point culminant de l'art allemand fut atteint par Albrecht Dürer, élève de Michael Wohlgemuth de Nuremberg, et presque aussi distingué comme peintre, que comme sculpteur et comme graveur, bien qu'on le connaisse surtout aujourd'hui sous ce dernier aspect. Vers le même temps, Lucas Cranach était à la tête de l'école de Saxe. Hans Holbein est de la même époque. Après eux, vient une longue période d'imitation des maîtres étrangers; mais, de notre temps, une grande renaissance nationale s'est produite, dirigée par Overbeck, Cornelius, Schadow et Kaulbach. — L'école flamande date du commencement du XV° siècle, époque où Hubert et Jan van Eyck s'établirent à Bruges et attirèrent autour d'eux des élèves de toutes les parties septentrionales de l'Europe. La dignité et la force, jointes à une imitation scrupuleuse de la nature extérieure, formaient le caractère de leur style. Les plus fameux maîtres sortis de cette école sont Rubens et van Dyke. L'école hollandaise paraît se confondre avec l'école flamande jusqu'au commencement du XVII° siècle. Alors une réaction particulière contre le style maniéré des maîtres du siècle précédent, se manifesta en Hollande. A la tête de ce mouvement on trouve Rembrandt, qui se posa en adversaire de la recherche de l'idéal, et s'appliqua délibérément à l'imitation de la nature vulgaire. Vers le même temps, la peinture de paysage se développa chez les Hollandais avec une rapidité prodigieuse, et fut généralement marquée d'un goût plus pur que la peinture de genre. Paul Bril peignit l'esprit italien, et Cuyp, Berghem, van der Velde et d'autres cultivèrent avec un franc succès un style idéal ou pastoral. — L'école espagnole a une place à part et presque unique, dans l'art européen, par le caractère austèrement religieux et ascétique de ses productions. Un code de règles rigides, établi par l'autorité ecclésiastique, prescrivait la manière de traiter les sujets sacrés, et la puissance du sentiment religieux des artistes les portait à ne s'occuper presque exclusivement que de cette sorte de sujets. On ne peut guère dire que la peinture ait existé dans la péninsule hispanique avant le milieu du XV° siècle, et ce ne fut qu'au XVII° que la réputation de l'école espagnole franchit les Pyrénées. Les visites de quelques artistes flamands au XV° siècle, et, un peu plus tard, du Titien et d'autres maîtres d'Italie, donnèrent aux peintres du pays les premières notions pratiques de la couleur et du dessin. Au XVI° siècle, on trouve Velasquez à la tête des artistes, et au XVII°, Murillo. — La peinture fut pratiquée en France dès le temps de Charlemagne. Pendant les XIV° et XV° siècles, les enlumineurs français produisirent beaucoup d'excellents travaux, mais rien ne ressembla à une école nationale avant l'arrivée dans notre pays du Primatice et d'autres artistes italiens, venus sur l'invitation de François I°. Notre premier artiste national digne de mention est Fr. Clouet, dit Jehannet (mort vers 1572). Établi à la cour de France, il y fit des portraits de personnages célèbres, parmi lesquels on cite celui d'Élisabeth d'Autriche, femme de Charles IX (au Louvre, salon carré). L'école française fut représentée aux XVI° et XVII° siècles par des artistes tels que Simon Vouet, doué d'une grande facilité et dont l'une des meilleures toiles, la Présentation au temple, se trouve au Louvre; Jean Cousin, qui peignit des vitraux et donna un beau Jugement dernier (Louvre); Nicolas Poussin, essentiellement Français, quoique fixé à Rome depuis sa trentième année, maître fécond, chez lequel la mise en scène est la qualité dominante; Claude Gellée, dit Lorrain, l'un des plus grands paysagistes connus, presque sans rival quand il rend des effets de lumière; Philippe de Champaigne, originaire de Bruxelles, et dont les sujets religieux reflètent la doctrine sévère de l'abbaye de Port-Royal; Eustache Lesueur, dont la Vie de saint Bruno (au Louvre) est tant admirée pour la candeur et la sincérité des sentiments; Ch. Lebrun, décorateur pompeux dont les chefs-d'œuvre sont les plafonds de la galerie d'Apollon au Louvre et de la galerie des glaces à Versailles; Jean Jouvenet, qui conserva les bonnes traditions, au moment où P. Mignard tombait dans la maniérisme qui marque la période de décadence de l'école française pendant la seconde moitié du xvii° siècle. A cette époque de mignardise (xvii° et xviii° siècles) vécurent Largillière, Rigaud, Watteau, Boucher, Fragonard, etc. Joseph Vernet (mort en 1789) fut le plus grand peintre de marines, après Claude Lorrain; Vien, dont le chef-d'œuvre, la *Prédication de saint Denis*, se trouve à l'église Saint-Roch (Paris), sut se dégager des mauvais principes de l'école de la décadence, au moment où Chardin et Greuze développaient le genre sentimental et bourgeois (*Accordée de village, Cruche cassée*, etc.). Louis David (1748-1825), subissant l'influence des idées révolutionnaires, rompit avec le passé et chercha le beau dans l'imitation de l'antique. Girodet-Trioson, Gérard, Gros et Guérin, ses principaux élèves, continuèrent le genre classique, auquel on reproche d'avoir quelquefois sacrifié le coloris pour ne se préoccuper presque uniquement que du dessin. En même temps que David, le célèbre Prud'hon travaillait à la réforme de l'école française, et soignait, lui aussi, le dessin aux dépens du coloris. Carle Vernet (mort en 1836) est considéré comme le père de la peinture militaire moderne et Horace Vernet (mort en 1863), fils de Carle, a été le plus fameux de tous les peintres de batailles; son gendre, Paul Delaroche, n'eut pas de rival au xix° siècle, comme peintre d'histoire; Géricault, chef et pour ainsi dire créateur de l'école romantique, recherche la nouveauté des sujets, qu'il emprunta à notre histoire nationale et quelquefois aux événements contemporains. Son *Radeau de la Méduse* fut le manifeste du romantisme. Il fut d'abord méconnu, incompris; mais ses toiles sont aujourd'hui extrêmement recherchées. Parmi les coryphées de l'école romantique, nous citerons au premier rang, Ary Scheffer, artiste d'origine hollandaise, qui se fit une place à part sous le rapport de l'idéalisme qui règne dans ses compositions pures et sévèrement traitées. Notre école française actuelle se distingue par la correction du dessin, par le fini et par l'habileté du coloris; elle est riche surtout en peintres de genre. Ingres, admirateur de Raphaël, recherche la beauté de la forme, la simplicité du dessin et la richesse du coloris. Eug. Delacroix produisit de beaux effets de lumière et de coloris. Les fresques d'Hippolyte Flandrin passent pour les meilleures créations de ce genre. Parmi les autres peintres français, anciens ou contemporains, il faut citer : Jean-Victor Adam (1801-'66), élève de Meynier et de Reygnault; Albrecht Adam, Amaury-Duval, né en 1808, élève d'Ingres; Claude Audran (xvii° siècle); Jean-Et.-Paul Balze, né en 1815 ; Jean-Ant.-Raymond Balze, né en 1818 ; Félix-Joseph Barrias, né en 1822, élève de Cogniet; Louis-Ernest Barrias, né en 1841, élève de Cavelier et de Jouffroy; Paul-Jacques-Aimé Baudry, né à la Roche-sur-Yon en 1823, élève de Sartoris et de Drolling; Joseph-Louis-Hippolyte Bellangé (1800-'66), élève de Gros; François-Léon Benouville (1824-'59), élève de Picot; Merry-Jos. Blondel (1781-'53), élève de Regnault; Rosa Bonheur, née à Bordeaux en 1822, occupe une place éminente comme peintre d'animaux; Auguste Bonheur, né en 1824; Léon Bonnat, né à Bayonne en 1833, élève de Cogniet; Ad.-Will. Bouguereau, né à la Rochelle en 1825, élève de Picot; Les Boullongne, Jacques-Raymond Brascassat (1804-'67); Jules-Adolphe Breton, né en 1827, élève de Drolling; Gustave Brion; Alex. Cabanel, né à Montpellier en 1823, élève de Picot; J.-B.-S.Chardin; Théod.Chasseriau (1819-'56), élève d'Ingres; Léon Cogniet; J.-B. Corot;

Louis-Ch.-Aug. Couder (1789-1873), né à Paris, élève de David et de Regnault; Gustave Courbet, réaliste d'une singulière puissance ; Jos.-Désiré Court (1798-1865), élève de Gros; J. Courtois, dit Borgognone ou le Bourguignon; Thomas Couture ; les Coypel ; Paul-Alf. de Curzon, né à Poitiers en 1820, élève de Drolling ; Charles-François Daubigny; A. Decamps; P. Delaroche; François Desportes (1661-1743) ; Claude Desportes (1695-1774), fils et élève du précédent; Eug. Devéria (1805-'65), élève de Girodet; Gustave Doré, Martin Drolling (1752-1817); Fr.-Hubert Drouais (1727-'75); Claude-Marie Dubufe, Jules Dupré, né à Nantes en 1812 ; Carolus Duran, né à Lille en 1837, élève de Souchon; Jules-Alex. Duval-le-Camus (1817-'77, élève de Delaroche et de Drolling; Firmin-Eloi Féron (1802-'76), élève de Gros; Aug. Feyen-Perrin, né en 1829, élève de Cogniet et d'Yvon; les Flandrin; Fortuny; Franç.-Louis Français, né à Plombières en 1814, élève de Corot et de Gigoux; Martin Fréminet (1567-1619); Théodore Frère, né en 1815; Edouard Frère, né en 1819; Eug. Fromentin; le baron Franç. Gérard; Jean-Léon Gérôme, né à Vesoul en 1824 ; Jean-Franç. Gigoux, né à Besançon en 1809; Séb.-Ch. Giraud, né en 1819; Pierre-Franç.-Eugène Giraud, né en 1806; Aug.-Barth. Glaize, né à Montpellier en 1842, élève de Devéria; Théod. Gudin; J.-B.-P. Guérin; les Hallé, Ern.-Ant.-Aug. Hébert, né à Grenoble en 1817, élève de P. Delaroche; Franç.-Jos. Heim; J.-J. Henner, né en 1829, élève de Drolling et de Picot; Louis Hersent, Nic.-Aug. Hesse (1795-1869), élève de Gros; J.-B. Isabey et son fils, Louis.-G.-Eug. Isabey, né en 1804 ; Armand-Marie-Félix Jobbé-Duval, né en 1821, élève de Delaroche; Jean Jouvenet; Ch. de Lafosse (1636-1716); Nic. Largillière; Phil.-Ch. de Larivière (1798-1876), élève de Guérin, de Girodet et de Gros; Jean-Paul Laurens, né en 1838 ; Jules-Jos. Lefebvre ; Ch.-Ern.-Rod.-Adolphe et Armand Leleux; Jules-Eug. Lenepveu, né à Angers en 1819, élève de Picot; Guill.-Guillon Lethière (1760-1832); Ch.-Fr. Marchal (1825-'77); Louis Matout, né à Charleville en 1813; Jean-Louis-Ernest Meissonnier, né à Lyon en 1815; Ch. Meynier (1768-1832); Jean-Franç. Millet (1815-'75); Gustave Moreau, né à Paris en 1826, élève de Picot; Victor-Louis Mottez, né à Lille en 1809; Ch.-Jos. Natoire (1700-'77); J.-B. Oudry (1686-1755); Dom.-Louis-Féréol Papety (1815-'49); Laurent-Joseph Pelletier, né en 1810; Henri-Emm.-Félix Philippoteaux, né à Paris en 1815; Franç.-Edm. Picot(1786-1868); Isid.-Adr.-Aug. Pils (1813-'75); Abel Pujol (1785-1854); Pierre Puvis de Chavannes, né à Lyon en 1824; les deux Rigaud, Hyacinthe Rigaud (1659-1743); Louis-Léop. Robert (1794-1835); Nic. Robert-Fleury, né à Paris en 1797; Théodore Rousseau(1812-'67); Simon Saint-Jean (1808-'60); J.-B. Santerre (1650-1717); Jean-Victor Schnetz (1787-1870); Xavier Sigalon (1790-1837); Em. Signol, né en 1804; Pierre Subleyras (1699-1749); Louis-Ch. Timbal (1822-'80); J.-F. de Troy (1679-1752); Constant Troyon (1810-'65); Aug.-J.-B. Vinchon (1789-1855); Ant. Vollon, né à Lyon en 1833; Ad. Yvon; Ad. à Eschwiller en 1817, élève de P. Delaroche; Edouard Zamacoïs (1840-'74). élève de Meissonnier; Claude-Louis Ziegler (1804-'56), et Félix Ziem, né à Beaune en 1821.— Il n'y a presque rien à dire de la peinture en Angleterre avant le xviii° siècle. Jan Mabuse, Holbein, sir Anthony More, Rubens, van Dyck, Lely, Kueller et d'autres peintres du continent avaient, pendant les deux siècles précédents, successivement pratiqué leur art dans ce pays, et s'étaient surtout adonnés au portrait; mais leur influence n'avait pas suffi à former une école nationale. William Hogarth est le pre-

mier grand nom dans l'histoire de l'art anglais; cependant l'honneur d'avoir fondé l'école anglaise moderne appartient à sir Joshua Reynolds, qui excella dans le portrait et la peinture d'histoire et qui fut un grand coloriste. Thomas Gainsborough l'égala souvent dans le portrait; mais il est plus connu comme paysagiste. On peut citer encore, pour la seconde moitié du dernier siècle, Richard Wilson, Barry, Romney, Mortimer, Opie, Northcote, Fuseli, Angelica Kauffmann, Copley et West; ces deux derniers nés en Amérique. Dans le premier quart de notre siècle fleurirent sir Thomas Laurence, Hoppner, Raeburn et Jackson, peintres de portraits ; Wilkie, après Hogarth, le meilleur peintre de la vie des gueux que l'Angleterre ait produit; Haydon, peintre d'histoire doué de génie, en dépit de son maniérisme et de son égotisme; Etty, naguère estimé comme coloriste; Turner, le plus original et le plus rempli d'imagination peut-être des peintres de paysages; Constable, Callcott, W. Collins, Morland, Nasmyth, Bonington et John Martin. Pendant la même période, l'histoire et le genre furent cultivés par Bird, Smirke, Stothard et d'autres; ils ont eu pour successeur jusqu'à ce jour Newton, Leslie, Cooper, Mulready, Maclise, Eastlake, Redgrave, E.-M. Ward, Webster, Hamilton, Cope, Dyce, C. Landseer, J.-R. Herbert, Horsley, W.-J. Muller, Frith, Faed, etc. Parmi les paysagistes contemporains éminents, on remarque : Creswick, Stanfield, D. Roberts, James West, les Linnels, père et fils, et F. Lee. Sir Edwin Landseer (mort en 1873) a occupé une place particulière et glorieuse comme peintre de chiens et d'animaux de chasse. L'école anglaise d'aquarellistes, fondée par Paul Sandby au milieu du dernier siècle, est peut-être la meilleure du monde. Parmi ses principaux représentants sont: Turner, Prout, Copley Fielding, Roberts, W. Hunt, Lewis, Cattermole, Cox, Absalon, Corbould, Nash et Stanfield. Une manière plus idéale et où l'imagination prend plus carrière a été récemment cultivée par Leighton, Holman-Hunt, Millais, Watts, Watson, Calderon, Walker, Sant, Whistler et quelques autres. Dans ces quarante dernières années, il s'est formé une nouvelle école s'appelant la Confrérie des Pré-Raphaélites (*Pre-Raphaelite Brotherhood*) et représentée entre autres, par Holman Hunt, Millais et Dante-Gabriel Rossetti. — La peinture avait fait peu de progrès aux États-Unis avant le siècle présent. Benjamin West avait acquis toute sa réputation à l'étranger et Copley s'était, avant la révolution, établi en Angleterre où il avait produit ses plus importants ouvrages d'histoire et de portrait. Charles Wilson Peale et John Trumbull furent les premiers artistes américains de talent qui pratiquèrent réellement leur art dans leur patrie. Dans la première partie de ce siècle, Malbone, Gilbert Stuart et Allston prouvèrent que l'Amérique pouvait prétendre à une haute instruction dans l'art. Vers le même temps, John W. Jarvis et Thomas Sully prirent un rang honorable comme peintres de portraits; Vanderlyn peignit l'histoire avec succès, et un peu plus tard, Newton et Leslie, Américains de naissance ou d'origine, s'établirent en Angleterre et s'y rendirent célèbres parmi les peintres de genre modernes. Vers 1825, Thomas Cole fonda ce qu'on peut appeler l'école américaine de paysage. En même temps que Cole ou immédiatement après lui, on trouve Doughty, Durand, Inman et Fisher; les deux premiers excellèrent dans le paysage; Inman fut le premier peintre américain qui cultiva la peinture de genre avec succès. On peut encore citer : Rembrandt Peale, Weir, Huntington, Rothermel et Page, peintres d'histoire, de portrait, de paysage et de genre; Neagle, Morse, Ingham,

Ilarding et Frazer, peintres de portraits. Les artistes remarquables les plus récents sont : Church et Bierstadt, l'un et l'autre auteurs de grands ouvrages pleins de talents ; Kensett, que son maniérisme particulier emporta souvent jusque dans le royaume de l'idéal ; Inness, James M. et William Hart, Cropsey, Casilear, R.-S. et S.-R. Gifford, G.-L. Brown, Bristol, S. Colman, W.-T. Richards, Tilton, Tiffany, Mac Entee, Whittredge, Cranch, La Farge, Griswold, Smillie, Sonntag, Thomas Hill, Mignot, T. Moran, Gay, Gignoux, Wyant, Gerry, Bellows, Shattuck, Bricher, Hubbard, Fitch et Yewell. Parmi les peintres de marine, on cite : E. Moran, de Haas, Dana, Haseltine, Bradford et Dix. Le portrait a été cultivé avec succès par Elliott, W.-M. Hunt, Baker, Healy, Le Clear, W.-O. Stone, Hicks, H.-P. Gray, Staigg, Ames, Flagg, etc. L'histoire et le genre sont représentés par : Eastman Johnson, Winslow Homer, Leutze, J.-F. Weir, E. White, Mount, May, Povell, Darley, Guy, Lambdin, Hennessey, G.-H. Hall, J.-G. Brown, Perry, T.-W. Vood, Wedder, Terry, C.-C. Coleman et Freeman ; J.-H. et W.-H. Beard, Butler, P. Moran, Hays, Tait et Hinckley sont des peintres d'animaux distingués. — BIBLIOGR. Paillot de Montabert, *Traité complet de la peinture* (Troyes, 1828, 10 vol. in-8°, et atlas); Gault de Saint-Germain, *Hist. de la peinture* (1830, 6 vol. in-4°); L. Viardot, *Musées de France, d'Italie, d'Espagne, d'Angleterre, de Belgique et d'Allemagne* (Paris, 1860, 5 vol. in-16); L. Viardot, *Merveilles de la peinture* (1870, 2 vol. in-16); A. Siret, *Dict. des peintres* (Bruxelles, 1848, in-4°); Ch. Blanc, *Hist. des peintres* (1849-'69, 516 livraisons; gr. in-4°).

*PEINTURER v. a. Enduire d'une seule couleur : *peinturer un treillage, un lambris.* (Peu us.)

* PEINTUREUR s. m. Celui qui peinture, et qu'on appelle plus ordinairement RABOUILLEUR.

PEINTURLURAGE s. m. Action de peinturlurer, résultat de cette action : *ce n'est que du peinturlurage.*

PEINTURLURER v. a. Peindre sans goût, avec des couleurs criardes.

PEIPOUS (Lac) (pé-i-pouss), ou Lac Tchudic [tchou-dik], lac de la Russie d'Europe, formant limite entre les gouvernements d'Esthonie, de Saint-Pétersbourg, de Pskov et de Livonie. Sa plus grande longueur est de 140 kil; sa plus grande largeur de 50 kil.; 3,513 kil. carr. Ses rives sont basses et marécageuses, et sa plus grande profondeur est d'environ 60 pieds.

PEIRESC (Nicolas-Claude FABRI DE), jurisconsulte et savant littérateur, né à Beaugensier (Provence) en 1580, mort à Aix en 1637. Quoiqu'il n'ait laissé aucune œuvre importante, il n'en fut pas moins appelé par Bayle le *procureur général de la littérature.* Nul plus que lui, en effet, ne contribua à encourager les auteurs et à leur procurer les matériaux nécessaires à leurs ouvrages. Antiquaire, philologue, naturaliste, astronome, mathématicien, il rendit à chacune de ses sciences favorites d'éminents services et les enrichit d'importantes découvertes. Il forma de grandes collections de médailles; devança Cuvier dans la connaissance des ossements fossiles, importa en France l'espèce des chats angoras, le jasmin d'Inde, le lilas de Perse, le laurier rose, le néflier, etc. La mort de ce savant fut célébrée en 40 langues différentes par les *humoristes* de Rome. Boissonade a publié les *Lettres de Peiresc à Holstenius* dans le recueil intitulé : *Holstenii epistolæ ad diversos* (Paris, 1819, in-8°). Sa *Vie* a été écrite en latin par Gassendi (Paris, 1641) et traduite en français par Régnier.

PEISSE (Jean-Louis-Hyppolyte), littérateur, né à Aix en 1803, mort à Paris 13 oct. 1881. Il fut l'un des signataires de la protestation des journalistes en 1830. Membre de l'Académie des sciences morales et de l'Académie de médecine, il collabora à diverses publications médicales et fut nommé conservateur des collections de l'École des beaux-arts. Il a laissé : *La médecine et les médecins* (1857, 2 vol. in-18), et diverses traductions.

PÉJORATIF, IVE adj. (lat. *pejorativus;* de *pejor, pire*). Qui augmente le mal : *mesure péjorative.* — Gramm. Qui ajoute une idée de mal; se dit des mots auxquels une terminaison donne une signification désobligeante : *bravache, rimailleur, musicastre, écrivassier.* — Substantiv. *Un péjoratif.*

PÉJORATION s. f. Action d'augmenter le mal, d'empirer.

* PÉKIN s. m. (de *Pékin,* n. pr.). Espèce d'étoffe de soie faite à la Chine, ou fabriquée en Europe à l'imitation de celle de la Chine : *le tissu du pékin ressemble à celui du taffetas.*

PÉKIN s. m. Bourgeois, dans le langage des troupiers :

Les *pékins* et les militaires,
Toujours courant, toujours dehors.
A. PONNIER. *Paris.*

PÉKIN (pé'-kin), ville de l'Illinois (États-Unis), sur l'Illinois, qui y est navigable ; à 255 kil. S.-O. de Chicago ; 7,000 hab. Important commerce de blé et de glace; brasseries, minoteries, fonderies, distilleries, fabriques de charrettes et d'instruments d'agriculture. C'est le point de jonction de quatre chemins de fer.

PÉKIN (chin., *Pe-tching,* capitale septentrionale), capitale de l'empire chinois et de la province de Chihli, près de la rivière Tunghui, petit affluent du Pei-ho, par 39° 56' lat. N., 114° 7' long. E., à environ 19 kil. du Pei-ho, à 55 kil. de la grande muraille, et à 130 kil. N.-O. du golfe de Petchili; 1,500,000 hab. (Des voyageurs récents prétendent que ce chiffre est très exagéré.) Elle s'élève sur une grande plaine sablonneuse, et se compose de Kin-tching, la ville interdite,

Porte occidentale de Pékin.

où ne se trouvent que les palais de l'empereur et les demeures de ses serviteurs immédiats : Hwang-tching, la cité impériale, où habitent un grand nombre de fonctionnaires de la cour; Nui-tching, la cité tartare (aujourd'hui occupée en grande partie par des Chinois), 30 kil. carr., et Wat-tching, la cité chinoise, 38 kil. carr. La cité tartare est entourée d'un mur de 60 pieds de haut, d'environ 50 pieds d'épaisseur à la base, et de 40 pieds au sommet, et la cité chinoise par un autre

mur haut de 30 pieds, et épais de 25 pieds à la base et de 12 au sommet. En dehors des murs, soit des faubourgs couvrent, avec les villes ci-dessus, un territoire, qui a près de 40 kil. de circonférence. On entre dans les différentes cités par 13 portes, et il y en a trois qui font communiquer la cité tartare et la cité chinoise. La partie intérieure, le Kin-tching, ou cité interdite, a environ 3 kil. de circonférence. On y entre par quatre portes, surmontées chacune d'une tour. Des murailles allant du N. au S. la divisent en trois portions, et l'ensemble est occupé par une suite de cours et de bâtiments d'habitation qui n'ont pas d'égaux en Chine. La porte méridionale conduit aux édifices impériaux et est réservée à l'usage de l'empereur. Le chiffre de la population, dans l'enceinte de la cité interdite, n'est pas très élevé, et la plupart de ceux qui y habitent sont Mandchous. La seconde enceinte, Hwang-tching, ou cité impériale, qui entoure la cité interdite, a un circuit de 9 kil. environ. Elle est enclose dans une muraille de 20 pieds de haut, percée de quatre portes que personne ne peut franchir sans permission spéciale. Ce quartier contient de nombreux temples, des monastères, et d'autres édifices religieux ; le King-Chan, ou montagne artificielle, haute de 150 pieds environ, et un parc étendu avec un lac et de nombreuses collines artificielles, des bosquets, des jardins, des parterres et différents édifices. La troisième enceinte, ou enceinte extérieure, qui entoure la cité impériale, forme la cité tartare, et se compose de plusieurs larges rues se croisant à angles droits. Les principaux bureaux du gouvernement se trouvent le long de l'avenue qui conduit, au sud, de la cité impériale à la cité chinoise. Il y a des édifices religieux appropriés aux cultes catholique romain, grec, protestant, mahométan, au bouddhisme sous ses formes principales, au rationalisme, au culte des ancêtres, au culte d'État; des temples dédiés à Confucius et à d'autres personnages déifiés, et un grand nombre d'autres, où sont adorées les idoles populaires du pays. La ville chinoise est plus peuplée que la cité tartare; mais elle contient peu d'édifices importants; elle n'est pas si bien bâtie, et les murs n'en sont pas si solides. Les rues principales ont plus de 100 pieds de large, et vont d'une porte à l'autre de la cité; mais les voies transversales sont de simples ruelles. Elles sont généralement non pavées, et, suivant le temps qu'il fait, on y enfonce jusqu'au genou dans la boue ou la poussière. Les maisons sont en brique, et ont rarement plus d'un étage. Dans les petites rues, les constructions sont misérables ; mais, sur les grandes voies, quelques-unes, particulièrement les magasins, sont richement ornées de peintures et de dorures. Les boutiques sont ouvertes devant et les marchandises sont exposées en tas à la porte. Malgré la largeur des rues principales, cet étalage des marchandises les obstrue beaucoup, ainsi que le nombre des petits artisans qui exercent leurs métiers sous des tentes, ou en plein air. Aux points d'intersection des rues principales, on élève, en l'honneur de personnages distingués, des monuments très curieux qui ont quelque ressemblance avec nos arcs de triomphe. Pendant la nuit, les grandes voies sont calmes d'ordinaire, et mal éclairées par des lanternes suspendues aux portes des maisons. L'atmosphère est viciée par les émanations des vases domestiques, des urinoirs publics et de toute sorte de charognes, que l'on recueille avec soin et que l'on transporte hors de la ville, dans les mêmes chariots couverts qui apportent les légumes au marché. — L'industrie est presque nulle à Pékin, et le commerce se limite aux besoins des habitants. Les taxes en Chine se paient le plus souvent en nature, et de larges quantités de grains sont emmagasinées dans la ville. Les objets de première nécessité y sont excessivement chers, et beaucoup d'habitants sont dans la plus profonde misère. Un journal gouvernemental, la *Gazette de Pékin*, s'y publie quotidiennement sous forme de brochure de 60 à 70 pages. Il note toutes les affaires publiques, et rend un compte succinct des principaux événements. — Les environs de Pékin sont occupés par des bosquets, des maisons particulières, des hameaux et des champs cultivés, entremêlés d'arbres, de sorte que de loin la ville a l'air d'être au milieu d'une forêt. Le parc de Youen-mingyouen, ce qui signifie « jardins ronds et splendides », se trouve à environ 12 kil. N.-O. de la ville, et a une superficie estimée à 20 kil. carr. On porte à 30 le nombre des résidences de l'empereur ou de ses ministres, qui se trouvent dans ce parc; et chacune est entourée d'un grand nombre d'habitations affectées aux ennuques et aux domestiques. Le palais d'été et la grande salle du trône, de beaucoup les plus considérables et les plus magnifiques de ces résidences, furent pillés et brûlés par les troupes franco-anglaises, dans leur marche sur Pékin, en 1860. — Bien que Pékin (originellement Yehking) soit regardé par les Chinois comme une de leurs cités les plus antiques, elle ne devint la capitale du pays qu'après la conquête des Mongols, lorsque Koublai-Khan y établit sa cour (1279-'94). Il la transporta ensuite à Hangtchow. Les empereurs nationaux de la dynastie Ming, qui succédèrent aux Mongols en 1368, tinrent leur cour à Nankin jusque vers 1410, où le troisième d'entre eux transféra à Pékin le siège du gouvernement, qui y a toujours été maintenu depuis. Au commencement d'octobre 1860, une armée anglo-française de 25,000 hommes, après avoir détruit le palais d'été et ravagé plusieurs villes, campa à l'intérieur des ouvrages en terre, à 2 kil. environ de la muraille septentrionale de Pékin, et obligea les Chinois, en les menaçant de détruire la cité, à ratifier le traité de Tien-Tsin.

PÉKINOIS, OISE s. et adj. De Pékin; qui concerne cette ville ou ses habitants.

* PELADE s. f. (rad. *peler*). Sorte de maladie qui fait tomber les poils et les cheveux : *avoir la pelade*. On la nomme autrement ALOPÉCIE. (Voy. ALOPÉCIE.)

* PELAGE s. m. (rad. lat. *pilus*, poil). Couleur principale du poil de certains animaux : *ces deux chevaux ne sont pas de même pelage.*

PÉLAGE Ier, pape de 555 à 559. Il était Romain d'origine et a laissé 16 *Epîtres*. — II, pape de 578 à 590. Il mourut de la peste.

PÉLAGE (lat. *Pelagius*), fondateur du système religieux appelé pélagianisme. On sait peu de chose de sa vie, mais on suppose que c'était un moine de la Grande-Bretagne, dont le nom véritable était Morgan. Il alla à Rome vers 409, et, en 411, à Carthage avec son disciple Cœlestius. Pélage quitta bientôt l'Afrique pour la Palestine, mais Cœlestius fut accusé d'hérésie devant un synode tenu à Carthage en 412, et condamné pour les doctrines suivantes : 1, Adam a été créé mortel, de sorte qu'il serait mort, qu'il eût péché ou non ; 2, le péché d'Adam n'a porté préjudice qu'à lui seul, et non à tout le genre humain ; 3, les enfants nouveau-nés sont dans la même condition qu'était Adam avant sa chute ; 4, ni la race humaine ne meurt à cause de la mort ou du péché d'Adam, ni elle ne ressuscite à cause de la résurrection du Christ ; 5, les petits enfants obtiennent la vie éternelle, même s'ils ne sont pas baptisés; 6, la loi mosaïque est aussi bonne que l'Evangile comme moyen de salut; 7, il y eut quelques hommes, même avant l'apparition du Christ, qui ne commirent pas de péché. Pélage fut bientôt attaqué lui-même en Palestine, où Jérôme devint un de ses plus ardents adversaires. Plusieurs synodes condamnèrent sa doctrine, bien que, pendant quelque temps, ceux qui la professaient eussent la confiance du pape. Augustin, le plus puissant ennemi de Pélage, en appela à l'empereur Honorius (418), qui ordonna l'extirpation de la nouvelle hérésie. Ses doctrines furent de nouveau condamnées par le concile œcuménique d'Ephèse, en 431. Les partisans de Pélage n'ont jamais formé une secte proprement dite ; mais le pélagianisme a pendant longtemps maintenu sa place dans l'Eglise.

PÉLAGE, roi des Asturies ou d'Oviedo. Il était porte-lance du roi Rodrigue à la bataille de Xérès. Après la mort de Rodrigue, il se mit à la tête des troupes réfugiées dans les monts Cantabres, battit les Arabes en 718 à Caradouga, fut nommé roi, fonda Oviédo et mourut en 737.

* PÉLAGIANISME s. m. Doctrine du moine Pélage et de ses sectateurs. (Voy. PÉLAGE.)

PÉLAGIE (Sainte), pénitente du ve siècle. Elle était la plus brillante comédienne d'Autriche. Elle se convertit au christianisme et se retira sur la montagne des Oliviers. Fête le 8 octobre.

PÉLAGIE (Sainte-), prison de Paris, bâtie en 1665 par Marie Bonneau, qui, après avoir mené une joyeuse existence, voulut fonder un asile pour préserver la vertu des jeunes filles. Ce couvent, ouvert pendant la Révolution, fut converti en prison quelques années plus tard et l'on y enferma surtout les détenus pour dettes. Pendant la Restauration et sous les deux Empires, ce fut une prison d'Etat; aujourd'hui on y détient principalement les condamnés politiques.

* PÉLAGIEN, IENNE adj. Qui est conforme à la doctrine de Pélage. — s. Partisan du pélagianisme.

PÉLAGIEN, IENNE adj. (Surnom de Neptune). Qui appartient à la mer, à la haute mer, qui fréquente la pleine mer : *oiseaux pélagiens.* — s. m. Ornith. *les pétrels, les albatros, les mouettes, les frégates sont des pélagiens.*

* PÉLAGIQUE adj. (lat. *pelagus*, mer). Didact. Qui appartient à la mer.

* PÉLAMIDE s. f. Hist. nat. Poisson de mer, dont la forme approche de celle du maquereau.

PÉLAGOSCOPE s. m. (gr. *pelagos*, mer; *skopeô*, je vois). Phys. Instrument employé pour voir les objets qui sont dans l'eau.

* PELARD adj. m. (rad. *peler*). N'est usité que dans cette locution. Bois PELARD, bois dont on ôte l'écorce pour faire du tan.

PÉLARGONIER s. m. Nom que l'on donne quelquefois au pélargonium.

PÉLARGONIQUE adj. Chim. Se dit d'un acide organique que l'on obtient dans plusieurs réactions et qui existe dans l'huile du pélargonier rosé.

PÉLARGONIUM s. m. [pé-lar-go-ni-omm] (gr. *pelargos*, cigogne ; à cause de la forme de carpelles qui rappellent le bec de la cigogne). Bot. Genre de géraniacées comprenant environ 500 espèces de plantes dont les fleurs ont 5 pétales, le supérieur prolongé en un petit éperon ; la plupart des espèces sont dues à l'hybridation, si bien qu'on les considère souvent comme de simples variétés. Le genre pélargonium diffère du géranium

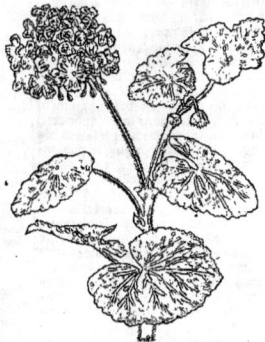

Pélargonium écarlate (Pelargonium inquinans).

sous plusieurs rapports dont les plus importants sont le caractère d'arbrisseau que prennent ses tiges du premier et la forme irrégulière de ses fleurs. Il n'est pas de plante plus populaire soit pour l'ornement des fenêtres soit pour celui des appartements et des plates-bandes. Le nom de géranium est très incorrectement appliqué au pélargonium. Ces plantes sont originaires de l'A-

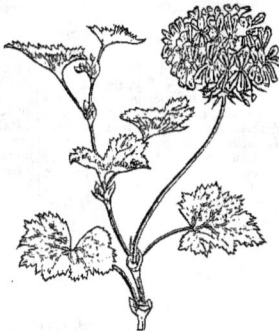

Pélargonium à feuilles zonées (Pelargonium zonale).

frique australe, particulièrement du cap de Bonne-Espérance. Leurs magnifiques fleurs et les variétés de couleur qu'on y remarque constituent une des plus grandes richesses de la floriculture. Les espèces les plus répandues sont : le *pélargonium à feuilles zonées* (*pelargonium zonale*), vulgairement *géranium* des jardins, à feuilles orbiculaires marquées d'une zone brune en dessus, à fleurs d'un rouge plus ou moins vif, souvent doubles; le *pélargonium écarlate (pelargonium inquinans)*, à feuilles sans divisions bien marquées, duveteuses, un peu visqueuses, répandant une très forte odeur; le *pélargonium à feuilles en cœur (pelargonium cordatum)*; le *pelargonium odorant (pelargonium odorantissimum)*, à feuilles molles et douces au toucher qui répandent quand on les froisse une odeur très aromatique, etc. On obtient par le semis de nouvelles variétés que l'on conserve au moyen du bouturage. Il faut rentrer les plantes dans la serre tempérée avant les froids de l'hiver.

PÉLASGES [pé⸱lass⸱je] (gr. *Pelasgoi*), ancienne population de l'Europe méridionale. Les écrivains grecs en parlent comme de tribus errantes et agricoles. Homère les regarde comme aborigènes en Grèce, et les rattache aussi à l'Asie Mineure et à la Crète. Thucydide les considère comme la plus nombreuse de beaucoup de races de même souche répandues en Grèce. Ils vinrent de l'Orient, à travers l'Asie Mineure (où ils furent probablement refoulés par les Lydiens, les Phrygiens et les Cariens, jusqu'aux îles à la péninsule grecque, et s'établirent principalement en Thessalie, en Épire et dans le Péloponèse). En Italie, les tribus méridionales étaient de race pélasgique, et, à une époque, la population de l'Étrurie était aussi en grande partie pélasgienne. Les Pélasges parlaient de l'art des fortifications, et dans tous les pays où ils habitèrent, on peut retrouver les traces de leur présence dans des travaux de défense, bâtis avec d'énormes blocs de pierre, de forme polygonale, adaptés les uns aux autres sans mortier ni ciment. On donne communément à ces ouvrages le nom de cyclopéens, à cause de leur grandeur majestueuse et de leur antiquité. Les Pélasges parlaient un idiome grec, selon les uns, sémitique, selon les autres, ou, de l'avis de quelques-uns, thracoillyrique.

PÉLASGIEN, IENNE adj. [-lass-ji]. Qui appartient aux Pélasges.

* **PÉLASGIQUE** adj. [-lass-ji-] Qui concerne les Pélasges, ancien peuple de la Grèce.

PÉLASGIQUE (Golfe), *Pelasgicus sinus*, golfe de la Grèce ancienne, sur la côte orientale, au N. de l'Eubée, aujourd'hui golfe de Volo.

PELAUDER v. a. Battre, étriller. (Vieux.)

* **PÊLE** s. m. Voy. **PÊNE**.

PÉLÉCOÏDE adj. (gr. *pelekus*, hache; *eidos*, aspect). Géom. Qui est en forme de hache.

* **PELÉ, ÉE** part. passé de **PELER**. Dont on a ôté le poil ou la peau. — Fig. UN ROC PELÉ, UNE MONTAGNE PELÉE, un roc, une montagne où il n'y a ni arbre ni verdure. — s. Fam., en parlant des personnes, *un vieux pelé.* — Pop. et par mépris, IL Y AVAIT QUATRE PELÉS ET UN TONDU, se dit en parlant d'une assemblée de peu de personnes et de gens de très peu de considération.

PÉLÉE, fils d'Éaque, roi d'Égine. Ayant, par mégarde ou par jalousie, tué son frère Phocus, il vint à la cour du roi de Phtiotide, dont il épousa la fille. Ayant pris part à la chasse du sanglier de Calydon, il eut encore l'infortune d'y tuer son épouse. Réfugié à Iolcos, il dédaigna l'amour de la reine Crithéis qui le dénonça à son mari Acaste, et le fit pendre. Pélée ayant rompu ses liens, tua Acaste et Crithéis, s'empara du trône d'Iolcos et épousa Thétis, dont il eut Achille. Il prit part à l'expédition des Argonautes et au combat des Centaures et des Lapithes. Pendant la guerre de Troie, il fut renversé par les fils d'Acaste.

* **PÊLE-MÊLE** adv. Confusément : *ils étaient tous pêle-mêle.* — n. m. *C'est un pêle-mêle où*

il est impossible de se reconnaître, de rien distinguer.* En style d'étiquette de cour : *pour éviter les disputes de préséance, le prince ordonna le pêle-mêle.*

* **PELER** v. a. (lat. *pilus* ou *pelli*, poil). Ôter le poil : *mettre un cochon de lait dans l'eau bouillante pour le peler.* — Ôter la peau d'un fruit, l'écorce d'un arbre, et, en général, la surface des choses qui ont une espèce de peau : *peler une poire, une pomme.* — PELER LA TERRE, en enlever du gazon. PELER DES ALLÉES, en enlever de la terre et de l'herbe avec la bêche, la pelle, etc. — v. n. En parlant du corps de l'homme et des animaux, quand la première superficie de la peau s'en détache d'elle-même : *tout mon corps a pelé, tout le corps m'a pelé à la suite de cette maladie.* — Se peler v. pr. *Ce velours se pèle promptement.*

* **PÈLERIN, INE** s. (lat. *peregrinus*). Celui, celle qui par piété fait un voyage à un lieu de dévotion : *un pèlerin qui va à Rome, à Jérusalem.* — Absol. PÈLERIN DE SAINT-MICHEL, PÈLERIN DE SAINT-JACQUES, pèlerin qui va à Saint-Michel, qui va à Saint-Jacques, ou qui en revient. — LES PÈLERINS D'EMMAÜS, les deux disciples qui allaient à Emmaüs, après la résurrection de Jésus-Christ. — Voyageur. *Voyageur.) sont quelques phrases proverbiales. ROUGE SOIR ET BLANC MATIN, C'EST LA JOURNÉE DU PÈLERIN*, le ciel rouge au soir et blanc au matin, présage un beau temps : *vent du soir et pluie du matin n'étonnent pas le pèlerin.* — Fig. et fam. Homme, femme qui a de la finesse, de l'adresse, de la dissimulation : *vous ne connaissez pas le pèlerin; c'est une adroite pèlerine.*

* **PÈLERINAGE** s. m. Voyage que fait un pèlerin : *les Turcs font le pèlerinage de la Mecque.* — Fig., CETTE VIE N'EST QU'UN PÈLERINAGE, n'est qu'un voyage, n'est qu'un passage à une autre vie. — Lieu où un pèlerin va en dévotion : *Notre-Dame de Lorette est un des plus fameux pèlerinages de la chrétienté.* — ENCYCL. Dès les premiers temps du christianisme, quelques fidèles entreprenaient le voyage de Jérusalem, pour y visiter les lieux où le Christ a subi la passion; mais ce fut au moyen âge seulement que la visite aux lieux saints devint une sorte d'obligation pour les pécheurs. Les califes mahométans traitèrent les pèlerins tantôt avec bonté, tantôt avec cruauté; mais, sous le règne des Turcs seldjoucides, qui s'emparèrent de la Palestine, vers l'an 1076, les persécutions prirent un caractère de violence qui motiva les croisades, pour la délivrance de Jérusalem. — Les tombeaux de saint Pierre et de saint Paul, à Rome, étaient déjà des lieux de pèlerinage très fréquentés; leur sainteté était considérée comme venant immédiatement après celle de la Palestine; Lorette, sur la côte orientale d'Italie, était fameuse comme renfermant la maison de la Vierge. On visitait aussi avec ferveur le tombeau de saint François, à Assise, l'église Saint-Pierre et Saint-Paul, à Trèves, la tombe supposée des trois rois, à Cologne, la châsse de sainte Ursule et de ses onze (on disait onze mille) compagnes, dans la même ville; Œtting, Celle et Einsiedeln en Suisse; les fameuses châsses de saint Jacques l'Apôtre, à Compostelle et de la Vierge à Monserrat (Espagne), du mont Saint-Michel (Normandie), de saint Martin de Tours, de sainte Anne d'Auray, en Bretagne; les églises de sainte Geneviève (Paris) et de saint Denis, et la Vierge noire, à Chartres. De notre temps, Paray-le-Monial, Lourdes et la Salette ont acquis une soudaine célébrité. — En Angleterre, il existait plusieurs châsses de la Vierge; la plus ancienne était celle de Glastonbury, la plus renommée, celle de Walsingham. En Irlande, on a une grande dévotion pour la châsse de saint Patrick, à Downpatrick, pour le purgatoire de saint Patrick, etc. En Amérique,

les lieux de pèlerinage les plus fréquentés sont Guadalupe (près de la ville de Mexico), et Sainte-Anne (près de Québec). L'église orthodoxe russe a aussi ses lieux de pèlerinage : Jérusalem, monastère du mont Athos, châsses de Kiev, *Lavra* (monastère supérieur) de la Sainte-Trinité, à environ 50 kil. de Moscou; couvent de saint Alexandre Nevski, près de Saint-Pétersbourg. — Chez les musulmans, le pèlerinage le plus saint est celui de la Mecque. Chaque mahométan doit, une fois au moins dans sa vie, se rendre dans cette capitale religieuse de l'islamisme. (Voy. HADJI.) Les reliquaires les plus particulièrement vénérés par les Persans sont ceux de Mesjid-Ali (où fut enterré le calife Ali) et de Kerbela (où fut tué Hussein, fils d'Ali, par Fatime, fille de Mahomet); les Persans visitent aussi la Mecque et Médine. — L'Indoustan compte d'innombrables lieux saints, dont les plus fréquentés sont Jaggernaut, Bénarès, Hurdwar, Dwarka et Nassick. Les Japonais de la secte Shinto font des pèlerinages à un fameux temple de la province d'Isje. Le Sinaï des bouddhistes japonais est le volcan de Fusiyama, près de Tokio (Yedo). — Législ. « Aucun pèlerinage ne pouvait avoir lieu autrefois hors des frontières du royaume, sans un certificat de l'évêque du diocèse, et sans un autre certificat émanant de l'autorité locale. Les pèlerins qui n'étaient pas munis de ces attestations étaient arrêtés comme vagabonds. Ils étaient punis du carcan pour la première fois. En cas de récidive, ils étaient fustigés; en cas de seconde récidive, la peine ne pouvait être moindre que celle des galères pour les hommes; et le roi permettait aux juges d'en fixer la durée selon l'exigence des cas et la qualité des personnes (Edit août 1671, Déc., 7 janvier 1686). Ces défenses avaient été édictées à cause des abus de toutes sortes auxquels donnaient lieu les pèlerinages à Rome, à Notre-Dame de Lorette, à Saint-Jacques de Compostelle, etc. L'argent du royaume était ainsi porté à l'étranger, car un don devait compléter le pèlerinage; et, par une spéculation coupable, on exploitait les personnes crédules par la promesse de grands avantages spirituels et par l'espoir de guérisons miraculeuses, ainsi que cela se passe encore de nos jours. Les défenses portées étaient en outre basées sur le fait que ces voyages favorisaient le libertinage autant que la dévotion. Par suite de la continuation des mêmes désordres, une nouvelle déclaration du 1er août 1738, défendit aux sujets français de se rendre en pèlerinage hors du royaume, sans une permission expresse du roi, signée par l'un de ses secrétaires d'État, à peine des galères à perpétuité pour les hommes, et de telle peine afflictive qui serait jugée convenable pour les femmes. La législation est aujourd'hui moins rigoureuse; elle ne met aucun obstacle aux pèlerinages faits isolément ou en groupe, à l'intérieur ou à l'étranger, bien que l'on y constate des abus comme autrefois. Ces manifestations rentrent, de même que les processions, dans la compétence des autorités locales. (Voy. PROCESSION). »

(CH. Y.)

* **PÈLERINE** s. f. Ajustement de femme, fait en forme de grand collet rabattu, qui couvre la poitrine et les épaules : *une pèlerine de percale.*

PÈLERINER v. n. Aller en pèlerinage.

PELET (Jean-Jacques-Germain, BARON DE), général, né à Toulouse, le 15 juillet 1777, mort le 20 déc. 1858. Il fut attaché comme aide de camp à Masséna et le suivit en Italie, en Pologne et en Autriche; il se signala en Portugal, prit part à la campagne de Russie sous les ordres de Ney, assista aux combats de Leipzig, de Brienne, de Montmirail, de Laon, fut mis à la retraite en 1814, reparut pendant les Cent-Jours, et se couvrit de gloire à Waterloo. En 1831, il fut envoyé à la Chambre des députés, par la ville de Toulouse. On a de lui : *Mémoires sur la guerre de 1809 en Allemagne* (1826, 4 vol.); *Mémoires militaires relatifs à la succession d'Espagne* (1836-'62, 11 vol.), etc.

PELEW (Iles) [pi-liou], chaîne d'îles dans la partie septentrionale de l'océan Pacifique, à l'extrémité de l'archipel des Carolines, dont elles font partie, entre 6° 50' et 8° 20' lat. N., et 132° et 133° long. E. Le groupe se compose de 26 îles principales, presque entièrement entourées d'un récif de corail, et couvrent une étendue de 110 kil. sur 30 environ. Babelthuap, la plus grande, a environ 50 kil. de long sur 23 kil. de large. Le groupe entier a une superficie de 875 kil. carr., dans lesquels Babelthuap entre pour 688 kil. carr. La population est de race malaise, et monte à environ 10,000 hab. Les îles sont bien boisées, et produisent les fruits et les végétaux des tropiques. Ce sont les Espagnols qui, dit-on, les découvrirent en 1545.

PELHAM [pel'-hamm]. Voy. NEWCASTLE ou NEWCASTLE-UPAN-LYME.

PÉLIAS, fils de Neptune et de Tyro, usurpateur du trône d'Iolcos, qu'il enleva à Eson, oncle de Jason. Il envoya ce dernier, dont il voulait se défaire, à la conquête de la Toison d'Or, lui promettant son trône, s'il la lui rapportait. Jason, avec l'aide de Médée, réussit dans son entreprise, mais Pélias refusa de tenir sa promesse. Médée le fit tuer et plaça Jason sur le trône.

* **PÉLICAN** s. m. (lat. *pelicanus*; du gr. *pelekus*, hache, à cause de la forme du bec). Oiseau aquatique, de l'ordre des palmipèdes, dont le bec est très large, et dont l'œsophage se dilate de manière à former une espèce de sac, où il met en réserve des aliments pour lui et pour ses petits : *le pélican est le symbole de l'amour paternel.* — *En blason, le pélican est représenté se perçant l'estomac avec le bec, comme pour nourrir ses petits de son sang.* — Chim. Alambic de verre d'une seule pièce, ayant un chapiteau tubulé d'où sortent deux becs : *le pélican est un appareil que les chimistes ont cessé d'employer.* — Chir. Instrument recourbé en manière de crochet, qui sert à arracher les dents. — ENCYCL. Les pélicans forment un genre de gros oiseaux palmipèdes, famille des totipalmes, distingué par un bec très long, droit, large, aplati, terminé par un crochet; par la mandibule inférieure du bec très flexible soutenant une membrane nue qui peut se dilater pour former un sac volumineux, dont l'oiseau se sert comme d'un filet de pêcheur. On supposait autrefois et les ignorants s'imaginent encore que le pélican se perce le flanc, pour nourrir ses enfants. Les espèces de ce genre ne sont pas nombreuses, mais on les rencontre dans presque toutes les parties du monde et surtout dans les régions tropicales, où les pélicans fréquentent les côtes de la mer aussi bien que les lacs et les rivières de l'intérieur. Ils sont très voraces et ne nourrissent exclusivement que de poissons; leur poche peut en contenir assez pour le dîner d'une demi douzaine de personnes. Ils nagent, plongent et volent bien, et se perchent sans difficulté sur les arbres. Le *pélican blanc* (*pelicanus onocrotalus*, Linn.) mesure de 1 m. 65 à 2 m. de long, et de 3 m. à 3 m. 30 d'envergure; sa couleur générale est blanche; celle de sa poche est jaune. On le trouve dans le S.-E. de l'Europe, en Asie, en Afrique; il vient quelquefois jusqu'en Allemagne, mais rarement jusqu'en France. Le père et la mère nourrissent leurs petits en dégorgeant la nourriture dans leur bec. C'est surtout le pélican blanc qui passe pour se percer le flanc et nourrir ses enfants de son sang. D'autres particularités moins fabuleuses ont

fixé l'attention des observateurs. Excellent voilier et non moins bon plongeur, cet oiseau poursuit sa proie et se laisse tomber sur elle comme une flèche, au moment opportun, interrompant tout à coup le vol le plus rapide. Il s'associe à des oiseaux de son espèce pour former des sociétés qui se réunissent pour

Pélican blanc (Pelicanus onocrotalus).

pêcher. Le pélican vit longtemps. En captivité, il mange des rats et d'autres petits mammifères aussi bien que des poissons. Le *pélican blanc américain* ou *pélican à bec rugueux* (*pelicanus erythrorhynchus*, Gmel.) a environ 2 m. de long, et 2 m. 60 d'envergure; il pèse de 17 à 18 livres. Sa chair rance sent le poisson, et n'est pas mangeable. Le *pélican brun* (*pelicanus fuscus*, Linn.) diffère de cette dernière espèce par ses mœurs, sa taille et ses couleurs. Il est plus petit, n'ayant que 1 m. 30 de long, 2 m. 30 d'envergure, et un poids de 7 ou 8 livres. On le trouve de la Caroline du N. au Texas, et sur la côte de Californie; il habite toute l'année la Floride, mais il est rare aujourd'hui au N. de Saint-Augustin. Il pratique sa nourriture au vol; plonge soudain d'une hauteur de 15 à 20 pieds, le bec largement ouvert et la poche dilatée, il enlève le poisson et l'avale sur-le-champ. Sa démarche est gauche, mais il nage admirablement. Lorsqu'on le blesse, il fait de cruelles morsures. Sa nourriture ordinaire consiste en poissons. Sa chair coriace ne vaut rien à manger; ses œufs ne sont guère meilleurs. Sa vue et son ouïe sont d'une grande finesse.

PELIGNI, ancien peuple guerrier de l'Italie centrale, d'origine Sabine. Il occupait un tout petit territoire entre les Marruccini, les Marses, les Samnites et les Frentani. Il fut longtemps la guerre aux Romains, mais ayant conclu avec eux une paix, vers la fin du IVᵉ siècle av. J.-C., il les aida contre les Samnites et contre Annibal. Il joua le principal rôle dans la guerre sociale, et fut définitivement subjugué en 89 av. J.-C.

PÉLION (Géogr. anc.), chaîne de montagne de la Thessalie, qui s'étend le long de la côte de la Magnésie, abrupte du côté de la mer, et réunie au N. au mont Ossa par des collines basses. Dans leur guerre contre les dieux, les géants, dit-on, tentèrent d'escalader le ciel en entassant Pélion et Ossa sur le mont Olympe, ou Ossa et Olympe sur le mont Pélion. Le nom moderne de Pélion est Zagora.

* **PELISSE** s. f. (rad. *peau*). Robe, manteau ou mantelet doublé ou garni de fourrure : *la pelisse fait partie de l'habillement des hussards.*

PÉLISSIER (Jean-Jacques-Amable), *duc de Malakoff*, maréchal de France, né à Maromme (Seine-Inférieure), le 10 nov. 1794, mort à Alger le 22 mai 1864. Il entra dans l'armée à l'âge de 19 ans, au sortir de Saint-Cyr, servit en Espagne et en Grèce, et pendant l'expédition d'Alger reçut le grade de chef

d'escadron (1830). Il fut promu au grade de colonel le 8 avril 1842 et fut chargé en 1845 d'une expédition dans le Dahra. (Voy. DAHRA). A la suite de l'exécution des Ouled-Riah, dans les grottes d'El-Kantara, son nom fit beaucoup de bruit en France, et le maréchal Bugeaud ayant pris sur lui la responsabilité des actes de son subordonné, celui-ci fut nommé général de brigade (1846), puis général de division (15 av. 1850), et s'empara de Laghouat (1852). En mai 1855, il succéda à Canrobert comme commandant en chef en Crimée. Après la chute de Sébastopol, il fut fait maréchal et duc. Il fut ambassadeur à Londres, 1858-'59, commanda l'armée d'observation dans l'E., pendant la guerre italienne (1859), et devint en 1860 gouverneur général d'Algérie.

PÉLISSON Voy. PELLISSON.

PELLA, auj. *Iénidjeh*, ville de l'ancienne Grèce, dans la Macédoine, sur le Ludius. Patrie de Philippe II et d'Alexandre le Grand.

* **PELLAGRE** s. f. [pèl-la-] (lat. *pellis*, peau; gr. *agra* prise). Affection particulière au midi de la France, à l'Espagne et à l'Italie surtout. Elle consiste en une maladie cutanée chronique et caractérisée par une inflammation exanthématique ou squameuse qui se borne aux parties exposées aux rayons du soleil. On en attribue la cause à une altération du maïs qui forme la base essentielle de la nourriture des habitants dans les pays où elle est endémique. Elle atteint surtout les individus dont la constitution a été détériorée par la misère ou la maladie. Le changement de régime est le seul traitement à appliquer. — Voy. Dʳ Billod, *Traité de la pellagre* (1870).

* **PELLE** s. f. [pè-le] (lat. *pala*). Instrument de fer ou de bois, large et plat, qui a un long manche, et qui sert à divers usages : *prendre du feu avec une pelle*. — REMUER L'ARGENT A LA PELLE, avoir beaucoup d'argent. *LA PELLE SE MOQUE DU FOURGON*, se dit en parlant d'une personne qui a les mêmes défauts que celle dont elle veut se moquer.

* **PELLÉE, PELLERÉE, PELLETÉE** s. f. Autant qu'il en peut tenir sur une pelle : *une pellée de plâtre.*

PELLEGRIN (Simon-Joseph, L'ABBÉ), littérateur, né à Marseille en 1663, mort en 1745. Il composa des cantiques spirituels, des madrigaux, des comédies; traduisit en vers les Odes d'Horace (1715, 2 vol. in-12), mit le Nouveau Testament sur des airs d'opéra, etc. C'est de lui dont on a dit qu'il dînait de l'autel et soupait du théâtre.

PELLEGRINI. Voy. TIBALDI.

PELLEGRUE, ch.-l. de cant., arr. et à 24 kil. N.-N.-E. de la Réole (Gironde); 500 hab.

PELLERIN (Le), ch.-l. de cant., arr. et à 28 kil. E.-S.-E. de Paimbœuf (Loire-Inférieure); 2,000 hab. Joli village bâti à mi-côte sur la rive gauche de la Loire. Petit port.

PELLERON s. m. (dimin. de *pelle*). Petite pelle de bois avec laquelle les boulangers enfournent les petits pains.

PELLETAN (Pierre-Clément-Eugène), homme politique et écrivain, né à Saint-Palais-sur-Mer (Charente-Inférieure), le 29 oct. 1813, mort au palais du Luxembourg, le 13 déc. 1884. Il abandonna l'étude du droit, à Paris, pour se consacrer à la littérature, devint l'un des apôtres de la doctrine d'Enfantin, dont il prêcha les principes dans une partie de l'Europe. Il entra ensuite dans le journalisme libéral. Persécuté sous l'Empire, il posa sa candidature au Corps législatif dans la 9ᵉ circonscription de la Seine et fut élu le 13 déc. 1864, fit partie du groupe de l'opposition, fonda le journal *la Tribune*, fut réélu en 1869, et dut à son titre de député de Paris d'être proclamé membre du gouvernement de la Défense nationale (1870). Le dép. des Bouches-du-Rhône l'envoya à l'Assemblée nationale (8° févr. 1871), où il siégea à gauche. Le 30 janv. 1876, le même dép. l'élut sénateur pour 9 ans; il prit place à l'extrême gauche. Pendant le Seize-Mai, il fut en butte aux insultes du commissaire central d'Aix. Il devint sénateur inamovible le 24 juin 1884. Il a laissé, entre autres ouvrages : *Les Dogmes, le Clergé et l'Etat* (1843, in-8°); *Histoire des trois Journées de Février 1848* (1848, in-8°); *Profession de foi du XIX° siècle* (1852, in-8°); *Heures de travail* (1854, 2 vol. in-8°; 2° éd., 1869), recueil d'articles; *Le Pasteur du Désert* (1865, in-12); *Les Droits de l'Homme* (1858, in-8°; 2° éd., 1867); *Rois philosophes* (1858, in-8°); *Décadence de la monarchie française* (1860, in-16; augmentée en 1862, in-8°; 4° éd., 1872); *Naissance d'une ville* [Royan] (1864, in-8°); *Adresse au roi Coton* (1863, in-8°); *La Nouvelle Babylone* (1863, in-8°).

PELLETÉE s. f. Voy. Pellée.

* PELLETERIE s. f. [pè-le-te-rî] (rad. lat. *pellis*, peau). Art d'accommoder les peaux garnies de leur poil, pour en faire des fourrures; commerce de fourrures : *la pelleterie est un bon commerce pendant les hivers rigoureux.* — Peaux dont on fait les fourrures : *rapporter des pelleteries, de belles pelleteries du Canada.*

* PELLETIER, IÈRE s. Celui, celle qui fait, qui vend des fourrures : *marchand pelletier.*

PELLEVÉ ou Pelvé (Nicolas de), cardinal, né au château de Jouy (Normandie) en 1518, mort à Paris en 1594. Il fut successivement évêque d'Amiens et de Sens, suivit le cardinal de Lorraine au concile de Trente, reçut le chapeau en 1560 et devint l'un des chefs de la Ligue. Aussi est-il fort maltraité dans la *Satire Ménippée.* Il fut nommé archevêque de Reims en 1592.

PELLEW (Edward). Voy. Exmouth.

PELLICO (Silvio), patriote et poète italien, né en 1789, mort en 1854. Elevé à Turin, il devint professeur et journaliste à Milan. En 1818, parut sa célèbre tragédie *Francesca da Rimini*, que Byron a traduite, mais non publiée. Son journal, *Il Conciliatore*, où il avait pour collaborateur Manzoni et d'autres, fut supprimé par les autorités autrichiennes en 1820, et il fut mis en prison comme carbonaro. Une sentence de mort, prononcée contre lui en févr. 1822, fut commuée en 15 années de *carcere duro* et, en avril, il fut enfermé au Spielberg, près de Brünn. Un geôlier, qui eut pour lui quelques égards, fut déplacé en 1823, et il eut dès lors à souffrir les plus cruels traitements. On ne le relâcha que mourant, le 1er août 1830. Il s'établit alors à Turin. En 1831, parut son livre célèbre *Le Mie Prigioni* (*Mes Prisons*), qui a été traduit dans un grand nombre de langues. Il publia ensuite plusieurs tragédies, parmi lesquelles *Tommaso Moro*, et un traité religieux en prose sur les devoirs de l'homme. Cbaix a écrit sa vie en italien (1852) et Bourdon en français (1868).

PELLICULAIRE adj. [pèll-li-]. Minér. Se dit des métaux étendus en lamelles sur divers corps.

* PELLICULE s. f. [pèl-li-] (*pellicula*, dimin. de *pellis*, peau). Dimin. Petite peau, peau extrêmement mince et déliée : *il y a dans un œuf deux pellicules, celle qui tapisse intérieurement la coque, et celle qui enveloppe le jaune.*

PELLICULEUX, EUSE adj. Qui est rempli de pellicules.

PELLISSIER (Henri-Jean-François-Edmond), historien (1800-58). Au sortie de Saint-Cyr, il prit part à l'expédition d'Alger comme officier d'état-major, devint chef de

bureau arabe, puis consul à Malte, chargé d'affaires à Tripoli et consul général à Bagdad (1852). Il a laissé : *Annales algériennes* (1836-'54, 3 vol. in-8°); *Histoire d'Afrique* (1845, in-8°); *Description de la régence de Tunis* (1853, in-8°).

PELLISSON-FONTANIER (Paul), historien et littérateur, né à Béziers en 1624, mort en 1693. Premier commis et ami particulier de Fouquet, il le défendit avec courage dans trois discours célèbres qui lui valurent une détention de 5 années à la Bastille (1664-'66). Louis XIV le nomma plus tard son historiographe, quand il eut abjuré la religion protestante (1670). Il était membre de l'Académie française depuis la fondation de cette société. Il a laissé : *Histoire de l'Académie française, depuis sa fondation jusqu'au 1er juin 1653* (1653, in-8°); *Histoire de Louis XIV* (1749, 3 vol. in-12); *Réflexions sur les différends en matière de religion* (1686, 4 vol. in-12); *Mémoires, pour Fouquet*; et quelques ouvrages de spiritualité, aujourd'hui tombés dans l'oubli.

PÉLOPIDAS (pé-lo-pi-dass), général thébain, mort en 364 ou 363 av. J.-C. Sa fortune et son dévouement aux affaires publiques le rendirent un des membres les plus influents du parti populaire. Lorsque le spartiate Phœbidas s'empara, en 382, de la citadelle de Cadmée, il se réfugia à Athènes avec 300 de ses concitoyens. Il y resta trois ans, et y médita l'entreprise qui devait rétablir la démocratie à Thèbes. A partir de ce moment jusqu'à sa mort, il fut chaque année réélu parmi les béotarques, et en 378-'76, il prit une part considérable à la guerre contre les Lacédémoniens. A Leuctres, en 374, à la tête de la bande sacrée, il mit l'aile droite de l'ennemi en déroute, et décida la journée. En 368, il fut envoyé au secours des Thessaliens opprimés par Alexandre de Phères, et il obligea le tyran à reconnaître son autorité. En 367, député à la cour perse de Suse, il obtint un rescrit déclarant Messine et Amphipolis cités autonomes, et donnant à Thèbes le premier rang parmi les villes de la Grèce. Etant en mission auprès d'Alexandre de Phères, il fut traîtreusement jeté en prison; mais son ami Epaminondas le délivra. Il battit ensuite Alexandre aux Cynocéphales, mais il mourut lui-même dans l'action.

PÉLOPONÈSE (gr. *île de Pelops*, ainsi appelée parce qu'on suppose que le roi Pélops y établit une colonie), péninsule formant la partie méridionale de la Grèce; 20,730 kil. de surface et 939,389 hab. Elle mesure environ 220 kil. de long avec la même largeur maximum. Les anciens Grecs comparaient sa forme à celle d'une feuille de vigne ou de platane, et les Italiens tout en nom moderne de Morée (*Morea*), de *moro*, qui signifie mûrier. La côte est profondément échancrée au S. par les golfes de Kolokythia et de Kalamate (les golfes de Laconie et de Messénie des anciens), et à l'E. par le golfe de Nauplie ou d'Argolide. Elle se relie à la Grèce centrale par l'isthme de Corinthe, qui sépare le golfe de Lépante (ou de Corinthe) de celui d'Egine (golfe Saronique). Le pays est généralement montagneux. Six chaînes, où le Taygète et Cyllène s'élèvent à une hauteur de près de 8,000 pieds, enferment des plaines ou des vallées qui formaient autrefois six Etats : l'Arcadie au milieu; l'Achaïe au N.; l'Argolide à l'E.; la Laconie et la Messénie au S., et l'Elide à l'O. Les principaux fleuves sont l'Alphée et l'Eurotas. Le climat est doux, le sol fertile. Il produit surtout du blé, du vin, de l'huile, du miel, des figues, de la soie, du coton, et les petits raisins appelés raisins de Corinthe, qui sont le principal article d'exportation. Aujourd'hui, la péninsule est divisée en cinq nomarchies ou provinces : l'Argolide-et-Corinthe; l'Achaïe-et-Elide; l'Arcadie, la Messénie, et la Laconie. — Pour la

guerre du Péloponèse et l'histoire de la péninsule en général, voy. Grèce.

PÉLOPONÉSIEN, IENNE adj. Qui concerne le Péloponèse.

PÉLOPS (pé-lopps) (Myth. gr.), fils de Tantale et petit-fils de Zeus. Son père, ayant invité les dieux à un banquet, le tua et le servit ses membres à table. Cérès mangea un morceau de son épaule; mais les autres immortels, s'apercevant de la nature du mets, ordonnèrent à Mercure de rendre la vie au jeune homme. A la place du morceau mangé par Cérès, on lui donna une épaule d'ivoire; de là, tous ses descendants, les Pélopides, passèrent pour avoir une épaule d'une blancheur remarquable. Il épousa Hippodamie, fille d'Ænomaüs, roi de Pise en Elide; après la mort de celui-ci, qui fut tué dans une course de chariots, il devint roi à sa place, se rendit maître d'Olympie et rétablit les jeux Olympiques. Hippodamie lui donna quinze enfants, dont les deux aînés furent Atrée et Thyeste.

PÉLORIE s. f. (gr. *pelôr*, monstre). Bot. Etat particulier de certaines fleurs qui, d'irrégulières qu'elles sont généralement, deviennent quelquefois régulières.

PELOTAGE s. m. Flatterie, attouchement lascif.

* PELOTE s. f. (lat. *pila*, balle). Espèce de boule que l'on forme avec du fil, de la laine, de la soie, etc., en les roulant sur eux-mêmes : *pelote de fil, de laine, de coton, de soie, etc., pelote de ficelle.* On appelle plus ordinairement cette sorte de boule Un Peloton. — Petit coussinet dont les femmes se servent pour y ficher des épingles et des aiguilles : *grosse pelote de toilette.* — Pelote de neige, boule que l'on fait avec de la neige pressée : *ils se battaient à coups de pelotes de neige.* — La troupe se grossit comme une pelote de neige, se dit d'une troupe de gens qui augmente à chaque instant, qui va toujours se grossissant : on dit absol., La pelote se grossit. Cette dernière phrase s'emploie aussi prov. et fig. en parlant des torts, des profits, d'intérêts d'argent qui s'accumulent. — Cela fait une pelote au bout de quelque temps, se dit de petits profits qui, ajoutés les uns aux autres, finissent par former une certaine somme. — Faire sa pelote, amasser les profits qu'on fait de manière à s'en composer une fortune : *cet intendant peut maintenant se faire de place, il a fait sa pelote.* — Marque blanche qui se trouve sur le front de quelques chevaux, et que l'on nomme autrement Etoile : *ce cheval est marqué en tête, il a la pelote.*

* PELOTER v. n. Jouer à la paume, sans que ce soit une partie réglée ; ne faire que se jeter et se renvoyer la balle : *ils ne jouent pas partie, ils ne font que peloter.* — Peloter en attendant partie, faire quelque chose de peu de conséquence, en attendant mieux; faire, par manière d'essai, ce qu'on fera plus sérieusement dans la suite. — V. a. Battre, maltraiter de coups ou de paroles : *il a voulu faire le mutin, et il a été peloté.* (Fam.) — Il a été bien peloté dans cette dispute, dans cette conversation, on a eu sur lui un grand avantage. — Jarg. Flatter, user de attouchements lascifs. — Se peloter v. pr. Ces deux hommes se sont bien pelotés, ils se sont bien battus, ou dit fig. s'accuser.

PELOTEUR s. m. Jarg. Flatteur, libertin qui se permet des attouchements.

* PELOTON s. m. Espèce de boule que l'on forme avec du fil, de la laine, de la soie, etc., en les roulant sur eux-mêmes : *on emploie tant de pelotons de fil à faire cette toile.* — Fig. Ce n'est qu'un peloton de graisse, se dit d'un petit oiseau extrêmement gras, se dit surtout ordinairement les ortolans et les becfigues. Se dit aussi d'un enfant fort gras. — Balle à jouer à la paume, lorsqu'elle n'est point encore couverte de drap. — Fig. Petit nombre de personnes réunies en groupe : *ils étaient dans cette place par pelotons*. — Guerre. Petit corps de troupes : *quelques pelotons d'infanterie*. — Compagnie d'infanterie ou demi-compagnie de cavalerie : *rompre par peloton, pour passer de l'ordre en bataille à l'ordre en colonne*. — UN PELOTON DE MOUCHES A MIEL, DE CHENILLES, une grande quantité de mouches à miel, de chenilles, qui sont toutes ensemble en un tas : *les haies sont pleines de pelotons de chenilles*. — SE METTRE EN PELOTON, ramasser, rassembler ses membres de manière que le corps forme une espèce de boule : *il se met en peloton dans son lit, au lieu de s'étendre*.

* PELOTONNER v. a: Mettre en peloton : *pelotonner du fil, de la soie, de la laine*, etc. — Se pelotonner v. pr. Se dit de plusieurs personnes ou de plusieurs animaux qui se mettent en peloton : *ils se sont pelotonnés dans un coin de la salle pour causer d'affaires*. — Rassembler, réunir ses membres, se ramasser : *il s'est pelotonné en sautant en bas de cette fenêtre*.

* PELOUSE s. f. (ital. *peluzza*, poil follet). Terrain couvert d'une herbe épaisse et courte : *se promener sur une pelouse*.

PELOUZE (Théophile-Jules), chimiste, né à Valognes (Manche), le 26 févr. 1807, mort à Paris le 31 mai 1867. Il fut d'abord élève en pharmacie à la Fère, vint à Paris en 1827, occupa la chaire de chimie à Lille (1830-'31), fut ensuite maître répétiteur à l'Ecole polytechnique, voyagea en Allemagne, participa avec Liebig, vers 1836, à la découverte de l'éther œnanthique, etc. Il succéda, en 1837, à Dumas à l'Ecole polytechnique, et fut, de 1839 à 1851, professeur au collège de France. Il a publié, avec Frémy, un *Traité de chimie générale, analytique, industrielle et agricole*, (3e éd. revue, 1862-'63, 7 vol.), et *Abrégé de chimie* (4e éd., 1865-'66, 3 vol. ; 7e éd., 1876). Il était entré à l'Académie des sciences en 1837.

* PELTASTE s. m. (gr. *peltastês* ; de *pelté*, petit bouclier). Antiq. Soldat qui était armé de l'espèce de bouclier appelé PELTE.

* PELTE s. f. (lat. *pelta*). Antiq. Petit bouclier d'une forme particulière, que portaient certaines troupes légères : *dans les bas-reliefs antiques, les Amazones sont ordinairement représentées armées de peltes*.

PELTÉ, ÉE adj. (gr. *pelté*, bouclier). Bot. Qui a la forme d'un bouclier. Se dit d'un organe quelconque qui est orbiculaire et qui adhère à un support par le milieu de l'une de ses faces et non par un des points du bord.

PELTIER (J.-Gabriel), pamphlétaire royaliste, né à Nantes, mort à Paris en 1825. Il publia pendant la Révolution différents écrits et fonda les *Actes des Apôtres*.

PELTIFOLIÉ, ÉE adj. (lat *pelta*, bouclier ; *folium*, feuille) Bot. Dont les feuilles sont peltées.

PELTOÏDE adj. (lat. *pelta*, petit bouclier ; gr. *eidos*, aspect). Hist. nat. Qui ressemble à un bouclier.

* PELU, UE adj. (lat. *pilosus*). Garni de poil. N'est guère usité que dans cette locution figurée et familière, PATTE-PELU ou PATTE-PELUE, personne qui va adroitement à ses fins, sous des apparences de douceur et d'honnêteté : *cet homme est une vraie patte-pelue*.

* PELUCHE ou pluche s. f. Etoffe de laine, de soie, de fil, de poil de chèvre ou de coton, dont le poil est très long d'un côté : *peluche de soie*.

* PELUCHÉ, ÉE adj. Se dit des étoffes et de quelques plantes qui sont velues : *bas peluchés*. On dit aussi PELUCHEUX.

* PELUCHER v. n. Se dit de l'action d'une étoffe qui, par l'usage ou par le frottement, a le défaut de se courir de poils qui se dégagent du tissu : *ces bas commencent à pelucher*.

PELUCHEUX, EUSE adj. se dit d'une étoffe qui peluche.

* PELURES. f. Peau ou enveloppe de certains fruits, de certains légumes, et d'autres choses qu'on a coutume de peler : *on mange ordinairement les pommes d'api sans en ôter la pelure*. — ↝ Jarg. Habit, redingote, paletot. — PELURE D'OIGNON, vêtement très léger ou très usé.

PELUSE (lat. *Pelusium*), ville de l'ancienne basse Egypte, à l'extrémité N.-E. du Delta ; auj. Tineh.

PÉLUSIAQUE adj. Qui appartient à Péluse : *branche pélusiaque du Nil*.

PÉLUSIOTE s. et adj. De Péluse; qui appartient à cette ville ou à ses habitants.

PÉLUSSIN, ch.-l. de cant., arr. et à 30 kil. E. de Saint-Etienne (Loire) ; 2,000 hab. Manufactures de soie.

PELVAN ou Peulvan s. m. (celt. *peul*, pilier; *van*, pierre). Monument celtique formé de longues pierres dressées debout. (Voy. MENHIR.)

PELVAPTÈRE adj. (lat. *pelvis*, bassin; gr. a priv., *pteron*, nageoire). Ichtyol. Qui n'a de nageoire pelvienne ou ventrale.

* PELVIEN, IENNE adj. (lat. *pelvis*, bassin). Anat. Qui appartient ou qui a rapport au bassin : *cavité pelvienne*.

PELVIMÈTRE s. m. Instrument destiné à mesurer l'étendue du bassin de la femme.

PELVIS s. m. (pèl-viss) (lat. *pelvis*, bassin). Anat. La plus basse des trois grandes divisions du tronc (la plus haute étant le thorax, et celle du milieu l'abdomen). On se sert généralement du terme pelvis pour désigner la charpente osseuse qui supporte les vertèbres lombaires et qui repose sur les os des cuisses; l'espace qu'y est compris s'appelle la cavité du pelvis. Il se compose de quatre os; deux *ossa innominata*, et entre eux, par derrière, le sacrum et le coccyx, Chaques os *innominatum* se divise en trois parties, l'ilium, l'ischium et le pubis. L'ilium est cette partie plus élargie qui forme la proéminence des hanches. La partie inférieure de chaque ischium s'appelle sa tubérosité, et c'est là le point sur lequel le corps repose dans la station assise. Le pubis est la division antérieure. Ces divisions se joignent dans la synovie (*acetabulum*) de l'os de la cuisse ou fémur. Les trois divisions se développent de centres centres primaires (huit centres individuels), et ne deviennent parfaitement consolidés qu'à l'âge de la puberté. Le sacrum marque l'extrémité inférieure de la colonne vertébrale, et c'est sur lui que repose la dernière vertèbre lombaire. Pendant plusieurs semaines après la naissance, le pelvis de l'homme est petit en proportion de celui de l'adulte; au commencement de la puberté, les pelvis des deux sexes sont presque les mêmes; mais, à partir de cette période, ils commencent à se développer plus rapidement et acquérir leurs caractères distinctifs. Le pelvis diffère quelque peu suivant les différentes races de la famille humaine, et beaucoup plus chez les mammifères inférieurs. Chez le nègre, il est plus long et plus étroit, différence qui s'accuse plus chez le mâle que chez la femelle. Chez les singes, la différence s'accentue encore davantage.

PELVOUX (Mont), montagne des Hautes-Alpes, donnant son nom à une chaîne qui se rattache au N. par le mont Thabor aux Alpes cottiennes et qui sépare le petit bassin du Drac de celui de la Durance. La hauteur du mont Pelvoux est de 4,176 m. Pour la beauté, les glaciers du Pelvoux viennent immédiatement après ceux de la Savoie.

PEMBROKE (pemm'-brôke), port de mer du Pembrokeshire (pays de Galles), sur une crique de Milford Haven, à 350 kil. N.-O. de Londres; 13,704 hab. A l'extrémité occidentale de la crête rocheuse sur laquelle s'élève la ville, sont les ruines d'une forteresse bâtie en 1092, et où Henri VII est né; elle compte parmi les monuments les plus remarquables de la partie méridionale du pays de Galles. Pembroke possède un arsenal maritime royal muni de 12 cales pour la construction des navires.

PEMBROKESHIRE, comté du S.-O. du pays de Galles, sur les canaux de Bristol et de Saint-George; 1,593 kil. carr.; 91,998 hab. Pays accidenté. Anthracite, cuivre, ardoises. Villes princ. : Pembroke, Haverfordwest (la capitale), St Davids, Milford et Tenby. Le meilleur port est Milford Haven.

* PEMPHIGUS s. m. [pèmm-fi-guss] (gr. *pemphix*). Méd. Inflammation de la peau qui donne lieu à des ampoules. — Le pemphigus est une éruption d'une ou de plusieurs bulles remplies de sérosité, de la grosseur d'un pois à celle d'un œuf, et qui donnent lieu à des croûtes légères et superficielles. C'est une affection que l'on traite par la poudre d'amidon mélangée d'un quart de tannin et par des bains.

PENAILLE s. f. (*ll* mll.) (bas lat. *peniculum*, torchon). Haillon, loque. — Moines mendiants vêtus de bure grossière.

PENAILLERIE s. f. Tas de haillons. — Moines mendiants.

* PENAILLON s. m. Haillon : *son habit était en penaillons*. (Fam. et peu us.) — Par mépris. Un moine.

* PÉNAL, ALE, AUX adj. (lat. *pœnalis*; de *pœna*, châtiment). Qui assujettit à quelque peine, à des peines :*Code pénal; les lois pénales*. — CLAUSE PÉNALE, dommages-intérêts déterminés à l'avance par les parties, pour le cas où l'une d'elles ne remplirait pas ses engagements.

* PÉNALITÉ s. f. Système des peines établies par les lois : *une pénalité trop sévère ne diminue pas le nombre des délits*.

PENANG, Poulo Penang, ou PRINCE OF WALES's ISLAND, île appartenant à la Grande-Bretagne, et formant une part de la province de Wellesby, dans les *Straits Settlements*, à l'entrée septentrionale du détroit de Malacca; 270 kil. carr.; 61,797 hab. Cap., George Town. Les côtes sont escarpées et indentées de plusieurs baies, tandis que la surface du pays est coupée par une rangée de montagnes. L'île est très boisée. On y cultive du riz, en grandes quantités, ainsi que du tapioca, pour le marché américain. — Cette île appartenait autrefois au roi de Queda, à Malacca; mais la compagnie anglaise des Indes orientales en a acquis la possession en 1786.

* PENARD s. m. (rad. lat. *penis*, verge). Terme de raillerie qui n'est guère employé que dans cette locution familière, VIEUX PENARD, vieillard rusé; *et*, dans un autre sens, vieux libertin : *ce vieux penard en conte aux jeunes filles*.

* PÉNATES adj. m. pl. (lat. *penates*; de *penus*, intérieur). Se dit des dieux domestiques des anciens païens : *Enée emporta de Troie ses dieux pénates*. — s. m. *Emporter ses pénates*. — Fig. Habitation, demeure de quelqu'un : *il a visité mes pénates*. — ENCYCL. Les pénates étaient les dieux domestiques des Romains et des Etrusques, les gardiens de la famille (soit la famille particulière, soit l'État qui est la grande famille des citoyens). Les lares peuvent probablement être compris parmi les pénates, bien que les familles eussent rarement plus d'un lare, tandis qu'on ne parle jamais des pénates au singulier. Les pénates publiques de Rome avaient un sanctuaire, près du centre de la ville. Ils recevaient des sacrifices de la part des généraux sur le point d'entrer en campagne, des consuls, des préteurs et des dictateurs.

* PENAUD, AUDE adj. Qui est embarrassé, honteux, interdit : *quand on lui dit cela, il demeura bien penaud, tout penaud.* (Fam.)

* PENCHANT, ANTE adj. (rad. *pencher*). Qui penche, qui est incliné : *un mur penchant.* — Fig. Qui est dans le déclin, qui est sur son déclin : *il vit l'empire penchant et prêt à succomber sous son propre poids.*

* PENCHANT s. m. Pente, terrain qui va en baissant : *le penchant d'une montagne.* — Se ratenir sur le penchant du précipice, se dit d'une personne qui, sur le point de se laisser aller au désordre, de prendre un mauvais parti, a la prudence et la force de s'arrêter. — Être sur le penchant de sa ruine, être sur le point d'être ruiné, d'être détruit : *cet homme est sur le penchant de sa ruine.* La fortune, la faveur de cet homme est sur son penchant, elle est sur le déclin. — Le penchant de l'âge, le déclin de l'âge. — Fig. Propension, inclination naturelle de l'âme : *son penchant l'entraîne, l'emporte à trop de dépense.*

* PENCHÉ, ÉE part. passé de Pencher. — Fam. Airs penchés, mouvements affectés de la tête ou du corps, que l'on fait dans le dessein de plaire : *elle a des airs penchés.*

* PENCHEMENT s. m. Action d'une personne qui se penche; état d'un corps qui penche : *il a continué un penchement de tête.*

* PENCHER v. a. Incliner, baisser quelque chose de quelque côté, mettre quelque chose hors de son aplomb : *plier les branches d'un arbre et les pencher.* — v. n. Se dit de tout ce qui est hors de son aplomb, hors de la ligne perpendiculaire; de tout ce qui n'est pas de niveau, qui va en descendant : *un arbre qui penche.* — Cet État, cet empire penche vers sa chute, vers sa ruine, il est sur le point d'être ruiné, détruit. — Fig. Être porté à quelque chose : *la plupart des juges penchaient à le renvoyer absous.* — Se pencher v. pr. S'incliner : *se pencher au bord d'une fontaine.*

* PENDABLE adj. (rad. *pendre*). Qui mérite d'être pendu : *cet homme est pendable.* — Cas pendable, action dont l'auteur mérite d'être pendu, de subir une peine capitale : *le vol domestique était un cas pendable.* — Fam. Jouer a quelqu'un un tour pendable, lui faire quelque méchanceté insigne.

PENDAGE s. m. (rad. *pendre*). Min. Inclinaison d'une couche.

* PENDAISON s. f. Action d'attacher au gibet, exécution de pendu : *il risque, il craint la pendaison.* (Fam.)

* PENDANT, ANTE adj. Qui pend : *marcher, aller les bras pendants.* — Prat. Les fruits pendants par les racines, ou simpl., par racines, les blés, les fruits qui sont sur la terre, et dont on n'a point encore fait la récolte. — Ce procès est pendant a tel tribunal, c'est tel tribunal qui en est saisi, il y a instance pour cela à tel tribunal. On dit dans le même sens, *l'instance, la cause est pendante.* — s. m. On appelle Pendant de baudrier ou de ceinturon, la partie d'en bas du baudrier ou du ceinturon, au travers de laquelle on passe l'épée, et Pendants d'oreilles, les parures de pierreries, de perles, etc., que les femmes attachent à leurs boucles d'oreilles : *cette*

femme a de beaux pendants d'oreilles. — Peint., Grav., Sculpt. Deux tableaux, deux estampes, deux groupes de sculpture, d'égale grandeur, représentant des objets à peu près semblables, et destinés à figurer ensemble, à se correspondre : *de deux pendants, il y en a presque toujours un qui est moins bon que l'autre.* — Fig. et fam. Personnes ou choses qui ont entre elles beaucoup de rapports, qui sont à peu près pareilles : *vous et lui, vous êtes les deux pendants.* — Le pendant des eaux, se dit, dans quelques traités de paix ou de partage, de toutes les terres adjacentes aux eaux qui coulent d'un certain côté.

* PENDANT, prép. servant à marquer la durée du temps : *pendant l'hiver, pendant votre séjour.* — Pendant que loc. conjonct. Tandis que, dans le temps que : *pendant que vous serez là.*

> Quoi, *pendant que je fais des démarches pour toi,*
> Tu cours aux pieds d'une autre, et lui promets ta foi !
> Collin d'Harleville. *L'Inconstant,* acte II, sc. x.

* PENDARD, ARDE s. Vaurien, fripon : *c'est un grand pendard.* (Fam.)

> * Tais-toi pendard ! Mon frère, hé ! levez-vous, de grâce !
> *Tartufe,* acte III, sc. vi.

* PENDELOQUE s. f. [pan-de-lo-ke]. Pierre précieuse en forme de poire, que l'on suspend à des boucles d'oreilles : *elle avait à ses boucles d'oreilles des pendeloques de diamants.* — Morceaux de cristal ou de verre taillés, qui sont attachés aux lustres. — Fig. et pop. Lambeaux d'étoffe qui pendent au bas des habits déchirés : *sa robe a plusieurs pendeloques qui traînent dans la boue.*

* PENDENTIF s. m. [pan-dan-tiff]. Archit. Portion de voûte sphérique placée entre les quatre grands arcs qui supportent un dôme, une coupole : *les pendentifs du Val-de-Grâce sont sculptés; ceux du dôme de Saint-Pierre sont ornés de mosaïque.* (Voy. Panache.)

PENDERIE s. f. Exécution de personnes que l'on pend. (Fam.)

* PENDEUR s. m. Celui qui pend, qui aime à pendre : *Montluc se vante d'avoir été grand pendeur.* — Mar. Cordage gros et court qui embrasse la tête d'un mât et dont les deux bouts pendent sur les haubans extérieurs.

* PENDILLER v. n. [ll mll]. Être suspendu en l'air et agité par le vent. Ne se dit guère qu'en parlant des choses de peu de valeur : *des hardes, des linges qui pendillent aux fenêtres.* (Fam.)

PENDILLON s. m. [ll mll]. Verge qui communique le mouvement au pendule d'une horloge. On dit aussi Fourchette.

PENDJAB. Voy. Punjaub.

PENDOIR s. m. Corde ou crochet qui sert à suspendre.

* PENDRE v. a. (lat. *pendere*). Attacher une chose en haut par une de ses parties, de manière qu'elle ne touche point en bas : *pendez ce linge afin qu'il sèche.* — Se dit aussi des personnes et des animaux : *pendre un lièvre par les pattes de derrière.* — Pendre son épée au croc, renoncer à la guerre. — Cet enfant est toujours pendu au cou de sa mère, de sa bonne, il l'embrasse continuellement. — Être toujours pendu aux oreilles de quelqu'un, affecter de lui parler souvent. — Être toujours pendu aux côtés ou a la ceinture de quelqu'un, l'accompagner, le suivre partout. — Particul. Attacher quelqu'un à la potence, pour l'étrangler : *pendre des voleurs.* — Autant vaudrait être pendu que d'avoir fait cela, se dit en parlant d'une action blâmable ou d'un ouvrage mal fait. — Par forme de serment. *Je veux être pendu si je consens à ce qu'on exige de moi, si l'on m'y rattrape, si j'ai compris un mot de son discours.* — Être pendu haut et court, être exécuté à la potence. — Cet homme ne vaut pas le pendre, il ne vaut rien. — Dire pis que pendre

d'un homme, dire de lui toute sorte de mal. — v. n. Être suspendu : *l'hôtellerie où l'Écu de France pend pour enseigne.* — Autant lui en pend a l'œil, a l'oreille, au nez, il pourra bien lui en arriver autant. — Tomber trop, descendre trop bas : *votre robe pend d'un côté.* — Les joues lui pendent, ses joues sont flasques et tombantes. — Se pendre v. pr. S'attacher, se suspendre : *se pendre à un arbre par les mains.* — Se donner la mort, s'étrangler : *cet homme s'est pendu.*

PENDS D'OREILLES. Voy. Kalispels

* PENDU, UE part. passé de Pendre. — Prov. et fig. Aussitôt pris, aussitôt pendu, se dit en parlant des choses ou des personnes sur lesquelles on prend une prompte décision, qu'on emploie aussitôt qu'elles se présentent. — Avoir la langue bien pendue, avoir une grande facilité de parler. — s. *Il a l'air d'un pendu.* — Il ne faut pas parler de corde dans la maison d'un pendu, il ne faut pas parler de certaines choses qui peuvent être reprochées à ceux devant qui l'on parle. — Il a de la corde de pendu dans sa poche, se dit d'un homme qui gagne beaucoup, qui gagne toujours au jeu. — Être sec comme un pendu d'été, ou simpl. comme un pendu, être extrêmement maigre. — Méd. Quand on se trouve en présence d'un asphyxié par strangulation ou pendu, il faut se hâter de couper la corde sans se croire obligé, comme il arrive malheureusement encore trop souvent, d'attendre l'arrivée d'un officier public, pratiquer une saignée si la face est violacée et suivre ensuite le traitement général indiqué pour les asphyxies.

PENDULAIRE adj. Mécan. Qui tient du pendule; qui est propre au pendule.

* PENDULE s. m. (lat. *pendulus*, qui est suspendu). Poids suspendu de manière qu'étant mis en mouvement, il fasse, en allant et venant, des oscillations régulières : *le pendule sert principalement à régler le mouvement d'une horloge.* (Voy. Horloge.) On nomme amplitude de l'oscillation l'arc décrit par le pendule, et durée de l'oscillation le temps qu'il met à parcourir cet arc. — Pendule simple, pendule idéal formé d'un seul point pesant suspendu à l'une des extrémités d'un fil inflexible et sans pesanteur, dont l'autre extrémité est attachée en un point fixe. Le pendule simple n'existe qu'en théorie. — Pendule composé, pendule réel, formé d'autant de pendules différents qu'il contient de molécules. — Pendule a pirouette, pendule qui décrit un cône au lieu d'un secteur. — Pendule hydrométrique, pendule suspendu au-dessus d'un cours d'eau et plongeant dans le liquide, de façon que l'écart fait par l'appareil avec la verticale serve à calculer la vitesse du courant. — Pendule balistique, instrument à l'aide duquel on mesure la vitesse des projectiles. — Pendule compensateur, pendule composé de plusieurs tiges métalliques, tellement disposées, que l'allongement et le raccourcissement des unes, par suite des variations thermométriques, compensent ces mêmes effets dans les autres; d'où il résulte que le centre de gravité du pendule entier reste toujours à la même distance du point de suspension. — Pendule a mercure, pendule compensateur composé de deux vaisseaux de verre partiellement emplis de mercure. Quand la chaleur fait allonger la tige, ce qui abaisse le centre de gravité du pendule, elle dilate, en même temps, le mercure, qui monte dans les vaisseaux de verre, et cela élève le centre de gravité. La longueur de la tige, le diamètre des vases de verre et la quantité de mercure doivent être bien exactement calculés pour que les effets de la chaleur sur la tige et sur le mercure se neutralisent complètement. Encycl. La vibration ou oscillation simple d'un pendule est la distance dans laquelle il oscille, à partir du point où il commence à descendre, d'un côté de la verticale, jusqu'au point où son mouvement, de l'autre côté de la verticale, est arrêté par l'action de la gravité. Pour de petits arcs, les temps de la vibration sont les mêmes; au delà de certaines limites, l'accroissement de l'arc produit l'accroissement du temps, faits qui furent certifiés pour la première fois par Galilée vers 1585, alors qu'il faisait usage d'un pendule pour mesurer le temps, lors de ses observations astronomiques. On a démontré que si un pendule oscille dans un petit arc circulaire, le rapport du temps d'une vibration au temps dans lequel un corps ferait en tombant la moitié de la longueur du pendule est le rapport de la circonférence d'un cercle à son diamètre. D'après la première équation de la chute des corps (voy. MÉCANIQUE), si nous substituons l (longueur du pendule) à s et si nous employons t pour marquer le temps d'une vibration, nous avons donc :

$$t : \sqrt{\tfrac{l}{2}} :: \pi : 1 \text{ ou } t = \pi\sqrt{\tfrac{l}{2}}$$

Nous observons que le temps de vibration d'un pendule varie comme la racine carrée de sa longueur. Elevant au carré les deux membres de l'équation, nous avons :

$$t^2 = \tfrac{\pi^2 l}{g} \text{ ou } l = \tfrac{t^2\,g}{\pi^2}$$

On trouvera donc comme suit le pendule de demi-secondes :

$$l = \frac{(^{1}/_{2})^{2} \times 9^{m}.809}{3,141592^{2}} = \frac{2^{m}.452}{9,87} = 0^{m}.248$$

Un pendule de secondes mesurera quatre fois plus, ou 0 m. 992 de long. ; le pendule de deux secondes aura seize fois plus ou 3 m. 968. Quand l'arc d'oscillation est de 1° de chaque côté de la verticale, le retard journalier comparé à la vibration dans un arc qui ne produit aucun retard est de 1 seconde ⅔. Quand l'arc est de 2°, la perte est de 6 secondes ²/₃; s'il est de 3°, elle est de 15 secondes. La formule pour estimer le retard est de ⁸/₁ D² dans laquelle D représente le nombre de degrés que le pendule décrit de chaque côté de la verticale. Pour obvier aux inégalités de temps, Huygens fit vibrer le pendule dans un arc de cycloïde, par qui, d'après sa démonstration, est la courbe de descente la plus rapide d'un point à un autre. L'emploi de l'arc de cycloïde présente de grandes difficultés, si bien que l'on n'en a conservé l'usage. — Pendule électrique, appareil composé d'une tige de verre vernie à la gomme laque, portée par un pied, et tenant suspendue, par un fil de soie attaché à son extrémité supérieure, une petite balle de moelle de sureau. Cet appareil sert à faire toutes les expériences d'attractions et de répulsions électriques dont nous avons parlé à notre article *Electricité statique.* — Pendule horizontal, appareil qui sert à mesurer de très petites forces attractives ou répulsives; on peut aussi s'en servir pour mesurer les légers changements de niveau, ou les variations minimes dans les dimensions des corps solides. Il combine les avantages du pendule ordinaire avec ceux de la balance de torsion. Soit un poids, W, fig. 4, suspendu à une tige horizontale inflexible R R ; A W cherchera une position verticale, l'action de la gravité s'y exerçant avec beaucoup de force. Si l'on élève graduellement une extrémité RR, une force attractive aura une plus grande action sur W, et quand la tige R R sera perpendiculaire, l'effet de la gravité sera zéro. L'appareil, disposé d'une manière convenable, rend

Pendule électrique.

appréciables de très faibles attractions. Zoellner a fait un pendule horizontal, dont le principe se voit dans la fig. 2. Entre ses mains, cet appareil a été sensible à la faible attraction de la lune. En W est le poids; la tige inflexible RR est remplacée par un fil d'acier très mince ou par un ressort de

Fig. 1. Pendule horizontal.

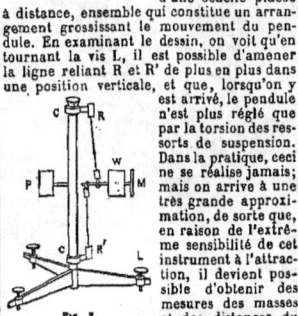

montre, développé, comme on le voit, sur la colonne verticale C C, laquelle est supportée par un trépied. P est un contrepoids, et M un miroir qui réfléchit vers un télescope les divisions d'une échelle placée à distance, ensemble qui constitue un arrangement grossissant le mouvement du pendule. En examinant le dessin, on voit qu'en tournant la vis L, il est possible d'amener la ligne reliant R et R' de plus en plus dans une position verticale, et que, lorsqu'on y est arrivé, le pendule n'est plus réglé que par la torsion des ressorts de suspension. Dans la pratique, ceci ne se réalise jamais; mais on arrive à une très grande approximation, de sorte que, en raison de l'extrême sensibilité de cet instrument à l'attraction, il devient possible d'obtenir des mesures des masses et des distances du

Fig. 2.

soleil et de la lune, exprimées en unités de la masse et en demi-diamètre de la terre. Pendant que Zoellner imprimait sa première description du pendule horizontal, il s'aperçut qu'un instrument du même genre avait été décrit dix ans auparavant par un physicien français, M. Perrot, dans les *Comptes rendus*; et de nouvelles recherches mirent en lumière le fait que, dès 1832, un Allemand, Lorenz Hengler, non seulement avait inventé et décrit le pendule horizontal dans le *Polytechnisches journal* de Dingler, mais qu'il avait fait avec cet appareil une série d'observations sur la force d'attraction de la lune. Le professeur Rood, de Columbia College, a modifié le pendule de Zoellner de manière à en faire un instrument d'une grande délicatesse, pour mesurer les moindres changements dans les dimensions des corps solides.

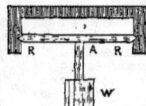

*PENDULE s. f. Horloge à poids ou à ressort, à laquelle on joint un pendule, dont les oscillations servent à en régler le mouvement, et à la rendre plus juste : *une pendule à ressort.* — PENDULE DE BRONZE DORÉ, DE MARBRE, D'ACAJOU, pendule dont la boîte est de bronze doré, de marbre, d'acajou.

PENDULIER s. m. Horloger en pendules.

PENDULINE s. f. Nom particulier d'une espèce de mésange.

PENDULISTE s. m. Fabricant de boîtes pour montres et pendules.

* PÈNE s. m. (bas lat. *penulus*, verrou). Partie d'une serrure qu'on fait aller et venir avec la clef, et qui entre dans la gâche de laquelle est adaptée la serrure : *le pêne de cette serrure est brisé, est rouillé.* — PÈNE A DEMI-TOUR OU A RESSORT, espèce de pêne dont le bout est taillé en biseau, et qu'on peut faire aller et venir sans le secours de la clef. On l'appelle quelquefois simpl. PÈNE : *la porte n'est fermée qu'au pêne.* — PÈNE DORMANT, pêne ordinaire, c'est-à-dire, celui qui ne se meut qu'avec le secours de la clef.

PÉNÉLOPE s. m. Ornith. Genre de galli-

nacés, groupe des alectors, comprenant un assez grand nombre d'espèces de gros oiseaux de l'Amérique méridionale, qui se distinguent des hoccos par un bec plus grêle. Les pénélopes ont un vol bas, bruyant et peu étendu; ils se perchent sur les branches inférieures des arbres, dans les bois les plus touffus. Ils s'aident de leurs ailes pour courir; ils vivent de fruits, d'herbes, de bourgeons, etc. Outre le gloussement particulier aux gallinacés, ils ont un cri faible et prolongé. Leur nid ressemble assez à celui des pigeons. Ils s'apprivoisent facilement et l'on essaie aujourd'hui de les domestiquer en Europe. Le

Pénélope guan (Penelope cristata).

pénélope guan (penelope cristata, Linn.) est le plus gros oiseau de ce genre; il mesure de 70 à 80 centim. de long. C'est l'oiseau que Buffon a décrit sous le nom de yacou. Il est d'un vert roussâtre à reflets métalliques; sa huppe est de la même couleur; son ventre est châtain; sa chair est très délicate. Le *pénélope péoa* (penelope superciliaris, Illig.) habite le Brésil. Le *pénélope marail* (penelope marail, Gmel.), des forêts de la Guyane, est vert à reflets métalliques.

PÉNÉLOPE, femme d'Ulysse et mère de Télémaque. Pendant qu'Ulysse était au siège de Troie, ou errait sur les mers, elle fut entourée de prétendants importuns, qu'elle fit patienter en promettant de faire son choix quand elle aurait terminé un linceul qu'elle tissait pour son beau-père Laërte; mais elle défaisait chaque nuit son travail de la journée. A son retour, après 20 ans d'absence, Ulysse tua tous les prétendants.

PÉNÉLOPINÉ, ÉE adj. Qui ressemble ou qui se rapporte au genre pénélope. — s. m. pl. Tribu de gallinacés, ayant pour type le genre pénélope.

* PÉNÉTRABILITÉ s. f. (rad. *pénétrable*). Didact. Qualité de ce qui est pénétrable : *la pénétrabilité d'une substance spongieuse.*

* PÉNÉTRABLE adj. (lat. *penetrabilis*; de *penetrare*, pénétrer). Qu'on peut pénétrer, où l'on peut pénétrer : *ce bois est si épais, qu'il n'est pas pénétrable.*

* PÉNÉTRANT, ANTE adj. Qui pénètre : *le sel est caustique et pénétrant.* — Fig. ETRE PÉNÉTRANT, AVOIR L'ESPRIT PÉNÉTRANT, avoir une intelligence vive, approfondir promptement les choses difficiles. — Fig. AVOIR L'ŒIL, LE COUP D'ŒIL, LE REGARD PÉNÉTRANT, lire dans le cœur, dans l'esprit des personnes qu'on regarde : *il est impossible de lui cacher ce qu'on éprouve, ce qu'on pense, tant il a l'œil pénétrant, le regard pénétrant.* — Chir. PLAIE PÉNÉTRANTE, plaie qui pénètre dans une cavité du corps, dans la poitrine, dans le ventre.

* PÉNÉTRATIF, IVE adj. Didact. Qui pénètre aisément : *qualité pénétrative.* (Peu us.)

* PÉNÉTRATION s. f. (lat. *penetratio*). Didact. Propriété et action de pénétrer : *l'acti-*

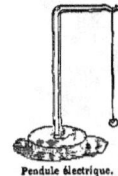

rité et la pénétration du mercure. — Fig. Sagacité de l'esprit, facilité à pénétrer dans la connaissance des choses : *c'est un homme qui a une grande pénétration d'esprit*.

• **PÉNÉTRÉ, ÉE** part. passé de PÉNÉTRER. Convaincu : *je suis pénétré de cette vérité.* — Avoir l'air pénétré, paraître très affecté de ce qu'on dit ou de ce qu'on entend.

• **PÉNÉTRER** v. a. (lat. *penetrare*). Percer, passer à travers : *la lumière pénètre le verre, pénètre tous les corps diaphanes.* — Entrer bien avant : *le grand froid pénètre la terre.* — Prov. Courte prière pénètre les cieux, ce n'est pas la longueur, c'est la ferveur qui rend les prières efficaces. — Fig. Découvrir, parvenir à connaître, avoir une profonde connaissance de quelque chose : *c'est un esprit qui pénètre tout.*

    Que vous pénétrez mal dans le fond de mon cœur !
           J. Racine. *La Thébaïde*, acte Iᵉʳ, sc. III.

— Pénétrer quelqu'un, découvrir ses secrètes pensées, ses desseins cachés : *cet homme a beau feindre, il n'est pas difficile à pénétrer.* — Fig. Toucher profondément : *les beautés de la religion le pénétrèrent, pénètrent son âme.* — v. n. *Ce voyageur n'a pas pénétré dans l'intérieur du pays.* — Se pénétrer v. pr. *Ces substances mêlées ensemble se pénètrent intimement.* — Dans le sens réfléchi, remplir son esprit, son âme de quelque pensée, de quelque sentiment : *il faut bien vous pénétrer de cette vérité.*

PENFELD (La), rivière dont l'embouchure forme le port de Brest. Elle vient de la commune de Guipavas (Finistère). Elle se jette dans la rade de Brest après un cours de 38 kil.

PÉNIAL, ALE adj. Qui appartient au pénil.

• **PÉNIBLE** adj. (rad. *peine*). Qui se fait avec peine, qui donne de la peine, de la fatigue : *c'est un travail pénible.* — Un style pénible, un style qui manque de naturel et qui sent l'effort. — Fig. Qui fait de la peine, qui affecte désagréablement l'âme, l'esprit : *situation pénible ; un aveu pénible à faire et à entendre.*

    Et toutefois, madame, il faut que je vous die
    Qu'un trône est plus pénible à quitter que la vie.
           J. Racine. *La Thébaïde*, acte III, sc. IV.

• **PÉNIBLEMENT** adv. Avec peine : *cet auteur a su savoir, mais il compose péniblement.*

• **PÉNICHE** s. f. (angl. *pinnace*, canot.) Mar. Petite embarcation de guerre : *les péniches sont des canots armés.*

PÉNICILLE s. m. [-sil-le] (lat. *penicillum*, pinceau). Plante dont l'extrémité est en forme de pinceau.

• **PÉNICILLÉ, ÉE** adj. [-sil-lé]. Hist. nat. Qui est en forme de pinceau : *stigmate pénicillé.*

PÉNICILLEUX, EUSE adj. [-sil-leû]. Hérissé de prolongements en forme de pinceau.

PÉNIEN, IENNE adj. Qui appartient au pénis.

• **PÉNIL** s. m [pé-nil] Anat. Partie antérieure de l'os pubis qui est autour des parties naturelles, et où croît le poil qui est la marque de la puberté.

• **PÉNINSULAIRE** adj. (rad. *péninsule*). Qui appartient à une péninsule ou à ses habitants.

• **PÉNINSULE** s. f. (lat. *pene*, presque; *insula*, île). Presqu'île ; portion de terre environnée d'eau, excepté d'un seul côté : *la Morée est une péninsule.* — S'emploie quelquefois absol., pour désigner l'Espagne et le Portugal, que l'on nomme la péninsule ibérique : *voyager dans la Péninsule.*

PÉNIS s. m. [pé-niss]. Anat. Membre viril.

• **PÉNITENCE** s. f. [pé-ni-tan-se] (lat. *pænitentia*). Repentir, regret d'avoir offensé

Dieu : *la pénitence est une vertu chrétienne.* — Sacrement de pénitence, celui des sept sacrements de l'Eglise, par lequel le prêtre remet les péchés à ceux qui s'en confessant à lui. — Le tribunal de la pénitence, se dit du prêtre qui confesse, et du lieu où il confesse : *aller porter ses péchés au tribunal de la pénitence.* — Les Psaumes de la pénitence. (Voy. Psaume.) — Tout ce que le prêtre ordonne en satisfaction des péchés qu'on lui a confessés : *les pénitences publiques ne sont plus en usage dans l'Eglise.* — Jeûnes, prières, macérations, et généralement toutes les austérités qu'on s'impose volontairement pour l'expiation de ses péchés : *nous sommes dans un temps de pénitence.* — Fig. Faire pénitence de ses excès, de ses torts, de sa mauvaise conduite, en être puni par quelque maladie, par quelque infirmité, par quelque malheur : *il s'est abandonné à la débauche dans sa jeunesse, il en fait maintenant pénitence.* — Faire pénitence, faire mauvaise chère : *si vous voulez demeurer à dîner avec nous, vous ferez pénitence.* — Punition imposée pour quelque faute : *voilà une rude pénitence pour une faute bien légère.* — Jeu. Peine qu'on impose à ceux qui ont manqué aux règles, aux conventions : *votre pénitence sera de dire une chanson.* — Pour pénitence, en pénitence de cela, pour votre pénitence loc. adv. En punition, pour peine : *vous n'avez pas voulu nous prévenir que vous viendriez ; pour pénitence, pour votre pénitence, vous ferez un mauvais dîner.* — Encycl. La pénitence est une pénalité qu'on accepte ou qu'on s'impose comme expiation et comme marque du regret d'avoir péché. Dans l'Eglise chrétienne primitive, les pénitences étaient de trois sortes : secrètes, publiques et solennelles. Tant que durait la pénitence, il fallait laisser de côté toute manifestation joyeuse, tout vêtement éclatant, ne pas se marier ; et s'abstenir des festins, du bain et des différentes satisfactions corporelles. Les hommes devaient se couper les cheveux et la barbe, et les femmes se montrer échevelées. On attendait aussi des pénitents qu'ils se répandissent en bonnes œuvres, qu'ils s'assissent, autant qu'il leur était permis, à toutes les réunions religieuses. Dans l'Eglise d'Orient, lescérémonies de la pénitence solennelle se conservèrent jusque vers la fin du IVᵉ siècle, et dans l'Eglise d'Occident, jusque vers la fin du VIIᵉ siècle. Peu à peu, les évêques prirent l'habitude de commuer les pénitences canoniques en œuvres de piété plus conformes à l'esprit du siècle, telles que pèlerinages, œuvres de charité, aumônes, et en retour ils donnaient des indulgences. Dans les Eglises catholique romaine et orientale, la pénitence est un des sept sacrements institués pour la rémission des péchés non originels.

• **PÉNITENCERIE** s. f. Charge, fonction, dignité de pénitencier : *il est pourvu de la pénitencerie de cette cathédrale.* — Ce sont des affaires qui regardent la pénitencerie, se dit de certaines affaires qui se jugent à Rome par le tribunal de la pénitencerie.

• **PÉNITENCIER** s. m. Prêtre commis par l'évêque, pour absoudre des cas réservés : *à Rome, c'est toujours un cardinal qui est grand pénitencier.* — Sous-pénitencier, prêtre subordonné au pénitencier, et commis pour le suppléer dans ses fonctions.

• **PÉNITENCIER** s. m. Maison de détention où l'on s'attache à l'amélioration des détenus par l'instruction, par des leçons de morale et de religion, par l'enseignement d'une profession, etc. — Pénitencier militaire, prison où sont enfermés les militaires condamnés à la réclusion.

• **PÉNITENT, ENTE** adj. [pé-ni-tan]. Qui a regret d'avoir offensé Dieu, qui est dans la pratique des exercices de la pénitence : *pé-*

cheur pénitent. — s. Celui, celle qui confesse ses péchés au prêtre : *interroger, absoudre un pénitent.* — Fam. Avoir l'air d'un pénitent, avoir l'air contrit, humilié, ou affecter cet air par hypocrisie. — Ceux qui sont engagés dans certaines confréries où l'on fait une profession particulière de quelques exercices de pénitence. On les appelle Pénitents blancs, Pénitents bleus, Pénitents noirs, gris, etc., selon les différentes couleurs des sacs dont ils se couvrent en de certains jours.

• **PÉNITENTIAIRE** adj. [-si-è-re]. Se dit des moyens employés pour l'amélioration morale des condamnés : *régime pénitentiaire.*

• **PÉNITENTIAUX, ELLES** adj. pl. [-si-aô]. Qui appartient à la pénitence : *psaumes pénitentiaux.* — Canons pénitentiaux, canons de la primitive Eglise concernant les pénitences publiques.

• **PÉNITENTIEL** s. m. [-si-èl]. Rituel de la pénitence : *il y a différents pénitentiels.*

PENMARCH, bourg maritime, cant. de Pont-l'Abbé, à 28 kil. S.-O. de Quimper (Finistère), sur la pointe de Penmarch (Tête de cheval); 2,500 hab. Phare à feu tournant d'une portée de 22 milles. Sur la pointe de Penmarch s'élevait jadis une grande cité dont on retrouve encore les vestiges : jetée; église Saint-Guénolé (XVᵉ siècle); église de Saint-Nonnat (mon. hist. du XVIᵉ siècle); église de Kérity (XIIIᵉ siècle), etc.

PENN (sir William) [pènn], amiral anglais, né en 1621, mort en 1670. Il était un des chefs de l'expédition qui enleva la Jamaïque aux Espagnols en 1655; et à son retour, la même année, il fut élu au parlement. Il était capitaine-commandant sous le duc d'York, lors de la victoire remportée sur les Hollandais au large de Lowestoft en 1665. Il fut fait commissaire de la flotte en 1660, et remplit plusieurs autres fonctions.

PENN (William), fondateur de la Pennsylvanie, né à Londres en 1644, mort le 30 juillet 1718. Il était fils de l'amiral Penn. Etant à Oxford, il embrassa les doctrines des quakers, et devint de bonne heure l'un des prédicateurs les plus remarqués aux assemblées des amis. En 1668, il publia *Truth exalted* (la Vérité exaltée). De nombreuses brochures qui suivirent celle-ci sur des sujets analogues, ont été recueillies et publiées avec ses autres écrits par Joseph Besse (1725, 2 vol. in-fol.). Voici le titre de ses principaux ouvrages : *The Sandy Foundation Shaken* (1668), où il attaque le dogme de la Trinité; *No Cross, no Crown*; *A Discourse showing the Nature and Discipline of the Holy Cross of Christ*; *The great Case of Liberty of Conscience*, etc. Il fut plusieurs fois emprisonné, pour la hardiesse de ses attaques, pour sa prédication dans les rues, pour ses refus de prêter serment devant les juges, etc. Son père, qui s'était éloigné de lui, se réconcilia avant de mourir et lui laissa une fortune considérable. Penn fit un voyage en Hollande et en Allemagne, dans l'intérêt des quakers persécutés. En 1674, il fut pris pour arbitre par deux quakers, colons dans le New-Jersey, pour la délimitation de leurs propriétés respectives, et, en 1681, il obtint de la couronne, en paiement d'une somme de 16,000 livres sterling due à son père, des lettres patentes lui accordant le territoire qui forme aujourd'hui l'état de Pennsylvanie, contre une redevance annuelle de deux peaux de castor. Le roi voulut que ce territoire, auquel Penn se proposait de donner le nom de Sylvania, fût appelé Pennsylvania, en mémoire, dit-il, de feu son ami l'amiral. Penn y ajouta de nouvelles acquisitions, fonda Philadelphie sur un emplacement qu'il acheta aux Suédois, fit des traités avec 19 tribus indiennes, et lorsqu'il revint en Angleterre, en 1684, laissa une colonie prospère de 7,000 habitants. Sous Jacques II, il jouit à la cour d'une grande influence, fit mettre en liberté plus de 1,200 quakers emprisonnés pour leurs croyances religieuses, et contribua à la proclamation de 1686, qui reconnaissait la liberté de conscience pour tous. Mais les persécutions recommencèrent sous Guillaume, et continuèrent sous Anne. Il fut arrêté, condamné, acquitté à plusieurs reprises, et privé même, pour un moment, de son autorité de gouverneur du territoire qu'il tenait de la couronne. En 1699, il repartit pour l'Amérique, et pendant son séjour, qui dura jusqu'en 1701, il établit différentes réformes et fit prospérer la colonie. De retour en Angleterre, il fut affligé de la conduite déréglée de son fils, qu'il avait envoyé comme son représentant en Pennsylvanie, et qui lui créa des difficultés de toutes sortes, en le rendant responsable de ses dettes. En 1712, il venait de conclure avec le gouvernement un arrangement par lequel il lui cédait ses droits de propriété sur la Pennsylvanie, pour la somme de 12,000 livres sterling, lorsqu'il fut frappé coup sur coup de plusieurs attaques de paralysie. Il vécut six ans encore, mais en grande partie privé de mémoire et de mouvement.

PENNACÉ, ÉE adj. [pènn-na-sé] (rad. lat. *penna*, plume). Qui ressemble à une plume.

PENNAFORT ou **Peñafort** [pé-nia-fortt'] (SAINT RAYMOND DE], canoniste espagnol, né en 1175, mort en 1275. Il fut professeur à Bologne, puis archidiacre à Barcelone; il entra chez les Dominicains en 1222, et bientôt après, écrivit sa *Summa casuum conscientiæ*, le premier résumé de théologie morale. En 1230, il fut appelé à Rome par le pape Grégoire IX, et fit une collection des lettres décrétales des papes depuis 1150, année à laquelle s'arrête la compilation de Gratien. Il devint général de son ordre en 1238, et en revisa la constitution et la règle. En 1240, il se démit de cette charge, et se consacra à la prédication. Il aida à l'établissement de l'inquisition en Aragon et dans le sud de la France. Outre les ouvrages déjà mentionnés, il a aussi écrit *Summa de pœnitentia et matrimonio*, dont la meilleure édition est celle de Laget, 1718 et 1744. L'Église célèbre sa fête le 23 janvier.

* **PENNAGE** s. m. [pènn-na-je] (rad. lat. *penna*, plume). Fauconn. Plumage des oiseaux de proie, qui se renouvelle à différents âges : *un faucon du second pennage.* — Plumes des ailes de tout oiseau.

PENNANT (Thomas) [pen'-nanntt], naturaliste anglais, né en 1726, mort en 1798. En 1761, parut la première partie de sa *British Zoology*, qui embrassait presque toutes les espèces du règne animal connues comme existant en Grande-Bretagne, à l'exception des insectes. En 1771, fut publiée sa *Synopsis of Quadrupeds*, augmentée ensuite sous le titre de *History of Quadrupeds*. Son *Arctic Zoology* (1784-'87, 3 vol.), contient la description de beaucoup d'espèces jusque-là inconnues. Il a aussi écrit *A Tour in Wales, a Journey from Chester to London*, etc.

* **PENNE** s. f. [pè-ne] (lat. *penna*). Nom donné aux grandes plumes des ailes et de la queue des oiseaux. — Fauconn. Se dit des grosses plumes des oiseaux de proie qui muent chaque année : *les pennes d'un faucon.*

PENNE, *Penna Castrum*, ch.-l. de cant., arr. et à 9 kil. E. de Villeneuve (Lot-et-Garonne), près de la rive gauche du Lot; 1,800 hab. Ruines d'un château fort pris par Montluc en 1582.

* **PENNÉ, ÉE** adj. [pènn-né]. Bot. Se dit des feuilles composées dont les folioles sont composées comme les barbes d'une plume.

PENNIFOLIÉ, ÉE adj. [pènn-ni-] (lat. *penna*, plume; *folium*, feuille). Bot. Dont les feuilles

sont découpées comme les barbes d'une plume.

PENNINES (Alpes). Voy. ALPES.

* **PENNON** s. m. [pènn-non] (rad. *penne*). Sorte de bannière, d'étendard à longue queue, qu'un chevalier qui avait sous lui vingt hommes d'armes, était en droit de porter.

PENNSYLVANIE [pènn-sil-va-nî], et non PENSYLVANIE, l'un des treize états primitifs de l'Union américaine, le second, sous le rapport de l'étendue et de la population, entre 39° 43' et 42° lat. N., sauf une petite portion qui borde le lac Erié et qui s'étend jusqu'à 42° 45' lat N., et entre 77° et 82° 56' long. O. ; borné par le lac Erié, les états de New-York, de New-Jersey, de Delaware, de Maryland, de Virginie occidentale et d'Ohio; 117,102 kilom. carr. 66 comtés. Cap., Harrisburg: villes princ. : Philadelphie, Allegheny, Allentown, Erie, Lancaster, Pittsburgh, Reding, Scranton, Wilkesbarre, Altoona, Williamsport, York, etc. La population, qui comprenait 435,000 hab en 1790, en renferme aujourd'hui 4,300,000, dont 86,000 noirs et 700,000 étrangers, 15,000 Canadiens, 75,000 Anglais, 240,000 Irlandais, 30,000 Gallois, 190,000 Allemands, etc. Territoire généralement uni au S.-E., montagneux dans l'intérieur et assez mouvementé à l'O. Les principales chaînes de montagnes sont les Blue ridges et les monts Alleghany. Le pays est admirablement arrosé, par de larges cours d'eau navigables : Delaware, qui borne l'état à l'E. ; Susquebanna, et ses affluents au centre : Alleghany et Monongahela, qui se réunissent

Sceau de l'état de Pennsylvanie.

à Pittsburgh, pour former le majestueux Ohio. Grande production de charbon de terre, de pétrole, de sel, de granit, de marbre, de fer de nickel, de zinc, etc. Vastes forêts de pin blanc dans les monts Alleghany; forêts de sapins du Canada, de hêtres, de chênes, cerisiers, noyer noir, érable à sucre, peuplier, etc. Climat très chaud en été et très froid en hiver, surtout dans les montagnes. Blé, seigle, maïs, avoine, orge, tabac. Industrie extraordinairement florissante ; 25,000 établissements occupant 255,000 ouvriers et produisant tous les objets manufacturés, particulièrement des cotonnades, les articles de nouveauté, les farines, du fer, du cuir, des outils et des instruments de toute sorte, des lainages, etc. De nombreux canaux facilitent les transactions commerciales. — L'assemblée générale se compose de 50 sénateurs élus pour 4 ans, et de 200 représentants élus pour 2 ans. Le gouverneur et les autres membres du pouvoir exécutif sont également élus, ainsi que les juges. Dette : 120 millions de fr. ; recettes et dépenses, chacune 31 millions. 18,000 écoles reçoivent 900,000 élèves ; 45,000 bibliothèques renferment 7 millions de volumes. Principales dénominations religieuses : baptistes (640 organisations), christians (105), congrégationalistes (45), épiscopaliens (260), évangélistes (280), friends (149), luthériens (1,100), méthodistes (1,450), presbytériens (1,200),

allemands réformés (800), catholiques (110). — 805 publications périodiques, dont 90 journaux quotidiens. — La compagnie orientale hollandaise fit explorer la baie et le fleuve de Delaware, de 1609 à 1624, et tout ce pays fut considéré comme possession hollandaise pendant près d'un demi-siècle. Les Suédois, qui fondèrent un établissement sur la Delaware, en 1638, durent se soumettre aux Hollandais en 1655. Mais déjà les Anglais convoitaient cette riche colonie; le roi Charles II en fit don à William Penn, qui y amena des habitants. Philadelphie fut fondée en 1682. La Delaware et la Pennsylvanie se séparèrent en 1777. Une constitution, préparée en 1776, par une convention dont Franklin était le président, fut remplacée en 1790 par la nouvelle constitution, plusieurs fois amendée depuis, particulièrement en 1873. La rébellion du Whiskey troubla un instant le paysen 1794. Lancaster remplaça Philadelphie, comme capitale en 1799, et céda ce titre à Harrisburg en 1812. La Pennsylvanie fut envahie par les confédérés, que les fédéraux repoussèrent à Gettysburg, le 3 juillet 1863. En juillet de l'année suivante, les confédérés marchèrent sur Chambersburg, qu'ils incendièrent.

PENNSYLVANIEN, IENNE s. et adj. De la Pennsylvanie; qui concerne ce pays ou ses habitants.

PENNY s. m. [pènn'-i] (angl.-sax. *penig*). Monnaie anglaise qui équivaut à un douzième de shilling. Le penny vaut 10 cent. (Voy. ANGLETERRE.) — Au plur. PENCE.

PENN YAN [penn yann], village à l'issue du lac Kenka, à 10 kil. O. du lac Senaca ; 3,488 hab. Communications faciles par chemin de fer; fabriques de divers genres.

PENOBSCOT [pi-nob'-scott], principal fleuve de l'état du Maine (États-Unis), formé, vers le centre de l'État, par la jonction de deux cours d'eau. Le plus grand, à l'O., prend naissance près de la frontière canadienne; l'autre, à l'E., a sa source dans la partie septentrionale du comté de Penobscot. Le fleuve, une fois formé, prend une direction S.-O. et va se jeter dans la baie de Penobscot. Depuis la source de la branche principale, sa longueur totale est d'environ 390 kil., et à partir de la jonction, de 220 kil. Il est navigable pour les gros navires jusqu'à Banger, à 55 kil. de son embouchure. Il reçoit les eaux d'un grand nombre de lacs.

PENOBSCOTS ET PASSAMAQUODDIES, petites tribus d'Indiens dans le Maine (États-Unis), appelées à l'origine, par les Français, Malécites et Etechemins. Elles appartiennent au groupe Abenaqui de la famille algonquine. Elles prêtèrent leur secours aux colons lors de la révolution. Les Penobscots sont au nombre de 500 environ, et résident surtout dans l'île Indienne, en face Oldtown, où ils ont une église, un hôtel de ville et des écoles. Les Passamaquoddies, au nombre de 500 également, demeurent dans l'île Denis et à Pleasant-

Point, sur le rivage occidental de la baie de Passamaquoddy, et sur les lacs Schoodic. Les deux tribus sont catholiques romaines.

*PÉNOMBRE s. f. (lat. penè, presque; ambra, ombre). Astron. Demi-obscurité des parties de l'espace qui ne sont ni totalement dans l'ombre d'un corps opaque, ni complètement éclairées par le corps lumineux : *dans les éclipses de lune, on voit cet astre s'obscurcir graduellement à mesure qu'il entre dans la pénombre de la terre.* — Phys. Demi-jour en général. — Fig. *Malgré son mérite, il reste dans la pénombre.*

* PÉNON s. m. Mar. Assemblage de petites plumes montées sur des morceaux de liège traversés d'un fil, qu'on laisse flotter au gré du vent pour en connaître la direction : on y substitue souvent une petite flamme d'étamine qui remplit le même objet.

PENSACOLA [penn-sa-co'-la], ville et port de la Floride, sur le côté N.-O. de la baie de Pensacola, à 18 kil. environ du golfe du Mexique, et à 85 kil. E.-S.-E. de Mobile (Alabama); 3,347 hab., dont 1,264 de couleur. Commerce considérable, surtout pour les bois de charpente. Le port est excellent et peut recevoir des navires de 22 pieds de tirant d'eau. — On croit que Pensacola a été fondée par les Français, vers 1696. Elle passa plus tard aux Espagnols, fut reprise par les Français, puis par les Anglais, et ensuite par les Espagnols, qui la cédèrent avec le reste de la Floride aux États-Unis en 1819. Les autorités de l'état, qui avait pris parti pour la sécession, occupèrent l'arsenal et les forts voisins dès le commencement de 1861. L'année suivante, les troupes fédérales s'en rendirent maîtresses. Elles avaient toujours gardé, du reste, le fort Pickens, à l'entrée de la baie.

PENSACOLA (Baie de), partie du golfe du Mexique, dans la Floride occidentale; elle s'enfonce de 48 à 53 kil. dans les terres, et vers son milieu se sépare en deux parties : la baie d'Escambia à l'O., et à l'E. la baie de Santa Maria de Galvez, qui elle-même forme les baies de l'Est et de l'Eau Noire (*East bay* et *Black Water bay*). L'entrée, formée par l'île Santa Rosa à l'E. et la terre ferme à l'O., n'a guère plus de 2 kil. de large, mais au delà, elle s'étend en une rade abritée de tous côtés, et large de 7 à 18 kil. Le fort Pickens à l'E., et le fort Mc Ree à l'O., et le fort San Carlo de Barrancas au N. la défendent. A 11 kil. au-dessus se trouve la ville de Pensacola.

* PENSANT, ANTE adj. (rad. *penser*). Qui pense, qui est capable de penser : *la faculté pensante.* — BIEN PENSANT, MAL PENSANT, se dit de celui qui a de bons ou de mauvais sentiments : *c'est un homme bien pensant.* — MAL PENSANT, qui juge désavantageusement de son prochain : *vous êtes trop mal pensant, trop mal pensante.*

* PENSÉ, ÉE part. passé de PENSER. Imaginé : *dessin bien pensé.* — OUVRAGE BIEN PENSÉ, ouvrage bien conçu, dont les idées sont justes et ordonnées convenablement : *cet ouvrage est aussi bien pensé que bien écrit.*

* PENSÉE s. f. Opération de l'intelligence : *la pensée est l'attribut de l'esprit, comme l'étendue est l'attribut de la matière.* — Acte particulier de l'esprit, ce que l'esprit a pensé ou pense actuellement : *sa première pensée est toujours la meilleure.* — Prov. IL N'EST PAS TOURMENTÉ PAR SES PENSÉES, il a peu d'esprit, peu d'intelligence. — AVOIR DE MAUVAISES PENSÉES, penser à des choses déshonnêtes, criminelles, etc. — LIVRE ÉCRIT PAR PENSÉES DÉTACHÉES, livre composé de plusieurs réflexions qui ne sont point liées les unes aux autres. On donne quelquefois le titre de PENSÉES aux livres composés de cette manière, et à ceux qui sont formés de réflexions extraites des ouvrages d'un auteur : *les Pensées de Pascal.*

— CE TRADUCTEUR EST BIEN ENTRÉ, N'EST PAS BIEN ENTRÉ DANS LA PENSÉE DE SON AUTEUR, il a bien pénétré, il n'a pas bien pénétré le sens de son auteur. On dit de même : *il a affaibli, altéré, dénaturé la pensée de son auteur.* — Méditation, rêverie; et, en ce sens, ne s'emploie guère qu'au pluriel : *il est enfoncé dans ses pensées.* — Façon de penser, opinion, ce qu'on croit : *je serais fâché que vous eussiez de moi une pensée si contraire à l'amitié qui est entre nous.* — ENTRER DANS LA PENSÉE DE QUELQU'UN, comprendre et approuver les motifs qui le font penser de telle manière : *j'entre dans votre pensée.* — Dessein, projet : *quittez ces vaines pensées qui ne vous mèneront à rien.*

Quoi! faut-il davantage expliquer mes pensées?
J. RACINE. *La Thébaïde*, acte IV, sc. III.

— Dévot. N'AVOIR AUCUNE PENSÉE DE DIEU, AUCUNE PENSÉE DE SON SALUT, n'y faire aucune attention, aucune réflexion. — Faculté de penser, l'esprit : *en voyageant, il exerce à la fois son corps et sa pensée.* — IL Y A DE LA PENSÉE DANS CET OUVRAGE, il annonce un écrivain qui pense. CELA M'EST VENU DANS LA PENSÉE, EN PENSÉE, cela m'est venu dans l'esprit. CELA N'EST JAMAIS ENTRÉ DANS MA PENSÉE, je n'ai jamais eu telle intention, telle pensée. — LIRE DANS LA PENSÉE DE QUELQU'UN, découvrir, apercevoir ce qui se passe dans son esprit : *vous avez lu dans ma pensée.* On dit de même, PÉNÉTRER LA PENSÉE DE QUELQU'UN. — Littér., Peint., Archit., Sculpt., etc., première idée, esquisse, dessin, plan qui n'est pas encore arrêté, qui n'est pas fini : *il n'a encore jeté sur le papier que la pensée de son ouvrage.* — LIBRE PENSÉE, droit de penser librement; opinion des libres penseurs.

* PENSÉE s. f. Petite fleur du genre de la violette, qui n'a que cinq pétales nuancés de violet et de jaune : *bouquet de pensées.* — COULEUR DE PENSÉE, certain violet brun, tel que celui des fleurs de pensée. — ENCYCL. La *violette tricolore* (*viola tricolor*) a produit, par la culture, une infinité de variétés. La forme de sa fleur, presque en triangle, ou ses trois

Pensée (Viola tricolor).

couleurs l'ont fait considérer comme l'emblème de la Trinité, et on la nomme en plusieurs endroits *herbe de la Trinité*. Elle croît abondamment dans les prairies de l'Europe. La *violette des champs*, appelée aussi *pensée sauvage* (*viola arvensis*), recherchée surtout pour la culture dans les jardins, doit n'être considérée que comme une simple variété de la précédente. On donne le nom particulier de *pensées des jardins* aux innombrables variétés produites par la violette tricolore. On les multiplie par séparation des pieds ou par semis.

* PENSER s. m. Pensée. N'est guère usité qu'en poésie : *de doux, de sinistres pensers.*

Ce penser lui causait souvent de la tristesse.
FLORIAN.

* PENSER v. n. (lat. *pensare*, peser). Former dans son esprit l'idée, l'image de quelque

chose : « *Je pense, donc je suis,* » a dit Descartes.

Le goût n'est rien; nous avons l'habitude
De rédiger au long, de point en point,
Ce qu'on pensa ; mais nous ne pensons point.
VOLTAIRE. *Temple du goût.*

— PENSER FINEMENT, NOBLEMENT, SINGULIÈREMENT, etc., avoir des pensées fines, des pensées nobles, des pensées singulières, etc. — PENSER À MAL, PENSER BIEN, avoir en politique, en religion, en morale, des opinions, des sentiments conformes ou contraires aux véritables principes : *dans les temps de partis, mal penser, c'est penser autrement que celui qui vous en fait le reproche.* — Raisonner : *cet homme pense avec justesse, pense juste.* — Réfléchir : *avant de parler, il faut penser.*

Ami, je vois beaucoup de bien
Dans le parti qu'on me propose ;
Mais toutefois ne pressons rien :
Prendre femme est étrange chose ;
On y doit *penser* mûrement,
Gens sages, en qui je me fie,
M'ont dit que c'est fait prudemment
Que d'y *penser* toute sa vie.
DE MAUCROIX.

— Songer à quelque chose, se souvenir de quelque chose : *je devais vous apporter un livre, je n'y ai plus pensé.* — Avoir une chose en vue, former quelque dessein : *ce parti est avantageux pour votre fille, vous y devriez penser.* — PENSER À MAL, avoir quelque mauvaise intention. FAIRE OU DIRE UNE CHOSE SANS PENSER À MAL, la faire, la dire sans aucune intention de fâcher personne : *j'ai fait cela, j'ai dit cela sans en penser à mal.* — Prendre garde : *vous avez des ennemis, pensez à vous.* — Être sur le point de : *j'ai pensé mourir.* — v. a. Avoir dans l'esprit : *c'est un homme qui dit jamais ce qu'il pense.* — PENSER TOUT HAUT, faire connaître avec franchise, sans détour, sans réserve, ce qu'on a dans l'esprit. — Imaginer : *j'ai pensé une chose qui vous tirera d'affaire.* — Croire, juger : *on pense de lui cent choses fâcheuses.*

Toi, qui connais Pyrrhus que *penses*-tu qu'il fasse ?
J. RACINE. *Andromaque*, acte Ier, sc. Ier.

— Absol. : *cela est plus vrai qu'on ne pense.* — Il est souvent neutre dans la même acception : *c'est un homme qui pense toujours mal de son prochain.* — A CE QUE JE PENSE, suivant mon idée, suivant ma conjecture : *il y a bien une lieue d'ici chez vous, à ce que je pense du moins.* — FAÇON DE PENSER, opinion, jugement sur quelque chose : *voilà ma façon de penser.* — Prov. HONNI SOIT QUI MAL Y PENSE, il ne faut pas interpréter en mal ce qui peut être innocent.

* PENSEUR s. m. Celui qui a l'habitude de réfléchir, qui réfléchit fortement, profondément : *c'est un penseur.* — LIBRE PENSEUR, celui qui pense, qui parle librement en matière de religion; partisan de la liberté de penser en matière philosophique et religieuse.

* PENSIF, IVE adj. Occupé d'une pensée qui attache fortement : *je vous trouve tout pensif.*

* PENSION s. f. (lat. *pensio*, paiement). Somme d'argent que l'on donne pour être logé, nourri : *il a payé les deux premiers quartiers de sa pension.* — Lieu où l'on est nourri et logé pour un certain prix : *j'ai trouvé une pension assez commode.* On dit de même, TENIR, METTRE DES CHEVAUX EN PENSION. — Particul. Maison où des enfants sont logés, nourris et instruits, moyennant une certaine somme qui se paye par quartier : *l'éducation est bonne dans cette pension.* — Réunion des enfants que renferme une pension : *cette pension a remporté beaucoup de prix au concours général de l'université.* — DEMI-PENSION, ce que donne celui qui ne fait que dîner au lieu où il est en pension : *il ne paye qu'une demi-pension.* Maison où l'on reçoit des demi-pensionnaires : *il tient pension et demi-pension.* — Ce qu'un souverain, un État, un par-

ticulier, etc., donne annuellement à quelqu'un, pour récompense de ses services, de ses travaux, ou par munificence, par libéralité : *le roi lui a donné deux mille francs de pension.* — PENSION ALIMENTAIRE, celle qu'on donne à une personne pour lui procurer des aliments, pour assurer sa subsistance : *il a légué à son ancien domestique une pension alimentaire et insaisissable de six cents francs.* — Mat. bénéf. Certaine portion à prendre, chaque année, sur les fruits d'un bénéfice : *il résigna son prieuré, et retint six cents francs de pension.* — Législ. « Sous l'ancien régime, les pensions et les gratifications accordées par le roi et qui n'étaient pas toujours fondées sur des services rendus à l'État, étaient une très lourde charge pour les finances. L'énormité des pensions allouées par la faveur royale amena la chute d'une fois le déficit; et, plutôt que de les réduire, on préférait surcharger l'impôt, affermer les revenus à venir et laisser en souffrance les services publics les plus indispensables. Le *livre rouge* a fait connaître jusqu'à quel point les pensions étaient prodiguées aux favoris et aux courtisans; et les cahiers du Tiers aux États généraux de 1789 réclamaient avec instance la réduction de ces pensions. Dans la nuit du 4 août, l'Assemblée nationale décréta la radiation des pensions obtenues sans titres; et, le 14 août, elle décida que la pluralité des bénéfices ne serait plus admise lorsque les revenus de ces bénéfices excéderaient la somme annuelle de 3,000 livres. On nommait aussi *pensions* les retenues faites, sur les revenus des bénéfices ecclésiastiques, cures et prébendes, au profit de tout autre que le titulaire en exercice. Ces pensions qui, jusqu'en 1789, ont donné lieu à tant de procès et à tant d'interprétations dont les recueils de jurisprudence canoniques sont remplis, étaient créées : les unes, par le roi, de sa seule autorité; d'autres par les évêques; d'autres par les titulaires eux-mêmes qui résignaient leurs bénéfices en se réservant une rente; d'autres par voie de transaction entre deux prétendants qui se disputaient le même bénéfice; d'autres encore, par suite de permutation entre deux bénéficiers dont les revenus étaient inégaux, et pour compenser la différence. Ces pensions ecclésiastiques donnaient ouverture, dit le préambule de l'édit de juin 1671, « à une espèce de commerce de cures et de prébendes, en les faisant passer en différentes mains, et causaient de pensions excessives ». — L'Assemblée constituante s'occupa de la réforme des pensions et elle institua les retraites civiles et militaires, par des lois du 4 janvier, des 3-22 avril, et des 14-25 décembre 1790. Puis, sont venues les lois du 11 avril 1831, du 9 juin 1853, du 25 juin 1851; celle du 22 juin 1878, sur les pensions des anciens officiers de l'armée de terre; celle du 5 août 1879, concernant les officiers de l'armée de mer; celle du 18 août 1879, concernant les sous-officiers, caporaux ou brigadiers et soldats de l'armée de terre; la loi du 18 août 1881, qui alloue des suppléments de pensions aux anciens militaires et marins à leurs veuves, et celle du 8 août 1883 concernant les pensions de retraite du personnel non officier de la marine. — Nous ne pouvons donner ici qu'un résumé bien incomplet de la législation qui régit cette matière. Les diverses caisses des retraites fondées dans chaque administration pour les fonctionnaires de l'État ont été supprimées par la loi du 9 juin 1853 : le Trésor public s'est substitué à elles; mais les caisses de retraites des employés des départements, des communes et des autres établissements publics, continuent à fonctionner, conformément à leurs statuts, et leurs fonds sont déposés à la caisse des dépôts et consignations. Un projet de loi portant création d'une caisse de prévoyance pour tous les fonctionnaires

et employés civils, a été approuvé par le Sénat le 24 mars 1879; mais il est resté à l'état de projet. Les pensions civiles, militaires ou ecclésiastiques desservies par l'État s'élèvent annuellement à plus de 150 millions, non compris les rentes viagères constituées par la caisse des retraites. Les pensions des marins ont été pendant longtemps payées par la caisse des invalides de la marine; mais, depuis le 1er janvier 1885, le service en est fait par le Trésor public. L'État prélève une retenue de 5 p. 100 sur les traitements des fonctionnaires, officiers et employés ayant droit à une retraite, et il opère aussi la retenue du douzième de la première année du traitement et de toute augmentation ultérieure. Les marins inscrits subissent une retenue de 3 p. 100 sur tous leurs salaires. Les pensions affectées sur les fonds de retenue et les pensions militaires sont incessibles, et elles sont insaisissables, sauf dans le cas de débet envers l'État, ou pour dettes d'aliments envers des enfants ou des ascendants. — PENSIONS CIVILES. Le droit à la pension de retraite est acquis par ancienneté, à 60 ans d'âge et après 30 ans de services. Il suffit de 55 ans d'âge et de 25 ans de services pour les fonctionnaires qui ont passé 15 ans dans un service actif des contributions indirectes, des postes, des douanes, des forêts, ou dans l'enseignement primaire. Les services rendus hors d'Europe sont comptés pour moitié en sus de leur durée effective. En cas d'infirmités graves contractées dans l'exercice des fonctions ou en cas de suppression d'emploi, il suffit de 50 ans d'âge et de 20 ans de service dans la partie sédentaire et de 45 ans d'âge et 15 ans de service dans la partie active. La pension est réglée, pour chaque année de services civils, à un soixantième de la moyenne du traitement et des émoluments sujets à retenue dont l'ayant droit a joui pendant les six dernières années d'exercice. Les services dans les armées de terre et de mer concourent avec les services civils pour établir le droit à la pension. Pour les fonctionnaires de la partie active, la pension due après 25 ans de services est la moitié du traitement moyen; et il y a accroissement d'un cinquantième de ce traitement pour chaque année de service en sus. En aucun cas, la pension ne peut excéder les trois quarts du traitement moyen ni les maxima déterminés au tableau n° 3, annexé à la loi du 9 juin 1853. Les fonctionnaires qui sont mis hors d'état de continuer leur service peuvent, dans certains cas déterminés par la loi, obtenir une pension, quels que soient leur âge et la durée de leur service d'activité. La veuve d'un fonctionnaire retraité ou ayant droit à la retraite reçoit une pension égale au tiers de celle que son mari aurait obtenue, pourvu que le mariage ait été contracté six ans au moins avant la cessation des fonctions du mari. Ces conditions sont modifiées dans certaines circonstances prévues par la loi. Les orphelins mineurs d'un fonctionnaire retraité, ou qui était en état de l'être, au moment de son décès, ont droit, lorsque la mère est décédée, à un secours égal à la pension que la mère aurait pu obtenir. Le cumul de deux pensions est autorisé dans la limite de 6,000 fr. Les pensions sont payées chaque trimestre par les comptables du Trésor, sur la production du titre et d'un certificat de vie. Le recours contre les décisions qui fixent le chiffre des pensions doit être porté au Conseil d'État, dans les trois mois de la notification de la décision. — PENSIONS MILITAIRES. Dans l'armée de terre, les pensions par ancienneté sont acquises par 30 années de service effectif, pour les officiers, et par 25 années, pour les sous-officiers, caporaux, brigadiers et soldats. Le bénéfice de campagne permet de compter double le temps passé sur le pied de guerre. La pension d'un

officier se règle sur le grade dont l'officier est titulaire depuis deux ans, et conformément aux tarifs annexés aux lois des 22 juin 1878 et 23 juillet 1881. Les militaires gradés, ayant douze ans de service dans leur grade, et les gendarmes ayant le même temps de service ont droit à une augmentation du cinquième du chiffre de la pension. Les blessures graves et les infirmités incurables ouvrent un droit immédiat à la pension de retraite, et le maximum de cette pension varie selon la nature de l'infirmité ou de la blessure. La veuve d'un militaire retraité ou ayant droit à la retraite, reçoit une pension égale au tiers du maximum de la pension d'ancienneté affectée au grade dont le mari était titulaire. Cette pension est double si la mort du mari a été causée par des événements de guerre. Après le décès de la mère, les enfants des militaires morts dans le service ont droit à un secours annuel égal à la pension que la mère aurait pu obtenir. Les lois de 1878, 1879 et 1881 ont sensiblement amélioré les tarifs des pensions des militaires retraités; mais ces lois n'ont pu avoir un effet rétroactif pour les militaires qui avaient été retraités antérieurement, sous le régime de la loi du 26 avril 1855. Aussi de nombreuses réclamations se sont élevées pour réclamer l'unification des retraites, ce qui serait un acte de justice, car le prix des denrées s'est élevé aussi bien pour les anciens pensionnaires que pour les nouveaux. — Dans la marine de l'État, le droit à la pension de retraite d'ancienneté est acquis pour les officiers de marine et pour les marins, après 25 ans de service. Dans les autres corps de la marine, la pension n'est acquise qu'après 30 ans de service. Le service à bord au hors d'Europe est compté double, en temps de guerre, et seulement pour moitié en sus en temps de paix. — La *caisse des pensions ecclésiastiques*, fondée par le décret du 22 janvier 1852, alloue des pensions ou des secours aux prêtres âgés ou infirmes qui sont non entrés dans les ordres depuis plus de 30 ans et qui sont jugés hors d'état de continuer leurs fonctions. Il existe en outre des caisses diocésaines qui délivrent des pensions ou des secours aux ecclésiastiques tombés dans le dénûment. (Voy. CURÉ.) Les traitements ou pensions qui sont attachés à des grades conférés à des militaires dans la Légion d'honneur et les pensions des médaillés militaires sont payées par le budget de la Légion d'honneur. (Voy. LÉGION.) Les pensions payées par l'État figurent annuellement au budget pour une somme qui excède 185 millions; mais il faut tenir compte des retenues opérées sur les traitements et qui s'élèvent à 35 millions. La charge des pensions dépasse donc 150 millions. Elle se répartit de la manière suivante : pensions civiles, 34 millions; pensions militaires, 79 millions; pensions des marins et des demi-soldiers, 25 millions; pensions diverses, 4 millions; indemnités viagères à des victimes du 2 Décembre 1851, 8 millions. Il faut ajouter à ces chiffres 49 millions qui sont payés à titre de suppléments de pension, en vertu de la loi du 18 août 1881, aux officiers de l'armée et de la marine et à leurs veuves; de sorte que les pensions militaires sont élevées en 1885, à la somme de 98 millions. »   (CH. Y.)

PENSIONNAIRE s. Celui ou celle qui paye pension : *il paye fort bien, c'est un bon pensionnaire.* — Celui ou celle qui, moyennant un prix convenu, loge dans une maison d'éducation pour y être instruit : *il y a plus de trois cents pensionnaires dans ce collège.* — DEMI-PENSIONNAIRE, celui ou celle qui est à demi-pension. — Celui ou celle qui reçoit une pension d'un souverain, d'un État, d'un particulier, etc. : *il est pensionnaire de l'État, du gouvernement.* — COMÉDIEN PENSIONNAIRE, ou simpl. PENSIONNAIRE, comédien qui ne participe point aux bénéfices de la société et qui reçoit un traitement fixe : *pensionnaire de la Comédie-Française*. — Mat. bénéf. Celui qui jouit d'une pension sur un bénéfice : *cet évêque avait des pensionnaires qui diminuaient son revenu*. — Titre qu'on donnait, en Hollande, au premier ministre des États, ainsi qu'au ministre de la régence de chaque ville : *c'étaient des pensionnaires qui portaient la parole dans l'assemblée des états*. — GRAND PENSIONNAIRE, fonctionnaire de la république hollandaise, qui portait aussi le titre d'avocat général, et était le premier ministre du corps législatif de la province de Hollande. Le premier ministre de chaque ville importante portait le titre de pensionnaire.

* **PENSIONNAT** s. m. Lieu où logent les pensionnaires dans un collège, ou dans quelque autre maison. — Établissement particulier où l'on prend en pension des enfants de l'un ou de l'autre sexe, pour les instruire : *pensionnat de jeunes demoiselles*.

* **PENSIONNER** v. a. Donner, faire une pension à quelqu'un : *le gouvernement l'a pensionné*.

PENSIVEMENT adv. D'une manière pensive.

PENSIVETÉ s. f. Phrénol. Faculté que les êtres intelligents ont de penser.

* **PENSUM** s. m. [autref. pain-son; auj. pain-somm]. Surcroît de travail qu'on exige d'un écolier, pour le punir : *on lui a donné pour pensum quatre cents vers de Virgile à copier*.

* **PENT** ou **Penta** [pint, pin-ta] (gr. *penté*, cinq). Préfixe qui entre dans la formation d'un certain nombre de mots.

PENTACANTHE adj. (préf. *penta*; gr. *akanthe*, épine). Ichtyol. Qui a cinq rayons épineux à l'une des nageoires.

PENTACARPE adj. (préf. *penta*; gr. *carpos*, fruit). Bot. Dont le fruit se compose d'une agglomération de cinq fruits.

* **PENTACONTARCHIE** s. f. (gr. *pentêkonta*, cinquante; *arkê*, commandement). Antiq. Commandement sur cinquante hommes.

* **PENTACORDE** s. m. (préf. *penta*; fr. *corde*). Lyre des anciens, ainsi nommée parce qu'elle avait cinq cordes.

PENTACOSIARCHIE s. f. [pain-ta-ko-zi-archi]. Ant. gr. Subdivision de la milice grecque. Elle était composée de 500 phalangistes sous les ordres d'un pentacosiarque, et contenait deux syntagmes.

PENTACOSIARQUE s. m. [pain-ta-ko-zi-ar-ke] (gr. *pentacosioi*, cinq cents; *archê*, commandement). Antiq. gr. Officier qui commandait à la pentacosiarchie.

PENTACROSTICHE s. m. (préf. *pent*; fr. *acrostiche*). Pièce de vers où se trouve cinq fois le nom qui fait le sujet de l'acrostiche, en partageant la pièce en cinq parties de haut en bas.

PENTADE s. f. (gr. *penté*, cinq). Groupe de cinq. — Chim. (Voy. ATOMISTIQUE.)

PENTADÉCAGONE adj. (préf. *penta*; gr. *deka*, dix ; *gônia*, angle). Géom. Qui a quinze angles et quinze côtés. — s. m. Figure de 15 angles et 15 côtés.

PENTAÈDRE s. m. (préf. *penta*; gr. *édra*, face). Géom. Solide qui a cinq faces.

PENTAGLOTTE adj. (préf. *penta*; gr. *glôtta*, langue). Qui est écrit en cinq langues.

PENTAGONAL, ALE adj. (préf. *penta*; gr. *gônia*, angle). Qui a cinq angles : *figure pentagonale*. — Dont les faces sont des pentagones : *dodécaèdre pentagonal*. — Qui a pour base un pentagone : *pyramide. pentagonale*.

* **PENTAGONE** adj. (gr. *pente*. cinq. *gônia*, angle). Géom. Qui a cinq angles et cinq côtés : *figure pentagone*. — s. m. Figure plane qui a cinq angles et, par conséquent, cinq côtés. Quand les angles et les côtés sont égaux, le pentagone est dit *régulier*; dans le cas contraire, il est *irrégulier*.

PENTAGYNE adj. m. (préf. *penta*; gr. *guné*, femelle). Bot. Qui a cinq pistils ou cinq styles.

PENTAGYNIE s. f. Ordre du système sexuel de Linné comprenant les genres dont la fleur a cinq pistils.

PENTAMÈRE adj. (préf. *penta*; gr. *meros*, partie). Qui a cinq divisions. — Entom. Dont les tarses ont cinq articles distincts : *coléoptère pentamère*. — s. m. pl. Division des coléoptères comprenant ceux qui ont cinq articles à tous les tarses. (Voy. COLÉOPTÈRE.

* **PENTAMÈTRE** adj. m. (préf. *penta*; gr. *metron*, mesure). Ne s'emploie que dans cette expression, *Vers pentamètre*, sorte de vers en usage chez les Grecs et les Latins, composé de cinq pieds ou mesures, et qui s'accouple avec le vers hexamètre pour former un distique : *les élégies et les épîtres d'Ovide sont composées de vers hexamètres et pentamètres*. — Substantiv. *Un pentamètre, le pentamètre*.

* **PENTANDRIE** s. f. (préf. *penta*; gr. *anér*, *andros*, mâle). Bot. Cinquième classe du système de Linné, qui renferme les plantes dont la fleur a cinq étamines. Cette classe se divise en 6 ordres : 1° *pentandrie monogynie* (belle-de-nuit, héliotrope, bourrache) ; 2° *pentandrie digynie* (betterave, orme, cerfeuil); 3° *pentandrie trigynie* (sureau, sumac); 4° *pentandrie tétragynie* (parnassée); 5° *pentandrie pentagynie* (linnée); 6° *pentandrie polygynie* (myosure).

PENTANTHE adj. (préf. *penta*; gr. *anthos*, fleur). Bot. Qui a cinq fleurs.

* **PENTAPOLE** s. f. (préf. *penta*; gr. *polis*, ville). Géogr. anc. Territoire qui comprenait cinq villes principales. Il y avait la Pentapole de Libye (Cyrène, Arsinoé, Apollonie, Bérénice et Ptolémaïs); celle de Palestine (Sodome, Gomorrhe, Adama, Ségor et Séboïm); celle des Philistins (Gaza, Ascalon, Azoth, Gad et Acaron); la Pentapole dorienne (Cos, Lindos, Camiros, Jalisos et Cnide); la Pentapole d'Italie (Rimini, Pesaro, Fano, Sinigaglia et Ancône).

PENTARCHIE s. f. (préf. *pent*; gr. *arkê*, commandement). Gouvernement de cinq chefs.

PENTASTIQUE adj. (préf. *penta*; gr. *stikê*, rangée). Qui est disposé sur cinq rangs.

PENTASTOME adj. (préf. *penta*; gr. *stoma*, bouche). Qui a cinq bouches.

PENTASYLLABE adj. (préf. *penta*; fr. *syllabe*). Qui a cinq syllabes.

* **PENTATEUQUE** s. m. [pain-ta-teu-ke] (préf. *penta*; gr. *teukos*, livre). Nom collectif qu'on donne aux cinq premiers livres de la Bible : *Moïse est l'auteur du Pentateuque*. Pendant plusieurs siècles, le Pentateuque a été considéré généralement dans l'Église comme l'œuvre de Moïse. Des différences de style et des répétitions apparentes ont conduit des critiques éminents, comme Vitringa et Le Clerc, à supposer que, pour la rédaction du livre, on s'était servi de documents plus anciens. Astruc (1753) soutint que, dans toute la Genèse et dans les premiers chapitres de l'Exode, il y a trace de deux documents originaux, caractérisés par les noms différents de Dieu Elohim et Jehovah. Eichhorn étendit cette « hypothèse documentaire » au Pentateuque tout entier. Hupfeld supposa un troisième ouvrage, par un autre et plus jeune *élohiste*, lesquels trois ouvrages auraient été, d'après lui, combinés et fondus

par un quatrième écrivain qu'il appelle le *rédacteur*, de manière à former la Genèse telle que nous l'avons. Ewald, Knobel, Noeldeke et Schrader supposent au moins trois écrivains pour les quatre premiers livres du Pentateuque; l'Elohiste leur paraît être le plus ancien, tandis que le Deutéronome leur parut être l'œuvre d'un écrivain plus récent, qui aurait, une fois de plus, revu et augmenté les quatre premiers livres, et aussi édité le livre de Josué, et, d'après Schrader, les livres des Juges et des Rois. Cette dernière revision n'eut pas lieu, pensent-ils, avant la captivité de Babylone. Beaucoup de théologiens défendent encore l'authenticité mosaïque du Pentateuque entier; ils tiennent que toute autre supposition est en contradiction avec le dogme qui enseigne que la Bible est un livre d'un bout à l'autre inspiré. Parmi ceux-ci sont : Hengstenberg, Haevernick, Drechsler, Ranke, Keil, Douglas et Bartlett.

* **PENTATHLE** s. m. (préf. *pent*; gr. *athlos*, combat). Nom collectif qui désigne la réunion de cinq espèces de jeux ou combats, auxquels les athlètes s'exerçaient dans les gymnases.

* **PENTE** s. f. [pan-te] (rad lat. *pendere*, pencher). Penchant, inclinaison d'un terrain, d'un plan, d'une surface quelconque : *donner de la pente à un pavé pour l'écoulement des eaux*. — Fig. Inclination, propension : *il se laisse aller à sa pente naturelle*. — Tapis. Bande qui pend autour d'un ciel-de-lit, sur le haut des rideaux : *les pentes de dedans*, ou autrement, *les petites pentes*. — Bandes d'étoffe qui, dans les bibliothèques, s'attachent aux tablettes, pour garantir les livres de la poussière.

PENTÉCOSTYS s. f. [pain-té-koss-tiss]. Antiq. gr. Subdivision de la milice spartiate, qui comprenait 2 énomoties ou 50 hommes. (Voy. ARMÉE.)

* **PENTECÔTE** s. f. [pan-te-kô-te] (gr. *pentékostès*, cinquantième). Fête que l'Église célèbre le cinquantième jour après Pâques, en mémoire de la descente du Saint-Esprit sur les apôtres : *passer les fêtes de la Pentecôte à la campagne*. — ENCYCL. La Pentecôte est l'une des trois principales fêtes des juifs, célébrée le 50° jour après la Pâque. Elle fut, à l'origine, appelée la *fête des semaines*, parce qu'on la célébrait sept semaines après le seizième jour du premier mois mosaïque. C'était la fête des premiers fruits de la moisson. Dans les pays étrangers, depuis la captivité, les juifs l'ont prolongée de deux jours, et elle s'observe en commémoration de la révélation de la loi sur le Sinaï, dont c'est l'anniversaire. — Ce jour s'observe aussi comme fête dans l'Église chrétienne, en commémoration du jour où le Saint-Esprit descendit sur les apôtres, et leur accorda le don des langues. La Pentecôte était, dans les premiers temps, une des époques favorites pour l'administration du baptême.

PENTÉLIQUE adj. [pan-] de (*Pantélique*, montagne de l'Attique). Se dit d'un marbre provenant du mont Pantélique.

PENTÈRE s. f. (gr. *pentérès*). Antiq. gr. Vaisseau à 5 rangs de rames.

PENTHÉSILÉE [-zi-], reine des Amazones, qui secourut Priam vers la fin de la guerre de Troie et qui fut tuée par Achille.

PENTHIÈVRE, fort qui défend la presqu'île de Quiberon (Morbihan).

PENTHIÈVRE (Comté de), ancienne seigneurie de Bretagne comprenant les terres de Guingamp, de Lamballe, de Moncontour, de la Roche-Esnard, de Loudéac et de Jugon. Ce comté fut créé en 1034 pour Eudes, deuxième fils de Geoffroi, duc de Bretagne;

il fut réuni au duché de Bretagne en 1272, devint indépendant (1317) et fut de nouveau réuni en 1420. Charles IX l'érigea en duché pour Sébastien de Luxembourg (1569). Louis XIV donna ce duché à son fils naturel, le comte de Toulouse (1697). Un mariage le fit passer, en 1769, dans la maison d'Orléans.

PENTHIÈVRE (Louis-Jean-Marie de Bourbon, duc de), grand amiral et grand veneur de France, fils du comte de Toulouse, né à Rambouillet en 1725, mort à Vernon le 4 mars 1793. Il fut nommé amiral en 1734, grand veneur en 1737, se distingua à Fontenoy, combattit les Anglais en Bretagne et se retira ensuite de la vie publique pour se livrer aux exercices d'une piété ascétique. Pendant la Révolution, sa popularité, due à son inépuisable générosité envers les pauvres, le préserva de toute violence. Il fut le protecteur de Florian. — Voy. *Mémoires sur la vie de Monseigneur de Penthièvre*, par Fortaire (1808, in-12).

* **PENTIÈRE** s. f. Chasse. Voy. Pantière.

* **PENTLANDITE** s. f. [pain-]. Minér. Sulfure de fer et de nickel, trouvé dans certaines roches, en Norvège, en Écosse, etc.

* **PENTURES** f. [pan-]. Bande de fer clouée transversalement sur une porte, sur une fenêtre, pour la soutenir sur le gond : *il y a de fortes pentures à cette porte*.

* **PÉNULTIÈME** adj. (lat. *penès*, presque; *ultimus*, dernier). Avant-dernier, qui précède immédiatement le dernier : *dans le mot tempête, la pénultième syllabe est longue*, ou substantiv. *la pénultième est longue*.

* **PÉNURIE** s. f. (lat. *penuria*). Extrême disette : *il est dans une grande pénurie d'argent*. — Absol. Disette d'argent, pauvreté, misère : *cet homme est dans une grande pénurie, dans une pénurie absolue*.

PENZA (pènn-tza), 1, gouvernement central de la Russie d'Europe; 38,839 kil. carr.; 1,173,186 hab. Sol uni. Les seuls cours d'eau importants sont le Sura et la Moksha, tributaires du Volga. Il y a de très grandes forêts. On exploite des mines de fer près de Troitzk. L'apiculture y est une des plus importantes industries. — II, capitale de ce gouvernement, au confluent du Penza et du Sura, à 510 kil. S.-E. de Moscou; 30,462 hab. Fabriques de laine, de toile, de cuir, de savon et de soie. Il s'y tient une foire annuelle du 25 juin au 4 juillet.

PENZANCE (penn-zannce), ville la plus occidentale d'Angleterre, sur la baie de Mont (*Mount's bay*), en Cornouaille, à 40 kil. S.-O. de Truro et à 14 kil. N.-E. de Land's End; 10,406 hab. Elle possède une jetée de 600 pieds de long, ainsi que la salle et le musée de la société géologique de Cornouaille. On exporte en grande quantité de l'étain, du cuivre, de l'argile à porcelaine, et des sardines.

PÉON. Mythol. Médecin des dieux; il guérit Mars, blessé par Diomède, et Pluton, blessé par Hercule.

PÉONIE. Voy. Pæonie.

PEORIA, ville de l'Illinois (États-Unis), sur l'Illinois, à l'extrémité d'une expansion de cette rivière, appelée lac Peoria, à 250 kil. S.-O. de Chicago; 30.000 hab. Belle situation sur un sol en pente; rues larges et bien nivelées. Fonderies, machines, chaudières, charrues, voitures, bière, whisky, bois de charpente, etc.

* **PÉOTTE** s. f. Espèce de grande gondole qui est fort en usage sur la mer Adriatique : *s'embarquer sur une péotte*.

PEPE. I. (Guillaume), célèbre patriote et général italien, né en Calabre en 1782, mort à Turin en 1855. Il embrassa la cause républicaine lors de l'invasion des Français, servit Joseph Bonaparte, puis Murat, et conserva son titre de lieutenant général après l'arrestation de Ferdinand IV. Mais ayant pris part à la révolution de 1820, il dut chercher un refuge en Angleterre. Il reparut en Italie en 1848 et se couvrit de gloire au siège de Venise, dont il a retracé les péripéties dans son *Histoire des révolutions et des guerres d'Italie* en 1847, 1848, 1849 et dans ses *Mémoires* (Turin, 1850, 6 vol.) — II. (Gabriel), officier italien (1781-1850). Il n'appartient pas à la famille du précédent. Ayant adopté les principes républicains en 1799, il dut se réfugier en France lors de l'invasion autrichienne. Il servit ensuite dans l'armée du roi Joseph en Espagne et devint colonel en 1815. Il essaya de soulever l'Italie contre les Autrichiens et fut interné à Florence. C'est à cette époque qu'il eut son fameux duel avec Lamartine. Il rentra à Naples en 1843.

* **PÉPERIN** s. m. (gr. *péperi*, poivre). Pierre volcanique employée dans les édifices anciens et modernes de Rome.

* **PÉPIE** s. f. (lat. *pipio*, je piaule). Petite peau blanche qui vient quelquefois au bout de la langue des oiseaux, particulièrement des poules, et qui les empêche de boire et de faire leur cri ordinaire : *arracher la pépie à une poule, à un oiseau.* — Fig. et pop. Cet homme n'a pas la pepie, il boit volontiers. — Il n'a point, elle n'a point la pepie, se dit aussi d'une personne babillarde. — Vous nous ferez avoir la pepie, vous ne nous donnez pas à boire, vous tardez trop à nous faire boire.

PÉPIEMENT s. m. Action de pépier.

PÉPIER v. n. Crier, en parlant des petits oiseaux. — Babiller : *Les comédiens ayant bu deux doigts de vin, pépiaient comme des perruches sur leurs bâtons*. (Th. Gautier.)

* **PÉPIN** s. m. (lat. *pepinus*). Semence qui se trouve au centre de certains fruits : *les fruits à pépin n'ont pas réussi cette année.*

PÉPIN s. m. Vieux parapluie grotesque :

> Mon ruffard deviendra *pépin :*
> Ses ressorts perdront leur souplesse.
>   J. Cabassol. *Ma Femme et mon Parapluie.*

PÉPIN I. De Landen ou **Pépin le Vieux**, chef austrasien, né à Landen ; il fut imposé comme maire au jeune roi Dagobert et obtint une nouvelle séparation de l'Austrasie avec Sigebert II pour roi. Il mourut en 640, laissant un fils, Grimoald, qui fut maire après lui. Il a été canonisé. Fête le 21 février. — II. D'Héristal, fondateur de la dynastie carlovingienne, mort en 714. De concert avec son frère Martin, maire du palais d'Austrasie, il dirigea la révolte contre le roi Dagobert II, qui fut assassiné en 679, et les deux frères se partagèrent le gouvernement sous le titre de « ducs des Francs ». Martin fut tué en 680 par les envahisseurs neustriens; mais en 687, Pépin s'empara de la Neustrie, et fut dès lors reconnu comme le chef de tout l'empire franc. Il laissa les princes mérovingiens se succéder sur le trône de Neustrie; mais ce n'étaient plus que des fantômes de monarques, connus dans l'histoire sous le nom de *rois fainéants*. Il légua son pouvoir à son petit-fils en bas âge, sous la régence de sa veuve, Plectrude ; mais Charles Martel, son fils naturel, qu'il avait eu de sa maîtresse Alpaïde, se saisit de cet enfant. — III. Le Bref, premier roi de la dynastie carlovingienne, petit-fils du précédent, et fils de Charles Martel; né vers 715, mort en septembre 768. A la mort de son père, en 741, il reçut la Neustrie, la Bourgogne et la Provence, tandis que son frère aîné, Carloman, avait l'Austrasie et les pays situés sur la rive droite du Rhin. Carloman se retira dans un couvent en 747, et Pépin se rendit maître de tous les états de

la domination franque, déposa le roi nominal Childéric III, et se fit couronner à Soissons en 752. En 755, il enleva aux Lombards l'exarchat de Ravenne, et donna au pape le Pentapole, fondant ainsi la souveraineté temporelle du saint siège. En 760, il envahit l'Aquitaine, qu'il conquit, après huit ans de guerre. Pépin laissa son royaume à ses deux fils, Carloman et Carl ou Karl, connu depuis sous le nom de Charlemagne.

PÉPIN I, roi d'Aquitaine, né vers 802, mort en 838. Second fils de Louis le Débonnaire et de la première femme de ce dernier, il reçut de son père le royaume d'Aquitaine en 817, tandis que son frère cadet, Louis, avait la Bavière. et que son frère aîné, Lothaire, était associé à l'empire. Pépin s'unit deux fois à ses frères dans leurs révoltes contre leur père; mais il finit par reconnaître sa suprématie. — II, son fils aîné, privé de son héritage, qui avait été donné à Charles le Chauve, dernier fils de Louis le Débonnaire, n'en fut pas moins reconnu pour roi par les Aquitains. En 840, il s'unit à son oncle, Lothaire, dans la lutte de celui-ci contre Charles qu'il obligea, en 845, à lui accorder en fief la plus belle partie de l'Aquitaine. Mais sa popularité s'évanouit lorsqu'il s'allia avec les Normands. Trahi et livré à Charles en 852, il s'échappa en 854, et en 857, obligea Charles à lui céder des terres. Dans une tentative contre Toulouse, à la tête de bandes normandes, en 864, il fut pris et emprisonné à Senlis, où il mourut peu après.

* **PÉPINIÈRE** s. f. (rad. *pépin*). Plant de petits arbres rangés sur une ou plusieurs lignes et qu'on élève jusqu'à ce qu'ils puissent être transplantés : *planter une pépinière*. — Fig. Collection, réunion de jeunes gens, de personnes destinées ou propres à un état, à une profession : *les séminaires sont des pépinières pour l'état ecclésiastique*.

* **PÉPINIÉRISTE** s. m. Jardinier qui cultive une pépinière, des pépinières. — Adjectiv. *Un jardinier pépiniériste*.

* **PÉPITE** s. f. (esp. *pepo*, graine de potiron). Morceau de natif, plus grand qu'une paillette, détaché de sa gangue et roulé par les eaux : *on a trouvé dans les terrains aurifères de la Californie et de l'Australie de fort grosses pépites.* — Morceau d'autres métaux précieux : *les pépites de platine.*

* **PÉPLUM** ou **Péplon** s. m. (pé-plomm) Antiq. Robe, manteau, ou voile brodé, à l'usage des femmes : *on promenait en grande pompe, à Athènes, le péplum sur lequel avait été brodée la dispute de Minerve et de Neptune.*

* **PEPSINE** s. f. Chim. Substance organique, extraite du suc gastrique, et qui en conserve la plupart des propriétés : *pilules de pepsine*. — Encycl. La pepsine est contenue dans le suc gastrique et dans la membrane muqueuse de l'estomac; c'est à son acidité que le suc gastrique doit la propriété de convertir les albuminoïdes des aliments en peptones solubles. On peut extraire de l'estomac des animaux la pepsine mélangée à des moins de matières étrangères, et l'employer à exciter la digestion chez d'autres animaux ou dans un verre à réaction. Les diverses préparations qui en contiennent prennent le nom de pepsines. Elles diffèrent beaucoup entre elles quant à leurs propriétés digestives. On a employé, pour les obtenir, plusieurs procédés qui commencent d'ordinaire par faire macérer dans de l'eau acidulée ou dans du vin des membranes muqueuses d'estomacs de veaux ou de cochons préparées et lavées avec précaution. La présence de l'alcool diminue l'action de la pepsine. L'usage de la pepsine est très utile dans certains cas de dyspepsie et de lientérie (30 centigr. après le repas, soit en poudre, soit en élixir). Pour

les enfants, on la dissout dans du sirop de cerise qui en masque la saveur.

PEPTONE s. f. Chim. Produit de l'action des sucs digestifs sur les matières protéiques. La peptone se forme pendant la digestion. La peptone de l'albumine renferme : $C = 51,37$; $H = 7,13$; $Az = 16,00$; $S = 2,12$ $O (+ P)$ $= 23,38$.

PEPUSCH (Johann-Christoph) [pé-pouch], compositeur allemand, né en 1667, mort en 1752. Vers 1698, il émigra en Angleterre, où il passa le reste de ses jours. Il est surtout connu par son adaptation d'airs populaires au *Beggar's Opera*. Il a publié un *Treatise on Harmony* (1731) et *Ancient Genera of Music* (dans les *Philosophical Transactions*).

PEPYS (Samuel), auteur anglais, né en 1633, mort en 1703. Il fut élevé à Cambridge, et en 1660, nommé greffier des actes de la flotte (*clerk of the acts of the navy*). Pendant la peste de 1665, il eut toute l'administration des affaires navales entre les mains et fut nommé inspecteur général du bureau des approvisionnements. Il siégea nombre d'années au parlement. En 1673, Charles II le nomma secrétaire d'État pour la marine. Pendant l'effervescence excitée par la conjuration papiste, ou *Popish plot*, on l'accusa de fournir des renseignements à la France et d'être un ennemi de la religion protestante. Il fut acquitté. En 1680, il accompagna le roi à Newmarket, où il prit en tachygraphie de la bouche de Sa Majesté le récit de sa fuite après la bataille de Worcester. En 1683, il fit partie de l'expédition de lord Dartmouth à Tanger. Après son retour, il fut secrétaire pour les affaires de l'amirauté jusqu'à l'avènement de Guillaume d'Orange ; *il se retira alors dans la vie privée*. Pepys laissa à Magdalene College (Cambridge), sa collection d'estampes, de livres et de manuscrits, connue aujourd'hui sous le nom de bibliothèque pepysienne (*Pepysian library*). Son amusant journal, qui va du 1er janv. 1660 au 31 mai 1669, après être resté sans un lecteur pendant plus d'un siècle, fut déchiffré par un jeune étudiant du collège, et lord Baybrooke en publia une partie avec un choix de sa correspondance particulière (1825, 2 vol. in-4°). Le rév. Mynors Bright, président de Magdalene College, en a publié récemment une édition complète en 6 vol., d'après le manuscrit original, laquelle contient environ un tiers de plus de matière que celle de lord Baybrooke. Pepys avait fait paraître de son vivant *Memoirs relating to the state of the Royal Navy; Life, Journals and Correspondence* et *Voyage to and Residence at Tangier* ont été publiés en 1841 (2 vol.).

PEQUOTS ou **Pequods**, tribu d'Indiens de la famille algonquine, qui occupaient autrefois une étendue de 50 kil. de loug sur 25 ou 30 de large depuis le Niantic jusqu'à Wecapaug dans l'état de Rhode Island. Ils faisaient, à l'origine, partie des Mohicans de l'Hudson. Vainqueurs de la plupart des tribus du Connecticut, ils firent en, 1634, la paix avec les Narragansetts, mais ils devinrent bientôt hostiles aux Anglais. Une expédition sous 138 ordres de Mason, fut envoyée contre eux en mai 1637 et ils furent défaits et presque anéantis dans les marécages de Fairfield. On en vendit un grand nombre comme esclaves dans les Antilles, et le reste se divisa entre les tribus voisines. Plus tard, ils se rassemblèrent en deux bandes, une près de New London et une sur le Pawcatuck. Ils rendirent des services dans la guerre du roi Philippe et dans les expéditions contre les Français. En 1776, chaque bande se composait de 150 individus ; en 1848, il y avait 16 Pequols Stonington et 28 Pequots Groton. Quelques-uns émigrèrent avec les Indiens Brotherton au Wisconsin, où l'on trouve

encore un petit nombre de descendants de la grande nation des Pequots.

PÉRA. Voy. CONSTANTINOPLE.

PÉRÆA, nom classique de la Palestine à l'E. du Jourdain. Ce terme correspond à l' *eber ha-Yarden* (au delà du Jourdain) des Écritures hébraïques ; mais on l'appliquait aussi dans un sens plus restreint à la partie qui se trouve entre le Jabbok au N. et l'Arnon au S.

PÉRAMBULATION s. f. (lat. *perambulatio*). Promenade, excursion.

PÉRAMÈLE s. m. (gr. *pera*, poche ; lat. *meles*, blaireau). Mamm. Genre de marsupiaux syndactyles, comprenant cinq ou six espèces qui habitent l'Australie. La plus connue est le *péramèle à bandes* (*perameles*

Péramèle à bandes (Perameles fasciata).

fasciata), long d'environ 45 centim., d'un jaune blanchâtre, avec des bandes foncées sur la partie postérieure du dos. Il court avec une grande rapidité, et se nourrit de racines, de graines, d'insectes et de vers ; sa chair est estimée.

PERAY (Saint-), ch.-l. de cant., arr. et à 14 kil. S. de Tournon (Ardèche), au pied des Cévennes ; 2,600 hab. Vins mousseux renommés.

PER (prép. lat. *per*, d'où nous avons fait *par*). Préfixe augmentatif, qui sert à désigner, dans les composés chimiques, la plus grande quantité de l'élément électro-négatif qui puisse entrer dans la combinaison.

PERBROMIQUE adj. (préf. *per*; fr. *bromique*). Chim. Se dit d'un acide qui est au brome ce que l'acide perchlorique est au chlore.

PERÇAGE s. m. Action de percer.

PERCALE s. f. (pers. *parkala*, toile superfine). Toile de coton, d'un tissu fin et serré, qui ne se fabriquait originairement que dans les Indes orientales, et qu'on imite maintenant dans toute l'Europe : *des rideaux de percale*.

PERCALINE s. f. Toile de coton légère et lustrée, qui sert principalement à faire des doublures : *une robe doublée de percaline*.

PERÇANT, ANTE adj. (rad. *percer*). Qui perce, qui pénètre : *cette alène n'est pas assez perçante*. — UN FROID PERÇANT, UN VENT PERÇANT, un froid, un vent qui pénètre. DES CRIS PERÇANTS, des cris fort aigus. UNE VOIX PERÇANTE, une voix claire et aiguë, qui frappe vivement l'oreille. DES YEUX PERÇANTS, des yeux vifs et pénétrants. UNE VUE PERÇANTE, celle qui aperçoit des objets très petits, ou très éloignés. — Fig. AVOIR L'ESPRIT PERÇANT, avoir beaucoup de pénétration d'esprit.

PERCARBURE s. m. préf. *per*; fr. *carbure*). Chim. Carbure qui contient la plus grande quantité possible de carbone.

PERCE (En) loc. adv., dont on ne se sert qu'en parlant des pièces de vin ou d'autre sorte de boisson, auxquelles on fait une ouverture pour en tirer la liqueur : *mettre du vin en perce*.

PERCÉ s. m. Voy. PERCÉE.

PERCÉ, ÉE part. passé de PERCER. Troué. — UNE MAISON BIEN PERCÉE, une maison qui a beaucoup de belles et grandes croisées, de grandes fenêtres bien placées, avec symétrie. — UNE FORÊT BIEN PERCÉE, une forêt traversée par de grandes et belles routes. — Peint. UN PAYSAGE BIEN PERCÉ, un paysage dont les premiers plans sont disposés de manière à laisser voir les lointains. — C'EST UN PANIER PERCÉ, c'est un homme qui dépense tout ce qu'il a, qui ne saurait garder d'argent. — Substantiv. UN PERCÉ. (Voy. PERCÉE.) — BAS PERCÉ, sans le sou, dans l'indigence, ruiné. — Du temps des culottes courtes, on distinguait facilement les trous qui perçaient les *bas* ; et il fallait être vraiment *bas percé* pour ne pouvoir payer la ravaudeuse. Bas percé, devrait donc être un substantif.

PERCE-BOIS s. m. Nom de plusieurs sortes d'insectes qui attaquent le bois : *des perce-bois*.

PERCE-CRÂNE s. m. Chir. Instrument avec lequel on brise le crâne du fœtus mort, afin de hâter son expulsion : *des perce-crâne*.

PERCÉE s. f. Ouverture qui se trouve naturellement dans un bois, ou qu'on y pratique, soit pour faire un chemin, soit pour se procurer un point de vue : *il y a plusieurs percées dans cette forêt, dans ce parc*. — On dit dans le même sens, UN PERCÉ : *il faudrait là un percé*. — Fig. FAIRE UNE PERCÉE, pénétrer en voyageant : *dans ses courses, il a fait une percée assez avant dans l'Ecosse*.

PERCE-FEUILLE s. f. Nom vulgaire d'une plante ombellifère appelée BUPLÈVRE : *des perce-feuilles*.

PERCE-FORÊT s. m. Un chasseur déterminé : *c'est un perce-forêt; des perce-forêts*. (Fam. et peu us.)

PERCEMENT s. m. Action de percer : *le percement d'un mur de pierre de taille est un travail pénible*.

PERCE-NEIGE s. f. Genre d'amaryllidées, comprenant plusieurs espèces de plantes bulbeuses à feuilles linéaires, qui habitent l'Europe. On trouve en France la *perce-neige* ou

Perce-neige. (Galanthus nivalis.)

galanthe des neiges (*galanthus nivalis*), qui doit son nom à ce qu'elle fleurit dès le mois de janvier, lors même que la terre est couverte de neige. Ses fleurs blanches, à pétales marqués d'une tache verte au sommet, répandent une douce odeur de miel. Il y a des variétés doubles. La *perce-neige plissée* (*galanthus plicatus*) est originaire du Caucase. Ses fleurs sont plus grandes que celles de l'espèce précédente. — On donne aussi quelquefois le nom de perce-neige à la nivéole printanière. (Voy. NIVÉOLE.) — pl. *Des perce-neige*.

PERCENTAGE s. m. [pèr-san-ta-je] Synon. de tant pour cent.

* **PERCE-OREILLE** s. m. Entom. Nom populaire d'un genre d'orthoptères coureurs dont l'abdomen se termine par deux grandes pièces écailleuses mobiles qui forment une pince à l'extrémité postérieure du corps. Le *grand perce-oreille (forficula auricularia)* est long de 14 millim., brun, avec la tête rousse, les bords du corselet grisâtre et les pieds d'un jaune d'ocre. C'est un animal nuisible,

1. Grand perce-oreille (Forficula auricularia). — 2, Lithobie fourchu (Lithobius forficatus).

qui dévore pendant la nuit les jeunes pousses, les fleurs et les fruits du jardin. On considère aujourd'hui comme une fable l'opinion de ceux qui pensent que le perce-oreille perfore le tympan de l'oreille pour s'introduire dans le cerveau et y causer des désordres mortels. — On donne aussi le nom de perce-oreille au *lithobie fourchu (lithobius forficatus)*, myriapode qui se trouve sous les écorces, dans les lieux humides et sous les pierres. — pl. *Des perce-oreilles.*

* **PERCE-PIERRE.** Voy. PASSE-PIERRE.

PERCEPTA s. m. pl. [pèr-sè-pta] (mot lat. qui signifie : *Choses perçues*). Physiol. Agents des sensations. Les percepta comprennent le moral, l'éducation, le tempérament et les passions.

* **PERCEPTEUR** s. m. (lat. *perceptor*; de *percipere*, percevoir). Celui qui est commis, préposé pour la recette, pour le recouvrement de deniers, de fruits, de revenus, d'impositions : *percepteur des contributions.* — Pour la législation, voy. CONTRIBUTIONS DIRECTES.

* **PERCEPTIBILITÉ** s. f. (lat. *perceptibilitas*). Qualité de ce qui peut être perçu : *la perceptibilité d'un impôt.* — Qualité de ce qui peut être aperçu : *la perceptibilité d'un objet au microscope.*

* **PERCEPTIBLE** adj. (lat. *perceptibilis*; de *percipere*, percevoir). Qui peut être perçu : *un impôt perceptible.* — Qui peut être aperçu ; et, dans ce sens, ne s'emploie guère qu'avec la négation : *cela n'est point perceptible aux yeux.* S'étend quelquefois aux autres sens, et aux choses de l'esprit : *cela n'est point perceptible au goût.*

PERCEPTIF, IVE adj. (lat. *perceptivus*). Philos. Qui concerne la perception.

* **PERCEPTION** s. f. (lat. *perceptio*). Recette, recouvrement de deniers, de fruits, de revenus, d'impositions : *il est commis à la perception de droits.* — Emploi de percepteur : *il a fait avoir une perception à son fils.* — Faculté par laquelle l'âme connaît, aperçoit les objets qui ont fait impression sur les sens : *nous ne jugeons de la simplicité ou de la composition des objets, que par le nombre des perceptions qu'ils produisent en nous.*

* **PERCER** v. a. (lat. *pertundere*). Faire une ouverture : *percer une planche, un morceau de bois.* — PERCER UN HOMME DE COUPS, lui faire plusieurs blessures avec une épée, avec un poignard. — LES OS LUI PERCENT LA PEAU, se dit, par exag., d'une personne ou d'un animal fort maigre. — PERCER UN TONNEAU, UNE FEUILLETTE, etc., y faire une ouverture pour en tirer le vin. — Absol. PERCER DU VIN, percer une pièce de vin : *il a fait percer son meilleur vin pour régaler ses amis.* — PERCER UNE CROISÉE, PERCER UNE PORTE DANS UN MUR, faire l'ouverture d'une croisée, d'une porte dans

un mur. — PERCER UNE RUE, ouvrir, faire une rue en abattant les constructions qui se trouvent dans sa direction. On dit de même, PERCER UNE ALLÉE, UNE ROUTE DANS UN BOIS. On dit aussi, PERCER UNE FORÊT, UN BOIS, y ouvrir des routes. — CRIER A PERCER LES OREILLES, pousser des cris aigus, des cris perçants. — CELA PERCE LE CŒUR, PERCE L'AME, se dit en parlant des choses qui font éprouver une vive affliction. On dit dans le même sens : *j'ai le cœur percé de voir un tel spectacle, d'apprendre une telle nouvelle.* — Pénétrer, passer à travers : *la pluie a percé tous ses habits.* — IL A ÉTÉ TOUT PERCÉ, IL A ÉTÉ PERCÉ JUSQU'AUX OS, se dit, par exag., d'un homme qui a été extrêmement mouillé de la pluie, ou de l'eau qu'on a jetée sur lui. — PERCER LES BUISSONS, LES HALLIERS, LES FORÊTS, LES FORTS, etc., passer au travers des buissons, des halliers, etc. — PERCER LA FOULE, PERCER UN ESCADRON, PERCER UN BATAILLON, etc., se faire passage à travers la foule, à travers un escadron, un bataillon, etc. On dit aussi absol., PERCER, dans le même sens : *la foule était prodigieuse, j'ai cependant trouvé un moyen de percer.* — LE SOLEIL PERCE LE NUAGE, les rayons du soleil passent à travers le nuage. — LA LUMIÈRE PERCE LES TÉNÈBRES, elle se fait apercevoir à travers les ténèbres, elle les écarte, elle les dissipe : *la vérité a percé les ténèbres de l'idolâtrie.* — SES CRIS PERCENT L'AIR, PERCENT LA NUE, ses cris se font entendre au loin; il jette les hauts cris. — Fig. PERCER LES NUITS, passer les nuits sans dormir. Ne se dit qu'en parlant de l'étude et du jeu : *il perce les nuits à étudier, à jouer.* — Fig. PERCER L'AVENIR, prévoir l'avenir. PERCER LE FOND D'UNE AFFAIRE, pénétrer le fond d'une affaire. — v. n. Se faire ouverture : *les dents commencent à percer à cet enfant.* — CETTE ÉTOFFE, CE CUIR NE PERCE POINT, la p'uie ne les pénètre point. Dans cette phrase peu usitée PERCER s'emploie neutralement et passivement. — CETTE MAISON PERCE DANS DEUX RUES, PERCE D'UNE RUE A L'AUTRE, elle a issue dans deux rues différentes. — LE COUP PERCE DANS LES CHAIRS, il entre dans leschairs. — Vén. LE CERF PERCE, il tire de long. — Fig. Pénétrer : *percer dans l'avenir.* — Se déceler, se manifester, se faire jour : *son intention perce à travers son silence.* — Avancer dans une profession, dans le monde, acquérir de la réputation : *cet homme a percé.* — Se percer v. pr. Se tuer. — Fig. IL S'EST PERCÉ DE SIS PROPRES TRAITS, en voulant nuire à un autre, il a fait, il a dit telle chose qui a tourné contre lui-même.

PERCEUR, EUSE s. (rad. *percer*). Celui, celle qui perce.

PERCEVABLE adj. (rad. *percevoir*). Qui peut être perçu par les sens.

PERCEVAL (Caussin de). Voy. CAUSSIN.

PERCEVAL (Spencer), homme d'État anglais, né en 1762, mort le 11 mai 1812. Il était le second fils de John, comte d'Egmont, et entra au parlement en 1796. En 1801, il fut nommé *solicitor general* ou avocat général, en 1807 chancelier de l'échiquier, en 1809 premier lord de la trésorerie et premier ministre. Il fut tué d'un coup de feu dans la salle des Pas-Perdus de la chambre des communes par John Bellingham, marchand anglais d'Archangel, rendu fou furieux par son impuissance à obtenir réparation d'un dommage qu'il avait causé le gouvernement russe lui avait causé. L'assassin fut pendu. La vie de Perceval a été écrite par son petit-fils, Spencer Walpole (1874).

PERCEVAL ou *Parcival le Gallois*, l'un des principaux romans du cycle de la Table ronde (XIIe siècle). Après de nombreuses aventures, Perceval devint roi, puis il se retira dans un ermitage, où il emporta le saint Graal. (Voy. ce mot.) — Voy. *Hist. littér. de la France*, t. XV;

Parcival de Wolfram d'Eschenbach (Paris, 1855, in-8°).

* **PERCEVOIR** v. a. (lat. *percipere*; du préf. *per*, et *capere*, prendre). Se conjugue comme *Recevoir*. Recevoir, recueillir. Ne se dit qu'en parlant de certaines choses, comme revenus d'une propriété, droits, impôts, etc. : *c'est lui qui perçoit les revenus de cette propriété.* — Philos. Recevoir l'impression des objets, la sensation qu'ils causent, et en concevoir l'idée : *percevoir une sensation.* — ω Se percevoir v. pr. Être perçu.

* **PERCHE** s. f. (lat. *perca*; gr. *perkês*, de *perkos*, noirâtre). Icht. Genre d'acanthoptérygiens percoïdes, caractérisé par sept rayons aux ouïes, cinq rayons aux nageoires ventrales, deux nageoires dorsales, des dents en velours et la langue lisse. Ce genre comprend une douzaine d'espèces, dont la plus connue est la *perche commune (perca fluviatilis)*, l'un des plus jolis et des meilleurs poissons de rivière. La perche brille d'une belle couleur d'or que font ressortir le vert, le rouge, le violet et le noir. Ses écailles sont fortement attachées à la peau; chez nous elle atteint une longueur de 50 à 70 centim. et pèse environ 2 kilog. Dans les pays du Nord elle est beaucoup plus volumineuse. Elle recherche les étangs et les lacs et remonte les petits cours d'eau au moment de frayer, au printemps. Elle nage avec rapidité, le plus souvent vers la surface de l'eau. Vorace, elle se précipite sur les petits poissons, sur les grenouilles et même les insectes qui volent à la surface de l'eau, gloutonnerie qui la rend assez facile à prendre par les appâts (ver rouge, véron vivant; goujon vivant, patte d'écrevisse, mouche artificielle). Sur nos marchés, les perches prises en eaux courantes se reconnaissent à leur dos vert et à leurs nageoires rouges; celles des étangs ont le corps et les nageoires de couleur brune. — La perche, excellent poisson de table, a la chair blanche, ferme et de bon goût. On la fait cuire en court bouillon, en matelote, en friture ou sur le gril. La *perche jaunâtre (perca flavescens*, Cuv.), d'un jaune verdâtre sur le dos et d'un jaune d'or sur les flancs, porte sept bandes transversales de couleur sombre, plus larges.sur le dos, et devenant blanches en dessous. Elle atteint une longueur de 30 à 40 centim. Elle est très répandue dans les eaux des états du nord et du centre aux États-Unis et dans les provinces anglaises. La *perche de mer*, appelée en Amérique *conner* ou *chogset*, et que nous nommons *serran*, est très commune autour des côtes rocheuses de la Nouvelle-Angleterre et des provinces britanniques. C'est un poisson cycloïdebroïde du genre *ctenolabrus* (Cuv. et Val.). — La *perche goujonnière* se nomme plus communément *grémille*. (Voy. ce mot.)

* **PERCHE** s. f (lat. *pertica*, échalas). Métrol. Ancienne mesure agraire qui valait, à Paris, 484 pieds carr. ou 51 m. carr. 7 décim. carr. Il y avait aussi dans l'Ile-de-France une perche de 324 pieds carr. ou 34 m. carr. 19. — Ancienne mesure de longueur qui variait de 20 à 24 pieds selon les localités. — Chose qui a l'étendue d'une perche carrée en superficie : *une perche de vigne.* — Brin de bois long de dix à douze pieds, et de la grosseur du bras ou environ : *étendre du linge sur une perche.* — C'EST UNE GRANDE PERCHE, se dit d'une personne dont la taille est grande et toute d'une venue. — Fauconn. SE BATTRE A LA PERCHE, se dit d'un oiseau de proie, lorsque, étant sur la perche, il se débat continuellement, et frappe des ailes comme pour voler. — Vén. Bois du cerf, du daim, du chevreuil, qui porte plusieurs andouillers.

PERCHE (Le), *Perticum*, *Perticensis ager*, contrée de l'ancienne France, entre la Normandie, le Maine, l'Orléanais et l'Ile-de-

France. Il comprenait le haut Perche, ch.-l. Mortagne; le petit Perche, v. princ., la Loupe et Bretonule; le Thimerais, v. princ., Châteauneuf et Maillebois; le bas Perche et le Perche-Gouet, ch.-l. Montmirail.

° **PERCHÉ, ÉE** part. passé de PERCHER. Juché.

Maître Corbeau sur un arbre perché.
         LA FONTAINE.

— ETRE TOUJOURS PERCHÉ SUR SA GRANDEUR, SUR SES AÏEUX, être entêté de sa noblesse, de son rang. — Substantiv. TIRER LES FAISANS AU PERCHÉ, les tirer lorsqu'ils sont perchés.

° **PERCHER** v n. (rad. *perche*). Se mettre sur une perche, sur une branche d'arbre, sur une baguette, etc. Se dit proprement des oiseaux : *les coqs et les poules perchent toutes les nuits.* — Se dit quelquefois absol., des oiseaux qui ont l'habitude de se percher; à la différence de ceux qui ne l'ont pas : *les perdrix grises, les cailles, les alouettes ne perchent pas.* — Se percher v. pr. Se dit quelquefois, fig. et fam., d'une personne qui se met sur quelque endroit élevé; pour mieux voir ou pour mieux entendre : *comment s'est-il allé percher-là?*

PERCHERON, ONNE s. et adj. Du Perche; qui appartient à cette province ou à ses habitants.

° **PERCHERON** s. m. Cheval qui vient du Perche et qui est renommé pour sa solidité : *un beau percheron.* (Voy. CHEVAL.)

PERCHEUR, EUSE adj. Ornith. Se dit des oiseaux qui ont l'habitude de percher.

PERCHLORATE s. m. Chim. Sel produit par la combinaison de l'acide perchlorique avec une base.

PERCHLORÉ, ÉE adj. Chim. Qui contient la plus grande quantité possible de chlore.

PERCHLORIQUE adj. Chim. Se dit d'un acide oxygéné du chlore qui renferme plus d'oxygène que tous les autres acides oxygénés qui proviennent du même élément. — Se dit aussi de l'éther de l'acide perchlorique.

° **PERCHLORURE** s. m. Chim. Chlorure qui contient la plus grande quantité de chlore possible.

° **PERCHOIR** s. m. (rad. *percher*). Lieu où l'on met percher les volailles d'une basse-cour.

° **PERCILLÉ, ÉE** adj. [*ll* mll] (dimin. de *percé*). Criblé de petits trous.

PERCIVAL (James-Gates), poète américain, né au Connecticut en 1795, mort en 1856. Il étudia la médecine à Philadelphie, mais cessa bientôt de pratiquer. En 1821, il publia la première partie de *Prometheus* et quelques poésies de moindre importance; et en 1825, une collection de ses œuvres poétiques. Il fut quelque temps chirurgien militaire; en 1827 il s'établit à New-Haven et prépara une édition de la géographie de Malte-Brun. En 1835, on le chargea, avec le professeur Charles-U. Shepard, de faire une description géologique et minéralogique du Connecticut. En 1854, il fut nommé géologue du Wisconsin. Un édition complète de ses poésies a été publiée en 1859 (2 vol.). Le rév. J.-H. Ward a écrit sa vie (1866).

PERCIVAL (Thomas), médecin anglais, né en 1740, mort en 1804. En 1767, il se fixa à Manchester, et en 1781 fonda la société littéraire et philosophique de Manchester. Parmi ses œuvres, on cite : *Essays, Medical and Experimental* (1767-'78, 3 vol.); *Moral and Literary Dissertations* (1784) et *Medical Ethics* (1803). Son fils les a réunies en 4 vol. avec une biographie et des lettres (1807).

° **PERCLUS, USE** adj. (lat. *perclusus*; de recludere, fermer). Paralytique, impotent

de tout le corps, ou d'une partie du corps : *il est perclus de tous ses membres.* — AVOIR LE CERVEAU PERCLUS, L'ESPRIT PERCLUS, manquer de jugement, d'esprit.

PERCLUSION s. f. Etat d'une personne percluse.

PERCNOPTÈRE adj. (gr. *perknos*, noir; *pteron*, aile). Zool. Qui a les ailes noires. — s. m. Genre de vautours, caractérisé par un bec long, grêle, très crochu, un peu renflé au-dessus de la courbure. Le type du genre est le *percnoptère d'Egypte* (*vultur percnopterus*), gros comme un corbeau, très répandu dans les pays chauds de l'ancien monde où il se rend utile en dévorant les cadavres.

PERCOÏDE adj. (gr. *perkê*, perche; *eidos*, aspect). Icht. Qui ressemble ou qui se rapporte au genre perche. — s. m. pl. Famille de poissons acanthoptérygiens ayant pour type le genre perche et comprenant, en outre, les genres bar, apron, apogon, serran, diacope, grémille, holocentre, vive, uranoscope, sphyrène, mulle, etc.

° **PERCOIR** s. m. (rad. *percer*). Sorte de foret pour percer des pièces de vin ou d'autre liqueur.

° **PERCUSSION** s. f. (lat. *percussio*; de *percutere*, frapper). Didact. Coup, action par laquelle un corps en frappe un autre : *les lois de la percussion des corps*, ou simpl., *de la percussion.* — INSTRUMENTS DE PERCUSSION, instruments dont on joue en les frappant, tels que les tambourins, les timbales, les cymbales, etc. — FUSIL A PERCUSSION. (Voy. PISTON.) — Méd. Sorte d'auscultation. (Voy. ce mot.)

° **PERCUTANTE** adj. f. Artill. S'emploie dans cette expression, FUSÉE PERCUTANTE, fusée qui s'enflamme par le choc et qui communique le feu à une bombe, à un obus.

PERCUTER v. a. (lat. *percutere*). Frapper. — Pathol. Explorer par la percussion.

PERCUTEUR s. m. Artill. Appareil au moyen duquel on enflamme les étoupilles fulminantes à percussion.

PERCY, ch.-l. de cant., arr. à 26 kil. S. de Saint-Lô (Manche). Berceau d'une illustre famille anglaise.

PERCY, famille historique anglaise fondée par William de Percy, qui vint en Angleterre avec Guillaume le Conquérant et prit à la première croisade. La famille s'étant alliée par mariage à la famille royale, Richard II créa en 1377 le fils issu de ce mariage, comte de Northumberland, et un autre, comte de Worcester. Ils se battirent contre Henri IV, et, à la bataille de Shrewsbury (juillet 1403), fut tué le fils de Northumberland, Henry Percy, le fameux Hotspur (né en 1364). Son oncle est la tête tranchée, et le comte de Worcester tomba en déshérence. Le sixième comte de Northumberland mourut sans postérité en 1537, et, comme son frère, sir Thomas Percy, avait été condamné à mort et exécuté, Edouard VI conféra le titre de duc de Northumberland à John Dudley, comte de Warwick. Celui-ci fut exécuté en 1554, et la reine Marie donna en 1557 le titre de comte de Northumberland au fils du condamné, sir Thomas Percy. Ayant conspiré contre Elizabeth, il eut la tête tranchée en 1572, et son frère lui succéda comme huitième comte. Ce dernier fut mis à mort en 1585 dans la Tour de Londres, où il était emprisonné sous l'accusation de complot en faveur de Marie Stuart. Son fils Henry, neuvième comte, y fut aussi détenu pendant plusieurs années, accusé d'avoir trempé dans la conspiration des poudres. Josceline, onzième comte, mourut en 1670 sans postérité mâle, et le titre s'éteignit. Sa fille Elizabeth, duchesse de Somerset, était, par ses droits propres, baronne Percy, et son fils, en 1722, prit un siège à la chambre des

lords, en qualité de baron Percy. Il hérita du duché de Somerset en 1744, et fut créé comte de Northumberland en 1749, avec réversibilité sur sir Hugh Smithson, mari de sa seule fille survivante, Elizabeth Seymour. En 1766, sir Hugh fut fait comte Percy et duc de Northumberland. Algernon George, né en 1810, est le sixième et présent duc de Northumberland.

PERCY (Thomas), érudit anglais, né en 1728, mort en 1811. Les *Reliques of ancient English Poetry*, ouvrage auquel il doit toute sa célébrité présente, parut en 1765. La plus grande partie de cette collection était extraite d'un vieux manuscrit en sa possession, et beaucoup d'autres pièces venaient de la Pepysian library. (Voy. PEPYS.) En 1769, Percy fut nommé chapelain ordinaire du roi; en 1778, doyen de Carlisle, et en 1782, évêque de Dromore, dans le comté de Down. Vers la fin de sa vie, il devint entièrement aveugle. Il a écrit plusieurs poésies originales remarquables, et a fait beaucoup de traductions.

PERCYANURE s. m. Chim. Nom donné à des composés où le cyanogène entre dans des proportions plus fortes que pour les cyanures simples.

° **PERDABLE** adj. (rad. *perdre*). Qui peut se perdre : *ce procès, ce pari n'est pas perdable.*

° **PERDANT** s. m. (rad. *perdre*). Celui qui perd. N'est guère usité qu'en parlant d'un homme qui perd au jeu : *les gagnants et les perdants.* — Adj. *Les billets, les numéros perdants.*

PERDICCAS [per-di-kass], général d'Alexandre le Grand, assassiné près de Memphis en 321 av. J.-C. Il commandait une division de la phalange aux batailles du Granique, d'Issus et d'Arbelles, et plus tard commanda fréquemment en chef. Après la mort du roi (323), il fut fait régent sous le titre de chiliarque des gardes à cheval. En 322, il réduisit la Cappadoce. Ayant voulu obliger *Antigone* à rendre compte de sa conduite dans l'administration de son gouvernement, celui-ci se réfugia en Macédoine, et Antipater, Cratère et Ptolémée se liguèrent contre Perdiccas. Il se tourna d'abord contre Ptolémée, et arriva sur le Nil qu'il ne put parvenir à passer. Le mécontentement de son armée éclata en révolte ouverte, et plusieurs officiers, ayant à leur tête Seleucus et Antigone, le mirent à mort.

PERDICÉ, ÉE adj. (rad. lat. *perdix*, *perdicis*, perdrix). Ornith. Qui ressemble à une perdrix.

PERDIDO, petit fleuve et petite baie qui forment la limite occidentale de la Floride en la séparant de l'Alabama. La baie est plutôt un lac, où s'épanchent les eaux du fleuve près de son embouchure. Il n'y a généralement sur la barre, à l'entrée, pas plus de 4 à 5 pieds d'eau.

PERDIGUIER (Agricol), écrivain et homme politique, né à Morières, près d'Avignon, en 1805, mort en 1875. Fils d'un pauvre menuisier, il acquit, après treize ans de travail manuel, l'instruction qui lui manquait, écrivit sur le compagnonnage des productions originales qui font ressortir la force de l'association ouvrière; fut élu représentant du peuple en 1848 et en 1851; vota constamment avec l'extrême gauche, jusqu'au coup d'Etat du Deux-Décembre, après lequel il passa en Belgique, puis en Suisse.

° **PERDITION** s. f. (lat. *perditio*; de *perdere*, perdre). Dégât, dissipation : *tout son bien s'en va en perdition.* (Vieux.) — Mar. VAISSEAU EN PERDITION, vaisseau qui est en danger d'être jeté à la côte, de faire naufrage. — Dévot. Etat d'une personne qui est dans une croyance contraire à celle de l'Eglise, ou qui est dans l'habitude des vices : *il est dans le chemin de perdition, dans la voie de perdition.* — Écrit. sainte. LE FILS DE PERDITION, Judas ; et, L'ENFANT DE PERDITION, l'antéchrist.

* **PERDRE** v. a. (lat. *perdere*). *Je perds, tu perds, il perd ; nous perdons, vous perdez, ils perdent. Je perdais. Je perdis. Je perdrai. Je perdrais. Perds. Que je perde. Que je perdisse,* etc. *Perdant. Perdu.* Être privé de quelque chose qu'on avait, dont on était en possession : *perdre son bien.* — Prov. [VOUS NE PERDREZ RIEN POUR ATTENDRE, votre payement, pour être retardé, n'en est pas moins assuré. Se dit, par l., pour exprimer que le retard apporté à quelque chose n'est pas un préjudice, et peut même être un avantage : *on tarde à vous placer, mais vous ne perdrez rien pour avoir attendu.* Se dit aussi ironiq. et par menace pour, je vous châtierai. — Être privé, par la mort ou autrement, d'une personne qu'on aimait, qu'on a sujet de regretter : *ce père a perdu depuis peu trois de ses enfants.*

Quand on perd un amant, on se pourvoit d'un autre.
ANDRIEUX. *Les Étourdis,* acte I, sc. x.

— Être privé de quelque partie de soi, subir la perte ou la diminution sensible de quelque faculté, de quelque avantage physique ou moral que l'on possédait : *perdre un bras, une jambe, un doigt.* — PERDRE LA VIE, mourir. — PERDRE LA PAROLE, L'USAGE DE LA PAROLE, ne plus pouvoir parler : *le malade a perdu la parole depuis vingt-quatre heures.* — Devenir muet de surprise, de crainte, etc. — PERDRE HALEINE, L'HALEINE, PERDRE LA RESPIRATION, manquer de respiration. — PERDRE LA TÊTE, avoir la tête coupée : *il a été condamné à perdre la tête.* — Fig. PERDRE LA TÊTE, devenir fou. Ne savoir plus où l'on est : *j'ai tant d'embarras, tant de chagrins, que j'en perds la tête.* — On dit, dans un sens anal., MA TÊTE SE PERD, JE M'ÉGARE. — IL EN PERD LE BOIRE ET LE MANGER, se dit d'un homme tellement appliqué à quelque travail, qu'il semble négliger toute autre action. On le dit en général d'une personne fortement et uniquement occupée de quelque objet. Ne pas entendre, ne pas comprendre, ne pas voir : *il a l'oreille dure et perd une partie de ce qui se dit dans la conversation.* — Égarer une chose : *j'avais perdu mon mouchoir, je l'ai retrouvé.* — PERDRE QUELQU'UN, le laisser s'égarer, l'égarer, le détourner de sa route : *cette bonne a perdu à la promenade un des enfants qui lui étaient confiés.* — Cesser d'avoir, n'avoir plus : *les arbres ont perdu leurs feuilles.* — CETTE RIVIÈRE PERD SON NOM DANS TELLE AUTRE, cette rivière, en tombant dans telle autre, prend le nom de celle-ci. — Cesser de suivre ou d'occuper, laisser échapper ou laisser prendre : *il s'arrêta pendant que le cortège marchait, et il perdit son rang.*

Quelque temps, il est vrai, je la perdis de vue.
COLLIN D'HARLEVILLE. *L'Inconstant,* acte Iᵉʳ, sc. x.

— PERDRE LA TRACE, LES VOIES, LE TRAIN D'UNE AFFAIRE, n'être plus au courant d'une affaire, ne savoir plus où elle en est. — PERDRE DU TERRAIN, reculer dans une affaire, au lieu d'avancer. — PERDRE UN OBJET DE VUE, cesser de le voir, ne le voir plus : *ne perdez pas cet enfant de vue.* — PERDRE DE VUE UNE AFFAIRE, UN DESSEIN, cesser de le suivre, de s'en occuper. PERDRE QUELQU'UN DE VUE, être longtemps sans en entendre parler. — ON NE PEUT LE SUIVRE, ON LE PERD DE VUE, se dit d'un homme qui se met dans des discours trop élevés. — CETTE MÈRE NE PERD POINT SA FILLE DE VUE, elle la surveille soigneusement. — PERDRE LE FIL D'UN DISCOURS, ne pouvoir plus suivre le discours qu'on avait commencé, ne pouvoir plus se ressouvenir de ce qu'on avait à dire : *je ne sais plus où j'en étais, vous m'avez fait perdre le fil de mon discours.* On le dit aussi en parlant du discours d'un autre : *cet orateur débite avec tant de rapidité, que l'on*

perd souvent le fil de son discours. — PERDRE PIED, PERDRE TERRE, ne plus trouver le fond de l'eau avec les pieds. Fig. Ne plus savoir où l'on en est. — PERDRE TERRE, se dit aussi d'un bâtiment qui s'éloigne assez de terre pour la perdre de vue. — Mar., sur la Méditerranée, PERDRE LA TRAMONTANE, ne plus voir l'étoile polaire, à cause des nuages qui couvrent le ciel; ne pouvoir plus s'aider de la boussole, à cause de l'agitation du vaisseau. — Fig. et fam. PERDRE LA TRAMONTANE, être troublé, ne savoir plus où l'on en est, ne savoir plus ce qu'on fait ni ce qu'on dit. — Fig. et fam. PERDRE LA CARTE, se troubler, se brouiller, se confondre dans ses idées. — Faire un mauvais emploi, un emploi inutile de quelque chose, manquer à en profiter : *il m'a fait perdre toute la matinée.*

Vous perdriez le temps en discours superflus.
FONTENELLE.

— À LAVER LA TÊTE D'UN ANE, D'UN MORE, ON PERD SA LESSIVE, on perd les peines qu'on prend pour instruire une personne stupide, indocile, obstinée, ou pour lui faire entendre raison. — VOUS Y PERDEZ VOS PAS, vous ne réussirez pas à ce que vous entreprenez. — PERDRE SON LATIN, employer, sans succès, son savoir et sa peine : *il a voulu le persuader, il y a perdu son latin.* — Être vaincu en quelque chose par un autre, avoir du désavantage contre quelqu'un en quelque chose : *perdre une gageure, un pari, un débat.* — Prov. IL JOUE À TOUT PERDRE, se dit de celui qui expose tout d'un coup au hasard tout ce qu'il a, ou les plus grands intérêts dont il soit chargé. — Absol. Ne pas obtenir le gain, le profit, l'avantage qu'on désirait ou qu'on espérait : *vous n'avez pas perdu au change.* — JOUER À QUI PERD GAGNE, jouer à une jeu où l'on convient que celui qui perdra selon les lois ordinaires, gagnera la partie. Se dit, fig. et fam., lorsqu'un désavantage apparent procure un avantage réel. — CE MARCHAND PERD SUR SA MARCHANDISE, il la vend moins cher qu'il ne l'a achetée. IL PERD DANS SON COMMERCE, il y souffre du dommage, du préjudice. On dit de même, PERDRE TANT SUR UNE MARCHANDISE, SUR UN MARCHÉ. — Diminuer de valeur : *cette espèce d'effets perd sur la place.* — CET HOMME, CET OUVRAGE A BEAUCOUP PERDU, on en a fait beaucoup moins de cas qu'auparavant. SA RÉPUTATION PERD CHAQUE JOUR, de jour en jour on diminue de l'estime qu'on faisait de lui. — Fig. Ruiner, déshonorer, décréditer; causer du préjudice à la fortune de quelqu'un, à sa réputation, à sa santé, etc. : *c'est un homme qui vous perdra.* — Gâter l'esprit, le jugement; corrompre les mœurs, débaucher : *il a perdu par ses maximes une infinité de jeunes gens.* — Gâter, endommager quelque chose : *la rivière s'est débordée, et a perdu toute la campagne.* — UN MOMENT, UNE INDISCRÉTION PEUT TOUT PERDRE, il suffit d'un moment, d'une indiscrétion pour compromettre le sort de l'entreprise, pour la faire manquer. — v. n. Mener, perdre. — **Se perdre** v. pr. Être perdu.

Que je me perde au jour, je songe à me venger.
J. RACINE. *Andromaque,* acte IV, sc. v.

Je sais qu'en l'attaquant cent rois se sont perdus.
J. RACINE. *Alexandre,* acte II, sc. 1ʳᵉ.

— Faire naufrage : *ce bâtiment s'est perdu sur une côte, contre un rocher.* — Disparaître : *il se perdit dans la foule, et je ne pus le retrouver.* — Billard. Mettre sa propre bille dans la blouse, ou la faire sauter hors du billard. — SE PERDRE DANS LES NUES, DANS LES NUAGES, rendre avec emphase des idées vagues, obscures, inintelligibles. — SE PERDRE DANS DES DIGRESSIONS, se livrer à des digressions qui font oublier le sujet principal. — L'ODEUR DE CETTE LIQUEUR, DE CETTE ESSENCE S'EST PERDUE, elle s'est dissipée, elle s'est évaporée. — Ces COULEURS, CES NUANCES SE PERDENT L'UNE DANS L'AUTRE, insensiblement elles viennent à être tellement mêlées, qu'on n'en voit plus la dif-

férence. — CETTE RIVIÈRE SE PERD DANS LA TERRE, SOUS TERRE A TEL ENDROIT, elle s'enfonce en terre, elle disparaît à tel endroit. CETTE RIVIÈRE SE PERD, VA SE PERDRE DANS TELLE AUTRE, DANS UN LAC, etc., elle se jette, elle tombe dans telle autre, dans un lac, etc. On dit à peu près de même : *ce fleuve, cette rivière se perd dans les sables.* — LE CHEMIN SE PERD EN TEL ENDROIT, il cesse d'être frayé dans tel endroit. — CET USAGE SE PERD DE JOUR EN JOUR, de jour en jour on cesse de le suivre, on y renonce. On dit dans le même sens : *ce mot s'est perdu, cette acception du mot s'est perdue.* — S'égarer, se fourvoyer, ne plus retrouver son chemin : *nous nous perdîmes dans le bois.* — JE M'Y PERDS, ON S'Y PERD, L'ESPRIT S'Y PERD, se dit en parlant d'une chose où l'on a peine à rien concevoir. —Se ruiner : *il se perd par ses dépenses excessives.* — Fig. Se compromettre gravement, ou se déshonorer, se faire tort dans l'opinion des autres : *malheureux, qu'allez-vous faire? vous vous perdez.* — Prov. IL JOUE A SE PERDRE, se dit d'un homme qui s'expose à ruiner sa fortune ou sa réputation. — SE PERDRE A CRÉDIT, A PLAISIR, DE GAIETÉ DE CŒUR, faire tort à sa fortune, ou à sa santé, ou à sa réputation, par étourderie et faute de suivre les plus simples conseils de la raison. — Se damner : *beaucoup de pécheurs se perdent par un excès de confiance.*

* **PERDREAU** s. m. (dimin. de *perdrix*). Perdrix de l'année : *une compagnie de perdreaux.*

* **PERDRIGON** s. m. Sorte de prune : *perdrigon blanc.*

* **PERDRIX** s. f. (pèr-drî) (lat. *perdix*). Oiseau gallinacé de la grosseur à peu près d'un gros pigeon, et qui est un excellent gibier : *perdrix grise.* — A LA SAINT-REMI TOUS PERDREAUX SONT PERDRIX, c'est-à-dire qu'ils ne sont plus assez petits, assez jeunes, pour être appelés perdreaux. — VIN COULEUR D'ŒIL DE PERDRIX, ou simpl., VIN ŒIL DE PERDRIX, vin paillet fort vif et fort brillant. — LINGE A ŒIL DE PERDRIX, linge de table ouvré, dont la façon représente à peu près les yeux de perdrix. — ENCYCL. La sous-famille des perdrix, de l'ordre des gallinacés, est caractérisée par les tarses nus comme les doigts. Elle comprend les genres francolin, caille, colin et perdrix. Ce

Perdrix grise (Perdix cinerea).

dernier genre se distingue par un bec assez fort, un corps arrondi, des jambes courtes, une tête petite, une queue courte et pendante, des tarses pourvus, chez les mâles, d'éperons courts ou de simples tubercules. Les espèces de ce genre ont des habitudes plus ou moins terrestres; leur vol est bas, droit, précipité et pénible; leur marche est aisée, leur course est rapide. Les perdrix s'élèvent avec effort et font alors entendre un bruit bien connu des chasseurs. Elles nichent à terre; leur ponte se compose de 12 à 20 œufs d'un gris jaunâtre ou rougeâtre; incubation, 22 jours. Les petits courent dès qu'ils sont éclos, et se mettent, en compagnie du père et de la mère, à la recherche des chrysalides de fourmis qui forment leur nourriture. Plus tard, ils mangent des graines, du blé, des insectes, etc. Ces oiseaux vivent habituellement, en famille, presque toujours où ils sont nés. Quoique d'un naturel défiant, ils se laissent prendre assez facilement aux pièges et vivent ensuite volontiers en captivité. Ils constituent dans nos pays le roi des petits gibiers à plume; leur chair excellente, tendre, pleine de fumet, est très recherchée. Les principales espèces sont : la *perdrix grise (perdix cinerea)*, longue de 30 centim., mesurant 45 centim. d'envergure, à bec et pieds cendrés, tête fauve, plumage varié de gris, taches roux marron sur la poitrine du mâle. Cette perdrix est très répandue dans nos plaines européennes et du nord de l'Afrique, où on la trouve en compagnies ou volées. Vers le mois de février, ils

Perdrix (Ortyx Virginianus)

forment les pariades. La ponte a lieu vers le mois d'avril dans les blés verts et dans les prairies artificielles; l'affection des parents pour leurs petits est proverbiale; la mère use de divers stratagèmes pour attirer l'attention du chasseur et le détourner de ses perdreaux. La *petite perdrix grise* ou *perdrix de passage (perdix damascena)*, plus petite que la précédente, se distingue surtout par son esprit voyageur. La *perdrix rouge (perdix rubra)*, à bec et pieds rouges, flancs nuancés de roux et de cendré, gorge blanche encadrée de noir, commune sur nos coteaux, est un peu plus grosse que la perdrix grise, à chair plus blanche et plus estimée; moins sociable, elle vit peu en compagnies. La *bartavelle* (Voy. ce mot.) L'oiseau qu'on appelle perdrix dans le centre et le sud des Etats-Unis, est une espèce de caille (*ortyx Virginianus*, Bonap.).

* **PERDU, UE** part. passé de PERDRE. Qu'on ne possède plus. — PUITS PERDU, puits dont le fond est de sable, et où les eaux se perdent : *les puisards sont des espèces de puits perdus.* — PAYS PERDU, pays écarté, désert, qui n'offre point de ressources. — TOUT EST PERDU, il n'y a plus de ressource, plus d'espérance. — Prov. CE QUI EST DIFFÉRÉ N'EST PAS PERDU. — Prov. UN BIENFAIT N'EST JAMAIS PERDU, une bonne action a sa récompense tôt ou tard. — Prov. C'EST DU BIEN PERDU, se dit de tout ce qui survient d'agréable ou d'utile pour une personne qui ne sait pas ou qui ne peut pas en profiter : *lire de beaux vers devant des gens qui n'ont ni goût ni oreille, c'est du bien perdu.* — C'EST TEMPS PERDU, C'EST PEINE PERDUE, se dit en parlant des choses pour lesquelles on emploie inutilement du temps ou de la peine, soit parce qu'elles ne le méritent pas, soit parce qu'elles ne doivent point réussir. — TIRER A COUP PERDU, A COUPS PERDUS, tirer au hasard, ou tirer hors de portée. — Maçon. OUVRAGE A PIERRES PERDUES, A PIERRE PERDUE, construction qu'on établit dans l'eau en y jetant de gros quartiers de pierre : *les fondations de cette digue, de ce môle, ont été faites à pierres*

perdues. — FAIRE FLOTTER DU BOIS A BOIS PERDU, A BUCHE PERDUE, le jeter dans de petites rivières non navigables pour le rassembler à leur embouchure dans de plus grandes rivières, et en former des trains. — VOYAGER A BALLON PERDU, s'élever dans l'air au moyen d'un aérostat qui n'est retenu à la terre par aucun lien. — A CORPS PERDU, avec impétuosité, sans songer à se ménager : *se jeter à corps perdu sur quelqu'un.* On l'emploie quelquefois au sens moral : *il se jette à corps perdu dans les entreprises les plus hasardeuses.* — METTRE DE L'ARGENT A FONDS PERDUS, A FONDS PERDU, placer son argent en viager, c'est-à-dire, à condition d'en recevoir sa vie durant un intérêt convenu, en abandonnant le capital. — Fig. SALLE DES PAS PERDUS, grande salle qui précède ordinairement la chambre des audiences d'un tribunal, et où le public se promène. — REPRISE PERDUE, reprise faite de manière qu'on ne l'aperçoive pas, et qu'elle se confonde avec le tissu de l'étoffe. — CONTOURS PERDUS, contours qui ne tranchent pas sur le fond. — HEURES PERDUES, MOMENTS PERDUS, les heures, les moments de loisir d'une personne qui est ordinairement fort occupée. On ne l'emploie guère que dans ces manières de parler adv. : *à vos heures perdues; dans vos heures perdues*, etc. — Guerre. SENTINELLE PERDUE, sentinelle postée dans un lieu extrêmement avancé. ENFANTS PERDUS, ceux que l'on charge des expéditions, des missions les plus périlleuses : *commander les enfants perdus; il combattit à la tête des enfants perdus.* Se dit, par ext., de ceux que l'on pousse à faire les premières et les plus périlleuses démarches dans une affaire de parti, ou qui s'y aventurent d'eux-mêmes : *il s'est avancé dans cette affaire en enfant perdu.* — ETRE PERDU D'HONNEUR, DE RÉPUTATION, PERDU DE DÉBAUCHES, PERDU DE DETTES, etc., avoir perdu l'honneur, la réputation; avoir ruiné sa santé par ses débauches, être accablé de dettes. — C'EST UN HOMME PERDU, UNE FEMME PERDUE, se dit d'un homme, d'une femme sans ressources pour la santé, pour la fortune, pour la réputation, etc. — C'EST UNE TÊTE PERDUE, se dit d'une personne qui montre de l'égarement dans sa conduite, dans ses discours. — POUR UN PERDU, DEUX RETROUVÉS DEUX RECOUVRÉS, se dit en parlant des choses dont on veut faire entendre que la perte est facile à réparer. — COURIR COMME UN PERDU, CRIER COMME UN PERDU, courir, crier de toute sa force. Dans ces phrases, PERDU est employé substantiv.

PERDU (Mont), un des sommets des Pyrénées sur le versant espagnol, à 40 kil. N.-E. de Jaca; 3,352 m. de haut.

* **PÈRE** s. m. (lat. *pater*). Celui qui a un ou plusieurs enfants : *les enfants ne peuvent avoir trop de déférence, trop de respect pour leur père.* — UN PÈRE HEUREUX EN ENFANTS, un père dont les enfants sont bien nés, bien sains, bien portants. UN PÈRE HEUREUX DANS SES ENFANTS, un père dont les enfants sont bien placés, bien pourvus, ont réussi dans le monde par leur travail et par leur bonne conduite. — PÈRE DE FAMILLE, celui qui a femme et enfants, ou seulement des enfants : *c'est un bon père de famille.* — Prat. Dans PRENDRE SOIN D'UNE CHOSE EN BON PÈRE DE FAMILLE, se dit en parlant des choses dont on a le soin, et signifie, ménager, administrer une chose avec autant d'économie que le propriétaire lui-même pourrait le faire. — GRAND-PÈRE PATERNEL, le père du père, GRAND-PÈRE MATERNEL, le père de la mère. — Nos PÈRES, nos aïeux, nos ancêtres, ceux qui ont vécu dans un siècle antérieur au nôtre: *telle était la coutume de nos pères.* — PÈRE NATUREL, celui qui a eu un enfant d'une femme avec laquelle il n'était pas marié. PÈRE LÉGITIME, celui qui a eu un enfant d'un mariage légitime. PÈRE PUTATIF, celui qui est

réputé le père d'un enfant, quoiqu'il ne le soit pas en effet. PÈRE ADOPTIF, celui qui a adopté quelqu'un pour son enfant. — Théât. PÈRE NOBLE, l'acteur chargé de l'emploi des pères dans la tragédie et dans la haute comédie. On dit, dans un sens analogue, JOUER LES PÈRES NOBLES. — Se dit quelquefois en parlant des animaux: *mon chien est le père du vôtre.* — Celui qui est le chef d'une longue suite de descendants, soit dans l'ordre de la nature, soit autrement. NOTRE PREMIER PÈRE, Adam. LE PÈRE DES CROYANTS, LE PÈRE DES FIDÈLES, Abraham. — PÈRE NOURRICIER, le mari de la nourrice d'un enfant. — Fig. IL EST LE PÈRE NOURRICIER DE TELLE FAMILLE, il la fait subsister. — DIEU LE PÈRE, LE PÈRE ÉTERNEL, la première personne de la Trinité. Ecrit. sainte. LE PÈRE DES MISÉRICORDES, LE PÈRE DES LUMIÈRES, et dans l'oraison dominicale, NOTRE PÈRE, Dieu. — Ecrit. LE PÈRE DU MENSONGE, le diable. — Poés. LE PÈRE DU JOUR, le soleil. — Fig. Celui qui a beaucoup fait pour la prospérité, pour le salut, pour le bonheur d'un peuple ou d'une classe nombreuse de personnes, qui agit envers ceux dont il prend soin, comme un père agirait envers ses enfants: *Cicéron fut appelé le Père de la patrie.* — Créateur, fondateur, protecteur: *Hérodote est le père de l'histoire.* — LES PÈRES CONSCRITS, les sénateurs de l'ancienne Rome. — Titre qu'on donne aux membres de sordres et des congrégations religieuses: *les pères capucins, les pères de la Trappe*, etc. On écrit par abrév., au sing. P., et au plur. PP. — PÈRE EN DIEU, titre qu'on donne quelquefois aux évêques, et même aux cardinaux: *révérend père en Dieu, messire tel, évêque de....* — LE SAINT-PÈRE, NOTRE SAINT-PÈRE, NOTRE TRÈS SAINT PÈRE, LE PÈRE DES FIDÈLES, le pape. — LES PÈRES DE L'EGLISE, ou absol., les PÈRES, les saints docteurs antérieurs au XIIIᵉ siècle, dont l'Eglise a reçu et approuvé la doctrine et les décisions sur les choses de la foi, qui ont la morale et la discipline chrétienne: *les Pères de l'Eglise grecque, de l'Eglise latine.* Les principaux pères de l'Eglise sont, pour l'Eglise d'Orient: saint Justin, saint Clément d'Alexandrie, Origène, saint Athanase, saint Grégoire de Nazianze, saint Basile, saint Grégoire de Nysse, saint Jean Chrysostome, saint Ephrem et saint Epiphane; pour l'Eglise d'Occident: Tertullien, Arnobe, Lactance, saint Cyprien, saint Hilaire, saint Ambroise, saint Paulin de Nole, saint Jérôme, saint Augustin, saint Alphonse de Liguori, etc. — LES PÈRES DU CONCILE, les évêques qui assistent au concile: *tous les pères du concile furent du même avis.* — LES PÈRES DU DÉSERT, les anciens anachorètes, qui se retiraient dans les déserts pour y faire pénitence. — PÈRE SPIRITUEL, tout prêtre par rapport à celui ou à celle dont il dirige la conscience: *c'est son père spirituel.* — Dans les ordres mendiants, PÈRE TEMPOREL, le séculier qui a soin de recevoir les aumônes qu'on leur fait: *un tel était le père temporel des capucins de cette ville.* — Fig. et fam. Homme d'un rang inférieur, qui est d'un certain âge: *allez me chercher le père un tel.* — Pop. UN PÈRE LA JOIE, un rieur, un homme qui excite les autres à la gaieté. UN PÈRE DOUILLET, un homme qui se plaint dès qu'il n'a pas toutes ses aises. UN PÈRE AUX ÉCUS, un homme qui a beaucoup d'argent comptant. — UN GROS PÈRE, un homme qui a de l'embonpoint. — De père en fils loc. adv. Par transmission successive du père au fils: *ils sont notaires de père en fils dans cette famille.*

PÈRE DUCHESNE. Voy. Hébert (*Jacques-René*).

PÉRÉE, *Peræa*, partie de la Palestine, à l'E. du Jourdain; c'était, avant la conquête juive, le pays de Galaad.

PÈRE-EN-RETZ (Saint-), ch.-l. de cant., arr. et à 14 kil S. de Paimbœuf (Loire-Inférieure); 4,400 hab.

PÉRÉFIXE (Hardouin DE BEAUMONT DE), prélat, né en 1605, mort en 1670. En 1644, il fut appelé à devenir le précepteur de Louis XIV, fut nommé en 1648, évêque de Rodez et, en 1662, archevêque de Paris. En 1654, il avait été admis à l'Académie française. On a de lui : *Vie de Henri IV* (Paris, 1661, in-4°); *Institutio principis* (Paris, 1647, in-16), etc.

PÉRÉGRIN, INE adj. (lat. *peregrinus*; de *per*, à travers; *ager*, *agri*, champ). Voyageur, étranger.

* **PÉRÉGRINATION** s. f. (lat. *peregrinatio*). Voyage fait dans des pays éloignés : *il est revenu de ses longues pérégrinations*. (Vieux.)

* **PÉRÉGRINITÉ** s. f. Jurispr. Etat de celui qui est étranger dans un pays. — VICE DE PÉRÉGRINITÉ, incapacité résultant de la qualité d'étranger.

PEREIRA (Jacob-Rodriguez) [pé-ré'-i-ra], espagnol, professeur de sourds-muets, né de parents juifs en 1716, mort en 1780. Il alla s'établir de Cadix à Bordeaux où se rendit célèbre par ses succès dans l'enseignement des sourds-muets, auxquels il apprenait à articuler les sons. Sa cure la plus fameuse est celle du fils du contrôleur français d'Etavigny, pour laquelle Louis XV lui accorda une pension.

PEREIRA (Jonathan) [pér-é'-ra], chimiste pharmacologique anglais, né en 1804, mort en 1853. En 1823, il rendit maître de conférences de chimie à l'école de médecine d'Aldersgate street, à Londres. Sa réputation repose surtout sur ses conférences intitulées *Elements of Materia medica and Therapeutics.* En 1851, il devint médecin de l'hôpital de Londres. Il a aussi publié *Food and Diet*, et d'autres ouvrages.

PEREIRA DE SOUZA. Voy. CALDAS PEREIRA DE SOUZA.

PÉREIRE. I. (Emile), célèbre banquier français de famille israélite d'origine espagnole, petit-fils de Jacob-Rodriguez Pereire, né à Bordeaux le 3 déc. 1800, mort le 5 janv. 1875. Il fut, ainsi que son frère Isaac, qui resta son associé toute sa vie, l'un des adeptes de l'école saint-simonienne (1829-'34), collabora au *National* et à plusieurs autres journaux avancés; se lança dans de grandes entreprises industrielles et financières : contruction du chemin de fer de Saint-Germain, construction du chemin de fer du Nord, création du *Crédit mobilier*(1852); fut élu au Corps législatif (1863); et dut, lors de la liquidation de la société du *Crédit mobilier*, se retirer de cette société et de plusieurs autres qu'il avait compromises en associant leur sort à celui de la compagnie immobilière (1867). — II. (Isaac), frère du précédent, né à Bordeaux le 25 nov. 1806, mort le 13 juillet 1880. Il fut associé à son frère dans toutes ses grandes entreprises et, après la mort d'Emile, il reprit la direction de la Société transatlantique.

PÉRÉKOP, ville de Tauride, en Russie, à 130 kil. N.-O. de Simféropol; 4,331 hab. Grand commerce, de sel surtout. Elle était autrefois très forte; et a joué un rôle dans les guerres entre les Turcs et les Russes. Elle a été cédée par la Porte en 1774, et incorporée définitivement à la Russie en 1783. L'isthme de Pérékop, où elle est située, unit la Crimée à la terre ferme, et sépare le Sivash ou mer Putride, qui est une échancrure de la mer d'Azof, du golfe de Pérékop. Il a environ 30 kil. de long sur 4 kil. de large.

PÈRE-LACHAISE (Cimetière du). Voy. LA CHAISE.

* **PÉREMPTION** s. f. (lat. *peremptio*; de *perimere*, périmer). Procéd. Espèce de prescription qui détruit et annule une procédure civile, lorsqu'il y a eu discontinuation de poursuites pendant un certain temps limité : *il y a péremption d'instance*. — Législ. « La péremption est une sorte de prescription qui ne détruit pas le droit lui-même, mais qui annihile une procédure, un jugement, un acte d'exécution, ou qui prive d'un recours après un certain délai déterminé par la loi. — Une inscription hypothécaire est périmée, si elle n'a pas été renouvelée avant l'expiration du délai de dix ans (C. civ. 2154). — La péremption d'une instance engagée devant les tribunaux a lieu contre le demandeur, même contre les mineurs, les incapables et les établissements publics, lorsque les poursuites ont été discontinuées pendant trois ans; mais elle n'est pas acquise de plein droit et elle doit être demandée. Les frais de la procédure périmée sont à la charge du demandeur. Celui-ci conserve son action et peut introduire une nouvelle instance (C. pr. 397 et s.). Dans les instances suivies devant les juges de paix, la péremption n'a lieu que si un jugement interlocutoire a été rendu et lorsque le jugement définitif n'est pas prononcé dans le délai de quatre mois à compter du jour du premier jugement (id. 15). — Le jugement par défaut contre partie est périmé, s'il n'a pas été exécuté dans les six mois de son obtention (id. 156). — L'expiration des délais fixés par la loi pour faire opposition à un jugement par défaut, ou pour interjeter appel des décisions judiciaires, a pour effet la péremption du droit d'opposition ou d'appel; et les jugements acquièrent alors force de chose jugée. — La péremption d'instance n'est pas admise devant le Conseil d'Etat. »

(CH. Y.)

* **PÉREMPTOIRE** adj. Procéd. N'est guère usité que dans cette locution, EXCEPTION PÉREMPTOIRE, défenses qui consistent dans la seule allégation de la péremption : *il y a exception péremptoire.* — Décisif, contre quoi il n'y a rien à alléguer, à répliquer : *raisons péremptoires.*

* **PÉREMPTOIREMENT** adv. D'une manière péremptoire, d'une manière décisive : *il a répondu péremptoirement.*

* **PÉRENNITÉ** s. f. (pé-rain-ni-té) (lat. *perennitas*; de *perennis*, durable). Perpétuité, état de ce qui dure très longtemps : *la pérennité de certains règnes.*

* **PÉRÉQUATION** s. f. [-koua-si-on] (lat. *peræquatio*; de *peræquare*, rendre égal). Répartition égale des charges, des impôts. — Législ. « La péréquation de l'impôt foncier, est réclamée depuis longtemps par une grande partie des contribuables. L'Assemblée constituante, par la loi du 1er déc. 1790, prescrivit la confection du cadastre dans toute la France, afin de donner une base à l'impôt foncier; mais elle établit une répartition provisoire de cet impôt, en attribuant à chaque commune une contribution foncière proportionnelle à la somme des charges qu'elle supportait sous l'ancien régime. Lorsque le cadastre s'acheva successivement dans les départements, on reconnut que la répartition provisoire devait être révisée; mais on ne put jamais se décider à surcharger les uns pour décharger les autres, et la péréquation de l'impôt foncier, c'est-à-dire l'établissement d'une proportion exacte dans les bases du revenu foncier, pour toutes les parties du territoire, est encore à faire. Plusieurs enquêtes, qui ont eu lieu en 1821, en 1854, en 1862 et en 1874, n'ont abouti qu'à démontrer chaque fois l'inégalité choquante de la répartition. En vertu de la loi du 9 août 1879, l'évaluation du revenu des propriétés non bâties a été faite par l'administration, et il est constaté par les procès-verbaux de cette dernière enquête achevée en 1883, que si le taux moyen de l'impôt foncier s'élève à 4,49 p. 100 du revenu, 46 départements paient davantage et que les 44 autres sont imposés au-dessous de la moyenne. Ainsi la Corse n'est taxée qu'à 0,95 p. 100, l'Aude à 2,50, la Haute-Savoie à 2.58; tandis que l'Eure paie un impôt, la Charente 6,26, la Lozère 6,80, les Hautes-Alpes 7,21. Pour faire voir les résultats de cette inégalité, en ne citant que les extrêmes, nous ajouterons que l'Eure paie en trop annuellement, pour l'impôt foncier, une somme de, 744,296 fr., tandis que l'Aude paie en moins 1,177,357 fr. Il faut dire aussi que le défaut de proportion existe non seulement entre les départements, mais entre les arrondissements et entre les communes d'un même département. Les conseils généraux et les conseils d'arrondissement se décident difficilement à remédier à ces inégalités, lorsqu'ils font la répartition du contingent départemental, parce qu'il en résulterait inévitablement une charge nouvelle pour les moins imposés. Le mode d'évaluation du revenu foncier a varié, au moment de la confection des matrices cadastrales, selon les dispositions de chaque commission de classification (voy. CADASTRE); et, d'un autre côté, en admettant que le classement des terres suivant leur qualité relative ait été bien fait à l'origine, la valeur relative des diverses parcelles n'est plus la même aujourd'hui. La refonte complète du cadastre sur des bases fixes serait une opération très difficile, très longue et très coûteuse; et il semble que ce qui serait praticable serait de dégrever les départements trop imposés, sans que l'on reportât cette réduction sur les autres; mais il en résulterait pour l'Etat une perte évaluée à 42 millions par an, et cela suffit pour que l'on retarde encore la péréquation entre les départements. On peut soutenir que l'impôt foncier, tel qu'il est aujourd'hui établi sur chaque immeuble, est considéré par le possesseur actuel comme une servitude ancienne, et que tout acquéreur en tient compte dans le calcul de son prix; de sorte que le défaut d'égalité se trouve véritablement aplani. Cette fixation à peu près immuable du revenu imposable présente des avantages pour celui qui, par ses efforts ou par un moyen quelconque, arrive à augmenter les produits du sol. Mais il en résulte, d'un autre côté, un excès de charge et même parfois la ruine complète pour le propriétaire dont le revenu a diminué. C'est là le reproche que faisait autrefois Vauban aux estimations qui servaient de base à la taille réelle. « Un bon ménager, disait-il, possède « un héritage dans lequel il fait toute la dé- « pense nécessaire à une bonne culture; cet « héritage répond aux soins de son maître « et rend à proportion. Si dans ce temps-là, « on fait le tarif ou cadastre du pays ou « qu'on le renouvelle; l'héritage sera taxé « sur le pied de son revenu présent; mais « si, par les suites, cet héritage tombe entre « les mains d'un mauvais ménager ou d'un « homme ruiné qui n'ait pas moyen d'y « faire de la dépense; ou qu'il soit décrété « (exproprié) ou qu'il tombe à des mineurs; « en un mot, qu'il soit négligé par impuis- « sance ou autrement, pour lors il déchoira « de sa bonté et ne rapportera plus tant; « auquel cas le propriétaire ne manquera « pas de se plaindre et de dire que son « champ a été trop taxé, et il aura raison, « par rapport au revenu présent; ce qui « n'empêche pas cependant que les premiers « estimateurs n'aient fait leur devoir. Qui « donc aura tort? Ce sera bien sûrement le « système qui est défectueux, pour ne pas « pouvoir soutenir la perpétuité la justesse de « son estimation. » (*La Dîme royale*, Préface). Ces observations judicieuses de Vauban peuvent aujourd'hui s'appliquer intégralement à la contribution foncière; qui, bien que rigoureusement exactes, bien que le livre admirable qui les contient ait été saisi, confisqués et mis au pilori, en vertu d'une ordonnance royale du 14 février 1707. Pour arriver à ce que l'impôt foncier fût proportionnel au revenu, il faudrait que les estimations pussent être révisées chaque année, comme cela a lieu pour la contribution mobilière, ou au moins à des époques périodiques assez rapprochées. Il serait encore plus à désirer que la contribution foncière pût être en France, un impôt de quotité, ainsi qu'elle l'est en Algérie sur les immeubles bâtis, en vertu de la loi du 23 déc. 1885. » (CH. Y.)

PEREZ (Antonio) [pè-rèss], homme d'État espagnol, né vers 1539, mort en 1611. Il était fils naturel de Gonzalo Perez, ministre de Charles-Quint et de Philippe II depuis 40 ans; il devint un des deux principaux secrétaires d'État; et le confident le plus intime de Philippe. Il fut l'agent du roi dans l'assassinat de Juan de Escovedo, fut jugé pour ce crime et condamné à deux ans d'emprisonnement, à huit ans d'exil de la cour et à une grosse amende. En juillet 1590, sa femme lui procura le moyen de se réfugier à Saragosse, où il se mit sous la protection des *fueros*, c'est-à-dire de la juridiction indépendante de l'Aragon. Philippe le fit arrêter deux fois, mais le peuple le délivra et il se réfugia en France. Henri IV l'envoya en mission secrète en Angleterre, où il publia un récit (*Relaciones*) de ce qui s'était passé. Il a écrit en outre *Cartas familiares*, plusieurs ouvrages politiques, et une vie de Philippe II qui n'a jamais été imprimée.

PER FAS ET NEFAS, loc. latine qui signifie: *par ce qui est permis et par ce qui est défendu*, c'est-à-dire, *par tous les moyens.*

PERFECTEUR s. m. (lat. *perfector*; de *perficere*, perfectionner). Celui qui parachève, qui perfectionne.

PERFECTIBILISER v. a. Rendre perfectible.

PERFECTIBILISTE s. m. Celui qui croit à la perfectibilité.

* PERFECTIBILITÉ s. f. (rad. *perfectible*). Qualité constitutive de ce qui est perfectible: *la perfectibilité de l'espèce humaine.*

* PERFECTIBLE adj. (lat. *perfectibilis*; de *perficere*, perfectionner). Qui est susceptible d'être perfectionné, ou de se perfectionner: *l'homme est de sa nature un être perfectible*.

PERFECTIF, IVE adj. Philos. Qui a le caractère de la perfection.

* PERFECTION s. f. (lat. *perfectio*). Qualité constitutive de ce qui est parfait dans son genre. En ce sens, il n'a point de pluriel: *il faut chercher la perfection dans tout ce qu'on fait.* — Spiritual. LA PERFECTION CHRÉTIENNE, LA PERFECTION DE LA VIE RELIGIEUSE, et absol., LA PERFECTION, l'état le plus parfait de la vie chrétienne, de la vie religieuse: *un chrétien doit toujours travailler à sa perfection.* — Qualités excellentes, soit de l'âme, soit du corps. En ce sens, son plus grand usage est au pluriel: *être orné, être doué de toutes sortes de perfections, avoir de grandes perfections.* — Spiritual. LES PERFECTIONS DIVINES, les qualités qui sont en Dieu. — Achèvement: *il faut encore six mois pour porter ce bâtiment à sa perfection.* — En perfection loc. adv. Parfaitement: *cet ouvrier travaille en perfection.*

* PERFECTIONNEMENT s. m. Action de perfectionner; effet de cette action: *il s'est fort occupé du perfectionnement de l'administration.*

* PERFECTIONNER v. a. Rendre meilleur, corriger des défauts, faire faire des progrès: *perfectionner un ouvrage.* — Se perfectionner v. pr. S'améliorer, faire des progrès: *les arts se sont bien perfectionnés.*

* PERFIDE adj. (lat. *perfidus*; de per et de fidus, foi). Déloyal, qui manque à sa foi, à sa

parole, ou à la confiance qu'on a mise en lui: *un homme perfide.*

Tu ne t'étonnes pas si mes fils sont *perfides.*
J. RACINE. *La Thébaïde*, acte Ier, sc. 1er.

— Se dit également des choses où il y a de la perfidie: *il lui a fait un tour bien perfide.* — Substant. *C'est un perfide.*

* PERFIDEMENT adv. Avec perfidie: *il le livra perfidement à ses ennemis.*

* PERFIDIE s. f. Déloyauté, manquement de foi, abus de confiance: *insigne perfidie.*

L'art le plus innocent tient de la *perfidie.*
VOLTAIRE. *Zaïre*, ac. V, sc. II.

* PERFOLIÉ, ÉE adj. (préf. *per;* lat. *folium*, feuille). Bot. Se dit des feuilles qui, au lieu d'être attachées à la plante par une de leurs extrémités, sont traversées et comme enfilées par une branche ou par un pédoncule. Se dit aussi des plantes qui ont de semblables feuilles: *feuille perfoliée.*

* PERFORANT, ANTE adj. Didact. Qui est propre à perforer, à percer, à pénétrer les corps: *instrument perforant.* — Anat. ARTÈRES PERFORANTES, artères qui traversent certains muscles: *muscles perforants.*

PERFORATEUR, TRICE adj. Qui sert à perforer. — Substantiv. Chir. Instrument qui sert à perforer.

* PERFORATION s. f. Didact. Action de percer quelque chose: *la perforation du tympan de l'oreille.*

* PERFORÉ, ÉE part. passé de PERFORER. Percé. — Anat. MUSCLES PERFORÉS, muscles qui donnent passage aux tendons des muscles perforants: *estomac perforé.*

* PERFORER v. a. (lat. *perforare*). Percer. N'est guère usité que dans les arts.

PERGAME. I, (*Pergamus* ou *Pergamum*) nom de la citadelle de Troie, fréquemment employé par les poètes pour désigner la cité même. — II. Ancienne ville d'Asie Mineure, dans le district mysien de la Tenthranie et capitale d'un royaume du même nom. A la mort de Seleucus I de Syrie, en 280 av. J.-C.,

Ruines de Pergame.

ce district devint indépendant sous Philétærus. Sous ses rois Attale Ier (241-197), le premier qui prit ce titre, et Eumène II (197-159), son pouvoir s'étendit, grâce à l'amitié des Romains, sur le reste de la Mysie, sur la Lydie, la Phrygie et d'autres provinces voisines. Pergame fut alors une des plus magnifiques cités de l'Asie, rivalisant par sa bibliothèque, sa célèbre école de littérature et l'invention ou le perfectionnement du parchemin, avec les principales gloires de la capitale des Ptolémées. Attale III (138-133) gouverna comme

un insensé, et légua son royaume aux Romains qui l'érigèrent en province d'Asie avec Pergame pour capitale; mais la ville ne tarda pas à décliner. Elle fut le siège d'une des sept églises fondées par saint Paul. Sa destruction totale eut lieu pendant les guerres turques. Aujourd'hui son emplacement est occupé par une ville florissante, nommée Bergama et connue pour ses fabriques de maroquin. On y voit des ruines imposantes.

PERGAMÉNIEN, IENNE s. et adj. De Pergame; qui appartient à cette ville ou à ses habitants.

PERGAMENSIS. Voy. GASPARINO.

PERGOLÈSE (Giovanni-Battista) (ital. *Pergolesi*), compositeur italien, né en 1710, mort en 1736. Pendant qu'il était à Naples, il écrivit des intermèdes comiques, entre autres la *Serva padrona*, qui furent très admirés à Paris. En 1735, son opéra *Olimpiade* n'eut pas de succès à Rome. Revenu à Lorette (*Loreto*) où il avait été maître de chapelle, il s'appliqua à la musique sacrée. Peu d'ouvrages du même genre ont excité plus d'admiration que sa messe en D, contenant le célèbre *Gloria in Excelsis*, que son *Dixit Dominus*, son *Laudate* et son *Stabat Mater*, composé pendant sa dernière maladie à Torre del Greco.

* PÉRI (gr. *deri*), préfixe qui signifie: *autour* et qui entre dans la formation d'un certain nombre de mots.

* PÉRI s. m. On donne ce nom aux génies qui, dans les contes persans, jouent le même rôle que les fées dans les nôtres. On fait aussi ce mot du féminin: *une péri.* (Voy. FÉE.)

PÉRIANDRE, tyran de Corinthe; succéda à son père Cypselus vers 625 av. J.-C., probablement, et mourut vers 585. Son règne fut doux tout d'abord; mais il devint bientôt tout à fait écrasant. Il supprima les tables communes, les réunions et l'éducation publique; il versa beaucoup de sang et commit d'exorbitantes exactions. Aristote parle de lui comme du premier qui éleva à la hauteur d'un système l'art de gouverner despotique-ment. Sa politique étrangère fut énergique et heureuse. On dit qu'il mourut de la douleur que lui causa le meurtre de son fils Lycophron, en faveur duquel il allait abdiquer, à l'âge de 80 ans. On le compte habituellement au nombre des sept sages de la Grèce.

* PÉRIANTHE s. m. (préf. *peri;* gr. *anthos*, fleur). Bot. Enveloppe extérieure de la fleur.

* PÉRIBOLE s. m. (gr. *peribolê;* du préf. *peri;* *ballô*, je jette). Enceinte sacrée autour des temples anciens: *le péribole du temple de*

Palmyre était un des plus vastes. — Archit. Espace laissé entre un édifice et la clôture qui est autour : *le péribole de la Bourse de Paris est planté d'arbres.*

* **PÉRICARDE** s. m. (préf. *péri* ; gr. *kardia*, cœur). Anat. Sac membraneux dans lequel est logé le cœur : *l'inflammation du péricarde.*

PÉRICARDIQUE adj. Anat. Qui appartient, qui aboutit au péricarde.

* **PÉRICARDITE** s. f. Méd. Inflammation du péricarde. La péricardite a pour symptômes principaux une *douleur* à la région précordiale avec fièvre, des accès de *palpitations*, des *battements* assez souvent tumultueux et irréguliers, un bruit de *frottement* ou de *râpe*, parfois des *syncopes* et de l'*œdème* aux membres inférieurs. Ces symptômes peuvent se présenter différemment, suivant qu'on examine le malade avant, pendant ou après l'épanchement qui se fait autour du cœur dans le péricarde. Les causes les plus ordinaires de cette affection sont les longues courses, les excès vénériens ou alcooliques, une métastase rhumatismale ou goutteuse, des chagrins subits, etc. Le traitement, qui doit toujours être énergique, consiste en saignées répétées, en applications de sangsues ou de ventouses sur la région du cœur, en vésicatoires ou cautères volants ; on recommande aussi les purgatifs, les diurétiques, le repos et la diète. Si la péricardite est chronique, on est plus modéré dans l'usage des saignées et l'on conseille davantage la scille, la digitale, le laurier-cerise, les cautères volants et les purgatifs répétés

* **PÉRICARPE** s. m. (préf. *peri* ; gr. *karpos*, fruit). Bot. Enveloppe de la graine, des semences : *péricarpe sec.*

* **PÉRICARPIAL, ALE, AUX** adj. Bot. Qui se développe sur le péricarpe.

PÉRICARPIEN, IENNE adj. Qui est autour du péricarpe.

PÉRICARPIQUE adj. Qui appartient au péricarpe.

PÉRICHÈSE s. m. [-kè-ze] (préf. *peri* ; gr. *kaitê*, chevelure). Bot. Involucre des fleurs femelles dans les mousses.

* **PÉRICHONDRE** s. m. [-kon-dre] (préf. *peri* ; gr. *kondros*, cartilage). Anat. Membrane qui recouvre les cartilages.

PÉRICLÈS [pé-ri-klèss], homme d'État athénien, né vers 495 av. J.-C., mort en 429. Par son père, Xanthippe, il se rattachait aux Pisistratides et aux Alcméonides par sa mère Agariste. En 469, il commença à prendre part aux affaires publiques, et ses talents et son éloquence extraordinaires firent bientôt de lui le chef du parti populaire, comme Cimon l'était de l'aristocratie. L'ascendant de Périclès et du parti populaire fut bientôt triomphant et Cimon fut frappé d'ostracisme (vers 459). L'aristocratie se groupa alors sous la direction de Thucydide, fils de Melesias, et se plaignit de l'administration de Périclès. Mais celui-ci fut maintenu et Thucydide banni. Le parti aristocratique se trouva annihilé du coup et Périclès resta sans contestation le seul maître des affaires. Il travailla d'abord à faire d'Athènes la capitale de la Grèce, le centre du pouvoir et de l'influence politiques, le siège des arts et de la civilisation ; il s'appliqua en second lieu à élever l'esprit public de ses concitoyens. Littérature, architecture, peinture et sculpture atteignirent, sous lui, leur plus haut degré de perfection. Dans sa politique étrangère, il visait à l'agrandissement d'Athènes, à l'extension et à la consolidation de sa puissance. Les Athéniens s'établirent dans la Chersonèse de Thrace, et dans beaucoup d'îles de la mer Égée ; de nombreuses colonies furent fondées. L'influence de Périclès, qui rejetait tout le reste

dans l'ombre, fit de lui un objet d'envie, de jalousie et de haine. On attaqua tour à tour sa vie publique et sa vie privée. Ses ennemis essayèrent de l'atteindre dans ses amis, et en répandit des bruits scandaleux et infamants pour son caractère, à propos de ses relations avec Aspasie. Dans la première campagne de la guerre du Péloponèse, il fut dénoncé pour sa politique défensive ; dans la seconde, il prit le commandement d'une flotte et ravagea les côtes du Péloponèse. A son retour, on l'accusa de péculat ; il fut frappé d'une amende et privé de son commandement ; mais on le réélut bientôt général. Il mourut de la peste l'année suivante.

PÉRICLITATION s. f. (rad. *péricliter*). État de ce qui périclite.

* **PÉRICLITER** v. n. (lat. *periclitari* ; de *periculum*, péril). Etre en péril. Ne se dit guère que des choses : *cette affaire périclite.*

* **PÉRICRÂNE** s. m. (préf. *peri* ; fr. *crâne*). Anat. Membrane qui couvre le crâne.

PÉRIDERME s. m. (préf. *peri* ; fr. *derme*). Bot. Feuillets de l'intérieur du liège.

PÉRIDION s. m. (gr. *perideô*, j'entoure). Bot. Réceptacle membraneux qui enveloppe les corps reproducteurs des lycoperdacées et d'autres champignons.

* **PÉRIDOT** s. m. Sorte de pierre précieuse peu recherchée, qui est d'un vert jaunâtre. — Double silicate de fer et de magnésium, comprenant plusieurs variétés de pierres précieuses peu recherchées, parmi lesquelles nous citerons la *chrysolite*, d'un vert pâle ou jaunâtre et transparent, que l'on trouve en cristaux et en masses rondes, relativement grosses ; elle est rare. La variété la plus commune est l'*olivine*, que l'on rencontre en grains ronds dans le basalte et dans d'autres roches d'origine volcanique ; c'est un important constituant de plusieurs météorites non métalliques. Elle est d'un vert sombre, se brise avec une fracture conchoïdale et est aussi dure que le quartz.

* **PÉRIDROME** s. m. (préf. *peri* ; gr. *dromos*, course). Archit. Galerie ou espace couvert, servant de promenoir autour d'un édifice.

PÉRIÉLÈSE s. f. (préf. *peri* ; gr. *eileô*, j'enroule). Mus. Cadence qui, dans le plain-chant, se fait dans l'intonation pour avertir le chœur qu'il ait à poursuivre.

PÉRIER (Jacques-Constantin), mécanicien né à Paris en 1742, mort en 1818. Parmi les nombreuses machines dont il entreprit la construction, nous citerons la pompe à feu de Chaillot (1788).

PÉRIER (Casimir). I. célèbre homme d'État, né à Grenoble le 21 oct. 1777, mort du choléra le 16 mai 1832. Il était fils de Claude Périer, l'un des principaux fondateurs de la banque de France. Au sortir du collège de l'Oratoire, à Lyon, il entra dans l'armée en qualité d'officier du génie (1799). Plus tard, il s'enrichit dans les spéculations financières et fut élu député de Paris (1817). Chef reconnu du groupe que Guizot surnommait le *parti tory de la classe moyenne*, il fit au gouvernement de la Restauration une guerre parlementaire qui se termina par les journées de Juillet. A la dernière heure, Charles X le nomma ministre de l'intérieur ; mais il était trop tard. Sous Louis-Philippe, il devint président du conseil (13 mars 1831), et, quoique partisan avoué de la paix, il ne craignit point de faire entrer les troupes françaises en Belgique. A l'intérieur, il eut la même énergie au service du parti conservateur. Voy. *Opinions et discours de Casimir Périer*, recueillis après sa mort avec une notice biographique de Ch. de Rémusat (Paris, 1838, 4 vol. in-8°). — II. (**Auguste-Casimir-Victor-Laurent**), fils du célèbre ministre, né à Paris

le 20 avril 1811, mort le 6 juillet 1876. Il passa 14 ans de sa vie dans la diplomatie, fut député de 1846 à 1848, et membre de l'Assemblée législative de 1849 à 1851. Rendu à la vie privée, il ne s'occupa plus que de grands travaux agricoles, d'études d'économie et d'histoire qui le firent entrer à l'Académie des sciences morales. Les Allemands l'arrêtèrent en septembre 1870 et le gardèrent prisonnier jusqu'en février 1871, époque où il fut élu à l'Assemblée comme partisan de M. Thiers. Plus tard, il devint ministre de l'intérieur et se retira avec M. Thiers en 1873. Peu avant sa mort il avait été nommé ministre de l'intérieur. A partir de 1873, on l'appela Casimir-Périer, en souvenir de son père.

PÉRIERS, ch.-l. de cant. arr. et à 16 kil. N. de Coutances (Manche) ; 3,000 hab.

* **PÉRIGÉE** s. m. (préf. *peri* ; gr. *gê*, terre). Astron. Point de l'orbite d'une planète où elle est le plus proche de la terre : *la lune est dans son périgée.* — Adj. *La lune est périgée.* — Encycl. Le périgée est le contraire de l'apogée, et, comme on l'entend aujourd'hui, le point de l'orbite de la lune où celle-ci est le plus près de la terre. Ce terme s'emploie aussi quelquefois pour indiquer le point de l'orbite de la terre qui est le plus près du soleil ; on dit alors que le soleil est au périgée.

PÉRIGNON (Dominique-Catherine, comte, puis *marquis de*), maréchal de France, né près de Toulouse en 1754, mort en 1818. Après avoir été lieutenant-général, il fut député en 1791, devint chef de légion dans les Pyrénées-Orientales, gagna successivement les grades de général de brigade et de général de division et succéda à Dugommier dans le commandement en chef (1794). Ses victoires forcèrent l'Espagne à faire la paix et lui valurent l'ambassade de Madrid (1796). L'empereur le nomma sénateur et maréchal (1804) et chef de l'armée de Naples (1808). Il passa aux Bourbons en 1814 et fut nommé marquis.

PÉRIGORD, *Petrocoriensis Ager*, ancien pays du S.-O. de la France, dans la Guienne, aujourd'hui compris dans le dép. de la Dordogne et dans une partie de ceux de Lot-et-Garonne et de la Charente. Cap., Périgueux. On le divisait en haut Périgord ou blanc Périgord au N. (Périgueux, Bergerac, Mussidan, Aubterre), et en bas Périgord ou noir Périgord (Sarlat, Castillon, Terrasson). Le Périgord fut habité primitivement par les Petrocorii ; il passa dans la maison de Bourbon et fut uni à la couronne par Henri IV.

PÉRIGOURDIN, INE s. adj. Du Périgord, qui appartient à ce pays ou à ses habitants

PÉRIGRAPHE s. m. (préf. *peri* ; gr. *graphô*, je décris). Anat Insertion aponévrotique du muscle droit de l'abdomen.

* **PÉRIGUEUX** s. m. Pierre noire, fort dure, que les verriers, les émailleurs et les potiers emploient.

PÉRIGUEUX, *Vesunna, Petrocorium*, ch.-l. du dép. de la Dordogne, sur l'Isle, à 476 kil. S.-S.-O. de Paris, sur le penchant d'une colline, à 110 kil. E.-N.-E. de Bordeaux ; par 45° 11'6'' lat. N. et 1° 36' 54'' long. O. ; 26,000 hab. Clouteries, coutelleries, lainages et cuirs. Cathédrale de Saint-Front, qui a une copie exacte de celle de Saint-Marc, à Venise. Nombreuses ruines romaines. Les environs abondent en gibier à poil et à plumes, particulièrement en lièvres et en perdrix. Les truffes du Périgord, célèbres dans le monde entier, entrent dans la confection des fameux *pâtés de Périgueux*, qui s'exportent jusqu'en Chine. La ville se divise en deux parties, la Cité et le Puy-Saint-Front, qui formaient autrefois deux villes distinctes. Palais de justice ; arènes, hôtel de ville, statue en bronze de Fénelon, de Montaigne et du maréchal Bugeaud ; belles promenades. — Patrie de Lagrange, Chomel et Daumesnil. — Après avoir été la capitale des Petrocorii, Vesunna (Vésone) devint celle du Périgord au IXᵉ siècle. En 1576, Périgueux fut donné comme place de sûreté aux calvinistes qui le conservèrent jusqu'en 1581. Le prince de Condés'en empara en 1651 et l'armée royale n'y entra que deux ans plus tard.

PÉRIGYNANDRE s. m. (préf. *peri;* gr. *guné,* femelle; *anér, andros,* mâle). Bot. Enveloppes d'une fleur, périanthe.

PÉRIGYNE adj. (préf. *peri;* gr. *guné,* organe femelle). Bot. Se dit des enveloppes florales et surtout des étamines, quand elles sont insérées autour de l'ovaire, comme dans les rosacées, les cactées, les ombellifères, les cucurbitacées.

• **PÉRIHÉLIE** s. m. (préf. *peri;* gr. *hélios,* soleil). Astron. Point de l'orbite d'une planète où elle est le plus près du soleil : *une planète dans son périhélie.* — Adj. *Cette planète est périhélie.*

• **PÉRIL** s. m. [pé-rie; l mll.] (lat. *periculum*). Danger, risque, état où il y a quelque chose de fâcheux à craindre : *je vous servirai au péril de ma vie.* — JE VOUS EN ASSURE AU PÉRIL DE MA VIE, se dit par affirmation, et pour marquer que ce qu'on a dit est indubitable. — Pratiq. PRENDRE UNE AFFAIRE A SES RISQUES, PÉRILS ET FORTUNES, se charger de tout ce qui en peut arriver, se charger du bon et du mauvais succès. Fam. On dit, dans le même sens, FAIRE UNE CHOSE A SES RISQUES ET PÉRILS. — IL Y A PÉRIL EN LA DEMEURE, le moindre retardement peut causer du préjudice.

• **PÉRILLEUSEMENT** adv. Dangereusement, avec péril : *marcher périlleusement entre des précipices.*

• **PÉRILLEUX, EUSE** adj. [ll mll.]. Dangereux, où il y a du péril : *l'affaire est périlleuse.* — SAUT PÉRILLEUX, certain saut difficile et dangereux, que font les danseurs de corde. Le dit, fig., de résolutions, d'actions violentes et hasardées : *il a fait le saut périlleux.*

PÉRIM [pé-rimm*] (lat. *Insula Diodori;* arab. *Mehun*), île appartenant à la Grande-Bretagne, détroit de Bab-el-Mandeb, à l'entrée de la mer Rouge, à environ 140 kil. à l'O. d'Aden; 18 kil. carr.; 241 hab. Elle divise le détroit en Grand et Petit Détroit. Les Anglais l'occupèrent en 1799-1801; ils en ont pris formellement possession en 1857, la veille du jour où un officier français devait y planter le drapeau tricolore.

PÉRIMER v. n. (lat. *perimere*). Procéd. Se dit d'une instance qui vient à périr faute d'avoir été poursuivie pendant un certain temps : *il a laissé périmer l'instance, faute d'avoir continué les poursuites.* (Voy. PÉREMPTION.)

• **PÉRIMÈTRE** s. m. (gr. *peri,* autour; *metron,* mesure). Géom. Circonférence, contour : *le périmètre d'une figure.'* — Les périmètres des figures superficielles sont des lignes; ceux des corps solides sont des surfaces. Dans les figures curvilignes, au lieu de *périmètre,* on dit *circonférence* ou *périphérie.*

PERINDE AC CADAVER loc. latine qui signifie : *Comme un cadavre.* Cette expression se trouve surtout employée dans les constitutions de l'ordre des Jésuites où il est dit que tout membre de la compagnie doit à son supérieur une obéissance aveugle, *perinde ac cadaver.*

PÉRINE s. f. Résine très pure qui découle naturellement du pin.

• **PÉRINÉE** s. m. (gr. *perinaion*). Anat. Espace qui est entre l'anus et les parties naturelles : *avoir un abcès au périnée*

PÉRINÉVEUX, EUSE adj. (préf. *peri;* fr. *nerveux*). Bot. Dont les nervures partent d'un point commun, d'où elles vont en rayonnant.

PERINEVRE s. f. (préf. *peri;* gr. *neuron,* nerf). Anat. Nom que l'on donne à des tubes qui enferment les faisceaux primitifs des nerfs.

• **PÉRIODE** s. f. (préf. *peri;* gr. *odos,* chemin). Révolution qui se renouvelle régulièrement. Astron. Temps qu'une planète met à faire sa révolution; duréede son cours depuis l'instant où elle part d'un certain point du ciel, jusqu'à l'instant où elle y revient : *la lune fait sa période en vingt-neuf jours et demi.* — Chronol. Révolution, circuit d'un certain nombre d'années déterminé, au moyen duquel le temps est mesuré de différentes manières par différentes nations : *la période attique.* — PÉRIODE JULIENNE, espace de temps qui enferme sept mille neuf cent quatre-vingts ans, par la multiplication du cycle solaire, qui est de vingt-huit ans, du cycle lunaire, qui est de dix-neuf, et de l'indiction, qui est de quinze : *Scaliger est l'inventeur de la période Julienne.* — PÉRIODES GÉOLOGIQUES, divisions, époques de l'existence de la terre. — Méd. Chacun des espaces de temps qu'une maladie doit successivement parcourir : *les auteurs ne sont pas d'accord sur le nombre des périodes des maladies.* — Révolution d'une fièvre qui revient en des temps réglés : *la fièvre quarte et toutes les autres fièvres intermittentes ont leurs périodes réglées.* — Gramm. Phrase composée de plusieurs membres, dont la réunion forme un sens complet : *arranger, arrondir des périodes.*

> .... Avocat incommode,
> Que ne lui laissiez-vous finir sa période !
>
> RACINE. *Les Plaideurs.*

— PÉRIODE CARRÉE, celle qui est composée de quatre membres; et, par ext., toute période nombreuse et soignée. — Mus. Ce compositeur entend *l'art de lier et d'arrondir ses périodes.* — Période s. m. De plus haut point où une chose, une personne puisse arriver, est arrivée : *Démosthène et Cicéron ont porté l'éloquence à son plus haut période.* — Espace de temps indéterminé : *un long période de temps.* DANS LE DERNIER PÉRIODE DE SA VIE, dans les derniers temps de sa vie. Dans ce dernier sens, beaucoup font *période* du féminin : *il en était à sa période d'ambition.*

• **PÉRIODICITÉ** s. f. Qualité de ce qui est périodique : *on n'a encore découvert et calculé la périodicité que d'un petit nombre de comètes.*

• **PÉRIODIQUE** adj. Qui a ses périodes, qui revient à des temps marqués : *le mouvement des planètes est périodique.* — OUVRAGE, ÉCRIT PÉRIODIQUE, celui qui paraît par livraisons successives, dans des temps fixes et réglés : *il a entrepris un ouvrage périodique dont il doit paraître un cahier par semaine.* — ÉCRIVAIN PÉRIODIQUE, celui qui compose de ces sortes d'ouvrages. — Qui abonde en périodes : *un style périodique.* — Littérature périodique. Dans le sens que l'on accorde ordinairement à ce terme, il comprend les publications périodiques dont le principal objet n'est pas de donner des nouvelles, mais de faire circuler dans le public des études, des récits, des poésies et des renseignements littéraires, scientifiques et artistiques. C'est en France que se fit sentir d'abord le besoin de cette sorte de littérature. En 1665, parut à Paris le premier numéro du *Journal des Savants.* Il a été publié, avec quelques interruptions, jusqu'en 1797, époque où il cessa de paraître pour n'être rétabli d'une façon permanente qu'en 1846. En 1672, la seconde publication périodique littéraire française parut en France, sous le titre de *Mercure galant,* et donna des revues de la poésie et du théâtre. De 1747 à 1813, on l'appela le *Mercure de France.* On a depuis fait revivre pendant de courtes périodes sous les noms de *Minerve française* (1818-'20) et de *Mercure du XIXᵉ siècle.* En 1701, une société de jésuites commença à Trévoux, les *Mémoires pour servir à l'histoire*

des sciences et des beaux-arts, plus connus sous le nom de *Mémoires de Trévoux,* qui se continuèrent jusqu'en 1767. La publication périodique de la société des jésuites qui existe actuellement, *Études de théologie, philosophie et histoire,* fut d'abord publiée annuellement à partir de 1757, puis deux fois par an, puis par trimestre, et depuis 1863 est devenue bimensuelle. Les autres journaux littéraires dignes d'être cités en France au siècle dernier furent l'*Année littéraire* (1754-'91) de Fréron; la *Décade* (plus tard *Revue philosophique* 1794-1807) de Ginguené; le *Magasin encyclopédique* (1795), de Millin, dont la seconde série porte le titre d'*Annales encyclopédiques,* et la troisième celui de *Revue encyclopédique.* La *Revue française et étrangère* lui succéda en 1837, et, en 1846, la *Nouvelle Revue encyclopédique;* mais elles n'eurent de succès ni l'une ni l'autre. La *Revue française* (1828-'30 et 1837-'39) de Guizot, la *Revue de Paris* (1829-'46), la *Revue indépendante* et beaucoup d'autres, ne paraissent plus; mais la *Revue des Deux-Mondes,* commencée en 1829, est toujours florissante, ainsi que les nombreuses publications illustrées qui paraissent à Paris. — En Angleterre, *Weekly Memorials for the Ingenious* (1682), *Universal Historical Bibliothèque* (1686), *History of Learning* (1691 et 1694) et *Memoirs for the Ingenious* (1694) n'eurent qu'une courte durée; mais *History of the Works of the Learned* (1699-1711) obtint plus de succès. Les *Memoirs of Literature* (1709-'14), repris en 1725, devinrent en 1728, *Present state of the Republick of Letters,* et, en 1737, *History of the Works of the Learned* qui dura jusqu'en 1743. Le *Literary Journal* (Dublin, 1744-'49) fut la première publication de ce genre en Irlande. La plus ancienne revue anglaise fut *Monthly Review* (1749-1844). Elle fut suivie par *Critical Review* (1756-1817), *London Review* (1776-'80), *New Review* (1782-'96, fondue en 1797 avec *Analytical Review,* 1788-'99, laquelle fut remplacée par *Anti-Jacobin Review and Magazine,* 1798-1824), et *British Critic* (1793-1843). *Edinburgh Review* (fondée en 1802), vigoureux champion de la politique des whigs, eut bientôt un formidable rival en *Quarterly Review* (1809) de Londres; *Westminster Review* (1824), l'organe des radicaux, a porté quelque temps le titre de *London and Westminster Review; Eclectic Review* (1805) était évangélique en religion et libérale en politique; *Christian Observer* (1802) est l'organe du parti anglican modéré, et *Dublin Review* (1836) le représentant de la littérature catholique. Parmi les revues disparues, citons : *Foreign Quarterly Review* (1827-'46), *British Review* (1811-'25), *Retrospective Review* (1820-'26, et de nouveau en 1853), et *Irish Review* (1857). A la fixe, on a : *British Quarterly Review* (1855) qui a succédé à *British and Foreign Review* (1835-'45), *New Quarterly Review* (1852), *Scottish Review* (1863), *London Review* (1853), *National Review* (1855), etc. Les revues sont généralement trimestrielles, excepté *Saturday Review* (1855), *Examiner* (1808), *Athenæum* (1828), *Spectator* (1828), *National Review* (1873) et *Academy,* qui sont hebdomadaires. *Fortnightly Review* est aujourd'hui une revue mensuelle. Des publications remarquables d'autrefois nommons : *Tatler* (1709-'10) et *Spectator* (1711-'12 et 1714) de Steele et d'Addison; *Rambler* (1750-'52) de Johnson. Le premier *magazine* anglais fut le *Gentleman's Magazine,* qui se publie depuis 1731. Il a été suivi de *London Magazine* (1732-'84), *Royal Magazine* (1759-'74), *Oxford Magazine* (1768-'82), *European Magazine* (1782-1826), *Scots Magazine* (1789-1817), le premier de l'Écosse, et *Monthly Magazine* (1796-1829). Datant de ce siècle, on a : *Blackwood's Edinburgh Magazine* (1817), *New Monthly Magazine* (1814), *Fraser's Magazine* (1830) et *Dublin University Magazine* (1832). Parmi les magazines à un shilling (1 fr. 25) : *Macmillan's Ma-*

gazine (1859), *Cornhill Magazine* (1859) et *Temple Bar* (1860) sont les plus importants, *Saint James's Magazine*, *Belgravia*, *Saint Paul's* et *London Society* sont d'une date plus récente. Les *magazines* hebdomadaires ont commencé en 1832 avec *Penny Magazine* de Knight, interrompu en 1845, et *Chambers's Journal*. Dans la même catégorie rentrent *Saturday Magazine*, *Family Herald*, *Howitt's Journal* (1847-'49). *Household Words* (1850-'59), *All the Year Round* (1859), *Once a Week* (1859), et *Leisure Hour* (1861). *Notes and Queries* (1849) forme une collection de courtes notes sur des sujets de curiosité ou d'érudition. Le *Graphic*, l'*Illustrated London News* et tant d'autres, sont en partie des *magazines* et en partie des journaux ordinaires. — En Allemagne, le premier périodique littéraire original fut *Acta Eruditorum*, en latin, fondé à Leipzig en 1682 et qui vécut un siècle. En langue allemande, les plus anciennes publications furent *Monatsgespraeche* (1688-'89) et *Monatliche Unterredungen* (1689-'98). *Deutsche Acta Eruditorum* (1712-'56) est la première qui eut du succès. Parmi les journaux littéraires les plus importants, on trouve : *Neue Zeitung von gelehrten Sachen* (1715-'97) ; *Gattinger gelehrte anzeigen* (1739), qui continue encore ; *Allgemeine Deutsche Bibliothek* (1766-1806) ; *Briefe, die neueste Literatur betreffend* (1759-'63) ; *Bremer Beitraege* ; *Allgemeine Literaturzeitung* (1785-1848), et *Jenaische allgemeine Literaturzeitung* (1804-'48). Les publications de critique les plus autorisées existant encore aujourd'hui, sont : *Heidelberger Jahrbücher der Literatur* (1808) ; *Repertorium der deutschen und ausländischen Literatur*, suite du *Repertorium der gesammten Literatur* (1834-'43) ; *Deutsche Vierteljahrsschrift* (1838) ; *Gelehrte Anzeigen* de l'académie bavaroise ; *Das Ausland* (1828) ; *Literarisches Centralblatt für Deutschland* ; *Die Gegenwart* (1872) ; la nouvelle *Literaturzeitung* de Iéna (1874) ; *Deutsche Rundschau* (1874) ; *Nord und Süd* (1877) et une ou deux autres. D'un ton plus populaire sont : *Blaetter für literarische Unterhaltung* (1833) ; *Deutsches Museum* (1851) ; *Grenzboten* (1841) ; *Westermann's, Monatshefte* (1855), *Gartenlaube* et *Der Salon*. *Illustrirtes Familien-Journal* esttrès répandu. *Ueber Land und Meer*, et d'autres périodiques hebdomadaires illustrés ressemblent beaucoup au *Graphic* de Londres. — En Italie, *Giornale de' Letterati* se publia à Rome de 1668 à 1679. Plus tard, on remarque *Biblioteca italiana* (1816-'40) de Milan ; *Antologia* (1821-'32) de Florence ; *Giornale arcadico* (1819) de Rome ; *Giornale enciclopedico* (1806) de Naples, qui fut suivi par *Progresso delle Scienze* (1833-'48) et, depuis, par *Museo di Scienze e Letteratura*, et par plusieurs d'une moindre importance, comme *Poligrafo* (1811), *Magazzino pittoresco* et le populaire *Album* (1824) de Rome. On publie aujourd'hui à Rome plus de 30 périodiques. — L'Espagne avait au xviii° siècle, en fait de littérature périodique : *Diario de los Literatos* (1737-'47), *Pensador* (1762) ; *Seminario erudito* (1778-'91) ; *Memorial literario* (1784-1807), et *Variedades*. Le *Censor* fut remplacé par *Revista Española* (1831), qui changea successivement son titre en *Revista europea* et *Revista de Madrid*. Plus récentes sont : *Cartas Españolas* (1831), *Antología española* (1848), *Revista hispano-americana* (1848), *Revista de España* (1831), *Seminario pintoresco*, *Revista de Ambos Mundos*. — Le premier organe littéraire du Portugal fut *Jornal da Coimbra*. En 1837 fut fondé le *Panorama*, et en 1842 *Revista universal lisbonense*. — En Hollande le premier périodique dans la langue nationale fut *Boekzalvan Europa*(1692-1708, et 1715-'48), qui fut dépassé par *Republijk der Gelerdten* (1740-'48). *Hollandsche Spectator* (1731-'35), eut un véritable succès. *Vaderlandsche Letteroefeningen* (1761) continue encore sa publication. D'autres périodiques de nos jours sont :

Nieuwe Recensent, Nederlandsche Museum (1835), *Tijdstrom* (1859) et *Navorscher*. — L'Esprit *des journaux* (1712-1818) était un recueil littéraire belge d'une valeur considérable. En langue flamande, on peut citer parmi les principales publications: *Nederdeutsche Letteroefeningen*(1834) ; *Belgisch Museum*(1836-'46), *Kunst-en Letterblad* (1840-'43) et *Vlaemsche Rederyker*(1844). — En Suisse, on a la *Bibliothèque universelle* et la *Revue suisse* (1837) — Dans le Danemark, le premier journal littéraire digne de mention est *Laerde Tidende*(1749-'66). A des dates plus récentes, il y a : *Tidskrift for Litteratur og Kritik*(1839-'42), aujourd'hui revue trimestrielle, sous le titre de *For Litteratur og Kritik* (1843) ; *Muanedskrift for Litteratur* (1829-'38), *Nordisk Litteratur-Tidende* (1846) et *Dansk Maanedskrift*(1858). En 1854, commença *Nordisk Universitets Tidskrift*. — *Svenska Argus* a été probablement le premier périodique remarquable de la Suède. Le premier journal critique fait sur un plan un peu varié eut pour titre *Svenska Mercurius* (1755-'61. Les meilleurs parmi les plus récents sont, *Tidskrift foer Literatur* (1850), *Nordisk Tidskrift* (1852) et *Foerr och Nu*, aujourd'hui la plus importante revue mensuelle du pays. — En Russie, la littérature périodique commença avec *Yezhemiesiatchniya sotchineniya* « Essais mensuels » (1755-'64). *Viestnik Europi* « Nouvelliste européen », fondé en 1802, fut remplacé par *Russkoi Viestnik* (1808), qu'on a repris à Moscou en 1856. *Biblioteka dlia Tchtenyia* « Bibliothèque de lecture » est encore un des principaux périodiques du pays. *Sovremennik* « Contemporain » a été fondé en 1836. *Pamietnik warszawski* « Mémoires de Varsovie », le meilleur des anciens périodiques polonais, a été interrompu en 1831. — Le principal périodique littéraire de Bohême s'appelle *Casopis Ceskeho Muzeum* (Journal du Museum bohémien), commencé en 1827. Le premier périodique sorti des presses hongroises fut le *Magyar Muzeum* (1778). — 'O λόγιος Ἑρμῆς (Le Mercure savant) fut le premier périodique de la Grèce moderne. En 1840, s'établit à Athènes Εὐρωπαϊκὸς Ἐρανιστής, ou le Rédacteur européen. — Dans l'Inde, le premier périodique littéraire eut pour titre *Calcutta Monthly Register* (1790). Les plus connus de ceux qui lui ont succédé sont *Oriental Magazine and Indian Hurkaru* (Madras, 1819) ; *Madras Miscellany* ; *Calcutta Review*(1844) et *Bombay Quarterly Review* (1855). A Singapore se trouve le *Journal of the Indian Archipelago*(1847) et à Canton, le *Chinese Repository* (1832). — Les premiers périodiques littéraires d'Amérique furent : *General Magazine and Historical Chronicle*, et *American Magazine*, tous les deux à Philadelphie (1741), mais qui ne dépassèrent l'année ni l'un ni l'autre. Les autres publications antérieures à la révolution sont : *American Magazine and Historical Chronicle* (Boston, 1743-'46) ; *Boston Weekly Museum* (1743) ; *Independent Reflector* (New-York, 1752-'54) ; *New England Magazine* (Boston, 1758) ; *American Magazine* (Philadelphie, 1757-'58) ; *North American Magazine* (Woodbridge, New-Jersey, 1758-'66) ; *American Magazine* (Philadelphie, 1769) ; *Royal American Magazine* (Boston, 1774-'75) et *Pennsylvania Magazine* (Philadelphie, 1775). Après la conclusion de la paix parurent *Columbian Magazine* (Philadelphie, 1786-'89) ; *American Museum* (1787-'97) ; *Massachusetts Magazine* (Boston, 1789-'96) ; *New-York Magazine* (1790-'97) ; *Farmer's Museum* (Walpole, New- Hampshire, 1793) ; *United states Magazine* (Philadelphie, 1797) et *Monthly Magazine and American Review* (New-York, 1799-1800) ; ensuite : *American Review and Literary Journal* (1801-'02). Parmi les recueils littéraires de xix° siècle, il y a un *Port Folio* (Philadelphie, 1801-'25), *Literary Magazine* (Philadelphie, 1803-'08) ; *Monthly Anthology* (Boston, 1803-'14) ; *Literary Miscellany*(Cambridge, 1804-'05) ;

General Repository (Cambridge, 1812-'13) ; *Mirror of Taste* (Philadelphie, 1810-'11) ; *Monthly Register* (Charleston, 1805) ; *Literary Miscellany* (New-York, 1811) ; *Analectic Magazine* (Philadelphie, 1813-'20) ; *New-York Weekly Magazine*(1844-'17) ; *The Portico*(Baltimore, 1815-'19) ; *New England Magazine* (Boston, 1831-'35) ; *American Monthly Magazine* (New-York, 1817-'18) ; *Literary and Scientific Repository* (New-York, 1820-'21) ; *Atkinson's Casket* (Philadelphie, 1831-'39) ; *Graham's Magazine* (1840-'58) ; *Atlantic Magazine* (New-York, 1824-'25, continué jusqu'en 1827 sous le titre de *New-York Review*) ; *Southern Literary Gazette* (1825) ; *New-York Mirror*(1823-'42) ; *Illinois Monthly Magazine* (Vandalia, 1830-'32) ; *Western Monthly Magazine* (Cincinnati, 1833-'36) ; *American Monthly Magazine* (New-York, 1833-'38) ; *Gentleman's Magazine* (Philadelphie, 1837-'40) ; *Dial* (Boston, 1840-'44) ; *Arcturus* (New-York, 1840-'42) ; *Magnolia* (Charleston, 1842-'43) et *International Magazine* (New-York, 1850-'52). Plus brillants et plus heureux que tous ceux que nous venons de nommer furent : *Knickerbocker* (New-York, 1832-'60) et *Putnam's Monthly* (New-York, 1853-'57 et 1867-'69). Aujourd'hui, il se publie aux Etats-Unis : *Atlantic Monthly* (Boston, 1857), *Harper's New Monthly Magazine* (New-York, 1850) ; *Scribner's Monthly and Galaxy*, l'un et l'autre à New-York, et *Lippincott's Magazine* (Philadelphie). *Old and New* (Boston, 1869-'75), *Overland Monthly* (San-Francisco, 1868-'75), et *Lakeside Monthly* (Chicago), ont suspendu leur publication. *Littell's Living Age* (Boston, 1844) et *Eclectic Magazine* (New-York, 1844) sont consacrés à des reproductions de littérature étrangère. Parmi les *magazines* de lecture frivole, les premiers furent *Ladies' Magazine* (Philadelphie, 1799) et *Lady's Weekly Miscellany* (New-York, 1807-'08) ; plus tard, on trouve *Lowell Offering* (1844), *Ladies' Companion* (New-York, 1820-'44), *Columbian Magazine* (New-York, 1844-'48), *Union Magazine* (New-York, 1847 ; il se publia ensuite à Philadelphie, sous le nom de *Sartain's Magazine*) ; *Arthur's Magazine* (Philadelphie), *Miss Leslie's Magazine* (Philadelphie) et des recueils que l'on publie toujours, comme *Godey's Lady's Book* et *Peterson's Magazine* de Philadelphie. Les magazines pour les enfants commencèrent avec *Young Misses' Magazine*(Brooklyn, 1806). D'autres ont été plus historiques que littéraires, tels sont : *American Register* (Philadelphie, 1806-'10) et *American Quarterly Register* (Andover, 1829-'43). *New England Historical and Genealogical Register* (Boston, 1847) ; *Historical Magazine* (New-York, 1867) ; *New-York Genealogical Register* (Boston, 1847), *Historical Magazine* (New-York, 1857), *New-York Genealogical Record*(1869), *Potter's American Monthly* (Philadelphie, 1871) et *Magazine of American History* (New-York, 1877), sont aussi consacrés à des sujets biographiques et historiques se rapportant à l'Amérique. Les *Revues* proprement dites comprennent : *American Review of History and Politics* (Philadelphie, 1811-'13), *North American Review* (Boston, 1815, se continue encore), *American Quarterly Review* (Philadelphie, 1827-'37) ; *Southern Review* (Charleston, 1828-'32) ; *Western Review* (Cincinnati, 1828-'30) ; *New-York Review* (1837-'42) ; *Southern Quarterly Review* (Charleston, 1842-'52), *Democratic Review* (New-York, 1838-'52 ; devenue *United States Review* 1853-'55, et reprise sous le nom de *National Democratic Quarterly Review*) ; *American Whig Review* (New-York, 1845-52) ; *Massachusetts Quarterly Review* (Boston, 1847-'50) et *New-York Quarterly Review* (1852-'63). *National Quarterly Review* commença à New-York en 1860. *International Review* (New-York, 1874) se publie six fois par an. Des journaux critiques de moindre importance ont été : *Literary Review* (New-York, 1842-'24) ; *New-York Review*

view and *Athenaeum Magazine* (1825) et son successeur, *United States Review and Literary Gazette* (1826-'27). Parmi les hebdomadaires: *New-York Literary Gazette* (1834-'35 et 1839), *Literary World* (New-York, 1847-'53), *Norton's Literary Gazette* (New-York, 1854-'55), *Criterion* (New-York, 1855-'56), *Round Table* (1865-'68), *Citizen* (1864-'73) et *Literary World* (Boston, 1878). *Appletons' Journal* (New-York, 1869) est devenu mensuel en 1876. *The Nation* (New-York, 1865) tient une place élevée dans la critique littéraire. La liste suivante des périodiques religieux est bien près d'être complète : *Theological Magazine* (New-York, 1796-'98), *New-York Missionary Magazine* (1800-'03), *Connecticut Evangelical Magazine* (New-Haven, 1800-'14), *Monthly Anthology* (Boston, 1803-'11), revue unitarienne, à laquelle succédèrent : *General Repository* (1812-'13), *Christian Disciple* (1813-'19), *Christian Disciple and Theological Review*, nouvelle série (1819-'23) et *Christian Examiner* (1823-'70), *Panoplist* (Boston, 1805), aujourd'hui *Missionary Herald*, organe du bureau américain des missions, et auquel a succédé, comme publication théologique, *Spirit of the Pilgrims* (1828-'33), *Christian Magazine* (1807-'11), *Christian Herald* (New-York, 1816), transformé en 1820 en *Sailors' Magazine* qui se publie encore; *Christian spectator*, journal congrégationaliste (1819-'38) remplacé par *New Englander* (1843); *Christian Advocate* (Philadelphie, 1822-'34), presbytérien; *Princeton Review*, commencée sous le nom de *Biblical Repertory* en 1825, et réunie en 1871 à *Presbyterian Quarterly Review*; *American Biblical Repository* (New-York, 1831-'50), réunie à *Bibliotheca sacra* (Andover, 1844), dans laquelle s'est aussi fondu le journal baptiste *Christian Review* (Boston, 1836), et qui en 1871 a absorbé *Theological Eclectic* (Cincinnati, 1863); *American Quarterly Observer* (Boston, 1833-'34), *American Quarterly Register* (Andover, 1829-'43), *Literary and Theological Review* (New-York, 1834-'39), *Universalist Quarterly* (Boston, 1843), *Universalist Quarterly Review* (1844), *Methodist Quarterly Review* (1841), *Brownson's Quarterly Review* (Boston et New-York, 1844-'64, reprise en 1873-'75), publication catholique romaine; *American Quarterly Church Review*, journal épiscopal (New-Haven, 1848, transféré plus tard à New-York), *Theological and Literary journal* (New-York, 1849-'51); *Evangelical Quarterly Review*, revue luthérienne (1850-'70), *Religious Magazine and Monthly Review* (Boston, 1840), transformée en 1875 en *Unitarian Review*; *Presbyterian Quarterly* (Philadelphie, 1853-'62), aujourd'hui *Presbyterian Quarterly and Princeton Review*; *Freewill Baptist Quarterly* (Dover, New-Hampshire, 1853-'66); *Mercersburg Review* (1854), *Protestant Episcopal Quarterly Review* (1854), *New Brunswick Review* (New-Brunswick, New-Jersey, 1854-'55); *Congregational Quarterly* (Boston, 1859), *Presbyterian Magazine* (Philadelphie, 1851-'60); *Catholic World* (New-York, 1865); *Baptist Quarterly* (Philadelphie, 1867); *Reformed Church Monthly* (Philadelphie, 1868), *Southern Review* (Saint-Louis, 1867), aujourd'hui à Baltimore ; et *Quarterly Review of the Evangelical Lutheran Church* (1871). — Les revues périodiques consacrées aux sciences et aux arts et à des branches spéciales des connaissances humaines sont nombreuses dans presque toutes les contrées civilisées.

* **PÉRIODIQUEMENT** adv. D'une manière périodique : *un fièvre qui revient périodiquement.* — PARLER PÉRIODIQUEMENT, parler par périodes. Ne se dit guère qu'ironiquement et en mauvaise part.

* **PÉRIŒCIENS** s. m. pl. (préf. *peri*; gr. *oikein*, habiter). Géogr. On donne ce nom aux peuples qui habitent sous le même parallèle, et qui sont à des longitudes opposées, de sorte qu'ils ont leurs saisons aux mêmes époques, mais que lorsqu'il est midi chez les uns, il est minuit chez les autres.

PÉRIOPLE s. m. (préf. *peri*; gr. *opla*, armes). Art vétér. Lame cornée qui recouvre le bord supérieur de l'ongle chez les solipèdes.

* **PÉRIOSTE** s. m. (préf. *peri*; gr. *ostéon*, os). Anat. Membrane fibreuse qui couvre les os : *le périoste est offensé.* (Voy. Os.)

PÉRIOSTITE s. f. Inflammation du périoste.

* **PÉRIOSTOSE** s. f. Méd. Engorgement et tuméfaction du périoste.

PÉRIOSTOTOMIE s. f. (fr. *périoste*; gr. *tomé*, section). Résection du périoste des tumeurs osseuses, en vue d'obtenir la résolution de celles-ci ou d'en arrêter le développement.

PÉRIOVULAIRE adj. (préf. *peri*; fr. *ovule*). Anat. Qui entoure l'ovule.

* **PÉRIPATÉTICIEN, IENNE** adj. (préf. *peri*; gr. *patein*, marcher). Qui suit la doctrine d'Aristote : *un philosophe péripatéticien.* On dit aussi, LA DOCTRINE, LA PHILOSOPHIE PÉRIPATÉTICIENNE. — s. *Les péripatéticiens.*

PÉRIPATÉTIQUE adj. Philos. Qui appartient au péripatétisme. — PHILOSOPHIE PÉRIPATÉTIQUE. (Voy. ARISTOTE.)

* **PÉRIPATÉTISME** s. m. Philosophie péripatéticienne.

* **PÉRIPÉTIE** s. f. (pé-ri-pé-st] (gr. *peripeteia*; de *peripiptô*, je tombe sur). Changement subit et imprévu d'une fortune bonne ou mauvaise en une autre contraire. N'est usité qu'en parlant des changements de ce genre qui ont lieu dans les poèmes dramatiques, dans les poèmes épiques, dans les romans; et il se dit surtout du dernier changement qui fait le dénoûment d'une pièce de théâtre : *la péripétie est bien amenée dans cette pièce.*

* **PÉRIPHÉRIE** s. f. (gr. *peri*, autour; *pheró*, je mène). Géom. Circonférence, contour d'une figure curviligne. — Surface externe d'un solide.

* **PÉRIPHRASE** s. f. (gr. *peri*, autour; *phrazô*, je parle). Circonlocution, tour dont on se sert pour exprimer ce qu'on ne veut pas dire en termes propres. — Quand nous disons : *le matin de la vie, pour dire la jeunesse,* nous employons une périphrase; de même que, pour désigner un homme indélicat, nous disons qu'il « ne fait pas de distinction entre le tien et le mien ». Au lieu de dire à Phèdre : « Il y a trois jours que vous n'avez bu ni mangé », OEnone emploie cette circonlocution :

Et le jour à trois fois chassé la nuit obscure
Depuis que votre corps languit sans nourriture.

— Voici d'autres exemples de périphrases :

Ce monstre à voix humaine, aigle, femme et lion.
VOLTAIRE.

................................Cet art ingénieux,
De peindre la parole et de parler aux yeux.
BRÉBEUF.

* **PÉRIPHRASER** v. n. (rad. *périphrase*). Parler par périphrases : *cet homme ne se sert jamais des termes propres, il périphrase toujours, il veut toujours périphraser.* Ne se dit guère qu'en mauvaise part.

PÉRIPHRASEUR s. Faiseur de périphrases.

* **PÉRIPLE** s. m. (préf. *peri*; gr. *pled*, je navigue). Géogr. anc. Navigation autour d'une mer, ou autour des côtes d'un pays, d'une partie du monde, etc.; récit d'une navigation de ce genre : *Arrien nous a laissé un périple du Pont-Euxin.* — Le *périple* d'Hannon a été imprimé à Bâle en 1533; à Londres, par Falconer en 1797 (1 vol. in-8°); à Fribourg en 1808, par J. Léon (in-4°); à Paris par Gail en 1826; à Leipzig, par Kluge en 1829. Il a été traduit en français par Gosselin (*Recherches sur les connaissances des Anciens le long de la*

côte d'Afrique) et par Chateaubriand (*Essai sur les révolutions*).

* **PÉRIPNEUMONIE** s. f. (préf. *peri*; gr. *pneumôn*, poumon). Méd. Inflammation du poumon, avec fièvre aiguë, oppression, et souvent crachement de sang. (Voy. PNEUMONIE.)

PÉRIPNEUMONIQUE adj. Qui concerne la péripneumonie.

* **PÉRIPTÈRE** s. m. (préf. *peri*; gr. *pteron*, aile). Archit. Édifice dont tout le pourtour extérieur est environné de colonnes isolées. — adj. *Les temples périptères des Grecs.*

* **PÉRIR** v. n. (lat. *perire*). Prendre fin. Signifie ordinairement, faire une fin malheureuse, violente, et se dit des personnes et des choses : *suivant quelques philosophes, le monde périra par l'eau; suivant d'autres, il périra par le feu.*

Je vous le dis, il faut ou périr, ou régner.
J. RACINE. *Andromaque,* acte III, sc. VII.

— Par exag. PÉRIR D'ENNUI, être excédé d'ennui. — Dépérir, tomber en ruine, en décadence, et alors il ne se dit que des choses : *les maisons inhabitées périssent plus promptement que les autres.* — Fig. *La liberté périt par la licence.* — Jurisp. Se dit d'une instance qu'on a négligé de poursuivre pendant un certain temps : *il a laissé périr son appel.* Il a la même signification que PÉRIMER.

* **PÉRISCIENS** s. m. pl. (pé-riss-si-ain) (gr. *peri*, autour; *skia*, ombre). Nom donné aux habitants de la région des cercles artique et antarctique, parce que le soleil, à certaines époques de l'année, ne se couchant pas pour eux, l'ombre de leurs corps décrit une circonférence.

PÉRISPERME s. m. (préf. *peri*; gr. *sperma*, semence). Bot. Enveloppe de la graine. On dit mieux ENDOSPERME.

* **PÉRISSABLE** adj. Qui est sujet à périr.

Le bien de la fortune est un bien *périssable,*
Quand on bâtit sur elle on bâtit sur le sable.

PÉRISSADE s. f. Élément d'une équivalence inégale dans laquelle les pôles sont impairs. (Voy. ATOMISTIQUE.)

PÉRISSOIRE s. f. (rad. *périr*). Petit canot de plaisance qui ne peut porter qu'une seule personne et qui est ainsi nommé parce qu'il chavire facilement. La périssoire se compose

Périssoire.

généralement de trois simples planches de sapin reliées entre elles par quelques rares membrures. Elle se manie ordinairement à la pagaie.

PÉRISSOLOGIE s. f. (gr. *perissos*, superflu; *logos*, discours). Rhét. Vice d'élocution qui consiste à répéter en d'autres termes une pensée déjà exprimée.

PÉRISTALTIQUE adj. (préf. *peri*; gr. *stellein*, resserrer). Méd. N'est usité que dans cette locution, MOUVEMENT PÉRISTALTIQUE, mouvement par lequel les intestins, se contractant sur eux-mêmes, favorisent l'acte de la digestion. On l'appelle aussi MOUV. MENT VERMICULAIRE.

PÉRISTAPHYLIN adj. m. (préf. peri; gr. staphulé, luette). Anat. Se dit de deux muscles du palais qui entourent la luette.

PÉRISTÉRIE s. f. (gr. peristera, colombe). Botan. Genre d'orchidées, tribu des vandées, comprenant plusieurs espèces de belles plantes qui habitent l'Amérique centrale. Dans la péristérie élancée (peristeria elata), les enveloppes florales forment une caisse de la blancheur de l'albâtre, dans laquelle on aperçoit comme un délicat petit oiseau dont les ailes seraient ouvertes.

Péristérie élancée (Peristeria elata).

Sa ressemblance avec une colombe est tellement frappante que cette fleur a reçu le nom de fleur du Saint-Esprit et qu'on l'emploie dans les fêtes religieuses de l'Amérique centrale.

* **PÉRISTOLE** s. f. (préf. peri; gr. stolé, resserrement). Physiol. Mouvement péristaltique des intestins.

* **PÉRISTYLE** s. m. (gr. peri, autour, stulos; colonne). Archit. Galerie à colonnes isolées, construite autour d'une cour ou d'un édifice: les cloîtres à colonnes sont une imitation des péristyles antiques. — Ensemble de colonnes isolées qui orne la façade d'un monument: le péristyle du Panthéon. — Adjectiv. TEMPLE PÉRISTYLE, celui qui est orné à l'intérieur de colonnes parallèles aux murs, à distance d'un entre-colonnement.

* **PÉRISYSTOLE** s. f. (préf. peri; gr. sustolé, contraction). Méd. Intervalle de temps qui est entre la systole et la diastole, entre la contraction et la dilatation du cœur et des artères: la périsystole est insensible dans l'état naturel, et ne s'aperçoit que dans les moribonds. (Peu us.)

* **PÉRITOINE** s. m. (gr. peri, autour; teind, j'étends). Anat. Membrane qui revêt intérieurement toute la capacité du bas-ventre: le coup avait percé le péritoine. — Le péritoine est une membrane séreuse, transparente et mince qui recouvre la cavité abdominale des vertébrés, se repliant sur la plupart des organes que cette cavité contient, pour les envelopper plus ou moins complètement, et les maintenir en place par ses replis et ses prolongements. Comme les autres membranes séreuses, c'est un sac clos, qui renferme les organes dans sa propre cavité. Sa surface interne, en contact avec elle-même, est lisse et brillante, humectée d'un liquide séreux qui facilite les mouvements naturels des organes les uns sur les autres. Le péritoine forme plusieurs replis dont les principaux sont: le mésentère, le méso-côlon et le méso-rectum. Il forme aussi une large expansion sur les intestins pour les maintenir tout en se prêtant à leur ampliation: c'est l'épiploon, partie qui se charge le plus de graisse dans l'obésité.

PÉRITONÉAL, ALE adj. Qui appartient au péritoine.

* **PÉRITONITE** s. f. Inflammation du péritoine. — La péritonite, qui a pour causes principales les violences extérieures (chutes, coups, plaies), l'étranglement d'une hernie, une forte entérite, l'aménorrhée accidentelle, un accouchement pénible, etc., est plus fréquente chez la femme que chez l'homme. Elle peut être aiguë ou chronique. La périto-

nite aiguë a pour symptômes caractéristiques des douleurs abdominales très vives et lancinantes qui augmentent par la moindre pression extérieure ainsi que par le mouvement du corps et par les fortes inspirations. Elles s'accompagnent de tension de l'abdomen, de hoquets, de vomissements, de diarrhée ou de constipation. La fièvre est extrêmement ardente; le pouls est petit et concentré, la face pâle, affaissée et exprimant l'angoisse; la peau sèche est couverte d'une sueur froide et finalement le ventre devient tellement sensible que le malade ne peut plus même supporter le poids des couvertures. Quand la maladie s'améliore, le pouls, qui avait atteint ou même dépassé 120 pulsations, perd de sa fréquence, les vomissements diminuent et la guérison vient par une longue convalescence; mais, quand au contraire, l'affection empire, la face s'altère de plus en plus, le pouls devient filiforme et irrégulier, la langue noirâtre et les extrémités se refroidissent et la mort survient avant le huitième jour. — Le traitement doit être antiphlogistique prompt et énergique; aussi, lorsque la force du pouls le permet, faut-il, dès le début, pratiquer une saignée et la renouveler s'il y a lieu, puis on place 8 ou 10 sangsues sur l'abdomen, et, trois fois par jour, on fait sur le ventre des frictions d'onguent napolitain suivies de cataplasmes de farine de lin froids, légers et clairs; on donne le calomel à doses fractionnées et on modère les souffrances par une potion opiacée, diète et boissons glacées. Pendant la convalescence, surveiller et graduer attentivement le régime. On remplace quelquefois les frictions et les cataplasmes par une couche de collodion sur l'abdomen. — La péritonite chronique est presque toujours obscure à son début et souvent elle est compliquée de tubercules ou de tumeurs cancéreuses. Elle a pour symptômes des douleurs sourdes revenant par intervalles, des digestions difficiles, un état de maigreur ou de langueur; aussi, un météorisme persistant, de la fluctuation temporaire, une tension et une dureté particulière de l'abdomen, quelques vomissements et le marasme. On traite cette affection par le repos, des bains, des frictions iodurées, des cautères et une alimentation douce. — On donne quelquefois le nom de péritonite puerpérale à l'affection qui survient chez les femmes après un accouchement laborieux. (Voy. INFECTION et MÉTRITE.)

PÉRITYPHLITE s. f. (gr. peri, autour; tuphlos, cæcum). Pathol. Inflammation du tissu cellulaire qui entoure le cæcum. La terminaison en est presque toujours fatale. Elle complique souvent la typhlite.

* **PERKALE** s. f. Voy. PERCALE.
* **PERKALINE** s. f. Voy. PERCALINE.

PERKINS (Jacob), inventeur américain, né au Massachusetts en 1766, mort en 1849. Il apprit chez un orfèvre, et à l'âge de 21 ans, employé par l'État à faire des coins pour la fabrication de la monnaie de cuivre. Peu après, il inventa une machine pour couper les clous et en faire la tête du même coup. Il apporta des améliorations très importantes dans la gravure des billets de banque, et substitua les planches d'acier aux planches de cuivre. Il alla en Angleterre en 1848, et fut pendant plusieurs années graveur de billets de banque à Londres. Parmi ses autres inventions, se trouve celle d'un canon à vapeur.

PERLASSE s. f. (all. perlasche). Nom donné aux potasses les plus blanches, les plus pures.

* **PERLE** s. f. (bas lat. perula). Concrétion qui se forme dans les coquilles par une extravasation de la substance appelée NACRE: perle orientale.—GRIS DE PERLE, couleur approchant de celle des perles: des bas de soie gris de perle. — PERLES FINES, les véritables perles.

PERLES FAUSSES, les perles contrefaites. — SEMENCE DE PERLES, les plus petites perles qui se trouvent dans les huîtres ou coquilles de perles. — NACRE DE PERLES, substance intérieure de la coquille des moules à perles: couteau à manche de nacre de perles. — SES DENTS SONT DES PERLES, ELLE A DES PERLES DANS LA BOUCHE, elle a de très belles dents. — NOUS NE SOMMES PAS ICI POUR ENFILER DES PERLES, — nous ne sommes pas ici pour nous amuser à des bagatelles, pour perdre le temps; il faut nous occuper sérieusement. — CELA EST NET COMME UNE PERLE, se dit de quelque chose de très net. — JETER DES PERLES DEVANT LES POURCEAUX, montrer, présenter à quelqu'un des choses dont il ne connaît pas le prix; lui dire quelque chose dont il ne sent pas la délicatesse, l finesse. — C'EST LA PERLE DES HOMMES, DES FEMMES, c'est un homme, une femme des plus estimables, des plus aimables qu'on connaisse. On dit dans un sens analogue. C'EST LA PERLE DES MARIS. — Archit. Suite de petits grains ronds qu'on taille dans les moulures appelées BAGUETTES. — Typogr. Petit caractère inventé par le célèbre graveur Luce et que l'on confond aujourd'hui avec la sédanoise. — ENCYCL. La perle est une concrétion composée principalement de carbonate de chaux, que l'on trouve dans plusieurs mollusques bivalves, surtout dans l'avicula margaritifera (meleagrina margaritifera, Lamarck), ou véritable huître perlière (voy. AVICULA), et parmi les bivalves d'eau douce, dans l'unio margaritiferus. Les perles sont ordinairement de forme sphérique et d'un blanc jaunâtre et bleuâtre. Les perles blanches les plus pures sont les plus appréciées en Europe et en Amérique, tandis que celles qui ont une teinte jaunâtre sont préférées chez les Indous et chez les Arabes. La perle est un peu plus dure que le spath calcaire, mais elle a la même composition chimique, avec addition, entre les nombreuses couches de dépôt minéral dont elle est formée, de pellicules, de substance organique qui, en se séchant, lui donnent sa dureté. La matière dont se compose la perle se dépose normalement à la surface interne de l'écaille, sous forme d'une sécrétion visqueuse de l'extérieur du manteau. Des grains de sable et d'autres corps étrangers, se logeant entre le manteau et l'écaille, produisent une irritation des tissus délicats, qui détermine autour d'eux, pour les protéger, un dépôt de la substance perlière. L'industrie tire parti de ce fait, et, en introduisant ainsi différents corps étrangers, on amène la production de perles de formes et de dimensions variées. L'iridescence particulière de la perle est de la même nature que les couleurs des plaques minces. La nacre de l'intérieur de l'écaille a la même structure. La grosseur des perles est très variable. Celles qui sont à peu près de la grosseur d'un pois, d'une belle couleur et d'une bonne forme, sont les plus prisées, si l'on excepte les échantillons d'une grosseur extraordinaire, qui sont très rares. Les Romains donnaient des prix énormes pour les perles fines. Il y avait des rangs de perles estimés jusqu'à 1 million de sesterces, soit environ 200.000 fr. On évaluait les boucles d'oreilles de Cléopâtre à 2 millions de fr. environ. On a trouvé en 1858 de grosses perles dans les moules des cours d'eau de New-Jersey, près de Salem (États-Unis) et l'une d'elles s'est vendue à Paris plus de 10,000 fr. — Parmi les pêcheries de perles, les plus fameuses sont celles de Ceylan et de Coromandel, aujourd'hui sous la surveillance du gouvernement anglais. Nous citerons aussi les pêcheries des Talti, de Tuamotou des Gambier, etc. Dès le temps de Pline, les Romains tiraient leurs perles des mêmes contrées, et Ceylan a toujours été célèbre pour ses perles, ses plongeurs et ses pêcheurs de perles. Les plongeurs vont, à une profondeur de 6 ou 8 brasses, 40 ou 50 fois par jour. Ils emportent avec eux une grosse pierre et un sac dans lequel ils mettent les huîtres qu'ils arrachent aux rochers. Ils restent une minute ou une minute et demie sous l'eau. — Les perles fausses se fabriquent au moyen de la matière argentée que l'on détache des écailles d'ablette et que l'on conserve dans de l'alcali volatil étendu. C'est l'essence d'Orient, matière que l'on introduit dans des globules de verre pour leur donner un éclat semblable à celui des perles naturelles. La fabrication des perles fausses a été inventée par l'émailleur français Jacquin (1656).

* PERLÉ, ÉE adj. Orné de perles. Dans ce sens, il n'est guère usité qu'en termes de blason : la couronne des comtes est perlée. — ORGE PERLÉ, grains d'orge entièrement dépouillés de leur enveloppe, et arrondis par la meule. — SUCRE PERLÉ OU CUIT A PERLÉ, sucre auquel les confiseurs ont donné le second degré de cuisson. — BOUILLON PERLÉ, bouillon bien fait, bien consommé, sur lequel le suc de la viande paraît comme de la semence de perles. — Fig. et fam. C'EST UN OUVRAGE PERLÉ, se dit d'un ouvrage de couture ou de broderie, dont les points sont très égaux et très bien rangés. — Mus. Se dit, fig., pour qualifier l'exécution, lorsqu'elle est nette, égale, brillante : un jeu perlé.

* PERLER v. n. Ne s'emploie guère que dans cette locution : LA SUEUR LUI PERLAIT AU FRONT, en parlant des gouttes de sueur qui paraissent sur le front.

PERLETTE s. f. (dimin. de perle). Petite perle.

PERLEUR, EUSE adj. Se dit des appareils qui servent à perler le riz. — s. f. Machine à perler le riz.

PERLIEN, IENNE adj. Qui ressemble ou qui se rapporte à la perle.

* PERLIER, IÈRE adj. Zool. Qui produit, qui renferme des perles : huître perlière.

* PERLIMPINPIN s. m. Mot populaire qui ne s'emploie que dans cette locution, POUDRE DE PERLIMPINPIN. (Voy. POUDRE.)

PERLITE s. f. (rad. perle). Pierre volcanique analogue à l'obsidienne qui se présente en noyaux sphéroïdaux.

PERLOIR s. m. Techn. Outil de ciseleur gravé en creux avec lequel on fait de petits ornements en forme de perle.

* PERLURE s. f. Vén. Petites inégalités qui se trouvent le long des perches et des andouillers de la tête du cerf, du daim, du chevreuil.

PERM [permm]. I, gouvernement de Russie, partie en Europe et partie en Asie, mais officiellement considéré comme européen; 332,457 kil. carr.; 2,198,666 hab. Les monts Oural le traversent du N. au S., le divisant en deux portions inégales, celle d'Europe étant la plus grande. La Kama est le principal cours d'eau de la partie européenne. La partie orientale a plusieurs lacs, et est arrosée par plusieurs tributaires de l'Obi. On y trouve de l'or, de l'argent, du platine, du fer, du cuivre, du plomb, des diamants, et d'autres pierres précieuses, du ciment, du sel et du marbre. On y récolte du seigle, de l'orge, de l'avoine, des pommes de terre et du lin. Le gibier abonde dans les forêts et le poisson dans les rivières. En dehors de celles qui se rattachent aux mines, il n'y a que peu d'industries dans le pays. Les trois quarts des habitants environ sont Russes, et le reste appartient aux tribus finnoises et tartares. Il y a environ 4 p. 400 de mahométans. — II, capitale de ce gouvernement, sur le Kama, par 58° 1' lat. N. et 53° 56' long. E., à 1,200 kil. E.-N.-E. de Moscou; 22,288 hab. Grandes forges de fer et fonderies de cuivre.

* PERMANENCE s. f. (rad. permanent). Durée constante de quelque chose : les choses ne restèrent pas toujours en permanence. — Se dit aussi en parlant des personnes, et signifie, état de celui qui reste, qui demeure longtemps dans le même lieu : il ne sort point de son cabinet, il y reste en permanence. — L'ASSEMBLÉE A DÉCLARÉ SA PERMANENCE, S'EST DÉCLARÉE EN PERMANENCE, elle a déclaré qu'elle ne se séparerait pas, qu'elle resterait en séance jusqu'à ce que telle chose fût terminée. — COMMISSION DE PERMANENCE, commission qu'une assemblée délègue à la surveillance des affaires quand elle se sépare. — Théol. LA PERMANENCE DU CORPS DE JÉSUS-CHRIST DANS L'EUCHARISTIE, la présence continuée du corps de Jésus-Christ dans l'eucharistie après la consécration.

* PERMANENT, ENTE adj. (lat. permanens, de permanere, demeurer). Stable, immuable, qui dure constamment : tout change dans le monde, il n'y a que Dieu de permanent.

PERMANGANATE s. m. Chim. Sel résultant de la combinaison de l'acide permanganique avec un base.

PERMANGANIQUE adj. Chim. Se dit d'un acide de manganèse qui contient ce dernier corps en plus grande quantité que l'acide manganique.

* PERMÉABILITÉ s. f. (rad. perméable). Phys. Qualité de ce qui est perméable : la perméabilité du verre aux rayons de la lumière.

* PERMÉABLE adj. (lat. permeabilis; de permeare, passer à travers). Phys. Se dit principalement des corps à travers lesquels la lumière, l'air ou d'autres fluides peuvent passer : le verre, l'eau, sont perméables à la lumière.

* PERMESSE s. m. (lat. permessus). S'emploie dans quelques phrases figurées et poétiques. Les nymphes du Permesse, les Muses. Fréquenter les bords du Permesse, cultiver la poésie, faire des vers.

PERMESSE, rivière de Béotie qui a sa source dans le mot Hélicon et qui était consacrée aux Muses. Auj. Panitza.

* PERMETTRE v. a. (lat. permittere). Se conjugue comme Mettre. Donner liberté, pouvoir de faire, de dire : il n'a fait que ce que la loi lui permettait.

Dès ce même moment permettes que je sorte.
J. RACINE. La Thébaïde, acte IV, sc. III.

— VOUS ME PERMETTREZ, OU PERMETTEZ-MOI DE VOUS DIRE, DE VOUS REPRÉSENTER, formule de politesse dont on fait usage en disant à quelqu'un une chose contraire au sentiment, à l'opinion qu'il vient de manifester. On dit aussi simpl., dans le même cas, PERMETTEZ. On adresse encore cette formule à une personne pour désigner en faisant quelque chose. — S'IL M'EST PERMIS DE PARLER AINSI, se dit quand on se sert d'un mot, d'une manière de parler qui n'est pas usitée, et qu'on hasarde. — Fam. IL N'EST PAS PERMIS A TOUT LE MONDE DE, il n'est pas donné à tout le monde, tout le monde n'a pas l'avantage de : il n'est pas permis à tout le monde d'avoir du talent. — Fam. A VOUS PERMIS, PERMIS A VOUS, vous pouvez faire tout ce qu'il vous plaira, je ne m'en soucie point. Se dit ordinairement par indifférence ou par mépris : si vous voulez vous fâcher, à vous permis. On dit à peu près dans le même sens : je vous permets d'en penser ce qu'il vous plaira; ou Pensez-en ce qu'il vous plaira, je vous le permets. — Autoriser à faire usage d'une chose : la loi de Mahomet ne permet pas le vin, et elle permet la polygamie. — Tolérer : il faut bien permettre ce qu'on ne peut empêcher. — Tolérer ce qu'on pourrait empêcher : la société permet certains désordres, dans la vue d'en prévenir de plus grands. — DIEU A PERMIS QUE, l'ordre de

la providence, de la justice divine a voulu que : c'était une famille opulente, Dieu a permis qu'elle soit tombée tout d'un coup dans la misère. — Se dit aussi des choses; et alors il signifie, donner le moyen, la commodité, le loisir, etc. : j'irai vous voir dès que mes affaires me le permettront. — Se permettre v. pr. Se donner la licence de faire des choses dont on devrait s'abstenir : c'est un homme qui se permet beaucoup de choses, qui se permet tout. — LE ME PERMETTRAI DE VOUS DIRE, DE VOUS REPRÉSENTER. Formule de civilité ou d'adoucissement.

PERMIEN, IENNE adj. (rad. Perm). Géol. Se dit du groupe de couches qui gisent au-dessous des trias et au-dessus des roches carbonifères. (Voy. GÉOLOGIE.)

* PERMIS s. m. (rad. permettre). Permission écrite. Se dit particul. en matière de douanes et de police : demander, obtenir un permis; permis de chasse.

* PERMISSION s. f. (lat. permissio). Autorisation qui donne le pouvoir, la liberté de faire, de dire, etc. : demander, solliciter la permission de faire une chose. — Prov. ABUSER DE LA PERMISSION, se dit de celui à qui l'on peut reprocher de l'excès en quelque chose que ce soit : il y a six semaines qu'il est établi chez moi, il abuse de la permission, c'est abuser de la permission. — PERMISSION DE CHASSE, permission de chasser : on obtenait difficilement des permissions de chasse. — AVEC VOTRE PERMISSION, formule de civilité : je vous dirai, avec votre permission, que la chose s'est passée un peu différemment. On s'en sert aussi comme d'une espèce d'adoucissement à quelque reproche que l'on fait : mais, avec votre permission, de quel droit pouvez-vous me parler ainsi, me traiter ainsi? — PERMISSION DE DIEU, ordre de la providence, de la justice di vine : cela est arrivé par la permission de Dieu. — A PERMISSION DE DIX HEURES, canne à épée, gourdin, bâton ferré.

PERMISSIONNAIRE s. Personne qui possède une permission écrite, un permis de nature quelconque. — Militaire en permission.

PERMISSIONNER v. a. Donner une permission.

PERMIXTION s. f. [-mikss-ti-on] (préf. per; mixtion). Mélange parfait.

PERMUTABILITÉ s. f. Caractère de ce qui est permutable.

* PERMUTABLE adj. (rad. permuter). Qui peut être permuté.

* PERMUTANT s. m. Celui qui permute. Se dit des personnes qui changent ensemble d'emploi : les deux permutants ont passé un acte, etc.

* PERMUTATION s. f. (lat. permutatio). Échange. Se dit en parlant de l'échange d'un emploi contre un autre : permutation d'emploi. — Transposition de choses qui forment un tout, une série, pour trouver les divers arrangements dont elles sont susceptibles entre elles : les trois lettres A, B, C, ont six permutations, savoir : abc, acb, bac, bca, cab, cba. (Voy. COMBINAISON.) — Gramm. Changement d'une lettre en une autre qui appartient au même organe : les permutations de consonnes sont très fréquentes dans les verbes grecs.

* PERMUTER v. a. (lat. permutare, changer). Échanger. Se dit en parlant des emplois : on lui a permis de permuter l'emploi qu'il avait en province. — Se permuter v. pr. Gramm. Se dit des lettres, et surtout des consonnes, qui, appartenant au même organe, peuvent naturellement se substituer les unes aux autres : il est indispensable de bien connaître les lois suivant lesquelles se permutent les consonnes, dans la langue grecque, avant de passer à l'étude des conjugaisons.

PERMUTEUR s. m. Celui qui permute.

PERNAMBOUC ou Fernambouc. I, province orientale du Brésil, bornée au N. par l'Atlantique; 128,395 kil. carr.; 841,539 hab. La côte est presque partout basse, mais bordée de hautes falaises rouges. Il y a peu de ports capables de recevoir de grands navires. Le pays est divisé en trois zones : le *mattas* ou *littoral*, partie très fertile et très boisée; le *carrasco* ou zone des broussailles, accidentée et sèche, mais donnant de bonnes récoltes de coton et des légumes; et le *sertdo* ou zone élevée, très montagneuse, pierreuse et sèche, où on élève beaucoup de bestiaux. Il y a de vastes forêts d'un grand rapport. La région des *mattas* produit de grandes quantités de sucre, de mélasse, de rhum et de coton. Les autres productions importantes sont le manioc et aux noix de coco. — II, cap. de cette province. (Voy. RÉCIFS.)

PERNAU [pèr-naô], ville de Russie, en Livonie, sur le golfe et à 180 kil. N.-E. de la ville de Riga; 9,568 hab. Le lin, le chanvre, les grains et graines, le bois et le cuir forment les principaux objets de commerce.

PERNES, ch.-l. de cant., arr. et à 6 kil. S. de Carpentras (Vaucluse); 5,000 hab. Vins, garance, amandes. Patrie de Fléchier.

* PERNICIEUSEMENT adv. D'une manière pernicieuse : *cela est pernicieusement imaginé, pernicieusement inventé.*

* PERNICIEUX, EUSE adj. (lat. *pernitiosus*). Mauvais, dangereux, qui peut nuire, qui cause ou qui peut causer un grand préjudice : *cela est pernicieux à la santé.* — S'emploie plus ordinairement au sens moral : *conseil pernicieux.* — Fam. C'EST UNE LANGUE PERNICIEUSE, c'est une personne fort médisante. — FIÈVRE PERNICIEUSE, espèce de fièvre maligne fort dangereuse.

PERNITREUX adj. Syn. de HYPOAZOTIQUE.

PER OBITUM [pér-o-bi-tom], expression latine, qui signifie : *Par mort*, et qui est surtout usitée en matière bénéficiale : *un bénéfice vacant per obitum.*

PERO CASEVECCHIE, ch.-l. de cant., arr. et à 52 kil. S. de Bastia (Corse); 800 hab.

* PÉRON (François), naturaliste et voyageur français, né à Cerilly (Allier), en 1775, mort en 1810. Il s'enrôla et fut fait prisonnier à Magdebourg (1793-'94). Il fut zoologiste dans l'expédition que Baudin fit en Australie pour le gouvernement (1800-'04) et il a écrit un *Voyage de découvertes aux terres australes* (1807-'16, 3 vol. in-4°).

* PÉRONÉ s. m. (gr. *peroné*, agrafe, cheville). Anat. Os externe de la jambe, le plus menu des deux os de la jambe.

PÉRONNE, *Perrona Veromanduorum*, place forte importante et ch.-l. d'arr., sur la rive droite de la Somme, à 50 kil. N.-E. d'Amiens (Somme); par 49° 55' 47" lat. N. et 0° 35' 55" long. E. Batistes, huiles, grains, etc. Les rois mérovingiens eurent un palais à Péronne. A la fin du IXe siècle, la châtellenie de Péronne dépendait du Vermandois; en 929, le comte Herbert II enferma dans son château Charles le Simple, qui y mourut en 929. Louis XI, attiré à Péronne, sous prétexte d'y discuter les termes d'un arrangement avec Charles le Téméraire, y fut retenu en captivité par son vassal, pendant deux jours, et forcé de signer un traité confirmant ceux d'Arras et de Conflans et reconnaissant l'indépendance du duc (14 oct. 1468); mais l'assemblée des notables déclara que ce traité ne pouvait être considéré comme valable et que le duc était un traître (nov. 1470). Louis XI reprit Péronne à la mort de Charles le Téméraire (1477). Péronne fut surnommée *la Vierge* pour avoir résisté avec succès aux Impériaux en 1536. La ligue y fut signée en février 1576. En 1585, le cardinal de Bour-

bon publia contre Henri IV le fameux manifeste de Péronne. En 1815, cette ville se rendit à Wellington. Le 30 nov. 1870, Péronne fut attaquée par une armée allemande. Sa garnison se composait du 43e de ligne, des mobiles de la Somme et des fusiliers marins. Après une réponse énergique du commandant de place Garnier, le bombardement commença. La ville n'était pas en état de répondre au feu de l'ennemi et elle capitula le 9 janvier 1871.

* PÉRONNELLE s. f. (corrupt. de *Pétronille*). Terme familier dont on se sert par dédain, par mépris, en parlant d'une femme : *vous êtes une plaisante péronnelle.*

PÉROPTÈRE adj. (gr. *péros*, estropié; *pteron*, aile). Icht. Se dit des poissons qui manquent de nageoires ventrales.

* PÉRORAISON s. f. (lat. *peroratio*). Rhét. Conclusion d'une harangue, d'un plaidoyer, d'un sermon, d'un discours d'apparat : *la péroraison doit être véhémente, forte, pleine de mouvements.*

* PÉRORER v. n. (lat. *perorare*). Parler, discourir longuement et avec une sorte d'emphase : *cet homme ne cause pas, il pérore.*

* PÉROREUR s. m. Celui qui a l'habitude, la manie de pérorer : *c'est un ennuyeux, un fatigant péroreur.*

* PÉROT s. m. Eaux et Forêts. Arbre du baliveau qui a les deux âges de la coupe du bois; en sorte que, si le bois se coupe tous les vingt-cinq ans, le pérot, au moment de la coupe, en a cinquante. Aujourd'hui les arbres qui ont atteint cinquante ans se nomment plus ordinairement MODERNES; au-dessous de cet âge, ils sont JEUNES.

PEROTE (pé-ro-tè), ville de la confédération mexicaine, sur la route de Mexico, à 135 kil. de la Vera-Cruz; 40,000 hab.

PROTTI (Nicolas), prélat italien (1430-'80). Il fut gouverneur de l'Ombrie et de Pérouse. Il a laissé : *Rudimenta grammatica* (Rome, 1473, in-fol.); *De generibus metrorum* (Venise, 1497, in-fol.); *Cornucopia, sive commentaria lingua latina* (1489, in-fol.).

* PÉROU s. m. Nom d'une contrée de l'Amérique méridionale, très riche en mines d'or et d'argent. S'emploie, fig., dans les phrases suivantes. — GAGNER LE PÉROU, faire une grande fortune. — CE N'EST PAS LE PÉROU, se dit des choses qui n'ont pas grande valeur, dont on fait peu de cas. — BAUME DU PÉROU, modificateur des muqueuses et surtout expectorant dans les bronchites chroniques. On l'obtient du *myroxylon pereiræ*, grand arbre de l'Amérique centrale. Le baume du Pérou est d'un rouge brun, diaphane, de la consistance du miel avec une odeur forte et un goût âcre et amer. Le baume blanc du Pérou provient de l'expression des gousses du myrosperme; on ne le trouve pas dans le commerce.

PÉROU (esp. *Republica del Peru*), république de l'Amérique du Sud, jadis la plus importante des vice-royautés espagnoles dans cette partie du Nouveau Monde, entre 3° 20' et 16° lat. S. et entre 69° environ et 83°46' long. O. Limites : au N. l'équateur, à l'E. le Brésil et la Bolivie; au S. la Bolivie; à l'O. l'océan Pacifique; 1,081,463 kil. carr., en chiffres ronds. Avant la guerre et le traité du mois d'oct. 1883, la république du Pérou comprenait 1,432,943 kil. carr. Mais en vertu de ce traité, le Pérou cède au Chili le département de Tarapaca (51,480 kil. carr.); de plus, les Chiliens occuperont, pendant 10 ans le département de Tacna et le territoire d'Arica; un vote populaire décidera ensuite si ces parties doivent rester la propriété du Pérou ou être annexées au Chili. Le territoire actuel comprend 18 départements (divisés en provinces

qui sont subdivées en districts) et une province maritime (Callao).

SUPERFICIE ET POPULATION.

DÉPARTEMENTS.	KIL. CARR.	HABITANTS.
Ancachs	49,898	284,091
Puno	52,301	256,594
Cuzco	40,926	238,455
Lima	35,479	226,992
Callao (Prov. lit.)		34,492
Cajamarca	30,525	213,391
Junin	65,016	209,671
Arequipa	59,017	160,282
Libertad	28,153	147,541
Ayacucho	38,692	142,205
Piura	40,810	135,502
Apurimac	15,207	119,246
Huancavelica	22,569	104,155
Lambayeque	15,477	85,984
Huánuco	25,695	78,856
Loreto	448,165	61,125
Ica	21,751	60,111
Amazonas	34,113	34,245
Moquegua	15,459	28,786
Indiens non civilisés		350,000
TOTAUX	1,081,463	2,958,934

D'après le recensement de 1876, la population non compris les Indiens non civilisés, s'élevait à 2,720,000 hab., savoir: Indiens civilisés, 57 p. 100; métis (Cholos, Zambos, etc.), 23 p. 100; blancs nés dans la république, 12 1/2 p. 100; nègres, 3 1/2 p. 100; Chinois, 1 3/4 p. 100; (voy. COULIES). On compte au Pérou 18,000 Européens, dont 3,000 Italiens, 2,700 Français, 1,600 Espagnols et 50,000 Asiatiques. Cap. Lima; villes princ.: Callao, Arequipa, Cuzco (anc. cap. des Incas), Payta, Lambayèque, Trujillo, etc. — La côte est découpée de nombreuses baies, dont les principales sont : les baies de Sechura, de Pisco et d'Indépendance. Ports princ. : Payta, Eten, Salaverry, Callao, Pisco, Islay, Mollendo. Tous sont des rades ouvertes; car le Pérou n'a pas un seul port continental. Les îles les plus importantes sont les Chinchas (voy. CHINCHAS, Îles), les groupes Guanape, Macabi et Lobos, et les îlots Pajaros; toutes contiennent de grands dépôts de guano. Le pays est traversé de part en part par les Andes en deux chaînes séparées : la Cordillère orientale ou Andes propres, et la Cordillère occidentale ou chaîne côtière; il faut y ajouter une troisième chaîne, encore plus à l'E., au N. du 11e degré. La chaîne du littoral entre dans la république par le S. et se réunit à la Cordillère orientale dans le nœud de montagnes de Vilcanota, entre 14° et 15° lat., limite septentrionale de la grande plaine inter-alpine qui contient le lac Titicaca et dont une petite portion appartient au Pérou. Près de l'extrémité orientale de ce nœud s'élève la cité impériale de Cuzco. Le plateau de Cuzco, comprenant environ 38,000 kil. carr., sur la crête aplatie des Andes, a au S. une élévation moyenne de 3,000 m. au-dessus du niveau de la mer, ou environ 300 m. de plus qu'au N.; des collines basses le divisent transversalement en nombreuses vallées. A l'extrémité N. les Cordillères se bifurquent de nouveau et leurs deux branches courent parallèlement jusqu'au nœud de Pasco, où elles se réunissent, par 11° lat. S., fermant la fertile vallée arrosée par le Rio Jauja. Le plateau de Pasco a une élévation qu'on estime à 3,000 m. Un peu au N. du parallèle de Pasbo, les Andes se séparent en 3 chaînes. Des deux grandes Cordillères, l'occidentale est de beaucoup la plus large, la plus sauvage et la plus abrupte; ses pics sont généralement moins pyramidaux et moins élevés que ceux de l'autre branche, lesquels sont traversés par la plupart en forme d'aiguille; sa hauteur est aussi plus uniforme. C'est la ligne de partage des eaux qui vont au Pacifique et de celles qui vont à l'Atlantique; celles-ci se frayent des lits tortueux à travers la Cordillère orientale. Quelques-uns de ces passages comptent parmi les plus élevés du globe; celui qui mène de Lima à Tarma et à Pasco traverse la chaîne à une hauteur de 3.500 m. La ligne des neiges du Pérou se trouve au-dessus de 3,800 m. Le point culminant du territoire de la république, le volcan de Misti, est à 6,700 m. au-dessus du niveau de la mer. Le grand foyer volcanique du Pérou est le département d'Arequipa, où, en outre du Misti, on compte les pics de Pichu, de Charcani (6,450 m.), le Pan de Azucar (6,300m.), tous dominant la ville d'Arequipa, et ceux d'Omate, de Tutupaca et d'Ubinas. La déclivité appelée *la costa* ou la côte, entre la montée rapide de la Cordillère occidentale et le Pacifique, a une largeur qui varie de 30 à 80 kil.; sa surface est très irrégulière, et sa pente très forte; elle est sillonnée de ravines profondes, qui courent de la montagne à la mer. Ces pentes sont complètement désertes, et ont de 15 à 150 kil. de largeur. Le pays, à l'E. de la Cordillère orientale et de la petite chaîne latérale qui forme la frontière à l'E. du bassin du Huallaga, descend en pente douce jusqu'à de vastes plaines qui font partie de la grande vallée alluviale de l'Amazone, et est, comme celle-ci, couverte d'épaisses forêts vierges. Les cours d'eau qui arrosent le territoire péruvien se divisent en deux grands bassins, celui du Pacifique et celui de l'Amazone. Les torrents qui descendent de la pente O. de la Cordillère occidentale, sont pour la plupart peu longs et très rapides, mais entièrement à sec pendant plusieurs mois de l'année. Parmi les grandes rivières de la pente orientale des Andes, les principales sont le Maragnon ou Amazone supérieure, qui marque la plus grande partie des limites de la république; le Huallaga; l'Ucayali, formé par la réunion de l'Apurimac et de l'Urubamba; et le Javary et le Purús, qui forment une partie de la frontière orientale. — Les productions minérales, surtout celles des métaux précieux, ont un renom universel depuis la découverte du pays. Les montagnes sont parsemées de veines de minerai d'or et d'argent, de cuivre et de plomb. Les mines d'or les plus célèbres sont celles de Carabaya. Le minerai d'argent est particulièrement riche, donnant de 5 à 50 p. 100; il constitue la principale richesse minérale du pays. La valeur de l'argent produit de 1630 à 1803 a été calculée à 6,160 millions de fr. Le rendement des mines de Cerro de Pasco, de Puno, de Huantajaya, de Hualgayoc, etc., en 1873, s'est monté à 30 millions d'argent brut. Les principales mines de vif-argent sont celles de Huancavelica et de Chota. On trouve aussi du plomb, du fer, de l'alumine, du soufre, de la chaux, de la magnésie, du sulfate de soude, du cobalt, du nickel, du borax, du gypse, du marbre, de l'albâtre, du pétrole et de la houille. La grande source de richesse pour le Pérou depuis 1836 était les îles à guano, qui ne sont cependant que de petits points comparés à la vaste étendue des côtes méridionales, inhabitées et inexplorées, où d'innombrables troupes d'oiseaux vivent depuis des siècles et où jamais il ne tombe de pluie. (Voy. Guano.) D'autres sources considérables de richesse étaient le salpêtre et le borax de la pampa de Tamarugal, dans la province de Tarapaca. — Le climat est, en somme, considéré comme assez sain. On appelle communément la côte, la région sans pluie; et, en effet, excepté à Iquique, où une légère ondée tombe une fois en plusieurs années, la pluie est inconnue depuis le fleuve Loa jusqu'au cap Blanco. Pendant l'hiver, de mai à novembre, il y a d'épaisses brumes qui se condensent en eau. Au N. de Lima, le climat devient graduellement plus humide, il l'est tout à fait au N.-O. où il y a des pluies abondantes et d'épaisses forêts. La chaleur moyenne à Callao ne dé-

passe pas 15° C. et le thermomètre tombe fréquemment à 12°. La saison pluvieuse dans les sierras, les plateaux et les plaines orientales, correspond à la période de sécheresse sur la côte. On voit quelquefois des éclairs sur la côte du Pérou; mais on n'y entend jamais le tonnerre, et les orages y sont inconnus. Dans les sierras ou hautes terres et sur les plateaux il y a une différence considérable entre les points extrêmes de la température. Vers 3,000 m. au-dessus du niveau de la mer, la température moyenne est de 15°, et elle varie très peu d'un bout de l'année à l'autre. Le climat des plaines orientales est chaud et humide. Là tombent de grosses pluies accompagnées de tonnerre et d'orages d'une grande violence. C'est une région malsaine. Dans l'intérieur, la fièvre est inconnue; mais sur la côte, les naturels comme les étrangers en souffrent cruellement en toute saison. Le froid dans les régions élevées des montagnes, est excessif; les orages de grêle et de tonnerre y sont fréquents et terribles. — Le Pérou a une flore d'une grande richesse et d'une grande fécondité. La terre végétale a partout 2 pieds de profondeur, en quelques endroits 3 pieds. De grandes étendues de terres arables, des pâturages et des forêts alternent dans toutes les directions, excepté dans les districts les plus élevés et dans quelques coins de la région du littoral. Au N. et à l'E. la végétation forestière est des plus luxuriantes, et comprend une grande variété de bois de charpente et d'ébénisterie. Le caoutchouc, le cinchona, le coca, l'arbre à pain, le girolier, le copahu, le cannellier, la salsepareille, l'ipecacuanha, le jalap, l'indigotier et d'autres arbres ou plantes utiles y abondent. Les fougères arborescentes dont jusqu'à une hauteur qui varie entre 500 et 1,300 m. au-dessus du niveau de la mer; au delà de 2,500 m., toute végétation arborescente disparaît. Les fruits comprennent: oranges, pêches, abricots, pommes, poires, coings, grenades, prunes, cerises, bananes, noix de coco, dattes, mangues, sapotes, ananas, aguacates, chirimoyas, grenadilles, et bien d'autres d'une saveur exquise, et inconnus dans les zones tempérées. Le Pérou produit toutes les céréales et tous les légumes de l'Europe occidentale. On cultive, pour l'exportation, le coton, la canne à sucre, la vigne, l'olivier, le caféier et le tabac. Comme le mûrier y vient parfaitement, l'éducation des vers à soie y est depuis quelques années une importante industrie. Le lama y est indigène et ainsi que ses congénères la vigogne, la petite vigogne (*poco vicuña*), l'alpaga et le guanaco, qui sont tous plus petits et plus svelies, se plaît dans les hautes terres. Les bestiaux, les chevaux, les mulets, les ânes sont extrêmement nombreux, particulièrement dans les provinces du littoral; partout dans les fertiles vallées des Andes, on rencontre d'innombrables troupeaux de moutons. Le condor est représenté par quatre espèces. Des myriades d'oiseaux de mer (*lula variegata*) fréquentent les côtes du Pérou; au temps des Incas la loi les protégeait pendant la saison de la ponte et de la couvée; c'est à eux et aux innombrables phoques qui hantent ces parages et les îles avoisinantes qu'est dû le célèbre engrais appelé guano. — Les plus importantes des races aborigènes sont celles des Quichuas ou Incas et des Aymaras, qui embrassèrent le christianisme peu après la conquête espagnole. (Voy. Aymaras et Quichuas.) Les bords des rivières dans les plaines de l'E. sont habités par des tribus indépendantes dont quelques-unes se sont aussi converties. Les industries qui ont été jusqu'ici pratiquées avec le plus de succès au Pérou sont celles qui ont rapport à la vie pastorale, à l'agriculture et aux mines. Les industries manufacturières sont très en retard. Les deux

grands objets d'exportation sont le guano et le nitrate de soude, et presque tout s'envoie en Angleterre. Les autres articles d'exportation sont: le quinquina, le sucre, le coton, et les vins, spécialement ceux de Pisco, qui ressemblent un peu aux vins de Madère. On ne peut obtenir de données exactes sur le commerce du Pérou avec l'étranger, excepté en ce qui concerne le port de Callao; on l'estime néanmoins à 275 millions de fr. annuellement, dont 125 millions d'importations. La constitution actuelle du Pérou a été promulguée le 31 août 1867. Le pouvoir législatif est remis à un sénat et à une chambre des représentants; le premier est composé de deux députés par province, et la seconde des représentants nommés par les collèges électoraux des provinces et des paroisses, à raison d'un membre pour 20,000 hab. Le président et le vice-président sont élus par le peuple pour cinq ans. Le président est assisté de cinq ministres qu'il nomme lui-même, pour les départements de l'intérieur, des affaires étrangères, des finances et commerce, de la justice, et de la guerre et marine. Le pouvoir judiciaire est aux mains d'une cour suprême et de cours supérieures et inférieures; les municipalités sont décentralisées. Les grandes sources du revenu de l'État sont la douane, la vente du guano, les licences, etc. Avant la guerre fatale qui a amoindri le Pérou, cette république tirait la plus grande partie de ses revenus de l'exploitation du guano; mais aujourd'hui cette ressource lui manque en partie et il ne lui reste que des dettes. Revenus: 225 millions de fr.; dépenses: 300 millions; dette intérieure: 100 millions; dette flottante: inconnue mais énorme; dette étrangère: 825 millions. Depuis 1876, les intérêts de la dette n'étant plus payés, se sont ajoutés au capital ci-dessus. — Nulle part dans l'Amérique espagnole l'instruction publique n'a été l'objet de soins plus attentifs qu'au Pérou. On porte le nombre des élèves des divers établissements de la république à 100,000, y compris les écoles primaires et secondaires pour les deux sexes, réparties entre les villes et les villages, et, dans la capitale, les écoles normales, les écoles des arts et métiers, de l'agriculture, du commerce, des mines, des beaux-arts, et une école navale et militaire; il y a en outre les six universités de Lima (regardée comme la première de l'Amérique du Sud), d'Arequipa, de Puno, de Cuzco, d'Ayacucho, et de Trujillo. L'instruction est gratuite et obligatoire. — Aux termes de la constitution, il n'existe aucune liberté religieuse, la religion catholique romaine, religion d'État, étant seule autorisée à l'exercice public; les autres cultes étant à peine tolérés. Il y a 6,000 protestants, 500 juifs et 28,000 individus appartenant à d'autres religions. — A la fin de 1878, l'armée péruvienne se composait de 13,000 hommes. En mai 1879, lors de l'ouverture des hostilités contre le Chili, l'armée fut portée nominalement à 40,000 hommes; plus tard, dans l'été de 1880, après l'invasion du territoire par les Chiliens, on ordonna une levée de 70,000 hommes, mais on ne put jamais réunir plus de 46,000 hommes. — La marine péruvienne fut la plus puissante sur les côtes du Pacifique jusqu'au jour où le Chili entreprit de faire construire des cuirassés en 1874-'75. Au commencement de la guerre avec le Chili, le Pérou possédait 4 cuirassés: *Huascar, Independencia, Atahualpa, Manco-Capac*, et de plus un grand nombre de navires en bois. Les deux derniers des cuirassés que nous venons de nommer, n'étaient, en réalité, que des monitors côtiers, portant chacun une seule tour whitworth. Les deux autres seuls pouvaient entrer en ligne de bataille. L'*Independencia* se perdit sur un rocher pendant un combat; et le *Huascar* fut pris après s'être illustré par de brillants exploits et après une défense héroïque contre deux cuirassés chiliens. Il n'y a donc plus actuellement de marine péruvienne. — Chemin de fer : 2,500 kil. — L'histoire primitive du Pérou est celle des Incas, dont l'empire, lorsqu'il était à son épogée, s'étendait de Quito au Rio Maule dans le Chili, et allait à l'E. jusqu'au versant oriental des Andes. Manco-Capac, le premier Inca, apparut, suivant les traditions, avec sa sœur Mama Oello, dans l'île de Titicaca, lieu tenu depuis pour sacré. Ces deux personnages, se prétendant les enfants du soleil, furent considérés comme des divinités. Manco-Capac alla vers le nord, fonda Cuzco à l'endroit où son bâton d'or s'enfonça dans le sol, et introduisit dans le pays la civilisation et les arts. Un puissant royaume s'éleva, et absorba graduellement les tribus environnantes. Les Incas obligèrent toutes les nations conquises à adopter le culte du soleil. Le dernier exploit de la puissance des Incas fut l'annexion de Quito ; mais elle amena une guerre civile qui facilita la conquête espagnole. Il est très difficile de déterminer la date précise de l'avènement du premier Inca, que la tradition met au commencement du XIe siècle. L'Inca régnant, comme fils du soleil et descendant direct de Manco-Capac, était à la fois souverain et pontife, et exerçait une autorité absolue. L'empire et la capitale étaient divisés en quatre quartiers correspondant aux points cardinaux, chacun gouverné par un vice-roi. Les habitants étaient partagés en groupes de 10,000, sous un chef indigène et un gouverneur inca ; ces groupes se subdivisaient en fractions de 1,000, de 100 et de 10, avec des officiers spéciaux relevant de ceux du groupe supérieur. Les restes de routes grandioses attestent les proportions majestueuses de certains édifices publics. La paresse était sévèrement punie ; les homicides et les voleurs étaient frappés de mort. Par un système combiné de libéralité et de sévérité, de persuasion et de contrainte, l'empire inca non seulement s'étendit, mais s'amalgama les nations conquises et en forma un tout compact. Les Incas déployèrent un grand sens politique et pratique. Comme l'agrandissement du territoire était leur objet principal, ils donnèrent à l'art militaire leurs plus grands soins ; mais nul ne recevait une éducation supérieure, même dans cet ordre d'idées, excepté les jeunes gens du sang royal. Les Espagnols explorèrent une partie de la côte en 1515, sous Pascual de Andagoya. En 1524, François Pizarre arriva en compagnie du vicaire Hernando de Luque et Diego de Almagro, aventurier illettré comme l'était lui-même le chef de l'expédition ; mais il retourna immédiatement à Panama. Une seconde tentative fut faite en 1526, sans plus de résultat. En 1531, ayant obtenu le titre d'adelantado gobernador et de capitaine général de tout le pays qu'il conquerrait, Pizarre mit de nouveau à la voile avec ses quatre frères et une petite troupe, laissant derrière lui Almagro pour lui envoyer des provisions et des renforts ; il débarqua dans la baie de Saint-Mathieu, vers 1° de lat. N. L'empire des Incas, séparé en deux branches, Cuzco et Cajamarca, était déchiré par une guerre civile entre deux frères, Huascar qui régnait à Cuzco, et Atahuallpa, qui régnait à Cajamarca, auxquels leur père Huayna-Capac avait légué son royaume par parts égales. Atahuallpa venait de remporter une victoire complète sur son frère et de le faire prisonnier, et il était campé avec son armée à Cajamarca. C'est là que Pizarre se dirigea en septembre 1532, à la tête de 177 hommes. Reçu avec des démonstrations d'amitié, il s'arrangea de manière à s'emparer traîtreusement de la personne de l'inca, sans perdre un seul de ses hommes. L'armée péruvienne s'enfuit épouvantée. Pizarre fit mettre à mort son royal captif, le 29 août 1533. Les Espagnols

marchèrent ensuite sur Cuzco, l'ancienne capitale, y entrèrent le 15 novembre et proclamèrent comme inca un demi-frère d'Atahuallpa, nommé Manco-Capac. Le prisonnier Huascar avait été tué par ordre d'Atahuallpa peu de temps avant la mort de ce dernier. Pizarre résolut de bâtir une nouvelle capitale près de la côte, et fonda Lima, le 6 janv. 1535. Manco-Capac souleva bientôt des insurrections et la discorde se mit entre les aventuriers. Les Indiens furent réduits à la servitude, et la condition du pays devint déplorable. En 1541, Pizarre fut assassiné. Le vice-roi Pedro de la Gasca s'empara de Gonzalo Pizarre, le dernier de la famille qui fût resté au Pérou (1548), et le fit exécuter. Gasca s'appliqua alors à établir le gouvernement du pays sur une base solide, et ensuite il s'en retourna en Espagne, en 1550. La colonie resta tranquille pendant longtemps, et l'autorité de la couronne espagnole s'établit complètement. Le Pérou devint une des quatre vice-royautés de l'Amérique espagnole. Les Péruviens, sous Tupac Amaru, qui se prétendait inca, se révoltèrent en 1780, mais furent soumis aisément. Dans la guerre d'indépendance de l'Amérique du Sud, le Pérou fut la dernière des possessions espagnoles à se révolter. En 1820, le général San Martin entra dans le pays, à la tête d'une armée recrutée dans le Chili et à Buenos-Ayres, et obligea les Espagnols à se retirer dans l'intérieur. Le 28 juillet 1821, il proclama l'indépendance du Pérou. Les Espagnols, après une lutte acharnée, furent finalement défaits par le général Sucre, à la tête d'une armée, à la mémorable bataille d'Ayacucho, le 9 décembre 1824. En janvier 1826, ils furent chassés de Callao, leur dernière place forte sur le territoire péruvien. L'histoire postérieure du pays est une série de révolutions et de guerres civiles, dans lesquelles tantôt un meneur, tantôt l'autre, s'empare du pouvoir. Bien que la charte d'indépendance eût aboli l'esclavage au Pérou, il y exista jusqu'à ce que Castilla eût affranchi les esclaves par sa proclamation de 1855. En 1864 et 1866, il y eut des hostilités avec l'Espagne. Le Pérou fut désolé en 1868, par un tremblement de terre désastreux, qui, avec l'énorme marée qui l'accompagna, détruisit plusieurs villes situées sur la côte, soit dans l'intérieur. — Il nous reste à parler de la guerre de 1879-83, qui a coûté si cher au Pérou. En vertu d'un traité négocié en 1874, la Bolivie avait accordé à des capitalistes chiliens le privilège d'exploiter les dépôts de nitrate d'Antofagasta, sur la lisière du désert d'Atacama, et l'un des trois ports boliviens francs de tout droit d'exportation. Mais au commencement de 1879, le gouvernement bolivien, inspiré sans doute par le Pérou, qui aurait eu un véritable monopole pour l'approvisionnement du monde entier, si les dépôts de nitrate n'eussent existé en Bolivie, le gouvernement bolivien, disons-nous, établit des taxes sur les mines d'Antofagasta. Aussitôt, le Chili envoya des troupes et des navires pour protéger la propriété de ses nationaux. Le 6 février, la Bolivie et le Pérou signèrent un traité défensif et secret, et au commencement de mars, le président Daza, de Bolivie, appela le peuple aux armes, mit l'embargo sur les biens chiliens qu'il put atteindre, et envoya les propriétaires de ces biens dans leur pays. Les troupes chiliennes occupèrent Caracoles et Mejillones de Bolivie, s'emparèrent de Caracoles et de Mejillones de Bolivie, s'emparèrent de Caldera, près de laquelle se battirent une armée bolivienne, le 3 avril. Dans ces parages, les forces ennemies se trouvèrent séparées par des déserts impraticables, et le territoire, à cause de la discorde, fut abandonné aux troupes chiliennes. La lutte se poursuivit sur mer. En mai, la puissante marine chilienne bombarda Iquique et Pisagua, et brûla Mejillones du Pérou. Le blocus fut établi à Iquique ; mais l'amiral péruvien Grau, monté sur le

cuirassé Huascar, et accompagné du bélier Independencia, profita de l'absence d'une partie de la flotte de blocus, pour attaquer, le 21 mai, ce qui restait de cette flotte, savoir : la corvette en bois Esmeralda, le bateau-dépêches Covadonga et le transport Limari. Le Huascar, ayant sommé la corvette d'avoir à se rendre, reçut pour réponse une volée de coups de canon ; il se précipita sur elle, la perça de trois coups d'éperon. Elle coula rapidement, drapeau déployé, entraînant au fond de la mer 60 hommes sur 150 environ, qui composaient son équipage. Son commandant, le capitaine Arthur Pratt, se jeta, avec quelques-uns de ses compagnons, sur le pont du Huascar, et le couteau à la main, chercha à s'en emparer ; mais ces braves furent hachés par leurs ennemis, beaucoup plus nombreux. Pendant ce temps, la Covadonga soutenait une lutte contre l'Independencia, frégate cuirassée de 44 canons, construite à Londres, en 1865, et le plus beau navire de la flotte péruvienne. La Covadonga attira son adversaire sur un bas-fond, où la belle frégate toucha un rocher ; l'amiral Grau donna l'ordre de la brûler pour l'empêcher de tomber au pouvoir des Chiliens. La Covadonga et le Limari se réfugièrent à Antofagasta. Le Huascar, après avoir détruit plusieurs embarcations chiliennes, livra des combats indécis au cuirassé Blanco-Encalada, et à la corvette Magallanes. Pendant une autre croisière, qu'il fit en compagnie de la corvette Union, il captura deux vaisseaux marchands et le transport Rimac, ayant à son bord un régiment de cavalerie, des munitions de guerre pour les forces chiliennes à Antofagasta, et un chargement de charbon pour la flotte qui avait repris le blocus de Iquique. Le Huascar et l'Union ravagèrent ensuite la côte chilienne, et bombardèrent pendant cinq heures, le 23 août, les défenses d'Antofagasta, infligeant de grands dommages à la canonnière Abtao, qui s'y trouvait. La course triomphante de l'amiral Grau se termina le 8 octobre, en face de Méjillones de Bolivie, où, battant en retraite devant le Blanco-Encalada et une flotte de navires qui le pourchassaient au sud, il tomba sur l'Almirante-Cochrane qui arrivait par une autre direction. Les deux puissants navires chiliens étaient des vaisseaux frères construits à Hull, en 1874 et 1875, chacun de 2,200 tonneaux, longs de 210 pieds, protégés par des plaques de 9 pouces d'épaisseur et armés de six énormes canons à chaque batterie. Le Huascar était un monitor au vaisseau à tourelles, construit sur la Clyde, en 1865, long de 200 pieds, protégé par une cuirasse de 4 pouces et demi seulement, et portant 3 énormes canons Armstrong. Bien que les forces des Chiliens fussent de beaucoup supérieures, l'amiral Grau accepta courageusement le combat qui dura pendant deux heures et demie, et ce ne fut que lorsque le vaillant marin eut été tué ainsi que son premier et son second lieutenant, que le Huascar, terriblement haché et n'ayant plus que 86 hommes valides, sur 210 qui composaient au commencement de l'action, fut pris à l'abordage. Il était dans un telle situation, que les Péruviens pensèrent d'abord qu'il ne pouvait plus rendre aucun service ; néanmoins on parvint à le réparer et il prit part à une attaque sur Arica (Pérou), en février 1880. Le 1er septembre, les alliés avaient repris Calama ; mais leur revers en mer leur laissaient leur côte sans protection, et le 2 nov., la flotte chilienne débarqua à Pisagua (Pérou), une armée bien exercée de 11,000 hommes, qui s'emparèrent de la ville après un feu des plus vifs. Le 8 novembre, ces troupes prirent Tarapaca ; et le 19 novembre, une grande bataille se livra à Dolores, et se termina par la défaite des alliés qui y subirent des pertes énormes. Une autre bataille, livrée le 27 novembre, à Tarapaca, laissa les districts méridionaux du Pérou complètement entre les mains des Chiliens. Les Péruviens retournèrent à Arica, et les Boliviens se retirèrent dans l'intérieur des terres. Tel fut le mécontentement de la capitale péruvienne, que le président Prado, qui avait toujours devant les yeux le malheureux sort subi par ses deux prédécesseurs, crut prudent de s'embarquer à Callao, pour les États-Unis. Le secrétaire de la guerre, le général La Cotera, resta pendant quelques jours à la tête du gouvernement. Mais le 22 décembre, après une bataille dans les rues de Lima, le colonel Nicolas de Piérola, qui, pendant les années précédentes, s'était mis à la tête de plusieurs mouvements révolutionnaires, devint dictateur. En Bolivie, le président Daza fut déposé et remplacé par le général Camacho. Pendant ce temps, les Chiliens débarquèrent une armée au N. d'Arica (21 mars 1880), et occupèrent Los Angeles et Moguegua. Après plusieurs combats autour de Tacna, vers la fin de mai, Arica fut pris d'assaut par les Chiliens, le 7 juin, malgré une résistance obstinée. Les 2,000 hommes qui constituaient la garnison péruvienne, furent tués ou faits prisonniers, et le monitor *Manco-Capac* fut coulé dans la rade. Le blocus de Callao commença presque aussitôt, et les vainqueurs prirent leurs dispositions pour attaquer Lima. — Après la destruction complète de la marine péruvienne, la conquête des côtes ne fut plus qu'une question de temps. Le Chili surpassait les alliés dans ses ressources militaires, aussi bien que sous le rapport maritime. Depuis longtemps il se préparait à la guerre, tandis que le Pérou et la Bolivie avaient été pris à l'improviste; et que même le Pérou, dans un but d'économie, avait récemment réduit son armée. Les soldats chiliens, de sang mêlé indien et espagnol, sont forts, capables de discipline; beaucoup d'entre eux s'étaient aguerris pendant les rudes campagnes contre les Indiens de l'Araucanie. L'infanterie péruvienne appartient à la race des Incas; elle est extraordinairement rude à la fatigue, et des plus braves quand il s'agit de défendre une cause considérée comme sacrée. Les soldats boliviens appartiennent à la vigoureuse race des Indiens Aymaras. Les infanteries péruvienne et chilienne étaient également bien armées; la première, avec le fusil Martini-Peabody; la seconde, avec les fusils Gras, ou Comblain; quant aux Boliviens, ils ne possédaient que 1,500 fusils modernes. La cavalerie chilienne se compose de soldats expérimentés, bien montés et armés de fusils à répétition Winchester; la cavalerie péruvienne, beaucoup moins nombreuse et composée de nègres et de mulâtres, était pauvrement montée. Les canons péruviens, de la manufacture de Lima, restaient sans effet contre les Krupp et les Armstrong des Chiliens qui possédaient en outre des mitrailleuses Gatling et Nordenfeldt. Les États-Unis offrirent leur médiation en octobre 1880. Cette proposition fut d'abord acceptée, et les plénipotentiaires se réunirent le 22 octobre. Les représentants chiliens demandèrent la cession de la province bolivienne d'Atacama et de la province péruvienne de Tarapaca au S. de la rivière Camarones, avec le paiement d'une indemnité de guerre de 100 millions de fr., et l'abrogation du traité défensif de 1873. Les alliés repoussèrent cette demande d'annexion, et offrirent de soumettre la question à un arbitrage des États-Unis. Le Chili ayant refusé l'arbitrage, les négociations prirent fin. Une force expéditionnaire de 30,000 hommes fut organisée pour attaquer la capitale péruvienne. Le premier détachement débarqua à Pisco, le 19 novembre. Le commandant chilien était le général Baquemado. C'est à peine si l'armée péruvienne comptait 2,000 hommes. Nicolas de Piérola appela aux armes tous les citoyens valides et réunit une enthousiaste armée de défense. Des terrassements furent élevés à la hâte

long d'une ligne, sur la lisière du désert, au S. de la ville et une ligne de fortifications fut formée à 6 milles de Lima. La division chilienne qui avait débarqué à Pisco, sous les ordres du capitaine Lynch, rejoignit le reste de l'armée à Curayaco. Après avoir traversé le désert pendant la nuit, les Chiliens attaquèrent la ligne péruvienne le 13 janv. 1881. La gauche péruvienne, attaquée la première, resta maîtresse du terrain; mais l'aile droite, prise en flanc par les réserves chiliennes, abandonna ses positions. Les Péruviens se retirèrent à Chorrillos et sur les hauteurs de Morro-Solar, où ils opposèrent une vaillante résistance à leurs ennemis; mais, écrasés par l'artillerie des Chiliens, ils durent battre en retraite; un grand nombre de soldats se rendirent; des renforts arrivés trop tard furent repoussés. Cette bataille de Chorrillos coûta 4,000 tués aux Péruviens et 2,000 tués ou blessés aux Chiliens. Les ministres d'Angleterre, de France et de San-Salvador à Lima intervinrent le 15, dans l'espoir de prévenir une plus grande effusion de sang. Un armistice fut conclu, mais presque aussitôt rompu par suite d'un malentendu. Un engagement général eut lieu à Miraflores sur la seconde ligne de défense. Chacune des armées se composait de 12,000 à 13,000 hommes. L'héroïque résistance des recrues et des volontaires péruviens contre l'armée des vétérans du Chili et contre une formidable artillerie ne dura pas moins de 4 heures; mais il fallut se retirer après avoir perdu 2,000 tués. L'alcade de Lima capitula le 16 et les troupes chiliennes entrèrent dans cette ville le 17. Le Chili était donc maître de toute la côte du Pérou. Pierola, à la tête du gouvernement provisoire, voulut traiter de la paix; mais les Chiliens refusèrent de lui reconnaître les pouvoirs nécessaires pour conclure un traité. Le capitaine Patrick-Lynch fut nommé gouverneur militaire de Lima. Une réunion de citoyens donna au docteur Garcia Calderon le pouvoir d'organiser un gouvernement provisoire. Mais comme il agissait sous les auspices des Chiliens, il perdit de suite son influence et son autorité. Il voulut réunir l'ancien congrès; peu de membres répondirent à son appel et les autres refusèrent de s'associer au démembrement du Pérou. Le congrès fut dissous le 23 août 1881. Calderon, encouragé à la résistance, par des vagues promesses du ministre des États-Unis, fut arrêté par les Chiliens le 28 sept. 1881. Le 28 juillet de la même année, Piérola avait déjà convoqué une assemblée nationale à Ayacucho. Il résigna la dictature et fut élu président provisoire. L'amiral Montero, qui avait été nommé vice-président sous Calderon, prit en main la direction des affaires lorsque Piérola eut abdiqué la présidence le 28 nov. En août 1882, Montero se retira à Arequipa où il forma un gouvernement. Il essaya de réorganiser une armée dans l'espoir d'obtenir des conditions de paix moins rigoureuses. Presque tout le pays était occupé par les forces chiliennes qui l'opprimaient et le désolaient. Dans l'intérieur, le général Caceres commandait encore une petite armée péruvienne, tandis qu'au nord. les patriotes obéissaient au général Iglesias. En juillet 1882, Caceres prit l'offensive et repoussa les Chiliens de Xauxa. Quelques-uns de ses bataillons occupèrent les districts des

Andes. La garnison chilienne de Concepcion fut mise en pièces le 9 juillet 1882 et les envahisseurs se retirèrent en brûlant ou pillant tout le territoire qu'ils abandonnaient. Le 22 juillet, les Péruviens traversèrent les montagnes et attaquèrent la garnison de San-Bartofomeo, sur le chemin de fer, à environ 80 kil. de Lima. Les Chiliens battirent en retraite et reportèrent leurs lignes en arrière jusqu'à Chosica, à 40 kil. seulement de la capitale. En août, Caceres, ayant complètement délivré les districts des Andes, établit son quartier général à Tarma. Dans le N. du Pérou, la ville de Caxamarca fut occupée par les Chiliens; mais, en sept. 1882, ceux-ci furent forcés de se retirer jusqu'à la côte. La médiation des gouvernements américains et européens amena le traité du 20 oct. 1883, dont les principales conditions furent : cession absolue de Tarapaca ; le sort d'Arica et de Tacna doit être décidé par un plébiscite après dix ans d'occupation ; la nation qui sera dépossédée devra recevoir 50 millions de fr. d'indemnité de la nation qui en aura acquis la propriété; le Chili doit payer aux actionnaires péruviens la moitié des produits nets du guano exploité dans les dépôts, aujourd'hui connus, sur le territoire cédé; tous dépôts découverts ultérieurement appartiendront exclusivement au Chili; les intérêts privés dans les dépôts de nitrate doivent être respectés par le Chili; cette puissance doit donner au Pérou la moitié des produits nets du guano des îles Lobos. Le général Michel Iglesias, reconnu *de facto* président du Pérou, signa comme tel le traité du 20 oct. 1883, en vertu duquel il lui fut permis d'occuper Lima. L'évacuation du Pérou commença aussitôt. — MONNAIES. Système monétaire français établi par la loi du 31 janv. 1863; mais l'unité est la pièce de 5 fr. appelée *soleil* — 10 deniers. — POIDS ET MESURES, comme en Espagne. — BIBLIOGR. A. Chérot, *Le Pérou, productions, commerce*, etc. (Paris, 1876); E. Grandidier, *Voyages dans l'Amérique du Sud, Pérou et Bolivie* (Paris, 1863); comte d'Ursel, *Amérique du Sud* (Paris, 1879); Charles Wiener, *Pérou et Bolivie* (Paris, 1880); *Sinopsis estadistica i jeografica de Chile*, 1883 (Santiago de Chile, 1884); Luis-E. Albertini, *Le Pérou en 1878* (Paris, 1878); Prescott, *History of the conquest of Peru*; Markham, *Travels in Peru*; Squiers, *Peru* (1877); Clements R. Markham, *The war between Peru and Chili* (New-York, 1883).

PÉROUSE (La). Voy. LA PÉROUSE.

PÉROUSE (ital. *Perugia*). I, province de l'Italie centrale, appelée aussi Ombrie ; autrefois délégation des États du pape ; 9,633

Pérouse.

kil. carr.; 549,601 hab. Elle est traversée par les éperons des Apennins et par le Tibre, et contient des plaines fertiles. Elle produit des grains, du vin, des fruits, de l'huile de la soie et du bois. On y fabrique surtout des étoffes de coton, de laine, et de soie. Le lac de Pérouse ou de Trasimène (lat. *Thrasymenus*; ital. *Trasimeno*), à 12 kil. O. de la ville de Pérouse, a 15 kil. de long, 11 de large et 10 m. de profondeur; il contient les trois îles de Polvese, Maggiore et Minore. C'est près de là qu'Annibal remporta une de ses grandes victoires, en 217 av. J.-C. — II, ville fortifiée (anc. *Perusia*), capitale de la province, sur le Tibre, à 140 kil. N. de Rome; 16,708 hab. Les églises les plus importantes, outre la cathédrale, sont celles de San Francesco et de San Domenico. Pérouse a une université fondée en 1307, avec de nombreuses collections et une académie des beaux-arts. La nécropole de Pérouse, découverte en 1840, contenait de remarquables restes étrusques. Fabriques d'eau-de-vie, de liqueurs, de soie et de lainages. — Pérouse fut une des cités les plus puissantes de l'Etrurie; elle ne se soumit à Rome qu'après plusieurs guerres. Antonine, dans sa lutte avec Octave, fut contraint d'y capituler après un siège désespéré (40 av. J.-C.). La ville fut brûlée; mais elle fut promptement réparée, et elle devint à la fin une ville municipale libre. La querelle des Guelfes et des Gibelins, amena pour Pérouse de grandes calamités, et en 1416, le condottiere Forte Braccio fit de cette ville la capitale de sa principauté. En 1520, le pape Léon X y établit solidement le pouvoir papal. En 1859, ses habitants se révoltèrent contre le gouvernement du pape qui les traita avec une rigueur excessive, et elle fut annexée aux Etats de Victor-Emmanuel.

PEROXYDATION s. f. (préf. *per*; fr. *oxydation*). Action de peroxyder.

* **PEROXYDE** s. m. [pèr-'o-ksi-de]. Nom donné par les chimistes modernes aux oxydes qui contiennent la plus grande quantité possible d'oxygène : *peroxyde de fer, de manganèse*, etc. — (PEROXYDE D'ANTIMOINE. (Voy. ANTIMONIQUE (Acide).

PEROXYDER v. a. Oxyder au plus haut degré possible.

* **PERPENDICULAIRE** adj. Qui se dirige sur une ligne, sur un plan, de manière à former avec cette ligne, avec ce plan, deux angles droits : *tirer une ligne perpendiculaire*. — ÉCRITURE PERPENDICULAIRE, écriture dans laquelle les caractères sont dirigés en haut en bas ou en haut : *l'écriture des Chinois et des japonais est perpendiculaire*.—Vertical : *ligne perpendiculaire*. — s. f. TIRER UNE PERPENDICULAIRE, ÉLEVER UNE PERPENDICULAIRE, ABAISSER UNE PERPENDICULAIRE, tirer, élever, abaisser une ligne perpendiculaire.

* **PERPENDICULAIREMENT** adv. En situation perpendiculaire : *une ligne qui tombe perpendiculairement sur une autre*.

* **PERPENDICULARITÉ** s. f. Etat de ce qui est perpendiculaire.

* **PERPENDICULE** s. m. Didact. Ligne verticale et perpendiculaire qui, tombant à plomb du sommet d'un objet élevé, sert pour en mesurer la hauteur ou pour en régler la verticalité. (Peu us.)

* **PERPÉTRATION** s. f. (lat. *perpetratio*). Achèvement, accomplissement. Ne s'emploie guère que dans cette locution, PERPÉTRATION D'UN CRIME.

* **PERPÉTRER** v. a. Faire, commettre. N'est usité qu'en termes de Jurispr. et en parlant de crimes : *perpétrer un crime*. (Vieux.)

PERPÉTUALITÉ s. f. Caractère de ce qui est perpétuel.

* **PERPÉTUATION** s. f. Didact. Action qui perpétue, ou l'effet, le résultat de cette action : *la perpétuation des espèces*.

PERPÉTUE (Sainte). Voy. FÉLICITÉ.

* **PERPÉTUEL, ELLE** adj. (lat. *perpetuus*). Qui ne cesse point, qui dure toujours : *rente annuelle et perpétuelle*. — NEIGES PERPÉTUELLES, neiges qui ne fondent jamais. — Hortic. ROSES PERPÉTUELLES, FRAISES PERPÉTUELLES, roses, fraises qui fleurissent et fructifient pendant la bonne saison. — Phys. MOUVEMENT PERPÉTUEL, mouvement, qui, une fois excité, se continuerait toujours de lui-même, sans altération, et sans jamais exiger un renouvellement de force motrice : *le mouvement perpétuel est une chimère impossible à réaliser*. — Fig. et fam. C'EST LE MOUVEMENT PERPÉTUEL, se dit d'une personne qui est toujours en mouvement, qui ne peut rester en place. — CHERCHER LE MOUVEMENT PERPÉTUEL, chercher la solution d'une question insoluble. — Se dit aussi de certaines choses qui durent toute la vie d'un homme : *être condamné aux bannissement perpétuel, aux galères perpétuelles*. — Se dit en ce sens de certaines charges, de certaines dignités dont on est pourvu pour toute la vie; à la différence de celles qu'on ne possède que pour un temps limité : *cette dignité n'était pas triennale, il la rendit perpétuel*. — Continuel : *son emploi lui donne un travail perpétuel, une occupation perpétuelle*. — Fréquent, habituel : *ce sont des vicissitudes perpétuelles*. — Diplom. ALLIANCE PERPÉTUELLE, alliance dont la durée n'est point déterminée; par opposition à celle qui est conclue pour un temps fixe.

* **PERPÉTUELLEMENT** adv. Sans cesse, sans discontinuation; ou, par exag., habituellement, fréquemment : *on y entend perpétuellement du bruit*.

* **PERPÉTUER** v. a. Rendre perpétuel, faire durer sans cesse ou longtemps : *c'est la génération qui perpétue les espèces*. — Se perpétuer v. pr. *Les espèces se perpétuent par la génération*. — SE PERPÉTUER DANS UNE CHARGE, trouver le moyen de se maintenir toujours dans une charge, qu'on ne devait posséder que pour un temps.

* **PERPÉTUITÉ** s. f. Durée sans interruption, sans discontinuation : *il allègue pour sa défense l'ancienneté et la perpétuité de la possession*. — A perpétuité loc. adv. Pour toujours : *créer une rente rachetable à perpétuité*.

PERPIGNAN, *Perpinianum*, ch.-l. du dép. des Pyrénées-Orientales, sur la Têt et la Basse, à environ 9 kil. de la Méditerranée, à 890 kil. S.-E. de Paris, par 42° 42' 2'' lat N. et 0° 33' 33'' long. E.; 25,000 hab. Cette ville commande l'entrée de la France au S.-E. en venant de l'Espagne par les Pyrénées, par des fortifications redoutables. Le plus grand nombre des édifices publics date de la période espagnole et la ville présente un aspect mauresque des plus pittoresques. Fabriques de lainages, de dentelles, de cuirs, etc.; grand commerce de vins rouges, d'eau-de-vie, d'huile, de soie et de laine. Perpignan appartint à l'Aragon ainsi que le Roussillon; mais les Français s'en emparèrent en 1475. Rendue à l'Espagne, elle fut de nouveau conquise en 1642, et assurée définitivement à la France en 1659.

* **PERPLEXE** adj. [pèr-plè-kse] (lat. *perplexus*; du préf. *per* et de *plexus*, plié). Qui est dans une grande inquiétude, dans une irrésolution pénible sur ce qu'il doit faire : *cela me rend perplexe*. — Se dit aussi de ce qui cause de la perplexité, de l'irrésolution : *situation perplexe*.

* **PERPLEXITÉ** s. f. [pèr-plè-ksi-té]. Irrésolution fâcheuse, incertitude, embarras où se trouve une personne qui ne sait quel parti prendre : *il est dans une grande perplexité, en grande perplexité*.

PERQUISITEUR s. m. (lat. *perquisitor*; de

perquirere, parcourir en cherchant). Celui qui fait des perquisitions.

* **PERQUISITION** s. f. (lat. *perquisitio*). Recherche exacte que l'on fait de quelque chose, de quelque personne : *après une longue perquisition, j'ai trouvé le livre dont j'avais besoin*. — Législ. « Lorsque, sur un effet de commerce, l'indication du domicile du souscripteur ou tiré est reconnue fausse, l'huissier doit faire des recherches partout où il peut être renseigné sur le vrai domicile, et il doit faire précéder le protêt d'un procès-verbal ou *acte de perquisition* (C. comm. 173). En matière criminelle, la *perquisition* est la recherche faite au domicile du prévenu ou dans tous autres lieux, dans le but de découvrir les indices du crime ou du délit, et tous objets utiles à la manifestation de la vérité. Cette recherche peut être faite, dans les cas de flagrant délit, soit par le procureur de la République, soit par les juges de paix, soit par les officiers de gendarmerie ou les commissaires de police. En toutes circonstances, les perquisitions peuvent être exercées par le juge d'instruction ou par un officier de police délégué par mandat spécial. Si l'instruction porte sur un crime de faux, de fabrication de fausse monnaie ou de contrefaçon du sceau de l'Etat, les présidents des cours d'assises, les procureurs généraux ou leurs substituts, les juges d'instruction et les juges de paix sont autorisés par la loi à continuer les perquisitions commencées hors de leur ressort (C. inst. crim. 36, 49 et s., 87 et s., 464). »   (CH. Y.)

PERRACHE. I. (Michel), sculpteur, né à Lyon en 1686, mort en 1750. Il exécuta dans sa ville natale un grand nombre de travaux. — II. (Antoine-Michel), né à Lyon en 1726, mort en 1779, fils du précédent. Il conçut en 1765 le projet d'agrandir la ville de Lyon en y réunissant une île voisine au moyen d'une chaussée. Cette chaussée porte le nom de Perrache ainsi que le nouveau quartier formé sur cette île réunie à Lyon.

PERRAUD (Jean-Joseph), sculpteur, né à Monay (Jura) en 1821, mort à Paris le 3 nov. 1876. Elève de Claude Ramey et de A. Dumont; obtint le grand prix de Rome en 1847; membre de l'Institut en 1865. Ses œuvres principales sont : l'*Enfance de Bacchus*; *Adam* (un homme luttant contre la difficulté : statue actuellement à Fontainebleau), le *Désespoir* (au musée du Luxembourg) : un des groupes qui ornent la façade de l'Opéra; le *Drame lyrique*; les *Adieux*, bas-relief, acquis par l'Etat au Salon de 1877, « morceau rare et digne de passer pour antique ».

PERRAULT (Charles) [pé-rau], écrivain français, né à Paris, le 12 janv. 1628, mort le 16 mai 1703. Il fit rapidement son chemin dans l'administration des finances, grâce, en grande partie, à l'influence de Colbert, et devint surintendant des bâtiments royaux. Reçu à l'Académie en 1674, il y introduisit des réformes considérables. Ses œuvres comprennent : *Siècle de Louis le Grand* (1687), *Parallèle des anciens et des modernes* (1688-'93, 4 vol.), et *Hommes illustres du siècle de Louis XIV* (1696-1701). Ses *Contes de fées*, qui parurent entre 1670 et 1702 (nouvelle éd. 1876, 2 vol.), ont été traduits en plusieurs langues. Ce sont des chefs-d'œuvre que lisent encore les petits et les grands enfants. Rien de comparable, en ce genre, au *Petit Chaperon rouge*, à *Barbe bleue*, au *Chat botté*, à *Cendrillon*, au *Petit Poucet*, à *Riquet à la Houpe*, etc. — Son frère aîné, **Claude**, né à Paris en 1613, mort en 1688), fut un médecin ordinaire et un architecte tout à fait supérieur. On lui doit le plan du nouveau Louvre et celui de l'Observatoire; il a composé plusieurs ouvrages d'architecture : *Dix livres de Vitruve* (Paris, 1673, in-fol.); *Cinq espèces de colonnes* (Paris, 1683, in-fol.).

PERRENOT (Antoine). Voy. Granvelle.

PERRETTE (Boîte à), caisse secrète d'une association; pécule qui a une origine suspecte ou mystérieuse.

PERREUX, ch.-l. de cant., arr. et à 4 kil. E. de Roanne (Loire); 800 hab.

PERRIN-DANDIN s. m. (de *Perrin Dandin*, personnage de la comédie les *Plaideurs* de Racine). Juge ignorant, avide, ridicule, ou qui veut toujours juger.

PERRON s. m. (corrupt. de *pierron*). Construction extérieure qui est formée de plusieurs marches et d'une plate-forme, et qui sert à établir une communication directe entre deux sols de différentes hauteurs : *ce perron communique du premier étage au jardin*.

PERRON (Anquetil du). Voy. Anquetil-Du-perron.

PERRON (Pierre Cuellier, dit), officier, né à Château-du-Loir (Sarthe) vers 1755, mort à Fresnes (Loir-et-Cher) en 1843. Après diverses aventures, il débarqua dans l'Inde et s'engagea dans les troupes du mahratte de Pouna; il avança rapidement en grade, s'empara d'Alighur et devint le véritable maître des anciennes provinces centrales de l'empire mongol. Une grande armée anglaise ayant envahi les Etats mahrattes (1803), Perron s'embarqua pour la France avec une immense fortune. Ses filles redorèrent les blasons des familles Montesquiou et La Rochefoucauld.

PERRONE (Giovanni) [pèr-ro'-né] théologien italien, né en 1794. Il entra dans la société de Jésus à Rome en 1815 et fut nommé professeur de théologie au collège de Rome en 1823. Il joua un rôle prépondérant dans les discussions préliminaires à la promulgation de la bulle définissant le dogme de l'Immaculée Conception (1854) et se fit également remarquer au Concile du Vatican. Parmi plus de 60 ouvrages qu'il a publiés, les plus importants sont : *Prælectiones theologicæ* (1835, 9 vol.; abrégé, 4 vol.); *Synopsis historiæ theologicæ cum Philosophia comparatæ* (1843); *De Immaculato B.-V. Mariæ Conceptu : an dogmatico Decreto definiri possit* (1847); *Il Protestantismo e la regola de Fede* (1853, 3 vol.)., de *De Divinitate D. N. Jesu Christi* (1870).

PERRONET (Jean-Rodolphe), ingénieur né à Suresnes en 1708, mort à Paris en 1794. Il a construit le grand égout de Paris, le pont de Neuilly, le canal de Bourgogne, etc., et a fondé l'école des ponts et chaussées.

PERRONNÉE adj. f. Blas. Se dit d'une croix alésée dont les quatre bras se terminent par une pièce ayant l'aspect de deux ou trois marches d'escalier superposées.

PERROQUET s. m. (esp. *perico*, petit Pierre). Ornith. Famille d'oiseaux grimpeurs, à bec gros, dur, arrondi de toute part; à langue épaisse, charnue et arrondie; à larynx inférieur garni de chaque côté de trois muscles qui donnent à l'animal une certaine facilité à imiter la voix humaine; à quatre doigts opposés deux à deux; à port lourd; à démarche lente, pénible, accompagnée d'un balancement du corps. Les perroquets apprennent facilement à parler.

> Deux perroquets, l'un père et l'autre fils,
> Du rôt d'un roi faisaient leur ordinaire :
> Deux demi-dieux, l'un fils et l'autre père,
> De ces oiseaux faisaient leurs favoris.
> La Fontaine.

— Baton de perroquet, bâton établi sur un plateau de bois, et garni de distance en distance d'échelons sur lesquels cet oiseau monte et descend à sa fantaisie. — Cette maison est un baton de perroquet, se dit d'une maison de plusieurs étages, dont chacun n'a qu'une chambre. — De la soupe a perroquet, du pain trempé dans du vin. — Parler comme un perroquet, ne parler que de mémoire, et sans savoir ce qu'on dit. On dit, fig., dans le même

sens, C'est un perroquet, ce n'est qu'un perroquet. — Mar. Mât, vergue et voile qui se gréent au-dessus d'un mât de hune : *mât de perroquet*, ou simpl., *perroquet*. — Etouffer un perroquet, boire un verre d'absinthe. — Encycl. On donne le nom général de perroquets aux psittacés, famille d'oiseaux scansores ou grimpeurs, remarquables par l'élégance de leurs formes, l'éclat de leur plumage, leur docilité et leur facilité à imiter la voix humaine. Ces oiseaux n'habitent que les parties chaudes de l'Amérique, de l'Asie, de l'Afrique et de l'Australie, et en général l'hémisphère méridional; leur nourriture consiste en fruits pulpeux et durs, surtout en fruits à noyaux ou à graines dures. On voit ordinairement les perroquets en grandes troupes; ils sont pleins d'activité, bruyants et querelleurs, détruisent la végétation, et sont nuisibles et malfaisants à l'état sauvage comme en captivité; ils sont monogames, et bâtissent leurs nids surtout dans les arbres creux. Ils grimpent en s'aidant de leur bec et de leurs pieds. La famille des psittacés se divise en deux grands groupes, savoir : 1° perroquets a longue queue étagée, comprenant les genres *ara* et *perruche* (conurus, Kuhl); 2° perroquets a queue courte, comprenant les genres *cacatoès*, *lory* et *psittacule*. (Voy. chacun de ces mots). On donne le nom de perroquets proprement dits aux perroquets à queue courte dont la tête est dépourvue de huppe et dont le bec bombé avec les bords dentés est variable pour la forme et la grosseur. Suivant la couleur de leur plumage et la grandeur de leur taille, *les perroquets proprement dits (psittacus)* se subdivisent en six groupes : 1° *perroquet gris* ou *jaco (psittacus*

Perroquet gris (Psittacus erythacus).

erythacus), à bec noir, à plumage dans lequel domine le gris; oiseau d'Afrique, à queue rouge vermillon, très recherché parce qu'il l'emporte sur toutes les autres espèces pour sa facilité à apprendre à parler; 2° *amazone*, à plumage vert(*psittacus amazonicus*); oiseau qui apprend facilement à parler. (Voy. Amazone.) — Econ. dom. Les perroquets ne multiplient pas en captivité; ils se nourrissent de toutes sortes d'aliments, mais ils recherchent surtout le chènevis, le millet, la graine de carthame, etc. La viande leur cause des maladies de peau et des démangeaisons qui les excitent à s'arracher les plumes. Le persil et les amandes amères sont des poisons pour eux. Tous les perroquets aiment à se baigner et l'on doit tenir à leur disposition de l'eau très propre. En liberté, on leur donne habituellement un perchoir. Ils sont sujets au rhume, que l'on combat par le vin sucré. Leur éducation demande du temps et de la patience. Vers le soir, à une heure réglée, après avoir donné à l'élève une croûte trempée dans du vin, on couvre sa cage avec un morceau d'étoffe et on répète plusieurs fois la phrase qu'on

veut lui apprendre. Le perroquet demande à être corrigé par son maître quand il devient méchant ou trop criard.

PERROS-GUIREC, ch.-l. de cant., arr. et à 40 kil. N. de Lannion (Côtes-du-Nord); 900 hab. Petit port de relâche. — Pêche, exportation de froment, maquereaux salés; construction de navires. Curieuse église du XIIe siècle. Environs pittoresques.

PERRUCHE s. f. [pè-ru-che]. Groupe de psittacés, comprenant un grand nombre de petits perroquets généralement remarquables par leurs couleurs brillantes et recherchées pour leurs formes gracieuses, pour leur docilité et pour la douceur de leur naturel. — Femelle du perroquet. — Encycl. Les *perruches (conurus)* composent avec les aras la division des perroquets à queue longue et étagée; mais elles diffèrent des aras par un bec moins gros et moins crochu. Ce groupe comprend 5 sous-groupes : 1° perruches aras, dont le tour de l'œil est nu. La perruche ara pavouane (conurus Guyanensis) a le plumage vert, le dessus de la tête et le front bleus, le dessous de la queue jaune; la *perruche ara versicolore (conurus versicolor)* offre un bec et une tête rouges, avec une bande bleue sur la joue et le reste du plumage vert; c'est un oiseau de la Nouvelle-Hollande. La seule espèce qu'on ait indigène aux Etats-Unis est la *perruche de la Caroline (conurus Carolinensis*, Kuhl), longue d'environ 35 centim.; la couleur générale est verte à reflets bleus, plus claire en dessous; la partie antérieure de la

Perruche de la Caroline (Conurus Carolinensis).

tête et des joues est d'un rouge brillant, le reste de la tête et du cou est d'un jaune gomme-gutte; le bord des ailes est jaune teinté de rouge; les ailes même sont variées de vert bleuâtre, de jaune verdâtre et de rouge brun; deux des plumes du milieu de la queue sont d'un vert foncé, les autres d'un rouge brun, les cuisses sont jaunes. On trouve au N. cette espèce aussi loin que le lac Ontario, quoiqu'elle soit principalement confinée aujourd'hui dans les états du S. et du S.-O., allant à l'O. jusqu'au Missouri; 2° perruches a queue en flèche, dont le tour de l'œil emplumé, les deux pennes du milieu de la queue plus longues que les autres; l'espèce principale est la *perruche d'Alexandre (conurus Alexandri)* à plumage vert, à collier rose sur la nuque, à demi-collier noir sous la gorge, à taches rouge brun sur l'aile; elle est des Indes Orientales et de Ceylan; *perruche à collier (conurus torquatus)* à plumage vert, à collier comme la précédente, sans tache sur l'aile (Sénégal, Inde, Bengale); 3° perruches a queue élargie vers le bout; *perruche de Pennant (conurus Pennantii)*, rouge en dessous, avec la gorge et les épaules azur (Nouvelle-Galles du Sud); *perruche érythroptère (conurus erythropterus)*, à plumage vert et croupion bleu (Nouvelle-Hollande); 4° perruches ordinaires ayant le tour de l'œil emplumé et la queue également étagée. Espèces principales : *perruche guarouba* (*conurus guaruba*), à plumage jaune et rémiges d'un noir bleuâtre (Brésil) ; *perruche couronnée* (*conurus aureus*) dont le dessus de la tête est d'un jaune orangé, vif (Brésil) ; 5° PERRUCHES A QUEUE CARRÉE dont les pennes du milieu s'allongent, mais la partie allongée n'a de barbes qu'au bout. Espèce unique : *perruche à palettes* (*conurus setarius*), à plumage vert, avec l'occiput cramoisi et azuré, les épaules bleues, le manteau-orange de Timor. — On donne

Perruche à crête (Nymphicus Novæ Hollandiæ) : *a*, tête, avec la crête érigée ; *b*, queue étalée.

aussi vulgairement le nom de perruches aux oiseaux de la sous-famille des pézopores. Dans le genre *nymphicus* (Wagl.), originaire d'Australie, on distingue la *perruche à crête* (*Nymphicus Novæ Hollandiæ*, Wagl.), qui a une forme élégante ; sa couleur est grise, avec les côtés et le sommet de la tête d'un jaune brillant, et une belle crête jaune semblable à celle du vanneau ; ce sont des oiseaux migrateurs ; ils se rassemblent parfois en grandes troupes et se tiennent beaucoup à terre, ramassant les graines ; ils nichent dans les trous des eucalyptus, au voisinage de l'eau, et pondent cinq ou six œufs. Les perruches à large queue (*platycercus*, Vig.) d'Australie, de Nouvelle-Zélande et de Papouasie, sont très élégantes, gracieuses et vives, moins habiles à voler et à grimper, mais plus actives à terre. On les y voit d'ordinaire en bandes, et ils font quelquefois beaucoup de ravages dans le maïs

Inséparables (psittaculus pullarius).

et le froment nouvellement semé ou presque mûr. Parmi les plus beaux oiseaux de cette sous-famille, il faut citer les perruches à collier (*palæcornis*, Vig.), remarquables par l'élégance de leurs formes, leur docilité et leur instinct d'imitation ; la plupart des espèces de ce genre se trouvent dans l'Inde et son archipel ; on les reconnaît par la bande qui leur entoure le cou comme un collier. La perruche alexandrine (*P. Alexandri*, Vig.) est ainsi nommée parce qu'on suppose qu'elle

fut introduite en Europe par Alexandre le Grand ; elle a environ 15 pouces de long, est verte en dessus, plus pâle ou jaunâtre en dessous, et a le bec rougeâtre. Elles étaient bien connues des Grecs et des Romains qui les gardaient dans des cages luxueusement ornées. — On donne encore le nom de perruches à plusieurs espèces de psittacules, particulièrement aux *inséparables* ou psittacules *à tête rouge* (*psittaculus*

Tronc d'arbre creusé pour nid de perruche.

pullarius), joli petit oiseau dont la taille ne dépasse guère celle d'un moineau. Son corps est d'un vert jaune, son croupion bleu. Ces oiseaux se trouvent au Brésil et en Guinée. On les appelle aussi *moineaux de Guinée*. Ils n'apprennent point à parler ; leurs mœurs sont douces et ils ne se rendent pas désagréables par leurs cris. Le mâle et la femelle se perchent l'un à côté de l'autre d'une manière

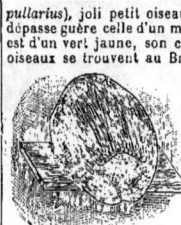

Coquille de noix de coco pour nid de perruche.

très serrée. Ils se font de grandes caresses et lorsque l'un des deux vient à mourir, le survivant devient triste et meurt même quelquefois. — Les perruches vivent très bien en captivité comme les perroquets. Elles aiment à se réfugier en temps en temps dans des nids qu'on leur a préparés à cet effet.

PERRUQUE s. f. [pè-ru-ke]. Coiffure de faux cheveux : *perruque blonde, noire, brune, grise, blanche*. — TÊTE A PERRUQUE, tête de bois sur laquelle on pose et l'on accommode des perruques. — Fig. et fam. Vieillard de peu d'esprit, et qui tient opiniâtrement à d'anciens préjugés.

PERRUQUER v. a. Poser et accommoder une perruque.

PERRUQUIER s. m. Celui fait des perruques, qui coiffe et rase : *bon perruquier*. On appelle PERRUQUIÈRE, la femme d'un perruquier.

PERRUQUIÈRE s. f. Femme d'un perruquier.

PERS, ERSE adj. De couleur entre le vert et le bleu : *Minerve aux yeux pers ; chaperon couleur perse*.

PER SALTUM [pèr-sal-tomm], expression latine, qui signifie : *Par saut*. On l'emploie, en droit canonique, en parlant de ceux qui sont admis à un ordre supérieur sans avoir reçu l'intermédiaire ; par exemple, de celui qui serait admis à la prêtrise, sans avoir reçu le diaconat.

PERSAN, ANE s. et adj. De la Perse ; qui appartient à ce pays ou à ses habitants.

PERSANO (Carlo PELION, *comte*), amiral italien, né à Vercelli le 11 mars 1806, mort à Turin le 28 juillet 1883. Entré dans la marine sarde en 1824, il parcourut rapidement l'échelle des grades, devint vice-amiral et membre du parlement en 1860, amiral et ministre de la marine en 1862 et commandant en chef de la flotte italienne en 1866. A la tête de 34 navires de guerre (dont 12 cuirassés), il essaya, le 20 juillet, de s'emparer de l'île de Lissa (voy. ce nom) ; mais il fut vaincu par l'amiral autrichien Tegetthoff, qui comman-

dait une armée navale inférieure en nombre. On reprocha à Persano d'avoir, au début de l'action, quitté le vaisseau amiral *il Ré d'Italia* pour porter son pavillon sur l'*Affondatore*, cuirassé dont il annihila ainsi l'emploi. Accusé de toutes parts, il fut arrêté et jugé par le sénat, qui le déclara coupable de négligence, d'incapacité et de désobéissance, et le condamna à la destitution, à la perte du titre d'amiral et aux frais du procès (15 avril 1867).

PERSE s. f. Sorte de toile peinte qui vient de Perse : *un meuble, une tenture, une robe de perse*.

PERSE [pers., *Iran*], pays de l'Asie occidentale, s'étendant de la Turquie jusqu'à l'Afghanistan et le Bélouchistan à l'E., et de la mer Caspienne au golfe Persique et au golfe d'Oman au S., entre 25° 30' et 39° 50' lat. N. et entre 41° et 60° long. E. Sa plus grande longueur du N.-O. au S.-E. est 1,900 kil., et sa plus grande largeur de 1,300 kil. ; 1,647,070 kil. carr. Les principales provinces sont : Ghilan, Mazanderan et Astrabad au N. entre les monts Elburz et la mer Caspienne ; Azerbijan, au N.-O. ; Irak-Ajemi (anc. *Media*) au S. des provinces précédentes ; elle comprend une partie du Kurdistan, et est elle-même divisée en provinces plus petites, parmi lesquelles on remarque Kermanshah, Hamadan, Ispahan et Téhéran, Luristan, Khuzistan (anc. *Susiane*), Farsistan (anc. *Persis*), Laristan et Moghistan, sur le golfe Persique ; Kerman (anc. *Caramanie*), qui touche au Bélouchistan ; le Khorasan, au N.-E., qui comprend un quart de la superficie de la Perse moderne ; et Yezd dans la partie centrale du royaume. — La Perse forme, pour la plus grande partie, un plateau élevé et montagneux de 1,000 à 2,000 m. au-dessus du niveau de la mer, bordé de tous côtés, excepté à l'E., par de hautes chaînes montagneuses ; les plus remarquables sont la chaîne des Elburz, au N., où le mont Demavend atteint une hauteur de plus de 4,000 m. (suivant les calculs récents, de plus de 5,500). Les monts Elburz ont pour ramifications les monts Sahund dans l'Azerbijan, et la chaîne des Zagros, qui sépare l'ancienne Assyrie de la Médie. Les chaînes principales envoient d'ailleurs de tous côtés une multitude de contreforts et de ramifications qui couvrent la Perse d'une sorte de filet dont les mailles sont formées de lignes de collines rocheuses. Des déserts de sel occupent les deux tiers sans doute du plateau iranien. Le plus étendu est le grand désert salé, au centre du pays, de 600 kil. de long sur 450 kil. de large. Partout ailleurs, le sol est bon et fertile lorsqu'il est bien arrosé. L'aridité du climat et l'absence d'irrigation artificielle donnent au pays en général une couleur brune et un aspect monotone et nu ; mais, partout où il y a de l'humidité, la terre est d'une fécondité extrême. Le littoral de la Caspienne, sur une profondeur de 15 à 80 kil. et la plaine d'une largeur à peu près égale, qui s'étend le long du golfe Persique, forment les terres basses de la Perse au N. et au S., et il y a entre elles un frappant contraste. Dans les premières, le pays est abondamment pourvu d'eau, le climat est chaud et humide, et la végétation est presque tropicale ; le Deshtistan, ou région chaude du S., est un désert de sable brûlant, parsemé de loin en loin de bouquets de verdure. Le littoral présente un développement de près de 1,200 kil. sur le golfe Persique et le golfe d'Oman, et de 400 kil. sur la mer Caspienne. Le principal port du golfe est Bushire. Les ports de la Caspienne sont Enzeli et Meshedi Sar. Il y a à peine un cours d'eau navigable dans toute la Perse. Au N. l'Aras (Araxe) sépare l'Azerbijan de la Transcaucasie, et à l'E. de la mer Caspienne, l'Atrek sépare l'Astrabad et le Khorasan de Khiva. Le plus grand cours d'eau de la région de la Caspienne est le Sefîd-rud, et dans le bassin du Tigre, le Karun et la Kerkha. Un caractère frappant de la topographie de la Perse est le nombre des lacs salés, dont le plus grand est le lac Urumiah dans l'Azerbijan. On ne sait relativement que peu de chose de la géologie de la Perse. Le plateau de l'Azerbijan est volcanique, et il y a des traces visibles d'action volcanique dans la chaîne des Elburg. Le sol du grand désert salé est une argile dure, recouverte d'une efflorescence saline. La Perse méridionale semble s'être graduellement exhaussée depuis la période préhistorique. Les produits minéraux comprennent : le fer, le cuivre, le plomb, l'antimoine, le sel, le soufre, le marbre et la houille. On trouve du bitume et du naphte dans différentes parties du royaume. La principale pierre précieuse qu'on y rencontre est la turquoise, que donnent, dans le Korasan, des mines exploitées depuis des siècles. Le climat de la Caspienne et des côtes est caractérisé par une chaleur relative, tandis qu'on connaît le grand plateau intérieur sous le nom de Sirhud, ou région froide. L'hiver y dure de décembre au milieu de février; la chute des neiges est toujours considérable, et il y règne des froids rigoureux. D'un autre côté, la chaleur en été y est intense; cependant les voyageurs européens représentent le climat du plateau comme véritablement délicieux au printemps et en automne. A Téhéran, en juillet, la température s'élève jusqu'à 36° à l'intérieur des maisons pendant la journée. Le pays est généralement très sain, à l'exception des côtes basses de la Caspienne, où la fièvre règne. Il ne tombe que peu d'eau. En 1867, il y eut à Téhéran 49 jours de neige ou de pluie pendant les six premiers mois, et 34 jours sur ces 49 n'eurent que quelques gouttes ou de légères averses. Le second semestre est généralement plus sec encore que le premier. Les arbres sont très rares dans la plus grande partie de la Perse; mais les pentes des montagnes des provinces caspiennes sont couvertes de bois de charpente d'une grande valeur. Les oliviers prospèrent dans les vallées, et dans les basses terres, les figues, les raisins et les grenades croissent spontanément au milieu des mimosas et des chênes. Les mûriers abondent dans les environs de la Caspienne. Les arbres fruitiers bien arrosés et les fleurs de jardin, dans le voisinage des grandes cités, présentent l'aspect le plus riche et le plus varié de la flore de la Perse. Les céréales principales sont : le riz, le froment, l'orge et le maïs. Le coton y suffit aux besoins de l'intérieur; il vient bien dans les provinces de la mer Caspienne, où l'on récolte aussi une quantité considérable de cannes à sucre. La vigne réussit en plusieurs endroits, et les grappes servent à faire des raisins secs aussi bien que du vin. On mange beaucoup de dattes. Le tabac de Shiraz est fameux dans toute la Perse, et le même district donne de grandes quantités d'opium. La culture des champs de roses pour la fabrication de l'eau de rose est une branche spéciale et importante de l'agriculture persane. Au point de vue de la zoologie, le pays se divise en trois régions : 1° les pays boisés des provinces caspiennes et de la Perse occidentale, où la faune est surtout européenne et comprend les animaux de l'Europe méridionale avec quelques additions, telles que le tigre sur le littoral et plusieurs espèces d'oiseaux; 2° le grand plateau où les animaux du désert, telles que la gazelle et l'âne sauvage, se trouvent mêlés aux types paléarctiques comme le chat sauvage, le loup et l'ours de Syrie; 3° la Perse méridionale, où dominent les types du désert et de la faune hindoue. Dans cette dernière région, on sait peu de chose de l'herpétologie, ou vie des insectes,

du pays. Les rivières contiennent peu de poisson. — Après la grande famine de 1871, on évalua la population de la Perse à 5 millions d'hab. environ, dont 1 million de citadins, 1,500,000 nomades et 2,500,000 villageois; on donne cependant quelquefois des chiffres plus élevés. Les cités principales sont : Téhéran, capitale actuelle; Tabriz, capitale de l'Azerbijan; Meshed, dans le Khorasan, l'une des plus révérées parmi les cités saintes des Mahométans; Ispahan, la plus grandiose des villes de la Perse; Shiraz, l'une des plus jolies, comme constructions; Hamadan, l'ancienne Ecbatane; Yezd, dans la province du même nom; Kermanshah, renommée pour ses fabriques de tapis; Lar et Kerman dans le S.; Shuster, sur la rivière Karun; Resht et Balfrush, près de la mer Caspienne; et Bushire, sur le golfe Persique. Les tribus nomades sont connues sous le nom d'Iliyats ou d'Eeliauts. (Voy. ILIYATS.) Elles pratiquent la monogamie. Les habitants des villes appartiennent à une race mixte, greffée sur la souche des anciens Perses. Ils sont en général industrieux, gais, polis, sociables, d'un esprit vif, mais menteurs et rusés. Les marchands sont nombreux, et beaucoup d'entre eux sont fort riches. Le corps des prêtres y est aussi nombreux, riche et puissant; mais les mollahs ou prêtres ordinaires ont une mauvaise réputation. Les propriétaires de biens fonds en Perse, louent d'ordinaire leurs terres à des tenanciers qui en partagent les produits avec eux. Les paysans ont à souffrir de l'oppression de leurs gouvernants, mais ils semblent être assez heureux et satisfaits. Ils montrent beaucoup d'activité et d'intelligence, et sont bienveillants et hospitaliers; leurs maisons sont confortables et propres; en général, les habitants se nourrissent et s'habillent bien. Les femmes persanes des hautes classes sont souvent d'une grande beauté. Les hommes ont rarement plus d'une épouse, et la condition des femmes paraît être bonne. L'état présent des villes de Perse ne justifie pas leur réputation de richesse et de splendeur. Les murailles des villes sont d'ordinaire en briques séchées au soleil et en boue mêlée de paille; il en est de même de la plupart des maisons qui sont basses, à toit plat, irrégulièrement bâties et sans fenêtres sur la rue. A Téhéran et dans d'autres villes, cependant, les plus belles maisons et quelques bazars sont bâtis en pierre ou en briques cuites et décorées de tuiles. La plupart des mosquées sont petites et surmontées de dômes; beaucoup ont des ornements en tuiles vernies. Les bazars de premier ordre sont hauts, spacieux, et comptent parmi les monuments les plus dignes d'attention des villes de Perse. Dans presque toutes ces villes, on voit des jardins plantés d'arbres fruitiers et forestiers, qui rompent la monotonie. Aucune rue n'est pavée, et il n'y en a guère où deux voitures puissent passer de front. Les habitations sont généralement confortables; celles des personnes riches sont souvent de grande dimension et contiennent des appartements beaux et commodes. La religion dominante en Perse est le mahométisme chiite. Ce culte a supplanté celui de Zoroastre au VIIe siècle. La foi philosophique connue sous le nom de soufisme a peut-être 300,000 sectateurs qui croient à une divinité qui pénètre tout et dans l'essence de qui le genre humain sera finalement absorbé. Les parsis ou guèbres, comme on les appelle en Perse, ne sont pas plus de 7,000, et les persécutions religieuses font disparaître rapidement leur secte. On estime les juifs à 16,000; les chrétiens nestoriens et arméniens sont au nombre à peu près égal et forment une partie considérable de la population. — Le commerce de la Perse avec l'étranger est relativement petit. Elle envoie dans l'Inde des chevaux, des fruits secs et

de la droguerie; en Turquie, des moutons et des tissus de laine et de coton; en Russie, des tissus de coton et des grains. On exporte aussi de l'opium, du tabac et des noix de galle. La soie a été longtemps le produit le plus important et la branche de fabrication la plus considérable de la Perse; mais cette industrie a depuis quelques années grandement décliné. On fabrique encore et l'on exporte des tapis, dont les plus beaux se font à Kermandash; des châles, à Kerman; des brocards d'or et d'argent, des cotons imprimés, des armes à feu, des épées, des poignards et différents genres de coutellerie, à Ispahan. Depuis le déclin de l'industrie de la soie, on estime les exportations à 22,500,000 fr., contre 32,500,000 fr. d'importations. Le manque de bonnes routes est un obstacle à tout accroissement de prospérité commerciale. Une des lignes télégraphiques de l'Angleterre dans l'Inde, traverse la Perse du N. au S., passant par Téhéran, Ispahan, Shiraz et Bushire. — L'instruction, limitée à la lecture et à l'écriture, est très répandue en Perse, et toutes les grandes villes ont des écoles. Les mollahs ou prêtres enseignent dans les villages. Il y a dans les cités principales, des collèges, où se donne ce qui constitue l'instruction supérieure en Perse. Le seul journal est un journal officiel du gouvernement qui paraît toutes les semaines et est intitulé Gazette de Téhéran. — Le gouvernement est un despotisme non mitigé. Le monarque, appelé shah, n'est soumis au contrôle d'aucune institution constitutionnelle. Les gouverneurs de province et les fonctionnaires supérieurs, dans leurs juridictions respectives, sont maîtres absolus. Ce despotisme et le manque de sécurité qui en résulte pour la vie et les propriétés des habitants, retardent les progrès du pays, malgré l'intelligence et l'esprit d'entreprise de la population. Chaque province paie les dépenses de son gouvernement, et, en outre, une redevance fixe au shah. Les revenus de l'empire montent à environ 50 millions de fr. et les dépenses publiques sont en moyenne de 45 millions de fr.; de sorte que l'administration est économe; il n'y a pas de dette publique. La justice civile est rendue par les mollahs ou prêtres; les causes criminelles relèvent des tribunaux dont les juges sont nommés par l'État. L'armée a été dernièrement réorganisée et améliorée; mais, bien qu'elle soit nominalement forte de 200,000 hommes, elle ne pourrait guère probablement mettre en ligne plus de 20,000 soldats. — Les légendes orientales attribuent la fondation de la monarchie aux Kaiomurs, dont la dynastie comprend Jemshid et se termine à la chute d'Afrasiab renversé par le héros Rustem. Des recherches récentes faites par des érudits européens sur l'histoire authentique de la Perse, montrent qu'à une période éloignée une grande migration aryenne venant d'au delà de l'Indus, entra en Perse et en Médie, et s'y maintint pendant quelques siècles, jusque vers 650 av. J.-C. Une monarchie aryenne s'établit dans la Perse propre, un siècle environ avant Cyrus, jusqu'à l'époque duquel les souverains de cette monarchie entretinrent avec la Médie des relations de vassal à suzerain. Cyrus affranchit la Perse de la suprématie mède; il fut, vers 558 av. J.-C., reconnu comme souverain des Mèdes et des Perses réunis, et fonda un grand empire dont la religion dominante était le culte de Zoroastre. Son fils Cambyse (529-522) annexa l'Égypte. L'usurpateur Gomates occupa ensuite le trône pendant huit mois, après quoi Darius, fils d'Hystaspe, fut fait roi. Darius, pendant un règne de 36 ans, agrandit considérablement l'empire, qu'il divisa en 20 satrapies; mais en essayant de subjuguer les Grecs, ses troupes furent complètement mises en déroute à Marathon en 490. Quatre ans après, son fils Xerxès lui succéda. Celui-ci renouvela l'invasion de la Grèce, mais il perdit sa flotte et son armée, qui étaient immenses, à Salamine, à Platée et à Mycale, et il fut assassiné en 465. Les plus importants de ses successeurs furent Artaxercès I, Artaxercès II, et Darius Codoman avec lequel la dynastie prit fin (330), la Perse étant soumise par Alexandre le Grand, après les batailles du Granique, d'Issus et d'Arbelles. Dans le partage de l'empire d'Alexandre, la Perse fut comprise dans le royaume syrien des Séleucides. Vers 248, les Parthes se soulevèrent sous Arsace et fondèrent un grand empire avec d'anciennes possessions perses (Voy. PARTHIE.) En 226 de notre ère, Artaxercès, ou Ardeshir, prétendant descendre de l'ancienne famille royale de Cyrus, renversa et mit à mort le dernier des Arsacides, et fonda la dynastie néo-perse des Sassanides. Son fils Sapor battit et fit prisonnier l'empereur romain Valérien. Sapor II battit Julien (363). Les plus grands règnes furent ceux de Chosroès I (531-579) et de Chosroès II (590-628). Yezdegerd III fut vaincu par les Arabes mahométans à Cadesia en 636, et dans les plaines de Nehavend en 641 ; dès lors il mena une vie errante et fugitive jusqu'à sa mort en 651, et le peuple, cédant à la persuasion du sabre, embrassa le mahométisme ; un petit nombre seulement vinrent rester fidèle à l'ancienne foi de la Perse. (Voy. GUÈBRES.) Pendant les deux siècles suivants, la Perse fut sous la domination des califes. Mais en 868, un aventurier, nommé Soffar, chassa les vice-rois du calife et fonda la dynastie des Soffarites, qui conserva une autorité précaire jusqu'au commencement du xe siècle. A cette époque, la Perse fut divisée entre les familles de Samani et de Dilami, dont la première régna sur la Perse orientale et l'Afghanistan, la seconde sur le reste du pays. Au xie siècle, la Perse fut conquise par les Seldjoucides, et gouvernée par Togrul Beg, Alp Arslan et Malek Shah. Les Mongols l'envahirent et s'en emparèrent en 4258, et Tamerlan fit de même vers la fin du xive siècle. Sous les successeurs de Tamerlan, la guerre civile fut presque continuelle, jusqu'à ce que, au commencement du xvie siècle, Ismaïl, descendant du cheik Suffi, se rendit maître du royaume et fonda la dynastie suffavéenne. Abbas Shah, qui monta sur le trône vers 1587, fut le grand souverain de cette dynastie. Elle fut renversée par les Afghans, qui s'emparèrent de la Perse en 1722, et la gardèrent jusqu'à leur expulsion par le célèbre Nadir Shah, qui monta sur le trône en 1736. Une série de révolutions suivit sa mort en 1747, jusque vers la fin du siècle, lorsque Aga Mohammed, le premier de la dynastie régnante des Kadjars, devint shah. Il a eu pour successeurs Feth-Ali (1797-1834), Mohammed (1835-'48) et le shah actuel, Nasr ed-Din, qui monta sur le trône en 1848, à l'âge de 18 ans. Sous cette dynastie, la Perse a eu à soutenir avec la Russie deux guerres (1813-1828), qui lui ont fait perdre de grandes étendues de territoire au N.-E., et une guerre avec l'Angleterre (1856-'57), dans laquelle elle fut vaincue par les généraux Outram et Havelock. — MONNAIES. On compte en thomau (11 fr. 50) = 50 abassis = 100 schabis. — Langue et littérature de la Perse. La langue persane appartient au groupe iranien des langues indo-européennes. Les langues primitives de la Perse sont traitées dans l'article IRANIENNES (Races et Langues). Le langage cultivé de nos jours s'appelle deri « langage de cour », pour le distinguer de l'idiome populaire. Le dialecte en usage à Shiraz, à Ispahan et dans les environs, est celui qui se rapproche le plus de la langue cultivée. Le persan s'écrit toujours avec l'alphabet arabe, auquel, cependant, on ajoute quatre signes

pour exprimer les sons p, tch, zh et g ; de l'autre côté, il y a dans l'alphabet arabe huit ou neuf signes inutiles au persan, qui ne se présentent, sauf des cas très rares, que dans les mots arabes, et qui se prononcent, comme les autres lettres d'ailleurs, sans l'intonation particulière à la langue arabe. L'alphabet parlé peut se dresser ainsi : voyelles : a, e, i, o, u, de prononciations variées, et représentées par trois caractères seulement ; consonnes : gutturales, k, kh, g, g, gh; palatales, tch, j; labiales, p, f, b, m; semi-voyelles, y, r, l, v; sibilantes, s, sh, z, zh; aspirée, h. L'alphabet parsi lui est presque absolument identique, et celui du huzvaresh ne présente aucune différence digne qu'on s'y arrête. Le persan, comme l'anglais en ce point, n'a point de genre artificiel ou grammatical. Il est encore plus pauvre que l'anglais pour faire la distinction des genres dans les pronoms, et il n'a pas d'article. Le persan moderne est tellement mélangé d'arabe que personne ne peut aujourd'hui devenir vraiment versé dans cette langue sans avoir appris l'arabe tout d'abord. — LITTÉRATURE. On traitera des littératures des dialectes persans anciens, l'avestan, le huzvaresh et le parsi, littératures fort maigre d'ailleurs, à l'article ZEND-AVESTA. Nous ne parlerons donc ici que de la littérature persane moderne. Bien que des noms et des fragments de poèmes d'une date antérieure aient échappé à l'oubli, c'est sous Mahmoud de Ghuzni, le premier conquérant musulman de l'Inde, que la littérature nationale se lança réellement dans sa nouvelle carrière. C'est à sa prière que Firdousi (mort en 1020) composa son poème immortel, le shah Nameh. Aucun autre poème persan ne jouit d'une aussi grande réputation. Parmi les poètes épiques en même temps romantiques, le plus fameux est Nizami qui florissait un siècle et demi après Firdousi. La Quinquiade, collection de ses cinq meilleurs romans, est devenue le modèle d'un grand nombre de collections analogues dans des temps plus récents. Enveri ou Anveri, le premier, sans contestation, de tous les auteurs de panégyriques, vivait à Balkh vers 1150 et Khakani est plus jeune d'une génération. L'un et l'autre sont remarquables pour leur érudition, aussi bien que pour la fécondité de leur fantaisie et l'élégance de leur style. Le plus vieux poète soufi de haute célébrité est Zenayi (mort en 1180) ; ses œuvres furent éclipsées par les productions encore plus estimées de Ferid ed-Din Attar, qui, né vers 1120, vécut plus d'un siècle. Parmi ses ouvrages, les plus estimés sont le « Livre des Conseils » (Pend Nameh) ; « le langage des oiseaux » (Mantik et-tair), et « les Essences de la Substance » (Jevahir Nameh). Mais Attar lui-même fut dépassé par son jeune contemporain, Jelal ed-Din Rumi (mort vers 1262), fondateur de l'ordre le plus répandu des religieux musulmans, le Mevlevi, et auteur du Mesnevi, le grand oracle du soufiisme, et, après le Shah Nameh, la plus généralement connue et la plus appréciée en Orient, de toutes les productions de la littérature orientale. Le poète qui fit plus que tous les autres pour la renommée de la poésie persane en Occident est Saadi, qui mourut en 1291, âgé de plus de 100 ans. C'est au plus haut degré un poète moral et didactique ; ses deux meilleurs ouvrages, le « Verger » (Bostan) et le « Parterre » (Gulistan), ont été traduits dans presque toutes les langues de l'Europe. Le plus grand des poètes lyriques est Hafiz, de Shiraz (mort vers 1390), qui donna à la poésie persane son plus sublime essor. Il n'y a rien qu'un autre grand nom dont on puisse se glorifier après Hafiz ; c'est celui de Jami (mort en 1492). C'est peut-être le plus estimé des poètes romanciers, bien qu'il ait écrit aussi des ouvrages en prose d'un grand mé-

rite, entre autres une histoire des soufis. Après la poésie vient, par ordre d'importance dans la littérature persane, l'histoire. Pour ce qui est de l'histoire primitive et traditionnelle de la Perse même, les écrivains récents n'ont ajouté que peu de choses à ce qui est rapporté dans le Shah Nameh. Le Mujmil et-tevarikh, par un auteur inconnu, est aussi un ouvrage important. Les ouvrages écrits par les successeurs de Firdousi, comme continuation de son œuvre, ne sont encore qu'incomplètement connus; plusieurs d'entre eux, le Gershasp Nameh, le Sam Nameh, le Barzu Nameh, le Jehangir Nameh, le Banu Sushasp Nameh et le Bahman Nameh, n'ont été étudiés que partiellement. Une légion d'histoires plus récents, à partir du milieu du xiiie siècle environ, se sont occupés de l'histoire de Perse et des temps moins reculés, spécialement de celle de Genghis Khan et de ses descendants et successeurs. Parmi les noms principaux sont ceux de Reshid ed-Din (né en 1247), de Vassaf (même époque) et de Sherif ed-Din, l'historien de Tamerlan. Dans des temps plus rapprochés, Mirkhond (mort en 1498), auteur d'une histoire universelle, et son fils Khoudemir, sont les plus distingués. La littérature persane est aussi très riche en littérature récréative ou amusante. Les Anvari Soheili, qui sont une paraphrase persane des fables de Bidpay (B. Pilpaï), le Nagaristan de Tuvaini de la « Galerie de tableaux » (1360), le Bakhtiyar Nameh et le Tuti Nameh méritent une mention spéciale. Au xviiie siècle, Ferie Ghafer Khan paraphrasa les légendes de Hatim ben Obaid ben Said, qui avec celles du bandit et ménéstrel Kourroglou, forment une des plus riches collections de contes de fées orientaux. Khéyam, poète moderne, fut aussi un mathématicien fameux. On a récemment traduit des ouvrages européens célèbres. Pour la théologie et la jurisprudence musulmanes, les Persans s'en rapportent surtout aux autorités arabes. La même chose est vraie, dans une grande mesure, pour la philosophie et les sciences exactes; mais un grand nombre des ouvrages scientifiques les plus estimés de la littérature arabe sont dus à des auteurs persans. — BIBLIOGR. Ch. de Molon, De la Perse, Études sur la géographie, le commerce, la politique, l'industrie, l'administration, etc. (Versailles, 1873); J. Thomson, la Perse, sa population, ses revenus, son armée, etc. (Paris, 1869); et, dans le Bulletin de la Société de géographie (juillet 1869).

PERSE (Aulus-Persius-Flaccus), poète satirique latin, né à Volaterræ (Étrurie) en 34 ap. J.-C., mort l'an 62. Il était fils d'un chevalier romain. Stoïcien ardent et pratique, il a exprimé dans ses satires les doctrines de son école. Son style, lourd et obscur, cache une grande élévation de pensées et de généreux sentiments. Il n'a laissé que six satires, dont les plus remarquables sont : celle Contre les mauvais auteurs et celle Contre les vœux criminels et insensés des hommes. Les principales éditions de Perse sont celles de Casaubon (Paris, 1605); de Passaw (Leipzig, 1809); d'Orelli (Zurich, 1833). Traduct. franç. en prose, par Lemonnier (Paris, 1771, 1 vol. in-8°); en vers, par A. Théry (Paris, 1827, in-12); par Fabvre (1847) et par J. Lacroix (1846, in-8°).

* **PERSÉCUTANT, ANTE** adj. (rad. persécuter). Qui se rend incommode par ses importunités : c'est l'homme du monde le plus persécutant.

* **PERSÉCUTER** v. a. (lat. persequi). Vexer, inquiéter, tourmenter par des voies injustes par des poursuites violentes : persécuter la gens de bien. — Fig. et au sens moral : sei remords le persécutent. — Importuner, presser avec importunité, se rendre incommode : c'est un homme qui me persécute continuellement.

* **PERSÉCUTEUR, TRICE** s. (lat. persecutor). Celui, celle qui persécute : Néron fut un des

exag. Homme pressant, incommode, importun : il ne me quitte point, c'est mon persécuteur éternel. — Adjectiv. Cet homme est animé d'un zèle persécuteur.

* **PERSÉCUTION** s. f. (lat. persecutio). Vexation, poursuite injuste et violente : l'Evangile dit : « Heureux ceux qui souffrent persécution pour la justice ! » — LA PERSÉCUTION DE NÉRON, DE DIOCLÉTIEN, etc., celle que les chrétiens ont soufferte sous Néron, sous Dioclétien, etc. On compte dix persécutions, savoir : 1° persécution de Néron (64-68). L'empereur ayant fait mettre le feu à Rome accusa les chrétiens de cet incendie et en fit massacrer une multitude ; les uns, enveloppés dans des peaux de bêtes fauves furent égorgés et dévorés par des chiens ; d'autres périrent sur la croix ou sur le bûcher, etc. ; 2° persécution de Domitien (95) ; 3° de Trajan (106) ; 4° de Marc-Aurèle (166-77) ; 5° de Septime-Sévère (199-204) ; 6° de Maxime (235-38) ; 7° de Dèce (250-52) ; 8° de Valérien (258-60) ; 9° d'Aurélien (275) ; 10° de Dioclétien, qui prohiba le culte chrétien, (303-13). — Par exag. Importunité continuelle dont on se trouve fatigué : il est tous les jours à me presser, c'est une persécution perpétuelle, c'est une persécution.

* **PERSÉE** s. m. Astron. Nom d'une constellation de l'hémisphère boréal.

PERSÉE, héros grec légendaire, fils de Jupiter et de Danaé. Acrisius d'Argos, père de Danaé, ayant été averti que le fils de sa fille causerait sa mort, ordonna de jeter la mère et l'enfant à la mer dans un coffre. Le coffre flotta jusqu'à l'île de Sériphos où Persée fut élevé par le roi Polydecte, lequel, épris de Danaé, et voulant se débarrasser de son fils, l'envoya conquérir la tête de la Gorgone Méduse. Persée s'en empara avec l'aide de Minerve et d'autres divinités, délivra Andromède qu'il épousa, et, à son retour, arracha sa mère à la violence de Polydecte en changeant celui-ci en pierre, à la puissance de la tête de la Gorgone. Il alla ensuite à Argos, tua par accident Acrisius d'un coup de disque et échangea le gouvernement d'Argos pour celui de Tiryns. Il fit présent de la tête de la Gorgone à Minerve qui la plaça sur son bouclier.

PERSÉE, ou Perses, dernier roi de Macédoine, fils de Philippe V, régna de 179 à 168 av. J.-C. Il ratifia le traité conclu par son père avec les Romains, tout en se préparant secrètement à la guerre. Le sénat le déclara ennemi de la république (172), et envoya le consul P. Licinius Crassus pour envahir ses domaines. La guerre dura quatre ans, généralement avec des résultats défavorables aux Romains ; mais, le 22 juin 168, Persée essuya une défaite complète près de Pydna devant le consul L. Æmilius Paulus. Il échappa ; mais il se livra ensuite et mourut en exil.

PERSÉPHONE. Voy. PROSERPINE.

PERSÉPOLIS [per-sé-po-liss] (pers. Istakhr), l'une des plus anciennes capitales de la Perse. Elle était bâtie dans une vaste plaine aujourd'hui appelée Merdasht, à 59 kil. N.-E. de Shiraz, près du confluent du Medus et de l'Araxe (auj. le Pulvar et le Bendamir). Les restes appelés d'ordinaire les ruines de Persépolis ne sont que celles de grands palais situés à une distance considérable de la cité. Ce qu'il y a de plus remarquable dans ces ruines, c'est une plate-forme de 1,500 pieds de long sur 936 de large, soutenue de trois côtés par des murailles, et appuyée de l'autre à des collines. Des trois terrasses qui composent cette plate-forme, celle du centre a plus de 40 pieds de haut et de 770 pieds de façade. Un escalier large de plus de 20 pieds y conduit. Cette grande terrasse centrale porte encore un grand nombre des restes de bâtiments qui s'y élevaient autrefois. On a reconnu les ruines de quatre des palais pour

ceux de Cyrus ou de Cambyse, de Darius, de Xerxès, et d'Artaxerxes Ochus. Persépolis prit la place de Pasargades, la plus ancienne capitale de la Perse propre, à partir des temps de Darius, fils d'Hystaspe. Alexandre le Grand la détruisit en 331 av. J.-C., et après Antiochus Épiphane, elle disparaît de l'histoire.

PERSÉPOLITAIN, AINE s. et adj. De Persépolis ; qui appartient à cette ville ou à ses habitants.

* **PERSÉVÉRAMMENT** adj. [-ra-man] (rad. persévérer). Avec persévérance : s'occuper persévéramment de son salut, de la recherche de la vérité. (Peu us.)

* **PERSÉVÉRANCE** s. f. (rad. persévérer). Qualité ou action de celui qui persévère : persévérance dans le travail. — Absol. Fermeté et constance dans la foi, dans la piété : le don de persévérance.

* **PERSÉVÉRANT, ANTE** adj. Qui persévère : il faut être persévérant dans le bien.

* **PERSÉVÉRER** v. n. (lat. perseverare). Persister, continuer de faire toujours une même chose, demeurer ferme et constant dans un sentiment, dans une résolution : persévérer dans l'étude, dans le travail.— Absol. Persister dans le bien : celui qui persévérera jusqu'à la fin sera sauvé. — JE PERSÉVÈRE, signifie quelquefois, je suis toujours du même avis. — Fig. SON MAL PERSÉVÈRE, il résiste aux remèdes.

PERSIANI (Fanny), cantatrice italienne, née en 1818, morte en 1867. Elle était fille du chanteur Tacahimardi et femme du compositeur Persiani. Elle fut la principale cantatrice soprano de l'opéra italien, à Paris, de 1838 à 1850.

* **PERSICAIRE** s. f. (lat. persicus, pêche, à cause de ses feuilles). Bot. Plante du genre renouée à fleurs roses ou blanches, qui croît ordinairement dans les lieux humides, et qu'on emploie pour l'ornement des jardins.

* **PERSICOT** s. m. (rad. lat. persica, pêcher). Liqueur spiritueuse faite avec de l'esprit de vin, des noyaux de pêche, et autres ingrédients.

* **PERSIENNE** s. f. (corrupt. de persan; sousent. fenêtre). Nom qu'on donne à ces sortes de jalousies ou châssis de bois, qui s'ouvrent en dehors des fenêtres, comme des contrevents ; et sur lesquels sont assemblées à égales distances des tringles de bois plates, disposées en abat-jour, qui rompent la lumière, et donnent entrée à l'air dans l'appartement : fermer, ouvrir les persiennes.

* **PERSIFLAGE** s. m. (rad. persifler). Discours de celui qui persifle : il s'est permis envers lui un indécent persiflage.

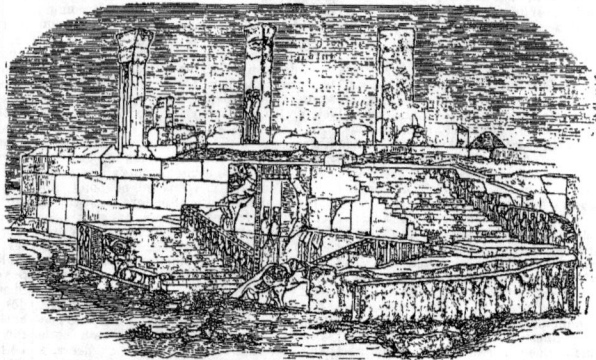

* **PERSIFLER** v. a. (préf. per; fr. siffler). Tourner quelqu'un en ridicule, en lui disant d'un air ingénu des choses flatteuses qu'il croit sincères : il a cruellement persiflé cet homme. — v. n. Parler avec ironie, avec moquerie : au lieu de penser de tout ce qu'il dit, il persifle sans cesse.

* **PERSIFLEUR** s. m. Celui qui persifle : c'est un persifleur, un misérable, un impitoyable persifleur.

PERSIGNY (Jean-Gilbert-Victor FIALIN, **duc de)**, homme politique, né à Saint-Germain-l'Espinasse (Loire), le 11 janv. 1808, mort à Nice le 13 janv. 1872. Son père, nommé Fialin, périt à la bataille de Salamanque et le futur duc de Persigny fut recueilli par un de ses oncles, qui lui fit obtenir une bourse à Limoges. Il s'engagea dans les hussards (1825), devint sous-officier au 4e régiment et fut mis en congé pour insubordination (4 oct. 1831). Il se rendit à Paris, où il vécut du journalisme. Abandonnant le parti légitimiste, il se tourna vers le bonapartisme auquel l'avenir semblait alors assuré. Vers 1833, il cessa de se servir de son nom patronymique de Fialin, pour prendre son titre héréditaire de vicomte de Persigny, que plusieurs générations avaient, dit-on, laissé tomber en désuétude. En 1834, il fonda L'Occident français, organe bonapartiste, devint l'intime ami de Louis-Napoléon, organisa le parti napoléonien et dirigea la tentative de Strasbourg (1836), aux conséquences de laquelle il échappa. En juillet 1840, il faisait partie de la suite du prince, lorsque celui-ci débarqua à Boulogne. Condamné à 20 ans de prison, il fut transféré à Versailles pour cause de santé, et y jouit d'une liberté relative. Lors de la révolution de 1848, Louis-Napoléon le prit pour aide de camp ; il fut élu à l'Assemblée législative en 1849, et il prit une part considérable au coup d'État du 2 déc. 1851, en s'emparant de la salle de l'Assemblée législative. En 1852, il épousa une petite-fille du maréchal Ney, et reçut le titre de comte avec une somme de 500,000 fr. Depuis janv. 1852 jusqu'en avril 1854, il fut ministre de l'intérieur ; ambassadeur en Angleterre de 1853 à 1858, et de 1859 à 1860. Il reprit alors le portefeuille de l'intérieur qu'il rendit en juin 1863, après l'échec subi par le ministère dans les élections. Le 13 sept., il fut créé duc. Au Sénat et dans la vie, il fit toujours une ardente propagande en faveur du bonapartisme. Il se retira de la vie

Escalier du palais de Xerxès à Persépolis.

politique en 1870, après la chute de l'empereur.

*PERSIL s. m. [pèr-si] (lat. *petroselinum*; du gr. *petros*, pierre; *kelinon*, ache). Bot. Genre d'ombellifères amminées, comprenant cinq ou six espèces d'herbes glabres, à feuilles décomposées, à fleurs blanches ou verdâtres, disposées en ombelles composées; l'espèce principale, commune en France, est très employée dans les usages culinaires. — Prov. et fig. GRÊLER SUR LE PERSIL, exercer son autorité, son pouvoir, ses talents, sa critique, etc. contre des gens faibles, ou dans des choses de nulle conséquence. — ENCYCL. Les espèces du genre persil sont ordinairement annuelles ou bisannuelles à feuilles alternes très découpées. Le persil cultivé (*petroselinum sativum*) est une herbe bisannuelle qui s'élève à environ 75 centim. de haut. Sa tige est anguleuse, rameuse; sa racine est conique, blanchâtre. Il croît spontanément dans tout le pourtour du bassin méditerranéen et on le cultive de temps immémorial dans les jardins. Quand on le froisse, il répand une odeur aromatique bien connue. Il a produit plusieurs variétés : 1° persil commun, type de l'espèce; 2° persil à grosses racines, cultivé à cause de ses racines dont la saveur ressemble à celle du céleri-rave; 3° persil de Naples; 4° persil frisé ou persil nain, remarquable par la beauté de ses feuilles et par sa lenteur à monter. — Le persil se cultive en tout terrain et se sème de février en août. Ses graines lèvent au bout d'environ 40 jours, ses fruits ne se développent que la seconde année. Pour conserver le persil, il faut avoir soin de couper les tiges avant la floraison. En cuisine, le persil entre dans la confection des sauces; le persil haché ou en branches se met autour de certains mets tels que le bœuf; on le fait quelquefois frire pour garniture.

*PERSILLADE s. f. [ll mll.]. Sorte de ragoût fait de tranches de bœuf froid avec du persil : *une bonne persillade.*

*PERSILLÉ, ÉE adj. [ll mll.]. N'est guère usité que dans cette locution, FROMAGE PERSILLÉ, fromage dont l'intérieur est parsemé de points ou taches verdâtres, comme si l'on y avait mis du persil haché.

PERSILLÈRE s. f. [ll mll.]. Vase rempli de terre et percé de trous à l'aide duquel on obtient du persil en toute saison.

*PERSIQUE adj. (lat. *persicus*; de Persis, Perse). Qui appartient à l'ancienne Perse. — Se dit d'un ordre d'architecture, dans lequel on substitue au fût de la colonne dorique, des figures de captifs qui portent l'entablement.

PERSIQUE (Golfe), partie de l'océan Indien entre la Perse et l'Arabie; longueur extrême : 550 kil.; largeur, de 65 à 400 kil.; 200,000 kil. carr. On y entre à travers le golfe d'Oman et le détroit d'Ormuz, lequel a environ 35 kil. de large. Il contient plusieurs îles, dont les plus importantes sont Kishm, Ormuz et les îles Bahrein ou Aval. Le seul fleuve considérable qui se jette dans le golfe est le Shat-el-Arab, formé de l'union de l'Euphrate et du Tigre. Les côtes du golfe Persique sont habitées presque exclusivement par les Arabes. Ce golfe est l'ancienne mer de Babylone.

*PERSISTANCE s. f. (rad. *persister*). Qualité de ce qui est persistant; action de persister.

*PERSISTANT, ANTE adj. Bot. Se dit du calice qui subsiste lorsque la fleur est flétrie, des feuilles qui ne tombent pas en automne, des stipules qui restent après la chute des feuilles : *calice persistant; feuilles persistantes.* — Se dit quelquefois d'une chose qui dure, qui résiste, d'une personne qui a de la persistance : *il se montra en cette occasion fort persistant.*

*PERSISTER v. n. (lat. *persistere*; de per

et de *stare*, se tenir). Demeurer ferme et arrêté dans son sentiment, dans ce qu'on a dit, dans ce qu'on a résolu : *il persiste dans son premier avis.* — Absol. JE PERSISTE, je suis toujours du même avis.

*PERSONNAGE s. m. (lat. *persona*). Personne. En ce sens, se dit principalement des hommes, et il comprend une certaine idée de grandeur, d'excellence : *les plus grands personnages de l'antiquité.* — S'emploie quelquefois comme terme de dénigrement; et alors sa signification est ordinairement déterminée par quelque épithète : *c'est un fort sot personnage.* — Personnes mises en action dans un ouvrage dramatique; et, en ce sens, il s'applique aux femmes comme aux hommes : *Tartufe est le personnage le plus profond qu'un poète comique ait pu concevoir.* — On dit de même, LES PERSONNAGES D'UN DIALOGUE. — Se dit quelquefois de ces mêmes personnes, par rapport aux comédiens qui les représentent : *elle fait, elle joue le personnage d'Andromaque.* — Par ext. Personne qui figure dans un poème narratif, dans un roman : *ce romancier a trop multiplié les personnages secondaires.* — Fig. Manière dont on se conduit, degré de considération qu'on a : *employant utilement une grande fortune dans cette ville, il y joue un beau personnage.*

Le papa vient : jouons un autre personnage.
COLLIN D'HARLEVILLE. Monsieur de Crac, sc. XIII.

— PERSONNAGE ALLÉGORIQUE, être métaphysique ou inanimé que la poésie ou la peinture personnifie : *la Renommée, dans l'Enéide, et la Mollesse, dans le Lutrin, sont des personnages allégoriques.* — TAPISSERIES A PERSONNAGES, tapisseries où il y a des figures d'hommes et de femmes, et des histoires représentées : *tapisseries à grands personnages, à petits personnages.*

PERSONNALISATION s. f. Action de personnaliser; être personnalisé.

PERSONNALISER v. a. Faire une personne fictive de...

PERSONNALISME s. m. (rad. *personalis*, personnel). Action de tout rapporter à soi.

*PERSONNALITÉ s. f. (rad. *personalis*, personnel). Didact. Ce qui appartient essentiellement à la personne, ce qui lui est propre, ce qui fait qu'elle est elle-même, et non pas une autre : *le sentiment de l'existence passée et actuelle, est ce qui nous avertit de notre personnalité.* — Caractère, qualité de ce qui est personnel : *dans cette affaire, dépouillons toute personnalité pour juger sainement.* — Défaut, vice d'une personne qui n'est occupée que d'elle-même : *cet homme est d'une personnalité odieuse, insupportable.* — Trait piquant, injurieux et personnel contre quelqu'un : *il y a dans cette critique beaucoup de personnalités.*

PERSONNAT s. m. Sorte de bénéfice dans une église cathédrale ou collégiale, qui donnait préséance sur les simples chanoines. (Vieux.)

*PERSONNE s. f. (lat. *persona*). Un homme ou une femme : *c'est une personne de mérite, d'esprit.*

Puis croyez aux discours de ces vieilles personnes
Qui trompent la jeunesse !...
FLORIAN.

— ACCEPTION DE PERSONNES, préférence qu'on donne à une personne plutôt qu'à une autre, inclination qu'on a à la favoriser : *il n'y a point d'acception de personnes devant Dieu.* — Personnage : *il était la seconde personne du royaume.* — Se dit quelquefois des femmes seulement, dans certaines phrases où cette acception est déterminée par le sens total : *c'est la plus belle personne, une des jolies personnes du monde.* — Homme ou femme, considérés en eux-mêmes, et abstraction faite de quelque circonstance extérieure : *peu de*

gens savent séparer la personne de son vêtement. — Précédé d'un adj. poss., se dit de la vie, du corps de celui qui parle, à qui l'on parle, ou dont on parle : *j'ai répondu de sa personne.* — JE NE RÉPONDS QUE DE MA PERSONNE, je ne réponds que de moi. — ON S'EST ASSURÉ DE SA PERSONNE, on l'a arrêté, on lui a donné des gardes. — PAYER DE SA PERSONNE, s'exposer au péril avec courage ; et, en général, s'acquitter parfaitement de son devoir : *ils ont bien payé de leur personne.* — AIMER SA PERSONNE, aimer ses aises, avoir grand soin de sa santé, de son corps, de son ajustement. On dit dans le même sens, AVOIR SOIN DE SA PERSONNE. — ÊTRE CONTENT DE SA PERSONNE, DE SA PETITE PERSONNE, être fort satisfait de soi-même. — CET HOMME EST BIEN FAIT DE SA PERSONNE, il a une belle taille, il est bien proportionné. — LA PERSONNE DU ROI : il n'y a : un ambassadeur représente la personne du roi dans le pays où il est envoyé.

Je suis mère, Créon; et, si j'aime son frère,
La personne du roi ne m'en est pas moins chère.
J. RACINE. La Thébaïde, acte Ier, sc. v.

— Théol. LES PERSONNES DIVINES, LES TROIS PERSONNES DIVINES, LES TROIS PERSONNES DE LA TRINITÉ, Dieu le Père, Dieu le Fils, et le Saint-Esprit : *la première, la seconde, la troisième personne de la Trinité.* — EN PERSONNE, EN PROPRE PERSONNE, moi-même, vous-même, lui-même. Ces expressions, dont on se sert pour donner plus de force à ce que l'on dit, ont toujours rapport au sujet du verbe qu'elles modifient : *j'espère que vous vous y rendrez en personne.* On dit de même, CE GÉNÉRAL SE PORTA DE SA PERSONNE EN TEL ENDROIT, il y alla lui-même. — EN SA PERSONNE, EN SA PROPRE PERSONNE, se disent dans le même sens, mais ont toujours rapport au régime du verbe : *c'est l'offenser en sa personne, en sa propre personne.* — Jurispr. PARLANT A SA PERSONNE, parlant à lui-même. Se dit aussi dans le langage ordinaire et fam. : *je le lui ai dit parlant à sa personne.* On dit encore, en termes de Procédure : SIGNIFIER A LA PERSONNE OU DOMICILE : *assigner une commune en la personne ou au domicile du maire.* On dit également dans le langage ordinaire, OFFENSER OUTRAGER QUELQU'UN EN LA PERSONNE D'UN AUTRE. — PERSONNE CIVILE, être moral qui, en raison de ses droits actifs ou passifs, a une existence civile. — Se dit aussi relativement à la conjugaison des verbes : *la première, la seconde, la troisième personne du singulier, du pluriel.* — LETTRE, BILLET A LA TROISIÈME PERSONNE, lettre, billet où celui qui écrit parle de lui-même à la troisième personne : *les billets de part sont ordinairement à la troisième personne : M... a l'honneur de vous faire part de...* — Nul, qui que ce soit. En ce sens, il est toujours masculin, toujours précédé ou suivi d'une expression négative, et on ne l'emploie jamais qu'au singulier : *personne ne sera assez hardi; il n'y a personne si peu instruit des affaires, qui ne sache... y a-t-il quelqu'un ici? Il n'y a personne, ou ellipt. Personne.* — IL N'Y A PLUS PERSONNE AU LOGIS, ou simpl., IL N'Y A PLUS PERSONNE, se dit de quelqu'un qui a perdu la tête. Cette dernière phrase se dit aussi quelquefois d'une personne qui vient de mourir. — Quelqu'un : *personne oserait-il nier? Y a-t-il personne d'assez hardi?*

*PERSONNÉE adj. (lat. *persona*, masque). Bot. Se dit des fleurs qui ont quelque ressemblance avec le mufle d'un animal : *la gueule-de-loup est une fleur personnée.* — s. f. pl. Famille de plantes dicotylédones, comprenant des genres qui ont les fleurs en mufle. On dit aujourd'hui SCROPHULARIÉES.

*PERSONNEL, ELLE adj. (lat. *personalis*). Qui est propre et particulier à chaque personne : *mérite personnel.* — LES FAUTES SONT PERSONNELLES, on n'est pas responsable des fautes d'autrui. — CRITIQUE PERSONNELLE, celle où l'on s'attache moins à relever les fautes de l'ouvrage, qu'à censurer la vie, les actions, le caractère de l'auteur : *la critique personnelle est odieuse.* — Jurispr. ACTION PERSONNELLE, action par laquelle on poursuit une personne qui est redevable ou obligée en son propre nom. DROIT PERSONNEL, droit tellement attaché à la personne, qu'il ne peut être transporté à une autre. Ils sont opposés à ACTION RÉELLE et DROIT RÉEL. — Fin. CONTRIBUTION PERSONNELLE, celle que l'on paye individuellement, à raison de sa personne, de son logement, etc. — ENTRÉE PERSONNELLE, droit d'entrer dans un spectacle, dans une assemblée, etc., qui ne peut se communiquer, se transmettre à d'autres. — Gramm. PRONOM PERSONNEL, pronom qui marque la personne, comme MOI, TOI, LUI, NOUS, VOUS, EUX, SOI, SE. (Voy. PRONOM.) — Egoïste, qui n'est occupé que de soi : *cet homme est très personnel.* On dit dans le même sens, IL EST D'UN CARACTÈRE TRÈS PERSONNEL. — Substantiv. Bonnes ou mauvaises qualités de la personne dont on parle : *son personnel est très aimable.* (Vieux.) — Adm. Personnes attachées à un service public; par opposition à MATÉRIEL, qui se dit des effets, des objets affectés à ce même service : *dans ce ministère, les dépenses relatives au personnel excèdent de beaucoup celles qui concernent le matériel.*

* **PERSONNELLEMENT** adv. En la personne de celui dont il s'agit. Dans ce sens, il a toujours rapport au régime du verbe qu'il modifie : *il vous a attaqué personnellement.* — En sa propre personne; et, en ce sens, il a toujours rapport au sujet du verbe : *être personnellement responsable d'une chose.*

PERSONNIFICATEUR, TRICE s. Celui, celle qui personnifie.

* **PERSONNIFICATION** s. f. Action de personnifier; résultat de cette action : *la personnification des êtres métaphysiques tient lieu, dans plusieurs poèmes modernes, du merveilleux imaginé par les anciens; la Mollesse, dans le Lutrin, est une personnification.*

* **PERSONNIFIER** v. a. (lat. *persona,* personne; *facere,* faire). Attribuer à une chose inanimée ou métaphysique la figure, les sentiments, le langage d'une personne réelle : *personnifier la Justice, la Prudence.*

PERSONS, ou **Parsons** [peur'sonnss, par'sonnss] (ROBERT), théologien anglais, né en 1546, mort en 1610. Il entra dans la société de Jésus, et voyagea dans le pays sous des déguisements divers, administrant ses coreligionnaires. Il fut ensuite recteur de collège anglais, à Rome, et plus tard provincial des missions anglaises. On l'accusa d'avoir employé son crédit dans les cours des souverains catholiques romains à fomenter des conspirations contre Élizabeth. Parmi ses œuvres, on a : *A brief Discours containing certaine Reasons why catholiques refuse to goe to Church.* (1580); *De Persecutione anglicana Libellus* (1582); *A Christian Directorie guiding men to Eternal Salvation* (1583-'94); *A Booke of Christian Exercise appertaining to Resolution* (1584); *Responsio ad Elisabethæ Reginæ Edictum contra Catholicos,* réclamant pour le pape le pouvoir de détrôner les souverains et de délier leurs sujets de l'obéissance (1592), et *Treatise of the Three Conversions of England from Paganisme to Christian Religion* (1603-'04, 3 vol.). Ses principaux ouvrages ont été republiés récemment en Angleterre.

* **PERSPECTIF, IVE** adj. (rad. *perspective*). Peint. et Dess. Qui représente un objet en perspective : *représentation, vue perspective.*

* **PERSPECTIVE** s. f. (lat. *perspectum;* de *perspicere,* percevoir). Partie de l'optique qui enseigne à représenter les objets selon la différence que l'éloignement et la position y apportent, soit pour la figure, soit pour la couleur : *ce peintre entend bien la perspective*

les règles de la perspective. — PERSPECTIVE LINÉAIRE, celle qui se fait par les lignes seules. PERSPECTIVE AÉRIENNE, celle qui se fait par la dégradation des couleurs ou des teintes. — Peinture qui représente des jardins, des bâtiments, ou autres choses semblables en éloignement, et qu'on met au bout d'une galerie ou d'une allée de jardin, pour tromper agréablement la vue : *ce peintre a fait une belle perspective.* — Aspect que divers objets vus de loin ont par rapport au lieu d'où on les regarde : *voilà un coteau qui fait une belle perspective, une agréable perspective.* — Fig. Événements heureux ou malheureux qui se présentent dans l'avenir comme étant presque certains, quoique encore éloignés : *vous avez acquis une fortune honnête; vous jouirez du repos et de l'aisance dans votre vieillesse : c'est une perspective satisfaisante.* — En perspective loc. adv. Dans un certain éloignement, mais à la portée de la vue : *du haut de cette colline on voit Paris en perspective.* — Fig. Dans l'avenir : *il est fort riche, mais ce n'est encore qu'en perspective.*

* **PERSPICACE** adj. (lat. *perspicax*). Qui a de la perspicacité : *il est très perspicace.* (Peu us.)

* **PERSPICACITÉ** s. f. Pénétration d'esprit, qui fait apercevoir avec justesse et profondeur les choses difficiles à connaître : *il a beaucoup de perspicacité.*

* **PERSPICUITÉ** s. f. (lat. *perspicuitas*). Didact. Clarté, netteté. Ne se dit guère qu'en parlant d'un discours, d'un écrit : *la perspicuité du style.* (Peu us.)

PERSPIRABLE adj. Qui se laisse pénétrer.

* **PERSPIRATION** s. f. Méd. Transpiration insensible. — La perspiration est la sécrétion aqueuse des glandes sudoripares de la peau. Ces glandes se composent d'un ou de plusieurs tubes cylindriques, tapissés d'épithélium glandulaire, et retournés plusieurs fois sur eux-mêmes en forme de boule, dans le tissu connectif sous-cutané, immédiatement au-dessous du derme. De chaque glande part un conduit sécréteur qui passe en ligne à peu près droite à travers le derme, puis en spirale à travers la cuticule, et se termine par une ouverture oblique et d'une extrême petitesse. D'après Krause, le nombre des glandes sudoripares sur le corps entier n'est pas inférieur à 2,300,000. C'est à la plante des pieds et à la paume des mains qu'elles sont le plus nombreuses. Le produit de la transpiration se compose principalement d'eau contenant en solution diverses substances salines, telles que des chlorures, des sulfates, des carbonates, un acide volatil dont on n'a pas complètement déterminé la nature précise, et une matière animale odorante qui donne son odeur caractéristique à la transpiration. On a constaté que l'humeur sécrétée par la transpiration pendant un exercice violent peut s'élever jusqu'à 385 gr. par heure. Dans les circonstances ordinaires, un homme transpire en 24 heures un poids moyen de 925 gr. La transpiration amenant une évaporation, est un phénomène rafraîchissant et dépuratif à la fois.

PERSPIRATOIRE adj. Qui est produit par la perspiration.

PERSPIRER v. n. Transpirer, transsuder à travers un corps.

PERSTRICTION s. f. (lat. *perstrictio*). Action de ligaturer.

Perspiration.

* **PERSUADER** v. a. (lat. *persuadere*). Porter quelqu'un à croire, le décider à faire quelque chose : *rien ne persuade plus efficacement les hommes que l'exemple.*

Pour le *persuader,* il faudra que je jure!
COLLIN D'HARLEVILLE. *L'Inconstant,* acte I°, sc. 1°.

— Il régit souvent la chose directement, et la personne avec la préposition A : *persuader une vérité à quelqu'un.* — Absol. *Cet homme a l'art de persuader; les exemples persuadent mieux que les paroles.* — Se persuader v. pr. Croire, s'imaginer, se figurer : *il se persuade que tout le monde l'admire.*

PERSUADEUR s. m. Celui qui persuade ou qui cherche à persuader.

PERSUASIBLE adj. Qui peut être persuadé.

* **PERSUASIF, IVE** adj. [pèr-su-a-zif]. Qui a la force, le pouvoir de persuader : *raison convaincante et persuasive.* — Qui a l'art, le talent de persuader : *orateur éloquent et persuasif.*

* **PERSUASION** s. f. [pèr-su-a-zi-on]. Action de persuader : *l'éloquence a pour but ordinaire la persuasion.* — Fig. AVOIR LA PERSUASION SUR LES LÈVRES, être fort persuasif, fort éloquent. — Ferme croyance : *j'ai agi dans la persuasion que vous m'approuveriez.*

PERSUASIVEMENT adv. D'une manière persuasive.

PERSULFURE s. m. Chim. Sulfure qui contient la plus grande quantité possible de soufre.

* **PERTE** s. f. (lat. *perditio;* de *perdere* perdre). Privation de quelque chose d'avantageux, d'agréable ou de commode, qu'on avait : *essuyer une perte, réparer une perte.* — Se dit, dans un sens particulier, en parlant des personnes dont on est privé par la mort : *j'ai à regretter la perte d'un de mes meilleurs amis.* — JE PRENDS PART A LA PERTE QUE VOUS AVEZ FAITE, se dit à une personne qui vient de perdre un parent ou un ami, pour lui témoigner que l'on compatit à sa peine, qu'on partage son affliction. — Jeu. ETRE EN PERTE DE TELLE SOMME, J'Y PERDS tant : *quand je suis sorti, j'étais en perte de cinquante francs;* et absol. : *depuis six semaines je suis toujours en perte.* — SE RETIRER SUR SA PERTE, quitter le jeu quand on perd; et, fig., se retirer du commerce du monde ou des affaires, après un mauvais succès. — Les hommes tués ou blessés dans une bataille, alors il se met presque toujours au pluriel : *l'ennemi a exagéré ses pertes.* — ETRE REPOUSSÉ AVEC PERTE, se dit au propre d'une troupe qu'on fait reculer en lui tuant du monde; et, fig. et fam., d'un homme qui a un désavantage marqué dans une dispute, une contestation. — JURER, RÉSOUDRE LA PERTE DE QUELQU'UN, résoudre, jurer sa mort, sa ruine. — PERTE DE SANG, maladie qui survient quelquefois aux femmes, et qui consiste en un écoulement de sang irrégulier et abondant : *elle est sujette à des pertes de sang.* — Dommage, diminution de bien, de profit : *il y aurait trop de perte pour moi à prendre cette maison en échange de la mienne.* — Ruine, en ce qui regarde le gouvernement, la fortune, la réputation, les mœurs, etc. : *ce serait la perte des affaires.*

Que le ciel à son gré de ma perte dispose, .
J. RACINE. *La Thébaïde,* acte II, sc. II.

— Théol. LA PERTE DE L'AME, la damnation éternelle. — Mauvais succès, événement désavantageux dans une affaire, dans une entreprise, etc. : *la perte d'une bataille, la perte d'un procès.* — Le mauvais usage ou l'emploi inutile que l'on fait d'une chose : *c'est une perte irréparable que celle d'une jeunesse passée dans la dissipation.* — LA PERTE DU RHONE, le lieu où le Rhône disparaît sous les rochers. — A perte loc. adv. Avec perte. VENDRE A PERTE, DONNER A PERTE, perdre sur la marchandise que l'on vend. — COURIR A PERTE

D'HALEINE, courir jusqu'à perdre la respiration. — A perte de vue loc. adv. Dont on se sert en parlant d'une vue si étendue, qu'il est impossible de distinguer les objets qui la terminent : une allée à perte de vue. — Fig. et fam. RAISONNER, DISCOURIR A PERTE DE VUE, faire des raisonnements vastes et vagues, qui n'aboutissent à rien. — En pure perte loc. adv. Sans utilité, sans effet, sans motif : ce que vous faites, ce que vous dites est en pure perte. — DANS LA POURSUITE DU PROCÈS QU'IL A GAGNÉ, IL A FAIT BEAUCOUP DE FRAIS EN PURE PERTE, QUI SONT TOMBÉS EN PURE PERTE, qui ne lui seront pas remboursés. TOUT CE QU'IL A FAIT DANS CETTE ENTREPRISE LUI EST TOURNÉ EN PURE PERTE, ne lui a causé que du dommage.

* PERTÉRÉBRANT, ANTE adj. Se dit d'une douleur violente et très aiguë.

PERTH [peurth], ville d'Ecosse, capitale du Perthshire, sur le Tay, à 55 kil. N.-O. d'Edimbourg; 25,585 hab. Elle contient plusieurs rangées de belles habitations élevées sur des voies en terrasse ou disposées en croissant, et deux beaux parcs publics. Les édifices les plus remarquables sont: l'ancienne église de Saint-Jean (Saint-John), l'hôtel de l'administration du comté, et le pénitencier, qui sert de prison centrale pour l'Ecosse. On y fabrique surtout des cottonnades de couleur. Il y a plusieurs chantiers de constructions navales. Le Tay est navigable jusqu'au port pour les vaisseaux de 300 tonneaux, et le mouvement de la navigation est de 450 navires par an environ. Importante pêcherie de saumon.

PERTH, ville d'Australie, capitale de l'Australie occidentale, sur le fleuve Swan, à 20 kil. au-dessus de Fremantle qui est son embouchure; 5,000 hab. , y compris les soldats et les convicts de dépôt. Elle est classée comme cité depuis 1856.

PERTH AMBOY [peurth-amm-boï'], ville et port du New-Jersey (Etats-Unis), au fond de la baie de Raritan et à l'embouchure du Raritan, à 40 kil. S.-O. de New-York; 3,770 hab. Elle se trouve en face de l'extrémité sud de l'île de Staten, avec laquelle elle communique par un bac. Un bac et un pont de chemin de fer la relient à South Amboy sur la rive droite du Raritan. Le port est bon et facilement accessible aux grands navires. Manufactures de bouchons, de poterie de grès, et de briques fines. On exporte du kaolin et autres argiles réfractaires. Perth Amboy fut fondée vers 1680 par des colons d'Ecosse. Elle a été constituée en cité en 1718, et fut pendant un temps la rivale commerciale de New-Jersey. Elle fut aussi à une époque la capitale de l'East Jersey (Jersey oriental).

PERTHES [perr'-tess]. I. (Friedrich-Christoph), éditeur allemand, né en 1772, mort en 1843. En 1796, il fonda une librairie à Hambourg, et en 1798, s'associa Johann-Heinrich Besser. Cette maison devint une des plus importantes de l'Allemagne. En 1822, il fonda une autre maison à Gotha, laissant celle de Hambourg à son associé. Il fut un des fondateurs de la foire aux livres de Leipzig. Un de ses fils a écrit sa vie. — II. (Johann-Georg-Justus), oncle du précédent, fonda en 1785 une maison d'édition à Gotha, et mourut en 1816. Cette maison fut continuée par son fils Wilhelm (1793-1853), qui fut le premier de la famille à publier (1816) l'Almanach de Gotha (en français et en allemand). Wilhelm légua son commerce à son fils Bernhard-Wilhelm (1821-'57), qui, en 1854, fonda un institut géographique, lequel a acquis une grande importance sous la direction d'August Petermann.

PERTHSHIRE, comté du centre de l'Ecosse, arrosé par le Tay et ses affluents; 6,736 kil. carr.; 127,768 hab. Les Grampians le bornent au N. et à l'O., avec /- Ben Lawers haut de

3,984 pieds, pour point culminant. On y trouve les lacs Tay, Earn, Rannoch et Katrine, et beaucoup d'autres lacs fort beaux, mais plus petits. Le S.-E. du comté forme un excellent district agricole. Les pêcheries du Tay sont des plus importantes en Ecosse. Villes princ. : Perth, capitale; Crieff, et Dunblane.

* PERTINACITÉ s. f. (lat. pertinacitas). Ténacité extrême, opiniâtreté, entêtement.

PERTINAX (Publius Helvius), empereur romain, né en Ligurie en l'an 126 ap. J.-C., mort en 193. Il était fils d'un riche marchand de bois, reçut une éducation distinguée, servit contre les Parthes, devint sénateur, consul, proconsul en Afrique et préfet de Rome. Après la mort de Commode, il fut proclamé empereur, voulut réformer les abus et rétablir l'ancienne discipline, mais les prétoriens qui l'avaient porté au pouvoir l'assassinèrent après un règne de 87 jours.

* PERTINEMMENT adv. [pèr-ti-na-man]. (rad. pertinent). Ainsi qu'il convient, comme il faut, avec jugement, convenablement. Ne se dit que des discours : il en parle pertinemment, très pertinemment.

* PERTINENCE s. f. Qualité de ce qui est pertinent. Ne se dit qu'en termes de procédure : la pertinence des moyens, des faits et articles.

* PERTINENT, ENTE adj. (lat. pertinens; de pertinere, convenir). Qui est tel qu'il convient. Ne s'emploie guère que dans les locutions suivantes : raisons pertinentes, excuses pertinentes. — Proc. MOYENS PERTINENTS ET ADMISSIBLES, FAITS ET ARTICLES PERTINENTS, moyens, faits qui appartiennent au fond de la cause, qui doivent influer sur sa décision.

* PERTUIS s. m. (lat. pertusus, percé). Trou, ouverture. Ne se dit plus guère que des ouvertures qu'on pratique à une digue dans certaines rivières, pour laisser passer les bateaux : le passage du pertuis sur cette rivière retarde beaucoup les bateaux. — Géogr. Certains détroits serrés entre une île et la terre ferme, ou entre deux îles : le pertuis de Maumusson; le pertuis d'Antioche.

PERTUIS, ch.-l. de cant., arr. et à 31 kil. S.-S.-E. d'Apt (Vaucluse), sur la Lèze et près de la Durance; 5,000 hab. Vins, huiles, garance, grains. Distilleries, briqueteries et tuileries.

PERTUIS D'ANTIOCHE (Le), détroit entre les îles de Ré et d'Oléron, près de la côte occidentale de France.

PERTUIS BRETON (Le). Voy. BRETON.

* PERTUISANE s. f. [pèr-tui-za-ne]. Espèce de hallebarde dont le fer est plus long, plus étroit et plus tranchant que celui des autres armes de ce genre : il tenait une pertuisane à la main. — La pertuisane participait de la pique et de la hallebarde. Sa lame était droite et tranchante des deux côtés, quelquefois cannelée, en forme de flamme ou de feuille. Cette arme servait à arrêter l'élan de la cavalerie, à défendre les retranchements ou l'abordage des bâtiments. On en interdit l'usage dans les armées françaises en 1670; les invalides seuls la conservèrent; on l'employa seulement pour la garde des églises, des poudrières, des arsenaux et des magasins militaires.

PERTUISANIER s. m. Soldat qui porte une pertuisane.

* PERTURBATEUR, TRICE s. (lat. perturbator; de perturbare, troubler). Celui, celle qui cause du trouble : perturbateur du repos public. — Adjectiv. MÉDECINE PERTURBATRICE, méthode de traitement qui consiste à employer des moyens actifs, propres à troubler la marche des maladies. — Mécan. FORCE

PERTURBATRICE, celle qui trouble la régularité des mouvements.

* PERTURBATION s. f. Didact. Trouble, émotion de l'âme à l'occasion de quelque mouvement qui se passe dans le corps. — Astron. Dérangement des corps célestes souffrent dans leurs mouvements par leur action mutuelle et qui les fait s'éloigner de leur route ordinaire, précipiter ou ralentir leur mouvement. Les perturbations sont périodiques, parce que les corps célestes reviennent, après un intervalle, dans la même situation les uns relativement aux autres. — Méd. Trouble causé dans les fonctions animales par quelque maladie; et dans la marche d'une maladie par quelque remède énergique. — Par ext. Bouleversements qui surviennent dans un Etat.

PERTURBER v. a. (lat. perturbare). Troubler.

PERTUS, USE adj. (lat. pertusus, percé). Bot. Percé de larges trous irréguliers.

PERU [pé-rou], ville de l'Indiana (Etats-Unis), sur le Wabush et son canal, à 120 kil. N. d'Indianopolis; 3,617 hab. en 1870; 6,250 en 1875. Commerce important; fabriques de machines à coudre, de charrues, de boissellerie, etc.

PERU, ville de l'Illinois, au point extrême de la navigation de la rivière Illinois, à 2 kil. de la Salle, et à 470 kil. O.-S.-O. de Chicago; 3,650 hab. Grand commerce de grains et de glace; fabrique de charrues; zingueries, brasseries, minoteries. Mines de houille très importantes dans le voisinage.

PÉRUGIN, INE s. et adj. De Pérouse; qui appartient à cette ville ou à ses habitants.

PÉRUGIN (Le) (ital. Perugino), peintre italien dont le vrai nom était Pietro Vannucci, né en 1446, mort en 1524. Il fut l'ami et l'élève de Leonardo da Vinci à Florence, et s'établit vers 1475 à Pérouse, d'où lui vint son surnom. Il travailla à la décoration de la chapelle Sixtine, et exécuta des fresques magistrales dans la Bourse de Pérouse; mais ses peintures postérieures à 1505 montrent la fatale influence de l'amour du gain auquel il sacrifia son art. Beaucoup de ses œuvres ont été exécutées par ses élèves sur ses dessins.

PÉRUIFÈRE adj. Bot. Qui produit la substance appelée baume du Pérou.

PÉRULE s. f. (lat. perula, petit sac). Enveloppe des bourgeons d'un arbre.

PÉRUVIEN, IENNE s. et adj. Du Pérou qui concerne ce pays ou ses habitants.

PERUZZI (Baldassare da Siena) [pé-routt'-si], architecte italien, né en 1481, mort en 1536. Il passe pour l'inventeur de la peinture architecturale avec perspective, perfectionnée par del Pozzo. Un de ses meilleurs ouvrages était la villa Farnesina à Rome, qui contenait sa fresque de l'Histoire de la Méduse. En 1520, il succéda à Raphaël, comme architecte de Saint-Pierre. Le sac de Rome, en 1527, le ruina.

* PERVENCHE s. f. [per-van-che] (lat. pervinca; de pervinco, je surmonte). Bot. Genre d'apocinées plumériées, comprenant un certain nombre de plantes herbacées ou sousligneuses, à feuilles opposées entières, persistantes, munies de glands à leur base; à fleurs axillaires, solitaires, présentant un calice à cinq divisions aiguës, une corolle en entonnoir, à tube étroit, cylindrique, velue en dedans. La pervenche commune (vinca minor), appelée aussi herbe aux sorciers, est une plante indigène, vivace, à racines rampantes, à tige grêle, sarmenteuse, à feuilles d'un vert sombre, persistantes et luisantes, à fleur d'un beau bleu d'azur, supportées par de courtes tiges verticales. Elle était le symbole de la virginité chez les anciens. La culture lui fait

assez facilement produire des variétés doubles, azurées, roses, panachées, blanches, etc. La *grande pervenche (vinca major)* est beaucoup plus grande dans toutes ses parties; ses feuilles sont également toujours vertes et

Pervenche commune (Vinca minor).

brillantes, mais elles ont une frange de très petits poils sur le bord; les tiges florales verticales ont un pied, et plus, de haut, et ses fleurs sont très grandes.

PERVENCHÈRES, ch.-l. de cant., arr. et à 15 kil. S.-O. de Mortagne (Orne); 300 hab.

° **PERVERS, ERSE** adj. [pèr-vèr] (lat. *perversus*). Méchant, dépravé : *un naturel pervers*. — S'emploie aussi substantiv., mais seulement au masculin : *Dieu châtiera les pervers*.

PERVERSEMENT adv. D'une manière perverse.

° **PERVERSION** s. f. Changement de bien en mal en matière de religion et de morale : *la soif des richesses cause la perversion des mœurs*.

° **PERVERSITÉ** s. f. Méchanceté, dépravation : *la perversité des mœurs*.

° **PERVERTIR** v. a. Faire changer de bien en mal, dans les choses de religion et de morale : *pervertir un jeune homme, en le jetant dans le vice, dans la débauche*. — PERVERTIR L'ORDRE DES CHOSES, troubler un ordre établi. — PERVERTIR LE SENS D'UN PASSAGE, le dénaturer, l'altérer; substituer un faux sens à celui qui est reconnu pour le véritable. — Se *pervertir* v. pr. Devenir pervers : *ce jeune homme s'est promptement perverti*.

PERVERTISSABLE adj. Que l'on peut pervertir.

° **PERVERTISSEMENT** s. m. Action de pervertir; résultat de cette action : *le pervertissement des mœurs*.

PERVERTISSEUR, EUSE s. Personne qui pervertit.

° **PESADE** s. f. [pe-za-de]. Manège. Air relevé, dans lequel le cheval s'élève du devant, sans que les pieds de derrière quittent leur place. — PESADE DE CHÈVRE, pesade dans laquelle le cheval ne plie pas les jambes de devant, ou pesade trop haute, dans laquelle il joue de l'épinette avec les jambes de devant.

° **PESAGE** s. m. (rad. *peser*). Action de peser. Particul. Action de peser les jockeys avant les courses de chevaux : *l'enceinte du pesage*.

° **PESAMMENT** adv. [pe-za-man] (rad. *pesant*). D'une manière pesante : *marcher pesamment*. — PESAMMENT ARMÉ, se dit des soldats de l'antiquité, fantassins ou cavaliers, qui étaient armés de toutes pièces. — Fig. PARLER, ÉCRIRE PESAMMENT, parler, écrire sans facilité, sans grâce.

° **PESANT, ANTE** adj. (rad. lat. *pendere, peser*). Qui pèse, qui est lourd. Est opposé à

léger : *toutes les choses pesantes tendent en bas*. — Man. CE CHEVAL EST PESANT A LA MAIN, il porte la tête basse, et il s'appuie sur le mors. CHEVAL PESANT, cheval qui ne s'enlève pas facilement du devant. — Fig. et fam. CET HOMME EST PESANT A LA MAIN, il est ennuyeux, lourd et incommode dans la conversation. — CE MAÎTRE D'ÉCRITURE, CE CHIRURGIEN, CE PEINTRE, etc., A LA MAIN PESANTE, il écrit, il opère, il peint sans facilité, sans légèreté. — Fig. IL A LA MAIN PESANTE, IL A LE BRAS PESANT, se dit d'un homme fort et robuste, qui donne de grands coups. On le dit aussi, fig. et fam., d'une personne dont le ressentiment et la vengeance sont à craindre. — AVOIR LA TÊTE PESANTE, éprouver dans la tête un sentiment de pesanteur. — Tardif, lent : *le bœuf est un animal pesant*. — S'emploie fig. en parlant de l'esprit, du discours, du style, etc., et signifie, qui manque de vivacité, de légèreté, de grâce : *il a l'esprit pesant*. — Onéreux, fâcheux, fatigant, incommode : *c'est une charge pesante que d'avoir une nombreuse famille sur les bras*. — Qui est du poids réglé et ordonné par la loi : *on n'est obligé de recevoir dans le commerce que de la monnaie pesante, des espèces pesantes*. — IL VAUT SON PESANT D'OR, se dit d'un honnête homme qui est de bonne compagnie, obligeant, officieux, d'un commerce sûr et aisé. Se dit aussi de plusieurs choses qu'on regarde comme excellentes dans leur genre. Dans cette phrase, *Pesant* est employé comme substantif. — Adverbial. *Deux mille livres d'argent pesant*.

° **PESANTEUR** s. f. (rad. *peser*). Qualité de ce qui est pesant; tendance des corps vers le centre de la terre : *les corps tendent en bas pár leur propre pesanteur*. — PESANTEUR UNIVERSELLE, tendance de tous les corps planétaires les uns vers les autres. — Impression que fait un corps grave ou agité, quand il frappe sur un autre : *il fut étourdi de la pesanteur du coup*. — Certaine indisposition qui survient à quelque partie du corps, et qui fait qu'on y sent comme un poids : *avoir une grande pesanteur de tête*. — Lenteur, défaut d'activité et de célérité : *ce cheval a trop de pesanteur pour être employé comme cheval de selle*. — Fig. Lenteur, défaut de pénétration, de vivacité, de légèreté, de grâce : *la pesanteur de son esprit l'empêche de saisir promptement ce qu'on lui dit*. — ∾ On dit aussi : LA PESANTEUR DU STYLE.

> J'essuyais des récits... mais d'une *pesanteur!*
> COLLIN D'HARLEVILLE. *L'Inconstant*, acte 1er, sc. 1re.

— ENCYCL. La pesanteur est une des propriétés générales des corps (Voy. GRAVITÉ.) On démontre la pesanteur de l'air en prenant un flacon dont le bouchon est pourvu d'un robinet qui permet de faire le vide. Les poids du flacon plein

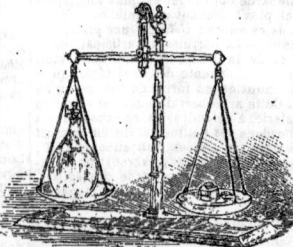

Pesanteur des gaz.

d'air et de même flacon lorsqu'on y a fait le vide au moyen de la machine pneumatique, sont entièrement différents, ce qui prouve bien que l'air pèse. On constate par le même procédé, la pesanteur de tous les gaz.

PESARO (anc. *Pisaurum*), ville forte de

l'Italie centrale, cap. de la province de Pesaro-ed-Urbino, sur l'Adriatique, à 59 kil. N.-O. d'Ancône; 19,000 hab. Elle contient de beaux monuments, des églises, des palais, et avait autrefois des fabriques de poterie fameuses. Elle était florissante sous l'empire romain et à l'époque de l'exarchat de Ravenne, c'était une des cités de la Pentapole.

PESARO-ED-URBINO (pe-za'-ro-edd-our-bi'no), province des Marches, dans le royaume d'Italie, sur l'Adriatique, formée de l'ancien duché d'Urbin (*Urbino*), et occupant une partie de l'Ombrie; 2,954 kil. carr.; 213,072 hab. Pays montagneux, arrosé par le Métaure, la Foglia, etc. Grains, lin, chanvre, olives, vin; bestiaux, moutons, porcs, abeilles, vers à soie. Cap., Pesaro.

PESCAIRE [pèss-kè-re], général italien. (Voy. AVALOS.)

PESCENNIUS NIGER, général romain, né à Aquinum, servit sous les Antonins et devint gouverneur de la Syrie sous Commode. Appelé par le sénat romain à venir venger le meurtre de Pertinax, il fut proclamé empereur par les légions syriennes en même temps que Septime-Sévère était proclamé par les légions de l'Illyrie. Vaincu par ce dernier, il se retira à Antioche et fut tué près de Cyzique (195 av. J.-C.)

PESCHEL (Oskar-Ferdinand), géographe allemand, né à Dresde en 1826. En 1854, il devint rédacteur en chef de *Ausland*, et en 1871 professeur de géographie à Liepzig. Ses écrits comprennent : *Geschichte der Erdkunde bis auf Alexander von Humboldt und Karl Ritter* (1865), and *Voelkerkunde* (1874).

PESCHIERA [pès-kié'-ra], place forte de l'Italie septentrionale, sur le Mincio, à l'extrémité S. du lac Garde, à 35 kil. N.-O. de Mantoue; 3,000 hab. environ. Elle forme l'angle N.-O. de ce qu'on appelle le quadrilatère. Elle fut prise en 1848 par Charles-Albert, rendue aux Autrichiens en août, et annexée à l'Italie en 1866.

° **PÈSE**, mot dont on se sert pour former divers composés qui désignent des instruments employés pour peser des liquides ou des solides.

° **PÈSE-ACIDE** s. m. Instrument qui indique la densité d'une liqueur acide. — pl. DES PÈSE-ACIDES.

° **PESÉE** s. f. [pe-zé]. Action de peser : *avant de lui livrer ces ballots de laine, on en a fait la pesée en sa présence*. — Quantité de ce qui a été pesé en une fois : *la première pesée est de cinquante kilogrammes*. — Effort qu'on fait avec une pince, avec un levier pour soulever un corps.

° **PÈSE-LAIT** s. m. Instrument qui sert à déterminer la densité du lait. (Voy. GALACTOMÈTRE et LACTO-DENSIMÈTRE.) — pl. DES PÈSE-LAIT.

° **PÈSE-LETTRE** s. m. Petit appareil servant à déterminer le poids d'une lettre. — pl. DES PÈSE-LETTRES. — ENCYCL. Le pèse-lettre le plus répandu aujourd'hui est celui qui fut inventé, en 1855, par N. Briais, et qui a été plusieurs fois perfectionné depuis lors. Le modèle dit *manomètre* se compose d'une plate-forme sur laquelle on pose la lettre, et d'un cadran sur lequel une aiguille indique le poids et l'affranchissement.

° **PÈSE-LIQUEUR** s. m. Instrument par le moyen duquel on reconnaît, on détermine la pesanteur spécifique des liquides : *acheter un pèse-liqueur*. — pl. DES PÈSE-LIQUEURS.

PÈSE-MOÛT s. m. Instrument à l'aide duquel on détermine la densité du moût de raisin. — pl. DES PÈSE-MOUT.

PÈSE-NITRE s. m. Phys. Instrument servant à déterminer la densité des eaux de lavage qui contiennent du salpêtre en dissolution. — pl. Des PÈSE-NITRE.

* **PESER** v. a. (lat. *pensare*). Au futur, *je pèserai*, et au conditionnel, *je pèserais*. Examiner la pesanteur d'une chose, la conférer avec un poids certain, réglé et connu : *peser de la viande.* — Fig. Examiner attentivement une chose, pour en connaître le fort et le faible : *dans toutes les compagnies, on compte les voix, on ne les pèse pas.* — PESER SES MOTS, SES PAROLES; PESER LA VALEUR DE CHAQUE TERME, examiner, en parlant, la valeur, la conséquence de ce qu'on dit : *en pareille matière, il ne faut pas parler légèrement; il faut peser ses mots, tous ses mots, toutes ses paroles.* — PESER TOUTES SES PAROLES, PESER TOUT CE QU'ON DIT, parler avec lenteur et circonspection : *c'est un homme qui pèse toutes ses paroles, tout ce qu'il dit.* — v. n. Avoir un certain poids : *ce ballot pèse peu, pèse beaucoup.* — CELA NE PÈSE PAS PLUS QU'UNE PLUME, se dit d'une chose très légère. — IL NE PÈSE PAS UNE ONCE, se dit d'un homme que le contentement rend vif, léger, alerte. — CETTE PIÈCE D'OR NE PÈSE PAS, elle n'a pas le poids fixé par la loi. — CETTE VIANDE, CETTE BOISSON PÈSE SUR L'ESTOMAC, elle est difficile à digérer. — Man. CE CHEVAL PÈSE A LA MAIN, il s'appuie sur le mors de manière à lasser la main du cavalier. — PESER A LA MAIN, être à charge, ennuyeux, incommode par sa stupidité, par la pesanteur de son esprit. — CETTE PERSONNE LUI PÈSE SUR LES ÉPAULES, elle lui est à charge par son importunité. — CETTE PERSONNE, CETTE CHOSE, LUI PÈSE SUR LES BRAS, elle lui est à charge par la dépense qu'elle lui occasionne. — CELA LUI PÈSE SUR LE CŒUR, cela lui cause du chagrin, du ressentiment. — CELA LUI PÈSE, cela lui cause de la peine, de l'inquiétude, de l'embarras.

> Quand on est sur le trône on a bien d'autres soins,
> Et les remords sont ceux qui nous pèsent le moins.
>   J. RACINE, *La Thébaïde*, acte III, sc. VI.

> Mon innocence enfin commence à me peser.
>   J. RACINE, *Andromaque*, acte III, sc. Iʳᵉ.

— UN SECRET LUI PÈSE, se dit en parlant d'une personne qui n'est pas capable de garder un secret. — Appuyer fortement sur une chose : *peser sur un levier, sur une bascule.* — Demeurer plus longtemps, insister plus longtemps : *il faut peser sur cette note.* — Fig. PESER SUR UNE CIRCONSTANCE, la faire remarquer. — ◆◆ Se peser v. pr. Être pesé.

PÈSE-SEL s. m. Phys. Instrument qui indique la densité des dissolutions salines. — pl. Des PÈSE-SELS.

PÈSE-SIROP s. m. Phys. Instrument destiné à déterminer la densité des sirops de sucre. — pl. Des PÈSE-SIROPS.

PESETA s. f. (dimin. de *peso*). Nouvelle monnaie d'argent espagnole, valant 4 réaux ou 34 centim. Depuis 1865, on a frappé des pesetas valant exactement 1 franc.

PESETTE s. f. Sorte de petite balance dans laquelle on pèse les pièces de monnaie.

* **PESEUR** s. m. Celui qui pèse : *peseur de foin.*

PÈSE-VIN s. m. Instrument destiné à déterminer la richesse des vins en alcool. — Des PÈSE-VINS.

PESHAWER ou **Peshawur** [pech-aô'-eur]. I, district de l'Inde anglaise, dans le Penjaub, à l'extrémité N.-O. de l'empire indien, sur la frontière de l'Afghanistan; 20.416 kil. carr.; 1,100,000 hab. environ. Il est borné à l'E. et au S.-E. par l'Indus, et de tous les autres côtés par des montagnes; et le Caboul le traverse. Le climat est très chaud en été. Céréales, orge, maïs, millet, gingembre, safran, tabac, coton, riz et fruits de diverses sortes. — II, capitale de ce district, sur la Bara, à 225 kil. E.-S.-E. de Caboul; 50,000 hab. environ. Elle est entourée de hautes murailles de terre, renforcées de bastions et

défendues par un fort. Peshawer fut fondée par l'empereur Akbar, et enlevée aux Sikhs

Fort de Peshawer.

par les Anglais en 1849. Un incendie a détruit la moitié de la ville en mai 1875.

PESMES, ch.-l. de cant., arr. et à 22 kil. S. de Gray (Haute-Saône), sur l'Ognon; 1,800 hab. Forges.

PESO s. m. [pe-zo]. Monnaie de compte d'Espagne valant au pair 5 fr. 20. Le terme peso est aussi employé, dans quelques républiques de l'Amérique du Sud, pour désigner une pièce d'argent valant 5 fr.

* **PESON** s. m. [pe-zon]. Instrument dont on connaît plusieurs espèces ayant des formes différentes, et qui sert à déterminer des pesanteurs ou des forces : *la verge d'un peson.* (Voy. ROMAINE.) — PESON OU BALANCE A RESSORT, instrument de pesée fondé sur l'élasticité des lames ou des spirales métalliques. (Voy. DYNAMOMÈTRE.)

PESSAC, ch.-l. de cant., arr. et à 6 kil. S.-O. de Bordeaux (Gironde); 900 hab. Vins de Graves estimés.

* **PESSAIRE** s. m. Chirur. Corps solide qui a différentes formes, et dont on se sert pour la guérison de plusieurs maladies auxquelles la matrice est sujette.

PESSE s. f. Nom vulgaire de l'épicéa, espèce de sapin.

* **PESSIMISME** s. m. Manière de penser des pessimistes. Se dit par opposition à OPTIMISME.

* **PESSIMISTE** s. m. (rad. lat. *pessimus*, très mauvais). Celui qui croit que tout va mal, qui voit tout en noir : *c'est un pessimiste.*

PESTALOZZI (Johann-Heinrich) [pes-talott'-si], éducateur suisse, né en 1746, mort en 1827. En 1775, il établit sur son domaine de Neuhof, en Aargau, une grande école de travail manuel pour les enfants pauvres; mais il fut obligé de la fermer en 1780. L'année suivante, il exposa ses principes sur l'éducation domestique dans son roman *Léonard et Gertrude*. Après bien des efforts et des sacrifices en faveur des écoles, il ouvrit en 1800 une institution à Burgdorf, en société avec Krüsi et d'autres; et l'on peut la regarder comme sa première tentative systématique pour appliquer ses vues. Il expliqua plus complètement dans son ouvrage intitulé : *Comment Gertrude enseigne ses enfants* (1801), lequel attira l'attention universelle sur son école. En 1804, cette école fut transportée dans un monastère à Buchsee, près de Hofwyl, terre appartenant à Fellenberg, qui eut bientôt la surveillance de l'administration de l'établissement. Pestalozzi trouva les méthodes de Fellenberg si différentes des siennes qu'il s'établit à Yverdun (1805). On lui envoya des instituteurs à

magne. Mais des désaccords entre ses professeurs eurent une fin désastreuse, et après avoir soutenu cinq ans à Clindy une école pour les pauvres, sorte de succursale de celle d'Yverdun, il se retira à Neuhof en 1825. Le plus important de ses autres ouvrages est *Les vicissitudes de ma vie, comme principal de mes établissements d'éducation à Burgdorf et à Yverdun.* Les œuvres de Pestalozzi ont été réunies en 15 vol. in-8° (1819-'27).

PESSON s. m. [pè-son]. Tech. Outil au moyen duquel les mégissiers et les chamoiseurs ouvrent les cuirs. On dit aussi PALISSON.

* **PESTE** s. f. (lat. *pestis*). Maladie épidémique, contagieuse, qui produit des bubons, des exanthèmes, etc. et qui cause une grande mortalité : *la peste est endémique dans la Syrie et dans l'Égypte.* — LA PESTE NOIRE, terrible épidémie qui sévit sur une grande partie du monde vers le milieu du XIVᵉ siècle. — Prov. DIRE PESTE ET RAGE DE QUELQU'UN, en dire tout le mal possible.—Par ext. Diverses maladies qui font mourir à la fois beaucoup d'hommes ou beaucoup d'animaux : *la fièvre jaune est une peste qu'on dit originaire de l'Amérique.* — Personne dont le pouvoir est funeste, dont la fréquentation est pernicieuse : *évitez cet homme-là, c'est une peste.* — C'EST UNE MÉCHANTE PESTE, UNE MÉCHANTE PETITE PESTE, se dit d'un méchant petit garçon, d'une jeune fille vive et malicieuse. — s. m. C'EST UN PETIT PESTE, se dit d'un petit garçon qui est malicieux. — Adjectiv. IL EST UN PEU PESTE, ELLE EST UN PEU PESTE, se dit d'un homme, d'une femme qui a de la malice, de la malignité.— Se dit quelquef., par une espèce d'imprécation : *peste de l'étourdi!* — Espèce d'interjection familière dont on se sert par exclamation : *peste, que cela est beau!* On dit aussi. LA PESTE, VOUS NE M'Y PRENDREZ PAS! — ENCYCL. La peste est une sorte de fièvre épidémique et contagieuse, endémique dans les pays orientaux, très meurtrière, et qui a pour principaux symptômes : prostration, céphalalgie, vertiges, éblouissements, anxiété, fréquence du pouls, stupeur, insomnie opiniâtre, nausées et vomissements, bubons pestilentiels, gangrènes locales et troubles nerveux très graves. Le foyer de la peste est en Orient, principalement en Égypte où elle semble produite par le dessèchement annuel des eaux et par les cadavres que charrie le Nil. Comme traitement, on conseille les boissons aromatiques, toniques et antiputrides, surtout le quinquina et le sulfate de quinine. — La première mention qui soit faite de la peste se trouve dans l'*Exode*, IX, etc. (1471 av. J.-C.). Cette horrible maladie fut le fléau du monde pendant l'antiquité et le moyen âge. A Carthage elle fit de tels ravages en 534 av. J.-C., que les habitants sacrifièrent leurs enfants pour apaiser les dieux. Elle désola Rome en 653 av. J.-C.; elle fut apportée à Athènes en 430; et Thucydide nous a laissé une admirable description de sa marche, et des affreux tourments qu'elle faisait subir aux malades (*Guerre du Péloponèse*, livre II, XLVII et suiv.). Pline parle d'une invasion encore plus terrible qui ravagea les îles grecques, l'Égypte et la Syrie, et qui fit périr 2,000 personnes par jour en l'an 187 av. J.-C. Le fléau parut plusieurs fois à Rome : en 80 ap. J.-C. (10,000 décès par jour); en 167, 169, 189 et surtout en 250-'65 (des quartiers furent entièrement dépeuplés.) Pendant le moyen âge, la peste visita l'Europe au moins une fois tous les 30 ans. 200,000 hab., de Constantinople périrent pendant celle de 746-'49, qui se répandit, en Grèce, en Italie, en Sicile et dans le midi de la France. La peste de Florence (1348-'49) a été décrite par Boccace. Celle de 1407 coûta la vie à 30,000 personnes dans la seule ville de Londres. — Après le moyen âge, la peste reparut un peu plus rarement, mais elle sembla redoubler de rage chaque fois qu'elle fit son apparition : 31,000 victimes à Londres en 1603; plus de 200,000 à Constantinople en 1611 ; plus de 60,000 à Lyon en 1632; environ 400,000 en six mois dans la péninsule italique en 1656; plus de 90,000 à Londres (grande peste de Londres), en 1664-'66; le grand incendie de sept. 1666 mit seul fin à cette épidémie ; 60,000 Provençaux en 1720; environ 800,000 Égyptiens en 1792; plus d'un million de Barbaresques en 1799. — Au XIXᵉ siècle, la peste reparut dans les États napolitains en 1815-'16. Mais, d'après l'Académie des sciences (1846), elle n'existe plus que dans ses pays d'origine : Égypte, Syrie et Turquie d'Europe et d'Asie, d'où elle menace toujours de faire des incursions au dehors. Il est probable qu'elle peut se développer sans importation dans les États barbaresques. — Peste noire, terrible épidémie qui ravagea toute l'Europe au milieu du XIVᵉ siècle, ainsi nommée à cause des escarres gangreneux formés par les furoncles ou peut-être par les pétéchies qui accompagnaient la maladie.

PESTER v. n. (rad. *peste*). Montrer, par des paroles aigres et emportées, le mécontentement qu'on a de quelque'un ou de quelque chose : *c'est un homme qui peste toujours contre le gouvernement et contre le ministère.* — Prov. PESTER ENTRE CUIR ET CHAIR, être mécontent sans oser le dire.

PESTH [pestt] (hongr. Pest, pèchtt). I, Comté du centre de la Hongrie, entre le Danube et la Theiss; 12,257 kil. carr. ; 775,030 hab. C'est le comté le plus peuplé de la Hongrie, et le plus grand après celui de Bihar. Le Danube y forme plusieurs îles, dont la plus grande est Csepel. Grand élevage de bestiaux et de porcs, vins. Les villes principales sont : Pesth, Buda, Kecskemét, Koeroes et Waitzen. — II, ville capitale du comté, et, en même temps que Bude, de la Hongrie tout entière; sur la rive gauche de Danube, en face Buda, à 215 kil. E.-S.-E. de Vienne; 200,476 hab. Elle dépasse depuis quelque temps la plupart des villes européennes par la rapidité avec laquelle s'augmente sa population. Les rives du fleuve sont protégées par d'excellents quais, et plusieurs ponts le traversent, outre le magnifique pont suspendu de Buda-Pesth. La partie centrale de la ville est la plus ancienne des cinq parties principales entre lesquelles on la divise, et contient, avec le quartier Léopold, les plus belles maisons particulières, et des quais d'un grand développement. Aujourd'hui des boulevards et des rues neuves sillonnées de tramways occupent l'emplacement de maisons sordides, et un quartier nouveau, avec des habitations princières, a surgi autour du muséum et des bâtiments de la diète. Le square neuf est un des plus grands d'Europe. —

Les costumes de nationalités diverses et une animation générale donnent à Pesth un aspect très pittoresque. La principale promenade est le « Bosquet de la cité ». Pesth possède plusieurs beaux théâtres, un brillant casino, une académie militaire et une nouvelle académie de musique. L'université vient, dans la monarchie austro-hongrise, immédiatement après celle de Vienne. De 1861 à 1873, le nombre des étudiants s'est augmenté de 1,312 à 2,296. L'observatoire de Bude et d'autres institutions en dépendent. La bibliothèque nationale (à laquelle le gouvernement turc a rendu, au commencement de 1877, une partie de la bibliothèque du roi Mathias Corvin) compte 200,000 vol., et celle de l'université 105,000. On a inauguré en 1866 un nouveau et bel édifice pour l'académie hongroise. Pesth est remarquable pour son activité intellectuelle et artistique, comme centre du commerce de la librairie, des chemins de fer et de la navigation, et comme grenier de l'empire entier; car l'exportation de la farine atteint une moyenne annuelle de 4,000,000 de quintaux environ. Parmi les principaux objets de commerce sont : le bestiau, la laine, le vin, l'eau-de-vie; on fabrique beaucoup de soie, de drap, de chapeaux, d'huile et de tabac. — Les Romains eurent en cet endroit une colonie appelée Transacincum. Les Mongols détruisirent Pesth en 1241 ; mais elle fut rebâtie et elle était florissante lorsque Bude devint capitale. On tenait les diètes et y élisait les rois dans la plaine de Rákos, qui est voisine. Après la bataille de Mohacs (1526), les Turcs occupèrent Pesth pendant 160 ans, jusqu'à ce que la reprise de Bude (1686) fût venue mettre fin à leur domination en Hongrie. Elle fut, au commencement du XVIIIᵉ siècle, faite cité royale libre, et, à partir de ce moment, son accroissement ne s'arrêta plus. Sa grande journée révolutionnaires fut le 15 mars 1848. C'est à Pesth que s'ouvrit l'assemblée nationale hongroise, le 5 juillet. La ville fut entre les mains des Autrichiens de janvier à avril 1849, et Hentzi la bombarda à plusieurs reprises en mai, pendant le siège de Bude.

PESTIFÈRE adj. (lat. *pestis*, peste ; *fero*, je porte). Didact. Qui communique la peste : *il en sort une vapeur pestifère.* (Peu us.)

PESTIFÉRÉ, ÉE adj. Infecté de peste : *on brûla ces marchandises, comme pestiférées.* — Substantiv. Celui qui est atteint de peste, frappé de peste : *il alla visiter des pestiférés.* — ON LE FUIT COMME UN PESTIFÉRÉ, se dit en parlant d'un homme· dont on évite le commerce.

PESTIFÉRER v. a. Communiquer la peste.

PESTILENCE s. f. (lat. *pestilentia*). Corruption de l'air, peste répandue dans un pays : *dans un temps de pestilence.* (Vieux en ce sens.) — Fig. Écrit. ÊTRE ASSIS DANS LA CHAIRE DE PESTILENCE, professer une mauvaise doctrine.

PESTILENT, ENTE adj. Didact. Qui tient de la peste : *une fièvre pestilente.*

PESTILENTIEL, ELLE adj. (pè-sti-lan-si-èl). Pestilent, infecté de peste, contagieux : *un air pestilentiel.*

PESTUM s. m. (pè-stomm) (de *Paestum*, n. pr.). Archit. Ordre dorique grec, style dont le type existe dans les ruines du temple de Paestum.

PET s. m. (pè) (lat. *peditus*). Vent qui sort du corps en bas avec bruit : *un petit pet; lâcher un pet.* On évite de se servir de ce mot. — PET DE NONNE, beignet soufflé.

PÉTALE s. m. (gr. *petalon*). Bot. Chacune des pièces qui composent la corolle d'une fleur : *corolle à cinq pétales.*

PÉTALIFORME adj. Bot. Qui a la forme d'un pétale.

PÉTALISME s. m. (gr. *petalon*, feuille). Antiq. Espèce de jugement populaire qui fut quelque temps en usage à Syracuse, et qui était à peu près la même chose que l'ostracisme chez les Athéniens. On écrivait sur une feuille (ordinairement d'olivier) le nom de la personne dont on demandait le bannissement (460 av. J.-C.)

PÉTALITE s. f. Silicate d'alumine et de lithine qui forme les veines dans quelques pegmatites.

PÉTALODÉ, ÉE adj. Bot. Se dit des fleurs doubles dans lesquelles certains organes se trouvent transformés en pétales.

PÉTALOÏDE adj. (fr. *pétale*; gr. *eidos*, aspect). Qui a l'aspect d'un pétale.

PÉTALOSOME adj. (gr. *petalon*, feuille; *soma*, corps). Qui a le corps aplati en forme de feuille.

PÉTARADE s. f. (rad. *péter*). Plusieurs pets de suite. Ne se dit guère qu'en parlant des chevaux et d'autres animaux semblables, lorsqu'ils pètent en ruant : *le cheval se mit à ruer et à faire des pétarades.*

Le cheval refusa, fit une *pétarade*.
LA FONTAINE.

— Bruit qu'on fait de la bouche, par mépris pour quelqu'un : *il lui a fait une pétarade.* — Fig. et fam. IL M'A RÉPONDU PAR UNE PÉTARADE, il n'a fait aucun cas de ce que je lui ai dit.

PÉTARD s. m. (rad. *péter*). Sorte de machine de fer ou de fonte, en forme de cône renversé, qu'on remplit de poudre à canon, et qu'on attache à une porte pour la briser, ou à une muraille pour l'ébranler. On attribue aux huguenots (1579) l'invention de cet engin, et l'on prétend que Henri IV en fit le premier usage au siège de Cahors (1580). — Pièce d'artifice faite avec de la poudre à canon, et du papier ou du parchemin mis en plusieurs doubles, et extrêmement battu et serré : *jeter des pétards.*

PÉTARDER v. a. Faire jouer le pétard : *pétarder une porte.*

PÉTARDIER s. m. Celui qui fait les pétards, ou qui les applique : *habile pétardier.*

PÉTASE s. m. (gr. *petasos*). Antiq. Sorte de chapeau rond, à bords très étroits, qui était en usage chez les anciens: *le pétase ailé de Mercure.*

PETAU s. m. Hist. Nom donné à des paysans saintongeois poussés à la révolte en mai 1548, par les exactions dont ils étaient victimes et par un nouvel impôt sur le sel. L'insurrection commença à Blanzac, et se répandit à Châteauneuf et à Barbezieux, puis dans toute la Saintonge, l'Aunis, le Limousin, le Bordelais, le Périgord et l'Agenais. Le cri de « *Mori aux gabeleurs* » fut le signe de ralliement des masses de paysans, qui se donnèrent pour chef un habitant de Barbezieux nommé Puymoreau; celui-ci reçut le titre de *coronal* (colonel) *de Saintonge*. Après avoir commis quelques excès, avoir saccagé les maisons des officiers de justice et égorgé plusieurs nobles, les petaux, trahis par un grand nombre d'entre eux, se dispersèrent devant les terribles lansquenets de Montmorency. Ce dernier régna par la terreur à Bordeaux et dans les autres pays pacifiés. Les arbres n'eurent pas assez de branches pour y pendre les paysans. Des centaines de bourgeois de Bordeaux furent pendus. Puymoreau eut l'honneur d'être décapité, en sa qualité de gentilhomme. D'autres coronals périrent au milieu des plus affreux tourments. Comme toujours, cette épouvantable réaction ne produisit pas l'effet désiré; il fallut abolir l'impôt sur le sel, après avoir exterminé ceux qui avaient refusé de le payer.

PETAU (Denis), *Petavius*, chronologiste

français, né à Orléans, le 25 août 1583, mort en 1652. Après avoir enseigné en plusieurs endroits, il fut professeur de théologie dogmatique à la Sorbonne, de 1621 à 1641. Ses œuvres comprennent : *Uranologia* (2ᵉ éd., donnée par Hardouin, 1703,3 vol.); *Rationarium Temporum* (1633-'34, 2 vol.), ouvrage qu'il revit plusieurs fois, et qui a été traduit en français et en anglais; et *Theologica Dogmata* (dernière éd. 1865-'67, 8 vol.).

* **PÉTAUD** ou Petaud s. m. Terme qui n'est usité que dans cette phrase famil., LA COUR DU ROI PÉTAUD, un lieu de confusion, ou tout le monde est maître: *cette maison est la cour du roi Pétaud.*

* **PÉTAUDIÈRE** ou Petaudière s. f. Assemblée où il n'y a pas d'ordre, un lieu où chacun fait le maître : *cette maison, cette assemblée est une pétaudière, une vraie pétaudière.* (Fam.)

PETCHILI, Chihli ou **Tschili**, prov. chinoise; 148,357 kil. carr.; 37 millions d'hab. cap. Pékin. — **Golfe de Petchili,** golfe situé sur la côte orientale de la Chine, dans la mer Jaune.

PETCHORA, fleuve de la Russie d'Europe, qui prend naissance dans le gouvernement de Perm, sur les pentes occidentales des monts Oural, et arrive par de nombreux circuits à l'océan Arctique où il se décharge par un large estuaire, par 68° 20' lat. N., entre 55° et 52° long. E., après un cours de 1,500 kil.

* **PÉTÉCHIAL, ALE** adj. [-chi-al] (rad. *pétéchies*). Méd. Qui est accompagné de pétéchies, ou qui est de la nature des pétéchies : *fièvre pétéchiale ; éruption pétéchiale.*

* **PÉTÉCHIES** s. f. pl. [pé-té-chi] (bas lat. *pestechia;* du lat. *pestis,* peste). Méd. Taches pourprées, semblables à des morsures de puces, qui paraissent sur la peau dans les fièvres graves.

PETEN [pé-tènn], district formant la partie septentrionale extrême du Guatemala, dép. de Vera Paz; 50,000 kil. carr. Il contient de nombreux lacs, dont le plus remarquable est celui d'Itza ou Peten. Au centre se trouve l'île de Peten, dont les Itzaes et les Mayas choisirent la hauteur rocheuse pour l'emplacement de leurs temples, et où les Espagnols bâtirent plus tard la ville de Flores. Les temples sont en ruines aujourd'hui.

* **PET-EN-L'AIR** s. m. [pè-tan-lèrr]. Espèce de robe de chambre fort courte, qui ne descend que jusqu'au bas des reins : *des pet-en-l'air.*

* **PÉTER** ou Peter (lat. *pedere*). Faire un pet. — Prov., fig. et bass. PÉTER PLUS HAUT QUE LE CUL, entreprendre des choses au-dessus de ses forces ; prendre des airs au-dessus de son état : *il ne faut pas péter plus haut que le cul.* — Se dit de certaines choses qui font un bruit subit et éclatant : *le bois de chêne pète dans le feu.* — SON FUSIL, SON PISTOLET LUI A PÉTÉ DANS LA MAIN, son fusil, son pistolet, en faisant explosion, lui a crevé dans la main. — NE COMPTEZ PAS SUR LES PROMESSES DE CET HOMME, IL VOUS PÉTERA DANS LA MAIN, il vous manquera au besoin. On dit de même, J'AVAIS POUR CINQUANTE MILLE FRANCS DE BILLETS QUI M'ONT PÉTÉ DANS LA MAIN, que j'ai perdus, dont je n'ai pas été payé. — LA GUEULE DU JUGE EN PÉTERA, IL FAUT QUE LA GUEULE DU JUGE EN PÈTE, se dit lorsque dans une affaire on ne veut point d'accommodement, et qu'on veut qu'elle soit jugée.

PETERBOROUGH [pi'-teur-bo-rou], ville du Northamptonshire (Angleterre), sur la Nene, à 116 kil. N.-O. de Londres ; 17,429 hab. La cathédrale, fondée en 655, est un beau spécimen d'architecture anglo-normande primitive, long de 676 pieds, avec des transepts longs de 203 pieds.

PETERBOROUGH (Charles MORDAUNT, *comte de*), homme de guerre anglais, né en 1658, mort en 1735. Il succéda à son père comme vicomte Mordaunt et servit de bonne heure dans les Etats barbaresques. En 1689, il fut créé premier commissaire de la trésorerie et comte de Monmouth; mais il se démit de sa charge au bout de quelques mois, et servit dans la campagne de 1694 sur le continent. En 1796, il trempa dans la conspiration de Fenwick et fut plusieurs mois prisonnier à la Tour. En 1697, il hérita de son oncle le titre de comte de Peterborough. L'influence de la duchesse de Marlborough le fit nommer général en chef des forces envoyées en 1765 au secours de l'archiduc Charles d'Autriche, prétendant à la couronne d'Espagne. Avec 7,000 hommes, il s'empara de Barcelone, après avoir pris d'assaut la forteresse de Montjuich qui commandait la ville. Il parcourut promptement la Catalogne, l'Aragon, Valence, des parties de la Murcie et de la Castille, battant des forces très supérieures. L'arrivée devant Barcelone d'une armée de 20,000 hommes sous Philippe V, en avril 1706, arrêta le cours des triomphes de Peterborough; il se hâta de revenir et jeta dans la ville une partie de ses troupes. Après une résistance acharnée, les Barcelonais furent secourus par une flotte anglaise et les assiégeants se retirèrent précipitamment, suivis de près par Peterborough. Des dissensions s'élevèrent entre les généraux alliés, et, en 1707, Peterborough revint en Angleterre. En 1710, on l'envoya en ambassade à Vienne et dans d'autres cours du continent; en 1713, il fut envoyé à la cour de Victor-Amédée, et peu après, fait gouverneur de Minorque. Eliot Warburton a publié sa correspondance, avec une biographie (1853, 2 vol.).

PETERHEAD [pi'-teur-hèdd], ville maritime de l'Aberdeenshire (Ecosse), à 45 kil. N.-N.-E. d'Aberden ; 8,535 hab. C'est un des centres de la pêche du hareng; le commerce y est considérable, on y fait quelque construction de navires. En été elle est fréquentée par des baigneurs; et il y a, près de là, des sources minérales.

PETERMANN (Julius-Heinrich), orientaliste allemand, né en Saxe en 1806, mort en 1876. En 1837, il devint professeur de littérature orientale à Berlin, et, en 1867-'68, consul à Jérusalem. Outre des grammaires arménienne, arabe, chaldaïque et hébraïque, il a publié des ouvrages sur la littérature orientale et des descriptions de ses voyages en Orient.

PETERS ou **Peeters** (BoNAVENTURA) [pé-terss], peintre de marines flamand, né à Anvers en 1614, mort vers 1660. Ses *Ouragans* et ses *Tempêtes* témoignent d'une grande habileté de touche.

PETERS (Christian-Henry-Frederick), astronome américain, né dans le Schleswig en 1843, mort en 1880. Après de longues explorations scientifiques en Italie, en Palestine et dans la région de l'ancienne Troie, il se rendit aux Etats-Unis où il devint professeur d'astronomie. Mis à la tête du groupe de savants envoyés en Nouvelle-Zélande pour y observer le transit de Vénus, le 9 déc. 1874, il obtint 237 photographies du transit, pendant lequel il mesura le diamètre apparent de Vénus, ce qui permit de déterminer, pour la première fois, la grandeur réelle de cette planète. Il a acquis une grande célébrité par ses travaux sur les comètes et sur les astéroïdes; on lui doit la découverte de 41 de ces petites planètes, dont il a déterminé les éléments. Parmi les autres travaux de ce savant, les astronomes conserveront le souvenir des mesures des parallaxes de *Véga* (de la Lyre), d'*Arcturus* (du Bouvier), de la *Polaire* et surtout de la *Chèvre* (du Cocher).

PETERS (pe'-teurss) ou **Peter** (HUGH), ministre dissident anglais, né en 1599, exécuté le 16 oct. 1660. En 1636, il devint pasteur de l'église de Salem (Massachusets), à la place de Roger Williams, dont il répudia les doctrines et excommunia les adhérents. En 1638, il fut nommé pour aider à recueillir et à reviser les lois coloniales. Envoyé comme agent colonial en Angleterre en 1641, il entra dans le parti parlementaire et se fit prédicateur dans l'armée. Après la Restauration, il fut accusé de haute trahison comme ayant trempé dans la mort du roi. Pendant son emprisonnement, il écrivit des lettres à sa fille, publiées sous le titre de *A Dying Father's Last Legacy to an Only Child* (1717). Parmi ses autres ouvrages publiés, on cite *Good Work for a Good Magistrate* (1651).

PETERSBOURG [pi'-teurss-bourg], ville et port de la Virginie, sur l'Appomattox, à 20 kil. au-dessus de son confluent avec le James, à City Point, et à 36 kil. de Richmond; 18,950 hab., dont 10,185 de couleur. Ville bien bâtie, sur un terrain en pente, dont toutes les eaux descendent naturellement dans la rivière.

PETERSBOURG (Saint-) (russe *Peterburg*; all. *Sankt-Petersburg*; angl. *Saint-Petersburg*). I, gouvernement du N.-O. de la Russie, sur le golfe de Finlande; 53,767 kil. carr.; 1,600,000 hab. Cap., Saint-Pétersbourg. Territoire plat, marécageux et dénudé, correspondant presque entièrement à l'ancienne province d'Ingrie. Ce pays fut assuré à la Russie, par la paix de Nystad en 1721. — II, capitale de la Russie, sur le delta de la Néva, par 59° 56' 30" lat. N., et 27° 59' long. E., à 21 kil. E. de Cronstadt, qui lui sert de port;

Église Saint-Isaac.

à 600 kil. N.-O. de Moscou ; à 2,968 kil. N.-E. de Paris, de Bruxelles; 990,000 hab., dont 95,000 protestants, 22,000 catholiques romains et plus de 50,000 allemands. Les îles de la

Néva sont réunies avec la péninsule, et sont reliées les unes aux autres par 40 ponts; au delà de la Néva, à l'E. de la ville, se trouve un faubourg qui s'accroît prodigieusement. On construit dans les chantiers de la ville, de très gros navires que l'on ne peut mettre à flot qu'à Cronstadt, à cause de la barre de l'embouchure de la Néva. La partie péninsulaire méridionale de ce fleuve, renferment les palais les plus remarquables, se nomme Bolchaya-Storona ou Grand-Côté; les îles et la partie de la ville qui se trouvent sur la côte septentrionale, reçoivent le nom de Peterburg. C'est là que se trouvent, en face du *quai Anglais*, la Bourse, les plus beaux docks et les plus jolis magasins. La ville ne s'élève que très peu au-dessus de la Néva, qui déborde souvent et cause de grands ravages. La *Péninsule* ou *Grand-Côté* est arrosée par des canaux que traversent de nombreux ponts. Les quais qui s'étendent le long de la Néva sont des plus étendus. Au point central du Grand-Côté, se dresse le palais de l'Amirauté, monument massif, les pieds dans le fleuve, et surmonté d'un dôme et d'une spire; autour rayonnent les plus belles rues de la ville. La *Perspective de Néva*, large de 42 m. 67, et longue d'environ 6 kil., renferme la cathédrale de Notre-Dame de Kazan, ornée avec profusion d'or, d'argent et de pierres précieuses. On y trouve encore un grand nombre d'autres églises, les quartiers généraux militaires, le palais de l'archiduc Michel, et le bazar où l'on admire les étalages de plus de 10,000 marchands. A l'extrémité de cette rue et près de la limite de la Néva, qui débordent se dressent le couvent et l'église de Saint-Alexandre-Newski; cette dernière contient un sarcophage d'argent pur dans lequel on conserve le corps du saint; non loin de l'église, on a construit le palais du métropolitain. L'église Saint-Isaac, au S.-O. de l'amirauté, sur l'une des plus grandes places qu'il y ait au monde, est célèbre par son architecture simple, mais grandiose, par ses nobles proportions et par ses porches imposants. La capitale de la Russie est surtout une ville de palais et de casernes. Le *Palais d'hiver*, brûlé en 1837, a été reconstruit en 1839, sur une plus vaste échelle. C'est l'un des plus grands palais de l'Europe; il mesure 152 m. de long et 117 m. de large. Ses salles, d'une merveilleuse beauté, sont pleines des pierres précieuses les plus fines, des plus belles peintures et des chefs-d'œuvre de la statuaire. L'*Ermitage*, construit par Catherine II, est réuni au précédent, et comprend un musée de peinture de 40 salles; on y trouve aussi d'autres collections, un théâtre et une bibliothèque de 120,000 volumes. Parmi les nouveaux palais, on admire surtout celui du grand-duc Wladimir. La bibliothèque impériale contient 1,500,000 vol. et 35,000 manuscrits. L'académie des sciences, fondée par Pierre le Grand, sous la direction de Leibnitz, possède de vastes collections, une bibliothèque de 120,000 vol. et environ 300 étudiants. La Société géographique encourage les publications et des explorations. L'Académie des arts renferme de belles galeries. L'université, fondée en 1819, est fréquentée par 1,400 étudiants. Un gymnase et une école normale pour les femmes ont été ouverts en 1873. Parmi les grandes institutions charitables, nous citerons l'hôpital des Enfants-Trouvés. Le Gostinnoï-Dvoir est un marché colossal où se trouvent des boutiques et des magasins qui lui donnent l'aspect d'une foire perpétuelle. Saint-Pétersbourg renferme 25 salles de théâtre, sans compter de nombreux cafés-concerts; les salles les plus fréquentées sont celles du Grand-Théâtre, où l'on joue l'opéra italien, du théâtre Michel pour les pièces françaises et allemandes, et du théâtre Alexandra pour les pièces russes. Le club Anglais, ainsi nommé de ses fondateurs, est un des plus animés. Parmi les promenades, nous

citerons les *Jardins d'été*. — Les hivers, très rudes, durent pendant plus de 7 mois, après lesquels l'été arrive sans transition, avec des chaleurs accablantes; les habitants se retirent généralement alors dans les caves, ce qui est préjudiciable à la santé publique. Commerce de librairie très étendu; manufactures de tapisseries des Gobelins, de verre et de porcelaine, de malachite et d'autres pierres précieuses produisant des articles recherchés; grandes fonderies de canons; manufactures de coton, de soie, de mousseline, de lainages, de cuirs, de papier, de tabac, de savon, d'horloges, de bijouterie, etc. Environ 3,000 navires entrent annuellement dans le port; mais la Néva est gelée pendant environ 7 mois chaque anné. En 1875, les docks ont été réunis par chemin de fer avec Moscou et avec les autres principales villes de l'empire; un canal, terminé en 1880, mit ces docks en relation avec Cronstadt. Dans la citadelle se trouve l'église Saint-Pierre-et-Saint-Paul, terminée en 1827. — Pierre le Grand érigea en 1703 une forteresse sur l'emplacement de la citadelle actuelle et jeta les fondations de cette ville, malgré les terribles obstacles que présentaient un sol défavorable et un climat insalubre. Le siège de l'*empire* y fut transféré en 1712. Les successeurs de Pierre le Grand, particulièrement Catherine II, firent beaucoup pour l'embellissement de cette ville, qui est aujourd'hui, pendant l'hiver, une des plus brillantes capitales de l'Europe. — TRAITÉS DE SAINT-PÉTERSBOURG : 5 mai 1762, entre la Russie et la Prusse; la première de ces puissances rendit à la seconde toutes ses conquêtes. 5 août 1772, partage de la Pologne. 8 septembre 1805, coalition contre la France. 24 mars 1812, alliance de la Suède et de la Russie contre Napoléon.

PÉTERSBOURGEOIS, OISE s. et adj. [péter-sbour-joua]. De Saint-Pétersbourg; qui appartient à cette ville ou à ses habitants.

PETERWARDEIN [pé-ter-var-daïnn] (hongr. *pétervarad*), place forte de Hongrie, sur la rive droite du Danube, à 270 kil. S.-S.-E. de Pesth, et à 70 kil. N.-O. de Belgrade; 4,022 hab., sans compter la garnison. La citadelle

Forteresse de Peterwardein.

supérieure est bâtie sur un roc escarpé dominant un promontoire abrupt formé par un coude du Danube, en face de Neusatz. Au pied du rocher, est la citadelle inférieure qui contient la ville proprement dite. Le prince Eugène y remporta une victoire décisive sur les Turcs, le 5 août 1716. Les Hongrois y tinrent vaillamment en 1848-'49, jusqu'après la reddition de Gœrgey.

* **PÊTEUR, EUSE** s. Celui, celle qui pète, qui a l'habitude de péter. — ON L'A CHASSÉ COMME UN PÊTEUR D'ÉGLISE, ou simpl., COMME UN PÊTEUR, COMME UN PÊTEUX, se dit d'un homme qu'on a chassé honteusement de quelque endroit.

* **PÊTEUX, EUSE.** Voy. PÊTEUR.

PÉTHION. Voy. PÉTION.

* **PÉTILLANT, ANTE** ou Pétillant, ante adj. [ll mll.]. Qui pétille, qui brille avec éclat : *un pétillant.*

* **PÉTILLEMENT** ou Pétillement [ll mll.]. Action de petiller : *le petillement du sel, du sarment dans le feu.*

* **PÉTILLER** ou Pétiller v. n. [ll mll.]. Eclater avec un petit bruit réitéré et en sautillant : *le sel petille dans le feu.* — LE SANG LUI PÉTILLE DANS LES VEINES, il a le sang vif, il est impatient, impétueux. — PÉTILLER D'ARDEUR, D'IMPATIENCE, DE JOIE, D'INDIGNATION, DE COLÈRE, etc., manifester par ses regards, par ses gestes, beaucoup d'ardeur, d'impatience, de joie, d'indignation, de colère. — PÉTILLER DE FAIRE UNE CHOSE, souhaiter avec ardeur de la faire, en avoir une extrême impatience : *il petille de vous aller voir.* — PÉTILLER D'ESPRIT, avoir, montrer, annoncer un esprit vif et brillant : *cet enfant petille d'esprit.* — Absol. SES YEUX PÉTILLENT, sont vifs et étincelants.

PÉTIOLAIRE adj. [-si-o-]. Bot. Qui a rapport au pétiole.

* **PÉTIOLE** s. m. [pé-si-o-le]. Bot. Partie d'une feuille qui lui sert de support; queue d'une feuille : *pétiole simple, pétiole commun.*

* **PÉTIOLÉ, ÉE** adj. [pé-si-o-lé]. Bot. Porté par un pétiole; par opposition à SESSILE : *feuille pétiolée.*

PÉTIOLULE s. m. [pé-si-o-]. Nom donné au pétiole particulier de chacune des folioles dont la réunion constitue une feuille composée.

PÉTION (Anne-Alexandre SABÈS) [pé-ti-on], premier président de la république de Haïti, né à Port-au-Prince, le 2 avril 1770, mort le 29 mars 1848. Son père était Pascal Sabès, colon opulent, et sa mère une mulâtresse de condition libre. Il étudia à l'Académie militaire de Paris, servit dans l'armée française, puis dans celle de Haïti, et rendit, comme ingénieur, de précieux services à Toussaint et à Dessalines. Lorsque Toussaint se mit à proscrire les blancs et les mulâtres, Pétion prit les armes pour lui résister; mais il dut à la fin chercher un refuge en France. Il revint colonel de l'armée envoyée sous le général Leclerc pour réduire Haïti; mais, après la révolte de 1802, Pétion se mit au ordres de Dessalines, et ils proclamèrent de nouveau l'indépendance de Haïti (1804). Lors de la dissolution du gouvernement qui suivit l'assassinat de l'empereur noir (1806), les mulâtres se rallièrent autour de Pétion qui, en 1807, fut élu président des parties méridionales et occidentales de l'île. Plus tard, cet office lui fut conféré à perpétuité avec le droit de désigner son successeur. Une guerre avec Christophe dura plusieurs années, mais finit par aboutir à une suspension d'hostilités. Avec un pouvoir absolu, Pétion conserva toujours la plus grande simplicité républicaine. Mais le désordre se mit dans les finances du pays; il tomba dans l'hypocondrie, et mourut après avoir désigné le général Boyer pour son successeur.

PÉTION ou Péthion DE VILLENEUVE (*Jérôme*). [pé-ti-on], révolutionnaire français, né à Chartres en 1753, mort en 1794. Avocat à Chartres, il fut, en 1789, élu député aux états généraux. En 1790, l'Assemblée le choisit pour son président. Élu maire de Paris de préférence à Lafayette, il participa secrètement au mouvement insurrectionnel du 20 juin 1792 et fut suspendu de ses fonctions; mais l'Assemblée, alarmée du cri populaire: « Pétion ou la mort! » l'y rétablit. Il prit part à l'insurrection du 10 août, ne fit rien pour arrêter les massacres de Septembre, et présida le premier la Convention. Il y perdit son influence en se rangeant du côté des Girondins, avec lesquels il fut proscrit en juin 1793. Il s'enfuit, et le trouva mort avec Buzot, près de Bordeaux, à demi dévoré par les loups; l'un et l'autre s'étaient sans doute suicidés. On a recueilli ses écrits politiques. (*Œuvres*, 1793, 4 vol. in-8°.)

PÉTIOT, IOTE adj. [pe-tio]. Petit, petite. (Fam. et pop.)

PÉTIS (*François*), orientaliste (1622-'95). Il a laissé une *Histoire de Gengis-Khan* publiée en 1740 (in-12).

PÉTIS DE LA CROIX (*François*), fils du précédent, né à Paris en 1653, fit plusieurs voyages en Orient et obtint une chaire d'arabe à Paris. On lui doit: *les Mille et un Jours* (Paris, 1710-'12, 5 vol. in-12); *Histoire de la Sultane de Perse et des Vizirs* (1707, in-12); *Voyage en Syrie et en Perse*; *Histoire de Tamerlan* (1722, 4 vol. in-12), etc.

* PETIT, ITE adj. Qui a peu d'étendue, peu de volume dans son genre, dans son espèce. En ce sens, il est opposé également à grand et à gros, selon les différentes choses dont on parle: *un petit homme; un petit caractère d'écriture.* — PORTER DE PETITS CHEVEUX, porter les cheveux courts. PORTER UN PETIT COLLET, LE PETIT COLLET, être habillé en ecclésiastique. — Rôtiss. PETITS PIEDS, les grives, cailles, ortolans et autres oiseaux d'un goût délicat. — AU PETIT PIED. (Voy. PIED.) — Se dit aussi d'une quantité numérique, et il est opposé à nombreux: *un petit nombre de personnes.* — Se dit généralement des choses physiques ou morales qui sont moindres que d'autres dans le même genre: *rendez-moi ce petit service.* Prov. *Petite pluie abat grand vent.*

> Tout *petit* prince a des ambassadeurs.
> LA FONTAINE.

— C'EST UN PETIT ESPRIT, se dit d'un homme minutieux, qui attache de l'importance à de petites choses. On le dit aussi d'un homme qui a des sentiments peu nobles, peu généreux. — C'EST UN PETIT GÉNIE, se dit d'un homme dont les facultés intellectuelles sont très bornées. — CELA EST BIEN PETIT, cela est peu noble, cela est bien petit: *il s'est vengé en le destituant; cela est bien petit.* — UNE PETITE COMPLEXION, UNE PETITE CONSTITUTION, une complexion, une constitution faible. — SE FAIRE PETIT, se placer, s'arranger de manière à occuper le moins de place qu'il est possible; et, fig., éviter l'éclat, ne point chercher à occuper de soi, à attirer sur soi les regards. — Fig. SE FAIRE PETIT, ÊTRE PETIT DEVANT QUELQU'UN, s'abaisser devant lui par respect ou par crainte. ÊTRE PETIT DEVANT QUELQU'UN, signifie aussi, perdre beaucoup à être comparé avec lui; ne paraître rien devant lui: *tout ce qu'il y a de grand dans le monde est petit devant Dieu.* — ÊTRE AUX PETITS SOINS

AVEC QUELQU'UN, avoir pour lui des attentions recherchées, délicates. — LE PETIT PEUPLE, le bas peuple, le menu peuple. DES GENS DE PETITE ÉTOFFE, DE PETITES GENS, des gens de basse condition. PETIT MARCHAND, marchand en détail, qui a une petite boutique. — Pop. LE PETIT MONDE, par opposition au grand monde, aux personnes opulentes et considérables: *il ne faut pas trop mépriser le petit monde.* — LA PETITE POINTE DU JOUR, la première pointe, la première apparence du jour. — LA PETITE GUERRE, celle qui se fait par détachements ou par partis, dans le dessein d'observer les démarches de l'ennemi, de l'incommoder, de le harceler. Se dit aussi d'un simulacre de guerre, dans lequel des corps d'une même armée manœuvrent et combattent les uns contre les autres, en tirant seulement à poudre. — Au trictrac. PETIT JAN, le plein fait dans la partie du tablier où les dames sont en pile au commencement de la partie: *faire un petit jan.* — PETITE VÉROLE, maladie dangereuse qui se manifeste par des éruptions à la peau, et dont on se préserve par la vaccine. — Typogr. *Petit canon, petit parangon, petit romain, petit texte.* (Voy. CANON, PARANGON, etc.) *Petite capitale.* (Voy. CAPITALE.) — Exprime quelquefois une idée d'affection; c'est ainsi que des époux s'appellent familièrement, MON PETIT HOMME, MA PETITE FEMME, ou simpl., MON PETIT, MA PETITE. — Substantiv. Se dit des enfants par caresse ou par familiarité: *j'ai appris que votre petite avait été enrhumée.* — Se dit encore des hommes qui manquent de naissance, de fortune, de crédit, de pouvoir, par opposition à ceux qui jouissent de ces avantages: *la mort n'épargne ni grands ni petits.* Dans cette acception, il s'emploie qu'au masculin. — DU PETIT AU GRAND, par comparaison des petites choses aux grandes: *en fait de machines, il y a beaucoup de différence du petit au grand.* On dit de même, EN COMPARANT LES CHOSES DU PETIT AU GRAND. UN PETIT, un peu: *reposons-nous un petit.* (Vieux.) — En petit loc. adv. En raccourci: *cette église est Saint-Pierre de Rome en petit.* — Petit à petit loc. adv. Peu à peu, par degrés peu sensibles: *il a fait sa fortune petit à petit.* — Prov. et fig., PETIT A PETIT L'OISEAU FAIT SON NID, on fait peu à peu sa fortune, sa maison.

* PETIT s. m. Animal nouvellement né, par rapport à son père et à sa mère: *cette chienne a fait des petits.*

PETIT-BLANC s. m. Ancienne monnaie d'argent française. — pl. Des PETITS-BLANCS.

* PETITE-FILLE s. f. Fille du fils ou de la fille, par rapport à l'aïeul ou à l'aïeule: *des petites-filles.*

* PETITEMENT adv. (rad. *petit*). En petite quantité, fort peu: *il a du bien, mais il en a petitement.* — ÊTRE LOGÉ FORT PETITEMENT, être logé fort à l'étroit. — Mesquinement: *il nous a traités bien petitement.* — Avec petitesse, sans élévation: *il s'est vengé bien petitement.*

* PETITE-OIE s. f. Ce mot désigne collectivement le cou, les ailerons et ce qu'on retranche d'une oie ou d'une autre volaille pour la faire cuire. — Les bas, le chapeau, les gants et les autres ajustements nécessaires pour rendre un habillement complet. — Dans le langage de la galanterie, les faveurs qui précèdent la dernière.

PETITE-PIERRE (La), ancien ch.-l. de cant. de l'arr. de Saverne (Bas-Rhin) dans un défilé des Vosges; 1,100 hab. Pendant la guerre de 1870-71, un sergent-major nommé Bœltz se réfugia dans les fortifications de cette place avec 33 hommes, et s'y défendit vaillamment.

* PETITES-MAISONS s. f. pl. Nom donné autrefois à un hôpital de Paris où l'on ren-

fermait les aliénés. — IL EST A METTRE AUX PETITES-MAISONS, c'est un homme sans raison, qui fait ou dit des choses folles. — CE SONT LES PETITES-MAISONS OUVERTES, se dit d'un trait de folie.

* PETITESSE s. f. (rad. *petit*). Peu d'étendue, peu de volume: *la petitesse d'un vase.* — Modicité; et, en ce sens, n'est guère usité qu'en parlant de dons, de présents: *la petitesse de ce don sera pour vous un motif de l'accepter.* — Fig. Faiblesse, bassesse: *l'homme, en considérant sa petitesse, ne saurait trop s'humilier devant Dieu; la petitesse de l'esprit fait l'odiniètreté.* — Actions qui dénotent la petitesse du cœur, de l'âme, de l'esprit: *c'est une petitesse à lui de s'être offensé de si peu de chose.*

* PETIT-FILS s. m. Fils du fils ou de la fille, par rapport à l'aïeul ou à l'aïeule: *des petits-fils.*

PETIT-GRAIN s. m. Nom donné aux très petites oranges qui tombent de l'arbre peu de temps après la floraison: *des petits-grains.*

* PETIT-GRIS s. m. Sorte de fourrure faite de la peau d'un écureuil du Nord: *des petits-gris.*

* PÉTITION s. f. [pé-ti-si-on] (lat. *petitio*; de *petere*, demander). Didact. N'est usité que dans cette locution, PÉTITION DE PRINCIPE, raisonnement vicieux qui consiste à poser en fait, en principe la chose même qui est en question: *c'est une pétition de principe.* — Demande par écrit adressée à une autorité, pour obtenir une grâce, ou le redressement de quelque grief: *faire, adresser, présenter une pétition au ministre, à la Chambre.* — En Jurispr. PLUS-PÉTITION. (Voyez ce mot précédé à son rang alphabétique.) — Législ. « Le droit de *pétition*, qui est celui (appartenant à tout citoyen) d'adresser des demandes, propositions et réclamations aux assemblées législatives, a été exercé en Angleterre, dès la fin du xve siècle, et il en a toujours été fait, dans ce pays un fréquent usage. Ce droit a été reconnu en France par la première Assemblée constituante et par les diverses constitutions; mais la faculté qui avait été laissée aux citoyens d'apporter eux-mêmes leurs pétitions à la barre des assemblées, dut être retirée par suite des scènes de désordre et de violence dont l'histoire est assez connue. La constitution de 1852 ne permettait d'adresser aucune pétition au Corps législatif; mais le Sénat pouvait en recevoir. Aux termes des règlements actuellement en vigueur dans nos deux Assemblées législatives, toute pétition adressée au Sénat ou à la Chambre des députés doit être rédigée par écrit et signée. Elle doit indiquer la demeure du pétitionnaire, ou de l'un d'eux, s'il y en a plusieurs. Les signatures doivent être légalisées; et, si la légalisation a été refusée, le pétitionnaire fait mention de ce refus à la suite de la pétition. Les pétitions sont adressées au président de l'assemblée, ou déposées sur le bureau par l'un de ses membres. Aucune pétition n'est reçue si elle est apportée par un rassemblement formé sur la voie publique. Les pétitions présentées sont inscrites, dans l'ordre de leur arrivée, sur un rôle général; puis elles sont renvoyées à la commission des pétitions, soit à la commission spéciale qui se trouve saisie d'une proposition ayant le même objet. Chaque pétition est, dans la commission, l'objet d'un rapport et d'une résolution; et il est donné avis de cette résolution au pétitionnaire. Tout sénateur ou député peut, en vertu du règlement, obtenir que le rapport d'une pétition soit fait en séance publique. — On nomme *pétition d'hérédité* l'action par laquelle l'héritier légitime réclame, contre celui qui est en possession, tout ou partie des biens de la succession. Cette action peut aussi être exercée par le légataire universel. »   (CH. Y.)

* **PÉTITIONNAIRE** s. Celui ou celle qui fait, qui présente une pétition.

* **PÉTITIONNEMENT** s. m. Action de pétitionner.

* **PÉTITIONNER** v. n. Faire des pétitions, en faire fréquemment ou collectivement : *ils pétitionnèrent inutilement.*

* **PETIT-LAIT** s. m. Sérosité qui se sépare du lait lorsqu'il se caille.

* **PETIT-MAÎTRE** s. m. Jeune homme qui se fait remarquer par une élégance recherchée dans sa parure, par des manières libres et un ton avantageux avec les femmes : *des petits-maîtres.*

* **PETIT-NEVEU** s. m. Le fils du neveu ou de la nièce, par rapport au frère ou à la sœur de l'aïeul ou de l'aïeule. On dit au féminin PETITE-NIÈCE : *des petits-neveux.*

* **PÉTITOIRE** s. m. Jurispr. Se dit en parlant d'une demande faite en justice, pour être maintenu ou rétabli dans la propriété d'un bien immobilier : *se pourvoir au pétitoire.* — GAGNER SON PROCÈS AU PÉTITOIRE, être déclaré légitime propriétaire de l'héritage en litige. — Adj. f. ACTION PÉTITOIRE, demande au pétitoire. — Législ. « *L'action pétitoire* se distingue de l'*action possessoire* en ce que par la première le demandeur revendique la propriété d'une chose contre celui qui la détient, tandis que par la seconde il demande seulement, en justifiant du fait de sa possession non contestée depuis un an au moins, à être maintenu ou réintégré dans cette possession contre ceux qui, depuis moins d'un an, l'ont dépossédé ou troublé. Ces deux actions sont soumises à des règles différentes et ne peuvent être exercées simultanément; mais lorsque le demandeur a succombé au possessoire, il peut se pourvoir ensuite au pétitoire, pourvu qu'il ait préalablement satisfait aux condamnations prononcées contre lui (C. pr., 23 et s.). »   (CH. Y.)

PETITOT (Louis-Messidor-Lebon), sculpteur français, né à Paris en 1794, mort en 1862. Son groupe représentant un pèlerin calabrais et son fils accablés par la fatigue et implorant le secours de la Vierge (1847), a été, en 1874, placé dans le jardin du Luxembourg.

PETITOT (Jean), créateur de la peinture sur émail, né à Genève en 1607, mort en 1691. Il s'attacha aux rois d'Angleterre Charles Ier et Charles II, et au roi de France Louis XIV. A la révocation de l'édit de Nantes, une longue captivité mit sa vie en danger.

PETITOT (Claude-Bernard), littérateur et philologue, né à Dijon en 1772, mort en 1825. Il composa d'abord quelques médiocres tragédies, traduisit Alfieri (1802, 4 vol. in-8°), les *Nouvelles* de Cervantès (1809, 4 vol. in-18), donna une nouvelle édition de la *Grammaire* de Port-Royal (1803, in-8°), des *Œuvres* de Racine, etc. Sa réputation repose surtout sur son répertoire du *Théâtre-Français* (Paris, 1803-'04, 23 vol. in-8°), et sur sa collection de *Mémoires relatifs à l'histoire de France* (1819-'24, 56 vol. in-8°), continué par Monmerqué.

PETIT-PÈRE s. m. Nom vulgaire des augustins déchaussés : *des petits-pères.*

PETIT-QUÉ s. m. [pe-ti-kué]. Typogr. Ancien nom du signe appelé aujourd'hui *point et virgule.* Ce mot était encore en usage au moment où Momoro publia son manuel de l'imprimeur (1793). Son nom lui vient de ce que, dans les ouvrages latins, on se servait anciennement du point et virgule *pour abréger* la conjonction *que.* Ainsi on exprimait *ubiq;* pour *ubique; quousq;* pour *quousque*, etc.

* **PETITS-ENFANTS** s. m. pl. Enfants du fils ou de la fille par rapport au père ou à la mère de ces derniers.

PETIT-VIEUX s. m. Nom donné sous Louis XIII et sous Louis XIV aux soldats des régiments de création récente par rapport à ceux des *vieux corps.*

PETŒFI (Sandor) [pe-'teu-fi], poète hongrois, né en 1823, disparu en 1849. Il fut de bonne heure reconnu comme le premier poète lyrique de la Hongrie. Il conduisit le mouvement révolutionnaire à Pesth, 15 mars 1848, et, pendant la campagne de Transylvanie, fut aide de camp du général Bem. On le vit pour la dernière fois le 31 juillet 1849 à Schaesburg; il était poursuivi par des cosaques.

* **PETON** s. m. Dimin. de PIED. Un petit pied : *voilà de jolis petons.* Ne se dit qu'en parlant des enfants, ou par plaisanterie.

* **PÉTONCLE** s. f. Nom de plusieurs espèces de coquillages bivalves qui n'ont point de byssus et qui vivent libres, à demi enfoncés dans le sable. La *pétoncle large (petunculus glycimerie)* habite nos côtes.

PÉTORITE s. m. Genre de chariot à quatre roues, d'origine gauloise, en usage chez les Romains.

PETRA, ancienne ville d'Edom, à 80 kil. S. de la mer Morte, sur la crête orientale du Wady el-Arabah, à quelques kil. à l'E. du mont Hor. Le passage qui conduit aux ruines, à travers le *sik* ou ravin du Wady Musa, sorte de rue tortueuse longue de 2 kil., est bordé des deux côtés de tombes taillées dans la roche vive des parois; plusieurs sont d'une très élégante construction. D'autres ruines

Tombeau corinthien à Petra.

intéressantes sont le Deir, immense temple creusé dans le roc, et un théâtre, pratiqué de la même manière, et capable de contenir de 3,000 à 4,000 spectateurs. On suppose que cette ville est la même que la Sela de l'Ancien Testament, les deux noms signifiant également roche. (Pour son histoire dans l'antiquité, voy. EDOM et HORITES.) On avait oublié ces ruines et elles n'avaient pas été visitées, depuis le commencement du XIIIe siècle, lorsque Burckhardt les découvrit à nouveau en 1812.

PÉTRARQUE (ital. *Petrarca* ou *Petrarcha*) Francesco), poète italien, né à Arezzo, le 20 juillet 1304, mort à Arqua, près de Padoue, le 18 juillet 1374. Son père, Pietro ou Petrarco (d'où le nom du fils), notaire à Florence, dut partir pour l'exil, et Pétrarque fut élevé à Avignon et à Carpentras. Pendant qu'il étudiait à Bologne (1323-'26), il perdit ses parents et la plus grande partie de son patrimoine, et se prépara à entrer dans les ordres. En 1327, le 6 avril, il aperçut pour la première fois Laure, l'objet de l'adoration de toute sa vie, dans l'église de Sainte-Claire, à Avignon. Son ami Boccace le considérait comme

un être imaginaire. D'autres ont nié, non pas son existence, mais qu'elle fût mariée. Suivant l'abbé de Sade, biographe français de Pétrarque, dont l'autorité n'est pas d'ailleurs généralement acceptée, elle était femme de Hugues de Sade et mère de nombreux enfants; et elle mourut de la peste dans sa 40e année, le 6 avril 1348, date donnée par Pétrarque. Pétrarque la représente comme une personne d'une beauté idéale et d'un esprit parfait, qui recevait avec bonheur ses hommages sans récompenser son amour. En vain, il essaya d'étouffer cette passion par la distraction de voyages en France, dans les Flandres, en Allemagne et en Italie, par les soucis des affaires publiques et par une liaison illégitime avec une autre femme qui lui donna plusieurs enfants. En 1337, il s'établit dans la vallée de Vaucluse. En 1341, il fut couronné poète lauréat au Capitole, à Rome. Chargé avec Rienzi d'une mission pour le pape Clément VI à Avignon, ce dernier l'envoya à Naples; il vécut quelque temps à la cour de Parme, et après la chute de Rienzi (45 déc. 1347), il devint chanoine à Padoue, puis à Parme, où le pape le fit archidiacre. Son droit de cité à Florence lui fut rendu avec ses biens en 1351. Il fit des efforts répétés pour rétablir la paix entre Venise et Gênes; les Visconti de Milan lui conférèrent différentes missions diplomatiques. Il résida à Venise ou dans le voisinage, de 1361 à 1370, époque où il partit pour aller voir le pape; mais il fut pris de maladie à Ferrare, et se retira à Arqua, chez le mari de sa fille naturelle, Francesco da Brossano. Il y put finir une traduction latine de la *Griseldis* de Boccace.

— L'érudition de Pétrarque était immense. Dans ses œuvres latines, il combine les idées platoniciennes avec les doctrines de Sénèque. Parmi les nombreux et importants manuscrits qu'il remit au jour se trouvent les *Institutes* de Quintilien, les *Lettres familières* de Cicéron et les *Lettres à Atticus.* Son *Africa*, poème épique, et ses autres poésies latines, sans être exempts de défauts à bien des égards, valent mieux que la plupart des œuvres du même genre de ses prédécesseurs. Il s'immortalisa en donnant une impulsion à la renaissance des études classiques, en combattant la corruption du clergé, et en se faisant, poétiquement et politiquement, le champion de l'unité italienne. Il perfectionna beaucoup la langue italienne, et, dans la poésie lyrique, il n'a pas de rival dans son pays. Son œuvre principale, *Il Canzoniere* ou *Rime di Petrarca*, se compose de plus de 300 sonnets, y compris environ 50 *canzoni* ou odes sur le modèle des poésies des troubadours; il y en a trois, dédiées aux yeux de Laure, que les Italiens appellent les trois Grâces. La meilleure des centaines d'éditions qui existent de ses poésies est celle de Marsand (Padoue, 1819-'20, 2 vol.), lequel avait collectionné une bibliothèque de 900 vol. se rapportant à Pétrarque. Une partie de ses écrits inédits a été publiée par A.-H., à Trieste, en 1874. Thomas Campbell a écrit sa vie (1841). La plus complète de toutes ses biographies est celle de Ludwig Geiger (*Petrarka*, 1874). On a publié en 1874 un grand nombre d'écrits relatifs à sa vie, à son génie, à ses relations avec Laure, au sujet du centenaire de sa mort. Les sonnets de Pétrarque ont été traduits en français par de Gramont (Paris, 1840, in-12) et par de Montesquiou (Paris, 1842, 2 vol. in-8º). Voy. aussi *Mémoires sur Pétrarque* par l'abbé de Sade (1774, 3 vol., in-4º), et *Les Troubadours et Pétrarque*, par Gidel (Paris, 1857).

PÉTRAS s. m. [pé-trâ]. Homme lourd et borné.

* **PÉTRÉE** adj. f. (gr. *petraios*, couvert de pierres). N'est usité que dans cette expression, L'ARABIE PÉTRÉE, partie de l'Arabie qui est couverte de pierres, de rochers.

* **PÉTREL** s. m. (lat. *Petrus*, Pierre; par allusion à saint Pierre, à cause de la faculté que possède le pétrel de marcher sur l'eau). — Ornith. Genre de palmipèdes longipennes ou grands voiliers, comprenant un grand nombre d'espèces d'oiseaux nageurs de haute mer, dont la présence annonce ordinairement aux navigateurs l'approche des tempêtes, ce qui fait qu'on les surnomme *oiseaux des tempêtes*. — Les pétrels se distinguent par un bec crochu au bout, et dont l'extrémité semble faite d'une pièce articulée au reste; un ongle implanté dans le talon au lieu de pouce, la mandibule inférieure tronquée. Ce genre nombreux est aujourd'hui divisé en deux sous-genres : les *procellaria* (Linn.), ou pétrels

Pétrel tempête (Thalassidroma pelagica).

Pétrel gris-blanc (Procellaria glacialis).

proprement dits, et les *thalassidroma* (Vigors) ou pétrels de tempête. Leurs habitudes sont semblables à celles des mouettes, mais ils sont plus océaniques, car ils passent presque toute leur vie à effleurer la surface des vagues. Ils viennent rarement au rivage, si ce n'est pour la ponte, et alors ils choisissent les côtes rocheuses, et déposent leurs œufs sur le roc nu. Ils ont l'habitude de courir, ailes fermées, sur la surface des vagues. Leur vol est rapide, puissant, prolongé; ils suivent des navires pendant plusieurs jours consécutifs. Le pétrel géant (*procellaria gigantea*, Gmel.) a

Pétrel du Cap (Procellaria Capensis).

environ 1 m. de long et 2 m. 30 d'envergure, ressemblant à distance à un petit albatros. Son dos est d'un gris brunâtre tacheté de

blanc sale; ses ailes et sa queue d'un brun sombre; le dessous est blanc; le bec, les jambes et les pieds jaunes. Commun dans la mer du Sud, on le voit quelquefois sur les côtes de l'Amérique du Nord baignées par le Pacifique, pendant le printemps et l'été. Il est très rapace, attaque et déchire les pétrels plus petits et les jeunes mouettes. Le pétrel du Cap (*procellaria Capensis*, Linn.) a environ 40 centim. de long; il est d'un blanc mêlé de brun sur le dos. Il abonde dans la mer du Sud, avec les albatros et les autres pétrels. On l'a vu sur la côte de la Californie. Le *fulmar* ou *pétrel gris blanc* (*procellaria glacialis*), long d'environ 70 centim. et d'une envergure de près d'un mètre, est abondant dans les mers arctiques où il suit les embarcations des pêcheurs de baleines, pour avoir sa part de proie. — Le sous-genre *thalassidroma* comprend une douzaine d'espèces d'oiseaux de petite taille, suivant les vaisseaux à de grandes distances, et se nourrissant des matières animales jetées par dessus bord et de petits animaux marins. Ils sont noirs, plus ou moins marqués de blanc. Les marins anglais et américains les appellent plaisamment les poulets de la mère Carey (*Mother Carey's chickens*); on leur donne aussi le nom d'hirondelles de mer. Le *pétrel tempête* (*thalassidroma pelagica*, Vig.) a environ 15 centim. de longueur et 35 centim. d'envergure; son bec et ses pieds sont noirs; son dos est d'un noir grisâtre, teinté de brun. Les marins croient qu'il présage les mauvais temps. On le trouve dans presque toutes les régions tempérées de l'Atlantique.

PETRETTO-E-BICCHISANO; ch.-l. de cant., arr. et à 30 kil. N. de Sartène (Corse); 1,100 hab.

PÉTREUX, EUSE adj. Se dit de deux branches collatérales du nerf facial.

* **PÉTRI, IE** part. passé de PÉTRIR. Détrempé. — Fig. Formé, façonné :

> L'hypocrite en fraude fertile,
> Dès l'enfance est *pétri* de fard.
> ROUSSEAU.

— C'EST UN HOMME TOUT PÉTRI DE SALPÊTRE, se dit d'un homme colère et impétueux. — IL EST PÉTRI DE BONTÉ, se dit d'un homme extrêmement bon. On dit de même : CET HOMME EST TOUT PÉTRI D'ORGUEIL. — Fig. UNE AME PÉTRIE DE FANGE, DE BOUE, une âme vile et corrompue.

PÉTRICHERIE s. f. (esp. *petrichos*, équipage de guerre). Appareil qui sert pour la pêche de la morue, comme chaloupes, hameçons, couteaux, lignes.

PÉTRICOLE adj. (lat. *petra*, pierre; *colo*, j'habite). Qui habite dans les pierres.

PETRIE (George) [pi'-tri']. archéologue irlandais, né en 1789, mort en 1866. Il était

peintre et éditeur de journaux illustrés. Chargé par l'académie royale irlandaise d'acheter des manuscrits précieux, il acquit une copie autographe de la seconde partie des *Annals of the Four Masters*, et en 1831, il publia *Remarks on the History and Authenticity of the Autograph Originals of the Annals of the Four Masters*. En 1832, il reçut un prix de 50 livres sterling et la médaille d'or de l'académie pour un travail sur les tours rondes, qu'il augmenta et publia sous le titre de *The Ecclesiastical Architecture of Ireland anterior to the Anglo-Norman Invasion* (1845). Il avait reçu en 1836 une médaille d'or pour son *History and Antiquities of Tara Hill*. Il a en outre écrit *Picturesque sketches in Ireland*, et *Views in the North of Ireland*. — Voy. *Life and Labors of George Petrie*, par W. Stokes (1868).

* **PÉTRIFIANT, ANTE** adj. Qui pétrifie : *fontaine pétrifiante*.

* **PÉTRIFICATION** s. f. Effet naturel par lequel des substances du règne animal ou du règne végétal sont changées en pierre, en conservant toujours leur première forme. — La chose pétrifiée : *il y a de belles pétrifications dans le cabinet de ce curieux*.

* **PÉTRIFIER** v. a. (lat. *petra*, pierre; *facere*, faire). Changer en pierre : *il y a des eaux qui pétrifient, par succession de temps, les choses qu'on y jette*. — Fig. Causer de la stupéfaction, rendre immobile : *cette nouvelle m'a pétrifié*. — Se **pétrifier** v. pr. Se changer en pierre.

PÉTRIN s. m. (lat. *pistrinum*). Coffre dans lequel on pétrit et on serre le pain. On l'appelle autrement HUCHE : *acheter un pétrin*. — ÊTRE, SE METTRE DANS LE PÉTRIN, être, se mettre dans l'embarras.

PÉTRINAL s. m. (rad. lat. *pectus*, poitrine). Sorte de gros pistolet à rouet qui était en usage dans la cavalerie.

* **PÉTRIR** v. a. (lat. *pinsere*, piler). Détremper de la farine avec de l'eau, la mêler, la remuer, et en faire de la pâte : *ce boulanger pétrit bien sa pâte, pétrit bien son pain*, et absol., *pétrit bien*. — Se dit, par ext., en parlant de certaines choses grasses et onctueuses que l'on presse fortement et en tous sens, avec les mains ou avec les pieds, pour en lier les différentes parties et leur donner de la consistance : *pétrir de l'argile*. — Fig. DIEU NOUS A TOUS PÉTRIS DU MÊME LIMON, il nous a tous faits semblables et égaux, nous a donné à tous les mêmes facultés, les mêmes passions, les mêmes faiblesses. — Fig. et fam. IL SE CROIT PÉTRI D'UN AUTRE LIMON QUE LE RESTE DES HOMMES, il se croit d'une nature supérieure à celle des autres. — Se dit encore en parlant de certaines choses solides que l'on presse fortement avec les mains pour leur donner une autre forme : *certains peuples sauvages pétrissent la tête des nouveau-nés*.

* **PÉTRISSABLE** adj. Qu'on peut pétrir. — Fig. *Il faut s'occuper à façonner pour le bien l'âme des enfants quand elle est encore pétrissable*.

* **PÉTRISSAGE** s. m. Action de pétrir.

* **PÉTRISSEUR** s. m. Celui qui, dans une boulangerie, pétrit la pâte.

PÉTROBRUSIEN s. m. Adepte de Pierre de Bruys, qui fut brûlé à Saint-Gilles (Languedoc) en 1130, comme hérétique.

PÉTROCORIENS (lat. *Petrocorii*), peuple de la Gallia Aquitanica, dans le Périgord moderne. Cap., Vesunna (Périgueux).

PÉTROGRAPHIE s. f. (gr. *petros*, pierre; *graphein*, décrire). Minér. Traité sur les pierres.

PÉTROL s. m. (lat. *petra*, roche; *oleum*, huile). Chim. Hydrocarbure non isolé qui se rencontre dans le pétrole de Selinde, près de Hanovre.

PÉTROLE s. m. (lat. *petra*, roche; *oleum*, huile; huile de roche). Minér. Huile épaisse qui jaillit aux Etats-Unis, au Canada, en Russie, en Asie, etc., lorsque l'on creuse certaines couches terrestres de formation carbonifère. — Le *pétrole* ou huile de roche, appelé aussi huile minérale, est le produit naturel de certaines formations géologiques; il monte quelquefois à la surface du sol par des canaux naturels et forme alors des sources; mais on l'obtient le plus ordinairement en creusant des puits. Les anciens Grecs et les Romains le connaissaient, et Pline, Tacite, Vitruve et d'autres écrivains latins l'appellent *bitumen*. A Agrigente (Sicile), on le recueillait et on le brûlait dans des lampes. Le pétrole se trouve dans des roches ou des dépôts de presque tous les âges géologiques, depuis le silurien inférieur jusqu'à l'époque tertiaire. Il s'associe abondamment aux schistes argileux et au grès, mais on le trouve aussi pénétrant les calcaires et leur donnant une odeur bitumineuse. Il sort souvent par exsudation et flotte sur les cours d'eau et sur les lacs des environs, ou bien il forme des sources. Il existe parfois dans des cavités souterraines, le long des lignes anticlinales modérément accentuées dans les roches nues d'une région, l'huile s'y étant amassée dans les couches inférieures et y étant retenue par les grès imperméables qui se trouvent au-dessus. — Le pétrole est répandu très largement dans les couches géologiques; cependant il n'y a qu'un petit nombre de localités où sa présence soit remarquable; ce sont entre autres : Amiano et d'autres lieux de l'Italie septentrionale, qui ont fourni l'huile employée à l'éclairage des villes de Parme et de Gênes; Bakou, sur les bords de la Caspienne; les pentes du Caucase, Rangoon dans le Burmah, l'île de la Trinité (*Trinidad*); des parties de la province de l'Ontario, de la Pennsylvanie, de l'Ohio, de l'état de New-York, de la Virginie occidentale et de la Californie. Dans l'Italie septentrionale, on extrait du pétrole depuis qu'il y a été découvert en 1640; on se borne à creuser des puits et à recueillir dans de petits bassins ou réservoirs placés au fond l'huile qui sort de la terre. Le rivage occidental de la Caspienne est célèbre depuis un temps reculé pour les quantités extraordinaires de gaz et d'huile inflammables qui s'élèvent du sol. On a récemment creusé dans le voisinage de la ville de Tiflis des puits nombreux qui rivalisent en rendement avec ceux de Pennsylvanie. Le district de Rangoon sur l'Irrawaddy est aussi prodigieusement riche que Bakou. Il a fourni d'huile, depuis une période inconnue, tout l'empire birman et une partie considérable de l'Inde. La présence du pétrole vers les sources de l'Alleghany dans les états de New-York et de Pennsylvanie, était connue des premiers colons. Les Indiens le recueillaient sur les bords du lac Seneca et on le vendait comme médecine sous le nom d'huile de Seneca ou de Geneses. La valeur de cette huile naturelle ne fut appréciée que lorsqu'on eut obtenu sur une large échelle un produit analogue en distillant les schistes bitumineux et le charbon de terre. La première tentative d'application pratique du pétrole fut faite en 1854 par MM. Eveleth et Bissell, de New-York, qui acquirent le droit d'exploiter la source supérieure d'Oil Creek, et organisèrent dans ce but une compagnie à New-York. L'affaire en resta là jusqu'en décembre 1857, époque où MM. Bowditch et Drake, de New-Haven, entreprirent de faire les travaux d'extraction. Le 26 août 1859, on atteignit la couche d'huile à une profondeur de 71 pieds. La sonde s'enfonça subitement dans une cavité du roc, et l'huile monta jusqu'à la surface.

On introduisit une petite pompe, et on obtint un rendement de 1,600 litres d'huile par jour. Avec une pompe plus grande, le débit quotidien monta jusqu'à 4,000 litres. On creusa aussitôt un grand nombre d'autres puits. Après Oil Creek, les puits les plus productifs furent creusés dans la vallée de l'Alleghany, depuis Tidioute, dans le comté de Warren, jusqu'à la ligne de Venango au S. et dans Franklin. On a creusé de bons puits dans les comtés de Ritchie et de Wirt, dans la Virginie occidentale. En 1840, on découvrit un puits jaillissant à Burkesville, Kentucky, et en 1842, M. Murray signala le pétrole d'Enniskillen (Canada). — On peut croire que le pétrole est le produit normal ou primaire des organismes animaux ou végétaux marins, mais principalement celui des animaux, et que presque toutes les autres variétés de bitume sont les produits d'une décomposition subséquente du pétrole, dont ils diffèrent à la fois en nature et en degré. En tout cas la présence du pétrole dans les roches palæozoïques inférieures de la Pennsylvanie et du Canada, qui ne contiennent pas de traces de plantes terrestres, montre qu'il ne provient pas toujours de végétations terrestres; opinion qui est encore corroborée lorsqu'on trouve dans les roches de l'époque tertiaire, où les restes fossiles d'animaux marins d'un ordre élevé se présentent en abondance, un pétrole relativement riche en azote. Tel est le caractère du pétrole sortant du miocène des montagnes du littoral de la Californie méridionale. Dans l'Ohio et la Virginie occidentale, on le trouve dans les assises de houille, et il faut quelquefois creuser les puits à travers ces assises jusqu'au grès et à l'ardoise pour qu'ils deviennent productifs. Dans le N.-O. de la Pennsylvanie et dans l'état de New-York, les puits sont tout à fait en dehors du bassin houiller, et si éloignés, qu'on ne peut guère comprendre qu'il y ait aucune relation entre l'huile et les lits de charbon. — Le pétrole varie considérablement, suivant les localités. C'est une substance généralement d'une teinte verdâtre à la lumière réfléchie, et brune à la lumière transmise, plus ou moins foncée et opaque; cependant certaines variétés d'huiles légères et claires sont rougeâtres. Toutes ont une odeur âcre et désagréable. C'est le poids spécifique qui indique la qualité du pétrole. Les huiles les plus légères sont les plus estimées. Les meilleures sont celles de certains puits d'Oil Creek, de 46e B. D'autres de la même région augmentent de densité jusqu'à 38e B. Il y a deux espèces de pétrole tout à fait distinctes. Les premières peuvent s'appeler huiles paraffinées, parce qu'elles donnent invariablement de la paraffine à la distillation; les secondes n'en donnent jamais. Les premières sont des composés extrêmement stables, ne s'altérant pas, ou presque pas, au contact de l'air; elles forment la plus grande partie des pétroles du commerce. Les secondes sont très instables, se changent rapidement au contact de l'air en malthe et en asphalte. On les trouve en grandes quantités dans quelques localités, mais elles n'ont jusqu'ici qu'une valeur commerciale très inférieure. Les huiles de Californie et de la Trinidad sont de cette catégorie. On ne connaît relativement que peu de chose sur la composition chimique du pétrole. Warren et Storer aux Etats-Unis et Pelouze et Cahours en France ont étudié la partie la plus volatile des huiles de Pennsylvanie et de Rangoon; mais il reste incertain si les substances qu'ils ont obtenues sont des éductes ou des produits. On a employé le pétrole en médecine comme sudorifique et stimulant antispasmodique, et ses éléments servent à donner de la lumière, à lubrifier les machines, à faire les vernis et à d'autres usages dans les arts et l'industrie

(Voy. PRODUITS DU PÉTROLE.) — La table ci-dessous donnera au lecteur une idée de la grande quantité de pétrole fournie par la Pennsylvanie seule, de 1860 à 1873 inclusivement :

ANNÉES.	BARILS DE 160 LITRES.	ANNÉES.	BARILS DE 160 LITRES.
1860	500.000	1867	3.347.000
1861	2.118.000	1868	3.583.660
1862	3.056.000	1869	4.210.720
1863	2.631.000	1870	5.673.195
1864	2.116.000	1871	5.745.900
1865	2.497.000	1872	6.521.675
1866	3.597.000	1873	9.884.719

La moyenne du produit quotidien de cette région depuis la découverte du pétrole jusqu'au 16 janv. 1874, est de 40,852 litres. Le produit total pour la même période est de 55,461,349 litres. Pendant l'année 1873, 379,634 litres d'huile brute ont été exportées de New-York, venant des puits de Pennsylvanie. — **Produits du pétrole.** La manufacture des produits commerciaux de pétrole date de la découverte de la matière brute, en grande quantité, en Pennsylvanie. Pendant plusieurs années le seul produit du pétrole considéré comme ayant une valeur fut le kérosène. Aujourd'hui on en tire au moins six articles de commerce, dont quelques-uns se consomment en grande quantité. Les voici :

PRODUITS.	POIDS spécifique.	BAUMÉ.	POINT d'ébullition
Rhigolène	0.625	85°	65° F
Gazolène	0.665	85	120
C. Naphthe	0.706	70	150
B »	0.724	67	220
A »	0.743	65	300
Kérosène ou huile de pétrole	0.804	45	350
Huile spermatique minérale	0.847	36	425
Huile lubrifiante neutre	0.883	29	575
Paraffine	..	..	..
Cire de paraffine	0.848	..	..

Le *rhigolène* est le fluide le plus volatil qui puisse se produire en condensant les premières parties distillées du gazolène dans un mélange de glace et de sel. C'est le plus léger de tous les fluides connus, et son évaporation à des températures ordinaires est rapide au point de faire descendre le mercure à 19e F. en 20 secondes. On l'a préparé sur les indications du Dr H.-J. Bigelow, de Boston, et on s'en est servi souvent pour produire l'anesthésie locale dans les opérations de chirurgie. Le *gazolène* ou essence minérale est le produit le plus léger du pétrole que l'on obtienne en grandes quantités. On l'emploie dans les carburateurs des machines à gaz automatiques, et il est admirablement propre à tels usages; mais il est dangereux pour l'éclairage en raison de sa grande volatilité. Les *naphthes* A, B, et C s'appliquent à différents usages dans le mélange des couleurs et des vernis et pour dissoudre les résines et autres substances; mais leur valeur commerciale est médiocre, leur emploi étant tout à fait limité. Le *kérosène* ou pétrole rectifié est à peu près exclusivement employé pour l'éclairage, et son usage est aujourd'hui universel. C'est un composé de plusieurs hydrocarbures ayant la consistance des huiles essentielles, d'un goût âcre et d'une odeur aromatique particulière. Quand il est préparé convenablement, il est presque incolore à la lumière transmise, et d'une teinte bleu à la lumière réfléchie. Sa densité comparée à celle de l'eau serait environ 810 ou 43° de l'hydromètre de Baumé. Echauffé, il ne dégage pas de vapeurs inflammables au-dessous de 110° F. (43° C.) A la température ordinaire de nos appartements, il éteint une allumette enflammée aussi promptement que l'eau. Comme la température de cette huile dans une lampe allumée ne surpasse jamais 40° C., il est évident que cette huile est entièrement sans danger, puisqu'elle ne dégage pas à cette température les vapeurs qui, en se mêlant avec l'air au-dessus de l'huile dans la lampe, pourraient former avec celui-ci un mélange explosif. Le nom de *spermacetti minéral* a été donné par Joshua Merrill à un produit de pétrole découvert par lui. C'est une huile d'éclairage d'une densité intermédiaire entre celle du kérosène et celle de l'huile lubrifiante. Elle n'est volatile qu'à de hautes températures, et elle échappe conséquemment aux reproches que l'on a fait aux huiles plus inflammables. Comme cette huile a très peu d'odeur et ne prend feu qu'à une température de 149° C., elle est particulièrement précieuse pour les chemins de fer et les steamers interocéaniques. M. Merrill a aussi découvert l'huile neutre lubrifiante. Les *huiles lubrifiantes* paraffinées ordinaires sont de qualités diverses, qui dépendent beaucoup du soin et des frais consacrés à leur préparation. On les appelle ordinairement *huiles lourdes de pétrole* et on en fait usage pour le graissage des machines. Quelquefois elles sont *onctueuses*; alors on les décolore par différents procédés, et elles entrent sous les noms de *cosmoline*, de *vaseline*, de *pétroléine*, de *gelée de pétrole*, etc., dans la confection de plusieurs onguents. La *paraffine* est un produit solide que l'on blanchit convenablement et qui forme alors la bougie anglaise transparente, assez semblable à nos bougies de spermaceti, mais ayant une flamme fuligineuse. (Voy. PARAFFINE.) Le *résidu* est ce qui reste dans l'alambic après la distillation du pétrole brut. Les fabricants de paraffine et d'huiles lubrifiantes s'en servent fréquemment; on l'emploie aussi, dans une certaine mesure, à lubrifier de gros tourillons. — L'appareil pour la fabrication du pétrole consiste en alambics avec des serpentins pour condenser les vapeurs, et des agitateurs dans lesquels les huiles sont traitées chimiquement. D'ordinaire les alambics sont cylindriques. On les fait, soit en fonte avec des fonds de fer forgé, soit entièrement en fer de chaudière. Ils contiennent de 4,000 à 325,000 litres. On y introduit fréquemment de la vapeur surchauffée, surtout dans la distillation des huiles lourdes. On a, depuis peu, construit des alambics de très grande dimension pour le procédé auquel les Américains ont donné le nom de *cracking*. Après avoir retiré, par la distillation fractionnelle, le gazolène et les différents degrés de naphte, on soumet le reste à une distillation destructive. Toute méthode, qui porte les vapeurs au-dessus du point d'ébullition de l'huile, décompose l'huile lourde, en amenant un dépôt de carbure et la production d'huiles plus légères et plus riches en hydrogène. On ne traite que les huiles lourdes et le kérosène. Les naphtes n'ont pas besoin d'être traitées. Dans beaucoup de manufactures, toutes les huiles traitées sont alternativement agitées avec environ 5 p. 100 d'acide sulfurique concentré et une solution concentrée de soude caustique. — Législ. « Le pétrole est assujetti, ainsi que les autres huiles minérales, à un droit de douane et à un droit de fabrication. (Voy. HUILE.) Avant d'établir aucun dépôt de cette substance, il est nécessaire d'en faire la déclaration à l'administration municipale; et si le dépôt doit être de plus de 300 litres, une autorisation préalable est nécessaire. La fabrication, le transport, l'emmagasinage et le transvasement du pétrole et de ses dérivés sont, dans l'intérêt de la sécurité publique, soumis à de minutieuses précautions réglementaires (Décr. 27 janv. 1872, 19 mai 1873, 23 avril 1878, 21 mars 1885) ».   (CH. Y.)

PÉTROLER v. a. Incendier au moyen du pétrole.

* PÉTROLEUR, EUSE s. Malfaiteur qui se sert du pétrole pour incendier.

PÉTROMYZON s. m. [-mi-zom] (*gr. petros*, pierre; *muzô*, je suce). Nom scientifique du genre lamproie.

PÉTRONE (lat. *Petronius Arbiter*), auteur du *Petronii Arbitri Satyricon*, ouvrage en prose et en vers, racontant les aventures de quelques jeunes débauchés dans l'Italie méridionale et particulièrement à Naples et dans les environs de cette ville. On suppose que le héros de ce roman est Néron, sous le nom de Trimalcion. Les principales éditions sont celles de Burman (Amsterdam, 1743, 2 vol. in-4°); d'Anton (Leipzig, 1781). Traduct. franç. par Durand (1803, 2 vol. in-8°) et par Héguin de Guerle (1834, 2 vol. in-8°).

PÉTRONILLE (Sainte), appelée aussi PÉRINE ou *Pernelle*, vierge et martyre. Fête le 31 mai.

PETROPAVLOVSK I, ville de la Russie d'Asie, province de Primorsk, sur la côte S.-E. de la péninsule du Kamtchatka; 479 hab., non compris la garnison. Le port, dans la baie d'Avatcha, est défendu par deux forts. On exporte beaucoup de poisson sec. — II, ville de Sibérie, province d'Akmolinsk, à 270 kil. O.-N.-O d'Omsk; 12,000 hab. C'est un poste militaire et commercial important.

* PÉTROSILEX s. m. [-si-lèkss] (rad. lat. *petra*, pierre; fr. *silex*). Minér. Pierre silicieuse de la nature du feldspath.

PETROZAVODSK, ville forte de Russie, capitale du gouvernement d'Olonetz, sur le rivage occidental du lac Onega, à 205 kil. N.-E. de Saint-Pétersbourg; 10,910 hab. Fonderie impériale de canons; deux grands docks et différentes manufactures.

PETTER (Anton) [pett'-teur], peintre allemand, né en 1783, mort en 1858. En 1820, il fut nommé professeur, et en 1828, directeur de l'académie de Vienne. Au nombre de ses meilleurs ouvrages sont : *Rodolphe de Hapsbourg*, et *Charles-Quint visitant son prisonnier François Ier*.

* PETTO (In) [inn-pètt-to]. Voy. IN PETTO.

PETTRICH (Ferdinand), sculpteur allemand, né à Dresde en 1798, mort en 1872. Il étudia à Rome sous Thorwaldsen. Parmi ses meilleurs ouvrages, on cite : *Bélisaire*, le *Christ* et le *Jour* et *la Nuit*.

* PÉTULAMMENT adv. [pé-tu-la-man]. (rad. *petulance*). D'une manière pétulante. (Peu us.)

* PÉTULANCE s. f. (lat. *petulantia*). Qualité de celui qui est pétulant : *avoir beaucoup de pétulance*.

PÉTULANT, ANTE adj. Vif, impétueux et brusque, qui a peine à se contenir : *il est d'un naturel pétulant, d'une humeur pétulante*.

PÉTUN s. m. (mot brésilien du tabac). Tabac. (Vieux.) Ne s'employait que par une espèce de dénigrement, comme dans cette phrase, UN PRENEUR DE PÉTUN.

PÉTUNER v. n. Prendre, fumer du tabac : *ils n'ont fait que pétuner toute la nuit*. (Vieux.)

* PÉTUNIA s. m. (rad. *petun*). Genre de solanées, tribu des nicotianées, comprenant plusieurs espèces de plantes herbacées, vivaces, ayant un calice à cinq lobes spatulés, une corolle en cloche, à cinq lobes plissés et peu inégaux; cinq étamines; une capsule à deux loges. Les pétunias sont originaires de l'Amérique méridionale. L'espèce importée la première fut le *petunia nyctaginiflora*, apporté du Brésil vers 1823. Cette fleur longue avec un très long tube, fut pendant longtemps très populaire. En 1831, elle fut suivie du *petunia violacea*, plante beaucoup plus svelte et plus délicate, avec des fleurs roses ou d'un

violet pourpre, et un tube plus court et plus large; ce fut aussi une plante très appréciée dans les jardins. Ces deux espèces ont donné par l'hybridation, par les croisements, et par la sélection, un grand nombre de variétés bien supérieures aux originaux. Outre les nombreuses variétés simples, la

Pétunia. — Hybrida simple de jardin.

culture a donné des variétés doubles, qui sont même quelquefois tellement doubles que la forme originale de la fleur se perd dans la masse confuse des pétales. Bien que le pétunia soit persistant, il fleurit si promptement, quand il a été produit par semis de graine, qu'on le traite comme une plante annuelle.

PÉTUNSÉ ou Petunzé s. m. Mot emprunté des Chinois, qui appellent ainsi la pierre dont ils se servent pour faire la porcelaine. C'est une espèce d'orthose non décomposée, blanche et opaque, dont l'éclat sert à donner du brillant à la porcelaine.

PETZITE s. f. (de *Petz*, nom d'un minéralogiste). Tellurure d'argent naturel qu'on trouve en Transylvanie et en Sibérie.

* PEU adv. (lat. *paucum*). Est opposé à beaucoup : *il s'en faut de peu que ce vase ne soit plein; peu de gens négligent leurs intérêts*. — A GRANDS SEIGNEURS PEU DE PAROLES, il faut leur expliquer en fort peu de mots ce qu'on veut leur faire entendre. — C'EST PEU DE CHOSE, se dit d'une chose ou d'une personne dont on ne fait point cas : *c'est peu de chose que cet homme-là*. — PEU DE CHOSE, se dit aussi d'un petit obstacle, d'un petit retard : *il s'en faut peu de chose que cela n'aille*. — METTRE PEU DE CHOSE, METTRE PEU POUR SON COMPTE, METTRE PEU DANS LE COMMERCE DE LA VIE, contribuer faiblement au bien-être commun, ou à la conversation, à l'amusement. — C'EST PEU DE CHOSE QUE DE NOUS, se dit pour marquer la faiblesse et la misère de la condition humaine. — PAIX ET PEU, avoir peu et vivre en paix, c'est tout ce que doit désirer l'homme raisonnable. — PEU ET BON, on se contente de peu, pourvu qu'il soit bon. — PEU OU PROU, NI PEU NI PROU, peu ou beaucoup, ni peu ni beaucoup : *donnez-m'en peu ou prou; je n'en ai ni peu ni prou*. — PEU OU POINT, presque point. NI PEU NI POINT, point du tout : *il a peu ou point de santé*. — s. m. *Le peu que j'ai fait pour vous ne mérite pas tant de remercîments*. — LE PEU, le petit nombre : *le peu qu'il en restait ne fit pas grande défense*. — EXCUSEZ DU PEU, se dit iron. à celui qui se plaint qu'on ne lui donne pas assez, quoiqu'on lui donne beaucoup. Se dit aussi quelquefois par celui même qui trouve qu'on lui donne trop. — S'emploie aussi substantiv., précédé de l'adj. UN : *attendez un peu, encore un peu*. Dans le langage fami-

lier, Un peu, est quelquefois explétif : *dites-moi un peu.*

> La foi d'un ennemi doit être un peu suspecte.
> J. Racine. *Alexandre*, acte II, sc. IV.

— Peu de chose : *se contenter de peu.* Un homme de peu, un homme de basse condition. — Il n'y en a pas pour peu, il y en a beaucoup. — Peu à peu loc. adv. Lentement, par un progrès presque imperceptible : *les jours augmentent peu à peu.* — Dans peu, sous peu loc. adv. et ellipt. Dans peu de temps : *il arrivera dans peu, sous peu.* On dit de même, Avant qu'il soit peu, avant peu vous aurez de mes nouvelles. — Peu après loc. adv. Peu de temps après : *il vint chez moi à midi, peu après il me quitta.* — Quelque peu loc. adv. Un peu : *il est quelque peu fat.* — Tant soit peu loc. adv. Très peu : *attendez tant soit peu.* — A peu près, à peu de chose près loc. adv. Presque, environ : *ces deux étoffes sont de même prix, à peu de chose près.* — Substantiv. *L'à peu près suffit dans les choses qui n'exigent pas une grande précision.* — Si peu, aussi peu, trop peu loc. relat. et comparat. : *vous y serez si peu, aussi peu, tant et si peu que vous voudrez.* — Pour peu que loc. conj. qui est toujours suivie du subj. : Il le fera pour peu que vous lui en parliez, si vous lui en parlez le moins du monde. Pour peu que vous en preniez soin, pour peu de soin que vous en preniez, si vous en prenez le moindre soin.

PEUCER (Kaspar) [peul-tseur], réformateur allemand, né en 1525, mort en 1602. Il était professeur de mathématiques et de médecine à Wittemberg, et gendre de Mélanchton, après la mort duquel (1560), il devint médecin d'Auguste, électeur de Saxe, qui le regardait comme le principal successeur et interprète des vues de Mélanchton. Mais de 1574 à 1586, il fut jeté en prison, à raison de ses prétendues doctrines crypto-calvinistes. Il fut ensuite médecin du prince d'Anhalt-Zerbst. Il a publié une collection des œuvres de Mélanchton (1562-'64).

PEUCHET (Jacques), publiciste et littérateur, né à Paris en 1758, mort dans la même ville en 1830. Il se fit recevoir avocat, écrivit dans plusieurs encyclopédies de l'époque, à la *Gazette de France*, au *Mercure*, combattit la Révolution, et obtint une sinécure pendant l'Empire. Il fut censeur des journaux sous la 1re Restauration. Il a laissé : *Campagnes des armées françaises en Prusse, Saxe et Pologne* (1807, 4 vol. in-8°) ; *Dictionnaire d'économie politique* (4 vol. in-8°) ; *Collection des lois, ordonnances et règlements de police depuis le XIIIe siècle* (Paris, 1848-'49, 8 vol. in-8°) ; *Mémoires tirés des archives de la police de Paris*, etc.

PEUH ! interj. Sert à exprimer le dédain, l'indifférence, le doute.

• PEULVEN ou Peulvan s. m. Bloc de pierre appelé aussi *Menhir*. (Voy. ce mot.)

• PEUPLADE s. f. Coll. Multitude d'habitants qui passe d'un pays dans un autre pour le peupler : *les différentes peuplades qui ont été envoyées dans l'Amérique, dans les Indes.* — Faire une peuplade dans un pays, y envoyer, y établir une peuplade, une colonie. — S'emploie aussi comme multitude de peuple, et se dit de certains rassemblements d'hommes fixes ou errants, dans les pays non encore civilisés : *les peuplades de l'intérieur de l'Afrique.*

• PEUPLE s. m. Coll. (lat. *populus*). Nation, multitude d'hommes d'un même pays, qui vivent sous les mêmes lois : *la doctrine de la souveraineté du peuple.*

> Le peuple aime les rois qui savent l'épargner.
> J. Racine. *Alexandre*, acte Ier, sc. II.

> On sait bien que le peuple a besoin qu'on le guide.
> F. Ponsard. *Charlotte Corday*, acte IV, sc. VII.

— Au plur. Peuples, se dit quelquefois des habitants d'un État composé de diverses provinces, dont plusieurs ont été réunies par la conquête ou autrement, et sont régies par des lois, des coutumes particulières : *les peuples qui composent cet empire.* — La voix du peuple est la voix de Dieu, ordinairement le sentiment général est fondé sur la vérité. — Multitude d'hommes qui n'habitent pas le même pays, mais qui ont une même origine, une même religion, etc. : *cette victoire, remportée sur les infidèles, fut un sujet de joie pour tout le peuple chrétien.* — Habitants d'une même ville, d'un même bourg, d'un même village : *il y a beaucoup de peuple dans Paris.* (Peu us.). — Partie de la nation, considérée sous des rapports politiques : *ce ministre eut contre lui les grands et le peuple.* — Partie la moins notable des habitants d'une même ville, d'un même pays, considérée sous le rapport de l'instruction et de la fortune : *il n'y a que le peuple qui aille dans ces endroits.* — Le petit peuple, le menu peuple, le bas peuple, la lie du peuple, la partie du peuple tout à fait ignorante et pauvre : *un homme de la lie du peuple.* — Par ext. Multitude de personnes considérées sous certains rapports qui leur sont communs : *elle a tout un peuple d'adorateurs.* — Petit poisson qu'on met dans un étang pour le peupler : *il y a peu de poisson dans cet étang, il y faut mettre du peuple.* — ◦ Rejeton qui vient au pied de certains arbres et de certaines plantes. — • Le peuple de Dieu, le peuple juif. — Adjectiv. Vulgaire, commun : *combien de gens méprisent ce peuple, qui sont peuple eux-mêmes.* — Encycl. « Le mot peuple signifie l'universalité des citoyens qui composent une nation. Mais, en France, pendant l'ancien régime, on ne désignait, sous le nom de peuple, que cette partie de la nation qui ne jouissait ni des privilèges attribués à la noblesse et au clergé catholique, ni de ceux accordés à la bourgeoisie. C'est sur le peuple que pesaient toutes les charges, tous les impôts. L'état misérable où il était réduit a été dépeint par La Bruyère, par Vauban, par Fénelon, etc. La cour des aides, elle-même, adressait à la régente Anne d'Autriche des doléances où l'on trouve ce passage : « Le pauvre peuple de votre royaume « est réduit à l'usage du gland et des herbes, « et à la vie des bêtes sauvages dans les fo-« rêts, parce que tout ce que Dieu a produit « pour la nourriture des hommes leur est « enlevé par les commis des traitants) ces « impitoyables harpies ». Voilà quel était le sort du peuple français sous l'ancien régime. Vauban, parlant du peuple tout entier, s'exprimait ainsi, en 1707, dans la *Dîme royale* : « Près de la dixième partie du peuple est ré-« duite à la mendicité et mendie effective-« ment ; des neuf autres parties, il y en a cinq « qui ne sont pas en état de faire l'aumône à « celle-là, parce qu'eux-mêmes sont réduits, à « très peu de chose près, à cette malheureuse « condition ; des quatre autres parties qui « restent, trois sont fort malaisées et embar-« rassées de dettes et de procès ; et dans la « dixième, où je mets tous les gens d'épée, « de robe, ecclésiastiques et laïques, toute la « noblesse haute, la noblesse distinguée, et « les gens en charge militaire et civile, les « bons marchands, les bourgeois rentés et les « plus accommodés, on ne peut pas compter « plus de 100,000 familles ; et je ne croirais « pas mentir quand je dirais qu'il n'y en a « pas 10,000, petites ou grandes qu'on puisse « dire être fort à leur aise. » (Ch. Y.)

• PEUPLE s. m. (lat. *populus*). Peuplier ; bois blanc très mou avec lequel on fait des voliges. (Vieux et peu us.)

• PEUPLÉ, ÉE part. passé de PEUPLER. Habité. — Un pays fort peuplé, une province, une ville fort peuplée, un pays, une province, une ville où il y a beaucoup d'habitants.

• PEUPLEMENT s. m. Action de peupler. — Particul. Action de peupler un étang, une basse-cour, un colombier. — Plantations qu'on fait dans une forêt.

• PEUPLER v. a. Établir une multitude d'habitants en quelque pays, en quelque endroit : *Romulus, après avoir fondé Rome, la peupla de gens ramassés sans choix.* — Se dit aussi en parlant des animaux : *peupler un pays de gibier.* — Peupler un bois, une vigne, y mettre du nouveau plant. — Remplir un lieu d'habitants par la voie de la génération : *les premiers hommes qui ont peuplé l'Amérique.* — Se dit également des animaux : *les bœufs, des chevaux, des chèvres qu'on laissa dans cette île déserte, la peuplèrent en peu d'années.* — v. n. Multiplier par la génération : *toutes les nations ne peuplent pas également.* — Se Peupler v. pr. Devenir habité, peuplé : *les campagnes se peuplent.*

PEUPLERAIE s. f. Lieu planté de peupliers.

• PEUPLE-ROI s. m. Nom de l'ancien peuple romain.

• PEUPLIER s. m. (lat. *populus*, peuple). Genre de salicinées, comprenant une cinquantaine d'espèces de grands arbres à feuilles alternes, portées sur des pétioles comprimés qui rendent le feuillage mobile sous l'influence du moindre courant d'air :

> Et les grands peupliers, en murmurant dans l'ombre,
> Jetaient leurs ombres dans les eaux.
> T. de M.

— Parmi les espèces européennes on distingue le peuplier blanc (*populus alba*), appelé aussi peuplier de Hollande, peuplier picard, peuplier cotonneux ; il atteint quelquefois 35 m. de hauteur, son écorce est d'un gris cendré ; sa tête est un peu épanouie. Sa croissance est rapide ; ses feuilles dentées, anguleuses, presque palmées, sont un peu cotonneuses en dessous à l'état adulte. Cet arbre vient dans les lieux humides ; il produit un bois léger, blanchâtre, mou et peu solide. Ses

Peuplier blanc (*Populus alba*).

branches vertes, droites, exemptes de nœuds peuvent se découper en lanières filiformes que l'on emploie dans la sparterie, pour fabriquer des chapeaux. Il pousse une multitude de rejetons, nuisibles aux champs environnants. On le multiplie à l'aide de ces rejetons que l'on arrache dès la première année de leur pousse. Le peuplier tremble (*populus tremula*) se distingue du précédent par ses feuilles glabres sur les deux faces. Il ne dépasse guère 15 m. de haut. Ses pétioles sont tellement comprimés que ses feuilles sont dans un mouvement perpétuel, d'où le nom spécifique de *tremble*. On trouve cet arbre dans toute l'Europe. Il donne un bois de médiocre qualité. Il croît avec rapidité ; son écorce s'emploie pour le tannage et pour la teinture ; son bois, tendre et blanc, est utile aux tourneurs, aux menuisiers et aux charbonniers. Il se multiplie de ses rejetons. — Le peuplier franc (*populus nigra*), appelé aussi *osier blanc*, a les branches étalées, les feuilles en fer de lance, presque triangulaires, sans duvet en dessous; il atteint de grandes dimensions quand il croît dans le voisinage des eaux; témoin celui du jardin de l'Arquebuse à Dijon qui fut planté en 1595, après la prise de cette ville par Henri IV. Sa croissance est relativement peu rapide; mais son bois est serré. Les bourgeons de cette espèce sont enduits d'une substance gommeuse qui entre dans la composition de l'*onguent populeum*; son écorce sert en Russie à préparer le maroquin. Cet arbre est indigène de nos forêts. Le *peuplier d'Italie* ou *peuplier pyramidal* (*populus fastigiata* ou *populus dilatata*) est bien connu à cause de la régularité de sa tige droite et élancée et en raison de la tendance que les branches ont à se dresser le long du tronc pour former dans leur ensemble une étroite pyramide. Il paraît être originaire de Turquie; mais c'est d'Italie qu'il a été introduit en France vers 1749 et, à partir de ce moment, s'établit l'habitude d'en planter de longues avenues dans les endroits bas et humides. Sa tige sert à faire des planches, des lattes, des sabots. Il croît avec une grande rapidité; on l'abat vers sa 35ᵉ année. Le *peuplier à bois de coton* (*populus monilifera*) est une espèce américaine qui se trouve dans la Nouvelle-Angleterre et aux États-Unis; il atteint 25 m. de haut. On cultive beaucoup chez nous aujourd'hui le *tremble du Canada* (*populus tremuloïdes*), haut de 15 à 18 m.; son écorce est brunâtre.

* **PEUR** s. f. (lat. pavor). Crainte, frayeur, mouvement par lequel l'âme est excitée à éviter un objet qui lui paraît nuisible: *avoir peur*; *il eut grand'peur*; *le chevalier Bayard a été surnommé «le Chevalier sans peur et sans reproche»*. — JE LUI FERAI LA MOITIÉ DE LA PEUR, se dit pour faire entendre qu'on ne craint guère, qu'on ne croit point un ennemi qui menace de nous attaquer. — LA PEUR N'EST BONNE A RIEN, LA PEUR NE GUÉRIT DE RIEN, elle est toujours nuisible. — LA PEUR GROSSIT LES OBJETS, on s'exagère ce qu'on craint. — MOURIR DE PEUR, craindre beaucoup: *je meurs de peur que ce lettre de change ne soit protestée.* — ON NE SAURAIT GUÉRIR DE LA PEUR, les impressions que fait la crainte sur une personne timide, ne peuvent s'effacer, quelque vaine qu'en soit la cause. — N'AILLE AU BOIS QUI A PEUR DES FEUILLES, quand on craint le danger, il ne faut pas aller où il y en a. — IL A PEUR DE SON OMBRE, les moindres choses lui font peur. — ÊTRE LAID A FAIRE PEUR, être excessivement laid. ÊTRE HABILLÉ, MIS A FAIRE PEUR, être vêtu d'une manière bizarre et ridicule. On dit, dans le même sens, ÊTRE DANS UN ÉQUIPAGE, DANS UN ACCOUTREMENT A FAIRE PEUR. — S'emploie, par exag., dans plusieurs autres phrases: *j'ai peur de vous incommoder; il n'a osé vous le dire, de peur de vous déplaire.* — De peur que loc. conj. Dans la crainte que, pour éviter que: *cachez-lui votre dessin, de peur qu'il ne le traverse.* — De peur de loc. prép. Par crainte de: *il ne sort jamais la nuit, de peur des voleurs, de peur d'être attaqué.* De peur loc. adv. Par un sentiment de peur: *il en a eu la colique de peur.*

* **PEUREUSEMENT** adv. D'une manière craintive: *peureusement blotti dans une cachette.*

* **PEUREUX, EUSE** adj. Craintif, timide, qui est susceptible de frayeur, qui est sujet à la peur: *beaucoup de femmes sont peureuses.* — s. *C'est un petit peureux; vous êtes une peureuse.*

* **PEUT-ÊTRE** adv. dubitatif [peu-tê-tre] *Cela arrivera-t-il? peut-être; peut-être que oui, peut-être que non.* — Substantiv. *Vous fondezvous sur un peut-être?* — IL N'Y A PAS DE PEUT-ÊTRE, se dit à quelqu'un qui vient de se servir du mot PEUT-ÊTRE, pour lui déclarer qu'il a tort de douter, que la chose dont on parle est certaine.

PEUTINGER (Konrad) [peul'-tinng-eur], antiquaire allemand, né en 1465, mort en 1547. Il était établi à Augsbourg. Il a publié des ouvrages sur les antiquités allemandes, etc.; mais il est surtout connu pour sa carte, aujourd'hui dans la bibliothèque de Vienne, appelée *Tabula Peutingeriana*, qui donne les routes militaires d'une grande partie de l'empire romain, et qui est probablement basée sur un itinéraire du IVᵉ siècle. La première édition complète en fut préparée par Scheyb en 1753.

PEVELLE ou **Puelle** (lat. *Pabulensis pagus*), ancien petit pays de Flandre dont la principale ville était Mons-en-Puelle.

PEVENSEY, village du comté de Sussex (Angleterre), à 16 kil. S.-O. de Hastings. C'est là que débarqua le 28 ou le 29 sept. 1066, Guillaume le Bâtard, duc de Normandie.

PEYER (Johann-Konrad) [paï'-eur], anatomiste suisse, né en 1663, mort en 1712. Professeur à Bâle, il se distingua par des dissertations et des observations originales sur les glandes closes de la membrane muqueuse de l'intestin grêle. Celles qui sont réunies en groupes sont connues sous le nom de *glandes de Peyer* ou *plaques de Peyer*. Il a publié plusieurs ouvrages anatomiques en latin.

PEYREHORADE, ch.-l. de cant., arr. et à 22 kil. S. de Dax (Landes), sur le gave de Pau; 2,200 hab. Ancien château. — Exploitation de pierres de taille; grand commerce de bois.

PEYRELEAU, ch.-l. de cant., arr. et à 24 kil. N.-E. de Milhau (Aveyron); 500 hab.

PEYRIAC-MINERVOIS, ch.-l. de cant., arr. et à 22 kil. N.-E. de Carcassonne (Aude); 1,300 hab.

PEYROLLES, ch.-l. de cant., arr. et à 20 kil. N.-E. d'Aix (Bouches-du-Rhône), sur la rive gauche de la Durance; 1,500 hab. Murailles flanquées de tours.

PEYRON (Jean-François-Pierre), peintre, né à Aix en 1744, mort en 1815. Il fut élève de Lagrenée et de Dandré-Bardon, remporta le grand prix en 1773 par un tableau de la *Mort de Sénèque*, fut admis à l'Académie de peinture en 1783, et nommé directeur des Gobelins en 1785. Ses principales toiles sont: *Persée aux pieds de Paul-Émile, Mort de Socrate, Curius et les Samnites.*

PEYRONNET (Charles-Ignace, COMTE DE) [pé-ron-né], homme politique français, né à Bordeaux en 1778, mort en 1854. Avocat à Bordeaux, il se rendit tristement célèbre par sa vie licencieuse et par un grand nombre de duels. En 1811, il figura parmi les royalistes qui appelèrent les Anglais et acclamèrent les Bourbons. Il fut ministre de la justice dans le cabinet Villèle (1821-'28), et associa son nom aux mesures les plus réactionnaires. En 1830, il fut nommé ministre de l'intérieur dans le cabinet Polignac, et il signa les fameuses ordonnances du 25 juillet, qui amenèrent la révolution. Il fut incarcéré six ans à Ham, où il écrivit l'*Histoire des Francs* (1835, 2 vol.).

PEYRUIS, ch.-l. de cant., arr. et à 22 kil. N.-E. de Forcalquier (Basses-Alpes), sur la rive droite de la Durance; 1,500 hab.

PEYSSARD (J.-P.-C.), conventionnel montagnard, né dans le Périgord en 1740, mort vers 1804. Élu membre de la Convention dans la Dordogne, il vota la mort de Louis XVI et devint, en 1797, administrateur de la Dordogne.

PÉZÉNAS, *Piscennæ*, ch.-l. de cant., arr. et à 24 kil. N.-E. de Béziers (Hérault), sur la rive droite de la Peyne près du point où cette rivière afflue à l'Hérault; 8,000 hab. Chapeaux, vert-de-gris, produits chimiques, draps,

étoffes, distilleries, vins, eaux-de-vie, fruits secs, bois. Tribunal de commerce. Ancienne cité des Volces Tectosages, Pézénas devint un comté pendant le règne du roi Jean. Le duc de Montmorency y établit sa résidence et y tint plusieurs fois les états de Languedoc. La ville passa ensuite dans la maison de Conti. (Voy. MOLIÈRE.) On remarque à Pézénas un vieux château, une église monumentale, une belle salle de spectacle, etc.

PÉZIZE s. f. (gr. *pesikos*, terrestre). Genre de petits champignons, type de la famille des pézizées, comprenant un grand nombre d'espèces qui croissent sur la terre, sur les substances végétales, les fumiers, etc.

PÉZIZÉ, ÉE adj. Bot. Qui ressemble ou se rapporte à la pézize. — s. f. pl. Tribu de champignons ayant pour type le genre pézize.

PÉZOPORE s. m. (gr. *pezos*, à pied; *poreuô*, je marche). Sous-genre de perroquets, comprenant les espèces à bec assez faible, de longueur médiocre; à tarses grêles; à ongles droits, ce qui leur donne la faculté de marcher facilement à terre et de chercher leur nourriture dans les herbes, mais ce qui ne leur permet pas de grimper aux arbres. L'espèce principale est la *perruche ingambe* (*psittacus formosus*) de l'Australie.

PFÆFFERS ou **Pfeffers**, station de bains, en Suisse, canton de Saint-Gall, à 2 kil. S. de Ragatz. Ses sources médiocrement thermales sont efficaces dans les rhumatismes et les maladies nerveuses.

PFAFFENDORF, village de Prusse, province de Silésie, à 2 kil, N. de Liegnitz; 400 hab. Victoire de Frédéric II sur les Autrichiens, le 15 août 1760.

PFEIFFER (Ida) [pfaf-feur], célèbre voyageuse allemande, née à Vienne en 1797, morte en 1858. Son nom de jeune fille était Reyer. Elle fit un séjour dans la Palestine en 1842, et revint la même année à travers l'Italie. En 1845, elle visita la Norvège, la Laponie et l'Islande. En 1846, elle partit de Hambourg pour un voyage autour du monde, en passant par Rio-de-Janeiro et de là à Valparaiso et Macao. De la Chine, elle alla jusqu'à Calcutta, et là traversa pour revenir l'Inde, la Perse, la Turquie et la Grèce. En 1851, elle se rendit de Londres au cap de Bonne-Espérance, de là, aux îles orientales de l'océan Indien, et à travers le Pacifique, jusqu'en Californie. Après avoir voyagé dans l'Amérique du Sud, elle visita les États-Unis et le Canada en 1854. Elle fit depuis un voyage aux Açores en 1855 et un autre à Madagascar en 1856-'57. On a traduit en plusieurs langues les relations de ses voyages.

PFISTER (Albrecht) [pfiss'-teur], imprimeur allemand, né vers 1420, mort vers 1470. Il était enlumineur de cartes à Bomberg, et vers 1455 il commença à imprimer avec des caractères mobiles. Bien qu'analogues à ceux de Gutenberg, ses caractères ont un aspect particulier. Sa grande œuvre est la *Bible latine* à 36 lignes en 3 vol. in-folio, composés de 884 feuillets.

PFORZHEIM [pfortss'-haïmm], ville du grand-duché de Bade, sur le Nagold et l'Enz, à 30 kil. S.-E. de Carlsruhe; 23,537 hab. Bijouterie, tissus, produits chimiques, huile, papier et cuir.

PHACOCHÈRE s. m. [fa-ko-chê-re](gr. *phakos*, verrue; *koiros*, cochon). Mamm. Genre de pachydermes voisins des cochons et comprenant deux espèces qui habitent l'Afrique. (Voy. COCHON D'EAU.)

* **PHAÉTON** s. m. [fa-è-ton] (de *phaéton*, n. pr.) Espèce de voiture à quatre roues, haute et légère. — Cocher (par plaisant. et par allusion à Phaéton, fils du Soleil).

PHAÉTON (myth. **gr.**), fils d'Hélios (le Soleil) et de l'Océanide Clymène. Il obtint de son père la permission de conduire son char à travers le ciel. Les chevaux, méprisant leur conducteur, s'écartèrent de leur route, et, comme le chariot approchait la terre de si près qu'il allait la mettre en feu, Jupiter tua Phaéton d'un coup de foudre.

* **PHAGÉDÉNIQUE** adj. (rad. gr. *phagein*, manger). Méd. Rongeant. Se dit des ulcères malins qui rongent et corrodent les chairs voisines; et des remèdes qui consument les chairs baveuses et superflues: *ulcères phagédéniques.*

PHAGÉDÉNISME s. m. Caractère phagédénique.

* **PHALANGE** s. f. (lat. *phalanx*). Antiq. Corps de piquiers pesamment armés qui combattaient sur quatre, huit, douze, seize de hauteur et plus : *la phalange octuple, dont on voit un exemple à la bataille de Magnésie, avait de hauteur trente-deux hommes.* (Voy. ARMÉE.) — Par ext. Différents corps d'armée: *ce héros guidait nos phalanges.* — Anat. Os qui composent les doigts de la main et du pied : *le pouce a deux phalanges, et les autres doigts en ont trois.* — ∾ Commune dans le système phalanstérien de Fourier.

PHALANGER s. f. [fa-lan-jé] (rad. *phalange*). Mamm. Groupe de marsupiaux qui forme la famille des *phalangistidés*, et qui est caractérisé surtout par la disposition du second et du troisième doigt des pieds de derrière, réunis dans un tégument commun. Les animaux de ce groupe sont des grimpeurs habiles; ils vivent sur les arbres; ils mangent des feuilles, des boutons, des fruits, et, à l'occasion, de petits oiseaux, des œufs, des insectes. Le jour, ils se tiennent cachés sur les branches ou dans les creux d'arbres, et ne quittent leur retraite qu'au crépuscule. Ils sont un peu lents à se mouvoir, excepté ceux qui sont pourvus d'une membrane en parachute. Leur taille est à peu près celle du chat domestique. On ne les trouve que dans les archipels indien et australien. Le *phalanger vulpin* (*phalangista vulpina*, Desm.) a une couleur générale grisâtre, d'un blanc jaunâtre en-dessous. Il a

Phalanger volant (Petaurus taguanoides).

des oreilles et un nez longs et pointus comme le renard, et de longues moustaches noires bien fournies; en captivité, il est habituellement pendant le jour; il prend sa nourriture entre ses pattes comme l'écureuil. Il a une queue prenante, dont il se sert pour grimper. Le genre *petaurus* comprend les *phalangers volants*, qui ont une membrane, étendue des jambes de devant à celles de derrière. C'est une sorte de parachute qu'ils déploient en étendant les quatre membres. Leur queue est très longue et très fournie de poil; ils ressemblent pour l'aspect et les mœurs aux écureuils volants. La principale espèce (*petaurus taguanoides*, Desm.) habite la Nouvelle-Galles du Sud; il est nocturne, et se nourrit des fleurs du gommier, d'insectes

et de miel. Il grimpe fort bien, et descend rarement à terre. On chasse quelques-unes des petites espèces pour leur fourrure qui sert aux mêmes usages que celle du chinchilla. Le seul autre genre de la famille est le *phascolarctos.* (Voy. ce mot.)

PHALANGIEN, IENNE adj. Qui a rapport aux phalanges.

PHALANGISTIDÉ, ÉE adj. Qui se rapporte au phalanger. — s. m. pl. Famille de marsupiaux ayant pour type le genre phalanger.

* **PHALANGITE** s. m. Antiq. Soldat de la phalange. (Peu us.)

* **PHALANSTÈRE** s. m. Lieu où habiterait la commune sociétaire telle que l'avait imaginée le philosophe utopiste Fourier : *quelques essais de phalanstères ont été tentés, mais ils ont toujours échoué.*

* **PHALANSTÉRIEN, IENNE** s. et adj. Habitant d'un phalanstère; partisan des doctrines qui doivent être mises en pratique dans le phalanstère. Se dit aussi de ces doctrines mêmes.

.**PHALARIDE** s. f. (mot gr. dérivé de *phalaros*, brillant). Bot. Genre de graminées phalaridées, comprenant plusieurs espèces de plantes herbacées, vivaces, à feuilles planes, linéaires. On distingue particulièrement la *phalaride des canaries* (voy. ALPISTE) et la *phalaride roseau* (*phalaris arundinacea*), belle graminée vivace, qui croît dans les lieux humides et sur le bord des eaux. Elle constitue un bon fourrage.

PHALARIDÉ, ÉE adj. Qui se rapporte à la phalaride. — s. f. pl. Tribu de graminées ayant pour type le genre phalaride.

PHALARIS [fa-la-riss], tyran d'Agrigente, en Sicile, de 570 à 555 av. J.-C. environ. Sa cruauté et sa tyrannie causèrent une révolte dans laquelle il fut tué. Les épîtres de Phalaris sont apocryphes. — On donne le nom de *taureau de Phalaris* à un instrument de supplice, inventé par l'Athénien Perillus, pour Phalaris, tyran d'Agrigente, vers 570 av. J.-C. On enfermait les victimes dans les flancs d'un taureau d'airain et on les y faisait rôtir. Leurs cris de douleur ressemblaient, au moyen d'un appareil d'acoustique ménagé dans la gorge de l'animal, aux mugissements de taureau. Phalaris, émerveillé de cette invention, en fit faire la première expérience sur l'inventeur. Il fit ensuite rôtir dans le taureau d'airain une foule de personnes jusqu'au jour où les Agrigentins, s'étant révoltés, lui firent subir le même supplice, après lui avoir coupé la langue (555 av. J.-C.).

PHALAROPE s. m. (gr. *phalaros*, brillant; *pous*, pied). Ornith. Genre d'échassiers longirostres, voisin des combattants et compre-

Phalarope de Wilson (Phalaropus Wilsonii).

nant trois ou quatre espèces de petits oiseaux à pieds aplatis, à doigts bordés de très larges membranes comme ceux des foulques. Le *phalarope de Wilson*, ou phalarope gris (*pha-*

laropus Wilsonii, Sab; genre *steganopus*, Vieill.), à environ 24 centim. de long. et 42 centim. d'envergure; son bec est noir et long de 3 centim.; son dos est d'un gris cendré mélangé de rouge. On trouve cet oiseau dans toutes les régions tempérées de l'Amérique du N. et du S., sur les côtes de l'Atlantique et du Pacifique, surtout sur les algues flottantes; et quelquefois il s'égare jusqu'en Europe. Il cherche sa nourriture dans les basfonds des marécages. Il est vif et gracieux. La membrane marginale de ses doigts se confond presque avec eux. Le phalarope septentrional (*phalaropus hyperboreus*, Temm.; genre *lobipes*, de Cuvier), a environ 17 centim. de long. et 35 centim. d'envergure, avec un bec long de 3 centim. On le trouve dans les parties tempérées de l'Amérique du Nord et dans tout le N. de l'Europe et de l'Asie. C'est l'un des plus jolis et des plus gracieux échassiers.

* **PHALÈNE** s. f. [fa-lè-ne] (gr. *phalaina*). Nom que les naturalistes donnent aux papillons nocturnes, pour les distinguer des papillons de jour. — Les phalènes forment la troisième et dernière section de l'ordre des lépidoptères et se divisent en 10 groupes, savoir : 1° HÉPIALITES (hépiales, cossus, etc.); 2° BOMBYCITES (saturnie, bombyx); 3° FAUX-BOMBYX (séricaire, psyché, callimorphe); 4° APOSURES (dicranure); 5° NOCTUÉLITES (érèbe, noctuelle)); 6° TORDEUSES (pyrale); 7° ARPENTEUSES, GÉOMÈTRES OU PHALÉNITES (phalènes proprement dites); 8° DELTOÏDES (herminie); 9° TINÉITES (aglosse, gallérie, crambus, alucite, teigne, yponomeute, œcophore, adèle); 10° FISSIPENNES (ptérophore). — PHALÈNES PROPREMENT DITES, genre de phalénites dont les espèces principales sont : la *phalène du sureau* (*phalœna sambucaria*), l'une des plus grandes de nos pays; d'un jaune de soufre, avec les ailes inférieures prolongées en forme de queue; la *phalène du lilas* (*phalœna syringaria*), un peu moins grande, à ailes jaspées de jaunâtre, de brun et de rougeâtre; sa chenille porte quatre gros tubercules sur le dos et une corne sur le huitième anneau; la *phalène du groseillier* (*phalœna grossulariata*), encore plus petite, à ailes blanches mouchetées de noir; chenille gris bleuâtre en dessus, tachetée de noir, avec le ventre et les côtés jaunes, pointillés de noir.

PHALÈRE. Voy. ATHÈNES.

* **PHALEUCE** ou **Phaleuque** adj. [fa-leu-se] (de *Phaleucus* n. pr.) Versific. grecque et italine. Se dit d'une espèce de vers ayant cinq pieds, dont le premier est ordinairement un spondée, quelquefois un iambe, le second toujours un dactyle, le troisième et le quatrième des trochées, et le dernier ordinairement un spondée, quelquefois un trochée : *la plupart des pièces de Catulle sont en vers phaleuces.*

* **PHALLIQUE** adj. [fal-li-ke]. Se dit des cérémonies religieuses où l'on portait le phallus: *les chants phalliques.* —Culte phallique. Adoration des organes de la génération considérés comme symbole de la puissance créatrice de la nature. Aux âges primitifs, les emblèmes sexuels étaient adorés comme des objets très sacrés, et dans les différents systèmes polythéistes, l'acte ou le principe dont le phallus est l'instrument, était représenté par une divinité, à laquelle il était consacré : en Egypte, par Khem; dans l'Inde, par Siva; en Assyrie, par Vul; dans la Grèce primitive, par Pan, et plus tard par Priape; en Italie, par Mutinus ou Priapus; parmi les nations teutoniques et scandinaves, par Fricco, et en Espagne, par Hortanes. On trouve des monuments et des emblèmes phalliques sculptés dans toutes les parties du monde. Le culte du phallus règne encore en-Orient.

* **PHALLUS** s. m. [fal-luss] (mot lat.). Antiq.

Représentation du membre viril, que l'on portait dans les fêtes d'Osiris, dans les fêtes de Bacchus, etc. : *le phallus était l'emblème du principe générateur.*

PHALSBOURG (all. *Pfalzburg*), ville d'Alsace-Lorraine (Allemagne), sur la pente occidentale des Vosges, à 40 kil. N.-O. de Strasbourg; 4,328 hab. Après avoir vaillamment résisté aux Allemands pendant quatre mois, elle se rendit le 12 déc. 1870. Ses fortifications ont été rasées.

PHANAR, quartier de Constantinople, habité exclusivement par les familles grecques qui s'y sont perpétuées depuis la conquête (1453) jusqu'à nos jours.

PHANARIOTE ou **Fanariote** s. Grec, Grecque de Constantinople, d'une classe distinguée, ainsi appelés du quartier du Phanar qu'ils habitaient : *une belle Phanariote.* (Voy. Fanariote.)

PHANÉR, **Phanéro** (gr. *phaneros*, apparent; de *phainô*, je brille). Préfixe qui entre dans la formation d'un grand nombre de mots.

PHANÉROBRANCHE adj. (préf. *phanéro*; gr. *bragkia*, branchies). Zool. Qui a les branchies apparentes.

PHANÉROGAME adj. (préf. *phanéro*; gr. *gamos*, mariage). Bot. Est opposé à cryptogame, et se dit des plantes pourvues de fleurs, c'est-à-dire, d'organes sexuels apparents : *les végétaux, les plantes phanérogames.* — s. f. *La classe des phanérogames est plus nombreuse que celle des cryptogames.* — La grande division des phanérogames comprend toutes les plantes pourvues d'organes sexuels visibles. (Voy. Cotylédon.) Elle comprend les deux embranchements des plantes *monocotylédones* et *dicotylédones.*

PHANÉROGAMIE s. f. Hist. nat. État d'une plante ou d'un animal chez lesquels les organes sexuels sont apparents.

' **PHANTAISIE.** Voy. Fantaisie.

' **PHANTASMAGORIE** s. f. Voy. Fantasmagorie.

' **PHANTASMAGORIQUE** adj. Voy. Fantasmagorique.

PHANTASME s. m. (gr. *phantasma*, fantôme). Pathol. Lésion de la vue ou des facultés mentales qui fait apercevoir des objets qu'on n'a pas réellement sous les yeux.

PHAON, batelier de Mitylène qui inspira un violent amour à Sapho.

' **PHARAMOND**, roi mythique des Francs, que quelques historiens placent en tête de la liste des rois mérovingiens (420-428). Il aurait eu pour fils Clodion. La Calprenède a fait de Pharamond le héros d'un long roman.

' **PHARAON** s. m. Jeu de hasard qui se joue avec des cartes. — Serpents de Pharaon, amusement dangereux fait avec du sulfo-cyanure de mercure. Parut à Paris en 1865.

' **PHARAON** s. m. Nom commun au titre par lequel on désigne les souverains indigènes de l'ancienne Égypte avant la conquête de ce pays par les Perses. On fait généralement venir ce titre de l'égyptien *ph-Ra*, le soleil. Il indiquait que le roi était un symbole vivant du dieu de la lumière et tirait son autorité directement du ciel. Dans l'Ancien Testament, on emploie généralement le mot Pharaon sans y ajouter le nom individuel du roi; il n'y a d'exception que pour le pharaon Néchao et le pharaon Hophra.

' **PHARAONIQUE** adj. Qui appartient aux Pharaons.

' **PHARE** s. m. (lat. *pharus*; du gr. *Pharos*, n. pr.). Tour construite à l'entrée d'un port ou aux environs, et sur laquelle on tient des feux allumés pendant la nuit, pour guider les vaisseaux qui approchent des côtes : *le phare d'Alexandrie a donné son nom à tous les autres phares.* — Fanal placé sur la tour : *le phare nous servit beaucoup pour entrer dans le port.* — Fig. Cette idée a été mon phare dans toutes mes actions, elle a servi à me guider. — *Phare de Messine,* le détroit qui est entre l'Italie et la Sicile. — Bateau-phare, grand navire qui porte, à l'extrémité de ses mâts, une ou plusieurs lanternes, pour éclairer, à défaut de phare, certains endroits où la mer est dangereuse. — Encycl. On appelle phare un édifice au sommet duquel une lumière est entretenue pendant la nuit pour guider les marins. Les phares les plus remarquables sont bâtis en pierre, et dans les climats du Nord, quand la première mise de fonds n'est pas la considération principale, c'est la pierre qu'il faut exclusivement employer. La forme de tous les phares de pierre se rapproche plus ou moins du tronc d'un cône ou de pyramide. Ils sont quelquefois bâtis de manière à y ménager le logement des gardiens; mais plus habituellement ils ne contiennent que l'escalier et les chambres de nettoyage et d'éclairage, avec un endroit pour mettre les tonneaux d'huile. Alexandre Gordon, ingénieur civil anglais, fut le premier qui construisit des phares en fonte. Ceux des Bermudes et de la Jamaïque ont été construits en Angleterre. Chaque partie de l'édifice pouvant être terminée dans l'atelier, les phares en fonte conviennent admirablement pour les points éloignés des grands centres, et l'usage s'en introduit peu à peu. Le phare sur pilotis en fer forgé est encore un autre genre. Les extrémités inférieures des pieux de fer sont munis de gros écrous de fonte là où le sol de la fondation est mou, et les pieux sont fixés par ce moyen sur un support solide; là où les fondations sont d'argile dure, ces extrémités sont faites en pointe et l'on enfonce les pieux jusqu'à ce qu'ils arrivent à une assiette solide sur des disques de fonte, posée sur des languettes forgées sur les pieux. Les tours de phare sont d'ordinaire surmontées d'une muraille en parapet dont la hauteur varie de 3 à 7 pieds, suivant la nature de la lumière. Sur ce mur en parapet se place la lanterne qui contient l'appareil lumineux. La lanterne consiste en une charpente de laiton ou de fer à parois vitrées, et ses dimensions varient de 2 m. de diamètre et 1 m 50 en hauteur, à 4 m. en diamètre et 3 m. en hauteur. C'est un polygone régulier, auquel on peut donner un nombre quelconque de côtés, suivant les circonstances. Elle est surmontée d'un dôme de cuivre ou de fer, généralement doublé de quelque autre métal, avec un espace où circule l'air, afin d'éviter la condensation de l'humidité. Au sommet, on place un ventilateur, par lequel l'air échauffé s'échappe, et des registres, placés près du fond de la lanterne, permettent au gardien de régler à volonté l'arrivée de l'air frais. — Les matières que l'on a employées pour l'éclairage des phares sont : 1° le bois et le charbon de terre; 2° les torches, les chandelles ou les bougies; 3° l'huile; 4° le gaz, et 5° un courant électrique agissant sur des pointes de charbon; 6° la lumière Drummond. (Voy. Drummond.) C'est le bois et le charbon de terre dont on se servit d'abord; on les brûlait comme on faisait pour les feux de signaux, sur les promontoires, et plus tard au sommet d'une tour. Smeaton inaugura les bougies de cire dans le phare d'Eddystone en 1760. On se servit plus tard de chandelles de suif. La houille alimenta certains phares anglais et écossais jusqu'en 1816, et, sur les côtes de Suède et de Norvège, jusqu'en 1846. Le progrès immense qu'apporta aux lampes l'usage du bec Argand et de la cheminée de verre, produisit une complète révolution dans le système des phares. A partir de 1785, époque où le premier appareil de ce genre fut établi dans le phare de Cordouan, on introduisit graduellement dans les phares le réflecteur parabolique avec ce genre de bec. Aux États-Unis, les premiers phares furent éclairés avec des chandelles de suif et des lampes, suspendues au dôme de la lanterne par des chaînes de fer. On a fait des essais pour employer le gaz dans les phares. On a rencontré des difficultés à obtenir la flamme dans les conditions nécessaires, à cause de la déviation de l'appareil lumineux : l'incertitude de l'approvisionnement lorsque le gaz est fait au phare même, est un autre obstacle, et si sérieux, qu'il faut toujours avoir sous la main une réserve complète d'huile, de crainte que quelque accident ne se produise dans l'appareil générateur du gaz. Aux États-Unis, le professeur Henry, président de la commission des phares, a fait des expériences sur la lumière électrique. Il en est arrivé à cette conclusion, que le léger avantage qu'il offre de pouvoir percer les brouillards ne compense pas le prix plus élevé de l'appareil, la difficulté de s'en servir, et le danger qu'il présente de se déranger. Dans une conférence faite le 9 mars 1860 devant l'Institut royal (*Royal institution*), le professeur Faraday a dit que la lumière produite par l'électricité est spécialement convenable aux phares en raison de son intensité, d'autant plus que la source d'où elle dérive ne tient pas plus de place qu'une chandelle ordinaire. La batterie voltaïque présentait des difficultés qui en rendaient l'usage impraticable pour cet objet; mais on a reconnu que l'appareil magnéto-électrique n'a aucun de ces inconvénients. Un grand appareil de ce genre, alimenté par une machine à vapeur de la force de deux chevaux, a été employé pendant six mois au phare de South Foreland; il donnait une lumière d'une intensité telle qu'on l'apercevait fréquemment de la côte de France. Faraday prévoyait que si les frais de ce mode d'éclairage n'étaient pas trop considérables, on l'adopterait en maints endroits où il faut une lumière intense. On a expérimenté la déviée par le réflecteur, de sorte qu'elle émerge de la lanterne à l'état de rayon, parallèle ou peu s'en faut, à l'horizon. C'est au phare de Cordouan qu'on s'est pour la première fois servi d'un réflecteur à cet effet. L'introduction de bec Argand en a rendu l'usage plus commun. Les réflecteurs furent d'abord des moules de plâtre, sur la surface interne desquels étaient collées des facettes de verre argenté uni. Ils sont devenus d'un usage commun en Europe dès le commencement de ce siècle. La meilleure forme de réflecteur est le paraboloïde de révolution ayant son axe horizontal. Le réflecteur est en cuivre, et sa surface intérieure est recouverte d'argent et soigneusement polie. La flamme de la lampe a son centre au foyer du réflecteur, et les rayons émergent de la surface du réflecteur dans des directions presque parallèles. Il y a d'ordinaire plusieurs réflecteurs disposés sur une charpente et mus circulairement par un ressort d'horlogerie. L'introduction de la méthode de Fresnel, ou méthode dioptrique, pour l'éclairage des phares, a fait disparaître le système à réflecteur, de sorte que les réflecteurs ne servent aujourd'hui que pour les rangées de lumières, ou pour les petits bâtiments, ou dans les phares où l'on a trop peu d'argent pour acheter une lentille. La figure montre le plan et l'élévation d'une lentille de Fresnel de petite dimension. Elle se compose de 13 anneaux de verre de diamètres différents disposés verticalement les uns au-dessus des autres. Les cinq anneaux du milieu ont 29 centim. de diamètre intérieur, et renvoient par deux réfractions vers l'horizon les rayons qu'ils reçoivent de la flamme F. Les cinq anneaux supérieurs et les trois inférieurs renvoient leurs rayons à l'horizon par deux réfractions et par une réflexion totale. Les lignes de points montrent la direction des rayons partis de la lampe. F est la flamme; rr, les cylindres réfracteurs; x x, les anneaux catadioptriques agissant par réfraction et par réflexion. Les lignes extérieures r'r' représen-

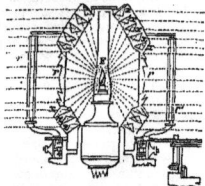

Lentille de Fresnel.

tent un système de prismes verticaux qui tournent autour de l'appareil décrit ci-dessus, et qui, en faisant dévier les rayons, comme on le représente dans le plan, de manière à laisser les prismes parallèles entre eux, causent la variation de lumière que l'on indique dans les *tableaux* comme « lumière fixe variée de jets ». Le prix d'établissement d'une lentille de premier ordre est quatre fois aussi grand que celui de 20 réflecteurs, ce qui est le nombre le plus grand que l'on mette dans les phares. — Les autres moyens auxiliaires de donner de la sécurité à la navigation sont les bateaux-phares, les signaux à feu, les signaux de brouillard, et les bouées. L'appareil lumineux d'un bateau-phare est contenu dans une lanterne qu'on hisse au grand mât pour la nuit. Il consiste en lampes et réflecteurs semblables à ceux des phares, si ce n'est qu'ils sont plus petits, et, depuis 1865, les lentilles de Fresnel y ont été appliquées avec succès. On peut placer un signal de brouillard à bord d'un bateau-phare ou près d'un phare pour avertir les navires par les temps de brume épaisse et de tempête noire. Ces signaux sont de la plus grande importance, à peine inférieure à celle des phares. Dans le brouillard, aucune lumière ne se voit d'assez loin pour être utile, et un signal bruyant est le seul qui puisse avertir du danger. Les cloches sont le signal le plus commun, et, placées sur des bateaux-phares, elles sont très utiles; mais, lorsqu'elles sont sur terre près des phares, comme il y a généralement le rivage entre le phare et le navire à avertir, le bruit des cloches peut se perdre dans le mugissement du ressac. On se sert aussi, comme signaux de brouillard, de sifflets, de cornes et de sirènes, moyens plus efficaces que les cloches, parce que le bruit s'en fait entendre plus loin. Ils sont mis en action par des machines à air ou à vapeur, et leur position est déterminée par la longueur et les intervalles des sons. — En 1825, les côtes de France n'étaient éclairées que par une quinzaine de phares et quelques

tours-balises; elles le sont aujourd'hui par 367 phares, dont 22 s'élèvent sur des rochers isolés, en pleine mer; 230 phares sont allumés au sommet de tours en maçonnerie ou en tôle. On les divise en 6 catégories : 1° *phares à feu fixe*, à lumière éclatante; 2° *phares à feu à éclats*, lumière qui montre alternativement 5 éclats et 5 éclipses ou davantage dans l'espace d'une minute; 3° *phares à feu à éclat*, lumière fixe qui montre un éclat blanc ou rouge, suivi ou précédé de courtes éclipses, quelques-unes à des intervalles qui varient de 2, 3 ou 4 minutes; 4° *phares à feu tournant*, feu dont la lumière augmente et décroît ensuite jusqu'à s'éclipser à intervalles égaux; 5° *phares à feu intermittent*, dont la lumière s'éclipse brusquement et reparaît dans un court intervalle; 6° *phares à feu alternatif*, dont la lumière paraît rouge et blanche alternativement. — Les phares les plus puissants de la côte de France sont ceux du cap d'Ailly, de Cordouan, du mont d'Agde, etc. — Les phares dépendent du ministère des travaux publics. — Des feux allumés sur la pointe des rochers ou au sommet des montagnes furent les premiers signaux de nuit pour avertir les navigateurs qu'ils approchaient d'un atterrage ou de quelque danger. Puis on entretint des feux sur des tours abandonnées ou à la cime d'édifices construits particulièrement pour cet usage. — Le phare le plus fameux dans l'antiquité fut celui de *Pharos*, que Ptolémée-Philadelphe fit construire en pierres blanches, près de la rive d'Alexandrie (Égypte), en 285 av. J.-C. Il fut élevé par Sostrate, et passa pour une des merveilles du monde. Il s'élevait, en forme de pyramide, à une hauteur de 550 pieds, et était visible à 44 milles. Un tremblement de terre le détruisit presque complètement en 1304. — De là est venu le nom de phares donné aux édifices de même destination.—Les Romains ont élevé un grand nombre de ces constructions, quelques-unes à l'imitation du phare d'Alexandrie. On citait les phares d'Ostie, de l'île Caprée, de Ravenne, de Pouzzoles; et, dans les Gaules, celui qu'ils élevèrent à Icius-Portus (Boulogne-sur-Mer), bel édifice qui subsistait encore en 1543. Vis-à-vis de Calais, à Douvres, il y en avait un autre dont on voit encore les ruines. — Dans les temps modernes, les plus beaux phares ont été construits par les Anglais, les Français et les Américains des États-Unis. L'Angleterre est fière de son beau phare d'Eddystone, construit en 1756-'59 sur des rochers dangereux qui se trouvent à 16 kil. environ de la côte de Cornouailles. On a creusé le roc même pour y poser les assises de l'édifice qui n'a pas moins de 30 m. de haut. Telle est quelquefois la violence des tempêtes que les eaux se précipitent jusqu'à la hauteur de la lanterne. On conçoit la solidité que doit avoir cet édifice pour résister à des chocs semblables. — Mais la France possède des phares plus surprenants encore. Nous citerons celui de Barfleur, construit en 1829-'35, sur la pointe de Gatteville : il mesure 70 m. d'élévation; celui de Bréhat (1836-'39), près de Tréguier, qui n'a d'égal en aucun lieu du monde. Il se compose d'une tour de maçonnerie pleine, enchâssée dans des roches de porphyre, qui, qui supporte une autre tour plus légère, avec une lanterne à une hauteur de 50 m. Une autre merveille est le phare d'Ar-Men, sur la chaussée de Sein, longue ligne de récifs signalée par tant de naufrages. L'édifice se compose de 8 étages, ayant ensemble 30 m. de haut et portant un feu de premier ordre; pour asseoir la maçonnerie, il a fallu sceller dans le rocher une série de barres de fer s'élevant verticalement d'un mètre environ. À l'un des étages, se trouve une trompette que l'air comprimé fait résonner et qui tourne de manière à se diriger successivement vers tous les points de l'horizon.

PHARE, île d'Égypte. Voy. Pharos.

* **PHARISAÏQUE** adj. (rad. *pharisien*) [fa-ri-za-i-ke]. Qui tient du caractère des pharisiens: *orgueil pharisaïque*.

* **PHARISAÏSME** s. m. (fa-ri-za-iss-me). Caractère des pharisiens. — Fig. Hypocrisie.

* **PHARISIEN** s. m. (hébr. *perushim*, séparé) (fa-ri-zi-ain). Nom d'une secte chez les Juifs : *les pharisiens affectaient de se distinguer par la sainteté extérieure de leur vie.* — Fig. Ceux qui, chez les chrétiens, n'ont que l'ostentation de la piété. — ENCYCL. Les pharisiens formaient une ancienne secte juive, mentionnée pour la première fois par Josèphe comme un parti religieux établi pendant le sacerdoce de Jonathan, vers 150 av. J.-C. Ils se confondent avec les assidéens (hébr. *hasidim*), dont il est parlé dans les livres des Macchabées, qui se formèrent un parti avec le but bien déterminé de résister à l'adoption des coutumes grecques, sous Antiochus Épiphane. Au temps du Christ, ils se divisaient en deux écoles, celle de Hillel, qui représentait le pharisaïsme modéré et qui jeta les bases du *Talmud*, et celle de Shammaï, qui exigeait des pratiques plus austères. Finalement ce fut la première école qui prévalut. Outre la loi écrite de Moïse, ils défendaient l'autorité d'une loi orale transmise par la tradition, comme supplément ou explication de l'autre; leurs adversaires, les sadducéens, s'en tenaient au sens littéral de la loi mosaïque. Au contraire de ceux-ci, les pharisiens croyaient à l'immortalité de l'âme, aux récompenses et aux châtiments au delà du tombeau, et à la résurrection. — Voy. Geiger, *Sabducäer und Pharisäer* (1874).

* **PHARMACEUTIQUE** adj. Qui appartient à la pharmacie : *la chimie pharmaceutique*. — **Pharmaceutique** s. f. Partie de la médecine, qui traite de la composition et de l'emploi des médicaments : *savant dans la pharmaceutique*.

* **PHARMACIE** s. f. (rad. gr. *pharmakon*, poison, médicament). Art de préparer et de composer les médicaments : *entendre bien la pharmacie*. — Lieu où l'on prépare, où l'on conserve et où l'on vend ou distribue des médicaments : *la pharmacie d'un hôpital, d'un hospice*. — Collection de médicaments : *il porte toujours en voyage une petite pharmacie*. — Législ. « Les anciens apothicaires avaient le droit exclusif de composer et de vendre les drogues ou les remèdes destinés à entrer dans le corps humain, et les tribunaux de Paris ne toléraient pas que les médecins et religieux se livrassent à ce commerce qu'ils exerçaient clandestinement partout ailleurs, au mépris des ordonnances. Par une sentence rendue au Châtelet de Paris, le 2 septembre 1760, à l'occasion d'une saisie de thériaque faite par les apothicaires de Paris chez les jésuites de la rue Saint-Antoine, où il s'en faisait un grand débit, le lieutenant-général de police condamna « les *ci-devant* « soi-disant jésuites en 100 liv. d'amende et en 1,000 liv. de dommages-intérêts ». Les épiciers avaient alors, et ils ont conservé la faculté de faire le commerce en gros des drogues simples; mais il leur est interdit d'en débiter aucune au poids médicinal, sous peine d'une amende de 500 fr. (Déclaration de Louis XVI, du 25 avril 1777, art. 6; L. 21 germ. an XI, art. 33). Lorsqu'il n'y a pas d'officine de pharmacien dans une commune, les médecins ont la faculté de fournir des médicaments aux malades auprès desquels ils sont appelés. Toute autre personne faisant le débit des drogues au poids médicinal, ou vendant publiquement des préparations médicamenteuses, est passible d'une amende de 25 à 600 fr., et, en cas de récidive, d'un emprisonnement de 3 à 10 jours (L. 25 germ. an XI; L. 29 pluviôse an XIII). Il en est de même en cas de vente de remèdes secrets, à moins que, de l'avis de l'Académie de médecine, le gouvernement n'ait autorisé la vente et la distribution de ces remèdes (L. 25 prair. an XIII; Décr. 18 août 1810; Décr. 3 mai 1850). Sont considérés comme remèdes secrets, ceux qui ne sont pas préparés conformément aux prescriptions d'une ordonnance de médecin ou aux formules du Codex pharmaceutique.(Voy. Codex.) Les herboristes, munis d'un certificat d'examen, ont le droit de vendre des plantes médicinales indigènes. Les substances vénéneuses ne peuvent être vendues par les pharmaciens, si ce n'est en vertu d'une prescription datée et signée par un médecin ou par un vétérinaire breveté, et ce sous peine d'une amende de 100 fr. à 3,000 fr., et un emprisonnement de 6 jours à 2 mois (L. 19 juil. 1845; Ord. 29 oct. 1846, tit. II). (Voy. Substance.) Aucune officine de pharmacie ne peut être établie sans une autorisation du gouvernement. Les officines sont, ainsi que les drogueries et les épiceries, inspectées chaque année par une commission composée de trois membres que le préfet désigne parmi ceux du conseil départemental d'hygiène et de salubrité. Dans les communes voisines d'une école supérieure de pharmacie, l'inspection est faite par les professeurs de cette école (Décr. 23 mars 1859). Ces visites ont pour but de constater les infractions aux lois et règlements concernant la préparation et la vente des médicaments. Chaque visite donne lieu à la perception d'une taxe de 6 fr., payée par le pharmacien, ou de 4 fr. pour un épicier ou un droguiste. Les procès-verbaux destinés à servir de bases à des poursuites judiciaires, sont dressés par le commissaire de police. Les pharmaciens sont divisés en deux classes: ceux de la première ont le droit d'exercer dans toute la France. Ils doivent être bacheliers ès lettres ou ès sciences, et avoir été reçus aux épreuves, après trois années d'études, soit dans l'une des écoles supérieures de pharmacie existant auprès des facultés de médecine, à Paris, Montpellier et Nancy, soit dans l'une des facultés mixtes de médecine et de pharmacie, soit dans l'une des écoles préparatoires dites de plein exercice. (Voy. Médecine.) Les pharmaciens de deuxième classe ne peuvent exercer que dans le département pour lequel ils ont été reçus. Ils doivent avoir été admis à l'examen de grammaire des lycées, et avoir subi avec succès les examens professionnels, dans l'une des facultés ou écoles de médecine et de pharmacie (Décr. 14 juillet 1875). Il faut en outre, pour être reçu pharmacien, être âgé de 25 ans accomplis et avoir fait un stage de trois ans dans une officine. Avant de tenir une officine, tout pharmacien doit présenter son diplôme au préfet, et prêter devant ce magistrat le serment d'exercer son art avec probité et fidélité. Les préfets font afficher chaque année la liste des pharmaciens établis dans le département. Les pharmaciens sont assujettis à la patente, et ils sont rangés, pour le taux du droit fixe et du droit proportionnel, dans l'une des trois premières classes du tableau A, suivant qu'ils vendent en gros, en demi-gros ou exclusivement en détail. (Voy. le tarif au mot Patente.) — A l'armée de terre, sont attachés des pharmaciens militaires qui ont été reçus, soit à la sortie de l'école spéciale de médecine et de pharmacie militaires, soit dans la première classe des pharmaciens civils. Ils font partie du service de santé de l'armée, à titre d'officiers, et ils suivent la même hiérarchie que les médecins militaires. — Les pharmaciens de la marine sont compris dans le corps des officiers de santé de la marine, et ils sont nommés, par voie de concours, après avoir reçu l'instruction spéciale dans l'une des écoles de médecine navale établies à Brest, à Rochefort et à Toulon ». (Ch. V.)

*PHARMACIEN s. m. Celui qui exerce la pharmacie : la boutique d'un pharmacien.

PHARMACOCHIMIE s. f. Art de préparer les médicaments d'après les principes de la chimie.

PHARMACODYNAMIQUE adj. (gr. pharmakos, médicament; fr. dynamique). Qui a rapport à la force active des médicaments.

PHARMACOLITE ou Pharmacolithe s. f. (gr. pharmakon, poison; lithos, pierre). Minér. Arséniate de chaux naturel.

PHARMACOLOGIE s. f. (gr. pharmakon, médicament; logos, discours). Histoire des médicaments; théorie des médicaments et de leur emploi.

PHARMACONYME s. m. (gr. pharmakon, médicament; onuma, nom). Mot formé d'un nom de substance.

*PHARMACOPÉE s. f. (gr. pharmakon, médicament; poieō, je fais). Traité qui enseigne la manière de préparer et de composer les médicaments : nous avons des pharmacopées de différents auteurs et de différentes nations. — On dit mieux Codex.

*PHARMACOPOLE s. m. Apothicaire. Ne s'emploie guère que par plaisanterie : un pauvre pharmacopole.

PHARNABAZE, satrape perse de Phrygie; il prit part avec les Spartiates à la guerre du Péloponèse, fut battu par Alcibiade à Abydos, en 411 av. J.-C. Devenu l'ami des Athéniens, il fit périr Alcibiade, banni par ostracisme et réfugié en Phrygie. En 394, il commandait avec Conon la flotte qui battit à Cnide le Lacédémonien Pisandre.

PHARNACE I, roi de Pont (184-157 av. J.-C.). — II, fils de Mithridate le Grand et roi de Bosphore; fut vaincu par César (47 av. J.-C.) et fut assassiné la même année par ses sujets révoltés.

PHARO. Voy. Faro.

PHAROS [fa-ross], ancien nom d'une petite île sur la côte d'Egypte, à sept stades de l'ancienne Alexandrie, réunie à la terre ferme par un môle, et célèbre par son fanal, qui était compté parmi les sept merveilles du monde et qui a fait donner le nom de phare à toutes les constructions de ce genre.

PHARSALE (auj. Phersala), ancienne ville de Thessalie, dans la Thessaliotide, sur la rive gauche de l'Enipeus, et au pied du mont Narthacius. Elle est surtout célèbre pour la bataille qui se livra sur son territoire (appelé Pharsalie), le 9 août, 48 av. J.-C., entre César et Pompée, où se décida le sort du monde romain, et où Pompée fut écrasé.

PHARSALE (La), poème épique de Lucain, célébrant la guerre entre César et Pompée.

PHARYNGÉ, ÉE adj. Qui a rapport au pharynx.

PHARYNGIEN, IENNE adj. Qui a rapport, qui appartient au pharynx.

*PHARYNGITE s. f. (rad. pharynx). Inflammation du pharynx. (Voy. Angine.)

PHARYNGOGRAPHIE s. f. (fr. pharynx ; gr. graphô, je décris). Description du pharynx.

*PHARYNGOLOGIE s. f. (rad. pharynx; gr. logos, discours). Traité sur le pharynx.

PHARYNGOLYSE s. f. (fr. pharynx; gr. lusis, action de délier). Paralysie du pharynx.

PHARYNGOTOMIE s. f. (fr. pharynx; gr. tomé, section). Incision pratiquée sur le pharynx.

*PHARYNX s. m. [fa-rainkss] (gr. pharunx; de pharax, gouffre). Anat. Arrière-bouche, gosier, partie supérieure de l'œsophage. — Le pharynx est la partie du canal digestif placée derrière et en dessous de la bouche et

au-dessus de l'œsophage qui le continue. C'est un sac musculo-membraneux, conique ou pyriforme, ayant la pointe en bas, et qui s'étend de la base du crâne jusqu'au cartilage cricoïde par devant et à la cinquième vertèbre cervicale par derrière, long d'environ 4 pouces 1/2 chez l'homme adulte. Il est relié derrière, par des tissus aréolaires lâches, à la portion cervicale de la colonne vertébrale et à quelques-uns des muscles du cou qui s'y trouvent. Sept ouvertures donnent dans le pharynx : les deux passages nasaux postérieurs, les deux trompes d'Eustache, la bouche, le larynx et l'œsophage. Les trompes d'Eustache s'ouvrent de chaque côté sur la partie supérieure du pharynx et communiquent avec la cavité de l'oreille moyenne. Le pharynx est derrière le larynx, de même que l'œsophage est derrière la trachée artère; et la glotte ou ouverture donnant dans le larynx, laquelle, lorsqu'on avale, est fermée par l'épiglotte, se trouve sur le côté antérieur du pharynx, et pénètre en arrière dans sa cavité. Le pharynx est séparé de la cavité de la bouche par la luette ou voile du palais. Il est tapissé d'une tunique muqueuse, puis d'une tunique moyenne ou fibreuse, et derrière d'une tunique musculaire

PHASCOGALE s. m. [fass-ko-l](gr. phascôlon, bourse; galê, belette). Mamm. Genre de petits marsupiaux, voisin des dasyures, et comprenant plusieurs espèces d'animaux qui habitent l'Australie et la Tasmanie. La plus grosse espèce est le phascogale à queue en pinceau (phascogale penicillata, Temm.), de la taille du rat ordinaire. Son poil est long et soyeux, gris, marqueté de blanc, et blanc en dessous. Il abonde en Australie. Il fait son nid dans les creux d'arbre, et on l'accuse de détruire les volailles et de ravager les gardemanger des colons.

PHASCOLARCTOS s. m. [fass-ko-lar-ktoss] (gr. phascôlon, bourse; arktos, ours). Mamm. Genre de marsupiaux phalangistidés, dont l'espèce type, le koala (phascolarctos cinereus, Fisch.), est un animal de la taille d'un chien ordinaire et dont la démarche ressemble à celle de l'ours. Ses jambes robustes et ses

Koala (Phascolarctos cinereus).

larges pattes sont parfaitement disposée pour lui permettre de grimper aux arbres Sa fourrure est épaisse, douce et laineuse d'une couleur générale gris cendré, avec du blanc jaunâtre sur le dos, du blanchâtre en dessous et les membres brunâtres. Les habitants de la Nouvelle-Galles du Sud estiment sa chair.

PHASCOLOME s. m. [fass-ko-lo-me](gr. phascolon, bourse; mus, rat). Mamm. Genre de marsupiaux, dont l'espèce type, le wombat (phascomolys wombat), habite l'Australie et la Tasmanie, où on l'appelle blaireau, à cause de l'habitude où il est de vivre dans un terrier, et quelquefois opossum oursin, à cause de sa ressemblance avec un petit ours. Il est nocturne et lourd dans sa marche; il se nourrit d'herbes et de racines. Dans les districts montagneux voisins de Port-

Wombat (Phascolomys wombat).

Jackson, sa chair est préférée à celle de tous les autres mammifères indigènes.

* **PHASE** s. f. [fa-ze] (gr. *phasis*, apparition). Astron. Diverses apparences de la lune et de quelques autres planètes, ou différentes manières dont elles sont éclairées par le soleil : *la variété des phases de la lune est fort remarquable*. — Changements successifs qui se font remarquer dans certaines choses : *cet auteur décrit dans son ouvrage toutes les phases de la civilisation moderne*.

PHASE (*Phasis*), ancien nom du Rion ou Faz, fleuve de l'Asie occidentale, dans la Transcaucasie, qui prend sa source au pied du mont Pasmla, dans la division occidentale du Caucase, coule successivement S.-O. O., S. et O. et entre dans la mer Noire vers 42° 10' lat. N. et 39° 20' long. E. Il est navigable dans son cours inférieur. Le Phase était regardé par les premiers géographes comme la frontière entre l'Europe et l'Asie, et par les écrivains classiques moins anciens, comme la frontière entre l'Asie Mineure et la Colchide. — La ville de Phase était un ancien port de commerce bien connu, un peu au sud de l'embouchure du fleuve, près de la moderne Poti.

* **PHASÉOLE** s. m. [fa-zé-o-le] (bas lat. *phaseolus*). Bot. Nom scientifique du haricot. On écrit aussi FASÉOLE.

PHASÉOLÉ, ÉE adj. Qui se rapporte au phaséole. — s. f. pl. Tribu de légumineuses ayant pour type le genre phaséole et comprenant en outre les genres clitorie, kennédie, glycine, galactie, dioclée, érythrine, dolic, abrus, etc.

PHASIANIDÉ, ÉE adj. (lat. *phasianus*, faisan). Ornith. Qui se rapporte au faisan.— s. m. pl. Famille de gallinacés ayant pour type le genre faisan.

PHAULCON. Voy. CONSTANCE FAULCON.

PHÉACIE, un des noms de l'île de Corcyre. (Voy. SCHÉRIE.)

PHÉACIEN, IENNE s. et adj. De la Phéacie ; qui appartient à ce pays ou à ses habitants.

* **PHÉBÉ** Mythol. Sœur de Phœbus, Diane ou la Lune. S'emploie quelquefois en poésie comme synonyme de lune : *Phébé montait à l'horizon*.

* **PHÉBUS** s. m. [fé-buss] (gr. *phoibos*, brillant). Nom d'Apollon considéré comme dieu de la lumière. On l'emploie dans quelques phrases poétiques où il signifie, le soleil : *Phébus lançait tous ses rayons*. (Voy. APOLLON.) — Fig. et fam. Style obscur et ampoulé : *son style est d'un phébus ridicule*.

PHÉDON philosophe grec du IVe siècle av. J.-C. Amené d'Élis à Athènes comme prisonnier de guerre, il y fut vendu comme esclave. Socrate obtint sa liberté. Platon en fait un des interlocuteurs de son dialogue sur la mort de Socrate qui porte le nom de

Phédon. Il retourna à Élis et fonda l'école de philosophie d'Élis.

PHÈDRE, femme de Thésée, fille de Minos, roi de Crète et de Pasiphaé, et sœur d'Ariane. Son beau-fils, Hippolyte, ayant refusé de partager sa passion, elle l'accusa d'avoir attenté à son honneur. Thésée demanda alors à Neptune de le faire périr. En apprenant la mort d'Hippolyte, Phèdre confessa son crime et se pendit. — La passion de cette princesse a inspiré une tragédie à Racine (Comédie-Française, 1er janv. 1677) et une autre à son rival Pradon (Comédie-Française, 3 janvier 1677).

PHÈDRE (lat. *Phædrus*), fabuliste latin du siècle d'Auguste. D'abord esclave, amené de Thrace ou de Macédoine à Rome, il fut affranchi par Auguste. Il a écrit 97 fables en vers iambiques, divisées en 5 livres. Les principales éditions sont celles de P. Pithou (Troyes, 1596) ; *Cum notis variorum* (1667, in-8°) ; *Ad Usum Delphini* (1675, in-4°) ; de Tilze (Prague, 1813) ; de Gail (Paris, 1826) ; de Dressler (Leipzig, 1830) ; d'Orelli (Zurich, 1832), avec de nouveaux fragments découverts par Angelo Mai au Vatican. Traduct. franç., de Joly (1813), de Parisot (1813), de Panckoucke (1834), de Fleutelot (1839).

PHÉLIPPEAUX (Antoine LE PICARD DE), officier d'artillerie, né à Angle (Poitou) en 1768, mort de la peste à Saint-Jean-d'Acre en 1799. Condisciple de Bonaparte à l'école d'artillerie de Paris, il eut l'avantage sur lui dans tous les concours. Il émigra en 1794, servit dans l'armée de Condé, s'associa à Sidney Smith pour porter le feu dans nos arsenaux, se fit passer pour le domestique de cet aventurier, qu'il parvint à faire évader du Temple et qu'il suivit en Syrie.

PHELLANDRE s. m. [fèl-lan-dre] (gr. *phellos*, écorce ; *anér, andros*, mâle). (Voy. ŒNANTHE.)

PHELLOPLASTIQUE s. f. [fèl-lo-]. (gr. *phellos*, écorce ; fr. *plastique*.) Art de sculpter le liège et spécialement de représenter en liège les monuments d'architecture.

PHELLOSE s. f. [fèl-lo-ze] (gr. *phellos*, liège). Production accidentelle du liège dans les végétaux.

PHÉNAKISTICOPE s. m. (gr. *phenas*, trompeur ; *skopéō*, j'examine) ou **Kinétiscope** s. m. (gr. *kinésis*, mouvement ; *skopéō*, j'examine). Phys. Appareil d'optique composé d'un disque circulaire en carton, partagé en plusieurs secteurs égaux et percé à sa circonférence de trous régulièrement espacés, en nombre égal à celui des secteurs. En face de chacun de ces trous, des figures sont peintes dans les différentes attitudes successives d'une même action, de manière à établir diverses transitions entre les positions extrêmes que chaque personnage doit occuper. Quand on place l'œil à la hauteur d'une des ouvertures du disque en imprimant à ce dernier un mouvement de rotation rapide, les secteurs dans lesquels est décomposée la surface circulaire semblent ne plus changer de place, tandis que les images qui y sont tracées paraissent se mouvoir avec une vitesse égale à celle de la rotation donnée au disque.

PHÉNICIE, nom donné par les écrivains grecs et latins à l'étroite région située entre les collines de la Palestine septentrionale et les montagnes du Liban de Syrie, à l'E., et la Méditerranée à l'O. Mais les Phéniciens eux-mêmes appelaient leur pays K'na'an (Canaan), bas pays. Politiquement, sa frontière septentrionale était près d'Aradus, par 34° 52' lat. N., et sa frontière méridionale au S. du mont Carmel, par 32° 30' lat. à peu près ; sa longueur était d'environ 300 kil. et sa largeur de 16 à 20 kil. y compris les pentes de montagne ; 5,000 kil. carr. Les principales

villes, en allant du N. au S., étaient : Aradus, Tripolis (auj. Tarablus), Byblus (Jebail), Berytus (Beyrouth), Sidon (Saïda), et Tyr (Sur). (Voy. LIBAN et SYRIE.) — Les Phéniciens paraissent sur la côte de la Syrie dès les temps les plus reculés de l'histoire. Hérodote dit qu'ils venaient de la mer Erythrée. Acceptant cette donnée, Schrader suppose que les Phéniciens occupaient autrefois les côtes de l'Arabie et de la Perse, et que, trafiquant avec les principales villes de la Babylonie, ils suivirent les cours de l'Euphrate et du Tigre, et arrivèrent à la côte de la Méditerranée par la route ordinaire à travers Palmyre. Suivant Rawlinson et d'autres, les Canaanites et les Phéniciens étaient des races distinctes, les premiers étant les occupants indigènes du pays, et les seconds des immigrants venus à une date relativement récente. Les habitants primitifs de la Phénicie étaient probablement des Hamites, comme il est dit dans la Genèse ; mais, entourés qu'ils étaient par les Araméens et les Hébreux, ou cédant à l'influence des immigrants sémites venus des rivages de l'Arabie, ils adoptèrent graduellement la langue sémitique et oublièrent la leur. Comme tous les anciens peuples navigateurs, les Phéniciens, dans les premiers temps de leur commerce, commettaient des pirateries et faisaient le trafic des esclaves. Mais bien que l'Europe eût à souffrir de leurs pirateries, il est certain qu'elle reçut d'eux les rudiments de la civilisation, y compris l'alphabet. Les œuvres d'art et les objets de luxe les plus raffinés que connuront les anciens Grecs venaient de Sidon. Les Phéniciens trafiquaient là où le commerce était profitable, et cachaient aux autres peuples la route qu'ils suivaient pour atteindre les contrées lointaines. Dans la mer Méditerranée, ils prirent possession de Chypre, de Rhodes, de Cythère, d'où la Grèce tira le culte d'Aphrodite, de Thasos, où ils avaient de précieuses mines d'or, et de la Samothrace à laquelle ils donnèrent un culte particulier. En Crète, ils établirent les colonies d'Itanus et de Lampe. Ils se saisirent de Malte et de tous les promontoires de Sicile, où ils fondèrent Eryx et Panorme (Palerme). Les côtes de Sardaigne furent semées de leurs établissements, et ils étaient en relations commerciales avec les villes de l'Étrurie. La Corse et les Baléares leur servaient de stations pour leur commerce avec l'Espagne, dont ils occupèrent la partie S.-O., y compris Tartessus (Tarshish) et Gadès (Gadira, Cadix). Leurs comptoirs dans la Gaule méridionale devinrent d'importantes cités. De bonne heure, ils visitèrent et peuplèrent les rivages de l'Afrique septentrionale. Longtemps avant de fonder Carthage, ils y avaient les postes commerciaux de Leptis Magna, Cirta, Utique, Hippone, et d'autres. Sur la côte de l'Atlantique, une série de villes phéniciennes s'étendait jusqu'au Lixus. Leurs relations et leurs alliances avec les Libyens donna naissance à la race libyo-phénicienne. On ne sait pas jusqu'où ils pénétrèrent dans l'intérieur de l'Afrique ; mais il y a de bonnes raisons pour supposer qu'ils atteignirent Tombouctou et le Niger, et peut-être le lac Tchad. Le commerce avec l'Asie orientale se faisait surtout par caravanes. Par la mer Rouge, les Phéniciens avaient accès aux côtes orientales de l'Afrique et probablement de l'Asie orientale ; et ils faisaient des expéditions à Ophir. (Voy. OPHIR.) Ils visitaient aussi la mer Noire et la mer d'Azof. On discute la question de savoir s'ils allaient par mer jusqu'aux îles Britanniques et autres parties de l'Europe septentrionale, ou s'ils se procuraient l'étain, l'ambre et les divers produits de ces régions par l'intermédiaire des stations commerciales de l'intérieur du continent. Le commerce de la Phénicie paraît avoir atteint son apogée vers le VIIIe siècle av. J.-C. Pour ses constructions navales, le Liban renfermait une réserve inépuisable de bois. Les Phéniciens furent les premiers qui appliquèrent pratiquement l'astronomie à la navigation. La plus fameuse de leurs industries était celle de la teinture de pourpre, qu'ils tiraient d'un coquillage. Tyr était particulièrement célèbre pour sa pourpre. Les artisans de Sidon se servaient du chalumeau, du tour et du burin; ils savaient fondre des miroirs de verre. Les opérations minières en Espagne, à Thasos et ailleurs étaient poussées dans des proportions étonnantes et par des méthodes très scientifiques. — Chaque ville de Phénicie était gouvernée par un roi, et chacune, avec son territoire adjacent, constituait une souveraineté. A Tyr, et probablement aussi à Sidon et dans les autres grandes cités, existait, à côté du monarque, une aristocratie puissante. A Tyr, lorsque le trône était vacant, l'intérim de souverain était confié à des magistrats électifs appelés soffets, ou suffètes, ou suffètes, c'est-à-dire juges. Une grande partie de la population de la Phénicie se composait d'esclaves amenés de toutes les parties de l'ancien monde. Les cités ne furent jamais réunies entre les mains d'un seul monarque, mais Sidon et Tyr exercèrent tour à tour une autorité dirigeante. La grande force des Phéniciens était leur flotte; lorsqu'ils étaient menacés sur terre, ils se servaient de troupes mercenaires. — Tyr et Sidon furent fondées, d'après Hérodote, vers 2700 ou 2800 av. J.-C.; mais nous n'avons aucune connaissance certaine de leur histoire avant l'an 1,000 av. J.-C. environ. L'Ecriture enregistre l'amitié et l'alliance de Hiram, roi de Tyr et de Salomon, ainsi que les voyages de leurs flottes à Ophir. Vers 915 av. J.-C., un prêtre, Ethbaal, fonda une nouvelle dynastie à Tyr. Au milieu du IXᵉ siècle environ, la Phénicie fut contrainte de reconnaître la suzeraineté de l'Assyrie. Elle regagna son indépendance, puis fut de nouveau conquise. Tyr seule résista avec succès à Sargon, et soutint un siège qui dura cinq ans; mais vers 700, elle fut prise par les Assyriens, et Sennachérib plaça sur le trône de Tyr une de ses créatures. La Phénicie resta en vassalage jusqu'à la destruction de la monarchie assyrienne, et à l'arrivée du pharaon Néchao, qu'elle reconnut pour suzerain (vers 606). La victoire de Nabuchodonosor sur Néchao fit passer les Phéniciens sous le joug de Babylone. Ils se révoltèrent peu après, mais ils furent de nouveau soumis, quoique Tyr supportât un siège de 13 ans. La chute de Babylone fut suivie de la soumission de la Phénicie à la Perse, sous le gouvernement de ses rois nationaux. Pendant toute la longue lutte avec la Grèce, la Phénicie fournit aux monarques perses les meilleures de leurs forces navales. Pendant le règne d'Artaxercès Ochus, Sidon se révolta, et, après des efforts désespérés, elle fut livrée par son roi Tesmès aux Perses, en 350, et complètement détruite. Elle fut rebâtie, et lorsque Alexandre envahit l'empire perse, elle se soumit à lui sans difficulté; mais Tyr résista, fut prise par trahison et réduite en cendres. La Phénicie tomba ensuite sous la domination des Séleucides, et partagea le destin de la Syrie. — On a exposé les conceptions religieuses et mythologiques des Phéniciens à l'article MYTHOLOGIE. Leur langue était étroitement alliée à l'hébreu, dont on s'est servi comme d'une clef pour arriver à l'explication des monuments et des monnaies de Phénicie. Les textes persiques (carthaginois) que l'on trouve dans le Pœnulus de Plaute, sont les seuls spécimens de nous possédons du langage vulgaire. Aucun reste de la littérature phénicienne proprement dite n'est venu jusqu'à nous; mais il n'y a pas de doute qu'ils avaient des livres religieux, des lois diverses, des archives et des annales. On n'a trouvé dans la Phénicie propre que cinq inscriptions, sur pierre ou sur métal; les autres viennent de Carthage, de Numidie, de Mauritanie, de Chypre, de Sicile, de Sardaigne, de Marseille, d'Athènes et d'Egypte. Elles sont écrites avec un alphabet entièrement composé de consonnes, et comptant 22 signes. Les mots sont écrits de droite à gauche et rarement séparés. On peut distinguer trois styles principaux, ou trois époques, dans l'écriture. L'écriture archaïque fut employée jusqu'au VIIᵉ ou VIᵉ siècle av. J.-C., non seulement par les Canaanites, mais aussi par les Araméens. L'écriture phénicienne proprement dite fut en usage depuis le VIᵉ siècle environ jusqu'au commencement de notre ère. L'écriture carthaginoise de cette époque se caractérise par une courbure gracieuse et des appendices d'ornement. Le troisième alphabet, ou alphabet néo-punique, appartient à la période suivante jusqu'à la conquête de l'Afrique septentrionale par les Romains, et est regardé comme un dérivé de l'écriture cursive carthaginoise. On ne peut déterminer, à l'aide du petit nombre de monuments qui nous restent, la structure de la langue phénicienne, et il est par conséquent impossible de préciser en quoi elle différait de l'hébreu. Les inscriptions puniques présentent bien peu de différence, si elles en présentent, avec celles des Phéniciens d'Orient. Ce que les anciens appelaient le libyo-phénicien paraît avoir été du libyen mélangé d'éléments phéniciens, plutôt que du phénicien mélangé de libyen, comme le dit la Genèse.

PHÉNICIEN, IENNE s. et adj. De la Phénicie; qui appartient à ce pays ou à ses habitants : *la langue phénicienne.* — s. m. Langue sémitique parlée par les Phéniciens.

*PHÉNICOPTÈRE s. m. [fé-ni-] (gr. phoinikopteros; de phoinikos, rouge; pteron, aile). Ornith. Nom scientifique du genre flamant.

*PHÉNIQUE adj. (gr. phanios, brillant). Chim. Se dit d'un acide extrait du goudron de charbon de terre, et qu'on appelle aussi phénol. — L'acide phénique ($C^6 H^6 O$) est aujourd'hui largement employé en médecine et dans les arts. En 1832, Reichenbach découvrit, parmi les produits de la distillation du goudron de bois de hêtre, un corps particulier auquel, en raison de sa propriété de préserver la viande de toute décomposition, il donna le nom de *créosote*. En 1834, Runge trouva dans le goudron du charbon de terre une substance similaire qu'il nomma *acide carbolique ou acide d'huile de charbon*. Immédiatement une controverse s'éleva parmi les chimistes relativement à la véritable constitution de ces deux corps. Reichenbach soutenait qu'ils étaient identiques; mais, en 1841, Laurent trouva que l'acide carbolique diffère de la créosote, et il introduisit les nouveaux noms de *phénol, d'acide phénique et d'hydrate phénilique*, par allusion à l'emploi du gaz de charbon de terre (gr. phainein, éclairer.) La confusion engendrée par ces controverses est encore apparente dans les ouvrages scientifiques, où l'on emploie ces différents synonymes et plusieurs autres. — L'acide phénique cristallise aux températures ordinaires, en longues aiguilles incolores qui appartiennent au système trimétrique et qui ont une gravité spécifique de 1—065. Les cristaux fondent à + 41° C., et le liquide qu'ils produisent bout à 187°. Leur odeur est semblable à celle de la créosote; ils se dissolvent dans 25 ou 30 fois leur volume d'eau, et en toute proportion dans l'alcool, l'éther, la glycérine et l'acide acétique concentré. — Méd. En raison de ses propriétés antiseptiques, antiputrides et désinfectantes, l'acide phénique, pur ou moins étendu d'eau, est utilement employé pour le pansement des plaies suppurantes. On en fait une pommade au centième contre la teigne; il est utile aussi à l'intérieur contre les affections typhoïdes et gangréneuses, à la dose d'une ou deux gouttes dans un demi-verre d'eau : en ce cas, on préfère le phénol saponiné. Dissous dans 230 parties d'eau, il devient un gargarisme; et dans 25 parties d'eau, il sert à badigeonner le gosier. A haute dose, c'est un poison.

PHÉNIQUÉ, ÉE adj. Qui contient de l'acide phénique.

*PHÉNIX s. m. [fé-nikss] (gr. phoinix). Oiseau fabuleux qui, suivant l'opinion de quelques anciens, se trouvait en Arabie, ressemblait à un aigle, avec des ailes en partie rouges et en partie dorées, était unique en son espèce, vivait cinq siècles, se construisait alors un bûcher de bois résineux, l'allumait par le battement de ses ailes, se laissait consumer et renaissait de sa cendre. — Fig. Personne qu'on prétend être unique ou rare dans son espèce, qu'on trouve supérieure à toutes les autres personnes qui suivent les beaux esprits, des orateurs, des poètes.

> Notre jeune linot, fier de ses avantages,
> Se croyait un *phénix*, prenait l'air suffisant.
> FLORIAN.

— Astron. LE PHÉNIX, constellation de l'hémisphère austral, qui n'est pas visible dans nos climats.

*PHÉNOL s. m. (gr. phaino, je brille). Chim. Substance extraite des huiles lourdes que fournissent les goudrons, la houille : *le phénol est un désinfectant énergique.* (Voy. PHÉNIQUE, Acide). Laurent a le premier, en 1840, indiqué la méthode de préparation industrielle du phénol ou acide phénique; mais c'est Bobœuf qui a popularisé l'usage de ce désinfectant.

*PHÉNOMÉNAL, ALE, AUX adj. Didact. Qui tient du phénomène; qui se trouve dans certains phénomènes. — Prodigieux, surprenant : *bêtise phénoménale.*

PHÉNOMÉNALEMENT adv. D'une manière phénoménale.

PHÉNOMÉNALISME s. m. Philos. Doctrine à laquelle on ne s'attache qu'à ce qui peut tomber sous les sens.

*PHÉNOMÈNE s. m. (gr. phainomenon, chose qui apparaît). Didact. Différents effets qu'on remarque dans la nature, qu'on découvre dans les corps à l'aide des sens : *par la circulation du sang, on rend raison du battement du pouls, et de plusieurs autres phénomènes qu'on observe dans le corps humain.* — Particul. Tout ce qui apparaît de nouveau dans l'air, dans le ciel : *voilà un étrange phénomène, un phénomène extraordinaire.* — Fig. Certaines choses qui surprennent par leur nouveauté ou par leur rareté : *ce grand événement est un phénomène auquel on ne devait pas s'attendre.* — Fam. *C'est un phénomène que de vous voir ici.* — Personne qui surprend par ses actions, par ses vertus, par ses talents, etc. : *c'est un phénomène bien rare qu'un homme qui rend de bonne grâce justice à son ennemi.*

PHÉNOPHTALMOSCOPE s. m. (gr. phainos, qui apparaît; ophthalmos, œil; skopeô, j'examine). Appareil inventé vers 1870, par Donders, d'Utrecht, pour étudier les mouvements du globe de l'œil.

PHÉNYLE s. m. (rad. phénol). Chim. Nom donné au radical qui existe dans les combinaisons dérivées du phénol en général.

PHÉON s. m. Blas. Fer de flèche ou de pique barbelée.

PHÉRÉCYDE. I, philosophe grec de Syros, au VIᵉ siècle av. J.-C. Il fut, dit-on, le maître de Pythagore. Sa doctrine la plus remarquable était celle de la métempsycose, ou, suivant d'autres, de l'immortalité de l'âme. Il existe des fragments de ses écrits. — II, logographe grec, vers 630 av. J.-C., appelé

Phérécyde de Léros, son lieu de naissance, ou d'Athènes, où il passa la plus grande partie de sa vie. On a recueilli des fragments de son ouvrage sur la généalogie des dieux et des héros.

PHÈRES (auj. *Velestino*), ville de l'ancienne Thessalie, près des limites S.-E. de la Pélasgiotide, vers 19 kil. O. de son port Pagases, ou du golfe Pagaséen (golfe moderne de Volo). On peut encore reconnaître la trace des anciennes murailles. C'était une des plus puissantes villes de Thessalie, et une alliée d'Athènes dans la guerre du Péloponèse, pendant laquelle Lycophron se fit tyran. Son fils Jason devint le chef militaire de toute la Thessalie. Alexandre, un autre de ses fils, qui lui succéda en 369 av. J.-C., eut une grande influence dans les affaires de la Grèce; mais en 364 ou 363, il fut battu par les Thébains aux Cynoscéphales et réduit à la ville de Phères. Sa domination était très lourde; et on l'assassina en 359. Phères passa au pouvoir de Philippe de Macédoine en 352, et d'Antiochus le Grand, de Syrie, en 191. Peu après, les Romains s'en emparèrent.

PHIDIAS [fi-di-ass], sculpteur athénien, né vers 490 av. J.-C., mort vers 432. Il apprit la sculpture sous Hegesias et Ageladas. Parmi les œuvres qu'on lui attribue sont neuf statues d'Athéné (Minerve). Il exécuta aussi le groupe de 13 statues en bronze dédié à Delphes par les Athéniens, et la statue colossale en bronze d'Athéné Promachos placée dans l'acropole d'Athènes et haute de 50 à 60 pieds; toutes ces œuvres furent faites, dit-on, avec les dépouilles prises aux ennemis à Marathon. Périclès le créa directeur général des grandes œuvres d'art en cours d'exécution à Athènes, y compris les propylées de l'Acropole et le Parthénon. Pour ce dernier, il exécuta la colossale statue chryséléphantine d'Athéné, en or et en ivoire. On a généralement attribué à Phidias les sculptures architecturales des marches du Parthénon. Peu de temps après les avoir terminées, il commença à Olympie la colossale statue chryséléphantine de Jupiter, son chef-d'œuvre. Elle avait près de 60 pieds de haut, et occupa Phidias et ses aides de 437 jusqu'à 433 probablement. L'empereur Théodose Ier la fit transporter à Constantinople, où elle périt dans un incendie en 475 de notre ère.

PHIDON, tyran d'Argos. Il est surtout célèbre comme ayant introduit dans son pays l'art de frapper des monnaies de cuivre et d'argent et d'avoir mis en usage un nouveau système de poids et mesures qui prévalut pendant longtemps dans le Péloponèse et dans une grande partie de la Grèce. Les monnaies de Phidon se frappaient à Égine.

PHIGALIE ou **Phialée**, ancienne ville d'Arcadie, sur la Neda, près du village moderne de Paolitza. Sa célébrité est due au temple du mont Cotylion, à environ 15 kil. N.-E. de la ville, dédié à Apollo Epicurius. On en a exploré les ruines en 1812, et toute la frise sculptée de la cella, connue sous le nom de marbres phigaliens, a été apportée au musée Britannique en 1814.

* **PHIL** ou **Philo** (gr. *philos*, ami), préfixe qui entre dans la formation d'un grand nombre de mots.

PHILADELPHE s. m. (préf. *phil*; gr. *adelphos*, frère). Membre d'une société secrète organisée en France sous le premier Empire.

PHILADELPHIE (gr. *Philadelphia*, amour fraternel), ville de Lydie, sur l'emplacement de la moderne Ala-Shehr, à 50 kil. E.-S.-E. de Sardes. Elle fut fondée par Attale Philadelphe de Pergame, sur les pentes inférieures du mont Tmolus (auj. Boz Dagh), à 952 pieds au-dessus du niveau de la mer. Les nombreux temples qu'elle contenait firent donner à Philadelphie dans les temps anciens l'épithète de Petite Athènes; mais aujourd'hui on ne voit plus que les ruines d'un petit temple. — Il, ancienne ville de Palestine, à l'E. du Jourdain, appelée à l'origine Rabbath-Ammon et la ville principale des Ammonites; elle se nomme aujourd'hui Amman; à 85 kil. E.-N.-E. de Jérusalem. Les campagnes de représailles de David contre les Ammonites aboutirent au ravage de leur pays et à la prise de leur ville. Au temps de Nabuchodonosor, on en fait mention comme d'une cité de grande importance. Au IIIe siècle av. J.-C., Ptolémée Philadelphe la nomma Philadelphia. Elle devint de très bonne heure le siège d'un évêque chrétien formant un des 19 sièges de la troisième Palestine; mais elle était en ruines au temps de l'invasion mahométane. Il y a des reste d'un magnifique théâtre et de beaucoup d'autres édifices.

PHILADELPHIE (angl. *Philadelphia*), principale ville de la Pennsylvanie, et la seconde des États-Unis, sous le rapport de la popula-

Philadelphie. Indépendence Hall.

tion, sur la Delaware, au point où ce fleuve reçoit le Schuylkill, à 160 kil. de l'Atlantique, à 495 kil. N.-E. de Washington et à 140 kil. S.-O. de New-York, par 39° 57' lat. N. (à

Philadelphie. Nouvelle maison de ville.

Indépendence Hall) et 77° 30' long. O. Sa population, qui n'était que de 28,000 hab. en 1790 et de 400,000 en 1845, comprend aujourd'hui 850,000 hab. (890,000 avec Camden).

Elle est régulièrement bâtie, en quartiers carrés (square blocks) et se compose de la ville primitive de Philadelphie, entre les deux cours d'eau, de Philadelphie occidentale (à l'O. du Schuylkill) et des faubourgs de Bridesburg, de Frankford, de Holmesburg, de Manayunk (rive gauche du Schuylkill), de Germantown, de Chestnut Hill (ces deux derniers renfermant de belles résidences), etc. Ses faubourgs sont très étendus. Ses maisons, dans les quartiers riches, sont toutes en briques, en marbre ou en pierre brune; mais ailleurs, on rencontre des constructions en bois. Pour les monuments publics, on emploie le marbre blanc qui abonde dans les environs. Le long des plus belles rues : Market street, Broad street, Chestnut street, Walnut street, etc., s'élèvent de belles résidences, uniformes sous le rapport de la hauteur et du caractère général de l'architecture. Parmi les monuments publics nous citerons: la douane, le post-office, le nouveau temple maçonnique, le club de l'Union League, l'église nommée Old-Swedes, construite en 1700 et le plus ancien édifice de la cité; l'église épiscopalienne du Christ, commencée en 1727; la cathédrale catholique romaine de Saint-Pierre-et-Saint-Paul, imposant spécimen de l'architecture romano-corinthienne, construite de 1846 à 1864, en grès rouge, et couronnée d'un dôme de 210 pieds de haut; le monument de Penn, érigé à Kensington, sur le lieu où Penn, suivant une tradition, fit un traité avec les Indiens; la maison historique de Carpenter, où se tint le premier congrès continental en 1774; Independence Hall, ancienne maison d'État, construite en 1732-35, et dans laquelle le second congrès continental adopta la déclaration d'indépendance; la nouvelle maison de ville, vaste édifice contemporain, digne d'une capitale, long de 160 m., large de 150 m. et contenant 520 salles; les murs extérieurs sont en marbre blanc; ceux qui entourent la cour intérieure sont en marbre bleu. — C'est sur une partie du parc Fairmount, l'un des plus vastes du monde, que fut installée l'exposition universelle de 1876, qui eut lieu en l'honneur du centenaire de la proclamation de l'indépendance. — Philadelphie exporte surtout du pétrole et du coton; le total de ses importations se monte à 125 millions de fr., celui de ses exportations, à 450 millions. Les armateurs de la ville possèdent plus de 3,000 navires (400,000 tonnes), dont 285 steamers (79,000 tonnes); immense commerce de charbon provenant des riches mines de la Pennsylvanie. — 9,000 établissements industriels occupant 140,000 ouvriers. — Plus de 50 banques et 7 caisses d'épargnes. — Corps de pompiers comprenant 450 hommes et 35 pompes à vapeur. — Recettes : 80 millions de fr.; dépenses : 85 millions; dette : 340 millions. — Nombreux établissements de bienfaisance; 450 écoles (2 hautes écoles, 60 écoles de grammaire, 121 secondaires, 212 primaires, etc.), fréquentées par 80,000 élèves; fameux collège Girard (voy. ce mot), curieux à visiter, mais où ne sont pas admis les ecclésiastiques. Université de Pennsylvanie, fondée par Penn, etc. La plus riche des bibliothèques est la Mercantile (126,000 vol.). — 105 journaux, dont 21 quotidiens. — 430 édifices religieux. — Philadelphie fut fondée en 1682, par William Penn et les quakers ou friends (amis) et son nom (en gr. amour fraternel) fait allusion aux principes de cette société religieuse. Pendant plus d'un siècle et demi, la ville, exclusivement sous le contrôle des quakers, se développa rapidement. Elle était la première cité des colonies anglaises lorsque naquirent les troubles qui précédèrent la déclaration d'indépendance. Les premiers congrès s'y réunirent et la déclaration y fut proclamée le 4 juillet 1776. Les troupes anglaises s'en emparèrent et s'y maintinrent de sept. 1777 à juin 1778. Philadelphie fut ensuite capitale de la Pennsylvanie jusqu'en 1779; elle devint même capitale des États-Unis de 1790 à 1800.

PHILADELPHIEN, IENNE s. et adj. De Philadelphie; qui appartient à cette ville ou à ses habitants.

* PHILANTHROPE s. m. (préf. phil; gr. anthrôpos, homme). Celui qui par bonté naturelle est disposé à aimer tous les hommes. — Particul. Celui qui s'occupe des moyens d'améliorer le sort de ses semblables.

* PHILANTHROPIE s. f. Amour de l'humanité.

* PHILANTHROPIQUE adj. Qui a rapport à la philanthropie, qui est inspiré par la philanthropie : société philanthropique.

PHILANTHROPISME s. m. Doctrine des philanthropes.

PHILANTHROPOMANIE s. f. (fr. philanthrope et manie). Amour affecté de l'humanité.

PHILARÈTE (Bazil Drozdoff), prélat russe, né en 1782, mort en 1867. Il devint métropolitain de Moscou en 1821. Pendant la guerre de Crimée, il enflamma l'enthousiasme populaire, et travailla ensuite à l'émancipation des serfs. Une seconde édition de ses sermons a été publiée en 1848-'60, en 3 vol. — Des trois autres prélats distingués du même nom, l'un fut patriarche de Moscou et père du czar Michel, fondateur de la dynastie des Romanoff (1613); le second (1778-1858) fut métropolitain de Kiev et écrivain ecclésiastique; et le troisième (1805-'66) fut archevêque de Kharkov et historien de l'Église.

PHILBERT-DE-GRAND-LIEU (Saint-), ch.-l. de cant. arr. et à 33 kil. S.-O. de Nantes (Loire-Inférieure), près du lac de Grand-Lieu; 3,000 hab.

PHILÉ (Philæ), île du Nil, dans la haute Égypte, voisine de l'île d'Éléphantine, à 8 kil. au S. d'Assouan (l'ancienne Syène), par 24° 1' lat. N. et 30° 31' long. E. Son nom égyptien est Pilak, ou Ailak, ou Manlek, « le lieu de la frontière ». Les Arabes l'appellent Jezirat-el-Birbeh. Elle a un quart de mille de long et environ 500 pieds de large. Elle est, pittoresquement couverte de ruines de temples, la plupart du temps des Ptolémées avec des additions faites par les empereurs romains. Le temple principal est celui d'Isis. Le nom le plus ancien trouvé dans les ruines est celui de Nectanebo II, de la 30° dynastie. En face du temple est une chapelle à Esculape, et à l'E. et au S. de petits temples d'Athor.

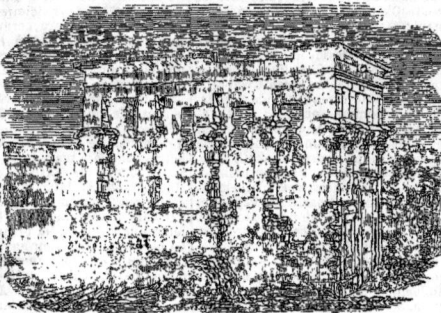

Temple d'Isis à Philé.

PHILIPON (Charles), dessinateur et journaliste, né à Lyon en 1800, mort à Paris en 1862. Il fonda le Charivari en 1832, puis le Journal

PHILÉAS, un des plus anciens géographes de la Grèce, né à Athènes dans le v° siècle av. J.-C. Il a composé un Périple dont il nous reste quelques fragments.

PHILÉMON, poète comique athénien, né vers 360 av. J.-C., mort en 262. Il commença à faire jouer des pièces vers 330, et en composa 97; il reste les titres d'une cinquantaine d'entre elles, et quelques fragments que l'on trouve imprimés dans les principales éditions de son contemporain et rival Ménandre. Il prenait pour sujets ordinaires des intrigues d'amour, et ses pièces étaient remarquables par leur élégance et leur esprit.

PHILÉMON (Épître à), épître canonique de l'Ancien Testament, écrite, d'après son titre même et la tradition constante de la primitive Église, par l'apôtre Paul. Onésime, esclave de Philémon, s'était enfui et avait été converti à Rome par Paul, qui le renvoya à son maître avec cette épître, où il conjure Philémon de le recevoir « non plus comme un serviteur, mais comme un frère bien aimé ». On ne sait rien de plus de la vie de Philémon.

PHILÉMON ET BAUCIS (Mythol. phryg.), noms de deux époux phrygiens, qui donnèrent l'hospitalité à Jupiter et à Mercure, qui visitaient la Phrygie sous une figure humaine et à qui tout le monde refusait un gîte. Avant de partir, les dieux se firent connaître à leurs hôtes, changèrent leur cabane en un temple et, plus tard, métamorphosèrent Philémon et Baucis, devenus vieux et mourant ensemble, le premier en chêne, l'autre en tilleul. (Voy. Ovide, Métamorphoses, liv. VIII.)

PHILETAS DE COS, poète grec, précepteur de Ptolémée Philadelphe. Il a laissé quelques élégies recueillies par Kayser (Gœttingue, 1793, in-8°).

PHILHARMONIE s. f. (préf. phil; fr. harmonie). Amour passionné de la musique.

* PHILHARMONIQUE adj. Qui aime l'harmonie. Ne se dit qu'en parlant de certaines sociétés musicales : il s'est formé dans cette ville une société philharmonique.

* PHILHELLÈNE s. (préf. phil; fr. Hellène). Ami des Hellènes, des Grecs modernes.

PHILHELLÉNISME s. m. Amour pour les Grecs modernes.

PHILIBERT s. m. Argot. Escroc qui achète des marchandises et qui s'y prend de manière à ne pas les payer.

PHILIDOR. Voy. Danican.

PHILINTE s. m. (nom d'un personnage de Molière). Homme souple de caractère et approuvant tout.

pour rire, en 1849. Ses Physiologies (1860), ont été réimprimées en 1854.

PHILIPPE, nom d'un grand nombre de personnages illustres, dont les plus connus sont :

I. — Saints.

PHILIPPE. I, un des douze apôtres, né à Bethsaïda. On fait rarement mention de lui dans l'Évangile. Les Actes des apôtres ne disent pas où il prêcha. Théodoret et Eusèbe affirment que ce fut en Phrygie, et Polycrate, évêque d'Éphèse, dit qu'il mourut paisiblement à Hiérapolis. La fête de saint Philippe, ainsi que celle de saint Jacques, se célèbre dans l'Église latine, le 1er mai, et dans l'Église grecque, le 14 nov. — II, un des sept premiers diacres de l'Église, prêcha à Samarie, et confondit Simon le Magicien. Fête le 6 juin.

II. — Rois de Macédoine.

PHILIPPE. I. (609-576 av. J.-C.). — II, dixhuitième roi de Macédoine, né en 382 av. J.-C., mort en août 336. Il était le plus jeune fils d'Amyntas II et d'Eurydice. Lorsque son frère, Perdiccas, monta sur le trône, il fit de Philippe le gouverneur d'un district. En 360 ou 359, Perdiccas fut tué dans une bataille, laissant un fils en bas âge, Amyntas. Philippe se chargea du gouvernement pour son neveu; mais, peu après, probablement en 359, il prit possession du trône. Après avoir pris des mesures rigoureuses pour défendre sa position contre plusieurs prétendants rivaux, il soumit la Pæonie, et réduisit l'Illyrie jusqu'au lac Lychnitis. S'assurant de la neutralité des Athéniens par des promesses qu'il ne remplit jamais, il s'empara d'Amphipolis (vers 358), de Pydna et de Potidée (356). Les Olynthiens, alarmés de ses progrès, cherchèrent à s'allier avec Athènes; mais Philippe déjoua ce projet, et acquit leur appui en leur cédant Anthemnus et Potidée. Il prit ensuite possession de la contrée minière en face de Thasos, et agrandit la ville de Crenides, dont il changea le nom en celui de Philippi. Vers 353, il enleva Méthone aux Athéniens, et poussa ses incursions en Thrace jusqu'à Maronée. Il entra ensuite en Thessalie, et prit Phères, dont il fit une ville libre, et la station maritime de Pagases. Il se dirigea alors vers le territoire phocéen, sous prétexte de punir un vol sacrilège fait à Delphes; mais les Athéniens l'arrêtèrent au passage des Thermopyles. Il se tourna vers la Chersonèse, que Philippe se préparait à s'opposer à lui, mais le faux bruit de sa mort les arrêta. C'est vers ce temps que Démosthène prononça sa première philippique. Les Olynthiens s'étant alliés avec Athènes, Philippe entreprit de réduire la presqu'île de Chalcidique, en 350. Athènes envoya vainement des secours. Olynthe fut prise, probablement au commencement du printemps de 347. Les habitants furent réduits en esclavage, et Olynthe et 31 autres villes furent détruites. Athènes fit alors un effort énergique pour unir les États de la Grèce dans une ligue commune contre le Macédonien; mais n'y ayant que mal réussi, elle écouta des ouvertures de paix. Des négociations commencèrent, que Philippe prolongea adroitement, de manière à les subordonner à ses propres intérêts. Il différa la ratification du traité jusqu'à ce qu'il fût arrivé à Phères, à trois jours de marche des Thermopyles. Les Athéniens, persuadés par Eschine et par d'autres, ne firent rien pour défendre le passage. Le pays tomba aux mains des Macédoniens, et les Amphictyons investirent Philippe du droit de suffrage dont les Phocéens jouissaient auparavant. Philippe noua alors des intrigues dans le Péloponèse. En 344, les Athéniens y envoyèrent sans succès des ambassades pour contrebalancer son influence. En 340, ils déjouèrent ses tentatives sur Périnthe et Byzance, et remportèrent sur lui plusieurs

avantages. En 339, les Amphictyons suscitèrent une nouvelle guerre en Grèce, en déci-
dant que les Locriens Amphyssiens devaient
être punis pour leur impiété, et en confiant à
Philippe l'exécution du décret. L'éloquence
de Démosthène persuada Thèbes de faire alliance avec Athènes; et les forces alliées
remportèrent plusieurs avantages en 339 et
en 338. En août 338, se livra la bataille de
Chéronée, où Philippe fut complétement victorieux et qui le fit reconnaître comme le chef
de la Grèce. Il tint un congrès des cités grecques à Corinthe, et il exposa son projet d'envahir l'empire perse. Le congrès le nomma,
par un vote, généralissime des Grecs, et, au
commencement de 336, un corps d'armée,
commandé par Attale et Parménion, fut renvoyé
en Asie; mais l'assassinat de Philippe coupa
court à ses plans. Le meurtrier, Pausanias,
qui faisait partie de ses gardes du corps, y fut,
dit-on, poussé par la femme de Philippe.
Olympias, mère d'Alexandre le Grand, que le
roi avait répudiée. — III, frère d'Alexandre
le Grand, après la mort duquel il fut proclamé
roi. Il fut tué en 317 av. J.-C. — IV, fils de
Cassandre, lui succéda en 298, et mourut
presque aussitôt. — V, roi de Macédoine, fils
de Démétrius II, né en 237 av. J.-C., mort
en 479. Son père mourut lorsqu'il n'avait que
8 ans; mais il ne lui succéda au trône qu'a-
près la mort de son oncle Antigone Doson,
en 220. Pendant les années suivantes, il défit
les Étoliens et les Éléens, les Spartiates et
les Illyriens, et fit des conquêtes dans le Péloponèse, la Péonie, la Thessalie et l'Illyrie.
En 244, les Romains, contre lesquels il s'était
allié avec Annibal, formèrent contre lui une
ligue, où entrèrent les Étoliens, Scerdilaïdas,
roi d'Illyrie, et Attale, roi de Pergame. La
guerre commença en 240, et dura jusqu'en
205; l'avantage resta en somme à Philippe.
De nouvelles luttes suivirent avec les Rhodiens, Attale et d'autres. En 200, les Romains
déclarèrent la guerre à la Macédoine. Philippe envahit la Thrace, prit Ænus et Maronée, pénétra dans la Chersonèse, s'empara
d'Abydos, et, à son retour, faillit surprendre
Athènes. L'année suivante, il battit les Étoliens, qui s'étaient rangés du côté des Romains. Titus Quintius Flamininus prit alors
le commandement de l'armée romaine, et
battit complétement les Macédoniens en 1697,
à Cynocéphales, en Thessalie. Une paix fut
conclue en 196, aux termes de laquelle Philippe devait rendre toutes ses conquêtes en
Europe et en Asie, livrer sa flotte aux Romains, réduire son armée à 5,000 hommes,
et payer une somme de mille talents. Par la
suite, il aida les Romains contre Nabis et
Antiochus, mais il éveilla leur jalousie, et il
fut de nouveau humilié et dépouillé. Ayant,
à l'instigation d'un de ses fils, Persée, mis
à mort Démétrius, son autre fils; il mourut
lui-même bientôt après, accablé de chagrin
et de remords.

III. — DUCS DE BOURGOGNE.

PHILIPPE. I. le Hardi, duc de Bourgogne, fils
de Jean le Bon, de France, né le 15 janv. 1342,
mort le 27 avril 1404. Le duché de Bourgogne
ayant fait retour à la couronne de France,
en 1361, Philippe reçut les lettres d'investissement le 6 sept. 1363; mais il ne prit ni le
gouvernement, ni le titre avant que le don
en eût été confirmé par son frère Charles V.
Il établit la domination bourguignonne dans
les Pays-Bas, en épousant Marguerite de
Flandre (1369). Il se tint à l'écart des luttes
des partis en France, jusqu'à la mort de
Charles (4380); il s'engagea alors, avec son
frère aîné, le duc d'Anjou, dans une lutte dont
l'objet était la régence pendant la minorité
de Charles VI; il la garda, au milieu de discussions et d'insurrections constantes, jusqu'en 1388, et la reprit lorsque le roi devint
fou, en 1392. — II. (Le Bon), duc de Bourgo-

gne, petit-fils de Philippe le Hardi, et fils
unique de Jean sans Peur, né en 1396, mort
le 15 juillet 1467. Il succéda à son père, après
l'assassinat de celui-ci, en 1419, à la fois dans
le duché et comme régent de France, et il
chercha aussitôt à venger sur le Dauphin le
meurtre de son père. (Voy. JEAN SANS PEUR.)
Après la mort de Charles VI, il reconnut
Henri VI d'Angleterre pour roi de France, et,
avec l'aide des Anglais, il poursuivit la guerre
contre le Dauphin (alors Charles VII), le
souverain légitime. Mais, comprenant que si
la France et l'Angleterre finissaient par être
réellement unies, il devrait abandonner ses
propres plans d'ambition personnelle, il fit
la paix avec le roi de France, à des conditions
qui augmentaient considérablement ses domaines. A partir de ce moment, il se consacra à l'amélioration de ses États, et fit de sa
cour une des premières de l'Europe. Il eut
pour successeur son fils, Charles le Téméraire.

IV. — ROIS DE CASTILLE ET D'ESPAGNE.

PHILIPPE Ier, surnommé LE BEAU, archiduc
d'Autriche et roi de Castille, né en 1478,
mort le 25 sept. 1506. Son père devint empereur d'Allemagne sous le nom de Maximilien Ier.
Par la mort de sa mère, Marie de Bourgogne,
en 1482, Philippe devint souverain des Pays-
Bas. En 1496, il épousa Jeanne, surnommée
la Folie, seconde fille de Ferdinand et d'Isabelle d'Espagne; et, à la mort d'Isabelle, en
1504, Philippe, en vertu des droits de sa femme,
prit le titre de roi de Castille. Il se livra à la
débauche, et mourut peu après d'une fièvre.
Il fut père du Charles Ier d'Espagne, et V d'Allemagne (Charles-Quint), de l'empereur Ferdinand Ier, et de quatre filles qui devinrent
reines. — II, roi d'Espagne, né en 1527, mort
le 13 sept. 1598. Il eut pour père Charles-
Quint, empereur d'Allemagne et roi d'Espagne; et pour mère, Isabelle, fille d'Emmanuel le Grand, de Portugal. A l'âge de 16 ans,
il épousa sa cousine, l'infante Maria, fille de
Jean III de Portugal, qui mourut quelques
jours après avoir mis au monde don Carlos.
Philippe se remaria, le 25 juillet 4554, à Marie,
reine d'Angleterre. L'empereur lui céda à ce
moment le royaume de Naples et le duché de
Milan, en 1555 les Pays-Bas, 1556 tous
ses autres domaines héréditaires. Le grand
objet de la politique de Philippe II fut de
protéger et de propager la religion catholique
romaine. Néanmoins, un des premiers événements de son règne fut une guerre avec le
pape Paul IV, qu'il obligea à solliciter la paix
en 1557. Cependant, ayant amené l'Angleterre
à déclarer la guerre à la France, il mit le
siège devant Saint-Quentin, qu'il prit en 1557,
après avoir battu une armée française envoyée
à son secours. D'autres victoires se succédèrent
rapidement; mais la jalousie de ses alliés
l'empêcha de marcher sur Paris. L'année
suivante, les Français essuyèrent une défaite
signalée à la bataille de Gravelines. Ces succès amenèrent le traité de Cateau-Cambrésis
(2 avril 1559), qui lui fit une grande réputation en Europe, comme souverain et diplomate. Sa femme, Marie d'Angleterre, morte
le 17 nov. 1558, et le 24 juin 1559, il épousa
par procuration la princesse Élisabeth, fille
d'Henri II de France, qui avait été promise à
son fils Carlos. (Voy. CARLOS, don, I.) Quelques
semaines après, Philippe partit des Pays-Bas,
et fit voile pour l'Espagne, où il resta toujours
depuis lors. Il prit bientôt des mesures extrêmes pour extirper l'hérésie dans les Pays-
Bas. L'opposition, dirigée par Guillaume
d'Orange, Egmont, Horn, Montigny et d'autres
nobles influents, aboutit peu à peu à une
insurrection, et le duc d'Albe fut envoyé pour
déraciner l'hérésie. On traita les protestants
avec la plus horrible barbarie. Parmi les incidents remarquables de la longue lutte
qui suivit, se place l'assassinat de Guillaume
d'Orange, à Delft, en 1584, que Philippe ré-

compensa en donnant la noblesse et de grands
biens à la famille de l'assassin. Les persécutions de Philippe poussèrent les Maures de
Grenade à une révolte (1568), qui fut étouffée
dans le sang. Elle fut suivie, en 1571, d'une
guerre avec les Turcs, dont le principal événement fut la victoire navale de Lépante,
gagnée par le demi-frère de Philippe, don
Juan d'Autriche. En 1581, Philippe hérita du
royaume de Portugal, qu'Albe avait occupé
pour faire valoir ses droits. Après la mort
d'Orange, il tourna toute son énergie vers la
conquête de l'Angleterre. (Voy. ARMADA.) Ses
efforts pour soutenir la ligue catholique en
France échouèrent également, et, après une
guerre avec Henri IV, il dut, en 1598, consentir à la paix de Vervins. Il laissa l'Espagne
épuisée par ses vaines tentatives, et le trésor
vide. La reine était morte en 1568, et en 1570,
Philippe avait pris pour quatrième femme
Anne d'Autriche, qui devint la mère de son
successeur, Philippe III. — III, fils de Philippe II, né en 1578, mort en 1621. Élevé
comme un moine, il se laissa gouverner par
ses ministres. — IV. Fils du précédent, né
en 1605, mort en 1665. D'un caractère faible
et impuissant, il vit partout éclater des révoltes
qu'il ne sut jamais réprimer; c'est sous son
règne que le Portugal conquit son indépendance. — V, premier roi d'Espagne de la
maison de Bourbon, né en 1683, mort le 9
juillet 1746. Il était le second fils du fils de
Louis XIV, le dauphin Louis, et de Marie-Anne
de Bavière; il prit le nom de duc d'Anjou,
jusqu'à ce que, par le testament de Charles II,
mort sans enfant le 1er nov. 1700, il fut appelé
au trône d'Espagne. La maison d'Autriche et
l'empire protestèrent contre ce testament, et
une ligue se forma entre l'Autriche, la Hollande, la Grande-Bretagne, l'empire et la
Prusse, contre la France et l'Espagne, pour
soutenir les prétentions de l'archiduc Charles
à la couronne espagnole. (Voy. CHARLES VI
d'Allemagne.) La guerre débuta en 1701, en
Italie, où le prince Eugène, à la tête des
troupes autrichiennes, remporta les victoires
de Carpi et de Chiari. Philippe alla en Italie,
et prit part à la bataille rangée de Luzzara,
15 août 1702; mais il fut obligé de revenir
précipitamment en Espagne, attaquée par les
forces combinées de la Grande-Bretagne et
de la Hollande. Pendant l'année 4705, la
province de Valence, la Catalogne et l'Aragon
reconnurent Charles, qui fut proclamé roi
sous le nom de Charles III. Les affaires de
Philippe paraissaient désespérées; mais il ne
voulut pas abandonner la lutte, et rejeta des
ouvertures de paix. Il rentra dans Madrid, et
fut rétabli sur le trône par la brillante victoire
du maréchal Berwick, à Almanza, le 25 avril
1707. En 1710, deux victoires, remportées par
le comte Starhemberg, permirent à Charles III
de revenir à Madrid, d'où Philippe dut fuir
de nouveau. L'arrivée opportune de Vendôme
donna un autre tour aux affaires, et Philippe
rentra dans sa capitale le 3 déc. La bataille
décisive de Villaviciosa, livrée le 10 déc., fut
le signal de son triomphe définitif. Par le traité
d'Utrecht (1713), il resta maître du royaume
d'Espagne, de l'Amérique espagnole et des
autres colonies; mais il dut abandonner la
Sicile au duc de Savoie, et les Pays-Bas,
Milan, Naples et la Sardaigne à la maison
d'Autriche. Sous son ministre Alberoni, guidé
par l'ambitieuse Élisabeth Farnèse, seconde
femme de Philippe, la prospérité intérieure
du pays se rétablit pour un moment; mais les
intrigues d'Alberoni amenèrent des guerres
désastreuses, et il fut exilé (1719). En 1721,
Philippe abandonna aux Anglais Gibraltar
et Port-Mahon. Une mélancolie invincible,
augmentée par des terreurs religieuses, le
poussa à abdiquer, le 10 janv. 1724, en faveur
de son fils aîné Louis; mais Louis étant mort,
il reprit le pouvoir le 6 sept. Son fils, don
Carlos, fit la conquête du royaume de Naples.

(Voy. CHARLES III d'Espagne.) Une contestation avec l'Angleterre aboutit à des hostilités qui duraient encore, lorsque éclata la guerre de la succession d'Autriche, pendant laquelle Philippe mourut. Il eut pour successeur son fils Ferdinand VI.

V. — ROIS DE FRANCE.

PHILIPPE Ier, quatrième roi capétien, né en 1053, mort en 1108. Il était fils de Henri Ier et d'Anne de Russie. Sacré à Reims du vivant de son père (1059), il devint roi sous la tutelle de Baudouin, comte de Flandre, et eut surtout à lutter contre le conquérant de l'Angleterre, Guillaume de Normandie, dont il finit par triompher. Excommunié pour avoir répudié sa femme Berthe, belle-fille de Robert le Frison, il dut s'humilier devant Pascal II pour obtenir l'absolution (1103). — II. (Philippe-Auguste), roi de France, septième monarque de la dynastie capétienne, né le 25 août 1165, mort le 14 juillet 1223. Il était fils de Louis VII, à qui il succéda en 1180. Son mariage avec la fille du comte de Hainaut unit les races de Capet et de Charlemagne. Il eut à soutenir une guerre avec le comte de Flandre en 1184, et, plus tard, avec le duc de Bourgogne et Henri II d'Angleterre dont il soutenait les fils révoltés contre leur père. En 1188, il prit la croix et en 1490, les forces alliées de la France et de l'Angleterre partirent pour la troisième croisade. Elles arrivèrent en Terre Sainte en 1191 ; mais se voyant éclipsé par son rival Richard Ier, Philippe revint bientôt en Europe. Il envahit la Normandie pendant l'absence de Richard ; au retour de celui-ci, une guerre commença entre ces deux monarques et ne se termina qu'à la mort de Richard en 1199. Elle recommença sous le roi Jean, et Philippe conquit la Normandie, le Maine et l'Anjou en 1203-'04 ; bien que le Poitou et la Guyenne ne fussent réellement conquis que sous le règne de son fils de Philippe, la domination des Anglais en France se trouva ruinée. Lorsque le pape excommunia Jean, il offrit l'Angleterre à Philippe, et l'on fit d'immenses préparatifs en vue d'une invasion ; mais une révolte du comte de Flandre, Ferdinand, appela ailleurs l'attention du roi. Il envahit la Flandre en 1213 ; sa flotte fut battue et détruite à Damme par les Anglais. L'année suivante, il défit Jean en Poitou, et Othon, empereur d'Allemagne, à Bouvines. L'expédition de son fils Louis (plus tard Louis VIII) en Angleterre (1216) avorta. Philippe est moins distingué comme soldat que comme administrateur, et, à ce point de vue, il surpasse tous ses prédécesseurs depuis Charlemagne. — Voy. Vie et gestes de Philippe-Auguste ; par Guillaume Le Breton ; Hist. de Philippe-Auguste ; par Baudot de Juilly (Paris, 1702, in-12). — III. (Le Hardi), dixième roi capétien, né en 1245, mort à Perpignan en 1285. Il était fils de Louis IX et de Marguerite de Provence et fut reconnu roi en Afrique après la mort de son père devant Tunis (1270). Il remporta sur les Maures quelques avantages et conclut avec eux une trève de dix ans qui lui permit de retourner en France. Il ajouta à ses États le comté de Toulouse, le Poitou, l'Auvergne, la Touraine, le Rouergue, l'Albigeois, l'Agénois, le comtat venaissin, etc. Il passa plusieurs fois en Espagne, mais fut toujours malheureux. Il mourut au retour d'une troisième expédition dans ce pays. Pendant son règne fut achevée la rédaction des Coutumes de France et fut établie l'inaliénabilité du domaine de la couronne. — IV. (Le Bel), onzième roi de France de la ligne capétienne, né à Fontainebleau en 1268, mort le 29 nov. 1314. Il succéda à son père Philippe le Hardi en 1285. Le commencement de son règne fut troublé par la guerre avec l'Aragon commencée en 1283, mais qui fut rapidement terminée. En 1293, il réussit par

ses intrigues à prendre possession des forteresses anglaises de la Guyenne et il déclara ce fief confisqué ; mais il le rendit à l'Angleterre en 1303. En 1299-1300, il réduisit la Flandre ; une révolte y éclata et les Français furent taillés en pièces à Courtrai, le 11 juillet 1302. Philippe s'engagea dans une querelle avec le pape Boniface VIII, qu'il fit prisonnier ; il le relâcha. Boniface mourut peu après, probablement des suites des mauvais traitements qu'il avait essuyés. Clément V transporta la résidence papale à Avignon en 1309, et le siège pontifical fut dès lors soumis à l'influence des intérêts français. En 1305, Philippe avait fait la paix avec les Flamands. Poussé, suppose-t-on, par le besoin d'argent, il supprima les Templiers en 1307, en brûla un grand nombre, parmi lesquels le grand maître Jacques de Molay (1314), et s'empara de la plus grande partie des biens de l'ordre. Sa femme était la fameuse Marguerite de Bourgogne. — Voy. Chronique métrique de Philippe le Bel, par Godefroy de Paris. — V. (Le Long), fils de Philippe le Bel et de Jeanne de Navarre, né en 1293, mort le 3 janv. 1322. Il s'empara de la régence à la mort de son frère Louis le Hutin (1316) et, par une interprétation nouvelle de la loi salique, il monta sur le trône à l'exclusion de Jeanne de France, fille du roi défunt (1317). Il projeta l'uniformité des poids et mesures et des monnaies dans toute la France. — VI. (De Valois), premier roi de France de la maison de Valois, né en 1293, mort le 22 août 1350. Il était fils de Charles de Valois, frère de Philippe le Bel. A la mort de Charles le Bel en 1328, sa veuve était enceinte et Philippe devint régent. Lorsque la reine eut accouché d'une fille, le droit à la succession devint une cause de contestations ; mais Philippe fut couronné en 1328. Les secours qu'il donna aux Écossais en 1337 irritèrent Édouard III, qui éleva des prétentions au trône de France. En 1339, la guerre éclata avec l'Angleterre ; elle dura pendant tout le règne de Philippe et fut désastreuse pour les Français. En 1346, Philippe essuya une grande défaite à Crécy, et Édouard s'empara de Calais l'année suivante. Philippe eut pour successeur son fils Jean le Bon.

VI. — PERSONNAGES DIVERS.

PHILIPPE (Le Magnanime), landgrave de Hesse, né en 1504, mort en 1567. En 1509, il succéda à son père Guillaume II, sous la régence de sa mère. Il fut un des premiers champions de la réformation, et en 1531, avec Jean le Constant, électeur de Saxe, et d'autres membres de l'empire, il forma la ligue de Smalcalde. Après la ruine de la ligue à la bataille de Mühlberg (24 avril 1547), il fut retenu prisonnier par Charles-Quint jusqu'à ce que son beau-fils, Maurice de Saxe, eut contraint celui-ci à le relâcher (1552) ; il reprit alors le gouvernement de son landgraviat. Il causa un grand scandale en 1540, en se mariant avec une protestante, du vivant de sa femme catholique, avec l'approbation de Luther et de Mélanchton, sous le prétexte que le premier mariage était adultère.

PHILIPPE (Le roi), sachem de Pokanoket ; le plus jeune fils de Massasoit, et successeur de son frère Alexandre, mort en 1676. Son nom indien était Pometacam. En 1662, il promit à Plymouth de maintenir l'amitié existant avec les Anglais ; mais en 1675, il leur fit soudainement la guerre. Allié avec les Narragansetts, il vit, en déc. 1675, mille hommes, sous le commandement de Josiah Winslow, prendre d'assaut leur forteresse et détruire leur village avec toutes les provisions qu'il contenait. La guerre se fit pendant la première moitié de 1676 avec une fureur qui ne se ralentit pas ; mais Philippe, resté bientôt sans ressources, fut chassé de lieu

en lieu, et se réfugia à la fin à Mount Hope, Rhode Island, où un Indien le tua d'un coup de fusil. — Voy. History of King Philip's War, par Church (1716 ; dernière éd., Boston, 1865).

PHILIPPEAUX (Pierre), conventionnel, né à Ferrières (Orne) en 1759, guillotiné en 1794. Envoyé à la Convention par le dép. de la Sarthe, il vota la mort du roi sans appel ni sursis, se prononça contre les girondins, prit parti pour Danton et Camille Desmoulins, se vit accuser de modérantisme, fut arrêté comme conspirateur, traduit devant le tribunal révolutionnaire et envoyé à l'échafaud avec Danton.

PHILIPPES (Philippi), anc. ville de la Macedonia adjecta, près de la mer Égée, agrandie par Philippe, père d'Alexandre le Grand, de qui elle prit son nom (auparavant, elle se nommait Crenides, « le lieu des fontaines »). Auprès étaient des mines d'or, d'où Philippe retirait 1,000 talents par an. C'est à Philippes que se décida le sort de la république romaine, entre Brutus et Cassius d'un côté, et Antoine et Octave de l'autre, dans deux actions qui eurent lieu à 20 jours d'intervalle (42 ans av. J.-C.). Auguste fit de Philippes une colonie romaine. Paul la visita deux fois, et ce fut le premier lieu où il prêcha l'Évangile en Europe. C'est aujourd'hui un amas de ruines.

PHILIPPEVILLE, ville de Belgique, prov. et à 41 kil. S.-O. de Namur ; 4,000 hab. Ses fortifications, construites par Vauban, ont été démolies en 1853. Elle avait reçu son nom de Philippe II, roi d'Espagne. Les Français la gardèrent de 1659 à 1815.

PHILIPPEVILLE (lat. Russicada ; ar. Ras Skiada), ville fortifiée d'Algérie, dans la province de Constantine, sur le golfe de Stora, à 70 kil. O. de Bône ; 13,022 hab., en majorité Européens. Commerce de transit considérable. Les Français la fondèrent en 1839, sur l'emplacement et, en partie, avec les matériaux de l'ancienne Russicada.

PHILIPPICUS-BARDANES, empereur d'Orient de 744 à 713. Un soulèvement des habitants de la Chersonèse le porta au trône (711). Il protégea le monothélisme. Ses généraux lui firent crever les yeux à la suite d'un festin, et il eut immédiatement pour successeur son secrétaire, qui régna sous le nom d'Anastase II.

PHILIPPIEN, IENNE s. et adj. De Philippes ; qui concerne cette ville et ses habitants.

PHILIPPIENS (Épitre aux), livre canonique du Nouveau Testament, presque unanimement attribué à l'apôtre saint Paul. Il a probablement été écrit à Rome en 63. L'occasion en semble avoir été une contribution pécuniaire que l'église de Philippes lui avait envoyée par Épaphroditus. On a écrit sur cette épître des commentaires particuliers, entre autres ceux de Neander, d'Ellicott et de J.-B. Lightfoot.

PHILIPPINES (Îles) (esp. Islas Filipinas), groupe le plus septentrional de l'archipel Indien, appartenant pour la plus grande partie à l'Espagne, entre 5° 24' et 19° 38' lat. N. et entre 115° 1' et 123° 48' long. E., borné au N. et à l'E. par le Pacifique ; au S. par les mers des Célèbes et de Soolo (ou Mindoro), et à l'O. par la mer de Chine ; 295,585 kil. carr. ; 7,500,000 hab. environ. Le groupe se compose de 9 grandes îles et de près de 1,200 petites, la plupart de celles-ci n'étant guère que des rochers nus, d'origine volcanique. Luçon est la plus grande et la mieux connue ; elle contient la capitale, Manille. (Voy. LUÇON.) Mindanao, la plus méridionale (84,700 kil. carr. ; 491,802 hab.), a, comme la plupart des îles de ce groupe, une forme irrégulière et une surface montgneuse. Mindoro (40,203 kil. carr.; 70,926 hab.) a des montagnes élevées, mais à pentes douces, et, le long des côtes, une bordure de collines basses couvertes de forêts. Panay (11,500 kil. carr.; 1,052,586 hab.) est divisée à l'intérieur par une chaîne de montagnes à pic. Samar (15,200 kil. carr.; 250,062 hab.) est presque entièrement couverte de hautes montagnes. Mashate (3,500 kil. carr.) est la plus grande d'un groupe secondaire appelé les îles Bisayennes. Palawan ou Paragua, dont la partie N.-E. seule est comprise dans le gouvernement espagnol des Philippines, a 500 kil. de long et une largeur moyenne de 35 kil. Les autres îles importantes sont: Cebu, 5,500 kil. carr., 427,356 hab.; Leyte, 9,500 kil. carr., 285,495 hab.; Bohol ou Bojol, 4,000 kil. carr., 283,515 hab., et Negros, 10,000 kil. carr., 255,873 hab. On trouve dans ces îles de l'or, du fer, du cuivre, de la houille, du soufre et du mercure. Le climat est chaud, mais tempéré par une grande et fertilisante humidité. Produits agricoles: sucre, indigo, tabac, riz, millet, maïs, sagou, chanvre et café. Beaucoup de montagnes sont couvertes d'arbres précieux. — La population est extrêmement mélangée. Les Espagnols purs ne dépassent pas 5,000 en tout, mais il y a beaucoup de créoles de sang espagnol, aussi bien que de métis, des Chinois, des Chinois demi-sang, et des mahométans des Indes orientales. Les Malais forment la masse de la population, et sont divisés en deux tribus, les Tagals et les Bisayens. La race appelée negritos par les Espagnols est probablement celle des habitants aborigènes. On les trouve encore en nombre considérable dans les montagnes. Chaque ville élit annuellement un sous-gouverneur, qui fait les fonctions de maire et de juge. Pour les affaires importantes, il relève du gouverneur du province, lequel est soumis au capitaine général. — Les Philippines ont été découvertes par Magellan en 1521. En 1564, Philippe II envoya au Mexique une flottille qui conquit Cebu. En 1570, une flotte fit voile de Panay pour Luçon, et fonda un établissement durable dans la baie de Manille. (Voy. MANILLE.)

* PHILIPPIQUE s. f. Terme emprunté des harangues de Démosthène contre Philippe, et dont on se sert, dans le langage familier, pour signifier, un discours violent et satirique: il a fait une philippique contre moi.

PHILIPPISTE s. m. Partisan de Louis-Philippe.

PHILIPPOPOLI (turc Filibeh), ville de la Turquie d'Europe, dans le vilayet d'Edirneh, sur la Maritza (Hebrus), à environ 400 kil. O.-N.-O. de Constantinople; 45,000 hab. environ. Beaucoup de commerce; le meilleur riz de Turquie se récolte dans le voisinage. Soie, coton, cuir et tabac. La ville a été nommée d'après son fondateur, Philippe de Macédoine; sous les Romains, c'était la capitale de la province de Thrace prise dans son acception restreinte.

PHILIPS (Ambrose) [phil'-ipss], poète anglais, né vers 1671, mort en 1749. Parmi les premières publications poétiques se trouvent six pastorales imprimées dans le Poetical Miscellany de Tonson en 1709, avec celles de Pope. En 1712, il fit représenter The Distressed Mother, tragédie imitée de l'Andromaque de Racine, et en 1724 deux autres tragédies, The Briton et Humphrey, duke of Gloucester. Il remplit différentes fonctions en Irlande (1724-48).

PHILIPS ou Phillips (John), poète anglais né en 1676, mort en 1708. Son œuvre principale est intitulée Cyder (1706); c'est une imitation des Géorgiques de Virgile. The Splendid Shilling, poème héroï-comique, est son ouvrage le plus connu.

PHILIPPSBURG [G-'lipss-bourg], ville du

grand-duché de Bade, sur le Rhin et le Salzbach, à 30 kil. N. de Carlsruhe; 2,330 hab. Elle appartint jusqu'en 1803 aux évêques de Spire, et fut une importante place forte de l'empire. Pendant la guerre de Trente ans, elle passa à plusieurs reprises d'un possesseur à l'autre. Elle fut ensuite occupée en différents temps par les Français qui, en 1800, en rasèrent les fortifications.

PHILISTIN, INE s. et adj. De la Palestine, qui appartient à ce pays ou à ses habitants. — s. m. Bourgeois, marchand, épicier, dans le langage des étudiants.

PHILISTINS, ancien peuple de Palestine, occupant un petit territoire (Philistia; héb. Pelesheth, d'où le nom de Palestine), dans la partie S. du littoral, borné par les régions montagneuses de Dan, d'Ephraïm et de Juda, s'étendant au S.-O. jusqu'aux confins de l'Egypte. Les Hébreux furent constamment en lutte avec eux à l'époque des derniers juges et des rois, contre lesquels ils maintinrent assez bien leur indépendance. Au temps des Macchabées, la Palestine fut soumise à la Syrie. Les principales cités des Philistins étaient: Gaza, Ashdod ou Azotus, Ascalon, Gath et Ekron. La religion des Philistins ressemblait à celle des Phéniciens; ils avaient pour principales divinités: Dagon, Baal-Zebub et la déesse Derceto.

PHILLIP (John), peintre écossais, né en 1817, mort en 1867. Il s'établit à Londres en 1841, et vécut en Espagne de 1852 à 1856. Ses œuvres comprennent: Le Presbytérien catéchisant, Une Foire écossaise, Baptême en Ecosse, Visite au camp des Bohémiens, Mariage de la princesse royale et la Chambre des Communes.

PHILLIPS (John), géologue anglais, né en 1800, mort en 1874. Il fut l'aide de son oncle William Smith « le père de la géologie anglaise », professeur de géologie à King's College, à Londres, et à l'université de Dublin, et, en 1856, lecteur de géologie à Oxford. Ses œuvres les plus importantes sont: Illustrations of the Geology of Yorkshire (2 parties, 1829-'36); Treatise on Geology (1837-'38, 2 vol.), et Notices on Rocks and Fossils in the University Museum, Oxford (1853).

PHILOCOME adj. (préf. philo: gr. komé, chevelure). Se dit de certaines préparations employées aux soins de la chevelure: pommade philocome; huile philocome.

PHILOCTÈTE, fils de Pœan et l'un des compagnons d'Hercule. Ce dernier, avant de mourir, avait enjoint à Philoctète de déposer dans sa tombe ses flèches empoisonnées et lui avait fait jurer de ne jamais révéler ce secret. Ayant manqué à sa parole, Philoctète fut blessé au pied par une des flèches qu'il venait de livrer aux Grecs. L'infection qui résulta de sa plaie fit si grande que les Grecs, ne pouvant la supporter, abandonnèrent Philoctète dans l'île de Lemnos. Les aventures de Philoctète ont fourni à Sophocle et à La Harpe le sujet de belles tragédies, et Fénelon y a puisé l'un des beaux épisodes de son Télémaque.

PHILODÈME, poète tragique de l'école épicurienne, né en Syrie, dans la seconde moitié du IIe siècle av. J.-C.; il vint à Rome, où il se lia avec Cicéron. Il a laissé un grand nombre d'ouvrages dont on n'a que quelques fragments, entre autres un Traité sur la Musique, découvert dans les ruines d'Herculanum.

PHILOHÈLE s. f. (préf. philo; gr. helos, marais). Ornith. Genre d'échassiers longirostres, voisin des bécasses, comprenant plusieurs espèces d'oiseaux américains. Le woodcock (philohela minor, Gray) mesure 28 centim. de long et 42 centim. d'envergure. Ses parties supérieures sont variées de cendré

pâle, de roux jaunâtre et de noir, en dessous, il est d'un roux pâle, plus clair sur les côtés. Cet oiseau se trouve dans toute l'Amé-

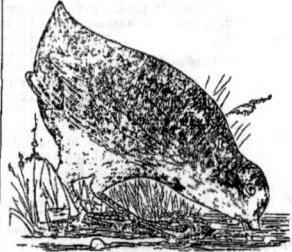

Woodcock (Philohela minor).

rique du Nord orientale; c'est la bécasse des Etats-Unis.

PHILOLAÜS, pythagoricien, né à Crotone vers la seconde moitié du Ve siècle av. J.-C. Le premier, il écrivit sur la philosophie. La plupart des fragments qui nous sont restés de ses ouvrages ont été publiés par Bœckh (Berlin, 1819, 1 vol. in-8°).

* PHILOLOGIE s. f. (préf. philo; gr. logos, discours). Didact. Science qui embrasse diverses parties des belles-lettres, et qui en traite principalement sous le rapport de l'érudition, de la critique et de la grammaire: il est versé dans la philologie. — Particul. Philologie grecque. — Philologie comparée, science du langage, fondée sur la comparaison des langues. L'un des principaux mérites de la philologie comparée consiste dans l'analyse minutieuse de chaque langue, de chaque dialecte, de chaque mot, de chaque forme du langage. (Voy. LANGUE.)

* PHILOLOGIQUE adj. Didact. Qui concerne la philologie: mélanges philologiques.

PHILOLOGIQUEMENT adv. Au point de vue de la philologie.

PHILOLOGUE s. m. Didact. Homme de lettres qui s'attache à la philologie, qui en fait son occupation principale: savant philologue.

* PHILOMATHIQUE adj. (préf. philo; gr. mathein, apprendre). Qui aime les sciences. Titre de certaines sociétés, de certaines écoles: la société philomathique.

* PHILOMÈLE (gr. Philomelé, n. pr. qui signifie: amie de l'harmonie). Nom poétique du rossignol.

Protège, Dieu puissant, ces enfants de l'amour.
Le doux chardonneret, la fauvette fidèle,
Le folâtre pinson, et surtout philomèle!
DELILLE. Les Trois Règnes de la nature, chant VII.

PHILOMÈLE. Mythol. Fille de Pandion, roi d'Athènes, et épouse de Térée, roi de Thrace. Ayant été déshonorée par ce dernier, qui avait déjà, avant de connaître Philomèle, épousé sa sœur Progné, elle s'enfuit ainsi que sa sœur. Térée, armé d'une hache, se mit à leur poursuite; sur quoi les dieux, dont les deux sœurs invoquèrent le secours, métamorphosèrent Philomèle en rossignol et Progné en hirondelle.

PHILOMÈNE (Sainte), vierge et martyre du commencement du IVe siècle. Fête le 5 juillet.

PHILON DE BYZANCE, tacticien grec du IIe siècle av. J.-C. Il nous reste de lui le IVe et le Ve livre d'un traité de Poliorcétique (dans les Veterum mathematicorum Opera, 1693).

PHILON LE JUIF, philosophe juif d'Alexandrie, né probablement en Egypte quelques années av. J.-C. Il conduisit une ambassade juive à Caligula, et son fils épousa une fille du roi Agrippa. Il s'efforça de concilier la philosophie de Platon avec les données mosaïques, expliquant les récits des Ecritures par des allégories originales. Dans sa doctrine caractéristique du Logos et du monde idéal et archétype, il anticipait sur les spéculations des gnostiques. — Ed. de Th. Mangey (Londres, 1742, 2 vol. in-fol.)

PHILOPŒMEN [pi-lo-pé-'menn], général grec, né vers 252 av. J.-C., mort en 183. Il appartenait à l'une des premières familles de Mégalopolis. En 224, il contribua à la victoire d'Antigone Doson à Sallasia. En 210, il fut nommé commandant de la cavalerie de la ligue achéenne, et, en 208, stratège, ou commandant en chef. Il défit à plusieurs reprises les Spartiates, et, après l'assassinat de Nabis, leur tyran, les amena à entrer dans la ligue achéenne. En 189, le parti qui lui était hostile ayant conquis le pouvoir à Sparte et rompu les liens qui attachaient cette ville à la ligue, il entra en Laconie. Sparte se soumit, et fut traitée avec une grande rigueur ; mais les Romains exigèrent une amnistie générale et le rappel des exilés politiques. En 183, il fut élu stratège pour la huitième fois. Dans une expédition contre Messine, qui s'était séparée de la ligue, il tomba aux mains des ennemis et fut jeté par Dinocrates, le chef messénien, dans une prison où on le força à prendre du poison.

* **PHILOSOPHALE** adj. f. (rad. *philosophe*). N'est usité que dans cette locution, LA PIERRE PHILOSOPHALE, la prétendue transmutation des métaux en or : *c'est un fou qui veut trouver la pierre philosophale.* — IL FAUT QU'IL AIT TROUVÉ LA PIERRE PHILOSOPHALE, se dit d'un homme qui fait une dépense fort au-dessus du revenu qu'il paraît avoir. — C'EST LA PIERRE PHILOSOPHALE, se dit d'une chose impossible à trouver. — IL NE TROUVERA PAS, IL N'A PAS TROUVÉ LA PIERRE PHILOSOPHALE, se dit d'un homme qui a l'esprit très borné.

* **PHILOSOPHE** s. m. (préf. *philo*; gr. *sophia*, sagesse). Celui qui s'applique à l'étude des sciences, et qui cherche à connaître les effets par leurs causes et par leurs principes : *Pythagore est le premier d'entre les Grecs qui ait pris le nom de philosophe.* — Particul. Celui qui s'applique à l'étude de l'homme moral et de la société, avec l'intention de répandre des vérités qui rendent ses semblables meilleurs et plus heureux : *pour s'instruire à réformer les hommes, le philosophe doit commencer par se réformer lui-même.* — Celui qui cultive sa raison, conforme sa conduite aux règles de la saine morale, et travaille à fortifier son âme contre les coups du sort : *un vrai philosophe sait résister à ses passions, et se vaincre lui-même.* On dit, dans le même sens, C'EST UN PHILOSOPHE PRATIQUE. — Homme qui mène une vie tranquille et retirée, hors de l'embarras des affaires : *il s'est retiré pour toujours vivre en philosophe.* — S'est pris au XVIIIe siècle dans le même sens où l'on dit plus ordinairement aujourd'hui LIBRE PENSEUR : *la secte des philosophes.* — Philos. Etudiant en philosophie. — s. f. *Cette femme est une philosophe.*

Je le vois, Eliante est une *philosophe*
Qui de rien ne s'émeut, qui jamais ne s'échauffe.
COLLIN D'HARLEVILLE. *L'Inconstant*, acte II, sc. x.

— Adjectiv. *Un roi philosophe.* — ⁓ s. m. Argot. Grec d'une certaine importance, qui organise et solde une troupe de comparses et de collaborateurs appelés suiffards, dont le rôle est de tailler ou porter ses ordres.

PHILOSOPHÈME s. m. (gr. *philosophèma*). Proposition, principe philosophique.

* **PHILOSOPHER** v. n. Traiter des matières de philosophie : *Socrate n'aimait à philosopher que sur les mœurs.* — Raisonner, discourir sur diverses matières de morale ou de physique : *ils s'amusent à philosopher.* — Rai-

sonner trop subtilement, argumenter, disputer en pure perte : *il ne faut pas tant philosopher, il faut agir.*

PHILOSOPHERIE s. f. Mauvaise philosophie.

* **PHILOSOPHIE** s. f. [fi-lo-zo-fi]. Amour de la sagesse, recherche de la vérité du principe et de la raison des choses; étude de la nature et de la morale : *aux siècles d'imagination et de poésie succèdent ordinairement les siècles de philosophie et de raisonnement.* — Opinion, doctrine, système particulier de chaque secte de philosophes, ou de chaque philosophe faisant secte : *la philosophie des platoniciens, des péripatéticiens, des épicuriens, des stoïciens,* etc. — Système de principes que l'on établit ou que l'on suppose pour expliquer un certain ordre d'effets naturels : *philosophie corpusculaire.* — PHILOSOPHIE NATURELLE, celle qui s'applique à l'étude des sciences et à l'observation de la nature. — Système d'idées générales qui appartiennent à une science, à un art : *il y a une philosophie de la chimie, une philosophie de la physique.* LA PHILOSOPHIE DE L'HISTOIRE, les faits historiques considérés dans leur généralité et leur enchaînement. — Ouvrage composé sur quelque science, sur quelque art en particulier, et qui en renferme les vérités premières, les principes fondamentaux : *la philosophie de la botanique.* — Certaine fermeté et élévation d'esprit, par laquelle on se met au-dessus des accidents ou des fausses opinions du vulgaire : *il n'y a point de philosophie à l'épreuve d'un événement si cruel.* — PHILOSOPHIE CHRÉTIENNE, celle qui est fondée sur les croyances du christianisme; par opposition à PHILOSOPHIE PAÏENNE OU NATURELLE, celle qui n'est soutenue que des seules lumières naturelles : *il n'y a point de meilleur secours contre les accidents de la vie, que celui de la philosophie chrétienne.* — PHILOSOPHIE NATURELLE, se dit aussi d'un certain caractère naturel de raison, de modération et de force d'âme : *cet homme n'a point reçu d'éducation, mais il est doué d'une sorte de philosophie naturelle.* — Système particulier qu'on se fait pour la conduite de la vie : *sa philosophie consiste à ne se tourmenter de rien.* — Science qu'on enseigne sous ce nom dans les collèges : *faire son cours de philosophie.* — Cours de philosophie : *il est dans sa seconde année de philosophie.* — Typogr. Caractère qui est entre le cicéro et le petit romain et dont le corps est de 10 points ou une ligne deux tiers. — ENCYCL. La philosophie est la science absolue et universelle, tendant à expliquer les phénomènes en remontant aux causes premières. L'origine du mot est attribuée, sur une autorité douteuse, à Pythagore, qui préférait être appelé philosophe, c'est-à-dire amant de la sagesse, plutôt que sophiste ou sage. Socrate se l'appropria et le rendit populaire, en en faisant le nom distinctif de son enseignement par opposition à celui des sophistes. — *Méthode.* La méthode comprend deux opérations corrélatives: l'analyse et la synthèse; la première est fondamentale, et doit précéder l'autre. Ayant devant nous la complexité des phénomènes, tels qu'ils se présentent aux sens ou à la conscience, nous les analysons; c'est-à-dire que nous examinons les éléments distincts de l'objet complexe, afin de pouvoir les connaître séparément. La synthèse reçoit de l'analyse ces éléments, et les recompose en se fondant sur les qualités ou relations communes qui se trouvent dans ces éléments mêmes. La philosophie ne doit pas se confondre avec la religion ni avec la science : en effet, la vérité religieuse, en tant que vérité religieuse, s'adresse plutôt aux intuitions de l'âme qu'à la raison spéculative, et expose les devoirs de l'homme et les dogmes affirmés par la révélation, sur lesquels se fondent ces devoirs; de son côté, la science recherche des faits dans sa propre sphère, et, par des pro-

cédés inductifs, découvre la loi sous laquelle ils se classent, ou la théorie à laquelle ils s'adaptent; mais la philosophie comprend dans sa sphère les domaines de l'une et de l'autre, acceptant les faits, les intuitions ou les lois comme des données qui lui appartiennent, et les étudiant dans leurs causes et leurs rapports en les rattachant à la question de leur but ou de leur signification finale. La science, renfermée dans ses limites propres, c'est-à-dire limitée à la classification ou à la coordination de faits du même ordre, demande seulement ce qui est et comment cela est. La philosophie, acceptant tous les faits et tous les phénomènes, qu'ils soient ou non classés scientifiquement, dépasse la sphère de la science, demande le pourquoi des choses, en recherche les causes, les relations, et les conséquences, en vue « d'interpréter et de justifier ces phénomènes devant la raison, en montrant les fondements rationnels, les principes, les lois et la fin ». Ramenant ainsi la multiplicité des phénomènes à une unité supérieure, et portant surtout son attention sur ce qui est le plus important et fondamental, elle ne peut, comme l'a dit lord Bacon, être satisfaite que par les sujets de méditations les plus élevés : Dieu, la nature et l'homme. — *Divisions.* On a souvent divisé la philosophie en philosophie pure et philosophie appliquée, ou philosophie spéculative et philosophie pratique. On a mis l'esthétique tantôt avec l'une, tantôt avec l'autre, quelquefois dans les deux; et pour les autres branches de la philosophie la même difficulté existe. A différentes époques, la philosophie a limité ou étendu sa sphère, et a tenté la solution de divers problèmes qui ne rentrent dans aucune classification uniforme et régulière. Postérieurement à la renaissance des lettres en Europe, et spécialement depuis Descartes, il y a eu une tendance croissante à limiter la philosophie à la métaphysique, et à en exclure beaucoup de ce qu'elle embrassait autrefois. Le résultat a été que le nombre des sciences subordonnées et distinctes s'est multiplié, quelques-unes d'entre elles prenant le nom de philosophie, comme la philosophie de l'histoire, du langage, de la grammaire, de la rhétorique, du gouvernement, de la religion, etc. Mais la philosophie proprement dite reste dans la sphère supérieure. La psychologie et les découvertes de la physique lui ont fourni de nouveaux matériaux. La logique, dont quelques-uns font une partie de la philosophie, est regardée par les autres comme son instrument. Wolf et des auteurs allemands récents la considèrent comme préparatoire. Herbart isole expressément les sciences philosophiques spéciales, et sépare rigoureusement la philosophie théorique de la philosophie pratique. Hegel et d'autres distinguent entre l'esprit théorique (intelligence) et l'esprit pratique (volonté). Ramenons la tentative hardiment essayée par Spinoza de résoudre la dualité de la philosophie (spécialement illustrée par les théories de Descartes et de Kant) en une unité plus haute, a été renouvelée dans ce siècle par les philosophes allemands qui affirment l'identité du sujet et de l'objet (du moi et du non-moi), ou qui construisent une philosophie de l'absolu qui peut trouver son application développée dans toutes les sphères, théoriques et pratiques. On s'accorde cependant à considérer comme du domaine de la philosophie l'éthique (voy. MORALE), la psychologie, l'ontologie, la cosmologie, et la théologie naturelle. Chacune de celles-ci se trouve souvent si étroitement rattachée aux autres qu'elle en dépend en une certaine mesure. La psychologie porte ses investigations dans les phénomènes mentaux, les faits et les lois de la conscience, les facultés constitutives de l'âme en elles-mêmes et dans leurs rapports. L'ontologie embrasse le domaine assigné par Aristote à la « philosophie première », et est synonyme de la science de l'être. La cosmologie traite des questions concernant la contingence ou la nécessité du monde, son éternité ou sa limitation dans l'espace et le temps, la loi précise de ses changements, et s'étend aux questions concernant la liberté de l'homme et l'origine du mal. Telle que l'expose Wolf, elle fait profession de déduire des principes ontologiques une démonstration de la nature du monde, et de la manière dont il est produit de substances simples. La théologie naturelle considère les questions relatives à l'existence et à la providence de Dieu et à l'ordre moral du monde. — La psychologie, bien que le terme soit moderne et ait été employé pour la première fois dans un sens technique par Otto Casmann en 1594, date de l'époque où le νοῦς d'Anaxagore attira l'attention de Socrate, qui le fit entrer de la spéculation dans la pratique. Avec les scolastiques, qui suivirent souvent Aristote en aveugles, la psychologie, de même que la philosophie en général, fut subordonnée aux intérêts de la foi. En Angleterre, au XVIIᵉ siècle, les principaux écrivains qui traitèrent les questions de psychologie furent sir John Davies, Bacon, Hobbes et Locke. Ce dernier avait été précédé sur le continent par Montaigne, Descartes, Pascal, Malebranche, Spinoza et d'autres de moindre notoriété. A partir de Descartes, qui posa comme point de départ de la certitude philosophique le raisonnement Cogito, ergo sum, et qui insista sur la distinction entre l'esprit et la matière, deux tendances, qu'on a fait des efforts répétés pour concilier, se sont manifestées en philosophie, la tendance idéaliste et la tendance matérialiste. — L'ontologie date du temps d'Aristote. Quelques-uns l'ont définie cette partie de la philosophie qui traite de ce qu'on appelle aujourd'hui les catégories, ou notions radicales de la pensée applicable à tous les objets. Aristote le premier, non seulement à établir que l'être absolu est le sujet propre de la « philosophie première », mais à dresser une table de principes, tirés de l'expérience, qui prirent le nom de catégories et conformément auxquels tous les concepts doivent se former. Wolf, Kant et Hegel sont au nombre de ses imitateurs modernes. La preuve ontologique de l'existence de Dieu, que saint Augustin indique plutôt qu'il ne l'expose, est développée par saint Anselme, qui soutient que l'existence dans l'esprit de l'idée d'un être bon et plus grand qu'on ne saurait le concevoir, implique une réalité objective. Descartes le suit jusqu'à un certain point dans cette direction. Dans des temps plus récents, la preuve a priori de l'existence de Dieu a été reprise par le Dʳ Samuel Clarke (1704), W. Gillespie (1854) et d'autres. — La cosmologie, qui scrute l'ordre physique et moral de l'univers, a donné lieu à quantité de spéculations, et à toute une littérature. Dès une époque très reculée, les cosmogonies et les religions populaires indiquent plus ou moins confusément le rapport de Dieu avec le monde. Dans son ouvrage intitulé Théodicée, Leibnitz a présenté ses vues sur ce sujet et sur d'autres sujets voisins. Dans le plan de recherches adopté par lui, et qu'ont repris après lui beaucoup d'écrivains plus récents, se trouvent englobées presque toutes les questions cosmologiques, y compris la liberté et la fatalité. — La théologie naturelle, en tant que branche de la philosophie, remonte, dans la littérature grecque, au νοῦς d'Anaxagore. Socrate lui donna une signification morale et religieuse. Les spéculations d'Aristote furent naturellement théistes, en raison même du terrain philosophique sur lequel il se place et de sa théorie des causes. Sénèque identifie avec

Dieu la providence, la nature et le destin. Cicéron reproduit en substance, dans son De Natura Deorum, la théologie naturelle de Socrate. Le théisme d'Épictète et de Plutarque reconnaît une intelligence suprême personnelle, tandis que celui de Marc-Aurèle se rapproche du panthéisme. La philosophie atomistique, que soutient Leucippe et Démocrite, et fut adoptée par Épicure et par Lucrèce, poète qui a exposé ses doctrines, a été regardée comme athée, bien que Cudworth affirme énergiquement qu'elle peut parfaitement se concilier avec le théisme. Chez quelques philosophes arabes, et aussi chez un petit nombre de scolastiques, on discerne des tendances panthéistiques. Elles se manifestent encore chez certains écrivains du XVᵉ et du XVIᵉ siècle; mais elles atteignent leur apogée dans Spinoza, qui réduit la dualité de l'esprit et de la matière, qu'on avait affirmée jusque-là, à une seule substance originale et universelle qu'il appelle Dieu. A partir de son époque, on a beaucoup écrit sur la théologie naturelle. Howe, Boyle, Bentley, Ray et plusieurs membres de la Société royale de Londres, figurent parmi les auteurs de la fin du XVIIᵉ siècle qui se sont occupés de ce sujet. Derham, Nieuwentyt, Cheyne, etc., appartiennent au commencement du siècle suivant; plus récemment, nous avons Paley, Fergus, Chalmers, Brougham et les auteurs de la collection connue sous le nom de Bridgewater Treatises. — Le panthéisme, en ce qui le distingue du théisme, affirme la consubstantialité de Dieu et de la nature. Sa forme la plus grossière est un fétichisme universel. Dans son développement philosophique, il fait de Dieu la substance unique, dont tous les phénomènes de l'esprit et de la matière ne sont que les modes ou attributs. Dieu est l'Absolu impersonnel, qui dort dans le minéral, rêve dans l'animal, s'éveille dans l'homme. Dieu est la nature pénétrée et inspirée par un principe immanent; et la nature est Dieu dans la manifestation de son essence et l'évolution de sa puissance. — Histoire. Dans l'Inde, les spéculations sur les grands problèmes de la philosophie sont les plus anciennes de toutes, ou, parmi les anciennes, celles qu'on connaît le mieux. Comme chez d'autres nations primitives, nous trouvons ici la philosophie combinée avec la théologie ou enveloppée dans des mythes. Il faut en chercher le germe dans les Védas (composés sans doute plus de 1,000 ans av. J.-C.), dans le livre de Manou et dans d'autres écrits sacrés. Mélangée à beaucoup de superstition, elle possède pourtant des éléments qui dénotent une pensée profonde et patiente. Elle combine avec une idolâtrie grossière un panthéisme idéal, qui ne diffère pas beaucoup de celui qu'ont élaboré des penseurs européens modernes. Son idéal de la perfection humaine est d'abstraire la matière et de s'absorber en Dieu. La création est une illusion, et la seule substance est l'esprit. Les apparences dans la nature sont des manifestations de Dieu, et toute vie, même dans le ver, est sacrée. La philosophie hindoue se développe en trois systèmes : le sankhya, le nyaya et le vedanta. (Voy. INDE, littérature religieuse de l'.) Le bouddhisme fut une révolte du rationalisme contre les rites superstitieux et les cérémonies gênantes du brahmanisme. Son fondateur, Sakya-Mouni, vers le milieu du VIᵉ siècle av. J.-C. probablement, rejeta l'autorité des Védas, les sacrifices et tous les rites brahmaniques. La nouvelle doctrine retint et popularisa les principes de la philosophie sankhya, qui lui donna en grande partie sa forme. Elle professa que toute existence, sujette au changement et au déclin, est un mal; mais ce mal, qui provient du désir, n'est pas inévitable, puisque le désir peut être éteint. Ainsi donc, si les hommes le

veulent, ils peuvent atteindre le Nivarna, ou repos parfait. Le bouddhisme réalise sa conception la plus élevée dans l'homme déifié qui est entré dans le Nivarna. — Nous ne savons rien de la philosophie chinoise avant le temps de Confucius (vers 500 av. J.-C.). La philosophie de celui-ci fut surtout morale. Il la donna, ou plutôt elle a été conservée dans ses aphorismes détachés, recommandant les actions vertueuses et la pureté morale. Un autre système de philosophie, plus spéculatif que celui de Confucius, du moins dans sa forme originale, est celui de Lao-tsé. Il part de Tao, ou l'innommable, origine du ciel et de la terre, « mère de toutes les choses ». Elle est omniprésente, invisible, inépuisable, antérieure aux dieux, sans désir, et en elle tous les êtres retournent. Chez les races perso-mèdes la spéculation philosophique s'allie étroitement à la croyance religieuse. On en trouve les germes dans les doctrines fondamentales du livre sacré, le Zend-Avesta, attribué à Zoroastre. La philosophie égyptienne, quelle qu'elle ait été, a laissé peu de traces d'éléments spéculatifs. — Parmi les physiciens grecs de l'école ionienne, Thalès (640-546 av. J.-C. environ), Anaximandre et Anaximène, sont les plus connus. Thalès fit un pas réel, quoique limité, au delà de la cosmogonie homérique, lorsqu'il représenta l'eau comme le commencement des choses. Cette explication éliminait purement et simplement l'élément mythique. Anaximandre de Milet substitua à l'eau comme ἀρχή, ou commencement des choses, τὸ ἄπειρον, l'illimité, que l'on peut supposer être une sorte de substance primitive, douée de forces latentes, confuses et non développées. Anaximène considéra cet « illimité », et en fit l'air qui embrasse et meut tout, plaçant à peine la limite où s'étaient arrêtés ses prédécesseurs. Pythagore de Samos, qui florissait vers 540-430 av. J.-C., fondateur de l'école qui porte son nom, considéra l'univers dans ses rapports quantitatifs plutôt que qualitatifs. Il recherche la forme et l'ordre, plutôt que la substance des choses. Le secret de sa philosophie était dans le nombre, et il trouva que le nombre un contient ce qui est le plus parfait. Les Éléates élevèrent le UN de Pythagore à la notion du TOUT. Ils cherchèrent à saisir l'être pur, immuable et indépendant des formes et des conditions du temps et de l'espace. D'après Xénophane, contemporain plus jeune de Pythagore, l'un est tout, et le tout un. Dieu est l'intelligence suprême, universelle. Parménide exposa sa philosophie dans son poème épique, où il présenta sa notion de l'être, distinct de tout ce qui est changeant et contingent. Zénon d'Élée, disciple de Parménide, développa les paradoxes de son maître, s'efforçant de montrer les contradictions où s'embarrassent ceux qui croient comme le vulgaire à un monde contingent. Héraclite (vers 543 av. J.-C.) cherche un principe de conciliation dans l'idée de devenir, le pont de l'être au non-être, de l'unité au grand nombre. La totalité des choses est dans un écoulement perpétuel, et leur permanence est illusoire. La portée pratique de sa philosophie fut d'appuyer sur l'importance de la recherche de la vérité et la nécessité d'acquiescer à l'ordre de choses établi. A la tête des philosophes physiciens qui vinrent ensuite se trouvent Empédocle (né vers 500 av. J.-C.) et Anaxagore, presque son contemporain. Le premier différait d'Héraclite en ce qu'il ajoutait la nécessité, comme troisième principe, avec l'amour et la haine, pour expliquer les phénomènes existants. Anaxagore supposait, comme éléments primordiaux, un nombre illimité de substances primitives ou « semences des choses », dont le mélange chaotique fut mis en ordre par le principe intelligent, le νοῦς, ou raison divine. Les atomistes les plus remarquables furent Leucippe et Démocrite. Le premier affirmait l'existence de la matière remplissant l'espace; en la divisant, nous arrivons à l'atome, élément de ce qui est réel et invariable. Démocrite, décrivant le monde de la multiplicité des atomes, expliquait les perceptions des sens par des émanations d'atomes venant des choses perçues. Avec les sophistes, nous notons une transition dans la marche de la philosophie; elle passe de la nature à l'homme. Protagoras faisait de l'homme la mesure de toutes choses, aussi bien de ce qui est que de ce qui n'est pas. Par conséquent toute vérité est relative. Gorgias enseignait que rien n'existe; ou que, si quelque chose existe, on ne peut le connaître; ou que, si quelque chose existe et peut être connu, c'est une connaissance qu'on ne saurait communiquer. Hippias prétendait à la connaissance universelle. Du principe socratique de la connaissance dans ses rapports avec la vertu sortiront deux tendances: l'une éthique, l'autre dialectique. La première fut représentée par l'école cynique d'Antisthène et l'école cyrénaïque d'Aristippe; l'autre par l'école mégarienne d'Euclide et l'école éléenne de Phédon. Dans les cyniques, nous trouvons les avant-coureurs du stoïcisme, et dans les cyrénaïques les prédécesseurs des épicuriens. Euclide renouvela la doctrine éléatique, et l'on suppose qu'il modifia les vues de Platon. Phédon fut un des disciples les plus directs de Socrate, mais il était moins bien doué que l'élève favori du maitre, Platon, le meilleur interprète de ses doctrines, qu'il modifia et enrichit de ses propres conceptions. Sa philosophie embrasse la dialectique, la physique et la morale. En dialectique, la théorie platonicienne des idées est fondamentale. L'idée est l'archétype des individus en dehors du temps et de l'espace. C'est l'universel, le réel et l'éternel, ce qui existe *per se*, l'unité gisant sur tous les phénomènes du même ordre. L'idée la plus élevée est celle du bien, représentée comme la cause première de l'être et de la connaissance. En physique, Platon tenait que la matière est éternelle, à l'origine chaotique et informe; mais en même temps existe le monde idéal. Le cosmos fut produit par le meilleur artisan, le principe moteur et volontaire, sur un modèle éternel. Tandis que Platon ne comptait que que les types abstraits, Aristote insista sur les individualités concrètes; il attaqua la théorie des idées comme fantastique et ne reposant sur rien, et il propose à la place la théorie des causes. Il reconnaissait quatre causes ou principes métaphysiques : la matière, la forme, la puissance motrice, et la fin, qui toutes se réduisent à l'antithèse fondamentale de la matière et de la forme. De même que le platonisme avait eu pour point culminant la conception des idées, l'aristotélisme eut pour expression suprême la conception du mouvement, de la force ou de la vie, opérant dans toutes les choses, fondement de leur existence et de leur développement. La décadence de l'esprit et de la civilisation grecque fut marquée par trois systèmes de philosophies conçus sans égard pour la vérité spéculative. Le scepticisme de Pyrrhon nia la possibilité de la certitude relativement à tout ce qui est objectif, et proposa comme loi de la vie un consentement irréfléchi et sans but aux impulsions de la nature. Son système fut soutenu par les chefs de la nouvelle académie, Arcésilas et Carnéades. Il anticipait sur le doute absolu d'Ænésidème et de Sextus Empiricus. Epicure offrit comme but à la philosophie un système de morale qui devait inévitablement conduire au bonheur. Le stoïcisme, fondé par Zénon, né en Chypre, et développé par Cléanthe et Chrysippe, chercha à établir une discipline

de vertu dans un âge de décadence. — Les Romains, qui connurent par Cicéron les résultats des écoles grecques, ne firent faire aucun progrès à la philosophie. L'épicuréisme fut représenté chez eux par Lucrèce, et le stoïcisme par Sénèque, Épictète et Marc-Aurèle; mais ni l'une ni l'autre des deux doctrines ne s'enrichit d'éléments spéculatifs nouveaux. — L'école d'Alexandrie naquit du conflit de la pensée chrétienne, de la pensée juive et de la pensée païenne. Le problème qu'elle se proposa, soulevé par Philon le Juif et par le dualisme oriental qui attribuait le mal à la matière, fut de trouver un moyen terme, entre le fini et l'infini, entre la perfection de Dieu et l'imperfection de la création. De là la théorie gnostique des émanations, qui créait des rangs successifs d'êtres intermédiaires, du démiurge ou architecte du monde, et d'innombrables - éons. Les spéculations des néo-platoniciens étaient d'une nature analogue; elles tendaient à un monisme philosophique qui mit fin au dualisme de la subjectivité et de l'objectivité. Plotin, le plus grand penseur de cette école, fut à la fois un platonicien et un mystique. Son panthéisme s'harmonisait sa théorie de la possibilité d'atteindre cette vision de la raison éternelle, ou de l'âme universelle, dont il prétend avoir joui plusieurs fois. Porphyre et Jamblique, ses successeurs, combinèrent leur philosophie avec la théurgie, et l'appliquèrent à la défense des rites païens. Proclus, au temps duquel l'école avait été transportée à Athènes, fut un hiérophante et un mystique païen, bien plus qu'un philosophe. — La scolastique fut le résultat de la coopération de différents éléments qui s'unirent pour former la philosophie scolastique. Sa première période date de Jean Scot Érigène (mort vers 880), qui déclara que la philosophie était la science des principes de toutes les choses, et qu'elle était inséparable de la religion. On trouve dans son système les germes du mysticisme du moyen âge et de la dialectique scolastique. Il marque le point de départ de ce conflit entre le nominalisme et le réalisme qui régnera désormais à travers toute l'histoire de la philosophie scolastique. Réaliste lui-même, il pouvait invoquer les doctrines platoniciennes pour le défendre; mais il provoqua par là ses adversaires à exalter l'autorité exclusive d'Aristote. La doctrine attribuée à Platon et impliquée dans sa théorie des idées, que les universaux ont une existence antérieure aux objets individuels (*universalia ante rem*), fut le terrain où se posa la querelle entre les deux partis. Le nominalisme soutenait que les objets individuels seuls ont une existence réelle; que les notions universelles sont de purs noms, des concepts sans réalité. Il niait les genres et les espèces à part de l'individu concret. Il invoquait là-dessus l'autorité d'Aristote. Les querelles de l'époque préparèrent la voie à une étude plus attentive des œuvres du Stagirite, que les traductions et les travaux arabes allaient bientôt faire connaître. Cependant les spéculations de la pensée suivaient leur cours, et les antagonismes philosophiques devenaient de plus en plus prononcés. Quelques-uns regardent Anselme (mort en 1109) comme l'inventeur de la métaphysique scolastique; d'autres en font Abélard; d'autres encore à Alexandre de Hales, le premier des scolastiques. C'est Aristote, par l'intermédiaire de l'érudition arabe, qui modela la philosophie de la chrétienté. Par les chrétiens nestoriens et syriaques, les savants arabes avaient eu connaissance des écrits d'Aristote. Une philosophie se développa, qui était une forme de l'aristotélisme mitigé de conceptions néo-platoniciennes. Albert le Grand (mort en 1280) fut le premier qui mit la scolastique en harmonie avec le système aristotélien.

Mêlant des notions néo-platoniciennes à celles d'Aristote, il donna naissance aux disputes sur la. matière et la forme, sur l'essence et l'être. Thomas d'Aquin (mort en 1274), le plus grand penseur de son siècle, suivit Augustin sur certains points, et précéda Leibnitz sur d'autres. Comme son grand adversaire, Duns Scot (mort en 1308), le fondateur des scotistes, il était réaliste, mêlant le platonisme à la philosophie aristotélienne. William d'Occam (mort en 1347), sans construire un système positif, fut un puissant assaillant du réalisme. Ses adversaires étaient nombreux; mais le nominalisme, avec Gerson et d'Ailly, restait maitre du terrain à Paris, et lorsque les théologiens français revinrent de ce que, dans la sentence prononcée contre Jean Huss, leur philosophie avait triomphé du réalisme. — Le xvie siècle stimula la pensée, sans donner à la philosophie de développement systématique. Mais, dans la première partie du xviie siècle, Bacon et Descartes posèrent les fondements de deux systèmes, l'objectif et le subjectif, ou l'empirisme et l'idéalisme. Bacon rejette toutes les hypothèses *a priori* qui anticipent sur les conclusions de la science. Il faut interpréter, et non supposer la nature, et antérieurement à l'expérience il n'y a point de place pour l'hypothèse. Cet empirisme contient l'élément sceptique de la philosophie baconienne, dont Hobbes a utilement usé dans ses multiples spéculations sur l'éthique et la métaphysique. Le résultat était un matérialisme qui tirait toute connaissance de la sensation : et bien que vivement attaqué par les platoniciens de Cambridge, More et Cudworth, il ne laissa pas d'exercer une influence sur la philosophie de Locke. Bacon avait exclu du champ de l'investigation les notions préconçues qui pouvaient faire donner une interprétation fausse aux faits naturels. Locke, rejetant la théorie des idées innées, fit de l'esprit une « table rase », mais capable de réfléchir sur les impressions reçues par les sens. Les choses extérieures, l'esprit ne connaît que les qualités qui affectent les sens, mais non pas la nature ou la substance des choses. L'esprit opère sur les connaissances ainsi acquises, et tout ce qu'il sait provient de deux sources : la sensation et la réflexion. En Italie, un demi-siècle avant Locke, Campanella l'avait devancé en faisant de la sensation la source de la connaissance. Deux années avant sa mort (1637) parut le *Discours de la Méthode* de Descartes, livre où sont assis les fondements de l'idéalisme moderne. Gassendi fut un des adversaires de Descartes, et Geulincx et Malebranche modifièrent son système en des points essentiels. Malebranche, suivi jusqu'à un certain point par John Norris en Angleterre, céda à des tendances mystiques, faisant de la connaissance le résultat de l'union de l'âme avec Dieu, ou d'une constante immanence divine grâce à laquelle les idées divines peuvent être saisies par nous. — La théorie de Descartes fournit à Spinoza une forme scientifique pour son système. Des postulats de la substance et de la causalité, il déduit ses conclusions d'après la méthode mathématique. Son postulat de la substance est celui d'une essence absolue, d'un être infini, avec des attributs infinis d'étendue et de pensée. Dans cette unité, le dualisme de l'esprit et de la matière se trouve englouti. Les êtres finis ne sont que des modes des attributs infinis. Leibnitz identifiait la matière avec la force active; et, dans son univers composé de « monades », il accordait une perception plus ou moins distincte à tous les atomes, dont chacun représente et réfléchit à sa manière l'univers. Dieu est la *monas primitiva*, d'où dérivent toutes les monades finies; et en dehors de ces monades et des phénomènes, qui sont les perceptions des monades, rien n'existe. En affirmant l'existence de certaines vérités nécessaires, non mathématiques, mais physiques, qui doivent se chercher dans l'âme même, et non se vérifier par l'expérience, Leibnitz préparait la voie aux catégories de Kant. Wolf rejeta, il est vrai, ses notions des monades et de l'harmonie préétablie; mais il garda son optimisme et son déterminisme, en esquissant pour la première fois une encyclopédie complète des sciences philosophiques. — En Allemagne et en France, l'influence de Locke se fit puissamment sentir. En France particulièrement, Condillac ramena les deux sources de la connaissance admises par Locke à une seule, la sensation; et il expliqua par des sensations transformées toutes les hautes qualités de l'intelligence humaine développées dans sa statue idéale et allégorique. Son système s'accordait avec la théorie de l'amour-propre mise en avant par Helvétius, le moraliste du sensualisme. Un autre pas se fit dans la même direction avec l'athéisme matérialiste de La Mettrie et de d'Holbach. Les écrits de Hume avaient contribué à ce résultat; mais en Angleterre et en Ecosse, la philosophie de Locke n'avait pas été tout à fait soumise à une interprétation exclusivement sensualiste. En rejetant les idées innées, en plaçant les qualités, comme la couleur et le son, dans le sujet qui perçoit, il préparait la voie à l'assertion de Berkeley que les esprits et leurs idées seuls existent, et que la permanence des idées est la preuve d'un Esprit éternel auquel elles sont présentes sans interruption. Mais cette opinion, reliée au sensualisme et à l'empirisme de Locke, donna lieu à la philosophie sceptique de Hume. Ce scepticisme destructeur, non seulement de la philosophie spéculative, mais des fondements mêmes de toute connaissance réelle, fut combattu en Ecosse par Reid qui chercha à établir en opposition sa « philosophie du sens commun », dans laquelle il rejetait les idées représentatives; tandis qu'en Allemagne cette théorie excitait Kant à examiner les fondements et les conditions de la connaissance humaine. Elevé à l'école de Wolf, mais ayant plus de sympathie pour Descartes que pour Leibnitz, Kant produisit sa Critique de la Raison pure, où il prétend que le premier pas à faire est de scruter la marche de l'esprit, et de déterminer ainsi, non pas ce qu'est la nature des choses, mais ce que l'homme peut connaître. Toute connaissance est le produit de deux facteurs : le sujet qui connaît et l'objet qui est connu. Nous ne connaissons pas les choses telles qu'elles sont en elles-mêmes, mais seulement par ce que nous en percevons, tandis que les formes naturelles à l'esprit, les catégories d'après lesquelles la pensée est construite, ajoutent à la multiplicité de la perception et modifient pour nous les objets. Kant met en garde contre le scepticisme qui en résulte. Dans sa Critique de la Raison pratique, il part des principes moraux et de la loi morale attestée par la conscience, et nous conduit jusqu'à Dieu, source et auteur de la loi. Jacobi opposait à Kant que sa philosophie se détruisait par une contradiction intrinsèque, puisque pour arriver à la critique » de la raison, il faut avoir d'abord un lien de causalité, rattachant le sujet pensant à son objet. Schleiermacher ne suivit Kant que dans une certaine mesure, et, appliqué à l'étude de Platon et de Spinoza aussi bien que des penseurs contemporains, il fut plutôt un critique des systèmes des autres que l'auteur d'un système original. Fries, marchant sur les traces de Jacobi, développa la doctrine que le sensible est l'objet de la connaissance, et le supra-sensible l'objet de la loi. Fichte adopta quelques-unes des opinions particulières de Kant, et en poussa à l'extrême les tendances idéalistes subjectives. Le

Moi prit la place du principe absolu. Dans ses derniers travaux, Fichte, faisant de l'absolu son point de départ, approche des vues plus nettement soutenues par Schelling. Ce dernier accepta en la transformant la doctrine du Moi de Fichte, en la combinant avec le spinozisme, et en fit la doctrine de l'identité. Le sujet et l'objet, l'idéal et le réel, l'esprit et la nature, sont pour lui identiques dans l'absolu. En incorporant successivement divers éléments dans ce système, il développa une doctrine syncrétique se rapprochant du mysticisme. Hegel rejeta ces éléments, mais, restant toujours au point de vue où s'était placé Schelling, il soutint que ce n'est pas quelque chose d'individuel, ce n'est pas le Moi, qui est antérieur (prius) à toute réalité, mais au contraire quelque chose d'universel qui comprend en soi toutes les choses individuelles, et où le principe de différence est immanent. Le but de la philosophie de Hegel est d'abord d'élever la conscience au point de la connaissance absolue, et ensuite de développer tout ce que contient cette connaissance au moyen de la méthode dialectique. Herbart prit son point de départ non dans Kant, mais dans Fichte, à l'idéalisme subjectif duquel il oppose la doctrine fondamentale de la pluralité des essences réelles simples, quelque chose d'analogue à la doctrine monadologique de Leibnitz. Il la nomma réalisme, à cause de son caractère dominant. En principe, sa logique s'accorde avec celle de Kant. Schopenhauer (mort en 1860) enseigna, avec Kant, que l'espace, le temps et les catégories ont une origine purement subjective, bonne seulement que des phénomènes qui ne sont que des représentations subjectives dans la conscience. Il nie cependant que le réel ne puisse se connaître, et il le trouve dans la volonté prise au sens large du mot, de manière à y comprendre non seulement le désir conscient, mais aussi l'instinct inconscient et les forces qui se manifestent dans la nature inorganique. Affaibli par des contradictions profondes, le système de Schopenhauer est surtout remarquable par son exposition de pessimisme, où l'on suppose que se réfléchissent les résultats de sa propre expérience subjective. Trendelenburg (mort en 1872) marque la nouvelle phase de la philosophie allemande résultant de la réaction provoquée par l'idéalisme absolu de Hegel. Ulrici (né en 1806), un des plus éminents des philosophes allemands vivants, tend à construire une philosophie de l'idéalisme sur une base réaliste. Son objet est presque identique à celui de Kant. Il s'accorde avec Trendelenburg pour déclarer illusoire la prétention qu'avait Hegel que son système se passait de toute hypothèse. E. von Hartmann (né en 1840) a récemment fait un pas dans une nouvelle direction. Il essaie d'arriver à des résultats spéculatifs par des inductions partant des sciences physiques. Il examine les phénomènes de l'inconscient tels qu'ils apparaissent dans les actions du corps et de l'âme de l'homme, des plantes et des animaux, et, prenant la somme des exemples individuels comme le seul principe qui supporte tout, il désigne par ce terme « l'inconscient » ce que Spinoza appelle l'unique substance de toutes choses, Hegel l'idée et Schopenhauer la volonté. — La philosophie française, à la fin du siècle dernier, fut complètement sous l'influence de l'école de Condillac. La métaphysique n'était regardée que comme l'analyse des sensations. Une réaction suivit, en partie théologique, avec Bonald, de Maistre et Lamennais, et en partie psychologique avec Maine de Biran et Royer-Collard Royer-Collard fit connaître en France la philosophie écossaise, insistant spécialement sur les distinctions et les principes de Reid. Son disciple le plus distingué fut Victor Cousin

(1792-1867), qui créa l'école éclectique, destinée à occuper une place intermédiaire entre la philosophie allemande et la philosophie écossaise. En étroite sympathie d'idées avec lui, le plus célèbre de ses disciples, Théodore Jouffroy (1796-1842), n'abandonna jamais son terrain psychologique, mais il étendit ses spéculations dans le domaine de l'esthétique et de la philosophie morale. Les conditions particulières de la vie sociale en France ont donné une grande importance aux questions de philosophie sociale. Dans cette sphère se sont fait remarquer Saint-Simon, Fourier, Leroux, Proudhon et quelques écrivains qui ont plus spécialement traité des questions d'économie politique. Auguste Comte (1798-1857) est connu comme fondateur de l'école positiviste, dont la doctrine fondamentale est la négation de toute métaphysique et la limitation de la connaissance positive par l'exclusion de toute affirmation sur les causes premières ou finales. A cela se rattache la théorie des trois états, théologique, métaphysique et positif, par lesquels l'esprit des individus et la race humaine dans son ensemble doivent également passer dans leur développement progressif. — En Italie, le nom de Vico (1668-1744) est le plus illustre de ceux des penseurs philosophiques du XVIIIe siècle. Sa Scienza Nuova produisit une impression profonde au-delà des limites de son pays. Dans la largeur compréhensive du coup d'œil qu'il jette sur la philosophie de l'histoire, il embrasse toutes les sciences et tous les éléments du progrès humain. On l'a appelé « le fondateur de la philosophie de l'histoire et de la psychologie des races et des nations ». Dans des temps plus récents, deux tendances diverses ont surtout influencé le développement philosophique : celle de Descartes et de Malebranche (idéalisme) d'un côté, et celle de Locke et de Condillac (sensualisme) de l'autre. Le représentant de l'empirisme fut Melchiore Gioja (1767-1829), disciple de Condillac en psychologie, de Bacon en méthode, et de Bentham en morale. Galuppi (1770-1846) chercha à établir la validité de la connaissance pour l'analyse de la pensée, en portant son attention particulière sur la psychologie, qui, d'après lui, avec l'idéalogie, embrasse toute la science métaphysique. Rosmini (1797-1855) fut le fondateur de l'idéalisme moderne en Italie. Mamiani (né vers 1800) est un ontologiste, qui regarde la perception immédiate comme le seul fondement de la connaissance du réel. Gioberti appartient également à l'école ontologique (1801-'52). Il s'écarte radicalement de Rosmini, vis-à-vis duquel il est en quelque sorte dans la position de Platon vis-à-vis d'Aristote. Il loue la sobriété de la philosophie anglaise et écossaise, mais il ne reconnaît aucun véritable depuis Malebranche et Leibnitz. Vera (né vers 1817) est le chef reconnu de l'école hégélienne en Italie. Ventura (1792-1861) y représentait la scolastique, mettant l'autorité de l'Eglise au-dessus de la raison et de tout le reste, et professant que la philosophie avait trouvé son expression suprême dans Thomas d'Aquin. Le positivisme, impliquant la négation de toute science métaphysique, est représentée par G. Ferrari qui fait de l'expérience le seul fondement de la connaissance. — En Ecosse, Oswald, Beattie et Campbell s'unirent à Reid pour combattre et réfuter la philosophie sceptique de Hume. Au commencement de ce siècle, Dugald Stewart modifia la technologie de Reid, accordant plus que ne le faisait celui-ci aux lois de l'association, et se rapprochant du point de vue de Hume sur la notion de causalité. Il eut pour successeur Thomas Brown qui, tout en suivant Reid et Stewart dans la doctrine des intuitions originelles, rejeta leur doctrine de la conscience. Plus rapproché de Stewart fut sir James Mackintosh. Supérieur à ces derniers, sir William Hamilton, l'annotateur de Reid, affirme comme lui que la conscience nous donne immédiatement la notion du *Non-Moi*, et, en même temps, soutient que toute connaissance est relative, que l'infini et l'absolu sont simplement inconcevables, et qu'un être sans cause et existant par soi ne peut être qu'un objet de foi. La psychologie associationnelle, que l'on peut faire remonter dans quelques-uns de ses éléments jusqu'à Hartley, reçut une nouvelle impulsion de Thomas Brown. Elle fut adoptée en partie par Alison, et plus complètement par James Mill. Elle explique par l'association la mémoire, les états volontaires de l'esprit et les sentiments moraux. John Stuart Mill étendit ce principe de l'association inséparable, proclamé par son père, à la solution des problèmes philosophiques. Alexandre Bain, en traitant des sens et de l'intellect, des émotions, de la volonté, etc., marche dans la voie ouverte par Hartley et James Mill; mais il met en œuvre les résultats de la physiologie moderne, et les applique avec beaucoup de sagacité aux phénomènes mentaux. Herbert Spencer, comme J.-S. Mill, d'accord avec Hamilton sur la relativité de la connaissance, admet que les nécessités de la pensée finie et soumise à des conditions nous obligent à supposer un infini et un absolu. L'objet du sentiment religieux est, et continuera toujours à être, la source inconnue des choses. Par son plan d'un système général de philosophie, dans lequel il rivalise en largeur compréhensive avec Comte, Spencer a gagné par ses travaux l'attention de ses admirateurs et de ses critiques en Amérique comme en Europe. Son point de départ est la doctrine de l'évolution. Le progrès dans le développement organique va de l'homogénéité à l'hétérogénéité. La science et la religion s'accordent également à supposer une force permanente et pénétrant tout; mais la religion révélée en théologie est scientifiquement impossible, parce que, sous la loi du développement ou de l'évolution, il doit y avoir une modification incessante dans les conceptions que se fait l'homme de cette force. Chez beaucoup d'écrivains philosophiques récents, en Angleterre, on peut distinctement reconnaître l'influence des philosophes allemands et français, aussi bien que celle des physiologistes et des savants. Les publications de Darwin, de Huxley, de Tyndall ont profondément modifié les courants de la spéculation philosophique. Les écrits d'un grand nombre de penseurs élevés dans la philosophie spiritualiste de Coleridge ont des tendances contraires; mais ces écrivains appartiennent plutôt à la littérature qu'à la philosophie. — Le premier et le plus grand nom dans l'histoire de la philosophie en Amérique est celui de Jonathan Edwards. Ses vues sur la volonté, présentées dans l'intérêt d'une controverse en faveur de la théologie calviniste, bien que dans la même direction que celles de Leibnitz, se rapprochent beaucoup en quelques points de celles d'Anthony Collins. Vers la fin du siècle dernier, la philosophie de Locke, influencée en une certaine mesure par la pensée française, régnait presque partout en Amérique. Dès le commencement de ce siècle, elle fut repoussée au second plan par les *Disquisitions* de Stewart et les *Lectures* de Brown; et, à partir de cette époque, la philosophie écossaise compta de nombreux adhérents. Les écrits de Coleridge ont exercé une influence considérable sur la pensée américaine. Le *Journal of Speculative Philosophy*, dirigé à Saint-Louis depuis 1867 par W.-T. Harris, qui est lui-même un hégélien éminent, a accordé une attention spéciale aux travaux allemands. Porter, dans son *Human intellect*, enseigne une philosophie énergiquement spiritualiste et théiste. Hickok,

par sa philosophie particulière, vise à établir la certitude sur un terrain inexpugnable, et, dans ce but, il cherche à démontrer la coïncidence de l'idée subjective avec la loi objective. M. Cosh, tout en s'accordant dans ses travaux sur les points importants avec Reid et Hamilton, s'est fait aussi l'historien critique de la philosophie écossaise. — **Philosophie morale.** (Voy. MORALE.) — BIBLIOGR. *Philosophie première* ou *Ontologie*, par Wolf (Berlin, 1730, in-4°); *Histoire critique de la philosophie*, par Boureau-Deslandes (Amsterdam, 1737, 3 vol. in-12); *Philosophie de l'histoire*, par Voltaire (Genève, 1765); *Eléments de la philosophie de l'esprit humain*, par Dugald-Stewart (Edimbourg, 1793, 3 vol.); *Philosophie occulte*, par Corneille Agrippa (1530); *Principes de philosophie morale*, par Shaftesbury (1713); *Manuel de l'histoire de la philosophie*, par Tennemann (Leipzig, 1798), trad. par Cousin (Paris, 1829, 2 vol. in-8°); *Histoire comparée des systèmes de philosophie*, par de Gérando (Paris, 1804, 3 vol. in-8°); *Leçons de philosophie*, par Laromiguière (Paris, 1815-18, 2 vol. in-8°); *Fragments de philosophie scolastique*, par V. Cousin (Paris, 1826, in-8°); *Cours d'histoire de la philosophie moderne*, par V. Cousin (Paris, 1828-40, 8 vol. in-8°); *Histoire de la philosophie du XVIIIe siècle*, par Cousin (1829, 2 vol. in-8°); *Fragments de philosophie cartésienne*, par Cousin (Paris; 1843, in-12); *Histoire de la philosophie*, par Ritter (Hambourg, 1823-59, 12 vol. in-8°), traduit en partie par Tissot (Paris, 1835, 4 vol. in-8°); *Philosophie du christianisme*, par l'abbé Bautain (1835, 2 vol. in-8°); *Philosophie morale*, par le même (2 vol. in-8°); *Essai d'un traité complet de philosophie*, par Buchez; *Esquisse d'une philosophie*, par Lamennais (Paris, 1841-'46, 4 vol. in-8°); *Essais de philosophie*, par Ch. de Rémusat (1842, 2 vol. in-8°); *Manuel de philosophie moderne*, par Ch. Renouvier (Paris, 1842, in-12); *Manuel de philosophie ancienne*, par le même (Paris, 1844, 2 vol. in-12); *Philosophie fondamentale*, de Balmès; *Histoire de la philosophie cartésienne*, par Fr. Bouillier (Paris, 1854, 2 vol. in-8°), etc.

* **PHILOSOPHIQUE** adj. Qui appartient à la philosophie, qui concerne la philosophie : *mener une vie philosophique*. — ESPRIT PHILOSOPHIQUE, esprit de clarté, de méthode, exempt de préjugés et de passions : *l'esprit philosophique doit nous guider dans tous les genres d'études*. — Se dit aussi de certains ouvrages composés dans un dessein et d'une manière philosophique : *grammaire philosophique*. — **Anatomie philosophique**, partie de la science anatomique, fondée sur des données que fournissent l'anatomie descriptive et comparative, l'embryologie, et l'histologie. Dès 1807, Oken fit s'avancer de derrière en avant trois vertèbres du crâne qu'il appelle celles de l'oreille, de la mâchoire et de l'œil. Il reconnut le bras, l'avant-bras et la main dans différentes parties de la mâchoire supérieure, et les os correspondants des membres postérieurs dans la mâchoire inférieure; les clavicules de la tête étaient les os ptérygoïdes. De fait, la tête était, pour lui, une répétition du tronc entier avec tous ses systèmes; il établit même comme principe fondamental que le système osseux tout entier n'est qu'une répétition d'une vertèbre. Après différentes modifications suggérées par d'autres observateurs ou par les résultats de ses propres recherches, en 1843, dans sa *Physio philosophy* (Ray Society Translation, Londres, 1847), il poursuivit en core plus loin ses analogics cranioscopiques, regardant toujours la tête comme une répétition du tronc, doctrine énergiquement combattue par Owen. Le poète Goethe donna le premier aux anatomistes l'idée de représenter par des diagrammes les relations des os entre eux; il avait conçu l'idée des vertèbres

du crâne dès 1790, mais il ne la rendit publique qu'après la dissertation d'Oken en 1807. Dumeril (1808) montra l'homologie des segments craniaux et de leurs muscles avec les vertèbres de l'épine dorsale et leurs muscles. Spix (1815) adopta le nombre et la composition des vertèbres craniales du système d'Oken, en se contentant de leur donner des noms nouveaux. De Blainville (1816) enseigna que la tête se compose d'une série de vertèbres soudées, développées proportionnellement au système nerveux qui y est contenu. Bojanus (1818) fait quatre vertèbres craniales, qu'il nomme respectivement acoustique, gustative, optique et olfactive. Geoffroy Saint-Hilaire (1807) reconnut l'homologie des nageoires pectorales des poissons avec les extrémités antérieures des oiseaux, et celle de l'appareil osseux du sternum et de ses annexes avec les mêmes parties chez les vertébrés supérieurs. Il fit sept vertèbres craniales, et montra que le crâne des oiseaux se compose des mêmes pièces que celui de l'homme et des mammifères, reconnaissant ainsi une unité de plan dans la structure organique de tous les vertébrés. Il donna une grande impulsion à l'étude de l'anatomie philosophique en France. Son antagoniste le plus redoutable et le plus constant fut Cuvier, qui traitait avec raillerie et mépris cette forme de la philosophie allemande. Ces deux anatomistes poursuivirent leurs discussions, soit dans leurs cours, soit dans leurs écrits, avec toute l'ardeur et souvent toute l'aigreur de l'esprit de parti; le talent et l'éclat étaient du côté de Cuvier; mais la vérité et les vues plus philosophiques du sujet étaient du côté de Geoffroy Saint-Hilaire. Carus, de Dresde (1828), celui qui cultiva avec le plus de succès l'anatomie philosophique après Oken, divisa les vertèbres en six parties, et l'ensemble du squelette en un même nombre de parties ou en ses multiples, tandis qu'Oken adoptait le nombre cinq. Meckel n'apporta aucun changement essentiel à l'anatomie philosophique, mais il confirma beaucoup de principes et d'homologies déjà entrevus, grâce à ses descriptions minutieuses et exactes, à sa connaissance des variations individuelles et à son histoire du développement. Le professeur Owen a donné la plus grande extension à la science de l'anatomie philosophique dans différents écrits et ses conférences, depuis 1838. Il combat l'idée d'Oken, que la tête est une répétition du tronc tout entier; il soutient que les mâchoires ne sont pas les membres de la tête, mais bien les arches hæmales (*hæmal arches*) modifiées des deux segments antérieurs; les membres antérieurs sont des appendices divergents du segment occipital, et les postérieurs, des appendices du segment pelvien avec son arche hæmale, les uns et les autres déplacés de façons différentes du mur des arches hæmales chez différents vertébrés. Les appendices divergents des côtes chez les poissons, les reptiles et les oiseaux, s'élevant de leur bord postérieur, sont essentiellement des membres, des bras et des jambes rudimentaires, bien qu'ils ne deviennent jamais plus développés. Comme les segments craniaux sont proportionnels en nombre aux nerfs craniaux chez Oken, de même le développement des corps vertébraux et des arcs nerveux du tronc dépend de la jonction des nerfs à la moelle épinière; le foramen condyloïde de l'os occipital donne passage dans l'homme au nerf hypoglossal. — Intimement lié à l'embryologie, à l'anatomie philosophique et à la classification zoologique, est le principe d'à-hord énoncé par Carus, et plus tard développé par J.-D. Dana, que, dans les groupes les plus élevés du règne animal, les parties les plus importantes de la structure se centralisent dans la tête, ce que Dana appelle la céphalisation. L'idée fondamentale est la centralisation ou céphalisation plus grande chez les animaux supérieurs, et la concentration moindre des forces centrales chez les animaux inférieurs; dans les groupes les plus élevés, la centralisation contribue aux fonctions de la tête, ou à celles des sens et de la bouche; à mesure que l'on descend l'échelle animale, la tête perd l'une après l'autre ses parties dans un but de locomotion. Cette céphalisation est manifeste dans le système nerveux et dans les membres du corps. A cet élément se rattache intimement celui de la taille, qui est important dans la structure des animaux. Chez les crustacés particulièrement, la diminution de taille accompagne en général un amoindrissement de la centralisation des organes de la tête, et un accroissement dans le développement des régions thoraciques et abdominales. Dana soutient que, pour la distribution des rangs dans le règne animal, la céphalisation est un principe fondamental dans la vie zoologique et qu'elle jette un grand jour sur la classification. Il applique le terme décéphalisation à l'échelle contraire ou descendante, où les membres sont transportés de la série céphalique à la série locomotrice, avec allongement du thorax et de l'abdomen. Le professeur S.-E. Morse applique ce système à la classification des mollusques. — En 1864, Huxley inaugura un nouveau système d'étude comparée des membres; il les place dans la position qu'ils ont chez l'embryon, mais il adopte l'opinion, généralement admise en Europe, que leur relation est une relation de parallélisme et non de symétrie, ou que les parties homologues regardent dans la même direction. L'opinion adverse, celle de la symétrie ou que les parties homologues regardent dans des directions opposées, a été adoptée par beaucoup d'anatomistes américains, et nommément par Jeffries Wyman et le docteur B.-G. Wilder. — Lampe philosophique, appareil construit par Johann Wolfgang Dœbereiner, pour appliquer la propriété que possède le platine spongieux de produire la combinaison de l'oxygène et de l'hydrogène, propriété qu'il avait découverte en 1823.

* **PHILOSOPHIQUEMENT** adv. D'une manière, philosophique, en philosophe : *c'est un homme qui vit philosophiquement.*

* **PHILOSOPHISME** s. m. Fausse philosophie; affectation, abus de la philosophie.

PHILOSOPHISTE s. m. Faux philosophe.

PHILOSTRATE (Flavius), sophiste grec du IIIe siècle, né à Lemnos; il professa la rhétorique à Athènes. On a de lui : *Vie d'Apollonius de Tyane* en 8 liv., trad. en français par Castillon (Berlin, 1774, 4 vol. in-12); *Héroïques*, récits dialogués, etc. — On l'appelle *Philostrate l'Ancien*, pour le distinguer de son petit-fils, *Philostrate le Jeune*, qui est l'auteur d'un ouvrage intitulé *Imagines.*

PHILOTAS, fils de Parménion; fut lapidé par ordre d'Alexandre le Grand, pour n'avoir point révélé le complot de Dymnus dont il était instruit.

* **PHILOTECHNIQUE** adj. [fi-lo-tèk-ni-ke] (préf. *philo;* gr. *tekhné,* science). Qui a pour objet l'amour des arts : *société philotechnique.*

PHILOXÈNE, poète grec, né à Cythère, mort à Éphèse vers 380 av. J.-C. Il vécut pendant quelque temps à la cour de Denys Ier de Syracuse. Il fut jeté aux *Carrières* par le tyran pour lui avoir dit que la meilleure manière de corriger ses vers c'était de les déchirer. Rendu à la liberté quelque temps après, il reparut devant Denys qui lui donna lecture d'une nouvelle pièce de vers en lui demandant son opinion; il se contenta de répondre : «Qu'on me ramène aux Carrières».

* **PHILTRE** s. m. [fil-tre] (gr. *philtron;* de *philéo,* j'aime). Breuvage, drogue, qu'on suppose propre à donner de l'amour, ou, en gé-

néral, à provoquer quelque passion : *on lui donna un philtre qui le rendit furieux, qui lui fit perdre l'esprit.*

PHILTRE (Le), opéra en deux actes, représenté à Paris (Opéra) le 20 juin 1831 ; paroles de Scribe, musique d'Auber. Le sujet est le même que celui d'*Elisire d'Amore*, de Donizetti.

PHIMOSIQUE adj. Qui concerne la phimosis.

* **PHIMOSIS** s. m. [fi-mo-ziss] (gr. *phimôsis;* de *phimos,* lieu). Méd. Maladie du prépuce.

PHINTIAS [fin-ti-ass]. Voy. DAMON ET PYTHIAS.

PHIPS ou **Phipps** (SIR William), gouverneur du Massachusets, né dans le Maine, en 1651 mort en 1695. Il faisait partie d'une famille de 26 enfants, tous du même père et de la même mère, dont 21 étaient des garçons. Il fut d'abord berger, puis charpentier de navires. En 1673, il alla à Boston, où il apprit à lire et à écrire. En 1684, il vint en Angleterre pour se procurer les moyens de retrouver un galion espagnol naufragé près des Bahamas. A une seconde tentative, il retrouva le trésor montant à 300,000 livres sterling, dont 46,000 lui furent donnés pour sa part, avec le titre de chevalier et la place de grand sheriff de la Nouvelle-Angleterre. En 1690, il commanda la flotte qui s'empara de Port-Royal, et celle, beaucoup plus considérable, qui fut envoyée contre Québec, et qui échoua. En 1692, il fut nommé capitaine général et gouverneur du Massachusets, et en 1694, appelé en Angleterre pour répondre à des plaintes portées contre lui. Il y mourut. Francis Bowen a écrit sa vie dans l'*American Biography* de Spark.

PHLÈB ou **Phlébo** (gr. *phleps, phlebos,* veine), préfixe qui entre dans la formation d'un grand nombre de mots.

PHLÉBECTASIE s. f. (préf. *phleb;* gr. *ektasis,* dilatation). Pathol. Dilatation d'une veine varice.

* **PHLÉBITE** s. f. Inflammation de la membrane interne des veines. La phlébite fut signalée pour la première fois par Hunter en 1784. Elle est de deux sortes, *adhésive* ou *suppurative.* La phlébite adhésive est locale, marquée par une douleur sourde dans la partie affectée, par de l'enflure, de la dureté, de la sensibilité et de l'œdème lorsque la veine est grosse. Dans la phlébite suppurative, les symptômes locaux sont souvent peu marqués, tandis que les symptômes généraux sont du plus grave caractère; de violents et fréquents frissons sont suivis d'une grande chaleur, d'accélération du pouls et d'une sueur abondante. Il peut se former des abcès dans le foie et les poumons, et quelquefois aux jointures. Il est presque inévitablement mortel. On doit soutenir le système par une nourriture appropriée, de la quinine et des stimulants.

PHLÉBOGRAPHE s. m. (préf. *phlebo;* gr. *graphô,* je décris). Anatomiste qui donne une description des veines.

PHLÉBOLITHE s. f. (préf. *phlebo;* gr. *lithos,* pierre). Méd. Concrétion calcaire qui se produit dans une veine variqueuse.

PHLÉBOPTÈRE adj. (préf. *phlebo;* gr. *pteron,* aile). Entom. Qui a les ailes veinées.

PHLÉBORRAGIE s. f. (préf. *phlebo;* gr. *rhagein,* faire éruption). Méd. Rupture d'une veine, écoulement qui en provient.

* **PHLÉBOTOME** s. m. (préf. *phlebo;* gr. *tomé,* section). Instrument dont on se sert, surtout en Allemagne, pour l'opération de la saignée : *le phlébotome n'est usité, en France, que dans la médecine vétérinaire.*

* **PHLÉBOTOMIE** s. f. Chir. Saignée; art de saigner. (Voy. SAIGNÉE.)

* **PHLÉBOTOMISER** v. a. Chir. Saigner.

* **PHLÉBOTOMISTE** s. m. Celui qui pratique la saignée des veines; ou anatomiste qui s'occupe spécialement de l'étude des veines du corps humain.

PHLÉGÉTON Mythol. gr. Un des fleuves des Enfers.

PHLEGMAGOGUE adj. [flè-gma-go-ghe] (gr. *phlegma,* phlegme; *agô,* je chasse). Méd. Qui procure l'évacuation de la pituite.

* **PHLEGMASIE** s. f. [flè-gma-zi] (gr. *phlegmasiu*). Méd. Inflammation d'un organe interne.

PHLEGMATIE s. f. [flègg-ma-sî] (gr. *phlegma,* phlegme). Accumulation de sérosité sous la peau. — Plegmatie alba dolens, gonflement aigu et douloureux des membres inférieurs et de l'abdomen, dont les femmes sont quelquefois atteintes à la suite des couches. Cette affection survient entre le 8e et le 20e jour par l'impression du froid. Elle débute par un sentiment de pesanteur et de douleur dans tous les membres, surtout au mollet et à l'aine où existent quelques ganglions tuméfiés et douloureux; le membre est lourd, incapable de mouvement; la peau est blanche, lisse et tendue. Le traitement consiste dans le repos et la position horizontale du membre, dans des frictions fondantes suivies de cataplasmes émollients et des boissons diurétiques. Au besoin, on donne le sulfate de quinine et l'extrait de quinquina.

* **PHLEGMATIQUE** adj. Voy. FLEGMATIQUE.

* **PHLEGME** s. m. [flè-gme] (gr. *phlegma,* inflammation; de *phlegô,* je brûle). (Voy. FLEGME.)

* **PHLEGMON** s. m. [flè-gmon] (rad. *phlegme*). Méd. Inflammation du tissu cellulaire se produisant surtout sous la peau ou sous les aponévroses. — Le phlegmon est *superficiel* ou *diffus.* Le premier est caractérisé par une tension douloureuse avec chaleur, rougeur et tuméfaction. (Voy. INFLAMMATION.) La douleur est pulsative, s'exaspère par la pression et s'accompagne parfois de fièvre. Ordinairement, la tumeur s'amollit et présente de la fluctuation; c'est alors un *abcès.* (Voy. ce mot.) Quelquefois, ce phlegmon se termine par résolution et rarement par la gangrène. — Dans certains cas, l'inflammation, au lieu d'être circonscrite, s'étend sans limites tracées et envahit les parties voisines; elle constitue le phlegmon *diffus,* qui est parfois très grave. Le traitement consiste en sangsues *loco dolenti,* en topiques calmants et émollients, en frictions mercurielles. Dans ce dernier phlegmon, il faut surtout insister sur les sangsues en grand nombre, puis sur l'onguent, napolitain en frictions trois ou quatre fois par jour, et enfin débrider.

* **PHLEGMONEUX, EUSE** adj. Qui est de la nature du phlegmon : *inflammation phlegmoneuse.*

PHLÉGON, historien grec, né en Lydie vers le milieu du IIe siècle de notre ère; il nous reste de lui trois opuscules : *De rebus mirabilibus liber; De longævis libellus; De olympiis.* Ces opuscules ont été publiés, pour la première fois, par Xylander (Bâle, 1508, in-8e).

PHLÉGRÉENS (Champs) (lat. *Phlegræi campi*), nom que l'on donnait autrefois à la campagne voisine de Cumes, d'où l'on voyait souvent des flammes sortir du sol. C'est auj. la Solfatare.

PHLÉOLE ou **Fléole** s. f. [flé-o-le] (gr. *phleos,* massette). Bot. Genre de graminées, tribu des phalaridées, comprenant une douzaine d'espèces d'herbes dont l'inflorescence en panicules resserrés affecte une forme cylindrique. La *phléole des prés* (*phleum pratense*), vivace, haute de 60 centim., est commune dans nos prairies, où elle augmente la qualité

Phléole des prés (Phleum pratense).

du fourrage. On la nomme quelquefois queue de rat.

PHLÉOPLASTIE s. f. (gr. *phloios*, écorce; *plassô*, je forme). Arboric. Réparation de l'écorce des arbres.

PHLIUS [fli-uss], ancienne cité indépendante dans le N.-E. du Péloponèse. Son territoire, la Phliasie, consistait en une petite vallée, à 900 pieds au-dessus du niveau de la mer, et entourée de montagnes. Le fleuve Asopus coule au milieu. En 379 av. J.-C. elle fut prise par les Spartiates après un siège de 20 mois, et elle resta fidèle à Sparte pendant la guerre. Après la mort d'Alexandre, elle fut gouvernée par des tyrans, et plus tard entra dans la ligue achéenne. Dans l'antiquité, son vin était fameux.

* **PHLOGISTIQUE** s. m. (rad. gr. *phlegô*, je brûle). Chim. Fluide dont l'existence a été admise par Stahl et ses successeurs, pour expliquer les phénomènes dépendants de la calcination des métaux et de la combustion de tous les corps : *le phlogistique était pour les anciens chimistes, le principe inflammable le plus pur et le plus simple.*

PHLOGISTIQUÉ, ÉE adj. Combiné au phlogistique.

PHLOGISTIQUER v. a. Combiner avec le phogistique; rendre combustible.

PHLOGISTON s. m. [flo-jiss-ton]. Syn. de phlogistique. Terme employé par Stahl pour désigner le « principe inflammable » ou principe de feu et de chaleur. La théorie chimique, basée sur l'existence du prétendu phlogiston, était considérée comme ayant été absolument réfutée par Lavoisier, en 1790, lorsqu'elle reparut récemment, sous une forme modifiée. (Voy. CHIMIE.) Le phlogiston joua, dans l'ancienne théorie, un rôle inverse de celui que joue l'oxygène dans la nouvelle : là où le phlogiston était censé se dégager, l'oxygène s'unit; là où il était censé s'unir, l'oxygène se dégage.

* **PHLOGOSE** s. f. [flo-go-ze] (gr. *phlogôsis*). Méd. Inflammation externe; ardeur, chaleur contre nature sans tumeur.

* **PHLOX** s. m. [flokss] (mot gr. qui signifie: *flamme*, par allusion à la couleur et à la disposition des fleurs). Bot. Genre de polémoniacées, comprenant plusieurs espèces de plantes originaires de l'Amérique et cultivées chez nous pour décorer les plates-bandes. La seule espèce annuelle cultivée est le *phlox de Drummond*, (*phlox Drummondii*), nommé ainsi en l'honneur du botaniste et collectionneur distingué qui le trouva au Texas en 1835. A l'état sauvage, cette plante mesure environ un pied de haut; elle est étalée, pubescente, avec quelques poils vis-

queux; fleurs d'un rose foncé, plus sombre au milieu, à calice jaune; d'un aspect très agréable. Certaines espèces vivaces ne se trouvent que sur les montagnes Rocheuses et dans l'Amérique arctique; mais il y en a une (*phlox subulata*) qui est très commune sur les

Ploz de Drummond (phoz Drummondii).

collines de l'O. et du S. à partir de New-York et que l'on cultive depuis longtemps dans les jardins sous le nom d'œillet mousse. Les phlox persistants ou phlox herbacés rustiques des catalogues, appelés quelquefois *lilas français*, sont tellement hybrides, qu'il est difficile de remonter à leur origine.

* **PHLYCTÈNE** s. f. [flik-tè-ne] (gr. *phlux, taina*). Méd. Pustule, ou petite vessie qui s'élève sur la superficie de la peau, dans certaines maladies. S'emploie surtout au pluriel. (Voy. AMPOULE.)

PHOCAS (Saint), martyrisé à Sinope en 303. Est également honoré par les Grecs et les Latins. Fête le 3 juillet.

PHOCAS, empereur d'Orient; il s'empara de Constantinople; fut battu par Chosroès, il et par Héraclius qui lui fit trancher la tête (610).

PHOCÉE, ancienne ville de l'Asie Mineure occidentale, sur une presqu'île qui s'avance dans la mer Egée, entre les golfes Cyméen et Herméen, à environ 40 kil. N.-O. de Smyrne. Sous les souverains de la race de Codrus, elle appartenait à la confédération ionienne, et elle devint un des ports asiatiques les plus importants. Suivant Hérodote, les Phocéens furent les premiers Grecs qui firent de longs voyages; ils fondèrent Marseille (Massilia) et beaucoup d'autres villes importantes. Se voyant incapables de défendre leur ville lorsqu'elle fut assiégée par Harpagus, général de Cyrus, les Phocéens émigrèrent en Corse, où ils avaient une colonie appelée Alalia. Sous le gouverneur perse, Phocée perdit rapidement son importance.

PHOCÉEN, ÉENNE s. et adj. De Phocée; qui appartient à cette ville ou à ses habitants. — Par ext. Habitant de Marseille.

PHOCIDE, ancienne division de la Grèce centrale, sur le golfe de Corinthe. Sa principale cité était Delphes. Daulis était le siège de la confédération phocidienne. Il y avait encore, parmi les villes importantes, Élatée, Cirrha, port de Delphes, Anticyre ou Anticirrhe et Abæ. Le pays est extrêmement montagneux, et couvert pour la plus grande partie de la chaîne du Parnasse. Le plus grand cours d'eau était le Céphise, et c'était surtout sur ses bords que demeuraient les Phocidiens proprement dits. A l'origine, le temple de Delphes, qui se trouvait sur leur territoire, était aussi en leur possession; mais il leur fut enlevé de bonne heure par les Delphiens, qui le gardèrent jusque vers 450 av. J.-C. Ils retomba alors entre les mains des

Phocidiens jusqu'à la paix de Nicias (421), par laquelle les Delphiens reprirent leurs droits sur le temple. Après avoir été pendant quelque temps soumis à Thèbes, les Phocidiens secouèrent le joug; les Thébains poussèrent alors les Amphictyons à rétablir contre eux une ancienne pénalité pour sacrilège. C'est ce qui occasionna la guerre sacrée (357-346), dans laquelle les Phocidiens se créèrent des ressources en pillant le temple, et ne furent réduits que par la stratégie de Philippe de Macédoine. Les Amphictyons les punirent en ordonnant la destruction de leurs vingt-deux villes, leur dispersion dans de petits villages, et le remboursement graduel des sommes prises au temple. — La Phocide forme aujourd'hui avec la Phtiotide une monarchie du royaume de Grèce. (Voy. PHTIOTIDE.)

PHOCIDÉ, ÉE adj. (lat. *phoca*, phoque). Mamm. Qui ressemble au phoque. — s. m. pl. Famille de mammifères carnassiers amphibies ayant pour type le genre phoque.

PHOCIDIEN, IENNE s. et adj. De la Phocide; qui concerne ce pays ou ses habitants.

PHOCION, général athénien, né vers 402 av. J.-C, mort en 317. Il se distingua d'abord à la victoire navale de Naxos gagnée en 376. Vers 350, il remporta une grande victoire à Tamynæ, en Eubée, sur le parti de Philippe de Macédoine, et en 339, il força Philippe à se retirer de la Chersonèse. Phocion était néanmoins, partisan de la politique temporisatrice, du parti de la paix, et il fut l'adversaire le plus influent de Démosthène. Après la mort d'Alexandre, il devint le chef du parti macédonien à Athènes. A la restauration du gouvernement démocratique, il s'enfuit en Phocide auprès de Polysperchon, qui le renvoya subir son procès à Athènes; et il fut, avec quatre autres, condamné à boire de la ciguë. Il avait été élu général 45 fois. Il avait une réputation d'intégrité absolue.

* **PHŒNICURE** s. m. [fé-ni-ku-re] (gr. *phoinix*, rouge; *oura*, queue). Hist. nat. Espèce de fauvette à queue rouge, qui se retire dans les trous des murailles.

PHŒNIXVILLE [fé-nix-ville], ville de Pennsylvanie (États-Unis), sur le Schuylkill, à l'embouchure de French-Creek, à 40 kil. N.-O. de Philadelphie; 5,292 hab.

* **PHOLADE** s. f. (gr. *pholas*, trou). Hist. nat. Mollusque dont la coquille est composée de cinq pièces, et qui creuse dans les roches du bord de la mer des trous où il vit.

PHOLIS s. m. [fo-liss] (mot gr. qui signifie : *écaille*). Icht. Genre de gobioïdes, voisin des blennies et comprenant quatre espèces, dont la plus connue est le *pholis d'Europe* (*pholis lævis*, Flem.), long de 10 à 12 centim. tout au

Pholis d'Europe (Pholis lævis).

plus. Ses yeux se meuvent indépendamment l'un de l'autre. Il est abondant sur les côtes rocheuses d'Angleterre et de France, où il se nourrit de petits mollusques et de crustacés. Il vit des heures dans l'air; mais il meurt dès qu'on le met dans de l'eau douce.

PHON, Phoné, PHONO (gr. *phôné*, voix). Préfixe qui entre dans la formation d'un certain nombre de mots.

PHONALITÉ s. f. (gr. *phôné*, voix). Linguist. Caractère des sons.

PHONATEUR, TRICE adj. Qui concerne la production des sons.

PHONATION s. f. *Ensemble des phénomènes qui concourent à la formation de la voix.*

* **PHONÉTIQUE** adj. Didact. Qui a rapport à la voix. — Gramm. ÉCRITURE PHONÉTIQUE, écriture dont les éléments représentent des voix ou des articulations. — s. f. Science des sons articulés. L'articulation dépend des organes de la parole. Chaque articulation est produite par une expulsion de l'air des poumons, et les sons diffèrent suivant le nombre et le caractère des obstacles rencontrés par l'air des poumons dans le cours de son émission. Max Müller a dressé le tableau suivant d'un alphabet consonnant physiologique :

LIEUX.	EXPIRATIONS.			OBSTACLES.		
	DURES.	DOUCES.	Vibrantes	DURES.	DOUC.	NASALE
Glotte.................	' comme dans *hêm! hand* (Angl.).	comme dans *and* (Angl.).				
Racine de la langue et voile du palais...............	'h comme dans *kooh* (All.).	'h » *Tage* (All.).	r	(kh)	g (gh)	ŋ (ng)
Racine de la langue et palais...	'y » *ich* (All.).	'y » *yois*		(ch chh)	(jh)	ñ (ny)
Bout de la langue et dents.....	S » *lisse*	s » *prise*	l	(th)	d (dh)	n
Langue retournée et palais.....	ch » *écharpe*	sh » *pleasure* (Angl.).		(th)	(jh)	
Langue et bord des dents.......	th » *breath* (Angl.).	dh » *breathe* (Angl.).		(tb)	d (dh)	n
Lèvre inférieure et dents supérieures................	f » *gaffe*					
Lèvres supérieure et inférieure..		v » *vive*				
Lèvres supér.ᵉ et infér.ᵉ arrondies		w » *which* (Angl.).	'w	» *Quell* (All.).	p (ph)	b (bb)	m
		» *with* (Angl.).				

(Voy. VOIX et ÉCRITURE.)

PHONÉTIQUEMENT adv. Au point de vue phonétique.

PHONÉTISME s. m. Représentation de sons vocaux.

* **PHONIQUE** adj. (rad. *phoné*, voix). Qui a rapport à la voix. S'emploie surtout en termes de grammaire générale, et se dit des signes destinés à représenter les sons de la voix : *signes phoniques.*

PHONOCAMPTIQUE adj. (pr. *phono*; gr. *kamptô*, je courbe). Phys. Qui se rapporte à la réflexion du son.

PHONOGRAPHE s. m. [fo-no-gra-fe] (préf. *phono*; gr. *graphein*, écrire). Prononciation figurée des mots. (Voy. CUNÉIFORME.) — Auteur qui s'occupe de la prononciation figurée des mots. — Appareil inventé en 1863, par M. Fenby. Ce phonographe, adapté à un piano ou à tout autre instrument de musique à clavier, écrit le morceau de musique, à mesure qu'on le joue. — Célèbre instrument imaginé,

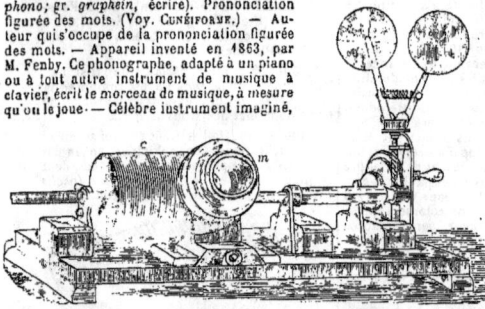

Phonographe à mouvement d'horlogerie; — c, cylindre: m. embouchure.

en déc. 1877, par Thomas-Alva Edison, électricien à New-Jersey, pour enregistrer et reproduire tous les sons, et même la voix humaine, au moyen d'indentations gravées par un stylet sur une feuille de métal. « Le phonographe, dit M. Pierre Giffard (*Le Phonographe expliqué à tout le monde*), se compose d'un cylindre en cuivre, rayé par une courbe en forme d'hélice, ou de pas-de-vis, et porté par une tige en fer rayée de la même façon, et supportée par deux pivots. — A l'une des extrémités de cet arbre de couche se trouve une manivelle à main ou un mouvement d'horlogerie. — A l'autre une roue ou volant, destinée à régler la rapidité des mouvements

de rotation de l'arbre de couche, et par conséquent aussi du cylindre qu'il supporte. Ces mouvements de rotation, pouvant être exécutés dans les deux sens, communiquent au cylindre, grâce au pas-de-vis, un mouvement de translation horizontale de droite à gauche ou de gauche à droite, suivant que le mouvement de rotation se fait d'avant en arrière ou d'arrière en avant. — Devant le cylindre se trouve un petit instrument ressemblant à un entonnoir et porté par une tige en fer placée perpendiculairement sur un autre morceau de fer, qui sert à rapprocher ou à éloigner l'instrument du cylindre devant lequel il est placé. — Cet instrument, qui est

celui contre lequel on applique la bouche pour parler, se compose : 1° de l'embouchure, ressemblant à un entonnoir; 2° d'une plaque vibrante en tôle de fer, circulaire et très mince, placée immédiatement derrière l'embouchure et ayant son centre à l'ouverture inférieure de celle-ci; 3° derrière cette plaque et supporté par une tige en cuivre, un ressort armé d'un style, ou stylet, pointe, aiguille, etc. Ce ressort fait corps avec la plaque vibrante, au moyen d'un petit morceau de caoutchouc adhérent à l'un et à l'autre, de telle façon que toutes les vibrations de la plaque sont immédiatement et simultanément reproduites par le style, et qu'inversement toutes les vibrations du style sont reproduites par la plaque. Suivant que l'on éloigne ou que l'on rapproche du cylindre l'ensemble de ces trois parties, le style se trouve appuyé sur ce cylindre ou s'éloigne de lui. — Lorsqu'on parle dans le petit appareil qui se trouve placé en avant du cylindre, la plaque vibre à mesure que les différents sons sortis de la bouche viennent la frapper, et le style, qui fait corps avec la plaque, vibre aussi à l'unisson. Ces vibrations seront d'autant plus rapides que la tonalité de la note émise sera plus élevée et plus intense, suivant que l'intensité de la note sera plus forte. — La feuille d'étain placée sur le cylindre restant immobile, on aurait beau parler, le style viendrait toujours la frapper au même endroit. Mais en même temps que l'on parle, au moyen de la manivelle à main placée à l'extrémité de l'arbre de couche, on fait exécuter au cylindre une série de mouvements de rotation réguliers, et on lui donne, l'arbre de couche étant une vis, avec saillie en spirale, un mou-

vement de translation horizontale. — Le résultat de ces deux mouvements (vibration du style d'un côté, et translation du cylindre de l'autre) est une courbe hélicoïdale, c'est-à-dire une hélice, comme un tire-bouchon, portant une série de petits points plus ou moins pressés, plus ou moins profondément imprimés. — Par conséquent, la phrase quelconque prononcée dans l'embouchure se trouvera gravée sur la feuille d'étain et représentée par ces petits points. Voilà la première opération du phonographe. L'appareil a inscrit les vibrations qui lui ont été confiées. — L'émission de la voix dans le phonographe se trouvant ainsi emmagasinée, que reste-t-il à faire? A restituer dans une salle à l'air libre, indéfiniment, la phrase qu'on vient de prononcer. — Voici comment on procède : On éloigne la pointe du stylet de la feuille d'étain. Puis, par un mouvement de rotation en sens inverse de celui qui a été exécuté en premier lieu, on ramène le cylindre au point où il se trouvait avant l'émission de la phrase. On rétablit le contact entre la feuille d'étain et le stylet, et on reprend le mouvement de rotation, cette fois-ci dans le sens direct. Que se passe-t-il alors? Le stylet suit sur la feuille d'étain exactement la même route qu'il a déjà parcourue. Seulement, au lieu de rencontrer une feuille d'étain unie, il suit sur cette feuille une courbe qu'il a parsemée d'une série de petits points. — Or, on se rappelle que le stylet exerce une très légère pression, sur la feuille d'étain. En vertu de cette pression, toutes les fois que le stylet passe sur un des petits points il s'enfonce, il fait une sorte de petit plongeon, et, en se relevant, fait vibrer le ressort, par conséquent la plaque de tôle qui fait corps avec lui. — Or, cette vibration du stylet et de la plaque est la reproduction exacte de la vibration qui a produit le petit point devenu à son tour cause de vibration après en avoir été l'effet; par conséquent, l'ensemble d'une série de petits points produira à la plaque l'ensemble des vibrations et évidemment ce son. — La phrase sera donc reconstituée par la reconstitution de l'ensemble des vibrations qu'elle a produites sur la plaque de métal, et elle sera par conséquent entendue telle qu'elle a été prononcée. — On voit que la théorie, dans le phonographe, est aussi simple que la construction. — On parle sur un cylindre, le stylet écrit. On offre de nouveau au stylet les inscriptions qu'il a tracées; elles le font vibrer à leur tour, le stylet fait vibrer la plaque, et la parole humaine est restituée. — Le phonographe, comme d'autres inventions, a été découvert grâce à une cause futile en apparence pour les gens qui n'ont point l'habitude de se rendre compte des phénomènes physiques qu'ils voient s'accomplir à chaque instant devant eux. — Un jour, M. Edison, qui, entre parenthèse, est affligé d'une demi-surdité, s'amusait à parler dans son chapeau, un splendide couvre-chef, dit « tuyau de poêle », qu'il tenait de la main gauche, tandis que la droite était placée sur le *fond* extérieur de cette coiffure. Il s'aperçut que le son de sa voix faisait vibrer le fond du chapeau, non parce qu'il entendait ces vibrations, mais parce que ses doigts en étaient impressionnés. Avec la volonté de se rendre compte autant que possible des phénomènes physiques, M. Edison analysa ce qu'il ressentait et se dit que, puisque le fond d'un chapeau répétait les vibrations de la voix, une plaque de métal encore plus sensible les répéterait beaucoup mieux. Et immédiatement il se mit au travail, cherchant à utiliser ce qu'il venait d'expérimenter pour reproduire exactement la voix humaine. Il venait de trouver la plaque vibrante avec laquelle MM. Gray et Bell ont trouvée aussi et qui servit d'abord à créer le téléphone. A quelque temps de là, il eut l'idée de chercher le phonographe. Au bout de trois jours, le phonographe était trouvé; mais ne pouvant, à cause de sa surdité, apprécier lui-même l'effet de sa découverte, dont il était cependant certain, Edison appela son préparateur, et lui dit : « Voyez-vous ce petit appareil; parlez-lui et il reproduira votre voix ». L'appareil réalisa en effet la merveille annoncée par le professeur. On sait quel concert d'admiration et de louanges a depuis accompagné la découverte d'Edison. — Nous avons dit, dans la description de l'appareil, que le stylet était très ténu et très court. Ceci est indispensable, car s'il était trop long, il aurait une certaine élasticité et communiquerait à la plaque des vibrations qui seraient produites par cette élasticité et non pas par le petit mouvement de plongeon dans les petits trous de la feuille d'étain. Il en est de même pour la plaque. Trop mince, elle serait trop élastique, et les mêmes inconvénients se reproduiraient. — Lorsqu'on fait répéter une phrase par l'instrument, on place sur l'embouchure un cornet ou carton qui sert à donner aux vibrations de la plaque une intensité plus grande que leur intensité normale. De cette façon la voix se fait beaucoup mieux entendre. — Avant de terminer ce chapitre relatif à la théorie de l'appareil, faisons remarquer que le phonographe ne rend pas toujours jusqu'à présent très exactement la tonalité de la phrase prononcée. Cela tient à ce que le mouvement giratoire imprimé au cylindre n'est pas absolument uniforme. Par suite, il arrive que les vibrations de certains sons sont plus pressées ou plus lentes qu'elles ne doivent l'être; la tonalité monte ou descend, ce qui produit des dissonances. Les nouveaux appareils sont pourvus, au lieu d'une manivelle à main, d'un mouvement d'horlogerie qui donne au cylindre un mouvement de rotation régulier, uniforme. » — Quand on observe au microscope les indentations produites par le stylet sur la feuille d'étain, on remarque que chacune d'elles présente un caractère particulier, si bien que chaque son peut être reconnu à la nature de l'indentation qu'il a produite. La feuille d'étain peut être enlevée du cylindre et mise à part pendant quelque temps. On la replace sur l'instrument, quand on veut lui faire répéter le discours enregistré; mais il est toujours difficile de la remettre exactement dans sa position primitive, et d'ailleurs les indentations sont microscopiques, et il faut peu de chose pour les faire disparaître.

PHONOGRAPHIE s. f. Système orthographique dans lequel chaque son serait représenté par un seul et même caractère : les sons AIENT, AIE, AI, AIS, ES (dans les), s'écriraient indistinctement 2. — Système de sténographie, inventé en grande partie par Isaac Pitman, de Bath (Angleterre), publié pour la première fois en 1837, et très perfectionné depuis, par l'inventeur et par d'autres. En Angleterre, les seuls manuels de l'art sont ceux qu'a écrits ou approuvés l'inventeur; mais ailleurs, il y a différentes modifications. Les 24 sons consonnants anglais sont représentés chacun par une simple ligne droite ou courbe; on obtient le nombre de caractères voulus en donnant à ces lignes quatre directions différentes, et en les faisant ou pleines ou déliées. Les sons des voyelles simples s'indiquent par un point ou un petit trait en dessous des signes des consonnes, et on les distingue entre eux en les plaçant soit au commencement, soit au milieu, soit à la fin des lignes qui figurent les consonnes, et en les faisant gros pour les voyelles longues, et fins pour les voyelles brèves. Les quatre doubles voyelles ou diphtongues, les sons de af, de oi, de aou et de iou, et de en, se représentent d'ordinaire par de petits angles placés de la même manière que les voyelles à côté des lignes consonnes. Voici l'alphabet des signes phonographiques :

CONSONNES
(Éclatantes).

\ \ | | / / — —
P B T D CH J K G

(Continues).

\ \ (( )) / /
F V TH DH S Z SH ZH

Liquides. L (R \ ou)
Nasales.   M   N   NG —
Coalescentes. W \   Y (Aspirées. H —

VOYELLES.

Longues.   â   ê   î   ô   oû

Brèves.   a   è   i   eu   o

La ligne verticale pointillée ci-dessus n'est employée que pour montrer la première, la seconde et la troisième place des voyelles. Les diphtongues s'écrivent ainsi :

aI   oï   aou   iou

— En écrivant un mot en phonographie, les consonnes se font tout d'abord à la suite, on sait lever la plume, et les voyelles s'y ajoutent ensuite. Outre les lignes simples de l'alphabet proprement dit, on peut encore abréger davantage l'écriture phonographique, au moyen de signes composés formés des lignes simples primitives auxquelles on ajoute divers crochets, modifications, cercles et boucles. Bien qu'il n'y ait point uniformité parfaite parmi les reporters dans l'usage de ces crochets et de ces modifications des lignes, les principes généraux qui en règlent l'application sont les mêmes pour tous. Les phonographes expérimentés ont l'habitude d'omettre en général les signes voyelles en écrivant, parce qu'on a reconnu qu'à l'aide du contexte, il n'y a pas de difficulté à lire les mots à l'état desquelette ou de délinéations consonnantes sans voyelles. L'usage de l'écriture par phrases, c'est-à-dire de joindre, dans une même portée de signes, deux ou plusieurs mots, ajoute beaucoup à la rapidité et à la lisibilité de la phonographie.

PHONOGRAPHIQUE adj. Qui appartient à la phonographie.

* **PHONOLITHE** s. m. (pr. phono; gr. lithos, pierre). Minér. Roche volcanique qui sonne lorsqu'on la frappe avec un marteau.

* **PHONOMÈTRE** s. m. (préf. phono; gr. metron, mesure). Phys. Instrument propre à mesurer l'intensité du son ou de la voix.

PHONOMÉTRIE s. f. Art de mesurer les sons.

PHONOMÉTRIQUE adj. Qui concerne le phonomètre ou la phonométrie.

* **PHOQUE** s. m. [fo-ke] (lat. phoca). Mamm. Genre de carnassiers amphibies, type de la famille des phocidés et comprenant des animaux marins qui se distinguent des morses parce que leurs canines supérieures ne sont pas prolongées en longues défenses. Les phoques vivent surtout dans les mers arctiques et antarctiques, près des côtes, souvent à l'embouchure des rivières où ils poursuivent les crustacés, les poissons migrateurs et les mollusques céphalopodes. Ils se réunissent en troupes pour émigrer et pour se réunir dans les lieux qu'ils recherchent; ils vivent dans les régions arctiques les plus froides pendant l'hiver. Leurs troupeaux se composent ordinairement d'animaux de la même espèce; mais on trouve quelquefois des phoques d'espèce différente réunis et vivant en paix les uns avec les autres. Ils aiment à se traîner hors de l'eau, sur des rochers, sur le sable ou sur des glaçons, dans le but de se chauffer au soleil, mais leur vigilance n'est jamais en défaut et ils plongent au moindre éveil. Ils sont folâtres et doux; mais dans la saison des amours ils se font une guerre acharnée; leur morsure est profonde et les blessures faites par leurs dents guérissent difficilement. Leur voix est une espèce d'aboiement rauque; ce qui, joint à l'expression canine de leur figure, leur a valu le nom de chiens de mer. Ils peuvent rester sous l'eau pendant 20 minutes et même davantage. Leur chaleur animale est l'une des plus élevées parmi les mammifères. Ils nagent avec rapidité; sont d'excellents plongeurs; mais, sur terre, ils se traînent avec embarras. Chez eux, les sens de l'odorat et de la vue sont excessivement fins. Ils s'apprivoisent facilement et deviennent alors affectueux et dociles. Il n'est peut-être pas d'animaux dont la vie soit plus tenace. On tue généralement les plus gros en leur enfonçant une lance dans le cœur; on étourdit les plus petits par un grand coup d'un marteau à long manche ayant de l'autre côté un fer acéré qui sert immédiatement à leur percer le crâne. Les Esquimaux leur font la chasse dans de légers bateaux; quelquefois ils les attendent à l'ouverture des trous creusés dans la glace par lesquels ces animaux viennent respirer. Les phoques leur fournissent de la nourriture, de l'huile à brûler ou à se chauffer, des peaux pour leurs habits, pour leur chaussure, leurs ustensiles, leurs tentes et pour leurs bateaux; des tendons pour la pêche et des membranes pour leurs chemises et pour leurs fenêtres. L'huile de phoque est de qualité supérieure et quand elle vient d'un animal nouvellement tué, elle est transparente, inodore, et d'un goût qui n'a rien de désagréable; la peau de cet animal devient, au moyen d'un procédé de tannage particulier aux Esquimaux, un cuir tout à fait imperméable. — Comme article de commerce, les peaux de phoque sont de deux sortes : les peaux poilues et les peaux à fourrures; les premières employées à faire les vêtements; les autres, provenant principalement aujourd'hui d'Alaska, sont plus recherchées. Cependant toutes les peaux de phoque ont un mélange de poil grossier et de fine fourrure. On détruit annuellement des millions de phoques, dont la chasse a lieu surtout au N. de Terre-Neuve, avec des navires à voiles jaugeant de 50 à 200 tonnes et montés chacun par un équipage de 25 à 90 hommes. Depuis quelques années, on occupe à cette chasse des steamers de 175 à 450 tonnes, avec des équipages de 100 à 200 hommes. La saison dure du 1ᵉʳ mars au 31 mai. Le phoque n'a pas seulement à redouter l'homme, il doit aussi se tenir en garde contre les ours sur terre et sur la glace, et contre les requins et les cétacés carnivores, dans l'eau. — Le groupe auquel appartient le phoque commun était nommé callocéphale par F. Cuvier, à cause de la belle forme et de la grande étendue de son crâne et aussi de la platitude de sa face; sa cervelle est presque aussi grosse que celle du plus intelligent des singes. Cette espèce, ou veau marin (phoca [callocephalus] vitulina) atteint, une longueur de 1 m. 50 à 2 m. Sa couleur varie beaucoup d'individu à individu; mais il est généralement brunâtre en dessus et d'un blanc jaunâtre en dessous, avec des bigarrures variées et quelquefois des marbrures. Il est commun dans les mers européennes, particulièrement dans le N.; il est gras au printemps. Un seul animal produit de 35 à 50 litres d'une huile excellente pour l'éclairage; son cuir sert à la fabrication des chaussures, etc. La matière qui lubrifie son poil porte une odeur pénétrante et désagréable. Le phoque du Groenland (phoca [callocephalus] Groenlandica) mesure environ 2 m. de long; les mâles sont

d'un blanc grisâtre avec la face et les côtés noirs et une marque de même couleur sur le dos; les femelles sont brunâtres avec des points noirâtres, les jeunes sont d'un blanc de neige. Les troupeaux de ces phoques se rencontrent sur les glaces flottantes des côtes du Groënland; ils s'aventurent rarement sur les rivages. C'est l'espèce la plus importante pour les Esquimaux, qui les harponnent, montés sur leurs kaïaks. Leur huile est bonne et abondante. Leur peau forme un

Phoque du Groënland (Phoca Groenlandica).

important article du commerce des fourrures. — Les phoques à museau étroit appartiennent au genre sténorhynchus (F. Cuv.). Le *léopard marin* (stenorhynchus Weddellii, Less., L. leopardinus, Wagn.) mesure de 3 m. à 3 m. 25 de long; il est tacheté en dessus, à peu près comme un léopard, de blanchâtre sur un fond brun grisâtre; il est jaunâtre en dessous; sa tête est longue et petite; son cou est long et effilé; son poil est doux et fin; il fréquente les mers de glace de l'hémisphère septentrional. — L'*éléphant de mer* (*macrorhinus* [morunga, Gray] proboscideus, F. Cuv.) est le plus gros de toute la famille des phoques; il mesure de 7 à 8 m. de long et une circonférence de 5 m. Le mâle est généralement d'un bleu gris sombre, quelquefois brun; il peut allonger son museau de plus d'un pied, ce qui lui donne la physionomie d'un éléphant. La femelle est d'un brun olivâtre en dessus, sombre en dessous et ne porte aucun appendice nasal. Le poil de ces animaux est grossier; mais leur peau épaisse est très recherchée pour faire des harnais. Le gras de l'éléphant de mer donne une huile comme celle de la baleine; cette huile est claire, sans odeur et sans goût et brûle lentement sans fumée; on l'emploie pour adoucir les lainages et dans les manufactures de drap. Les langues salées du phoque sont estimées comme comestible. Ces animaux vivent en grandes troupes sur les rivages des mers antarctiques; en hiver, ils se rapprochent des côtes de Patagonie et restent entre 35° et 55° lat. S.; ils recherchent les rivages sablonneux et déserts, dans le voisinage des eaux douces, où ils aiment à se vautrer. Certains individus sont moitié aussi gros que la baleine du Groënland et dépassent de beaucoup la taille de l'éléphant. — Le nom de *lion marin* a été donné à plusieurs espèces de gros phoques des deux hémisphères, soit à raison de leur aspect sauvage, de leurs rugissements, de leurs puissantes canines ou de la crinière qui orne leur cou. Le *lion marin du nord* (*eumetopias Stelleri*, Peters) mesure environ 5 m. de long et pèse de 700 à 800 kilogr. Les mâles portent une crinière ondulée; leur peau est épaisse; leur poil est grossier et rougeâtre. On les trouve sur les côtes orientales du Kamtchatka, vers les îles Kouriles, sur les côtes N.-O. de l'Amérique et sur les roches désertes de l'Océan. Ils se nourrissent de poissons, de petits phoques, d'animaux et d'oiseaux marins. Le *lion marin du Sud* (o. *jubata*, de Blainv.) est à peu près aussi gros que le précédent; ses habitudes sont semblables, sa démarche est gauche; il craint l'homme.

On le trouve dans les mers du S., quelquefois jusque sur les côtes de Patagonie. On le chasse peu, bien que son huile soit excellente. — Le nom d'*ours marin* a été appliqué à plusieurs petits phoques des deux hémisphères dont l'aspect est moins féroce, mais dont le caractère est plus sauvage que chez le lion de mer. L'*oursin marin du nord* (*callorhinus ursinus*, Gray) est à peu près de la taille d'un gros ours. Il mesure de 2 m. 30 à 2 m. 70 de long. Il est très gras au printemps avant la naissance des jeunes. Blessé, il attaque les bateaux pêcheurs et est toujours difficile à tuer. Il est la terreur des petits phoques et des outres de mer, mais il est effrayé lui-même par le lion marin. C'est cette espèce qui fournit la plus grande partie des fourrures de phoques répandues dans le commerce. On trouve cet animal dans les îles Pribyloff, groupe de la mer de Behring. Le gras de ce phoque est d'un blanc jaunâtre et se trouve tout entier entre peau et chair; il répand une odeur infecte difficile à faire disparaître. Sa chair, quand on l'a débarrassée du gras, peut être employée comme nourriture. Elle ressemble à celle d'un bœuf maigre et coriace. L'*ours de mer méridional* (*arctocephalus Falklandicus*, Gray) est plus petit que le précédent auquel il ressemble pour les habitudes; les mâles atteignent plus de 2 m. de long; les femelles sont plus petites. Leur robe est de différentes couleurs : noire, brunâtre, grise et diversement tachée de grisâtre et de jaunâtre; leur fourrure est courte et fine. Cet animal était jadis très abondant autour des îles de la mer du Sud, particulièrement les îles Falkland, mais il est aujourd'hui à peu près disparu.

* **PHORMION** ou **Phormiones**. m. [for-mi-on] (nom gr. d'une herbe servant à faire des nattes). Bot. Genre de liliacées hémérocallidées, renfermant de grandes plantes tubéreuses, qui croissent en Océanie. Le *phormion tenace* (*phormium tenax*), appelé aussi *lin de la Nouvelle-Zélande*, a des feuilles radicales longues d'environ 2 m., dont on obtient des fibres longues, blanches, soyeuses et résistantes pour fabriquer des filets, des cordages et des tissus. Le phormion est aujourd'hui cultivé en France : il réussit très bien en pleine terre dans le Midi.

* **PHOSPHATE** s. m. (rad. *phosphore*). Chim. Genre de sels composés d'une ou de deux bases et d'acide phosphorique : *phosphate de soude et d'ammoniaque*. — L'acide phosphorique forme une importante série de sels ou phosphates. Le phosphate de chaux se trouve dans les os et dans plusieurs minerais; le phosphate de plomb se rencontre aussi dans des minerais. — Le biphosphate de chaux est un reconstituant général, qui favorise l'appétit et l'assimilation. On l'emploie avec le plus grand succès dans le traitement de la phtisie, dans l'anémie, la scrofule et le rachitisme.

PHOSPHATÉ, ÉE adj. Chim. Qui est à l'état de phosphate ou qui est converti en phosphate.

PHOSPHATIQUE adj. Chim. Se dit d'un acide qui est un mélange d'acide phosphoreux (Pb O³) et d'acide phosphorique (Ph O⁵).

PHOSPHÈNE s. m. (gr. *phôs*, lumière; *phainô*, j'apparais). Spectre lumineux qui résulte de la compression brusque de l'œil lorsque les paupières sont closes.

* **PHOSPHITE** s. m. [foss-fi-te]. Chim. Sel qui provient de la substitution d'un métal à l'hydrogène basique de l'acide *phosphoreux*.

PHOSPHOCARBURÉ, ÉE adj. Chim. Se dit du gaz hydrogène quand il est combiné avec du phosphore et du carbone.

* **PHOSPHORE** s. m. [foss-fo-re] (gr. *phôs*, lumière; *phoros*, qui porte). Chim. Corps simple, lumineux dans l'obscurité, qu'on extrait des os de tous les animaux, et qu'on moule ordi-

nairement en petits cylindres ou bâtons : *le phosphore se conserve sous l'eau.* — **Encycl.** Le phosphore a été découvert, par Brandt, de Hambourg, en 1669, dans le résidu solide que laisse l'urine en s'évaporant. Kunckel, chimiste allemand, étudia la source de la nouvelle substance et réussit à la préparer. Gahn découvrit en 1769 qu'elle était un des éléments constitutifs des os, et Scheele, un ans après, imagina un procédé pour l'extraire: les os brûlés sont digérés dans de l'acide nitrique dilué; la chaux est précipitée par l'acide sulfurique, et le reste est évaporé jusqu'à la *consistance de sirop*; ce sirop est ensuite mêlé à de la poudre de charbon de bois et soumis à la distillation; le phosphore, mis ainsi en liberté, monte à la surface sous forme de vapeur, puis est condensé dans de l'eau. On trouva ensuite que le phosphore était un élément constitutif de certaines roches primitives, spécialement de l'apatite, et on le tire maintenant de ce minerai aussi bien que des os. On extrait d'abord avec de l'eau et à l'aide de la chaleur sous la pression, la gélatine des os; ou bien on les réduit en noir animal, qui, après avoir servi à la raffinerie du sucre, est ensuite brûlé. Trois parties de cendre d'os pulvérisés sont mêlées à deux parties d'acide sulfurique concentré, ou à trois parties de l'acide (brut à 4,55 de poids spécifique), et à 18 ou 20 parties d'eau. L'acide sulfurique doit être juste suffisant pour enlever les deux tiers du calcium, laissant le reste à l'état de sel acide soluble combiné avec tout l'acide phosphorique, ce qu'on appelle souvent superphosphate de chaux. La réaction se voit dans l'équation suivante :

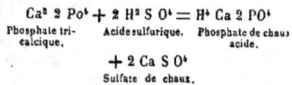

$$Ca^2 \ Po^4 + 2 \ H^2 S \ O^4 = H^4 \ Ca \ 2 \ PO^4$$
Phosphate tri-   Acide sulfurique.   Phosphate de chaux
calcique.   acide.

$$+ 2 \ Ca \ S \ O^4$$
Sulfate de chaux.

On ajoute ensuite de l'eau, et la solution, après avoir pris par l'évaporation une consistance sirupeuse, est mélangée à un tiers ou une moitié de son poids de charbon de bois, et on chauffe presque à la chaleur rouge dans un pot de fer; on la verse ensuite toute chaude dans une cornue en terre, et on la chauffe graduellement jusqu'au rouge complet, le carbone se combinant avec la base du calcium et avec l'oxygène pour produire de l'eau, du phosphate tricalcique et du phosphore. — *Propriétés.* Le phosphore est un corps solide, mou, transparent, incolore, de la consistance de la cire; il devient cassant à une basse température. Son symbole est P; poids atomique, 34; poids spécifique, à l'état solide, 4.83, à l'état liquide au-dessous du point de fusion 1.76 (Gladstone et Dale); densité observée de la vapeur, 4.42; point de fusion, 44° C. Fondu sous un liquide alcalin et refroidi lentement, il reste quelque temps liquide à une température ordinaire; mais dès qu'on le touche avec une baguette, il se solidifie. Son point d'ébullition est 287°; un atome de sa vapeur occupe une fois et demie autant d'espace qu'un atome d'hydrogène. Lorsque le phosphore fondu est lentement refroidi, on peut obtenir des dodécaèdres bien formés. Il est soluble dans l'eau; aussi le conserve-t-on habituellement dans ce liquide. Il est soluble dans l'huile, dans la naphte de pétrole, et dans le bisulfure de carbone. Il est extrêmement inflammable; il prend feu à la seule chaleur de la main, et un choc suffit souvent pour l'enflammer. Le phosphore prend diverses formes. On a déjà décrit la variété de phosphore ou phosphore commun ou vitreux. Exposée à la lumière dans l'air, cette variété devient blanche et opaque, un peu moins fusible, et d'un poids spécifique moindre (1.515). Elle reprend la forme ordinaire à une température de

44° C. On obtient une troisième forme, noire et opaque, en refroidissant brusquement le phosphore en fusion; une fusion nouvelle et un lent refroidissement le ramènent ensuite à sa forme primitive. Une forme visqueuse, analogue au soufre visqueux, se produit quand on refroidit brusquement du phosphore chauffé presque jusqu'à son point d'ébullition. Une cinquième forme allotropique affecte l'apparence de lamelles rouges; on l'appelle phosphore rouge ou amorphe. Sa densité, plus grande que celle du phosphore commun, varie de 2.089 à 2.106. Il ne subit en cet état aucun changement à l'air libre s'il n'est chauffé à 260° C, point où il fond et jaillit en flamme, en émettant d'épaisses vapeurs d'anhydride phosphorique. Sa propriété de ne pas s'altérer aux températures ordinaires, mais de ne se combiner que par le frottement avec l'oxygène des composés oxygénés, fait qu'on l'emploie dans la fabrication des allumettes chimiques. Le phosphore commun ou vitreux ingéré dans l'estomac agit comme poison irritant et violent; mais à l'état amorphe, il peut s'avaler impunément. Les ouvriers qui manient le phosphore commun sont sujets à la nécrose des os des mâchoires. — Composés. Avec l'oxygène, le phosphore forme deux oxydes bien définis, dans lesquels les quantités relatives d'oxygène sont comme 3 est à 5. C'est l'anhydride phosphoreux $P^2 O^3$, et l'anhydride phosphorique, $P^2 O^5$. Il forme aussi trois acides oxydés : l'acide hypophosphoreux (monobasique), $HPH^2 O^2$; l'acide phosphoreux (bibasique), $H^2 PHO^3$; et l'acide phosphorique (tribasique) $H^3 PO^4$. Le plus important des oxydes, l'anhydride phosphorique, est celui qui forme l'acide phosphorique en s'unissant avec l'eau. Il se trouve dans le phosphate tricalcique natif (apatite) et dans le phosphate des os. Il y a trois formes distinctes d'acide phosphorique : l'acide métaphosphorique, HPO^3; l'acide orthophosphorique, $H^3 PO^4$, et l'acide pyrophosphorique, $H^4, P^2 O^7$. Ces différentes formes gardent leurs caractères distinctifs quand elles sont dissoutes dans l'eau, et forment des sels avec un, avec trois, et avec quatre équivalents métalliques, lesquels s'appellent respectivement métaphosphates, orthophosphates, et pyrophosphates. Parmi ces sels, les plus communs sont les orthophosphates, et l'exemple le plus familier est le phosphate tricalcique, qui se propose dans les os et dans l'apatite minérale, $Ca^3 2PO^4$. L'extrême affinité du phosphore pour l'oxygène permet de faire une expérience populaire qui démontre la pression atmosphérique et qui donne la quantité d'oxygène contenue dans l'air que nous respirons. On place de l'eau dans une assiette ou dans tout autre vase; sur l'eau, on fait flotter un morceau de coquille d'œuf qui contient un peu de phosphore. Au moment où

on met le feu au phosphore, on renverse rapidement sur la coquille un verre à boire ou un gobelet de verre (a), de manière que l'embouchure de ce verre ou de ce gobelet soit en contact avec l'eau. Le phosphore en brûlant se combine avec l'oxygène. Dès que tout l'oxygène est absorbé, le phosphore s'éteint et la fumée disparaît peu à peu; il ne reste plus d'autre gaz

Combustion du phosphore dans l'air.

que l'azote. On constate que l'eau a monté dans le verre (b), d'une hauteur égale à environ le cinquième de la contenance totale de ce verre. La pression atmosphérique est démontrée et l'on acquiert, en outre, la certitude que l'air contient à peu près un cinquième d'oxygène, pour quatre cinquièmes d'azote.

— Avec l'hydrogène, le phosphore forme trois composés appelés phosphures, PH^3, PH^2 et $P^2 H$. Le premier est un gaz, le second un liquide, et le troisième un solide aux températures ordinaires. L'hydrogène phosphuré, PH^3, peut se préparer en faisant bouillir du phosphore dans du lait de chaux ou dans une solution d'alcali caustique. La cornue ou flacon doit être presque pleine, et il faut qu'un tube de verre en parte et plonge sous l'eau pour éviter les explosions. L'équation suivante représente la réaction :

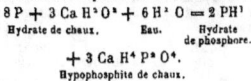

$$8 P + 3 Ca H^2 O^2 + 6 H^2 O = 2 PH^3$$

Hydrate de chaux.   Eau.   Hydrate de phosphore.

$$+ 3 Ca H^4 P^2 O^6.$$

Hypophosphite de chaux.

Il se forme de l'hypophosphite de chaux et de l'hydrogène phosphoré. Préparé par ce procédé, le gaz s'enflamme en présence de l'oxygène ou de l'air atmosphérique. A mesure que les bulles viennent à la surface, elles s'enflamment et produisent de beaux anneaux d'acide phosphorique. Conduite dans un vase plein de gaz oxygène, chaque bulle en éclatant donne un jet de lumière et une légère secousse. L'expérience doit se faire avec précaution, et les bulles n'arriver qu'une à une. Paul Thénard a montré que cette propriété de combustibilité spontanée est due à la présence de la vapeur du phosphore liquide PH^2, qui se forme toujours quand on prépare le gaz par ce procédé. — Usages médicinaux. A petite dose, le phosphore agit comme un stimulant général puissant; à forte dose, comme poison irritant et violent. Lorsqu'il n'est pas oxydé dans l'estomac, il est absorbé dans le système, et probablement dissous en une matière huileuse. Son action, outre qu'il fournit, par l'assimilation de la matière au système nerveux, porte sur les reins et les organes génitaux, produisant de la diurèse et excitant les besoins vénériens. On administre aussi le phosphore sous forme d'hypophosphites (de chaux, de soude, de potasse et de fer), ou aussi combiné avec le fer sous forme de pyrophosphate de fer. Les hypophosphites alcalins et terreux ont acquis une grande célébrité comme remèdes dans la consomption tuberculeuse, en les combinant avec un régime fortifiant; le pyrophosphate de fer uni à l'écorce de quinquina calisaya, et formant un élixir, est souvent bienfaisant comme tonique.

PHOSPHORÉ, ÉE adj. Qui contient du phosphore. — BRONZE PHOSPHORÉ, alliage formé par l'addition d'une petite quantité de phosphore au métal à canon (bronze contenant de 90 à 91 parties de cuivre, et de 9 à 10 d'étain), ce qui lui donne des propriétés remarquables, semblables à certains égards à celles que donne le carbone au fer quand on en fait de l'acier. L'addition d'un peu plus de 1/2 p. 100 de phosphore donne au métal une plus grande fluidité à la fonte, et augmente considérablement sa force et son élasticité. Une barre de bronze phosphoré, soumise à une tension de 10 tonnes par pouce carré, a résisté à 408,230 secousses, tandis qu'une barre de bronze ordinaire se brisait avant même qu'on fût arrivé à une tension de 10 tonnes.

PHOSPHORER v. a. Mettre du phosphore dans... : *phosphorer une pâte.*

*** PHOSPHORESCENCE** s. f. [foss-fo-rèss-san-se] Chim. Propriété qu'ont certains corps de dégager de la lumière dans l'obscurité, sans chaleur ni combustion sensible : *les chimistes ne connaissent point la cause de la phosphorescence du bois pourri, du ver luisant.* — LES PHOSPHORESCENCES DE LA MER, phénomène lumineux que l'on observe la nuit sur l'Océan et qu'on croit dû à une multitude d'animaux inférieurs répandus à sa surface. — ENCYCL.

Les physiciens reconnaissent généralement cinq genres de phosphorescence : 1° La phosphorescence spontanée, qui se voit dans certains végétaux et dans divers animaux. On a, dit-on, observé que les fleurs de certaines plantes vivantes, surtout celles d'un jaune ou d'un rouge brillants, émettent des jets de faible lumière par les beaux soirs d'été, un peu après le coucher du soleil. Mais la phosphorescence dans les organismes vivants se voit plus souvent chez les animaux, comme le vers luisant, le lampyre et des myriades de rayonnés marins, polypes et infusoires, qui produisent le magnifique spectacle qu'on voit fréquemment en mer, la nuit. Chez les animaux marins, d'après les observations de plusieurs naturalistes, des glandes, ayant cette fonction spéciale, jettent, comme une sorte de sécrétion, une matière subtile et lumineuse. La lumière augmente si on la met en présence du gaz oxygène pur. 2° Beaucoup de corps solides deviennent phosphorescents lorsqu'on les jette sur une surface chauffée, ou lorsqu'ils sont chauffés d'une manière quelconque entre 290° et 400° C. Tel est le diamant, spécialement la variété jaune, certains spécimens de spath fluor, les écailles d'huître, le papier, la farine du maïs, et un grand nombre de substances organiques desséchées. La lumière est alors entièrement différente de celle de l'incandescence, et est généralement bleue ou violette. 3° La phosphorescence par action mécanique s'observe lorsque certains corps sont frappés par un marteau, ou soumis à une friction, ou brisés, ou déchirés violemment. En beaucoup de cas, l'effet ne dure qu'autant que la cause; dans d'autres cas, il persiste pendant un temps considérable. L'adulaire, variété d'orthoclase, si on la fend en la frappant avec un marteau, émet à chaque coup une lumière qui dure souvent plusieurs minutes. 4° Si une puissante décharge électrique traverse un morceau de sucre, ce morceau brille pendant quelques secondes d'une belle lumière violette. Beaucoup d'autres substances non-conductrices peuvent être affectées d'une manière analogue; mais l'effet n'est jamais produit avec un corps bon conducteur, un métal quelconque, par exemple. 5° L'insolation, ou l'exposition à la lumière du soleil, produit très promptement de la phosphorescence dans les substances mauvaises conductrices de la chaleur. Cela fut découvert pour la première fois en 1604 dans le sulfure de baryum; mais Becquerel a trouvé qu'on peut produire le même effet dans beaucoup d'autres substances, et, au plus haut degré, dans les sulfures de calcium et de strontium. Il a aussi reconnu que les différents rayons du spectre solaire n'ont pas la même puissance pour rendre la substance phosphorescente. Ce sont les rayons violets qui ont le plus grand effet, ou les rayons au delà, la lumière phosphorescente émise par les corps étant développée par des rayons d'une réfrangibilité plus grande que celle qu'ils possèdent eux-mêmes, action tout à fait analogue à la fluorescence. Becquerel a inventé pour mesurer la durée de la phosphorescence dans les différents corps, un appareil nommé phosphoroscope.

*** PHOSPHORESCENT, ENTE** adj. [-rèss-san] Chim. Qui a la propriété appelée phosphorescence : *le sucre est phosphorescent par le frottement.*

*** PHOSPHOREUX** adj. m. Se dit d'un acide formé par la combustion lente du phosphore: *acide phosphoreux.*

*** PHOSPHORIQUE** adj. Qui appartient au phosphore, qui est de la nature du phosphore : *lumière phosphorique.* — ACIDE PHOSPHORIQUE, acide formé par la combustion rapide et complète du phosphore. — BRIQUET PHOSPHORIQUE, petit flacon rempli de phosphore, et dans lequel on plonge une allu-

mette soufrée, afin d'obtenir de la lumière.
— BOUGIES PHOSPHORIQUES, petits tubes de verre scellés aux deux bouts, et renfermant une petite mèche enduite de phosphore qui s'enflamme lorsqu'on brise le tube. — ALLUMETTES PHOSPHORIQUES, allumettes préparées avec du phosphore et qui s'enflamment par le frottement.

PHOSPHORISATION s. f. Action de rendre phosphorique.

PHOSPHORISER v. a. Rendre phosphorique, faire passer à l'état de phosphate.

PHOSPHORITE s. f. Minér. Phosphate de fer naturel, appelé aussi *apatite* ou *béryl de Saxe*. C'est une substance transparente ou opaque et terne, souvent incolore, mais présentant parfois des couleurs variées. Elle forme quelquefois, dans la nature, des masses considérables. On la trouve près de Nantes, à Chanteloube (près Limoges), à Fins (Allier), etc.

PHOSPHOROSCOPE s. m. (fr. *phosphore*; gr. *skopeó*, j'examine). Phys. Appareil au moyen duquel on observe la phosphorescence des corps.

PHOSPHOVINATE s. m. Chim. Sel produit par la combinaison de l'acide phosphovinique avec une base.

PHOSPHOVINIQUE adj. Chim. Se dit d'un acide composé d'acide phosphorique uni aux éléments de l'alcool.

* **PHOSPHURE** s. m. Chim. Nom donné aux combinaisons minérales ou organiques qui renferment du phosphore comme élément électro-négatif.

PHOTIUS [fo-si-uss], patriarche de Constantinople, le principal auteur du schisme grec, mort vers 891. Il était secrétaire d'État de l'empereur Michel III, et lorsque Ignace, patriarche de Constantinople, fut déposé en 858 pour l'opposition qu'il faisait à la cour, Photius fut installé comme son successeur. L'élection ne se fit pas par les autorités ecclésiastiques; l'élu était laïque, et schismatique déjà. Les opérations furent pourtant confirmées par un concile de 318 évêques à Constantinople en 861; mais une autre concile, convoqué à Rome par le pape Nicolas Ier, les annula, anathématisa Photius et lui ordonna d'abandonner ses prétentions. Photius rassembla un nouveau concile à Constantinople (867), où il excommunia le pape et accusa l'Église romaine d'hérésie. L'empereur Basile, à son avènement, le bannit et restaura Ignace; mais à la mort de celui-ci, en 878, Photius reprit le patriarcat avec le consentement de l'empereur et du pape. Mais comme il ne rétractait pas ses hérésies, une nouvelle excommunication arriva de Rome; la sentence du premier concile romain fut confirmée, et, en 886, l'empereur Léon le bannit définitivement dans un couvent d'Arménie, où il mourut. Son ouvrage le plus important est la *Bibliotheca*, qui contient des fragments de près de 300 prosateurs grecs dont les œuvres, pour la plupart, ont péri, avec des remarques critiques. Il a aussi laissé un *Lexicon*, une collection de décrets canoniques, 248 lettres, des opuscules théologiques, un traité sur la consolation, etc.

PHOTO (gr. *phôs, phôtos*, lumière), préfixe qui entre dans la formation d'un grand nombre de mots.

PHOTOCHIMIE s. f. (préf. *photo*; fr. *chimie*). Théorie des actions chimiques de la lumière.

PHOTOCHROMATIQUE adj. (préf. *photo*; fr. *chromatique*). Qui a rapport à la reproduction des couleurs par la photographie.

PHOTOCHROMIE s. f. (préf. *photo*; gr. *kromos*, couleur). Art d'obtenir, à l'aide de la photographie, la reproduction d'une image avec ses couleurs.

PHOTOCHROMIQUE adj. Qui a rapport à la photochromie.

PHOTODOSCOPE s. m. (gr. *photodès*, lumineux; *skopeó*, j'examine). Appareil qui sert à l'étude de la lumière.

PHOTOGALVANOGRAPHIE s. f. (préf. *photo*; fr. *galvanographie*). Art de produire des gravures par la combinaison de la lumière et de l'électricité. Ce mot fut créé en 1852 par Paul Pretsch.

PHOTOGÈNE s. m. (préf. *photo*; gr. *gènos*, naissance). Nom donné aux huiles propres à l'éclairage.

PHOTOGÉNIQUE adj. Phys. Qui a rapport aux effets chimiques de la lumière sur certains corps.

PHOTOGLYPTIE [fo-to- gli-ptî] (préf. *photo*; gr. *gluptos*, gravé) Art de graver à l'aide de la lumière. La photoglyptie est un procédé photographique que l'on applique à la gravure et qui permet de tirer à la presse, sur une planche de métal, des épreuves identiquement semblables à celles que produit la photographie ordinaire. — Voici, d'après M. Tissandier, la manière de procéder : « On prend un cliché photographique négatif ordinaire, sur verre; on y applique une feuille de gélatine imbibée de bichromate de potasse; on met le tout dans un châssis-presse que l'on expose à la lumière comme une photographie ordinaire. Après l'impression lumineuse, on transporte le châssis-presse dans une chambre obscure, on détache la feuille de gélatine du cliché de verre, on l'applique sur une plaque de verre garnie de caoutchouc et on plonge le tout dans un récipient d'eau qui se renouvelle méthodiquement et qui dissout les parties de la feuille que la lumière n'a pas atteintes. Au bout de 24 heures, on détache la feuille de gélatine que l'on fait sécher entre deux plaques métalliques, l'une en acier, l'autre en plomb allié d'antimoine. Ainsi disposée, la feuille de gélatine est soumise à une pression de 200,000 à 300,000 kil. La feuille de gélatine agit à froid sur le plomb qu'elle pénètre et y grave les creux et les saillies. Sur cette plaque de plomb, on verse une encre composée de gélatine et d'encre de Chine colorée en sépia; on y place une feuille de papier; on procède au tirage et on obtient une épreuve identiquement semblable à une photographie ordinaire. Il faut ajouter que, après le tirage, l'épreuve est séchée à un bain d'alun, puis séchée et collée sur papier vélin. »

PHOTOGLYPTIQUE adj. Qui se rapporte à la photoglyptie.

* **PHOTOGRAPHE** s. m. [fo-to-gra-fe] (préf. *photo*; gr. *graphô*, j'écris). Celui qui s'occupe de photographie, qui en fait son état.

* **PHOTOGRAPHIE** s. f. (préf. *photo*; gr. *graphein*, écrire). Art de fixer à l'aide de la lumière, au moyen de la chambre obscure et de divers procédés chimiques, l'image des objets extérieurs, sur des plaques d'argent, sur du papier, du verre, etc. : *la photographie est le perfectionnement du daguerréotype.* — Produit de cet art: *un album de photographies.* — Portrait obtenu au moyen de la photographie: *donnez-moi votre photographie.* — ENCYCL. Les alchimistes avaient remarqué, probablement vers le XIIe siècle, que le chlorure d'argent noircit au soleil, quand même il serait d'abord aussi blanc que la neige. Ce noircissement est d'une manière générale proportionnel à l'éclat de la lumière. Il ne se fait pas instantanément, mais d'une façon régulière, une quantité donnée de lumière étant, semble-t-il, nécessaire pour produire un effet défini. Peut-être faut-il chercher le premier germe de la photographie comme art dans une expérience de Priestley, qui fit déposer un peu de chlorure d'argent sur la

paroi d'une bouteille de verre, mit autour de la bouteille un morceau de papier noir où l'on avait découpé des lettres, et exposa l'appareil au soleil. Toutes les parties du chlorure que la lumière avait atteintes étaient devenues noires, tandis que celles que le papier noir protégeait avaient gardé leur blancheur. Scheele montra aussi, vers le même temps, que le chlorure d'argent est plus sensible aux rayons de l'extrémité violette du spectre solaire, lorsqu'on emploie la lumière décomposée. La première tentative pour appliquer ces principes à la représentation des formes extérieures doit être attribuée à Wedgwood, qui, en imprégnant un morceau de cuir d'une solution de nitrate d'argent et en l'exposant sous les images d'une lanterne magique, obtint ce qu'on appellerait aujourd'hui des épreuves négatives. Sir Humphry Davy fit des essais analogues, mais ni l'un ni l'autre ne purent fixer les images. Vers 1835, J.-W. Draper, de l'université de New-York, commença dans le *Journal of the Franklin Institute*, une série d'articles sur ce sujet. Les faits sur lesquels portaient ses investigations se rattachaient surtout à l'influence de la lumière sur la cristallisation, à l'effet des solutions absorbantes colorées sur les rayons chimiques, et à l'intervention et la polarisation de ces rayons. Dans ses expériences il eut recours au bromure d'argent et à d'autres composés beaucoup plus sensibles à la lumière qu'aucun de ceux qu'on avait employés jusqu'alors. En 1839, l'attention fut appelée sur l'annonce faite en France de l'invention de Niepce et de Daguerre pour la fixation des images de la chambre obscure, et en même temps de celle de Talbot en Angleterre. Les premiers employaient une plaque de cuivre argenté; l'autre, du papier. C'est avec ces inventions que commence à proprement parler l'art de la photographie. C'est ici la description du procédé Daguerre. On nettoie et on polit avec soin une plaque de cuivre argenté, on l'expose à la vapeur d'iode et on la passe successivement par une série de teintes brillantes dans l'ordre suivant: jaune citron pâle, jaune vif, orange, rouge, bleu, gris de fer, éclat métallique incolore; puis elle redevient jaune, rouge, etc., dans le même ordre. De ces teintes, les deux premières, jaune pâle et jaune vif, sont les plus sensibles à la lumière lorsque la plaque est placée dans la chambre obscure pour recevoir l'image; après quoi, on la retire de la chambre obscure, en la protégeant contre la lumière. Si on l'examine minutieusement dans les ténèbres à la lueur d'une faible bougie, on n'aperçoit pas que la plus petit changement ou la moindre action s'y soit produit. Cependant elle porte une image cachée, qui peut être évoquée en l'exposant à la vapeur de mercure à une température d'environ 77° C. L'invention de M. Talbot, le calotype, ou dessin photogénique, comme il l'appelait, consistait essentiellement à couvrir une feuille de papier de sel d'argent sensible, à l'exposer dans la chambre obscure et à développer l'image latente par une solution d'acide gallique. Il en résultait une épreuve négative; c'est-à-dire une photographie où les lumières de l'original sont reproduites en ombres, et les autres en lumières. Elle avait cet avantage sur celle de Daguerre, qu'on pouvait multiplier les épreuves. — La photographie fut d'abord limitée à la reproduction de représentations de vues et d'intérieurs. Elle était impropre à la reproduction de paysages, dont la couleur verte n'agit que très lentement sur les sels d'argent. Mais le grand progrès qu'elle devait faire était dans son application au portrait d'après nature. L'initiative en est au Dr Draper, qui y réussit très peu de temps après que le procédé de Daguerre eut pénétré en Amérique, et qui publia une description détaillée de l'opération dans le *London and Edinburgh Philosophical Journal* de 1840. Ce grand perfectionnement s'accomplit au moment où l'inventeur du daguerréotype lui-même en avait abandonné la recherche comme impraticable. On découvrit bientôt après deux autres perfectionnements au procédé de la daguerréotypie. Le premier consistait à fixer plus parfaitement la figure et à en marquer mieux les nuances par l'usage d'un sel d'or; il est dû à M. Fizeau. Le second consistait dans l'emploi d'une préparation beaucoup plus sensible, le bromure d'argent, qui réduisait le temps de la chambre obscure à environ un trentième de ce qu'il devait être auparavant. Mais le plus grand perfectionnement dans l'art de la photographie est dû à l'Anglais F. Scott Archer, qui découvrit le procédé au collodion. Il consiste essentiellement à revêtir une plaque de verre propre avec du coton poudre en solution dans de l'alcool et de l'éther avec un peu d'iodure soluble. La plaque est alors plongée dans une solution de nitrate d'argent, dans laquelle on doit avoir fait dissoudre autant d'iodure d'argent qu'il en faut pour la saturer. Les iodures du revêtement de la plaque deviennent ainsi des iodures d'argent. On expose ensuite la plaque comme dans la daguerréotypie, et l'image invisible est développée en versant dessus une solution d'acide pyrogallique ou du protosulfate de fer. L'image apparaît à l'état négatif, et on la fixe soit en la plongeant dans de l'hyposulfite de soude, soit en versant dessus une solution de cyanure de potassium; la surface est alors lavée à l'eau et ensuite séchée. Sur cette plaque négative, ou cliché, on peut imprimer des épreuves sur papier, après avoir au préalable enduit celui-ci d'un vernis à l'ambre ou de quelque autre matière appropriée qui ne s'amollit pas au soleil. C'est ce qu'on appelle le procédé au collodion humide. Dans le procédé au collodion sec, la pellicule de collodion, après avoir été soigneusement lavée, est enduite de quelque matière protectrice, telle que le tannin, et puis séchée. — Aujourd'hui le procédé à la gélatine est préféré à celui du collodion sec. — On imprime sur le cliché de la façon suivante : un papier de consistance parfaitement uniforme est enduit d'un côté d'une légère couche d'albumine et de chlorure d'argent, que l'on effectue en plongeant le papier dans du chlorure d'ammoniaque ou du chlorure de sodium, et en étendant ensuite sur sa surface une solution de nitrate d'argent. Ainsi sensibilisé, le papier est placé sous une épreuve négative vernie et on l'expose au soleil. La lumière transmise au travers du verre dans les parties où celui-ci est transparent, noircit le papier; mais les endroits correspondant à la partie noire du négatif restent blancs sur le positif, les nuances intermédiaires se trouvant naturellement indiquées. En raison du peu de durée des photographies obtenues à l'aide des sels d'argent, on a essayé de leur substituer d'autres sels qui soient inaltérables. Parmi ceux-ci on emploie le charbon, absolument inaltérable à l'air. Les procédés au charbon ont aujourd'hui atteint un degré de perfection qui lui permet de rivaliser avec les autres méthodes. Parmi eux, on cite le procédé *autotype*, comme réussissant le mieux. Les uns et les autres sont basés sur ce fait que lorsque de la gélatine mélangée avec du bichromate de potasse est exposée à la lumière, elle devient insoluble; et, par conséquent, si l'on ajoute à la gélatine une matière colorante, comme du noir de fumée, de la fumée de lampe, etc., cette matière sera retenue par la gélatine insoluble et ne s'en ira plus au lavage. — On a employé la photographie pour enregistrer d'une manière permanente l'aspect de la lune et des

éclipses du soleil, et même la configuration des étoiles. Elle a été d'un grand usage en 1874, pour le transit de Vénus. On l'a aussi appliquée avec succès au microscope, de manière à fixer les images énormément agrandies que donne cet instrument, et cela avec une perfection et une beauté que ne saurait atteindre la main de l'homme. De cette façon, des questions de la dernière importance en physiologie et dans les sciences qui traitent de l'organisme, qui depuis longtemps étaient en discussion, ont reçu une solution définitive, et l'on a obtenu des représentations permanentes de certains phénomènes passagers qui se produisent dans les organismes vivants. On a encore trouvé utile en différents cas d'employer le procédé inverse, c'est-à-dire d'obtenir de minuscules images pour les examiner au microscope. Pendant le siège de Paris (1870-'71), on a ainsi réduit des lettres pour les transmettre par pigeons voyageurs, et le reproduit quatre pages du *Times* de Londres sur une feuille de 7 centim. sur 12. (Voy. Photolithographie, Photozincographie, etc.). — Au moyen de substances accélératrices, on obtient des épreuves instantanées, qui permet de photographier des animaux en mouvement, et même des trains express lancés à toute vapeur. — Les *chambres obscures* (voy. Chambre), employées pour l'exposition des plaques photographiques, dans le but d'obtenir des clichés négatifs, varient considérablement de grandeur; mais toutes se composent essentiellement d'une boîte avec un sans soufflet, dont le fond est muni d'un écran en verre dépoli et au devant de laquelle s'adapte un tube de cuivre avec une lentille convergente ayant pour effet de donner sur l'écran une image réduite et renversée des objets extérieurs. Pour les paysages, on se sert ordinairement d'une lentille achromatique, composée de deux lentilles superposées (voy. Achromatisme); c'est ce qu'on appelle un objectif simple. Mais pour les portraits et pour les épreuves que l'on veut obtenir en quelques secondes, on préfère l'objectif double, formé d'une lentille achromatique et, en outre, d'un second système de deux lentilles dont l'une est convergente et l'autre concave-convexe. L'appareil est supporté par une table qui peut recevoir des niveaux différents au moyen du mécanisme de son pied. Au fond de la chambre, se trouve, nous l'avonsdit, l'écran de verre dépoli. Avant d'opérer, le photographe, la tête recouverte d'une étoffe de serge qui le tient dans l'obscurité, examine sur cet écran l'image de l'objet à reproduire et fait mouvoir les lentilles, au moyen d'une crémaillère, jusqu'à ce que l'image soit d'une netteté parfaite. Lorsque le résultat est obtenu, il enlève l'écran et fait glisser à la place une plaque sensibilisée, fixée dans un châssis; et au moment où pour exposer la plaque à la lumière, il soulève la planche mobile de ce châssis, il tire le couvercle de cuivre qui ferme l'objectif. — Bibliogn. *Traité de photographie*, par Lerebourg (1843); *Traité général de la photographie*, par Monckhoven (1873, 6e éd.); *Merveilles de la photographie*, par Gaston Tissandier (1874, in-18).

* **PHOTOGRAPHIER** v. a. Fixer une image par les procédés de la photographie.

* **PHOTOGRAPHIQUE** adj. Qui appartient à la photographie ou qui en est le produit: *épreuve photographique*.

PHOTOGRAPHIQUEMENT adv. Par les procédés de la photographie.

PHOTOGRAVURE s. f. (préf. *photo*; fr. *gravure*). Ensemble des procédés photographiques au moyen desquels on produit des planches gravées propres à être tirées à la presse comme les eaux-fortes et les gravures en taille-douce.

PHOTOHÉLIOGRAPHIE s. m. (préf. *photo*; gr. *hélios*, soleil; *graphô*, j'écris). Appareil servant à enregistrer la position des taches du soleil, au moyen d'un mouvement d'horlogerie et de la photographie. Cet instrument a été érigé sur les plans de Jean Herschel à l'observatoire de Kew en 1857. Il servit à Warren de la Rue pour photographier le disque du soleil pendant l'éclipse du 10 juillet 1860.

* **PHOTOLITHOGRAPHIE** s. f. (préf. *photo*; fr. *lithographie*). Procédé par lequel on décalque sur la pierre une épreuve photographique; art de produire des dessins lithographiques au moyen de la lumière. Vers 1813, Joseph-Nicéphore Niepce commença ses expériences relatives à la production d'épreuves photographiques permanentes. Il employait l'asphalte comme substance sensible à la lumière et il faisait dissoudre dans l'huile essentielle de lavande, pour l'appliquer comme une couche de mince vernis sur des plaques métalliques. Après une longue exposition dans la chambre, l'asphalte devenait insoluble dans les parties affectées par la lumière et le dessin apparaissait quand on faisait dissoudre les parties non affectées. En 1839, la méthode de Niepce fut remplacée par celle de Daguerre, son associé ; mais sa découverte de la sensibilité de l'asphalte forma la base du premier procédé photolithographique méritant ce nom, inventé par Lemercier, Barreswill et Lerebours, de Paris, et breveté en France en 1852. Cette invention, basée essentiellement sur la découverte que la poix minérale altérée possède de l'affinité pour l'encre des lithographes, fut suivie de plusieurs autres, parmi lesquelles nous citerons celle de Poitevin (1855), qui fut perfectionnée par Tessié du Mottay, Albert, Edwards, etc.; celle de Cutting et Bradford, de Boston (1858) et celle d'Asser, d'Amsterdam (1859), qui suggéra le premier le procédé de transport. Mais aucun de ces systèmes ne produisit de résultats pratiques. En 1859, J.-W. Osborne, qui se trouvait alors à Melbourne (Australie), inventa le procédé qui porte son nom. Il prépare une feuille de papier en revêtant l'un de ses côtés d'une solution visqueuse, composée d'un mélange d'albumen, de gélatine et de bichromate de potasse; il la fait sécher dans l'obscurité et l'expose sous le négatif de l'original à reproduire. L'épreuve photographique positive ainsi obtenue n'absorbe l'encre lithographique que dans les endroits affectés par la lumière. On lave donc cette épreuve très soigneusement à l'eau gommée chaude et on la transporte sur la pierre, que l'on traite ensuite par les procédés ordinaires. Ce système sert à la reproduction des gravures, des dessins, des manuscrits, etc. En 1861, M. Hannaford, de Londres, imagina la méthode photolithographique pour laquelle M. Toovey, de Bruxelles, prit un brevet. M. Hannaford avait recommandé de préparer la feuille de papier avec du bichromate de potasse et de la gomme, de l'exposer sous le négatif, et de la transporter encore humide et sans l'encrer, sur la pierre. La conséquence est le transport sur la pierre de plus ou moins de gomme suivant l'état d'altération du positif, de telle sorte que certaines parties de la pierre restent ensuite incapables de recevoir l'encre. Quand on passe le rouleau encré sur la surface de la pierre, on s'aperçoit que l'encre n'adhère qu'aux parties peu chargées et y forme le dessin lithographique. En 1873, la compagnie graphique, formée à New-York, pour exploiter sur une large échelle les procédés photolithographiques, employa des méthodes nouvelles dont elle a tenu secrets les caractères essentiels; elle reproduit sur la pierre une épreuve photolithographique en moins d'une demi-heure, au lieu des deux ou trois heures nécessaires par les autres systèmes. (Voy. Photographie.)

PHOTOLITHOGRAPHIQUE adj. Qui a rapport à la photolithographie.

PHOTOLOGIE s. f. (préf. *photo*; gr. *logos*, discours). Traité ou histoire de la lumière.

PHOTOMAGNÉTIQUE adj. (préf. *photo*; fr. *magnétique*). Se dit de phénomènes magnétiques dus à l'action de la lumière.

* **PHOTOMÈTRE** s. m. (préf. *photo*; gr. *metron*, mesure). Instrument propre à évaluer l'intensité de l'œil.

PHOTOMÉTRIE s. f. Phys. Mesure de l'intensité de la lumière. La première comparaison quantitative à peu près exacte des différentes sources de lumière a été faite par Huygens. Il se servit d'un tube muni d'une petite ouverture à une extrémité, dans lequel il plaça une très petite lentille globulaire qui laissait voir la 27,664ᵉ partie du disque du soleil. Cette fraction de la lumière du soleil étant égale en éclat à l'étoile Sirius, Huygens en conclut que la distance de Sirius par rapport à la terre est 27,664 fois aussi grande que celle du soleil. Le photomètre de Bouguer comparait les pouvoirs réfléchissants de deux surfaces différentes en faisant réfléchir l'image de l'une dans un miroir placé sur la même ligne que l'autre surface et l'œil de l'observateur. On mettait une lumière entre les deux surfaces réfléchissantes et on la portait de l'une à l'autre jusqu'à ce que la réflexion de l'une dans le miroir fut égale en intensité à la lumière directe de l'autre. Le photomètre de Bouguer a été modifié par Ritchie de façon à pouvoir établir une comparaison entre les sources de lumière, aussi bien qu'entre les pouvoirs réfléchissants des surfaces. Le photomètre de Rumford applique le principe de comparaison de la profondeur des ombres, et se compose d'une tige verticale placée à une petite distance en avant d'un écran de papier de soie ou de papier huilé. Les ombres peuvent se comparer en face du papier ou sur la surface postérieure; cette dernière méthode est préférable, parce que l'envers du papier peut être dans une chambre obscure, ce qui empêche l'œil d'être troublé par l'éclat des lumières. Le photomètre de Bunsen consiste en un écran de papier écolier mince, tendu sur un cadre et marqué d'une tache de graisse. Si l'on place une lumière de chaque côté du papier, la tache de graisse vue du côté de la lumière la plus forte paraîtra plus sombre que l'espace environnant, et semblera plus claire de l'autre côté. Lorsque la lumière est égale de chaque côté du papier, la tache et la surface environnante paraissent de la même nuance, et les carrés des distances des sources de lumière indiquent leur intensité respective. Cet instrument, modifié par le Dʳ Letheby, est en usage dans les usines à gaz. Il y a aussi des photomètres chimiques, fondés sur l'action décomposante de la lumière. Parmi les premières expériences dans cette direction, on cite celles du Dʳ John-W. Draper, qui obtint ses résultats en déterminant la quantité d'acide chlorhydrique formé dans un temps donné par l'union des éléments gazeux de cet acide sous l'influence de la lumière. Bunsen et Roscoe ont étendu ces expériences, et ont construit, sur ce principe, un instrument capable des mensurations les plus délicates.

PHOTOMÉTRIQUE adj. Qui a rapport à la photométrie.

PHOTOMICROGRAPHIE s. f. (préf. *photo*; fr. *micographie*). Art de produire des épreuves microscopiques par la photographie et d'agrandir les épreuves ainsi obtenues.

PHOTOPHOBE adj. (préf. *photo*; gr. *phobé*, crainte). Qui craint la lumière.

* **PHOTOPHOBIE** s. f. Aversion pour la lumière : *la photophobie est un symptôme de* plusieurs *affections nerveuses et surtout de* l'inflammation de *l'œil.*

PHOTOPHONE, s. m. [fo-to-fo-ne](préf. *photo*; gr. *phôné*, son). Instrument qui sert à transmettre au loin des sons articulés au moyen de la lumière. Le photophone est basé sur ce fait que la résistance électrique du sélénium est diminuée quand ce corps est exposé à la lumière; et que, de plus, si la lumière varie d'intensité, la résistance du sélénium change dans la même proportion. Le photophone se compose de deux parties : le transmetteur et le récepteur. Le premier est l'appareil qui sert à envoyer le message et le second, celui qui fait entendre ce même message. Il est bien entendu que le seul trait d'union entre le transmetteur et le récepteur est un rayon de lumière. En opérant, la personne qui envoie une dépêche place sa bouche devant un tube en face duquel elle parle. Un faisceau lumineux d'intensité variable suivant les variations de la voix se dirige vers le récepteur, et celui-ci transforme l'onde lumineuse en vibrations sonores. Nous allons décrire d'abord le récepteur et ensuite le transmetteur. — 1° RÉCEPTEUR. Quand un courant uniforme d'électricité passe dans un téléphone on n'entend aucun son. Pour que le téléphone émette un son, il faut que le courant soit rapidement variable. Cette variabilité nécessaire peut être donnée à un courant d'électricité en plaçant un microphone dans le circuit; parce que ce microphone altère la résistance que le courant doit vaincre d'une manière merveilleuse avec chaque son qui se produit près de lui. (Voy. MICROPHONE.) Le récepteur photophonique est une sorte de microphone. De la batterie (fig. 1 *b*), des fils conduisent à un morceau de sélénium cristallin (*Se*), et comprennent le téléphone (*t*), dans leur circuit. Un courant électrique partant de la batterie, passe à travers le sélénium et à travers la bobine de fil qui se trouve dans le téléphone. Aucun son ne serait émis par le téléphone si le sélénium restait dans l'obscurité ou était exposé à une lumière constante. Mais telle est l'action de la lumière sur le sélénium cristallin, que si la quantité de lumière qui tombe sur lui varie rapidement ou si on alterne rapidement la lumière et l'obscurité sur sa surface, alors sa résistance aux courants d'électricité qui veulent le traverser varie de la même façon et le son est, en con-

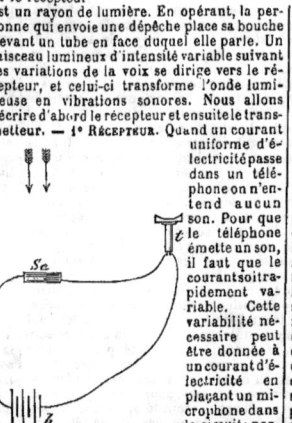

Fig. 1. — Action de la lumière sur le sélénium cristallin.

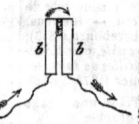

Fig. 2. — Principe d'un élément de sélénium.

séquence, émis dans le téléphone. La portion sensible de l'appareil récepteur se compose essentiellement de deux branches de cuivre jaune (*b b* fig. 2), séparées par une membrane très mince de sélénium cristallin. — L'électricité, en passant à travers le sélénium d'une branche à l'autre éprouve une variation de résistance, quand la lumière variable tombe sur l'élément. MM. Bell et Tainter ont imaginé des éléments de sélénium compliqués et disposés en forme de bobines; ils les ont pla-

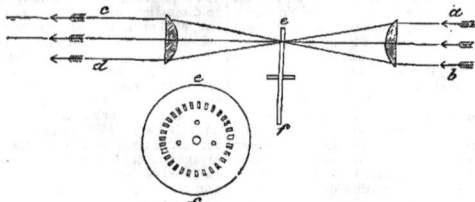

Fig. 3. — Comment se produit un rayon intermittent de lumière.

cés au foyer d'un réflecteur ou d'une lentille, de façon que le rayon lumineux portant le son puisse tomber sur eux. Un élément de sélénium de cette sorte est réuni à une batterie et à un téléphone. — 2° TRANSMETTEUR. Un rayon solaire sur sa route vers l'élément de sélénium peut être modifié de plusieurs façons. Si nous voulons que le téléphone réuni à l'élément reproduise simplement une note musicale, le rayon venant du soleil est concentré aux trous d'un disque tournant (*e f* fig. 3), semblable à celui que l'on emploie dans la sirène (voy. ce mot); de telle sorte que, à mesure que ce disque tourne, la lumière passe pendant un instant dans les trous et qu'elle est ensuite aussitôt obstruée. Une autre lentille est alors employée pour rendre parallèles les rayons du faisceau de lumière, rayons qui, à partir de cette lentille, continuent leur route sous forme d'un rayon chargé de son (*c d*) jusqu'à l'élément éloigné de sélénium. La note émise par le téléphone dépend de la rapidité avec laquelle l'intermittence de lumière est produite par les trous du disque tournant. Quand les sons articulés ont été envoyés au moyen d'un faisceau de rayon solaire, on emploie un miroir à diaphragme (fig. 4). C'est un morceau peu épais de verre ou de mica argenté d'un côté, et placé à l'extrémité du tube devant lequel on parle, le côté non argenté étant tourné du côté de la lumière, tandis que l'autre côté sert à la réflexion de la lumière qui tombe sur lui. Quand on parle en M, le miroir mince (*e f*) vibre précisément de la même façon que la membrane d'un téléphone ou d'un phonographe, d'où il résulte que lorsqu'un faisceau de lumière solaire (*a b*) tombe sur le miroir et est réfléchi par lui, la quantité de lumière contenue en *c d* varie rapidement suivant le tremblement ou mouvement de va-et-vient du miroir; et cette variation en quantité présente un rapport direct avec la nature de la voix, si bien que le faisceau (*c d*) peut être considéré comme chargé de sons articulés. Conséquemment, lorsque le faisceau atteint l'élément de sélénium, il produit une variation dans le courant qui le traverse, variation d'une telle nature que la plaque métallique du téléphone vibre comme celle du miroir à diaphragme, et les mots qui étaient parfaitement articulés au départ semblent être murmurés d'une façon mystérieuse à l'arrivée. — Le photophone est l'invention (1880) de Sumner Tainter et d'Alexander-G. Bell, l'un des inventeurs du téléphone. Ces savants ont découvert que, lorsqu'un faisceau vibratoire lumière tombe sur certaines substances, celles-ci émettent des sons dont le degré dépend de la fréquence du changement vibratoire dans la lumière. Ils trouvèrent que la propriété de sensibilité aux vibrations lumineuses existe dans l'or, l'argent, le platine, le fer, l'acier, le laiton, le cuivre, le zinc, le plomb, l'antimoine, l'argent allemand, le métal de Jenkin, le métal de Babbitt, l'ivoire, le celluloïde, la gutta-percha, le caoutchouc durci, le caoutchouc vulcanisé, le papier, le parchemin, le bois, le mica et le verre argenté. Mais les seules substances dont ils n'aient obtenu aucun résultat furent le charbon et le verre microscopique. La plus sensible de toutes est le sélénium. Dans leurs expériences, les sons articulés s'entendirent à une distance de 250 mètres. Depuis cette époque, on a découvert que les rayons solaires ne sont pas indispensables pour produire la transmission des sons; on peut arriver au même résultat par la lumière oxhydrogène, et même par une lampe à pétrole.

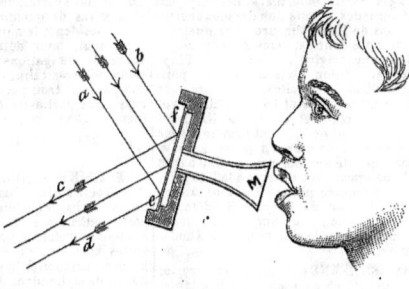

Fig. 4. — Le miroir à diaphragme.

PHOTOPHORE s. m. (préf. *photo*; gr. *phoros*, qui porte). Mar. Sorte de bouée de sauvetage qui jette une grande lueur quand on la met à l'eau.

PHOTOPSIE s. f. (préf. *photo*; gr. *ops*, *opis*, œil). Vision de traînées lumineuses qui n'existent pas.

PHOTOPTIQUE adj. Qui a rapport à la photopsie.

PHOTOSCULPTURE s. f. (préf. *photo*, fr. sculpture). Ensemble de procédés au moyen desquels on obtient, à l'aide de la photographie, des objets sculptés d'après des modèles.

* **PHOTOSPHÈRE** s. f. (préf. *photo*; fr. *sphère*). Enveloppe lumineuse du soleil, entourée d'une atmosphère très dense qui contient les vapeurs de divers métaux.

PHOTOTYPOGRAPHIE s. f. (préf. *photo*; fr. *typographie*). Ensemble de procédés au moyen desquels on obtient par la photographie des clichés typographiques.

PHOTOZINCOGRAPHIE s. f. Procédé au moyen duquel une épreuve photographique peut être transportée sur une plaque de zinc et ensuite tirée à un grand nombre d'exemplaires. Ce système d'héliographie sur zinc a été imaginé, en 1860, par l'Anglais Henry James. On l'emploie beaucoup pour la reproduction à bon marché des gravures, des cartes, etc. La plaque de zinc, après avoir été nettoyée, est revêtue d'une couche de gélatine, contenant du bichromate d'ammoniaque. On prend l'épreuve positive sur cette plaque; on encre ensuite comme dans la photolithographie, mais au lieu de transporter l'épreuve sur une pierre, on tire directement sur la plaque.

PHRAATES, nom de 5 rois des Parthes. — I. (178-164 av. J.-C.), envahit la Médie. — II. (439-127), fut malheureux dans ses guerres et périt en combattant les Scythes. — III. (70-58), fit alliance avec Lucullus contre Mithridate, mais refusa de seconder Pompée. — IV. (37-9 av. J.-C.); repoussa Marc-Antoine, s'enfuit, à la suite d'une insurrection, recouvra le trône et périt empoisonné. — V, fils du précédent; mourut peu de temps après avoir été mis sur le trône par les Romains (35 ap. J.-C.).

PHRAGMITE s, m. (lat. *phragma*, cloison). Bot. Genre de graminées arundinacées, voisin des roseaux et comprenant plusieurs espèces d'herbes, dont la principale est le *phragmite commun (phragmites communis* ou *arundo*

Phragmite commun (Phragmites communis).

phragmites), vivace, haut de 2 à 3 m., avec de nombreuses feuilles grandes et un panicule large, terminal, d'un brun pourpre, qui mesure quelquefois un pied de long. On l'appelle aussi *roseau à balai*.

PHRAORTE. Voy. MÉDIE.

* **PHRASE** s. f. [fra-ze] (gr. *phrasis*; de *phrazô*, je parle). Assemblage de mots construits ensemble, et formant un sens : *la phrase française a de la clarté.* — PHRASE FAITE, façon de parler particulière, qui est consacrée par l'usage, et à laquelle il n'est pas permis de rien changer : *faire rage, faire grâce, avoir à cœur, battre monnaie*, etc., sont *autant de phrases faites.* — PHRASE TOUTE FAITE. — Fam. FAIRE DES PHRASES, parler d'une manière recherchée et affectée. On dit, dans le même sens, C'EST UN FAISEUR DE PHRASES. — PHRASE MUSICALE, suite non interrompue de chant ou d'harmonie, de sons simples ou d'accords, qui forme un sens plus ou moins achevé, et qui se termine sur un repos.

* **PHRASÉOLOGIE** s. f. [fra-zé-o-lo-jî] (fr. *phrase*; gr. *logos*, discours). Construction de phrases particulière à une langue, ou propre à un écrivain : *la phraséologie de cet auteur est bizarre, vicieuse.* — Discours creux et vide de sens : *il nous fatigue avec sa phraséologie.*

PHRASÉOLOGIQUE adj. Qui a le caractère de la phraséologie.

PHRASÉOLOGUE s. m. Celui qui fait de la phraséologie.

* **PHRASER** v. n. [fra-zé]. Musiq. Faire des phrases, des suites régulières et complètes de

chant ou d'harmonie : *ce compositeur phrase bien.* — Activ. PHRASER LA MUSIQUE, bien marquer chaque phrase, d'une pièce de musique, dans la composition ou dans l'exécution.

* **PHRASEUR** ou **Phrasier** s. m. Faiseur de phrases, celui qui parle ou qui écrit d'une manière affectée, recherchée, verbeuse et vide : *quel ennuyeux phraseur.*

PHRATRIARQUE s. m. (fr. *phratrie*; gr. *arkos*, qui commande). Chef d'une phratrie.

* **PHRATRIE** s. f. (gr. *phratria*). Antiq. gr. Subdivision de la tribu à Athènes : *la tribu comprenait trois phratries.*

PHRÉN ou **Phréno** (gr. *phrên, phrenos*, intelligence, âme). Préfixe qui entre dans la formation d'un certain nombre de mots.

* **PHRÉNÉSIE** s. f. Voy. FRÉNÉSIE.

* **PHRÉNÉTIQUE** adj. Voy. FRÉNÉTIQUE.

* **PHRÉNIQUE** adj. [fré-ni-ke] (gr. *phrên*, diaphragme). Anat. Qui a rapport ou qui appartient au diaphragme : *nerf, artère phrénique.* — Physiol. Qui a rapport ou qui appartient à l'intelligence, à la pensée.

PHRÉNITE s. f. (gr. *phrên*, diaphragme). Inflammation du diaphragme.

* **PHRÉNOLOGIE** s. f. (préf. *phreno*; gr. *logos*, discours). Système d'après lequel la conformation du crâne indique les diverses facultés ou dispositions de l'esprit humain : *la phrénologie est une hypothèse que l'expérience n'a pas justifiée.* — ENCYCL. La phrénologie est un système de philosophie de l'esprit humain, fondé sur la physiologie du cerveau. Elle embrasse d'abord une théorie psychologique, et en second lieu une organologie ou explication des relations des parties ou organes cérébraux avec les facultés mentales; cette dernière partie peut elle-même se diviser en organologie proprement dite, et en physiognomonie prise dans le plus large sens, c'est-à-dire la connaissance des caractères mentaux par le moyen des signes extérieurs, y compris la crânioscopie, les tempéraments, les traits et les attitudes. Ce système fut mis pour la première fois en avant par Franz-Joseph Gall, en 1796. On commença à s'en occuper sérieusement vers 1815. Aux États-Unis, il fut introduit par le docteur Charles Caldwell, du Kentucky, élève de Gall, entre 1821 et 1832. Mais le nombre de ses partisans resta très limité dans ce pays jusqu'au moment où le docteur Spurzheim donna ses conférences, surtout à Boston, en 1832, et où les frères O.-S. et L.-N. Fowler en donnèrent aussi avec examens crânioscopiques, en 1834. Les conférences de M. George Combe (1838-'40) contribuèrent beaucoup à rendre populaire ce système en Amérique, et plus encore le livre intitulé *Constitution of Man* et les autres ouvrages bien connus des frères Combe. Voici la classification des facultés et des organes les plus éminents phrénologiques et adoptée comme embrassant les résultats certains auxquels, selon eux, leur science est arrivée :

DIVISION I. FACULTÉS AFFECTIVES

Groupe domestique : 1. Amativité : l'instinct sexuel, ou impulsion; A. conjugalité : l'instinct de l'union par couple, l'amour exclusif d'un seul; 2. Amour parental : l'amour de sa progéniture, l'amour des jeunes ou d'animaux favoris; 3. Amitié : l'instinct de réunion ou instinct social, l'attachement aux amis; 4. Habitivité : l'amour du logis et le désir de se fixer, le patriotisme; 5. Continuité : la persistance de l'émotion ou de la pensée, l'application, l'absorption dans une idée ou une occupation.

Groupe égoïste : E. Vitativité : l'amour de la vie, la ténacité à la vie, l'effroi de l'annihilation; 6. Combativité : l'instinct de résistance et d'opposition, la résolution, le courage; 7. Destructivité : la disposition à infliger de la douleur, à détruire ou à exterminer, exécutivité; 8. Alimentivité : l'appétit pour la nourriture; F. Bibitivité : le goût pour l'eau ou les autres breuvages; 9. Acquisitivité : le désir d'avoir et de posséder, l'instinct d'acquérir et d'entasser; 10. Sécrétivité : l'instinct de la réserve et de la réticence, la ruse, la politique; 11. Circonspection : le sens du danger ou du mal l- désir de la sécurité, la vigilance; 12. Approbativité : l'amour de l'approbation ou de la louange, l'amour de l'étalage, le sens de la réputation, l'ambition; 13. Estime de soi-même : le sentiment qui fait qu'on s'apprécie et se respecte soi-même, la dignité, la fierté; 14. Fermeté : la ténacité de la volonté et du dessein, la persévérance.

Groupe MORAL : 15. Conscience : le sens du droit et du vrai, le sentiment de la justice et du devoir, l'intégrité; 16. Espérance : le sens et la jouissance d'un bien futur, l'anticipation; 17. Spiritualité : le sens du non-vu, la foi (amour du merveilleux, crédulité); 18. Vénération : le sens de la divinité, l'adoration, le culte; 19. Bienveillance : le désir du bien-être, de l'humanité, l'amour des autres, l'abnégation.

Groupe DU PERFECTIONNEMENT PERSONNEL : 20. Constructivité : l'instinct de bâtir, l'aptitude à combiner ou de construire (synthèse ?); 21. Idéalité : le sens du beau et du parfait, du pur et de l'élégant, l'imagination (?); B. Sublimité : l'amour du vaste et du grandiose, le sens de l'infini; 22. Imitation : l'aptitude à se donner un modèle, à copier ou à imiter; 23. Gaieté : le sens de l'absurde ou du ridicule, l'esprit, l'humour.

DIVISION II. FACULTÉS INTELLECTUELLES.

Groupe PERCEPTIF : 24. Individualité : la perception des choses ou des objets individuels, la curiosité de voir; 25. Forme : la perception de la forme ou de la configuration, y compris les traits; 26. Taille : la perception de la dimension en grandeur, et de la quantité en général, le sens de l'espace; 27. Poids : la perception de l'effort ou de la pression, de la force et de la résistance, de la gravité et de l'équilibre; 28. La couleur, la perception des nuances, teintes, lumières et ombres; 29. Ordre : l'intelligence de l'arrangement, de la méthode, du système; 30. Calcul : l'intelligence des nombres et de leurs rapports évidents; 31 localité : l'intelligence des lieux et des situations; 32. Eventualité : l'intelligence des événements, des choses qui arrivent, ou faits; 33. Temps : l'intelligence de la succession et de la durée; 34. Musique : l'intelligence de la mélodie et de l'harmonie; 35. Langage : la connaissance et l'usage de tous les signes de la pensée et du sentiment, y compris les mots, le pouvoir de l'expression.

Groupe RÉFLECTIF : 36. Causalité : l'intelligence de la dépendance et de l'efficacité ou la relation de l'effet à la cause; 37. Comparaison : l'intelligence des ressemblances, de l'identité et de la différence, le discernement, le pouvoir d'analyse et de critique; C. Nature humaine : discernement des caractères et des motifs; D. Agréabilité : la suavité, l'aptitude à se conformer au milieu où l'on est, et à sympathiser avec ceux qui nous entourent.

— BIBLIOGR. Gall. *Introduction au cours de physiologie du cerveau; Mémoire concernant les recherches sur le système nerveux* (Paris, 1809); *Des dispositions innées de l'âme et de l'esprit* (Paris, 1812) et, en collaboration avec Spurzheim, *Anatomie et physiologie du système nerveux* (Paris, 1810-19, 4 vol. in-fol.); Bouillaud, *Recherches cliniques sur le sens du langage articulé* (Paris, 1848); Broussais, *Cours de phrénologie* (Paris, 1836); Flourens, *Recherches sur les fonctions du système nerveux* (Paris, 1842); Lélut, *Qu'est-ce que la phrénologie?* (Paris, 1836); Voisin, *Des causes morales et physiques des maladies mentales* (Paris, 1826); *Anatomie de l'entendement humain* (Paris, 1858), etc.

* **PHRÉNOLOGIQUE** adj. qui appartient à la phrénologie.

* **PHRÉNOLOGISTE** ou **Phrénologue** s. m. Celui qui s'occupe de phrénologie, partisan du système phrénologique.

PHRYGANE s. f. (gr. *phruganon*, broussaille). Entom. Genre de névroptères plicipennes, comprenant un grand nombre d'espèces dont les larves et les nymphes sont aquatiques et se logent dans les fourreaux portatifs faits avec de la soie recouverte de petits morceaux de jonc, de bois, de cailloux, etc. Ce fourreau ressemble à un petit fagot de broussailles, d'où vient le nom de l'animal. Les phryganes adultes ressemblent à des phalènes; elles volent au bord des ruisseaux vers le coucher du soleil.

PHRYGIE, ancienne division de l'Asie Mineure, dont les limites ont varié à différentes époques. Elle était à l'O. du Halys, entre la Cappadoce et la Lydie. On donnait le nom de Petite Phrygie à un territoire au S. de la Propontide, qui fit plus tard partie de la Mysie. Après l'invasion des Gaulois, dans le IIIᵉ siècle av. J.-C., le N.-E. de la Phrygie forma la partie principale de la Galatie. La plupart des grandes villes étaient au S.-O

Celænæ, à la source du Méandre; Apamea Cibotus, fondée par Antiochus Soter; Colossæ et Laordicée, centres d'églises chrétiennes; et Hiérapolis, renommée pour ses sources minérales. Les principaux cours d'eau étaient le Méandre et le Sangarius. Le pays est un plateau généralement fertile.—Les Phrygiens étaient regardés comme une des plus anciennes nations de l'Asie Mineure. Les quelques restes qui nous sont parvenus de leur langue indiquent une origine iranienne. Les Phrygiens étaient, selon toute apparence, puissants et civilisés. Leur culte était célèbre pour les danses frénétiques et les mutilations volontaires des prêtres et des dévots. Ils furent soumis par Crésus de Lydie, et passèrent avec la Lydie sous la domination perse. Le pays appartint ensuite aux Séleucides. Une partie au S. du Sangarius fut annexée à la Bithynie, et plus tard donnée par les Romains à Pergame sous le nom de Phrygie Epictète. La plus grande partie de la Phrygie est aujourd'hui comprise dans le vilayet turc de Khodavendighiar.

* **PHRYGIEN, IENNE** s. et adj. De la Phrygie; qui appartient à ce pays ou à ses habitants.

PHRYNÉ s. f. [fri-né] (de *Phryné*, n. pr.). Femme de mœurs légères.

Aux temps les plus féconds en *Phrynés*, en Laïs...
BOILEAU.

PHRYNÉ, courtisane athénienne, de la fin du IVᵉ siècle av. J.-C. Elle était d'humble naissance, mais sa beauté transcendante lui attira de riches admirateurs, et lui acquit de grandes richesses. C'est d'après elle que Praxitèle modela sa Vénus de Cnide, et elle posa, dit-on, devant Apelles pour son tableau de Vénus Anadyomène.

PHRYNOSOME s. m. [fri-no-so-me] (gr. *phrunos*, crapaud ; *soma*, corps). Erpét. Genre

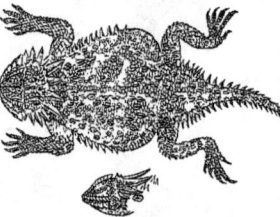

Phrynosoma cornutum.

de sauriens iguaniens, comprenant trois ou quatre espèces de reptiles singuliers et repoussants qui habitent l'Amérique du Nord.

PHTALATE s. m. Chim. Sel produit par la combinaison de l'acide phtalique avec une base.

PHTALIQUE adj. Se dit d'un acide qui se produit par l'action de l'acide azotique sur le bichlorure de naphtaline, et des amides de cet acide.

PHTALYLE s. m. Chim. Nom donné au radical biatomique de l'acide phtalique et de ses sels.

PHTIOTE s. et adj. De la Phtiotide; qui appartient à ce pays ou à ses habitants.

PHTIOTIDE [fti-o-tide], district le plus méridional de l'ancienne Thessalie. La chaîne des monts Othrys la traverse par le milieu. Parmi ses villes étaient : Aniron, Larisse, Lamie et Itone. La nomarchie actuelle de Phtiotide-et-Phocide ne comprend que le sud de l'ancien district; 6,084 kil. carr.; 128,000 hab.; cap., Lamia ou Zeitun.

* **PHTIRIASIS** s. f. [fti-ri-a-ziss] (rad. gr. *phteir*, pou). Maladie pédiculaire, dont le

symptôme essentiel consiste dans le développement d'une immense quantité d'une espèce particulière de pou (*pediculus tabercentium*), sur une région ou sur toute la surface du corps, à moins que la maladie ne soit très ancienne. La phtiriasis est toujours le résultat des pontes successives de quelques-uns de ces insectes venus accidentellement; aussi, suffit-il ordinairement, pour détruire ces parasites, de bains, de fumigations sulfureuses et de frictions sulfuro-alcalines ou une pommade composée de trois parties de sulfure de mercure, une partie de chlorhydrate d'ammoniaque et 32 d'axonge.

PHTIRIASIQUE adj. Qui concerne la phtiriasis.

* **PHTISIE** s. m. [fti-zî] (gr. *phtiô*, je sèche). Méd. Toute sorte de maigreur et de consomption du corps, de quelque cause qu'elle vienne: *phtisie pulmonaire*, ou simpl., *phtisie*. — On donnait autrefois le nom de phtisie aux diverses affections chroniques dans lesquelles la mort survenait à la suite d'un état de langueur, de maigreur ou d'épuisement extrêmes. Aujourd'hui ce mot désigne exclusivement la phtisie pulmonaire, affection tuberculeuse des poumons, qui s'accompagne presque toujours des phénomènes d'étisie ou de consomption ; les causes de cette terrible maladie sont obscures. Beaucoup de personnes y ont une disposition héréditaire, surtout celles qui ont une diathèse dartreuse ou lymphatique; quant aux causes déterminantes, ce sont : le séjour habituel dans un lieu froid et humide, ou dans un lieu où l'air n'est pas suffisamment renouvelé, une alimentation insuffisante ou de mauvaise qualité, une vie sédentaire, le défaut d'exercice, la masturbation et les excès vénériens. Bien que cette maladie se développe le plus souvent sur des sujets âgés de 18 à 30 ans, tous les âges y sont sujets. Elle est plus commune dans les pays où le climat est humide et variable que dans ceux où la température est ordinairement sèche et uniforme. D'après les observations de l'écrivain français Jaccoud, elle est presque inconnue dans les pays montagneux, élevés de plus de 1,200 m. au-dessus du niveau des mers. Une importante découverte relative à la cause de la tuberculose a été faite en France par Villemin, en 1865. Il a démontré, par une série d'expériences, qu'elle peut être communiquée, au moyen de l'inoculation, de l'homme à certains animaux, particulièrement au lapin et au cochon d'Inde. Mais il semble que l'inoculation tue toute matière morbide autre que des produits tuberculeux, est également suivie d'un développement de tubercules. — La phtisie présente trois périodes distinctes : 1ʳᵉ PÉRIODE. Les tubercules n'ont encore que la grosseur d'un grain de mil; ils se forment presque toujours en débutant par le haut du poumon; mais bientôt les parties inférieures sont envahies, l'affection est annoncée par une toux persistante ordinairement sèche, quelquefois par der crachements de sang, par des douleurs thoraciques vagues, erratiques dans les épaules, par une oppression qui augmente avec la toux et avec la marche, par une pâleur et un amaigrissement croissants, par une bronchophonie diffuse, par la rudesse de la respiration, et souvent par des sueurs nocturnes. Parfois cette période passe inaperçue et l'affection n'est reconnue qu'à un état avancé. 2ᵉ PÉRIODE. Les tubercules sont ramollis et de la grosseur d'une amande, les signes de la phtisie sont alors manifestes : toux et amaigrissement considérables, crachats gris-verdâtre avec des stries jaunâtres, oppression et faiblesse croissantes, poitrine déformée et rétrécie, épaules saillantes, ongles bombés; le résonnement de la voix dans les bronches devient rauque comme chez les pectoriloques.

La marche de la tuberculisation est souvent lente; et le malade, s'illusionnant sur sa position, ne peut s'avouer qu'il est poitrinaire; il ne se donne pas alors les soins désirables. 3e PÉRIODE, fonte des tubercules, formation de cavernes dans les poumons. Les crachats purulents sont caractéristiques, le marasme est profond, la fièvre hectique a des paroxysmes journaliers dans l'après-midi; les accès de toux deviennent de plus en plus pénibles, les sueurs et la diarrhée colliquative tourmentent le malade, le souffle amphorique et le gargouillement perçus à l'auscultation annoncent que les tubercules après s'être ramollis sont éliminés et produisent des cavernes. — Chaque période dure plus ou moins longtemps; la première est la plus longue. Quelquefois le malade succombe au bout de quelques semaines seulement, c'est la *phtisie galopante*. Le plus souvent la maladie met huit ou dix années à parcourir ses périodes. — La guérison de la phtisie n'est pas au-dessus des forces de la nature, mais l'art ne possède encore aucun moyen certain d'arriver à ce but, surtout lorsque le malade est à une période avancée. On a essayé contre cette terrible affection toutes les médications possibles et une foule de remèdes différents, tant méthodiques qu'empiriques, mais sans succès certain et bien authentique. Cependant la terminaison de la phtisie n'est pas toujours fatale. Il arrive parfois que les tubercules se transforment en une matière crétacée ou calcaire qui produit une sorte de cicatrisation. Dans tous les cas, le régime à observer est le suivant : 1° s'entourer de soins hygiéniques, prendre de l'exercice; éviter le froid (surtout aux pieds); porter de la flanelle; vivre à la campagne, au besoin, voyager dans les pays montagneux; 2° prendre avec persévérance l'huile de foie de morue, l'hypophosphite de chaux, les pastilles reconstituantes de Lavie, l'arséniate de soude, le tannin, l'eau de goudron, l'eau de Royat à la source, le jus de cresson pilé, l'iodure de fer, etc. Les cautères volants ont été souvent appliqués avec succès; 3° régime sain et reconstituant : viandes saignantes, œufs frais, vin généreux ou bière; lait salé, un petit verre de curaçao ou de liqueur stimulante après chaque repas; 4° inhalation quotidienne d'acide carbonique et d'eau sulfureuse pulvérisée. Si ces règles hygiéniques ne réussissent pas toujours, du moins elles aident à prolonger fort longtemps la vie des phtisiques. Pendant la dernière période, on modère la toux par les opiacés (sirop de codéine), la diarrhée par le sous-nitrate de bismuth et les sueurs par le tannin. Cette affection offre cette particularité, que la plupart des malades s'illusionnent sur leur état et que, à la veille de mourir, ils forment encore les plus riants projets d'avenir.

PHTISIOLOGIE s. f. (fr. *phtisie*; gr. *logos*, discours). Traité sur la phtisie.

PHTISURIE s. f. (fr. *phtisie*; gr. *ouron*, urine). Phtisie causée par le diabète.

* **PHTISIQUE** adj. et s. Médec. Étique, qui est atteint de phtisie : *il est phtisique; c'est un phtisique.*

PHUL. Voy. SARDANAPALE.

PHYCOLOGIE s. f. (gr. *phucos*, algue; *logos* discours). Partie de la botanique qui traite de l'étude des algues.

* **PHYLACTÈRE** s. m. (gr. *phulakterion*). Antiq. Petit morceau de peau ou de parchemin que les Juifs s'attachaient au bras ou au front, et sur lequel étaient écrits différents passages de l'Écriture. — Toute espèce de préservatif ou de talisman que les Juifs portaient superstitieusement. — ENCYCL. On appelait phylactères les amulettes portées par les anciens pour les garantir des accidents, ou,

comme cela avait lieu chez les Hébreux, pour les garder de toute transgression à la loi religieuse. Le phylactère hébraïque était une bande de parchemin portant des inscriptions tirées de l'Écriture, pliée et mise dans une petite boîte de cuir, que le dévot portait sur le front. Les Juifs orthodoxes modernes portent des phylactères (*tephillin*) sur la tête et sur le bras gauche, mais seulement pendant les prières du matin et les jours ouvriers. On attache des signes semblables aux montants des portes, et ils prennent alors du lieu où ils sont placés le nom de *mezuzoth*.

PHYLARCHIE s. f. (gr. *phylê*, tribu; *arkê*, commandement). Emploi, dignité de phylarque.

* **PHYLARQUE** s. m. (fil-lar-ke) (gr. *phylê*, tribu; *arkos*, qui commande). Ant. gr. Chef de tribu dans l'Attique. Le phylarque présidait aux assemblées et dirigeait le trésor et les affaires de sa tribu. Il y avait un phylarque à la tête des troupes fournies par chaque tribu d'Athènes. (Voy. ARMÉE.)

* **PHYLLITHE** s. m. (fil-li-te) (gr. *phullon*, feuille; *lithos*, pierre). Hist. nat. Feuille pétrifiée, ou pierre qui porte des empreintes de feuilles.

PHYLLOPHAGE adj. (fil-lo-fa-je) (gr. *phullon*, feuille; *phagô*, je mange). Zool. Qui se nourrit de feuilles. — s. m. pl. Groupe de coléoptères pentamères lamellicornes, tribu des scarabées, comprenant un grand nombre d'espèces qui vivent sur les feuilles. Le *phyllophage du rosier* (*melolontha subspinosa*. Fab. ou *macrodactylus subspinosus*, Lat.) vit dans l'Amérique du Nord.

Phyllophage du rosier.

PHYLLOSTOME s. m. (gr. *phullon*, feuille; *stoma*, bouche). Qui a une crête membraneuse sur la bouche.

PHYLLOTAXIE s. f. (gr. *phullon*, feuille; *taxis*, ordre). Bot. Partie de la botanique qui traite de la disposition des organes foliacés.

* **PHYLLOXERA** s. m. (fil-lok-sé-ra) (gr. *phullon*, feuille; *xera*, desséché). Mot fabriqué, en 1834, par l'entomologiste français Fonscolombe, pour désigner un genre d'insectes hémiptères homoptères, voisin des pucerons, et dont l'espèce type, le *phylloxera quercus*, vit sur la face inférieure des feuilles du chêne européen et leur donne l'aspect flétri, desséché. En 1865, une maladie de la vigne, répandue dans les vignobles de France, commença à attirer l'attention générale. Elle alla se propageant, et, à la fin de 1874, elle occupait plus ou moins gravement les régions du Rhône inférieur, depuis Valence jusqu'à l'embouchure du fleuve, celles de Montpellier à Toulouse, les environs de Bordeaux, sur la rive droite de la Gironde, les environs de Cognac au N., et ceux de Lyon à l'E. En 1868, le professeur J.-E. Planchon, de Montpellier, découvrit la vraie cause de la maladie ; c'était un puceron minuscule, qui s'attaquait aux racines. Planchon nomma cet insecte *phylloxera vastatrix*. Depuis lors, le terme phylloxera a acquis un sens un peu plus large que celui qu'il avait à l'origine; il désigne aujourd'hui non seulement le genre de l'insecte, mais la maladie même. En 1869, M. J. Lichtenstein, de Montpellier, émit le premier l'idée que le phylloxera qui ravageait les vignes de France pouvait être la même qu'une espèce connue pour produire des galles sur les feuilles de la vigne en Amérique, et appelée par le Dr Fitch *pemphigus vitifolia*. S'emparant de cette idée, le professeur C.-V. Riley, de Saint-Louis, établit l'identité d'espèce des deux insectes, en 1870. En 1871, il découvrit que les racines des vignes d'Amérique sont attaquées de la même manière que celles d'Europe. Dans l'automne

de la même année, il annonça cette découverte, et, dans le quatrième rapport entomologique de l'état de Missouri, donna les raisons qu'il y a de croire que la non-réussite de la vigne européenne (*vitis vinifera*), en Amérique, lorsqu'elle est plantée à l'E. des montagnes Rocheuses, l'insuccès partiel d'un grand nombre d'hybrides provenant de la *vitifera* d'Europe, et l'altération et la mort de beaucoup de variétés indigènes à racines tendres, tient principalement à cet insecte. Il montra aussi que quelques-unes des variétés indigènes américaines jouissent contre ces attaques d'une immunité relative. En 1873, le professeur Planchon reçut la mission du gouvernement français, d'aller étudier le phylloxera en Amérique. Ses investigations confirmèrent les conclusions du professeur Riley, quant à l'identité des insectes américains et européens, et quant à l'immunité relative de certaines vignes américaines. — Le phylloxera de la vigne est originaire du continent de l'Amérique du N., à l'E. des montagnes Rocheuses; on le trouve depuis le Canada jusqu'à la Floride sur les vignes sauvages des forêts, et dans la plupart des états, et probablement même dans tous, sur les vignes cultivées. Il se présente sous deux types différents. Celui qui fait des galles sur les feuilles s'appelle *gallicola*; il est lisse, et très prolifique, n'existe qu'à l'état de femelle agame, sans ailes. L'insecte qui vit sur la racine, et qu'on distingue par le nom de *radicicola*, est, au moment de l'éclosion, exactement semblable à celui des feuilles; mais il acquiert plus tard des tubercules. Le phylloxera de la vigne passe d'ordinaire l'hiver à l'état de jeune larve inerte, attachée aux racines, d'une couleur sombre et bronzée, dont la nuance est difficile à distinguer de celle de la racine même. En même temps que la végétation de la vigne reprend, au printemps, cette larve mue, augmente rapidement de grosseur, et se met bientôt à déposer des œufs. Ces œufs, au bout d'un temps donné, produisent de petits insectes qui deviennent bientôt des mères sans fécondation, pondent comme les précédentes, et, comme elles aussi, restent toujours sans ailes. Il se succède cinq ou six générations de ces mères aptères, pondeuses et parthénogénétiques, et enfin, vers le milieu de juillet, sous la latitude de Saint-Louis, quelques individus commencent à acquérir des ailes. Ceux-ci sont tous femelles, et se reproduisent sans fécondation (parthénogènes) comme les mères aptères. Les femelles ailées sont beaucoup plus abondantes en août qu'en tout autre mois, et, à certains jours, elles fourmillent littéralement. Il n'est pas un morceau de racine de quelques pouces muni de radicules, pris à une vigne attaquée qui n'ait, en cette saison, une grande quantité de chrysalides. Parfois des individus isolés, placés dans certaines conditions, abandonnent leur habitat normal sous terre, et forment des galles sur les feuilles de certaines variétés de vigne. Il n'y a pas d'espèce de vigne qui soit entièrement exempte des attaques de cet insecte sous une forme ou sous une autre; mais beaucoup de vignes indigènes américaines lui résistent, en ce sens qu'elles ne sont jamais sérieusement affectées. On a essayé beaucoup de remèdes, mais, à l'exception de la submersion du terrain infecté et de l'usage du sable ou d'engrais, particulièrement de ceux qui sont riches en *kali*, il n'y en a guère qui soient pratiquement utiles. — Voy. le sixième *Report on the Insects of Missouri*, du professeur Riley (1874). Voici ce que nous lisons dans le journal *la Nation* du 11 avril 1877 : « Le 8 déc. 1867, M. Delorme, viticulteur du département des Bouches-du-Rhône, écrivait au président du comice agricole d'Aix une lettre conçue en ces termes : « À la fin de juillet 1866, mon fermier vit un certain nombre de ceps dont le feuillage avait perdu sa nuance ordinaire vert foncé ; sur diverses feuilles, on voyait poindre une teinte rougeâtre. En prenant de l'extension, le mal se propagea dans la direction générale des premiers ceps affectés, c'est-à-dire du N. au S., frappant en largeur quatre ou cinq rangs. Tous les ceps atteints se trouvaient dans le voisinage immédiat les uns des autres ; les feuilles tournèrent rapidement au rouge foncé et, dès la fin d'août, elles étaient tombées jusqu'à la dernière. A ce moment les souches malades étaient au nombre de deux cents à peu près. Dès les premiers jours de décembre, lorsque l'on commença à tailler, la plupart des souches étaient déjà desséchées et cassantes dans leurs parties supérieures, et plusieurs pieds étaient même complètement privés de vie. J'eus alors l'idée de faire arracher l'une des souches dont le corps semblait en ce moment plein de sève, afin de vérifier l'état des racines. A mon grand étonnement, je trouvai celles-ci à peu près aussi malades que les extrémités supérieures, puisque déjà plusieurs des racines étaient mortes. Sur quelques-unes

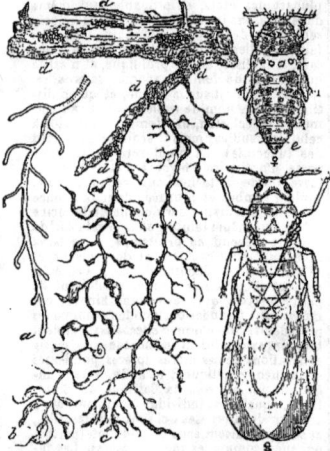

Phylloxera. — Radicicola : a, racine saine. b, racine sur laquelle travaillent les pucerons, dessinée de manière à montrer les nœuds et les gonflements causés par leurs piqûres. c, racine abandonnée par les pucerons, sur laquelle les radicelles commencent à dépérir. d d d, pucerons sur la grosse racine (grosseur naturelle). e, chrysalide de femelle, très grossie et vue de dos. f, femelle ailée, vue de dos et très grossie.

_ne légère pression suffisait pour détacher l'épiderme. Leur tissu était de couleur foncée, très noirâtre, et elles cassaient aussi facilement que du bois sec. Dès la fin de février 1867, toutes les souches malades étaient mortes. Dans ce même intervalle et pendant toute la saison d'hiver, la maladie n'avait pas cessé de s'étendre dans toutes les directions, mais toujours de proche en proche. Pendant l'été, il en fut de même. En septembre, au moment de la récolte, les pieds morts ou malades occupaient une étendue de cinq hectares environ, et leur produit fut à peu près nul. » A quelle cause fallait-il attribuer ces symptômes maladifs encore inconnus ? La réponse à cette question fut définitivement obtenue lorsqu'une commission de la Société d'agriculture de l'Hérault vint, sur l'insistance de plusieurs propriétaires de la Crau, visiter les vignes de Saint-Remi. En étudiant à la loupe une racine malade, M. Planchon, professeur à la faculté

des sciences de Montpellier, découvrit l'insecte auquel il donna plus tard le nom de phylloxera vastatrix. Tels sont les débuts de l'invasion dont nous allons retracer la marche rapide. Mais, auparavant quelques détails sur l'insecte destiné à une si triste renommée et sur ses façons d'agir. Les phylloxeras que l'on rencontre par masses innombrables sur les racines des vignes malades sont parvenus à toutes les diverses phases de leur existence. On voit, à côté des œufs qui vont éclore, la mère et sa trop nombreuse progéniture. Comme plusieurs autres aphidiens, l'insecte se reproduit sans fécondation préalable. A sa sortie de l'œuf, l'animal cherche un point de la racine encore peu habité, enfonce le dard dont sa trompe est munie, puis devient stationnaire, grossit et pond à son tour. C'est sous l'influence de la multitude de piqûres qu'elle reçoit que la racine s'atrophie rapidement et meurt. Quelque temps avant la mort, dès que la circulation de la sève est interrompue, les suceurs abandonnent leur proie et vont s'implanter sur les racines d'un cep voisin. On conçoit aisément que ce raffinement d'aptitude pour l'œuvre de la destruction donne au phylloxera une puissance terrible. Lorsque l'on suit sur une carte un peu détaillée l'extension du fléau depuis son apparition, on ne peut se défendre d'un sentiment de tristesse et d'effroi en voyant la tache rouge grandir sans cesse. En 1865, dans le département de Vaucluse, au N. d'Avignon, entre Roquemaure et Peujaux, on remarque un point d'attaque. En 1866, l'étendue de ce premier foyer d'infection se trouve déjà quadruplée. Il y a de plus dans le seul département de Vaucluse, neuf autres localités où la présence du mal est constatée. Indépendamment du département de Vaucluse, le département des Bouches-du-Rhône est envahi sur deux points, à Saint-Remi et au N.-O. d'Entresseau. En 1867, le phylloxera exerce ses ravages sur les deux tiers du département de Vaucluse et sur un quart de la superficie du département des Bouches-du-Rhône. En 1868, le mal s'étend presque sans interruption depuis Boulieu, au N. de Montélimart, jusqu'à la Méditerranée. En 1869, la tache s'est peu allongée, mais elle s'est considérablement élargie. On note de nouveaux points d'attaque, dans le département des Bouches-du-Rhône, à Aix, à Venellet, à Rousset ; dans le département du Var, à Saint-Maximin, au Beausset et à Ollioules, près Toulon ; dans le département de l'Hérault, aux Matelles, à Saint-Mathieu, à Calpisson, à Milhaud, à Redessan, près Nîmes. En 1870, il y a peu de taches nouvelles, le phylloxera n'a pas fait de bonds considérables, mais toutes les taches existantes se sont élargies. En 1871, la limite au N. n'est plus Montélimart, c'est Valence. Dans l'Hérault, au Var, la destruction devient de plus en plus active. A l'heure actuelle (août 1879), le phylloxera est dans la Gironde ; il est en Bourgogne, il est dans l'Orléanais, il est en Champagne. Il existe, en un mot, dans tous nos pays vignobles, et chaque année la superficie envahie s'agrandit. Dans le département de Vaucluse, il est vrai, quelques vignobles ont été guéris grâce à des conditions spéciales dont nous aurons à nous occuper plus loin. De même, dans le Gard, aux environs de Nîmes, sur de vastes étendues, le mal a cessé ses ravages : il n'y a plus un cep de vigne. Une personne compétente qui arrive de cette contrée nous affirme qu'elle a trouvé réduites, non pas à la misère, mais à la mendicité des familles de viticulteurs qui jouissaient, il y a quelques

années, d'une très large aisance ». Depuis que ces lignes ont été publiées, le fléau n'a cessé d'étendre l'aire de ses ravages. Les plus riches vignobles du Languedoc, du Bordelais et des Charentes ont été anéantis. — Législ. « Dans le but d'arrêter les progrès du phylloxera, une loi rendue le 15 juill. 1878, a autorisé le président de la République à interdire par décrets l'entrée en France de plants, sarments ou débris de vignes provenant d'un pays étranger. Cette loi porte que des arrêtés du ministre de l'agriculture, pris sur l'avis de la commission supérieure du phylloxera, règlent les conditions sous lesquelles peuvent entrer et circuler en France lesdits plants, sarments et débris provenant soit des pays étrangers, soit des parties du territoire français déjà envahies par le

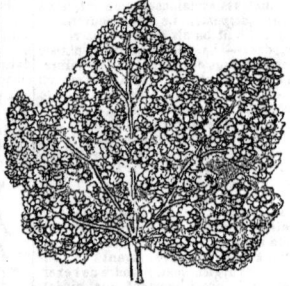

Phylloxera. — Surface inférieure d'une feuille couverte de galles.

phylloxera. La loi susénoncée autorise les mêmes mesures, en ce qui concerne l'importation des pommes de terre et de leurs feuilles ou débris, afin d'empêcher la propagation de l'insecte dit doryphora decem-lineata du colorado. (Voy. DORYPHORE.) Ceux qui, malgré les défenses faites, ont introduit les dits objets sans déclaration ou à l'aide d'une fausse déclaration, sont punis d'un emprisonnement de un mois à quinze mois et d'une amende de 50 fr. à 500 fr. Ces peines sont doublées, en cas de récidive. Lorsque, par mesure de précaution, la destruction des récoltes a été ordonnée par l'administration, il est alloué une indemnité aux propriétaires, mais cette indemnité est moindre que celle pour les récoltes sur lesquelles l'existence du phylloxera ou du doryphora a été constatée. La loi du 2 août 1879, en modifiant quelques articles de la précédente, a permis d'accorder des subventions de l'Etat aux syndicats constitués dans le but d'arrêter l'invasion du phylloxera, et une somme annuelle de 1,250,000, est inscrite à cet effet au budget de l'Etat. Plusieurs arrêtés ministériels ont prescrit les mesures administratives nécessaires à l'exécution des lois précitées, et la loi du 24 mars 1883 contient des prescriptions applicables spécialement à l'Algérie. Enfin une convention internationale a été conclue à Berne, entre la France, l'Allemagne, l'Autriche-Hongrie, l'Espagne, l'Italie, le Portugal et la Suisse, afin de s'opposer à l'extension du phylloxera ; et cette convention a été rendue exécutoire en France par un décret du 12 janv. 1880 ». (CH. V.)

PHYLLOXÉRÉ, ÉE adj. Qui ressemble au phylloxera ou qui s'y rapporte.

PHYME s. m. (gr. phuma, enflure). Pathol. Tubercule, ulcération, tumeur.

PHYMIQUE adj. Qui se rapporte au phyme. — ÉLIXIR ANTIPHYMIQUE, élixir propre à combattre les phymes.

PHYSALIDE s. f. [fi-za-li-de]. Genre de

plantes annuelles vivaces, de la famille des -olanées, comprenant environ 50 espèces, dont plusieurs sont originaires de l'Amérique du Nord et dont deux ou trois sont cultivées dans les jardins. Après la floraison, et pendant le développement du fruit, le calice croît très rapidement, et, à la maturité, il est mince, à cinq angles, comme recouvert d'un réseau serré; il enferme complètement le fruit dans une enveloppe en forme de ballon qui le dépasse et est beaucoup plus grosse que lui. L'espèce la plus cultivée en Amérique est la *physalide du Pérou* (*physalis*

Physalide du Pérou (Physalis Peruviana).

Peruviana; pedulis et *physalis esculenta* de quelques auteurs), à laquelle on donne les noms de tomate-fraise, de cerise de terre, de corise d'hiver, et d'alkékenge jaune. En Angleterre, on l'appelle groseille de Cap. Les baies enfermées dans le calice tombent dès qu'elles ont atteint leur complète croissance, et n'arrivent d'ordinaire à maturité parfaite que si on les garde quelques jours. Elles ont une saveur très marquée, rappelant un peu celle de la fraise, bien que le goût n'en soit pas si agréable; si on étend ces fruits à distance les uns des autres et qu'on les garantisse de la gelée, ils conservent leurs qualités pendant tout l'hiver; confits avec du sucre et du jus de citron, ils produisent une confiture agréable. On cultive cette plante comme la tomate; elle se sème d'elle-même et se reproduit abondamment avec tendance à prendre les caractères d'une mauvaise herbe.

* **PHYSICIEN** s. m. Celui qui s'occupe de la physique : *c'est un grand, un habile physicien.* — Collège. Ecolier qui étudiait en physique. (Vieux.)

PHYSICK (Philip Syng) [fizz'-ik], médecin et chirurgien américain, né à Philadelphie en 1768, mort en 1837. En 1805, il fut nommé professeur de chirurgie et en 1819, d'anatomie, à l'université de Pennsylvanie; en 1824, il fut élu président de la société médicale de Philadelphie. Il a donné aux journaux de médecine des descriptions des cas qu'il avait traités, et des procédés et instruments qu'il avait inventés. On l'a appelé le père de la chirurgie américaine.

* **PHYSICO-MATHÉMATIQUE** adj. Qui a rapport en même temps à la physique et aux mathématiques : *l'optique est une science physico-mathématique.*

* **PHYSIOCRATE** s. m. (gr. *phusis*, nature; *kratos*, richesse). Nom que se donnèrent au xviiie siècle certains économistes qui prétendaient que toute la richesse est fondée sur l'agriculture : *Quesnay fut le chef des physiocrates.*

* **PHYSIOGNOMONIE** s. f. [fi-zi-o-gno-mo-nî](gr. *phusis*, nature; *gnômôn*, qui indique). Science qui enseigne à connaître le caractère des hommes par l'inspection des traits du visage et de toutes les parties du corps : Lava-

ter a fait un grand *ouvrage sur la physiognomonie.* — Traité fait sur cette matière : *la Physiognomonie de Porta.* — Les plus anciens écrits existant sur la physiognomonie sont ceux d'Aristote, dont l'*Histoire des animaux* est presque autant un système de physiognomonie que d'anatomie comparée. Un des plus grands disciples et successeurs d'Aristote fut Théophraste; ses *Caractères* contiennent 30 chapitres avec 50 esquisses physiognomoniques. Polémon, peu après lui, s'occupa aussi beaucoup de cette science. Albert le Grand, au xiiie siècle, écrivit doctement sur ce sujet, et dressa une carte de la division aristotélique des facultés mentales par rapport aux lobes du cerveau, comme le fit aussi Pietro Montagnana en 1491. Gall prend cette dernière comme base de sa classification et de sa distribution des facultés et des organes, dans le traité *Sur les fonctions du cerveau* (Paris, 1822-25). L'ouvrage célèbre de Giambattista della Porta sur la physiognomonie (Naples, 1586) compare les hommes avec les animaux, en les mettant côte à côte et est en beaucoup de points un commentaire d'Aristote. Cardan, Spontanus, Tommaso Campanella et beaucoup d'autres ont contribué par leurs écrits et leurs travaux au développement de cette science. Le Brun, père de l'école française de peinture, fut presque aussi distingué comme physiognomoniste que comme peintre. Il compare les hommes et les animaux les uns aux autres à la manière de Porta. Tischbein, peintre allemand, applique aussi la même idée. Lavater commença, étant encore enfant, à étudier les physionomies; sa collection de portraits d'hommes remarquables de tous les âges et de tous les pays, date de 1769, et ses publications sur ce sujet remontent à 1772. Avec le Dr Gall commence une ère nouvelle dans la physiognomonie. Lavater avait débuté dans ses études par des observations sur le front; Gall commença par des théories sur les yeux de ses camarades de cours, et continua par ses études sur l'espace interoculaire et sur le sinus frontal, y découvrant des mots et des révélations de mots, et les sens de la forme et du lieu. Johann-Gottfried Schadow publia, en même temps que Gall, d'importants ouvrages sur la physiognomonie, d'abord : *L'Humanité groupée d'après les races et les âges* (1824) et les *Physionomies nationales* (1835). Dans sa *Théorie des ressemblances* (1834), le chevalier de Gama Machado étend ses comparaisons jusqu'aux ressemblances entre les animaux et les plantes. La *Physiognomonie dans ses rapports avec la phrénologie*, par Spurzheim, contient de nombreux portraits de personnages historiques; elle part de l'hypothèse qu'il n'y a dans le visage de signes certains du caractère que ceux que l'on voit sur le front. L'idée de la relation réciproque du cerveau et du visage dans la manifestation des caractères conduisit le Dr J.-W. Redfield, en 1840, à rechercher dans le visage des signes du caractère correspondant à ceux que Gall et Spurzheim avaient reconnus dans le cerveau. Ces signes sont décrits dans *Outlines of a New System of Physiognomy* (1848). Darwin dans ses *Expressions of the Emotions in Men and Animals* (1872) a rendu un service inappréciable à la physiognomonie en étendant les comparaisons physiognomoniques aux membres de la famille humaine les plus éloignés les uns des autres, et aux habitudes les plus familières mais les moins étudiées des animaux qui vivent autour de nous.

* **PHYSIOGNOMONIQUE** adj. Qui appartient; qui a rapport à la physiognomonie : *règles physiognomoniques.*

PHYSIOGRAPHE s. m. Celui qui s'occupe de physiographie.

* **PHYSIOGRAPHIE** s. f. (gr. *phusis*, nature;

graphein, décrire). Description des productions de la nature. (Peu us.)

* **PHYSIOGRAPHIQUE** adj. Qui a rapport à la physiographie. (Peu us.)

* **PHYSIOLOGIE** s. f. [fi-zi-o-jî] (gr. *plusis*, nature; *logos*, discours). Science qui traite des phénomènes de la vie, des fonctions des organes, soit dans les animaux, soit dans les végétaux : *physiologie animale*, ou simp., *physiologie.* — Ouvrage qui traite de cette science : *la Physiologie végétale de Sénebier.* — Littér. Etude d'un caractère considéré comme type : *physiologie de l'avocat.* — Etude des fonctions de certains organes : *physiologie du goût.* — Encycl. La physiologie générale traite des phénomènes vitaux qui se manifestent chez les êtres organisés pris dans leur ensemble. La physiologie comparée établit les points de ressemblance et de dissemblance dans les actes vitaux des groupes et des espèces alliées. La physiologie spéciale donne les détails des phénomènes vitaux dans les espèces particulières. Les anciens croyaient qu'il y avait une entité indépendante, un principe vital, dont l'union avec le corps produisait la vie, et dont la séparation causait la mort. Les modernes ont abandonné la recherche du principe vital, et se sont appliqués à l'investigation des phénomènes naturels des corps vivants. Les anciens philosophes comparaient le microcosme humain au macrocosme de l'univers, et reconnaissaient les mêmes forces motrices pour la matière organique et pour la matière inorganique. Hippocrate considérait la matière aveugle comme l'agent mystérieux des opérations vitales. Platon et Aristote admettaient trois esprits vitaux, le végétatif dans la plante, le végétatif et le sensitif dans l'animal, et de plus, chez l'homme, un esprit intelligent et raisonnant plus noble et plus pur que les autres. Van Helmont personnifiait l'esprit vital sous le nom d'*archæus*. A l'aide d'un ferment chimique, l'*archæus* pouvait organiser la matière directement, sans l'intervention d'un œuf. Sylvius de Leyde, dans la dernière moitié du xviie siècle, expliquait toutes les fonctions du corps par l'effervescence et la fermentation des fluides. Willis proclama des vues analogues en Grande-Bretagne; lui aussi faisait entrer le chyle en effervescence dans le cœur, sous l'influence du sel et du soufre, qui prenaient feu ensemble et produisaient la flamme vitale. Boerhaave au commencement du xviiie siècle, substituèrent les forces mécaniques aux forces chimiques en physiologie, expliquant les phénomènes de la vie d'après les principes de la mécanique et des mathématiques, suivant l'idée de Descartes. La doctrine de Harvey sur la circulation du sang, dès lors admise, et les découvertes de Galilée favorisaient les progrès de cette école. Haller (1747) admettait deux propriétés: l'irritabilité et la sensibilité (vis *insita* et *vis nervosa*). L'irritabilité est la propriété de se contracter sur l'influence des stimuli (la volonté pour les muscles ordinaires, et, pour les muscles creux, les matières qu'ils contiennent), appelée aujourd'hui contractilité. La sensibilité est le pouvoir de percevoir les impressions provenant d'un contact. Cette théorie donna une vigoureuse impulsion à la science physiologique, qui était auparavant dans un grand état de confusion. Blumenbach, vers la fin du xviiie siècle, attribuait toutes les actions formatives à une force qu'il appelait *nisus formativus*. Au commencement du xixe siècle, Broussais fit de la pathologie une branche de la physiologie, et donna à son système le nom de doctrine physiologique de la maladie. — La physiologie moderne reconnaît le fait que beaucoup de phénomènes présentés par les corps vivants sont purement physiques ou chimiques ou doivent s'étudier précisément par la même

méthode que tous les autres phénomènes physiques ou chimiques. Non que ces phénomènes soient exactement les mêmes que ceux que l'on voit dans le monde inorganique; au contraire, ils sont particuliers dans leurs détails et ne peuvent se rencontrer que dans les corps vivants, parce que là seulement se trouvent les conditions nécessaires à leur production. D'un autre côté, il y a une seconde série d'actions vitales dans lesquelles les phénomènes sont apparemment différents de ceux du monde inorganique ; ce sont les différentes formes de la sensibilité, le stimulus moteur, l'action réflexe, et les relations sympathiques entre les divers organes et parties du corps. La troisième division des fonctions vitales comprend les actions qui ont rapport à la reproduction. On divise aussi quelquefois les phénomènes vitaux en phénomènes de la vie végétative et phénomènes de la vie animale. Les fonctions végétatives sont celles qui sont communes aux deux règnes, animal et végétal, telles que la nutrition, la sécrétion l'élimination des matières excrémentitielles, la production et la croissance de l'embryon. Les fonctions animales consistent dans les phénomènes de la sensation, de la conscience, de l'intelligence et du mouvement volontaire ou provoqué. (Voy. ABSORPTION, CIRCULATION, ALIMENT, NUTRITION, et les différents autres sujets physiologiques à leurs articles respectifs.)—BIBLIOGR. Magendie, *Précis élémentaire de physiologie;* Burdach (voy. ce mot); Bérard (Pierre-Honoré)(Voy. BÉRARD.) Nous citerons également les travaux de Blainville, Cl. Bernard, Dumas, J. Muller, Longet, Liebig, Boussingault, etc.

* **PHYSIOLOGIQUE.** adj. Qui appartient à la physiologie : *recherches physiologiques.*

PHYSIOLOGIQUEMENT adv. D'une manière physiologique.

* **PHYSIOLOGISTE** s. m. Celui qui est versé dans la physiologie : *ce médecin est un savant physiologiste.*

* **PHYSIONOMIE.** s. f. (*phusis*, nature ; gr. *nomos*, loi). L'air, les traits du visage : *il a une belle physionomie, une physionomie ouverte.* — Absol. Certain air de vivacité et d'agrément répandu habituellement sur le visage et indépendant de la forme des traits : *cette femme est belle, mais elle n'a pas de physionomie, elle manque de physionomie.* — Fig. Caractère de certaines choses, de ce qui les distingue des autres choses de même nature : *les événements de ce siècle ont une physionomie particulière.* — Art de juger, par l'inspection des traits du visage, quelles sont les inclinations d'une personne : *les règles de la physionomie, pour juger du caractère, sont très incertaines.*

* **PHYSIONOMISTE** s. m. Celui qui se connaît ou prétend se connaître en physionomie: *bon physionomiste.*

* **PHYSIQUE** s. f. (fi-zi-ke) (gr. *phusiké;* de *phusikos*, naturel). Science qui a pour objet les propriétés accidentelles ou permanentes des corps matériels, lorsqu'on les étudie sans les décomposer chimiquement : *faire des expériences de physique.* — Ouvrage qui traite de cette science : *la Physique de Nollet.* — Classe où l'on enseigne la physique : *un écolier qui est en physique, qui va en physique, qui fait sa physique.* — s. m. Constitution naturelle de l'homme : *le physique influe beaucoup sur le moral.* — Figure, apparence extérieure de l'homme : *un beau physique.* (Pop.) — IL A LE PHYSIQUE DE SON EMPLOI, se dit, au théâtre, d'un acteur qui a une figure, un extérieur convenable à ses rôles. Se dit aussi quelquefois, fam., d'un homme dont l'extérieur répond bien aux fonctions qu'il exerce. — Adj. Naturel, qui appartient à la physique : *mouvement physique.* — Moral : *j'en ai la certitude morale,*

mais non la certitude physique. — ENCYCL. La physique, autrefois appelée philosophie naturelle, avait pour objet l'explication de tous les phénomènes que présente l'universalité des corps, c'est-à-dire l'étude de la nature entière. Mais les développements que les diverses parties de cette étude ont pris depuis longtemps, ont obligé les savants à diviser la philosophie naturelle ou science universelle en plusieurs branches. Le mot *physique* ne désigne plus que la science qui s'occupe des propriétés générales de la matière, indépendamment de toute considération sur la composition moléculaire des corps. Le physicien s'attache exclusivement aux phénomènes qui résultent des propriétés communes à toute la matière. La physique se divise en plusieurs branches : la 1re a pour objet les propriétés générales des corps; la 2e les phénomènes qui résultent de la chaleur (voy. ce mot); la 3e ceux de la lumière (voy. OPTIQUE); la 4e, ceux du son (voy. ACOUSTIQUE et SON); la 5e, ceux de l'électricité (voy. ce mot); etc. —BIBLIOGR. Rohault, *Traité de physique* (Paris, 1692, 2 vol. in-12);l'abbé Nollet, *Leçons de physique expérimentale* (Paris, 6 vol. in-12); Lacépède, *Physique générale et particulière* (Paris, 1784, 2 vol. in-12); Pouillet, *Éléments de physique* (Paris, 1830, 4 vol. in-8°); Person, *Éléments de physique* (Paris, 1844, 2 vol. in-12); Ganot, *Physique expérimentale* (Paris, 1858), etc. — Géographie physique, branche de la science géographique qui traite de la condition physique de la terre, en décrit le caractère et les relations comme partie du système solaire et en explique les grandes divisions en terre et eau, sa constitution et ses produits, l'atmosphère et les grands mouvements comme ceux des courants océaniques et atmosphériques, qui en affectent ou en modifient diversement le caractère.

* **PHYSIQUEMENT** adv. D'une manière réelle et physique : *cela est démontré physiquement.*

PHYSOSTIGMA [fi-zo-sti-gma] (gr. *phusa*, vessie ; *stigma*, stigmate). Bot. Genre de légumineuses dont l'espèce principale, le *physostigma vénéneux (physostigma venenosum)*, est une plante grimpante vivace dont le fruit se nomme *fève du Calabar.* Cette plante vit dans le vieux Calabar et dans les autres pays de l'Afrique occidentale. La fève du Ca-

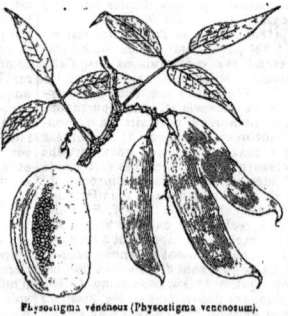

Physostigma vénéneux (Physostigma venenosum).

labar est l'un des poisons végétaux employés par les Africains pour prouver l'innocence ou la culpabilité d'un accusé. Une petite dose affecte la respiration, cause des visions et produit une grande faiblesse musculaire; une large dose accroît les effets précédents et produit la mort si les vomissements n'arrivent pas rapidement. Son effet le plus marqué est de contracter la pupille de l'œil, ce qui fait qu'on l'emploie dans certains cas d'ophtalmie. Son principe actif est un alcaloïde appelé physostigmine.

PHYT ou **Phyto** (gr. *phuton*, plante). Préfixe qui entre dans la formation d'un grand nombre de mots.

PHYTOGÉNÉSIE s. f. (préf. *phyto;* gr. *genesis*, génération). Bot. Germination, végétation des plantes.

PHYTOGRAPHIE s. f. (préf. *phyto;* gr. *graphô*, je décris). Partie de la botanique qui s'occupe de la description des plantes.

PHYTOÏDE adj. (préf. *phyto;* gr. *eidos*, aspect). Qui a l'aspect d'une plante.

* **PHYTOLITHE** s. m. (préf. *phyto;* gr. *lithos*, pierre). Hist. nat. Végétal fossile ou pétrifié, pierre qui a la figure ou qui porte l'empreinte de quelque plante.

* **PHYTOLOGIE** s. f. (préf. *phyto;* gr. *logos*, discours). Art de décrire les plantes; discours, traité sur les plantes.

PHYTOLOGISTE s.m. Syn. de BOTANISTE.

PHYTOMYDE adj. (préf. *phyto;* gr. *muia*, mouche). Se dit des mouches qui vivent sur les plantes.

PHYTONYMIE s. f. (préf. *phyt;* gr. *onuma*, nom). Étude des noms des plantes, nomenclature botanique.

PHYTOPHAGE adj. (préf. *phyto;* gr. *phagein*, manger). Qui se nourrit de matières végétales.

PHYTOZOAIRE s. m. (préf. *phyto;* gr. *zôon*, animal). Animal dont la structure rappelle celle des végétaux.

* **PIACULAIRE** adj. (du lat. *piaculum*, sacrifice). Qui a rapport à l'expiation : *sacrifice piaculaire.* Il est peu usité; on dit, EXPIATOIRE.

* **PIAFFE** s. f. Faste, ostentation, vaine somptuosité en habits, en meubles, en équipage, etc. : *tout ce qu'il fait n'est que piaffe.* (Vieux.)

PIAFFEMENT s. m. Action de piaffer, de trépigner.

* **PIAFFER** v. n. Faire piaffe : *il piaffait avec ses beaux habits, avec son grand équipage.* (Vieux.) — Manège. Se dit d'un cheval qui, en marchant, lève les jambes de devant fort haut, et les replace presque au même endroit avec précipitation : *il ne faut pas confondre l'action de piaffer avec celle de trépigner.*

* **PIAFFEUR** adj. m. Qui piaffe. Ne se dit que des chevaux : *les chevaux d'Espagne sont piaffeurs.*

PIAILLARD, ARDE adj. [ll mll.]. Qui piaille.

* **PIAILLER** v. n. Se dit proprement des enfants, lorsque par dépit ou par malignité, ils crient continuellement : *des enfants qui piaillent toujours.* — Se dit, fig., de toute personne qui criaille d'un ton aigre et par mauvaise humeur : *cet homme est insupportable, il ne fait que piailler.* (Fam.)

* **PIAILLERIE** s. f. Criaillerie : *dans cette maison, c'est une piaillerie perpétuelle.* (Fam.)

* **PIAILLEUR, EUSE** s. Celui, celle qui ne fait que piailler : *c'est un piailleur perpétuel.* (Fam.)

* **PIAN** s. m. [pian] (mot *galibi*). Nom donné en Amérique à une maladie que l'on croit vénérienne, et dont les principaux symptômes sont des tumeurs cutanées qui ressemblent à des fraises, à des framboises ou à des champignons.

PIANA (La), ch.-l. de cant., arr. et à 72 kil. N.-E. d'Ajaccio (Corse); 1,300 hab. Petit port de commerce.

PIANA-DEI-GRECI [pia'-na-dé'-i-grè'-tchi], ville de Sicile, à 19 kil. S.-S.-O. de Palerme; 7,714 hab., y compris un grand nombre d'Albanais qui s'y établirent au XVe siècle, et gardent encore leur langue, leurs coutumes et leur rituel, tout en reconnaissant l'autorité spirituelle du pape.

PIANE-PIANE adv. (ital. *piano piano*). Très lentement : *aller piane-piane*.

PIANISSIMO adv. (superl. de *piano*). Mus. S'écrit sur les passages qui doivent être exécutés en adoucissant beaucoup les sons.

* **PIANISTE** s. Celui ou celle qui fait profession de jouer du piano, ou qui, n'étant qu'amateur, joue de cet instrument avec un talent remarquable : *un bon pianiste; une excellente pianiste.*

* **PIANO** s. m. [pi-a-no] (mot ital. qui signifie: *doux*). Mus. Instrument dans lequel les sons se produisent au moyen de petits marteaux qui frappent sur une série de cordes métalliques fortement tendues. On disait autrefois PIANO-FORTE ou FORTE-PIANO [for-té] (ital. *piano*, doux; *forte*, bruyant), parce que sa construction est telle qu'on peut renforcer ou adoucir le son à volonté : *jouer, toucher du piano; des pianos.* — TENIR LE PIANO DANS UN CONCERT, etc., y exécuter la partie de piano. Se dit surtout quand celui qui touche du piano dirige en même temps l'orchestre. — ENCYCL. On a fait remonter la corde tendue, premier principe du piano, à la lyre des anciens; on peut suivre ensuite les modifications successives par lesquelles l'instrument a passé, sous les formes de harpe, de psaltérion, de tympanon, etc. Le progrès le plus marqué vers le piano-forte se fit au XIIᵉ siècle, au moment de la transition du tympanon au clavicithérion (cithare à clefs), petite boîte oblongue, contenant une série de cordes dessinant un triangle, et que frappaient des plectres (*plectra*) ou marteaux, attachés à l'extrémité intérieure des clefs. Vint ensuite le clavicorde, qui garda la vogue pendant six siècles environ, tout en ayant pour rivales des variétés connues sous les noms de cymbales et de manicordes. Un perfectionnement de la cithare à clefs, appelé le virginal, était très populaire au XVIᵉ siècle. Dans cet instrument, les cordes étaient frappées par des marteaux fixés à l'extrémité supérieure de petits leviers en bois placés de champ sur l'extrémité intérieure des clefs. L'épinette, qui date à peu près de la même époque (1300-1760) était une boîte triangulaire plus grande, ayant quelquefois 49 cordes, dont quelques-unes en fil d'acier, et dont on jouait aussi au moyen d'un levier et d'un marteau (*spina*). Le harpsicorde était en substance une harpe horizontale, avec des touches et des marteaux. Le passage de ces divers instruments au piano proprement dit paraît avoir eu lieu vers l'an 1700. L'invention en a été revendiquée tour à tour par les Italiens, les Allemands, les Français et les Anglais; mais il est probable que l'inventeur en est réellement Bartolommeo Cristofali, de Padoue, en Italie (av. 1741). — Les pianos présentent aujourd'hui trois formes distinctes : les pianos à queue, les pianos carrés, et les pianos droits. Dans les deux premiers genres, les cordes sont horizontales; dans le troisième, elles sont verticales ou obliques. Les plus grands des pianos à queue prennent le nom de piano de concert; mais on ne s'en sert plus guère en France. Les grands pianos ont aujourd'hui d'ordinaire une portée de sept octaves. On peut distinguer dans la fabrication des pianos, outre celle de la caisse extérieure, trois parties : 1° fabrication du cadre et de la table d'harmonie; 2° la pose des cordes; 3° celle des touches et du mécanisme. 1° *Cadre et table d'harmonie.* Dans les pianos à queue de grande taille, la somme de la tension des cordes, lorsqu'on les tend pour les accorder, ne va pas à moins de 6 à 12 tonnes. Le cadre doit être, par conséquent, d'une force et d'une rigidité proportionnées; car s'il cédait graduellement, si peu que ce fût, à l'effort des cordes, la longueur et la tension, et par suite le ton des cordes, subiraient des altérations correspondantes. Dans les pre-

miers instruments, le cadre, était tout en bois; aujourd'hui, il est en fer. Les cordes sont fixées d'une façon permanente à des chevilles ou boutons, qui aujourd'hui font corps avec le cadre de fer. Du côté opposé (côté droit), elles s'attachent à des chevilles mobiles et plus grosses, que l'accordeur serre ou desserre pour augmenter ou diminuer la tension. La plaque où se trouvent les chevilles fixes s'appelle planche aux cordes, celle qui reçoit et qui soutient les chevilles d'accord s'appelle planche d'accord. La table d'harmonie est une lame de bois mince et soigneusement préparée, ordinairement en sapin, renforcée en dessous par de petites planchettes transversales, et qu'on étend aujourd'hui presque dans toute la longueur de l'instrument, en dessous des cordes. Les bords seuls sont pris entre des parties du cadre et de la caisse, et quelquefois seulement à des points particuliers, de sorte que le milieu peut vibrer librement. — 2° *Cordes*. A l'origine, on se servait de fils d'acier pour les notes de dessus, et de fils de laiton pour la basse. Aujourd'hui, les cordes d'acier sont seules employées partout; seulement, quelques-unes des cordes les plus basses sont entourées de fils plus fins, en fer doux ou en cuivre. La longueur de la partie vibrante de chaque corde est déterminée par les places des deux chevalets, sur lesquels les cordes sont tendues. En 1808, Sébastien Erard fit le grand perfectionnement d'échappement et de clavier en saillie, par lequel le son des cordes est rendu plus égal et leur diapason plus fort. Il introduisit encore un nouveau perfectionnement, l'échappement double, vers 1823. — 3° *Mécanisme*. Le piano agit au moyen d'un mécanisme par lequel la pression du doigt sur chaque touche se transmet à l'aide du marteau à la corde correspondante. Autrefois, le marteau était levé par un levier simple, qui en même temps soulevait un étouffoir. Quand une corde est attaquée par le marteau, elle entre en vibration, et comme elle continue de vibrer pendant quelques instants après le choc, le son persévérerait en même temps qu'on attaquerait une autre corde et il résulterait de cette disposition un effet désagréable à l'oreille et analogue à celui que produisent les cloches des carillons. C'est pour remédier à cet inconvénient qu'on a imaginé les *étouffoirs*. Un étouffoir n'est autre chose qu'un petit morceau de drap ou de feutre qui, à l'instant où le doigt abandonne la touche, entre en contact avec la corde et arrête ainsi ses vibrations. En 1786, Longman et Cⁱᵉ introduisirent la trémie, avec laquelle on emploie un second marteau, multipliant la rapidité du premier, sur le principe du levier composé. Ce mécanisme constitue la double action, qu'emploient encore dans ses traits essentiels beaucoup de facteurs de pianos droits et carrés. La grande action anglaise, adoptée par Broadwood, Stodart et d'autres, consiste en une touche, un levier, au lieu de trémie, un bouton calculé de manière à régler la marche du levier, un ressort destiné à remettre le levier en place après le mouvement, un marteau sur le bout duquel le levier agit, le frein, et un appareil de forme variable, servant d'étouffoir, avec des traverses et des jointures pour relier ou fixer les points nécessaires. Sébastien Erard perfectionna ce système en inventant ce qu'on a appelé l'échappement double qui, avec certaines modifications et sous le nom d'échappement français, est toujours en usage. On croit que l'origine en est due à Petzold. Ce mécanisme est complexe et délicat. Broadwood conserva la grande action anglaise, en y appliquant directement une répétition imitée de l'échappement français par Southwell, probablement en 1827. Il y a de très grandes différences entre les variétés du mécanisme. Celles qui sont en usage aux États-

Unis sont fondées soit sur le système anglais, soit sur le système français de Petzold et d'Erard. De bonne heure on adapta des registres aux pianos, mais ils sont aujourd'hui abandonnés presque partout. On s'est aussi servi de plusieurs pédales; on n'en a guère conservé que deux, l'une pour le *forte* et l'autre pour le *piano*. Le clavier se compose de touches blanches en ivoire pour les notes naturelles de l'échelle musicale et de touches noires en ébène pour les notes dièsées ou bémolisées. L'extrémité de chaque touche met en jeu le marteau. Le piano obtint de suite un très grand succès, car il permet d'exprimer les sentiments et la pensée d'une manière jusquelà inconnue dans les instruments à clavier Aujourd'hui, il a pénétré partout. Dans un salon, il forme à lui seul, en quelque sorte, un orchestre complet; il aide le compositeur et soutient admirablement la voix humaine; de tous les instruments, c'est celui qui a le plus contribué à répandre le goût de la musique et à en faciliter l'étude. En 1780, Sébastien Erard fonda à Paris la première fabrique de pianos qu'ait eue la France et il obtint de grands succès, grâce aux nombreux perfectionnements qu'il apporta dans la suite à la construction de ses instruments. — Depuis que l'usage des pianos est devenu populaire, les facteurs de tous les pays se sont occupés de les améliorer et de les modifier de mille manières. On évalue à des centaines de millions de fr. les produits annuels de la fabrication des pianos en Europe. C'est à Londres, à Paris et à Vienne que sont les principaux centres de cette industrie en Europe. Parmi les Français qui tiennent le premier rang, nous citerons Erard, Pleyel, Pape, Roller, Boisselot, Montal, Blondel, et Grace aux perfectionnements qu'on apporte à la fabrication des pianos Steinway, Lindeman et Chickering, tandis que les facteurs européens restaient stationnaires, les Etats-Unis sont, depuis 30 ans, bien plus avancés que nous pour cette fabrication, et la possèdent des deux plus grands établissements du monde en ce genre.

* **PIANO** adv. (ital. *piano*). Mus. Doux. Se met, dans une pièce de musique, aux endroits où le son doit être adouci.

* **PIANO-FORTE** ou **Forte-piano** s. m. [forté]. (Voy. PIANO.)

PIANOTER v. n. Tapoter sur un piano.

PIARISTES ou **Pères** (CLERCS RÉGULIERS) des Écoles pieuses, membres d'un ordre religieux de l'Église catholique romaine, dont les membres ajoutent aux trois vœux monastiques ordinaires un quatrième vœu, celui de se consacrer à l'instruction gratuite de la jeunesse. L'ordre a été fondé à Rome par saint Joseph Casalanz ou Calasanctius (1556-1648), prêtre espagnol.

PIAST (Dynastie de) [pi-astt]. Voy. POLOGNE.

* **PIASTE** ou **Piast** s. m. Hist. moderne. Descendant des anciennes maisons de Pologne. Est opposé à étranger : *la brigue du piaste l'emporta sur celle de l'étranger, et le premier fut élu roi.*

* **PIASTRE** s. f. (esp. *piastra*). Sorte de monnaie d'argent, qui vaut environ cinq francs de notre monnaie, et qui se fabrique en Espagne et dans certains états d'Amérique : *il reçut vingt mille piastres.* On l'appelle quelquefois PIASTRE FORTE, pour la distinguer de la DEMI-PIASTRE, sa fraction.

PIAT (Saint), apôtre du Tournaisis; il accompagna dans les Gaules saint Denis qui l'envoya dans le territoire de Tournai. Le préteur Riccius Varus lui fit subir le martyre l'an 287. Fête le 1ᵉʳ octobre. Ses reliques sont dans la cathédrale de Chartres.

PIAUHY [pia-oui], prov. du N.-E. du Brésil, bornée au N. par l'Atlantique; 304,797 kil. carr.; 202,222 hab. Cap., Therezina. Elle n'a que 32 kil. de côtes, et un port, à l'embouchure du Parnahyba. Le pays, généralement bas dans la région du littoral, se relève vers l'E. et le S. jusqu'aux Serras Veranelha, et dos dous Irmâos. Toute la province est arrosée par le Parnahyba et ses affluents. Le Parnahyba a environ 1,500 kil. de long. et est, dit-on, navigable sur 1,250 kil. Le climat est chaud et quelque peu humide et insalubre. Le sol est généralement fertile. Les céréales, le coton, la canne à sucre, le manioc et le tabac sont les productions principales. On y élève des bestiaux, et on y fabrique du rhum et du sucre.

PIAULARD, ARDE adj. Qui piaule.

PIAULEMENT s. m. Action ou manière de piauler.

PIAULER v. n. (autre forme de piailler). Se dit du cri des petits poulets. — Se dit aussi, fig. et pop., des enfants et des gens faibles qui se plaignent en pleurant : *cet enfant ne fait que piauler.*

PIAULEUR, EUSE s. Personne qui piaule habituellement.

PIAULIS s. m. Cri des oiseaux qui piaulent.

PIAU s. m. Jarg. Mensonge, blague d'atelier. Se dit surtout chez les imprimeurs.

PIAVE (La), lat. *Plavis*, rivière du N.-E. de l'Italie, prend sa source dans les Alpes Carniques, arrose Cadore, et Bellune et se jette dans l'Adriatique, après un cours de 212 kil. De 1806 à 1814, elle a donné son nom à un dép. français qui avait Bellune pour ch.-l.

PIAZZA ARMERINA [pia'-dza-ar-mé-ri'-na], ville de Sicile, à 28 kil. S.-E. de Caltanissetta; 18,252 hab. Bâtie sur une colline, avec la cathédrale sur un pic, et le château féodal sur l'autre. L'abondance de ses ombrages l'a fait surnommer la *deliziosa*. Elle produit surtout du vin et des noix.

PIAZZAVA s. m. [pia-dza-va]. Espèce de palmier (genre *attalea*) que l'on trouve au Brésil et dont les tiges fournissent des fibres très résistantes, dont on fait des balais. On écrit aussi *piassava*. (Voy. PALMIER, BALAYEUSE, etc.)

PIAZZI (Giuseppe) [pia'-dzi], astronome italien, né en 1745, mort en 1826. Il entra dans l'ordre des Théatins à Milan, enseigna les mathématiques, la philosophie et la théologie, et devint célèbre comme professeur d'astronomie à Palerme, où il établit un observatoire. En 1817, il prit la direction du nouvel observatoire de Naples. Le 1er janvier 1801, il découvrit Cérès, le premier des astéroïdes. Il a publié deux catalogues d'étoiles.

PIBRAC (Guy DU FAUR DE), magistrat, homme d'État, moraliste et poète, né en 1528, mort en 1584. Il défendit vigoureusement au concile de Trente, où il siégea en qualité d'envoyé de Charles IX, les libertés de l'Église gallicane. Il est connu surtout par ses *Quatrains* que Boileau et Molière n'ont pas peu contribué à rendre célèbres.

PIBROCH s. m. [pi-brok; angl. paï-brok]. Musique martiale, irrégulière et sauvage des Highlanders écossais. — Cornemuse qui sert ordinairement à jouer l'air national des Highlanders.

* PIC s. m. [pik] (pers. *pikan*, pioche). Instrument de fer courbé et pointu vers le bout, qui a un manche de bois, et dont on se sert pour casser des morceaux de rocher et pour ouvrir la terre : *il y a beaucoup de cailloux dans cette terre, il faut un pic pour l'entamer, pour l'ouvrir.*

* PIC s. m. Jeu de piquet. Se dit lorsque celui qui a la main compte jusqu'à trente, en jouant les cartes, avant que celui contre qui il joue ait pu rien compter; et alors le premier compte soixante points au lieu de trente : *faire pic et capot.*

* PIC s. m. Géogr. Pointe d'une montagne. Montagne dont la forme est en pointe. — Montagne très haute: *le pic du Midi, le pic de Ténériffe.* — A pic loc. adv. Perpendiculairement : *cette montagne est coupée à pic, est à pic.* — Mar. LE VENT EST A PIC, se dit quand aucun souffle de vent n'agite le penon qui est pendant. LE BATIMENT EST A PIC SUR SON ANCRE, se dit quand le câble de l'ancre s'est tendu verticalement. — ᴠᴠ TOMBER A PIC, tomber juste à point.

* PIC s. m. (lat. *picus*). Ornith. Genre de grimpeurs, type de la famille des picidés, comprenant un grand nombre d'espèces d'oiseaux chez lesquels on remarque la faculté de grimper développée à son plus haut degré, et qui sont distribuées sur toute la surface de la terre, mais particulièrement dans les régions chaudes. Les pics sont très actifs; ils vivent dans les bois et dans les forêts; ils s'accrochent aux aspérités de l'écorce des arbres en se servant comme arc-boutant de leur queue formée de pennes résistantes et non recourbées; au moyen de petits sauts brusques et saccadés, il parcourent en tous sens un tronc d'arbre tantôt perpendiculairement, tantôt horizontalement. Ils vivent presque exclusivement d'insectes logés dans l'intérieur du bois des arbres. Leur manière

Pic noir d'Amérique (Dryotomus pileatus).

de s'emparer de ces insectes est des plus remarquables : tantôt ils projettent dans les trous du bois leur langue grêle enduite d'une matière visqueuse, afin d'y atteindre les insectes ou leurs larves, tantôt ils percent l'écorce qui recèle leur proie, mais le plus souvent, après avoir frappé un point de la tige d'un arbre ils passent brusquement du côté opposé, pour saisir l'insecte que les coups du bec auront effrayé et fait fuir dans cette direction. C'est par exception seulement que ces oiseaux si utiles mangent des fruits et des graines. Ils sont généralement solitaires et silencieux, et l'on peut dire que le seul bruit qu'ils font est produit par les coups de bec dont ils frappent les arbres. Les pics nichent dans les trous creusés accidentellement et profondément dans le tronc des arbres. Ils déposent dans leur nid des œufs généralement blancs. Parmi les espèces européennes nous citerons : le *grand pic noir* (*picus martius*), tout noir; le mâle porte une calotte d'un beau rouge; il vit surtout dans les forêts de sapins du Nord, et est gros comme une petite corneille; le *pic-vert* (*picus viridis*), vulgairement nommé *pivert* (voy. PIVERT); les différentes espèces d'*épeiches* (voy. EPEICHE); le *pic cendré* (*picus canus*), plus

petit que le pivert, présentant une teinte cendrée et se nourrissant surtout de fourmis. L'espèce la plus commune aux Etats-Unis est le *pic noir d'Amérique* (*dryotomus pileatus*).

PIC DE LA MIRANDOLE (Giovanni PICO DELLA, comte et prince de Concordia), érudit italien, né au château de la Mirandole, près de Modène, en 1463, mort en 1494. Après avoir acquis toute la science de son temps, il vint à Rome en 1486. Là, quelques-unes de ses thèses lui attirèrent des persécutions qui le forcèrent de se réfugier à Florence. En 1493, Alexandre VI lui donna l'absolution du crime d'hérésie. On a imprimé plusieurs éditions de ses œuvres au xve et au xvie siècle.

* PICA s. m. (lat. *pica*, pie). Méd. Appétit dépravé, qui *fait désirer et manger de la chaux, du plâtre, du charbon, etc. : les femmes grosses et les filles attaquées des pâles couleurs, sont sujettes au pica.*

PICA s. m. Typogr. Nom d'un caractère anglais qui équivaut à notre cicéro.

PICADIL s. m. Techn. Verre qui tombe des creusets pendant la fusion, et passe à travers la grille du foyer.

* PICADOR s. m. (esp. *picador*). Cavalier qui, dans les combats de taureaux, attaque l'animal avec la pique.

PICAGE s. m. (rad. *piquer*). Opération de la fabrication de la dentelle qui consiste à piquer le dessin sur parchemin.

PICAILLON s. m. [pi-ka-ion; *ll* mll.]. Petite monnaie de cuivre du Piémont qui valait à peu près un centime. — Pop. Argent.

PICARD, ARDE s. et adj. De la Picardie; qui appartient à cette province ou à ses habitants.

PICARD [pi-kar] (Jean), astronome français, né à la Flèche le 21 juillet 1620, mort à Paris le 12 juillet 1682. En 1655, il devint professeur d'astronomie au collège de France. Les perfectionnements qu'il apporta à la géométrie pratique donnèrent une bien plus grande exactitude aux observations scientifiques. Il inventa aussi des méthodes nouvelles d'observation astronomique, mesura le premier d'une façon exacte un degré du méridien (entre Amiens et Malvoisine, 1669-'71), contribua beaucoup à l'établissement de l'Observatoire de Paris, et écrivit des ouvrages de valeur. — II. (Louis-François), auteur dramatique et écrivain, né à Paris le 29 juillet 1769, mort le 31 déc. 1828. Il débuta comme acteur; ce ne fut qu'en 1787 qu'il donna un petit roman composé dès le collège, *Eugène de Senneville* (4 vol. in-12); il fit paraître ensuite quelques pièces de théâtre et, en 1807, entra à l'Académie française. Ses Œuvres ont été publiées en 1821-'22 (10 vol.). — III. (Louis-Joseph-Ernest), homme politique, né et mort à Paris (24 déc. 1821 — 13 mai 1877). Avocat et journaliste, il fit de l'opposition au second Empire, fut envoyé par les électeurs de la 4e circonscription de Paris au Corps législatif, où il compléta le groupe des *Cinq* (10 mai 1858). Esprit tout parisien, il improvisait avec une bonne humeur, une finesse, une bonne grâce qui mirent de son côté les rieurs, dans ses attaques continuelles contre l'administration de la capitale, et particulièrement contre celle de M. Haussmann. Après l'avènement de M. Émile Ollivier aux affaires, il se sépara de l'opposition irréconciliable, qui avait pour chefs Gambetta et Grévy, et forma le nouveau groupe dit *de la gauche ouverte*. Ministre des finances après le Quatre Septembre, il se joignit à Jules Favre dans la négociation du traité bismarckien, qui nous coûta si cher. Il donna sa démission en février 1871, mais fut chargé par M. Thiers, le 19 du même mois, de former un cabinet dans lequel il entra comme ministre de l'intérieur ; il dut résigner ses fonctions le 31 mai. M. Thiers lui donna l'ambassade de Bruxelles, où il resta jusqu'en 1873. Il fut élu sénateur inamovible en déc. 1875, siégea à gauche et soutint le ministère Dufaure.

PICARDAN ou **Picardant** s. m. Nom donné à un muscat blanc de Montpellier.

PICARDIE, ancienne province de France sur la Manche, divisée en deux parties : *haute Picardie* (Amiénois, Santerre, Vermandois, Tierrache, Laonnais, Soissonnais, Noyonnais, Valois et Beauvaisis), et *basse Picardie* (Pays reconquis, Boulonais, Pontieu et Vimeux). La capitale était Amiens. Ce pays était habité du temps de César par les Morini, les Ambiani, les Veromandui, les Bellovaci et les Suessiones. Il fut conquis par les Francs au vᵉ siècle et forma une partie des royaumes de Soissons et de Neustrie ; il passa ensuite aux comtes de Flandre et fut divisé entre plusieurs comtes vassaux. Son nom, formé vers le XIIIᵉ siècle, paraît dériver du latin *picardus*, soldat armé de la pique. Les Anglais prirent la Picardie en 1346. Les Bourguignons en 1417 ; elle fut cédée à ces derniers par le traité d'Arras (21 sept. 1435), mais Louis XI l'annexa définitivement à la France en 1463. La Picardie forme aujourd'hui le département de la Somme et quelques parties de ceux de l'Aisne, des Ardennes, de l'Oise et du Pas-de-Calais.

PICARESQUE adj. (esp. *picaresco* ; de *picaro*, vaurien, vagabond). Littér. Se dit des romans ou des pièces de théâtre dont le principal personnage est un fourbe adroit. Le genre picaresque paraît avoir été créé en Espagne par Diego Hurtado de Mendoza (voy. MENDOZA), qui le porta à son plus haut point de perfection. On admire, après le *Lazarillo de Tormes*, de Mendoza, *El gran Tacaño*, de Quevedo ; *Guzman d'Alfarache*, de Mateo Aleman, et surtout *Gil Blas*, de Le Sage.

PICART I. (Étienne) *dit* LE ROMAIN, graveur et dessinateur, né à Paris en 1631, mort à Amsterdam en 1721. Il séjourna longtemps à Rome et travailla à la grande collection d'estampes connue sous le nom de *Cabinet du roi*. La révocation de l'édit de Nantes le força de s'expatrier. — II. (Bernard) graveur, fils du précédent, né à Paris en 1673, mort à Amsterdam en 1763. Il a composé plus de 1,300 planches.

PICCADILLY, l'une des plus belles rues de Londres.

PICCINI (Nicolo) [pi-tchi-ni], compositeur italien, né en 1728, mort en 1800. Il étudia 12 ans sous Leo et Durante à Naples. Il écrivit des opéras et des opéras comiques, et fit représenter à Rome (1758) *Alessandro nell' Indie*, qui contient une des plus belles ouvertures qui aient été jamais composées. Sa *Cecchina ossia la buona figliuola* obtint en 1760 un succès presque sans précédent. En 1776, il alla à Paris, où il engagea pendant plusieurs années la grande querelle des gluckistes et des piccinistes. Piccini y fit représenter avec succès son *Roland*, d'après le drame de Quinault refondu par Marmontel, et *Iphigénie en Tauride*, qui rivalisa avec celle de Gluck. Il fut professeur à l'école de chant, de 1783 à 1791, et alors retourna à Naples. Là, il eut à supporter d'incessantes persécutions comme suspect d'être un révolutionnaire, et il revint à Paris, où il passa ses deux dernières années dans la pauvreté. Il se distinguait par la pureté et la simplicité de son style, et par sa richesse d'invention ; mais il y a peu de ses compositions qui aient conservé leur prestige.

PICCINISTE s. [pik-si-niss-te]. Partisan de Piccini.

PICCOLET s. m. Jarg. Petit vin de pays.

En joyeux fils de Grégoire
J'aime le *piccolet*
AUG. HARDY.

PICCOLO s. m. [pik-ko-lo] (ital. *piccolo*, petit). Jeu de boston. Coup qui se joue un seul contre trois et qui consiste à ne faire qu'une levée. — Petite flûte. — Petit vin de pays : *un verre de piccolo.* On dit aussi PIC-COLET.

PICCOLOMINI, famille italienne mêlée à l'histoire de Sienne et d'Amalfi. — ÆNEAS Sylvius Piccolomini devint pape en 1458, sous le nom de Pie II. — ALESSANDRO (1508-'78), prélat de Sienne, fut parmi les premiers qui se servirent de la langue italienne dans les écrits philosophiques.— FRANCESCO (1520-1604), professeur de philosophie à Sienne et ailleurs, a publié *Universa philosophia de Moribus* (1583).

PICCOLOMINI (Ottavio), général autrichien, né en 1599, mort en 1656. Il descendait d'une sœur du pape Pie II. Il commandait, dit-on, à Lutzen, sous l'empereur Ferdinand II, le régiment de cavalerie contre lequel Gustave-Adolphe trouva la mort (1632). Plus tard, Wallenstein lui confia un haut commandement ; mais il dévoila à l'empereur les projets de trahison de son chef, et il reçut l'ordre de s'emparer de lui mort ou vivant. Après l'assassinat de Wallenstein (1634), Piccolomini reçut une partie de ses domaines. Après d'importantes campagnes contre les Suédois, il entra au service de Philippe IV d'Espagne, et commanda victorieusement les Espagnols contre les Français et les Hollandais. En 1648, il fut rappelé en Autriche, fait maréchal, et, plus tard, prince de l'empire. Le roi d'Espagne le rétablit dans son duché héréditaire d'Amalfi. Son fils Max, dans le *Wallenstein* de Schiller, est une fiction du poète.

PICÉA s. (lat. *pix*, *picis*, poix). Nom scientifique du genre épicea appliqué aussi quelquefois, mais improprement, au genre sapin.

PICENTINS (lat. *Picentini*), peuple de l'ancienne Italie, qui habitait le pays aujourd'hui appelé Principauté citérieure. (Ch.-l. Picentia ; villes princ. : Surrentum, Salernum, Nola et Nuceria. Les Picentins furent soumis par les Romains de 343 à 266 av. J.-C. Ils commencèrent la guerre sociale en 90 et furent subjugués en 89 av. J.-C.

PICENUM [pi-sé-nomm], ancienne division de l'Italie centrale, sur l'Adriatique, occupée par les Picentes ou Piceni, peuple sabin, qui l'avait conquise sur les Ombriens. Parmi les villes étaient : Ancône, Firmum (auj. Fermo), Hadria (Atri); Auximum (Osimo), Asculum (Ascoli) et Interamna (Teramo). Le Picenum fut conquis par les Romains en 268 av. J.-C.

PICHAT (Michel), auteur dramatique français, né à Vienne (Isère) en 1790, mort en 1828. Il a laissé plusieurs tragédies dont deux obtinrent un très grand succès ; ce furent : *Léonidas* (5 oct. 1825) et *Guillaume Tell* (5 oct. 1830).

PICHEGRU (Charles), célèbre général de la première République française, né à Arbois (Jura) le 19 fév. 1761, mort le 5 avril 1804. D'humble origine, il fit ses études chez les minimes de sa ville natale, et fut envoyé, à l'âge de 18 ans, comme répétiteur au collège de Brienne ; c'est là qu'il eut Napoléon Bonaparte pour élève. Quittant bientôt le professorat, il s'engagea dans le 1ᵉʳ régiment d'artillerie et servit dans les guerres d'Amérique. Lors de la Révolution, il était sergent. Un bataillon de volontaires du Gard l'élut commandant et c'est à ce titre qu'il fit la campagne du Rhin. Son courage lui valut les grades de général de brigade et de général de division (1792). En 1794, il remplaça Hoche dans le commandement de l'armée du Nord. Il battit

l'ennemi à Cassel, délivra Landau, soumit les Pays-Bas autrichiens, repoussa de partout les Anglais, passa le Wahal sur la glace, conquit la Hollande et entra dans Amsterdam le 19 janv. 1795. Ensuite battu par les Autrichiens, il fut soupçonné d'avoir prêté l'oreille aux offres du prince de Condé, et fut remplacé par Moreau en 1796 ; mais il parvint à se faire élire aux Cinq-Cents en 1797, et fut nommé président de cette assemblée. Son opposition au Directoire et ses discours en faveur des émigrés donnèrent un corps aux accusations portées contre lui ; on découvrit que le prince de Condé lui avait promis un million comptant, 200,000 fr. de rente, le duché d'Arbois, le château de Chambord et le gouvernement de l'Alsace, en retour de la coopération qu'il devait donner à une restauration. Sans jugement, il fut transporté à Cayenne après le 18 fructidor ; il parvint à se sauver de l'Angleterre, où il resta jusqu'au printemps de 1804, époque où il se rendit à Paris pour y participer avec Cadoudal à l'assassinat de Bonaparte. Leur complot ayant été éventé (voy. GEORGES), Pichegru fut livré à la police par la perfidie d'un ami. Enfermé au Temple, il y fut trouvé, au bout de trois semaines de captivité, étranglé dans son lit au moyen d'un mouchoir de soie noire enroulé autour de son cou et tordu à l'aide d'un petit bâton. Son corps fut exposé et on publia un récit d'après lequel il se serait suicidé ; mais toutes les circonstances prouvent au contraire qu'il avait été assassiné. La Restauration lui éleva à Besançon une statue en bronze, que le peuple mit en morceaux en 1830. La biographie de Pichegru a été écrite par Gassier (1814) par Pierret (1826).

PICHENETTE s. f. Chiquenaude.

PICHET s. m. Sorte de petit broc dans lequel on met du vin, du cidre ou quelque autre boisson.

PICHINCHA [pi-tchinn'-tcha], volcan de l'Ecuador (Equateur), à 11 kil. O.-N.-O. de Quito, haut de 4,787 m. C'est auprès de lui que se livra, le 22 mai 1822, la bataille qui assura l'indépendance de l'Equateur.

PICHLER (Aloys) [pich'-leur], écrivain allemand, né en Bavière en 1833, mort en 1874. Il fut professeur à Munich de 1862 à 1869, et ensuite directeur de la bibliothèque impériale de Saint-Pétersbourg. En 1871, on l'accusa de vol de livres, et il fut banni en Sibérie ; mais il obtint sa grâce. Il a écrit une histoire de la séparation des Eglises d'Orient et d'Occident (1864, 2 vol.), et *Die Theologie des Leibnitz* (1869-'70, 2 vol.).

PICHLER (Karoline von) (VON GREINER), romancière allemande, née à Vienne en 1769, morte en 1843. Ses romans eurent un grand succès. Elle a aussi écrit des drames et une autobiographie.

PICHOLINE s. f. [pi-cho-li-ne]. Olive d'une petite espèce. — Adjectiv. : *des olives picholines.*

PICHON, ONNE s. Petit enfant.

PICHOT (Amédée), écrivain, né à Arles (Bouches-du-Rhône), le 5 nov. 1795, mort à Paris le 13 févr. 1876. D'abord médecin, il visita l'Angleterre et l'Ecosse, publia son *Voyage en Angleterre et en Ecosse* (1825), fonda, la même année, la *Revue britannique*, puis fut directeur de la *Revue de Paris*. Lorsque cette dernière fut absorbée par la *Revue des Deux-Mondes*, il reprit la *Revue britannique*, dont il devint directeur et seul propriétaire en 1843. Outre la traduction de plusieurs ouvrages anglais, il a donné : *Les Arlésiennes* (1837), *Le dernier roi d'Arles* (1848), *L'Irlande et le pays de Galles* (1850), *Les Mormons* (1854), etc.

PICHOU (de), auteur dramatique français,

né à Dijon en 1597, assassiné à Paris en 1631. On a de lui : *Les Folies de Cardenio* (Paris, 1630, in-8°), pièce tirée de *Don Quichotte*; *l'Aminte*, pastorale; etc. Ses pièces ont été réunies sous le titre de *Théâtre* (Paris, 1630, in-8°).

PICIDÉ, ÉE adj. (fr. *pic*; gr. *eidos*, aspect). Ornith. Qui ressemble au pic. — s. m. pl. Famille de grimpeurs ayant pour type le genre pic, et comprenant en outre les genres picoïde, picumne, picucule et torcol.

PICKENS [pik'-ennss]. I. (Andrew), général américain, né en Pennsylvanie, en 1739, mort en 1817. Sa famille alla s'établir dans la Caroline du Sud, lorsqu'il était encore enfant. Il fut nommé capitaine de la milice au début de la révolution, et s'éleva au grade de brigadier général. Avec Marion et Sumter, il tint encore la campagne lorsque l'état était envahi par les Anglais. Il se distingua à Kettle Creek, à Cowpens, à Augusta, et à Eutaw Springs. En 1794, il fut élu au congrès. — II. (Francis-W.), homme d'Etat, petit-fils du précédent, né dans la Caroline du Sud en 1807, mort en 1869. Il fut membre du congrès de 1834-'47. En 1857, il fut nommé ministre en Russie, et en 1860-'62, gouverneur de la Caroline du Sud, et coopéra énergiquement avec les confédérés.

PICKERING [pik'-è-rinng]. I. (Timothy), homme d'Etat américain, né à Salem (Massachusets), en 1745, mort en 1829. En 1775, il fut nommé juge civil de première instance (*common pleas judge*) pour le comté d'Essex, et juge unique de la cour des prises, par Suffolk, Essex et Middlesex. Il prit le commandement d'un régiment, dans l'automne de 1776, et servit comme adjudant aux batailles de Brandywine et de Germantown. En 1777, il fut membre du comité continental de la guerre, et en 1780, quartier-maître général. Après la paix, il se fit commerçant à Philadelphie, alla s'établir à Wilkesbarre, en 1786, et en 1787, fut délégué à la convention chargée d'agir d'après le projet de constitution fédérale, et, en 1789, à la convention chargée de revoir la constitution de Pennsylvanie. Il fut directeur général des postes de 1791 à 1795, secrétaire de la guerre de janv. à déc. 1795, puis secrétaire d'Etat jusqu'en mai 1800. En 1802, il fut nommé premier président du tribunal civil (*court of common pleas*) pour le comté d'Essex (Massachusets). En 1803-11, il siégea comme sénateur des Etats-Unis pour le Massachusets; et en 1813-'17, comme membre de la chambre des représentants des Etats-Unis. C'était un fédéraliste ardent. — Voy. *Life of Timothy Pickering*, par son fils, Octavius Pickering, et C.-W. Upham (1867-'73, 3 vol.). — II. (John), fils du précédent, érudit, né en 1777, mort en 1846. A partir de 1829, jusqu'à sa mort, ou peu s'en faut, il fut avoué de la cité de Boston (*city solicitor*). En 1833, il était un des commissaires chargés de codifier les statuts généraux de l'état de Massachusets. Son ouvrage le plus important est un lexique grec-anglais (1826). Parmi ses autres publications, on remarque : *Vocabulary of Americanisms* (1816) ; *Remarks on the Indian Languages of North America* (1836), et *Memoir on the Language and Inhabitants of Lord North's Island* (1845). — III. (Charles), naturaliste, petit-fils de Timothy Pickering, né en Pennsylvanie en 1805, mort en 1885. Il pratiqua la médecine à Philadelphie, et reçut du gouvernement des Etats-Unis, une mission de naturaliste attaché à l'expédition d'exploration sous le commandant Wilkes (1838-'42). Il a publié : *Races of Man and their Geographical Distribution* (1848); *Geographical Distribution of Animals and Man* (1854), et *Geographical Distribution of plants* (1861).

PICKERSGILL [pik-eurzz-ghil] (Henry-William), peintre anglais, né en 1782, mort en 1875. Il a peint les portraits d'un grand nombre de personnages distingués. En 1856, il devint bibliothécaire de l'académie royale.

PICKLES s. m. pl. [pik-eulss], mot anglais pour désigner les légumes et certaines espèces de fruits conservés dans le vinaigre, et servant de condiments. Les *pickles* des Indes orientales sont assaisonnés à la poudre de *curry*, mêlée de moutarde et d'ail. Les *pickles* sont souvent gâtés par un sel vénéneux de cuivre, qu'on y met intentionnellement pour leur donner une brillante couleur verte. On obtient ce sel en faisant bouillir dans des vaisseaux de cuivre du vinaigre contenant de l'acide sulfurique, et presque tout le vinaigre qu'on emploie dans les fabriques de *pickles* est de cette nature. On rapporte un grand nombre de cas d'empoisonnement par suite de l'usage de semblables *pickles*.

PICKPOCKET s. m. [pik-po-kètt] (mot angl. formé de *to pick*, enlever, et *pocket*, poche). Voleur à la tire; filou qui se glisse dans les foules, pour vider les poches : *des pickpockets*.

PICOLINE s. f. Chim. Alcali volatil découvert dans les produits de la distillation sèche des os.

PICORAGE s. m. Argot. Vol commis sur une grande route.

PICORÉE s. f. Action de butiner. Ne se dit proprement qu'en parlant des soldats qui vont en maraude, pour enlever des vivres : *ils sont allés à la picorée*. — Se dit, par ext., en parlant des écoliers qui dérobent des fruits dans leurs promenades. — Fig. ALLER A LA PICORÉE, se dit des abeilles qui vont recueillir sur les fleurs le suc dont elles composent leur miel.

PICORER v. n. (rad. lat. *pecus*, bétail). Aller en maraude, pour enlever des vivres : *il est allé picorer*. Il vieillit. — Se dit, fig., des abeilles qui sucent les fleurs : *les abeilles vont picorer*. — Se dit aussi, fig. et fam., des auteurs qui pillent dans les ouvrages d'autrui : *il va picorant dans tous les vieux poètes*.

PICOREUR s. m. Soldat qui va picorer : *c'est un grand picoreur*. (Vieux.) Fig. et fam. Auteur qui pille dans les ouvrages d'autrui : *cet écrivain est un grand picoreur*.

PICOT s. m. (dimin. de *pic*). Petite pointe qui demeure sur le bois qu'on n'a pas coupé net : *je me suis écorché la main à un picot*.

PICOT s. m. Petite engrelure qui forme à l'un des bords des dentelles et des passements de fil d'or, de soie, etc. : *les picots de cette dentelle sont rompus*.

PICOT (François-Edouard) [pi-ko], peintre français, né à Paris en 1786, mort dans la même ville le 15 mars 1868. En 1830, il fut nommé peintre du gouvernement. Parmi ses œuvres les plus connues, on cite son portrait de Talma, et l'*Entrée du duc de Guise à Calais*, toiles qui se trouvent à Versailles.

PICOTE s. f. Nom vulgaire de la variole.

PICOTÉ, ÉE part. passé de PICOTER. Piqué. — Picoté DE PETITE VÉROLE, marqué de petite vérole.

PICOTEMENT s. m. Impression incommode et un peu douloureuse, qui se fait sentir sur la peau, sur les membranes : *sentir des picotements par toute la peau, par tout le corps*.

PICOTER v. a. Causer des picotements : *une pituite qui picote les membranes de la poitrine*. — Se dit aussi des petites piqûres que les oiseaux font aux fruits en les becquetant : *les oiseaux ont picoté tous les fruits*. — Manège. Picoter UN CHEVAL, lui faire sentir légèrement l'éperon à diverses reprises. — Fig. et fam. Attaquer souvent quelqu'un par des paroles dites avec malignité; chercher à le fâcher, à l'irriter : *il l'a picoté pendant toute la soirée*.

— Se picoter v. récipr. Ils *se picotent toujours l'un l'autre*.

PICOTERIE s. f. Paroles dites malignement pour picoter quelqu'un : *il l'impatiente par des picoteries continuelles*. (Fam.)

PICOTIN s. m. (rad. *pichot*). Petite mesure dont on se sert pour mesurer l'avoine que l'on donne aux chevaux : *ce cheval n'a pas mangé toute son avoine, il en reste dans le picotin*. — Avoine que contient le picotin : *ce cheval mange deux picotins d'avoine par jour*.

PICOU (Henri-Pierre), peintre français, né en 1824. Ses ouvrages les plus connus sont : *Cléopâtre repoussée par Octave* (1853); le *Premier Baiser* (1867), et la *Patrouille* (1873).

PICPOU s. m. Jarg. Tailleur.

PICPUS s. m. [pik-puss]. Nom qu'on donnait aux membres du tiers-ordre de Saint-François établis dans le village de Picpus, près de Paris.

PICQUIGNY, ch.-l. de cant., arr. et à 15 kil. N. d'Amiens (Somme); 1,500 hab. — TRAITÉ DE PICQUIGNY, traité signé entre Louis XI et Edouard IV d'Angleterre le 29 août 1475. Le premier de ces princes promettait au second une pension annuelle de 50,000 écus plus 75,000 écus comptants, et, en outre, 50,000 écus pour la délivrance de Marguerite d'Anjou. Le dauphin Charles devait épouser la fille aînée du roi d'Angleterre.

PICRATE s. m. Nom générique des sels que forme l'acide picrique. Le plus connu de ces sels est le *picrate de potasse*, C⁶ H² K (Az O³) ⁴O, qui se décompose avec détonation quand on le chauffe fortement.

PICRIQUE adj. Se dit d'un acide qui est obtenu par l'action de l'acide nitrique sur l'indigo, l'aloès, etc. : *l'acide picrique est employé comme matière tinctoriale*. On l'appelle aussi acide carbazotique, acide trinitrophénique et acide nitrophénisique; il résulte fréquemment de l'action de l'acide nitrique sur les substances organiques complexes. L'acide carbolique, la salicine, la soie, l'indigo et différentes résines le donnent lorsqu'ils sont traités par l'acide nitrique se vaporisant. La matière brute la plus économique pour le produire est l'huile de goudron nitrée entre 148° et 200° C. Il cristallise en longues lames rectangulaires brillantes, d'un jaune pâle, d'un goût extrêmement amer, ce qui l'a fait substituer frauduleusement au houblon dans la fabrication de la bière. On s'en sert pour teindre la soie en jaune, et, combiné avec d'autres teintures, pour la teinture en vert. En France, on en consomme une grande quantité pour la fabrication de la poudre à canon au picrate. — L'acide picrique, obtenu par l'action de l'acide nitrique sur l'acide phénique, est un mélange de carbone, d'azote, d'hydrogène et d'oxygène; sa formule, donnée dans la *Technologie* de Wagner est : C⁶ H³ (NO³) ⁴O. Ses sels font explosion par le feu et sont employés dans les torpilles. Leur préparation a donné lieu à d'épouvantables accidents.

PICTER v. a. Jarg. Boire. LA PICTER A LA DOUCE, boire une bouteille sans se presser.

PICTES, ancien peuple qui habitait la côte orientale et les basses terres d'Ecosse. On les suppose identiques aux anciens Calédoniens. Le nom de *picti* (peints) leur venait sans doute de leur coutume de se peindre le corps. Leurs incursions étaient très gênantes pour la partie de la Grande-Bretagne soumise à Rome. Les Pictes méridionaux furent convertis au christianisme au commencement du Vᵉ siècle; ceux du N. à la fin du VIᵉ; ils eurent cruellement à souffrir des invasions des Scots d'Irlande, dont le roi Kenneth II, les soumit définitivement en 843. Il existe de singuliers monuments, appelés maisons des Pictes

(Picts' houses), dans diverses parties de l'Ecosse.

PICTET I. (Marcus-Auguste), naturaliste suisse, né à Genève le 23 juillet 1752, mort le 19 avril 1825. Il était le disciple et l'ami de Saussure qu'il remplaça en 1786 à l'université de Genève. Il fonda en 1796, en commun avec son frère Charles Pictet de Rochemond (1755-1824), la *Bibliothèque britannique* qui porte, depuis 1816, le titre de *Bibliothèque universelle de Genève*. — II. (François-Jules), naturaliste suisse, né vers 1800, mort en 1872. Il fut professeur de zoologie et d'anatomie à Genève. Il a écrit, entre autres ouvrages, un *Traité élémentaire de paléontologie* (1844-'46, 4 vol.).— III. (Adolphe), né en 1799, professeur d'esthétique et de linguistique à Genève; il a publié *Les origines indo-européennes* (1859-'63, 2 vol.), etc.

PICTON s. m. Jarg. Pop. Petit vin nouveau: *vive le picton!*

PICTON [pik-tonn], ville capitale du comté du prince Edward, dans la province d'Ontario (Canada), sur la baie de Quinté, à 180 kil. N.-E. de Toronto; 2,364 hab. Fonderies; tanneries, etc. Il s'y fait un grand commerce.

PICTOR (Fabius). Voy. FABIUS.

PICTOU, ville de la Nouvelle-Ecosse (*Nova Scotia*), au fond d'un beau port naturel s'ouvrant sur le détroit du Northumberland, à 125 kil. N.-N.-E. de Halifax; 3,462 hab. Grande exportation de houille; ateliers de cordages à la vapeur, tanneries, fonderie de fer, etc.

PICTURAL, ALE adj. Qui concerne la peinture; qui appartient à la peinture.

* **PIC-VERT.** Voy. PIVERT.

* **PIE** s. f. (lat. *pica*). Ornith. Genre de passereaux corvidés, comprenant un grand nombre d'espèces, ayant pour type la *pie d'Europe* (*corvus pica*), oiseau à longue queue, à plumage blanc et noir : *les pies apprennent à imiter le langage des hommes*. — FROMAGE A LA PIE, espèce de fromage blanc écrémé : *manger du fromage à la pie*. — JASER COMME UNE PIE, COMME UNE PIE BORGNE, parler beaucoup, habiller. On dit de même, BAVARDE COMME UNE PIE. — IL CROIT AVOIR TROUVÉ LA PIE AU NID, se dit par plaisanterie d'un homme qui s'imagine avoir fait quelque découvertre importante. — IL DONNE A MANGER A LA PIE, se dit d'un joueur qui, pendant le jeu, met dans sa poche une partie de son gain, afin que ce qui en reste devant lui paraisse moins considérable. — CHEVAL PIE, cheval blanc et noir. Se dit aussi d'un cheval blanc et alezan, et en général d'un cheval de deux couleurs, dont l'une est le blanc. Dans cette locution, PIE est pris adjectif : *il montait un cheval pie, une jument pie.* — ENCYCL. La *pie commune d'Europe* a de long de 45 centim. avec 65 centim. d'envergure, 25 centim. de queue, 4 centim. de bec. Le plumage de sa tête, de son cou, de son dos, de la partie antérieure de sa poitrine et de son abdomen est noir, le reste de sa poitrine est blanc ainsi que ses plumes scapulaires extérieures. Pour la forme, elle se rapproche beaucoup du choucas, mais ses ailes sont plus courtes et sa queue plus longue. Elle vit dans toute l'Europe et fréquente les bois, les prairies et les vergers. Elle est d'un caractère querelleur et criard. Très vorace, elle dévaste les champs de légumes, mange les œufs et même les petits oiseaux et compense ses ravages par la destruction des petits animaux nuisibles, tels que souris, mulots, insectes, larves, etc. Quoique sauvage et défiante, elle s'apprivoise assez facilement et se familiarise aisément, au point même de se rendre importune. Elle peut retenir et répéter quelques mots comme les autres oiseaux de la famille des corbeaux; mais elle est très voleuse et emporte pour les

cacher tous les objets qui attirent son attention, principalement ceux qui brillent d'un éclat métallique. La pie construit son nid sur les arbres les plus élevés; elle y dépose 7 ou 8 œufs d'un vert blanchâtre moucheté de gris. L'incubation dure de 18 à 20 jours. Parmi les

Pie d'Amérique. (Pica Hudsonica).

espèces étrangères, nous citerons : la *pie bleue* (pica cyanea), d'Espagne ; la *pie du Sénégal* (pica Senegalensis); la *pie d'Amérique* (pica Hudsonica), à queue très longue.

* **PIE** adj. (lat. *pius*). Pieux. N'est usité que dans cette locution, ŒUVRE PIE, œuvre de charité faite en vue de Dieu.

PIE, nom de neuf papes : I. (Saint) né vers l'an 90, mort en 157. Il fut ordonné prêtre à Rome en 147. Pendant son pontificat, qui commença en 142, avec l'aide de Justin Martyr, il combattit les erreurs de Valentinus et de Marcion. Sa fête se célèbre le 11 juillet.— II. (Æneas-Sylvius PICCOLOMINI), né près de Sienne en 1405, mort le 14 août 1464. Laïque, il prit part au concile de Bâle, qu'il soutint contre le pape. L'antipape Felix V l'envoya en ambassade à l'empereur Frédéric III, qui fit de lui son secrétaire impérial et l'employa dans un grand nombre de missions. Il écrivit plusieurs ouvrages pour défendre les prérogatives de son maître ; mais après avoir été nommé secrétaire apostolique par le pape Eugène IV, il devint ultramontain ardent. Nicolas V le fit évêque de Trieste en 1447, puis de Sienne, et l'envoya comme nonce papal en Allemagne et en Bohême. Il préconisait les mesures de douceur pour ramener les Hussites, et il écrivit un ouvrage impartial sur leur histoire et celle de la Bohême. Calixte III le fit cardinal, et en août 1458, il fut élu pape. Pendant son pontificat, il s'efforça surtout de former une ligue des princes chrétiens contre les Turcs. Il condamna, dans une bulle, ses propres écrits en faveur du concile de Bâle. Ses œuvres historiques et géographiques ont été publiées à Helmstedt en 1699 et 1707. — III. (Francesco-Todeschini Piccolomini), neveu du précédent, né en 1439, mort en 1503. Il succéda au pape Alexandre VI en 1503 et n'occupa que 25 jours le siège pontifical — IV. (Gianangelo de' Médici), né en 1499, mort le 9 déc., 1565. Créé cardinal en 1549, il succéda à Paul IV, le 26 déc. 1559. Un de ses premiers actes fut d'instituer une commission pour faire le procès des neveux de son prédécesseur, les Caraffa, dont deux furent décapités, ainsi que d'autres nobles. Il reprit le concile de Trente en 1560 et en confirma les actes le 26 janv. 1564. Le 13 nov. 1564, il publia la *Confession de Foi*, qui porte son nom. En 1565, il déjoua un complot formé contre sa personne. Il mourut but des Romains à cause de sa dureté et de ses exactions. — V. (Saint) (Michele Ghislieri), né en 1504, mort le 1er mai 1572, fut fait commissaire général du Saint-Office en 1551, évêque de Sutri et

Nepi en 1556, cardinal en 1557, grand inquisiteur bientôt après, et évêque de Mondovi en 1560. Le 7 janv. 1566, il fut élu pape, grâce surtout à l'influence de saint Charles Borromée. Il condamna les opinions de Baius de Louvain en 1567, republia la bulle *In cœna Domini* en 1568, chassa les juifs de tout le territoire papal à l'exception de Rome et d'Ancône en 1569 et dépêcha des légats dans tous les pays de l'Europe pour contrebalancer l'influence de la réformation. Il réussit à faire liguer contre les Turcs les gouvernements de Venise et de Madrid, dont les flottes, avec son propre contingent, remportèrent la victoire de Lépante, le 7 oct. 1571. Il excommunia la reine Elisabeth en 1570, et on l'accuse d'avoir chargé un émissaire de l'assassiner. On célèbre sa fête le 5 mai. — VI. (Gianangelo Braschi), né en 1717, mort le 29 août 1799. Après avoir rempli diverses fonctions importantes, il fut créé cardinal en 1773 et élu pape le 15 février 1775. En 1782, il fit inutilement le voyage de Vienne pour persuader à Joseph II de revenir sur ses violentes réformes en matière ecclésiastique, et la Révolution française mit à néant ses propres plans en vue du bien de ses peuples et de la réforme de la discipline de l'Eglise. L'assassinat à Rome de l'émissaire français Bassville, le 13 janv. 1793, amena en fin de compte l'invasion des États du pape par Bonaparte en 1796. Par le traité de Tolentino, le 19 fév. 1797, Pie dut céder une grande partie de son territoire, payer une indemnité de 31 millionsde fr. et donner aux Français quelques-unes des plus belles œuvres d'art de Rome. Le 10 fév. 1798, le général Berthier entra dans Rome sans opposition, et le 15, il y proclama la république. Le 20, le pape fut emmené à Florence. En 1799, les Français le transférèrent à Grenoble, où on le garda étroitement pendant 25 jours. Il fut ensuite transporté à Valence et emprisonné dans la citadelle. L'ordre était donné de le conduire à Dijon lorsqu'il mourut. — VII. (Barnaba-Luigi Chiaramonti), né en 1742, mort le 20 août 1823. Il devint cardinal et évêque d'Imola en 1785, et fut élu pape le 14 mars 1800, dans un conclave tenu à Venise. En juillet, il fit son entrée dans Rome, et en 1801 il conclut avec Bonaparte un Concordat qui rétablissait le catholicisme en France. En 1804, il alla couronner Napoléon à Paris. La main mise par les Français sur Ancône, Civita-Vecchia et tous les ports de l'Adriatique, le refus du pape de chasser de ses États tous les étrangers ennemis de Napoléon et de permettre le divorce entre Jérôme Bonaparte et miss Patterson, et un désaccord touchant des nominations à certains sièges vacants dans le royaume d'Italie, précipitèrent une rupture. En fév. 1808, une armée française, sous le général Miollis, prit possession de Rome ; en avril, plusieurs provinces furent annexées à la France, et en mai 1809 tout le reste des États pontificaux eut le même sort. Le pape répondit en juin en lançant une bulle d'excommunication contre Napoléon. Le 6 juillet, de grand matin, le général Radet pénétra de force dans le Quirinal et transporta le pontife, avec son ami le cardinal Pacca, à Grenoble, d'où il fut transféré à Savone en 1811. En juin 1812, on le conduisit à Fontainebleau. Là il se laissa persuader, en 1813, de signer un nouveau Concordat par lequel il abandonnait les États pontificaux, ainsi que le droit de veto sur les nominations d'évêques faites par le pouvoir civil, concessions qu'il rétracta plus tard. Il fut rendu à la liberté en janv. 1814, mais n'entra à Rome que le 24 mai, après l'abdication de Napoléon. Il consacra le reste de sa vie aux affaires intérieures de ses Etats, que le congrès de Vienne lui avait complètement rendus. Il abolit la torture, modifia les pouvoirs de l'inquisition, fit de nouveaux concordats avec la France et d'autres États, et rétablit la société de Jésus (7 août 1814). — VIII. (François-Xavier Castiglioni), né en 1761, mort en 1830; il succéda à Léon XII en 1829 et mourut après un pontificat de 20 mois. — IX. Giovanni-Maria Mastai-Ferretti), né à Sinigaglia le 13 mai 1792, mort à Rome le 7 fév. 1878. Dans sa jeunesse, il eut beaucoup à souffrir d'attaques d'épilepsie qui souvent entravèrent ses études. De 1823 à 1825, il fut secrétaire de Msr Muzy, légat apostolique au Chili, où il s'occupa activement des Indiens. En 1825, il fut fait prélat domestique de Léon XII, en 1827 archevêque de Spolète, en 1832 d'Imola, et en 1839 cardinal (proclamé le 14 déc. 1840). Il avait dirigé des établissements charitables et industriels à Rome, et en avait créé de semblables à Spolète, à ses dépens. Le 16 juin 1846, il fut élu comme successeur de Grégoire XVI. Au lieu de désigner comme d'ordinaire un nouveau secrétaire d'État, il nomma une commission de six cardinaux pour expédier les affaires du gouvernement, et il leur soumit les plans de diverses réformes. Contrairement à leur avis, Pie IX licencia les troupes suisses, et, le 16 juillet, accorda une amnistie générale. Il réduisit les taxes, autorisa des compagnies de chemins de fer et de télégraphe, stimula la production manufacturière, encouragea la formation de sociétés agricoles, permit l'ouverture de salles de lecture et de cercles d'ouvriers, et patronna les congrès scientifiques. Il montra le même zèle pour la réforme des institutions ecclésiastiques. A cette époque, son but avoué était de réaliser par degrés l'idéal de Gioberti, une Italie confédérée. Le 8 août, il remplaça la commission des six cardinaux par un secrétaire d'État, le cardinal Gizzi, favorablement connu par ses opinions libérales. A l'automne, des troubles éclatèrent dans les États pontificaux à la suite d'une mauvaise récolte, et il y eut des démonstrations et des soulèvements républicains, excités par le manifeste de Mazzini, venu de Paris. Le pape continua les réformes toute l'année 1847. Le 12 mars, il diminua la censure de la presse et accorda le droit de réunion publique. Pendant l'été, de turbulentes réclamations de changements administratifs et politiques se firent jour. Le 10 juillet, au cardinal Gizzi succéda le cardinal Ferretti, homme de nature libérale, de capacités fort médiocres, et d'expérience nulle. Le 17, une armée autrichienne occupa Ferrare, et, pendant que la population entière prenait les armes, le gouvernement pontifical protesta, soutenu par la France et l'Angleterre. Le pape saisit cette occasion d'insister auprès des cours d'Italie pour la formation d'une union douanière, comme premier pas vers une ligue politique. Cette négociation, favorablement reçue par les autres États, fut repoussée par Charles-Albert de Sardaigne. La consulte, convoquée par le pape pour donner son avis, s'ouvrit le 15 nov. Elle demandait la sécularisation de l'administration, la liberté de la presse, l'émancipation des juifs et la suppression des jésuites. Ces demandes étaient appuyées par de violentes démonstrations populaires. Le 6 mars 1848, la municipalité romaine obtint la promesse d'une constitution libérale pour les États pontificaux, avec des chambres électives. Quand cette constitution fut promulguée, le 14 mars, tout le monde vit que cette charte ou un « statut fondamental », contenait des éléments incompatibles. D'abord, il y avait le collège des cardinaux, qui était irresponsable et délibérait en secret; ensuite, un conseil d'État nommé par le pape et chargé d'élaborer les lois et de conseiller le souverain sur toutes les questions politiques importantes; puis venait le parlement proprement dit, formé de deux chambres. Pour la législation, l'initiative appartenait aux mi-

nistres; les pouvoirs législatifs de la chambre basse étaient limités aux affaires purement séculières. Peu de jours après la promulgation de ce « statut fondamental » à Rome, la république se proclamait à Venise, et la Lombardie était en pleine insurrection. La Sardaigne se déclara contre les Autrichiens, et les ministres du pape le pressèrent d'épouser aussi la cause de son pays et de déclarer la guerre. Il refusa, mais donna à ses troupes partant pour la frontière sa bénédiction, et remit à leur commandant, le général Durando, les instructions les plus explicites pour que son action fût purement défensive. Ses instructions ne furent pas observées. En même temps, le pape s'efforçait d'agir comme médiateur. Les révolutionnaires, la presse et les ministres du pape eux-mêmes le pressaient de déclarer la guerre. Mais le 29 avril, il fit, en consistoire, une allocution où il s'opposait à la guerre contre l'Autriche. Le ministère donna sa démission, et une fois de plus, Rome se trouva aux mains de la populace. Pie IX était virtuellement prisonnier dans le Quirinal. Les troupes pontificales étaient démoralisées, et le pape fut forcé d'accepter un nouveau ministère, où Mamiani était premier ministre. Le commandement de ses troupes au delà du Pô fut confié au roi de Sardaigne. Le 11 juin, les soldats de Durando rendirent Vicence à une armée autrichienne quatre fois plus forte en nombre, après 36 heures d'une lutte héroïque. Le ministère donna sa démission, et tous les efforts du pontife pour former un gouvernement régulier échouèrent jusqu'au 16 sept., où fut annoncé un nouveau ministère sous la présidence de Rossi. Dans l'intervalle, la chambre des députés, le 1er août, était allée présenter au pape une adresse contenant toutes les réclamations de la populace. Le 15 nov., Rossi qui, comme représentant l'idée de la monarchie constitutionnelle et comme partisan d'une confédération italienne, jouissait de toute la confiance du pape, fut assassiné à la porte de la chambre du conseil. Le lendemain, le peuple et les troupes assiégeaient le Quirinal et forçaient le pape, dont le secrétaire, Msr Palma, fut tué d'un coup de feu à côté de lui, d'accepter un ministère radical. Le 24, il s'enfuit déguisé, à Gaële. Le 19 fév., l'assemblée constituante romaine proclama la république et la déchéance du pape de son autorité temporelle. Le 25 avril, une armée française débarquait à Civita-Vecchia et marchait sur Rome, pendant que les Autrichiens envahissaient les provinces du Nord, et les Espagnols celles du Sud. Rome capitula le 1er juillet; mais le pape n'y entra que le 12 avril 1850. Il proclama une amnistie partielle, mais ses dispositions progressistes avaient été absolument refoulées, et la politique réactionnaire de son secrétaire des affaires étrangères, le cardinal Antonelli, prévalut dès lors. En 1854, il invita les évêques de toutes les parties de la chrétienté à se réunir à Rome, et, avec leur consentement, définit formellement l'immaculée conception comme un dogme de la foi catholique. Le 26 mars 1860, il lança une bulle d'excommunication contre toute personne impliquée dans l'invasion et dans le démembrement de ses États. Les événements qui ont successivement privé Pie IX de tous ses domaines, sont relatés dans les articles Italie et Pontificaux (États). Parmi les actes ecclésiastiques et les événements qui distinguent le règne de Pie IX, en outre de ceux qu'on a déjà mentionnés, on remarque: la réforme des grands corps religieux commencée par la lettre encyclique du 17 juin 1847, et exécutée par des « commissaires » spécialement désignés; la publication, le 8 déc. 1864, de l'encyclique Quanta Cura et du Syllabus qui l'accompagne, et qui est un catalogue des propositions qu'il a condamnées

à différentes reprises (voy. Syllabus), la session du concile du Vatican (1869-'70), et la promulgation du dogme de l'infaillibilité papale (voy. Infaillibilité et Vatican (Concile du); le conflit avec le gouvernement russe après 1863, pour défendre les catholiques polonais, et aussi avec l'empire allemand et la république suisse, après le concile du Vatican. Pie IX a régné un grand nombre d'années de plus qu'aucun de ses prédécesseurs, aucun d'eux n'ayant occupé la chaire papale pendant 25 ans.

PIE (Louis-François-Désiré-Edouard), évêque de Poitiers et cardinal, né à Pontgouin (Eure-et-Loir) en 1825, mort en 1881. Il fut nommé, le 23 mai 1849, évêque de Poitiers; il n'avait que 34 ans. Orateur et écrivain des plus distingués, il prit une part active à la polémique que souleva la guerre d'Italie. En 1861, répondant à La Guéronnière, il compara Napoléon III à Ponce-Pilate, et, sommé d'avoir à s'expliquer sur cette offense devant les juges, il refusa de comparaître. Dans le concile du Vatican, il fut le chef des infaillibilistes français. Il fut nommé cardinal en 1879. On a de lui, entre autres ouvrages: *Discours et instructions pastorales* (1858-'60, 3 vol.); *Lettres à M. de Persigny* (1863), etc.

PIÉÇA adv. [pié-sa]. Dès longtemps, il y a longtemps:

Ingrat ne suis; son nom serait piéça
Delà le ciel si l'on m'en voulait croire.
La Fontaine.

* **PIÈCE** s. f. (ital. pezza). Partie, portion, morceau d'un tout : *un habit fait de pièces et de morceaux.* — Fig. Pièce de bois, un morceau de bois d'une grosseur et d'une longueur déterminées, servant à estimer la quantité de bois employée dans un ouvrage de charpenterie : *le bois de charpente se mesure à la pièce.* — Tomber par pièces, se dit d'une personne attaquée de quelque maladie qui engendre la pourriture : *c'est un homme perdu de débauches, et qui tombe par pièces.* — Fam. C'est une pièce de chair, une grosse pièce de chair, se dit d'une personne lourde, pesante, et qui a peu d'esprit. — Être armé de toutes pièces, être armé de pied en cap. Se dit fig., d'un homme qui est prêt sur tous les points d'une discussion, et en état de repousser toutes les attaques. — Accommoder, habiller un homme de toutes pièces, lui faire un mauvais parti, le maltraiter, ou en dire beaucoup de mal : *dans cette compagnie on l'a accommodé, on l'a habillé de toutes pièces.* — Tailler une armée en pièces, la défaire entièrement. — C'est un homme qui met tout le monde en pièces, c'est un homme dont la médisance n'épargne personne. — Emporter la pièce, tailler, médire d'une manière cruelle. — C'est la pièce de bœuf, se dit en parlant de certaines choses dont on fait un usage ordinaire, et quelquefois aussi du morceau le plus considérable dans une maison d'objets du même genre. — Pièces de rapport, les petits morceaux de bois précieux ou de pierres dures qu'on emploie pour faire les ouvrages de marqueterie ou de mosaïque : *un ouvrage de pièces de rapport.* On dit de même qu'une sculpture est faite de pièces de rapport, lorsqu'elle est composée de plusieurs pièces, et n'est faite formée qu'un seul bloc, ou coulée d'un seul jet. — Ouvrage de pièces de rapport, ouvrage d'esprit qui est composé sans plan, et de morceaux faits à part que l'auteur a rapprochés. — Pièces d'honneur, la couronne, le sceptre, l'épée, etc., qui sont portés par les grands dignitaires aux obsèques du roi, et dans d'autres grandes cérémonies : *comme doyen des maréchaux de France, il portait une des pièces d'honneur.* — Blason. Pièces honorables, certaines pièces de l'écu, comme le chef, la bande, le pal, etc. — Être tout d'une pièce, se dit des choses qui sont d'un seul morceau : *cette colonne,* cette table de marbre est toute d'une pièce. — ETRE TOUT D'UNE PIÈCE, se tenir trop droit, n'avoir rien de libre, de dégagé dans sa taille. Se dit aussi d'une personne rigide, qui n'a point de souplesse dans l'esprit, ni dans la conduite. — IL A DORMI CETTE NUIT TOUT D'UNE PIÈCE, il a dormi toute la nuit sans interruption. — Particul. Petit morceau d'étoffe, de toile, de métal, etc., qu'on met, qu'on attache à des choses de même nature, pour les raccommoder, lorsqu'elles sont trouées : *mettre une pièce à un habit, une pièce à une chemise.* — IL FAIT COMME LES CHAUDRONNIERS, IL MET LA PIÈCE A CÔTÉ DU TROU, se dit d'un homme qui, voulant remédier à quelque chose, emploie un autre moyen que celui qu'il faudrait. — PIÈCE D'ESTOMAC, pièce de toile ou de flanelle, etc., dont on se couvre l'estomac, la poitrine. — Certaine chose qui fait un tout complet : *une pièce de drap, de toile, de mousseline, de percale, de ruban,* etc. — PIÈCE DE FOUR, PIÈCE DE PATISSERIE, ouvrage de pâtisserie : *une tourte, un gâteau, sont des pièces de pâtisserie.* — PIÈCE DE VIN, D'EAU-DE-VIE, D'HUILE, etc., tonneau de vin, d'eau-de-vie, d'huile, etc. : *mettre une pièce de vin en perce.* — IL A FAIT TANT DE PIÈCES DE VIN, sa vendange a produit tant de pièces de vin. — Certaine chose considérée comme faisant partie d'une collection, d'un ensemble : *ce secrétaire est la plus belle pièce de son ameublement.* — PIÈCE DE CABINET, objet rare et curieux, propre à orner un cabinet. — PIÈCE D'ORFÉVERIE, ouvrage d'orfévrerie. — PIÈCE DE TAPISSERIE, morceau de tapisserie travaillé séparément, qui, avec plusieurs autres morceaux, forme une tenture entière. — PIÈCE DE CHARPENTE, morceau de bois taillé, qui entre dans un assemblage de charpente. On appelle les plus grosses, MAITRESSES PIÈCES. — PIÈCE DE BÉTAIL, chacun des animaux, comme bœuf, vache, etc., qui composent un bétail : *ce fermier a tant de pièces de bétail.* — PIÈCE DE VOLAILLE, oiseau de basse-cour : *le rôtisseur m'a fourni tant de pièces de volaille.* — PIÈCE DE GIBIER, chacun des animaux qui peuvent être mangés, et qu'on tue à la chasse : *il a tué, il rapporte tant de pièces de gibier.* — Particul. Partie d'un logement : *il y a six pièces de plain-pied dans cet appartement.* Dans la maison d'un ambassadeur, on appelle PIÈCE D'HONNEUR, PIÈCE DU DAIS, la pièce où est le dais. — Certaine chose considérée séparément de celle qui est de même nature. PIÈCE DE TERRE, une certaine étendue de terre toute en un morceau. PIÈCE DE BLÉ, PIÈCES D'AVOINE, etc., une certaine portion continue de terre, couverte de blé, d'avoine, etc. : *voilà une belle pièce de blé.* — PIÈCE D'EAU, grande quantité d'eau retenue dans un espace creusé en terre, pour l'embellissement d'un parc, d'un jardin. — PIÈCE D'ÉCRITURE, morceau d'écriture ordinairement d'une seule page; dans lequel on s'est attaché à former les lettres avec pureté et avec élégance : *j'ai plusieurs pièces d'écriture de ce maitre.* — Absol. Diverses choses que le sens de la phrase indique particulièrement : *ce chasseur a tué plusieurs pièces; il y avait une belle pièce du milieu au second service de ce diner.* — PIÈCE DE RÉSISTANCE, pièce considérable de viande, où il y a beaucoup à manger. — Chacun, chacune : *ces chevaux coûtent cinq cents francs pièce, cinq cents francs la pièce.* — CET OUVRIER TRAVAILLE A LA PIÈCE, il est payé, non pas à la journée, mais à proportion de l'ouvrage qu'il fait. — Bouche à feu qui appartient à l'artillerie. UNE PIÈCE D'ARTILLERIE, une pièce de canon, un canon : *il battait la place avec trente pièces d'artillerie, avec trente pièces de canon.* — PIÈCES DE BATTERIS, et mieux, PIÈCES DE SIÈGE, gros canon dont on se sert pour battre une place. PIÈCES DE CAMPAGNE, l'artillerie qu'une armée fait marcher avec elle, et qu'on n'emploie pas pour les sièges. — DES PIÈCES DE HUIT LIVRES DE BALLE, DE VINGT-QUATRE LIVRES DE BALLE, DE TRENTE-SIX LIVRES DE BALLE, etc., ou simpl., DE HUIT, DE VINGT-QUATRE, DE TRENTE-SIX, etc., des pièces de canon qui portent des boulets de huit, de vingt-quatre, de trente-six livres, etc. — Ouvrage d'esprit en vers ou en prose, dont chacun fait un tout complet : *un recueil de plusieurs pièces de prose et de vers.* — PIÈCE DE THÉATRE, et absol., PIÈCE, une tragédie, une comédie, un opéra, un opéra-comique, etc. : *donner, jouer, représenter une pièce nouvelle.* — LA PETITE PIÈCE, pièce comique, d'un, de deux ou de trois actes, qu'on joue après une pièce plus longue, appelée alors par opposition, LA GRANDE PIÈCE. — LA PETITE PIÈCE, se dit d'une chose divertissante, et quelquefois d'une chose ridicule qui succède à une autre plus sérieuse et plus digne d'attention : *monsieur un tel parla très bien; celui qui vint ensuite nous donna la petite pièce.* — JOUER UNE PIÈCE, FAIRE UNE PIÈCE A QUELQU'UN; et, sans article, FAIRE PIÈCE, FAIRE PIÈCE A QUELQU'UN, lui faire une malice, lui jouer un tour. JOUER UNE PIÈCE CRUELLE A QUELQU'UN, LUI FAIRE UNE PIÈCE SANGLANTE, lui causer un grand dommage, un grand embarras, le commettre d'une manière fâcheuse. LA PIÈCE EST PLAISANTE, LA PIÈCE EST BONNE, le tour qu'on lui a joué est plaisant. — Composition musicale faite pour être exécutée sur des instruments : *cette pièce commence par un bel andanté.* — Se dit quelquefois des personnes, comme dans ces locutions familières, UNE BONNE PIÈCE, UNE FINE PIÈCE, UNE MÉCHANTE PIÈCE, une personne rusée, dissimulée, malicieuse : *je ne m'y fie qu'à demi, c'est une bonne pièce.* — Pratique. Toute sorte d'écriture qui sert à quelque procès, tout ce qu'on produit pour établir son droit : *il faut que l'avoué lui communique les pièces.* On le dit quelquefois, dans un sens analogue, de notes diplomatiques : *la chambre demanda que toutes les pièces relatives à cette négociation lui fussent communiquées.* — C'EST LA MEILLEURE PIÈCE DE SON SAC, c'est la chose la plus avantageuse pour lui, celle qui doit lui procurer le plus sûrement le succès qu'il désire : *il a la protection d'un personnage puissant, c'est la meilleure pièce de son sac.* — PIÈCE DE COMPARAISON, pièce dont l'écriture et la signature sont reconnues pour certaines, et que l'on compare à une pièce arguée de faux, pour voir si l'écriture est la même. Se dit, par ext., de ce qui peut servir de modèle pour juger de la qualité, du mérite d'autres objets de même nature. — PIÈCES JUSTIFICATIVES, pièces produites à l'appui des faits allégués dans un procès, ou des articles portés dans un compte; pièces ajoutées à un écrit pour servir de preuve à ce qu'on y avance. On dit dans le même sens, PIÈCES A L'APPUI : *il a remis son mémoire, avec les pièces à l'appui.* — Par naie : *une pièce de monnaie.* — RENDRE, DONNER A QUELQU'UN LA MONNAIE DE SA PIÈCE, se venger de lui, user de représailles à son égard, On dit de même, IL A EU LA MONNAIE DE SA PIÈCE. — ETRE PRÈS DE SES PIÈCES, être mal dans ses affaires, avoir peu d'argent. — LA PIÈCE, une petite somme d'argent donnée en gratification, en récompense : *il m'a demandé la pièce pour sa peine.* — PIÈCE DE CRÉDIT, pièce d'or ou d'argent n'ayant pas cours, et que quelques personnes portent habituellement sur elles, afin de n'être jamais sans argent ou sans gage. — PIÈCE DE MARIAGE, médaille d'or ou d'argent que le mari donne à sa femme pendant la célébration du mariage. — Jeu des échecs. Tout ce qui n'est pas pion : *la dame est la meilleure pièce des échecs.* — Pièce à pièce loc. adv. Une pièce après l'autre : *il a vendu son mobilier pièce à pièce.*

* PIÉCETTE s. f. Petite monnaie d'argent employée en Espagne. On dit aussi PESETTA.

* PIED s. m. [pié] (lat. *pes, pedis*). Partie du corps de l'homme, qui est jointe à l'extrémité de la jambe, et qui lui sert à se soutenir et à marcher : *marcher sur la pointe du pied.*

> Mon cœur met à vos pieds et sa gloire et sa haine.
> L. RACIN. *Alexandre,* acte Ier, sc. III.

— VALETS DE PIED, gens de livrée qui suivent à pied dans les cérémonies : *les grands valets de pied.* — GENS DE PIED, fantassins, soldats qui servent à pied. (Vieux.) — S'emploie dans un grand nombre d'expressions propres, figurées et proverbiales. — ALLER BIEN DU PIED, ALLER DU PIED COMME UN CHAT MAIGRE, marcher bien, marcher agilement. — ALLER DE BON PIED DANS UNE AFFAIRE, s'y comporter avec beaucoup de zèle et de franchise. — ALLER DU MÊME PIED, avoir une marche égale et semblable. Se dit des personnes et des choses : *nous allions lui et moi du même pied dans cette affaire.* — ALLER DE SON PIED GAILLARD, DE SON PIED LÉGER, DE SON PIED MIGNON, voyager lestement à pied, et à peu de frais. — ARRIVER LES PIEDS POUDREUX, arriver de loin en mauvais équipage. — AVOIR LES PIEDS CHAUDS, jouir des commodités de la vie; être dans une situation heureuse et agréable. IL EN PARLE BIEN A SON AISE, IL A LES PIEDS CHAUDS, se dit prov., d'un homme qui parle de sang-froid des misères et des douleurs qu'il n'éprouve pas. — AVOIR LE PIED A L'ÉTRIER, être prêt à partir, commencer une carrière, une profession, être à portée d'avancer, de faire fortune : *enfin vous voilà placé, vous avez le pied à l'étrier.* Dans le même sens, ON LUI A MIS LE PIED A L'ÉTRIER. — AVOIR BON PIED, BON ŒIL, se porter bien, être dans toute sa force : *ce vieillard a encore bon pied, bon œil.* Être vigilant, se tenir sur ses gardes : *il faut avoir bon pied, bon œil avec cet homme-là.* Par ellipse, BON PIED, BON ŒIL, prenez garde à vous. — AVOIR LE PIED MARIN, savoir marcher sans difficulté à bord d'un vaisseau agité par le mouvement de la mer; et, fig. et fam., ne pas se déconcerter, conserver son sang-froid dans une circonstance difficile. — AVOIR UN PIED DANS LA FOSSE, être décrépit ou extrêmement malade : *il a déjà un pied dans la fosse.* — AVOIR TOUJOURS UN PIED EN L'AIR, être fort vif, changer sans cesse de place. — COUPER L'HERBE SOUS LE PIED A QUELQU'UN, le supplanter dans quelque affaire. — CROIRE TENIR DIEU PAR LES PIEDS, éprouver une vive satisfaction dont on s'exagère le sujet : *quand il reçoit cet homme chez lui, il croit tenir Dieu par les pieds.* — DONNER UN COUP DE PIED JUSQU'A TEL ENDROIT, aller jusqu'à cet endroit. Cela ne se dit guère qu'en parlant d'un endroit peu éloigné : *voulez-vous donner un coup de pied jusque-là?* — ETRE EN PIED, ETRE MIS EN PIED, être dans l'exercice et jouir du titre d'un emploi, d'une fonction : *il n'était que surnuméraire dans cette administration; il y est maintenant en pied.* — ETRE SUR PIED, n'être point couché, être levé : *il a été sur pied toute la nuit pour veiller sa mère.* On dit à peu près dans le même sens, SON MÉDECIN L'A REMIS SUR PIED, l'a mis en état de se lever, l'a guéri. — ETRE LE BON PIED, SUR UN BON PIED, être dans un bon état, dans une situation avantageuse. — ETRE SUR UN BON PIED DANS LE MONDE, y être en estime, en considération. On dit dans le sens contraire, ETRE DANS LE MONDE SUR UN MAUVAIS PIED, SUR UN TRÈS MAUVAIS PIED. — AVOIR BON PIED, marcher bien. — AVOIR BON PIED, BON ŒIL, être vigoureux, se porter bien. Ne se dit guère que d'une personne qui commence à être plus jeune: *cet homme est un peu âgé, mais il a bon pied, bon œil.* Cette phrase signifie aussi, être vigilant, se tenir sur ses gardes : *il faut avoir bon pied, bon œil avec cet homme-là.* On dit quelquefois par ellipse, BON PIED, BON ŒIL, prenez garde à vous. — ALLER DE BON PIED DANS UNE AFFAIRE, s'y comporter avec beaucoup de zèle et de franchise. —

Manège. CE CHEVAL GALOPE SUR LE BON PIED, en galopant, il part du pied droit. On dit dans le même sens, METTRE UN CHEVAL SUR LE BON PIED. — Fig. et fam. METTRE QUELQU'UN SUR LE BON PIED, le réduire à faire ce qu'il doit, à faire ce qu'on exige raisonnablement de lui : il faisait le rétif, le difficile, mais je l'ai mis sur le bon pied. Cette phrase signifie aussi, procurer à quelqu'un de grands avantages. Dans ce dernier sens, on dit également, METTRE QUELQU'UN SUR UN BON PIED. — ÊTRE, SE METTRE SUR TEL PIED AVEC QUELQU'UN, être à son égard dans telle disposition, avoir ou prendre relativement à lui telle conduite, telle manière d'agir : sur quel pied êtes-vous ensemble?

Certain flaireur d'amoureuse curée
Faisait d'Alix son principal emploi,
Si bien enfin que la mère effarée
— Pour Dieu, monsieur, soyez de bonne foi;
Déclarez donc sur quel pied de ma fille
Vous approchez : déjà l'on en médit.
Eh ! cadédiul c'est sur le pied du lit.

⁂

— ÊTRE SUR LE PIED D'HOMME DE CONDITION, D'UN HOMME DE CONDITION, passer dans le monde pour homme de condition, en avoir la réputation. SE METTRE SUR LE PIED D'UN HOMME DE QUALITÉ, s'ériger en homme de qualité. — ÊTRE ENCORE SUR SES PIEDS, se dit d'une personne qui, n'ayant point d'engagement formel dans une affaire, peut encore se dédire et faire ce qu'il lui plaira : vous êtes encore sur vos pieds. On le dit aussi d'un homme dont la fortune a souffert un échec considérable, mais n'est pas renversée : il a pensé être ruiné par cette mauvaise affaire; mais il est encore sur ses pieds. — EXAMINER QUELQU'UN DE LA TÊTE AUX PIEDS, DEPUIS LES PIEDS JUSQU'À LA TÊTE, le considérer attentivement. — GAGNER AU PIED, s'enfuir. — HAUT LE PIED, allons, partons; allez, partez. On dit dans un sens analogue, FAIRE HAUT LE PIED, disparaître tout d'un-coup, s'enfuir. — HAUT-LE-PIED, s'emploie aussi substantiv. (Voy. HAUT-LE-PIED.) — RENVOYER DES CHEVAUX HAUT LE PIED, les renvoyer sans être attelés, ni montés. Dans cette phrase, HAUT LE PIED est employé adverbial. — LÂCHER LE PIED, LÂCHER PIED, reculer, s'enfuir. — LÂCHER PIED, céder, montrer de la faiblesse : n'allez pas lâcher pied dans cette occasion; tenez ferme. — LES PETITS PIEDS FONT MAL AUX GRANDS, se dit en parlant d'une femme qui se trouve incommodée durant sa grossesse. — METTRE PIED À TERRE, descendre de cheval ou de voiture. — METTRE LE PIED, LES PIEDS DANS UNE MAISON, Y aller : il y a longtemps que je n'ai mis le pied dans cette maison. — Fig. METTRE QUELQU'UN SUR UN BON PIED, lui procurer de grands avantages. METTRE QUELQU'UN SUR LE BON PIED, a aussi la même signification, mais plus souvent veut dire, obliger quelqu'un à faire son devoir, le contraindre à faire ce qu'on souhaite raisonnablement de lui. — MISE À PIED. (Voy. MISE.) — *METTRE UNE ARMÉE, DES TROUPES SUR PIED, lever une armée, des troupes. — METTRE UNE CHOSE SOUS LES PIEDS, la mépriser : mettez cette injure sous vos pieds. — METTRE UNE INJURE, UNE DISGRACE, METTRE SON RESSENTIMENT AUX PIEDS DE LA CROIX, DU CRUCIFIX, souffrir patiemment une injure, une disgrace, en faire le sacrifice à Dieu, pardonner pour l'amour de Dieu à ceux qui nous ont offensés. — NE PAS SE MOUCHER DU PIED, être habile, intelligent et ferme : c'est un homme qui ne se mouche pas du pied. — NE SAVOIR SUR QUEL PIED DANSER, ne savoir quelle contenance tenir, ne savoir quel parti prendre. — NE POUVOIR METTRE UN PIED DEVANT L'AUTRE, être si faible et si languissant, qu'on ne puisse pas marcher, qu'on ait peine à marcher : il ne peut plus, il ne saurait mettre un pied devant l'autre. — PRENDRE QUELQU'UN EN PIED, faire le portrait de sa personne tout entière, debout ou assise. On dit dans

le même sens, UN PORTRAIT EN PIED. — PERDRE PIED, ne plus trouver le fond de l'eau avec les pieds : il perdit pied au milieu de la rivière, et pensa se noyer. Dans le même sens, IL Y A PIED, on peut se tenir dans l'eau, la tête dehors ; IL N'Y A PAS PIED, on ne le peut pas. — PERDRE PIED, ne savoir plus où l'on en est. IL N'Y A PAS PIED, il n'y a pas moyen de tenter cette affaire. — PRENDRE PIED, commencer à s'établir solidement, à gagner confiance : ce jeune médecin n'a pas encore eu le temps de prendre pied dans le pays. — PRENDRE QUELQU'UN AU PIED LEVÉ, prendre quelqu'un au moment où il se dispose à partir, à s'éloigner, et, fig. et fam., prendre avantage contre quelqu'un du moindre mot qui lui échappe : vous me prenez bien au pied levé. Demander une chose à quelqu'un sans lui donner le temps de la réflexion, ou dans le moment qu'il a autre chose à faire. — S'ENFUIR UN PIED CHAUSSÉ ET L'AUTRE NU, s'enfuir en toute hâte, sans prendre le temps de s'habiller. — SORTIR DE SA MAISON LES PIEDS DEVANT, être porté en terre : le pauvre homme ne sortira plus de chez lui que les pieds devant. — SUR LE PIED OÙ SONT LES CHOSES, et absol., SUR CE PIED-LÀ, les choses étant ainsi, puisque les choses sont en cet état, sont comme vous le dites : sur le pied où sont les choses, je doute que vous veniez à bout de votre dessein. — PRENDRE PIED SUR QUELQUE CHOSE, se régler sur une chose, en tirer une conséquence à une autre chose de même nature : j'ai fait cela pour lui, mais je ne prétends pas qu'on autre prenne pied là-dessus. — SUR LE PIED DE, à raison, à proportion de, conformément à : j'ai payé cette étoffe sur le pied d'un louis l'aune. — SUR LE PIED DE PAIX, SUR LE PIED DE GUERRE, conformément à ce qui a été réglé pour le temps de paix, pour le temps de guerre : mettre une armée, un régiment sur le pied de guerre. — TENIR PIED À BOULE, s'attacher à une chose avec beaucoup d'application et de persévérance. — Fig. TENIR À QUELQU'UN PIED À LA GORGE, vouloir le contraindre à faire quelque chose. — TIRER À QUELQU'UN UNE ÉPINE, UNE GRANDE ÉPINE DU PIED, le délivrer d'un grand embarras, d'une situation pénible, qui l'embarrasse : vous m'avez tiré là une grande épine du pied, je vous ai bien de l'obligation. On dit de même, AVOIR UNE ÉPINE HORS DU PIED, et dans un sens analogue, C'EST UNE ÉPINE AU PIED, c'est un sujet de perplexité, d'embarras; c'est un empêchement fâcheux. — TOMBER SUR SES PIEDS, se tirer heureusement d'une occasion fâcheuse, se trouver dans la même situation qu'auparavant : quelque chose qui arrive, il ne saurait tomber que sur ses pieds. — TROUVER CHAUSSURE A SON PIED, trouver justement ce qu'il faut, ce qui convient. Se dit aussi d'une personne qui en trouve une autre capable de lui tenir tête. — VENIR DE SON PIED EN QUELQUE ENDROIT, y venir à pied. — PIED POUDREUX, soldat qui déserte de régiment en régiment, en sorte qu'il semble toujours arriver de voyage. — PIED POUDREUX, vagabond, homme sans considération, sans état : il ne donne pour caution qu'un pied poudreux. On dit dans le même sens, UN VA-NU-PIEDS. — Se dit aussi d'un grand nombre d'animaux : c'est bête à quatre pieds ; les pieds de-devant, les pieds de derrière. — Par ext. Trace de la bête qu'on chasse : le veneur a reconnu au pied que c'était une biche. — En parlant d'un cheval, LE PIED DU MONTOIR, le pied gauche de-devant, LE PIED HORS DU MONTOIR, le pied droit de devant. — CE CHEVAL A FAIT PIED NEUF, après qu'il a été dessolé, il lui est revenu une nouvelle corne. — CE CHEVAL GALOPE SUR LE BON PIED, en galopant, il lève le pied droit de devant le premier IL GALOPE SUR LE MAUVAIS PIED, il lève le pied gauche de devant le premier. On dit de même, METTRE UN CHEVAL SUR LE BON PIED. — JOUER UN PIED DE COCHON, tromper, décamper. — *En termes de rô-

tisseur, PETITS PIEDS, se dit des grives, des cailles, des ortolans, et autres petits oiseaux d'un goût délicat : il y a des personnes qui aiment mieux la grosse viande que les petits pieds. — PIED FOURCHÉ, droit d'entrée imposé, dans les villes, sur les bêtes qui ont le pied fendu, comme bœufs, moutons, cochons, etc. — PIEDS DE MOUCHE, écriture dont les lettres sont très menues, et très mal formées : il ne fait que des pieds de mouche en écrivant. — DISPUTER SUR UN PIED DE MOUCHE, disputer sur des choses de nulle importance, sur des riens. — IL A ÉTÉ DÉFÉRÉ DES QUATRE PIEDS, se dit d'un homme qui, dans quelque dispute, a été réduit à ne savoir que répondre. — FAIRE LE PIED DE GRUE, demeurer longtemps debout à la même place. — FAIRE LE PIED DE VEAU, faire sa cour à quelqu'un servilement et bassement. — TIRER PIED OU AILE D'UNE CHOSE, en tirer quelque profit de manière ou d'autre. — PIED DE BŒUF, certain jeu d'enfants, où l'on met les mains sur celles des autres, en sorte que celui qui a la sienne au-dessous, en la retirant et la plaçant au-dessus, compte un, celui d'après compte deux, ainsi de suite jusqu'à neuf ; et celui qui compte le nombre, dit, en saisissant la main de quelqu'un des autres, JE RETIENS MON PIED DE BŒUF. (Voy. un autre sens au mot SEIZE.) — Se dit aussi en parlant d'un arbre, d'une plante, et signifie, la partie du tronc ou de la tige qui est le plus près de terre : arroser une plante par le pied, au pied. — VENDRE, ACHETER UNE RÉCOLTE SUR PIED, vendre, acheter du blé avant qu'il soit coupé, du raisin avant qu'il soit cueilli, etc. — Fig. SÉCHER SUR PIED, se dit d'une personne que l'impatience, l'ennui ou l'inquiétude met dans un état violent, dans un état de souffrance. — Tout l'arbre, toute la plante : il y a cinq cents pieds d'arbres dans cette avenue. — Eaux et Forêts. PIED CORNIER, l'arbre qu'on laisse à l'extrémité d'un arpentage, d'un héritage, pour servir de marque et d'enseignement. — PIED CORNIER, longues pièces de bois qui sont aux encoignures des pans de charpente. Se disait également, autrefois, des quatre montants sur lesquels tout le corps d'un carrosse était assemblé, et qui portaient l'impériale. — Endroit le plus bas d'une montagne, édifice, mur, tour, etc. : le pied des Alpes; il sort une source du pied de la montagne. — Jeu de paume, CHASSE AU PIED, la chasse est au pied du mur. — RASER UNE MAISON REZ PIED, REZ TERRE, la raser par le pied, la mettre à niveau de terre. — METTRE QUELQU'UN AU PIED DU MUR, le mettre hors d'état de répondre, d'user de subterfuge, le réduire à ne pouvoir se défendre de faire ce qu'on lui propose. — A PIED D'ŒUVRE. (Voy. ŒUVRE, à la fin.) — AU PIED DE LA LETTRE, selon le sens littéral, selon le propre sens des paroles : il ne faut pas toujours prendre les choses au pied de la lettre. — A proprement parler, à parler véritablement, sans aucune exagération : il est ruiné; au pied de la lettre, il n'a pas de pain. — Talus, pente qu'on donne à certains ouvrages de maçonnerie ou de terre, pour les rendre plus solides : ce rempart, ce mur de terrasse n'a pas assez de pied. — DONNER DU PIED A UNE ÉCHELLE, éloigner de la muraille le bout en bas d'une échelle, afin qu'elle soit plus solidement posée. — Se dit encore en parlant de plusieurs sortes de meubles, d'ustensiles, et signifie, la partie qui sert à les soutenir : le pied d'une table; les pieds d'une chaise. — UNE TABLE, UN BUREAU A PIED DE BICHE, une table, un bureau dont les pieds sont figurés comme les pieds d'une biche. — LE PIED DU LIT, l'endroit du lit où l'on a ordinairement les pieds lorsqu'on est dans le lit, et qui est opposé au chevet : s'asseoir au pied du lit, sur le pied du lit. — Pied bot, pied de forme ronde, qui fait qu'on marche avec peine, qu'on boite : il a un pied bot. Se dit aussi de celui qui a cette difformité : *c'est un pied bot*. — Le pied bot est une difformité produite par la rigidité et par la contraction des muscles de la jambe, ou des deux jambes; celui qui en est affecté marche sur les orteils, sur le bord externe ou interne du pied, et, dans quelques cas assez rares, sur le talon. Dans la forme la plus simple (*talipes equinus*), le talon est tellement relevé que la personne marche sur l'extrémité des orteils. Dans le *talipes varus*, qui est plus commun, la distorsion est plus complexe : le talon est relevé, ainsi que le bord interne du pied, si bien que la personne marche sur le bord externe, et dans les cas extrêmes, sur le sommet du pied et sur le côté externe de la cheville. Chez les nouveau-nés, le pied bot de ce genre peut être ramené à sa position naturelle. Le varus congénital est presque toujours combiné plus ou moins avec l'*equin*, ce qui produit une infinité de formes intermédiaires. Dans le *talipes valgus*, les caractères sont tout le contraire de ceux du *varus*; le bord externe du pied est relevé et la personne marche sur l'extrémité interne de la cheville et sur l'os métatarse du gros orteil. Dans le *talipes talus*, les orteils sont relevés et le pied touche le sol par le talon seulement; c'est le contraire du *talipes equinus*. — Le pied bot est essentiellement causé par la contraction, la rigidité et l'atrophie des muscles du mollet. — Les causes que l'on a assignées au pied bot congénital sont les mauvaises positions du fœtus ou une affection mentale ou physique de la mère, susceptible d'arrêter le développement. Les maladies convulsives de l'enfance causent souvent une convulsion momentanée des muscles, ce qui produit le pied bot. — Le traitement consiste à couper le tendon contracté, de manière à contraindre le pied à former un angle droit avec la jambe. Le tendon coupé se guérit au moyen d'un calus, qui, encore récent, peut être étendu à la longueur désirable, au moyen d'une machine orthopédique. Les muscles antagonistes reprennent leur tension normale et recouvrent graduellement leur puissance d'action. — Pied plat, pied large et comme aplati. La difformité connue sous ce nom consiste dans l'aplatissement général de la surface plantaire. Le bord interne du pied appuie alors plus fortement que l'externe; la malléole interne touche presque le sol, de sorte que la voûte plantaire se trouve effacée et que les muscles de la plante du pied sont comprimés par le poids du corps. De là résulte l'impossibilité de faire une longue course. Aussi le *pied plat* a-t-il été longtemps une cause d'exemption du service militaire. Pour remédier à cette infirmité, on emploie un bas de peau lacé qui comprime uniformément le pied et le bas de la jambe et des souliers dont la semelle garnie d'une lame de tôle est convexe, d'avant en arrière jusqu'au niveau de l'extrémité antérieure des métatarsiens. — Fig., fam. et par mépris. PIED PLAT, et quelquefois. PLAT PIED, homme qui ne mérite aucune espèce de considération : *n'ayez point de commerce avec cet homme, c'est un pied plat, un plat pied*. — A pied, loc. adv. Au moyen de ses pieds, pédestrement : *aller, venir, arriver, retourner à pied*. — ÊTRE A PIED, n'avoir point de voiture, d'équipage : *il a vendu ses chevaux et sa voiture, il est maintenant à pied*. — CHERCHER QUELQU'UN A PIED ET A CHEVAL, le chercher partout. — LOGER A PIED ET A CHEVAL, se dit d'un aubergiste qui reçoit les piétons et les cavaliers. Aux enseignes des hôtelleries, on met ordinairement, BON LOGIS A PIED ET A CHEVAL. — ALLER A BEAU PIED SANS LANCE, aller à pied. — Pied à pied, loc. adv. Pas à pas, graduellement : *aller, avancer pied à pied; gagner du terrain pied à pied*. — DÉFENDRE UN POSTE, UN PASSAGE, etc., PIED A PIED, en résistant toujours, en tenant

toujours tête à l'ennemi, qui gagne insensiblement du terrain. — ALLER PIED A PIED DANS UNE AFFAIRE, s'y conduire avec circonspection et sagesse, en faisant l'une après l'autre chacune des choses qu'on a à faire, et dans l'ordre convenable pour assurer le succès. — AVANCER PIED A PIED DANS UNE AFFAIRE, s'en occuper toujours en faisant quelques progrès. — De pied ferme loc. adv. Sans sortir de sa place, sans quitter son poste : *attendre de pied ferme*. — Manœuvres militaires. CONVERSION DE PIED FERME, celle dont le pivot est fixe. — D'arrache-pied loc. adv. Sans interruption, sans discontinuation : *je l'ai attendu trois heures d'arrache-pied*. (Fam.)

* PIED s. m. Mesure de longueur qui contient douze pouces, et qui équivaut à trois cent vingt-quatre millimètres : *quatre pieds de long sur trois de large*. — Instrument en forme de petite règle, qui est de la longueur de cette mesure, et sur lequel sont gravées les divisions du pied en pouces et en lignes : *cet ouvrier a perdu son pied, son pied de roi*. — PIED CARRÉ, surface carrée qui a un pied de côté. — PIED CUBE, cube dont chaque face a un pied carré. — Par exag. ELLE A UN PIED DE ROUGE SUR LE VISAGE, se dit d'une femme extrêmement fardée. — JE NE L'ASSISTERAIS PAS, QUAND JE LUI VERRAIS TIRER LA LANGUE D'UN PIED DE LONG, je n'ai pas la moindre compassion pour lui. — IL VOUDRAIT ÊTRE A CENT PIEDS SOUS TERRE, il voudrait pouvoir se cacher à tout le monde, tant il est confus, honteux. Se dit aussi d'un homme que quelque grand sujet de chagrin, qui est dégoûté de la vie. — Par imprec. JE VOUDRAIS QUE CET HOMME FUT A CENT PIEDS SOUS TERRE, je voudrais qu'il fût mort. — AVOIR UN PIED DE NEZ, EN SORTIR AVEC UN PIED DE NEZ, éprouver la mortification de ne point réussir dans une affaire qu'on avait entreprise. — AVOIR D'UNE CHOSE CENT PIEDS PAR-DESSUS LA TÊTE, être extrêmement dégoûté. — SI VOUS LUI DONNEZ UN PIED, IL EN PRENDRA QUATRE, se dit en parlant d'un homme entreprenant, et qui abuse de l'indulgence, de la facilité qu'on a pour lui.

Laissez-leur prendre un pied chez vous,
Ils en auront bientôt pris quatre.
LA FONTAINE, *La Lice et sa Compagne*.

— AU PETIT PIED, en raccourci, en petit. — RÉDUIRE UN PLANT AU PETIT PIED, en faire en petit une copie où l'on conserve les mêmes proportions. — Se dit aussi, fig., *Les parlements prétendaient être les états généraux au petit pied*. ÊTRE RÉDUIT AU PETIT PIED, être réduit à un état de fortune fort au-dessous de celui où l'on était. — Poésie métrique. Partie ou division des différentes parties de vers, laquelle est formée d'un certain nombre de syllabes de différentes valeurs, suivant la nature du vers : *le vers hexamètre, en grec et en latin, est composé de six pieds, dont les quatre premiers sont indifféremment des spondées ou des dactyles, le cinquième un dactyle, et le sixième un spondée*. — Par ext. Deux syllabes des vers français; qui ne sont point métriques : *un vers alexandrin français est de six pieds ou de douze syllabes*. — ⌣ Se dit aujourd'hui pour syllabe métrique, dans le vers français :

Déchaussons le cothurne et brisons les trépieds.
Peut-on chanter des nains en vers de douze pieds?
DELVAU.

* PIED-À-TERRE s. m. (pié-ta-tè-re). Logement dans un endroit où l'on ne demeure pas, où l'on ne vient qu'en passant : *il habite à la campagne et n'a qu'un pied-à-terre à Paris*.

* PIED-D'ALOUETTE s. m. Genre de renonculacées helléborées dont la fleur porte un éperon qui ressemble au long ergot du talon de l'alouette. Le *pied-d'alouette des champs* (delphinium consolida) est une herbe très abondante dans nos moissons; ses fleurs sont d'un beau bleu. Le *pied-d'alouette des jardins* (delphinium Ajacis) a les feuilles très finement

découpées et les fleurs disposées en longs épis et de différentes couleurs suivant les variétés. L'une des variétés la plus répandue est le *pied-d'alouette julienne* ou *pyramidal*, à belles fleurs doubles qui produisent le meilleur effet dans nos parterres. Le *pied-d'alouette à grandes fleurs* (delphinium grandiflorum) est originaire de Sibérie. Le pied-d'alouette des Alpes (delphinium Alpinum) a les pétales jaunâtres et le calice bleu. Le *pied-d'alouette élevé* (delphinium elatum), de Suisse et de Sibérie, a le pétale supérieur blanc.

* PIED-DE-BICHE s. m. Instrument de dentiste. Se dit aussi de divers autres objets dont l'extrémité ressemble, par sa forme, au pied d'une biche : *des pieds-de-biche*.

* PIED-DE-CHAT s. m. Petite plante du genre des immortelles, qui croît sur les collines sèches.

* PIED-DE-CHÈVRE s. m. Levier de fer, dont une des extrémités est faite au pied de chèvre : *les imprimeurs montent et démontent leurs balles avec un pied-de-chèvre*.

* PIED-DE-GRIFFON s. m. Espèce d'ellébore qui porte des fleurs vertes bordées de pourpre, et qui est regardée comme vermifuge.

* PIED-DE-LION s. m. Plante de la famille des rosacées, dont l'espèce commune est un excellent fourrage. (Voy. ALCHÉMILLE.)

* PIED-DE-VEAU s. m. Bot. Plante dont les fleurs naissent sur un chaton très droit qui sort d'une spathe en forme de cornet : *à l'époque de la floraison, le chaton du pied-de-veau acquiert une chaleur remarquable*. (Voy. GOUET.)

* PIED-DROIT s. m. Archit. Partie d'une maison d'une porte ou d'une fenêtre, qui comprend le chambranle, le tableau, la feuillure, l'embrasure et l'écoinçon : *des pieds-droits*.

* PIÉDESTAL s. m. (ital. *piedestello*, pied de colonne). Archit. et Sculpt. Support isolé, avec base et corniche, qui soutient une statue, une colonne, un vase, un candélabre, etc. : *la base, la corniche, le dé d'un piédestal*. — PIÉDESTAL CONTINU, le soubassement d'une file de colonnes avec base et corniche.

* PIED-FORT s. m. Monn. Pièce d'or, d'argent, etc., qui est beaucoup plus épaisse que les pièces de monnaie communes, et que l'on frappe ordinairement pour servir de modèle : *les pieds-forts gravés par Varin, sous Louis XIII et sous Louis XIV, sont forts recherchés*.

PIÉDICORTE-DI-GAGGIO, ch.-l. de cant., arr. et à 22 kil. S.-E. de Corte (Corse), 4,000 hab.

PIÉDICROCE, ch.-l. de cant., arr. et à 24 kil. E.-N.-E. de Corte (Corse); 600 hab.

PIÉDIMONTE D'ALIFE (pié-di-monn'-té dali'-fé), ville de l'Italie méridionale, à 35 kil N.-E. de Caserta; 6,340 hab. Elle est remarquable pour le pittoresque de ses montagnes. Elle possède plusieurs filatures de coton, et produit de l'huile et du vin excellents.

* PIÉDOUCHE s. m. (ital. *peducchio*; dimin. de *pede*, pied). Sculpt. et Archit. Petit piédestal carré ou circulaire, à adoucissement avec moulures, qui sert à porter un buste, une petite figure, un vase, etc. : *un buste monté sur piédouche ou en piédouche*.

PIEDS-NOIRS, Blackfeet ou SATISKA, tribu la plus occidentale de la famille des Algonquins (Indiens d'Amérique). Ils habitent les pays compris entre la baie d'Hudson, le Missouri et la Yellowstone. On compte encore 7,000 Pieds-Noirs dans le territoire de Montana, et 6,000 dans l'Amérique anglaise; ils sont très belliqueux.

PIEGANS [pi'-gannzz], tribu d'Indiens d'Amérique appartenant à la nation des

Pieds-Noirs, de laquelle ils se séparèrent sous un chef nommé Piégan ; ils sont aujourd'hui dans le Montana. C'étaient les plus civilisés et les plus belliqueux des Pieds-Noirs, guerroyant constamment contre les Corbeaux, les Têtes-Plates, les Gros-Ventres et autres tribus. Ils firent, le 1er sept. 1868, un traité définitif par lequel ils cédaient leurs terres. Bien qu'ils soient restés généralement paisibles, quelques collisions se sont produites. Le lieutenant-colonel Baker fut envoyé contre eux le 23 janv. 1870 : il surprit le camp de la Corne-Rouge (Red Horn) sur le Marias, et leur tua 173 hommes, femmes et enfants. La petite vérole a fait depuis un grand nombre de victimes parmi eux. En 1876, il y avait sur la réserve des Pieds-Noirs, dans le Montana, 7,200 Pieds-Noirs, Bloods et Piegans, parmi lesquels on ne faisait aucune distinction de tribus.

* **PIÉGE** s. m. (gr. pagés, lacet). Instrument, machine dont on se sert pour prendre des animaux, comme loups, renards, etc. : *faire donner un animal dans le piège.* — Embûche, artifice dont on se sert pour tromper quelqu'un : *ce qu'on vous dit, ce qu'on vous offre est un piège.*

* **PIE-GRIÈCHE** s. f. Oiseau de l'ordre des passereaux, dont le bec a la pointe recourbée, et armée de chaque côté d'une petite dent, — Fig. et fam. PIE-GRIÈCHE, femme d'humeur aigre et querelleuse : *c'est une pie-grièche que cette femme-là.* — pl. Des pies-grièches. — ENCYCL. On donne le nom de pie-grièche à un grand genre de passereaux dentirostres, caractérisé par un bec fort, conique ou comprimé et plus ou moins crochu au bout, armé d'une forte dent. Ce genre se divise en un certain nombre de sous-genres : pie-grièche proprement dite, langrayen ou pie-grièche hirondelle, cassican, bécarde, choucari, béthyle. — Pies-grièches proprement dites. Ce sous-genre est caractérisé par un bec triangulaire à la base, comprimé sur les côtés. Dans quelques espèces, l'arête supérieure est arquée. Celles où la pointe est forte et bien crochue ont un courage et une cruauté qui les font regarder comme des oiseaux de proie. En effet, elles poursuivent les petits oiseaux et se défendent avec succès contre les gros, qu'elles attaquent même quand il s'agit de protéger leur nid. Leur méchanceté est passée en proverbe. Elles vivent en familles, volent inégalement et précipitamment en jetant des cris aigus, nichent sur les arbres, pondent 5 ou 6 œufs et prennent grand soin de leurs petits. Elles émigrent en août et sept. pour revenir au printemps. Quelques espèces apprennent à imiter le chant des autres oiseaux ou les cris des animaux. Leur chair, quand elle est grasse et quand elle provient de jeunes, est délicate et recherchée. Nous avons en France 4 espèces de cette subdivision : 1° *pie-grièche commune* ou *pie-grièche grise (lanius excubitor)*, grosse comme une grive, cendrée dessus, blanche en dessous, avec les ailes, la queue et une haute autour de l'œil noirs ; du blanc aux scapulaires, à la base des pennes de l'aile et au bord externe des latérales de la queue. Elle n'émigre pas ; 2° *petite pie-grièche (lanius excubitor, minor)*, un peu plus petite que la précédente, à le bec plus court et plus gros ; elle n'habite pas au nord de Paris ; elle apprend facilement à imiter le chant des autres oiseaux ; 3° *pie-grièche rouge (lanius collurio rufus)*, encore plus petite que la précédente, à du roux sur le dessus de la tête et du cou, du noir sur le dessus du ventre et au croupion ; 4° *l'écorcheur (lanius collurio)*, plus petit encore, a été traité à l'article ÉCORCHEUR.

* **PIE-MÈRE** s. f. (lat. pia, pieuse ; mater, mère). Anat. Membrane déliée qui enveloppe immédiatement toutes les parties du cerveau.

C'est la plus intérieure des trois méninges. Elle est constituée par une trame celluleuse dans laquelle rampent un grand nombre de vaisseaux artériels et veineux. Sa surface externe est unie à l'arachnoïde par un tissu cellulaire lâche ; sa surface interne est unie à la substance nerveuse par un grand nombre d'artérioles et de veinules. Elle envoie dans l'intérieur du cerveau les replis particuliers appelés *toile choroïdienne et plexus choroïdes*, et la membrane qui tapisse les ventricules.

PIÉMONT (ital. *Piemonte*, de *piè di monte*, pied de la montagne), division du N.-O. de l'Italie, sur les frontières de la Suisse et de la France ; 29,269 kil. carr. ; 2,995,243 hab. Elle est subdivisée en quatre provinces : Alexandrie, Cunéo, Novare et Turin. Elle est enfermée de trois côtés par de très hautes montagnes, et arrosée par le Pô et ses affluents. La région du Pô est excessivement riche en céréales, vin, huile et fruits. On exporte des grains et de la soie. Le Piémont a partagé les vicissitudes de la maison de Savoie. C'était autrefois une principauté. Son nom a longtemps servi à désigner en général les États Sardes. Il a été englobé dans le royaume de Sardaigne au XVIIIe siècle, et dans celui d'Italie en 1864. Ville princ., Turin. (Voy. SAVOIE et SARDAIGNE.)

PIÉMONTAIS, AISE s. et adj. Du Piémont ; qui concerne ce pays ou ses habitants.

PIERCE (Franklin) [pir-se], quatorzième président des États-Unis, né à Hillsborough (New-Hampshire), le 23 nov. 1804, mort le 8 oct. 1869. Il prit ses grades universitaires à Bowdoin College en 1824, étudia le droit, commença à pratiquer à Hillsborough, et alla se fixer à Concord en 1838. Il fut membre de la législature de l'état de 1829 à 1833, et fut, pendant les deux dernières années, président de la chambre. De 1833 à 1837, il fut membre du congrès, et, de 1837 à 1842, sénateur. Après que la guerre du Mexique eut éclaté, il reçut une commission de colonel dans l'armée régulière et, plus tard, de brigadier général. Il rejoignit l'armée sous le général Scott à Puebla, le 7 août 1847, et combattit à Contreras et à Churubusco. En 1850, il faisait partie de la convention constitutionnelle du New-Hampshire. En 1852, il était candidat démocratique à la présidence des États-Unis, et il fut nommé par 254 votes électoraux, contre 42 donnés au général Winfield Scott. Parmi les événements les plus importants de son administration (1853-'57), on peut citer le différend relatif aux limites respectives des États-Unis et du Mexique, qui aboutit à l'acquisition de l'Arizona ; le règlement amical, d'un sérieux désaccord avec la Grande-Bretagne à propos des pêcheries ; l'annulation du compromis du Missouri et l'organisation des territoires du Kansas et du Nebraska ; le traité de réciprocité avec le Canada ; le traité avec le Japon, et les troubles du Kansas. Le 24 janv. 1856, le président Pierce envoya un message au congrès où il représentait la formation d'un gouvernement d'État libre au Kansas comme un acte de rébellion, et où il justifiait les principes de la loi qui avait institué les territoires du Kansas et de Nebraska. Sa vie a été écrite par Nathaniel Hawthorne (1852).

PIERER [pi'-reur]. I. (Johann-Friedrich), éditeur allemand, né à Altenburg en 1767, mort en 1832. Il s'occupait de périodiques importants et de publications diverses, ainsi que de l'*Encyklopaedisches Woerterbuch*, rédigée par son fils. — II. (Heinrich-August), fils et successeur du précédent, né en 1794, mort en 1850. Il rédigea l'*Encyklopaedisches Woerterbuch* (Altenburg, 1824-'36, 26 vol. ; nouv. éd. 1840-'56, 34 vol.). Ses fils, Victor et Eugen, continuèrent une 3e édition, sous le titre de *Universal Lexikon* (1849-'52, 17 vol.), une quatrième (19 vol.) en 1857-'65, et une

cinquième en 1869 et suiv. On en publie une sixième à Oberhausen, sous la direction d'Adolph Spaarmann, successeur des Pierer.

PIÉRIDE s. f. Sous-genre de papillons diurnes, comprenant des espèces qui ont les antennes assez allongées, tronquées ou en massue, les palpes inférieures presque cylindriques, peu comprimées, avec le dernier article à peu près aussi long que le précédent. Leurs chenilles sont allongées, sans tentacules au cou ; leurs chrysalides sont anguleuses, un peu comprimées et fixées par la queue. Les chenilles de plusieurs espèces font le désespoir du jardinier. Nous citerons, parmi les espèces les plus redoutables, la *piéride du chou (pieris brassica)*, blanche en dessus, avec le sommet des ailes supérieures noir, la surface inférieure des premières ailes blanche, le bout d'un jaune pâle ; la surface inférieure des secondes ailes lavée d'un peu de jaune ; ses chenilles dévorent les crucifères. La *piéride de la rave (pieris rapæ)* lui ressemble beaucoup ; mais elle est plus petite ; sa chenille verte se loge dans l'intérieur des crucifères et du réséda.

PIÉRIDES, filles de Piérus, roi de Macédoine. Elles étaient au nombre de neuf. Elles excellaient dans le chant et dans la poésie. Ayant osé défier les Muses, elles furent vaincues et métamorphosées en pies. On donne quelquefois aux Muses le nom de Piérides à cause, sans doute, de leur séjour sur le mont Piérus.

PIÉRIE, territoire étroit, situé au S.-E. de l'ancienne Macédoine, depuis l'embouchure du Peneus, en Thessalie, jusqu'à l'Haliacmon et qui était borné à l'O. par l'Olympe et ses contreforts. Les habitants, d'origine thrace, étaient célèbres, dans l'histoire primitive de la Grèce, comme poètes et comme musiciens, ce qui fait que la Piérie fut considérée comme le séjour des Muses. Les Macédoniens, qui s'emparèrent de ce pays, en chassèrent les anciens habitants.

PIERPONT (John) [pir'-ponnt], poète américain, né dans le Connecticut en 1785, mort en 1866. Il fut successivement homme de loi, marchand, pasteur de l'Église congrégationaliste à Boston (1819-'45), puis à Troy (État de New-York) et à Medford (Massachusetts), jusqu'en 1856. En 1861, il devint chapelain d'un régiment du Massachusetts, et fut bientôt après nommé secrétaire à Washington. Il a publié : *Airs of Palestine and other Poems*, et plusieurs recueils de lectures à l'usage des écoles.

* **PIERRAILLE** s. f. [ll mll.]. Amas de petites pierres : *un chemin ferré de pierrailles.*

* **PIERRE** s. f. (lat. petra). Corps dur et solide qu'on emploie dans la construction des édifices, soit qu'on l'ait détaché des montagnes ou des rochers, soit qu'on l'ait extrait de la terre à une certaine profondeur : *On a tellement ruiné cette ville, qu'il n'y est pas demeuré pierre sur pierre.*

> Mon sein n'enferme point un cœur qui soit de pierre.
>   Tartufe, acte III, sc. III.

— Fig. UNE ÂME, UN CŒUR DE PIERRE, une personne dure, insensible, que rien ne peut émouvoir. — OUVRAGE A PIERRE PERDUE, A PIERRES PERDUES, construction qu'on élève dans l'eau en y jetant de gros quartiers de pierre : *les fondations de cette digue ont été faites à pierres perdues.* — PIERRES SÈCHES, pierres posées l'une sur l'autre, sans chaux, sans plâtre, sans mortier : *construire en pierres sèches.* — PIERRES D'ATTENTE. (Voy. ATTENTE.) — PIERRE PARPAIGNE. (Voy. PARPAING.) — PIERRE D'ÉVIER. (Voy. ÉVIER.) — PIERRE A LAVER. (Voy. LAVER.) — PIERRE ANGULAIRE. (Voy. ANGULAIRE.) — Fig. PIERRE FONDAMENTALE, ce qu'il y a de principal et de plus important dans les choses de morale, de politique, etc., et qui en est comme le fondement : *la justice est la*

pierre fondamentale des États. — PIERRE D'AU-
TEL, pierre sur laquelle le prêtre consacre,
et qui a été consacrée auparavant par un
évêque. — PIERRE MILLIAIRE, borne placée
dans les grands chemins pour faire connaître
les distances. — PIERRE A BROYER, pierre d'un
grain très fin et très serré, dont on se sert
pour broyer les couleurs. — PIERRES LEVÉES,
monuments très anciens, formés de pierres
brutes, de grande dimension, placées debout
sur leur plus petit côté. (Voy. CROMLECH, DOLMEN,
MENHIR, PEULVEN.) — PIERRE calcaire, toute
pierre que l'action du feu réduit en chaux :
PIERRE A CHAUX, pierre dont on fait ordinairement la chaux. — PIERRE GYPSEUSE, toute pierre
que l'action du feu réduit en plâtre. PIERRE A
PLATRE, celle dont on fait ordinairement le
plâtre. — PIERRE VITRESCIBLE ou VITRIFIABLE,
pierre que l'action du feu réduit en verre. —
PIERRE DE MEULE, ou PIERRE DE MEULIÈRE, ou
PIERRE MEULIÈRE, sorte de pierre dont on fait
des meules de moulin, ou qui sert de moellon
pour certaines constructions. — PIERRE LITHO-
GRAPHIQUE, pierre sur laquelle on dessine ou
l'on écrit, afin d'obtenir un certain nombre
d'exemplaires par l'impression sur le papier.
— Cr'llou, et autres corps solides de même
natu.e : *se battre à coups de pierres*. — Prov.
et fig. TROUVER DES PIERRES DANS SON CHEMIN,
trouver des empêchements, des obstacles à ce
qu'on a dessein de faire. — MENER QUELQU'UN
PAR UN CHEMIN OU IL N'Y A PAS DE PIERRES, ne
lui donner aucun relâche dans les affaires
qu'on a contre lui, le poursuivre très vivement. — JETER DES PIERRES DANS LE JARDIN DE
QUELQU'UN, faire devant lui des railleries couvertes, des plaintes détournées, des reproches
indirects, avec l'intention qu'il se les applique : *vous jetez des pierres dans mon jardin*.
— JETER LA PIERRE A QUELQU'UN, lui adresser
un reproche, élever contre lui une accusation,
le condamner, se déchaîner contre lui :
pourquoi me jetez-vous la pierre? — JETER LA
PIERRE ET CACHER LE BRAS, faire du mal à
quelqu'un si adroitement, si secrètement,
qu'on n'en soit pas soupçonné. — FAIRE D'UNE
PIERRE DEUX COUPS, venir à bout de deux
choses par un seul moyen, profiter de la
même occasion pour terminer deux affaires.
— PIERRE QUI ROULE N'AMASSE POINT DE MOUSSE,
celui qui change souvent de condition ou de
profession n'acquiert pas de bien. — ETRE
MALHEUREUX COMME LES PIERRES, être très malheureux. — IL GÈLE A PIERRE FENDRE, il gèle
extrêmement fort. — PIERRE D'ACHOPPEMENT,
toute occasion de faillir; tout ce qui fait
obstacle au succès d'une affaire : *les moindres
occasions sont autant de pierres d'achoppement
pour un homme faible*. — Fig. PIERRE DE SCAN-
DALE, tout ce qui cause du scandale : *cette
discussion est délicate et pourrait bien devenir
une pierre de scandale*. — PIERRE DE TOUCHE,
espèce de pierre noire très dure, dont on se
sert pour éprouver l'or : *c'est en frottant les
bijoux d'or à la pierre de touche, et en touchant avec de l'acide nitrique la couche de
métal adhérente à la pierre, qu'on détermine
leur titre ou leur valeur*. Se dit, fig., de ce qui
sert à faire connaître d'une manière certaine
la nature, la qualité d'une chose : *l'intérêt
est la pierre de touche de l'amitié, de la probité*. — PIERRE A FUSIL, caillou qu'on frappe
avec le fusil, avec le briquet, pour faire du
feu; et qu'on met aussi au chien d'une arme
à feu. — PIERRE A AIGUISER, pierre dure dont
on se sert pour rendre les instruments de fer
plus tranchants ou plus pointus. — PIERRE A
BRUNIR, caillou taillé en coude, dont on se
sert pour polir l'or. — PIERRE PONCE, pierre
extrêmement sèche, poreuse et légère, vitrifiée par le feu des volcans : *la pierre ponce
nage sur l'eau*. — PIERRE D'AIGLE, pierre rougeâtre, au dedans de laquelle il y a une
autre pierre qui en est détachée, et qui se
fait entendre quand on l'agite. — PIERRE
D'AIMANT, pierre qui attire le fer. (Voy. AIMANT.)

— PIERRE DE BÉZOARD, concrétion pierreuse.
(Voy. BÉZOARD.) — PIERRE DE JADE, pierre dure
et verdâtre, qui se trouve aux Indes orientales,
et à laquelle on attribuait la vertu de guérir
la colique néphrétique. (Voy. JADE.) — PIERRE
DE MINE, pierre qu'on détache de la mine,
qu'on bat, qu'on lave, et dont on tire le métal.
— PIERRE NOIRE, espèce de crayon noir que
les maçons, menuisiers et autres employent
pour tracer leurs ouvrages, et dont on se
sert aussi pour dessiner. — PIERRE A DÉTACHER,
sorte de composition, dont la base est de la
glaise, et qui sert à enlever les taches des
habits. — PIERRE PHILOSOPHALE, prétendue
transmutation des métaux en or : *il s'était
ruiné à chercher la pierre philosophale*. (Voy.
PHILOSOPHALE.) — Méd. Pierre, amas de sable
et de gravier qui se forme en pierre dans
les reins, dans la vessie, ou dans quelque
autre partie du corps : *il a la pierre dans les
reins*. — Dureté ou espèce de gravier qui se
trouve dans quelques fruits : *ces sortes de
poires ont beaucoup de pierres*. — ENCYCL. On
soupçonne l'existence d'un calcul vésical à
l'envie fréquente d'uriner sans qu'on puisse
aisément la satisfaire, l'émission ayant lieu
par jets interrompus; à la *douleur* qu'on
ressent dans la vessie, au *sang* qu'on urine;
à la *démangeaison* du méat urinaire. La
sonde seule peut donner la certitude de la
présence d'un calcul vésical. Une fois formée
dans la vessie, la pierre ne se dissout pas
d'elle-même; il faut absolument l'extraire.
On y parvient par l'opération de la *taille*,
c'est-à-dire en pénétrant dans la vessie par
le bas-ventre ou le périnée. Un moyen plus
récent et préférable, la *lithotritie*, consiste
à introduire dans la vessie par les voies
naturelles un instrument qui morcelle les
calculs et les réduit en graviers assez petits
pour traverser l'urèthre. On prévient le retour
de ces calculs vésicaux par l'usage des alcalins et des diurétiques, par la privation de
la bonne chère, du vin et des liqueurs, en
fuyant la vie sédentaire et le séjour prolongé
au lit. On conseille surtout l'usage des eaux
de Vichy et de Contrexéville. — Pierre infernale ou PIERRE A CAUTÈRE, nitrate d'argent
dont on se sert en médecine. (Voy. NITRATE
D'ARGENT.) On l'emploie en solutions dans
l'eau distillée comme astringent ou modificateur dans l'angine couenneuse, le croup,
etc., et en crayon pour réprimer les chairs
fongueuses, cautériser les plaies de nature
mauvaise et hâter la cicatrisation. Le sel
marin le décompose. — Pierres précieuses,
les diamants, les rubis, les émeraudes, les
saphirs, les topazes, etc. — PIERRES FINES, les
agates, les onyx, les cornalines, etc. — PIERRES
DE COULEUR, les rubis, les saphirs et autres
pierres colorées. — Absol. Se dit quelquefois
du diamant : *voilà une belle pierre*. — ENCYCL.
Les pierres précieuses les plus estimées sont
celles qui ont le plus d'éclat, qui présentent les
couleurs les plus magnifiques et la limpidité la
plus parfaite. Les pierres naturelles se rencontrent ordinairement sous forme de cailloux;
le travail du lapidaire (voy. ce mot) est indispensable pour développer leur beauté. (Voy.
DIAMANT.) Pour distinguer les pierres précieuses
les unes des autres et de leurs contrefaçons
artificielles, on est souvent forcé de faire
l'essai de leur dureté comparative et de leur
gravité spécifique. La plus belle collection de
pierres qu'il y ait au monde est celle de l'empereur de Russie. Toutes les pierres précieuses
trouvées en Sibérie appartiennent à la couronne; elles sont taillées et polies dans les
ateliers du gouvernement à Yekaterinbourg
et les plus belles sont conservées pour le trésor impérial. L'Hindoustan, le Pégou et l'île
de Ceylan ont toujours été fameux pour la
richesse de leurs pierres; mais, de nos temps
modernes, le Brésil, le Pérou et l'Afrique du
Sud rivalisent avec eux. — PIERRES GRAVÉES,
pierres fines. ou compositions imitant les

pierres fines, sur lesquelles on a gravé des
figures en creux ou en relief. — La gravure
sur pierre ou *glyptique* fut pratiquée habilement dès la plus haute antiquité. On croit
que les Israélites en durent la connaissance
aux Égyptiens, qui se servaient de la roue du
lapidaire. Les Assyriens et les Babyloniens
étaient très habiles dans la taille des pierres.
Les Grecs la pratiquaient avec le plus grand
soin et y obtenaient d'heureux résultats. Le
plus distingué de leurs premiers artistes fut
Pyrgotela, qui eut seul la permission de
graver la tête d'Alexandre. Pendant le règne
d'Auguste à Rome, Dioscorides d'Éolie (Asie
Mineure) atteignit un talent sans rival. Sa tête
d'Io est regardée par quelques-uns comme la
plus belle pierre gravée qui existe au monde.
Avec l'empire, l'art déclina et aucune production de génie n'apparut jusqu'au xvᵉ siècle,
époque où Laurent de Médicis fit une collection de pierres antiques et encouragea les
artistes à imiter ces belles productions. Appliqué aux pierres les plus dures, telles que le
diamant, le rubis, le saphir et le topaze,
l'art est, sans aucun doute, arrivé à plus de
perfection que dans les temps anciens; car
parmi les pierres gravées que l'on a conservées de l'antiquité, il n'en est guère de cette
classe. Les pierres égyptiennes étaient gravées
presque exclusivement en intailles et appartenaient à la forme désignée sous le nom de
scarabæi (scarabées), parce que la surface
supérieure de la pierre, toujours d'une forme
ovale, était taillée de manière à représenter
un scarabée. Les Grecs pratiquaient aussi
principalement l'intaille. L'intaille et le
relief furent quelquefois combinés sur la
même pierre. Les pierres composées de différentes couches, comme l'onyx, se prêtent
particulièrement à la gravure en relief. On
appelle *camée* une pierre variée, sur laquelle
apparaissent des figures ou des paysages,
ou une pierre dont les couches différemment
colorées permettent au graveur de mettre
en relief des figures qui contrastent avec la
teinte plus foncée du fond. La calcédoine, le
jaspe, l'onyx, la sardoine et quelquefois la
turquoise étaient jadis les plus employés
comme camées. L'art de ciseler ces pierres
fut d'abord connu des Égyptiens; les Grecs
le portèrent à son point de perfection; au
xvᵉ siècle, on l'oublia, mais il renaquit en Italie
au xvᵉ siècle. Des spécimens de cette période
rivalisent avec ceux de l'antiquité. Le premier
camée dont l'histoire fasse mention est l'anneau de Polycrates, ciselé par Théodore de
Samos, vers 550 av. J.-C.; le plus célèbre est
le vase de Mantoue (auj. à Brunswick), représentant, d'un côté, Cérès à la recherche de
sa fille, et de l'autre côté, cette déesse enseignant l'agriculture à Triptolème. Les grandes
dépenses occasionnées par la gravure des
pierres dures leur a fait substituer des matières plus tendres, telles que la porcelaine,
le verre émaillé et les coquilles de différents
mollusques. Ces coquilles présentent trois
couches de teintes différentes. On coupe les
morceaux de la grandeur voulue et on leur
donne la forme désirable en les usant sur
une meule. Chaque morceau est ensuite ci-
menté sur un bâton qui sert de manche pendant l'opération de la taille. On trace le
dessin au crayon; on le grave avec une
pointe acérée; et enfin on procède à la
taille au moyen de délicats instruments pointus
en fils d'acier, de petites limes et de burins.
Les camées gravés dans l'onyx ou la cornaline
exigent beaucoup plus de soin et de travail
que ceux que l'on obtient des coquillages.
On commence par faire un dessin sur une
grande échelle et on le réduit en cire à
l'échelle exacte; on trace ensuite les contours
sur la pierre et l'on exécute la taille avec les
instruments du lapidaire. (Voy. ce mot.) La
taille des camées dans l'onyx et la sardoine
avait été remplacée par le travail beaucoup

plus facile des coquillages; mais on l'a reprise à Rome et à Paris. Cette dernière ville est aujourd'hui le centre de cette industrie. On appelle *camaïeu* une pierre fine qui présente deux couleurs. — Voici comment on opère aujourd'hui pour graver une pierre. On commence par la tailler en rond ou en ovale et par en polir la surface. Ensuite on l'use et on l'entame au moyen d'une bouterolle ou tarière mise en mouvement par un touret. On aide l'action de cet instrument en employant des liquides et des poudres, principalement des poudres de diamant. — Pierres fausses ou PIERRES PRÉCIEUSES ARTIFICIELLES, celles qui contrefont les pierres précieuses, imitation des pierres précieuses. Les Égyptiens possédaient l'art de colorer le verre et produisaient d'excellentes imitations des pierres les plus belles. D'anciens auteurs parlent de leurs émeraudes artificielles, de leurs saphirs et de leurs émeraudes. Quelques-unes de ces dernières étaient d'une telle grosseur qu'elles furent employées à la construction de statues comme celle de Sérapis, qui se trouvait dans le labyrinthe d'Égypte, et qui mesurait 4 m. de hauteur. Au XVIIᵉ siècle, la découverte de la préparation faite avec de l'or et du bi-oxyde d'étain (pourpre de Cassius), fournit les moyens de donner au verre une couleur rouge rubis, et permit de fabriquer les rubis artificiels. Dans les temps modernes, l'art des pierres fausses a été merveilleusement perfectionné par les Français, principalement par le génie de Donault-Wieland. Un verre appelé strass (voy. VERRE) est préparé comme base de cette composition. Des diamants artificiels sont fabriqués avec du strass pur, que l'on coupe en brillants et en rose. D'autres pierres sont imitées en mêlant le strass avec des substances à base métallique, généralement des oxydes qui communiquent la couleur de la pierre à imiter.

PIERRE (hébr. *Cephas*; gr. *Petros*; lat. *Petrus*; angl. *Peters*; all. *Peter*; esp. *Pedro*; brés. *Pedro*; ital. *Pietro*), nom d'un grand nombre de saints, de rois et de personnages célèbres.

I. — SAINTS.

Pierre. I. (SAINT), l'un des douze apôtres, né à Bethsaïda, en Galilée. Il était fils de Jonas ou Jean, d'où le nom de Barjonas dont l'appela le Christ en une occasion. Son nom primitif était Simon. Avant sa vocation à l'apostolat, il s'était marié, et s'était établi à Capharnaüm, sur le lac de Gennesareth, où son frère André était pêcheur. Du mot grec πέτρος, équivalent de Céphas (lequel s'interprète par *pierre*), nom que lui donna Jésus à leur première rencontre, l'apôtre reçut le nom de Pierre, que le Christ, dans une autre circonstance lui reconnut formellement, lorsqu'il dit : « Tu es Pierre, et sur cette pierre je bâtirai mon Église. » De l'opinion de la plupart des critiques, il jouissait d'une certaine prééminence parmi les apôtres; c'est sur cette prééminence et sur la déclaration citée plus haut que les catholiques romains fondent la doctrine de la suprématie des papes comme successeurs de saint Pierre. Pierre était ardent, zélé, vif dans sa foi, et énergiquement attaché à son maître; mais il témoigna, le jour le plus marqué qu'on ne le rapporte de ses compagnons d'apostolat, des faiblesses communes à l'humanité. Après le sacrifice de la croix, Pierre devint le chef du corps de la chrétienté. Hérode le fit emprisonner en 44, mais il recouvra miraculeusement la liberté. On le voit ensuite à un concile des apôtres et des anciens à Jérusalem en 51, où il demande que les Gentils convertis soient exemptés des obligations du cérémonial de la loi mosaïque, que lui-même négligeait jusqu'à certain point. Mais à l'arrivée de quelques juifs convertis venus de l'église à laquelle présidait l'apôtre Jacques, Pierre abandonna tout à fait la pratique de ces cé-

rémonies, s'attirant par là la censure de saint Paul. Sa première épître est datée de Babylone, alors siège d'une colonie juive, bien que quelques-uns croient que ce nom signifie ici Rome. Eusèbe dit qu'il fut à Rome pendant 20 ans, et il est suivi en ce point par la plupart des écrivains catholiques romains, qui le regardent comme le premier évêque de Rome. On dit qu'il souffrit le martyre à peu près en même temps que l'apôtre Paul, pendant la persécution de Néron. La fête de saint Pierre et de saint Paul se célèbre le 29 juin. — Saint Pierre est l'auteur de deux épîtres canoniques, dont la première fut probablement écrite entre 45 et 55. Toutes les deux sont adressées à des juifs convertis. On a souvent mis en doute l'authenticité de la seconde. — II. (SAINT), évêque de Sébaste, mort en 387. Fête le 9 janvier. — III. (Chrysologue), archevêque de Ravenne, mort en 452. Il a laissé 176 *homélies*, publiées sous le nom de *Sermones aurei* (Augsbourg, 1758, in-fol.). Fête le 4 déc. Saint Pierre Chrysologue est rangé parmi les docteurs de l'Église. — IV. (d'Alcantara), né à Alcantara en 1499, mort en 1562. Il entra chez les Franciscains, devint provincial de l'ordre et établit la réforme des nouveaux observantins. Il a laissé des traités de l'*Oraison mentale* et de la *Paix de l'âme*. Il fut canonisé par Clément IX en 1629. — V. (Nolasque), fondateur de l'ordre de la Merci, né dans le Languedoc, vers l'an 1189, mort à Barcelone en 1256. Après avoir suivi Simon de Montfort à la croisade contre les Albigeois, Pierre Nolasque se voua au rachat des captifs, visita le royaume de Valence et la côte d'Afrique, où il racheta plus de 400 chrétiens. Fête le 31 janvier. — VI. (SAINT), religieux de l'ordre de Saint-Bernard, né en 1100, mort en 1174. Il fut nommé archevêque de Tarentaise et choisi comme conciliateur entre Louis VII de France et Henri II d'Angleterre. Le pape Célestin III le canonisa.

II. — ARAGON.

I. (Pierre Iᵉʳ), roi d'Aragon et de Navarre (1094-1104); il abolit la cérémonie du serment que les rois d'Aragon prêtaient, tête nue, aux pieds du grand justicier. — II. (Pierre II), fils et successeur d'Alphonse II, né en 1174, mort en 1213. Il monta sur le trône en 1496, contribua à la victoire de Tolosa sur les Maures (1212) et perdit la bataille de Muret contre Simon de Montfort (1213). — III. (Pierre III, LE GRAND), fils de Jacques Iᵉʳ, né en 1236, mort en 1285. Il succéda à son père en 1276, prit une part active à l'expulsion des Français de la Sicile et compléta le massacre des *Vêpres Siciliennes*. Excommunié pour ce crime par Martin IV, il soutint une lutte acharnée contre Charles d'Anjou et Philippe le Hardi qui vit sa flotte battue par Roger de Loria, amirante d'Aragon. — IV. (Pierre IV, LE CÉRÉMONIEUX), fils d'Alphonse IV, né en 1347, mort en 1387. Il succéda à son père en 1336, enleva Majorque à Jacques II, battit les Génois en 1353, soutint Henri de Transtamare contre Pierre le Cruel, avec lequel il s'allia ensuite (1369), dans l'espoir d'obtenir une partie du royaume de Castille.

III. — BRÉSIL.

Voy. PEDRO.

IV. — CASTILLE.

Pierre LE CRUEL (esp. *Pedro*), roi de Castille et de Léon, né en 1334, mort le 14 mars 1369. Il succéda à son père Alphonse XI en 1350, et en 1353, épousa Blanche de Bourbon, sœur du roi de France; mais, au bout de trois jours, il l'abandonna pour sa maîtresse dona Maria Padilla. Il mit à mort deux de ses frères naturels et un grand nombre d'autres personnes, et empoisonna la reine. Enfin, son frère naturel, Henri de Transtamarre, se ré-

volta contre lui, et le pape excommunia le roi. Henri fut repoussé en France; mais en 1365, il renoua ses prétentions, et reçut l'appui du roi de France. (Voy. DU GUESCLIN.) Pedro s'enfuit; mais le Prince Noir le replaça sur le trône. Plus tard, le prince anglais, dégoûté de son protégé, finit par l'abandonner et Pedro périt à la bataille de Montiel; il fut tué par son frère, qui lui succéda sous le nom de Henri II.

V. — PORTUGAL.

I. (Pierre Iᵉʳ, LE CRUEL), fils d'Alphonse IV, né en 1320, mort en 1367. Il était encore enfant lorsque son père le maria à Constance, fille d'un seigneur portugais, après la mort de laquelle il épousa secrètement Inès de Castro. (Voy. CASTRO.) Il succéda à son père en 1357 et laissa le Portugal florissant. — II. (Pierre II), né en 1648, mort en 1706. Il était fils de Jean IV, contribua à la chute de son frère Alphonse VI, auquel il succéda réellement en 1683. Pendant qu'il était régent du royaume, il avait fait reconnaître par l'Espagne l'indépendance du Portugal (1668); il prit part à la guerre de succession d'Espagne et accéda en 1703 à la grande alliance contre Louis XIV.

VI. — RUSSIE.

Pierre I. (ALEXÉVÉVITCH), surnommé LE GRAND, empereur de Russie, né à Moscou le 10 juin 1672, mort le 8 fév. 1725. Son père Alexis, mourut en 1676, et son père maria à Feodor, qui mourut en 1682 sans postérité, nommant son frère Pierre pour lui succéder, à l'exclusion de l'imbécile Ivan, demi-frère de Pierre, dont il était l'aîné. Une insurrection, fomentée par leur sœur, Sophie, se termina, après une grande effusion de sang, par le couronnement simultané d'Ivan et de Pierre (mai, 1682), avec Sophie pour régente. En 1689, après avoir épousé, contre le désir de Sophie, Eudoxia Fedorovna Lapukhin, Pierre, aidé principalement du Suisse Lefort et de l'Écossais Gordon, s'empara du gouvernement, enferma sa sœur dans un couvent (elle mourut en 1704), et bannit le prince Gallitzin, ministre qu'elle avait choisi. Ivan (mort en 1696) se retira volontairement. Aussitôt Pierre organisa une nouvelle armée, se mettant lui-même dans les rangs des soldats et passant par tous les grades, exemple qu'il obligea ses nobles de suivre. Il jeta les fondements d'une marine, apprit lui-même l'art de la navigation et envoya des jeunes gens l'étudier dans les ports étrangers. En 1696, il s'empara de la ville d'Azof sur les Turcs, et répudia sa femme parce qu'elle s'opposait à ses projets. Le premier, il ouvrit des relations entre la Russie et l'Europe occidentale. En 1697-'98, il passa 17 mois hors de son empire. Il se rendit d'abord en Hollande et se fit inscrire, sous le nom de Peter Mickailoff, parmi les ouvriers des chantiers de Saardam, où il apprit la construction des navires. Il passa ensuite en Angleterre, où il s'instruisit dans les arts mécaniques et choisit des ingénieurs capables de joindre par un canal le Don et le Volga. Il se trouvait à Vienne, quand une révolte le rappela en Russie. Lefort, son général et son ami, avait déjà vaincu les insurgés lorsque Pierre arriva. L'empereur se vengea avec une cruauté sauvage. Il licencia les strélitz, qui formaient depuis longtemps la garde impériale, et organisa de nouveaux régiments sur le modèle allemand. Il encouragea le commerce avec l'étranger (jadis crime capital), prohiba le port de la barbe, et fit commencer l'année le 1ᵉʳ janv. au lieu du 1ᵉʳ sept. Il s'allia avec la Pologne et le Danemark, contre la Suède, pour recouvrer l'Ingrie et la Carélie. Charles XII lui fit essuyer une cruelle défaite à Narva, le 30 nov. 1700; mais en 1702 il battit les Suédois et s'empara de Marienbourg en Livonie. Prenant possession du fleuve de la Néva, il jeta à son embouchure les fondements de Saint-Pétersbourg (1703). En 1704, il se rendit maître de toute l'Ingrie. Lorsque Auguste abdiqua en faveur de Stanislas Leszczynski, Pierre envahit la Pologne et déposa Stanislas. Mais Charles XII parut bientôt, et Pierre se retira; mais il finit par l'écraser à Pultava, le 8 juillet 1709; en 1710, il conquit la Carélie. Charles se réfugia en Turquie, et suscita Ahmed II contre Pierre qui, dans la guerre qui s'ensuivit, fut bien près de la ruine sur le Pruth (1711) et n'échappa que grâce à la finesse de sa maîtresse Catherine, (plus tard sa femme et son héritière) et grâce à la perte d'Azof. Il fit un nouveau voyage en Europe avec Catherine en 1716, et fut magnifiquement reçu à Paris en 1717. Visitant le tombeau de Richelieu dans la Sorbonne, il s'écria : « Grand homme, je t'aurais donné la moitié de mon empire pour apprendre de toi la manière de gouverner l'autre ». Son fils, Alexis, issu de son premier mariage, fut condamné à mort pour de prétendus projets de trahison, et mourut peu après en prison dans des circonstances suspectes (7 juill.1718). La lutte prolongée entre Pierre et la Suède se termina par le traité de Nystadt en 1721, traité par lequel la Suède abandonnait la Livonie, l'Esthonie et d'autres possessions, tandis que la Russie rendait la Finlande qu'elle avait en partie conquise et payait 10 millions de fr. Dès lors, Pierre s'appliqua à introduire des réformes de tous genres; en 1723, il fonda à Saint-Pétersbourg l'académie des sciences. La dernière guerre qu'il fit fut celle de Perse; il y gagna plusieurs territoires sur la mer Caspienne (1722-'23). Dangereusement malade, il nomma Catherine son héritière et la fit couronner quelques mois avant sa mort. D'après le fameux testament politique qui lui est attribué, l'empire moscovite doit grandir en adoptant la civilisation européenne, en soulevant des luttes entre les nations occidentales pour les affaiblir et ensuite les envahir; en s'étendant graduellement sur la Baltique et la mer Noire, aux dépens de la Suède, de la Pologne et de la Turquie, et surtout en ne perdant pas de vue que le commerce de l'Inde donne à ceux qui en tiennent la souveraineté de l'Europe. — Pierre le Grand a laissé : un Journal de ses campagnes contre la Suède (1698-1714), traduit en français(Londres,1773, 2 vol. in-8°), des Lettres et des traductions de divers ouvrages français. — Voy. VOLTAIRE, Histoire de Russie sous Pierre le Grand (1759-'63, 4 vol. in-8°); Staehlin, Anecdotes originales de Pierre le Grand (trad. de l'allemand, Strasbourg, 1787, in-8°); Rousset (sous le pseudonyme d'Ivan Neste-Suranoy); Mémoires du règne de Pierre le Grand (la Haye, 1725, 4 vol. in-12). — Pierre II, empereur de Russie, né le 23 oct. 1715, mort le 9 fév.1730. Il était fils d'Alexis, frère aîné de Pierre le Grand par Eudoxia Lapukhin. A la mort de Catherine Irᵉ (1727), qui avait nommé Pierre son successeur, Menschikoff obtint l'influence suprême; mais la famille Dolgorouki le fit bannir en Sibérie. Pierre était sur le point d'épouser une princesse Dolgorouki lorsqu'il mourut subitement; il eut pour successeur Anna, veuve du duc de Courlande et fille d'Ivan, demi-frère de Pierre le Grand, qui rappela les Menschikoff et exila les Dolgorouki. Avec Pierre II s'éteignit la ligne mâle des Romanoff. — Pierre III, empereur de Russie, né le 21 fév. 1728, mort le 17 juill. 1762. Il était fils du duc Charles-Frédéric de Holstein et d'Anna Petrovna, fille de Pierre le Grand. En 1745, il épousa la princesse Anhalt-Zerbst, la future Catherine II. Il succéda à Elisabeth le 5 janv. 1762, et conclut immédiatement la paix et une alliance offensive avec Frédéric le Grand, auquel il rendit la province de

Prusse que les Russes avaient conquise. Sa femme usurpa le trône (8-9 juillet); il fut déposé et étranglé en prison. (Voy. CATHERINE II).

VII. — PERSONNAGES DIVERS.

Pierre d'Abano. (Voy. ABANO.) — Pierre de Blois ou PETRUS BLESENSIS, écrivain ecclésiastique, né vers 1130, mort vers 1200. En 1167, il alla en Sicile, où il fut précepteur du jeune roi Guillaume II et garde du sceau. En 1175, il accepta de Henri II l'invitation de se fixer en Angleterre, et fut fait archidiacre de Bath et chancelier du diocèse de Canterbury. Dans la dernière partie de sa vie, il reçut l'archidiaconat de Londres. Ses œuvres se trouvent dans le vol. CVII de la Patrologie latine de Migne. — Pierre de Bologne, poète, né vers 1784, mort en 1792. Il a laissé des Odes sacrées. — Pierre Claver, jésuite et missionnaire espagnol, né en 1582, mort en 1634. En 1610, il fut envoyé à Carthagène, dans la Nouvelle-Grenade, alors le centre du commerce des esclaves d'Afrique. Peu après, il fut ordonné prêtre, et dès lors il se consacra toute son énergie à visiter les vaisseaux négriers et à obtenir pour les nègres des traitements humains et chrétiens. Quelques années avant sa mort, ses efforts pour adoucir les horreurs de la peste à Carthagène le rendirent paralytique. Il a été béatifié en 1852. Le jour de sa fête est le 9 septembre. — Pierre Comestor, c'est-à-dire LE MANGEUR (ainsi appelé parce qu'il dévorait les écritures). Il fut directeur de l'école théologique de Paris vers la fin du XIIᵉ siècle. Il a composé une Histoire scolastique, traduite en français au siècle suivant par Guiart des Moulins. — Pierre de Cortone. (Voy. CORTONA.) — Pierre de Courtenay, comte d'Auxerre et de Nevers, cousin germain de Philippe-Auguste, fut appelé en 1216 au trône de Constantinople. Trahi par les Vénitiens, il fut vaincu et fait prisonnier par Théodore L'Ange qui le fit mourir en 1219, après deux ans de captivité. — Pierre de Craon. (Voy. CRAON.) — Pierre de Dreux. (Voy. MAUCLERC.) — Pierre des Vignes, Petrus de Vinea, jurisconsulte, né à Capoue vers 1190, mort en 1249. Après avoir mérité la confiance de Frédéric II par sa science du droit et par son amour pour la poésie italienne, il présida à la rédaction des Constitutions publiées à Melfi en 1231. Il assista au concile de Lyon (1245), fut impliqué dans un complot contre la vie de l'empereur, condamné par les grands du royaume et se tua dans sa prison. (Voy. Durand, Pierre des Vignes, sa biographie, ses lettres; 1848, in-8°.) — Pierre l'Ermite, apôtre de la première croisade, né dans le diocèse d'Amiens, en France, mort en 1115. Après avoir essayé de plusieurs carrières, il se fit ermite, et vers 1093 entreprit un pèlerinage à Jérusalem, où les actes d'oppression dont il fut témoin lui donnèrent la résolution de soulever le peuple de la chrétienté pour la délivrance du saint sépulcre. La première armée de Croisés fut conduite par Pierre lui-même, mais il la quitta avant sa défaite à Nicée. Il assista à la conquête de Jérusalem par Godefroy de Bouillon, et il fonda ensuite l'abbaye de Neufmoutiers, près de Huy. — Pierre Lombard. (Voy. LOMBARD.) — Pierre de Luna. (Voy. LUNA.) — Pierre Martyr. (Voy. ANGHIERA.) — Pierre de Montereau. (Voy. MONTEREAU.) — Pierre de Pise, savant du VIIIᵉ siècle. Charlemagne l'attira dans son palais, où il professa la grammaire. — Pierre le Vénérable, abbé de Cluny, né en 1092, mort en 1156. En 1130, il contribua avec saint Bernard à faire triompher en France le parti d'Innocent II sur l'antipape Anaclet. Il accueillit Abélard, condamné par le concile de Sens. Il a laissé quelques Lettres. Ses Œuvres se trouvent dans la Bibliothèque des Pères (Lyon, 1677, t. XXII).

PIERRE, ch.-l. de cant., arr. et à 35 kil. N. de Louhans (Saône-et-Loire); 1,100 hab.

PIERRE-BUFFIÈRE, ch.-l. de cant., arr. et à 20 kil. S.-S.-E. de Limoges (Haute-Vienne); 1,500 hab. Patrie de Dupuytren. Porcelaine. Eglise paroissiale du XIᵉ siècle; ruines d'un château féodal.

PIERRE-DE-ROME (Saint-), église bâtie sur l'emplacement de la basilique élevée par Constantin. Commencée en 1450, elle ne fut terminée qu'en 1614. Les architectes furent : Bramante, Raphaël Peruzzi, San-Gallo, Michel-Ange et Bernin. Les papes qui firent le plus pour sa construction furent : Nicolas V, Paul II, Jules II, Léon X, Pie V, Clément VIII et Paul V. C'est la plus colossale de toutes les basiliques chrétiennes. La coupole a 138 mètres d'élévation et 42 mètres de diamètre. Elle s'élève à l'intersection de la grande nef et du transept. (Voy. ROME.)

PIERRE (Saint-), petite île française de l'Amérique du Nord, à 20 kil. de la côte N.-O. de Terre-Neuve; par 46° 4' 6'' lat. N. et 58° 27' long. O.; 5,000 hab., et 12,000 dans la saison de la pêche. Rocher stérile, d'origine volcanique, renfermant seulement quelques jardins, auprès du bourg Saint-Pierre, 4800 hab., ch.-l. de la colonie, avec une bonne rade qu'abrite l'îlot aux Chiens. Point central des bâtiments français armés pour la pêche de la morue. — Saint-Pierre-et-Miquelon, colonie française comprenant l'île de Saint-Pierre, la Grande Miquelon et la Petite Miquelon; 235 kil. carr.; 5,500 hab. sédentaires. Ch.-l., Saint-Pierre.

PIERRE (Saint-) ou SAINT-PIERRE-MARTINIQUE, ch.-l. du second arr. de la Martinique, ville maritime fortifiée, à 36 kil. de Fort-de-France, au fond d'une anse circulaire que défendent plusieurs forts et qui se trouve sur la côte N.-O. de l'île; 23,000 hab.; lat. N. 14° 45' 5''; long. O. 63° 34' 6''. Evêché; rade foraine parfois éprouvée par de violents raz de marée, pendant la saison d'hivernage (de la mi-juillet à la mi-octobre). C'est la plus grande ville des Antilles françaises. Elle est partagée en deux quartiers, celui du Mouillage et celui du Fort, séparés par la rivière du Fort. Elle fut fondée en 1635 par d'Esnambuc, capitaine général de l'île de Saint-Christophe.

PIERRE (Saint-), port et ch.-l. du second arr. de l'île de la Réunion, sur la côte S.-O., à 45 kil. S.-E. de Saint-Paul; 3,760 hab. Cour d'assises; port de refuge.

PIERRE-D'ALBIGNY (Saint-), ch.-l. de cant., arr. et à 27 kil. E. de Chambéry (Savoie); 3,000 hab. Forges; carrières de marbre noir, briques, tuiles, vignes. Aux environs, ruines du château de Miolan.

PIERRE-LEZ-CALAIS (Saint-), Petressa, Peternesse, ville de cant. arr. et à 31 kil. N.-N.-E. de Boulogne (Pas-de-Calais), faubourg de Calais, auquel il est aujourd'hui réuni par une enceinte nouvellement construite. 34,000 hab. Industrie considérable; filatures de lin, fabriques de tulles; dentelles, faïence, sucre de betteraves, chapeaux, raffineries de sel, brasseries, distilleries de genièvre, tuileries, etc. — C'est un ancien faubourg de Calais, qui comptait à peine 3,000 hab. au commencement du XIXᵉ siècle, et qui dut son accroissement extraordinaire à la prospérité de ses fabriques de tulles. C'est aujourd'hui une ville importante et bien bâtie, renfermant un hôtel de ville, une église paroissiale, plusieurs temples de diverses sectes protestantes, une jolie promenade, etc.

PIERRE-DE-CHIGNAC (Saint-), ch.-l. de cant., arr. et à 16 kil. S.-E. de Périgueux (Dordogne); 300 hab.

PIERRE-SUR-DIVES (Saint-), ch.-l. de cant., arr. et à 22 kil. S.-O. de Lisieux (Calvados);

2,000 hab. Eglise abbatiale (mon. hist.), hôtel de ville; grand commerce de graines, beurre, volailles, etc.

PIERRE-ÉGLISE (Saint-), ch.-l. de cant., arr. et à 17 kil. E. de Cherbourg (Manche); 1,900 hab. Ruines d'un ancien château fort. Beau menhir de la *Pierre-Longue.*

PIERRE-LE-MOUTIER (Saint-), ch.-l. de cant., arr. et à 30 kil. N. de Nevers (Nièvre), près d'un vaste étang; 3,000 hab. Jeanne d'Arc reprit cette ville aux Anglais en 1430. Pendant la Révolution, on l'appela *Brutus le Magnanime.* Eglise construite dans le style byzantin.

PIERRE-D'OLÉRON (Saint-), ch.-l. de cant., arr. et à 25 kil. N.-O. de Marennes (Charente-Inférieure), au milieu de l'île d'Oléron; 5,000 hab. Commerce de sel, d'eaux-de-vie et de vinaigre. Curieuse lanterne des morts dans le cimetière.

PIERRE-PORT (Saint-), *Saint-Peters-Port,* cap. de l'île de Guernesey, sur la côte S.-E., à 52 kil. de Cherbourg; 15,000 hab. Port sûr et profond; ville fortifiée.

* **PIERRÉE** s. f. Conduit fait à pierres sèches, pour l'écoulement ou pour la direction des eaux : *faire une pierrée dans un jardin.*

PIERREFITTE (*petra ficta,* pierre fichée), ch.-l. de cant., arr. et à 30 kil. N.-O. de Commercy (Meuse), sur l'Aire; 800 hab.

PIERREFONDS, *Petræ Fontes,* station minérale, cant. d'Attigny, arr. et à 14 kil. S.-E. de Compiègne (Oise), au bord d'un petit lac, vers l'extrémité méridionale de la forêt de Compiègne; 1,900 hab. Source sulfurée, calcique froide, dans le genre de celle d'Enghien. Petit établissement de bains, où l'on reçoit surtout des personnes lymphatiques ou scrofuleuses. Boisson, bains et douches. — Célèbre et imposant château féodal, construit à partir de 1390, par Louis d'Orléans, frère de Charles VI, démantelé en 1617 et restauré aux frais de l'Etat, en 1858, par Viollet-le-Duc. Huit énormes tours rondes à mâchicoulis, hautes de 35 m., s'élèvent aux angles et au milieu de chaque face de cet édifice qui couronne une éminence escarpée et dans lequel on entre par deux ponts fixes et un pont-levis. On y trouve, parfaitement rétablies, toutes les parties des antiques demeures fortifiées des seigneurs féodaux : donjon, tours flanquées de guettes, cour, poternes fermées par des herses, courtines, chemins de ronde à mâchicoulis, à créneaux, à meurtrières, tourelles, chapelle, etc.

PIERREFONTAINE, ch.-l. de cant., arr. et à 26 kil. S.-E. de Baume-les-Dames (Doubs), sur la Riverotte; 1,100 hab. Localité industrielle où l'on admire d'assez belles cascades et une vaste glacière naturelle.

PIERREFORT, ch.-l. de cant., arr. et à 33 kil. S.-O. de Saint-Flour (Cantal); 800 hab. Fromages. Ruines d'un château.

PIERRELATTE, ch.-l. de cant., arr. et à 26 kil. S. de Montélimart (Drôme); 3,000 hab.

* **PIERRERIES** s. f. pl. Ne se dit que des pierres précieuses : *une épée ornée, enrichie de pierreries.*

* **PIERRETTE** s. f. Dimin. Petite pierre. N'est guère usité que dans cette phrase : JOUER A LA PIERRETTE, qui se dit d'un jeu d'enfants.

PIERRETTE s. f. Ornith. Femelle du pierrot. — Femme travestie, portant un costume semblable à ceux que portent les pierrots dans le temps du carnaval.

* **PIERREUX, EUSE** adj. Qui est plein de pierres : *un champ pierreux.* — Qui est de la nature de la pierre : *concrétion pierreuse.* — Se dit aussi des fruits dont la chair renferme certaines parties dures, semblables à de petits

grains de pierre : *un fruit pierreux.* — Substantiv. Ceux qui sont malades de la pierre : *cette eau soulage les pierreux.*

PIERREVILLE (Saint-), ch.-l. de cant., arr. et à 24 kil. N.-O. de Privas (Ardèche); 1,100 hab.

* **PIERRIER** s. m. [piè-rié]. Sorte de petit canon dont on se sert principalement sur les vaisseaux pour tirer à l'abordage, et qu'on charge avec des cartouches remplies de pierres, de cailloux, de ferraille, etc. — Boîte à pierrier, corps cylindrique et concave, en bronze fondu ou en fer forgé, avec une anse ou une lumière, qu'on remplit de poudre, et qu'on place dans le pierrier par la culasse, derrière le reste de la charge qu'elle chasse en prenant feu.

PIERRIÈRE s. f. Art milit. Machine de guerre analogue au mangonneau, dont on se servait au moyen âge pour lancer divers projectiles, principalement des pierres.

* **PIERROT** s. m. Nom vulgaire du moineau franc : *cet homme est hardi comme un pierrot.* — Personnage de parade, qui porte un habit blanc à longues manches, et qui joue des rôles de niais.

PIERROT-DESEILLIGNY (Alfred-Nicolas), homme politique et industriel, né à Paris le 9 mai 1828, mort en oct. 1874. Neveu de M. Schneider, il devint directeur du Creuzot en 1853, administrateur délégué de l'usine de Decazeville en 1867, député de l'Aveyron en 1869, et à l'Assemblée nationale en 1871; ministre des travaux publics dans le cabinet présidé par le duc de Broglie.

* **PIERRURES** s. f. pl. Véner. Ce qui entoure la meule ou la racine du bois d'une bête fauve, et qui ressemble à de petites pierres : *les pierrures de la tête d'un cerf, d'un daim, d'un chevreuil.*

PIÉRUS, roi de Macédoine, père des Piérides.

* **PIÉTÉ** s. f. (lat. *pietas*). Dévotion, affection et respect pour les choses de la religion : *c'est un homme de piété, qui a beaucoup de piété.* — Certains sentiments humains, tels que l'amour pour ses parents, le respect pour les morts, etc : *il a donné un grand exemple de piété filiale.* — MONT-DE-PIÉTÉ. (Voy. MONT.)

* **PIÉTER** v. n. (rad. *pied*). Terme dont on se sert en jouant à la boule ou aux quilles, et qui signifie, tenir le pied à l'endroit qui a été marqué pour cela : *il faut piéter.* — v. a. Disposer quelqu'un à la résistance : *on avait piété cet homme contre tous les avis qu'on lui viendraient.* (Fam.) — Se piéter v. p. Se raidir contre, résister avec force : *il s'est piété contre toute proposition d'arrangement.*

PIÉTIN ou **Piétain** s. m. (rad. *pied*). Art vétér. Maladie particulière à la race ovine. Elle débute par une inflammation du tissu cellulaire de la partie supérieure et interne de l'onglon avec décollement de la corne et suintement léger d'une humeur d'aspect huileux. Pour le traitement, il suffit d'enlever la corne et les tissus ulcérés pour obtenir une plaie simple. Quand le décollement est étendu, il faut enlever l'ongle et quelquefois même le doigt.

* **PIÉTINEMENT** s. m. Action de piétiner : *le piétinement continuel de cet enfant m'importune.*

* **PIÉTINER** v. n. Remuer fréquemment et vivement les pieds : *cet enfant ne fait que piétiner.* — v. a. Fouler avec les pieds : *piétiner le sol.*

* **PIÉTISME** s. m. (rad. *piété*). Doctrine des piétistes. — Le piétisme est une secte luthérienne fondée à Leipzig par Philippe-Jacques Spener, professeur de théologie, vers 1689, dans le but de réformer la religion populaire. Comme les quakers, les piétistes af-

fectent une morale austère, une extrême piété. (Voy. SPENER.)

* **PIÉTISTE** s. Membre d'une secte chrétienne qui s'attache à la lettre de l'Evangile : *un piétiste.* — Adjectiv. *Les doctrines piétistes.*

* **PIÉTON, ONNE** s. Personne qui va à pied : *les voitures, les gens à cheval incommodent les piétons.* — UN BON PIÉTON, un homme qui marche longtemps sans se fatiguer. On dit, dans le sens contraire, UN MAUVAIS PIÉTON, UNE MAUVAISE PIÉTONNE. — Facteur rural, messager qui fait à pied le service de la poste dans les campagnes.

PIETRA-DI-VERDE, ch.-l. de cant., arr. et à 35 kil. E. de Corte (Corse); 1,000 hab.

* **PIÈTRE** adj. (lat. *pedestris,* qui va à pied). Nom que l'on donna au moyen âge aux estropiés. — Mesquin, chétif et de nulle valeur dans son genre : *voilà des meubles bien piètres.* — Se dit quelquefois des personnes : *c'est un piètre sujet, un piètre écrivain.* (Fam.)

* **PIÈTREMENT** adv. D'une manière piètre : *il est logé, il est vêtu piètrement.* (Fam.)

* **PIÈTRERIE** s. f. Chose vile et méprisable dans son genre : *ce n'est là que de la piètrerie.* (Peu us.)

PIÈTRO-DI-TENDA (Santo-), ch.-l. de cant., arr. et à 25 kil. S.-O. de Bastia (Corse); 1,400 hab.

* **PIÈTTE** s. f. (de *pie*). Oiseau aquatique, dont le plumage est en partie blanc et en partie noir. On l'appelle aussi NONNETTE BLANCHE.

* **PIEU** s. m. (lat. *palus*). Pièce de bois qui est pointue par un des bouts, et qu'on emploie à divers usages : *ficher un pieu en terre.* — ⁓ Jargon. Lit.

PIEUSEMENT adv. (rad. *pieux*). D'une manière pieuse : *il a vécu très pieusement, et il est mort demême.* — CROIRE PIEUSEMENT UNE CHOSE, la croire par principe de dévotion, et sans qu'on soit obligé par la foi : *il croit pieusement bien des choses qui ne sont pas de foi.* — Fig. et fam. CROIRE PIEUSEMENT UNE CHOSE, ou faire semblant de croire à une chose invraisemblable, par pure déférence pour le témoignage de celui qui l'a dite : *ce que vous dites paraît étrange, mais je le crois pieusement.* — CROIRE PIEUSEMENT UNE CHOSE, la croire sans fondement, sans preuve, sans connaissance : *il croit pieusement tout ce qu'on lui conte.*

* **PIEUVRE** s. f. Genre de mollusques céphalopodes (voy. CÉPHALOPODE), appelé aussi poulpe et caractérisé par un corps arrondi en forme de bourse, sans nageoires, et par huit bras ou tentacules unis à leur base par une membrane; en ouvrant ces bras et en les refermant, les pieuvres nagent à reculons, à la manière des méduses. Chaque tentacule est garni d'une double rangée de ventouses, avec lesquelles elles saisissent leur proie et s'attachent aux objets sous-marins. Elles nagent aussi en arrière, par le jeu des jets d'un siphon qui peut se tourner dans toutes les directions. Enfin elles peuvent ramper, comme de gigantesques araignées, sur leurs longs bras flexibles. Elles sont solitaires, actives et voraces, cherchent leur nourriture surtout la nuit. Ce sont les *polypi* d'Homère et d'Aristote. La pieuvre commune (*octopus vulgaris*) des mers d'Europe, a le corps à peu près de la grosseur du poing, et des bras qui s'étendent jusqu'à 1 m. et même 1 m. 25 cent. L'*octopus tuberculatus* de la Méditerranée a un corps rugueux de 12 cent. de long environ, et des bras de 50 à 60 cent.; on en vend beaucoup sur les marchés de Naples et de Smyrne. Des espèces de la même grosseur abondent dans l'océan Pacifique, et servent d'aliment dans les îles Hawaï. mais aussi dans les Indes Orientales. Dans l'Amérique tropicale, elles deviennent très grosses. Dans les eaux froides, elles sont petites et l'homme n'a pas à les craindre; mais sous les tropiques, sur la côte du Brésil, par exemple, les grosses espèces sont très fortes et très dangereuses. Le poulpe commun de la côte de France a donné lieu à la légendaire pieuvre introduite par Victor Hugo dans les *Travailleurs de la mer*. Le romancier, égaré par le nom qu'Aristote donne au poulpe, a fait un mélange du polype et du poulpe, forgeant ainsi une créature impossible. Le *kraken* des nations

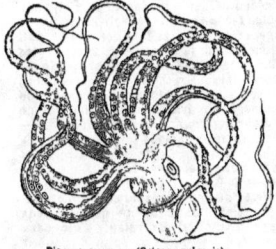

Pieuvre commune (Octopus vulgaris).

scandinaves est une immense pieuvre légendaire à laquelle la découverte d'un céphalopode gigantesque sur la côte de Terre-Neuve semble donner un fondement de vérité. (Voy. CALMAR.) Toutes les espèces ont un sac à encre, avec le contenu duquel elles troublent les eaux environnantes, ce qui leur permet d'échapper aux cétacés et à leurs autres ennemis. La seule espèce connue sur la côte américaine, au N. du cap Hatteras, est celle qui a été découverte en 1872 dans les eaux profondes de la baie de Fundy par le professeur Verril, et qu'il a nommée *octopus Bairdii*; plusieurs individus, tous mâles, y furent dragués à des profondeurs de 75 à 200 brasses, sur des fonds de coquillages, de boue et de sable. Le plus grand avait 2 pouces de longueur sur 1 pouce 1/5 de large, avec des bras de 2 pouces 1/4 de long; sa couleur était d'un blanc pâle et bleuâtre, translucide, avec des taches de brun clair et de brun foncé.

PIEUX, EUSE adj. (lat. *pius*). Qui a de la piété, qui est fort attaché aux devoirs de la religion : *c'est un homme très pieux*. — Se dit aussi des choses qui partent d'un esprit touché des sentiments de la religion : *de pieux établissements*. — LEGS PIEUX, legs que l'on fait pour être employé en œuvres pies. — CROYANCE PIEUSE, opinion qu'adoptent des personnes pieuses, quoiqu'elle ne soit pas prescrite par la foi : *c'était une croyance pieuse de quelques Pères, qu'Adam était enterré sous la montagne du Calvaire*. — Fam. et par iron. PIEUSE CROYANCE, opinion peu éclairée : *je le laissai dans sa pieuse croyance*. — Se dit, par ext., des choses qui tiennent à la piété filiale et à quelques autres sentiments humains : *il rendit à son père les plus pieux devoirs*.

PIEUX (Les), ch.-l. de cant., arr. et à 21 kil. S.-O. de Cherbourg (Manche); 800 hab. Exploitation de kaolin.

PIEYRE (Alexandre), littérateur, né à Nimes en 1752, mort à Paris en 1830. Sa comédie l'*Ecole des pères* (5 a. vers) fut représentée à Nimes en 1782 et à Paris (Théâtre-français) le 1er juin 1787. L'année suivante, le duc d'Orléans le choisit pour précepteur de son fils aîné, le duc de Chartres. Pendant la Révolution et l'Empire, il vécut dans la retraite et devint, sous la Restauration, secrétaire des commandements de la princesse Adélaïde. Il a laissé plusieurs autres pièces de théâtre en vers publiées sous le titre de *Théâtre de Pieyre*.

PIÉZOMÈTRE s. m. (gr. *piezô*, je comprime;

métron, mesure). Phys. Instrument construit vers 1823 par Œrsted, pour mesurer la compressibilité des liquides. Pour la figure et la description de cet appareil, voy. notre art. HYDROSTATIQUE.

PIF s. m. [piff]. Nez de grande et forte dimension.

PIFFERARO s. m. (ital. *piffero*). Musicien italien qui joue de la cornemuse ou de la petite flûte italienne nommée *piffero*. — pl. DES PIFFERARI.

PIFFRE, ESSE s. Terme bas et injurieux, qui se dit des personnes excessivement grosses et replètes : *un gros piffre, une grosse piffresse*. — Goulu.

PIFFRER (Se) v. pr. Manger gloutonnement. On dit mieux S'EMPIFFRER.

PIGALLE (Jean-Baptiste), sculpteur, né à Paris le 26 janv. 1714, mort dans la même ville le 21 août 1785. Il eut pour professeurs Le Lorrain et Lemoyne, visita l'Italie et fut tiré de l'obscurité par Mme de Pompadour. Il entra à l'Académie des beaux-arts en 1744. Ses ouvrages les plus connus sont : la statue du *Silence*, le groupe de l'*Amour et l'Amitié*, le *Tombeau* du maréchal de Saxe (église Saint-Thomas de Strasbourg), la *Statue* de Voltaire (Bibliothèque de l'Institut), les *Bustes* de Diderot, de Raynal, etc.; la fameuse *Statue équestre* de Louis XV, sur la place Louis XV (auj. de la Concorde), etc.

PIGANIOL DE LA FORCE (Jean-Aymar de), historien et géographe, né à Aurillac en 1673, mort à Paris en 1733. Il a laissé : *Description historique et géographique de la France* (Paris, 1715. 5 vol. in-12, et 1752-53, 15 vol. in-12); *Description de la ville de Paris et de ses environs* (1765, 10 vol. in-12), etc.

PIGAULT-LEBRUN [pi-gô-le-brun] (Charles-Antoine-Guillaume, PIGAULT DE L'EPINOY, dit), écrivain français, né à Calais le 8 avril 1753, mort à la Celle-Saint-Cloud (Seine-et-Oise) le 24 juillet 1835. Son père, magistrat à Calais, s'entendit avec les autorités locales pour le faire passer comme mort, parce qu'il le reniait pour avoir épousé une ouvrière. Mais Pigault en appela au parlement qui confirma le certificat de sa mort; il prit alors le surnom de Lebrun. Ce fut l'un des plus populaires comme aussi l'un des plus licencieux écrivains de son temps. Ses *Œuvres complètes* (1822-'24, 20 vol. in-8°) ne comprennent pas son *Histoire de France* (1823-28, 8 vol. in-8°). On y trouve ses pièces de théâtre : le *Pessimiste* (1 a. vers, 1789), l'*Amour et la Raison* (1 a. prose, 1791), les *Rivaux d'eux-mêmes* (1798), etc.; et ses romans, parfois désopilants : l'*Enfant du carnaval* (1793), les *Barons de Felsheim*, *Angélique et Janneton*, *Mon Oncle Thomas*, la *Folie espagnole*, etc. De 1808 à 1841, Pigault-Lebrun après avoir mené une existence fort dissipée, fut attaché comme bibliothécaire et lecteur au prince Jérôme Bonaparte, roi de Westphalie.

PIGEON s. m. [pi-jon] (lat. *pipio*). Ornith. Grand genre de la famille de gallinacés, dont l'espèce type est un oiseau domestique qu'on élève dans les colombiers, dans les basses-cours, etc. : *pigeon de colombier; pigeon de volière*. — PIGEON RAMIER, espèce de pigeon sauvage, qui perche sur les arbres. — PIGEON VOYAGEUR OU MESSAGER, pigeon que l'on dresse à franchir rapidement de grandes distances, pour faire parvenir des messages. — UNE PAIRE DE PIGEONS, deux pigeons vivants et appariés. UNE COUPLE DE PIGEONS, deux pigeons destinés à être mangés. — Prov. et fig. IL NE FAUT PAS LAISSER DE SEMER POUR LA CRAINTE DES PIGEONS, il ne faut pas refuser de faire une chose qui doit être avantageuse, quoiqu'il s'y trouve quelque léger inconvénient, presque inévitable. — AILE DE PIGEON, se dit d'une certaine disposition des cheveux, qui figure

une aile à chaque côté de la tête : *frisure en ailes de pigeon*. — COULEUR GORGE DE PIGEON, couleur changeante comme celle de la gorge des pigeons : *du taffetas gorge de pigeon*. — PIGEON VOLE, nom d'un jeu d'enfants. — Fig. et fam. Homme qu'on attire par adresse pour le duper : *ces gens-là ne vivent que d'industrie, ils ont attiré un pigeon qui leur vaut beaucoup*. — ENCYCL. Les pigeons peuvent être considérés comme établissant un léger passage des gallinacés aux passereaux. Comme les premiers, ils ont : le bec voûté, les narines percées dans un large espace membraneux, et couvertes d'une écaille cartilagineuse qui forme même un renflement ou cire à la base du bec; le sternum osseux, profondément et doublement échancré, quoique dans une disposition un peu différente; le jabot extrêmement dilaté, le larynx inférieur muni d'un seul muscle propre. Mais leurs doigts n'ont d'autres membranes entre leurs bases que celles qui résultent de la continuation des rebords. Leur queue a 12 pennes. Leurs ailes, plus longues que celles de la majorité des gallinacés, permet un vol soutenu. Ils sont monogames, assez constants dans leurs amours; nichent sur les arbres, ou dans des creux de rochers, travaillent en commun à la construction du nid, et ne pondent ordinairement que deux œufs, d'où naissent presque toujours un mâle et une femelle; mais ils répètent la ponte plusieurs fois dans l'année. Le mâle et la femelle se partagent le soin de l'incubation qui dure de 18 à 19 jours, de l'éducation des petits, qui naissent aveugles et incapables de chercher leur nourriture; le père et la mère pourvoient à leurs besoins, en leur dégorgeant dans le bec, par un mouvement convulsif, des graines qu'ils ont fait macérer dans leur jabot, et qui sont à demi digérées. Suivant quelques naturalistes modernes, cette nourriture serait accompagnée d'une substance semblable à du lait caillé, sécrétée par des glandes particulières, comme le lait chez les mammifères, avec cette différence que cette matière est sécrétée chez les deux sexes, qu'elle est même plus abondante chez le mâle. — Les pigeons font entendre, surtout au moment des amours, des gazissements plaintifs et étouffés que l'on appelle *roucoulements*. Les pigeons ne boivent pas à la manière des autres oiseaux, mais par une aspiration longue et continue, sans lever la tête jusqu'à ce que leur soif soit satisfaite. — On considère aujourd'hui le grand genre pigeon, qui comprend plus de 400 espèces décrites, comme formant une famille, celle des colombins, suivant les uns, ou celle des *colombidés*, selon les autres. On divise cette famille en plusieurs sections ou genres : 1° COLOMBI-HOCCOS, ou *gourinés*, ne renferment qu'une espèce, dont la grosseur est à peu près égale à celle du dindon; c'est le *pigeon couronné* de l'archipel des Indes (Goura, Tem., Columbi-hocco, Vaill., Columba coronata, Gm.). Il est tout entier d'un bleu d'ardoise avec du marron et du blanc à l'aile, la tête ornée d'une huppe verticale de longues plumes effilées. On l'élève dans les basses-cours, à Java, etc., mais il n'a pas encore voulu propager en Europe. (Voy. GOURA.) — 2° COLOMBI-GALLINES, genre formé d'oiseaux qui se rapprochent beaucoup plus que les autres des gallinacés ordinaires par leurs tarses plus élevés et leur habitude de vivre en troupes; ils cherchent leur nourriture sur la terre, sans se percher. Leur bec est grêle et flexible. Une espèce tient même aux gallinacés par les parties nues et les caroncules de sa tête. Une autre y tient encore par les plumes longues et pendantes qui ornent son cou comme celui du coq; c'est le *pigeon de Nicobar* (columba Nicobarica, Linn.), du vert doré le plus brillant, avec la *queue* blanche. On le trouve dans plusieurs parties de l'Inde. Une autre espèce, *la colombe ensanglantée* (columba *cruenta*), des îles Philippines, a l'occiput et le haut du cou d'un violet foncé à reflet vert, la gorge, les côtés du cou et la poitrine d'un blanc pur, avec une tache sanguine sur cette dernière partie, et le reste du corps d'un gris ardoisé. — 3° Les COLOMBES ou *pigeons proprement dits* (Vaill.), appelés aussi *columbinés*, ont les pieds plus courts que les précédents, mais le bec grêle et flexible comme le leur. Nous en possédons quatre espèces sauvages : Le *ramier* ou *palombe* (columba palumbus, Linn.), appelé aussi pigeon de *passage*, le plus gros, mesure de 40 à 42 centim. de long ; il habite l'Europe, l'Asie et l'Afrique, dans les forêts, surtout dans celles de grands arbres verts, au sommet desquels il établit son nid.

Le ramier (Columba palumbus).

Il est d'un cendré plus ou moins bleuâtre, avec la poitrine d'un roux vineux, le dessus du cou vert, à reflets ; il se distingue à des taches blanches sur les côtés du cou et à l'aile. Il perche et dort sur les arbres. Il émigre en hiver. Il se nourrit de grains, de bourgeons, de faînes. On n'a jamais pu le réduire à la domesticité ; il est défiant et d'une grande vigilance pendant le jour. Les fameux pigeons des Tuileries sont des ramiers. Le *colombin* ou *petit ramier* (columba œnas, Linn.), long de 35 centim., et de 65 centim. d'envergure, est d'un gris d'ardoise ; il a la poitrine vineuse, les côtés du cou d'un vert changeant ; il est un peu plus petit que le précédent, mais il vit de la même manière, et est un peu moins répandu que lui. On le trouve dans les régions bien boisées ; il émigre en hiver. — Le *biset*, pigeon sauvage ou *pigeon de roche* (columba livia, Briss.), est d'un gris d'ardoise ; il a le tour du cou vert changeant, une double bande noire sur l'aile, le croupion blanc. De cette espèce viennent nos pigeons de colombier et, à ce qu'il paraît, la plus grande partie de nos innombrables races domestiques dans la production desquelles le mélange de quelques espèces voisines pourrait aussi avoir influé. Il niche dans les trous d'arbres et de rochers. Il se soumet parfaitement à la demi-liberté du colombier. Il fourmille sur les îles rocheuses de la Méditerranée et du nord de l'Écosse. — La *tourterelle*, quatrième espèce indigène de ce genre, aura son article particulier, à son ordre alphabétique. — La plus célèbre des espèces exotiques est la fameuse colombe voyageuse (*columba migratoria*; *ectopistes migratoria*, Swains), particulière à l'Amérique du Nord, où elle existe en nombres immenses. Le mâle mesure environ 40 centim. de longueur, avec 63 centim. d'envergure. Sa couleur générale est, en dessus, d'un bleu grisâtre ; quelques-unes des plumes qui recouvrent l'aile sont marquées de taches noires ; la gorge, le devant du cou, la poitrine et les flancs sont d'un rouge brun, et le reste du dessous du corps est blanc. La femelle est plus petite et de couleurs plus ternes. Le vol

rapide et longtemps soutenu de ces oiseaux les rend capables de traverser de grandes étendues de pays, lorsqu'ils voyagent à la recherche des faînes qui constituent leur principale nourriture. Après avoir mangé, ils s'établissent sur les arbres, et, vers le coucher du soleil, partent pour leurs nids qui sont

Colombe voyageuse (Ectopistes migratoria).

souvent éloignés de plusieurs centaines de kil. ; ces nids sont bâtis dans les forêts dont les arbres sont élevés. La chair de ces oiseaux est noirâtre, et très estimée. On les trouve dans toute la région tempérée de l'Amérique du Nord, jusqu'aux hauts plateaux du centre. Ils sont littéralement innombrables dans les cantons où ils nichent comme dans ceux où ils prennent leur nourriture. On en tue un nombre tellement prodigieux que, dans certaines localités, les habitants, après les avoir salés, s'en nourrissent pendant une partie de l'année. — 4° COLOMBARS (*vinago*, Cuv. ; *carpophaga*, Selby). Ils sont reconnaissables à un bec très gros, de substance solide et comprimé par les côtés. Leurs tarses sont courts ; leurs pieds larges et bien bordés. Ce genre comprend environ 30 espèces que l'on trouve dans les forêts de l'Inde et de l'Australie, et dans les îles des océans Indien et Pacifique. Ils se tiennent dans les branches des plus hauts arbres, et se nourrissent de fruits et de baies ; leurs couleurs sont vertes, jaunes, et pourpres avec des reflets bronzés et métalliques. Un des plus beaux de ce groupe est le *pigeon muscade* (*carpophaga œnea*, Selby), qui a 45 centim. de long, et habite l'Inde et son archipel. Sa couleur générale est un joli gris-bleu pâle, avec le dos, les ailes et la queue d'un vert d'or. Dans cette espèce et dans les espèces voisines, les reflets du plumage changent à chaque mouvement, rivalisant avec les nuances des oiseaux-mouches. Ils se nourrissent de noix de muscade et de figues, et, en Australie, de l'extrémité des feuilles du palmier-chou. — 5° DIDINÉS, dont le *dodo* ou *dronte* était le seul représentant. — **Pigeons domestiques.** Le *biset* est considéré comme la souche principale de nos races domestiques, qui paraissent avoir été formées accidentellement et que l'on entretient par la sélection, en évitant avec soin toute hybridation. La sélection des pigeons a fourni à Darwin l'un de ses plus puissants arguments en faveur de l'origine des espèces par sélection naturelle : 1° PIGEON FUYARD. C'est le biset domestiqué. Il conserve, à peu de chose près, son plumage et ses mœurs primitives et ne vit que dans une demi-domesticité. C'est le type du pigeon de colombier. Chaque jour, à des heures réglées, il quitte sa demeure et vole au loin chercher sa nourriture, qui se compose de toute espèce de graines. Son entretien au colombier est peu coûteux ; on se contente de lui donner un peu de graines dans une trémie à bascule. Mais cet oiseau commet de grands dégâts

dans les champs, surtout après les semailles ; d'ailleurs, il est peu fécond et ne produit que deux ou trois couvées par an. — 2° PIGEON COMMUN. C'est le véritable pigeon domestique, qui a formé une infinité de sous-races de colombier, de volière et même de cage. Ses couleurs varient de colombier à colombier. Il est quelquefois tout noir ou tout blanc, avec des plumes aux pattes ; il a toujours la partie inférieure du dos blanche, les pieds rouges et les ongles blanchâtres. — 3° MONDAIN. Il est plus allongé et plus élégant que le précédent, il est fécond et ne produit pas deux couvées par an. — 4° MINOTÉ. Il est assez semblable au précédent, dont il se distingue surtout par la beauté de son plumage. Son iris est jaune et n'a pas de filet autour des yeux. Il est très fécond. — 5° PIGEON PATTU. Ses pieds sont couverts jusqu'au bout des doigts de plumes plus ou moins longues. Il est très productif, mais peu estimé. — 6° BOULANT, *grosse-gorge* ou *grondeur*. C'est l'une des races les plus remarquables, en raison de la faculté qu'il possède d'enfler son jabot et de retenir l'air dans cette cavité, qui se dilate au point d'acquérir un volume égal et même supérieur à celui du reste du corps. Le boulant est d'une forme très allongée et porté sur de hautes pattes chaussées de plumes blanches. Il existe une variété naine des plus singulières. Ces oiseaux seraient recherchés dans les volières et dans les cages, si leur entretien ne présentait de grandes difficultés ; on est quelquefois obligé

Le boulant.

de leur introduire la nourriture dans le bec, le développement de leur gorge ne leur permettant pas de prendre eux-mêmes les graines dans la mangeoire. Ils sont, de plus, sujets à des maux de pattes. La variété *lilloise* forme, en se rengorgeant, une boule ovoïde et non sphérique ; elle est féconde et très estimée. Une autre variété, dite *maillée*, a le manteau agréablement maillé, la taille plus petite que le vrai boulant, la gorge moins enflée et les jambes plus courtes. Elle est très productive et recherchée par les amateurs. — 7° CAVALIER. C'est le mélange du messager et du boulant. Ses narines sont épaisses, membraneuses et charnues. Il est très fécond. — 8° BAGADAIS. Il est remarquable par sa grosseur et par les excroissances tuberculeuses qu'il porte autour des yeux et des narines. Son bec est long, courbé, crochu et robuste. Il est fécond, mais farouche. — 9° TURC ou *barbe*. Il est trapu, bas sur pattes, et porte sur son bec très court des excroissances tuberculeuses moins développées que chez la

précédent. Ce qui le distingue particulièrement, c'est le large ruban caronculeux d'un rouge vif qui entoure ses yeux. Le peu d'allongement de son bec ne lui permet pas toujours d'élever ses petits; ce qui joint à la

Pigeon turc.

sensibilité de ses yeux, sujets aux refroidissements, fait qu'il est peu recherché. Il a pour variété le pigeon *polonais*, petit, trapu, à tête carrée, à bec gros, avec une très large bande rouge autour des yeux. C'est une race peu productive. — 10° CARRIER. On donne ce nom à des races qui nous paraissent assez éloignées. Le *carrier anglais* a le bec long, entouré presque jusqu'à son extrémité d'une sorte de boule tuberculeuse. Ses yeux sont entourés d'un large ruban blanchâtre, c'est

Le carrier anglais

le pigeon messager des Anglais. Il a pour variété le *dragon*, dont l'excroissance tuberculeuse couvre seulement la partie supérieure du bec. Pour les *carriers belges*, voy. notre art. CARRIER à son ordre alphabétique. — 11° ROMAIN. Il se distingue de tous les autres pigeons domestiques par un cercle de peau nue et ridée autour des yeux. Ses couleurs sont variées, son cou brille de nuances éclatantes et comme mêlées d'or; il a les pieds rouges, les ongles noirs, et la membrane au-dessous du bec couverte d'une matière farineuse qui la fait paraître blanchâtre. C'est l'un de nos plus gros pigeons de volière; mais il est peu productif. Il est très répandu en Italie. — 12° PIGEON TAMBOUR. Il est caractérisé surtout par son roucoulement qui imite le roulement d'un tambour. Son front est surmonté d'une couronne et ses pieds sont fortement emplumés. Sa variété dite *glouglou* articule assez bien ces deux syllabes. — 13° NONNAIN, *capucin* ou *jacobin*. Il a le bec très court et est caractérisé surtout par un capuchon de plumes recourbées, *qui lui entoure le derrière de la tête et lui descend le long du cou*

jusque sur la poitrine. De la longueur, de la symétrie et de la grande quantité de ces plumes fines et déliées, dépend la valeur de l'oiseau. Le nonnain est de petite taille; mais on l'estime beaucoup dans les volières; il est fécond et élève bien ses petits. Il a pour variété le pigeon *coquille*, dont le capuchon est réduit à une simple touffe de plumes à rebours. — 14° PIGEON HIRONDELLE. C'est une jolie race pattue domestique, aux ailes noires, blanc perlé sur le corps et à couleurs variées sous le ventre. — 15° CARME. Il est très petit et bas sur jambes, avec une huppe derrière la tête, le dessous du corps blanc; les tarses et les doigts garnis de plumes. Il est recherché, en raison de sa fécondité. — 16° PIGEON A CRAVATE. C'est un race de très petite taille, à tête carrée, à bec court et très petit, avec les yeux saillants; caractérisée surtout par les plumes de sa gorge, qui sont redressées et frisées en forme de jabot. L'instinct qui le ramène au gîte permet de l'employer comme messager; son vol est très soutenu. — 17° PIGEON VOLANT. Petite race à formes sveltes, à narines dépourvues de tubercules, à vol rapide; c'est le pigeon messager de l'antiquité. Il est très fécond. 18° CULBUTANT ou *pantomime*. C'est une petite race, assez semblable aux mondains. Son vol est rapide et élevé, mais saccadé et accompagné de culbutes que l'oiseau exécute 4 ou 5 fois consécutivement, la tête en arrière. comme un corps que l'on jetterait en l'air. Quelques-uns de ces animaux font les contorsions les plus singulières. Les culbutants sont ordinairement féconds. — 19° TOURNANT ou *batteur*. Il est un peu plus gros que le culbutant et se distingue par son vol, qu'il exécute en faisant des cercles continuels, comme s'il était pris d'un vertige perpétuel. Il se blesse souvent et se montre très quereleur, ce qui fait qu'on le recherche peu. — 20° PIGEON HEURTÉ. Il est blanc, avec un masque et la queue de couleur variée. — 21° PIGEON PAON ou *trembleur*. C'est un très petit pigeon, curieux surtout par ses ailes pendantes et par une large queue relevée et étalée, comme celle du paon, ainsi que par le tremblement convulsif dont il est habituellement agité, surtout quand il est en amour. — 22° PIGEON SUISSE. Il est de la grosseur du biset, et présente de brillantes couleurs variées. — ÉCON. RUR. Tous les pigeons peuvent habiter le colombier et prendre l'habitude d'aller au loin se nourrir dans la campagne; tous, sauf les bisets, s'accommodent de l'existence en volière; les races les plus perfectionnées vivent seules en cage où les autres dégénèrent au bout de quelques années. Les soins à donner aux pigeons de colombier sont presque nuls. On les installe dans un grand bâtiment, ou dans une vieille tour, en ménageant, le long des murailles, un grand

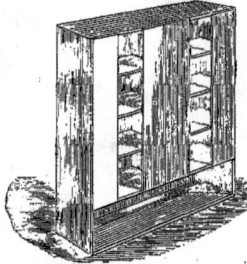

Nids de pigeons.

nombre de casiers où ils puissent établir leurs nids, et des bâtons sur lesquels ils viennent se percher. On leur donne des graines, surtout en hiver. Leur fiente, appelée colom-

bine, constitue un engrais d'une grande puissance. — L'élevage en volière exige plus de soins; mais il est plus productif. Les bons pigeons de volière donnent de 7 à 8 couvées par an, quand on les nourrit abondamment. Les jeunes femelles ne commencent à pondre que vers l'âge de 9 mois. On place dans la volière un ou plusieurs casiers où elles établissent leur nid, composé de quelques brins de paille. Ou bien on dépose sur le plancher

Terrines pour nids de pigeons.

de grossières terrines faites pour cet usage et qui ont l'avantage de se laver facilement pour détruire les parasites dont les jeunes sont souvent tourmentés. Les soins de propreté sont d'une extrême importance. Il faut nettoyer la volière au moyen du râcloir triangulaire représenté dans l'une de nos figures; de plus, on donnera aux oiseaux de l'eau propre en abondance, parce qu'ils aiment à s'y baigner, surtout pendant les chaleurs; l'eau de leur boisson est ordinairement placée dans des abreuvoirs particuliers ou dans des fontaines. Leurs mangeoires peuvent être placées

Racloir triangulaire.

sur des tablettes, pour préserver la nourriture. Les pigeons ont pour le sel un goût prononcé, qui paraît être un besoin réel; et, comme on ne peut pas leur en donner à discrétion, on a imaginé de suspendre dans

le colombier ou dans la volière un morceau de morue salée, sèche, qu'ils béquettent et qu'ils finissent par manger tout à fait. — Dans la volière, on remplace souvent les bâtons par des perchoirs; sous chaque rangée de perches s'étend une planche qui préserve de la fiente les pigeons perchés au-dessous. — ART CULIN. Le pigeon fournit un mets délicat, quoique sa chair soit indigeste et qu'il ne convienne pas de la donner à des malades ou à des convalescents. Il

Mangeoire protégée contre les souris.

se mange *rôti*, en ayant soin de le garnir d'une mince barde de lard; à la *crapaudine* : on ouvre le pigeon sur le dos, dans toute sa longueur; on l'assaisonne de poivre et de sel, on le pane et on le fait griller; on le

Perchoirs.

sert ensuite avec une sauce à l'échalote; en *compote* : faire cuire dans un roux assez clair avec des oignons, puis on y ajoute des ris de veau, des champignons ou des fonds d'artichaut, quelquefois même des carottes nouvelles ou de petits pois; à la *Sainte-Menhould*; en *papillotes*, etc. — **Pigeons messagers**, Pigeons employés à

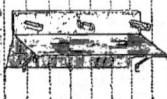

transporter des dépêches. On préfère, pour cet objet, les différentes sortes de *carriers*, le pigeon volant, une espèce de mondain, dit *messager*, le pigeon cravaté, et autres races qui joignent, à une grande puissance de vol, une étonnante faculté d'orientation. Il existe en Angleterre, en France et surtout en Belgique, plusieurs sociétés colombophiles, ayant pour but d'organiser des concours. Avant l'invention des télégraphes, ces messagers aériens étaient fréquemment employés. L'un d'eux est cité pour avoir franchi en 48 heures l'espace qui sépare Alep de Babylone, espace qu'un bon marcheur ne parcourrait pas en un mois. Un autre parcourut en peu d'heures l'espace qu'il y a entre Waterloo et Londres, le jour même où Napoléon livrait aux alliés sa dernière bataille; et la connaissance de la défaite de l'empereur permit à un banquier de faire une fortune colossale en jouant de suite à la hausse, pendant que les fonds subissaient une baisse effrayante, dans l'attente des événements. Aujourd'hui ces moyens, pourtant si rapides, sont dépassés; mais les pigeons messagers ont encore leur utilité pendant le siège d'une ville, pour faire communiquer celle-ci avec le dehors. C'est ainsi qu'en 1849, pendant le siège de Venise, les habitants se servirent de pigeons pour porter les dépêches au delà des lignes ennemies. Pendant le siège de Paris (1870-71), les ballons emportèrent de Paris un grand nombre de ces messagers, dont 73 seulement revinrent au gîte, les autres ayant succombé par l'excès de froid, par les balles allemandes ou sous la serre des oiseaux de proie. Les dépêches qu'on leur confiait étaient imprimées sur quatre colonnes, comme pour un journal; on les réduisait ensuite, par des procédés photographiques, sur une pellicule de collodion, de 3 centim. sur 5 centim., pesant 5 centigr. et contenant la matière de 16 pages in-fol. 20 de ces pellicules, après avoir été roulées, étaient placées dans un tuyau de plume de la grosseur d'un cure-dent, le tout pesant un peu plus d'un gramme et contenant plus de 2 millions de lettres. Ordinairement, plusieurs épreuves des mêmes dépêches étaient confiées, en duplicata, à différents pigeons. Le tuyau était attaché à une plume de la queue du messager, mais il est d'autres moyens de fixer les dépêches. (Voy. CARRIER.) A l'arrivée, l'épreuve était grossie au moyen du microscope à oxy-hydrogène et les messages séparés étaient aussitôt transcrits et distribués aux destinataires, qui avaient à payer un franc par mot. La vitesse d'un pigeon messager peut être de 60 à 80 kilom. à l'heure; mais beaucoup dépassent cette moyenne, s'il en résulte d'une expérience faite récemment en Angleterre. Le 20 juillet 1877, un train express partait de Douvres pour Londres en même temps qu'un pigeon porteur d'un message pour l'ambassade de France. Le train marchait avec une vitesse de 60 milles (96 kilom.) à l'heure. Au début de la course, l'avantage semblait être pour la locomotive; mais le pigeon, filant en ligne droite, avait 6 milles (9 kilom.) de moins à parcourir et quand le train arriva en gare, le messager était au colombier depuis 20 min. Il avait battu la machine avec une avance équivalant à 18 milles (29 kilom.). — Avant de faire entreprendre au pigeon des traversées aussi longues, on le soumet à une sorte d'entraînement, qui consiste en une série de voyages intermédiaires bien combinés, à des distances de plus en plus grandes dans la direction des quatre points cardinaux, pour lui enseigner à bien connaître les alentours du colombier. Aussitôt sorti du panier qui a servi à le transporter, il s'élève à de grandes hauteurs et ne tarde pas à s'orienter. On supprime impitoyablement les sujets qui hésitent longtemps à revenir ou qui s'égarent en route; on ne doit conserver comme reproducteurs que les individus d'une intelligence supérieure et d'une grande puissance de vol; c'est par ce moyen seulement que l'on crée ou que l'on maintient les bonnes races de messagers. — Le domicile des pigeons doit être aussi élevé et aussi apparent que possible, parce qu'il est hors de doute que ces oiseaux se dirigent autant par la vue que par la mémoire. Le pigeonnier est pourvu d'une sorte de trappe ou *aire*, comme on l'appelle quelquefois, dans laquelle les oiseaux peuvent entrer à tous moments, mais où l'on est maître à volonté. L'aire est une sorte de cage (voy. notre figure) à l'extérieur ou à l'intérieur du pigeonnier auquel elle sert d'entrée. Autour de la cage règne un rebord sur lequel se posent les pigeons; si la porte est ouverte, ils entrent librement dans l'intérieur de l'aire; si elle est fermée, ils n'ont qu'à pousser l'une des deux petites portes pivotantes, qui se trouvent de chaque côte de l'entrée principale et qui se referment d'elles-mêmes pour prévenir toute sortie ultérieure. Quelquefois, on remplace ces portes

Aire ou cage à pigeons.

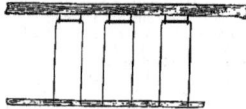

Fils de fer suspendus.

pivotantes par des fils de fer suspendus, comme le montre l'une de nos figures. Ces fils de fer pivotent, en dedans, autour de pitons placés à leur partie supérieure; ils permettent l'entrée, mais non la sortie. Quand ce piège très communément employé. Les jeunes pigeons apprennent vite à se servir de ces différentes entrées; mais on doit, pour cela, leur permettre de passer librement de la cage dans le pigeonnier. On y parvient au moyen de portières à coulisses ménagées en dessus et en dessous de la cage. Quand la portière du dessus est fermée, celle du dessous permet de passer de la cage au pigeonnier.

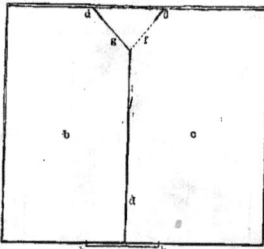

Plan.

mais non de celui-ci à celle-là, parce que cette portière est assez grande pour qu'un pigeon s'y glisser en plongeant de haut en bas, tandis que, faute de point d'appui, il ne peut y pénétrer, les ailes étendues, en volant de bas en haut. Le pigeonnier doit être partagé au moins en deux parties ayant communication chacune avec l'entrée. Dans la figure ci-jointe, les deux compartiments A et B sont séparés par la division C D, en fil de fer. Près de l'aire E, cette division bifurque, comme on le voit, en F G et F H. Une porte, ayant sa charnière au point de bifurcation F, permet d'entrer en F H quand elle ferme F G et *vice versá*; elle laisse libre les deux ouvertures quand elle est à mi-chemin entre ces deux positions. — Pour la législation concernant les pigeons, voy. COLOMBIER.

PIGEON ENGLISH (ou plus correctement *pidjin English*) [pi-djinn inn'-glich], langage employé en Chine entre les naturels et les résidents européens. La prononciation d'un grand nombre de mots est changée au point d'être devenue méconnaissable. *Pidjin* est la corruption du mot anglais *business* (affaires), de sorte que *pidjin English* signifie exactement « affaires anglaises ». Le vocabulaire de cette langue est extrêmement limité, bien qu'il contienne des mots empruntés au portugais, au malais, à l'indoustani et à d'autres langues. Ce dialecte ne s'écrit pas; il ressemble aux bégaiements d'un petit enfant, ce qui tient surtout au grand nombre des terminaisons en double *e* (*i*). On s'en sert ordinairement pour toutes les transactions commerciales de la Chine avec le reste du monde, et on l'enseigne dans quelques écoles chinoises comme faisant partie des connaissances nécessaires à un marchand.

PIGEONNAGE s. m. Cloison de plâtre faite à la main.

PIGEONNE s. f. Femelle du pigeon.

* **PIGEONNEAU** s. m. Jeune pigeon : *prendre des pigeonneaux dans un colombier*. — Fig. et fam. Jeune homme que l'on dupe : *c'est un pigeonneau qu'ils plument à qui mieux mieux*.

PIGEONNER v. a. Construire avec du plâtre gâché serré et employé à la main.

* **PIGEONNIER** s. m. Habitation préparée pour les pigeons domestiques.

PIGER v. a. Atteindre, attraper : *tu vas te faire piger*. — Considérer : *pige-moi ce beau chapeau*.

* **PIGMENT** s. m. [pi-gman] (lat. *pigmentum*). Physiol. Matière colorante de la peau.

PIGMENTAIRE adj. Qui appartient au pigment.

PIGMENTATION s. f. Action de colorer à l'aide d'un pigment.

PIGNE s. f. [gn mll.] (rad. *pin*). Métall. Masse d'or ou d'argent qui reste après l'évaporation du mercure qu'on avait amalgamé avec la mine, pour en dégager le métal qu'elle contenait.

PIGNEROL (ital. *Pinerolo*), ville du Piémont (Italie), sur le Cusone, à 35 kil. de Turin; 16,730 hab. mais les Français l'occupèrent en 1042, mais les Français l'occupèrent de 1536 à 1574, de 1631 à 1695, et de 1796 à 1814. L'Homme au Masque de Fer, Fouquet et Lauzun furent enfermés dans la citadelle de Pignerol.

* **PIGNOCHER** v. n. [gn mll.]. Manger négligemment, sans appétit, et en ne prenant que de très petits morceaux : *vous ne mangez pas, vous ne faites que pignocher*. (Fam.)

* **PIGNON** s. m. [gn mll.] (rad. lat. *pinna*, créneau). Partie supérieure d'un mur qui se termine en pointe, et dont le sommet porte le bout du faîtage d'un comble à deux égouts : *dans les anciennes maisons, le pignon était sur la face principale*. (Voy. MUR.) — Prov. *Avoir pignon sur rue*, avoir une maison à soi; avoir des biens immeubles, des héritages en propre : *c'est une bonne caution, il a pignon sur rue*.

* **PIGNON** s. m. Amande de la pomme de pin.

* **PIGNON** s. m. (rad. *peigne*).Mécan. Petite roue dentée, dont les ailes ou dents engrènent dans celles d'une plus grande roue.

PIGNONNÉ, ÉE adj. Blas. Se dit des partitions et aussi d'un château, d'une maison, d'un mur dont le haut se termine en degrés de forme pyramidale.

* **PIGNORATIF** adj. m. [pi-ghno-ra-tif'] (rad. lat. *pignus*, gage). Jurispr. Se dit d'un contrat par lequel on vend un héritage à faculté de rachat à perpétuité ou à temps, et par lequel l'acquéreur loue ce même héritage à son vendeur pour les intérêts du prix de la vente : *contrat pignoratif.*

PIGNORATION s. f. [pi-ghno]. Action de faire un contrat pignoratif.

PIGNOUF s. m. [pi-niouff, *gn* mll.] (*apprenti*, dans l'argot des cordonniers). Argot. Voyou, homme grossier, mal élevé : *en voilà un petit pignouf de calicot qui m'a fait boire de la groseille quand j'avais demandé du madère.* (G. Lafosse).

PIGOCHE s. f. Sorte de jeu de marelle, qui consiste à faire sortir d'un cercle tracé à terre une pièce de monnaie en jetant dessus une autre pièce.

PIGOREAU (Alexandre-Nicolas), libraire et écrivain, né à Paris, en 1765, mort en 1831. Il se voua d'abord à l'enseignement, puis il se fit libraire (1792). Outre de nombreuses éditions de romans, on lui doit : *Jardin de l'enfance, de la jeunesse et de tous les âges,* ou *Compliments du jour de l'an et des fêtes pour des parents, des bienfaiteurs, des amis,* etc. ; *Dictionnaire des romanciers tant anciens que modernes* (Paris, 1821, in-8°), etc.

PIGOULIÈRE s. f. Mar. Atelier situé en arrière de la corderie où l'on tient en fusion le goudron dont tous les fils de caret doivent être imprégnés avant la confection des cordages pour les préserver de la pourriture qui résulte de l'humidité.

* **PIGRIÈCHE** s. f. Voy. PIE-GRIÈCHE.

PIIS (Pierre-Antoine-Augustin, CHEVALIER DE), poète comique et chansonnier, né à Paris en 1755, mort en 1832. En 1792, il fonda, avec Barré, le théâtre du Vaudeville. Il a laissé un grand nombre de poésies (chansons, contes, dialogues), qui ne lui ont pas survécu.

PIKA s. f. Voy. LAGOMYS.

PIKE (Zebulon-Montgomery) [paï-ke], homme de guerre américain, né dans le New-Jersey en 1779, tué à l'attaque d'York (auj. Toronto), Canada, le 27 avril 1813. Lorsque les Etats-Unis eurent acheté la Louisiane, Pike, alors lieutenant dans l'armée, fut envoyé pour explorer les sources du Mississipi. Il fit deux expéditions (1805-'07), dont il a écrit le récit. Il reçut les remerciements du gouvernement, et, en 1810, il fut fait colonel d'infanterie. En 1813, il reçut le grade de brigadier général, et il fut choisi pour commander l'armée de terre dans l'expédition contre York. Il y arriva à la tête de 1,700 hommes, débarqua, emporta une batterie, et fut mortellement blessé.

PILAGE s. m. (rad. *piler*). Action de piler.

* **PILAIRE** adj. (lat. *pilaris;* de *pilus*, poil). Anat. Qui a rapport aux poils. — SYSTÈME PILAIRE, ensemble des poils qui couvrent un animal ou une plante. — On dit aussi PILEUX.

* **PILASTRE** s. m. (rad. lat. *pila*, pilier). Pilier carré, auquel on donne les mêmes proportions et les mêmes ornements qu'aux colonnes, et qui ordinairement est engagé dans le mur; quelquefois, il est placé derrière les colonnes : *boiserie en pilastres, figurant des pilastres.*

PILATE (Ponce), gouverneur romain (*procurator*) de la Judée, sous lequel le Christ fut

supplicié. C'était le sixième gouverneur romain du pays; il succéda à Valerius Gratus (25 ou 26) sous le règne de Tibère, et il resta 10 ans dans cette charge. Il refusa de recevoir l'accusation de blasphème contre Jésus, et avait la conviction que l'accusation de sédition était injuste. Néanmoins, pour se concilier les juifs, qui ne l'aimaient pas, il ordonna, quoique à regret, la mise en croix du Christ. Josèphe rapporte plusieurs actes d'injustice commis par lui. A la fin il fut disgracié à cause de sa cruauté envers les Samaritains. Suivant Eusèbe, où il se donna la mort, vers l'an 38.

PILÂTRE DE ROZIER (Jean-François), célèbre aéronaute, né à Metz le 30 mars 1756, mort près de Boulogne-sur-Mer, le 15 juin 1785. Il étudia à Paris les mathématiques, l'histoire naturelle, la physique et la chimie, se passionna pour la découverte des frères Montgolfier, fit plusieurs ascensions, mais périt par l'incendie de son ballon en voulant traverser la Manche, de Boulogne en Angleterre. (Voy. notre art. ASCENSION.) — Tournon de la Chapelle a publié, en 1786, *Vie et Mémoires de Pilâtre de Rozier* (in-12).

* **PILAU** s. m. Riz cuit avec du beurre, ou de la graisse et de la viande : *le pilau est la nourriture ordinaire dans le Levant.*

PILCOMAYO, rivière de l'Amérique du Sud, formée par la jonction du Cachimayo et du Pilaya, qui prennent leur source sur la pente orientale des Andes de Bolivie, et qui se réunissent vers 20° 30' lat. S. et 65° long. O. Il coule dans la direction du S.-E. sur un parcours d'environ 1,250 kil., à travers le pays des Chiquitos et le Gran Chaco, et se jette dans le Paraguay par trois bouches presque vis-à-vis Asuncion. Sa profondeur moyenne n'excède pas 4 pieds.

* **PILE** s. f. (lat. *pila*). Amas de plusieurs corps placés les uns sur les autres : *mettre des livres en pile, en faire une pile.* — PILE DE CUIVRE, plusieurs poids de cuivre en forme de godets, qui se placent les uns dans les autres, et qui, diminuant par degrés de volume, donnent toutes les divisions du poids total jusqu'au demi-gros. — PILE VOLTAÏQUE OU GALVANIQUE, ou PILE DE VOLTA, appareil de physique composé avec des plaques de métaux hétérogènes, que l'on alterne, suivant certaines lois, entre elles et avec des substances liquides : *les principaux phénomènes produits par la pile voltaïque sont la décomposition de l'eau, des alcalis et des acides, l'oxydation et la combustion des métaux, l'impression profonde et continue sur le système nerveux,* etc. — PILE A AUGES, pile horizontale dont les couples forment comme de petites auges que l'on remplit d'eau acidulée. (Voy. GALVANISME.) — Trictrac. PILE DE MALHEUR OU DE MISÈRE, se dit lorsqu'un des joueurs, ne pouvant passer par suite du jeu de son adversaire pour faire le jan de retour, est obligé d'entasser toutes les dames sur une seule pile dans le coin de son grand jan. — Massif de forte maçonnerie qui sépare et soutient les arches d'un pont : *les piles d'un pont.*

* **PILE** s. f. Grosse pierre servant à broyer, à écraser quelque chose. Ne se dit guère que dans cette phrase proverbiale et figurée, METTRE QUELQU'UN A LA PILE AU VERJUS, parler très mal de lui, ou le tourmenter à l'excès.

* **PILE** s. f. Celui des deux côtés d'une pièce de monnaie, où sont empreintes les armes du souverain. — N'AVOIR NI CROIX NI PILE, n'avoir point d'argent. — CROIX OU PILE, ou CROIX ET PILE, sorte de jeu de hasard, où l'on jette une pièce de monnaie en l'air : un des joueurs nomme, un des côtés de la pièce; et il gagne si, lorsqu'elle est tombée, elle présente le côté qu'il a choisi : *jetons, jouons à croix et à pile à qui l'aura.* On

dit aussi, JOUER A CROIX-PILE. — Fam. JE LES JETTERAIS A CROIX OU A PILE, A CROIX ET A PILE, A CROIX-PILE, se dit en parlant de deux choses à peu près égales, et dont le choix est indifférent. — ∞ Jargon. Coups nombreux : *donner, recevoir une pile.*

* **PILER** v. a. (rad. lat. *pila*, mortier à broyer). Broyer, écraser quelque chose avec un pilon : *piler des chiffons pour en faire du papier.*

* **PILEUR** s. m. Celui qui pile.

* **PILEUX, EUSE.** Voy. PILAIRE.

* **PILIER** s. m. (rad. *pile*). Sorte de colonne ronde ou carrée, sans proportion et quelquefois sans ornement, qui sert à soutenir un édifice ou quelque partie d'un édifice : *les piliers des halles à Paris.* — PILIER BUTANT, corps de maçonnerie élevé pour contenir la poussée d'une voûte. — PILIER DE MOULIN A VENT, massif de maçonnerie, terminé en cône, sur lequel tourne la cage d'un moulin à vent. — PILIER DE CARRIÈRE, masse de pierre qu'on laisse d'espace en espace pour soutenir le ciel d'une carrière. — Poteau de justice, et fourches patibulaires : *il y avait tant de piliers à cette justice.* — Poteau que l'on met dans les écuries, pour séparer les places des chevaux les uns des autres. — Poteau contre lequel on met un cheval dans un manège, pour commencer à le dresser : *mettre un cheval entre les piliers.* — SE FROTTER AU PILIER, prendre les mauvaises habitudes de ceux qu'on hante : *ce domestique servait bien d'abord; mais il s'est frotté au pilier, et ne vaut plus rien.* — C'EST UN PILIER DE PALAIS, c'est un homme qui ne bouge du palais. On dit, dans un sens analogue, C'EST UN PILIER DE CABARET, DE CAFÉ, DE COULISSE, etc. — AVOIR DE BONS GROS PILIERS, avoir de grosses jambes. — Horlog. Espèce de petite colonne qui, dans les montres et les pendules, tient les platines éloignées l'une de l'autre à une égale distance.

* **PILLAGE** s. m. [*ll* mll.] (rad. *piller*). Action de piller, ou le dégât qui en est la suite : *la ville fut abandonnée au pillage.* — IL SEMBLE QU'IL REVIENNE DU PILLAGE, IL EST FAIT COMME UN VOLEUR QUI REVIENT DU PILLAGE, se dit d'un homme dont les habits, les cheveux, etc., sont fort en désordre. — TOUT Y EST AU PILLAGE, se dit en parlant d'une grande maison où il n'y a pas d'ordre, où les domestiques prennent et tirent chacun de leur côté. — Mar. Dépouille des coffres et hardes de l'ennemi pris, et l'argent qu'il avait sur lui jusqu'à trente livres; le surplus se nommait BUTIN. — Législ. « Le pillage des navires, par suite de guerre ou de toute autre cause, est aux risques des assureurs (C. comm. 350). Le pillage des propriétés publiques ou privées par des bandes armées est rigoureusement puni (voy. BANDE), et les communes sont, en principe et sauf exceptions, responsables civilement des dommages commis à force ouverte sur leur territoire par des attroupements ou des rassemblements armés ou non armés (L. 5 avril 1884, art. 106 à 109). Le Code de justice militaire (art. 250) et le Code de justice de l'armée de mer (art. 335) punissent de mort ou d'autres peines, selon les cas, le pillage de denrées ou effets, lorsqu'il a été commis en bande, soit par des militaires, soit par des marins ou par des individus embarqués sur des bâtiments de l'Etat. » (CH. Y.)

* **PILLARD, ARDE** adj. Qui aime à piller : *cette troupe est bien pillarde.* — s. *Les paysans s'armèrent pour s'opposer aux pillards.*

PILLAU, ville de Prusse, dans la province de Prusse, sur la Baltique, à 46 kil. S.-O. de Kœnigsberg; 3,000 hab. environ; à l'entrée de Frisches Haff, sur une langue de terre que sa belle situation a fait appeler le paradis. C'est le port de Kœnigsberg pour les grands vaisseaux. C'est aussi une place forte, et une ville d'eaux.

* **PILLER** v. a. [ll mll.] (ital. *pigliare*, prendre). Emporter violemment les biens d'une ville, d'une maison, etc. : *la ville fut emportée d'assaut, et pillée.* — Se dit aussi de ceux qui commettent des exactions, des concussions, qui font dans leur charge, dans leur emploi, des gains illicites et scandaleux : *ce gouverneur abusa de son autorité pour piller la province.* — PILLER UNE COLLATION, UN DESSERT, se jeter sur une collation, sur un dessert, pour emporter les fruits, les confitures, etc. — Littér. et Beaux-arts. Prendre dans les compositions d'autrui des choses qu'on donne comme siennes : *il a pillé dans de vieux auteurs la plupart des idées que renferme son livre.* — Se dit aussi des chiens qui se jettent sur les animaux ou sur les personnes : *c'est un chien qui pille tous les passants.* (Peu us.)

> Et puis, quand le chasseur croit que son chien la *pille*,
> Elle lui dit adieu!...
>   LA FONTAINE.

— PILLE, se dit pour exciter un chien à se jeter sur le gibier. — On le dit aussi pour agacer un chien contre d'autres animaux, ou contre les personnes. — Se dit encore à de certains jeux de triomphe, où celui qui fait à le droit, lorsqu'il tourne un as, de prendre cet as et toutes les cartes de la même couleur qui suivent, et de mettre les siennes à la place.

* **PILLERIE** s. f. Volerie, extorsion, action de piller : *il s'est enrichi par ses pilleries.* (Fam.)

* **PILLEUR** s. m. Celui qui pille, qui aime à piller : *ce sont de grands pilleurs.*

* **PILLNITZ** ou Pilnitz, village de Saxe, sur l'Elbe, à 13 kil. S.-E. de Dresde ; 600 hab. environ. C'est la résidence d'été de la famille royale où, le 20 juillet 1791, les souverains de l'Autriche et de la Prusse formèrent une coalition contre la Révolution française. Dans la convention signée par les deux souverains allemands, il était dit que l'empereur enlèverait aux Français toutes les conquêtes que Louis XIV avait faites dans les Pays-Bas autrichiens. Les territoires ainsi repris devaient être, avec les Pays-Bas, donnés à l'électeur Palatin ; en échange, l'Autriche devait recevoir la Bavière.

* **PILOIR** s. m. (rad. *piler*). Techn. Bâton dont se sert le mégissier pour renfoncer les peaux dans la cuve lorsqu'elles remontent au-dessus de l'eau de chaux ou d'alun.

* **PILON** s. m. Instrument dont on se sert pour piler quelque chose dans un mortier : *pilon de bois.* — Gros maillet et marteau qui, dans les moulins à tan, à papier, etc., servent à piler, à briser, à hacher. — METTRE UN LIVRE AU PILON, en déchirer tous les feuillets, de sorte qu'ils ne puissent servir qu'aux cartonniers, qui les pilent pour les réduire en pâte. — ↳ MARTEAU-PILON, énorme pilon mis en mouvement par la vapeur et employé dans les forges et dans les ateliers de construction, pour forger les grosses pièces et pour corroyer les paquets qui sortent des fours à réchauffer. Les appareils servant à la manœuvre du marteau-pilon varient suivant les effets à obtenir. Notre figure représente l'appareil inventé par James Nasmyth, en 1839. Le marteau ou *frappe* est attaché au piston d'un cylindre maintenu verticalement par un solide bâti. On fait monter le piston par l'action de la vapeur admise au-dessous de lui, dans le cylindre ; il redescend par le propre poids du marteau, dont la rapidité et, par conséquent, la puissance peuvent être considérablement augmentées par l'action de la vapeur admise au-dessus du piston, dans le cylindre. L'admission de la vapeur est régularisée au point que l'on arrête la chute du marteau à une hauteur déterminée, quelle qu'elle soit, et que le même marteau qui vient de battre et d'aplatir sur l'enclume un énorme morceau de fer rouge peut briser, le coup suivant, si le conducteur le désire, la coquille d'une noisette sans en écraser l'amande. A la fameuse aciérie de Krupp, à Essen (Allemagne), le principal des 82 marteaux-pilons mesure 4 m. de long, 2 m. de

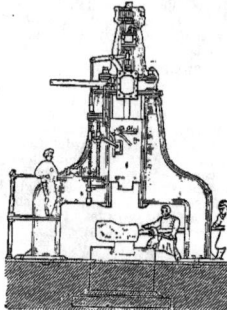

Marteau-pilon de Nasmyth.

large et 1 m. et demi d'épaisseur ; il pèse plus de 50,000 kilog., et dans sa chute de 3 m., il acquiert un poids de 150,000 kilogrammètres. Mais, depuis 1877, nous avons en France, au Creuzot, un appareil de ce genre beaucoup plus puissant encore, puisque son marteau pèse 80 tonnes et produit un choc de plus de 400,000 kilogrammètres.

PILON (Germain), célèbre sculpteur, né vers 1515, à Loué-sur-la-Vangre (Sarthe) près du Mans, mort à Paris en 1590. Il fut l'émule de Jean Goujon. On admire, parmi ses ouvrages, les bas-reliefs du *Mausolée de Henri II* dans l'église abbatiale de Saint-Denis ; le *Mausolée du chancelier de Birague*, au musée des Beaux-Arts et un groupe des *Trois Grâces*, au Louvre.

PILONNAGE s. m. Action de pilonner.

PILONNER v. a. (rad. *pilon*). Techn. Battre avec le pilon. — PILONNER LE VERRE, le remuer dans le creuset.

* **PILORI** s. m. (bas lat. *pilaricum*). Machine qui tournait sur un pivot, et qui servait à la punition des personnes diffamées que la justice exposait à la risée du public : *il fut exposé au pilori pendant trois jours de marché.* — METTRE QUELQU'UN AU PILORI, le diffamer. — ENCYCL. Le pilori se composait d'une charpente en bois, élevée sur des poteaux, et percée de trous par où l'on faisait passer la tête et les bras du condamné, pour qu'il y restât, le temps prescrit par son arrêt, exposé aux regards du public. L'usage du pilori fut aboli en Angleterre pour tous les cas, excepté le parjure, en 1816, et complètement en 1837. Aux États-Unis, où il ne servait, d'après les premiers statuts, qu'à punir certains crimes contre l'État, il fut aboli en 1839. — Hist. A Paris, le pilori, était au XVIIᵉ siècle, une tour construite en pierres et située au milieu des

Pilori, d'après une ancienne gravure.

halles. Au-dessus, dans une construction en charpente, tournant sur pivot, les condamnés étaient placés debout, la tête et les poignets passés dans des ouvertures entre deux planches. La machine, en tournant, faisait voir le criminel à la foule pendant deux heures consécutives ; et le supplice était infligé pendant trois jours de marché. En vertu d'une déclaration du 11 juillet 1749, les condamnations à la peine du pilori, prononcées par contumace, étaient transcrites sur un tableau et ce tableau était attaché à l'instrument du pilori. La peine du pilori, abolie chez nous en 1789, fut remplacée par le carcan et plus tard par l'exposition publique, abolie en 1848.

* **PILORIER** v. a. Mettre au pilori : *pilorier un banqueroutier.* — Diffamer quelqu'un, manifester son infamie : *il a été pilorié dans vingt écrits publics.*

* **PILORIS** s. m. Rat des Antilles, beaucoup plus grand que nos rats d'Europe, et qui répand une forte odeur de musc.

* **PILOSELLE** s. f. [pi-lo-zè-le] (bas lat. *pilosellus*, pelouse ; de *pilus*, poil). Bot. Plante à fleurs composées du genre épervière, qui croît dans les lieux arides et montagneux, et qui est couverte de poils, d'où lui vient son nom.

* **PILOSITÉ** s. f. (lat. *pilosus*, poilu). Etat d'une surface qui est couverte de poils.

PILOT s. m. (rad. *pile*). Techn. Pieu de pilotis. — Gros tas.

* **PILOTAGE** s. m. (rad. *pilotis*). Ouvrage de pilotis : *il en a coûté tant pour le pilotage.*

* **PILOTAGE** s. m. (rad. *pilote*). Mar. Art de conduire un vaisseau ; notions de mathématiques suffisantes pour relever et tracer la marche d'un navire : *il y a des écoles où l'on enseigne le pilotage.* — Action de conduire un vaisseau à l'entrée ou à la sortie d'un port, de peur qu'il n'aille donner sur les bancs : *payer tant pour le pilotage d'un bâtiment.* — Le pilotage demande une science étendue et embrasse toutes les connaissances nécessaires pour conduire et diriger un navire. Cette science consiste à savoir prendre la hauteur des astres au-dessus de l'horizon pour en conclure la latitude, les angles horaires, etc., à observer la variation, à mesurer la dérive, à corriger l'estime de la route et du chemin, à observer les distances du soleil à la lune et aux étoiles, pour avoir la longitude à faire des relèvements, à mesurer des angles, à dessiner des vues de terre, à sonder, etc. Comme on le voit, le pilotage est la science complète du navigateur.

* **PILOTE** s. m. Celui qui gouverne, qui conduit un bâtiment de mer : *un bon pilote.* — PILOTE CÔTIER, celui qui gouverne à la vue des côtes, des ports et des rades dont il a la connaissance. On appelait autrefois, par opposition, PILOTE HAUTURIER, celui qui, dans un voyage de long cours, déterminait la route du bâtiment par le moyen des instruments à réflexion. Aujourd'hui, on nomme CAPITAINE AU LONG COURS, celui qui conduit et qui en même temps commande un navire dans les voyages de long cours. — BATEAU-PILOTE, embarcation qui précède et guide les navires, à l'entrée de certains ports ou dans certains passages difficiles. — Icht. (Voy. CENTRONOTE.)

* **PILOTER** v. n. Enfoncer des pilotis pour bâtir dessus : *dans les lieux où le fond n'est pas solide, il faut piloter avant de bâtir.* — v. a. PILOTER UN TERRAIN, y enfoncer des pilotis.

* **PILOTER** v. a. Mar. Conduire un bâtiment de mer : *piloter un navire hors du port.* — Fam. Servir à quelqu'un de guide dans le monde dans une ville.

PILOT-HOUSE s. m. Mar. Petite tourelle fixe qui, sur les navires à tourelles tournantes, est supportée par l'axe fixe de la tourelle.

* **PILOTIN** s. m. Mar. Jeune marin qui étudie le pilotage: *il est parti comme pilotin sur tel navire.*

* **PILOTIS** s. m. (rad. *pile*). Gros pieu, grosse pièce de bois pointue, et ordinairement ferrée par le bout, qu'on fait entrer avec force pour asseoir les fondements d'un édifice, ou de quelque autre ouvrage, lorsqu'on veut bâtir dans l'eau, ou dans quelque lieu dont le fond n'est pas solide: *bâtir sur pilotis.*

PILPAY. Voy. Bidpay.

PILS (Isidore-Alexandre-Augustin), peintre français, né à Paris en 1813, mort en 1875. En 1838, il remporta le grand prix de Rome, visita l'Italie et entra à l'Académie des beaux-arts en 1867. Il a laissé un grand nombre de toiles remarquables, parmi lesquelles nous citerons: *Le Christ prêchant dans la barque de Simon* (1846), *Scènes de la Saint-Barthélemy* (1846), le *Passage de la Bérézina* (1847), *Rouget de Lisle chantant pour la première fois la Marseillaise* (1840), *Prière à l'hospice* (1853), *Tranchée devant Sébastopol* (1855), *Bataille de l'Alma* (1861), les *Tuileries en 1871* (1873), *Jeudi-Saint en Italie* (1874), etc.

PILSEN [pil'-zenn] (boh. *Plzen*), place forte de Bohême, au confluent de trois petites rivières formant la Beraun, à 90 kil. S.-O. de Prague; 23,681 hab. L'église du doyenné de Saint-Barthélemy est un bel édifice gothique. Lainages, cuirs, montres, instruments de musique, fils de fer. On l'appelait autrefois Neu-Pilsen et elle a été fondée par le village voisin de Alt-Pilsen, aujourd'hui Pilsenetz. En 1866, elle fut occupée par une garnison prussienne.

PILULAIRE adj. (rad. *pilule*). Qui tient de la pilule, qui appartient aux pilules.

* **PILULE** s. f. (lat. *pilula*; dimin. de *pila*, boule). Composition médicinale qu'on met en petites boules : *prendre des pilules.* — Dorer la pilule, employer des paroles flatteuses pour déterminer quelqu'un à faire quelque chose qui excite sa répugnance : *on lui a si bien doré la pilule, qu'il s'est résolu à faire ce qu'on voulait.* — Consoler d'une disgrâce, d'un refus, en l'accompagnant de promesses et de paroles bienveillantes: *on lui a doré la pilule, pour lui adoucir le refus de la grâce qu'il demandait.* — Avaler la pilule, se déterminer à faire une chose pour laquelle on a beaucoup de répugnance: *on lui a fait avaler la pilule.* — Encycl. Les pilules sont un médicament composé de poudre et d'extraits réunis par un mucilage de gomme adragante et auquel on donne la forme de petites boules de la grosseur d'un pois. Pour préparer des pilules, on développe un mucilage en délayant de la poudre de gomme adragante avec un peu de sirop; on y ajoute les médicaments que l'on veut réduire en pilules et on pétrit le tout de manière à avoir un corps demi-solide que l'on étend et que l'on divise à l'aide d'un pilulier; puis on les roule dans de la poudre de réglisse pour les empêcher de s'agglutiner. Parfois, on les recouvre d'une feuille d'argent pour en masquer l'odeur et la saveur. Les pilules les plus employées sont: les *pilules d'Anderson* ou *pilules écossaises*, composées d'aloès et de gomme-gutte. Elles sont laxatives et toniques; on en prend une ou deux le soir. Les *pilules ante cibum*, à base d'aloès, données avant le repas à la dose de deux ou trois (toniques et laxatives). Les *pilules de Blaud* et les *pilules Vallet*, bonnes contre la chlorose, 2 à 6 par jour. Les *pilules de Bontius*, purgatives hydragogues:

3 à 9 par jour. Les *pilules de cynoglosse*, calmantes : 1 ou 2 par jour. Les *pilules de Méglin*, antispasmodiques: 1 à 4 par jour dans les névralgies et les névroses. Les *pilules Morison* (n° 2), purgatives drastiques, composées d'aloès, de résine de jalap, d'extrait de coloquinte, de gomme-gutte, de rhubarbe (1 gr. de chaque subst. pour faire 35 pilules): 2 à 5 à la fois. Les *pastilles reconstituantes de Lavie*, au lacto-phosphate de chaux: 1 à 3 par jour dans la faiblesse générale, chez les personnes épuisées lorsqu'il s'agit de donner de l'appétit et de réveiller l'énergie des forces vitales, dans les affections lymphatiques et herpétiques et dans la phtisie (une en deux fois chez les enfants délicats ou rachitiques.)

PILULIER s. m. Pharm. Instrument qui sert à diviser la masse pilulaire et à rouler plusieurs pilules à la fois. — Boîte dans laquelle on met des pilules.

* **PILUM** s. m. [pi-lomm] (rad. lat. *pila*, flèche). Antiq. rom. Arme de jet, forte et lourde, dont se servaient les hastaires romains pour engager le combat.

PIMARIQUE adj. (abrév. de *pinus maritima*, nom lat. d'une espèce du pin). Chim. Se dit d'un acide découvert dans la résine du pin : $C^2 H^{30} O^3.$

PIMAS, famille d'Indiens d'Amérique, comprenant les Pimas proprement dits, les Opatas, les Eudeves, et les Joves, et s'étendant dans l'Arizona, la Sonora et une partie de la Sinoloa. Parmi les tribus, les Opatas étaient les plus civilisés ; ils forment encore une importante partie de la population de Sonora. Les Pimas proprement dits s'étendaient jusque dans la Sinoloa. Ils étaient plus sauvages et plus superstitieux que les Opatas et étaient adonnés à l'ivrognerie. Ils avaient une dynastie de rois, dont le dernier, Shontarlkorli, fut tué il y a quelques années par les Apaches. Ils ont des villages fixes, contenant chacun environ 30 huttes recouvertes de terre, en forme de dôme, et des greniers séparés. Ils irriguent leurs champs avec des *acequias*; ils cultivent et tissent le coton. Des missions s'établirent parmi eux dès l'origine, mais ils se révoltèrent fréquemment contre les Espagnols. Les Pimas qui vivent aujourd'hui en deçà des limites des Etats-Unis d'Amérique, dans l'Arizona, occupent une réserve de 25,000 hectares et sont au nombre de 4,000 environ. Ils sont agriculteurs.

* **PIMBÊCHE** s. f. Femme impertinente, qui se donne des airs de hauteur : *c'est une pimbêche; une vraie pimbêche.* (Fam.)

PIMÉLIQUE adj. (gr. *pimelos*, gras). Chim. Se dit d'un acide obtenu par l'oxydation des huiles et des graisses en général.

PIMÉLODE s. m. (gr. *pimelé*, graisse; *eidos*, aspect). Icht. Genre de siluroïdes, comprenant une quarantaine d'espèces de poissons qui habitent les eaux douces de l'Inde et de l'Amérique. L'espèce principale est le *pimélode chat* (*pimelodus atrarius*), l'un des pois-

Piméloda chat (Pimelodus atrarius).

sons les plus communs dans les rivières des Etats-Unis.

PIMÉLOSE s. f. (gr. *pimelos*, gras). Pathol. Transformation d'un tissu en graisse.

* **PIMENT** s. m. [pi-man] (lat. *pigmentum*). Bot. Genre de solanées comprenant des herbes ou des sous-arbrisseaux qui habitent les régions équatoriales de l'ancien et du nouveau continent. On cultive dans nos jardins potagers le *piment annuel* (*capsicum annuum*) vulgairement appelé *poivre long.* Il est originaire des Indes orientales et n'atteint guère chez nous que 40 centim. de haut. Ses feuilles glabres et ovales se terminent en pointe; ses fleurs sont blanches; ses fruits oblongs, coniques et lisses sont rouges ou jaunes à la maturité et varient de forme et de grosseur. Leur saveur âcre et piquante a beaucoup d'action sur les organes salivaires; on leur attribue la propriété d'exciter l'appétit, de fortifier l'estomac et de dissiper les vents. On les confit dans du vinaigre avec des cornichons. En

Piment annuel (Capsicum annuum).

France, on l'emploie simplement comme condiment pour l'assaisonnement de certains mets. Le piment est une plante qui demande beaucoup de chaleur pour mûrir son fruit. Le véritable poivre de Cayenne est produit par le *capsicum fustigiatum*, plante vivace, cultivée en Afrique et dans d'autres pays chauds. Ses fruits, confits au vinaigre avant leur maturité, constituent avec ce dernier le vinaigre chili ou sauce au poivre. Le *piment cerise* (*capsicum cerasiforme*) porte des petits fruits globuleux rouges ou jaunes; on le cultive quelquefois pour l'ornement des jardins. Pour le *piment de la Jamaïque*, voy. Eugénia.

PIMENTADE s. f. Art. culin. Sauce au piment.

PIMENTER v. a. Art culin. Assaisonner de piment.

PIMENTIQUE adj. Chim. Se dit d'un acide extrait des fruits du myrte-piment, de l'essence de girofle et de celle de la cannelle blanche.

* **PIMPANT, ANTE** adj. (corrupt. du lat. *pompa*, élégance). Elégant et recherché dans sa toilette : *vous voilà bien pimpant aujourd'hui.* Il est familier, et ne s'emploie guère que par plaisant.

* **PIMPESOUÉE** s. f. [-zou-é]. Femme qui a des manières affectées, ridicules : *c'est une vraie pimpesouée.* (Vieux.)

* **PIMPRENELLE** s. f. (rad. lat. *pampinus*, pampre). Bot. Genre de rosacées dryadées, comprenant des espèces ou sous-espèces d'herbes ou d'arbrisseaux qui habitent l'Europe centrale, la région méditerranéenne et les îles Canaries. La *pimprenelle commune* (*poterium sanguisorba*) se trouve en France dans les lieux incultes, où elle atteint environ 70 centim. de haut. Ses tiges sont anguleuses ; ses feuilles glabres présentent des folioles ovales, arondies, dentées en scie ; ses fleurs, disposées en capitule, offrent au sommet les femelles et à la partie inférieure les mâles. On la cultive dans nos jardins potagers pour ses feuilles aromatiques qui entrent quelquefois dans l'assaisonnement des salades.

* **PIN** s. m. (lat. *pinus*). Bot. Genre de conifères abiétinés, comprenant une centaine d'espèces d'arbres généralement de haute taille, répandus surtout dans les régions tempérées de l'hémisphère boréal. — ENCYCL. Les pins se distinguent de tous les autres arbres par leur feuillage qui est formé de feuilles en aiguilles persistantes, rassemblées en groupes de deux à cinq, et entourées à la base d'écailles de bourgeons flétris qui font autour d'elles une sorte de gaine. Les pins, à l'exception d'une espèce qui croît aux Canaries, ne se trouvent qu'en Amérique, en Europe et en Asie, et abondent surtout dans les parties tempérées ou froides de ces continents, où ils forment de vastes forêts. Nul arbre n'est si utile aux besoins de la vie civilisée, car non seulement le pin fournit en grande quantité du bois que nul arbre ne saurait remplacer, mais ses autres produits sont d'un précieux usage; la liqueur abondante qui découle de certaines espèces et qui consiste en une résine dissoute dans une huile volatile donne des térébenthines de différents genres, des esprits de térébenthine, de la résine, du goudron, de la poix, et d'autres produits secondaires. Les fruits de plusieurs espèces sont comestibles, et non seulement les animaux sauvages les mangent, mais on les cueille pour la nourriture de l'homme. Les fleurs du pin sont monoïques : les mâles forment des chatons en grappe, sans calice ni corolle; les femelles forment des chatons ovoïdes composés d'écailles portées sur un axe commun. Le fruit est un cône à écailles ligneuses étroitement appliquées les unes sur les autres; à la base interne de chaque écaille se trouvent deux noix osseuses contenant chacune une graine. On divise généralement les pins en 3 groupes, savoir : 1° PINS A FEUILLES GÉMINÉES DANS LA MÊME GAINE. Les espèces les plus importantes de ce groupe sont : le *pin sauvage* ou *pin commun* (pinus sylvestris), de plus de 30 m., à tronc droit, nu; à feuilles un peu glauques, persistant 3 ou 4 ans; à cône petit, allongé, qui n'atteint sa complète maturité qu'à la fin de la seconde année après la floraison. Cet arbre croît dans toute l'Europe, surtout dans les climats froids ou sur les montagnes élevées. Il produit d'excellent bois de mâture et de construction, supérieur au sapin pour la dureté et la solidité; il a donné pour variété le pin d'Ecosse, le pin de Riga et le pin rouge. Le pin cultivé, *pin doux* ou *pin pinier* (pinus pinea) se distingue par ses branches horizontales, un peu relevées à l'extrémité et formant une sorte de parasol; il atteint 18 à 20 m. de haut; son amande appelée pignon doux est comestible. On le recherche pour l'ornement des parcs, mais son bois est inférieur à celui du précédent. Le *pin maritime*, pin de Bordeaux ou pin des Landes (pinus maritima) est droit et forme une belle pyramide; on le cultive dans le midi de l'Europe et surtout dans les terrains où l'on a pour but de fixer les sables mouvants; son bois est de médiocre valeur, mais il est très important comme produisant la plus grande partie des principes résineux utilisés dans les arts et l'industrie. Le *pin laricio* ou pin de Corse (pinus laricio) atteint jusqu'à 50 m. de haut. On le multiplie dans les parcs à cause de sa beauté et de son utilité pour la construction et la menuiserie. Le *pin d'Alep* ou pin de Jérusalem est très résineux, mais il craint le froid. — Parmi les pins d'Amérique qui n'ont que deux feuilles dans une gaine, il n'y a que deux espèces qui aient une valeur industrielle. Le pin jaune, ou, pour le distinguer du pin jaune du sud, le *pin jaune à feuilles courtes* (pinus mitis), se trouve depuis Jersey jusqu'au golfe du Mexique, et a habituellement de 50 à 60 pieds de haut, quoiqu'on en ait vu de 90 pieds, avec un tronc droit, et, là où il peut

se développer, une belle tête conique, qui l'a fait appeler en quelques localités *spruce pine* (pin coquet). Son bois a un grain fin, et, lorsqu'il est débarrassé de l'aubier qui s'altère facilement, il est d'une durée remarquable. On l'emploie à faire des mâts, des espars, des planchers, etc. Le beau port de cet arbre, et le vert bleuâtre particulier de ses

Pin de Weimont (Pinus strobus)

feuilles en fait un des arbres américains les mieux adaptés à l'ornementation des parcs ou des grands jardins. Le pin rouge (*pinus resinosa*) se trouve du Canada à la Pennsylvanie; dans les contrées sèches. Dans la Nouvelle-Angleterre on l'appelle incorrectement pin de Norvège, nom qui appartient à un arbre spécial à l'Europe. Il est rare que cette variété de pins forme des forêts, mais il se mêle à d'autres espèces, et dans les localités favorables atteint 80 pieds, avec un fût

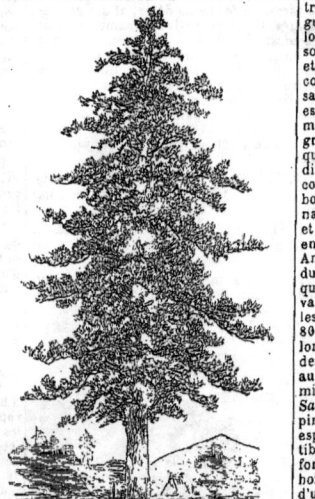

Pin jaune des Américains (Pinus ponderosa).

de diamètre très uniforme; le bois est moins résineux que celui du pin jaune, et, pour la force et la durée, il tient le milieu entre celui-ci et le pin blanc. Les jeunes arbres particulièrement ont un bel aspect, et mé-

ritent une place dans les grandes plantations. — 2° PINS A FEUILLES TERNÉES OU, TROIS DANS LA MÊME GAINE. Dans cette section, les Etats-Unis possèdent quatre espèces, dont la plus importante est le *pin jaune du sud à larges feuilles* (pinus australis), qui, pour l'utilité, vient immédiatement après le pin blanc. Cette espèce, qui s'étend depuis la Caroline du Nord jusqu'au Sud, couvre souvent à elle seule de vastes espaces qu'on appelle déserts de pins (pine barrens); c'est dans la Géorgie et la Floride que ces sortes de forêts sont les plus nombreuses. On le trouve rarement à plus de 190 kil. de la côte ; sa hauteur moyenne est de 75 pieds environ : le fût monte d'un jet jusqu'à 50 ou 60 pieds et se divise au sommet en quelques branches étalées. Dans les deux tiers de leur longueur les troncs ont un diamètre moyen de 40 à 45 centim. Les écailles de l'écorce sont très minces. Le bois est très fort, compact, durable, et d'un grain serré qui lui permet de prendre un beau poli. Sous le nom de pin de Géorgie, il est très recherché pour la construction des navires, pour la fabrication des planchers et pour d'autres usages. Comme chez les autres pins très résineux, chaque fois que l'arbre est blessé et que la végétation cesse, le bois devient en quelques mois surchargé de résine, et on l'appelle alors dans le pays *fat pine*, pin gras. Plus précieux encore le bois, sont les produits de cet arbre : térébenthine, résine, goudron, poix, si indispensables à la navigation. Le bois « gras » sert généralement aux classes pauvres pour faire des torches ou flambeaux. Les pourceaux, les dindons sauvages et d'autres animaux mangent avidement ses graines. Le *pin hérissé* (pinus rigida) se trouve depuis le Maine jusqu'à la Géorgie. Tandis que, dans quelques localités septentrionales, il n'a que 12 à 15 pieds de haut, dans d'autres c'est un grand arbre de 70 pieds, l'écorce du tronc est d'une couleur sombre et très rugueuse; ses feuilles ont de 3 à 5 pouces de long, avec des gaines courtes; les cônes, souvent en bouquet, ont la forme d'un œuf, et les écailles munies d'un fort piquant recourbé. Quelquefois l'arbre croît avec un fût sans branches jusqu'au sommet, et son bois est très tendu et presque exempt de résine ; mais généralement le bois contient une grande quantité de résine et est, en conséquence, fort dur. Lorsque la croissance diminue de vigueur le bois devient « gras », comme celui du pin à longues feuilles. Ce bois est fort employé dans les constructions navales, pour les roues à eau, pour les pompes et une infinité d'autres usages. — Citons encore le *pinus Coulteri* (Don), appelé en Amérique *great-hooked pine*, sur la nature duquel il y a eu certaines discussions, quelques-uns le regardant comme une simple variété du pin de Sabine. On le trouve dans les montagnes de la Californie, où il atteint 80 et 100 pieds. Ses feuilles ont 9 pouces de long, et ses cônes, les plus gros de tous ceux des arbres du même genre, mesurent un pied au moins de long, 6 pouces de diamètre au milieu et pèsent environ 4 livres. Le *pin de Sabine* (pinus Sabiniana), qu'on appelle aussi pin pinier(nutpine) en Californie, est une autre espèce qui a d'énormes cônes à grains comestibles. On le trouve presque partout en Californie, et il va jusque dans l'Orégon. Son bois a peu de valeur, mais ses graines sont d'une grande utilité pour les Indiens, qui en font souvent la base de leur nourriture. Le *pin jaune de l'ouest* (pinus ponderosa) est le plus abondant et le plus répandu des pins de la Californie et de l'Orégon, et atteint 100 pieds de haut; son bois est lourd et résineux, mais a moins de valeur que celui du pin à sucre. Le *pin pinier du Nouveau-*

Mexique (*pinus edulis*) se trouve en quantité au Nouveau-Mexique, dans l'Arizona et dans le Mexique septentrional ; il atteint ordinairement une hauteur de 30 pieds environ ; ses feuilles sont courtes et recourbées ; ses *cônes* contiennent de grosses graines comestibles que les Mexicains appellent piñones. On les recueille et on les vend aux foires et aux fêtes publiques. — 3° PINS A FEUILLES QUINÉES OU ENGAÎNÉES PAR CINQ. Nous avons en Europe le *pin cembro* (*pinus cembro*), que l'on trouve dans les Alpes et dont le bois résineux est facile à travailler. Les amandes de ses graines sont comestibles et très recherchées. L'espèce américaine la plus remarquable est le *pin de Weimouth* ou *pin blanc commun* (*pinus strobus*), que l'on rencontre depuis le 54ᵉ degré N. environ jusqu'aux montagnes de la Géorgie, et depuis la Nouvelle-Écosse jusqu'aux montagnes Rocheuses ; dans le N., il va presque jusqu'à l'océan Pacifique. C'est l'arbre le plus élevé de la région orientale des États-Unis ; les individus de 120 à 150 pieds sont communs dans les forêts vierges, et on a abattu qui mesuraient 225, et même 260 pieds. Au milieu des fourrés épais, il n'était pas rare de rencontrer des troncs de 70 à 90 pieds, sans une branche. Les forêts du Maine ont fourni beaucoup de mâts de cette dimension. L'écorce, excepté sur les vieux troncs, est tout à fait unie ; le bois, quoique manquant de force s'altérant rapidement à l'air, se travaille si facilement et prend si bien la peinture qu'on l'emploie à un très grand nombre d'usages. Sa légèreté et la grande longueur des fûts le rend propre à faire des mâts, et la charpente des ponts et des constructions. A ce point de vue, il a une grande valeur, et on l'apprécie aussi beaucoup comme arbre d'ornement. — Le *pin à cône en épi* (*pinus aristata*) est remarquable par son caractère véritablement alpin ; on le trouve, en effet, sur les pics les plus élevés des montagnes Rocheuses, jamais à moins de 3,000 m. d'altitude ; il se présente à l'état d'arbustes buissonneux et clairsemé, ou comme un arbre de 40 à 50 pieds, suivant la situation. Le *pin sucre* (*pinus Lambertiana*) se trouve depuis la frontière mexicaine, le long des montagnes, jusqu'au fleuve de la Colombie ; c'est l'un des arbres les plus majestueux de la région du Pacifique ; on le trouve en bosquets, avec des troncs de 200 pieds de haut et de 10 pieds de diamètre ; on a vu des individus isolés atteindre 300 pieds avec un diamètre de 20 pieds ; ses feuilles, longues de 3 pouces environ, sont d'un vert bleuâtre ; sa graine est comestible. Le bois, très semblable à celui du pin blanc, est préféré pour les ouvrages intérieurs, à tous les autres de la même région ; sa résine est claire, et celle qui suinte des arbres en partie brûlés perd tout goût de térébenthine et devient douce ; on l'emploie pour remplacer le sucre, mais plus souvent pour ses propriétés légèrement laxatives, en quoi elle ressemble à la manne, dont elle présente l'aspect.

PIN (Le), commune du cant. d'Exmes, arr. et à 15 kil. E. d'Argentan (Orne), 500 hab. ; beau haras national. Courses importantes.

* **PINACLE** s. m. (lat. *pinnaculum*). Partie la plus élevée d'un édifice. N'est d'usage au propre qu'en parlant de l'endroit du temple où Notre-Seigneur fut transporté, lorsqu'il fut tenté par le démon. — METTRE QUELQU'UN SUR LE PINACLE, le louer extrêmement, le mettre au-dessus de tous les autres par des louanges. — ÊTRE SUR LE PINACLE, être dans une grande élévation, dans une grande faveur.

PINACOTHÈQUE s. f. (gr. *pinax*, tableau ; *théké*, dépôt). Antiq. gr. Salle des Propylées d'Athènes, où se trouvait une collection de tableaux. — Cabinet, musée de peinture : *la pinacothèque de Bologne.*

* **PINASSE** ou **Pinace** s. f. Bâtiment de charge, à poupe carrée, qui allait à voiles et à rames : *aujourd'hui on ne fait plus de pinasses.*

* **PINASTRE** s. m. (lat. *pinaster*). Nom vulgaire du pin maritime.

* **PINÇARD** adj. et s. m. Maréchal. Se dit d'un cheval qui, en marchant, appuie sur la pince, qui use son fer en pince : *ce cheval est pinçard.*

* **PINCE** s. f. Extrémité antérieure du pied des animaux ongulés : *lorsque les pinces sont usées, c'est signe que la bête est vieille.* — Devant d'un fer de cheval : *on n'étampe jamais en pince les fers de derrière.* — Dents antérieures et centrales de la mâchoire de certains animaux : *ce cheval a mis bas les pinces, il a trois ans.* — LES PINCES D'UNE ÉCREVISSE, D'UN HOMARD, etc., partie des grosses pattes de l'écrevisse, du homard, etc., avec laquelle ils pincent quand on veut les saisir. — Sorte de longues tenailles dont on se sert pour remuer les grosses bûches dans une cheminée : *il faut prendre cette bûche avec la pince.* — Arts ou Métiers. Certaines tenailles, les unes grosses, les autres petites, qui servent à différents usages : *les taillandiers, les serruriers ont de grosses pinces pour tenir leur ouvrage quand ils le mettent au feu.* — Anat. et Chir. Instruments dont on se sert pour saisir, attirer ou fixer certaines parties — *pinces à dissection.* — Action de pincer, de saisir avec force : CET INSTRUMENT, CET OUTIL N'A PAS DE PINCE, ne saisit pas bien. Fam. CET HOMME A LA PINCE FORTE, LA PINCE RUDE, il tient avec vigueur ce qu'il a dans la main. — Pop. CRAINDRE LA PINCE, ÊTRE MENACÉ DE LA PINCE, craindre, risquer d'être arrêté. On dit, dans le même sens, GARE LA PINCE. — Pop. ÊTRE SUJET A LA PINCE, se dit d'une personne qui a l'habitude de chercher à faire des profits injustes. — CET ARGENT EST SUJET A LA PINCE, il est sujet à être pris : *l'argent des communautés est ordinairement sujet à la pince.* — Barre de fer aplatie par un bout, et dont on se sert comme d'un levier : *lever une grosse pierre avec une pince.* — Taill. et Cout. Pli qu'on fait à du linge ou à de l'étoffe, et qui se termine en pointe : *cette veste est trop large, il y faut faire une pince.*

* **PINCÉ, ÉE** part. passé de PINCER. Pressé. — adj. Qui a un air d'affèterie : *un air pincé ; des manières pincées.*

* **PINCEAU** s. m. (pain-sô) (lat. *penicillus*). Instrument dont les peintres se servent pour appliquer et étendre les couleurs, et qui consiste en un assemblage de poils attaché fortement à l'extrémité d'une espèce de hampe, ou retenu au bout d'un tuyau de plume : *donner un coup de pinceau.* — DONNER LE DERNIER COUP DE PINCEAU A UN TABLEAU, le terminer, l'achever entièrement. — Fig. et fam. ON LUI A DONNÉ UN VILAIN COUP DE PINCEAU, se dit d'une personne contre qui il a été fait quelque satire. — Fig. Manière de peindre : *on reconnaît dans ce tableau le pinceau du maître.* — Se dit, dans une acception plus figurée, en parlant des poètes, des orateurs, des écrivains : *cet auteur est grand coloriste, son pinceau est brillant.*

PINCEAUTER v. a. Tech. Réparer au pinceau les défauts de couleur d'une étoffe imprimée, d'un papier peint ; les terminer en y ajoutant les couleurs que l'impression n'a pu donner.

* **PINCÉE** s. f. Ce qu'on peut prendre de certaines choses, en les pinçant entre deux ou trois doigts : *une pincée de sel.*

* **PINCELIER** s. m. Petit bassin de fer-blanc, séparé en deux parties, dans l'une desquelles les peintres prennent l'huile dont ils ont besoin pour mêler leurs couleurs, et dont

l'autre sert à recevoir ce qui sort de leurs pinceaux quand ils les nettoient.

PINCE-MAILLE s. m. Homme fort attaché à ses intérêts, et qui fait paraître son avarice jusque dans les plus petites choses : *c'est un franc pince-maille, un vrai pince-maille.* (Fam.)

* **PINCEMENT** s. m. Agricult. Opération qui consiste à couper avec les ongles ou avec un instrument le sommet d'un bourgeon.

* **PINCE-NEZ** s. m. Sorte de lunettes sans branches.

* **PINCER** v. a. (lat. *pinsere*). Presser, serrer la superficie de la peau entre les doigts ou autrement : *pincer quelqu'un fortement.* — PINCER QUELQU'UN, le reprendre, le blâmer, lui reprocher quelque chose avec raillerie : *il l'a pincé rudement, doucement, adroitement.* — Absol. C'est un homme *qui pince finement.* — Serrer fortement avec une pince ou autres instruments semblables : *pincez bien cette barre de fer avec vos tenailles.* — PINCER QUELQU'UN, saisir quelqu'un, le surprendre, s'emparer de lui au moment où il commet quelque faute, où il fait quelque mal : *si je le pince, tu ne m'échapperas pas.* — SE FAIRE PINCER, ÊTRE PINCÉ, être puni de quelque imprudence ou d'une faite : *il a voulu jouer gros jeu, il s'est fait pincer, il a été pincé.* — Causer de la douleur, faire une sensation vive et désagréable : *le coup de fouet a pincé ce cheval.* — Mus. Faire vibrer les cordes d'un instrument en les pinçant avec les doigts : *il a pincé tout ce passage sur son violon, au lieu de le jouer avec l'archet.* Lorsqu'il s'agit d'instruments dont on ne joue que de cette manière, il est ordinairement neutre : *pincer de la harpe, de la guitare.* — Agric. Couper avec le bout des doigts ou avec l'ongle les bourgeons ou l'extrémité des jeunes branches d'un arbre à fruit, pour empêcher qu'il ne pousse trop : *pincer les petits bourgeons d'un arbre.* — Manège. Approcher l'éperon du flanc du cheval, sans donner de coup ni appuyer : *pincer du droit, du gauche.* — Mar. PINCER LE VENT, aller au plus près du vent.

PINCERAIS (Le), *Pinciacensis pagus,* petit pays de l'ancienne France, dont la ville principale était Poissy.

* **PINCE-SANS-RIRE** s. m. Homme malin et sournois.

PINCETER v. a. Épiler avec une pincette.

* **PINCETTE** s. f., et plus ordinairement **Pincettes**, au pl. Ustensile de fer à deux branches égales, dont on se sert pour accommoder le feu : *une paire de pincettes.* — Instrument de fer dont on se sert pour s'arracher le poil : *il se fait la barbe avec la pincette.* — BAISER QUELQU'UN A LA PINCETTE, le baiser en lui prenant doucement les deux joues avec le bout des doigts. C'est une des caresses auxquelles on accoutume les enfants : *baisez-moi à la pincette.* — ON NE LE TOUCHERAIT PAS AVEC DES PINCETTES, se dit d'un objet fort sale, d'un homme fort malpropre. — Arts ou Mét. Petits instruments de fer à deux branches, dont on se sert pour prendre ou pour placer certains objets qu'on ne pourrait ni prendre ni placer facilement avec les doigts.

PINCHBECK s. m. (du nom de l'inventeur). Alliage de zinc et de cuivre, qui consiste à peu près en une partie du premier pour trois parties du second, et que l'on employa pour imiter l'er dans les boîtiers de montre. L'inventeur mourut en 1823.

* **PINCHINA** s. m. Étoffe de laine, espèce de gros drap : *un habit de pinchina.*

* **PINÇON** s. m. Marque qui reste sur la peau, lorsqu'on a été pincé : *je me suis fait un pinçon en fermant cette porte.* — Maréchal. Rebord mince, élevé à la pince d'un fer, surtout à celle des fers de derrière, pour mieux les assurer, ou pour garantir la corne.

PINÇON ou Pinzon, famille de navigateurs espagnols, du port de Palos de Moguer, en Andalousie, dont trois membres furent intimement associés à Colomb dans la découverte de l'Amérique. — I. (Martin-Alonso), le chef de la famille à l'époque, aida Colomb dans ses préparatifs pour son premier voyage, et commanda la *Pinta*. Plus tard, pendant qu'on s'attardait à chercher l'île imaginaire de Babeque, il abandonna Colomb (fin nov. 1492), et alla à sa recherche pour son compte. Il s'arrêta à un cours d'eau d'Hispaniola (Haïti) appelé aujourd'hui Porto Caballo, et désigné pendant longtemps sous le nom de rivière de Martin Alonso. Il rejoignit Colomb en janv. 1493. En revenant, ils furent de nouveau séparés par une tempête, et Pinzon fut jeté dans le port de Bayonne. Il arriva à Palos le même jour que l'amiral, reçut défense de paraître à la cour, et mourut peu après. — II. (Vicente-Yañez), qui avait commandé la *Niña* dans la première expédition de Colomb, fréta quatre caravelles, et le 13 nov. 1499, mit à la voile et quitta Palos en se dirigeant vers le S.-O. Il franchit la ligne, et, le 28 janv. 1500, découvrit le cap Saint-Augustin. Pinzon fut ainsi le premier Européen qui traversa l'Equateur dans l'océan occidental, et celui qui, le premier, découvrit le Brésil. Il prit formellement possession du pays pour la couronne de Castille, et, vers la fin de juin, atteignit Hispaniola. Il revint à Palos vers la fin de sept., après une désastreuse traversée. En 1506, et de nouveau en 1508, il fit, avec Juan Diaz de Solis, des voyages pour trouver un passage de l'Atlantique à un océan méridional, et il découvrit le Yucatan. — III. (Francisco-Martin), le troisième frère fit partie de l'expédition de Colomb, comme pilote du vaisseau de Martin Alonso, la *Pinta*. — Charles-Quint donna le rang de hidalgos aux membres de la famille Pinçon.

PINDARE, le plus grand poète lyrique grec, né à Cynocéphale, près de Thèbes, vers 520 av. J.-C., mort à Thèbes vers 440. Sa famille était une des plus nobles de Thèbes. Il acquit de bonne heure une grande réputation, et les différents états grecs de même que les tyrans des colonies, dans les occasions importantes, s'adressaient à lui pour écrire des chants choraux. Les poèmes de Pindare comprenaient des *Epinicia* ou odes triomphales, des hymnes aux dieux, des péans, des dithyrambes, des odes pour processions, des chants de vierge, des chants pour les danses des mimes, des chansons à boire, des *dirges* et des *eucomia* ou panégyriques de chefs d'Etat. Les seuls poèmes qui nous soient parvenus en leur entier sont les *Epinicia*, qui se divisent en quatre livres, correspondant aux quatre grands jeux publics de la Grèce. Les principales éditions de Pindare sont celles de Heyne (Gœttingue, 1798, 3 vol. in-8°); de Bœckh (Leipzig, 1811-'21, 3 vol. in-4°); de Dissen (Gotha, 1830, 2 vol. in-8°). Pindare a été traduit en prose française par Muzac (1823), par Colin (1841), par Poyard (1853) et en vers par Fresse-Montval (1851).

* PINDARIQUE adj. (de *Pindare*, n. pr.). Qui est dans la manière de Pindare : *ode pindarique*. — UN POÈTE PINDARIQUE, un poète qui écrit à la manière de Pindare.

* PINDARISER v. n. Parler ou écrire avec affectation, avec emphase, se servir de termes recherchés, *ampoulés : cet homme ne parle pas naturellement, il veut toujours pindariser*. (Fam.)

* PINDARISEUR s. m. Celui qui pindarise: *un sot pindariseur*. (Fam.)

PINDARISME s. m. Imitation du genre de Pindare; style d'un lyrique emphatique.

* PINDE s. m. (de *Pinde*, montagne de Grèce, qui était consacrée à Apollon et aux Muses). S'emploie, fig., dans plusieurs phrases poétiques. LES NOURRISSONS, LES HABITANTS DU PINDE, les poètes. LES MAITRES, LES HÉROS DU PINDE, les grands poètes. LES LAURIERS DU PINDE, la gloire qu'on acquiert en cultivant la poésie. LES DÉESSES DU PINDE, les Muses.

PINDE (*Pindos, Pindus*), nom donné par les anciens géographes à une chaîne de montagnes de la Grèce septentrionale. Une portion, le Pinde proprement dit (2,200 m. de haut), séparait la Thessalie de l'Epire. Le terme Pinde est également employé dans la géographie moderne.

PINDEMONTE [pinn-dé-monn'-té]. I. (Ippolito), poète italien, né à Vérone en 1753, mort en 1828. Ses ouvrages principaux sont: *Prose e poesie campestri* (1795); *Arminio*, tragédie (1804); *Sermoni* (1805), satires sur les vices du temps; et *Elogi di Litterati* (1825-'26), vol. de biographies littéraires. — II. (Giovanni) son frère aîné (né en 1751, mort en 1812), a écrit beaucoup d'œuvres dramatiques, parmi lesquelles I *Baccanali*, et il a traduit *Remedia Amoris* d'Ovide.

* PINÉALE adj. f. (du lat. *pinea*, pomme de pin). Anat. N'est usité que dans cette expression, GLANDE PINÉALE, petit corps ovale qui se trouve à peu près au milieu du cerveau, et qui a quelque ressemblance avec une pomme de pin.

* PINEAU s. m. Espèce de raisin noir qui passe pour faire le meilleur vin de Bourgogne. — Cépage charentais dont les raisins servent à la fabrication d'une liqueur connue sous le nom de *pineau*.

PINEL (Philippe), médecin français, né au château de Rascas, commune de Saint-André (Tarn), le 20 avril 1745, mort à Paris le 25 oct. 1826. En 1785, il prit la direction d'un asile particulier pour les aliénés, à Paris, et substitua avec succès un traitement doux et humain aux cruautés qui étaient alors pratiquées presque partout. En 1791, il obtint un prix pour son essai sur le traitement de la folie, et en 1792, il fut nommé médecin de Bicêtre, institution qu'il réorganisa. Il y fit des cures remarquables, et sa méthode a été adoptée dans tous les pays civilisés. En 1795, il fut envoyé à la Salpêtrière, institution du même genre pour les femmes. Ses écrits sur les maladies de l'esprit ont donné la première impulsion vigoureuse à l'étude vraiment scientifique de la folie. Il acquit, en outre, presque autant de célébrité par son ouvrage sur la classification des maladies (*La nosographie philosophique*, 1798).

PINEY-LUXEMBOURG, ch.-l. de cant., arr. et à 25 kil. N.-E. de Troyes (Aube); 1,800 hab. Corderies, tuileries. Ancien duché-pairie érigé en 1581 en faveur de François de Luxembourg.

* PINGOUIN ou Pinguin s. m. [pain-gouain] (lat. *pinguis*). Ornith. Grand genre de palmipèdes plongeurs, comprenant des oiseaux à bec très comprimé et à pieds entièrement palmés sans pouce. Ce genre se compose des deux espèces *macareux* (voy. ce mot) et pingouin proprement dit. Les oiseaux de ce dernier groupe ont le bec allongé en forme de lame de couteau; leurs ailes sont trop petites pour leur per-

Grand pingouin (Alca impennis).

mettre de voler; aussi se tiennent-ils constamment en mer et ne viennent-ils sur la côte que pour y faire leur nid, dans lequel ils déposent un œuf unique, d'une grosseur démesurée. Ils couvent, en nombre quelquefois immense, dans les cavernes du bord de la mer ou dans les crevasses des rochers. Les jeunes sont nourris de ce que dégorgent leurs parents; ces derniers vivent de petits poissons, de crustacés et d'autres animaux marins, qu'ils prennent en plongeant, opération dans laquelle ils sont assistés matériellement par leurs ailes autant que par leurs pattes. L'espèce la plus répandue est le *pingouin commun* (*alca torda*), gros comme un canard, noir dessus, blanc dessous, avec un bec terminé en pointe recourbée. Il habite les mers du Nord et vient souvent nicher sur les côtes de Normandie. Le *grand pingouin* (*alca impennis*), presque aussi gros qu'une oie, vit habituellement sur les glaces flottantes du cercle polaire arctique.

* PINGRE s. m. Avare: *c'est un pingre*. (Pop.) — Adjectiv. *Cet homme est pingre*.

PINGRÉ (Alexandre-Gui), astronome français, né à Paris le 4 sept. 1711, mort le 1er mai 1796. Il a publié l'*Etat du Ciel*, calendrier nautique d'une grande valeur (1754-'57). Après avoir vérifié la table des éclipses modernes de La Caille, dans l'*Art de vérifier les dates*, il calcula les phénomènes analogues qui ont eu lieu pendant les dix siècles qui précèdent notre ère. Il fit des voyages scientifiques, 1760-'76, et publia *Cométographie, ou traité historique des comètes* (1783, 2 vol. in-4°), etc.

PINGUÉDINE s. f. [-gué-] (rad. lat. *pinguedo*, graisse). Agric. Maladie à laquelle les racines du figuier sont sujettes et qui les fait tellement grossir que l'arbre meurt bientôt.

PINGUICOLE adj. [-gui-] (lat. *pinguis*, gras; *colo*, j'habite). Zool. Qui vit dans la graisse.

PINGUIFOLIÉ, ÉE adj. (lat. *pinguis*, gras; *folium*, feuille). Bot. Qui a les feuilles épaisses et charnues.

PINICOLE adj. (lat. *pinus*, pin; *colo*, j'habite). Hist. nat. Qui vit sur les pins ou les sapins.

PINIÈRE s. f. Terrain planté de pins; bois de pins.

PINIFÈRE adj. (lat. *pinus*, pin; *fero*, je porte). Qui produit des pins.

PINIFOLIÉ adj. (lat. *pinus*, pin; *folium*, feuille). Dont les feuilles ressemblent à celles du pin.

PINIPICRINE s. f. (lat. *pinus*, pin; fr. *picrine*). Substance amère découverte dans les diverses parties du sapin d'Ecosse.

PINIQUE adj. Que l'on tire du pin. — ACIDE PINIQUE, résine non cristallisable extraite de la colophane.

PINNATIPÈDE adj. [pinn-na-] (lat. *penna*, aile; *pes, pedis*, pied). Ornith. Qui a les doigts des pieds bordés de chaque côté par une membrane découpée en festons.

PINNE s. f. Voy. PINNE MARINE.

* PINNÉE adj. f. (lat. *penna*, plume). Bot. N'est usité que dans cette expression, FEUILLE PINNÉE, feuille composée de plusieurs folioles rangées des deux côtés d'un pétiole commun : *les feuilles de la plupart des légumineuses sont pinnées*.

* PINNE MARINE s. f. Genre de mollusques acéphales testacés, voisin des moules et comprenant des espèces de grands coquillages dont les deux valves, en forme d'éventail, sont soudées vers leur sommet, et qui s'attachent aux rochers au moyen d'une touffe de filets soyeux, dont on peut faire des tissus : *drap de pinne marine*. — L'espèce prin-

cipale est le *jambonneau hérissé (pinna nobilis)*, de l'Océan et de la Méditerranée.

PINNIFÈRE adj. [pinn-ni] (lat. *pinna*, nageoire; *fero*, je porte). Qui est muni de nageoires.

PINNIFORME adj. (lat. *pinna*, nageoire; fr. *forme*). Qui a la forme d'une nageoire.

PINNIPÈDE adj. (lat. *pinna*, nageoire; *pes, pedis*, pied). Qui a les pieds en forme de nageoires.

PINNOTÈRE s. m. [pinn-no] (gr. *pinnothères*). Crust. Genre de décapodes brachyures comprenant plusieurs espèces de crustacés qui habitent les mers d'Europe et d'Amérique.

* **PINNULE** s. f. [pinn-nu-le] (lat. *pinnula*). Petite plaque de cuivre, élevée perpendiculairement à chaque extrémité d'une alidade, et percée d'une petit trou ou d'une petite fente pour laisser passer les rayons lumineux ou les rayons visuels : *graphomètre à pinnule*. — Bot. Petite foliole, dans les feuilles composées.

PINOLS, ch.-l. de cant., arr. et à 39 kil. S. de Brioude (Haute-Loire); 600 hab.

* **PINQUE** s. f. (angl. *pink*). Mar. Espèce de flûte; bâtiment de charge, qui est rond à l'arrière.

PINS (Îles des) (esp., *isla de Pinos*). I, île dans la mer Caraïbe, à 55 kil. au large de l'extrémité S.-O. de Cuba, à laquelle elle appartient; long., 68 kil.; larg. maximum, 55 kil.; 2,000 hab. environ. Une chaîne de montagnes, haute de plus de 1,600 pieds, la traverse. Productions : argent, vif-argent, fer, soufre, cristal de roche, beau marbre de différentes couleurs. Le centre de l'île est quelque peu marécageux; mais ailleurs le sol est fertile. L'île est une station fréquentée des malades. — II. (*Kunié* des indigènes), dépendance de la Nouvelle-Calédonie, dont elle est séparée par un bras de mer de 40 kil. et s'étendant au S. de cette île; 19 kil. de circonférence. Sa population est évaluée à 800 hab. environ. Depuis 1872, on y envoie des condamnés. La plus grande partie de l'île forme un plateau desséché et stérile, sauf sur une assez large zone de terre fertile qui s'étend le long du littoral. Le plateau est dominé par le pic Niga qui s'élève brusquement à une hauteur de 266 m. et qui forme un point de repère remarquable. Le climat de l'île des Pins est beaucoup plus doux que celui de la Nouvelle-Calédonie. L'air y est pur et sec, la pluie fréquente, mais de peu de durée; les orages y sont à peu près inconnus. L'île n'a que deux mouillages assez mauvais : celui de Gadji au N., et celui de Vao dans le S. L'île des Pins, dont le P. Goujon prit possession le 15 août 1848, est devenue le centre des établissements des missionnaires. Le cannibalisme y a disparu.

* **PINSON** s. m. (bas lat. *pincio*). Ornith. Genre de fringillidées, voisin des moineaux, et caractérisé par un bec conique, droit, long, un peu moins bombé que celui des moineaux, plus fort et plus long que celui des linottes, et comprenant plusieurs espèces d'oiseaux gais, confiants, et dont le chant est varié. — Prov. ÊTRE GAI COMME UN PINSON, COMME PINSON, être fort gai. — ENCYCL. Le *pinson ordinaire (fringilla cœlebs)* est un oiseau bien connu dans nos campagnes. Il est brun en dessus, d'un roux vineux en dessous chez le mâle, avec deux bandes blanches sur l'aile et du blanc aux côtés de la queue. C'est un habitant permanent de nos jardins et de nos vergers, où il niche sur les arbres. Son nid

de mousse est garni à l'intérieur de duvet, de crin, etc. La femelle y dépose 4 ou 5 œufs d'un blanc bleuâtre tacheté de rouge brique. Le pinson est familier, gracieux, vif, facile à apprivoiser. Il égaye nos jardins par son chant retentissant, qu'il répète à satiété. Il se nourrit d'insectes, de chenilles, etc., qu'il cherche sur les arbres. A défaut de cette nourriture, il descend à terre pour y ramasser des graines; son vol est saccadé. En capti-

Pinson ordinaire (Fringilla cœlebs).

vité, il s'approprie assez facilement le chant des autres oiseaux. On le nourrit de millet, de chènevis, etc., auxquels on ajoute quelques insectes. — Le *pinson des Ardennes* ou *pinson de montagne (fringilla monti fringilla)*, un peu plus gros que le précédent, habite les Alpes, les Pyrénées, et quelquefois les plaines. Il niche dans les rochers et se nourrit des graines des arbres verts. (Voy. FRINGILLE.) — Le *pinson de neige* ou *niverolle (fringilla nivalis)* est un peu plus long; il recherche les neiges et les glaces.

* **PINTADE** s. f. (esp. *pintada*). Oiseau gallinacé dont la tête est munie d'une sorte de casque de corne, et dont le plumage gris bleuâtre est semé de taches blanches plus ou moins arrondies : *il a des pintades dans sa basse-cour*. — Les pintades sont particulières à l'Afrique où elles fréquentent les bois, les bords des rivières, en troupes de 200 à 300 individus, qui se dispersent à la recherche de leur nourriture : graines, sauterelles, fourmis et autres insectes. Au moindre signe de danger, elles essayent d'échapper par la course beaucoup plus que par le vol. Leurs œufs, très nombreux, sont déposés dans un nid qu'elles font dans les fourrées. La *pintade commune* ou *méléagride (numida meleagris)*,

Pintade commune (Numida meleagris).

gris), appelée aussi *poule de Guinée*, a le plumage ardoisé, couvert partout de taches rondes et blanches qui lui donnent un aspect singulier. Suivant les Grecs, ces taches étaient formées par les larmes des sœurs de Méléagre répandirent à la nouvelle de sa mort; et d'après la Fable, Diane changea ces jeunes femmes en oiseaux dont le plumage porte l'empreinte de leurs larmes. La pintade est un peu plus grosse que la poule. Son naturel criard et querelleur rend son séjour incommode auprès des habitations et dans les basses-cours; c'est surtout un oiseau de parc. Un mâle suffit à 10 ou 12 femelles.

La ponte est de 13 à 25 œufs rougeâtres que la femelle dépose dans un lieu écarté : haies, buissons, etc. Il faut donc la surveiller pour lui enlever ses œufs; on la met couver dans un local isolé, mais comme elle est mauvaise couveuse, on confie ordinairement ses œufs à une poule ou à une dinde. L'incubation est de 28 à 30 jours. Les petits naissent faibles et ne peuvent supporter le moindre froid ni la moindre humidité. On les nourrit d'abord d'œufs durs mêlés d'œufs de fourmis séchés au four. On y mêle plus tard des orties hachées avec du son, etc. Cet oiseau a une chair blanche et délicate qui rappelle le goût du faisan. — La *pintade huppée (numida cristata)* porte une huppe de plumes noires frisées; son plumage noir est marqué de taches bleues. Elle vient du cap de Bonne-Espérance et de la Guyane. La *pintade mitrée (numida mitrata)* porte un casque conique; son plumage est noir avec des taches blanches. On la trouve à Madagascar et dans la Cafrerie.

PINTADEAU s. m. Ornith. Jeune pintade.

PINTADINE s. f. Moll. Genre d'acéphales, à coquille bivalve, voisin des avicules, et dont l'espèce type s'appelle moule perlière ou avicule mère perle.

* **PINTE** s. f. Mesure dont on se servait pour mesurer le vin et autres liqueurs en détail, et qui était de différente grandeur selon les différents lieux ; *la pinte de Paris contenait un peu moins que le litre*. — Quantité de liqueur contenue dans une pinte : *tirer pinte*. — Prov. JE VOUDRAIS QU'IL M'EN EUT COUTÉ UNE PINTE DE MON SANG, ET QUE CELA FUT ARRIVÉ ou QUE CELA NE FUT PAS ARRIVÉ, se dit pour marquer un extrême désir ou un extrême chagrin de quelque chose. — IL N'Y A QUE LA PREMIÈRE PINTE QUI COUTE, dans chaque affaire, il n'y a que le commencement qui donne de la peine.

* **PINTER** v. n. Faire débauche de vin : *c'est un homme qui ne fait que pinter*. (Pop.)

PINTO (Mendez) [pinn-to]. Voy. MENDEZ PINTO.

PINTO DE FONSECA. Voy. CHAVES *(marquis de)*.

PINTURICCHIO [pinn-tou-rik'-kio] (Bernardino BETTI), peintre italien, né à Pérouse en 1454, mort en 1513. Ses études et ses travaux sont intimement liés à ceux du Pérugin. Parmi ses productions les plus fameuses, on cite la *Découverte de la Vraie Croix*, dans une chapelle de l'église d'Ara Cœli à Rome, et dix fresques, dans la cathédrale de Sienne.

PINZON Voy. PINÇON.

PIOBERT (Guillaume), savant, né à la Guillotière (Lyon) en 1793, mort à Paris en 1871. Au sortir de l'Ecole polytechnique (1815), il servit dans l'artillerie, devint professeur à l'Ecole d'application de Metz, se livra à des recherches sur la balistique, entra à l'Académie des sciences en 1840, et fut nommé général de division en 1852. Il fit d'inutiles représentations au gouvernement impérial relativement à l'infériorité de notre armement. Il a publié plusieurs mémoires dans le *Recueil de l'Académie des sciences* et a laissé un *Cours d'artillerie* (in-fol.), un *Traité d'artillerie théorique et pratique* (Paris, 1838, 2 vol. in-8°; 3° éd. 1859-'60), etc.

PIOCHAGE s. m. Action de piocher.

* **PIOCHE** s. f. (rad. *pieu*). Outil de fer à manche de bois, dont les terrassiers, les carriers et les maçons se servent pour remuer la terre, tirer des pierres, démolir, saper, etc. : *travailler avec la pioche*.

* **PIOCHER** v. a. Fouir, remuer avec une pioche : *piocher une vigne*. — v. n. Il faut

piocher en cet endroit. — Fig. Travailler avec ardeur, avec assiduité : *j'ai bien pioché aujourd'hui.*

* **PIOCHEUR** s. m. Celui qui manie la pioche. — Fig. Un travailleur opiniâtre : *cet écolier est un piocheur.*

* **PIOLER** v. n. Voy. PIAULER.

* **PIOLLE** s. f. Argot. Maison, chambre.

PIOMBINO [piomm-bi'-no], ville d'Italie (Toscane), séparée d'Elbe par le détroit de Piombino; 2,755 hab. Elle est bâtie sur la presqu'île qui abrite le petit port de Porto-Vecchio, et est défendue par des fortifications. C'était autrefois la capitale de la principauté de Piombino (360 kil. carr.; 25,000 hab. environ), qui changea de mains fréquemment. La sœur de Napoléon, Elisa, était princesse de Lucques et Piombino.

PIOMBO (FRA Sebastiano del) [piomm-bo], peintre italien, dont le nom de famille était Luciano, né à Venise en 1485, mort en 1547. Sa *Résurrection de Lazare*, à laquelle, dit-on, Michel-Ange collabora par ses conseils sinon par ses dessins, était destinée à rivaliser avec la *Transfiguration*, de Raphaël. Il excellait surtout dans le portrait. Clément VII le nomma garde des sceaux des États pontificaux, de là son nom de Piombo, qui signifie plomb.

* **PION** s. m. (lat. *pedo, pedonis*, fantassin). La plus petite pièce du jeu des échecs : *il y a huit pions de chaque côté au jeu des échecs.* — DAMER LE PION A QUELQU'UN, l'emporter sur lui une une supériorité marquée.

* **PION** s. m. Sobriquet donné par les écoliers à leurs maîtres d'étude, à leurs surveillants.

PIONCER v. n. Argot. Dormir.

PIONNAGE s. m. Jeu. Action de pionner. — Travail du pionnier.

* **PIONNER** v n. Jeu des échecs. Se dit d'un joueur qui s'attache à prendre beaucoup de pions, qui prend souvent les pions : *il aime à pionner.*

* **PIONNIER** s. m. Travailleur dont on se sert dans une armée pour aplanir les chemins, pour creuser des lignes et des tranchées, et pour remuer la terre dans différentes occasions : *avoir de bons pionniers.* — Défricheur de contrées incultes. — Fig. Travailleur assidu, qui met en avant et poursuit une idée : *les pionniers du progrès.*

PIONSAT, ch.-l. de cant., arr. et à 50 kil. N.-O. de Riom (Puy-de-Dôme); 900 hab.

PIORRY. I. (Pierre-François), conventionnel, né à Poitiers en 1761, mort à Liège en 1840. Son département l'envoya à la *Législative*, puis à la Convention, où il vota avec les membres les plus avancés. Il fut arrêté après la chute de Robespierre, puis amnistié et devint conseiller à la cour d'appel de Liège. — II. (Pierre-Adolphe), célèbre médecin, fils du précédent, né à Poitiers en 1794, mort en mai 1879. Il fut d'abord aide-chirurgien dans l'armée française en Espagne; soutint sa thèse de docteur en 1816; à Paris et se fixa dans cette ville, où il devint médecin des principaux hôpitaux et professeur à la Faculté de médecine, de 1827 à 1866. Son *Traité sur la percussion immédiate* (1828) expose son invention d'un nouveau mode de percussion avec une plaque d'ivoire ou de métal. Ses œuvres comprennent *Traité de médecine pratique et de pathologie iatrique ou médicale* (1841-'54, 9 vol.), et *La Médecine du bon sens* (2e éd. 1867).

* **PIOT** s. m. Vin : *c'est un homme qui aime le piot.* (Pop.)

PIOTRKOW [piotr'-kov]. I. gouvernement de la Pologne russe, sur les frontières de la Silésie prussienne, arrosé par la Pilica et la Warta; 12,249 kil. carr.; 682,495 hab. Pays plat et sol sablonneux. — II, capitale de ce gouvernement, à 125 kil. S.-O. de Varsovie; 16,949 hab. C'est une des plus anciennes villes polonaises. Le tribunal suprême de la Grande Pologne y siégea pour la première fois en 1578

PIOUPIOU s. m. Jarg. Jeune fantassin.

PIOZZI (Hester-Lynch) [piott'-si[, femme auteur anglaise, née en 1740, morte en 1821. Elle était fille de John Salusbury, et épousa en 1763 un riche brasseur nommé Thrale. Le Dr Johnson fut un commensal de la famille de 1766 à 1781, époque où M. Thrale mourut. En 1784, elle épousa un professeur de musique italien, nommé Gabriel Piozzi. Elle lui survécut, et, dans les dernières années de sa vie, s'attacha à l'acteur William A. Comvay, à qui elle adressa des lettres d'amour. (*Love Letters*) qui furent publiées en 1843. Ses œuvres comprennent : *Anecdotes of Dr Samuel Johnson during the last Twenty Years of his Life* (1786); *Letters to and from Dr Samuel Johnson* (1788, 2 vol.); *Observations and Reflections made in the course of a journey through France, Italy and Germany* (1789, 2 vol.); *British Synonymy* (1794, 2 vol.), et *Retrospection*, croquis historique des derniers 1800 ans (1801, 2 vol. in-4°). Son poème le plus connu est intitulé *The Three Warnings*. A. Hayward a publié son autobiographie et ses œuvres posthumes (1861, 2 vol.).

PIPA s. m. (de *pipal*, nom vulgaire de cet animal à la Guyane). Espèce de grenouille de la Guyane, beaucoup plus grosse que notre grenouille commune, avec le corps d'un brun noirâtre. Le pipa (*rana pipa*) est un hideux animal particulièrement intéressant pour le naturaliste, en raison de la manière dont les jeunes éclosent dans des cellules du dos maternel et y accomplissent leurs métamorphoses. Plusieurs savants se sont creusé la tête pour deviner comment les œufs peuvent venir dans ces cellules, qui n'ont aucune communication avec l'intérieur du corps. On pense qu'ils y sont placés par le mâle, après avoir été pondus par la femelle.

PIPABLE adj. Qui peut être pipé, trompé.

* **PIPE** s. f. Grande futaille pour mettre du vin ou d'autres liqueurs, et qui contient un muid et demi : *une pipe de vin, de cidre.* On dit dans quelques pays, UNE PIPE DE CHAUX, UNE PIPE DE BLÉ.

* **PIPE**. f. (bas lat. *pipa*, tuyau). Petit tuyau de terre cuite, d'écume, de bois, de pierre, ou d'autre matière, dont un des bouts est recourbé et terminé par une espèce de petit vase qu'on appelle fourneau, et dans lequel on met du tabac en feuille, ou quelque autre substance, qu'on allume pour en aspirer la fumée : *remplir sa pipe de tabac.* — ALLUMER SA PIPE, allumer le tabac qui est dans le fourneau de la pipe. — FUMER UNE PIPE, prendre en fumée autant de tabac qu'il en peut tenir dans une pipe : *il fume sa pipe tous les matins.* — CASSER SA PIPE, mourir. — ENCYCL. L'Angleterre a des fabriques de pipes de terre à tuyau mince, d'une longueur variant entre 15 à 35 centim. ou même davantage. L'argile dont on se sert est d'une variété particulière, blanche et adhésive. On en fabrique aussi beaucoup en Hollande; celles de France sont d'une qualité supérieure. Il est certain que, sur le continent américain, la pipe était en usage dès les temps les plus reculés. On rencontre dans les anciens *tumuli* de l'O., des pipes curieusement sculptées dans la pierre et affectant des formes bizarres, souvent semblables aux différents animaux du pays. Sur la crête de la ligne de faîte qui sépare le Saint-Pierre (*Saint-Peter's*) et le Missouri, appelé le côteau des Prairies, et sous la latitude des chutes de Saint-Antoine,

les Indiens exploitent depuis longtemps une variété particulière de stéatite ou pierre à savon rouge, dont sont faites toutes les pipes en pierre rouge de cette région. La matière la plus belle employée aujourd'hui par les fourneaux de pipe est l'écume de mer. (Voy. MAGNÉSITE.) On en taille aussi dans les racines de la bruyère, et dans d'autres racines, et en Allemagne, on en brise de paille qu'on enduit ou brise de porcelaine. Les pipes les plus travaillées sont celles des Asiatiques, spécialement celles des Persans et des Turcs.

* **PIPEAU** s. m. Flûte champêtre, chalumeau : *danser au son du pipeau, des pipeaux.* Ne s'emploie guère qu'en poésie. — Chasse. Petit bâton ayant à l'un de ses bouts une fente où l'on met une feuille de laurier ou de quelque autre plante, et qui sert à contrefaire le cri de différents oiseaux. — Petites branches, ou brins de paille qu'on enduit de glu pour prendre les oiseaux : *disposer des pipeaux.* — Fig. et fam. Petits artifices par lesquels une personne rusée cherche à tromper : *j'ai évité ses pipeaux.*

* **PIPÉE** s. f. Sorte de chasse dans laquelle on contrefait le cri de la chouette, pour attirer les oiseaux dans un arbre dont les branches sont remplies de gluaux où ils se prennent : *prendre des oiseaux à la pipée.* — FAIRE UNE PIPÉE, préparer tout ce qui est nécessaire pour la chasse dont il s'agit.

* **PIPELET** s. m. Portier, concierge (du nom d'un portier ridicule des *Mystères de Paris*, d'Eugène Sue).

* **PIPER** v. a. Prendre à la pipée : *piper des oiseaux.* — Fig. et fam. Tromper : *ils l'ont pipé au jeu, et lui ont gagné tout son argent.* — PIPER DES DÉS, préparer des dés afin de tromper au jeu.

PIPER v. n. Fumer.

PIPERACÉ, ÉE adj. (rad. lat. *piper*, poivre). Bot. Qui ressemble ou se rapporte au poivrier. — s. f. pl. Famille de plantes dicotylédones dialypétales hypogynes, voisine des urticées et comprenant des herbes vivaces ou des arbrisseaux des régions intertropicales. Principaux genres : poivrier, cubèbe, etc.

PIPÉRIDINE s. f. Chim. Base volatile qui provient du dédoublement de la pipérine par les alcalis.

* **PIPERIE** s. f. Tromperie au jeu : *il faut qu'il y ait de la piperie.* — Toute sorte de tromperie, de fourberie : *il n'y a que piperie dans le monde.* (Vieux.) — Mar. Grand panier d'un tissu assez serré pour être imperméable, dont les flibustiers se servaient en guise de canot, pour redescendre le cours des rivières.

PIPÉRINE s. f. Alcaloïde résineux découvert dans le poivre noir, qui lui doit en partie ses propriétés actives.

PIPÉRIQUE adj. Chim. Se dit d'un acide qui provient d'un dédoublement de la pipérine.

PIPETTE s. f. Petite pipe.

* **PIPEUR** s. m. Celui qui pipe au jeu : *c'est un grand pipeur.* — Celui qui trompe de quelque manière que ce soit : *avec ses belles promesses, ce n'est qu'un pipeur.* Dans ce sens, on emploie quelquefois le féminin PIPEUSE, qui est familier et PIPERESSE, qui est d'un style plus relevé. On l'emploie aussi adjectiv. dans ce sens.

PIPI s. m. Urine.

PIPIER s. m. Fabricant de pipes.

PIPOT s. m. Jarg. Elève de l'école polytechnique.

PIPRIAC, ch.-l. de canton., arr. et à 23 kil. N.-N.-E. de Redon (Ille-et-Vilaine); 3,000 hab.

PIQUA [pik'-oua], ville de l'Ohio, sur le Grand Miami et le canal du Miami, à 130 kil. N.-E. de Cincinnati ; 5,967 hab. Carrosserie, instruments agricoles, filatures de laine, fonderies.

PIQUAGE s. m. Action de piquer. — Vol au piquage, vol qui consiste à percer des fûts de vin ou d'alcool et de soustraire une partie de leur contenu pendant qu'on les transporte à domicile.

PIQUANT, ANTE adj. Qui pique : *les branches des rosiers sont piquantes*. — Qui fait une impression vive sur l'organe du goût : *du vin piquant*. On dit, fig., Le sel piquant de ses bons mots. — Se dit également de la température, quand elle est très froide : *une bise extrêmement piquante*. — Fig. Offensant ; se dit principalement des discours : *ils se sont dit des mots piquants, des paroles piquantes*. — Se dit aussi, fig., dans une acception différente, de toute ce qui fait une impression vive et agréable sur l'esprit, sur les sens ; et, particulièrement, des discours, des écrits et des ouvrages d'art qui plaisent par quelque chose de fin et de vif : *nous eûmes un spectacle très piquant*. — Se dit, dans une acception analogue, des personnes qui plaisent par la vivacité et par l'agrément de leur physionomie plus que par la régularité de leurs traits : *cet enfant a une petite mine fort piquante*.

> ....m'attendais à ce parfait dédain.
> Il ne lui sied pas mal, et ce dépit soudain
> Donne un air plus piquant à toute sa personne.
> Collin d'Harleville. *L'Inconstant*, acte III, sc. III.

— Substantiv. *Le piquant de l'aventure.*

*PIQUANT s. m. Pointe qui vient à certaines plantes, à certains arbrisseaux : *ces chardons sont pleins de piquants*

*PIQUE s. f. (rad. pic). Sorte d'arme formée d'un long bois, dont le bout est garni d'un fer plat et pointu : *pique de bois de frêne*. — Demi-pique, pique plus courte de moitié que les piques ordinaires : *il n'avait qu'une demi-pique*. — Vous en êtes à cent piques, se dit à une personne qui, voulant deviner quelque chose, est très éloignée de la vérité. — Être à cent piques au-dessus, au-dessous de quelqu'un, de quelque chose, lui être fort supérieur, fort inférieur : *ce poème est à cent piques au-dessus des autres*. — Soldat qui portait la pique dans un régiment : *faire défiler les piques*.

*PIQUE s. m. Jeu de cartes. Une des quatre couleurs des cartes : *il a écarté tout le pique, tout son pique*. — Voilà bien rentrer de piques noires, se dit en parlant d'une personne qui rentre mal à propos dans un sujet, dans une conversation, par des choses qui n'ont aucun rapport avec celles dont on parle. Dans cette phrase, qui a vieilli, Pique est féminin.

*PIQUE s. f. Brouillerie, aigreur entre deux ou plusieurs personnes : *il a fait cela par pique*. — Il est en pique avec son voisin, il est en mauvaise intelligence avec lui. (Fam.)

*PIQUÉ s. m. Espèce d'étoffe de coton formée de deux tissus, l'un fin, l'autre plus gros, qui sont appliqués l'un sur l'autre et unis par des points rangés ordinairement en losange : *un piqué de Marseille*.

*PIQUÉ, ÉE part. passé de Piquer. — Fâché, irrité : *il parle en homme piqué*. — Mus. Notes piquées, se dit d'une suite de notes sur chacune desquelles on met un point ou un accent aigu, pour indiquer qu'elles doivent être rendues d'une manière égale par des coups de gosier, de langue ou d'archet secs et détachés. — N'être pas piqué des vers, avoir une grande valeur ou une grande intensité.

*PIQUE-ASSIETTE s. m. Parasite. (Fam.)

PIQUE-BŒUF s. m. Charretier qui conduit, qui aiguillonne les bœufs. — pl. *Des pique-bœufs*. — Genre de passereaux conirostres,

dont le bec cylindrique se renfle avant son extrémité et se termine en pointe mousse, au moyen de laquelle ces oiseaux compriment la peau des ruminants pour en faire sortir les larves de taons et d'œstres qui leur servent de nourriture. Le *pique-bœuf d'Afrique* (buphaga Africana) est de la grosseur d'une petite grive.

PIQUE-BOIS s. m. Ornith. Nom vulgaire du pic noir.

*PIQUE-NIQUE s. m. Repas où chacun paye son écot : *nous avons fait plusieurs pique-niques le mois dernier*. — A pique-nique, en pique-nique. loc adv. : *faire un repas à pique-nique*.

PIQUEPOUX s. m. Jarg. Paris. Tailleur.

*PIQUER v. a. (rad. pic). Percer, entamer légèrement avec quelque chose de fort pointu : *une épingle l'a piqué*. — Piquer un papier, y faire de petits trous. — Se dit aussi des serpents, de la vermine, des insectes qui mordent, qui entament la peau : *les puces l'ont piqué toute la nuit*. — Quelle mouche le pique, l'a piqué ? se dit d'un homme qui se fâche, qui s'est fâché sans sujet. — Se dit également des insectes qui entament le bois, les étoffes : *les teignes, les vers ont piqué cet habit*. — Se dit aussi d'un chirurgien qui, avec sa lancette, entame la peau pour ouvrir la veine et en tirer du sang : *le chirurgien l'a piqué deux fois avant de lui tirer du sang*. — Piquer l'artère, le nerf, etc., blesser l'artère, le nerf, etc., en ouvrant ou croyant ouvrir la veine. — Maréchal. Piquer un cheval, lui faire entrer la pointe du clou jusqu'à la chair vive, en le ferrant. — Man. Piquer un cheval, et absol., Piquer, donner des éperons à un cheval, et le pousser au galop : *il piqua son cheval, qui partit au galop*. — Ce cavalier pique bien, il pousse vigoureusement son cheval au galop. — Piquer des deux, faire sentir les deux éperons à un cheval, afin d'accélérer sa marche. — Piquer des deux, aller très vite, faire beaucoup de diligence : *il faudra piquer des deux, si vous voulez arriver*. — Piquer la mazette, monter un mauvais cheval. — Chasse. Piquer dans le fort, pousser son cheval au galop dans le fort du bois. — Faire avec du fil ou de la soie, sur deux ou plusieurs étoffes mises l'une sur l'autre, des points qui les traversent et qui les unissent : *piquer une courte-pointe*. — Piquer un collet d'habit, des poignets de chemise, etc., y faire des points et arrière-points symétriques pour les orner. — Piquer du taffetas, du tabis, y faire de petits trous par compartiments. — Piquer une pierre, un moellon, une meule, etc., les rendre raboteux, en y faisant de petits enfoncements avec le côté pointu du marteau. — Piquer de la viande, la larder avec de petits lardons, et près à près : *piquer des perdreaux*. — Piquer de gros lard, un morceau de bœuf, un levraut, etc., les larder avec de gros lardons. — Jeu de billard. Piquer la bille, la toucher presque perpendiculairement avec la queue. — Piquer une tête, s'élancer dans l'eau la tête la première. — Piquer le coffre, piquer le tabouret, attendre dans les antichambres du roi, des princes, etc. Il n'est plus usité. — Piquer l'escabelle, se dit des jeunes gens qui travaillent dans les études des notaires ou des avoués. (Peu us.) — Piquer les tables, les assiettes, et plus ordinairement, Piquer l'assiette, courir après les dîners en ville. — Piquer les absents, dans un chapitre, dans un bureau, dans un atelier, etc., marquer ceux qui sont absents, afin qu'ils soient privés de la rétribution due à ceux qui sont présents : *on l'a piqué quatre fois ce mois-ci*. — Piquer des ouvriers, veiller à ce qu'ils soient présents, à ce qu'ils ne perdent pas leur temps, et fassent bien leur ouvrage. — Se dit aussi des choses qui affectent le goût de telle sorte que la langue semble en être piquée : *ce vin pique la langue*

agréablement, désagréablement. On dit que ne poisson pique, lorsqu'il affecte désagréablement la langue, parce qu'il n'est plus frais : *voilà de l'alose qui commence à piquer*. — Se dit, fig. et au sens moral, des choses qui font une impression vive et agréable : *il n'y a rien dans cet ouvrage, dans ce style, qui pique et qui réveille*. — Piquer la curiosité de quelqu'un, rendre plus vif le désir qu'il a de savoir quelque chose. — Fâcher, irriter, mettre en colère : *ce discours l'a piqué au vif*. — Piquer quelqu'un d'honneur, lui persuader qu'il y va de son honneur de faire ou de ne pas faire quelque chose. — Se piquer v. pr. Se sentir offensé, prendre en mauvaise part : *c'est un homme qui se pique du moindre mot qu'on lui dit.*

> Ce n'est pas que je me pique
> De tous vos festins de roi.
> La Fontaine. *Le Rat de ville et le Rat des champs.*

— Se glorifier de quelque chose, en faire vanité, en tirer avantage, en faire profession : *il se pique de bien écrire, de bien parler, etc.* — Se piquer d'honneur, montrer dans quelque occasion plus de courage, plus de générosité, etc., qu'on a coutume d'en faire paraître. — Se piquer au jeu, ou simpl., Se piquer, s'opiniâtrer à jouer malgré la perte : *quand il se pique, il est capable de hasarder tout son bien*. — Fig. et fam. Se piquer au jeu, être piqué au jeu, se dit d'une personne qui veut venir à bout de quelque chose ; malgré les obstacles qu'elle y trouve. — Ce bois se pique, ces étoffes se piquent, les vers s'y mettent. Ce papier imprimé se pique, il commence à se gâter, faute d'avoir été étendu et séché. Ce vin, cette boisson se pique, ce vin, cette boisson commence à s'aigrir.

*PIQUET s. m. Petit pieu qu'on fiche en terre pour tendre et arrêter les cordages des tentes, des pavillons : *les piquets d'une tente*. — Guerre. Planter le piquet, camper. Lever le piquet, décamper. — Aller planter le piquet chez quelqu'un, s'aller établir chez quelqu'un pour quelque temps. — Pieu plus grand et plus fort, dont on se sert à la guerre pour mettre des chevaux à l'attache, par le moyen des cordes qui y tiennent : *mettre, tenir des chevaux au piquet*. — Être droit comme un piquet, se tenir droit, d'une manière raide et affectée. Être planté comme un piquet, se tenir debout et immobile : *que faites-vous là planté comme un piquet ?* — Guerre. Un certain nombre de cavaliers ou de fantassins qui se tiennent prêts à marcher au premier ordre : *cette compagnie est de piquet*. — Sorte de punition militaire qui consistait à passer deux heures debout, un pied sur un piquet. — Bâton, perche qu'on plante en terre d'espace en espace, pour prendre un alignement : *planter des piquets.*

*PIQUET s. m. Jeu fort connu qu'on joue avec trente-deux cartes : *tous les soirs il fait son piquet*. — Un jeu de piquet, les cartes qui servent au piquet, par opposition à cartes entières. Un sixain de piquet, un paquet de six jeux de cartes propres au piquet.

PIQUETAGE s. m. Action ou manière de planter des piquets.

*PIQUETTE s. f. Boisson que l'on fait avec de l'eau mise dans un tonneau où il y a du marc du raisin, quelquefois des prunelles, etc. — Par ext. Mauvais vin, vin sans qualité, sans force, sans saveur : *il ne nous a donné que de la piquette.*

*PIQUEUR s. m. Vén. Homme de cheval, dont la fonction est de suivre et de diriger une meute de chiens : *il a une bonne meute et un bon piqueur*. — Man. Domestique chargé de monter les chevaux pour les dresser, pour les exercer, ou pour les mettre sur la montre. — Homme qui a soin de tenir le rôle des maçons, des tailleurs de pierre, manœuvres et autres ouvriers, de marquer quand ils sont absents, et de surveiller leurs travaux. — Se dit également, dans les chapitres, de celui qui tient note des chanoines absents. — Cuis. Celui qui larde les viandes. — Fig. et fam. UN PIQUEUR DE TABLES, UN PIQUEUR D'ASSIETTES, un parasite.

* **PIQUEUSE, EUSE** s. Ouvrier, ouvrière qui pique diverses parties des chaussures : *piqueuses de bottines.*

PIQUICHIN s. m. Soldat des troupesmercenaires au XIII° siècle.

* **PIQUIER** s. m. Soldat armé d'une pique : *il y avait autrefois des piquiers dans l'infanterie.*

PIQUOIR s. m. Aiguille emmanchée dont on se sert pour piquer un dessin.

* **PIQÛRE** s. f. Petite blessure que fait une chose ou un animal qui pique : *piqûre d'épingle.* — Quelque légère que soit une piqûre, il est rare qu'elle n'ouvre pas quelque vaisseau sanguin. Il peut arriver que la pointe de l'instrument piquant se casse et reste engagée dans le fond de la plaie, ce qui peut donner lieu à des accidents inflammatoires suivis de suppuration. On voit souvent des corps aigus voyager dans les tissus et venir faire saillie sous la peau ou s'égarer dans les profondeurs des organes où ils produisent de graves désordres. Les piqûres aux doigts causent parfois des panaris ; celle d'un nerf peut être suivie d'accidents convulsifs ou inflammatoires. — Les piqûres vénimeuses faites par les aiguillons de certains hyménoptères ne sont pas sans danger. Après un accident de ce genre, il est prudent de couvrir la partie atteinte d'un linge imbibé d'eau fraîche alcalisée. Certaines piqûres de mouches deviennent extrêmement dangereuses lorsque ces insectes ont séjourné dans des matières charbonneuses. — Chir. PIQURE DU NERF, DE L'ARTÈRE, DE L'APONÉVROSE, etc., blessure faite avec la lancette à quelqu'une de ces parties. — Blessure que le maréchal fait quelquefois, par maladresse, au pied d'un cheval qu'il ferre, en enfonçant un clou jusqu'au vif. — Trou que font les insectes dans les fruits, le bois, les étoffes, le papier, etc. : *cette boiserie, cette robe est pleine de piqûres.* — Se dit encore des rangs de points et arrière-points qui se font symétriquement, soit pour unir deux plusieurs étoffes mises l'une sur l'autre, soit pour orner certaines parties d'un vêtement : *la piqûre de ce collet d'habit, de ces poignets de chemise est fort bien faite.* — Ornement que l'on fait sur du taffetas, sur du tabis, en les perçant symétriquement avec de petits fers : *la piqûre de ce taffetas est fort belle.*

PIRANESI (Giovanni-Battista) [pi-ra-nè-zi], graveur italien, né en 1720, mort en 1778. Ses œuvres les plus célèbres se rapportent aux antiquités, aux édifices publics et aux rues de Rome. Son fils, Francesco, a publié à Paris une collection complète des planches de son père, comprenant près de 2,000 sujets (nouv. éd., 1836, 29 vol. in-fol.).

* **PIRATE** s. m. (gr. *peiratês*, aventurier). Écumeur de mer, celui qui n'a de commission d'aucune puissance, et qui court les mers pour voler, pour piller : *il tomba entre les mains des pirates.* — Corsaires de quelques nations barbaresques, qui ont commission de leur gouvernement pour écumer les mers : *les pirates de Tripoli, de Salé, de Maroc.* — Par ext. Tout homme qui s'enrichit avec impudence aux dépens des autres, qui commet des exactions criantes : *c'est un pirate, un vrai pirate.*

* **PIRATER** v. n. Faire le métier de pirate : *il y a longtemps qu'il pirate sur ces mers.*

* **PIRATERIE** s. f. Métier de pirate : *exercer la piraterie.* — Actes de piraterie : *les*

corsaires infestaient les mers par des pirateries continuelles. — Par ext. Exactions dont on se rend coupable dans quelque place, dans quelque emploi : *ce gouverneur a fait d'énormes pirateries.*

PIRAULT DES CHAUMES (Jean-Baptiste-Vincent), poète, né à Paris en 1767, mort à Nanterre en 1838. Il a traduit en vers *l'Art d'aimer* sous le titre de *Art de plaire* ; il a traduit aussi le *Remède d'amour* (Paris, 1818, in-12) ; les *Amours d'Ovide* ; a donné des *Fables nouvelles* (Paris, 1819, in-18) des *Contes* en vers (Bruxelles, 1829-in-12), etc.

* **PIRE** adj. compar. (lat. *pejor*). De plus mauvaise, de plus méchante qualité dans son espèce ; plus dommageable, plus nuisible : *ce vin-là est encore pire que le premier.* — LA DERNIÈRE FAUTE SERA PIRE QUE LA PREMIÈRE, elle aura des suites, des conséquences plus fâcheuses. — LE REMÈDE EST PIRE QUE LE MAL, se dit en parlant d'un remède qui paraît très désagréable, ou dangereux, ou nuisible. Se dit aussi, fig., IL N'Y A PIRE EAU QUE L'EAU QUI DORT, des gens sournois et taciturnes sont ceux dont il faut le plus se défier.

Mais il n'est, comme on dit, *pire eau que l'eau qui dort.*
Tartuffe, acte I, sc. 1re.

— S'emploie quelquefois comme superlatif, et alors il est toujours précédé de l'article : *c'est le pire de tous.*

La *pire* énormité rencontre des apôtres.
Ponsard. *Charlotte Corday*, acte IV, sc. IV.

— s. m. Ce qui est de plus mauvais : *dans les arts d'agrément, il n'y a point de degrés du médiocre au pire.* — AVOIR DU PIRE DANS UNE AFFAIRE, y avoir du désavantage. Cette phrase a vieilli.

PIRÉE (Le) (gr. *Peiraieus*), ville de Grèce, sur la presqu'île du même nom, à 5 kil. O.-S.-O. d'Athènes ; 11,047 hab. Des trois anciens ports d'Athènes, le Pirée seul a toujours gardé son ancien usage. La ville moderne s'est élevée depuis 1834. Le port reçoit annuellement 700 vaisseaux environ. Le chemin de fer du Pyrée à Athènes a été le premier chemin de fer construit en Grèce (1869). — Thémistocle remplaça Phalère par le Pirée et entoura la presqu'île d'une ligne de fortifications. Plus tard elle fut reliée à Athènes par les fameux longs murs ; mais Sylla détruisit les fortifications et les arsenaux.

PIRIFORME adj. (lat. *pirus*, poirier ; fr. *forme*). Qui a la forme d'une poire.

PIRITHOÜS. Myth. gr. Fils de Jupiter et de Dia, roi des Lapithes (Thessalie), époux d'Hippodamie ou Deidamie et ami de Thésée. Les centaures ayant essayé d'enlever sa jeune femme pendant les fêtes nuptiales, il les combattit avec Thésée et emmena ensuite ce dernier aux enfers pour enlever Proserpine ; mais Pluton le condamna au supplice de la roue.

PIRMASENS [pir'-ma-zennss], ville de la Bavière rhénane, à 20 kil. E.-S.-E. de Deux-Ponts ; 10,439 hab. Grande exportation de chaussures ; l'industrie y est active. Les Prussiens y ont remporté une victoire sur les Français commandés par Moreau, le 14 septembre 1793.

PIRNA, ville de Saxe, sur l'Elbe, à 10 kil. S.-E. de Dresde ; 10,581 hab. Elle possède un célèbre asile d'aliénés. Après une longue période de décadence, le commerce y est redevenu actif, surtout pour le grès de Pirna.

* **PIROGUE** s. f. (esp. *piragua*). Bateau fait quelquefois d'un seul arbre creusé, et dont se servent les sauvages.

* **PIROLE** s. f. Plante de la famille des bruyères, qui pousse cinq ou six feuilles à peu près semblables à celles du poirier, d'où lui vient son nom.

PIRON. I. (Alexis), poète, né à Dijon le 9 juillet 1689, mort à Paris le 21 janvier 1773. Il était fils d'un apothicaire, Aimé Piron, et, dès son tout jeune âge, il laissa deviner l'auteur de ces saillies et de ces spirituelles réparties qui assurent à elles seules suffi pour faire passer son nom à la postérité. Un jour, pour éviter une juste réprimande, il se sauva dans un escalier et franchit rapidement quatre marches. Arrivé là, il se redressa et dit : « Une fois les quatre degrés franchis, il n'y a plus rien à reprendre, vous devez savoir cela, mon père, vous qui êtes apothicaire. » A vingt ans, il se rendit à Paris où il mena une existence précaire. En 1722, il donna *Arlequin Deucalion*, qui eut un immense succès ; en 1728, *l'Ecole des Pères* ; en 1730, *Callisthène* ; en 1733, *Gustave Wasa* ; en 1738, son chef-d'œuvre, la *Métromanie*, comédie d'un admirable effet. En dehors de cette pièce, peu des tragédies de Piron réussirent, bien qu'il se regardât comme l'égal de Voltaire, lequel ne laissait pas échapper une occasion de le punir de sa présomption. Piron était un esprit brillant ; en 1753, il fut élu à l'Académie, mais le roi refusa d'approuver cette nomination à cause d'une ode licencieuse dont il était l'auteur ; il lui donna cependant une pension. — Sa femme, MARIE-THÉRÈSE QUENAUDON, connue aussi sous le nom de Mlle de Bar (1688-1751), devint folle en 1745. — II. **(Bernard)**, poète, neveu du précédent, né à Dijon en 1718, mort dans la même ville en 1842. Il hérita de l'esprit de son oncle, mais il n'a laissé aucune œuvre durable. Il chanta tour à tour Louis XVI, la République et Napoléon.

* **PIROUETTE** s. f. Sorte de jouet composé d'un petit morceau de bois plat et rond, traversé dans le milieu par un petit pivot sur lequel on le fait tourner avec les doigts : *faire tourner une pirouette.* — Tour entier qu'on fait de tout le corps, en se tenant sur la pointe d'un seul pied : *faire une pirouette, des pirouettes.* — IL A RÉPONDU PAR DES PIROUETTES, se dit d'un homme qui, au lieu de profiter d'un discours sérieux, s'est mis à plaisanter. IL PAYE SES CRÉANCIERS EN PIROUETTES, se dit d'un homme qui échappe à ses créanciers par des subterfuges. — Espèce de volte que fait le cheval sur sa longueur, dans une seule et même place : *la pirouette n'est plus en usage.*

* **PIROUETTER** v. n. Faire une ou plusieurs pirouettes : *ce danseur pirouette bien.* — Faire rapidement un mouvement circulaire, et, dans ce sens, se dit des choses comme des personnes : *il saisit son adversaire et le fit pirouetter.* — ON L'A FAIT PIROUETTER D'UNE RUDE MANIÈRE, se dit en parlant d'un homme qu'on a poursuivi, et obligé de courir çà et là pour s'échapper. IL N'A FAIT QUE PIROUETTER PENDANT DEUX HEURES, se dit d'un homme qui, en parlant, n'a fait que répéter les mêmes idées, et tourner sans cesse comme dans un cercle.

* **PIRRHONIEN, IENNE** adj. Voy. PYRRHONIEN.

* **PIRRHONISME** s. m. Voy. PYRRHONISME.

* **PIS** adv. compar. [pi] (lat. *pejus*). Plus mal, plus désavantageusement, d'une manière plus fâcheuse : *ils sont pis que jamais ensemble.* TANT PIS. (Voy. TANT.) — Adj. compar. : *il n'y a rien de pis que cela.* — QUI PIS EST, ce qu'il y a de pire, de plus fâcheux, de plus fâcheux : *elle est laide, et qui pis est méchante.* — Substantiv. Ce qu'il y a de pire : *le pis qui puisse arriver.* — FAIRE DU PIS QU'ON PEUT, s'appliquer de grands efforts à faire mal ce que l'on fait : *il semble que vous preniez plaisir à faire toutes choses du pis que vous pouvez.* — Faire à quelqu'un tout le mal qu'on peut, lui nuire en tout ce qu'on peut : *il n'a qu'à faire du pis qu'il pourra, je ne le crains point.* — METTRE QUELQU'UN AU PIS, AU

PIS FAIRE, A PIS FAIRE, le défier de faire tout le mal qu'il a le pouvoir ou l'intention de faire. METTRE QUELQU'UN A PIS FAIRE, le défier de faire plus mal qu'il n'a déjà fait. — PRENDRE, METTRE LES CHOSES AU PIS, les envisager dans le pire état où elles puissent être, et en supposant tout ce qui peut arriver de plus fâcheux. — Au pis aller loc. adv. En supposant les choses au pire état où elles puissent être : au pis aller, nous y vivrons de ce que nous y trouverons. — PIS ALLER, s'emploie aussi substantiv. C'EST VOTRE PIS ALLER, c'est le pis qui vous puisse arriver. ETRE LE PIS ALLER DE QUELQU'UN, être la personne à qui il s'adresse pour quelque chose que ce soit, lorsqu'il n'a pas trouvé ou autre personne de qui il pût l'obtenir : je ne veux pas être son pis aller. — De mal en pis, de pis en pis loc. adv. De mal ou de plus mal en plus mal : ses affaires vont de mal en pis, de pis en pis.

* PIS s. m. La mamelle d'une vache, d'une chèvre, d'une brebis, etc. : le pis d'une vache.

PISAN, ANE s. et adj. De Pise; qui appartient à cette ville ou à ses habitants.

PISANO. I. (Nicola), sculpteur italien, né à Pise vers 1200, mort vers 1278. Il inaugura la période de la Renaissance dans la statuaire italienne. Parmi ses œuvres les plus célèbres sont l'urne de marbre de saint Dominique à Bologne, qu'il ne finit pas complètement, la chaire du baptistère de Pise, et une autre chaire, encore plus belle, pour la cathédrale de Sienne. Ses œuvres architecturales comprennent la magnifique basilique de Saint-Antoine (il Santo) à Padoue (terminée en 1407) et le campanile de l'église de San Nicola à Pise. — II. (Giovanni), fils du précédent, architecte, né vers 1240, mort en 1320. Il se rendit célèbre en faisant les plans du Campo Santo de Pise, et du Castel Nuovo, à Naples, lequel servit de modèle à la Bastille de Paris. Comme sculpteur, il est inférieur à son père. Un autre Giovanni Pisano fut le collaborateur de Donatello. — III. (Andrea). (Voy. ANDREA PISANO.)

PISCATAQUA [piss-katt'-à-koua], cours d'eau entre le New Hampshire et le Maine, appelé d'abord rivière des Chutes du Saumon (Salmon Falls river), et qui prend quelquefois le nom de Newichawannoc depuis les chutes inférieures de Berwick (Berwick Lower Falls), jusqu'à la jonction du Cocheco. Portsmouth est à 5 kil. au-dessus de son embouchure, laquelle forme un port que les glaces n'obstruent jamais.

PISCATOIRE adj. [piss-ka-toua-re] (lat. piscatorius; de piscator, pêcheur). Qui appartient à la pêche ou aux pêcheurs.

PISCICOLE adj. [piss-si-] (lat. piscis, poisson; colo, je cultive). Qui élève les poissons, qui a rapport à la pisciculture.

* PISCICULTURE s. f. [piss-si-kul-tu-re] (lat. piscis, poisson; fr. culture). Art de faire éclore artificiellement les poissons, de les multiplier, de les élever. — » Dans un sens beaucoup plus étendu, propagation et élevage du poisson et de tous les animaux aquatiques qui servent à la nourriture de l'homme : poissons, mollusques, etc. — De temps immémorial, les Chinois pratiquent cette industrie si utile; leur système consiste à chercher le frai, à s'en emparer, à le mettre dans des cuves dont on change l'eau plusieurs fois par jour, à nourrir l'alevin avec des jaunes d'œufs cuits et écrasés, et à le répandre dans les cours d'eau et dans les canaux, quand il est en état de se suffire, au bout de quelques mois. Les Chinois connaissent aussi le procédé de ponte artificielle. Leur habileté est si grande que leurs rivières restent toujours poissonneuses, malgré l'innombrable quantité de personnes qui se

livrent à la pêche. Tel est le bas prix du poisson, sur les marchés de Chine, que pour quelques menues pièces de monnaie valant à peine dix ou douze de nos centimes, on peut en acheter assez pour le déjeuner de toute une famille. En Italie, la culture de l'anguille, du mulet, du carrelet, etc., forme une branche d'industrie très importante dans les lagunes de Venise, à Comacchio et en plusieurs autres lieux. — On pense que la fécondation artificielle des œufs de poisson a été découverte au xive siècle par le Français dom Pinchon, moine à l'abbaye de Réome, qui a laissé des notes sur la manière dont il opérait. Sur des fonds de canaux de bois fermés aux deux extrémités par des grillages d'osier très serrés, il déposait du sable fin, dans lequel il creusait des trous pour y mettre des œufs de truite fécondés. Mais ce procédé ne reçut pas de suite les développements dont il était susceptible. Vers le milieu du siècle dernier, un savant allemand, Jacobi, avait trouvé le moyen de remédier au dépeuplement des fleuves et des rivières. Dans un mémoire qu'il publia en 1758, Jacobi raconte comment il fut conduit à cette découverte. On savait de son temps, que les truites et les saumons, quand vient l'époque de la ponte, remontent les ruisseaux où une eau limpide coule sur un fond de gravier et y choisissent une place où ils s'arrêtent, écartent les pierres avec leur tête et leur queue et les rangent de manière à former des espèces de digues qui puissent faire obstacle à la rapidité du courant et dans les interstices desquelles leur progéniture soit à l'abri. C'est là que la femelle dépose ses œufs et que le mâle les féconde en répandant sa laitance, après des mouvements désordonnés qui agitent l'eau. Les expériences de Jacobi réussirent pleinement; les premières applications pratiques eurent lieu près de Nortelem (Hanovre). Un nouvel essai fut fait en 1837 en Ecosse. Enfin en 1842, deux pêcheurs des Vosges, Joseph Rémy et Géhin retrouvèrent les procédés de Jacobi. Pour eux, ce fut une véritable découverte, car ils ignoraient les travaux de leurs devanciers. Dès 1848, M. de Quatrefages annonçait qu'il était possible de semer le poisson comme on sème du grain. En même temps, J.-J.-C. Coste, professeur au collège de France, étudiait les opérations de Rémy et Géhin, et par ses travaux et ses publications créait, en quelque sorte, l'industrie moderne de la culture du poisson. — « Dans le Moniteur (7 août 1853), Coste jette les bases sur lesquelles sont appelés à bâtir tous les pisciculteurs de l'avenir. Quelques mois plus tard paraissaient les Instructions pratiques sur la pisciculture, travail complet et méthodique dont s'inspirèrent tous ceux qui suivaient ce précieux filon. Cet ouvrage fut immédiatement traduit dans toutes les langues. Dans la publication du Manufactor of Salmon, parle célèbre Astworth, un légitime hommage est rendu à l'ouvrage de notre grand professeur. En France, le génie national est inventif, mais c'est l'étranger qui profite de nos découvertes, jusqu'à ce que, attiré par le bruit de la renommée, le Français reconnaisse son bien et le réclame. Des établissements particuliers se fondèrent à Enghien, à Nemours, chez le duc de Noailles. Sur divers points du pays, 25 piscifactures donnent 200,000 truites et saumons. Le département de Seine-et-Oise en compte 5 à lui seul; on le vit figurer avec honneur dans les concours, les congrès agricoles et les expositions : Orléans, 1853; les Andelys, Niort, Arras, exposition du Champ-de-Mars. Des sociétés se forment pour l'exploitation du bassin d'Arcachon. — A l'étranger, la pisciculture a également son histoire. L'honneur d'avoir récompensé les efforts de Jacobi revient à la Grande-Bretagne, en 1753. Vers 1790, sir John Graham

Doyel fit construire à Edimbourg le premier aquarium. Les tentatives de John Shaw et de Andrew Yung sur le grossissement des poissons furent publiées en 1840. Mais ce n'est qu'à partir de 1852 que les frères Astworth achetèrent les pêcheries de Galway et que Cooper parvint au succès de Ballysadare. Des barrages à poissons, employés, diton, dès 1834, sur le Teith, en Ecosse, sont construits à Galway, d'accord avec les usiniers. On voit figurer ces ingénieuses échelles à l'exposition de Dublin en 1852 et à celle de Paris en 1855. — L'Italie nous offre son Comacchio, dans les lagunes de l'Adriatique, où la pisciculture marine se développe tout à son aise, et les pêcheries de Tresa, entre les lacs de Lugano et Maggiore. — La Russie en 1859 est venue tardivement à la science des poissons; mais depuis elle a marché à grands pas. Des établissements ont été créés à Nikolsky, à Sawalki, Stockfors, Ortorfs et Newland. Le premier donne 10 millions d'œufs; et 600,000 alevins y sont élevés jusqu'à un an. L'initiative privée a produit les magnifiques saumonières de M. Zemern, près Saint-Pétersbourg. — L'Amérique, délivrée de la guerre de sécession, se remit à l'étude de cette grande question piscicole ouverte par les travaux des Agassiz, Mather de New-York, Green, Spencer, Baird et surtout Stone. Les frayères du Cheenock produisent, à 1,200 m. d'altitude, à 1,700 kil. du Pacifique, des quantités énormes d'alevins du saumon californien. — La Hollande, la Belgique, la Suisse, la Suède et la Norvège possèdent des établissements qui donnent les résultats les plus avantageux. — Enfin l'Allemagne, qui a eu son Golstein, et qui nous a donné, dans son exposition piscicole de 1880, comme un inventaire de l'industrie du poisson, a pris, dans cette question un grand essor. » (A. Nicolle, Journal de l'agriculture, 1881.) — La France est le pays où l'on a su le mieux appliquer les principes établis par Coste. Un des disciples de ce savant, M. Chabot-Karlen, ancien régisseur de l'établissement d'Huningue, a publié un Calendrier du pisciculteur dans lequel il débarrasse la pisciculture pratique de tout l'attirail dont elle a été entourée. Les tamis, les boîtes trouées et ensablées, les auges émaillées et grillées, appareils indispensables dans un laboratoire, sont trop compliqués dès qu'il s'agit de pisciculture naturelle. Le ruisseau encaillouté, une imitation de la frayère naturelle, voilà ce qui réussit le mieux sans faire de grandes dépenses. Les œufs fécondés des poissons peuvent y être déposés, à raison de 5,000 par mètre carré; il faut seulement fermer avec les rigoles afin d'empêcher les rats, les oiseaux, les poissons carnassiers d'exercer leurs ravages : des barrières placées en amont suffisent généralement. C'est d'après ce système qu'a été créé, dans la Grande-Bretagne, le célèbre établissement des frères Astworth, à Stormonthield. — L'établissement d'Huningue, créé en 1852 sous le patronage du gouvernement français, appartient aujourd'hui aux Allemands, qui l'ont agrandi et lui ont donné une grande importance. — Il résulte d'une enquête faite en 1881 que tous les cours d'eau sont appauvris, particulièrement ceux qui ne sont ni navigables, ni flottables et dont la pêche appartient aux riverains. Le repeuplement s'impose donc. — Les poissons sur lesquels on opère le plus souvent sont la truite, la truite saumonée, le saumon, l'alose, l'ombre-chevalier, etc. On prend la femelle œuvée et on la fait pondre en lui pressant légèrement le ventre; ses œufs tombent dans un vase contenant de l'eau de rivière à + 7° C. jamais à plus de + 12° C. On presse ensuite au-dessus du même vase, le ventre d'un mâle laité, on agite l'eau et on y laisse les œufs pendant 20 minutes ou une demi-heure, pour donner à l'imprégnation le temps de se produire. L'appareil le plus employé aujourd'hui se compose d'une auge divisée en compartiments dans lesquels l'eau coule doucement. Par cette méthode, environ 65 p. 100 des œufs se trouvent fécondés. Un autre procédé, dit de fécondation sèche, est pratiqué depuis quelque temps. Il consiste à exprimer les œufs dans un vase sec et à les mettre en contact avec la laitance avant l'addition de l'eau, ce qui donne une moyenne de 96 œufs fécondés pour 100 pondus. Les œufs fécondés sont déposés dans des frayères artificielles ou dans des auges par lesquelles on fait passer un courant non interrompu d'eau de rivière. La période d'incubation varie, suivant la température, depuis 32 jours, quand l'eau est à + 12°, jusqu'à 165 jours, quand elle n'est qu'à + 3°. Les truites, en naissant, portent un sac ombilical plein d'une substance dont elles se nourrissent par résorption, pendant une période qui varie, suivant la température, depuis 30 jours à + 10°, jusqu'à 77 jours à 3° 1|2. Dès que le sac est absorbé, il faut donner de la nourriture à l'alevin. Le grand avantage de l'élevage artificiel est de mettre les œufs et l'alevin hors de l'atteinte des grenouilles, poissons, insectes et autres destructeurs. Les œufs fécondés de truite peuvent être transportés sans danger aussitôt que l'on y perçoit la formation du fœtus : pour cela, on les mêle à de la mousse humide dans des vases de verre ou d'étain percés de trous, afin de permettre l'introduction de l'air. A une température de + 6° à + 8° C., les œufs peuvent se conserver pendant une quinzaine de jours. L'alevin et le poisson adulte se transportent dans de petits vases, en ayant soin de les changer très souvent d'eau bien oxygénée. — Le frai de saumon exige une plus longue période d'incubation que celui de la truite, à la même température : de 50 à 180 jours. Le sac ombilical nourrit l'alevin pendant environ 6 semaines. Des œufs de saumon ont été conservés dans la glace pendant 90 jours, et ensuite, la moitié sont éclos à l'éclosion. — Le frai d'alose éclot en 72 heures dans de l'eau à + 25° C. et en 7 jours à la température de + 15° C. Le sac ombilical nourrit l'alevin pendant 6 jours. — L'appareil à incubation qui produit les meilleurs résultats est une botte à fond de toile métallique (fil de fer); on attache cette botte sur le bord d'un cours d'eau; on lâche l'alevin dès qu'il est éclos; on peut conserver les œufs dans lesquels on a observé la formation de l'embryon, en les mettant dans de la mousse humide et en les tenant à une basse température; mais il est difficile de les transporter à une grande distance. — BIBLIOGR. Voy. les ouvrages de Coste. Voy. aussi *Les Poissons d'eau douce et la Pisciculture*, par Ph. Gauckler, Paris, Germer-Baillère.

PISCIFORME adj. [piss-si-]. (lat. *piscis*, poisson; fr. *forme*). Qui a la forme d'un poisson.

* **PISCINE** s. f. [piss-si-ne] (lat. *piscina*). Antiq. Vivier, réservoir d'eau où l'on nourrissait du poisson : *on voit encore les restes des piscines de Lucullus*. — PISCINE PROBATIQUE, ou simpl., PISCINE, réservoir d'eau qui était proche le parvis du temple à Jérusalem, et où on lavait les animaux destinés aux sacrifices : *l'ange descendait une fois tous les ans dans la piscine, pour en troubler l'eau*. — Lit. cath. Lieu où l'on jette l'eau qui a servi à nettoyer les vases sacrés, les linges servant à l'autel, et autres choses semblables.

PISCIVORE adj. (lat. *piscis*, poisson; *voro*, je dévore). Qui se nourrit de poissons.

PISE, ancienne ville du Péloponèse, capitale de la Pisatide, district central de l'Élide, près d'Olympie. Elle devint la tête d'une confédération de huit États. La rivalité pour la présidence des jeux Olympiques fut, entre elle et les Éléens, une cause continuelle de guerre; ceux-ci triomphèrent finalement dans la 52e olympiade (572 av. J.-C.), et Pise fut complètement détruite.

PISE. I, province d'Italie (Toscane), sur la Méditerranée ; 3,065 kil. carr.; 270,000 hab. Le principal cours d'eau est l'Arno. Elle contient des plaines fertiles, des marécages et de montagnes. Céréales, huile, vin, fruits et soie. — II, capitale de cette province, sur l'Arno, à 12 kil. de son embouchure, et à 65 kil. O. de Florence; 50,341 hab. Elle est entourée d'une muraille percée de quatre portes et protégée par une citadelle. Plusieurs ponts sont jetés sur l'Arno; l'un d'eux, le *Ponte del Mezzo*, est un des plus beaux de l'Europe. La cathé-

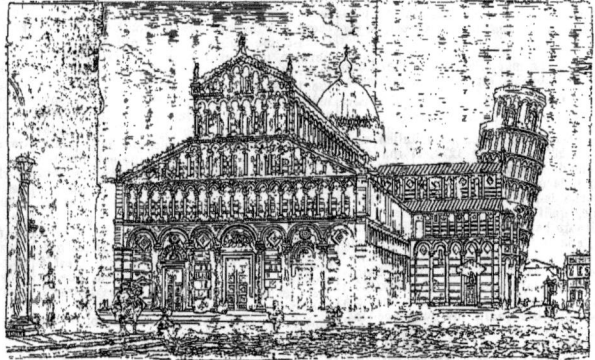

Tour penchée, cathédrale et baptistère de Pise.

drale, le baptistère, la tour penchée (voy. CAMPANILE) et le *Campo Santo* (voy. CIMETIÈRE) sont quatre des plus remarquables édifices du monde: ils sont tous construits en marbre blanc et d'un style analogue. L'université, une des plus fameuses au moyen âge, avait en 1875 près de 400 étudiants. Il y a une académie de beaux-arts, un muséum d'histoire naturelle et un jardin botanique. L'aqueduc qui relie la ville au val d'Asciano a 4 kil. de long, 1,000 arches et 8 réservoirs. Exportation d'huile et de marbre. — Les Étrusques eurent de bonne heure des établissements en cet endroit. Rome en fit une colonie dans le 11e siècle av J.-C. Au 1xe siècle de notre ère, Pise s'était complètement relevée des vicissitudes éprouvées après la chute de l'empire romain, et était devenue une puissante république maritime. Sa gloire atteignit son apogée au x1e siècle, par la conquête de la Sardaigne, de la Corse, de l'île d'Elbe, et plus tard, des îles Baléares et d'autres pays, et par des victoires répétées sur les Sarrasins, dont les Pisans détruisirent la flotte à Palerme, cité qu'ils occupèrent (1063). Mais la guerre désastreuse avec Gênes commença vers le même temps, et le dévouement de Pise aux gibelins amena une ligue de cités guelfes contre elle. En 1284, sous la pernicieuse influence d'Ugolino della Gherardesca, les Pisans furent écrasés par les Génois au large de Meloria, et ils ne tardèrent pas à perdre la Corse et la plupart de leurs autres possessions. Finalement, en 1399, Gherardo Appiano, dont la maison gouvernait depuis 1392, fit soumettre Pise aux Visconti de Milan, qui en 1406 la donnèrent aux Florentins; mais les Pisans ne se rendirent à ceux-ci qu'après un long siège accompagné d'une famine. En 1494, ils regagnèrent leur indépendance sous Simone Orlandi, aidé par Charles VIII de France. Les Florentins mirent de nouveau le siège devant Pise le 31 juillet 1499, et, après

une résistance acharnée, s'en emparèrent le 8 juin 1509; elle fit dès lors partie de la république rivale, et plus tard, du grand-duché de Toscane.

* **PISÉ** s. m. [pi-zé]. Espèce de terre qu'on rend dure et compacte pour en faire des constructions : *mur, maison de pisé*.

PISER v. a. (lat. *pisare*, broyer). Battre la terre entre deux planches pour la rendre plus compacte et propre aux constructions.

PISGAH, montagne de Palestine, à l'E. de l'embouchure du Jourdain. La détermination de son emplacement exact est un problème qui n'est pas encore parfaitement résolu. La Bible l'associe au mont Nébo, du haut duquel Moïse aperçut la Terre promise. Le professeur John-A. Paine, de la société américaine pour l'exploration de la Palestine, identifie le mont Nébo avec Shefa Nebo, qui est le point culminant d'une chaîne, à 7 kil. de Heshbon. A 2 kil. S.-O. de Jebel Nebo se trouve un triple sommet connu sous le nom de Jebel Siaghah, dans la pointe S.-O. duquel il reconnaît le mont Pisgah.

PISIDIE Géogr. anc. Territoire intérieur de l'Asie Mineure, borné par la Phrygie, l'Isaurie, la Cilicie, la Pamphylie et la Lycie. Il devint une province séparée lors de la division de l'empire romain par Constantin le Grand; auparavant, il était compris dans la Phrygie ou dans la Pamphylie. Ses villes principales étaient Antioche, Sagalassus et Selge, cette dernière la plus importante des trois. Les habitants étaient des montagnards qui ne furent jamais soumis ni par les rois syriens ni par les Romains, quoique ces derniers occupassent quelques-unes de leurs principales villes. Ce pays, qui fait partie du vilayet turc de Konieh, est aujourd'hui rarement visité et peu connu.

PISIFORME adj. [pi-zi-] (lat. *pisum*, pois; fr. *forme*). Qui a la forme et le volume d'un pois.

PISISTRATE, tyran d'Athènes, né vers 612 av. J.-C., mort en 527. Il était parent et ami de Solon, et le chef d'un des trois partis qui divisaient le peuple d'Athènes. En 560, il s'empara de l'Acropole, et obligea à la fuite les chefs de ses adversaires. Une coalition le chassa; mais, six ans après, des dissensions s'élevèrent parmi ses ennemis, et Mégaclès, fils d'Alcmæon, lui offrit la souveraineté, à la condition qu'il épouserait sa fille: Il y consentit, et se rendit ainsi maître du gouvernement; mais, comme il ne voulait pas avoir d'enfants d'une femme appartenant à une famille qu'on croyait maudite, les Alcméonides s'unirent de nouveau au parti de Lycurgue et le chassèrent. Dix ans plus tard, il débarqua à Marathon avec des mercenaires et reprit le pouvoir. Son règne semble avoir été doux. Entre autres grands ouvrages, il commença le temple de Jupiter Olympien. Il fit recueillir et écrire les poèmes d'Homère. Il fut, dit-on, le premier qui forma en Grèce une bibliothèque. Il soumit Naxos, et enleva Sigée aux Mytiléniens. Ses fils lui succédèrent. (Voy. HIPPIAS et HIPPARQUE.)

PISON, nom d'une puissante famille romaine dont les membres les plus célèbres furent : I. Lucius CALPURNIUS, nommé tribun du peuple l'an 149 av. J.-C. C'était un adversaire des Gracques. Il rendit la loi *Calpurnia* contre les concussionnaires. — II. Lucius CALPURNIUS, nommé consul (58 av. J.-C.), fit exiler Cicéron. — III. Lucius CALPURNIUS, fils du précédent se regardé comme le père des Pisons auxquels Horace dédia son *Art poétique*. — IV. Cnéius CALPURNIUS, consul sous Auguste. Il fut accusé d'avoir empoisonné Germanicus et se donna la mort (19 av. J.-C.).

PISON DU GALLAND (Alexis-François), constituant, né à Grenoble en 1747, mort en 1826. Aux états généraux, il prêta le serment du Jeu de paume et se montra ensuite fort modéré. Il entra aux Cinq-Cents en 1797.

PISSASPHALTE s. m. [piss-sass-fal-te] (gr. *pissasphaltos*; de *pissa*, poix; *asphaltos*, asphalte]. Bitume mollasse, de couleur neire, et d'une odeur forte et pénétrante.

* PISSAT s. m. Urine. Se dit particulièrement en parlant des animaux : *du pissat de cheval.* — Ne se dit, en parlant de l'homme, que par une espèce de mépris, et quand l'urine est en quelque sorte corrompue : *cela sent le pissat.*

PISSE s. f. Pissat, urine.

PISSE-FROID s. m. Homme flegmatique, qui ne s'émeut pas.

PISSELEU (Anne de). Voy. ETAMPES (*duchesse d'*).

* PISSEMENT s. m. N'est guère usité qu'en médecine et dans les expressions suivantes : PISSEMENT INVOLONTAIRE, écoulement d'urine qui n'est sollicité par aucune sensation irritante. PISSEMENT DE SANG, DE PUS, évacuation de sang, de pus par le canal de l'urèthre.

* PISSENLIT s. m. Enfant qui pisse au lit : *c'est un pissenlit.* (Fam.)

* PISSENLIT s. m. Bot. Genre de composées chicoracées, dont l'espèce commune croît aux lieux herbeux et incultes, et porte

Pissenlit dent-de-lion.

les feuilles à peu près semblables à celles de la chicorée; elles se mangent en salade, quand elles sont jeunes et tendres : *une salade de*

pissenlits. On la nomme aussi DENT-DE-LION. — Le *pissenlit commun* ou *dent-de-lion* (*taraxacum dens-leonis*) est une herbe vivace, acaule, à feuilles oblongues, à fleurs jaunes en capitule, portées par une hampe, remplacées par des fruits dont les aigrettes réunies forment à la maturité un globe léger qui s'envole au moindre souffle. Cette plante se trouve dans tous nos champs et toutes nos prairies; elle possède des propriétés amères, dépuratives et stomachiques. On mange en salade ses jeunes pousses; le jus de ses racines entre dans la composition du sirop de chicorée. Il existe des variétés cultivées qui atteignent une grosseur extraordinaire.

* PISSER v n. Uriner, évacuer l'urine : *un enfant qui pisse au lit.* — Fig. et pop. C'EST JOCRISSE QUI MÈNE LES POULES PISSER, se dit d'un homme qui se mêle des moindres détails du ménage. — v. a. *Pisser le sang tout clair; il pisse du pus.*

* PISSEUR, EUSE s. Celui, celle qui pisse souvent : *c'est un grand pisseur.* — C'EST UNE PISSEUSE, se dit d'une petite fille, par une espèce de dénigrement.

PISSEUX, EUSE adj. Imprégné, sali d'urine. — Qui a l'apparence de l'urine.

PISSEVACHE, célèbre cascade de Suisse, entre les villages de la Barma et de Vernayaz (cant. du Valais). Elle est formée par la petite rivière Sallenche, qui descend des glaciers de la Dent-du-Midi, et qui se jette dans le Rhône d'une hauteur de 70 mètres.

* PISSOIR s. m. Lieu destiné dans quelques endroits publics, pour y aller pisser : *les pissoirs du palais.* — Baquet que l'on place dans quelques endroits pour le même usage : *mettre des pissoirs dans un jardin public.*

PISSOS, ch.-l. de cant., arr. et à 58 kil. N.-O. de Mont-de-Marsan (Landes), sur la Grande Leyre; 900 hab.

PISSOT (Noël-Laurent), littérateur, né à Paris vers 1770, mort en 1815. Il se ruina dans le commerce de la librairie, et écrivit entre autres ouvrages : *Histoire du clergé pendant la Révolution* (1803, 2 vol. in-12); *Le Méa culpa de Napoléon Bonaparte, aveu de ses perfidies et de ses cruautés* (1814, in-8º); *Histoires de plusieurs aventuriers fameux, depuis la plus haute antiquité, jusques et compris Bonaparte* (1814, 2 vol. in-12); *Sièges soutenus par la ville de Paris depuis l'invasion des Romains, jusqu'au 30 mars 1814* (1815, in-8º); *Cérémonial de la cour de France* (1846, in-18); *Véritables prophéties de Michel Nostradamus* (1816, 2 vol. in-12).

* PISSOTER v. n. Uriner très fréquemment et en petite quantité : *il ne fait que pissoter.*

* PISSOTIÈRE s. f. On appelle ainsi, par dénigrement, un jet d'eau ou une fontaine qui jette peu d'eau : *ce n'est qu'une pissotière.* — ⁂ Urinoir public.

* PISTACHE s. f. (lat. *pistacium*). Petite noix de forme oblongue, qui contient une amande verte et d'une saveur agréable, dont les confiseurs font de petites dragées, et que les pharmaciens emploient dans la préparation du looch vert. — PISTACHE DE TERRE, petite plante légumineuse, dont les gousses, qui s'enfoncent dans la terre pour y mûrir, contiennent trois ou quatre graines semblables à des avelines. — ⁂ Jargon. Légère ivresse.

* PISTACHIER s. m. Bot. Genre d'anacardiacées, comprenant plusieurs espèces d'arbrisseaux ou d'arbres résineux, qui habitent, dans l'ancien monde, les régions voisines de la Méditerranée. Le *pistachier cultivé* (*pistacia vera*) est originaire de l'Asie occidentale, et se cultive généralement dans le sud de l'Europe. Il a de 20 à 30 pieds de haut; ses feuilles se composent de 3 ou 5 folioles. Son fruit

est une sorte de drupe sec, de la grosseur et de la forme d'une olive à peu près, dont la partie extérieure est un peu ligneuse et renferme la graine, connue dans le commerce sous le nom de pistache. Ces graines sont irrégulièrement ovales, d'un gris rougeâtre à l'extérieur, et d'un gris brillant à l'intérieur, très agréables au goût. Dans les pays où elles viennent en abondance, on les mange comme une friandise. En Europe, on les glace, c'est-à-dire qu'on les revêt d'une enveloppe de sucre candi. Aux Etats-Unis, elles ne servent qu'aux confiseurs et aux pâtissiers. Il y a encore une autres espèces environ, dont l'une, la *pistacia lentiscus*, donne la résine appelée mastic.

* PISTE s. f. (rad. lat. *pistillus*, broyer). Vestige, trace que laisse l'animal aux endroits où il a marché : *suivre la bête à la piste.* En parlant du cerf, on dit, LA VOIE, et en parlant du sanglier, LA TRACE. — Se dit aussi en parlant de l'homme : *suivre un homme à la piste.* — Man. Se dit des lignes que le cheval qui travaille trace sur le chemin, soit avec son train de devant, soit avec son train de derrière, soit avec tous les deux à la fois : *travailler un cheval sur deux pistes.*

* PISTIL s. m. [piss-til] (lat. *pistillus*, pilon). Bot. Organe femelle de la fructification; il est ordinairement placé au centre de la fleur, et composé de trois parties : l'ovaire, qui contient les rudiments des semences; le style, qui est un filet surmontant l'ovaire; et le stigmate, qui est sommet de ce filet : *quand le pistil manque, la fleur est stérile.* — Le pistil peut se composer d'un carpelle simple ou d'un certain nombre de carpelles, plus ou moins réunis. Le style peut s'élever perpendiculairement quand le pistil est syncarpé, ou obliquement sur le côté des carpelles, quand le pistil est apocarpé ou à carpelles distincts.

Pistils. — 1. Pistil syncarpé de primevère; 2. Section verticale du même; 3. Section horizontale du même; 4. Pistil à carpelles distincts (renoncule âcre).

PISTILLÈRE adj. [piss-til-lè-re]. Bot. Qui a rapport au pistil.

PISTOJA [piss-to-'ia] ou Pistoie (anc. *Pistoria* ou *Pistorium*), ville forte d'Italie (Toscane), sur l'Ombrone, à 33 kil. N.-O. de Florence; 12,966 hab. Beaux palais, et églises remarquables par leur architecture et les œuvres d'art qu'elles renferment. Fer, laine, soie, cuir, et armes à feu. On y travaille une sorte de cristal de roche appelé *diamante di Pistoja*. Au moyen âge, Pitoja était une république indépendante. Vers 1306, elle fut soumise par Florence.

* PISTOLE s. f. Monnaie d'or étrangère : *pistole d'Espagne.* — Prov. LA PISTOLE VOLANTE, pistole qu'on suppose toujours revenir à celui qui l'emploie : *cet homme fait tant de dépense, qu'on dirait qu'il a la pistole volante.* — ETRE COUSU DE PISTOLES, être fort riche. — Valeur de dix francs, en quelque monnaie que ce soit : *j'ai acheté cela une pistole.* — UN SAC DE CENT PISTOLES, un sac de mille francs. — ⁂ Jargon des prisonniers. Chambre où un prisonnier est logé et traité à ses frais : *être à la pistole.*

PISTOLE s. f. (De *Pistoja*, où l'on suppose que cette arme fut inven-ée.) Ancienne arquebuse courte et légère qui est devenue le pistolet.

* PISTOLET s. m. Arme à feu, qui est beaucoup plus courte que toutes les autres, qu'on porte ordinairement à l'arçon de la selle, et

quelquefois à la ceinture, et qui est destinée à être tirée d'une seule main : *tirer un coup de pistolet*. — PISTOLET DE POCHE, très petit pistolet, qu'on porte sur soi, dans sa poche. — S'EN ALLER APRÈS AVOIR TIRÉ SON COUP DE PISTOLET, sortir aussitôt après avoir dit quelque chose de vif, de piquant dans une conversation, dans une dispute. — SI SES YEUX ÉTAIENT DES PISTOLETS, IL LE TUERAIT, se dit en parlant d'un homme qui lance à un autre des regards menaçants. — Phys. PISTOLET DE VOLTA, petite bouteille de métal, dans laquelle on introduit un mélange d'air atmosphérique et de gaz hydrogène, qui, enflammé par l'étincelle électrique, détone et fait sauter le bouchon. — « UN DRÔLE DE PISTOLET, un homme bizarre. — ENCYCL. On donnait, au moyen âge, le nom de pistole à une espèce de poignard qui se fabriquait à Pistoja (Italie). La petite arme à feu à laquelle on donne le nom de ce poignard paraît avoir été employée d'abord en Hollande pendant la guerre contre Philippe II. Dans la dernière partie du XVe siècle, la cavalerie espagnole était munie d'une arme à feu à mèche qui ressemblait un peu au pistolet. Les pistolets furent probablement introduits de Hollande en Angleterre vers le commencement du XVIe siècle. Dans les passages où Strype (1575) et Shakspeare se servent du mot *pistol*, il ne paraît pas signifier autre chose que dague ou poignard. Le pistolet profita des perfectionnements que le temps apporta à la fabrication du mousquet ; en quelques cas, les canons étaient rayés. Dans les armées européennes, son usage resta limité à la cavalerie. En 1584, on inventa une carabine-revolver ; mais, à l'épreuve, elle éclata. En 1607, la cavalerie allemande avait un pistolet à deux coups et à roue. En 1648, Gustave Adolphe introduisit dans son armée les pistolets à roue. Vers 1830, Delvigne fit construire un pistolet rayé, à percussion, et à canon simple. A une distance de 200 m. son tir était plus sûr que celui du fusil français de la même époque. Depuis ce moment, le pistolet s'est transformé et est devenu le revolver. (Voy. ce mot.)

PISTOLETADE s. f. Coups de pistolet.

PISTOLETTER v. a. Tuer à coups de pistolet.

PISTOLIER s. m. Se disait autrefois du soldat armé d'une pistole ou pistolet. — Jargon. Détenu à la pistole.

* **PISTON** s. m. Cylindre de bois, de fer ou de cuivre, qui est ordinairement garni de cuir ou de feutre par le bout, et qui entre dans le corps d'une pompe pour servir à élever l'eau, à la comprimer et à la refouler : *la pompe ne va pas, le piston est rompu*. On dit, dans un sens analogue, LE PISTON D'UNE SERINGUE. — Fusil à piston, fusil dont le chien, fait en forme de marteau, frappe sur un grain de poudre fulminante qui enflamme la charge. — CORNET À PISTON, instrument de musique à vent, dans lequel les intonations sont produites à l'aide de petits corps de pompe dans lesquels jouent des pistons.

PISTONNER v. a. Ennuyer, tourmenter. — Recommander en important les personnes que l'on veut rendre favorables à un protégé.

* **PITANCE** s. f. (rad. lat. *petere*, demander). Portion de pain, de vin, de viande, etc., qu'on donne à chaque repas, dans les communautés : *ils ont tant à chaque repas pour leur pitance*. (Fam.) — Par ext. Substance journalière des personnes qui ne vivent point en communauté : *il a sa pitance assurée*. — ALLER À LA PITANCE, aller acheter les provisions nécessaires pour la subsistance d'un ménage.

PITANCERIE s. f. Lieu d'un couvent où se distribuait la pitance.

PITANCIER s. m. Officier d'un couvent qui était chargé de distribuer la pitance.

PITAU s. m. Nom qu'on donnait à des paysans qui formaient des compagnies à pied dans les armées du moyen âge.

* **PITAUD, AUDE** s. (rad. *pitau*). Paysan lourd et grossier : *c'est un gros pitaud, un franc pitaud*. (Pop.)

PITAVAL (François GAYOT DE), écrivain français, né en 1673, mort en 1743. Il était avocat à Paris. Ses *Causes célèbres et intéressantes* (1734-'43, 20 vol.), continuées jusqu'en 1788, ont été souvent abrégées et traduites. Une compilation allemande du même genre, *Der neue Pitaval*, a été commencée à Leipzig en 1842 ; en 1875, elle comprenait près de 50 vol.

PITCAIRN [pitt-kairnn, île de l'océan Pacifique, par 23° 3' lat. S. et 132° 28' long. O. Sa plus grande long. est de 4 kil. et sa plus grande larg. de 1 kil. 1/2. Elle est élevée et entourée de falaises qui empêchent d'y aborder, excepté en deux ou trois endroits. Cette île a été découverte par Carteret en 1767. Elle est surtout fameuse par la mutinerie de la Bounty. (Voy. BLIGH, WILLIAM.) Neuf des révoltés, avec neuf femmes et neuf indigènes, conduisirent le navire de Taïti à l'île Pitcairn, où ils le brûlèrent. Les blancs prirent les femmes indigènes, et réduisirent les hommes à l'état d'esclaves ; mais ceux-ci s'étant révoltés, tuèrent les blancs tous. En 1808, le capitaine Folger, de Nantucket, visita l'île et n'y trouva qu'un seul des blancs vivant encore (voy. ADAMS, JOHN) ; mais leurs descendants étaient nombreux. En 1856, l'île étant devenue trop petite pour eux, toute la population se transporta dans l'île de Norfolk ; mais en 1859 quelques-uns retournèrent à Pitcairn.

PITE s. f. (bas lat. *picta*, petite monnaie). Petite monnaie de cuivre qui valait le quart d'un denier, et qui n'a plus cours depuis longtemps.

* **PITE** s. f. Espèce d'aloès qui croît dans les îles d'Amérique, où elle tient lieu de chanvre et de lin : *fil de pite*.

* **PITEUSEMENT** adv. (rad. *piteux*). De manière à exciter la pitié : *il se lamentait piteusement*. Il est familier et ne se prend guère sérieusement.

* **PITEUX, EUSE** adj. (rad. *pitié*). Digne de pitié, de compassion ; propre à exciter la pitié, la compassion : *il est dans un piteux état, dans le plus piteux état du monde*. — FAIRE PITEUSE MINE, faire une mine rechignée. — FAIRE PITEUSE CHÈRE, faire mauvaise chère. — FAIRE LE PITEUX, se plaindre, se lamenter, sans en avoir autant de sujet qu'on voudrait le faire croire.

PITHÉCIEN, IENNE adj. (gr. *pitékos*, singe). Mamm. Qui ressemble au qui se rapporte à l'orang-outang.

PITHÈQUE s. m. (gr. *pitékos*, singe). Espèce de singe du groupe des macaques ou des magots.

PITHIVIERS, *Aviarum Pithiverium. Putiviers*, ch.-l. d'arr., à 42 kil. N.-E. d'Orléans (Loiret), par 48° 40' 28" lat. N. et 0° 4' 51" long. O. ; 7,000 hab. Ville très ancienne et fortifiée au moyen âge. Elle fut prise par les Anglais en 1429, par le prince de Condé en 1562 et 1567 et par Henri IV en 1589. — Fameux pâtés d'alouettes. — Statue de Poisson, érigée le 45 juin 1851, sur la place du Martroy et due à Deligand.

PITHOMÈTRE s. m. (gr. *pithos*, tonneau ; *métron*, mesure). Métrol. Instrument qui sert à mesurer les tonneaux.

PITHOU. I. (Pierre), magistrat, né à Troyes en 1539, mort à Nogent-sur-Seine le 1er novembre 1596. Il fit son droit sous Cujas. Forcé de s'expatrier comme calviniste, il se réfugia à Bâle où il se fit l'éditeur de l'*Histoire de Paul Diacre* et de la *Vie de Frédéric Barberousse*. De retour à Paris à la suite de l'édit de pacification de 1570, il faillit être victime de la Saint-Barthélemy. Aussi l'année suivante il abjura la religion réformée, devint substitut au parlement de Paris et procureur général près la chambre de justice établie en Guienne. Sa réputation de jurisconsulte était européenne. Il fut un des auteurs de la *Satire Ménippée* ; donna une édition de Juvénal et de Perse ; publia les traités d'un grand nombre de pères et docteurs de l'Eglise ; donna un *Pétrone* complet, les *Capitulaires* de Charlemagne ; le *Recueil des historiens de France race*. Après l'attentat de Châtel, il sauva les jésuites des rigueurs extrêmes dont leur société était menacée ; publia son traité des *Libertés de l'Eglise gallicane* (1594, in-12) et fut le premier éditeur des *Fables de Phèdre*. — II. (François), frère du précédent, né à Troyes en 1543, mort en 1621. Il dut s'exiler comme calviniste et se convertit au catholicisme vers 1573. On a de lui : *Traité de la grandeur des droits, prééminences et prérogatives des rois et du royaume de France* (1587, in-8°), *Excommunication et interdit*, *Glossaire*, etc.

PITHYUSES, nom donné par les anciens aux îles d'Iviça et de Formentera, à cause des pins qui y venaient en abondance.

* **PITIÉ** s. f. (lat. *pietas*). Compassion, sentiment de douleur, de commisération pour les souffrances, pour les peines d'autrui : *regarder quelqu'un d'un œil de pitié*.

> Mais un fripon d'enfant (cet âge est sans pitié)
> Prit sa fronde et du coup tua plus d'à moitié
> La volatile malheureuse.
>   LA FONTAINE.

— Prov. IL VAUT MIEUX FAIRE ENVIE QUE PITIÉ. — GUERRE ET PITIÉ NE S'ACCORDENT PAS ENSEMBLE, ordinairement, à la guerre, on n'est pas fort touché de pitié, et même il est quelquefois dangereux de l'être. — C'EST GRANDS PITIÉ, C'EST GRAND PITIÉ DE NOUS, C'EST UNE ÉTRANGE PITIÉ QUE DE NOUS, la condition humaine est sujette à beaucoup de misères. — C'EST GRANDE PITIÉ, C'EST GRAND PITIÉ, c'est une chose très digne de pitié : *c'est grande pitié que de voir ce pauvre vieillard chargé d'un si lourd fardeau*. — S'emploie quelquefois dans un sens qui marque plutôt du mépris que de la compassion. IL RAISONNE A FAIRE PITIÉ, il raisonne de travers. IL CHANTE A FAIRE PITIÉ, il chante mal : *vous me faites pitié de parler ainsi*. — REGARDER QUELQU'UN EN PITIÉ, AVEC DES YEUX DE PITIÉ, ne faire aucun cas de lui, le mépriser : *c'est un homme dédaigneux, il regarde toujours les autres en pitié, avec des yeux de pitié*. — REGARDER QUELQU'UN EN PITIÉ, éprouver pour quelqu'un des sentiments de compassion : *son créancier l'a regardé en pitié, et lui a accordé du temps*. On dit dans le même sens, PRENDRE EN PITIÉ, faire grâce. — REGARDER, PARLER, TRAITER AVEC UNE PITIÉ OFFENSANTE, INSULTANTE, avec une apparence de pitié mêlée à des marques de mépris.

* **PITON** s. m. Sorte de clou dont la tête est en forme d'anneau : *mettre des pitons pour soutenir une tringle*. — Géogr. Pic, pointe d'une montagne élevée. — « Pop. Gros nez.

* **PITOYABLE** adj. [pi-toi-ia-ble] (rad. *pitié*). Qui est naturellement enclin à la pitié : *une âme sensible et pitoyable envers les pauvres*. — Qui excite la pitié : *il est dans un état pitoyable ; une voix pitoyable et lamentable ; histoire pitoyable et lamentable*. Ces deux dernières phrases ne se disent guère qu'en plaisantant. — Méprisable, mauvais dans son genre : *il écrit d'une manière pitoyable*. — En style d'anciennes ordonnances, LIEUX PITOYABLES, les hôpitaux, maladreries, etc., où l'on exerce l'hospitalité, la charité.

* **PITOYABLEMENT** adv. D'une manière pitoyable, d'une manière qui excite la compassion : *je l'ai trouvé pitoyablement étendu sur la terre*. Il est peu usité en ce sens. — D'une manière qui excite le mépris : *il écrit pitoyablement*.

PITRE s. m. (corrupt. du lat. *Petrus*, pierre). Paillasse, sorte de valet de parade.

PITRE-CHEVALIER (Pierre-Michel-François CHEVALIER, *dit*), littérateur né à Paimbœuf en 1812, mort à Paris en 1863. Il devint rédacteur du *Figaro* en 1845 et du *Musée des familles* en 1850. Il a laissé des poésies et plusieurs ouvrages intéressants : *Brune et Blonde* (1841, 2 vol. in-8°); la *Bretagne ancienne* (1844, in-8°); la *Bretagne moderne* (1844, in-8°); *Bretagne et Vendée* (1844-'48, in-8°); *Nantes et la Loire-Inférieure* (Nantes, 1858, in-fol. avec planches); *Un Mari, s'il vous plaît*, comédie (1843), etc.

PITT. I. (William), premier comte de Chatham; homme d'État anglais, né en 1708, mort le 11 mai 1778. Il fut cornette dans un régiment de dragons, et en 1735, entra à la chambre des communes, où il devint bientôt le plus formidable ennemi du ministère de sir Robert Walpole. Il acquit peu à peu la réputation d'être au parlement l'un des plus puissants, des plus vigilants et des plus patriotiques adversaires des mesures inconstitutionnelles. En 1746, il fut nommé à l'une des places de vice-trésorier d'Irlande et à celle de trésorier et de payeur de l'armée. En 1755, il résolut de s'opposer à certaines mesures du ministère, et, en conséquence, il se démit de ses charges; mais, pour satisfaire l'opinion populaire, on le nomma bientôt secrétaire d'État. George II, qui lui était profondément hostile, ne tarda pas à le renvoyer. L'indignation publique fut alors tellement soulevée qu'on le remit en charge, en 1757, sous le duc de Newcastle, avec des pouvoirs spéciaux qui faisaient de lui le véritable premier ministre. L'Angleterre était alors engagée dans la guerre de Sept ans, qui avait débuté désastreusement pour ses armes dans presque toutes les parties du monde; mais sous l'administration de Pitt, une succession de victoires et de conquêtes en Amérique, en Europe et dans l'Inde remplit le royaume de réjouissances. En 1761, il insista pour que la guerre fût déclarée à l'Espagne. Ses collègues du ministère s'opposèrent à cette politique audacieuse, et Pitt se retira. En 1764, il parla contre les *warrants généraux*, et en 1766, il combattit la loi du timbre pour l'Amérique (*American stamp Act*). Cette même année, il forma un nouveau ministère, où il prit le poste de lord du sceau privé, charge qui est presque une sinécure, et en même temps George III le créa pair, avec le titre de vicomte Pitt et comte de Chatham. Le 15 oct. 1768, il se démit de ses fonctions. En 1775, 1776 et 1777, il combattit éloquemment les mesures du ministère vis-à-vis des colonies d'Amérique. Le 7 avril 1778, il parut pour la dernière fois en public. On a publié de lui un petit volume de lettres à son neveu Thomas Pitt, lord Camelford, et sa correspondance (1838-'40, 4 vol.). Sa vie a été écrite par le Rév. Francis Thackeray (1827, 2 vol.). Voy. aussi *Anecdotes of the Right Hon. William Pitt, earl of Chatham, and of the principal Events of his Time, with his Speeches in Parliament*, 1736-'78, par John Almon (4e éd., 1810, 3 vol.). — II. (William), homme d'État anglais, second fils du précédent, né en 1759, mort le 23 janv. 1806. Il fut élevé à Cambridge, étudia le droit, et à 21 ans, devint membre du parlement. Lorsque lord Shelburne devint premier ministre, en juillet 1782, il trouva que Pitt, bien qu'il n'eût alors que 23 ans, était le seul membre de son parti dans la chambre des communes qui eût le courage et l'éloquence nécessaires pour affronter les grands orateurs de l'opposition. Ce jeune homme d'État fut en conséquence appelé dans le cabinet comme chancelier de l'échiquier. En 1783, le ministère Shelburne se retira, et le roi pressa Pitt d'accepter la présidence du cabinet. Il refusa, et le ministère de coalition de lord North et de Fox fut formé. Ce ministère donna sa démission en déc., et Pitt lui succéda comme premier ministre, avec le poste de premier lord de la trésorerie et de chancelier de l'échiquier. Parmi ses collègues de la chambre, il n'y avait pas un seul orateur remarquable, tandis que l'opposition était dirigée par Fox, Burke, Sheridan et North; mais le courage et la résolution du jeune premier ministre triomphèrent à la longue; et à l'âge de 25 ans, il était le plus grand homme politique que l'Angleterre eût vu depuis bien des générations. Aucun ministre, dans les temps modernes, ne fut jamais si puissant ni si populaire. En 1784, il assura l'adoption d'une loi établissant une constitution nouvelle pour la compagnie des Indes orientales. Le 29 mars 1786, dans un discours de six heures, il exposa un plan, qui fut adopté par la chambre, pour le rachat de la dette nationale au moyen d'un fonds d'amortissement. La même année, il négocia un traité de commerce libéral avec la France. George III étant devenu fou en 1788, l'opposition, avec laquelle le prince de Galles (plus tard George IV) avait noué des relations, soutint que le prince était naturellement investi des pleins pouvoirs de la couronne. Pitt soutint au contraire, qu'il appartenait au parlement de déterminer le degré de pouvoir qui devait être confié au régent. Le peuple se rangea du côté de Pitt, et l'appuya pendant une lutte longue et violente à ce sujet; et lorsque ce débat fut terminé par la guérison inattendue du roi, la popularité du ministre était plus grande que jamais. Pitt fit tous ses efforts pour détourner la guerre avec la France, mais à la fin il fut contraint d'accepter les hostilités. Son administration militaire fut faible et maladroite. Cependant, malgré ses bévues et ses insuccès dans les expéditions étrangères, le génie extraordinaire de Pitt comme chef parlementaire lui assura la continuation du contrôle absolu de la chambre des communes, et à la longue, l'opposition s'était en fait évanouie devant lui. Dans sa politique intérieure, il était énergique et sévère, et il réprima efficacement l'esprit révolutionnaire dans les îles Britanniques. Il avait formé de grands projets pour le bien-être de l'Irlande, mais il ne put qu'effectuer l'union législative de ce pays avec la Grande-Bretagne, son projet d'émancipation catholique ayant été repoussé grâce à l'obsti-

nation des préjugés du roi. Trouvant le monarque inébranlable sur ce point, Pitt donna sa démission (mars 1801), et Addington devint premier ministre. En 1804, Pitt fut rappelé à la tête des affaires, et se trouva bientôt assiégé par les difficultés les plus formidables. Napoléon était partout victorieux malgré les puissantes coalitions que l'habileté de Pitt et l'argent de l'Angleterre formaient contre lui. Pitt tomba malade d'inquiétude et de chagrin, et mourut peu de semaines après la bataille d'Austerlitz, qui lui porta le dernier coup. — Voy. *Life of William Pitt*, par le comte Stanhope (3e éd., 1867, 4 vol.).

PITTACAL s. m. [pitt-ta-] (gr. *pitta*, poix; *kalos*, beau). Substance découverte dans les produits de la distillation de la houille.

PITTACUS [pitt-ta-kuss], l'un des sept sages de la Grèce, né à Mytilène vers 652 av. J.-C., mort en 569. Il commanda les troupes de Mytilène dans une guerre avec les Athéniens pour la possession de Sigée, en Troade. Comme un des chefs du parti démocratique, il prit part plus tard aux luttes avec le parti aristocratique, dirigé par le poète Alcée et par son frère, et il fut finalement choisi pour *æsymnetes*, avec un pouvoir absolu. Pittacus remplit ces fonctions avec beaucoup de sagesse, semble-t-il, de 589 à 579; mais ses ennemis l'accusèrent de tyrannie. Il était célèbre comme poète élégiaque; mais il ne reste du lui que quelques lignes, conservés par Diogène Laërce.

* **PITTORESQUE** adj. [pitt-to-] (ital. *pittoresco*; du lat. *pictor*, peintre). Qui concerne la peinture, qui appartient à la peinture : *le génie pittoresque a des rapports avec le génie poétique*. — Libr. Se dit de certaines publications ornées de gravures : *le Magasin pittoresque*. — Qui produit un grand effet en peinture, dans un tableau : *ce paysage est ordonné, est éclairé de la manière la plus pittoresque*. — Qui est propre à être peint, qui peut fournir un sujet de tableau : *la tête de ce vieillard est tout à fait pittoresque*. — Se dit, par ext., de tout ce qui peint à l'esprit : *une description pittoresque*.

* **PITTORESQUEMENT** adv. D'une manière pittoresque.

PITTSBURGH [pitts'-boro'], la seconde ville de la Pennsylvanie pour la population et l'importance, au confluent de l'Alleghany et du Monongahela, qui se réunissent pour former

Pittsburgh.

l'Ohio, en face de la ville d'Allegheny, à 750 kil. au-dessus de Cincinnati, et à 450 kil. N.-O. de Philadelphie; 160,000 hab. Des lignes de chemin de fer la font communiquer avec les principaux centres des Etats-Unis dans toutes les directions. Pittsburgh est le grand entrepôt du commerce de charbon et de coke sur l'Ohio et le Mississipi. L'industrie y est extrêmement développée. Près du quart du fer de fonte et des loupes qui se produisent aux Etats-Unis, trouvent leur emploi dans les ateliers de Pittsburgh. La valeur du fer qui s'y travaille monte annuellement à environ 450,000,000 fr. Il y a huit forges d'acier, dont les produits valent, chaque année, près de 35,000,000 fr. Le produit annuel des cinq manufactures de cuivre est évalué à 45,000,000 fr. Il y a environ 45 manufactures de glaces, produisant près de 50,000,000 fr. Le commerce du pétrole y est très important. Pittsburgh a beaucoup d'institutions charitables, des collèges, une université fondée en 1819, une bibliothèque de commerce, ayant environ 45,000 volumes; 40 journaux quotidiens, et près de 460 églises ou chapelles. — En 1754, les Français bâtirent un fort, le fort Duquesne, au confluent des deux rivières. Le général Braddock, envoyé pour s'en emparer, fut défait par les Français et les Indiens, sur le Monongahela. D'autres tentatives furent également repoussées. Mais le 24 nov. 4758, les Français y mirent le feu, avant de se retirer devant une armée de 6,000 ennemis. Un nouveau fort fut terminé vers janv.4759, et appelé fort Pitt, en l'honneur du ministre de la Grande-Bretagne. En 1764, on fit les premières démarches pour bâtir une ville. Pittsburgh fut officiellement reconnu comme bourg électoral en 4804, et enregistré comme cité en 4816.

PITTSFIELD [pittss'-fildd], ville du Massachusets, à 300 kil. O. de Boston; 42,207 hab. Belle situation, sur une haute vallée entourée de montagnes, bâtie, quoique les maisons soient généralement en bois. C'est un point de jonction pour plusieurs chemins de fer. Importantes manufactures de tissus de coton et de laine, de papier, de soie, de machines, etc.

PITTSTON [pittss-tonn], bourg électoral de Pennsylvanie, sur la Susquehanna, juste au-dessous de l'embouchure du Lackawanna, à 45 kil. N.-E. de Wilkesbarre; 16,000 hab., y compris West Pittston et les environs. Pittston se trouve au cœur même de la région d'anthracite du Wyoming. C'est le siège des opérations de la compagnie de charbons de la Pennsylvanie; le mouvement de la navigation est de 2,500,000 à 3,000,000 de tonnes par an.

* PITUITAIRE adj. (rad. pituite). Anat. Qui a rapport à la pituite : la membrane pituitaire est le siège de l'odorat.

* PITUITE s. f. (lat. pituita). Flegme, humeur aqueuse et filante que sécrètent divers organes du corps. Ce mot désigne plus spécialement la mucosité des membranes du nez et celle des poumons et de l'estomac : la pituite domine dans son tempérament.

* PITUITEUX, EUSE adj. Qui abonde en pituite, en qui la pituite domine : humeur pituiteuse. — MALADIES PITUITEUSES, celles qui sont accompagnées d'une excrétion abondante de pituite.

PITYRIASIS s. m. [-ri-a-ziss] (rad. gr. pituron, son). Pathol. Inflammation squammeuse chronique, superficielle, qui attaque principalement le cuir chevelu et se caractérise par de petites écailles semblables à du son ou de la farine. On dit aussi porrigo ou dartre furfuracée. Le pityriasis du cuir chevelu s'accompagne de démangeaisons et quelquefois d'un suintement visqueux qui colle les cheveux auxquels il donne l'aspect de l'amiante. On le combat par des bains mucilagineux, des préparations sulfureuses, des lotions avec la liqueur de van Svieten ou des lotions alcalines.

PIÙ adv. [piou] (ital. più, plus). Mus. Plus. — PIÙ ALLEGRO, plus vite. — PIÙ LENTO, plus lentement. — PIÙ FORTE, plus fort. — PIÙ PIANO, plus doux.

PIURA [piou-ra], ville de l'intérieur du Pérou, cap. du dép., de la prov. et du district, et sur la rivière du même nom, à 850 kil. N.-O. de Lima; 15,000 hab. environ. Pays riche en soufre, fer, plomb et autres minéraux; mais, tabac, cacao, coton, canne à sucre, et belles mules.

* PIVERT s. m. [pi-vèrr] (de pic et de vert). Ornith. Espèce de pic (picus viridis), gros

Pivert

comme une tourterelle, vert-jaunâtre en dessus, avec la calotte rouge et le croupion jaune.

* PIVOINE s. f. (lat. pæonia, de la prov. de Péonie, où une espèce de ces plantes croît abondamment). Bot. Genre de renonculacées, dont une espèce est cultivée dans les jardins pour la beauté de ses fleurs blanches, rouges ou panachées. — Ce genre forme de très nombreuses variétés cultivées dans les jardins. Parmi les espèces herbacées, quelques-unes ne portent qu'une fleur à chaque tige, et ont des gousses cotonneuses. Dans ce groupe se trouve la pivoine commune (pæonia officinalis), la plus connue de toutes, originaire de l'Europe méridionale. A l'état sauvage, ses fleurs sont rouges. Cette espèce a produit des

Pivoine arborescente (Pæonia moutan).

variétés de diverses nuances de rouge, de cramoisi, de rose et même de blanc. La pivoine à feuille ténue (pæonia tenuifolia), appelée aussi pivoine à feuille de fenouil, a le feuillage très différent des autres, divisé qui est en feuilles ténues et semblables à des fils. Cette espèce est originaire de Sibérie; elle est fort belle; elle dépasse rarement 45 centim. de haut, ses fleurs sont d'un cramoisi sombre, beaucoup plus petites que dans les autres espèces, contrastant avec les fines découpures des feuilles. Il y a une variété à fleurs doubles. La pivoine de Chine (pæonia albiflora), qu'on appelle aussi pivoine comestible, odorante et à fleurs blanches, est originaire de Sibérie, et on la cultive depuis longtemps; elle atteint 3 pieds de haut; ses feuilles sont d'un vert brillant, et ses fleurs un peu plus petites que celles de la pivoine

commune. Cette espèce a donné beaucoup plus de variétés qu'aucune autre; quelques-unes sont d'une grande beauté, et offrent un mélange de nuances variées ou un contraste de couleurs différentes dans la même fleur. La pivoine arborescente (pæonia moutan) a le port d'un arbuste; dans nos jardins, elle dépasse rarement 3 pieds, mais on dit qu'elle atteint dix pieds en Chine, où, ainsi qu'au Japon, elle est une plante à la mode. En se divisant en branches à la base, elle forme un fourré hémisphérique, qui présente un splendide aspect lorsqu'il est couvert d'une profusion de grandes fleurs.

* PIVOINE s. m. Petit oiseau qui a la gorge rougeâtre, et dont le chant est fort agréable.

* PIVOT s. m. Morceau de fer ou d'autre métal, arrondi par le bout, qui soutient un corps solide, et qui sert à le faire tourner : une machine qui tourne sur son pivot. — Désigne, par anal., dans les conversions qu'une troupe exécute, l'aile sur laquelle on tourne, ou le point autour duquel se fait la conversion : dans les conversions en marchant, l'homme qui est au pivot fait le pas de six pouces. — Fig. Qui sert d'appui, de soutien : cet homme est le pivot sur lequel toute l'affaire tourne. — Racine principale de certains arbres, de certaines plantes, qui s'enfonce perpendiculairement en terre. — Vén. Les deux os saillants qui sont situés sur l'os frontal du cerf, du daim, du chevreuil, et qui portent le bois de ces animaux.

PIVOTAL, ALE adj. Qui tient du pivot; qui fait les fonctions de pivot.

* PIVOTANT, ANTE adj. Bot. et Agric. Qui pivote, qui s'enfonce perpendiculairement en terre : racine pivotante. — Art milit. Se dit de la conversion d'un corps d'armée : le mouvement pivotant de l'ennemi.

PIVOTATION s. f. Action de pivoter.

* PIVOTER v. n. Tourner sur un pivot, ou comme sur un pivot : cette machine ne pivote pas bien. — Se dit aussi des arbres, des plantes, dont la principale racine s'enfonce perpendiculairement en terre : le chêne, le poirier pivotent.

PIXÉRÉCOURT (René-Charles GUILBERT DE), auteur dramatique, né à Nancy en 1773, mort en 4844. Il a laissé plus de 420 pièces de théâtre dont les principales sont : les Mystères d'Udolphe (1798), le Pèlerin blanc (4801), les Ruines de Babylone (4810), le Chien de Montargis (1814), etc. Il a publié son Théâtre choisi (Nancy, 4841-'43, 4 vol. in-8°).

PIZARRE (esp. PIZARRO). I. (Francisco), aventurier espagnol, né vers 4471, assassiné à Lima (Pérou), le 26 juin 4541. Il était fils naturel du colonel Gonzalo Pizarro et de Francisca Gonzales. Dans sa première jeunesse, il fut porcher. Il s'embarqua à Séville pour le nouveau monde et, à partir de 1540, il s'occupa particulièrement de la colonisation de l'isthme de Panama, où il devint planteur. Plus tard, avec Diego de Almagro, il fit plusieurs expéditions d'exploration et de conquête le long de la côte méridionale; il y apprit l'existence du riche empire du Pérou. En 4528, il alla en Espagne demander l'aide de la couronne. On lui accorda une commission, lui donnant le droit de découverte et de conquête au Pérou, avec le titre et le rang de gouverneur et capitaine général de la future province. Accompagné de quatre de ses frères, Pizarre franchit de nouveau l'Atlantique en janvier 1530, et, un an après, partit de Panama avec 3 vaisseaux, 480 hommes et 27 chevaux, pour son heureuse et décisive expédition contre l'empire des Incas. (Voy. PÉROU.) Une querelle entre Pizarre et Almagro aboutit à une guerre civile dans laquelle Almagro fut fait prisonnier et mis à mort (4538). Le fils d'Almagro, Diego, continua la lutte. Cette faction attaqua Pizarre dans son palais et le tua après un combat acharné. Il laissait deux enfants qu'il avait eus d'une fille de l'Inca Atahuallpa. Pizarre ne sut jamais ni lire ni écrire. Il était cruel, rusé, perfide, et ses grands mérites étaient le courage et la force d'âme. Il dépensa la plus grande partie des immenses trésors dont il dépouilla les Incas à élever des édifices publics et à d'autres travaux utiles; il fonda Lima et plusieurs autres cités. — II. (Gonzalo), le plus jeune frère du précédent, comme lui fils illégitime du même père, mais d'une autre mère, né vers 1506, exécuté à Cuzco en 1548. Il n'avait aucune éducation et ne connaissait que la guerre. Il fut nommé gouverneur de Quito en 1540. Après l'assassinat de son frère, il se révolta contre le vice-roi, et le battit en 1546. Cette victoire rendit un instant Pizarre maître absolu du Pérou, mais en 1547, il fut vaincu par les troupes royales, fait prisonnier et décapité. — III. (Hernando), frère aîné des deux précédents, né vers 1465, mort vers 1565. Il était fils légitime du colonel Pizarro, et reçut une bonne éducation. Il prit une part considérable à la conquête du Pérou, porta en Espagne la part du butin revenant au trésor royal (1534), revint avec une grande flotte, et fut nommé gouverneur de Cuzco. Il fut quelque temps prisonnier d'Almagro, mais celui-ci plus tard tomba à son tour entre les mains de Hernando qui le fit mettre à mort. En 1539, il alla en Espagne; il y trouva la disgrâce, et, sans qu'aucune sentence régulière eût été prononcée contre lui, il fut emprisonné pendant 20 ans dans la forteresse de Medina del Campo, et mis en liberté lorsqu'il avait près de 100 ans.

* PIZZICATO s. m. [pi-dzi-ka'-to] (mot ital.) Mus. Passage que l'on exécute en pinçant un instrument dont on joue ordinairement avec un archet : *les basses seules feront le pizzicato.* —Adverbial : *les basses joueront pizzicato.*

PIZZIGHETTONE, bourg de l'ancien royaume lombard-vénitien (Italie), à 24 kil. O.-N.-O. de Crémone. François Ier y fut retenu quelque temps prisonnier après la défaite de Pavie.

PIZZO, ville de la province de Naples (Italie), à 9 kil. N.-N.-E. de Montelcone, sur le golfe de Sainte-Euphémie; 15,000 hab. Murat y débarqua le 8 octobre 1815 pour reconquérir le royaume de Naples, y fut arrêté, condamné et fusillé.

PLA's. m. Coup fort frappé sur le tambour avec la baguette gauche.

PLABENNEC, ch.-l. de cant., arr. à 20 kil. N.-N.-E. de Brest (Finistère); 500 hab.

PLACABILITÉ s. f. Qualité de celui qui est doux, clément, que l'on peut apaiser.

PLACABLE adj. (lat. *placabilis*). Qui peut être apaisé.

* PLACAGE s. m. Ouvrage de menuiserie, ou d'ébénisterie, fait de bois scié en feuilles qui sont appliquées sur d'autre bois de moindre prix : *menuiserie de placage.* — Se dit, fig. et fam., des ouvrages d'esprit composés de morceaux pris çà et là, ou des parties d'ouvrages qui semblent avoir été faites à part et non d'après un dessein général : *ce poème n'est qu'un ouvrage de placage.*

* PLACARD s. m. (rad. *plaque*). Assemblage de menuiserie, qui s'élève au-dessus d'une porte, et va ordinairement jusqu'au plafond : *il faut un placard au-dessus de cette porte.* — Porte à placard, porte ornée de diverses pièces. — Armoire pratiquée dans les enfoncements du mur : *il y a des placards des deux côtés de la cheminée.*

* PLACARD s. m. Ecrit ou imprimé qu'on affiche dans les places, dans les carrefours, pour informer le public de quelque chose : *on a averti le public par un placard.* — Ecrit injurieux ou séditieux, qu'on rend public en l'appliquant au coin des rues, ou en le semant parmi le peuple : *afficher des placards.* — Typogr. Réunion provisoire d'un certain nombre de paquets de composition, imprimés sur un seul côté de la feuille, pour être corrigés avant la mise en pages, lorsque l'ouvrage est susceptible de beaucoup de changements : *mettre en placards; corriger un placard.*—Affiche administrative sans timbre et sur papier blanc.

* PLACARDÉ, ÉE part. passé de PLACARDER. — Adj. Ce mur est tout placardé, tout couvert de placards.

* PLACARDER v. a. Mettre, afficher un placard : *on vient de placarder une ordonnance de police.* — Placarder quelqu'un, afficher contre lui un placard injurieux : et, par ext., distribuer contre lui des écrits diffamatoires. — Fig. Ils l'ont placardé de toutes les manières, se dit en parlant d'un homme que la critique, que la satire a beaucoup attaqué, et sur qui a une grande publicité.

* PLACE s. f. (lat. *platea*). Lieu, endroit, espace qu'occupe ou que peut occuper une personne, une chose : *la ville donne à loyer des places dans les marchés.*

> Il n'est dans l'univers, dans ce malheur nouveau,
> Que deux *places* pour toi : le trône ou le tombeau.
> GRESSET, Édouard III, acte Ier, sc. Ire.

— Place marchande, place commode pour vendre de la marchandise : *si vous voulez vendre, mettez-vous en place marchande, choisissez une place marchande.* — Être, se mettre en place marchande, être, se mettre en lieu propre pour être vu et entendu. — Nous ne sommes pas en place marchande, nous ne sommes pas dans un lieu convenable pour parler, pour traiter d'affaires. — Quitter la place à quelqu'un, se retirer devant lui, le laisser à la place qu'on occupait : *je m'aperçois que je vous gêne, je vous quitte la place.* — Faire place nette, vider le logement qu'on occupait dans une maison, en ôter tous les meubles. — La place n'est pas tenable, on ne saurait y demeurer sans une extrême incommodité, sans y souffrir beaucoup : *je me retire de là, car la place n'est pas tenable.* — Se faire place, se faire faire place, pénétrer, arriver, se mettre où l'on veut être. — Faire place à quelqu'un, se ranger afin qu'il passe, qu'il aille se mettre à sa place. Lui donner une place auprès de soi : *venez auprès de nous, nous vous ferons place.* Céder sa place à un autre, quitter sa place : *il y a longtemps que vous êtes là, faites place aux autres.* — L'amour, dans son cœur, a fait place à la haine, la haine y a remplacé l'amour. On dit, de même, Le mépris a pris place de l'estime. — Place, place, façon de parler dont on se sert pour faire ranger ceux qui empêchent de passer, pour demander, pour ordonner de s'écarter, de faire place. — Sur la place, au milieu de la place, à terre, par terre : *cela est tombé au milieu de la place.* — Être tué sur la place, tomber mort sur la place, être tué, tomber mort sur-le-champ, tout d'un coup, sur la place même. En parlant d'une bataille, d'un combat, on dit, Il est demeuré mille hommes, deux mille hommes, etc., sur la place, mille hommes, deux mille hommes, etc., ont été tués sur le champ de bataille, sur le lieu où s'est donné le combat. — Ce mot n'est pas dans sa place, il ne convient pas à l'endroit où on l'a mis. On dit, dans le même sens, Cette pensée, ce discours, cette réflexion n'est pas en sa place, à sa place. On dit aussi, C'est une beauté hors de place. — Cela n'est pas tout à fait à sa place, se dit, par adoucissement, d'une action, d'une parole qui manque de convenance. — Se tenir a sa place, ne pas se tenir a sa place, observer, ne pas observer les bienséances qu'exige sa condition, son état. Cet homme est, n'est pas a sa place, il est, il n'est pas dans la situation, dans l'emploi qui lui convient. — Avoir place dans l'histoire, tenir sa place dans l'histoire, être mentionné, être célébré dans l'histoire : *cette action mérite d'avoir place dans l'histoire, peut fort bien tenir sa place dans l'histoire.* On dit à peu près dans le même sens, Il tiendra sa place parmi les grands hommes. — Cette réflexion, ce fait, ce trait trouvera place, trouvera sa place, aura sa place dans l'ouvrage, il y en sera fait mention. — Avoir, obtenir, conserver une place dans le cœur de quelqu'un, dans son estime, dans son amitié, dans sa confiance, être aimé, estimé de lui. On dit aussi : *donnez-moi, accordez-moi, ne me refusez pas une place dans votre amitié, dans votre estime, dans votre souvenir.* — Se mettre en la place de quelqu'un, et plus ordinairement à la place de quelqu'un, se supposer dans l'état, dans la situation où il est : *mettez-vous à ma place.* — Je ne voudrais pas être a sa place, se dit en parlant d'une personne qui est dans une situation pénible, embarrassante, ou qui est menacée de quelque événement fâcheux. — Fig. Dignité, charge, emploi qu'une personne occupe dans le monde : *c'est le ministre qui nomme à cette place.* — Absol. Être en place, être dans un emploi, dans une charge qui donne de l'autorité, de la considération. Rester en place, conserver son emploi. Être sans place, n'avoir point d'emploi. Être hors de place, être dépouillé de son emploi. — Un homme en place, un homme revêtu d'un emploi honorable : *les devoirs, les droits d'un homme en place.* — Rang qu'un écolier obtient par sa composition : *on compose demain pour les places.* — Espace, lieu public découvert et environné de bâtiments, soit pour l'embellissement d'une ville, soit pour la commodité du commerce : *la place Vendôme, la place Dauphine.* — Place de fiacres, de cabriolets, endroit où doivent stationner les fiacres et les cabriolets à l'usage du public, quand ils ne sont pas employés : *la tête, la fin de la place.* C'est par allusion à ce sens qu'on dit, Une voiture, un cabriolet de place. — Absol. Lieu du change, de la banque; lieu où les banquiers, les négociants s'assemblent dans une ville, pour y traiter des affaires de leur commerce, de leur négoce : *avoir crédit sur la place.* — Jour de place, un des jours où les négociants d'une ville sont coutume de s'assembler. — Tout le corps des négociants, des banquiers d'une ville : *la place de Lyon est une des meilleures, une des plus riches de France.* — Ville de guerre, forteresse : *emporter une place d'assaut.* — Place d'armes, lieu spacieux, destiné à des revues, à des exercices militaires : *dans cette ville il y a une très belle place d'armes.* — Place d'armes, partie des tranchées dans laquelle on réunit, pendant un siège, les troupes destinées à repousser les sorties : *on avait fait dans la tranchée des places d'armes de distance en distance, pour repousser les sorties des ennemis.* Place d'armes, ville frontière où est le dépôt principal des vivres, des munitions de l'armée, et sous laquelle les troupes peuvent se retirer en cas de besoin. — Encycl. Places fortes. On appelle place forte une ville défendue par des fortifications permanentes et continues, dans le but de mettre sa garnison en état de résister à un ennemi très supérieur en nombre, de forcer un envahisseur à morceler ses forces pour l'assiéger ou la bloquer, ou de servir de base d'opérations dans une guerre offensive. (Pour les différentes espèces de fortifications, voy. notre art. Fortification.) A Vauban revient l'honneur d'avoir organisé la défense de notre territoire. Son système, modifié suivant les progrès de l'artillerie, est encore appliqué; sa ligne de *places* fron-

tières a sauvé deux fois la France. Pour les forteresses maritimes, on préfère aujourd'hui les fortifications *perpendiculaires*, dont l'invention immortalise le nom de Montalembert. — Le décret du 3 févr. 1864 divisa les places fortes de la France en quatre classes; celui du 26 juin 1867 réduisit sensiblement le nombre des points fortifiés en déclassant les places jugées inutiles. La plupart de nos forteresses, surtout celles de Lorraine et d'Alsace, se trouvaient, par suite d'une fatale imprévoyance, composées seulement d'une enceinte. Seule, Metz possédait quatre forts détachés; et encore, au moment de la guerre de 1870 « ces forts n'étaient-ils ni terminés, ni armés au début des hostilités, ce qui servit de prétexte au maréchal Bazaine pour ne pas abandonner la place à elle-même et pour y enfermer son armée ». (A. Marga, *Cours d'art militaire*, pour les écoles d'application de l'artillerie et du génie). La rapidité avec laquelle un grand nombre de nos places fortes tombèrent entre les mains des Allemands en 1870-'71 et la perte de notre ligne de défense sur le Rhin et les Vosges, eurent pour conséquence l'adoption d'un nouveau système, d'après lequel on a créé de nouvelles places, renforcé les anciennes en les couvrant par des forts détachés qui les mettent à l'abri d'un bombardement, et relié, autant que possible, les diverses forteresses de l'E. par une rangée ininterrompue de forts d'arrêt, rappelant, dans leur ensemble, la muraille de Chine, de manière à empêcher de ce côté l'invasion des frontières. Le caractère original de cette méthode, proposée au conseil supérieur de défense par le général Seré de Rivière, directeur des fortifications, c'est donc la substitution des forts isolés aux villes entourées d'enceintes bastionnées. On ne fortifie plus les villes; mais on les protège. A partir de 1874, les travaux furent poussés avec énergie et la France y a dépensé plus d'un demi-milliard. On les interrompit un instant en 1875-'76, au moment où les Allemands, inquiets du prompt relèvement de la France, nous menacèrent d'une nouvelle invasion. (Voy. ALLEMAGNE.) Ils furent repris aussitôt que ce danger fut passé et on les continua, sans désemparer, jusqu'à leur achèvement. Notre frontière de l'E. se couvrit d'une ligne impénétrable de forts détachés, soutenus de loin en loin par d'immenses forteresses, d'après le modèle allemand des *camps retranchés*, si bien que notre pays est aujourd'hui, du côté de l'E. tout au moins, à l'abri d'une invasion. Il reste, sans doute, à faire un peu au S.-E. et beaucoup au S., du côté de l'Espagne; mais l'on a couru d'abord au plus pressé. — Les fortifications de nos côtes sont également anciennes et réclament des modifications. — Rien d'officiel n'a été publié sur l'état de nos fortifications, les travaux se sont faits en silence sous le regard curieux des Allemands. Aujourd'hui qu'ils sont à peu. près terminés, il n'existe aucun danger à en donner la liste. — Sur la frontière belge-luxembourgeoise, de nombreuses anciennes petites places ont été déclassées. On conserve : DUNKERQUE, dont on a refait l'enceinte (1873) et qui est aujourd'hui défendu par les forts des *Dunes*, *Louis* et *François*; l'ancien fort *Risban* fait partie de l'enceinte; BERGUES, avec la batterie de la *Maison-Blanche*, les forts de *Quaëdypre* et de *Soex* et la redoute de *Brouckerque;* GRAVELINES, avec des batteries. En arrière se trouve CALAIS, réuni à Saint-Pierre par une nouvelle enceinte, formée de 12 fronts bastionnés et précédée, à des distances de 8 à 10 kil., par les forts du *Mont-Couple*, de *Saint-Inglevert*, de *Fiennes*, de *Marck* et *Nieulay*. Saint-Omer est déclassé, ainsi que la petite forteresse d'Aire, défendue par le fort *Saint-François*, que l'on conserve. Nous trouvons ensuite la grande place de LILLE, transformée

en ce qu'on appelle aujourd'hui un camp retranché et autour de l'enceinte de laquelle on a élevé, à des distances de 5 à 6 kil., les nouveaux forts de *Boudues* au N., du *Vert-Galant*, de *Premesques* et d'*Englos* à l'O., de *Seclin*, de *Sainghin*, avec plusieurs batteries permanentes au S., de *Mons-en-Barœul* et de la *Lionderie* à l'E.; Lille devrait, en cas de siège, être occupée par une garnison de 15,000 hommes. Au S. de cette vaste position fortifiée, on rencontre sur la Scarpe la petite place de DOUAI et le fort de la *Scarpe* et ARRAS (qui doit être déclassé); sur l'Escaut, CONDÉ, VALENCIENNES, où l'on a construit le fort de *Curgies* et plusieurs autres ouvrages; BOUCHAIN, CAMBRAI, dont l'enceinte a été déclassée, mais qui conserve sa citadelle; sur la Sambre, MAUBEUGE, dominée de toutes parts, mais dotée d'ouvrages extérieurs qui la garantissent d'un bombardement (forts de *Cerfontaine*, d'*Haumont*, de *Greveau*, de *Leveau*, de *Sartz* et d'*Assevent* et qui en font un camp retranché; LANDRECIES. L'espace entre la Sambre et l'Escaut (30 kil.) est protégé par le QUESNOY, relié à Valenciennes par les ouvrages d'*Onnaing*, de *Romblies* et de *Notre-Dame*. Entre la Sambre et la Meuse (50 kil.), la trouée de l'Oise n'est défendue que par le fort d'arrêt de *Hirson* et par ROCROY. Sur la Meuse , nous trouvons d'abord la grande place de GIVET, composée de quatre parties: *Givet-Saint-Hilaire*, fort de *Charlemont* sur la rive gauche, *Givet-Notre-Dame* et *Mont-d'Haurs* sur la rive droite. En arrière de cette importante position offensive, on rencontre MÉZIÈRES-CHARLEVILLE, place dominée par des hauteurs d'où les canons rayés ont beau jeu; mais on a construit au S. de la ville le fort des *Ayvelles* qui, avec l'ancienne *citadelle* et plusieurs batteries annexes, pourra protéger notre frontière. Sedan, si tristement célèbre, a été déclassé : c'était une position encaissée, presque intenable, dès que l'ennemi s'est emparé des hauteurs qui la dominent. Entre la Meuse et la frontière d'Allemagne, on a démantelé ou délaissé la plupart des petites places munies d'enceintes (Donchery, Mouzon, Stenay, Saint-Michel, Carignan, Rodemach, Sierck), dont les fortifications d'un autre âge n'étaient dangereuses que pour les habitants bombardés. On n'a conservé que LONGWY et MONTMÉDY, dont les anciennes défenses exigent impérieusement de profondes modifications. En supposant qu'un ennemi venant de Belgique envahisse la France, il trouverait, en arrière des forteresses dont nous venons de parler, la *citadelle* d'Amiens et la place de PÉRONNE, toutes les autres fortifications de la vallée de la Somme (Abbeville, ville d'Amiens, Ham, Saint-Quentin) ayant été déclassées. Dans la vallée de l'Oise, l'envahisseur rencontrerait la *citadelle* de Guise, à portée de la formidable position de LAON-LA-FÈRE, vaste camp retranché comprenant, outre les citadelles transformées de Laon et de *la Fère*, de nombreux forts : *Mayot*, *Vendeuil*, *Liez*, *Frières*, *Amigny*, *Effécourt*, *Saint-Jean* et plusieurs batteries autour de la Fère ; forts de *Laniscourt*, de *Montberault*, de la *Malmaison*, de *Condé-sur-Aisne*, des redoutes et des batteries annexes autour de Laon. — En face de l'Allemagne, l'art de nos ingénieurs militaires a déployé ses ressources en partant de ce principe qu'une guerre future serait d'abord défensive, parce que l'armée ennemie serait plus vite concentrée sur ses frontières que la nôtre et pourrait nous attaquer de suite. Tout a été, pour ainsi dire, à créer, puisque l'Allemagne nous a enlevé nos principaux points fortifiés qui sont devenus, pour elle, autant de places offensives rendues formidables par de nouveaux forts souvent dominés par des tourelles cuirassées. Metz, ancien boulevard de la France, étant aujourd'hui la pointe du poignard que l'Allemagne tend

vers le cœur de notre pays, il a fallu créer un bouclier capable de nous préserver; VERDUN se désignait de lui-même par sa situation. Tout y était à refaire. Ses fortifications comportent aujourd'hui 11 ouvrages, sur un périmètre de 40 kil. environ : fort *Marre* et plusieurs redoutes sur la rive gauche de la Meuse; forts *Houdainville*, *Tavanne*, *Rozelier* et différentes redoutes sur la rive droite. Au N. de la trouée de Spada, on a construit les forts de *Troyon* et de *Génicourt*, qui battent tous les débouchés et remplissent l'intervalle de 27 kil. qui existe entre Verdun et les routes aboutissant à Saint-Mihiel, où se dresse le fort inexpugnable du *Camp des Romains*. Plus au S., les forts de *Liouville*, de *Gironville* et de *Lucey* arrêteraient une armée par le croisement de leurs feux sur chaque dépression de terrain (rive droite de la Meuse). Ainsi se trouve défendue la trouée depuis Verdun jusqu'à TOUL, qui est devenu d'une importance capitale, et où l'on a créé de nombreux fortsdestinés à étendre son action sur un périmètre de 35 kil. : *Saint-Michel*, *Ecrowes*, *Domgermain*, du *Tillot*, *Dommartin*, *Gondreville*, *Villey-le-Sec* et différentes redoutes. Le fort de *Bourlemont* est situé vis-à-vis de Neufchâteau et commande, de ce côté, la vallée de la Meuse. En avant de Toul, et au milieu de notre nouvelle frontière avec l'Allemagne, à mi-chemin entre le Luxembourg et les Vosges, se trouve la position de NANCY, que l'on a d'abord protégée par les ouvrages de *Frouard* et de *Pont-Saint-Vincent*, auxquels on a dû ajouter les forts de *Custines*, de la *Rochotte*, d'*Amance*, de *Pulnoy*, de *Senoncourt*, de *Gérardcourt* et des *Baraques de Ludres*. En arrière de la ligne de la Meuse, celle de l'Argonne n'est défendue que par *Vitry-le-Français*, place sans valeur. L'intervalle entre Pont-Saint-Vincent et les forts avancés d'Epinal est de 48 kil.; on l'a protégé par les travaux d'arrêt dont le principal est le fort de *Manonviller* EPINAL, tête de pont sur la Moselle, présente aujourd'hui un front impénétrable formé par un cercle de forts : *Dogneville*, *Longchamps*, *Razimont*, de la *Mouche*, *Uxegney*, *Girancourt*, du *Roulon* et du *Bambois*. Ses fortifications se continuent au S.-E. par d'*Arches* (vallée de la Vologne), de *Remiremont* (vallée de la Moselote), de *Rupt*, de *Château-Lambert* ou du *Ballon de Servance*, qui empêchent de pénétrer sur la frontière depuis Epinal jusqu'à la trouée de Belfort, défendue par les forts de *Giromagny*, du *Salbert*, du *Mont-Vaudois*, de la *Chaux*, du *Mont-Bart*, du *Lomont*, par de nombreuses batteries, par le château de *Montbéliard* et par les ouvrages immédiats de BELFORT : enceinte agrandie qui s'appuie aux anciens forts des *Barres*, de *Bellevue*, de la *Miotte*, de la *Justice*, des *Hautes* et des *Basses-Perches*, mais est protégée au loin par les forts *Roppe*, *Essert*, *Vezelois*, le tout ayant un développement d'environ 35 kil. Comme positions de seconde ligne, un ennemi envahisseur rencontrerait le camp retranché de LANGRES, dont la citadelle (construite sous Louis-Philippe) est soutenue aujourd'hui par les forts du *Peigney*, de la *Bonnelle*, de la *Marnotte*, de *Buzon*, du *Cognelot*, de *Dampierre* (véritable petite place à 16 kil. de Langres), de *Plesnoy*, de *Saint-Menge*, de la *Pointe de Diamant* et par d'autres ouvrages qui donnent au camp un développement de plus de 50 kil. Et en supposant que l'ennemi, ne pouvant s'emparer de Langres, descendît la vallée de la Saône pour passer dans celle de la Seine, il rencontrerait le nouveau camp retranché de DIJON, formé par un grand cercle de forts: la *Motte-Giron*, *Hauteville*, *Asnières*, *Varois*, *Sennecy*, *Beauregard* et *Mont-Afrique*. Dans la même vallée, la petite place d'AUXONNE a été améliorée. Après avoir triomphé des obstacles qui barrent la trouée de Belfort, un ennemi qui voudrait descendre la vallée du Doubs se trouverait en face de Besançon que sa position dans un pays accidenté rendrait assez difficile à attaquer. Les principaux ouvrages de cette forteresse étendue sont: la citadelle, une *double couronne*, les forts *Est* et *Ouest des Buis*, le *Vieux fort de Montfaucon*, le *Nouveau fort de Montfaucon*, les forts de *Fontaine*, de *Beauregard*, de *Bregille*, *Chaudanne*, *Benoit*, de *Chailluz*, de *Planoise*. Enfin un ennemi entrant en Champagne, pour marcher sur Paris, aurait encore à prendre *Nogent-sur-Seine*, le fort de *Surville*, qui domine Montereau, et le fort d'*Hautvillers*, près d'Épernay. Mais le point où il serait forcément arrêté, c'est Reims, ville autrefois ouverte, aujourd'hui fortifiée d'une manière formidable: forts de *Vitry* et de *Nogent-l'Abbesse* sur le piton de Berru, fort de *Brimont* sur le piton du même nom; forts *Saint-Thierry*, de *Vrigny*, de *Bouilly*, de *Nanteuil*, de *Montbré*, etc. En supposant qu'une immense armée envahissante pût se diviser sans danger pour marcher vers Paris, tête et cœur de la France, elle trouverait dans notre capitale, une forteresse autrement imprenable qu'en 1870. Nous ne répéterons pas ici ce que nous avons déjà dit à notre article Paris, auquel nous renvoyons le lecteur. Nous ajouterons seulement que pour établir le blocus complet de Paris, il faudrait la réunion de toutes les forces armées de deux grandes puissances au moins; et que ce blocus, même dans de pareilles conditions, deviendrait impossible si, après avoir fortifié la grande ville de Rouen, on la réunissait à la place de Paris, par une ligne de forts commandant le cours de la Seine.— Du côté de la Suisse, les frontières n'ont pas été négligées; on a construit deux nouveaux forts en avant de Montbéliard près de la frontière, où l'étroit défilé du Doubs forme une excellente défense naturelle jusqu'au fort de Pont-de-Roide, dont les batteries dominent celles de l'ancien fort d'arrêt de *Blamont* et sont dominées elles-mêmes par celles de la batterie des *Roches*. On a dû fortifier *Morteau*, position très importante, qui commande plusieurs passages. A 35 kil. au S. de Morteau s'ouvre le débouché de Pontarlier, barré par les forts de *Joux* et du *Larmont* (transformés) et par d'autres ouvrages nouveaux. La vallée de Joux est défendue par le fort des *Rousses*, qui date de 1841 et que l'on a mis à l'abri d'un bombardement par la nouvelle batterie du *Risoux*. Plus au S., en face de Genève, les défilés sont barrés par les forts de l'*Écluse*, de *Chatillon*, de *Michaille*, de *Pierre-Chatel* et des *Bancs*, avec plusieurs redoutes. Une grande partie de la Savoie est neutralisée le long de la frontière suisse. En arrière de notre première ligne de forts, un ennemi qui parviendrait à la violer, rencontrerait au N. la grande place de Besançon, dont nous avons parlé plus haut; au S. de celle-ci, Salins, dominé par les forts *Saint-André* et *Belin*; puis en arrière, Auxonne et Dijon déjà cités; une armée étrangère pénétrant sur notre territoire par les défilés du S. tomberait sur les vastes fortifications de Lyon, dont il sera question plus loin.— Avant la réunion en un seul royaume des divers États d'Italie, on pouvait négliger les fortifications qui commandent les passages des Alpes; mais il a fallu ensuite les réparer, les agrandir, ou les reconstruire et en créer de nouvelles. Les débouchés de la Tarentaise sont maîtrisés par la position d'Albertville, au centre des forts de *Conflans*, du *Mont*, de *Lestal*, du *Lançon*, de *Villard-Dessous*, du *col de Tamié* et de plusieurs batteries. Les défilés de la Maurienne, sont rendus impénétrables par les ouvrages de l'*Esseillon*, les forts *Montperché*, *Montgilbert* et plusieurs batteries. Comme position de seconde ligne, il y a le fort *Barraux*, qui ferme la vallée de l'Isère et qui précède la grande forteresse de

Grenoble, autrefois composée de la citadelle appelée la *Bastille* et du fort *Rabot*; on y a ajouté les forts du *Bourcet*, du *Murier*, de *Saint-Eynard*, des *Quatre-Seigneurs*, de *Montavie*, de *Comboire* et de *Saint-Nizier*, avec des batteries. Le dernier boulevard de ce côté est Lyon, dont les anciennes défenses, reconnues insuffisantes, ont été remplacées par une grande ceinture de forts et de batteries: *Mont-Verdun*, des *Carrières*, du *Narcel*, du *Mouton*, du *Clos-Roux*, de *Montcelard*, de *Brussin*, de *Lorme*, de *Montcorin*, de *Champvillard*, de *Damette*, etc., sur la rive droite de la Saône et du Rhône; de *Fezin*, de *Corbas*, de *Bron*, de *Parilly* et de *Lessigac*, sur la rive gauche du Rhône; de *Vancia*, de *Sermenaz* et de *Satonay*, entre la Saône et le Rhône. La vallée de la Durance est barrée par les positions du *Puis-Rostan* et du *Pallon*, et surtout par la forteresse de Briançon, avec *enceinte* à pic, forts *Dauphin*, des *Trois-Têtes*, de *Randouillet*, d'*Anjou*, de l'*Infernet*, de la *Croix-de-Bretagne*, et nombreuses batteries. Les chemins muletiers qui convergent dans le Queyras sont surveillés par le *Château-Queyras*, incapable de résister à l'artillerie; mais un peu plus loin se trouve *Mont-Dauphin*, dû à Vauban et amélioré de nos jours. Embrun est déclassé. Le col de l'Argentière et la vallée de Barcelonnette ne peuvent être franchis sans vaincre la résistance des forts *Tournoux* et *Saint-Vincent*, enceintes de redoutes et de batteries. Il y avait aussi la Seyne, que l'on a déclassée. Plus bas, sur la vallée de la Durance se dresse la petite place de *Sisteron*, dont la citadelle est forte et bien armée. *Colmars*, sur le *Verdon*, et *Entrevaux*, sur le *Var*, se recommandent à l'attention de nos ingénieurs. La grande et belle ville de Nice est devenue le pivot de la défense des Alpes-Maritimes. Au centre de la position se trouve le fort de la *Revère* (703 m.) soutenu par des batteries qui commandent la route de Tende et la Turbie; le fort de la *Tête-de-Chien* bat la route de la Corniche et celui de *Rimiés* défend la vallée du Paillon. En arrière de Nice se trouvent: *Villefranche*, fortifiée du côté de la mer seulement; *Antibes*, dont le fort *carré* ne résisterait pas à l'explosion des obus; et enfin Toulon, base de la défense de la Provence, protection de Marseille. Toulon se compose d'une *enceinte* nouvelle, reliée au fort *Malbousquet*; en avant de la ville, on a construit un grand nombre d'ouvrages, dont les principaux sont les forts et les batteries qui dominent le *Faron*, clef de la position (forts *Faron*, de la *Croix-Faron*, grand-*Saint-Antoine*) ceux d'*Artigues*, de *Sainte-Catherine*, presque abandonnés; de *Lamalgue* et du *Cap-Brun*; le grand fort nouveau de la *Colle-Nègre*; ceux de *Thouars*, de *Coudon*, de la *Tête-de-l'Aigle*, des *Six-Fours*, *Napoléon* et *Saint-Elme*. Quant à Marseille, on n'y trouve plus de murailles ni de défenses du côté de terre. — Le long des frontières espagnoles, les fortifications existantes remontent à une époque éloignée et demandent des améliorations qui deviennent de plus en plus urgentes. L'Espagne se repeuple et se réorganise; elle pourrait faire une diversion dans un moment où nous serions occupés au N.-E. Il n'est donc pas logique, dans ces circonstances, de garantir seulement notre poitrine et nos flancs et de laisser notre dos presque à découvert. Le col du Perthus, dans les Albères, est défendu par la place de Bellegarde, facile à tourner, en mauvais état, et d'ailleurs dominée par des hauteurs. Entre cette place et la mer, de nombreux sentiers sont barrés par le fort *Saint-Elme*, qui occupe une belle position et le fort *Carré*, qui n'est pas un ouvrage sérieux. Port-Vendres n'a pas de fortifications du côté de la terre et Collioure est déclassé. A l'O. de Bellegarde, les sentiers sont surveillés par *Pruts-de-Mollo*, emplacement d'un camp retranché dont le fort *Lagarde* est

le réduit; ensuite se trouve le fort des *Bains*, puis Montlouis, sur le col de la Perche, place de guerre la plus élevée de France (1,600 m.), dans un bel emplacement et muni de nombreux abris; puis encore *Villefranche* sur la Tét, dont le fort, taillé dans le roc, est malheureusement dominé par une montagne espagnole. La vallée de la Tét, par laquelle l'ennemi peut facilement entrer en France, est donc dépourvue de fortifications suffisantes. Perpignan et sa citadelle pourraient résister à un envahisseur, mais non lui barrer le chemin. A partir de Mont-Louis, on ne trouve aucune défense, de notre côté des Pyrénées, jusqu'à l'ancien fort de *Lourdes* qui ne sert plus que de prison. S'il y a pourtant quelques cols, des ports et des vallées par où l'ennemi pourrait insulter notre frontière. Beaucoup plus loin nous arrivons aux basses Pyrénées, où nous trouvons d'abord le *Portalet* ou fort d'*Urdos*, ouvrage moderne avec batteries souterraines, creusées dans le rocher pour battre la route de Jaca-Oloron, puis *Saint-Jean-Pied-de-Port*, avec château, redoutes et mur crénelé, dans une belle position, en face de la gorge de Roncevaux. La vallée de la Bidassoa, si bien fortifiée aujourd'hui chez les Espagnols, forme de notre côté une ouverture qu'il conviendrait de barrer solidement. On y trouve quelques redoutes, sur la côte. Plus loin, nous avons Bayonne, avec *enceinte* bastionnée, citadelle de *Saint-Esprit* et quelques retranchements. — Défense des côtes. Sur la mer du Nord, la France possède Dunkerque, avec une bonne rade, assez bien défendue, du côté de la mer, par des fronts et des batteries; puis *Gravelines* et Calais, protégé par six batteries. Sur le Pas-de-Calais, on trouve le port de Boulogne, important et défendu seulement par cinq batteries; puis Dieppe, jadis si redoutable, ayant aujourd'hui trois batteries à l'entrée de son port. Le Havre, grande ville en pleine prospérité, autrefois très bien défendue, aujourd'hui dominée par les forts de *Sainte-Adresse*, de *Tourneville* et du *Mont-Joly*; du côté de la mer, il y a des batteries de côtes. En face du Havre, la vieille ville d'Honfleur essaye de se relever; on vient d'y construire la batterie de *Villerville*. Sur la côte du Calvados, il n'y a que des plages de bains, des havres de pêcheurs ou des ports de commerce sans importance: Trouville, Caen, Isigny. La Hougue, sur la presqu'île du Cotentin, possède une bonne rade dont on n'a jamais su tirer parti et qui est faiblement protégée par les forts de l'île Saint-Marcouf, de la Hougue, par la batterie de *Tatihou* et par d'autres ouvrages. Cherbourg, que Vauban appelait l'auberge de la Manche, et qui est aujourd'hui le ch.-l. de notre 1er arr. maritime, doit au désastre de la Hougue (1692) l'importance qu'on lui a donnée par des travaux coûteux qui ne sont même plus à la hauteur des progrès faits par l'art de l'offensive. Les abords de la rade sont protégés par plusieurs forts: *Querqueville*, *Chavagnac*, *Central* (avec brise-lames), île *Pelée*, du *Roule*, *Honcet* et des *Flammands*. L'arsenal de la marine est entouré d'une enceinte bastionnée. Quelques batteries sont établies sur la côte qui s'étend entre le cap de la Hague et le port de Granville, où se trouvent le fort de la *Roche-Gâutier* et plusieurs ouvrages. En face des îles anglo-normandes, que l'Angleterre a rendues inattaquables, nous avons les îles Chausey où l'on a élevé les forts *Chausey* et du *Phare*. La baie du Mont-Saint-Michel ne possède plus aucune défense, sauf dans sa partie N.-O., où le mouillage de Cancale est garanti par le fort de l'île des *Rimains* et par la batterie de la *Barbe-Brûlée*. Plus loin, à l'O., Saint-Malo, revendique la brillante position qu'il a occupée sous le règne de Louis XIV; sa rade est bonne et son port serait facilement amélioré. Cette ville se montrerait encore, le cas échéant, digue de son passé; elle est assez bien défendue actuellement par les forts du *Nay*, de la *Cité* et de *Châteauneuf*. La vaste baie de Saint-Brieuc, si bien disposée et renfermant de nombreux ports, a été négligée. Au delà de Paimpol, on a laissé subsister les fortifications de l'île Bréhat (réduit *central*, batteries de *Gœrzeva* et de *Rozedo*). La baie de Morlaix est défendue par le château du *Taureau*, le fort *Bloscon* et les batteries de l'île de *Batz*. A l'extrémité occidentale de la côte de Bretagne, il n'y a d'autre fortification au N. que le fort *Cézon*, construit sur un îlot devant la baie de l'Aber-Vrach. Presque toute cette partie de notre *frontière maritime*, depuis Dunkerque, occupe donc une situation peu rassurante, si l'on songe que la France n'a pas dit son dernier mot dans l'histoire et qu'elle peut être entraînée à lutter contre une nation puissante en mer. — Sur l'Océan, nos côtes sont moins exposées; mais là encore il est à regretter que l'on n'ait pas accompli tout ce qu'il était facile de faire. BREST n'a rien à redouter : la nature a commencé son invulnérabilité; Duquesne, Vauban et d'autres l'ont achevée. Au loin se dresse *Ouessant*, qui signale l'approche d'une flotte ennemie. Le goulet de la rade, large d'un kil. et demi, est rendu inviolable par 5 forts sur la côte de Léon et par 5 batteries sur celle de Cornouailles; toutes les anses de débarquement sont protégées par de puissants travaux. La ville est entourée d'une enceinte bastionnée construite par Vauban (1681-'89) et d'une ceinture de 7 forts: *Portzic*, de *Montbaray*, de *Kéranroux*, de *Questelbras*, de *Penfeld* à l'O. de Pen-ar-Créach et de *Guelmeur* à l'E.; il y a de plus le fort *Bouguen*, au N. du port militaire et le fort de *Quélern* qui a remplacé les anciennes *lignes de Quélern*, en haut des escarpements formés par la presqu'île du même nom. Ensuite, on ne rencontre plus que quelques batteries (de *Combrit*, de *Bénodet*, de *Concarneau* et de *Penfret*, dans l'une des îles de Glénan) jusqu'à LORIENT, ch.-l. du 3ᵉ arr. maritime. Lorient est entouré d'une vieille enceinte bastionnée qui ne protégerait pas la ville du côté de terre, où l'on ne trouve pas de forts avancés. Les passes de la rade sont battues par les feux croisés de différentes batteries, dont quelques-unes se trouvent sur l'île de Groix. Port-Louis n'a d'autres défenses que les lignes de *Loc-Malo*. Sur un rocher, au milieu de l'isthme de Quiberon, a été établi le fort *Penthièvre*, qui empêcherait de déboucher les ennemis débarqués sur la presqu'île après avoir éteint le feu des batteries qui le protègent. Au loin, Belle-Ile-en-Mer possède une belle rade, défendue par trois batteries et par la citadelle du *Palais*, commencée en 1572, terminée sous le second Empire. On possède plus de fortifications jusqu'à l'embouchure de la Loire, pour la défense de laquelle on a construit diverses batteries. Noirmoutier possède aussi des batteries. L'île Dieu a le fort de *Pierre-Levée* et quatre batteries. On trouve des batteries aux Sables-d'Olonne et à la Rochelle. *Saint-Martin-de-Ré* possède une citadelle; *Oléron* a son château. En avant de ROCHEFORT, ch.-l. du 4ᵉ arr. maritime, les rades des *Trousses* et des *Basques* sont protégées par le fort *Boyard*, situé sur un rocher isolé, par les ouvrages de l'île d'*Aix* et par des batteries placées soit sur la côte, soit sur l'île d'Oléron. Le pertuis de Maumusson est battu par le fort *Chapus*; l'entrée de la Charente est défendue par l'île *Madame* et le fort de la *Pointe*. La ville est entourée d'une enceinte. Pour protéger l'entrée de la Gironde, on a établi le fort de *Royan* et la batterie de *Susac* au N.; le fort de *Verdon* au S. L'ennemi qui aurait vaincu cette résistance, rencontrerait plus haut, avant d'arriver à Bordeaux, trois ouvrages battus par des feux croisés pour-

raient l'arrêter; ce sont : la citadelle de *Blaye*, le fort *Pâté*, au milieu du fleuve, et le fort *Médoc*. C'est là tout ce qui couvre la grande ville de Bordeaux. La côte aride et inhospitalière qui s'étend au S. de la pointe de Grave, n'a pas besoin d'être fortifiée, jusqu'à l'embouchure de l'Adour. Là se trouve BAYONNE, dont nous avons déjà parlé. Au S., le mouillage de Saint-Jean-de-Luz est défendu par le fort de Socoa. — Sur la Méditerranée, il y aura également beaucoup à faire, quand on se décidera à mettre nos défenses en état de résister aux moyens modernes d'attaque. Les batteries de *Port-Vendres*, reconnues insuffisantes, doivent être dominées par le grand fort du cap *Béar*, qui dominera le port et la rade. On a déclassé les fortifications de CETTE, sauf le fort *Richelieu*, qui doit-lui-même être abandonné et remplacé par le réduit *Saint-Clair*, sur le sommet d'une montagne. L'entrée du port de *Bouc*, sur le magnifique golfe de Berre, n'est défendue que par deux batteries. MARSEILLE serait aussi facile à bombarder qu'Alexandrie d'Egypte, si l'on ne se bâtait de fortifier convenablement les îles du château d'If, Ratonneau et Pomègue; on a remanié ou construit les batteries qui protègent la rade; mais ces travaux sont insuffisants. Il faudrait aussi défendre la Ciotat où se trouvent les immenses chantiers des Messageries maritimes. La rade et les abords du port militaire de TOULON sont garantis par de nombreuses batteries et par les canons de plusieurs des forts dont nous avons déjà donné la liste. A l'E. de la rade de Toulon se trouve la rade d'Hyères protégée par le fort *Brégançon* sur le continent et par différentes batteries, dont plusieurs se trouvent à *Porquerolles* et à Port-Cros. Le *Golfe de Jouan* possède également des batteries; le port d'*Antibes* est défendu par un bastion de la place et par le fort *carré*. On a remanié les batteries de *Villefranche*. Pour les fortifications de NICE, voir plus haut. — Une armée d'envahisseurs ne rencontrerait en CORSE que bien peu d'obstacles. La route de Corte à Ajaccio est barrée, au col de Vizzanova, par le vieux fortin de la *Foce* qui est encore classé. On a dû renforcer les quelques batteries de la rade de Saint-Florent, la meilleure de l'île. *Bastia* est fortifiée, ainsi que *Bonifacio* et *Calvi*; mais tous ces travaux sont anciens. *Ajaccio* possède toujours sa vieille citadelle — En Algérie, qui est pourtant une précieuse possession, on n'a encore rien fait, et cette brillante colonie, cette annexe de la France, est à la merci du premier peuple qui, pourra la débarquer des troupes suffisantes. Il n'y a de fortifications terrassées qu'à *Oran*, *Alger* et *Bone*; ailleurs on rencontre çà et là, quelques batteries. Les forts de l'intérieur peuvent résister aux indigènes.

• **PLACÉ, ÉE** part. passé de PLACER. Mis à une place. — AVOIR LE CORPS BIEN PLACÉ, LA POITRINE, LES ÉPAULES BIEN PLACÉES, les avoir dans la position où il convient. — AVOIR LE CŒUR BIEN PLACÉ, avoir de l'honneur, de la vertu, n'avoir que des sentiments d'honnête homme. On dit, dans le sens contraire, AVOIR LE CŒUR MAL PLACÉ. — CELA N'EST PAS BIEN PLACÉ, se dit d'une chose que l'on improuve pour quelque manque de convenance. — C'EST UN HOMME QUI SERAIT PLACÉ PARTOUT, BIEN PLACÉ PARTOUT, c'est un homme fait pour être bien reçu dans les sociétés les plus distinguées; c'est un homme qu'on pourrait appeler aux emplois qui exigent le plus de talent.

• **PLACEMENT** s. m. Action de placer de l'argent. Se dit aussi de l'argent placé : *il cherche à faire un placement*. — BUREAU DE PLACEMENT, établissement dans lequel on procure diverses places d'employés, de domestiques, à ceux qui en ont besoin; et des

employés, des domestiques, aux personnes qui en manquent.

• **PLACENTA** s. m. [pla-sain-ta] (lat. *placenta*, gâteau). Anat. Masse charnue et spongieuse, qui est à l'extrémité du cordon ombilical, et par laquelle le fœtus s'attache à la matrice et reçoit la nourriture que lui fournit le corps de sa mère : *le placenta, l'amnios et le chorion composent l'arrière-faix*. — Partie intérieure du fruit à laquelle les semences ou graines sont immédiatement attachées. — ENCYCL. Le placenta est, chez les mammifères les plus élevés, l'organe temporaire destiné à fournir le sang dans des conditions appropriées à la nutrition du fœtus. Ses différentes formes de développement ont conduit von Baer, Milne-Edwards et Huxley à établir une division parmi les mammifères qui en sont pourvus. Chez les femmes, c'est un organe simple, circulaire, aplati, lobulé, composé des extrémités capillaires des artères fœtales hypogastriques et de la veine ombilicale, et d'un fin tissu cellulaire qui reçoit le sang maternel des tortueuses artères utérines. Le placenta est remplacé par une villosité vasculaire diffuse du chorion chez les pachydermes ordinaires et chez les cétacés. Chez les marsupiaux, le placenta est absent, et le chorion cesse d'être vasculaire.

PLACENTAIRE adj. Qui appartient au placenta ou qui s'y rapporte.

PLACENTATION s. f. Bot. Mode de disposition des placentas dans l'intérieur de l'ovaire ou du fruit.

PLACENTIA. Voy. PLAISANCE.

• **PLACER** v. a. (rad. *place*). Situer, mettre dans un lieu : *il importe de bien placer un bâtiment, une maison*. — Se dit quelquefois, absol., en parlant de celui qui est chargé de donner, d'indiquer les places, dans une cérémonie, dans une assemblée : *il fut chargé de placer*. — Jeu de paume. PLACER LA BALLE, la pousser de manière qu'elle aille frapper où l'on veut : *il place bien la balle*. On dit, dans le même sens, CE JOUEUR DE PAUME PLACE BIEN SON COUP. On dit aussi, en termes d'Escr. PLACER BIEN SON COUP. — Man. PLACER UN HOMME A CHEVAL, le mettre à cheval dans la position où il doit être. PLACER UN CHEVAL, le maintenir en équilibre dans tous les mouvements qu'on lui fait exécuter; ou simpl., le mettre dans une certaine position pour le faire voir. — PLACER UN PROPOS, UN MOT, etc., le dire en un certain moment, en une certaine occasion et pour un certain effet : *cet homme place bien, place mal ce qu'il dit*. — PLACER BIEN SES CHARITÉS, SES AUMÔNES, faire ses charités, ses aumônes avec choix, avec discernement. On dit de même, PLACER BIEN SES GRACES, SES FAVEURS, SES BIENFAITS, SES LIBÉRALITÉS, choisir des personnes de mérite pour faire du bien. — PLACER BIEN, PLACER EN BON LIEU SON AFFECTION, SON AMITIÉ, SA CONFIANCE, donner son affection, son amitié, sa confiance à des personnes qui en sont dignes. — PLACER DE L'ARGENT, mettre de l'argent à intérêt, le faire profiter, soit par contrat de constitution, soit autrement; en acheter des maisons, un domaine, des terres, etc. : *il a beaucoup d'argent, et il ne trouve point à le placer*. — PLACER UNE PERSONNE, lui donner, lui procurer un emploi, une condition : *il avait trois enfants, et il les a tous placés avantageusement*. — Fig. et au sens moral : *son génie l'a placé au premier rang des écrivains célèbres, dans les premiers rangs de la littérature*. — Se placer v. pr. se mettre : *placez-vous où vous pourrez*. — Entrer dans une maison pour quelque travail, pour quelque service : *il s'est placé chez un marchand de vin*. — Fig. *Il s'est placé au rang des plus fameux héros*.

• **PLACER** s. m. [pla-sèr] (esp. *placel*, banc de sable). Mot employé en Californie et en

Australie pour désigner les emplacements où l'on trouve de l'or.

* **PLACET** s. m. (dimin. de *place*). Petit siège, sans bras et sans dossier : *un placet dur.* On dit aujourd'hui, TABOURET.

* **PLACET** s. m. (lat. *placet*, il plaît; de *placere*, plaire). Demande succincte par écrit, pour obtenir justice, grâce, faveur, etc. : *on présente des placets aux tribunaux pour obtenir audience.* Excepté dans cette phrase, il a vieilli : on dit, PÉTITION.

Voilà un singulier placet au roi :

Prince, le suppliant, de vingt enfants le père,
Sans compter le terme courant,
Jeune encor, se verroit réduit à la misère,
S'il déployait tout son talent.
Cependant, de mon roi le plus riche apanage
Est un grand nombre de sujets,
Je dois, pour l'enrichir, poursuivre mon ouvrage,
Ou je trahis ses intérêts.
O toi, qui par l'État nous montres tant de zèle,
Daigne m'affranchir des impôts!
A mon prince, à ma femme, à mon devoir fidèle,
Je continuerai mes travaux.

— On appelait *placet* une demande succincte, formée par écrit pour obtenir justice, grâce ou faveur. On présentait des *placets* au roi, aux ministres, et, en général, à toutes les personnes constituées en dignité, ou revêtues de quelque portion de la puissance publique, lorsqu'on voulait obtenir quelque faveur. Dans les sièges de justice où les affaires étaient nombreuses et où toutes les parties ne pouvaient être entendues, on remettait un *placet* au premier magistrat, pour obtenir audience. — On donne encore de nos jours le nom de *placet* à une sorte de *note* signée d'un avoué qui est portée par le greffier sur le registre appelé *rôle général*, pour l'ordre des présentations de toutes les causes. A Paris, l'avoué perçoit, par coutume, un droit de 3 fr. pour rédaction de *placet*; mais la loi ne parle pas de ce droit.

PLACEUR, EUSE s. Celui, celle qui place; qui fait le placement. — Adj. *Commis placeur.*

PLACIDAMENTE ou **Placido** (mot. ital.). Mus. Tranquillement.

* **PLACIDE** adj. (lat. *placidus*). Doux, paisible, calme : *son air placide inspirait la confiance.*

PLACIDE (Saint), moine bénédictin, mis à mort à Rome vers l'an 539. Fête le 5 oct.

* **PLACIDEMENT** adv. Avec placidité.

PLACIDIE, *Galla Placidia Augusta*, impératrice romaine et fille de Théodose le Grand, morte à Ravenne en 450. Faite prisonnière par Alaric au siège de Rome, elle devint l'épouse d'Ataulphe, beau-frère du vainqueur. Ataulphe ayant été tué à Barcelone, Placidie fut réduite à l'esclavage et rachetée par les Romains. Ayant réussi à faire monter sur le trône d'Occident le jeune et incapable Valentinien Ier, son fils, elle régna sous son nom pendant 35 ans.

* **PLACIDITÉ** s. f. Douceur naturelle, caractère calme : *au milieu de ces scènes violentes, il gardait sa placidité.*

* **PLACIER** s. m. Comm. Celui qui place des marchandises, des ouvrages de librairie : *un bon placier.*

PLACOÏDE adj. (gr. *plax*, plaque, *eidos*, aspect). Icht. Qui est irrégulièrement couvert de plaques semblables à de l'émail. — s. m. pl. Division des poissons cartilagineux, dans l'ancien système d'Agassiz, comprenant les requins et les raies, et caractérisée par une peau couverte irrégulièrement de plaques émaillées ou parsemées de boutons osseux et rugueux, ressemblant à la surface d'une peau de chagrin. Les poissons de cette division comptent parmi les plus élevés, et beaucoup sont vivipares.

* **PLAFOND** s. m. (rad. *plat*, et *fond*). Archit. Surface plane et horizontale qui forme, dans une construction, la partie supérieure d'un lieu couvert : *le plafond des temples égyptiens était peint en bleu.* — Surface, plate ou même cintrée, de plâtre ou de menuiserie, et quelquefois ornée de peintures, qui forme le haut d'une salle, d'une chambre, etc. : *les plafonds sont faits pour cacher les poutres et les solives.* — PLAFOND DE CORNICHE, le dessous du larmier. — Peint. Ouvrage destiné à décorer un plafond, une voûte, et qui, devant être vu de bas en haut, exige dans les figures certaines dispositions, certains raccourcis : *un plafond du Corrége.*

* **PLAFONNAGE** s. m. Action de plafonner, travail de celui qui plafonne : *le plafonnage de cet appartement a coûté fort cher.*

* **PLAFONNER** v. a. Couvrir le dessous d'un plancher; garnir de plâtre ou de menuiserie le haut d'une salle, d'une chambre, etc. : *il a fait plafonner son appartement.* — Peint. PLAFONNER UNE FIGURE, donner à une figure peinte sur un plafond le raccourci nécessaire pour que, vue de bas en haut, elle fasse un bon effet. On dit aussi neutralement. CETTE FIGURE PLAFONNE, elle est bien conforme aux règles de la perspective, en sorte qu'elle paraît telle qu'on a voulu la représenter.

* **PLAFONNEUR** s. m. Celui qui plafonne, qui fait des plafonds de plâtre.

* **PLAGAL** adj. m. Mus. Voy. MODE.

* **PLAGE** s. f. (lat. *plaga*). Rivage de mer plat et découvert : *les navires étaient à l'ancre le long de la plage.* — Poétiq. Contrée, climat : *il n'y a point de plage si lointaine où le bruit de ses victoires n'ait pénétré*

* **PLAGIAIRE** adj. (lat. *plagiarius*). Qui s'approprie ce qu'il a pillé dans les ouvrages d'autrui : *auteur plagiaire.* — s. m. *C'est un plagiaire.*

* **PLAGIAT** s. m. (lat. *plagium*). Action du plagiaire : *cet auteur est accusé de plagiat.*

PLAGIOSTOME adj. (gr. *plagios*, transversal; *stoma*, bouche). Icht. Qui a la bouche oblique ou transversale. — s. m. pl. Sous-ordre de poissons cartilagineux, comprenant les requins et les raies, qui jouissent, à certains points de vue, de l'organisation la plus élevée de leur classe. Ils correspondent aux sélachiens de Cuvier et aux placoïdes d'Agassiz.

* **PLAID** s. m. [plè] (bas lat. *placitum*, assemblée publique, ainsi dite parce que les édits de la convocation portaient : *Quia tale est nostrum placitum*, — car tel est notre bon plaisir). Ce que dit un avocat pour la défense d'une cause. En ce sens, il n'est guère usité que dans la locution proverbiale, PEU DE CHOSE. PEU DE PLAID, il ne faut pas de longs discours pour éclaircir, pour vider une affaire de peu de conséquence; ou bien, la chose dont on parle ne vaut pas la peine d'être contestée. — TENIR LES PLAIDS, tenir l'audience.

Autrement, serviteur, et mon homme est aux plaids.
J. RACINE.

LES PLAIDS TENANTS, à l'audience. LES PLAIDS SONT OUVERTS, les juges recommencent à donner audience. — Prov. ETRE SAGE AU RETOUR DESPLAIDS, perdre l'envie de plaider après avoir soutenu et perdu quelque procès.

* **PLAID** s. m. Manteau écossais.

* **PLAIDANT, ANTE** adj. Qui plaide : *les parties plaidantes.* — AVOCAT PLAIDANT, avocat qui fait profession de plaider; par opposition à AVOCAT CONSULTANT, celui qui ne fait que donner des consultations.

PLAIDABLE adj. Qui peut être plaidé.

PLAIDAILLER v. n. [ll mll.]. Faire de nombreux procès.

PLAIDAILLEUR s. m. Celui qui a la manie de plaider.

* **PLAIDER** v. n. Contester quelque chose en justice : *il y a dix ans qu'ils plaident l'un contre l'autre.*

L'un veut plaider toujours, l'autre toujours juge.
RACINE.

— Défendre, soutenir de vive voix la cause, le droit d'une partie devant les juges : *il plaide pour un tel contre un tel.* — v. a. *Cet avocat a bien plaidé votre cause.* — PLAIDER UNE CAUSE, se dit, fig. et en général, de celui qui prend la défense de quelqu'un, ou qui appuie de raisons l'opinion qu'il soutient : *il a bien plaidé une mauvaise cause.* — PLAIDER QUELQU'UN, lui faire un procès, l'appeler en jugement : *il a été obligé de plaider son tuteur pour lui faire rendre compte.* — Palais. PLAIDER UN FAIT, UN MOYEN, avancer, soutenir un fait, employer, faire valoir un moyen en plaidant : *le fait que cet avocat a plaidé n'est pas exact.* — ON A PLAIDÉ QUE... on a avancé en plaidant que... Prov. et fam. PLAIDER LE FAUX POUR SAVOIR LE VRAI, dire à quelqu'un une chose qu'on sait être fausse, pour tirer de lui le secret de la vérité.

PLAIDERIE s. f. Chicane, manie de plaider.

* **PLAIDEUR, EUSE** s. Celui, celle qui plaide, qui est en procès : *la condition des plaideurs est malheureuse.* — Celui, celle qui aime à plaider, à chicaner : *c'est un plaideur fieffé.*

PLAIDOIRIE s. f. Art de plaider une cause; profession et exercice qu'on en fait : *s'exercer à la plaidoirie.* — Action de plaider : *pendant la plaidoirie de cette cause, on a tâché d'accommoder les parties.*

* **PLAIDOYABLE** adj. m. Palais. Se dit des jours d'audience, des jours où l'on peut plaider : *il fut assigné au premier jour plaidoyable.* (Vieux.)

* **PLAIDOYER** s. m. Discours prononcé à l'audience pour défendre le droit d'une partie : *cet avocat a fait un beau plaidoyer.*

* **PLAIE** s. f. (lat. *plaga*). Solution de continuité, ordinairement sanglante, faite aux parties molles du corps par quelque accident, par quelque blessure, ou par la corruption des humeurs : *tout son corps n'est qu'une plaie.* — LES PLAIES DE NOTRE-SEIGNEUR, ou LES CINQ PLAIES, les blessures qui furent faites à JÉSUS-CHRIST le jour de sa passion. — NE DEMANDER QUE PLAIES ET BOSSE, souhaiter qu'il y ait des querelles, des procès, qu'il arrive des malheurs, dans l'espérance d'en profiter, ou par pure malignité. — PLAIE D'ARGENT PEUT SE GUÉRIR, ou PLAIE D'ARGENT N'EST PAS MORTELLE, se dit en parlant d'une dépense imprévue et fâcheuse, mais qui ne ruine pas, d'une perte d'argent qui peut se réparer, qu'on peut supporter. — LES PLAIES DES ARBRES, les ouvertures qui se font, qui sont faites à l'écorce des arbres. — Fig. Cicatrice : *il montrait ses plaies pour rappeler les combats où il s'était trouvé.* — Ce qui est très préjudiciable à un État, à une nation, à un particulier : *le désordre des finances est la plaie de cet empire.* — Prov. METTRE LE DOIGT SUR LA PLAIE, indiquer nettement ce qui cause une situation fâcheuse, un peuple, une famille, un individu. — Écrit. LES PLAIES D'ÉGYPTE, les fléaux dont Dieu punit l'endurcissement de Pharaon. — FRAPPÉ D'UNE PLAIE, DE PLAIES, accabler d'un ou de plusieurs fléaux. — ENCYCL. On donne le nom de *plaie* à toute solution de continuité des tissus vivants quand elle n'est causée ni entretenue par aucun vice intérieur. Les plaies ont été divisées en *plaies par instrument tranchant*, en *plaies par instrument piquant*, en *plaies par instrument contondant ou par armes à feu*, en *plaies par arrachement*, en *plaies par morsure* en *plaies venimeuses* et en *plaies ulcéreuses*. — I. PLAIE PAR INSTRUMENT TRANCHANT. Lorsque se produit une *plaie* par

incision, on s'efforce d'en obtenir la réunion immédiate par *première intention*, c'est-à-dire sans donner lieu à suppuration, ce qui arrive presque toujours lorsque la plaie est peu profonde. On lave d'abord cette plaie et on la débarrasse des corps étrangers qu'elle peut renfermer, on attend que le sang cesse de couler et on procède au rapprochement des bords de l'incision soit avec du taffetas d'Angleterre si la plaie est superficielle, soit avec des bandelettes agglutinatives si elle est profonde, soit enfin au moyen de quelques points de suture comme dans les cas de division étendue du cuir chevelu, de section des lèvres ou des parois du bas ventre. Si la plaie suppure, on la recouvre d'un linge fenêtré enduit de cérat frais recouvert de plumasseaux de charpie destinés à absorber la suppuration. Si la plaie devient blafarde, on l'excite avec l'onguent styrax, ou on cautérise avec le nitrate d'argent, et ou désinfecte avec de l'eau contenant un peu de liqueur Labarraque. En général, il faut éviter sur les plaies récentes les topiques médicamenteux et se borner les jours suivants à des lotions d'eau alcoolisée au cérat frais sur du linge propre. N'employer surtout que des médicaments très frais, dans la crainte d'envenimer la plaie. — II. PLAIES PAR INSTRUMENT PIQUANT. Les plaies de cette nature sont généralement plus dangereuses que celles qui sont produites par des instruments tranchants. D'abord, elles sont plus douloureuses parce qu'il y a ordinairement déchirement des parties. Lorsque la plaie est accompagnée de peu de douleur et d'un léger gonflement, les applications émollientes et résolutives suffisent; mais si elle est suivie de vives douleurs, d'inflammation, de tuméfaction, de fièvre, il faut alors joindre aux émollients l'application d'un nombre suffisant de sangsues autour de la piqûre, pratiquer s'il le faut une saignée et recourir même au débridement qui convertit la piqûre en une simple plaie par incision. En général, ces plaies ne se compliquent de graves accidents que lorsqu'elles ont été produites par un instrument dont la pointe était rude, irrégulière ou bien lorsque des filets nerveux un peu considérables ont été incomplètement déchirés. — III. PLAIES PAR CONTUSION OU PAR ARMES A FEU. Dans les plaies contuses, la suppuration est inévitable; il ne faut donc pas songer à les réduire *par première intention.* (Voy. CONTUSION.) Il en est de même pour les *plaies par armes à feu.* Les accidents peu, attendu que les vaisseaux sont crispés. On observe alors un engourdissement, de la stupeur, de la pâleur, du refroidissement, un pouls concentré et même des syncopes. Il faut avoir soin d'abord d'extraire les corps étrangers que peut recéler la blessure; prévenir l'étranglement inflammatoire des parties blessées; combattre l'inflammation locale et la fièvre par l'emploi des topiques et des antiphlogistiques et apporter dans le pansement de la plaie tout le soin possible. — IV. PLAIES PAR ARRACHEMENT. Elles tiennent des plaies contuses ce qu'il y a dilacération des parties. Il suffit d'égaliser les bords de la plaie en coupant les lambeaux qui pourraient être trop longs et l'on s'efforce d'obtenir la réunion immédiate. Il est rare que ces plaies donnent lieu à des hémorragies; mais elles suppurent presque toujours : irrigation d'eau froide et antiphlogistiques. — V. PLAIES PAR MORSURE. Elles tiennent des plaies par piqûre, par contusion et par arrachement. Elles ne demanderaient de traitement spécial que dans le cas où elles auraient été produites par des animaux venimeux ou enragés. — VI. PLAIES VENIMEUSES. Elles peuvent être produites par la morsure d'animaux venimeux ou enragés ou par piqûres anatomiques. — Aussitôt après l'accident, il faut

laver la plaie à grande eau, lier le membre au-dessus de la morsure ou la piqûre, appliquer une ventouse ou se hâter de cautériser énergiquement la plaie avec le fer rouge ou avec le chlorure d'antimoine. La morsure de la vipère, quoique grave, occasionne rarement la mort. Après avoir empêché l'absorption du virus par le lavage et la ligature, on élargit la plaie pour mieux cautériser et on laisse par-dessus une compresse trempée dans l'alcali. On combat les accidents généraux par les cordiaux et les antiseptiques. Ordinairement le membre se tuméfie considérablement et prend une couleur violette; il y a des nausées fréquentes. — VII. PLAIES ULCÉREUSES. (Voy. ULCÈRES.) La gravité des accidents qui peuvent accompagner ces différentes plaies les a fait classer en *plaies simples,* en *plaies composées* et en *plaies compliquées.* Les premières consistent ordinairement en de simples incisions qui n'intéressent que la peau et qui sont susceptibles de cicatrisation immédiate sans suppuration préalable; les secondes comprennent dans leur étendue la lésion simultanée de plusieurs organes; les troisièmes sont celles qui donnent lieu à de graves complications, telles qu'une abondante hémorragie, le tétanos, la gangrène, etc. (Voy. chacun de ces mots.) Enfin il est des plaies qui de leur nature sont toujours mortelles, comme celles qui atteignent profondément le cerveau, la moelle allongée, le cœur, etc. — PLAIES DES ARBRES. Elles proviennent d'un choc, ou de la dent d'un animal et sont souvent mortelles. On doit laver la plaie, la nettoyer au vif et y appliquer un onguent composé de : cire jaune, 32 gr.; huile, 32 gr.; suif, 16 gr.; goudron, 16 gr.; le tout fondu ensemble, et épaissi par l'addition d'un peu de suie de tuyau de poêle écrasée et tamisée. A défaut de cet onguent, on peut employer de la terre glaise, de l'argile, ou de la boue mêlée à de la bouse.

* **PLAIGNANT, ANTE** adj. (rad. *plaindre*). Palais et Police. Qui se plaint en justice de quelque tort qu'on lui a fait : *la partie plaignante.* — Substantiv. *Ledit plaignant.*

PLAIGNARD, ARDE adj. Qui a coutume de se plaindre.

* **PLAIN, AINE** adj. (lat. *planus*). Qui est uni, plat, sans inégalités : *la bataille s'est donnée en plaine campagne.* — CHAMBRES, PIÈCES DE PLAIN-PIED, chambres, pièces d'un appartement qui sont au même étage et de même niveau : *il y a six chambres, six pièces de plain-pied dans cet appartement.* — Fauconn. CET OISEAU VA DE PLAIN, il plane, il se soutient en l'air sans mouvement apparent des ailes. — VELOURS PLAIN, SATIN PLAIN, velours, satin uni, et où il n'y a nulle façon. LINGE PLAIN, linge uni, à la différence du LINGE OUVRÉ et du LINGE DAMASSÉ, dont on se sert pour la table. On dit plus ordinairement aujourd'hui : *velours, satin, linge uni.*

* **PLAIN-CHANT** s. m. (lat. *planus cantus*). Chant ordinaire de l'église : *cette musique ressemble à du plain-chant.*

* **PLAINDRE** v. a. (lat. *plangere*). Être touché des maux des autres, ressentir de la pitié; témoigner de la compassion qu'on éprouve pour les peines d'autrui.

Si le monde penchant n'a plus que cet appui,
Je le *plains,* et vous *plains* vous-même autant que lui.
J. RACINE. *Alexandre,* acte II, sc. II.

Je me consolerai, si ce fils que je *plains*
Assure par sa mort le repos des Thébains.
J. RACINE. *La Thébaïde,* acte III, sc. IV.

— Employer, donner avec répugnance, à regret, d'une manière insuffisante : *il ne faut point plaindre sa peine pour ses amis.* — NE POINT PLAINDRE L'ARGENT, LA DÉPENSE, aimer à dépenser, dépenser volontiers. — Se plaindre v. pr. — SE PLAINDRE UNE CHOSE,

s'en passer par avarice : *cet homme se plaint toutes choses.* — Se lamenter : *il est malaisé de ne pas se plaindre quand on souffre.* — Témoigner son mécontentement de quelque chose, du mécontentement contre quelqu'un : *il se plaint fort de vous et de la mauvaise réception que vous lui avez faite.* — Palais et Police. Rendre plainte : *se plaindre en justice.*

* **PLAINE** s. f. (rad. *plain*). Plate campagne, grande étendue de terre dans un pays uni : *la Pologne est un pays de plaines.*

Une plaine aujourd'hui, demain une montagne.
COLLIN D'HARLEVILLE. *L'Inconstant,* acte III, sc. XII.

— PLAINE D'EAU, grande étendue d'eau, calme et unie : *le lac formait une immense plaine d'eau.* — Poétiq. LA PLAINE LIQUIDE, la mer. — S'est dit sous la Convention des bancs de cette Assemblée où s'asseyaient les députés d'opinion modérée : *il siégeait à la plaine.* S'est dit aussi du parti que formaient ces députés. Dans les deux acceptions, il est opposé à MONTAGNE.

* **PLAIN-PIED** s. m. Logement, appartement composé de pièces de niveau : *il y a beaucoup de plain-pied dans cette maison.* On dit dans le même sens, UN plain-pied, un beau plain-pied. — De plain-pied adverbial. Sans aucune difficulté : *de la salle on entre de plain-pied dans le jardin.* — CELA VA DE PLAIN-PIED, cela va sans dire, cela va sans difficulté.

* **PLAINTE** s. f. (rad. *plaindre*). Gémissement, lamentation : *s'abandonner aux cris et aux plaintes.*

Je l'attends, cette mort, et je l'attends sans *plainte.*
J. RACINE. *La Thébaïde,* acte II, sc. II.

— Ce qu'on dit, ce qu'on écrit pour faire connaître le sujet qu'on a de se plaindre de quelqu'un : *former des plaintes contre quelqu'un.* — Exposé qu'on fait en justice du sujet qu'on a de se plaindre : *on lui a donné acte de sa plainte.* — Législ. « La plainte diffère de la dénonciation (voy. ce mot) en ce que la première est une demande de poursuites, et que la seconde est une simple communication. Toute personne peut faire une dénonciation; la partie lésée peut seule former une plainte. Si le fait qui a causé le dommage est une contravention, la plainte doit être portée au commissaire de police, et, dans les communes où il n'y a pas de commissaire de police, au maire ou à l'un de ses adjoints. S'il s'agit d'un crime ou d'un délit, la plainte est adressée : soit au juge d'instruction du lieu où le fait a été commis; soit à celui du lieu dans lequel le prévenu est résidant ou a été trouvé; soit au procureur de la République qui transmet la plainte au juge d'instruction, avec son réquisitoire; soit à un officier de police qui la renvoie au procureur de la République; soit enfin au procureur général près la cour d'appel, qui renvoie également la plainte au procureur de la République. Lorsque le fait commis est un délit ou une contravention, la partie lésée a la faculté de citer directement l'auteur de ce fait et ceux qui en sont responsables devant le tribunal compétent; mais si le fait commis est un crime, le ministère public a seul le droit en poursuivre le coupable. Les plaintes sont rédigées par les plaignants, ou par le procureur de la République lorsque celui-ci en est requis; elles sont signées, sur chaque feuillet, par les auteurs de la plainte et par l'officier de police qui la reçoit. Les plaignants ne sont réputés parties civiles que s'ils le déclarent formellement, soit dans la plainte elle-même, soit en tout état de cause par un acte subséquent et avant la clôture des débats. Ils peuvent se désister dans le délai de vingt-quatre heures (C. inst. crim. 11, 63 et s., 275). Toute plainte reconnue mal fondée peut donner lieu à une demande de dommages-intérêts formée par la partie injustement poursuivie (C. civ. 1382). » (CH. Y.)

* **PLAINTIF, IVE** adj. Qui a l'accent de la plainte : *voix plaintive.* — Se dit aussi des personnes, et signifie, qui se plaint souvent, à tout propos, qui fatigue les autres par ses plaintes : *c'est un homme plaintif.* Poétiq. *Mânes plaintifs; ombres plaintives.*

* **PLAINTIVEMENT** adv. D'un ton plaintif, d'une voix plaintive : *réciter plaintivement.*

* **PLAIRE** v. n. (lat. *placere*). Agréer, être agréable, causer à quelqu'un un sentiment ou une sensation qu'il aime à éprouver : *cet homme-là me plaît beaucoup.*

Je lui vais dire, moi, la chose comme elle est;
Que je m'en l'aime plus et qu'une autre me *plaît.*
COLLIN D'HARLEVILLE. *L'Inconstant,* acte II, sc. v.

— CELA VOUS PLAÎT A DIRE, locution fam. servant à faire connaître qu'on ne convient pas de ce qui vient d'être dit, ou à énoncer un refus : *vous prétendez que c'est un bonhomme; cela vous plaît à dire.* — v. impers. S'emploie en parlant d'une chose qu'on veut, qu'on a pour agréable : *il a plu à Dieu de finir ses misères.*

Vous *plaît*-il un morceau de ce jus de réglisse ?
Tartufe, acte IV, sc. v.

Jean cache ses vers et fait bien;
Il se dit, pourtant grand poète :
Tout ce qu'il *lui plaira;* sa volonté soit faite,
Pourvu qu'il ne nous lise rien.
LA MONNOYE.

— NOUS VOULONS ET NOUS PLAÎT CE QUI SUIT, formule qui était autrefois employée dans les édits et déclarations du roi. — S'IL VOUS PLAÎT, employé absolument, est souvent un simple terme de civilité : *soyez, s'il vous plaît, persuadé que je vous servirai en toutes choses.* C'est aussi une façon de parler qui ajoute quelque énergie à ce qu'on dit : *croyez, s'il vous plaît, que je sais bien ce que je dis.* — Prov. CELA VA COMME IL PLAÎT A DIEU, se dit d'une affaire dont la conduite est abandonnée, négligée. — Prov. IL EST AUPRÈS DE LUI, DEVANT LUI, A PLAÎT-IL MAÎTRE, se dit d'un homme qui a une complaisance servile pour un autre. — Dans le style fam., une personne qu'on appelle répond quelquefois, PLAÎT-IL? c'est-à-dire, que vous plaît-il? que demandez-vous de moi? Quelquefois aussi on emploie cette phrase pour faire répéter ce qu'on n'a pas bien entendu. — PLAISE A DIEU, PLUT A DIEU QUE, façons de parler dont on se sert pour marquer qu'on souhaite quelque chose : *plaise à Dieu qu'il revienne sain et sauf!* On dit aussi absol. PLUT A DIEU! — A DIEU NE PLAISE, CE QU'A DIEU NE PLAISE, façons de parler dont on se sert pour témoigner l'éloignement ou l'aversion que l'on a pour quelque chose : *à Dieu ne plaise que j'y consente jamais.* — PLAISE, terme de formule dont on se sert dans quelques écrits ou mémoires qu'on présente aux rois, aux magistrats : *plaise à la cour m'octroyer,* etc. Il a vieilli. — Se plaire v. pr. Prendre plaisir à quelque chose : *il se plaît à étudier.* — Aimer à être dans un lieu, s'y trouver bien : *il se plaît à la campagne.*

Comment peut-on *se plaire* en ce maudit Paris?
COLLIN D'HARLEVILLE. *L'Inconstant,* acte Ier, sc. vi.

— Se dit, en ce sens, des animaux : *le gibier se plaît dans les taillis.* — Se dit aussi, fig., des plantes : *la vigne se plaît dans les terres pierreuses.* — SE PLAIRE A SOI-MÊME, être satisfait de soi : *il est trop persuadé qu'il plaît à tout le monde.*

* **PLAISAMMENT** adv. (rad. *plaisant*). D'une manière plaisante, d'une manière agréable : *c'est un homme qui imagine plaisamment les choses.* — Se prend souvent en mauvaise part, et signifie, ridiculement : *il s'était plaisamment imaginé que je n'oserais pas lui résister.* — C'EST PLAISAMMENT RÉPONDRE; C'EST AGIR PLAISAMMENT; C'EST PLAISAMMENT RECONNAÎTRE VOS SERVICES, c'est répondre mal; c'est mal agir; c'est reconnaître mal les services qu'on a reçus de vous.

* **PLAISANCE** s. f. N'est usité que dans ces locutions, LIEU DE PLAISANCE, MAISON DE PLAISANCE, maison de campagne destinée à l'agrément, et qui n'est d'aucun revenu : *il a une maison de plaisance à deux lieues d'ici.*

PLAISANCE, ch.-l. de cant., arr. et à 34 kil. O.-N.-O. de Mirande (Gers), sur l'Adour; 1,000 hab. Tanneries.

PLAISANCE (Ital. *Piacenza*, pia-tchenn'-dza), I, province septentrionale de l'Italie : 2,500 kil. carr.; 225,775 hab. La partie méridionale est montagneuse; la partie septentrionale appartient à la plaine du Pô qui la borne au N. Grande production de grains, de foins, de châtaignes, de vin, d'excellent fromage de Parmesan. — II, ville (anc. *Placentia*), capitale de cette province, sur le Pô, à 60 kil. S.-E. de Milan; 34,985 hab. Elle possède beaucoup de belles églises et de beaux palais, est admirablement percée, et tire de sa forteresse une véritable importance stratégique. Les principales industries sont les tissus de laine et de soie. A 14 kil. au S. environ, se trouve Veleia, surnommée la Pompéi de l'Italie septentrionale, ville engloutie par un éboulement de terrains, probablement pendant le règne de Probus (276-282), et qu'on a découverte en 1760. — Sous l'empire romain, Placentia était une ville florissante de la Gaule Cispadane. En 1126, elle devint république indépendante. Au XIIIe siècle, elle fut gouvernée par des dynasties locales, et plus tard, par les Visconti de Milan, contre lesquels elle se révolta vainement en 1447. Le siège papal s'en rendit maître en 1512, et Paul III la transmit à son fils, Pietro-Luigi Farnèse, avec le duché de Parme, auquel elle fut attachée jusqu'en 1860, époque où les deux duchés furent annexés aux domaines de Victor-Emmanuel. (Voy. PARME.)

PLAISANCE (Duc de). Voy. LEBRUN (Charles-François).

* **PLAISANT, ANTE** adj. (lat. *placens*, qui plaît). Agréable, qui plaît : *je ne trouve pas plaisant que vous me mêliez dans vos discours.* Il est peu usité en ce sens, et ne s'emploie que dans des phrases négatives. — Signifie plus ordinairement, qui divertit, qui fait rire : *il nous a fait un conte plaisant, un très plaisant récit.* — Impertinent, ridicule. En ce sens, il précède toujours le substantif : *c'est un plaisant homme.* — s. m. Celui qui cherche à faire rire par ses actions, par ses propos : *c'est un mauvais plaisant.* — Ce qui fait rire : *il ne faut pas confondre le plaisant avec le bouffon et le burlesque.* — Fam. LE PLAISANT, la chose plaisante, le côté plaisant : *le plaisant de l'aventure, le plaisant de l'histoire fut que...*

* **PLAISANTER** v. n. Railler, badiner, dire ou faire quelque chose pour amuser, pour faire rire les autres : *parlez-vous sérieusement, ou pour plaisanter?* — C'EST UN HOMME QUI NE PLAISANTE PAS, AVEC QUI IL NE FAUT PAS PLAISANTER, c'est un homme exact, rigide, sévère, dur, susceptible. — IL NE PLAISANTE PAS LÀ-DESSUS, il est sévère sur ce chapitre, il veut qu'on soit exact. On le dit aussi dans le sens de : Il prend cette chose, ce discours au sérieux. — v. a. *Ils l'ont tant plaisanté, qu'il n'a pu y tenir.*

* **PLAISANTERIE** s. f. Raillerie, badinerie, chose dite ou faite pour réjouir, pour amuser : *plaisanterie ingénieuse.* — PLAISANTERIE A PART, sérieusement. — ENTENDRE, ENTENDRE BIEN LA PLAISANTERIE, ENTENDRE PLAISANTERIE, prendre bien les choses dites en plaisantant, ne point s'en offenser : *il n'entend pas la plaisanterie.* — IL ENTEND BIEN LA PLAISANTERIE, signifie quelquefois, il sait plaisanter finement, sans offenser. Pour éviter toute équivoque, on dit mieux, IL SAIT MANIER, IL MANIE BIEN LA PLAISANTERIE. — IL N'ENTEND PAS PLAISANTERIE, signifie quelquefois, il est sus-

ceptible; et plus souvent, il est sévère, il veut qu'on soit exact : *il se fait obéir, il n'entend pas plaisanterie.* — Dérision insultante : *ceci a l'air d'une plaisanterie.*

PLAISANTIN s. m. Celui qui aime à faire le plaisant.

PLAISANTIN, INE s. et adj. De Plaisance; qui appartient à cette ville ou à ses habitants.

* **PLAISIR** s. m. (rad. *plaire*). Joie, contentement, mouvement et sentiment agréable excité dans l'âme par la présence ou par l'image d'un bien : *les plaisirs de l'âme, du cœur, de l'esprit, de l'imagination.* — Divertissement : *il met tout son plaisir dans l'étude, il en fait tout son plaisir.* — JOUER POUR LE PLAISIR, POUR SON PLAISIR, ne point jouer d'argent; jouer seulement par divertissement et pour voir qui gagnera la partie. — pl. Tous les divertissements de la vie : *c'est un homme qui est continuellement dans les plaisirs.* Poétiq., dans le même sens, *Les jeux, les ris et les plaisirs.* — LES PLAISIRS DU ROI, toute l'étendue de pays qui était dans une capitainerie royale, où la chasse était réservée pour le roi : *il ne pouvait chasser dans sa terre sans permission, parce qu'elle était dans les plaisirs du roi, ou absol., parce qu'elle était dans les plaisirs.* — MENUS PLAISIRS, petites dépenses que l'on fait pour son divertissement : *il a tant pour mois pour ses menus plaisirs.* — MENUS PLAISIRS, nom qu'on donnait à certaines dépenses du roi, qui étaient réglées par une administration particulière, et qui avaient pour objet les cérémonies, les fêtes, les spectacles de la cour, etc. : *intendant, trésorier des menus plaisirs,* ou simpl., *des menus.* On appelait aussi MENUS PLAISIRS ou HOTEL DES MENUS PLAISIRS, le lieu où étaient les bureaux, les magasins et les ateliers de cette administration : *cette décoration a été peinte aux Menus plaisirs.* — BON PLAISIR, consentement, volonté. ARRÊTER, RÉGLER, TERMINER UNE AFFAIRE SOUS LE BON PLAISIR DE QUELQU'UN, avec son consentement, ou sous la condition qu'il n'y ait rien de fait s'il ne l'approuve pas. — SAUF VOTRE BON PLAISIR, SOUS VOTRE BON PLAISIR, avec votre permission, si cela vous plaît. — BON PLAISIR, se prend aussi, en mauvaise part, pour volonté absolue, capricieuse : *c'est un homme impérieux; il veut que tout aille, que tout se règle selon son bon plaisir.* — LE RÉGIME DU BON PLAISIR, LE GOUVERNEMENT DU BON PLAISIR, régime, gouvernement arbitraire. — Volonté, consentement : *si c'est votre plaisir, j'irai là.* — ARRÊTER, RÉGLER, TERMINER UNE AFFAIRE, SOUS LE BON PLAISIR DE QUELQU'UN, la régler de manière qu'il n'y ait rien de fait s'il n'y consent. — CAR TEL EST NOTRE PLAISIR, NOTRE BON PLAISIR, formule de lettres de chancellerie, par laquelle le roi marquait sa volonté dans les déclarations, dans les édits, etc. — Grâce, faveur, bon office : *c'est un homme qui ne cherche, qui ne demande qu'à faire plaisir.* — Pâtiss. Espèce d'oublie roulée en cornet : *marchande de plaisir.* — A plaisir loc. adv. Avec plaisir, ou avec soin, de manière à faire plaisir : *un meuble fait à plaisir.*

Étale à *plaisir* les plus noires images.
COLLIN D'HARLEVILLE. *L'Inconstant,* acte Ier, sc. x.

— CONTE FAIT A PLAISIR, conte fait exprès pour divertir, conte purement d'invention : *ce que vous nous dites là est un conte fait à plaisir.* — S'INQUIÉTER, SE TOURMENTER A PLAISIR, sans sujet, comme s'y l'on y trouvait une sorte de plaisir. — Par plaisir loc. adv. Pour divertissement : *c'est un homme qui ne travaille à cela que par plaisir.* — Pour essayer, pour éprouver, pour voir si : *ce n'est pas tout le bon, ce n'est que par plaisir.* (Fam.)

* **PLAMÉE** s. f. Chaux dont les tanneurs se sont servis pour enlever le poil des cuirs, et qu'on emploie quelquefois au lieu de plâtre pour bâtir en moellons.

PLAMER v. a. Gonfler, amollir et dégraisser les peaux à l'aide de la chaux.

' **PLAN, ANE** adj. (lat. *planus*). Mathémat. SURFACE PLANE, ANGLE PLAN, FIGURE PLANE, surface sur laquelle une ligne droite peut s'appliquer complètement dans toutes les directions; angle tracé sur une surface plane; figure plate et unie. — CARTE PLANE, carte géographique dans laquelle une portion plus ou moins étendue de la terre est figurée comme si la surface terrestre était plane. On dit aussi, CARTE PLATE. — Opt. MIROIR PLAN, VERRE PLAN, miroir, verre dont la surface est plane; par opposition à MIROIR, VERRE CONCAVE ou CONVEXE.

' **PLAN** s. m. Surface plane, superficie plate. N'est guère usité que dans les mathématiques: *tracer une ligne sur un plan.* — Délinéation, dessin d'une ville, d'une place de guerre, d'un bâtiment, d'un jardin, etc., tracé sur le papier, et représentant la position et la proportion relative de ses différentes parties: *faire, composer, dessiner un plan.* — PLAN GÉOMÉTRAL, celui qui donne la position, la proportion et la forme exacte des différentes parties d'un ouvrage. — PLAN PERSPECTIF, celui qui, après avoir été tracé géométralement, est mis en perspective. — PLAN A VUE D'OISEAU, plan d'un objet, d'un ouvrage vu de haut en bas. — PLAN EN RELIEF, plan géométral sur lequel on place la modèle, la représentation en bois ou en plâtre de chaque objet. — LEVER UN PLAN, prendre les mesures de toutes les dimensions d'un objet, d'un ouvrage, pour en tracer un plan: *lever le plan d'un édifice, d'une place de guerre, d'un terrain.* — FAIRE L'ÉLÉVATION D'UN PLAN, après que la représentation du trait fondamental d'un édifice a été tracée sur le papier, représenter tous les dehors du même édifice en élévation. — Peint. Se dit des divers points plus ou moins enfoncés, sur lesquels sont placés les objets qui entrent dans la composition d'un tableau: *j'aime cette figure qui est sur le premier plan.* — LA DÉGRADATION DES PLANS, la différente diminution des plans, selon qu'ils sont représentés, dans un tableau, comme plus ou moins éloignés. — LES PLANS DE CETTE FIGURE, DE CETTE TÊTE SONT BIEN SENTIS, toutes les formes, tous les passages d'un détail à l'autre y sont bien exprimés et bien à leur place. — Dessein, projet d'un ouvrage: *le plan de son ouvrage est excellent, mais l'exécution n'en vaut rien.* — Par ext. Tout projet qu'on fait pour quelque chose que ce soit: *ce prince avait conçu un vaste plan de domination.* — Mécan. PLAN INCLINÉ, machine simple qui sert à soulever les corps pesants, et qui consiste dans une surface inclinée à l'horizon. L'avantage acquis par le plan incliné est aussi grand que sa longueur l'emporte sur la hauteur verticale; c'est donc le rapport entre la longueur et la hauteur du plan qui donne l'avantage de la puissance. La puissance requise pour produire l'équilibre de force sur un plan incliné peut être déterminée de la manière suivante: Nous supposerons deux cas, l'un dans lequel la puissance est appliquée dans une direction parallèle au plan, et l'autre dans lequel elle est appliquée dans une direction horizontale ou parallèle à la base. Soit m le centre de gravité d'un corps qui peut se mouvoir librement et qui repose sur un plan dont la longueur est a b et dont la hauteur est b c. Soit la perpendiculaire m e tombant

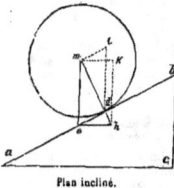

Plan incliné.

du centre de gravité sur le plan; traçons m d perpendiculaire au plan. Supposons que m e représente la force de gravité, m d représentera la pression perpendiculaire au plan et d e ou m l représenteront en quantité et en direction la force avec laquelle le corps tend à descendre le long du plan. Une force égale agissant dans la direction opposée produira donc équilibre. Puisque le triangle m e d est semblable à a b c, nous avons:

$$e\,d : e\,m :: b\,c : a\,b.$$

Conséquemment, quand la puissance est appliquée dans une direction parallèle au plan, l'équilibre existera là où p : w :: la hauteur du plan : la longueur du plan, où

$$p : w :: sin\,a : rayon.$$

Dans le second cas, celui dans lequel la puissance est appliquée dans une direction parallèle à la base, prolongeons m d jusqu'en h et traçons e h parallèle à la base; alors e h ou m k du parallélogramme m e h k représentera la force nécessaire pour produire l'équilibre et m h représentera la pression perpendiculaire au plan. Mais dans ce cas,

$$e\,h : e\,m :: b\,c : a\,c.$$

Donc la puissance : poids : : la hauteur du plan : la longueur de la base du plan, ou

$$p : w :: sin\,a : cos\,a.$$

PLANA (Giovanni-Antonio-Amadeo, BARON DE), astronome italien, né en 1781, mort en 1864. Il fut professeur d'astronomie à Turin, et y devint, en 1813, directeur du nouvel observatoire. En 1810, il publia *Sulla teoria dell' attrazione degli sferoidi ellittici.* Le plus célèbre de ses derniers ouvrages a pour titre: *Théorie du mouvement de la lune* (1832, 3 vol.).

PLANAIRE s. m. (lat. *planus*, plan). Helminth. Famille de vers, où d'annélides, qui comprend des êtres à corps mou, gélatineux, elliptique, qu'on trouve dans l'eau douce et sur le rivage de la mer; leur peau est munie de cils nombreux, et de cellules ressemblant à celles des polypes. Leur intestin, soit simple, soit ramifié, n'a jamais d'orifice anal; le système vasculaire aqueux communique avec l'extérieur; le système nerveux consiste en deux ganglions, devant la bouche, qui sont réunis par un cordon; il y a deux yeux rudimentaires qui varient de deux à seize. On les appelle généralement vers plats, pour les distinguer des némertiens plus allongés.

Planaire.

PLANARD (François-Antoine-Eugène de), auteur dramatique, né à Millau (Aveyron) le 4 fév. 1783, mort à Paris le 13 nov. 1853. Il a laissé un grand nombre de comédies, entre autres: le *Curieux* (1807), le *Faux paysan* (1811), le *Grand Marronnier* (1818), le *Notaire de Moulins* (1828), les *Trois Bijoux*, la *Belle au bois dormant* (1825), le *Marchand forain* (1830), etc.

PLANCHAGE s. m. Ouvrage de planches.

' **PLANCHE** s. f. (bas lat. *planea*). s., morceau de bois refendu, ayant peu d'épaisseur, et plus long que large, dont on se sert principalement dans les ouvrages de menuiserie: *passer un ruisseau sur une planche.* — PLANCHES DE BATEAU, planches de chêne ou de sapin, qu'on tire des débris de bateaux, et dont on fait des cloisons légères. — FAIRE LA PLANCHE AUX AUTRES, être le premier à tenter, à faire quelque chose qui présente ou paraît présenter des difficultés, des dangers: *c'est lui qui fait la planche aux autres;* et absol., *c'est lui qui fait la planche.* — Fig. et fam. FAIRE PLANCHE, se dit aussi d'une chose qu'on fait pour la première fois, et qui pourra être imitée à l'avenir: *cela fera planche pour la suite.* — Natat. FAIRE LA PLANCHE, nager étendu

sur le dos, sans mouvement apparent. — S'APPUYER SUR UNE PLANCHE POURRIE, mettre sa confiance en l'appui d'une personne faible, et dont on ne peut tirer aucun secours. On dit aussi d'une personne de cette sorte, C'EST UNE PLANCHE POURRIE. — C'EST UNE PLANCHE DANS LE NAUFRAGE, se dit d'une dernière ressource que quelqu'un trouve dans son désastre, d'un dernier moyen qu'il a d'échapper à une ruine totale. — C'EST UNE PLANCHE QU'IL A SAUVÉE DE SON NAUFRAGE, se dit d'un faible débris qu'il a conservé de sa fortune. — Théol. C'EST UNE SECONDE PLANCHE, LA SECONDE PLANCHE APRÈS LE NAUFRAGE, se dit du sacrement de pénitence. — MONTER SUR LES PLANCHES, jouer la comédie sur un théâtre public. CET ACTEUR CROIT TOUJOURS ÊTRE SUR LES PLANCHES, il croit toujours jouer la comédie, être en scène. — Feuille de métal préparée pour la gravure, et plus ordinairement plaque de cuivre, ou morceau de bois plat, sur lesquels on a exécuté quelque ouvrage de gravure, pour en tirer des estampes: *on n'a tiré qu'une centaine d'estampes, d'épreuves, et l'on a rompu la planche.* — Estampe tirée sur une planche gravée. On ne le dit guère, en ce sens, que des estampes jointes à un ouvrage pour en faciliter l'intelligence: *il y a plusieurs planches dans ce livre.* — Jard. Petit espace de terre plus long que large, que l'on cultive avec soin, pour y faire mieux venir des fleurs, des légumes, des herbages: *une planche de tulipes, d'anémones.* — Fer de forme particulière que l'on attache au pied des mulets.

PLANCHE. 1. (Jean-Baptiste-Gustave), critique français, né en 1808, mort en 1857. En 1831, il commença à collaborer à la *Revue des Deux-Mondes*, et aida Balzac à publier l'éphémère *Chronique de Paris.* Il consacra cinq années à l'étude des beaux-arts en Italie, et publia des travaux sur les maîtres italiens. — II. (Joseph), professeur et lexicographe, né à Paris en 1763, mort en 1853. Il a rendu aux lettres un signalé service en composant à l'usage des élèves ses *Lexiques* et ces *Dictionnaires* de la langue grecque, qui étaient les premiers essais dans le genre classique. Il a laissé, en outre: *Cours de littérature* (7 vol. in-8°), *Cours de thèmes*, etc.

PLANCHÉIAGE s. m. Action ou manière de planchéier.

' **PLANCHÉIER** v. a. Garnir de planches le sol, le plancher en bas d'un appartement, d'une chambre: *au lieu de faire parqueter sa chambre, il s'est contenté de la faire planchéier.*

' **PLANCHER** s. m. Ouvrage de charpente fait d'un assemblage de solives, recouvert de planches, et formant une séparation horizontale entre deux étages d'un bâtiment; ouvrage de charpente semblable établi sur l'aire d'un rez-de-chaussée: *poser, établir les planchers d'une maison.* — Un appartement étant toujours compris entre deux planchers, la personne qui parle désigne tantôt le plancher d'en bas sur lequel on marche, comme dans ces phrases: *plancher parqueté, plancher carrelé;* tantôt, au contraire, le plancher supérieur, comme dans les phrases suivantes: *les planchers de cet appartement sont plafonnés.* — IL FAUT SOULAGER LE PLANCHER, DÉCHARGER LE PLANCHER, se dit pour faire entendre qu'il y a trop de monde dans une chambre, et qu'il faut que quelqu'un sorte. — IL N'EST RIEN TEL QUE LE PLANCHER DES VACHES, QUE LE MARCHER SUR LE PLANCHER DES VACHES, il y a bien moins de danger à voyager par terre que par mer. — VOUS ME FERIEZ SAUTER AU PLANCHER, vous me poussez à bout, vous soutenez des choses absurdes.

PLANCHES-EN-MONTAGNE (Les), ch.-l. de cant., arr. et à 35 kil. S.-E. de Poligny (Jura), sur les deux rives de Saône; 300 hab.

' **PLANCHETTE** s. f. Petite planche. — Instrument de mathématique propre à lever des plans, et qui consiste en une planche unie sur laquelle on pose une règle que l'on dirige successivement vers les objets que l'on veut relever.

PLANCOËT, ch.-l. de cant., arr. et à 18 kil. N.-E. de Dinan (Côtes-du-Nord); 1,100 hab.

* PLANÇON ou Plantard s. m. Agric. Branche de saule, de peuplier, d'osier, etc., qu'on sépare du tronc pour le planter en terre et en former une bouture : *mettre des plançons en terre.*

PLAN-CONCAVE adj. Phys. Qui a une face plane et l'autre concave.

PLAN-CONVEXE adj. Qui a une face plane et l'autre convexe.

* PLANE s. m. Nom qu'on a donné quelquefois au platane.

* PLANE s. f. Outil tranchant et à deux poignées, dont les charrons, les tonneliers, etc., se servent pour aplanir, pour rendre unis et lisses les bois qu'ils emploient.

* PLANER v. n. Se dit proprement d'un oiseau, lorsqu'il se soutient en l'air sur ses ailes étendues, sans qu'il paraisse les remuer : *un oiseau qui plane en l'air.* — Fig. Considérer de haut : *de cette hauteur on plane au loin sur la campagne.* — Se dit en parlant d'une vue élevée et générale de l'esprit : *son génie plane sur tous les siècles, et embrasse d'un regard la suite des événements.*

* PLANER v. a. Unir, polir avec la plane ou avec le marteau : *planer de la vaisselle d'argent, de la vaisselle d'étain.*

* PLANÉTAIRE adj. Astron. Qui appartient aux planètes, qui concerne les planètes : *système planétaire.* — ANNÉE PLANÉTAIRE, temps qu'une planète emploie à faire sa révolution autour du soleil. — s. m. Machine à rouages qui offre la représentation du système des planètes et qui sert à démontrer et à expliquer les mouvements des corps célestes. Ptolémée imagina les cercles et les épicycles qui distinguent son système, vers l'an 130. Le planétaire de Finée fut commencé vers 1553; celui de Rheita date de 1650. L'orrery ou planétaire anglais fut inventé par l'horloger George Graham, vers 1715, et doit son nom au comte Orrery, aux frais de qui il fut construit.

* PLANÈTE s. f. (gr. *planètès,* vagabond; lat. *planeta).* Astre qui ne luit qu'en réfléchissant la lumière du soleil, autour duquel il se meut dans une orbite presque circulaire: *le cours des planètes.* — IL EST NÉ SOUS UNE HEUREUSE PLANÈTE, se dit d'un homme extrêmement heureux. — PLANÈTES TÉLESCOPIQUES, petites planètes fort nombreuses découvertes entre Mars et Jupiter; on dit aussi *astéroïde* et *planétoïde.* — ENCYCL. Le mot planète était usité autrefois pour distinguer les sept

Jupiter vu au télescope.

corps célestes qui paraissent se mouvoir, d'avec les étoiles qui semblent fixes; il est aujourd'hui appliqué aux huit membres pri-

maires du système solaire, et, par quelques astronomes, aux astéroïdes. Les planètes des anciens systèmes d'astronomie étaient le Soleil, la Lune, Mercure, Vénus, Mars, Jupiter et Saturne. Le système solaire peut se diviser en trois familles distinctes : 1° les quatre planètes, appelées communément planètes terrestres, Mercure, Vénus, la Terre et Mars; 2° (suivant l'ordre de distance) les astéroïdes ou petites planètes; 3° les quatre grandes planètes, Jupiter, Saturne, Uranus et Neptune. Dans cette classification, nous regardons la lune avec les différents satellites qui accompagnent les quatre grandes planètes comme si intimement liés aux planètes auxquelles ils appartiennent, qu'ils ne doivent pas être considérés à part. Les distances relatives entre les huit planètes primaires et le soleil sont indiquées dans le tableau suivant, la distance de la terre étant 1,000 :

Mercure	Vénus	Terre.	Mars.	Jupiter	Saturne.	Uranus.	Neptune.
387	723	1.000	1 524	5.203	9.520	19.183	30.037

Les distances des astéroïdes, d'après cette échelle, varient de 2.200 à 3.400. Il y a une certaine uniformité dans la progression de ces distances (en mettant à part Neptune), ce qui a conduit les astronomes à admettre comme réelle la loi empirique de Bode ou Titius, jusqu'à la découverte que l'orbite de Neptune, y fait exception. La loi de Bode, (voy. Bode) peut s'établir ainsi : Sous les noms des planètes mises en ordre, on place le chiffre 4; puis on écrit successivement les chiffres 0, 3, 6, 12, 24, 48, et ainsi de suite, en mettant le 0 sous Mercure, le 3 sous Vénus, etc. Additionnant les couples de chiffres ainsi obtenus, on a les résultats suivants :

	Vénus	Terre	Mars.	Astéroïdes.	Jupiter.	Saturne.	Uranus.	Neptune.
4	4	4	4	4	4	4	4	4
0	3	6	12	24	48	96	192	384
4	7	10	16	28	52	100	196	388

Les distances réelles données dans la première table s'accordent de très près avec les résultats de la seconde. Ces distances, ainsi mesurées, forment une progression géométrique se doublant à mesure qu'on avance; seulement, dans le cas de Neptune, le multiplicateur passe soudainement de 2 à 4 et 1/2. Quand on considère les dimensions et les masses des planètes, on ne trouve plus aucune uniformité de progression. La table suivante des masses relatives des huit planètes primaires, la terre étant prise comme unité de mille, met en pleine lumière l'irrégularité de la distribution de la matière dans le système solaire :

PLANÈTES.	MASSE.	PLANÈTES.	MASSE.
Mercure......	65	Jupiter.......	300,860
Vénus........	885	Saturne......	89,692
Terre et lune..	1,012	Uranus.......	12,650
Mars........	118	Neptune......	16,776

A quoi il faut ajouter la masse du soleil, 345,000,000, et celle de la famille des astéroïdes, qui est à peine de 250. Les mouvements orbitaux des planètes présentent certains traits d'uniformité : ainsi, chacune de ces planètes suit une orbite à peu de chose près circulaire (bien que, dans certains cas, notablement excentrique en position), toutes les planètes se dirigent dans le même sens, et les plans dans lesquels elles voyagent sont peu inclinés sur l'écliptique, et (en

moyenne) encore moins sur le plan médian du système. La table suivante présente les excentricités (la distance moyenne de chaque planète étant l'unité) et les inclinaisons des orbites sur l'écliptique; il est difficile d'y reconnaître aucune loi relative à la grandeur:

PLANÈTES.	EXCENTRICITÉ.	INCLINAISON.		
Mercure...........	0.205616	7°	0'	8. 2"
Vénus............	0.006833	3	23	30. 2
Terre.............	0.016771	0	0	0
Mars.............	0.093263	1	51	5. 1
Jupiter...........	0.048239	1	18	40. 3
Saturne..........	0.055906	2	29	28. 1
Uranus...........	0.046575	0	46	20. 9
Neptune..........	0.008720	1	46	59. 0

Lagrange fut le premier qui énonça les lois relatives à la stabilité du système solaire; mais c'est Laplace qui établit les importants théorèmes qu'on a justement appelés la Grande Charte du système solaire. Il prouva en 1784 que, dans tout système de corps voyageant dans une même direction autour d'un orbe attractif central, les excentricités et les inclinaisons, si elles sont petites en un temps quelconque, continueront toujours d'être très peu considérables. Les deux théorèmes peuvent s'exposer ainsi : 1° Si la masse de chaque planète est multipliée par le carré de l'excentricité, et ce produit par la racine carrée de la distance moyenne, la somme des produits restera invariable. 2° Si la masse de chaque planète est multipliée par le carré de la tangente de l'inclinaison de l'orbite au plan médian ou fixe, et si ce produit est multiplié lui-même par la racine carrée de la distance moyenne, la somme des produits restera invariable. Ainsi la stabilité du système solaire se trouve assurée pour des périodes, qui, comparées à toutes les unités de temps connues, nous paraissent absolument infinies. Chaque orbite subira de continuels changements d'excentricité et d'inclinaison; mais, au milieu de ce flux continuel, l'excentricité et l'inclinaison du système solaire pris dans son ensemble resteront constantes. — L'éclat relatif du soleil et des corps du système solaire, a été mesuré par Zöllner, et voici le résultat de ses observations ; la dernière colonne montre le percentage d'erreur indiqué dans les résultats séparés.

	RAPPORT		ERREUR P. 100
Soleil et Lune.......	1 à	618,000	1-6
— Mars........	5,994,000,000		5-8
— Jupiter......	5,472,000,000		5-7
— Saturne.....	130,940,000,000		5-0
— Uranus.....	8,486,000,000,000		6-0
— Neptune....	79,620,000,000,000		5-5

— Le nombre des satellites aujourd'hui connus est de vingt, savoir:

Mars....................	2
Terre...................	1
Jupiter..................	4
Saturne.................	8
Uranus.................	4
Neptune................	1
	20

Les deux satellites de Mars ont été découverts par Asaph Hall, professeur à Washington (États-Unis), le 11 août 1877. *Deimos,* satellite le plus éloigné, opère sa révolution autour de la planète en 30 heures 16 minutes; *Phobos,* en 7 heures 38 minutes. Ces deux lunes lilliputiennes n'ont que quelques kil. de diamètre et sont, par conséquent, les plus petits corps célestes observés. Le satellite de la terre est la lune. (Voy. ce mot.) Les quatre satellites de Jupiter ont été bien observés. Ils tournent de l'O. à l'E., autour de cette planète. Trois d'entre eux sont entièrement éclipsés, à chaque révolution de Jupiter, par la grande ombre que celui-ci projète en arrière des rayons solaires. Ces éclipses ont permis aux astronomes de déterminer la rapidité de la lumière; car lorsque Jupiter et la terre se trouvent sur le même côté du soleil, ils sont beaucoup plus rapprochés l'un de l'autre que lorsque le soleil se trouve entre eux deux; la différence entre les deux distances est le diamètre de l'orbite de la terre. Or, dans la première position, nous voyons les éclipses 16 m. 1/2 plus tôt que dans la seconde position; d'où nous concluons que la lumière met 16 m. 1/2 à traverser le diamètre de l'orbite de la terre ou environ 310 millions de kil. Pour les satellites et le système d'anneaux de Saturne, voy. SATURNE. Herschel pensait qu'Uranus, planète découverte par lui le 13 mars 1781, était accompagné de 6 lunes; mais, en réalité, ce grand astronome n'en avait découvert que deux, auxquelles Lassel en ajouta deux autres. — Il existe d'immenses différences dans la densité, la grosseur et la distance de plusieurs planètes, ainsi que dans la quantité de lumière et de chaleur qu'elles reçoivent du soleil. La distance de Neptune au soleil est 80 fois celle de Mercure et cette dernière planète reçoit 6,400 fois plus de lumière et de chaleur que la première. La densité de la terre est d'environ 6 fois celle de l'eau, tandis que la densité de Saturne est moindre que celle de l'eau. Il est remarquable qu'en général la masse d'une planète excède la somme des masses de toutes les autres planètes plus petites qu'elle. La masse du soleil est de plus de 700 fois celle de tous les autres corps, ce qui explique sa position centrale dans notre système solaire. Le centre de gravité de tout ce système se trouve à peine en dehors de la masse du soleil; il est même dans le corps du soleil quand Jupiter et Saturne se trouvent dans des directions opposées par rapport à cet astre. — Outre les planètes proprement dites, dont nous venons de parler, il existe, dans notre système, entre les orbites de Mars et de Jupiter, un grand nombre de petits corps célestes, encore peu connus et dont nous ne savons pas au juste le nombre. Ce sont les ASTÉROÏDES. (Voy. ce mot.) On les distingue par un nom et par un numéro. Les numéros leur sont assignés suivant l'ordre de leur découverte; les noms sont ordinairement tirés des mythologies romaine, grecque, scandinave ou chinoise. Dans la liste qui suit, l'arrangement est chronologique; la dernière colonne de chaque division donne le nombre d'astéroïdes déjà observés par le découvreur. On remarquera que le célèbre PETERS (voy. ce nom) a découvert 44 astéroïdes; Palisa, 39; Watson, 22.

Numéros	NOMS	DÉCOUVREURS	N° du découvreur
1	Cérès	Piazzi	1
2	Pallas	Olbers	1
3	Junon	Harding	1
4	Vesta	Olbers	2
5	Astrœa	Hencke	1
6	Hébé	Hencke	2
7	Iris	Hind	1
8	Flore	Hind	2
9	Métis	Graham	1
10	Hygiea	de Gasparis	1
11	Parthénope	de Gasparis	2
12	Victoria	Hind	3
13	Egérie	de Gasparis	3
14	Irène	Hind	4
15	Eunomia	de Gasparis	4
16	Psyché	de Gasparis	5
17	Thétis	Luther	1
18	Melpomène	Hind	5
19	Fortuna	Hind	6
20	Massalia	de Gasparis	6
21	Lutetia	Goldschmidt	1
22	Calliope	Hind	7
23	Thalia	Hind	8
24	Thémis	de Gasparis	7
25	Phocœa	Chacornac	1
26	Proserpina	Luther	2
27	Euterpe	Hind	9
28	Bellone	Luther	3
29	Amphitrite	Marth	1

Numéros	NOMS	DÉCOUVREURS	N° du découvreur
30	Urania	Hind	10
31	Euphrosyne	Ferguson	1
32	Pomona	Goldschmidt	2
33	Polyhymnia	Chacornac	2
34	Circe	Chacornac	3
35	Leucothea	Luther	4
36	Atalanthe	Goldschmidt	3
37	Fides	Luther	5
38	Leda	Chacornac	4
39	Lætitia	Chacornac	5
40	Harmonia	Goldschmidt	4
41	Daphne	Goldschmidt	5
42	Isis	Pogson	1
43	Ariadne	Pogson	2
44	Nysa	Goldschmidt	6
45	Eugenia	Goldschmidt	7
46	Hestia	Pogson	3
47	Aglaïs	Luther	6
48	Doris	Goldschmidt	8
49	Pales	Goldschmidt	9
50	Virginia	Ferguson	2
51	Nemausa	Laurent	1
52	Europa	Goldschmidt	10
53	Calypso	Luther	7
54	Alexandra	Goldschmidt	11
55	Pandora	Searle	1
56	Meleïe	Goldschmidt	12
57	Mnemosyne	Luther	8
58	Concordia	Luther	9
59	Elpis	Chacornac	6
60	Echo	Ferguson	3
61	Danaë	Goldschmidt	13
62	Erato	Forster	1
63	Ausonia	de Gasparis	8
64	Angelina	Tempel	1
65	Cybele	Tempel	2
66	Maia	Tuttle	1
67	Asia	Pogson	4
68	Leto	Luther	10
69	Hesperia	Schiaparelli	1
70	Panopæa	Goldschmidt	14
71	Niobe	Luther	11
72	Feronia	H.-F. Peters	1
73	Clytie	Tuttle	2
74	Galatea	Tempel	3
75	Eurydice	Peters	2
76	Freïa	d'Arrest	1
77	Frigga	Peters	3
78	Diana	Luther	12
79	Eurynome	Watson	1
80	Sappho	Pogson	5
81	Terpsichore	Tempel	4
82	Alcmène	Luther	13
83	Beatrix	de Gasparis	9
84	Clio	Luther	14
85	Io	Peters	4
86	Semele	Tietjen	1
87	Sylvia	Pogson	6
88	Thisbe	Peters	5
89	Julia	Stephan	1
90	Antiope	Luther	15
91	Ægina	Borrelly	1
92	Undina	Peters	6
93	Minerva	Watson	2
94	Aurora	Watson	3
95	Arethusa	Luther	16
96	Ægle	Coggia	1
97	Clotho	Tempel	5
98	Ianthe	Peters	7
99	Dice	Luther	7
100	Hecate	Watson	4
101	Héléna	Watson	5
102	Miriam	Peters	8
103	Hera	Watson	6
104	Clymène	Luther	7
105	Artemis	Watson	7
106	Dione	Watson	8
107	Camilla	Pogson	7
108	Hecuba	Luther	17
109	Felicitas	Peters	9
110	Lydia	Borrelly	8
111	Ate	Peters	10
112	Iphigenia	Peters	11
113	Amalthea	Luther	18
114	Cassandra	Peters	12
115	Thyra	Watson	10
116	Sirona	Peters	13
117	Lomia	Borrelly	4
118	Peitho	Luther	19
119	Althæa	Watson	11
120	Lachesis	Borrelly	5
121	Hermione	Watson	12
122	Gerda	Peters	15
123	Brunhilda	Peters	15
124	Alceste	Peters	16
125	Liberatrix	Prosp. Henry	1
126	Velleda	Paul Henry	1
127	Johanna	Prosp. Henry	2
128	Nemesis	Watson	13
129	Antigone	Peters	17
130	Electra	Peters	18
131	Vala	Peters	19
132	Aethra	Watson	14
133	Cyrene	Watson	15
134	Sophrosyne	Luther	20
135	Hertha	Peters	20
136	Austris	Palisa	1
137	Melibœa	Perrotin	1
138	Tolosa	Perrotin	2
139	Juewa	Watson	16

Numéros	NOMS	DÉCOUVREURS	N° du découvreur
140	Siwa	Palisa	2
141	Lumen	Paul Henry	2
142	Polana	Palisa	3
143	Adria	Palisa	5
144	Vibilia	Peters	21
145	Aderna	Peters	22
146	Lucina	Borrelly	6
147	Protogeneia	Schulhof	1
148	Gallia	Prosp. Henry	3
149	Medusa	Perrotin	2
150	Nuwa	Watson	17
151	Abundantia	Palisa	4
152	Atala	Paul Henry	3
153	Hilda	Palisa	7
154	Bertha	Prosp. Henry	4
155	Scylla	Palisa	8
156	Xanthippe	Borrelly	7
157	Dejanira	Borrelly	8
158	Coronis	Knorre	1
159	Æmilia	Paul Henry	4
160	Una	Peters	22
161	Athor	Watson	18
162	Laurentia	Prosp. Henry	5
163	Erigone	Perrotin	3
164	Eva	Paul Henry	5
165	Loreley	Peters	24
166	Rhodope	Peters	25
167	Urda	Peters	26
168	Sibylla	Watson	19
169	Zelia	Prosp. Henry	6
170	Maria	Perrotin	4
171	Ophelia	Borrelly	8
172	Baucis	Borrelly	9
173	Ino	Borrelly	10
174	Phædra	Watson	20
175	Andromache	Watson	21
176	Iduna	Peters	27
177	Irma	Paul Henry	6
178	Belisana	Palisa	10
179	Clytemnestro	Watson	22
180	Garumna	Perrotin	5
181	Eucharis	Cottenot	1
182	Elsbeth	Palisa	11
183	Istria	Palisa	12
184	Dejopeia	Palisa	13
185	Eunice	Peters	28
186	Celuta	Prosp. Henry	7
187	Lamberta	Coggia	2
188	Ménippe	Peters	29
189	Phthia	Peters	30
190	Ismene	Peters	31
191	Kolga	Peters	32
192	Nausicaa	Palisa	14
193	Ambrosia	Coggia	3
194	Procne	Peters	15
195	Eurycleia	Palisa	15
196	Philomela	Peters	34
197	Arete	Palisa	16
198	Ampella	Borrelly	11
199	Byblis	Peters	35
200	Dynamene	Palisa	17
201	Penelope	Palisa	18
202	Chryseis	Peters	37
203	Pompeia	Peters	38
204	Callisto	Palisa	19
205	Martha	Peters	39
206	Hersilia	Peters	39
207	Hedda	Palisa	20
208	Lacrimosa	Palisa	21
209	Dido	Palisa	22
210	Isabella	Palisa	23
211	Isolda	Palisa	24
212	Medea	Peters	41
213	Lilæa	Palisa	25
214	Aschera	Knorre	2
215	Œnone	Knorre	2
216	Cleopatra	Palisa	26
217		Coggia	4
218	Bianca	Palisa	27
219	Thusnelda	Palisa	28
220		Palisa	29
221		Palisa	30
222		Palisa	31
223		Palisa	32
224		Palisa	33
225		Palisa	34
226		Palisa	35
227	Philosophia	Paul Henry	7
228		Palisa	36
229		Palisa	37
230	Athamantis	de Ball	1
231		Palisa	38
232	Russia	Palisa	39
233		Borrelly	12

La distance des astéroïdes au soleil varie, d'après Kirkwood, entre 2 fois 20 centièmes (Flora), et 3 fois 95 centièmes (Hilda), la distance de la terre au soleil. Leurs périodes de révolution vont de 1,493 jours à 2,868 jours. La plus grande inclinaison de l'orbite d'un astéroïde sur l'écliptique est de 34° 42' (Pallas); il y en a dix dont les inclinaisons sont de plus de 20°. Les astéroïdes les plus apparents ou été découverts les premiers, comme le montre le tableau suivant :

NUMÉROS DES ASTÉROÏDES.	MAGNITUDES MOYENNES.	NUMÉROS DES ASTÉROÏDES.	MAGNITUDES MOYENNES.
1 — 10	8.5	61 — 70	11.3
11 — 20	9.6	71 — 80	11.6
21 — 30	10.4	81 — 90	11.6
31 — 40	11.0	91 — 100	11.4
41 — 50	10.9	100 — 110	11.5
51 — 60	11.2		

La masse totale des astéroïdes est certainement inférieure au quart de celle de la terre (Leverrier). En supposant que les astéroïdes réfléchissent la lumière solaire comme Mars, on est parvenu à calculer en kil. le diamètre des suivants :

Pallas (2).......................... 267
Junon (3)........................... 160
Vesta (4)........................... 510
Antiope (90)........................ 81
Brunhilda (123)..................... 22
Eva (164)........................... 22
Menippe (188)....................... 19

— En résumé, notre système planétaire, tel qu'on le connaît, se compose de 8 planètes, de 20 satellites et d'un grand nombre de petites planètes ou astéroïdes, entre Mars et Jupiter. Leverrier, considérant que le périhélie de l'orbite de Mercure se meut, chaque siècle, de 40" de plus qu'il ne devrait, en a conclu que cette perturbation est due au voisinage d'une planète intra-mercuriale, à laquelle on a donné d'avance le nom de *Vulcain*; mais ce corps céleste n'a pas encore été découvert. D'autres astronomes pensent qu'il existe, entre Mercure et le soleil, non pas une seule planète, mais une série de petits corps semblables aux astéroïdes.

PLANÉTOÏDE s. m. *(fr. planète; gr. eidos, aspect).* Autre nom des ASTÉROÏDES. (Voy. ce mot; voy. aussi PLANÈTE.)

PLANÉTOLABE s. m. *(fr. planète; gr. lambanô, je prends).* Instrument dont on se servait pour mesurer le cours des planètes.

* **PLANEUR** s. m. *(rad. planer).* Ouvrier qui plane la vaisselle d'argent. — PLANEUR EN CUIVRE, artisan qui plane, dresse et polit les planches de cuivre destinées à la gravure : *atelier de planeur.*

PLANIER (Le), île de l'arr. et à 19 kil. S.-S.-O. de Marseille (Bouches-du-Rhône). Phare électrique inauguré en 1881. Portée de 22 milles marins; intensité du feu : 100,000 becs carcel; par 43° 11' 57" lat. N. et 2° 53' 33" long. E.

PLANIFORME adj. *(lat. planus, plan; fr. forme).* Qui a une forme aplatie.

PLANIMÈTRE s. m. *(lat. planus, plan; gr. métron, mesure).* Machine qui sert à mesurer la surface d'une figure. Le planimètre d'Amsler, aujourd'hui en usage, a été inventé à Brighton, en août 1872.

* **PLANIMÉTRIE** s. f. Géom. Science ou art de mesurer les surfaces planes terminées par des lignes droites ou courbes.

* **PLANISPHÈRE** s. m. *(lat. planus, plan; fr. sphère).* Carte où les deux moitiés du globe céleste sont représentées sur une surface plane, et où les constellations sont marquées. Se dit aussi d'une carte qui représente de même les deux moitiés du globe terrestre : *l'astrolabe est un planisphère céleste, et la mappemonde un planisphère terrestre.*

PLANO (De). Voy. DE PLANO.

PLANORBE s. m. *(lat. planus, plan; orbis, orbe).* Moll. Genre de gastéropodes pulmonés aquatiques, caractérisé par une coquille roulée presque dans un même plan. L'animal, très allongé, rejette par son manteau une abondante liqueur rouge. Le *planorbe corné* (pla-

norbis corneus), large de 25 à 30 millim., est très commun; sa couleur est brun châtain. Le *planorbe caréné* (*planorbis carinatus*), large de 15 millim., a la coquille très aplatie. Le *planorbe tuilé* (*planorbis imbricatus*), large à peine de 2 millim., se trouve sous les herbes aquatiques.

* **PLANT** s. m. *(rad. planter).* Agric. Se dit des jeunes tiges nouvellement plantées ou propres à l'être : *je voudrais bien avoir du plant de cet arbre.* — Se dit aussi d'une certaine quantité de jeunes arbres, etc., plantés dans un même terrain : *un plant d'ormes, d'artichauts.* — JEUNE PLANT, NOUVEAU PLANT, vignes qui ne font que commencer à produire, arbres fruitiers nouvellement plantés, bois jusqu'à l'âge de vingt ou trente ans : *ces jeunes plants viennent bien.*

* **PLANTAGE** s. m. On appelle ainsi, en Amérique, les plants de cannes à sucre, de tabac, etc. : *il y a beaucoup de plantages dans les îles.*

PLANTAGENET, surnom de la famille royale d'Angleterre, depuis Henri II jusqu'à Richard III inclusivement. Ce surnom appartenait primitivement à la maison d'Anjou, et la plupart des historiens trouvent son origine dans l'anecdote de Foulques ou Fulk, premier comte de cette famille, qui, ayant commis quelque crime, alla en pèlerinage à Rome, où il fut fustigé avec des branches de genêt (*plantagenista*), dont il garda le nom.

PLANTAGINÉ, ÉE adj. Qui ressemble ou qui se rapporte au plantain. — s. f. pl. Famille de plantes dicotylédones ayant pour type le genre plantain. Les plantaginées sont des plantes herbacées, ayant des feuilles à nervures parallèles et formant ordinairement une rosette autour du collet de la racine.

* **PLANTAIN** s. m. *(lat. plantago).* Bot. Genre de plantaginées comprenant plus de 120 espèces de plantes herbacées, quelquefois ligneuses à leur partie inférieure, sans tiges, et que l'on rencontre partout, mais principalement dans la zone tempérée de l'ancien monde. Le *plantain à grandes feuilles* (plan-

Plantain à grandes feuilles (Plantago major).

tago major), à feuilles ovales, un peu coriaces, se trouve dans les prés et surtout au bord des chemins. Partout où il y a des habitations on trouve le plantain; c'est une plante qui a toujours suivi les Européens là où ils se sont répandus, si bien que les sauvages de l'Amérique l'ont surnommé *pied de l'homme blanc.* Du milieu de la rosette, formée par les feuilles, s'élèvent une ou plusieurs hampes terminées par un épi de fleurs verdâtres serrées les unes contre les autres et remplacées par une multitude de petites graines que recherchent les oiseaux. Les feuilles un peu astringentes du plantain entrent dans la confection de l'eau de plantain, qui sert de véhicule dans les collyres résolutifs. Le *plantain moyen* (*plantago media*)

a les feuilles ovales, lancéolées et la hampe courte. Le *plantain lancéolé* (*plantago lanceolata*) a des feuilles glabres, radicales, du milieu desquelles s'élèvent une ou plusieurs hampes anguleuses, terminées par un épi hérissé, ovale ou oblong. Cette plante vivace se trouve dans nos pâturages et au bord des bois. Le *plantain corne de cerf* (*plantago coronopus*) a les feuilles allongées couchées sur la terre. Le *plantain psyllium* (*plantago psyllium*) est appelé *herbe aux puces* à cause de ses petites graines d'un brun noirâtre. Ces graines servent à gommer et à blanchir les mousselines, ainsi que celles du *plantain des sables* (*plantago arenaria*) espèce très voisine. — Plantain aquatique, appelé aussi *flûteau* ou *plantain d'eau.* Espèce du genre *alisma* (*alisma plantago*), qui est une des plantes les plus répandues à la surface du globe. C'est une herbe vivace, à feuilles radicales ovales en cœur, à tiges triangulaires élancées et lisses, terminées par des panicules de petites fleurs roses d'un gracieux effet au bord des eaux, pendant tout l'été et une partie de l'automne. La partie solide de la racine contient une matière farineuse dont se nourrissent les Kalmoucks.

Plantain aquatique. — 1. Plante. 2. Fleur. 3 Fruit.

PLANTAIRE adj. *(rad. lat. planta).* Qui appartient à la plante du pied.

* **PLANTATION** s. f. Agric. Action de planter: *ce n'est pas le temps de la plantation.* — Se dit aussi d'une certaine quantité d'arbres plantés dans un même terrain : *il a fait de belles plantations dans sa propriété.* — En Amérique, se dit des établissements que les colons forment dans les terres qu'ils défrichent : *les créoles vivent sur leurs plantations.*

* **PLANTE** s. f. *(lat. planta).* Nom général sous lequel on comprend tous les végétaux, comme les arbres, les arbrisseaux et les herbes : *plante ligneuse ou boiseuse.* — Se prend souvent dans une signification plus restreinte et se dit des herbes, des plantes non ligneuses, par opposition à celles qui le sont : *le tabac est une belle plante.* — Absol. Plante médicinale : *la connaissance des plantes est nécessaire à un médecin.* — JARDIN DES PLANTES, se dit aussi d'un jardin où l'on cultive des végétaux pour l'étude de la botanique : *le jardin des plantes de Paris, de Bordeaux, de Montpellier.* — Particul. Jeune vigne, vigne nouvelle : *du vin d'une nouvelle plante.* — C'EST UNE JEUNE PLANTE QU'IL FAUT CULTIVER AVEC SOIN, se dit en parlant de l'éducation d'un jeune garçon ou d'une jeune fille. — LA PLANTE DU PIED, DES PIEDS, le dessous des pieds de l'homme, la partie des pieds qui pose à terre, et sur laquelle tout le corps porte quand on est debout : *il a la plante des pieds douloureuse.* — LA PLANTE DES PIEDS, signifie, plus particul., l'endroit du dessous des pieds qui est entre les doigts des pieds et le talon : *chatouiller la plante des pieds.* — ENCYL. La plante est un être organisé naissant d'un germe et se nourrissant de substances inorganiques. — *Développement des plantes inférieures.* La plante, dans sa forme la plus rudimentaire, consiste en une substance demi-fluide, le protoplasma, entourée d'une paroi cellulaire, — petit sac du protoplasma. Comme constitution chimique, la paroi est un carbo-hydrate appelé cellulose, et composé de carbone, d'oxygène et

d'hydrogène; le contenu de la cellule appartient aux composés de protéine et aux éléments de la cellulose; on y trouve aussi de l'azote. Ces simples formes de la vie végétale trouvent un exemple dans le *protococcus*, qui, lorsqu'il existe en grand nombre, a l'apparence d'une écume verte ou même rouge, ou dans la *torula*, végétation des ferments. Ces plantes, bien que d'une structure si simple et d'une grosseur si minuscule, quelques-unes n'ayant pas plus de $\frac{1}{7000}$ de centim. de diamètre, tandis que d'autres ont jusqu'à $\frac{1}{7000}$ de millim., accomplissent les deux principales fonctions des plantes plus grandes et plus complexes : elles croissent et se multiplient. Entourée de liquide, la petite plante absorbe sa nourriture à travers sa paroi; elle augmente de volume en s'assimilant cette nourriture; toute petite qu'elle est, elle décompose l'acide carbonique, mettant en liberté l'oxygène et s'appropriant le carbone qu'elle combine avec les autres éléments de la cellulose et du protoplasme, et qui, intimement mêlé à celui qui est déjà dans la plante, en accroît le volume jusqu'à la grandeur propre à l'espèce. Lorsque la croissance est terminée la reproduction commence; le protoplasme se divise en deux, quatre, huit petites masses, ou davantage, autour de chacune desquelles se forme une paroi cellulaire, et finalement ces segments se séparent, atteignent à leur tour la taille d'un individu complet, et répètent cette opération de subdivision. Les plus grandes plantes sont faites de très petites cellules,

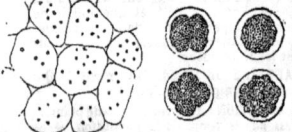

Fig. 1. — Protococcus, plante d'une seule cellule, se multipliant par subdivisions (vu au microscope).

Fig. 2. — Tissu cellulaire et espaces intercellulaires (grossi).

dont chacune, à une certaine phase de leur existence, passe par une période semblable à celle que nous venons de décrire pour le *protococcus*: les plantes supérieures se forment par la division d'autres cellules, et elles atteignent par ce moyen leur taille complète. — *Germination et croissance de la graine*. Le premier rudiment de la plante se trouve dans l'ovule ou graine formatrice. L'ovule dont la nature et la structure seront expliquées plus loin, est le petit corps pulpeux à l'intérieur de l'ovaire, qui doit devenir le péricarpe, lequel deviendra lui-même la graine; une cellule à l'intérieur de l'ovule est le commencement de la plante; celle-ci s'allonge en se subdivisant, et augmente en même temps de largeur, jusqu'à ce que, — prenant la fève commune pour exemple, — il se forme deux lobes épais reliés par une courte tige; lorsque ces parties sont parfaitement formées, toute croissance s'arrête, et la graine est mûre. Les conditions essentielles à la germination sont l'humidité, l'air et la chaleur. Le premier degré de la germination est l'absorption de l'humidité, laquelle doit exister en quantité suffisante; mais, pour les plantes terrestres, elle ne doit pas être en excès, ou la graine pourrait pourrir; en outre, trop d'eau empêche l'accès de l'air, sans l'oxygène duquel la germination n'est pas possible. La température requise varie suivant les graines; tandis que quelques-unes germent à quelques degrés au-dessous du point de la glace fondante, certaines graines de plantes tropicales exigent 40° C. ou davantage pour une heureuse germination. Le temps nécessaire à la germination varie aussi: certaines graines percent en

12 heures; celles de la plupart des céréales, en quatre ou cinq jours; d'autres veulent des semaines, et il y en a plusieurs qui restent inactives un an ou même deux. Le temps que demandent certaines espèces dépend aussi de leur traitement; si elles sont semées dès qu'elles sont mûres, elles germent au printemps suivant; mais si l'on ne le sème qu'au printemps, elles restent inactives jusqu'à l'an-

Fig. 3. — 1. Fleur complète de sedum. 2. Dissection de cette fleur, montrant deux membres de chaque série; sépales, pétales, étamines et pistils.

née suivante. On peut suivre dans la fève la croissance de la jeune plante, car l'embryon peut être considéré comme tel dès que la germination a lieu. L'embryon, lorsqu'il est délivré des tuniques de la graine, consiste en deux feuilles très épaisses et charnues, une tige très courte à laquelle elles sont attachées et, entre elles, quelques feuilles rudimentaires, ou un bourgeon. Les deux feuilles charnues sont les cotylédons, la courte tige est la radicule, et le petit bourgeon, la plumule. La plumule n'est pas d'abord visible dans toutes les graines qui germent, mais elle ne tarde pas à se montrer. Le premier pas vers la croissance est l'allongement de la radicule. Cette croissance est nourrie par les matériaux contenus dans les cotylédons charnus; pendant que la graine se formait et venait à maturité, les cotylédons ont été remplis et gonflés de fécule et d'autres principes similaires; ceux-ci sont maintenant devenus solubles et transportés à la partie où la croissance se produit; ils y sont assimilés par les cellules en train de croître, et servent en partie à former les parois cellulaires, en partie à s'ajouter à leur contenu. Ces changements s'accompagnent d'absorption d'oxygène, de l'oxydation de certains des éléments de la graine, et de l'exhalaison de l'acide carbonique ainsi que de l'hydrogène et de l'azote; ils sont aussi suivis d'un développement de chaleur, qui, lorsque la germination a lieu dans une grande quantité de graines à la fois, comme dans le maltage, se manifeste d'une façon frappante. Avant que la provision d'aliments renfermée dans les cotylédons soit épuisée, la plante se prépare à tirer sa subsistance du sol; des racines, organes spécialement destinés à absorber les liquides, font leur apparition sur la radicule, et, par leur moyen, de l'eau, contenant diverses substances en dissolution, est portée jusqu'à l'intérieur de la plante, où cette sève brute se convertit en composés capables de la nourrir. Bientôt après que les cotylédons de la fève ont paru au-dessus du sol; la plumule augmente de taille; elle s'élève sur une tige; ses feuilles rudimentaires s'agrandissent, s'étendent et découvrent un autre bourgeon, qui, à son tour, est soulevé par la croissance d'une tige et développe ses feuilles, et la croissance

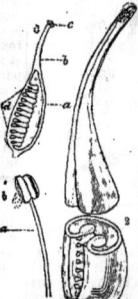

Fig. 4. — 1. Étamine : a, filament; b, anthère déchargeant son pollen. 2. Pistil fendu transversalement. 3. Coupe longitudinale du pistil : a, ovaire; b, style; c, stigmate; d, ovules.

se continue ainsi. Dans la fève, les premières feuilles vont par paire; mais bientôt il n'en paraît plus qu'une à la fois sur la tige, et la plante s'allonge par l'addition successive des feuilles, chaque feuille supérieure étant séparée de celle d'au-dessous par une portion de la tige; les cotylédons, bien qu'ils deviennent verts comme les autres feuilles et qu'ils en remplissent sans doute jusqu'à un certain point les fonctions, tombent au bout de quelque temps. Si l'on examine d'autres graines et qu'on en observe la germination, on trouvera qu'elles passent par le même cours général de phénomènes, mais qu'elles présentent dans leur structure, des différences notables avec ce que nous avons vu dans la fève. Dans beaucoup de graines, la nourriture destinée à la croissance de la jeune plante se trouve au dehors de l'embryon et non en dedans, comme chez la fève; cette matière s'appelle albumen. Dans certaines plantes, il y a deux cotylédons; dans d'autres, il n'y en a qu'un, et d'après ce caractère les plantes à fleurs se divisent en deux grandes classes, les *dicotylédones* et les *monocotylédones*. Même dans l'état tout à fait rudimentaire où nous l'avons prise, la fève qui vient de sortir, suivant l'expression vulgaire, possède tous les organes de végétation dont elle a besoin, tous ceux que, dans l'espèce, elle aura jamais, et, de fait, tous ceux que toute autre plante possède. La racine, la tige et la feuille étant tout ce qui est intéressé dans la croissance de la plante, on les appelle les organes de la végétation; les deux derniers existaient déjà dans la graine, et la racine a été formée dès que la germination a eu vraiment lieu. Dans la plumule, il y a les éléments de la croissance de la plante en hauteur. Chez toutes les plantes, on voit la feuille, et les feuilles, se produire sur la tige ou un point nommé nœud; l'espace entre un nœud et l'autre est l'entre-nœud; la plante, dès lors, quelle que soit la hauteur qu'elle atteigne, présente une succession de nœuds à feuille séparés par des entre-nœuds; — en fait, c'est simplement une répétition de l'embryon qui était une très courte tige ou entre-nœuds, avec une paire de feuilles. Dans la plumule, les feuilles non développées étaient sur de très courts entre-nœuds non développés également, et, à mesure que la croissance s'est produite, ces entre-nœuds se sont allongés et ont grandi, d'abord grâce à la nourriture fournie par les cotylédons, et ensuite grâce à ce que puise la racine. — *Racine*. La racine peut n'exister que pendant une saison (annuelle); elle peut durer deux saisons (bisannuelle), ou persister indéfiniment (vivace). D'une manière générale, ses fonctions sont d'absorber dans le sol l'eau, et ce qu'elle tient en dissolution; elle sert aussi à fixer solidement la plante dans la terre. Si une racine principale s'enfonce dans le sol, projetant de tous côtés de petites ramifications, on l'appelle racine pivotante; mais elle perd souvent son caractère en se divisant en de nombreuses petites branches. Dans quelques plantes, surtout dans les bisannuelles, la racine, outre ses fonctions ordinaires, sert de réservoir de nourriture; les racines de plantes agricoles, la betterave, la carotte, le navet, et d'autres en offrent des exemples. — *Tige*. La fonction propre de la tige est de porter les feuilles à l'influence de la lumière et de l'air, et d'entretenir la communication entre ces organes et la racine, et aussi, généralement, à porter les organes de reproduction. La direction de la tige, depuis la forme rampante du concombre, jusqu'au tronc droit de l'arbre forestier, en passant par la tige couchée du groseillier sauvage et par la tige grimpante du houblon, présente un grand nombre de modifications, qui toutes, dans la technologie de la botanique, ont leurs noms spéciaux. Les tiges vivaces, telles que celles des arbres, sont ordinairement terminées par un bourgeon. Les bourgeons terminaux ne font que prolonger les tiges principales, mais la plupart de ces tiges se ramifient, et les branches, en règle générale, viennent des bourgeons placés à l'aisselle des feuilles, c'est-à-dire à l'endroit où celles-ci se réunissent à la tige; comme les feuilles sont opposées ou alternes, les branches se projettent d'une façon semblable, mais l'arrangement des branches n'est cependant pas aussi symétrique qu'on pourrait le croire, parce qu'il n'y a qu'une petite portion de bourgeons axillaires qui se développent. Dans les arbres et les arbustes, les bourgeons terminaux et axillaires sont préparés d'avance et restent inactifs tout l'hiver. Les bourgeons qui ne sont ni terminaux ni axillaires, mais qui paraissent n'importe où sur la tige sont dits adventifs; il y a des arbres et des arbustes qui les produisent naturellement, tandis que, chez d'autres, cela n'arrive que lorsque les bourgeons réguliers ont été détruits. On a donné des noms spéciaux à certaines formes de la tige : une tige faible et couchée, comme celle du fraisier, est traçante; on appelle gourmand une branche qui part de la tige à un point au-dessous de la surface du sol; le stolon est une tige qui se recourbe et prend racine à son extrémité; on profite, dans la culture, de toutes ces particularités diverses. Ce sont là quelques-unes des formes de la tige sortie de terre; mais celles que l'on trouve au-dessous de la surface du sol sont presque aussi nombreuses et aussi variées; en effet, les portions considérables de la plante, que l'on considère vulgairement comme faisant partie de la racine, parce qu'elles sont sous terre, appartiennent en réalité à la tige. — Feuille. Ce dernier organe de la végétation se trouve décrit dans ses formes et ses fonctions à l'article FEUILLE. — Structure intérieure. Lorsque l'embryon est fertilisé, une nouvelle cellule se forme; la croissance future de l'embryon sera due à la subdivision et à la multiplication de cette cellule; et lorsque la croissance reprend avec la germination, la future plante résulte de la multiplication des cellules contenues dans l'embryon. Le microscope montre que la plante est composée de cellules dans toutes ses parties, cellules qui varient beaucoup de grandeur et de forme, mais qui sont toutes regardées comme des modifications de la cellule simple. Une agrégation de cellules simples forme le tissu cellulaire, tel que celui qu'on trouve dans les portions pulpeuses de la feuille, dans les jeunes tiges, dans les fruits et d'autres parties molles de la plante. La grandeur de la cellule simple varie beaucoup; dans le fruit de l'oranger et des arbres de cette famille, elle est longue d'un demi-centim. à un centim.; mais elle est d'ordinaire beaucoup plus petite: de $\frac{1}{150}$ à $\frac{1}{100}$ de millim. Les parties ligneuses d'une plante montrent des cellules de différentes formes; elles sont souvent plus longues que larges, et sont disposées en long parallèlement à l'axe de la tige; leur plus petit diamètre est de $\frac{1}{400}$ à $\frac{1}{500}$ de centim., et, dans quelques cas, beaucoup plus considérable; elles s'effilent aux extrémités, et se recouvrent les unes les autres de manière à rendre très fort le tissu ligneux qu'elles composent; on donne aussi à ce tissu le nom de fibro-vasculaire. Les cellules de l'écorce intérieure sont habituellement plus longues, plus fines, et plus résistantes que celle du bois ordinaire; on les nomme cellules corticales ou fibres corticales. La cellule est l'organe élémentaire de la plante, dont chacune des parties se compose d'une agrégation de cellules. Dans la graine qui germe, la tige ou radicule est faite principalement de tissu cellulaire; mais il y apparaît de très bonne heure des faisceaux de fibres ligneuses dont le nombre augmente à mesure que la tige monte et produit des feuilles. — Crois-

sance de la tige des dicotylédones. Dans les plantes dicotylédones, les faisceaux fibro-vasculaires sont placés de manière à former un anneau entre le centre et la circonférence de la tige. Dans les tiges annuelles, la fibre ligneuse n'est ni si forte, ni si abondante que dans les tiges vivaces; dans les premières, il y a souvent un espace considérable entre les faisceaux du bois, tandis que dans les secondes, tout est plein et présente comme section un anneau presque complet, séparant la partie centrale ou moelle de la partie extérieure ou écorce. La section d'une tige ligneuse de dicotylédone montre au centre la moelle, puis un anneau de bois, et, extérieurement à celui-ci, l'écorce, avec des rayons médullaires qui traversent le bois et réunissent les différentes parties. La moelle est du tissu cellulaire simple; le bois, outre la fibre ligneuse proprement dite, contient des vaisseaux et des conduits en spirale, souvent assez gros pour être visibles sans verre grossissant. L'écorce, qui, à la première époque de la vie de la tige, était simplement du tissu cellulaire couvert par l'épiderme, se compose, à la fin de la saison, de différentes parties; la portion qui vient immédiatement après le bois de la tige contient des cellules corticales, et devient l'écorce intérieure, ou liber, plus loin se trouve la couche verte qui ressemble beaucoup à la partie cellulaire; cette partie se recouvre bientôt d'une couche de la nature du liège; et c'est à celle-ci qu'est due la couleur que la plupart des tiges ligneuses présentent à la fin de la saison; dans une espèce de chêne, cette couche se développe extraordinairement, et on la sépare pour en faire du liège, substance dont on n'a pas son équivalent. Enfin, tout à fait à l'extérieur, se trouve l'épiderme, qui est une couche de cellules aplaties, à parois épaisses. Dans une tige de ce genre, lorsque la croissance commence, au second printemps, l'écorce se sépare facilement du bois, et entre les deux on trouve une substance mucilagineuse appelée le cambium; elle se compose de cellules en formation, extrêmement délicates, car c'est là qu'a lieu la croissance de la tige; la portion intérieure du cambium appartient au bois, et la portion extérieure à l'écorce; dans l'une il se forme une couche de bois nouveau, extérieurement à l'année précédente, et dans l'autre, il se forme une couche de liber ou d'écorce, intérieurement à celle de l'année d'avant, en même temps que les rayons médullaires s'allongent de manière à traverser aussi le bois de la seconde année. L'augmentation du système ligneux des tiges des dicotylédones ayant toujours lieu par additions à l'extérieur du vieux bois, ces tiges reçoivent le nom d'exogènes, c'est-à-dire croissant à l'extérieur, et ce terme d'exogène s'emploie comme synonyme de dicotylédone, même lorsque la plante est simplement annuelle. — *Tiges des monocotylédones.* Dans les tiges des monocotylédones, la section transversale ne montre pas d'anneau distinct de bois, ni aucune séparation entre la moelle, le bois et l'écorce; mais il y a des faisceaux de fibres ligneuses irrégulièrement répandus à travers tout le tissu cellulaire ou moelle, bien que moins nombreux au centre qu'à la circonférence de la tige; ces faisceaux prennent naissance dans les feuilles, et, à mesure que de nouvelles feuilles se développent, de nouveaux faisceaux pénètrent à travers les parties centrales de la tige, atteignent les racines dans les jeunes plantes, mais, chez les plus vieilles, se recourbent extérieurement et se perdent dans l'écorce. Dans ces tiges, le bois nouvellement formé est déposé dans les vieux faisceaux, et on les dit endogènes ou croissant en dedans, endogène étant synonyme de monocotylédone. Les palmiers sont des exemples d'endogènes parmi les plantes vivaces, et le maïs parmi

les plantes annuelles. — *Tissu épidermique.* L'épiderme couvre toutes les parties de la plante exposées à l'air, excepté le stigmate, où le tissu cellulaire est nu, mais couvert d'ordinaire d'une sécrétion visqueuse. Il se compose d'une couche de cellules vides aplaties avec de nombreuses ouvertures (stomates), ou pores respiratoires; dans certains cas, il y a un dépôt siliceux qui le rend très dur; dans d'autres, il est recouvert d'une sécrétion cireuse, comme dans la fleur du raisin et d'autres fruits et dans les feuilles du chou. — *Physiologie des plantes.* Dans les plantes simples mentionnées au commencement, une seule cellule accomplit toutes les fonctions de croissance et de reproduction; quelle que soit la partie que l'on examine chez une plante élevée, on trouve la cellule sous une forme ou sous une autre, et la croissance, partout où elle a lieu dans la plante, consiste dans la multiplication des cellules. La cellule, soit dans la moelle tendre, soit dans le bois dur, ou dans le tissu remarquablement fort de l'écorce intérieure, est, si l'on fait abstraction de son contenu, chimiquement la même. Elle se compose de carbone, d'hydrogène et d'oxygène ($C^{12} H^{20} O^{10}$), ce qui forme une substance appelée cellulose, qui est la même dans toutes les plantes. La décomposition de l'acide carbonique, mettant en liberté son oxygène et combinant son carbone avec les éléments de l'eau, est le phénomène frappant de la croissance des plantes. Ce changement s'effectue uniquement par l'action de la chlorophylle (le vert de la feuille), et dans les feuilles ou dans les parties capables de remplir les fonctions de la feuille. Le protoplasme, appelé aussi couche formative, se trouve dans toutes les cellules des parties en croissance de la plante; c'est là que se forment les grains de chlorophyle. Le protoplasme, si essentiel à la croissance de la plante, en diffère pour la composition chimique, car il contient de l'azote en plus des éléments déjà mentionnés. D'autres principes végétaux ont une composition similaire, souvent avec addition de soufre et de phosphore et, par suite de leur ressemblance avec l'aibumen, prennent le nom d'albuminoïdes. Pour former ces principes, la plante doit être fournie d'azote, et bien qu'il y en ait en abondance dans l'atmosphère, l'expérimentation la plus méticuleuse n'a pu montrer que la plante se l'approprie. L'azote entre dans la plante, en combinaison à l'état d'acide nitrique sous forme de nitrates, ou à l'état d'ammoniaque, toutes choses qui se trouvent en dissolution dans le sol. Ces éléments en carbone, oxygène, hydrogène et azote, lorsque la plante est brûlée ou se corrompt, entrent dans des combinaisons nouvelles, et disparaissent sous forme gazeuse; on les appelle pour cela éléments volatils; mais il reste la cendre ou portion non-volatile, dont la source doit avoir été le sol. — *Circulation.* Le mouvement des liquides dans différentes directions ou à l'intérieur de la plante, depuis la racine jusqu'en haut, est dû à plusieurs causes. Dans l'opération de l'assimilation, il s'évapore de grandes quantités d'eau; il faut beaucoup d'eau pour servir de véhicule en amenant la nourriture empruntée au sol, et pour tenir en dissolution les matières assimilables, et l'exhalation de la vapeur d'eau est active dans les plantes en croissance. Cette vapeur s'exhale surtout par les stomates ou pores des feuilles, et proportionnellement à l'état hygrométrique de l'atmosphère. Les plantes ordinaires de l'agriculture, pendant cinq mois de croissance, exhalent 100 fois leur poids d'eau. Le tissu des plantes étant gorgés de liquide, lorsque l'évaporation a lieu dans les feuilles, les parties intérieures sont sollicitées à réparer cette perte, et ainsi s'établit un flux montant de la racine vers les feuilles; et la quantité d'eau absorbée par les racines est en raison directe de celle que cèdent les feuilles. Plusieurs forces physiques se trouvent probablement intéressées dans ce mouvement, surtout celle connue sous le nom d'osmose. Quelques-uns de ces phénomènes sont attribués à la capillarité et à la faculté qu'ont les membranes de séparer des solutions de différentes natures; cette faculté découverte par Graham (voy. DIALYSE) joue évidemment un rôle dans la nutrition de la plante. S'il n'y a pas de courants réguliers de sève montante et descendante, comme on le supposait autrefois, les liquides, dans les différents tissus des tiges d'une organisation élevée, ne sont pas tous conservables; l'ascension de l'eau ou sève crue venant de la racine, se fait principalement à travers le bois le plus jeune, et le mouvement de la matière formative, ou sève élaborée, pour contribuer à la croissance des parties qui se trouvent au-dessous des feuilles, se fait à travers la jeune enveloppe cellulaire ou écorce intérieure. Mais la croissance a lieu aussi dans d'autres parties de la plante; de nouvelles tiges et de nouvelles feuilles se forment au delà des feuilles assimilantes, et dans la plupart des céréales la croissance du fruit est tout à fait au-dessus du feuillage, et ne peut, par conséquent, être atteint par la sève descendante. — *Mouvements automatiques et irritabilité.* Les mouvements des plantes sont souvent faciles à observer; beaucoup de feuilles changent de position à la tombée de la nuit, comme on peut le voir dans la caroube commune et dans l'oseille sauvage; beaucoup de fleurs se ferment à la nuit et pendant les jours sombres; dans l'onagre bisannuelle les pétales s'ouvrent avec une secousse soudaine. Les *mouvements des plantes grimpantes* sont admirablement décrits par Darwin; l'*extrémité libre d'une tige* qui s'enroule opère un mouvement de rotation dont la rapidité diffère avec les espèces; ainsi le houblon, dans un jour chaud, décrit un cercle en une ou deux heures; lorsque la tige est en contact avec un support, elle s'enroule autour. Le phénomène ne peut s'observer que lorsque les tiges dépassent leur support et se trouvent libres de se mouvoir; alors on voit les entre-nœuds supérieurs tourner comme à la recherche de quelque chose à quoi s'enrouler. Les vrilles se meuvent d'une manière semblable; lorsque le bout crochu d'une vrille saisit une petite branche ou tout autre objet, la vrille se replie sur elle-même, comme pour amener en se raccourcissant la plante plus près du support, la moitié de ce repli ayant une direction opposée à l'autre moitié; si la vrille ne réussit pas à saisir quelque objet, elle se replie au bout d'un certain temps, mais dans ce cas, toute la spirale va dans la même direction. Les vrilles sont irritables, et un léger frottement peut déterminer la formation de la spirale. — *Propagation des plantes par division.* Dans beaucoup de plantes, tout est calculé pour permettre la multiplication de l'individu par subdivision. Le fraisier projette des racines à chaque articulation de sa tige rampante; un bourgeon s'y forme et à la longue la tige meurt, rompant ainsi toute communication avec le vieux plant, et laissant les parties enracinées se nourrir elles-mêmes à l'état de plantes nouvelles. La même chose arrive avec d'autres tiges au-dessus du sol, et quelques-unes se prennent racine que par leur extrémité qui se recourbe et atteint le sol apparemment dans ce but. La propagation a moyen de tiges souterraines, ou par rhizomes, est plus commune; les rhizomes de la grande mûre sauvage, de la passiflore et d'autres, croisent à plusieurs pieds au-dessous de la surface du sol, et projettent à leur extrémité une pousse qui, avec le temps, devient une plante indépendante. — *Inflorescence.* Quelles que soient les facilités

de multiplication du genre de celles que nous venons de décrire, la plante tôt ou tard se reproduit d'une autre manière, c'est-à-dire par graine. Dans les plantes d'une organisation supérieure, la graine, corps reproducteur, est formée par une série d'organes distincts de fructification, qui constituent collectivement la fleur. Dans les plantes annuelles, la production des fleurs commence souvent lorsque la plante est encore très jeune, quelques semaines seulement après la germination, tandis que les plantes vivaces, particulièrement les arbres, peuvent multiplier leurs organes de végétation, ou prendre leur croissance, pendant un grand nombre d'années avant de fleurir; quelques-unes passent toute leur vie à se préparer à cet événement, et, après avoir fleuri, meurent, comme épuisées par leur effort; d'autres continuent à fleurir, sinon tous les ans, du moins à certains intervalles pendant des siècles. Les fleurs paraissent soit à l'extrémité de la tige, soit à l'aisselle des feuilles, précisément là où apparaissent les bourgeons des feuilles, et, comme celles-ci, elles sont ou terminales ou axillaires. Les fleurs axillaires apparaissent à la base des feuilles ordinaires, souvent sur une petite tige ou pédoncule; mais plus fréquemment la grandeur de la feuille est réduite; ces feuilles plus petites s'appellent bractées; si en même temps les entre-nœuds de la tige sont raccourcis, ce qui est l'une des formes les plus communes de la fleur en grappes, la cyme se produit; si les fleurs sont sans pédoncules, ou sessiles, et serrées les unes contre les autres, il en résulte un épi; les pédoncules d'une cyme peuvent se ramifier et chaque rameau porter une fleur, produisant ainsi une panicule. On voit facilement que ces formes d'inflorescence sont analogues à la disposition des branches ordinaires. D'autres, comme le corymbe, l'ombelle, etc., semblent être plus complexes, mais ne sont que des modifications des formes déjà signalées. Le terme chaton s'applique à une grappe allongée de fleurs qui ont l'apparence d'écailles; le spadice est un épi charnu sur lequel les fleurs, souvent imparfaites, se serrent en foule, comme dans le navet indien, les palmiers, etc., cette inflorescence étant souvent protégée par la spathe, qui, dans le navet indien, et dans la calla, devient très apparente et passe communément pour la fleur. Il y a d'autres formes d'inflorescences qui ont des noms distincts; mais on peut les rattacher toutes aux formes simples ici décrites. — *Structure de la fleur.* La fleur a pour fonction la production des graines, et toutes ses parties concourent à ce but. Quelques nombreuses soient les formes que présentent les fleurs, on peut les rapporter toutes à un simple plan. On peut choisir bien des fleurs pour exemple ou type, mais il y a des raisons pour s'en tenir à celle qu'a adoptée Gray dans ses admirables Leçons, celle du sedum ou orpin. L'examen de cette fleur montre, en partant de l'extérieur, une série de cinq parties feuilles, vertes, qui forment ensemble le calice; ces parties sont les sépales. A l'intérieur sont cinq parties plus délicates, aussi en forme de feuilles, et, dans le cas présent, blanches, appelées pétales, lesquelles forment la corolle; le calice et la corolle forment ensemble les enveloppes florales. Immédiatement après, la corolle, vers le centre de la fleur, est une série de petits corps (10 dans le cas présent) appelés étamines, entièrement différents du calice et de la corolle, semblables à des fils déliés avec un renflement au sommet; et tout à fait à l'intérieur de ces trois séries se trouve un groupe de cinq parties vertes, qui sont les pistils. Les deux séries intérieures (étamines et pistils) sont les organes essentiels de la fleur. Toutes ces parties, dans l'ordre où nous les avons nommées, sont placées à

l'extrémité du pied de la fleur, qui présente souvent, un peu au-dessous, un développement appelé réceptacle. Une section longitudinale de la fleur montre chaque série placée l'une au-dessus de l'autre sur le réceptacle; notre figure montrant deux membres de chaque série, détachés mais dans leurs positions relatives, fait comprendre plus clairement cette disposition. Le calice est généralement vert et d'une texture analogue à celle des feuilles, bien que, dans quelques plantes, comme le fuchsia, il soit coloré d'une autre couleur que le vert. La corolle est d'une texture plus délicate et rarement verte; c'est d'ordinaire la partie la plus brillante de la fleur. Les étamines ont deux parties distinctes, le pied ou filament, et l'anthère ou renflement du sommet; l'anthère est la partie importante de l'étamine, car le filament peut être court ou manquer tout à fait; elle se compose habituellement de deux cellules qui s'ouvrent longitudinalement pour laisser passer le pollen, bien que, dans certaines plantes, il s'échappe de différentes autres manières. Le pollen, ou élément mâle, consiste en grains minuscules, d'ordinaire arrondis et généralement jaunes. Le pistil à trois parties : la partie inférieure et élargie (souvent plus distincte que dans notre exemple), appelée l'ovaire; une partie allongée, le style, et, au sommet, une partie sans épiderme et d'ordinaire visqueuse, le stigmate. Si l'on coupe l'ovaire longitudinalement, on trouve qu'il contient (dans le cas présent, du moins) de nombreux corps, petits et pulpeux, les ovules. L'influence du pollen tombant sur les stigmates détermine dans ces ovules une croissance qui aboutit à la formation de la graine. Le pédoncule ou pied de la fleur et les feuilles florales ou bractées, qui n'appartiennent pas proprement à la fleur, sont placés si près d'elle qu'ils peuvent modifier son aspect général ou celui de la grappe florale prise dans son ensemble; dans le sumac de Venise, les fleurs sont très petites; mais les pédoncules, particulièrement ceux qui ne portent pas de fleurs, sont revêtus de poils épais et augmentent de volume, de sorte que la partie apparente de l'inflorescence n'est plus que des tiges empanachées. La bractée non seulement diffère, pour la grosseur et pour la forme, des feuilles ordinaires, mais, dans beaucoup de plantes, elle prend l'aspect des pétales et se trouve très apparente; dans le tilleul, chaque pédoncule, ou tige florale commune, porte à sa base une longue bractée pareille à un ruban, attachée au pédoncule sur la moitié de sa longueur à peu près, et d'une couleur jaune paille pâle qui la rend presque aussi remarquable que les fleurs. L'extrémité de la tige florale, déjà décrite comme réceptacle, et qu'on appelle aussi torus, s'élargit d'ordinaire légèrement pour faire place aux parties de la fleur qui s'y rattachent; en quelques cas, elle se prolonge à l'intérieur de la fleur, comme dans le géranium et le magnolia; dans la passiflore, elle s'allonge et porte le pistil bien au-dessus des enveloppes florales, chose qui se présente aussi dans d'autres fleurs; dans le fraisier, cette extrémité est courte et conique, pour se prêter à recevoir les nombreux pistils, et, après la floraison, elle devient grosse et juteuse, et forme la partie comestible de la plante, tandis que les véritables fruits sont de petits corps semés à la surface et semblables à des graines. — *Enveloppes florales.* Dans la fleur prise pour exemple, les parties du calice et celles de la corolle sont toutes semblables, et la fleur est régulière; les deux séries des enveloppes florales se trouvant présentes, elle est complète; les parties dans chaque série étant au nombre de cinq, et les étamines au nombre de deux fois cinq, elle est symétrique. Dans la botanique descriptive, le contraire de ces conditions

s'exprime par les termes ordinaires : irrégulier, incomplet, etc. Les enveloppes florales,
prises collectivement, qu'il y en ait deux séries ou qu'il n'y en ait qu'une, s'appellent le
périanthe. Si l'un des sépales ou l'un des
pétales ne ressemble pas aux autres en dimensions ou en forme, la fleur devient irrégulière ; la violette a trois de ses pétales plus
grands que les deux autres, et l'irrégularité
est encore accrue par la prolongation d'un
pétale en forme d'éperon. Dans le pied-d'a-
louette, le calice à l'apparence de pétales et
est beaucoup plus grand que la corolle ; un
sépale porte un long éperon qui lui donne
l'aspect auquel la plante doit son nom, tandis
que les pétales beaucoup plus petits et de
formes irrégulières, ne sont qu'au nombre
de quatre. — *Organes floraux.* Les étamines
(collectivement l'*andrœcie*) sont immédiatement à l'intérieur de la corolle, et présentent
une grande variété de formes et de nombre ;
leur filet ou tige peut être très long, ou court
au point d'être imperceptible ; l'anthère se
compose habituellement de deux cellules,
fréquemment placées de chaque côté et au
sommet du filet ; la partie du filet qui se
trouve entre les deux cellules peut se connectif, et cette partie peut se prolonger
plus ou moins au delà de l'anthère et
prendre différentes formes ; dans le laurier-rose, il présente l'aspect d'une longue
queue poilue. Dans la pensée commune
et dans les violettes, il se prolonge dans dur
des étamines, en arrière de l'anthère, et dépasse de beaucoup en longueur le filet lui-
même. La manière dont le filet s'attache à
l'anthère présente quelques variétés. Lorsque
l'anthère a atteint son complet développement, elle s'ouvre d'une façon ou de l'autre
pour la sortie du pollen, qui est d'ordinaire
une poussière à l'état libre, le plus souvent
jaune, mais quelquefois brune, pourpre,
bleuâtre, etc. ; habituellement globulaire ou
ovale, quelquefois polyédrale, formée, dans
le pin, de trois, et dans la queue-de-chat, de
quatre grains réunis. Le pistil (ou *gynécée*)
occupe le centre de la fleur, et toutes les
autres parties concourent à la nourriture, à
la protection et au développement de celle-ci.
Nous en avons déjà signalé les divisions :
ovaire, style et stigmate. L'ovaire et le stigmate sont les parties essentielles, et souvent
le style n'est pas visible. Le stigmate, s'il est
terminal, peut être un simple renflement ; il
est quelquefois lobé, et, dans quelques cas, il
forme une série de petites pointes
stigmates sur les bords. (Voy. SARRACÈNIE.)
Dans quelques fleurs, il est à peine apparent,
et n'est qu'une place dépourvue d'épiderme.
Généralement, il possède une sécrétion visqueuse pour retenir le pollen qui peut tomber sur lui. — *Ovule et fécondation.* Une section du pistil simple ou du carpelle de notre
fleur typique montre les ovules d'un côté ; ils
sont attachés à deux lignes de tissu lâche, les
placentas, qui sont ici nombreux ; souvent
l'ovule est solitaire ; quelquefois il y en a un
nombre déterminé, et quelquefois encore un
nombre si grand qu'il est indéfini. Il apparaît d'abord comme une petite pupille ou un
gonflement pulpeux du placenta, c'est le
nucleus ou noyau ; bientôt il se revêt extérieurement d'une première tunique, qui ne
tarde pas à être suivie d'une seconde ; de sorte
que le nucleus est enfermé dans deux sacs
ayant au sommet des ouvertures correspondantes ; c'est le foramen ou micropyle. L'ovule
est porté par un pied plus ou moins long, le
funicule. L'ovule peut être droit, recourbé sur
lui-même ou sur son long funicule, de manière
à se trouver complétement sens dessus dessous.
Lorsqu'il est entièrement développé, une cavité se forme à son centre ou près du centre ;
c'est le sac embryonnaire, rempli de matière
mucilagineuse. Si l'ovule n'est pas fécondé,
c'est-à-dire ne reçoit pas l'influence du

pollen, il ne se développe pas davantage. C'est
lorsque l'embryon est complet que la graine
et le fruit sont mûrs. — *Fruit.* On l'a déjà
décrit comme étant le pistil (simple ou composé) à l'état de maturité, avec les organes
accessoires qui y demeurent attachés. Les
changements que le pistil éprouve en mûris-
sant sont souvent très frappants : l'accroissement considérable du volume en est un ; un
autre changement fréquent s'opère dans les
tissus, qui peuvent devenir excessivement
pulpeux et mous, ou, d'un autre côté, s'indu-
rer et même devenir pierreux. Un autre changement marqué se produit dans la substance :
le pistil, qui d'abord était essentiellement le
même en composition que la feuille, se
charge, à mesure qu'il grossit, d'un acide,
comme dans le raisin, de tannin, comme dans
le plaqueminier, et à mesure que le fruit atteint
sa maturité, l'acidité ou l'âpreté font place à
une douceur qui indique la formation du
sucre. Un des caractères les plus importants,
en botanique descriptive, c'est la déhiscence,
ou façon dont s'ouvre le fruit ; beaucoup de
fruits, simples ou composés, sont indéhis-
cents ; d'autres, au contraire, s'ouvrent pour
laisser sortir la graine ; la déhiscence dans
un carpelle simple peut se produire le long
de la suture ventrale, ou sur les deux sutures ;
dans un fruit composé, les carpelles peuvent s'ouvrir sur le dos, ou se séparer les
uns des autres, et s'ouvrir par la suture
ventrale ; il y a aussi certaines formes anor-
males de déhiscence qui semblent n'avoir
aucune relation avec la structure du pistil,
comme lorsque le fruit s'ouvre par un couvercle régulier. L'ovaire mûri, ou la paroi
du fruit, quelque changement qu'il puisse
subir, est le péricarpe. — *Graine.* La nourriture appropriée, la maturité, la protection
et, finalement, la distribution des graines,
telles sont les fonctions qu'en dernière analyse le fruit est appelé à remplir. L'ovule,
avons-nous dit, possède deux tuniques : ces
tuniques, lorsque l'embryon est mûr, deviennent celles du fruit ; la tunique intérieure, ou
tegmen, est quelquefois visible, mais elle est
souvent unie à l'extérieur, ou tout à fait absente. La tunique extérieure de la graine, ou
testa, varie beaucoup, et c'est au caractère et
aux particularités de cette tunique que les
graines doivent de différer tellement d'aspect.
Les appendices attenant à la tunique de la
graine dans une plante sont d'une très grande
importance, la fibre qu'on appelle coton, ou
consiste qu'en simples cellules allongées produites par le testa spongieux de la graine du
gossypium. La tige de l'ovaire (*funicule*) conserve le même nom dans la graine. En tombant de sa tige, lorsqu'elle est mûre, la
graine montre une sorte de déchirure ou de
cicatrice sur son testa, c'est le *hilum*, souvent
simple point à peine perceptible, d'autres fois
très facile à reconnaître, comme dans la fève,
et (dans le marron d'Inde), très large et très
apparente. — Dans cette esquisse de la plante,
on a à peine fait allusion à la grande série
de plantes cryptogames, ou dépourvues de
fleurs ; elle se subdivisent en plusieurs classes,
chacune ayant sa structure particulière, et
sa manière de se reproduire. On peut trouver des détails à ce sujet dans les articles :
ALGUES, FOUGÈRES, FUNGUS, HÉPATIQUE, LYCOPODE
et MOUSSES. — *Classification des plantes.* A
notre article BOTANIQUE, nous avons parlé des
différentes méthodes de classification des
plantes. Le système naturel attribué à de
Jussieu a été modifié et amélioré par les
travaux des botanistes qui vinrent après lui.
L'exposition la plus récente de ce système se
trouve dans *la Synopsis* ajoutée par le Dr J.-D.
Hooker à l'édition anglaise du *Système
général de botanique* de Le Maout et De-
caisne, traduit par MM. Hooker ; on y indique l'arrangement qui doit être adopté
dans l'ouvrage de Hooker et Bentham.

Genera plantarum. Nous avons dit que les
plantes à fleurs se divisent en deux grandes
classes, fondées sur la structure de la graine,
les monocotylédones et les dicotylédones,
lesquelles présentent dans la structure de la
tige des différences appelées croissance endogène et croissance exogène. Ces classes
se subdivisent en sous-classes, en divisions et
en autres groupes fondés sur la structure de
la fleur. Dans tous les systèmes, la classification commence par le groupement des individus en espèces. On a prétendu qu'il est
difficile de déterminer les limites de l'individu dans les plantes, parce qu'elles sont
composées d'une multitude de parties dont
chacune, si l'on prend les précautions nécessaires, peut être séparée de l'ensemble
et contient une existence indépendante. Si
cette question de l'individualité a donné
naissance à beaucoup de discussions, il en a
été de même de celle de l'espèce. Les espèces
se groupent en genres fondés sur des simi-
litudes de structure, et lorsque le genre est
vaste, il se subdivise en sous-genres, et ces
sous-genres eux-mêmes en sections. Nous
trouvons des genres étendus ou restreints
suivant l'importance que les différents botanistes attachent à certains points de la structure. Ainsi, tandis que la plupart regardent
le pin, le sapin, le mélèze et d'autres arbres
assez différents les uns des autres pour être rangés botaniquement, comme ils le sont vulgairement, dans des genres distincts, quelques-
uns les classent tous dans le genre pin. Les
genres rapprochés se groupent en familles
ou en ordres ; ceux-ci, quand ils sont nombreux, se subdivisent souvent, et l'on a des
sous-ordres, des tribus et des sous-tribus.
Le pêcher, le fraisier, le mûrier, le rosier et
le pommier ont en commun certains caractères qui les mettent tous dans la famille du
rosier ; mais ils diffèrent tellement à d'autres
égards qu'ils forment trois sous-familles, le
pêcher dans l'une, le pommier dans une seconde sous-famille et les autres dans une
troisième ; il y a plus : le fraisier, le mûrier
et le rosier, bien que dans la même sous-
famille, sont assez différents pour être placés
dans des tribus séparées. Le groupe qui vient
immédiatement au-dessus des ordres est habituellement la division ; chez les dicotylédones, il y en a trois : les polypétales, les
monopétales et les apétales ; chez les monocotylédones se trouvent des divisions analogues fondées sur les rapports des enveloppes
florales avec l'ovaire. Dans ces dernières divisions, les familles sont groupées en séries,
qui comprennent ensemble celles qui sont
les plus rapprochées les unes des autres par
leur structure. — *Distribution des plantes.* La
distribution des plantes sur la surface du
globe (botanique géographique) forme une
branche distincte et importante de la science
naturelle, sur laquelle nous ne pouvons jeter
ici qu'un coup d'œil. Le transport des plantes
loin de leur habitat d'origine s'effectue par
divers agents naturels et aussi par la volonté
de l'homme. Les courants de l'océan emportent les graines de quelques-unes à de grandes
distances, quoique le nombre des graines capables de résister à l'action de l'eau salée se
trouve être relativement petit ; les rivières
font beaucoup plus pour la distribution des
graines, ainsi que les torrents accidentels
des montagnes. Les oiseaux peuvent emporter au loin des plantes aquatiques attachées
à leurs pieds, et les oiseaux de passage notamment jouent un rôle important dans cette
dissémination, en se déchargeant de graines
non digérées à de grandes distances de l'endroit où le fruit a été mangé. Les quadrupèdes ont leur part dans cette fonction, car
beaucoup de graines et de fruits sont munis
de crochets qui leur permettent de s'attacher
au poil et à la peau de ces animaux. L'homme
joue aussi son rôle dans la distribution des

plantes; beaucoup de végétaux (spécialement sous les tropiques) se sont affranchis de la culture et se sont naturalisés au point de paraître indigènes; et l'on rencontre les mauvaises herbes de l'agriculture dans tous les établissements de l'homme, quelque éloignés qu'ils soient. Les guerres ont eu leur influence sur la végétation, et le passage d'une armée à travers un pays laisse à sa suite des herbes qui n'y étaient pas auparavant. Dans la classification géographique, on peut ranger les plantes en zones relativement aux latitudes et en zones relativement aux altitudes, ou, suivant Schouw, le globe peut être divisé en régions phyto-géographiques, d'après les plantes dominantes, telles que la région des mousses et des saxifrages, celle des palmiers et des mélastomacées, etc. Il y a, en outre, un très grand nombre de plantes marines dont la distribution est marquée par des bornes distinctes.

* PLANTÉ, ÉE part. passé de PLANTER, élevé. — UNE TERRE BIEN PLANTÉE, une terre où il y a beaucoup de belles avenues d'arbres: *c'est la terre du monde la mieux plantée.* — Fig. UNE MAISON BIEN PLANTÉE, une maison bâtie dans une situation agréable. — Fig. DES CHEVEUX BIEN PLANTÉS, des cheveux bien placés sur le front. — Fig. ÊTRE BIEN PLANTÉ SUR SES PIEDS, SUR SES JAMBES, se dit d'une personne qui se tient de bonne grâce. — Fig. UNE STATUE, UNE FIGURE EN PIED BIEN PLANTÉE, une statue, une figure en pied représentée debout dans une belle altitude. — Maréchal. POIL PLANTÉ, poil hérissé et lavé : *ce cheval dépérit, il a un mauvais poil, un poil planté.*

PLANTEMENT s. m. Action de planter.

* PLANTER v. a. (lat. *plantare*; de *planta*, plante). Mettre une plante en terre pour qu'elle prenne racine et qu'elle croisse : *planter un arbre.* — PLANTER UN BOIS, UNE AVENUE, UNE ALLÉE, planter des arbres de manière qu'ils forment un bois, une avenue, une allée. — Se dit aussi en parlant des noyaux, des pepins, des amandes, des noix, et généralement de toutes les graines qu'on met en terre l'une après l'autre avec la main, au lieu de les semer confusément : *planter des noyaux, des pepins.* — IL EST ALLÉ PLANTER SES CHOUX CHEZ LUI, ou bien, IL EST ALLÉ PLANTER SES CHOUX, se dit d'un homme qui se retire à la campagne après avoir vécu dans le monde, après avoir exercé des emplois. ON L'A ENVOYÉ PLANTER SES CHOUX à sa place, son emploi, il n'a plus qu'à vivre dans la retraite. — Absol. *Il aime beaucoup à planter.* — VIENNE QUI PLANTE, SONT DES CHOUX, et absol. VIENNE QUI PLANTE, ARRIVE, QUI PLANTE, se dit en parlant de quelque chose qu'on veut faire, au hasard de tout ce qui peut en arriver. — Se dit encore de certains objets qu'on enfonce en terre, et dont on laisse paraître une partie en dehors : *un ingénieur qui plante des piquets pour le travail d'une tranchée.* — PLANTER LE PIQUET EN QUELQUE LIEU, EN QUELQUE MAISON, s'y établir pour y demeurer quelque temps : *au sortir de chez moi, nous irons planter le piquet chez lui.* — PLANTER UN ÉTENDARD, UN DRAPEAU, l'arborer sur les remparts d'une ville prise d'assaut, au moment où l'on y entre. — PLANTER L'ÉTENDARD DE LA CROIX, PLANTER LA FOI DANS UN PAYS, y introduire la religion chrétienne : *saint Thomas a planté la foi dans les Indes.* — PLANTER DES ÉCHELLES À UNE MURAILLE, y appliquer des échelles pour monter à l'assaut. — Archit. PLANTER UN ÉDIFICE, faire les premiers travaux pour la construction d'un édifice : *avant de planter un édifice, il faut en avoir arrêté le plan.* — ÊTRE PLANTÉ QUELQUE PART, être à poste fixe dans quelque lieu sans en bouger ou s'en éloigner : *j'étais planté là à vous attendre.* On dit aussi, PLANTER UNE PERSONNE EN QUELQUE ENDROIT, l'y aposter, l'y mettre en observation : *il avait planté son valet sous*

une porte pour les épier. — PLANTER LA QUELQU'UN, le quitter, l'abandonner, se séparer de lui, ne vouloir plus avoir affaire à lui : *son domestique s'en est allé sans rien dire, et l'a planté là.* On le dit aussi en parlant des choses : *il a planté là les vers, la musique,* etc. — PLANTER LA QUELQU'UN POUR REVERDIR, le laisser en quelque endroit sans le venir reprendre, quoiqu'on le lui ait promis : *il s'en alla, et me planta là pour reverdir.* — SE PLANTER DEVANT QUELQU'UN, se mettre au devant de lui, se poster devant lui : *il s'est venu planter devant moi.* — PLANTER UN SOUFFLET SUR LA JOUE, AU BEAU MILIEU DE LA JOUE DE QUELQU'UN, lui donner un soufflet. — PLANTER QUELQUE CHOSE AU NEZ DE QUELQU'UN, lui faire quelque reproche en face, lui dire quelque chose de désagréable : *il lui alla planter au nez que son père avait été repris de justice.*

* PLANTEUR s. m. Celui qui plante des arbres, etc. : *c'est un grand planteur.* — UN PLANTEUR DE CHOUX, un homme qui vit retiré à la campagne. — Se dit, dans un sens particulier, des colons d'Amérique qui possèdent et cultivent des plantations : *le nombre des planteurs dans cette colonie est de trois cents.*

* PLANTIGRADE adj. (lat. *planta*, plante du pied; *gradior*, je marche). Zool. Qui marche sur la plante du pied. — s. m. pl. Division des mammifères carnivores, ainsi nommés parce que tout leur pied, y compris le tarse et le métatarse, s'applique sur le sol dans la marche. Outre les ours, les plantigrades comprennent le glouton, le blaireau, le ratel, le raton, le coati, le kinkajou ou potto, et le panda ou wah.

PLANTIN (Christophe), imprimeur célèbre, né à Mont-Louis (Touraine), en 1514, mort à Anvers le 1er juillet 1589. En 1555, il fonda à Anvers sa fameuse imprimerie où furent édités tant d'ouvrages remarquables dans différentes langues; entre autres : la *Biblia polyglotta* et le premier dictionnaire flamand, dont il paraît être lui-même l'auteur, *Schat der Nederdutscher Spruecke* (Trésor de la langue bas-allemande). Ses successeurs ont enrichi l'imprimerie primitive de précieux manuscrits, de gravures et de portraits, de manière à en former un musée typographique sans pareil, qui a été cédé en 1875 à la ville d'Anvers, moyennant la somme de 1,200,000 fr.

* PLANTOIR. s. m. Outil de bois, pointu et quelquefois ferré par le bout, dont les jardiniers se servent pour faire dans la terre les trous où ils veulent mettre des plantes ou des graines.

* PLANTON s. m. Art. milit. Sous-officier ou soldat qui est de service auprès d'un officier supérieur, pour porter ses ordres, ses dépêches. — ÊTRE DE PLANTON, faire service de planton.

* PLANTULE s. f. Bot. Rudiment de la tige, qui, lors de la germination, sort des lobes séminaux.

* PLANTUREUSEMENT adv. Copieusement, abondamment : *avoir plantureusement de quelque chose.* (Fam. et vieux.)

* PLANTUREUX, EUSE adj. Copieux, abondant : *la plantureuse Normandie.*

PLANUDE, surnommé *Maximus,* moine grec qui vivait au XIVe siècle. Il fut envoyé par l'empereur de Constantinople comme ambassadeur à Venise en 1327; fit un recueil des *Fables* d'Esope, dont il est probablement le rédacteur, traduisit en grec les *Distiques* de Caton, les *Métamorphoses* d'Ovide, le *Songe de Scipion,* de Cicéron, etc.

PLANULÉ, ÉE adj. Qui est aplati ou déprimé.

* PLANURE. s. f. Bois qu'on retranche des pièces que l'on plane : *se chauffer avec des planures.*

* PLAQUE s. f. (gr. *plax,* chose unie). Table, feuille plus ou moins épaisse de quelque métal que ce soit : *plaque de fonte, de fer, d'argent, de cuivre.* — PLAQUE DE FEU, PLAQUE DE CHEMINÉE, grande plaque de fer ou de fonte qu'on applique au fond d'une cheminée. — Espèce de chandelier qu'on applique à une muraille, et qui consiste en une plaque de métal dont la partie inférieure, courbée à angle droit, porte une bobèche. — Décoration que les principaux chevaliers des différents ordres portent sur la partie de leurs habits qui couvre la partie gauche ou droite de leur poitrine : *il portait la plaque de l'ordre du Saint-Esprit.*

* PLAQUÉ, ÉE part. passé de PLAQUER. Appliqué. — VAISSELLE PLAQUÉE, vaisselle de cuivre recouverte d'argent laminé. On dit aussi substantiv. DU PLAQUÉ : *voilà de beau plaqué.*

* PLAQUEMINIER s. m. Bot. Genre d'ébénacées comprenant plusieurs espèces d'arbres ou d'arbrisseaux à bois dur et à feuilles épaisses, qui croissent presque toutes dans les régions intertropicales. Le *plaqueminier faux lotus (diospyros lotus)* est un arbre d'environ 10 m. de haut, aujourd'hui naturalisé en France. Ses branches sont étalées, quelquefois pendantes; ses feuilles sont ovales, oblongues, d'un vert foncé en dessus, pâles en dessous; ses fruits se composent d'une baie globuleuse, de la grosseur d'une cerise, de couleur orange, et d'un goût âpre. Son bois assez dur s'emploie

Plaqueminier de Virginie (Diospyros Virginiana).

dans la tabletterie. Le *plaqueminier de Virginie (diospyros Virginiana)* est appelé *persimmon* chez les Américains. C'est un grand arbre dont le fruit, gros comme une prune, jaune, à chair molle, un peu âcre, s'adoucit à la maturité et est bon à manger quand il a passé par la gelée. Son bois peut s'employer comme celui du précédent. Le *plaqueminier*

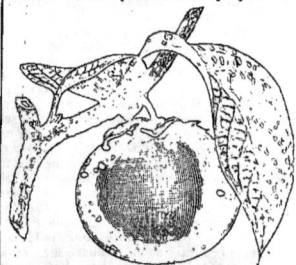

Plaqueminier de Chine. (Diospyros Kaki).

de Chine (diospyros Kaki) porte un fruit gros comme une petite pomme, dont la pulpe est douce et agréable comme celle d'une prune. Le *plaqueminier ébène (diospyros ebenum),* haut de 10 à 12 m., croît dans les forêts de l'île Maurice, à Ceylan et dans l'Inde; il produit le bois si recherché pour son beau noir; son grain fin et uni, sa dureté et sa facilité à prendre un beau poli. Deux autres espèces, le *plaqueminier faux ébénier* (diospyros ebenaster) de Ceylan, et le *plaqueminier à bois noir* (diospyros melanoxylum) de Ceylan et de Coromandel, fournissent aussi du bois d'ébène.

* **PLAQUER** v. a. Appliquer une chose plate sur une autre : *plaquer de l'or et de l'argent sur du bois.* — PLAQUER DES BIJOUX, DE LA VAISSELLE, recouvrir d'or ou d'argent laminé des bijoux, de la vaisselle de cuivre ou de quelque autre métal peu précieux. — PLAQUER DU PLÂTRE, DU MORTIER, l'appliquer fortement avec la main sur le mur qu'on veut enduire, sur la cloison qu'on veut hourder ou gobeter. — PLAQUER DU GAZON, appliquer des tranches de gazon sur un terrain préparé, et l'affermir avec la batte. — PLAQUER UN SOUFFLET SUR LA JOUE, donner un soufflet. — PLAQUER QUELQUE CHOSE AU NEZ DE QUELQU'UN, lui faire en face quelque reproche piquant : *il lui alla plaquer au nez que son père avait été laquais.*

* **PLAQUETTE** s. f. Nom d'une monnaie de billon dans plusieurs pays. — CELA NE VAUT PAS UNE PLAQUETTE, cela n'est d'aucune valeur. — Petit volume relié, qui a fort peu d'épaisseur relativement à son format.

* **PLAQUEUR** s. m. Artisan qui fait des placages, ou qui plaque des bijoux, de la vaisselle : *l'art du plaqueur.*

PLAQUIS s. m. Sorte d'incrustation de marbre ou de pierre, sans liaison.

PLASMA s. m. (gr. *plasma*; de *plassein*, former). Portion liquide, incolore ou presque incolore du sang, dans laquelle sont suspendus les corpuscules. (Voy. SANG.) — Minér. Variété de calcédoine verte, translucide, souvent pointillée de blanc.

PLASMATIQUE adj. Qui a rapport au plasma.

PLASSEY, ville de l'Indoustan anglais (Bengale), dans la présidence de Calcutta; aux environs, le général anglais Clive remporta, le 23 juin 1757, sur le nabab Surajah Dowlah, une victoire qui jeta les premiers fondements de l'empire anglais dans l'Inde.

* **PLASTICITÉ** s. f. (rad. gr. *plassein*, former). Qualité de ce qui peut prendre ou recevoir plusieurs formes : *la plasticité de l'argile.*

* **PLASTIQUE** adj. Philos. scolast. Se dit de ce qui a la puissance de former : *la vertu plastique des animaux, des végétaux.* — ART PLASTIQUE, art de modeler toutes sortes de figures et d'ornements en plâtre, en terre, en stuc, etc. — Propre à recevoir une forme : *l'argile est plastique.* — pl. LES ARTS PLASTIQUES, tous les arts du dessin. — Substantiv. *La plastique.*

PLASTODYNAMIE s. f. (gr. *plassô*, je forme; *dunamis*, force). Physiol. Force créatrice des organes.

* **PLASTRON** s. m. (ital. *plastrone*). Pièce de devant de la cuirasse que certains cavaliers portent à la guerre. — Pièce de cuir, rembourrée et matelassée, dont les maîtres d'armes se couvrent l'estomac, lorsqu'ils donnent leçon à leurs écoliers : *tirer au plastron.* — Fig. et fam. Homme qui est en butte aux railleries ou aux importunités d'un autre : *cet homme est le plastron des railleries de tout le monde.* — Morceau de bois garni d'une plaque de fer percée de plusieurs trous à moitié épaisseur, que certains artisans appliquent sur leur estomac, et où ils fixent la tête de leur foret, pour le faire tourner par le moyen de l'archet.

* **PLASTRONNER** v. a. Garnir d'un plastron ou de quelque chose qui en tient lieu. — Se

plastronner v. pr. *Avant de s'aller battre en duel, il s'était plastronné.*

* **PLAT, ATE** adj. (gr. *platus*, large, uni). Qui a la superficie unie, et dont les parties ne sont pas ou ne sont guère plus élevées les unes que les autres : *au sortir de là, on trouve un terrain plat.* — PAYS PLAT, pays de plaines; par opposition aux pays de montagnes : *les habitants des montagnes, et ceux du pays plat.* — PLAT PAYS. On l'emploie quelquefois dans le sens de PAYS PLAT; mais ordinairement il signifie, la campagne, les villages, les bourgades; par opposition aux villes, aux places fortes : *les soldats de la garnison vivaient aux dépens du plat pays.* — VAISSEAU PLAT, BATIMENT PLAT, BATEAU PLAT, vaisseau, navire, bateau dont le fond est plus ou moins plat. — VISAGE PLAT, visage dont la forme est moins relevée qu'il ne faut, visage un peu écrasé. On dit de même, NEZ PLAT, BOUCHE PLATE, JOUE PLATE. — CHEVEUX PLATS, cheveux qui ne sont ni frisés ni bouclés. — PIED PLAT, ou PLAT PIED. (Voy. PIED.) — AVOIR LE VENTRE PLAT, n'avoir pas mangé depuis longtemps. — SA BOURSE EST BIEN PLATE, se dit en parlant d'un homme qui n'a guère d'argent. — CETTE ARMÉE A ÉTÉ BATTUE A PLATE COUTURE, elle a été complètement défaite. — PLATE PEINTURE, ouvrages de peinture, qui se font sur des superficies plates; par opposition aux figures de relief. BRODERIE PLATE, broderie qui n'est point relevée. — VAISSELLE PLATE, vaisselle qui est d'une seule pièce, sans soudure; par opposition à vaisselle montée : *les cuillers, les fourchettes, sont de la vaisselle plate.* Partic. Plats et assiettes d'argent : *je préfère la porcelaine à la vaisselle plate.* — VERS A RIMES PLATES, vers dont les rimes se suivent deux à deux, sans être entremêlées : *les élégies, les tragédies, les comédies, les poèmes épiques, sont ordinairement en vers à rimes plates.* — CHEVAUX PLATS, chevaux dont les côtes sont serrées, plates et avalées : *les chevaux plats n'ont jamais beaucoup d'haleine.* — CALME PLAT, état de la mer, lorsqu'il ne souffle pas le moindre vent, et que rien n'agite sa surface. Se dit, fig., en parlant des affaires qui ne font aucun progrès, qui n'avancent ni ne reculent : *l'état de nos affaires est au calme plat.* — Se dit, fig., des objets de la sensation du goût, où l'esprit, dénué de saveur et de force : *un vin plat.* — Se dit aussi, fig. et au sens moral, des pensées, des productions, de l'esprit, et signifie qui n'est ni élégant, ni élevé, ni vif, ni piquant : *tout ce qu'il écrit est froid et plat.* — PHYSIONOMIE PLATE, physionomie sans caractère, et qui n'exprime rien. — C'EST UN PLAT PERSONNAGE, un PLAT SUJET, se dit d'une personne dépourvue de toute espèce de mérite. — Substantiv. Partie plate de certaines choses : *il lui donna des coups d'épée, des coups de plat de sabre.* — DONNER DU PLAT DE LA LANGUE, faire de belles promesses qu'on n'a pas dessein d'exécuter. FAIRE MERVEILLE DU PLAT DE LA LANGUE, chercher à étourdir par grandes de phrases, par des récits extraordinaires. — SE METTRE, SE COUCHER A PLAT VENTRE, se mettre, se coucher sur le ventre. — Fig. ÊTRE A PLAT VENTRE DEVANT QUELQU'UN, lui faire bassement la cour. — A plat, tout à plat loc. adv. Entièrement, tout à fait : *la pièce est tombée à plat, tout à plat.* — A plate terre loc. adv. A terre, sur le pavé, sur le plancher : *il est tombé à plate terre.*

* **PLAT** s. m. (bas lat. *platula*). Sorte de vaisselle plus ou moins creuse, destinée à contenir les mets qu'on sert sur la table : *le fond d'un plat.* — Ce qui est contenu dans le plat : *un plat de viande, de légumes, de poisson, de gibier.* — PLAT D'ENTRÉE, PLAT DE RÔTI, PLAT D'ENTREMETS, entrée, rôti, entremets qu'on sert dans un plat. — ŒUFS SUR LE PLAT, œufs qu'on casse sur un plat, et qu'on fait cuire avec du beurre sans les brouiller. —

SERVIR PLAT A PLAT, ne servir qu'un seul plat à la fois, afin que les mets soient mangés plus à propos. — IL NE CHASSE, IL NE PÊCHE QU'AU PLAT, se dit d'un homme qui aime fort le gibier, le poisson, mais qui ne prend ni la peine ni de chasser, ni de pêcher. — DONNER, SERVIR UN PLAT DE SON MÉTIER, faire ou dire quelque chose qui tienne du caractère qu'on a ou de la profession qu'on exerce : *ce menteur nous a servi un plat de son métier.* METTRE LES PETITS PLATS DANS LES GRANDS, faire beaucoup de frais pour recevoir quelqu'un, mettre tout en l'air, ne rien épargner pour bien recevoir. — IL N'EN SAURAIT FAIRE UN BON PLAT, se dit de quelqu'un qui tâche inutilement d'excuser une faute, ou qui veut dire quelque chose qu'on croit ne devoir pas produire un bon effet : *ne parlez point de cela, car vous n'en sauriez faire un bon plat.* — VOILA UN BON PLAT, se dit de plusieurs personnes de méchant caractère ou de mauvaise conduite, qui se trouvent rassemblées en un même lieu. — NOUS AVONS EU CETTE NUIT UN BON PLAT DE GELÉE, il a gelé fort cette nuit. — IL NE LE SERT PAS A PLATS COUVERTS, se dit d'un homme qui nuit ouvertement à un autre. — PLAT DE VERRE, Grande pièce de verre, plate et ronde, telle qu'elle sort des verreries, et que les vitriers coupent en plusieurs morceaux, pour en faire des carreaux. — PLAT DE BALANCE, chacun des deux bassins d'une balance.

PLATA (La). Voy. ARGENTINE (République).

PLATA (Rio de la) (*Rivière d'argent*), fleuve, ou mieux estuaire, de l'Amérique du Sud, entre l'Uruguay et la république Argentine, formé par la jonction du Parana et de l'Uruguay. Depuis le confluent jusqu'à 190 kil. au-dessous environ, il a tous les caractères distinctifs d'un estuaire d'eau douce. Il s'élargit alors brusquement en une baie de 200 kil. de large et de 80 kil. de long, jusqu'à son entrée dans l'Atlantique. L'estuaire a une direction générale O.-N.-O. et E.-S.-E. et sa largeur varie entre 90 et 34 kil. Les marées et les courants de la Plata ne suivent pas de loi régulière; ils sont grandement influencés, sinon complètement créés, par le vent qui règne ou qui approche. C'est un résultat de la forme particulière et du peu de profondeur de l'estuaire. La navigation y est fort dangereuse. Il n'y a point de port qui soit sûr par tous les temps. Montevideo est sur la rive septentrionale, près de l'entrée, et Buenos-Ayres sur la rive gauche, au fond. Le bassin de la Plata a une superficie de 3,000,000 de kil. carré.

PLAT-ALLEMAND s. m. Dialecte bas-allemand, parlé dans certaines parties de l'Allemagne du Nord.

* **PLATANE** s. m. (lat. *platanus*; du gr. *platus*, large). Bot. Genre de platanées comprenant plusieurs espèces de grands arbres qui habitent les régions tempérées de l'hémisphère boréal. L'espèce la plus connue chez nous est le *platane oriental* (platanus orientalis), haut de 25 à 30 m., à tronc droit, uni, revêtu d'une écorce grisâtre qui se détache tous les ans par grandes plaques minces; à feuilles découpées en lobes profonds; à fleurs petites, verdâtres, réunies en un chaton globuleux très serré, et portées plusieurs ensemble sur de longs pédoncules pendants. Cet arbre était si populaire chez les Romains que l'on a prétendu qu'ils l'arrosaient avec du vin. Il est originaire du Levant. On ne l'a pas introduit en France avant 1750 et il forme aujourd'hui l'un des plus beaux ornements de nos places et de nos promenades. On le multiplie de bouture, de marcotte ou de semis. Son bois, assez semblable à celui du hêtre, à le grain fin, serré et susceptible de recevoir un beau poli; on le rend très dur en le faisant séjourner dans l'eau pendant quelques années pour l'empêcher de travailler ensuite. On l'appelle 'aussi PLANE. — Le *platane d'Occident* (*P. occidentalis*) se trouve aux Etats Unis depuis la Nouvelle-Angleterre jusqu'à la Floride, et à l'ouest jusqu'aux montagnes Rocheuses; il atteint sa plus grande taille dans la vallée de l'Ohio et de ses tributaires. C'est le plus majestueux des arbres à feuilles non permanentes des Etats-Unis; il atteint jusqu'à 100 pieds de haut, et son tronc arrive à un diamètre de 10 à 15 pieds, ou davantage. Les jeunes pousses, les feuilles et les stipules sont couvertes d'un duvet épais et fin, qui tombe à mesure que ces parties vieillissent. Les fruits, en forme deballes, sont solitaires. Les branches sont horizontales; l'écorce ex-

Platane d'Occident (Platanus occidentalis).

térieure du tronc s'écaille en larges plaques, et quelquefois entièrement, laissant à découvert une surface aussi blanche que celle du bouleau blanc. Comme arbre d'ornement, il a en sa faveur son développement remarquablement rapide et l'étendue de son ombrage; mais il est très grand, et il se déforme beaucoup en ayant ses branches tordues par une maladie que l'on attribue à la fois à des insectes et à l'action meurtrière de l'hiver sur le bois de la saison précédente non parvenu à maturité. Son bois est dur, ferme, serré, d'une teinte rougeâtre semée de grains argentés; mais on ne l'emploie pas souvent.

— **PLATANÉ, ÉE** adj. Qui ressemble au platane, ou qui s'y rapporte. — s. f. pl. Petite famille de plantes dicotylédones dialypétales périgynes ayant pour type le genre platane.

* **PLATANISTE** s. m. Antiq. gr. Lieu ombragé de platanes, qui servait aux exercices gymnastiques de la jeunesse de Sparte.

* **PLAT-BORD** s. f. Mar. Œuvre morte des côtés du bâtiment. Se dit plus spécialement de la tablette horizontale qui termine l'œuvre morte sur le pourtour du bâtiment : *des plats-bords.*

PLATE s. f. Mar. Petite embarcation de pêche à fond plat servant à la pêche dans la Manche. — Icht. Poisson du lac de Genève.

PLATE s. f. (esp. *plata*, argent). Blas. Besant qui est toujours d'argent.

* **PLATEAU** s. m. (dimin. de *plat*). Fond de bois des grosses balances dont on se sert pour peser les lourds fardeaux : *mettre de la marchandise sur un plateau pour la peser.* — Certains petits plats de bois, de porcelaine, ou de fer-blanc vernissé, sur lesquels on sert ordinairement le thé, le café, le chocolat, les rafraîchissements. — Sorte de table, à pieds fort bas, ou d'un grand plat qu'on met au milieu d'une table à manger, et sur lequel on range différents ornements. — Phys. PLATEAU ÉLECTRIQUE, pièce de verre, plate et circulaire, que l'on rend électrique en la faisant tourner entre deux coussins, au moyen d'une manivelle fixée à l'extrémité de l'axe qui la traverse. — Strat. Terrain élevé, mais plat

et uni, sur lequel on peut placer un corps de troupes ou une batterie de canons. — Tout terrain élevé, et qui s'étend en plaine : *il y a au-dessus de cette montagne un très beau plateau.* — pl. Chasse. Les fumées des bêtes fauves, lorsqu'elles sont plates et rondes.

* **PLATE-BANDE** s. f. Espace de terre étroit qui borde les compartiments d'un jardin, et qui est ordinairement garni de fleurs, d'arbustes, etc. : *il faut mettre des fleurs dans ces plates-bandes.* — Archit. Moulure plate et unie qui a plus de largeur que de saillie. — Pierre dont chaque extrémité porte sur une colonne, un pilier ou un pied-droit. — PLATE-BANDE DE BAIE, pierre qui sert de linteau à une porte, à une fenêtre; ou assemblage de claveaux qui tient lieu d'une seule pierre. — PLATE-BANDE DE FER, barre de fer placée sous les claveaux d'une plate-bande de pierre, pour en soulager la portée. — PLATE-BANDE DE PAVÉ, dalle de pierre ou de marbre qui sert d'encadrement dans un compartiment de pavé.

* **PLATÉE** s. f. (rad. *plat*). Plat de nourriture chargé abondamment : *on nous servit des platées de viande.* Pop., et se dit en raillant.

* **PLATÉE** s. f. Archit. Massif de fondation, qui comprend toute l'étendue du bâtiment : *tracer le plan d'un édifice sur la platée.*

PLATÉE, ancienne ville de Béotie (Grèce), sur les frontières de l'Attique, au pied du mont Cithéron, à environ 12 kil. S.-O. de Thèbes. Mille de ses citoyens combattirent à Marathon. En 480 av. J.-C., les Perses brûlèrent la cité, mais le 22 sept 479, ils furent complètement écrasés à la bataille de Platée, où 111,000 Grecs anéantirent une armée de 300,000 envahisseurs. En 427, les Lacédémoniens, après un long siège, rasèrent la ville jusqu'au sol. Elle fut rebâtie et de nouveau détruite par les Thébains en 374; les Macédoniens la reconstruisirent en 338, et elle exista jusqu'au vie siècle. On trouve encore des traces des ruines de Platée au village de Kokla.

PLATÉEN, ÉENNE s. et adj. De Platée; qui appartient à cette ville ou à ses habitants.

* **PLATE-FORME** s. f. Couverture d'un bâtiment sans comble, fait en terrasse avec des dalles de pierre, des lames de plomb, etc. : *il y a au haut de cette maison des plates-formes pour prendre l'air.* — Charpent. Pièce de bois qui reçoit le pied des chevrons du comble. — PLATE-FORME DE FONDATION, assemblage de charpente qu'on place quelquefois sous des fondations. — Guerre. Ouvrage de terre élevé et uni par le haut, sur lequel on met du canon en batterie. — PLATE-FORME DE BATTERIE, assemblage de solives et de madriers, sur lequel on met du canon en batterie à l'attaque d'une place.

* **PLATE-LONGE** s. f. Longe plate et longue qui sert à maintenir les chevaux difficiles, quand on les ferre, ou quand on leur fait subir quelque opération. — Longe faite d'un cuir très large et d'une seule pièce, ou refendu en deux, que l'on ajoute au harnais sur la croupe des chevaux de carrosse, pour les empêcher de ruer. — Corde ou courroie avec laquelle un écuyer qui est à pied fait trotter un cheval en rond : *trotter, faire trotter un cheval à la plate-longe.* — pl. Des *plates-longes.*

* **PLATEMENT** adv. D'une manière plate : *cet harangueur a parlé bien platement.* — Tout PLATEMENT, sans circonlocution, sans détour : *c'est tout platement un grand hâbleur.*

PLATEN (August) [plâ'-tenn], comte, poète allemand, né à Anspach en 1796, mort en 1835. Il doit sa célébrité à ses *Polenlieder* et à ses drames *Die verhængnissvolle* et *Der romantische Œdipus.*

* **PLATEURE** s. f. Métall. Couche ou filon

qui, après s'être enfoncé en terre perpendiculairement ou obliquement, prend la direction horizontale.

PLATH (Johann-Heinrich), sinologue allemand, né à Munich en 1807, mort en 1874. Il était bibliothécaire d'Etat. Ses œuvres comprennent : *Confucius und seiner Schüler Leben und Lehren* (1867-72, 2 vol.); *China vor 4,000 Jahren* (1869); *Die Quellen der alten chinesischen Geschichte* (1870), et *Geschichte der Vœlker der Mundschurei* (1874, 4 vol.).

PLATINAGE s. m. Opération qui a pour but de recouvrir d'une couche de platine métallique des objets de diverse nature, soit pour leur donner l'apparence du platine, soit pour les préserver de l'action oxydante des agents atmosphériques.

PLATINAMINE s. f. Base ammoniacale renfermant du platine.

PLATINATE s. m. Chim. Sel produit par la combinaison de l'acide platinique avec une base.

* **PLATINE** s. f. (dimin. de l'anc. franç. *plate*, pièce plate de métal). Sorte d'ustensile de ménage, consistant en un grand rond de cuivre jaune, un peu convexe, monté sur des pieds de fer, et dont on se sert pour sécher et pour repasser du linge : *repasser du linge sur la platine.* — Pièce à laquelle sont attachées toutes celles qui servent au ressort d'une arme à feu : *la platine d'un fusil, d'un pistolet.* — Horlog. Chacune des deux plaques qui servent à soutenir toutes les pièces du mouvement d'une montre ou d'une pendule. — Typogr. Partie de la presse qui foule sur le tympan. — Serrur. Plaque de fer qui est attachée à une porte au devant de la serrure, et qui est percée de manière à donner passage à la clef : *la platine d'une serrure.* — VERROU A PLATINE, verrou monté sur une plaque de fer. On dit aussi, PLATINE DE LOQUET. — ~ Jargon. Verve, langue : *quelle platine!*

* **PLATINE** s. m. (esp. *platina*, dimin. de *plata*, argent). Substance métallique un peu moins blanche que l'argent, inaltérable à l'air, très fixe au feu, et plus pesante que l'or : *le platine a été découvert en Amérique.* — ENCYL. Le platine est un métal d'un blanc grisâtre, distingué par son grand poids spécifique et son peu de fusibilité, découvert par Wood, essayeur de la Jamaïque, en 1741. Il se présente à l'état natif, allié au palladium, au rhodium, à l'iridium, à l'osmium et au ruthénium, et un peu au fer, sous la forme de petits grains aplatis; quelquefois, en nodules plus gros, avec de l'or et des traces d'argent, et avec du cuivre, du fer et du plomb. On le trouve dans les régions d'alluvion, dans les débris des plus anciennes roches volcaniques, sur les pentes des monts Oural en Russie, au Brésil, à Saint-Domingue, à Bornéo, à Ceylan, en Californie et en Australie. La plus grosse masse qu'on ait jamais trouvée pèse 8 kil. et fait partie du cabinet Demidoff. L'alliage du platine, de l'iridium et du rhodium est plus dur et résiste à une chaleur plus grande que le platine pur, et il est, par cette raison, plus propre à la fabrication des creusets. Le symbole du platine est Pt; son poids atomique, 106.5; son poids spécifique, 21.5. Il résiste à la plus grande chaleur de la forge, mais il fond dans l'arc voltaïque et devant le chalumeau à gaz oxyhydrogène, et il peut se volatiliser avec scintillations. Sa forme cristalline à l'état natif est l'octaèdre; mais toutes les tentatives pour produire artificiellement des cristaux ont échoué. Le platine possède la propriété de provoquer l'union de l'oxygène avec l'hydrogène et autres gaz combustibles, même à l'état compact; mais, à un plus haut degré quand il est à l'état spongieux, plus encore à l'état de noir de platine. L'inaltérabilité du platine à de hautes températures, et son

pouvoir de *résister* à l'action de la plupart des agents chimiques, le rendent utile pour faire des creusets, des vases d'évaporation, des pinces et des feuilles pour les expériences au chalumeau, des pointes de paratonnerre et d'autres appareils de chimie et de physique. En Russie, on en a fait de la monnaie, depuis 1826 jusqu'en 1864. — Le platine forme *deux séries* de composés : les platineux, où il est bivalent, et les platiniques, où il est quadrivalent; il est donc similaire au palladium. Le platine n'est pas attaqué d'une manière appréciable par les *acides simples*; mais il se dissout dans l'eau régale et forme alors un *tetrachlorure de platine* ou *chlorure platinique*, composé le plus important de ce métal. Il est d'un rouge orangé, se dissout facilement dans l'eau et se combine avec les chlorures des alcalis pour former une remarquable série de composés doubles nommés *platino-chlorures* ou *chloro-platinates*. Le platine forme aussi un *bichlorure* ou *chlorure platineux*, qui contient moitié moins de chlorure que le tétrachlorure et qui se combine avec les chlorures des alcalis pour former les *platinoso-chlorures* ou *chloro-platinites*. — Le platine est attaqué par les alcalis caustiques et par certains métaux, tels que le plomb et l'étain.

PLATINER v. a. Blanchir avec un amalgame d'étain et de mercure.

PLATINEUR s. m. Techn. Ouvrier qui fait les platines dans une manufacture d'armes.

PLATINEUX adj. Se dit d'un des oxydes du platine.

PLATINIQUE adj. Se dit d'un oxyde de platine.

PLATINOCHLORURE s. m. Composé de platine et de chlore.

PLATINOCYANURE s. m. Cyanure double de platine et d'un autre métal.

PLATITUDE s. f. Qualité de ce qui est plat, soit dans les ouvrages d'esprit, soit dans la conversation, soit dans les sentiments et dans les procédés; *ce discours est de la dernière platitude.* — Ce qui est plat : *il y a bien des platitudes dans ce discours.* — Se dit quelquefois des objets de la sensation du goût : *ce vin est d'une platitude extrême.*

PLATOFF (Matvei-Ivanovitch, comte), général russe, d'origine grecque, né vers 1760, mort en 1818. Il devint hetman des Cosaques du Don en 1801, et ensuite général de cavalerie. En 1812, après avoir été battu par les Français à Grodno et s'être retiré dans l'intérieur, il revint avec 20 régiments de Cosaques, fit un grand nombre de prisonniers et reprit tout le butin fait à Moscou. Il harcela aussi l'armée française à Leipzig, et en 1814 commit en France d'effroyables déprédations. C'est alors qu'il reçut le titre de comte.

PLATON, philosophe grec, né à Athènes (ou, suivant quelques auteurs, à Egine) vers 429 av. J.-C., mort vers 348. Il fut élève de Socrate pendant les huit ou neuf dernières années de la vie de ce grand réformateur, et il se pénétra profondément de son austère esprit moral, et de sa vigoureuse dialectique. Après la mort de Socrate, Platon se rendit à Mégare, où Euclide, ancien disciple du même maître, avait ouvert une école dans laquelle il cherchait à greffer la morale socratique sur le tronc de l'idéalisme éleatique. De Mégare, Platon visita Cyrène, l'Egypte, la Grande-Grèce et la Sicile. Au bout d'environ 12 ans de résidence et de voyages à l'étranger, il revint à Athènes, et ouvrit une école dans son jardin, près de l'Académie, où il exposait ses doctrines dans de simples conversations et dans des leçons en forme à un grand nombre d'élèves; on avait un tel désir de l'entendre que des femmes se déguisaient en hommes pour pouvoir assister à ses leçons. Platon ne se maria jamais, ni ne se mêla aux affaires publiques, et il semble avoir regardé la constitution et le caractère de sa ville avec défaveur et presque avec désespoir. Dans les dernières années de sa vie, il visita deux fois Syracuse; une fois, semble-t-il, dans le vain espoir de gagner le jeune Denys à sa république idéale. Il passa tranquillement sa vieillesse sans qu'on pût remarquer dans ses facultés mentales aucun affaiblissement sensible. — Les écrits de Platon nous sont parvenus dans un état de perfection peu ordinaire pour les ouvrages de l'antiquité. Ils sont tous rédigés en forme de dialogue. Dans presque tous, Socrate est le principal interlocuteur et expose les sentiments de l'écrivain. La composition de ses ouvrages occupa une grande partie de la vie de Platon, et il faut probablement les regarder comme marquant les différentes phases de son développement philosophique, plutôt que comme l'exposition d'un système parfaitement mûr et complet. Platon est un des écrivains les plus fascinants qui aient jamais entrepris d'exposer les énigmes de la philosophie. Un des plus grands charmes de ses écrits est leur caractère absolument dramatique; ce sont les dialogues non seulement leur forme, mais dans leur caractère. Une humeur vive et légère, de l'ironie, du sarcasme, des plaisanteries tantôt risquées, tantôt délicates, des détails pittoresques, de temps en temps une fable ingénieuse et frappante, alternent avec les secs raisonnements de la dialectique, et reposent l'esprit. Platon n'établit aucune division précise dans la science. Cependant, il la considère évidemment sous le triple aspect de la dialectique, de la physique et de l'éthique ou politique. La dialectique, qui, avec Aristote, devint simplement l'instrument de la science, la logique, était avec Platon la science des sciences, la science de l'être absolu. La physique et l'éthique sont des sciences seulement en tant qu'elles se relient à la dialectique. Il ne regarde pas les mathématiques comme une science, mais comme une aide à la science, se trouvant à mi-chemin entre les vérités absolues de celle-ci et les incertitudes de l'opinion. La dialectique, étant la science par excellence, ne traite que de l'absolu et de l'invariable. Elle a pour sujet les essences spirituelles, transcendentales, que Platon appelle formes, espèces (εἴδη), et connues sous le nom impropre d'*idées*. Il est facile de dire d'une façon générale ce que ces formes sont. Elles sont les essences immuables, éternelles, hors de la sphère des sens, et accessibles à la seule raison. Elles pénètrent le monde sensible, étant pour ainsi dire la substance dont il est l'ombre, lui donnant tout ce qu'il possède d'incomplète réalité. Elles répondent donc sans doute, d'aussi près que possible, aux intuitions et aux concepts généraux de la métaphysique moderne, et on les explique plus généralement aujourd'hui comme de simples abstractions; des universaux, produit exclusif de l'esprit, sans réalité objective. Les *idées* elles-mêmes ne sont pas toutes, cependant, d'excellence égale; au-dessus des autres règnent les formes du vrai, du beau et du bien, triade dans laquelle le dernier élément tient à son tour la première place, et s'identifie peut-être avec la divinité qui, ainsi, dans la conception platonicienne, semble flotter entre une personnalité distincte et la plus haute et la plus noble des idées. Comme les idées sont le seul objet de la science véritable, et que se préparer à entrer en communion avec elles, surtout avec celle du bien, la plus noble d'elles toutes, est la grande fin de l'effort philosophique, en dernière analyse la science et la vertu se confondent, et les idées fournissent la base non seulement de toute science, mais de toute piété et de toute moralité. Platon expose sa physique en grande partie d'après le point de vue pythagoricien, et sa cosmogonie, dans la plupart de ses détails, ne s'élève pas, probablement même à ses propres yeux, au-dessus du niveau d'une conjecture plausible. Le monde a un commencement et n'est pas éternel. L'âme, d'après la conception que Platon se fait de sa nature, entrerait dans le domaine de la physique. Elle consiste, à ses yeux, en deux portions : l'âme propre, l'intelligence ou la raison, divine et immortelle, et un principe sensuel et appétitif, matériel et périssable. Entre elles, mais plus rapproché de la raison, est un troisième élément qu'il appelle la passion, et qui sert ainsi d'intermédiaire entre la partie divine et la partie terrestre, de même que l'âme du monde est l'intermédiaire entre la divinité et la matière. Platon soutient l'immortalité de l'âme avec une grande abondance d'arguments et une grande énergie. Pour morale, il garde la doctrine socratique, à savoir, que la vertu est une science, et conséquemment un objet d'enseignement. La vertu est essentiellement une, le bien; mais elle a diverses formes de développement. Il conserve la quadruple division des vertus en sagesse, courage, tempérance et justice. La vraie vertu emporte toujours avec elle sa propre jouissance, et l'homme vertueux, qui n'est à proprement parler qu'un philosophe, trouve son souverain bonheur dans la communion, dans l'assimilation avec le bien et le divin. La politique, chez Platon comme chez les Grecs en général, était étroitement alliée à la morale. L'Etat n'est que l'individu sur une plus grande échelle; l'individu n'est que l'état en miniature. L'analyse que Platon fait de l'Etat n'est que la reproduction agrandie de son analyse psychologique. Sa division est triple. Sa classe gouvernante représente l'intelligence, l'essence de l'âme; les ouvriers et les artisans, ses parties sensuelles et appétitives; et les soldats ou gardiens de l'Etat, l'élément intermédiaire qui est la passion. La vertu de la première classe est la sagesse; celle de la seconde, la tempérance, et celle de la troisième, le courage; en même temps, dans l'Etat de même que dans l'individu, la justice est le principe qui pénètre, règle et harmonise le tout. Suivant la conception grecque ordinaire, Platon affirme la suprématie de l'Etat, et y absorbe tous les intérêts de la vie individuelle et domestique. Les relations et les biens du foyer doivent se sacrifier sans réserve sur l'autel de l'Etat. La communauté des femmes et des biens doit prendre la place de la vie de famille et de la propriété individuelle. L'éducation et les occupations des citoyens doivent être réglées par l'Etat. La classe gouvernante devrait se composer de philosophes, de ceux qui, s'étant élevés jusqu'à la contemplation du réel et du vrai, sont capables d'attacher à leur valeur les ambitions et les plaisirs chimériques de la multitude. La tendance à la triade se manifeste partout dans la philosophie de Platon. En psychologie, nous avons la trinité de la raison, de la passion et de l'appétit; en morale, celle de la sagesse, du courage et de la tempérance; en ontologie, celle de l'être, du devenir, et du non-être; dans la connaissance, celle de la science, de l'opinion et de la sensation; en cosmogonie, celle de Dieu, de l'âme du monde et de la matière; dans l'Etat, celle des magistrats, des guerriers et des artisans. On appelle souvent Platon idéaliste. Mais ceci est vrai de l'esprit plutôt que de la forme de sa doctrine; car strictement c'est un réaliste rigoureux, et il diffère de son grand disciple, Aristote, beaucoup moins dans sa méthode philosophique pure que dans ses hautes inspirations morales et religieuses, qui perpétuellement enlevaient son esprit comme sur des ailes vers le beau et le bien. — BIBLIOGR. Voy. Zeller, *Etudes platoniciennes*(Stuttgard, 1839, in-8°); H. Martin, *Etudes sur le Timée de Platon* (Paris, 1841, 2 vol. in-8°); Jules Simon, *Etudes sur la théodicée de Platon et d'Aristote* (Paris, 1840); E. Burnouf, *Des principes de l'art d'après la méthode et les doctrines de Platon* (Paris, 1850, in-8°); Benard, *De Platonis republica* (Paris, 1831); Janet, *Essai sur la dialectique de Platon* (Paris, 1848, in-8°); Berger, *Rhetorica secundum Platonem* (Paris, 1840, in-8°), etc.; *The Platonic Dialogues for English Readers*, par Whewell (1859-'64, 3 vol.); *Plato and the other companions of Socrates*, par Grote(1565, 3 vol.) Les meilleures éditions du texte grec des œuvres de Platon sont celles de Bailer, Orelli et Winckelmann (Zurich, 1838, 1 vol. in-4°); de Stalbaum (Gotha, 1833, 10 vol. in-8°) avec commentaires et arguments. Une traduction française des œuvres complètes de Platon a été publiée par V. Cousin (Paris, 1824-'50, 13 vol. in-8°).

* **PLATONICIEN, IENNE** adj. Qui suit la philosophie de Platon; qui a rapport à la philosophie de Platon : *la doctrine platonicienne.* — Substantiv. *La guerre entre les platoniciens et les aristotéliciens.*

* **PLATONIQUE** adj. Qui a rapport au système, à la philosophie de Platon. N'est guère usité que dans ces locutions : AMOUR PLATONIQUE, affection mutuelle, morale, et dégagée des désirs physiques, entre deux personnes de différent sexe; et, ANNÉE PLATONIQUE, révolution à la fin de laquelle on suppose que tous les corps célestes seront dans le même lieu où ils étaient au commencement de cette révolution. — Tycho-Brahé prétend que la durée de l'année platonique doit être de 25,816 années communes; Ricciolus la fixe à 25,920 ans; Cassini à 24,800 ans. A la suite de cette révolution, il y aurait une rénovation complète et naturelle de toute la création.

PLATONISER v. n Suivre la doctrine de Platon.

* **PLATONISME** s. m. Système philosophique de Platon.

* **PLÂTRAGE** s. m. Ouvrage fait de plâtre : *ce n'est pas de la maçonnerie, c'est du plâtrage.* — Action de plâtrer un champ : *le plâtrage des terres donne de bons résultats.*

* **PLÂTRAS** s. m. Débris d'ouvrages de plâtre : *il tombe de gros plâtras de cette cloison, de ce plafond, de cette cheminée.* — Fam. CETTE MAISON N'EST BATIE QUE DE PLATRAS, elle est construite avec de mauvais matériaux.

* **PLÂTRE** s. m. (gr. *plastr*, qui sert à modeler). Sorte de pierre cuite au fourneau, sulfate de chaux calciné, qu'on réduit en poudre, et qu'on emploie délayé avec de l'eau pour cimenter les pierres ou les moellons, pour faire des enduits, pour mouler des statues, des ornements d'architecture, etc.: *pierre de plâtre ou à plâtre.* (Voy. GYPSE.) — PLATRE CRU, pierre à plâtre propre à cuire. PLATRE ÉVENTÉ, plâtre qui a perdu de sa qualité par l'air, le soleil ou l'humidité. PLATRE NOYÉ, plâtre gâché avec beaucoup d'eau. PLATRE AU PANIER, plâtre qui a été criblé au travers d'un panier. PLATRE AU SAS, plâtre qui a été passé au travers d'un tamis. — BATTRE QUELQU'UN COMME PLATRE, le battre excessivement. — CETTE FEMME A DEUX DOIGTS DE PLATRE SUR LE VISAGE, elle a mis beaucoup de blanc. — Tout ouvrage moulé en plâtre. Ainsi on dit : LES PLATRES DE LA FRISE, les ornements de plâtre de la frise. LE PLATRE D'UNE STATUE, D'UN BUSTE, le modèle de plâtre de ce buste, de cette statue. UN PLATRE ANTIQUE, une figure, un bas-relief de plâtre moulé d'après l'antique : *on a tous les plâtres de la colonne Trajane.* LE PREMIER PLATRE D'UNE STATUE, celui qui est sorti le premier du moule. LE PLATRE

D'UNE PERSONNE, le masque de plâtre avec lequel on a pris l'empreinte de son visage : *on a tiré un plâtre sur lui après sa mort.* — pl. Absol. Archit. Légers ouvrages de plâtre, tels que ravalements, corniches, languettes de cheminées, scellements, etc. — **Plâtre durci.** Dans la séance de l'Académie des sciences du 16 mars 1885, M. Julhe a fait connaître un nouveau procédé pour rendre le plâtre dur et résistant. On mélange intimement six parties de plâtre de bonne qualité avec une partie de chaux grasse récemment éteinte et finement tamisée. On emploie ce mélange rapidement en le gâchant avec la quantité d'eau strictement nécessaire. Lorsque le plâtre ainsi employé est devenu bien sec, on l'imbibe largement avec une solution de sulfate de zinc ou de sulfate de fer, et il durcit au point qu'on ne peut plus le rayer avec l'ongle. Si l'on a employé le sulfate de zinc, l'objet reste blanc; tandis que le sulfate de fer lui donne une teinte de rouille, et qu'en passant ensuite à la surface de l'huile de lin lithargyrée et chauffée, on obtient la nuance d'acajou. On peut ainsi avoir un parquet brillant et peu coûteux en étalant sur le sol une couche de plâtre chaulé de 6 à 7 centim. d'épaisseur. Le plâtre ainsi durci ne cède pas à une forte pression; il ne craint plus le contact de l'eau, et il résiste à toutes les influences atmosphériques.

* **PLÂTRÉ, ÉE** part. passé de PLATRER. — Fardé, qui n'est pas sincère :

Aussi ne vois-je rien qui soit plus odieux
Que le dehors *plâtré* d'un zèle spécieux.
    Tartufe, acte I, sc. VI.

— PAIX PLATRÉE, RÉCONCILIATION PLATRÉE, paix, réconciliation qui n'est pas sincère, et qui ne saurait être durable.

* **PLÂTRER** v. a. Couvrir de plâtre, enduire de plâtre : *plâtrer un plafond.* — Agric. PLATRER UNE PRAIRIE ARTIFICIELLE, y répandre du plâtre comme engrais. — PLATRER DU VIN, le clarifier à l'aide du plâtre. — Fig. et fam. Couvrir, cacher quelque chose de mauvais sous des apparences qui ne peuvent subsister longtemps : *au lieu d'accommoder cette affaire, on n'a fait que la plâtrer.* — Se plâtrer v. pr. *Cette femme se plâtre.*

* **PLÂTREUX, EUSE** adj. Ne se dit guère que d'un terrain mêlé d'une espèce de craie rouge : *un terrain plâtreux*

* **PLÂTRIER** s. m. Celui qui prépare le plâtre, et celui qui le vend : *acheter du plâtre au plâtrier.*

* **PLÂTRIÈRE** s. f. Lieu, carrière d'où l'on tire de la pierre à plâtre : *les plâtrières de Montmartre.* — Endroit où l'on cuit et où l'on prépare le plâtre qu'on vend aux maçons : *le fourneau d'une plâtrière.*

PLATTSBURGH [plattss'-beurgh], petite ville de l'état de New-York (Etats-Unis), sur la baie du Cumberland, dans le lac Champlain, à l'embouchure du Saranac, à 230 kil. N. d'Albany et à 34 kil. de la frontière du Canada; 5,139 hab. Plattsburgh est une station militaire des Etats-Unis.

PLATTDEUSCH s. m. Langage des habitants de l'Allemagne du Nord On dit aussi PLAT-ALLEMAND.

PLATYDACTYLE s. m. (préf. *platy*; gr. *daktulos*, doigt). (Voy. GECKO.)

PLATY (gr. *platus*, large). Préfixe qui sert à la formation d'un grand nombre de mots.

PLATYPE s. m. (préf. *platy*; gr. *pous*, pied). Synon. d'ornithorynque.

PLATYSOME s. m. préf. *platy*; gr. *soma*, corps). Entom. Troisième famille des coléoptères tétramères de Latreille, dont le principal genre est celui des pyrophores.

PLAUDITE, CIVES, mots latins qui signifient : *Applaudissez, citoyens!*

PLAUEN [plao-enn], ville de Saxe, sur l'Elster blanc, à 60 kil. S.-O. de Leipzig; 28,756 hab. C'est le centre de la fabrication des tissus de coton blanc et de la broderie en Allemagne.

* **PLAUSIBILITÉ** s. f. (lat. *plausibilitas*). Didact. Qualité de ce qui est plausible : *cette proposition a quelque plausibilité.* (Peu us.)

* **PLAUSIBLE** adj. (lat. *plausibilis*). Qui a une apparence spécieuse : *il en donne une raison plausible.*

* **PAUSIBLEMENT** adv. D'une manière plausible. (Peu us.)

PLAUTE (Titus-Maccius PLAUTUS), auteur dramatique latin, né à Sarsina (Ombrie) vers 256 av. J.-C., mort à Rome en 184. Il vint jeune à Rome, entra au service des acteurs, et devint l'auteur comique en vogue. Ses pièces se jouaient encore sous le règne de Dioclétien. A l'époque de Varron, il existait 130 pièces que l'on attribuait à Plaute; mais Varron n'en énumère que 21 d'absolument authentiques, qui nous ont toutes été conservées, sauf une, *Vidularia.* On considère généralement la pièce intitulée *Captivi* comme son chef-d'œuvre. Plaute empruntait le plus souvent ses intrigues aux écrivains grecs de la comédie nouvelle. Les principales éditions de Plaute sont celles de Lambin (Paris, 1576); de Taubmann (Francfort, 1603, 1612, 1621); *Ad usum Delphini* (Paris, 1679); de Gronovius (Amsterdam, 1684); de Miller (Berlin, 1755, 3 vol. in-8°); de Spon (Vienne, 1792-1802, 7 vol. in-8°); de Schneider (Gœttingue, 1804); de Bothe (Berlin, 1809-'11, 4 vol. in-8°); de Naudet, dans la *Bibliotheque latine* de Lemaire (1830-'32); de Ritschl (Bonn, 1848-'52), etc. Plaute a été traduit en français par Gueudeville et par Limiers (1719), par Levée (1820-'21, 8 vol. in-8°), par Naudet (1831-'38, 9 vol. in-8°), et par François (1844).

PLAYFAIR (John)[plé-fèrr], physicien écossais, né en 1748, mort en 1849. Il entra dans les ordres, mais en 1782 il devint précepteur particulier, et en 1785 professeur adjoint de mathématiques à l'université d'Edimbourg. En 1805, il fut nommé professeur de physique. En 1795, il avait fait paraître son édition d'Euclide, sous le titre de *Elements of Geometry*; en 1802, ses *Illustrations of the Huttonian Theory of the Earth*; et, en 1812-'16, il publia ses *Outlines of natural Philosophy.* Son dernier ouvrage important fut *Progress of mathematical and Physical Science*, qu'il préparait pour le supplément de l'*Encyclopædia Britannica*, et qu'il laissa incomplet.

PLÉAUX, ch.-l. de cant., arr. et à 20 kil. S.-O. de Mauriac (Cantal); 4,800 hab. Cire, bestiaux, bois.

* **PLÈBE** s. f. (lat. *plebs*, peuple). Le bas peuple.

PLÉBÉIANISME s. m. Etat, condition des plébéiens.

* **PLÉBÉIEN, IENNE** s. (lat. *plebeius*; de *plebs*, la masse du peuple). Celui qui était de l'ordre du peuple, chez les anciens Romains : *il n'y avait que les plébéiens qui pussent être tribuns du peuple.* — Se dit, par allusion, de ceux qui, dans les Etats modernes, ne font point partie de la noblesse : *le père de cet homme titré était un honnête plébéien.* — Adj. *Magistrat plébéien.* — ENCYCL. Les plébéiens formaient une classe de citoyens romains, distincte des patriciens et des clients. A l'origine, les plébéiens étaient exclus du sénat, de toutes les fonctions de l'Etat, de la confection des lois, et de l'alliance par mariage avec les patriciens. Le premier pas important vers la conquête de leur position dans la république fut l'établissement du tribunal en 494 av. J.-C. En 445, la loi de Caius Canuleius permit les alliances entre les deux classes. Enfin, en 366, une des lois liciniennes porta

qu'un des consuls devrait toujours être un plébéien. Plus tard, la dictature, la censure, la préture et le pontificat leur furent aussi ouverts.

PLÉBISCITAIRE adj. Qui se rapporte au plébiscite.

* **PLÉBISCITE** s. m.[-biss-si-te; on prononce aujourd'hui, plé-bi-si-te] (rad. lat. *plebis scitum*, édit des plébéiens). Antiq. Décret émané du peuple romain convoqué par tribus. — Polit. Vote par lequel le corps électoral, comprenant l'universalité des citoyens, se prononce sur une résolution, une loi, une proposition qui lui est soumise : *le plébiscite de 1854, de 1852 et du 8 mai 1870.* — Le mot plébiscite désignait, dans la république romaine, les lois édictées par les plébéiens sans l'intervention des patriciens et du sénat. Le premier plébiscite des temps modernes eut lieu en France, en 1793, sur la Constitution proposée. Des appels analogues au vote populaire sans discussion furent faits à plusieurs reprises par Napoléon Ier et Napoléon III.

PLÉC, Pléco, Plect, Plecto (lat. *plectus* ou *plicatus*, plié). Préfixes qui entrent dans la composition d'un grand nombre de mots.

PLECTIQUE adj. (gr. plekhô, je plie). Philol. Se dit d'un sigle (>) qui indique un vers d'Homère cité dans un autre écrivain.

PLECTOGNATHE adj. [-gbna-] (gr. *plectos*, entrelacé; *gnathos*, mâchoire). Qui a les mâchoires soudées.

PLECTRE s. m. (gr. *plectron*). Petite verge avec laquelle on frappait les cordes de la lyre, pour jouer de cet instrument.

PLECTRUDE, femme de Pépin d'Héristal, morte dans la seconde moitié du VIIIe siècle.

PLECTRUM s. m. Voy. PLECTRE.

* **PLÉIADE** s. f. [plé-ia-de] (lat. *plebs*, multitude; du gr. *pluthos*, foule). Groupe de sept illustres poètes grecs qui florissaient sous le règne de Ptolémée Philadelphe, savoir : Lycophron, Théocrite, Aratus, Nicandre, Homère, Apollonius de Rhodes et Callimaque. — Groupe de sept poètes français qui vivaient sous les derniers rois de France de la branche des Valois : *les poètes qui composaient la pléiade poétique imaginée par Ronsard, étaient Daurat, du Bellay, Baïf, Belleau, Thyard, Jodelle, et Ronsard lui-même.* — Astron. Groupe de six étoiles qui sont dans la constellation du Taureau, et qu'on disait autrefois être au nombre de sept. S'emploie ordinairement au pluriel : *le lever des Pléiades.* Mædler regardait les Pléiades comme le groupe central du système de la voie lactée. Alcyone, la plus brillante des pléiades, et étoile de troisième grandeur, était considérée comme occupant la position apparente du point central autour duquel tourne l'ensemble des étoiles fixes; mais sir John Herschel a montré que les Pléiades sont trop loin de notre voie lactée pour être un centre probable du mouvement des étoiles.

PLÉIADES ou **Atlantides**, filles d'Atlas et d'Hespérie, enlevées par Busiris, roi d'Egypte, et délivrées par Hercule. Persécutées par Orion, elles furent changées en étoiles.

* **PLEIGE** s. m. [plè-je] (angl. *pledge*, gage). Jurispr. Celui qui sert de caution : *il s'est offert pour pleige et caution dans cette affaire.* (Vieux.)

* **PLEIGER** v. a. Cautionner en justice. (Vieux.)

* **PLEIN, EINE** adj. [plain] (lat. *plenus*). Qui contient tout ce qu'il est capable de contenir. Il est opposé à vide : *un tonneau plein de vin; une pleine bourse de louis.* Lorsque PLEIN est mis avant le substantif, comme dans cette dernière phrase, il sert à donner quelque sorte d'énergie à ce qu'on veut dire.

— QUAND LE VASE EST TROP PLEIN, IL FAUT BIEN QU'IL DÉBORDE, une extrême douleur, un long ressentiment qu'on s'est efforcé de contenir, éclate à la fin, malgré qu'on en ait. — PLEIN COMME UN ŒUF, extrêmement plein. — UN OUVRAGE PLEIN, un ouvrage d'esprit où l'on trouve tout ce qu'il doit contenir. CET OUVRAGE N'EST PAS ASSEZ PLEIN, il y manque beaucoup de choses. On dit, dans le même sens, UN STYLE PLEIN ET NOURRI, un style ferme, abondant, et qui fait naître beaucoup d'idées. — Par exag. Qui contient une grande quantité : *il a ses greniers pleins de blé et ses caves pleines de vin.* — CET HOMME EST PLEIN DE VIN, il est ivre, il est pris de vin. — AVOIR LE VENTRE PLEIN, être repu abondamment, être rassasié : *quand il a le ventre plein, il s'endort.* On dit populairement, dans le même sens, IL EST PLEIN, IL EST BIEN PLEIN. — ELLE A TOUJOURS LE VENTRE PLEIN, se dit d'une femme qui est souvent grosse. — BÊTE PLEINE, bête qui porte des petits : *une chatte pleine.* — Qui abonde en quelque chose que ce soit : *c'est un pays plein de tout ce qui est nécessaire à la vie.* — S'emploie, fig., dans la même signification : *un livre plein d'érudition, plein de bonnes choses, plein de sottises.* — UN HOMME PLEIN DE DIFFICULTÉS, un homme difficultueux. UN HOMME PLEIN D'EXPÉDIENTS, un homme qui trouve des expédients pour tout. — UN HOMME PLEIN DE LUI-MÊME, un homme qui a beaucoup de vanité, qui a trop bonne opinion de sa personne. — ÊTRE PLEIN D'UNE CHOSE, en avoir l'imagination tout occupée : *il est si plein de son idée, qu'il en est fatigant.* — AVOIR LE CŒUR PLEIN, avoir des sujets de mécontentement ou de satisfaction, de tristesse ou de joie, qu'on éprouve le besoin de déclarer, de confier à d'autres : *j'ai le cœur trop plein, il faut enfin que je m'ouvre à vous.* — ÊTRE PLEIN DE LOISIR, être maître de son temps, n'avoir point d'affaires. — Écrit. MOURIR PLEIN DE JOURS, mourir dans un âge fort avancé. — Entier, complet. UN JOUR PLEIN, les vingt-quatre heures tant du jour que de la nuit. PLEINE LUNE, la lune lorsqu'elle nous paraît entièrement éclairée, et qu'elle est en opposition avec le soleil : *nous aurons pleine lune tel jour.* — PLEINE LUNE, le moment de tout l'espace qui est depuis le quatorzième jour jusqu'au vingt et unième de la lune : *nous sommes dans la pleine lune.* — C'EST UNE PLEINE LUNE, se dit d'une personne qui a le visage large et plein. On dit de même, AVOIR UN VISAGE DE PLEINE LUNE. — PLEINE VENDANGE, PLEINE RÉCOLTE, une vendange, une récolte abondante : *on a fait cette année une pleine récolte, une pleine vendange.* — PLEIN RAPPORT, état d'une propriété, d'une terre qui rapporte autant qu'on en peut le désirer : *cette propriété, cette vigne est maintenant en plein rapport.* — Blas. ARMES PLEINES, celles qu'on porte telles qu'elles sont, sans aucune écartelure ni brisure : *la branche aînée de cette maison portait les armes pleines.* On dit aussi, CETTE MAISON PORTE SON ÉCU D'OR PLEIN, DE GUEULES PLEIN, etc., elle ne porte dans l'écu de ses armes qu'un émail, ou qu'une couleur, comme l'or, le gueules, etc., sans aucune pièce ni meuble. — Mar. PLEIN BOIS, partie du navire qui est au-dessus de l'eau : *tous les boulets ont porté en plein bois.* — Billard. PRENDRE UNE BILLE PLEINE, la viser et l'atteindre avec la sienne de centre à centre. — Fig. Entier, complet, absolu : *il a une pleine connaissance de l'affaire.* — DE NOTRE CERTAINE SCIENCE, PLEINE PUISSANCE ET AUTORITÉ ROYALE, formule dont le roi se servait dans ses édits et dans ses déclarations. — Gras, replet, rebondi : *cet homme a le visage plein.* — Man. JARRETS PLEINS, jarrets gras. FLANCS PLEINS, flancs qui ne sont ni creux, ni retroussés, ni coupés : *les flancs d'un cheval doivent être pleins à l'égal des côtes.* — BOIS PLEIN, bois compact dont le tissu est serré. — UNE VOIX PLEINE, une voix dont le son a de la rondeur,

du volume. — Se construit souvent avec la préposition EN, et sert à former différentes locutions adverbiales de lieu et de temps, qui signifient au milieu de, tous, qui servent véritablement qu'à donner plus de force et d'expression à ce qu'on dit : *il harangua en plein parlement; au mois prochain, nous serons en pleine vendange, en pleine récolte.* — UN ARBRE EN PLEIN VENT, PLANTÉ EN PLEIN VENT, un arbre exposé au vent de tous côtés, qui n'est à l'abri d'aucune muraille. UN ARBRE EN PLEINE TERRE, un arbre qui n'est point renfermé dans une caisse. On dit dans le même sens, UN ARBRE DE PLEIN VENT, UN ARBRE DE PLEINE TERRE. — EN PLEINE MARÉE, quand le flux est le plus haut. EN PLEINE MER, loin des côtes. EN PLEIN CHAMP, au milieu des champs. EN PLEINE CAMPAGNE, dans les champs, loin des habitations. — L'ARMÉE EST EN PLEINE MARCHE, la plus grande partie des troupes la compose est en marche. L'ENNEMI EST EN PLEINE RETRAITE, EN PLEINE DÉROUTE, la retraite de l'ennemi est décidée, sa déroute est complète. CETTE PROVINCE EST EN PLEINE RÉVOLTE, EN PLEINE INSURRECTION, elle est tout à fait révoltée, l'insurrection y est générale. — TAILLER EN PLEIN DRAP, tailler dans une pièce de drap, y prendre tout ce qu'il faut pour faire un habit, sans être gêné par l'aunage, et, fig. et fam., avoir amplement et abondamment tout ce qu'il faut pour l'exécution d'un dessein. — Se construit aussi avec les prépositions A et DE, et sert à former plusieurs locutions adverbiales, qui marquent l'intensité, l'abondance, le haut degré de la chose dont il s'agit : *crier à pleine tête, à pleine gorge; il a fait cela de plein gré, de son plein gré.* — A PLEINE MAIN, ou A PLEINES MAINS, abondamment, littéralement : *donner, répandre de l'argent à pleine main, à pleines mains.* — CETTE ÉTOFFE EST A PLEINE MAIN, elle est fort épaisse, moelleuse, bien fournie. — Man. CE CHEVAL A UN APPUI, UNE BOUCHE A PLEINE MAIN, il a la bouche bonne. — FRANCHIR UN FOSSÉ DE PLEIN SAUT, en sautant d'un bord à l'autre. — PASSER D'UN EMPLOI HAUT OU DE PLEIN SAUT D'UN EMPLOI SUBALTERNE A UNE PLACE ÉLEVÉE, en franchissant les degrés intermédiaires. — Sert quelquefois de préposition de quantité; et alors il signifie, autant que la chose dont on parle peut en contenir : *avoir du vin plein sa cave, du blé plein ses greniers.* — s. Philos. scol. LE PLEIN, l'espace que l'on suppose entièrement rempli de matière; par opposition au VIDE, l'espace où l'on suppose qu'il n'y a aucune matière, aucun corps, pas même de l'air : *de ces deux philosophes, l'un croit le vide, l'autre soutient le plein.* — LA LUNE EST DANS SON PLEIN, elle nous paraît éclairée en entier. — LE PLEIN D'UN MUR, le massif d'un mur, la partie où il n'y a ni portes ni fenêtres. — UNE ÉTOFFE BRODÉE TANT POUR VIDE, une étoffe dont une partie est brodée, et dont l'autre ne l'est pas. — METTRE DANS LE PLEIN, METTRE EN PLEIN, mettre sa flèche, sa balle de fusil ou de pistolet, etc., au milieu du but que l'on vise. — Jeu de biribi. METTRE EN PLEIN, mettre l'argent qu'on joue au milieu d'un chiffre; lorsque ce chiffre arrive, on retire soixante-quatre fois autant qu'on a mis au jeu; et cela s'appelle GAGNER UN PLEIN. — Jeu de trictrac. FAIRE SON PLEIN, couvrir de deux dames chaque case d'une des tables ou jans du trictrac. On dit aussi, CONSERVER SON PLEIN. — Callig. Partie d'une lettre, d'un caractère d'écriture ou d'imprimerie, qui est formée d'un trait plus gros, plus large que le reste. Il est opposé à délié : *la lettre O a deux pleins et deux déliés.* — En plein loc. adv. Pleinement, complètement : *le soleil donnait en plein sur nous.* — A pur et à plein loc. adv. Tout à fait, entièrement. Il n'est guère usité que dans ces locutions : *absous à pur et à plein; soldé à pur et à plein.* — Tout plein, sert quelquefois d'adverbe de quantité; et alors il signifie, beaucoup : *on trouve tout plein de gens qui pensent...* (Fam.)

PLEINE-CROIX s. f. Garniture placée sur le rouet d'une serrure : *des pleines-croix.*

PLEINE-FOUGÈRES, ch.-l. de cant., arr. et à 43 kil. E.-S.-E. de Saint-Malo (Ille-et-Vilaine); 1,800 hab. Céréales, fruits et bois.

* **PLEINEMENT** adv. Entièrement, absolument, tout à fait : *j'en suis pleinement convaincu.*

PLEIN-SUR-JOINT adv. Constr. Le plein, c'est-à-dire le milieu de la pierre ou de la brique via le joint des deux pierres ou des deux briques de l'assise placée au-dessous : *poser des pleins-sur-joint.*

PLEIN-VENT s. m. Arbre planté loin des murs ou des clôtures et qu'on laisse croître à toute sa hauteur : *des plein-vent.*

PLÉIOCÈNE. Voy. PLIOCÈNE.

PLÉISTOCÈNE adj. (gr. *pleistos*, le plus; *kenos*, récent). Division la plus inférieure des dépôts post-tertiaires formés par l'action de la glace et de plusieurs dépôts d'alluvion d'une formation relativement récente, tels que le *loess* dans la vallée du Rhin. On trouve dans ces dépôts plusieurs des plus anciens vestiges de l'homme préhistorique.

PLÉLAN-LE-GRAND, ch.-l. de cant., arr. et à 20 kil. S.-O. de Montfort (Ille-et-Vilaine); 800 hab. Fabriques de fil.

PLÉLAN-LE-PETIT, ch.-l. de cant., arr. et à 20 kil. O. de Dinan (Côtes-du-Nord); 300 hab.

PLÉNEUF, ch.-l. de cant., arr. et à 25 kil. N.-E. de Saint-Brieuc (Côtes-du-Nord), près de la mer; 1,000 hab.

* **PLÉNIER, IÈRE** adj. Complet, entier. N'est guère usité que dans ces locutions : COUR PLÉNIÈRE, assemblée solennelle que nos rois tenaient le jour de quelque grande fête, ou lorsqu'ils voulaient faire un magnifique tournoi; et, INDULGENCE PLÉNIÈRE, rémission pleine et entière de toutes les peines dues aux péchés : *le pape a accordé indulgence plénière à l'occasion de telle solennité.*

PLÉNIÈREMENT adv. D'une façon plénière.

* **PLÉNIPOTENTIAIRE** s. m. (lat. *plenus*, plein ; *potentia*, puissance). Ministre chargé des pleins pouvoirs d'un souverain. Se dit particulièrement des agents diplomatiques du second rang : *plénipotentiaire de France.* — Adjectiv. *Ministre plénipotentiaire.*

PLÉNISME s. m. Système de ceux qui pensent que l'univers est tout entier occupé par la matière, par opposition aux vacuistes qui admettent le vide au delà des mondes existants.

PLÉNISTE s. m. Partisan du plein dans la nature; philosophe qui prétend qu'il n'y a pas de vide.

* **PLÉNITUDE** s. f. (lat. *plenitudo*). Abondance excessive. N'est guère d'usage au propre qu'en parlant des humeurs : *cela marque une grande plénitude d'humeurs.* — Se dit, fig., en parlant de certaines choses, pour signifier qu'elles sont absolues, entières, complètes : *c'est par plénitude de puissance que les rois accordaient certaines grâces, certaines rémissions qui n'étaient point fondées en droit.* — NOTRE SEIGNEUR VINT AU MONDE DANS LA PLÉNITUDE DES TEMPS, c'est-à-dire, au terme marqué pour l'accomplissement des prophéties qui avaient prédit sa naissance et sa mort. — LA PLÉNITUDE DU CŒUR, l'abondance des sentiments dont le cœur est rempli : *je vous parle dans la plénitude de mon cœur.*

PLÉO (gr. *pleos*, plein). Préfixe qui entre dans la formation d'un grand nombre de mots.

PLÉOCHROÏSME s. m. [-kro-] (préf. *pléo*; gr. *chroa*, couleur). Minér. Propriété que possèdent plusieurs corps d'offrir des couleurs différentes, suivant la direction des rayons lumineux qui les frappent.

PLÉODONTE adj. (préf. *pléo*; gr. *odous, odontos*, dent). Zool. Qui a les dents pleines et non creuses.

* **PLÉONASME** s. m. (gr. *pleonasmos*). Figure par laquelle on emploie des mots qui sont inutiles pour le sens, mais qui peuvent donner à la phrase plus de force ou de grâce : *quand le pléonasme n'ajoute rien à la force ou à la grâce du discours, il est vicieux.* — Se prend ordinairement en mauvaise part, et signifie, une redondance vicieuse de paroles. — Le vers suivant de Molière nous offre l'exemple de l'effet que peut produire cette figure employée à propos :

Je l'ai vu, dis-je, vu, de mes propres yeux vu,
Ce qu'on appelle vu.

Il en est de même de ce vers de Corneille :

Puissé-je de mes yeux y voir tomber la foudre !

PLÉONASTIQUE adj. Qui tient du pléonasme.

PLÉORAMA s. m. (gr. *pléo*, je flotte). Sorte de tableau mouvant qui se déroule devant le spectateur.

PLÉROSE s. f. (gr. *plérosis*). Rétablissement de l'embonpoint du corps épuisé par la maladie.

PLÉSIOMORPHE adj. (gr. *plesios*, voisin; *morphé*, forme). Se dit des corps qui ont le caractère du plésiomorphisme.

PLÉSIOMORPHISME s. m. Sorte d'isophorphisme apparent, réduit à la forme cristalline.

* **PLÉSIOSAURE** s. m. [plé-si-o-sô-re] (gr. *plésios*, voisin ; *sauros*, lézard). Genre d'énaliosaurien ou reptiles marins gigantesques, aujourd'hui disparus. On trouve le plésiosaure principalement dans le lias secondaire, en Angleterre, avec l'ichtyosaure qui est encore plus grand. Il avait la tête petite, soutenue par un cou long, flexible, en serpentin, le corps et la queue courts, avec quatre membres en forme de puissantes palettes à nager,

Plésiosaure restauré.

comme celles des tortues ou des cétacés; sa peau était probablement nue. Ce genre singulier, nommé par Conybeare, unissait à une tête de lézard des dents de crocodile, un cou semblable à un corps de serpent, un tronc et une queue de quadrupède, des vertèbres de poisson, des côtes de caméléon et des nageoires de baleine. On a décrit dans ce genre près de 20 espèces, dont la mieux connue est le *plésiosaure Dolichodeirus* (Conyb.), long de 10 à 12 pieds, ayant environ 50 dents à chaque mâchoire, et un cou aussi long que le corps et la queue réunis, formé de 33 vertèbres, 10 de plus que le cou le plus long des oiseaux. — Le genre *pliosaurus* (Owen) comprend les reptiles gigantesques de l'argile

d'Oxford et de Kimmeridge, en Angleterre ; ce sont des animaux intermédiaires entre le plésiosaure et l'ichtyosaure.

PLESKOV. Voy. PSKOV.

PLESSIGRAPHE s. m. (gr. *plessô*, je frappe; *graphô*, j'écris). Instrument d'auscultation qui inscrit les observations.

PLESSIS-LÈS-TOURS, village du dép. d'Indre-et-Loire, à 4 kil. S. de Tours; 2,000 hab. Ruines du château où résida et mourut Louis XI.

PLESSIS-MARLY (Seigneur du). Voy. MORNAY.

PLESSIMÈTRE s. m. (gr. *plessein*, frapper; *métron*, mesure). Instrument consistant en une petite plaque d'ivoire très mince, qui sert à pratiquer l'auscultation médiate.

PLESTIN, ch.-l. de cant., arr. et à 18 kil. S.-O. de Lannion (Côtes-du-Nord); 1,800 hab.

PLÉTHON. Voy. GEMISTER.

* **PLÉTHORE** s. f. (gl. *pléthôn*, être plein). Méd. Abondance de sang et d'humeurs. La pléthore est caractérisée par la coloration de la peau, le gonflement des vaisseaux sanguins les plus superficiels, la plénitude du pouls, l'énergie des battements du cœur, etc. Elle a pour cause soit une organisation propre, soit une alimentation trop abondante ou trop excitante. Comme traitement, on conseille la diète, les exercices corporels, l'emploi des purgatifs et même les émissions sanguines.

* **PLÉTHORIQUE** adj. Méd. Abondant en en humeurs : *mangeant beaucoup et ne faisant point d'exercice, il est devenu pléthorique.*

PLEUMARTIN, ch.-l. de cant., arr. et à 21 kil. S.-E. de Châtellerault (Vienne); 800 hab.

* **PLEUR.** Voy. PLEURS.

PLEURABLE adj. Qui peut être pleuré.

PLEURAL, ALE adj. Anat. Qui appartient à la plèvre.

PLEURALGIE s. f. (gr. *pleuron*, plèvre; *algos*, douleur). Douleur de la plèvre, point de côté.

* **PLEURANT, ANTE** adj. (lat. *plorans*). Qui pleure : *elle est toujours pleurante.*

* **PLEURARD** s. m. Terme familier par lequel on désigne un enfant qui pleure souvent et sans sujet : *c'est un vilain pleurard.*

* **PLEURE** s. f. Anat. Voy. PLÈVRE.

PLEUREMENT s. m. Action de pleurer.

PLEURE-MISÈRE s. Personne qui se plaint sans cesse de sa misère : *des pleure-misère.*

PLEURE-PAIN s. m. Avare qui ne se nourrit qu'à regret : *des pleure-pain.*

* **PLEURER** v. n. (lat. *plorare*). Répandre des larmes : *les cerfs pleurent quand ils sont aux abois.* — PLEURER SUR QUELQU'UN, déplorer ses fautes, ses égarements; ses malheurs : *Jésus-Christ disait aux femmes de Jérusalem : « Ne pleurez pas sur moi, mais pleurez sur vous et sur vos enfants. »* — PLEURER COMME UN VEAU, pleurer immodérément. — ON DIRAIT QU'IL A PLEURÉ POUR AVOIR DES MANCHETTES, POUR AVOIR UN HABIT, UN CHAPEAU, etc., se dit d'un homme qui a des manchettes mesquines, trop petites, qui a un habit écourté, un petit chapeau quand la mode est d'en avoir un grand, etc. — IL NE LUI RESTE, ON NE LUI A LAISSÉ QUE LES YEUX POUR PLEURER, il a tout perdu, on lui a tout pris. — IL PLEURE D'UN ŒIL ET RIT DE L'AUTRE, se dit de quelqu'un qui rit et pleure tout à la fois, et comme incertain entre deux sentiments opposés. — LES YEUX LUI PLEURENT, SES YEUX PLEURENT, se dit en parlant d'une personne qui a quelque sérosité qui lui coule des yeux. — LA VIGNE PLEURE, se dit lorsqu'il dégoutte de l'eau de

son bois, après qu'elle a été fraîchement taillée. — v. a. *Pleurer la perte de ses amis.* — PLEURER QUELQU'UN, pleurer sa perte, sa mort : *il ne se passe pas de jour qu'il ne pleure sa femme, son fils, son ami.* — PLEURER SES PÉCHÉS, PLEURER SUR SES PÉCHÉS, avoir un grand regret, une grande douleur des péchés qu'on a commis. — CE MALHEUR DEVRAIT ÊTRE PLEURÉ AVEC DES LARMES DE SANG, EN LARMES DE SANG, on ne saurait trop le pleurer, ni en avoir une trop vive douleur. — ON NE L'A PLEURÉ QUE D'UN ŒIL, il n'a été regretté qu'en apparence et pour la forme. — IL PLEURE LE PAIN QU'IL MANGE, se dit d'un avare qui a regret à ce qu'il mange, qui se plaint sa nourriture. — C'EST UN PLEURE-PAIN, UN PLEURE-MISÈRE, c'est un avare qui se plaint toujours de sa misère.

PLEURERIE s. f. Action de pleurer.

> Il fut après la pleurerie,
> Question de la brûlerie.
>
> SCARRON.

* **PLEURÉSIE** s. f. [-zî] (rad. gr. *pleura*, plèvre). Méd. Douleur de côté fort vive, causée par l'inflammation de la plèvre, et souvent de la partie externe du poumon : *il s'est tellement échauffé, qu'il en a gagné une pleurésie.* — FAUSSE PLEURÉSIE, douleur du côté, qui n'est point causée par une inflammation de la plèvre, mais seulement par une inflammation légère des muscles intercostaux. — ENCYCL. On appelle pleurésie l'inflammation de la plèvre. Elle est occasionnée par l'impression du froid, soit à l'intérieur par des boissons glacées, soit à l'extérieur par des variations brusques de température, par un refroidissement subit du corps ou par une contusion. La pleurésie a pour symptômes principaux : douleur vive, épanchement séreux ou purulent, formation de fausses membranes et adhérence de deux surfaces en contact, c'est-à-dire de la plèvre costale avec la plèvre pulmonaire. La pleurésie aiguë présente des symptômes variables suivant les périodes de la maladie. Dans la première période, c'est-à-dire avant la formation de l'épanchement, on observe une douleur qui siège presque toujours dans le voisinage du mamelon du côté affecté et dans un point très borné. Cette douleur est pongitive, s'augmente par l'inspiration, par les secousses de la toux, par la pression et s'accompagne souvent d'une sensation de chaleur. La respiration est courte, accélérée, saccadée au moment de l'inspiration; l'expiration est lente; les mouvements des côtes sur la région affectée sont sensiblement moins étendus. La toux est douloureuse, petite, ordinairement sèche, quelquefois accompagnée de salive et de crachats spumeux. La sonorité de la poitrine, à la percussion, est à peine diminuée et l'auscultation ne fait reconnaître que de la diminution dans le bruit respiratoire. La fièvre est intense et le sang des saignées se couvre d'une couenne épaisse dite *couenne pleurétique.* Au bout de 2 à 3 jours l'épanchement se forme. Cette seconde période est caractérisée par la matité du son à la percussion, particulièrement à la base du thorax, le bruit respiratoire est remplacé par le souffle bronchique qui revêt bientôt le caractère de la voix chevrotante ou égophonie. La troisième période commence lorsque l'épanchement se résorbe; la respiration redevient appréciable; l'auscultation fait entendre un bruit particulier, inégal, plus ou moins rude et saccadé, quelquefois perceptible à la main et qui donne la sensation du froissement de deux corps passant avec lenteur l'un sur l'autre. Ce phénomène a reçu le nom de *frottement pleurétique.* La pleurésie se distingue de la pneumonie en ce qu'il n'y a ni crachats rouillés ni râles crépitants. La pleurodynie est facile à distinguer de la pleurésie par l'absence de matité et d'égophonie;

d'ailleurs elle est presque toujours sans fièvre. La pleurésie est très variable dans sa durée. Parfois elle passe à l'état chronique, souvent même elle est chronique dès le début; dans ce cas, les phénomènes fébriles et la douleur sont moins prononcés, mais l'oppression est souvent plus considérable. Elle est quelquefois plus grave que la forme aiguë et se termine souvent par la phtisie pulmonaire. — TRAITEMENT. Dans la pleurésie *aiguë* : repos, diète, quelquefois sangsues sur le point douloureux, puis de larges vésicatoires camphrés entretenus avec de la pommade au garou jusqu'à ce qu'il n'y ait plus de matité; purgatifs drastiques (calomel, scamonée) répétés tous les deux jours; boissons chaudes nitrées; alcoolature de bryone ou de colchique (20 à 30 gouttes par jour dans un verre d'eau sucrée). Calomel, 1 gr.; scille, 0,50 centigr.; digitale, 0,25 centigr. pour 10 pilules, une matin et soir dans la période aiguë. Dans la pleurésie *chronique*, on insiste sur les vésicatoires pour diminuer l'épanchement et arrêter l'inflammation; sur les cautères volants, sur les purgatifs répétés; on quitte la diète avec précaution en donnant une nourriture légère quoique suffisamment reconstituante (bouillon, tapioca, œufs frais peu cuits). Boissons pectorales et diurétiques; emploi de l'hypophosphite de chaux. — On appelle pleurésie *latente* la pleurésie chronique à ses débuts.

* **PLEURÉTIQUE** adj. Qui tient de la pleurésie; qui est causé par la pleurésie.

* **PLEUREUR, EUSE** s. Celui, celle qui a l'habitude de pleurer : *c'est un pleureur.* — Femme que, chez les anciens Grecs et les anciens Romains, on louait pour assister aux funérailles de mort et pour pleurer sa perte. — SAULE PLEUREUR, FRÊNE PLEUREUR, espèce de saule, espèce de frêne, dont les branches frêles et longues pendent vers la terre.

* **PLEUREUSES** s. f. pl. Bandes de batiste, qu'on mettait autrefois au revers de la manche d'un habit, dans les premiers temps d'un grand deuil : *porter des pleureuses.*

* **PLEUREUX, EUSE** adj. Qui annonce une personne affligée et prête à pleurer, ou une personne qui a pleuré : *avoir l'air pleureux, la mine pleureuse, le ton pleureux.* (Peu us.)

PLEURNICHEMENT s. m. Action de pleurnicher.

* **PLEURNICHER** v. n. Répandre des larmes feintes, faire semblant de pleurer, essayer de pleurer, comme les enfants qui veulent qu'on s'attendrisse et qu'on leur cède : *vous aurez beau pleurnicher, vous n'obtiendrez rien.* (Fam.)

PLEURNICHERIE s. f. Douleur feinte; se dit aussi des larmes versées sans motif.

* **PLEURNICHEUR, EUSE** s. Celui, celle qui pleurniche : *c'est un pleurnicheur, une pleurnicheuse.* (Fam.).

PLEURO (gr. *pleuron*, flanc, côté). Préfixe qui entre dans la formation d'un grand nombre de mots.

PLEURODYNIE s. f. (préf. *pleuro*; gr. *odunê*, douleur). Pathol. Douleur rhumatismale qui a son siège dans les muscles de la poitrine. Ce genre de rhumatisme est caractérisé par une douleur parfois vive et lancinante qui augmente par la toux et par les inspirations et qui devient telle que le malade craint quelquefois d'étouffer. Dans la plupart des cas, la douleur est peu violente et n'occupe qu'un seul côté au niveau du sein. La fièvre et la toux sont rares; ce qui distingue la pleurodynie de la pleurésie. L'application d'un vésicatoire calme presque toujours les douleurs de cette maladie.

PLEURODYNIQUE adj. Qui a rapport à la pleurodynie : *douleurs pleurodyniques.*

* **PLEURONECTE** s. m. (préf. *pleuro*; *nêktês*, nageur). Hist. nat. Genre de poissons plats qui, comme les limandes, les plies, les turbots, les soles, etc., nagent sur un des côtés du corps, et ont les deux yeux du même côté de la tête.

* **PLEUROPNEUMONIE** s. f. (préf. *pleuro*; fr. *pneumonie*). Méd. Pleurésie dans laquelle la plèvre et les poumons sont enflammés.

PLEUROSOME s. m. (préf. *pleuro*; gr. *soma*, corps). Monstre qui a l'abdomen ouvert sur le côté.

* **PLEURS** s. m. pl. (lat. *ploratus*). Larmes : *verser des pleurs.*

> Qu'un moment de repos me va coûter de *pleurs!*
>
> J. RACINE. *La Thébaïde*, acte 1er, sc. 1re.

— Se dit quelquefois au singulier, dans le style élevé : *c'est là qu'il y aura un pleur éternel.* — ESSUYEZ SES PLEURS, se consoler. ESSUYER LES PLEURS DE QUELQU'UN, calmer son affliction, le consoler. — ÊTRE TOUT EN PLEURS; ÊTRE NOYÉ DE PLEURS, ÊTRE NOYÉ DANS LES PLEURS; FONDRE EN PLEURS, pleurer abondamment. — PLEURS DE TERRE, les eaux de pluie qui coulent, qui filtrent entre les terres : *ce sont les pleurs de terre qui ont fait fondre cette glacière.* — LES PLEURS DE LA VIGNE, l'eau qui s'en échappe quand elle a été taillée. — Poétiq. LES PLEURS DE L'AURORE, la rosée.

PLEURTUIT, ch.-l. de cant., arr. et à 9 kil. S.-O. de Saint-Malo (Ille-et-Vilaine), sur la rive gauche de la Rance; 2,000 hab.

* **PLEUTRE** s. m. Terme de mépris, pour désigner un homme sans courage, un homme qui ne mérite aucune considération : *cet homme n'est qu'un pleutre.* Il est très familier

* **PLEUVOIR** v. impers. (lat. *pluere*). Il pleut. *Il pleuvait. Il plut. Il a plu. Il pleuvra. Il pleuvrait. Qu'il pleuve. Qu'il plût.* Se dit de l'eau qui tombe du ciel : *il y a longtemps qu'il n'a plu.* — IL Y PLEUT COMME DANS LA RUE, se dit en parlant d'une maison où la pluie perce les planchers. — JE N'EN AI NON PLUS QU'IL EN PLEUT, se dit pour donner à entendre qu'on n'a pas la moindre partie de la chose dont il s'agit. — IL A BIEN PLU SUR SA FRIPERIE, se dit d'un homme qui est déchu d'une vigoureuse santé, ou d'une fortune éclatante. — COMME S'IL EN PLEUVAIT, beaucoup, en grande quantité : *donnez-nous du vin comme s'il en pleuvait.* — C'EST UN ÉCOUTE S'IL PLEUT, se dit d'un homme faible, qui se laisse arrêter par les moindres obstacles. Se dit aussi d'une promesse illusoire, d'une mauvaise défaite, d'une espérance très incertaine. — Se dit aussi de plusieurs choses qui semblent tomber du ciel comme la pluie : *Dieu fit pleuvoir le feu et le soufre sur Sodome et sur Gomorrhe.* — QUAND IL PLEUVRAIT DES HALLE-BARDES, LA POINTE EN BAS, ou simpl. QUAND IL PLEUVRAIT DES HALLEBARDES, quelque mauvais temps qu'il puisse faire. Se dit ordinairement pour marquer qu'on est dans une nécessité indispensable de sortir, et qu'il n'y a aucune considération de mauvais temps qui en puisse empêcher. — Se dit, fig., de plusieurs choses qui tombent sur lui une grêle de coups. — IL PLEUT DES BROCHURES, DE MAUVAIS VERS, etc., il s'en publie chaque jour une grande quantité. — IL PLEUT DES CHANSONS, DES ÉPIGRAMMES, etc., CONTRE UN TEL, il court beaucoup de chansons, d'épigrammes, etc., contre lui. LES SARCASMES PLEUVENT SUR LUI DE TOUS CÔTÉS, il est l'objet de mille sarcasmes. — IL PLEUT DES MAUVAIS PLAISANTS, DES EN-NUYEUX, DES IMPORTUNS, etc., quelque part qu'on aille, on rencontre beaucoup de mauvais plaisants, d'ennuyeux, d'importuns, etc. — LES BIENS, LES DIGNITÉS, LES HONNEURS PLEU-VENT CHEZ LUI, PLEUVENT SUR LUI, il lui arrive de grands avantages coup sur coup; on lui prodigue les dignités, les honneurs.

PLÉVILLE LE PELLEY. Voy. Le Pelley.

PLEVNA, ville de Bulgarie, près de la rivière Vid, à 45 kil. N.-N.-O. de Nicopolis; 45,500 hab. Elle a joué un grand rôle pendant la guerre russo-turque de 1877-'78. Prise par les Russes le 6 juillet 1877, elle fut reprise par Osman Pacha le 18 du même mois et conservée par les Turcs après de rudes combats contre Schildner-Schuldner (19 et 20 juillet) et contre Krudener (29-31 juillet). Les Russes ayant repris l'offensive, après la capitulation de Lovatz (3 sept.), reparurent le 7 devant Plevna et commencèrent un siège qui dura plus de 2 mois. Un assaut général, donné les 11 et 12 sept. en présence du tzar, leur coûta 20,000 hommes. L'insuccès de cette attaque permit aux assiégés de recevoir le secours amené par Chefket Pacha (22 sept.). Quelques jours plus tard, le général Todleben reçut le commandement des troupes russes devant Plevna ; il ne put prendre définitivement la forteresse de Gravitza, mais il repoussa, à Gornij-Dubnik, une armée turque qui voulait se jeter dans la ville (24 oct.) et s'empara (28 oct.) de la position de Teliche. Une nouvelle armée turque, commandée par Méhémet Ali, ayant été repoussée le 15 nov., l'armée russe, forte de 120,000 hommes, poussa le siège avec énergie. Elle prit le poste fortifié d'Entrepol, le 24 nov., et réduisit les assiégés à tenter une sortie générale qui fut repoussée, après un terrible carnage de 6 heures (10 déc.). Osman Pacha, enveloppé, capitula sans conditions avec 30,000 hommes, 128 officiers et 100 canons. Cette capitulation eut une influence décisive sur l'issue de la guerre.

* **PLÈVRE** s. f. Anat. On donne ce nom à la membrane qui tapisse l'intérieur de la poitrine, de chaque côté et se replie à la base des poumons. La portion de la plèvre qui recouvre la paroi de la poitrine s'appelle plèvre costale, et celle qui recouvre les poumons, plèvre pulmonaire. L'espace compris entre ces deux parties reçoit le nom de cavité pleurale.

PLEXIFORME adj. (fr. plexus ; et forme). Qui a la forme d'un plexus.

* **PLEXUS** s. m. [plèk-suss] (rad. lat. plectere, entrelacer). Anat. Lacis, réseau formé par plusieurs filets de nerfs, ou par plusieurs petits vaisseaux entrelacés les uns avec les autres : plexus choroïde.

PLEYBEN. ch.-l. de cant., arr. et à 10 kil. N.-E. de Châteaulin (Finistère), au bord de l'Aulne; 1,200 hab.

PLEYEL [plat-el ; vulgairement plé-ièl]. I. (Ignaz), compositeur allemand, né près de Vienne en 1757, mort en 1834. Élève de Haydn, il fut successivement maître de chapelle à Strasbourg et éditeur de musique et facteur de pianos à Paris. Il a écrit avec succès des trios, des quartettes et des sonates pour le piano. — II. (Joseph-Étienne-Camille), son fils, compositeur français, né en 1792, mort en 1855. Il continua la fabrication des pianos et s'adjoignit Kalkbrenner pour associé. Il a trouvé plusieurs perfectionnements. C'était un excellent pianiste, et il a composé de nombreuses pièces. — III. (Marie-Félicité), pianiste, femme du précédent, née en 1811, morte en 1875. Elle était Belge d'origine, et elle se sépara de son mari au bout de quelques années. C'était une exécutante accomplie; en 1848, elle devint professeur au conservatoire de Bruxelles.

* **PLEYON** s. m. [plè-ion]. Petit brin d'osier qui sert à lier la vigne : il faut des pleyons pour cette vigne.

* **PLI** s. m. (lat. plica). Ce qu'on fait à une étoffe, à du linge, à du papier, etc., lorsqu'on les met en un ou plusieurs doubles, avec ou sans arrangement : faire un pli à une étoffe. — Remettre une étoffe dans ses plis, la replier de la même manière qu'elle avait été pliée par le fabricant. — Cet habit ne fait pas un pli, il est juste à la taille. — C'est une affaire qui ne fera pas un pli, pas un petit pli, pas le moindre pli, se dit d'une affaire aisée, et qui ne peut pas souffrir de difficulté. — Sous ce pli, dans cette lettre : vous trouverez sous ce pli, je vous envoie sous ce pli le papier que vous me demandez. — Fouiller dans tous les plis et replis du cœur, sonder les plis et replis du cœur, chercher à découvrir ce qu'il y a de plus secret, de plus caché dans le cœur. — Marque qui reste à une étoffe, à du linge, etc. : il y a eu des cornes à ce livre, on en voit toujours les plis. — Cet habit a pris son pli, les plis qui y sont y demeureront toujours — Il ressemble au camelot, il a pris son pli; et absol., il a pris son pli, se dit d'un homme qui n'est pas d'âge ou d'humeur à se corriger facilement, à changer d'habitude. On dit, dans le même sens, Le pli est pris, vous n'en viendrez pas à bout. — Ce jeune homme a pris un bon pli, un mauvais pli, il est déjà tout formé aux habitudes du bien ou du mal. On dit, dans le même sens, Donner un bon pli a la jeunesse. — Donner un bon pli a une affaire, la disposer, la présenter de telle sorte, qu'elle puisse être bien entendue, et favorablement jugée. — Man. Mettre un cheval dans un beau pli. (Voy. Plier.) — Se dit quelquefois de ce qui ressemble à un pli d'une étoffe, etc. : la peau de cet animal a des plis. — Avoir des plis au front, au visage, avoir des rides. — Le pli du bras, le pli du jarret, l'endroit où le bras, où le jarret se plie. — Man. Le pli de l'embouchure, l'endroit de la brisure du mors de bride. — Mar. Pli de câble, la longueur de la roue du câble tel qu'il est roué. Mouiller un pli de câble, ne filer que très peu de câble, en mouillant l'ancre. — Guerre. Un pli de terrain, enfoncement où une troupe peut se dissimuler. — Peint. et Sculpt. Sinuosités d'une draperie : il faut que le nu se fasse sentir sous les plis.

* **PLIABLE** adj. Pliant, flexible, aisé à plier : cette sorte de bois n'est guère pliable. — Fig. Docile, disposé à se laisser conduire, gouverner : avoir l'esprit pliable, l'humeur pliable. (Peu us.)

* **PLIAGE** s. m. Action, manière de plier, ou effet de cette action : le pliage des étoffes doit se faire avec soin.

* **PLIANT, ANTE** adj. Souple, flexible, facile à plier : l'osier est extrêmement pliant. — Fig. Docile, accommodant, disposé à faire ce que les autres veulent, ou ce que les circonstances demandent : il a le caractère pliant, l'humeur pliante. — Siège pliant, et substantiv. Pliant, siège qui se plie en deux, et qui n'a ni bras ni dossier : il ne lui fit donner qu'un pliant.

* **PLICA** s. m. Méd. Voy. Plique.

PLICATIF, IVE adj. (lat. plicativus; de plicare, plier). Qui met en plis.

* **PLICATILE** adj. Bot. Qui se plisse : la corolle du liseron est plicatile.

PLIE s. f. Poisson plat, du même genre que la limande et le carrelet, et dont la chair est estimée : on pêche beaucoup de plies dans la Loire.

* **PLIÉ, ÉE** part. passé de Plier. Fléchi, courbé. — Plié en deux, se dit, fam., d'un homme que l'âge empêche de se tenir droit.

* **PLIÉ** s. m. Danse. Mouvement des genoux quand on les plie : faire des pliés.

* **PLIER** v. a. (lat. plicare) Mettre en un ou plusieurs doubles, et avec un certain ordre. En ce sens, il ne se dit proprement qu'en parlant du linge, des étoffes et du papier : pliez votre serviette. — Plier la toilette, voler, emporter toutes les hardes d'une personne. Se dit prin-

cipal. d'un valet qui emporte les hardes de son maître. — Plier bagage, se dit d'une armée qui décampe, qui se retire devant une autre : les ennemis, sachant qu'on marchait à eux, songèrent à plier bagage. — Plier bagage, s'en aller furtivement. Cette locution signifie aussi quelquefois, mourir. Dans ce dernier sens, on dit aussi, pop., Plier son paquet. — Courber, fléchir : plier des branches d'arbre, des branches de vigne pour en faire un berceau. — Plier les genoux devant le veau d'or, faire servilement la cour à un homme riche, à une personne puissante; faire des bassesses pour acquérir des honneurs, de la fortune. — Fig. Assujettir, soumettre, faire céder, accoutumer : il faudra plier ce jeune homme à la règle. — Plier, v. n. Devenir courbé : une lame d'épée qui plie jusqu'à la garde.

> L'arbre tient bon ; le roseau plie.
> La Fontaine.

— Plier sous le poids des affaires, sous le poids des années, être surchargé d'affaires, être accablé par l'âge. — C'est un roseau qui plie à tout vent, se dit d'une personne qui n'a point de fermeté, qui cède à toutes les impulsions qu'on veut lui donner. — Il vaut mieux plier que rompre, il vaut mieux céder que de se perdre en résistant; il est souvent plus avantageux de céder, que de résister trop opiniâtrément. — Fig. Céder, se soumettre : plier sous l'autorité, sous les ordres de quelqu'un. — Reculer; et, en ce sens, il se dit proprement des troupes qui reculent dans un combat : les ennemis plièrent à la première charge. — Man. Plier un cheval, lui amener la tête en dedans ou en dehors, afin de lui rendre l'encolure souple, et de lui donner de la facilité dans les mouvem. — Se plier, v. pr. Se courber : l'endroit où le bras se plie. — Fig. Se plier à la volonté, à l'humeur, aux caprices de quelqu'un.

* **PLIEUR, EUSE** s. Celui, celle qui plie : plieuse de journaux.

PLINE (Caïus, Plinius-Secundus), dit l'Ancien ou le Naturaliste, auteur latin, né à Côme, l'an 23 de notre ère, mort en 79. Il appartenait à une famille noble et opulente, et, vers l'âge de 23 ans, il servit en Germanie sous Pomponius Secundus, dont il écrivit plus tard la vie. C'est à cette époque qu'il composa son traité De Jaculatione Equestri et il écrivit une Histoire des guerres germaniques, en 20 livres. De retour à Rome en 52, il étudia la jurisprudence et plaida au barreau. Il fut quelque temps procurateur en Espagne, revint à Rome un peu avant l'an 73, et composa l'histoire d'Aufidius Bassius, en 31 livres. Il était à Misène commandant la flotte, au moment de l'éruption du Vésuve (79), qui détruisit Herculanum et Pompéi. Comme il se rendait à Stabies, pour observer le phénomène de plus près, il fut étouffé par les émanations sulfureuses. Pline fut un des écrivains les plus actifs qui aient existé. Il légua à son neveu 160 volumes d'Electorum Commentarii. Le seul ouvrage qui nous reste de lui est sa vaste Historia naturalis en 37 livres. Les principales éditions de Pline l'Ancien sont : celle Cum notis variorum (Leyde, 1669, 3 vol.); celles de Hardouin (Paris, 1685, 5 vol. in-4°); de Miller (Berlin, 1766, 7 vol. in-8°); de Gronovius (Leyde, 1778); de Grotier (Paris, 1779, 6 vol. in-12); de Franz (Leipzig, 1788-'91, 10 vol. in-8°); d'Alexandre (1827-'28, 13 vol. in-8°), etc. Pline l'Ancien a été traduit en français par Poinsin et de Sivry (Paris, 1774-'82, 12 vol. in-4°); par M. Littré, dans la collection Nisard, (Paris, 1848, 2 vol. grand in-8°), etc.

PLINE (Caïus-Cæcilius Plinius), dit le Jeune, neveu du précédent, né à Côme vers l'an 61 ou 62 de notre ère, mort vers 116. Il étudia la rhétorique à Rome, et à l'âge de 16 ans il composa une tragédie grecque. Après avoir servi en Syrie en qualité de tribun militaire, il fut fait questeur, préteur vers 93, consul en 100, et, en 103, propréteur de la province du Pont, où il resta près de deux ans. Il atteignit le rang de sénateur. Les seuls ouvrages qui nous restent de lui sont le *Panegyricus*, écrit à propos de sa nomination au consulat, et célèbre pour son écœurant éloge de Trajan, et ses *Epistolæ*, en 10 livres. Les meilleures éditions de Pline le Jeune sont celles de Deux-Ponts (1789); de Gierig (Leipzig, 1806); de Lemaire (1823, 2 vol. in-8°). Pline le Jeune a été traduit en entier par de Sacy (1773, 3 vol. in-12), nouvelle édition revue par J. Pierrot (1826-'29, 3 vol. in-8°).

* **PLINTHE** s. f. (gr. *plinthos*). Membre d'architecture ayant la forme d'une petite table carrée, qu'on nomme aussi SOCLE dans les bases, et TAILLOIR dans les chapiteaux des colonnes : *la plinthe de cette base n'a pas de proportion avec la plinthe du chapiteau ; la plinthe d'une statue.* Dans cette acception, quelques-uns le font masculin. — Bande ou saillie plate qui règne au pied d'un bâtiment, au bas d'un mur d'appartement, d'un lambris : *cette plinthe est trop étroite, et n'a pas assez de saillie.* — PLINTHE DE MUR, espèce de plate-bande qui indique la ligne des planchers sur la façade d'un bâtiment, ou qui règne au sommet d'un mur de clôture.

PLIOCÈNE adj. (gr. *pleion*, davantage; *kainos*, récent). Géol. Se dit d'un terrain tertiaire qui contient les fossiles les plus récents. — s. m. *Le nouveau pliocène.* — ENCYCL. L'époque pliocène est la plus récente des trois qui appartiennent à l'âge tertiaire ou des mammifères. Ce terme a été introduit par sir Charles Lyell, et dérive du grec πλείων, plus, et καινός, récent, parce que plus de la moitié des fossiles qu'on y trouve appartiennent à des espèces existantes. L'âge quaternaire, ou âge de l'homme, est immédiatement au-dessus. L'époque pliocène se divise en pliocène ancien et pliocène nouveau; ce dernier est aussi appelé par Lyell pleistocène (gr. πλεῖστος, le plus), parce que presque toutes les fossiles y appartiennent à des espèces existantes. En Sicile, au pied du mont Etna, le nouveau pliocène atteint une épaisseur de plusieurs centaines de pieds. La couche d'ancien pliocène, contenant une grande quantité de plantes fossiles qui témoignent d'un climat très chaud et qui diffèrent entièrement de la végétation européenne actuelle, est très bien développée à la base des Apennins.

* **PLIOIR** s. m. (rad. *plier*). Petit instrument de bois, d'ivoire ou d'autre matière, plat, tranchant des deux côtés, arrondi par les deux bouts, et dont on se sert pour plier et pour couper du papier : *servez-vous de votre plioir.*

PLIOSAURE s. m. (pli-o-sô-re) (gr. *pleiôn*, supérieur; *sauros*, lézard). Erpét. Genre éteint de reptiles gigantesques, dont les restes fossiles se rencontrent dans le système oolithique supérieur. Quelques individus avaient plus de 40 pieds de long.

* **PLIQUE** s. f., ou *Plica* s. m. (lat. *plicare*, plier). Méd. Maladie dans laquelle les cheveux sont entrelacés et collés ensemble, de manière qu'on ne peut les démêler, et qu'on ne peut les couper ou les rompre, sans qu'il en coule du sang : *la plique est commune en Pologne.* — La *plique* polonaise est caractérisée par une sorte de feutrage des cheveux. Elle était autrefois commune en Pologne; mais elle est devenue rare et n'attaque plus guère que les gens sales et misérables. Une sécrétion gluante apparaît sur le cuir chevelu, puis sur les cheveux mêmes, qui acquièrent une sensibilité morbide.

PLISSAGE s. m. (rad. *plisser*). Action de plisser; résultat de cette action.

* **PLISSÉ, ÉE** part. passé de PLISSER. Qui a des plis. — Adjectiv. Bot. *Feuille plissée.*

* **PLISSEMENT** s. m. Action de plisser; état de ce qui est plissé.

* **PLISSER** v. a. Faire des plis. Ne se dit proprement qu'en parlant des plis que les tailleurs ou les ouvrières en linge ou les blanchisseuses et repasseuses de linge font à certaines sortes d'habits ou d'ouvrages : *plisser une chemise.* — v. n. CETTE ÉTOFFE PLISSE, il s'y fait plusieurs plis. CES RIDEAUX PLISSENT TROP, PLISSENT BIEN, PLISSENT MAL, il s'y fait trop de plis, les plis en ont bonne ou mauvaise grâce. — Se plisser v. pr. *Cette étoffe se plisse bien.*

PLISSON s. m. Art culin. Mets composé de crème et de lait qu'on fait alternativement chauffer et refroidir jusqu'à ce que le dessus se plisse à l'épaisseur de trois doigts.

* **PLISSURE** s. f. Manière de faire des plis : *cette blanchisseuse n'entend rien à la plissure.* — Assemblage de plusieurs plis : *cette plissure est bien faite.*

PLISTHÈNE, petit-fils de Pélops et fils d'Atrée. Il épousa Eriphyle et en eut Agamemnon et Ménélas, qui furent élevés par Atrée, leur oncle, d'où le nom d'Atrides donné à ces deux frères.

PLIURE s. f. Action ou manière de plier une feuille de livre.

* **PLOC** s. m. (gr. *plokos*, natte). Mar. Composition de poil de vache et de verre pilé, qu'on met entre le doublage et le bordage d'un navire.

PLOCAGE s. m. Action de carder les laines; résultat de cette action.

PLOCÉINE, ÉE adj. Qui ressemble au tisserin. — s. f. pl. Famille de fringillidées ayant pour type le genre tisserin.

PLOCK ou Plotzk [plottssk]. I, gouvernement de la Pologne russe, sur les frontières de Prusse; 11,400 kil. carr.; 474,938 hab. Le pays est plat, et l'agriculture y est la principale industrie. — II, capitale de ce gouvernement, sur la Vistule, à 90 kil. N.-O. de Varsovie; 19,489 hab. C'est l'une des plus anciennes villes de Pologne. Elle possède une cathédrale avec les tombes des ducs de Masovie. Commerce actif, surtout en céréales et en bois de construction.

PLOËRMEL, *Plermela*, ch.-l. d'arr., à 44 kil. N.-E. de Vannes (Morbihan), par 47° 55' 57'' lat. N. et 4° 44' 9'' long. O.; 5,500 hab. Belle église du XVI° siècle et monument élevé en 1821 aux ducs Jean II et Jean III. Cette ville, autrefois fortifiée, fut prise par Mercœur pendant les guerres de la Réforme.

PLŒUC, ch.-l. de cant., arr. et à 24 kil. S. de Saint-Brieuc (Côtes-du-Nord); 2,000 hab. Commerce de grains, lin, chanvre, bestiaux.

PLOGASTEL-SAINT-GERMAIN, ch.-l. de cant., arr. et à 44 kil. O. de Quimper (Finistère); 900 hab. Minoteries; bestiaux et céréales.

* **PLOMB** s. m. [plon] (lat. *plumbum*). Métal d'un blanc bleuâtre, très mou, et l'un des plus pesants après l'or et le platine : *le plomb est un métal aisé à fondre.*

Comment en un *plomb* vil l'or pur s'est-il changé ?

RACINE.

— LES PLOMBS DE VENISE, la toiture de plomb du palais de Saint-Marc, à Venise, sous laquelle étaient les prisons où les détenus souffraient cruellement de la chaleur : *il languissait depuis deux ans sous les plombs.* — MINE DE PLOMB, sorte de crayon, qu'on nomme aussi PLOMBAGINE. — BLANC DE PLOMB, plomb oxydé par la vapeur du vinaigre, et il produit une couleur blanche dont les peintres font usage. — COLIQUE DE PLOMB OU DES PEINTRES, colique violente produite par l'action du

plomb. — IL EST FIN COMME UNE DAGUE DE PLOMB, se dit d'un homme simple et grossier. — IL LUI FAUDRAIT UN PEU DE PLOMB DANS LA TÊTE, se dit en parlant d'un homme qui a la tête légère, d'un étourdi. — CUL DE PLOMB, un homme laborieux et sédentaire : *c'est un cul de plomb et une tête de fer.* — Impr. LIRE SUR LE PLOMB, lire un passage sur la composition même. — Balle, lingot et petits grains de plomb qu'on emploie soit à la guerre, soit à la chasse, pour charger les fusils et autres armes à feu : *cette ville fut obligée de capituler, faute de plomb et de poudre.* — IL N'A NI POUDRE NI PLOMB, se dit d'un homme dépourvu de tout ce qui lui est nécessaire pour son travail ou pour sa dépense. — METTRE DU PLOMB DANS LA TÊTE DE QUELQU'UN, lui casser la tête d'un coup de fusil ou de pistolet. — Petit sceau de plomb que, dans les manufactures, on attache aux étoffes pour en certifier la qualité ou l'aunage, et que, dans les douanes, on attache aux ballots, coffres, etc., pour attester qu'ils ont payé les droits, et pour empêcher qu'ils ne soient ouverts avant d'être arrivés au lieu de leur destination : *plomb d'aunage.* — Instrument qui consiste en un morceau de plomb, ou d'autre métal, suspendu à une ficelle, et dont les maçons, les charpentiers, etc., se servent pour élever leurs ouvrages perpendiculairement à l'horizon : *voir avec un plomb si une muraille est droite, si elle est bien verticale.* — METTRE A PLOMB, DRESSER A PLOMB UNE MURAILLE, UNE MENUISERIE, UNE CHARPENTE, la rendre verticale. On dit, dans le même sens, CETTE MURAILLE EST A PLOMB. On dit aussi, TRACER UNE LIGNE A PLOMB SUR UNE MURAILLE, SUR UN ÉDIFICE. (Voyez plus bas la locution adverbiale A PLOMB.) — Morceaux de plomb aplatis que les femmes mettaient autrefois à leurs manchettes pendantes, pour les faire bien tenir. — PLOMB DE SONDE, ou simpl., PLOMB, morceau de plomb fait en cône, et attaché à une corde nommée ligne, avec lequel on sonde la mer, pour savoir combien il y a de brasses d'eau, et de quelle qualité est le fond. — JETER SON PLOMB SUR QUELQUE CHOSE, avoir des vues sur quelque chose, former un dessein pour parvenir à quelque chose : *il a jeté son plomb sur cet emploi.* — Se dit encore de ces cuvettes, ordinairement de plomb, qu'on établit aux différents étages d'une maison, pour y jeter les eaux sales, qui s'écoulent ensuite par les tuyaux de descente : *poser un plomb.* — Hydrogène sulfuré qui se dégage des fosses d'aisances et des puits. — Espèce d'asphyxie qui saisit quelquefois les vidangeurs, lorsqu'ils viennent à respirer ce gaz. — A plomb loc. adv. Perpendiculairement : *une ligne qui tombe à plomb sur une autre fait deux angles droits.* — Fig. Cette observation tombe à plomb sur lui. — Substantiv. en trois formes qu'un seul mot : *prendre l'aplomb d'une muraille; conserver son aplomb, perdre son aplomb.* — Situation fixe d'esprit ou de fortune; tenue, suite dans les idées ou dans les actions, assurance dans les manières : *ce jeune homme a de l'aplomb, manque d'aplomb.* Peint. Pondération des figures : *il pèche par les aplombs.* On dit, dans un sens analogue, en termes d'équitation, LES APLOMBS D'UN CHEVAL. — ENCYCL. Le plomb est une substance élémentaire appartenant à la classe des métaux, et ayant, lorsqu'il est pure, les caractères suivants : couleur blanche avec une teinte d'un gris bleuâtre; éclat fortement métallique; poids spécifique, 11,370 à 0° C., comparé à l'eau à 4° C. (Reich.); poids atomique, 207 (O = 16); symbole, Pb (*plumbum*). Le plomb cristallise en octaèdres (système régulier). Le plomb n'est sensiblement volatil qu'à la chaleur blanche, pourvu que l'air soit exclu; mais, même à cette température, on peut le distiller comme le zinc. Il est très tendre, susceptible d'être coupé avec un couteau, et laminé ou martelé en feuilles minces. Il n'est que faiblement ductile, et on ne peut l'étirer en fils minces. Deux surfaces propres et brillantes de plomb s'unissent par simple pression, ainsi que deux surfaces de plomb et d'étain. Il semble que ce vrai soudage à une température ordinaire est dû à la mollesse du métal. — Le plomb se combine avec l'oxygène pour former quatre oxydes : un sous-oxyde, un protoxyde, un sesquioxyde et un peroxyde. Le sous-oxyde, Pb² O, qui s'obtient en chauffant l'oxalate à environ 390° C., n'a pas d'importance. Le protoxyde, Pb O, obtenu en chauffant le métal, se nomme massicot ou litharge. (Voy. LITHARGE.) Le minium ou plomb rouge n'est pas d'une composition constante. On l'exprime généralement par la formule Pb² O³, et il peut être regardé comme un composé, soit du protoxyde avec le sesquioxyde, Pb O, Pb² O³, soit du protoxyde avec le peroxyde, 2 Pb O, Pb O². On le prépare sur une grande échelle, d'abord en réduisant le plomb à l'état de massicot, que l'on broye et que l'on pulvérise ; la poudre fine qui en résulte est exposée à une atmosphère oxydante sur le foyer d'un fourneau pendant 48 heures environ, à une température de 300 à 450° C. Le protoxyde de plomb absorbe environ de 1.5 à 2 p. 100 d'oxygène, et se convertit en une belle poudre rouge ou rouge orange. On se sert du minium comme d'un colorant ; il entre aussi dans la composition du verre ; on le préfère même, dans ce cas, à la litharge, en raison de sa richesse en oxygène qui sert à oxyder les matières organiques ou à peroxyder le fer. Le protoxyde de plomb forme avec les acides de nombreux composés ; les plus importants dans les arts sont : le carbonate, l'acétate et le chromate. Le carbonate, ou blanc de plomb (céruse), était connu et employé par les anciens ; il doit sa supériorité comme colorant à ce qu'il a beaucoup de « corps », et à son opacité. Ce n'est pas un simple carbonate, mais un composé d'hydrate et de carbonate de plomb dans des proportions variant entre 2 et 4 parties de carbonate et 1 partie d'hydrate. Il y a trois sortes de fabrications ; la française, l'anglaise et la hollandaise ; toutes sont fondées sur la formation de l'acétate basique de plomb et sur sa conversion en carbonate. Le procédé hollandais, qui est le plus ancien, consiste à exposer des feuilles minces de plomb aux vapeurs d'acide acétique et d'acide carbonique pendant un long temps. On place dans des vases de terre des feuilles de plomb enroulées en spirale ; au fond de ces vases, mais non en contact avec le plomb, on verse un mélange de vinaigre faible et de substances susceptibles de fermentation, du levain, par exemple ; on ferme avec une plaque de plomb. On empile les vases ainsi préparés, en les entourant de vieux tan ou de litière d'écurie ; au bout de six semaines, on trouve le plomb revêtu d'une couche épaisse de carbonate blanc, ou converti entièrement en cette substance. L'action produite, la même que dans les autres procédés, s'analyse ainsi : le plomb se change d'abord en acétate, puis en carbonate, par suite du dégagement d'acide carbonique produit par la décomposition des matières présentes, lesquelles servent aussi à maintenir une température élevée. Le blanc de plomb hollandais contient plus d'oxyde de plomb et a plus de corps que le français, mais il offre, dit-on, plus de tendance, quand on l'emploie mêlé à l'huile comme peinture, à jaunir au contact de l'air. Le blanc de plomb est souvent sophistiqué par addition d'autres substances, principalement de sulfate de baryte. Comme colorant il a été, dans beaucoup de cas, remplacé par l'oxyde de zinc, qui, tout en ayant moins de corps, est moins cher et ne noircit pas lorsqu'il est exposé à l'hydrogène sulfuré. Le protoxyde forme quatre sels avec l'acide acétique ; le principal est l'acétate normal,

vulgairement appelé sucre de plomb, dont on se sert dans les laboratoires de chimie, et en médecine, comme lotion astringente. Le sulfate plombique, Pb SO⁴, qui est aussi un sel du protoxyde, se présente à l'état natif en cristaux prismatiques ou octaèdres. Le protoxyde de plomb forme avec l'acide nitrique plusieurs sels appelés nitrates. Le peroxyde ou bioxyde se trouve de temps en temps à l'état natif en prismes hexaèdres, brillant d'un noir de fer, et constituant un lourd minerai de plomb. On le prépare en réduisant du rouge de plomb en poudre fine et en le faisant digérer dans de l'acide nitrique bouillante dilué dans quatre ou cinq parties d'eau. On s'en sert dans les laboratoires pour absorber l'anhydrure sulfureux ; alors, mêlé à d'autres gaz, il se décompose et forme du sulfate plombique. Le plomb se combine avec l'iode pour former l'iodure, Pb I², qui forme lui-même des sels doubles avec les iodures des métaux alcalins, et qu'on emploie, en médecine, comme résolutif des enflures glandulaires. — Empoisonnement par le plomb. Les composés du plomb sont vénéneux. Dans les cas d'empoisonnement aigu, lorsqu'une grande quantité de sel de plomb a été introduite dans l'organisme, on ressent une saveur métallique, une douleur brûlante dans l'estomac, des nausées, des vomissements, suivis de prostration et de mort, ou par des symptômes chroniques qui aboutissent à une convalescence. Les cas d'empoisonnement lents sont très communs parmi les personnes qui fondent et manient le plomb, qui fabriquent ou emploient ses composés. Le vieux nom de colique de plomb, colica Pictonum, colique du Poitou, vient de la fréquence des coliques produites dans ce pays par l'usage du plomb dans la fabrication du vin. Sir George Baker a trouvé la cause de la colique du Devonshire, dans l'usage du plomb pour clarifier le cidre ; les tranchées sèches des Indes occidentales viennent de son emploi dans la distillation du rhum. Le plomb produit quatre maladies : la colique, l'arthralgie, la paralysie et la maladie du cerveau appelée encéphalopathie. La colique est la plus fréquente : 1,217 cas sur les 2,471 cas observés par Tanquerel des Planches (Traité des maladies de plomb, Paris, 1839) ; tandis que l'arthralgie s'est montrée dans 755 cas, la paralysie dans 127, et l'encéphalopathie dans 72 environ. L'empoisonnement par le plomb est accompagné d'un pouls lent, de sécrétions diminuées, de perte d'embonpoint et d'une ligne bleue sur les gencives. Lorsqu'on est attaqué par la colique, les entrailles sont obstinément constipées ; il y a une douleur constante de ventre, aggravée dans les paroxysmes et soulagée, au lieu d'être augmentée, par la pression. Malgré la gravité des symptômes, la langue est à peine chargée, la peau est fraîche, le pouls est régulier, et peut-être un peu plus lent que dans l'état naturel. Abandonnée à elle-même, la maladie est d'une durée irrégulière ; mais, soumise à un traitement convenable, elle est ordinairement domptée en quelques jours ; le malade, toutefois, est sujet à des rechutes, et lorsqu'il reste exposé à la cause première du mal, la colique se complique peu à peu de paralysie, et peut aboutir à une affection mortelle du cerveau. Dans le cas où la mort a lieu, l'autopsie ne révèle aucune lésion spéciale ; mais dans ce cas, comme dans les autres variétés d'empoisonnement par le plomb, les réactifs chimiques montrent la présence du métal dans le sang et les tissus. Dans l'arthralgie du plomb, outre les symptômes généraux d'empoisonnement lent, le malade éprouve des accès de douleurs aiguës et lancinantes, ordinairement dans les membres, et quelquefois dans le tronc ; ces douleurs ne suivent pas les cordons nerveux, et le mouvement les augmente,

tandis que la pression les diminue. La paralysie causée par le plomb est très rarement générale. D'ordinaire, elle se limite aux extrémités supérieures ou inférieures, et, dans ce dernier cas, à un seul système des muscles. Cinq fois sur six, les extrémités supérieures seules sont affectées, et la paralysie est limitée aux muscles extenseurs de la main et du poignet, la main restant constamment recourbée. L'encéphalopathie produite par le plomb est une affection du cerveau, qui est heureusement la forme la plus rare des empoisonnements par ce métal. Dans quelques cas, l'attaque vient soudain ; mais, dans la majorité des exemples, après que les symptômes caractéristiques de l'effet du plomb sur le système se sont accusés d'une manière bien marquée, et souvent après l'apparition de la colique, le malade souffre de maux de tête, de vertiges, d'insomnie ou de somnolence, de battements précipités du pouls, de raideur ou de douleur dans les membres. Il peut être attaqué subitement d'un délire qui, quelquefois, est doux et tranquille, et dans d'autres furieux et dangereux pour lui-même et pour les autres. D'autres fois, il est saisi de convulsions épileptiformes ou épileptiques, dans les intervalles desquelles il ne recouvre qu'en partie l'usage de son intelligence. Ces deux états peuvent l'un et l'autre se terminer par le coma. Dans une troisième forme, le malade est comateux et lourdement somnolent dès le début. La mortalité, dans les cas d'encéphalopathie, est très fréquente. — Les indications du traitement, dans tous les empoisonnements par le plomb, sont de remédier aux symptômes présents et d'éliminer le poison. Les sédatifs et les calmants, tels que la morphine, les bromures et les iodures de potassium et de sodium peuvent se donner en clystères et en cathartiques, pour atteindre le premier résultat ; pour atteindre le second, on a recours à l'iodure de potassium, ce sel rendant le plomb suffisamment soluble pour passer avec les sécrétions. — S'il faut en croire certains savants, nous vivons dans une véritable atmosphère de plomb. Ce redoutable métal nous enveloppe, nous assiège, guettant toutes les avenues de l'organisme. En novembre 1881, M. Gautier l'a montré à l'Académie de médecine, dans la céruse qui enduit nos murs, dans la laine, dans le cuir de nos vêtements et de nos chaussures, dans l'eau que Paris emprunte aux sources de la Dhuys et de la Vanne, dans le siphon d'eau de Seltz, dans le flacon de cristal qui contient le vinaigre, dans les bouteilles de vin blanc, dans les conserves de légumes, de sardines, de homards, de foie gras, de thon, etc. La soudure plombique rencontre dans l'huile une condition favorable à la formation de l'oléate de plomb. La dose du plomb dans l'huile varie suivant l'âge de la conserve ; elle oscille de 20 à 50 milligr. par kilogr. Les dosages de conserves de homard ont donné 27 milligr. de plomb par kilo. ; les dosages de foies gras ont donné 43 milligr. ; c'est pourquoi le ministre de l'agriculture et du commerce a interdit les soudures intérieures des boîtes. Les eaux de Seltz en siphons à douilles formées d'un alliage de plomb et d'étain, contiennent une quantité de plomb qui s'accroît notablement si on laisse longtemps le siphon couché. L'eau attaque le plomb neuf. Une eau de Seine qui a parcouru 80 mètres de tuyaux neufs donne plus d'un dixième de milligr. de plomb par litre. L'enduit calcaire qui tapisse les vieux tuyaux ne met pas l'eau qui y séjourne à l'abri de l'action métallique. On a constaté, après un séjour prolongé des eaux de la Vanne dans de vieux tuyaux, que ces eaux renfermaient environ 4 milligr. de plomb par litre. — Minerais de plomb. On trouve dans quelques cas assez rares le plomb à l'état natif ; le principal minerai de plomb est la galène, ou plomb sulfuré. Quand il est pur, il se compose de 86.6 p. 100 de plomb et de 13.4 de soufre. Il cristallise dans le système isométrique, avec le cube pour forme dominante, et son clivage est parfait. Dureté, 2.5 à 2.75; poids spécifique, 7.25 à 7.7; éclat métallique; couleur et rayure d'un pur gris de plomb. Il contient quelquefois, comme impuretés, de l'antimoine, de l'arsenic, du cuivre, du zinc et du cadmium. La galène est toujours plus ou moins argentifère, et aussi probablement aurifère; mais ses caractères physiques ne donnent pas d'indication quant à la quantité d'argent qu'elle contient. Généralement, la galène qui se présente en véritables filons dans les plus anciennes roches contient plus d'argent que celle qui se présente en dépôts dans les formations plus récentes. Le tableau suivant montre la quantité d'argent contenue par les galènes de quelques localités :

LOCALITÉS.	PROPORTION D'ARGENT P. 100
Harts....................	0.03 à 0.05
Sala (Suède)............	0.05 à 0.75
Angleterre..............	0.02 à 0.03
Lead hills (Collines de plomb ; Écosse)..	0.03 à 0.06
Monroe (Connecticut)....	2.00
Roxbury (Connecticut)...	1.85
Eaton (New-Hampshire)..	0.1
Shelburne (New-Hampshire)....	0.15
Missouri................	0.0013 à 0.0027
Arkansas...............	0.03 à 0.05
Middletown (Connecticut).	0.15 à 0.06
Pike's Peak (Colorado)...	0.05 à 0.06
Galène à antimoine de Toscane....	0.325 à 0.72
Pérou, minerai brut, mais exceptionnellement riche..	0.52 à 3.20

On trouve, en France plusieurs gisements de galène assez importants : Mines de Pontpéan, de Poullaouen et de Huelgoët (Bretagne); de Pranal, de Barbecot, de Roure et de Rosier (aux environs de Pontgibaud, Auvergne); galènes de l'Aveyron, de la Lozère, des Pyrénées et des Alpes. — La galène est très répandue dans la nature. On la trouve dans les roches cristallines et stratifiées; elle se présente en veines, en couches, et en masses irrégulièrement distribuées. On peut distinguer deux classes de dépôts : 1° ceux dans lesquels la galène est associée à d'autres sulfures métalliques, comme l'argent, le cuivre, le fer et le zinc, et souvent à des combinaisons de ces sulfures avec de l'antimoine et de l'arsenic; 2° ceux dans lesquels la galène est libre ou presque libre de mélange avec les autres métaux. A la première classe appartiennent les mines d'argent les plus célèbres, comme celles de Fribourg en Saxe, de Clausthal dans le Hartz, de Přzibram en Bohême, et un grand nombre de celles des Etats-Unis. Les filons exploités dans ces mines sont généralement dans des roches cristallines ou métamorphiques; et appartiennent habituellement à la catégorie des vrais filons continus en profondeur, contenant des dépôts métalliques, et des gangues minérales en bandes ou couches régulières. Bien que le plomb extrait de ces mines soit à quantité considérable, comparativement à celle des autres métaux qui s'y trouvent, ces gisements ne seraient pas assez productifs si on les exploitait pour le plomb seul. Mais la présence du plomb est un avantage dans l'extraction des autres métaux, et principalement dans celle de l'argent. Les dépôts exploitables de galène pure de tout autre métal ne sont pas nombreux; on ne les trouve guère qu'en Angleterre, en Espagne et aux Etats-Unis. L'or, l'argent et l'étain ne se rencontrent que rarement dans les galènes exploitables, excepté dans les roches anciennes et cristallines, tandis que le plomb se rencontre surtout dans des roches non métamorphiques et plus récentes. Dans le midi de l'Espagne, dans les montagnes de la Sierra Nevada, il y a de

grands dépôts de minerais de plomb, qui ont été exploités par les Phéniciens, les Carthaginois, les Romains et les Maures, et qui sont encore productifs aujourd'hui; dans ces derniers temps, on a trouvé des bénéfices en fondant les masses immenses de riches scories laissées par les Romains. La sierra de Gador est la plus fameuse de toutes les localités espagnoles qui produisent du plomb. Le plateau du sommet est littéralement criblé de fosses plus ou moins profondes et d'excavations à la surface. Le rendement est monté à 42,000 tonnes en 1827. — *Traitement métallurgique*. Ordinairement les minerais, à mesure qu'ils sont tirés de la mine, ont à subir un procédé de préparation ou de purification, pour les débarrasser de la gangue qui y adhère, ou pour les séparer des différents minéraux métalliques, afin de les mettre en état d'être fondus. Le caractère de cette épuration diffère suivant la quantité et la nature des minéraux. Il suffit souvent de briser le minerai et de le trier à la main pour mettre à part des masses de galène presque pure; le minerai fin, au contraire, et celui qui est composé d'un mélange intime d'un certain nombre de minéraux sont soumis à divers procédés mécaniques, pour lesquels les différents minéraux sont séparés suivant leur poids spécifique. Il y a trois procédés employés pour retirer le plomb de la galène : le procédé de réaction par torréfaction ou de réduction par l'air; 2° le procédé par torréfaction et désoxydation; et 3° le procédé de réduction par le fer ou par précipité. Lorsque ce sont des minerais oxydés que l'on fond, c'est le second procédé qu'on emploie, en omettant, bien entendu, la torréfaction. Le premier procédé est fondé sur l'intéressante réaction qui a lieu lorsque le sulfure de plomb est chauffé, soit avec de l'air, soit avec de l'oxyde de plomb, et qui aboutit, lorsque l'oxygène et le soufre sont présents dans le mélange (deux molécules du premier pour une molécule du second) à la production du plomb métallique et du gaz acide sulfureux. Là où cette proportion n'existe pas, il reste un résidu qui se compose de l'excès de l'oxyde ou du sulfure, selon le cas. La réaction s'exprime par les équations suivantes :

$$Pb\,S + 2Pb\,O = Pb^3 + SO^2, \text{ et } Pb\,S + Pb\,O, SO^3 = Pb^2 + 2SO^2.$$

Quand la galène est partiellement torréfiée de manière à former une certaine quantité de sulfate et d'oxyde de plomb, et que l'oxyde ainsi formé est chauffé en un mélange intime avec le sulfure non altéré, le plomb à l'état de métal se sépare aussitôt. Dans le second procédé, la galène est torréfiée, complètement ou à peu près, et l'oxyde qui en résulte avec un peu de sulfate, est réduit dans un fourneau à cheminée par le carbone du combustible. Dans le troisième procédé, on profite de l'affinité supérieure du soufre pour le fer à de hautes températures, de sorte que la galène chauffée avec du fer est réduite en métal avec formation de sulfure de fer. Le choix du procédé à employer dans le traitement des minerais de plomb dépend beaucoup de la présence ou de l'absence d'autres métaux, et de la richesse des minerais. Là où il s'agit de ne traiter que la galène seule avec une petite quantité seulement de matières terreuses, on emploie généralement la torréfaction et la fonte s'opère soit sur un foyer à minerai, soit dans un fourneau à réverbère. La chaleur et la chaux éteinte, comme fondant, effectuent la réduction. On n'a jamais employé le procédé de réduction par torréfaction ni le procédé par précipité pour des minerais de plomb purs et riches; on les réserve pour les minerais pauvres en plomb ou pour ceux qui contiennent d'autres métaux, comme du cuivre, de l'antimoine et du nickel. — L'argent s'extrait du plomb en exposant

le plomb argentifère fondu à l'action d'un courant d'air à une température supérieure au point de fusion de la litharge. Le plomb se convertit en oxyde, tandis que l'argent, moins oxydable, reste intact. On estimait autrefois qu'il fallait, pour que l'extraction par ce procédé, appelé coupellation, fût rémunératrice, que la quantité d'argent fût d'environ 250 grammes par tonne. Depuis 1825, on a inventé deux procédés pour concentrer l'argent dans les minerais de plomb; ce qui fait qu'on peut l'extraire avec profit même lorsqu'il n'y en a que 65 grammes par tonne. Le premier de ces procédés, introduit par Pattinson vers 1833, fut employé partout jusqu'à son remplacement par le procédé de Parke, lequel atteignit sa perfection vers 1866. Le procédé de Pattinson est basé sur ce fait que, lorsqu'on laisse se refroidir lentement du plomb fondu contenant de l'argent, on voit se séparer des cristaux de plomb presque purs d'argent; ces cristaux peuvent s'enlever à l'aide d'une écumoire et il reste alors un plomb fondu beaucoup plus riche en argent. Le procédé de Parke est fondé sur ce fait que si le zinc est intimement mêlé avec du plomb contenant de l'argent et qu'on laisse refroidir lentement le mélange, presque tout le zinc remonte à la surface, en entraînant avec lui la plus grande partie de l'argent. — *Usages et industries , du plomb.* Comme métal, le plomb s'emploie surtout en feuilles pour faire des réservoirs à acide sulfurique ou des vases de concentration, pour doubler les bassins et les citernes, pour faire des conduits à eau et à gaz, et pour charger les armes à feu. Il entre dans la composition d'un grand nombre d'alliages. Les composés de ce métal servent principalement à faire des couleurs et à la fabrication du flint-glass. On coulait autrefois les feuilles de plomb; aujourd'hui on les lamine généralement. Cependant le plomb qui enveloppe le thé de Chine est encore coulé, opération qui s'effectue en versant le plomb fondu sur une plaque chaude et en appliquant une autre plaque par dessus, de façon à aplatir le liquide en couche mince. Le plomb laminé est d'abord coulé en grandes plaques, et puis passé entre de gros cylindres. Les tuyaux de plomb se faisaient autrefois en coulant un cylindre court et épais sur un mandrin; mais on se sert aujourd'hui de presses hydrostatiques pour faire passer le plomb fondu dans les moules de grandeur convenable. Pour le plomb d'armes à feu, le métal s'allie d'ordinaire à de l'arsenic qu'on y introduit sous forme d'acide arsénieux ou de sulfure. L'effet est de rendre le métal, qui est d'ordinaire plus ou moins impur par suite de la présence du fer ou de l'antimoine, plus doux et plus ductile. L'alliage est mis en barres que l'on dispose au sommet d'une tour, où on le fait fondre; on le verse à travers des cribles. Le liquide se divise en globules et se refroidit suffisamment pour durcir avant d'arriver au bas de la tour, où se trouve de l'eau pour amortir la chute. La hauteur peut être de 30 m. pour la grenaille, mais pour le plomb plus gros, elle doit atteindre de 60 à 70 m. On fait aussi du plomb pour armes à feu en versant du métal liquide sur une table tournante sur laquelle est placé un cylindre de laiton fait de feuilles perforées. La table tourne avec une vitesse de 300 m. par minute au périphérie, et la force centrifuge lance le plomb à travers les trous des flancs du cylindre, formant des grains ronds et brillants qui vont frapper contre un écran de toile. Une nouvelle méthode brevetée aux Etats-Unis, pour faire du plomb d'armes à feu, consiste à substituer aux tours élevées des éminences peu considérables sur lesquelles on dirige de bas en haut un puissant courant d'air, ce qui produit le même effet qu'une chute profonde.

PLOMB POUR GRIVES, ALOUETTES, BÉCASSINES ET MOINEAUX.

Numéro	Diamètre	Portée approximative
12	1 millim. 20	De 47 mètres à 23
11	1 — 50	de 54 — à 38
10	1 — 70	de 62 — à 43

PLOMBS POUR TOUT GIBIER EN PRIMEUR

9	1 — 90	de 69 — à 49
8	2 — 20	de 80 — à 66
7	2 — 73	de 90 — à 70

PLOMBS POUR VIEILLES PERDRIX

6	2 — 90	de 105 — à 74
5	3 — 03	de 110 — à 78

PLOMBS POUR LIÈVRES QUAND LE GIBIER EST FORT

4	3 — 45	de 125 — à 88

PLOMBS POUR LOUPS, OIES ET CANARDS SAUVAGES

3	3 — 55	de 129 — à 91
2	4 — 90	de 142 — à 100
1	4 — 07	de 148 — à 104
zéro	4 — 25	de 158 — à 111
double zéro	6 — 70	de 174 — à 120
Triple zéro	5 — 10	de 185 — à 130

* **PLOMBAGE** s. m. Action de plomber, de garnir de plomb, de marquer avec un plomb : *le plombage d'un fusil.* — PLOMBAGE DES DENTS, opération qui consiste à remplir avec une substance métallique en feuille la cavité d'une dent cariée.

* **PLOMBAGINE** s. f. Substance minérale noirâtre, qui est plus connue sous le nom de MINE DE PLOMB, et dont on fait des crayons. — La *plombagine* ou *graphite* n'a rien de commun avec le plomb; c'est l'une des formes du carbone élémentaire; chimiquement, elle est identique avec le charbon de bois, dont elle ne diffère que par des propriétés physiques. Elle est tendre; assez facile à agglutiner et forme des crayons employés dans l'industrie et dans les arts, à cause de la trace noire qu'elle laisse après elle sur le papier. Elle sert aussi à faire des creusets, et à revêtir les surfaces des objets en fer, pour les protéger contre l'action de l'air. Excellente conductrice de l'électricité, elle est utile sur la surface des corps non conducteurs dans la galvanoplastie. Elle forme des lits et des masses irrégulières dans la pierre à chaux, le granit, le gneiss et autres roches, particulièrement dans le Cumberland, à Ceylan, aux Etats-Unis et dans le Canada. — La *plombagine* contient ordinairement de 90 à 95 p. 100 de carbone, avec de 4 à 10 p. 100 de fer et des traces de silice, d'alumine, de chaux et de magnésie.

PLOMBAGINÉ, ÉE. Voy. PLUMBAGINÉ.

PLOMBATE s. m. Chim. Sel produit par la combinaison de l'acide plombique avec une base.

* **PLOMBÉ, ÉE** part. passé de PLOMBER. Garni de plomb. — Adjectiv. Livide, couleur de plomb : *cet homme a le teint plombé, le visage plombé.*

* **PLOMBER** v. a. Mettre, attacher, appliquer du plomb à quelque chose, en quelque lieu : *plomber des filets pour qu'ils descendent au fond de l'eau.* — PLOMBER DE LA VAISSELLE DE TERRE, la vernir avec du plomb. — Dentiste. PLOMBER UNE DENT, remplir de plomb en feuille ou d'une autre substance métallique une dent creuse, afin de la conserver : *il s'est fait plomber une dent.* — Douanes et Manuf. Appliquer un petit sceau de plomb, soit sur des ballots, coffres, etc., pour marquer qu'ils ont payé les droits, et pour empêcher qu'ils ne soient ouverts dans les autres bureaux où ils passent; soit sur des étoffes pour marquer qu'elles viennent de telle fabrique, ou qu'elles ont tel aunage et telle qualité : *plomber des ballots, des caisses, des pièces d'étoffe,* etc. — Terrass. et Jard. Presser, battre, fouler des terres pour les affermir et afin qu'elles s'affaissent moins : *il faut plomber les terres rapportées.* — Maçonn. Charpent. Juger de la position verticale d'un ouvrage, à l'aide d'un plomb : *plomber un mur.*

* **PLOMBERIE** s. f. Art de fondre et de travailler le plomb. — Lieu où l'on coule et où l'on travaille le plomb.

* **PLOMBEUR** s. m. Celui qui plombe les marchandises, les étoffes : *les plombeurs de la douane.*

PLOMBEUX adj. Chim. Se dit d'un des oxydes du plomb et de son premier degré de sulfuration.

* **PLOMBIER** s. m. Ouvrier qui fond le plomb, le façonne, le vend façonné, ou le met en œuvre dans les bâtiments, les fontaines, etc.

PLOMBIÈRES, station minérale et ch.-l. de cant., arr. et à 16 kil. S.-O. de Remiremont (Vosges), dans une profonde vallée et au milieu d'un district montagneux dont l'air pur est célèbre; 1,730 hab. Cinq établissements de bains, alimentés par 10 sources principales et qui sont visités annuellement par 3,000 à 4,000 baigneurs. Les eaux de Plombières sont conseillées dans les affections chroniques de l'estomac et de l'intestin, dans les gastralgies, dans les fièvres intermittentes, etc. On les prend en bains, en douches et en boisson; on les transporte en bouteilles; elles se conservent assez bien.

PLOMBIFÈRE adj. (fr. *plomb*; lat. *fero*, je porte). Minér. Qui contient du plomb : *mine plombifère.*

PLOMBIQUE adj. Chim. Se dit d'un des oxydes du plomb et de divers composés dont le plomb fait partie.

PLOMBOIR s. m. Chir. Instrument servant au plombage des dents.

PLOMGOMME s. m. Minér. Aluminate de plomb hydraté que l'on trouve dans les monts Allaï.

PLONGE s. f. Action de plonger.

* **PLONGÉ, ÉE** part. passé de PLONGER. — CHANDELLE PLONGÉE, celle qui se fait en plongeant la mèche dans le suif; par opposition à CHANDELLE MOULÉE.

* **PLONGEANT, ANTE** adj. Dont la direction est de haut en bas : *le coup d'épée qu'il a reçu était plongeant.*

* **PLONGÉE** s. f. Fortificat. N'est usité que dans cette locution, LA PLONGÉE DU PARAPET, la ligne qui, dans le profil d'un parapet, est comprise entre le talus intérieur et le talus extérieur.

PLONGEMENT s. m. Action de plonger dans un liquide.

* **PLONGEON** s. m. Action de plonger.

Alors, dans la rivière il fait divers *plongeons.*
BOISSAULT.

— FAIRE LE PLONGEON, se dit d'un homme qui baisse la tête quand il entend tirer : *ceux qui n'ont jamais été à la guerre font ordinairement le plongeon aux premiers coups que l'on tire.* Se dit aussi d'une personne qui tâche de s'échapper, principalement pour se dérober aux reproches, aux railleries : *il fit tout à coup le plongeon.* — FAIRE LE PLONGEON, se dit encore, au sens moral, d'une personne qui, après avoir voulu soutenir quelque chose, se relâche tout d'un coup par faiblesse, ou n'allègue que faiblement de mauvaises raisons. — Ornith. Genre de palmipèdes distingué par un bec lisse, déprimé, pointu, des narines linéaires, et comprenant les sous-genres *grèbes, guillemots* et *plongeons* proprement dits. Ces derniers ont le bec plus long que la tête, presque cylindrique et les doigts antérieurs unis jusqu'au bout par des membranes. Nous voyons sur nos côtes pendant l'hiver le *grand plongeon* (*colymbus glacialis*), très bel oiseau des pays septentrionaux. Il est grand et puissant; le mâle mesure environ 4 m. de long et 1 m. 75 d'envergure; il pèse

jusqu'à 5 kilogr. Son vol est rapide, élevé et soutenu. A terre, sa démarche est lente et embarrassée; mais c'est un excellent nageur qui peut rester longtemps sous l'eau. Il se nourrit de poissons, d'insectes aquatiques et de quelques racines de plantes d'eau douce.

1. Grand plongeon (Colymbus glacialis). 2. Petit plongeon (C. septentrionalis).

Sa chair est rance, dure et désagréable. Il a la tête, la gorge et le cou d'un noir verdâtre à reflets; le dessus du corps et les ailes noirs avec des mouchetures blanches; le ventre blanc. Le *petit plongeon* (*colymbus septentrionalis*), long d'environ 65 centim., est brun en dessus, blanc en dessous avec le devant du cou roux.

* **PLONGER** v. a. Enfoncer quelque chose dans l'eau, ou dans quelque autre corps liquide, pour l'en retirer ensuite : *plonger une cruche dans la rivière.* — PLONGER UN POIGNARD DANS LE SEIN DE QUELQU'UN, lui enfoncer un poignard dans le sein; et, au sens moral, lui causer un chagrin profond, violent : *c'est lui plonger le poignard dans le sein, que de lui annoncer la mort de son fils.* — Fig. Se dit de la chose ou de la personne qu'on regarde comme la cause du malheur, du chagrin, de la disposition d'âme ou d'esprit dont on parle : *cette mort plongea notre famille dans un abîme de maux.*

Heureuse mille fois, si ma douleur mortelle
Dans la nuit du tombeau m'eût plongée avec elle !
J. RACINE. *La Thébaïde*, acte V, sc. v.

— Plonger v. n. S'enfoncer entièrement dans l'eau, en sorte que l'eau passe par-dessus la tête : *c'est un homme qui plonge parfaitement bien.* — Avoir une direction de haut en bas : *du haut de cette montagne, la vue plonge sur une magnifique vallée.* — Se plonger v. pr. Fig. SE PLONGER DANS LA DOULEUR, SE PLONGER DANS LE VICE, DANS LA DÉBAUCHE, DANS LES PLAISIRS, etc., s'abandonner entièrement à la douleur, au vice, à la débauche, aux plaisirs, etc. — Fig. SE PLONGER DANS LE SANG DE QUELQU'UN, l'égorger.

PLONGEUR s. m. Celui qui a coutume de plonger dans la mer pour pêcher des perles ou autres choses, ou dans les rivières, pour retirer ce qui est tombé dans l'eau : *c'est un excellent plongeur.* — ~~ Adjectiv. Qui est habile à plonger :

Nul œil des mers n'a mesuré l'abîme,
Ni les hérons *plongeurs*, ni les vieux matelots!
A. DE MUSSET.

— APPAREILS PLONGEURS. Ces appareils, tels qu'ils sont perfectionnés et employés aujourd'hui, peuvent se diviser en quatre catégories : bateaux à air, bateaux plongeurs, scaphandres et cloches à plongeurs. Les premiers sont employés à la place des cloches à plongeurs quand il est nécessaire de descendre sous l'eau une équipe un peu nombreuse; le principe de ces bateaux est le même que celui de la cloche. Les bateaux plongeurs ou sous-marins sont destinés à naviguer sous l'eau. On appelle scaphandre, ou costume de plongeur, l'appareil au moyen duquel un homme peut exister sous l'eau pendant un laps de temps assez prolongé. C'est un vêtement hermétiquement clos, composé d'un casque de métal (ordinairement de cuivre) étamé à l'intérieur, et muni de verres épais qui servent de fenêtres; ce casque s'ajuste par un collier à une cuirasse de cuivre. A la partie inférieure de la cuirasse est attaché le reste du vêtement en caoutchouc, le tout établi de manière à ne pas permettre le passage de l'eau. Les semelles de plomb et des poids attachés à la ceinture établissent l'équilibre et maintiennent le plongeur dans une position verticale. Une pompe force l'air à passer dans un solide tube de caoutchouc, pour s'introduire dans le casque par une ouverture percée derrière la tête. L'air est ensuite conduit par un canal jusqu'à la portion frontale, où il jaillit contre les verres des fenêtres; il ne sert donc pas seulement à approvisionner les poumons du plongeur, mais il enlève, en même temps, la buée qui se dépose perpétuellement sur la surface interne du verre. L'air forcé peut se répandre sur tout le corps du plongeur, en dessous du vêtement, comme cela a lieu dans les conditions ordinaires de la vie. L'air impur qui a passé par les poumons trouve son issue dans un second tube qui, partant du derrière du casque, le transporte à la surface

Plongeur dans son costume.

Casque de Fleuss, pour plongeur. — a, enveloppe extérieure; b, enveloppe intérieure; c, réservoir d'oxygène comprimé; d, valve par laquelle on approvisionne d'oxygène le réservoir; e, regard auquel est attachée la solution de potasse; f, caisse contenant la soude caustique ou la solution de potasse; g, compartiment réuni à l'embouchure pour le passage de l'air impur; h, embouchure et tube de respiration sur une échelle plus grande.

de l'eau. Cet appareil est accompagné d'un appareil acoustique permettant un échange de communications verbales entre le plongeur et une personne placée au-dessus de l'eau. On descend et on remonte l'opérateur au moyen de cordages. Dans l'appareil Denayrouze, on a remplacé la pompe foulante par un aérophore ou réservoir d'air comprimé que le plongeur porte sur le dos. Dans le système de Fleuss, on comprime de l'oxygène entre les deux enveloppes qui forment le casque (voy. notre figure), et l'air impur de la respiration passe à travers une solution de soude caustique renfermée dans la cuirasse. Le gaz acide carbonique est ainsi absorbé; l'azote retourne dans le casque, où il se mélange avec une nouvelle provision d'oxygène, pour former encore de l'air respirable. L'appareil pour mines et pour puisards est complété

d'une lampe portative sous-marine. On appelle cloche de plongeur, un vaisseau creux renversé, dans lequel plusieurs personnes peuvent descendre à des profondeurs considérables. L'air pur y est envoyé par une pompe foulante. La forme la plus employée aujourd'hui est le nautile, espèce de bateau sous-marin, dont les mouvements sont réglés

Le nautile.

par les personnes qui l'occupent. Il comprend deux enveloppes, assez éloignées l'une de l'autre pour former des chambres que l'on emplit d'air ou d'eau, suivant que l'on veut monter ou descendre. Pour chasser l'eau contenue entre les deux enveloppes, on fait agir une pompe qui refoule l'eau en comprimant une grande quantité d'air au-dessus d'elle. Cette machine peut ainsi être rendue assez légère pour enlever des poids considérables.

PLOQUE s. f. (gr. *ploké*, tissu). Anc. littér. Figure qui consistait dans une opposition de mots ayant des sons semblables, mais un sens différent. — Tech. Feuille de laine cardée. — Masse de laine enroulée sur une quenouille pour être filée.

*PLOQUER** v. a. Mar. Garnir de ploc la carène d'un bâtiment.

PLOTIN, philosophe néo-platonicien, né en Egypte vers 204, mort vers 270 ap. J.-C. A l'âge de 28 ans, il alla à Alexandrie et suivit les cours d'Ammonius Saccas, fondateur de l'école éclectique, avec lequel il resta 11 ans. En 242, il prit part à l'expédition de l'empereur Gordien contre les Perses, afin d'étudier la philosophie de l'Orient. Il alla ensuite à Rome, et enseigna les doctrines d'Ammonius. Ses œuvres, revues par son disciple Porphyre, comprennent 54 livres, appelés *Ennéades*, et traitent des sujets les plus abstraits, tels que : « Entité et Unité » ; l' « Essence de l'âme » ; et l'« Unité de Dieu ». Malgré leur obscurité, ses écrits ont exercé une certaine influence sur la philosophie moderne, et ont été étudiés avec soin par Cudworth, Henry More, Norris, Gale et d'autres. — **Bibliogr.** Voy. Festingius, *Dissertatio de tribus hypostatibus Plotini* (Wittemberg, 1694); Heigl, la *Physique de Plotin* (Landshut, 1818); J. Simon, *Histoire de l'école d'Alexandrie* (Paris, 1845, 2 vol. in-8°); E. Vacherot, *Histoire critique de l'école d'Alexandrie* (Paris, 1847-'51, 3 vol. in-8°), etc.

PLOTINE (Pompéia **Plotina**), femme de Trajan, morte vers l'an 129 de notre ère. Après la mort de Trajan, elle contribua à l'élection d'Adrien, et exerça une grande influence sur l'esprit du nouvel empereur. Adrien fit élever à Nîmes des arènes en l'honneur de Plotine.

PLOUAGAT, ch.-l. de cant., arr. et à 11 kil. S.-E. de Guingamp (Côtes-du-Nord); 1,100 hab.

PLOUARET, ch.-l. de cant., arr. et à 20 kil. S. de Lannion (Côtes-du-Nord), au bord du Légué ; 500 hab.

PLOUAY, ch.-l. de cant., arr. et à 25 kil. N. de Lorient (Morbihan); 2,000 hab. Draps; fers.

PLOUBALAY, ch.-l. de cant., arr. et à 18 kil. N.-O. de Dinan (Côtes-du-Nord), sur la Manche; 1,200 hab.

PLOUDALMÉZEAU, ch.-l. de cant., arr. et à 26 kil. N.-O. de Brest (Finistère); 1,500 hab. Pêche. Fabrication de produits chimiques. Commerce de bestiaux.

PLOUDIRY, ch.-l. de cant., arr. et à 31 kil. N.-E. de Brest (Finistère); 800 hab.

PLOUESCAT, ch.-l. de cant., arr. et à 34 kil. N.-O. de Morlaix (Finistère), au bord de la Manche; 1,000 hab. Minoteries. Aux environs, nombreux menhirs.

PLOUGOULM (Pierre-Ambroise), magistrat, né à Rouen en 1796, mort en 1863. Il fut l'un des défenseurs des sergents de la Rochelle. Après avoir rempli à Toulouse, à Nîmes et à Rennes les fonctions de procureur général, il fut envoyé à la Chambre des députés par l'arrondissement de Vannes (1846). Il devint conseiller à la cour de cassation en 1854. On a de lui : *Hérédité de la pairie* (1831); *Evénements de Toulouse* (1841); et quelques traductions de Cicéron et de Démosthène.

PLOUGUENAST, ch.-l. de cant., arr. et à 15 kil. N. de Loudéac (Côtes-du-Nord); 1,100 hab. Céréales et fourrages.

PLOUHA, ch.-l. de cant., arr. et à 25 kil. N.-O. de Saint-Brieuc (Côtes-du-Nord); 2,000 hab. Aux environs, chapelle de Kermaria-àn-Isquit, avec curieuse peinture murale représentant une danse macabre.

PLOUIGNEAU, ch.-l. de cant., arr. et à 10 kil. S.-O. de Morlaix (Finistère); 2,000 hab. Bestiaux, céréales, légumes, etc. Belle église du XVIe siècle.

PLOUTER v. a. Agric. Travailler la terre avec une herse pesante ou tout autre appareil propre à broyer les mottes et à rendre le terrain meuble et uni.

PLOUTOCRATE s. m. (gr. *ploutos*, richesse; *kratos*, pouvoir). Homme que ses richesses rendent puissant.

PLOUTOCRATIE s. f. (-sî). Influence de l'argent dans un Etat; gouvernement des riches.

PLOUZÉVÉDÉ, ch.-l. de cant., arr. et à 27 kil. O. de Morlaix (Finistère); 1,300 hab.

PLOYABLE adj. Qui peut être ployé.

*PLOYER** v. a. [ploua-ié] (lat. *plicare*). Se conjugue comme *Employer*. Fléchir, courber: *ployer une branche d'arbre*.

> Assez d'autres États, devenus vos conquêtes,
> De leurs rois, sous le joug, ont vu *ployer* les têtes.
> J. Racine. *Alexandre*, acte II, sc. II.

— Arranger une chose, en la pliant, en la mettant en rouleau, en paquet, etc. : *ployez votre marchandise.* — **Ployer** s'emploie comme actif, comme neutre, et avec le pronom personnel *plier*, mais seulement en poésie et dans le style élevé. Dans le langage ordinaire, on se sert de *plier*. (Voy. **Plier**.)

PLOYON Agric. Bâton qui sert pour assujettir le coutre de la charrue dans les changements de sillon.

*PLUCHE** s. f. Voy. **Peluche**.

PLUIE s. f. (lat. *pluvia*). Eau qui tombe de l'atmosphère : *il tombe de la pluie*.

> Que dis-je ? en moins d'un jour, tour à tour on essuie
> Et le froid et le chaud, et le vent et la *pluie*.
> Collin d'Harleville. *L'Inconstant*, acte Ier, sc. X.

— **Parler de la pluie et du beau temps**, s'entretenir de choses indifférentes. — **Faire la pluie et le beau temps**, disposer de tout, régler tout, par son crédit, par son influence : *il est le maître dans cette maison, il y fait la* *pluie et le beau temps.* — Après la pluie, le beau temps, souvent, après un temps fâcheux, il en vient un meilleur; la joie succède souvent à la tristesse. — Petite pluie abat grand vent, ordinairement le vent s'apaise lorsqu'il vient à pleuvoir. S'emploie aussi fig., et signifie, il faut quelquefois peu de chose pour faire cesser une grande querelle. — Se jeter, se cacher dans l'eau de peur de la pluie, pour éviter un inconvénient, se jeter dans un inconvénient encore plus grand. — Se dit aussi de certaines choses qui tombent ou qui semblent tomber du ciel comme la pluie : *dans le voisinage des volcans, il y a quelquefois des pluies de cendres et de soufre.* — Une pluie d'or, de grandes libéralités, de grandes largesses répandues sur quelqu'un : *on a fait tomber une pluie d'or sur cet homme, sur cette famille.* — Artific. Pluie de feu, chute d'un grand nombre d'étincelles de feu produites par une certaine composition de matières inflammables. — Encycl. On appelle *pluie* l'humidité de l'atmosphère quand elle se condense en gouttes assez larges pour tomber rapidement sur la terre. L'eau ainsi précipitée est presque pure; mais elle absorbe dans sa chute une légère quantité d'air, d'acide carbonique et d'ammoniaque qu'elle emprunte à l'atmosphère. La table suivante, résumée du traité de Symon sur la pluie (1867) fait connaître approximativement la quantité d'eau qui tombe dans chaque partie du globe.

PAYS	CHUTE ANNUELLE EN CENTIMÈTRES
Vienne (Autriche)	50 c.
Paris (France)	55
Bayonne (France)	1 m. 50
Londres (Angleterre)	60
Galway (Irlande)	1 m. 25
Rotterdam (Hollande)	55
Reykiavik (Islande)	70
Milan (Italie)	95
Lisbonne (Portugal)	60
Berlin (Prusse)	61
Saint-Pétersbourg (Russie)	40
Astrakhan (Russie)	15
Madrid (Espagne)	22
Stockholm (Suède)	47
Canton (Chine)	1 m. 70
Péhin (Chine)	65
Bombay (Inde)	2 m. 10
Cherrapongee (Inde)	12
Madras (Inde)	1 m. 10
Singapore (Penins. Malaise)	1 m. 60
Jérusalem (Turquie)	40
Smyrne (Turquie)	67
Alger (Algérie)	80
Malte	75
Sainte-Hélène	45
Belize (Honduras)	3 m. 70
Sitka (Alaska)	1 m. 20
Barbades	1 m. 90
Havane	1 m. 15
Rio de Janeiro (Brésil)	1 m. 50
Cumana (Venezuela)	09
Sidney (Australie)	1 m. 20
Adelaïde (Australie)	47
Hobart Town (Tasmanie)	50

— Pluie de sang, chute d'une poudre rougeâtre et grisâtre mélangée à de l'eau de pluie, que l'on observe quelquefois près des côtes atlantiques de l'Afrique et de l'Europe méridionale. On suppose que cette poudre est constituée par des organismes microscopiques, principalement par ceux des diatomacées. Lors d'une pluie de sang qui tomba à Lyon, en 1846, Ehrenberg établit que la chute totale avait été de 360,000 kilogr., dont la huitième partie, ou 45,000 kilogr. appartenant à ces organismes.

*PLUMAGE s. m. Coll. Toute la plume qui est sur le corps de l'oiseau : *des oiseaux de toutes sortes de plumages.*

PLUMAIL s. m. [l mll.]. Plumet. — Petit balai de plumes.

PLUMARD s. m. Pièce fixe qui reçoit le touriIon d'un moulinet. — Nom donné, dans certains pays, au canard sauvage.

*PLUMASSEAU s. m. Petits bouts de plumes dont on se sert pour emplumer des clavecins et des flèches. — Balai de plumes. — Chir. Tampon de charpie aplati qu'on met sur les plaies et les ulcères, quand on les panse : *mettre un plumasseau sur une plaie.* — Plumes que les maréchaux introduisent par les barbes dans les naseaux d'un cheval, à l'effet d'exciter un flux abondant de l'humeur qui est sécrétée par les glandes de la membrane pituitaire : *mettre des plumasseaux à un cheval.*

*PLUMASSERIE s. f. Métier et commerce de plumassier.

*PLUMASSIER s. m. Marchand qui prépare et qui vend des plumes d'autruche, des aigrettes, et autres choses de même nature : *acheter un plumet chez un plumassier.*

PLUMBAGINÉ, ÉE adj. (lat. *plumbago*, dentelaire). Qui ressemble on qui se rapporte à la dentelaire. — s. f. pl. Famille de plantes dicotylédones ayant pour type le genre dentelaire.

PLUM-CAKE s. m. [plomm-kè-ke] (angl. *plum*, raisin de Corinthe; *cake*, gâteau). Art culin. Sorte de gâteau anglais aux raisins de Corinthe ou aux raisins secs.

*PLUME s. f. (lat. *pluma*). Tuyau garni de barbes et de duvet, qui couvre le corps des oiseaux : *un oiseau qui n'a point encore de plumes.* — Collectiv. Assemblage et amas de plumes : *la menue plume des oiseaux s'appelle duvet.* — Laisser des plumes, de ses plumes, se dit d'un homme qui fait quelque perte, et particul. une perte d'argent : *il a laissé quelques plumes dans ce procès.* — Avoir des plumes de quelqu'un, lui gagner de l'argent au jeu. — Arracher a quelqu'un une plume de l'aile, une belle plume de l'aile, lui ôter quelque chose de considérable, le priver de quelque emploi, etc. — Il a perdu la plus belle plume de son aile, se dit d'un homme qui a perdu quelque grand avantage du côté de la fortune, du crédit, des honneurs. — Passer la plume par le bec a quelqu'un, le frustrer des espérances qu'on lui a données : *on lui avait fait espérer cette charge, mais on lui a passé la plume par le bec.* — C'est la belle plume fait le bel oiseau, la parure, les beaux habits font valoir la taille. — C'est le geai qui se pare des plumes du paon, se dit d'une personne qui se fait honneur de ce qui ne lui appartient pas. — Jeter la plume au vent, s'en remettre au hasard pour décider ce qu'on fera, quel parti on prendra. Se dit ordinairement lorsque les raisons de se déterminer sont à peu près égales, ou que les choses dont il s'agit sont indifférentes. — Ce chien est dressé au poil et a la plume, ou simpl., Ce chien est au poil et a la plume, il est dressé à chasser, à arrêter toute sorte de gibier, comme lièvres, perdrix, etc. Fauconn. Se disait aussi d'un oiseau qui était dressé également pour le lièvre et pour la perdrix. — Il est au poil et a la plume, se dit d'un homme qui est également propre à des travaux, à des occupations de genres, très différents. — Particul. et absol. Plumes préparées qu'on emploie comme ornement, comme parure : *un bouquet de plumes.* — Absol. Gros tuyaux de plumes de toutes sortes d'oiseaux, et principalement gros tuyaux de l'aile des oies ou des cygnes, dont on se sert pour écrire: *plume taillée pour écrire en gros, en fin.* — Plumes d'or, d'argent, de platine, etc., certains tuyaux d'or, d'argent, de platine, etc., taillés comme les plumes et dont on se sert pour écrire. — Plumes hollandées, celles dont on a passé le tuyau dans de la cendre chaude ou dans une lessive, pour en ôter la graisse et l'humidité. — Prendre la plume, mettre la main a la plume, commencer à écrire une lettre, un ouvrage : *je prends la plume.* On dit de même, Poser la plume, cesser d'écrire. — Ce mot, cette syllabe, cette lettre est resté au bout de ma plume. j'ai omis, j'ai ou-

blié d'écrire ce mot, cette syllabe, cette lettre. On dit aussi, Ce mot s'est présenté. s'est trouvé au bout de ma plume, il s'est offert naturellement à mon esprit, et je l'ai écrit sur-le-champ. — C'est lui qui tient la plume, se dit de celui qui est chargé d'écrire les résolutions, les délibérations qui se prennent dans une compagnie, dans une assemblée, etc. — Homme de plume, gens de plume, gens d'affaires, dont le travail consiste principalement à faire des écritures. — Mar. Officiers de plume, tous ceux qui, sur les vaisseaux ou dans les ports, sont employés à l'administration. Il est vieux: on dit aujourd'hui, Officiers d'administration. — S'emploie dans plusieurs phrases figurées, en parlant de la composition des ouvrages d'esprit; et du génie, du style, de la manière d'écrire d'un auteur : *les ouvrages qui sortent de sa plume sont admirables.* — Guerre de plume, dispute par écrit entre des écrivains. — Écrire au courant de la plume, se laisser aller au courant de la plume, composer, tracer sa pensée comme elle se présente, sans méditation, sans recherche, presque sans attention, etc. — Fig. Auteur même, mais plus ordinairement prosateur que poète: *c'est une plume féconde, une plume hardie.* — Encycl. Les plumes forment chez les oiseaux une modification du système tégumentaire. Le tuyau ou tube corné, partie attachée à la peau, se compose d'un cylindre creux demi-transparent, constitué par de l'albumen coagulé et semblable à la corne pour l'apparence et la constitution chimique. C'est une substance légère, mais solide. Ce tuyau est terminé à sa partie inférieure par un ombilic dans lequel passent les vaisseaux nutritifs primaires; dans sa partie supérieure, il se continue par une tige avec laquelle il communique au moyen d'un autre ombilic. Sa cavité contient une série de membranes coniques plissées, emboîtées l'une sur l'autre, qui servent pendant la croissance au développement de la plume. La tige est plus ou moins quadrilatérale; elle diminue graduellement de grosseur jusqu'au sommet; elle est légèrement courbe et convexe en dessus; la surface inférieure est concave et divisée longitudinalement en une fente. Elle est couverte d'une mince couche cornée et contient dans son intérieur une substance élastique, mince et blanche que l'on appelle moelle et qui a pour fonction de nourrir la plume et de lui donner de la force. — Les plumes servent à protéger les oiseaux contre les influences extérieures, telles que le froid, la chaleur, la pluie, etc.; de plus, elles leur fournissent le principal moyen de locomotion. Les grandes plumes des ailes et de la queue ont reçu la dénomination commune de *pennes*; mais on les distingue en 1° *rectrices*, ordinairement au nombre de 12 et appartenant à la queue; 2° *rémiges*, ou plumes de l'aile, subdivisées en rémiges primaires (rémiges de la main au nombre de 10), rémiges secondaires (qui naissent de l'avant-bras), et en rémiges bâtardes (fixées au pouce). On donne le nom particulier de *scapulaires* aux plumes insérées sur le bras, et celui de *couvertures* ou *tectrices* à celles qui recouvrent le bas des pennes. — Plumes à écrire. Dès une époque reculée, on se servit d'instruments de roseau pour écrire sur le papyrus au moyen d'une encre liquide. L'invention du papier rendit nécessaire l'usage de plumes plus fines : l'on imagina alors de tailler les

Parties de la plume: 1, tuyau; 2, tige; 3, barbes; 4, plumule accessoire; 5, ombilic inférieur; 6, ombilic supérieur.

plumes de l'oie et du cygne, etc. — En 1803, M. Wise, sujet britannique, fabriqua des plumes d'acier, en forme de tuyau, et montées dans un étui en os, pour être portées dans la poche. C'étaient des plumes coûteuses et qui n'entrèrent guère dans l'usage. Gillott, de Birmingham, commença sa fabrication vers 1820, et apporta de grands perfectionnements à la plume d'acier, d'une trempe et d'un fini plus parfaits. En France, on essaya longtemps sans succès de rivaliser avec les fabricants anglais; mais aujourd'hui on fabrique chez nous des plumes métalliques de bonne qualité. La fabrication de plumes élastiques garnies de pointes très dures, commença en Angleterre en fixant des bouts de métal à des plumes de verre, d'écaille de tortue ou de corne. Ces essais conduisirent à la fabrication des plumes d'or, dont les meilleures se font à New-York, d'où elles se répandent dans le monde entier. Le Dr Wolleston imagina les becs d'alliage d'iridium et d'osmium; mais c'est à Levi Brown, horloger de Détroit, qu'on doit l'application pratique des pointes aux plumes d'or.

PLUME (La), ch.-l. de cant., arr, et à 13 kil S.-O. d'Agen (Lot-et-Garonne); 900 hab.

* PLUMEAU s. m. Espèce de balai fait avec de fortes plumes de dindon, de coq, etc., qui sert à ôter la poussière de dessus les meubles. — Ustensile de bureau, dans lequel on met ses plumes, son canif, son grattoir, etc.

* PLUMÉE s. f. N'est usité que dans cette locution, PLUMÉE D'ENCRE, ce qu'on peut prendre d'encre avec une plume pour écrire. — ∿ Pop. Défaite absolue; série de coups donnés dans une lutte, où, fig., on est censé laisser ses plumes : il a reçu une plumée.

* PLUMER v. a. Arracher les plumes d'un oiseau : plumer de la volaille. — PLUMER LA POULE SANS LA FAIRE CRIER, faire des exactions si adroitement, qu'il n'y ait point de plaintes. — PLUMER QUELQU'UN, se dit de ceux qui tirent de l'argent de quelqu'un, soit en le faisant jouer à des jeux qu'il ne sait pas bien, soit en le portant à de folles dépenses qui tournent à leur profit : c'est un jeune homme qui se laisse plumer.

* PLUMET s. m. Plume d'autruche, préparée et mise autour du chapeau : il n'avait qu'un plumet, qu'un simple plumet autour de son chapeau. — Bouquet de plumes que les militaires portent à leur chapeau, à leur casque, etc. : cet officier a un beau plumet. — Fig. Jeune militaire : cette femme n'aime que les plumets. — Se prend quelquefois dans un sens collectif, et signifie, les gens de guerre: chez cette jeune veuve, c'est le plumet qui a la préférence; elle aime le plumet. Ces deux acceptions ont vieilli. — Mar. PLUMETS DE PILOTE. (Voy. PENON.) — ∿ AVOIR SON PLUMET, être légèrement pris de vin.

PLUMETÉ, ÉE adj. Blas. Parsemé de mouchetures ressemblant à un bouquet de plumes.

* PLUMETIS s. m. N'est usité que dans cette locution, BRODER AU PLUMETIS, qui se dit d'une certaine manière de broder de la mousseline, de la percale, etc., avec du coton.

PLUMEUR s. m. Celui qui, sur les marchés, est chargé de plumer la volaille.

* PLUMEUX, EUSE adj. Bot. Garni longitudinalement de deux rangs opposés de poils longs, ou composé de parties grêles et garnies de poils semblables aux barbes des plumes.

PLUMIER s. m. Ustensile dans lequel on met les plumes à écrire.

* PLUMITIF s. m. Le papier original et primitif sur lequel on écrit les sommaires des arrêts et des sentences qui se donnent à l'audience, et des délibérations d'une compagnie : écrire sur le plumitif. — TENIR LE PLUMITIF, être chargé de prendre note des délibérations d'une compagnie. — ∿ Fam. Écrivassier.

* PLUM-PUDDING s. m. [plomm-pou-dinng] (ang. plum, raisin sec; pudding, gâteau). Sorte de pouding dans la composition duquel entrent les raisins secs. (Voy. POUDING.)

* PLUMULE s. f. Bot. Partie du germe qui est destinée à former la tige, et que l'on nomme ainsi parce qu'elle ressemble ordinairement à une petite plume : la radicule et la plumule.

PLUMULEUX, EUSE adj. Hist. nat. Qui a la forme d'une petite plume.

* PLUPART (La) s. f. On écrivait autrefois, LA PLUSPART. La plus grande partie, le plus grand nombre : j'ai trouvé la plupart de mes livres en désordre. — Lorsque LA PLUPART est suivi d'un verbe, d'un participe, d'un adjectif ou d'un pronom qui s'y rapporte, ce verbe, ce participe, cet adjectif ou ce pronom ne s'accorde point en nombre et en genre avec LA PLUPART; il s'accorde avec le substantif auquel il est joint par la préposition DE : la plupart du monde prétend. — Lorsque LA PLUPART se dit absolument, il veut toujours le verbe au pluriel, quel que soit le nombre du substantif auquel il se rapporte : le Sénat fut partagé, la plupart voulaient que... Les membres de l'assemblée discutèrent longtemps, la plupart furent d'avis... — S'emploie quelquefois absolument et sans relation à aucun substantif qui précède; et alors il signifie, le plus grand nombre des hommes : la plupart écrivent ce nom de telle manière. — Pour la plupart loc. adv. Quant à la plus grande partie : les gens de ce pays-là sont pour la plupart fort paresseux. — S'emploie quelquefois absol., sans la préposition POUR : les hommes sont la plupart intéressés. — La plupart du temps loc. adv. Le plus souvent, le plus ordinairement : la plupart du temps, il est de mauvaise humeur.

PLUQUET (François-André-Adrien), érudit, né à Bayeux en 1716, mort à Paris en 1790. Il entra dans les ordres, et en 1776 obtint au collège de France la chaire de philosophie morale; fut en relations suivies avec Fontenelle, Helvétius, Montesquieu et a laissé de nombreux ouvrages, dont les plus estimés sont : Examen du fatalisme (Paris, 1757, 3 vol. in-12); Dictionnaire des hérésies (1762, 2 vol. in-8o); Livres classiques de la Chine (1784-'86, 7 vol. in-8o), etc.

PLURALISATION s. f. Gramm. Action de donner à un mot le signe du pluriel.

PLURALISER v. a. Mettre au pluriel. — Se pluraliser, prendre la marque du pluriel: les mots qui se terminent par x ne se pluralisent pas.

* PLURALITÉ s. f. (lat. pluralitas). Plus grande quantité, plus grand nombre : la pluralité des suffrages. — Absol. Le plus grand nombre de voix, de suffrages : avoir la pluralité. — PLURALITÉ ABSOLUE, celle qui se forme de plus de la moitié des suffrages; et PLURALITÉ RELATIVE, celle qui ne se forme que de la supériorité du nombre des voix qu'obtient un concurrent relativement aux autres concurrents. — S'emploie quelquefois au positif; et alors il signifie, multiplicité : le système de la pluralité des mondes. — PLURALITÉ DES BÉNÉFICES, possession de plusieurs bénéfices par une même personne : la pluralité des bénéfices à charge d'âmes est condamnée par les canons.

PLURI (lat. plus, pluris, davantage) Préfixe, qui entre dans la formation d'un grand nombre de mots.

* PLURIEL, ELLE ou Plurier adj. [plu-riè]. plu-riè] (lat. pluralis; de plus, pluris, plusieurs). Terme de Grammaire, qui sert à marquer, dans les noms et dans les verbes, pluralité de personnes ou de choses : terminaison plurielle. — Nombre pluriel, se dit également des noms et des verbes : comment ce nom fait-il au pluriel? — Se dit quelquefois d'un mot qui est au pluriel : la poésie emploie volontiers les pluriels à la place des singuliers.

* PLUS adv. de comparaison (lat. plus). Davantage : j'ai plus d'intérêt à cela qu'un autre.

Vous l'appelez cruel, vous l'êtes plus que lui.
J. RACINE. La Thébaïde, acte II, sc. III.

Pour un oiseau reconnaissant
Un bienfaiteur est plus qu'un père.
FLORIAN.

— S'emploie souvent avec la négation, sans tenir lieu de comparatif; et alors il sert à marquer cessation de quelque action, de quelque état, ou absence de quelque chose qu'on avait auparavant : je n'en veux plus entendre parler.

Non, ce n'est plus qu'aux champs que l'on peut être heureux.
COLLIN D'HARLEVILLE. L'Inconstant, acte II, sc. v.

— IL N'EST PLUS, il a cessé d'exister. — S'emploie quelquefois absol., et sans que la négation soit exprimée. PLUS DE LARMES, PLUS DE SOUPIRS, PLUS DE CHAGRIN, etc., désormais, il ne faut plus verser de larmes, il ne faut plus pousser de soupirs, il ne faut plus avoir de chagrin; qu'on ne verse plus de larmes, qu'on ne pousse plus de soupirs, etc. — Précédé de l'article LE, devient superlatif relatif : c'est un homme imbécile de tous les hommes;

Et, n'ayant plus au trône un fâcheux concurrent,
De tous les criminels vous serez le plus grand.
J. RACINE. La Thébaïde, acte Ier, sc. III.

l'astronomie est une des sciences qui fait le plus ou qui font le plus d'honneur à l'esprit humain : le dernier et plus usité. — Absol. Outre cela; alors c'est une espèce de formule dont on se sert dans les inventaires, dans les états de compte, de recette : plus, une armoire d'acajou; plus, la somme de cent-francs. — Plus s. m. La plus grande quantité : le plus que je puis faire, que je puisse faire. — IL FAUT QU'IL Y AIT DU PLUS OU DU MOINS A CELA, il n'y a pas d'apparence que ce soit précisément comme on le dit. — IL NE S'AGIT ENTRE EUX QUE DU PLUS OU DU MOINS, LA DIFFÉRENCE NE VA QUE DU PLUS AU MOINS, se dit lorsque deux personnes sont d'accord ensemble d'un marché, d'un traité, et qu'il n'est plus question que d'une différence en plus ou en moins dans le prix, dans quelqu'une des conditions. — Algèbre. Signe de l'addition : c'est une croix (+) qui, placée entre deux grandeurs, signifie qu'il faut les ajouter l'une à l'autre. — La pluspart. Voy. PLUPART (La). — De plus en plus loc. adv. qui marque du progrès en bien ou en mal : il se rend habile de plus en plus. — Au plus, tout au plus loc. adv. dont on se sert pour marquer le plus haut point où une chose ait atteint, puisse atteindre : il n'a que trente ans au plus. — Tant et plus loc. adv. Beaucoup, abondamment : il y aura peu de vin cette année; mais, pour le blé, il y en aura tant et plus. — Il y a plus, bien plus, qui plus est, de plus loc. adv. Outre ce qui a été déjà dit, allégué, rapporté. Ces locutions s'emploient surtout quand on va dire quelque chose de plus fort que ce qu'on vient de dire : je viens de vous dire que... il y a plus : vous saurez que...; qui plus est, vous saurez que... — Non plus que loc. comparat. Pas plus que : on n'exige rien de vous, non plus que de votre camarade. -- Ni plus ni moins que loc. comparat. Tout de même que : je ne vous aime ni plus ni moins que si j'étais votre frère. — Absul. Vous avez beau dire, il n'en sera ni plus ni moins.

Le petit étranger sorti de sa coquille
Des deux époux trompés reçoit les tendres soins.
Par eux traité *ni plus ni moins*
Que s'il était de la famille.
FLORIAN.

— Plus ou moins loc. adv. A peu près : *cela vous coûtera quarante francs, plus ou moins.* — A différents degrés : *il souffre tous les jours plus ou moins.* On dit, dans un sens analogue, PLUS OU MOINS GRAND, PLUS OU MOINS GROS, etc. — Qui plus, qui moins. loc. adv. Les uns plus, les autres moins : *ils y ont tous contribué, qui plus, qui moins.* — Sans plus loc. adv. qui se construit avec le verbe à l'infinitif : *sans plus différer, sans plus barguigner;* ou avec un nom substantif et la proposition *de : sans plus de façon, sans plus de formalité.* — Absol. Sans rien ajouter : *je jouerai encore une partie, sans plus.* — D'autant plus loc. adv. qu'on emploie pour établir une proposition dont les deux membres ont quelque relation entre eux : *d'autant plus qu'on est élevé en dignité, d'autant plus doit-on être modeste.* Elle a vieilli, et l'usage ordinaire, dans ces façons de parler, est de se servir du mot *Plus* tout seul : *plus on est élevé en dignité, plus on doit être modeste.* — S'emploie sans répétition, pour relever l'importance d'un motif de penser ou d'agir : *vous avez d'autant plus sujet de le craindre, qu'il a beaucoup de crédit.* — Il est toujours suivi de *que*, si ce n'est lorsqu'il est précédé du pronom relatif *en*, comme dans cette phrase, IL EN EST D'AUTANT PLUS A CRAINDRE. — Plus tôt, plus tard, plus loin, plus près loc. adv. de temps et de lieu, qui se construisent tantôt sans article, et tantôt avec l'article, selon qu'elles jouent le rôle de comparatif, ou celui de superlatif : *arriver plus tôt; aller plus loin; approcher plus près.* — Ces diverses locutions s'emploient quelquefois substantiv. : *le plus tôt, le plus tard, le plus près, le plus loin sera le mieux.* — Absol. AU PLUS TÔT, dans le plus court délai : *partez au plus tôt.* — Plutôt. (Voy. PLUTÔT.)

PLUS ÆQUO loc. lat. qui signifie : *Plus que de raison, plus qu'il n'est juste.*

PLUSIAQUE adj. (gr. *plusios, riche*). Riche en métaux et en pierres précieuses.

*PLUSIEURS adj. pl. [plu-zieur] (lat. *plures*). Un nombre indéfini, sans rapport à un certain nombre : *il est arrivé plusieurs bâtiments.* — Un nombre plus ou moins considérable, faisant partie d'un autre nombre plus grand : *parmi ce grand nombre de gens, il y en eut plusieurs qui voulurent...* — Plusieurs s. pl. Plusieurs personnes : *il ne faut pas que plusieurs pâtissent pour un seul.*

* PLUS-PAYÉ s. m. Somme payée en plus de ce qui était dû : *des plus-payés.*

* PLUS-PÉTITEUR s. m. Jurispr. Celui qui fait une plus-pétition, qui demande en justice au delà de son dû.

* PLUS-PÉTITION s. f. Pratique. Demande qui excède le droit de celui qui la forme : *la plus-pétition ne nuit point, en France; des plus-pétitions.*

* PLUS-QUE-PARFAIT adj. et s. m. [pluss-]. (Voy. PARFAIT.)

* PLUS-VALUE s. f. Voy. VALUE.

PLUTARQUE, *biographe grec du* 1er *siècle.* Le peu que l'on connaît de sa vie a été recueilli surtout dans ses ouvrages. Il résida quelque temps à Rome, où il fit des cours sous le règne de Domitien. Il vécut jusqu'à un âge avancé, et passa probablement ses dernières années à Chéronée, sa ville natale, où il était magistrat et prêtre d'Apollon. Son grand ouvrage est intitulé *Vies parallèles*, et contient alternativement la biographie d'un Grec et celle d'un Romain, suivies d'une comparaison entre les deux personnages; quelques-unes de ces parallèles sont aujourd'hui perdues. Il existe encore 46 *Vies* de Plutarque. Les autres œuvres qu'on lui attribue,

au nombre de 60 environ, sont comprises sous le titre général de *Moralia*. Les principales éditions des œuvres complètes de Plutarque sont : celles de Henri Estienne (Paris, 13 vol. in-8°); de Reiske (Leipzig, 1774-'82, 12 vol. in-8°); de Dubner (Tubingue, 1791-1805, 14 vol. in-8°). Plutarque a été complètement traduit en français par Amyot et Ricard. Les *Vies* ont été traduites par l'abbé Tallemant (Bruxelles, 1667, 9 vol. in-12); par Dacier (Paris, 1721-'34, 9 vol. in-4°); par Pierron (Paris, 1845, 4 vol. in-12). — Voy. Schreiter, *De doctrinâ Plutarchi theologica et morali* (Leipzig, 1836, in-8°); Nitzsch. *De Plutarcho theologo et philosopho* (Kiel, 1849); Michelet, *Examen des Vies des hommes illustres de Plutarque* (Paris, 1819).

PLUTOCRATIE s. f. Synon. de PLOUTOCRATIE.

PLUTON. Myth. Dieu du monde inférieur. Il était fils de Saturne et de Rhée, et frère de Jupiter et de Neptune; et lorsque le monde fut partagé entre les trois frères, il obtint pour sa part « les ténèbres de la nuit ». Il enleva violemment Perséphone, ou Proserpine, et en fit sa femme. (Voy. PROSERPINE.) Dans Homère, il est toujours appelé Iladès.

PLUTONIEN, IENNE adj. Qui appartient, qui a rapport à Pluton.

* PLUTONIQUE adj. Qui passe pour avoir été produit par l'action des feux souterrains.

PLUTONISME s. m. Géol. Théorie qui explique la formation de la croûte de la terre par l'action du feu intérieur.

PLUTONISTE s. m. Partisan du plutonisme.

* PLUTÔT adv. (contract. de *plus tôt*). De préférence; d'une manière plus exacte, plus vraie :

Plutôt souffrir que mourir;
C'est la devise des hommes.
LA FONTAINE.

Abîme tout plutôt, c'est l'esprit de l'Église.
BOILEAU.

Nouveau prédicateur aujourd'hui, je l'avoue,
Écolier ou plutôt singe de Bourdaloue.
BOILEAU, sat. X.

— Ne...... PAS PLUTÔT QUE, dès que; à peine : *il n'eut pas plutôt dit cela qu'il s'en repentit.* — Gramm. L'Académie écrit PLUTÔT avec le sens de : *aussitôt que, dès que*, dans certaines phrases négatives; mais beaucoup préfèrent PLUS TÔT : *il n'eut pas plus tôt dit cela qu'il s'en repentit*, parce que, dans ce cas, il s'agit de temps et non de préférence. — Il est des cas où l'on peut mettre à volonté PLUTÔT ou PLUS TÔT, suivant l'intention de l'auteur : *on oublie* PLUTÔT *(de préférence)* ou PLUS TÔT *(plus vite) les bienfaits que les injures; mon compétiteur sera nommé sous-préfet* PLUS TÔT *(avant)* ou PLUTÔT *(de préférence) que moi.* — PLUTÔT ne doit jamais être employé comme opposé de *plus tard;* il faut alors écrire PLUS TÔT :

            ..... La vie
Ou *plus tôt* ou *plus tard* doit nous être ravie.
RAYNOUARD. Les Templiers, acte V, sc. II.

PLUTUS [plu-tuss] (appelé aussi Pluton), dieu de l'opulence, dans *la mythologie ancienne.* Il était fils de Jasion et de Cérès, et fut rendu aveugle par Jupiter, de façon à distribuer ses dons sans égard pour le mérite, parce qu'il les avait d'abord accordés aux bons exclusivement.

* PLUVIAL s. m. (lat. *pluvialis;* de *pluvia*, pluie). Rit. cathol. Grande chape que portent, à la messe et aux vêpres, le chantre, le sous-diacre, et l'officiant, quand il encense.

* PLUVIAL, ALE, AUX adj. N'est usité que dans cette locution, EAU PLUVIALE, eau de pluie : *les citernes sont remplies par les eaux pluviales.*

PLUVIATILE adj. Qui est produit par la pluie.

* PLUVIER s. m. Ornith. Genre d'échassiers pressirostres, comprenant des oiseaux dont le bec, renflé en dessus seulement, est occupé dans les deux tiers de sa longueur par les fosses nasales, ce qui le rend plus faible. Tarse long; trois doigts qui se dirigent en avant; ailes atteignant l'extrémité de la queue qui est courte. — Les pluviers vivent en société; leur démarche est légère; ils émigrent

Pluvier doré (Charadrius pluvialis).

à l'automne et reviennent au N. vers le printemps. Toujours en mouvement, ils frappent instinctivement le sol de leurs pieds pour en faire sortir les insectes et les larves. Leur vol peu élevé est presque toujours contre le vent. Ils nichent dans le sable; la femelle pond de 3 à 6 œufs jaspés de taches noires ou brunes. La chair de ces oiseaux est délicate. Les es-

Pluvier à collier (Charadrius hiaticula).

pèces qui fréquentent nos rivages sont les suivantes : le *pluvier doré (charadrius pluvialis)*, noirâtre, à ventre blanc, long de 26 centim., assez commun dans nos plaines humides et marécageuses; le *guignard (charadrius morinellus)* (voy. GUIGNARD), et le *pluvier à collier (charadrius hiaticula)*, gris en dessus, blanc en dessous, avec un collier noir au bas du cou, très large en avant; il mesure 19 centim. de long. On le trouve sur les bords graveleux des rivières ou sur les rivages de la mer.

* PLUVIEUX, EUSE adj. Se dit du temps et de la saison, et signifie, abondant en pluie : *un jour pluvieux.* — Qui amène la pluie : *un vent pluvieux.*

PLUVIGNER, ch.-l. de cant., arr. et à 40 kil. N.-O. de Lorient (Morbihan), sur la rivière d'Auray; 2,000 hab. Haut fourneau. Ruines romaines.

PLUVIOMÈTRE s. m. (lat. *pluvia*, pluie; *metron*, mesure). Instrument servant à déterminer la quantité de pluie qui tombe dans un lieu. On dit aussi Udo-MÈTRE. — Le pluviomètre représenté dans notre fig. se compose d'un entonnoir dont la douille plonge dans un vase gradué.

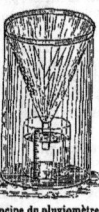
Principe du pluviomètre.

PLUVIOMÉTRIQUE adj. Qui a rapport au pluviomètre.

PLUVIOMÉTROGRAPHE s. m. (lat. *pluvia*, pluie; gr. *metron*, mesure; *graphô*, j'écris). Instrument qui enregistre les quantités d'eau tombée en un lieu déterminé.

* PLUVIÔSE s. m. (lat. *pluviosus*, pluvieux). Le cinquième mois du calendrier républicain, qui commençait le 20 ou 21 janvier et finissait le 18 ou le 19 février.

PLYMOUTH [plimm'-outh], ville du Massachusetts sur la baie du cap Cod, à 60 kil. S.-E. de Boston; 7,500 hab. Le port est vaste, mais peu profond. L'édifice le plus remarquable est Pilgrim Hall, bâti en 1824-'25, et contenant une grande salle, la bibliothèque publique, et des curiosités relatives aux pèlerins

Plymouth.

du Mayflower et à d'autres colons primitifs du Massachusetts. La ville est une station d'été très fréquentée. — Plymouth est la plus ancienne ville de la Nouvelle-Angleterre. Les pères pèlerins y débarquèrent le 11 déc. (vieux style) 1620. Une partie du rocher, qu'ils foulèrent tous d'abord, a été placée en face de Pilgrim Hall, et entourée d'un grillage de fer. Ce roc se trouve dans Water street, et est recouvert d'une voûte en granit.

PLYMOUTH, ville de la Caroline du Nord (Etats-Unis), sur une petite crique, à quelques kilomètres sud de l'endroit où la rivière Roanoke entre dans le détroit d'Albemarle; à 170 kil. E. de Raleigh; 1,389 hab., dont 807 de couleur. Elle tomba entre les mains des fédéraux au commencement de 1862, et fut prise, en avril 1864, par les confédérés avec l'aide du bélier cuirassier l'Albemarle, qui devint ensuite la principale défense de la place. Le lieutenant W.-B. Custing fit sauter l'Albemarle avec une torpille; le 27 oct. et le 31, les fédéraux reprenaient Plymouth sans rencontrer de résistance.

PLYMOUTH, ville forte et maritime du Devonshire (Angleterre), au fond du détroit de Plymouth, sur la Plyne, à 305 kil. O.-S.-O. de Londres; 68,080 hab. Le détroit, ou sound, de 5 kil. de long sur 5 kil. de large à peu près, est une échancrure de la Manche, et reçoit les estuaires de la Plyne et du Tamar. Il est protégé par un brise-lames long de 1,600 m. Plymouth comprend ce qu'on appelle les trois villes; c'est-à-dire Plymouth proprement dit, Devonport, où se trouvent le grand dock de constructions navales et un arsenal, et Stonehouse. Plymouth propre est très florissant et très joli; l'hôtel royal est un grand bâtiment, qui contient un théâtre et des salles pour assemblées. On a ouvert en 1774 une nouvelle salle publique et un palais de justice. Ce qui a fait surtout l'importance de Plymouth, ce sont les usines de Devonport. (Voy. DEVONPORT.) Plymouth était une ville considérable dès 1438.

PNÉOMÈTRE s. m. (gr. *pneô*, je souffle; *metron*, mesure). Instrument dont on se sert pour mesurer la quantité d'air qui entre dans les poumons à chaque inspiration et celle qui en sort à chaque expiration.

PNEUMA s. m. (gr. *pneuma*, souffle). Philos. Nom donné par les stoïciens à un principe de nature spirituelle, considéré par eux comme un cinquième élément. — Méd. Fluide particulier auquel certains médecins attribuaient les phénomènes de la vie et les maladies.

PNEUMATICITÉ s. f. Physiol. Etat d'un corps dans lequel l'air peut facilement circuler.

* PNEUMATIQUE s. f. (gr. *pneuma*, vent, air). Science qui a pour objet les propriétés physiques de l'air, c'est-à-dire, sa matérialité, sa pesanteur, son élasticité, etc. — Par ext. Etude des propriétés analogues que possèdent les autres gaz permanents différents de l'air. — ENCYCL. La pneumatique est la partie de la mécanique générale qui traite de l'équilibre et du mouvement des fluides aériformes. Ce sujet est, dans beaucoup de ses parties, traité à des articles spéciaux. Plusieurs gaz, tels que l'air, ont été considérés, jusqu'à ces derniers temps, comme permanents, ou comme conservant leur forme gazeuse à tous les degrés de température ou de compression auxquels on les avait soumis jusqu'en 1877. D'autres gaz, tels que le chlore et l'ammoniaque, deviennent liquides ou solides, sous l'influence du froid et de la pression, et, pendant ce temps, perdent naturellement les propriétés particulières de la condition aériforme: ce sont des gaz non-permanents. Dans le sens qu'on lui donne généralement, la pneumatique traite seulement de l'action des corps sous forme de gaz permanents, dont l'air atmosphérique était le type; mais on peut étendre les principes de cette science de manière à y comprendre l'étude de l'élasticité et de l'action des vapeurs et des gaz non permanents, par tous leurs degrés de condensation, jusqu'à l'état liquide. De la nature des corps gazeux, on dérive les lois suivantes: 1° des pressions égales dans toutes les directions sont exercées et subies par chaque portion d'un corps gazeux au repos; 2° une pression opérée sur un corps gazeux renfermé, par exemple, dans une masse liquide, se transmet complètement dans toutes les directions, et, dans l'atmosphère, à de grandes distances; 3° une telle pression est proportionnelle à l'étendue de la surface qui la reçoit, et conséquemment se multiplie lorsque la surface qui la reçoit est plus grande que celle qui la communique; 4° une pression sur une surface donnée à une profondeur donnée, lorsqu'elle est fluide ou poids, se calcule d'une manière semblable; 5° la surface libre d'un corps gazeux quelconque cherche en tout lieu son niveau; et 6° dans tout corps gazeux, à une profondeur donnée, il s'exerce une force de poussée qui est comme la densité ou tension du gaz à cet endroit. Une colonne d'air portant horizontalement sur dix centim. carrés au niveau de la mer pèse, à une température moyenne, bien près de 10 kilogr., et l'on appelle une pression de cette force, pression d'une atmosphère. La première loi pneumatique, découverte par Boyle, en 1650, et, d'un autre côté, par Mariotte en 1676, loi que l'on connaît sous le nom de loi de Boyle ou de Mariotte, affirme qu'à une température donnée, le volume d'un corps aériforme au repos est en raison inverse de la pression qu'il supporte. La seconde grande loi de tension et de pression est celle de Dalton et de Gay-Lussac (1801) qui découvrirent, chacun de leur côté, que lorsque la tension d'un gaz ou d'une vapeur est constante, la densité diminue à mesure que la température s'accroît. Les lois de Mariotte et de Dalton ont été modifiées par la découverte que les vapeurs et les gaz non-permanents subissent une compression dans une

proportion plus grande que celle de l'accroissement de pression qui s'exerce sur eux, et que, près du point de liquéfaction, cet écart devient très considérable. — Les problèmes de la dynamique des gaz, c'est-à-dire l'étude de l'arrivée et de la sortie des gaz par les orifices; dans les tubes, et dans les courants, et les conséquences du mouvement des corps gazeux, sont choses trop compliquées pour être exposées ailleurs que dans des traités spéciaux. Le principe de Torricelli, que la vitesse avec laquelle un liquide se décharge par un orifice est celle que la masse du liquide aurait en tombant librement de la hauteur de sa surface au centre de l'orifice, s'applique aux gaz avec une exactitude égale. — DÉPÊCHE PNEUMATIQUE, appareil pour envoyer des paquets le long des tubes au moyen de la pression atmosphérique. Denis Papin présenta, en 1767, à la Société royale de Londres un mémoire sur la « Double pompe pneumatique ». Cette pompe consistait en deux grands cylindres pour épuiser l'air d'un long tube de métal contenant un piston mobile auquel était attaché un véhicule. Plus d'un siècle s'écoula avant qu'aucun autre effort fût fait dans cette direction. Le *Dictionnaire encyclopédique des mouvements des sciences*, de Panckoucke (1792), donna la description d'une machine de M. Van Estin, au moyen de laquelle une balle creuse contenant un petit paquet était transportée par un courant d'air le long d'un tube de plusieurs centaines de pieds et ayant plusieurs courbures. En 1858, Latimer Clark, revenant à l'idée originale de Denis Papin, établit un tube entre Moorgate street et l'hôtel central des postes, à Londres. Plusieurs bureaux lui furent reliés par des lignes de tubes. L'application de l'idée s'étendit, et en 1863, une compagnie de dépêches pneumatiques commença ses opérations. Le système embrasse maintenant plusieurs kilomètres de tunnels d'environ 4 pieds 1/2 de diamètre, outre 43 kil. environ de lignes de petits tubes qui transmettent des télégrammes entre les différentes stations. A Paris, on décida la création d'un réseau de transmission pneumatique en 1865. Il y a maintenant dans la ville environ 43 bureaux, qui transmettent en moyenne 25,000 dépêches de toutes sortes chaque mois. Un système analogue est appliqué à New-York dans les bâtiments du télégraphe de l'Union occidentale *Western Union Telegraph*, au coin de Broadway et de Day street. Les paquets sont mis en mouvement par l'épuisement de l'air opéré par un souffleur rotatoire de Root. — Le réseau pneumatique parisien, inauguré le 1er mai 1879, comprenait tous les bureaux de l'ancien Paris. Il fut étendu, le 1er février 1882, aux quartiers de Grenelle, d'Auteuil, de Passy et des Ternes, et ensuite à tous les autres quartiers successivement.

* PNEUMATIQUE adj. Phys. Qui est relatif à l'air. S'emploie particulièrement dans cette expression, MACHINE PNEUMATIQUE. — PHYSIQUE, CHIMIE PNEUMATIQUE, partie de la physique, de la chimie qui traite de l'air et des différentes espèces de gaz. — BRIQUET PNEUMATIQUE, petit cylindre de métal ou de verre, dans lequel on allume l'amadou, en y comprimant l'air subitement.— BALANCE PNEUMATIQUE, instrument à l'aide duquel on mesure le degré de force et de compression de l'air dans les orgues. — AUGE PNEUMATIQUE, appareil employé d'abord par le Dr Priestley et aujourd'hui d'un fréquent usage pour recueillir les gaz à

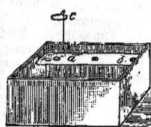

Auge pneumatique.

leur état de pureté. Sur une auge on place une planche percée de deux trous *a* et *b*; un tube passe par *b* et vient aboutir en *a*. Sur le trou *a* on place l'embouchure du récipient dans lequel on veut faire passer le gaz, l'auge et le récipient étant pleins d'eau. A mesure que le gaz arrive par le tube qui passe en *b* et *a*, il monte en haut de l'eau et le liquide descend graduellement dans l'auge. Le fil de fer marqué en *c* sert à maintenir le récipient dans une position verticale. — MACHINE PNEU-MATIQUE, machine au moyen de laquelle on pompe l'air d'un récipient. Cet instrument de physique fut inventé en 1650 par Otto de Guericke, bourgmestre de Magdebourg, et perfectionné plus tard par Boyle. En principe, la machine pneumatique se compose d'un

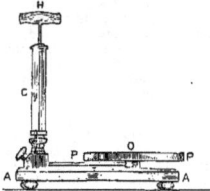

Fig. 1. — Machine pneumatique simple.

corps de pompe C (fig. 1) que ferme une soupape et qui communique, au moyen d'un canal, au milieu O d'une plate-forme P P sur laquelle on renverse une cloche ou le récipient dont on veut pomper l'air. Le piston de la pompe est mis en mouvement à l'aide de la poignée H. Tout l'appareil est supporté par une table A A. Chaque coup de piston enlève du récipient une fraction de l'air dont le numérateur et le dénominateur sont entre eux comme le volume du corps de pompe est à la somme des volumes du corps de pompe et du récipient. Le vide n'est donc jamais parfaitement obtenu. Des soupapes placées soit

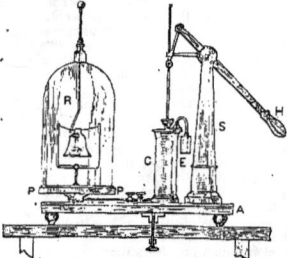

Fig. 2. — Machine pneumatique simple, perfectionnée.

sur le piston, soit sur le cylindre, un robinet ouvrant ou fermant le canal de communication; une éprouvette ou baromètre à mercure et à branches égales, complètent la machine. Dans la machine simple perfectionnée, il y a trois soupapes, s'ouvrant toutes de bas en haut. L'une se trouve dans le cylindre, audessus du piston, de sorte que, quand on donne un coup de haut en bas, on crée un vide partiel au-dessus de la tête du piston, ce qui l'isole de l'énorme pression atmosphérique supportée dans la machine non perfectionnée. Sous le récipient R de notre figure se trouve un appareil servant à démontrer que le son d'une cloche ne se transmet pas dans le vide. E'-est un vase qui reçoit l'huile lubrifiante chassée du piston. Aujourd'hui, on se sert presque exclusivement de machines à deux corps de pompe, dont les pistons ont un mouvement vertical alternatif, au moyen d'une roue dentée. — On a essayé plusieurs fois de *faire* le vide dans un récipient d'après

les principes établis pour le baromètre de Toricelli; mais Geissler a seul réussi dans la construction d'une machine pneumatique basée sur ce principe (fig. 3). Le tube de verre C, dont la longueur égale à peu près la hauteur du tube barométrique (76 centim.), contient à son sommet un renflement A, tandis qu'à sa partie inférieure un tube flexible D le réunit au vase de verre B; le renflement A communique avec un tube T R, pourvu d'un double robinet O P, qui permet la communication entre T et R ou entre T et le ballon de verre P. Quand le robinet est ouvert de façon à faire communiquer T avec P, si l'on élève le vase B de manière que le mercure entre dans le ballon P, tout l'air est expulsé de T. Si nous tournons alors le robinet de façon à établir la communication entre T et R (R étant joint au vaisseau dans lequel on veut faire le vide), et si on baisse ensuite le vase B de manière que la surface du mercure qu'il contient se trouve à 76 centim. au-dessous de T, le mercure de ce dernier descendra et remplira B, tandis que le vide produit en T attirera l'air du vaisseau dans lequel on veut faire le vide. Tournons encore le robinet O P et élevons de nouveau B, l'air sera expulsé à travers P. En répétant plusieurs fois cette opération, nous arriverons à faire le vide cherché.

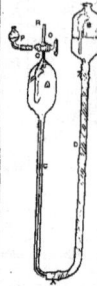

Fig. 3. — Machine pneumatique à mercure, de Geissler.

* PNEUMATOCÈLE s. f. (gr. *pneuma*, souffle; *kélé*, tumeur). Chir. Fausse hernie du scrotum, causée par des gaz qui la gonflent.

PNEUMATOCHIMIE s. f. (gr. *pneuma*, air; *fr. chimie*). Partie de la chimie qui traite des gaz.

PNEUMATODE adj. (gr. *pneumatodès*). Pathol. Qui est distendu par des gaz.

PNEUMATOGRAPHIE s. f. (gr. *pneuma*, esprit; *graphô*, j'écris). Prétendue communication des esprits avec les spirites au moyen de l'écriture.

* PNEUMATOLOGIE s. f. (gr. *pneuma*, *pneumatos*, esprit; *logos*, discours). Didact. Traité des substances spirituelles.

PNEUMATOLOGUE s. m. Auteur d'un traité sur la pneumatologie; celui qui croit à la pneumatologie

PNEUMATOTHORAX s. m. Accumulation de gaz dans la poitrine.

PNEUMOCÈLE s. f. (gr. *pneumon*, poumon; *kélé*, tumeur). Pathol. Hernie du poumon.

PNEUMODERME s. m. (gr. *pneuma*, souffle; *derma*, peau). Genre de mollusques ptéropodes sans coquilles, établi par Cuvier; à corps mou, ovale, sans manteau. Espèce principale : *le pneumoderme de Perron (pneumodermon Perroni)*.

PNEUMOGASTRIQUE adj. (gr. *pneumón*; poumon, *gastér*, ventre). Anat. Qui est commun au poumon et à l'estomac : *nerf pneumogastrique*.

PNEUMOGRAPHE s. m. (gr. *pneumón*, poumon; *graphô*, je décris). Auteur d'une description du poumon.

PNEUMOGRAPHIE s. f. Description du poumon.

PNEUMOLOGIE s. f. (gr. *pneumón*, poumon; *logos*, discours). Traité sur le poumon

* PNEUMONIE s. f. (gr. *pneumón*, poumon). Méd. Inflammation du parenchyme des poumons : *pneumonie aiguë*. — ENCYCL. La pneumonie est une inflammation du parenchyme

du poumon. Dans le plus grand nombre de cas, elle est causée par l'impression du froid lorsque le corps est un sueur. Elle est fréquente en automne et en hiver. — SYMPTÔMES. Elle débute par un frisson suivi de fièvre, de malaise, de céphalalgie obtuse; puis il survient une toux d'abord sèche, puis suivie de crachats rouillés, couleur de brique pilée ou de jus de pruneaux. Il y a une douleur de côté généralement moins forte que celle de la pleurésie, une respiration gênée et fréquente, un râle crépitant, fin, entendu à la fin de la respiration; c'est le premier degré ou période d'engouement. Si la maladie s'aggrave, le tissu pulmonaire devient dur et compact et cesse d'être perméable à l'air par suite de son hépatisation. Il ressemble, quand on l'incise, à la substance du foie. Le râle crépitant est alors remplacé par le souffle bronchique ou tubaire et par la bronchophonie; c'est le deuxième degré ou hépatisation rouge. La douleur a diminué, mais la suffocation a augmenté avec l'abattement. Si le malade guérit, on observe le râle crépitant de retour ou râle muqueux et une amélioration des autres symptômes, sans quoi il passe au troisième degré ou hépatisation grise, caractérisée par du pus dans le poumon, par le râle trachéal et par un affaissement suivi de la mort. La pneumonie revêt diverses formes : chez les enfants et les ivrognes, il y a souvent du délire et de l'agitation; chez quelques malades âgés, il y a une grande prostration et des fuliginosités; souvent elle se complique d'un épanchement pleurétique. Elle passe rarement à l'état chronique. Le pronostic de la pneumonie est grave, surtout chez les vieillards et les tout jeunes enfants. On peut généralement le juger le huitième jour chez les jeunes gens et les adultes. Il faut attendre au dixième ou au douzième jour chez les vieillards. — TRAITEMENT. Au début, si le sujet est jeune et si le pouls est fréquent, donner 75 centigr. de poudre de digitale dans une potion à prendre par cuillerées toutes les heures. A partir du 4e ou du 5e jour, donner de la même manière 15 à 20 centigr. de tartre stibié; diète; boissons pectorales gommées tièdes; vésicatoires et purgatifs. Eviter d'employer en même temps deux médicaments qui s'annuleraient, comme de mettre un vésicatoire pendant la potion stibiée. Dans la pneumonie des enfants, on fait vomir une ou deux fois par jour avec l'ipéca, en même temps qu'on donne une potion avec 5 à 10 centigr. de kermès minéral. — Pour les adultes, il faut mettre successivement plusieurs vésicatoires camphrés sur le côté, jusqu'à résolution complète de la pneumonie.

* PNEUMONIQUE adj. Méd. Se dit des remèdes propres aux maladies du poumon : *le tussilage et le lierre terrestre sont des remèdes pneumoniques.* — s. m. Le tussilage est un bon pneumonique.

PNEUMORRAGIE s. f. Hémorragie pulmonaire.

PNEUMOSE s. f. (gr. *pneumón*, poumon). Nom générique des maladies du poumon.

PNEUMOTHORAX s. m. (gr. *pneuma*, air; *thórax*, poitrine). Épanchement de gaz dans les cavités de la plèvre.

PNEUMOTOMIE s. f. (gr. *pneumón*, poumon; *tomé*, section). Dissection du poumon.

* PNYX s. m. [pnikss]. Antiq. C'était, dans quelques villes de la Grèce, et principalement à Athènes, une place demi-circulaire où se tenait quelquefois l'assemblée générale du peuple : *la colline du pnyx d'Athènes.*

PÔ (anc. *Padus* et *Eridanus*), fleuve de l'Italie septentrionale, qui prend naissance dans le Piémont, par deux sources élevées à environ 6,000 pieds au-dessus du niveau de la mer, sur le flanc oriental du mont Viso, dans les Alpes Cottiennes. Il coule à l'E. pendant environ 759 kil. à travers le centre du Piémont et le long de la frontière méridionale de la Lombardie et de la Vénétie; et il entre dans l'Adriatique par un delta de plusieurs branches. Il reçoit des Alpes et des Apennins un grand nombre d'affluents, parmi lesquels le Tanaro, le Tessin, la Trébie, l'Adda et le Mincio. La rapidité du courant y rend la navigation difficile. Il est sujet à des débordements dévastateurs en toutes saisons, et des digues protègent le pays plat qu'il traverse dans son cours inférieur. Par suite des dépôts de sédiment, le niveau du fleuve est, en certains endroits, de 15 à 20 pieds au-dessus du pays voisin. Le bassin du Pô a une superficie d'environ 90,000 kil. carr.

POA s. m. (mot. gr. signifiant *herbe*). Bot. Nom scientifique du genre *paturin*. (Voy. ce mot.)

* **POCHADE** s. f. Peint. Espèce de croquis; dessin au lavis, exécuté rapidement, et où l'on se contente d'indiquer les masses : *une jolie pochade.* — ∾ Littér. Œuvre écrite à la hâte.

POCHARD, ARDE adj. Personne qui boit immodérément. — Substantiv. *C'est un pochard.*

POCHARDER v. a. Enivrer. — **Se pocharder** v. pr. S'enivrer.

Poa pratensis.

POCHARDISE s. f. Ivresse.

* **POCHE** s. f. Espèce de petit sac de toile, d'étoffe, etc., attaché à un habit, à une veste, à un gilet, à un tablier, etc., pour y mettre ce qu'on veut porter ordinairement sur soi : *un livre à mettre, à porter dans la poche.* — **METTRE EN POCHE**, mettre en réserve et appliquer à son profit un argent qu'on a reçu pour une autre destination : *il met en poche une partie de ce qu'il touche pour ses frais de bureau.* — **CETTE TERRE PRODUIT, VAUT DIX MILLE FRANCS DANS LA POCHE**, le produit net est de dix mille francs. — **PAYER DE SA POCHE**, payer de ses propres deniers : *il n'y avait point d'argent à la caisse, le trésorier a payé de sa poche.* Payer avec l'argent qu'on destine à ses menues dépenses personnelles : *cette femme a payé sa poche plusieurs dépenses ordonnées par son mari.* Dans le même sens, **L'ARGENT DE LA POCHE**, la somme qu'on destine à ses menus plaisirs, à ses petites dépenses personnelles : *l'argent de la poche va plus vite qu'on ne croit.* — Partie de la solde militaire dont le soldat a la libre disposition. — **JOUER DE LA POCHE**, débourser de l'argent, donner de l'argent. — **MANGER SON PAIN DANS SA POCHE**, manger seul ce qu'on a, sans en faire part à personne. — **ACHETER CHAT EN POCHE**, conclure un marché sans connaître l'objet qu'on achète. **VENDRE CHAT EN POCHE**, vendre une chose sans l'avoir montrée : *je ne vous vends pas chat en poche.* — **AVOIR LES MAINS DANS SES POCHES**, ne rien faire. — Prov. et fig. **CET HOMME N'A PAS TOUJOURS EU SES MAINS DANS SES POCHES**, se dit d'un homme qui s'est enrichi du bien d'autrui. **IL N'A PAS TOUJOURS LES MAINS DANS SES POCHES**, il est sujet à dérober. — Grand sac de toile dont on se sert pour mettre du blé, de l'avoine : *acheter, louer des poches.* — Espèce de filet dont on se sert pour prendre des lapins au furet : *tendre une poche.* — Jabot des oiseaux, partie un peu dilatée du gosier, où ils reçoivent d'abord leurs aliments : *des pigeons qui ont la poche pleine.* — Sac, sinus qui se fait à un abcès, dans une plaie : *en sondant*

la plaie, on a trouvé qu'il s'était fait une poche au fond.* — Faux pli que font les habits mal taillés, principalement lorsque ces faux plis sont très apparents et forment des espèces de sacs vides : *cet habit est mal coupé, mal taillé, il fait des poches en plusieurs endroits.* — Petit violon que les maîtres à danser portent sur eux quand ils vont donner leçon à leurs écoliers, et que l'on appelle ainsi parce qu'il se met dans la poche : *les chevilles, la table, les cordes d'une poche; jouer de la poche.* On dit, plus ordinairement, **POCHETTE**.

* **POCHÉ, ÉE** part. passé de **POCHER**. — **AVOIR LES YEUX POCHÉS AU BEURRE NOIR**, avoir les yeux gonflés, meurtris et noirs. — **UNE ÉCRITURE TOUTE POCHÉE**, une écriture où les lettres sont mal formées et pleines de taches d'encre.

POCHÉE s. f. Ce qui est contenu dans une poche.

* **POCHER** v. a. Faire une meurtrissure avec enflure. N'est guère usité que dans ces phrases : **POCHER L'ŒIL, POCHER LES YEUX A QUELQU'UN**, les faire devenir enflés et livides par un coup de poing, ou par quelque autre coup. — Cuis. **POCHER DES ŒUFS**, les faire cuire dans l'eau chaude avec du sel et du vinaigre, ou autrement, sans les mêler, sans les battre ensemble.

* **POCHETER** v. a. Serrer, porter pour quelque temps dans sa poche. Ne se dit proprement qu'en parlant de certaines choses bonnes à manger, qu'on croit rendre meilleures en les portant quelque temps dans la poche : *pocheter des olives, des truffes, des marrons.* — v. n. Laisser pocheter *des truffes, des olives,* etc.

* **POCHETTE** s. f. Il signifie la même chose que **POCHE**, dans le premier sens : *avoir les mains dans ses pochettes.* — Dimin. de **POCHE**, dans le sens de filet : *tendre une pochette.* — Petit violon appelé autrement **POCHE**, que les maîtres à danser et leurs prévôts portent dans leurs poches, et dont ils se servent pour donner leçon : *jouer de la pochette.*

POCHEUSE s. f. Écon. dom. Ustensile destiné à la préparation des œufs pochés.

POCHIS s. m. Grav. Traits qui se brisent, se confondent, s'emmêlent, au lieu d'être tracés parallèlement.

POCHOIR s. m. Lame de carton ou de métal découpée et employée pour colorier avec une brosse un dessin avec le contour de la découpure.

POCHON s. m. Pop. Gros coup de poing.

POCO (mot ital.). Mus. Un peu ou un peu plus. — Poco A poco, petit à petit. — Poco ANIMATO, avec un peu ou un peu plus d'animation. — Poco LENTO, un peu plus lentement. — Poco PRESTO, un peu plus rapidement.

POCOKE (Richard), voyageur anglais, né en 1704, mort en 1765. Il commença à voyager en Orient en 1737, et, après son retour, en 1742, il publia *A Description of the East and some other Countries* (1743-'45, 2 vol. in-fol. avec 178 planches). En 1756, il fut fait évêque d'Ossory, et, en 1765, évêque de Meath.

POCULER v. n. (rad. lat. *poculum,* vase à boire). Boire.

POD, Podo, Podi, (gr. *pous, podos,* pied), préfixe qui entre dans la formation d'un grand nombre de mots.

* **PODAGRE** s. f. (lat. *podagra;* gr. *pous, podos,* pied; *agra,* proie). Méd. Goutte qui attaque les pieds.

* **PODAGRE** adj. Qui a la goutte aux pieds. Se dit en général d'un homme goutteux, en quelque partie du corps qu'il ait la goutte : *le pauvre homme est tout podagre.* (Fam.) — Substantiv. *Un pauvre podagre.*

PODENSAC, ch.-l. de cant., arr. et à 30 kil. S.-E. de Bordeaux (Gironde), sur la rive gauche de la Garonne; 3,000 hab.

* **PODESTAT** s. m. (ital. *podestà;* du lat. *podestas,* pouvoir). Titre d'un magistrat, dans plusieurs villes d'Italie.

PODEX s. m. [po-dèkss]. Entom. Dernier segment dorsal de l'abdomen chez les insectes.

PODIEBRAD (George) [podd-ié-brådd], roi de Bohême, né en 1420, mort le 22 mars 1471. Il était fils d'un noble hussite, et prit part à la guerre des Hussites dans sa jeunesse. Après la mort de Sigismond, il combattit contre son gendre, Albert d'Autriche, et le força de lever le siège de Tabor et de se retirer à Prague. En 1444, il succéda à Henri Ptaczek comme régent durant la minorité de Ladislas le Posthume, fils d'Albert. Après la mort de Ladislas (1457), Podiebrad fut élu roi, le 2 mars 1458. Il bannit, suivant ses engagements, les tabarites, les picards, les adamites, et autres sectes religieuses. Le pape Pie II annula les conventions conclues entre les calixtins et les catholiques, et, comme Podiebrad manifestait la résolution de les maintenir, il l'excommunia en 1463. Plus tard, Paul II fit prêcher la croisade contre lui dans toute l'Allemagne. Podiebrad, en 1468, déclara la guerre à l'empereur, et ravagea l'Autriche. Le pape et l'empereur persuadèrent Matthias Corvin, de Hongrie, à prendre les armes contre Podiebrad, son beau-père, et les catholiques de Bohême furent en même temps encouragés à l'insurrection. Podiebrad se défendit avec énergie, et négocia un armistice avec Matthias en avril 1469. Matthias rompit bientôt ses engagements, et fut élu roi de Bohême par une contrefaçon de diète tenue à Olmütz; mais Podiebrad réussit à assurer le choix de Ladislas, fils aîné de Casimir IV de Pologne, comme son successeur.

* **PODIUM** s. m. [po-di-omm] (gr. *podion,* petit pied). Archit. anc. Soubassement de peu d'élévation, faisant saillie sur le mur d'une chambre ou d'un bâtiment et servant de plate-forme pour y placer certains objets. — Particul. Soubassement dans les amphithéâtres romains, élevé d'environ 6 m. au-dessus du niveau de l'arène et formant une espèce de galerie où se plaçaient les personnes de distinction.

PODLACHIA [podd-là-khi-a] (pol., *Podlesie*), (Voy. SIEDLCE.)

PODOLIE, autrefois prov. de la Pologne, aujourd'hui gouvernement de la Russie, sur la frontière de la Galicie autrichienne; 42,018 kil. carr.; 1,933,188 hab. Kamenetz, la capitale, est la seule ville importante. Un contrefort peu élevé des Carpathes traverse la partie touchant à la Galicie; le reste est plat. Les principaux cours d'eau sont le Dniester et le Bog. Le climat est doux, et le sol particulièrement fertile. Abondance de céréales, de lin et de tabac; la vigne et le mûrier y réussissent. Grand élevage de chevaux et de bestiaux. La Podolie devint une province de la Russie lors du second partage de la Pologne en 1793.

PODOLIEN, IENNE s. et adj. De la Podolie; qui appartient ou se pays ou à ses habitants.

PODOLOGIE s. f. (gr. *pous, podos,* pied; *logos,* discours). Traité sur le pied.

PODOMÈTRE s. m. (gr. *pous,* pied ; *métron,* mesure). Instrument qui sert à mesurer le chemin fait par une personne ou par un véhicule.

PODOPHYLLE adj. [-ô-le] (préf. *podo;* gr. *phullon,* feuille). Dont les pieds ou les organes de locomotion sont comprimés en forme de feuille. — s. m. Bot. Genre de berbéridées, comprenant plusieurs espèces de plantes qui croissent dans l'Amérique du Nord. L'espèce des Etats-Unis (*Podophyllum peltatum*) se trouve dans les terrains boisés et marécageux du Canada et de la Louisiane; on n'en connaît qu'une autre espèce, originaire des montagnes de l'Himalaya. Elle est surtout employée dans la droguerie, et son usage est devenu beaucoup plus fréquent depuis quelques années. Sa racine séchée est un puissant purgatif. La résine de podophylle est une poudre brunâtre qui s'emploie comme cathartique.

PODOPHYLLÉ, ÉE adj. [-fil-lé]. Bot. Qui ressemble ou se rapporte au podophylle. — s. f. pl. Famille de plantes dycotylédones berbéridées, ayant pour type le genre podophylle.

PODOPHYLLEUX, EUSE adj. [-fil-leu]. Se dit du tissu qui forme la partie du derme sous-unguirale en contact ave la paroi et qu'on appelle aussi Tissu feuilleté.

PODOR, petit fort français, construit sur la rive gauche du Sénégal en 1743 et rétabli en 1854, à environ 60 lieues de Saint-Louis dans le pays de Dimar.

PODOSCAPHE s. m. (préf. *podo*; gr. *scaphê*, esquif). Canot de plaisance qui se manœuvre avec une pagaie.

POE (Edgar Allan) [Pô], écrivain américain, né à Boston en 1809, mort en 1849. Son père, avocat et acteur, l'ayant laissé orphelin, il fut adopté par John Allan de Richmond, et reçut une éducation soignée. En 1829, Poe publia : *Al Aaroof, Tamerlane, and Minor Poems*. Il entra à l'académie militaire de West Point, mais il négligea complètement l'étude, s'adonna à la boisson et passa devant la cour martiale; il fut chassé en 1831. Il revint à Richmond, mais son inconduite obligea M. Allan de le congédier. En 1833, l'éditeur d'un journal littéraire de Baltimore ayant offert un prix de 100 dollars pour un récit en prose, et la même somme pour un poème, Poe gagna les deux prix. Bientôt après, il devint rédacteur en chef du *Southern Literary Messenger*, de Richmond, pour lequel il écrivit diverses nouvelles et des comptes rendus; mais à la fin ses anciennes habitudes revinrent, et on le renvoya. Pendant son séjour à Richmond, il épousa sa cousine, Virginia Clemm. En 1838, il publia *The Narrative of Arthur Gordon Pym*. En 1839, il se rendit à Philadelphie, et y fut pendant une année rédacteur du *Gentleman's Magazine* de Burton; il passa ensuite au *Graham's Magazine*; mais il ne resta guère plus d'un an dans ce poste. En 1840, il publia *Tales of the Grotesque and Arabesque* (2 vol.). S'étant fixé à New-York, il donna en 1845, dans l'*American Whig Review*, son célèbre poème *The Raven*. Pendant quelque temps, il fut employé par Willis et Morris comme secrétaire de la rédaction du *Mirror*, et il rédigea ensuite avec Charles F. Briggs le *Broadway Journal*. Mais cette association ne tarda pas à prendre fin, et Poe continua avec la publication du journal, qui s'arrêta, du reste, avec le second volume. Peu après, on fit en sa faveur, des appels publics à des secours pécuniaires. En 1848, sa femme mourut, et il publia *Eureka*, poème en prose. En 1849, il alla à Richmond, et s'y fiança avec une dame très riche. Le jour de leur mariage fut fixé, et le 2 oct., il partit pour New-York afin de faire quelques préparatifs en vue de la cérémonie. A Baltimore, il rencontra quelques-uns de ses anciens compagnons de débauche, et le lendemain matin, on le trouva dans la rue, en proie au *delirium tremens*; on le transporta à l'hôpital, où il mourut en quelques heures. Les œuvres de Poe ont été éditées par R.-W. Griswold (1850, 4 vol.). La biographie qu'il y a ajoutée contenait un grand nombre de graves accusations contre

le caractère de Poe, et donnaient sur sa mauvaise conduite beaucoup de détails, dont l'exactitude a été vivement contestée. Une biographie mise par R.-H. Stoddard en tête d'une collection des poèmes de Poe (1875), jette une nouvelle lumière sur son histoire et montre sa conduite sous un jour plus favorable.

PŒCILE s. m. (gr. *poikilos*, varié). Antiq. gr. Portique public orné de peintures : *le pœcile d'Athènes avait été peint par Polignote et par Micon.*

POÊLE s. m. [pouâ-le]. Drap mortuaire, grande pièce d'étoffe noire ou blanche dont on couvre le cercueil pendant les cérémonies funèbres : *un poêle de velours noir avec des bandes de toile d'argent, avec des croix.* — Voile qu'on tient sur la tête des mariés, durant une partie de la messe qui se dit pour la bénédiction nuptiale : *deux parents du marié et de la mariée tenaient les deux bouts du poêle.* — Mettre un enfant sous le poêle, se dit en parlant d'un enfant né avant le mariage, qu'on a reconnu et légitimé, et sur lequel on étend le poêle à la cérémonie du mariage : *il a été mis sous le poêle.* — Dais sous lequel on porte le saint sacrement aux malades et dans les processions; et celui qu'on présentait au roi, aux princes, etc., lorsqu'ils faisaient leur entrée dans une ville : *le poêle qu'on présentait au roi était porté par... On dit plus ordinairement, Dais.*

POÊLE s. f. [pouâ-le]. Ustensile de cuisine, fait de tôle ou de fer battu, avec une longue queue aussi de fer, et dont on se sert pour frire, pour fricasser : *poêle à frire.* — Il n'y en a point de plus empêché ou de plus embarrassé que celui qui tient la queue de la poêle, la personne chargée du soin principal d'une affaire est toujours celle qui a le plus de peine et d'embarras. — Tomber de la poêle dans la braise, ou de la poêle dans le feu, tomber d'un fâcheux état dans un pire. — Poêle a confitures, poêle de cuivre sans queue, avec deux mains ou anses de fer, qu'on met sur un fourneau pour faire des confitures. On la nomme autrement Bassine.

POÊLE ou **Poile** s. f. [pouâ-le]. Sorte de fourneau de terre ou de fonte, par le moyen duquel on échauffe des chambres, des escaliers, des serres, etc., et d'où la fumée s'échappe par un tuyau : *un poêle de terre, de faïence.* — Poêle de construction, poêle que l'on construit avec des carreaux de faïence ou de terre non vernissée, sur la place même qu'il doit occuper. — Se dit aussi, surtout en Allemagne, d'une chambre commune où est le poêle : *en Allemagne, on est presque toujours dans le poêle, toute la famille se tient dans le poêle.*

POÊLÉE s. f. [pouâ-lé]. Tout ce qu'on fait cuire ou en même temps dans une poêle à frire.

POÊLERIE s. f. [pouâ-]. Ouvrages de terre, tôle, etc. employés au chauffage. — Industrie ou commerce du poêlier.

POÊLETTE s. f. [pouâ-]. Petite poêle.

POÊLIER s. m. [pouâ-lié]. Artisan qui fait les poêles et qui les pose.

POELLNITZ (Karl-Ludwig von) [peul'-nittss], baron, écrivain allemand, auteur de mémoires français, né près de Cologne en 1692, mort en 1775. Il fut attaché à différentes cours; remplit le poste de grand maître des cérémonies et plusieurs autres fonctions auprès de Frédéric le Grand, qui écrivait à Voltaire que « Pœllnitz était mort comme il avait vécu, trichant la veille même de son trépas ». Il a écrit en français seulement. Ses fameux *Mémoires* (1734, 3 vol.) ont été réimprimés avec de *Nouveaux Mémoires* en 1767 (5 vol.).

POÊLON s. m. Espèce de petite poêle, ordinairement de cuivre jaune, et qui est plus profonde que la poêle : *faire de la bouillie dans un poêlon.*

POÊLONNÉE s. f. Autant qu'un poêlon peut tenir : *une poêlonnée de bouillie.*

POÈME s. m. [po-è-me]. Ouvrage en vers. Ne se dit proprement que des ouvrages d'une certaine étendue : *poème épique.*

POÉSIE s. f. [po-é-zi] (gr. *poêsis*, création). Art de faire des ouvrages en vers : *la poésie est appelée le langage des dieux.* — Se dit dans un sens particulier, déterminé par quelque épithète, des différents genres de poèmes : *poésie lyrique.* — Se dit aussi des différentes matières que l'on traite en vers, et des différents styles qu'on y emploie : *poésie sainte, chrétienne ou sacrée.* — Absol. Qualités qui caractérisent les bons vers : *ce sont là des vers, mais il n'y a pas de poésie.* — Ouvrage en prose qui tient de la hardiesse et de l'élévation poétiques : *il y a de la poésie dans Tacite, dans Bossuet.* — La poésie du style, hardiesse, liberté, richesse particulière aux pensées, aux expressions, aux tours que l'on emploie dans la poésie : *c'est la poésie du style qui distingue et fait vivre les ouvrages en vers.* — Art de faire des vers, simple versification : *il a choisi un genre de poésie convenable à son sujet.* — Manière de faire les vers qui est particulière à une nation, à un poète : *la poésie grecque et la poésie latine sont pleines de naturel et d'harmonie.* — pl. Ouvrages en vers. Ne se dit guère que des ouvrages de peu d'étendue, et s'emploie surtout en parlant des modernes : *les poésies de Malherbe, de Racan.*

POESTE s. f. [po-è-ste] (corrupt. de *potestas*, pouvoir). Puissance, pouvoir. (Vieux.)

PŒSTUM, ancienne ville d'Italie dont on ne voit plus que les ruines, à 57 kil. S.-S.-E. de Salerne. C'était une ancienne colonie dorienne fondée au viie siècle av. J.-C. Elle a donné son nom à l'ordre architectonique dit *ordre pæstum.*

POÊTE s. m. [po-è-te] (lat. *pœta*). Celui qui s'adonne à la poésie, qui fait des vers : *les anciens poètes.*

> J'avouerai sans peine, avec vous,
> Que tous les poètes sont fous;
> Mais, sachant ce que vous êtes,
> Tous les fous ne sont pas poètes.
>
>   Théophile.

— Se dit quelquefois en parlant d'une femme : *Mme Deshoulières était un poète aimable.* — Poète crotté, mauvais poète. — Cet homme est poète, il a du talent pour la poésie. On dit, dans le sens contraire, Cet homme n'est pas poète. — Il a lu les poètes, il entend les poètes, se dit ordinairement de celui qui a lu, qui entend les anciens poètes grecs et latins.

POÉTEREAU s. m. Terme de mépris, qui se dit d'un fort mauvais poète : *ce n'est qu'un poétereau.* (Fam.)

POÉTESSE s. f. Femme poète : *Sapho était une poétesse illustre.*

POÉTIQUE adj. Qui concerne la poésie, qui appartient à la poésie, qui est propre et particulier à la poésie : *ouvrage poétique.* — Licence poétique, se dit de certaines libertés que les poètes se donnent dans leurs vers contre les règles ordinaires de la langue ou de la versification, et qui ne seraient pas reçues dans la prose. — Licence poétique, Altération de la vérité : *il y a dans ce récit des licences poétiques.* — Impr. Caractère poétique, espèce de caractère romain plus étroit et plus allongé que le caractère ordinaire, qui est particulièrement employé à l'impression des ouvrages en grands vers.

POÉTIQUE s. f. Traité de l'art de la poésie : *la poétique d'Aristote, de Vida, de Castelvetro, de Scaliger*, etc. — Par ext. LA POÉTIQUE DES BEAUX-ARTS, DE LA MUSIQUE, etc., l'exposition, l'explication de ce qu'il y a d'élevé, d'idéal dans les beaux-arts, dans la musique, etc.

*POÉTIQUEMENT adv. D'une manière poétique : *cela s'est dit poétiquement.*

*POÉTISER v. n. Versifier : *au lieu de songer à ses affaires, il ne fait que poétiser.* (Fam. et peu us.) — v. a. Rendre poétique élever au ton de la poésie : *poétiser un caractère.*

POGGENDORFF (Johan-Christian), physicien allemand, né à Hambourg en 1796, mort en 1877. De 1824 à 1874, il édita les *Annalen der Physik und Chemie*, un des premiers journaux scientifiques d'Allemagne. En 1834, il devint professeur de physique à Berlin. Il collabora avec Liebig à la rédaction d'un dictionnaire de chimie, et écrivit un dictionnaire de poche de l'histoire des sciences exactes (1863).

POGGIO BRACCIOLINI (Giovanni-Francesco) [po-djo-bra-tchio-li'-ni], érudit italien, né vers 1388, mort en 1459. Il fut secrétaire apostolique de plusieurs papes, et, en 1453, devint chancelier de Florence. Son *Histoire de Florence* (traduite en italien par son fils Jacopo) va de 1350 à 1455. Parmi ses meilleures productions se trouve son *Dialogue sur la Noblesse.* Il découvrit dans les anciens monastères sept discours de Cicéron et d'autres écrits classiques.

POGONIAS s. m. (gr. *pogon*, barbe). Voy. BARBICAN.

* POIDS s. m. (lat. *pondus*). Pesanteur, qualité de ce qui est pesant : *le poids d'un fardeau.* — TOMBER DE TOUT SON POIDS, tomber tout d'un coup et sans que rien amortisse la chute. — Pesanteur déterminée et fixe de certaines choses : *le poids de la pièce de cinq francs est de tant de décagrammes d'argent, d'or.* — CETTE MONNAIE EST DE POIDS, elle a la pesanteur qu'elle doit avoir suivant la loi. — Certains morceaux de cuivre, et certaines masses de fer ou de plomb d'une pesanteur réglée et connue, dont on se sert pour savoir combien une chose pèse : *des poids et des balances.* — POIDS DE MARC, le marc avec toutes les subdivisions d'onces et de gros qui y sont comprises : *le poids de marc est de huit onces.* — FAIRE BON POIDS, peser ce qu'on vend, de sorte que la marchandise emporte la balance : *il faut faire bon poids.* — FAIRE LE POIDS, ajouter dans un plateau de la balance, ce qui est nécessaire pour équilibrer l'autre plateau. — VENDRE, ACHETER UNE CHOSE AU POIDS DE L'OR, vendre, acheter excessivement cher. — AVOIR DEUX POIDS ET DEUX MESURES, juger différemment d'une même chose, selon les personnes, les circonstances, les intérêts, etc. On dit, dans le même sens, CHANGER DE POIDS ET DE MESURE. — FAIRE TOUTES CHOSES AVEC POIDS ET MESURE, agir en tout avec sagesse et circonspection. L'Ecriture dit, en parlant de Dieu, IL A FAIT TOUTES CHOSES AVEC POIDS ET MESURE. — PESER UNE CHOSE AU POIDS DU SANCTUAIRE, l'examiner avec toute l'exactitude possible, dans toute la rigueur de la justice, selon les règles de la plus sévère conscience. — Morceaux de cuivre, de plomb, de fer et de pierre, qu'on attache aux cordes d'une horloge, d'un tournebroche, pour lui donner du mouvement : *les poids d'une horloge, d'un tournebroche.* — Fig. Tout ce qui fatigue, oppresse, chagrine, embarrasse : *le poids des affaires l'accable.* — PORTER LE POIDS DU JOUR ET DE LA CHALEUR, endurer toute la peine, faire tout le travail, pendant que les autres se livrent au repos ou au plaisir. — Fig. Importance, considération, force, solidité : *c'est une affaire de poids.* — UN HOMME DE POIDS, un homme d'importance, de considération, d'autorité. de mérite. — Hist.

« Avant la Révolution, les poids et mesures en usage en France variaient d'une province à l'autre, et souvent même d'une partie de province à une autre partie très rapprochée. C'est que le droit de fixer les poids et mesures appartenait aux seigneurs hauts justiciers et même à ceux de moyenne justice. Les usages locaux étaient très divers en cette matière comme en beaucoup d'autres ; et dans les mêmes lieux, des mesures portant la même dénomination différaient de contenance entre elles, selon qu'elles servaient au mesurage d'une denrée ou d'une autre denrée. Il y avait là une source intarissable de contestations et un obstacle permanent au développement du commerce. La *grande lieue* de France, ou lieue marine de 20 au degré, était de 6,000 pas ou de 2,853 *toises* ; la *lieue commune*, de 25 au degré, était de 2,450 toises et quelquefois de 2,400 ; et la *petite lieue* ou lieue de poste, de 2,000 toises. Le pas était tantôt de 5 pieds et tantôt de 3 pieds, et la toise était de 6 pieds. Le *pied de roi*, usité à Paris, contenait 12 *pouces*, chaque pouce 12 *lignes*, et la ligne se subdivisait en 12 *points.* L'*aune* de Paris était de 3 pieds 7 pouces 8 lignes. L'*arpent* était de 100 *perches* carrées ou 10 perches de côté, mais la coutume de Paris ne réglait pas la longueur de la perche ; à Paris même, elle mesurait 3 toises ou 18 pieds de long, tandis que, dans certains cantons du ressort, elle était de 22 ou de 24 pieds. Dans le reste de la France, les mesures de surface et leurs dénominations variaient à l'infini. A Paris, le *muid* servant au mesurage du blé contenait 12 *septiers* ; le septier, *deux mines* ; la mine, 2 *minots* ; le minot, 3 *boisseaux*, et le boisseau 16 *litrons.* Le muid d'avoine avait une capacité double de celle du muid de blé. Le muid de sel, le muid de charbon de bois, la *voie* ou muid de charbon de terre, le muid de chaux, le muid de plâtre et le muid de vin avaient chacun des dimensions particulières, et il en était de même des mesures divisionnaires. Pour la mesure du bois de chauffage, on employait la *corde* valant deux voies, de chacune 56 pieds cubes. Pour les liquides, on avait la *pinte.* Le muid de vin contenait 300 pintes, et chaque pinte, contenant 49 1/3 pouces cubes, se divisait en 2 *chopines.* La *livre-poids* était à Paris de 16 onces (ailleurs de 13, 14, 16 1/2) ; elle se divisait en 2 *marcs* ; le marc en 8 onces ; l'once en 8 *gros* ; le gros en 3 *deniers*, et le denier en 24 *grains.* Le *marc* d'or se divisait en 24 *carats* ; le carat en 8 deniers ; et le denier, en 24 grains. En médecine, la livre ne contenait que 12 onces, de chacune 8 *drachmes* ; la drachme se subdivisait en 3 *scrupules* ; le scrupule en 2 *oboles*, et l'obole en 12 *grains* Quelques rois de France ont tenté d'établir des types invariables de poids et mesures ; et, dans certaines provinces, des mesures-matrices et des étalons étaient déposés dans les greffes communaux moyens de contrôle. Henri II, Charles IX et Henri III prescrivirent vainement l'uniformité des poids et mesures ; leurs édits occasionnèrent de nombreux procès et l'on renonça à les faire exécuter. L'Assemblée nationale, par ses décrets du 8 mai et du 1er août 1790, entreprit d'établir l'uniformité jusque-là reconnue impossible ; mais c'est la Convention qui, en 1793, adopta pour bases de cette grande réforme la mesure du méridien terrestre et la division décimale. La conversion des mesures et monnaies anciennes en nouvelles peut se faire au moyen des données qui suivent, et qui s'appliquent aux mesures usitées à Paris pendant le XVIIIe siècle.

Lieue marine = 5,555 m., 55. — Lieue commune = 4,444 m., 44. — Lieue de poste = 3,898 m. — Toise = 1 m., 94,904. — Pied = 0 m., 32484. — Pouce = 0 m., 02707. — Ligne = 0 m., 002256 — Arpent = 34 ares, 19 centiares — Arpent des eaux et forêts = 51 ares, 7 centiares. — Livre-poids = 489 gr., 506. —

Marc — 244 gr., 753. — Once — 30 gr., 594. — Gros — 3 gr., 82. — Grain = 0 gr., 0531. — Livre tournois (unité de monnaie) = 0 fr., 98765. — Sou (vingtième de la livre) = 0 fr., 049383. — Le sou se subdivisait en 4 liards, et le liard en 4 deniers. » — Légal.

« Suivant les termes précis de la loi du 18 germinal an III, il n'y a qu'un seul étalon des poids et mesures pour toute la République : c'est une règle de platine sur laquelle est tracé le mètre, qui a été adopté pour l'unité fondamentale de tout le système des mesures. Le *mètre* est la dix millionième partie du quart du méridien terrestre. Le rapport du mètre avec les anciennes mesures a été fixé par la loi du 19 frimaire an VIII, à 3 pieds 11 lignes 296 millièmes de ligne. Chaque commune est obligée de posséder une série d'étalons des poids et mesures. (L. 1er août 1793 ; Circ. min. 8 juin 1878.) Le Code pénal de 1810 (art. 479, 6°) punit d'une amende de 11 fr. à 15 fr. les personnes qui emploient des poids et mesures autres que ceux établis par les lois en vigueur ; mais c'est seulement à partir du 1er janvier 1840, et en vertu de la loi du 4 juillet 1837, qu'il a été formellement interdit de se servir de poids et mesures qui ne fussent pas ceux du système métrique. En outre, toutes dénominations autres que celles légales sont interdites, dans les actes publics, dans les affiches et annonces, et aussi dans les actes sous seing privé, les registres de commerce et autres écritures produits en justice. En cas de contravention à cette loi, les officiers publics sont punis d'une amende de 20 fr. en principal ; à l'égard des autres contrevenants, l'amende est de 40 fr. pour chaque acte, registre ou écriture. Voici, d'après les lois du 18 germinal an III et du 4 juillet 1837, la nomenclature des poids et mesures légaux, y compris la monnaie qui n'est que la mesure légale de la valeur : — MESURES DE LONGUEUR : *myriamètre*, dix mille mètres ; *kilomètre*, mille mètres ; *hectomètre*, cent mètres ; *décamètre*, dix mètres ; *mètre*, unité fondamentale des poids et mesures ; *décimètre*, dixième du mètre ; *centimètre*, centième du mètre ; *millimètres*, millième du mètre. — MESURES AGRAIRES : *hectare*, cent ares ou dix mille mètres carrés ; *are*, cent mètres carrés, ou carré de dix mètres de côté ; *centiare*, centième de l'are, ou mètre carré. — MESURES DE CAPACITÉ, pour les liquides et les matières solides : *kilolitre*, mille litres ; *hectolitre*, cent litres ; *décalitre*, dix litres ; *litre*, décimètre cube ; *décilitre*, dixième du litre. — MESURES DE SOLIDITÉ : *décastère*, dix stères ; *stère*, mètre cube ; *décistère*, dixième de stère. — POIDS : *mille kilogrammes*, poids du mètre cube d'eau et du tonneau de mer ; *cent kilogrammes*, quintal métrique ; *kilogramme*, mille grammes, poids la vide d'un décimètre cube d'eau distillée à la température de quatre degrés centigrades ; *hectogramme*, cent grammes ; *décagramme*, dix grammes ; *gramme*, poids d'un centimètre cube d'eau à quatre degrés centigrades ; *décagramme*, dixième du gramme ; *centigramme*, centième de gramme ; *milligramme*, millième de gramme. — Monnaie, *franc*, cinq grammes d'argent au titre de neuf dixièmes de fin ; lequel titre est aujourd'hui de 0,835 ; *décime*, dixième du franc ; *centime*, centième du franc. (Voy. MONNAIE.) — La forme de chaque poids et de chaque mesure, et la matière qui doit servir à la fabriquer sont déterminées par les règlements. Pour assurer l'exécution des lois et règlements sur les poids et mesures, des vérificateurs assermentés constatent les contraventions et peuvent procéder à la saisie des instruments dont l'usage est interdit. Le service, qui dépend du ministère du commerce, comprend 375 vérificateurs répartis en cinq classes, et des vérificateurs adjoints qui, avant d'être nommés à ce titre, ont dû être reconnus admissibles après un examen spécial. Il y a en France cinq circonscriptions régionales, et chacune d'elles est soumise à l'inspection et au contrôle d'un vérificateur en chef. Les vérificateurs sont chargés de vérifier et de poinçonner tous les instruments de pesage et de mesurage, avant qu'ils soient livrés au commerce. Ils sont aussi chargés de la vérification annuelle à laquelle les commerçants et industriels sont assujettis. L'époque des tournées de vérification est fixée pour chaque commune par le préfet; les maires, les adjoints et les commissaires de police ont le devoir de s'assurer que les poids et mesures employés par les commerçants portent les marques de vérification. Les droits à payer par les assujettis pour chaque vérification varient de 12 centimes à 5 fr., par objet, selon les objets (Décr. 26 fév. 1873, 4 nov. 1874, 16 nov. 1875, 7 janv. 1878). Le recouvrement de ces droits est fait par les percepteurs, au moyen de rôles dressés par les vérificateurs. La vérification est gratuite pour les poids et mesures appartenant à des établissements publics et pour ceux qui sont présentés par des personnes non assujetties. (Ord. réglementaire 17 avril 1839, art. 48). Aucun poids ni aucune mesure ne peut être soumis à la vérification, mis en vente ni employé dans le commerce, s'il ne porte pas le nom qui lui est affecté dans le système métrique (id. art. 11). En exécution de la loi du 7 juillet 1881, modifiée par celle du 28 juillet 1883, l'alcoomètre centésimal de Gay-Lussac a été rendu obligatoire pour l'évaluation du degré alcoolique des eaux-de-vie et alcools; et cet instrument ne peut-être employé dans l'administration, ainsi que dans les affaires commerciales, avant qu'il n'ait été soumis, ainsi que le thermomètre qui l'accompagne, à une vérification préalable, laquelle est faite exclusivement au bureau des poids et mesures de Paris. — Les contraventions aux règlements concernant la vérification périodique des poids et mesures donnent lieu à une amende de 1 à 5 fr., et, en cas de récidive, à un emprisonnement du jour à trois jours (C. pén. 471, 15°; 474). — Par suite d'une convention conclue entre dix-huit États d'Europe ou d'Amérique, le 20 mai 1875, un bureau international des poids et mesures a été créé à Paris, afin d'assurer l'internationalité du système métrique et la conservation des prototypes employés dans les différents pays et qui correspondent au mètre ou au kilogramme. Un comité international a été constitué, et il se réunit tous les ans à Paris. Les États qui y sont aujourd'hui représentés sont : l'Angleterre, dont l'adhésion ne date que de 1884; l'Allemagne, l'Autriche et la Hongrie, la Belgique, la Confédération Argentine, le Danemark, l'Espagne, les États-Unis, la France, l'Italie, le Pérou, le Portugal, la Roumanie, la Serbie, la Russie, la Norvège, la Suède, la Suisse, la Turquie et le Venezuela. Un observatoire spécial, servant à établir les comparaisons, a été construit dans le parc de Saint-Cloud. Cet hommage rendu par le monde entier au système des poids et mesures, qui est dû au génie réformateur des hommes de la Convention, serait plus complet encore, s'il était suivi de l'uniformité des monnaies et de l'adoption d'un méridien unique pour les marines des divers États. Des bureaux de pesage, dits *poids publics*, sont établis dans quelques halles et marchés par l'administration municipale; mais leur usage est facultatif, sauf en cas de contestation sur le poids d'une denrée vendue. »   (Ch. Y.)

* POIGNANT, ANTE adj. Piquant. Ne s'emploie que fig., et ne se dit que d'une douleur physique ou morale qui est forte, vive, pénétrante : *douleur poignante.*

* POIGNARD s. m. [gn mll.] (lat. *pugio*). *Dague, sorte d'arme destinée à frapper de la* pointe, et beaucoup plus courte qu'une épée: *il lui a donné un coup de poignard.*

Poignard, agent du crime, agent déshonoré...
              Ponsard. *Charlotte Corday*, acte IV, sc. IV.

— C'est un coup de poignard, se dit de la surprise et de la douleur que cause un événement extrêmement fâcheux : *ce fut un coup de poignard pour lui, que la nouvelle de la mort de sa femme.* Se dit aussi, en général, de tout ce qui peut blesser ou offenser vivement quelqu'un. — Avoir le poignard dans le cœur, dans le sein, éprouver une douleur, un déplaisir extrême de quelque chose. On dit dans un sens analogue, Mettre, plonger, enfoncer a quelqu'un le poignard dans le sein, dans le cœur. — Tourner a quelqu'un le poignard dans le cœur, lui tourner le poignard dans la plaie, s'appesantir sur quelque objet qui le blesse ou qui l'afflige vivement. — Mettre, tenir a quelqu'un le poignard sur la gorge, vouloir le contraindre à faire quelque chose.

* POIGNARDER v. a. Frapper, blesser, tuer avec un poignard : *ils l'ont poignardé dans sa propre maison.* — Fig. Causer une extrême douleur, une extrême affliction : *il ne faut pas lui dire cette nouvelle, lui faire ce reproche; ce serait le poignarder.* — Fig. et fam. La curiosité, la jalousie, l'avarice le poignarde, se dit d'un homme très curieux, très jaloux, très avare. — Se poignarder v. pr. Se frapper avec un poignard.

POIGNARDEUR, EUSE adj. Celui qui poignarde.

* POIGNE s. f. Force du poignet : *sa poigne est un étau.* Cet homme a de la poigne, il a le poignet vigoureux, et, fig., il a de la vigueur dans le caractère, dans ses actes.

* POIGNÉE s. f. Autant que la main fermée peut contenir de certaines choses dont la quantité n'est pas continue : *une poignée de blé.* — Ce qu'on empoigne avec la main : *une poignée d'herbes.* — Fig. Une poignée de monde, un petit nombre de personnes : *il tenta le siège de cette place avec une poignée de monde.* On dit de même, Une poignée de gens, de soldats. — Une poignée de verges, de petits scions de bouleau liés ensemble. — Une poignée de morues, deux morues sèches jointes ensemble. — Une poignée de main, action de prendre la main à un autre pour le saluer. — Partie d'un objet par où on le prend, pour le tenir à la main : *la poignée d'un sceptre, la poignée d'une épée.* — Ce qui sert, dans les cuisines, dans les laboratoires, etc., à prendre ou à tenir par la queue, par l'anse, par les bords, un ustensile trop chaud pour qu'on puisse y porter la main sans se brûler : *une poignée pour tenir les fers à repasser.* — A poignée loc. adv. En abondance, en grande quantité : *jeter des fleurs à poignée.*

* POIGNET s. m. Endroit où le bras joint à la main : *la force du poignet.* — Bord de la manche d'une chemise : *les poignets de cette chemise sont usés, sont trop étroits.*

* POIL s. m. (lat. *pilus*). Ce qui croît en forme de filets déliés sur la peau des animaux, et en plusieurs endroits du corps humain : *de longs poils.* — Tous les poils qui sont sur le corps d'un animal : *le poil lui est tombé.* — Monter un cheval a poil, monter un cheval tout nu et sans selle. — Faire le poil a un cheval, lui arranger la crinière, lui couper les crins du bas des jambes, lui arracher ou lui brûler les crins qui sont autour des mâchoires. — Un poil ne passe pas l'autre, se dit en parlant d'un homme fort propre et bien ajusté. — Un lièvre, un lapin en poil, un lièvre, un lapin auquel on n'a pas encore ôté la peau. — Ce chien est dressé au poil et a la plume, est au poil et a la plume, il est dressé à chasser, à arrêter toute sorte de gibier, comme lièvres, perdrix, etc. — Cet

homme est au poil et a la plume, il est également propre à des emplois, à des occupations de genres très différents. — Reprendre du poil de la bête, chercher son remède dans la chose même qui a causé le mal. — Vous venez de perdre votre argent a cette partie de piquet, il faut reprendre du poil de la bête, il faut en jouer une autre. — Chevelure; mais, dans cette acception, on ne l'emploie guère qu'en parlant des cheveux dont la couleur passe pour désagréable, ou est altérée par l'âge : *le poil commence à lui blanchir.* — Poétiq. Poil hérissé, se dit des cheveux, lorsqu'ils se dressent sur la tête. — Barbe de l'homme : *se faire le poil.* — Prov. Il se laissait arracher la barbe poil a poil, se dit d'un poltron. — Poil follet, poil rare et léger qui vient avant la barbe : *ce jeune homme n'a encore que du poil follet.* — En parlant de certains animaux, et surtout des chevaux, signifie, couleur : *de quel poil est votre cheval?* — Partie velue du drap et d'autres étoffes, comme le velours, la panne, etc.: *il faut brosser cet habit de manière à coucher le poil, et non à le rebrousser.* — Velours a trois poils, a quatre poils, velours dont la trame est de trois fils de soie, de quatre fils de soie. — C'est un brave a trois poils, c'est un homme qui fait profession de bravoure. — Bot. Certains filets très déliés, ordinairement cylindriques et flexibles, qui naissent sur les diverses parties des plantes. — Nom d'une maladie assez ordinaire aux nourrices, et dans laquelle le lait ne sort qu'avec difficulté : *cette nourrice a le poil.*

* POILU, UE adj. Velu, couvert de poil : *main poilue.*

* POINCILLADE s. f. Bel arbrisseau de la famille des légumineuses, dont les feuilles sont purgatives comme celles du séné.

* POINÇON s. m. Instrument de fer ou d'autre métal, qui a une pointe pour percer : *un étui garni de ciseaux et d'un poinçon.* — Instrument dont on se sert pour marquer la vaisselle d'or et d'argent : *de l'argenterie marquée au poinçon de Paris.* — Morceau d'acier gravé en relief, avec lequel on frappe les coins dont on se sert pour l'empreinte des monnaies et des médailles : *on a fait un nouveau poinçon pour les monnaies.* — Typogr. Morceau d'acier où les lettres sont gravées en relief, et avec lequel on frappe les matrices qui servent à fondre les caractères d'imprimerie : *on a perdu les matrices de tels caractères, mais on en a les poinçons.* — Manège. Morceau de bois taillé en pointe, ou armé d'une pointe de fer, dont les académistes se servaient autrefois pour piquer la croupe des sauteurs qu'ils montaient, et pour les exciter à détacher la ruade : *les habiles écuyers ont toujours blâmé l'usage du poinçon.* — Arbre vertical sur lequel tourne une machine. — Charpent. Pièce de bois placée perpendiculairement au milieu d'une ferme, et dans laquelle s'assemblent les jambes de force.

* POINÇON s. m. Sorte de tonneau servant à mettre du vin ou d'autres liqueurs, qui tient à peu près les deux tiers d'un muid : *poinçon de vin.*

* POINÇONNAGE s. m. Manière de poinçonner.

POINÇONNEMENT s. m. Action de poinçonner.

* POINÇONNER v. a. Marquer avec un poinçon.

* POINDRE v. a. (lat. *pungere*, percer). Piquer. N'est guère usité que dans les deux phrases suivantes: — Oignez vilain, il vous poindra; Poignez vilain, il vous oindra, quand on fait du bien à un malhonnête homme, on n'en reçoit que du déplaisir; et, au contraire, quand on le gourmande, on en tire ce qu'on veut. — QUEL TAON VOUS POINT? quelle fantaisie vous prend? d'où vous vient cette humeur? Cette phrase a vieilli; on dit : QUELLE MOUCHE VOUS PIQUE? — v. n. N'est guère usité qu'à l'infinitif et au futur, et ne se dit proprement que du jour qui commence à paraître, et des plantes qui commencent à pousser : *je partirai dès que le jour poindra.* — LE POIL COMMENCE A LUI POINDRE AU MENTON, se dit d'un jeune garçon à qui la barbe commence à venir.

* **POING** s. m. [pouain] (lat. *pugnus*). Main fermée; *serrer le poing.* — FERMER LE POING, fermer la main, et la tenir serrée. — FLAMBEAU DE POING, flambeau de cire qu'on porte à la main. — OISEAU DE POING, oiseau de proie, qui, étant réclamé, revient sans leurre sur le poing du fauconnier : *porter un oiseau de poing.* — MENER UNE FEMME SUR LE POING, la mener par la main. (Vieux.) — MENER QUELQU'UN PIEDS ET POINGS LIÉS, le mener après lui avoir lié les bras et les pieds. — JE VOUS LIVRE CET HOMME PIEDS ET POINGS LIÉS, je le mets à votre merci, à votre disposition. — IL NE VAUT PAS UN COUP DE POING, se dit de quelqu'un qui n'a ni force ni santé. — AVOIR LE POING SUR LA HANCHE, se dit d'une personne qui est dans l'attitude de la provocation, qui fait des menaces. — Toute la main se dit de l'endroit où elle se joint au bras : *il fut condamné à avoir le poing coupé.*

* **POINT** s. m. (lat. *punctum*). Piqûre qui se fait dans l'étoffe avec une aiguille enfilée de soie, de laine, de fil, etc. : *il n'y a qu'un point ou deux à faire pour recoudre cela.* — Certains ouvrages de broderie ou de tapisserie à l'aiguille, qu'on distingue par des noms différents, selon la manière dont ils sont faits, selon le pays d'où la mode en a été apportée, et souvent d'après le caprice des ouvriers ou ouvrières : *point de chaînette.* — GROS POINT, sorte de point de tapisserie où l'aiguille prend deux fils du canevas ; à la différence du PETIT POINT, celui où elle n'en prend qu'un. — LE POINT DE CETTE TAPISSERIE EST BEAU, N'EST PAS BEAU, le travail en est beau, ou ne l'est pas. — Sorte de dentelle de fil, faite à l'aiguille, qui prend diverses dénominations, selon les lieux où se font les différentes espèces de cette dentelle, la manière dont elles 'sont faites, ou les personnes qui les ont mises en vogue. — Géom. Plus petite portion d'étendue qu'il soit possible de concevoir, ou plutôt ce que l'on conçoit comme n'ayant aucune étendue : *les mathématiciens disent que la ligne n'est considérée que comme la trace d'un point en mouvement.* — Didact. Endroit fixe et déterminé : *point central.* On dit aussi : DE TOUS LES POINTS DE L'HORIZON. — POINT DE SECTION OU D'INTERSECTION, endroit où deux lignes, deux plans se coupent. — Astron. POINTS ÉQUINOXIAUX, les deux points où le grand cercle de l'écliptique coupe le grand cercle de l'équateur ; POINTS SOLSTICIAUX, les deux points de l'écliptique les plus distants du plan de l'équateur ; POINT DE LA PLUS GRANDE ET DE LA PLUS PETITE DISTANCE, les apsides ; POINT CULMINANT, point de l'écliptique situé dans le méridien ; POINTS CARDINAUX, le septentrion, le midi, l'orient et l'occident ; et, POINTS VERTICAUX, le point du ciel appelé ZÉNITH, qui est directement au-dessus de notre tête ; et le point appelé NADIR, qui est directement au-dessous de nos pieds. — POINT CULMINANT, se dit aussi quelquefois, surtout dans les sciences physiques, de la partie la plus élevée de certaines choses : *le point culminant d'une chaîne de montagnes.* — Optique. POINT DE CONCOURS, celui où les rayons convergents se rencontrent. POINT D'INCIDENCE, point où tombe sur la surface d'un miroir ou d'un autre corps ; POINT DE DISPERSION, point où les rayons commencent à être divergents ; POINT DE RÉFRACTION, celui où un rayon se rompt sur la sur-

face d'un verre ou sur toute autre surface réfringente; POINT DE RÉFLEXION, point d'où un rayon est réfléchi par la surface d'un miroir ou de tout autre corps; et, POINT RADIEUX, celui qui renvoie les rayons, d'où partent les rayons. — POINT DE MIRE. (Voy. *Mire.*) Hydraul. POINT DE PARTAGE, point, entre deux vallées, assez haut pour que les eaux qui s'y rendent puissent couler indifféremment dans l'une ou dans l'autre; et, lorsqu'il s'agit d'un canal ou des branches d'un canal, point où l'on place le réservoir supérieur qui doit les alimenter. — Mécan. POINT D'APPUI, point fixe sur lequel les diverses parties d'une machine s'appuient en exécutant leurs mouvements. — POINT DE VUE, point sur lequel la vue se dirige et s'arrête dans un certain éloignement; du point que le peintre ou le dessinateur choisit pour mettre les objets en perspective, et vers lequel il dirige tous les rayons qui sont censés partir de l'œil du spectateur. — Lieu où il faut se placer pour bien voir un objet; du lieu où l'objet doit être mis pour être bien vu : *vous n'êtes pas là dans le point de vue.* — POINT DE VUE, objet ou un assemblage d'objets qui frappe, point à le regarder : *dans cette campagne, les points de vue sont très variés.* — METTRE UNE LUNETTE D'APPROCHE A SON POINT DE VUE, A SON POINT, allonger ou raccourcir le tube, de manière qu'il y ait, entre le verre objectif et l'oculaire, la juste distance pour voir distinctement l'objet vers lequel on dirige la lunette. On dit aussi, LA LUNETTE EST A SON POINT. On dit de même, en parlant des lunettes à lire. ELLES SONT, ELLES NE SONT PAS A MON POINT, la distance à laquelle elles font converger les rayons lumineux convient ou ne convient pas à ma vue. — Anat. POINTS CILIAIRES, petits trous qu'on observe dans la face interne des paupières, et qui ne sont que les orifices des petits conduits excrétoires des glandes ciliaires. POINTS LACRYMAUX, orifices des petits conduits qui vont aboutir au sac lacrymal. — Petite marque ronde que se fait sur le papier avec la plume et l'encre, avec un crayon, etc., et qu'on emploie à différents usages dans l'écriture : *on termine par un point toute phrase finale, ainsi que toute proposition dont le sens est entièrement indépendant de celle qui la suit.* — DEUX POINTS (:), POINT ET VIRGULE (;), signes qu'on met à la fin d'une proposition dont le sens grammatical est complet, mais qui a une liaison logique et nécessaire avec la suivante : *les deux points s'emploient surtout à la fin des phrases qui sont immédiatement suivies d'une autre qui les éclaircit.* En termes d'impr., on dit plus ordinairement, LE DEUX-POINTS, UN DEUX-POINTS. — POINT INTERROGANT OU D'INTERROGATION (?), signe qu'on met après une interrogation, une demande. POINT ADMIRATIF OU D'ADMIRATION, D'EXCLAMATION (!), signe qu'on met à la fin des phrases qui expriment l'admiration, ou qui contiennent une exclamation. — Typogr. POINTS CONDUCTEURS, ou POINTS CARRÉS, points qui servent à prolonger une ligne, de manière à mettre en rapport, à faire correspondre des parties qu'une disposition méthodique et symétrique oblige à séparer : *on fait souvent usage de points conducteurs dans les tables, dans les index.* — IL N'EST BON QU'A METTRE LES POINTS SUR LES I, se dit d'un homme qui ne s'applique dans les ouvrages d'esprit qu'à des minuties. Se dit aussi de ceux qui n'ont qu'une exactitude minutieuse et inutile. IL FAUT AVEC CET HOMME METTRE LES POINTS SUR LES I, il faut être avec lui d'une exactitude scrupuleuse ; et, dans un autre sens, il faut prendre avec lui les plus grandes précautions. — POINTS VOYELLES, en absol. POINTS, certains caractères qui servent à marquer les voyelles dans quelques langues orientales. — NE PARAÎTRE QUE COMME UN POINT, se dit de ce qui est ou de ce qui paraît extrêmement petit, et

que l'on aperçoit à peine : *le ballon était si haut, qu'il ne paraissait plus que comme un point.* — Mar. LE POINT D'UN BATIMENT, la latitude et la longitude du lieu où il se trouve en mer, à l'heure de midi. FAIRE SON POINT, déterminer le point du bâtiment. —Mus. Point que l'on met après une note, et qui sert à faire valoir une moitié en sus de sa valeur naturelle : *une blanche suivie d'un point vaut trois noires.* — POINT D'ORGUE, trait ou la partie chantante exécute *ad libitum*, et pendant lequel l'accompagnement se suspend. — Sculpt. Marques que l'on fait sur toutes les parties les plus saillantes d'une statue que l'on veut copier. — Jeux de cartes. Se dit du nombre qu'on attribue à chaque carte, et qui varie dans différents jeux : *l'as, au piquet, vaut onze points.* — Nombre de points que composent ensemble plusieurs cartes de même couleur : *son point est meilleur que le vôtre.* AVOIR LE POINT, avoir en cartes d'une même couleur un plus grand nombre de points que son adversaire. —Nombre que l'on marque à chaque coup du jeu, et de celui dont on est convenu pour le gain de la partie : *il ne me faut plus qu'un point pour gagner la partie.* — DONNER TANT DE POINTS A QUELQU'UN, supposer, en commençant la partie, qu'il a déjà gagné ce nombre de points : *il n'est pas très fort au billard ; je lui donne six points, et je le gagne.* — POUR UN POINT, FAUTE D'UN POINT, MARTIN PERDIT SON ANE, peu de chose fait quelquefois manquer une affaire. La même phrase se dit aussi dans les jeux, lorsque, faute d'un point, on perd la partie. —Coll. Certaines marques qui servent à noter la bonne ou la mauvaise conduite des écoliers, et à évaluer les fautes qu'ils font dans leurs devoirs : *il a eu tant de bons points cette semaine.* — Petit trou qu'on fait à des étrivières, à des courroies, à des sangles de carrosse, etc., pour y passer l'ardillon : *allonger, raccourcir des étrivières, d'un point, de deux points.*— Marque faite d'espace en espace sur une espèce de règle dont les cordonniers se servent pour prendre la mesure d'un soulier, et les chapeliers celle d'un chapeau : *chausser à huit points, à dix points.* — CES DEUX PERSONNES NE CHAUSSENT PAS A MÊME POINT, où, ELLES CHAUSSENT A MÊME POINT, ces deux personnes ne se conviennent pas, ou se conviennent, par leurs caractères, leurs habitudes, etc. — FAIRE VENIR QUELQU'UN A SON POINT, l'obliger, l'engager adroitement à faire ce qu'on veut, le faire condescendre à ce qu'on souhaite. — Douzième partie d'une ligne.—Typogr. Mesure qui vaut deux points ou un sixième de ligne, et qui sert principalement à régler ou à déterminer la force de corps des caractères. — LETTRE DE DEUX POINTS, grande lettre en forme de capitale, qu'on place au commencement d'un ouvrage ou de chacune de ses principales divisions, et qui a une force de corps double de celle du caractère qu'elle accompagne : *le mot commencé par une lettre de deux points se continue en petites capitales.* — Fig. Partie qui forme la division de certains discours, de certains ouvrages, et particulièrement des sermons : *son sermon était divisé en trois points.* — Question, difficulté particulière en quelque genre de connaissance que ce soit : *discuter, approfondir un point de théologie, de morale.* — Ce qu'il y a de principal, d'important dans une affaire, dans une question, dans une difficulté : *c'est là le point de l'affaire.*

> Il n'avait oublié qu'un point,
> C'était d'éclairer sa lanterne.
> FLORIAN.

— POINT D'HONNEUR, ce qu'on regarde comme touchant à l'honneur, comme intéressant l'honneur : *il est trop délicat sur le point d'honneur.* — PRENDRE TOUT AU POINT D'HONNEUR, étendre trop loin sa délicatesse sur le point d'honneur. — Etat, situation : *il est toujours au même point.*

De tous nos entretiens il est pour faire gloire,
Et je l'ai mis au *point* de voir tout sans rien croire.
Tartufe, acte IV, sc. v.

— MAL EN POINT, en mauvais état. On écrit aussi MAL-EN-POINT. — Degré, période : *le raisin est à son point de maturité, est au point de maturité convenable.* — Instant, moment, temps précis dans lequel on fait quelque chose : *j'arrivai sur le point qu'ils allaient partir.* — POINT DU JOUR, moment où le jour commence à poindre : *dès le point du jour.* — Douleur piquante qui se fait sentir en divers endroits du corps, et particulièrement au côté : *il a un point au côté.* — De point en point loc adv. Exactement, sans rien omettre : *il m'a tout raconté de point, en point.* — De tout point, en tout point. loc. adv. Totalement, entièrement, parfaitement : *c'est un homme accompli de tout point.* — ÉQUIPER UN HOMME DE TOUT POINT, l'équiper de tout ce qui lui est nécessaire. — ACCOMMODER, ÉQUIPER QUELQU'UN DE TOUT POINT, le traiter fort mal, ou de fait, ou de paroles : *il est tombé entre les mains de gens qui l'ont accommodé de tout point.* — Au dernier point loc. adv. Extrêmement, excessivement : *il est brave, insolent, heureux, malheureux au dernier point.* — A point loc. adv. A propos : *vous venez à point, nous avons besoin de vous.*

Rien ne sert de courir, il faut partir à *point*.
LA FONTAINE.

— CELA LUI VIENT A POINT, BIEN A POINT, se dit d'un avantage qui arrive à quelqu'un qui en avait extrêmement besoin : *il était ruiné, il a recueilli une grande succession; cela lui est venu bien à point.* — TOUT VIENT A POINT A QUI PEUT ATTENDRE, avec du temps et de la patience, on vient à bout de tout. — DE LA VIANDE CUITE A POINT, de la viande cuite comme il faut, ni trop, ni trop peu. — A point nommé loc. adv. Au temps précis, au moment déterminé : *le secours arriva à point nommé.* VENIR A POINT NOMMÉ, venir très à propos. — Prov. et pop. A SON POINT ET AISÉMENT, à sa commodité, à son aise, à son loisir : *vous ferez cela à votre point et aisément, prenez autant de temps que vous voudrez.*

* POINT adv. de négation. Pas, nullement : *en voulez-vous ? Je n'en veux point.*

Je ne veux point, Créon, le haïr à moitié.
J. RACINE, *La Thébaïde*, acte IV, sc. 1er.

— Ne se dit jamais qu'avec la particule négative, ou exprimée, ou comme dans les phrases précédentes, ou sous-entendue, comme dans ces phrases : *les gens peu ou point instruits.* Il y a de plus cette différence entre POINT et PAS, quant à l'usage, que lorsqu'on répond à une interrogation, POINT peut être employé tout seul; au lieu que PAS ne s'emploie jamais de cette manière : *en voulez-vous? Point.* — Il y a encore une différence entre POINT et PAS, quant à la signification. Lorsqu'on dit, par exemple : *n'avez-vous point vu un tel? n'avez-vous point pris ma montre?* l'interrogation n'est qu'une question simple. Mais lorsqu'on dit : *n'avez-vous pas vu un tel? N'avez-vous pas pris ma montre?* on peut marquer par là qu'on croit que la personne qu'on interroge a vu celui dont on parle, qu'elle a pris la montre qu'on lui demande. — POINT D'ARGENT, POINT DE SUISSE, on n'obtient rien de certaines gens, s'ils n'ont pas l'espoir d'être récompensés. Cela se dit aussi pour marquer qu'on ne fera rien sans être assuré d'une récompense, du payement. — POINT DE NOUVELLES, se dit lorsqu'on ne peut obtenir un résultat qu'on attend, la décision d'une affaire, l'exécution d'une promesse, etc : *il me dit souvent qu'il me payera; mais pour de l'argent, point de nouvelles.* (Voy. NE et PAS.)

* POINTAGE s. m. Artill. Action de pointer,

de diriger une pièce d'artillerie vers un but donné. On dit aussi, POINTEMENT. — VIS DE POINTAGE, vis au moyen de laquelle on pointe les canons de gros calibre. — Mar. Action de faire son point, de porter des relèvements sur une carte marine. — Parlement. Action de pointer le nombre des votants.

* POINTAL s. m. Charpent. Pièce de bois posée debout au fait usage.

* POINTE s. f. Bout piquant et aigu de quelque chose que ce soit : *pointe acérée.* — FAIRE DES QUERELLES, DISPUTER, RAISONNER, etc., SUR LA POINTE D'UNE AIGUILLE, faire des querelles, disputer, raisonner sur des riens. — EMPORTER UNE CHOSE A LA POINTE DE L'ÉPÉE, l'emporter avec de grands efforts.

Car quoi! rien d'assuré! point de franche lippée!
Tout à la pointe de l'épée.
LA FONTAINE.

— LA POINTE DE L'ESPRIT, ce qu'il y a de plus vif, de plus pénétrant, de plus subtil dans l'esprit : *il faut saisir cela à la pointe de l'esprit.* — Arts et Métiers. Instrument de fer ou d'acier qui sert à différents usages : *les sculpteurs se servent d'une pointe pour ébaucher leur ouvrage.* — POINTE SÈCHE, pointe dont les graveurs se servent pour former, sur le cuivre nu, des traits fins et délicats. — POINTE DE DIAMANT, ou simpl., DIAMANT, petit morceau de diamant taillé en pointe, enchâssé dans du plomb et dans un morceau de bois en forme de rabot, dont les vitriers se servent pour tailler le verre. — Grav. Manière d'opérer avec la pointe : *cette gravure est touchée d'une pointe fort spirituelle.* — Certains petits clous avec ou sans tête, minces, et d'une grosseur égale, dont se servent plusieurs métiers : *les vitriers fixent les morceaux de verre avec des pointes sans tête.* — Bout, extrémité des choses qui vont en diminuant : *la pointe des herbes.* — Guerre. AVOIR, TENIR LA POINTE DE L'AILE DROITE, DE L'AILE GAUCHE, être placé à l'extrémité de l'aile droite, de l'aile gauche. — Sellerie. POINTE DE L'ARÇON, se dit des parties qui forment le bas de l'arçon d'une selle. — Fortif. LA POINTE D'UN BASTION, l'angle le plus avancé du côté de la campagne : *le canon des assiégeants avait abattu la pointe du bastion.* — LA POINTE DU JOUR, le point du jour, la première apparence du jour : *il partit à la pointe du jour.* — Blas. Partie basse de l'écu : *pointe coupée d'or et d'azur.* — Couture. Morceau d'étoffe ou de linge, taillé en pointe, que l'on coud sur les côtés d'une robe ou d'une chemise de femme, entre le devant et le derrière, pour donner plus de tour, plus d'ampleur au vêtement. — Une certaine saveur piquante et agréable : *ce vin n'a pas de pointe, il est plat.* — ÊTRE EN POINTE DE VIN, AVOIR UNE POINTE DE VIN, UNE PETITE POINTE DE VIN, être en gaieté, pour avoir bu un peu plus qu'à l'ordinaire : *il était en pointe de vin, il avait une pointe de vin quand il a dit cela.* — UNE POINTE D'IRONIE, DE RAILLERIE, quelque chose d'ironique, de moqueur, qui se fait sentir dans un écrit, dans un discours : *il y a, dans ses paroles, une certaine pointe d'ironie qu'il est difficile de ne pas sentir.* — Trait d'esprit recherché, subtil; jeu de mots : *cet homme affecte de ne parler que par pointes, de dire toujours des pointes.*

Jadis de nos auteurs, les *pointes* ignorées
Furent de l'Italie en nos vers attirées.
Le vulgaire, ébloui de leur faux agrément,
A ce nouvel appât courut avidement...
Le madrigal d'abord en fut enveloppé,
Le sonnet orgueilleux lui-même en fut frappé;
La tragédie en fit ses plus chères délices;
L'élégie en orna ses douloureux caprices;
Un héros sur la scène eut soin de s'en parer,
Et sans *pointe*, un amant n'osa plus soupirer;
On vit tous les bergers, dans leurs plaintes nouvelles,
Fidèles à la *pointe* encor plus qu'à leurs belles.
Chaque mot eut toujours deux visages divers;
La prose la reçut aussi bien que les vers.
L'avocat au palais en hérissa son style,
Et le docteur en chaire en sema l'Évangile.

....
La raison outragée, ouvrant enfin les yeux.

La bannit pour jamais des discours sérieux.
Et dans tous ses écrits la déclarant infâme,
Par grâce lui laissa l'entrée en l'épigramme;
Pourvu que sa finesse éclatant à propos,
Roulât sur la pensée et non pas sur les mots.
BOILEAU. *Art poétique.*

— POINTE D'ÉPIGRAMME, fin d'une épigramme terminée par quelque pensée piquante : *la pointe de cette épigramme est heureuse.* — Chasse. Vol d'un oiseau qui s'élève vers le ciel : *l'oiseau fit la pointe, et fondit tout d'un coup sur la perdrix.* — Fam. et fig. FAIRE UNE POINTE, quitter un moment son chemin, pour faire une course qu'on n'avait pas projetée. — Guerre. FAIRE UNE POINTE, s'éloigner momentanément de sa ligne d'opération. — SUIVRE, POURSUIVRE, POUSSER SA POINTE, suivre son dessein, continuer ce qu'on a entrepris, avec la même chaleur, la même vigueur qu'on l'a commencé : *quand on a bien commencé, il faut suivre sa pointe.* — En pointe loc. adv. En forme de pointe : *une montagne qui s'élève en pointe, qui se termine en pointe.*

* POINTÉ, ÉE part. passé de POINTER. Marqué. — Adj. Mus. NOTE POINTÉE, note suivie d'un point qui lui fait valoir moitié en sus de sa valeur naturelle : *une blanche pointée.*

POINTE-À-PITRE (La), ch.-l. d'arr. de la Guadeloupe, port principal de cette île, sur la côte S.-O. de la Grande-Terre, à l'entrée et au S.-E. de la Rivière-Salée; 19,000 hab. Magnifique port, à l'abri de tous les vents. C'est une ville régulièrement bâtie, avec des rues larges et pavées.

POINTEAU s. m. Outil de serrurerie terminé en pointe conique.

POINTE DE GALLES ou Punto Gallo, ville fortifiée sur un promontoire rocheux à l'extrémité S.-O. de l'île de Ceylan, à 110 kil. S.-S.-E. de Colombo; 4,954 hab. C'est le siège du gouvernement de la province méridionale, de Ceylan; mais elle est surtout importante comme dépôt de houille pour l'approvisionnement des steamers.

* POINTEMENT s. m. Artill. Action de pointer le canon. On dit plus ordinairement, POINTAGE.

* POINTER v. a. Porter un coup avec la pointe d'une épée, d'un sabre : *pendant qu'il haussait le bras, son ennemi le pointa.* — Diriger quelque chose vers un point en mirant : *pointer le canon contre un bastion.* — Particul. Indiquer sur une feuille, au moyen d'un point ou d'une piqûre d'épingle, les personnes présentes à une réunion, à une assemblée où il est de devoir d'assister, les employés qui sont à leur bureau, les ouvriers qui sont à leur ouvrage, etc. — Indiquer les personnes absentes : *vous n'êtes pas venu à l'heure, on vous a pointé.* — Mar. POINTER LA CARTE, porter le point du bâtiment, porter des relèvements sur une carte marine. — Se dit des oiseaux qui font la pointe, qui s'élèvent vers le ciel; et, en ce sens, il est neutre : *il y a des oiseaux qui pointent si haut, qu'on les perd de vue en un moment.* — Man. Se dit d'un cheval qui se cabre avant, et en s'appuyant sur les extrémités postérieures : *un cheval qui pointe en place.* — Poindre, se dit des herbes, des bourgeons qui commencent à paraître, à pousser : *le vert commence à pointer.* — Faire des points avec le pinceau, avec le burin, avec la plume. Dans ce sens, il est tantôt neutre, tantôt actif : *un teneur de livres, pour s'assurer que le journal et le grand livre sont d'accord, pointe les articles à mesure qu'il les vérifie.* — Typogr. Placer sur le tympan les feuilles qui sont en retiration, de façon que les pointures entrent exactement dans les trous qu'elles y ont faits lorsqu'on tirait le premier côté.

POINTER s. m. (poinn·t'r). Sorte de chien d'arrêt de race anglaise. (Voy. CHIEN.)

POINTERIE s. f. Atelier où l'on fabrique des pointes.

* POINTEUR adj. et s. m. Artilleur qui pointe le canon : *le sous-officier pointeur*. — CHANOINE POINTEUR, celui qui pique sur une feuille les chanoines présents à l'office. — CHIEN POINTEUR, espèce de chien de chasse anglais. On dit substantiv. UN POINTEUR.

* POINTILLAGE s. m. Petits points qu'on fait dans les ouvrages de miniature : *le pointillage coûte beaucoup de temps*.

* POINTILLE s. f. Sujet très léger, chose de rien : *l'affaire ne roule que sur une pointille*. — Contestation, dispute sur un sujet fort léger, sur un sujet frivole : *ce sont des pointilles perpétuelles*.

* POINTILLÉ, ÉE part. passé de POINTILLER. — s. m. Manière de peindre, de dessiner, de graver à petits points, en pointillant : *dessin au pointillé*.

POINTILLEMENT s. m. Action de pointiller.

* POINTILLER v. n. Faire des points avec la plume, le burin, le pinceau, le crayon, etc. : *dans les ouvrages en miniature, on ne fait ordinairement que pointiller*. — Fig. Disputer, contrarier, contester sur les moindres choses : *cet homme ne fait que pointiller*. — v. a. Piquer, dire des choses désobligeantes : *vous le pointillez sur tout ce qu'il dit, sur tout ce qu'il fait*. — Se pointiller v. réc. Ils ne font que se pointiller l'un l'autre.

* POINTILLERIE s. f. Picoterie, contestation sur des bagatelles : *entre cet homme et sa femme, il y a des pointilleries continuelles*. (Fam.)

* POINTILLEUX, EUSE adj. Qui aime à pointiller, à reprendre, qui élève des difficultés sur les moindres choses; qui est susceptible, exigeant dans la société : *un critique pointilleux*.

* POINTU, UE adj. Qui a une pointe aiguë, qui se termine en pointe : *cette épée est bien pointue*. — CHAPEAU POINTU, chapeau haut de forme, qui va en diminuant. — NEZ POINTU, MENTON POINTU, nez, menton un peu en pointe. — Fig. et fam. AVOIR L'ESPRIT POINTU, chercher à subtiliser sur tout, où dire de mauvaises pointes.

* POINTURE s. f. Typogr. Nom de deux petites pointes de fer attachées au tympan de la presse, lesquelles, perçant d'abord à deux de ses extrémités la feuille de papier que l'on y imprime d'un côté, la traversent aux mêmes endroits quand on l'imprime de l'autre côté et font que les pages opposées se correspondent exactement. — Cordonn. Nombre de points d'une chaussure.

* POIRE s. f. (lat. *pirum*). Fruit à pepin, bon à manger, ordinairement de figure oblongue, et qui va en diminuant vers la queue : *grosse poire*. — POIRE MOLLE, se dit quelquefois d'une poire qui commence à se gâter. — Prov. et fig. IL NE LUI PROMET PAS POIRES MOLLES, se dit d'un homme qui a du ressentiment contre un autre, et qui le menace. — POIRE D'ANGOISSE, sorte de poire fort âpre. — FAIRE AVALER DES POIRES D'ANGOISSE, donner quelque chagrin, quelque mortification sensible : *il lui a bien fait avaler des poires d'angoisse*. — PERLE EN POIRE, perle de figure oblongue comme une poire, et plus grosse par en bas que par en haut : *elle avait aux oreilles deux belles perles en poire*. — GARDER UNE POIRE POUR LA SOIF, ménager, réserver quelque chose pour les besoins à venir. — ENTRE LA POIRE ET LE FROMAGE, sur la fin du repas, lorsque la gaieté que donne la bonne chère, fait qu'on parle librement : *il lui dit cela entre la poire et le fromage*. — Contrepoids de la balance romaine, parce qu'il a la forme d'une poire. — POIRE A POUDRE, sorte de petite bouteille de cuir bouilli ou de quel-

que autre matière, dans laquelle on met de la poudre de chasse. — Éperonn. POIRES SECRÈTES, sorte d'embouchure du mors d'un cheval. — ENCYCL. La poire, le plus savoureux des fruits à pepin, est considérée comme la reine des fruits de table; elle n'a, sous nos climats, d'autre rivale que la pêche. Ses innombrables variétés ont été classées en deux grandes catégories: 1° POIRES A COUTEAU, ou poires à manger, les unes *fondantes*, que

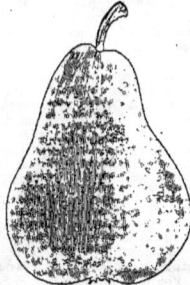

Poire pyriforme. — Bartlett.

l'on mange toujours crues, les autres *croquantes* ou *cassantes*, que l'on peut faire cuire; 2° POIRES A PORÉ. — Les poires fondantes ont une chair douce, sucrée, rafraîchissante et laxative; quelques-unes atteignent un volume énorme. Celles que l'on fait cuire sont toujours plus faciles à digérer. Les poires se mangent encore en compote et en confitures; on en fait des poires *tapées*, en les pelant, en les passant à l'eau bouillante, et en les faisant sécher sur des claies, pendant trois ou quatre jours dans un four peu chauffé; après quoi, on les aplatit et on les plonge dans un sirop préparé avec les pelures et on les fait de nouveau sécher au four.

* POIRÉ s. m. Sorte de boisson faite avec des poires par des procédés analogues à ceux de la fabrication du cidre : *marchand de cidre et de poiré*.

POIRÉ-SUR-VIE (Le), ch.-l. de cant., arr. et à 12 kil. S.-O. de la Roche-sur-Yon (Vendée); 900 hab. Grains et bétail.

* POIREAU ou Porreau s. m. (lat. *porrus*). Bot. Espèce du genre ail (*allium porrum*), distingué par une bulbe oblongue, simple et

Poireau.

tuniquée, d'une odeur forte et d'une saveur âcre. Du milieu de ses feuilles radicales, longues, engainantes, creusées en gouttière, se dresse, la seconde année, une hampe cylindrique portant de nombreuses fleurs rou-

geâtres qui forment une tête arrondie. Chaque fleur produit une petite capsule renfermant plusieurs semences presque rondes. Le poireau est originaire du midi de l'Europe; on le cultive chez nous de temps immémorial. Il entre dans les potages et dans plusieurs mets comme assaisonnement. — Excroissance qui vient sur la peau, particulièrement aux mains : *avoir les mains pleines de poireaux*. — Se dit dans le même sens en parlant des chevaux et des chiens : *un cheval qui a des poireaux aux jambes*.

* POIRÉE s. f. Bot. Espèce du genre bette (*beta cycla*), à racine cylindrique un peu épaisse, tendre, à feuilles comestibles qui se mangent en guise d'épinards.

* POIRIER s. m. (rad. *poire*). Bot. Genre de rosacées pomacées, comprenant plusieurs espèces d'arbres et d'arbrisseaux souvent épineux, à feuilles simples, à fleurs grandes, blanches, disposées en corymbes, à fruit nommé *poire*, ordinairement allongé et renflé vers son extrémité ombiliquée. L'espèce type, le *poirier commun* (*pyrus communis*), appelé aussi *sauvageon* ou *poirier franc*, croît spontanément dans nos forêts et a produit, par la culture, toutes les variétés qui peuplent nos jardins et nos vergers. C'est un arbre à rameaux épineux, à feuilles ovales, dentelées, à fruit petit, âpre, acide, immangeable. Les autres espèces sont exotiques. — Les variétés cultivées du poirier franc sont presque innombrables et l'on en crée chaque jour de nouvelles, par les semis successifs; on les

Poirier (fleurs et fruit).

multiplie ensuite au moyen de la greffe sur sauvageon, pour former des arbres de haute tige, sur cognassier, pour les plantations en espalier et pour les cordons en plein vent, ou sur aubépine, pour faire des cordons. — Le bois du poirier est pesant, rougeâtre, d'un grain fin, susceptible de recevoir un beau poli. Teint en noir, il ressemble à l'ébène. On l'emploie pour la sculpture, la gravure sur bois, la confection des règles, des équerres et des instruments de précision. Il sert aussi au chauffage et donne un charbon de bonne qualité.

POIRSON (Auguste-Simon-Jean-Chrysostôme), historien français, né en 1795, mort en 1871. Le lycée Charlemagne acquit une grande importance sous sa direction, de 1837 à 1833. Son *Histoire de Henri IV* (2° édit. 1862-'67, 4 vol.) a reçu le prix Gobert.

POIRTERS (Adrien), jésuite et auteur néerlandais, né à Oosterwyk (Brab. sept.) en 1605, mort à Malines, 6 juillet 1675. Tour à tour professeur et prédicateur, il trouva le temps de composer un grand nombre de poèmes didactiques, dont le plus connu est le *Masker van de wereldt afgetrokken* (Masque du monde enlevé). Ce livre, moitié prose, moitié poésie, devint aussi populaire parmi les catholiques, que l'œuvre de Cats parmi les protestants. On en compte environ 60 éditions.

POIS s. m. (lat. *pisum*). Bot. Genre de papilionacées, tribu des viciées, comprenant un certain nombre de plantes herbacées annuelles, à tiges le plus souvent grimpantes, à feuilles ailées, à fleurs dont le calice est campanulé, à fruits ronds, comestibles. — Plante même qui porte ce légume : *ramer des pois*. — Pois sans cosse, ou Pois goulus, pois dont la cosse est tendre et se mange. — C'est un avaleur de pois gris, se dit d'un homme qui a bon appétit, et qui mange également de tout. Se dit aussi, fig. et pop., d'un homme qui dépense avec profusion. — Aller et venir comme pois en pot, être dans un continuel mouvement, faire beaucoup d'allées et de venues. — Je lui rendrai pois pour fève, il me fait de la peine, je lui rendrai la pareille. On dit aussi, S'il me donne des pois, je lui donnerai des fèves. — Donner un pois pour avoir une fève, donner une chose pour en obtenir une autre. — Pois a cautère, petite boule, ordinairement faite avec de la racine d'iris de Florence, qu'on met dans les cautères pour les empêcher de se fermer, et pour entretenir la suppuration. — Encyl. Les pois vivent dans les pays tempérés de l'hémisphère boréal. L'espèce indigène la plus connue est le *pois maritime (pisum maritimum)* répandu sur nos côtes. Les deux espèces les plus intéressantes sont le

Pois (feuilles, fleurs, gousse et fruits).

pois cultivé et le *pois des champs*; le premier *(pisum sativum)*, appelé aussi *pois commun*, paraît originaire de l'Europe méridionale; il a produit un grand nombre de variétés et de sous-variétés, subdivisées en deux sections : les *pois à rames*, qui sont les plus productifs, ou les *pois nains* ou *sans rames*. On distingue parmi les diverses variétés: le *pois à parchemin* et à *écosser*; le *pois sans parchemin* ou *mangetout*; le *pois michaux*; le *pois de Clamart*; le *pois géant* ou *normand*; le *pois ridé*, etc. — L'espèce appelée *pois des champs* (pisum arvense), plus petite que la précédente, fournit un fourrage préférable aux vesces soit en vert, soit en sec. Ses fruits conviennent aux volailles; on l'appelle aussi *pois gris*, *pois carré* ou *pisaille*. — Pois chiche, genre de papilionacées viciées, qui se distingue des pois proprement dits, surtout par les fruits glanduleux qui recouvrent toutes les parties. Le *pois chiche tête de bélier* (cicer arietinum) porte une cosse rhomboïdale qui renferme des graines que l'on peut faire torréfier en guise de café.

POIS (Saint-), ch.-l. de cant., arr. et à 18 kil. N.-O. de Mortain (Manche); 500 hab.

POISON s. m. [poua-zon] (lat. *potio*). Toute substance qui, prise intérieurement ou appliquée de quelque manière que ce soit sur un corps vivant, est capable de détruire ou d'altérer les fonctions vitales : *poison subtil*. — Fig. Maxime pernicieuse, écrit et discours qui corrompent le cœur ou l'esprit : *certaines productions licencieuses sont un poison mortel pour l'innocence*. — Choses qui troublent la raison, qui agitent le cœur, qui nuisent au bonheur de la vie : *l'ennui est le poison de la vie*. — Encycl. On appelle *poison* toute substance qui, introduite par petites quantités dans l'économie animale, trouble sérieusement ou détruit les fonctions vitales. La science qui traite des poisons s'appelle toxicologie. Dans la multitude des substances qui prennent rang parmi les poisons, il y en a beaucoup qui, douées des propriétés les plus actives, sont aussi des médicaments utiles. La différence entre un médicament et un poison est fréquemment une simple question de dose, et la ligne qui les sépare est parfois très étroite. Certains poisons manifestent leur activité surtout par leur effet sur le canal digestif, et sont appelés irritants, bien qu'ils aient aussi quelquefois une action sur la constitution du sang et secondairement sur les tissus solides. Tels sont les alcalis caustiques, les acides minéraux, l'acide oxalique, l'arsenic, le sublimé corrosif, jusqu'à un certain point le tartre émétique, le phosphore et beaucoup de végétaux agissant comme cathartiques drastiques, tels que la scammonée, l'huile de crotone, la gomme-gutte et différentes autres substances provenant des plantes de l'ordre des *euphorbiacées*. On ne connaît pas aussi bien l'action des poisons des reptiles venimeux. Ces poisons sont rapidement absorbés par la peau ou les tissus sous-cutanés; mais ils sont beaucoup moins nuisibles quand on les prend par la bouche, pourvu qu'il n'y existe aucune écorchure. Les nombreux antidotes populaires contre les morsures de serpent sont tous inutiles, et jusqu'ici la science a échoué pour les remplacer par aucun agent méritant le nom d'antidote. Dans le cas d'une morsure d'un serpent venimeux, ce qu'il y a de mieux à faire, c'est, si le membre est petit, comme par exemple le bout du doigt, de le faire enlever promptement; mais, en tout cas, de prendre assez de stimulants pour soutenir le cœur défaillant pendant la période d'abattement qui caractérise la première phase d'un empoisonnement par du venin de reptile. Dans certains cas graves, on peut prolonger la vie au moyen de la respiration artificielle. — La nomenclature de tous les poisons, minéraux ou végétaux, solides, liquides ou gazeux serait trop longue à établir et serait nécessairement incomplète; mais il existe un certain nombre de substances vénéneuses dont la vente est soumise à une réglementation spéciale. Nous en donnerons la série au mot Substance. Nous croyons aussi être utile en ajoutant ici une liste des contre-poisons qui peuvent être utilement employés en cas d'urgence, avant l'arrivée du médecin. D'abord et dans tous les cas, il faut commencer par faire expectorer aussi complètement que possible, à l'aide de l'émétique et de l'eau tiède, ou en chatouillant la gorge avec une plume. — Contre les acides en général : employer la magnésie calcinée délayée dans de l'eau; cristaux de soude; eau de savon.—Acides sulfhydrique et cyanhydrique (prussique) : le chlore (eau de Javel très étendue). — Alcalis minéraux : eau fortement vinaigrée. — Alcalis végétaux : décoction de quinquina ou de noix de galle. — Antimoine (émétique) : mêmes contre-poisons. — Arsenic; strychnine (noix vomique); digitaline; extraits d'opium (morphine, laudanum, etc.); iode : il faut avoir, en réserve et dans deux flacons distincts, bien bouchés : 1° solution de sulfate de fer ou hydrate de peroxyde de fer, 100 gr.; 2° eau de pluie, 800 gr. contenant en dissolution 80 gr. de magnésie calcinée et 10 gr. de charbon animal lavé. Au moment du besoin, mélangez le contenu des deux flacons, agitez fortement le mélange et faites le prendre coup sur coup, par doses de 50 à 100 gr. A défaut de ces préparations, employez sans retard la magnésie ou le peroxyde de fer. — Belladone, opium et autres narcotiques : infusion concentrée de café. — Cantharides : camphre. — Champignons vénéneux : eau très vinaigrée; jus de citron; éther sulfurique. — Chlore : camphre; blancs d'œufs délayés; lait. — Cuivre, mercure, et leurs composés : blancs d'œufs battus dans de l'eau sucrée. L'albumine de l'œuf forme, avec la plupart des sels métalliques, des composés insolubles qui deviennent inoffensifs. — Ivresse alcoolique : faire prendre 8 à 40 gouttes d'ammoniaque liquide (alcali volatil) dans un verre d'eau sucrée. Nous n'osons pas indiquer la strychnine (noix vomique), bien que ce remède ait été employé avec succès contre le delirium tremens, par le docteur Luton, à Reims. — Cuivre, mercure : essence de térébenthine très diluée; mais, cet antidote offrant des dangers, on doit employer de préférence le charbon de bois en poudre, ou la magnésie délayée dans de l'eau bouillie. — Pierre infernale (nitrate d'argent) : eau fortement salée. — Plomb, (céruse, minium, litharge, etc.) : eaux sulfureuses; limonade sulfurique; sulfates de magnésie, de potasse ou de soude; blancs d'œufs. — Sel d'oseille (acide oxalique) : eau de chaux. — Sel de zinc ou d'étain : lait; bicarbonate de soude. — Ajoutons quelques remèdes contre les empoisonnements à l'extérieur. Contre les morsures de serpents, vipères, etc., il faut pratiquer sans retard la ligature bien serrée des membres, au-dessus de la morsure; la succion de la plaie, si elle est possible, puis le lavage avec de l'eau et une dilution ammoniacale, ou bien avec de l'acide phénique dissous dans un volume au moins double d'alcool. On vient de découvrir que le remède le plus efficace contre la morsure des serpents venimeux est une solution de potasse et de soude caustiques, injectée dans la plaie. — Contre la morsure du chien enragé, il ne faut compter que sur la prompte cautérisation. — Enfin, pour atténuer les brûlures de la peau, faites par l'acide sulfurique (vitriol), ou par un autre acide, il faut laver immédiatement la plaie à grande eau, puis répandre dessus une couche de magnésie mouillée, ou de cendres, ou bien de l'eau de chaux ou de lessive.

POISSARD, ARDE adj. (rad. *poisson*). N'est usité qu'en parlant de certains ouvrages modernes, dans lesquels on imite le langage et les mœurs du bas peuple : *le genre poissard*.

POISSARDE s. f. Se dit des femmes de la halle; et, par ext., des femmes qui ont des manières hardies et des expressions grossières : *une poissarde*.

POISSER v. a. Enduire, frotter de poix : *poisser du fil*. — Salir, gâter avec quelque chose de gluant, quoique ce ne soit pas de la poix : *il a poissé son habit*.

POISSEUX, EUSE adj. Qui poisse, qui est poissé : *il a touché quelque chose de poisseux*.

POISSON s. m. (lat. *piscis*). Animal à sang rouge et froid, qui respire par des branchies, et qui naît et vit dans l'eau, où il se meut à l'aide de nageoires : *gros poisson*. — Poisson volant, espèce de poisson de mer, qui, au moyen de ses grandes nageoires s'élève et se soutient quelque temps hors de l'eau : *l'aronde est un poisson volant*. (Voy. Trygle.) — Il avalerait la mer et les poissons, se dit d'un homme qui a une grande soif, et d'un homme fort gourmand. — Être comme le poisson dans l'eau, se trouver bien, être à son aise dans quelque lieu. ETRE COMME LE POISSON HORS DE L'EAU, être hors du lieu où l'on voudrait être. — ETRE MUET, RESTER MUET COMME UN POISSON, se dit d'un homme qui demeure interdit, et qui ne répond pas aux questions qu'on lui fait. — ON NE SAIT S'IL EST CHAIR OU POISSON, ou IL N'EST NI CHAIR NI POISSON, se dit d'un homme sans caractère; et, particul. d'un homme qui flotte par faiblesse entre deux partis. — LES GROS POISSONS MANGENT LES PETITS, les puissants oppriment les faibles. — Prov. JEUNE CHAIR ET VIEUX POISSON, ordinairement la chair des jeunes bêtes et celle des vieux poissons sont les meilleures. — LA SAUCE FAIT MANGER LE POISSON, se dit en parlant d'une viande qui n'est pas bonne, mais qui est fort bien apprêtée. Se dit, fig. et fam., en parlant d'une chose qui, en elle-même, a des désagréments que les circonstances dont elle est accompagnée font oublier. — LA SAUCE VAUT MIEUX QUE LE POISSON, se dit d'une mauvaise viande bien apprêtée. Se dit, fig. et fam., dans les cas où l'accessoire vaut mieux que le principal. — IL NE SAIT A QUELLE SAUCE MANGER LE POISSON, se dit d'un homme qui est embarrassé d'un discours qu'on lui tient, d'un procédé qu'on a avec lui. — DONNER UN POISSON D'AVRIL A QUELQU'UN, faire accroire à quelqu'un, le premier jour d'avril, une fausse nouvelle, ou l'engager à faire quelque démarche inutile, pour avoir lieu de se moquer de lui. — Astron. LES POISSONS, un des signes du zodiaque mobile, celui dans lequel le soleil entre à la fin de février. C'est aussi le nom d'une constellation du zodiaque fixe. — POISSON AUSTRAL, constellation de l'hémisphère méridional, située sous l'urne du Verseau. — POISSON VOLANT, constellation de l'hémisphère méridional, qui n'est point visible dans nos climats. — ENCYCL. Les poissons forment la dernière classe des animaux vertébrés à sang chaud, comprenant les animaux dont la respiration s'opère uniquement par l'intermédiaire de l'eau. Pour cet effet, les poissons possèdent aux deux côtés du cou un appareil nommé branchies, qui consiste en feuillets composés chacun d'un grand nombre de lames séparées que recouvre un tissu d'innombrables vaisseaux sanguins. L'eau, en passant entre ces lames par les ouvertures nommées ouïes, agit sur le sang continuellement envoyé aux branchies par le cœur. Celui-ci ne représente que l'oreillette et le ventricule droits des autres animaux à sang chaud. La structure générale du poisson est disposée pour la natation comme celle de l'oiseau pour le vol. La plupart des espèces portent sous l'épine une vessie aérienne qui, en se comprimant ou en se dilatant, fait varier la pesanteur spécifique de l'animal et l'aide à monter ou à descendre. Les mouvements de la queue produisent la progression; les nageoires qui répondent aux extrémités antérieures se nomment pectorales; celles qui répondent aux postérieures sont les ventrales; celles du dos sont les dorsales; les inférieures portent le nom d'anales et celle du bout de la queue est la caudale. Les doigts des mains et des pieds des quadrupèdes sont représentés chez les poissons par des rayons plus ou moins nombreux qui soutiennent les nageoires; les rayons épineux consistent en une seule pièce osseuse, ordinairement dure et pointue, quelquefois flexible et élastique. Les rayons mous, articulés ou branchus sont composés d'un grand nombre d'articulations et se divisent ordinairement en rameaux à l'extrémité. La plupart des poissons ont le corps couvert d'écailles; des barbillons charnus peuvent, dans quelques espèces, suppléer à l'imperfection des organes du toucher. Les laites représentent les organes mâles. Les femelles sont pourvues d'ovaires, nom que l'on donne à deux grappes à peu près correspondantes aux laites pour la forme et la grandeur. Peu

de poissons peuvent s'accoupler et sont vivipares. Chez le plus grand nombre, la fécondation a lieu après la ponte. (Voy. PISCICULTURE.) — On appelle ichthyologie la branche de la zoologie qui traite des poissons et de leur classification. La plupart des classifications des poissons, jusqu'à l'époque de Cuvier, sont basées sur les organes de locomotion et sur les téguments externes; depuis ce grand savant parut l'arrangement anatomique de J. Müller. Les systèmes les plus anciens étaient très imparfaits, à cause de l'ignorance où l'on était des formes fossiles qui ont fourni depuis un grand nombre des anneaux de la chaîne ichtyologique. Au milieu du XVIe siècle, Belon, Rondelet et Salviani jetèrent les fondements de l'ichtyologie moderne. Belon donna les figures grossières de 110 espèces; Salviani dessina 99 excellentes gravures sur cuivre, et Rondelet grava sur bois 234 espèces. Gesner emprunta les descriptions de ses devanciers et y ajouta quelques autres espèces. Ray et son élève Willughby, naturalistes anglais du XVIIe siècle, donnèrent le premier essai d'une classification naturelle des poissons, basée sur la consistance du squelette, sur la forme des dents, sur la présence ou l'absence des nageoires ventrales, sur le nombre des dorsales et le caractère des rayons de la nageoire. Artedi, dans le premier tiers du XVIIIe siècle, compléta la classification scientifique des poissons commencée par Willughby et par Ray, définissant les genres et leur donnant des noms appropriés. Linné, dans la première édition du Systema Naturæ (1735), imita Artedi. Mais dans la seconde édition (1740), il prit en considération le nombre des rayons, méthode d'une grande importance. Dans sa dixième édition (1758), il créa un nouveau système, définissant les genres plus clairement et employant une nomenclature scientifique. L'anatomie comparée a fait des progrès considérables vers la fin du XVIIIe siècle quand Lacépède commença ses recherches (1798-1803). Il divise les poissons en cartilagineux et en osseux, et dans chacune des sous-classes il fait quatre divisions. La classification de Duméril (1806) ressemble à celle de Lacépède. Pallas (1811) donne une liste de 240 espèces distribuées en 38 genres. En 1817, Cuvier, dans son Règne animal, distribua la classe des poissons en deux séries distinctes, celle des chondroptérygiens et celle des poissons proprement dits. La première série comprenait les poissons cartilagineux, et la seconde les poissons osseux. Les chondroptérygiens se subdivisent en : 1o CHONDROPTÉRYGIENS A BRANCHIES FIXES : suceurs (lamproie et gastrobranche); sélaciens (squale, roussette, requin, ange, scie, raie, chimère); 2o CHONDROPTÉRYGIENS A BRANCHIES LIBRES : sturrioniens (esturgeon, polyodon). Les poissons osseux se divisent en plusieurs ordres : 1o PLECTOGNATHES (gymnodonte, diodon, môle, scléroderme, balise, coffre); 2o LOPHOBRANCHES (syngnathe, hippocampe, pégase); 3o MALACOPTÉRYGIENS ABDOMINAUX (salmone, saumon, truite, ombre, hareng, ésoce, brochet, cyprin, carpe, goujon, tanche, brème, loche, siluroïde, silure); 4o MALACOPTÉRYGIENS SUBRACHIENS (gadoïde, gade, morue, merlan, merluche, lotte, poisson plat, sole, plie, flétan); 5o MALACOPTÉRYGIENS APODES (anguille, murène, équille); 6o ACANTHOPTÉRYGIENS (tænioïde, gobioïde, labroïde, percoïde, scombéroïde, squammipenne, etc.). Vers 1830, Agassiz établit une classification basée sur le caractère des écailles, ainsi qu'il suit : ordre 1, placoïdes, correspondant aux poissons cartilagineux, non compris les esturgeons; 2, ganoïdes, comprenant les esturgeons et particulièrement le genre fossile avec écailles émaillées; 3, ctenoïdes, comprenant les poissons osseux avec des écailles pectinées sur le bord postérieur,

et correspondant généralement aux acanthoptérygiens d'Artedi et exclusif des blenioïdes et des lophoïdes. Ce système fut bientôt abandonné comme exclusif, en ce qu'il accordait trop d'importance aux caractères externes. Le système de Johann Müller (1844) tire ses caractères de la structure anatomique, conduisant souvent à des combinaisons sans égard aux différences zoologiques. Le professeur Huxley place les poissons dans la plus basse de ses trois grandes divisions de vertébrés, l'ichthyopsida, comprenant aussi les batraciens, à cause de la présence d'ouïes, soit permanentes, soit temporaires; de là il les appelle aussi branchiates vertébrés. Il divise la classe pisces en six ordres. Une nouvelle classification, publiée par Agassiz en 1857, résulte des systèmes de Cuvier et de Müller, et de sa propre méthode.

POISSON (Siméon-Denis), mathématicien français, né en 1781, mort en 1840. Il professa dans plusieurs institutions, fut président du bureau des longitudes, devint pair en 1837, fit de remarquables recherches sur la théorie du calcul des probabilités, appliqua les hautes mathématiques à la mécanique et à la physique moléculaires, et écrivit plus de 300 mémoires. Son plus important ouvrage est son Traité de mécanique (2e éd., 1833, 2 vol.).

* POISSON s. m. Sorte de petite mesure, contenant la moitié d'un demi-setier, ou la huitième partie d'une pinte : un poisson de vin, d'eau-de-vie, de lait.

* POISSONNAILLE s. f. Petit poisson, fretin : il ne nous a servi que de la poissonnaille.

* POISSONNERIE s. f. Lieu où l'on vend le poisson : aller à la poissonnerie.

* POISSONNEUX, EUSE adj. Qui abonde en poisson : ce lac est fort poissonneux.

* POISSONNIER, ÈRE s. Celui, celle qui vend du poisson. — SE FAIRE POISSONNIER LA VEILLE DE PAQUES, prendre une profession, faire une entreprise à contre-temps, quand il n'y a plus rien à y prendre.

* POISSONNIÈRE s. f. Ustensile de cuisine, qui est de figure oblongue, et qui sert à faire cuire du poisson : une grande poissonnière.

POISSONS, ch.-l. de cant., arr. et à 25 kil. E.-S.-E. de Vassy (Haute-Marne); 2,000 hab. Forges et haut fourneau.

POISSY, Pinciacum, ch.-l. de cant., arr. et à 19 kil. N.-O. de Versailles (Seine-et-Oise); 6,000 hab. Les rois de France y eurent un château où naquit Louis IX. Maison de détention. — COLLOQUE DE POISSY, conférence tenue en 1561 entre les théologiens catholiques et protestants pour discuter les croyances religieuses de ces derniers. Ce colloque s'ouvrit le 9 sept. en présence de la cour. On arriva à s'entendre, mais la profession de foi signée par les théologiens catholiques et protestants fut ensuite condamnée et annulée par la Sorbonne.

POITEVIN, INE s. et adj. Du Poitou; qui appartient à cette province ou à ses habitants.

POITEVIN (Auguste), sculpteur français, né à la Fère en 1819, mort en 1873. Parmi ses ouvrages les plus importants on cite : le Dévouement de Viala, un groupe de Judith, des groupes symbolisant les beaux-arts, pour le nouveau Louvre.

POITIERS, Pictavium, Limonum Pictavorum, ch.-l. du dép. de la Vienne, anc. capitale du Poitou, sur le Clain, qui s'y réunit à la Boivre, à 335 kil. S.-O. de Paris; par 46° 34' 55" lat. N. et 4° 59' 51" long. O.; 35,000 hab. C'est une anc. ville qui a conservé ses vieilles murailles garnies de tours. Elle possède une cathédrale, une cour d'appel, une académie et un jardin botanique. Lainages grossiers, couvertures, bonneterie, dentelles, etc. — L'ancien Limonum était la ville principale des Pictons Celtiques. A quelques kilomètres N.-E. de la ville, Charles Martel remporta sa grande victoire sur les Sarrasins en octobre 732. Édouard (Prince Noir) livra dans le voisinage, le 19 sept. 1356, avec environ 8,000 hommes, la fameuse bataille de Poitiers, où il battit Jean le Bon, dont les forces s'élevaient à près de 50,000 hommes ; et le roi fut fait prisonnier. En 1372, Poitiers se rendit volontairement à Charles V, après la conquête du reste du Poitou. Pendant l'occupation anglaise en France, Charles VII tint à Poitiers, pendant 14 ans, sa cour et son parlement.

POITIERS (Diane de). Voy. DIANE.

POITOU, ancienne province de l'ouest de la France, sur le golfe de Gascogne, et divisée en haut et bas Poitou. La capitale de toute la province était Poitiers. Avant la conquête des Gaules par César, elle était habitée par les Pictones ou Pictaves. Elle appartint successivement aux rois francs, aux ducs d'Aquitaine, et aux comtes locaux sous la domination de la couronne anglaise. Henri II d'Angleterre l'obtint en épousant Éléonore d'Aquitaine. Philippe-Auguste s'en empara en 1204, les Anglais la possédèrent ensuite de 1356 à 1369, époque où Charles V la soumit de nouveau. Les Poitevins prirent une part remarquable à la guerre de la Vendée, et furent en partie soumis en 1795. Le Poitou est aujourd'hui divisé en départements de la Vienne, des Deux-Sèvres, de la Vendée et de la Charente.

* **POITRAIL** s. m. (*l* mll.) (rad. *poitrine*). Partie de devant du corps du cheval : *ce cheval a un beau poitrail.* — Partie du harnais qui se met sur le poitrail du cheval. — Charpent. Grosse pièce de bois qui se pose horizontalement sur des pieds-droits de pierre, pour soutenir un mur de face, ou un pan de bois.

* **POITRINAIRE** adj. Qui a la poitrine attaquée ; phtisique : *cet homme-là est poitrinaire.* Substantiv. *Un poitrinaire.*

POITRINAL s. m. Qui se met, qui s'attache sur la poitrine.

* **POITRINE** s. f. (lat. *pectus*). Partie du corps depuis le bas du cou jusqu'au diaphragme, contenant les poumons et le cœur ; *poitrine large, étroite, serrée.* — Une partie des côtes, avec la chair qui y tient : *poitrine de veau, de mouton.* — Parties contenues dans la poitrine, et principalement les poumons : *poitrine faible, délicate.* — CET HOMME N'A POINT DE POITRINE, il n'a presque pas de voix. IL A BONNE POITRINE, il a la voix forte. — Mus. VOIX DE POITRINE, voix pleine, par opposition à VOIX DE TÈTE.

POITRINIÈRE s. f. Courroie qui passe sur le poitrail du cheval.

* **POIVRADE** s. f. (rad. *poivre*). Sauce faite avec du poivre, du sel et du vinaigre : *manger une poivrade à un levraut.* — MANGER DES ARTICHAUTS A LA POIVRADE, les manger tout crus, avec du poivre et du sel.

* **POIVRE** s. m. (lat. *piper*). Sorte d'épicerie des Indes orientales, qui est la graine d'un arbrisseau grimpant : *le poivre vient en grappes par petits grains ronds, et sert à assaisonner les viandes.* — CELA EST CHER COMME POIVRE, se dit d'une chose qui est fort chère. — POIVRE LONG, sorte de poivre qui croît au Bengale et dans plusieurs autres endroits. — POIVRE DE GUINÉE, espèce de poivre qui vient dans une petite gousse rouge. — POIVRE D'INDE. (Voy. PIMENT.) — ᴠ POIVRE ET SEL, se dit d'une chevelure grisonnante. — ENCYCL. Le poivre est le fruit à saveur brû-

lante d'un arbrisseau grimpant, le *piper nigrum*, originaire des forêts de Malabar et de Travancore, est cultivé en différentes parties des Indes orientales et occidentales. Les anciens Grecs et les anciens Romains connaissaient le poivre ; on en signale deux espèces au IVᵉ siècle av. J.-C. A une époque, il eut une importance commerciale bien plus grande qu'aujourd'hui, et fut, avant les jours du coton, du café et du sucre, un des plus grands objets de trafic entre l'Europe et l'Orient. Le poivre blanc n'est autre que le noir dont on a enlevé la première écorce. Le poivre agit comme stimulant de la digestion. Considéré comme utile en petites quantités, il peut, à doses trop fortes, produire des inflammations. Appliqué sur la peau, il la fait rougir, et si l'application dure assez longtemps, il produit l'effet d'un vésicatoire. Le goût brûlant du poivre est dû à une huile concrète ou résine âcre, et son odeur à une huile volatile.

POIVRE (Pierre), voyageur français, né le 23 août 1719, mort le 6 janv. 1786. Dès 1740, il visita la Chine et la Cochinchine et fut fait prisonnier par les Anglais. En 1749, il fonda un comptoir à Faï-Fo et importa à l'île Bourbon et à l'île de France les arbres à épices des Moluques. Nommé gouverneur des îles Mascareignes en 1767, il y introduisit le giroflier, le cacaotier, le manguier, l'arbre à pain, la canne à sucre, etc. Il a laissé : *Voyages d'un philosophe,* ouvrage qui eut beaucoup de succès.

* **POIVRÉ, ÉE** part. passé de POIVRER. Assaisonné de poivre. — VOTRE CUISINE EST TROP POIVRÉE, on met trop de poivre dans les ragoûts qu'on vous sert. — CETTE MARCHANDISE A ÉTÉ BIEN POIVRÉE, elle a été vendue fort cher.

POIVREAU s. m. Argot. Ivrogne.

POIVRÉE (Menthe). Voy. MENTHE.

* **POIVRER** v. a. Assaisonner de poivre : *ce cuisinier poivre trop ses sauces.*

* **POIVRIER** s. m. (lat. *piper*). Bot. Arbrisseau sarmenteux qui porte le poivre. — Petit vase, petite boîte où l'on met le poivre : *un poivrier d'argent.* — ENCYCL. Le poivrier

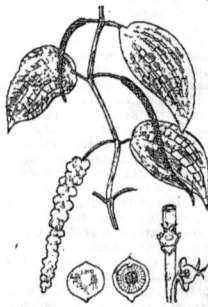
Poivrier aromatique (Piper nigrum).

forme un genre de pipéracées, comprenant une trentaine d'arbustes et de petits arbres des îles de la Sonde, des Philippines, de l'Inde, etc. Le *poivrier aromatique* (piper nigrum) produit l'épice appelée poivre.

POIVRIER s. m. Argot. Voleur dont la spécialité est de dévaliser les ivrognes.

* **POIVRIÈRE** s. f. Petite boîte à divers compartiments, où l'on met du poivre, de la muscade, etc. — Ustensile de table de la forme d'une salière, dans lequel on met le poivre ; petit vase en forme de poire, dont l'extré-

mité est percée d'un petit trou, et que l'on secoue pour saupoudrer de poivre divers aliments. — Fortific. Guérite de maçonnerie placée à l'angle d'un bastion, sur la faîte du mur. — TOUR EN POIVRIÈRE, tour ronde surmontée d'un toit en cône.

* **POIX** s. f. (lat. *pix*). Matière résineuse qui provient des pins ou des sapins. — POIX NOIRE, ou simpl., POIX, matière gluante et noire qui s'obtient en brûlant, dans un four d'une forme particulière, la paille dont on s'est servi pour filtrer la térébenthine : *la poix noire n'est que de la résine en partie brûlée.* — Prov. CELA TIENT COMME POIX, se dit d'une chose qui tient fortement à une autre. — POIX-RÉSINE, POIX DE BOURGOGNE, POIX JAUNE, résine ordinaire, ou qui n'a subi qu'une préparation très simple. — POIX MINÉRALE, nom que l'on donne quelquefois au bitume, à cause de sa cassure brillante, analogue à celle de la poix. — ENCYCL. Le poivre appelé poix substance résineuse, noire, constituant le résidu du goudron lorsqu'on en a enlevé par la chaleur ses parties volatiles. La poix est ordinairement produite par la distillation du goudron que fournissent certaines espèces de pins, qui en donnent d'énormes quantités. — La poix de Bourgogne, employée pour emplâtres, se prépare avec la matière résineuse qui distille du sapin de Norvège *(abies excelsa).* On la fabrique en Finlande, dans la Forêt Noire, en Autriche et en Suisse. La poix du Canada, qui a des propriétés semblables, se prépare avec le suc épaissi du sapin noir du Canada *(abies Canadiensis).*

POIX, ch.-l. de cant., arr. et à 26 kil. S.-E. d'Amiens (Somme) ; 1,500 hab.

POKALEM s. m. Bonnet de police employé au XVIIIᵉ siècle dans l'armée française. Le pokalem fut abandonné définitivement en 1817.

POL (Saint-) ou SAINT-POL-SUR-TERNOISE, ch.-l. d'arr., à 33 kil. N.-O. d'Arras (Pas-de-Calais), par 50° 22' 58" lat. N. et par 0° 0'0" long. E. ; 4,000 hab. Ville érigée en comté au xᵉ siècle. Le plus célèbre de ses comtes fut le célèbre connétable de Saint-Pol, décapité sous Louis XI. Le comté fut réuni à la France par le traité des Pyrénées (1659). Patrie de Bacler d'Alba.

POLA (anc. *Pietas Julia*), ville forte et maritime de l'Autriche, près de l'extrémité méridionale de l'Istrie, au fond du port du même nom (Porto di Pola), à 85 kil. S. de Trieste ; 10,473 hab., et avec ses faubourgs, 16,324. Port excellent, où a été établie une station navale en 1850. La ville contient beaucoup de beaux restes de la période romaine, entre autres un amphithéâtre, restauré en 1816.

POLACCA (Alla) loc. adv. [al-la-po-lak-ka]. Mus. Mots italiens qui signifient : *A la polonaise.*

* **POLACRE** ou **Polaque** s. f. Sorte de bâtiment à voile latine, qui va à rames, et qui est en usage sur la Méditerranée : *une polacre turque.*

* **POLACRE** ou **Polaque** s. m. Cavalier polonais : *régiment de polaques.* (Vieux.)

* **POLAIRE** adj. (rad. *pôle*). Qui est auprès des pôles, qui appartient aux pôles du monde : *cercle polaire.* — ÉTOILE POLAIRE, étoile de seconde grandeur, la dernière de la queue de la constellation appelée la Petite-Ourse ; elle est si rapprochée du pôle nord qu'elle ne se couche jamais pour les habitants de l'hémisphère septentrional. On dit souvent substantiv. : *la polaire.* — CERCLES POLAIRES, nom de deux petits cercles situés de façon que l'arc d'un méridien compris entre chacun d'eux et le pôle le plus rapproché de la terre mesure l'angle d'inclinaison de l'axe de la terre à l'écliptique. Cet angle est d'environ 23°28'. Le cercle polaire septentrional s'appelle *cercle arctique,* et le méridional, *cercle antarctique.* On les considère d'ordinaire comme

marquant respectivement les limites des océans arctique et antarctique. — MERS POLAIRES, étendues d'eau entourant les pôles nord et sud. — I. OCÉAN ARCTIQUE. Ce n'est à proprement parler que la fin de l'océan Atlantique, et il est borné par les côtes septentrionales de l'Amérique, de l'Europe et de l'Asie. L'océan Arctique communique avec le Pacifique par le détroit de Behring, et avec l'Atlantique par le détroit de Davis, outre sa large communication entre le Groënland et la Norvège. Il y a, dans les parties connues, des îles nombreuses dont quelques-unes sont d'une grande étendue. Au N. de l'Amérique, elles forment un archipel ; au N. de l'Europe se trouvent le Spitzberg, la terre nouvellement découverte de François-Joseph, et la Nouvelle-Zemble ; au N. de l'Asie, les îles de la Nouvelle-Sibérie et la terre imparfaitement connue de Wrangel. Il y a des mers intérieures et des baies de grandeur considérable, formant des dépendances de l'océan Arctique, telles que la mer Blanche, la mer de Kara, le golfe d'Obi, la baie d'Hudson et la baie de Baffin. Les eaux du N.-E. de l'Europe, celles de l'Asie septentrionale tout entière, et une grande partie de celles de l'Amérique du Nord s'écoulent dans le bassin arctique. — La partie de cette mer qui reste inexplorée, est à peu près aussi grande que le continent australien. Des icebergs s'assemblent sur terre en forme de glaciers. Les plus larges qu'on ait observés se trouvent dans le Groënland, où ils couvrent une grande partie de l'intérieur, et aboutissent à la mer, soit par des ramifications qui descendent dans les baies ou fiords, soit nettement en front sur une étendue de plusieurs kil., comme le glacier de Humboldt dans le détroit de Smith. Les icebergs s'avancent souvent dans les eaux profondes et sont emportés par le courant où ils prennent, se ne fondant irrégulièrement, les formes les plus bizarres. L'eau de mer gèle en hiver à une profondeur de 6 à 10 pieds, et quand la glace se fond, il se forme des champs de glace de plusieurs kil. Les champs de glace moins grands s'appellent banquises. Par suite des collisions, les bords des champs de glace et des banquises se brisent et s'empilent en bosses *(hummocks).* Les champs de glace et les banquises très brisés, ouverts en partie et en partie regelés, s'appellent *packs* (mot anglais signifiant amas). Les points le plus rapprochés du pôle sont : au N. du Spitzberg, Parry, à travers le détroit de Smith, Kane, Hayes et Hall, et, à l'E. du Spitzberg, l'expédition autrichienne commandée par Payer et Weyprecht. Les distances qui séparent le pôle des points atteints par ces trois routes, ne diffèrent pas sensiblement, et varient entre 600 et 590 milles marins. Dans ces contrées, la glace se brise en été et se dirige vers le S., ouvrant ainsi des canaux irréguliers dans lesquels il est impossible de pénétrer. La question d'une mer polaire ouverte a beaucoup occupé les esprits ces dernières années ; mais elle ne sera complètement résolue que par une exploration directe et sérieuse. Par suite de la température de ses courants, l'océan Arctique est presque libre de glace le long de la côte septentrionale de l'Europe, jusqu'au nord de la Nouvelle-Zemble et à la mer de Kara. Sur la côte orientale du Spitzberg, les glaces sont si épaisses qu'elles sont généralement impénétrables ; sur la côte occidentale, elles sont très flottantes, ou même nulles en été. Le long de la côte orientale du Groënland, le *pack* est si épais que les vaisseaux peuvent rarement atteindre la terre. Dans le détroit de Davis, les glaçons à la dérive et les icebergs sont très abondants du côté du Labrador, et, au printemps et en été, sont entraînés par dessus les bancs de Terre-Neuve quelquefois jusqu'au 40e degré de lat. S. Le courant du dé-

troit de Behring porte la glace jusqu'aux îles Aléoutiennes. Bien qu'on sache qu'il existe une communication par eau entre les divers canaux de l'archipel de l'Amérique du Nord, aucun vaisseau n'a encore pénétré d'une mer à l'autre par le fameux passage du N.-O. La glace, tout en mouvement qu'elle soit, s'engorge dans les parties les plus étroites. Les observations faites sur la température montrent qu'en hiver il y a deux pôles ou régions de froid extrême, l'un parmi les îles de l'Amérique du Nord, l'autre dans la Sibérie septentrionale. Il semblerait ainsi que la région la plus tempérée, entre les deux, vers le pôle de la terre, est surtout occupée par l'eau. En été, cette partie médiane est la plus froide, à cause de la plus grande accumulation de la glace, et de la plus grande absorption de la chaleur du soleil par la terre. Partout où l'on a fait des observations en hiver, on a trouvé que les jours calmes sont plus nombreux que les jours de vent, et qu'ils sont accompagnés d'un temps clair et d'un plus grand froid. — Les terres et les mers arctiques nourrissent un grand nombre d'animaux. Sur terre, le renne, le renard arctique, le lièvre arctique et le lemming se trouvent dans les régions septentrionales de tous les continents et dans les îles adjacentes. Le bœuf musqué est confiné aux régions polaires américaines, y compris le Groënland. L'ours polaire, quoiqu'on le trouve également sur terre, se rencontre plus fréquemment sur les glaces où il peut saisir le phoque, sa proie ordinaire. Ce dernier offre plusieurs espèces, et, avec le morse, est l'objet d'une chasse lucrative. Les eaux sont habitées par de nombreux cétacés, dont le plus remarquable est le narval. La baleine franche se trouvait autrefois en grande abondance dans les eaux groënlandaises et à l'intérieur du détroit de Behring. Les oiseaux aquatiques fréquentent dans l'été les mers polaires par légions immenses. Le poisson s'y trouve partout, mais pas en quantité, ni d'une taille suffisante pour en faire un objet de commerce. Depuis quelque temps, cependant, les pêcheurs norvégiens ont tourné leurs efforts vers la pêche du requin arctique au N.-E. des côtes de la Laponie, et près de l'île de l'Ours *(Bear island).* Les animaux inférieurs, crustacés, mollusques et radiés n'ont pas autant d'espèces pour les représenter que dans les mers plus chaudes ; mais en compensation le nombre des individus est très grand, et la drague les trouve aussi nombreux, même à de grandes profondeurs. (Voy. ARCTIQUES, *Découvertes.)* II. OCÉAN ANTARCTIQUE. La Société royale de géographie de Londres a fixé arbitrairement les limites de l'océan Antarctique au cercle polaire du sud. On connaît beaucoup moins cette mer que la mer polaire du Nord ; les portions inexplorées de celle-ci sont aux portions inexplorées de celle-ci dans la proportion de trois à un. Les navigateurs qui ont pénétré dans la région des glaces sont peu nombreux, et le point le plus élevé atteint par sir James-C. Ross est bien loin de la latitude atteinte par un grand nombre des expéditions septentrionales. (Voy. ANTARCTIQUES, *Découvertes.)* La terre Victoria, découverte par Ross, est probablement l'île la plus grande qu'on y ait encore constatée ; on y a vu des montagnes de 12 à 15,000 pieds, dont les plus méridionales sont les volcans Érèbe et Terreur. On rencontre l'amas des glaces *(ice pack)* entre 60° et 70° de lat., et le capitaine Cook, le premier qui le vit, le supposa impénétrable. Mais ses successeurs, depuis Bellingshausen, ont trouvé que pendant l'été méridional ces glaces se meuvent vers le N.; et en y pénétrant, on a trouvé de vastes espaces libres, à ce point que la vigie ne pouvait à certains moments signaler aucune glace d'aucun côté. Le capitaine Ross, ayant

pénétré jusqu'à 78° 10' lat., fut arrêté par une haute barrière de glace en apparence immobile. La glace antarctique semble être beaucoup plus lourde et plus épaisse que celle du pôle nord. On y décrit d'immenses champs de glace à surface plate, mais terminés par des falaises verticales, ordinairement hautes de 150 pieds environ. Les glaces dérivent vers le N. plutôt pendant l'été méridional que pendant l'hiver. Les latitudes extrêmes auxquelles on a rencontré des glaces flottantes sont 34° S. dans l'Atlantique et 40° dans le Pacifique. Des observations concluantes prouvent que les hivers sont plus doux et les étés plus froids que dans les régions polaires du N. On ne connaît pas de mammifères qui habitent les îles de l'océan Atlantique ; mais la mer est peuplée de nombreux phoques et de cétacés, et on a trouvé des oiseaux, surtout des pingouins, en multitudes étonnantes.

POLARIMÈTRE s. m. (fr. *polarité* ; gr. *metron,* mesure). Phys. Instrument qui sert à mesurer la déviation qu'exercent certains milieux sur les rayons lumineux polarisés.

POLARISATEUR s. m. Phys. Prisme biréfringent qui polarise la lumière.

• **POLARISATION** s. f. Phys. Sorte de disposition particulière que les rayons lumineux acquièrent lorsqu'ils sont réfléchis sous certains angles par des surfaces diaphanes, et lorsqu'ils traversent des corps doués de la double réfraction : *la polarisation de la lumière.* (Voy. LUMIÈRE.)

POLARISCOPE s. m. (fr. *polarité* ; gr. *skopéo,* j'examine). Phys. Appareil au moyen duquel on rend sensible le phénomène de la polarisation, lorsqu'il se produit avec une faible intensité. Le polariscope représenté

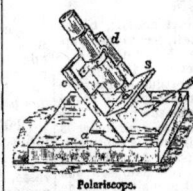

Polariscope.

par notre fig. se compose d'un support de bois, sur lequel on place une plaque carrée de verre *(ab)* dont le dessous a été peint en noir ; c'est le *polarisateur.* Deux montants de bois *(c d)* sont fixés de chaque côté de cette plaque de verre et forment avec elle un angle d'environ 34°. Une planchette *(s)* fixée aux montants porte en son milieu un trou rond pour y placer les objets polariscopiques. L'*analyseur* se compose d'un morceau de bois foré d'un trou rond et muni à l'intérieur de plusieurs verres concaves-convexes. En plaçant l'objet polariscopique sur le trou de la planchette *s* et en faisant tourner l'analyseur, la lumière en tombant sur le polarisateur produira le phénomène de polarisation.

• **POLARISER** v. a. Phys. Donner, faire prendre aux rayons lumineux la disposition appelée polarisation : *polariser un rayon de lumière.* — **Se polariser** v. pr. *Un rayon lumineux qui se polarise.*

• **POLARITÉ** s. f. Phys. Propriété qu'a l'aimant ou une aiguille aimantée de se diriger, en chaque lieu, vers un certain point fixe de l'horizon.

POLATOUCHE s. m. (russe *polatouka).* Mamm. Genre de rongeurs, voisin des écureuils, auxquels il ressemble par la dentition, et dont il se distingue par une peau qui s'étend entre les jambes de devant et celles de derrière, ce qui leur donne la faculté de se soutenir en l'air et de faire de grands sauts. Ce genre comprend trois ou quatre espèces d'agiles animaux auxquels on donne souvent le nom d'*écureuils volants*. Le *polatouche volant* (*sciuropterus volans*) se trouve en Sibérie; le *polatouche de l'Amérique du Nord* (*sciuropterus Hudsonius*) se rencontre aux Etats-Unis, à l'E. du Mississipi; l'un et l'autre sont

Polatouche de l'Amérique du Nord (Sciuropterus Hudsonius).

À peu près de la grosseur de notre écureuil. Ils sont inoffensifs et faciles à apprivoiser. Ce sont des animaux essentiellement nocturnes.

POL-DE-LÉON (Saint-), ch.-l. de cant., arr. et à 20 kil. N.-O. de Morlaix (Finistère), au bord de la Manche; 4,000 hab. C'est une petite ville qui renferme plusieurs édifices religieux d'un intérêt artistique véritablement capital; vieille cathédrale gothique et surtout église Kreisker, avec un magnifique clocher.

* **POLDER** s. m. Vaste plaine des Pays-Bas, qui est protégée par des digues: *les polders d'Anvers.*

POLE (Réginald), cardinal anglais, né en 1500, mort en 1558. Il était, par sa mère, apparenté à Henri VIII. En 1547, il devint prébendaire de Salisbury, et en 1519 doyen de Wimborne et d'Exeter. Lorsque le roi résolut de rejeter la suprématie du pape, il désira se concilier l'approbation de son parent. Pole refusa son acquiescement, et, pour éviter la colère de Henri, il se retira sur le continent. Cependant Henri avait épousé Anne Boleyn, et fait écrire par le docteur Sampson une justification du titre qu'il prenait de chef de l'Eglise d'Angleterre. Pole écrivit en réponse *Pro Unitate ecclesiastica*, où il comparait le roi à Nabuchodonosor. Henri le priva de ses bénéfices et fit porter contre lui une sentence de haute trahison. Paul III le créa cardinal; il l'envoya comme nonce en France et dans les Flandres, et comme légat à Viterbe; et il l'employa ensuite à la cour pontificale. La reine Marie le fit archevêque de Canterbury, il fut élu chancelier d'Oxford, et ensuite de Cambridge. T. Philipps a écrit sa vie (1764, 2 vol.).

* **PÔLE** s. m. (gr. *polos*; de *polein*, tourner). Chacune des deux extrémités de l'axe immobile autour duquel la sphère céleste paraît tourner en vingt-quatre heures: *les pôles du monde.* — Extrémité de l'axe immobile du globe terrestre, qui correspond aux pôles célestes: *la terre tourne sur ses deux pôles.* — Pôle arctique ou boréal, celui qui est du cô.é du septentrion. *Pôle antarctique ou austral*, celui qui lui est directement opposé. — Pôle magnétique, (Voy. Magnétique). — Absol. Pôle septentrional: *l'aiguille aimantée regarde le pôle.* — Hauteur ou élévation du pôle, arc du méridien compris entre le pôle et l'horizon du lieu où l'on est. — Poét. De l'un a l'autre pôle, par toute la terre: *la renommée de ce héros a volé de l'un à l'autre pôle.* — Chacune des deux extrémités de l'axe immobile sur lequel tourne quelque corps

sphérique ou quelque cercle que ce soit: *les pôles de l'équateur.* — Pôles de l'aimant, points par lesquels l'aimant attire ou repousse le plus énergiquement le fer et l'acier: *les pôles de l'aimant se dirigent vers ceux du monde.* — Chacune des deux extrémités de la pile galvanique.

* **POLÉMARQUE** s. m. (gr. *polémos*, guerre; *arké*, commandement). Antiq. Chef de guerre ou de la guerre. C'était, à Athènes, le nom distinctif du troisième archonte; et chez les Grecs en général, le titre de tout homme chargé du commandement d'une armée.

* **POLÉMIQUE** adj. (gr. *polémos*, guerre). Qui appartient à la dispute. Se dit des disputes ou guerres par écrit, qui se font en matière de théologie, de politique, de littérature, etc.: *ouvrage polémique.* — s. f. Dispute, querelle de plume: *il excelle dans la polémique.*

POLÉMISTE s. m. Celui qui fait de la polémique.

POLÉMON. I, philosophe grec, né vers 340 av. J.-C., mort vers 273. Il était disciple de Xénocrate, lui succéda dans sa chaire, et fut le maître d'Arcésilas, de Cratès et de Zénon. — II, géographe grec du commencement du IIe siècle av. J.-C. Il écrivit un *Périple du Pont à Carthage*, et des ouvrages de polémique contre Timée et Eratosthène. Il en reste des fragments. — III, roi de Pont, mort après l'an 2 de notre ère. Il était fils de Zénon le rhéteur, et reçut son royaume des mains de Marc-Antoine, qu'il servit efficacement dans la guerre contre les Parthes. Pendant la guerre civile, il prit le parti d'Antoine, mais se rallia plus tard à Octave. Dans une guerre contre la tribu barbare des Aspurgiens, il fut fait prisonnier et mis à mort. — IV, fils du précédent; après la mort de son père, il aida sa mère Pythoridis dans les soins du gouvernement. Celle-ci étant morte (39), il fut reconnu roi. Il embrassa le judaïsme afin d'épouser Bérénice, fameuse plus tard par ses amours avec Titus; mais abandonné par elle, il revint à son ancien culte. Il abdiqua pendant le règne de Néron.

* **POLENTA** s. f. [po-lain-ta]. Bouillie de farine de maïs, fort en usage en Italie.

POLEVOI (Nicolaï) [po-le-voi'], écrivain russe, né en 1796, mort en 1846. Il inaugura une ère nouvelle dans la critique littéraire russe, en fondant, en 1825, le *Télégraphe de Moscou*, qui fut supprimé en 1834. En 1838, il s'établit à Saint-Pétersbourg. Il a écrit des drames, des biographies de Souwaroff, de Pierre le Grand et de Napoléon Ier, et une *Histoire du peuple russe*; il a traduit en russe *Hamlet*. — Son frère, Xénophon, fut l'auteur d'un roman intitulé *Michel Vasilevitch Lomonosoff* (1836, 2 vol.) et d'autres ouvrages. Sa sœur, Katarina Avdeyeff (1789-1865) était un écrivain de réputation. Petr, fils de Nicolaï, s'est surtout fait connaître par sa biographie de Shakspeare.

* **POLI, IE** part. passé de Polir. — Adj. Qui a la superficie unie et luisante: *les corps polis.* —Fig. Doux, civil, honnête, complaisant, qui observe avec attention toutes les convenances de la société: *c'est un homme extrêmement poli.* — Substantiv. Lustre, éclat des choses qui ont été polies: *ces armes, cette vaisselle sont d'un beau poli.*

POLI (Giuseppe-Saverio), naturaliste italien, né en 1746, mort en 1825. Il était professeur de physique expérimentale et directeur de l'académie militaire de Naples. Il a découvert un grand nombre de nouveaux genres et espèces de testacés, ainsi que leur système nerveux, et il a préparé un magnifique ouvrage sur les testacés des Deux-Siciles (1792-'95, 2 vol. in-fol.; vol. III, 1826).

* **POLICE** s. f. (gr. *politeia*). Ordre, règlement établi dans un Etat, dans une ville, pour tout ce qui regarde la sûreté, la tranquillité et la commodité des citoyens, des habitants: *faire observer la police.* — Administration qui exerce la police: *il y avait autrefois un lieutenant général de police à Paris.* — Police correctionnelle, tribunal qui connaît des délits qui sont plus graves que les contraventions à la police ordinaire, mais qui ne le sont point assez pour être déférés aux cours d'assises: *il a été traduit en police correctionnelle.* — Tribunal de police, de simple police, tribunal qui connaît des légères infractions aux règlements de police. Cette juridiction est attribuée au juge de paix et au maire, ou au juge de paix seulement, selon les cas. On dit de même: *juge de police; jugement de police; citation à la police*, etc. — Ordre et règlement établi dans quelque assemblée, dans quelque société que ce soit: *la police d'un camp.* — Salle de police ou de discipline, lieu où l'on fait subir aux soldats de courtes détentions pour les fautes légères: *mettre, envoyer un soldat à la salle de police.* — Bonnet de police, bonnet de drap, dont les militaires font usage pendant la nuit, et même le jour, quand ils ne sont pas en tenue. — Contrat par lequel on s'engage, moyennant une somme convenue, appelée prime, à indemniser quelqu'un de certaines pertes ou dommages éventuels. On l'emploie surtout en parlant des assurances contre les risques de mer ou contre les incendies: *police d'assurance.* — Typogr. Evaluation de la quantité relative des signes dont une fonte doit être composée. Pour une fonte de 100,000 lettres, on calcule qu'il faut environ 11,000 e de bas de casse; tandis que 25 w de capitales seront largement suffisants. — Législ. « La police est l'une des fonctions du gouvernement et des autorités locales. Elle consiste à assurer l'ordre public, la sûreté intérieure, la sécurité des personnes, la liberté individuelle, la facilité des communications, la salubrité générale, etc. Les fonctionnaires qui en sont chargés sont en même temps les auxiliaires indispensables de la magistrature civile, pour la constatation et la répression des crimes, des délits et des contraventions. Il résulte de ces attributions multiples que la police se divise en plusieurs branches, dont nous citerons seulement les principales. La *police administrative générale*, qui comprend la police politique, est exercée sous la direction du gouvernement et notamment du ministre de l'intérieur, par les préfets et par un grand nombre de fonctionnaires et d'agents. Un ministère de la police générale avait été créé sous le Directoire, le 12 nivose an IV. Supprimé en l'an X et rétabli en l'an XII, cet instrument de dictature disparut avec le premier Empire. Il reparut sous la Restauration, mais seulement en 1815 à 1848. Il fut reconstitué le 22 janvier 1852; mais il a été supprimé le 21 juin 1853, et remplacé par une direction de la sûreté générale, rattachée au ministère de l'intérieur. — La *police départementale* est celle que les préfets ont le droit d'exercer. Ils peuvent prendre, pour toutes les communes du département ou pour plusieurs d'entre elles, et dans tous les cas où il n'y a été pourvu par l'autorité municipale, toutes mesures relatives au maintien de la salubrité, de la sûreté et de la tranquillité publiques (L. 5 avril 1884, art. 99). Les préfets ont aussi d'autres attributions de police qui leur sont déférées par les lois ou les règlements, notamment en ce qui concerne la chasse, la police sanitaire des animaux. etc. (Voy. Chasse, Contagieux, etc.) — La *police municipale* est celle qui appartient au maire. Celui-ci prend des arrêtés, à l'effet d'ordonner les mesures locales sur les objets confiés par les lois à sa vigilance et à son autorité. Cette police a pour objet notamment d'assurer le bon ordre

la sûreté et la salubrité publiques, ainsi que la circulation sur toutes les voies de communication (id. art. 94 à 98). (Voy. Maire.) La sanction des arrêtés de police municipale se trouve dans la loi (C. pén. 471, 15°); et les infractions à ces arrêtés constituent des contraventions de police simple dont la connaissance est aujourd'hui exclusivement attribuée aux juges de paix du canton dans l'étendue duquel elles ont été commises (C. inst. crim. art. 138, modifié par L. 27 janvier 1873). (Voy. Contravention et Justice de paix.) La police municipale est exercée sous l'autorité du maire, par les commissaires de police. (Voy. Commissaire.) Elle l'est aussi par les gardes-champêtres et autres agents qui sont nommés à cet effet par le maire, et qui doivent être agréés et commissionnés par le sous-préfet. Dans les villes ayant plus de 40,000 hab., l'organisation du personnel chargé du service de la police est réglée par décrets. A Paris, la police municipale est réservée au préfet de police. Ce fonctionnaire est, en outre, investi de certaines attributions de police dans les autres communes du département de la Seine, et dans celles de Saint-Cloud, Meudon et Sèvres du département de Seine-et-Oise. Le préfet du Rhône exerce aussi les mêmes attributions dans la commune de Lyon et dans quelques communes voisines (Arr. 3 brumaire an IX; L. 10 juin 1853; L. 5 avril 1884, art. 104). — La *police judiciaire* est chargé, suivant les termes de la loi (C. inst. crim. 8 et s.), de rechercher les crimes, les délits et les contraventions, d'en rassembler les preuves et d'en livrer les auteurs aux tribunaux chargés de les punir. Elle est exercée, sous l'autorité des cours d'appel et des procureurs généraux, 1° par les officiers de police judiciaire qui sont : les juges d'instruction, les procureurs de la République et leurs substituts; 2° par les officiers de police, auxiliaires du procureur de la République, qui sont : les juges de paix, les officiers de gendarmerie, les commissaires de police (dans les communes où il n'y a pas de commissaires, les maires et, à défaut de maires, leurs adjoints), les gardes champêtres et les gardes forestiers; 3° par les agents dûment commissionnés et assermentés, et qui sont chargés par les lois de rechercher et de constater certaines infractions dans les services spéciaux auxquels ils appartiennent. (Voy. Chemin, Contribution, Douane, etc.) »   (Ch. Y.)

POLICEMAN s. m. [po-li-se-mann] (mot anglais formé de *police* et de *man*, homme). Agent de police en Angleterre. — pl. *Des policemen.*

* **POLICER** v. a. Civiliser; adoucir les mœurs; établir dans un pays des lois, des règlements pour la sûreté, la tranquillité, la commodité des habitants : *il est le premier qui ait policé les nations du Nord.*

* **POLICHINELLE** s. m. (ital. *pulcinella*; de *Puccio d'Aniello*, nom d'un paysan qui se fit acteur et obtint une grande vogue). Nom d'un personnage des farces napolitaines, représentant un paysan balourd, qui dit plaisamment de bonnes vérités. — Marionnette de bois, grotesquement vêtue, bossue par devant et par derrière, qui parle d'une voix burlesque, et qui joue le principal rôle sur les théâtres de fantoccini, et dans les farces dont quelques bateleurs amusent les passants : *Polichinelle et son compère.* — Le secret de Polichinelle, ce qui est public, ce que tout le monde sait. — C'est un vrai Polichinelle, se dit d'un ridicule bouffon de société. — Voix de Polichinelle. Méd. Sorte d'égophonie qui prend le caractère d'une espèce de bredouillement.

POLICIER, IÈRE adj. Qui appartient à la police : *mesure policière.* — Substantiv. Homme attaché à la police.

POLIGNAC, *Apolliniacum*, village de l'arr. et à 4 kil. N.-O. du Puy (Haute-Loire), au pied d'une montagne que couronnent les ruines d'un château bâti sur l'emplacement d'un temple d'Apollon. Ce fut autrefois un titre de vicomté, de comté, de marquisat et de duché.

POLIGNAC, ancienne famille du Velay, dont les principaux membres furent : I. (Melchior de), cardinal, né au Puy en 1671, mort en 1741. il trouva moyen de faire élire le prince de Conti comme roi de Pologne (1696), écrivit plusieurs poèmes latins, fut exilé pendant un moment sous la Régence, remplaça Bossuet à l'Académie française (1704), entra à l'Académie des sciences (1711) et à celle des inscriptions en 1717. — II. (Jules, comte, puis *duc de*), petit-neveu du précédent, mort à Saint-Pétersbourg en 1817. Etant colonel, il épousa en 1767 Gabrielle de Polastron, qui devint la favorite la plus intime de la reine Marie-Antoinette et qui mourut à Vienne (Autriche) en 1793. Pendant la Révolution, le duc de Polignac émigra, servit dans l'armée de Condé et se retira ensuite en Russie. — III (Armand-Jules-Marie-Heraclius comte, puis *duc de*), fils aîné du précédent, né le 17 janv. 1774, mort le 30 mars 1847. Il émigra en Russie pendant la Révolution et reçut de Catherine II des domaines dans l'Ukraine et de Paul Ier une terre en Lithuanie. Plus tard, il passa en Angleterre, puis fut arrêté à Paris lors de la conspiration de Cadoudal. Condamné à mort, il vit commuer sa peine en détention perpétuelle, s'évada en 1813, rentra en 1814 et devint premier écuyer de Charles X. Après 1830, il rentra dans la vie privée. — IV (Jules-Auguste-Armand-Marie), homme politique, frère du précédent, né à Versailles le 14 mai 1780, mort à Paris le 29 mars 1847. En 1804, il fut arrêté en même temps que son frère et emprisonné comme conspirateur, il s'échappa en 1814. Louis XVIII le nomma ministre auprès du pape, qui fit de lui un prince romain en 1820. Il fut ensuite envoyé à Londres, et en 1829, il devint ministre des affaires étrangers et président du conseil. Son ultra-royalisme perdit Charles X, et, lors de le révolution de Juillet 1830, amenée par ses ordonnances arbitraires, il n'échappa qu'avec peine aux mains du peuple. Il fut condamné à une prison perpétuelle; mais l'amnistie de 1836 le fit sortir de Ham.

POLIGNY, *Poliniacum*; ch.-l. d'arr., à 29 kil. N.-E. de Lons-le-Saulnier (Jura), par 46° 50' 16'' lat. N. et 3° 22' 27'' long. E.; 7,000 hab. Carrières de gypse; verreries; vin, houille. Patrie de Coytier, médecin de Louis XI.

* **POLIMENT** s. m. Action de polir : *le poliment d'un diamant.* — Etat de ce qui est poli : *donner le poliment à un saphir, à une glace.*

* **POLIMENT** adv. D'une manière polie. Ne s'emploie qu'au figuré, et se dit en parlant de la manière d'agir, d'écrire, de s'exprimer : *parler poliment.*

POLIORCÈTE (mot grec qui signifie *preneur de villes*). Surnom donné à Démétrius, fils d'Antigone.

POLIORCÉTIQUE s. f. (gr. *poliorkétès*, preneur de villes). Art de faire les sièges.

* **POLIR** v. a. (lat. *polire*). Rendre uni et luisant, à force de frotter. Se dit particul. en parlant des choses dures : *polir le fer, l'acier, le marbre.* — Fig. Cultiver, orner, adoucir l'esprit et les mœurs, rendre plus propre au commerce du monde : *la fréquentation des personnes bien élevées polit l'esprit, polit les mœurs.* — Se dit de ce qui regarde le style, le discours, les ouvrages d'esprit; et signifie, mettre la dernière main, corriger tout ce qui peut être contraire à l'exactitude, à la pureté et à l'élégance : *polir un discours, un écrit.* — Polir une langue, diminuer sa ru-

desse, lui donner plus d'élégance et de régularité : *les écrivains qui ont poli et perfectionné notre langue.* — Se polir v. pr. Un corps qui se polit par le frottement.

* **POLISSAGE** s. m. Action de polir : *le polissage d'un diamant.*

* **POLISSEUR, EUSE** s. Celui, celle qui polit certains ouvrages : *polisseur de glaces.*

* **POLISSOIR** s. m. Instrument dont on se sert pour polir certaines choses : *il faut encore passer là-dessus le polissoir.*

* **POLISSOIRE** s. f. Sorte de décrottoire douce.

* **POLISSON** s. m. Petit garçon malpropre et vagabond, qui s'amuse à jouer dans les rues, dans les places publiques : *c'est un vrai polisson, un petit polisson.* Ce substantif a un féminin : *polissonne.* — Enfant trop dissipé et trop espiègle; homme qui a l'habitude de faire ou de dire des bouffonneries, de se permettre des jeux d'écolier : *vous serez donc toujours un polisson.* On le dit aussi adjectiv. *il est trop polisson pour son âge.* — Homme qui n'a de considération, ni par son état, ni par sa personne : *cet homme n'est qu'un polisson; il convient bien à un polisson comme lui de...* — Licencieux, libre; se dit des personnes et des choses. En parlant des choses, il ne s'emploie qu'adjectivement : *une chanson polissonne.* — Nom donné autrefois à des mendiants. Au xviie siècle, les *polissons* marchaient quatre par quatre, vêtus d'un pourpoint, mais sans chemises, avec un chapeau sans fond et une sébile de bois à la main.

* **POLISSONNER** v. n. Dire ou faire des polissonneries : *il ne fait que polissonner.*

* **POLISSONNERIE** s. f. Action, parole, tour de polisson; bouffonnerie, plaisanterie basse; action ou parole indécente, trop libre : *faire des polissonneries.*

* **POLISSURE** s. f. Action de polir quelque chose, ou résultat de cette action : *la polissure d'une vaisselle.*

* **POLITESSE** s. f. Certaine manière de vivre, d'agir, de parler, civile et honnête, acquise par l'usage du monde : *avoir de la politesse.* — Action conforme à la politesse : *faire une politesse.* — Brûler la politesse. (Voy. Brûler.)

POLITICOMANIE s. f. Manie de s'occuper exclusivement de politique.

POLITIEN (Ange). Voy. Poliziano.

* **POLITIQUE** adj. (lat. *politicus*). Qui a rapport au gouvernement d'un État, aux relations mutuelles des divers États : *gouvernement politique.* — Droit politique, lois qui règlent les formes de gouvernement, qui déterminent les rapports entre l'autorité et les citoyens ou les sujets. — Droits politiques, droits en vertu desquels un citoyen participe au gouvernement : *exercer ses droits politiques.* — Domicile politique, celui où l'on exerce ses droits politiques. — s. Celui qui s'applique à la connaissance des affaires publiques, du gouvernement des États : *c'est un grand politique, un habile, un profond politique.* — Se dit encore, tant adjectiv. que substantiv., d'un homme fin et adroit, qui s'accommode à l'humeur des personnes qu'il a intérêt à ménager; d'un homme prudent et réservé, qui s'observe dans ses paroles et dans ses actions : *il est trop politique pour se brouiller avec un homme en faveur.* — Se dit aussi adjectiv. dans le même sens, en parlant des choses : *sa conduite entre les deux partis a été très politique.* — Economie politique, science qui traite de la formation, de la distribution et de la consommation des richesses. L'économie politique est, à proprement parler, la science qui traite des intérêts de la société. Des écrivains ont considéré l'économie politique, comme une exposition de mesures nécessaires pour diriger les mouvements de la société, de sorte que chaque homme agisse en harmonie avec les lois naturelles qui dominent ses efforts, pour améliorer sa condition. La science sociale traite des lois elles-mêmes. Quelques écrivains ont considéré l'économie politique comme une science, d'autres comme un art, et sir James Steuart en parle comme d'un art et d'une science à la fois. Au milieu de toutes leurs discordes et de leurs différends, on peut diviser les économistes en deux catégories : ceux qui traitent le sujet comme une science déductive, « dans laquelle toutes les propositions générales sont, au sens le plus strict du mot, hypothétiques », et ceux qui le traitent par la méthode inductive. On croit que le plus ancien traité sur un sujet d'économie politique est l'ouvrage intitulé : *Eryxias ou de la Richesse* attribué à tort à Æschine le Socratique. Platon (*République*, l. II) appelle l'attention sur la nécessité de la division des emplois. Xénophon a écrit deux courtes études d'économie politique, l'une *Sur les revenus d'Athènes*, l'autre intitulée *L'Economiste*. Mais c'est surtout Aristote qui, à un plus haut degré qu'aucun autre des anciens, contribua à la fondation de l'économie politique. Ses trois traités : l'*Ethique*, qui traite de la règle de l'homme en tant qu'individu ; la *Politique*, qui traite des rapports particuliers et publics de l'homme avec les autres hommes en société, de la famille et de l'Etat, et les *Economiques*, qui traitent des rapports de l'homme avec la propriété, sont en quelque sorte trois parties d'un même ouvrage. C'est Aristote qui s'est le premier servi du terme économie politique (*Economiques*, l. II, ch. 1). Mais après lui, les études économiques n'attirèrent guère l'attention pendant beaucoup de siècles. On peut se faire une idée du point de vue où les Romains se plaçaient pour considérer le commerce, par le passage du *De officiis* de Cicéron ; « Les gains des marchands et de ceux qui vivent du travail manuel, et non des efforts de l'intelligence, sont bas et serviles. Le négoce même est signe d'esclavage. » L'esclavage fut le fondement du système industriel des Grecs et des Romains, de même que la guerre était celui de la politique nationale. Le Code de Justinien (528-533) traite non seulement des lois, mais des arts, des industries et de l'agriculture ; on l'a appelé « la première traité général d'économie politique. » Les *Capitulaires* de Charlemagne, promulgués en 801, ont un intérêt économique. L'ouvrage de Botero sur la *Cause de la grandeur des cités* (Venise, 1598), traduit en. anglais en 1635 (Londres), est un des premiers traités modernes sur un sujet économique. Le premier traité général, et le premier qui porte le titre d'économie politique, est le *Traité de l'économie politique*, par Antoine de Montchrestien (Rouen, 1613). En 1613, Antonio Serra publia à Naples un volume sur les métaux précieux, et en 1616 Gian Donato Turbulo publia un traité sur la monnaie. Vers cette époque, Duarte Gomez (Lisbonne, 1622), et Juan de Castañares (1626) publièrent des traités sur le commerce et le système prohibitif. — Les premiers écrivains anglais qui s'occupèrent d'économie politique tournèrent leur attention vers le commerce étranger. Tout en préconisant l'extension de commerce, ils recommandaient d'adopter des mesures qui feraient affluer l'or et l'argent dans le pays, au lieu de les en faire sortir. La politique préconisée par cette école est connue des économistes sous le nom de système mercantile. Elle fut soutenue, entre autres, par Thomas Mun, *A Discourse of Trade from England unto the East Indies* (1621), et dans *England's Treasure by Forraign Trade, or the Balance of our Forraign Trade is the Rule of our Treasure* (1664). En 1663, avait paru *England's*

Interest and Improvement, par Samuel Fortrey, qui prétendait que le commerce avec la France occasionnait à l'Angleterre une perte sèche. En 1668, on publia *Brief Observations concerning Trade and the Interest of Money*, par Sir Josiah Child, dont il parut une nouvelle édition en 1690, sous ce titre : *A New Discourse on Trade*. Il demandait la réduction du taux de l'intérêt de 6 à 4 p. 100, et recommandait « la prohibition de l'exportation des laines anglaises et l'encouragement des manufactures de laine ». Andrew Yarranton publia *England's Improvement by Sea and Land* (1677-'81). Il voulait augmenter la prospérité et la puissance de l'Angleterre en inaugurant un système général de banque, un registre des biens-fonds propres, pour faciliter les transferts et les hypothèques, le développement des manufactures, et l'introduction des réformes intérieures. Une ère importante dans l'histoire de l'économie politique et du développement industriel, a été marquée pour l'année 1661, époque où Louis XIV fit Colbert contrôleur général des finances de France. Il ramena les finances nationales à un système régulier, accrut les revenus de l'Etat tout en diminuant les charges du peuple, et développa l'agriculture, les manufactures, les améliorations intérieures, les arts et les sciences. Les diverses restrictions mises à cette époque, et même plus tard, sur le commerce, étaient très onéreuses. Différents écrivains attaquèrent ce système. Parmi les plus anciens et les plus capables se trouve sir Dudley North, qui publia en 1691 des *Discourses on Trade*. Il tenait entre autres doctrines fondamentales, que : au point de vue du commerce, le monde tout entier n'est que comme une seule nation ; que l'argent est une marchandise dont il peut y avoir surabondance aussi bien que disette ; et que l'argent exporté par fait de commerce est un accroissement de la richesse d'une nation. Sir William Petty, dans *Quantulumcunque, or a Tract concerning money*, avait en 1682 attaqué la théorie de la balance du commerce ; et, dans la suite, cette question si controversée fut souvent discutée à des points de vue contraires ; on peut citer entre autres champions, le Dr Davenant (1695-1742) et le rev. Josiah Tucker (1753), qui soutinrent la théorie mercantile, et sir Matthew Decker (1744), et Joseph Harris (1757-'58), qui l'attaquaient. En 1698, John Locke fit paraître à Londres *Historical and Political Essays, or Discourses on Several Subjects*, parmi lesquels l'argent, le gouvernement, etc. Il enseignait que les hommes dans leurs marchés contractent « non pour des dénominations ou de simples mots, mais pour la valeur intrinsèque, qui est la quantité d'argent garantie par l'autorité publique comme se trouvant dans les pièces de telle dénomination » ; et encore « qu'un seul métal peut être la monnaie de compte et de marché, et l'étalon du commerce dans toute contrée ; ... que tous les autres métaux, l'or aussi bien que le plomb, ne sont que des commodités ». — En 1758, parut à Versailles le *Tableau économique, et Maximes générales du gouvernement économique*, par François Quesnay, suivi de la *Théorie de l'impôt*, par Mirabeau l'aîné (1760), la *Philosophie rurale*, aussi par Mirabeau (1763), et différents autres ouvrages par Quesnay et ses disciples, exposant le système d'économie physiocratique ou agricole. Les physiocrates professaient que la terre est le seul producteur de la richesse, et croyaient que la liberté la plus complète du commerce avec toutes les nations était le grand desideratum de l'agriculture. Parmi les plus éminents physiocrates figura Turgot, qui, en 1774, publia *Réflexions sur la formation et la distribution des richesses*. — Parmi les ouvrages d'économie politique publiés depuis cette époque jusqu'à la fin du XVIIIe siècle, nul ne déploya une plus grande puissance dialectique que les *Political Dis-*

courses de David Hume (1752). D'après la doctrine contenue dans ces études, tout dans le monde s'achète par le travail, et nos passions sont les seules causes du travail ; lorsqu'une nation a des manufactures et des industries en abondance, l'agriculture scientifique devient possible, et les cultivateurs du sol redoublent de diligence et de soins, parce que l'excédent de la production s'échange facilement contre les produits de ces manufactures et de ces industries ; tandis que, de l'autre côté, là où ces industries diverses ne fleurissent pas, il n'y a rien qui incite les agriculteurs à augmenter leur habileté et leurs efforts, à cause de la difficulté d'échanger toute production en excès. Le commerce étranger, par ses importations, fournit des matières brutes pour des fabrications nouvelles, et, par ses exportations, donne de l'occupation au travail, lequel, en l'absence de ce commerce, pourrait rester improductif. Hume ne considère pas la monnaie comme un objet de commerce proprement dit, mais seulement comme « le seul instrument que les hommes aient adopté d'un commun accord pour faciliter les échanges des denrées et produits ». Il pense qu'une augmentation dans la quantité du numéraire dans un pays est plutôt un inconvénient qu'un avantage. Tout en blâmant comme peu sages et illibéraux ces « barrières, obstacles et impôts sans nombre » que les nations ont établis dans le but de retenir chez elles les métaux précieux, il dit que « toutes les taxes sur les produits étrangers ne doivent pas être regardées comme nuisibles ou inutiles mais celles-là seulement qui sont fondées sur la jalousie » de la balance de commerce. La théorie de Montesquieu sur la monnaie ressemble beaucoup à celle de Hume. Les *Lezioni di commercio, o di economia civile*, par l'abbé Antonio Genovesi (Naples, 1757), sont célèbres, et ont été souvent réimprimées. — En 1767, parut à Londres *An Inquiry into the Principles of Political Economy, being an Essay on the Science of Domestic Policy in Free Nations*, par sir James Steuart. C'est l'ouvrage le plus considérable et le plus complet sur le sujet qu'on eût encore écrit en Angleterre. Il considère que la population est limitée par la quantité d'aliments produits, et que « lorsqu'une société multiplie trop, une partie doit souffrir de la faim ». Il attaque la théorie de Locke et de Hume relative à l'effet que produirait sur les prix une augmentation dans la quantité du numéraire en circulation. — En 1776, parut à Londres la première édition du grand ouvrage d'Adam Smith, *An Inquiry into the Nature and Causes of the Wealth of Nations*. Le Dr Smith pense que le travail annuel de chaque nation est le fonds qui lui fournit originellement ce qu'elle consomme annuellement, et que la proportion relative de cette production au nombre des consommateurs est la mesure de leurs ressources pour ce qui est des nécessités et des commodités de la vie ; que le plus grand perfectionnement dans le pouvoir producteur, dans l'habileté et l'entente du travail a résulté de la division du travail ; que la division du travail est limitée par le marché ouvert à ses produits ; et que le travail est la seule mesure universelle et exacte de la. valeur, ou le seul étalon qui nous permette de comparer les valeurs des différents produits en tous les temps et en tous les lieux. Il appelle la monnaie « la grande roue de la circulation, le grand instrument du commerce » ; il ajoute qu'elle « forme une partie et une partie très précieuse du capital » d'un pays ou d'un peuple, et que, lorsqu'on la possède, on peut aisément se procurer toutes les autres choses dont on a besoin. — En 1798, fut publié, sans nom d'auteur, *An Essay on the Principle of Population as it effects the Future Improvement of Society*, dont l'auteur était le rév. F.-R. Malthus. Des éditions revues et augmentées ont été depuis publiées avec le nom de l'auteur ; la sixième date de 1826. Son principe est que « la population, lorsque rien ne l'entrave, augmente suivant une progression géométrique, tandis que la production de la nourriture n'augmente que suivant une progression arithméthique ». La population, dit-il, « est nécessairement limitée par les moyens de subsistance » ; elle s'accroît invariablement là où ces moyens s'accroissent, à moins qu'elle n'en soit empêchée par un obstacle très puissant et très direct. Ces obstacles, il les divise en positifs et préventifs. Les premiers « comprennent toute cause, venant ou du vice ou de la misère, qui contribue à un degré quelconque à raccourcir la durée naturelle de la vie humaine ». Les obstacles préventifs comprennent l'abstention du mariage et des rapports sexuels pour des considérations de prudence, et tout vice ou toute immoralité tendant à rendre les femmes infécondes. Une des études les plus complètes dont le livre de Malthus ait été l'objet, est The Law of Population, par Michael-Thomas Sadler, membre du parlement (1830). La doctrine de M. Sadler touchant la population est que « la multiplication des êtres humains, dans des circonstances semblables d'ailleurs, varie en raison inverse de leur nombre ». La Westminster Review d'avril 1852 contient A New Theory of Population, dont on regarde M. Herbert Spencer comme l'auteur, et qui est déduite de la loi générale de la fécondité chez les animaux. D'après cette théorie, la capacité de reproduction chez les animaux est en raison inverse de leur individuation; et la faculté de soutenir la vie individuelle et la faculté de multiplier varient également de la même manière. Ces principes ont été exposés avec plus de détails et de soin dans les Principles of Biology de Spencer. — Il est probable qu'aucun ouvrage d'économie politique n'a été lu ou étudié plus que celui de Jean-Baptiste Say, intitulé : Traité d'économie politique, ou Production, Distribution et Consommation de la Richesse (Paris, 1803; 6e éd. 1841). Say publia ensuite Cours complet d'économie politique pratique, suivi de mélanges (Paris, 1828-'30, 6 vol; 3e édit. publiée par Horace Say, 1852), où il considère l'économie politique comme quelque chose de plus haut et de meilleur qu'une simple science de la richesse. — The Principles of Political Economy and Taxation, par David Ricardo, parurent à Londres en 1817. Les doctrines les plus remarquables de cet ouvrage sont la théorie de la rente et la théorie de la valeur qui en découle. Lors du premier établissement dans un pays où il y a abondance de terres riches et fertiles, d'après Ricardo, la rente sera nulle. C'est seulement parce que la terre n'est pas illimitée comme quantité, ni uniforme comme qualité, et parce que, par suite du progrès de la population, il devient nécessaire de mettre en culture des terres de qualité inférieure ou de situation moins avantageuse, qu'on paie une rente pour son usage. Lorsque, dans la marche de la société, la terre de seconde qualité au point de vue de la fertilité est mise en culture, la rente commence aussitôt sur celle de première qualité; et le chiffre de cette rente dépendra de la différence qu'il y a entre les qualités de ces deux sortes de terre. Lorsque la terre de troisième qualité est mise en culture, la rente commence aussitôt sur celle de la seconde catégorie, et est réglée, comme tout à l'heure, par la différence qu'il y a entre leur énergie de production respective. En même temps, la rente de la terre de la première catégorie s'élèvera. « La terre la plus fertile et la plus favorablement située sera cultivée la première, et la valeur d'échange de ses produits s'équilibrera de la même manière que la valeur d'échange de toutes les autres marchandises, d'après la quantité totale du

travail nécessaire, sous toutes ses formes, du commencement à la fin, pour les produire et pour les amener sur le marché. Lorsqu'une terre de qualité inférieure est mise en culture, la valeur d'échange du produit brut s'élèvera parce qu'il faut plus de travail pour le produire. » Ces théories semblaient contribuer à expliquer le principe malthusien de la population, et elles devinrent la base du système aujourd'hui connu sous le nom de Ricardo-Malthusianisme. — Un des écrivains d'économie politique et de statistique les plus connus de la dernière génération fut J.-R. Mc Culloch, qui écrivit l'article destiné au supplément de l'Encyclopédie britannique (Encyclopædia Britannica), et réimprimé depuis séparément. « Mc Culloch, dit Colwell, ne veut considérer les questions d'économie politique qu'au point de vue pratique. » Dans l'Encyclopédie métropolitaine (Encyclopædia metropolitana), en 1835, et plus tard en volume séparé, parut Political Economy, par Nassau W. Senior. Il pose ainsi les propositions fondamentales de l'économie politique : 1° tout homme désire obtenir une augmentation de richesse avec aussi peu de sacrifices que possible; 2° la population du monde n'est limitée que par le mal moral et physique, ou par la crainte de manquer de ces produits et de la richesse que les habitudes des individus dans chaque classe les portent à désirer; 3° la puissance du travail et des autres instruments qui produisent la richesse, peuvent être indéfiniment accrus en employant leurs produits comme les moyens de production plus grande; 4° la science agricole restant d'ailleurs la même, le travail additionnel dépensé sur la terre dans un district donné, fournit en général un accroissement de production moins en rapport avec l'accroissement du travail. — Aucun économiste anglais de notre siècle n'a été regardé comme une autorité plus haute que John Stuart Mill. Il définit l'économie politique « la science qui traite de la production et de la distribution de la richesse, en tant qu'elle dépend des lois de la nature humaine ». L'économie politique est « essentiellement une science abstraite », à sa méthode, une méthode « a priori ». « Elle raisonne, soutient-il, et doit nécessairement raisonner en partant d'hypothèses, et non de faits. » « Les conclusions de l'économie politique, en conséquence, comme celles de la géométrie, ne sont vraies, comme on dit, qu'en théorie. » « Ce qui est vrai en théorie, ou d'une manière abstraite, est toujours vrai dans la pratique, ou d'une manière concrète, en faisant la part des choses comme il convient. » Mill avait une foi entière dans les vues de Locke, de Montesquieu, de Hume et de Smith, relativement à l'argent monnayé; dans celles de Ricardo sur la rente, et dans celles de Malthus sur la population. Il combat le « protectionnisme », mais pense qu'il y a un cas, un seul cas, « où, d'après les seuls principes de l'économie politique, les droits protecteurs puissent se défendre » ; c'est « lorsqu'ils sont imposés temporairement (spécialement chez une jeune nation qui se développe), dans l'espoir de naturaliser une industrie étrangère parfaitement appropriée, en soi, aux conditions du pays ». — Parmi les économistes anglais les plus éminents de nos jours, était feu le prof. J.-E. Cairnes, qui a publié en 1874 Some leading Principles of Political Economy newly Expounded. Ses conclusions finales ne diffèrent beaucoup sur aucun point important de celles de Smith, de Malthus, de Ricardo et de Mill. Le Manual of Political Economy, du prof. Henry Fawcett (1863) est décidément en faveur de la théorie de la rente de Ricardo, et de celle de Malthus sur la population. — Presque toute l'école des économistes anglais préconise le « libre échange » (free trade). On peut citer comme exceptions sir John Bar-

nard Byles, auteur de Sophisms of Free Trade and Popular political Economy (1849; 9e édit. 1870), et sir Edward Sullivan, auteur de Protection to Native Industry (1870). — Le Dr Franklin est le plus ancien écrivain américain qui nous ait laissé quelque chose sur l'économie politique ; il publia à Philadelphie, en 1729, A Modest Inquiry into the Nature and Necessity of a Paper Currency, qui fut suivi de Observations concerning the Increase of Mankind and the Peopling of Countries (1751), d'études sur le papier-monnaie avant et après la Révolution, et de différents autres écrits. Le premier traité régulier sur ce sujet qui ait été composé aux Etats-Unis est l'ouvrage de Daniel Raymond Thoughts on Political Economy (1820). En 1835, parut à Philadelphie un Essay on the Rate of Wages, la première des œuvres de Henry-C. Carey. Il fut suivi du Principles of Political Economy (1837-'60, 3 vol.), où l'auteur enseigne que la valeur est déterminée par le coût de la reproduction, et que tout perfectionnement dans le mode de production d'une marchandise quelconque tend à diminuer la valeur des marchandises de même espèce existant déjà; que, dans tous les pays en progrès, le capital accumulé a une tendance constante à décroître en valeur comparativement au travail; par conséquent, le pouvoir du travail sur le capital va régulièrement s'augmentant, et inversement le pouvoir du capital sur le travail va diminuant avec la même régularité; le travail et le capital, en effet, dans leur action combinée, produisent continuellement un bénéfice plus considérable pour la même mise de fonds, bénéfice dont une proportion croissante va au travailleur, tandis que la part du capitaliste diminue proportionnellement, tout en continuant à s'augmenter comme total par suite de l'augmentation même de la production. En 1848, M. Carey publia The Past, the Present, and The Future. Son objet était de démontrer l'existence d'une loi simple de la nature, en vertu de laquelle le travail d'appropriation et de mise en culture de la terre a toujours et nécessairement dû commencer sur les terrains les plus pauvres, les plus secs et les plus élevés, passant de là, à mesure de l'augmentation de la richesse et de la population, aux sols les plus riches et les plus bas, avec un accroissement constant dans le bénéfice du travail. C'était la contre-partie complète des doctrines de Malthus et de Ricardo. Dans ses Principles of Social Science (1858-'59; 3 vol.), il soutient que la nation qui veut avoir la paix et la concorde à l'intérieur et à l'extérieur, doit adopter une politique qui développe les facultés, variées à l'infini, de la population ; la charrue, le métier et l'enclume travaillant ensemble chacun pour le plus grand bien des autres. L'utilité, d'après Carey, est la mesure du pouvoir de l'homme sur la nature. La richesse consiste dans le pouvoir de l'homme de toujours obtenir les services gratuits de la nature. La production consiste à diriger les forces de la nature pour le service de l'homme. Le capital est l'instrument à l'aide duquel le travail se fait, qu'il se présente sous forme de terre, ou comme un de ses perfectionnements, navires, charrues, développement intellectuel, livres, blé. Le trafic est l'échange fait pour des tiers; il est l'instrument de commerce proprement dit, qui consiste dans l'échange des services, des produits et des idées entre les hommes. La monnaie est regardée comme le grand élément d'association. Le prix est la valeur d'une marchandise mesurée par la monnaie. Les prix de la terre, du travail et de toutes les matières premières tendent à s'élever avec tout accroissement dans la puissance d'association, cet accroissement étant accompagné par une diminution dans le prix des marchandises manufacturées et finies. La réelle liberté du commerce consiste dans le pouvoir d'entretenir des relations directes avec le monde extérieur. Pour y arriver, il doit y avoir des diversités d'occupations mettant le pays exportateur à même d'envoyer à l'étranger ses produits, sous une forme complètement manufacturée. L'objet de la protection peut se définir comme étant d'établir la liberté de commerce parfaite entre les nations du monde. En 4873, M. Carey publia The Unity of Law as exhibited in the Relations of Physical, Social, Mental and Moral Science. — En 4866, le Dʳ Amasa Walker fit paraître The Science of Wealth, a Manual of Political Economy, embracing the laws of Trade, Currency and Finance, qui a été revu et réimprimé plusieurs fois. Le Dʳ Walker est un partisan décidé des vues de Montesquieu et Hume sur la monnaie; il adopte la théorie de Ricardo sur la rente, mais non la loi de Malthus sur la population, et il est fortement en faveur du libre échange. Le prof. A.-L. Perry a publié ses Elements of Political Economy en 4865; ils ont eu depuis plusieurs éditions. Sur la question de la monnaie, il est disciple convaincu de Locke, de Montesquieu et de Hume, et combat les doctrines des protectionnistes. M. Wells a voué une attention spéciale au commerce étranger, aux tarifs, et aux questions de taxe en général; il marche absolument d'accord avec l'école anglaise contemporaine. On peut encore citer, parmi les économistes américains, le prof. Francis Bowen, Condy Raguet, le prof. Wayland, le prof. H. Vethake et George Opdyke. Feu Stephen Colweli de Philadelphie a publié en 4859 The Ways and Means of Payment, a full Analysis of the Credit System, with its Various Modes of Adjustment, qui est l'œuvre la plus complète écrite en anglais sur ce sujet. — En Angleterre, Henry Dunning Mc Leod, Bonamy Price, R.-H. Patterson et R.-H. Inglis Palgrave font autorité sur les questions de finance et de banque. En France, parmi les écrivains économistes les plus distingués, on compte Blanqui, Tracy, Louis Say, Droz, Rossi, Chevalier, Dunoyer, Garnier, Baudriliart, Bastiat, Fontenay, Coquelin, Faucher, Reybaud et Wolowski. Un des plus connus de ceux-ci a été Frédéric Bastiat, dont les œuvres complètes ont été publiées après sa mort (4835, 6 vol.; nouvelle édit. 4862). C'était un ardent partisan du libre échange, et un ferme disciple de Locke, de Montesquieu et de Hume sur la question de la monnaie; il tenait « qu'il est absolument insignifiant qu'il y ait beaucoup ou peu de numéraire dans le monde ». L'Allemagne a produit beaucoup d'ouvrages sur toutes les parties de l'économie politique. Ses principaux écrivains sont : Schmalz, Jakob Volgræff, Krause, K.-H. Rau, Lotz, Hermann, Schœn, Friedrich List, K.-A. Struensee, K.-F. Nebenius, J.-G. Busch, Schœnberg, Wappæus, Schæffle, Scheel, Hermann, Walker et Brentano. — Parmi les meilleurs ouvrages à consulter sur ce sujet, on peut citer : History of Prices, 4793-4856, par Thomas Tooke (4838-'57, 6 vol.); The Literature of Political Economy, par J.-R.-Mc Culloch (4845); Dictionnaire de l'économie politique (4852-'53, 2 vol.); Histoire de l'économie politique, par A. Blanqui (4ᵉ édit., 1860, 2 vol.); A Dictionary of Political Economy, Biographical, Historical, and Practical, par Henry Dunning Mc Leod (vol. I, 4863); History of Agriculture and Prices in England, par J.-E.-T. Rogers (4866, 2 vol.); Kritische Geschichte der National œkonomie und des Socialismus, par Dühring (4874), et Geschichte der National œkonomie in Deutschland (4874).

* POLITIQUE s. f. Art de gouverner un Etat et de diriger ses relations avec les autres Etats : bonne politique. — Connaissance du droit public, des divers intérêts des princes, de tout ce qui a rapport à l'art de gouverner un Etat et de diriger ses relations extérieures :

il s'adonne à la politique. — Se dit quelquefois des affaires publiques, des événements politiques : parler politique. — Manière adroite dont on se conduit pour parvenir à ses fins : ce courtisan a de la politique en tout ce qu'il fait.

* POLITIQUEMENT adv. Selon les règles de la politique : on a cru longtemps que dissimuler et mentir, c'était agir politiquement. — D'une manière fine, adroite, cachée, réservée : il agit politiquement en toutes choses.

* POLITIQUER v. n. Raisonner sur les affaires publiques : s'amuser à politiquer. Il est familier.

POLITIQUEUR, EUSE s. Personne qui, sans y rien connaître, s'occupe de politique.

POLIZIANO [po-li-tzi-a'-no] (Angelo), Angelus Politianus, ou Ange Politien, poète italien, né en 4454, mort en 4494. Il fut précepteur dans la famille de Laurent de Médicis, et, après 4480, professeur de grec et de latin à Florence. Il contribua beaucoup à la renaissance des lettres, et excella dans la poésie latine et italienne. Son Orfeo a été le premier drame profane, écrit dans une langue moderne, qui ait été représenté.

POLK (James Knox), onzième président des Etats-Unis, né dans le comté de Mecklenburg, Caroline du Nord, le 2 nov. 4793, mort le 45 juin 4849. Il alla avec son père demeurer dans le Tennessee en 4806, prit ses grades à l'université de la Caroline du Nord en 4848, entra au barreau en 4820, et en 4823 fut élu à la législature de l'Etat. Il fut représentant au Congrès, de 4825 à 4839, et président à partir de 4835. En 4839, il fut nommé gouverneur du Tennessee. En 4840, les législatures du Tennessee et de plusieurs autres états, le présentèrent comme vice-président, avec M. Van Buren; mais il n'obtint qu'une voix, Richard M. Johnson, du Kentucky, étant le candidat démocratique et régulier. En 4844, M. Polk fut élu par les démocrates, président des Etats-Unis, avec George M. Dallas pour vice-président; il eut 470 voix, contre 405 données à Clay et à Frelinghuysen. Les principaux événements de son administration furent la guerre du Mexique (4846-'48), la fixation de la frontière de l'Orégon, sur la parallèle du 40ᵉ degré, au lieu de 54° 40', comme on le réclamait à l'origine; l'adoption du tarif réduit de 4846, à la place du tarif protecteur de 4842; l'établissement d'un système de trésorerie indépendante, qui permet de percevoir les revenus en espèces sans recourir aux banques; la création du département de l'intérieur; et l'admission du Wisconsin dans l'Union.

* POLKA s. f. (étymol. probable : bohémien pulka, demi). Danse venue de la Bohème orientale, introduite à Prague en 4835 et à Paris en 4840, et en vogue partout aujourd'hui. Elle se danse sur un air à deux quatre ou tournant comme dans la valse, avec des pas élevés et des battements de pied. — Air sur lequel on exécute cette danse : jouer une polka.

POLKER v. n. Danser une polka.

POLKEUR, EUSE s. Celui, celle qui polke.

* POLL s. m. Constatation des votes au moyen d'un registre public dans les élections des membres de la chambre des communes, en Angleterre : demander le poll.

POLLANARRUA [pol-la-nar-rou'-a], ville en ruines de l'île de Ceylan, autrefois la capitale du royaume, à environ 95 kil. N.-N.-E. de Candy. Elle s'élevait sur les bords d'un immense étang ou lac artificiel, dont les eaux se sont aujourd'hui retirées et n'occupent plus qu'un petit espace, de sorte que le grand

quai qui l'enfermait, entoure une vaste savane, au delà de laquelle se dressent des restes de palais et de temples au-dessus des arbres les plus hauts. Le dagoba de Rankot est une masse circulaire de solide maçonnerie en briques, de 486 pieds de diamètre et de 200 pieds de haut environ. Pollanarrua devint la capitale de Ceylan en 769, et fut remplacée en 1235 par Dambadenia. C'est un Anglais, M. Fagan, qui visita ses ruines pour la première fois en 4820. Son emplacement s'appelle aujourd'hui Toparé.

* POLLEN s. m. [poll-lènn] (lat. pollen, farine). Bot. Poussière fécondante renfermée dans la partie des fleurs qui est appelée anthère. (Voy. PLANTE.)

* POLLET (Le), faubourg de Dieppe, situé à l'E. du port de cette ville (d'où le nom port de l'Est.)

* POLLICITATION s. f. [pol-li-si-ta-si-on] (lat. pollicitatio). Engagement contracté par quelqu'un, sans qu'il soit accepté; à la différence du PACTE, qui est une convention entre deux personnes.

POLLINATION s. f. [pol-li-] (lat. pollen). Bot. Emission du pollen des plantes.

POLLINEUX, EUSE adj. [pol-li-]. Bot. Qui est couvert d'une poudre jaune semblable à du pollen.

POLLION (Caïus-Asinius Pollio), général romain, né en 76 av. J.-C., mort en l'an 4 de notre ère. Lorsque la guerre civile éclata, il prit parti pour César; il était avec lui au passage du Rubicon et dans sa marche à travers l'Italie. Il se trouva aussi à la bataille de Pharsale en 48, et à son retour à Rome, il fut élu tribun du peuple. En 46 et 45, il accompagna César dans ses campagnes d'Afrique et d'Espagne, et commanda plus tard dans l'Espagne ultérieure contre Sextus Pompée. Consul en 40, on lui assigna la Gaule Transpadane. En 39, il fit une heureuse campagne en Illyrie, et reçut le triomphe. Il avait écrit une histoire de la guerre civile en 47 livres et quelques tragédies, qui ne nous sont pas parvenues, et il établit la première bibliothèque publique à Rome.

* POLLUER v. a. [pol-lu-é] (lat. polluere, mouiller). Profaner. N'est guère usité qu'en parlant des temples, des églises, et de ce qui sert à l'usage des églises : polluer les choses saintes. — Se polluer. v. pr. Se souiller d'un certain péché d'impureté.

* POLLUTION s. f. [pol-lu-]. Profanation; état de ce qui est profane : la pollution d'une église dure jusqu'à ce qu'elle ait été bénite de nouveau. — Péché d'impureté. — Méd. Emission involontaire de la liqueur spermatique qui a lieu pendant le sommeil.

POLLUX [pol-lux]. Voy. CASTOR ET POLLUX.

POLLUX (Julius). I, grammairien et sophiste grec, né en Egypte; florissait vers 483. Il étudia à Athènes et y enseigna la grammaire et la rhétorique. La seule œuvre qui reste de lui est l'Onomasticon, dictionnaire de mots grecs classés d'après les sujets, avec des citations. — II, auteur byzantin, qui écrivit une histoire universelle depuis la création du monde jusqu'au règne de Valens. On dit qu'un manuscrit continue le récit jusqu'à la mort de Romanus II (963).

POLO s. m. Jeu de balle qui se joue à cheval. Il prit naissance parmi les officiers anglais dans l'Inde, et fut introduit en Angleterre en 4872 et aux Etats-Unis en 4876. D'après les règles adoptées à Jérôme Park, à New-York, il se joue avec des poneys dont la taille ne doit pas dépasser 44 palmes; les raquettes (mallets) ont 4 pieds 4 pouces de long. Ce jeu est analogue au jeu anglais appelé hockey.

qui consiste à lancer une balle d'un camp à l'autre, à l'aide d'un bâton recourbé en crosse

Polo.

à l'extrémité; seulement le *hockey* se joue à pied.

POLO (Marco), voyageur vénitien, né vers 1254, mort vers 1324. En 1271, il partit pour l'Orient avec son père Nicolo et son oncle Maffeo, qui revenaient d'Asie où ils avaient trafiqué pendant 19 ans. Ils traversèrent la Palestine, le N. de la Perse et la Tartarie, et, en 1275, atteignirent la capitale du Cathay (la Chine). Kublaï Khan confia à Marco diverses fonctions importantes, et il visita beaucoup de points de la Chine et des régions environnantes. A leur retour, ils accompagnèrent par mer une ambassade persane, touchant à Bornéo, Sumatra, les îles Nicobar et Andaman, Ceylan, la Carnatique, et abordant dans le golfe Persique en 1292. Ils traversèrent ensuite le Kurdistan et la Mingrélie jusqu'à Trébizonde sur la mer Noire, où ils s'embarquèrent; ils arrivèrent à Venise en 1295. Ils eurent de la peine à convaincre leurs amis de leur identité, et on n'ajouta point foi à ce qu'ils racontaient. Jusque sur son lit de mort, on pressait Marco de rétracter ses prétendus mensonges; mais il les affirma de nouveau solennellement tout ce qu'il avait avancé, et il n'y a pas de doute qu'il n'ait dit en substance la vérité. Il fut le premier qui fit connaître aux Européens l'existence du Japon. Maffeo devint un des principaux magistrats de Venise. Marco reçut le commandement d'une galère dans la flotte envoyée contre les Génois, sur la côte de Dalmatie; il fut blessé dans l'engagement et emmené prisonnier à Gênes. Pendant ses quatre ou cinq années de captivité, il dicta à un compagnon de captivité le récit de ses voyages, qui fut terminé en 1298. Il fut probablement écrit et publié d'abord en français, puis traduit en latin, du vivant même de Marco.

POLOGNE (pol. *Polska*) (Royaume de), partie de l'ancienne Pologne qui, en 1815, a été reconstituée sous la domination de la Russie; 127,310 kil. carr.; 7,320,000 hab. Elle est situé entre 50° 4' et 55° 6' lat. N., et 15° 18' et 21° 45' long. E., et bornée au N.-E. et à l'E. par la Lithuanie et la Volhynie, au S. par la Galicie autrichienne, à l'O. et au N.-O. par les provinces de Silésie, de Posen et de Prusse. Toutes ces provinces limitrophes et un grand nombre d'autres faisaient autrefois partie de la Pologne indépendante. Presque tout le pays est une plaine, allant en pente douce vers la Baltique; la région méridionale seule est accidentée, traversée qu'elle est par des ramifications des Carpathes. La Vistule entre en Pologne un peu au-dessous de Cracovie, et la parcourt en décrivant un demi-cercle; elle reçoit à droite le Wieprz et le Bug, qui coule le long de la frontière orientale, et la Pilica à gauche. Le Niemen coule le long de la frontière, vers la Baltique. La

Warta et son affluent, le Prosna, sont des affluents de l'Oder. Le climat est rigoureux, mais sain. Le sol est presque partout un compost sablonneux et fertile. Les riches pâturages et les grandes forêts abondent. Les principaux produits végétaux sont : le blé, le seigle, l'orge, l'avoine, le blé noir, et le lin; les minéraux : l'argent, le fer, le cuivre, le plomb et le zinc. On y élève beaucoup d'abeilles, de volailles, de moutons et de chevaux. La masse de la population est polonaise (environ 4,000,000, presque tous catholiques). Les Juifs dépassent le nombre de 800,000; les Ruthènes et les Russes sont 700,000 environ, et les Lithuaniens et les Allemands 300,000 pour chacune de ces deux nationalités. Le commerce se trouve en grande partie aux mains des Juifs, et l'industrie dans celles des Allemands, qui fabriquent des tissus de laine et de colon, des mérinos, des cuirs, du papier, du verre, du sucre de betteraves, des instruments de musique, des pendules, des montres, et des voitures. Les céréales, les graines, l'huile, le miel, la laine, les métaux et les bois de charpente s'exportent surtout vers les ports de la Baltique. Des lignes de chemin de fer unissent la capitale, Varsovie, à Saint-Pétersbourg, Moscou, Cracovie, Berlin et Dantzig. La grande ville manufacturière est Lodz. Le pays se divise en 10 gouvernements nommés d'après leur capitale : Kalisz, Kielce, Lomza, Lublin, Piotrkow, Plock, Radom, Siedlce, Suwalki et Varsovie. — Les Polonais forment une des principales branches de la famille slave. Le premier héros dont il est fait mention dans leur histoire légendaire, est Lech, fondateur de Gnesen. On regarde l'élection du paysan Piast à la dignité royale comme fabuleuse; mais son fils, Ziemowit, passe pour le premier souverain historique de la Pologne (860). Miecislas I (962-992) convertit son peuple au christianisme. Son fils Boleslas, surnommé le Brave, étendit ses possessions au delà de l'Oder, des Carpathes et du Duiester, et ne fut pas moins heureux pendant la paix. La plupart des habitants étaient alors agriculteurs, mais tenus au service militaire; ceux qui pouvaient équiper un cheval étaient regardés comme nobles; les prisonniers de guerre étaient serfs. Peu avant sa mort (1025), Boleslas se fit couronner roi. Boleslas II, le Hardi (1058-'81), triompha des Bohémiens et des Russes, mais ses actes tyranniques furent cause qu'il mourut en exil. Son frère, Ladislas (Wladyslaw)-Herman (1081-1102), prince à l'esprit faible, abandonna le titre de roi, se contentant de celui de duc. Son fils, Boleslas III (1102-'39), après bien des guerres, partagea ses domaines entre ses quatre fils aînés; mais, à la suite de longues discussions, la couronne échut au cinquième frère, Casimir II, le Juste (1177). Son règne fut heureux en paix et en guerre. Une assemblée d'évêques détermina les droits des paysans et du clergé. Un sénat fut formé, composé principalement d'évêques, de palatins et de castellans. Des deux fils de Casimir, qui se partagèrent le pays, Lesco fut assassiné par un gouverneur rebelle, et Conrad, incapable de lutter avec ses voisins païens de Prusse, appela à son secours les chevaliers teutoniques, qui, faisant des conquêtes pour leur compte, devinrent bientôt, pour la Pologne, de terribles ennemis. Sous le fils de Conrad, Boleslas V (1227-79), la Pologne fut presque anéantie par une invasion de Mongols. Les héritiers de Conrad se partagèrent ses possessions. Différents districts occidentaux furent perdus; les colons allemands se dénationalisèrent d'autres; et les Tartares, les Ruthènes et les Lithuaniens désolèrent le pays de leurs incursions. Ladislas, le Bref, petit-fils de Conrad, rétablit l'ordre et l'unité partielle (la Silésie s'étant soumise aux rois de Bohême), fit de Cracovie la capitale permanente où il fut couronné en 1319, convoqua la pre-

mière diète polonaise, et, allié à la Lithuanie, soutint une guerre vigoureuse contre les chevaliers teutoniques. Son fils, Casimir III le Grand (1333-'70), rendit la Pologne puissante et florissante. Il était plus éclairé que son temps, bien qu'il fût débauché; il mérita le titre de « roi des paysans », protégea les Juifs, fit promulguer deux codes de loi en 1347, et fonda l'université de Cracovie. Il bâtit des villes et des forteresses, et s'annexa la Masovie et Halicz (Galicie). Avec lui se termina la dynastie de Piast. Il eut pour successeur son neveu, Louis le Grand, de Hongrie, dont la fille, Hedvige, fut reconnue après sa mort (1382) et donna sa main à Jagellon ou Jagiello, grand-duc de Lithuanie. Ce prince païen, baptisé sous le nom de Ladislas II, promit de convertir son peuple et de réunir à la Pologne ses vastes possessions. Cette union ne s'accomplit que difficilement. Jagellon (1386-1434) fit la guerre avec succès contre les chevaliers teutoniques, qu'il mit en déroute à Grünwald ou Tannenberg, en 1410. Son fils, Ladislas III, fut élu roi de Hongrie, et dans une seconde expédition contre les Turcs, il tomba à Varna en 1444. Son frère, Casimir IV (1444-'92), contraignit les chevaliers teutoniques, par la paix de Thorn (1466), à rendre plusieurs territoires. Trois fils de Casimir régnèrent après lui : Jean-Albert, Alexandre et Sigismond Ier. Le dernier de ceux-ci fut le roi le plus heureux de son temps (1506-'48). Une grande partie de l'Ordre teutonique, ayant adopté le lutheranisme, leur dernier grand-maître, Albert de Brandebourg, neveu de Sigismond, fut établi, comme vassal de celui-ci, duc de la Prusse orientale en 1525, la Prusse occidentale restant en possession immédiate de la Pologne. Sous son fils, Sigismond II Auguste, l'union définitive de la Lithuanie avec la Pologne fut proclamée par la diète de Lublin en 1569. Les deux pays devaient dès lors former une république commune, sous un roi électif, avec une diète et un sénat communs, tout en conservant leurs titres, leurs armées, leurs finances et leurs lois distinctes. La Podlachie, la Volhynie et l'Ukraine étaient transférées de la Lithuanie à la Pologne. Varsovie devint le siège de la diète. La prospérité de l'État approchait alors de son apogée. La tolérance attirait les luthériens, les calvinistes et les sociniens. Avec Sigismond Auguste finit la ligne mâle des Jagellons (1572). Pendant l'interrègne qui suivit, les droits essentiels de la nation furent établis, et chaque élu devant les respecter en jurant fidélité aux *pacta conventa*. A la diète d'élection, chaque noble avait un droit électoral égal et individuel. Le premier choix tomba sur le plus indigne des candidats, Henri de Valois, qui, quelques mois après, s'enfuit en France, pour succéder à son frère, Charles IX, sous le nom de Henri III. L'empereur Maximilien II se porta candidat; mais Jean Zamojski proposa de donner la couronne à Anna Jagellon, sœur de Sigismond Auguste, lui choisissant pour mari Étienne Báthori, prince de Transylvanie, et son avis prévalut (1575). Báthori réforma l'organisation judiciaire, fonda de nombreuses institutions savantes, augmenta les forces militaires, et conquit Polotzk sur les Russes. Zamojski était son principal conseiller et son bras droit. Le règne de Sigismond Vasa (1587-1632), à qui son zèle catholique fit perdre sa couronne héréditaire de Suède, se distingua par les exploits des grands généraux Zamojski, Chodkiewicz et Zolkiewski, dans les guerres contre les Suédois, les Russes et les Turcs, mais sans résultats favorables. Sigismond et son fils Ladislas IV (1632-'48) eurent à se soumettre à des limitations de leur autorité royale. La classe dominante, le corps turbulant des guerriers, exerça dès lors sa funeste tyrannie dans toutes les directions. L'opprestion et les persécutions poussèrent les Cosaques sous Chmielnicki à un terrible soulèvement, qui aboutit à leur soumission au czar de Moscou. De plus grandes sources d'infortune furent l'anarchie législative, qui trouva son expression dernière dans le *liberum veto*, ou le droit qu'avait un simple député d'empêcher ou d'annuler l'action de la diète, les dissensions intérieures, et la promptitude des voisins à en profiter. Le frère de Ladislas, Jean Casimir (1648-'68), fut simultanément assailli par les Russes et les Cosaques, par Charles X de Suède et son allié, l'électeur de Brandebourg, et par George Rakoczy de Transylvanie. La Pologne était sur le bord de la ruine; mais il se fit d'héroïques efforts. Le Danemark se montra un allié utile, et Czarniecki fut victorieux de tous ses ennemis. La paix fut conclue, mais au prix de grands sacrifices de territoires. Jean Casimir, désespérant de l'avenir, abdiqua. Michel Korybut Wisniowiecki, son successeur, fut presque obligé d'accepter la couronne. L'hetman (commandant en chef), Jean Sobieski, fut élu son successeur. Des guerres avec les Turcs remplirent son règne (1674-'96). En 1683, il délivra Vienne. A sa mort, le prince de Conti et l'électeur de Saxe, Auguste (II), furent élus par des factions opposées. L'électeur arriva le premier et l'emporta. Son alliance avec Pierre le Russie contre Charles XII de Suède se trouva être une source de calamités. Charles envahit la Pologne, occupa Varsovie et Cracovie, et donna la couronne de Pologne à Stanislas Leszczynski (1705). Après la défaite de Charles, à Pultava (1709), Auguste fut restauré. Pendant la période de paix qui suivit, la corruption devint générale; le fanatisme changea en loi la pratique, depuis longtemps adoptée, d'exclure les dissidents des fonctions publiques, et l'intervention de la Russie devint permanente. Une armée russe aida une faction des nobles à établir le fils d'Auguste, Auguste III, comme successeur de son père en 1733, à la place de Leszczynski, qui venait d'être réélu, et en faveur duquel Louis XV de France, son gendre, fit la guerre de la succession de Pologne sur le Rhin. L'anarchie constitutionnelle rendit la législation presque impossible. Les Czartoryski et leurs amis mirent alors en avant leur plan pour transformer cette république de nobles en un royaume constitutionnel régulier. Après la mort d'Auguste III en 1763, Stanislas Auguste Poniatowski, favori de Catherine II de Russie, et neveu des Czartoryski, fut illégalement placé sur le trône. Il laissa la profonde et astucieuse impératrice se servir de lui comme d'un instrument. L'ambassadeur de celle-ci, Repnin, qui avait à sa disposition une armée, devint le véritable souverain. Il encouragea les dissidents et les ennemis de la réforme, et puis les força à accepter la garantie de la Russie pour la liberté républicaine illimitée. Les patriotes, cependant, prirent les armes. La confédération de Bar se mit à la tête du mouvement (1768), inspirée par les Pulaski. La lutte contre les Russes, auxquels la Porte avait aussi déclaré la guerre, fut longue et acharnée. Cependant, Catherine concertait le partage de la Pologne avec Frédéric le Grand et Marie-Thérèse. Les Prussiens et les Autrichiens entrèrent en Pologne en 1772; les confédérés se dispersèrent. La Russie s'empara des palatinats de Polotzk, de Vitebsk et de Mstislav, et de quelques districts adjacents; la Prusse prit la plus grande partie de la Prusse royale et une partie de la Grande Pologne (à l'O.); l'Autriche eut la Russie rouge et quelques territoires limitrophes, qu'elle réunit sous les noms de Galicie et de Lodomirie. Une nouvelle constitution, faite par le double diète de 1788-'92 et promulguée le 3 mai 1791, abolit le *liberum veto*, étendit les droits des non nobles, et rendit le

trône héréditaire. Frédéric-Guillaume II de Prusse offrit son aide contre la Russie. Mais le secours de Catherine II fut invoqué par les défenseurs de la vieille constitution, qui, en 1792, formèrent la confédération de Targovitza. Les Russes entrèrent en Pologne; la Prusse trahit, et Stanislas-Auguste passa à la confédération. La diète de Grodno (1793) fut forcée à la pointe de la baïonnette de sanctionner un nouveau partage. Catherine tira sur une carte une ligne à travers la Lithuanie et la Volhynie, prenant tout le pays à l'E.; le récent allié de la Pologne, Frédéric Guillaume, prit le reste de la grande Pologne, et les villes de Thorn et de Dantzig. Le désespoir de la nation éclata en une grande insurrection, en 1794, sous Kosciuszko, Cracovie, Varsovie et la Lithuanie se levèrent; un conseil suprême fut formé, le roi étant laissé de côté. Mais les ressources des patriotes étaient médiocres, et les Russes virent bientôt se joindre à eux les armées prussiennes et autrichiennes. Finalement Kosciuszko fut écrasé par Suvaroff et Fersen à Maciéjowice (10 oct.) et fait prisonnier. La prise d'assaut et le massacre de Praga et la capitulation de Varsovie (8 nov.) suivirent de près. Poniatowski abdiqua la couronne en 1795. Un troisième partage anéantit la Pologne. La Russie prit toutes les provinces à l'E. du Niémen et du Bug; l'Autriche, celles qui se trouvaient entre cette dernière rivière, la Pilica et la Vistule; la Prusse, tout le reste avec la capitale. Mais les patriotes survivants travaillèrent avec zèle pour le relèvement de leur pays. Dombrowski forma pour l'armée de Napoléon des légions polonaises, qui, en 1806, rentrèrent dans leur pays. Par le traité de Tilsit (1807), Napoléon transforma la plus grande partie des territoires polonais échus à la Prusse en duché de Varsovie, sous Frédéric-Auguste de Saxe. La désastreuse campagne de 1812 marqua la fin de ce duché. Le congrès de Vienne créa une ombre d'indépendance polonaise dans la république en miniature de Cracovie, et donna la part du Duché à Alexandre de Russie, lequel créa le soi-disant royaume de Pologne, avec une constitution et une armée nationale de 50,000 hommes. Son frère Constantin fut le vice-roi réel, avec le général Zajonczek pour vice-roi nominal. Dès le commencement, une défiance mutuelle régna entre le peuple et le gouvernement; des violations de la constitution, des tentatives de conspiration se multiplièrent; et, après l'avènement de Nicolas (1825), une rupture devint inévitable. Cependant, le soulèvement du 29 au 30 nov., qui chassa les Russes de Varsovie prit l'empereur et la nation à l'improviste. Tout le peuple se déclara en faveur de la révolution; mais les aristocrates prirent la tête. A ce parti appartenaient le prince Adam Czartoryski, Chlopicki, pendant quelque temps dictateur, et ses successeurs dans le commandement en chef de l'armée, Radziwill, Skrzynecki, Dembinski, et Malachowski. L'indépendance de la Pologne ayant été déclarée (25 janv. 1834), une série de batailles sanglantes fut livrée contre les Russes sous Diebitsch, près de Varsovie, en février et en mars, sur le Narew et le Bug et à Ostrolenka en mai; les chefs polonais y déployèrent un grand courage, mais peu d'habileté comme généraux. Des expéditions, pour révolutionner la Volhynie et la Lithuanie, aboutirent à des échecs désastreux. Le successeur de Diebitsch, Paskevitch, traversa la Vistule et s'avança vers Varsovie par la rive gauche. Après une lutte meurtrière, Varsovie capitula (8 sept.). Le gros de l'armée mit bas les armes sur le territoire prussien. La Pologne gisait sanglante aux pieds du czar sans espérer de merci et sans qu'il lui en fût accordé. La constitution et les lois du pays furent abrogées, et un rigoureux système de répression domina pendant tout le règne

de Nicolas. Les émigrés polonais, résidant pour la plupart en France, fomentèrent en vain des conspirations. Les plus importantes d'entre elles provoquèrent des soulèvements simultanés dans la Pologne russe, la Galicie, Cracovie et Posen, en février et en mars 1846. Tous ces mouvements eurent une fin désastreuse. Les meneurs en Pologne furent pendus; ceux de Posen, Mieroslawski et autres, emprisonnés; et les nobles patriotes de la Galicie, massacrés par les paysans. Cracovie fut annexée à la Galicie. Mieroslawski, sauvé de la mort par la révolution de Berlin, en mars 1848, combattit, bientôt après, dans le duché de Posen, bravement, mais sans succès; Ben et Dembinski commandèrent les armées hongroises en 1848-'49; mais tous leurs efforts, pour servir la Pologne à l'étranger, restèrent sans fruit. Des améliorations considérables se produisirent dans les provinces polonaises russes après l'avènement d'Alexandre II (1855); mais des démonstrations populaires, stimulées par des changements favorables dans la Pologne autrichienne (voy. Autriche et Galicie), amenèrent des collisions sanglantes, des emprisonnements et des transportations en masse en Sibérie. Cependant les plans de douceur prévalurent encore dans les conseils d'Alexandre II. Son frère Constantin fut nommé vice-roi de Pologne et le marquis Wielopolski, Polonais de tendances panslaviques-libérales, lui fut attaché comme chef de l'administration civile. Mais un farouche esprit révolutionnaire s'était emparé de la jeunesse. Des comités secrets organisaient un terrorisme déplorable. Pour écraser d'un coup ce mouvement révolutionnaire, le gouvernement résolut une conscription sur une grande échelle, dont la masse de la jeunesse patriotique devait être victime. Ceci précipita une insurrection; d'autres suivirent en grand nombre. En vain Langiewicz et Mieroslawski tentèrent d'établir une dictature militaire. Le comité central de Varsovie dirigeait secrètement les opérations, organisant un réseau de sous-comités terroristes. Mais les forces insurgées restaient dispersées et aucune ville importante n'était en leur pouvoir. Dans la Lithuanie, l'insurrection fut écrasée pendant l'automne, et en Pologne, pendant l'hiver et le printemps suivants; le gouvernement polonais occulte, composé de personnages audacieux et inquiets sans grande notoriété personnelle, avait disparu dès le commencement de 1864. Des milliers de Polonais périrent; la transportation en Sibérie, les exécutions, les incarcérations, les confiscations firent autant de victimes. La Lithuanie, la Volhynie et la Podolie se virent russianisées violemment, et les caractères distinctifs de l'administration du royaume de Pologne furent systématiquement abolis. On russianisa l'université de Varsovie et les autres écoles (1869) et on introduisit en Pologne (1870) le calendrier russe. (Vieux style.) — Langue et Littérature. La langue polonaise appartient au groupe nord-occidental de la famille slave. L'alphabet contient les lettres suivantes : *a* (*a* bref italien), *a* (*on*), *b*, *b'* (lettres douces, combinant le *b* et l'*y* consonne), *c* (*tz*), *c* (*tch*, très doux), *cz* (*tch*), *ch* (*kh*, all. *ch*), *d*, *é* (italien bref), *é* (fermé comme dans l'anglais *yes*), *e* (*in*); *f*, *g* (*dur*), *h*, *i* (italien bref), *j* (*y* consonne), *k*, *l* (*l*, très dur), *l* (ll. *gl*, comme dans *gli*), *m*, *n*, *n* (*gn*), *o* (italien bref), *o* (fermé, se rapprochant du *u* italien), *p*, *p* (doux, *p* et *y* consonne), *r*, *rz* (*rzh*, comme *rj* combiné), *s*, *s* (*sh* anglais très doux), *sz* (*sh*), *t*, *u* (italien bref), *w* (*v*), *x*, *y* (ressemblant à *u*), *z*, *z* (*j*), *z* (*j* très doux). *I* sert à adoucir les différentes consonnes et remplace le signe '. L'accent, excepté dans les mots étrangers et dans les composés, est toujours sur la pénultième. Comme en latin, il n'y a pas d'article. Il y a des déclinaisons de sept cas, dont les formes sont· très nombreuses. Il y a trois genres pour les noms, les adjectifs, les pronoms, les verbes et les participes, ex. : *Moj dobry kochany ojciec dat* : « mon bien-aimé père donna »; *Moja dobra kochana matka* (mère) *data; Moje dobre kochane dziecko* (enfant) *dato*. Les noms de nombre (masculin) sont : *jeden, dwa, trzy, cztery* (sansc. *tchatur*), *pięc* (gr. πέντε), *szesc, siedm, osm* (sansc. *ashtan*), *dziewiec, dziesięc* (lat. *decem*). Le verbe est excessivement riche. Les diminutifs, les dénominatifs, et les autres dérivatifs sont nombreux. Les mots d'une phrase peuvent s'arranger presque aussi librement qu'en latin. Pour la flexibilité, la richesse, la force et l'harmonie, il n'y a guère de langue européenne qui surpasse le polonais. — L'influence latine du christianisme empêcha le développement d'une littérature nationale en Pologne pendant le moyen âge; toutes les productions littéraires de cette période sont écrites en latin, entre autres les chroniques de Martin Gallus (vers 1130), de Kadlubek (1220), de Boguphalus (1250), et de Martin Skrzenbski, surnommé Polonus (1270), et la célèbre histoire de Pologne, par Dlugosz (1480). Le principal centre d'érudition était l'université de Cracovie. Sous Sigismond Ier et Sigismond Auguste (1506-'72), la littérature polonaise commença à se développer et fit des progrès rapides. Le style poétique surtout s'éleva à un étonnant degré de perfection. Le satiriste Rej (né en 1515) et Jean Kochanowski, le grand poète lyrique (1532-'84), ont reçu le nom de pères de la poésie polonaise. Des frères cadets du dernier, Pierre, traduisit la *Jérusalem délivrée*, du Tasse, André l'*Enéide*, de Virgile. Les Bielski, père et fils, dans la dernière partie du XVIe siècle, écrivirent une *Kronika Polska* et Kromer, archevêque d'Ermeland (mort en 1589), *De origine et rebus gestis Polonorum*. Szymonowicz (Simonide) et Zimorowicz, auteurs d'idylles excellentes, florissaient sous Sigismond III (1587-1632); mais dans la seconde moitié de ce règne, la littérature polonaise subit un rapide déclin, avec le latin pour principal objet en même temps que pour véhicule d'enseignement. Pendant un siècle et quart, régnèrent le pédantisme, le mauvais goût et l'impureté de la langue. Parmi les meilleurs poètes de cette époque, on peut citer Sarbiewski (Sarbievius, mort en 1640), qui mérita, comme poète latin, le titre d'Horace Sarmate; Kochowski, qui chanta, dans *Vienne délivrée*, la gloire de Sobieski, et Elisabeth Druzbacka (1687-1760). Le règne politiquement malheureux de Poniatowski, le dernier roi indépendant de Pologne, fut, au point de vue littéraire, le plus distingué. Trembecki, Kniaznin et Wengierski composèrent de belles poésies lyriques ou descriptives; Naruszevicz, une grande histoire de Pologne et une admirable traduction de Tacite; et Krasicki, des mélanges en vers et en prose, qui lui méritèrent l'honneur d'être appelé le Voltaire de la Pologne. Cette activité et ce raffinement littéraires survécurent aux divisions et à la chute de la Pologne. Les poètes Godebski, Wenzyk et Dmochowski, les auteurs dramatiques Felinski, Kropinski, Osinski et Boguslawski, et les éminents historiens ou écrivains politiques Czacki, Albertrandy, Kollontaj, Stanislas Potocki, Ossolinski et Staszyc, appartiennent principalement au commencement du siècle présent. Les poètes les plus populaires de la période qui suit immédiatement, furent Karpinski, Brodzinski, Woronicz et surtout Niemcewicz, qui se distingua aussi comme historien, et qui, dans ses ballades (*Spiewy historyczne*) surpassa tous ses prédécesseurs. Il fut cependant bientôt éclipsé comme poète épique par Mickiewicz, le fondateur de l'école romantique polonaise. A cette école appartiennent la plupart des plus

récents poètes de Pologne, dont beaucoup, après la révolution de 1834, écrivirent en exil; les Ukraniens Malczewski, auteur de l'admirable poème épique *Maria*, Goszczynski, Zaleski et Padura; Odyniec, Korsak, Alexander Chodzko, Gorecki, Garczynski, Julius Slowacki, Groza, Krasinski, Zaleski et d'autres. Dans la première partie de ce siècle, on a des romans de Niemcewicz, de Maria Czartoryska, de Bernatowicz, et plus récemment de Czajkowski, de Zielinski, et surtout de Kraszewski; Skarbek, Fredro et d'autres ont composé de drames; les meilleures œuvres historiques ont été écrites par Bandtke, Lelewel, Marciejowski, Narbutt et Szajnocha, et des ouvrages philosophiques par Sniadecki, Trentowski, Wiszniewski et Libelt. — BIBLIOGR. Vigenère, *Chroniques et annales de la Pologne* (Paris, 1578); Malte-Brun, *Tableau de la Pologne ancienne et moderne* (1830, 2 vol. in-8°); Joachim Lelewel, *Histoire de la Pologne* (Paris, 1844, 2 vol. in-8°); Fayot, *Histoire de la Pologne* (1834, 3 vol. in-8°), etc.

POLONAIS, AISE s. et adj. De la Pologne; qui appartient à ce pays ou à ses habitants.

* **POLONAISE** s. f. Danse nationale de Pologne, qui s'est répandue dans toute l'Europe, en subissant de nombreuses modifications : *danser la polonaise.* — Air à trois temps sur lequel on exécute cette danse et dont on a fait des chansons et des morceaux de musique instrumentale : *la polonaise de Kosciusko.*

POLONCEAU. I. (Antoine-Remi), ingénieur, né à Reims en 1778, mort en 1847. Il fut le véritable créateur des routes de France en Italie à travers les montagnes; on lui doit l'introduction en France du procédé d'empierrement de Macadam et la construction du pont du Carrousel à Paris (1834). Il a laissé divers écrits remarquables. — II. (Jean-Barthélemy-Camille), fils du précédent, né à Chambéry en 1813, mort en 1859. Il fut attaché à la construction du chemin de fer de Versailles (rive gauche); on lui doit le perfectionnement des locomotives et du matériel roulant des chemins de fer.

POLOTZK, ville de Russie, sur la Düna, à 95 kil. N.-O. de Vitebsk; 11,928 hab. C'était autrefois la capitale d'un duché de la Russie Blanche. Ivan le Terrible l'enleva à la Lithuanie en 1564. Etienne Bathory, roi de Pologne, la reconquit en 1579. En 1772, elle fut définitivement incorporée à la Russie. En 1839, un synode s'y réunit par l'ordre de Nicolas, et proclama le retour de quelques millions de Grecs unis à l'Eglise grecque orthodoxe.

POLTAVA, Pultava ou PULTOWA. I., gouvernement de Russie, dans l'Ukraine, 49,895 kil. carr.; 2,420,614 hab. Le pays, plaine presque ininterrompue, descend graduellement vers le S.-O. où le Dnieper coule le long de la frontière pendant plus de 350 kil., recevant la Sula, la Vorskla et d'autres rivières. La province de Pultava est l'une des plus fertiles et des mieux cultivées de l'empire. On y élève un grand nombre des bestiaux et des moutons. L'agriculture y est une importante source de vie. — II, capitale de cette prov., près du confluent de la Pultava et de la Vorskla, à 700 kil. S.-S.-O. de Moscou; 35,000 hab. Elle est entourée d'une muraille et défendue par une citadelle. Cathédrale, couvent et école de cadets. Dans un grand square une colonne a été élevée en mémoire de la défaite de Charles XII (8 juillet 1709). Un monticule de 40 pieds de haut, surmonté par une croix, marque le champ de bataille, à 17 kil. S.-O. de la ville.

* **POLTRON, ONNE** adj. (ital. *poltrone*). Lâche, pusillanime, qui manque de courage.

Il n'est, je le vois bien, si poltron sur la terre
Qui ne puisse trouver un plus poltron que soi.
LA FONTAINE.

— FAUCONN. OISEAU POLTRON, celui auquel on a coupé les ongles des doigts de derrière, ou celui qu'on ne peut parvenir à dresser. — s. *C'est un grand poltron.*

* **POLTRONNEMENT** adv. En poltron.

* **POLTRONNERIE** s. f. Lâcheté, manque de courage : *il est d'une grande poltronnerie.* — Action qui dénote la lâcheté, le défaut de courage : *c'est un lâche, il a fait mille poltronneries.*

POLTROT DE MÉRÉ (Jean), assassin du duc de Guise, né au château de Méré, paroisse de Bouex (Angoumois), vers 1522, exécuté à Paris en 1563. Attaché à Soubise, gouverneur de Lyon, il partagea la haine des protestants contre le duc de Guise et forma le projet de l'assassiner. Coligny, auquel il fit part de son dessein, l'encouragea, et Poltrot de Méré se rendit devant Orléans dont Guise faisait le siège. Il attendit l'occasion favorable et tua Guise d'un coup de pistolet.

* **POLY** (gr. *polus*, beaucoup), préfixe qui entre dans la formation d'un grand nombre de mots.

POLYACANTHE adj. (préf. *poly* ; gr. *akanthé*, épine). Bot. Qui est pourvu de nombreuses épines.

* **POLYADELPHE** adj. (préf. *poly* ; gr. *adelphos*, frère). Bot. Se dit des étamines qui sont soudées en plusieurs corps par leurs filets et, par ext., des fleurs ou des plantes qui les portent.

* **POLYADELPHIE** s. f. Bot. Classe du système de Linné, qui renferme les plantes à plusieurs étamines réunies par leurs filets en plus de deux corps ou faisceaux distincts, dans une même fleur hermaphrodite : *l'oranger appartient à la polyadelphie.*

POLYANDRE adj. (préf. *poly* ; gr. *anér, andros*, homme). Bot. Qui a des étamines nombreuses.— Bot. Qui a plusieurs maris.

* **POLYANDRIE** s. f. Bot. Classe du système de Linné, qui renferme les plantes pourvues de 20 à 100 étamines : *le pavot, le nénuphar, le tilleul, sont de la polyandrie.* — Etat d'une femme qui est mariée à plusieurs hommes. On dit mieux POLYGAMIE.

* **POLYANDRIQUE** adj. Qui appartient à la polyandrie.

POLYARCHIE s. f. (préf. *poly* ; gr. *arké*, commandement). Gouvernement de plusieurs.

POLYBASIQUE adj. (préf. *poly* ; fr. *basique*). Chim. Se dit des acides qui renferment plusieurs molécules d'eau basique, c'est-à-dire d'eau susceptible d'être remplacée par une molécule de base.

POLYBE, historien grec, né probablement vers 204 av. J.-C., mort vers 122. Son père était Lycortas, de Mégalopolis, qui succéda à Philopœmen à la tête de la ligue achéenne. Après la défaite de Persée de Macédoine à Pydna (168), 1,000 Achéens, parmi lesquels était Polybe, furent emmenés en Italie pour y être jugés, comme n'ayant pas donné leur aide aux Romains. Par l'influence de Fabius et de Scipion, fils de Paul-Emile, Polybe fut autorisé à demeurer chez leur père, à Rome, et une solide amitié se lia entre l'historien et Scipion. Après 17 ans d'exil, il obtint, ainsi que ses compatriotes survivants, l'autorisation de rentrer dans sa patrie. Il prit part avec Scipion à la troisième guerre Punique, et assista à la destruction de Carthage; après la réduction de Corinthe, il se rendit en hâte dans le Péloponèse, et beaucoup pour adoucir la sévérité des vainqueurs. Sa grande œuvre est une histoire en 40 livres, racontant l'accroissement de la puissance romaine de 220 av. J.-C., époque où s'arrêtaient les histoires de Timée et d'Aratus de

Sicyone, jusqu'en 146, année de la destruction de Carthage et de Corinthe. Il n'en reste que cinq livres complets, et des fragments des autres. Les principales éditions de son *Histoire* sont celles de Casaubon (Paris, 1609); de Gronovius (1670, 3 vol.); trad. franç. de Bouchot (Paris, 1847, 3 vol. in-12).

POLYCARPE (Saint), l'un des premiers pères de l'Eglise chrétienne, né probablement à Smyrne dans les premières années de la seconde moitié du 1ᵉʳ siècle, mort en 168 ou 169. Il fut disciple de saint Jean l'Evangéliste, qui le consacra évêque de Smyrne. Pendant la controverse au sujet de la célébration de la *fête* de Pâques, il alla consulter Anicet, évêque de Rome; mais il défendit contre lui la pratique de l'Eglise d'Orient. A Rome, il se distingua par son opposition aux hérésies de Marcien et de Valentinien. Pendant la persécution de Marc-Aurèle, il fut brûlé en effigie à Smyrne. Polycarpe a écrit plusieurs homélies et des épîtres; toutes sont perdues, sauf une courte épître aux Philippiens. Fête le 26 janv.

POLYCÉPHALE adj. (préf. *poly*; gr. *kephalé*, tête). Qui a plusieurs têtes.

* **POLYCHRESTE** adj.[-krèss-](préf. *poly*; gr. *krestos*, utile). Pharm. Servant à plusieurs usages. Se dit particul. d'un sel purgatif : *un sel polychreste.*

POLYCHROÏSME s. m. [-kro-iss-] (préf. *poly*; gr. *kroa*, couleur). Phénomène qui a lieu quand un corps transparent, à travers lequel on regarde, manifeste des couleurs différentes, suivant le sens dans lequel la lumière le pénètre.

* **POLYCHROME** adj. [-kro-] (préf. *poly*; gr. *chróma*, couleur). Qui est de plusieurs couleurs : *impression polychrome.* — STATUE POLYCHROME, statue faite avec des matières de diverses couleurs, ou statue dont quelques parties sont peintes. On dit de même ARCHITECTURE POLYCHROME.

POLYCHROMIE s. f. Etat d'un corps dont les parties offrent des couleurs diverses.

POLYCLÈTE, sculpteur grec, florissait vers 430 av. J.-C. On dit qu'il fut élève de l'Argien Agéladas, et qu'il eut pour camarades d'atelier Phidias et Myron. Il était regardé comme supérieur à Phidias dans la représentation de la figure humaine, mais non pas dans celle des dieux. Son Doryphore était si admirablement proportionné qu'on l'appela le *canon* ou la règle. Polyclète écrivit un traité sur les proportions du corps humain. On le considérait comme le plus grand architecte de son temps.

POLYCOME adj. (préf. *poly*; gr. *komé*, chevelure). Qui a beaucoup de cheveux.

POLYCONIQUE adj. (préf. *poly*; fr. *conique*). Qui contient plusieurs cônes.

POLYCORDE s. m. (préf. *poly*; fr. *corde*). Mus. Ancien instrument à cordes qui se jouait avec un archet.

POLYCOTYLÉDONÉ, ÉE adj. (préf. *poly*; fr. *cotylédon*). Bot. Dont l'embryon a plus de deux cotylédons.

POLYCRATE, tyran de Samos, mort en 522 av. J.-C. Il s'empara du souverain pouvoir à Samos, et fit des guerres toujours heureuses contre ses voisins. Il fournit 40 galères à Cambyse pour envahir l'Egypte, y mettant pour équipages ses ennemis personnels. Ceux-ci désertèrent, revinrent à Samos, et attaquèrent Polycrate; mais ils furent défaits. Plus tard, Orœtes, satrape de Sardes, l'attira en Magnésie, et le fit mettre en croix.

POLYDACTYLE adj. (préf. *poly*; gr. *daktulos*, doigt). Qui a beaucoup de doigts ou plusieurs doigts.

POLYDORE VIRGILE ou Vergile. Voy. VIRGILE.

* **POLYÈDRE** s. m. (préf. *poly*; gr. *edra*, base). Géom. Corps solide à plusieurs faces planes : *polyèdre régulier.* — ⁂ Adjectiv. *corps polyèdre.*

POLYÉDRIQUE adj. Qui a la forme d'un polyèdre.

POLYEUCTE (Saint-), martyr, mort en 257. Il était centurion dans les armées romaines. Fête le 13 février. — Polyeucte, tragédie de Corneille, en cinq actes et en vers (Théâtre-français, 1640). — Polyeucte, opéra en cinq actes, représenté à Paris (Académie nationale de musique) en 1878, paroles de Michel Carré et Barbier; musique de Ch. Gounod.

* **POLYGALE** ou Polygala s. m. (préf. *poly*; gr. *gala*, lait). Bot. Genre de polygalées comprenant environ 300 espèces de plantes répandues dans les régions chaudes et tempérées des deux continents. Nous avons en France le *polygale commun* (*polygala vulgaris*), charmante plante à tiges couchées ou dressées; à feuilles éparses, lancéolées; à fleurs en grappes. On cultive pour l'ornement le *polygale à feuilles de myrte*, le *polygale à feuilles en cœur*, etc. L'espèce employée en médecine est le *polygale de Virginie* ou *polygale*

Polygale (Polygala seneca). Portion de racine (grosseur naturelle)

seneca (*polygala seneca*), herbe vivace, à racines rameuses, contournées, couvertes d'une écorce d'un gris cendré; à feuilles sessiles, glabres, lancéolées, à fleurs blanches, en épis terminaux. Dans l'Amérique du Nord on l'appelle *racine à serpent* (snakeroot) parce qu'on attribuait à sa racine des propriétés antivenimeuses très efficaces. Aujourd'hui on emploie cette racine seulement comme excitant du système cutané et surtout comme tonique et expectorante. En poudre, 70 à 80 centigr. ou 15 à 30 gr. par litre, dans les bronchites.

POLYGALE, ÉE adj. Bot. Qui se rapporte au polygale. — s. f. pl. Famille de plantes dicotylédones dialypétales hypogynes ayant pour genres principaux le polygale, la cramérie, etc.

* **POLYGAME** s. (préf. *poly*; gr. *gamos*, mariage). Celui qui est marié à plusieurs femmes ou celle qui est mariée à plusieurs hommes en même temps : *c'est un polygame.* — Adjectiv. Bot. Se dit des plantes qui portent, sur le même pied, des fleurs hermaphrodites et des fleurs les unes mâles, les autres femelles : *plantes, végétaux polygames.*

* **POLYGAMIE** s. f. Etat d'un homme qui est marié à plusieurs femmes, ou d'une femme qui est mariée à plusieurs hommes en même temps : *la polygamie est défendue dans le christianisme.* — Bot. Classe du système de Linné, qui renferme les plantes polygames : *l'érable appartient à la polygamie.*

— ENCYCL. La polygamie est l'état de l'homme qui a plus d'une femme, ou d'une femme qui a plus d'un mari à la fois. La polygamie des femmes, appelée communément polyandrie, règne au Thibet, à Cachemire, chez différentes races de l'Inde, et dans diverses autres parties du monde. La polygamie de l'homme existe depuis un temps immémorial, spécialement dans les nations de l'Orient. Elle était tolérée par les lois de Moïse; mais elle semble avoir disparu chez les Hébreux vers le commencement de notre ère, car nous n'en trouvons pas de trace dans le Nouveau Testament. Il n'y a pas de défenses positives formulées contre cette pratique dans la Bible ni dans le Talmud. En Orient, cette coutume a toujours été presque universelle, et sanctionnée par toutes les religions, y compris celle de Mahomet qui permet d'avoir quatre femmes. La loi hindoue ne pose aucune limite. La polygamie ne se pratiquait pas chez les Grecs des derniers temps, ni dans la Rome républicaine. L'Eglise chrétienne ne l'a jamais tolérée. En Angleterre, c'est un crime puni par les travaux forcés pendant sept ans au plus, ou par un emprisonnement de deux ans au moins. Aux Etats-Unis, la pénalité varie avec les différents états; c'est ordinairement l'emprisonnement pour une certaine période, ou la mort. Dans la plupart des cas, la pluralité des femmes ne dépassant pas deux, on emploie le terme bigamie. Les Mormons sont la seule secte en pays chrétien où cette coutume soit encore pratiquée. Pour la législation en France, voy. BIGAMIE.

POLYGAMIQUE adj. Qui a rapport à la polygamie.

POLYGÉNIQUE adj. (préf. *poly*; gr. *genos*, naissance). Qui est produit par des fragments réunis de roches diverses.

* **POLYGLOTTE** adj. (préf. *poly*; gr. *glótta*, langue). Qui est écrit en plusieurs langues : *Bible polyglotte.* — s. f. Bible polyglotte : *la polyglotte de Paris.* — Fig. CET HOMME EST UNE POLYGLOTTE, UNE VRAIE POLYGLOTTE, il possède un grand nombre de langues. On le dit plus souvent, avec ironie, de celui qui affecte ce genre de connaissances. — ENCYCL. On nomme polyglotte un livre contenant, outre le texte, des versions de ce texte en plusieurs langues. Dans l'usage ordinaire, ce terme ne s'applique guère qu'à la Bible. La *Biblia Hexapla* d'Origène est regardée comme la première polyglotte, bien qu'elle ne soit qu'en deux langues : hébraïque et grecque. La polyglotte complutensienne (*Lat. Complutum*) (1522, 6 vol. in-fol.), imprimée à Alcala de Henarès, en Espagne, aux frais du cardinal Ximénès, est la première des Bibles appelées proprement polyglottes. On y trouve quatre langues : l'hébreu, le chaldéen, le latin et le grec. La polyglotte d'Anvers (1569-'72, 8 vol. in-fol.) fut publiée avec la sanction de Philippe II d'Espagne. Elle contient toute la polyglotte complutensienne, avec une seconde paraphrase chaldaïque d'une partie du Vieux Testament, une version syriaque du Nouveau Testament, et la traduction latine de *Sante Pagnino*. La troisième grande polyglotte, la *Parisienne* (1628-'45, 10 vol. gr. in-fol.), contient tout ce qui est dans la *Complutensienne* et dans la polyglotte d'Anvers, avec une version arabe de l'Ancien et du Nouveau Testament, une version syriaque du Vieux Testament, et le Pentateuque samaritain. Un ouvrage supérieur à tous ceux-ci est la polyglotte de Londres, éditée par Brian Walton (1654-'57, 6 vol. gr. in-fol.), où l'on rencontre neuf langues : l'hébreu, le chaldéen, le samaritain, le syriaque, l'arabe, le persan, l'éthiopien, le grec et le latin. En 1600, Elias Hutter imprima le Nouveau Testament en douze langues : hébreu, syriaque, grec, latin, allemand italien, espagnol, anglais, français, danois, bohémien, et polonais. La polyglotte de Bagster 1831, 4 vol. fol.) donna le Vieux Testament en huit langues, et le Nouveau en neuf. Le *Pater noster* a été imprimé à Paris en 1805, par M. Marcel, en 90 langues, avec les caractères particuliers à chacune. Le *Mithridates* d'Adelung (Berlin, 1806-'17, 4 vol.) contient le *Pater* en près de 500 langues et dialectes. La Bible polyglotte la plus connue en France est celle de Le Jay. (Voy. BIBLE.)

POLYGNOTTE, peintre grec, né vers 493 av. J.-C., mort vers 426. Il travailla à la décoration du temple de Thésée, de l'Anaceum et du Pœcile, à Athènes, en 463, et, avec Phidias, au temple d'Athénè Area à Platée, vers 469; il prit ensuite à la décoration du temple de Delphes, revint à Athènes en 435 et travailla aux Propylées. Il fut le premier qui donna la variété à l'expression de la physionomie, ou de l'aisance et de la grâce aux contours des figures et à la disposition des draperies.

POLYGONAL, ALE adj. (préf. *poly*; gr. *gonos*, angle). Qui a plusieurs angles.

* POLYGONE adj. Géom. Qui a plusieurs angles et plusieurs côtés : *une forteresse de figure polygone*. — s. m. *Cette figure est un polygone régulier.* — Fortific. Figure qui détermine la forme générale du tracé d'une place de guerre : POLYGONE EXTÉRIEUR, celui qui est formé de lignes unissant deux à deux les angles saillants des bastions. POLYGONE INTÉRIEUR, celui qui est formé par les courtines de l'enceinte prolongée jusqu'à ce qu'elles se rencontrent dans l'intérieur des bastions. — Endroit où l'on exerce les artilleurs aux manœuvres du canon et des autres armes à feu de grande portée : *aller au polygone.*

POLYGONÉ, ÉE adj. Bot. Qui se rapporte au polygonum. — s. f. pl. Famille de plantes dicotylédones dialypétales hypogynes ayant pour type le genre renouée et comprenant en outre les genres rhubarbe, oseille, sarrasin, érigonum, raisinier, etc.

POLYGONUM s. m. (préf. *poly*; gr. *gonu*, nœud). Bot. Nom scientifique du genre renouée.

* POLYGRAPHE s. m. (préf. *poly*; gr. *graphô*, j'écris). Auteur qui a écrit sur plusieurs matières : *les polygraphes forment une classe particulière dans les catalogues des bibliothèques.*

* POLYGRAPHIE s. f. Nom donné par les bibliographes à la partie d'une bibliothèque qui comprend les polygraphes : *les œuvres de cet auteur doivent être rangées dans la polygraphie.*

POLYLOGIE s. f. (préf. *poly*; gr. *logos*, discours). Talent de parler sur beaucoup de sujets différents.

* POLYMATHIE s. f. (préf. *poly*; gr. *mathê*, science). Instruction variée, multiple, étendue.

* POLYMATHIQUE adj. Qui a rapport à la polymathie. — ÉCOLE POLYMATHIQUE, école où l'on enseigne beaucoup de sciences.

POLYMÈRE adj. (préf. *poly*; gr. *meros*, parti). Se dit des corps qui offrent le phénomène de la polymérie.

POLYMÉRIE s. f. Isomérie des corps formés par la réunion de plusieurs molécules identiques en une seule.

POLYMNIE Myth. gr. L'une des neuf Muses. Elle présidait à l'éloquence et à la haute poésie lyrique.

* POLYMORPHE adj. (préf. *poly*; gr. *morphê*, forme). Didact. Qui est sujet à changer beaucoup de forme.

* POLYMORPHISME s. m. Propriété qu'ont certains corps d'affecter des formes différentes sans changer de nature.

POLYNÉSIE (gr. *polus*, beaucoup, et *nésos*, île), nom donné par les géographes à toutes les îles situées au N. et au S. de l'équateur, entre les Philippines, la Papouasie, la Nouvelle-Bretagne et les îles voisines, les îles Salomon, les Nouvelles-Hébrides, et la Nouvelle-Zélande, et 402° long. O.

POLYNÉSIEN, IENNE s. et adj. De la Polynésie; qui appartient à ce pays ou à ses habitants.

POLYNICE. Voy. ÉTÉOCLE.

* POLYNÔME s. m. (préf. *poly*; gr. *nomos*, division). Algèb. Toute quantité algébrique, composée de plusieurs termes distingués par les signes *plus* (+) ou *moins* (—).

* POLYPE s. m. (préf. *poly*; gr. *pous*, pied). Excroissance qui se développe sur les membranes muqueuses et dont la forme, le volume, la consistance, la structure varient beaucoup. On divise généralement les polypes en *polypes mous* ou *vésiculeux*, *polypes fibreux*, *polypes granuleux*, *polypes sarcomateux* et *polypes fongueux*. Les polypes s'observent plus particulièrement dans les fosses nasales et dans leurs dépendances, au pharynx, au rectum, etc. Les remèdes les plus efficaces sont l'extirpation, la ligature ou la résection. — Moll. Nom du poulpe chez les anciens. — Zooph. Quatrième classe de l'embranchement des zoophytes ou rayonnés, comprenant des animaux inférieurs aquatiques, dont le corps mou est cylindrique, long tout au plus de quelques centimètres, gélatineux, de forme conique et muni autour de la bouche de plusieurs filets mobiles appelés tentacules. Les polypes sont ordinairement fixés par la base, avec une couronne de tentacules, une bouche sans dents, et une cavité digestive intérieure qui n'a d'autre issue que la bouche. Ils sont hermaphrodites et se reproduisent par boutures ou par des œufs. Leur circulation est très imparfaite, et ils n'ont pas d'organes spéciaux pour les sens. On les divise aujourd'hui, en mettant les hydroïdes à part, en trois ordres : les *alcyonaria*, les *actinaria* et les *madreporaria*. Cuvier partage les polypes en deux ordres, savoir : POLYPES NUS, ceux qui ne sont revêtus d'aucune enveloppe dure et qui ne produisent pas dans l'intérieur de leur réunion un axe de substance ligneuse charnue ou cornée. Cet ordre se subdivise en *polypes à bras*, animaux d'une grande simplicité, formés par un petit cornet gélatineux, dont les bords sont garnis de filaments qui servent de tentacules; les espèces les plus connues appartiennent aux hydroïdes; en *corinnes*, en *cristatelles*, en *vorticelles* et en *pédicellaires*. Le second ordre comprend les POLYPES A POLYPIERS, animaux qui ont à un longtemps considérés comme des plantes marines, parce que les individus sont réunis en grand nombre sur une tige et paraissent fixés comme des végétaux. Ils sont tous liés par un corps commun et en communauté de nutrition, en sorte que ce que l'un des polypes mange profite au corps général et à chacun des autres polypes. La plupart des espèces sont même en communauté de volonté, si bien qu'on les voit nager par un mouvement combiné. Les parties communes des animaux composés ont reçu le nom de *polypiers*; elles sont toujours formées par dépôts et par couches comme l'ivoire des dents, mais on les trouve tantôt à la surface, tantôt à l'intérieur de l'animal, différence qui a donné lieu à l'établissement des familles de cet ordre. La première famille ou *polypes à tuyaux* comprend des animaux gélatineux qui habitent l'axe de leur corps en quelque sorte la moelle du polypier. Les tubes sont ouverts soit au sommet soit au côté pour laisser passer les polypes. Cette famille comprend les tubipores, les tubulaires, les sertulaires, etc. La deuxième famille,

celle des *polypes à cellules* comprend des zoophytes qui adhèrent les uns aux autres dans une cellule cornée ou calcaire, à parois minces, et ne communiquent entre eux que par une tunique extérieure très ténue ou par les pores déliés qui traversent les parois des cellules (cellulaires, flustres, tubulipores). La troisième famille, celle des *polypes corticaux*, comprend des genres où les animaux se tiennent tous par une substance commune épaisse (cératophytes, antipathes, gorgones, corail, madrépores, millépores). Les *polypes nageurs* sont ceux dont l'axe est pierreux mais non fixé (pennatules, etc). Cuvier avait en outre classé parmi les polypes des animaux tels que les alcyons et les éponges, qui sont aujourd'hui classés dans deux autres ordres.

* POLYPÉTALE adj. (préf. *poly*; fr. *pétale*). Bot. Se dit des fleurs qui ont plusieurs pétales : *la corolle des roses, des œillets est polypétale.*

* POLYPÉTALIE s. f. Bot. État d'une corolle polypétale.

* POLYPEUX, EUSE adj. Méd. Qui a rapport au polype, qui est de la nature du polype : *tumeur polypeuse.*

POLYPHÈME. Myth. Le principal des cyclopes de Sicile, fils de Neptune, représenté par Homère comme un berger gigantesque, avec un œil au milieu du front, et demeurant seul dans une caverne. Ulysse s'échappa, ainsi que ses compagnons, de la caverne du monstre en lui crevant l'œil pendant son sommeil.

POLYPHONE adj. (préf. *poly*; gr. *phônê*, voix). Phys. Se dit d'un écho qui répète les sons plusieurs fois.

POLYPHONIE s. f. Philol. Caractère des signes qui expriment plusieurs sons.

POLYPHOTE adj. [po-li-fo-te] (préf. *poly*; gr. *phôs*, *phôtos*, lumière). Qui est à plusieurs divisions, par opposition à *monophote*. S'emploie, en langage électricien, lorsqu'on parle de deux ou de plusieurs appareils qui peuvent être interposés dans un même circuit du régulateur produisant la lumière électrique.

POLYPIAIRE adj. (rad. *polype*). Zool. Qui ressemble à un polype.

* POLYPIER s. m. Hist. nat. Habitation commune des polypes.

* POLYPODE s. m. (préf. *poly*; gr. *pous*, *podos*, pied). Bot. Genre de fougères, comprenant des espèces ordinairement herbacées.

Polypode (Polypodium vulgare).

qui habitent les régions chaudes de l'ancien continent. Le *polypode commun* (*polypodium vulgare*) se trouve chez nous. Ses racines s'attachent par une multitude de fibres sur les pierres et les troncs d'arbres, et particulièrement au pied des vieux chênes.

POLYPODIACÉE, ÉE adj. Bot. Qui se rapporte

au polypode. — a. f. pl. Sous-ordre de fougères ayant pour type le genre polypode. (Voy. Fougère.)

POLYPOGON s. m. (préf. *poly*; gr. *pôgôn*, barbe). Bot. Genre de graminées, tribu des agrostidées, comprenant un certain nombre d'espèces qui croissent en Europe et en Amérique.

POLYPORE adj. (préf. *poly*; fr. *pore*). Hist. nat. Qui a beaucoup de pores.

* POLYPTYQUE s. m. (préf. *poly*; gr. *ptux*, *ptukos*, pli). Diplom. Livre de cens, contenant le détail des rentes, des corvées et autres redevances seigneuriales. On dit dans le même sens Pouillé.

POLYSÉPALE adj. (préf. *poly*; fr. *sépale*). Bot. Se dit du calice, quand il est composé de plusieurs segments ou sépales distincts.

POLYSIGMA s. m. (préf. *poly*; gr. *sigma*). Vice ou artifice du discours qui consistait à entasser dans la même phrase un grand nombre de sigma ou de *s*.

Pour qui sont ces serpents qui sifflent sur nos têtes.
RACINE.

POLYSPERCHON [po-liss-pèr-kon], général d'Alexandre le Grand, mort vers 300 av. J.-C. Il se distingua dans les campagnes de Perse et de l'Inde; mais, ne se trouvant pas à Babylone au moment de la mort d'Alexandre, en 323, il fut laissé de côté dans la distribution de l'héritage. Il s'attacha alors à Antipater qui le choisit pour son successeur (319) à la place de son propre fils Cassandre. Celui-ci le chassa de Macédoine, vers 316, et il joua ensuite un rôle peu glorieux dans la lutte entre Cassandre et Antigone, passant et repassant d'un camp à l'autre. On fait mention pour la dernière fois de Polysperchon en 303.

* POLYSTYLE s. m. (préf. *poly*; fr. *style*). Archit. Se dit d'un édifice où il y a beaucoup de colonnes: *temple polystyle*. — Salle polystyle, salle dont le plafond est soutenu par beaucoup de colonnes.

* POLYSYLLABE adj. [po-li-sill-la-be] (préf. *poly*; fr. *syllabe*). Gramm. Qui est de plusieurs syllabes: *ce mot est polysyllabe*. — s. m. C'est un polysyllabe.

POLYSYLLABIE s. f. Multiplicité des syllabes dans un mot.

* POLYSYLLABIQUE adj. Synon. de *polysyllabe*.

POLYSYNDÉTON s. m. (préf. *poly*; gr. *sun*, avec; *deô*, je lie). Figure de rhétorique qui consiste à répéter une conjonction au commencement de chacun des membres d'une phrase ou des termes d'une énumération:

On égorge à la fois les enfants, les vieillards,
Et la sœur et le frère
Et la fille et la mère.
RACINE. Esther.

* POLYSYNODIE s. f. [po-li-si-no-dî] (préf. *poly*; fr. *synode*). Système d'administration qui consiste à remplacer chaque ministre par un conseil: *après la mort de Louis XIV*, *le régent voulut établir la polysynodie en France*.

* POLYTECHNICIEN s. m. Élève de l'École polytechnique.

* POLYTECHNIQUE adj. (préf. *poly*; gr. *tekhnê*, art). Qui concerne, qui embrasse plusieurs arts ou sciences. N'est usité que dans cette dénomination, École polytechnique, école où l'on forme des élèves destinés à entrer dans les écoles spéciales d'artillerie, du génie, des mines, des constructions navales, des ponts et chaussées, etc.: *élève de l'école polytechnique*. (Voy. Militaire.)

* POLYTHÉISME s. m. (préf. *poly*; gr. *théos*, Dieu). Système de religion qui admet la pluralité des dieux.

* POLYTHÉISTE s. Celui, celle qui professe le polythéisme.

POLYTHÉISTIQUE adj. Qui a rapport au polythéisme.

POLYTRICHIE s. f. (préf. *poly*; gr. *thrix*, cheveu). Surabondance des cheveux.

POLYTRIQUE adj. Qui est garni de poils longs et abondants.

POLYTYPAGE s. m. Action de polytyper. Était autrefois synon. de Clichage.

POLYTYPE adj. Obtenu par les procédés de polytypage.

POLYTYPER v. a. Techn. Répéter, multiplier une empreinte par des moyens qui tiennent de la gravure ou de la typographie. — Se polytyper v. pr. Etre polytypé.

POLYTYPEUR s. m. Celui dont la profession est de polytyper.

POLYTYPIE s. f. Procédé au moyen duquel on reproduit en métal les planches de gravures sur bois.

POLYURIE s. f. (préf. *poly*; gr. *ouron*, urine). Émission excessive d'urine, diabète.

POLYXÈNE, fille de Priam et d'Hécube, aimée d'Achille. Une légende raconte qu'elle fut sacrifiée aux mânes d'Achille; une autre, que, lorsqu'il fut mort, elle se tua sur sa tombe.

POLYZOAIRE s. m. (préf. *poly*; gr. *zôon*, animal). Nom donné aux molluscoïdes les plus inférieurs, appelés populairement mousses de mer. Les polyzoaires forment des colonies de zooïdes distincts, protégés d'ordinaire par un tégument corné. Ils ressemblent beaucoup aux hydroïdes, mais les cellules sont séparées de la colonie ne sont reliées qu'extérieurement, sans communication directe entre elles. La plupart des polyzoaires sont fixés et ont l'aspect de plantes; mais les colonies des eaux douces rampent sur un support aplati semblable au pied d'une limace. Dans ces espèces, la couronne formée par les tentacules affecte généralement la forme d'un fer à cheval, tandis que, dans les espèces marines, elle est circulaire. (Voy. Bryozoaires.)

POMACÉ, ÉE adj. Qui a pour fruit une pomme. — s. f. pl. Tribu de rosacées ayant pour type le genre pommier et comprenant en outre les genres cognassier, poirier, néflier, alisier, etc.

POMARD s. m. Vin rouge que l'on récolte aux environs de Pomard.

POMARD, village du cant. et à 4 kil. S.-O. de Beaune (Côte-d'Or); 1,200 hab. Excellents vignobles, parmi lesquels on distingue les crus de Rugiens, de la Commareine, et des Freymiets.

POMARÉ Ier, roi de Taïti, né vers 1750, mort en 1803. Il soumit toute l'île à son pouvoir, reçut la visite de Cook et fit alliance avec les Anglais. — II, fils du précédent, né vers 1780, mort en 1821. Il accueillit avec faveur les missionnaires anglais et employa la force pour convertir ses sujets. Il ne réussit dans ses projets qu'après de longues guerres civiles. — III, fils du précédent, né en 1819, mort en 1827. Elevé par les missionnaires anglais, il périt victime d'une maladie introduite dans son pays par les Européens. — IV (Aimata), sœur du précédent, née en 1822, morte le 17 sept. 1877. Elle succéda à son frère Pomaré III, en janvier 1827. Elle laissa introduire dans son pays les missionnaires catholiques en 1835, et essaya de les expulser l'année suivante; mais une expédition française les ramena en 1838. Quatre ans plus tard, elle protesta vivement contre l'établissement du protectorat français. Après une lutte armée assez longue, elle fut forcée de se soumettre (1847). Au commencement de 1852, les habitants proclamèrent la république après avoir chassé la reine; mais le moment était mal choisi. Le gouvernement français la remit de force sur le trône; elle abdiqua presque aussitôt en faveur de son fils Tamatoa.

POMBAL (Sebastiano-José de Carvalho e Mello, *marquis de*), homme d'Etat portugais, né en 1699, mort en 1782. Il fut envoyé diplomatique à Londres (1739-'45) et ensuite à Vienne, où il servit de médiateur entre l'Autriche et le pape. Il épousa la comtesse Daun, dont l'influence lui assura en 1750 le ministère portugais des affaires étrangères. Il exécuta de grandes réformes, et montra beaucoup de dévouement au bien public pendant et après le tremblement de terre de Lisbonne, en 1755. C'est sous sa direction que la ville fut rebâtie. En 1756, il devint premier ministre. En 1758, il ordonna l'exécution du duc d'Aveiro et d'autres personnes impliquées dans une conspiration contre la vie du roi. Un de ses actes les plus importants fut l'expulsion des jésuites en 1759. Il reçut son titre de marquis de Pombal en 1770. Les Portugais l'appellent encore le « grand marquis ». A la mort du roi Joseph, en 1777, ses adversaires, partisans de la noblesse et des jésuites, le firent bannir de la cour.

POMÈGUE, petite île de la Méditerranée, arr. et à 8 kil. O. de Marseille (Bouches-du-Rhône). Lieu de quarantaine pour les navires qui arrivent d'Afrique et de l'Orient.

POMÉRANIE (allem. *Pommern*), province de Prusse; 30,107 kil. carr.; 1,540,000 hab. Sur la côte se trouvent les îles de Rügen, d'Usedom et de Wollin. Le fleuve le plus grand est l'Oder. Il y a des lacs nombreux. La Poméranie est une des régions les plus plates de l'Allemagne. Elle est riche en produits agricoles, en bestiaux et en chevaux. Pêcheries prospères et nombreuses manufactures. Capitale: Stettin. — La Poméranie formait, dans la première partie du moyen âge, la portion principale de la vieille monarchie wende. Elle fut gouvernée par ses propres ducs de 1062 à 1637, souvent envahie par les Polonais, et conquise par la Suède pendant la guerre de Trente ans. Le Brandebourg obtint la Poméranie ultérieure (à l'E. de l'Oder) en vertu de vieux droits, et, à la paix de Stockholm, en 1720, la Suède céda à la Prusse la plus grande partie de la Poméranie citérieure; mais elle continua à occuper le district compris entre les Mecklenbourg, la Baltique et la Peene, avec l'île de Rügen. Elle céda ce territoire au Danemark en échange de la Norvège; et en 1815, il fut donné à la Prusse pour le duché de Luxembourg et 2,600,000 thalers.

POMÉRANIEN, IENNE s. et adj. De la Poméranie; qui appartient à ce pays ou à ses habitants.

POMÉRANUS ou Pommer [po-me-ra-nuss, ou po-merr]. (Voy. Bugenhagen.)

POMEROY [peumm-i-roï], ville de l'Ohio, sur l'Ohio, à moitié chemin environ de Cincinnati à Pittsburgh; 7,000 hab. Elle doit surtout sa prospérité aux mines de houilles bitumineuses qu'elle renferme ou que dans son voisinage. Elle possède 26 mines à sel.

POMICULTEUR s. m. (lat. *pomum*, fruit; fr. *culture*). Celui qui se livre à la culture des arbres produisant des fruits à pepin.

POMICULTURE s. f. Culture des arbres qui produisent des fruits à pépin.

* POMMADE s. f. [po-ma-de]. Composition molle et onctueuse, faite avec de la cire, ou avec de la graisse de certains animaux, à laquelle on mêle différents ingrédients, suivant les divers usages qu'on en veut faire: *pommade de moelle de bœuf*. — Baton de

POMMADE, espèce de petit rouleau fait avec de la pommade plus consistante que la pommade ordinaire. — POMMADE HERCURIELLE, onguent composé d'axonge et de mercure. — POMMADE POUR LA CHEVELURE, cosmétique onctueux auquel on mêle ordinairement des aromates ou des essences. Voici la recette d'une pommade de ménage : Faire fondre au bain-marie une certaine quantité de moelle de bœuf; la passer et y mêler une égale quantité d'huile d'amandes douces; agiter jusqu'au moment du refroidissement et ajouter quelques gouttes d'essence de bergamote ou de tout autre parfum. — Thérap. Médicament externe dont la base est de la graisse chargée de différents principes médicamenteux et qui ne diffèrent des cérats que par la composition.

* **POMMADE** s. f. Man. Tour qu'on fait en voltigeant et se soutenant d'une main sur le pommeau de la selle d'un cheval : *pommade simple, double, triple.*

* **POMMADER** v. a. Enduire de pommade : *pommader une perruque, des cheveux.* — ∾ Se pommader v. pr. Se mettre de la pommade.

POMMAGE s. m. Nom que l'on donne en Normandie aux diverses variétés de pommes : *c'est un bon pommage.*

* **POMME** (lat. *pomum*, fruit charnu). Bot. Nom donné à tous les fruits des pomacées dans lesquels le mésocarpe (partie pulpeuse ou charnue) est très abondant. Les pommes des botanistes comprennent des fruits dont l'endocarpe est cartilagineux (pomme) ou ligneux (nèfle) et le mésocarpe très charnu (pomme, poire, nèfle, sorbe, etc.). — Nom particulier du fruit du pommier. La pomme se distingue de la poire en ce qu'elle est ombiliquée aux deux extrémités ; son suc passe immédiatement après la maturité à la fermentation acide. On divise les pommes en deux grandes catégories : *les pommes à couteau* (reinettes, apis, fenouillets ou anis, calvilles, passe-pommes, etc.) et les *pommes à cidre,* qui sont ordinairement âpres et amères. On fait avec les pommes des gelées, des confitures, des sucres de pommes, des compotes, des pâtes, etc. — ON JETTERAIT CETTE MURAILLE A BAS AVEC DES POMMES CUITES, elle est très peu solide. — LA POMME D'ADAM, grosseur qui paraît au nœud de la gorge. — POMME DE DISCORDE, sujet de division entre des personnes qui étaient bien ensemble: *cette succession a été la pomme de discorde, une pomme de discorde entre eux.* — DONNER LA POMME A UNE FEMME, juger qu'elle l'emporte en beauté sur les autres femmes de la même assemblée, de la même société : *dans cette assemblée, c'est à elle que j'aurais donné la pomme.* On dit dans le même sens, ELLE MÉRITE LA POMME, ELLE OBTIENDRAIT LA POMME. Cette façon de dire fait allusion à la pomme que Pâris fut chargé d'adjuger.

> O pomme trop fatale!
> Les doigts à peine reposés,
> Que la vapeur qu'elle exhale
> Trouble soudain les esprits divisés.
> B. IMBERT. *Le Jugment de Pâris,* chant I.

— POMME DE PIN, fruit que produit le pin, le sapin. (Voyez plus bas un autre sens). POMME DE CHÊNE, ou NOIX DE GALLE, excroissance en forme de boule, produite ordinairement sur les feuilles du chêne par la piqûre d'un insecte. — POMME D'ÉGLANTIER, excroissance velue produite aussi, sur les branches du rosier sauvage, par la piqûre d'un insecte. — POMME D'AMOUR. (Voy. TOMATE.) — Se dit aussi des feuilles des choux et des laitues, lorsqu'elles sont encore compactes et ramassées: *une pomme de chou.* — Se dit encore des divers ornements de bois, de métal, etc., faits en forme de pomme ou de boule: *la pomme d'un chenet.* — POMME DE PIN, ornement de sculpture qu'on place dans les angles des plafonds de corniche, ou au

sommet des coupoles, etc.: *la pomme de pin du tombeau d'Adrien se voit encore au jardin du Belvédère, à Rome.* — Mar. LA POMME D'UN MAT, boule de bois, de forme aplatie, qui surmonte chaque mât d'un bâtiment. — Pomme de terre, nom vulgaire de la *morelle tubéreuse (solanum tuberosum),* appelée aussi *patate* ou *parmentière,* et qui se distingue par des rameaux souterrains s'épaississant en tubercules très féculents. Les tiges de la plante sont anguleuses, rameuses; ses feuilles sont pubescentes; ses fleurs en corymbe ont la corolle blanche ou violette, plus grande que le calice, et sont remplacées par une baie globuleuse. Cette plante, si utile et si universellement cultivée aujourd'hui, est originaire du Chili et du Pérou. Elle fut introduite en Europe par les Espagnols et se répandit lentement en Espagne et en Italie, en Allemagne, en Angleterre et en Irlande vers la fin du XVIᵉ siècle. Dans la plupart des pays du Nord, elle a fini par remplacer le pain dans l'alimentation, si bien que l'on a dit que la pomme de terre est un pain tout fait qui n'a plus besoin que de cuisson. Sa propagation en France fut retardée par le préjugé qui la faisait regarder comme un poison ou tout au moins comme un aliment grossier. Parmentier (voy. ce mot) fut le premier chez nous à comprendre que cette matière alimentaire pouvait être d'un grand secours en temps de disette. Son *Examen chimique de la pomme de terre* (Paris, 1773, in-12) répandit son idée, mais ne la rendit pas encore populaire. Il se livra lui-même à la culture du précieux tubercule, culture à laquelle la disette de 1793 et les guerres de la Révolution donnèrent une prodigieuse extension. Les principales variétés connues chez nous sont les suivantes : 1° les *putraques* ou *rondes,* à tubercules arrondis avec des yeux peu nombreux et apparents; 2° les *parmentières,* à tubercules allongés et aplatis avec des yeux peu nombreux et peu apparents; 3° les *vitelottes,* à tubercules cylindriques, violets, allongés, avec des yeux nombreux et apparents profondément enchâssés ; chacune de ces variétés se subdivise en un grand nombre de sous-variétés qui ont reçu des noms locaux. Nous empruntons à l'excellent *Manuel élémentaire d'agriculture et d'horticulture* de MM. Piéton et Lecointe le procédé de culture le plus ordinairement employé: « Dans les jardins, les premières plantations en pleine terre se font en mars ; on choisit les variétés hâtives, telles que la *marjolain, la pomme de terre à feuilles d'orties, la pomme de terre délices de Meaux,* en donnant la préférence aux tubercules entiers et de moyenne grosseur. On plante à 50 centim. de distance en tous sens dans des trous de 10 à 12 centim. de profondeur, en ayant soin de recouvrir les tubercules de 8 à 10 centim. de terreau ou de bonne terre. Lorsque les plantes seront bien levées, on donne un binage en les rechaussant légèrement; un peu plus tard, quand les tiges se sont bien développées, il convient de pratiquer un second binage, puis de butter en formant un petit monticule de terre autour de chaque plante. La récolte a lieu à la fin de mai. Ces premières plantations sont souvent compromises par les gelées du printemps. Pour en préserver les pommes de terre, il faut les couvrir de litière, le soir, quand le temps menace de gelée ; on découvre chaque jour pour recouvrir le soir jusqu'à ce que la température s'améliore. On continue les plantations de pommes de terre pendant les mois d'avril et de mai en prenant des variétés un peu moins hâtives, mais plus productives. Nous ne saurions trop recommander pour cette saison, la *royale kidney* et le *marjolain tétard,* toutes deux excellentes et d'un bon rendement. Comme elles sont vigoureuses, il convient de

les planter à 60 centim. les unes des autres. Il faut arracher les pommes de terre qu'on destine à la consommation par un beau temps, puis les rentrer, quand elles sont bien sèches, dans un endroit, inaccessible à la gelée et à l'humidité, et les couvrir pour éviter le contact de l'air qui les fait verdir et nuit à leur bonne qualité. Quant aux tubercules qu'on réserve pour planter l'année suivante, il convient de les placer près à près, mais de manière à ce qu'ils ne se touchent pas, sur des claies ou des planches dans un lieu suffisamment aéré et à l'abri de la gelée. — Dans la grande culture, il faut que le terrain destiné à une plantation de pommes de terre soit parfaitement préparé et ameubli par des labours profonds. Après un labour de défoncement, la récolte peut être double de ce qu'elle serait après un labour superficiel. On applique à la pomme de terre du fumier bien consommé, ou bien on fume le terrain en automne. On évite l'emploi de l'engrais frais, qui a pour effet d'exciter une végétation trop vigoureuse des feuilles, au détriment des tubercules, et qui contribue aussi, paraît-il, à rendre plus fréquente l'altération, connue sous le nom de *maladie de la pomme de terre.* Les agronomes conseillent d'ajouter au fumier de ferme des engrais chimiques, riches en phosphate, en potasse et en sulfate de chaux. On propage la pomme de terre en plantant des fragments de tubercule, ou mieux des tubercules entiers de moyenne grosseur, plutôt gros que petits. Des expériences nombreuses, en effet, ont prouvé que la récolte est d'autant plus faible que les tubercules ou fragments de tubercules employés pour la propagation étaient plus petits. Il importe que les tubercules destinés à la plantation soient conservés avec soin et que les premières pousses, qui sont les plus fertiles, ne soient pas brisées. Pour atténuer les effets de la maladie de la pomme de terre, on conseille de planter de très bonne heure et de n'employer pour la plantation que des tubercules récoltés à maturité complète. Les soins de culture nécessaires à la pomme de terre sont des sarclages, des binages et des buttages, exécutés en temps opportun. On doit se garder de couper les tiges ou les feuilles des pommes de terre en végétation; cet enlèvement prématuré diminue sensiblement la récolte. Lorsque les pommes de terre sont mûres, on les arrache par un temps sec, et on les conserve à l'abri de la gelée, de l'humidité et de la lumière. » — Les maladies de la pomme de terre sont les suivantes : la rouille, la frisolée, la gale, la gangrène sèche; la plus grave, nommée vulgairement *maladie des pommes de terre,* s'est développée en Belgique et en France vers 1842. Parmi les ennemis de la pomme de terre, on distingue le *doryphore.* (Voy. ce mot.) La pomme de terre s'apprête de mille manières; elle entre dans la fabrication du pain et peut aussi servir à la nourriture des bestiaux.

* **POMMÉ, ÉE** adj. Se dit des légumes dont les feuilles rapprochées et comme ramassées forment une boule ou une pomme: *laitue pommée.* — Complet, achevé : *bêtise pommée.*

* **POMMEAU** s. m. Espèce de petite boule qui est au bout de la poignée d'une épée: *ce pommeau est bien travaillé.* — Éminence qui est au milieu de l'arçon de devant d'une selle, et qui est de forme arrondie: *pommeau de cuivre.*

* **POMMELÉ, ÉE** part. passé de SE POMMELER. CHEVAL POMMELÉ, cheval dont la peau est semée de petites taches rondes: *cheval gris pommelé.*

* **POMMELER (Se)** v. pr. Ne se dit guère qu'en parlant de certains petits nuages blancs et grisâtres, ordinairement arrondis, qui pa-

raissent quelquefois au ciel; et des marques mêlées de gris et de blanc qui se forment par rouelles sur certains chevaux : *le ciel s'est pommelé en un moment.*

POMMELIÈRE s. f. Sorte de phtisie particulière aux vaches.

· POMMELLE s. f. Table de plomb battue en rond et percée de petits trous, qu'on met à l'ouverture d'un tuyau, pour empêcher les ordures de passer.

· POMMER v. n. Se former en pomme. Ne se dit guère que des choux et de certaines laitues : *ces choux commencent à pommer.*

· POMMERAIE s. f. Lieu planté de pommiers : *une grande pommeraie.*

· POMMETTE s. f. Ornement de bois ou de métal, fait en forme de petites pommes ou boules : *pommette de bois.* — Anat. Partie la plus saillante de la joue au-dessous de l'œil, en tirant vers l'angle extérieur : *l'os de la pommette.*

POMMEREUL (François-Réné-Jean, BARON DE), officier, littérateur et administrateur, né à Fougères en 1745, mort en 1823. Colonel d'artillerie en 1785, il fut un des examinateurs de Bonaparte à l'École militaire; général de division en 1796, il quitta l'armée trois ans plus tard pour entrer dans l'administration; successivement préfet des départements d'Indre-et-Loire et du Nord, il devint en 1810 conseiller d'État, dut quitter la France au retour des Bourbons et obtint d'y rentrer en 1819; il vécut depuis lors dans la retraite. On a de lui : *Histoire de l'île de Corse* (Berne, 1779, 2 vol.); *Poésies diverses* (Fougères, 1783); *Campagnes du général Bonaparte en Italie* (Paris, 1797, in-8°), etc.

· POMMIER s. m. Bot. Genre de rosacées pomacées, comprenant une douzaine d'espèces d'arbres et d'arbrisseaux qui habitent les régions tempérées de l'hémisphère boréal. Le *pommier commun* (*malus communis; pyrus malus*) paraît être originaire de France, où il croît à l'état sauvage dans les bois frais et fertiles. Son fruit, gros comme le pouce est absolument immangeable, en raison de son âpreté; mais la culture lui a fait produire une infinité de variétés et de sous-variétés à fruits utilisables. Les trois principales variétés sont : 1° le *pommier franc*, obtenu du semis des pepins de pommiers cultivés; 2° le *pommier doucin*, obtenu originairement par semis et conservé au moyen de boutures et de marcottages; 3° le *pommier de paradis*, obtenu et multiplié comme le doucin. Les semis reproduisant invariablement l'une de ces variétés, et surtout celle du pommier franc, on est forcé d'avoir recours à la greffe pour conserver ou pour propager les autres variétés dues à l'influence de la culture, du sol et du climat. Le sujet préférable pour la greffe est le pommier franc, quand on veut former des arbres à haute tige; on choisit le doucin pour les arbres destinés à former des pyramides, des vases ou des espaliers; le paradis ne convient que pour la greffe des pommiers qui doivent rester nains. — Quelques pommiers exotiques sont recherchés pour la beauté de leurs fleurs, tels sont : le *pommier de Chine*, le *pommier à bouquets*, etc. — CHÊNE-POMMIER, chêne qui, au lieu de s'élever, affecte la forme du pommier. — Ustensile de terre ou de métal, dont on se sert pour faire cuire des pommes devant le feu : *pommier à cuire.*

· POMŒRIUM ou **Pomérium** s. m. (pomé-ri-omm). Antiq. Espace que les habitants de l'Italie ancienne laissaient au pied des murs de leurs villes, tant à l'extérieur qu'à l'intérieur : *le pomœrium de Rome.*

POMOLOGIE s. f. (lat. *pomum*, fruit; gr. *logos*, discours). Arboric. Partie de l'agriculture qui traite de la connaissance des fruits

comestibles. — Voy. *Dictionnaire de pomologie,* par A. Leroy (Angers, 1869-'74, 4 vol.)

POMONE s. f. (de *Pomone*, n. pr.). Ensemble des arbres à fruit d'une contrée.

POMONE (du lat. *pomum*, fruit). Déesse romaine des arbres à fruits et des jardins, épouse de Vertumne. Elle avait à Rome un temple, desservi par un prêtre appelé *flamen Pomonalis.* Elle était représentée sous les traits d'une femme robuste, couronnée de pampres et portant des fruits dans les plis relevés de sa robe. — *Pomone,* opéra en 5 actes, représenté à Paris (Académie de musique), le 19 mars 1671.

POMOTIS s. m. (po-mo-tiss) (gr. *pôma*, *opercule; ous, ôtos,* oreille). Icht. Genre de

Pomotis vulgaris.

percoïdes, comprenant deux espèces qui habitent les eaux douces des États-Unis.

POMOTOU (Archipel), groupe d'îles de la Polynésie, au S. des îles Marquises et à l'E. de Taïti. Cet archipel, placé sous le protectorat français, forme une immense agglomération de petites îles et d'îlots presque tous madréporiques et qui, pour la plupart, n'ont pas encore de nom. (Voy. TOUAMOTOU.)

POMPADOUR adj. Qui est dans le genre adopté et mis à la mode par la marquise de Pompadour pendant sa domination : *robe pompadour,* — s. m. Genre pompadour : *le pompadour n'est guère de mode aujourd'hui.* — Riche étoffe de soie, ornée de feuillages et de bouquets.

POMPADOUR (Jeanne-Antoinette POISSON, *marquise de*), maîtresse de Louis XV, née à Paris le 29 déc. 1721, morte au palais de Versailles le 15 avril 1764. Elle était fille d'un domestique, nommé François Poisson, et d'une jeune et jolie femme, peu rigide sur les principes de la vertu. Un syndic des fermes, Lenormand de Tournehem, qui se flattait d'avoir participé à la naissance de la fille Poisson, lui fit recevoir une brillante éducation, la dota richement et lui donna pour époux, en 1741, son propre neveu, Lenormand d'Étioles, fermier des tailles. Cette union ne fut pas heureuse. Mme d'Étioles, à qui, dans son enfance, une tireuse de cartes avait prédit qu'elle serait, un jour, la maîtresse d'un roi, parvint, en employant tous les artifices de la coquetterie, à se faire remarquer de Louis XV et à remplacer Mme de Châteauroux, en qualité de favorite (décembre 1744). L'année suivante, elle suivit le roi à l'armée du Nord et fut ensuite présentée à la cour, sous le nom de marquise de Pompadour. Son époux, consentit à une séparation de corps, moyennant la ferme des postes. La nouvelle favorite conserva jusqu'à la mort son empire sur le monarque, dont elle eut l'habileté de distraire l'ennui et de favoriser les plaisirs dépravés. Lorsque les soucis d'un pouvoir mal étayé produisirent des ravages précoces dans sa constitution et sur son visage, elle imagina le fameux Parc-aux-Cerfs, où le roi trouvait des compensations dans les bras de maîtresses de passage. Elle remplit le vide des journées royales par mille distractions, par des voyages fréquents, par l'entreprise de constructions dispendieuses, par les spectacles des petits

appartements, par les soupers intimes, etc. Elle patronna les lettres et les arts, embellit Paris, organisa de brillantes fêtes avec l'assistance de Voltaire, et se montra charitable; mais elle s'immisça dans le gouvernement, favorisa tour à tour les jansénistes, les quiétistes, les philosophes et le parlement. Flattée par Marie-Thérèse qui l'appelait sa chère amie, et irritée contre Frédéric le Grand qui la nommait cotillon IV, elle poussa à l'alliance franco-autrichienne contre la Prusse, alliance qui eut pour résultat la guerre de Sept ans. En 1757, après la tentative d'assassinat faite par Damiens sur la personne du roi, elle reçut l'ordre de quitter la cour; aussitôt rappelée, elle fit disgracier ses ennemis, les ministres d'Argenson et Machault. Son influence sur la distribution des emplois militaires fut désastreuse. Elle fit congédier Bernis, partisan de la paix; mais elle fut dominée par Choiseul, qui l'aida à supprimer les Jésuites. Outre une pension annuelle de près de 1,500,000 livres, elle reçut différentes terres et de splendides habitations : Aulnay, Brimborion, Bellevue, etc. Les mémoires et lettres publiés sous son nom ne sont pas authentiques. Douée au plus haut degré du goût de l'art et de l'amour du beau, ou, pour mieux dire, du joli, elle protégea les artistes tels que Carle Vanloo, Cochin et Bouchardon. Artiste elle-même, elle a laissé des estampes et des gravures conservées à la Bibliothèque nationale. Elle pensionna la plupart des écrivains de son époque, sauf J.-J. Rousseau, qui refusa sa protection et qui l'offensa même dans *Émile.* — Voy. CAPEFIGUE (*Mme de Pompadour*, Paris, 1858).

· POMPE s. f. (lat. *pompa*). Appareil magnifique, somptueux : *la pompe d'un triomphe, d'une entrée solennelle, d'un tournoi.* — RENONCER AU MONDE ET A SES POMPES, renoncer au monde et à ses vanités, à ses plaisirs faux ou frivoles. On dit de même, RENONCER A SATAN, A SES POMPES ET A SES ŒUVRES. — Fig. Manière de s'exprimer en termes élevés, nobles, magnifiques, et qui sonnent bien à l'oreille : *la pompe de ses expressions impose à ceux qui l'écoutent.* — POMPE FUNÈBRE, tout l'appareil d'un convoi pour porter un mort en terre, et tout ce qui concerne la cérémonie d'un service solennel : *l'entreprise des pompes funèbres.* — Législ. Le service des pompes funèbres est fait exclusivement dans chaque commune, soit par les fabriques des églises catholiques et les consistoires des églises protestantes, soit pour leur compte, par un entrepreneur. C'est là un monopole qui blesse la liberté de conscience et qui a été rétabli par le premier Empire; mais il ne tardera pas sans doute à disparaître, et une proposition de loi, adoptée par la Chambre des députés le 12 novembre 1883, et qui est encore à l'état de projet, doit abolir définitivement cet ancien abus. Le mode de transport des corps est réglé par l'autorité municipale (L. 5 avril 1884, art. 97, 4°). Les tarifs des fournitures relatives aux pompes funèbres doivent, avant d'être appliqués, avoir été communiqués au conseil municipal et au préfet, et avoir été approuvés par le chef de l'État. Les entreprises sont adjugées selon les formes suivies en matière de travaux publics (Décr. 18 mai 1806, art. 7 et s.). Le produit des pompes funèbres doit être employé notamment à l'entretien de l'église (Décr. 23 prairial an XII, art. 23). (Voy. FABRIQUE et INHUMATION) ».   (CH. Y.)

· POMPE s. f. Machine pour élever de l'eau ou un liquide quelconque : *il n'a d'eau dans ses jardins que par le moyen d'une pompe.* — Phys. POMPE PNEUMATIQUE, machine qui sert à faire le vide sous un récipient, à l'aide d'un piston. On la nomme plus ordinairement, MACHINE PNEUMATIQUE. (Voy. PNEUMATIQUE.) — BATEAU-POMPE ou *bateau à pompe,* bateau plat, muni d'une pompe pour éteindre les incendies dans les ports, et pour maîtriser le feu quand on chauffe un bâtiment sur l'eau. — ENCYCL. Les anciens Égyptiens et les Assyriens employaient, pour élever l'eau, des roues munies de seaux attachés à leur périphérie, et aussi des cordes sans fin mues par deux roues à tambour. La pompe à chaîne nous vient sans doute des Chinois, ou, du moins ceux-ci l'employèrent les premiers. Vitruve attribue l'invention de la pompe à soupape à Ctesibius d'Alexandrie, qui vivait probablement dans la seconde partie du IIIe siècle av. J.-C. — L'action de la soupape s'explique en quelques mots de la manière suivante, étant donné la loi de pression atmosphérique.

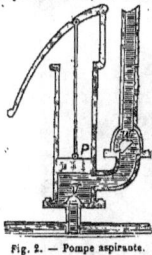

Soit un tuyau A pourvu d'une soupape à clapet fixée en a b; chaque fois que l'on fera le vide au-dessus de cette soupape, le clapet se soulèvera pour laisser passer le fluide; si, au contraire, nous refoulons le fluide au-dessus de a b, le clapet retombera et fermera la soupape. — On distingue trois sortes de pompes: 1° pompes foulantes, celles qui élèvent l'eau pendant la descente du piston; 2° pomp. aspirantes, celles dont le piston s'élève au-dessus du niveau de l'eau; 3° pompes aspirantes et foulantes, combinaison des deux précédentes. Les pompes sont dites à simple effet quand elles ne s'élèvent que pendant la montée ou pendant la descente du piston et à double effet quand elles élèvent l'eau pendant la montée et pendant la descente du piston; élévatoires quand elles élèvent l'eau pendant la montée du piston. Notre fig. 2, fait comprendre le mécanisme de la pompe aspirante simple. Lorsqu'on lève le piston

Fig. 1. — Action de la soupape à clapet.

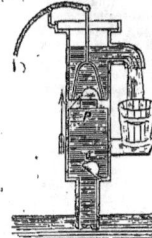

Fig. 2. — Pompe aspirante.

P, l'eau se précipite par v dans l'espace vide; si on baisse le piston, le clapet v se referme, tandis que le clapet w est soulevé par l'eau qui est refoulée dans le tuyau d. En relevant le piston, la pression qui agissait en dessous du clapet w ayant disparu, le poids de l'eau située au-dessus le fait retomber et fermer la soupape. L'action de la pompe aspirante ordinaire (fig. 3) est fondée sur le rapport entre la pression de la colonne d'eau à l'intérieur du tuyau et la pression atmosphérique qui agit sur l'eau à l'extérieur du tuyau. Au

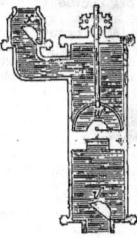

Fig. 3. — Pompe aspirante ordinaire.   Fig. 4. — Pompe aspirante élévatoire perfectionnée.

niveau de la mer, la pression de l'atmosphère est capable de faire équilibre à une colonne de mercure de 76 centim., à une température de + 15°. La pression atmos-

phérique est donc capable de faire équilibre, dans les mêmes conditions, à une colonne d'eau de 10 m. 33 centim. En conséquence, si l'extrémité inférieure d'un tube vertical d'une longueur suffisante est immergée dans de l'eau et que le tube soit complètement vide d'air, l'eau s'élèvera à une hauteur de 10 m. 33 centim. (en pratique, à 8 ou 9 m. seulement) au-dessus de son niveau dans le réservoir. On comprend dès lors facilement l'action de la pompe aspirante ordinaire. Par un léger changement dans la forme et l'addition d'une soupape en x (fig. 4), on aura la pompe élévatoire perfectionnée et l'eau pourra s'élever à une hauteur proportionnée à la puissance motrice. Une chambre à air située au-dessus de la soupape x constitue un perfectionnement notable, par lequel on s'assure un écoulement d'eau constant et égal en évitant le choc subit de la réaction. On emploie la vapeur comme force motrice des pompes dans un grand nombre de cas, soit par action directe, soit par action rotatoire. — Les pompes rotatives sont de deux genres, les rotatives proprement dites et les pompes centrifuges. Une des plus anciennes formes de pompes rotatives se trouvait dans une collection de vieux modèles faite par Servière, né à Lyon en 1593. Elle se compose de deux roues dentées renfermées dans une caisse elliptique, et s'adaptant exactement, comme le montre la fig. 5. On voit facilement que l'eau doit être lancée dans la direction suivie par les dents qui sont en contact avec la caisse. Une des formes les plus récentes est celle de la pompe rotative de Bagley et Sewall, dont la fig. 6 montre la coupe longitudinale et verticale, et la fig. 7 une section

Fig. 5. — Pompe rotative, d'après la collection de Servière.

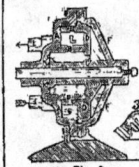 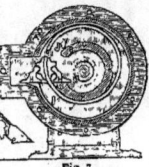

Fig. 6.   Fig. 7.
Pompe rotative de Bagley et Sewall.

transversale. A est la caisse principale, faite d'une pièce, et à laquelle est attaché l'anneau B, qui se voit dans les deux sections. Extérieurement à B est le passage pour l'eau. Ce cylindre est enfermé par le disque D, attaché à l'arbre. Un anneau excentrique E est attaché au disque D, de manière qu'en tournant, sa surface extérieure touche la paroi intérieure de la caisse A, tandis que la surface intérieure de l'autre côté de l'anneau touche l'extérieur de l'anneau B. L'anneau excentrique E agit comme piston de la pompe. L'aspiration et le déversement sont respectivement indiqués dans les deux sections en I et en J; les flèches de la fig. 6 montrent la direction de l'eau. Les parties sont séparées par la soupape à coulisse H H, mue en avant et en arrière au moyen de deux gâchettes, que l'on voit entre H et H (fig. 7). Ces gâchettes sont mises en mouvement par l'anneau excentrique E. L'anneau central B est plus profond que la caisse A, comme on le voit dans la fig. 6, de manière à égaliser la quantité d'eau à l'intérieur et à l'extérieur de l'anneau piston excentrique E.

F est l'enveloppe ou caisse extérieure. La partie intérieure du disque D forme un collier G, pour recevoir l'extrémité de l'arbre, et le tout est arrangé de façon à empêcher toute possibilité de fuite de l'eau. La pompe centrifuge est construite sur un principe tout différent. La force qui élève l'eau est la force centrifuge développée par la révolution d'une roue en éventail. Les fig. 8 et 9 représentent celle d'Appold exposée pour la première fois

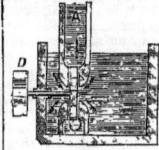 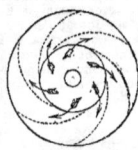

Fig. 8.   Fig. 9.
Pompe centrifuge d'Appold.

en 1851. C.-H. Hall, de New-York, a inventé une sorte de pompe à vapeur sans piston appelée pulsomètre, particulièrement propre à épuiser l'eau des mines, et ne se dérangeant pas, dit-on, lorsque l'eau est boueuse ou contient du gravier. — POMPES A INCENDIE, appareils composés de deux pompes foulantes associées, unies par un même levier mobile

Fig. 10. — Pompe à incendie à vapeur.

autour d'un axe horizontal. Aujourd'hui, dans les grandes villes, les pompes à incendie ont la vapeur pour force motrice. (Voy. INCENDIE.)

POMPÉE. I. (Cneius-Pompeius-Magnus), général romain, né en 106 av. J.-C., mort le 28 sept. 48. Il était fils de Cneius-Pompeius Strabo, sous lequel il servit dans la guerre Sociale ou des Marses. Pendant la lutte entre Marius et Sylla, il prit parti pour ce dernier; et lorsque Sylla, ayant terminé la guerre contre Mithridate, se dirigea vers l'Italie, Pompée leva trois légions, battit le général de Marius, M. Brutus, et effectua sa jonction avec Sylla. Dans la guerre qui abattit le parti de Marius en Italie, il se distingua en qualité de lieutenant de Sylla. Il réduisit la Sicile, et, en 81, envahit la Numidie, où il écrasa le parti de Marius. A son retour à Rome, le dictateur lui conféra le surnom de Grand (Magnus) et les honneurs du triomphe. Lorsque Lépide, en 77, marcha sur Rome, Pompée se joignit à Catulus pour le battre. En 76, il fut envoyé pour aider Metellus Pius à réduire l'Espagne; il mit heureusement fin à la guerre, et revint à Rome en 71. En chemin, il tailla en pièces 6,000 gladiateurs, et prétendit ainsi à l'honneur d'avoir également mis fin à la guerre servile. L'année suivante, Pompée et Crassus furent consuls, et le premier prit des mesures populaires qui impliquaient une rupture avec son parti, et, ensuite, pendant un grand nombre d'années, il fut l'ennemi déclaré de l'aristocratie. En 67, il appareilla la flotte entière des pirates qui infestaient la Méditerranée, dans une grande bataille au large du Cornecoïum, sur la côte de Cilicie. En 66, il fut investi de la direction de la guerre contre Mithridate, et, grâce à sa promptitude, il le surprit et le défit complètement dans la Petite Arménie. Dans le cours des quatre années suivantes, tout l'E. de l'Asie Mineure fut soumis à la domination romaine; l'Arménie, le Caucase méridional, la Mésopotamie, la Syrie, la Phénicie et la Judée furent rendus tributaires ou réduits à la condition de provinces conquises. En 63, Mithridate mit fin à ses jours; l'année suivante, Pompée quitta l'Asie et arriva à Rome un an après, amenant avec lui d'immenses dépouilles, et un grand nombre de nobles captifs qui ornèrent son troisième triomphe. Le sénat refusa de ratifier les mesures qu'il avait prises en Asie avant de les avoir examinées en détail. Pompée trouva un ami dans César et, avec Crassus, ils formèrent le premier triumvirat. En 59, César, fait consul pour la première fois, obtint pour Pompée la ratification de ses actes en Asie et lui donna en mariage sa fille Julie. Pompée alors se livra aux charmes de la vie domestique, sans grand souci des intérêts de ses amis ni des machinations de ses ennemis; mais il s'aperçut bientôt qu'il avait perdu la confiance de tous les partis. En 55, Pompée et Crassus furent faits consuls; le premier, à qui l'Espagne avait été assignée, excita le mécontentement en y envoyant ses lieutenants faire la guerre, au lieu d'y aller lui-même. L'Etat se trouvant dans une sorte d'anarchie par suite, en grande partie, de ses menées souterraines, il fut nommé *consul sans collègue*, en réalité dictateur, en 52, et il devint le véritable chef de l'aristocratie, Il commença dès lors à prendre des mesures pour entraver les desseins de César. Mais lorsque, en 49, César passa le Rubicon et marcha sur Rome, Pompée fut incapable de lui présenter aucune résistance et s'enfuit à Brindes. Poursuivi vigoureusement, il passa l'Adriatique, et rassembla à Dyrrhachium une nombreuse armée. Au commencement de l'an 48, César, vainqueur des lieutenants de Pompée en Espagne, arriva en Epire, essuya un rude échec à Dyrrhachium, et s'avança en Thessalie. Pompée le suivit jusqu'à Pharsale; mais il fut complètement défait par les vétérans de César, et il s'enfuit à Lesbos, d'où il passa en Pamphylie. On lui conseilla de chercher refuge près du jeune roi d'Egypte; il arriva sur la côte du pays et se fit conduire à terre dans un petit bateau. Les principaux officiers du roi, qui avaient résolu de mettre Pompée à mort pour se rendre César favorable, l'attendaient sur le rivage, et, au moment où il allait sortir de son bateau, l'un d'eux le poignarda par derrière. — II. (Cneius), fils aîné du précédent, né entre 80 et 75 av. J.-C., mort en 45. Après la bataille de Pharsale, il restait à la tête d'une flotte formidable. En 47, il réunit une armée en Espagne, mais César le défit totalement à Munda (17 mars 45), et il fut tué peu après. — III (Sextus), frère du précédent, né en 75 av. J.-C., mort en 35. Après la défaite de Munda, il rassembla des troupes et occupa certaines parties de l'Espagne. César mort, il s'empara de la Sicile, dispersa une flotte (42) envoyée contre lui par Octave, et créa une telle famine à Rome en interceptant les convois maritimes de blé, que le peuple demanda qu'on fît la paix avec lui. Cette paix donnait à Sextus les provinces de Sicile, de Sardaigne, de Corse et d'Achaïe. Antoine ayant refusé de céder l'Achaïe, Sextus recommença ses pirateries, et battit, en 38, les flottes d'Octave; mais en 36 la flotte du triumvir triompha complètement de la sienne dans une bataille sur la côte de Sicile. Il s'enfuit en Asie Mineure, fut pris et mis à mort.

POMPÉE (Trogue-), *Trogus-Pompeius*, historien latin, né dans la Gaule vers le milieu du 1er siècle de notre ère. Il écrivit une histoire en 44 livres, depuis la fondation de la monarchie des Assyriens jusqu'à Auguste; il l'intitula *Histoires philippiques* à cause de la place qu'y occupent les affaires de la Macédoine, sous le règne de Philippe. Il n'enreste que des fragments.

POMPÉI, ancienne ville de l'Italie méridionale, à 20 kil. S.-E. de Naples, au pied du mont Vésuve. Elle fut ensevelie par l'éruption du 24 août 79, qui enveloppa dans la même destruction Herculanum et Stabies. Pendant près de 17 siècles, Pompéi disparut de l'histoire. Un village s'éleva sur son emplacement, mais il fut détruit par l'éruption de 472. En 1748, en creusant un puits, on exhuma plusieurs statues et d'autres objets antiques. Charles III de Naples ordonna de grandes fouilles, et, en 1755, on découvrit l'amphithéâtre. Ses successeurs continuèrent son œuvre, et une grande partie de Pompéi fut remise au jour. Cette ville, ainsi exhumée partiellement, est d'une importance incalculable par les renseignements intimes qu'elle fournit sur l'économie domestique, les arts et la vie sociale de l'antiquité. Les murailles de Pompéi, dont on a retrouvé l'enceinte complète, forment un ovale irrégulier d'environ 3 kil. de circonférence. On suppose généralement que la population était de 20,000 à 50,000 hab.; mais, d'après Fiorelli, directeur des fouilles, Pompéi n'avait, à l'origine, pas plus de 2,000 habitants, et n'en comptait guère plus de 12,000 au temps de sa destruction.

Avenue des tombes, à Pompéi.

On a découvert huit portes, et les routes qui en partaient étaient bordées de chaque côté de tombeaux de grandes dimensions et d'une remarquable architecture. L'avenue des tombes, en dehors de la porte d'Herculanum, était le principal lieu de sépulture de la ville, et les monuments funèbres qui l'ornent sont d'un goût raffiné et d'une grande richesse. Les rues, pour la plupart, courent en ligne droite. La plus large n'a pas plus de 10 mètres, et il y en a peu qui dépassent 8 mètres. Le Forum, dans l'angle S.-O. de la ville, est la construction la plus spacieuse et la plus imposante, et, dans son voisinage immédiat, sont les temples principaux, les théâtres et autres édifices publics. L'architecture de Pompéi est le plus souvent mélangée; le style, grec ou romain, est défectueux, et les essais de combinaison des différents ordres sont gauches et sans goût. Au S.-E. du Forum se trouvaient le grand théâtre ou théâtre tragique et le théâtre secondaire ou Odéon. Le premier, capable de contenir 5,000 spectateurs environ, était bâti sur une légère élévation, et ne fut jamais complètement enseveli. Dans l'angle S.-E. de la ville était l'amphithéâtre, formant une ellipse de 430 pieds sur 335, et où pouvaient s'asseoir 10,000 spectateurs. Immédiatement au N. du Forum étaient les thermes, ou bains publics construction bien ordonnée et ornée avec élégance. Les maisons d'habitation sont pour la plupart petites et basses; il y en a peu qui aient plus de deux étages; elles sont peu ornées extérieurement, mais elles sont riches en peintures, mosaïques, bronzes, etc., et sont bien adaptées aux besoins d'un peuple accoutumé à passer en plein air la plus grande partie de la journée. Le rez-de-chaussée d'un grand nombre des plus belles était occupé par des boutiques en façade. Dans , beaucoup de ces maisons, on peut suivre avec une certitude presque absolue la vie journalière, les habitudes, les goûts et jusqu'aux pensées des habitants. On a donné aux maisons les plus importantes des noms tirés, soit du nom du propriétaire supposé, soit de sa profession, soit des objets d'art les plus remarquables qu'on y a trouvés. On voit avec évidence que lorsque la première éruption fut calmée, plusieurs des maisons furent visitées par leurs propriétaires qui venaient en retirer les objets précieux. Les peintures et les œuvres d'art les plus importantes trouvées dans les fouilles, ont été déposées au musée Bourbon (aujourd'hui musée national) à Naples. Les fouilles ont pendant longtemps marché très lentement; la somme qu'y consacrait annuellement le gouvernement des Bourbons suffisant à peine à l'entretien et aux dépenses imprévues; mais, depuis 1861, le gouvernement a libéralement poussé le travail, quoique le soin minutieux mis à déterrer les monuments empêchent un progrès vraiment rapide. — Voy. *Pompeia*, par E. Breton (1875, in-4°); *I Monumenti di Pompei*, par Niccolini (gr. in-fol.); *Fouilles de Pompéi*, par Fiorelli (1873, in-4°).

POMPEIA, fille de Q. Pompeius Rufus et épouse de César après la mort de Cornélie, (67 av. J.-C.). Suspectée d'adultère, elle fut répudiée en l'an 61, et c'est à ce sujet que César, refusant de déposer contre elle, prononça ces paroles restées célèbres : « La femme de César ne doit pas même être suspectée ».

POMPÉIEN, IENNE s. et adj. (pon-pé-iain) De Pompéi; qui concerne cette ville ou ses habitants.

*POMPER v. a. Elever, attirer, puiser l'eau ou l'air avec une pompe : *pomper l'eau d'un* *vaisseau.* — POMPER L'HUMIDITÉ, se dit de certaines matières, de certains corps qui attirent à eux l'humidité, et qui s'en imprègnent : *vous êtes allé au serein, votre habit a pompé l'humidité.* On dit, dans le même sens, LE SOLEIL POMPE LES EAUX DE LA MER. — V. n. Faire agir la pompe : *quand le navire fait eau, il faut pomper à tour de bras.*

POMPERIE s. f. Fabrication ou commerce de pompes.

POMPETTE adj. Ivre.

* POMPEUSEMENT adv. Avec pompe : *ce prince marcha toujours pompeusement et avec une grande suite.* — Fig. S'EXPRIMER POMPEUSEMENT, employer des expressions nobles, élevées, magnifiques ; ou, dans un sens défavorable, s'exprimer en termes ampoulés, employer de grands mots.

* POMPEUX, EUSE adj. Qui a de la pompe, où il y a de la pompe : *appareil pompeux.*

Le *pompeux* appareil qui s'est ici vos pas
N'est point d'un malheureux qui cherche le trépas.
J. RACINE, *Andromaque*, acte 1er, sc. 1re.

— Fig. STYLE, DISCOURS POMPEUX, style, discours remarquable par l'emploi des termes nobles, élevés, magnifiques et harmonieux. On dit de même, DES TERMES POMPEUX, DES PAROLES POMPEUSES. Ces expressions se prennent quelquefois en mauvaise part.

Messieurs les beaux esprits, dont la prose et les vers
Sont d'un style *pompeux* et toujours admirable.
FLORIAN.

— Des ÉLOGES POMPEUX, de très grands éloges. — Fam. POMPEUX GALIMATIAS, amas de grands mots ; de belles paroles qui ne signifient rien. POMPEUX SOLÉCISME, expression, locution, qui paraît brillante, mais qui est incorrecte et fautive.

* POMPIER s. m. Celui qui fait des pompes. — Celui qui est chargé de porter des secours dans les incendies, et particulièrement d'y faire agir les pompes : *à Paris, les pompiers forment un corps organisé militairement.* — Jargon des tailleurs. Ouvrier qui fait les retouches.

POMPIGNAN. I. (Jean-Jacques LEFRANC, *marquis de*), poète français, né à Montauban en 1709, mort en 1784. Il fut d'abord avocat général, puis président à la cour des aides de Montauban. Il fut admis à l'Académie française en 1760, et combattit à outrance Voltaire et son école ; le philosophe riposta, et d'une façon telle que Lefranc de Pompignan devint l'objet de la risée publique. Il a laissé une tragédie, *Didon* ; des *Odes*, des *Épîtres* et des *Poésies familières.* — II. (Jean-Georges), prélat français, frère du précédent, né en 1715, mort en 1790. Évêque du Puy en 1777, il fut membre de l'assemblée du clergé et fut ce qui appartenaient les *remontrances* au roi. Il fut en 1783 nommé archevêque de Vienne et, en 1789, ministre d'État. Il a laissé de nombreux écrits.

* POMPON s. m. Terme générique qui se dit des ornements de peu de valeur que les femmes ajoutent à leurs coiffures, et en général à leurs ajustements. — Houppe de laine que les militaires portent à leurs coiffures : *pompon rouge, jaune.* — Jargon. AVOIR SON POMPON, être ivre.

POMPONIUS MELA. Voy. MELA.

POMPONNE (Simon-Arnauld, MARQUIS DE), homme d'État, né en 1618, mort en 1699. Il était neveu du grand Arnauld et, en 1644, il devint conseiller du roi. Disgracié avec Fouquet, il entra à Paris en 1665 et fut successivement ambassadeur à Stockholm et à La Haye. Il remplaça de Lionne comme ministre des affaires étrangères, se distingua par son intégrité et amena la paix de Nimègue. Disgracié en 1679, il fut rappelé au ministère après la mort de Louvois (1694).

* POMPONNER v. a. Orner de pompons ; ou, dans un sens plus étendu, parer une personne, lui faire sa toilette : *pomponner une coiffure.* — Fig. POMPONNER SON STYLE, mettre de la recherche dans les ornements affectés. — Se pomponner v. pr. *Cette femme aime à se pomponner.*

* PONANT s. m. (ital. *ponente*, couchant). Occident, la partie du monde qui est au couchant du soleil : *depuis le levant jusqu'au ponant.* — Océan, par opposition à Méditerranée : *l'armée du Ponant.* On dit aussi, LA MER DU PONANT, la mer océane. Dans l'une et l'autre acception, il a vieilli.

PONANTAIS, AISE s. et adj. Du Ponant ou de l'Occident ; qui concerne cette région ou ses habitants.

PONCAS, tribu d'Indiens sur le territoire de Dakota. C'est une branche de la famille Dakota. Ils faisaient, à l'origine, partie des Omahas et résidaient sur la rivière Rouge (*Red river*) du Nord. Les Sioux les chassèrent au delà du Missouri. En 1822, on estimait leur nombre à 750, et ce chiffre est resté le chiffre moyen de leur population. En 1858, ils vendirent leurs terres au gouvernement américain, et allèrent dans une réserve, près de Yanktons. Un nouveau traité, en 1865, leur donna une réserve près du confluent du Missouri et du Niobrara. En 1876, ils étaient 730.

PONÇAGE s. m. Action ou manière de poncer.

* PONCE s. f. (lat. *pumex, pumicis*). Sorte de pierre extrêmement sèche, poreuse et légère, qui est un produit des volcans : *ponce vitreuse ; ponce commune.* Cette dernière s'appelle ordinairement PIERRE PONCE.

* PONCE s. f. Petit sachet qui sert à poncer et qui consiste en un morceau de toile claire qu'on emplit de charbon pilé, si l'on veut poncer sur une surface blanche, ou de craie en poudre, de plâtre fin, si l'on veut poncer sur une surface noire : *calquer un dessin avec la ponce.*

PONCE (Pedro) [ponn'-cé] bénédictin espagnol, né vers 1520, mort en 1584. On croit qu'il est le premier qui ait enseigné aux sourds-muets à émettre des sons articulés. Il avait écrit en espagnol un traité où il exposait sa découverte, mais qui s'est perdu.

PONCE DE LEON (Juan) [ponn'-cé-dé-léonn], explorateur espagnol, né vers 1460, mort en 1521. Il se distingua dans plusieurs campagnes contre les Maures de Grenade en 1493, accompagna Colomb dans sa seconde expédition et eut le commandement de la province orientale d'Hispaniola. En 1508, il fit une expédition à Porto Rico, et en 1509 réduisit l'île, qu'il gouverna durement jusqu'à ce que la famille de Colomb le fit rappeler. Ayant entendu parler d'une fontaine qui rendait la jeunesse et la beauté, il partit à sa recherche, en mars 1512 ; le dimanche de Pâques, il découvrit et nomma la Floride, débarqua (le 8 avril) près de la situation présente de Saint-Augustin, et prit possession du pays au nom du roi d'Espagne. Après une croisière de plusieurs mois, il alla en Espagne, et y reçut le titre de gouverneur de la Floride : mais il ne fut pas capable d'en entreprendre la colonisation avant 1521, année où il fut grièvement blessé par les indigènes, et alors il se retira à Cuba.

PONCE DE LEON (Luis), habituellement appelé en espagnol FRAY LUIS DE LEON, poète lyrique espagnol, né vers 1527, mort en 1594. Il était augustinien et professeur à Salamanque. Ses productions originales, qui tiennent le premier rang parmi les poésies héroïques et lyriques de l'Espagne, ne sont pas nombreuses, mais sont également remarquables par l'élévation de leur style et leur pureté d'expression. Les meilleures sont : *La Profecia del Tajo, La Vida retirada, La Inmor-*

talidad, La Noche serena, et La Ascension. Elles furent publiées pour la première fois par son ami Quevedo, en 1634. Son ouvrage le plus populaire en prose est la *Femme parfaite* (*perfecta Casada*), commentaire sur une partie du livre des *Proverbes.*

* PONCEAU s. m. Petit pont d'une arche, pour passer un ruisseau.

* PONCEAU s. m. (lat. *puniceus*). Espèce de pavot sauvage d'un rouge fort vif, qui croît parmi les blés, et qu'on appelle plus ordinairement COQUELICOT : *du sirop de ponceau.* — Rouge très vif et très foncé : *un ruban couleur de ponceau.* — Adj. *Une robe ponceau.*

PONCELET (Jean-Victor), géomètre français, né à Metz le 1er mars 1788, mort le 23 déc. 1867. Il fut professeur à l'école d'artillerie de Metz, et plus tard à la Sorbonne et au collège de France, et il commanda l'École polytechnique de 1848 à 1850, avec le rang de général. Il inventa les roues hydrauliques connues sous son nom. En 1825, l'Académie accorda un prix à son traité intitulé : *Les roues hydrauliques verticales, à aubes courtes, mues par-dessous.* Ses autres ouvrages comprennent des traités *Sur les propriétés projectives des sections coniques, Sur les propriétés projectives des figures et Sur les centres des moyennes harmoniques* (1822), et *Applications d'analyse et de géométrie* (édit. revue, 1865, 2 vol.).

PONCE-PILATE. Voy. PILATE.

* PONCER v. a. Polir, rendre uni, rendre ras avec la pierre ponce : *poncer du parchemin.* — PONCER DE LA VAISSELLE, la rendre mate avec de la pierre ponce.

* PONCER v. a. Passer sur un dessin, dont on a piqué le trait avec une aiguille, un petit sachet rempli de charbon pilé ou de craie en poudre, de plâtre fin, pour contretirer ce dessin sur du papier, sur de la toile, du bois, du vélin, etc. : *il faut poncer ce dessin, le poncer sur la toile.*

PONCET DE LA GRAVE (Guillaume), littérateur, né à Carcassonne en 1725, mort en 1800. Il a laissé : *Précis historique de la marine de France* (1780, 2 vol. in-12) ; *Mémoires intéressants pour servir à l'histoire de France* (1788-'90, 4. vol. in-12) ; *Histoire générale des descentes faites en Angleterre et en France depuis Jules César* (1799, 2 vol. in-8°).

PONCETTE s. f. Petite ponce, petit sachet servant à poncer.

PONCEUR s. m. Tech. Celui qui ponce certains ouvrages.

PONCEUX, EUSE adj. Minér. Qui est de la nature de la ponce ou qui en a la structure : *roche ponceuse.*

PONCHARRA (Charles-Louis-César DU PORT, *marquis de*), officier français, né à Puygiron (Drôme) en 1787, mort en 1868. Il prit part aux campagnes d'Espagne et de Portugal comme officier d'artillerie (1809-'44), devint chef de bataillon en 1823, et colonel en 1839. Il apporta de grandes améliorations dans nos manufactures d'armes, donna le modèle de la première carabine rayée à percussion qui ait été introduite dans l'armée (1832), etc.

PONCHO s. m. [ponn-tcho] (mot esp.) Sorte de manteau en forme de couverture, percé au milieu pour y passer la tête ; c'est le vêtement de la plupart des hommes dans l'Amérique du Sud.

* PONCIF s. m. Voy PONCIS.

PONCIN, ch.-l. de cant., arr. et à 25 kil. S.-O. de Nantua (Ain), au pied d'une montagne ; 1,500 hab.

PONCIRE s. m. Sorte de citron, de limon fort gros et fort odorant, dont on fait ordinairement cette confiture sèche qu'on appelle écorce de citron : *les poncires ne sont bons qu'à confire.*

* **PONCIS** s. m. Dessin qui a été piqué, et sur lequel on passe le petit sachet appelé *ponce : il faut garder ce poncis, il pourra encore servir.* On dit plus souvent PONCIF. — Dessin, travail sans originalité, qui sent le calque et la copie : *cette tête est un poncif.*

* **PONCTION** s. f. (lat. *punctio; de pungere,* piquer). Chir. Opération par laquelle on évacue les eaux épanchées dans quelque partie du corps, en y faisant une ouverture. Se dit communément de celle qui se fait au bas-ventre d'un hydropique : *on lui a fait la ponction.* — Ouverture qu'on fait au périnée, pour tirer l'urine hors de la vessie, quand on ne peut pas introduire la sonde dans cet organe.

PONCTUAGE s. m. Défaut que présentent les poteries composées, quand elles sortent du four criblées de taches noires.

* **PONCTUALITÉ** s. f. (rad. lat. *punctum,* point). Exactitude à faire certaines choses dans un certain temps, comme on se l'est proposé, ou comme on l'a promis : *il est d'une grande ponctualité.*

* **PONCTUATION** s. f. Art de ponctuer : *il entend bien la ponctuation.* — Manière de ponctuer : *cet écrivain a une ponctuation singulière.* — En parlant de la langue hébraïque, et de quelques autres langues orientales, se dit principalement des points dont on se sert pour suppléer les voyelles : *on prétend que les Massorètes sont les auteurs de la ponctuation hébraïque.* — SIGNES DE PONCTUATION, chacun des signes qui servent à marquer la ponctuation; ce sont : le *point,* la *virgule,* le *point-virgule,* les *deux points* ou *comma,* le *point d'interrogation,* les *points d'exclamation,* les *points de suspension,* les *points conducteurs* le *tiret,* le *trait d'union,* les *guillemets,* la *parenthèse* et les *crochets.*

* **PONCTUÉ, ÉE** part. passé de PONCTUER. — Adj. Hist. nat. Se dit des animaux et des végétaux qui sont parsemés de taches en forme de points : *lézard ponctué.* — LIGNE PONCTUÉE, TRAIT PONCTUÉ, ligne, trait formés d'une suite de points : *dans les cartes géographiques, on indique ordinairement les limites par des lignes ponctuées.*

* **PONCTUEL, ELLE** adj. Exact, régulier, qui fait à point nommé ce qu'il doit faire, ce qu'il a promis : *il est fort ponctuel.*

* **PONCTUELLEMENT** adv. Avec ponctualité : *se rendre ponctuellement à l'heure.*

* **PONCTUER** v. a. Mettre des points et des virgules dans un discours écrit, pour distinguer les phrases et les différents membres dont elles sont composées : *tous les éditeurs ne ponctuent pas ce passage de la même manière.* — Absol. *Il ne sait pas ponctuer.*

POND (John) [ponndd], astronome anglais, né vers 1767, mort en 1836. En 1811, il fut nommé astronome royal. Il s'appliqua alors principalement à déterminer les places des étoiles fixes. Il a traduit le *Système du monde* de Laplace, et en 1833, il publia un catalogue d'étoiles fixes, qui était le beaucoup le plus parfait de son temps.

* **PONDAGE** s. m. Droit qu'on lève en Angleterre sur toutes les marchandises à l'entrée et à la sortie, et qui est réglé d'après le poids.

PONDAISON s. f. Époque de la ponte des oiseaux.

PONDÉRABILITÉ s. f. (lat. *ponderabilitas; de pondus,* poids). Qualité de ce qui est pondérable.

* **PONDÉRABLE** adj. Didact. Qui a un poids appréciable, qui est susceptible d'être pesé.

PONDÉRAL, ALE adj. Qui a rapport au poids. — Comm. TITRE PONDÉRAL, titre exprimé en poids.

PONDÉRATEUR, TRICE adj. Qui maintient l'équilibre : *système pondérateur.*

* **PONDÉRATION** s. f. Phys. Relation entre des poids ou des puissances qui s'équilibrent mutuellement. — Peint. et Sculpt. Balancement des masses, équilibre des figures. — S'emploie, fig., dans le langage ordinaire : *la pondération des pouvoirs.*

* **PONDÉRER** v. a. (lat. *ponderare*). Equilibrer. Ne s'emploie que fig. et en parlant des pouvoirs politiques : *pondérer les pouvoirs de l'État.*

PONDEUR s. m. Celui qui pond.

La femme du *pondeur* s'en retourne chez elle.

LA FONTAINE.

* **PONDEUSE** s. f. Femelle d'oiseau qui donne des œufs : *cette poule est bonne pondeuse.* — Fig. et pop. BONNE PONDEUSE, femme qui fait beaucoup d'enfants.

PONDICHÉRY, grande et belle ville, ch.-l. des établissements français dans l'Inde, sur la côte S.-E. de l'Indoustan (côte de Coromandel), dans la province de Carnatic, avec une rade foraine assez sûre, à 4,080 kil. de la Réunion, 143 de Madras et 17,084 de Brest; 49,000 hab., dont un millier d'Européens. La ville blanche, bâtie sur la plage, est très régulière, avec des rues larges et bien percées. Les principaux édifices publics sont l'hôtel du gouvernement, l'église paroissiale, une caserne, un hôpital, l'hôtel de ville et le palais de justice. La ville noire, en arrière de la précédente, dont elle est séparée par un canal, se compose de cases indiennes ; on y remarque deux pagodes, le collège Calvé, l'église de la mission, la tour de l'horloge et le grand bazar. Le territoire de Pondichéry, dont la superficie est de 290 kil. carr., est enchevêtré dans le territoire anglais. Il est peuplé de 138,000 hab. Pondichéry, simple village, fut acheté au roi de Bedjapour en 1674, fortifié et agrandi peu après, colonisé en 1683, pris par les Hollandais en 1693, rendu aux Français en 1697, inutilement assiégé en 1748 par les Anglais, qui parvinrent à s'en emparer en janv. 1751, le rendirent en 1763, le reprirent de nouveau en oct. 1778, l'abandonnèrent en 1783, en devinrent encore maîtres le 23 août 1793, puis en 1803, et ne nous le rendirent qu'en 1815.

PONDOIR s. m. Lieu où l'on fait pondre les poules. — Entom. Organe avec lequel les femelles de certains insectes insinuent leurs œufs dans les corps.

* **PONDRE** v. a. (lat. *ponere*). (Je ponds, tu ponds, il pond ; nous pondons, etc. Je pondais. Je pondis. Je pondrai. Je pondrais. Ponds, pondez. Que je ponde. Que je pondisse, etc.) Se dit d'une femelle d'oiseau qui se délivre de ses œufs : *les perdrix pondent ordinairement quinze ou seize œufs.* — Se dit aussi de quelques autres animaux, comme la tortue et la couleuvre : *la tortue pond ses œufs dans le sable.* — Absol. *Cette poule pond tous les jours.* — Prov. et fig. PONDRE SUR SES ŒUFS, être riche ou fort à son aise, et jouir tranquillement de son bien.

PONENT s. m. Hist. eccl. Rapporteur à la cour de Rome.

* **PONEY** s. m. [po-nè] (mot. angl.). Cheval de petite taille. (Voy. CHEVAL.)

PONGERVILLE (Jean-Baptiste-Aimé, SANSON DE), littérateur, membre de l'Académie française, né à Abbeville le 3 mars 1792, mort à Paris le 22 janv. 1870. Il donna, en 1826, une traduction des *Amours mythologiques* d'Ovide, produisit des *Épîtres* et différents poèmes, traduisit en prose l'*Énéide* (1846), le

Paradis perdu, etc. Son ouvrage le plus connu est sa traduction de *Lucrèce.*

PONGITIF, IVE adj. (lat. *pungitivus; de pungere,* piquer). Pathol. Se dit d'une douleur qui semble causée par la pointe d'un instrument aigu.

* **PONGO** s. m. Hist. nat. Nom donné à de grands singes du genre orang-outang.

PONIATOWSKI [po-nia-tov'-ski], nom d'une famille polonaise descendue de Giuseppe Salinguerra, de la famille italienne de Torelli, qui s'établit en Pologne au XVIIᵉ siècle, et épousa la fille d'Albert Poniatowski et d'Anna Leszczynska. — I. (Stanislas), né en 1677, mort en 1762. Il s'attacha à Stanislas Leszczynski et à Charles XII, et, pendant qu'il était ambassadeur à Constantinople, il entraîna le sultan dans une guerre contre la Russie. Plus tard, il fut employé par Auguste II, à la mort duquel (1733) il se remit au service de Stanislas Leszczynski, et fut fait prisonnier à Dantzig par les Russes. — II. (Stanislas-Auguste), son fils, né en 1732, mort le 12 févr. 1798. Il fut élu roi de Pologne en sept. 1764. (Voy. POLOGNE.) — III. (Joseph-Antoni), prince et maréchal de France, neveu du précédent, né le 7 mai 1762, mort le 19 oct. 1813. Après avoir servi avec les Autrichiens 1787, contre les Turcs, il devint, en 1789, major-général dans l'armée polonaise. En 1792, lorsque le roi, son oncle, adhéra à la confédération de Targovitza, il donna sa démission ; mais il s'engagea avec Kosciuszko en 1794, et se conduisit vaillamment pendant les deux sièges de Varsovie. Il prit du service dans l'armée française, après que celle-ci eut occupé Varsovie, commanda le corps polonais contre les Russes en 1807, et devint ministre de la guerre du duché de Varsovie. Chassé en 1809, il envahit la Galicie et termina la campagne en s'emparant de Cracovie. En 1812, il commandait les auxiliaires polonais de la grande armée. Napoléon le fit maréchal de France, et après la bataille de Leipzig, il couvrit la retraite des Français. L'ennemi s'était emparé des faubourgs, lorsqu'il se précipita dans l'Elster (où le traverser et y fut noyé. — IV. (Joseph-Michael-Xaver-François-Jean FURST), prince ; compositeur, né à Rome le 21 févr. 1846, mort à Londres le 3 juillet 1873. Entre 1848 et 1856, il fut membre des chambres toscanes, et employé dans la diplomatie du grand-duc, avec le titre de prince. Il s'établit plus tard en France, et y devint sénateur. En 1870, il se transporta à Londres, où il composa *Ruy Blas, Esmeralda, Pierre de Médicis,* etc., et plusieurs messes.

PONS, ch.-l. de cant., arr. et à 22 kil. S. de Saintes (Charente-Inférieure), sur la Seugne 3,000 hab. C'était jadis une seigneurie. Cette petite ville fut fortifiée par les calvinistes et démantelée par Louis XIII. Eaux minérales. Collège renommé.

PONS (Jean-Louis) [pon], astronome français, né en 1761, mort en 1831. Il fut successivement attaché aux observatoires de Marseilles, de Marlia et de Florence. Il a découvert 37 comètes.

PONS (Saint-), *Pontinopolis,* ch.-l. d'arr., à 94 kil. N.-O. de Montpellier (Hérault) ; dans un joli vallon entouré de montagnes ; par 43° 29' 22" lat. N. et 0° 23' 48" long. E. ; 4,000 hab. Fabriques de draps ; teintureries, tanneries, mégisseries. Grains, légumes, bestiaux.

PONS DE VERDUN (Robert), magistrat et homme politique, né à Verdun en 1749, mort à Paris en 1844. Envoyé à la Convention par le dép. de la Meuse, il vota la mort du roi. Banni comme régicide en 1816, il ne rentra qu'en 1819. On a de lui : *Opinion sur le procès du roi* (1792, in-8°) ; *Portrait du général Souwarow* (1795) ; *la Fileuse et le Furrain* (Paris, 1836), etc.

PONSARD (Francis), auteur dramatique, né à Vienne (Isère), le 1er juin 1814, mort à Paris le 3 juillet 1867. Fils d'un avoué qui le destinait à lui succéder, il se rendit à Paris pour y faire son droit et fut reçu avocat en 1837. Il débuta en même temps sans éclat dans la carrière poétique par une traduction en vers du *Manfred* de Byron, œuvre qui passa inaperçue le jour que parce que l'auteur la fit imprimer à ses frais. Personne ne lut cette première production, sauf son père, qui se fâcha et se hâta de vendre sa charge pour ne point laisser entre les mains d'un jeune homme qu'il considérait comme perdu à tout jamais. Francis Ponsard, de retour à Vienne, y végéta longtemps comme obscur avocat. Le manuscrit de sa tragédie classique de *Lucrèce*, confié aux soins de son ami Charles Reynaud, qui promené dans Paris, présenté à Rachel, qui ne se donna pas la peine de le feuilleter, lu au comité de l'Odéon, qui le repoussa, et enfin admis par Lireux, directeur de l'Odéon. Le succès étourdissant de *Lucrèce* (22 avril 1843) valut à Ponsard le titre de chef de l'école du *bon sens*, parce que, dans sa pièce, il semblait s'éloigner de la furie romantique, sans se soumettre absolument aux règles étroites de l'art dramatique classique. Ce fut un triomphe autant pour les adversaires de Victor Hugo que pour le poète viennois, qui fut couronné par l'Académie française (prix de 10,000 fr., 1845) et nommé chevalier de la Légion d'honneur. Mais ses pièces ultérieures, moins bien adaptées aux besoins de la scène, ne répondirent pas aux espérances que ce début avait fait naître. *Agnès de Méranie* (Odéon, déc. 1846) n'obtint que peu de représentations; *Charlotte Corday* (Théâtre-Français, 23 mars 1850), tragédie où abondent les vers cornéliens, présente les portraits exacts des grands hommes de la Révolution, mais c'est une photographie bien plus qu'une pièce de théâtre. *Ulysse* (1852) tomba platement, ainsi qu'*Horace et Lydie* (Comédie-Française, 1850). Ayant, après le coup d'État, accepté de Louis-Napoléon la place de bibliothécaire du Sénat, Ponsard, accusé d'obéir à des motifs mercenaires, donna sa démission, appela en duel Taxile Delord et écrivit ensuite la comédie l'*Honneur et l'Argent* (Odéon, 11 mars, 1853), où il flagelle précisément le vice qui lui avait été attribué. Cette fois, le succès fut complet, grâce à l'accent de franchise et aux élans d'honnêteté qui règnent dans cette pièce, à défaut d'action et de gaieté. Une autre comédie, la *Bourse* (Odéon, 6 mai 1856) fit moins de bruit. Déjà le poète était entré à l'Académie française (1855). Il donna ensuite au Vaudeville *Ce qui plaît aux femmes* (30 juillet, 1860), comédie reçue avec froideur, et au Théâtre-Français (18 janv. 1866), le *Lion amoureux*, comédie historique ayant pour sujet un épisode du Directoire. *Galilée* (Théâtre-Français, 7 mars 1867), souleva des orages auxquels n'assista pas le poète, déjà atteint de la maladie qui allait l'enlever, dans sa ville natale. Ses œuvres ont été réunies en 2 vol. (1866) et en 3 vol. (1876). Sa biographie a été écrite par J. Janin, son ami (1872).

PONSON DU TERRAIL (Pierre-Alexis, vicomte), fécond romancier, né à Montmaur (Isère) le 8 juillet 1829, mort à Bordeaux le 20 janv. 1874. Après avoir passé quelque temps comme officier dans la garde mobile (1848-'50), il donna 465-1851 des feuilletons à la *Mode* et à l'*Opinion publique*, et se révéla dans les *Coulisses du monde* (1853, 4 vol. in-8°). A partir de cette époque, il collabora comme feuilletoniste à la *Patrie*, à l'*Opinion nationale*, au *Petit Journal*, à la *Petite Presse*, etc., et il mena quelquefois de front 5 feuilletons différents.

PONT s. m. (lat. *pons, pontis*). Construction de pierre, de fer ou de charpente, élevée d'un bord à l'autre sur une rivière, un ruisseau, un fossé, un canal, une vallée, etc., pour les traverser : *pont de pierre*. — Guerre. ÉQUIPAGE DE PONT, ensemble de toutes les choses nécessaires pour établir des ponts sur les rivières que l'armée peut être obligée de traverser. — PONT DE BATEAUX, pont fait de plusieurs bateaux attachés ensemble, et recouverts de grosses planches : *les troupes passèrent la rivière sur un pont de bateaux*. — PONT VOLANT, sorte de pont composé de deux petits ponts placés l'un sur l'autre, et tellement disposés, que celui de dessus s'avance par des cordages et des poulies attachées à celui de dessous. Se dit aussi de deux ou trois bateaux liés ensemble, et recouverts de madriers, qui, étant attachés par une longue corde à un point solide établi au milieu du fleuve, passent, d'un bord à l'autre, par la seule force du courant, en décrivant une portion de cercle dont la corde est le rayon. (Voy. plus bas un autre sens de PONT VOLANT.) — PONT TOURNANT, pont construit de manière qu'on peut le retirer à l'un des bords, en le faisant tourner sur un pivot. — PONT SUSPENDU, pont qui ne repose pas sur des piles, et dont le plancher est suspendu au-dessus de l'eau par le moyen de chaînes ou de fils de fer tendus de l'une à l'autre rive. — PONT TUBULAIRE, sorte de tubes de fer à travers lesquels passent sur les rivières et sur les bras de mer peu larges les trains d'un chemin de fer. — PONT DE CORDE, tissu de cordes entrelacées, dont on se sert quelquefois dans les armées pour traverser des rivières, ou pour passer par-dessus des ravines profondes. PONT DE JONC, pont fait avec de grosses bottes de jonc, couvertes de planches, et dont on se sert pour traverser les lieux marécageux. — PONT DORMANT, sorte de pont-levis qui est fixe et qui ne se hausse point. — LAISSER PASSER L'EAU SOUS LES PONTS, ne pas se mettre en peine de ce qui ne dépend pas de nous. — IL PASSERA BIEN DE L'EAU SOUS LES PONTS ENTRE CI ET LA, OU D'ICI A CE TEMPS-LA, se dit d'une chose qu'on croit ne devoir pas arriver sitôt. — LA FOIRE N'EST PAS SUR LE PONT, rien ne presse. — FAIRE UN PONT D'OR A L'ENNEMI, lui faciliter la retraite, afin de ne pas le réduire au désespoir. — FAIRE UN PONT D'OR A QUELQU'UN, lui faire de grands avantages pour le déterminer à se désister de quelques prétentions, à quitter une place, un emploi : *il veulait plaider, sa partie adverse lui a fait un pont d'or pour qu'il se désistât*. — PONT AUX ANES (*pons asinorum*), nom plaisamment appliqué à la 5e proposition du premier livre d'Euclide, parce que l'on y trouve la première difficulté véritable que l'élève rencontre dans l'étude de la géométrie (carré de l'hypothénuse). — C'EST LE PONT AUX ANES, se dit des réponses triviales dont les ignorants ont coutume de se servir, lorsqu'on leur propose quelque difficulté à résoudre : *n'avez-vous rien de mieux à répondre à mon objection? ce que vous dites là, c'est le pont aux ânes*. Se dit aussi des choses si communes, que tout le monde le sait; des choses si faciles, que tout le monde peut les faire : *écrire sur un pareil sujet, c'est le pont aux ânes*. — Jeux de cartes. FAIRE UN PONT, FAIRE LE PONT, courber quelques-unes des cartes, et les arranger de telle sorte, que celui contre qui on joue ne pourra guère couper qu'à l'endroit qu'on veut: *cet escroc lui a gagné en faisant le pont*. — Mar. Se dit du tillac et des différents étages d'un bâtiment : *les plus grands vaisseaux de guerre n'ont que trois ponts élevés de six pieds l'un sur l'autre*. Quand on dit absol., LE PONT, on entend ordin., le tillac, le pont supérieur : *ils étaient réunis sur le pont*. — PONT VOLANT, pont d'un petit bâtiment marchand, qu'on enlève par panneaux pour découvrir la cale au besoin. — FAUX PONT, pont inférieur d'un

vaisseau; plancher en partie volant, non calfaté, sur lequel on établit les cadres des malades et des blessés, entre les deux grandes écoutilles. — ENCYCL. On distingue les PONTS FIXES et les PONTS MOBILES. Les premiers comprennent : les *ponts proprement dits*, accessibles aux piétons et aux voitures; les *passerelles* qui ne servent qu'aux piétons; les *ponts aqueducs* qui conduisent les eaux d'un lieu à un autre; les *ponts canaux* qui font franchir à un canal une route, une vallée ou une rivière. Sous le nom de ponts mobiles, on range les *ponts de bateaux*, les *ponts-levis*, les *ponts roulants* et les *ponts tournants*. — Les premiers ponts étaient en bois; mais aujourd'hui on n'en construit plus guère de cette nature qu'en Amérique. Parmi les anciens ponts de bois les plus célèbres, nous citerons le *pont Sublicius* à Rome, le *pont de César* sur le Rhin et le *pont de Trajan* sur le Danube. Les ponts en pierres paraissent avoir été d'abord édifiés par les Romains. Après la chute de leur empire, il n'en est plus question pendant plusieurs siècles, sauf en Espagne où les Maures jetèrent sur le Guadalquivir le fameux pont de Cordoue, pendant le règne de Hachem, second roi maure d'Espagne. Un peu plus tard, les *frères pontifes* entreprirent la construction du célèbre pont d'Avignon sur le Rhône (1188). Cette association des pontifes s'était donné pour but la protection des voyageurs, par l'établissement et l'entretien des ponts. — Quand un pont de maçonnerie n'a qu'une seule arche, il se compose d'une voûte et de deux culées qui résistent à la poussée de cette voûte; si le pont est à plusieurs arches, il se compose en outre de piles élevées dans le lit de la rivière pour supporter les arches. Les ponts d'une seule arche étaient jadis nombreux en France; on distingue ceux de Céret, de Villeneuve-d'Agen, de Castellane, de Nyons, de Brioude, etc. Avant le XVe siècle, Paris n'avait que des ponts en bois. Le premier pont en pierre y fut élevé en 1412, sur l'emplacement du pont actuel de Notre-Dame. Presque toutes ces anciennes constructions avaient des voûtes en plein cintre; quelquefois la voûte du milieu, dite arche marinière, était plus haute que les autres, ce qui produisait de chaque côté du pont des pentes raides; plus tard, on adopta l'arc en anse de panier et ensuite l'arc de cercle dont on met la retombée beaucoup au-dessus de la corde de son diamètre. Ordinai-

Fig. 1. — Vieux pont de Londres, en 1616.

rement, sur les anciens ponts de pierre des grandes villes, on construisait des maisons disposées de différentes manières. Notre fig. 1 représente l'ancien pont de Londres sur lequel se trouvaient des maisons très élevées; les voitures et les piétons passaient en dessous de ces maisons. Ce pont a fait place au nouveau pont que représente notre fig. 2. Nous avons en France de magnifiques constructions en maçonnerie : pont Notre-Dame, pont Neuf, pont Saint-Michel, pont Royal, de la Concorde, etc., à Paris; de Châtellerault, de Toulouse, de Saintes, de

Blois, de Bordeaux, de Rouen, etc. — Les *ponts suspendus*, plus avantageux que les autres sous le rapport de l'économie et de la facilité de l'établissement, se composent de chaînes ou de câbles en fer, tendus depuis une rive jusqu'à l'autre, et supportant un

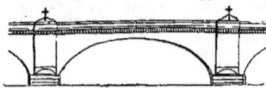

Fig. 2. — Pont Neuf de Londres.

tablier qui donne passage aux piétons et aux voitures. Ce système est très ancien ; il était connu en Chine dès l'an 65 de notre ère ; les Péruviens l'avaient également adopté ; on l'employa pour la première fois en France au siège de Poitiers pour traverser le Clain. Les ponts suspendus les plus remarquables sont : celui de Fribourg (Suisse), qui n'a qu'une seule travée de 265 m. de long ; celui de Cubzac (voy. ce mot) ; celui de Genève, qui présente cette particularité que le tablier est placé au-dessus des chaînes ; les ingénieurs américains ont imaginé un système dont notre fig. 3 donne un beau spécimen ;

Fig. 3. — Pont-viaduc à Louisville.

celui de Jarnac (Charente), celui de Rouen, etc. Ce genre de construction, aujourd'hui à peu près abandonné en France, est très répandu aux États-Unis, où l'on a construit les magnifiques ponts de Cincinnati et de Brooklyn (voy. ces mots), l'immense pont du chemin de fer qui traverse le Niagara, etc. On comprend dans la catégorie des ponts suspendus, les ponts tubulaires formés d'immenses tubes en fer battu, solidement rivés les uns dans les autres et qui servent surtout au passage du chemin de fer. On cite dans ce genre le *pont Britannia* (fig. 4), érigé par Stephenson et terminé en 1850 ; il traverse

Fig. 4. — Pont Britannia.

le détroit de Menai, à 103 pieds au-dessus des hautes eaux ; il est long de 689 pieds. Le pont *Victoria*, jeté sur le Saint-Laurent, à Montréal, n'a pas moins de 3 kil. de long ; le pont de la *Quarantaine* à Lyon réunit les deux gares du chemin de fer. — Le plus grand pont de l'univers est celui que l'on a jeté sur le Volga pour le chemin de fer allant à Orenbourg. Sa longueur est de 1,270 m. On l'a commencé en 1877 et terminé en 1880. Sa construction a coûté 4.600.000 roubles (18 millions de fr.). Il est supporté par 13 arches. — **Ponts militaires**. L'art de construire des ponts mobiles pour le passage des troupes était connu dès les temps les plus reculés. C'est au moyen de ponts de bateaux que Darius traversa le Danube et Xerxès l'Hellespont. L'armée de Xerxès construisit deux ponts

sur l'Hellespont ; le premier se composait de 360 et le second de 314 navires. Ceux-ci étaient ancrés côte-à-côte, proue contre poupe, leur quille dans la direction du courant ; ils étaient rattachés les uns aux autres par des câbles solides, sur lesquels étaient jetées des planches couvertes d'un lit de terre. D'après Arrien, Alexandre possédait un train régulier de pontons faits de bateaux légers qui accompagnaient son armée. Les Romains avaient des navires en osier tressé, revêtus de cuir et destinés à supporter la plate-forme en bois d'un pont ; ces navires formèrent une partie du train de leurs armées jusqu'à la fin de l'empire. Les Romains possédaient aussi l'art de construire une espèce plus solide de ponts militaires quand ils voulaient traverser une rivière rapide ; tel fut le fameux pont sur piles que César jeta sur le Rhin pour passer de Gaule en Allemagne (55 av. J.-C.). Les ponts de de pontons devinrent d'un usage général pendant la guerre de Trente ans. On distingue en France les ponts de bateaux, les ponts de pontons, les ponts de radeaux, les ponts de chevalets, etc. Avec 5 pontons on peut former un pont de 36 m. ; le service des ponts militaires est fait par des hommes spéciaux appelés *pontonniers*. — Les pontons se transportent sur des haquets et suivent généralement les parcs d'artillerie. Aujourd'hui, on construit souvent des pontons en caoutchouc, ce qui en diminue le poids de plus des neuf dixièmes. — **Ponts naturels**. Le plus fameux de tous les ponts naturels est le Rockbridge (Virginie), à 180 kil. O. de Rich-

Arche du pont naturel de Rockbridge.

mond. Il est traversé par le petit torrent appelé Cedar creek, dont le lit se trouve à plus de 200 pieds au-dessous de la voûte. — **Ponts et chaussées**, dénomination sous laquelle on comprend tout ce qui concerne l'administration publique dans la confection

et l'entretien des routes, des ponts, des canaux, etc. — ÉCOLE DES PONTS ET CHAUSSÉES, institution spécialement destinée à former des sujets pour les travaux de cette partie : *il est entré à l'école des ponts et chaussées*. Cette école nationale, créée en 1747, reconstituée par décret de l'Assemblée nationale le 19 janvier 1791 ; réorganisée par la loi du 30 vendémiaire an IV (22 octobre 1795), par le décret du 7 fructidor an XII (24 août 1804), elle a encore reçu de nouveaux développements par le décret du 13 octobre 1851. Son siège est à Paris, rue des Saints-Pères, 28. Elle est destinée à former des ingénieurs pour les services de l'État qui rentrent dans les attributions des ponts et chaussées. L'enseignement y est de trois ans. Tout candidat externe doit avoir dix-huit au moins et vingt-cinq au plus ; tout candidat au cours préparatoire plus de dix-sept et moins de vingt-quatre. Les candidats doivent joindre à leur demande faite sur papier timbré au ministère des travaux publics, leur acte de naissance et un certificat de bonnes vie et mœurs : la demande doit être visée par les parents ou tuteurs. — « Le service des ponts et chaussées forme une direction dépendant du ministère des travaux publics. Cette institution, qui date du siècle dernier, a rendu et rend encore d'éminents services à la France ; mais le corps des ingénieurs de l'État se recrutant à peu près exclusivement par l'école des ponts et chaussées, on constate, ainsi que dans tous les autres corps fermés et se contrôlant eux-mêmes, des traditions routinières, de la prodigalité dans les dépenses, et une indépendance peu compatible avec un service public. Il y a, dans chaque arrondissement ou circonscription spéciale, un ingénieur des ponts et chaussées auquel sont confiés l'établissement et l'entretien des routes nationales, des routes départementales, des ponts, des rivières navigables, des canaux, des ports de commerce, etc. Il y a en outre un ingénieur en chef, au chef-lieu de tout département. Chaque ingénieur a sous ses ordres un certain nombre de conducteurs des ponts et chaussées, lesquels dirigent les piqueurs et surveillent l'exécution des travaux. En outre du service ordinaire, il existe des services spéciaux confiés à des ingénieurs, et un service extraordinaire qui comprend l'exécution des travaux publics non permanents. Le personnel des ponts et chaussées est aussi chargé de la construction des chemins de fer exécutés au compte de l'État, et de la surveillance tant des travaux exécutés par les compagnies des chemins de fer que de l'exploitation de toutes les lignes. Trente-quatre inspecteurs généraux des ponts et chaussées sont chargés du contrôle de ces services (Déc. 13 oct. 1851, 15 sept. 1859, etc.). »   (Ch. Y.)

PONT (lat. *Pontus*), ancienne division de l'Asie Mineure, ainsi nommée à cause de sa situation sur le rivage méridional du Pont-Euxin. Elle était séparée de la Paphlagonie à l'O. par l'Halys ; et l'Iris et le Thermodon la traversaient. Parmi ses villes se trouvaient Trapezus (Trébizonde), Cerasus, Cotyora, Palemonium et Amisus. Des colonies grecques s'établirent sur son littoral dès le viie siècle av. J.-C. A l'origine, et sous les Perses, elle faisait partie de la Cappadoce. Le Pont devint un royaume au ive siècle av. J.-C., et, après les défaites de Mithridate le Grand (120-63), il fut démembré par les Romains. L'an 67 de notre ère, il fut réduit en province romaine. Il est compris aujourd'hui dans les vilayets de Trébizonde et de Sivas.

PONT-À-CHIN, village situé près d'Espierres (Belgique), célèbre par la grande bataille que Pichegru y livra, le 22 mai 1794, à l'armée du duc d'York, composée de 100,000 hommes. Les Français, écrasés par le nombre, furent repoussés, après une lutte désespérée.

PONTACQ, ch.-l. de cant., arr. et à 28 kil. S.-E. de Pau (Basses-Pyrénées); 2,500 hab. Laines, cuirs, salaisons.

PONTA DELGADA [ponn'-ta del-ga'-da], ville forte sur la côte méridionale de l'île de Saint-Michel, une des Açores; 15,000 hab. Les navires doivent être chargés extérieurement par des élévateurs. On exporte surtout du blé, du maïs et des oranges.

PONTAILLER-SUR-SAÔNE, ch.-l. de cant., arr. et à 32 kil. E. de Dijon (Côte-d'Or), sur deux îles formées par la Saône; 1,200 hab. Grains, vins. Vestiges d'une voie romaine.

PONT-À-MARCQ, ch.-l. de cant., arr. à 14 kil. S. de Lille (Nord); 4,000 hab. Fabrique de sucre.

PONT-À-MOUSSON, ch.-l. de cant., arr. et à 30 kil. N.-O. de Nancy (Meurthe-et-Moselle), sur la Moselle, au pied de la montagne de Mousson; 8,500 hab. Cette ville fut érigée en marquisat en 1354 et réunie à la France en 1632. Belle église gothique; commerce de vins.

PONT-À-NOYELLES ou Pont-Noyelles, village du cant. de Villiers-Bocage, arr. d'Amiens (Somme); 700 hab. Le 23 déc. 1870, l'armée française du Nord, commandée par Faidherbe, y livra, au corps de Manteuffel, une bataille sanglante et indécise qui dura de 11 heures du matin jusqu'à 6 heures du soir. Des deux côtés, on s'attribua la victoire; mais le général français coucha sur le champ du combat.

PONTANUS. I. (Jean-Jovien), né dans l'Ombrie en 1426, mort en 1503. Devenu premier ministre du roi Ferdinand II, il livra Naples à Charles VIII (1495). — II. (Jacques), philologue, né en Bohème en 1542, mort à Augsbourg en 1626. Il a laissé entre autres ouvrages : *Colloquiorum sacrorum libri IV* (Augsbourg, 1609, in-8°); *Attica bellaria*, etc. — III. (Jean-Isaac), historien et philologue, né en 1571, mort en 1639. Il fut un des disciples de Tycho-Brahé et devint historiographe du roi de Danemark. On a de lui : *Analectorum libri III* (Rostock, 1599, in-4°); *Itinerarium Galliæ Narbonensis* (Leyde, 1606, in-12); *Originum francicarum libri VI* (Harderwick, 1616, in-4°), etc.

PONTARION, ch.-l. de cant., arr. et à 10 kil. N.-E. de Bourganeuf (Creuse), sur le Thaurion; 500 hab.

PONTARLIER, *Pons Ælii*, ch.-l. d'arr. et place forte, à 55 kil. S.-E. de Besançon (Doubs), sur le Doubs, au milieu des montagnes du Jura et sur l'un des passages les plus fréquentés de France en Suisse, par 46° 54' 9'' lat. N. et par 4°4'14'' long. E.; 5.500 hab. Vins, fromages façon gruyère, chevaux, bestiaux, horlogerie, papeteries. Pontarlier est une ville très ancienne, l'une des plus importantes de la Franche-Comté; les Suédois la prirent en 1637.

PONT-AUDEMER, *Pons Aldermari*, ch.-l. d'arr., à 70 kil. N.-O. d'Evreux (Eure), sur la rive gauche de la Risle; par 49° 21' 22'' lat. N. et par 1° 49' 18'' long. O.; 5,900 hab. Bonneteries, tanneries, mégisseries; filatures de lin et de coton; grains, bestiaux, cidre, du Guesclin prit cette ville aux Anglais en 1378 et en rasa les fortifications; elle fut prise de nouveau par Dunois en 1449 et par les ligueurs en 1592.

PONTAUMUR, ch.-l. de cant., arr. et à 45 kil. O. de Riom (Puy-de-Dôme), sur le Sioulet; 1,100 hab.

PONT-AVEN, ch.-l. de cant., arr. et à 17 kil. O. de Quimperlé (Finistère), sur l'Aven; 1,200 hab.

PONTCHARTRAIN, village de l'arr. et à 16 kil. N.-E. de Rambouillet (Seine-et-Oise); 1,800 hab. Beau château des comtes de ce nom.

PONTCHARTRAIN, lac d'eau salée dans la Louisiane du S.-E., long d'environ 60 kil. de l'E. à l'O. et large de 40 kil. du N. au S. Sa rive méridionale touche à la Nouvelle-Orléans. Il n'a nulle part plus de 20 pieds de profondeur; cependant, c'est par lui que passe la plus grande partie du trafic côtier entre la Nouvelle-Orléans et les ports du golfe à l'est. Ses rives septentrionales sont recherchées comme résidences de campagne.

PONTCHARTRAIN, nom d'une famille de magistrats qui a donné à la France plusieurs ministres et dont les plus connus sont : I. (Paul PHÉLYPEAUX, *seigneur de*), né à Blois en 1569, mort en 1621. Marie de Médicis le nomma secrétaire d'Etat en 1610. Il a laissé des *Mémoires* (la Haye, 1720, 2 vol. in-12). — II. (Louis PHÉLYPEAUX, *comte de*), petit-fils du précédent (1643-1727); il fut premier président du parlement de Bretagne en 1667, ministre de la marine de 1690 à 1699, puis chancelier de 1699 à 1714. — III. (Jérôme PHÉLYPEAUX, *comte de*), fils du précédent, fut secrétaire d'Etat de la marine de 1699 à 1715, mais fut disgracié par le duc d'Orléans, à la mort de Louis XIV.

PONT-CHÂTEAU, ch.-l. de cant., arr. et à 45 kil. N.-O. de Saint-Nazaire (Loire-Inférieure), sur le Brivé; 3,000 hab. Petit port.

PONT-CROIX, ch.-l. de cant., arr. et à 34 kil. O. de Quimper (Finistère), sur un bras de mer; 4,800 hab.

PONT-D'AIN, ch.-l. de cant., arr. et à 21 kil. S.-E de Bourg (Ain), sur la rive droite de l'Ain; 1,100 hab. Ancien château des ducs de Savoie.

PONT-DE-BEAUVOISIN, ch.-l. de cant., arr. et à 25 kil. E. de la Tour-du-Pin (Isère); 2,000 hab. Place de guerre.

PONT-DE-BEAUVOISIN, ch.-l. de cant., arr. et à 17 kil. O. de Chambéry (Savoie).

PONT-DE-L'ARCHE, ch.-l. de cant., arr. et à 12 kil. N. de Louviers (Eure), sur la rive gauche de la Seine, au-dessous du confluent de l'Eure; 2,000 hab. Cette petite ville tire son nom d'un pont de 22 arches bâti sous Charles-le-Chauve, et dont une partie s'est écroulée en 1856. Eglise gothique.

PONT-DE-MONT-VERT, ch.-l. de cant., arr. et à 17 kil. E.-N.-E. de Florac (Lozère), sur le Tarn; 600 hab.

PONT-DE-ROIDE, ch.-l. de cant., arr. et à 15 kil. S. de Montbéliard (Doubs), sur la rive gauche du Doubs; 1,500 hab. Haut fourneau.

PONT-DE-SALARS, ch.-l. de cant., arr. et à 18 kil. S.-E. de Rodez (Aveyron); 500 hab.

PONT-DE-VAUX, ch.-l. de cant., arr. et à 13 kil. N.-O. de Bourg (Ain), sur la Reyssouse; 4,000 hab. Pont-de-Vaux fut érigé en duché par Louis XIII en 1623.

PONT-DE-VEYLE, ch.-l. de cant., arr. et à 30 kil. O. de Bourg (Ain), sur la Veyle; 1,600 hab. Ancienne seigneurie.

PONT-DU-CHÂTEAU, ch.-l. de cant., arr. et à 45 kil. E.-N.-E. de Clermont (Puy-de-Dôme), sur la rive gauche de l'Allier; 4,000 hab.

PONTE s. f. Action de pondre. S'emploie principalement en parlant de quelques oiseaux, comme perdrix, faisans, etc., qui ne pondent qu'en certains temps de l'année : *pendant que les perdrix font leur ponte.*

PONTE s. m. (esp. *punto*, point, as). Au jeu de l'hombre. As de cœur, quand on fait jouer en cœur, et as de carreau, quand on fait jouer en carreau : *il jouait à vilain jeu, mais le baste et le ponte lui sont entrés.* — Jeu du pharaon, du trente et quarante, etc., celui ou celle qui joue contre le banquier : *les pontes ont beaucoup perdu.*

PONTE (Da) [ponn'-té]. Voy. BASSANO et DA PONTE.

* **PONTÉ, ÉE** adj. Se dit d'un bâtiment de mer qui a un pont : *navire ponté, non ponté.*

PONTE-CORVO, ville de l'Italie méridionale, sur le Garigliano, à 80 kil. N.-O. de Naples; 7,609 hab. Le pape Jules II en fit l'acquisition, et en forma, avec un petit territoire, une principauté qui appartint au siège pontifical jusqu'en 1860, avec un intervalle, de 1806 à 1810, pendant lequel Bernadotte la posséda avec le titre de prince de Ponte-Corvo.

PONTÉCOULANT. I. (Louis-Gustave DOULCET, *comte de*), homme politique, né à Caen en 1764, mort en 1853. Il embrassa avec ardeur la cause de la Révolution, fut envoyé à la Convention par le dép. du Calvados, siégea parmi les girondins, vota le bannissement de Louis XVI, protesta contre la journée du 31 mai et fut mis hors la loi. Il rentra à la Convention en 1794, devint membre des Cinq-Cents, fut préfet de la Dyle sous le Consulat et sénateur en 1805. En 1814, il vota la déchéance de Napoléon, fut nommé pair de France par Louis XVIII, et se rallia à Louis-Philippe. Il a laissé des *Mémoires*. — II. (Gustave, COMTE de), astronome, fils du précédent, né en 1795, mort le 24 juillet 1874. Au sortir de l'Ecole polytechnique, il entra dans l'armée et donna sa démission pour se livrer entièrement à son goût pour les sciences. On lui doit : *Récit d'astronomie théorique et pratique* (Paris, 2 vol. in-8°, avec planches); *Théorie analytique du système du monde* (2° édit. 1856, 2 vol.), ouvrage qui a été traduit en plusieurs langues, etc.

PONTEFRACT ou Pomfret [pomm'-frett], ville du Yorkshire (Angleterre), à 250 kil. N.-O. de Londres; 5,372 hab. Dans le voisinage sont des jardins et des pépinières célèbres, des mines de houille, et des minoteries. On y fait beaucoup de jus de réglisse. On y remarque les ruines d'un vieux château, qui fut la scène du meurtre de Richard II.

PONT-EN-ROYANS, ch.-l. de cant., arr. et à 45 kil. S. de Saint-Marcellin (Isère), sur la Bourne; 900 hab.

PONTE-NOVO, vaste plaine de Corse. Le 9 mai 1769, Paoli, ayant rassemblé toutes ses forces pour une lutte suprême, y livra sa dernière bataille aux Français. Il fut vaincu, après un combat long et terrible.

PONTER v. a. Etablir le pont de... : *ponter un navire.*

* **PONTER** v. n. Etre ponte, jouer contre le banquier, au pharaon, au trente et quarante, etc. : *voulez-vous ponter? Il y a un grand désavantage à ponter.*

* **PONTET** s. m. Arquéb. Demi-cercle de fer qui forme la sous-garde d'un fusil, d'un pistolet. — Sellier. Partie d'une selle, en forme d'arcade.

PONT-EUXIN, *Pontus Euxinus*. Voy. MER NOIRE.

PONTEVEDRA, ville maritime d'Espagne, à l'embouchure de Lerez dans l'Atlantique, à 355 kil. N.-O. de Madrid; 5,000 hab.

PONTGIBAUD, ch.-l. de cant., arr. et à 25 kil. S.-O. de Riom (Puy-de-Dôme), sur une coulée de lave, au bord de la Sioule; 1,200 hab. Source d'eau minérale froide. Ruines d'un ancien château fort.

PONTHIEU (Le) *Ponticus pagus*, ancien pays de France dans la Picardie, divisé en *Ponthieu* proprement dit (villes princ. : Abbeville, Montreuil, Saint-Pol, Saint-Riquier) et

Vimeux (villes princ.: Saint-Valery, Crécy, Oisemont, Gamaches). — Le Ponthieu eut des comtes particuliers dès le IXe siècle et, au XIIe, il passa dans la maison d'Alençon. Par suite de mariage, il appartint à la couronne d'Angleterre et, en 1336, Philippe VI de France le confisqua à Edouard III d'Angleterre. Le traité de Brétigny le rendit à la couronne anglaise (1360); Charles V s'en empara en 1369; les Anglais le reprirent en 1417 et, après avoir été cédé au duc de Bourgogne, le Ponthieu fut définitivement réuni à la couronne en 1690.

PONTIAC, ville du Michigan (Etats-Unis), sur la rivière Clinton, à 44 kil. N.-O. de Detroit, 3,651 hab. Ville commerçante et industrielle. C'est le siège de l'asile des aliénés du Michigan.

PONTIAC, Indien de l'Amérique du Nord, chef des Ottawas, né vers 1712, mort en 1769. En 1746, à la tête d'un corps d'Indiens, il défendit avec succès Detroit contre les tribus hostiles du Nord. A la fin de 1762, il envoya des messagers aux différentes nations indiennes, proposant, pour mai 1763, un massacre général des garnisons anglaises et une invasion des établissements des frontières. Le complot réussit sur la plupart des points. Pontiac assiégea Detroit pendant plusieurs mois, mais ne réussit pas à s'en emparer; la plupart des tribus sollicitèrent alors la paix. Mais Pontiac ne se soumit pas encore. Il s'efforça de soulever les Indiens du Miami et des autres régions de l'Ouest, et la plupart prit position dans l'Illinois; cependant, en 1666, il fit formellement sa soumission aux Anglais. Il fut tué par un Indien illinois à Cahokia, en face de Saint-Louis.

PONTICELLO s. m. [ponn-ti-tché-lo] (mot ital. qui signifie: *chevalet*). Mus. SU L' PONTICELLO, près du chevalet. Se dit pour indiquer qu'un trait de violon, de violoncelle ou de basse doit être exécuté en attaquant les cordes près du chevalet.

PONTICULE s. m. (lat. *ponticulus*; dimin. de *pons, pontis, pont*). Petit pont.

PONTIEN (Saint) [pon-si-ain], pape, né à Rome, mort en 235. Il succéda en 230 au pape Urbain Ier.

* PONTIFE s. m. (lat. *pontifex*, faiseur de ponts, parce que les pontifes romains étaient chargés de l'entretien des ponts). Personne revêtue d'un saint ministère, et qui a juridiction et autorité dans les choses de la religion: *Aaron était le grand pontife des Hébreux.* — LE SOUVERAIN PONTIFE, le pape. — Lit. cathol. Se dit des évêques, des prélats en général: *dire l'office du commun des pontifes.* — Il a aussi la même acception dans le style élevé: *et vous, pontife du Dieu vivant, achevez d'offrir pour nous le sacrifice de réconciliation.* — Ant. rom. Les pontifes n'étaient pas attachés au culte d'une divinité particulière; mais ils formaient un collège de prêtres supérieurs à tous les autres, et contrôlaient le culte public tout entier. En 300 av. J.-C., ils étaient 9; mais ce nombre fut porté à 15 par Sylla, et à 16 par César. Les pontifes tenaient leur charge à vie. Le *pontifex maximus* était le président du collège et agissait en son nom. Cette charge fut prise par Auguste et tenue par tous ses successeurs jusqu'à Gratien, qui s'y refusa. — ⁓ Argot. Cordonnier. — Frères Pontifes ou PONTIFICES. On donne ce nom à un ordre de frères hospitaliers qui avaient des établissements au bord des fleuves et des rivières pour passer gratuitement les voyageurs et les secourir au besoin (d'où leur nom de *pontifices* ou *faiseurs de ponts*). C'est en Toscane, sur les rives de l'Arno, que l'on trouve la première origine de cette institution qui rendit d'éminents services à une époque où les communications

étaient si difficiles. L'ordre, qui s'était répandu en France, s'y est rendu célèbre par la construction de deux admirables ponts, celui d'*Avignon* (1177) formé de 18 arches, sur une longueur de 447 m., et celui du *Pont-Saint-Esprit*, sur le Rhône, soutenu par 22 arches et ayant 400 m. de long. Les frères pontifes furent sécularisés en 1519.

* PONTIFICAL, ALE, AUX adj. Qui appartient à la dignité de pontife, d'évêque: *autorité pontificale.* — Se dit aussi de la dignité du souverain pontife: *il est parvenu à la dignité pontificale.* — Etats pontificaux ou ETATS DE L'EGLISE, ancien nom d'une partie de l'Italie centrale qui était soumise au pape. En 1859, avant l'annexion de la plus grande partie de ce territoire aux Etats de Victor-Emmanuel, ils s'étendaient de 41° 15' à 45° lat. N., et de 9° 5' à 11° 35' long. E. Ils étaient bornés au N. par la Vénétie, à l'E. par l'Adriatique, au S. et au S.-E. par le royaume de Naples, au S.-O. par la Méditerranée, et à l'O. et au N.-O. par la Toscane et Modène. De l'embouchure du Pô au mont Circello, ils avaient 400 kil. de long, et 225 kil. de large d'Ancône à Civita-Vecchia; 40,000 kil. carr., environ; 3,000,000 d'hab. Ils se divisaient en une *comarca*, comprenant Rome et la Campagne romaine, gouvernée par un cardinal président, 6 légations, gouvernées chacune par un cardinal légat, et 43 délégations, placées sous des prélats subalternes. Les divisions géographiques, plus vastes, étaient la Romagne, en comprenant les légations de Ferrare, de Bologne, de Ravenne et de Forli; l'Ombrie, avec Spolète et Pérouse; et les Marches, où se trouvaient Pesaro, Urbino, Ancône, Macerata, Fermo et Ascoli. En 1859, la Romagne se sépara, et en 1860, les Marches et l'Ombrie furent occupées par les Sardes; les Etats pontificaux furent alors réduits aux divisions de Rome, de Viterbe, de Civita-Vecchia, de Velletri et de Frosinone (15,000 kil. carr. environ; 700,000 hab.). Ce reste fut annexé au royaume d'Italie en 1870. (Voy. ITALIE.) — Le pouvoir temporel des papes surgit insensiblement de leur autorité spirituelle et de la nécessité où ils furent de s'interposer pour protéger le peuple contre l'anarchie et la spoliation pendant le déclin des empires d'Occident et d'Orient. Les Lombards ayant conquis l'exarchat de Ravenne à Rome, le pape Etienne III appela le roi franc Pépin le Bref à son secours. En 735, Pépin battit le roi Astolphe et l'obligea à rendre au pape la plus grande partie de l'exarchat de Ravenne, à savoir la Pentapole (les cinq villes de Rimini, Pesaro, Fano, Sinigaglia et Ancône) et 17 autres villes. A partir de ce temps les papes prirent dans tous leurs actes le titre de souverains temporels. Mais leur autorité ne fut que nominale jusqu'au moment où Charlemagne détruisit totalement la monarchie lombarde en 774, et assura aux pontifes l'exarchat de Ravenne, la Corse, Spolète, Bénévent et d'autres possessions. Charlemagne ayant été couronné par le pape Léon III « empereur des Romains» en 800, ses successeurs continuèrent d'affirmer sur l'Italie une autorité impériale, qui nominalement conservée par les empereurs d'Allemagne jusqu'au commencement du XIXe siècle. Entre la suzeraineté des empereurs, la turbulence des factions et l'insubordination des petits princes, les papes du moyen âge furent incessamment entraînés dans des querelles et des luttes. Beaucoup furent exilés, emprisonnés ou mis à mort. Le parti dominant élevait son favori au pontificat, et souvent il y avait deux ou trois prétendants. Grégoire VII (Hildebrand) travailla surtout à délivrer l'Eglise de l'oppression temporelle; mais sa lutte avec Henri IV n'eut pas pour résultat de s'assurer l'indépendance, bien que Mathilde, comtesse de Toscane, de Parme, de Modène et de Mantoue,

vassale de l'empire, eût donné tous ses Etats au pape. Les empereurs refusèrent de sanctionner ce présent; mais Othon IV le ratifia ultérieurement pour Innocent III, qui fut le premier pape qui réussit à se rendre réellement indépendant. Othon fut excommunié en 1210, et déposé pour s'être emparé de plusieurs cités papales. Les droits féodaux des nobles et les droits municipaux des cités ne laissaient au pape qu'une bien petite autorité directe. Innocent parvint à s'attribuer le droit de nommer le préfet de Rome; mais, dans d'autres parties, le pouvoir impérial restait presque intact, tandis que Bologne, Pérouse et Ancône étaient virtuellement des républiques. Après que les papes eurent transféré leur résidence à Avignon en 1309, les Etats romains furent déchirés par les factions, les guelfes étant soutenus par les papes et les gibelins par les empereurs. La confusion et le désordre s'accrurent encore par l'élection d'anti-papes, qui quelquefois eurent Rome en leur possession. Grégoire revint à Rome en 1377. Le schisme fut terminé en 1417 par le concile de Constance, qui décerna la tiare à Martin V. Mais Eugène IV (1431-'47) fut chassé de Rome, et il s'y institua une république que son ministre Vitelleschi étouffa avec une grande cruauté. Alexandre VI (1492-1503) soumit les nobles des Marches; et Jules II (1503-13) réduisit les barons à l'obéissance, s'unit à la ligue de Cambrai avec la France, l'Autriche et l'Aragon, contre Venise, et, une fois son but atteint, s'allia à Venise pour chasser les Français. Son successeur, Léon X (1513-'21), rétablit la paix et acquit de nouveaux territoires. Clément VII (1523-'34) forma une ligue avec Venise, la France et l'Angleterre contre Charles-Quint; mais en 1527, Rome fut mise à sac par le connétable de Bourbon, et le pape resta prisonnier pendant sept mois. Clément XIII (1758-'69) perdit Avignon, Bénévent et d'autres villes, et se trouva en lutte avec presque tous les Etats de l'Europe, parce qu'il protégeait les jésuites. Clément XIV (1769-74), en supprimant cet ordre, regagna le reste des concessions. Bonaparte arracha à Pie VI (1775-'99) Bologne, Ferrare et Ravenne, le déposa en février 1798, et l'emmena captif en France, où il mourut. La République, proclamée à Rome par Berthier, prit fin en 1799. Le nouveau pape, Pie VII, fit en 1801, après la paix de Lunéville, un concordat avec Bonaparte; mais comme il refusait de chasser les nationaux des puissances en guerre avec la France, Napoléon occupa Rome en février 1808; en avril, Ancône, Macerata, Fermo et Urbino furent unies au royaume d'Italie; en mai 1809, Napoléon déclara le reste des Etats romains annexé à l'Empire français, et le pape fut gardé captif en France jusqu'en 1814. Le congrès de Vienne lui rendit tous les territoires de l'Eglise en Italie. Pie IX, élu le 16 juin 1846, inaugura une série de réformes et de concessions. Après la révolution française du 24 février 1848, il promit une constitution libérale, et s'unit à Charles-Albert contre l'Autriche; après l'assassinat de son premier ministre Rossi (15 nov.), il fut contraint d'accepter un ministère radical. Le 24, il se réfugia sous un déguisement à Gaëte. Les Etats romains furent alors gouvernés par un triumvirat révolutionnaire, dont Mazzini était l'âme. Le gouvernement français ayant résolu de restaurer Pie IX, le général Oudinot débarqua à Civita-Vecchia en avril 1849, et le 1er juillet les Français étaient complètement maîtres de Rome. Le pape revint en avril 1850. Il fut soutenu par l'armée française d'occupation, et régna tranquillement jusqu'en 1859, époque de l'évacuation de Bologne par les Autrichiens. Le 11 juin, la suite de leur défaite à Magenta, fut le signal d'une révolte pacifique de toute la Romagne, que Victor-Emmanuel annexa en mars 1860.

Les *victoires de Garibaldi en Sicile et à Na-ples furent suivies d'une révolte dans l'Ombrie et les Marches, puis d'une défaite finale des forces papales commandées par Lamoricière à Castelfidardo* (18 sept.) *et de la capitulation d'Ancône* (29 sept.). *Après avoir battu le corps expéditionnaire de Garibaldi* (1862), *le roi d'Italie conclut, le* 15 *septembre* 1864, *un traité avec Napoléon III, stipulant l'évacuation de Rome dans les deux ans. Les progrès de Garibaldi en octobre* 1867 *furent de nouveau entravés par le ministère italien, et un contingent français fut envoyé à Rome. Mais la défaite de Garibaldi à Mentana le* 3 *novembre ne fit qu'accroître l'exaspération publique. Enfin, lorsque le dernier soldat français fut parti, le* 21 *août* 1870, *les troupes italiennes occupèrent Rome* (20 sept.). *En décembre, les chambres italiennes siégeant à Florence déclarèrent Rome capitale de l'Italie, et le* 13 *mai* 1871 *adoptèrent une loi connue sous le nom de loi des garanties, qui reconnaît au pape le rang de souverain, et l'autorise à occuper le Vatican avec un revenu de* 3,125,000 fr. *que Pie IX refusa d'accepter. Toutes les propriétés de l'Eglise à Rome et sur son territoire immédiat devinrent propriété nationale en* 1873, *et, depuis, une grande partie a été vendue pour payer la dette publique. Il y a eu à peine quelques relations directes entre le pape et le gouvernement italien jusqu'au* 20 novembre 1876, *époque où le roi déclara, en ouvrant les chambres, que «l'extension des libertés accordées à l'Eglise ne devait pas amoindrir les libertés publiques, et que le gouvernement, en conséquence, proposerait des lois pour rendre effectives les réserves légales touchant le siège papal». La situation du pape a été rendue encore plus précaire par l'opposition du prince de Bismarck aux prétentions ultramontaines, et par la mort, en novembre* 1876, *de son homme d'Etat le plus capable, le cardinal Antonelli.*

* **PONTIFICAL** s. m. Livre qui contient les différentes prières et l'ordre des cérémonies que l'évêque doit observer particulièrement dans l'ordination, la confirmation, les sacres, et autres fonctions réservées aux évêques : *le pontifical romain.*

* **PONTIFICALEMENT** adv. Avec les cérémonies et les habits pontificaux : *officier pontificalement.*

* **PONTIFICAT** s. m. Dignité de grand pontife : *César brigua, obtint le pontificat.* — Dignité de pape : *il fut élevé au pontificat.* — Temps pendant lequel un pontife, un pape a exercé son autorité : *sous le pontificat de Grégoire le Grand.*

PONTIFICES. Voy **PONTIFES** (*frères*).

PONTIFIER v. n. Officier pontificalement. — Par ext. et fig. Avoir un air de hauteur et de dignité affectées.

PONTIGNY, village du cant. de Ligny, (Yonne), arr. et à environ 20 kil. S.-E. d'Auxerre ; 800 hab. environ. Son abbaye célèbre appartenait, à l'origine, dans l'ordre de Cîteaux ; elle devint l'asile de Thomas a Becket en 1164, d'Etienne Langton et des principaux évêques anglais en 1208, et, vers 1239, de l'archevêque Edmond Rich. Les huguenots brûlèrent l'abbaye et l'église en 1568. La seule aile du cloître qui ait été épargnée, avec de vastes salles souterraines, a été agrandie et fut occupée par les dominicains. L'église gothique, avec ses 11 chapelles autour de l'abside, est classée parmi les monuments historiques, et a été l'objet d'une restauration complète.

PONTIL s. m. [-til]. Techn. Masse de verre à l'état de demi-fusion, avec laquelle on fixe à l'extrémité d'une canne un objet qui a besoin d'être présenté au feu successivement par ses deux extrémités.

PONTILLER v. a. Polir avec le pontil.

PONTINS (Marais), plaine basse, marécageuse, située dans la portion méridionale de la Campagne romaine, et occupant une étendue de 45 kil. le long de la côte de la Méditerranée, de Cisterna à Terracine, sur une largeur qui varie de 6 à 18 kil. Ces marais sont formés par la stagnation des eaux des nombreux ruisseaux qui descendent des montagnes voisines, et que le niveau de la plaine ne laisse pas courir librement jusqu'à la mer. Le nom de Marais Pontins vient de Suessa Pometia, ville volsque, qui se trouvait aux environs et qui disparut de l'histoire vers 500 av. J.-C. Les Romains ont fait diverses tentatives pour dessécher ces marais et on a, dans les temps modernes, dépensé de grandes sommes pour leur amélioration ; mais on a trouvé qu'il était presque impossible de reconquérir ces terres, quoiqu'il y ait certaines parties en culture, et que les grands pâturages y abondent.

PONTIQUE adj. Qui appartient au Pont ; aux bords du Pont.

PONTIUS HERENNIUS, général samnite, mort en 291. Ce fut lui qui sut attirer deux consuls romains ainsi que leur armée dans le défilé des Fourches-Caudines et les força de passer sous le joug et de signer la paix. Vaincu à son tour par les Romains, il orna le triomphe de son vainqueur et fut égorgé dans sa prison.

PONTIVY, ch.-l. d'arr., à 55 kil. N.N.-O. de Vannes (Morbihan), sur le canal de Nantes à Brest ; par 48° 4' 5" lat. N. et par 5° 18' 15" long. O.; 7,900 hab. Pontivy porta, sous l'Empire, le nom de Napoléonville. Eaux minérales ferrugineuses froides. — Toiles, grains ; bestiaux. Eglise de Notre-Dame-de-la-Joie, dans le style ogival flamboyant ; château du XVe siècle.

PONT-L'ABBÉ, ch.-l. de cant., arr. et à 18 kil. S.-O. de Quimper (Finistère) ; 4,000 hab. Petit port de commerce.

PONT-L'ÉVÊQUE, *Pontus Episcopi,* ch.-l. d'arr., à 44 kil. N.-E. de Caen (Calvados), sur la Touques, par 49° 17' 14'' lat. N. et par 2° 9' 9'' long. O.; 4,000 hab. Fromages renommés. Eglise paroissiale de Saint-Michel (du XVe au XVIe siècle).

* **PONT-LEVIS** s. m. Sorte de petit pont qui se lève et qui s'abaisse sur un fossé. — Manège. PONT-LEVIS, sauts du cheval, lorsqu'il se cabre plusieurs fois de suite en se dressant très haut : *ce cheval m'a fait cent ponts-levis.* — Tailleur. PONT-LEVIS, ou PONT, partie du devant de la culotte ou du pantalon, que l'on baisse et relève à volonté : *culotte à pont-levis.*

PONT-LEVOY, village de l'arr. et à 24 kil. S.-O. de Blois (Loir-et-Cher) ; 2,500 hab. Ancienne abbaye de bénédictins. Ferme-école. Collège célèbre.

PONT-NOYELLE. Voy. **PONT-A-NOYELLES.**

* **PONT-NEUF** s. m. Chanson populaire sur un air fort connu : *chanter un pont-neuf.* Ces chansons étaient ainsi nommées parce qu'elles se chantaient et se débitaient sur le Pont-Neuf, à Paris : *des ponts-neufs.* — Prov. SE PORTER COMME LE PONT-NEUF, se porter très bien (allusion à la solidité du Pont-Neuf).

PONTOISE, *Pons Isaræ, Pontisara,* ch.-l. d'arr., à 35 kil. N. de Versailles (Seine-et-Oise), sur une colline escarpée, au confluent de la Viosne et de l'Oise, par 49° 3' 5'' lat. N. et par 0° 14' 23'' long. O. ; 6,750 hab. Cuirs, grains, farines. Eglise Saint-Maclou (mon. hist.), fondée au XIIe siècle, remaniée au XVIe siècle; église Notre-Dame renfermant le tombeau de saint Gauthier. Hôtel de ville du XVIIIe siècle. Pontoise fut réunie à la Normandie en 1032, et au domaine royal par Philippe-Auguste. saint Louis y eut un château où il tomba malade et où il fit vœu de partir pour la Terre Sainte. Le traité de Pontoise (1er juin 1312)

fut signé par Robert, comte de Flandre, qui céda Lille à Philippe le Bel. Un autre traité (21 août 1359) y fut signé entre le Dauphin et Charles le Mauvais. Pontoise a vu naître Philippe le Hardi, duc de Bourgogne, Nicolas Flamel, le général Le Clerc, Joseph de Guignes et les architectes Fontaine et Lemercier. — AVOIR L'AIR DE REVENIR DE PONTOISE, avoir l'air ébahi, embarrassé.

* **PONTON** s. m. Pont flottant ; machine composée de deux bateaux joints par des poutres, et couverts de planches, dont on se sert pour faire passer une rivière, un ruisseau à de la cavalerie, à de l'infanterie, à de l'artillerie : *il faut des pontons pour faire passer l'artillerie sur cette rivière.* — Certains bateaux de cuivre, qu'on porte dans une armée sur des espèces de chariots, et qui servent à jeter des ponts sur les rivières : *mettre les pontons à l'eau.* — Mar. Grand bateau plat qu., à trois ou quatre pieds de bord, qui porte un seul mât, et qui sert de point d'appui pour le radoub des vaisseaux, pour le chargement et le déchargement des gros fardeaux, et pour le nettoiement des ports. — Vieux vaisseau rasé, qui sert à plusieurs usages dans les ports : *on renferma les prisonniers dans un ponton.* — BATEAU A PONTON, bateau plat, ponté, insubmersible, divisé en cases à l'intérieur et servant à soutenir les lambourdes des ponts volants.

* **PONTONAGE** s. m. Droit que se perçoit en quelques lieux sur les personnes, voitures ou marchandises qui traversent une rivière, soit sur un pont, soit sur un bac.

* **PONTONNIER** s. m. Celui qui reçoit le droit de pontonage. — Guerre. Soldat d'artillerie qui est chargé du service des pontons. L'armée française compte 2 régiments d'artilleurs-pontonniers à 14 compagnies, comprenant 3,014 officiers et soldats et 208 chevaux.

PONTORMO (Il) (JACOPO *Carucci*) [poontor-mo], peintre toscan, né en 1493, mort en 1558. Andrea del Sarto le chassa de son atelier parce que Michel-Ange et Raphaël faisaient son éloge. Il ne fit qu'un petit nombre de bonnes peintures historiques ; mais ses portraits comptent parmi les chefs-d'œuvres.

PONTORSON, *Pons Ursonis,* ch.-l. de cant., arr. et à 22 kil. S.-O. d'Avranches (Manche) ; 3,000 hab. Petit port sur le Couesnon, non loin de son embouchure dans la baie du Mont-Saint-Michel.

PONTREMOLI, *Pons Tremulus,* ville forte d'Italie (Toscane), au confluent de la Verde et de la Magra, à 83 kil. N.-O. de Pise ; 5,000 hab.

PONTRIEUX, ch.-l. de cant., arr. à 20 kil. N. de Guingamp (Côtes-du-Nord), sur le Trieux ; 2,000 hab. Petit port de commerce.

PONT-SAINTE-MAXENCE, *Litanobriga,* ch.-l. de cant., arr. et à 12 kil. N. de Senlis (Oise), sur la rive gauche de l'Oise ; 3,000 hab. Beau pont sur l'Oise. Important commerce de blé ; vins, laines, cuirs.

PONT-SAINT-ESPRIT, ch.-l. de cant., arr. et à 39 kil. N.-E. d'Uzès (Gard) ; 5,000 hab. Pont sur le Rhône, d'une hardiesse remarquable (23 arches et 918 m. de long). Vins, huiles, soie.

PONT-SCORFF, ch.-l. de cant., arr. et à 16 kil. N.-O. de Lorient (Morbihan), sur le Scorff ; 800 hab. Tanneries.

PONTS-DE-CÉ (Les), *Pons Sati,* ch.-l. de cant., arr. et à 6 kil. S. d'Angers (Maine-et-Loire) ; 3,000 hab. Ce sont deux communes bâties sur deux îles de la Loire et communiquant entre elles et avec les rives par une suite de ponts et de chaussées que soutiennent 109 arches. L'armée de Marie de Médicis y fut défaite par Louis XIII en 1620 ; les Vendéens, commandés par Bonchamps, y furent battus en 179²

43.

PONT-SUR-YONNE, ch.-l. de cant., arr. et à 12 kil. N.-N.-O. de Sens (Yonne); 1,800 hab.

PONTUSEAU s. m. [-zô]. Papet. Verge de métal qui traverse les vergeures dans les formes sur lesquelles on coule le papier. — Raies que ces verges laissent sur le papier : *le papier vélin est sans vergeures ni pontuseaux.*

PONTVALLAIN, ch.-l. de cant., arr. et à 23 kil. E.-N.-E. de la Flèche (Sarthe); 900 hab. Du Guesclin y défit Robert Knolles en 1370.

POOLE [poul], ville du Dorsetshire (Angleterre), sur une presqu'île, à 20 kil. E. de Dorchester; 10,097 hab. Le port est un bel estuaire de 6 kil. de long à peu près. Les quais et les entrepôts sont considérables. 500 vaisseaux caboteurs environ entrent annuellement dans le port, et 200 navires font le commerce avec l'étranger. Grands chantiers de constructions navales, fabriques de toile à voile, etc.

POOLE (John), auteur dramatique anglais, né vers 1786, mort en 1872. Ses œuvres comprennent : *Hamlet Travestie* (1810); *Romeo and Juliet Travestie* (1812); *Paul Pry*, sa farce la plus fameuse (1825); *Comic Sketch Book* (1835, 2 vol.); *Patrician and Parvenu*, comédie (1835); *Little Peddlington and the Peddingtonians* (1839, 2 vol.), et *Christmas Festivities*, recueil d'esquisses et de récits (1845).

POONAH [pou'-nah], ville de la présidence de Bombay, dans l'Inde, sur la Moota, à 125 kil. S.-E. de la ville de Bombay; 75,000 hab. environ. Elle est divisée en sept quartiers nommés d'après les jours de la *semaine*. C'est la station militaire la plus importante dans le Deccan. Poonah avait une population double de ce qu'elle est aujourd'hui lorsqu'elle était la capitale des Mahrattes; mais elle montre depuis quelque temps des signes de progrès. C'est là la capitale du district de Poonah (10,000 kil. car.; 792,352 hab.), région montagneuse et sèche, presque complètement dépourvue d'arbres.

POOT (Hubert), poète hollandais, né à Abscoud, près Delft, 29 janv. 1689, mort dans cette dernière ville le 31 déc. 1733. Quoique né de simples paysans et ne sachant que sa langue maternelle, il devint l'un des meilleurs poètes des Pays-Bas au XVIIIe siècle. Ses premières poésies, nées sous l'inspiration de la nature et des œuvres des grands maîtres du XVIIe siècle, passent pour les meilleures. Ce sont les : *Mengeldichten* (mélanges) et *Minnezangen* (chants érotiques); œuvres qui se distinguent par la vérité de la description et la fraîcheur du sentiment. Dans ses *Veld-en-Zeezangen* (poésies des champs et de la mer) et dans ses *Bijbelstoffen* (chants bibliques), il sacrifie au mauvais goût du siècle par la recherche et l'étalage d'une fausse érudition.

POPAYAN [po-pai-ann'], ville des Etats-Unis de Colombie, sur le Rio Molino, à 350 kil. S.-O. de Bogota; 16,000 hab. environ; dans une plaine délicieuse, à environ 2,500 pieds au-dessus du niveau de la mer, dans le voisinage des volcans Puracé et Sotara.

POPE s. m. Nom que les Russes donnent à leurs prêtres du rite grec.

POPE (Alexander), poète anglais né à Londres en 1688, mort le 30 mai 1744. Il hérita d'un corps difforme et d'une constitution maladive. La première pièce qu'on ait de lui est une *Ode sur la solitude*, écrite lorsqu'il avait environ 12 ans. Ses imitations de quelques poètes anglais et diverses traductions datent de son enfance; mais aucune de ses compositions ne fut publiée avant sa 21e année. En 1709, parurent ses *Pastorales*, composées cinq ans auparavant. L'*Essay on Criticism*, fut publié sans son nom d'auteur en 1711. L'année suivante, Pope donna au *Spectator* le *Messiah*, a *Sacred Eclogue*. La première esquisse de the *Rape of the Lock*, parut dans la collection de Lintot, intitulée : *Miscellaneous Poems and Translations*, en 1712. Ce poème fut augmenté et imprimé en 1714, avec addition de merveilleux et une dédicace à miss Arabelle Fermor, l'héroïne de la pièce. En 1713-14, il étudia la peinture à Londres; mais la faiblesse de sa vue l'empêcha de poursuivre la pratique de cet art. En 1713, parut son poème descriptif sur la forêt de Windsor, écrit presque tout entier lorsqu'il n'avait que 16 ans, et son *Ode for music on St-Cecile's day*. Pour la première représentation de *Cato* d'Addison (1713), il écrivit un prologue qui fut aussi populaire que la tragédie même. Le premier vol. de sa traduction en vers de l'*Iliade* parut en 1715, et le dernier en 1720. Il reçut pour cet ouvrage près de 5,620 livres sterling. La préférence que donnait Addison à la traduction de Tickell aboutit à une querelle, et Pope écrivit une satire contre la critique. Pope demeurait avec ses parents à Binfield, dans la forêt de Windsor; il allait souvent à Londres et menait une vie dissipée. En 1717, il publia une collection de ses poésies où paraît pour la première fois son *Elegy to the Memory of on unfortunate Lady* et son *Epistle of Eloisa to Abelard*. Peu après, il se fixa à Twickenham. En 1725, il donna son édition de Shakspeare. Trois volumes de sa traduction de l'*Odyssée* parurent en 1725, et les deux autres en 1726 avec l'aide de deux amis (Broome et Fluton). En 1727-28, il publia avec Swift trois volumes de Miscellanées, où parut son *Treatise of Martinus Scriblecus on the Bathos, of the art of Sinking in Poetry*, lequel donna lieu à la *Dunciad*. Les auteurs attaqués dans le *Treatise* ripostèrent dans plusieurs publications et menacèrent même Pope de violences personnelles. Il résolut alors d'écraser toute l'armée des écrivailleurs, et produisit, en 1728, *The Dunciad*, qui causa une immense sensation. En 1731, parut son épître sur le goût, intitulée plus tard : *Of False Taste*, et définitivement *Of the Use of Riches*, qu'il adressa à lord Burlington; et, l'année suivante, une épître à lord Bathurst, *Of the Use of Riches*. Les quatre épîtres composant l'*Essay on Man* furent publiées anonymement en 1732-33 et '34. Les *Imitations d'Horace* commencèrent pendant que l'*Essay on Man* était en cours de publication, la première satire du second livre ayant paru en 1733. Aux attaques de ceux qu'il avait malmenés dans sa satire, Pope répliqua dans une *Epistle* (en vers) to *Dr Arbuthnot* (1735) qui sert aujourd'hui comme *Prologue to the Satires*. Curll imprima, dès 1726 et sans y être autorisé par l'auteur, un volume de lettres de Pope à Henry Cromwell. Trois ans après, on publia un volume de sa correspondance avec Wycherley. En 1735 parut *Mr. Pope 's Literary correspondance for thirty Years*. Sa correspondance avec Swift fut publiée sans autorisation en 1741. Son dernier ouvrage important fut *The New Dunciad* (1742), qui forma le quatrième livre de la première satire à partir de 1743. En dépit de son penchant pour les petites intrigues, de sa pétulance, de sa vanité et de son peu de respect pour la vérité, Pope était chaleureux et persistant dans ses amitiés, sociable, généreux et bienfaisant. Catholique romain de naissance, il résista à de fortes tentations de changer de religion, bien qu'extérieurement il semblât peu attaché. C'était un travailleur plein d'application, et il publia rarement une composition qu'il ne l'eût bien gardée plusieurs années par devers lui. Ses lettres sont d'admirables exemples de prose, mais elles sont trop étudiées et trop travaillées pour servir de modèles de style épistolaire. — Les meilleures éditions des œuvres de Pope sont celles de Warburton (1751-'60, 9 vol.); de Bowles (1807, 10 vol.), et de Roscoe, avec biographie (1824, 10 vol.). Il existe une excellente vie de ce poète par R. Carruthers (1857), et une table de concordance de ses œuvres par Edwin Abbott (1875). Pope a été traduit en prose française par Laporte (1779, 8 vol in-8e).

POPELINE s. f. (ital. *papalina*, parce que cette étoffe servait jadis pour les costumes des papes). Etoffe dont la chaîne est de soie, et la trame de laine lustrée : *une robe de popeline*. On dit aussi, **PAPELINE**. L'industrie des popelines fut, pendant quelque temps, exclusivement française; la révocation de l'édit de Nantes la répandit dans la plupart des pays du Nord.

POPERINGHEN, ville forte de Belgique, dans la Flandre occidentale; 11,000 hab. Industrie active et développée; brasseries, teintureries, blanchisseries, tanneries; manufacture de tabac. Houblon, grains, bestiaux, chevaux.

POPINCOURT, ancien hameau, aujourd'hui englobé dans le XIe arr. de Paris, dont il forme un quartier.

POPLITÉ, ÉE adj. (lat. *poples*, jarret). Anat. Qui a rapport, qui appartient au jarret : *le muscle poplité.*

POPOCATEPETL, volcan à environ 80 kil. S.-S.-E. de la ville de Mexico, à 5,422 m. au-dessus de la mer. Jusqu'à la hauteur de près de 4,000 m., il est couvert d'épaisses forêts; la neige est éternelle sur les 1,000 m. au delà. Le cratère a environ 5 kil. de circonférence et plus de 1,000 pieds de profondeur. On en tire des grandes quantités de soufre.

POPULACE s. f. (lat. *populatius*; de *populus*, peuple). Coll. Le bas peuple, le menu peuple : *ils essayèrent de soulever la populace.*

POPULACERIE s. f. Manières de la populace.

POPULACIER ÈRE adj. Qui appartient, qui est propre à la populace : *harangue populacière.*

POPULAGE r. m. (lat. *populago*; de *populus*, peuplier). Bot. Genre de renonculacées hellébores, comprenant plusieurs espèces de plantes herbacées vivaces, à feuilles alternes; à fleurs généralement grandes, jaunes et terminales et à fruits formés de follicules membraneux. Le *populage des marais (caltha palustris)*, appelé aussi *souci d'eau*, croît dans les ruisseaux et les fossés; ses tiges robustes portent de grandes feuilles arrondies. Cette plante possède des propriétés âpres et caustiques. Le petit *populage (caltha minor)* est une assez jolie plante que l'on cultive dans les jardins.

POPULAIRE adj. (lat. *popularis*; de *populus*, peuple). Qui est du peuple, qui concerne le peuple, qui appartient au peuple : *erreur populaire.* — GOUVERNEMENT POPULAIRE. ÉTAT POPULAIRE, forme de gouvernement, état où l'autorité est entre les mains du peuple. — ÉLOQUENCE POPULAIRE, éloquence propre à faire impression sur le peuple, sur la multitude. — MALADIES POPULAIRES, certaines maladies contagieuses qui courent parmi le peuple — CETTE VÉRITÉ EST DEVENUE POPULAIRE, elle s'est répandue jusque dans le peuple. On dit, dans le même sens, RENDRE UNE SCIENCE POPULAIRE, la répandre en tous lieux, la rendre accessible à tous les esprits. — Qui recherche, qui se concilie l'affection du peuple : *Henri IV était un roi populaire.* — Se dit aussi des manières, du langage, etc. : *sous son air populaire, il cachait beaucoup de hauteur.*

POPULAIREMENT adv. D'une manière populaire, à la manière du peuple : *c'est parler populairement que de se servir de telle expression.*

POPULARISATION s. f. Action de populariser.

* **POPULARISER** v. a. Rendre populaire ou vulgaire : *il a popularisé la science par ses ouvrages*. — Attirer, mériter à quelqu'un la faveur et l'affection du peuple : *rien ne popularise plus un roi que d'être d'un accès facile.* — **Se populariser** v. pr. *Il fait tout ce qu'il peut pour se populariser.*

POPULARISME s. m. Recherche excessive de la popularité.

* **POPULARITÉ** s. f. Caractère d'un homme populaire ; conduite propre à gagner la faveur du peuple : *affecter beaucoup de popularité.* — Faveur publique, crédit parmi le peuple : *il a acquis beaucoup de popularité.*

* **POPULATION** s. f. Coll. Nombre des habitants d'un pays, d'un lieu, relativement à l'étendue de ce pays, de ce lieu : *la population de l'Angleterre est considérable.* — FAVORISER LA POPULATION, favoriser les moyens d'augmenter le nombre des habitants d'un pays. — *Le recensement quinquennal de la population* est prescrit périodiquement par des décrets qui en déterminent l'époque fixe et les conditions. En outre, les maires dressent, chaque année, des tableaux constatant *le mouvement annuel de la population au moyen du relevé des naissances et des décès.*

* **POPULÉUM** adj. m. [-lé-omm] (lat. *populus*, peuplier). Pharm. ONGUENT POPULÉUM, onguent calmant fait avec des germes de peuplier noir, de la graisse de porc et des feuilles de pavot, de belladone, etc. (Voy. ONGUENT.)

* **POPULEUX, EUSE** adj. Où la population est considérable : *un pays populeux.*

POPULO s. m. Terme populaire et badin, qui se dit d'un petit enfant gras et potelé : *un joli petit populo.* — Bas peuple, populace.

POQUELIN. Voy. MOLIÈRE.

* **PORACÉ, ÉE** adj. Méd. Se dit des humeurs dont la couleur verdâtre tire sur celle du poireau : *pus poracé.*

PORBUS (Frans) [por-buss], *le jeune*; peintre flamand, né en 1570, mort en 1622. Il se fixa de bonne heure à Paris. Ses œuvres les plus célèbres sont : *La Cène*, qui est au Louvre, et ses portraits de la famille royale. Son grandpère, Pieter, et son père, Frans *le vieux*, étaient aussi des peintres.

* **PORC** s. m. [por] (lat. *porcus*). Cochon, animal domestique qu'on engraisse pour le manger, et qui a entre la chair et la peau une graisse qu'on appelle lard : *le porc était un animal immonde parmi les Juifs.* — SOIE DE PORC, grand poil qui vient aux porcs sur le haut du cou et sur le dos. — Fig. et fam. C'EST UN VRAI PORC, se dit d'un homme sale et gourmand. — PORC MARIN, nom que l'on donne quelquefois au marsouin et au dauphin : *il y a beaucoup de porcs marins dans la Méditerranée.* — Chair du porc : *le porc est une viande lourde.* — PORC FRAIS, chair de cochon qui n'est pas salée : *filet, côtelettes de porc frais.*

* **PORCELAINE** s. f. (lat. *porcellana*, s.-ent. *terra*). Sorte de terre très fine dont on fait des vases et des ustensiles de toutes formes, à demi vitrifiés par l'action du feu, et le plus souvent ornés de peintures et de dorures : *fabrique de porcelaine.* (Voy. POTERIE.) — Vase fait de porcelaine : *il a beaucoup de porcelaines, de très belles porcelaines.* — Hist. nat. Espèce de coquillage univalve, très poli et tacheté, dont les bords s'arrondissent en dedans et, forment une ouverture longitudinale, étroite, dentelée des deux côtés. — Adjectiv. CHEVAL PORCELAINE, celui dont la robe est grise, luisante, et tachée de poils bleuâtres et couleur d'ardoise.

* **PORCELAINIER** s. m. Ouvrier en porcelaine.

PORCELANIQUE adj. Qui a l'apparence de la porcelaine.

* **PORC-ÉPIC** s. m. [por-ké-pik] (lat. *porcus*, porc ; *spina*, épine). Mamm. Genre de rongeurs, caractérisés par les piquants raides et pointus dont ils sont armés et qu'ils dressent pour se défendre, à la manière des hérissons. Ce genre se divise en sous-genres *porc-épic* proprement dit, *éréthizon, coendou*, etc. — Les *porcs-épics* proprement dits ou porcs-épics de l'ancien monde, vivent solitaires dans les trous de rochers ; leur marche est plantigrade et ils ont une queue rudimentaire. Le *porc-épic d'Europe* (*hystrix cristata*) se trouve dans le midi de l'Europe et dans le nord de l'Afrique. C'est le plus grand des rongeurs connus ; il mesure environ 70 centim. de long, du bout du museau à l'origine de la queue. Ses longs piquants sont annelés de blanc et de noir et souvent entremêlés de poils ; sa tête et sa nuque sont couvertes d'une crête de grandes soies ; sa queue est garnie de tuyaux tronqués et vides qui se choquent quand l'animal la secoue. Il se nourrit de substances végétales et sa chair est recherchée. C'est un animal nocturne et hibernant.

PORCHAIRE (Saint-), ch.-l. de cant., arr. et à 16 kil. N.-O. de Saintes (Charente-Inférieure) ; 800 hab.

* **PORCHAISON** s. f. Chasse. État du sanglier dans la saison où il est le plus gras et le meilleur à manger : *à la fin de septembre, les sangliers sont en porchaison.*

* **PORCHE** s. m. (lat. *porticus*, portique). Portique, lieu couvert à l'entrée d'un temple, d'une église, ou même d'un palais : *le porche du temple de Jérusalem.* — PORCHE EN TAMBOUR, espèce de vestibule de menuiserie placé du côté intérieur de la porte d'une église

* **PORCHER, ÈRE** s. Celui, celle qui garde les pourceaux : *le porcher du village.* — C'EST UN PORCHER, UN VRAI PORCHER, se dit d'un homme grossier et malpropre.

* **PORCHERIE** s. f. Lieu où l'on élève des porcs.

PORCIEN (Le), *Porcensis Pagus*. Petit pays de l'ancienne France, dans la partie septentrionale de la Champagne, compris aujourd'hui dans le dép. des Ardennes.

* **PORCINE** adj. f. Ne s'emploie que dans cette expression : RACE PORCINE, race de porcs.

* **PORE** s. m. (gr. *poros*, passage). Ouverture imperceptible dans la peau de l'animal, par où se fait la transpiration, par où sortent les sueurs. Il n'est guère d'usage qu'au pluriel : *en été les pores sont plus ouverts.* — Petit orifice, petite ouverture imperceptible dont les végétaux sont criblés, et qui fait à peu près les mêmes fonctions que les pores des animaux. — Vide, intervalle qui se trouve entre les particules des différents corps sont composés : *tous les corps ont des pores.*

PORÉE (Charles), célèbre jésuite, né à Vendes (Calvados), en 1675, mort en 1741. Il entra dans l'ordre des Jésuites en 1692 et fut le maître de Voltaire, qui eut toujours pour ce professeur la plus profonde estime. Il a laissé plusieurs ouvrages latins.

PORRENTRUY, ville du cant. de Berne (Suisse), près de la frontière française, à 91 kil. N.-O. de Berne ; 6,000 hab. Cette ville fut après 1793 le ch.-l. du dép. français du Mont-Terrible.

° **POREUX, EUSE** adj. (rad. *pore*). Qui a des pores : *le verre est poreux.*

PORGER v. a. (lat. *porrigere*). Techn. Donner, présenter les fils pour le remettage.

PORION s. m. Maître mineur, contre-maître qui sert d'intermédiaire entre les ouvriers et le directeur.

* **PORISME** s. m. (gr. *porisma*). Nom de certaines propositions qui étaient en usage dans la géométrie des Grecs. La nature précise des porismes est un sujet de discussion. Les seules autorités que l'on ait à consulter sur cette question sont le septième livre des *Collections mathématiques* de Pappus et le commentaire de Proclus sur les *Éléments d'Euclide.* Suivant Pappus, un porisme est une proposition intermédiaire entre un théorème et un problème. Le livre le plus important publié dans ces derniers temps sur ce sujet est celui de M. Chasles : *Les trois livres de porismes d'Euclide rétablis* (1860). Des vues différentes ont été émises à ce propos par des mathématiciens de grand talent, et la question doit être regardée comme encore enveloppée d'obscurité.

PORISTIQUE adj. Qui appartient au porisme ; qui s'appuie sur un porisme.

PORNIC, ch.-l. de cant., arr. et à 23 kil. S.-O. de Paimbœuf (Loire-Inférieure), avec un petit port sur l'Atlantique, à l'entrée de la baie de Bourgneuf ; 2,000 hab. Bains de mer fréquentés. Aux environs, monuments celtiques.

PORNOCRATIE s. f. [-sî] (gr. *porné*, courtisane ; *kratos*, puissance). Influence prépondérante des courtisanes dans le gouvernement.

PORNOGRAPHE s. m. (gr. *porné*, courtisane ; *graphô*, j'écris). Celui qui écrit sur la prostitution ; celui qui se plaît à décrire les mœurs de la prostitution. — Peintre, graveur qui traite des sujets obscènes.

PORNOGRAPHIE s. f. Traité sur la prostitution. — Collection de peintures, de gravures obscènes.

PORNOGRAPHIQUE adj. Qui concerne la pornographie.

* **POROSITÉ** s. f. Didact. Qualité d'un corps considéré comme poreux : *la porosité du verre.* — La porosité est la condition de structure de tous les corps, où les particules sont disposées de manière à laisser entre elles des pores, ou interstices. L'existence de ces espaces, même dans les corps les plus compacts, se prouve de différentes manières. Sous une grande pression l'eau passe à travers des lames de fer même.

* **PORPHYRE** s. m. [-fi-] (gr. *porphura*, pourpre). Sorte de roche extrêmement dure, dont le fond est communément rouge, et quelquefois vert, marqué de petites taches blanches : *table de porphyre.* — Cette roche est ainsi nommée à cause de la couleur dominante dans les variétés qu'employaient les anciens, comme le *rosso antico*, ou porphyre rouge d'Égypte. Cette variété se compose d'un fond ou pâte de feldspath rougeâtre où sont disséminés des cristaux roses de feldspath appelé oligoclase, avec des plaques d'hornblende noirâtre et des grains de peroxyde de fer. C'est là le caractère général du porphyre ; aussi la pâte peut-être verte, rouge, pourpre ou noire, et les cristaux qui y sont mêlés peuvent offrir différentes teintes, plus claires ordinairement que le fond. Ils peuvent être aussi des cristaux d'hornblende, de quartz, d'augite, d'olivine et d'autres minéraux. Cette roche est très dure. On s'en sert surtout en architecture et dans les pièces décoratives, et pour faire des tables et des meules destinées à broyer très fin des substances dures déjà réduites en poudre. De notre temps, ce sont les Suédois et les Russes qui savent le mieux mettre le porphyre en œuvre. — Pour produire les poudres impalpables, on emploie une table de porphyre et une molette. On imprime à cette dernière un mouvement de rotation dans le plan horizontal de la table, et l'on détermine ainsi un frottement qui écrase et pulvérise les particules interposées.

PORPHYRE s. m. Bot. Genre d'algues, comprenant des espèces de plantes d'une couleur pourpre éclatante et riche. L'espèce la plus connue est le *porphyre vulgaire* (*porphyra vulgaris*).

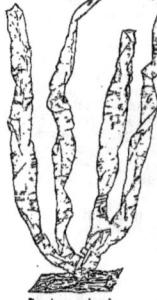

PORPHYRE, philosophe de l'école néo-platonicienne, né à Batanée ou à Tyr vers 233, mort à Rome vers 305. Ses doctrines philosophiques étaient essentiellement celles de Plotin, qu'il regardait comme identiques avec celles de Platon et aussi, en substance, avec celles d'Aristote. Des 56 ouvra-

Porphyra vulgaris.

ges que l'on cite de lui, il n'en reste que 19, parmi lesquels une vie de son maître Plotin. La plus fameuse, parmi celles de ses œuvres qui sont perdues, était spécialement dirigée contre les chrétiens; elle fut détruite publiquement par ordre de l'empereur Théodose II, en 435.

PORPHYRÉ, ÉE adj. Qui est taché de rouge comme le porphyre.

PORPHYRIQUE adj. Minér. Qui contient du porphyre, qui en a l'apparence.

PORPHYRISATION s. f. Action de porphyriser; état de ce qui est porphyrisé.

PORPHYRISÉ, ÉE part. passé de PORPHYRISER. — PAPIER PORPHYRISÉ, papier dont on a rendu la surface unie et luisante, en le glaçant avec de la poudre de sandaraque très fine.

PORPHYRISER v. a. Broyer une substance avec la mollette sur une table très dure et bien unie, ordinairement de porphyre, pour la réduire en une poudre très fine.

PORPHYROGÉNÈTE s. m. (gr. *porphura*, pourpre; *gennaô*, je nais). Antiq. Nom qu'on donnait aux enfants des empereurs d'Orient, lorsqu'ils étaient nés dans la pourpre, c'est-à-dire pendant le règne de leur père.

PORPORA (Nicolo), compositeur italien, né à Naples vers 1686, mort en 1767. En 1726, il commença sa carrière par de grands succès à Venise; en 1728, il alla à Dresde comme directeur du théâtre et de la musique de la chapelle de la cour. En 1731, il établit à Naples une école de vocalisation, où Farinelli, Caffarelli et d'autres chanteurs célèbres furent élevés. Vers 1750, il alla séjourner à Vienne où Haydn subit son influence. Il fut ensuite maître principal au conservatoire des Incurabili à Venise. Devenu vieux, il se retira à Naples, et mourut dans l'indigence. Ses œuvres comprennent 50 opéras et un grand nombre de messes, de cantates, de sonates, etc. Il figure dans le roman de George Sand intitulé *Consuelo*.

PORQUE s. f. Truie, femelle du porc. — Mar. Chacune des grosses pièces qui relient les carlingues.

PORQUEROLLES, île de la Méditerranée, dans le groupe des îles d'Hyères dont elle est la plus importante; 300 hab. Fortifications. Elle mesure 16 kil. de circonférence. Territoire couvert de pins et de chênes.

PORRACÉ, ÉE adj. Voy. PORACÉ.

PORREAU. Voy. POIREAU.

PORRECTION s. f. [por-rèk-si-on] (lat. *porrectio*; de *porrigere*, présenter). Rit. cathol. Action de tendre, de présenter une chose. Ne

se dit que de la manière dont on confère les ordres mineurs, et qui consiste à mettre dans la main des ordinands, ou simplement à leur faire toucher les instruments relatifs à leur ministère : *les ordres majeurs se confèrent par l'imposition des mains, et les mineurs par la porrection des objets qui en désignent les fonctions.*

PORRIGINEUX, EUSE adj. Qui concerne le porrige, se dit d'une teigne furfuracée superficielle : *teigne porrigineuse.*

PORRIGO. Voy. PITYRIASIS.

PORSENA ou **Porsenna**, lars ou roi de Clusium en Etrurie, à qui, suivant l'histoire légendaire de Rome, les Tarquins, dans la seconde année après leur expulsion, demandèrent des secours pour recouvrer leur royaume. Porsenna assiégea Rome; mais, apprenant de C. Mucius Scævola que 300 nobles Romains avaient fait le serment de le tuer, il fit la paix à condition de recevoir des otages, et retourna à Clusium.

PORT [por] (lat. *portus*). Lieu sur une côte, où la mer, s'enfonçant dans les terres, offre aux bâtiments un abri contre les vents et les tempêtes : *le port de cette ville est sûr et commode.* — PORT D'ATTACHE, port où un navire ou un service maritime prend ses quartiers, point de départ ou d'arrivée d'un service maritime ou d'un navire. — PORT DE TOUTE MARÉE, celui où les bâtiments peuvent entrer en tout temps, parce qu'il y a toujours assez de fond. — PORT DE BARRE, celui dont l'entrée est fermée par un banc de roche ou de sable, et où les bâtiments ne peuvent entrer qu'avec la marée. — PORT FRANC, celui où les marchandises ne paient point de droits, tant qu'elles n'entrent pas dans l'intérieur du pays : *l'institution des ports francs est très avantageuse au commerce.* Se dit aussi d'un édifice situé près d'un port, et dans lequel on entrepose en franchise les marchandises étrangères destinées à être exportées. — FAIRE NAUFRAGE AU PORT, faire naufrage dans le port en y entrant. — FAIRE NAUFRAGE AU PORT, échouer dans une entreprise au moment où elle semblait près de réussir. — PRENDRE PORT, SURGIR AU PORT, aborder à terre, soit dans un port, soit ailleurs. — Fig. Atteindre au but de ses vœux, réussir dans quelque chose qu'on avait entrepris. — FERMER UN PORT, FERMER LES PORTS, empêcher qu'il n'en sorte aucun bâtiment : *à cette nouvelle, on ferma tous les ports.* — LE NAVIRE EST ARRIVÉ A BON PORT, il est arrivé heureusement. On dit de même. CES MARCHANDISES SONT ARRIVÉES A BON PORT. — ARRIVER A BON PORT, arriver heureusement et en bonne santé, au lieu où l'on voulait aller. — Lieux, sur les rivières, où les navires, les bateaux abordent, où les bâtiments chargent et déchargent leurs marchandises : *le port Saint-Paul, le port au blé, aux tuiles.* — Ville bâtie auprès d'un port, autour d'un port : *Brest est un beau port.* — Lieu de repos, d'une situation tranquille : *il s'est retiré du monde et de l'embarras des affaires; il est dans le port.* — IL EST ARRIVÉ AU PORT, IL EST DANS LE PORT, se dit d'un homme de bien qui est mort, et que l'on croit jouir du bonheur éternel. — Fig. PORT DE SALUT, lieu où l'on se retire à l'abri d'une tempête : *cette île, cette rade, ont été pour lui un port de salut.* Se dit aussi, généralement, de tout lieu où l'on se retire loin des embarras du monde, où l'on cherche à se mettre à couvert de quelque danger : *la maison de l'ambassadeur a été un port de salut pour lui.*

PORT s. m. Charge d'un bâtiment, poids qu'il peut porter : *ce navire est du port de cent tonneaux.* — Prix qu'on paye pour le transport des effets que voiturent les rouliers et les messagers, et pour celui des lettres qu'on reçoit par la voie de la poste : *il a donné tant par kilogramme à la messagerie, pour le port*

de ses effets. — AVOIR SES PORTS FRANCS, recevoir ses lettres franches de port. — PORT PERMIS, se dit, dans la marine marchande, de ce qu'un capitaine de navire ou un passager peut charger pour son compte, sans aucun de fret à payer. — PORT D'ARMES, action ou le droit de porter des armes : *permis de port d'armes.* — PORT D'ARMES, se dit aussi de l'attitude du soldat qui porte les armes : *il est au port d'armes.* — Jeux de cartes. Se dit des cartes qu'on réserve pour se joindre à celles qui doivent rentrer du talon : *mon port était beau, mais il m'est rentré vilain jeu.* — Maintien d'une personne, manière dont une personne se tient debout, marche, se présente, etc. : *un port noble et majestueux.* — ELLE A LE PORT D'UNE REINE, UN BEAU PORT DE REINE, se dit d'une femme qui a la taille belle et l'air noble. — CETTE PERSONNE A UN BEAU PORT DE TÊTE, sa tête est bien placée, elle la porte bien. — Bot. LE PORT D'UNE PLANTE, l'aspect, l'ensemble d'une plante, sa forme distinctive : *cette plante a le port de la ciguë.* — Mus. PORT DE VOIX, agrément du chant, qui se marque par une petite note, et qui se pratique en montant diatoniquement, par un coup de gosier, d'une note à celle qui la suit. — ENCYCL. PORT D'ARMES. Le port d'armes était autrefois considéré comme un droit naturel; mais ce droit fut réglementé pour la première fois sous le règne de Louis XV, par une ordonnance royale en date du 23 mars 1728. Toute personne non autorisée qui était trouvée porteur d'une arme prohibée était passible de six mois de prison et de 500 livres d'amende. Lors de la publication du Code, un article fut inséré modifiant la pénalité. Cet article porte le numéro 314; il supprime la condamnation à la prison et fixe l'amende à un minimum de 16 fr. et à un maximum de 200 fr. Le 17 mai 1814, le Conseil d'État, auquel une affaire de ce genre avait été soumise, déclara que le port d'armes pouvait être accordé aux voyageurs pour leur défense personnelle. Le 1er août 1820, M. Anglès, alors préfet de police, rendit une ordonnance qui n'était autre que celle du 23 mars 1728 et qui fixait la catégorie des armes qui ne pouvaient être portées : casse-tête, coups-de-poings, cannes à épée, etc. — Enfin, le 14 août 1859, une circulaire du ministre de l'intérieur déclare prohibé le revolver mesurant plus de 15 centim. de longueur. Ceci ne veut pas dire, d'ailleurs, qu'on puisse être muni, sans autorisation, d'un revolver de moindre dimension. Il existe aussi un arrêt de la cour de Bordeaux, en date du 13 février 1837, qui déclare qu'on ne peut se prévaloir d'une permission pour porter des armes dites prohibées. — Législ. « Le droit de port d'armes, qu'il ne faut pas confondre avec le permis de chasse (voy. CHASSE), appartient à tout citoyen; c'est l'un des droits dont est privé celui qui est frappé d'une condamnation emportant la peine infamante de la dégradation civique (C. pén. 34), et l'un de ceux dont l'exercice peut être interdit par les tribunaux jugeant correctionnellement, lorsque cette interdiction a été autorisée ou ordonnée par une disposition spéciale de la loi (id. 42). Il est défendu de porter aucune arme apparente dans les églises, dans les foires, les marchés et tous autres lieux de rassemblement, dans les assemblées électorales, dans les mouvements insurrectionnels, etc. (L. 2-3 juin 1790; 13-14 sept. 1791; 6 germinal an VI), ni en présence d'aucune autorité (L. 21 juin 1792). En Corse, le port d'armes a été, par des raisons particulières, absolument interdit par la loi du 12 mai 1853, dont l'effet limité à cinq années, a été prorogé par des lois postérieures. Le port du sabre doit être interdit, en dehors du service, à tout militaire qui est sujet à s'enivrer (Circ. minist., mai 1868). Le port d'armes apparentes ou cachées constitue une circonstance aggravante lorsqu'il y a attroupement ou rébellion. (Voy.

ces mots.) — Depuis longtemps, le port de certaines armes a été prohibé par les lois, notamment par la déclaration du 18 déc. 1660, par l'édit de décembre 1666, et par la déclaration du 23 mars 1728, laquelle interdit toute fabrication commerce, vente, débit, achat, port et usage des poignards, des couteaux en forme de poignards, des baïonnettes, des pistolets de poche, des épées en bâton, des bâtons à ferrements autres que ceux qui sont fermés le bout, et de toutes armes offensives cachées et secrètes. L'exécution de la déclaration de 1728 a été prescrite à nouveau par un décret du 12 mars 1806, et elle est encore en vigueur, quoique les peines qu'elle inflige aux fabricants et marchands d'armes prohibées (privation de maîtrise, fustigation, galères, etc.) ne soient plus en usage aujourd'hui. Aux termes de l'article 314 du Code pénal, celui qui a fabriqué ou débité des armes prohibées devrait être puni seulement d'un emprisonnement de six jours à six mois et celui qui est trouvé porteur desdites armes devrait être puni d'une amende de 16 fr. à 200 fr.; mais l'article 1er de la loi du 24 mai 1834 est beaucoup plus rigoureux, car il inflige à celui qui a fabriqué ou débité des armes prohibées, un emprisonnement d'un mois à un an et une amende de 16 fr. à 500 fr. et celui qui est porteur desdites armes est puni d'un emprisonnement de six jours à six mois et d'une amende de 16 fr. à 200 fr. Dans tous les cas, les armes sont confisquées et les condamnés peuvent être placés sous la surveillance de la haute police pendant deux ans au plus. En cas de récidive, les peines peuvent être élevées jusqu'au double. La déclaration de 1728 est applicable aux fusils et pistolets à vent, en vertu d'un décret du 2 nivôse an XIV. En ce qui concerne la vente et la détention des armes de guerre, voy. ARME. En temps ordinaire, l'administration tolère la fabrication, la vente et le port de la plupart des armes qui sont prohibées par la loi, mais lorsque le délit est constaté, les tribunaux infligent nécessairement les peines correctionnelles portées par la loi. Des autorisations spéciales de port d'armes prohibées peuvent être accordées, ainsi qu'il résulte implicitement de la loi de 1834 ; et ces autorisations sont délivrées par les préfets, et à Paris par le préfet de police. Les *pistolets de poche*, déjà interdits par la déclaration de 1728, ont été de nouveau prohibés par une ordonnance royale du 23 févr. 1837; mais il résulte d'une décision prise le 29 juin 1863, de concert entre les ministres de la guerre, des finances et de l'intérieur, que les *pistolets-revolvers* ne sont interdits que s'ils ont moins de 150 millim. de longueur, et que ceux qui ont une dimension supérieure peuvent être portés en voyage, sans autorisation, pour la défense personnelle. »   (Ch. Y.)

PORT s. m. (esp. *puerto*). Mot employé dans les Pyrénées pour désigner un passage.

PORTA (La), ch.-l. de cant., arr. et à 32 kil. S.-O. de Bastia (Corse), au pied du mont San-Piétro ; 800 hab. Patrie du maréchal Sébastiani.

PORTA (Baccio della). Voy. BARTOLOMMEO (Fra).

PORTA (Giambattista della), physicien italien, né à Naples en 1540, mort en 1645. La théorie de la lumière doit beaucoup à ses recherches; il inventa la chambre obscure et d'autres instruments d'optique. Il écrivit beaucoup sur une grande variété de sujets, entre autres sur la magie naturelle, l'art de tracer les écritures secrètes, la physionomie humaine, l'art de dessiner les jardins, l'optique, la géométrie curviligne, la chimie, la météorologie, etc.

* PORTABLE adj. (rad. *porter*). Qu'on peut porter : *cet habit n'est plus portable, est encore*

portable. — Jurispr. RENTE ou REDEVANCE PORTABLE, celle qui doit être acquittée dans un lieu désigné par la convention ; par opposition à RENTE ou REDEVANCE REQUÉRABLE, celle que le créancier doit aller chercher lui-même.

* PORTAGE s. m. Action de porter, de transporter : *il faut tant de chevaux, tant de voitures pour le portage de ces marchandises*. — DROIT DE PORTAGE, droit que chaque officier de marine et chaque matelot ont d'embarquer pour leur compte jusqu'à tant pesant : *cet officier a droit de portage pour tant de quintaux*. Cette expression est maintenant peu usitée. (Voy. PORT PERMIS.) — FAIRE PORTAGE, se dit en parlant de certains fleuves, comme celui de Saint-Laurent, où il y a des lieux qu'on ne peut remonter ni descendre en canot ; et signifie, porter par terre le canot, et tout ce qui est dedans, au delà de la chute d'eau. — Se dit aussi des endroits d'un fleuve où sont des chutes d'eau, qui obligent à faire portage : *depuis Québec jusqu'à Montréal, il y a tant de portages*.

PORTAGE [por-'tédje], ville du Wisconsin (États-Unis), à l'endroit où le Wisconsin devient navigable, et sur le canal qui le relie au Fox, à 155 kil. O.-N.-O. de Milwaukee; 4,337 hab. La ville contient plusieurs manufactures.

* PORTAIL, AILS s. m. [l mll.] (lat. *porta*, porte). Frontispice, façade d'une église où est sa porte principale : *portail magnifique, superbe, de bon goût.*

PORTAL (Antoine), médecin, né à Gaillac (Tarn), en 1742, mort en 1832. Entré à l'Académie des sciences en 1769, il devint, l'année suivante, professeur au collège de France. Il a laissé : *Histoire de l'anatomie et de la chirurgie* (Paris, 1770-'73, 7 vol. in-8°), *Cours d'anatomie médicale* (1808, 5 vol.), etc.

PORTALIS [por-ta-liss]. I. (Jean-Etienne-Marie), homme d'État français, né à Bausset (Var), en 1745, mort à Paris en 1807. Avocat à Aix, il publia un mémoire sur la validité des mariages protestants en France (1770), ouvrage qui eut un grand retentissement; il dirigea avec succès les poursuites dans les procès fameux intentés à Mirabeau et à Beaumarchais, fut emprisonné en 1794, et en 1795 élu au Conseil des Anciens. Proscrit en 1797, il revint en 1800 et prit part à la préparation du nouveau Code civil. En 1801, en qualité de directeur des cultes, il fut le principal auteur du Concordat et des articles organiques, et il aida à réorganiser l'Église française. En 1803, il devint sénateur, en 1804 ministre de l'intérieur et des cultes. — II. (Joseph-Marie, COMTE), son fils, né à Aix (Provence), en 1778, mort en 1858; remplit diverses charges importantes. Il fut vice-président de la Chambre des pairs sous Louis-Philippe et sénateur sous Napoléon III.

* PORTANT, ANTE adj. Ne s'emploie qu'avec les adverbes BIEN et MAL : IL EST BIEN PORTANT ; *il est bien de santé*. ELLE EST TOUJOURS MAL portante, est toujours dans un état de souffrance. — s. m. Théâtre. Montant en bois à poste fixe qui soutient les coulisses.

* PORTATIF, IVE adj. Qu'on peut aisément porter : *les petits livres sont commodes en ce qu'ils sont portatifs*. — On l'ajoute au titre de quelques livres, pour signifier qu'ils sont d'un petit volume, et faciles à porter : *dictionnaire portatif de géographie*.

PORT-AU-PRINCE, capitale de la république d'Haïti, vers l'extrémité S.-E. de la baie de son nom, au fond du golfe de Gonaïves, par 18° 33' lat. N. et 74° 41' 30" long. O.; 35,000 hab. Archevêché. Climat chaud, humide, malsain pour les étrangers.

PORT-AUX-PERCHES, port sur l'Ourcq, à 8 kil. de Villers-Cotterets (Aisne), auquel il est relié par un chemin de fer industriel.

Grand commerce de bois de sciage provenant de la forêt de Villers-Cotterets.

PORT-CROS, une des îles d'Hyères, près de la côte, à 10 kil. E. S.-E. de Toulon; 200 hab. Petit port de relâche.

* PORTE s. f. (lat. *porta*). Ouverture faite pour entrer dans un lieu fermé, et pour en sortir : *passer, entrer par la porte*. — Par ext. Endroit d'une ville où étaient anciennement les portes de l'enceinte extérieure : *la porte Saint-Denis*. — Assemblage de bois, et quelquefois de métal, qui tourne sur des gonds, et qui sert à fermer l'entrée d'une maison, d'une chambre, d'un enclos, d'une ville, etc. : *une porte garnie de gros clous*. — PORTE VITRÉE, porte qui est partagée dans toute sa hauteur ou seulement à moitié par des croisillons de petit bois, dont les vides sont remplis par des carreaux de verre ou de glace. — PORTE DE GLACE, porte vitrée avec des morceaux de glace étamée, au lieu de l'être avec du verre transparent. — PORTE COUPÉE, porte à deux ou à quatre vantaux coupés à hauteur d'appui. — PORTE BRISÉE, porte dont une moitié se brise et se replie sur l'autre, dans le sens de la hauteur. — PORTE BATTANTE, châssis couvert d'étoffe, qu'on met devant les portes des chambres, pour empêcher le vent d'y entrer ; et qui se referme de lui-même après qu'on l'a ouvert. — PORTE FEINTE, imitation de porte qui sert à faire symétrie avec une ou plusieurs portes véritables. — PORTE PERDUE, porte à laquelle on a donné le même arasement et la même décoration qu'aux lambris où elle est pratiquée, afin de ne pas déranger la symétrie de l'appartement. — REFUSER LA PORTE A QUELQU'UN, ne vouloir pas le laisser entrer en quelque endroit : *il se présenta pour entrer au bal, et on lui refusa la porte.* — FAIRE REFUSER SA PORTE A QUELQU'UN, ne vouloir pas recevoir sa visite. FERMER SA PORTE A QUELQU'UN, ne plus vouloir l'admettre chez soi. — Absol. FERMER SA PORTE, ne plus recevoir de visites ; et, OUVRIR, ROUVRIR SA PORTE, commencer, recommencer à recevoir. — FAIRE DÉFENDRE SA PORTE, défendre de laisser entrer personne chez soi : *je n'ai pu le voir, il avait fait défendre sa porte.* On dit, dans le même sens, SA PORTE ÉTAIT DÉFENDUE. — Fig. FORCER LA PORTE DE QUELQU'UN, entrer chez lui, quoique sa porte soit défendue. — LA PORTE DE CETTE MAISON EST OUVERTE A TOUS LES HONNÊTES GENS, tous les honnêtes gens sont reçus dans cette maison. — ÊTRE LOGÉ A LA PORTE DE QUELQU'UN, avoir une maison, une habitation tout auprès de la sienne. On dit, dans le même sens, ILS SONT LOGÉS PORTE A PORTE, ils habitent des maisons fort voisines l'une de l'autre ; et, dans un sens anal., IL A UNE MAISON A LA PORTE, AUX PORTES DE LA VILLE, il a une maison qui est fort près de la ville. — L'ENNEMI EST A NOS PORTES, l'ennemi est tout près de notre ville. — METTRE QUELQU'UN A LA PORTE, le chasser de chez soi. METTRE UN DOMESTIQUE A LA PORTE, le congédier avec mécontentement. — Fam. FERMER A QUELQU'UN LA PORTE AU NEZ, SUR LE NEZ, fermer une porte avec quelque vivacité, pour empêcher quelqu'un d'entrer. On dit aussi, POUSSER LA PORTE AU NEZ. — PRENDRE LA PORTE, se retirer, s'échapper, s'évader à propos d'un lieu où l'on est, et où l'on a quelque chose à craindre : *il fit bien de prendre la porte, sans quoi il aurait été mal traité.* On dit, dans le même sens, PASSEZ LA PORTE, PASSEZ-MOI LA PORTE, ENFILEZ-MOI LA PORTE BIEN VITE. — METTRE LA CLEF SOUS LA PORTE, quitter furtivement sa maison, parce qu'on a de mauvaises affaires. — Fig. HEURTER, FRAPPER A TOUTES LES PORTES, s'adresser à toutes sortes de personnes, et chercher toutes sortes de moyens pour réussir dans une affaire. On dit, dans le même sens, IL A FRAPPÉ A LA BONNE PORTE, il s'est adressé où il fallait. — IL EST ENTRÉ, IL EST SORTI PAR

UNE BELLE PORTE, il a obtenu, il a perdu ou quitté son emploi d'une manière honorable. On dit dans des sens analogues, ENTRER, SORTIR PAR UNE BONNE PORTE, PAR UNE MAUVAISE, PAR UNE VILAINE PORTE. — SE MORFONDRE A LA PORTE D'UN MINISTRE, le solliciter longtemps sans rien obtenir. — SE PRÉSENTER A LA PORTE DE QUELQU'UN, se présenter à sa demeure pour lui rendre visite : je me suis présenté à votre porte, on m'a dit que vous étiez sorti. — SE FAIRE ÉCRIRE A LA PORTE DE QUELQU'UN, se faire écrire sur la liste du portier, afin que le maître sache qu'on s'est présenté chez lui. On dit, dans un sens à peu près semblable, PASSER A LA PORTE DE QUELQU'UN. — TROUVER PORTE CLOSE, ne trouver personne, ou n'être pas reçu dans la maison où l'on va. — TOUTES LES PORTES LUI SONT OUVERTES, son crédit, la considération dont il jouit dans le monde, lui rendent toutes les entrées faciles. — IL FAUT QU'UNE PORTE SOIT OUVERTE OU FERMÉE, il faut prendre un parti, il faut se déterminer d'une manière ou d'une autre. — OUVRIR SES PORTES AU VAINQUEUR, se dit d'une ville qui met quelque empressement à capituler, à recevoir le vainqueur. On dit quelquefois, dans le sens contraire, FERMER SES PORTES. — PORTE DE DERRIÈRE, faux-fuyant, défaite, échappatoire : ne vous fiez pas à cet homme-là, il a toujours une porte de derrière. — PORTE DE SECOURS, porte d'une citadelle, donnant sur la campagne, et par laquelle on peut introduire du secours. — Fam. ÉCOUTER AUX PORTES, être aux aguets pour surprendre. le secret de quelqu'un. On dit de même, C'EST UN ÉCOUTEUR AUX PORTES. — CELA VOUS APPRENDRA A ÉCOUTER AUX PORTES, se dit d'une personne qui est punie d'une curiosité indiscrète. — IL ÉCOUTE AUX PORTES, se dit de quelqu'un qui paraît vouloir deviner un secret. Se dit aussi, dans un sens ironique, d'un homme qui répète mal quelque chose qu'il n'a entendu qu'à moitié, ou qu'il a mal compris. — ENFONCER UNE PORTE OUVERTE, faire un effort pour vaincre un obstacle qui n'existe pas. On dit de même, C'EST UN ENFONCEUR DE PORTES OUVERTES. — CHASSEZ-LE PAR LA PORTE, IL RENTRERA PAR LA FENÊTRE, se dit d'un importun dont on ne peut se débarrasser. — Fig. CETTE PLACE EST LA PORTE DE TEL PAYS, sa possession donne le moyen d'entrer facilement dans ce pays. — FERMER LA PORTE, LES PORTES D'UN PAYS A UNE NATION, ne pas lui en permettre l'entrée : les Chinois ont fermé la porte de leur empire aux Européens. — ÊTRE AUX PORTES DE LA MORT, être à l'extrémité. — LES PORTES DE L'ÉTERNITÉ, la mort. — Écrit., LES PORTES DE L'ENFER, les puissances de l'enfer : les portes de l'enfer ne prévaudront pas contre l'Église. — FERMER LES PORTES DE LA GUERRE, LES PORTES DU TEMPLE DE JANUS, faire la paix. — Entrée, introduction : la géométrie est la porte des sciences mathématiques. — LA PORTE DES EMPLOIS, DES HONNEURS, DES GRANDEURS LUI EST FERMÉE, se dit en parlant d'un homme qui n'a pas ou qui n'a plus les moyens d'obtenir des places, des dignités. — OUVRIR LA PORTE AUX ABUS, AUX SCANDALES, AUX DÉSORDRES, etc., donner occasion ou facilité d'en commettre. — Ce qui ferme certains meubles ou certaines constructions servant à divers usages : les portes d'une armoire, d'un buffet. — BATEAU-PORTE, bateau que l'on coule à fond à la porte d'un bassin pour la fermer — LA PORTE D'UNE AGRAFE, espèce de petit anneau où l'on fait entrer le crochet d'une agrafe, et qui sert à la retenir. — Se dit dans une acception particulière, pour désigner la cour de l'empereur des Turcs : la Porte Ottomane; la Sublime Porte. — pl. Pas, gorge, défilé : les portes du Caucase, de la Cilicie. — De porte en porte loc. adv. De maison en maison. : solliciter de porte en porte. — A porte close loc. adv. En secret, sans témoin : cela s'est fait à porte close. —A porte ouvrante, à portes ouvrantes. et A porte fermante, à portes fermantes loc. adv. dont on se sert en parlant des places de guerre et autres villes où l'on ouvre et où l'on ferme les portes à certaines heures précises : j'en suis sorti à portes ouvrantes. — Portes et fenêtres. L'impôt dit des portes et fenêtres est l'une des quatre contributions directes. (Voy. CONTRIBUTION.)

* PORTE, adj. f. Anat. N'est usité que dans cette locution, VEINE PORTE, tronc de veine assez considérable qui reçoit le sang de l'estomac, de la rate, du pancréas et des intestins, et qui le distribue dans le foie.

* PORTÉ, ÉE part. passé de PORTER. — Prov. et fig. AUTANT VAUT TRAINÉ QUE PORTÉ, se dit en parlant de certaines choses qu'il n'importe guère de faire d'une manière plutôt que d'une autre, ou qui ne sont guère plus difficiles à faire d'une façon que d'une autre. — Fam. VOUS VOILA TOUT PORTÉ, se dit à quelqu'un qui n'a point à se déplacer pour faire ce qu'on lui demande : demeurez ici à dîner, vous voilà tout porté. — ÊTRE PORTÉ A, avoir de l'inclination, de la disposition à : il est porté à médire. — ÊTRE PLUS PORTÉ POUR UNE CHOSE QUE POUR UNE AUTRE, avoir plus de dispositions, plus de goût pour une chose que pour une autre. — Peint. OMBRE PORTÉE, toute ombre qu'un corps projette sur une surface.

PORTE-AIGLE s. m. Officier qui portait l'aigle d'un régiment : des porte-aigle.

* PORTE-AIGUILLE s. m. Instrument dont les chirurgiens se servent pour donner plus de longueur aux aiguilles, et pour les tenir d'une manière plus fixe. — pl. Des porte-aiguilles.

* PORTE-ALLUMETTES s. m. Sorte de boîte où l'on met les allumettes : des porte-allumettes.

PORTE-AMARRE s. m. Appareil au moyen duquel on lance une amarre à un navire en perdition : des porte-amarre. — Le porte-amarre de d'Houdelot se compose d'un gros fusil monté sur un trépied.

* PORTE-ARQUEBUSE s. m. Officier qui portait le fusil du roi ou des princes de la famille royale, quand ils allaient à la chasse. — pl. Des porte-arquebuse.

* PORTE-BAGUETTE s. m. Anneau placé le long du fût d'un fusil, d'un pistolet, pour recevoir et contenir la baguette. Invar. au plur.

PORTE-BAÏONNETTE s. m. Partie de la banderole ou du ceinturon du fusilier qui reçoit la baïonnette. Invar. au plur.

* PORTEBALLE s. m. Petit mercier qui porte sur son dos une balle où sont ses marchandises. Invar. au plur.

* PORTE-BARRES s. m. pl. Anneaux de cordes passés dans l'anneau du licou, et qui supportent les barres des chevaux que l'on mène accouplés : des porte-barres.

PORTE-BEC s. m. Voy. RHYNCHOPHORE.

* PORTE-BONHEUR s. m. Sorte de bracelet que portent les femmes : des porte-bonheur.

* PORTE-BOUGIE s. m. Chir. Canule, ou instrument à l'aide duquel on dirige et l'on conduit des bougies dans l'urètre, afin de la dilater. Invar. au plur.

PORTE-BOUTEILLES s. m. Châssis à rayons qui sert à déposer des bouteilles.

* PORTE-CARABINE s. m. Voy. PORTE-MOUSQUETON.

* PORTECHAPE s. m. Celui qui porte ordinairement la chape dans une église : il est portechape dans telle paroisse. — Pl. Des portechapes.

* PORTE-CHOUX s. m. Petit cheval convenable à un jardinier pour porter ses légumes au marché : ce cheval est trop bas, on n'en peut faire qu'un portechoux.

* PORTE-CIGARES s. m. Étui ou petit portefeuille destiné à contenir des cigares.

* PORTE-CLEFS s. m. Valet de prison qui porte les clefs. — Clavier : un porte-clefs d'acier, d'argent.

* PORTECOLLET s. m. Pièce de carton ou de baleine, couverte d'étoffe, qui sert à porter le collet ou le rabat : des portecollets.

PORTE-COURONNE s. m. Monarque : tous les porte-couronnes.

* PORTECRAYON s. m. Instrument d'or, d'argent, de cuivre, etc., dans lequel on met un crayon, pour s'en servir plus commodément : des portecrayons.

* PORTE-CROISÉE s. f. Fenêtre sans appui qui sert de passage pour aller sur un balcon, sur une terrasse, dans un jardin. Invar. au plur.

* PORTE-CROIX s. m. Celui qui porte la croix devant le pape, devant un légat, devant un archevêque. — Celui qui porte la croix aux processions : des porte-croix.

* PORTE-CROSSE s. m. Celui qui porte la crosse devant un évêque. — Espèce de petit fourreau de cuir qui est attaché par une courroie aux selles de cavalerie, vers le flanc droit du cheval, et dans lequel entre le bout de la carabine ou du mousqueton. Invar. au plur.

* PORTE-DIEU s. m. Prêtre qui, dans une paroisse, est chargé spécialement de porter le viatique aux malades. Invar. au plur.

* PORTE-DRAPEAU s. m. Celui qui porte le drapeau dans un corps d'infanterie. Invar. au plur.

* PORTÉE s. f. Ventrée; totalité des petits que les femelles des animaux quadrupèdes portent et mettent bas en une fois : il y a des chiennes qui font jusqu'à neuf et dix chiens d'une portée, en une portée. — Distance à laquelle un canon, un fusil, un pistolet, un arc, etc., peut lancer un boulet, une balle, une flèche : camper hors de la portée du canon. — UNE PORTÉE DE FUSIL, se dit d'une distance peu considérable : il n'y a qu'une portée de fusil d'ici à ce château. — ÊTRE A LA PORTÉE DE LA MAIN, se dit d'une chose qui est assez près de quelqu'un, pour qu'il y puisse atteindre avec la main : cela est, cela n'est pas à la portée de ma main. On dit, dans le même sens, CELA EST A MA PORTÉE, N'EST PAS A MA PORTÉE. — ÊTRE A PORTÉE DE QUELQUE CHOSE, être dans une situation convenable pour demander, pour obtenir quelque chose : il est bien à la cour, il est à portée de demander, d'obtenir des grâces. Se dit également en parlant de la voix, de la vue, de l'ouïe : être à la portée de la voix de quelqu'un. — Fig. Étendue, capacité de l'esprit, ce que peut faire, ce que peut concevoir, produire, exécuter l'esprit d'une personne : la portée de l'esprit de cet homme est bien bornée. — Ce que peut faire une personne par rapport à sa naissance, à sa fortune, à son état : il aspire à un emploi qui est au-dessus de sa portée. — Force, valeur, importance d'un raisonnement, d'une expression, etc. : il n'a pas senti la portée de ce qu'il disait. — Chasse. Partie d'un taillis la plus haute, le bois du cerf laisse des traces, en faisant plier les branches : les portées nous en donné connaissance du cerf. — Archit. Étendue libre dessous d'une pierre, d'une pièce de bois, etc., placée horizontalement dans une construction, et soutenue en l'air par un ou plusieurs points d'appui : les colonnes étant fort espacées, la pierre de l'architrave a une grande portée. — Partie d'une poutre ou d'une pièce de charpente ainsi placée, qui porte sur le mur, sur un pilier, etc. : ce poitrail n'a pas la portée

suffisante pour le poids du mur. — **Mus.** Les cinq lignes parallèles sur lesquelles ou entre lesquelles on pose les notes : *il faut régler ce papier à douze portées par page.*

Portée.

* **PORTE-ENSEIGNE** s. m. C'est ainsi qu'on appelait autrefois celui qu'on appelle présentement porte-drapeau. Invar au plur.

* **PORTE-ÉPÉE** s. m. Morceau de cuir ou d'étoffe qu'on attache à la ceinture de la culotte, pour porter l'épée. Invar. au plur.

PORTE-ÉPERON s. m. Lanière de cuir qui relie les branches de l'éperon. Invar. an plur.

* **PORTE-ÉTENDARD** s. m. Celui qui porte l'étendard dans un corps de cavalerie — Pièce de cuir attachée à la selle, pour appuyer le bout d'en bas de l'étendard. Invar. au plur.

* **PORTE-ÉTRIERS** s. m. pl. Courroies attachées sur le derrière des panneaux de la selle, et servant à trousser ou relever les étriers quand on a mis pied à terre, pour que le cheval ne se prenne pas les pieds dedans en chassant les mouches. On dit aussi, **TROUSSER-ÉTRIERS** : *des porte-étriers.*

* **PORTE-ÉTRIVIÈRES** s. m. pl. Anneaux de fer carrés, placés aux deux côtés de la selle, le plus près de la pointe de l'arçon qu'il est possible, et dans lesquels passent les étrivières : *des porte-étrivières.*

PORTE-FAINÉANT s. m. Natte accrochée au brancard d'une voiture et qui sert de siège de repos au roulier : *des porte-fainéant.*

* **PORTEFAIX** s. m. Crocheteur, celui dont le métier est de porter des fardeaux.

* **PORTE-FENÊTRE** s. f. Ouverture qui descend jusqu'au niveau du sol ou du plancher, et qui sert en même temps de porte et de fenêtre : *des porte-fenêtres.*

* **PORTE-FER** s. m. Espèce d'étui placé sur le côté des selles de cavalerie, et destiné à contenir un fer de cheval tout préparé. Invar. au plur.

* **PORTEFEUILLE** s. m. Carton plié en deux, couvert de peau ou de quelque étoffe, et servant à renfermer des papiers, des dessins, etc. Il se fait aussi des portefeuilles sans carton, de maroquin, d'étoffe, etc. : *j'ai dans ma poche deux portefeuilles.* — Se dit, fig., du titre, des fonctions de ministre : *le portefeuille des affaires étrangères, de la marine,* etc. — **MINISTRE A PORTEFEUILLE,** celui qui a un département. **MINISTRE SANS PORTEFEUILLE,** celui qui n'a pas de département. — Se dit, en parlant des effets publics ou commerciaux, par opposition aux biens-fonds : *tout son bien est en portefeuille.* — Ouvrage manuscrit, à la différence de ceux qui sont publiés : *cet auteur a plusieurs ouvrages en portefeuille.* — Collection de dessins ou d'estampes renfermée dans un ou plusieurs portefeuilles : *le portefeuille d'un peintre.*

PORTEFEUILLISTE s. m. Ouvrier qui fait des portefeuilles.

PORTE-FLAMBEAU s. m. Celui qui porte un flambeau. Invar. au plur.

PORTE-GLAIVE s. m. Est employé dans l'expression **CHEVALIERS PORTE-GLAIVE,** qui désignait une association religieuse et militaire, créée à Dunamunde en 1204 pour défendre les missionnaires chrétiens. Ces chevaliers étaient soumis à la règle de Citeaux ; ils portaient une épée de drap rouge cousue sur l'épaule gauche. En 1237, l'association, établie depuis longtemps en Livonie, ayant été presque anéantie dans des guerres malheureuses avec les peuples de la Lithuanie, se réunit à l'ordre Teutonique.

PORTE-GRAINE s. m. Hortic. Pied que l'on destine à fournir de la graine pour semis : *des porte-graine.*

PORTE-GUIDON s. m. Sous-officier qui porte le guidon : *des porte-guidon.*

* **PORTE-HACHE** s. m. Étui d'une hache de sapeur ou de cavalier. Invar. au plur.

* **PORTE-HAUBANS** s. m. Mar. Bordage épais, fixé horizontalement sur la muraille d'un bâtiment pour donner plus de pied aux bas haubans : *des porte-haubans.*

PORTE-LANCE s. m. Courroie avec laquelle les lanciers retiennent leurs lances : *des porte-lance.*

PORTE-LETTRES s. m. Petit portefeuille destiné à contenir des lettres.

* **PORTE-LIQUEURS** s. m. Ustensile de ménage où l'on met les flacons contenant les liqueurs : *des porte-liqueurs.*

PORT-ELIZABETH, port franc de la colonie du Cap, dans l'Afrique méridionale, sur la rive occidentale de la baie d'Algoa, à 625 kil. E. de Cape Town ; 10,000 hab. C'est après Cape Town, le port principal du pays.

* **PORTE-MALHEUR** s. m. Ce à quoi une crainte superstitieuse fait attacher des idées funestes, et qu'elle fait regarder comme un présage de revers, d'accident : *il y a telle circonstance fortuite que les joueurs regardent comme un porte-malheur.* On dit quelquefois, par exag. et en badinant, **CET HOMME EST UN PORTE-MALHEUR, UN VRAI PORTE-MALHEUR,** sa présence, se rencontre est d'un mauvais présage. Invar. au plur.

* **PORTEMANTEAU** s. m. Officier dont la charge était de porter le manteau du roi, ou des princes de la famille royale, quand ils sortaient : *il y avait autrefois douze portemanteaux servant par quartier.* — Sorte de valise qui est de cuir ou d'étoffe. — Morceau de bois attaché à la muraille, et où l'on suspend des habits : *il faudra mettre deux portemanteaux dans cette chambre.*

* **PORTEMENT** s. m. Action de porter. N'est d'usage qu'en parlant des tableaux où Jésus-Christ est représenté portant sa croix : *ce peintre a fait un portement de croix fort estimé.*

* **PORTE-MONNAIE** s. m. Petit sac de cuir et à fermoir qui tient lieu de bourse. — pl. Des porte-monnaie.

* **PORTE-MONTRE** s. m. Coussinet plat et enjolivé, contre lequel on suspend une montre : *attacher un porte-montre à la cheminée.* — Petit meuble de bois ou de métal, en forme de pendule, où l'on peut placer une montre de manière que le cadran seul paraisse. — pl. Des porte-montre. — **Porte-montres,** petite armoire vitrée où les horlogers exposent des montres : *un porte-montres bien garni.*

* **PORTE-MORS** s. m. Parties latérales de la bride qui s'étendent de la têtière au mors, qu'elles soutiennent : *chaque porte-mors a une boucle par le moyen de laquelle il peut être haussé ou baissé.*

* **PORTE-MOUCHETTES** s. m. Plateau de métal où l'on met les mouchettes.

* **PORTE-MOUSQUETON** s. m. Espèce de crochet ou d'agrafe qui est au bas de la bandoulière d'un cavalier, et qui l'aide à porter son mousqueton. On dit dans un sens anal. **UN PORTE-CARABINE.** — Petites agrafes faites de la même manière, qui sont aux chaînes et aux cordons de montre, et où sont suspendues la clef et les breloques. — Invar. au plur.

PORTENDIC, port français de la côte occidentale d'Afrique, à 260 kil. N. de Saint-Louis (Sénégal), par 18° 19' lat. N. et 18° 30' long. O.

PORTE-ORIFLAMME s. m. Officier qui, au moyen âge, était chargé de porter l'ori-

flamme ou bannière de saint Denis : *des porte-oriflamme.*

* **PORTE-PAGE** s. m. Typogr. Papier plié en plusieurs doubles, sur lequel on met une page de composition, après l'avoir liée avec un double tour de ficelle : *ce papier n'est bon qu'à faire des porte-page.* Invar. au plur.

PORTE-PAROLES s. m. Celui qui est chargé de parler au nom d'une société.

PORTE-PLAT s. m. Ustensile de ménage sur lequel on dépose les plats : *des porte-plat.*

* **PORTE-PIERRE** s. m. Instrument de chirurgie fait en forme de portecrayon, qui sert à porter la pierre infernale. Invar. au plur.

* **PORTE-PLUME** ⁓ ou **Porteplume** s. m. Instrument destiné à maintenir la plume métallique : *des porteplume ; des porteplumes.*

PORTE-QUEUE s. m. Caudataire. Invar. au plur.

PORTER s. m. [por-tèrr ; angl. por'-teur]. Mot emprunté de l'anglais. Espèce de bière forte : *boire du porter.*

* **PORTER** v. a. (lat. *portare*). Soutenir quelque chose, être chargé de quelque poids : *porter un sac de blé.* — **AVOIR PLUS DE TRAVAIL, PLUS D'AFFAIRES QU'ON N'EN PEUT PORTER,** être chargé de tant de travail, d'une si grande quantité d'affaires, qu'on n'y saurait suffire. **PORTER TOUT LE POIDS DES AFFAIRES,** en être chargé seul, en avoir seul tout le travail. — **PORTER LE POIDS DU JOUR ET DE LA CHALEUR,** faire tout le travail, endurer toute la peine, tandis que les autres se reposent. — **IL A ÉTÉ LE PLUS FORT, IL A PORTÉ LES COUPS,** se dit d'un homme qui a été battu par un autre. — **IL EN PORTERA L'INIQUITÉ, LA PEINE,** il en sera responsable, il en sera puni. On dit, fam., dans le même sens, **IL EN PORTERA LA FOLLE ENCHÈRE.** — **Porter les iniquités d'autrui,** payer les sottises que d'autres ont faites : *vous me faites porter vos iniquités.* — **Chacun PORTE SA CROIX EN CE MONDE,** il n'y a personne qui n'ait ses afflictions particulières. — **PORTER LE JOUG,** être dominé par quelqu'un : *cette femme le mène ; mais il porte le joug impatiemment.* — **IL NE LE PORTERA PAS LOIN,** se dit d'un homme par qui on a été offensé, et signifie qu'on se vengera de lui dans peu. On dit dans le même sens, **IL NE LE PORTERA PAS EN PARADIS, EN L'AUTRE MONDE.** — **PORTER QUELQU'UN SUR LES ÉPAULES,** en être importuné, ennuyé, excédé : *c'est un homme qu'on porte sur les épaules.* **PORTER QUELQU'UN DANS SON CŒUR,** le chérir extrêmement. — **PORTER LA ROBE, LA QUEUE DE QUELQU'UN,** soutenir la queue de sa robe, afin qu'elle ne traîne point par terre : *son laquais lui portait la robe, lui portait la queue.* — **Man. PORTER SON CHEVAL,** le soutenir en marchant, de la main, des jarrets et des cuisses : *portez votre cheval en avant.* — **L'UN PORTANT L'AUTRE,** ou **LE FORT PORTANT LE FAIBLE,** en compensant l'un avec l'autre, de manière à former une quantité moyenne : *cette vigne, cette terre rapporte tant tous les ans, l'un portant l'autre, le fort portant le faible.* — **PORTER QUELQU'UN,** l'aider de sa faveur, de son crédit, le favoriser : *celui qui le portait le plus, et de la protection duquel il espérait sa fortune, vint à mourir.* — **PORTER QUELQU'UN,** lui donner sa voix dans une élection : *il sera porté par la majorité de l'assemblée.* — Transporter une chose d'un lieu dans un autre : *il prit deux tableaux qui étaient dans un corridor, et les porta dans sa chambre.* — Fig., au sens moral : *il a porté dans ces contrées quelques-uns des arts de l'Europe.* — **PORTER QUELQU'UN EN TERRE,** le porter pour l'enterrer. **PORTER QUELQU'UN PAR TERRE,** le renverser par terre. — **PORTER UNE PERSONNE, UNE CHOSE AUX NUES,** la louer excessivement. — **PORTER UN ARTICLE SUR UN REGISTRE, SUR UN LIVRE DE COMPTE,** l'y inscrire. On dit, dans le même sens, **PORTER A COMPTE, EN RECETTE, EN DÉPENSE.** — Se dit aussi des chevaux, des bêtes de charge et de voiture, et des objets inanimés qui soutiennent quelque chose de pesant : *le cheval qui le portait.* — CETTE RIVIÈRE PORTE BATEAU, elle est navigable. — CE VIN PORTE BIEN L'EAU, quoiqu'on y mette de l'eau, on ne laisse pas d'en sentir la force. On dit, dans le sens contraire, CE VIN NE PORTE PAS L'EAU. — PORTER BIEN LE VIN, boire beaucoup de vin sans s'enivrer.—Mar. CE BATIMENT PORTE BIEN LA VOILE, se dit d'un bâtiment qui penche peu, quoiqu'il ait beaucoup de voiles et que le vent souffle avec quelque violence. — Avoir sur soi ou tenir à la main, sans égard à la pesanteur de la chose : *il ne porte jamais d'argent sur lui.* — Jeux de cartes. PORTER BEAU JEU, PORTER VILAIN JEU, avoir beau jeu, vilain jeu aux premières cartes. BIEN PORTER, MAL PORTER, garder ou écarter les cartes que la rentrée favorise. — PORTER UNE COULEUR, se dit en parlant de la couleur dont on a le plus de cartes en main, et dans laquelle on a son jeu fait, ou presque fait : *il portait une quinte de cœur toute faite.* — PORTER A UNE COULEUR, se dit en parlant de la couleur dans laquelle on cherche à faire son jeu, *il porte à trèfle.* — Se dit particul., dans l'acception qui précède, en parlant de tout ce qu'on met sur soi, pour servir à l'habillement, à la parure, à la défense, ou pour marquer la profession, l'état, la dignité : *porter la décoration de la Légion d'honneur.* — PORTER L'ÉPÉE, LA ROBE, LA SOUTANE, LE PETIT COLLET, LE FROC, être officier, magistrat, ecclésiastique, abbé, moine. — PORTER LE MOUSQUET, servir comme soldat. PORTER LES ARMES, servir dans une armée, faire la guerre : *il a porté les armes, sous tel général; il porta les armes contre son pays.* — PORTER L'ARME LES ARMES, faire le mouvement de l'arme, qui consiste, pour les simples soldats, à le placer perpendiculairement contre l'épaule gauche, et à la saisir de la main gauche par-dessous la crosse : *faire porter les armes à une troupe.* — PORTER LES ARMES A QUELQU'UN, lui faire le salut militaire qui consiste à porter l'arme. — IL A PORTÉ LES CHAUSSES, il a été page. — IL A PORTÉ LES COULEURS, LES LIVRÉES, LA LIVRÉE, il a été laquais. — Fig. et pop. CETTE FEMME PORTE LE HAUT DE CHAUSSES, PORTE LES CHAUSSES, PORTE LA CULOTTE, elle est plus maîtresse dans la maison que son mari. — PORTER LE DEUIL D'UNE PERSONNE, être en deuil d'une personne : *elle porte le deuil de son mari.* — PORTER LES COULEURS D'UNE DAME, porter dans son ajustement des couleurs semblables à celles qu'elle affectionne le plus; et, au fig., se mettre au rang de ses adorateurs. — UN HOMME PORTANT BARBE, un homme qui a de la barbe, un homme fait? — Fig. et fam. CELA EST BIEN PORTÉ, EST MAL PORTÉ, cela est fort de bon, de mauvais goût; de bon, de mauvais usage. IL FAUT PORTER CE MUR PLUS LOIN, il faut le démolir et le reconstruire plus loin; ou bien, il faut le prolonger : *un arbre qui porte sa tête jusque dans les nues.* — S'emploie aussi fig., dans la même acception : *porter au loin la terreur de ses armes.*

Je porte l'épouvante et la guerre en tous lieux.
QUINAULT.

— PORTER LA MAIN A L'ÉPÉE, PORTER LA MAIN

AU CHAPEAU, étendre la main pour tirer l'épée, ou pour ôter son chapeau. — PORTER LA MAIN SUR QUELQU'UN, le frapper. — PORTER UN COUP A QUELQU'UN, donner, ou tenter de donner un coup à quelqu'un : *ils lui portèrent plusieurs coups, mais il les para tous.* — CETTE AFFAIRE A PORTÉ UN COUP MORTEL A SON CRÉDIT, A SA RÉPUTATION, elle a ruiné son crédit, sa réputation. On dit, dans le même sens, CE MALHEUR A PORTÉ UN COUP MORTEL A SA SANTÉ. — PORTER COUP, se dit de certaines choses qui font une grande impression ou qui tirent à conséquence : *telle est la considération dont il jouit, que tout ce qu'il dit porte coup.* — PORTER COUP, se dit aussi de certaines choses qui nuisent : *les plaisanteries portent coup.* — CE FUSIL PORTE BIEN SON PLOMB, quand on le tire, le menu plomb qu'il lance ne s'écarte pas trop, et va droit au but. On dit de même, CE FUSIL PORTE BIEN LA BALLE. — PORTER SES REGARDS, SA VUE VERS QUELQUE ENDROIT, regarder, diriger ses regards, les fixer, les arrêter en quelque endroit : *quelque part que je porte la vue, je n'aperçois point de soldats.* — PORTER SA VUE BIEN LOIN, prévoir de loin les choses à venir. PORTER SES VUES BIEN HAUT, former de grands desseins. — PORTER SES PAS EN QUELQUE LIEU, s'y transporter : *où portez-vous vos pas?* — PORTER LA SANTÉ DE QUELQU'UN, PORTER UNE SANTÉ, boire à la santé de quelqu'un, en s'adressant à un autre pour l'inviter à en faire autant : *à la fin du repas, on porta les santés.* — PORTER AMITIÉ, PORTER AFFECTION A QUELQU'UN; et, être PORTÉ D'AMITIÉ POUR QUELQU'UN, avoir de l'amitié, de l'affection pour quelqu'un. PORTER HONNEUR, PORTER RESPECT, honorer, respecter. — PORTER ENVIE, envier : *il ne faut pas porter envie aux succès d'autrui, souhaiter, sans malveillance, un bonheur qu'on voit arriver à une autre personne : je porte envie à mon ami de ce qu'il a le plaisir d'être avec vous.*

Heureux cultivateur, que je te porte envie.
COLLIN D'HARLEVILLE. L'Inconstant, acte II, sc. v.

*Cette femme est aimable, oui, très aimable... au fond.
Je porte, je l'avoue, envie à Florimond.*
COLLIN D'HARLEVILLE. L'Inconstant, acte II, sc. IX.

— Fam. PORTER BONHEUR, PORTER MALHEUR, PORTER GUIGNON A QUELQU'UN, se dit d'une personne qui influe ou qui est censée influer sur le bonheur, sur le malheur de quelque autre. On le dit aussi des choses : *le service que je lui ai rendu semble m'avoir porté bonheur.* — PORTER PRÉJUDICE, UN PRÉJUDICE, nuire : *je serais désolé de vous porter préjudice.* — PORTER LA PAROLE, parler au nom d'une autorité, d'une compagnie, d'un corps : *l'avocat général a porté la parole dans cette affaire.* — PORTER PAROLE, donner assurance, promettre verbalement au nom de quelqu'un : *je lui ai porté parole de dix mille francs, pour dix mille francs.* — PORTER A QUELQU'UN DES PAROLES DE PAIX ET DE CONCILIATION, lui faire de la part d'un autre des propositions pacifiques, conciliantes. — PORTER TÉMOIGNAGE, témoigner qu'une chose est ou n'est pas : *il est odieux de porter témoignage contre la vérité.* — PORTER UN JUGEMENT, SON JUGEMENT DE QUELQUE CHOSE, SUR QUELQUE CHOSE, juger de quelque chose : *je n'ai point encore porté de jugement là-dessus.* — Soumettre à une juridiction, à un examen, à un jugement : *il porta l'affaire à la cour d'appel.* — Absol. PORTER PLAINTE, adresser à une autorité une plainte contre quelqu'un.—Causer, produire : *le vice porte avec lui sa punition.* — Avoir telle dimension : *cette poutre porte vingt pieds de long.* — Produire. Se dit de la terre, des arbres, etc. : *des terres qui portent du froment.* — CETTE SOMME PORTE INTÉRÊT, elle produit intérêt. — Absol. CE BILLET A PORTÉ OU N'A PAS PORTÉ, il a gagné ou n'a pas gagné. — Se dit aussi des femmes et des femelles des animaux : *porter un enfant à terme.* — Supporter, souffrir, endurer : *il porte impatiemment sa disgrâce.* — Induire, exciter à quelque chose : *son inclination le*

porte à ce genre d'études. — Se dit en parlant de l'esprit, du caractère, et signifie manifester, montrer : *on porte partout son caractère.* — Avoir : *il porte la tristesse peinte sur son visage.* — CELA PORTE SON EXCUSE AVEC SOI, se dit d'un empêchement légitime qu'on allègue, pour s'excuser de n'avoir pas fait quelque chose. — IL PORTE SA RECOMMANDATION SUR SA FIGURE, sa physionomie prévient en sa faveur. — CETTE VIANDE PORTE SA SAUCE, CE FRUIT PORTE SON SUCRE, cette viande est si bonne qu'elle n'a pas besoin de sauce; ce fruit est si doux qu'il n'a pas besoin de sucre. — Déclarer, dire, exprimer : *l'ordonnance porte que ...* — Porter v. n. Poser, être soutenu : *une poutre qui porte sur la muraille.* — Blas. *Il porte d'azur au lion d'argent.* — PORTER A FOND, se dit d'une construction élevée à plomb sur son fondement. PORTER A CRU, porter directement sur le sol. — PORTER A FAUX, se dit d'une partie de construction qui est mal posée sur ce qui doit la soutenir, ou qui ne porte pas directement sur sa base, sur son point d'appui : *cette poutre, cette pierre porte à faux.* On dit de même substantiv. : *ce mur est hors d'aplomb, il est en porte à faux.* — CE RAISONNEMENT PORTE A FAUX, se dit d'un raisonnement qui n'est pas concluant, soit que le défaut vienne du principe, soit qu'on fasse du principe une mauvaise application. — CE CARROSSE PORTE SUR LA FLÈCHE, il touche, il bat sur la flèche quand il est en mouvement. LA SELLE DE CE CHEVAL PORTE SUR LE GARROT, elle touche le cheval sur le garrot. — En parlant d'armes à feu. TIRER A BOUT PORTANT, en appuyant le bout de l'arme sur le corps de quelqu'un, ou au moins de fort près. — DIRE QUELQUE CHOSE A BOUT PORTANT, dire en face à une personne quelque chose de très fâcheux et de très direct. — LA PARTIE A PORTÉ PRINCIPALEMENT SUR CE CORPS, ce corps a principalement souffert, a perdu le plus de monde. — CETTE OBSERVATION, CETTE CRITIQUE, CETTE OBJECTION PORTE SUR TELLE CHOSE, etc., elle a telle chose pour objet. — Mar. PORTER AU SUD, AU NORD, etc., gouverner, faire route au sud, au nord, etc. On dit de même, PORTER AU LARGE, PORTER A TERRE. — Atteindre; et, en ce sens, se dit principalement des armes de jet, et de ce qu'elles servent à lancer : *le canon de la place ne saurait porter jusqu'ici.* — Se dit également des coups d'armes à feu et autres : *tous les coups que l'on tire ne portent pas.* — Toucher au but, l'atteindre : *le coup a porté juste.* — Fig. JE NE VOIS PAS OU PORTE CE DISCOURS, je n'en devine pas l'intention, le but. On dit plus ordinairement, JE NE VOIS PAS OU TEND CE DISCOURS. — SA VUE PORTE LOIN, il voit de très loin. — LA TÊTE A PORTÉ, se dit en parlant d'un coup que l'on s'est donné à la tête en tombant. — Jeu de la paume. LA BALLE A PORTÉ SUR LE TOIT, SUR LES DEUX TOITS, elle y a touché. On dit aussi, LA BALLE PORTE AU MUR, ou absol., LA BALLE PORTE, lorsque, de son premier bond, elle touche le mur, de façon que le mur la renvoie. — Fig. PORTER A LA TÊTE, se dit d'une boisson ou d'une vapeur qui étourdit, qui enivre : *ce punch a porté à la tête.* On dit aussi, PORTER SUR LES NERFS, en parlant de certaines choses qui irritent, qui agacent les nerfs. — Se porter v. pr. Aller, se transporter : *le général se porta de sa personne au fort de la mêlée.* — Fam. ON S'Y PORTE, se dit en parlant d'un lieu où il y a une grande foule, où l'on est très-serré. — Se dit, dans une acception analogue à la précédente, en parlant de certaines choses : *le sang s'est porté à la tête.* — Il se dit aussi en parlant des différentes manières d'agir et de se conduire dans certaines occasions : *il s'y est porté en homme de cœur.* — Se dit encore en parlant de la disposition de l'esprit, de l'inclination, de la pente qu'on a à faire quelque chose : *c'est un jeune homme qui se porte au bien.* — SE PORTER A LA DERNIÈRE EXTRÉMITÉ, A DES EXTRÉMITÉS CONTRE QUELQU'UN, le traiter avec la dernière sévérité, exercer sur lui des actes de violence, d'emportement. On dit de même, Se porter a des excès. — Se dit aussi en parlant de la santé : *se porter bien.* — Procéd. Se porter partie contre quelqu'un, se rendre partie contre quelqu'un, intervenir contre lui dans un procès. Se porter pour appelant, interjeter appel d'une sentence. Se porter héritier ou pour héritier, prendre la qualité d'héritier, se déclarer héritier, et agir en cette qualité. — Se porter fort pour quelqu'un, répondre de son consentement.

* **PORTE-RESPECT** s. m. Arme qu'on porte pour sa défense, et qui impose. Se dit aussi quelquefois d'une marque extérieure de dignité. On le dit encore d'une personne grave et sérieuse dont la présence impose, et oblige à une certaine retenue. Fam. et invar. au plur.

* **PORTE-TAPISSERIE** s. m. Châssis de bois qu'on élève au haut d'une porte, et sur lequel la tapisserie s'étend pour tenir lieu de portière. Invar. au plur.

* **PORTE-TRAIT** s. m. Courroie pliée en deux, qui sert à soutenir les traits des chevaux attelés : *des porte-trait.*

* **PORTEUR, EUSE** s. Celui, celle dont le métier ordinaire est de porter quelque fardeau : *il y a des porteurs, des porteuses dans les marchés pour porter ce qu'on achète.* — Porteur de chaise, et simpl. Porteur, un de ces hommes qui se fait porter dans une chaise : *prendre des porteurs sur la place.* — Porteur, porteuse d'eau, celui, celle qui porte de l'eau dans les rues, dans les maisons. — Homme chargé de rendre une lettre : *le porteur de cette lettre est un homme en qui l'on peut prendre confiance.* — Porteur d'une lettre de change, d'un billet, celui qui est chargé d'une lettre de change, d'un billet, pour en recevoir l'argent ; et, plus ordinairement, celui en faveur de qui la lettre de change, le billet a été souscrit ou endossé : *cet homme est porteur de billet, est porteur de mon billet.* — Un billet payable au porteur, ou simplem., Un billet au porteur, un billet sur lequel, sans désigner personne en particulier, on promet de payer à celui qui en sera le porteur. On dit de même, Des effets, des actions au porteur. — Porteur de contraintes, celui qui notifie aux contribuables en retard, les contraintes décernées par le percepteur ou le receveur des contributions. — Porteur de paroles, celui qui est chargé de faire une proposition de la part d'un autre : *je suis le porteur de paroles.* — Porteur de bonnes nouvelles, de mauvaises nouvelles, celui qui annonce une bonne nouvelle, une mauvaise nouvelle : *il est fort désagréable d'être porteur de mauvaises nouvelles.* — Cheval sur lequel est monté le postillon qui conduit une voiture à plusieurs chevaux : *atteler le porteur.*

* **PORTE-VENT** s. m. Mus. Tuyau de bois qui porte le vent des soufflets dans le sommier de l'orgue. Invar. au plur.

* **PORTE-VERGE** s. m. Bedeau qui porte une baguette ou une verge devant le curé, devant les marguilliers, dans une paroisse, dans une église. Invar. au plur.

* **PORTE-VIS** s. m. Arquebusier. Pièce de métal sur laquelle porte la tête des vis qui servent à fixer la platine d'un fusil, d'un pistolet, etc. C'est ce que l'on nomme autrement Contre-platine.

* **PORTE-VOIX** s. m. Sorte d'instrument en forme de trompette, pour porter la voix au loin : *les porte-voix sont d'un grand usage dans la marine.*

PORT-GLASGOW, ville du Renfrewshire, en Écosse, sur la Clyde, à 7 kil. S.-E. de Greenock ; 10,823 hab. Le commerce maritime est aujourd'hui presque exclusivement limité à celui du bois de charpente américain. Chantiers de constructions navales, et raffineries de sucre.

PORTHMANN (Jules), imprimeur de Paris, né en 1791, mort en 1820, auteur d'un *Essai historique sur l'Imprimerie*, réédité en 1836, sous le titre de *Éloge historique de l'Imprimerie*.

PORT-HOPE, ville de l'Ontario (Canada), sur la rive septentrionale du lac Ontario, à 100 kil. N.-E. de Toronto ; 5,114 hab. Bon port ; grand commerce de céréales et de bois ; nombreuses manufactures.

PORT-HURON, port du Michigan, sur le Saint-Clair, et à l'embouchure de la Rivière Noire (*Black River*), à 3 kil. de l'extrémité inférieure du lac Huron, à 100 kil. N.-N.-E. de Détroit ; en 1874, la population était de 8,240 hab. La *Black River* apporte d'immenses quantités de bois flotté ; et Port-Huron possède plusieurs scieries mécaniques. Le commerce des poissons y est important.

PORTICI (por'-ti-tchi), ville d'Italie, à 8 kil. S.-E. de Naples, sur le golfe de Naples et sur la pente du mont Vésuve, près de l'emplacement d'Herculanum ; 11,792 hab. Pêcheries importantes ; fabriques de rubans. La baie de Portici est une des plus belles d'Italie. — La Muette de Portici. (Voy. Muette de Portici, *La*).

* **PORTIER, ÈRE** s. Celui, celle qui a le soin d'ouvrir, de fermer et de garder la principale porte d'une maison : *c'est un bon portier.* — Adjectiv. Le frère portier, la sœur ou la mère portière, le frère convers, la religieuse qui a le soin d'ouvrir et de fermer la porte. — Liturg. cathol. L'ordre de portier, le moindre des quatre ordres mineurs.

* **PORTIÈRE** s. f. Ouverture du carrosse, de la voiture, par où l'on monte et l'on descend : *la portière est trop large, trop étroite.*

Peste des importuns ! ce chevalier d'Arlier
Me force à l'écouter, la tête à la *portière.*
Collin d'Harleville. *L'Inconstant*, acte Ier, sc. II.

— Espèce de porte qui sert à fermer cette ouverture : *ouvrir la portière.* — Être assis a la portière, être a la portière, être assis, dans un carrosse, contre une portière. — Espèce de rideau qu'on met devant une porte pour empêcher le vent, ou par ornement : *des portières de velours.*

* **PORTIÈRE** adj. f. Il n'est usité que dans ces locutions, Vache portière, brebis portière, brebis qui est en âge de porter des petits, ou qui en a déjà porté.

PORTILLON s. m. [*ll* mil.]. Petite porte.

* **PORTION** s. f. [por-si-on] (lat. *portio*). Partie d'un tout divisé, ou considéré comme tel : *portion de maison à vendre.* — Jurispr. Pour sa part et portion. Portion disponible. — Portion virile, celle qui revient à chaque héritier dans une succession également partagée. — Certaine quantité de pain, de viande, etc., qu'on donne, dans les repas, à chacun en particulier. Se dit surtout en parlant des communautés religieuses et autres : *chacun a sa portion.* — Portion congrue. Cette locution est employée, dans le style trivial, pour exprimer une part restreinte, un revenu insuffisant. C'est ainsi que l'on dit d'un fils prodigue dont le père a diminué les ressources : *son père l'a réduit à la portion congrue.* (Voy. le mot Congru.) L'origine de cette locution est intéressante à connaître. Sous l'ancien régime, les revenus des biens appartenant aux cures, ainsi que les dîmes qui appartenaient à ces revenus en surcroît considérable, auraient dû appartenir à celui qui desservait la cure. Mais, suivant le *Dictionnaire de juris-* prudence canonique et bénéficiale de de Lacombe (Paris, édition de 1771) : « les moines, « après avoir été appelés au secours de « l'Église, dans les siècles où le clergé séculier « croupissait dans l'ignorance, et rentrés depuis dans leurs cloîtres par les ordres de « l'Église, ont, en abandonnant les fonctions « de curés aux prêtres séculiers, remporté « avec eux les domaines des cures et les « dîmes dont ils étaient entrés en possession. « L'Église a toléré ces abus pour différentes « raisons, mais en obligeant ces moines à « fournir du moins à la subsistance des « prêtres qu'ils laissaient dans les cures. » En outre, il arrivait souvent que les curés, qui jouissaient des revenus d'une cure, la faisaient desservir par un autre ecclésiastique, lequel se contentait d'un faible salaire ; et, pendant ce temps, le titulaire vivait à l'aise, à Paris ou dans une autre ville. La part des revenus de la cure laissée à celui qui en faisait la desserte prit le nom de *portion congrue.* Cette part était souvent insuffisante, malgré les prescriptions de plusieurs décrets du concile de Trente ; et le roi Charles IX dut en fixer le minimum à 120 livres par an (Ord. 15 avril 1571, art. 9), dans le but de mettre fin à de nombreux procès engagés. Une ordonnance de 1629 porta la portion congrue à 300 livres, à cause du renchérissement de toutes choses ; mais, sur les remontrances du clergé, elle fut réduite à 200 livres pour les provinces situées au-dessous de la Loire (Déclaration du 17 août 1632) ; et bientôt après il en fut de même pour les autres provinces (Décl. 18 déc. 1634). Les curés qui étaient assistés d'un vicaire institué par l'évêque avaient droit à 300 livres. La portion congrue fut de nouveau fixée à 300 livres pour tous les curés, par une déclaration du 29 janvier 1686, qui alloua aussi 150 livres à chaque vicaire régulièrement institué. On attribua, en outre, aux curés desservant les paroisses, toutes les oblations et offrandes en cire ou en argent, ainsi que le casuel, les obits, fondations, etc., dont les titulaires prétendaient conserver le profit (Décl. 30 juin 1690). Enfin, par suite de la cherté croissante des subsistances, un édit de mai 1768 fixe la portion congrue des curés à la valeur en argent de 25 septiers de blé froment, mesure de Paris, et celle des vicaires à 10 septiers. Provisoirement, cette valeur est déterminée à 500 livres pour les curés et à 200 livres pour les vicaires. Les bénéficiaires et les gros décimateurs, ecclésiastiques ou laïques, ne pouvaient se décharger de l'obligation de payer la portion congrue, si ce n'est en abandonnant les dîmes et autres revenus de la cure. Selon la jurisprudence, les curés des villes murées, jouissant tous d'un casuel suffisant, ne pouvaient réclamer la portion congrue. Les curés à portion congrue n'étaient pas dispensés de payer à l'évêque du diocèse certains droits et prélèvements, ni d'acquitter l'impôt des décimes et celui du don gratuit ; mais ces charges ne devaient pas excéder 50 livres par an. Par ce qui précède, on voit que les dîmes ecclésiastiques et les biens immenses que l'Église catholique possédait en France, profitaient fort peu au clergé des paroisses. Aussi, dans *les cahiers de 89*, le bas clergé émet les mêmes vœux que le tiers, pour obtenir des états généraux « l'abolition du casuel obligatoire, moyennant augmentation du revenu « si faible des cures aux dépens desriches maisonsabbatiales et prieurales et des bénéfices. « Il demande aussi qu'on abolisse le cumul des « bénéfices ecclésiastiques. » (Henri Martin, *Histoire de France depuis 1789*, chap. 1er). La Révolution n'a donc pas dépouillé le clergé, comme on le prétend quelquefois. Dès l'année 1789, un décret du 2 novembre, l'Assemblée nationale attribua aux curés des traitements qui variaient de 1,200 à 2,000 livres; « en sorte, a dit Michelet (*Hist. de la Rév. franc.*, liv. III, chap. 1er), que ce qu'on appela la spoliation du clergé en était l'enrichissement ». Aujourd'hui les traitements payés par l'Etat sont : pour les curés, de 1,200, 1,500 ou 1,600 fr. (voy. Curé), et pour les desservants, de 900 à 1,300 fr., non compris le logement, le casuel, etc. Le bas clergé est donc beaucoup mieux traité que sous l'ancien régime, car il était alors en grande partie, réduit à la portion congrue. »   (Ch. Y.)

* PORTIONCULE s. f. Petite portion. (Peu us.)

PORTIONNAIRE adj. Qui peut prétendre à une portion d'héritage.

* PORTIQUE s. m. (lat. *porticus*). Archit. Galerie ouverte, dont la voûte ou le plafond est soutenu par des colonnes, par des arcades : *la Bourse de Paris a un portique avec des colonnes à l'extérieur, et un portique avec des arcades à l'intérieur.* — Le Portique, la Doctrine du Portique, l'école, la doctrine du philosophe Zénon, qui donnait ses leçons sous un portique d'Athènes. Les disciples du Portique, les disciples de Zénon, autrement appelés Stoïciens.

PORTLAND [pôrtt-'lanndd], ville maritime de l'état du Maine (Etats-Unis), la plus grande de l'état, sur la côte S.-O. de la baie de Casco, à 95 kil. S.-S.-O. d'Augusta, et à 170 kil. N.-N.-E de Boston; 34,620 hab. La ville est élégamment bâtie, presque exclusivement en briques. Les principaux édifices publics sont :

Portland.

la douane, la poste et l'hôtel de ville. Sept lignes de chemins de fer y aboutissent. Portland est reliée à Liverpool et à Glasgow par les steamers de la compagnie Allan. Le port est assez profond pour recevoir les plus grands navires; il est bien abrité. Le commerce étranger se chiffre annuellement par 250 millions de fr.; mais plus des quatre cinquièmes de cette somme représentent des marchandises en transit, qui sont immédiatement réexpédiées au Canada. — Portland a été fondée en 1632; elle a rang de cité depuis 1832. Les 4 et 5 juillet 1866, un incendie détruisit près d'un tiers de la ville.

PORTLAND, la principale ville de l'Orégon (Etats-Unis), et port douanier, sur la rive occidentale de la Willamette, à 20 kil. au-dessus du point où elle se jette dans la Columbia, à 175 kil. de l'océan Pacifique, et à 800 kil. N. de San-Francisco; 12,500 hab. Elle marque le point extrême de la navigation, et est bâtie sur un plateau qui s'élève graduellement à partir de la rivière. — Portland a été établie en 1845, et est devenue une cité en 1851. En 187J, un incendie y a dé-

truit pour une valeur de plus de 5 millions de fr.

PORTLAND, New-Brunswick. Voy. Saint-John.

PORTLAND (Ile de), presqu'île du Dorsetshire (Angleterre), qui s'avance dans la Manche, à 6 kil. au S. de Weymouth, à environ mi-chemin entre Portsmouth et Plymouth, et à 50 kil. S.-O. de Southampton; 9,907 hab. Elle a environ 6 kil. de long sur 2 kil. de large, et est entourée de tous côtés, hors un seul, par d'inaccessibles falaises. Malgré son nom d'île (c'en était une autrefois), elle est reliée à la terre ferme par une chaussée de galets roulés longue de 16 kil. A l'extrémité méridionale des collines rocheuses se trouve Portland Bill, qui donne quelquefois son nom à toute la presqu'île. Au N. se dresse le lourd château de Portland élevé par Henri VIII vers 1520, et qui sert de résidence au lieutenant-gouverneur. L'endroit est spécialement renommé pour son brise-lames merveilleux et pour sa pierre de taille appelée pierre de Portland, dont on exporte annuellement environ 40,000 tonnes. On y a créé un établissement pénitentiaire en 1848, et il y a une prison qui peut contenir 1,500 condamnés. Pêcheries importantes. Les moutons de Portland sont fameux comme animaux de boucherie.

PORT-LOUIS, ch.-l. de cant., arr. à 6 kil. S. de Lorient (Morbihan), sur la rive gauche et à l'embouchure du Blavet dans l'Atlantique; 3,000 hab. Place forte. Bains fréquentés.

PORT-LOUIS, capitale de l'île Maurice, sur la côte N.-O., au fond d'une baie; 40,000 hab. environ. Des forts et une citadelle redoutable défendent bien la ville. Elle est entourée de montagnes pittoresques, excepté du côté de l'Océan. Elle est très régulièrement bâtie, mais mal pavée et mal assainie. Depuis plusieurs années sa prospérité décline, par suite des fièvres qui y règnent.

PORT-MAHON, *Portus Magonis*, esp. *Puerto-Mahon*, capitale de l'île Minorque (Baléares), par 39° 52' 32'' lat. N. et 2° 0' 30''.long. E.; 15,000 hab. Place forte et excellent port; arsenal, chantiers de construction. Son nom lui vient de Magon, général carthaginois, qui la fonda vers l'an 700 av. J.-C. Occupée par les Anglais depuis 1708, elle leur fut prise par les Français en 1756, et leur fut rendue en 1763. Les Espagnols la reprirent en 1782. La ville est de construction moderne, et contient quelques beaux édifices publics. La baie, qui forme un des plus beaux ports naturels de la Méditerranée, s'enfonce de près de 8 kil. dans les terres. Port-Mahon est une station navale.

PORTO s. m. Vin de Porto: *un verre de porto*.

PORTO, ville du Portugal. (Voy. Oporto.)

PORTO-ALEGRE [por'-to-a-lé'-gré], ville maritime du Brésil, capitale de la province de Santo Pedro, sur le Rio Jacuhy, près de son embouchure, à 1,100 kil. S.-O. de Rio-de-Janeiro; 25,000 hab. environ. Bien bâtie, la ville a de beaux magasins, un port remarquable et des environs pittoresques. Trois lignes de steamers y ont leur point de départ.

PORTO-BELLO, Puerto-Bello ou Puerto-Velo [pouair-'to bé'-lio, ou vé'-lo], port de mer des Etats-Unis de Colombie, sur la côte septentrionale de l'isthme, et à 70 kil. N. de la ville de Panama; 3,000 hab. environ. C'est une place très forte, et, bien que surprise plusieurs fois par les boucaniers, elle resta florissant pendant environ deux siècles, jusqu'en 1739, où l'amiral Vernon s'en empara et la démantela.

PORTO-FERRAJO [ferr'-ra'-io], ville d'Italie, capitale de l'île d'Elbe; 4,091 hab. Ville très forte et bien bâtie; bon port. Elle exporte surtout du fer.

PORTO-MAURIZIO [mô-ri'-tsio], province de l'Italie septentrionale, en Ligurie, sur les frontières de France et sur la Méditerranée; 1,210 kil. carr.; 127,033 hab. Bien que très montagneuse, elle est fertile; mais les vents de mer y sont nuisibles à l'agriculture. La plus grande partie du district de San Remo est occupée par les Alpes Maritimes. Capitale : Porto-Maurizio.

PORTO-PLATA. Voy. Puerto Plata.

* PORTOR s. m. Sorte de marbre noir, marqué de grandes veines jaunes qui imitent l'or : *une table, une cheminée de portor*.

PORTO-RICO ou Puerto-Rico, île appartenant à l'Espagne; la plus petite et la plus orientale des Grandes Antilles; avec ses dépendances, les îles de Viéques, Culebra et Mona, elle a une superficie de 9,314 kil. carr.: 625,000 hab. environ, dont 338,000 blancs. Capitale: San-Juan. Elle est séparée de Saint-Domingue à l'O. par le passage de Mona, et de l'île de la Vierge à l'E. par le passage de la Vierge. Elle a presque la forme d'un rectangle; sa longueur de l'E. à l'O. est d'environ 160 kil.; sa largeur de 70. Les baies et les anses sont nombreuses, et la côte septentrionale est bordée de lagunes navigables. Une chaîne de montagnes s'étend de l'E. à l'O., d'une hauteur moyenne d'environ 1,500 pieds, avec un pic, le Yunque, haut de 3,678 pieds. Le sol est excessivement fertile. Les pâturages du N., et de l'E. sont supérieurs à tous les autres des Indes occidentales. Le climat est également plus sain que dans les autres Antilles. L'île a beaucoup souffert des ouragans. Il y a en abondance et en grande variété des bois d'ébénisterie et de teinture, tels que : acajou, ébène, lignum vitæ, cèdre, bois de campêche, etc.; il y a aussi beaucoup de plantes précieuses pour les arts et la pharmacie. Les fruits des tropiques croissent en perfection. Parmi les produits agricoles, on trouve la canne à sucre, le café, le tabac, le coton, le riz et le maïs. Il y a de l'or, du cuivre, du fer, du plomb et de la houille; mais il n'y a pas de mines exploitées. Les lacs fournissent de grandes quantités de sel. Les principaux articles d'exportation sont le sucre, la mélasse, le café, le tabac, le coton, le cacao, les bestiaux et les peaux. Un câble télégraphique relie Porto-Rico aux autres îles des Antilles; il y a aussi un fil télégraphique entre les principales villes de l'intérieur. — Cette île fut découverte par Colomb en 1493, et envahie en 1509 par les Espagnols commandés par Ponce de Léon; ils exterminèrent en quelques années la population indigène qui comptait 600,000 ou 800,000 individus.

PORTO-SANTO [por-'to-sann'-to], île de l'océan Atlantique, à 40 kil. N.-E. de Madère dont elle dépend; 1,600 hab. environ. Elle a environ 10 kil. de long. et 5½ kil. de large; elle est raboteuse et accidentée, et absolument dépourvue d'arbres. On y produit un vin de qualité inférieure, du maïs, de l'orge, des légumes et quelques fruits. La ville de Porto-Santo (300 hab.), au fond d'une belle baie, possède un bon port.

PORTO-VECCHIO, ch.-l. de cant., arr. et à 30 kil. S. de Sartène (Corse); 1,100 hab.

* **PORTRAIRE** v. a. (lat. *protrahere*, traîner en avant). Tirer la ressemblance, la figure, la représentation d'une personne au naturel, avec le pinceau, le crayon, etc. : *portraire au vif, au naturel.* — Fig. *Vous ne le connaissez pas, je vais vous le portraire au naturel.* (Vieux.)

* **PORTRAIT** s. m. Image, ressemblance d'une personne, faite avec le pinceau, la burin, le crayon, le ciseau, etc. : *portrait au naturel.* — PORTRAIT EN PIED, portrait qui représente une personne entière, debout ou assise. — PORTRAIT CHARGÉ, portrait qui les exagère en gardant pourtant la ressemblance. PORTRAIT PARLANT, portrait si ressemblant qu'il semble parler ou prêt à parler. — C'EST SON PORTRAIT, TOUT SON PORTRAIT, SON VRAI PORTRAIT, se dit d'un fils, d'une fille qui ressemble à son père ou à sa mère, et de toute personne qui ressemble beaucoup à une autre. Se dit en parlant soit de la ressemblance physique, soit de la ressemblance morale. — Description qu'on fait de l'extérieur ou du caractère d'une personne: *cet historien réussit dans les portraits.*

Être femme sans jalousie
Et belle sans coquetterie,
Bien juger sans beaucoup savoir,
Et bien parler sans le vouloir,
N'être haute ni familière,
N'avoir point d'inégalité,
C'est le *portrait* de La Vallière;
Il n'est ni fini, ni flatté.
         VOLTAIRE.

PORTRAIT DE MADAME DE ROCHEFORT
par le duc de Nivernois.

Sensible avec délicatesse
Et discrète sans fausseté;
Elle sait juger à finesse
A l'aimable naïveté,
Sans caprice, humeur, ni folie
Elle est jeune, vive et jolie;
Elle respecte la raison;
Elle déteste l'imposture,
Trois syllabes forment son nom
Et les trois Grâces sa figure.

— Description de toute sorte d'objets : *il fit un portrait animé des derniers troubles.*

PORTRAITISTE s. m. Celui qui fait des portraits.

* **PORTRAITURE** s. f. Portrait. (Vieux.) — Peint. LIVRE DE PORTRAITURE, livre qui enseigne à dessiner toutes les parties du corps humain.

PORT-ROYAL, nom de deux monastères de l'ordre de Citeaux, célèbres pour avoir été le berceau du jansénisme en France. La maison mère, Port-Royal des Champs, était à Chevreuse, près de Versailles, et Port-Royal de Paris se trouvait dans le faubourg Saint-Jacques. Port-Royal des Champs fut fondé en 1204 pour une communauté de religieuses de Citeaux et devint un pensionnat pour les filles de la noblesse. La maison était fort riche et s'était relâchée de sa première austérité, lorsque Jacqueline-Angélique Arnauld, connue dans l'histoire sous le nom de Mère Marie-Angélique de Sainte-Madeleine, en devint abbesse, et, peu d'années après, entreprit une réforme complète de la communauté. En 1625, Mme Catherine Arnauld, sa mère, acheta l'hôtel de Clagny ou Clugny, dans le faubourg Saint-Jacques,

et la communauté s'y transféra. Les terres autour de Port-Royal des Champs furent drainées, les bâtiments de la vieille abbaye réparés, et une nouvelle construction commencée sur une colline voisine. Vers 1626, une communauté d'hommes pieux et savants vint s'établir près de l'abbaye dans une ferme appelée Les Granges. Parmi eux étaient le grammairien Claude Lancelot; trois neveux de Marie-Angélique, Antoine Le Maistre, Simon Séricourt et Isaac de Sacy; deux de ses frères, Robert, appelé Arnauld d'Andilly, et Antoine Arnauld (le « Grand Arnauld »); Pierre Nicole; Lenain de Tillemont, et plus tard Blaise Pascal et Nicolas Fontaine. La plupart étaient ou des élèves ou des pénitents du célèbre Duvergier de Hauranne, communément appelé l'abbé de Saint-Cyran. Lui et Jansénius demeuraient ensemble à Paris au temps où Mère Marie-Angélique s'occupait d'achever ses réformes. La vie ascétique de Duvergier l'attira et son inflexible caractère la domina. Duvergier et Jansénius considéraient les collèges et la théologie des jésuites comme le fléau de l'Eglise, et leurs sectaires de Port-Royal appliquèrent tous leurs efforts à organiser un système d'éducation qui fût en tout point la contre-partie de celui de la société de Jésus. L'énorme accroissement de la communauté de Port-Royal de Paris força Mère Marie-Angélique, en 1647, de revenir à Port-Royal des Champs avec un grand nombre de religieuses. Elles ouvrirent dans l'abbaye

Portsmouth (Angleterre).

une pension pour les jeunes filles, où affluèrent les filles de la noblesse. Des Granges, cependant, sortaient les ouvrages d'éducation, qu'on n'a pas surpassés, les grammaires grecque et latine de Port-Royal, et d'autres livres de classe, ainsi que des traités théologiques. L'ardente amitié qui existait entre Jansénius et Duvergier, et l'appui déclaré que trouvaient à Port-Royal les doctrines théologiques des deux amis, inquiétèrent le cardinal Richelieu, qui soumit, en 1638, Port-Royal et Duvergier à une enquête judiciaire, laquelle aboutit à l'emprisonnement de Duvergier. Après la mort de Richelieu, il recouvra la liberté (1642), mais il mourut bientôt lui-même (1643). Le reclus restèrent les chefs et le centre de l'opposition aux efforts que faisait le pape pour supprimer le jansénisme. Mais en 1664 les religieuses de Port-Royal de Paris furent dispersées par la force armée, quelques-unes enfermées dans différents couvents de la capitale, et les autres conduites sous escorte à Port-Royal des Champs, où elles restèrent prisonnières jusqu'en 1669, époque où les deux couvents furent rendus indépendants l'un de l'autre. La maison de Paris, qui ne comptait que 10 religieuses, reçut un tiers des biens de la communauté, et les deux autres tiers restèrent à Port-Royal des Champs qui avait 80 religieuses.

Cette dernière maison fut supprimée par le pape Clément XI en 1708; ses biens furent transférés à la communauté de Paris, et les bâtiments rasés (1709). La communauté de Paris fut supprimée en 1790.

PORT-ROYAL. Voy. ANNAPOLIS.

PORT-ROYAL, ville forte de l'île de la Jamaïque, ancienne capitale de cette île, à 8 kil. S.-S.-O. de Kingston; 12,000 hab.

PORT-SAÏD, ville d'Egypte, à l'endroit où le canal de Suez s'ouvre dans la Méditerranée; 8,671 hab., dont la moitié européens. Elle s'est accrue depuis le commencement du canal en 1859. La population a été, à un moment, de 14,000 hab., mais elle a diminué depuis l'achèvement du canal en 1869. Le port intérieur, ou lac Menzaleh, contient de vastes docks. Il entre annuellement dans le port environ 1,000 vaisseaux, la plupart à vapeur.

PORT-SAINTE-MARIE, ch.-l. de cant., arr. et à 20 kil. O. d'Agen (Lot-et-Garonne), sur la rive droite de la Garonne; 2,000 hab. Commerce de vins.

PORTSMOUTH [portss-mouth], port fortifié du Hampshire (Angleterre); à l'extrémité S.-O. de l'île de Portsea, à 110 kil. S.-O. de Londres; 124,867 hab. Il y a là deux villes en une: Portsmouth proprement dit, et Portsea. La garnison ordinaire est de 2,500 hommes. La grande importance de la place vient de l'arsenal maritime royal, à Portsea, sur une superficie de 120 acres, et entouré de murailles. Le canal qui sépare les deux villes forme l'entrée du port de Portsmouth, qui a 3 kil. de large à son extrémité N. Les fortifications sont très considérables.

PORTSMOUTH [portss-'mouth'] I, ville et port du New-Hampshire (Etats-Unis), le seul port de l'Etat, sur la rive méridionale de la Piscataqua, à 5 kil. de la mer, et à 90 kil. N.-E. de Boston; 9,241 hab. — II, ville et port de la Virginie, sur la rive occidentale de la rivière Elizabeth, en face la ville de Norfolk, au point extrême du chemin de fer *Seabord and Roanoke*; 10,492 hab., dont 4,120 de couleur. Le port est un des meilleurs de la côte de l'Atlantique, et est accessible aux plus larges vaisseaux. — III, ville de l'Ohio (Etats-Unis), sur l'Ohio, au-dessus de l'embouchure du Scioto, à l'extrémité du canal de l'Ohio et Erie et d'un embranchement du chemin de fer de Marietta et Cincinnati, à 150 kil. E.-S.-E. de Cincinnati; 13,034 hab. C'est l'entrepôt des riches régions minérales de l'Ohio méridional et du N.-E. du Kentucky.

PORT-SUR-SAÔNE, ch.-l. de cant., arr. et à 13 kil. N.-O. de Vesoul (Haute-Saône), sur la rive gauche de la Saône; 1,800 hab. Fer, bois, bestiaux. Construction de bateaux.

PORTUDAL ou **Sali**, comptoir français du

Sénégal, arr. et à 34 kil. S.-E. de Gorée. Excellente rade très fréquentée.

PORTUGAIS, AISE s. et adj. Du Portugal; qui concerne ce pays ou ses habitants.

PORTUGAL (de *Portus Cale*, ancien nom d'Oporto; anc. *Lusitania*), royaume d'Europe, occupant presque toute la portion occidentale de la péninsule ibérique, borné au N. et à l'E. par l'Espagne, au S. et à l'O. par l'Atlantique, entre 36° 57' et 42° 8' lat. N. et 8° 22' et 11° 52' long. O. La plus grande longueur du N. au S. est de 550 kil. et sa plus grande largeur de 205 kil. Certaines parties du littoral sont basses et plates, particulièrement vers la lagune de Setubal, et entre le Mondego et le Douro; ailleurs il est haut ou rocheux. Les principaux ports sont : Lisbonne, Oporto, Setubal, Aveiro, Figuara et Vianci; presque tous sont inaccessibles par les vents d'ouest ou du sud. Des contreforts des monts Cantabres, venant de la province espagnole de Galicie, pénètrent dans les provinces de Tras os Montes et de Minho. Une chaîne de montagnes partage presque le royaume en deux, du N.-E. au S.-O., à travers les provinces de Beira et d'Estramadura. Dans la première de ces provinces, elle prend le nom de Serra da Estreila. Les pics les plus élevés de l'Estrella atteignent environ 6,500 pieds. D'autres chaînes traversent obliquement le pays dans la même direction. Toutes ces montagnes, sont pleines de sites merveilleux et dans la magnifique région qui règne autour de Cintra, le paysage n'a rien qui l'égale. Les plus importants cours d'eau sont : le Tage (Tejo), le Douro, la Guadiana, le Minho et la Lima, qui tous viennent d'Espagne, la Sado, le Mondego et le Cavado, dont le cours entier appartient au territoire portugais. Les sources minérales et thermales sont abondantes; mais la rareté de l'eau dans beaucoup de districts, particulièrement dans l'Alemtejo, rend de grandes étendues de pays inhabitables. Dans le voisinage de Setubal et près d'Aveiro se trouvent des marais salants. A environ 18 kil. d'Oporto s'étend le bassin d'anthracite de Vallongo. La pierre calcaire abonde. La production minérale est considérable, bien que peu de mines soient exploitées. Cependant la mine de plomb de Braçal, non loin de la Vonga, donne du travail à un grand nombre de personnes. On trouve de l'or et dû l'argent en petites quantités. Les mines de sel fournissent environ 60 millions de boisseaux par an. Le climat est, en somme, plus frais que celui de l'Espagne, parce que les brises de mer tempèrent, tout le long de la côte, les ardeurs de l'été. La température moyenne est, à Coïmbre, de 17° C. et à Lisbonne de 16°. Dans les régions montagneuses du nord, il tombe quelquefois beaucoup de neige; mais dans le sud elle est presque inconnue. Le sol est riche et le pays pittoresque. Outre le chêne, le châtaignier, le pin, l'orme et le frêne, il y a le chêne-liège, l'olivier, le noyer, le mûrier, l'oranger, le limonier, le citronnier, le figuier, le pêcher, l'abricotier et l'amandier. — Le Portugal comprend les provinces d'Entre-Douro-e-Minho, de Tras os Montes, de Beira (ou Béira Alta et Beira Baixa), d'Estremadura (Estramadoure), d'Alemtejo et d'Algarve. Administrativement, il est divisé en 17 districts, subdivisés en 268 municipalités, composées de 3,799 paroisses. La superficie est estimée à 89,143 kil. carr.; 4,340,600 hab. Les plus grandes villes sont : Lisbonne (la capitale; environ 249,000 hab.), Oporto (410,000 hab.), Braga (20,000 hab.), d'Estremadura (Estramadoure), Coïmbre (Coïmbra, 19,000 hab.). Les Açores, ou îles occidentales (2,388 kil. carr.; 269,400 hab. environ) et les îles de Madère et de Porto Santo (815 kil. carr.; 132,000 hab.) sont regardées, au point de vue administratif, comme faisant partie du royaume, qui mesure ainsi 92,340 kil. carr. et renferme 4,708,000 hab. Les possessions coloniales, sont énumérées dans le tableau ci-dessous, avec leur superficie et leur population :

	COLONIES	SUPERFICIE kil. carr.	POPULATION
Afrique	Iles du cap Vert..........	3.851	99.317
	Iles Santo Thomé et îles du Prince..........	1.080	21.037
	Bissao, etc. (Sénégambie)....	60	9.282
	Ajuda..........	35	4.500
	Angola et Ambriz..........	809.400	2.000.000
	Benguela et Mossamedes...		
	Mozambique, Sofala, etc..	991.150	350.000
Asie et Océanie	Goa, Salsette, Bard z, etc...	2.270	419.092
	Damao..........	80	45.638
	Diu et Gogoia..........	5	12.636
	Timor et Solor..........	16.300	300.000
	Macao (en Chine)..........	11	68.086
	Total..........	1.823.251	3.333.689

— L'agriculture est arriérée, bien que les méthodes et les instruments perfectionnés s'y introduisent peu à peu, spécialement dans l'Alemtejo. Le maïs, le seigle, le blé et le riz sont les principales céréales. On y élève beaucoup de chevaux, de mules, d'ânes, de bestiaux, de moutons, de chèvres et de porcs. Les vignes donnent annuellement environ 530 millions de litres de vin. La région la plus productive à ce point de vue est celle du bassin du Douro qui produit les fameux vins d'Oporto. Le vin portugais du commerce, connu sous le nom de porto, à cause de la ville d'Oporto, près de l'embouchure du Douro, se fait avec du raisin récolté dans le bassin de ce fleuve et de ses affluents. Les vins du district de l'Alto Douro ou du Corgo ont le plus de réputation. D'autres crûs, connus surtout dans le pays, sont ceux d'Alemquer, de Terres-Vedras, de Lamego et du Monçao, ce dernier très fameux, et ceux de Lisbonne, de Estbellas, de Termo, de Calcavellos (vins blancs secs), de Colares et de Barra-a-Barra. Les vins ordinaires sont presque toujours inférieurs à ceux d'Espagne. L'Angleterre est le pays qui consomme le plus de porto. Le vin naturel ressemble aux crûs de la Côte-Rôtie ou aux autres crûs du Rhône. Il contient de 9 à 14 p. 100 d'alcool, tandis que le vin du commerce a une force alcoolique de 40 p. 100 d'esprit. Le porto, non viné par une addition d'eau-de-vie, ne pourrait supporter la mer que six ou sept ans après la récolte. Lorsqu'il est viné, on peut l'embarquer au bout de trois ou quatre mois et on consomme en Angleterre de grandes quantités de ce vin avant qu'il ait un an. — L'île de Madère fut plantée dès 1421 avec des vignes de Candie et de Chypre. Au bout d'un siècle et demi, ses produits avaient atteint un haut degré d'excellence et ils ont maintenu leur réputation jusque vers le milieu de notre siècle, où des vins falsifiés commencèrent à entraver la production dans les vins naturels, et où cette production fut bientôt presque entièrement arrêtée par l'oïdium ou maladie de la vigne. Les vins les plus réputés sont la malvoisie et la madère sec, produits, le premier, par les raisins appelés malvasia et vidogna, et l'autre par le sercial et le tinto. Lorsqu'ils sont jeunes, les vins de Madère ont beaucoup de corps et sont âpres et si gros qu'on ne peut les boire avant qu'ils aient été amortis et mûris par l'âge, ou soumis à un voyage en mer. Le vin qui ne subit pas ce traitement, demande environ six ans pour se faire, et avant l'exportation, il reçoit de 12 à 15 litres d'eau-de-vie par pipe de 350 litres. Comme fruits, on récolte surtout les oranges, les limons, des figues et des olives. Le commerce étranger se fait surtout avec la Grande-Bretagne, le Brésil et la France; on exporte principalement des vins, de l'huile d'olive, des oranges, des citrons, des pépites de fer et de cuivre, du liège, des dents d'éléphant, de la laine, de l'archil (produit colonial), des tissus de coton, du vinaigre, de l'argent en lingots ou travaillé et d'autres métaux, des produits chimiques, du sel, des fruits secs et du porc. Les importations montent à 185 millions de fr., et les exportations à 130 millions de fr. Le vin entre pour plus d'un tiers dans ce dernier chiffre. La marine marchande compte 20 steamers, d'un tonnage total de 44,536 et 455 vaisseaux à voiles, tonnage 93,845. Il y a 1,550 kil. de chemins de fer et 4,700 kil. de lignes télégraphiques en activité. L'industrie n'a que peu d'importance, quoique de grands progrès se soient faits dernièrement, particulièrement à Lisbonne. — Le gouvernement du Portugal est une monarchie constitutionnelle, héréditaire en ligne féminine comme en ligne masculine. Le pouvoir législatif appartient aux cortès, composées d'une chambre des pairs et d'une chambre des députés; les pairs sont nommés à vie par la couronne, et les députés sont choisis par les électeurs, qui doivent avoir un revenu annuel minimum de 500 fr. Les finances du royaume sont en désordre et, depuis un demi siècle, il n'y a pas eu de budget sans déficit. Recettes, 130 millions de fr.; dépenses, 436 millions de fr.; dette publique, 1,890 millions de fr. (735 millions de fr. pour la dette étrangère); intérêt annuel, 55 millions de fr. L'effectif de l'armée comprend 1,844 officiers et 38,917 hommes. L'armée coloniale compte 547 officiers et 7,298 hommes. La flotte se compose de 30 steamers avec 403 canons, et 14 voiliers avec 35 canons. Le catholicisme romain est la religion d'État, mais toutes les sectes jouissent de la liberté du culte. L'instruction primaire est obligatoire, mais la loi est rarement appliquée dans sa rigueur. 2,000 écoles de garçons reçoivent 105,000 élèves, et 350 écoles de filles ont 28,000 élèves. Pour l'instruction secondaire, il y a 18 lycées. L'enseignement supérieur se donne dans plusieurs institutions à Lisbonne et à Oporto. L'université de Coïmbre est la plus haute institution enseignante du royaume. — Le Portugal fut d'abord habité par des tribus celtes; il fut visité de bonne heure par les Phéniciens, les Carthaginois et les Grecs. Les Romains, qui l'appelaient Lusitanie, du nom de la tribu principale, les Lusitani (voy. LUSITANIE), en achevèrent la conquête vers 140 av. J.-C. et le gardèrent comme province jusqu'au Ve siècle de l'ère chrétienne, époque où les Visigoths et d'autres barbares du Nord l'envahirent. Au commencement du VIIe siècle, il fut conquis par les Arabes ou Maures, auxquels Alphonse VI, roi de Leon et de Castille, l'arracha en partie vers la fin du XIe siècle. Vers 1095, Alphonse donna le pays situé entre le Minho et le Douro à son gendre Henri de Bourgogne, qui prit le titre de comte de Portugal et qui bientôt agrandit ses domaines aux dépens des Arabes. Son fils Alfonso (Affonso) Henriquez, défit en 1139 les Maures dans la grande bataille d'Ourique, près du Tage, et son armée le proclama roi sur le champ de combat. En 1143, il convoqua à Lamego une diète, qui rédigea les statuts fondamentaux du royaume. Son fils, Sancho Ier, qui fut également heureux contre les Maures, prit en 1497 le nouveau titre de roi d'Algarve, bien que ce territoire n'ait été complètement conquis qu'en 1253. Denis (Diniz) Ier (1279-1325) bâtit plus de 40 villes et ouvrit l'ère des entreprises navales. Sous Jean Ier (João), surnommé le Grand (1385-1433), on découvrit et on annexa Madère et les Açores. Son fils, le prince Henri le Navigateur, élargit la sphère des découvertes. Sous Emmanuel le Fortuné (1495-1521), Vasco de Gama trouva le passage des Indes orientales au cap de Bonne-Espérance. Ce fait amena l'établissement de la domination portugaise sur une grande étendue de terres des deux côtés de l'océan Indien, et la découverte et la colonisation du Brésil. Le grand vice-roi Albuquerque assit l'empire du Portugal dans les Indes orientales. Dom Sébastien (1557-'78) se distingua par ses expéditions chevaleresques contre les Maures de Barbarie; dans l'une d'elles, il périt avec toute son armée (1578). Ce désastre porta un coup fatal à la puissance portugaise. Dom Henri, oncle de Sébastien, monta sur le trône vacant; il mourut en 1580 sans héritier direct et la couronne échut à Philippe II d'Espagne; pendant les 60 années suivantes, le Portugal fut gouverné par les rois espagnols. En 1640, la nation se souleva, et, par un vote presque unanime, proclama roi le duc de Bragance, sous le titre de Jean IV. Une longue guerre avec l'Espagne se termina en 1665 par la défaite décisive des Espagnols à la bataille de Montesclaros. Un traité conclu avec l'Angleterre en 1661, inaugura une série d'alliances, dont l'une, en 1703, entraîna le Portugal dans la guerre de la succession d'Espagne. Sous le règne de Joseph (José, 1750-77), le Portugal éprouva des calamités, dont la plus remarquable fut le tremblement de terre qui détruisit la moitié de Lisbonne en 1755. Ce règne fut toutefois marqué par de grandes réformes sociales et agricoles, exécutées surtout par le génie et l'énergie du premier ministre, le fameux marquis de Pombal. L'expulsion des jésuites fut un de ses actes les plus importants. L'influence anglaise entraîna le Portugal dans la guerre contre la République française et contre l'Empire; le royaume fut envahi par le maréchal Junot, en nov. 1807; la famille royale s'embarqua pour le Brésil au moment où Junot paraissait devant Lisbonne, où il déclara au nom de son maître, que la maison de Bragance avait cessé de régner. Au commencement de 1808, les Portugais se soulevèrent contre les envahisseurs et aidés par les Anglais, que commandait sir Arthur Wellesley (Wellington), chassèrent les Français du pays. Le Portugal fut envahi de nouveau par les Français en 1809, et de nouveau protégé par les armes anglaises jusqu'en 1812. La cour et le gouvernement restèrent ensuite à Rio-de-Janeiro. En 1820, une révolution pacifique s'accomplit et une constitution libérale fut adoptée; en 1821, à la requête de la nation, Jean VI qui avait, en 1806, succédé à sa mère Maria, devenue folle, revint du Brésil, où il laissa son fils aîné, Dom Pedro, comme régent. L'année suivante, Dom Pedro fut proclamé empereur du Brésil, et les deux pays se trouvèrent définitivement séparés. Jean VI mourut en 1826, et Dom Pedro du Brésil, son successeur, céda le Portugal à sa fille Maria da Gloria, et donna au royaume une constitution nouvelle assez libérale. Mais avant l'arrivée de Maria en Portugal, son oncle Dom Miguel, frère cadet de Pedro, avait été nommé régent; il usurpa le trône et se mit à régner sans égard pour la constitution. Son farouche despotisme conduisit à une guerre civile qui exerça ses fureurs pendant plusieurs années; Dom Pedro, qui avait recruté une armée et organisé une flotte pour soutenir les droits de sa fille, commandait les troupes constitutionnelles. Il s'empara d'Oporto le 8 juillet 1832, entra à Lisbonne en juillet 1833, et reçut la soumission de son frère le 29 mai 1834. Maria Iof fut déclarée majorité le 15 sept. Plusieurs révolutions et contre-révolutions ont eu lieu depuis, ayant pour résultat que la substitution d'une faction à une autre dans la direction du ministère. Maria mourut en 1853, et eut pour successeur son fils Pedro V, sous la régence de son père Ferdinand de Saxe-Cobourg, qui se retira dans la vie privée lorsque son fils eut atteint sa majorité (16 sept. 1855). Pedro V mourut le 11 nov. 1861, et eut pour successeur son frère Louis I (Luiz). — MESURES ET POIDS. On compte par réis, milréis (mille réis = 5 fr. 60) et conto de réis (1 million de réis). Les monnaies réelles sont : la couronne (5 f. 99), la demi-couronne, le

milréis (5 fr. 60); il y a en argent : le teston (0 fr. 50), ses multiples et ses sous-multiples. — POIDS. La livre = 459 gr. — MESURES. Le vare = 1 m. 10. La pipe vaut 4 hectol. 96 litres. — LANGUE ET LITTÉRATURE. Le portugais, comme l'espagnol, avec lequel il a une grande ressemblance, est une des langues romanes modernes. On peut en suivre les traces jusqu'au XIe siècle; mais ce ne fut qu'au XVIe, l'âge d'or de la littérature portugaise, qu'elle fut fixée dans sa forme actuelle. Un grand nombre de mots arabes témoignent de la domination mauresque. Le portugais a une grande affinité avec le galicien et facilement compris des peuples de la Galice. Les voyelles ont les sons suivants : a comme l'a français ou italien, quoiqu'un peu moins long ; de même lorsqu'il est final et sans accent, comme dans Emma; e est ouvert, ou fermé, ou prononcé i lorsqu'il est final et non accentué; i (y) a le son français, long ou bref ; o a aussi les sons longs et brefs du français; mais final et non accentué, il se prononce on; u vaut ou. Les diphtongues sont : ae et ai qui se prononcent aï, ao et au (aou, comme dans l'anglais cow); ei (aï); eo et eu (eou en une seule émission de voix); œ (ow); ou (ó très long; dans la diction soignée, on fait sentir légèrement l'u). Lorsque les voyelles et les diphtongues sont surmontées du til (~), ou suivies de m ou de n devant une autre consonne, elles gardent leurs sons propres, mais deviennent nasales, de la même manière qu'en français. C devant a, o, u a le son de k; avec le cédille, cedilha, il a le son de z, ainsi que devant e, i et y; ch comme en français, et, dans quelques mots d'origine grecque, comme k; gu et gw devant a, comme g dur; h toujours muet; lh comme li en un seul son; nh, comme li; qu comme kou devant a et o et comme k devant e et i; r vibrant; s sifflant lorsqu'il est initial, ou après une consonne, ou devant, f, p, g, t, et moins aigu lorsqu'il est final; dans les autres cas, comme z; à la fin des mots et des syllabes, lorsque la consonne vient après, beaucoup de personnes prononcent s presque comme j; z à la fin des mots, comme s, sifflant comme à la fin de l'anglais. X a quatre sons : ch, s, z, ks. Les autres consonnes se prononcent comme en français. La grammaire, qui ressemble à celle de l'espagnol et du français, est en général simple. La principale particularité est son infinitif personnel avec flexions, en outre de l'infinitif impersonnel sans flexions. Le grand dictionnaire de la langue est celui de Frei Domingos Vieira (Oporto, 1871-74, 5 vol.). — La littérature portugaise ne comprend que peu d'œuvres de quelque valeur en dehors de la poésie et de l'histoire. Bouterwek cite des fragments de poètes du XIIIe siècle. Dans le XIIIe et XIVe siècles, la poésie fut encouragée par plusieurs princes. En même temps les romans de chevalerie étaient en grand honneur, particulièrement ceux de Vasco de Lobeira, l'auteur présumé d'Amadis de Gaule. Pendant le XVe siècle, les compositions en prose devinrent plus nombreuses et plus importantes. Fernão Lopez, le Froissart portugais, Gomez Eannez de Azurara, auteur chroniqueur, et Alphonse V (Affonso) comptent parmi les plus dignes de mémoire. Damião de Goes est l'auteur d'une chronique du roi Emmanuel. Un des plus anciens échantillons de prose noble est un roman pastoral de Ribeiro, intitulé Menina e Moça. Ribeiro fut aussi le premier poète de distinction ; il excella principalement dans l'idylle et l'églogue. Parmi les auteurs du même temps qui cultivèrent la pastorale, on cite Christovão Falcão et Sa de Miranda (mort en 1558). Un autre poète classique est Antonio Ferreira (1528-'69), célèbre par ses odes, ses sonnets et sa tragédie d'Inez de Castro. D'autres noms illustres de cette période sont ceux de Pedro de Caminha et Diego Bernardes, poètes bucoliques et élé-

giaques; Gil Vicente, auteur dramatique ; Rodrigues Lobo, qui a laissé des romans pastoraux et Jeronymo Corterreal, poète. Barros (1496-1570),Castanheda, Mendez Pinto, Galvão, Francisco Alvarez et Alfonso d'Albuquerque ont écrit des histoires et des relations de voyage. Camoëns (1524-'79) est le plus grand et le plus profondément national de tous les poètes. Son poème épique, les Lusiades, se place à la fois au rang des plus anciens et des plus fameux poèmes de l'Europe. Camoëns a aussi laissé des odes, des hymnes, des élégies et des sonnets. Ulyssea, poème épique de Pereira de Castro (1574-1632) et Malacca Conquistada de Sa de Menezes, jouissent d'une haute réputation dans l'opinion des critiques portugais. Bernardo de Brito (1569-1647) commença une histoire du royaume qui fut continuée par Antonio Brandão (1584-1637). Manoel de Faria e Sousa (1590-1649) fut un écrivain prolifique. Antonio Barbosa Bacellar (1640-'63) inaugura les soliloques amoureux et mélancoliques appelés saudades. Jacinto Freire de Andrade(1597-1657), poète burlesque, est renommé pour une vie de João de Castro, en prose. Citons encore les poètes Jeronymo Vahia et Francisco de Vasconcellos. Les meilleures productions religieuses de cette période sont des vies de saints et de martyrs, par Luis de Souza et de João de Lucena ; les sermons d'Antonio Vieira et d'Antonio Veio et les Cartas portuguezas de la religieuse Marianna Alcoforado. Dans la première moitié du XVIIIe siècle, la littérature portugaise fut fortement pénétrée de l'esprit et du style français de la période de Louis XIV et de Louis XV, et le Portugal fut inondé de traductions ou d'imitations des chefs-d'œuvre de cette époque. Francisco Xavier de Menezes, comte d'Ericeira (1673-1743) écrivit Henriqueida, poème épique. Quelques excellents ouvrages de compilation parurent; le plus remarquable fut la Bibliotheca lusitana de Barbosa Machado (1682-1770), qui comprend les vies de tous les écrivains portugais dignes de mémoire, jusqu'au milieu du XVIIIe siècle. Parmi les dramaturges et les poètes, on a Garção (1735-'75), Diniz da Cruz e Silva, Figueiredo, Domingos dos Reis Quita, la comtesse Vimeiro, Araujo de Azevedo (traducteur de Dryden, de Gay et d'autres poètes anglais), Francisco Manoel do Nascimento (1734-1829) et surtout Bocage (mort en 1805 ou en 1806). Parmi les auteurs de la première partie du siècle présent, on cite Francisco Diaz Gomez, Tolentino de Almeida, Almeida Garrett (poète, romancier et dramaturge), et Agostinho de Macedo, dont le poème romantique A Meditaçao inaugura la renaissance de la littérature portugaise. A la période la plus récente appartiennent Alexandre Herculano et Rebello da Silva, historiens et auteurs de romans historiques ; Seixas Castello Branco, Antonio Serpa, Mendes Leal, Palmeirim, José Freire de Serpa, Pinheiro Chagas et A. Eunes, poètes et dramaturges ; Julio Diniz (Gomes Coelho), Camillo Castello Branco, Andrade Corvo, Pedro Ivo, Bento Moreno et A. Sarmento, romanciers et auteurs; et Theophilo Braga, auteur d'ouvrages intéressants sur la littérature nationale. Parmi les écrivains les plus anciens et les plus connus du Brésil, se trouvent João de Brito e Lima (1671-1742), qui a laissé Cezuria, poème épique, et l'historien Sebastiao da Rocha Piita. José Basilio da Gama (1740-'95), auteur de Uruguay, et José de Santa Rita Durão (1737-'83), auteur de Caramuru, sont des poètes épiques célèbres. Citons comme poètes lyriques distingués Claudio Manoel da Costa (1729-'89); Thomas Antonio Gonzaga, plus connu sous le nom de Dirceu (1744-1809); né à Oporto; Manoel Ignacio da Silva Alvarenga, et Alvarenga Peixoto. Comme écrivains en prose, l'orateur de la chaire Francisco José de Carvalho, aussi connu sous le pseudonyme de Francisco do

Monte Alverne (1784-1858); Marianno José Pereira da Fonseca, marquis de Marica (1773-1848), auteur de *Maximas, pensamentos e reflexões*; et le lexicographe Antonio de Moraes e Silva. Parmi les auteurs les plus récents, on a le poète et auteur dramatique Gonçalves de Magalhaes; les poètes Porto-Alegre et Gonçalves Dias; Macedo, Teixeira et Sousa, et Sousa e Silva, auteurs de poésies, de romans et de drames; José de Alencar, romancier; et Pereira da Silva, auteur du *Plutarcho Brasileiro*. L'*Historia geral do Brazil*, par Francisco Adolpho de Varnhagen, est remarquable par la clarté du style et la pureté du langage. — Voy. *History of spanish and Portuguese Literature*, par Bouterwek; *Littérature du sud de l'Europe*, par Sismondi; *Le Brésil littéraire* de Wolf et *Diccionario bibliographico Portuguez*, par Innocencio Francisco da Silva (Lisbonne, 1858-'62, 7 vol. et suppléments). — Voy. aussi *Boletin official*, Lisboa, Imprensa nacional, 1885; Aldama-Ayala, *Compendio geographico-estadistico de Portugal e sus Posesiones ultramarinas* (Madrid, 1880, in-8°); A. Balbi, *Essai statistique sur le royaume de Portugal* (Paris, 1862, 2 vol. in-8°); J.-G. de Barros e Cunha, *Historia da liberdade em Portugal* (Lisboa, 1869, in-8°); Germond de Lavigne, *l'Espagne et le Portugal* (Paris, 1882, in-8°); C. de la Teillais, *Etude historique, économique et politique sur les colonies portugaises, leur passé et leur avenir* (Paris, 1872, in-8°).

PORTULACÉ, ÉE adj. Qui ressemble au pourpier. — s. f. pl. Famille de plantes dicotylédones ayant pour type le genre pourpier

PORTULAN s. m. (rad. *port*). Mar. Ancien livre qui contient le gisement et la description des ports de mer et des côtes, qui indique la direction des courants et des marées, les heures de la pleine mer, les jours de nouvelle et pleine lune, etc. : *le portulan de la Manche, de la Méditerranée.*

PORTUMNUS, dieu qui présidait aux ports chez les Romains et les Étrusques. Son culte se confondait avec celui de Neptune.

PORT-VENDRES, *Portus Veneris*, commune et place forte du cant. d'Argelès, arr. et à 36 kil. E. de Céret (Pyrénées-Orientales), au bord de la Méditerranée. Commerce de cabotage. Bons vins. Après avoir longtemps appartenu à l'Espagne, Port-Vendres fut cédé à la France avec le Roussillon en 1659 par le traité des Pyrénées. Vauban y commença des travaux de fortification qui furent abandonnés; le comte de Mailly les reprit en 1772. Les Espagnols s'en emparèrent sans coup férir en 1793; mais Dugommier les délogea presque aussitôt. Depuis cette époque, on y a construit des batteries et un fort.

PORUS [poruss], forme latine du nom de plusieurs rois de l'Inde, dont deux se trouvèrent sur le chemin d'Alexandre dans le cours de ses conquêtes en Orient. Le premier régnait à l'E. de l'Hydaspes, dont il défendit le passage; mais la stratégie supérieure d'Alexandre l'emporta. Porus, fait prisonnier, fut traité avec honneur, et devint l'allié d'Alexandre qui agrandit ses États, de sorte qu'ils s'étendirent de l'Hydaspes à l'Hyphase. Son cousin, du même nom, régnait sur Gandaris, à l'E. de l'Hydraotes. Il s'enfuit à l'approche d'Alexandre, qui donna ses États à son parent.

POSAGE s. m. (rad. *poser*). Travail et dépense qu'il faut faire pour poser, pour mettre en place certains ouvrages : *il faut tant pour le posage de ces tuyaux.*

POSE s. f. Archit. Action de poser une pierre, de la mettre en place dans une construction : *la pose des grandes pierres est difficile.* — La pose de la première pierre d'un monument, se dit de la cérémonie qui a lieu quand on pose la première pierre d'un monument public : *le préfet a fait la pose de la première pierre de cet édifice.* — Guerre. Se dit d'un certain nombre de soldats qu'on va mettre en faction : *il était de la première, de la seconde pose.* — Caporal de pose, celui qui est chargé de poser et de relever les sentinelles. — Jeu. Avantage qui consiste à placer le premier dé au domino. — Attitude, en parlant des pantomimes, des danseurs et des personnes d'après lesquelles on peint, on sculpte, etc. : *pour se faire peindre, il faut choisir, prendre les poses les plus simples, les plus naturelles.* — Certaine affectation dans l'attitude, dans les paroles, qui annonce l'intention de produire de l'effet : *dans tout ce qu'il fait et dit, il y a bien de la pose.*

* **POSÉ, ÉE** adj. Rassis, grave : *une personne posée.*

* **POSÉ, ÉE** part. passé de Poser. Un homme bien posé, bien posé dans le monde, un homme en bonne position dans le monde. — Écrire a main posée, écrire lentement pour mieux former ses lettres. — Cela posé, il s'ensuit, cela étant accordé, étant supposé, il s'ensuit. Posé que cela fut, posé le cas que cela fut, et par ellipse, le cas posé, que feriez-vous? si cela était, que feriez-vous?

POSEIDON [po-séi-dônn]. Voy. Neptune.

* **POSÉMENT** adv. Doucement, modérément, sans se presser : *il parle posément.*

POSEN [po'-zenn]. I, province orientale de la Prusse, sur les frontières de la Pologne russe; 28.951 kil. carr.; 1,606,084 hab., dont 1,020,000 catholiques, la plupart Polonais, et environ 65,000 Juifs. Elle se divise en deux districts : Posen et Bromberg. Le pays est plat et contient beaucoup de lacs et de marais. Les principaux cours d'eau sont : la Vistule, la Warthe ou Warta, le Netze et le Brahe. La province exporte des grains et des bois. Elle fabrique, entre autres articles, des toiles, des lainages. Le premier partage de la Pologne (1772) donna à la Prusse le district de Netze; la spoliation suivante lui donna le reste. La province fit partie de ce qu'on nommait alors la Prusse méridionale. En 1807, Napoléon l'annexa au duché de Varsovie. En 1815, elle fut rendue à la Prusse avec le nom de grand-duché. Un soulèvement polonais en 1846 y fut facilement étouffé, mais, en 1848, les insurgés, conduits par Mieroslawski, ne furent désarmés qu'après une lutte acharnée. — II (polon., *Poznań*), capitale de la province et du district de ce nom, sur la Warthe, à 250 kil. E. de Berlin; 60,998 hab. La ville a des fortifications redoutables. Ses principaux bâtiments publics sont : le beau vieil hôtel de ville, l'église de Saint-Stanislas, la cathédrale et le palais de l'archevêque de Gnesen et Posen. Il y a plusieurs gymnases et établissements d'instruction, et la ville est un centre littéraire pour la langue polonaise. Les rois de Pologne y résidèrent jusqu'à la fin du XIIIe siècle. Posen appartenait à la ligue hanséatique. Les Prussiens l'ont beaucoup agrandie et embellie.

* **POSER** v. a. (lat. *ponere*). Placer, mettre sur quelque chose : *poser un vase sur un buffet.* — Exerc. milit. Poser l'arme a terre, mettre son arme à terre devant soi, le bout du canon en avant. — Poser les armes, mettre les armes bas, se rendre : *dès que ce corps fut défait, tous les autres posèrent les armes.* — Fig. Poser les armes, faire la paix ou une trêve : *les deux partis ont posé les armes.* — Mettre dans le lieu, dans la situation convenable. Ainsi, les peintres disent, Poser une figure, poser un modèle dans l'attitude la plus convenable pour l'imitation. — Particul. Archit. Mettre, fixer une pierre, une poutre, une colonne, une statue, etc., à la place qu'elle doit occuper : *poser la première pierre d'une église.* — Poser a sec, construire sans mortier. Poser a cru, élever sans fondation une charpente, un pilier, un étai. — Poser de champ, placer sur la face la plus étroite une pierre, une brique, une pièce de bois; et, dans le sens contraire, Poser de plat. — Poser une sonnette, des sonnettes, les attacher, les fixer à un mur, et établir les fils d'archal qui doivent servir à les mettre en mouvement. — Jeu. Jouer un dé ou un domino. — Guerre. Poser un corps de garde, poser des gardes, des sentinelles, les placer en quelque endroit. — Fig. Établir : *poser un principe.* On dit aussi, Poser en fait : *je vous pose en fait que...* — Poser une question, la fixer, la préciser : *il faut d'abord bien poser la question.* — Se dit quelquefois en parlant de certaines choses dont on ne demeure pas d'accord, mais que l'on veut bien supposer, afin de pouvoir procéder à la discussion du reste : *posons la chose comme vous la dites.* — Arith. Se dit vulgairement en parlant des chiffres qu'on met au-dessous de chaque colonne d'unités, de dizaines, de centaines, etc., dans l'opération de l'addition, 8 et 9 font 17; *je pose 7, et retiens 1.* — Mus. Attaquer un son avec fermeté et sûreté : *il sait bien poser un son.* — Poser v. n. Être posé, appuyé sur quelque chose, porter sur quelque chose : *une poutre qui ne pose pas assez sur le mur.* — Prendre une certaine attitude pour se faire dessiner, pour se faire peindre : *il pose bien.* — Fig. Cette femme pose toujours, croit toujours poser, elle étudie ses attitudes, ses gestes, ses regards, pour produire de l'effet. — Se poser v. pr. *L'oiseau vint se poser sur le sommet de l'arbre, sur le faîte du toit.*

* **POSEUR** s. m. Celui qui, dans un bâtiment, pose les pierres ou en dirige la pose : *aide-poseur.* — Poseur de sonnettes, celui qui pose des sonnettes. — Fig. et fam. Celui, celle qui met de l'affectation dans ses attitudes, dans ses gestes, etc. : *quelle poseuse!*

POSIDONIUS [po-zi-do-ni-uss], philosophe stoïque grec, né probablement vers 135 av. J.-C., mort vers 51. Il étudia à Athènes, et s'établit à Rhodes, où il devint le chef de l'école stoïque; il fut élu prytanis et, en 86, envoyé comme ambassadeur à Rome. Cicéron reçut ses leçons.

* **POSITIF, IVE** adj. Certain, constant assuré : *je vous donne cela comme une chose positive.* — Un esprit positif, un esprit qui aime l'exactitude, qui recherche en tout la certitude et la justesse. On dit aussi, C'est un homme positif, c'est un homme dont les idées sont positives. — Les lois positives, par opposition à la loi naturelle. Le droit positif, par opposition au droit naturel. Le droit positif divin, tout ce que Dieu a ordonné, et qui ne fait pas partie du droit naturel. Le droit positif humain, ce qui est établi par les lois et par les coutumes des hommes. — Relig. Cela est de droit positif, cela est fondé sur la discipline de l'Église, qui est purement ecclésiastique, et non pas sur l'institution divine : *l'Église peut dispenser de ce qui est de droit positif, mais non de ce qui est de droit divin.* — Théologie positive, partie de la théologie qui comprend l'Écriture sainte, l'histoire ecclésiastique, la doctrine des Pères, les décisions des conciles sur les dogmes de la foi et sur la pratique de l'Église : *il est savant dans la théologie positive.* On dit plus ordinairement dans le même sens, La positive : *il est savant dans la positive.* — Philosophie positive, philosophie qui n'admet que ce qui est scientifiquement constaté. — Algèb. Quantités positives, par opposition à Quantités négatives, celles qui sont ou qu'on suppose précédées du signe de l'addition. — Phys. Électricité positive, un des deux fluides dont on suppose que l'élec-

tricité est composée. On l'appelle aussi ÉLEC-TRICITÉ VITRÉE. — ÉLÉMENTS POSITIFS DE LA PILE, les disques de zinc. PÔLE POSITIF DE LA PILE, l'extrémité terminée par un disque de zinc. — Photogr. ÉPREUVE POSITIVE. (Voy. Epreuve.) — Substantiv. Ce qui est réel, solide, par opposition à ce qui est chimérique : *distinguer le vrai et le positif.* — Fam. Avantages matériels et pécuniaires : *cet homme s'attache au positif.*

*POSITIF s. m. Gramm. Le premier degré dans les adjectifs et dans les adverbes qui admettent comparaison : *le positif, le comparatif, le superlatif.* BEAU *est le positif,* PLUS BEAU *est le comparatif,* TRÈS BEAU *est le superlatif.* On dit quelquefois, LE DEGRÉ POSITIF; et alors POSITIF est pris adjectiv.

*POSITIF s. m. Mus. Petit buffet d'orgues qui est au devant du grand orgue, et qui en est séparé : *l'organiste a joué ce couplet sur le positif.*

*POSITION s. f. (lat. positio). Lieu, point où une chose est placée ; manière dont elle est placée, situation : *la position des lieux n'est pas juste, n'est pas bien indiquée dans cette carte.* — Arithm. RÈGLE DE FAUSSE POSITION, règle par laquelle une opération, faite sur des nombres supposés, conduit, avec le secours des proportions, à la connaissance du nombre qu'on cherche : *c'est un nombre qu'il faut chercher par la règle de fausse position.* — Versific. grecque ou latine, SYLLABE LONGUE PAR POSITION, celle qui, étant brève ordinairement, devient longue parce que la dernière lettre de cette syllabe est une consonne, et que la première lettre de la syllabe suivante est aussi une consonne. — Point de doctrine contenu dans les thèses : *cette thèse contenait cent positions.* — Man. Se dit de l'assiette du cavalier, de la manière dont il est placé à cheval : *ce cavalier a une belle assiette, une belle position à cheval.* — Danse. Se dit des différentes manières de poser ses pieds, l'un par rapport à l'autre : *première, seconde, troisième, quatrième et cinquième positions.* — Guerre. Terrain choisi pour y placer un corps de troupes destiné à quelque opération militaire : *l'armée, par cette position, couvrait telle place et menaçait telle autre.* — Situation qui désigne les circonstances où l'on se trouve : *sa position est embarrassante, est critique, est hasardeuse.*

*POSITIVEMENT adv. D'une manière sûre, certaine : *je l'ai ouï dire, mais je ne le sais pas positivement.* — Précisément : *voilà positivement ce qu'il m'a dit.*

*POSITIVISME. s. m. Système philosophique créé par Auguste Comte, après 1830, et adopté avec ardeur par P.-E. Littré. Le système de Comte embrasse un ensemble d'idées tellement vaste, qu'il est impossible de le faire connaître en abrégé. Nous ne pouvons qu'en donner un aperçu bien superficiel. Son premier principe est que l'esprit humain, dans son progrès historique et individuel, traverse trois états de développement : le théologique, le métaphysique et le positif ou scientifique. Dans ce dernier état, l'homme ne peut encore avoir aucune connaissance des causes et est capable seulement de rapporter les phénomènes à leurs lois générales d'existence ou de succession ; la science, sans se laisser arrêter par ce qui est impénétrable, commence à faire des progrès. Le second principe de Comte est que la science progresse dans un ordre hiérarchique, régulier, depuis les relations de nombres les plus élémentaires jusqu'aux complications de société et de vie les plus élevées et les plus profondes. La sociologie est la reine des sciences. Comme troisième principe, Comte entreprend une démonstration de la statique et de la dynamique de la vie sociale ou des principes fondamentaux de l'ordre et de la liberté. La liberté est l'effet de l'organisation harmonieuse, qu'elle développe au moyen de la conquête : 1° de la nature matérielle ; 2° des basses propensions par des facultés intellectuelles plus élevées ; et plus tard des passions égoïstes par les affections sociales. Il conçoit la religion comme l'harmonie complète de l'existence humaine, comme l'union universelle de toutes les existences en un Grand Être, qu'il nomme l'Humanité. La religion, d'abord spontanée, tourne au fétichisme et au panthéisme ; plus tard, inspirée, elle s'élève jusqu'à une vague unité abstraite de Dieu ; et enfin, révélée ou démontrée, elle trouve son objet dans un être vrai, vivant, toujours actif, l'Humanité ; tels sont seulement la fin véritable et l'objet de tout culte. Le système de Comte se base entièrement sur les faits positifs ou sur les phénomènes observés ; il rejette toutes les conceptions métaphysiques, qu'il considère comme négatives, et même rien de véritable ; il met de côté la théologie et la métaphysique, comme étant seulement deux stages préliminaires dans la vie ; il abandonne toute recherche des causes et de l'essence des choses, et se restreint à l'observation et à la classification des phénomènes et à la découverte de leurs lois. Comte tient que l'Europe est aujourd'hui arrivée au troisième stage de son progrès.

*POSITIVISTE s. m. Partisan du positivisme. — Adjectiv. *Doctrines positivistes.*

POSITIVITÉ s. f. Philos. Caractère positif d'une spéculation dans le système d'Aug. Comte.

POSNANIE, ancien palatinat du royaume de Pologne, dans le duché de Posen.

POSNANIEN, IENNE s. et adj. De la Posnanie ; qui appartient à ce pays ou à ses habitants.

POSOIR s. m. Techn. Appareil au moyen duquel on pose les flans à l'endroit où ils doivent être frappés.

POSOLOGIE s. f. (gr. *posos,* quantité ; *logos,* discours). Indication des doses auxquelles on doit administrer les médicaments.

*POSPOLITE s. f. Nom donné à la noblesse de Pologne, assemblée en corps d'armée.

*POSSÉDÉ, ÉE adj. part. passé de POSSÉDER. *Un homme possédé du démon.* — ÊTRE POSSÉDÉ DU DÉMON DE L'ORGUEIL, DE L'AVARICE, DU JEU, porter à l'excès l'orgueil, l'avarice, la passion du jeu. — s. Démoniaque, homme dont le démon s'est emparé : *exorciser les possédés.* — IL SE DÉMÈNE COMME UN POSSÉDÉ, se dit d'un homme inquiet, qui se tourmente, qui s'agite beaucoup. — LES BIENHEUREUX POSSÈDENT LA GLOIRE ÉTERNELLE, POSSÈDENT DIEU, ils jouissent de la gloire éternelle, ils jouissent de la vue de Dieu. — Fam. POSSÉDER QUELQU'UN, l'avoir chez soi, dans sa maison, jouir de sa présence : *nous serions charmés de vous posséder pendant quelques jours.* — POSSÉDER L'ESPRIT DE QUELQU'UN, en être maître, le gouverner à son gré : *cette femme possède entièrement l'esprit de son mari.* — POSSÉDER LES BONNES GRACES D'UNE PERSONNE, en être favorisé, en être aimé. POSSÉDER LE CŒUR D'UNE PERSONNE, en être fort aimé. POSSÉDER SON ÂME EN PAIX, avoir constamment une tranquillité d'esprit due à une bonne conscience. — Fig. Savoir bien une chose, en avoir une parfaite connaissance : *posséder les sciences, les belles-lettres, les arts libéraux.* — POSSÉDER SON SUJET, le connaître à fond et de manière à le traiter dans toute son étendue : *pour bien écrire, il faut posséder pleinement son sujet.* — Se dit aussi des passions, des sentiments qui maîtrisent l'âme, qui l'agitent et l'égarent : *l'ambition, l'avarice, la colère, etc., possèdent cet homme.* — Lit. cathol., LE DÉMON LE POSSÈDE, le démon s'est emparé de son corps. — LE DIABLE LE POSSÈDE, IL EST POSSÉDÉ DU DIABLE, se dit d'un homme emporté, et qui ne veut point entendre raison. — Se posséder v. pr. Être maître de son esprit, de ses passions, de ses mouvements, ne point se laisser troubler par les circonstances fâcheuses : *c'est un homme froid et sage qui se possède toujours.* — IL NE SE POSSÈDE PAS DE JOIE, il est transporté de joie, une joie excessive le met hors de lui-même.

*POSSESSEUR s. m. (lat. *possessor*). Celui qui possède quelque bien, quelque héritage, etc.: *depuis la mort du dernier possesseur.*

*POSSESSIF adj. m. Gramm. Il n'est usité que dans ces expressions, PRONOM POSSESSIF, ADJECTIF POSSESSIF, pronom, adjectif qui sert à marquer la possession de la chose dont on parle : *mon, ton, son, nos, vos, leurs, sont des adjectifs possessifs.*

*POSSESSION s. f. (lat. *possessio*). Jouissance, liberté, faculté actuelle d'user ou de jouir d'un bien : *il s'est mis en possession des meubles et de toute l'argenterie.* — Jurispr. POSSESSION D'ÉTAT, notoriété qui résulte d'une suite non interrompue d'actes établis par la même personne en une même qualité : *cette femme a pour elle la possession d'état.* — Se dit aussi des terres possédées par un État ou par un particulier : *les possessions de la France dans les Antilles.* — Absol. Jouissance de certains plaisirs, de certaines choses qu'on a recherchées avec ardeur : *la possession diminue ordinairement le prix des choses qu'on a le plus désirées.* — ÊTRE EN POSSESSION DE FAIRE QUELQUE CHOSE, en avoir la liberté, en avoir l'habitude : *il est en possession de leur dire les vérités les plus dures.* — ÊTRE EN POSSESSION DE L'ESTIME PUBLIQUE, la posséder, en jouir. — État d'un homme qu'on dit possédé par le démon : *la possession diffère de l'obsession, en ce que, dans la possession, le diable est censé agir au dedans, et que, dans l'obsession, il est censé agir au dehors.*

POSSESSIONNEL, ELLE adj. Jurispr. Qui indique la possession : *acte possessionnel.*

*POSSESSOIRE s. m. Jurispr. N'est en usage que dans les matières où il s'agit de la possession d'un bien immobilier : *contester le possessoire d'un bien.* — ADJUGER LE PLEIN POSSESSOIRE, adjuger la pleine et entière possession d'un bien. — Adj. fém. ACTION POSSESSOIRE, celle par laquelle on tend à être maintenu ou réintégré dans la possession : *intenter une action possessoire.* — On nomme *action possessoire* celle qui n'invoque pas le droit de propriété fondé sur un titre, mais le droit de conserver une possession de fait qui a duré une année au moins. (Voy. PÉTITOIRE.)

POSSESSOIREMENT adv. D'une manière possessoire.

POSSIBILISTE s. m. Nom donné à certains politiciens dont l'art d'être de l'avis de celui qui sera demain au pouvoir.

*POSSIBILITÉ s. f. (lat. *possibilitas*). Qualité de ce qui est possible : *je trouve de la possibilité à ce qu'il vous propose.*

*POSSIBLE adj. (lat. *possibilis*). Qui peut être, ou qui peut se faire : *ce que vous me dites est possible.* — S'emploie quelquefois substantiv., au masculin : *faire le possible, son possible, tout son possible pour qu'une chose soit.* Ces phrases sont familières.

POSSIDIUS (Saint), évêque de Calame

(Afrique). Il fut disciple de saint Augustin. Fête le 17 mai.

FOSTAGE s. m. Techn. Opération qui se pratique dans quelques manufactures au commencement du grand feu et qui consiste à soulever avec un ringard le bois qui recouvre chaque alandier en le secouant à plusieurs reprises.

*   **POSTAL, ALE, AUX** adj. Qui concerne la poste aux lettres. — **CONVENTION POSTALE,** accord entre deux puissances relativement au transport des lettres d'un pays dans l'autre.

POSTALEMENT adv. Au point de vue du service postal.

POSTAPICIAL, ALE adj. (lat. *post,* après; *apex, apicis,* sommet). Qui se trouve en arrière du sommet.

*   **POSTCOMMUNION** s. f. (lat. *post,* après; fr. *communion*). Oraison que le prêtre dit à la messe, immédiatement après la prière appelée communion : *le prêtre en était à la postcommunion.*

POSTCOSTAL, ALE, AUX adj. (lat. *post,* derrière; fr. *costal*). Qui est placé derrière les côtes : *douleur postcostale.*

*   **POSTDATE** s. f. (lat. *post,* après; fr. *date*). Date fausse et postérieure à la vraie date d'un acte, d'une lettre, etc. (Peu us.)

*   **POSTDATER** v. a. Dater une lettre, un acte, d'un temps postérieur à celui où la lettre a été écrite, où l'acte a été fait : *postdater une lettre.*

POSTDILUVIEN, IENNE adj. (lat. *post,* après; fr. *diluvien*). Qui est postérieur au déluge.

*   **POSTDORSAL, ALE, AUX** adj. (lat. *post,* après; fr. *dorsal*). Qui est situé en arrière du dos.

*   **POSTE** s. f. Etablissement de chevaux, placé de distance en distance, pour le service des personnes qui veulent voyager avec célérité : *on a établi des postes sur telles et telles routes.* — Manière de voyager avec des chevaux de poste : *prendre la poste.* On dit de même, **COURIR LA POSTE,** courir sur des chevaux de poste, ou en chaise avec des chevaux de poste. — **COURIR LA POSTE, ALLER UN TRAIN DE POSTE,** marcher trop précipitamment, lire ou écrire trop vite, etc. On dit aussi, **FAIRE TOUT EN COURANT LA POSTE,** faire tout une chose, **FAIRE TOUT EN POSTE,** faire tout à la hâte. **CE N'EST PAS UNE CHOSE QUI SE FASSE EN COURANT LA POSTE,** c'est une chose qui demande du temps et du soin. — Maison où sont les chevaux qu'on va prendre pour courir la poste : *c'est une poste où il y a de deux chevaux.* — Signifie aussi, en France, une mesure de chemin fixée communément à deux lieues : *il y a tant de postes de telle ville à telle autre.*

> Ne me retarde point, de grâce :
> Je dois faire aujourd'hui vingt *postes* sans manquer.
> LA FONTAINE.

— **POSTE ROYALE,** poste qui se payait double à l'entrée et à la sortie de certaines villes principales, et dans les lieux où était la cour. — Exercice qu'on fait en courant la poste à cheval : *la poste fatigue beaucoup.* — Etablissement formé et dirigé par le gouvernement pour le transport des lettres d'un pays, d'un lieu à un autre : *la poste est une invention des temps modernes.* — Courrier qui porte les lettres : *portez cette lettre avant que la poste soit partie.* — **MALLE-POSTE.** (Voy. *Malle.*) — **TIMBRE-POSTE.** (Voy. *Timbre.*) — **GRANDE POSTE,** celle qui porte les lettres dans les provinces et dans les pays étrangers. **PETITE POSTE,** celle qui porte les lettres dans la ville et dans la banlieue. **POSTE RESTANTE,** mots qu'on écrit sur l'adresse d'une lettre, pour avertir qu'elle doit rester au bureau de l'endroit où on l'envoie, jusqu'à ce que la personne à qui elle est adressée la réclame. — **TRAIN-POSTE,** train

de chemin de fer qui contient les voitures affectées au service des postes. — Maison, bureau où l'on porte les lettres qui doivent être envoyées, et où sont distribuées celles qui arrivent : *la poste est dans telle rue.* On dit, dans le même sens, **LE BUREAU DE LA POSTE, UN BUREAU DE POSTE.** — A poste loc. adv. A certains termes différents dont on est convenu : *acheter, vendre, payer à poste.* (Vieux.) — A sa poste loc. adv. A sa disposition, à sa convenance : *mettre des gens à sa poste en quelque endroit; c'est un emploi bien à sa poste.* (Vieux.) — **BATEAU-POSTE,** coche qui transportait les voyageurs avec une célérité dépassant celle des voitures dont on faisait alors usage. — **Hist.** « Des services de courriers étaient organisés chez plusieurs nations de l'antiquité. Hérodote en constate l'existence dans le vaste empire de Cyrus. L'ancienne Egypte et l'Assyrie n'en étaient pas dépourvues. Suétone rapporte qu'Auguste avait fait établir sur les routes militaires et à petites distances, des relais de coureurs et des relais de chariots qui mettaient Rome en communication avec les provinces. Charlemagne organisa à son tour des services de courriers qui reliaient entre elles les différentes parties de son vaste empire. Les guerres féodales apportèrent pendant longtemps des obstacles aux communications, et c'est seulement au XIIe siècle que l'on vit circuler des messageries régulières. L'Université de Paris employait des messagers qui se chargeaient de transporter les écoliers à certaines époques de l'année, et qui se chargeaient aussi de distribuer des correspondances sur leur passage. Par un édit de 1464, Louis XI établit sur les grands chemins, de quatre en quatre lieues, des maîtres-coureurs qui devaient fournir des chevaux de relais, pour son service exclusivement. Le prix de la traite du cheval et de son conducteur était fixé à dix sols. Le public fut admis plus tard à profiter des relais pour les voyageurs et pour le transport des lettres, et le profit que l'on en retirait était consacré aux dépenses de l'artillerie. Ce service ne fut véritablement organisé pour les lettres des particuliers qu'en 1622; et il se perfectionna peu à peu, surtout pendant le XVIIe siècle. On en fit un monopole qui fut affermé; mais les messagers de l'Université conservaient leurs privilèges, et ils n'ont été supprimés qu'en 1672. La ferme des postes et des messageries rapportait alors 1,200,000 livres; et, dans l'année 1788, elle donna 12 millions. En 1790, on renonça au régime des fermes, et les postes furent administrées par un directeur non intéressé. En 1793, on les mit en régie; et en l'an XII, on en forma une direction générale dépendant du ministère des finances, organisation qui a subsisté jusqu'au décret du 5 avril 1879, portant création d'un ministère spécial des postes et des télégraphes. Nous ne parlerons ici que de ce qui concerne les postes. (Voy. **TÉLÉGRAPHE.**) — **Législ.** « Le service des postes étant un monopole de l'Etat, il est interdit à tout individu étranger à ce service de s'immiscer dans le transport des lettres ou autres correspondances, à moins qu'il ne s'agisse des objets ci-après : 1° lettres ou papiers qu'un particulier expédie à un autre par son domestique ou par un exprès; 2° registres, cartes et plans; 3° dossiers de procédure; 4° tous imprimés ne portant pas d'écriture à la main, n'ayant pas le caractère de publication périodique, ni celui d'avis ou de circulaire; 5° lettres de voiture ou factures accompagnant les marchandises transportées, et ne contenant aucune indication étrangère à ces objets; 6° notes de commission remises à des messagers et relatives exclusivement à des marchandises à livrer ou à rapporter; 7° correspondances concernant uniquement le service d'un entrepreneur de transport et transmises par ce

service; 8° papiers d'affaires ou autres, même les journaux, à la condition qu'ils forment un paquet du poids d'un kilogramme au moins (Arr. 27 prairial an IX); 9° bordereaux, bulletins-fiches et étiquettes joints à des marchandises transportées par messageries, même lorsque ces bordereaux contiennent des indications relatives à la reconnaissance et à la livraison des marchandises (Décis. min. 3 mai 1876). Le service des postes se charge aussi, mais sans privilège exclusif, de transporter des échantillons, des sommes d'argent, des objets précieux, et autres valeurs déclarées. Les *lettres ordinaires,* c'est-à-dire non recommandées et non chargées, ne doivent renfermer aucun billet de banque, bon, chèque ou coupon payable au porteur, pièce de monnaie ou objet précieux. L'affranchissement des lettres ordinaires est facultatif. En cas de non affranchissement, la taxe est le double de celle des lettres affranchies; et en cas d'affranchissement insuffisant, la taxe est calculée comme si la lettre n'avait pas été affranchie, mais il est fait déduction de la valeur des timbres-poste employés (L. 4 juin 1859, 4 août 1871, 25 janvier 1873). Le tarif des lettres ordinaires affranchies est fixé, depuis la réforme postale du 6 avril 1878, à 15 centimes par quinze grammes ou fraction de quinze grammes. La taxe des journaux et recueils périodiques, celle des circulaires et cartes de visite, celle des échantillons de marchandises, celle des épreuves d'imprimerie corrigées, celle des imprimés non périodiques expédiés sous bandes, celle des papiers de commerce ou d'affaires sont fixées suivant le poids, et ce tarif est reproduit sur tous les almanachs des postes. Les *lettres recommandées* et les objets confiés à la poste et qui sont également recommandés acquittent un droit de 25 centimes, en outre de l'affranchissement, Il est permis d'insérer dans les lettres recommandées, des valeurs payables au porteur; mais, en cas de perte, l'administration ne doit aucune indemnité d'une indemnité de 25 fr. L'expéditeur qui veut s'assurer, en cas de perte, sauf lorsqu'il y a force majeure, le remboursement intégral des valeurs insérées dans une lettre ou dans une boîte, doit en faire la déclaration, en écrivant la somme en toutes lettres à la partie supérieure de l'enveloppe et en réclamant le *chargement* de la lettre ou celui de la boîte qui renferme les valeurs ou objets. La déclaration ne peut excéder 10,000 fr. Il est dû, pour chaque *lettre chargée,* en sus de l'affranchissement, un droit fixe de 25 cent. et un droit proportionnel de 10 cent. par 100 fr. ou fraction de 100 fr. déclarés. Pour les *boîtes chargées,* il est dû, en outre du droit de chargement, un droit proportionnel qui est de 1 p. 100 de la valeur déclarée, jusqu'à 100 fr., et de 30 cent. par chaque 100 fr. ou fraction de 100 fr. en sus jusqu'à 10,000 fr. Cette valeur ne peut être inférieure à 50 fr. Les lettres ou boîtes chargées doivent être scellées à la cire-fine, au moyen d'empreintes particulières et dans les conditions réglementaires. La poste se charge aussi, moyennant un droit de 1 p. 100, du transport des sommes déposées à découvert dans ses bureaux et elle délivre, en échange, des *mandats de poste* payables en France, en Algérie, dans les colonies françaises et dans les autres lieux où la France entretient des bureaux de poste, ainsi qu'à tout militaire, marin ou employé de l'Etat, aux armées ou sur les bâtiments de la flotte. Ces mandats sont remis au déposant qui les envoie au destinataire dans une lettre ordinaire. Les *mandats-cartes* sont, au contraire, adressés directement par le bureau de réception au bureau de destination, lequel invite le bénéficiaire à se présenter pour en toucher le montant. L'expéditeur d'un mandat peut demander, au moment du dépôt des fonds, qu'il lui soit donné avis du paiement, et ce moyennant un droit de 10 cent. pour l'affranchissement dudit avis. Les mandats dont le paiement n'est pas réclamé dans le délai de deux mois à partir du jour de l'émission ne peuvent être touchés que lorsqu'ils ont été visés pour date par l'administration. Les mandats qui ont été perdus sont remplacés par des autorisations de paiement. Les demandes de visa pour date ou d'autorisation de paiement doivent être adressées à l'administration des postes, et doivent être écrites sur papier timbré. Les mandats-télégraphiques permettent de faire payer à destination, jusqu'à concurrence de 5,000 fr., les sommes déposées dans les bureaux de poste et de télégraphe. La taxe à percevoir sur ces mandats est de 1 p. 100 sur le montant du mandat, mais l'expéditeur doit payer en outre le coût de la dépêche, un droit de 50 cent. pour l'avis à remettre au destinataire, et les autres frais accessoires s'il y a lieu. Le paiement des mandats télégraphiques doit être demandé dans le délai de cinq jours. Les bureaux de poste délivrent aussi des *bons de poste* de 1, 2, 5, 10 et 20 fr., qui sont payables à la personne dont le nom est indiqué sur le bon. (Voy. Bon.) La poste se charge du *recouvrement des effets de commerce*, jusqu'à concurrence de 2,000 fr., moyennant un droit fixe de recommandation de 25 cent., et un droit proportionnel de 1 cent. par 20 fr. ou fraction de 20 fr. calculé sur le montant de la valeur recouvrée, sans que ce droit puisse dépasser 50 cent. par valeur. Les sommes recouvrées sont converties en mandats de poste pour lesquels il est perçu 1 p. 100 jusqu'à 50 fr. et 1/2 p. 100 pour ce qui excède cette somme. La poste fait des *abonnements aux journaux* et publications périodiques, moyennant un droit de 1 p. 100, plus un droit fixe de 10 cent. par abonnement. Les *lettres adressées aux militaires et marins* de tous grades, soit dans les colonies, soit à bord des bâtiments de l'État dans les ports étrangers, et réciproquement les lettres adressées en France ou en Algérie par ces militaires et marins, ne supportent que la taxe territoriale, sans qu'il soit perçu de supplément pour le parcours à l'étranger ou par voie de mer, lorsqu'elles sont transportées exclusivement par des services français ou par des bâtiments de l'État. (L. 27 juin 1792). Les lettres destinées aux militaires et marins de tout grade faisant partie d'un corps expéditionnaire sont transportées gratuitement par les services français. Les *lettres refusées* ou qui n'ont pu être distribuées sont conservées pendant deux mois au bureau destinataire; celles adressées *poste restante* y sont conservées pendant trois mois. Après ces délais, les lettres sont classées dans les *rebuts*; elles sont alors ouvertes et renvoyées à l'expéditeur lorsque les indications contenues dans la lettre permettent de le connaître. Les autres sont détruites, à moins qu'elles ne renferment des valeurs ou des timbres-poste, ce contenu n'étant acquis à l'État qu'après un délai de cinq années. Il en est de même de tous les objets ou valeurs confiés au service des postes et qui ne sont pas réclamés dans ce délai (L. 15 juillet 1882). La *franchise postale*, autrement dit la faculté d'expédier ou de recevoir par la poste des correspondances non taxées, est réservée à certains fonctionnaires et s'applique exclusivement aux services publics. Cette franchise est aussi appliquée au *Journal officiel* et à divers bulletins et documents administratifs. La franchise résulte tantôt de la qualité de l'expéditeur, tantôt de celle du destinataire. Certaines correspondances ne peuvent circuler en franchise que sous le contre-seing du fonctionnaire expéditeur. Pour le chef de l'État et pour un petit nombre de fonctionnaires, le contre-seing est remplacé par une griffe

spéciale. Toute lettre adressée au président de la République doit être soumise d'office à la formalité de la recommandation. Les fonctionnaires autorisés à correspondre en franchise postale sont désignés dans les tableaux annexés à l'ordonnance du 17 novembre 1844. Cette ordonnance exclut certains objets du bénéfice de la franchise. L'abus de la franchise est assimilé au transport frauduleux des correspondances (L. 27 prairial an IX). Nous avons parlé de la *Caisse d'épargne postale* (voy. Caisse) et des *colis postaux*. (Voy. Colis.) Les *cartes postales* créées par la loi du 20 décembre 1872, sont livrées au public, au prix de 10 cent., y compris l'affranchissement pour la France et l'Algérie. Le prix de la carte postale avec réponse payée est de 20 cent. Des conventions internationales, rendues exécutoires par décrets, règlent les conditions et les tarifs de transmission des lettres et valeurs à destination de l'étranger ou en provenant. En outre la France a adhéré à l'*Union postale universelle*, laquelle a été fondée par les conventions internationales conclues, à Berne le 9 octobre 1874, et à Paris le 1er juin 1878 (L. 3 août 1875; Décret du 27 mars 1879). Un troisième congrès postal universel s'est réuni à Lisbonne le 4 février 1885, et des arrangements nouveaux y ont été conclus afin de faciliter les services internationaux. Soixante-trois États étaient représentés à ce congrès, et l'ensemble des pays composant l'Union postale embrasse une étendue plus de 80 millions de kil. carrés, avec une population de 850 millions d'âmes. Il n'y a plus en dehors de cette association que les pays ci-après : l'Australie; en Amérique, la Bolivie; en Asie, l'Annam, Siam et la Chine; et en Afrique, le Transvaal, la république d'Orange et les colonies anglaises. On est en droit d'espérer que la plupart de ces derniers pays ne tarderont pas à être rattachés à l'Union. Les conventions internationales ont apporté un immense progrès dans les services postaux en substituant l'unité de taxe et de poids aux innombrables taxes qui variaient à l'infini selon la distance et selon la destination. En outre, le principe admis dans l'Union que chaque administration conserve ses recettes a produit une grande simplification en supprimant tous les décomptes. L'affranchissement des correspondances destinées aux pays compris dans l'Union postale est obligatoire ou facultatif selon les pays de destination. La taxe est uniformément fixée à 25 cent., par 15 gr. pour la lettre affranchie, et à 50 cent. pour la lettre non affranchie. La taxe est de 10 cent. pour une carte postale simple, et de 20 cent. pour une carte postale avec réponse payée. Pour les journaux et les autres imprimés, le tarif est de 5 cent. par 50 gr. ou fraction de 50 gr. Les autres objets sont également tarifés d'une manière uniforme pour toute l'étendue de l'Union postale. Les pays qui font partie de l'Union postale universelle sont : la *France* (et toutes ses colonies), l'empire d'*Allemagne*, l'*Autriche-Hongrie*, la *Belgique*, la *Bulgarie*, le *Danemark* (et ses colonies), l'*Espagne* (et toutes ses colonies), le val d'*Andorre*, l'empire *Britannique*, comprenant le Royaume-Uni de *Grande-Bretagne* et d'*Irlande* avec les possessions anglaises (sauf Sainte-Hélène), le Cap et les colonies d'Océanie); la *Grèce* (et les îles ioniennes), l'*Italie* (et Saint-Marin), le *Luxembourg*, le *Monténégro*, la *Suède* et la *Norvège*, les *Pays-Bas* (avec tous les établissements néerlandais), le *Portugal* (et ses colonies), la *Roumanie* (y compris la Moldavie et la Valachie), l'empire de *Russie* (avec les possessions en Asie et le grand-duché de Finlande), la *Serbie*, la *Suisse*, la *Turquie* (d'Europe et d'Asie; y compris l'Hedjaz et l'Iémen en Arabie), l'*Égypte* (avec la Nubie et le Soudan), la *Perse*, les *États-Unis de l'Amérique*

du *Nord*, le *Chili*, les *États-Unis de Colombie*, le *Guatemala*, *Haïti*, les îles *Sandwich*, le *Japon*, *Libéria*, le *Brésil*, le *Paraguay*, les républiques *Argentine*, *Dominicaine*, de l'*Équateur*, du *Mexique*, de *Honduras*, de *Salvador*, du *Pérou*, de l'*Uruguay* et de *Vénézuela*. — Le tarif admis dans l'Union postale est appliqué aux lettres, cartes postales, etc., provenant ou à destination des ports chinois ouverts aux Européens, des villes du Maroc et de la Tripolitaine. Les contraventions aux lois sur le service des postes peuvent être constatées par tout officier de police judiciaire, et par tout agent des postes porteur de sa commission. Ces infractions donnent lieu, savoir : 1° à une amende de 150 à 300 fr. pour celui qui s'est immiscé dans les transports réservés à la poste; et pour celui qui a inséré, soit dans les boîtes confiées à la poste, soit dans les objets admis par elle à prix réduit, des lettres ou des notes manuscrites non autorisées, ayant le caractère de correspondance ou pouvant en tenir lieu. Le tribunal peut en outre, ordonner l'affiche du jugement à 50 exemplaires aux frais du contrevenant (Arr. 27 prairial an IX et 19 germinal an X; L. 25 janvier 1873). En cas de récidive dans le délai de trois ans depuis une première condamnation, l'amende est de 300 à 3,000 fr. (L. 22 juin 1854); 2° à une amende de 50 à 500 fr., pour celui qui a inséré, dans une lettre non recommandée et non chargée, ou dans un autre objet de correspondance, de l'or ou de l'argent, des objets précieux, des billets de banque, bons, chèques ou coupons payables au porteur; et pour celui qui a inséré des monnaies françaises ou étrangères dans les boîtes remises à la poste et contenant des valeurs déclarées (L. 6 juin 1859, 25 janvier 1873); 3° à une amende de 50 à 4,000 fr., pour celui qui sciemment a fait la vente ou l'usage d'un timbre-poste ayant déjà servi. En cas de récidive, l'amende est portée au double et le prévenu est en outre puni d'un emprisonnement de 5 jours à un mois (L. 16 octobre 1849); 4° à un emprisonnement d'un mois et à une amende de 16 à 500 fr., pour celui qui a frauduleusement déclaré une somme supérieure au montant des valeurs réellement insérées dans une lettre (L. 6 juin 1859). Les poursuites sont exercées à la requête de l'administration des postes qui a la faculté de transiger. La contrefaçon ou la falsification des estampilles et cachets de la poste ou des timbres-poste, et l'usage de sceaux ou de timbres contrefaits ou falsifiés sont rigoureusement punis par le Code pénal. (Voy. Contrefaçon.) Le secret des lettres confiées à la poste et celui des cartes postales ne peut être violé par les fonctionnaires ou agents de l'administration (C. pén. 187; L. 10 et 29 août 1790, 10 juillet 1791). (Voy. Lettre.)"   (Ch. Y.)

* **POSTE** s. f. Se dit de certaines petites balles de plomb dont on charge un fusil, un pistolet, etc. Ne s'emploie qu'au pluriel : *son fusil était chargé de douze ou quinze postes.*

* **POSTE** s. f. Archit. Voy. Postes.

* **POSTE** s. m. (lat. *positus*, placé). Guerre. Lieu où un soldat, un officier est placé par son chef; lieu où l'on a placé des troupes, ou qui est propre à en recevoir, pour une opération militaire : *poste avancé*. — Corps de garde : *le poste de la mairie*. — Poste d'honneur, celui qui est regardé comme le plus périlleux. On appelle aussi Poste d'honneur, celui qui est établi pour garder un personnage éminent, un corps constitué, etc., et lui rendre des honneurs. — Se dit aussi des soldats placés ou destinés à être placés dans un poste : *enlever un poste*. — Toute sorte d'emplois et de fonctions : *être dans un poste élevé, dans un poste considérable*. — Être a poste fixe dans un lieu, y être à demeure, être sédentaire. — Être a son poste, être où

le devoir exige que l'on soit : *le commis est toujours à son poste*. On dit dans le même sens, ALLER, SE RENDRE, RETOURNER A SON POSTE; MOURIR A SON POSTE.

* POSTÉ, ÉE part. passé de POSTER. Placé. — IL EST BIEN POSTÉ, se dit d'un homme à qui l'on a donné une place avantageuse. — Fam. NOUS VOILA BIEN POSTÉS, nous sommes dans un fâcheux embarras.

POST EQUITEM SEDET ATRA CURA (*Le noir souci monte derrière le cavalier*). Paroles d'Horace que Boileau a traduites ainsi :

Le chagrin monte en croupe et galope avec lui.

POSTEL (Guillaume), célèbre visionnaire, né à Dolerie, près d'Avranches en 1510, mort en 1581. En 1539, il devint professeur de langues orientales au collège de France. Il a laissé 57 ouvrages parmi lesquels une *Grammaire polyglotte*.

* POSTER v. a. (lat. *ponere*, placer). Placer quelqu'un en quelque endroit : *on l'avait posté au coin du bois*. — Guerre. Placer quelqu'un ou quelque corps dans un lieu, afin qu'il garde le poste où on l'a mis, ou qu'il observe ce qui se passe, ou qu'il puisse combattre avantageusement, etc. : *poster avantageusement des troupes; les poster sur une éminence*. — Se poster v. pr. : *il s'était posté au coin du bois pour attendre la bête*.

* POSTÉRIEUR, EURE adj. (lat *posterior*). Qui suit, qui est après dans l'ordre des temps : *votre hypothèque est postérieure à la sienne*. — Se dit par rapport à la situation, et signifie, qui est derrière : *la partie antérieure, la partie postérieure de la tête*. — Substantiv. Le derrière, les fesses. (Fam.)

* POSTÉRIEUREMENT adv. de temps. Après : *cet acte fut fait postérieurement à l'autre*.

* POSTERIORI (À) loc. lat. [a-poss-tè-ri-o-ri] (*à'après les conséquences, de ce qui suit, de ce qui est postérieur*). Qualification qui s'applique soit aux idées, soit au jugement et qui désigne l'action des facultés expérimentales introduisant après coup dans l'intelligence certaines notions fortuites : *A posteriori et a priori sont deux locutions opposées*. (Voy. A (PRIORI). — RAISONNER A POSTERIORI, argumenter d'après les conséquences nécessaires d'une proposition; prouver la vérité ou la fausseté d'une proposition d'après les conséquences vraies ou fausses qui en sortiraient nécessairement.

* POSTÉRIORITÉ s. f. Etat d'une chose postérieure à une autre : *postériorité de date; postériorité d'hypothèque*. N'est guère usité que dans ces sortes de phrases.

* POSTÉRITÉ s. f. coll. (lat. *posteritas*). Suite de ceux qui descendent d'une même origine : *toute la postérité d'Adam*. — Tous ceux qui viendront ou qui sont venus après une certaine époque : *écrire, travailler pour la postérité*.

* POSTES s. f. pl. Ornement d'architecture, de peu de relief, qu'on place ordinairement sur les plinthes, et qui est une sorte d'enroulements courants.

* POSTFACE s. f. (lat. *post*, après; fr. *face*). Avertissement placé à la fin d'un livre : *quelques auteurs, par bizarrerie, font des postfaces*.

POST HOC, ERGO PROPTER HOC loc. lat. qui signifie *Après cela, donc à cause de cela*, et qui était souvent employée dans les discussions scolastiques.

* POSTHUME adj. (lat. *post*, après; *humus*, terre). Qui est né après la mort de son père: *un enfant posthume*: S'emploie aussi substantiv. : *c'est un posthume*. — Se dit encore d'un ouvrage qui paraît pour la première

fois, après la mort de l'auteur : *ouvrage posthume*. — Substantiv. : *c'est un posthume*.

POSTHUMIUS (Aulus), consul romain et dictateur (496 av. J.-C.). Il remporta près du lac Régille une victoire célèbre sur les Latins et les Tarquins.

* POSTICHE adj. (lat. *posticus*, qui est derrière). Fait et ajouté après coup : *les ornements de ce portail sont postiches*. — DES DENTS POSTICHES, de fausses dents. — DES CHEVEUX POSTICHES, de faux cheveux. — Qui ne convient point au lieu où il est placé : *cet épisode est postiche*. — Guerre. Homme qui tient momentanément la place d'un autre. Ainsi on appelle GRENADIER POSTICHE, CAPORAL POSTICHE, un fusilier qui ne sert que provisoirement dans les grenadiers, un simple soldat qui fait les fonctions de caporal.

POSTIER s. m. Cheval de poste.

POSTILLE s. f. Glose littéraire sur l'Ancien Testament.

* POSTILLON s. m. (rad. *poste*). Homme attaché au service de la poste aux chevaux, pour conduire les voyageurs : *suivre le postillon*. — Celui qui monte sur un des chevaux de devant d'un attelage, qui mène les chevaux attelés à une voiture : *le postillon d'une diligence*. — Jeu de trictrac, du piquet à écrire. Chacun des marqués qu'un joueur fait par delà la moitié du nombre de marqués convenu pour la partie : *donner, avoir un postillon, deux postillons*, etc. — LE POSTILLON DE LONGJUMEAU, opéra comique en 3 actes, par de Leuven et Brunswick, musique d'Adam; représenté à Paris sur le théâtre de l'Opéra-Comique le 13 oct. 1836.

POST MORTEM loc. lat. qui signifie *Après la mort*.

POSTPOSITIF, IVE adj. (lat. *post*, après; fr. *positif*). Qui se place après le mot.

POSTPOSITION s. f. Condition des mots postpositifs.

* POSTSCÉNIUM s. m. [post-sé-ni-omm]. Antiq. Partie du théâtre des anciens qui était située derrière la scène, et où les acteurs attendaient l'instant de paraître.

* POST-SCRIPTUM s. m. [post-skri-ptomm]. Mot pris du latin. Se dit de ce qu'on ajoute à une lettre après la signature, et qu'on marque ordinairement par ces deux lettres, P. S. : *lisez les post-scriptum*.

* POSTULANT, ANTE s. (lat. *postulans*; de *postulare*, demander). Celui, celle qui demande, qui recherche avec beaucoup d'instance : *il y avait plusieurs postulants pour cette place, pour cet emploi*. — Particul. Celui ou celle qui demande à être admis dans une maison religieuse : *il est postulant, elle est postulante depuis six mois pour entrer au noviciat de tel couvent*. — Se disait autrefois, des avocats et des procureurs qui s'adonnaient à l'exercice de leur état, par opposition à ceux qui en avaient quitté les fonctions. On le disait également des procureurs, des avocats, et même des praticiens sans titre, qui plaidaient dans les justices inférieures. Dans ces deux acceptions, il s'employait surtout comme adjectif : *avocat postulant; procureur postulant*.

* POSTULAT s. m. Didact. Ce que l'on demande à son adversaire au commencement d'une discussion, comme fait reconnu, comme axiome. — Géom. Demande d'un premier principe pour établir une démonstration. Dans cette acceptation, on dit quelquefois *postulatum* et au plur. *postulata*.

POSTULATEUR s. m. Celui qui postule.

* POSTULATION s. f. Action de postuler, d'occuper pour une partie, devant un tribunal. — Mat. ecclés. Se dit, principalement en parlant des bénéfices d'Allemagne, lors-

qu'un chapitre voulant promouvoir à quelque dignité un prélat à l'élection duquel il y a un empêchement canonique, ceux qui ont droit d'élire s'adressent au supérieur ecclésiastique, afin qu'il accorde une dispense : *il a été élu par voie de postulation*.

* POSTULER v. a. (lat. *postulare*). Demander avec instance, insister pour obtenir quelque chose : *postuler l'admission dans une maison religieuse*. — Palais. Se dit d'un avoué qui occupe pour une partie, et qui fait tous les actes de procédure nécessaires à l'instruction de l'affaire. En ce sens, il est neutre : *cet avoué a été interdit, il lui est défendu de postuler pour personne*. Se dit aussi en matière ecclésiastique : *ce chapitre postule un tel pour évêque*. (Voy. POSTULATION.)

* POSTURE s. f. (lat. *positura*, position). Etat, situation où se tient le corps; manière dont se tient son corps, sa tête, ses bras, ses jambes, etc. : *voilà un homme qui est dans une plaisante posture*. — DANSES DE POSTURES, celles où les danseurs affectent certaines postures bizarres. — Fig. Etat où est quelqu'un par rapport à sa fortune : *il est en bonne posture auprès de ce prince*.

* POT s. m. [po] (lat. *potus*, boisson). Vase de terre ou de métal servant à divers usages: *pot de terre*. — Fam. SOURD COMME UN POT, BÊTE COMME UN POT, extrêmement sourd, extrêmement bête. — Suivi de la préposition A, exprime la destination du vase; et suivi de la préposition DE, il en exprime l'usage actuel : POT A L'EAU, POT AU LAIT, POT A BEURRE, POT A CONFITURES, POT A FLEURS, etc., pot à mettre de l'eau, du lait, du beurre, des confitures, des fleurs, etc. POT D'EAU, POT DE LAIT, POT DE BEURRE, POT DE CONFITURES, POT DE FLEURS, etc., pot rempli d'eau, de lait, pot où il y a du beurre, des confitures, des fleurs, etc. — POT A OILLE, pot à faire une espèce de potage où il entre différentes sortes de viandes et de racines. — POT DE CHAMBRE, vase dont on se sert pour les besoins naturels. — Mesure qui contient deux pintes : *un pot de bière*. — Absol. Pot, marmite où l'on met bouillir la viande : *Henri IV voulait que tous les paysans de son royaume pussent mettre la poule au pot le dimanche*. — CUILLER A POT, grande cuiller de bois ou de métal qui sert à prendre du bouillon dans le pot. — CROUTE AU POT, croûte que l'on fait tremper dans le pot avant de le retirer du feu. — COURIR LA FORTUNE DU POT, s'exposer à faire mauvaise chère en allant dîner dans une maison où l'on n'est point attendu. — ILS SONT ENSEMBLE A POT ET A ROT, se dit de deux personnes qui vivent ensemble très familièrement. IL EST A POT ET A ROT DANS CETTE MAISON, se dit d'un homme qui mange souvent dans une maison et qui y vit familièrement. — POT POURRI, différentes sortes de viandes assaisonnées et cuites ensemble avec diverses sortes de légumes. — POT POURRI, diverses sortes de fleurs et d'herbes odoriférantes mêlées ensemble dans un vase, pour parfumer une chambre. — POT POURRI, morceau de musique, composé de différents airs connus. Se dit aussi d'une chanson dont les couplets sont sur différents airs. — POT POURRI, livre ou autre ouvrage d'esprit, composé de divers morceaux assemblés sans ordre, sans liaison, et le plus souvent sans choix : *l'ouvrage qu'il a donné depuis peu n'est qu'un pot pourri*. — IL EN A FAIT UN POT POURRI,. se dit d'un homme qui, parlant sur quelque matière, a tellement confondu les faits et les circonstances, qu'on n'y a pu rien comprendre : *il a fait un pot pourri de tout ce qu'il a en voulu rien comprendre*. — C'EST LE POT DE TERRE CONTRE LE POT DE FER, se dit d'un homme sans appui, qui a un démêlé avec un homme puissant. — UN POT FÊLÉ DURE LONGTEMPS, une personne, quoique infirme et valétudinaire, ne laisse pas quelquefois de vivre longtemps. — ON FAIT DE

BONNE SOUPE DANS UN VIEUX POT, les vieilles choses ne laissent pas de servir. — IL PARLE COMME UN POT CASSÉ, IL A UNE VOIX DE POT CASSÉ, se dit d'un homme qui a la voix cassée. — IL EN PAYERA LES POTS CASSÉS, se dit d'un homme sur qui l'on croit que les frais, la perte, le dommage d'une affaire doivent retomber. — TOURNER AUTOUR DU POT, user de détours inutiles, au lieu d'aller au fait : *expliquez-vous clairement, sans tant tourner autour du pot.* — DÉCOUVRIR LE POT AUX ROSES, découvrir le fin, le mystère de quelque affaire secrète, de quelque intrigue : *il croyait qu'on ne saurait rien de ses intrigues, mais on a découvert le pot aux roses.* — CE N'EST PAS PAR LA QUE LE POT S'ENFUIT, ce n'est pas là le défaut qu'on peut reprendre dans cette personne; ce n'est pas par là que cette affaire peut manquer. — GARE LE POT AU NOIR, se dit, au jeu de colin-maillard, pour avertir celui qui a les yeux bandés, qu'il court risque de se heurter contre quelque chose. — GARE LE POT AU NOIR, se dit pour annoncer qu'il y a, dans une affaire, quelque inconvénient, quelque danger à prévoir. On dit dans un sens anal. : IL A DONNÉ DANS LE POT AU NOIR : *j'ai craint le pot au noir.* — SŒURS DU POT, filles qui vivent en communauté, et qui soignent les malades. — POT A FEU, pièce de feu d'artifice, faite en forme de pot, de vase, et remplie de fusées et d'autres artifices semblables. — POT A FEU, pot de fer rempli d'artifices, et dont on se sert dans les sièges. Se dit aussi d'un gros lampion, d'un falot. — Casque, habilement de tête d'un homme de guerre : *tous les cavaliers avaient le pot en tête.* (Vieux.)

* POTABLE adj. (lat. *potabilis*; de *potare*, boire). Qui se peut boire, qu'on peut boire sans répugnance : *du vin qui n'est pas potable.* — OR POTABLE, or rendu liquide et qu'on peut boire : *il prétendait avoir trouvé le secret de l'or potable; l'or potable est une solution de chlorure d'or.*

* POTAGE s. m. (lat. *potus*, boisson). Aliment fait de bouillon et de tranches de pain, ou de quelque autre substance alimentaire : *potage gras.* — Pour tout potage loc. adv. et fig. Pour toute chose : *Nous nous attendions à bien dîner, nous n'avons eu que deux mauvais poulets pour tout potage.* (Fam.)

* POTAGER s. m. (rad. *potage*). Jardin destiné pour y semer, planter, cultiver toutes sortes d'herbages, de légumes et de fruits : *un beau potager.* — Sorte de foyer élevé, qui est pratiqué dans une cuisine pour y dresser les potages, pour les y faire mitonner, et pour faire les ragoûts : *les réchauds d'un potager.* — Pot de terre ou d'étain dans lequel on porte à dîner à certains ouvriers.

* POTAGER, ÈRE adj. N'est usité que dans ces locutions : JARDIN POTAGER, jardin destiné à la culture des légumes; HERBES, PLANTES, RACINES POTAGÈRES, herbes, etc., dont on se sert pour le potage, et généralement toutes celles que l'on cultive dans un potager.

POTAGISTE s. m. Cuisinier qui s'entend à faire les potages.

POTAMÉ, ÉE adj. Qui ressemble ou se rapporte au potamot. — s. f. pl. Tribu de naïadées ayant pour type le genre potamot.

POTAMOT s. m. (gr. *potamos*, fleuve). Bot. Genre de naïadées potamées comprenant plusieurs espèces d'herbes aquatiques vivaces qui croissent généralement dans les eaux douces des pays tempérés. Le potamot nageant (*potamogeton natans*) a les feuilles submergées, sauf les supérieures qui nagent sur l'eau, le potamot luisant (*potamogeton lucens*) a les feuilles toutes submergées et transparentes.

* POTASSE s. f. Chim. Matière solide, blanche, très caustique, qui n'est que l'oxyde de potassium ordinairement uni à l'eau, et que les chimistes emploient comme réactif : *la pierre à cautère n'a de vertu que par la grande quantité de potasse qu'elle contient.* — POTASSE DU COMMERCE, ou simpl., POTASSE, substance alcaline qui résulte d'un mélange de carbonate de potasse, de sulfate de potasse, et de chlorure de potassium, et que l'on extrait, par lixiviation et évaporation, des cendres de bois ou de plantes non marines : *potasse de Russie, de Dantzig, de Tréves, d'Amérique.* — ENCYCL. On donne le nom de potasse à l'oxyde de potassium hydraté, ou potasse caustique. C'est Duhamel qui, en 1735, découvrit la différence qui existe entre la soude et la potasse; et vers la fin du même siècle, Klàproth constata, sur la leucite, la présence de la potasse dans les minéraux. Comme le sol dans lequel les plantes puisent dans la terre la potasse dont elles se nourrissent, ne tarda pas à être connu, et l'alcali des animaux fut suivi à la trace jusqu'à leur nourriture qui vient aussi indirectement du sol. L'oxyde de potassium ou potasse caustique (HKO) est d'une grande importance dans les arts, la chimie et la pharmacie, non seulement comme base de nombreux sels utiles, mais pour ses qualités propres et indispensantes. On le tire ordinairement du carbonate; mais les sources qui semblent devoir remplacer toutes les autres sont les potasses minérales, telles que la sylvine, la kaïnite, et la carnallite qu'on trouve en quantités énormes dans les mines de sel de Stassfurt, en Allemagne. Dans une localité, les explorations ont fait reconnaître l'existence d'une masse de carnallite égale à 6 millions de tonnes de chlorure de potassium. L'hydrate pur est une substance solide, blanche, à cassure cristalline, et ayant pour poids spécifique 4.7. Il est très déliquescent, et se dissout promptement dans l'eau, la solution d'un poids spécifique de 4,68, contenant 54,2 p. 400 de l'alcali, et bouillant à 465° C. Mêlé aux huiles grasses, il forme du savon; et il est, de différentes autres manières, un des articles les plus utiles dans les arts, la chimie et la médecine. — La potasse du commerce (carbonate et hydrate à l'état brut) s'obtient surtout des cendres de bois, et forme la principale portion des matières solubles que contiennent celles-ci. Les alcalis qui existent dans le sol proviennent de la décomposition de différentes roches et des minéraux, particulièrement du feldspath. Lorsqu'on traite les cendres par l'eau, il se produit une solution fortement alcaline appelée lessive, et quand cette lessive est soutirée et évaporée jusqu'à dessiccation, les sels solubles restent. Cette évaporation se faisait autrefois dans des pots de fer, d'où le nom de *potasse* donné au produit. On en fait surtout dans les états de l'Amérique du Nord et au Canada, dans l'Allemagne, la Russie, et les autres pays du N. de l'Europe. La potasse brute et la perlasse (potasse raffinée) sont l'une et l'autre un peu variables pour la composition. La première contient une grande proportion d'hydrate de potasse, qui, exposé à l'air, diminue continuellement par suite de l'absorption de l'acide carbonique. La perlasse est principalement composée de carbonate, mais elle contient des proportions variables de potasse caustique. On détermine, par une sorte d'analyse appelée alcalimétrie, la valeur de chaque élément, ainsi que de l'hydrate et du carbonate sodique. Cette analyse se fait d'ordinaire en neutralisant exactement avec de l'acide sulfurique dilué une quantité de carbonate pur et sec de l'alcali contenant exactement 100 grammes d'alcali réel.

POTASSER v. n. Argot. Bouillonner d'impatience ou de colère, — Jargon des écoles. Travailler avec application.

POTASSEUR s. m. Jargon des écoles. Bûcheur; élève qui travaille beaucoup et qui, malgré cela, échoue à ses examens.

POTASSIÉ, IÉE adj. Qui contient du potassium.

POTASSIMÈTRE s. m. (fr. *potasse*; gr. *metron*, mesure). Instrument au moyen duquel on détermine les proportions de potasse et de soude qui composent les mélanges alcalins désignés dans le commerce sous le nom de potasses.

POTASSIQUE adj. Chim. Se dit de certaines combinaisons où il entre du potassium.

* POTASSIUM s. m. [po-ta-si-omm]. Chim. Substance métallique qui est la base de la potasse pure : *le potassium est une découverte de la chimie moderne.* — Le potassium est un métal alcalin découvert par sir Humphry Davy en 1807. Il l'obtint en soumettant un morceau de potasse humide à l'action d'une puissante batterie galvanique, l'alcali étant placé entre une couple de plaques de platine servant d'électrodes. La meilleure matière dont on puisse se servir pour l'obtenir est un sel de potasse provenant d'un acide végétal; le tartre brut du commerce (tartrate hydro-potassique) est ce qu'on emploie d'ordinaire. Le potassium est un métal brillant, d'un blanc bleuâtre, d'un poids spécifique de 0,865; c'est donc le plus léger de tous les métaux après le lithium. Son symbole est K (*kalium*), et son poids atomique 39.1. Il est monatomique et appartient au groupe des autres métaux alcalins, le cæsium, le rubidinum, le lithium et le sodium, ainsi que l'argent. A 0° C, il est friable, avec une cassure cristalline, et à une température un peu plus élevée, il devient malléable. A 15°, il peut facilement se mouler; à quelques degrés audessus, il prend une consistance pâteuse, et à 63° C., il est liquide. Lorsqu'il est mou, ses surfaces libres peuvent se souder ensemble comme celles du fer, et, à la chaleur rouge, il émet une belle vapeur verte. Exposé à l'air aux températures ordinaires, il se recouvre rapidement d'une légère couche d'oxydation; et quand on l'amène au point de volatilisation, il éclate en une belle flamme violette et brillante. En contact avec l'eau, sur laquelle il flotte, il se combine assez puissamment avec l'oxygène pour produire une chaleur capable d'enflammer l'hydrogène qui se dégage. Les globules fondus tournoient à la surface de l'eau, lançant une flamme violette causée par le mélange d'une petite quantité de potassium volatilisé avec le gaz hydrogène. Le potassium décompose presque tous les gaz contenant de l'oxygène, lorsqu'il est chauffé en contact avec eux; et à une haute température, il enlève cet élément à presque tous les corps qui le contiennent. Un peu au-dessous de la chaleur rouge, il absorbe de l'hydrogène et se convertit en un hydrure grisâtre, d'où une chaleur plus grande peut chasser l'hydrogène. Il forme des alliages, d'ordinaire par fusion, avec la plupart des autres métaux. L'antimoniure, l'arséniure, et le bismuthure peuvent aussi se former en chauffant les métaux avec de la crème de tartre. Le potassium est très répandu dans les trois règnes minéral, végétal et animal. Il se présente à l'état de silicate dans plusieurs minéraux, particulièrement dans le feldspath (orthoclase) et dans le mica; c'est, par conséquent, un important élément de la plupart des roches granitiques. Il entre dans la composition des tissus et des sucs des plantes terrestres, surtout dans celle du raisin, de la pomme et d'autres fruits, ainsi que dans celle des tubercules, particulièrement de la pomme de terre. Il abonde dans les cendres de la plupart des arbres forestiers. Dans les plantes marines et dans plusieurs plantes terrestres qui croissent près de la mer, le potassium est remplacé par le sodium; et chez les animaux, bien que les

tissus et les liquides contiennent plus ou moins de sels de potassium, l'élément alcalin est surtout le sodium. — Il y a trois oxydes de potassium bien définis : un oxyde basique ou bipotassique (la potasse des chimistes, $K^2 O$) qui fournit les sels de l'alcali; un deutoxyde ($K^2 O^2$) et un peroxyde ($K^2 O^4$). Les sels de potassium sont nombreux et importants. Le chlorure de potassium, $K Cl$, peut se former artificiellement de diverses manières, et se présente à l'état natif, quelquefois pur, comme dans la sylvine, qui se trouve en cristaux cubiques autour des fumerolles du Vésuve, et en couches minces dans les dépôts de sel de Stassfurt près de Magdebourg ; mais on le rencontre plus fréquemment mêlé ou combiné avec d'autres chlorures, dans les eaux minérales, dans la soude brute et dans les dépôts minéraux. Il cristallise en cubes (rarement en octaèdres), composés de 52.44 parties de potassium, et de 47.59 de chlorure. Son poids spécifique est 1,994. Il a le goût du sel ordinaire, crépite à la chaleur, fond dès qu'il arrive au rouge, et, à une température supérieure, se volatilise sans subir d'altération. Il n'est que peu soluble dans l'alcool. Le bromure de potassium, $K Br.$, cristallise en cubes brillants, parfois allongés en prismes ou aplatis en lamelles, composés de 32.38 parties de potassium et de 67.47 de bromure; poids spécifique, 2.672. Dans ces dernières années, on l'a beaucoup employé comme remède contre l'insomnie, à cause de son action sédative sur le système nerveux. L'iodure de potassium, $K I$, cristallise en cubes qui sont transparents ou opaques et d'une blancheur de lait, composés de 23.54 parties de potassium, et de 76.46 d'iode. Quelquefois les cristaux sont octaèdres; poids spécifique, 3.056. C'est l'un des plus importants agents thérapeutiques. C'est l'iode qui lui donne surtout ses propriétés médicinales particulières. Il sert à réduire les tumeurs scrofuleuses et autres, on l'emploie dans le traitement des maladies de peau, des rhumatismes, des maladies constitutionnelles, et pour éliminer de l'organisme les poisons minéraux, en particulier le mercure et le plomb. Le potassium s'unit au soufre en cinq proportions différentes, pour former cinq sulfures, $K^2 S$, $K^2 S^2$, $K^2 S^3$, $K^2 S^4$ et $K^2 S^5$. Tous ont une réaction alcaline sur le papier réactif, et sont d'hydrogène sulfuré. Il y a deux carbonates, un carbonate normal ou neutre (carbonate bipotassique), $K^2 CO^3$, et un sel acide (carbonate monopotassique) appelé communément bicarbonate de potasse. Le sel normal contient, sur 100 parties, 68.17 d'oxyde bipotassique, et 31.83 d'acide carbonique; poids spécifique, 2,267. En solution aqueuse, il cristallise en cristaux octaèdres rhombiques obliques, contenant deux équivalents d'eau ($K^2 CO^3 + 2 H^2 O$), qui sont très déliquescents. Au papier réactif, il est très alcalin et possède un goût alcalin et âcre. Le carbonate bipotassique fut employé dans les arts, dans la fabrication du savon et du verre, et dans la préparation de la potasse caustique et d'autres composés chimiques destinés à la pharmacie ou à la chimie. Le carbonate monopotassique s'emploie beaucoup en chimie là où il faut un sel de potasse pur, et forme un article important de la pharmacopée. On s'en sert comme d'un antiacide dans certaines formes de dyspepsie, dans le rhumatisme aigu, dont c'est le remède par excellence, et aussi dans beaucoup d'affections cutanées. Le nitrate de potassium (nitre, salpêtre) est mentionné à l'article NITRATE. Il y a deux sulfates principaux qui sont des sels importants. Le sulfate normal, $K^2 SO^4$, cristallise soit en prismes rhombiques obliques à quatre pans, soit en pyramides à six pans, appartenant au système trimétrique. C'est un purgatif doux: mais on l'emploie en médecine surtout comme ingré-

dient de la poudre de Dover, ou *pulvis ipecacuanha compositus.* L'acide, ou sulfate monopotassique, $K H S O^4$, appelé communément bisulfate de potasse, cristallise en prismes rhombiques aplatis, qui se dissolvent dans deux parties d'eau à 15° C. et dans moins d'une partie d'eau bouillante. Quelquefois, il cristallise en aiguilles anhydres, dont la formule est $K^2 SO S^4 O^2$. (Voy. CHLORATE DE POTASSE.) Le cyanure de potassium, $K C N$ ou $K Cy$, est un agent de réduction puissant. Les oxydes d'un grand nombre de métaux, lorsqu'on les jette dans le sel fondu, sont promptement réduits à l'état métallique, et il se forme du cyanate de potassium. Cette propriété le rend utile pour enlever les taches des oxydes métalliques, de même que l'encre indélébile et les jus de fruits. Il forme, avec beaucoup de métaux, des sels doubles, solubles dans une solution du cyanure, et est, pour cette raison, employé en galvanoplastie. Le ferrocyanure de potassium, ferrocyanure potassique, ou prussiate de potasse jaune, est si important que l'on rencontre presque pur dans le commerce, et qui est la source d'où l'on obtient ordinairement les composés cyanogènes. C'est l'un des plus précieux réactifs chimiques. Avec les sels neutres, ou légèrement acides des métaux lourds, il forme des précipités à couleurs caractéristiques, et le potassium est généralement déplacé par le nouveau métal. On s'en sert dans la préparation du bleu de Prusse, qui est la teinture qui se forme lorsqu'un tissu mordu par un sel de fer est traité par une solution de ferrocyanure de potassium. Le bleu de Prusse du commerce est préparé avec ce sel ferreux, dont le précipité blanc devenir bleu par l'exposition à l'air ou par l'action de l'acide nitrique. On s'en sert en médecine comme d'un tonique, d'un fébrifuge et d'un altérant; c'est aussi un colorant, mais il a peu de durée. Le ferrocyanure de potassium, ou prussiate de potasse rouge, est un réactif important pour le laboratoire du chimiste et pour l'imprimeur sur calicot. Ajouté à un sel ferrique, il ne produit aucun précipité; mais avec un sel ferreux, il donne un précipité d'un bleu sombre de ferrocyanure ferreux, que l'on connaît sous le nom de BLEU DE TURNBULL. C'est par conséquent une pierre de touche délicate pour un sel ferreux. — Il y a plusieurs sels de potasse organiques; les principaux sont les tartrates, les acétates, les oxalates, et les citrates. Il y a deux tartrates, dont le plus important, le bitartrate, ou crème de tartre, s'emploie dans les arts et la médecine. Le fameux sel de la Rochelle est un tartrate double de potassium et de sodium. Il y a deux acétates. Le sel normal existe dans les sucs de maintes plantes, et peut se préparer en neutralisant l'acide acétique avec le carbonate de potassium. On s'en sert dans le traitement des affections de la peau et d'autres maladies. L'oxalate de potasse acide, ou bioxalate, $K C^2 H O^4 + 2 H^2 O$, appelé aussi sel d'oseille, se présente en différentes espèces de *rumex*, dans l'*oxalis acetosella*, et dans le rhubarbe des jardins. On emploie souvent une solution de ce sel pour enlever les taches d'encre ou de jus de fruits.

* **POT-AU-FEU** s. m. Quantité de viande destinée à être mise dans le pot : *un pot-au-feu de trois livres.* — ON N'EN METTRA PAS PLUS GRAND POT-AU-FEU, on n'en fera pas plus de dépense, on n'y fera pas plus de cérémonie, on ne s'en mettra pas plus en peine. — w Ustensile de cuisine dans lequel on fait cuire le pot-au-feu : *un grand pot-au-feu.* — Potage, bouillon : *quel excellent pot-au-feu !* — pl. *Des pots-au-feu*, bien que l'Académie écrive des *pot-au-feu.*

POT-BOUILLE s. f. Cuisine sans prétention.

* **POT-DE-VIN** s. m. Ce qui se donne par manière de présent au delà du prix qui a été

convenu pour un marché : *on lui donne tant pour le pot-de-vin.* — pl. *Des pots-de-vin.*

POT-DE-VINIER s. m. Celui qui reçoit ou qui exige des pots-de-vin dans les marchés qu'il fait.

* **POTE** adj. f. N'est usité que dans cette locution familière, MAIN POTE, main grosse ou enflée, et dont on ne saurait s'aider que malaisément : *il n'y a pas les mains potes quand il faut recevoir de l'argent.*

* **POTEAU** s. m. (lat. *postellus*). Pièce de bois de charpente, posée debout : *les poteaux sont ordinairement de la grosseur d'une solive.* — POTEAU CORNIER, celui qui est à l'encoignure de deux pans de bois : *dans les anciens édifices, les poteaux corniers restaient à découvert, et étaient ornés de sculptures peintes.* — POTEAU DE DÉCHARGE, pièce de bois inclinée dans l'intérieur d'une cloison ou d'un pan de bois, pour soulager la charge. — Grosse et longue pièce de bois posée droit en terre, et servant à divers usages : *il n'y avait que les seigneurs hauts justiciers qui eussent droit de poteau.*

* **POTÉE** s. f. (rad. *pot*). Ce qui est contenu dans un pot : *on lui a jeté une potée d'eau.* — UNE POTÉE D'ENFANTS, un grand nombre d'enfants. — IL EST ÉVEILLÉ COMME UNE POTÉE DE SOURIS, se dit d'un enfant fort vif, fort remuant et fort gai.

* **POTÉE** s. f. Oxyde d'étain calciné qui sert à polir : *potée d'étain.* — POTÉE D'ÉMERI, poudre qu'on se trouve sur les meules qui ont servi pour tailler les pierreries. — Fondeur. Composition préparée avec de l'argile, de la fiente de cheval et de la bourre, qui sert à former un moule : *moule de potée.*

* **POTELÉ, ÉE** adj. Gras et plein. N'est guère usité qu'en parlant de la charnure des enfants et des jeunes personnes : *un enfant potelé.*

* **POTELET** s. m. Charpent. Se dit de petits poteaux qui servent principalement à garnir les pans de bois.

POTEMKIN [po-témm-kinn] (Grégori, PRINCE), militaire russe, né en 1736 ou 1739, mort en 1791. Il fut d'abord enseigne, remplaça Orloff comme amant de Catherine II, et devint en fait le chef de l'empire. Après avoir réduit la Turquie à l'impuissance et fondé Kherson, dans la Russie méridionale, il s'empara de la Crimée et du territoire de Kouban, devint gouverneur de ces possessions nouvelles, éblouit Catherine de l'espoir d'un nouvel empire byzantin, et lorsqu'elle vint visiter ses récentes conquêtes, en 1787, son recours à mille stratagèmes pour l'émerveiller de leurs splendeurs. Dans la guerre suivante avec la Turquie, il prit Otchakow, pendant que Souvaroff remportait victoire sur victoire. Catherine le combla d'honneurs et de richesses.

POTENCE s. f. Assemblage de trois pièces de bois ou de fer, dont une est posée verticalement, une autre est mise dessus en travers, et la troisième est entrée dans celle qui est verticale, et soutient l'extrémité de celle qui est en travers : *mettre une potence pour ceux que l'on peut : planter, dresser une potence.* — Se dit aussi du supplice même : *on l'a condamné à la potence.* — GIBIER DE POTENCE, se dit d'un ou de plusieurs hommes dont les actions semblent mériter d'être punies en justice : *cet homme est un gibier de potence.* — TRAINEPOTENCE. (Voy. TRAÎNER.) —Man. Morceau de bois où pend la pointe. — BAIDER LA POTENCE, donner contre ce morceau de bois, au lieu d'emporter la bague, ou de la toucher. — Mesure qui sert à juger de la hauteur, de la taille des hommes et des chevaux : *la potence est, à l'égard des chevaux, une mesure beaucoup plus juste que la chaîne.* — Sorte de béquille ou de bâton en forme de T, dont un homme faible ou estropié se sert pour marcher, en le mettant sous son aisselle, et s'appuyant dessus : *marcher avec des potences.* — Tact. L'ARMÉE EST CAMPÉE, EST RANGÉE EN POTENCE, son front ne fait pas une seule ligne droite, et la direction d'une des ailes fait un angle avec celle du centre. — TABLE EN POTENCE, table longue, vers l'un des bouts de laquelle il y en a une autre qui est en travers. — ⌐ Typogr. Partie de la presse à bras qui supporte le berceau sur lequel roule le train.

POTENCÉ, ÉE adj. Blas. Se dit d'une pièce, particulièrement d'une croix quand ses extrémités sont terminées en T.

* **POTENTAT** s. m. (rad. lat. *potens*, puissant). Celui qui a la puissance souveraine dans un grand Etat : *c'est un des plus grands potentats du monde.* — Fam. C'EST UN PETIT POTENTAT, IL SE CROIT UN POTENTAT, IL TRANCHE DU POTENTAT, il affecte une importance qui ne lui appartient pas.

POTENTIALITÉ s. f. [-si-a-] (rad. *potentiel*). Philos. Caractère de ce qui est potentiel.

* **POTENTIEL, ELLE** adj. [-tan-si-èl] (rad. lat. *potentia*, puissance). Méd. Se dit des remèdes qui, quoique très énergiques, n'agissent que quelque temps après leur application, à la différence des remèdes actuels, qui produisent leur effet sur-le-champ : *la pierre infernale est un cautère potentiel, et le bouton de fer rouge est un cautère actuel.* — Gramm. gr. PARTICULE POTENTIELLE, nom que l'on donne à la particule *áv*, parce qu'elle sert ordinairement à indiquer que l'action du verbe auquel on la joint est considérée comme possible, douteuse, hypothétique.

POTENTILLE s. f. [*ll* mll.](rad. lat. *potens*, puissant, par allusion aux propriétés que l'on attribuait à ces plantes). Bot. Genre de rosacées dryadées, très voisin du fraisier, comprenant plusieurs centaines d'espèces de plantes herbacées ou de sous-arbrisseaux que l'on trouve surtout dans les régions tempérées et froides de l'hémisphère nord. La *potentille anserine* (potentilla anserina), nommée vulgairement *argentine*, se rencontre chez nous dans les gazons un peu humides. Nous avons en outre la *potentille couchée* (potentilla sudina), la *potentille rampante* (potentilla reptans), la *potentille dorée* (potentilla aurea), etc.

POTENZA[po-tenn-tsa] I, province de l'Italie méridionale, connue aussi sous le nom de basilicate, entre la chaîne principale des Apennins et le golfe de Tarente, y compris la plus grande partie de l'ancienne Lusitanie; 10,676 kil. carr.; 510,543 hab. Intérieur montagneux, plein d'immenses forêts. Bestiaux, soie, vin et safran. — II, capitale de cette province sur le versant oriental des Apennins, à 135 kil. E.-S.-E. de Naples; 18,513 hab. Fabriques de coton, de laine, de cuir et de poterie. Elle a souffert de tremblements de terre à plusieurs reprises, surtout en 1857. Auprès se trouvent l'ancienne cité de Potentia.

* **POTERIE** s. f. Toute sorte de vaisselle de terre ou d'étain : *vendre, acheter, fabriquer de la poterie.* — Archit. Espèce de pots qu'on emploie quelquefois dans la construction des voûtes et des planchers, etc. : *une voûte de poterie.* — Chausse d'aisance ou descente faite avec des tuyaux de terre cuite ajustés bout à bout. — ENCYCL. L'art de mouler et de cuire l'argile est très ancien, et ses rapports avec l'histoire sont d'une grande importance. On a fait de vastes collections de poterie classées historiquement ou suivant leur mérite artistique. La poterie tendre est ordinairement divisée, dans l'étude de la céramique, en quatre classes : 1° la poterie non vernie, qui s'obtient en cuisant l'argile sans vernis ; 2° la poterie brillante, dont la surface est recouverte d'une mince couche de vernis qui réfléchit la lumière, mais qui est quelquefois perméable à l'eau; 3° la poterie vernie, qui a une épaisse surface brillante obtenue à l'aide du plomb, ou par l'union de substances alcalines avec le plomb dans l'argile ; 4° la poterie émaillée, revêtue d'un émail dans la composition duquel il entre de l'étain. La plus grande partie des poteries anciennes appartiennent aux trois premières catégories. La plupart des poteries modernes,

Fig. 1. — Aryballos égyptien.

y compris celles des Sarrasins, des Italiens, des Français, des Allemands, des Hollandais, etc., connues sous le nom de majolique ou de faïence, sont des poteries tendres emaillées. Le terme *céramique* comprend tous les ouvrages de poterie, de porcelaine et de grès; il dérive du grec Κέραμος, qui signifie terre à potier, vase de terre, etc. La porcelaine est un produit d'argile et de sable, comme la poterie ordinaire, mais l'argile en est d'une nature telle qu'elle lui donne, avec l'addition d'autres substances, un corps transparent.— *Histoire de la poterie.* La plus ancienne poterie connue est égyptienne. Les tombeaux de Beni-Hassan (Egypte), qui datent d'environ 2,000 ans av. J.-C., contiennent des peintures représentant diverses industries, y compris un atelier de poterie, où l'on voit la roue du potier en activité et faisant des tasses. Les Egyptiens taillaient dans la stéatite ou pierre de savon de petits articles

Fig. 2. Vase phénicien, d'après la collection Cesnola, à New-York.

qu'ils recouvraient d'une substance vitreuse et qu'ils cuisaient au four, obtenant ainsi des produits qui ressemblaient à de la poterie emaillée. Cet art date d'une époque très reculée, et l'on en connaît des spécimens portant les noms de rois qui régnaient plus de 2,000 ans av. J.-C. Les Egyptiens surent aussi de très bonne heure emailler la poterie. Des objets emaillés en bleu 15 siècles av. J.-C., sont aussi brillants et aussi parfaits aujourd'hui que des produits de fabrication moderne. Les Egyptiens faisaient des vases, des coupes, des amulettes, et surtout des figures du panthéon égyptien, dont les formes sont exquises, et qui se placent au premier rang comme œuvres d'art. Lorsque l'Egypte tomba sous la domination grecque, la poterie commença de suite à porter des marques de l'influence étrangère; et, pendant la période romaine, l'Egypte ne produisit plus que de la poterie comme les Romains en fabriquaient

partout. — L'usage le plus remarquable de la poterie dans les vallées de l'Euphrate et du Tigre fut de perpétuer le souvenir des événements. On a découvert des milliers de spécimens qui montrent que même les transactions les plus ordinaires, comme des transferts de terres ou d'esclaves, étaient enregistrées sur des tablettes d'argile humide, qu'on faisait cuire ensuite. — Les Phéniciens paraissent avoir connu cet art à une époque antérieure à l'an 1500 av. J.-C. Leurs produits de cette époque sont de grossières images de Vénus et des vases en poterie non vernie d'une grande variété de formes, mais sans intérêt au point de vue décoratif. Les restes de la poterie phénicienne ont une grande valeur comme ayant précédé les plus belles œuvres de la céramique grecque. Les vases étaient décorés d'abord de lignes gravées ou en couleur, de cercles, de zigzags, de figures géométriques simples, d'échi-

Fig. 3. — Majolique italienne.

quiers, etc. De bonne heure, on inventa un glaçage ou brillant qui donnait du lustre à la surface. Il est si mince qu'il a défié l'analyse chimique et que la composition en est inconnue. A l'origine, on traça sur ce vernis les simples formes décoratives qui venaient d'être indiquées. Lorsque l'Egypte eut conquis Chypre, l'influence égyptienne commença à atteindre la fabrication phénicienne

Fig. 4. — Camée de Wedgwood.

dans cette île et dans plusieurs autres de l'archipel. On peignit sur les vases la fleur du lotus, des oiseaux en rouge sombre et en noir, et plus tard différents animaux. — La céramique grecque atteignit un haut degré de perfection. Les Grecs importèrent en Italie à la fois leurs magnifiques ouvrages de poterie et les potiers eux-mêmes. Pendant longtemps on a attribué leurs œuvres aux Etrusques; mais on sait aujourd'hui que les Etrusques n'excellèrent jamais dans la céramique. Ils firent de bonne heure de la poterie grossière, empruntèrent quelques perfectionnements aux Grecs, et produisirent de faibles imitations de l'art grec. Les Romains fabriquèrent d'immenses quantités de poterie dans un but utilitaire. Les briques et les tuiles pour le drainage, pour les murailles, pour les toits, etc., étaient les sources de gros revenus pour les propriétaires et pour les potiers. Ces produits portaient des inscriptions donnant le nom du propriétaire sur les terres duquel l'argile avait été prise et le nom du fabricant, souvent même les noms des cousins, des dates et autres renseignements historiques importants. — Dès le xiiᵉ siècle, les Sarrasins excellaient à se servir d'un émail à base d'étain et aux couleurs brillantes. Ils apportèrent cet art en Espagne, où il aboutit aux tuiles appelées *azulejos* et à des plats et des vases d'un style qu'on a appelé hispano-.moresque. Les décorations en sont excessivement fines, et abondent en arabesques sur des fonds d'émail brillant, bleu, vert, rouge, jaune et blanc. — En Italie, après la décadence de l'empire romain, la poterie n'eut que des formes grossières jusqu'au xiiiᵉ siècle;

nous savons qu'alors on fabriqua des objets recouverts d'un glaçage de plomb et décorés en couleurs. Ce glaçage, entrant en fusion avec les couleurs, produisait un mélange particulier dans la décoration superficielle, et les objets ainsi fabriqués sont connus sous le nom de *mezza majolica*. Pendant le xvᵉ siècle, les potiers italiens continuèrent à faire de la mezza majolica, et en perfectionnèrent l'ornementation. Vers la fin de ce siècle, ils com-

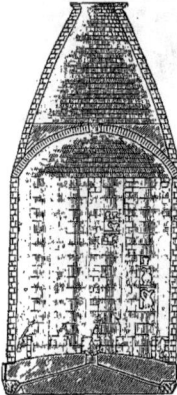

Fig. 6. — Section de four à poterie.

mencèrent à employer l'émail à base d'étain, et l'art fut dès lors lancé dans sa période de grand succès. La mezza majolica était, à l'origine, décorée de couleurs appliquées par masses, puis de dessins imités des Sarrasins, et enfin d'armes, de têtes et de portraits. Les produits obtenus avec le nouvel émail furent nommés *porzellana*, d'où nous avons fait porcelaine. Les motifs décoratifs de la mezza majolica restèrent les mêmes sur les objets dus à la nouvelle fabrication jusque vers 1530, époque où ils furent abandonnés. Les dix années suivantes forment la période d'apogée de la majolique italienne. — En Angleterre, on a donné à la majolique le nom de terre de Raphaël (*Raffaelle ware*), parce qu'on a retrouvé sur ces poteries beaucoup des dessins de Raphaël. On ne sache pas que ce soit lui qui les ait fournis ; mais il semble que les dessinateurs en poterie se soient largement servis des gravures de Marc Antonio, d'après Raphaël. — A Oiron, près de Thouars (Deux-Sèvres), vers 1520, Hélène de Hangest-Genlis, veuve d'Arthur Gouffier et dame de haut rang, établit une fabrique particulière de poterie qui, après sa mort, fut entretenue par son fils, Claude Gouffier. On dessinait les objets en gravant des dessins dans l'argile du fond, et en remplissant les lignes de la gravure avec des argiles colorées. Cette fabrication, connue sous le nom de terre de Henri II, ou de *faïence d'Oiron*, est très rare. On n'en connaît aujourd'hui que 53 spécimens, dont 26 en France, 16 en Angleterre et 4 en Russie. Vers 1555, Bernard Palissy découvrit, à Saintes, le secret de l'émail à base d'étain. (Voy. Palissy, *Bernard*.) Il produisit de remarquables ouvrages en poterie tendre émaillée ; les décorations en sont généralement en relief et consistent le plus souvent en belles imitations de coquillages, de poissons, de lézards et d'autres objets naturels. — En Hollande, on avait fait de la poterie à Delft, dès 1530, et, après le commencement du xviiᵉ siècle, Delft fournit de ses articles presque

toute l'Europe septentrionale. De Delft cet art passa en Angleterre. On avait fait, en Angleterre, depuis les temps les plus reculés, des poteries grossières ; mais le premier grand progrès accompli dans ce pays est dû à Josiah Wedgwood, qui révolutionna l'art du potier en Europe. Il inaugura de nouveaux et beaux motifs de décoration. En 1762, il créa un genre de poterie, appelée terre de crème (*cream ware*) ou terre de la reine (*Queen's ware*), composée d'argile blanche et de silex avec un glaçage de verre pur. En 1766, il inventa la terre de basalte noire (*black basalt ware*). En 1773, il mit en œuvre une nouvelle pâte, avec laquelle il fabriqua des objets ornés de travaux en camée, de portraits, de reliefs, etc. ; et il perfectionna cette nouvelle matière jusqu'à ce qu'il en eût fait la célèbre terre de jaspe (*jasper ware*). On imita et on copia Wedgwood dans toute l'Europe. Il employait pour faire ses dessins et ses moulages de bons artistes, parmi lesquels se distingua Flaxman. — Les naturels du Pérou, de l'Amérique centrale et du Mexique faisaient, dès les temps les plus reculés, une poterie grossière, décorée de reliefs et de représentations de différents objets ajoutés et modelés rudement. Ils faisaient aussi des images de divinités. On trouve parfois des ouvrages d'ancienne poterie américaine témoignant d'un véritable talent artistique. Les objets provenant du Mexique, de l'Amérique centrale ou du Pérou, présentent les mêmes caractères. — *Histoire de la porcelaine*. Les Chinois fabriquaient de la poterie depuis des temps d'une antiquité inconnue. La première mention qui soit faite de la porcelaine dans la littérature chinoise en fait remonter la découverte au iiᵉ siècle av. J.-C. On ne connaît pas de spécimens de cette époque. Ce que nous pouvons savoir par nous-mêmes de la porcelaine chinoise commence avec le xiᵉ ou le xiiᵉ siècle, époque où les Chinois font des objets en pâte d'un blanc pur avec un riche émail. Le Japon fit de la poterie de très bonne heure, et l'on suppose qu'il tira de Chine, par la Corée, l'art de fabriquer la porcelaine vers l'an 27 av. J.-C. Au xiiiᵉ siècle, les Japonais empruntèrent de nouveau cet art, mais directement cette fois, à la Chine, et dès lors les œuvres japonaises égalèrent et quelquefois surpassèrent les chinoises. Toutes les porcelaines orientales sont en pâte dure. L'importation de la porcelaine orientale en Europe a été grande et toujours croissante pendant le xviiᵉ siècle. Auguste, électeur de Saxe et roi de Pologne, employait en 1701, un jeune chimiste du nom de Boettger ou Boettcher, à la recherche de la pierre philosophale. Dans le cours de ses expériences, Boettger trouva une pâte qui, en cuisant, produisait une faïence dure, rouge et brune, ressemblant à la porcelaine. Vers 1710, son domestique acheta à Dresde une poudre pour les cheveux dont le poids attira son attention, et qu'il eut l'idée d'essayer dans une de ses pâtes. Il en résulta de la vraie porcelaine. On reconnut que la poudre était une argile trouvée à Aue et identique au kaolin chinois. L'art une fois découvert, on prit de grandes précautions pour le garder secret. Les ouvriers étaient tenus prisonniers à Meissen et l'accès des ateliers resta interdit. Les premières ventes se firent en 1715. Les produits primitifs étaient décorés en bleu et en blanc, à l'imitation des Chinois, et bientôt après on mit en usage des décorations polychromes. En 1745, une manufacture se fonda à Vincennes, près de Paris, pour la fabrication de la porcelaine en pâte tendre ; en 1756, cette manufacture fut transférée à Sèvres ; en 1758, Louis XV en devint actionnaire. L'art une fois découvert, on prit de grandes précautions... Depuis 1765 on y fait de la pâte dure et de la pâte tendre. C'est probablement à Stratfort-le-Bow que s'obtint

la première porcelaine anglaise vers 1760-'63. La manufacture de Bow fabriquait la pâte tendre et la pâte dure. Celle-ci était faite, dit-on, avec de l'argile qu'un Américain avait apportée en Angleterre. En 1751, on fit pour la première fois de la porcelaine à Worcester, et l'on y produisit des imitations très ressemblantes des porcelaines orientales, aussi bien que de magnifiques œuvres originales. Il s'éleva dans le Staffordshire un grand nombre de fabriques de faïence et de porcelaine. — *Fabrication*. La base des matériaux servant à fabriquer tous les genres de poterie, à l'exception du vieux Sèvres, qui ne se fait plus, est l'argile. La nature du produit dépend de l'espèce de l'argile, des substances qu'on y mêle, et aussi du degré de chaleur dont on se sert pour la cuisson. Tous les genres de poterie nommés poterie de grès, terre de pipe, terre de fer, faïence, porcelaine, porcelaine anglaise, etc., sont très proches parents les uns des autres et leurs caractères différents dépendent du degré de fusibilité de la matière et de la chaleur employée pour la cuisson. Lorsque les matériaux sont blancs et qu'à la cuisson ils sont portés à cet état de fusion qui donne la vitrification et la transparence, le produit est une porcelaine d'une dureté et c'une finesse plus ou moins grandes. Lorsque les matériaux sont grossiers et souillés d'oxydes métalliques de manière à rendre la pâte cpaque, on produit de la faïence commune, d'une texture semblable à celle de la porcelaine, mais beaucoup plus grossière. Les différents genres et les qualités de faïence, tels que la faïence couleur crème du Staffordshire et la faïence fine, se distinguent par leur cassure granuleuse ou crayeuse, au lieu de la cassure vitreuse de la porcelaine, ce qui vient de ce que le degré de fusion nécessaire à la vitrification n'a pas été atteint. Ils se distinguent aussi par un vernis plus fusible et plus superficiel, appliqué à une chaleur plus basse que pour la porcelaine. — Pour les vases de faïence ou de grès ordinaire, comme les pots à beurre, à confiture, à cornichons, l'argile, après avoir été exposée à l'air et maniée avec de l'eau de façon à former une masse plastique facile à modeler à la main, est simplement soumise à l'action d'une sorte de machine à pétrir analogue à celle qu'on emploie pour mêler l'argile dans les briqueteries. On y ajoute un peu de sable fin et du feldspath, et quelquefois un peu de chaux. Lorsque la masse est arrivée à une consistance convenable, on la porte au tour ou roue du potier, pour recevoir la forme voulue. La roue du potier était déjà en usage en Égypte il y a 4,000 ans. Sa forme la plus ancienne est celle d'un poteau droit, haut de 3 pieds environ, qui tourne dans un cadre, et qui est muni d'une petite roue horizontale au sommet et d'une autre roue, aussi horizontale, de 3 ou 4 pieds de diamètre à la base, laquelle lui transmet le mouvement circulaire qu'elle reçoit du pied de l'ouvrier. On se sert plus communément d'une marche horizontale pour le tour ordinaire. Quelquefois c'est un aide qui communique le mouvement en tournant une roue, et dans les grands établissements on emploie la vapeur. La tête du tour est un bloc de gypse circulaire. Sur ce bloc l'ouvrier jette une masse d'argile assez grosse pour l'objet qu'il se propose de faire, et il lui donne une forme avec ses mains qu'il trempe fréquemment dans l'eau, et avec des outils très simples de bois ou de cuir, pendant que la roue tourne. Lorsque l'objet a reçu sa forme, on le détache du bloc à l'aide d'un fil de fer fin, et on le place dans le tour. Les fours pour la faïence commune sont de formes diverses. Souvent ils ressemblent à un fourneau à réverbère ordinaire, comme le montre la fig. 5, où *r* est la grille, *a* le cendrier, *c* la chambre de cuisson, et *d* la cheminée. Les objets sont placés dans des compartiments formés par des plaques cuites.

Fig. 5. — Four à poterie commune.

L'air chaud du fourneau, passant à travers ces compartiments, porte l'argile à la température nécessaire. Le feu peut continuer de 24 à 48 heures ; cela dépend de la grandeur des pièces, de la fusibilité de l'argile, et du degré de vitrification qu'on désire. Vers la fin de l'opération, on jette dans le fourneau une certaine quantité de sel ordinaire, que la chaleur fait volatiliser, et qui, au contact de la terre, se décompose ; le sodium se combine avec la silice de l'argile, formant un verre à base de soude, lequel se fondant de nouveau avec l'argile qui est au-dessous, forme une substance dure, vitreuse et terreuse de grande durée. Souvent la faïence ordinaire ne reçoit même d'autre vernis que celui qu'elle acquiert à une haute température. — La fabrication de la porcelaine demande plus de soin dans le choix et la préparation des matériaux et plus d'habileté chez l'ouvrier. Les meilleurs matériaux sont le kaolin, l'argile connue sous le nom de terre de pipe, le quartz ou silex, et le feldspath ; le kaolin et le quartz donnent la dureté ; la terre de pipe et le feldspath fournissent le fondant nécessaire pour lier la masse. Les proportions varient suivant la qualité des argiles et la finesse des articles que l'on veut fabriquer. Lorsque la finesse et la dureté dépassent une certaine moyenne, le produit s'appelle faïence fine. La porcelaine se façonne de la même façon que la faïence, et elle se moule également dans des moules en plâtre de Paris. Celle qui est faite sur la roue passe ensuite au tour. Puis elle est mise dans des boîtes circulaires d'argile réfractaire, placées les unes en dessus des autres dans les fourneaux, comme le montre la fig. 6. Le fourneau est alors allumé, et les pièces portées à une chaleur blanche que l'on maintient pendant 36 heures environ. On a ainsi ce qu'on appelle le biscuit ou porcelaine dure. On laisse ensuite le feu s'éteindre et le fourneau se refroidir, et dès que l'ouvrier peut y pénétrer, les boîtes sont retirées et les biscuits enlevés. Le produit est, en cet état, très dur, sonore et si poreux qu'il absorbe l'eau rapidement. On fait ensuite la toilette de la pièce, dont on enlève toutes les aspérités ; et elle se trouve prête à recevoir le vernis qui la rendra imperméable et lui donnera une surface polie. Le vernis de la porcelaine est toujours beaucoup plus fusible que le reste, et on le cuit à la chaleur rouge-cerise sombre. Il se compose d'ordinaire d'argile blanche, de quartz pilé, de feldspath et de blanc de plomb, avec de petites quantités de sel de soude et d'acide borique. La faïence fine, qu'on appelle quelquefois « terre de fer » et « granit blanc », se fabrique avec des matériaux un peu moins fusibles que la faïence ordinaire, et se cuit à une chaleur plus grande. Le vernis est à peu près le même, bien que moins fusible et est fait de matières plus soigneusement choisies. — La porcelaine dure se compose de matières plus fines que celles de la faïence proprement dite ; le vernis en est très différent et ressemble plutôt au corps de la pièce. Pour le moulage de la porcelaine, il faut plus de soin et d'habileté que pour les articles plus

grossiers. Certains morceaux sont excessivement minces et délicats, et ne peuvent être modelés que par des ouvriers expérimentés. Le premier feu est beaucoup moins ardent que pour la faïence ou le grès ; il change la matière en un biscuit tendre, et non pas dur, et est conduit dans l'étage supérieur du fourneau à porcelaine. Le biscuit est alors plongé dans un vernis composé de quartz et de silex en poudre, de feldspath, de chaux et d'argile à porcelaine, vernis qui entre en fusion à la chaleur blanche, et qui se fond avec le corps de la pièce, de manière à former intimement avec elle, aussi bien que sur la surface, une masse transparente et vitrifiée, qui ne s'altère en rien, quelles que soient les variations de la température. Le biscuit est alors placé à l'étage inférieur du fourneau, et, avec le même feu, il se convertit en porcelaine finie. On peut établir ainsi la composition moyenne de la porcelaine : silice, 66 environ ; albumine, 30 ; potasse, 3,4 ; magnésie, 0,6 ; chaux, 0,5. La décoration de la porcelaine est fort analogue à celle du verre, si ce n'est qu'elle est toujours calculée pour recevoir la lumière réfléchie, mais non la lumière transmise. Tous les colorants sur des verres acquièrent par la fusion leur lustre et leur adhérence à la masse et consistent en un fondant auquel on a ajouté un ingrédient coloré, généralement un oxyde métallique. Le kaolin contient ordinairement de petites particules ferrugineuses qui se révèlent à la cuisson sous forme de taches grises ou noirâtres et qui déprécient considérablement la valeur commerciale des pièces fabriquées. On a cherché, par bien des moyens, à purifier la pâte : les procédés chimiques ont été impuissants. On a eu recours avec plus de succès à l'aimant, qui attire les petits fragments de fer. La faïencerie de Creil et la maison Pilivuyt (Mehun-sur-Yèvre) ont essayé de se servir de puissants électro-aimants, au moyen de machines Gramme, appareils qui enlèvent 7 ou 8 kilog. de matières impures (fer et charbon), sur 10,000 kilog. de pâte. Ce procédé semble peu considérable au premier abord, mais il suffit d'un fragment de quelques milligrammes pour produire une tache très marquée et déprécier une pièce artistique. — Biblic. Alex. Brongniart, Traité des arts céramiques ou des poteries considérées dans leur histoire, leur pratique et leur théorie (Paris, 1844, 2 vol. in-8° et atlas in-4°); I. Labarte, Description des objets d'art qui composent la collection de Bruge-Duménil (Paris, 1847, in-8°); Brongniart et Riocreux, Description méthodique du musée céramique de Sèvres (Paris, 1845, in-4°, avec atlas). Wedgwood and his Workst, par Eliza Meteyard (1873) ; Two centuries of ceramic art in Bristol, par Richard Champion (1873); History of the ceramic art (1875); Ceramic art at the Vienna Exhibition, par William P. Blake et l'art céramique du Japon (Keramic art of Japon), par George Ashdnon Ardsley et James L. Bowes (1876 et suiv., 7 vol.).

* POTERNE s. f. (bas lat. postera porta). Fortific. Fausse porte, galerie souterraine, ménagée pour faire des sorties secrètes, et qui communique de l'intérieur d'une place ou d'un ouvrage, dans le fossé de cette place ou de cet ouvrage : le gouverneur fit descendre cinquante grenadiers par la poterne.

POTESTATIF, IVE adj. (rad. lat. potestas, pouvoir). — Législ. Qui dépend de l'une des parties contractantes, qui est en son pouvoir : condition potestative.

POTGIETER (Everard-Jean), auteur hollandais, né à Zwolle le 27 juin 1808, mort à Amsterdam le 3 février 1875. Ses écrits, tant en prose qu'en poésie lui ont valu une place prépondérante parmi les écrivains néerlandais de ce siècle. En 1837, il fonda avec Bakhuizen van den Brink et quelques autres le Gids

(Guide) qui est encore actuellement la meilleure revue littéraire des Pays-Bas. Il a laissé : Proza (1837-1845); Poezij (1827-1874) Verspreide en Nagelaten Werken (Œuvres éparses et posthumes), par Zimmerman (Haarlem, 1875). Tous ses ouvrages sont écrits dans un style noble et vigoureux, mais auquel on reproche quelquefois le manque de clarté.

POTHIER (Robert-Joseph), célèbre jurisconsulte, né à Orléans en 1699, mort en 1772. Il fut d'abord conseiller au châtelet de sa ville natale, puis professeur de droit français à l'université d'Orléans. On a de lui : Pandectæ Justinianeæ in novum ordinem digestæ (Paris 1748-'52, 3 vol. in-fol.; trad. franç. par Bréard-Neuville, Paris, 1818-'26, 24 vol. in-8°); Coutumes d'Orléans (1760, 3 vol. in-12); Traité des obligations (1761, 2 vol. in-12). Ses Œuvres ont été publiées par Dupin aîné (1825, 11 vol. in-8°).

POTHIN (Saint), évêque et martyr, mort à Lyon en 147. Il fut un des premiers apôtres des Gaules, devint évêque de Lyon et subit le martyre sous Marc-Aurèle. Fête le 3 juin.

POTHUAU (Port), nom donné, depuis 1884, au port des salins d'Hyères, créé par l'initiative du vice-amiral Pothuau.

POTI, ville fortifiée de Russie, dans le gouvernement transcaucasien de Kutaïs, à l'embouchure du Phase (Rion), sur la mer Noire, à 270 kil. O.-N.-O. de Tiflis, avec laquelle elle est reliée par un chemin de fer ; 3,023 hab. Commerce important avec la Perse, malgré son port mal sûr. Les gros articles d'exportation sont : la soie, les cocons et la laine.

* POTICHE s. f. (rad. pot). Vase en porcelaine de Chine ou du Japon.

POTICHOMANIE s. f. (fr. potiche, et manie). Manie des potiches.

POTIDÉATE s. et adj. De Potidée ; qui appartient à cette ville ou à ses habitants.

POTIDÉE, Potidea, ancienne ville de Macédoine, au S.-O. de Chalcis. Elle fut prise par Xerxès lors de son invasion en Grèce et par Philippe II de Macédoine, après un siège de 3 ans (358 av. J.-C.). Auj. Pinaka.

* POTIER s. m. (rad. pot). Celui qui fait, qui vend des pots et de la vaisselle de terre. — POTIER D'ÉTAIN, celui qui fait, qui vend toute sorte de vaisselle d'étain.

* POTIN s. m. Mélange de cuivre jaune et de quelques parties de cuivre rouge. Se dit aussi d'une sorte de cuivre formé des lavures que donne la fabrication du laiton, et auxquelles on mêle du plomb ou de l'étain. Le premier se nomme ordinairement POTIN JAUNE, et le second POTIN GRIS. — Jargon. Bavardage où un peu de vérité est mêlé à beaucoup de mensonges. — FAIRE DES POTINS, faire des cancans. — Tapage, vacarme : faire du potin.

POTINER v. n. Faire des potins.

POTINIER, IÈRE s. Celui, celle qui se complaît à bavarder sur les moindres faits et gestes d'autrui, avec accompagnement d'interprétations malveillantes.

* POTION s. f. (po-si-on] (lat. potio). Méd. Remède qu'on administre sous forme liquide, et qu'on ne boit ordinairement qu'à petite dose : potion cordiale, pectorale.

* POTIRON s. m. Espèce de citrouille ronde : soupe de potiron, au potiron. — Encycl. Le potiron, cucurbita pepo, est une plante à annuelle l'ordre naturel des cucurbitacées, famille des courges. Cette forme commune, le fruit est un peu plus long que large, aplati à ses extrémités, avec des côtes régulières d'environ 35 cent. de diamètre, quoique souvent beaucoup plus grosses; sa couleur est d'un beau jaune orangé. — Tout

le monde connaît la soupe au potiron. On y remplace avantageusement le pain par du

Potiron (Cucurbita pepo).

riz bien crevé ou du vermicelle. Ce potage demande beaucoup de lait et de sucre.

POTOCKI [po-totss-ki] I. (Stanislaw-Felix), homme de guerre polonais, né en 1745, mort en 1803. Il publia en 1792, avec Rzewuski et Branicki, le manifeste de la confédération de Targovitza, et en poursuivit le programme avec l'aide de Catherine II en 1793; mais après le soulèvement de Kosciuszko en 1794, il s'enfuit en Amérique et fut condamné à mort comme traître. Les victoires de Souvaroff le ramenèrent, et Catherine le fit feld-maréchal. — II. (Ignacy), cousin du précédent, grand maréchal de Lithuanie, né en 1751 mort en 1809. Il fut un des rédacteurs de la constitution du 3 mai 1791, et, lors de l'invasion russe, s'enfuit en Prusse. Les succès de Kosciuszko le rappelèrent à Varsovie; mais il fut pris par Souvaroff. L'empereur Paul le relâcha en 1796. Il fut encore emprisonné quelque temps en 1806. — III. (Stanislaw-Kostka), frère du précédent, né en 1757, mort en 1821. Il prit part à la rédaction de la constitution du 3 mai 1791, et après le second partage de la Pologne, fut emprisonné pendant un certain temps. En 1807, il devint président du bureau d'éducation du duché de Varsovie, et en 1815, ministre de l'instruction publique du royaume de Pologne. Il a écrit De l'éloquence et du style (1815, 4 vol.), et l'Art des Anciens (1815, 3 vol.), d'après Winckelmann, ouvrage resté inachevé. On admirait beaucoup son éloquence. — IV. (Jan), historien, né en 1761, mort en 1815. Parmi ses ouvrages, de chacun desquels on n'imprima que 100 exemplaires, on cite : Fragments historiques et géographiques sur la Scythie, la Sarmatie et les Slaves (1796, 4 vol.)

POTOMAC, fleuve des Etats-Unis, marquant la frontière entre le Maryland d'un côté, et la Virginie occidentale de l'autre. Il est formé par la réunion de deux branches, l'une septentrionale, l'autre méridionale, sur les confins de la Virginie occidentale. Sa longueur, jusqu'à ses sources, est de près de 640 kil. Il a une direction générale S.-E., et entre dans la baie de Chesapeake, à 120 kil. de l'Atlantique. Son affluent principal est le Shenandoah. La marée se fait sentir jusqu'à Georgetown, et il est navigable pour les vaisseaux de ligne jusqu'à Washington; au-dessous de cette ville, il a de 10 à 15 kil. de large. Il est coupé de nombreuses chutes, et les vues pittoresques abondent sur son parcours. Son passage à travers la Chaîne Bleue (Blue Ridge), au confluent du Shenandoah, à Harper's Ferry, présente un site fameux.

POTORO ou Potorou s. m. Mamm. Genre de marsupiaux, voisin des kangourous, dont il se distingue surtout par l'existence d'une canine pointue, l'absence de pouces et la réunion des deux premiers doigts. Le potoro rat ou kangourou rat (hypsiprymnus murinus,

Cuv.; macropus minor, Shaw) est de la grosseur d'un petit lapin; son poil est gris souris.

Potoro rat (Hypsiprymnus murinus).

On le trouve dans la Tasmanie et dans l'Australie occidentale; il se nourrit d'herbes et de racines.

POTOSI. I. département du S.-O. de la Bolivie, sur les confins de la République Argentine et du Pérou; 140,630 kil. carr.; 290,304 hab., dont les trois quarts environ sont Indiens. C'est un plateau élevé, généralement raboteux et montagneux. Le Cerro de Potosi est un cône presque parfait, qui s'élève de 16,000 pieds au-dessus du niveau de la mer. Le pays est surtout de formation volcanique, il est généralement nu et stérile, et les parties montagneuses sont très froides. Il produit surtout de l'argent. De 1545 à 1789, les mines du Potosi ont donné pour 5 milliards d'argent, et elles en rendent encore annuellement pour 14,250,000 fr. Le Potosi donne aussi de l'or, du cuivre, du fer, du plomb, de l'étain, du vif argent, du zinc et des pierres précieuses.—II. ville capitale de ce département, sur le flanc septentrional du mont Potosi, à environ 4,500 mètres au-dessus du niveau de la mer, à 103 kil. O.-S.-O. de Sucre; 25,774 hab. Elle est bâtie sur un emplacement désolé, et sous un climat très froid. Au XVIIe siècle, elle contenait 159,000 hab. La plus grande partie de la ville est en ruines aujourd'hui; mais le square central, où se trouvent l'hôtel du gouvernement, les administrations publiques, une église et un couvent, est encore dans une assez bonne condition d'entretien. L'hôtel de la monnaie est un très vaste édifice; mais on n'y frappe pas maintenant pour plus de 10 millions de fr. environ par an.

· POTRON-JAQUET ou Potron-Minet s. m. Mots populaires qui ne sont usités que dans ces locutions, DÈS LE POTRON-JAQUET, DÈS LE POTRON-MINET, dès la pointe du jour.

POTSDAM, ville de Prusse, dans le Brande-

Palais royal à Potsdam.

bourg, sur un petit lac formé par le Havel, à 26 kil. S.-O. de Berlin; 45,000 hab. Dans le

palais, on conserve l'appartement de Frédéric le Grand tél qu'il l'habita. Sa résidence favorite, Sans-Souci, se trouve près de la ville; il y a encore d'autres résidences royales à Potsdam et dans les voisinage. Cotons, dentelles, soies, toiles, lainages, cuir, porcelaine, produits chimiques et armes à feu.

POTSDAM [pottss-damm], ville et village du comté du Saint-Laurent, état de New-York (Etats-Unis), sur la Raquette, à 40 kil. S.-E. d'Ogdensburg; la ville compte 7,774 hab., et le village 2,891. On y trouve une des écoles normales de l'Etat.

POTT (Percival), chirurgien anglais, né en 1713, mort en 1788. Chirurgien de l'hôpital saint Bartholomew (Saint-Barthélemi), à Londres, il se distingua par ses recherches sur la courbure angulaire de l'épine dorsale causée par maladie et absorption des corps des vertèbres, et connue depuis sous le nom de maladie de Pott (Pott's disease). Il a publié des ouvrages sur les ruptures, sur la fistule lacrymale, sur les fractures et les débottements,, sur l'espèce de paralysie des membres qui accompagne la courbure de l'épine dorsale, etc.

POTTAWATTAMIES, tribu d'Indiens de l'Amérique du Nord, appartenant à la famille algonquine et parlant un des dialectes les plus grossiers. Au commencement du XVIIe siècle, ils occupaient la presqu'île inférieure du Michigan par bandes indépendantes. Définitivement chassés par les tribus iroquoises, ils s'établirent dans la baie Verte (Green bay), et se répandirent peu à peu sur ce qui est aujourd'hui le Michigan méridional, l'Illinois supérieur et l'Indiana. Ils donnèrent aide aux Français, s'unirent à Pontiac, et surprirent le fort Saint-Joseph. Ils furent hostiles aux Américains pendant et après la révolution; mais, après la victoire de Wayne, ils figurèrent dans le traité de Greenville, le 22 déc. 1795. De 1803 à 1809, les différentes bandes vendirent au gouvernement des portions des territoires sur lesquelles elles prétendaient avoir des droits. Dans la guerre de 1812, cédant à l'influence de Tecumseh, elles se mirent de nouveau du côté des Anglais. Un nouveau traité de paix fut conclu en 1815, bientôt suivi de plusieurs autres, qui leur enlevèrent presque toutes leurs terres. En 1838, toute la tribu complait environ 4,000 têtes. En 1876, il y avait environ 500 Pottawattamies de la bande païenne de la Prairie, dans le Kansas; 480 dans le Wisconsin, et quelques-uns sur le territoire indien, outre 60 Pottawattamies Hurons, dans le Michigan. En 1867, 4,400 membres de la partie civilisée (catholique) de la tribu acceptèrent le droit de cité dans le Kansas, et prirent des terres en propriété individuelle. Quelques-uns d'entre eux ont prospéré, mais d'autres sont d'spersés et sont devenus indigents.

POTTER (Louis-Joseph-Antoine de) [pot'-teur], révolutionnaire belge, né en 1786, mort en 1869. Il fut l'un des plus âpres adversaires du gouvernement hollandais, et en 1828, il fut condamné à 18 mois de prison et à 1,000 florins d'amende. Lorsque la révolution belge éclata, en sept. 1830, il devint membre du gouvernement provisoire et fit ses efforts pour obtenir l'établissement de la république. Son ouvrage le plus important cet intitulé Histoire philosophique du Christianisme (Paris, 1836-'37, 8 vol.; abrégé, 1856, 2 vol.).

POTTER (Paul), peintre hollandais, né en 1625, mort en 1654. Il fut sans rival dans la peinture des animaux domestiques, qu'il étudiait toujours d'après nature. Ses meilleurs tableaux sont petits, d'un fini exquis, d'un dessin libre, et pleins de brillants effets de lumière ; quelques-uns cependant sont de grandeur naturelle. Parmi ceux-ci est le *jeune Taureau* du musée de La Haye. Il fit d'admirables eaux-fortes. J. van Westchune a écrit sa vie (1867).

POTTSTOWN [pottss-taounn], bourg électoral de Pennsylvanie (Etats-Unis), sur le Schuylkill, à 70 kil. N.-O. de Philadelphie ; 4,125 hab. Ateliers de laminage, hauts fourneaux, fonderies, instruments de fer et d'acier, voitures, etc.

POTTSVILLE, bourg électoral de Pennsylvanie (Etats-Unis), sur le Schuylkill, à 140 kil. N.-O. de Philadelphie ; 12,384 hab. Fonderies, ateliers de laminage, hauts fourneaux, fonderie de cuivre, fabrique de tapis, etc.

* **POU** s. m. (lat. *pediculus*). Insecte parasite qui s'attache à plusieurs espèces d'animaux : *les cochons, les sangliers, et la plupart des oiseaux, sont sujets aux poux.* — Particul. Insecte du genre qui s'attache au corps de l'homme, et qui se tient dans les cheveux, dans les vêtements, etc. : *la malpropreté engendre des poux.* — Cet enfant est mangé de poux, les poux le mangent, il est fort incommodé des poux : *il y a des poux de tête et des poux de corps.* — C'est un pou affamé, se dit d'un homme avare et avide de gain, qui entre dans quelque emploi lucratif. — Il est laid comme un pou, se dit d'un homme fort laid. — Chercher a quelqu'un des poux a la tête, lui faire une mauvaise querelle, lui chercher chicane à propos de rien et dans le dessein de s'en débarrasser. — Il écorcherait un pou pour en avoir la peau, se dit d'un homme avare, excessivement parcimonieux. — Encycl. Les poux forment un genre d'insectes aptères ou sans ailes, classé par G. Cuvier dans l'ordre des parasites. Aujourd'hui, la plupart des entomologistes classent ce genre parmi les épizoaires. Quatre espèces sont particulières à l'homme, ce sont : le *pou de tête* (*pediculus capitis*) ; le *pou du corps* (*pediculus vestimenti*) ; le *pou des malades* (*pediculus tabescentium*) qui produit la maladie pédiculaire ou phtiriase et

Pou de tête (Pediculus capitis).

le *pou du pubis ou morpion* (*pediculus pubis ou inguinalis*). — Les poux se multiplient avec une effrayante rapidité et le prodigieux développement d'une espèce peut occasionner une maladie mortelle, la phtiriase. Pour se débarrasser de ces gênants parasites il faut, avec les soins les plus assidus de propreté, faire usage d'une pommade mercurielle composée avec 4 gr. de précipité rouge et 20 gr. d'axonge.

* **POUACRE** adj. (lat. *podager*, goutteux). Salope, vilain : *il faut être bien pouacre pour faire de ces saletés-là.* (Pop.) — s. c'est un pouacre, c'est un vilain pouacre.

* **POUAH**, interj. fam. qui exprime le dégoût : *pouah, quelle infection !*

POUANCÉ, ch.-l. de cant., arr. et à 23 kil. N.-O. de Segré (Maine-et-Loire), sur la Verzée ; 2,000 hab. Hauts fourneaux ; bestiaux, grains, volailles.

* **POUCE** s. m. (lat. *pollex*). Le plus gros et le plus court des doigts de la main : *avoir mal au pouce.* — Serrer le pouce a quelqu'un,

le contraindre par des menaces à dire ce qu'on veut savoir de lui. — Se mordre les pouces d'une chose, s'en repentir : *il a fait un sot mariage, il s'en mordra les pouces.* — Jouer du pouce, compter de l'argent pour faire un paiement : *il lui a fallu jouer du pouce pour sortir d'affaire.* — Il y met les quatre doigts et le pouce, se dit d'un homme qui prend avidement et malproprement dans un plat ce qui est à sa portée. Se dit, par ext. en parlant de tout ce qu'une personne fait sans ménagement et sans délicatesse. — Mettre les pouces, se rendre, céder après une résistance plus ou moins longue : *je l'ai forcé à mettre les pouces.* — J'aimerais autant baiser mon pouce, se dit en parlant d'une chose qui fait peu de plaisir. — Manger, déjeuner sur le pouce, à la hâte, sans prendre le temps de s'asseoir. — Mesure qui fait la douzième partie d'un pied de roi et qui se divise en douze lignes : *le pouce vaut environ 27 millimètres.* — N'avoir pas un pouce de terre, n'avoir aucun bien en fonds. — Si on lui en donne un pouce, il en prendra long comme le bras, se dit d'un inférieur disposé à abuser de la liberté qu'on lui donne. — Pouce d'eau, quantité d'eau qui s'écoule par une ouverture circulaire et verticale, d'un pouce de diamètre, faite à l'un des côtés d'un réservoir, un pouce au-dessous du niveau de l'eau ; ce qui produit environ quatorze pintes par minute et un peu plus de dix-neuf mètres cubes en vingt-quatre heures : *il y a tant de pouces d'eau dans son jardin.*

* **POUCETTES** s. f. pl. (rad. fr. *pouce*). Chaînette à cadenas avec laquelle on attache ensemble les deux pouces d'un prisonnier pour empêcher son évasion.

POUCHET [pou-ché] (Félix-Archimède), naturaliste, né à Rouen en 1800, mort en 1872. Il fut directeur du muséum d'histoire naturelle et professeur de médecine à Rouen. Il a inventé un aéroscope et d'autres appareils, et exposé une théorie de l'ovulation spontanée, souvent appelée les lois de Pouchet. Ses œuvres comprennent : *Théorie positive de l'ovulation spontanée et de la fécondation des mammifères et de l'espèce humaine* (1847) ; *Histoire des sciences naturelles au moyen âge* (1853) ; *Hétérogénie, ou traité de la génération spontanée* (1859) ; *L'Univers, les infiniment grands et les infiniment petits* (1865). — (Voy. Génération spontanée, Microbe, etc.)

* **POUCIER** s. m. (rad. *pouce*). Morceau de fer-blanc, de corne, de cuir ou d'autre matière, dont certains ouvriers se couvrent le pouce pour travailler.

* **POU-DE-SOIE** ou **Pout-de-soie** s. m. Etoffe de soie, unie et sans lustre, dont le grain est plus commun celui du gros de Naples, et moins serré que celui du gros de Tours.

* **POUDING** s. m. [pou-dain-ghe] (angl. *pudding* [pou-dinng]). Mets composé ordinairement de mie de pain, de moelle de bœuf, de raisin de Corinthe et d'autres ingrédients : *le pouding est un mets national anglais ; celui qui renferme du raisin de Corinthe reçoit le nom particul. de plum-pudding.*

* **POUDINGUE** s. m. Minér. Concrétion formée d'un mélange de petits cailloux, réunis ensemble par un ciment pierreux aussi dur que les cailloux mêmes : *le poudingue prend le plus beau poli.*

* **POUDRE** s. f. (lat. *pulvis*). Poussière, petites particules de terre desséchée, qui s'élèvent en l'air à la moindre agitation, au moindre vent : *il y a beaucoup de poudre dans la campagne.* — Ce pain sent la poudre, se dit du pain fait avec du blé qui a contracté un goût de poudre. — Jeter de la poudre aux yeux, imposer, éblouir par ses discours et par ses manières. — Par exag. Mettre en poudre, réduire en poudre une ville, un cha-

teau, des fortifications, les ruiner, les abattre, les détruire : *le canon a réduit ces murailles, cette place en poudre.* — Mettre en poudre un ouvrage, un raisonnement, critiquer un ouvrage, réfuter un raisonnement, de manière à n'en laisser rien subsister. — Faire mordre la poudre a ses ennemis, les tuer dans un combat.

> *J'ai fait mordre la poudre à ces audacieux;*
> *Et leur sang est celui qui paraît à vos yeux.*
>   J. Racine. *La Thébaïde*, acte Iᵉʳ, sc. III.

— Se dit aussi en parlant des différents corps, des différentes substances solides qu'on a broyées ou pilées, et réduites en molécules très petites : *de la poudre d'Iris.* — Poudre impalpable, poudre si déliée, qu'on ne la sent presque pas sous le doigt. — Poudre de diamants, poudre faite de diamants broyés, et dont on se sert pour tailler les diamants. Se dit, par ext., des diamants qui sont si petits qu'à peine les peut-on mettre en œuvre : *ce n'est là que de la poudre de diamants.* — Poudre d'or, or qui est en petites parcelles : *de la poudre d'or de Guinée.* — Poudre de projection, celle à laquelle les alchimistes attribuaient la puissance de convertir en or les autres métaux. — Se dit aussi de divers médicaments, simples ou composés, qui sont sous la forme de poudre : *poudre médicinale.* — Prendre la poudre d'escampette, s'évader, s'enfuir. — Fig. et pop. Poudre de perlimpinpin, poudre sans efficacité que les charlatans débitent comme guérissant toute sorte de maux. — Ce qu'on met sur l'écriture pour la sécher, et pour empêcher qu'elle ne s'efface : *de la poudre de buis.* — Amidon pulvérisé dont on se sert pour les cheveux. On l'appelle plus particulièrement Poudre a poudrer : *poudre purgée à l'esprit-de-vin.* — Un œil de poudre, un petit œil de poudre, une teinte légère de poudre : *ses cheveux n'avaient qu'un œil de poudre.* — Mélange de salpêtre, de soufre et de charbon, qui s'enflamme aisément, et sert à charger les canons, les fusils, et autres armes à feu. On l'appelle plus particulièrement Poudre a canon : *on fit sauter le vaisseau en mettant le feu aux poudres.* — Poudre a giboyer, et plus ordinairement, Poudre a tirer, Poudre à chasser, qui sert à la chasse. — Poudre de mine, la poudre la plus commune, la moins parfaite, qu'on n'emploie que pour charger les canons. — Poudre de traite, poudre fabriquée pour être vendue ou échangée dans les pays où se faisait la traite des nègres. — Poudre pulminante. On appelle ainsi les poudres, autres que la poudre à canon, qui détonent par le frottement, par le choc ou par la chaleur : *il y a des poudres fulminantes qui détonent par le seul attouchement d'une barbe de plume.* — Ce pays sent la poudre a canon, il est voisin, il est limitrophe de l'ennemi. — Tirer sa poudre aux moineaux, se mettre en frais, prendre beaucoup de peine pour une chose qui ne le mérite pas. — Il n'a pas inventé la poudre, se dit d'un homme sans esprit. — Le feu prend aux poudres, se dit en parlant de quelqu'un qui s'échauffe, s'enflamme tout d'un coup, qui entre tout à coup en colère : *à peine lui eut-on dit ce mot, que le feu prit aux poudres.* — Fig. Mettre le feu aux poudres, exciter la haine, la discorde, la sédition, par ses discours, par ses conseils. — Il est vif comme la poudre, il est comme la poudre, se dit d'un homme excessivement vif, qui prend feu tout de suite. — Poudre de sympathie. (Voy. Sympathie.) — Conspiration des poudres, complot formé par quelques catholiques, pour faire sauter les chambres du parlement, à l'aide de 36 barils de poudre à canon. Les conjurés furent dénoncés le 4 nov. 1605 et la plupart furent exécutés. — Encycl. La poudre est la plus ancienne et la plus employée des matières explosives. Elle se compose d'un mélange intime de soufre, de salpêtre et de charbon de bois, dont les proportions varient suivant que l'on a en vue les besoins de la grosse artillerie, de la mousqueterie ou des mines. Le charbon de bois et le soufre jouent le rôle de matières combustibles, tandis que le salpêtre, dégageant une grande quantité d'oxygène, maintient la combustion et donne le ressort explosif. Théoriquement les proportions pour les diverses poudres seraient les suivantes :

SORTES DE POUDRE.	SALPÊTRE.	SOUFRE.	CHARBON.
Poudre à canon	74.84	11.84	13.32
— à fusils	75.7	9.9	14.4
— de mine	64.4	20.4	15.2
— de chasse	80	8	12

Mais les proportions ont varié suivant les temps et les pays. — La manufacture des poudres a reçu de grands perfectionnements qui donnent plus de sécurité aux ouvriers et plus de qualité aux produits. Le premier travail consiste à préparer les matières premières : charbon, soufre et salpêtre. Pour le charbon, on recherche de préférence les jeunes pousses de bourdaine, d'aune et de saule auxquelles on enlève l'écorce, après quoi on les place dans des cornues de fer et on les soumet à la distillation qui expulse la plus grande partie de l'hydrocarbure. Le soufre que l'on emploie est le soufre en canon; celui qui est en fleur doit être rejeté comme contenant de l'acide sulfurique. On commence le mélange en pulvérisant ensemble le charbon et le soufre; pour cela, on les place dans des tambours ou dans des barils contenant de petites boules de fer; on fait tourner le tambour pendant environ six heures pour réduire en poudre fine les matières à mélanger. On ajoute alors le salpêtre bien purifié, et on fait tourner le tout dans un tambour, avec des boules de cuivre ou de zinc. Lorsque le mélange est complet, on porte la poudre dans l'auge d'un moulin, où on l'humecte d'eau; après quoi, des roues énormes en pierre ou mieux en fer, pesant plusieurs tonnes, triturent et pétrissent la pâte jusqu'à produire l'union mécanique intime de ses ingrédients. En cet état elle est grumeleuse et irrégulière. On la retire du moulin et on la soumet à un appareil broyeur qui la réduit en pâte fine, condition sous laquelle on la transporte sur le plateau d'une puissante presse hydraulique. Le marsau est forcée de s'échapper; il ne reste plus qu'un gâteau sonore et dur semblable à un bloc d'ardoise. Le degré de pression est d'une grande importance parce que la densité de la poudre détermine la force d'explosion. On brise ensuite les gâteaux en les soumettant à des rouleaux dentés; on sépare les différentes grosseurs de grains, en faisant passer le tout sur une succession de tamis ou guillaumes; les grains ainsi obtenus sont anguleux; il est nécessaire de les arrondir et de les polir, pour empêcher leurs petites aspérités d'être brisées en poussière par l'usure du transport ou des manipulations; on met donc cette poudre dans les tambours que l'on fait tourner lentement pendant un temps qui varie de 6 à 24 heures, jusqu'à ce que les grains soient lisses, lustrés et débarrassés de toute aspérité. On peut donner plus de brillant au grain, en mettant une très petite quantité de graphite dans le tambour (une cuillerée à bouche pour une demi-tonne de poudre), la présence du graphite n'a, du reste, aucun effet appréciable sur l'action de la poudre, ni sur sa conservation. La poudre ayant reçu le brillant, il ne reste plus qu'à la sécher dans une étuve dont la température varie de 55° à 60° C. — La nature explosive de la poudre est due à ce fait que, dès qu'on y met le feu, le charbon et le soufre brûlent aux dépens de l'oxygène du salpêtre, ce qui, en dévelop-

pant une grande chaleur, produit une énorme quantité de gaz. Celui-ci exerce une pression sur les objets qui l'entourent, d'où la propulsion des projectiles. Ce gaz est composé surtout d'acide carbonique, d'azote et d'oxyde de carbone. La fumée qui se dégage au moment de l'explosion est formée de carbonate de fer et de sulfate de potassium, avec du sulfure de potassium et une petite quantité de soufre non brûlée; produits qui se déposent sur les parois intérieures des armes à feu dont ils nécessitent le fréquent nettoyage. En moyenne 100 parties de poudre donnent par l'explosion 43 parties de gaz permanents et 57 parties de substances solides qui s'envolent en fumée ou se déposent sur les parois. A la haute température de l'explosion (environ 2,000 degrés), les gaz occupent un volume 2,500 fois aussi grand que celui de la poudre. — Avoir inventé la poudre est une gloire qui paraît appartenir aux Indous; mais l'auteur et la date sont inconnus. D'après une tradition on tira de l'Inde la connaissance de la poudre à canon, vers l'an 80 après J.-C. Julien l'Africain (215 après J.-C.) décrivit la manière de la fabriquer et les Arabes en firent usage contre la Mecque. Suivant Rziha, le roi Salomon de Hongrie bombarda Belgrade à l'aide de canons, en 1073, et les vaisseaux grecs employèrent de l'artillerie contre les Pisans en 1098. Dans notre Occident, on est convenu d'attribuer l'invention de la poudre à Berthold Schwarz, surnommé Barthel le Noir, moine cordelier de Goslar, au S. de Brunswick (Allemagne), vers l'an 1320. Mais il est probable que le moine allemand ne fit que répandre dans son pays des méthodes de fabrication tenues secrètes jusque-là. Il est, d'ailleurs, expressément fait mention de la poudre à canon dans l'ouvrage de Roger Bacon, intitulé De Nullitate Magiæ, écrit avant la naissance de Schwarz. Ce qu'il y a de certain, c'est qu'un moulin à poudre existait à Augsbourg en 1340 et que vers 1350, Pétrarque décrivit les terribles effets de cette matière explosive, dont on en avait fait usage à Alicante en 1331, à Puy-Guillaume en 1338, à Salado en 1340, à Algéziras en 1342 et à Crécy en 1346. (Voy. ARTILLERIE.) — Les établissements où sont préparées en France les poudres et autres substances explosibles dont la vente est monopolisée par l'État sont : les raffineries de salpêtre de Lille et de Bordeaux; la raffinerie de salpêtre et de soufre de Marseille; les poudreries de Bouchet (Seine-et-Oise), de Saint-Ponce (Ardennes), de Toulouse, de Saint-Médard (Gironde), d'Angoulême, d'Esquerdes (Pas-de-Calais), de Sevran-Livry (Seine-et-Oise), de Pont-de-Buis (Finistère), du Ripault (Indre-et-Loire), et de Saint-Chamas (Bouches-du-Rhône); la poudrerie et dynamiterie de Vonges (Côte-d'Or); la fabrique de coton-poudre du Moulin-Blanc (Finistère). — Poudre-coton. On appelle poudre coton, coton-poudre ou fulmicoton une substance explosive obtenue en soumettant du coton cardé à l'action de fort acide nitrique. La poudre-coton fut inventée en 1846 par Schœnbein, professeur à Bâle (Suisse). On donna le même nom à divers produits qui possèdent des propriétés distinctes, bien que leur constitution soit la même à peu près. La fibre du coton est de la cellulose presque pure, $C^{18} H^{30} O^{15}$; par l'action de l'acide un nombre d'équivalents d'oxyde nitrique, $N^3 O^4$ ou NO^2 se substitue à un nombre égal d'équivalents d'hydrogène. Le nombre d'équivalents substitués varie de 6 à 9, suivant la force de l'acide. Ainsi, la substitution de 9 équivalents donnerait $C^{18} H^{21} (NO^2)^9 O^{15}$, ou plus simplement, $C^6 H^7 (NO^2)^3 O^5$. Il se produit aussi de l'eau pendant la réaction, par l'union de l'hydrogène avec l'oxygène rendu libre en réduisant l'acide nitrique en oxyde. Dans la préparation de la

poudre-coton, on mêle deux ou trois parties de fort acide sulfurique à une partie d'acide nitrique, afin d'absorber cette eau et de prévenir une hydratation ultérieure de l'acide nitrique. Les formules suivantes montrent la constitution des produits obtenus en employant deux ou trois parties d'acide sulfurique et une partie d'acide nitrique, tandis que la quantité d'eau est variée : 1° avec des acides monohydratés : $C^{18} H^{30} O^{15} + 9$ $(HNO^3) = C^{18} H^{21} (NO^2)^9 O^{15} + 9 H^2O$. 2° avec 3 à 4 parties d'eau : $C^{18} H^{30} O^{15} + 8 (HNO^3) = C^{18} H^{22} (NO^2)^8 O^{15} + 8H^2 O$. 3° avec 4 à 5 parties d'eau : $C^{18} H^{30} O^{15} + 7 (HNO^3) = C^{18} H^{23} (NO^2)^7$, $O^{15} 7 H^2 O$. 4° avec 5 à 6 parties d'eau : $C^{18} H^{30} O^{15} + 6 (HNO^3) = C^{18} H^{24} (NO^2)^6 O^{15} + 6H^2O$. La première variété est la véritable poudre-coton. Elle est insoluble dans l'éther ordinaire et dans l'alcool et n'est pas attaquée par l'acide acétique; mais elle est soluble dans l'éther acétique. La seconde variété, moins explosive, est soluble dans l'éther ordinaire auquel on a ajouté un huitième d'alcool. La troisième est inflammable et quelquefois explosive; elle est soluble dans l'éther et dans l'acide acétique gelé; c'est elle que l'on emploie pour la fabrication du collodion. La quatrième se dissout toujours dans l'acide dont on n'a pas pu l'isoler jusqu'à présent. — On fabrique aujourd'hui de grandes quantités de poudre-coton, par le procédé qu'imagina le général autrichien Von Lenk et que modifia plus tard Abel. On a du coton cardé; on le file en écheveaux, on le purifie de tout corps gras et de toute matière étrangère; on le fait sécher et on le soumet ensuite à l'action prolongée de trois parties de fort acide sulfurique et d'une partie de fort acide nitrique. On enlève l'excès d'acide d'abord au moyen d'un extracteur centrifuge, puis à l'aide d'un lavage. On convertit la poudre-coton en pulpe que l'on soumet à un nouveau lavage, que l'on moule, que l'on comprime à la presse hydraulique et que l'on fait soigneusement sécher. Elle se conserve presque indéfiniment sans altération sensible. Comme la poudre à canon, elle fait explosion au contact d'une flamme ou d'une étincelle; mais le volume du gaz qu'elle développe est 13,000 fois celui de la poudre ordinaire et elle produit cinq fois plus d'effet que celle-ci. Elle est utile dans les mines, mais son usage a été reconnu dangereux dans les armes à feu, en raison même de son ressort excessif. D'ailleurs il suffit d'un choc un peu fort pour la faire détoner et son emploi a donné lieu à plusieurs accidents. Pour réduire les dangers de sa manipulation, on a proposé de la fabriquer sous forme de papier explosif. — Notre figure donne une idée de la puissance destructive de cette poudre. Su:

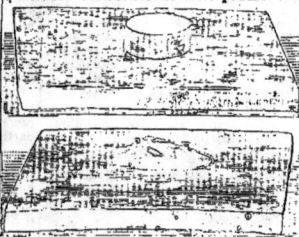

Effet produit par l'explosion de la poudre-coton.

une plaque de fer, on a placé un morceau de fulmicoton; dès qu'il a fait explosion, la plaque est perforée comme on le voit dans la partie inférieure du dessin. — Législ. « La fabrication des poudres à feu a toujours été réservée à l'État. Sous l'ancien régime, ce monopole a été affermé jusqu'en 1775; et à partir de cette époque, la fabrication des poudres et salpêtres a été faite par l'Etat sous la direction et la surveillance du corps de l'artillerie. Elle est aujourd'hui confiée à un corps d'ingénieurs se recrutant exclusivement parmi les élèves de l'école polytechnique, et placés sous les ordres du ministre de la guerre (Décr. 9 mai 1876). Les établissements qui dépendent de la direction des poudres et salpêtres comprennent neuf raffineries de salpêtre, une raffinerie de soufre et treize poudreries. A la tête de chacun de ces établissements, est un ingénieur ayant le titre de directeur; et la gestion est confiée à un conseil composé d'ingénieurs et de sous-ingénieurs attachés à l'établissement (L. 16 mars 1882; Décr. 19 fév. 1883). La fabrication et l'importation du salpêtre ont été rendues libres par la loi du 10 mars 1819, mais les fabricants sont assujettis au paiement d'un droit de licence. Les poudres à feu destinées à être livrées au commerce sont remises par l'administration de la guerre à la régie des contributions indirectes; elles sont déposées en barils et en boîtes de diverses contenances, chez les entreposeurs de la régie, et ceux-ci en font la vente aux débitants autorisés ou aux consommateurs. Les débitants sont nommés par le préfet (Décr. 25 mars 1852); ils sont tenus d'inscrire, jour par jour, au fur et à mesure des ventes, la date des livraisons, les quantités vendues, leur qualité, ainsi que les nom, profession et domicile des acheteurs. Les prix de vente aux consommateurs sont aujourd'hui ainsi fixés, par kilog. savoir : *poudre de chasse*, extrafine, 19 fr. 35 ; superfine, 15 fr.; fine, 11 fr. 85; *poudre de mine*, forte, 2 fr. 85; ordinaire, 2 fr. 50; lente, 2 fr.; *poudre de guerre*, prise dans les entrepôts, 3 fr. 40. La poudre de commerce extérieur (Ord. 19 juillet 1829; Déc. 30 déc. 1882). Les poudres destinées à l'exportation sont livrées à des prix inférieurs à ceux fixés pour l'intérieur. La poudre de guerre ne peut être vendue qu'aux armateurs, aux fabricants ou essayeurs d'armes, aux artificiers patentés et aux autorités municipales. La fabrication et la vente des cartouches pour fusils à bascule ne peuvent avoir lieu sans une autorisation du préfet et sans une délivrance préalable d'une commission qui surveille la surveillance de la régie. — L'introduction en France des poudres étrangères est absolument prohibée, sauf pour celles contenues dans les cartouches de chasse ou de tir, dont l'importation peut être autorisée par le ministre de la guerre (L. 1er août 1874) moyennant un droit de douane de 10 p. 100. Le transport des poudres par chemin de fer est réglementé par un décret du 30 mars 1877. Les infractions aux lois concernant le monopole des poudres à feu sont de la compétence des tribunaux correctionnels. La fabrication ou la vente illicite des poudres à feu, et la détention d'une quantité quelconque de poudre de guerre, sont punies d'un emprisonnement de un mois à deux ans et d'une amende de 300 fr. à 1,000 fr. La confiscation des poudres et des ustensiles saisis est en outre prononcée. Lorsque l'importation illicite de poudres étrangères a lieu par terre, la peine consiste dans la confiscation des chevaux et voitures ayant servi au transport et dans une amende de 20 fr. 44 par kilog. (10 fr. par livre ancienne); si cette introduction a lieu par mer, l'amende est de 40 fr. 88 par kilog. La découverte à bord d'un bâtiment de commerce de poudres dont l'existence n'a pas été déclarée dans les 24 heures de l'arrivée au port, donne lieu à une amende de 500 fr. Enfin, il est interdit à tout particulier de détenir plus de deux kilogr. de poudres à feu, même à l'état de cartouches, sous peine d'un

emprisonnement d'un mois à deux ans et d'une amende de 100 fr. (L. 43 fructidor an V; 24 mai 1834; 25 juin 1841). L'administration n'a pas la faculté de transiger sur ces délits. (Décis. min. 10 juin 1854). La fabrication et la vente de la dynamite et des autres substances semblables sont soumises à des règlements particuliers. (Voy. DYNAMITE.) »

(CH. Y.)

* POUDRÉ, ÉE part. passé de POUDRER. Couvert de poudre. — POUDRÉ A' BLANC, extrêmement poudré.

* POUDRER v. a. Couvrir légèrement de poudre. Ne se dit guère qu'en parlant des cheveux sur lesquels on met de la poudre : *poudrer ses cheveux*. — Se poudrer v. pr. Se mettre de la poudre : *cette femme se poudre tous les jours*.

POUDRERIE s. f. Etablissement où l'on fabrique de la poudre à tirer. (Voy. POUDRE.) — L'Académie dit *Poudrière*.

* POUDRETTE s. f. Matière fécale desséchée et mise en poudre, dont on se sert pour amender les terres.

* POUDREUX, EUSE adj. Couvert de poudre, de poussière : *un habit poudreux*. — C'EST UN PIED POUDREUX, se dit, par mépris, d'un vagabond, d'un homme de rien. Se dit aussi, fig., d'un soldat qui déserte de régiment en régiment.

* POUDRIER s. m. Celui qui fait de la poudre à canon : *c'est un métier dangereux que celui de poudrier*. (Peu us.)

* POUDRIER s. m. Petite boîte de métal ou d'autre matière, percée en dessus de plusieurs petits trous, et qu'on emplit de poudre pour mettre sur l'écriture fraîche, de peur qu'elle ne s'efface : *un poudrier d'argent*.

* POUDRIÈRE s. f. Lieu où l'on fabrique de la poudre à canon : *la poudrière d'Essone a sauté*. — Magasin où l'on conserve de la poudre à canon. — Ustensile où l'on met de la poudre à sécher l'écriture.

POUDROIEMENT s. m. Caractère de ce qui poudroie.

* POUDROYER v. a. Remplir de poudre, de poussière : *le vent a poudroyé les prés*. — v. n. Prendre l'aspect de la poussière.

* POUF, mot dont on se sert pour exprimer le bruit sourd que fait un corps en tombant.

POUF s. m. Sorte de gros tabouret de forme circulaire.

* POUF adj. invar. Se dit des pierres qui, quand on les travaille, s'égrènent et tombent en poussière : *ce grès est pouf; ce marbre, cette pierre est pouf*.

* POUFFER v. n. Ne s'emploie que dans cette phrase fam., POUFFER DE RIRE, éclater de rire involontairement : *j'ai pouffé de rire en le voyant*.

POUFFIASSE s. f. Femme de mauvaise vie; femme de tenue ignoble.

POUGENS (Marie-Charles-Joseph), littérateur et archéologue, né à Paris en 1755, mort en 1833. Il était fils naturel du prince de Conti; perdit la vue en 1779, et dut se faire libraire et imprimeur pour refaire sa fortune perdue pendant la Révolution. Il a laissé : *Dictionnaire grammatical et raisonné de la langue française* (Paris, 1849), ouvrage inachevé; *Archéologie française* ou *Vocabulaire des mots anciens tombés en désuétude et propres à être rendus au langage* (1824-'24, 2 vol.)

POUGHKEEPSIE (po-kip'-si], ville de l'état de New-York (Etats-Unis), sur le bord oriental de l'Hudson, à 110 kil. N. de New-York et à 120 kil. au-dessous d'Albany; 19,859 hab. Près de la ville se trouvent Vassar College et un asile d'aliénés entretenu par l'état.

POUGUES-LES-EAUX, ch.-l. de cant., et station minérale, arr. et à 12 kil. N.-O. de Nevers (Nièvre), dans une belle vallée; 4,500 hab. Eaux minérales froides, gazeuses, chargées d'acide carbonique, et très recommandées contre la gravelle, les maux d'estomac et les fièvres intermittentes.

POUILLE (La), Apulia. (Voy. APULIE.)

* POUILLÉ s. m. [ll mll.] Etat et dénombrement de tous les bénéfices dont sont dans une étendue de pays déterminée : *le pouillé général de tous les bénéfices du royaume*.

* POUILLER v. a. Dire des pouilles à quelqu'un : *il l'a étrangement pouillé*. (Pop.) — Se pouiller, v. réc. : *ils se sont pouillés l'un l'autre*.

POUILLÈRE s. f. [ll mll.] Ouverture pratiquée dans la partie inférieure du poulailler, pour l'entrée et la sortie des volailles.

POUILLERIE s. f. Extrême pauvreté. — Lieu très malpropre.

* POUILLES s. f. pl. Reproches vifs et éclatants, mêlés d'injures : *il lui a chanté pouilles*. (Fam.)

POUILLET (Claude-Gervais-Mathias) [ll mll.], physicien, né à Cuzance (Doubs) le 16 fév. 1790, mort à Paris le 13 juin 1868. Il fut directeur en chef du conservatoire des arts et métiers à Paris, de 1831 à 1851. Ses *éléments de physique expérimentale et de météorologie* (1827, 2 vol.) ont servi de fondement à J.-H.-J. Müller, pour son célèbre manuel (1842). Le plus connu de ses autres ouvrages est intitulé : *Notions générales de physique et de météorologie* (3e éd. 1860).

* POUILLEUX, EUSE adj. [ll mll.]. Qui a des poux, qui est sujet aux poux : *un enfant pouilleux*. — Substantiv. C'est un pouilleux. — Se dit, fig. et par injure, d'un homme de condition basse et misérable : *ce n'est qu'un pouilleux*.

POUILLON, ch.-l. de cant., arr. et à 12 kil. S.-E. de Dax (Landes); 1,800 hab. Sources thermales salées, efficaces contre la jaunisse et les rhumatismes. Commerce de vins.

POUILLOT s. m. [ll mll.] (lat. *pullus*, petit d'un animal). Ornith. Espèce de roitelet comprenant des oiseaux de petite taille, vifs, remuants, légers, agitant continuellement les ailes et la queue, voltigeant, sautant de branche en branche sur les arbres pour rechercher les larves, les mouches qui forment la base de leur nourriture. Le *pouillot commun* (*motacilla trochilus*) mesure à peine 11 centim. de long; il est olivâtre en dessus, blanc jaunâtre en dessous et se distingue du roitelet par l'absence de la couronne; il émigre en hiver. Le *pouillot siffleur* (*motacilla sibilatrix*), de la même grosseur que le précédent, a la tête, le dos et la poitrine d'un beau vert jaune.

POUILLY s. m. [ll mll.] Vin blanc très renommé qui se récolte dans les environs de Pouilly-sur-Loire : *boire un verre de pouilly*.

POUILLY-EN-AUXOIS ou Pouilly-en-Montagne, ch.-l. de cant., arr. et à 40 kil. S.-O. de Beaune (Côte-d'Or), sur le canal de Bourgogne; 1,100 hab. Vins blancs renommés.

POUILLY-SUR-LOIRE, ch.-l. de cant., arr. et à 15 kil. S. de Cosne (Nièvre); 2,000 hab. Célèbres vins blancs, dits *Pouilly*.

POUILLE s. f. Ensemble des poules d'une basse-cour.

* POULAILLER s. m. [ll mll.] Abri construit pour les poules, lieu où les poules se retirent la nuit, où elles pondent, où on les fait couver.

* POULAILLER s. m. Celui qui fait métier de vendre de la volaille : *le poulailler doit fournir tant de volailles par semaine*. — Petite messagerie conduite par les coquetiers ou

marchands d'œufs. — Fig. C'est un poulailler, se dit par dérision d'une mauvaise et vieille voiture. — Galerie circulaire la plus élevée dans un théâtre.

* POULAIN s. m. (bas lat. *pullinus*; du lat. *pullus*, poulain). Nom qu'on donne au cheval depuis sa naissance jusqu'à trois ans : *une cavale qui a mis bas un beau poulain*. (Voy. POULICHE.)

* POULAIN s. m. Nom vulgaire d'une tumeur des glandes inguinales, qui est ordinairement causée par le virus vénérien, et qui s'appelle, en termes de médecine, BUBON.

* POULAINE s. f. Mar. Assemblage de plusieurs pièces de bois formant une portion de cercle terminée en pointe, et faisant partie de l'avant d'un vaisseau. — SOULIERS A LA POULAINE, chaussure à longue pointe recourbée, qui a été fort à la mode en France.

* POULAN s. m. Jeux d'hombre, de quadrille, de tri, etc. Ce que celui qui donne les cartes met au jeu de plus que les autres : *c'est vous qui avez fait, vous devez votre poulan.*

* POULARDE s. f. Jeune poule engraissée : *poularde rôtie.*

* POULE s. f. (bas lat. *pulla*, fém. de *pullus*, petit d'un animal). Oiseau domestique, la femelle du coq : *mettre une poule au pot.* — Par ext. Femelle de plusieurs espèces de volatiles : *poule faisane ou faisande.* — POULE DE BARBARIE, espèce de poule qui nous est venue de Barbarie. — POULE D'INDE, femelle d'un coq d'Inde, appelée autrement *Dinde.* (Voy. DINDE.) — C'EST UNE POULE MOUILLÉE, se dit d'un homme qui manque de résolution et de courage. On dit de même, C'EST UNE POULE LAITÉE, c'est un homme faible et sans vigueur. — IL EST EMPÊCHÉ COMME UNE POULE QUI N'A QU'UN POUSSIN, se dit d'un homme qui est trop embarrassé de peu de chose. — C'EST LE FILS DE LA POULE BLANCHE, se dit d'un homme extrêmement heureux en toutes choses. Il est vieux. — PEAU DE POULE, peau qui n'est pas lisse, et qui a des élevures pareilles à celles qui sont sur la peau d'une poule plumée. — CELA FAIT VENIR LA PEAU DE POULE, LA CHAIR DE POULE, cela fait frissonner. On dit de même, J'EN AI LA CHAIR DE POULE. — PLUMER LA POULE, se dit des soldats qui vont à la maraude chez le paysan. — TUER, PLUMER LA POULE SANS LA FAIRE CRIER, faire des exactions si adroitement, qu'il n'y ait point de plaintes. — UN BON RENARD NE MANGE JAMAIS LES POULES DE SON VOISIN, quand on veut faire quelque mal, il ne faut pas que ce soit en lieu où l'on est connu. — FAIRE LE CUL DE POULE, faire une espèce de moue, en avançant et pressant les lèvres. — TUER LA POULE POUR AVOIR L'ŒUF, se priver de ressources à venir pour un petit intérêt présent. On dit, dans le même sens, IL EN FAIT COMME DE LA POULE AUX ŒUFS D'OR. — CE N'EST PAS A LA POULE A CHANTER DEVANT LE COQ, une femme doit se tenir dans l'infériorité à l'égard de son mari. — LAIT DE POULE, espèce de potion faite avec un jaune d'œuf et du sucre délayés dans de l'eau chaude. — Jeu du renard. Chacune des pièces du jeu qui servent à enfermer le renard. — Ieux. Quantité d'argent ou de jetons, qui résulte de la mise de chacun des joueurs, et qui appartient à celui qui gagne le coup : *gagner la poule.* — Billard, Trictrac, etc. FAIRE UNE POULE, faire une partie où tous les joueurs mettent une certaine somme, soit en commençant le jeu, soit en y entrant, et où la mise totale appartient à celui qui a gagné successivement tous les autres. — ENCYCL. La poule, femelle du coq domestique (voy. Coq), est un oiseau de basse-cour d'une grande importance pour la production des œufs et des poulets. — Il existe un grand nombre de races qui diffèrent beaucoup les unes des autres, tant pour la grosseur que pour l'aspect et pour les qualités. La race

commune française est de taille moyenne, à tête grosse et ornée d'une crête pendante et rouge; son plumage est souvent noir, quelquefois blanc ou gris. Dans le midi de la France, est répandue la race espagnole, qui

Espagnols à joues blanches.

est toute noire avec la face blanche. C'est l'une des plus anciennes et des meilleures espèces européennes. Le mâle est ardent; la femelle est bonne pondeuse et bonne couveuse. Dans le nord de la France, la race la plus populaire est la *race normande*, ordinairement grise, de forte taille, bonne pondeuse, bonne couveuse, et d'un tempérament plus robuste que la précédente. Parmi les autres

Crèvecœurs.

races françaises, nous citerons celle de *Crèvecœur*, cant. de Mézidon (Calvados), toute noire, grosse, robuste, à crête bifurquée transversalement et formant deux cornes, à huppe noire, à pattes sombres. Cette volaille vient très vite, s'engraisse admirablement et constitue un mets délicieux. Ses œufs sont gros, mais elle n'en pond qu'un petit nombre. Nous avons en outre la *race de Houdan* (Seine-et-Oise), plus alerte, plus vive, plus légère que la précédente et l'une des plus

Houdans.

belles que l'on connaisse; sa chair est blanche et très délicate; elle porte aussi une grosse huppe et cinq ergots comme le dorking; sa crête remarquable a été comparée aux feuilles ouvertes d'un livre avec une fraise au milieu; son plumage est mélangé irrégulièrement de noir et de blanc; elle est bonne pondeuse. La *race de la Flèche* ou du *Mans* est plus grosse, noire, réputée la meilleure pour la table; mais elle est assez mauvaise pondeuse. Elle fournit les fameux chapons et les non

moins fameuses poulardes du Maine. Citons encore la poule de *Bresse* (Ain) et celle de *Barbezieux* (Charente). On élève aussi chez nous quelques races étrangères parmi lesquelles nous citerons la *poule cochinchinoise*, remarquable par sa grande taille et par l'absence des plumes caudales; elle est d'une douceur remarquable, aussi bonne couveuse que bonne pondeuse, et devient très familière; il y a des variétés blanches, jaunes.

Poule et coq blancs, race de Cochinchine.

canari, quelquefois noires ou couleur perdrix. Ses œufs ont une teinte chocolat. Ils sont assez volumineux et ont un goût exquis. La chair de cette race est jaunâtre; on lui reproche de devenir bien vite dure et filandreuse. — Comme grosse espèce, on élève aussi chez nous les *brahmas* ou *brahmapoutres*, à pattes jaunâtres, à plumage blanc, herminé, ardoisé, perdrisé ou moucheté; à

Brahmas foncés.

plumes caudales peu nombreuses; à chair tendre et de bon goût chez les jeunes, mais dure, sèche et coriace chez les individus devenus vieux. Les œufs sont couleur chocolat, quelquefois blanchâtres. La crête de cette race est triple. L'Angleterre nous fournit la grosse *race dorking*, au plumage souvent

Dorkings.

sombre, quelquefois argenté ou même blanc; avec un double pouce en arrière, ce qui fait cinq ergots. Les variétés blanches ont ordinairement la crête épanouie en forme de rose, tandis que les variétés colorées n'ont qu'une crête simple. Les Anglais ont aussi leur belle *race de combat*, qu'ils paraissent avoir tirée de l'archipel de la Malaisie. (Voy. Coq.) — On a importé d'Amérique une sous-variété de la famille espagnole, que l'on appelle *poule blanche de Livourne*, parce qu'on la prétend originaire de cette ville. C'est une petite race à pattes jaunes. Une véritable race italienne est la *poule de Padoue*, curieuse

Coq de combat et sa poule.

pour sa coiffure ; elle est à plumage doré ou argenté ; elle pond bien, mais ne couve pas ; ses pattes sont grises ; c'est une volaille d'amateur. L'Allemagne possède ses fameuses races *de Hambourg*, parmi lesquelles on distingue la *poule noire*, pailletée d'or et d'argent ou teintée d'or et d'argent ; les coqs noirs de Hambourg ont des reflets métalliques

Livournaise blanche.

sur tout le corps, tandis que ceux qui sont teintés portent sur chaque plume plusieurs barres transversales. Les noirs et les pailletés d'argent sont assez robustes, mais les autres sont plus sensibles au froid ; ils volent presque aussi bien que les oiseaux. Les *poules polonaises* sont remarquables par la forme particulière de leur huppe ; toutes sont à fond noir avec des paillettes d'argent ou d'or ; quelquefois leur huppe est blanche. Elles sont délicates dans les pays humides. — Comme petites races, on élève des *poules de Bantam* (voy. ce mot) ; les unes

Hambourgs pailletés d'argent.

sont noires, les autres blanches, d'autres perdrisées. La plus singulière des races est la fameuse *poule nègre*, à robe blanche et soyeuse, à peau noire, aussi bien que ses os que l'on croirait imprégnés de teinture. La chair de cette poule est désagréable et filandreuse. — La vie des poules peut se prolonger jusqu'à 15 ou 20 ans ; mais il est rare qu'on leur accorde une si longue existence, parce que

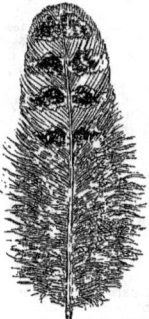

Plume de Hambourg teinté.

ces oiseaux cessent de pondre abondamment après l'âge de 4 ans ; il convient mieux alors de les engraisser. Une bonne pondeuse peut donner une centaine d'œufs par an pendant 4 ans ; elle fait ordinairement chaque année

---

trois pontes d'une trentaine d'œufs. Avant de la mettre couver, il est toujours prudent de

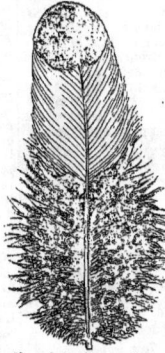

Plume de Hambourg pailleté.

mirer les œufs ; avec un peu d'habitude, il est toujours facile de distinguer un œuf fécondé de celui qui ne l'est pas. L'incubation dure de 20 à 22 jours. Quelques heures après la naissance des poussins, on leur donne du pain émietté et mouillé ; dès le lendemain on peut y joindre un peu de millet. A l'âge de 8 ou 10 jours, on peut les laisser courir et manger avec les autres volailles. Les poulets sont bons à engraisser dès l'âge de six mois. — Cuis. On les sert à la broche, en fricassée, sautés à la Marengo, en vol-au-

Polonais pailleté.

vent, en chaud-froid, etc. — Poul. d'eau.

Bantams.

Genre d'échassiers dont nous avons donné

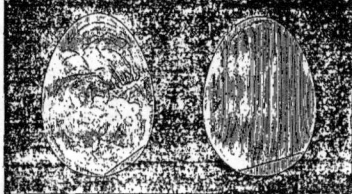

Œuf fécondé (A) et œuf non fécondé (B)

la description à notre article GALLINULE. En

Poule d'eau d'Amérique (Fulica Americana).

Amérique, on donne le nom de *poule d'eau* à une espèce de *foulque* (*fulica Americana*).

* **POULET** s. m. Petit d'une poule : *cette poule a tant de poulets*. — POULET DE GRAIN, petit poulet qui est nourri avec du grain. — Terme de caresse qu'on emploie en parlant à des enfants. Dans ce sens, il a un féminin : POULETTE : *viens ici, ma poulette*. — Billet de galanterie : *recevoir des poulets*.

POULET-MALASSIS (Paul-Auguste) littérateur et éditeur, né à Alençon en 1825, mort à Paris en 1878. Il fonda en 1855 une maison de librairie qui édita les poésies de Banville, de Baudelaire et de plusieurs autres poètes de la nouvelle école romantique. Ayant fait de mauvaises affaires, il se retira en Belgique, où il resta quelque temps. Rentré en France, il publia des ouvrages rares, et les accompagna de préfaces et de notes pleines d'intérêt : *Molière jugé par ses contemporains* (1877, in-12) ; *Lettres de Mme de Pompadour* (1877, in-4º), etc. Il a donné, en outre : *Papiers secrets et correspondance du second Empire* (1873, in-8º).

* **POULETTE** s. f. Jeune poule : *les poulettes sont ordinairement plus tendres que les poulets*. — Fig. et fam. Jeune fille : *une jolie poulette*.

* **POULEVRIN** s. m. Poudre fine pour amorcer le canon. — Poire qui contient cette poudre. (Voy POLVERIN.)

POULIAGE s. m. Ensemble des poulies d'un navire.

* **POULICHE** s. f. Se dit des jeunes cavales jusqu'à trois ans. Autrefois on disait, POULAINE ou POULINE.

* **POULIE** s. f. (angl. *pulley* ; de *to pull*, tirer). Machine en forme de roue, dont la circonférence est ordinairement creusée en demi-cercle, et sur laquelle passe une corde, une chaîne ou une courroie, pour élever ou pour descendre des fardeaux : *la poulie d'un puits*. — Les poulies sont fixes ou mobiles. — Les *poulies fixes* tournent autour de leur axe sans changer de place, et servent seulement à changer la direction de la force motrice, sans donner aucun avantage mécanique. — Les *poulies mobiles*, au contraire, produisent de la force et agissent comme des leviers du deuxième genre. Une seule poulie mobile suffit pour doubler l'effort de la puissance. L'ensemble de plusieurs poulies mobiles montées dans la même *chape* se nomme *moufle* (fig. 1). Les poulies de la moufle peuvent avoir le même axe, ou des axes différents. — L'une des moufles est libre et l'autre mobile. L'avantage acquis par la moufle mobile est comme deux fois le nombre de poulies qu'elle porte, sans avoir égard au nombre de poulies que porte la moufle fixe. Lorsque la poulie est mobile et que le poids est suspendu à si

chapé au moyen d'un crochet (fig. 2), on peut faire équilibre à un poids donné avec une puissance moindre que ce poids. Soient une des extrémités de la corde fixée à un

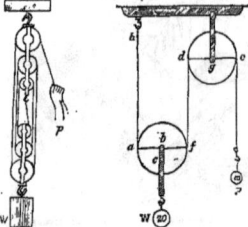

Fig. 1. Moufle.   Fig. 2.

point *h* et une force de traction *P* appliquée à l'autre extrémité de la corde. Supposons que les deux portions de la corde sont parallèles : il est évident que le poids *W* étant soutenu par ces deux portions de corde, et la tension étant la même dans toutes les parties de celle-ci, chaque portion soutient par sa tension la moitié du poids. Mais la force de tension de la corde est égale à la puissance motrice *P*; donc, la puissance motrice, dans une pareille machine, est la moitié de *W*. — L'appareil représenté par la fig. 3 est composé de deux moufles dont l'une est fixe et l'autre mobile. Une corde tirée par l'ouvrier embrasse chaque poulie d'une chape à l'autre; enfin, la moufle mobile porte le poids qu'il s'agit d'élever. La corde est attachée en Z à la moufle fixe. Si nous tirons une ligne *a, b,* entre les deux moufles, *elle coupe les cordes* en *1, 2, 3, 4*. Il est clair que si l'on coupait ces quatre cordons, on ne pourrait soutenir la moufle inférieure qu'en appliquant aux cordons des forces égales aux tensions. L'ouvrier gagne donc en puissance *4* fois la force de traction qu'il imprime à la corde. Le *palan* est un double système de poulies moufflées dont toutes les poulies de chaque système ont le même axe. Le fardeau à enlever est attaché à la chape du système inférieur. — POULIE FOLLE, poulie qui tourne librement sur son arbre, sans aucune entrave; elle est du même diamètre que la poulie fixe, qui est placée à côté d'elle. Un tendeur, un monte-courroie ou un embrayage conduit la courroie de la poulie fixe à la poulie folle, lorsqu'on veut arrêter le mouvement de transmission; par le même moyen, on ramène la courroie sur la poulie fixe pour rétablir le mouvement.

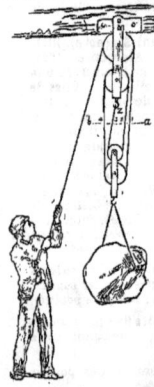

Fig. 3.

POULIN ou **Poulain** s. m. Sorte d'échelle dont on se sert pour charger et décharger les fardeaux, particulièrement les tonneaux.

° **POULIN, INE** s. Voy. POULAIN et POULICHE.

° **POULINER** v. n. Se dit d'une cavale qui met bas : *une cavale qui a pouliné.*

° **POULINIÈRE** adj. f. N'est guère usité que dans l'expression, JUMENT POULINIÈRE, cavale particulièrement destinée à produire des poulains.

° **POULIOT** s. m. (rad. lat. *pulex, pulicis,* puce). Bot. Espèce de menthe (*menta pulegium*), vivace, très commune dans le sud de l'Europe, et que l'on trouve dans le Nord jusqu'au Danemark. Son odeur, qu'elle doit à une huile essentielle, est très forte et tout à fait différente de celle des autres menthes. Anciennement elle était très estimée des médecins, mais elle n'est plus employée.

POULLAIN de Grandprey (Joseph-Clément), conventionnel, né à Ligneville (Vosges) en 1744, mort en 1826. Avant la Révolution, il était conseiller du roi au bailliage de Mirecourt. Envoyé à la Convention, il y vota la mort du roi avec sursis et appel au peuple, échappa aux proscriptions de 1793, fit successivement partie du conseil des Anciens et des Cinq-Cents, fut proscrit après le 18 brumaire, accepta plus tard la présidence de la cour d'appel de Trèves, fut banni de nouveau comme régicide en 1816, rentra en France deux ans après et vécut dans la retraite.

° **POULPE** s. f. Didact. Voy. PULPE.

° **POULPE** s. m. Hist. nat. Animal marin de la classe des mollusques. (Voy. PIEUVRE.)

POULPETON s. m. Art culin. Sorte de ragoût fait de viandes hachées, recouvertes de tranches de veau.

° **POULS** s. m.[poul](lat. *pulsus*, battement; de *pellere*, pousser). Mouvement des artères qui se fait sentir en plusieurs endroits du corps, et particulièrement vers le poignet : *avoir le pouls fort.* — Fig. et fam. LE POULS LUI BAT, se dit en parlant d'un homme qui a peur. — TATER LE POULS A QUELQU'UN, le pressentir sur quelque chose, sonder ses dispositions; et, SE TATER LE POULS, consulter ses forces, ses ressources, avant de faire une entreprise, une démarche. — ENCYCL. On appelle pouls le battement des artères causé par les poussées intermittentes que communiquent au sang les contractions du cœur, propagées à la manière d'une vague par l'élasticité des artères, perceptibles au toucher dans toutes les artères, sauf dans les plus petites, et visibles dans celles qui sont superficielles. La pulsation dans les artères est presque simultanée avec la contraction du ventricule gauche, surtout dans celles qui avoisinent immédiatement la poitrine, comme, par exemple, les carotides. Mais le pouls de l'artère radiale au poignet est sensiblement en retard sur la contraction du cœur, et celui de l'artère tibiale postérieure, à la cheville, l'est encore davantage. La vitesse du pouls varie suivant l'âge, le sexe, l'état de santé et d'autres conditions. La table suivante est due au Dr Carpentier :

Chez le fœtus....................	140 à 150.
Enfant nouveau-né................	130 à 140.
Pendant la 1re année.............	115 à 130.
— 2e année.............	100 à 115.
— 3e année.............	95 à 105.
— 7e à 14e année	80 à 90.
— 14e à 21e année	75 à 85
— 21e à la 60e année ...	70 à 75.
Vieillesse	75 à 80.

Le pouls de la femme dépasse ordinairement celui de l'homme du même âge, de 10 à 14 pulsations par minute, et il est moins fréquent chez les personnes grandes que chez les petites. La forme exacte du pouls artériel a été déterminée au moyen du « sphygmographe », petite plaque de métal ou d'ivoire, mise en contact avec le tégument où se trouve immédiatement au-dessus du vaisseau, au moyen d'un ressort délicat, qui est soulevé à chaque pulsation de l'artère. La plaque porte une tige droite qui met en mouvement un index long et léger, dont l'extrémité trace une ligne alternativement ascendante et descendante sur la surface d'une

bande de papier se mouvant avec une vitesse uniforme. Ainsi l'étendue du mouvement vertical mesure la largeur de l'expansion artérielle; et son obliquité plus ou moins grande, telle qu'elle est retracée sur le papier, indique sa rapidité ou sa lenteur, comparée avec le mouvement horizontal du papier lui-même. Ce tracé est fort utile, d'abord parce qu'il montre les minuscules particularités de la pulsation artérielle qui échapperaient au toucher, et ensuite parce qu'il constitue un document permanent dont on peut se servir plus tard, pour l'étude et la comparaison. — On tire de l'état du *pouls* des signes les plus considérables pour reconnaître l'état de la force vitale, le caractère et le danger des maladies. Le pouls indique en effet la puissance du cœur et, par elle, le degré d'énergie de la force vitale; il manifeste les lésions de cet organe et les efforts de l'organisme luttant contre la maladie. Le pouls apprend s'il existe de la fièvre; si la maladie est sthénique ou asthénique ou si elle a un caractère nerveux. Un pouls fort, dur, résistant dénote la force; un pouls mou, qui se laisse facilement déprimer, est presque toujours un signe de faiblesse; un pouls inégal et variable annonce une maladie nerveuse. Dans les fièvres, plus la vitesse du pouls augmente, plus la maladie s'aggrave et *vice versâ.* Plus le pouls est inégal et intermittent ou faible et fréquent, plus aussi le danger est grand. Plus au contraire le pouls se rapproche de son état naturel, plus le malade se rapproche de la santé. — Pour explorer les battements de l'artère radiale ou pour *tâter le pouls*, comme on dit vulgairement, on place sur le trajet de cette artère, à 3 centim. environ au-dessus du poignet, l'index et les deux doigts suivants qu'on tient rapprochés sans effort les uns contre les autres, de manière à presser également l'artère, tandis que le pouce, placé à la partie postérieure du bras, sert de point d'appui. Le pouls reçoit diverses qualifications d'après l'état dans lequel il se trouve; ainsi il est dit *fréquent* lorsque les pulsations chez le même individu et dans un temps donné, sont plus nombreuses qu'à l'état normal; *rare*, quand les battements sont moins fréquents; *fébrile*, lorsqu'il atteint, chez l'adulte, 90 pulsations à la minute; *fort*, quand les battements sont vigoureux; *faible*, quand ils disparaissent, pour ainsi dire, sous le doigt; *dur*, quand l'artère frappe le doigt à la manière d'un corps solide; *mou*, quand elle frappe avec mollesse; *plein*, quand le vaisseau paraît rempli; *vide*, quand il ne semble contenir que de l'air; *tendu*, quand l'artère paraît raide; *souple*, quand elle est douce au toucher; le pouls est *lent* quand ses pulsations ont lieu avec lenteur; *serré*, quand il est dur et tendu; il est dit *égal* ou *inégal* selon que les pulsations sont régulières ou non; *intermittent*, quand les battements manquent par intervalles; *rebondissant*, lorsque, à certaines pulsations, il semble battre deux fois; *formicant*, lorsqu'il est très petit, faible et fréquent; *capricant*, quand il est interrompu au milieu de son action et qu'il l'achève ensuite avec précipitation; *myure*, lorsque les pulsations s'affaiblissent jusqu'à ce qu'elles manquent complètement.

° **POUMON** s. m. (lat. *pulmo*). Viscère renfermé dans l'intérieur de la poitrine, et qui est le principal organe de la respiration. On le dit aussi très souvent, surtout en médecine, de chacune des deux parties qui forment cet organe, et qui sont séparées l'une de l'autre par le médiastin et par le cœur : les *lobes du poumon*. — IL A DE BONS POUMONS, D'EXCELLENTS POUMONS, se dit d'un homme qui a la voix forte. On dit dans le même sens, en parlant d'une dispute, CET HOMME L'A EMPORTÉ PAR LA FORCE DE SES POUMONS, PLUTÔT QUE PAR LA FORCE DE SES RAISONS. — Les poumons se composent de deux masses spongieuses, molles, dilatables, qui, avec le cœur, remplissent la cavité de la poitrine. Le poumon gauche a deux lobes et est moins court et moins large que le poumon droit qui a trois lobes. Chaque lobe se divise en lobules unis par du tissu cellulaire et par des vaisseaux qui le traversent en tous sens. Le parenchyme ou tissu propre du poumon est criblé

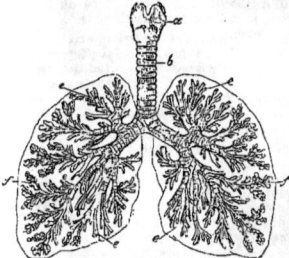

Poumons de l'homme, arrangés de manière à montrer les passages de l'air.— a, larynx ; b, trachée ; e, d, bronche; e, tubes bronchiques ; f, lobules.

d'innombrables cellules (vésicules pulmonaires) qui communiquent entre elles et où aboutissent les ramifications (bronchiques, artérielles et veineuses). Chaque poumon est recouvert extérieurement par le feuillet viscéral d'une membrane séreuse nommée plèvre.—Les principales maladies du poumon sont l'inflammation (pneumonie) et la tuberculisation (phtisie).

° **POUPARD** s. m. (rad. *poupée*). Enfant au maillot. N'est d'usage que parmi les enfants et les nourrices, et en parlant le langage ordinaire des nourrices : *voilà un joli poupard.* — Espèce de poupée qui représente un enfant.

° **POUPART** s. m. Crustacé du genre des crabes, dont la chair est estimée. (Voy. Crabe.)

POUPART (François) [pou-par], anatomiste français, né Lu Mans en 1664, mort à Paris en 1709. Il a attaché son nom à l'arcade crurale connus sous le nom de *ligament de Poupart*, arcade s'étendant depuis l'apophyse antérieure supérieure de l'ilium jusqu'à l'épine du pubis, et qu'il fut le premier à décrire. Mais sa description n'est remarquable ni par l'originalité ni par l'exactitude.

° **POUPE** s. f. (lat. *puppis*). Partie de l'arrière d'un navire : *avoir le vent en poupe.* — Avoir le vent en poupe, être secondé, favorisé par les circonstances.

° **POUPÉE** s. f. (lat. *pupa*). Petite figure humaine faite de bois, de carton, de cire, etc., pour servir de jouet aux enfants : *acheter une poupée.* — C'est une vraie poupée, se dit d'une petite personne fort parée, fort ajustée. C'est une vieille poupée, se dit d'une personne âgée qui n'a point la maturité, la gravité convenable à son âge ou à son état. C'est un visage de poupée, se dit d'une jeune personne qui a le visage mignon et coloré, ou dont le visage manque d'expression.— Il en fait sa poupée, se dit d'un homme qui fait son amusement d'orner, d'embellir une petite maison, un cabinet ou autre chose semblable. — Petite figure qui sert de but, dans les lieux où l'on s'exerce à tirer au pistolet : *abattre la poupée.* — Paquet d'étoupe ou de filasse dont on garnit le fuseau. — Agric. Manière d'enter: enter en poupée.

POUPELINER v. a. Caresser, mignarder.

° **POUPIN, INE** adj. Qui a une toilette affectée : *une veure poupine.* — Substantiv. *Faire le poupin.* (Fam.)

° **POUPON** s. m. Jeune enfant qui a le visage plein et potelé : *voilà un beau poupon.*

° **POUPONNE** s. f. Jeune fille qui a le visage plein et potelé : *c'est une jolie pouponne.* — Se dit aussi fam. en signe d'amitié, et par forme de caresse : *ma pouponne.*

POUQUEVILLE (François-Charles-Hugues-Laurent), littérateur et voyageur né au Merlerault (Orne) en 1770, mort à Paris en 1838. Il fit ses études au collège de Caen, et venait d'entrer dans les ordres à Lisieux lorsque les événements de 1789 le firent changer de voie. Il étudia la médecine, et fut attaché à l'expédition d'Egypte ; fait prisonnier, en revenant en France, par une tartane livournaise, il fut déposé sur les côtes de la Morée et livré aux Turcs. Pendant sa captivité, il traduisit Anacréon. Il rentra en France en 1817 et fut admis en 1827 à l'Académie des inscriptions et belles-lettres. On a de lui: *Voyage à Morée, à Constantinople et en Albanie* (Paris, 3 vol. in-8°); *Voyage en Grèce* (1820-'22, 5 vol.); *Histoire de la Régénération de la Grèce* (Paris, 1824, 4 vol.).

° **POUR** (lat. *pro*), prép. qui sert à marquer le motif, ou la cause finale, ou la destination : *Dieu donne à l'homme pour soutiens l'espérance et la résignation.*

J'ai couru jusqu'ici pour fuir ce mariage.
Collin d'Harleville. *L'Inconstant,* acte III, sc. 11.

— En considération de, à cause de : *il fera cela pour vous.* — Fam. Et pour cause, sans rien ajouter, quand on ne veut pas exprimer la raison qu'on a de dire ou de ne pas dire, de faire ou de ne pas faire quelque chose : *je n'en dis pas davantage, et pour cause.* — Fam. et par manière de prière, Pour Dieu, pour l'amour de Dieu, au nom de Dieu : *pour Dieu, laissez-nous en paix.* — Moyennant un certain prix, en échange de : *j'ai donné mon argenterie pour un diamant.* — Eu égard à, par rapport à : *cet habit est bien chaud pour la saison.* — Précédé des mots Assez et Trop, s'emploie dans l'excès : *y en a-t-il assez pour tout le monde? cet habit est trop petit pour ma taille.* Quelquefois on peut supprimer l'adverbe Assez : *il y en aura pour tout le monde.* — S'emploie aussi dans les mêmes phrases, suivi d'un verbe à l'infinitif : *il est assez jeune pour s'instruire.* — En la place de, au lieu de : *il monte la garde pour son frère.* — Comme, de même que, en qualité de : *ils l'ont laissé pour mort sur la place.* — Etre pour beaucoup, pour peu dans quelque chose, n'y être pour rien, y avoir beaucoup de part, peu de part, n'y en avoir point du tout : *il n'est pas pour peu dans cette affaire.* — Au nom de, en faveur de : *la tendresse d'une mère pour ses enfants.* — Envers, à l'égard de : *Contre : la haine, l'aversion qu'il a pour lui.* — Sert à marquer le rapport entre une chose qui affecte en bien ou en mal, et la personne qui en est ou qui en doit être affectée : *c'est une grande perte pour vous.* — Précédé et suivi du même mot, marque : 1° Comparaison : *mourir pour mourir, il vaut mieux que ce soit en faisant son devoir.* 2° Action réciproque : *rendre amour pour amour.* 3° Correspondance exacte entre deux choses : *traduire mot pour mot.* — Pendant : *l'histoire est longue, il y en aura pour deux heures.* — Sert aussi quelquefois à marquer l'époque à laquelle une chose s'est faite ou se fera : *ce sera pour demain, pour après-demain.* — Quant à : *pour moi, je n'en ferai jamais rien.* — Joint avec l'infinitif des verbes, signifie souvent, afin de, en vue de, dans le dessein de : *j'ai fait tout mon possible pour gagner son amitié.* — Quoique, bien que : *il

est bien ignorant pour avoir étudié si longtemps.*

Ah ! pour être dévôt je n'en suis pas moins homme.
Tartufe, acte III, sc. III.

De quoi : *il y a ici pour contenter tous les goûts.* — Joint avec le passé de l'infinitif des verbes, signifie quelquefois, à cause que : *il a été chassé pour avoir trop parlé.* — Suivi de *Que,* se construit au subjonctif et signifie, afin que : *je suis venu vous voir pour que nous parlions de nos affaires.* — Pour que, s'emploie dans certaines phrases avec les adverbes Assez et Trop : *vous m'avez rendu trop de services, pour que je puisse jamais douter de votre amitié.* — Suivi de Que, a aussi le sens de quelque, adverbe : *il faut éviter de se faire un ennemi, pour petit qu'il soit.*

Pour grands que soient les rois, ils sont ce que nous sommes.
Corneille. *Le Cid,* acte I, sc. 1.

— S'emploie avec beaucoup de verbes, et leur fait prendre des significations très variées, qui sont des idiotismes : *prendre un homme pour un autre; passer pour honnête homme,* etc. (Voy. Prendre, Passer, etc. — s. il y a du pour et du contre dans cette affaire. — Pour peu que loc. conj. Si peu que : *pour peu que vous lui en parliez, pour peu que vous en preniez soin, l'affaire réussira.* — Pour lors loc. adv. Alors : *vous dîtes que cela arrivera; pour lors nous verrons ce qu'il y aura à faire.*

° **POURANA** s. m. Nom des poèmes sacrés qui contiennent la théologie des Hindous.

° **POURBOIRE** s. m. Petite libéralité en signe de satisfaction : *il a eu tant, sans compter le pourboire.*

° **POURÇAIN** (Saint-), ch.-l. de cant., arr. et à 26 kil. N. de Gannat (Allier), sur la rive gauche de la Sioule ; 3,500 hab. Tuileries; vins, grains, bestiaux.

° **POURCEAU** s. m. (lat. *porcellus*; diminut. de *porcus*). Porc, cochon : *graisser, tuer des pourceaux.* — Fig. et fam. C'est une vraie étable à pourceaux, se dit d'une maison malpropre. — Un pourceau d'Epicure, un voluptueux, un homme plongé dans les plaisirs des sens. — Prov. et fig. Semer des perles devant les pourceaux, montrer, présenter à quelqu'un des choses dont il ne connaît pas le prix, ou lui dire quelque chose dont il ne sent pas la délicatesse, la finesse. — Pourceau de mer; nom vulgaire d'une espèce de dauphin appelé Marsouin.

POURCEAUGNAC (Monsieur de), farce de Molière en 3 actes et en prose, représentée à Chambord le 5 oct. 1669.

° **POUR-CENT** s. m. Taux de l'intérêt calculé sur un capital de cent francs : *quel est le pour-cent qu'on vous offre ?*

POURCENTAGE s. m. Fixation du taux de l'argent.

POURCHAS s. m. [pour-châ]. Action de pourchasser; poursuite.

° **POURCHASSER** v. a Poursuivre, rechercher avec obstination, avec ardeur : *ils ont pourchassé un cerf pendant quatre jours.*

° **POURFENDEUR** s. m. Celui qui pourfend. N'est guère usité que dans cette locution ironique et familière, Un grand pourfendeur de géants, un fanfaron, un faux brave.

° **POURFENDRE** v. a. Fendre un homme de haut en bas d'un coup de sabre, de cimeterre : *pourfendre un géant.*

POURGA s. f. Tempête de neige particulière aux régions sibériennes.

° **POURGET** s. m. Ciment composé de cendres, de bouse de vache et de chaux, dont se sert pour enduire l'extérieur des ruches en osier, ou fermer les fentes des ruches en bois.

* **POURRITURE** s. f. Voy. POURRITURE.

* **POURLÉCHER** v. a. Lécher tout autour. — Se pourlécher v. pr. Passer sa langue sur ses lèvres : *il se pourléchait à l'idée d'un bon dîner.*

* **POURPARLER** s. m. Conférence, abouchement entre deux ou plusieurs personnes, pour parler d'accommodement, pour traiter d'affaires : *il y a eu plusieurs pourparlers entre les ministres de ces deux cours.*

* **POURPIER** s. m. Bot. Genre de portulacées, comprenant plusieurs espèces d'herbes charnues, à feuilles épaisses. On trouve chez nous le *pourpier des jardins (portulaca oleracea)*, plante potagère annuelle, à tiges couchées, lisses et succulentes, à saveur un peu âcre, qui se dissipe par la cuisson; à propriétés détersives et antiscorbutiques. Le pourpier se mange cru en salade, ou cuit comme assaisonnement. Sa variété la plus répandue est le pourpier doré. — POURPIER DORÉ, pourpier naissant qui se mange en salade. — POURPIER SAUVAGE, sorte de pourpier dont les feuilles sont plus petites que celles du pourpier ordinaire, et auquel on attribue des vertus médicinales. — POURPIER DE MER, nom vulgaire d'une espèce d'arroche, qui croît sur les bords de la mer, et dont les feuilles, charnues et remplies de suc, comme celles du pourpier, ont un goût salé.

* **POURPOINT** s. m. (bas lat. *perpunctum*). Partie de l'ancien habillement français qui couvrait le corps depuis le cou jusque vers la ceinture : *collet, manches, basques de pourpoint.* — TIRER UN COUP A BRULE-POURPOINT, le tirer à bout portant ou de très près. — TIRER SUR QUELQU'UN A BRULE-POURPOINT, LUI DIRE QUELQUE CHOSE A BRULE-POURPOINT, lui dire en face quelque chose de dur, de désobligeant. On dit de même, CE QU'IL VOUS DIT LA EST A BRULE-POURPOINT, est trop dur, trop grossier, pour être dit en face. On dit encore, IL Y A A BRULE-POURPOINT, il parle ou il agit sans détours, sans ménagement. — IL Y A LAISSÉ LE MOULE DU POURPOINT, DE SON POURPOINT, se dit d'un homme qui a péri en quelque occasion. On dit aussi, IL FAUT SAUVER LE MOULE DU POURPOINT, il faut sauver son corps, sa personne.

* **POURPRE** s. m. (lat. *purpura*). Rouge foncé qui tire sur le violet : *cette étoffe est d'un beau pourpre.* — LE POURPRE est une des couleurs du blason; il se marque, en gravure, par des traits diagonaux, allant de l'angle gauche du chef à l'angle droit de la base. — s. f. Teinture précieuse qui se tirait autrefois d'un certain coquillage testacé, nommé POURPRE, dont elle a pris le nom : *la pourpre de Tyr était la plus estimée.* — Etoffe teinte en pourpre qui était en usage parmi les anciens : *la pourpre était l'habillement des anciens rois.* — Fig. Dignité souveraine, dont elle était autrefois la marque : *être né dans la pourpre.*

    Règnes et triomphes, et joignez à la fois,
    La gloire des héros à *la pourpre des rois*.
        J. RACINE. *La Thébaïde*, acte IV, sc. III.

— Premières magistratures de l'ancienne Rome, et dignité des cardinaux : *la pourpre romaine.* — Adjectiv. *Couleur pourpre.* — POURPRE DU CASSIUS. (Voy. *Cassius*.) — ENCYCL. La pourpre est une couleur obtenue par un mélange de rouge et de bleu; elle présente des nuances différentes, suivant que l'un ou l'autre de ces éléments domine. Chez les anciens, ce fut souvent l'insigne distinctif de la royauté. La pourpre tyrienne, celle des Grecs et des Romains, se tirait du *murex*, genre de mollusques gastéropodes de la Méditerranée. Plus tard, on fit de la pourpre avec le lichen appelé orseille. — Les résidus du goudron de houille en fournissent aujourd'hui abondamment toutes les nuances.

* **POURPRE** s. m. Maladie grave, qui se manifeste au dehors par de petites taches rouges qui viennent sur la peau : *il est malade du pourpre.*

* **POURPRÉ, ÉE** adj. De couleur de pourpre : *du rouge pourpre.* — FIÈVRE POURPRÉE, fièvre qui est accompagnée de pourpre.

* **POURPIER** s. m. Mollusque qui vit dans les coquillages nommés pourpres.

POURPRIN, INE adj. Qui est de couleur pourpre.

* **POURPRIS** s. m. Enceinte, enclos ; ce qui enferme un lieu, un espace : *le pourpris d'un temple.* (Vieux.)

    Si ce *pourpris* ne peut garder,
    Tout vif me puisse-t-on larder
    Si jamais hom vivant y entre.
        Roman de la Rose.

— Poétiq. LE CÉLESTE POURPRIS, LES CÉLESTES POURPRIS, les cieux : *les habitants des célestes pourpris.*

* **POURQUOI** conj. Pour quelle chose, pour laquelle chose : *vous étiez absent, voilà pourquoi l'on vous a oublié.*

    Et savez-vous *pourquoi* monsieur le chasse ainsi?
      COLLIN D'HARLEVILLE. *L'Inconstant*, acte II, sc. II.

— On dit quelquefois, LA RAISON POURQUOI, la raison pour laquelle. — Fam. VOUS FEREZ TELLE CHOSE OU VOUS DIREZ POURQUOI, se dit, par manière de commandement et de menace, pour faire entendre à quelqu'un qu'il ne peut se dispenser de faire la chose dont il s'agit. On dit de même, IL FAUT QU'IL VIENNE, OU QU'IL DISE POURQUOI. — Fam. DEMANDEZ-MOI POURQUOI, je ne sais pas pourquoi : *demandez-moi pourquoi il s'est mis en colère.* — Adv. d'interrogation. Par quelle raison ? *vous voulez que j'aille voir cet homme; pourquoi?* — Substantiv. *Je voudrais bien savoir le pourquoi de cette affaire.* — Fam. Vos POURQUOI NE FINISSENT PAS, se dit à une personne qui demande coup sur coup la raison, le motif des choses.

* **POURRI, IE** part. passé de POURRIR. Altéré, gâté : *pomme pourrie.* — UN HOMME POURRI D'ULCÈRES, DE CHANCRES, etc., un homme rongé d'ulcères, de chancres, etc. UN HOMME POURRI, TOUT POURRI, un homme atteint profondément de maux secrets et honteux. — C'EST UN MEMBRE POURRI, se dit d'une personne dangereuse pour la société, ou qui déshonore la compagnie, le corps dont elle fait partie : *c'est un membre pourri qu'il faut retrancher.* — Fig. C'EST UN CŒUR POURRI, se dit d'un homme bas et corrompu. — C'EST UNE PLANCHE POURRIE, se dit d'une personne sur laquelle on ne peut pas compter. — UN TEMPS POURRI, un temps humide et malsain. — s. *Cela sent le pourri.*

POURRIÈRES, *Campi Putridi*, commune du cant. de Saint-Maximin, arr. à 50 kil. N.-O. de Brignoles (Var); 2,000 hab. Célèbre par la victoire que Marius y emporta sur les Teutons l'an 402 av. J.-C. 300,000 barbares ayant été laissés sans sépulture sur le champ de bataille, le lieu du combat fut appelé *Campi putridi* (champs putrides).

* **POURRIR** v. n. (lat. *putrescere*). S'altérer, se gâter, se corrompre : *les fruits pourrissent quand on les garde trop longtemps.* — Fam. POURRIR DANS L'ORDURE, DANS LA MISÈRE, croupir dans l'ordure, dans la misère. — POURRIR DANS LE VICE, DANS SON ORDURE, persister dans son péché, dans ses habitudes vicieuses. — IL NE POURRIRA PAS DANS CET EMPLOI, se dit d'un homme qui a pris un emploi où l'on croit qu'il ne restera pas longtemps. — Vulgair. CE REMÈDE FAIT POURRIR LE RHUME, il le mûrit, et fait que l'on en guérit aisément. On dit aussi, CE REMÈDE POURRIT LE RHUME, et alors pourrir est actif. — Fig. FAIRE POURRIR UN HOMME EN PRISON, l'y tenir longtemps. On dit de même, SI UNE FOIS IL EST EN PRISON, IL Y POURRIRA, il n'en sortira jamais. — v. a. Altérer, gâter, corrompre : *l'eau pourrit le bois.* — Se pourrir v. pr. *Cette pièce de bois s'est pourrie.*

* **POURRISSAGE** s. m. Papet. Opération qui consiste à faire macérer les chiffons dans l'eau, pour faciliter leur trituration.

* **POURRISSOIR** s. m. Papet. Lieu où l'on fait pourrir et fermenter les chiffons.

* **POURRITURE** s. f. Corruption, état de ce qui est pourri : *sa jambe est si gangrenée, qu'elle tombe en pourriture.* — Méd. POURRITURE D'HOPITAL, espèce de gangrène qui survient quelquefois aux plaies et aux ulcères des malades qu'on traite dans les hôpitaux.

* **POURSUITE** s. f. (rad. *poursuivre*). Action de celui qui poursuit quelqu'un, qui court après quelqu'un pour l'atteindre, pour le prendre : *nous l'avons manqué aujourd'hui, nous reprendrons demain notre poursuite.* — Fig. Soins qu'on prend, diligences qu'on fait pour obtenir quelque chose : *on a employé beaucoup de temps et d'argent à la poursuite de cette chimère.* — Procéd. Démarches, diligences, procédures qu'on fait pour obtenir le payement d'une créance, le redressement d'un grief, etc. : *tous ces papiers contiennent les poursuites qu'on a faites.*

* **POURSUIVANT** s. m. Celui qui brigue pour obtenir quelque chose : *ils sont deux ou trois poursuivants qui demandent cette charge, cet emploi.* — POURSUIVANT D'ARMES, se disait anciennement d'un gentilhomme qui s'attachait aux hérauts d'armes, et qui aspirait à leur charge. — Procéd. Celui qui exerce des poursuites. Se dit particul. en matière de saisies, d'expropriations forcées, de ventes judiciaires, de distributions et d'ordres : *à défaut par le poursuivant d'agir utilement, le second saisissant peut se faire subroger dans la poursuite.* On dit adjectiv. CRÉANCIER POURSUIVANT, AVOUÉ POURSUIVANT. — Celui qui recherche une femme en mariage, qui prétend à sa main : *cette veuve avait beaucoup de poursuivants.*

POURSUIVEUR s. m. Celui qui a l'habitude de poursuivre.

* **POURSUIVRE** v. a. (lat. *persequi*). Suivre quelqu'un avec vitesse, courir après quelqu'un dans le dessein de l'atteindre, de le prendre : *poursuivre vivement, chaudement.* On le dit aussi en parlant des animaux : *le chien poursuit le gibier.* — Fig. Persécuter, tourmenter, obséder, troubler : *il y a une foule de gens qui le poursuivent sans motif.*

    Je ne sais de tout temps quelle injuste puissance
    Laisse le crime en paix et *poursuit* l'innocence.
        J. RACINE. *Andromaque*, acte III, sc. 1re.

— Employer ses soins, faire ses diligences pour obtenir quelque chose : *poursuivre une charge, une dignité, un emploi*, etc. — POURSUIVRE UNE FILLE EN MARIAGE, la rechercher en mariage. Il vieillit. — Continuer ce qu'on a commencé : *cet enfant n'a pas poursuivi ses études, il est sorti du collège en troisième.*

    Un poignard à la main, l'implacable Athalie,
    Au carnage animait ses barbares soldats
    Et *poursuivait* le cours de ses assassinats.
        Athalie, acte I, sc. II.

— Absol. *Vous avez bien commencé, poursuivez.* — Fig. et fam. POURSUIVRE SA POINTE, continuer son dessein, l'entreprise qu'on a faite, avec la même chaleur, la même vigueur qu'on l'a commencée. — Procéd. Agir contre quelqu'un par les voies de la justice : *poursuivre quelqu'un devant les tribunaux, devant tel tribunal.* — POURSUIVRE UN PROCÈS, UNE AFFAIRE, UNE EXPROPRIATION, UN ARRÊT, etc., faire toutes les procédures, toutes les diligences nécessaires pour faire juger un procès, une affaire, pour obtenir une expropriation, un arrêt, etc. On dit quelquefois absol. POURSUIVRE, dans le même sens : *ne voulez-vous pas poursuivre.* — Se poursuivre v. pr. *Cette affaire se poursuit.* — ACHE-TER, VENDRE, LOUER UNE MAISON, UNE TERRE, UNE FERME, AINSI QU'ELLE SE POURSUIT ET COMPORTE, sans en faire un plus long détail, une plus longue description.

* POURTANT adv. Néanmoins, cependant: *il est habile, et pourtant il a fait une grande faute.*

* POURTOUR s. m. Tour, circuit de certains objets : *ce pavillon, cette colonne a tant de pourtour.* — Théâtre. Compartiment demi-circulaire du rez-de-chaussée.

POURTRAIRE v. a. Faire le portrait de.

POURTRAITURE s. f. Portrait. (Vieux.)

* POURVOI s. m. (rad. *pourvoir*). Jurispr. Action par laquelle on attaque devant la cour de cassation un jugement rendu en dernier ressort, pour défaut de forme ou pour infraction à la loi : *le pourvoi a été admis, a été rejeté.* — Recours à d'autres tribunaux, à d'autres autorités : *pourvoi devant le Conseil d'Etat.* — Le pourvoi en cassation est une voie de révision ouverte aux parties et au ministère public, pour faire annuler les juge-ments ou les arrêts, lorsque la loi a été mal appliquée ou mal interprétée, ou lorsque les formalités légales de la procédure ont été omises. (Voy. CASSATION.) On donne quelque-fois le nom de pourvoi au recours qui est ou-vert devant le Conseil d'Etat, contre les déci-sions rendues en matière contentieuse par les conseils de préfecture; mais c'est plutôt ici un appel qu'un pourvoi proprement dit. (Voy. CONSEIL.)

* POURVOIR v. n. (lat. *providere*). (Se con-jugue comme *Voir*, excepté au prétérit défini de l'indicatif : *Je pourvus, tu pourvus, il pour-vut, nous pourvûmes, vous pourvûtes, ils pour-vurent*; au futur, *Je pourvoirai*; au condi-tionnel présent, *Je pourvoirais*; à l'imparfait du subjonctif, *Que je pourvusse*.) Donner ordre à quelque chose; fournir ce qui est nécessaire, suppléer à ce qui manque : *voilà bien du dé-sordre, il faut y pourvoir.* — POURVOIR A UN BÉNÉFICE, A UN OFFICE, A UN EMPLOI, le conférer, y nommer : *le pape, l'évêque pourvoyait à cette espèce de bénéfices.* — v. a. En parlant de bénéfices, d'offices, d'emplois; il a pour régime la personne à qui l'on pourvoit l'office, l'emploi est conféré : *il possède tel bénéfice, le pape, l'évêque l'en a pourvu.* — Munir, garnir : *pourvoir une place de vivres, de munitions.* — Orner, douer : *le ciel, la nature l'a pourvu de bonnes qualités.* — Fig. Etablir par un mariage, par quelque emploi, par quelque charge : *ce père a bien pourvu tous ses enfants.* — Se pourvoir v. pr. Procéd. Intenter action devant un juge, recourir à un tribunal, à une autorité: *si vous ne me faites raison, je me pourvoirai en justice.* — Se munir : *se pourvoir l'été pour l'hiver.* — SE POURVOIR EN COUR DE ROME, demander au pape quelque grâce, quelque bénéfice, quelque dispense.

* POURVOIRIE s. f. Lieu où se gardent les provisions que les pourvoyeurs sont chargés de fournir : *la pourvoirie du roi, de la reine.*

* POURVOYEUR s. m. Celui qui est chargé de fournir à quelqu'un, à quelque maison, la viande, la volaille, le gibier et le poisson: *les pourvoyeurs se sont obligés de fournir les pièces à tel prix.* — ~ Entremetteur.

* POURVU conj. cond., qui est toujours suivie médiatement ou immédiatement de QUE. En cas, à condition : *il vous accordera votre demande, pourvu que vous fassiez...*

POUSCHKINE. Voy. POUSKIN.

POUSSAH s. m. Jouet d'enfant consistant en un buste de carton qui représente un magot porté par une boule de pierre sur laquelle il tourne et se balance longtemps quand on le pousse.

* POUSSE s. f. (du lat. *pulsare*, pousser). Jet, petite branche que les arbres, les arbris-seaux poussent au printemps et au mois d'août. LA PREMIÈRE POUSSE, les jets qui vien-nent au mois de mars et d'avril; et, LA SE-CONDE POUSSE, ceux qui viennent au mois d'août.

* POUSSE s. f. Maladie des chevaux, qui se manifeste par la gêne de la respiration et par l'irrégularité du mouvement des flancs: *la pousse est un cas rédhibitoire.*

* POUSSE s. f. Terme populaire, par lequel on désigne collectivement ceux qui sont or-dinairement employés à mettre à exécution les contraintes par corps: *la pousse l'arrêta.* (Vieux.)

* POUSSÉ, ÉE part. passé de POUSSER. — VIN POUSSÉ, vin gâté par une chaleur qui le fait fermenter hors de saison.

POUSSE-CAFÉ s. m. Eau-de-vie que l'on prend après le café : *des pousse-café.*

* POUSSE-CUL s. m. Terme populaire, dont on se sert en parlant de certains agents subalternes qui aident à mener les gens en prison : *on a mis vingt pousse-culs à ses trousses.* (Vieux.)

* POUSSÉE s. f. Action de pousser, effet de ce qui pousse. Se dit particul. en architec-ture : *il faut que ces arcs-boutants soient bien forts et bien construits pour soutenir la poussée, pour retenir la poussée de cette voûte, de cette arcade, de cette terrasse.* — DONNER LA POUSSÉE A QUELQU'UN, poursuivre vivement quelqu'un, lui faire grand'peur, le tourmenter: *les re-cors lui ont donné la poussée.* — VOUS AVEZ FAIT LA UNE BELLE POUSSÉE, se dit d'un homme qui a fait une entreprise malheureuse ou ridicule.

* POUSSE-PIEDS s. m. Nom vulgaire d'un genre de coquillage multivalve, nommé au-trement ANATIFE, parce qu'on a cru long-temps qu'il en pouvait naître des canards: *des pousse-pieds.*

* POUSSER v. a. (lat. *pulsare*). Faire effort contre quelqu'un ou contre quelque chose, pour l'ôter de sa place : *pousser quelque chose avec la main, avec le pied.* — POUSSER QUEL-QU'UN DU COUDE, DU GENOU, le toucher douce-ment avec le coude, avec le genou, pour l'a-vertir de quelque chose, pour lui faire prendre garde à quelque chose. — POUSSER LES ENNE-MIS, les faire reculer. — Fig. Faire avancer quelqu'un dans le monde, le faire monter en grade, lui faciliter les moyens de faire sa fortune : *pour réussir dans cette carrière, il faut être poussé par des gens en crédit.* — POUSSER UN ÉCOLIER, UN ÉLÈVE, lui faire faire des progrès : *ce maître ne pousse pas assez ses élèves.* — POUSSER UN CHEVAL, le faire galoper à toute bride. — POUSSER SON BIDET, marcher rapidement vers la fortune : *il a bien poussé son bidet.* — POUSSER LE TEMPS AVEC L'ÉPAULE, temporiser, tâcher de gagner du temps. Se désennuyer comme on peut, en attendant le moment que l'on désire. — Imprimer quel-que mouvement à un corps, soit en le jetant, soit en le frappant : *les vents ont poussé le na-vire dans les rochers, sur des récifs.* — POUSSER LA PORTE AU NEZ DE QUELQU'UN, empêcher quel-qu'un d'entrer, en faire brusquement ouvrir : *il voulait entrer dans la chambre, mais on lui poussa la porte au nez.* — POUSSER UN CLOU DANS UNE MURAILLE, DANS DU BOIS, l'y faire entrer à force, en le frappant avec le mar-teau. — POUSSER UN COUP DE FLEURET, UN COUP D'ÉPÉE, UNE BOTTE A QUELQU'UN, lui porter un coup de fleuret, un coup d'épée, une botte. — POUSSER UNE BOTTE A QUELQU'UN, l'attaquer de paroles et le presser vivement. — POUSSER SA POINTE, continuer ce qu'on a entrepris avec la même chaleur qu'on l'a commencé. — POUSSER LA VOIX, LA POUSSER DAVANTAGE, parler plus haut. Il vieillit. — POUSSER DES CRIS, crier. POUSSER DES SOUPIRS, soupirer. — Menuis. et Maçonn. POUSSER DES MOULURES, former des moulures sur le bois, sur le plâtre, dans la pierre, avec les instru-ments convenables : *pousser une moulure à la main, au rabot.* — Dor. et Rel. POUSSER DES FILETS, DES NERVURES, etc., former sur le cuir ces sortes d'ornements, en y appliquant de l'or en feuilles par le moyen de roulettes ou de fers à dorer. — Porter plus loin, re-culer : *le morceau de terre qu'il vient d'acheter le force à pousser son mur de clôture plus loin.* — Prolonger, étendre : *ce prince a poussé ses conquêtes bien loin.* — Fig. et au sens moral, Porter, étendre : *pousser la raillerie trop loin.*

Il attirait les yeux de l'assemblée entière
Par l'ardeur dont au Ciel il poussait sa prière.
Tartufe, acte Ier, sc. vi.

— POUSSER SES SUCCÈS, les augmenter, les continuer. — POUSSER SON TRAVAIL, s'en oc-cuper avec ardeur, avec continuité, et de ma-nière à le faire avancer vers sa fin. On dit de même, POUSSER DES TRAVAUX, LES POUSSER AVEC ACTIVITÉ. — POUSSER JUSQU'AU BOUT L'A-VENTURE, suivre jusqu'à son dénoûment, jus-qu'à sa conclusion une aventure dans laquelle on s'est engagé. — Absol. et fam. Poussez, allez toujours, continuez. — Fig. Attaquer, offenser, choquer, presser : *si vous le poussez davantage, il sera obligé de se défendre.* — Fig. POUSSER QUELQU'UN A BOUT, le mettre en co-lère, à force d'abuser de sa patience : *vous me poussez à bout.* On dit de même, POUSSER A BOUT LA PATIENCE DE QUELQU'UN. — En parlant d'une discussion, POUSSER A BOUT QUEL-QU'UN, le réduire à ne pouvoir répondre. — Fig. POUSSER QUELQU'UN DE QUESTIONS, DE PLAI-SANTERIES, le questionner beaucoup, le plai-santer beaucoup. — POUSSER QUELQU'UN DE NOURRITURE, DE BONNE CHÈRE, le faire trop manger : *il faut éviter de pousser les enfants de nourriture, de bonne chère.* IL EST POUSSÉ DE NOURRITURE, il a beaucoup mangé. — Fig. Engager fortement, induire, inciter : *on l'a poussé à se fâcher, à se battre, à déshérité son fils.* — Se dit en outre des arbres et des plantes, dont les racines, les branches, les fleurs, etc., croissent, se développent : *les arbres commencent à pousser des boutons, des feuilles.* — Pousser v. n. Se dit de tout ac-croissement qui a lieu dans les arbres et dans les plantes : *les arbres commencent à pousser.* — Se dit aussi de la barbe, des cheveux, du poil, des ongles, etc.: *sa barbe, ses cheveux, ses ongles, ont beaucoup poussé pendant sa maladie.* — Archit. Se dit des terres, des voûtes, etc., qui font effort, par leur poids, contre les constructions destinées à les sou-tenir : *les terres ont poussé contre le mur du quai, de la terrasse.* — CE MUR POUSSE EN DE-HORS, il se jette en dehors, il fait un ventre, et menace ruine. — POUSSER A LA ROUE, aider : *il aurait obtenu cette grâce, si quelqu'un avait poussé à la roue.* — POUSSER AUX ENNEMIS, aller aux ennemis pour les charger. — Fam. POUSSER JUSQU'A TEL ENDROIT, continuer sa route, sa marche jusqu'à tel endroit : *nous poussâmes jusqu'à la ville.* — CE TABLEAU POUSSE AU NOIR, ses couleurs noircissent. — Se dit aussi des chevaux qui battent des flancs, lorsqu'ils ont la respiration difficile : *un cheval qui pousse.* — Se pousser v. pr. Pousser soi : *il s'est poussé tout seul.* — SE POUSSER DE NOURRITURE, manger avec excès.

* POUSSETTE s. f. Jeu d'enfants, qui con-siste à mettre deux épingles en croix l'une sur l'autre, chacun poussant la sienne à son tour; celle qui se trouve dessus gagne l'autre: *jouer à la poussette.*

POUSSEUR, EUSE s. Personne qui pousse, qui a l'habitude de pousser.

* POUSSIER s. m. (rad. *pousse*). Menu char-bon, espèce de charbon qui demeure au fond d'un bateau ou d'un sac de charbon : *ce n'est point du charbon, ce n'est que du poussier.* — On dit, dans un sens analogue, DU POUSSIER

DE MOTTES A BRULER. — Poussière de poudre à canon. — Maçonn. Recoupes de pierre passées à la claie, qu'on mêle au plâtre pour carreler, afin d'empêcher que le plâtre ne bouffe.

* POUSSIÈRE s. f. Terre réduite en poudre très fine : *un nuage de poussière leur dérobait la vue des ennemis.*

Et, pour mieux asservir les peuples sous ses lois,
Souvent avec la poussière il leur cherche des rois.
J. RACINE, Alexandre, acte 1er, sc. II.

— Poétiq. MORDRE LA POUSSIÈRE, être tué dans un combat : *il fit mordre la poussière à son ennemi.* — Poétiq. IL S'EST COUVERT, IL EST COUVERT D'UNE NOBLE POUSSIÈRE, se dit d'un homme de guerre qui s'est trouvé dans plusieurs combats. — TIRER QUELQU'UN DE LA POUSSIÈRE, le tirer d'un état bas et misérable. — Par une sorte de mépris LA POUSSIÈRE DU GREFFE, LA POUSSIÈRE DE L'ÉCOLE, LA POUSSIÈRE DU COLLÉGE, etc., le greffe, l'école, le collège, etc. : *on l'a tiré de la poussière du collège pour l'élever à ce haut emploi.* — Bot. POUSSIÈRE FÉCONDANTE OU POLLEN, corpuscules qui sont réunis comme une poussière dans les anthères des étamines, et qui sont le principe de la fécondation.

POUSSIÉREUX, EUSE adj. Qui ressemble à la poussière; qui est couvert de poussière.

* POUSSIF, IVE adj. (rad. *pousse*). Qui a la pousse. Ne se dit proprement que des chevaux : *un cheval poussif.* — Substantiv. Par ext., il est pop. C'EST UN GROS POUSSIF, se dit d'un gros homme qui a quelque peine à respirer.

* POUSSIN s. m. (lat. *pullus*). Petit poulet nouvellement éclos : *une poule qui appelle ses poussins, qui rassemble ses poussins* — IL EST EMPÊCHÉ COMME UNE POULE QUI N'A QU'UN POUSSIN, se dit d'un homme trop embarrassé de peu de chose.

POUSSIN. I. (Nicolas), peintre français, né près des Andelys le 19 juillet 1594, mort à Rome le 19 nov. 1665. Il se fit connaître par une *Mort de Germanicus* et une *Prise de Jérusalem* qu'il peignit à Rome pour le cardinal Barberini. En 1639, Louis XIII le nomma son premier peintre; mais, en 1642, des rivaux jaloux l'obligèrent de retourner à Rome. Le Louvre contient une magnifique collection de ses grands morceaux historiques, entre autres : le *Déluge*, l'*Enlèvement des Sabines*, *Moïse sauvé des eaux*, le *Christ apparaissant à la prière de saint François Xavier et guérissant une Japonaise*, que Waagen appelle le meilleur de ses tableaux d'autel, et son fameux *Et in Arcadia Ego*. La galerie nationale britannique possède quelques-unes de ses plus belles œuvres purement classiques ou mythologiques, comme *La Danse des Bacchanales* qui réfléchit avec une fidélité merveilleuse l'esprit de la sculpture antique. Mais ses plus remarquables ouvrages en Angleterre sont les deux séries des sept sacrements qui se trouvent au château de Belvoir et dans la galerie de Bridgewater. Il a une douceur de ton et d'expression infinie, et cependant il arrive parfois à la brutalité la plus révoltante, comme dans son *Martyre de saint Erasme*, qui est au Vatican. Ses paysages sont ornés de monuments anciens ou de figures de style « héroïque ». — II (Gaspard) son beau-frère, né à Rome en 1613, mort en 1675. Son nom était Dughet. Il épousa la sœur de Poussin, qui l'adopta et fut son maître. Il excellait dans le paysage et la peinture idéale, surtout dans les effets d'atmosphère pendant l'orage. On considère comme son chef-d'œuvre le *Sacrifice d'Abraham*, qui est dans la galerie nationale britannique.

POUSSINÉE s. f. Quantité de poussins.

* POUSSINIÈRE s. f. Nom vulgaire de la constellation des Pléiades. — ~~ Grande cage à compartiments, dans laquelle on élève les jeunes poulets.

* POUSSOIR s. m. Horlog. Cylindre terminé par un bouton qu'on pousse pour faire sonner une montre à répétition.

* POUSSOLANE. Voy. POUZZOLANE.

POUTCHOU s. m. Langue des Afghans.

* POUT-DE-SOIE s. m. Voy. POU-DE-SOIE.

POUTRAGE s. m. Charpente formée avec des poutres assemblées.

* POUTRE s. f. (bas lat. *pulpetrum*). Grosse pièce de bois équarri, qui sert à soutenir les solives ou les planches d'un plancher, et qu'on emploie aussi dans la construction des ponts, des navires, etc. : *mettre une poutre en place.* — Fig. VOIR UNE PAILLE DANS L'ŒIL DE SON PROCHAIN, ET NE PAS VOIR UNE POUTRE DANS LE SIEN, remarquer jusqu'aux moindres défauts d'autrui, et ne pas voir les siens, quelque grands qu'ils soient.

* POUTRELLE s. f. Petite poutre : *dans ce bâtiment il ne faut que des poutrelles.*

POUTURE s. f. Mode d'engraissement des bestiaux, pratiqué presque exclusivement avec des graines farineuses.

*POUVOIR v. n. (lat. *posse* ou *pottere*). *Je puis* ou *je peux, tu peux, il peut; nous pouvons, vous pouvez, ils peuvent. Je pouvais. Je pus, tu pus, il put; nous pûmes, vous pûtes, ils purent. J'ai pu. Je pourrai. Je pourrais. Que je puisse. Que je pusse. Que j'eusse pu. Pouvant.* Avoir la faculté, être en état de : *pouvoir marcher.* Quand le pronom *je* doit suivre le verbe, on préfère PUIS à PEUX : on dit mieux, PUIS-JE VOUS ÊTRE UTILE? que PEUX-JE VOUS ÊTRE UTILE. — SAUVE QUI PEUT, se sauve qui pourra, se tire du péril qui pourra : *le cri de sauve qui peut se fit entendre.* — JAN QUI NE PEUT, se dit lorsqu'on bat une dame ou le coin à faux. Cela se dit aussi lorsqu'une dame ne peut pas être jouée. — N'EN POUVOIR PLUS, être dans un accablement causé, soit par la vieillesse, soit par la maladie, soit par la fatigue, le travail, la faim, la soif, etc. : *il est fatigué à n'en pouvoir plus.*

Le baudet n'en peut plus; il mourra sous leurs coups.
LA FONTAINE.

— NE POUVOIR MAIS D'UNE CHOSE, n'avoir contribué en aucune manière à quelque chose de fâcheux, à un malheur, n'en être pas cause : *on l'accuse fort injustement de telle chose, il n'en peut mais.* On emploie cette façon de parler à l'affirmative avec interrogation : *si cela est arrivé, en puis-je mais.* — Prov. TEL EN PATIT QUI N'EN PEUT MAIS, se dit en parlant d'une personne qui porte la peine d'une faute à laquelle elle n'a point de part. — SI JEUNESSE SAVAIT ET VIEILLESSE POUVAIT, la jeunesse avait de l'expérience, et que la vieillesse eût de la force ! — S'emploie au subjonctif pour une manière de vœu, de souhait : *puisse le ciel vous donner de longs jours !*

Puisse le ciel, tous deux vous prenant pour victimes,
Laisser tomber sur vous la peine de mes crimes,
Puissiez-vous ne trouver dedans votre union,
Qu'horreur, que jalousie et que confusion ;
Et pour vous souhaiter tous les malheurs ensemble,
Puisse naître de vous un fils qui me ressemble !
Rodogune: Imprécation de Cléopâtre.

— Se dit souvent pour marquer la possibilité de quelque événement, de quelque dessein : *il pourrait bien en mourir.* — S'emploie impersonnellement, dans cette signification : *il se peut que votre projet réussisse.* — PEUT-ÊTRE. (Voyez cette expression à son rang alphabétique.) — Pouvoir v. a. Avoir l'autorité, le crédit, le moyen, la faculté, etc., de faire: *vous pouvez tout sur lui, sur son esprit.* — JE NE PEUX QU'Y FAIRE, je n'ai aucun moyen d'empêcher la chose dont il s'agit. — ON NE PEUT PLUS, ON NE PEUT MIEUX, il n'est pas possible de faire ou d'être plus, de faire ou d'être mieux.

*POUVOIR s. m. Faculté de faire. En ce sens, il ne se dit qu'au singulier : *je n'ai ni le pouvoir, ni la volonté de vous nuire.*

Nos biens comme nos maux sont en notre pouvoir.
MATHURIN RÉGNIER.

— On le dit aussi des choses : *le feu a le pouvoir de calciner, de dissoudre tous les corps.* — AVOIR UNE PERSONNE OU UNE CHOSE EN SON POUVOIR, l'avoir à sa disposition, pouvoir en disposer à son gré : *il a tous ces papiers en son pouvoir.* On dit de même, ÊTRE TOMBÉ AU POUVOIR DE QUELQU'UN, EN SON POUVOIR. — AVOIR UNE CHOSE EN SON POUVOIR, la posséder, en avoir la possession : *la plupart des choses que nous avons en notre pouvoir cessent de nous plaire.* — Droit, faculté d'agir pour un autre. en vertu de l'ordre, du mandement qu'on en a reçu, soit de bouche, soit par écrit : *il fit cet achat de tableaux pour un tel, suivant le pouvoir qu'il en avait.* — ÊTRE FONDÉ DE POUVOIR, DE POUVOIRS, avoir reçu d'une personne l'autorisation de suivre une affaire à sa place. On dit aussi substantiv. UN FONDÉ DE POUVOIRS. — Acte par lequel on donne pouvoir d'agir, de faire, etc.: et, en ce sens, il se met souvent au pluriel : *il a donné un pouvoir à son frère de transiger pour lui.* — Particul. Puissance, autorité, droit de commander : *les deux princes se sont partagé le pouvoir.* — Se dit quelquefois des personnes mêmes qui sont investies du pouvoir, de l'autorité politique : *flatter, encenser le pouvoir.* — Crédit, empire, ascendant. En ce sens, il ne se dit qu'au singulier : *il a beaucoup de pouvoir dans cette maison.* — Jurispr. Capacité de faire une chose : *un furieux, un mineur n'ont pas pouvoir de faire testament.* — pl. Discipl. ecclés. Pouvoir de confesser donné à un prêtre par son évêque : *ce prêtre a ses pouvoirs.*

POUYASTRUC, ch.-l. de cant., arr. et à 10 kil. N.-E. de Tarbes (Hautes-Pyrénées); 900 hab. Poterie.

POUZAUGES, ch.-l. de cant., arr. et à 40 kil N. de Fontenay-le-Comte (Vendée); 2,000 hab. Moulins ; tanneries ; commerce de lin, de chanvre, de coutellerie, de ferblanterie, etc.

* POUZZOLANE, Poussolane OU POZZOLANE (pou-zo) (ital. *pozzuolana*) s. f. Terre volcanique rougeâtre, qu'on mêle avec de la chaux pour en faire un mortier qui se durcit dans l'eau : *la pouzzolane des environs de Naples, près Pouzzoles, est la plus estimée.* — La pouzzolane est un minéral volcanique, poreux et rougeâtre, trouvé près de Pouzzoles (Pozzuoli), dans l'Italie méridionale, et près d'Andernach dans la Prusse rhénane, où on l'appelle *trass.* C'est surtout un silicate d'alumine déshydrogéné mêlé à d'autres terres et à des alcalis; elle se forme par l'épanchement des flots de lave basaltiques sur des lits argilacés, ou par d'autres procédés analogues. La pouzzolane et le trass servent à la préparation des ciments hydrauliques.

POUZZOLANIQUE adj. Qui a rapport à la pouzzolane.

POUZZOLES (ital. *Pozzuoli*; anc. *Puteoli*), ville d'Italie, sur la baie de Pouzzoles, à 10 kil. O. de Naples; 11,651 hab. Elle est célèbre pour ses antiquités, qui comprennent un amphithéâtre, un des plus grands qui existent, plusieurs temples, et les ruines que l'on croit être celles de la villa de Cicéron. L'ancienne Puteoli était une cité campanienne d'origine grecque, qui, malgré la distance, était en réalité le port le plus utile de Rome. C'était un grand centre de commerce et une ville à la mode, comme Baïes, de l'autre côté de la baie. Les guerres et les éruptions volcaniques réitérées du XIIe et du XVIe siècle en détruisirent l'importance.

POWHATAN (pô-ha-tann'), sachem indien d'Amérique, né vers 1550, mort en 1618. Il s'éleva, du rang de simple chef au commandement de 30 tribus qui comptaient environ 8,000 têtes. Son territoire comprenait le pays entre les rivières James et Patuxent, et à l'intérieur aussi loin que les chutes des grandes rivières. Lorsque John Smith, suivant son propre récit, fut fait prisonnier et sur le point d'être mis à mort, Powhatan, cédant à l'intervention de sa fille Pocahontas, épargna sa vie. Les querelles entre Powhatan et les Anglais ne cessèrent que par le mariage de sa fille avec Rolfe, après quoi il resta leur fidèle ami.

POYET. I. (Guillaume), chancelier de France, né à Angers, vers 1474, mort en 1548. Il fut l'avocat de Louise de Savoie, dans son procès contre le connétable de Bourbon, devint chancelier en 1538, rédigea en 1539 la fameuse ordonnance dite *Guilleminne* et se fit l'instrument de la haine du connétable de Montmorency contre l'amiral Chabot. Accusé de malversation, il fut jeté à la Bastille en 1542 et fut privé de ses dignités, déclaré inhabile à exercer aucune charge et condamné à une amende de 100,000 livres, par un arrêt du parlement en 1545. — II. (Bernard), architecte, né à Dijon en 1742, mort à Paris en 1824. Il a élevé la façade de Corps législatif du côté du pont de la Concorde et a laissé quelques projets, avec *Mémoires* à l'appui.

POZZO DI BORGO (Carlo-Andrea, COMTE) [po-tso di bor-go], diplomate russe, né à Alala (Corse), le 8 mai 1764, mort à Paris le 15 févr. 1842. Il était avocat à Ajaccio; il fut membre de l'Assemblée législative française en 1791-'92; il gouverna ensuite, conjointement avec Paoli, la Corse sous le protectorat des Anglais, et, lors de leur expulsion, en 1796, il émigra en Angleterre. En 1798, il alla à Vienne négocier une coalition contre la France, et en 1803, il devint conseiller d'État en Russie, et fut employé à diverses missions. Il quitta le service de la Russie en 1808, à cause des relations amicales qui s'étaient établies entre Alexandre et Napoléon; mais il y retourna après la campagne de 1812. Il employa toute sur influence à maintenir Alexandre en guerre contre la France, en à gagner la Suède aux alliés; il y réussit, et parvint à s'assurer la coopération active de l'Angleterre. Il prit part au congrès de Vienne, devint ambassadeur à Paris, signa le traité de Paris en 1815, fut fait comte en 1825, et était le représentant de la Russie en France, lorsqu'éclata la révolution de 1830. Il fut ensuite ambassadeur à Londres jusqu'en 1839.

P. P. C., abréviation des mots *pour prendre congé*, que l'on écrit sur une carte de visite, pour prendre congé de quelqu'un.

PRADELLE s. f. (dimin. du lat. *pratum*, pré). Nom donné dans le Midi à toute prairie naturelle.

PRADELLES, ch.-l. de cant., arr. et à 35 kil. S. du Puy (Haute-Loire); 1,800 hab.

PRADES, ch.-l. d'arr., à 52 kil. O.-N.-O. de Perpignan (Pyrénées-Orientales), sur la Tet, dans une plaine fertile; par 42° 37' 7" lat. N. et 0° 5' 9" long. E.; 3,000 hab. Lainages, chanvre, fers, vins, fruits et légumes. Église paroissiale Saint-Pierre (XVIIe siècle). Aux environs, ruines de l'abbaye de Saint-Michel-de-Cuxa.

PRADES (Jean-Martin, ABBÉ DE), né à Castel-Sarrazin en 1720, mort en 1782. A la suite d'une thèse théologique soutenue en Sorbonne en 1751 et censurée par l'Église, il dut se réfugier en Hollande où il publia une *Apologie* (1752). Il se rendit ensuite à Berlin, où Voltaire lui fit obtenir la place de lecteur du roi. Plus tard, il rétracta ses erreurs religieuses. Il a laissé un *Abrégé de l'Histoire ecclésiastique* de Fleury, dont la préface est de Frédéric II (Berlin, 1767, 2 vol. in-8e).

PRADIER (Jean-Jacques), sculpteur célèbre,

né à Genève le 23 mai 1792, mort à Paris le 14 juin 1852. Dès 1813, il remporta le premier grand prix de sculpture et partit pour Rome. A son retour, il acquit une grande popularité et entra à l'Institut (Académie des beaux-arts) en 1827. Il emprunta presque tous ses sujets à la mythologie. Parmi ses œuvres, on distingue: une *Bacchante* et un *Centaure* (1819), groupe qui est au musée de Grenoble; un *Fils de Niobé* (1822), au Louvre; *Psyché* (1824); les *Trois Grâces* (1831), un de ses plus charmants ouvrages; *Vénus* et l'*Amour* (1836); une *Vierge* (1838), pour la cathédrale d'Avignon; l'*Odalisque* (1841); *Cassandre* (1843); *Phryné* (1845); la statue colossale du *Duc d'Orléans*; *Sapho* (1852). On possède également de lui les bas-reliefs du Palais-Bourbon; les *Quatre Renommées* de l'arc-de-triomphe de l'Étoile; les villes de *Lille* et de *Strasbourg*, sur la place de la Concorde; le *Mariage de la Vierge*, à la Madeleine; les deux *Muses* de la place Molière; l'*Industrie*, au palais de la Bourse; *Saint-Pierre*, à l'église Saint-Sulpice; *Saint-André* et *Saint Augustin*, à Saint-Roch; la belle fontaine de Nîmes; un buste de J.-J. Rousseau, à Genève.

PRADO s. m. Promenade célèbre de Madrid, le long du Mançanarez. — Ancienne salle de danse de la Cité, à Paris, démolie en 1855.

PRADON (Nicolas), poète tragique, né à Rouen en 1632, mort à Paris en 1698. Il vint assez jeune à Paris où il fit jouer, en 1674, sa première tragédie, *Pyrame et Thisbé*. Le succès de cette pièce le posa comme le rival de Racine. Pradon donna ensuite *Phèdre* et *Hippolyte*, *Tamerlan* ou la *Mort de Bajazet* (1675), la *Troade* (1679), *Statira* (1683), *Regulus* (1688) et *Scipion l'Africain* (1697). La plupart de ces pièces ne méritent pas l'enthousiasme qu'elles suscitèrent chez les adversaires de Racine. Les œuvres de Pradon ont été recueillies en 2 vol. in-12 (1744).

PRADT (Dominique-Dufour, ABBÉ DE) [pratt], prélat français, né en 1759, mort en 1837. Comme représentant du clergé de Normandie, il siégea avec les royalistes à l'Assemblée constituante, s'enfuit à Hambourg en 1791 et écrivit en faveur d'une coalition contre la République française. Il revint en France en 1801, et en 1804, fut fait aumônier de l'empereur, baron et évêque de Poitiers. En 1808, il aida à amener l'abdication de Charles IV d'Espagne, et fut fait archevêque de Malines. En 1812, il fut nommé ministre à Varsovie; mais il fut disgracié pour ne s'être pas conformé aux intentions de l'empereur, et, après la bataille de Waterloo, il publia une relation de son ambassade, dans laquelle il accusait violemment Napoléon. A la Restauration, il dut se démettre de son archevêché que le pape n'avait pas confirmé. Il a laissé beaucoup d'écrits politiques, mais bien peu qui aient une valeur durable.

PRAED (Winthrop-Mackworth) [prèdd], poète anglais, né en 1802, mort en 1839. Il fut élevé à Eton et à Cambridge, et remporta un nombre de prix sans précédent pour des poèmes anglais et grecs. Il fut appelé au barreau en 1829, et envoyé à plusieurs reprises au parlement. Sa sœur, lady Young, a préparé une édition complète de ses œuvres poétiques, avec une biographie par le rév. Derwent Coleridge (1864, 2 vol.).

PRÆNESTE. (Voy. PRÉNESTE.) C'est aujourd'hui *Palestrina*.

PRAGA, faubourg de Varsovie (Pologne), de l'autre côté de la Vistule. Dans l'insurrection de 1794, il fut emporté d'assaut par Souvaroff (4 nov.). Il y eut alors plus de 15,000 soldats polonais d'égorgés, de noyés, ou faits prisonniers, et un nombre d'habitants presque égal furent massacrés. Le soir, éclata un incendie qui détruisit une grande partie de la ville.

* **PRAGMATIQUE** adj. f. (gr. *pragmatikos*). N'est usité que dans cette loc. PRAGMATIQUE SANCTION, qui se dit particulièrement d'un règlement fait en matière ecclésiastique : *la pragmatique sanction de saint Louis*. — Absol. LA PRAGMATIQUE SANCTION, l'ordonnance faite à l'assemblée de Bourges en 1438, par le roi Charles VII, pour recevoir ou modifier quelques décrets du concile de Bâle. Dans cette dernière acception, PRAGMATIQUE s'emploie aussi substantiv. : *la pragmatique ordonne, porte telle chose*. — Substantiv. Acte qui contient la disposition que fait le souverain concernant ses États et sa famille: *la pragmatique de l'empereur Charles VI*. — « Pragmatique sanction (gr. *pragmatikos* et lat. *sanctio*, ordonnance sur des affaires importantes). Cette dénomination, qui était d'abord donnée à des ordonnances rendues par les empereurs d'Orient et concernant l'administration de toutes les provinces, a été appliquée, en France et en Allemagne, à des règlements généraux délibérés dans une assemblée des grands du royaume. — Saint Louis, avant de partir pour la huitième croisade, rendit en 1269 une ordonnance, connue sous le nom de « Pragmatique Sanction ». Elle avait pour but d'arrêter les empiétements incessants de l'Église romaine sur le pouvoir civil et sur le gouvernement intérieur de l'Église de France. Le premier des six articles de cette ordonnance reconnaît les droits de l'Église, sa juridiction canonique. L'article deux réserve la liberté des élections qui étaient en usage dans l'Église, notamment pour la nomination des évêques par le clergé et le peuple. L'article trois réprouve la simonie, « ce crime si pernicieux à l'Église ». L'article quatre porte que les promotions, collations, etc., se feront suivant la disposition du droit commun des conciles et non selon la volonté de la cour de Rome. L'article cinq renouvelle les libertés, franchises et privilèges accordés par les rois de France aux églises, monastères et autres lieux de piété, aussi bien qu'aux personnes ecclésiastiques. L'article six et dernier est ainsi conçu : « Nous ne voulons « aucunement qu'on lève et recueille les exac « tions pécuniaires et les charges très pesantes « que la cour de Rome a imposées ou pour « rait imposer à l'Église de notre royaume, « et par lesquelles il est misérablement ap « pauvri, si ce n'est pour une cause raison « nable et très urgente, ou pour une inévi « table nécessité, et du consentement libre « et exprès de nous et de l'Église. » En 1438, Charles VII, afin de remédier aussi à de graves abus et de résister à l'oppression de la cour de Rome sur le clergé de France, convoqua à Bourges une assemblée de hauts personnages, dans laquelle on rédigea une nouvelle pragmatique sanction qui fut enregistrée au parlement de Paris le 13 juillet 1439. Ce règlement, confirmant les décrets rendus par le concile de Bâle (1431-1443), déclare que les conciles sont supérieurs au pape et que celui-ci est obligé d'obéir à leurs décisions; il rétablit les élections pour les dignitaires dont les fonctions avaient toujours été électives, c'est-à-dire pour les archevêques, évêques, abbés et prieurs; il abolit les droits usurpés par les papes, tels que les annates, réserves, expectatives, etc.; il fixe un grand nombre de points de discipline ecclésiastique, et inflige aux prêtres concubinaires publics la privation pendant trois mois des revenus de tous leurs bénéfices. Louis XI, sur les instances du pape Pie II, consentit à abroger la pragmatique sanction de Charles VII; et la joie fut aussi grande à Rome que l'on fit trainer et fouetter dans les rues une copie de cette pragmatique. Le Parlement de Paris refusa d'enregistrer l'édit qui prononçait l'abolition de l'ordonnance de 1438; l'Université en défendit avec ardeur le maintien, et Louis XI dut la rétablir dans une assemblée tenue à

Lyon en 1479. La pragmatique de Charles VII demeura donc en vigueur jusqu'au concordat signé à Bologne, en décembre 1515, entre le pape Léon X et le roi François Iᵉʳ, lequel concordat abolit le régime de l'élection pour les évêques et attribua au roi le droit de les nommer. Parmi les pragmatiques sanctions qui ont été rendues par des souverains étrangers, nous citerons celle par laquelle le roi d'Espagne Charles III, en 1767, prononça la suppression de la société de Jésus dans son royaume. En exécution de cette mesure, qui avait été à cette époque reconnue indispensable dans une grande partie de l'Europe, les six collèges de jésuites de Madrid et ceux des autres villes d'Espagne furent cernés pendant la nuit, les portes enfoncées et les pères emmenés en voiture à Carthagène pour être déportés. Les biens de l'ordre furent confisqués; on accordait une pension à chaque membre; mais si un seul d'entre eux cessait de résider au lieu fixé pour son exil, toutes les pensions devaient être supprimées. Le pape Clément XIV ayant refusé de recevoir les exilés dans les États de l'Église, ils furent débarqués en Corse, où on les surveillait avec la plus grande rigueur.»   (Ch. Y.)

PRAGUE (bohém. *Praha*; all. *Prag*), ville de la monarchie austro-hongroise, capitale de la Bohême, à 230 kil. N.-O. de Vienne, par 50° 5' lat. N. et 12° 5' 19" long. E.; 163,000 hab. (et avec les faubourgs, 192,000). Elle est située dans une vallée pittoresque, entourée de collines. La Moldau, traversée par un pont massif du XIVᵉ siècle et par plusieurs autres ponts plus modernes, coupe la ville du S. au N. Sur la rive orientale se trouvent l'Altstadt ou Vieille Ville, qui est le principal quartier des affaires, la Neustadt ou Nouvelle Ville et la Josephstadt, presque

Prague. La Theinkirche.

exclusivement habitée par des Juifs. Sur la rive gauche, sont : le Hradschin, avec beaucoup de monuments qui ont un intérêt historique, et la Kleinseite, qui contient le palais de la diète, les principaux édifices du gouvernement, et un grand nombre de palais, entre autres celui de Waldstein ou Wallenstein. En dehors des murailles de la ville, qui ont 20 kil. de circonférence, sont les faubourgs de Karolinenthal et de Smichow, centre industriel, et l'ancienne acropole ou

Wysehrad. La ville possède de belles places et de belles rues, et des dômes et des tourelles en grand nombre lui donnent un aspect à demi oriental. La cathédrale, dans le Hradschin, contient la châsse de saint Jean-Népomucène, ornée d'environ 37 quintaux d'argent, et un mausolée érigé par Rodolphe II. La Theinkirche, dans la Vieille Ville, est une église fondée, dit-on, en 880. Une des synagogues, petit bâtiment gothique, est la plus vieille de l'Europe. L'université, établie en 1348 par Charles IV sur le modèle de celle de Paris, était fréquentée, au commencement de XVᵉ siècle, lorsque Huss y professait, par 20,000 étudiants. En 1873, elle en avait 1,814. Les principales industries sont les cotonnades, les toiles, les machines, les cuirs et le verre. — Prague a eu grandement à souffrir de la guerre, particulièrement pendant la lutte des hussites. Elle fut le théâtre du début de la guerre de Trente ans en 1618, et, en 1620, la bataille qui ruina l'électeur palatin Frédéric fut livrée (8 nov.), près de ses portes, au pied de la montagne Blanche. En 1744, Frédéric le Grand s'en empara après un terrible bombardement, mais elle fut rendue à la paix de Dresde, en 1745. Il y battit aussi les Autrichiens le 6 mai 1757. En juin 1848, pendant que l'assemblée, connue sous le nom de Congrès slave, y tenait ses séances, elle vit éclater un soulèvement national bohémien. Windischgraetz occupa le Hradschin, bombarda le reste de la cité, et réduisit en peu de jours l'insurrection. C'est à Prague qui fut conclu, le 23 août 1866, le traité de paix définitif entre la Prusse et l'Autriche.

PRAGUERIE s. f. On donne ce nom à un épisode de l'histoire de France au XVᵉ siècle, par allusion aux troubles provoqués à Prague par les doctrines de Jean Huss. Charles VII, déférant au vœu des états généraux, prit une mesure rigoureuse contre les gens de guerre pour les ramener à la discipline. Les nobles, mécontents, se soulevèrent. Le bâtard de Bourbon se mit, en 1440, à la tête d'une ligue dont les rangs se grossirent de Jean II, duc d'Alençon, de Charles Iᵉʳ, de Louis de Bourbon, de la Trémouille, de Dunois et même du dauphin (depuis Louis XI). Ce dernier n'avait encore que 17 ans et les conjurés avaient formé le projet de le proclamer roi. Le roi de France eut bien vite raison de cette conjuration; les conspirateurs firent leur soumission l'un après l'autre. Le bâtard de Bourbon (Alexandre), dont les crimes de tous genres soulevaient l'indignation, fut cousu dans un sac et noyé dans l'Aube. Quant au dauphin, il fut exilé dans le Dauphiné. La praguerie avait eu pour funeste conséquence de permettre aux Anglais de reprendre l'offensive contre le roi de France.

PRAHECQ, ch.-l. de cant., arr. et à 15 kil. E.-S.-E. de Niort (Deux-Sèvres); 800 hab.

* PRAIRIAL s. m. Le neuvième mois du calendrier républicain. — Journées de prairial. Nom de deux journées restées fameuses dans les fastes de la Révolution française : la première, 1ᵉʳ, 2 et 3 prairial an III (20, 21 et 22 mai 1795), fut un suprême effort du parti jacobin contre la réaction thermidorienne. Les faubourgs, soulevés à la voix des agitateurs, envahirent l'Assemblée que présidèrent tour à tour A. Dumont, Boissy d'Anglas et Vernier. Le député Féraud fut assassiné; mais les factieux, ayant été repoussés et s'étant retirés dans le faubourg Saint-Antoine, se rendirent à discrétion. Trente con-

ventionnels furent arrêtés et condamnés à mort; treize se tuèrent. — La deuxième journée (30 prairial an VII, 18 juin 1799) fut un véritable coup d'État. Le Conseil des Cinq-Cents, fort de l'impopularité du Directoire, fit annuler l'élection de Treilhard et força la démission de La Reveillère et de Merlin. Le nouveau Directoire se composa de Barras, Siéyès, Roger Ducos, Moulin et Gohier.

* PRAIRIE s. f. (lat. *pratum*). Étendue de terre qui produit de l'herbe, du foin : *des canaux pour l'irrigation des prairies*. — PRAIRIES ARTIFICIELLES, terres labourables où l'on a semé, pour quelques années, différents genres d'herbes propres à la nourriture des animaux, comme trèfle, sainfoin, luzerne, etc.; par opposition à PRAIRIES NATURELLES, celles qui ne produisent, pendant longues années, que du foin, ou semé, ou venu en quelque sorte d'elles-mêmes. — Poét. et fig. L'ÉMAIL DES PRAIRIES, les diverses fleurs qui y croissent. — ENCYCL. Les premiers explorateurs français donnèrent le nom de *prairie* aux grandes plaines fertiles et sans arbres de l'Amérique du N.-E. La région qu'elles occupent comprend surtout l'Ohio occidental, presque tout l'Indiana, l'Illinois, l'Iowa, le Michigan méridional, le nord du Missouri, et des parties du Wisconsin, du Kansas et du Nebraska. Vers les sources de l'Illinois et du Wabash, au S. et à l'O. du lac Michigan, les prairies sont très unies et sans accidents de terrain; ce sont les prairies plates. Celles des autres régions, où le sol est onduié et coupé par des lits de cours d'eau, sont connues sous le nom de *rolling prairies* (prairies onduleuses). — Chien de prairie. (Voy. CYNOMIS.) — Poule de prairie. (Voy. TÉTRAS.) — Écureuil de prairie. (Voy. SPERMOPHILE.) — Loup de prairie. (Voy. LOUP.)

PRAIRIE DU CHIEN (La), ville du Wisconsin (États-Unis), sur le Mississipi, à 3 kil. au-dessus du confluent du Wisconsin, à 140 kil. O. de Madison; 2,948 hab.

PRAKRIT [prâ'-kritt]. (Voy. INDE (*Races et langues de l'*.)

PRALINAGE s. m. (rad. *praline*). Action ou manière de faire des pralines.

* PRALINE s. f. (de *Praslin*, n. pr.). Amande qu'on fait rissoler dans du sucre : *manger des pralines*.

* PRALINER v. a. Faire rissoler dans le sucre à la manière des pralines : *praliner de la fleur d'oranger*.

* PRALINEUR s. m. Ouvrier confiseur qui fait les pralines ou les bonbons préparés à la façon de pralines.

* PRAME s. f. (all. *prähm*). s. f. Sorte de navire de guerre à un seul pont, qui tire peu d'eau, et qui va à rames et à voiles.

PRASLIN. [prâ-lin] I. (César-Gabriel, COMTE DE CHOISEUL, *duc de*), homme d'État français, né à Paris en 1712, mort en 1785. Il servit dans l'armée, de 1731 à 1748, fut ambassadeur à Vienne de 1758 à 1760, devint ministre des affaires étrangères en 1761, duc et pair en 1762, et, en 1763, signa le traité qui mettait fin à la guerre de Sept ans. En 1766, il fut ministre de la marine et président du conseil royal des finances. Il agrandit et fortifia le port de Brest, encouragea l'expédition de Bougainville, et se retira en 1770. — II. (Charles-Laure-Hugues-Théobald, DUC DE CHOISEUL-PRASLIN), descendant du précédent, né à Paris en 1805, mort le 24 août 1847. Membre de la Chambre des pairs, il fut traduit devant elle en 1847 sous l'inculpation d'avoir assassiné sa femme, fille unique du maréchal Sébastiani. Il s'empoisonna dans sa prison.

PRATI (Giovanni), poète italien, né près de Trente, dans le Tyrol, en 1805. En 1862, il fut élu au parlement italien. Ses *Canti lirici* et *Canti per il popolo* (1843, 3 vol.) eurent une grande popularité.

PRATICABILITÉ s. f. Etat, qualité de ce qui est praticable.

* **PRATICABLE** adj. (rad. *pratiquer*). Qui peut être pratiqué, qui peut être employé, dont on peut se servir : *il a employé tous les moyens praticables pour venir à bout de cette affaire.* – CES CHEMINS NE SONT PAS PRATICABLES, ils sont très mauvais, on n'y passe qu'avec peine. CE MARAIS N'EST PAS PRATICABLE, on ne saurait le traverser. On dit de même, CE GUÉ N'EST PAS PRATICABLE DANS CE MOMENT-CI. – Théâtre. PORTE, FENÊTRE PRATICABLE, porte, fenêtre qui n'est pas seulement figurée, et par laquelle on peut réellement passer. On appelle, dans un sens plus général, et substantiv. PRATICABLES, les objets, tels que maisons, chemins, ponts, bancs, etc., qui, au lieu d'être peints sur une surface plane, sont figurés en bois, en toiles et autres matières. – Fig. et au sens moral. CET HOMME N'EST PAS PRATICABLE DANS LE COMMERCE DE LA VIE, il n'est pas facile de vivre avec lui. On dit de même, SON HUMEUR QUELQUEFOIS N'EST PAS PRATICABLE. Ce sens est familier et peu usité.

* **PRATICIEN** s. m. Celui qui entend l'ordre et la manière de procéder en justice : *cet avoué est habile praticien.* – Celui qui a beaucoup d'expérience, qui s'est plus livré à la pratique de son art qu'à la théorie : *il entend parfaitement la théorie de la mécanique, mais ce n'est pas un praticien.* – Ouvrier qui, d'après un modèle, travaille le marbre, et met à point la statue que le maître achève ensuite : *un médecin praticien.*

PRATICOLE adj. (lat. *pratum*, pré ; *colo*, j'habite). Qui habite les prés.

PRATICULTURE s. f. (lat. *pratum*, pré ; fr. *culture*). Agric. Art de cultiver les prés.

* **PRATIQUANT, ANTE** adj. Se dit de ceux qui observent exactement les pratiques de la religion : *il est pratiquant.*

* **PRATIQUE** s. f. Didact. Application, usage des règles et des principes ; par opposition à théorie, qui en est la connaissance raisonnée : *la pratique ne répond pas toujours à la théorie.* UNE PRATIQUE ÉCLAIRÉE, une exécution dirigée par les principes. UNE PRATIQUE AVEUGLE, celle qui n'est pas éclairée, qui n'est qu'une routine. – Exécution de ce que l'on a conçu, projeté, imaginé : *le projet est beau, mais il sera difficile dans la pratique.* – Exercice, accomplissement : *cette vertu est d'une pratique difficile.* – METTRE EN PRATIQUE, mettre en exécution des préceptes, des projets, des idées, etc. : *il connaît les règles, mais il ne les met point en pratique.* – Méthode, procédé, manière de faire certaines choses : *on a trouvé, pour certaines opérations de géométrie, des pratiques mécaniques aussi certaines que les procédés les plus rationnels.* – Usage, coutume, manière, façon d'agir reçue dans un pays, dans une classe particulière de personnes : *la pratique de ce pays est, à cet égard, telle que je vous le dis.* – Expérience, habitude des choses : *c'est un homme qui a la pratique des affaires.* – Routine : *il n'a jamais étudié, il ne sait sa langue que par pratique.* – Peinture. PEINDRE, DE PRATIQUE, peindre de mémoire, de routine, sans consulter la nature. On dit de même sens, CETTE FIGURE EST FAITE DE PRATIQUE. – Chalandise que toutes sortes de marchands, d'artisans et d'ouvriers, ont pour le débit de leurs marchandises, pour ce qui concerne leur profession : *ce marchand a bien de la pratique.* – Exercice et emploi que les avoués et les médecins ont dans leur profession : *cet avoué a plus de pratique que ses confrères.* – CET HOMME A BIEN DE LA PRATIQUE, ON LUI DONNE BIEN DE LA PRATIQUE, il a beaucoup d'ouvrage, beaucoup de besogne à faire, on

lui donne beaucoup de choses à faire. Par menace, JE LUI DONNERAI BIEN DE LA PRATIQUE, je lui donnerai bien de l'exercice, bien de l'embarras. (Vieux.) – Se dit, par ext., des personnes mêmes qui achètent habituellement un artisan, un ouvrier, un avoué, un médecin, etc. : *cet épicier a d'excellentes pratiques.* – C'EST UNE BONNE PRATIQUE, il y a à gagner avec cette personne, elle achète beaucoup, elle paye bien. On dit, dans le sens contraire, C'EST UNE MAUVAISE PRATIQUE. – Se dit encore de toute la clientèle de l'étude d'un avoué, de l'étude d'un notaire : *sa pratique vaut mieux que sa charge.* – On dit plus ordinairement, ÉTUDE. – Manière de procéder devant les tribunaux, et, en général, tout ce qui est relatif aux actes que font les officiers de justice, notamment les avoués et les huissiers : *ce n'est pas assez qu'un avocat connaisse les lois et les ordonnances, il faut encore qu'il entende bien la pratique.* – Mar. Liberté d'aborder et de débarquer : *on a refusé pratique à ce bâtiment, parce qu'il venait d'un lieu soupçonné d'infection contagieuse.* On dit de même, ENTRER EN LIBRE PRATIQUE, ÊTRE ADMIS A LA LIBRE PRATIQUE, APRÈS AVOIR FAIT QUARANTAINE. – Instrument d'acier ou de fer-blanc, que les joueurs de marionnettes mettent dans leur bouche, pour changer le son de leur voix, quand ils font parler Polichinelle. – Prov., fig. et pop. IL A AVALÉ LA PRATIQUE DE POLICHINELLE, se dit d'un homme qui a la voix très enrouée. – Au pl. Certains exercices, certains actes extérieurs relatifs au culte : *cette femme est fort exacte à toutes ses pratiques de dévotion.* – Menées et intelligences secrètes avec des personnes d'un parti contraire : *faire de sourdes pratiques.* – ⁓ Vaurien : *c'est une pratique.*

* **PRATIQUE** adj. Qui ne s'arrête pas à la simple spéculation, qui tend, qui conduit à l'action, qui agit : *cette science se divise en spéculative et en pratique.* UN PHILOSOPHE PRATIQUE, un homme qui, sans s'occuper particul. de philosophie, règle sa vie d'après les principes de la morale et de la raison. – UN HOMME PRATIQUE, un homme qui ne s'arrête pas à la théorie et qui s'entend bien à la pratique des affaires. – Mar. UN PILOTE, UN MARIN PRATIQUE DE QUELQUE PARAGE, ou simpl., UN PRATIQUE, un pilote, un marin qui a appris à connaître un parage pour y avoir plusieurs fois navigué.

* **PRATIQUÉ, ÉE** part. passé de PRATIQUER. – CET HOMME ÉTAIT PRATIQUÉ D'AVANCE, il était aposté, instruit, suborné par quelqu'un.

* **PRATIQUEMENT** adv. Dans la pratique : *vous avez raison théoriquement, mais pratiquement vous auriez tort.*

* **PRATIQUER** v. a. (gr. *prassein*, faire). Mettre en pratique : *il ne suffit pas de savoir les règles de cet art, les principes de cette science, il faut aussi les pratiquer.* – Absol. *La théorie ne suffit pas, il faut pratiquer.* – Observer les pratiques du culte : *il ne pratique pas.* – Exercer : *pratiquer la médecine, la chirurgie ; cet homme de loi a longtemps pratiqué dans différentes juridictions.* Dans cette dernière phrase, PRATIQUER, se prend absolument. – Fréquenter, hanter : *il ne pratique que des gens de bien.* – Solliciter, tâcher d'attirer et de gagner à son parti, suborner : *les domestiques qu'il avait pratiqués, lui donnèrent entrée dans la maison.* – Mat. crim. PRATIQUER DES TÉMOINS, les suborner. – PRATIQUER DES INTELLIGENCES, se les ménager : *il avait pratiqué dans cette place des intelligences qui lui ont donné le moyen de le surprendre.* – Archit. Trouver, procurer adroitement certaines petites commodités dans un bâtiment, en ménageant le terrain, la place : *on a pratiqué un petit escalier dans l'épaisseur du mur.* On

PRATIQUER UN TROU, UNE OUVERTURE, percer, faire un trou, une ouverture. PRATIQUER UN CHEMIN, UN SENTIER, frayer un chemin, un sentier.

PRATIQUEUR s. m. Celui qui pratique.

PRATO, ville d'Italie, à 17 kil. N.-O. de Florence, sur le Bisenzio, affluent de l'Arno ; 12,897 hab. La cathédrale a été agrandie au XIIIᵉ siècle par Giovanni Pisano. Elle a un campanile, une chapelle richement ornée, et un pupitre fameux, œuvre de Donatello. Prato est célèbre par ses boulangeries et ses calottes turques rouges. C'était, à un moment, une république indépendante ; mais les Florentins la soumirent en 1358.

PRATS-DE-MOLLO, ou **Mouliou**, ch.-l. de cant., arr. et à 38 kil. S.-O. de Céret (Pyrénées-Orientales), sur la rive gauche du Tech ; 5,000 hab. Place de guerre qui défend le fort de la Garde, construit par Vauban.

PRATT (Charles). Voy. CAMDEN (comte).

PRAUTHOY, ch.-l. de cant., arr. et à 25 kil. S. de Langres (Haute-Marne) ; 900 hab.

PRAXINOSCOPE s. m. [pra-ksi-no-sko-pe] (gr. *praxis*, mouvement ; *skopeô*, j'examine). Appareil d'optique produisant une illusion à cause de la propriété possédée par la rétine de retenir les impressions pendant un temps déterminé. Dans le proxinoscope, on obtient la représentation de tous les mouvements d'un jongleur, d'un enfant sautant à la corde, d'un nageur, etc. A l'intérieur d'un cylindre

Praxinoscope.

de métal ou de carton, on a collé ou peint les figures de l'objet dont on veut montrer les différents mouvements. Ce cylindre tourne autour d'un axe perpendiculaire surmonté d'une lampe ; celle-ci projette sa lumière sur les figures. Une rangée de petits miroirs est placée autour du pied de la lampe et tourne en même temps que le reste de l'appareil, de telle sorte que les miroirs renvoient à l'œil les différentes positions du sujet, suivant un ordre déterminé.

PRAXITÈLE, le plus célèbre sculpteur grec après Phidias, né à Athènes vers 360 av. J.-C., mort vers 280. Il fut sans égal pour la représentation des beautés les plus suaves de la forme humaine ; ses statues semblaient animées. Les plus parfaites étaient un *Satyre ivre* et un *Cupidon*, on citait aussi deux *Vénus* ; l'une drapée, pour l'île de Cos ; l'autre nue, la célèbre Vénus de Cnide. Aucune des œuvres de Praxitèle ne nous est parvenue, nous ne les connaissons que par des copies authentiques.

PRÉ (lat. *præ*, avant), préfixe qui entre dans la formation d'un grand nombre de mots.

* **PRÉ** s. m. (lat. *pratum*). Terre où l'on recueille du foin, ou qui sert au pâturage : *la verdure, les fleurs des prés.* – ALLER, SE RENDRE, SE TROUVER SUR LE PRÉ, aller, se trouver au lieu assigné pour un combat singulier.

*PRÉADAMITES s. pl. (préf. *pré*; et *Adam*). Sectaires chrétiens qui prétendaient qu'avant Adam il avait existé d'autres hommes.

* PRÉALABLE adj. (préf. *pré*; fr. *aller*). Qui doit être dit, être fait, être examiné avant qu'on passe outre. Est principalement usité dans les discussions d'affaires : *dans les négociations et les traités, la communication des pouvoirs est une chose préalable.* — DEMANDER, RÉCLAMER LA QUESTION PRÉALABLE, dans le langage des délibérations publiques, demander qu'on décide s'il y a ou s'il n'y a pas lieu de délibérer sur une proposition qui vient d'être faite; et, dans l'usage ordinaire, demander qu'on ne délibere pas sur cette proposition. On dit de même, CETTE PROPOSITION FUT ÉCARTÉE, ON A ÉCARTÉ CETTE PROPOSITION PAR LA QUESTION PRÉALABLE. — S'emploie substantiv. au masculin : *il y a un préalable.* — Au préalable loc. adv. Auparavant, avant toutes choses : *il faut au préalable voir si...*

* PRÉALABLEMENT adv. Signifie la même chose que au préalable : *préalablement à toute discussion, il faut s'occuper de...*

°PRÉAMBULE s. m. (préf. *pré*; lat. *ambulo*, je marche). Espèce d'exorde, d'avant-propos : *préambule ingénieux, bien tourné.* — LE PRÉAMBULE D'UNE LOI, D'UN ÉDIT, D'UNE ORDONNANCE, la partie préliminaire d'une loi, d'un édit, etc., dans laquelle le législateur expose son intention, ses vues, la nécessité ou l'utilité du nouveau règlement. — Se dit, par ext. et fam., des discours vagues, qui n'ont rien de déterminé, de précis, qui ne vont point au fait : *il m'ennuie avec ses préambules.*

*PRÉAU s. m. (dimin. de *pré*). Petit pré. Ne se dit plus que de cet espace découvert qui est au milieu du cloître des maisons religieuses, ou de la cour d'une prison : *toute prison devrait avoir son préau.* — Partie couverte de la cour d'une école où les enfants prennent leurs récréations quand il pleut.

PRÉAULT (Antoine-Augustin), sculpteur, né à Paris en 1809, mort en janv. 1879. Il fut élève de David. Ses œuvres, plus remarquables par l'invention et la recherche de l'expression que par la pureté de l'exécution, comprennent : *Ondine*, la *Reine de Saba*, *Charlemagne*, le *Meurtre d'Ibycus*, *Adam Mickiewicz*, *Portrait d'enfant*, etc.

PRÉ-AUX-CLERCS, vaste prairie qui s'étendait sur la rive gauche de la Seine, près de Saint-Germain-des-Prés (Paris). Ce fut, dès le XIIIe siècle, un lieu de rendez-vous pour les clercs et les écoliers. Plus tard, les duellistes s'y rencontrèrent. De nombreuses guinguettes y attirèrent les jeunes seigneurs et les militaires. C'est aujourd'hui le faubourg Saint-Germain. — Le Pré-aux-Clercs, opéra-comique en trois actes, paroles de Planard, musique d'Hérold, représenté sur le théâtre de l'Opéra-Comique, le 15 sept. 1832.

* PRÉBENDE s. f. (lat. *præbenda*, choses à fournir; de *præbere*, conférer). Revenu ecclésiastique, attaché, annexé ordinairement à une chanoinie : *il a obtenu un canonicat en cour de Rome, mais il n'a point de prébende.* — Se dit quelquefois du canonicat même : *la prébende qu'il a été assignée n'est pas des meilleures.* — On appelle *prébende*, dans le langage ecclésiastique, un office pensionné, attaché à une cathédrale ou à une église collégiale, et aussi les émoluments que rapporte cet office. Les chanoines ou membres du chapitre des cathédrales ou des couvents devaient recevoir, pour chanter l'office divin, ou remplir certains devoirs de même nature, un salaire fixe, payé hebdomadairement ou quotidiennement, et appelé *portio canonica præbenda.*

* PRÉBENDÉ. ÉE adj. Qui jouit d'une prébende : *chanoine prébendé.*

* PRÉBENDIER s. m. Ecclésiastique qui, en certaines fonctions, sert au chœur au-dessous des chanoines : *ce chapitre est composé de vingt-quatre chanoines et d'autant de prébendiers.*

* PRÉCAIRE adj. (lat. *precarius*, de *preces*, prières). Qui ne s'exerce que par une tolérance qui peut cesser, par une permission révocable, par emprunt, avec dépendance, avec incertitude : *autorité précaire.* — s. Jurispr. Se dit en parlant des choses dont on ne jouit, dont on n'a l'usage que par une concession toujours révocable au gré de celui qui l'a faite : *il ne jouit de cette terre que par précaire, qu'à titre de précaire.*

* PRÉCAIREMENT adv. D'une manière précaire : *il en jouit précairement.*

* PRÉCAUTION s. f. (lat. *præcautio*; de *præcavere*, se tenir en garde). Ce qu'on fait par prévoyance, pour ne pas tomber en quelque inconvénient, pour éviter quelque mal : *prendre ses précautions.* — PROV. TROP DE PRÉCAUTION NUIT, une précaution excessive tourne souvent au désavantage de celui qui la prend. — PRÉCAUTIONS ORATOIRES, moyens adroits et détournés qu'un orateur emploie pour se concilier la bienveillance de ses auditeurs, ou pour affaiblir des préventions qui seraient contraires à l'objet qu'il se propose. — Circonspection, ménagement, prudence : *on ne doit attaquer certains préjugés qu'avec précaution.*

* PRÉCAUTIONNÉ, ÉE part. passé de PRÉCAUTIONNER. — Adj. Prudent, avisé : *c'est un homme fort précautionné.*

* PRÉCAUTIONNER v. a. Prémunir quelqu'un par ses conseils contre quelque mal dont il est menacé : *précautionner les fidèles contre l'erreur.* — Se précautionner v. pr. Prendre ses précautions : *il est bon de se précautionner contre les maux qui nous menacent, contre la malice des hommes.*

* PRÉCÉDEMMENT adv. [-da-man]. Auparavant, ci-devant : *comme nous avons dit précédemment.*

* PRÉCÉDENT, ENTE adj. (lat. *præcedens*; de *præcedere*, marcher en avant). Qui précède, qui est immédiatement avant. Se dit ordinairement par rapport au temps : *cette clause était portée dans le bail précédent.* — Se dit aussi, quelquefois, par rapport au rang, à l'ordre : *j'ai traité cette matière dans le livre précédent, dans le chapitre précédent.* — Substantiv. Fait, exemple antérieur qu'on invoque comme autorité : *citer un précédent.*

* PRÉCÉDER v. a. Aller devant, marcher devant : *le régiment était précédé de sa musique.* — Se dit aussi par rapport au temps : *la musique précéda le souper.* — Se dit quelquefois par rapport au rang, à l'ordre : *dans le chapitre qui précède.* — Particul. Tenir le premier rang, avoir le pas sur un autre : *précéder en dignité, en honneur.*

* PRÉCEINTE s. f. Mar. Se dit des bordages peu élevés qui règnent tout autour d'un bâtiment, et qui en distinguent les étages. C'est ce que l'on nomme autrement LISSE.

* PRÉCEPTE s. m. (lat. *præceptum*). Règle, leçon, enseignement : *les préceptes de la rhétorique, de la morale.* — Commandement; et, en ce sens, ne se dit guère que des commandements de Dieu, des commandements de l'Église, de ce qui nous est ordonné dans l'Évangile : *dans l'Évangile, il faut distinguer les préceptes d'avec les conseils.*

* PRÉCEPTEUR s. m. (lat. *præceptor*). Celui qui est chargé de l'instruction et de l'éduca-

tion d'un enfant, d'un jeune homme : *cet homme a pris un tel pour précepteur de son fils.*

..... Piqué de son air de hauteur,
A dix ans, je me bats contre mon *précepteur.*
COLLIN D'HARLEVILLE. *Monsieur de Crac*, SC. II.

— Se dit, par ext., de tous ceux qui instruisent les autres : *les philosophes sont les précepteurs du genre humain.*

PRÉCEPTIF, IVE adj. Qui contient des préceptes : *morale préceptive.*

* PRÉCEPTORAL, ALE, AUX adj. Qui appartient au précepteur : *gravité préceptorale.* (Peu us.)

* PRÉCEPTORAT s. m. État, fonction de précepteur : *les devoirs du préceptorat.*

PRÉCEPTORERIE s. f. Dignité de précepteur.

PRÉCEPTORIAL, ALE adj. Qui a la forme d'un précepte.

* PRÉCESSION s. f. (préf. *pré*; fr. *cession*). Astron. N'est usité que dans cette phrase, LA PRÉCESSION DES ÉQUINOXES, le mouvement rétrograde des points équinoxiaux. Rétrogradation lente des points équinoxiaux sur le plan de l'écliptique. On l'appelle ainsi parce qu'elle fait arriver le soleil dans l'un et l'autre équinoxe un peu plus tôt qu'il ne ferait autrement. L'effet de la précession est d'augmenter les longitudes des étoiles fixes dans une proportion de 50" un quart environ chaque année. La découverte de ce mouvement est due à Hipparque, vers 150 av. J.-C. Copernic fut le premier à en donner la véritable explication. Newton en découvrit la cause physique. Cette cause est l'attraction du soleil, de la lune et des planètes sur la figure sphéroïde de la terre, ce qui donne à l'axe un mouvement gyratoire ou conique. Le pôle de l'équateur est ainsi amené à changer de place, accomplissant une révolution entière autour du pôle de l'écliptique en 25,868 années. Ptolémée avait donné la valeur de la précession, mais d'une manière inexacte. Les astronomes arabes se rapprochèrent davantage de l'évaluation exacte.

PRÉCHANTRE s. m. (préf. *pré*; fr. *chantre*). Premier chantre d'une église.

* PRÊCHE s. m. (rad. *prêcher*). Se dit des sermons que les ministres de la religion protestante font dans leurs temples : *aller, assister au prêche.* — Se dit aussi du lieu où les protestants s'assemblent pour l'exercice de leur religion : *on abattit tous les prêches en France, lors de la révocation de l'édit de Nantes.* — ALLER AU PRÊCHE, SE RENDRE AU PRÊCHE, QUITTER LE PRÊCHE, embrasser la religion protestante, ou la quitter.

* PRÊCHER v. a. (lat. *prædicare*). Annoncer la parole de Dieu, instruire le peuple par des sermons : *prêcher l'Évangile aux infidèles.* — PRÊCHER L'AVENT, LE CARÊME, UNE OCTAVE, prêcher, dans une même église durant tout l'avent, durant tout le carême, durant toute une octave. — Se dit aussi en parlant des personnes auxquelles on annonce la parole de Dieu : *saint Pierre prêchait les Gentils.* — Fig. et fam. VOUS PRÊCHEZ UN CONVERTI, vous voulez persuader un homme qui est déjà convaincu. — Absol. *Il a prêché sur le danger des mauvaises lectures.* — PRÊCHER D'EXEMPLE, pratiquer le premier tout ce que l'on conseille aux autres de faire. — PRÊCHER DANS LE DÉSERT, n'avoir pas d'auditeurs, ou n'être pas écouté. — CET HOMME NE FAIT QUE PRÊCHER, il fait des remontrances à tout propos. — PRÊCHER POUR SON SAINT, POUR SA PAROISSE, louer une personne, une chose par des motifs d'intérêt personnel. — Par ext. Publier, recommander, répandre, soit de vive voix, soit par écrit : *vous prêchez là des maximes pernicieuses.*

C'est dommage, Garo, que tu n'es point entré
Au conseil de celui que *prêche* ton curé.
LA FONTAINE.

— Ne faire que prêcher malheur, que prêcher misère, ne parler que pour annoncer quelque chose de fâcheux. On dit dans une acception pareille, Prêcher toujours famine. — Prêcher toujours la même chose, répéter sans cesse les mêmes propos. — Remontrer, faire des remontrances : ne le prêche inutilement là-dessus. — On a beau prêcher qui n'a cure de bien faire (quelques-uns disent cœur au lieu de cure), c'est inutilement qu'on fait des remontrances à un homme qui ne veut pas se porter au bien. — Louer, vanter quelque action, quelque chose : il prêche ses exploits à tout le monde.

PRÊCHEUR s. m. Prédicateur, celui qui prêche. Ne se dit que par raillerie, par dérision : voilà un beau prêcheur. — C'est un prêcheur éternel, se dit d'un homme qui se mêle de faire toujours des réprimandes, des remontrances sur la mauvaise chose. On dit quelquefois, Prêcheuse au féminin : vous êtes une jolie prêcheuse. — Prêcheurs, ou. adjectiv. Frères prêcheurs, religieux de l'ordre de Saint-Dominique.

PRÊCHI PRÊCHA s. m. Pop. Discours burlesque.

PRÊCHOTTER v. n. Aller prêcher de côté et d'autre.

* **PRÉCIEUSE** s. f. (lat. pretiosa). Femme qui est affectée dans son air, dans ses manières, et principalement dans son langage : il n'est rien de si incommode qu'une précieuse. Ce mot, dans l'origine, ne se prenait pas en mauvaise part comme aujourd'hui : la comédie des Précieuses ridicules. — Les Précieuses ridicules, comédie de Molière en 1 acte et en prose représentée au théâtre du Petit-Bourbon le 18 nov. 1659. C'est une charge à fond de train contre le mauvais goût de l'époque. La pièce se joua pendant quatre mois consécutifs.

* **PRÉCIEUSEMENT** adv. Avec grand soin. S'emploie le plus souvent avec les verbes garder, conserver, et se dit en parlant des choses que l'on conserve comme ayant beaucoup de prix, comme étant fort chères à celui qui les possède : il y a plusieurs siècles que l'on garde précieusement ce manuscrit dans cette bibliothèque. — Peint. Un tableau précieusement fait, un tableau dont la touche est très soignée et très recherchée. Un bas-relief, une statue précieusement exécutés, exécutés avec le plus grand soin.

* **PRÉCIEUX, EUSE** adj. (lat. pretiosus). Qui est de grand prix : une étoffe précieuse. — Pierres précieuses, les diamants, les rubis, les émeraudes, les saphirs, les topazes, etc. — Se dit, fig., d'un avantage considérable, et des choses dont on peut tirer une grande utilité, un grand profit : il en est résulté pour lui un avantage précieux. — Communém. Les moments précieux, pour faire réussir l'affaire dont il s'agit, il n'y a point de temps à perdre. — Se dit généralement de tout ce qui nous est cher, et dont nous faisons un cas particulier : je garde cette lettre comme un gage précieux de son amitié. L'Écriture dit à peu près dans le même sens, La mort des saints est précieuse devant Dieu. — Se dit encore, par respect, du corps et du sang de Notre-Seigneur, et des reliques des saints : le précieux sang de Notre-Seigneur. — Affecté, se dit improprement dans les manières, du langage, du style : il a des manières précieuses, un air précieux. — Peint. Ce tableau est d'un fini précieux, ce tableau est peint avec un soin extrême. On dit, dans un sens anal., Ce bijou est d'un travail précieux. — Substantiv. Le précieux de son style fatigue.

* **PRÉCIOSITÉ** s. f. Affectation dans les manières et dans le langage. (Peu us.)

* **PRÉCIPICE** s. m. (lat. præcipitium). Abîme, lieu très profond, où l'on ne peut tomber

sans péril de sa vie : Nous étions sur le penchant du précipice. — Fig. Grand malheur, grande disgrâce, grand danger : les passions, les mauvais conseils entraînent les hommes dans le précipice.

* **PRÉCIPITAMMENT** adv. [-ta-man] Avec précipitation, à la hâte : il ne faut rien faire précipitamment.

* **PRÉCIPITANT** s. m. Chim. Ce qui opère la précipitation : l'acide sulfurique est le précipitant des sels de baryte et de plomb dissous.

* **PRÉCIPITATION** s. f. Extrême vitesse, grande hâte : marcher avec précipitation, avec trop de précipitation. — Fig. Du trop d'empressement, de la trop grande vivacité que l'on met, soit à former quelque dessein, soit à dire ou à faire quelque chose : la précipitation gâte la plupart des affaires. — Chim. Action par laquelle une matière solide est séparée de son dissolvant, et se réunit au fond du vase : la précipitation du sulfate de baryte.

* **PRÉCIPITÉ, ÉE** part. passé de Précipiter : précipité du haut en bas. — s. Chim. Matière dissoute, séparée de son dissolvant par le moyen de quelque précipitant, et tombée au fond du vase : le nitrate de baryte décèle la plus petite quantité d'acide sulfurique, dans un liquide en y produisant tout à coup un précipité blanc.

* **PRÉCIPITER** v. a. (lat. præcipitare). Jeter d'un lieu élevé dans un lieu fort bas, jeter dans un lieu profond : précipiter un homme du haut des murailles dans le fossé. — Fig. Faire tomber dans un grand malheur, dans une grande infortune, dans un grand danger : les vices l'ont précipité dans l'infortune. — Hâter, accélérer, rendre prompt et rapide : ce musicien précipite le mouvement de ce morceau. — Chim. Séparer, par un réactif, une matière solide d'une liquide où elle était dissoute, et la réunir au fond du vase : le fer précipite le cuivre de sa dissolution dans les acides. — Se précipiter en blanc, en noir, en vert, en jaune, etc., par tel réactif. — Se précipiter v. pr. : Sapho se précipita dans la mer. Se précipiter sur quelqu'un, s'élancer sur lui : il se précipita sur lui pour le frapper. — Ils se sont précipités dans les bras l'un de l'autre, ils se sont embrassés avec empressement. On dit de même, Le peuple, la foule se précipitait au-devant de lui, se portait au-devant de lui avec empressement, avec ardeur. — Se hâter : il s'est trop précipité dans cette affaire. — Chim. Du mercure qui se précipite.

PRÉCIPITEUX, UEUSE adj. Qui forme un précipice.

* **PRÉCIPUT** s. m. [-pu] (préf. pré; lat. capere, prendre). Jurispr. Avantage que le testateur ou la loi donne à un des cohéritiers par-dessus les autres, avec lesquels néanmoins il partage le reste de l'hérédité. Dans cette acception, il n'est guère d'usage qu'avec la préposition Par : je lui a donné cette terre par préciput à un de ses fils. — Avantage stipulé, par contrat de mariage, en faveur de l'époux survivant : cette femme a un bon préciput. — Légis. « Le préciput est un droit de prélèvement attribué à un co-partageant, sur la masse d'une succession ou d'une communauté. Sous l'ancienne législation, l'aîné mâle d'enfants nobles avait le droit, d'après quelques coutumes, de prélever, à titre de préciput, le principal manoir dépendant de la succession du père ou de la mère. C'était là un préciput légal, ainsi que celui qui était attribué par certaines coutumes au survivant des époux, sur les biens de l'autre époux, lorsque celui-ci n'avait pas d'enfant. La coutume de Paris n'accordait le préciput légal que lorsque le mari était noble et lorsque la communauté de biens subsistait

lors du décès. Il pouvait y avoir aussi un préciput conventionnel, résultant des stipulations du contrat de mariage. Aujourd'hui, les dons et legs faits à l'un des successibles peuvent être faits avec dispense de rapport, mais seulement jusqu'à concurrence de la quotité disponible (voy. Quotité), et à la condition qu'il soit expressément déclaré, soit par l'acte contenant la disposition, soit postérieurement dans la forme des dispositions entre vifs ou testamentaires, que le don ou le legs est fait à titre de préciput et hors part (C. civ. 844, 919). Les futurs époux qui adoptent la communauté conventionnelle peuvent, dans le contrat de mariage, stipuler que l'époux survivant, ou exclusivement l'un d'eux s'il survit, pourra prélever, avant partage, une certaine somme ou certains objets en nature. Si le préciput a été stipulé en cas de survie seulement, la dissolution de la communauté par le divorce ou par la séparation de biens n'y donne pas ouverture. La clause qui réserve un préciput au survivant est considérée comme une convention de mariage et non comme une donation ; et en conséquence la réduction du préciput réservé à l'époux survivant ne peut être demandée par les héritiers réservataires, si ce n'est (en vertu des articles 1496 et 1527 du Code civil), par les enfants d'un premier lit dont les droits seraient atteints. Lorsque la veuve renonce à la communauté, elle ne peut prélever le préciput qui a été stipulé en sa faveur, à moins que le contrat de mariage ne lui accorde ce droit, même pour le cas où elle ferait ladite renonciation (C. civ. 1515, et s.). Lorsque la dissolution de la communauté s'opère par le divorce ou par la séparation de corps, l'époux qui a obtenu le jugement conserve ses droits au préciput, en cas de survie (id. 1518); mais l'autre perd cet avantage (id. 299). »
       (Ch. Y.)

PRÉCIPUTAIRE adj. Qui a rapport au préciput.

* **PRÉCIS, ISE** adj. (lat. præcisus). Fixe, déterminé, arrêté : je ne sais pas la date précise de cet événement. — Faire des demandes précises, faire en justice des demandes expresses et formelles. — Prendre des mesures précises, justes, allant bien au but. — Dire quelque chose de précis, de formel. — Qui a du la précision, qui dit exactement tout ce qu'il faut, et qui ne dit rien de trop, où il n'y a rien de superflu : discours précis. — Se dit aussi des personnes : Thucydide est de tous les historiens grecs le plus serré et le plus précis.

* **PRÉCIS** s. m. Sommaire, abrégé de ce qu'il y a de principal, de plus essentiel, de plus important dans une affaire, dans un livre, dans une histoire, etc. : il nous a donné le précis, tout le précis de cette affaire.

* **PRÉCISÉMENT** adv. Exactement, au juste, sans manquer à rien : il a fait les choses précisément comme il l'avait promis. — S'emploie quelquefois, dans le langage familier, comme réponse affirmative, et signifie, tout juste, c'est cela même : quoi! vous allez vendre votre domaine et acheter des rentes à la place? — Précisément.

* **PRÉCISER** v. a. Fixer, déterminer : il faut préciser davantage les faits, les termes de la question.

* **PRÉCISION** s. f. Exactitude dans le discours, par laquelle on se renferme tellement dans le sujet dont on parle, qu'on ne dit rien de superflu : c'est un homme qui s'exprime, qui écrit avec une grande précision. — Justesse, régularité : ces manœuvres furent exécutées avec une grande précision, avec une précision admirable. — Didact. Distinction exacte et subtile, par laquelle on fait abstraction de tout ce qui paraît étranger au sujet que l'on considère : précision métaphysique.

PRÉCITÉ, ÉE adj. (préf. *pré;* fr. *cité*). Cité précédemment : *la loi précitée.*

PRÉCOCE adj. (lat. *præcox;* de *præ,* avant et *coctus,* cuit). Mûr avant la saison. Se dit de certains fruits, de certains légumes qui viennent avant les autres de la même espèce : *des cerises précoces.* — Se dit aussi des arbres qui portent des fruits précoces : *un abricotier précoce.* — Un enfant précoce, un enfant dont l'esprit ou le corps est plus formé que son âge ne le comporte. On dit, dans le même sens, UN ESPRIT PRÉCOCE ; et fig. C'EST UN FRUIT PRÉCOCE.

PRÉCOCEMENT adv. D'une manière précoce.

PRÉCOCITÉ s. f. Qualité de ce qui est précoce : *l'exposition au midi, la chaleur, et la légèreté de la terre, contribuent à la précocité des fruits.*

PRÉCOMPTER, v. a. (préf. *pré;* fr. *compter*). Compter par avance les sommes qui sont à déduire : *il faut précompter sur cette somme de dix mille francs les trois mille francs que vous avez reçus.*

PRÉCONÇU, UE adj. Qui a été conçu, imaginé d'avance, admis sans examen : *une idée préconçue.*

PRÉCONISATION s. f. Action par laquelle un cardinal, et quelquefois le pape même, déclare en plein consistoire sur le sujet, nommé à un évêché par son souverain, à toutes les qualités requises : *la préconisation de cet évêque a été faite tel jour.*

PRÉCONISER v. a. (rad. lat. *præconium*). Louer extraordinairement, donner de grands éloges à quelqu'un : *un tel ne cesse de vous préconiser.* — Louer, vanter une chose : *il préconise l'emploi de la force.* — Méd. PRÉCO-NISER UN REMÈDE, vanter l'excellence, l'efficacité d'un remède, et le recommander à l'emploi. — Se dit particul. quand un cardinal, ou le pape lui-même, déclare en plein consistoire, que tel sujet a été nommé à un évêché, et qu'il a toutes les qualités requises : *le cardinal, protecteur des affaires de France, préconisa tel docteur en théologie pour l'évêché de Tulle.*

PRÉCONISEUR s. m. Hist. ecclés. Celui qui préconise un évêque.

PRÉCORDIAL, ALE adj. Anat. Qui a rapport au diaphragme : *région précordiale.*

PRÉCOUVÉ adj. m. Se dit d'un œuf quand le germe est déjà développé au moment de la ponte.

PRÉCURSEUR s. m. (lat. *præcursor*). Celui qui vient avant quelqu'un pour en annoncer la venue. Se dit principalement de saint Jean-Baptiste, que l'on appelle LE PRÉ-CURSEUR DE JÉSUS-CHRIST, DU MESSIE. — Fam. Homme qui en annonce un autre dont il est suivi : *voilà un tel qui va venir, je suis son précurseur.* — Homme célèbre qui a paru avant un autre, par lequel il a été surpassé : *Ramus fut le précurseur de Descartes.* — Se dit également de certaines choses qui, pour l'ordinaire en précèdent d'autres : *ces mouvements, ces troubles, sont les précurseurs de quelque grand événement; signes avant-coureurs.* Dans cette dernière phrase, il est employé adjectiv.

PRÉCY-SOUS-THIL, ch.-l. de cant., arr. et à 14 kil. S. de Sémur (Côte-d'Or) ; 900 hab.

PRÉDATEUR s. m. (rad. lat. *præda,* proie). Pillard ; celui qui vit de proie.

PRÉDÉCÉDÉ, ÉE part. passé de PRÉDÉ-CÉDER. Mort avant un autre. — Substantiv. *Le prédécédé n'a pas laissé de fortune.*

PRÉDÉCÉDER v. n. Jurispr. Mourir avant un autre : *celui des deux qui viendra à prédé-céder.*

PRÉDÉCÈS s. m. Jurispr. Mort de quelqu'un avant celle d'un autre : *arrivant le prédécès de l'un d'eux, le survivant aura tel avantage.*

PRÉDÉCESSEUR s. m. (lat. *prædecessor*). Celui qui a précédé quelqu'un dans un emploi, dans une charge, dans une dignité, etc. : *il continua ce que son prédécesseur avait entre-pris.* — Se dit, généralement, de tous ceux qui ont vécu avant nous dans le même pays ; et, en ce sens, il ne s'emploie qu'au pluriel : *nos prédécesseurs nous ont laissé cet exemple à imiter.*

PRÉDÉLINÉATION s. f. (préf. *pré;* lat. *delineatio,* dessin). Plan arrêté d'avance.

PRÉDELLE s. f. Compartiment inférieur d'un tableau représentant un sujet particulier.

PRÉDESTINATION s. f. Théol. Décret de Dieu, par lequel, suivant l'opinion de certains docteurs, il a réglé d'avance que tels hommes seront sauvés : *le dogme de la prédestination.* — Arrangement immuable d'événements, que l'on suppose arriver nécessairement : *les musulmans croient la prédestination, croient à la prédestination.*

PRÉDESTINÉ, ÉE part. passé de PRÉDES-TINER. — Adj. Que Dieu a destiné à la gloire éternelle : *des âmes prédestinées.* — Substantiv. *Être du nombre des prédestinés.* — Fam. AVOIR UN VISAGE DE PRÉDESTINÉ, UNE FACE DE PRÉDESTINÉ, avoir un visage plein, vermeil et serein.

PRÉDESTINER v. a. Destiner de toute éternité au salut : *ceux que Dieu prédestine à la grâce, à la gloire.* — Se dit aussi en parlant du choix que Dieu, de toute éternité, a fait de quelques personnes pour de grandes choses : *Dieu avait prédestiné Moïse pour être le conducteur de son peuple.* — Se dit encore, par ext., en parlant de certaines choses extraordinaires, et qu'il semble qu'on ne pouvait éviter : *cet homme était prédestiné au malheur.*

PRÉDÉTERMINANT, ANTE adj. Théol. Qui prédétermine : *décret prédéterminant.*

PRÉDÉTERMINATION s. f. Théol. Action par laquelle Dieu meut et détermine la volonté humaine : *la prédétermination physique.*

PRÉDÉTERMINER v. a. Théol. Se dit de l'action, du décret par lequel Dieu meut et détermine la volonté humaine.

PRÉDIAL, ALE, AUX adj. Qui concerne les héritages.

PRÉDICABLE adj. Log. Se dit d'une qualité, d'une épithète générale que l'on peut donner à différents sujets : *le terme* ANIMAL *est prédicable autant de l'homme que de la bête.* (Vieux.)

PRÉDICAMENT s. m. (préf. *pré;* lat. *dicere,* dire). Log. Catégorie, ordre, rang, classe où les philosophes de l'école ont coutume de ranger tous les êtres, selon leur genre et leur espèce : *l'être est le premier de tous les prédicaments.* (Vieux.) — ÊTRE EN BON OU EN MAUVAIS PRÉDICAMENT, avoir une bonne ou une mauvaise réputation : *ce jeune homme est en bon prédicament dans le monde.* (Vieux et peu us.)

PRÉDICANT s. m. Ministre de la religion protestante, dont la fonction est de prêcher : *tous les prédicants furent bannis.* Ne s'emploie guère que par dénigrement.

PRÉDICAT s. m. (lat. *prædicatum,* chose affirmée). Log. Attribut d'une proposition : *le prédicat est joint au sujet par la copule.*

PRÉDICATEUR s. m. Celui qui prêche, qui annonce en chaire la parole de Dieu, les vérités de l'Evangile : *prédicateur évangélique.* — Par ext. Celui qui publie de vive voix ou par écrit certaines doctrines bonnes ou mau-vaises : *cet homme est un prédicateur de fausses doctrines.* — Législ. « Sous l'ancien régime, les prédicateurs séditieux étaient bannis ou perpétuité de la langue percée d'un fer chaud (Lett. pat. 22 sept. 1595). Aujourd'hui, la peine du bannissement, pendant une durée de cinq à dix ans, est infligée par la loi aux prédicateurs qui sont reconnus coupables d'avoir soulevé une partie des citoyens contre les autres, ou fait une provocation directe et suivie d'effet à la désobéissance aux lois ou aux autres actes de l'autorité publique. Dans le cas où la provocation n'a pas été suivie d'effet, la peine n'est seulement un emprisonnement de deux à cinq ans ; mais si, au contraire, il en est résulté une sédition ou une révolte dont la nature ait donné lieu, contre l'un ou plusieurs des coupables, à une peine plus forte que celle du bannissement, cette peine, quelle qu'elle soit, est appliquée au ministre coupable de la provocation. Enfin, lorsqu'un ministre de l'un des cultes reconnus a prononcé, dans l'exercice de son ministère et en assemblée publique, un discours contenant la critique ou la censure, soit du gouvernement, soit d'une loi ou de tout autre acte de l'autorité publique, il est puni d'un emprisonnement de trois mois à deux ans (C. pén. 201 à 203). En outre, le gouvernement a le droit, aux termes d'un avis du Conseil d'État du 27 avril 1883, de suspendre ou de supprimer le traitement des ecclésiastiques, par mesure disciplinaire, notamment lorsque, dans leurs prédications, ils se livrent à des appréciations qui touchent soit à des actes de l'autorité publique. »   (CH. Y.)

PRÉDICATIF, IVE adj. (lat. *prædicativus;* de *prædicare,* énoncer). Gramm. Se dit des racines qui expriment un prédicat.

PRÉDICATION s. f. Action de prêcher : *la prédication de l'Evangile est la plus noble fonction de l'épiscopat.* — Sermon, discours pour annoncer la parole de Dieu, et pour exciter à la pratique de la vertu : *assister à la prédication.*

PRÉDICTION s. f. Action de prédire : *les astrologues avaient fait un art de la prédiction.* — Chose qui est prédite : *le peuple croit aux prédictions de l'almanach.*

PRÉDILECTION s. f. (préf. *pré;* franç. *dilection*). Préférence d'amitié, d'affection : *avoir, marquer de la prédilection pour quelqu'un.*

PRÉDIRE v. a. *Je prédis, tu prédis, il prédit; nous prédisons, vous prédisez.* Aux autres temps, se conjugue comme *Dire.* Prophétiser, annoncer par inspiration divine ce qui doit arriver : *les prophètes ont prédit la venue de Jésus-Christ.* — Annoncer par des règles certaines une chose qui doit arriver : *prédire une éclipse.* — Annoncer par une prétendue divination qu'une chose doit arriver : *il y a des charlatans qui se mêlent de prédire l'avenir.* — Dire ce qu'on prévoit, par raisonnement et par conjecture, devoir arriver : *je lui avais prédit tout ce qui lui est arrivé.*

PRÉDISPOSANTE adj. f. Méd. Ne s'emploie que dans cette locution, CAUSE PRÉDISPOSANTE, tout ce qui dispose par degrés à telle ou telle maladie : *causes prédisposantes générales; causes prédisposantes individuelles.*

PRÉDISPOSER v. a. (préf. *pré;* fr. *disposer*). Méd. Se dit de ce qui dispose par degrés à quelque maladie : *une mauvaise nourriture prédispose aux affections gastriques.*

PRÉDISPOSITION s. f. Méd. Disposition de l'économie, qui précède et prépare le développement d'une maladie.

PRÉDOMINANCE s. f. (préf. *pré;* fr. *dominance*). Méd. Action de ce qui prédomine : *la prédominance du système nerveux.*

* **PRÉDOMINANT, ANTE** adj. Qui prédomine : *humeur prédominante.*

* **PRÉDOMINER** v. n. Prévaloir, exceller, s'élever au-dessus. Se dit des choses morales ou physiques qui prévalent sur les autres, qui se font le plus remarquer ou sentir : *l'ambition a toujours prédominé sur ses autres passions.*

* **PRÉÉMINENCE** s. f. Avantage, prérogative, supériorité qu'on a sur les autres, en ce qui regarde la dignité et le rang : *la prééminence des évêques sur les prêtres, des archevêques sur les évêques.* — Se dit aussi en parlant des choses : *la prééminence d'un genre de littérature sur un autre.*

* **PRÉÉMINENT, ENTE** adj. Qui est au-dessus des autres choses du même genre. N'est guère usité qu'en parlant de choses morales : *la justesse et la profondeur des vues sont le mérite prééminent de cet administrateur.*

* **PRÉEMPTER** v. a. (préf. *pré;* lat. *emere,* acheter). Acheter d'avance, en vertu d'un droit.

* **PRÉEMPTION** s. f. (lat. *præemptio*). Action d'acheter d'avance. — DROIT DE PRÉEMPTION, droit de prendre ou de revendiquer en payant, dans certains cas, avant toute autre personne; droit que la douane reconnaît l'acheter, au prix déclaré, une marchandise que l'on cherche à faire passer pour une valeur trop faible. — Un droit de préemption est réservé à l'administration des douanes, et consiste dans la faculté de retenir les marchandises importées, lorsque la déclaration de valeur paraît insuffisante, mais en payant la valeur déclarée et un dixième en sus. (Voy. DOUANE.)

PRÉ-EN-PAIL, ch.-l. de cant., arr. et à 40 kil. S. de Mayenne (Mayenne); 3,000 hab. Commerce de bestiaux.

* **PRÉÉTABLI, IE** part. passé de PRÉÉTABLIR. — L'HARMONIE PRÉÉTABLIE, système par lequel les leibnitziens prétendent expliquer l'influence réciproque du physique et du moral de l'homme.

* **PRÉÉTABLIR** v. a. Didact. Établir d'abord : *vous n'avez pas préétabli la question.*

* **PRÉEXISTANT, ANTE,** adj. Théol. Qui existe avant un autre : *Dieu a créé le monde de rien, et non d'une matière préexistante.* — Physiol. *Les germes préexistants.*

* **PRÉEXISTENCE** s. f. Théol. Existence antérieure : *la préexistence des âmes.*

* **PRÉEXISTER** v. n. Théol. Exister avant. — Hist. nat. *Les graines préexistent à la fécondation.*

* **PRÉFACE** s. f. (préf. *pré;* lat. *facies,* face). Avant-propos, discours préliminaire que l'on met ordinairement à la tête d'un livre, pour donner quelques indications nécessaires au lecteur, ou pour le prévenir favorablement : *la préface de l'Encyclopédie.* — Fam. Préambule, petit discours que l'on fait avant que d'entrer en matière : *laissons là toutes ces préfaces.* — Partie de la messe qui précède immédiatement le canon : *le prêtre en était à la préface.*

PRÉFACIER s. m. Auteur d'une préface.

* **PRÉFECTORAL, ALE, AUX** adj. Qui a rapport à une préfecture, à un préfet : *administration préfectorale.*

* **PRÉFECTURE** s. f. (lat. *præfectura*). Nom de plusieurs charges principales dans l'empire romain : *la préfecture du prétoire.* — Emploi de l'administrateur appelé préfet : *il vient d'être nommé à la préfecture du Rhône.* — Durée des fonctions du préfet : *ce chemin a été fait pendant sa préfecture.* — Étendue de territoire qu'administre un pré-

fet : *cette ville est le chef-lieu de la préfecture.* — Maison, hôtel où demeure le préfet et où sont placés ses bureaux : *aller à la préfecture.* — PRÉFECTURE DE POLICE, emploi du préfet de police; hôtel où sont les bureaux du préfet de police. — PRÉFECTURE MARITIME, arrondissement maritime administré par un officier général de la marine militaire : *Toulon, Rochefort, Lorient, Brest, Cherbourg, sont des chefs-lieux de préfectures maritimes.* — SOUS-PRÉFECTURE, fonctions de sous-préfet; arrondissement administré par un sous-préfet, demeure, bureau du sous-préfet : *obtenir une sous-préfecture, aller à la sous-préfecture.*

* **PRÉFÉRABLE** adj. Qui mérite d'être préféré : *la vertu est préférable à tous les autres biens.*

* **PRÉFÉRABLEMENT** adv. Par préférence : *on lui a donné cette place, préférablement à tous ceux qui la demandaient.*

* **PRÉFÉRENCE** s. f. Acte par lequel on préfère une personne, une chose à une autre : *vous avez certaines préférences que je ne puis approuver.* — Pl. Certaines marques d'affection ou d'honneur plus particulières, qu'on accorde à quelqu'un : *vous êtes trop accoutumé aux préférences.*

* **PRÉFÉRER** v. a. (lat. *præferre*). Se déterminer en faveur d'une personne, d'une chose plutôt qu'en faveur d'une autre : *il faut préférer l'honnête à l'utile.* — Se Préférer v. pr. *C'est un égoïste qui se préfère à tout.*

* **PRÉFET** s. m. (lat. *præfectus*). Celui qui occupait une préfecture dans l'empire romain : *le préfet du prétoire.* — Se disait autrefois, dans plusieurs collèges, du maître qui avait une inspection particulière sur les études ou sur la conduite des écoliers : *préfet des études.* — Adm. Magistrat chargé de l'administration générale d'un département : *il a été nommé préfet de tel département.* — LE PRÉFET DE POLICE, magistrat chargé de la police dans le département de la Seine. — PRÉFET MARITIME, officier général de la marine militaire, ayant le commandement supérieur dans un arrondissement maritime. — SOUS-PRÉFET, fonctionnaire subordonné au préfet, et qui administre un arrondissement formé de plusieurs communes : *les sous-préfets d'un département.* — Législ. « Le préfet est le représentant du pouvoir exécutif dans le département. Il est, en outre, chargé de l'instruction préalable des affaires qui intéressent le département, ainsi que de l'exécution des décisions du conseil général et de la commission départementale, conformément aux dispositions de la loi (L. 10 août 1871, art. 3). Le préfet a entrée au conseil général; il est entendu quand il le demande; il assiste aux délibérations, excepté lorsqu'il s'agit de l'apurement de ses comptes (id. art. 20). Le préfet prend des arrêtés réglementaires ou particuliers dans un grand nombre de matières où ce pouvoir lui est donné par les lois; et ces arrêtés peuvent être annulés à la suite de recours, soit devant le ministre compétent, soit en certains cas devant le Conseil d'État. Les décrets du 25 mars 1852 et du 13 avril 1861, sous une apparence de décentralisation, ont attribué au préfet le droit de statuer sur beaucoup d'affaires qui étaient auparavant réservées au gouvernement. (Voy. DÉCENTRALISATION.) Le préfet a le droit de prendre, pour toutes les communes du département ou plusieurs d'entre elles et dans tous les cas où il n'y aurait pas été pourvu par les autorités municipales, toutes les mesures relatives au maintien de la salubrité, de la sûreté et de la tranquillité publiques. Ce droit ne peut être exercé par le préfet, à l'égard d'une seule commune,

qu'après une mise en demeure adressée au maire et restée sans résultats (L. 5 avril 1884, art. 99). Le préfet préside de droit le conseil de préfecture; et, dans certaines matières, les arrêtés préfectoraux doivent être pris en conseil de préfecture. Les préfets sont nommés par le président de la République, sur la proposition du ministre de l'intérieur, et sans aucune condition d'âge ni aucune justification de capacité. Les préfectures sont divisées en trois classes, et le traitement des préfets est ainsi fixé : 1re classe, 35,000 fr.; 2e classe, 24,000 fr.; 3e classe, 18,000 fr., non compris l'allocation dite fonds d'abonnement et qui est destinée aux frais de bureaux (personnel et matériel). Les préfets des départements de 2e classe et de 3e classe peuvent recevoir de l'avancement sans changer de résidence et obtenir ainsi une augmentation égale à la moitié de la différence existant entre le traitement de la classe à laquelle ils appartiennent et celui de la classe immédiatement supérieure. En cas d'absence ou d'empêchement, le préfet délègue ses fonctions au secrétaire général ou à l'un des conseillers de préfecture. (Voy. DÉPARTEMENT.) — Dans chacun des arrondissements autres que celui qui a pour chef-lieu celui du département, un sous-préfet est chargé de certaines parties de l'administration, sous l'autorité immédiate du préfet. (Voy. SOUS-PRÉFET.) L'administrateur du territoire ou arrondissement de Belfort exerce les fonctions de préfet, avec un traitement de 8,000 fr. Le préfet de la Seine est investi à la fois des fonctions préfectorales pour tout le département de la Seine, et d'une partie des fonctions municipales, pour ce qui concerne spécialement la ville de Paris. (Voy. PARIS.) Le préfet de police est chargé de la police municipale dans la ville de Paris et de certaines attributions de police dans les autres communes du département de la Seine et dans quelques communes du département de Seine-et-Oise. (Voy. POLICE.) Le préfet du Rhône est également investi de pouvoirs spéciaux dans les communes de l'agglomération lyonnaise. (Voy. LYON.) Un préfet maritime est placé à la tête de chacun des cinq arrondissements maritimes qui comprennent tout le littoral de la France. (Voy. MARINE.) »   (CH. Y.)

* **PRÉFINIR** v. a. (préf. *pré;* fr. *finir*). Palais. Fixer un terme, un délai dans lequel une chose doit être faite : *la loi préfinit les délais des assignations.* (Peu us.)

* **PRÉFIX, IXE** adj. (pré-fikss; -i-kse) (lat. *præfixus,* de *præ,* avant; *fixus,* fixé). Palais. Qui est déterminé. Ne s'emploie que dans loc. suivantes : *terme préfix, temps préfix, somme préfixe.* — DOUAIRE PRÉFIX, douaire qui consiste en une certaine somme déterminée par les conventions matrimoniales.

* **PRÉFIXE** adj. Gramm. Particule qui se place devant un mot pour en modifier le sens en formant un nouveau mot : *adverbe préfixe.* — s. m. *Un préfixe : dans prédire et sur dans surprendre sont des préfixes.*

PRÉFIXER v. a. Fixer d'avance. — Mettre un préfixe.

* **PRÉFIXION** s. f. Palais. Détermination. N'est guère usité qu'en parlant d'un temps, d'un délai qu'on accorde : *on lui a donné deux mois pour toute préfixion et délai.* (Il a vieilli.)

PRÉFLORAISON s. f. (préf. *pré;* fr. *floraison*). Bot. Position respective des différentes parties de la fleur quand elles sont encore renfermées dans le bouton.

PRÉFOLIATION s. f. (préf. *pré;* fr. *foliation*). Bot. Position respective des feuilles quand elles sont encore dans le bourgeon.

PRÉFORMATION s. f. (préf. *pré;* fr. *forma-*

tion). Système d'après lequel tous les individus préexistent dans l'espèce.

PRÉGNATION s. f. [gn mll.] Gestation chez les animaux.

PRÉGUSTATEUR s. m. (préf. *pré*; fr. *goûter*). Celui qui était chargé de goûter les mets.

PRÉGUSTATION s. f. Action de goûter les mets et les boissons avant de les servir.

PRÉHENSEUR adj. m. (lat. *præhensor*; de *præhendere*, prendre). Qui sert à la préhension : *muscle préhenseur.* — s. m. pl. Ornith. Ordre d'oiseaux dont les doigts sont disposés deux et deux devant et en arrière, ce qui leur permet de saisir les aliments et de les porter au bec. (Voy. PERROQUET.)

PRÉHENSILE adj. (lat. *prehensus*, saisi). Zool. Qui a la faculté de saisir, d'empoigner : *pieds préhensiles.*

PRÉHENSION s. f. Action de saisir.

PRÉHISTOIRE s. f. Histoire des temps qui ont précédé les temps dits historiques.

* **PRÉHISTORIQUE** adj. Qui a précédé l'histoire générale du monde ou l'histoire particulière d'un pays : *les temps préhistoriques.* (Voy. ARCHÉOLOGIE, LACUSTRE, etc.)

PRÉITION s. f. [-i-si-on] (préf. *pré*; lat. *ire*, aller). Gramm. Fonction des préfixes.

* **PRÉJUDICE** s. m. (lat. *prædicium*). Tort, dommage : *il a obtenu cela à mon préjudice.* — AU PRÉJUDICE DE SA PAROLE, DE SON HONNEUR, DE SA RÉPUTATION, DE LA VÉRITÉ, etc., contre sa parole, contre son honneur, contre sa réputation, etc. — SANS PRÉJUDICE DE, sans faire tort à, sans renoncer à : *sans préjudice de mes droits.*

* **PRÉJUDICIABLE** adj. Nuisible, qui porte ou qui cause du préjudice, qui fait tort : *cela est préjudiciable à sa réputation, à son honneur.*

* **PRÉJUDICIAUX** adj. m. pl. Pratique. N'est usité que dans cette loc., FRAIS PRÉJUDICIAUX, frais de procédure qu'on est obligé de rembourser avant que d'être reçu à se pourvoir contre un jugement.

* **PRÉJUDICIEL, ELLE** adj. Jurispr. N'est usité que dans ces loc. : QUESTION PRÉJUDICIELLE, question qui doit être jugée avant la contestation principale. MOYENS PRÉJUDICIELS, moyens par lesquels on soutient cette question. ACTION PRÉJUDICIELLE, action qui doit être jugée en premier lieu. — Législ. « Dans la procédure civile ou criminelle, on donne le nom de *questions préjudicielles* à celles qui doivent être jugées avant une autre, à cause de l'influence que leur solution peut avoir sur le jugement de l'affaire. Ainsi, lorsque dans une instance en partage, la filiation de l'un des héritiers est contestée, il y a là une question préjudicielle qui doit être résolue avant qu'il ne puisse être statué sur la demande en partage. Lorsqu'une action civile est intentée en même temps que l'action publique et devant des juges différents, il ne peut être statué sur la première avant qu'il n'ait été prononcé définitivement sur la seconde (C. Inst. crim. 3). »   (CH. Y.)

* **PRÉJUDICIER** v. n. Nuire, porter préjudice, faire tort, ou faire du tort : *l'excès du travail préjudicie beaucoup à la santé.* On dit, en termes de procédure, SANS QUE LES QUALITÉS PUISSENT NUIRE NI PRÉJUDICIER.

* **PRÉJUGÉ** s. m. (lat. *præjudicare*). Ce qui a été jugé auparavant dans un cas semblable ou anal. : *cet arrêt, cette sentence, est un préjugé pour notre cause.* — Se dit, dans le discours ordinaire, des circonstances, des apparences favorables ou contraires, qui préparent et annoncent d'avance le bon ou le mauvais succès d'une affaire : *le bon accueil que le ministre lui a fait, est un préjugé pour*

le succès de sa demande. — Opinion adoptée sans examen : *un homme exempt de préjugés.*

PRÉJUGEMENT s. m. Action de préjuger; jugement porté sans examen préalable.

* **PRÉJUGER** v. a. Palais. Rendre un jugement interlocutoire qui tire à conséquence pour la décision d'une question qui se juge après : *la cour a préjugé cela, quand elle a ordonné...* — PRÉJUGER UNE QUESTION, la décider avant de l'avoir approfondie, avant d'avoir connaissance de tout ce qui doit servir à la résoudre : *je ne veux point préjuger la question, j'attendrai pour la résoudre les renseignements qui m'ont été promis.* — Prévoir par conjecture : *cela arrivera ainsi, autant qu'on le peut préjuger.*

PRÉLART s. m. Sorte de toile de chanvre. — Mar. Grosse toile goudronnée avec laquelle on recouvre les objets pour les préserver de la pluie.

* **PRÉLASSER** (Se) v. pr. (rad. *prélat*). Affecter un air de gravité, de dignité, de morgue.

* **PRÉLAT** s. m. (lat. *prælatus*). Celui qui a une dignité considérable dans l'Eglise, avec juridiction spirituelle : *cet évêque est un digne prélat.* — En parlant de la cour de Rome, s'applique à ceux des ecclésiastiques de la cour du pape, qui ont droit de porter le violet : *les prélats qui accompagnaient le légat.*

PRÉLATER v. a. Garnir, couvrir d'un prélart.

PRÉLATIFIER v. a. Elever à la dignité de prélat.

PRÉLATION s. f. Droit établi, pour les enfants, d'avoir par préférence les charges que leurs pères avaient possédées.

* **PRÉLATURE** s. f. Dignité de prélat : *cet évêque s'acquitte parfaitement de toutes les fonctions de la prélature.* — Se dit d'un certain nombre de prélats qui ont droit de porter l'habit violet, et qui par leurs charges approchent de plus près la personne du pape, ou qui ont quelque autorité dans les affaires : *entrer dans la prélature, en prélature.*

* **PRÊLE** s. f. (ital. *asperello*; du lat. *asper*, rude). Bot. Genre d'équisétacées, comprenant un certain nombre d'espèces d'herbes, dont les tiges, striées et rudes au toucher, servent

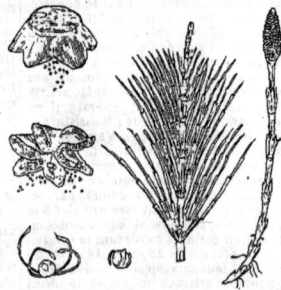

Prèle des champs (Equisetum arvense); écailles, spores; tige stérile et tige fertile.

à plusieurs espèces d'ouvriers pour polir leurs ouvrages. — La *prêle des champs* (*equisetum arvense*), appelée aussi *queue de cheval*, se trouve en Europe dans les terrains humides.

* **PRÉLEGS** s. m. [pré-lè] (préf. *pré*; fr. *legs*). Jurispr. Legs particulier qu'un testateur fait à un de ses légataires, et qui doit être pris sur la masse avant le partage.

* **PRÉLÉGUER** v. a. (préf. *pré*; fr. *léguer*). Jurispr. Faire un ou plusieurs prélegs.

PRÊLER v. a. (rad. *prèle*). Frotter pour polir avec de la prêle.

* **PRÉLÈVEMENT** s. m. Action de prélever; faire le prélèvement de telle somme sur la masse d'une succession.

* **PRÉLEVER** v. a. (préf. *pré*; fr. *lever*). Lever préalablement une certaine portion sur le total : *sur cinquante gerbes, il fallait en prélever cinq pour la dîme.*

PRÉLIBER v. a. (préf. *pré*; lat. *libare*, goûter). Goûter le premier à...

* **PRÉLIMINAIRE** adj. (préf. *pré*; fr. *liminaire*). Se dit en parlant de sciences et de littérature, et signifie, qui précède la matière principale, et qui sert à l'éclaircir : *agiter, vider une question préliminaire.* — Négoc. ARTICLES PRÉLIMINAIRES, articles généraux qui doivent être réglés avant qu'on entre dans la discussion des intérêts particuliers des puissances contractantes : *les articles préliminaires sont arrêtés, sont signés.* — Substantiv. Ces préliminaires une fois réglés, on devra... — LE PRÉLIMINAIRE DE CONCILIATION, l'essai de conciliation que la loi prescrit de faire devant le juge de paix avant de commencer un procès.

* **PRÉLIMINAIREMENT** adv. Préalablement, avant d'entrer en matière.

* **PRÉLIRE** v. a. (préf. *pré*; fr. *lire*). Impr. Lire la première épreuve à l'imprimerie, avant de l'envoyer à l'auteur : *il faut prélire cette épreuve.* (Peu us.)

* **PRÉLUDE** s. m. (préf. *pré*; lat. *ludus*, jeu). Mus. Ce qu'on chante pour se mettre dans le ton, et pour essayer en même temps la portée de sa voix. Ce qu'on joue sur un instrument, tant pour se mettre dans le ton, que pour juger si l'instrument est d'accord : *un long prélude.* — Certaines compositions musicales que l'artiste improvise : *ce pianiste excelle dans les préludes.* — Fig. Ce qui précède quelque chose, et qui lui sert comme d'entrée et de préparation : *un apologue, un conte servit de prélude à son discours.*

* **PRÉLUDER** v. n. Mus. Essayer sa voix par une suite de tons différents; jouer sur un instrument pour se mettre dans le ton, et pour juger si l'instrument est d'accord : *ce chanteur prélude pour prendre le ton.* — Improviser sur le piano, sur l'orgue, etc., en se livrant à des inspirations musicales : *ce pianiste, ce harpiste prélude savamment, prélude agréablement.* — Fig. Se préparer à faire une chose en faisant une autre chose moins difficile. De ce sens, il est toujours suivi de la préposition *à* : *il prélude à son grand ouvrage par de petits essais qu'il publie de temps en temps.*

* **PRÉMATURÉ, ÉE** adj. (préf. *pré*; lat. *maturus*, mûr). Se dit proprement des fruits qui mûrissent avant le temps ordinaire : *les fruits prématurés ne sont pas ordinairement d'aussi bon goût que les autres.* — Se dit, fig., des qualités de l'esprit et de l'âme qui sont plus développées que l'âge de celui dont on parle ne le comporte : *une sagesse prématurée.* — UNE MORT PRÉMATURÉE, une mort qui vient avant le temps ordinaire, plus tôt qu'on n'aurait dû l'attendre. On dit dans le même sens, UNE VIEILLESSE PRÉMATURÉE. — Se dit aussi, fig., des choses qu'il n'est pas encore temps d'entreprendre, d'exécuter : *votre démarche paraîtra prématurée.* — Se dit de plus en parlant de faits qu'on annonce comme accomplis lorsqu'ils ne le sont pas encore : *la nouvelle de la prise de cette ville est prématurée.*

* **PRÉMATURÉMENT** adv. Avant le temps convenable : *voilà des fruits qu'on a cueillis prématurément.*

* **PRÉMATURITÉ** s. f. Maturité avant le temps ordinaire. Ne s'emploie qu'au figuré : *prématurité de jugement.*

* **PRÉMÉDITATION** s. f. Délibération, consultation que l'on fait en soi-même sur une chose, avant que de l'exécuter : *il n'a pas fait cela sans préméditation.* — Jurispr. crim. Dessein réfléchi qui a précédé l'exécution d'un crime : *l'homicide sans préméditation est qualifié meurtre; avec préméditation, assassinat.* — Législ. « En droit pénal, la préméditation est une circonstance aggravante qui change la nature de certains crimes ou délits et donne lieu à l'application d'une peine plus rigoureuse. Elle consiste, suivant l'article 297 du Code pénal, dans le dessein formé avant l'action d'attenter à la personne d'un individu déterminé, ou même de celui qui sera trouvé ou rencontré, quand même le dessein serait dépendant de quelque circonstance ou de quelque condition. Le meurtre commis avec préméditation est qualifié assassinat et puni comme tel. Les auteurs de blessures, coups, violences ou voies de fait sont punis plus rigoureusement lorsqu'il y a eu préméditation (C. pén., 296, 310, 311). La préméditation résultant du concert entre plusieurs individus prend, dans certains cas, le nom de complot. (Voy. ce mot) ».   (Ch. Y.)

* **PRÉMÉDITER** v. a. (préf. *pré;* fr. *méditer*). Méditer quelque temps sur une chose, avant que de l'exécuter : *il y a longtemps qu'il préméditait de faire ce mauvais coup.*

PRÉMERY, ch.-l. de cant., arr. et à 53 kil. S.-E. de Cosne (Nièvre); 3,000 hab. Forges; bois, fers, briques, chaux.

* **PRÉMICES** s. f. pl. (lat. *primitiæ;* de *primus,* premier). Les premiers fruits, les premiers produits de la terre ou du bétail : *Abel offrit à Dieu les prémices de ses troupeaux.* — Fig. Premières productions de l'esprit, et premiers mouvements du cœur : *je vous consacre les prémices de mes études, les prémices de mon travail.* — Se dit aussi quelquefois des commencements d'un règne, d'un système de gouvernement, etc. : *les prémices de cette révolution avaient fait naître de belles espérances.*

* **PREMIER, IÈRE** adj. (lat. *primus*). Qui précède tous les autres par rapport au temps, au lieu, à l'ordre, à la dignité, etc. : *les premiers temps du monde.*

> Le sort vous appela le premier à l'empire.
> J. Racine. *La Thébaïde,* acte Iᵉʳ, sc. iii.

— Métaphys. La cause première, Dieu. — Phys. La matière première, la matière en général, faisant abstraction de la forme et des autres accidents qui peuvent la modifier. — Comm. et Manuf. Matières premières, productions sur lesquelles s'exerce l'industrie, pour en augmenter l'utilité et la valeur. — Il vaut mieux être le premier de sa race que le dernier, il vaut mieux n'être pas d'une naissance considérable, et se faire distinguer par son mérite, que d'être d'une haute naissance, sans avoir d'autre mérite que celui de ses ancêtres. — Il est étourdi comme le premier coup de matines, se dit d'un homme fort étourdi. — Le premier venu, celui qui arrive le premier. Prendre le premier venu, se servir du premier venu, employer la première personne qu'on rencontre. — Fig. Confier son secret au premier venu, le confier sans discernement. — Au premier jour, dans peu de jours. — Devant, en peut : *je l'ai fait passer le premier.* — Le plus excellent, le plus considérable : *Cicéron, Démosthène étaient les premiers orateurs de leur temps.* — Se dit aussi quelquefois des choses indispensables, nécessaires avant tout : *il n'a pas de quoi satisfaire aux premiers besoins, aux premières nécessités de la vie.* — Sport. Son premier, se dit du cheval vainqueur, lors-

qu'il a devancé de beaucoup ses concurrents. — Se prend souvent au figuré. — Typogr. Première épreuve d'une feuille envoyée à l'auteur — Côté de première, forme où est imposée la première page de la feuille. Celle qui comprend la seconde page s'appelle *côté de deux* ou *de seconde.* — Qui avait été auparavant, qu'on avait déjà eu. : *les choses sont remises, rétablies dans leur premier état.* — Se dit aussi du commencement, de l'ébauche de certaines choses : *j'ai vu le premier trait du tableau que ce peintre fait maintenant.* — Titre d'honneur attaché à certaines charges, à certaines places : *premier président.* —Arithm. Nombre premier, nombre qui ne peut être divisé juste par aucun nombre que par l'unité ou par lui-même : *trois, cinq, sept, sont des nombres premiers.* Et, Nombres premiers entre eux, deux nombres qui ne peuvent tous deux être divisés juste par un même nombre plus grand que l'unité : *vingt et un et vingt-cinq sont premiers entre eux, quoique chacun d'eux ne soit pas premier.* —s. Absol. Jeu de paume. Partie de la galerie qui est la plus proche de la corde de chaque côté : *chasse au premier.* — Premier mot simple entrant dans la mot composé qui fait le sujet d'une charade : *mon premier est tel mot.* — Théâtre. Jeune premier, acteur qui joue les rôles d'amoureux. On dit aussi Jeune première.

* **PREMIÈREMENT** adv. En premier lieu. N'est guère d'usage que suivi des termes secondement, en second lieu, ensuite, etc. : *premièrement, je traiterai de...; en second lieu, je dirai...*

* **PREMIER-NÉ** adj. Écrit. Premier enfant mâle : *sous la loi de Moïse, on offrait à Dieu les enfants premiers-nés.* — s. L'Ange extermina les premiers-nés des Égyptiens. — Se dit quelquefois en parlant des animaux : *les premiers-nés des animaux étaient offerts à Dieu.*

PREMIER-PARIS s. m. Article placé en tête des journaux parisiens : *des premiers-Paris.*

* **PREMIER-PRIS** s. m. Se dit d'un homme qui a la contenance triste et embarrassée : *des premiers-pris.*

* **PRÉMISSES** s. f. pl. (rad. lat. *præmissus*). Log. Les deux premières propositions d'un syllogisme, c'est-à-dire, la majeure et la mineure : *quand l'argument est en forme, si vous accordez les prémisses sans distinction, vous ne pouvez plus nier la conséquence* (Voy. Logique).

* **PRÉMONITOIRE** adj. (préf. *pré;* fr. *monitoire*). Qui avertit d'avance.

PRÉMONTRÉ, commune de l'arrondissement et à 17 kil. O. de Laon (Aisne); 862 hab. Doit son nom au monastère fondé en 1120, par saint Norbert. Magnifique asile central pour les aliénés du nord de la France. — Ordre de Prémontré, ordre religieux fondé dans le diocèse de Laon, en 1120, par saint Norbert, dans un *pré* que le ciel lui avait montré au milieu de la forêt de Coucy. Il y construisit un monastère et y réunit ses premiers disciples, auxquels il donna la règle sévère de saint Augustin. Cet ordre devint bientôt populaire dans le nord de la France; il se rendit célèbre en aidant à la suppression des Albigeois. En Allemagne, il accumula d'immenses richesses et plusieurs abbés des norbertins, comme on appelait quelquefois les religieux de cet ordre, furent élevés au rang de princes de l'Empire. L'abbé du monastère de Prémontré, près de Coucy, avait le titre de général et formait, avec trois autres abbés français, le conseil suprême de l'ordre. Il existait aussi des norbertines. Au moment des guerres de religion, l'ordre possédait environ 2,000 couvents, dont 500 de femmes. Au XVIIIᵉ siècle leur nombre décrut

avec une grande rapidité, et leur congrégation fut successivement supprimée en France, en Italie, en Espagne, en Allemagne et en Suisse. Les prémontrés ou norbertins portaient une soutane et un scapulaire blancs. — L'abbaye de Prémontré, saccagée par les protestants, fut reconstruite au XVIIIᵉ siècle. On y installa une importante verrerie en 1802.

* **PRÉMONTRÉS** s. m. pl. Nom d'un ordre religieux de chanoines réguliers, dont la principale abbaye était à Prémontré, près de Laon : *l'ordre des Prémontrés.*

* **PRÉMOTION** s. f. (préf. *pré;* fr. *motion*). Théol. et Philos. scolast. Action de Dieu agissant sur la créature, et la déterminant à agir : *prémotion physique.*

PRÉMOURANT s. m. (préf. *pré;* fr. *mourant*). Celui qui meurt le premier.

* **PRÉMUNIR** v. a. (préf. *pré;* fr. *munir*). Munir par précaution, précautionner : *il fallait le prémunir contre les faux rapports contre la séduction.* — Se prémunir, v. pr. : *se prémunir contre les accidents de la fortune.*

PRÉMUNITION s. f. Action de prémunir.

* **PRENABLE** adj. Qui peut être pris, qui n'est pas si fort qu'il ne puisse être pris. Se dit proprement des villes et des places fortifiées : *cette place n'est prenable que par famine.* — Cet homme n'est prenable ni par or ni par argent, les plus belles offres ne peuvent le séduire, le corrompre.

* **PRENANT, ANTE** adj. Qui prend. Fin. Partie prenante, celui qui a droit de recevoir d'un comptable une certaine somme. — Adm. milit. Celui qui a droit à quelque fourniture. — Hist. nat. Queue prenante, queue de certains animaux qui peut s'enrouler avec force autour des objets, et dont ces animaux se servent pour s'attacher, pour se suspendre : *singe à queue prenante.* — Carême-prenant. (Voy. Carême.)

* **PRENDRE** v. a. (lat. *prehendere*). (*Je prends, tu prends, il prend, nous prenons, vous prenez, ils prennent. Je prenais. Je pris. Je prendrai. Je prendrais. Prends. Prenne. Que je prenne. Que je prisse. Pris.*) Saisir, mettre en sa main : *prendre quelqu'un par la main.* — Prendre les armes, s'armer, soit pour se défendre ou pour attaquer, soit pour l'exercice, ou pour rendre des honneurs à quelqu'un : *les soldats ont eu ordre de prendre les armes.* — On ne sait par où le prendre, pour ne pas le faire crier, se dit d'un malade dont tout le corps est douloureux; et, fig., d'un homme très susceptible, très irritable. On dit encore, fig. et dans un sens opposé, On ne sait par où le prendre, en parlant d'un homme qui ne paraît sensible à rien, touché de rien. — Prendre d'une chose à pleine main, en prendre à poignée autant que la main peut en contenir. — Prendre la balle au bond, saisir vivement et à propos une occasion favorable. On dit aussi, Prendre l'occasion aux cheveux. — Fig. Prendre la clé des champs, s'en aller, s'évader, s'enfuir. On dit pop., dans le même sens, Prendre la poudre d'escampette. — Cette étoffe se prend à pleine main, elle est moelleuse, bien fournie. — Fig., Prendre à pleines mains, à toutes mains, de toutes mains, se dit des gens avides qui ne laissent échapper aucune occasion de s'enrichir. — Prendre une affaire en main, s'en charger pour la diriger, pour la conduire. On dit à peu près de même, dans le style soutenu, Prendre en main la chose des affaires. — Prendre en main le droit, les intérêts de quelqu'un, soutenir ses droits, ses intérêts. — Prendre le tison par où il brûle, prendre une affaire autrement qu'il ne faut, par l'endroit, par le côté le plus dangereux ou le plus difficile. — Il semble qu'il n'y ait qu'à se baisser et en prendre, se dit d'une chose qui paraît aisée, et qui ne l'est point. — CE QUI EST BON A PRENDRE EST BON A RENDRE, manière de s'excuser d'avoir pris une chose sur laquelle on croit avoir des droits, en disant que le pis aller sera de la rendre. — Fig. IL EN PRENDRAIT SUR L'AUTEL, JUSQUE SUR L'AUTEL, il prend hardiment tout ce qu'il peut, et partout où il peut. — Saisir une chose, l'enlever, la prendre qu'avec la main, comme avec les dents, ou avec quelque instrument : *n'ayant pas les mains libres, il a pris ce linge avec les dents.* — Prov. IL EST A PRENDRE OU IL N'EST PAS A PRENDRE AVEC DES PINCETTES, il est extrêmement sale. : C'EST VOULOIR PRENDRE LA LUNE AVEC LES DENTS, c'est vouloir faire une chose impossible. — Se dit aussi des animaux qui saisissent les choses avec leur gueule, leur bec, leurs griffes, etc.: *le perroquet prend souvent avec sa patte ce qu'il veut prendre ensuite avec son bec.* — PRENDRE LE MORS AUX DENTS. (Voy. MORS.) — Se dit en parlant des habits, des vêtements, et signifie, mettre sur soi : *vous avez pris aujourd'hui un habit bien léger.*

> ....Ah ! mon Dieu ! je vous prie
> Avant que de parler, prenez-moi ce mouchoir.
> *Tartufe*, acte III, sc. II.

— PRENDRE LE DEUIL, s'habiller de noir à l'occasion de la mort de quelque personne. — PRENDRE L'HABIT DE RELIGIEUX, ou simpl., PRENDRE L'HABIT, entrer au noviciat, dans un monastère. PRENDRE LE VOILE, se dit, dans le même sens, des religieuses. Fam. PRENDRE LE FROC, se faire moine. — PRENDRE LE PETIT COLLET, entrer dans l'état ecclésiastique. PRENDRE LA CUIRASSE, embrasser la profession des armes. PRENDRE LE BONNET, se faire recevoir docteur. PRENDRE LA HAIRE, embrasser une vie pénitente. PRENDRE LA LIVRÉE, se faire laquais. — PRENDRE LA PERRUQUE, ou PRENDRE PERRUQUE, commencer à porter perruque. — Emporter avec soi certaines choses par besoin ou par précaution : *prendre sa canne, son épée, son chapeau.* — Emporter en cachette ou de force, ôter à quelqu'un ce qu'il a : *les filous prennent subtilement, et les voleurs de grand chemin prennent de force.*

> Ci-gît qui se plut tant à *prendre*
> Et qui l'avait si bien appris,
> Qu'elle aima mieux mourir que rendre
> Un lavement qu'elle avait pris.
> SCARRON. *Épitaphe d'une voleuse.*

— Se dit aussi des animaux : *ce chien a pris un poulet sur la table.* — S'emparer, se saisir par force d'une chose ou d'une personne : *il l'a pris au collet, à la gorge, et l'a mené au corps de garde.* — PRENDRE DE FORCE, ou PAR FORCE, UNE FILLE, UNE FEMME, attenter par violence à son honneur : *il a été puni pour avoir pris de force telle femme.* — Se dit aussi des levées d'hommes : *on prit tous les jeunes gens pour le service.* — DIEU L'A PRIS, se dit de quelqu'un qui est mort. — PRENDRE L'OCCASION AUX CHEVEUX, saisir l'occasion, en profiter. — Arrêter quelqu'un pour le conduire en prison : *ce voleur s'est enfin laissé prendre.* — ÊTRE PRIS COMME DANS UN BLÉ, être attrapé de manière qu'on ne puisse pas se sauver. — AUSSITÔT PRIS, AUSSITÔT PENDU, se dit en parlant des personnes ou des choses sur lesquelles on prend une prompte décision, qu'on emploie aussitôt qu'elles se présentent. — Se dit aussi en parlant de ceux que l'on fait prisonniers à la guerre : *ce soldat a pris un des généraux ennemis.* — Se dit aussi en parlant des places dont on se rend maître par la force des armes ou autrement : *cette place a été prise de vive force, et les autres par composition.* — Se dit aussi en parlant de pêche, et de quelques espèces de chasses : *nous avons chassé tout le jour sans rien prendre.* — Se dit aussi des animaux qui en poursuivent d'autres et les saisissent : *mon chien a pris deux lièvres.* — SE LAISSER PRENDRE AU PIÈGE, A L'HAMEÇON, se

laisser tromper. On dit dans le même sens, NE VOUS LAISSEZ PAS PRENDRE A SES PAROLES, A SA FEINTE DOUCEUR.

> Le corbeau, honteux et confus,
> Jura, mais un peu tard, qu'on ne l'y prendrait plus.
> LA FONTAINE.

— Cette femme l'a pris dans ses filets, cette femme l'a séduit, s'est rendue maîtresse de son esprit, de son cœur. — PRENDRE QUELQU'UN AU TRÉBUCHET, l'engager par adresse, par de belles apparences, à faire une chose qui lui est désavantageuse, ou qui est contraire à ce qu'il avait résolu. — CE FUSIL, CE PISTOLET A PRIS UN RAT, il n'a pas pris feu. Prendre un rat, signifie aussi, manquer son entreprise : *nous n'avons pris qu'un rat.* — Attaquer. *Prendre les ennemis en flanc, en queue.* — S'emparer de quelqu'un en s'attaquant à son esprit, à son cœur : *il le prit par le cœur.* — PRENDRE QUELQU'UN PAR SON FAIBLE, toucher, flatter son inclination favorite. — SAVOIR PRENDRE QUELQU'UN, connaître les moyens par lesquels on peut agir sur lui : *il sait par où le prendre.* — Surprendre : *on vous y prend.* — PRENDRE QUELQU'UN SUR LE FAIT, le surprendre dans le temps même où il fait une action qu'il voulait cacher. On dit dans le même sens, PRENDRE QUELQU'UN EN FLAGRANT DÉLIT. — PRENDRE QUELQU'UN LA MAIN DANS LA POCHE, LA MAIN DANS LE SAC, le surprendre au moment où il commet un vol, ou quelque infidélité en affaire d'intérêt. — PRENDRE QUELQU'UN SANS VERT, le prendre au dépourvu. (Voy. VERT.) — PRENDRE QUELQU'UN AU PIED LEVÉ, vouloir l'obliger à faire quelque chose sur-le-champ, et sans lui donner le temps de se reconnaître : *vous me prenez bien au pied levé.* — PRENDRE QUELQU'UN AU SAUT DU LIT, l'aller trouver dès le matin, afin de ne pas le manquer. — L'ORAGE, LA PLUIE NOUS PRIT EN CHEMIN, nous surprit en chemin. — LA FIÈVRE L'A PRIS TEL JOUR, tel jour il a été attaqué de la fièvre, il a commencé d'avoir la fièvre. On dit de même, L'ACCÈS LE PRIT A TELLE HEURE. On dit aussi, au sens moral, LA FRAYEUR, LA PEUR LE PRIT. — Se dit aussi en parlant des aliments, des boissons, des médicaments solides ou liquides, et signifie, manger, boire, avaler : *il n'a rien pris de la journée.* — Se dit aussi en parlant de certaines choses autres que les aliments ou les boissons, et dont on fait usage pour sa santé, pour son agrément, etc. : *prendre un remède.* — PRENDRE DU TABAC, prendre du tabac en poudre par aspiration. — PRENDRE L'AIR, sortir d'un lieu où l'on était enfermé, pour aller dans un endroit découvert, comme dans une cour, dans un jardin, etc. ; et, par ext., sortir de la ville pour aller passer quelque temps à la campagne. — PRENDRE DU REPOS, cesser de travailler, d'agir, se reposer. On dit aussi, PRENDRE DU RELACHE. — Relig. PRENDRE LA DISCIPLINE, se donner la discipline : *ces religieux prenaient la discipline deux fois la semaine.* — Se dit quelquefois en parlant des maladies qui se gagnent, dont on est atteint par communication : *il a pris la fièvre dans cet hôpital.* — Se dit aussi de certaines conditions du corps : *il prend de l'embonpoint.* — PRENDRE DE L'ÂGE, avancer en âge, vieillir. — PRENDRE UNE ATTITUDE, UNE POSTURE, placer son corps d'une certaine manière. — PRENDRE LE TROT, se mettre à trotter. — PRENDRE SON ÉLAN, prendre un certain mouvement du corps pour s'élancer avec plus de force. On disait autrefois, PRENDRE SON ESCOUSSE. — On dit aussi, PRENDRE SON ESSOR, etc. — PRENDRE LA FUITE, s'enfuir. — Contracter, adopter : *il prend de mauvaises habitudes.* — CET HOMME PREND DES AIRS, PREND DE CERTAINS AIRS, il affecte des manières, un ton qui ne lui conviennent point. — CETTE AFFAIRE PREND UN BON TOUR, UN MAUVAIS TOUR, à la marche qu'elle prend, il y a lieu de présumer qu'elle réussira, qu'elle ne réussira pas. On dit de même, CELA PREND UNE BONNE, UNE

MAUVAISE TOURNURE. — CET HABIT, CETTE ÉTOFFE A PRIS SON PLI, les plis qui y sont y demeureront toujours. — Fig. CET HOMME A PRIS SON PLI, il a contracté des habitudes difficiles à détruire, il est incorrigible. CE JEUNE HOMME A PRIS UN BON PLI, UN MAUVAIS PLI, il est déjà tout formé aux habitudes du bien ou du mal. — PRENDRE LE SEL, SON SEL, se dit en parlant des viandes qu'on sale, et signifie, se pénétrer de sel : *la viande prend mieux le sel quand elle est fraîche.* — S'approprier : *il prit un nom qui ne lui appartenait pas.* — PRENDRE LA LIBERTÉ DE FAIRE UNE CHOSE, prendre sur soi de la faire. — PRENDRE DES LIBERTÉS, agir trop librement, peu décemment avec quelqu'un : *il a pris avec vous d'étranges libertés.* On dit de même : PRENDRE DES PRIVAUTÉS. — Se dit aussi en parlant du prix qu'on exige pour quelque chose que ce soit : *ce marchand prend trente francs du mètre de ce drap, et cet autre marchand n'en prend que vingt-cinq.* — Acheter : *je prendrai cela pour six francs, si vous voulez me le donner.* — Recevoir, accepter : *je n'ai point fait de marché avec lui, mais il a pris ce que je lui ai donné.* — Prov. QUI PREND S'ENGAGE, ou QUI REÇOIT SE VEND, ceux qui empruntent, ou qui reçoivent des présents, s'assujettissent à ceux qui les obligent. On dit aussi proverbialement, FILLE QUI PREND SE VEND, et FILLE QUI DONNE S'ABANDONNE. — PRENDRE LES CHOSES COMME ELLES VIENNENT, les recevoir avec indifférence, sans se mettre en peine des suites qu'elles peuvent avoir. PRENDRE LES HOMMES COMME ILS SONT, s'en accommoder, quelle que soit leur humeur, leur caractère. PRENDRE LE TEMPS COMME IL VIENT, ne s'inquiéter de rien, s'accommoder à tous les événements. — PRENDRE L'ORDRE, recevoir l'ordre de celui qui doit le donner. On dit dans le même sens, PRENDRE LES ORDRES DE QUELQU'UN. — PRENEZ QUE, PRENONS QUE, supposez, supposons que : *prenons que telle chose arrive.* — PRENDRE CONGÉ DE QUELQU'UN, lui faire, avant de partir, les adieux qu'exige la politesse. — PRENDRE DES LEÇONS, recevoir des leçons : *il prend tous les jours une leçon de musique.* — Paume. PRENDRE LA BALLE DE VOLÉE, A LA VOLÉE, LA PRENDRE AU BOND, la jouer de volée, la jouer au bond. — Emprunter, tirer de : *il prit cela dans Cicéron, dans Virgile.* — Fam. OÙ AVEZ-VOUS PRIS CELA ? Qui vous a dit cette nouvelle ? qui vous fait avoir cette pensée ? On dit de même : OÙ AVEZ-VOUS PRIS QUE JE VOULAIS, QUE JE VOULUSSE VENDRE MA MAISON ? — Se dit aussi en parlant des personnes que l'on engage, ou avec lesquelles on s'engage, sous certaines conditions : *prendre un laquais un domestique.* — PRENDRE UNE FEMME, choisir une femme et l'épouser : *j'ai pris ma femme dans une très honnête famille.* — PRENDRE FEMME, se marier : *il s'est décidé à prendre femme, pour ne plus vivre solitaire.* — Se dit quelquefois en parlant des personnes que l'on va joindre en quelque endroit, pour se rendre ailleurs avec elles : *j'irai vous prendre à deux heures précises, soyez prêt.* — Ôter, tirer, retrancher une partie d'un tout : *prendre dix mille francs sur une succession.* — Fam., IL A PRIS SA BONNE PART DE LA FÊTE, DU PLAISIR, etc., il y a beaucoup participé, il s'est fort amusé. — Se charger d'une chose, entrer en possession, en jouissance d'une chose à certaines conditions : *prendre une somme en dépôt.* — PRENDRE UNE AFFAIRE A SES RISQUES, PÉRILS ET FORTUNES, s'en charger pour son compte, sans garantie, et au hasard même d'y perdre. — PRENDRE UNE AFFAIRE A FORFAIT, la prendre pour un prix convenu, soit qu'il y ait de la perte, soit qu'il y ait du gain. — PRENDRE UN OUVRAGE A LA TACHE, s'en charger à raison de tant pour telle ou telle mesure, pour telle ou telle quantité. — PRENDRE UNE SOMME A INTÉRÊT, l'emprunter à condition d'en payer les intérêts. — PRENDRE UN INTÉRÊT DANS UNE AFFAIRE, DANS UNE ENTREPRISE, contribuer de ses fonds à une affaire, à une entreprise dont on partagera le profit ou la perte. — PRENDRE QUELQU'UN SOUS SA PROTECTION, le protéger, le défendre. — PRENDRE UN ENGAGEMENT, contracter un engagement. — PRENDRE TROP SUR SOI, se surcharger, vouloir faire plus qu'on ne peut. — PRENDRE QUELQUE CHOSE SUR SOI, en répondre. JE PRENDS SUR MOI LA FAUTE, j'en accepte la responsabilité. — Choisir, préférer, adopter de préférence, se décider pour : *je ne veux point de cette étoffe, je prends celle-ci.* — PRENDRE LE HAUT BOUT, choisir la place la plus honorable. — PRENDRE UN EXPÉDIENT, choisir un moyen, un expédient pour terminer une affaire : *c'est le meilleur expédient que nous puissions prendre pour votre affaire.* — PRENDRE DES MESURES, PRENDRE SES MESURES, employer des moyens et des expédients pour faire réussir une chose : *cet homme a réussi dans son dessein, il avait bien pris ses mesures.* — PRENDRE SES PRÉCAUTIONS, SES SÛRETÉS, prendre les moyens nécessaires pour ne pas tomber dans un danger, pour ne pas éprouver un dommage. — PRENDRE UNE RÉSOLUTION, UNE DÉTERMINATION, se résoudre, se décider à quelque chose. On dit dans le même sens, PRENDRE UN PARTI. On dit aussi, PRENDRE UN DESSEIN. — PRENDRE SON PARTI, se résoudre, se décider, choisir un moyen, un expédient dans une affaire difficile et douteuse : *il est quelquefois nécessaire de prendre son parti sur-le-champ.* — Prendre son extrême et dernière résolution : *il est inutile de lui parler davantage de cette affaire, il a pris son parti.* — PRENDRE SON PARTI, PRENDRE SON PARTI, se résigner à ce qui doit arriver : *voyant qu'il ne pouvait pas guérir, il prit son parti, et se disposa à la mort.* — PRENDRE LE PARTI DE LA ROBE, se décider pour la profession du barreau, pour la magistrature. On dit aussi, PRENDRE LE PARTI DE L'ÉPÉE, PRENDRE LE PARTI DE L'ÉGLISE. — PRENDRE LES ORDRES SACRÉS, entrer dans les ordres. — Se dit particul. de ceux qui voyagent, qui cheminent, et signifie, choisir une route, un chemin, s'y mettre en marche : *vous avez pris la route la plus longue, la plus courte.* — PRENDRE LE PLUS LONG OU LE PLUS COURT, SON PLUS LONG OU SON PLUS COURT, prendre le chemin le plus long ou le plus court. — PRENDRE LA VOIE DE LA MESSAGERIE, DE LA DILIGENCE, LA VOIE DU COCHE, aller par la messagerie, par la diligence, par le coche. On dit de même, PRENDRE LA DILIGENCE, PRENDRE LA POSTE. On dit dans le même sens, PRENDRE UN CHEVAL, UN FIACRE, UN CABRIOLET, UN BATEAU. — Fig. PRENDRE LA BONNE VOIE, LA MAUVAISE VOIE, se porter au bien, se porter au mal. Se servir de bons ou de mauvais moyens pour faire réussir quelque affaire : *il a pris la bonne voie, la mauvaise voie.* On dit dans le même sens : PRENDRE LES VOIES DE LA DOUCEUR, DE LA RIGUEUR, etc. — Fig. PRENDRE LE CHEMIN DE SE RUINER, DE FAIRE FORTUNE, faire ce qu'il faut pour se ruiner, pour s'enrichir : *il veut faire fortune, il n'en prend pas le chemin.* — PRENDRE LES DEVANTS, PRENDRE LE DEVANT, partir avant quelqu'un ; et, fig., le prévenir, le devancer, le gagner de vitesse dans une affaire. — PRENDRE LE PAS SUR QUELQU'UN, passer devant lui pour le précéder ; et, PRENDRE LA DROITE, se mettre à sa droite. — PRENDRE LA MAIN, prendre le pas, prendre la droite : *les princes du sang prennent la main chez eux.* — Se dit quelquefois en parlant des étoffes, pour marquer la façon dont on les coupe, dont on les emploie : *le tailleur a mal pris cette étoffe.* Se dit aussi en parlant de certaines viandes : *vous coupez mal ce bœuf, ce bouilli; vous n'avez pas pris le sens.* — PRENDRE UNE AFFAIRE A CONTRE-POIL, la prendre dans un sens contraire à celui qui serait convenable. PRENDRE BIEN, PRENDRE MAL UNE AFFAIRE, lui donner un bon, un mauvais tour, la conduire bien, la conduire mal : *il a mal pris mon affaire, voici comment il fallait la prendre.* On dit dans le même sens, PRENDRE UNE AFFAIRE DU BON, DU

MAUVAIS BIAIS. — PRENDRE UNE CHOSE DU BON, DU MAUVAIS CÔTÉ, la voir, l'entendre, la considérer comme il convient, comme il ne convient pas. — Entendre, comprendre, concevoir, expliquer, interpréter, considérer d'une certaine manière : *prendre bien le sens d'un auteur.* — PRENDRE UNE CHOSE EN BONNE PART, EN MAUVAISE PART, en être content ou mécontent, recevoir bien ou mal ce qu'on nous dit, ce qu'on nous fait, le trouver bon ou mauvais. On dit de même, CE MOT SE PEUT PRENDRE EN BONNE PART, EN MAUVAISE PART, il est susceptible d'une bonne, d'une mauvaise interprétation. — PRENDRE UNE CHOSE A LA LETTRE, AU PIED DE LA LETTRE, l'expliquer précisément selon le sens littéral, selon le propre sens des paroles : *il ne faut pas toujours prendre les choses au pied de la lettre.* On dit à peu près dans le même sens, PRENDRE LES CHOSES A LA RIGUEUR, trop à la lettre, sans modification. — PRENDRE EN RIANT QUELQUE CHOSE, ne s'en point fâcher, n'en faire que rire. PRENDRE SÉRIEUSEMENT UNE CHOSE, l'entendre sans qu'elle ait été dite sérieusement. — Adopter, soutenir avec chaleur : *prendre la cause de quelqu'un.* — Prov. PRENDRE PARTI POUR QUELQU'UN, se déclarer pour lui ; et, dans le sens opposé, PRENDRE PARTI CONTRE QUELQU'UN. — PRENDRE PARTI AVEC QUELQU'UN, s'attacher à son service ; et, absol., PRENDRE PARTI, s'enrôler dans les troupes : *ce jeune homme a pris parti dans tel régiment.* (Vieux.) — Palais. PRENDRE LE FAIT ET CAUSE DE QUELQU'UN, ou PRENDRE FAIT ET CAUSE POUR QUELQU'UN, intervenir en cause pour lui. Se dit fig. dans le discours ordinaire, et alors signifie, prendre la défense de quelqu'un. — Se dit aussi en parlant des sentiments, des passions, des affections et des répugnances que l'on éprouve : *prendre du plaisir, prendre son plaisir à quelque chose.* On dit dans le même sens, PRENDRE QUELQU'UN EN AMITIÉ, EN AVERSION. — Prov. CHACUN PREND SON PLAISIR OU IL LE TROUVE. — PRENDRE QUELQU'UN EN GUIGNON, EN GRIPPE, PRENDRE QUELQUE CHOSE EN GRIPPE, être prévenu contre quelqu'un, contre quelque chose, sans pouvoir en rendre raison. — PRENDRE QUELQU'UN EN PITIÉ, avoir pour lui de la compassion ou du dédain, suivant la circonstance. PRENDRE LE MAL D'AUTRUI EN PITIÉ, en être touché. — PRENDRE SON MAL EN PATIENCE, le souffrir patiemment. — S'emploie encore tant au propre qu'au figuré, et tant au sens physique qu'au sens moral, dans un grand nombre de phrases où sa signification varie, et ne peut se rapporter que difficilement aux acceptions précédemment indiquées. — PRENDRE QUELQU'UN PAR SES PROPRES PAROLES, le convaincre de quelque chose par ce qu'il a dit lui-même, prendre droit contre lui de ses propres paroles. — PRENDRE QUELQU'UN AU MOT, se hâter d'accepter une offre. Se dit surtout lorsqu'il s'agit du prix d'un achat ou d'une vente. — PRENDRE DES RENSEIGNEMENTS, DES INFORMATIONS, se faire donner des renseignements sur un fait et sur quelqu'un, sur une personne, sur sa conduite, sur sa capacité, etc. On dit à peu près dans le même sens, PRENDRE CONNAISSANCE D'UNE CHOSE, D'UN FAIT. — PRENDRE DU DÉLAI, PRENDRE DU TEMPS, retarder l'exécution de quelque chose. — PRENDRE DU TEMPS, se dit aussi des choses dont l'exécution exige du temps : *ce travail m'a pris beaucoup de temps.* — PRENDRE SON TEMPS, faire une chose à loisir, ne pas se presser. — PRENDRE LE TEMPS, se servir du moment favorable pour faire réussir quelque chose : *je prendrai mon temps pour cela.* — PRENDRE LE TEMPS DE QUELQU'UN, attendre le moment qui convient à quelqu'un dont on a besoin : *je prendrai votre temps.* — PRENDRE DE LA PEINE, faire des efforts, travailler avec soin. — PRENDRE SES AVANTAGES, profiter, tirer avantage des occasions qui se présentent : *il sait bien prendre ses avantages.* On dit de même, CET HOMME PREND AVANTAGE DE TOUT. — PRENDRE DE L'AVANTAGE. PRENDRE SON AVANTAGE POUR

MONTER A CHEVAL, se dit de ceux qui, ne pouvant monter facilement à cheval, s'aident pour cela d'une pierre ou d'un lieu élevé. — PRENDRE DES INSCRIPTIONS EN MÉDECINE, EN DROIT, etc., s'inscrire pour faire ses études en médecine, en droit, etc. — PRENDRE SES DEGRÉS, SES GRADES, obtenir les titres de maître ès arts, de bachelier, de licencié, de docteur, qu'on acquiert dans les universités. On dit de même, PRENDRE SES LICENCES. — PRENDRE LE HAUT TON, LE PRENDRE SUR LE HAUT TON, LE PRENDRE TRÈS HAUT, parler avec fierté. On dit de même, VOUS LE PRENEZ BIEN HAUT. — PRENDRE LE DESSUS, se dit d'une personne dont la santé, etc., commencent à se rétablir : *il a été longtemps malade, mais il commence à prendre le dessus.* — PRENDRE LA GRANDE MAIN, LA HAUTE MAIN, DANS UNE AFFAIRE, prendre la principale autorité, en prendre la direction. — PRENDRE L'ÉPOUVANTE, avoir tout à coup une grande peur. — Chasse. PRENDRE LE CHANGE, se dit des chiens, lorsqu'ils quittent la bête qui a été lancée, et qu'on appelle la bête de meute, pour en courir une autre. — Fig. PRENDRE LE CHANGE SUR UN OBJET, DANS UNE AFFAIRE, se tromper sur un objet, dans une affaire. FAIRE PRENDRE LE CHANGE A QUELQU'UN, le tromper, l'induire en erreur. — PRENDRE LA MESURE, LES DIMENSIONS D'UN OBJET, voir quelles sont les dimensions d'un objet, le mesurer. — PRENDRE LES AVIS, LES VOIX, recueillir les avis, les voix. — PRENDRE LA PAROLE, commencer à parler, à faire un discours dans une assemblée : *le premier qui prit la parole fut...* — PRENDRE LA PAROLE DE QUELQU'UN, recevoir son engagement, sa promesse : *j'ai pris sa parole qu'il ferait telle chose.* On dit de même, PRENDRE PAROLE, tirer assurance, promesse verbale que telle chose sera faite : *j'ai pris parole de lui.* — PRENDRE SUR SOI, PRENDRE BEAUCOUP SUR SOI, se retenir, se faire violence, se contraindre : *j'ai pris sur moi pour ne pas lui répondre.* — PRENDRE TROP SUR SOI, se surcharger, vouloir faire plus qu'on ne peut. — PRENDRE QUELQUE CHOSE SUR SOI, en répondre, s'en charger ; faire quelque chose de son chef, sans y être autorisé : *cela passe un peu mes pouvoirs, mais je le prends sur moi.* On dit aussi, PRENDRE QUELQUE CHOSE SUR SON COMPTE. — PRENDRE LE PLAISIR DE LA CHASSE, DE LA PÊCHE, DE LA PROMENADE, etc., aller à la chasse, à la pêche, à la promenade, etc. PRENDRE UN DIVERTISSEMENT, se divertir, s'amuser à quelque chose. — PRENDRE UNE CHOSE EN CONSIDÉRATION, remarquer une chose, la mettre en quelque sorte à part pour la considérer et en tenir compte : *on prendra cet article, cette demande en grande considération.* — PRENDRE LA CHOSE DE PLUS HAUT, remonter aux choses qui ont précédé celles qu'on raconte ou qu'on vient de raconter : *vous ne nous avez pas appris l'origine, les causes de cet événement; prenez la chose de plus haut.* — PRENDRE LA MOUCHE, PRENDRE LA CHÈVRE, se fâcher, s'irriter tout à coup, pour un léger sujet, mal à propos. — CE FLEUVE CETTE RIVIÈRE PREND SA SOURCE EN TEL ENDROIT, ce fleuve, cette rivière commence à couler de ce lieu-là. On dit aussi, CETTE RIVIÈRE PREND SON COURS VERS LE NORD, elle coule dans la direction du sud au nord. — Mar. PRENDRE UN CHARGEMENT, PRENDRE DU MONDE, DES TROUPES, DES PASSAGERS, etc., les mettre, les recevoir à bord. PRENDRE LE VENT SUR UN BATIMENT, se mettre entre ce bâtiment et le point d'où le vent souffle. PRENDRE LA MER, commencer un voyage sur mer. PRENDRE LA HAUTE MER, PRENDRE LE LARGE, s'éloigner du rivage, gagner la haute mer. PRENDRE TERRE, PRENDRE PORT EN QUELQUE TERRE, y aborder, y débarquer : *on prit terre au cap de Bonne-Espérance.* On dit aussi : PRENDRE LA HAUTEUR DU SOLEIL, observer avec un instrument, principalement à l'heure de midi, l'élévation du soleil au-dessus de l'horizon. Absol. PRENDRE HAUTEUR, mesurer la distance d'un astre ou de tou-

autre objet, à l'horizon. Prendre des ris, raccourcir les voiles par en haut, au moyen des ris, etc. — Prendre le large, s'enfuir. — Jeu. Prendre sa revanche, jouer une seconde partie pour se racquitter de ce qu'on a perdu à la première : *il a perdu la première partie, et a pris sa revanche.* — Prendre sa revanche, regagner un avantage qu'on avait perdu, ou l'équivalent : *ce général fut battu l'année dernière, mais cette année il a pris sa revanche.* — Jeu de paume. Prendre sa bisque, compter le quinze qu'on a reçu de celui contre qui l'on joue, et qu'on est en droit de prendre quand on veut. — Bien ou mal prendre sa bisque, faire usage bien, ou mal à propos d'un moyen qu'on a pour réussir dans une affaire, pour obtenir une grâce. — Se construit avec un substantif non précédé de l'article, dans un grand nombre de phrases qui équivalent souvent à un seul verbe, et dont la plupart expriment un commencement d'action ou d'état : *prendre racine; prendre feu; prendre couleur,* etc. (Voy. Racine, Feu, Couleur, etc.) — Fig. Prendre langue. (Voy. Langue.) — Prendre v. n. Se diriger. — Prendre a droite, a gauche, entrer dans le chemin qui est à main droite ou à main gauche. Prenez par ici, par la, allez par ce chemin-ci, par ce chemin-là. — Prendre a travers champs, a travers les terres labourées, aller directement, sans suivre de chemin frayé. — Prendre a travers les choux, a travers choux, conduire son affaire, aller à son but tout droit, sans s'embarrasser d'aucune considération. — Prendre sur sa nourriture, sur sa dépense, sur son nécessaire, etc., retrancher de sa nourriture, de sa dépense ordinaire, etc., pour subvenir à autre chose : *il prend sur son nécessaire pour donner aux pauvres.* On dit de même, Prendre sur son sommeil pour travailler, pour étudier. — Fam. Je n'y prends m'y mets, la chose dont il s'agit m'est indifférente; ou bien, je ne retranche ni n'ajoute rien à l'histoire que je raconte, mais je n'en garantis pas la vérité. — Prendre racine : *Les arbres qui ont beaucoup de chevelu prennent infailliblement.* — Prendre, ne pas prendre, prendre bien, prendre mal, se dit d'un ouvrage d'esprit, d'une proposition, d'un compliment, etc., qui a réussi, ou qui n'a pas réussi : *cette pièce de théâtre n'a pas pris.* Se dit aussi en parlant des personnes : *ce jeune homme a bien pris dans le monde.* — S'attacher, faire son impression, son effet : *cette couleur ne prend point.* — Se dit également de ce qui fait une impression trop forte à la gorge, au nez : *ce ragoût est trop épicé, il prend à la gorge.* — Se dit aussi de ce qui se gèle, se glace, se coagule, s'épaissit : *la rivière a pris cette nuit.* — C'est un homme qui prend a tout, qui ne prend a rien, que tout intéresse, que rien n'intéresse : *on a fait commencer à cet enfant différentes études, il ne prend à rien.* — Jeu de quadrille. Jouer sans prendre, se dit de celui qui entreprend de jouer sans appeler une autre carte. — La fièvre, la goutte lui a pris, il a été attaqué de la fièvre, de la goutte. On dit impersonnellement dans le même sens, Il lui prit une colique, un mal de dents, etc., et au sens moral, Il lui prit une fantaisie, un dégoût. — Il lui a] pris en gré de faire telle chose, la fantaisie lui est venue de faire telle chose. — Se dit encore de ce qui contribue à un bon ou à un mauvais résultat : *bien lui a pris d'avoir été averti promptement.* Dans cette acception, il s'emploie souvent avec la particule En : *s'il ne se corrige, il lui en prendra mal.* — Prendre à. Prendre a témoin, invoquer le témoignage de quelqu'un, le sommer de déclarer ce qu'il sait : *je les prends à témoin de la violence, de l'insulte que cet homme vient de me faire.* On dit aussi, Je prends Dieu a témoin de ce que je dis. — Prendre a partie, attaquer en justice un homme qui n'était pas d'abord notre adversaire : *vous vous opposez à l'exécution de*

l'arrêt que j'ai obtenu contre un tel, je vous prends à partie. On dit, par ext. Prendre quelqu'un a partie, lui imputer quelque chose, lui reprocher une chose dont on se plaint, l'en rendre responsable. — Prendre un juge a partie, se plaindre en justice d'un juge, intenter une action contre lui : *il demande à prendre ce juge à partie.* — Prendre une chose a cœur, s'en affecter, y être vivement sensible : *vous prenez cela trop à cœur.* — Prendre une chose a tache, affecter visiblement, saisir chaque occasion, chercher tous les moyens de faire une chose : *il semble avoir pris à tâche de me contrarier.* — Prendre pour. Prendre une personne pour une autre, croire qu'une personne en est une autre : *la mère de Darius prit Ephestion pour Alexandre.* On dit de même, Prendre une chose pour une autre. — Prendre quelqu'un pour un autre, en juger autrement qu'il ne faut : *vous croyez que c'est un habile homme, vous croyez que c'est un sot; vous le prenez pour un autre.* En ce sens, on dit, fig. et prov., Prendre martre pour renard. — Prendre une personne pour une dupe, le regarder comme un homme facile à tromper. — Prendre quelqu'un pour dupe, le tromper, le duper : *il a fait un mauvais marché, on l'a pris pour dupe.* — Prendre pour bon, croire. Se dit ordinairement dans un sens ironique : *il prend pour bon tout ce qu'on lui débite, tous les contes qu'on vient lui faire.* — Il a pris ce qu'on lui a dit pour argent comptant, il a cru trop facilement ce qu'on lui a dit; il a fait trop de fond sur de simples apparences. — Prendre que. Supposer que : *prenez que les choses se seraient ainsi passées.* — A tout prendre, à le bien prendre, en considérant, en compensant le bien et le 'mal : *il est vif, impatient; mais, à tout prendre, c'est un homme estimable.*

A le bien prendre, enfin, tout homme est inconstant.
Collin d'Harleville. *L'Inconstant,* acte Ier, sc. x.

— Au fait et au prendre, loc. adv. Au moment de l'exécution, quand il est question d'agir, de parler, etc. : *on le dirait plein d'intelligence; mais, au fait et au prendre, il n'est bon à rien.* — Se prendre v. pr. S'attacher, s'accrocher : *un homme se noie, se prend à tout ce qu'il peut.* — Ne savoir où se prendre, né savoir à quoi s'attacher, à quoi recourir. — Se prendre a quelqu'un, le provoquer, l'attaquer : *il ne faut pas se prendre à plus fort que soi.* — S'en prendre a quelqu'un, lui attribuer quelque faute, vouloir l'en rendre responsable, lui en donner le tort : *on s'en prend à moi, comme si j'avais fait la faute; comme si j'avais part à cette affaire.* — S'y prendre bien, s'y prendre mal, mettre plus ou moins d'adresse à ce qu'on fait; employer de bons ou de mauvais moyens pour réussir dans une affaire. On dit de même : S'y prendre comme il faut. — Se prendre à, commencer, se mettre à : *elle se prit à rire.* — Se prendre de paroles avec quelqu'un, se quereller, avoir un démêlé avec lui : *ils se sont pris de paroles.* On dit de même au sens, fig. et fam., Ils se sont pris de bec. — Se prendre d'amitié, se prendre d'aversion pour quelqu'un, concevoir de l'amitié, de l'aversion pour quelqu'un. On dit de même, Se prendre de belle passion pour quelqu'un. — Se prendre de vin, s'enivrer. — Se dit aussi des liqueurs qui viennent à se figer : *l'huile se prend quand on la tient dans un lieu froid.* — Se dit encore des mots, des expressions, et signifie, être employé : *ce mot se prend dans telle signification.*

PRÉNESTE (auj. *Palestrina*), ancienne cité du *Latium,* sur un contrefort des Apennins, à 35 kil. E.-S.-E. de Rome. Elle prit une part considérable à la ligue latine contre Rome, et garda l'indépendance municipale jusqu'à la fin de la guerre Sociale, époque où les habitants reçurent le droit de cité romaine. Pendant la guerre civile, Sylla

l'enleva au parti de Marius, en massacra les habitants, et établit sur son territoire une colonie militaire. Sous l'empire, ce fut une ville à la mode pour les Romains ; on la visitait aussi beaucoup, à cause de son temple de la Fortune, où se rendaient des oracles on renom. Au moyen âge, cette ville était la place forte de la famille Colonna. Deux fois ses ennemis la détruisirent; deux fois elle la rebâtit. En 1630, elle fut vendue à Carlo Barberini, frère du pape Urbain VIII. On y a découvert de précieux restes de l'antiquité. (Voy. Palestrina.)

* **PRENEUR, EUSE** s. Celui, celle qui prend, qui a coutume de prendre. Se dit des personnes qui sont dans l'habitude de prendre certaines choses par la bouche, par le nez, etc. : *preneur de tabac.* — Se dit aussi en parlant de quelques chasses : *preneur d'oiseaux à la pipée.* — Celui qui prend une maison à loyer, une terre à ferme, etc. : *le preneur s'engage à...* — adj. Mar. Batiment preneur, celui qui fait une prise.

* **PRÉNOM** s. m. Nom qui, chez les anciens Romains, précédait le nom de famille, et qui distinguait chaque particulier : *César portait le prénom de Caïus.* — Se dit aussi des noms de baptême : *Louis est son prénom.* — La loi interdit aux maires d'inscrire dans les actes de naissance d'autres prénoms que ceux portés dans les calendriers et ceux des personnages connus de l'histoire ancienne. (Voy. Nom.)

PRÉNOMMER v. a. Donner un prénom à...

* **PRÉNOTION** s. f. (préf. *pré*; lr. *notion*). Didact. Connaissance première et superficielle qu'on a d'une chose, avant de l'avoir bien examinée, bien étudiée : *je n'ai là-dessus que des prénotions légères.*

PRENZLAU [prenntts-laô], ville du Brandebourg (Prusse), sur l'Ucker, à 95 kil. N.-N.-E. de Berlin ; 13,734 hab. Toiles, lainages; grandes cultures de tabac.

* **PRÉOCCUPATION** s. f. (préf. *pré*; lr. *occupation*). Disposition d'un esprit tellement occupé d'un seul objet, qu'il ne peut faire attention à aucun autre : *c'est dans une telle préoccupation d'esprit, que vous lui parleriez en vain d'une autre affaire que de la sienne.* — Prévention d'esprit : *juger sans préoccupation.*

* **PRÉOCCUPÉ, ÉE** part. passé de Préoccuper. Avoir l'esprit préoccupé d'un objet, être préoccupé d'un objet, en avoir l'esprit uniquement occupé : *il est tellement préoccupé de son affaire, qu'il ne peut songer à autre chose.*

* **PRÉOCCUPER** v. a. Occuper fortement l'esprit, l'absorber tout entier : *cette idée le préoccupe du matin au soir.* — Prévenir l'esprit de quelqu'un, en lui donnant quelque impression défavorable qu'il est difficile de lui ôter. Dans ce sens, il prend toujours en mauvaise part : *je crains qu'il ne lui préoccupe l'esprit, qu'il ne préoccupe son esprit.* — Se préoccuper v. pr. Il se préoccupe aisément.

PRÉOCULAIRE adj. (préf. *pré*; lr. *oculaire*). Placé en avant de l'œil.

PRÉOPERCULE s. m. (préf. *pré*; lr. *opercule*). Ichtyol. Pièce osseuse sur laquelle s'articule l'opercule qui couvre les yeux des poissons.

* **PRÉOPINANT** s. m. (préf. *pré*; lr. *opinant*). Celui qui opine avant un autre : *il fut de l'avis du préopinant.*

* **PRÉOPINER** v. n. Opiner avant quelqu'un : *je suis de l'avis de celui qui a préopiné.* (Peu us.)

PRÉOPINION s. f. (préf. *pré*; lr. *opinion*). Droit ou action de préopiner.

* **PRÉORDINATION** s. f. (préf. *pré*; fr. *ordination*). Dogmat. Ordre établi à l'avance.

* **PRÉORDONNER** v. a. Ordonner, disposer à l'avance : *on a reproché à certains docteurs d'avoir pensé que Dieu préordonne les hommes au crime*.

PRÉORGANISER v. a. (préf. *pré*; fr. *organiser*). Organiser d'avance.

* **PRÉPARANT** adj. m. (rad. *préparer*). Anat. Il n'est usité que dans cette expression, VAISSEAUX PRÉPARANTS, vaisseaux qui servent à la préparation de la semence; par opposition à VAISSEAUX DÉFÉRENTS, ceux qui la portent vers l'extérieur.

* **PRÉPARATEUR** s. m. Celui qui prépare quelque chose. — Partic. Personne qui prépare à un professeur de physique ou de chimie les choses nécessaires aux expériences de son cours.

* **PRÉPARATIF** s. m. Apprêt : *on fait de grands préparatifs pour l'entrée de ce prince, pour cette fête*. Presque toujours ce mot s'emploie au pluriel.

* **PRÉPARATION** s. f. (lat. *præparatio*). Action par laquelle on prépare, on se prépare : *parler, prêcher, plaider sans préparation*. — PRÉPARATION A LA MESSE, A LA COMMUNION, méditation, prières par lesquelles on se prépare à dire ou à entendre la messe, ou à communier. — Action, manière de préparer certaines choses pour les employer ou les garder : *la préparation des peaux, des laines, des soies*. — Partic. Composition des médicaments : *la préparation de ce remède a été mal faite*. — Se dit aussi des médicaments préparés : *les potions, les médecines, les pilules, etc., sont des préparations pharmaceutiques*. — PRÉPARATION CHIMIQUE, mélange de plusieurs substances préparées pour une expérience ou une opération de chimie. — PRÉPARATION ANATOMIQUE, pièce d'anatomie préparée de manière à montrer quelques détails d'organisation.

* **PRÉPARATOIRE** adj. Qui prépare : *procédures préparatoires*. — JUGEMENT PRÉPARATOIRE, celui qui n'est qu'une préparation au jugement définitif, qui tend à l'éclaircissement de quelque point particulier, sans préjuger le fond. — Mat. crim. LA QUESTION PRÉPARATOIRE, s'est dit de la question que l'on donnait à un accusé avant de le juger : *Louis XVI abolit la question préparatoire*. — Géom. PROPOSITIONS PRÉPARATOIRES, propositions qu'on ne démontre que pour arriver à une démonstration principale. — s. m. *C'est un préparatoire indispensable*.

* **PRÉPARÉ, ÉE** part. passé de PRÉPARER. Prêt, disposé.

> *Que, dès le premier vers, l'action préparée*
> *Sans peine du sujet aplanisse l'entrée.*
> BOILEAU.

— ETRE PRÉPARÉ SUR UN SUJET, l'avoir médité, le bien connaître.

* **PRÉPARER** v. a. Apprêter, disposer, mettre une chose dans l'état convenable à l'usage auquel on la destine : *préparer une maison, préparer un dîner*. — Fig. SAINT JEAN-BAPTISTE EST VENU POUR PRÉPARER LES VOIES DU SEIGNEUR, pour annoncer la venue prochaine du Seigneur, pour disposer les Juifs à le recevoir. PRÉPARER LES VOIES A QUELQU'UN, lui donner des facilités pour faire ce qu'il a entrepris, pour arriver à son but. — Fig. *Les causes secrètes qui ont préparé ces événements*. — PRÉPARER UN DISCOURS, méditer, disposer dans sa mémoire un discours que l'on doit prononcer. — Faire précéder une chose de quelques préparations pour en assurer l'effet : *quand on hasarde de certaines hardiesses de style, il faut les préparer*. — Se dit également en parlant des personnes, et signifie,

mettre dans une disposition propre à atteindre un but qu'on se propose : *préparer quelqu'un à soutenir un examen*. — Se préparer v. pr. Se préparer pour quelque chose, à quelque chose. — Se dit aussi en parlant des choses : *le temps se prépare à être beau*.

* **PRÉPONDÉRANCE** s. f. (rad. *prépondérant*). Supériorité d'autorité, de crédit, de considération, etc. : *ce magistrat a une grande prépondérance dans sa compagnie*.

* **PRÉPONDÉRANT, ANTE** adj. (préf. *pré*; lat. *ponderare*, peser). Qui a plus de poids qu'un autre. N'est guère usité que dans les locutions suivantes : VOIX PRÉPONDÉRANTE, voix qui l'emporte sur certaines autres *dans certaines compagnies, la voix du chef est prépondérante*. — RAISON PRÉPONDÉRANTE, raison qui doit l'emporter dans une discussion, qui doit agir avec force sur les esprits.

PRÉPONDÉRER v. n. Avoir la prépondérance.

* **PRÉPOSÉ, ÉE** part. passé de PRÉPOSER. Placé : *commis préposé pour recevoir les droits, préposé à la recette d'un impôt*. — Substantiv. Commis : *les préposés de l'octroi*.

* **PRÉPOSER** v. a. (préf. *pré*; fr. *poser*). Commettre, établir quelqu'un avec autorité, avec pouvoir de faire quelque chose, d'en prendre soin : *on l'a préposé à la conduite de tous les travaux*.

* **PRÉPOSITIF, IVE** adj. Gramm. Qui a rapport à la préposition. PARTICULES PRÉPOSITIVES, certaines prépositions latines qui entrent dans la composition de beaucoup de mots français, et qui en sont inséparables, comme AD dans ADJOINT, PRO dans PROPOSER, PER dans PERFORER, etc. — LOCUTIONS PRÉPOSITIVES, façons de parler composées de plusieurs mots, et faisant fonction de prépositions, comme VIS-A-VIS DE, A L'ÉGARD DE, AU TRAVERS DE, etc. — Qui se met devant : *lettre prépositive*.

* **PRÉPOSITION** s. f. (préf. *pré*; lat. *positio*). Gramm. Partie d'oraison invariable qui se place entre deux termes, qu'elle lie ensemble en exprimant un rapport de l'un avec l'autre : *préposition de temps, de lieu*; *le régime, le complément d'une préposition; cette préposition grecque régit l'accusatif, le génitif, le datif*. Dans ces phrases : *pour un tel, contre un tel, devant les juges, sur une table, dans un coffre, auprès de vous, etc.*, les mots *pour, contre, devant, sur, dans, auprès*, etc., sont des prépositions. — PRÉPOSITION INSÉPARABLE, celle qu'on ne peut séparer du mot avec lequel elle fait un tout, sans changer la signification de ce mot. Dans les substantifs composés AVANT-BRAS, AVANT-COUR, ARRIÈRE-CORPS, les mots AVANT, ARRIÈRE, sont des prépositions inséparables.

PRÉPOSITIVEMENT adv. A la manière des prépositions : *adverbe employé prépositivement*.

PRÉPOTENCE s. f. [-tan-] (lat. *præpotentia*). Pouvoir supérieur.

* **PRÉPUCE** s. m. (lat. *præputium*). Peau qui couvre l'extrémité du membre viril.

* **PRÉPUCIAL, ALE, AUX** adj. Qui appartient au prépuce.

PRÉRAPHAÉLITE s. m. Partisan du préraphaélitisme.

PRÉRAPHAÉLITISME s. m. (préf. *pré*; et *Raphaël*, n. pr.) Peint. Terme introduit vers 1850 pour désigner les artistes qui s'éventuent à imiter le genre des peintres venus immédiatement avant Raphaël.

* **PRÉROGATIVE** s. f. (préf. *pré*; lat. *rogare*, demander). Privilège, avantage attaché à certaines fonctions, à certaines dignités, etc. : *cette charge donne de belles prérogatives*. — Dans les monarchies constitutionnelles, LA PRÉROGATIVE ROYALE, ou simpl., LA PRÉRO-

GATIVE, les droits et les honneurs assurés au roi par la constitution de l'État. — Faculté, avantage dont certains êtres animés jouissent exclusivement : *la raison et la parole sont les plus belles prérogatives de l'homme*.

* **PRÈS** [près] (lat. *pressus*, serré contre). Préposition qui marque proximité de lieu ou de temps. Proche : *s'asseoir près de quelqu'un*.

> Qu'on hait un ennemi quand il est *près* de nous ?
> J. RACINE, *La Thébaïde*, acte IV, sc. 1re.

— CET OUVRAGE EST BIEN PRÈS DE LA PERFECTION, il s'en faut bien peu qu'il ne soit parfait. — AVOIR LA TÊTE PRÈS DU BONNET, être d'une humeur prompte, et se mettre en colère pour peu de chose. — ÊTRE PRÈS DE SES PIÈCES, n'avoir guère d'argent. — Quoique la préposition PRÈS doive régulièrement être suivie de la préposition DE, cependant il est d'usage de supprimer celle-ci dans plusieurs phrases : *être logé près le Palais-Royal*. — S'emploie encore dans la signification de presque : *il y a près de vingt ans que cela est arrivé*. — Adv. Demeure-t-il loin ? Non, il demeure tout près. — Ici PRÈS, dans le voisinage : *il se promène ici près*. — De près. loc. adv. qui a un sens analogue à celui de près : *mettez-vous là pour voir, pour regarder de près, de plus près*. — SE VOIR DE PRÈS, se battre en duel : *il m'a insulté en public, mais nous nous verrons de près*. — SERRER QUELQU'UN DE PRÈS, le poursuivre vivement. — TENIR QUELQU'UN DE PRÈS, le surveiller avec soin, lui laisser peu de liberté, ne lui point donner de relâche : *c'est un homme qu'il faut tenir de près, si on en veut avoir quelque chose*. — JE NE CONNAIS CETTE PERSONNE NI DE PRÈS NI DE LOIN, je ne la connais en aucune manière. — IL NE VEUT EN ENTENDRE PARLER NI DE PRÈS NI DE LOIN, se dit d'un homme qui ne veut entendre parler en aucune façon de quelqu'un ou de quelque chose. — CETTE CHOSE LE TOUCHE DE PRÈS, elle est pour lui d'un grand intérêt. — ILS SE TOUCHENT DE PRÈS, ILS SONT PARENTS DE FORT PRÈS, ils sont proches parents. — IL Y REGARDE DE PRÈS, il fait attention aux moindres objets de dépense ou de profit. On dit, dans le même sens, IL EST BIEN PRÈS REGARDANT. — Près à près. loc. adv. Se dit des choses qui sont près l'une de l'autre : *plantez ces arbustes près à près*. (Peu us.) — A près, à telle chose près. loc. adv. Excepté cela : *il est un peu fantasque; mais, à cela près, c'est un aimable homme*. — A peu de chose près, presque, peu s'en faut : *on lui a rendu tout son bien, à peu de chose près*. — A beaucoup près, il s'en faut beaucoup : *je ne suis pas si riche que lui à beaucoup près*. — A cela près, signifie aussi, sans s'arrêter à cela : *je le laissai pas de contracter votre marché, à cela près*. — Dans le même sens, IL N'EST PAS A CELA PRÈS, IL N'EN EST PAS A CELA PRÈS, cela n'empêchera pas qu'il ne fasse ce qu'il a résolu, qu'il ne passe outre. Ces locutions signifient aussi, c'est une dépense peu onéreuse pour lui : *il vous donnera les deux cents francs que vous demandez, il n'est pas à cela près*. — A peu près loc. adv. qu'on emploie indifféremment avant ou après les termes qu'elle sert à modifier. Presque, environ : *cela s'entend à peu près dans le sens que vous dites*. — Substantiv. Dans les choses qui n'exigent pas une grande précision, on se contente de l'à peu près. — Mar. Au plus près, en bâtiment est au plus près, lorsqu'on faisant un sillage convenable, la route qu'il suit s'approche autant que possible de la direction du vent. A bord d'un trait carré, les vergues font alors d'ordinaire, avec l'avant de la quille, ou mieux avec le plan longitudinal du navire, un angle d'environ trois rumbs; et l'angle d'impulsion du vent sur la voile est aussi d'à peu près trois rumbs, c'est-à-dire que la direction de la quille et celle du vent doivent faire dans ce cas un angle de six rumbs. C'est ce qu'on appelle porter à six quarts. Les bâtiments latins portent plus près, et il en est de même de quelques carrés bien installés.

* **PRÉSAGE** s. m. [-za-] (lat. *præsagium*). Augure, signe par lequel on juge de l'avenir : *cet accident fut un présage de ce qui devait arriver dans la suite.* — Conjecture, augure bon ou mauvais qu'on tire de ce signe : *je tire de là un heureux présage.*

* **PRÉSAGER** v. a. Indiquer, annoncer une chose à venir : *cet accident ne nous présage rien de bon.* — Conjecturer ce qui doit arriver dans l'avenir : *je ne présage rien de mauvais de ce que vous me dites là.*

* **PRÉ-SALÉ** s. m. Prairie située au bord de la mer où l'herbe, d'une saveur salée, donne un bon goût à la chair, au lait des animaux qui la paissent : *gigot de pré-salé; des prés-salés.*

PRÉSANCTIFIÉ, ÉE adj. (préf. *pré;* fr. *sanctifié*). Consacré d'avance. — s. m. pl. **MESSE DES PRÉSANCTIFIÉS,** messe dans laquelle le prêtre consomme une hostie consacrée d'avance. — Dans l'Eglise catholique, la messe des présanctifiés ne se dit que le vendredi-saint.

PRESBOURG. (hong. *Pozsony;* all. *Pressburg*). I, comté de Hongrie, au N.-O., sur la frontière de la basse Autriche ; 4,314 kil. carr. ; 297,377 hab. Il est traversé par les Carpathes et le Danube, qui se divise, près de Presbourg, en deux bras pour former l'île de Schütt. Le sol y est fertile, sauf dans les marais, qui sont nombreux. — II, capitale de ce comté sur le Danube, à 60 kil. E. de Vienne; 46,540 hab. Les rois de Hongrie y étaient jadis couronnés. Parmi les monuments les plus remarquables, on compte le palais du primat et l'hôtel de ville. Le vieux château a

Presbourg.

été détruit par un incendie en 1814. Fabriques de tissus de coton, de laine et de soie, de cuirs, d'huile et de tabac. — Presbourg devint la capitale de la Hongrie en 1529. En 1784, Buda la remplaça comme capitale administrative, mais Presbourg resta le siège de la législature jusqu'en 1848, époque où celle-ci fut transférée à Pesth. — **Traité de Presbourg,** traité signé le 26 déc. 1805 entre la France et l'Autriche. En vertu de ce traité, les anciens Etats de Venise furent cédés à l'Italie; la principauté d'Eichstadt, partie de l'évêché de Passau, la ville d'Augsbourg, le Tyrol, toutes les possessions autrichiennes en Souabe, dans le Brisgau et dans l'Ortenau furent transférées à l'électeur de Bavière et au duc de Würtemberg que Napoléon créa ainsi roi en même temps que le duc de Bade. On stipula aussi l'indépendance de la république helvétique.

* **PRESBYTE** s. (gr. *presbeus*, vieillard).

Opt. celui ou celle qui voit mieux de loin que de près, à cause de l'aplatissement du cristallin. Il est opposé à **MYOPE** : *les presbytes ne peuvent lire qu'avec un verre convexe.* — Adjectiv. *Les vieillards ont assez souvent la vue presbyte.*

* **PRESBYTÉRAL, ALE, AUX** adj. Qui appartient à l'ordre de prêtrise. — **BÉNÉFICE PRESBYTÉRAL, PRÉBENDE PRESBYTÉRALE,** bénéfice, prébende qu'on ne peut tenir sans être prêtre. — **MAISON PRESBYTÉRALE,** maison du curé, dans une paroisse.

* **PRESBYTÉRANISME** s. m. Voy. **PRESBYTÉRIANISME.**

* **PRESBYTÈRE** s. m. Maison presbytérale, maison destinée au curé dans une paroisse : *le presbytère touche à l'église.* — **PRESBYTÈRE,** en termes de droit ecclésiastique, l'assemblée, le conseil des prêtres dont l'évêque doit s'assister dans le gouvernement de son église : *le presbytère est soumis à l'évêque, mais l'évêque doit consulter son presbytère.* (Vieux.). — Législ. « Les anciennes ordonnances royales obligeaient les habitants des paroisses à fournir un logement convenable pour le curé et ses vicaires; et dans certaines provinces, les curés réclamaient en outre des granges pour y déposer les dîmes de la cure. L'obligation de donner aux curés la jouissance d'un presbytère ou de leur fournir, soit un logement, soit une indemnité pécuniaire, a été maintenue dans la législation, mais elle n'existe pas à l'égard des vicaires (L. 18 germ. an X, art. 72; Décr. 30 déc. 1809, art. 92; Décr. 17 nov. 1811, art. 45). Cette charge du logement des curés ne devrait pas incomber aux communes; les dépenses d'un culte devraient être exclusivement supportées par les contributions volontaires des fidèles, et, dans la loi du 5 avril 1886, on avait d'abord exclu ladite charge des dépenses obligatoires des communes; mais le Sénat l'y a inscrite de nouveau. Toutefois, l'indemnité de logement n'est due aux curés ou desservants d'une paroisse catholique, et aux ministres des autres cultes salariés par l'Etat, que lorsqu'il n'existe pas de bâtiment affecté à leur logement, et lorsque les fabriques et autres administrations préposées aux cultes ne peuvent pourvoir elles-mêmes au paiement de cette indemnité. En ce qui concerne les réparations à faire aux presbytères qui appartiennent aux communes, celles de simple entretien sont à la charge du curé desservant(Décr. 30 déc. 1809, art. 44 ; Décr. 6 nov. 1813, art. 21); et les grosses réparations sont, selon le droit commun (C. civ. 605), supportées par la commune propriétaire, mais sauf l'application préalable des revenus et ressources des fabriques à ces réparations. En cas de désaccord entre la fabrique et la commune relativement à l'indemnité de logement ou aux réparations des églises et presbytères, il est statué par décret sur les propositions des ministres de l'intérieur et des cultes (L. 5 avril 1844, art. 136, 11° et 12°). »   (Ch. Y.)

* **PRESBYTÉRIANISME** s. m. (gr. *presbyteros*, ancien). Doctrine, secte des presbytériens : *le presbytérianisme est la religion dominante en Ecosse.* On dit aussi, **PRESBYTÉRANISME.** — **ENCYCL.** On donne le nom de presbytérianisme à un système religieux où l'église

est gouvernée par des *presbyters.* Ceux-ci sont de deux classes, les *presbyters* enseignants, et les *presbyters* dirigeants; les premiers répondent aux pasteurs des autres églises protestantes, et les autres, représentants élus de la congrégation, concourent avec le pasteur à l'application et au maintien de la discipline. Le pasteur d'une église et les anciens dirigeants constituent la *session* de l'église locale. On peut en appeler des décisions de la session au *presbytère (presbytery)* qui se compose du pasteur et d'un ancien de chacune des congrégations de la circonscription. Le synode, à qui l'on peut en appeler des décisions du presbytère, se compose de différents presbytères de la même région. L'assemblée générale, composée des représentants de tous les presbytères, peut juger en appel après les synodes en certains cas, mais il ne peut faire aucun changement constitutionnel avant que le point en question ait été approuvé par les presbytères. L'égalité dans le ministère est une partie fondamentale du système presbytérien. — Les premiers convertis au christianisme étant tous des Juifs, habitués au gouvernement des anciens, il était naturel qu'ils adoptassent le système représentatif dans l'organisation de l'Eglise primitive. Le Nouveau Testament en fait plusieurs fois mention expresse. C'est là-dessus que se fondent les presbytériens; ils tiennent que les noms d'évêque et d'ancien étaient des titres équivalents donnés aux mêmes personnes, et désignaient l'un et l'autre le pasteur ou le directeur d'un même troupeau ou église. Ils affirment que ce système prévalait pendant plus d'un siècle après l'âge apostolique, et que les premiers empiétements vinrent des pasteurs des grandes villes qui réclamèrent une prééminence qu'on ne leur laissa pas prendre sans protestation. Ils font remarquer enfin qu'à l'époque de la réformation, la grande majorité des chefs du mouvement se prononça en faveur du système représentatif et que les églises réformées de France, d'Allemagne, de Hollande de Hongrie et d'Ecosse furent toutes, en substance, presbytériennes. — L'Eglise presbytérienne se divise aujourd'hui en plusieurs corps, qui sont : L'EGLISE PRESBYTÉRIENNE EN Ecosse. Le premier pas décisif vers l'organisation de l'Eglise presbytérienne en Ecosse fut la convention, ou premier *covenant,* signé le 3 déc. 1557 à Edimbourg par plusieurs des plus puissants nobles du pays et par un grand nombre d'autres personnages de moindre rang. Des conflits s'élevèrent entre eux et la reine régente, et ils appelèrent de Genève John Knox qui fit signer le second covenant (1559). Le 20 déc. 1560, la première assemblée générale de l'Eglise d'Ecosse s'ouvrit à Edimbourg. Andrew Melville, également venu de Genève (1574), compléta l'œuvre d'organisation commencée par John Knox. Les efforts de Jacques Ier et de Charles Ier pour introduire en Ecosse le système épiscopal n'aboutit qu'à l'union des presbytériens d'Angleterre et d'Ecosse, par l'acte connu sous le nom de *Solemn League and Covenant* (1643). Avec Charles II l'épiscopat fut rétabli en Ecosse; mais après la révolution de 1688, l'Eglise presbytérienne fut restaurée, et, en 1690, son existence fut reconnue par un acte du parlement. Lors du traité d'union en 1707, on convint que le presbytérianisme serait le seul système religieux reconnu par l'Etat en Ecosse. C'est là l'origine de l' « Eglise établie » *(Established Church)* dans ce pays. Des dissidences s'étaient déjà produites en 1690 *(Covenanters* ou *Cameronians);* mais en 1733, une scission véritable eut lieu au sein du presbytérianisme. Ebenezer Erskine et trois autres ministres se séparèrent de l'Eglise établie pour fonder le « presbytère associé » *(Associate presbytery).* D'autres corps dissidents se fondirent dans l'*Associate presbytery,* et formèrent en 1847 l' « Eglise presbytérienne unie d'Ecosse » (United Presbyterian Church of Scotland). Enfin en 1843, sous la conduite des docteurs Welsh et Chalmers, plus de 400 ministres abandonnèrent l'Eglise établie et fondèrent l'Eglise libre d'Ecosse (Free Church of Scotland). Aujourd'hui l'Eglise établie compte environ 1,300 ministres, l'Eglise libre, 900, et les presbytériens unis, 600. Le nombre des fidèles dans chacune de ces Eglises est assez exactement en rapport avec le nombre des ministres. — II. L'EGLISE PRESBYTÉRIENNE EN IRLANDE. Les presbytériens d'Irlande avaient eu beaucoup à souffrir sous Charles Ier, pendant l'administration de Laud. Sous Charles II, leur nombre s'augmenta de réfugiés écossais, et les services qu'ils rendirent à la cause protestante sous Guillaume d'Orange leur valut le donum regium, traitement de 70 livres sterling environ que le gouvernement alloue à chaque ministre. Cette allocation a été supprimée de nos jours, en même temps que l'Eglise épiscopale cessait d'être l'Eglise officielle (established) de l'Irlande. — III. L'EGLISE PRESBYTÉRIENNE AUX ETATS-UNIS. On peut faire remonter la fondation de l'Eglise presbytérienne dans les Etats-Unis aux dernières années du XVIIe siècle, lorsque Francis Makemie réunit en un corps les Eglises du Maryland, et étendit ses travaux jusque dans la Virginie. En 1698, son intime ami, Jedidiah Andrews, fonda une Eglise à Philadelphie. Des ministres vinrent en grand nombre de l'étranger; la Nouvelle-Angleterre, l'Ecosse, l'Irlande, le Pays de Galles, les dissidents anglais, les Hollandais réformés, les huguenots de France fournirent leurs contingents aux Eglises presbytériennes des Etats-Unis, où dominèrent cependant les éléments irlandais et écossais. En 1716, elles se trouvèrent assez nombreuses pour former un synode. En 1788, il y avait quatre synodes: à New-York, à New-Jersey, à Philadelphie, dans la Virginie, et dans les Carolines. L'assemblée générale au-dessus d'eux. L'Eglise continua de s'accroître; mais les mesures rigoureuses prises par le synode du Kentucky pour empêcher l'ordination de ministres illettrés amena une scission qui fut le germe de l'EGLISE PRESBYTÉRIENNE DE CUMBERLAND. En 1822, l' « Eglise réformée associée » (Associate Reformed Church) s'unit à l'Eglise presbytérienne. L'union dura et prospéra jusqu'en 1837. Mais il y existait des germes de division, auxquelles les questions relatives aux missions et à l'esclavage ajoutèrent encore; et, à cette époque, quatre synodes organisés sous le régime de l'Union, furent déclarés en dehors de l'Eglise presbytérienne. Il y eut dès lors deux assemblées, celle de la vieille et celle de la nouvelle école (old school et new school). La vieille école gagna du terrain; mais en 1861, presque toutes les Eglises de cette école existant dans le Sud se retirèrent en masse et formèrent une « Assemblée générale de l'Eglise presbytérienne dans les Etats confédérés d'Amérique ». Ce corps comprend aujourd'hui 11 synodes, 55 presbytères, plus de 900 ministres, avec plus de 45,000 églises et environ 90,000 adhérents. La vieille école et la nouvelle ont fait leur union en 1871, et comptent environ 536,000 fidèles. — IV. L'EGLISE PRESBYTÉRIENNE UNIE DE L'AMÉRIQUE DU NORD. Ce corps se compose des « Eglises réformées associées » (Associate reformed Church), et des « Eglises associées » (Associate Church). Ces églises furent fondées à différentes époques par des ministres presbytériens et covenantaires venus d'Ecosse. Elles ont opéré leur fusion en 1858, et elles comptent maintenant 8 synodes et plus de 76,000 communiants. Cette Eglise entretient des missions en Chine, dans l'Inde, en Egypte et en Syrie. — V. L'EGLISE PRESBYTÉRIENNE RÉFORMÉE EN AMÉRIQUE. Ce corps comprend les Eglises associées et réformées qui

avaient conservé leur organisation primitive sans adhérer à la fusion des deux associations que nous venons de signaler. Elles continuèrent pendant quelque temps à recevoir leurs ministres d'Europe; mais, en 1798, elles se formèrent en un presbytère indépendant de tout contrôle étranger. Elles eurent un synode en 1808. Leur culte, dans cette Eglise, se fait de la manière la plus simple, sans orgues ni hymnes. Elles mêmes, au nombre de 10,000, refusent d'exercer leur droit politique de suffrage, parce qu'en l'exerçant ils sanctionneraient l'omission, dans la constitution des Etats-Unis, de toute déclaration explicite reconnaissant Dieu comme auteur de la société civile. — VI. LE PRESBYTÉRIANISME AU CANADA. Le presbytérianisme existe au Canada au moins depuis la conquête anglaise, en 1759. En 1874, il y avait quatre corps presbytériens sur le territoire canadien: l'Eglise presbytérienne du Canada, rattachée à l'Eglise d'Ecosse; l'Eglise presbytérienne canadienne; l'Eglise d'Ecosse dans la Nouvelle-Ecosse, le New-Brunswick et les provinces adjacentes; et l'Eglise presbytérienne des provinces inférieures. Ces quatre corps opérèrent leur fusion le 15 juin 1875. L'Eglise unie comptait à cette date 90,658 adhérents. — CONSEIL PAN-PRESBYTÉRIEN. En juillet 1875, il s'est formé à Londres une alliance des « Eglises réformées du monde entier suivant le système presbytérien ». La première assemblée s'est tenue à Edimbourg, du 3 au 9 juillet 1877; 49 corps, de 25 pays différents, ayant 19,040 ministres, 21,443 congrégations, avec une population de 20,000,000 d'âmes, y étaient représentés. On y a pris des mesures en faveur des intérêts des missions, de l'harmonie des confessions diverses, et de l'extension des relations fraternelles. La seconde session a dû être tenue à Philadelphie, en sept. 1880. — Voy. History of the Sufferings of the Church of Scotland, par Wodrow (1721-'22, 2 vol. in-fol.); History of the Church of Scotland, par Hetherington (1843); Life of John Knox, par Mc Crie (1843); Life of Melville, par le même (1849); Constitutional History of the Presbyterian Church, jusqu'en 1788, par Hodge (Philadelphie, 1840-'41, 2 vol.), et History of the Presbyterian Church, par Gillett, (édit. revue, 1875, 2 vol.).

* PRESBYTÉRIEN, IENNE adj. On appelle ainsi, en Angleterre, les protestants qui ne reconnaissent point l'autorité épiscopale : les églises presbytériennes. — Substantiv. Les presbytériens sont opposés aux épiscopaux.

PRESBYTIE s. f. [-sî]. Synon. de PRESBYTISME.

PRESBYTIQUE adj. Qui a rapport au presbytisme.

PRESBYTISME s. m. Vice de la vue des presbytes; inaptitude à distinguer nettement les objets rapprochés. (Voy. LUNETTES.)

* PRESCIENCE s. f. [prè-si-an-se] (préf. pré; fr. science). Dogmat. Connaissance de ce qui doit arriver. Ne se dit qu'en parlant de Dieu : Dieu connaît tout par sa prescience.

PRESCIENT, IENTE adj. Théol. Qui possède la prescience.

PRESCINDER v. a. [prè-sain-dé]. Faire abstraction de.

PRESCOT [press'-cott], ville du Lancashire (Angleterre), à 10 kil. E.-N.-E. de Liverpool; 5,990 hab. La paroisse, qui s'étend le long d'un riche et vaste bassin houiller, comprend plusieurs gros villages, et a une population totale de 80,520 hab. La ville a depuis longtemps de l'importance comme ville manufacturière; elle fabrique des fils de métal pour épingles, des mouvements d'horlogerie, de la faïence, etc. Dans le voisinage, il y a des filatures de lin et de coton, des mines de houille, des poteries, et des verreries.

PRESCOTT, ville douanière du Canada, sur le Saint-Laurent, en face d'Ogdensburg (état de New-York), à 90 kil. S.-E. d'Ottawa; 2,647 hab. Deux fonderies de fer, trois brasseries, une distillerie; commerce considérable.

PRESCRIPT s. m. [prè-skri] (lat. præscriptum). Devoir, dans la philosophie de Kant.

* PRESCRIPTIBLE adj. Jurispr. Qui peut être prescrit : droits prescriptibles.

* PRESCRIPTION s. f. (lat. præscriptio; de præ, avant; scribere, écrire). Jurispr. Manière d'acquérir la propriété d'une chose, par la possession non interrompue pendant un temps que la loi détermine, ou de se libérer d'une dette, quand le créancier a laissé passer un certain temps sans en demander le payement : la prescription ne court point entre époux. — Ordonnance, précepte : l'ambition foule aux pieds toutes les prescriptions de la loi et de la justice. (Peu us.) — PRESCRIPTIONS MÉDICALES, ordonnances des médecins : les prescriptions médicales ne sauraient être trop claires et trop précises. — Législ. « Chez les Romains, lorsqu'une action en restitution était intentée et que le défendeur invoquait son droit de possession, le préteur inscrivait l'exception opposée en tête de la formule de l'action, et c'est en vertu de cette præ-scriptio que le juge rejetait la demande, dans le cas où la possession du défendeur avait une durée suffisante. Dans l'ancien droit français, la durée des prescriptions variait selon les coutumes et selon la jurisprudence des parlements. — La prescription est définie par le Code civil « un moyen d'acquérir ou « de se libérer par un certain laps de temps « et sous les conditions déterminées par la « loi »; mais ce n'est en réalité qu'une présomption légale du droit de propriété ou de la libération, c'est une exception opposable en tout état de cause par le défendeur qui prétend être propriétaire ou libéré et qui ne peut en justifier autrement. Il y a donc deux sortes de prescriptions .la prescription acquisitive et la prescription libératoire. Lorsque la première s'applique à des immeubles ou à certains droits immobiliers, elle exige une possession continue, non interrompue, paisible, publique, non équivoque, exercée de bonne foi et à titre de propriétaire, par soi ou par son auteur, pendant une durée de 30 années. Ce délai est réduit, au profit de celui qui a acquis un immeuble par juste titre et de bonne foi, savoir : à 10 années, lorsque le véritable propriétaire habite dans le ressort de la cour d'appel dans l'étendue duquel l'immeuble est situé; et à 20 années, lorsque le propriétaire est domicilié hors du dit ressort. En ce qui concerne les meubles, la prescription est acquise sans délai, par le seul fait de la possession, pourvu qu'il y ait titre net et bonne foi; mais si l'objet avait été perdu ou volé, la possession doit avoir duré 3 ans. (Voy. MEUBLE.) La prescription libératoire qui s'applique aux rentes, aux créances, aux servitudes passives, etc., exige en principe une durée de 30 années; mais, pour certaines créances, ce délai est réduit par la loi à 10 ans, à 5 ans, à 3 ans, à 2 ans, à 1 an, à 6 mois, à 3 mois, à 40 jours, à 4 mois, à 15 jours, et même à huitaine. Nous avons indiqué, dans le cours de ce Dictionnaire, la durée de la plupart des prescriptions libératoires. La prescription se compte par jours; elle est acquise lorsque le dernier jour du délai est accompli. La prescription est interrompue, c'est-à-dire annulée pour le temps déjà écoulé, savoir : 1° lorsque le possesseur est privé pendant plus d'un an de la jouissance de la chose, soit par l'ancien propriétaire, soit par un tiers; 2° par l'effet d'une demande en justice, d'un commandement, d'une simple sommation, ou d'une saisie. La citation en conciliation inter-

rompt la prescription, à la condition qu'elle soit suivie, d'une assignation en justice dans le délai d'un mois à partir du jour où la personne citée a dû comparaître; 3° par la reconnaissance que le possesseur ou le débiteur fait, d'une manière expresse ou tacite, des droits du propriétaire ou créancier. La prescription est seulement *suspendue* pendant un certain temps sans que la durée antérieurement écoulée cesse d'être acquise, savoir : 1° pour la prescription de 30 ans, et pour celle de 10 ou 20 ans, pendant la minorité ou l'interdiction de celui contre lequel elle court; 2° pendant le mariage, lorsqu'il s'agit d'immeubles dotaux; 3° pendant la durée de la communauté, lorsqu'il s'agit d'actions qu'une femme commune ne peut exercer qu'après son option sur l'acceptation ou la répudiation de la communauté ; 4° pendant la durée du mariage, lorsqu'il s'agit d'actions qui, si elles étaient intentées contre des tiers par la femme, réfléchiraient contre le mari par un recours en garantie ou autrement ; ou lorsqu'il s'agit d'actions en rescision relatives à des contrats consentis par la femme sans l'autorisation de son mari ou de justice; 5° entre époux pendant toute la durée du mariage; et entre le tuteur ou l'administrateur légal des biens d'une personne et cette personne, pendant la durée de cette administration, lorsque cette dernière prescription devrait être acquise au dépens de l'incapable; 6° au profit d'une succession et contre l'héritier bénéficiaire, pendant le temps de la gestion de ce dernier, et à l'égard des créances qu'il peut avoir; 7° à l'égard d'une créance due sous condition suspensive, ou d'une action en garantie, jusqu'à ce que la condition soit accomplie ou jusqu'à ce que l'éviction ait lieu ; et à l'égard d'une créance à terme, jusqu'à ce que le terme soit échu. Sont *imprescriptibles* les biens qui ne peuvent être vendus; c'est-à-dire, tous ceux qui font partie du domaine public de l'État (voy. Domaine), et les biens des départements et des communes, qui sont affectés à un usage public (C. civ. 2219 à 2281). — Les actions relatives aux effets de commerce se prescrivent par cinq ans, à compter du jour du protêt ou de la dernière poursuite juridique (C. comm. 189). La prescription de 30 ans s'applique aux jugements contradictoires et aux jugements faute de conclure. En ce qui concerne les instances commencées et les inscriptions hypothécaires, voy. Péremption. Pour la durée des délais d'appel et de certains autres droits, voy. Déchéance. On ne peut renoncer à une prescription avant le moment où elle est acquise. — En droit pénal, la prescription est un moyen d'échapper soit à une poursuite, soit à l'accomplissement d'une peine prononcée. L'action publique et l'action civile se prescrivent en même temps, savoir : s'il s'agit d'un crime, par 10 années révolues; s'il s'agit d'un délit, par 3 années; et s'il s'agit d'une contravention, par une année, à compter du jour où le fait a été commis (C. inst. crim. 637, 638, 640). En ce qui concerne les crimes, délits ou contraventions commis par la voie de la presse ou par tout autre moyen de publication, l'action publique et l'action civile se prescrivent par 3 mois (L. du 29 juillet 1881 sur la presse, art. 65). La même prescription s'applique aux délits de chasse (L. 3 mai 1844, art. 29). Les peines sont prescrites, savoir : pour celles portées en matière criminelle, par 20 ans ; en matière correctionnelle, par 5 ans ; en matière de simple police, par 2 ans ; le tout à compter de l'arrêt ou du jugement en dernier ressort. Si la peine a été prononcée par un tribunal de 1ʳᵉ instance, le délai court du jour où le jugement ne peut plus être attaqué par la voie de l'appel (C. inst. crim. 635, 636, 639). (Voy. aussi Contumace.) — En ma-

tière d'enregistrement, il y a prescription pour la réclamation des droits, savoir : 1° après 2 ans à compter du jour de l'enregistrement, s'il s'agit d'un droit non perçu sur un acte ; 2° après 5 ans, s'il s'agit d'une omission de biens dans une déclaration après décès, excepté en ce qui concerne les rentes sur l'État, pour lesquelles la prescription est de 30 ans, en vertu de la loi du 8 juillet 1852 ; 3° après 10 ans à compter du décès, pour le défaut de déclaration de succession. — La faculté de demander la restitution des droits d'enregistrement ou de mutation indûment perçus se prescrit par 2 ans (L. 22 frim. an VII, art 64 ; L. 18 mai 1850, art. 11). »

(Сн. Y.)

* **PRESCRIRE** v. a. (lat. *præscribere*). Ordonner, marquer précisément ce qu'on veut qui soit fait : *prescrivez-moi ce que vous désirez que je fasse.*

> J'ai suivi Polynice, et vous l'avez voulu.
> Vous me l'avez *prescrit* par un ordre absolu.
> J. Racine. *La Thébaïde*, acte 11, sc. 1ʳᵉ.

— Jurispr. Acquérir par prescription : *on ne prescrit pas contre les mineurs.* — v. n. Ceux qui possèdent pour autrui ne prescrivent jamais. — Fig. L'usage ne saurait prescrire contre la vérité, contre la justice, etc., l'usage ne saurait anéantir les droits de la vérité, de la justice, etc. — Se prescrire v. pr. Se perdre par prescription : *toutes les actions civiles, tant réelles que personnelles, se prescrivent par trente ans.*

* **PRÉSÉANCE** s .f. (pré-sé-an-se). Droit de prendre place au-dessus de quelqu'un, ou de le précéder : *l'ancienneté règle la préséance entre les membres d'un tribunal.* Le rang respectif que doit occuper chaque corps ou chaque fonctionnaire dans les cérémonies était autrefois réglé par de nombreuses ordonnances et déclarations du roi. Le premier Empire, par le décret du 24 messidor an XII qui est resté en vigueur, a réglementé d'une manière très étendue ce sujet. Un grand nombre de décrets postérieurs, des avis du Conseil d'État et des circulaires ministérielles ont modifié ou complété le code des préséances que nous ne croyons pas utile de résumer ici.

* **PRÉSENCE** s. f. [-zan-] lat. *præsentia*). Existence d'une personne dans un lieu marqué : *votre présence est nécessaire aux pays.* — Palais. Tant en présence qu'absence. — La présence réelle du corps et du sang de Notre-Seigneur dans l'eucharistie, ou simplement. La présence réelle, le dogme de foi qui veut que, dans le sacrement de l'eucharistie, le corps, le sang, l'âme et la divinité de Jésus-Christ, soient réellement présents sous les espèces ou apparences du pain et du vin : *les calvinistes nient la présence réelle.* — Droit de présence, rétribution qu'on donne aux membres de certaines associations, de certaines compagnies, lorsqu'ils assistent aux assemblées, etc. On dit dans le même sens, Jetons de présence. — Fig. Présence d'esprit, vivacité et promptitude de jugement, qui fait faire ou dire sur-le-champ ce qu'il y a de mieux à faire ou à dire : on a toujours remarqué en lui beaucoup de présence d'esprit. — Jurispr. Existence d'une personne au lieu de son domicile; et quelquefois, surtout en matière de prescription, résidence habituelle d'une personne dans le ressort d'une cour d'appel. — Se dit aussi en parlant de Dieu, quoiqu'il ne soit contenu dans aucun espace: *Dieu remplit l'univers par sa présence.* — Se mettre, se tenir en la présence de Dieu, considérer Dieu comme présent à ce que l'on va faire. — Se dit encore, surtout en chimie et en médecine, lorsqu'on parle d'une substance qui existe, qui se trouve dans une autre : *reconnaître la présence du poison, de l'arsenic dans les aliments.* — En présence loc. adv. En face, en vue l'un de l'autre : *les deux armées*

étaient en présence, restèrent en présence. — Fig. Les factions, les partis sont en présence, les factions, les partis s'observent l'un l'autre et se préparent à combattre entre eux.

* **PRÉSENT, ENTE** adj. (prè-zan) (lat. *præsens*). Qui est, qui se rencontre dans le lieu dont on parle. En ce sens, il est opposé à absent : *selon le dogme catholique, Jésus-Christ est présent dans l'eucharistie.* S'emploie substantiv. au pluriel : *les présents s'égayent quelquefois aux dépens des absents.* — Jurispr. La prescription immobilière est de dix ans entre présents, et de vingt ans entre absents, c'est-à-dire qu'elle s'acquiert par dix ans quand le véritable propriétaire habite le ressort de la cour d'appel dans lequel l'immeuble est situé ; et par vingt ans quand il n'y réside pas. — Dieu est présent partout, il existe dans tous les lieux en même temps. — Par exag. Cet homme est présent a tout, il est présent partout, il est si actif, qu'il semble être partout en même temps. — Être tenu présent a une assemblée, a une séance, ne pas y assister, et cependant participer aux droits de présence. — Fig. et fam. Cet homme n'est jamais présent, il est toujours distrait, inattentif. — A tous présents a venir, salut; a tous ceux qui ces présentes lettres, qui ces présentes verront, formules du style de chancellerie. — Présents tels et tels, formule du style de notaire, dans les actes : *à ce présents et acceptants, tels et tels.* — Le présent acte, l'acte qu'on dresse, qu'on rédige actuellement. — La présente lettre, ou subsantiv., la présente, la lettre qu'on écrit : *aussitôt la présente lettre reçue, vous viendrez me rejoindre.* On dit de même, Le présent billet. On dit aussi, Le présent porteur, l'homme qui porte la lettre ou le billet qu'on écrit : *vous donnerez cinquante centimes au présent porteur pour sa commission.* — Se dit, fig. et au sens moral, des choses auxquelles on songe, dont on se souvient, que l'on croit voir encore : *j'ai toujours ce spectacle présent à l'esprit.* — Fig. Avoir l'esprit présent, avoir l'esprit vif et prompt, et à être sur-le-champ ce qu'il y a de mieux à dire ou à faire : *comme il a l'esprit présent, il lui fit une repartie vive et juste.* — Fig. Avoir la mémoire présente, se souvenir à propos et sans peine de ce qu'on a vu ou lu. — Qui existe actuellement qui est dans le temps où nous sommes. En ce sens, il est opposé à passé et à futur : *le mal présent est toujours le plus fâcheux.* — Remède présent, celui qui opère sur-le-champ: *cet élixir est un remède présent pour le mal de dents.* On dit aussi, Poison présent, celui qui produit sur-le-champ son effet. Ces locutions sont peu usitées. — s. Le temps présent : *cet homme ne songe qu'au présent.* — Jurispr. Épouser par paroles de présent, façon de parler dont on se sert lorsque deux personnes déclarent qu'elles se prennent actuellement pour mari et femme. Il se dit à la différence d'Épouser par paroles de futur, ce dont s'appelle ordinairement Fiancer. — Gramm. Le premier temps de chaque mode d'un verbe, celui qui marque le temps présent : *présent de l'indicatif, du subjonctif, de l'infinitif.* On dit aussi adjectiv. Participe présent. — A présent loc. adv. Maintenant, dans le temps présent : *cela n'est plus en usage à présent.* — Il est quelquefois loc. conj. : *à présent que je suis en meilleure santé, j'irai vous voir.*

> Mais souffrez qu'à présent chez moi je me retire.
> Collin d'Harleville. *L'Inconstant*, acte 11, sc. viii.

— Pour le présent loc. adv. et fam. A présent, maintenant : *il est à la campagne pour le présent.* — De présent loc. adv. Formule de notaire. Maintenant, à présent : *de présent résidant à Paris.*

* **PRÉSENT.** s. m. Don, tout ce qu'on donne gratuitement et par pure libéralité : *il est défendu aux juges de recevoir aucun présent*

des parties. — Présents de noces, les présents qu'un homme envoie à la personne qu'il doit épouser, et ceux que des parents ou des amis de la future lui envoient à l'occasion de son mariage. — Présents de ville, ou Présents de la ville, le vin, les confitures, etc., qu'un corps de ville donne en de certaines occasions à des personnages de distinction, rois, princes, ministres, ambassadeurs. — Fig. Présents du ciel, se dit d'une chose ou d'une personne très précieuse, qui contribue beaucoup au bonheur de celui qui la possède : *c'est un présent du ciel qu'un véritable ami, qu'une femme sensée et vertueuse.*

* **PRÉSENTABLE** adj. Qu'on peut présenter, qui peut se présenter : *cette raison n'est pas présentable.*

* **PRÉSENTATEUR, TRICE** s. Celui, celle qui avait le droit de présenter à un bénéfice : *le présentateur et le collateur*

* **PRÉSENTATION** s. f. Action de présenter : *la présentation d'une lettre de change.* — La présentation de la Vierge, fête que l'Église catholique célèbre en l'honneur de la Vierge, et en mémoire de ce qu'elle fut présentée au temple. — Présentation a la cour, cérémonie de présenter au roi et à sa famille les personnes qui avaient droit à cet honneur : *il y eut ce jour-là plusieurs présentations.* — Introduction d'une personne dans une société. — Pratique. Acte par lequel un procureur déclarait se présenter pour telle partie : *il y avait un greffe où se faisaient les présentations.* On dit aujourd'hui, Constitution d'avoué. — Droit de présenter à une place, à un emploi, à un bénéfice : *cette place est à la nomination du ministre, sur la présentation du préfet.*

* **PRÉSENTEMENT** adv. A présent, maintenant : *cela n'est plus présentement en usage.* — Présentement que loc. conj. Maintenant que.

* **PRÉSENTER** v. a. Offrir quelque chose à quelqu'un : *présenter un bouquet, des fruits à une dame.* — Présenter la main a quelqu'un, lui tendre la main pour l'aider à marcher. Présenter la main, le bras a une femme, offrir de lui donner la main, le bras pour la mener. — Présenter des lettres de créance, les remettre à la personne près de laquelle on est accrédité. Présenter une lettre de change, l'exhiber à celui qui doit la payer. — Présenter un placet, une requête, une pétition, etc., a quelqu'un, supplier quelqu'un par un placet, par une requête, etc. : *présenter une requête à des juges, une pétition au ministre.* — Présenter des lettres au sceau, porter des lettres au sceau, afin qu'elles y soient scellées. Présenter des lettres patentes a la cour royale, porter des lettres patentes à la cour royale, afin qu'elles y soient enregistrées. — Présenter les armes, porter le fusil en avant d'une certaine manière, en signe de déférence et d'honneur : *quand un officier supérieur passe devant la sentinelle, elle présente les armes.* — Présenter une personne a une autre, l'introduire en sa présence, et la lui faire connaître par son nom : *je vous présenterai à lui quand vous voudrez.* — Présenter quelqu'un dans une maison, l'y introduire, lui en procurer l'accès. — Présenter un enfant au baptême, le porter à l'église où il doit être baptisé. On dit de même, Présenter un enfant a l'officier de l'état civil. — Présenter le corps a la paroisse, porter à la paroisse un mort, avant de le conduire au lieu de la sépulture. — Présenter a un emploi, a un bénéfice, désigner celui à qui un emploi, un bénéfice doit ou peut être donné : *il a droit de présenter à ce bénéfice.* On dit de même, Présenter quelqu'un pour un emploi, etc. : on a présenté trois sujets pour cette place, pour cette chaire. On dit aussi absol., Pour cette espèce d'emploi, c'est le ministre qui présente, et c'est le roi qui nomme. — Ancienne jurispr.

crimin. Présenter un accusé a la question, conduire un accusé dans la chambre de la question comme s'il devait y être appliqué, afin que la crainte des tourments lui fasse faire des aveux. — Présenter a quelqu'un ses respects, ses hommages, ses civilités, etc., l'assurer de son respect, etc. C'est une formule de politesse. — Mettre sous les yeux : *présentez-moi ce plan, que je le considère à mon aise.* — Manège. Présenter un cheval, le mettre sur la monstre pour le faire voir à l'acheteur ou à celui qui doit le monter. — Fig. Exposer : *je lui ai présenté la chose aussi clairement qu'il m'a été possible.* — Être susceptible de fournir, de procurer : *les immenses ressources que le pays nous présentait.* — Cela présente des difficultés, des inconvénients, des difficultés, des inconvénients s'opposent, paraissent s'opposer à cela. — Ce mot, ce passage présente un double sens, il est susceptible de deux interprétations différentes. — Tourner vers, diriger vers : *présenter le flanc à l'ennemi.* Mar. Présenter le bout a la lame, la marée, au courant. — Partie. Mettre en avant pour menacer : *il lui présenta la pointe de son épée.* — Présenter la bataille, faire les dispositions et les démonstrations nécessaires pour engager l'ennemi à combattre. — Approcher une pièce de bois, de fer, etc., de l'endroit où elle doit être placée, pour voir si elle est juste, si elle y va bien, avant de la poser à demeure : *présentez cette porte, et voyez si elle a assez de jeu.* — Se présenter v. pr. Paraître devant quelqu'un : *il leur a défendu de se présenter devant lui.* — Cet homme se présente bien, se présente de bonne grâce, il n'est point embarrassé de sa personne, il a de l'aisance, de la grâce dans le maintien, dans les manières. On dit dans un sens contraire, Il se présente gauchement, de travers, il ne sait pas se présenter, etc. — Se présenter chez quelqu'un, a la porte de quelqu'un, et absol., Se présenter, aller chez quelqu'un pour lui faire une visite : *je me suis présenté chez vous pour vous rendre mes devoirs.* — Se présenter pour une place, la demander, se proposer pour la remplir. — Se présenter pour une partie, se dit, au Palais, d'un avoué qui déclare être chargé d'occuper pour telle partie, dans un procès. — Se dit aussi des choses, et signifie, apparaître : *la première chose qui s'est présentée devant moi, à mes yeux.* — Un palais, un jardin qui se présente bien, un palais, un jardin dont on juge avantageusement au premier aspect. — Fig. Une affaire qui se présente bien, une affaire dont le succès est vraisemblable. Cela se présente bien, se présente mal, se dit en général de toutes les choses éventuelles, suivant qu'elles ont l'air de tourner bien ou mal. — Une chose qui se présente a l'esprit, une chose qui vient à l'esprit, à la pensée : *toutes ces difficultés se sont déjà présentées à mon esprit.* — Ce nom, cette date, etc., ne se présente pas maintenant a ma mémoire, je ne puis me souvenir présentement de ce nom, de cette date, etc. Se dit encore des occasions, des affaires, etc., qui surviennent ; et, dans cette acception, il s'emploie souvent impersonnellement : *il s'est présenté diverses occasions.*

* **PRÉSENTEUR, EUSE** s. Personne qui présente : *un présenteur de placets.*

* **PRÉSERVATEUR, TRICE** adj. Qui préserve : *une méthode préservatrice.*

* **PRÉSERVATIF, IVE** adj. Qui a la vertu, la faculté de préserver. Ne se dit guère que des remèdes : *remède préservatif.* — s. m. Remède qui a la vertu de préserver : *c'est un souverain préservatif, un puissant préservatif contre plusieurs maladies.* — Fig. Le travail est le meilleur préservatif contre l'ennui.

* **PRÉSERVATION** s. f. Action de préserver : *la préservation des fruits.*

* **PRÉSERVER** v. a. [pré-zèr-vé] (lat. præ-

servare). Garantir quelqu'un d'un mal qui pourrait lui arriver : *Dieu l'a préservé au milieu des périls.* — Se préserver : *se préserver d'une maladie, de la contagion.*

PRÉSIDE s. m. (Voy. Présidès.)

* **PRÉSIDENCE** s. f. Fonction de président, droit de présider : *la présidence de la Chambre des pairs.* — Dans quelques républiques, dignité du chef du pouvoir exécutif : *présidence de Washington.* — Place de président : *la première présidence de la cour d'appel de... est vacante.* — Temps pendant lequel, une personne exerce la présidence : *cet arrêt a été rendu sous la présidence d'un tel.*

* **PRÉSIDENT** s. m. Celui qui préside une compagnie, une assemblée : *on s'adressa au président de l'assemblée.* — Celui qui préside à un acte, à une thèse de philosophie, de théologie, de droit, à un concours, etc. : *c'était le président de l'acte, du concours.* — Dans quelques républiques, titre donné au chef du pouvoir exécutif : *le président de la République française.* — Légist. « Les conditions de l'élection et l'étendue des pouvoirs du président de la République française ont été exposés aux mots Constitution, Décret, Loi, etc. On sait que le premier fonctionnaire de l'État est élu pour sept ans à la majorité absolue des suffrages, par le Sénat et par la Chambre des députés, réunis en Assemblée nationale (L. 25 février 1875, art. 2). — Les membres des familles ayant régné sur la France sont inéligibles à la présidence de la République (L. 14 août 1884, art. 2). — Dans la république des États-Unis d'Amérique, le président et le vice-président sont élus pour quatre ans par des électeurs qui sont eux-mêmes nommés par le suffrage universel, dans les 38 états et de la manière prescrite par la législation particulière à chacun. Ces électeurs doivent être en nombre égal au nombre total des sénateurs et des représentants que l'état a le droit d'envoyer au Congrès (constitution du 47 septembre 1787, art. 2, sect. 1re). Or, le sénat se composant aujourd'hui de 76 membres (2 par état), et la chambre des représentants de 325 membres le nombre des délégués pour l'élection présidentielle était de 401 lors de l'élection du 4 nov. 1884. De la différence qui existe entre le mode d'élection du président de la République française et celui employé dans l'Union américaine, il résulte que, dans ce dernier pays, le pouvoir exécutif est indépendant du pouvoir législatif (sauf en ce qui concerne certaines attributions du sénat). Cela est supportable à cause de l'autonomie législative et administrative de chacun des 38 états ; mais en France, où tout est centralisé, l'expérience a prouvé suffisamment qu'un pouvoir exécutif, indépendant par son origine du pouvoir législatif, est trop souvent porté à combattre les représentants du pays ; et cette lutte presque inévitable présente les plus grands dangers pour la stabilité des institutions républicaines et pour le maintien des libertés conquises. » (Ch. Y.)

* **PRÉSIDENTE** s. f. Celle qui préside une assemblée, une réunion : *elle est la présidente de l'assemblée de charité.* — Femme d'un président : *madame la première présidente.*

PRÉSIDENTIEL, ELLE adj. [-si-èl]. Qui a rapport au président : *demeure présidentielle.*

* **PRÉSIDER** v. a. [pré-zi-dé] (lat. præsidere). Occuper la première place dans une assemblée, avoir droit d'y maintenir l'ordre, d'y donner la parole, de recueillir les voix, et de prononcer les décisions qu'elle rend : *présider les assises.* — v. n. Celui qui présidait à l'assemblée du clergé, à l'assemblée de la noblesse. — Avoir la direction, veiller à : *la providence qui préside à la conduite de l'univers.* — Présider a un acte, en être le modérateur et comme l'arbitre : *c'est*

lui qui préside à l'acte. On dit de même, **Présider a un concours**, ou activement, **Présider
un concours**. — Se dit dans le même sens,
en parlant des divinités païennes : *Minerve
présidait aux sciences.*

'PRÉSIDES s. m. pl. [pré-zi-de] (esp. *pre-
sidio*, garnison). Lieux où le gouvernement
espagnol envoie ceux qui sont condamnés
aux galères, aux travaux forcés : *les présides
d'Afrique.*

PRÉSIDIAIRE s. m. En Espagne, personne
condamnée aux présides.

'PRÉSIDIAL, IAUX s. m. Jurispr. Tribunal
qui jugeait en dernier ressort, dans certains
cas et pour certaines sommes; hors ces cas,
il y avait lieu à l'appel des sentences devant le parlement : *les juges d'un présidial
jugeaient en dernier ressort jusqu'à la somme
de...* — Adj. Qui concerne un présidial, qui
est de la compétence d'un présidial, qui
émane d'un présidial ; il fait au féminin
Présidiale : *siège présidial ; sentence présidiale.* — **Encycl.** Un présidial était, sous
l'ancien régime, un tribunal établi dans certaines villes et qui jugeait en dernier ressort, jusqu'à concurrence de 2,000 livres, les
appellations de juges d'un rang inférieur.
C'était une juridiction intermédiaire entre
les bailliages et les parlements. Les présidiaux avaient été institués par un édit de
janvier 1551; ils étaient, en général, composés de neuf juges; et ceux-ci devaient, pour
juger, être au nombre de sept, y compris le
président. Le présidial du Châtelet de Paris
connaissait en première instance quoique en
dernier ressort, des demandes fondées en
titres qui n'excédaient pas 4,200 livres.

'PRÉSIDIALEMENT adv. Jurispr. Il n'était
guère usité que dans cette locution, **Juger
présidialement**, qui se disait lorsqu'un présidial jugeait en dernier ressort et sans
appel.

PRÉSIDIALITÉ s. f. Juridiction d'un présidial.

'PRESLE s. f. Plante Voy. **Prêle**.

'PRÉSOMPTIF, IVE adj. N'est guère usité
que dans cette locution, **Héritier présomptif**,
le plus proche parent, celui qui est appelé à
hériter **ab intestat**, soit en ligne directe, soit
en ligne collatérale : *ses héritiers présomp-
tifs attendent sa mort avec impatience.* — Se
dit, particul. du prince destiné à régner par
l'ordre de sa naissance : *l'héritier présomptif
de la couronne.*

'PRÉSOMPTION s. f. [pré-zon-psi-on] (lat.
*præsumptio; de præsumere, présumer d'avance).
Conjecture, jugement fondé sur des apparences, sur des indices : *il a de grandes présomptions contre lui.* — Jurispr. Ce qui est
supposé vrai, par provision, tant que le contraire n'est pas prouvé : *la présomption d'innocence est pour l'accusé, jusqu'à la preuve du
crime.* — Opinion très avantageuse que soi-
même : *la présomption lui gâte l'esprit.* —
Législ. « En droit, les présomptions sont les
conséquences que la loi ou le magistrat tire
d'un fait connu à un fait inconnu. Il résulte
de cette définition qu'il y a deux sortes de
présomptions. Les présomptions **légales** sont
celles qui sont attachées par une loi spéciale
à certains actes ou à certains faits, et contre
lesquels on ne peut rien invoquer, si ce n'est
dans certains cas particuliers où la preuve
contraire est admise. Telles sont la chose
jugée et les présomptions établies par les articles suivants du Code civil : 197, 312 et s.,
667 et s., 720 et s., 2230 et s., etc. Les présomptions non établies par la loi sont abandonnées à l'appréciation des magistrats; mais
ceux-ci ne doivent les admettre que lorsqu'elles sont graves, précises, concordantes,
et dans les cas seulement où la loi admet la
preuve par témoins (id. 1360 et s.). Voy.

Preuve. — La loi établit elle-même des présomptions de survie, selon l'âge et le sexe des
personnes qui ont péri ensemble dans un
même événement, lorsqu'il a été impossible
de reconnaître laquelle de ces personnes est
décédée avant l'autre, et lorsque les circonstances ne fournissent pas d'indications certaines à cet égard (C. civ. 720 et s.). (Voy.
Survie.) — La présomption d'absence est l'état
d'un absent pendant le temps qui s'écoule
depuis sa disparition ou depuis ses dernières
nouvelles jusqu'au jugement déclaratif d'absence. Cette période dure au moins onze ans
ou cinq ans, selon que l'absent a laissé ou
son départ une procuration ou n'en a pas
laissé. Le tribunal peut, sur la demande des
parties intéressées, s'il le juge nécessaire,
nommer un administrateur pour gérer les
biens du présumé absent qui n'a pas laissé
de procuration (id. 112 et s.). » (Ch. Y.)

PRÉSOMPTIVEMENT adv. Par présomption.

' PRÉSOMPTUEUSEMENT adv. Avec présomption, d'une manière présomptueuse :
*c'est un homme qui pense présomptueusement
de lui-même.*

' PRÉSOMPTUEUX, EUSE adj. Qui a une
trop grande opinion de lui-même : *il a été
assez présomptueux pour aspirer à cette place.*
— Se dit aussi des choses qui annoncent de
la présomption : *désirs présomptueux.* —
Substantiv. *C'est un présomptueux.*

PRESPINAL, ALE, AUX adj. (préf. *pré*;
lat. *spina*). Placé en avant de l'épine dorsale.

' PRESQUE adv. [prè-ske]. A peu près, peu
s'en faut : *on ne voit presque plus d'habits de
cette façon.*

' PRESQU'ÎLE s. f. Partie de terre jointe à
une autre par un isthme étroit, et environnée
d'eau de tous les autres côtés : *la Morée est
une presqu'île.* — Par ext. Partie de terre qui
s'avance dans la mer, et qui est jointe au
reste du continent par une large étendue de
terres : *l'Espagne, l'Italie, etc., sont des presqu'îles.*

PRESSAGE s. m. Action de presser de condenser avec la presse.

PRESSAMMENT adv. Instamment, d'une
manière pressante : *solliciter pressamment.*
(Peu us.)

' PRESSANT, ANTE adj. Qui presse vivement, qui insiste sans relâche : *c'est l'homme
du monde le plus pressant.* — Se dit aussi
des choses : *une recommandation pressante.* —
Une douleur pressante, une douleur aiguë et
violente. — Urgent, qui ne permet pas de
différer : *le mal est pressant et demande de
prompts remèdes.*

' PRESSE s. f. Foule, multitude de personnes qui se pressent : *se tirer de la presse.*
— Fam. **Il n'y aura pas grande presse
ou grand'presse a faire telle chose**, **il
s'en chargera**, se dit en parlant d'une chose
que l'on n'est pas disposé à faire, et dont on
suppose que peu degens voudront se charger.
— Prov. **A la presse vont les fous**, la foule
attire ceux les plus curieux. — **La presse y est**, se
dit en parlant d'une étoffe ou d'une autre
marchandise qui est à la mode, et qui se débite bien. Se dit aussi en parlant d'un spectacle, d'un cours, etc., qui est extrêmement
suivi, qui attire beaucoup de monde. — **Il
s'est tiré de la presse**, se dit d'un homme
qui, se trouvant engagé dans quelque mauvaise société, dans quelque parti dangereux,
vient à s'en tirer prudemment. — Se dit, en
Angleterre, de l'enrôlement forcé des matelots dans la marine militaire : *pour compléter
les équipages, on eut recours à la presse.* —
Machine de bois, de fer, ou de quelque autre
matière, qui sert à presser, à tenir quelque
chose extrêmement serré : *presse hydraulique.*
— **Cet homme est en presse**, il est dans un

état fâcheux, dont il ne sait comment se tirer. — **Il s'est tiré de presse**, il s'est tiré d'un
grand embarras... — Machine au moyen de
laquelle on imprime, soit les feuilles d'un
livre, soit des estampes, etc. : *travailler à
trois presses sur un même ouvrage.* — L'ou-
vrage est sous presse, il s'imprime actuellement. On dit de même, **Mettre un ouvrage
sous presse**, le livrer à l'impression, le faire
imprimer. — **Faire gémir la presse**, faire
imprimer un ouvrage : *cet auteur est un de
ceux qui font le plus gémir la presse.* Se prend
ordinairement en mauvaise part. — Se dit
quelquefois, fig., de l'imprimerie en général,
des livres et surtout des journaux. — **Liberté
de la presse**, liberté de mettre au jour, par
la voie de l'impression, ses idées, ses opinions sur toutes sortes de matières, sans être
obligé de les soumettre à une censure : *la liberté de la presse existe en Angleterre.* On dit
de même : **La presse est libre dans ce pays.**
— **Législ.** « La liberté de la presse était inconnue en France avant la Révolution. Aucun ouvrage ne pouvait être imprimé qu'en
vertu d'une autorisation préalable. (Voy.
Imprimerie.)La constitution de 1791 proclama
le principe que « tout homme a la liberté d'é-
« crire, d'imprimer et de publier ses pensées,
« sans que ses écrits puissent être soumis à
« aucune censure ou inspection avant leur
« publication. » L'art. 353 de la constitution
de l'an III confirma ce droit naturel, lequel
néanmoins ne tarda pas à être violé. Le Directoire, et surtout le Consulat, imposèrent
aux journaux la surveillance de la police ;
et malgré les promesses contenues dans la
charte de 1814, la Restauration conserva la
censure préventive. Ce moyen de compression fut aboli plusieurs fois; et son rétablissement en 1830 amena la chute des Bourbons. La presse futencore l'objet de mesures
rigoureuses, en 1835, et surtout en 1852; il
serait trop long d'en transcrire l'histoire détaillée, puisque c'est celle de la politique intérieure
de la France. Jusqu'à la loi du 29 juillet 1881,
« la législation sur la presse a formé un as-
« semblage confus de lois de toutes les
« époques, d'origine et d'inspiration les plus
« diverses. Les lois fondamentales de 1819
« avaient défini méthodiquement les délits
« et réglé la procédure; mais elles avaient
« laissé en dehors de leurs prévisions toute
« la matière des instruments de publication :
« l'imprimerie et la librairie, le colportage,
« l'affichage, la vente sur la voie publique ;
« elles avaient été, d'ailleurs, bientôt elles-
« mêmes profondément modifiées. Depuis
« lors, les lois nouvelles se sont accumulées ;
« elles se sont ajoutées les unes aux autres,
« subsistant toutes ensemble et ne s'abrogeant
« la plupart, des circonstances, elles ont
« presque toutes, sauf de rares retours à la
« liberté selon les régimes, étendu indéfini-
« ment le domaine de la réglementation et
« de la répression... La presse périodique a
« été placée pendant longtemps sous les ré-
« gimes discrétionnaires de la censure ou de
« l'autorisation préalable. Supprimée en 1819,
« après la censure, l'autorisation préalable
« a été rétablie en 1852, avec cet ensemble
« de mesures préventives et répressives qui
« avaient remis entièrement la presse entre
« les mains de l'administration. Elle a sub-
« sisté jusqu'à 1868. Depuis cette époque, la
« presse est revenue au régime de 1819 à
« 1852, qui écartait les mesures préventives
« en ne maintenant que le cautionnement,
« la déclaration préalable et la gérance. »
(Circ. min. just., 9 nov. 1881.) La loi du 29
juillet 1881 a supprimé à la fois toutes les
mesures préventives autrefois en vigueur
contre la presse; elle a aboli le cautionnement et par contre-coup l'impôt spécial sur le
papier auxquels les journaux étaient assujettis; elle a abrogé toutes les lois anté-

rieures et légiféré à nouveau sur la presse périodique, l'imprimerie, la librairie, l'affichage et le colportage. Nous avons déjà fait connaître les dispositions principales de cette loi. (Voy. AFFICHAGE, COLPORTAGE, IMPRIMERIE, JOURNAL, LIBRAIRIE, etc.) Sont passibles des peines qui constituent la répression des crimes et délits commis par la voie de la presse (voy. DIFFAMATION, OUTRAGE, etc.), savoir : 1° les gérants ou éditeurs, quelles que soient leurs professions ou leurs dénominations ; 2° à leur défaut les auteurs ; 3° à défaut des auteurs, les imprimeurs ; 4° à défaut des imprimeurs, les vendeurs, distributeurs et afficheurs. Lorsque les gérants sont en cause, les auteurs sont poursuivis comme complices. En principe, les crimes et délits commis par la voie de la presse sont déférés à la cour d'assises. Certains délits sont renvoyés devant les tribunaux correctionnels. Tels sont : le défaut de gérance déclarée pour les journaux, l'omission ou l'irrégularité de certaines formalités prescrites, les diffamations et les injures envers des particuliers, les outrages aux bonnes mœurs (L. 2 août 1882), la publication interdite de comptes rendus, etc. Les contraventions concernant l'affichage et le colportage, et celles concernant l'omission du nom et du domicile de l'imprimeur sur les imprimés rendus publics, sont du ressort des tribunaux de simple police. Les poursuites peuvent avoir lieu d'office lorsqu'il s'agit d'offenses ou outrages adressés au chef de l'État ou à ses ministres. Dans les autres cas de diffamation, d'injure ou d'outrages, l'action du ministère public est subordonnée à la plainte de la partie lésée ou des corps qui se trouvent injuriés ou diffamés. Nous ferons aussi remarquer que, suivant la loi de 1881, les inculpés en matière de presse ne sont pas traités comme les autres prévenus. Ils ne sont pas soumis à la détention préventive, excepté en cas de crime, et aussi lorsque le prévenu n'est pas domicilié en France. La saisie préventive de l'édition ou du tirage est interdite, sauf pour quatre exemplaires seulement, lorsque l'imprimé délictueux n'a pas été déposé. La récidive n'entraîne aucune aggravation de peine. En cas de pourvoi en cassation contre un arrêt de la cour d'assises, le prévenu est dispensé de la consignation de l'amende. (Voy. CASSATION.) Enfin l'accusé acquitté par la cour d'assises ne peut être condamné à des dommages-intérêts envers la partie civile, et il doit être renvoyé de la plainte sans dépens ; mais la cour peut statuer sur les dommages-intérêts réclamés par le prévenu lui-même contre les plaignants. » (CH. V.)

* **PRESSE** s. f. Sorte de pêche dont la chair adhère au noyau, et qui diffère du pavie en ce qu'elle ne se colore pas.

* **PRESSÉ, ÉE** part. passé de PRESSER. Empressé, désireux : *je suis pressé d'en finir.* — ÊTRE PRESSÉ D'ARGENT, en manquer, en avoir besoin : *il est toujours pressé d'argent.* — Adj. Qui a hâte : *je suis si pressé, que je n'ai pas le loisir de vous parler.* — CETTE LETTRE EST PRESSÉE, il est nécessaire qu'elle soit rendue promptement. CETTE AFFAIRE EST PRESSÉE, il faut s'en occuper sans délai.

* **PRESSENTIMENT** s. m. (rad. *pressentir*). Certain mouvement intérieur, dont la cause n'est pas distincte, et qui fait craindre ou espérer quelque événement futur : *il avait de secrets pressentiments du malheur qui lui est arrivé.*

° Quoi ! vous n'avez pas eu quelques *pressentiments* ?
COLLIN D'HARLEVILLE. *Monsieur de Crac*, sc. XXV.

— AVOIR UN PRESSENTIMENT, DES PRESSENTIMENTS DE FIÈVRE, DE GOUTTE, etc., avoir quelque espèce d'émotion qui fait appréhender la fièvre, la goutte, etc.

* **PRESSENTIR** v. a. (préf. *pré*; tr. *sentir*).

Prévoir confusément quelque chose par un mouvement intérieur, dont on ne connaît pas soi-même la raison : *il avait pressenti le malheur qui lui est arrivé.* — Découvrir, sonder, tâcher de découvrir les dispositions, les sentiments de quelqu'un sur quelque chose : *tâchez de pressentir si un tel ne sait rien de cette affaire.*

* **PRESSE-PAPIERS** s. m. Petit meuble de marbre, de métal, de bois, etc. qu'on pose sur les papiers d'un bureau pour empêcher qu'ils ne se dispersent : *un joli presse-papiers ; des presse-papiers.*

* **PRESSER** v. a. (lat. *pressare*). Serrer avec plus ou moins de force : *presser une éponge.* — IL NE FAUT PAS TROP PRESSER CETTE COMPARAISON, CE BON MOT, il ne faut pas en examiner trop sévèrement la justesse. — IL NE FAUT PAS TROP PRESSER CETTE MAXIME, il ne faut pas la pousser trop loin, en tirer des conséquences trop rigoureuses. — Approcher une chose ou une personne contre une autre : *il faut presser un peu vos rangs.* — Soumettre à l'action du pressoir : *presser du raisin.* — PRESSER SES RAISONNEMENTS, SES IDÉES, SES EXPRESSIONS, SON STYLE, raisonner d'une manière serrée, rapprocher ses idées en les exposant, s'exprimer, écrire avec concision. — Poursuivre sans relâche, continuer d'attaquer avec ardeur : *on pressa si fort les ennemis, qu'ils furent obligés de lâcher pied.* — Insister auprès de quelqu'un, pour le porter à quelque chose : *on l'a pressé par des raisons si fortes et si convaincantes, qu'il a été obligé de se rendre.* — PRESSER QUELQU'UN DE QUESTIONS, l'interroger vivement et fréquemment. — Hâter, précipiter, obliger à se diligenter, ne donner point de relâche : *presser son départ; presser sa marche.* — Mus. PRESSER LA MESURE, accélérer le mouvement ; et, fig., se hâter, suivre une affaire de près, la faire marcher. — LE BESOIN, LA FAIM LE PRESSE, il éprouve un grand besoin, une grande faim : *bientôt la faim pressa tellement les assiégés, qu'ils furent obligés de capituler.* — v. n. Se dit des choses qui sont urgentes, que l'on souffrent aucun délai : *il n'y a point de temps à perdre, le mal presse.* — LA DOULEUR PRESSE, elle est extrêmement aiguë et violente. — Se presser v. pr. S'approcher : *la foule se pressait autour de lui.* — Se hâter : *si vous ne vous pressez, vous arriverez trop tard.*

PRESSEUR, EUSE adj. Qui sert à exercer une pression. — s. m. Ouvrier qui met les étoiles à la presse.

* **PRESSIER** s. m. Ouvrier d'imprimerie qui travaille à la presse.

PRESSIGNY-LE-GRAND, ch.-l. de cant., arr. à 31 kil. S.-O. de Loches (Indre-et-Loire), au confluent de la Claise et du Remillon ; 1,200 hab.

* **PRESSION** s. f. Phys. Action de presser : *la pression que l'air exerce.* — MACHINE A VAPEUR A HAUTE PRESSION, machine dans laquelle l'effort du piston fait équilibre à plusieurs atmosphères. On dit par opposition, MACHINE A BASSE PRESSION ; on dit aussi, MACHINE A MOYENNE PRESSION. — Fig. Sorte de contrainte morale exercée sur les personnes : *il céda sous la pression de l'opinion publique.* — Pression atmosphérique, effet produit par la pesanteur de l'atmosphère, on évalue la pression atmosphérique à environ 110 kilog. par décimètre carré. Cette pression se démontre de plusieurs manières. Notre figure 1 donne la démonstration par un aspirateur. L'appareil se compose d'une clochette de caoutchouc ou de cuir ; à la partie supérieure on a attaché une ficelle ; lorsque nous appliquons l'ouverture mouillée de cette clochette sur la surface d'une pierre plate, de manière que l'air ne puisse plus s'introduire en dessous, l'adhérence devient assez forte pour per-

mettre d'enlever la pierre avec la clochette. Notre figure 2 montre l'effet de la pression

Fig. 1. Aspirateur.

atmosphérique sur un liquide. Si nous aspirons l'air contenu dans un tube A, le liquide du vase B dans lequel plonge le tube de

Fig. 2. Pression atmosphérique sur un liquide.

···re montera dans le tube, pourvu que la hauteur perpendiculaire ne soit pas de plus de 9 m.

PRESSIROSTRE adj. (lat. *pressus*, comprimé ; *rostrum*, bec). Ornith. Qui a le bec comprimé. — s. m. pl. Famille d'échassiers, caractérisée surtout par un bec comprimé et qui comprend les genres : *outarde, pluvier, œdicnème, vanneau, huitrier, cariama*, etc.

* **PRESSIS** s. m. Jus que l'on fait sortir de la viande en la pressant : *les malades ont besoin de bon pressis pour se remettre.* Se dit aussi du suc que l'on exprime de quelques herbes. (Peu us.)

* **PRESSOIR** s. m. Grande machine servant à presser du raisin, des pommes, etc., pour faire du vin, du cidre, etc. : *fouler le raisin, la vendange, un pressoir.* — Lieu où le pressoir est établi : *aller dans le pressoir, au pressoir.*

* **PRESSURAGE** s. m. Action de pressurer au pressoir : *j'ai fait le pressurage de ma vendange.* — Vin qu'on fait sortir du marc à force de pressurer : *on a mis deux seaux de pressurage sur cette pièce de vin.*

PRESSURATION s. f. Action de pressurer ; extorsion.

* **PRESSURER** v. a. Presser des raisins ou d'autres fruits, et en tirer la liqueur par le moyen du pressoir : *pressurer la vendange.* — Presser, serrer fortement des fruits avec la main pour en faire sortir le jus : *pressurer une orange, un citron.* — Épuiser par des impôts, par des taxes : *on a pressuré cette province.* — Tirer de quelqu'un, par force ou par adresse, tout ce qu'on en peut tirer en argent en présents, etc. : *il ne songe qu'à vous pressurer.*

* **PRESSUREUR** s. m. Ouvrier qui travaille à faire mouvoir un pressoir.

* **PRESTANCE** s. f. [prèss-tan-se] (rad. lat. *præstare*, fournir). Maintien imposant: *c'est un homme qui a de la prestance, qui a une belle prestance.*

* **PRESTANT** s. m. (lat. *præstans*, qui l'emporte). Mus. Un des principaux jeux de l'orgue, auquel s'accordent tous les autres jeux.

PRESTATAIRE s. m. Contribuable soumis à l'impôt de la prestation en nature.

* **PRESTATION** s. f. (lat. *præstatio; de præstare*, fournir), s'emploie dans ces locutions: — Prestation de serment, action de prêter serment : *il a été reçu à la prestation de serment.* — Prestation de foi et hommage, action d'un vassal qui rendait foi et hommage à son seigneur. — Prestation en nature, en argent, ou simpl., Prestation, redevance en nature, en argent : *prestation annuelle.* — Adm. milit. Fourniture due aux militaires. — Législ. « On nommait autrefois *prestations*, des rentes qui se payaient en nature (fruits, grains ou autres denrées) à des religieux, à des chanoines ou à d'autres bénéficiers ecclésiastiques. Le Code civil (art. 1291) emploie aussi ce mot, comme synonyme de rentes en nature ; mais on désigne principalement sous ce nom une contribution spéciale payable en argent ou en travail et affectée aux chemins vicinaux. (Voy. Chemin.) Cette contribution rappelle au souvenir la corvée des routes qui était due sous l'ancien régime et que Turgot obtint de faire abolir pendant quelques mois ; mais elle en diffère en ce que la corvée des routes pesait exclusivement sur les roturiers des campagnes qui étaient tenus de fournir de 30 à 40 jours de travail par an sur les grandes routes, et quelquefois à de grandes distances de leur domicile, tandis que les prestations, établies par la loi du 28 juillet 1824, sont dues par tous les habitants portés au rôle des contributions directes, que leur durée, fixée en principe à trois journées par an, en vertu de la loi du 21 mai 1836, ne peut excéder quatre journées, au maximum, qu'elles sont exclusivement affectées aux chemins vicinaux situés dans la commune où dans le voisinage, et qu'elles peuvent être, à volonté, acquittées en nature ou en argent. Néanmoins, cet impôt soulève de nombreuses réclamations, parce que c'est un impôt de capitation, et qu'il ne peut être équitablement réparti en proportion des ressources de chacun. Et, depuis sa création, contribué pour la plus grande part à l'extension du magnifique réseau vicinal de la France, et, comme il peut être évalué de 50 à 60 millions de francs par année, il sera difficile de le remplacer par un autre impôt. Chaque année, dans la session de mai, les conseils municipaux sont appelés à voter le nombre des journées de prestations qu'il sera nécessaire d'imposer annuellement aux suivante aux habitants pour satisfaire aux besoins de la vicinalité; et, à défaut de ce vote, le préfet peut imposer d'office cette contribution dans les limites légales. La plupart des villes exonèrent leurs habitants des prestations et pourvoient par d'autres ressources aux dépenses de la voirie vicinale. La prestation est due : 1° personnellement par tout individu mâle, valide, habitant la commune, s'il est âgé de 18 ans au moins et de 60 ans au plus, quelle que soit sa profession, pourvu qu'il soit porté au rôle de l'une des contributions directes ; 2° par tout individu, chef de famille, quels que soient son sexe, son âge et son état physique, qu'il soit ou non porté au rôle des contributions directes, qu'il soit propriétaire, régisseur ou fermier, et qu'il soit ou non habitant de la commune ; et elle est aussi due par le chef de famille, pour chacun des individus mâles, valides, âgés de 18 à 60 ans, membres de la famille ou serviteurs et résidant dans la commune, ainsi que pour chaque

bête de somme, de trait ou de selle, et pour chaque charrette ou voiture attelée étant au service de la famille ou de l'établissement dans la commune. Les militaires en activité de service sont seuls dispensés des prestations (Arr. Cons. d'État, 17 janvier 1876). Le rôle des prestations est publié avant le 1er nov., et les prestataires doivent, dans le délai d'un mois, déclarer au maire, s'ils se libéreront en nature ou en argent. Faute de déclaration, le prestataire doit se libérer en argent. Les demandes en décharge, en réduction, en remise ou modération peuvent être libellées sur papier non timbré. Elles sont adressées au préfet et jugées dans la forme ordinaire. (Voy. Contribution.) Les prestations en nature sont exécutées aux époques fixées par le préfet dans son règlement général sur les chemins vicinaux, et elles doivent l'être dans l'année pour laquelle elles sont imposées. Le maire choisit, d'accord avec l'agent voyer, le jour et le lieu convenables pour chaque prestation, et il adresse aux prestataires des bulletins portant réquisition de se rendre avec les outils nécessaires sur le chemin indiqué. Les prestations en nature peuvent être converties en tâches, suivant les évaluations fixées à l'avance par le conseil municipal. Les prestations payables en argent sont recouvrées par le percepteur, suivant le tarif arrêté chaque année par le conseil général pour chaque journée d'homme, de bête de somme, de trait ou de selle et de voiture attelée (L. 10 août 1871, art. 46, n° 7) ».
                      (Ch. Y.)

* **PRESTE** adj. (ital. *presto*). Prompt, adroit, agile : *c'est un homme preste et habile.* — Se dit quelquefois au fig., en parlant des choses qui dépendent de l'esprit : *il est preste à la réplique.* — Adv. Vite, promptement : *allez là et dépêchez-vous, preste* (Fam.)

* **PRESTEMENT** adv. D'une manière preste, prompte : *il a fait cela prestement, un peu plus prestement qu'il ne fallait.*

* **PRESTESSE** s. f. Vitesse, agilité, subtilité : *il a fait cela avec une grande prestesse.* — S'emploie quelquefois au fig., en parlant de l'esprit et des choses qui en dépendent : *la prestesse de son esprit m'étonne toujours.*

* **PRESTIDIGITATEUR** s. m. (ital. *presto*, lestement ; *digitus*, doigt). Celui qui fait des tours de gobelet, escamoteur.

* **PRESTIDIGITATION** s. f. Art du prestidigitateur.

PRESTIDIGITER v. n. Faire des tours de prestidigitation.

* **PRESTIGE** s. m. (lat. *præstigium*). Illusion attribuée à la magie, à quelque sortilège; fascination : *tous les changements que semblaient opérer les magiciens d'Egypte, n'étaient que des prestiges, que de purs prestiges.*

Moï? de ce fanatique encenser les prestiges!
          Voltaire, *Mahomet*, acte 1er, sc. 1re.

— Par ext. Illusions, qu'on sait être produites par des moyens naturels : *les prestiges de la fantasmagorie, de l'optique, de la perspective.* — Fig. Illusions opérées sur l'âme, sur l'esprit, sur l'imagination, par les productions de la littérature et des arts : *les prestiges de l'éloquence.* — Autorité morale d'une personne, action qu'elle exerce sur l'imagination des hommes : *le prestige de ce conquérant survécut à ses revers.*

* **PRESTIGIEUX, EUSE** adj. Qui opère des prestiges : *une éloquence prestigieuse.*

PRESTIMONIE s. f. (bas lat. *præstimonium;* du lat. *præstare*, fournir). Droit can. Fonds ou revenu affecté à l'entretien d'un ecclésiastique, sans qu'il y ait érection en titre de bénéfice.

* **PRESTISSIMO** adv. (superlat. ital. de

presto). Mus. D'un mouvement très vif et très rapide.

* **PRESTO** adv. [prèss-to] (mot ital.). Mus. Désigne un mouvement vif et prompt. On dit, au superlatif, Prestissimo, très vite, très promptement.

* **PRESTOLET** s. m. Terme de mépris, pour désigner un ecclésiastique sans considération : *il fait l'important, et ce n'est qu'un prestolet.*

PRESTON [prèss-t'n], ville du Lancashire (Angleterre), sur la rive droite de la Ribble, à 300 kil. N.-O. de Londres; 85,427 hab. Elle contient plus de 50 filatures de coton, avec des filatures de laine, des fabriques de machine, etc. On l'appelait autrefois *Priests' Town*, la ville du prêtre (d'où Preston), à cause du grand nombre de maisons religieuses que l'on y trouvait.

PRESTONPANS [press-tonn-panns'], village du Haddingtonshire, en Écosse, sur le *frith* de Forth, à 14 kil. E. d'Edimbourg. Il s'y livra un engagement mémorable entre les jacobites écossais sous le jeune prétendant Charles-Édouard, et les troupes royales sous sir John Cope, le 21 sept. 1745. Les royalistes avaient environ 2,200 hommes avec six pièces d'artillerie ; les insurgés n'étaient que 2,500. Les *highlanders* surprirent les royalistes, en les attaquant au lever du soleil, et les mirent en déroute après une courte lutte. Environ 400 Anglais furent tués, et parmi eux le fameux colonel Gardiner. Le prétendant perdit environ 100 hommes, tués ou blessés. La bataille reçut des jacobites le nom de bataille de Gladsmuir. Le 22, le prétendant entra triomphalement dans Edimbourg.

* **PRÉSUMABLE** adj. [-zu-] (rad. *présumer*). Qu'on peut conjecturer, présumer : *la chose n'est pas certaine, mais elle est présumable.*

* **PRÉSUMÉ, ÉE** part. passé de Présumer. Conjecturé : *ce n'est pas une chose bien assurée mais elle est présumée vraie.* — Censé, réputé : *un accusé est présumé innocent jusqu'à ce qu'il soit reconnu coupable.*

* **PRÉSUMER** v. a. [pré-zu-mé] (lat. *præsumere*). Conjecturer, juger par induction : *que présumez-vous de cette affaire-là ? Je n'en présume rien de bon.* — Avoir bonne opinion : *je ne présume pas assez de moi pour me charger de ce travail.*

* **PRÉSUPPOSÉ, ÉE** part. passé de Présupposer. — Absol. Cela présupposé, cela étant présupposé.

* **PRÉSUPPOSER** v. a. [pré-su-po-zé]. Supposer préalablement : *pour bien entendre ce système, il faut présupposer que...*

* **PRÉSUPPOSITION** s. f. Supposition préalable : *sa présupposition est absurde.*

* **PRÉSURE** s. f. [-zu-] (lat. *pressura*). Certain acide animal ou végétal qui sert à faire prendre, à faire cailler le lait. — Partic. Liqueur acide préparée avec la caillette des veaux et des jeunes animaux ruminants, à l'âge où ils sont encore nourris de lait : *plus on garde la présure, meilleure elle est.*

PRÉSURER v. a. [-zu-]. Cailler à l'aide de la présure.

* **PRÊT, ÊTE** adj. [prê] (lat. *paratus*). Qui est en état de faire, de dire, de recevoir, d'entendre quelque chose; qui est disposé, préparé à quelque chose : *je suis prêt à faire tout ce qu'il vous plaira.*

La mort ne surprend point le sage,
Il est toujours prêt à partir.
      La Fontaine, *La Mort et le Mourant.*

— Absol. Le dîner est prêt. — C'est un homme qui n'est jamais prêt, c'est un homme qui est toujours en retard, qui n'a jamais fait à temps ses préparatifs.

* **PRÊT** s. m. (rad. lat. *præstare*, donner).

Action par laquelle on prête de l'argent. N'est guère usité qu'en parlant de l'argent qu'on prête par contrat ou par obligation : *ce n'est pas une vente, une aliénation; ce n'est qu'un prêt.* — Somme prêtée : *on leur a donné tant pour leurs prêts et avances.* — MAISON DE PRÊT, établissement autorisé par le gouvernement, etc., dans lequel on prête de l'argent sur nantissement. — Se dit quelquefois en parlant d'autres choses que de l'argent : *je ne vous donne pas ce livre, songez que ce n'est qu'un prêt.* — Adm. milit. Somme donnée d'avance aux sous-officiers et aux soldats pour leurs menus besoins : *on fait le prêt tous les cinq jours.* — Législ. « Le prêt est un contrat par lequel l'une des parties remet à l'autre une chose ou une certaine quantité de choses, pour s'en servir et à charge de restitution. Si l'emprunteur doit rendre la chose même qui a été prêtée, c'est le *prêt à usage* ou *commodat* dont nous avons déjà parlé. Ce prêt est essentiellement gratuit; autrement ce serait un louage de choses. (Voy. COMMODAT.) Si l'emprunteur s'est obligé à rendre non l'objet lui même, mais une chose pareille ou équivalente à celle prêtée, c'est un *prêt de consommation*. Par ce dernier contrat, l'emprunteur devient propriétaire de la chose prêtée, et il doit rendre les mêmes quantité et qualité au terme convenu. Le prêt de consommation peut être fait à titre gratuit; mais le plus souvent, c'est un *prêt à intérêt;* et nous avons résumé plus haut les règles relatives à ce contrat. (Voy. INTÉRÊT.) (C. civ. 1874 et s.). Le *prêt à grosse aventure*, ou *contrat à la grosse*, est celui qui a pour garantie tout ou partie d'un navire de commerce ou de son chargement. Il est considéré comme un contrat aléatoire (id. 1964), et il est soumis à des règles particulières (C. comm. 311 et s.). (Voy. CONTRAT.) » (CH. Y.)

* **PRETANTAINE** s. f. N'est guère usité que dans cette phrase fam., COURIR LA PRETANTAINE, aller, venir, courir çà et là, sans sujet, sans dessein. — CETTE FEMME COURT LA PRETANTAINE, elle fait des promenades, des sorties, des voyages qu'interdit la bienséance.

* **PRÊTÉ, ÉE** part. passé de PRÊTER. — S'emploie substantiv. dans cette phrase proverbiale, C'EST UN PRÊTÉ RENDU, c'est une juste représaille.

* **PRÉTENDANT, ANTE** s. Celui, celle qui prétend, qui aspire à une chose : *il y a plusieurs prétendants à cette place, à cet emploi.* — Prince qui prétend avoir des droits à un trône occupé par un autre. — Partic. Celui qui aspire à la main d'une femme : *la fortune de cette veuve lui attire beaucoup de prétendants.*

* **PRÉTENDRE** v. a. (lat. *prætendere*). Demander, réclamer comme un droit : *je prétends un dixième, une moitié dans cette société.* — v. n. Aspirer à une chose : *il prétend à cette charge, à cette place.*

Non, madame, à l'empire il ne doit plus *prétendre.*
J. RACINE. *La Thébaïde*, acte Ier, sc. III.

— Soutenir affirmativement, être persuadé : *je prétends que cela n'est pas vrai.*

Moi, je ne *prétends* pas être plus franc qu'un autre.
COLLIN D'HARLEVILLE. *L'Inconstant*, acte Ier, sc. XII.

— Avoir intention, avoir dessein : *je prétends faire ce voyage en tel temps.* — Vouloir, entendre : *si je vous fais ce plaisir, je prétends que vous m'en fassiez un autre.*

* **PRÉTENDU, UE** part. passé de PRÉTENDRE. — Adj. Se dit des choses dont on ne veut pas convenir, des qualités fausses ou douteuses : *il a allégué un prétendu droit.* — LA RELIGION PRÉTENDUE RÉFORMÉE, le calvinisme. Cette phrase n'est plus guère d'usage. — Substantiv. Celui, celle qui doit se marier : *voilà mon prétendu; voilà sa prétendue.* Au masculin, il a quelquefois un sens plus général. CETTE VEUVE A TROIS PRÉTENDUS, trois hommes la recherchent en mariage.

* **PRÊTE-NOM** s. m. Celui qui prête son nom dans quelque acte où le véritable contractant ne veut point paraître : *le fermier dénommé dans le bail de cette terre n'est qu'un prête-nom.* — Pl. *Des prête-noms.* (Il est difficile d'expliquer pourquoi l'Académie adopte la marque du pluriel pour prête-nom, alors qu'elle laisse invariables tant de mots, composés d'un verbe et d'un substantif singulier.)

* **PRETENTAINE** s. m. Voy. PRETANTAINE.

PRÉTENTIEUSEMENT adv. D'une manière prétentieuse.

* **PRÉTENTIEUX, EUSE** adj. [pré-tan-si-eû] adj. Où il y a de la prétention, de l'affectation de la recherche : *il a le ton bien prétentieux.*

* **PRÉTENTION** s. f. [pré-tan-si-on]. Droit que l'on a, ou que l'on croit avoir, de prétendre, d'aspirer à une chose; espérance, dessein, vue : *il ne sait pas borner ses prétentions.* — Fam. AVOIR DES PRÉTENTIONS, prétendre à l'esprit, aux talents, à la naissance, à la considération : *il a des prétentions à l'esprit, à la naissance.* On dit de même : IL EST REMPLI DE PRÉTENTIONS. — CETTE FEMME A ENCORE DES PRÉTENTIONS, elle se croit encore jeune, jolie, elle veut plaire par des qualités qui ne sont plus de son âge.

* **PRÊTER** v. a. (rad. *prêt*). Donner une chose sous condition que celui qui la reçoit la rendra : *il ne rend jamais les livres qu'on lui prête.* — S'emploie quelquefois absol., et alors c'est toujours d'argent qu'il s'agit : *c'est un homme qui n'aime pas à prêter.* — Fournir, donner : *si Dieu lui prête vie.*

Petit poisson deviendra grand
Pourvu que Dieu lui *prête vie.*
LA FONTAINE.

— PRÊTER A LA PETITE SEMAINE, prêter pour un temps très court et à un intérêt très élevé. — Prov. ON NE PRÊTE QU'AUX RICHES, on prête plus volontiers à ceux qui sont en fonds pour rendre; fig. et par ext., on attribue volontiers de bonnes ou de mauvaises qualités, des traits d'esprit ou des sottises, à certaines personnes, d'après la réputation qu'elles se sont faite. — PRÊTER SECOURS, AIDE, FAVEUR, etc., secourir, aider, favoriser quelqu'un en quelque chose. — PRÊTER MAIN-FORTE, appuyer par la force l'exécution des ordres de la justice. — PRÊTER LA MAIN A QUELQUE CHOSE, aider à faire quelque chose, être complice de quelque chose : *il a prêté la main à ce vol, à ce meurtre.* — PRÊTER LA MAIN A QUELQU'UN, l'aider à porter quelque chose de pesant, à remuer, à soulever quelque fardeau, ou l'aider à réussir dans une entreprise : PRÊTEZ-MOI UN PEU LA MAIN. On dit dans le même sens, PRÊTEZ-MOI L'ÉPAULE. — PRÊTER L'OREILLE, PRÊTER ATTENTION, PRÊTER SILENCE, écouter, donner son attention, faire silence. — PRÊTER SERMENT, faire serment devant quelqu'un : *prêter serment de fidélité au roi.* — PRÊTER FOI ET HOMMAGE, se disait d'un vassal qui rendait foi et hommage au seigneur duquel il relevait. — PRÊTER SON NOM, laisser faire en son nom un acte où l'on n'a point d'intérêt, dont un autre a les avantages et les charges. Se dit aussi de celui qui en autorise un autre à se servir de son nom en quelque occasion. — PRÊTER SON CRÉDIT, PRÊTER SES AMIS A QUELQU'UN, lui rendre service soit par son crédit, soit par le moyen de ses amis. — PRÊTER SA VOIX, PRÊTER SON MINISTÈRE A QUELQU'UN, parler pour lui, s'employer pour lui. — PRÊTER A QUELQU'UN DES DISCOURS, DES INTENTIONS, UNE ACTION, UN OUVRAGE, UNE CHANSON, UNE PLAISANTERIE, les lui attribuer. On dit, dans le même sens, PRÊTER A QUELQU'UN DES TORTS, UN RIDICULE, UN TRAVERS, etc. — PRÊTER LE COLLET A QUELQU'UN, se présenter pour lutter ou combattre corps à corps avec lui : *il est aussi fort que vous, il vous prêtera le collet quand vous voudrez.* Fig. et fam. Être prêt à résister à quelqu'un, à disputer contre lui : *il est homme à lui prêter le collet.* — PRÊTER LE FLANC A L'ENNEMI, se poster ou marcher avec si peu de précaution, qu'on puisse être pris en flanc par l'ennemi. — PRÊTER LE FLANC, donner prise sur soi. On dit à peu près dans le même sens, PRÊTER A LA CENSURE, A LA CRITIQUE, AU RIDICULE, etc. — CETTE ACTION, CETTE CONDUITE PRÊTE A DE FACHEUSES INTERPRÉTATIONS, cette conduite est de nature à être interprétée d'une manière défavorable. On dit de même, CETTE ACTION, CE DISCOURS PRÊTE A LA PLAISANTERIE. — v. n. Se dit du cuir, des étoffes, et autres choses de même nature, qui s'étendent aisément quand on les tire : *une étoffe qui prête.* — C'EST UN SUJET QUI PRÊTE, QUI PRÊTE BEAUCOUP, se dit d'un sujet de discours ou d'ouvrage qui peut fournir beaucoup d'idées. — **Se prêter** v. pr. S'adonner, se laisser aller momentanément à quelque chose : *on peut se prêter au plaisir, mais il ne faut pas s'y abandonner.* — Consentir par complaisance à quelque chose : *c'est un homme qui se prête à tout, qui ne se prête à rien.* — Absol. IL FAUT SAVOIR SE PRÊTER, il faut savoir user de complaisance à propos.

* **PRÊTER** s. m. S'emploie prov., dans les deux phrases suivantes : AMI AU PRÊTER, ENNEMI AU RENDRE, quand on veut retirer son argent des mains de celui à qui on l'a prêté, il arrive souvent qu'on s'en fait un ennemi. — C'EST UN PRÊTER A NE JAMAIS RENDRE, se dit d'un prêt d'argent fait à une personne insolvable.

* **PRÉTÉRIT** s. m. [pré-té-rit] (lat. *præter*, au delà; *ire*, aller). Gramm. Se dit de l'inflexion du verbe par laquelle on marque un temps passé : PRÉTÉRIT IMPARFAIT (Je lisais). PRÉTÉRIT DÉFINI (Je lus). PRÉTÉRIT INDÉFINI (J'ai lu). PRÉTÉRIT ANTÉRIEUR (J'eus lu).

* **PRÉTÉRITION** ou **Prétermission** s. f. [-si-on] (lat. *præteritio*). Rhétor. Figure par laquelle on déclare ne vouloir point parler d'une chose dont cependant on parle et sur laquelle on insiste même avec force, pour faire valoir, en les groupant et en les rapprochant, des preuves ou des circonstances qui sembleraient secondaires si on les laissait isolées. Un exemple classique de prétérition est le passage suivant, où le grand prêtre Mathan dit à Nabal :

Qu'est-il besoin, Nabal, qu'à tes yeux je rappelle
De Joab et de moi la fameuse querelle?...
Athalie, acte III, sc. III.

On dit aussi PARALIPSE. — Droit écrit. Omission que faisait un testateur, dans son testament, d'un de ses fils ou d'un autre héritier nécessaire : *la prétérition annulait le testament.*

* **PRÉTERMISSION** s. f. Voy. PRÉTÉRITION.

* **PRÉTEUR** s. m. (lat. *prætor*). Chez les Romains, magistrat qui rendait la justice dans Rome, ou qui gouvernait une province : *un édit du préteur.* — ENCYCL. Préteur était le titre d'un officier romain, dont la charge était surtout judiciaire; c'était aussi, d'après Cicéron, le titre des consuls en tant que chefs des armées romaines. Cette fonction fut créée en 366 av. J.-C. C'était une espèce de troisième consulat, car le préteur s'appelait le collègue des consuls, et exerçait leurs fonctions lorsqu'ils étaient absents. En 246, fut créé l'office de *prætor peregrinus*, avec charge spéciale de juger les différends entre les étrangers, et entre les citoyens et les étrangers; l'autre préteur fut appelé *prætor urbanus*. Après l'extension de la puissance romaine, on envoya des préteurs gouverner les provinces. Sous Scylla, leur nombre fut élevé à 8, et il varia ensuite de 10 à 16. Le *prætor urbanus* s'appelait par excellence le préteur. Il était le premier magistrat pour l'administration de la justice et ne pouvait s'absenter de Rome plus de dix jours consécutifs.

* **PRÊTEUR, EUSE** adj. Qui prête à un

autre de l'argent ou quelque autre chose d'utile : *il n'est pas prêteur de son naturel.* — LA FOURMI N'EST PAS PRÊTEUSE, se dit en parlant d'une personne qui n'aime point à prêter. — s. *C'est un prêteur sur gages.*

PRÉTEXTAT (Saint), évêque de Rouen, mort en 588. Accusé par Frédégonde d'avoir violé les canons de l'Eglise, il fut exilé à Jersey, rentra à Rouen en 584 et fut assassiné, en 588, dans sa cathédrale. Fête le 24 fév.

* **PRÉTEXTE** s. m. [pré-tèk-ste] (lat. *prætextus*, couvert en avant). Cause simulée, supposée, raison apparente dont on se sert pour cacher le véritable motif d'un dessein, d'une action : *cela lui a fourni un prétexte pour s'en aller.* — IL N'Y A PAS DE PRÉTEXTE A CELA, et absol., IL N'Y A PAS DE PRÉTEXTE, il n'y a pas même de raison apparente pour dire ou pour faire la chose dont il s'agit.

* **PRÉTEXTE** s. f. (lat. *prætexta*). Antiq. rom. Robe blanche bordée d'une large bande de pourpre, et qui était une marque de dignité : *les consuls prenaient la prétexte le premier jour qu'ils entraient en charge.* — Robe longue et blanche, bordée par le bas d'une petite bande de pourpre, et que les enfants de familles distinguées portaient jusqu'à l'âge de puberté. Dans l'un et dans l'autre sens, on dit quelquefois adjectiv. ROBE PRÉTEXTE, TOGE PRÉTEXTE.

* **PRÉTEXTER** v. a. Prendre pour prétexte : *il a prétexté qu'il n'était pas assez riche.* — Couvrir d'un prétexte, cacher sous une apparence spécieuse : *ce magistrat prétexte ses violences de l'amour du bien public.*

PRETI (Mattia), surnommé LE CALABRAIS, peintre italien, né en 1613, mort en 1699. Il peignit surtout des sujets lugubres ou tragiques, dans la manière de l'école éclectique de Bologne, avec de l'invention et de la hardiesse. Il exécuta des fresques dans la cathédrale de Malte, et un grand nombre de travaux pour les églises de Rome, de Bologne, de Venise et de Naples.

* **PRETINTAILLE** s. f. [ll mll.]. Ornement en découpure qui se mettait au bas des robes des femmes : *robe garnie de pretintailles.* — Se disait, fig. et fam., lorsque ce genre d'ornements était à la mode, des légers accessoires qui accompagnent une chose, qui en dépendent : *cette charge coûte telle somme, sans compter les pretintailles.*

* **PRETINTAILLER** v. a. Mettre des pretintailles : *pretintailler une jupe.*

* **PRÉTOIRE** s. m. (lat. *prætorium*). Chez les Romains, lieu où le préteur et quelques autres magistrats rendaient la justice : *ils entrèrent dans le prétoire.* — PRÉFET DU PRÉTOIRE, celui qui commandait la garde de l'empereur. (Voy. PRÉTORIEN.) — Dans le bas Empire, PRÉFETS DU PRÉTOIRE, premiers magistrats des quatre grands départements dans lesquels l'empire était divisé : *le préfet du prétoire des Gaules, d'Orient,* etc. — Enceinte d'un tribunal et le tribunal lui-même : *être cité au prétoire.*

* **PRÉTORIEN, IENNE** adj. Qui est propre ou qui appartient au préteur : *la dignité prétorienne.* — PROVINCES PRÉTORIENNES, provinces où l'on envoyait des gouverneurs avec le titre de préteur. — Se dit aussi des soldats, des troupes qui formaient la garde des empereurs romains : *le chef de la garde prétorienne avait le titre de préfet du prétoire.* — Substantiv. *L'empire fut mis à l'encan par les prétoriens.* — Cohorte prétorienne, cohorte romaine, nommée en imitation de la cohorte qu'on disait avoir été formée par Scipion l'Africain avec ses soldats les plus braves. Le nombre des prétoriens s'accrut pendant les guerres civiles, et Auguste créa un corps séparé, de neuf cohortes, comprenant 1,000 hommes chacune. Tibère les rassembla à

Rome dans un camp fortifié permanent, et Vitellius porta à 16 le nombre des cohortes. Les prétoriens recevaient double solde. Ils devinrent très influents dans les questions de succession à l'empire, et, en 193, ayant assassiné Pertinax, qui tentait des réformes, ils allèrent jusqu'à mettre la dignité impériale aux enchères. Maxence augmenta encore leur nombre; mais ils furent défaits avec lui en 312 par Constantin, qui les supprima.

* **PRÊTRAILLE** s. f. [ll mll.]. Terme d'injure et de mépris, employé pour dénigrer les ecclésiastiques.

* **PRÊTRE** s. m. (lat. *presbyter*). Celui qui exerce un ministère sacré, et qui préside aux cérémonies d'un culte religieux : *les prêtres du paganisme; un prêtre catholique.* En parlant du culte réformé, on dit ordinairement, MINISTRE ou PASTEUR. — Se dit, particul., dans l'Eglise catholique, de celui qui a l'ordre du sacerdose, en vertu duquel il a le pouvoir de dire la messe, et de donner l'absolution des péchés : *il n'y a que les évêques qui aient le pouvoir d'ordonner les prêtres.* — IL S'EST FAIT PRÊTRE, il a reçu l'ordre du sacerdoce. — PRÊTRE HABITUÉ, prêtre attaché au service d'une paroisse : *un prêtre, habitué à Saint-Sulpice, à Saint-Eustache.* — CARDINAL-PRÊTRE, cardinal qui a reçu l'ordre de la prêtrise. — IL FAUT QUE LE PRÊTRE VIVE DE L'AUTEL, il faut que chacun trouve des moyens suffisants de subsistance dans la profession qu'il a embrassée. — Se dit, particul., des ministres qui était consacrés au service du tabernacle et du temple, dans l'ancienne loi : *le grand prêtre de la loi.* — Fortif. BONNET A PRÊTRE, ou BONNET DE PRÊTRE, ouvrage extérieur dont le front du côté de la campagne est à redans, et qui se rétrécit du côté de la place. — ENCYCL. On nomme prêtre toute personne consacrée à la célébration des offices et des cérémonies de la religion, et particulièrement à la célébration des sacrifices. La fonction de prêtre est presque adéquate à la religion même. La loi mosaïque avait établi un corps spécial de prêtres, se composant de trois ordres, les grands prêtres, les prêtres et les lévites, tous de la tribu de Lévi. La prêtrise était héréditaire dans la famille d'Aaron, le premier grand prêtre. L'histoire primitive des prêtres dans les différentes religions païennes est enveloppée d'obscurité. Dans la plupart des tribus, le prêtre apparaît comme sorcier. L'idée du sacerdoce a été beaucoup plus complètement développée par le brahmanisme. Les brahmanes assignèrent aux prêtres la primauté des castes de l'Inde, et, dans leurs énormes prérogatives, ils personnifient l'idée d'un lieutenance de Dieu sur la terre. Les prêtres bouddhistes ont des attributions d'ordre essentiellement spirituel et ne forment pas caste. En Egypte, les prêtres constituaient une des castes supérieures, jouissant de nombreux privilèges, et exemptes d'impôts. L'ancienne religion des Grecs n'avait pas un corps sacerdotal formant un tout; mais chaque divinité avait ses prêtres particuliers. Les prêtres romains avaient dans leurs attributions la divination. — Dans la religion chrétienne, l'Evangile représente le Christ comme le prêtre unique, qui a offert pour la rédemption du monde l'unique sacrifice, celui de la croix. L'Eglise catholique romaine et les Eglises orientales (grecque, arménienne, nestorienne, jacobite, copte, abyssinienne) soutiennent que le sacrifice de la croix a dû se continuer dans l'Eglise par des représentants choisis du Christ, qui participent à son caractère sacerdotal et à son office de médiation. Les autres sectes chrétiennes nient qu'il y ait aucun autre prêtre véritable que le Christ, et, par conséquent, ne regardent le clergé que comme le corps enseignant et les desservants de l'Eglise. — Prêtres de la

mission. (Voy. LAZARISTES.) — Prêtres de l'oratoire. (Voy. ORATORIENS.)

PRÊTRE-JEAN, nom donné pendant le moyen âge par les Européens à un prétendu souverain chrétien de l'intérieur de l'Afrique. Ce nom se rencontre pour la première fois au XIe siècle. Le Prêtre-Jean était à la fois souverain et pontife de son peuple, de là son nom de Prêtre. La croyance à l'existence du Prêtre-Jean prit une forme plus manifeste au XIIIe siècle, et on crut, sur la foi de quelques prêtres nestoriens, qu'il était le même que Ung Khan, puissant chef tartare résidant dans le Karakorum. Plusieurs voyageurs cherchèrent inutilement à le découvrir; mais on continua à admettre son existence, et jusqu'à la fin du XVe siècle, les Portugais firent à son sujet d'infructueuses recherches dans l'Inde. Vers le même temps, Covilham cherchait le royaume du Prêtre-Jean en Abyssinie, et reconnaissant que le *negus*, l'un des rois du pays, était un prince chrétien, il lui appliqua ce titre.

* **PRÊTRESSE** s. f. N'est usité qu'en parlant des cultes païens, et signifie, une femme attachée au service d'une divinité : *la prêtresse d'Apollon.*

* **PRÊTRISE** s. f. Sacerdoce; ordre sacré par lequel un homme est prêtre : *il a reçu l'ordre de prêtrise.* N'est guère usité qu'en parlant des prêtres de la religion catholique.

* **PRÉTURE** s. f. Magistrature, charge, office de préteur : *un tel demanda la préture, abtint la préture.* — Temps pendant lequel un homme exerçait la préture : *pendant la préture d'un tel.*

PREULLY, ch.-l. de cant., arr. à 40 kil. S. de Loches (Indre-et-Loire), sur la Claise; 2,200 hab.

PREUSS (Johann-David-Erdmann) [proiss], historien allemand, né en 1785, mort en 1868. Il professa longtemps l'histoire et la littérature à Berlin, fut historiographe de la dynastie prussienne, biographe de Frédéric le Grand et éditeur des *Œuvres* de ce prince (1846-57, 30 vol.).

* **PREUVE** s. f. (lat. *probatio*). Ce qui établit la vérité d'une proposition, d'un fait : *demander, être admis à faire la preuve d'un fait.* — EN VENIR A LA PREUVE, vérifier : *quand on en viendra à la preuve, on verra qui a dit vrai.* — Jurispr. crim. PREUVE MUETTE, preuve qui n'est ni littérale ni testimoniale, mais qui résulte de quelque circonstance d'où l'on a lieu de juger qu'un homme est véritablement coupable. — Procéd. SEMI-PREUVE, ou DEMI-PREUVE, commencement de preuve qui n'est suffisant pour l'éclaircissement entier du fait dont il s'agit, mais dont on tire des indices : *il n'y avait pas de preuves entières contre lui, mais il y avait des semi-preuves.* — FAIRE PREUVE DE NOBLESSE, justifier par titres qu'on est de noble extraction. On dit absolument, dans le même sens, FAIRE SES PREUVES. — C'EST UN HOMME QUI A FAIT SES PREUVES, se dit d'un homme qui, dans plusieurs occasions, s'est fait reconnaître pour un homme de courage, pour un honnête homme, pour un savant, etc. On dit de même, FAIRE PREUVE DE COURAGE, DE SAVOIR, etc. — Se dit, particul., des titres, des extraits, des pièces que l'on cite à la fin d'une histoire ou d'un autre ouvrage, pour prouver la vérité des faits qui y sont avancés : *il a ajouté à son histoire un volume de preuves.* — Marque, témoignage : *j'ai reçu de lui une preuve d'amitié, une preuve de confiance dont je suis fort touché.* — Arithm. et Algèb. Vérification d'une opération de calcul, qui se fait par l'opération opposée : *la preuve de la division se fait par la multiplication.* — Comm. PREUVE DE HOLLANDE, se dit de l'eau-de-vie à 19 degrés Cartier ou 50e degrés Gay-Lussac. — PREUVE D'HUILE, se dit de l'eau-de-vie qui marque un degré supérieur à celui de la précédente. — Législ. En droit civil, ainsi qu'en droit criminel, la preuve d'un fait incombe à celui qui l'affirme. En conséquence, c'est au créancier à prouver que l'obligation existe ; et réciproquement, c'est celui qui se prétend libéré qui doit justifier le paiement ou le fait qui a produit l'extinction de son obligation. — Les preuves des obligations ou de leur extinction sont classées de la manière suivante par le Code civil : 1° la production d'un titre authentique ou sous seing privé, d'une taille ou d'une copie de titre. C'est là ce que la loi appelle *la preuve littérale*. Le *titre authentique*, c'est-à-dire tout jugement, tout acte dressé par un notaire ou un autre officier public compétent, fait pleine foi entre les parties ou leurs ayant-cause, jusqu'à inscription de faux. (Voy. FAUX.) Dans les cas où la loi n'exige pas un acte authentique, *l'acte sous seing privé* a la même valeur, s'il a été fait suivant les formes prescrites, et si l'écriture ou les signatures sont reconnues. Lorsque l'écriture ou les signatures ne sont pas reconnues, la vérification en est ordonnée par justice. Les *tailles*, lorsqu'elles sont corrélatives à l'échantillon resté entre les mains de l'acheteur, tiennent lieu d'écritures et font foi entre les personnes qui en font usage. Les *copies des titres* ne dispensent pas de la représentation de l'original ; et elles ne font foi que dans certaines conditions. Les *actes récognitifs ou titres nouvels* ne dispensent pas de la représentation du titre primordial, à moins que la teneur n'y soit reproduite. Les *actes de confirmation ou de ratification* ne font office foi que lorsqu'ils ont été faits dans les formes prescrites par la loi. (Voy. RATIFICATION.) 2° La *preuve testimoniale*. En principe, cette preuve n'est pas admise contre et outre les énonciations d'un acte, lorsqu'il en a été fait un pour établir la convention ; et elle n'est pas admise non plus lorsque la demande dépasse, en capital et intérêts, la somme de 150 fr. Cette limite légale souffre exception, savoir : 1° en matière de commerce ; 2° lorsqu'il existe un commencement de preuve par écrit, émané, soit de celui contre lequel la demande est formée, soit de son représentant ; 3° lorsqu'il n'a pas été possible au créancier de se procurer une preuve écrite : notamment lorsqu'il s'agit d'un dépôt nécessaire, d'un quasi-contrat, d'un délit ou d'un quasi-délit ; 4° lorsque le créancier a perdu son titre, par suite d'un cas fortuit ou d'une force majeure. 3e Les *présomptions*. (Voy. ce mot.) 4° L'*aveu* de la partie. (Voy. AVEU.) 5° Le *serment*. (Voy. ce mot.) La remise volontaire du titre original sous seing privé, faite au débiteur par le créancier, fait preuve de la libération, tandis que la remise de la grosse du titre établit seulement une présomption. (C. civ. 1345 et s.). L'article 1781 du Code civil portait que, dans les contestations soulevées entre maîtres et domestiques relativement à la quotité et au paiement des gages, la simple *affirmation* du maître constituait une preuve suffisante ; mais cet article a été abrogé par la loi du 2 août 1868. La loi règle d'une manière spéciale la preuve de l'état civil et de la filiation. (Voy. LÉGITIMITÉ, etc.) Elle autorise, dans certains cas, à faire preuve par *commune renommée* de l'existence et de la valeur des objets compris dans une communauté ou une succession, lorsqu'il n'y a pas eu d'inventaire (id. 1415, 1442, 1504). — Devant les tribunaux de police, les contraventions sont prouvées : soit par procès-verbaux ou rapports ; soit par témoins, à défaut de rapports et procès-verbaux, ou à leur appui. Il en est de même pour les délits correctionnels. Les procès-verbaux rédigés par les officiers de police qui ont reçu de la loi le pouvoir de constater les délits et les contraventions font foi jusqu'à inscription de faux, et nul ne peut être admis, à peine de nullité de la

procédure, à faire preuve contre leur contenu. Les procès-verbaux et rapports émanant d'autres agents peuvent être débattus par des preuves contraires, écrites ou testimoniales, si le tribunal juge à propos de les admettre (C. inst. crim. 154, 189). — En matière criminelle, la loi ne pose aucune règle absolue pour les preuves à fournir, l'instruction qui se trouve toujours affichée dans la chambre du jury porte que les jurés n'ont à tenir compte que de l'intime conviction qui s'est ou non formée en eux (C. inst. crim. 342). En cas de diffamation ou d'injure, la preuve des faits est admise seulement lorsque le fait imputé est relatif aux fonctions de la personne ou du corps constitué qui est diffamé, ou lorsque l'imputation a été adressée au directeur ou aux administrateurs d'une entreprise faisant publiquement appel à l'épargne ou au crédit (L. 29 juillet 1881 sur la presse, art. 35). »   (CH. Y.)

* **PREUX** adj. m. [preû]. Brave, vaillant. N'est usité que dans ces phrases : *c'est un preux chevalier* ; *c'était un preux et hardi chevalier*. — s. m. *Les neufs preux.*

* **PRÉVALOIR** v. n. (lat. *prævalere*). Se conjugue comme *Valoir*, excepté au subjonctif, où il fait, *Que je prévale, qu'il prévale*, etc. Avoir l'avantage, remporter l'avantage : *son adversaire a prévalu.* — Se prévaloir v. pr. Tirer avantage : *il s'est prévalu de la faiblesse, de la simplicité de son adversaire.*

* **PRÉVARICATEUR** s. m. (lat. *prævaricator*). Celui qui prévarique : *je serais un prévaricateur, si je faisais telle chose.* — adj. *Un juge prévaricateur.*

* **PRÉVARICATION** s. f. Action de trahir la cause, l'intérêt des personnes qu'on est obligé de soutenir ; action de manquer par mauvaise foi au devoir de sa charge, aux obligations de son ministère : *il est accusé de prévarication.*

* **PRÉVARIQUER** v. n. (lat. *prævaricari*, biaiser). Se rendre coupable de prévarication : *ce serait prévariquer que d'en user de la sorte.*

* **PRÉVENANCE** s. f. (rad. *prévenir*). Manière obligeante de prévenir : *il n'y a point de prévenance qu'il ne m'ait faite.*

* **PRÉVENANT, ANTE** adj. Obligeant, qui va au-devant de tout ce qui peut faire plaisir : *la maîtresse de la maison est fort prévenante.* — Agréable, qui dispose en sa faveur : *cet homme a un air prévenant, une physionomie prévenante.* — Théol. Qui prévient : *c'est par une grâce prévenante de Dieu.*

* **PRÉVENIR** v. a. (lat. *prævenire*). Devancer, venir le premier : *vous arrivez bien tard aurender-vous, je vous ai prévenu de plus d'une heure.* — Être le premier à faire ce qu'un autre voulait faire : *il voulait venir me voir, mais j'ai été bien aise de le prévenir.* — PRÉVENIR QUELQU'UN PAR TOUTES SORTES DE BONS OFFICES, lui rendre de soi-même toutes sortes de bons offices, avant d'en avoir reçu de lui. — Droit. Se saisir le premier d'une affaire : *en certains cas, les baillis et sénéchaux prévenaient les juges subalternes.* — Dans un sens anal. LE PAPE PRÉVIENT L'ORDINAIRE, quand il confère avant l'ordinaire, sa collation prévaut. — Anticiper : *dans les hommes heureusement nés, la sagesse prévient l'âge.* — Aller au-devant de quelque chose de fâcheux pour le détourner, empêcher par ses précautions qu'il n'arrive : *il vaut mieux prévenir les crimes que d'avoir à les punir.*

> N'en doute pas, méchant, ils vont venir tous deux,
> Tous deux ils *préviendront* tes desseins malheureux.
> J. RACINE. *La Thébaïde*, acte Ier, sc. v.

— PRÉVENIR LES OBJECTIONS, LES DIFFICULTÉS, aller au-devant des objections, des difficultés et y répondre, les résoudre par avance. — PRÉVENIR LES BESOINS, LES DÉSIRS DE QUELQU'UN, pourvoir à ses besoins, satisfaire ses désirs

avant qu'il les ait fait connaître. On dit de même, PRÉVENIR LES ORDRES, LES INTENTIONS DE QUELQU'UN. — Préoccuper l'esprit de quelqu'un : *je suis bien aise que quelqu'un le prévienne en ma faveur avant que je lui parle.* — Instruire, avertir quelqu'un d'une chose par avance : *il m'a fait prévenir de son arrivée.* — Se prévenir v. pr. Se préoccuper : *c'est l'homme du monde qui se prévient le moins.*

* **PRÉVENTIF, IVE** adj. [-van-]. Qui prévient : *des mesures préventives.* — PRISON PRÉVENTIVE, prison qu'un homme fait en qualité de prévenu avant d'être jugé. On dit de même, DÉTENTION PRÉVENTIVE. — En parlant de la presse, RÉGIME PRÉVENTIF, régime qui prévient les délits, la censure.

* **PRÉVENTION** s. f. [pré-van-si-on). Préoccupation d'esprit, opinion favorable ou contraire avant examen : *il faut se défaire, se dépouiller de toute prévention.* — Jurispr. crim. État d'un homme prévenu de délit, de crime : *il est en prévention, en état de prévention.* — Droit, action par laquelle un officier l'exercice du droit d'un autre ; et, particul. droit qu'un juge a de connaître d'une affaire, parce qu'il en a été saisi le premier : *le pape a droit de prévention sur l'ordinaire.* — PRÉVENTION EN COUR DE ROME, action par laquelle on demandait et l'on obtenait à Rome un bénéfice avant la nomination du collateur : *le patronage laïque n'était pas sujet à la prévention.* — En droit criminel, on nomme prévention l'état de l'individu qui est inculpé d'un délit et qui est renvoyé devant le tribunal correctionnel. Ce mot s'applique aussi à la situation de l'individu qui est accusé d'un crime, jusqu'à ce que la cour d'appel ait prononcé la mise en accusation, et le renvoi du prévenu aux assises. (Voy. INCULPÉ.)

* **PRÉVENTIVEMENT** adv. D'une manière préventive.

* **PRÉVENU, UE** part. passé de PRÉVENIR : *c'est un homme prévenu de certaines opinions.* — Palais. UN HOMME PRÉVENU DE DÉLIT, DE CRIME, ou simplem., UN PRÉVENU, celui contre lequel se fait une procédure d'instruction pour qu'il soit mis en accusation, s'il y a lieu : *cette circonstance est favorable au prévenu.* — Dans le langage du droit criminel, la qualification de *prévenu* s'applique spécialement à l'individu qui, ayant commis un *délit*, est appelé à comparaître devant un tribunal correctionnel. (Voy. INCULPÉ.)

* **PRÉVISION** s. f. [-zi-on] (rad. *prévoir*). Dogmat. Vue des choses futures : *on a cru que certaines personnes avaient le don de la prévision, le don de prévision.* — pl. Conjectures : *l'événement a justifié toutes mes prévisions.*

* **PRÉVOIR** v. a. (lat. *prævidere*). (Il se conjugue comme *Voir*, excepté au futur de l'indicatif et au conditionnel, où il fait, *je prévoirai, je prévoirais*.) Juger par avance qu'une chose doit arriver : *les hommes sages prévoient les événements.* — TOUT A ÉTÉ PRÉVU, on a pris toutes les précautions, on a fait, tous les préparatifs nécessaires. On dit aussi : IL FAUT TOUT PRÉVOIR : *on ne peut tout prévoir.*

PRÉVOST (Pierre), physicien suisse, né à Genève, en 1751, mort en 1839. Il fut professeur de philosophie à Berlin de 1780 à 1784, et à Genève, de 1793 à 1810 ; puis, professeur de sciences naturelles et membre du conseil représentatif (1814-'23). Il a édité des classiques grecs, traduit des ouvrages d'Adam Smith et d'autres écrivains anglais, écrit sur la philosophie, la physique et l'économie politique ; il est connu par ses théories sur le calorique rayonnant, appelées : « Théories des échanges », de Prévost.

PRÉVOST D'EXILES (Antoine-François), [degg-zil], connu vulgairement sous le nom d'abbé Prévost; auteur français, né en 1697, mort en 1763. Il était chapelain du prince de Conti. Il a traduit les lettres familières de Cicéron, la *Vie de Cicéron de Middleton*, l'*Histoire de la maison des Stuarts* de Hume, et les principaux romans de Richardson. Il a fourni 17 vol, à l'*Histoire générale des Voyages*, et écrit le célèbre roman, à demi autobiographique, de *Manon Lescaut*. Ses œuvres complètes comptent presque 100 volumes.

PRÉVOST-PARADOL (Lucien-Anatole), auteur français, né à Paris, le 8 août 1829, mort le 19 juillet 1870. Sa mère était une actrice célèbre. Il fut professeur à Aix, et se distingua ensuite comme journaliste, à Paris. En 1870, Napoléon III, auquel il avait d'abord fait de l'opposition, le nomma ministre de Washington; mais le regret d'avoir abandonné le camp orléaniste, au moment où l'Empire commettait la faute de déclarer la guerre à la Prusse, le poussa au suicide dès son arrivée aux États-Unis. Ses œuvres comprennent : *Essai de l'Histoire universelle* (3° édit., 1875, 2 vol.); *Quelques pages d'Histoire contemporaine* (1862-'66, 3 vol.); la *France Nouvelle* (1868); *Essai de politique et de littérature* (1859-'63, 3 vol.); *Lettres politiques* (2° édit. 1872, 2 vol.); *Essai sur les moralistes français* (1864).

* **PRÉVÔT** s. f. (lat. *pærapositus*, préposé). Nom qu'on donnait à certaines personnes qui exerçaient une juridiction, qui étaient préposées pour avoir soin de quelque chose, pour avoir autorité sur quelque chose. — Pʀᴇᴠᴏᴛ ʀᴏʏᴀʟ, premier juge royal, dont les appels ressortissaient aux bailliages ou sénéchaussées: *dans quelques provinces, le prévôt avait le titre de châtelain; dans d'autres, celui de vicomte ; et dans d'autres, celui de viguier*. — Pʀᴇᴠᴏᴛ ᴅᴇ ʟ'ʜᴏᴛᴇʟ, officier de la maison du roi, lequel connaissait des cas criminels qui arrivaient à la suite de la cour, et de certaines matières civiles où les officiers du roi étaient intéressés, et qui avait inspection sur le prix des vivres nécessaires pour la subsistance de la cour. On l'appelait aussi Gʀᴀɴᴅ Pʀᴇᴠᴏᴛ ᴅᴇ Fʀᴀɴᴄᴇ, ou simpl., Gʀᴀɴᴅ Pʀᴇᴠᴏᴛ. — Pʀᴇᴠᴏᴛ ᴅᴇ Pᴀʀɪs, officier principal, qui était chef de la juridiction du Châtelet, et qui, en cas de convocation de la noblesse, était à la tête de l'arrière-ban. On appelait également Pʀᴇᴠᴏᴛ, dans plusieurs petites villes, un juge royal qui connaissait des causes entre les habitants non privilégiés, et des sentences duquel il y avait appel au siège royal; au lieu qu'à Paris les sentences du prévôt allaient directement au parlement. — Pʀᴇᴠᴏᴛ ᴅᴇs ᴍᴀʀᴄʜᴀɴᴅs, à Paris, à Lyon, et dans quelques autres villes, celui qui était le chef de l'hôtel de ville, avec une espèce d'autorité sur la bourgeoisie. — Pʀᴇᴠᴏᴛs ᴅᴇs ᴄʜɪʀᴜʀɢɪᴇɴs, officiers qui avaient, dans le corps des chirurgiens, des fonctions analogues à celles des jurés dans les communautés d'arts et métiers. — Pʀᴇᴠᴏᴛ ᴅᴇ ʟᴀ ᴄᴏɴɴᴇ-ᴛᴀʙʟɪᴇ, officier qui commandait les gardes de la connétablie. — Pʀᴇᴠᴏᴛ ᴅᴇ ʟ'ɪʟᴇ, officier qui était préposé pour veiller, dans Paris et sur environs, à la sûreté des grands chemins, et connaître des délits qui s'y commettaient. — Pʀᴇᴠᴏᴛ ᴅᴇs ᴍᴏɴɴᴀɪᴇs, officier qui était préposé pour la capture des faux monnayeurs, et pour l'instruction de leur procès. — Pʀᴇᴠᴏᴛ ᴅᴇs ᴍᴀʀᴇᴄʜᴀᴜx, officier qui était préposé pour veiller à la sûreté des grands chemins, prendre connaissance des délits qui arrivaient dans l'étendue d'une généralité, et les juger sans appel : *les voleurs furent arrêtés par le prévôt.* On l'appelait aussi Pʀᴇᴠᴏᴛ ᴅᴇ ʟᴀ ᴍᴀʀᴇᴄʜᴀᴜssᴇᴇ, et Gʀᴀɴᴅ Pʀᴇᴠᴏᴛ. — Pʀᴇᴠᴏᴛ ᴅᴇ ʟ'ᴀʀᴍᴇᴇ, Pʀᴇᴠᴏᴛ ᴅᴜ ʀᴇ-ɢɪᴍᴇɴᴛ, officier qui était préposé pour avoir l'inspection sur les délits qui se commettaient

dans l'armée, dans un régiment, par les soldats. Le premier s'appelait aussi Gʀᴀɴᴅ Pʀᴇᴠᴏᴛ. — Pʀᴇᴠᴏᴛ ᴅᴇ ʟᴀ ᴍᴀʀɪɴᴇ, officier supérieur des archers de la marine, qui instruisait le procès des gens de mer accusés de quelque crime, et qui en faisait le rapport au conseil de guerre. — Pʀᴇᴠᴏᴛ ᴅᴇ sᴀʟʟᴇ, celui qui sait sous un maître en fait d'armes, et qui donne leçon aux écoliers : *prendre leçon du prévôt de salle*. On dit dans un sens analogue, Lᴇ Pʀᴇᴠᴏᴛ ᴅ'ᴜɴ ᴍᴀɪᴛʀᴇ ᴅᴇ ᴅᴀɴsᴇ. — Dans quelques églises cathédrales et collégiales, bénéficier qui était le chef du chapitre. Se disait aussi d'un bénéficier pourvu d'un bénéfice appelé Pʀᴇᴠᴏᴛᴇ. — Pʀᴇᴠᴏᴛ ɢᴇɴᴇʀᴀʟ, titre du supérieur général, dans quelques ordres religieux, tels que les carmes déchaussés.

* **PRÉVÔTAL, ALE, AUX** adj. Qui concerne la juridiction du prévôt: *un vol commis sur le grand chemin est un cas prévôtal.* — Cᴏᴜʀ ᴘʀᴇᴠᴏᴛᴀʟᴇ, juridiction exceptionnelle, établie sous la Restauration pour juger sommairement les crimes et les délits politiques.

* **PRÉVÔTALEMENT**, adv. N'est usité qu'en parlant des crimes qui étaient de la compétence du prévôt, et qui étaient jugés par lui sans appel ; *ce criminel a été jugé prévôtalement.*

* **PRÉVÔTÉ** s. f. Qualité, fonction, juridiction de prévôt ; territoire où s'exerçait cette sorte de juridiction : *la prévôté de la maréchaussée, de la marine, des monnaies.* — « Les *prévôtés* étaient autrefois des tribunaux inférieurs qui jugeaient les affaires criminelles ou civiles de peu d'importance, sauf appel devant les bailliages ou les sénéchaussées. Le juge, que l'on nommait prévôt, dans une partie de la France, était appelé *vicomte* en Normandie, *châtelain* en Auvergne, *viguier* en Languedoc et en Provence. *La prévôté de l'hôtel* était une juridiction ambulante qui suivait partout le roi. Le prévôt de l'hôtel ou *grand prévôt* jugeait sans appel les crimes et délits commis dans tous les châteaux royaux. Lorsqu'il jugeait en matière civile, il relevait du conseil du roi. *Le prévôt de la connétablie* était chargé de juger les délits commis dans l'armée; mais sa juridiction ne s'étendait pas sur la maison militaire du roi, sur les gardes françaises, ni sur les bandes suisses. Le *prévôt général de la marine* instruisait les affaires criminelles concernant les gens de mer. Le *prévôt de Paris* était un magistrat d'épée, institué dès le xɪᵉ siècle, et qui était à la tête de la juridiction du Châtelet. Le *prévôt des marchands*, élu pour trois ans par les bourgeois de Paris, était investi à la fois d'attributions administratives, judiciaires et de police. Les *prévôts des maréchaux* commandaient la maréchaussée, instruisaient certaines affaires criminelles dépendant de la juridiction des présidiaux, et jugeaient sans appel les vagabonds et les mendiants valides. Ils connaissaient des vols exécutés avec effraction de clôtures, ainsi que des délits et des crimes commis sur les grandes routes ou par des gens de guerre. Le *prévôt général des monnaies* était un officier chargé de la capture des faux monnayeurs et de l'exécution des arrêts de la cour des monnaies. — Législ. « On nomme aujourd'hui *prévôté* la juridiction que le grand prévôt et les autres prévôts d'une armée exercent, dans les limites déterminées par le code de justice militaire. Chaque prévôt est assisté d'un greffier choisi parmi les sous-officiers et brigadiers de gendarmerie. Les prévôtés ont juridiction: 1° sur les cantiniers, cantinières, et toutes personnes étant à la suite de l'armée, en vertu d'une permission; 2° sur les vagabonds et gens sans aveu; 3° sur les prisonniers de guerre, qui ne sont pas of-

ficiers. Elles connaissent, à l'égard de ces individus, et dans l'étendue de leur ressort : 1° des contraventions de police et des infractions aux règlements sur la discipline ; 2° de toute autre infraction dont la peine ne peut excéder six mois d'emprisonnement et 200 francs d'amende ; 3° des demandes en dommages-intérêts n'excédant pas 150 fr., lorsqu'elles se rattachent à une infraction de leur compétence. Les décisions des prévôtés de l'armée ne sont susceptibles d'aucun recours (L. 9 juin 1857, art. 51, 52, 75). — On donne aussi le nom de *prévôtés* à des emplois temporairement sédentaires, attribués à des médecins de 1ʳᵉ classe ou de 2ᵉ classe de la marine, soit dans les ports militaires, soit en Algérie. La durée de ces fonctions varie de un an à deux ans. »　(Cʜ. Y.)

* **PRÉVOYANCE** s. f. (rad. *prévoir*). Faculté de prévoir : *rien n'échappe à sa prévoyance.* — Action de prévoir, et de prendre des précaution pour l'avenir : *il a détourné le mal par sa prévoyance.*

* **PRÉVOYANT, ANTE** adj. Qui juge bien de ce qui doit arriver, et qui prend des mesures pour l'avenir: *il n'est pas assez prévoyant.*

PRIAM [pri-amm], fils de Laomédon, et le dernier roi de Troie. Suivant Homère, il eut 50 fils, dont 19 d'une seule femme, Hécube; on distinguait, parmi eux: Pâris, Hélénus, Déiphobe et Hector. Au nombre des filles, qui étaient aussi au nombre de 50, on remarquait Polyxène, Cassandre et Créuse. Suivant une légende, il fut tué, pendant le siège de Troie, par Néoptolème, fils d'Achille.

PRIAPE (Myth.), symbole de la fécondité des plantes et des animaux, tantôt considéré comme fils de Bacchus et de Vénus, tantôt comme fils de Bacchus et d'une Naïade, ou d'Adonis et de Vénus, ou de Mercure et de Pan. Il avait le phallus pour emblème. On plaçait son image dans les jardins et les vignes.

* **PRIAPÉE** s. f. Nom que l'on donne à une pièce de poésie obscène, à une peinture licencieuse. N'est guère d'usage qu'au pluriel : *des priapées.*

PRIAPIQUE adj. Qui concerne le priapisme.

* **PRIAPISME** s. m. Méd. Maladie qui consiste dans une érection continuelle et douloureuse.

PRICHARD (James-Cowles), [prit-tchárdd], étnologue anglais, né en 1786, mort en 1848. Il était médecin à Bristol, et devint, en 1845, commissaire des aliénés à Londres. En 1813, il publia *Researches into the Physical History of man*, traduit en français et en allemand (3ᵉ édit., 1841-'67, 5 vol). Il a aussi écrit un résumé de sa *Physical History ; Natural History of man* (nouvelle édit., 1855, par E. Norris), et *The Eastern Origin of the Celtic Nations* (nouvelle édit., par G. Latham, 1857).

PRIE (Jeanne-Agnès ᴅᴇ Bᴇʀᴛʜᴇʟᴏᴛ, marquise de), maîtresse du duc de Bourbon, née à Paris en 1704, morte en 1727. Elle était fille d'un riche traitant et, dès son tout jeune âge, elle connut les intrigues. Le lendemain de son mariage, son mari, le marquis de Prie, fut nommé ambassadeur à Turin. La marquise de Prie, après avoir été la maîtresse du régent et celle de d'Alincourt, finit par faire la conquête du duc de Bourbon, alors premier ministre de Louis XV. Elle usa de son influence pour perdre Le Blanc et M. de Belle-Isle. Après la disgrâce du duc, elle fut exilée à sa terre de Courbe-Épine, où elle s'empoisonna.

* **PRIÉ, ÉE** part. passé de Pʀɪᴇʀ. — Fam.

Repas, dîner prié, repas, dîner auquel on est invité avec quelque cérémonie : *les dîners priés m'ennuient.* — s. Celui qu'on a convié : *êtes-vous du nombre des priés ?* — Il est né prié, il n'a pas besoin d'être invité chaque fois, il est toujours censé l'être.

* PRIE-DIEU s. m. Sorte de pupitre au bas duquel est un marchepied, où l'on s'agenouille pour prier Dieu : *on avait préparé trois prie-Dieu.*

* PRIER v. a. (lat. *precari*). On écrit au présent de l'indicatif et à l'impératif, *Prions, priez;* à l'imparfait de l'indicatif et au présent du subjonctif, *Nous priions, vous priiez.* Demander par grâce, et avec une sorte de soumission : *prier quelqu'un de quelque chose, de faire quelque chose.* — Fam. Je l'en ai prié comme pour Dieu, comme pour Dieu; je l'en ai prié à mains jointes, je l'en ai prié avec toute l'ardeur possible. — Prier pour quelqu'un, intercéder pour quelqu'un : *j'ai prié pour lui, mais je n'ai pu rien obtenir.* Dans cette phrase, *Prier* est neutre. — Je vous prie, s'emploie souvent dans le langage ordinaire, absolument et comme formule de civilité : *dites-moi, je vous prie, ce que vous entendez par là.* — S'emploie aussi dans quelques phrases, par forme de menace : *je vous prie, que je n'entende plus parler de cela.* — Inviter, convier : *on l'a prié d'assister à la cérémonie.*

> Pour se venger de cette tromperie,
> À quelque temps de là, la cigogne le *prie.*
> La Fontaine.

— Il veut être prié, il aime à se faire prier, se dit d'un homme qui diffère d'accorder une chose facile, qu'on lui demande : *il s'est fait prier pour chanter, tandis qu'il en mourait d'envie.* — Pratiquer cet acte de religion par lequel on s'adresse à Dieu pour lui demander des grâces : *alors on dit,* Prier Dieu, sans rien ajouter de plus, et quelquefois absol., Prier : *il passe les nuits à prier Dieu.* — Prier la Vierge, prier les saints, s'adresser à la Vierge, aux saints, afin qu'ils intercèdent pour nous auprès de Dieu. — Fam. Je prie Dieu que..., se dit par forme de souhait : *je prie Dieu qu'il vous ramène en bonne santé.* — Et sur ce, je prie Dieu qu'il vous ait en sa sainte et digne garde, ou simpl., en sa sainte garde. Formule par laquelle le roi terminait ses lettres.

* PRIÈRE s. f. (lat. *precatio*). Demande faite à titre de grâce et avec une sorte de soumission : *il a été sourd à mes prières.*

> Mais vous-même, ma sœur, est-ce aimer votre frère,
> Que de lui faire ainsi cette injuste prière?
> J. Racine, La Thébaïde, acte II, sc. iii.

— Acte de religion par lequel on s'adresse à Dieu : *demander quelque chose à Dieu dans ses prières.* — Dans cette maison on fait la prière tous les soirs, dans cette maison on fait la prière en commun tous les soirs. — Fam. Courte prière pénètre les cieux. — Prières publiques. Législ. « Aucun curé ne doit ordonner de prières publiques extraordinaires sans la permission spéciale de l'évêque du diocèse (L. 18 germinal an X, art. 40). On peut qualifier prière publique la formule *Domine salvam fac Rempublicam,* qui est récitée dans toutes les églises de France, après l'office du dimanche, en vertu de l'art. 8 du concordat du 26 messidor an IX. La loi constitutionnelle du 16 juillet 1875 avait prescrit que, le dimanche qui suivrait la rentrée annuelle des Chambres législatives, des prières publiques seraient adressées à Dieu, dans les églises et dans les temples, pour appeler son secours sur les travaux de ces Assemblées. Cette disposition a été abrogée par l'Assemblée nationale, aux termes de l'art. 4 de la loi constitutionnelle du 14 août 1884. Quels que soient les usages conservés dans certains pays, où des prières

publiques sont quelquefois prescrites, il est difficile d'admettre que des prières puissent être ordonnées. Un tel ordre est une atteinte à la liberté de conscience des fonctionnaires qui reçoivent l'invitation de prendre part à la cérémonie religieuse d'un culte qui peut n'être pas le leur. L'évangile selon saint Mathieu (VI, 5 et s.) ne recommande-t-il pas à celui qui veut adresser une prière à Dieu d'être seul et de fermer sa porte, de manière à n'être pas vu? »   (Ch. Y.)

PRIESSNITZ (Vincenz) [priss'-nitss], paysan allemand, inventeur de l'hydrothérapie, né à Graefenberg, dans la Silésie autrichienne, en 1799, mort en 1851. Un accident lui donna l'idée de se traiter par l'eau. Il étudia ensuite la médecine, et ouvrit un établissement à Graefenberg en 1826. (Voy. Hydrothérapie).

PRIESTLEY (Joseph) [prisstt'-lé], philosophe anglais, né en 1733, mort à Northumberland (Pennsylvanie) en 1804. Il était ministre adjoint de la congrégation indépendante à Needham Market, dans le comté de Suffolk (1755-'58) lorsqu'il répudia la doctrine de l'expiation, et écrivit son livre *Scripture Doctrine of Remission.* En 1758, il ouvrit une école à Nantwich, et fut, en 1761, nommé professeur de belles-lettres à Warrington academy. C'est là qu'il écrivit *Theory of Language and Universal Grammar* (1762), *Chart of Biography* (1765), *Liberal Education for civil and active Life* (1765), et *History and Present state of Electricity, with Original Experiments* (1767). En 1768, il fut choisi pour pasteur par une nombreuse congrégation, à Leeds. En 1769, il publia sa *Chart of History;* en 1774, *History and Present state of Discoveries relating to Vision, Light and Colors,* et *Laws and Constitution of England,* et, en 1772-'74, *Institutes of Natural and Revealed Religion* (3 vol.). Il découvrit le gaz oxygène (1774), qu'il nomma air déphlogistiqué, le gaz oxyde nitreux, le gaz oxyde carbonique, le gaz oxyde sulfureux, le gaz ammoniac qu'il appela air alcalin, et le gaz acide hydrochlorique; et il fut le principal inventeur de la machine pneumatique. Il fit, sur les corps aériformes, des découvertes qu'il exposa dans ses *Expériments and Observations on air* (1774-'80, 5 vol.). En 1775, il publia son *Examination,* pour réfuter la philosophie écossaise du sens commun; en 1777, *Disquisitions relating to Matter and Spirit,* défense du matérialisme; *Doctrine of Necessity,* où il se fait le champion de la fatalité, et *Oratory and Criticism.* En 1780, il devint pasteur d'une congrégation dissidente à Birmingham. En 1782 parut son *History of the Corruptions of Christianity,* qui fut brûlée à Dort par la main du bourreau; et, en 1786, son *History of Early Opinions concerning Jesus-Christ.* Dans chacun de ces ouvrages, la divinité et la préexistence du Christ sont révoquées en doute par des raisons historiques. Pendant la Révolution française, il fut regardé comme l'instigateur et le champion de l'opposition à tout gouvernement établi, soit politique, soit religieux. En 1791, quelques-uns de ses amis célébrèrent l'anniversaire de la prise de la Bastille, et, bien qu'il ne fut pas présent, ce fut l'occasion d'un tumulte populaire pendant lequel sa maison fut envahie, sa bibliothèque, ses appareils et ses manuscrits furent détruits; lui-même fut obligé de prendre la fuite avec sa famille. Il émigra en Amérique en 1794, et s'y fixa dans la ferme de son fils, à Northumberland (Pennsylvanie); il y publia *Continuation of the History of the Christian Church form the Fall of the Western Empire to the Present Times* (1803, 4 vol.), et plusieurs ouvrages théologiques de moindre importance. Ses *Doctrines of Heathen Philosophy compared with those of Revelation* parurent après sa mort. Son autobiographie, qu'il avait écrite jusqu'en mars 1795, fut conti-

nuée par son fils (1806-'07), et se trouve avec sa correspondance dans l'édition de ses œuvres, publiées par John Towell Rutt (1817, 25 vol.). Il a écrit plus de 300 livres et brochures imprimées.

* PRIEUR s. m. (lat. *prior*, premier). Celui qui a la supériorité et la direction, dans certains monastères de religieux : *prieur conventuel.* — Sous-prieur, celui qui a la supériorité, la direction, dans un monastère de religieux, après le prieur : *le père sous-prieur.* — Prieur commendataire, bénéficier qui jouissait en tout ou en partie des revenus d'un prieuré, et en portait le titre, sans avoir aucune autorité sur les religieux. — Prieur-curé, religieux qui possédait une cure, dans l'ordre des chanoines réguliers. — Prov. et fig. Il faut toujours dire du bien de monsieur le prieur, il faut toujours ménager dans ses discours les gens en place, les personnes dont on dépend. — Titre de dignité dans quelques sociétés : *prieur de Sorbonne.* — Dans l'ordre de Malte, Grand prieur, chevalier revêtu d'un bénéfice de l'ordre, appelé grand prieuré : *grand prieur de Champagne.* — Dans quelques abbayes célèbres, Grand prieur, religieux qui avait la première dignité après l'abbé. — Les prieurs commendataires étaient exempts de la juridiction de l'abbaye dont dépendaient leurs prieurés, et ils étaient dispensés de toutes redevances envers ces abbayes. Pour être prieur régulier, il fallait être âgé d'au moins seize ans. Pour les prieurés qui n'étaient ni conventuels ni curés, et qu'on nommait communément prieurés à simple tonsure, il fallait, suivant les arrêts du Parlement de Paris, être âgé de quatorze ans; mais, suivant la jurisprudence du grand conseil, il suffisait d'être âgé de sept ans, parce qu'un enfant pouvait être tonsuré à cet âge.

PRIEUR (de la Marne), conventionnel, né à Châlons-sur-Marne en 1760, mort à Bruxelles en 1827. Député aux États généraux, il provoqua de sévères mesures contre les émigrants, siégea à la Convention où il vota la mort du roi sans appel ni sursis, fut membre du comité de Salut public, remplit plusieurs missions aux armées du Nord, du Rhin et de l'Ouest, reprit sa profession d'avocat dans sa ville natale et fut exilé en 1816.

PRIEURAL, ALE adj. Qui concerne le prieuré.

PRIEUR-DUVERNOIS (Claude-Antoine), dit *Prieur de la Côte-d'Or,* conventionnel, né à Auxonne en 1763, mort en 1832. Il était officier du génie avant la Révolution, fut envoyé à la Convention où il vota la mort du roi sans appel ni sursis, entra au comité du Salut public, eut part à la fondation de l'Institut, de l'École polytechnique, du Conservatoire, etc., et rentra dans la vie privée en 1798. Il fut banni en 1816 et ne revint qu'après les journées de Juillet.

* PRIEURE s. f. Religieuse qui a la supériorité, dans un monastère de filles, ou en chef, ou sous une abbesse : *la mère prieure.* — Dans quelques monastères de filles, Grande prieure, religieuse qui est immédiatement après l'abbesse. — Sous-prieure, religieuse qui a la supériorité dans un monastère de filles, sous la prieure.

* PRIEURÉ s. m. Communauté religieuse d'hommes, sous la conduite d'un prieur; ou de filles, sous la conduite d'une prieure : *prieuré d'hommes.* — Prieuré-curé, prieuré auquel une cure était annexée. Prieuré simple, prieuré dans lequel il n'y avait point de religieux. Prieuré commendataire, bénéfice qu'un prieur séculier tenait en commende. — Église et maison d'une communauté religieuse qui était sous la conduite d'un prieur ou d'une prieure : *il était logé au prieuré.* — Maison du prieur : *aller à la messe au prieuré.*

PRIM (Juan) [primm], comte de Reus et marquis de Los Castillejos, général espagnol né à Reus (Catalogne) en 1814, mort à Madrid le 30 déc. 1870. En 1843, il aida Narvaez à renverser Espartero, et fut fait comte, général et gouverneur de Madrid. Après avoir été gouverneur de Porto Rico, il fut le chef parlementaire des progressistes, de 1848 à 1853, et, à cette époque, il vécut en exil jusqu'en 1858. En 1859-'60, il remporta des victoires décisives comme commandant de l'armée espagnole dans le Maroc, spécialement à la bataille de Los Castillejos. En 1862, il commanda l'armée espagnole au Mexique, mais il se retira en même temps que le contingent anglais. En janv. 1866, il prit la fuite après s'être mis à la tête d'une révolte contre l'administration d'O'Donnell. En sept. 1868, il fit éclater, avec Serrano, Topete et d'autres, la révolution qui renversa le trône d'Isabelle, et il devint président du conseil, ministre de la guerre et commandant en chef, avec le grade de maréchal, sous la régence de Serrano. En juillet 1870, Prim offrit le trône d'Espagne au prince Léopold de Hohenzollern, ce qui, par suite de la jalousie de Napoléon III, aboutit à la guerre franco-allemande. Il persuada au prince italien Amédée d'accepter la couronne. Blessé de plusieurs coups de feu tirés par des assassins, le 28 déc., il mourut le 30.

PRIMA DONNA s. f. (Mot italien qui signifie *première dame* et qui est fort usité en France). Chanteuse qui joue le principal rôle dans un opéra. — pl. *Des prima donne.*

° **PRIMAGE** s. m. Comm. mar. Bonification de tant pour cent que l'on accorde quelquefois au capitaine, sur le fret du navire qu'il commande.

° **PRIMAIRE** adj. (lat. *primarius*). Qui est au premier degré en commençant. N'est guère usité que dans ces locutions : ASSEMBLÉE PRIMAIRE, assemblée qui forme le premier degré d'un système d'élection, et les citoyens sont appelés pour choisir des électeurs. ÉCOLE PRIMAIRE, école où l'on commence l'instruction des enfants : on dit de même, INSTRUCTION PRIMAIRE, ENSEIGNEMENT PRIMAIRE, INSTITUTEUR PRIMAIRE.

° **PRIMAT** s. m. (lat. *primas* ; de *primus*, premier). Prélat dont la juridiction est au-dessus de celle des archevêques : *le primat des Gaules.* On dit adjectiv. : LE PRINCE PRIMAT. — En Grèce, un des principaux d'une ville, d'un lieu : *les primats de l'île d'Hydra, de Spezzia.* — ENCYCL. Primat est le titre hiérarchique donné aux archevêques et quelquefois aux évêques, et indiquant une juridiction ou une préséance sur le corps épiscopal de tout un pays. Ce titre appartient à l'Église latine, et correspond à celui d'exarque dans l'Église grecque. A l'origine, seuls les évêques qui remplissaient l'office de légats du pape portaient le nom de primat. Au VIII° siècle, le pape Zacharie accorda ce titre à l'évêque de Mayence. Dans l'Église anglaise, avant la Réformation, Cantorbéry tenait le rang primatial, et il l'a conservé comme siège épiscopal protestant. En Irlande, c'était Armagh, comme ayant été le siège de saint Patrick, et son archevêque s'intitulait dans les derniers temps « primat de toute l'Irlande », tandis que l'archevêque de Dublin reclame le titre de « primat d'Irlande ». Le primat des Gaules résidait à Lyon. En 1851, le pape reconnut le titre de *primat des Gaules* à l'archevêque de Lyon. L'archevêque de Bordeaux prend quelquefois le titre de *primat d'Aquitaine* ; celui de Rouen est souvent qualifié de *primat de Normandie* ; celui de Tolède est *primat d'Espagne* ; celui de Gnessen est *primat de Pologne.*

PRIMATE s. m. (lat. *primas*, celui qui a la primauté). Mamm. Nom donné par Linné et par plusieurs naturalistes à l'ordre le plus élevé de la classe des mammifères, comprenant les animaux dont l'organisation supérieure se rapproche de celle de l'homme. L'ordre des primates de Cuvier renfermait l'homme, les singes, les makis et les chauves-souris. Aujourd'hui, ceux qui admettent cet ordre en excluent les chauves-souris. — Voici comment on subdivise ordinairement les primates en deux sous-ordres : 1° ANTHROPOÏDES, comprenant les familles *homme* et *singe* ; 2° LÉMUROÏDES, subdivisés en familles *lémur, tarsier* et *aye-aye.*

° **PRIMATIAL, ALE, AUX** adj. [-si-al] (rad. *primat*). Qui appartient au primat : *juridiction primatiale.*

PRIMATICE (Francesco PRIMATICCIO, *dit* LE), peintre italien, né à Bologne en 1490, mort à Paris en 1570. Il étudia sous Giulio Romano (Jules Romain), travailla avec lui à d'importants ouvrages, et, en 1531, vint à Paris, où il fut employé par François I° et par ses successeurs comme peintre, sculpteur et architecte. Ses fresques d'Alexandre le Grand existent encore à Fontainebleau. François I° le nomma abbé commendataire de Saint-Martin de Troyes et prieur de Brétigny. Henri II l'occupa au château d'Anet ; François II le nomma surintendant de ses bâtiments ; Catherine de Médicis lui fit faire les dessins de la chapelle des Valois. Il vécut plus en courtisan qu'en peintre. Il fonda, avec Rosso, l'école connue sous le nom d'*école de Fontainebleau*, qui eut sur l'art français une grande influence jusqu'au temps de Poussin.

° **PRIMATIE** s. f. [-si] (rad. *primat*). Dignité de primat : *la primatie des Gaules.* — Étendue du ressort de la juridiction ecclésiastique du primat, et siège de cette juridiction : *la primatie de Lyon s'étendait sur les provinces de Paris, de Sens et de Tours.* — Hist. ecclés. Suprématie : *la primatie du pape.*

° **PRIMAUTÉ** s. f. (rad. lat. *primus*, premier). Prééminence, premier rang : *c'est un homme vain qui voudrait avoir partout la primauté.* — Jeu. Avantage qu'on a d'être le premier à jouer : *nous avons tous deux le même point, j'ai gagné par la primauté.* — GAGNER QUELQU'UN DE PRIMAUTÉ, le prévenir, le devancer, arriver avant lui ce qu'il voulait dessein de faire : *je voulais acheter cette maison, on m'a gagné de primauté.*

° **PRIME** adj. (lat. *primus*, premier). Ancien mot qui signifiait premier et qui n'est plus employé que dans les locutions suivantes : DE PRIME ABORD, subitement, tout d'un coup : *de prime abord je le pris pour un autre.* — DE PRIME SAUT, subitement, tout d'un coup. — PRIME-SAUTIER. (Voy. ce mot.) — ORGE DE PRIME. (Voy. ESCOURGEON.) — Algéb. Petit signe qui désigne le premier degré d'une lettre prise à plusieurs degrés : *a' se dit a prime.*

° **PRIME** s. f. Lit. cathol. La première des heures canoniales : *chanter prime.*

° **PRIME** s. f. Jeu où l'on ne donne que quatre cartes : *il a perdu son argent à la petite prime.* — AVOIR PRIME, avoir ses quatre cartes de couleur différente.

° **PRIME** s. f. Escr. Première position, celle que prend d'abord l'escrimeur après qu'il a tiré ou est censé avoir tiré l'épée du fourreau.

° **PRIME** s. f. Laine de première qualité ; laine la plus fine : *prime de Portugal.*

° **PRIME** s. f. Joaill. Se dit des pierres demi-transparentes et légèrement colorées, qui sont de la nature du caillou ou du cristal, et qui ressemblent plus ou moins aux différentes pierres précieuses : *prime d'améthyste.*

° **PRIME** s. f. Somme qu'un propriétaire qui veut faire assurer sa propriété, paye à l'assureur pour le prix de l'assurance : *prime d'assurance.* — Somme accordée par forme de bénéfice pour encourager quelque opération de finance ou de commerce : *prime de loteries.* — Don gratuit attaché à l'achat de livres ou à l'abonnement de journaux. — Encouragements, prix que le gouvernement ou certaines associations accordent aux agriculteurs qui se sont distingués par leur travail ou par leurs produits. — Bourse. MARCHÉ A PRIME, négociation à terme d'effets publics, dans laquelle, moyennant une prime payée par l'acquéreur, il est libre de prendre ou de ne pas prendre, au terme convenu, les effets qu'il a achetés. — Excédent du prix d'une valeur, d'une action, d'une obligation sur le chiffre de son émission. — MARCHÉ A PRIME, négociation à terme d'effets publics dans laquelle, moyennant une prime payée par l'acquéreur, il est libre de prendre ou de ne pas prendre, au terme convenu, les effets qu'il a achetés. RÉPONSE DES PRIMES, fixation du marché à prime, à chaque échéance. — PRIME D'ARMEMENT. La loi attribue, en France, des primes d'armement pour la grande pêche. D'autres primes sont aussi accordées pour favoriser la construction des navires sur les chantiers français. (Voy. ARMEMENT.) — PRIMES D'ASSURANCES. (Voy. ASSURANCE.) — PRIME DE REMBOURSEMENT. On nomme ainsi la différence entre le taux d'émission des obligations émises par un département, une commune, une entreprise industrielle ou une société financière, et la somme fixée pour le remboursement. Cet excédent est payable d'une retenue de 3 p. 100, au profit du Trésor public, et il est de même des lots attribués aux obligataires par le tirage au sort (L. 21 juin 1875, art. 5).

° **PRIMER** v. n. (rad. *prime*). Tenir la première place. Ne se dit, au propre, qu'au jeu de la paume, en parlant de celui qui reçoit le service, et celui qui tient la droite de l'autre côté : *il est accoutumé à primer.* — Fig. Devancer, surpasser, se distinguer, avoir de l'avantage sur les autres : *cet homme prime en tout.* — AIMER A PRIMER, aimer à paraître plus que les autres, à dominer sur eux. — v. a. PRIMER QUELQU'UN, le surpasser : *il prime tous ses camarades d'étude.* — Jurispr. PRIMER QUELQU'UN EN HYPOTHÈQUE, avoir une hypothèque antérieure à la sienne. — Concours agric. PRIMER, récompenser par une prime.

PRIMEROSE s. f. Bot. Un de noms vulgaires de l'alcée rose ou passe-rose.

° **PRIME-SAUTIER, IÈRE** adj. Qui se détermine, qui agit, qui parle ou qui écrit de premier mouvement sans délibération, sans réflexion préalable : *mouvement prime-sautier ; prime-sautière.*

° **PRIMEUR** s. f. Première saison des fruits et des légumes : *les fraises, les pois sont chers dans la primeur, dans leur primeur.* — Se dit aussi en parlant du vin. CERTAINS VINS SONT BONS DANS LA PRIMEUR, ils sont bons à boire aussitôt après la vendange. — Pl. Fruits et légumes précoces : *on a servi des primeurs.*

° **PRIMEVÈRE** s. f. (lat. *primus*, premier ; *ver, veris*, printemps ; première fleur du printemps). Bot. Genre de primulacées, comprenant une soixantaine d'espèces de plantes herbacées, à racines vivaces, à fleurs portées sur une hampe, nue et s'épanouissant dès le commencement de mars. Une douzaine d'espèces croissent en France et quelques-unes font l'ornement de nos jardins. La *primevère commune* ou *vraie primevère* (primula veris, primula vulgaris ou primula acaulis) a les feuilles plissées et dentelées, poilues en dessous ; la fleur a le limbe plat et est d'un jaune de soufre pâle. Cette jolie plante émaille, au printemps, nos bois et surtout nos prairies, ainsi qu'une autre espèce nommée vulgairement *coucou* ou *primevère offici-*

vale (primula officinalis), à jolies fleurs jaunes penchées, portées sur une hampe plus haute que les feuilles. Les fleurs de cette dernière contiennent beaucoup de miel et dans certaines parties de l'Angleterre, on en récolte de grandes quantités qui, fermentées avec de l'eau et du sucre, donnent du vin de primevère (_cowslip wine_). On se servait autrefois de la racine comme d'un astringent et on en mange les feuilles en salade ou comme herbes cuites. La _primevère élevée (primula elatior)_ a les feuilles semblables à celles du coucou, et

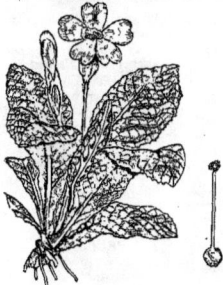

Primevère commune (Primula veris).

tient le milieu entre celui-ci et la vraie primevère. La _polyanthe_, variété de la primevère, est une fleur d'horticulteur ; elle est jaune et brune et ces deux couleurs y sont nettement tranchées ; il existe des variétés doubles : la _primula auricula_ ou _oreille d'ours_ est encore une de ces belles fleurs anciennes qui sont aujourd'hui négligées et presque oubliées. Elle a produit de nombreuses variétés à fleurs de diverses couleurs, souvent avec un liseré sur le pourtour de la corole. La _primevère farineuse (primula farinosa)_ porte de belles fleurs d'un lilas pâle, jaune au centre. On cultive souvent la _primevère de Chine (primula Sinensis)_ à grandes fleurs roses.

* **PRIMEVÈRE** s. m. Printemps. (Vieux.)

* **PRIMICÉRIAT** s. m. Dignité, office de primicier.

* **PRIMICIER** s. m. (rad. lat. _primus_, premier). Celui qui a la première dignité dans certaines églises, dans certains chapitres. On dit aussi **PRINCIER**.

* **PRIMIDI** s. m. (lat. _primus_, premier; _dies_, jour). Le premier jour de la décade, dans le calendrier républicain.

* **PRIMIPILAIRE** ou **Primipile** s. m. (lat. _primus_, premier; _pilum_, javelot). Antiq. Nom distinctif du premier centurion, chez les Romains, c'est-à-dire de celui qui commandait la première compagnie de chaque cohorte.

* **PRIMITIF, IVE** adj. (rad. lat. _primus_, premier). Qui est le premier, le plus ancien : _la valeur primitive d'une monnaie._ — L'ÉTAT PRIMITIF D'UNE CHOSE, le premier état dans lequel on sait ou l'on conjecture qu'elle était. On dit de même, LA FORME PRIMITIVE. — TEMPS PRIMITIFS, ceux qui n'ont pas de vestiges de corps organisés. — LE MONDE PRIMITIF, le monde tel qu'on suppose qu'il était dans les temps les plus anciens. — LANGUE PRIMITIVE, celle qu'on suppose avoir été parlée la première. Se dit aussi d'une langue qu'on suppose ne s'être formée d'aucune autre. — L'INNOCENCE PRIMITIVE, l'état de l'âme, antérieur au péché. — LA PRIMITIVE ÉGLISE, l'Église des premiers siècles du christianisme. — CURÉ PRIMITIF, celui qui est originairement curé, et qui a un vicaire perpétuel qu'on appelle curé : _l'abbé de Sainte-Geneviève était curé primitif de Saint-Étienne du Mont._ —

Gramm. Se dit du mot radical dont se forment les mots qu'on appelle dérivés ou composés : _Juste est le mot primitif de Justicier, de Justifier, d'Injuste, d'Injustice, etc._ — Phys. COULEURS PRIMITIVES, les sept couleurs principales dans lesquelles la lumière solaire se décompose ; savoir : le rouge, l'orangé, le jaune, le vert, le bleu, l'indigo et le violet. Les peintres appellent COULEURS PRIMITIVES, le rouge, le jaune, le bleu, le blanc et le noir. — Substantiv. _Ce primitif a beaucoup de dérivés._

* **PRIMITIVEMENT** adv. Originairement : _ce mot a été employé primitivement dans un sens beaucoup plus restreint._

PRIMTIVITÉ s. f. Caractère de ce qui est _primitif._

* **PRIMO** adv. Mot emprunté du latin, qui signifie, premièrement, et qui se dit en français dans le même sens.

* **PRIMOGÉNITURE** s. f. (lat. _primus_, premier ; fr. _géniture_). Jurispr. Aînesse : _Esaü vendit son droit de primogéniture pour un plat de lentilles._ — DROIT DE PRIMOGÉNITURE, disposition de la loi qui confère une dignité ou des terres à l'aîné d'une famille. La préférence donnée aux fils sur les filles était commune dans les anciens systèmes de législation ; mais peu de législateurs avaient établi ce qu'on entend de notre temps par primogéniture. Cette coutume fut sans doute une mesure spéciale au système féodal, qui cherchait à assurer l'exécution du service militaire, en maintenant les fiefs indivisibles. L'examen de la loi relative à la primogéniture est que, si un homme meurt en possession réelle d'une terre dont il a l'absolue propriété, sans en avoir disposé par testament, le tout passe à son héritier légal ; et cet héritier légal est l'aîné des mâles parmi ses plus proches parents. C'est sur cette règle qu'est fondée la coutume de la primogéniture en Angleterre. Dans les cas de propriété personnelle, le droit n'existe pas. En France, la primogéniture, ou droit d'aînesse, a été aboli en 1789, et depuis ce temps, la législation dans tous les pays, sauf dans les îles Britanniques, tend à la supprimer.

PRIMO MIHI loc. lat. qui signifie : _d'abord pour moi_, et qui correspond à notre vieil adage : _charité bien ordonnée commence par soi._

* **PRIMORDIAL, IALE, IAUX** adj. (lat. _primus_, premier ; _ordiri_, ourdir). Primitif, qui est le premier, qui est le plus ancien, le premier en ordre : _titre primordial._ — Bot. FEUILLES PRIMORDIALES, petites feuilles qui sont déjà visibles dans la graine, et qui font partie de la plumule.

* **PRIMORDIALEMENT** adv. Primitivement, originairement.

* **PRIMORDIALITÉ** s. f. État de ce qui est primordial.

PRIMORSK ou **Province du littoral**, la division la plus orientale de la Sibérie, établie en 1858 et s'étendant entre 42° 20' et 70° lat. N., et 129° long. E., et 172° long. O. ; 45,000 hab. Elle se subdivise en cercles de Petropavlovsk (Kamtchatka), Gizhiginsk, Okhotsk, Udsk, Nikolayevsk, Sofiisk et Usuri. Les principaux cours d'eau sont l'Amour et l'Anadyr. L'île de Saghalien fait partie de cette province, dont la capitale est Nikolayevsk.

PRIMULACÉ, ÉE adj. (lat. _primula_). Bot. Qui se rapporte à la primevère. — * s. f. pl. Famille de plantes dicotylédones gamopétales hypogynes, ayant pour type le genre primevère (_primula_) et comprenant, en outre, les genres _cyclamen_, _soldanelle_, _lysimachie_, _lubinie_, _anagallis_, _samole_, etc.

PRIMUS (M.-Antonius), surnommé BECCO (à nez crochu), Gaulois, né à Toulouse vers

l'an 20 de J.-C. Condamné comme faussaire sous le règne de Néron il fut chassé du sénat, dont il était membre, et fut banni. A la mort de Néron (68), il fut rappelé par Galba qui lui donna le commandement de la 7e légion, stationnée en Pannonie. Il fut l'un des premiers généraux d'Europe qui se déclarèrent en faveur de Vespasien. Associé aux gouverneurs de Mœsie et de Pannonie, il envahit l'Italie, remporta une victoire décisive sur l'armée de Vitellien à Bedriacum, et prit Crémone dont il autorisa le pillage et la destruction. Ensuite, il entra dans Rome, malgré la vive résistance des troupes de Vitellien, et il garda le gouvernement de cette cité jusqu'à ce que Mucianus fût arrivé de Syrie. Suivant Martial, ami d'Antonius Primus, ce Gaulois célèbre vivait encore au moment de l'accession de Trajan.

PRIMUS INTER PARES loc. lat. qui signifie : _le premier entre égaux._

* **PRINCE** s. m. (lat. _princeps_; de _primus_, premier ; _caput_, tête). Celui qui possède une souveraineté en titre, ou qui est d'une maison souveraine : _prince feudataire._ — En France, PRINCES DU SANG, ceux qui sont sortis de la maison royale par les mâles ; et, PRINCES ÉTRANGERS, ceux qui viennent d'une maison souveraine étrangère, ou qui en ont le rang. — TRÈS HAUT, TRÈS PUISSANT ET TRÈS EXCELLENT PRINCE, formule dont on se servait dans les actes publics où l'on parlait des rois. Pour les princes qui n'étaient pas rois, on disait, TRÈS HAUT ET TRÈS PUISSANT PRINCE. — VIVRE EN PRINCE, TENIR ÉTAT DE PRINCE, AVOIR UN ÉQUIPAGE DE PRINCE, ÊTRE VÊTU EN PRINCE, etc., vivre splendidement, avoir un grand équipage, être magnifiquement vêtu, etc. — CE SONT JEUX DE PRINCE, QUI NE PLAISENT QU'À CEUX QUI LES FONT ; ou absol., CE SONT JEUX DE PRINCE, se dit des amusements et des jeux dans lesquels on se met en peine du mal qui peut en résulter pour autrui. — IL EST BON PRINCE, se dit d'un simple particulier qui a un caractère et des manières faciles. — Employé absol. avec l'article défini, se dit ordinairement du souverain qui commande dans le lieu dont on parle : _le prince veut être obéi._ — Se dit aussi quelquefois du gouvernement, dans les États républicains. — Fam. et ironiq., L'AMI DU PRINCE, l'agent des plaisirs secrets d'un prince ou de quelque personnage puissant. — Celui qui, sans être souverain, ni de maison souveraine, possède des terres qui ont le titre de principautés, ou bien à qui un souverain a conféré ce titre : _monsieur le prince un tel._ — PRINCES DE L'ÉGLISE, les cardinaux, les archevêques et les évêques. — LE PRINCE DES APÔTRES, saint Pierre. Les PRINCES DES APÔTRES, saint Pierre et saint Paul. — LE PRINCE DES TÉNÈBRES, le démon. — Le premier en ordre de mérite, de talent : _Aristote, le prince des philosophes._ N'est usité, en ce sens, que dans le style oratoire. — Hist. rom. LE PRINCE DU SÉNAT, le sénateur que le censeur nommait le premier, en lisant la liste des membres du sénat. — LE PRINCE DE LA JEUNESSE, le jeune prince de la famille impériale, que l'empereur mettait à la tête des fils de sénateurs, pour la célébration des jeux troyens.

PRINCE-ÉDOUARD (Ile du), province du Canada, comprenant l'île du Prince-Édouard dans le golfe du Saint-Laurent, séparée du Nouveau-Brunswick et de la Nouvelle-Écosse au S.-O. par le détroit de Northumberland, dont la largeur varie de 15 à 50 kil. La longueur de l'île, du N.-O. au S.-E., est de 160 kil. ; sa largeur varie entre 3 kil. seulement, en certains endroits, et 60 kil. environ en d'autres ; 5,627 kil. carrés ; 94,021 hab. Elle se divise en trois comtés. Les villes principales sont : Charlottetown (la capitale, 8,807 hab.), Summerside (1,918), Georgetown (1,056) et Princetown (447). Le pays est généralement plat Les côtes sont élevées et bordées de falaises rouges, de 20 à 100 pieds de hauteur, profondément dentelées de baies, avec de nombreux promontoires. Les baies de Bedford et Hillsborough, et de Richmond et Halifax, qui ne sont séparées l'une de l'autre que par des isthmes étroits, divisent l'île en trois péninsules. Le sol, arrosé par des sources et des cours d'eau nombreux, est d'une fertilité remarquable. A l'exception de quelques tourbières et de marécages, l'île tout entière est cultivable. Une portion considérable est couverte de bois. Le climat est salubre et plus doux que sur le continent voisin. L'atmosphère est presque entièrement pure de brouillards. Les hivers sont longs et froids; les étés très chauds, mais non accablants. L'agriculture est la principale industrie. On n'y fabrique guère que des articles de consommation intérieure. Les eaux environnantes, surtout sur la côte N.-E., abondent en poissons, mais les pêcheries sont surtout exploitées par des vaisseaux des Etats-Unis. Marchandises importées pour la consommation du pays: 9,569.480 fr.; exportations : 3,610,645 fr. Un chemin de fer traverse l'île dans sa longueur; l'île est reliée à la terreferme par un câble télégraphique. En hiver, les dépêches et les voyageurs passent le détroit sur des bateaux à glace. — Le pouvoir exécutif de la province est confié à un lieutenant gouverneur nommé en conseil par le gouverneur général du Canada, et assisté d'un conseil exécutif de neuf membres, choisis par lui et responsables devant la législature. La législature se compose d'un conseil législatif de 13 membres et d'une assemblée de 30 membres, l'un et l'autre électifs. Les principaux tribunaux sont : la cour suprême, les cours de chancellerie et de divorce et la cour des successions (probate court). La province est représentée au parlement du Canada par quatre sénateurs et six membres des communes. Recettes : 2,400,000 fr.; dépenses : 2,500,000 fr. Le principal établissement hospitalier, entretenu par le gouvernement, est un asile d'aliénés près de Charlottetown. Environ 16,000 élèves sont inscrits dans les écoles publiques. Les dénominations religieuses, classées suivant le nombre de leurs adhérents sont : les catholiques romains, les presbytériens, les méthodistes, les épiscopaliens, les baptistes et les chrétiens de la Bible. L'île appartint à la France jusqu'en 1763; on la nommait alors île Saint-Jean; elle fut cédée à la Grande-Bretagne qui l'annexa au gouvernement de la Nouvelle-Ecosse. En 1768, les habitants demandèrent un gouvernement séparé, et le premier gouverneur s'y installa en 1770. En 1873, la province se réunit au Dominion canadien. Le nom primitif, île Saint-Jean, fut changé en 1800, en l'honneur du prince Edouard, duc de Kent, père de la reine Victoria.

PRINCE-DE-GALLES (Cap du). Voy. Galles.

PRINCE-DE-GALLES (Iles du). Voy. Penang.

* PRINCEPS [prain-sepps'], mot latin qu'on emploie adjectivement pour désigner la première édition d'un auteur ancien : l'édition princeps de Virgile.

* PRINCERIE s. f. Dignité de princier ou de primicier.

* PRINCESSE s. f. Fille ou femme de prince : une jeune princesse. Femme, souveraine de quelque Etat: Elisabeth, reine d'Angleterre, était une grande princesse. — Elle fait la princesse, se dit d'une femme fière et exigeante. On dit de même, Elle prend des airs de princesse. — Terme de familiarité, et quelquefois de mépris, employé envers une femme d'une classe inférieure et d'une conduite équivoque : oui, ma princesse. — Amandes princesses, amandes dont le bois est

tendre et facile à briser. Dans cette expression, Princesse est pris adjectivement. — La Princesse d'Elide ou les Plaisirs de l'île enchantée, comédie-ballet de Molière, représenté à Versailles le 8 mai 1664. — La Princesse d'Elide, ballet héroïque en 3 actes, représenté à Paris (Académie de musique) en 1768 ; paroles de l'abbé Pellegrin, musique de Villeneuve.

PRINCETON [prinn'-ce-tonn], ville du New-Jersey (Etats-Unis), à 65 kil. N.-E. de Philadelphie et à 20 kil. N.-E. de Trenton ; 2,798 hab. Elle renferme le collège de New-Jersey, appelé populairement Princeton Collège et le

Princeton. — Ecole de science.

séminaire de l'église presbytérienne. Le collège, qu'on appelle souvent aussi Nassau-Hall, du nom de l'édifice où il est installé, et auquel se rattachent une école préparatoire et l'école de science de John-C. Green, est fréquenté par plus de 420 étudiants.

PRINCETON (Bataille de), bataille livrée pendant la guerre de l'indépendance américaine, le 2 janv. 1777. Washington y vainquit une partie de l'armée du Cornwallis, commandée par le colonel Mawhood.

* PRINCIER, IÈRE adj. N'est usité que dans ces expressions, Maison princière, famille princière, qui se disent de certaines maisons, de certaines familles d'Allemagne, dont le chef a le titre et les droits de prince ; et dans celle-ci, Droits princiers, droits appartenant à un prince. — s. Voy. Primicier.

PRINCIÈREMENT adv. D'une façon princière.

* PRINCIPAL, ALE, AUX adj. (lat. principalis, de princeps, chef) Qui est le premier, le plus considérable, le plus remarquable en son genre: les points et les articles principaux d'un traité, d'un contrat de mariage. — Le principal locataire, la personne qui loue du propriétaire une maison, pour la sous-louer en totalité ou par partie. — Le principal obligé, le principal débiteur, pour le distinguer de la caution. — Le sort principal d'une rente, le fonds, la somme qui a été placée en rente. Il a vieilli. — C'est la principale pièce du sac, c'est ce qu'il y a de plus nécessaire dans l'affaire dont il s'agit. — s. Les principaux de la ville, les personnes principales de la ville. — Ce qu'il y a de plus important, de plus considérable : le principal de l'affaire, c'est... Jurispr. La première demande, le fonds d'une affaire, d'une contestation : la cour a évoqué le principal, et y a

fait droit. — La somme capitale, le sort principal d'une dette : il lui est dû, tant en principal qu'en arrérages, la somme de...

> Je vous paierai, lui dit-elle,
> Avant l'août, foi d'animal,
> Intérêt et principal.
> La Fontaine.

* PRINCIPAL s. m. Celui qui a la direction d'un collège : on ne donne aujourd'hui le titre de Principal qu'aux chefs des collèges communaux.

* PRINCIPALAT s. m. Fonction, emploi du principal.

* PRINCIPALEMENT adv. Particulièrement, sur toutes choses : ce qu'il faut lui recommander principalement, c'est de...

* PRINCIPALITÉ s. f. Emploi d'un principal de collège : on lui a donné la principalité de tel collège. (Vieux.)

* PRINCIPAT s. m. Dignité impériale chez les Romains : sous le principat de Tibère.

* PRINCIPAUTÉ s. f. Dignité de prince : la principauté donne un rang élevé. — Terre, seigneurie qui donne la qualité de prince : cette terre, qui n'était qu'un marquisat, devint une principauté. — pl. Nom que l'on donne à un des neuf chœurs des anges.

PRINCIPAUTÉ CITÉRIEURE (ital., Principato Citeriore ou Salerno) [prinn-tchi-pa'-to tchi-te-ri-o'-re], province de l'Italie méridionale, dans la Campanie, sur la mer Tyrrhénienne ; 5,506 kil. carr.; 541,738 hab. Elle est traversée par des branches des Apennins, et ne présente de plaines que près du Tusciano inférieur et du Selle. Pêcheries fameuses. La région qui entoure le Vésuve ressemble à un jardin. Capitale, Salerno (Salerne). — On dit aujourd'hui prov. de Salerne.

PRINCIPAUTÉ ULTÉRIEURE (ital., Principato Ulteriore ou Avellino) [oul-te-ri-o'-re], province de l'Italie méridionale, dans la Campanie, au N. de la précédente ; 3,649 kil. carr.; 375,691 hab. Carrières de marbre et bons pâturages. Les districts d'Avellino, d'Ariano, et de Sant'Angelo de' Lombardi, correspondent à trois divisions naturelles formées par les Apennins. Capitale, Avellino. — On dit aujourd'hui prov. d'Avellino.

* PRINCIPE s. m. (lat. principium). Commencement, origine, source première cause : Dieu est le principe, le premier principe de toutes choses. — Dès le principe, dès le commencement : dès le principe, j'ai vu à quoi cette affaire aboutirait. — Phys. Ce qui constitue, ce qui compose les choses matérielles: selon quelques philosophes, les atomes sont les principes de tous les corps. — Chim. Corps simple ou indécomposé. On appelle Principes actifs, certains corps qui agissent sur les autres; et Principes passifs, les corps qui sont le sujet de cette action. — Principes immédiats, substances composées au moins de trois éléments : on les retire des animaux et des végétaux, sans altération, par des procédés simples, et en quelque sorte immédiatement : les principes immédiats des animaux. — Se dit aussi de toutes les causes naturelles et particulièrement de celles par lesquelles les corps agissent et se meuvent : on dit que les animaux ont le principe du mouvement en

eux-mêmes, et que les corps inanimés ne se meuvent que par un principe qui leur est étranger. — Se dit encore des premiers préceptes, des premières règles d'un art, d'une science : *les principes de la géométrie, de la chimie, de la peinture, de l'architecture,* etc. — Philos. Se dit des premières et des plus évidentes vérités qui peuvent être connues par la raison : *le premier principe de la philosophie de Descartes, c'est* JE PENSE; *d'où l'on tire cette conséquence,* DONC JE SUIS. — Maxime, motif, règle de conduite, etc. : *principe de religion, de morale, de politique.* — pl. Absol. Bons principes de morale, de religion : *cet homme a des principes.*

PRINCIPICULE s. m. (dimin. de *prince*). Petit prince, prince peu puissant.

PRINCIPION s. m. Un petit prince, le prince d'un petit État : *ce n'est qu'un principion.* (Pop.).

PRINCISER v. a. Faire prince.

PRINFILÉ s. m. Techn. Filage le plus fin qui se puisse faire avec les feuilles de tabac sans corde.

* **PRINTANIER, IÈRE** adj. (rad. *printemps*). Qui est du printemps : *des fleurs printanières.* — ÉTOFFES PRINTANIÈRES, étoffes légères qu'on porte au printemps. — POTAGE PRINTANIER, potage fait avec les légumes nouveaux du printemps, tels que carottes, pointes d'asperges, petits pois, etc.

* **PRINTEMPS** s. m. (lat. *primus*, premier ; *tempus*, temps). La première des quatre saisons de l'année, qui commence lorsque le soleil entre dans le signe du Bélier : *au printemps, les herbes et les plantes commencent à pousser.* — Dans le style poétique ou soutenu, ELLE COMPTAIT, ELLE AVAIT VU QUINZE PRINTEMPS, SEIZE PRINTEMPS, elle n'avait pas quinze ans, que seize ans. — Se dit, fig., de la jeunesse, depuis environ quatorze ans, jusqu'à vingt-quatre ou vingt-cinq ans : *dans le printemps de sa vie.*

Et que le printemps de la vie
S'embellisse toujours du printemps des vertus.
PARNY. *Poésies mêlées.*

— Prov. UNE HIRONDELLE NE FAIT PAS LE PRINTEMPS, on ne peut tirer une conséquence générale d'un fait isolé.

PRIOCÈRE adj. (gr. *prión*, scie ; *keras*, corne). Entom. Qui a des antennes en forme de scie.

PRIONOTE s. m. (gr. *prión*, scie ; *nôtos*, dos). Icht. Genre de poissons acanthoptérygiens à joues cuirassées, comprenant quatre espèces qui vivent sur les côtes orientales de l'Amérique. Le *prionote à bandes* (*prionotus lineatus,* Mitch.) atteint une longueur de 24 à 36 centim., il est d'un brun rougeâtre en dessus, avec de nombreux points noirs,

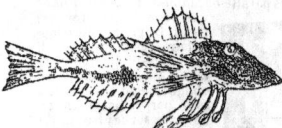

Prionote à doigts palmés. (*Prionotus palmipes*).

son abdomen est blanc. On le trouve sur les côtes du Massachusetts et dans les états du centre. On l'appelle aussi grognard et robin de mer. Le *prionote à doigts palmés* (*prionotus palmipes,* Storer), espèce beaucoup plus rare, atteint une longueur d'environ 36 cent., il se nourrit principalement de crustacés et on le trouve depuis le Massachusetts jusqu'à la Caroline du Sud.

* **PRIORI** (A) loc. lat. (*De ce qui précède*). Se dit de l'intuition rationelle par laquelle se révèlent les notions et les vérités nécessaires ;

désigne les raisonnements, les systèmes créés par la raison pure au lieu d'être basés sur des faits positifs. (Voy. A POSTERIORI.) — DÉMONSTRATION A PRIORI, celle qui procède de la cause à l'effet. — DÉMONSTRATION A POSTERIORI, celle qui remonte de l'effet à la cause. Lorsque je dis : *tout corps est contenu dans l'espace,* j'émets une idée *à priori;* mais lorsque je dis, après avoir mesuré un corps : *il a deux mètres cubes,* j'affirme *a posteriori.* — Se dit aussi, en parlant des systèmes, des raisonnements créés par l'imagination, avant d'avoir observé et recueilli les faits positifs qui devraient leur servir de bases : *la législation d'un peuple ne doit pas être faite à priori.*

PRIORISTE s. m. Partisan de la méthode *à priori.*

* **PRIORITÉ** s. f. Antériorité, primauté en ordre de temps : *cette proposition ayant la priorité, elle doit être discutée d'abord.* — Se dit aussi dans quelques phrases de théologie et de philosophie scolastique : *priorité de nature; priorité de temps.*

PRIPET, rivière de Russie, affluent du Dniéper, 650 kil.

* **PRIS, ISE** part. passé de PRENDRE. Prov. A *parti pris point de conseil.* — Fam. PRIS PAR LES YEUX, séduit par la vue. Trompé : *cet homme est simple, il y sera pris.* — Prov. C'EST AUTANT DE PRIS SUR L'ENNEMI, c'est toujours avoir obtenu quelque avantage, avoir tiré quelque parti d'une mauvaise affaire. — UNE PERSONNE BIEN PRISE DANS SA TAILLE, une personne bien faite, bien proportionnée : *il est petit, mais il est bien pris dans sa taille.* On dit dans le même sens, AVOIR LA TAILLE BIEN PRISE, ÊTRE DE TAILLE BIEN PRISE. On dit aussi, CE CHEVAL EST BIEN PRIS, il a le corsage bien fait. — Jeu du lansquenet. IL EST PRIS, sa carte a été faite : *il avait carte double, et il a été pris le premier, il a été le premier pris.* — IL A L'AIR D'UN PREMIER PRIS, se dit d'un homme qui a la contenance triste et embarrassée.

* **PRISABLE** adj. (rad. *priser*). Digne d'être prisé, estimé : *le savoir est moins prisable que le jugement.*

PRISCIEN (Priscianus), grammairien latin, vers l'an 500 de notre ère. Il enseignait la grammaire à Constantinople. Ses *Commentariorum Grammaticorum Libri XVIII,* contiennent beaucoup de citations d'écrivains grecs et latins qu'on ne connaît que par lui. Il a aussi écrit un *Catéchisme grammatical sur douze vers de l'Énéide,* un *Traité des accents,* un autre sur la *Métrique de Térence* et quelques courtes poésies. Une partie des œuvres de Priscien a été traduite en français par Corpet (*Biblioth. lat.-franç.* de Panckoucke).

PRISCILLIANISME s. m. Doctrine de Priscillien.

PRISCILLIANISTE s. m. Partisan de la doctrine de Priscillien. — Adjectiv. Qui concerne le priscillianisme.

PRISCILLIEN, fondateur d'une secte religieuse, mort en 385. Il fut excommunié par un synode à Saragosse, vers l'an 380, et bientôt après ordonné évêque d'Avila. Excommunié de nouveau par le synode de Bordeaux en 384, il en appela à l'empereur Maxime, qui le condamna à mort ; c'est le premier exemple d'un chrétien exécuté pour crime d'hérésie. Les doctrines des priscillianistes étaient un mélange de manichéisme et de gnosticisme.

* **PRISE** s. f. (lat. *prehensio*). Action de prendre, de s'emparer : *les soldats perdirent courage après la prise de leur colonel.* — La chose qui a été prise : *une riche prise.* — Moyen, facilité de prendre, de saisir : *ce vase est tout*

rond, *il n'y a point de prise.* — S'emploie aussi fig. : *le remords n'a aucune prise sur ce cœur endurci.* — Fig., AVOIR PRISE, TROUVER PRISE SUR QUELQU'UN, avoir sujet, trouver occasion de l critiquer. On dit dans le même sens, DONNER PRISE SUR SOI, DONNER PRISE A LA CRITIQUE, s'exposer à être repris, critiqué. — CETTE CHOSE EST EN PRISE, elle est exposée à être prise. ELLE EST HORS DE PRISE, on ne peut la dérober, ou on ne saurait y atteindre. — Jeu d'échecs. CETTE PIÈCE EST EN PRISE, EST HORS DE PRISE, une autre pièce peut la prendre ou ne peut pas la prendre. Au jeu de billard. CETTE BILLE EST EN PRISE, il est aisé de la faire, de la blouser. — UNE CHOSE DE BONNE PRISE, une chose qui peut être ou qui a été prise justement. Se dit ordinairement des bâtiments qui appartiennent à l'ennemi, ou qui sont chargés de marchandises de contrebandes : *ce navire est de bonne prise.* On le dit, quelquefois, des heureux emprunts faits par un écrivain : *il a tiré cette scène d'un auteur oublié, cela était de bonne prise.* — LACHER PRISE, laisser aller ce qu'on tenait avec force : *deux inconnus le saisirent au collet, il leur fit lâcher prise.* — LACHER PRISE, cesser une poursuite, une affaire, un projet, etc.; ou rendre malgré soi ce qu'on a pris; *ils ont disputé longtemps sans vouloir lâcher prise.* — PRISE D'EAU, action de détourner d'une rivière, d'un étang, etc., une certaine quantité d'eau, soit pour faire tourner un moulin, soit pour quelque autre usage. Se dit aussi de la concession qui est faite pour détourner ainsi de l'eau, et quelquefois aussi de l'eau même qui est détournée. — PRISE D'AIR, action de percer une ouverture pour faire entrer l'air dans un endroit clos, dans un calorifère, dans une cheminée, etc. — PRISE DE VAPEUR, appareil servant à conduire la vapeur de la chaudière d'une machine dans le cylindre. — Guerre. PRISE D'ARMES, action de prendre les armes pour quelque service, de se mettre sous les armes : *il y aura ce soir une prise d'armes.* — PRISE D'ARMES, action de sujets, de citoyens qui prennent les armes contre leur prince, contre leur gouvernement : *il fut condamné pour prise d'armes.* PRISE D'HABIT, ou VÊTURE, cérémonie qui se pratique quand on donne l'habit de religieux ou de religieuse : *j'ai été à la prise d'habit d'un tel, d'une telle.* — Jurispr. PRISE DE POSSESSION, acte solennel par lequel une personne prend possession d'un bénéfice, d'un emploi, d'un héritage, etc. : *la prise de possession de ce bénéfice fut faite par procureur.* — Anc. Jurispr. crim., PRISE DE CORPS, action par laquelle on saisit un homme au corps, en vertu d'un acte du juge : *un décret, une ordonnance de prise de corps.* Arrêt ou sentence qui ordonne la prise de corps : on a *décerné une prise de corps contre lui.* — Procéd. PRISE A PARTIE, recours qu'exercent les parties contre leurs juges, dans les cas prévus par la loi. — Querelle : *ces deux hommes se sont brouillés, et ont eu prise ensemble.* — En parlant de médicaments et de drogues, se dit de la dose qu'on prend en une fois : *deux prises de rhubarbe.* On dit aussi, UNE PRISE DE TABAC, une pincée de tabac. Dans ces deux sens, on dit, PRENDRE UNE PRISE DE. — Pl. Action de combattre. On ne l'emploie guère en ce sens que dans les phrases suivantes : — EN VENIR AUX PRISES, se prendre des mains, se saisir mutuellement, se jeter l'un sur l'autre : *après avoir brisé leurs épées, ils en vinrent aux prises.* — EN ÊTRE AUX PRISES, combattre, se battre actuellement : *les deux armées, les deux combattants en sont aux prises, sont aux prises.* Se dit aussi de deux ou de plusieurs personnes qui disputent ou qui jouent les unes contre les autres : *la dispute s'échauffe, ils en sont aux prises.* On dit de même, JE LES AI MIS AUX PRISES. JE LES AI LAISSÉS AUX PRISES. — ÊTRE AUX PRISES AVEC LA MORT, être en grand danger de mourir, être à l'agonie ; et, Être aux prises avec la mauvaise fortune, être dans le malheur, dans l'adversité. — Encycl. On appelle *prise* toute chose capturée en vertu des droits de la guerre. En mer, toute espèce de propriété appartenant à un citoyen quelconque d'un pays belligérant est sujette à être prise ; mais sur terre, il est habituel de respecter les propriétés particulières, quoiqu'il n'y ait pas de règle absolue à ce sujet. Les droits généraux d'un belligérant sont de faire des captures au moyen de ses vaisseaux de guerre, d'accorder des commissions à des particuliers pour le même objet (voy. Course), et d'établir des tribunaux de prises pour examiner toutes les captures faites sur mer et décider de leur validité. Les biens ainsi saisis appartiennent au souverain et non à ceux qui ont fait la capture, à moins qu'ils ne soient donnés à ceux-ci à titre gracieux par leur souverain. Il est évidemment nécessaire, que, lorsqu'une prise a été faite, il y ait quelque tribunal pour se prononcer sur la validité de la capture. C'est donc le droit et le devoir d'un gouvernement, au moment d'une déclaration de guerre, d'établir des tribunaux de prise ; pour ce qui est de la propriété en question, le verdict du tribunal des prises est concluant pour tout le monde. Mais il faut qu'il n'y ait pas de doute que la cour avait juridiction de la chose. Cette cour doit être établie dans le pays du captureur, ou dans celui de son allié ; mais il n'est pas nécessaire que la prise soit amenée dans un port d'un de ces pays. Dans la détermination des ennemis et des choses sujettes à la prise, non seulement on considère comme ennemis les citoyens par naissance de pays belligérant, mais encore toutes les personnes qui ont leur domicile dans le pays hostile ; les citoyens d'un pays qui est sous la domination permanente ou momentanée des ennemis d'un autre pays sont considérés comme citoyens de ce pays, et tout commerce avec eux est illégal, à moins que le gouvernement ne veuille reconnaître ce pays comme neutre, dans lequel cas cette reconnaissance lie les cours de justice. Parfois les circonstances ne permettent pas d'envoyer à un port la chose capturée. Dans ce cas, le captureur peut détruire sa prise, ou permettre au patron ou au propriétaire de la racheter. Un contrat de ce genre est valable d'après les lois de toutes les nations, excepté celles de l'Angleterre qui le défendent expressément. Le droit qu'un capteur acquiert par la saisie qu'il effectue n'est purement qu'un commencement de droit, et peut se perdre avant de devenir définitif. S'il y a recapture, fuite, ou remise volontaire de la chose capturée, une cour des prises ne saurait adjuger. Dans le domaine d'une nation neutre, lequel s'étend à une lieue marine au delà du rivage, aucun belligérant n'a le droit de faire de capture, pas plus qu'aucun navire n'a le droit de stationner dans un port neutre et d'envoyer des bateaux faire des prises sur l'ennemi. Si une prise est amenée dans un port neutre, le gouvernement neutre peut exercer sa juridiction jusqu'à se faire rendre les prises et de ses propres sujets qui auraient été illégalement capturés. Un belligérant a droit, en temps de guerre, de visiter et de fouiller les navires sur l'Océan, afin de déterminer si leur cargaison est hostile ou neutre, et il peut aussi saisir et faire mettre le navire en adjudication, toutes les fois que son caractère réel et celui de sa cargaison donnent lieu à de justes soupçons. Les neutres n'ont pas le droit de porter de la contrebande de guerre, ni d'entrer dans un port bloqué. (Voy. Blocus et Contrebande.) La violation d'un blocus entraîne la confiscation du vaisseau et quelquefois celle de la cargaison ; mais, dans l'usage moderne, le passage de contrebande de guerre n'entraîne

que la confiscation des marchandises, à moins que le vaisseau et les marchandises n'appartiennent aux mêmes personnes, ou que certaines fraudes ne se découvrent, cas où les navires et les marchandises sont confisquées. Toutes prises en mer sont faites aux risques et périls du captureur. Si le vaisseau et la cargaison ne sont pas jugés de bonne prise, les capteurs sont responsables des dommages et indemnités, à moins que la capture n'ait été faite dans des circonstances qui pouvaient la faire croire de bonne prise. Généralement une cargaison est considérée comme de bonne prise lorsque le commandant a convenu quelque acte qui autorise la capture. La résistance au droit de visite, la recapture du navire par le commandant et l'équipage, la suppression frauduleuse ou l'enlèvement des papiers, engagent la responsabilité de la cargaison comme celle du propriétaire du navire. Dans les prises en commun, tous les vaisseaux de guerre en vue sont supposés y avoir pris part et ont droit à leur part du produit ; cette convention s'étend à tous les navires d'une escadre réunis dans un but déterminé, comme pour un blocus, même lorsqu'ils ne sont pas tous en vue. La vente d'un navire ou de sa cargaison, dûment autorisée, après que la chose a été jugée de bonne prise, est valide et lie tous les tribunaux et les parties, à moins qu'on ne prouve que cette vente a été entachée de fraude. — Législ. « On nomme *ordonnance de prise de corps* l'ordre donné par la chambre des mises en accusation et conduire un accusé dans la maison de justice établie auprès de la cour d'assises où il est renvoyé. Cette ordonnance est insérée dans l'arrêt de mise en accusation ; elle doit contenir, à peine de nullité, l'exposé sommaire et la qualification légale du fait qui forme l'objet de l'accusation (C. inst. crim. 232 et s).
La *prise à partie* est une action civile accordée au plaideur, en toutes matières, et dans les cas déterminés par la loi, pour faire déclarer responsable d'un tort à lui causé, un juge, un tribunal, une cour, des arbitres ou des magistrats du ministère public. Cette action est indépendante de l'action publique qui peut être intentée contre tout magistrat pour forfaiture. (Voy. ce mot.) La prise à partie ne peut être prononcée que dans les cas suivants : 1° lorsqu'il y a dol, fraude ou concussion de la part du juge ; 2° dans les circonstances où la loi autorise expressément la prise à partie, ce qui s'applique exclusivement à l'inobservation de certaines formalités prescrites en matière criminelle ; 3° lorsque la loi déclare que les juges sont responsables, notamment lorsque, par leur faute, une instance est périmée ; 4° lorsqu'il y a déni de justice. (Voy. Déni.) Aucun juge ne peut être pris à partie sans la permission préalable du tribunal qui devra statuer sur la demande. Les prises à partie, soit contre un juge de paix, contre un tribunal de commerce, un tribunal civil ou l'un de leurs membres, soit contre un conseiller d'une cour d'appel ou d'une cour d'assises, sont portées à la cour d'appel du ressort. La prise à partie contre les cours d'assises, contre les cours d'appel ou une de leurs sections est portée devant la cour de cassation (C. proc. 505 et s). La prise à partie contre les juges militaires est portée à la cour de cassation (L. 19 oct. 1791, titre Ier, art. 40). La procédure à suivre pour la prise à partie est détaillée dans les articles 514 à 515 du Code de procédure civile. Si la demande est reconnue fondée, le juge est condamné à des dommages-intérêts envers le demandeur. Si celui-ci est débouté, il est passible d'une amende de 300 fr. au moins ; et il peut être en outre condamné à des dommages-intérêts envers le juge pris à partie, si celui-ci en ré-

clame. — Les *prises maritimes* sont un procédé barbare que les nations belligérantes ont longtemps pratiqué, ou ont autorisé leurs nationaux à pratiquer par la capture des navires de commerce du pays ennemi. Depuis que la course a été abolie par la déclaration adoptée en 1856 dans le congrès de Paris, à laquelle ont adhéré toutes les puissances maritimes de l'Europe, sauf l'Espagne, les prises maritimes ne peuvent plus être faites que par des bâtiments de guerre. D'après la loi française, aucune prise n'est acquise à ceux qui l'ont faite avant qu'elle ne leur ait été attribuée par un tribunal spécial, institué temporairement par décret, et que l'on nomme *Conseil des prises*. Ce conseil est composé d'un conseiller d'Etat, président, et de six membres dont deux maîtres des requêtes au Conseil d'Etat (Arr. 6 germ. an VIII ; Décr. 18 juillet 1854 ; etc.). La liquidation des prises est faite par l'administration de la marine ».　　　　　　　　(Ch. Y.)

* **PRISÉE** s. f. Prix que met le commissaire-priseur ou l'huissier aux choses qui doivent être vendues en public, au plus offrant et dernier enchérisseur : *le commissaire qui faisait la prisée des meubles*. — Cela est demeuré pour la prisée, a été vendu au taux de la prisée.

* **PRISER** v. a. (rad. *prix*). Mettre le prix à une chose, en faire l'estimation : *on a choisi deux libraires pour priser les livres de cette bibliothèque*. — Il prise trop sa marchandise, se dit d'un homme qui estime trop ce qui lui appartient, et veut trop le faire valoir. — Estimer : *on prise beaucoup ce prédicateur*. — v. n. Prendre du tabac par le nez. — ⚬⚬ Argot des typographes. Aller à la ligne, faire beaucoup d'alinéas. — * Se priser v. pr. S'estimer : *c'est un homme qui se prise beaucoup, et qui ne prise guère les autres*.

* **PRISEUR** s. m. N'est guère usité que dans cette dénomination, Huissier priseur, ou maintenant, Commissaire-priseur, huissier, commissaire qui met le prix à ce qui se vend en public au plus offrant et dernier enchérisseur : *un commissaire-priseur-vendeur*.

* **PRISEUR, EUSE** s. Celui, celle qui a l'habitude de priser du tabac : *les priseurs sont aujourd'hui moins nombreux que les fumeurs.*

* **PRISMATIQUE** adj. (rad. *prisme*). N'est usité que dans ces expressions : Corps, figure prismatique, corps qui a la figure d'un prisme ; et, Couleurs prismatiques, couleurs qu'on aperçoit en regardant à travers un prisme de verre triangulaire, et parmi lesquelles on distingue spécialement sept nuances, savoir : violet, indigo, bleu, vert, jaune, orangé, rouge.

* **PRISME** s. m. (gr. *prisma*). Solide limité par des surfaces planes, dont deux sont opposées, égales, semblables et parallèles, et s'appellent les bases du prisme ; les autres surfaces sont des parallélogrammes. L'axe est la ligne

Prisme d'optique.

qui relie les centres des bases. Le prisme est triangulaire, carré, pentagonal, etc., suivant la figure de la base. Il est droit ou oblique, selon que les côtés sont perpendiculaires ou obliques sur les bases. Un prisme droit est régulier lorsque ses bases ont la figure d'un polygone régulier : *on obtient le volume d'un prisme en multipliant sa hauteur perpendiculaire par la surface de l'une de ses bases.* — Optique. Portion d'un milieu réfractif limité par deux surfaces planes inclinées l'une vers l'autre. La ligne dans laquelle ces deux surfaces se rencontrent est le bord du prisme ; leur inclinaison s'appelle son angle réfractif. On emploie habituellement la forme triangulaire : *avec un prisme de verre on voit*

toutes les couleurs qui paraissent dans l'arc-en-ciel. Dans ce sens, on l'emploie quelque-fois absolument : *faire passer un faisceau de lumière à travers le prisme.* (Voy. SPECTRE.)
¶ — Fig. VOIR DANS UN PRISME, REGARDER A TRA-VERS UN PRISME, voir les choses, les considérer suivant ses préjugés et ses passions, qui les colorent à leur gré. On dit de même; LE PRISME DE L'AMOUR-PROPRE.

PRISMÉ, ÉE adj. Qui a pris la forme d'un prisme.

* **PRISON** s. f. (lat. *prensio*; de *prehendere*, prendre). Lieu où l'on enferme les accusés, les criminels, les débiteurs, etc.: *mettre en prison.* — LE CORPS EST LA PRISON DE L'AME. — IL N'Y A POINT DE LAIDES AMOURS NI DE BELLES PRISONS. — CETTE MAISON EST UNE PRISON, elle est sombre et triste. — IL EST GRACIEUX COMME LA PORTE D'UNE PRISON, se dit d'un homme rude et d'un abord repoussant.

> On dit triste comme la porte
> D'une prison,
> Et je crois, le diable m'emporte,
> Qu'on a raison.
> A. DE MUSSET.

— ÊTRE DANS LA PRISON DE SAINT CRÉPIN, avoir une chaussure trop étroite, qui fait souffrir. — Emprisonnement : *la peine de ce délit est la prison.* — ENCYCL. La science pénitentiaire, ou manière systématique de détenir, depuis ou de réformer les criminels, est d'origine moderne. En Angleterre, John Howard attira le premier l'attention du parlement sur la condition des prisonniers, et sur l'état sani-taire des prisons. Il publia le résultat de ses recherches en 1777 dans son livre intitulé *State of the Prisons in England and Wales.* Les ouvrages de Beccaria paraissaient vers la même époque sur le continent, et en Angle-terre, sir William Blackstone, Bentham et Eden se mirent à l'œuvre avec ardeur. En 1791, Jérémy Bentham publia un *Panopticon or the Inspection House*, contenant le plan d'une prison modèle; mais ce ne fut qu'en 1821, que fut achevé, sur ce modèle, le grand pénitencier de Millbank, ouvert dès 1817. Il se composait de six constructions pentagonales rayonnant comme les jantes d'une roue autour d'un hexagone central d'où toutes les cellules étaient visibles. Cette prison a été détruite en 1875. La question des prisons n'a cessé, depuis le commence-ment du siècle, de préoccuper l'opinion. Il s'est tenu, depuis 1845, plusieurs congrès pour l'étudier. Le plus important a été le congrès international provoqué par le D' E.-C. Wines, secrétaire de l'Association nationale américaine des prisons, et tenu à Londres en 1872. — Il y a trois systèmes de prisons en usage : 1° le système cellulaire, ou séparé ; 2° le système d'association ou de commu-nauté ; 3° le système irlandais, ou de Crof-ton. La Grande-Bretagne a pratiqué la trans-portation dès 1619, auquel 100 criminels furent envoyés à la Virginie. On en envoya pour la première fois en Australie en 1787; la transportation dans l'Australie méridionale continua jusqu'en 1840, et dans la Tasmanie jusqu'en 1853. Elle fut abolie par ordre du secrétaire d'État, et complètement discontinuée depuis 1867. La transportation entre dans les codes pénaux de la France, de l'Espagne, du Portugal et de la Russie. L'Ita-lie a des colonies pénitentiaires agricoles dans les îles de Gorgone, de Caprée et de Pianosa, dans l'archipel de Toscane, et en Sardaigne. C'est à Philadelphie que fut inau-guré le système d'isolement, dans la dernière partie du siècle dernier (1790). C'est là que les Anglais prirent le modèle de la grande prison de Pentonville; d'autres, sur le même plan s'élevèrent à Paris, en Belgique, en Hollande, en Suède, en Norvège, au Dane-mark et dans d'autres pays. Les traits distinc-tifs du système isolé ou cellulaire sont l'iso-

lement des prisonniers les uns des autres le jour, et la nuit pendant tout le temps de leur emprisonnement; les communications avec les employés, les visites et correspondances avec les personnes du dehors, soumises à des règlements restrictifs; les promenades individuelles en plein air; le travail obliga-toire et rémunéré; l'instruction intellectuelle, morale, religieuse et technique. Non seule-ment tout commerce entre les condamnés est interdit; mais on leur enlève même toute occasion de s'apercevoir les uns des autres. Chacun d'eux est tenu dans une cellule sépa-rée, où il mange, dort, travaille, et passe tout son temps de détention, à l'exception des moments consacrés à l'exercice dans la petite cour attachée à sa cellule. Aux États-Unis, ce système n'a été adopté que dans l'état où il a été inauguré, en Pennsylvanie; tous les autres suivent le système de la com-munauté. En Europe, où il a beaucoup de partisans, on l'applique surtout à ceux qui sont condamnés pour un temps relative-ment court, avec l'espoir d'en abréger encore la durée. Il a reçu son plus grand dévelop-pement en Belgique, où il règne presque ex-clusivement, après avoir été essayé pour la première fois en 1835, dans la prison de Gand. Le pénitencier de Louvain passe comme le modèle des prisons cellulaires d'Europe. Ce système est en vigueur dans quelques prisons de France, de Prusse, d'Au-triche, de Norvège, de Suède et d'Italie. Le Danemark a une seule prison cellulaire pour les hommes, dans la Zélande. En Hollande, le juge condamne à l'emprisonnement en commun ou en cellule, mais, dans ce dernier cas, la peine ne peut excéder deux ans. Les trois grandes prisons cellulaires du pays sont à Amsterdam, à Utrecht et à Rotterdam. Le système d'association ou de communauté fut adopté pour la première fois aux États-Unis dans la prison d'État d'Auburn (état de New-York), où il fut complètement organisé en 1824. On le pratiquait depuis 1703 à la pri-son San Michele, à Rome. On avait aussi éta-bli une excellente prison de ce genre à Gand en 1775. Dans ce système, les prisonniers travaillent en commun pendant le jour, et sont isolés la nuit. — Les traits distinctifs des deux systèmes se réunissent dans le sys-tème irlandais ou de Crofton, introduit en 1854 par sir Walter Crofton en Irlande, où il est toujours en vigueur depuis. Ce système, dont on attribue l'idée première à un gou-verneur de la colonie pénale de l'île de Nor-folk en 1840, Alexander Maconochie, divise la durée de l'emprisonnement en trois pé-riodes, qui se passent chacune dans une pri-son différente : la prison de Mountjoy à Du-blin; l'île de Spike, dans le port de Queens-town, et Lusk, à environ 18 kil. de Dublin. La première période est de huit à neuf mois; le condamné est en cellule; son régime ali-mentaire est très restreint pendant les quatre premiers mois, et, pendant les trois pre-miers, son travail consiste surtout à faire de l'étoupe avec de vieux cordages. Dans la se-conde période, il y a une échelle de notes méritées par le condamné, d'après lesquelles on détermine les remises dans la durée de la peine. Cette période se subdivise en quatre classes, et l'on passe d'une classe à l'autre en grande partie d'après les notes obtenues. Pendant ce temps les prisonniers travaillent en commun. La partie la plus remarquable du système de Crofton est la troisième pé-riode, ou période « intermédiaire », qui se passe à Lusk. Le prisonnier est alors dans un état de demi-liberté; c'est un temps d'é-preuve avant la libération. Les condamnés sont occupés par groupes à des travaux agri-coles sous la surveillance d'une demi-dou-zaine de gardiens sans armes. Par une bonne conduite et de bonnes notes pendant ces diverses périodes, une détention de 5 ans

peut être réduite à 3 ans et 11 mois; une de 10, à 7 ans et 8 mois, et une de 15, à 11 ans et 5 mois. — Les plus grandes prisons des États-Unis sont celles d'Auburn avec 4,292 cellules, et celle de Sing-Sing, qui en a 1,200, toutes deux à New-York. On a peu fait dans ce pays pour les prisons de femme; l'établis-sement le mieux organisé de ce genre se trouve à Indianapolis et date de 1873. Il y a aux États-Unis outre les prisons entretenues par chaque état et les geôles municipales, des établissements intermédiaires, appelés maisons de correction, *workhouses*, ou péni-tenciers, où l'on n'enferme, sauf exception, que les condamnés convaincus de moindres délits; elles sont d'ordinaire entretenues et administrées par les capitales de comtés. — La France a six catégories de prisons : 1° les colonies pénales de Cayenne (Guyane) et de la Nouvelle-Calédonie; 2° les maisons de force et de correction, ou maisons centrales, dont 16 pour les hommes et 7 pour les femmes; 3° les prisons départementales, au nombre de 400 environ, qu'on appelle aussi maisons d'arrêt, de justice et de correction; 4° les établissements pour l'éducation correc-tionnelle des jeunes détenus; 5° les postes de police et salles de dépôt provisoire (*vio-lons*), et 6° les prisons militaires pour l'armée et la marine. Les peines principales, en de-hors de la peine de mort, sont les travaux forcés à vie ou à temps (le terme varie de 5 à 20 ans), la réclusion de 5 à 10 ans, et l'em-prisonnement simple de 6 jours à 10 ans. Les travaux forcés entraînent la dégradation et la mort civile. A l'exception des femmes et des hommes de 60 ans au plus, qui subis-sent leur peine dans les maisons centrales, les condamnés aux travaux forcés sont trans-portés dans une des colonies pénales. La condamnation à la réclusion prive le con-damné de ses droits civils. Toute personne frappée de cette condamnation est enfermée dans une maison centrale et soumise au tra-vail obligatoire. L'emprisonnement simple est une peine-correctionnelle, qui peut ce-pendant entraîner, en tout ou en partie, la perte des droits civils. Si la condamnation est pour plus d'une année, le détenu est en-voyé dans une maison centrale; si elle ne dépasse pas un an, c'est dans une prison dé-partementale que la peine la subit. Les mai-sons d'arrêt, de justice et de correction for-ment d'ordinaire trois divisions dans une même prison. On ne distingue point, dans les prisons de France, le travail pénal du travail industriel. De grands ateliers sont or-ganisés dans les prisons centrales. Trois d'entre elles sont des « pénitenciers agri-coles », ou colonies établies dans l'île de Corse. Les condamnés reçoivent une partie de leurs gains. Ils contribuent pour 50 p. 100 environ aux dépenses des prisons centrales, et pour 17 p. 100 dans les prisons départementales. Il y a quelques prisons centrales qui se suffisent, ou peu s'en faut. Les grandes prisons sont générale-ment pourvues d'aumôniers, d'écoles et de biblio-thèques. — Presque toutes les prisons de Belgique ont un régime différent les unes des autres. Elles sont divisées en trois grandes catégories : les maisons de, correction, les maisons de réclusion et les prisons de for-çats. Les premières reçoivent les condam-nés à l'emprisonnement simple de 8 jours à 5 ans; les secondes, les condamnés pour à périodes variant de 5 à 10 ans; et les troi-sièmes, les condamnés aux travaux forcés à temps ou à vie. Le travail industriel est or-ganisé dans les prisons; il n'y a point de travail purement pénal. Les prisonniers reçoivent une portion de leurs gains. Les trois grandes prisons centrales ou prisons à forçats de Belgique se trouvent à Louvain à Gand et à Anvers. — En Prusse le Code pénal reconnaît les travaux forcés, l'emprisonnement simple, l'emprisonnement dans une forteresse et la détention pour les délits. Les travaux forcés sont à vie, ou pour des durées qui varient de 1 an à 15 ans. L'emprisonnement simple est limité à 5 ans. L'emprisonnement dans une forteresse peut être à vie ou pour une durée limitée n'excédant pas 15 ans. Le travail est industriel et non pénal, dans les prisons prussiennes, il s'exécute presque toujours sous le régime du contrat ou de l'entreprise. Les ouvriers ont une partie du produit de leur travail. Dans toutes les prisons importantes, il y a des chapelains, des services religieux selon tous les cultes, des écoles et des bibliothèques. Dans l'Autriche cisleithane, le système de l'emprisonnement en commun règne presque partout. Le travail pénal n'y existe pas, et on s'y livre à des industries très diverses. Les condamnés ont droit à une partie de ce qu'ils gagnent. Les prisons ont généralement des aumôniers, des écoles et des bibliothèques. En Suisse, la plupart des cantons ont trois catégories d'emprisonnement : la réclusion, la détention perpétuelle ou temporaire dans une maison de correction, et l'emprisonnement simple. Dans le pénitencier de Neufchâtel, qui est une des maisons modèles en Europe, on a adopté plusieurs des dispositions du système de Crofton. — Dans presque tous les pays européens, on cherche à venir en aide aux prisonniers libérés en leur assurant du travail et une protection. Cette tâche est d'ordinaire remplie par des sociétés de secours ou de patronage pour les prisonniers, subventionnées quelquefois par le gouvernement. Dans certains cas, le gouvernement se charge directement de l'aide et des secours à donner aux condamnés libérés. Aux Etats-Unis les institutions de ce genre sont peu nombreuses. — Le volume qui contient le compte rendu du congrès de Londres (1873) et les trois rapports sur les trois congrès tenus par l'Association nationale des prisons des Etats-Unis, fournissent les renseignements les plus complets sur les systèmes de répression en vigueur en Europe et aux Etats-Unis. Les principes généraux du régime et de la législation pénale sont exposés dans les œuvres de Howard, de Beccaria, de Bentham, d'Edward Livingston, de Francis Lieber, etc. Parmi les publications plus récentes, on peut citer : *Crime, its Amount, Causes and Remedies*, par Frederic Hill (Londres, 1855); *Suggestions for the Repression of Crime*, par M. D. Hill (Londres, 1857); *On Cellular Separation*, par W. Parker Foulke (Philadelphie, 1861); *Our Convicts*, par Mary Carpenter (Londres, 1864, 2 vol.); *De l'amélioration de la loi criminelle*, par Bonneville de Marsangy (Paris, 1864, 2 vol.); *Des progrès et de l'état actuel de la réforme pénitentiaire, et des institutions préventives aux Etats-Unis, en France, en Suisse, en Angleterre et en Belgique*, par Ducpétiaux (1867, 3 vol.); *Brief Sketch of the Origin and History of the State Penitentiary*, à Philadelphie, par Richard Vaux (1872); *The Crofton Prison System*, par Mary Carpenter (Londres, 1872), et *Les établissements pénitentiaires en France et aux colonies*, par le vicomte d'Haussonville (Paris, 1875). — La plus vaste prison de l'Europe est la maison de détention préventive du nouveau palais de justice criminelle du quartier de Moabit, à Berlin, terminée en 1881. Cet édifice monumental se compose de 6 bâtiments particuliers. La prison des femmes, séparée des 5 autres bâtiments par un mur de 5 mètres de haut, renferme une église et 4 cours spacieuses dallées, où les prévenus peuvent se promener. Elle comprend un rez-de-chaussée, 4 étages, 732 cellules séparées, des salles d'emprisonnement communes pour 495 accusés, 40 chambres pour les surveillants, et des dortoirs pour 118 hommes chargés du nettoyage. Les cellules isolées ont chacune une fenêtre à 10

pieds de haut. Chaque cellule a une sonnette électrique, un placard, un cabinet de toilette et un bec de gaz placé près de la table, de sorte que le détenu peut travailler ou lire commodément la nuit. Au rez-de-chaussée se trouvent 26 cellules isolées pour les prisonniers accusés de crimes plus graves, et qui, par leur passé, appartiennent notoirement à la classe des pires criminels. Dans ces cellules, le lit est remplacé par une planche. Six cellules isolées ont été disposées dans les soubassements ou caves de l'édifice pour enfermer les prévenus qui se rendent passibles de peines disciplinaires; les soupiraux de ces cellules sont munis de volets en fer afin d'obtenir une obscurité complète en cas de besoin, et d'appareils pour enchaîner ceux qui opposent de la résistance aux gardiens. Dans l'infirmerie de la prison, il y a 9 cellules isolées pour les prévenus appartenant à des classes supérieures; ce sont des chambres plus vastes avec des fenêtres plus larges, des lits meilleurs, une table transportable, des chaises, d'autres meubles et des rideaux. Il y a, en outre, à côté de ces 9 cellules spéciales, deux salles d'arrêt réservées aux prévenus notables et contenant chacune un salon à deux fenêtres et une chambre à coucher à une fenêtre. L'ameublement de ces pièces est laissé à la libre disposition des prévenus. Dans les caves, on trouve encore des dortoirs pour les hommes de service, des cuisines, des calorifères qui chauffent la prison, des salles de bain. La prison des femmes ne contient que 70 cellules séparées et 15 grands dortoirs. On peut y loger 220 femmes. Les dortoirs sont divisés en « boxes » qui renferment chacun un lit que l'on ferme à clef la nuit, dès que les prisonnières y sont rentrées. Pendant le jour, les femmes se tiennent dans des salles de travail, sous la surveillance de femmes préposées à leur garde. — Hist. « Sous l'ancien régime, de même que chez les Romains, la prison n'était pas considérée comme une peine, sauf dans quelques cas; elle était en principe affectée à la détention préventive dont la durée était illimitée; et, après que le jugement était rendu, la détention se prolongeait jusqu'à l'instant soit du supplice, soit de l'envoi sur les galères du roi, soit du bannissement, ou jusqu'au paiement de l'amende prononcée et des frais de justice. La prison servait aussi à la contrainte par corps des débiteurs. On donna d'abord aux prisons le nom de *chartre*; et les *chartres* privées durent être interdites dans tout le royaume par un édit de Louis XIV. On distinguait trois sortes de prisons : 1° les *prisons royales* qui portaient différents noms (geôle, conciergerie, bastille, tour, château, etc.); parmi elles, on peut aussi comprendre les *prisons d'Etat* dans lesquelles on renfermait les prisonniers politiques et où l'on séquestrait arbitrairement les personnes qui étaient l'objet de lettres de cachet; 2° les *prisons des seigneurs*; et 3° les *prisons des officialités*. Un grand nombre de prisonniers étaient relégués dans des cachots privés de jour; ils y croupissaient sur la paille humide, et quelques-uns étaient attachés par des anneaux de fer, aux pieds et aux mains. Le parlement de Paris, par plusieurs arrêts de règlement, prescrivit des mesures pour assurer la bonne tenue et la surveillance des prisons; mais les abus de toute sorte ne cessèrent pas d'y être fréquents. — Législ. On distingue aujourd'hui plusieurs espèces de *prisons civiles* : 1° des *prisons municipales* se trouvent au chef-lieu de chaque canton et aussi dans quelques autres communes. On leur donne communément le nom de *violon*; et l'on y dépose les délinquants pris en flagrant délit lorsqu'ils ne peuvent pas être immédiatement interrogés, et les individus qui sont arrêtés sur la voie publique, soit pour délits ou contravention, soit par mesure

de police. 2° Les *chambres de sûreté* sont des dépendances des casernes de gendarmerie; elles servent de dépôt provisoire pour les individus arrêtés et pour les prisonniers que l'on transfère d'un lieu à un autre. 3° Les *prisons départementales* sont ainsi nommées parce que leur construction et leur entretien sont à la charge des départements. Elles sont réparties en 48 circonscriptions, y compris 3 en Algérie. Chacune de ces circonscriptions est administrée par un directeur qui est placé sous l'autorité des préfets. Les prisons départementales reçoivent plusieurs catégories d'individus qui doivent être répartis dans les trois maisons distinctes ci-après désignées ou au moins dans des quartiers séparés. Il doit y avoir, dans chaque arrondissement, près du tribunal de 1re instance, une *maison d'arrêt*, pour y retenir les prévenus; et dans chaque département, près de la cour d'assises, une *maison de justice* pour y retenir ceux contre lesquels la chambre des mises en accusation a rendu une ordonnance de prise de corps. (Voy. PRISE.) Les maisons d'arrêt et de justice doivent être entièrement distinctes des prisons établies pour peines (C. inst. crim. 603 et s.). Il doit y avoir, en outre, au moins une *maison de correction* dans chaque département, pour y enfermer notamment les individus des deux sexes condamnés à un an et un jour d'emprisonnement et au-dessous. La loi du 5 juin 1875 exige que, dans les prisons départementales, les inculpés soient individuellement séparés pendant le jour et la nuit, et qu'il en soit de même pour les condamnés à un emprisonnement d'un an et un jour et au-dessous. Les condamnés à plus d'un an et un jour peuvent, sur leur demande, être soumis au régime de l'emprisonnement individuel ; et ils sont alors maintenus dans les prisons départementales jusqu'à l'expiration de leur peine. La durée des peines subies sous le régime de l'emprisonnement individuel est réduite d'un quart, sauf pour celles de trois mois et au-dessous. Malheureusement, plus de la moitié des départements n'ont pas encore reconstruit ou approprié au régime cellulaire leurs anciennes prisons; et la promiscuité la plus déplorable y règne trop souvent entre les inculpés et les condamnés d'âge et de mœurs très différents. Les individus qui subissent la peine de l'emprisonnement sont obligés de s'employer à l'un des travaux établis dans la maison, à leur choix. Une part du produit du travail de chaque détenu est affectée à lui procurer des adoucissements et à former un fonds de réserve qui lui est remis à sa sortie. 4° Les *maisons centrales* sont à la charge de l'Etat. Elles reçoivent les individus condamnés à un emprisonnement de plus d'un an et un jour, les condamnés à la peine de la réclusion, les condamnés à la peine des travaux forcés qui n'ont l'âge de 60 ans accomplis, et les femmes condamnées aux travaux forcés. Les détenus sont astreints au travail dans toutes les maisons centrales. Quelques-unes de ces maisons ont pour annexes des exploitations agricoles. On a reconnu que le travail est indispensable dans les maisons de correction ou de détention, afin d'aider au maintien de la discipline et à l'amendement ultérieur des condamnés. Il a aussi pour but d'alléger les charges de l'Etat et de procurer à celui qui sort de prison le moyen de subvenir aux besoins de l'existence. Un décret du 24 mars 1848 avait suspendu le travail dans les prisons, afin de retirer une concurrence à l'industrie privée. La terrible rébellion qui eut lieu bientôt après, dans la maison centrale de Clairvaux, fit apprécier les conséquences de cette mesure déplorable. La loi du 9 janv. 1849 et le décret du 25 févr. 1852 ont rétabli l'obligation du travail dans les prisons. Les travaux sont faits sous la direction et pour le compte d'un entrepreneur; dans certaines prisons, ils sont exécutés en régie, pour le compte de l'État. Le travail dans les prisons est réglementé par un arrêté du ministre de l'intérieur en date du 15 avril 1882. 5° Les *maisons de détention*, situées à Belle-Ile-en-Mer (Morbihan) et à Thouars (Deux-Sèvres), sont spécialement affectées aux individus condamnés à la peine de la détention (Voy. Détention.) 6° Les *colonies pénales* sont établies hors du continent et c'est là que sont transportés les hommes condamnés à la peine des travaux forcés (Voy. Colonie.) 7° Les *maisons de jeunes détenus*, les *colonies pénitentiaires* et les *colonies correctionnelles*, reçoivent les enfants mineurs de plusieurs catégories. (Voy. Détenu et Colonie.)— Les *prisons militaires* comprennent, en dehors de celles affectées aux punitions disciplinaires subies au corps: 1° les prisons militaires proprement dites qui reçoivent les militaires en état de prévention, et ceux qui ont été condamnés à un emprisonnement de deux ans au plus; 2° les *pénitenciers militaires* dans lesquels les condamnés à plus de deux ans de prison ou à la réclusion subissent leur peine; et 3° les *ateliers de travaux publics*. (Voy. Peine.) Les *prisons maritimes* sont situées dans les arsenaux ou dans les ports. Chacune d'elle est divisée en trois sections: maison d'arrêt, maison de justice et maison de correction. »   (Ch. Y.)

*PRISONNIER, IÈRE s. Celui, celle qui est arrêté pour être mis en prison, ou qui y est détenu: *se constituer prisonnier*. — Pain des prisonniers, pain que l'État fournit tous les jours aux prisonniers. — Prisonnier d'État, celui qui est arrêté, qui est renfermé pour quelque action contraire à la sûreté de l'État. — Prisonnier de guerre, celui qui a été pris à la guerre: *il est prisonnier sur sa parole, sur parole*. (Voy. Parole.)

PRISREND [priss-renndd'], ville de la Turquie d'Europe, dans l'Albanie septentrionale, sur le Rieka, près de son confluent avec le Drin, à 115 kil. E. de Scutari; on estime la population tantôt à 20,000 tantôt à 48,000 hab. Célèbres manufactures d'armes à feu; commerce considérable.

PRIVAS [pri-vass] *Privatum*, ch.-l. du dép. de l'Ardèche, à 600 kil. S.-S.-E. de Paris et à 110 kil. S.-E. de Lyon, sur un coteau qui domine l'Ouvèze et qui est lui-même dominé par le mont Toulon, par 44° 44' 11'' lat. N. et 2° 45' 31'' long. E.; 8,000 hab. Moulinage des soies grèges; étoffes de laines. La ville de Privas fut l'une des premières à embrasser le calvinisme, dont elle devint l'un des principaux quartiers. Louis XIII, qui finit par s'en emparer le 1er juin 1629, extermina la population et défendit pendant quelque temps de rebâtir les maisons, qui avaient été livrées aux flammes.

PRIVAT (Saint-), ch.-l. de cant., arr. à 35 kil. S.-E. de Tulle (Corrèze); 1,100 hab. Grand commerce de gibier et surtout de bécasses.

PRIVAT D'ANGLEMONT (Alexandre), littérateur, né à Sainte-Rose (Antilles) vers 1820, mort à l'hospice Dubois (Paris) le 18 juillet 1859. Pendant une existence accidentée et souvent misérable, il étudia surtout la bohème parisienne, et donna: *Paris-Anecdote* (1854; 3e édit. en 1865), recueils d'articles publiés dans le *Siècle*. On réunit après sa mort une collection de ses œuvres éparses, sous le titre: *Paris inconnu* (1861, in-16).

*PRIVATIF, IVE adj. (rad. *priver*). Gramm. Qui marque *privation*, en *français*, la particule IN est *privative* au commencement de plusieurs mots, comme *incorrigible*, *insoutenable*, *inaccessible*, *indigne*, etc. L'A fait souvent le même office dans la langue grecque, et on l'appelle Alpha privatif. — Substantiv. *Un traité des privatifs*.

*PRIVATION s. f. (lat. *privatio*; de *privare*, priver). Perte, absence, manque d'un bien, d'un avantage qu'on avait, ou qu'on devait, qu'on pouvait avoir: *c'est un homme qui est dans la privation de toutes choses*. — Anc. philos. Absence d'une forme qu'un sujet peut avoir: *Aristote reconnaît trois principes des choses naturelles, la matière, la forme, et la privation*. — Action de se priver volontairement, de s'abstenir de quelque chose dont on pourrait jouir: *s'exercer, s'habituer aux privations*. — Vivre de privations, manquer de beaucoup des choses nécessaires.

*PRIVATIVEMENT adv. Exclusivement, à l'exclusion. N'est guère usité que dans cette loc., Privativement a tout autre: *ce qu'il demandait lui a été accordé privativement à tout autre*.

PRIVAT-LA-MONTAGNE (Saint-), village de la Lorraine allemande, à 25 kil. N.-O. de Metz. On donne quelquefois le nom de bataille de Saint-Privat, à la lutte gigantesque du 18 août 1870. (Voy. Gravelotte.)

*PRIVATOIRE adj. Qui prive.

*PRIVAUTÉ s. f. Familiarité extrême: *il vit dans cette maison avec beaucoup de privauté*. — Prendre, se permettre des privautés, prendre de grandes libertés: cela se dit surtout des libertés prises avec les femmes: *il prend avec elle de certaines privautés*.

*PRIVÉ, ÉE adj. Qui est simple particulier, qui n'a aucune charge publique: *une personne publique est obligée à plus de circonspection qu'une personne privée*. — Se dit aussi des choses, et il est opposé à public: *il préfère les douceurs de la vie privée aux embarras de la grandeur*. — Autorité privée, se dit par opposition à autorité publique, ou à autorité légitime: *il a mis cet homme en prison de son autorité privée*. — Prison privée, ou, dans le style des anciennes ordonnances, Chartre privée, se dit par opposition à prison publique: *il est défendu par les lois d'avoir des prisons privées*. — Acte sous seing privé, acte fait sans l'intervention de l'officier public. — En son propre et privé nom, en parlant des dettes et des obligations personnelles au contracte: *il s'est obligé dans le contrat en son propre et privé nom*. — Parler, agir en son propre et privé nom, parler, agir de son chef, sans commission de personne. — Conseil d'État privé, ou Conseil privé, conseil où présidait le chancelier, et où se jugeaient les affaires des particuliers dans lesquelles le roi n'avait point d'intérêt. On l'appelait autrement Conseil des parties. — S'est dit ensuite d'un conseil particulier, qui ne s'assemblait que d'après une convocation expresse ordonnée par le roi, et faite par le président du conseil des ministres. — Vie privée, titre de certains ouvrages où l'on raconte les actions particulières et privées d'un personnage public: *la vie privée de Louis XV*. — Qui est apprivoisé. En ce sens, il est opposé à farouche, sauvage, etc.: *un oiseau privé*. — C'est un canard privé, se dit d'un homme dont on se sert pour faire tomber dans le piège ceux qui se fient à lui: *défiez-vous de cet homme-là, c'est un canard privé*. (Vieux.) — Fam. En ce sens, se dit guère que pour marquer un excès de familiarité: *ce domestique se rend un peu trop privé avec ses maîtres*. (Peu us.)

*PRIVÉ s. m. Lieux d'aisances, endroit de la maison destiné pour y aller faire ses nécessités.

*PRIVÉMENT adv. Familièrement, d'une manière privée, libre et fam.: *ils ont toujours vécu privément, fort privément ensemble*. (Vieux.)

*PRIVER v. a. (lat. *privare*). Ôter à quelqu'un ce qu'il a, ce qu'il possède, l'empêcher de jouir de quelque avantage qu'il avait ou

pouvait avoir, le dépouiller de quelque chose qui lui appartient: *l'arrêt qu'on a rendu contre lui, le prive de tous ses biens, le prive de ses droits civils*. — Apprivoiser, rendre privé: *cette espèce d'oiseau est la plus difficile de toutes à priver*. — Se priver v. pr. S'abstenir: *se priver du plaisir de la comédie, de la chasse, de la promenade*.

*PRIVIGNE s. m. (lat. *præ ventus*, venu avant). Mot qui fut employé jusqu'au xvie siècle pour désigner celui que l'on nomme aujourd'hui un beau-fils, relativement à l'homme qui épouse une veuve ayant un enfant de son premier mari. Le beau-père du privigne était dit son vitric.

*PRIVILÈGE s. m. (lat. *privilegium*). Faculté accordée à un particulier ou à une communauté, de faire quelque chose, ou de jouir de quelque avantage qui n'est pas de droit commun: *privilège temporaire*. — Acte qui contient la concession d'un privilège: *faire rapporter un privilège*. — Se dit également de toutes sortes de droits, de prérogatives, d'avantages attachés aux charges, aux emplois, aux conditions, aux états, etc.: *les charges de secrétaire du roi avaient certains privilèges*. — Jurispr. Titre à la préférence, droit que la qualité de la créance donne à un créancier d'être préféré aux autres créanciers, même hypothécaires: *la femme n'a point de privilège, pour la répétition de sa dot, sur les créanciers qui lui sont antérieurs en hypothèque*. — Se dit aussi des dons naturels, du corps soit de l'esprit: *la raison est un privilège qui distingue l'homme des animaux*. — Certaines libertés, certaines prérogatives que l'on s'attribue dans la société, ou que les autres vous accordent: *il a le privilège de faire et de dire dans cette maison tout ce qu'il lui plaît*. — Législ. « Le privilège est, ainsi que l'hypothèque, un droit réel attaché à une créance et donnant au créancier un rang de préférence sur le prix de l'objet. Il donne aussi un droit de suite, lorsqu'il frappe sur un immeuble, et, même dans certains cas lorsqu'il s'agit d'objets mobiliers. Mais il diffère de l'hypothèque, en ce que celle-ci ne peut reposer que sur des immeubles ou sur des navires. En outre les privilèges sont toujours fondés sur une disposition de la loi et ne peuvent être conférés ni par un contrat (sauf pour le gage), ni par l'effet d'une décision judiciaire. Enfin les privilèges sur un immeuble priment les hypothèques, et ils sont classés entre eux suivant le rang que la loi donne à chacun, et non pas toujours d'après la date d'leur inscription. Ceux qui sont placés au même rang concourent entre eux. Les privilèges sont généraux ou particuliers. Les *privilèges généraux* frappent à la fois les meubles et les immeubles du débiteur, et ils s'exercent dans l'ordre suivant: 1° les frais de justice; 2° les frais funéraires; 3° les frais de dernière maladie; 4° les mois de nourrice des enfants.(L. 23 déc. 1874, art. 14); 5° les salaires des gens de service, pour l'année échue et pour ce qui reste dû sur l'année courante; 6° les fournitures de subsistances faites au débiteur ou à sa famille, savoir, pendant les six derniers mois, pour les marchands en détail, et pendant la dernière année, pour les maîtres de pensions et les marchands en gros. Tous ces privilèges, même lorsqu'ils frappent sur des immeubles, sont dispensés de toutes inscriptions au bureau des hypothèques. Il existe, en faveur du Trésor public, des privilèges généraux dont le rang est fixé par les lois qui ont créé ces impôts. Les *privilèges spéciaux* sur certains meubles sont très nombreux. En dehors de ceux que le Code civil énumère sans les classer, et dont il est parlé dans divers articles de ce *Dictionnaire*, il en existe d'autres, notamment celui établi par la loi du 28 mai 1858, au profit du porteur d'un *warrant*; lequel privilège peut-être, jusqu'à un certain point, confondu avec celui du créancier gagiste. Nous citerons aussi tous les privilèges qui grèvent les bâtimens de mer et qui ont été classés par l'article 191 du code de Commerce. Les privilèges spéciaux sur les immeubles sont les suivants : 1° le privilège de vendeur, lequel est aussi attribué à ceux qui ont fourni des deniers pour payer le prix de l'acquisition, pourvu qu'il ait été authentiquement constaté, par l'acte d'emprunt, que la somme était destinée à cet emploi et, par la quittance du créancier, que le paiement a été fait des deniers empruntés. Ce privilège est conservé par le fait de la transcription du contrat de vente au bureau des hypothèques, et le conservateur est tenu de faire d'office l'inscription des créances résultant de l'acte translatif de propriété, tant en faveur du vendeur qu'en faveur des prêteurs ; 2° le privilège réservé à tout cohéritier sur les immeubles de la succession, pour la garantie des droits qui lui sont attribués par le partage effectué et des soultes à lui dues. Afin de conserver ce privilège et de prendre rang au jour du partage, le cohéritier doit, dans le délai de soixante jours à dater de la signature de l'acte, requérir inscription au bureau des hypothèques ; 3° le privilège accordé sur un immeuble aux architectes, entrepreneurs et ouvriers qui l'ont construit ou réparé, et à ceux qui ont consenti des prêts d'argent pour le paiement des travaux. Ce privilège ne s'étend pas au delà de la plus-value donnée à l'immeuble par les travaux ; et pour qu'il puisse être invoqué, il faut qu'avant les travaux, un procès-verbal constatant l'état des lieux relativement aux ouvrages projetés ait été dressé par un expert nommé d'office par le tribunal, et qu'en outre les ouvrages aient été, dans les six mois de leur achèvement, reçus par un expert également nommé d'office. Les deux procès-verbaux doivent être inscrits au bureau des hypothèques, et le privilège prend date du jour de l'inscription du premier procès-verbal ; 4° le privilège attribué sur les immeubles d'une succession aux créanciers ou légataires qui ont obtenu en justice la séparation du patrimoine de cette succession, afin qu'il ne soit pas confondu avec celui de l'héritier. Ce privilège doit être inscrit sur chaque immeuble, dans le délai de six mois à partir du jour de l'ouverture de la succession ; 5° le privilège accordé par la loi du 16 sept. 1807 aux concessionnaires de travaux de dessèchement de marais. Pour la conservation de ce privilège qui grève les terrains desséchés, on doit faire transcrire au bureau des hypothèques l'acte de concession des travaux ; 6° citons encore le privilège attribué soit à l'État, soit aux syndicats ou aux entrepreneurs, par la loi du 17 juillet 1856, pour garantir le recouvrement des avances faites pour le drainage de terrains. Ce privilège se conserve par l'inscription sur les registres des hypothèques, d'un procès-verbal constatant l'état des terrains avant l'exécution des travaux. (Voy. Drainage.) Lorsque les formalités prescrites par la loi pour la conservation d'un privilège sur des immeubles n'ont pas été remplies, le créancier perd ce privilège ; mais la loi lui accorde subsidiairement une hypothèque légale, laquelle ne prend rang à l'égard des tiers qu'à dater du jour où elle est elle-même inscrite (C. civ. 2095 et s.). — On donne le nom de privilège de second ordre au droit de préférence qui est réservé par la loi du 25 nivose an XIII et par les décrets du 28 août 1808 et du 22 déc. 1812 aux prêteurs qui ont fourni tout ou partie du cautionnement d'un comptable public ou d'un officier ministériel. Ce privilège doit être consenti par un acte notarié. Il est ainsi nommé parce que les cautionnements sont affectés, par premier privilège, à la garantie des condamnations

qui peuvent être prononcées contre les titulaires par suite de l'exercice de leurs fonctions. (Voy. Cautionnement.) Chez les Romains on distinguait deux sortes de privilèges : les privilèges *réels* et les privilèges *personnels.* Les premiers, que nous nommons encore privilèges, ont été admis en grande partie dans notre législation, après avoir passé par l'ancien droit ; les seconds étaient des actions réservées à une personne, plutôt que des privilèges. »

(Ch. Y.)

PRIVILÉGIAIRE adj. Qui est de la nature des privilèges.

* **PRIVILÉGIÉ, ÉE** adj. Qui a un privilège, qui jouit d'un privilège : *il y avait autrefois des marchands privilégiés.* — Jurispr. Créancier privilégié, celui qui a droit d'être payé préférablement aux autres. On dit de même, Créance privilégiée. — Jurispr. can. Cas privilégié, cas dans lequel le juge séculier prenait connaissance des crimes d'un ecclésiastique, et le jugeait conjointement avec le juge ecclésiastique, nonobstant le privilège clérical. — Autel privilégié, autel où l'on peut dire la messe des morts, le jour qu'on ne peut la dire à d'autres autels. — Lieu privilégié, lieu qui n'était pas soumis à la police générale : *les débiteurs ne pouvaient être arrêtés dans certains lieux privilégiés.* — Jour privilégié, celui où l'on ne peut arrêter pour dette : *le dimanche est un jour privilégié.* — Fig. Qui a reçu de la nature quelque don particulier : *l'homme est une créature privilégiée.* — Fam. Qui s'attribue ou à qui l'on accorde certaines libertés, certaines prérogatives dans la société : *il peut entrer à toute heure, il est privilégié dans cette maison.* — s. Celui qui jouit d'un privilège : *dans un État bien policé on ne saurait trop réduire le nombre des privilégiés.*

PRIVILÉGIER v. a. Accorder un privilège.

* **PRIX** s. m. [pri] (lat. *pretium*). Estimation d'une chose, de ce qu'elle se vend, de ce qu'on l'achète, ce qu'on en paye : *à la dernière foire, les prix ont été fort élevés.* — Juste prix, prix convenable, prix modéré : *vendre à juste prix.* — Prix fait, prix commun ou le prix convenu d'une chose : *vous n'obtiendrez aucun rabais, c'est un prix fait.* On dit proverbialement dans le même sens, C'est un prix fait comme celui des petits pâtés. — Marché à prix fait, ou simpl., Prix fait, marché à forfait : *un édifice construit à prix fait.* — Prix fixe, prix fixé d'avance par le marchand, et dont il n'y a rien à rabattre : *vendre à prix fixe.* — Comm. Vendre a non-prix, vendre moins que la chose ne coûte, beaucoup moins qu'elle ne se vend. Vendre a tout prix, vendre une chose à quelque prix que ce soit offert. — Acheter a bon prix, acheter à bon marché. — Une chose hors de prix, une chose excessivement chère : *la marée a été cette semaine hors de prix.* — Une chose qui n'a point de prix, qui est sans prix, une chose qui est d'une très grande valeur, et dont le prix n'est point réglé : *un diamant de cette beauté et de cette grosseur est sans prix.* — Les effets publics sont sans prix, personne ne demande à en acheter. — Fig. Cet homme est sans prix, il est d'un mérite rare, extraordinaire dans son genre. — Mettre la tête d'un homme a prix, promettre une somme à qui le tuera. — Prov. Chacun vaut son prix, il ne faut pas élever si haut le mérite d'une personne, que celui des autres en soit ravalé. — Cela vaut toujours son prix, se dit d'une chose qui conserve sa valeur, dont le prix ne peut baisser : *les bons livres valent toujours leur prix.* — Se dit, fig., de tout ce qu'il en coûte pour obtenir quelque avantage : *il a acheté la victoire au prix de son sang, au prix de sa vie.* — Mérite d'une personne, excellence d'une chose : *c'est un homme dont on ne connaît pas le prix.*

Les diamants et les pistoles
Peuvent beaucoup sur les esprits ;
Cependant les douces paroles
Ont encor plus de force et sont d'un plus grand prix
Ch. Perrault, *Les Fées.*

— Récompense : *vous recevrez le prix de vos soins.* — Châtiment, expiation : *il a reçu le prix de ses forfaits.* — La mort fut le prix de sa sincérité, il fut puni de mort pour avoir été sincère. — Ce qui est proposé pour être donné à celui qui réussira le mieux dans quelque exercice, dans quelque ouvrage : *il a remporté tous les prix de sa classe.* — Il a manqué le prix de peu de voix, il s'en est fallu peu de voix qu'il ne l'obtînt. — Partager le prix, donner le prix aux deux concurrents qui ont le mieux réussi, et dont le succès a été jugé égal : *on a partagé le prix entre ces deux jeunes auteurs.* On dit, dans un sens anal., Ces deux auteurs ont partagé le prix. — Fig. Remporter le prix, surpasser les autres en quelque chose : *il remporta le prix de la danse.* — Prix pour prix loc. adv. Qui marque une certaine proportion entre deux choses, d'ailleurs fort différentes l'une de l'autre : *prix pour prix, votre drap est plus cher que mon velours.* — S'emploie, fig., en parlant des personnes : *considérez bien les qualités de ces deux hommes, et vous verrez que, prix pour prix, l'un vaut l'autre.* — Au prix de loc. prépost. En comparaison : *ce service n'est rien au prix de celui qu'il m'avait rendu.*

* **PRIX-FIXE** s. m. Maison de commerce où l'on vend les marchandises à un prix déterminé qui est écrit sur les objets mis en vente : *les prix-fixes sont nombreux à Paris.* On dit aussi, Boutique, magasin a prix-fixe.

PRO, préfixe qui signifie : *en avant,* et qui entre dans la composition d'un grand nombre de mots.

PRO ARIS ET FOCIS loc. lat. qui signifie Pour ses autels et ses foyers : *combattre pro aris et focis.*

PROBABILIORISME s. m. Doctrine des opinions plus probables, qui n'admet pas que la morale, il soit permis de suivre une doctrine appuyée sur de saines raisons lorsque la doctrine opposée est appuyée sur des raisons plus probablement vraies.

PROBABILIORISTE s. m. Partisan du probabiliorisme.

* **PROBABILISME** s. m. Théol. Doctrine de la probabilité ou des opinions probables. (Voy. Probabilité.) — Voyez Bayle, dans son *Dictionnaire;* Diderot, dans l'*Encyclopédie,* et Montesquieu, dans ses *Lettres persanes.*

PROBABILISTE s. m. Partisan du probabilisme.

* **PROBABILITÉ** s. f. Vraisemblance, apparence de vérité : *il n'y pas de probabilité à ce que vous dites.* — Théol. La doctrine de l'opinion de la probabilité, celle qui enseigne qu'en matière de morale, on peut, en sûreté de conscience, suivre une opinion, pourvu qu'elle soit probable, quoiqu'il y en ait d'autres qui soient plus probables : *il y a quelques docteurs qui suivent la doctrine de la probabilité.* — Mathém. Doctrine, théorie, analyse, calcul des probabilités, ensemble des règles d'après lesquelles on peut calculer les chances relatives des événements futurs ; par exemple, les chances de gain ou de perte dans les jeux de hasard, dans les loteries, dans la constitution des rentes viagères, etc. La théorie des probabilités paraît avoir été créée par Fermat autant et peut-être plus que par Pascal vers 1653. Elle a été traitée depuis par d'éminents mathématiciens, tels que les Bernoulli, de Moivre, d'Alembert, Euler, Lagrange, Laplace, Quetelet, etc.

* **PROBABLE** adj. Qui a une apparence de vérité, qui paraît fondé en raison : *cette* *opinion est beaucoup plus probable que l'autr..*. — Qu'il est raisonnable de supposer, de conjecturer : *les chances probables.* — Théol. OPINION PROBABLE, celle qui est fondée sur des raisons de quelque considération, soutenues par un auteur grave : *Pascal, dans ses Provinciales, a foudroyé la doctrine des opinions probables.*

* **PROBABLEMENT** adv. Vraisemblablement: *je m'engageais à ne pas intenter ce procès, probablement il le perdra.*

* **PROBANT, ANTE** adj. (lat. *probans;* de *probare,* prouver). Qui prouve. N'est guère usité que dans ces locutions : PIÈCE PROBANTE, pièce qui sert de preuve; RAISON, PROBANTE, raison démonstrative, convaincante; EN FORME PROBANTE, en forme authentique.

* **PROBATION** s. f. [-si-on] (lat. *probatio;* de *probare,* prouver). Epreuve. On appelle ainsi, dans quelques ordres religieux, le temps du noviciat, parce qu'on y éprouve les novices avant que de les recevoir à faire profession : *pendant son année de probation.* — Temps d'épreuve qui précède le noviciat : *il a fait, elle a fait trois mois de probation, avant que de prendre l'habit.*

* **PROBATIQUE** adj. f. (gr. *probatikos;* de *probaton,* mouton). N'est usité que dans cette locution de l'Evangile. PISCINE PROBATIQUE, piscine où l'on lavait les victimes qui devaient être offertes dans le temple de Jérusalem.

* **PROBATOIRE** adj. N'est guère usité que dans cette locution, ACTE PROBATOIRE, acte propre à constater la capacité d'un aspirant à un grade, dans les facultés de l'université.

* **PROBE** adj. (lat. *probus*). Qui a de la probité : *c'est un homme probe.*

* **PROBITÉ** s. f. Droiture de cœur qui porte à l'observation stricte et constante des devoirs de la justice, de là morale : *probité éprouvée, incorruptible.*

* **PROBLÉMATIQUE** adj. Dont on peut soutenir l'affirmative ou la négative : *cette proposition, cette doctrine est problématique.* — Douteux, dont on peut douter : *le fait, cette nouvelle est fort problématique.* — CONDUITE PROBLÉMATIQUE, conduite équivoque : *cet homme a eu dans telle circonstance une conduite fort problématique.*

* **PROBLÉMATIQUEMENT** adv. D'une manière problématique : *on peut traiter cette question problématiquement.*

* **PROBLÈME** s. m. (gr. *problêma;* de *proballô,* je propose). Mathém. Question à résoudre, suivant les règles de la science : *problème de géométrie.* — Proposition, question dont le pour et le contre peuvent également se soutenir : *cette question est un vrai problème.* — Tout ce qui est difficile à concevoir: *l'homme est pour lui-même un grand problème.* — CET HOMME EST UN PROBLÈME, SA CONDUITE EST UN VRAI PROBLÈME, se dit d'un homme dont il est difficile de définir le caractère ou d'expliquer la conduite. On dit de même d'une affaire embrouillée, CETTE AFFAIRE EST UN VRAI PROBLÈME.

* **PROBOSCIDE** s. f. [-boss-si-] (gr. *proboskis;* de *pro,* en avant; *boskô,* je pais). La trompe d'un éléphant, d'un insecte, etc. N'est guère employé que dans les anciens traités d'histoire naturelle et dans le blason.

* **PROBOSCIDIEN, IENNE** adj. [-boss-si-]. Zool. Qui a le nez prolongé en trompe. — s. m. pl. Famille de mammifères pachydermes caractérisée par l'absence de canines, la largeur et le petit nombre des molaires, le développement extraordinaire des incisives, transformées en longues défenses, et le prolongement du nez en trompe cylindrique et mobile, terminée par un appendice semblable à un doigt. Cette famille comprend le genre *éléphant,* et les genres éteints, *mastodonte, dinothérium* et *mammouth.*

* **PROBUS (Marcus-Aurelius),** empereur romain, né à Sirmium (Pannonie), vers 250, mort en 282. Il commanda successivement les 3e et 10e légions, et servit en Afrique et dans le Pont, sur le Rhin, le Danube, l'Euphrate et le Nil. Sous Aurélien, il reconquit l'Egypte, et l'empereur Tacite le fit commandant en chef des provinces de l'Est. A la mort de Tacite, en 276, les armées de l'Est le forcèrent de prendre la pourpre impériale. Il reprit 70 villes sur les Germains, détruisit 400,000 envahisseurs, bâtit une muraille de pierre depuis le Danube jusqu'au Rhin, longue de près de 300 kilom., assura la frontière de la Rhétie, et anéantit la puissance des Sarmates. Pour maintenir la discipline parmi ses troupes, il les occupait constamment à un service actif. Ce système irrita les soldats et aboutit à une insurrection dans son camp, près de Sirmium, où il fut tué.

PRO-CATAAL s. m. (préf. *pro;* fr. *cataal*). Anat. Os qui est situé à la quatrième place inférieure au delà du cycléal, dans les animaux qui ont les pièces vertébrales disposées en une seule série.

* **PROCÉDÉ** s. m. Conduite, manière d'agir d'une personne envers une autre : *son procédé est fort honnête.* — Se dit absol. au pluriel, des bons procédés : *avoir des procédés.* — Arts, Sciences. Méthode qu'il faut suivre pour faire quelque opération : *procédé pour faire le phosphore.* — ∾ Jeux. Morceau de cuir dont on garnit le petit bout des queues de billard. — Techn. Expédient par lequel on remplace un système plus parfait, mais plus coûteux : *vis à procédé.*

* **PROCÉDÉ, ÉE** part. passé de PROCÉDER.

* **PROCÉDÉS** N'est guère usité que dans cette phrase de palais, BIEN JUGÉ ET MAL PROCÉDÉ, l'affaire a été bien jugée au fond, mais on n'y a pas gardé toutes les formalités requises.

* **PROCÉDER** v. n. (lat. *procedere;* de *pro,* en avant; *cedere,* marcher). Provenir, tirer son origine : *cette maladie ne procède que de l'âcreté des humeurs.* On dit, dans le langage théologique, en parlant des personnes divines, LE FILS EST ENGENDRÉ PAR LE PÈRE, ET LE SAINT-ESPRIT PROCÈDE DU PÈRE ET DU FILS. — Palais. Agir judiciairement, faire des actes, des poursuites, des instructions dans un procès : *procéder en justice.* — PROCÉDER CRIMINELLEMENT CONTRE QUELQU'UN, poursuivre quelqu'un en justice comme criminel. — PROCÉDER MILITAIREMENT, procéder contre quelqu'un sans observer les formes ordinaires de la justice. — Agir en quelque affaire, en quelque chose que ce soit : *il faut procéder à l'examen, à la vérification de ces titres.* — Fam. TANT FUT PROCÉDÉ, TANT A ÉTÉ PROCÉDÉ, QUE, on fit si bien, on se donna tant de peine, que; les choses en vinrent à un tel point, que. — Agir, se comporter d'une certaine manière envers les autres : *il a procédé avec moi en homme d'honneur.* — CELA PROCÈDE BIEN, se dit d'un ouvrage en prose ou en vers, qu'on lit, et dont on approuve le dessein, l'ordre, la marche. (Peu us.) — CET ORATEUR PROCÈDE PAR PÉRIODES, toutes ses phrases sont périodiques, nombreuses. CE POÈTE PROCÈDE PAR DISTIQUES, ses vers marchent deux à deux.

* **PROCÉDURE** s. f. Forme, manière de procéder en justice : *il entend la procédure.* On dit aussi, PROCÉDURE EXTRAORDINAIRE. — Instruction judiciaire d'un procès : *la procédure est régulière, irrégulière.* — Se dit également des actes qui ont été faits dans une instance civile ou criminelle : *toute la procédure est entre les mains d'un tel.* — Législ. « La procédure est l'ensemble des formalités que la loi prescrit d'observer, soit dans les instances introduites devant une juridiction, soit pour la validité de certains actes extra-judiciaires. Il y a donc une *procédure judiciaire* et une *procédure extra-judiciaire.* Il y a aussi une *procédure administrative* qu'il est inutile de définir. La procédure judiciaire varie selon la juridiction devant laquelle elle est employée. Le Code de procédure civile, promulgué en 1808, et qui a subi peu de modifications depuis cette époque, fixe les règles à observer devant les justices de paix, devant les tribunaux de première instance, devant les cours d'appel et devant les arbitres. On y trouve aussi un certain nombre de règles de procédure extrajudiciaire. Le Code de commerce indique les formes à suivre devant les tribunaux de commerce, les règles qui sont prescrites pour l'émission et le recouvrement des effets de commerce, pour les divers actes concernant spécialement le commerce maritime, pour le règlement des faillites, etc. Les instances introduites devant la cour de cassation, le Conseil d'Etat, les conseils de préfecture, les Conseils de prud'hommes, les jurys d'expropriation, les chambres de discipline, etc., sont soumises à des formalités particulières. Le Code d'instruction criminelle donne non seulement les règles de la procédure qui doit être suivie devant les tribunaux de simple police, les tribunaux correctionnels et les cours d'assises; il indique aussi les manières de se pourvoir contre les arrêts ou les jugements rendus en matière criminelle. Enfin la procédure en usage devant les conseils de guerre et devant les autres tribunaux militaires ou maritimes est tracée par le code de justice militaire pour l'armée de terre (L. 9 juin 1857, art. 83 à 184) et par le Code de justice de l'armée de mer (L. 4 juin 1858, art. 113 à 236). Les formalités indiquées par la loi sont presque toutes prescrites à peine de nullité de la procédure ou des actes; et la responsabilité en incombe aux officiers ministériels, et quelquefois même aux juges qui ont failli à l'observation des formes ou des délais. Dans les cas où la loi n'a pas prononcé la nullité, l'officier ministériel peut être néanmoins condamné, soit pour omission, soit pour contravention, à une amende de 5 fr. à 100 fr. (C. pr. 1030, 1031). Des réformes sont depuis longtemps réclamées en ces matières, notamment en ce qui concerne la procédure civile, dont les formalités, longues et coûteuses, semblent avoir été prescrites afin de tempérer la passion des plaideurs. A la vérité, cette procédure paraît très simplifiée, si on la compare à celle qui était pratiquée au siècle dernier; mais on a conservé un certain nombre d'anciens usages qui pourraient, sans inconvénient, être aujourd'hui abolis. La procédure doit avoir exclusivement pour objet d'assurer à chacun les moyens de faire valoir ses droits; mais il semble qu'elle ait surtout pour but d'accroître les revenus de l'Etat. Les officiers ministériels accrédités auprès des tribunaux de tous ceux rendent souvent d'incontestables services par les garanties de moralité et d'expérience qu'ils présentent, mais la vénalité des charges les contrait à être âpres au gain; et le concours des avoués devant les tribunaux civils devrait être facultatif pour tous les plaideurs, ainsi que l'est celui des agréés devant les tribunaux de commerce. La loi du 22 janv. 1851 sur l'assistance judiciaire (voy. ASSISTANCE) accorde la gratuité de tous les actes aux personnes dont l'indigence est constatée; cela n'est pas suffisant, et le législateur doit s'appliquer à rendre la procédure aussi simple, aussi rapide et aussi peu coûteuse qu'il est possible de le faire. » (CH. Y.)

* **PROCÉDURIER, IÈRE** adj. Qui entend la procédure; qui aime la procédure, la chicane.

* **PROCÈS** s. m. [pro-sè] (lat. *processus*). Instance devant un juge, sur un différend entre deux ou plusieurs parties : *c'est un procès sans fin.* — METTRE LES PARTIES HORS DE COUR ET DE PROCÈS, faire cesser le procès, renvoyer les parties, parce que le juge trouve qu'il n'y a pas lieu de prononcer juridiquement sur leurs demandes respectives. — LE PROCÈS EST PENDANT A TEL TRIBUNAL, le procès y est commencé. — PROCÈS PAR ÉCRIT, procès dans lequel les parties étaient appointées à écrire, à produire, à contredire, où il était jugé, non à l'audience, mais en la chambre du conseil, sur le rapport d'un des magistrats commis à cet effet. On dit aussi, FAIRE LE PROCÈS A QUELQU'UN, le poursuivre comme criminel : *son procès lui fut fait et parfait.* On dit aussi, FAIRE LE PROCÈS A LA MÉMOIRE DE QUELQU'UN, agir en justice, afin de le faire condamner après sa mort : *nos lois n'autorisent plus à faire le procès à la mémoire d'un homme.* — FAIRE LE PROCÈS A QUELQU'UN, l'accuser, le condamner sur quelque chose qu'il aurait dit ou fait : *vous arrivez à propos, nous faisions votre procès, nous vous faisions votre procès.* On dit de même, en parlant d'un homme caustique, toujours mécontent des autres, C'EST UN MISANTHROPE QUI FAIT LE PROCÈS AU GENRE HUMAIN. — FAIRE LE PROCÈS A UNE CHOSE, la condamner, soutenir qu'elle est mauvaise : *on faisait le procès à votre livre, quand vous avez paru.* — FAIRE UN PROCÈS, BATIR UN PROCÈS SUR LA POINTE D'UNE AIGUILLE, élever une contestation sur un très léger motif. — LAISSER DORMIR UN PROCÈS, RÉVEILLER UN PROCÈS, suspendre les poursuites, les reprendre. — PENDRE UN PROCÈS AU CROC, cesser de le poursuivre. — IL A GAGNÉ, IL A PERDU SON PROCÈS, il a bien ou mal réussi dans telle affaire, dans telle entreprise. — CE MARAUDEUR, CET ESPION FUT PENDU SANS FORME DE PROCÈS, il fut pendu sans être mis en jugement, et seulement par l'ordre du chef militaire. — SANS AUTRE FORME DE PROCÈS, sans autre façon : *on lui a retiré son emploi sans autre forme de procès.* — Se dit aussi de toutes les pièces produites par l'une et l'autre partie, pour servir à l'instruction et au jugement d'un procès : *mettre, remettre le procès au greffe.* On dit aussi ordinairement, LES PIÈCES. — DISTRIBUER UN PROCÈS, commettre un juge pour examiner les pièces, les écritures d'un procès, et en faire ensuite son rapport : *le président de la chambre a distribué ce procès à tel conseiller.* — ⚮ Anat. Prolongement d'une partie. — PROCÈS PAPILLAIRES, extrémités des nerfs olfactifs. — PROCÈS CILIAIRES, sorte de frange qui enveloppe le bord du cristallin.

* **PROCESSIF, IVE** adj. Qui aime à intenter, à prolonger des procès : *cet homme est fort processif.*

* **PROCESSION** s. f. (lat. *processio;* de *procedere,* avancer). Cérémonie religieuse, conduite par des ecclésiastiques, des religieux, etc., qui marchent en ordre, récitant des prières, ou chantant les louanges de Dieu : *grande, belle procession.* — Prov. et fig. ON NE PEUT PAS SONNER ET ALLER A LA PROCESSION, on ne peut être en même temps dans deux endroits différents, on ne saurait faire à la fois deux choses incompatibles. — C'EST UNE PROCESSION, UNE PROCESSION CONTINUELLE, se dit d'une longue suite de personnes qui marchent comme à la file l'une de l'autre dans une rue, dans un chemin, etc. On dit dans un sens analogue, MARCHER, ALLER EN PROCESSION. — Se dit aussi quelquefois des marches religieuses des anciens païens : *à Lacédémone, il y avait une procession solennelle où une des femmes les plus considérables de la ville portait la statue de Diane.* Dans le sens de procéder, se dit en théologie, dans cette phrase, LA PROCESSION DU SAINT-ESPRIT, la production éternelle du Saint-Esprit, qui procède du Père et du Fils. — Législ. « Il suffisait autrefois que l'évêque d'un diocèse eût ordonné des prières ou des processions publiques pour que les corps séculiers et tous les person-

nages investis de fonctions fussent tenus d'y prendre part. La place que chacun devait occuper dans ces cérémonies était réglée par des ordonnances, avec un soin méticuleux; et néanmoins les questions de préséance, les débats engagés sur le droit de tel personnage de figurer soit au milieu, soit à droite, soit à gauche, et les prérogatives appartenant à certaine procession en cas de rencontre avec une autre, occupaient souvent les parlements et le conseil du roi. La déclaration du 10 fév. 1638, par laquelle Louis XIII, de sa propre autorité, institua la sainte Vierge comme protectrice de son royaume, a ordonné qu'une procession devrait avoir lieu, chaque année, à perpétuité, dans toutes les églises, le jour de l'Assomption, et que les magistrats et les corps municipaux devraient y assister. — Suivant la législation actuellement en vigueur, les processions et les autres cérémonies extérieures d'un culte peuvent être interdites par mesure de police dans toutes les communes où l'autorité municipale le juge convenable. Ce droit résulte de la loi du 5 avril 1884 (art. 97) dont les dispositions (remplaçant celles aujourd'hui abrogées de la loi du 16-24 août 1790, tit. XI, art. 3) chargent les maires d'assurer la sûreté et la commodité du passage dans tous les lieux publics. Le préfet a les mêmes droits, en vertu de l'article 99 de ladite loi. Alors même que le maire n'aurait pas interdit ces manifestations extérieures, « aucune cérémonie » religieuse ne doit avoir lieu hors des édifices « consacrés au culte catholique, dans les « villes où il y a des temples consacrés à dif- « férents cultes ». Tel est le texte de l'article 45 de la loi organique du 18 germinal an X. Cette disposition a été diversement interprétée. Deux circulaires ministérielles, rédigées par Portalis et datées du 21 nivôse et du 30 germinal an XI, ont déclaré que l'interdiction absolue prononcée par la loi de l'an X devait s'appliquer seulement dans les villes qui sont le siège d'une église consistoriale. La cour de cassation a plusieurs fois admis cette interprétation; mais le Conseil d'Etat a adopté l'avis contraire, qui est aussi celui du ministre des cultes (Circ. min. 13 juin 1882). Un décret rendu en Conseil d'Etat le 31 mai 1882 a rejeté un recours pour abus, formé par quelques habitants de Rouen contre un arrêté du maire de cette ville qui avait interdit les processions dans les rues. Les considérants de ce décret portent qu'aux termes de l'article 1er de la convention du 26 messidor an IX, l'exercice public du culte catholique n'a été autorisé en France qu'à la condition, pour ses ministres, de se conformer aux règlements de police que le gouvernement juge nécessaires pour la tranquillité publique; et que, dans la lettre comme dans l'esprit de la loi organique précitée, le mot *temple* s'entend de l'édifice même consacré au culte, et non d'une église ou agrégation de fidèles. La cour de cassation, par un arrêt du 25 mai 1882, a cassé un jugement du tribunal de simple police de Saint-Calais qui avait acquitté diverses personnes inculpées d'avoir dressé un reposoir dans la rue, sans l'autorisation du maire, et qui avaient, en embarrassant ainsi sans nécessité la voie publique, commis une contravention prévue par l'article 471 § 4 du code pénal. Par un arrêt du même jour, rendu sur un pourvoi formé par le curé de Confolens (Sarthe), la cour de cassation a considéré comme étant une cérémonie extérieure du culte et susceptible d'être interdite, celle qui avait été faite sur une propriété privée, de façon à être rendue publique et à amener des rassemblements.

(CH. Y.)

PROCESSIONNAIRE adj. Entom. Se dit des chenilles qui marchent en rangs réguliers et qui paraissent avoir à leur tête. —

s. m. Lit. cathol. Livre dans lequel se trouvent les chants et prières en usage dans les processions.

* **PROCESSIONNAL, AUX** ou **Processionnel** s. m. Livre d'église où sont écrites et notées les prières qu'on chante aux processions : *on a imprimé un nouveau Processionnal.*

* **PROCESSIONNEL, ELLE** adj. Qui a rapport, qui est relatif à une procession : *marche processionnelle.*

* **PROCESSIONNELLEMENT** adv. En procession : *toutes les paroisses allèrent processionnellement à Notre-Dame.*

PROCESSIONNER v. n. Faire une procession.

PROCESSIONNEUR, EUSE s. Personne assidue à suivre les processions.

* **PROCÈS-VERBAL** s. m. Rapport par écrit que fait un officier public de ce qu'il a vu ou de ce qui a été dit ou fait devant lui : *des procès-verbaux.* On dit quelque fois simplement un *verbal* ; *les verbaux en font foi.* — Narré par écrit de ce qui s'est passé dans une séance, dans une cérémonie : *le procès-verbal de la réunion.* — Résumé des actes et des délibérations d'un corps : *le procès-verbal des séances du Corps législatif.*

* **PROCHAIN, AINE** adj. (rad. *proche*) Qui est proche : *au prochain village.*

Le compère Thomas et son ami Lubin
Allaient à pied tous deux à la ville prochaine.
FLORIAN.

— Se dit aussi des époques et des choses qui sont près d'arriver : *le mois prochain.* — OCCASION PROCHAINE, occasion qui peut porter facilement au péché, ou occasion de pécher qui est présente : *éviter les occasions prochaines.* — s. m. Chaque homme en particulier, et de tous les hommes ensemble : *il faut aimer son prochain comme soi-même; songez que le pauvre qui vous demande l'aumône est votre prochain et votre frère.* Dans cette acception, il ne s'emploie qu'au singulier, et dans le langage de la morale chrétienne.

* **PROCHAINEMENT** adv. de temps. Bientôt, dans un temps fort peu éloigné : *cela se fera prochainement.*

PROCHAINETÉ s. f. Caractère de ce qui est prochain.

* **PROCHE** (rad. lat. *prope,* près). Voisin, qui est près de quelqu'un, de quelque chose : *les maisons proches de la rivière sont sujettes aux inondations.* — Se dit aussi en parlant du temps, et signifie, qui est près d'arriver : *le temps est proche où nous serons rénnis pour ne plus nous quitter.* — Se dit encore en parlant de parenté : *ils ne sauraient être plus proches parents, parents dans un degré plus proche.* — s. m. Parents; alors il n'est d'usage qu'au pluriel : *c'est un de mes proches.* — Prép. Près, auprès : *il s'est allé loger proche le palais, proche du palais.* — Adv. C'est ici proche. — De proche en proche loc. adv. Se dit en parlant de plusieurs lieux qui sont peu séparés, et auxquels on va de proche en proche : *couper les bois de proche en proche.* — Fig. Peu à peu et par degrés : *de proche en proche, il est parvenu à une grande fortune.*

* **PROCHRONISME** s. m. [-kro-] préf. *pro;* gr. *chronos,* temps). Erreur de chronologie, qui consiste à placer un fait dans un temps antérieur à celui où il est réellement arrivé. Il est opposé à Parachronisme.

PROCIDA, *Prochyda,* petite île italienne, située entre le cap Misène et l'île d'Ischia; 4 kil. carr.; 13,600 hab.

PROCIDA (Giovanni da), médecin salernitain, né dans l'île de Procida vers l'an 1225, mort en 1299. Ayant été banni de Naples par Charles d'Anjou en 1268, il se retira en

Sicile, qu'il parcourut sous le déguisement d'un moine, pour ourdir une conspiration qui éclata le 30 mars 1282. (Voy. Vêpres siciliennes.)

PROCIDENCE s. f. (lat. *procidere*, tomber en avant). Déplacement extérieur ; chute de quelque partie mobile.

PROCLAMATEUR, TRICE s. Celui, celle qui fait une proclamation.

* **PROCLAMATION** s. f. [-si-on] (lat. *proclamatio*). Publication solennelle, action par laquelle on proclame : *la proclamation de l'empereur.* — Ecrit qui contient ce que l'on veut publier, faire connaître au public : *le général adressa une proclamation à ses soldats.*

* **PROCLAMER** v. a. (lat. *proclamare* ; de *pro*, devant ; *clamare*, crier). Publier à haute voix et avec solennité : *il fut proclamé vainqueur aux Jeux olympiques.* — Fig. Publier, divulguer : *la Renommée a proclamé les grandes actions de ce prince, de ce général.* — Se proclamer v. pr. *Ils se proclamaient les réformateurs du goût.*

PROCLÈS, roi de Sparte, vers l'an 1102 av. J.-C. Il était fils d'Aristodème, et régna conjointement avec son frère Eurysthène. Ses descendants reçurent le nom de Proclides. (Voy. Dyarchie.)

PROCLIDE s. m. Descendant de Proclès.

* **PROCLITIQUE** adj. (gr. *proklitikos*).Gramm. gr. Se dit d'un mot qui donne son accent au mot suivant.

PROCLIVE adj. (lat. *proclivis*). Qui se dirige en avant.

PROCLIVITÉ s. f. Etat de ce qui est proclive ; pente.

PROCLUS [pro-kluss], philosophe grec de l'école néo-platonicienne, né à Constantinople en 412, mort en 485. Il succéda à Syrianus dans l'école d'Athènes. Il adopta le système ascétique qui devint commun dans les derniers temps du néo-platonisme, s'abstenant presque entièrement de toute nourriture animale, refusant de se marier, dépensant libéralement son argent en actes de bienfaisance, et observant de nombreux jeûnes et veilles. Ce qui nous reste de ses œuvres consiste surtout en commentaires, principalement sur Platon. Un de ses ouvrages originaux était intitulé : *Vingt-deux arguments contre les chrétiens.* Il s'efforçait d'y soutenir l'éternité de l'univers. La meilleure édition de Proclus est celle qu'a donnée Cousin (1820-'27, 6 vol.), avec traduction latine. Voy. aussi J. Simon, *Du commentaire de Proclus sur le Timée de Platon.* (Paris 1839, in-8°.)

PROCOMBANT, ANTE adj. (lat. *procumbens*). Bot. Se dit de la tige des plantes lorsqu'elle reste étendue sur la terre et ne jette pas de racines.

* **PROCONSUL** s. m. (préf. *pro* ; fr. *consul*). Celui qui, chez les Romains, gouvernait certaines grandes provinces, avec l'autorité du consul : *Cicéron, quelque temps après son consulat, fut envoyé comme proconsul en Cilicie.* — Fig. Commissaire que la Convention envoyait dans les départements insurgés, dans les pays conquis ou auprès des armées : *un farouche proconsul.*

* **PROCONSULAIRE** adj. Propre ou appartenant au proconsul : *gouvernement proconsulaire.* — Province proconsulaire, province gouvernée par un proconsul.

* **PROCONSULAT** s. m. Dignité de proconsul ; durée des fonctions d'un proconsul.

PROCOPE (Procopius), historien byzantin, né vers 500, mort en 565. Il se distingua comme avocat à Constantinople, et fut secrétaire de Bélisaire dans ses guerres contre les Perses, les Vandales et les Goths. Revenu à Constantinople vers 542, il reçut de Justinien le titre d'*Illustre* (*illustris*) et le rang de sénateur, et en 562 il fut nommé préfet de la cité. Son ouvrage le plus important est son histoire, en 8 livres, où il raconte les événements de son temps. Martin Fumée a traduit en français l'*Histoire* et le livre des *Edifices* (Paris, 1587, in-fol.); et Isambert l'*Histoire secrète* (Paris, 1856, 2 vol. in-8°).

PROCOPE. I. (André), surnommé le Grand, chef des hussites, mort en 1434. Il était prêtre et il devint capitaine dans l'armée hussite. En 1424, à la mort de Ziska, les tabarites le choisirent pour chef. Procope le Petit se joignit à lui en 1427 et les Allemands, ayant concentré leurs forces contre eux, les divers partis hussites formèrent une confédération générale qui se rangea sous sa bannière. Il battit les Allemands, et, pendant plusieurs campagnes, ravagea une grande partie de l'Allemagne. En 1433, il défendit sa foi au concile de Bâle, mais ne furent faites des concessions acceptables pour les calixtins, mais non contre les tabarites. Procope tourna ses armes contre les calixtins ; mais, à la bataille décisive de Boehmisch-Brod, le 30 mai 1434, il fut défait et tué. — **II.** (Le Petit), chef du parti hussite des orphanistes ; il se joignit à Procope le Grand en 1427, et mourut à ses côtés.

PROCOPE (Café). Voy. Café.

PROCRÉATEUR, TRICE adj. (préf. *pro* ; fr. *créateur*). Qui procrée : *il est impossible de calculer jusqu'où peut s'étendre la puissance procréatrice de la race humaine.*

* **PROCRÉATION** s. f. Génération : *la procréation des enfants.*

* **PROCRÉÉ, ÉÉE** part. passé de Procréer : *les enfants procréés en légitime mariage, les hoirs procréés de son corps.* Ne se dit guère qu'en style de palais ou de chancellerie.

* **PROCRÉER** v. a. (préf. *pro* ; fr. *créer*). Engendrer : *la fin du mariage est de procréer des enfants.*

PROCRIS Myth. gr. Voy. Céphale.

PROCTALGIE s. f. (gr. *proktos*, anus ; *algos*, douleur). Pathol. Douleur à l'anus sans phénomène inflammatoire.

PROCTER [proktt'-eur]. **I.** (Bryan-Waller), poète anglais plus connu sous son anagramme de Barry Cornwall, né vers 1790, mort en 1874. En 1834, il entra au barreau et fut pendant plusieurs années membre de la commission des aliénés. Sa première publication fut *Dramatic Scenes and other Poems* (1819), suivie de *Marcian Colonna, an Italian Tale* (1820), et *Poetical Works* (1822, 3 vol.), de *English Songs and other Small Poems* (1832), de *Essays and Tales in Prose* (1851) et de *Charles Lamb, a Memoir* (1866). Il est surtout connu par ses poésies destinées à être chantées. Il a publié sa vie avec un fragment autobiographique, en 1877. — **II.** (Adelaïde-Anne), sa fille, poète, née en 1825, morte en 1864. Elle a publié *Legends and Lyrics* (nouvelle édition augmentée, 1865).

PROCUMBIT HUMI BOS loc. lat. qui signifie : *Le bœuf s'étend à terre.*

* **PROCURATEUR** s. m. (préf. *pro* ; fr. *curateur*). Hist. rom. Titre de certains magistrats envoyés dans les provinces et qui avaient pour fonction principale le recouvrement de l'impôt et le jugement des causes fiscales. — Se disait, dans les républiques italiennes, d'un des principaux magistrats : *procurateur de Gênes.*

* **PROCURATIE** s. f. [-sî]. Charge, dignité des procurateurs. — Palais où siégeaient les procurateurs.

* **PROCURATION** s. f. (lat. *procuratio*). Pouvoir donné par quelqu'un à un autre d'agir en son nom, comme il pourrait faire lui-même : *il agit en vertu de procuration, par procuration.* — Acte qui fait foi de cette délégation : *la formule d'une procuration.* — Législ. « On nomme *procuration, pouvoir* ou *mandat,* l'acte par lequel une personne confie à une autre le droit de la représenter dans une affaire ou dans plusieurs, ou même dans toutes les affaires dans lesquelles les intérêts du mandant sont engagés. Lorsque la procuration est acceptée d'une manière expresse ou tacite par le mandataire désigné, elle forme un contrat qui lie les deux parties l'une envers l'autre. Le mandataire est tenu de s'occuper des intérêts de son mandant, comme s'il agissait pour lui-même, et il est responsable envers celui-ci des actes qu'il a faits en son nom. Il doit gérer en bon père de famille ; sa responsabilité est plus ou moins rigoureuse, suivant que le mandat est gratuit ou salarié et suivant les autres circonstances. La procuration est le plus souvent donnée par un acte sous seing privé ; mais elle doit être passée devant notaire et être spéciale à l'affaire, lorsqu'il s'agit de représenter une personne devant un officier de l'état civil, et dans quelques autres cas. Elle doit être passée en minute, lorsqu'elle est donnée pour accepter une donation. Le droit d'enregistrement d'une procuration est de 3 fr. 75 c., décimes compris. Le nom du mandataire est souvent laissé en blanc dans les procurations passées en brevet ou faites sous seing privé ; et ce nom est ajouté postérieurement, suivant un usage qui est généralement suivi, bien que non autorisé légalement. La procuration doit rester annexée à l'acte de l'état civil pour lequel le mandataire a agi (C. civ. 44 ; L. 25 ventôse an XI, art. 43). La procuration peut souvent être donnée par une simple lettre missive, ou verbalement ; mais la preuve de l'une ou de l'autre ne peut être fournie par témoins que suivant les règles ordinaires. (Voy. Preuve.) Enfin l'acceptation d'une procuration peut avoir lieu tacitement, par le fait même de l'accomplissement du mandat. Dans le cas où une personne remplit l'office d'un mandataire sans avoir reçu aucun mandat, il y a là un quasi-contrat de gestion d'affaires ; et celui qui a commencé la gestion doit la continuer dans toutes ses dépendances, jusqu'à ce que l'intéressé ou son représentant ait pu en prendre la direction (C. civ. 1372 et s.). Les femmes et les mineurs émancipés peuvent être choisis pour mandataires ; mais leur responsabilité est nécessairement restreinte par suite de leur incapacité légale. Tout mandataire doit rendre un compte fidèle et complet de sa gestion, et il est garant de la personne qu'il s'est substituée dans son mandat. Le mandat finit soit par la terminaison de l'affaire qui en fait l'objet, soit par la mort, l'interdiction, la faillite ou la déconfiture du mandant ou du mandataire, soit par la révocation du mandataire, soit par la renonciation de celui-ci au mandat ; mais il ne cesse à l'égard des tiers qu'à partir du moment où ils ont connu la cause qui y a mis fin (C. civ. 1984 et s.). Le mandataire qui a rendu ses comptes au mandant a le droit d'exiger de lui une décharge (Voy. ce mot.) » (Ch. Y.)

PROCURATORIAL, IALE adj. Qui a rapport au procurateur.

PROCURE s. f. Office de procureur dans une maison religieuse.

PRO-CURÉ s. m. Celui qui remplace le curé.

* **PROCURER** v. a. (lat. *procurare* ; de *pro*, pour ; *curare*, soigner). Faire en sorte par son crédit, par ses bons offices, etc., qu'une personne obtienne quelque grâce, quelque avan-

tage : *c'est vous qui lui avez procuré son emploi.* — Faire en sorte qu'une personne ait ce dont elle a besoin, ou ce qui lui est agréable : *il leur a procuré des munitions et des vivres.* — Se dit aussi des choses, et signifie, être la cause de : *cela peut nous procurer quelque profit.* — Libr. PROCURER UNE ÉDITION, LA PUBLICATION D'UN LIVRE, donner ses soins à l'édition d'un livre, en surveiller l'impression. — ∿ Se procurer v. pr. Obtenir pour soi.

* PROCUREUR, RATRICE s. Celui, celle qui a pouvoir d'agir pour autrui : *ma fermière est ma procuratrice dans cette affaire.* — Antiq. Jurispr. Officier établi pour agir en justice au nom de ceux qui plaident : *un office de procureur au parlement, au Châtelet.* On disait quelquefois, PROCUREUR AD LITES (pour les procès), ou PROCUREUR POSTULANT, par opposition à PROCUREUR AD NEGOTIA (pour les affaires), ou PROCUREUR FONDÉ. — PROCUREUR GÉNÉRAL, magistrat chargé du ministère public près d'une cour supérieure : *les substituts du procureur général.* On a appelé PROCUREUR DU ROI, PROCUREUR IMPÉRIAL, et l'on appelle aujourd'hui PROCUREUR DE LA RÉPUBLIQUE, un magistrat qui remplit les mêmes fonctions auprès d'un tribunal inférieur : *les procureurs du roi ne sont proprement que les substituts du procureur général.* — Fam. et par plaisant. On nommait PROCUREUSE, la femme d'un procureur; PROCUREUR FISCAL, officier qui exerçait le ministère public auprès des justices seigneuriales, veillait aux droits du seigneur, et aux objets d'intérêt commun. On disait aussi par abréviation, LE FISCAL. — Dans les ordres religieux, PROCUREUR GÉNÉRAL, religieux chargé des intérêts de tout l'ordre : *le procureur général des bénédictins,* etc. On appelle aussi PROCUREUR, dans chaque maison religieuse, le religieux chargé des intérêts temporels de la maison : *le père procureur des chartreux.* — ∿ S'emploie encore iron. au pl. comme synonyme de gens de loi :

Craignez le choléra, craignez les procureurs.
T. DE M***

— ENCYCL. Le *procureur général* est le chef des magistrats du ministère public près d'une cour de justice. Le procureur de la *République* occupe ce ministère près d'un tribunal de 1ᵉ instance. (Voy. MINISTÈRE.) — Les anciens *procureurs* remplissaient autrefois, auprès des tribunaux, les fonctions que remplissent aujourd'hui les avoués. La première création des titres d'office de procureur au parlement a été faite par Charles IX en juillet 1585. Les procureurs au Châtelet de Paris n'ont été pourvus de titre régulier qu'en 1620; mais ils recevaient auparavant leur commission des juges eux-mêmes. Les procureurs au parlement de Paris formaient avec les avocats une seule corporation.

* PROCUREUSE s. f. Voy. PROCUREUR. — ∿ Pourvoyeuse.

* PROCUSTE ou ∿ Procruste (gr. procrustes, celui qui bat.) Mythol. Surnom de Polypemon ou Damasès, brigand légendaire de l'Attique, qui avait un lit de fer sur lequel il plaçait tous les voyageurs tombés entre ses mains. S'ils étaient trop grands pour le lit, il les raccourcissait; s'ils étaient trop petits, il les allongeait violemment. Thésée le tua, sur le mont Céphise, en lui faisant subir le même supplice. — Prov. et fig. LIT DE PROCUSTE, règle étroite, gênante et tyrannique.

PROCYON s. m. Mamm. Nom scientifique du genre raton. — Astron. Étoile de première grandeur qui se trouve dans la constellation du Petit Chien.

PRO DEO loc. lat. qui signifie : *Pour Dieu.* — TRAVAILLER PRO DEO, travailler gratis.

PRODICTATEUR s. m. (préf. pro; fr. dictateur.) Antiq. rom. Magistrat qui avait l'autorité dictatoriale et que l'on créa quelque-

---

fois à Rome en l'absence des consuls qui avaient seuls le droit de nommer un dictateur.

PRODICTATURE s. f. Charge du prodictateur.

* PRODIGALEMENT adv. Avec prodigalité : *vivre prodigalement.*

* PRODIGALITÉ s. f. (lat. prodigalitas). Caractère, habitude de celui ou de celle qui est prodigue : *la prodigalité est moins honteuse que l'avarice* — Action d'une personne prodigue; s'emploie ordinairement au pluriel : *les prodigalités l'ont ruiné en peu de temps.*

* PRODIGE s. m. (lat. prodigium). Effet surprenant qui arrive contre le cours ordinaire des choses : *les anciens croyaient que les grands événements sont quelquefois précédés par des prodiges.*

Autrefois un Romain s'en vint, fort affligé,
Raconter à Caton que, la nuit précédente,
Son soulier de souris avait été rongé :
Chose qui lui semblait tout à fait effrayante.
— Mon ami, dit Caton, reprenez vos esprits;
Cet accident en soi n'a rien d'épouvantable;
Mais si votre soulier eût rongé les souris,
Ç'aurait été sans doute un prodige effroyable.
BARBATON.

— Se dit, par exag., en parlant des personnes et des choses qui excellent dans leur genre : *cet homme est un prodige de savoir, de science, de valeur.* — Se dit quelquefois en mauvaise part : *ce prince fut un prodige de cruauté.*

* PRODIGIEUSEMENT adj. D'une manière excessive, étonnante : *il est prodigieusement riche.*

* PRODIGIEUX, EUSE adj. Qui tient du prodige, extraordinaire. Se dit en bien et en mal : *l'effet de ce remède fut prodigieux.*

PRODIGIOSITÉ s. f. État de ce qui est prodigieux.

* PRODIGUE adj. (lat. prodigus). Qui dissipe son bien en excessives et folles dépenses : *il n'est pas libéral, il est prodigue.* — Fig. ENFANT PRODIGUE, jeune homme de famille qui, après des absences et de l'inconduite, retourne dans la maison paternelle. — S'emploie quelquefois, fig., au sens moral : *cet homme est prodigue de paroles, de promesses, de serments.* — Se dit, en bonne part, de celui qui fait de grands sacrifices pour l'utilité d'autrui : *cet homme est prodigue de son bien pour soulager les malheureux.* — s. Il peut être défendu aux prodigues de plaider, de transiger, d'emprunter, etc., *sans l'assistance d'un conseil.* — Le prodigue peut-être empêché de dissiper son patrimoine, au moyen d'un conseil judiciaire, nommé par le tribunal de 1ʳᵉ instance, sur la demande du conjoint ou d'un parent. (Voy. CONSEIL JUDICIAIRE.)

* PRODIGUER v. a. Donner avec profusion : *prodiguer son bien, ses trésors pour le soulagement des malheureux, c'est en faire un bon emploi.*

On prodigue aux talents ce qu'on doit aux vertus.
ANDRÉ CHÉNIER.

— S'emploie aussi fig., tant en bonne qu'en mauvaise part : *c'est prodiguer ses talents que de les employer ainsi.*

PRODIGUEUR s. m. Celui qui prodigue.

* PRODITOIREMENT adv. (rad. lat. proditor, traître). En trahison. Il était d'usage autrefois en style de palais, dans les matières criminelles où il s'agissait d'assassinat : *il a tué proditoirement.*

PRO DOMO SUA loc. lat. qui signifie : *Pour sa maison.*

* PRODROME s. m. (préf. pro; gr. dromos, course). Sorte de préface, titre de certains ouvrages qui servent comme d'introduction à quelque étude. On l'emploie surtout en parlant de certains traités d'histoire naturelle. —

Méd. État d'indisposition, de malaise qui est l'avant-coureur d'une maladie.

* PRODUCTEUR s. m. (lat. productor; de producere, produire). Écon. polit. Se dit de ceux qui créent, par leur travail, les produits agricoles ou industriels, par opposition à ceux qui s'en servent, qui consomment : *les producteurs et les consommateurs.*

* PRODUCTEUR, TRICE adj. Qui est cause de production : *les causes productrices de nos idées.*

PRODUCTIBILITÉ s. f. Qualité de ce qui est productible.

PRODUCTIBLE adj. Qui peut être produit.

* PRODUCTIF, IVE adj. Qui produit, qui rapporte : *cette espèce de terre est la plus productive de toutes.*

* PRODUCTION s. f. (lat. productio; de producere, produire). Action de produire, de donner naissance : *la nature n'est pas moins admirable dans la production d'un ciron que dans celle d'un éléphant.* — Ouvrage, ce qui est produit; se dit également des ouvrages de la nature et de ceux de l'art et de l'esprit : *toutes les productions de la nature sont admirables.* — Écon. polit. Ce que produisent le sol et l'industrie d'un pays : *c'est sur la production que toute terre doit être évaluée.* — Action de produire des titres et des écritures, dans un procès : *production de pièces.* — Se dit aussi des titres et des écritures qu'on produit : *il a mis sa production au greffe.* — Anat. Prolongement, allongement : *le mésentère est une production du péritoine.*

PRODUCTIVITÉ s. f. Faculté de produire, état de ce qui est productif.

* PRODUIRE v. a. (lat. producere). Engendrer, donner naissance : *chaque animal produit son semblable.* — Se dit plus ordinairement de la terre, d'un pays, d'un arbre, et signifie, porter : *c'est une terre qui ne produit que des ronces.* — Fig. CE PAYS, CE SIÈCLE A PRODUIT BEAUCOUP DE GRANDS HOMMES, beaucoup de grands hommes sont nés dans ce pays, dans ce siècle. — Se dit aussi d'une charge, d'un emploi, d'une somme d'argent, etc., et signifie, rapporter, donner du profit : *sa charge lui produit tant par an.* — Se dit encore en parlant des ouvrages de l'esprit et de l'art, et signifie, faire, composer, créer : *c'est un homme qui a l'esprit fécond, il a produit quantité d'ouvrages.* — Se dit de même en parlant d'agriculture et d'industrie : *tout ce que l'industrie et l'agriculture produisent.* — Causer, être cause, procurer : *la guerre produit de grands maux.* — Exposer à la vue, soumettre à la connaissance, à l'examen : *produire des titres, des pièces justificatives.* — PRODUIRE DES TÉMOINS, faire entendre des témoins en justice. — PRODUIRE DES RAISONS, DES RAISONS, alléguer des autorités, mettre en avant des raisons. — S'emploie, absol., en termes de procédure, et signifie, donner par écrit les moyens qu'on a pour soutenir sa cause, avec les pièces justificatives : *produire au greffe.* — LES PARTIES ONT ÉTÉ APPOINTÉES A ÉCRIRE, PRODUIRE ET CONTREDIRE l'affaire n'ayant pu être jugée à l'audience, on a ordonné aux parties de fournir leurs raisons par écrit, et de produire leurs pièces. — Introduire, faire connaître : *produire un homme dans le monde, à la cour.* — Se produire v. pr. Il s'est produit dans cette société.

* PRODUIT s. m. (lat. productum). Ce que rapporte une charge, une terre, une ferme, une maison, etc., en argent, en denrées, en droits, etc. : *le produit de cette terre, de cette ferme, de cette terre, etc., est de tant.* — PRODUIT NET, ce que rapporte un bien, tous frais faits et toutes charges déduites. — Écon. polit. Productions de l'agriculture et de l'industrie. En ce sens, on ne l'emploie guère qu'au pluriel : *cette province n'a point de*

débouchés pour l'écoulement de ses produits. —
Etre qui résulte de l'accouplement des animaux : *le produit de l'âne et de la jument*. —
Chim. Ce qui résulte d'une opération artificielle ou naturelle : *le produit d'une cristallisation*. — Arithm. Nombre qui résulte de deux nombres multipliés l'un par l'autre : *huit est le produit de deux et de quatre*. —
Procéd. ACTE DE PRODUIT, acte qu'on fait signer pour déclarer qu'on a mis sa production au greffe.

PROÉGUMÈNE adj. (préf. *pro*; gr. *égoumai*, je conduis). Méd. Se dit de la cause éloignée ou prédisposante d'une maladie.

PROÈME s. m. (préf. *pro*; gr. *oimos*, chemin). Préface, exorde, entrée en matière.

· PROÉMINENCE s. f. (préf. *pro*; fr. *éminence*). Etat de ce qui est proéminent : *la proéminence du globe de l'œil, du nez*, etc.

· PROÉMINENT, ENTE adj. Qui est plus en relief que ce qui l'environne : *le nez est proéminent dans le visage de l'homme.*

PROEMPTOSE s. f. [pro-an-ptŏ-ze] (préf. *pro*; gr. *emptôsis*, chute). Astron. Arrivée de la nouvelle lune un jour avant celui qu'indiquerait le cycle des épactes.

· PROFANATEUR s. m. (rad. *profane*). Celui qui profane les choses saintes : JÉSUS-CHRIST *chassa du temple tous les profanateurs.* — Adjectiv. *Il leva contre le temple une main profanatrice.*

PROFANATION s. f. Action de profaner les choses saintes; irrévérence commise contre les choses de la religion : *l'usage des paroles de l'Ecriture pour les pratiques superstitieuses est une profanation.* — Par ext. Simple abus qu'on fait des choses rares et précieuses : *c'est une espèce de profanation que d'employer l'or et l'argent à ces sortes d'usages.*

PROFANATOIRE adj. Qui a le caractère d'une profanation.

· PROFANE adj. (préf. *pro*; lat. *fanum*, temple). Qui est contre le respect qu'on doit aux choses sacrées : *c'est une action profane et impie.* — Se dit plus ordinairement des choses qui n'appartiennent pas à la religion, par opposition à celles qui la concernent : *faire servir les choses sacrées à des usages profanes.* — s. Celui qui manque de respect pour les choses de la religion : *il parle des choses les plus sacrées comme un profane.* — Se disait particul., chez les anciens, de celui qui n'était pas initié à des mystères : *éloigner les profanes.* — Se dit, fig. et par manière de plaisanterie, des ignorants et des gens grossiers, par opposition aux savants et aux personnes polies : *il n'appartient pas à un profane de parler sur ce sujet.* — Se dit aussi, fig. et par plaisanterie, d'une personne qu'on ne veut point admettre dans une société : *nous ne voulons point de lui, c'est un profane.* — Se dit encore, substantiv. et absol., des choses profanes : *mêler le profane au sacré.*

· PROFANER v. a. Abuser des choses de la religion, les traiter avec irrévérence, avec mépris, les employer à des usages profanes : *il profane les choses les plus sacrées* : CETTE ÉGLISE A ÉTÉ PROFANÉE, il s'y est commis un meurtre, un assassinat, une action criminelle. — Rendre une chose sacrée à un usage profane : *pour pouvoir réparer les vases sacrés, il faut d'abord les profaner.* — Faire un mauvais usage de ce qui est rare et précieux, le dégrader, le traiter avec trop peu de respect : *lire de si belles choses devant un homme qui n'y entend rien, c'est les profaner.*

· PROFECTIF, IVE adj. (lat. *profectus*, tiré de). Jurispr. Se dit des biens qui viennent à quelqu'un des successions de ses père, mère, ou autres ascendants : *biens profectifs.* (Peu us.)

· PROFÉRER v. a. (lat. *proferre*). Prononcer,

articuler, dire : *il n'a pas proféré une parole, il n'a pas dit un mot de tout le jour.*

· PROFÈS, ESSE adj. [-fè] (lat. *professus*; de *profiteri*, faire profession). Se dit de celui ou de celle qui a fait les vœux dans un ordre religieux après que le temps du noviciat est expiré : *religieux profès.* — s. *Un jeune profès; une jeune professe.*

PROFESSABLE adj. Qui peut être professé; *cette langue n'est pas professable.*

· PROFESSER v. a. (lat. *profiteri*). Avouer publiquement, reconnaître hautement quelque chose : *professer une religion.* — Exercer : *professer un art, un métier.* — Enseigner publiquement : *il professe la rhétorique.* — On l'emploie quelquefois absol. : *il professe dans l'université.*

· PROFESSEUR s. m. (lat. *professor*). Celui qui enseigne quelque science, quelque art dans une école publique ou particulière : *professeur de philosophie, en philosophie.* — Se dit, fig., d'un auteur, en parlant de sa doctrine; et il se prend ordinairement en mauvaise part : *cet écrivain est un professeur d'athéisme, d'impiété*, etc. — Celui qui exerce un art et en fait profession; par opposition au simple amateur qui le cultive : *cet homme n'est pas un simple amateur en musique, c'est un professeur.*

· PROFESSION s. f. Déclaration publique d'un sentiment habituel : *il fait profession de principes fort sévères, fort relâchés.* — Fam. FAIRE PROFESSION D'UNE CHOSE, y mettre de la prétention, s'en piquer particul. : *il fait profession d'être sincère, de tenir sa parole.* — PROFESSION DE FOI, déclaration publique de sa foi et des sentiments qu'on tient pour orthodoxes. Se dit aussi, par ext., en parlant des sentiments politiques ou autres : *faire sa profession de foi politique.* — FAIRE PROFESSION D'UNE RELIGION, être d'une religion, l'exercer, la pratiquer ouvertement. On dit aussi, FAIRE PROFESSION D'UNE DOCTRINE. — Se dit aussi de tous les différents états et de tous les différents emplois de la vie civile : *de quelle profession est-il?* — UN DÉVOT DE PROFESSION, un homme qui affecte de passer pour dévot; et, UN ATHÉE DE PROFESSION, un homme qui se dit athée, qui affiche l'athéisme. — UN JOUEUR, UN IVROGNE, UN LIBERTIN DE PROFESSION, un homme qui est dans l'habitude de se livrer au jeu, à l'ivrognerie, au libertinĝe. — UN SAVANT DE PROFESSION, UN ÉRUDIT DE PROFESSION, un homme qui se consacre à l'étude des sciences, à l'érudition. — Acte par lequel un religieux ou une religieuse fait les vœux de religion, après que le temps de son noviciat est expiré : *assister à la profession d'un religieux, d'une religieuse.*

· PROFESSIONNEL, ELLE adj. Qui concerne une profession. ECOLE PROFESSIONNELLE, école où l'on prépare à différents métiers. On dit de même, ENSEIGNEMENT PROFESSIONNEL

· PROFESSO (Ex). (Voy. EX PROFESSO.)

· PROFESSORAL, ALE, AUX adj. Qui appartient, qui a rapport à la qualité, à la condition de professeur : *il est dégoûté de la vie professorale.*

· PROFESSORAT s. m. Emploi, état, condition d'un homme qui professe quelque science : *le professorat est un des états qui méritent le plus d'être honorés.*

· PROFIL s. m. [pro-fil] (préf. *pro*; lat. *filum*, trait). Peint. Se dit proprement du trait et de la délinéation du visage d'une personne, vu par un de ses côtés, soit en réalité, soit en peinture. En ce sens, il est opposé à *face* : *il est plus aisé de peindre de profil que de peindre de face.* — Aspect, représentation d'une ville, ou de quelque autre objet vu d'un de ses côtés seulement; et, en ce sens,

il est opposé à *plan* : *une carte de Paris en profil.* — Délinéation d'un bâtiment et généralement toutes sortes d'ouvrages de maçonnerie et d'architecture, représentés dans leur élévation comme coupés par un plan perpendiculaire : *le profil d'un bâtiment fait connaître les dimensions intérieures.* — Particul. Contour d'un membre d'architecture : *le profil d'une corniche donne exactement la forme de toutes les moulures.* — B.-arts. PROFIL PERDU, profil légèrement tourné en arrière, de manière à montrer un peu plus du derrière de la tête et un peu moins de la face..

PROFILEMENT s. m. Art milit. Détermination sur le terrain du profil d'un ouvrage de construction passagère.

· PROFILER v. a. Dessin. Représenter en profil. Ne s'emploie guère qu'en architecture : PROFILER UNE CORNICHE, UN ENTABLEMENT, etc., dessiner la coupe d'une corniche, d'un entablement, etc. — Particul. Donner aux contours d'un ouvrage d'architecture le ca lère qui leur convient : *la façade de cet édifice est profilée avec goût.* — Se profiler v. pr. Se dessiner. LES COLLINES SE PROFILAIENT SUR LA VOÛTE DES CIEUX, elles dessinaient leurs contours.

PROFILEUR s. m. Instrument au moyen duquel on dessine sur le papier les profils d'une voie quelconque.

· PROFIT s. m. (lat. *profectus*, tiré de). Gain, bénéfice, émolument, avantage, utilité : *ce sont les profits de sa charge.* — METTRE UNE CHOSE A PROFIT, l'employer utilement : on le dit au propre et au figuré : *c'est un homme qui met tout à profit.* — C'EST UN PROFIT TOUT CLAIR, c'est un profit évident, manifeste. Se dit quelquefois au figuré : *je ne suis point allé au spectacle, et j'ai employé ma soirée à travailler; c'est un profit tout clair.* On dit aussi quelquefois, C'EST TOUT PROFIT. — FAITES-EN VOTRE PROFIT, se dit en parlant d'une chose qu'on abandonne à quelqu'un. Se dit aussi en parlant d'un avis qu'on donne : *je vous donne un avis sage, faites-en votre profit.* — UNE CHOSE FAITE A PROFIT, A PROFIT DE MÉNAGE, une chose faite de manière à pouvoir longtemps servir, à durer longtemps : *voilà un habit, un meuble fait à profit.* — FAIRE DU PROFIT, se dit, dans le ménage, des choses qui ne se consomment pas trop promptement, et qui sont d'un usage économique : *cette espèce de bois à brûler fait beaucoup de profit.* — Progrès qu'on fait dans les études : *il a fait beaucoup de profit depuis qu'il est sous tel maître.* On dit plus ordinairement, IL A FAIT BEAUCOUP DE PROGRÈS, ou IL A BEAUCOUP PROFITÉ, etc. — Instruction qu'on acquiert par ses lectures, par ses études, etc., du fruit qu'on en tire : *pour lire avec profit, il faut...* — pl. Petites gratifications que les domestiques reçoivent, petits avantages qu'ils se procurent : *il y a beaucoup de profits dans cette maison.* — Jurispr. féod. PROFITS DE FIEFS, droits de quint, requint, relief, lods, ventes, qui revenaient au seigneur à raison des mutations de vassaux ou de censitaires.

· PROFITABLE adj. Utile, avantageux : *cela ne vous sera guère profitable.*

PROFITABLEMENT adv. D'une manière profitable.

· PROFITER v. n. Tirer un émolument, faire un gain : *il a beaucoup profité sur les marchandises qu'il a vendues.* — Tirer de l'avantage, de l'utilité de quelque chose que ce soit : *il a mal profité des avertissements qu'on lui avait donnés.* — Se dit souvent des choses, et signifie, rapporter du profit, procurer du gain : *ce commerce lui a bien profité, lui a peu profité.* — Être utile, servir : *tous les avis qu'on lui a donnés ne lui ont profité de rien.* — Faire du progrès en quelque chose : *il a beaucoup profité avec ce précepteur-là.* —

Se dit aussi des personnes et des animaux qui prennent de l'accroissement, qui se fortifient : *il ne profite point depuis qu'on l'a tiré de nourrice.* — Se dit encore des arbres, des plantes qui viennent bien : *les arbres profitent dans une terre nouvellement défoncée.*

* **PROFOND, ONDE** adj. (lat. *profundus*). Qui a une cavité considérable, dont le fond est éloigné de la superficie, de l'ouverture, du bord, etc. Se dit plus généralement des choses qui vont de haut en bas : *puits profond.* — RACINES PROFONDES, racines qui plongent très avant dans la terre : *cet arbre a jeté de profondes racines.* — BLESSURE, PLAIE PROFONDE, blessure, plaie qui pénètre fort avant dans les chairs. — PROFONDE RÉVÉRENCE, PROFONDE INCLINATION, révérence, inclination faite en se courbant extrêmement bas. — SOLITUDE PROFONDE, RETRAITE PROFONDE, solitude, retraite fort éloignée de la fréquentation, du commerce des hommes. — Tact. L'ORDRE PROFOND, par opposition à L'ORDRE MINCE. (Voy. ORDRE.) — Fig., au sens moral. Qui est difficile à pénétrer, à connaître : *ces sciences sont trop profondes pour lui.* — Qui pénètre fort avant dans la connaissance des choses : *un profond savoir.* — Se dit en ce sens des personnes : *c'est un homme profond.* — UN PROFOND SCÉLÉRAT, un scélérat consommé, qui met beaucoup de réflexion et de calcul dans ses desseins criminels. — Grand, extrême dans son genre ; et, dans cette acception, se dit tant des choses physiques que des choses morales : *obscurité profonde.* — Substantiv. *Il est tombé au plus profond du gouffre.*

* **PROFONDÉMENT** adv. Bien avant, d'une manière profonde. Se dit au propre et au figuré : *creuser la terre trop profondément.*

* **PROFONDEUR** s. f. Étendue d'une chose considérée depuis la superficie ou l'entrée jusqu'au fond : *la profondeur d'un précipice.* — Géom. Dimension d'un corps considéré de haut en bas : *il y a trois dimensions, longueur, largeur et profondeur.* — Tact. Épaisseur, hauteur : *une troupe rangée sur tant d'hommes de profondeur, sur une grande profondeur.* — Étendue en longueur : *cette cour a tant de profondeur.* — Fig. S'emploie en parlant des choses difficiles à pénétrer, à comprendre : *la profondeur des jugements de Dieu.* — Grande étendue, grande pénétration : *la profondeur de son savoir, de son érudition, de son esprit.*

PRO FORMA, loc. lat. qui signifie : *Pour la forme.*

PROFUS, USE adj. (lat. *profusus*). Prodigue : *qui fait des profusions.*

* **PROFUSÉMENT** adv. Avec profusion : *il donne profusément.*

* **PROFUSION** s. f. [-zi-on] (lat. *profus.o*). Excès de libéralité ou de dépense : *ce prince fait de grandes profusions.* — DONNER DES LOUANGES AVEC PROFUSION, les prodiguer, en donner plus qu'il ne convient.

PROGASTRIQUE adj. (préf. *pro*; fr. *gastrique*). Icht. Qui a les nageoires ventrales insérées sous l'abdomen.

PROGÉNITEUR s. m. (préf. *pro*; lat. *genitor*, père). Aïeul. Ancêtre.

* **PROGÉNITURE** s. f. (préf. *pro*; gr. *genos*, naissance). Ce qu'un homme, ce qu'un animal a engendré : *tout père aime sa progéniture.* (Vieux, et ne se dit guère qu'en plaisantant.)

* **PROGNATHE** adj. [-ghna-] (préf. *pro*; *gnathos*, mâchoire). Anthrop. Qui a les mâchoires allongées : *se dit de certaines races de l'Afrique et de l'Australie : races prognathes.*

* **PROGNATHISME** s. m. Disposition allongée et proéminente des mâchoires qui caractérise les races inférieures.

PROGNÉ [-ghné], sœur de Philomèle. — s. f. Nom poétique de l'hirondelle.

PROGNOSE s. f. [-ghno-] (préf. *pro*; gr. *gnôsis*, connaissance). Science de la marche et des signes des maladies, indiquant les accidents, les crises et les solutions.

* **PROGNOSTIC** s. m. [-ghnoss-]. Méd. Voy. PRONOSTIC.

* **PRONOSTIQUE** adj. Méd. Qui fournit le pronostic : *signes prognostiques.*

* **PROGRAMME** s. m. [-gra-me] (préf. *pro*; gr. *gramma*, écriture). Placard, écrit qu'on affiche ou qu'on distribue pour annoncer quelque exercice, pour proposer quelque prix, etc. : *le programme d'un concert.* — TENIR, REMPLIR SON PROGRAMME, tenir, faire exactement ce qu'on avait promis. — Par ext. Exposé de principes ou d'idées : *l'opposition a fait connaître son programme.*

* **PROGRÈS** s. m. [pro-grè] (lat. *progressus*; de *progredi*, aller en avant). Avancement, mouvement en avant : *le progrès du soleil dans l'écliptique.* — Particul. Suite d'avantages remportés à la guerre : *ce général a fait de grands progrès en peu de temps, et avec peu de troupes.* — Fig. Toute sorte d'avancement d'augmentation en bien ou en mal : *le commencement, le progrès et la fin d'une maladie.* — Absol. Mouvement progressif de la civilisation : *ce philosophe admet une loi du progrès.*

PROGRESSER v. n. Faire des progrès, s'accroître.

PROGRESSIBLE adj. Qui est susceptible de faire des progrès.

* **PROGRESSIF, IVE** adj. Est particulièrement usité en style didactique et dans cette locution, MOUVEMENT PROGRESSIF, marche, mouvement en avant : *l'huître est privée du mouvement progressif.* — Fig. Qui avance, qui fait des progrès : *la marche progressive des idées, de l'esprit humain, de la civilisation.* — Méd. PARALYSIE PROGRESSIVE, paralysie qui envahit successivement les différentes parties du corps. — IMPÔT PROGRESSIF, impôt qui, au lieu d'être le même pour tous en proportion de la fortune, s'élève et change de proportion selon la progression des fortunes.

* **PROGRESSION** s. f. (lat. *progressio*). Est principalement usité en style didactique et dans cette locution, MOUVEMENT DE PROGRESSION, marche, mouvement en avant : *la plupart des animaux sont doués du mouvement de progression.* — Fig. Marche, suite non interrompue : *la progression naturelle de l'esprit humain devait amener ce changement.* — Mathémat. Suite de nombres ou de quantités qui dérivent successivement les unes des autres, suivant une même loi. — PROGRESSION ARITHMÉTIQUE OU PAR DIFFÉRENCE, série de nombres ou de quantités dans laquelle chaque membre ou terme surpasse le précédent ou le suivant d'une quantité constante appelée *raison*. Ainsi 2, 5, 8, 11, 14, etc. forment une progression arithmétique ayant pour raison 3. Le signe de la progression arithmétique est ÷. — PROGRESSION GÉOMÉTRIQUE OU PAR QUOTIENT, série de quantités telles que chacune d'elles est égale à la précédente multipliée ou divisée par une quantité constante appelée *raison géométrique.* Ainsi 3, 9, 27, 81, etc. forment une progression géométrique dont la raison est 3. Le signe de la progression géométrique est ÷÷. — PROGRESSION INDÉFINIE, celle qui est indéfiniment continue. — Les progressions sont dites croissantes ou décroissantes, selon que leurs termes vont en augmentant ou en diminuant.

PROGRESSIONNEL, ELLE adj. Qui a un caractère progressif.

PROGRESSISTE adj. Qui est partisan du progrès. — Substantiv. *Les progressistes.* — Les progressistes ou *progresistas,* formèrent

en Espagne un parti puissant, dirigé d'abord par Espartero et ensuite par le général Prim.

* **PROGRESSIVEMENT** adv. D'une manière progressive.

PROGRESSIVITÉ s. f. Caractère de ce qui est progressif.

* **PROHIBÉ, ÉE** part. passé de PROHIBER : *marchandises prohibées.* — ARMES PROHIBÉES, armes dont la police interdit le port et l'usage. — DEGRÉ PROHIBÉ, degré de parenté où la loi défend de se marier.

* **PROHIBER** v. a. (lat. *prohibere*, empêcher). Défendre, faire défense. N'est guère d'usage qu'en style de législation et de palais : *on a prohibé l'exportation, l'importation, la vente de telle marchandise.*

* **PROHIBITIF, IVE** adj. Qui défend, qui interdit, qui restreint : *lois prohibitives.*

* **PROHIBITION** s. f. Inhibition, défense : *les prohibitions sont en général défavorables au commerce et à l'industrie.*

* **PROHIBITIONNISTES** s. m. Econ. polit. Partisan des prohibitions en matière de commerce et d'industrie.

PROHIBITIVEMENT adv. D'une manière prohibitive.

PROH PUDOR ! loc. lat. qui signifie : *Oh, honte !*

* **PROIE** s. f. (lat. *præda*). Ce que les animaux carnassiers ravissent pour le manger : *le lion se jeta sur sa proie.*

> Il ouvre un large bec, laisse tomber sa proie.
> LA FONTAINE.

— OISEAU DE PROIE, oiseau qui donne la chasse au gibier, et qui s'en nourrit. — Fig. Butin fait à la guerre, et engénéral toute chose dont on s'empare avec violence, avec une sorte de rapacité, etc. : *plusieurs fois les monuments des arts, de l'antiquité devinrent la proie des barbares.* — Se dit aussi, fig., en parlant des personnes qui ont beaucoup à souffrir des vices, des passions des autres, ou de leurs propres passions : *être en proie à l'avidité, à la cupidité des usuriers.* — Se dit aussi en parlant des choses qui détruisent ou ravagent : *plus de vingt maisons ont été la proie des flammes.*

PROISY D'EPPES (LE COMTE César de), littérateur, né à Eppes (Aisne) en 1788, mort à Marie-Galande (Antilles) en 1836. Le gouvernement de la Restauration le nomma juge aux Antilles. Il a laissé plusieurs poèmes royalistes et un fameux *Dictionnaire des girouettes.* (Voy. GIROUETTE.)

PROJECTIF, IVE adj. (lat. *projectus*, projeté). Qui a la propriété de projeter.

* **PROJECTILE** s. m. Mécan. Tout corps lancé par une force quelconque : *les projectiles, abstraction faite de la résistance de l'air, doivent décrire une parabole, quand ils sont jetés obliquement.* — Art milit. Bombes, boulets, obus, etc. : *un amas de projectiles.* — Adj. MOUVEMENT PROJECTILE, FORCE PROJECTILE, mouvement de projection, force de projection.

* **PROJECTION** s. f. [-jek-si-on] (lat. *projectio*). Mécan. Action de jeter, de lancer un corps pesant : *projection perpendiculaire, horizontale, oblique.* — Chim. Opération qui consiste à jeter par cuillerée dans un creuset, mis entre des charbons ardents, quelque matière en poudre qu'on veut calciner. — POUDRE DE PROJECTION, poudre avec laquelle les alchimistes prétendaient changer les métaux en or. — Géogr. et perspect. Représentation de la sphère ou tel autre corps, faite sur un plan, d'après certaines règles géométriques : *toutes les lignes d'heures tracées sur les cadrans solaires, sont les projections des méridiens célestes sur la surface du cadran.*

* **PROJECTURE** s. f. Archit. Saillie ou

avance horizontale des divers membres d'architecture.

PROJET s. m. [pro-jè] (lat. *projectus*, lancé en avant). Dessein, entreprise : arrangement des moyens qu'on croit utiles pour exécuter ce qu'on médite : *un grand projet.* — Première pensée, première rédaction de quelque acte, de quelque écrit : *faire un projet d'articles pour un mariage.*

PROJETER v. a. Former le dessein de : *projeter une entreprise.* — Absol. *Perdre son temps à projeter, à projeter en l'air.* — Tracer sur un plan ou sur une surface quelconque la sphère ou tel autre corps, suivant certaines règles géométriques : *projeter les cercles horaires avec l'équinoxial et les tropiques sur un cadran.* — Jeter, diriger en avant : *projeter un corps obliquement.* — Se projeter v. pr. Paraître en avant : *cette figure se projette dans le tableau.*

PROJETEUR, EUSE s. Faiseur, faiseuse de projets.

PROKESCH-OSTEN (Anton von, BARON) [pro'-kech-oss-tenn], diplomate et auteur autrichien né en 1795, mort en 1876. Il servit dans l'armée, devint secrétaire particulier du prince de Schwarzenberg (1818-'21), fut anobli en 1830; et fut ambassadeur à Athènes (1834-'49), à Berlin (1849-'52), à Francfort (1853-'55), et à Constantinople (1855-'72). Sa célèbre collection de médailles se trouve au musée de Berlin. Il a écrit des ouvrages sur l'Égypte et l'Asie Mineure (1829-'31, 3 vol.), sur l'Orient (édité par Munch, d'après sa correspondance, 1836-'37, 3 vol.) et sur la guerre de l'indépendance hellénique (1867-'68, 6 vol.). Il a aussi publié *Kleine Schriften* (1842-'44, 7 vol.).

PROLATION s. f. [-si-on] (lat. *prolatio*). Action de proférer, de prononcer.

PROLÉGOMÈNES s. m. pl. (gr. *prolegomena*, choses dites d'avance). Didact. Longue et ample préface qu'on met à la tête d'un livre, pour donner les notions les plus nécessaires à l'intelligence des matières qui y sont traitées : *les prolégomènes de la bible.*

PROLEMME s. m. Log. Partie de l'argument qui précède le lemme.

PROLEPSE s. f. (gr. *prolépsis*; de *pro*, avant; *lambanô*, je prends). Rhét. Figure par laquelle on va au-devant des objections de l'adversaire.

PROLEPTIQUE adj. (gr. *proléptikos*). Méd. Se dit d'une fièvre dont chaque accès anticipe sur le précédent.

PROLÉTAIRE s. m. (lat. *proletarinus*; de *proles*, rejeton). Antiq. rom. Ceux qui formaient la sixième et dernière classe du peuple, et qui, étant fort pauvres et exempts d'impôts, n'étaient utiles à la république que par les enfants qu'ils engendraient : *les prolétaires étaient exempts d'aller à la guerre.* — Se dit, par ext., dans les États modernes, de ceux qui n'ont ni fortune ni profession suffisamment lucrative.

PROLÉTAIREMENT adv. A la façon des prolétaires.

PROLÉTARIAT s. m. Classe des prolétaires. — Encycl. « On semble croire que le prolétariat, qui est une expression moderne, afflige exclusivement les sociétés chez lesquelles l'industrie est très développée; mais cette plaie n'était pas inconnue des siècles passés, et l'histoire constate que pendant les époques que l'on nomme quelquefois et si improprement « le bon vieux temps » la misère était beaucoup plus répandue et plus intense qu'elle ne l'est de notre temps. Le savant M. Levasseur s'exprime ainsi sur ce sujet, dans le livre *La France industrielle*

en 1789. « Le paupérisme occupait autrefois « une place moindre, parce que la manufac- « ture était beaucoup moins étendue que de « nos jours; mais le prolétariat n'est pas la « seule forme de la misère. Qu'un grand « nombre d'individus vivent du labeur manu- « facturier, agglomérés autour des machines, « suspendus au salaire de chaque jour, sans « épargne, sans lendemain, sous la menace « toujours constante d'une diminution ou « d'une cessation de travail, c'est-à-dire d'une « privation du pain quotidien, sans qu'ils « puissent régler ni même prévoir les condi- « tions du marché dont dépend leur existence; « voilà ce que l'on désigne ordinairement sous « le nom de prolétariat. C'est un spectacle qui « frappe les yeux, qui émeut et effraye. Mais « qu'une population tout entière languisse « dans une commune indigence, attachée à la « terre qui ne lui fournit qu'une maigre pi- « tance, ou courbée de père en fils sur le même « établi; et que les générations se succèdent, « végétant et mourant les unes après les « autres, sans espérer, ni même concevoir la « pensée d'une situation meilleure, le silence « de l'histoire cachera à la postérité ces mi- « sères muettes; mais les souffrances n'en « sont pas moins réelles; et, si une main cu- « rieuse vient à soulever le voile, le tableau « sera bien plus affligeant pour l'humanité « que celui du prolétariat dans une société « industrieuse, parce que la lèpre de la mi- « sère y sera plus générale et moins facile à « guérir. » (Voy. PAUPÉRISME.) Le grand histo- rien anglais Macaulay a dit aussi : « Plus on « examine avec attention l'histoire du passé, « plus on voit combien se trompent ceux qui « s'imaginent que notre époque a inventé « de nouvelles misères sociales. La vérité est « que ces misères sont anciennes; mais il est « nouveau, c'est l'intelligence qui les dé- « couvre et l'humanité qui les soulage. » (CH. Y.)

PROLIFÉRATION s. f. (lat. *proles*, rejeton; *ferre*, porter). Bot. Apparition d'un bouton à fleur sur une partie d'une plante qui n'a pas encore dû porter.

PROLIFÈRE adj. Bot. Se dit de certaines fleurs du centre desquelles naissent d'autres fleurs : *rose prolifère.*

PROLIFICATION s. f. Hist. nat. État d'un organe prolifère.

PROLIFIQUE adj. (lat. *prolificus*; de *proles*, lignée; *ficus*, qui fait). Méd. Qui a la vertu d'engendrer : *vertu prolifique.* — REMÈDES PRO- LIFIQUES, remèdes auxquels on attribuait la propriété d'accroître les forces génératrices.

PROLIXE adj. [-li-kse] (lat. *prolixus*). Trop étendu, trop long, diffus. Ne se dit proprement que des discours et des personnes par rapport aux discours : *un discours devient froid et languissant, quand il est prolixe.*

PROLIXEMENT adv. D'une manière pro- lixe : *il écrit bien prolixement.* (Peu us.)

PROLIXITÉ s. f. Diffusion, longueur inutile et fatigante dans le discours : *il faut éviter la prolixité.*

PROLOGUE s. m. (préf. *pro*; gr. *logos*, discours). Préface, avant-propos : *saint Jérôme dans ses prologues sur les livres de la Bible.* — Ouvrage qui sert de prélude à une pièce dramatique : *les anciens ne faisaient guère de pièces de théâtre sans prologue.*

PROLONGATION s. f. (rad. *prolonger*). Temps qu'on ajoute à la durée fixe de quelque chose : *il a obtenu une prolongation de six mois.*

PROLONGE s. f. Artill. Cordage qui sert pour la manœuvre des bouches à feu : *traîner un canon à la prolonge.* — Voiture d'artillerie que l'on nomme plus exactement CHARIOT À MUNITIONS.

PROLONGEMENT s. m. Extension, conti-

nuation de quelque portion d'étendue : *la queue, dans les animaux, est un prolongement de l'épine dorsale.*

PROLONGER v. a. (lat. *prolongare*). Faire durer plus longtemps, rendre de plus longue durée : *prolonger une affaire.* — Étendre, continuer : *il faudrait abattre ces arbres, pour prolonger la vue.* — Mar. PROLONGER UN VAIS- SEAU, se porter parallèlement à ce vaisseau et fort près, se mettre par son travers de long en long et vergue à vergue avec lui. — Se prolonger v. pr. *Les débats se sont prolongés bien avant dans la nuit.*

PROME, ville du Burmah anglais, dans le Pégou, sur l'Irrawaddy, à 260 kil. N.-N.-O. de Rangoon; 30,000 hab. environ. Elle est entou- rée d'une muraille en briques; c'est une place d'une grande importance commerciale. Elle a été prise par les Anglais en 1825, et de nouveau en 1852.

PROMENADE s. f. Action de se promener : *la promenade lui est salutaire.* — PROMENADE MILITAIRE, exercice de marche prescrit pour les troupes. — Lieu où l'on se promène : *il y a de belles promenades autour de sa maison.* — LA PROMENADE EST BELLE AUJOURD'HUI, le temps est favorable pour se promener aujour- d'hui. — Fam. CE N'EST QU'UNE PROMENADE, se dit en parlant d'un lieu, d'un pays où l'on se rend en peu de temps, qui est ou que l'on trouve peu éloigné : *de Paris à Versailles, ce n'est qu'une promenade.*

PROMENER v. a. (préf. *pro*; fr. *mener*). Mener, conduire, faire aller quelqu'un d'un endroit à un autre, de côté et d'autre, soit pour l'amuser, soit pour qu'il fasse de l'exer- cice : *il m'a promené dans sa calèche.* — PRO- MENER DES ÉTRANGERS DANS LA VILLE, DANS LA VILLE, la leur faire parcourir, la leur faire voir : *il m'est venu de province des parents que j'ai promenés par tout Paris, dans tout Paris.* — PROMENER UN CHEVAL, le faire mar- cher doucement, soit en le tenant par la bride, soit en le montant : *promener un che- val échauffé, avant que de le mettre à l'écurie.* On dit aussi, PROMENER UN CHIEN. — Fig. *Promener sa vue, ses yeux, ses regards sur une assemblée.* — PROMENER QUELQU'UN, l'abuser, le lasser par des délais, par des promesses vaines : *au lieu de me payer ce qu'il me doit, voilà six mois qu'il me promène.* — Se promener v. pr. Marcher, aller, soit à pied, soit à cheval, soit en voiture, etc., pour faire de l'exercice, ou pour se divertir : *se promener de long en large dans sa chambre.* — Fig. en parlant des choses: *un ruisseau qui se promène lentement dans la prairie.* — SON ESPRIT, SON IMAGINATION SE PROMÈNE D'UN OBJET A L'AUTRE, change à tout moment d'objet. — Prov. et par impatience, par humeur, ALLEZ VOUS PROMENER, se dit à une personne dont on est mécontent, dont on veut se débarrasser : *allez vous promener, vous m'ennuyez.* — On dit de même, C'EST UN SOT, UN IMPORTUN, QU'IL AILLE SE PROMENER; JE L'AI ENVOYÉ PROMENER. Dans cette dernière phrase, on sous-entend le pronom. Ces ex- pressions sont malhonnêtes et injurieuses.

PROMENEUR, EUSE s. Celui, celle qui promène quelqu'un : *elle est la promeneuse de cet enfant, de cet vieillard.* — Celui, celle qui se promène. Dans cette acception, on l'em- ploie surtout au pluriel et par rapport aux lieux publics destinés à la promenade : *il y a beaucoup de promeneurs dans cette allée.* — Celui, celle qui aime à se promener : *je ne suis pas promeneur.*

PROMENOIR s. m. Lieu particulièrement destiné à la promenade : *vous avez un beau promenoir dans votre jardin.*

PROMÉROPS [pro-mé-ropss] (préf. *pro*; lat. *mérops*, guêpier). Ornith. Genre de passe- reaux ténuirostres, très voisin des huppes, dont il se distingue par l'absence de huppe, et par la longueur de la queue. Le *promérops* proprement dit (*upupa promerops*) habite le cap de Bonne-Espérance.

*PROMESSE s. f. (lat. *promissum*). Assurance qu'on donne de bouche ou par écrit, de faire ou de dire quelque chose : *n'ajoutez nulle foi à ses promesses*. — SE RUINER EN PROMESSES, faire beaucoup de promesses qu'on ne tient pas. — PROMESSE DE MARIAGE, écrit par lequel on s'engage à épouser une personne : *il lui a fait une promesse de mariage*. — Absol. Billet sous seing privé, par lequel on promet de payer quelque somme d'argent : *promesse payable à volonté, payable en certain temps*. (Vieux.)

PROMÉTHÉE. Mythol. gr. Fils du titan Japet et de Clymène, l'une des Océanides, frère d'Atlas et père de Deucalion. Il combattit pour Jupiter dans la guerre contre les Titans et quand le roi des dieux porta Minerve dans son cerveau, ce fut Prométhée qui lui fendit le crâne d'un coup de hache. Malgré ces services, le fils de Japet encourt la colère du roi de l'Olympe. Selon les uns, il mérita sa disgrâce pour avoir ravi le feu céleste et en avoir animé un homme formé par ses mains du limon de la terre; selon d'autres, il aurait mis en défaut la science de Jupiter dans une occasion particulière. Pour se venger, le maître des dieux retira le feu aux mortels, mais Prométhée le déroba au ciel, le cacha dans l'intérieur d'un tube creux et le donna aux hommes en leur enseignant les différents usages auxquels ils pourraient le faire servir. En punition de cet attentat, Jupiter envoya aux hommes Pandore (voy. ce mot) avec une boîte mystérieuse qui renfermait tous les maux. Quant à Prométhée, il le fit clouer sur un rocher du Caucase où pendant le jour un aigle lui dévorait le foie qui renaissait pendant la nuit. Il fut délivré par Hercule. Eschyle avait fait sur Prométhée trois pièces : *Prométhée ravisseur du feu, Prométhée enchaîné, Prométhée délivré*. La seconde seule nous reste.

*PROMETTEUR, EUSE s. Celui, celle qui promet légèrement, ou sans intention de tenir sa promesse : *c'est un grand prometteur*. (Fam.)

*PROMETTRE v. a. (lat. *promittere*). Se conjugue comme Mettre. Donner parole de quelque chose, s'engager verbalement ou par écrit à faire, à dire, à donner, etc. : *il faut prendre garde à ce que l'on promet*.

Madame, à son amour je promets mon appui.
J. RACINE. *Alexandre*, acte III, sc. III.

— PROMETTRE ET TENIR SONT DEUX, ou IL Y A GRANDE DIFFÉRENCE ENTRE PROMETTRE ET TENIR, il y a beaucoup de gens qui ne font pas ce qu'ils ont promis. On dit aussi proverbial., CE N'EST PAS TOUT DE PROMETTRE, IL FAUT TENIR. — PROMETTRE MONTS ET MERVEILLES, promettre toutes sortes de choses avantageuses. Cela se dit ordinairement de ceux qui, pour engager quelqu'un à faire ce qu'ils désirent, lui promettent beaucoup plus qu'ils ne veulent ou ne peuvent tenir. — PROMETTRE PLUS DE BEURRE DE PAIN, promettre plus qu'on ne veut ou qu'on ne peut tenir. — IL SE RUINE A PROMETTRE, ET S'ENRICHIT A NE RIEN TENIR, il fait beaucoup de promesses et ne les tient pas. — PROMETTANT, etc.; OBLIGEANT. etc., RENONÇANT, etc., formule que les notaires emploient par abréviation à la fin de quelques actes. — Fig. Annoncer, prédire. Se dit des personnes et des choses : *je vous promets du beau temps pour demain*. — PROMETTRE QUELQU'UN, annoncer sa visite. — Assurer qu'une chose sera : *je vous promets que je ne le ménagerai pas*. — Prendre une ferme résolution : *elles se sont bien promis de ne plus remettre les pieds dans cette maison*. — v. n. Faire espérer, donner des espérances; se dit des personnes et des choses : *ce jeune homme promet beaucoup*. —

Se promettre v. pr. Espérer : *je n'oserais me promettre que vous me ferez cet honneur*.

Ah! Lafleur, quel plaisir je me promets d'avoir.
COLLIN D'HARLEVILLE. *L'Inconstant*, acte II, sc. v.

*PROMINENCE s. f. (lat. *prominentia*). État de ce qui est prominent. (Vieux.)

*PROMINENT, ENTE adj. (lat. *prominens*). Qui s'élève au-dessus de ce qui l'environne : *rocher prominent, colline prominente au-dessus des autres*. (Vieux.)

*PROMINER v. n. (lat. *prominere*). S'élever au-dessus de quelque chose : *ce rocher promine sur les autres*. (Vieux.)

PROMINULE adj. Qui fait une très légère saillie.

*PROMIS, ISE part. passé de PROMETTRE.

Par mes ambassadeurs mon cœur vous fut promis.
J. RACINE. *Andromaque*, acte IV, sc. v.

— LA TERRE PROMISE, la terre de Chanaan, que Dieu avait promise au peuple hébreu. — Fig. C'EST LA TERRE PROMISE, se dit d'un pays riche et fertile. — Prov. CHOSE PROMISE, CHOSE DUE, on est obligé de faire ce qu'on a promis.

*PROMISCUITÉ s. f. [pro-miss-ku-i-té] (lat. *promiscuitas*; de *promiscere*, mêler). Mélange confus et désordonné. Ne se dit guère qu'en parlant des personnes : *la promiscuité des sexes causait de grands désordres dans cet établissement*.

*PROMISSION s. f. (lat. *promissio*, messe). N'est guère usité que dans cette phrase de l'Écriture, LA TERRE DE PROMISSION, autrement appelée, LA TERRE PROMISE, la terre de Chanaan, que Dieu avait promise au peuple hébreu. — C'EST UNE TERRE DE PROMISSION, se dit d'un pays fort abondant, très fertile.

*PROMONTOIRE s. m. (lat. *promontorium*). Cap, pointe de terre élevée et avancée dans la mer : *les trois promontoires de Sicile*. Ce mot n'est guère usité qu'en parlant de la géographie ancienne; dans la géographie moderne, on dit CAP.

*PROMOTEUR s. m. (lat. *promotor*). Celui qui prend le soin principal d'une affaire : *il n'est pas le fondateur de cet établissement, l'auteur de cette entreprise, il n'en est que le promoteur*. — Celui qui donne la première impulsion pour quelque chose : *ce prince fut le promoteur de la guerre*. — Titre du procureur d'office, faisant fonction de partie publique dans une juridiction ecclésiastique, dans une assemblée du clergé, dans un concile, dans un chapitre, etc. : *à la requête du promoteur*.

*PROMOTION s. f. [-si-on] (lat. *promotio*). Action par laquelle on élève à la fois plusieurs personnes à un même grade, à une même dignité : *le pape fit une promotion de quatre cardinaux*. — Se dit, dans le sens passif, de la nomination, de l'élévation d'une ou plusieurs personnes à une dignité, à un emploi supérieur : *ces pairs, ces officiers, depuis leur promotion*.

*PROMOUVOIR v. a. Ne s'emploie guère qu'à l'infinitif et aux temps composés. Avancer, élever à quelque dignité : *ce prince fut promu à l'empire*.

*PROMPT, OMPTE adj. (pron. pron-te) (lat. *promptus*). Soudain, qui ne tarde pas : *je vous souhaite un heureux voyage et un prompt retour*. — Qui se passe vite, en un moment : *son mouvement fut si prompt qu'on n'eut pas le temps de l'apercevoir*. — VIN PROMPT A BOIRE, vin qui se boit dans la primeur, qui demande à être bu promptement. — Se dit des personnes, et signifie, vif, actif, diligent, qui ne perd point de temps à ce qu'il fait : *c'est un homme prompt dans tout ce qu'il fait; prompt à servir ses amis*. — AVOIR L'ESPRIT PROMPT, LA CONCEPTION VIVE ET PROMPTE, avoir un

esprit qui conçoit, qui comprend aisément. — Colère, qui s'emporte aisément : *il est si prompt, que le moindre obstacle, la moindre contradiction le met en colère*. — AVOIR LA MAIN PROMPTE, être vif, emporté, au point de frapper pour le moindre sujet.

*PROMPTEMENT adv. (pron-te). Avec diligence, en peu de temps : *allez là promptement*.

Pourquoi si promptement voulez-vous nous quitter?
J. RACINE. *La Thébaïde*, acte II, sc. III.

*PROMPTITUDE s. f. [pron-ti-]. Diligence : *c'est une affaire qui demande de la promptitude*. — LA PROMPTITUDE DE L'ESPRIT, la facilité de l'esprit à concevoir, à entendre. — LA PROMPTITUDE A CROIRE UNE CHOSE, la facilité avec laquelle on la croit. — Trop grande vivacité d'humeur, disposition à se mettre en colère : *on ne peut le corriger de sa promptitude*. — Mouvement de colère subit et passager; et, dans cette acception, on l'emploie ordinairement au pluriel : *ses promptitudes sont insupportables*. (Peu us.)

*PROMPTUAIRE s. m. [pron-ptu-] (lat. *promptuarium*). Philos. Manuel, abrégé.

PROMULGATEUR, TRICE s. Personne qui fait une promulgation.

*PROMULGATION s. f. Publication des lois, faite avec les formes requises : *les lois sont exécutoires à dater de leur promulgation*. — Légis. « Les lois sont exécutoires dans tout le territoire français en vertu de la promulgation qui en est faite (C. civ. art. 1er). Lorsqu'elles ont été votées par les deux Chambres, elles sont promulguées par le président de la République, dans le mois qui suit la transmission au gouvernement de chaque loi définitivement votée. Elles doivent être promulguées dans les trois jours de cette transmission, lorsque, par un vote rendu exprès dans l'une et l'autre Chambre, la promulgation a été déclarée urgente. Dans les délais fixés pour la promulgation, le président de la République peut, par un message motivé, demander aux deux Chambres une nouvelle délibération (L. constit. 25 fév. 1875, art. 3; et 16 juillet 1875, art. 7). La promulgation résulte, pour les lois et les décrets, de leur insertion au Journal officiel de la République française, et, pour les actes non publiés dans ce journal, de leur insertion au Bulletin des lois. Les lois et les décrets sont obligatoires pour tous les citoyens, savoir : à Paris, un jour franc après la promulgation; partout ailleurs, dans l'étendue de chaque arrondissement, un jour franc après que le Journal officiel qui les contient est parvenu au chef-lieu de cet arrondissement. Le gouvernement peut, par une disposition spéciale, ordonner l'exécution immédiate d'un décret. L'exception d'ignorance, alléguée par ceux qui ont commis une infraction aux lois et décrets dans les trois premiers jours qui ont suivi la promulgation, peut-être accueillie, suivant les circonstances, par les autorités et les tribunaux (décr.-loi 5 nov. 1870). Dans le cas où le gouvernement juge convenable de hâter l'exécution des lois ou décrets, en les faisant parvenir extraordinairement sur les lieux, les préfets prennent ensuite un arrêté pour ordonner que ces lois ou décrets seront imprimés et affichés partout où besoin sera; et lesdits actes deviennent exécutoires à compter du jour de la publication ainsi faite (Ord. 27 nov. 1816 et 18 janvier 1817). La promulgation des lois et décrets peut donc, en cas d'urgence, avoir lieu, au moyen de la transmission télégraphique de leur texte aux préfets, lesquels font ensuite exécuter sans retard l'impression et l'affichage prescrits. La formule de promulgation des lois est ainsi conçue, savoir : au commencement : *Le Sénat et la Chambre des Députés ont adopté, le président de la République promulgue la loi

« dont la teneur suit ». Et à la fin : « La pré-
« sente loi, délibérée et adoptée par le Sénat et
« par la Chambre des députés, sera exécutée
« comme loi de l'État ». — Sous l'ancien régime,
la formule de promulgation des ordonnances
et déclarations royales était presque toujours
celle-ci. « Louis, par la grâce de Dieu, roi de
« France et de Navarre; A tous présents et à
« venir, salut... A ces causes et autres consi-
« dérations à ce Nous mouvans, sçavoir faisons,
« que de notre certaine science, pleine puissance
« et autorité royale, Nous avons dit, statué et
« ordonné, disons, statuons et ordonnons par
« ces présentes signées de notre main, voulons
« et Nous plaît que... Si donnons en mande-
« ment à nos amés et féaux les gens tenant
« notre cour de parlement à Paris, que ces pré-
« sentes ils aient à faire enregistrer, et le con-
« tenu en icelles faire entretenir, garder et
« observer, sans permettre qu'il y soit contre-
« venu en quelque sorte et manière que ce soit,
« car tel est notre plaisir. Et afin que ce soit
« chose ferme et stable à toujours, Nous avons
« fait mettre notre scel à ces dites présentes.
« Donné à, etc. » Louis XVI avait continué à se
servir de cette formule archaïque pour la
promulgation des décrets de la Constituante ;
mais cette assemblée en ordonna la suppression. »   (Ch. Y.)

* **PROMULGUER** v. a. (lat. *promulgare*).
Publier une loi avec les formes requises,
pour la rendre exécutoire : *on ne peut prétendre cause d'ignorance d'une loi qui a été
promulguée.*

* **PRONAOS** s. m. [pro-na-oss] (gr. *pro*,
avant; *naos*, temple). Archit. Partie antérieure des temples anciens.

* **PRONATEUR** adj. m. (lat. *pronare*, pencher). Anat. Se dit de deux muscles de l'avant-
bras, qui servent au mouvement de pronation : *muscles pronateurs.* — Substantiv. *Les
pronateurs.*

* **PRONATION** s. f. [-si-on]. (lat. *pronare*,
pencher). Anat. N'est usité que dans cette
expression, MOUVEMENT DE PRONATION, celui
par lequel on tourne la main, de manière
que la paume regarde la terre. Il est opposé
à SUPPINATION.

* **PRÔNE** s. m. (contract. du lat. *præconium*,
proclamation). Instruction chrétienne que le
curé ou le vicaire fait tous les dimanches
dans la chaire, à la messe paroissiale : *faire
le prône.* — RECOMMANDER QUELQU'UN AU PRÔNE,
le recommander aux prières ou aux charités
des fidèles, lorsqu'on est en chaire pour faire
le prône. — RECOMMANDER QUELQU'UN AU PRÔNE,
faire des plaintes de lui à ses supérieurs,
dans le dessein de lui attirer quelque réprimande, quelque châtiment. — Fig. et fam.
Remontrance importune qu'une personne fait
à une autre : *je me moque de son prône.*

* **PRÔNER** v. a. Faire le prône : *le vicaire
nous a prônés ce matin en l'absence du curé.* (Peu
us.) — Fig. Vanter, louer avec exagération :
*il prône cette action partout comme un trait hé-
roïque.* — Faire de longues et ennuyeuses remontrances; et, en ce sens, il est ordinairement neutre : *il y a deux heures qu'il ne fait
que prôner; que nous prônez-vous là?* Dans
cette dernière phrase, il est actif.

* **PRÔNEUR** s. m. Celui qui fait un prône :
notre curé est un excellent prôneur. (Peu us.)
— Fig. Celui, celle qui loue avec excès; et,
dans cette acception, il a un féminin : PRÔ-
NEUSE : *cet écrivain a ses prôneurs et prôneuses
qui le font valoir.* — Un grand parleur qui
aime à faire des remontrances : *c'est un prôneur éternel.* Il est familier dans les deux dernières acceptions.

* **PRONOM** s. m. [la pro, pour; *nomen*,
nom). Gramm. Partie du discours qui remplace ou est censée remplacer le nom substantif, pour éviter sa trop fréquente répéti-

tion. — PRONOM PERSONNEL, pronom dont la
fonction est de désigner les personnes : *je, me,
moi, nous ; tu, te, toi, vous; il, lui, elle, ils,
elles, soi, se, leur* :

Nulle paix pour l'impie ; il la cherche; *elle* fuit.
                    Esther, acte II, sc. 1s.

Veillé-*je*? puis-*je* croire un semblable dessein.
                  Racine. Phèdre, acte II, sc. 11.

Bajazet aujourd'hui m'honore et *me* caresse.
               Racine. Iphigénie, acte 1er, sc. 11.

Moi, que j'ose opprimer et noircir l'innocence!
               Racine. Phèdre, acte III, sc. 11.

Tout ce qui *nous* ressemble est parfait à *nos yeux*.
              L'Abbé Aubert. Fab. 6, liv. IV.

— PRONOM POSSESSIF, celui qui marque la
possession de la personne ou de la chose qu'il
représente : *le mien, le tien, le sien, le nôtre,
le vôtre, le leur; la mienne, la tienne, la sienne
la nôtre, la vôtre, la leur; les miens, les tiens,
les siens, les nôtres, les vôtres, les leurs; les
miennes, les tiennes, les siennes, les nôtres, les
vôtres, les leurs.*

Et le mien et le tien, deux frères pointilleux,
Par son ordre amenant les procès et la guerre.
                   Boileau. Sat. XI.

Parce qu'un fort grand bien s'est venu joindre *au vôtre*,
A peine à nos discours répondez-vous un mot :
Quand on est plus riche qu'un autre,
A-t-on droit d'en être plus sot?
               Voltaire. Le Dimanche.

Nous devons nous prêter aux faiblesses des autres,
Leur passer leurs défauts comme ils passent *les nôtres*.
            Regnard. Les Ménechmes, acte 1er, sc. 11.

— ADJECTIF PRONOMINAL POSSESSIF, mot qui détermine le nom auquel il est joint, en y ajoutant une idée de possession : *mon, ma, mes;
ton, ta, tes; son, sa, ses; notre, nos, votre, vos;
leur, leurs.* — PRONOM DÉMONSTRATIF. (Voy.
Démonstratif.) — PRONOM RELATIF, celui dont
la fonction est de rappeler l'idée de la personne ou de la chose dont on a déjà parlé,
afin de déterminer l'étendue du sens qu'on
lui donne; il est *relatif*, parce qu'il établit
une relation avec le nom ou le pronom qui le
précède; les pronoms relatifs sont : *qui, que,
quoi; lequel, laquelle; duquel, de laquelle; lesquels, lesquelles; desquels, desquelles; dont, où,
le, la, les, en, y* :

Qui ne sait compatir aux maux qu'on a soufferts!
              Voltaire. Zaïre, acte II, sc. 11.

Néron, bourreau de Rome, *en* était l'histrion.
          Delille. L'Homme des champs, ch. I.

— PRONOM INDÉFINI, celui dont la fonction est
de désigner les personnes et les choses sans
les particulariser, comme : *on, quiconque,
quelqu'un, chacun, autrui, personne, l'un
l'autre, l'un et l'autre, tel, tout.*

On garde sans regret ce qu'on acquiert sans crime.
          Corneille. Cinna, acte II, sc. 1er.

— Il y a aussi des adjectifs pronominaux
indéfinis, savoir : *chaque, quelconque, nul, aucun, pas un, même, plusieurs, tout, quel et
quelque.* — Plusieurs grammairiens placent
au rang des pronoms indéfinis les expressions *qui que ce soit, quoi que ce soit, quoi que* :

Quoi qu'en dise Aristote et sa docte cabale,
Le tabac est divin ; il n'a rien qui l'égale.
        Corneille. Le Festin de Pierre, acte 1er, sc. 1er.

* **PRONOMINAL, ALE, AUX** adj. Gramm. Qui
appartient au pronom. — VERBE PRONOMINAL,
verbe qui se conjugue avec le pronom personnel de la même personne que le sujet,
comme dans ces phrases : *il se loue; il se
donne des louanges.* On n'appelle proprement
VERBES PRONOMINAUX, que les verbes toujours
employés avec le pronom personnel, comme
SE REPENTIR, S'EMPARER, S'ARROGER, etc. —
*Verbe pronominal réfléchi. Verbe pronominal ré-
ciproque.* (Voy. RÉFLÉCHI, RÉCIPROQUE.)

* **PRONOMINALEMENT** adv. Gramm. Comme
verbe pronominal : *le verbe RIRE s'emploie
quelquefois pronominalement : Se rire de
quelqu'un.*

PRONOMINALISER v. a. Donner la forme
pronominale à...

*PRONONÇABLE adj. Qui peut être prononcé :
ce mot ne contient que des consonnes, il n'est
pas prononçable.*

* **PRONONCÉ, ÉE** part. passé de PRONONCER. —
Peint. LES MUSCLES DE CE BRAS, DE CETTE JAMBE SONT
TROP PRONONCÉS, ils sont trop fortement, trop
durement marqués. — DES TRAITS PRONONCÉS,
des traits bien décidés, fortement marqués.
— Fig. UN CARACTÈRE PRONONCÉ, un caractère
qui n'a rien d'indécis : *cet enfant a déjà un
caractère prononcé.* — s. LE PRONONCÉ DE
L'ARRÊT, DE LA SENTENCE, DU JUGEMENT, la décision du tribunal telle qu'elle a été prononcée
à l'audience.

* **PRONONCER** v. a. (lat. *pronuntiare*). Proférer, articuler les lettres, les syllabes, des
mots, en exprimer les sons : *il y a des lettres,
des syllabes plus difficiles à prononcer les unes
que les autres.* — Réciter, débiter : *prononcer
un discours, un sermon, une harangue.* — Déclarer avec autorité, en vertu de son autorité :
le concile prononça anathème contre Arius. —
Fig. *L'arrêt que le destin, que le sort a prononcé.*
— Se dit, particul., lorsque celui qui préside
une juridiction, une assemblée, déclare ce
qui a été décidé à la pluralité des voix : *le
président ayant prononcé l'arrêt.* — Absol. CE
PRÉSIDENT PRONONCE BIEN, en prononçant, il a
de la dignité, et il fait entendre avec beaucoup d'ordre et de netteté les différents chefs
d'un jugement. — LE GREFFIER A PRONONCÉ AU
CRIMINEL SON ARRÊT, SA SENTENCE, il lui a lu le
jugement rendu contre lui. — Point. et
Sculpt. Bien marquer, rendre très sensible
quelque partie d'une figure : *ce peintre a le
défaut de trop prononcer les muscles de ses
figures.* — Fig. CET HOMME A PRONONCÉ LUI-MÊME
SA CONDAMNATION, SA SENTENCE, il s'est condamné
par ses propres paroles, par son propre témoignage. — v. n. *il se soumettait sans murmure, quand l'Église avait prononcé.* — Déclarer son sentiment sur quelque chose, décider,
ordonner : *j'attends que vous ayez prononcé.*

Entre Taxile et vous s'il fallait prononcer,
Seigneur, le croyez-vous, qu'on me vît balancer?
     J. Racine. Alexandre, acte I, sc. II.

— Se prononcer v. pr. Faire voir, manifester
son intention, son caractère en quelque
affaire, en quelque occasion : *il s'est bien prononcé dans cette occasion.*

* **PRONONCIATION** s. f. [-si-a-si-on]. Articulation, expression des lettres, des syllabes, des
mots : *la prononciation des lettres.* — Manière
de prononcer, par rapport à l'accentuation,
à la prosodie : *la prononciation des Normands
diffère beaucoup de celle des Picards.* — Manière
de réciter, de débiter : *la prononciation ajoute
quelquefois une grande force au discours.* —
Action de prononcer un jugement : *après la
prononciation de la sentence, du jugement,* etc.

* **PRONOSTIC** s. m. [-stik] (gr. *prognôsis*,
connaissance). Jugement, conjecture sur ce
qui doit arriver : *ce médecin fait ordinairement des pronostics fort justes.* Les médecins
disent plus ordinairement, PROGNOSTIC. —
Se dit aussi des prétendus jugements que les
astrologues tiraient de l'inspection des signes
célestes : *les astrologues firent de grands pronostics là-dessus.* — Signe par lequel on conjecture ce qui doit arriver : *ce fut un pronostic de ce qu'il devait être un jour.*

PRONOSTIQUE adj. Qui a rapport aux pronostics. — SIGNES PRONOSTIQUES, signes qui
éclairent sur la marche ultérieure d'une
maladie.

* **PRONOSTIQUER** v. a. Faire un pronostic :
il a pronostiqué tout ce que vous voyons.

* **PRONOSTIQUEUR** s. m. Celui qui pronostique. (Fam., et le plus souvent ironique.)
(Voy. DEVIN et SORCIER.)

PRONUNCIAMENTO s. m. [pro-noun-sia-
main-to]. Mot espagnol qui signifie *déclaration,*
et qui, en Espagne et dans les états de l'A-

mérique habités par des sujets d'origine espagnole, se dit de toute insurrection militaire. — pl. *Des pronunciamentos.*

PRONY (Gaspar-Clair-François-Marie Riche, *baron de*), ingénieur, né à Chamlet (Rhône), le 22 juillet 1755, mort à Paris le 29 juillet 1839. En 1787, il dirigea les travaux de construction du pont de la Concorde et fut nommé ingénieur en chef (1794). La même année, il présida à la confection de nouvelles tables trigonométriques qui forment 17 vol. gr. in-fol. et qui sont conservées à la bibliothèque de l'Observatoire de Paris. Napoléon lui confia diverses missions en Italie. Prony a laissé : *Architecture hydraulique* (1790-'96, 2 vol. in-4°); *Leçons de mécanique analytique* (2 vol. in-4°); *Description hydrographique et statistique des Marais Pontins* (1813, in-4°).

PROODE s. f. (préf. *pro*; gr. *odé*, chant). Métr. gr. Petit vers qui en précède un plus grand, dans la poésie lyrique.

* PROPAGANDE s. f. (rad. *propager*): Congrégation *De propagandâ fide*, établie à Rome pour les affaires qui regardent la propagation de la foi. — *Par ext.* Toute association qui a pour but de propager certaines opinions politiques, et d'opérer des révolutions : *la propagande avait envoyé des émissaires dans ce pays.* — Encycl. On appelle congrégation pour la propagande de la foi (*congregatio de propaganda fide*) un conseil de 25 cardinaux fondé à Rome, en 1622, par Grégoire XV, pour aider et diriger les missions étrangères. En 1627, Urbain VIII y ajouta un collège pour la préparation des missionnaires de toutes les nations, collège auquel fut annexée une imprimerie polyglotte. Il a été supprimé en 1873. La congrégation de la propagande a autorité directe sur 164 dignitaires de la hiérarchie catholique, savoir:

DIGNITAIRES	SIÈGES
Délégations apostoliques	6
Vicariats	124
Préfectures	34
	164

PROPAGANDISME s. m. Esprit de propagande.

PROPAGANDISTE s. m. Personne qui fait de la propagande.

* PROPAGATEUR s. m. Celui qui propage. Ne se dit qu'au figuré : *ce missionnaire fut un des plus zélés propagateurs de la foi.*

* PROPAGATION s. f. Multiplication par voie de génération, de reproduction : *la propagation du genre humain.* — Fig. Extension, progrès, accroissement, augmentation : *la propagation du vaccin doit beaucoup au zèle de ce médecin.* — Phys. Manière dont la lumière et le son se répandent, dont certains mouvements naissent les uns des autres : *la propagation du son est beaucoup plus lente que celle de la lumière.* — L'Association pour la propagation de la foi est une société catholique romaine fondée à Lyon en 1829, dans le but de venir à l'aide aux missions étrangères. Elle recueille, au moyen de comités et de sous-comités, un sou par semaine de chacun de ses adhérents. Elle en compte de nombreux dans presque toutes les parties du monde et ses recettes sont très importantes. Le comité central, à Lyon, publie tous les deux mois les *Annales de la Propagation de la Foi.*

* PROPAGER v. a. (lat. *propagare*). Multiplier par voie de génération, de reproduction : *on est parvenu à propager cette espèce dans nos climats.* — Fig. Répandre, étendre, augmenter, faire croître : *des circonstances locales ont contribué à propager l'épidémie.* —

Se propager v. pr. : *cette espèce d'animaux s'est propagée au point de couvrir le pays.*

PROPAGULE s. m. Bot. Organe reproducteur des cryptogames inférieurs, notamment des algues.

PRO PATRIÂ ADHUC ALTERUM loc. lat. qui signifie : *encore un pour la patrie.*

PRO PATRIÂ SEMPER OMNES loc. lat. qui signifie : *tous et toujours pour la patrie.*

* PROPENSION s. f. (lat. *propensio*). Pente, tendance naturelle d'un corps vers un autre corps, vers un point : *tous les corps pesants ont une propension naturelle à descendre.* — Fig. Penchant, inclination : *il a de la propension à croire le mal.*

PROPERCE (Sextus-Aurelius Propertius), poète latin, né à Mérania (Ombrie) vers l'an 52, mort vers l'an 14 av. J.-C. Il se prépara d'abord au barreau, mais son penchant l'entraîna vers la poésie; il devint le favori de Mécène et vers un point : il a laissé 4 livres d'*Élégies.* Son style, mélangé de constructions étranges et bizarres, manque de naturel et est trop souvent obscur. Les principales éditions de Properce sont celles de Broukhusius (1702); de Burmann (1780); de Barth (Leipzig, 1805); de Hertzberg (Halle, 1843). Il a été traduit en prose française, par Delongchamps (1801), par Genouille (1834); en vers, par Mollevaut (1821) et par Denne-Baron (1825).

PROPET, ETTE adj. Forme ancienne de PROPRET :

> *Certaine nièce assez propette...*
> La Fontaine.

* PROPHÈTE s. m. (lat. *propheta*). Celui qui prédit l'avenir. En parlant des Hébreux, se dit de ceux qui, par inspiration divine, prédisaient l'avenir, ou révélaient quelque vérité cachée aux hommes : *les prophètes ont annoncé le Messie.* — Le Prophète-roi, le Prophète royal, David. Les quatre grands prophètes, Isaïe, Jérémie, Ézéchiel et Daniel. Les douze petits prophètes, les autres douze prophètes dont on a les prophéties dans l'Ancien Testament. — Se dit de certains devins adonnés au culte des faux dieux : *le prophète Balaam avait été appelé pour maudire le peuple d'Israël, mais Dieu lui commanda de le bénir.* — Titre que les musulmans donnent à Mahomet : *les mahométans disent : Il n'y a qu'un Dieu, et Mahomet est son prophète.* — Un faux prophète, un homme qui trompe dans les prédictions qu'il fait. — Nul n'est prophète en son pays, on a ordinairement moins de succès dans son pays qu'ailleurs. — Voici la loi et les prophètes, se dit en parlant des livres, des écrits qui font autorité dans la question dont il s'agit. On dit de même, Ce que je vous dis, c'est la loi et les prophètes. — Fig. Celui qui, par conjecture ou par hasard, annonce ce qui doit arriver : *vous avez été bon prophète.* — Un prophète de malheur, un homme qui prédit des choses désagréable. — Encycl. Le mot prophète vient du grec προφήτης, qui, dans la version des septante, rend l'hébreu *nabi*; mais ce terme ne correspond pas complètement au mot hébreu qui indique un homme parlant par l'inspiration divine. Les prophètes du Vieux Testament apparaissent comme les organes privilégiés de communication entre Dieu et le peuple. Ils agissaient aussi comme interprètes de la loi, et étaient les gardiens des droits des opprimés. Leur mission, au point de vue de l'enseignement extraordinaire qu'ils distribuaient devenait particulièrement important aux époques d'apostasie. Au temps des juges, les prophètes exécutèrent en des cas particuliers une influence puissante. Mais le rôle des prophètes devint vraiment remarquable avec Samuel qui fonda des écoles de prophètes à Gibeah à Ramah, à Béthel, à Jéricho et à Gilgal. On y enseignait l'interpré-

tation de la loi divine, la musique et la poésie sacrée. Les prophètes ne faisaient pas tous de ces écoles; Amos, par exemple, était un gardeur de troupeaux. Quelquefois, mais rarement, des femmes se manifestaient comme prophétesses. Environ cent ans après le retour de la captivité de Babylone, la profession de prophète cessa d'exister. Le Nouveau Testament mentionne le pouvoir de prophétiser comme un des dons de l'Esprit-Saint; mais, en général ce pouvoir n'est pas indiqué comme un caractère propre à ces hommes qui, comme Barnabé, Judas et Silas, y sont appelés prophètes. L'objet de la « prophétie » chrétienne était, d'après la première aux Corinthiens, xiv, 3, « l'édification », l'exhortation et l'encouragement »; et il n'y a dans le Nouveau Testament qu'un livre, la Révélation ou Apocalypse, qui porte strictement le caractère prophétique. — Livre des prophètes, division de l'Ancien Testament. Dans la classification de la critique biblique moderne, différent en cela de l'usage rabbinique, Josué, Samuel et les rois ne sont pas comptés parmi les livres des prophètes, lesquels comprennent les quatre grands prophètes (Isaïe, Jérémie, Ézéchiel et Daniel, auxquels on adjoint quelquefois Baruch, et les douze petits, Osée, Joël, Amos, Abdias, Michée, Jonas, Nahum, Habacuc, Sophonias, Aggée, Zacharie et Malachie. (Voy. Bible et les articles sur les différents prophètes.) — Le Prophète, célèbre opéra en 5 actes, représenté à Paris (Opéra), le 16 avril 1849; paroles de Scribe, musique de Meyerbeer.

* PROPHÉTESSE s. f. Celle qui prédit l'avenir par inspiration divine : *Débora est appelée prophétesse dans l'Ancien Testament.*

* PROPHÉTIE s. f. [-sî] Prédiction des choses futures par inspiration divine : *le don de prophétie.* — Prophétie d'Isaïe, prophétie d'Ézéchiel, etc., recueil des prophéties faites par Isaïe, par Ézéchiel, etc. — Par ext. Toute prédiction faite par de prétendus savants, par des gens qui abusent de la crédulité des ignorants : *les prophéties de Nostradamus.* — Fig. Annonce d'un événement futur, faite par conjecture ou par hasard : *ma prophétie s'est malheureusement accomplie.*

* PROPHÉTIQUE adj. Qui est de prophète, qui tient du prophète : *esprit prophétique.*

* PROPHÉTIQUEMENT adv. En prophète : *il a parlé prophétiquement.*

* PROPHÉTISER v. a. Prédire l'avenir par inspiration divine : *les patriarches ont prophétisé la venue de Jésus-Christ.* — Fam. Prévoir et dire d'avance ce qui doit arriver : *je vous avais bien prophétisé que cela arriverait.*

PROPHÉTISME s. m. Système religieux basé sur les prédictions des prophètes.

PROPHYLACTÈRE s. m. (préf. *pro*; franç. *phylactère*). Relique qu'on porte sur soi, en guise d'amulette.

* PROPHYLACTIQUE adj. (rad. gr. *prophulassein*, garantir). Méd Se dit du régime et des remèdes qui entretiennent la santé, et la préservent de tout ce qui peut lui être nuisible : *méthode, traitement prophylactique.*

* PROPHYLAXIE s. f. (rad. gr. *prophulassein*, garantir). Se dit des précautions propres à préserver d'une maladie.

PROPHYSE s. f. (préf. *pro*; gr. *phusis*, nature). Adhérence contre nature.

PROPIAC, village du cant. de la Buys, arr. de Nyons (Drôme); 200 hab. Eaux-sulfatées calciques; sept sources. Névroses, affections de l'appareil digestif. Établissement avec cabinets de bains.

* PROPICE adj. (lat. *propitius*). Favorable. Se dit en parlant de la Divinité, et de toute

puissance ou autorité de laquelle dépend notre bonheur ou notre malheur : *si le sort h'était propice*. — Se dit, par ext., pour favorable, en parlant du temps, de l'occasion, de la température, du vent, etc. : *toutes choses lui ont été propices dans son entreprise*.

PROPICEMENT adv. D'une manière propice.

PROPIONAMIDE s. f. Chim. Corps qui se forme par l'addition d'une molécule d'eau au cyanure d'éthyle.

PROPIONATE s. m. Chim. Sel produit par la combinaison de l'acide propionique avec une base.

PROPIONE s. m. Chim. Corps obtenu par la distillation sèche du propionate de baryte.

PROPIONIQUE adj. Se dit de certains corps appartenant à la série des corps gras.

PROPIOPHÉNONE s. f. Chim. Acétone mixte qu'on obtient en distillant un mélange intime de benzoate et de propionate de calcium.

PROPITIATEUR, TRICE s. [-si-a-]. Personne qui rend propice.

PROPITIATION s. f. [-si-a-si-on]. N'est guère usité que dans ces phrases, SACRIFICE DE PROPITIATION, VICTIME DE PROPITIATION, sacrifice, victime offerte à Dieu pour le rendre propice, et pour apaiser sa colère : *le sacrifice de la messe est un sacrifice de propitiation*.

PROPITIATOIRE adj. [-si-a-]. Qui a la vertu de rendre propice. N'est guère usité que dans ces expressions, SACRIFICE PROPITIATOIRE, OFFRANDE, VICTIME PROPITIATOIRE. — s. m. Table d'or très pur, qui était posée au-dessus de l'arche et couverte en partie des ailes des deux chérubins placés aux deux côtés de l'arche : *les oracles que Dieu rendait du propitiatoire*.

PROPLASTIQUE adj. (préf. pro; fr. plastique). Qui concerne les ouvrages d'argile. — s. f. Art proplastique.

PROPOLIS s. f. [-liss] (préf. pro; gr. polis, ville). Matière résineuse, d'un brun rougeâtre, dont les mouches à miel se servent pour boucher les fentes et les trous de leurs ruches.

PROPONTIDE, *Propontis* (avant le Pont ou Euxin). Voy. MARMARA.

PROPORTION s. f. [-si-on] (lat. *proportio*). Convenance et rapport des parties entre elles et avec leur tout : *la proportion de tous les membres ne va pas à elle*. — CETTE COLONNE ET SON PIÉDESTAL NE SONT PAS EN PROPORTION, ou CETTE COLONNE N'EST PAS EN PROPORTION AVEC SON PIÉDESTAL, la grandeur de l'une ne répond pas à celle de l'autre, d'après les règles établies. — Dimension : *cela sort des proportions ordinaires* — Convenance que toutes sortes de choses ont les unes avec les autres : *quelle proportion y a-t-il de sa dépense avec son revenu?* — Mathém. Egalité de deux ou de plusieurs rapports, par différence ou par quotient : *proportion arithmétique*. — Arithm. RÈGLE DE PROPORTION, ou RÈGLE DE TROIS, celle par laquelle on cherche un nombre qui est en proportion géométrique continue avec trois nombres donnés. — COMPAS DE PROPORTION, instrument composé de deux règles plates qui s'ouvrent et se ferment comme un compas, et qui sert à diverses opérations de géométrie dépendantes des proportions. — À proportion, en proportion, par proportion loc. préposit. Par rapport, eu égard à : *il ne dépense pas à proportion de son revenu*. — Proportion gardée, toute proportion gardée loc. adv. En tenant compte de l'inégalité, de la différence relative des deux personnes, des deux choses dont il s'agit : *proportion gardée, toute proportion gardée, cette petite fille a plus d'intelligence que sa sœur aînée*. ENCYCL. On appelle *proportion par différence*, *proportion arithmétique* ou *équidifférence*, l'expression de deux différences égales. Si

nous comparons 3 à 5 et 7 à 9, nous trouvons une même différence, 2. Nous disons donc que 3 est à 5 comme 7 est à 9, ce qui s'écrit en abrégeant 3.5 : 7.9. Le premier terme et le troisième sont les *antécédents*; le deuxième et le quatrième sont les *conséquents*. Le premier et le dernier reçoivent le nom *d'extrêmes*; le deuxième et le troisième celui de *moyens*. La proportion dont les moyens sont égaux est dite *continue*; ex. : 3.5 : 5.7 est'une équidifférence continue, et on l'écrit ÷3.5.7. La somme des extrêmes est égale à la somme des moyens. Dans la proportion 3.5:7.9, il est évident que 3+9=5+7=12. Connaissant trois termes d'une équidifférence, on obtient le quatrième, si c'est un *extrême*, en retranchant de la somme des moyens l'extrême connu; et si c'est un *moyen*, en retranchant de la somme des extrêmes le moyen connu. Ex. du premier cas : 3.5 : 7. *x*; nous trouverons *x* en écrivant *x*=5+7—3=9. Ex. du deuxième cas : 3.5 : *x*. 9; nous n'avons qu'à écrire *x*=3+9—5=7. Dans une équidifférence continue, le moyen est égal à la demi-somme des deux extrêmes. — La proportion *géométrique* ou par *quotient*, est l'expression de deux quotients égaux. Nous savons, par exemple, que la relation de comparaison géométrique qui existe entre 2 et 3 est précisément la même que celle qu'il y a entre 8 et 12; nous disons donc que le rapport de 2 à 3 est égal au rapport de 8 à 12, et c'est là ce qui constitue une proportion géométrique. Pour abréger, on écrit une proportion avec certains signes placés entre les termes constituants. Ainsi on écrit la proportion ci-dessus : 2 : 3 :: 8 : 12 que l'on doit lire 2 est à 3 comme 8 est à 12; on peut aussi écrire 2 : 3 = 8 . 12, que l'on prononce le rapport de 2 à 3 est égal au rapport de 8 à 12. Les termes qui servent à former une proportion sont appelé *moyennes proportionnelles*. Dans la proportion 2 : 3 :: 8 : 12, la première moyenne proportionnelle est 3, la seconde est 3, la troisième est 8 et la quatrième est 12. Les première et quatrième moyennes proportionnelles sont les deux extrêmes, tandis que les deuxième et troisième sont les moyens, et le produit des extrêmes est toujours égal au produit des moyens; ex. : 2 × 12 = 3 × 8 = 24. Dans toute proportion, on trouve l'un des extrêmes en multipliant les deux moyens et en divisant par l'autre extrême; ex. : 2 : 3 :: 8 : *x*, nous trouvons *x* = $\frac{12 \times 1}{1}$ = 12. On trouve l'un des moyens en multipliant les deux extrêmes et en divisant par l'autre moyen; ex : 2 : 3 :: *x* : 12; nous trouvons *x* = $\frac{2 \times 12}{3}$ = 8. L'application des règles de proportion à l'arithmétique est appelée *règle de trois*. — Il arrive que le second et le troisième terme d'une proportion sont les mêmes; ex. : 4 : 3 :: 3 : 9, la proportion est alors dite *continue* et on l'écrit÷4 : 3 : 9. Le terme moyen est dit *moyenne géométrique* ou simplement *moyenne*. Cette moyenne se trouve en multipliant les deux extrêmes et en prenant la racine carrée du produit. Par ex. la moyenne proportionnelle de 4 à 9 est $\sqrt{4 \times 9}$ = 3. — On trouve l'un des deux extrêmes en divisant le carré de la moyenne par l'autre extrême : $\frac{3^2}{9}$ = 1.

PROPORTIONNABLE adj. Qui peut être proportionné.

PROPORTIONNALITÉ s. f. Didact. Condition des quantités qui sont proportionnelles entre elles.

PROPORTIONNÉ, ÉE part. passé de PROPORTIONNER. — UN CORPS BIEN PROPORTIONNÉ, UNE FIGURE BIEN PROPORTIONNÉE, un corps, une figure dont toutes les parties ont entre elles le rapport qu'elles doivent avoir. On dit de même, CET HOMME, CE CHEVAL EST PETIT, MAIS IL EST BIEN PROPORTIONNÉ : *des membres bien proportionnés*.

PROPORTIONNEL, ELLE adj. Mathémat. Qui a rapport à une proportion, qui est en proportion avec des quantités de même genre : *parties proportionnelles*. — MOYENNE PROPORTIONNELLE, quantité moyenne entre deux autres. — MOYENNE PROPORTIONNELLE ARITHMÉTIQUE, moitié de la somme de deux quantités inégales. — MOYENNE PROPORTIONNELLE GÉOMÉTRIQUE, racine carrée du produit de deux nombres. — Substantiv. Les proportionnelles.

PROPORTIONNELLEMENT adv. Mathémat. Avec proportion : *réduire proportionnellement un grand plan, un grand dessin, à un petit*.

PROPORTIONNÉMENT adv. En proportion, à proportion : *il n'a pas été récompensé proportionnément à son mérite*. (Peu us.)

PROPORTIONNER v. a. Garder la proportion et la convenance nécessaire, établir un juste rapport entre une chose et une autre : *il faut proportionner les peines aux délits, les délits et les peines*. — Se proportionner v. pr. : *se proportionner à l'intelligence de ses auditeurs*. — CET HOMME A LE BON ESPRIT DE SE PROPORTIONNER A TOUS, c'est-à-dire de se mettre à la portée des autres, de ne pas affecter plus d'esprit et de capacité qu'eux. — SE PROPORTIONNER A SON SUJET, donner à son style le degré d'élévation ou de simplicité que comporte le sujet.

PROPOS s. m. (lat. *propositum*). Discours qu'on tient dans la conversation : *ils ont tenu d'étranges propos*. — PROPOS INTERROMPU, discours, conversation sans suite, sans liaison. C'est aussi le nom d'un petit jeu de société : *jouer aux propos interrompus*. — Absol. Vain discours, discours médisant : *je me moque des propos*. — Insinuation faite sur quelque matière : *jeter des propos d'accommodement*. — Résolution formée : *il vint là avec un ferme propos, avec un propos déterminé, de contredire tous ceux qui parleraient*. — À propos loc. adv. Convenablement au sujet, au lieu, au temps, aux personnes, etc. : *cela est dit fort à propos*.

> Tous ces embrassements ne sont guère à propos.
>   J. RACINE, *La Thébaïde*, acte IV, sc. III.

— MAL A PROPOS, se dit dans le sens contraire : *il parle toujours mal à propos*. — MAL A PROPOS, sans raison, sans sujet : *c'est mal à propos qu'on vous a dit cela*. (Voy. HORS DE PROPOS.)

> Ainsi, mal à propos, j'ai fait une demande.
>   COLLIN D'HARLEVILLE, *l'Inconstant*, acte II, sc. 8.

— Convenable : *on n'a pas jugé qu'il fût à propos, on n'a pas jugé à propos de faire telle chose*. — Substantiv. et alors on l'écrit avec un tiret : *l'à-propos fait le mérite de tout, donne du prix à tout*. — Manière de parler dont on se sert dans le discours familier, lorsqu'on vient à parler de quelque chose dont on se souvient subitement : *à propos, pendant qu'il m'en souvient... j'oubliai de vous dire l'autre jour...* — Façon de parler dont on se sert, lorsque, à l'occasion de quelque chose dont il a été parlé, on vient de quelque chose dont il a été parlé, on vient à parler d'une autre chose qui y a rapport : *à propos de ce que vous disiez*. — Absol. A propos, vous parliez de nouvelles, et c'est arrivé depuis peu. — Hors de propos loc. adv. Mal à propos, sans raison, sans sujet : *il a parlé de cela hors de propos*. — A propos de rien loc. adv. Hors de propos, sans motif raisonnable : *il est venu nous dire cela à propos de rien*. — Prov., fig. et pop. A PROPOS DE BOTTES, à le même sens : *il est venu me quereller à propos de bottes*. — A QUEL PROPOS? A PROPOS DE QUOI? pour quel sujet? pour quelle cause? — A tout propos loc. adv. En toute occasion, à chaque instant : *il parle de sa noblesse à tout propos*.

> Trop de gaîté, vois-tu, me'lasse et m'étourdit;
> Qui rit à tout propos, ne peut que me déplaire.
>   COLLIN D'HARLEVILLE, *L'Inconstant*, acte Iᵉʳ, sc. 1ᵉʳ

— De propos délibéré loc. adv. Avec dessein,

de dessein formé : *il a fait cela de propos délibéré.*

* **PROPOSABLE** adj. (rad. *proposer*). Qui peut être proposé : *cette affaire, cette question n'est pas proposable.*

* **PROPOSANT** s. m. Jeune théologien de la religion protestante, qui étudie pour être pasteur.

* **PROPOSANT** adj. m. N'est usité que dans cette expression, CARDINAL PROPOSANT, cardinal établi à la cour de Rome, pour recevoir la profession de foi de ceux qui sont nommés à des évêchés dans les pays d'obédience, et pour les proposer aux autres cardinaux.

* **PROPOSER** v. a. (lat. *proponere*). Mettre quelque chose en avant de vive voix, ou par écrit, pour qu'on l'examine, pour qu'on en délibère : *proposer des termes d'accommodement.* — PROPOSER UN SUJET, mettre un sujet au concours, donner une matière à traiter : *l'Académie a proposé ce sujet pour le prix d'éloquence.* — Offrir ; se dit en parlant des personnes et des choses qu'on lui a proposé mille francs pour sa maison, de sa maison. — PROPOSER UN PRIX, UNE RÉCOMPENSE, offrir, promettre un prix, une récompense : *on a proposé aux mathématiciens un prix pour celui qui résoudra tel problème.* — PROPOSER UNE PERSONNE POUR UN EMPLOI, POUR UNE DIGNITÉ, indiquer une personne comme capable de remplir cet emploi, comme méritant cette dignité : *on proposa plusieurs personnes pour cette charge.* — PROPOSER QUELQU'UN POUR MODÈLE, POUR EXEMPLE, donner quelqu'un pour exemple, pour modèle : *on peut proposer ce prince pour exemple à tous les rois.* — Prov. L'HOMME PROPOSE ET DIEU DISPOSE, les desseins des hommes ne réussissent qu'autant qu'il plaît à Dieu ; souvent nos entreprises tournent d'une manière opposée à nos vues et à nos espérances. — *Se proposer* v. pr. SE PROPOSER DE FAIRE QUELQUE CHOSE, avoir dessein, former le dessein de faire quelque chose : *il se propose de partir dans peu de jours.* — SE PROPOSER UNE FIN, UN BUT, UN OBJET, avoir en vue une fin à laquelle on tend, un objet qu'on veuille remplir : *il se propose une fin plus noble, un plus noble but.*

PROPOSEUR, EUSE s. Personne qui propose.

* **PROPOSITION** s. f. (lat. *propositio*). Discours qui affirme ou qui nie quelque chose : *dans la plupart des phrases, il y a une proposition principale, à laquelle se rattachent diverses propositions accessoires.* — Théol. PROPOSITION MALSONNANTE, proposition qui paraît contraire à la bonne doctrine. — Chose proposée, afin qu'on l'examine, qu'on en délibère : *il fit la proposition d'attaquer sur-le-champ.* — Se dit, particul., d'une chose proposée pour arriver à la conclusion d'une affaire, à un arrangement, etc. : *faire des propositions à quelqu'un.* — Mathém. Théorème ou problème ; discours par lequel on énonce une vérité à démontrer ou une question à résoudre : *démontrer une proposition.* — Dans la loi mosaïque, PAINS DE PROPOSITION, pains que l'on mettait toutes les semaines sur la table, dans le sanctuaire.

* **PROPRE** adj. (lat. *proprius*). Qui appartient à quelqu'un, exclusivement à tout autre : *c'est son propre fils.* On dit aussi, LE CARACTÈRE PROPRE, LA VALEUR PROPRE, LES QUALITÉS PROPRES, LE MÉRITE PROPRE, etc., D'UNE CHOSE. Dans toutes ces phrases, PROPRE est employé par une espèce de redondance, et pour donner plus d'énergie à la phrase. — NOM PROPRE, nom qui ne convient qu'à une seule personne ou à une seule chose : il est opposé à NOM COMMUN, *les noms de famille, de pays, de fleuves, de montagnes,* etc., *comme Buffon, Paris, la Seine, les Alpes,* etc., *sont des noms propres.* — LE SENS, LA SIGNIFICATION PROPRE D'UN MOT, le

sens naturel et primitif d'un mot ; à la différence du SENS FIGURÉ, celui qu'un mot ne reçoit que par métaphore : *ce mot, dans sa signification propre, veut dire telle chose.* On dit absol. et substantiv., LE PROPRE, dans le même sens : *le propre et le figuré.* — LE MOT PROPRE. (Voy. plus bas.) — Astron. LE MOUVEMENT PROPRE D'UN ASTRE, le mouvement réel d'un astre, par opposition à son MOUVEMENT APPARENT. — Géogr. anc. LA GRÈCE PROPRE, cette partie de la Grèce proprement dite, que les Romains nommèrent Achaïe, et qui comprenait l'Attique, la Béotie, la Phocide, la Locride, l'Étolie et l'Acarnanie. L'AFRIQUE PROPRE était la même chose que l'AFRIQUE proprement dite. — AMOUR-PROPRE. (Voy. AMOUR.) — Même, exactement semblable : *il a dit cela en ces propres termes ; sa maladie commença le propre jour que la mienne finit.* Se dit par redondance, et pour exprimer l'identité avec plus d'énergie. — Convenable à quelqu'un ou à quelque chose : *il n'a aucune des qualités propres au commandement.* — Se dit souvent des personnes et, signifie, qui a l'aptitude, les qualités, les talents nécessaires pour réussir en quelque chose : *cet homme est propre à l'étude.* — Prov. QUI EST PROPRE A TOUT, N'EST PROPRE A RIEN, ou simpl., PROPRE A TOUT, PROPRE A RIEN. — Qui peut servir, qui est d'usage à certaines choses : *ce bois est propre à bâtir.* — S'emploie quelquefois en parlant de ce qui peut produire un effet fâcheux, nuisible : *rien n'est plus propre à les désunir que cette rivalité.* — Suivi de la préposition DE, signifie non seulement, convenable, mais encore, seul convenable, réservé à : *le sable est le terrain propre de cette plante.* — LE MOT, L'EXPRESSION, LE TERME PROPRE, le mot, le terme qui seul rend exactement l'idée : *il est souvent fort difficile de trouver l'expression propre, le terme propre.* — CETTE LANGUE N'A POINT DE MOT PROPRE, DE TERME PROPRE POUR DÉSIGNER TELLE CHOSE, elle n'a point de mot qui soit particulièrement destiné à désigner telle chose. — Net ; et en ce sens il est opposé à SALE : *cet homme, cette femme est très propre, n'est pas drodre.* — Bienséant, bien arrangé : *il est toujours fort propre dans ses habits, dans ses meubles.* On dit de même, SON ÉCRITURE EST PROPRE ET BIEN RANGÉE. — s. m. Qualité particulière qui désigne un sujet, et qui le distingue de tous les autres : *c'est le propre de l'homme de penser et de parler.* — Ce qui convient particulièrement à chaque profession, à chaque caractère, à chaque âge, etc. : *le propre des esprits faibles est d'être lâches et vindicatifs.* — Jurispr. S'est dit des biens immeubles qui appartenaient à une personne par succession : *la coutume de Paris ne permettait de disposer par testament que du quint de ses propres.* — PROPRES ANCIENS, les biens immeubles qui étaient déjà des propres dans la main de celui à qui on succède. PROPRE NAISSANT, bien immeuble qui faisait partie des acquêts de celui dont on hérite. — Se dit également, par rapport à la communauté conjugale, des biens du mari ou de la femme qui n'entrent pas en communauté : *cette femme demande le remplacement de ses propres, que son mari a aliénés.* — AVOIR EN PROPRE, POSSÉDER EN PROPRE, avoir, posséder quelque chose en propriété : *il avait cette maison à loyer, il l'a maintenant en propre.* On dit de même, LES RELIGIEUX N'ONT RIEN EN PROPRE, ils ne possèdent rien en particulier, et dont ils puissent disposer. — Liturg. cathol. PROPRE DU TEMPS, ce qui ne se dit qu'en certains temps de l'année. PROPRE DES SAINTS, ce qui ne se dit qu'en certaines fêtes. PROPRE DE CERTAINES ÉGLISES, ce qui ne se dit qu'en certains lieux. — Législ. « En droit civil, on donne le nom de propres ou de biens propres aux biens qui ne tombent pas dans la communauté existant entre époux, et dont chaque époux fait la reprise après la dissolution du mariage ou

seulement de la communauté. Sous le régime de la communauté légale, dans lequel on retrouve la plupart des dispositions des anciennes coutumes, les biens propres à l'un des époux sont : 1° les immeubles dont il avait, antérieurement au mariage, la propriété ou la possession légale ; 2° les immeubles qui lui sont échus personnellement pendant le mariage, par succession, donation ou testament ; 3° les immeubles qui lui ont été cédés par un de ses ascendants, pour l'acquit d'une créance ou à charge d'acquitter des dettes ; 4° les immeubles acquis en échange ou en remploi de biens propres ; 5° les immeubles acquis par licitation ou partage, lorsque l'époux en était déjà co-propriétaire par indivis ; 6° tous les meubles qui ont été donnés ou légués à l'un des époux sous la condition expresse qu'ils n'entreraient point dans la communauté (C. civ. 1401 à 1403). Lorsque la communauté est soumise à des règles conventionnelles, par un contrat de mariage, la qualité de propres s'applique aux meubles et aux immeubles, d'une manière plus ou moins étendue suivant les stipulations insérées au contrat de mariage. Dans le cas où la communauté est réduite aux acquêts, les biens propres à chaque époux comprennent la totalité de ses apports mobiliers et immobiliers, ainsi que tout ce qui lui échoit pendant le mariage, par succession, donation ou testament. Les dettes correspondantes sont également propres à chaque époux. Sous le régime de la séparation de biens conventionnelle, tous les biens sont des propres ; et il en est de même sous le régime dotal, sauf dans le cas où, une société d'acquêts ayant été stipulée, un patrimoine commun a été constitué. (Voy. DOTAL.) Lors de la dissolution du mariage ou de la communauté, la femme ou ses représentants font la reprise de ses propres ; puis le mari ou ses représentants font la reprise des siens ; et c'est après ce prélèvement et le règlement des dettes et des indemnités réciproques dues par chaque patrimoine, que se trouve constitué l'actif partageable de la communauté ou de la société d'acquêts. » (CH. Y.)

* **PROPREMENT** adv. Précisément, exactement : *ce mot signifie proprement telle chose.* — Gramm. Au propre, dans le sens propre, par opposition à figurément : *ce mot s'emploie proprement et figurément.* — Dans cette acception, il est peu usité : on dit plus ordinairement, CE MOT S'EMPLOIE AU PROPRE ET AU FIGURÉ. — PARLER PROPREMENT, parler avec correction, avec pureté, en bons termes : *il y a des puristes qui parlent proprement et ennuyeusement.* — PROPREMENT DIT, se dit en certains termes pris dans leur signification expresse et particulière : *l'honneur proprement dit n'est point intéressé dans cette dispute.* — LA GRÈCE PROPREMENT DITE, l'Achaïe, le Péloponèse, etc., à la différence des autres pays que l'on comprend aussi sous le nom de GRÈCE, quand on le prend dans une signification plus étendue. L'ASIE PROPREMENT DITE, L'AFRIQUE PROPREMENT DITE, les deux provinces d'Asie et d'Afrique, qui furent sous la domination des Romains, et qu'on désigne ainsi pour les distinguer de toute l'Asie et de toute l'Afrique en général. — Avec propreté : *ce cuisinier accommode fort proprement à manger.* — D'une manière bienséante, convenable : *s'habiller proprement.* — Avec adresse, avec régularité et netteté, avec grâce : *travailler proprement.* — CELA EST FAIT PROPREMENT, se dit d'un ouvrage exécuté avec une certaine justesse et une certaine élégance. — A proprement parler, proprement parlant loc. adv. Pour parler en termes précis et exacts : *à proprement parler, ou proprement parlant, c'est une friponnerie.*

* **PROPRET, ETTE** adj. Qui se met proprement et avec une sorte de recherche : *un petit*

vieillard propret. (Fam.) — Substantiv. *C'est un propret.*

PROPRETÉ s. f. Netteté, qualité de ce qui est exempt de saleté et d'ordure : *tenir un appartement avec propreté, dans une grande propreté.* — Manière convenable, bienséance de s'habiller, d'être bien meublé : *il est d'une grande propreté sur sa personne.* — CETTE PERSONNE EST D'UNE GRANDE PROPRETÉ, elle a grand soin de tout ce qui lui appartient soit propre. — CE PEINTRE A UNE GRANDE PROPRETÉ DE PINCEAU, se dit d'un peintre dont les ouvrages sont terminés, la couleur bien fondue ; par opposition à celui dont les couleurs sont sales et heurtées.

PROPRÉTEUR s. m. (préf. *pro;* fr. *préteur*). Nom que les Romains donnèrent d'abord à ceux qui, pendant un an, avaient exercé la charge de préteur, et, dans la suite, à ceux qui commandaient dans les provinces avec l'autorité du préteur.

PROPRÉTURE s. f. Dignité, fonction de propréteur.

PROPRIA MANU loc. lat. qui signifie : *De sa propre main.*

PROPRIÉTAIRE s. Celui ou celle à qui une chose appartient en propriété : *les propriétaires des maisons sont obligés aux grosses réparations.* — NU PROPRIÉTAIRE, celui qui a la nue propriété.

PROPRIÉTAIREMENT adv. A la manière d'un propriétaire.

PROPRIÉTÉ s. f. (lat. *proprietas;* de *proprius,* propre). Droit par lequel une chose appartient en propre à quelqu'un : *il jouit du revenu de cette maison, mais un autre en a la propriété.* — PROPRIÉTÉ LITTÉRAIRE, ARTISTIQUE, droit qu'un écrivain, un artiste conserve sur son œuvre s'il ne l'a point aliénée définitivement, et qu'il transmet à ses héritiers pour un temps limité par la loi. — NUE PROPRIÉTÉ, propriété d'un fonds dont un autre a l'usufruit — Chose qui appartient en propre à quelqu'un : *cette maison, ce champ est ma propriété.*—Absol. Biens-fonds, comme terres, maisons : *cet homme a des propriétés considérables dans tel département.* — Ce qui appartient essentiellement à une chose : *l'impénétrabilité est une propriété de la matière.* — Vertu particulière des plantes, des minéraux, et des autres objets naturels : *les propriétés naturelles des plantes.* — Ce qui distingue particulièrement une chose d'avec une autre du même genre : *la propriété de cette machine est de produire tel effet, d'une manière plus simple que les autres machines du même genre.* — Emploi du mot propre, du terme propre : *la propriété des termes est exactement observée dans tout ce qu'il écrit.* — Législ. « La propriété est un droit naturel : une grande partie des lois civiles et criminelles ont pour but d'en garantir la jouissance. La propriété est ainsi définie par le Code civil : « Le droit de jouir et disposer des choses de la manière la plus absolue, pourvu qu'on n'en fasse pas un usage prohibé par les lois ou par les règlements ». Nul ne peut être contraint à céder sa propriété, si ce n'est pour cause d'utilité publique et moyennant une juste et préalable indemnité, ou lorsque cette expropriation est faite à la suite de saisie et à la requête d'un créancier. La propriété d'une chose mobilière ou immobilière donne droit à tout ce que produit cette chose, sauf lorsque la jouissance en est détachée par l'existence d'un droit d'usufruit, d'usage, d'antichrèse, etc. Le droit de propriété s'acquiert notamment : par l'occupation, pour les choses qui n'avaient pas de maître ; par la possession, pendant le temps que la loi a fixé pour la prescription ; par un contrat de donation. de vente ou d'é-

change ; par succession ou en vertu d'un testament. Le propriétaire d'une chose acquiert, par droit d'accession, ce qui s'unit naturellement ou artificiellement à cette chose. La propriété du sol comprend la propriété du dessus et celle du dessous à l'infini, sauf la faculté qui est réservée au gouvernement de concéder le droit d'exploiter les mines (C. civ. 544 et s.). En outre de la *propriété mobilière* et de la propriété *immobilière,* la loi reconnaît par une sorte d'analogie ou de fiction, un droit de propriété sur certaines créations de l'esprit humain ou de l'art ; et elle interdit temporairement la reproduction de ces œuvres à tous ceux qui n'en ont pas acquis le droit. C'est ainsi qu'il existe une *propriété industrielle* qui est garantie par les lois concernant les brevets d'invention, les dessins de fabrique et les marques de fabrique. (Voy. BREVET, CONTREFAÇON, DESSIN, MARQUE, etc.) Cette propriété est assurée à l'étranger et d'une façon réciproque, par des conventions internationales, notamment par celle du 20 mars 1883, à laquelle ont adhéré la plupart des nations civilisées. La *propriété artistique* et la *propriété littéraire* sont également garanties par les lois, et elles sont l'objet de nombreuses conventions internationales. (Voy. AUTEUR.) »　　(CH. Y.)

PROPRIO MOTU loc. lat. qui signifie : *De son propre mouvement.*

* **PROPULSEUR** s. et adj. Qui donne un mouvement de propulsion

* **PROPULSION** s. f. (lat. *pro,* en avant ; *pulsus,* poussé). Mouvement qui porte vers un point.

PROPYLAMINE s. f. (de *propyle* et *amine*). Substance particulière extraite de l'huile de foie de morue et à laquelle on a attribué les propriétés de cette huile.

PROPYLE s. m. Radical d'une série particulière d'hydrocarbures.

* **PROPYLÉES** s. m. pl. Archit. anc. Edifice à plusieurs portes qui était orné de colonnes et de sculptures, et qui formait l'entrée principale de l'enceinte d'une citadelle, d'un temple : *de superbes propylées conduisaient à la citadelle d'Athènes.* (Voy. ATHÈNES.)

PROPYLÈNE s. f. Chim. Carbure d'hydrogène gazeux qu'on obtient en décomposant la glycérine par l'iodure de phosphore.

* **PRORATA** s. m. (lat. *pro,* pour ; *rata,* réglé). Terme emprunté du latin, dont on ne se sert que dans cette locution adverbiale, AU PRORATA, à proportion : *les héritiers contribuent à cette dépense au prorata de leurs parts et portions.*

* **PROROGATIF, IVE** adj. Qui proroge : *acte prorogatif.*

PROROGATION s. f. Délai, prolongation de temps : *on leur a accordé une nouvelle prorogation de tant de jours, de tant de mois.* — Législ. polit. Acte qui suspend les séances des Chambres et en remet la continuation à un certain jour — Jurispr. PROROGATION DE JURIDICTION, action de se soumettre, pour le jugement d'une affaire, à la juridiction d'un tribunal dont on n'est pas justiciable. — Législ. « La *prorogation de terme* accordée par le créancier n'opère point novation, lorsqu'elle a simplement pour but de reculer l'échéance de la dette. S'il y a une caution, elle n'est pas déchargée ; mais elle a le droit de ne pas accepter la prorogation et de poursuivre le débiteur, pour le contraindre au paiement (C. civ. 2039). Le droit d'enregistrement perçu sur les actes de prorogation de délai est un droit gradué qui est ainsi fixé en principal : 7 fr. 50 cent. lorsque la somme vaut ou n'excède pas 5,000 fr. ; 15 fr. lorsque cette valeur s'élève au-dessus de 5,000 fr. sans excéder 40,000 fr. ; 30 fr. lors-

qu'elle dépasse 40,000 fr. sans excéder 20,000 fr. ; et ensuite 30 fr. par chaque somme ou valeur de 20,000 fr. ou fraction de 20,000 fr. (L. 28 fév. 1872 ; 19 fév. 1874). — On nomme *prorogation de juridiction* une extension donnée à la juridiction d'un tribunal par le consentement des parties : par exemple, lorsque celles-ci consentent à ce qu'un tribunal de première instance prononce sur une question commerciale. Cette extension a lieu quelquefois en vertu de la loi. Il en est ainsi lorsque, en cause d'appel, une demande nouvelle est présentée comme défense de l'action principale (C. pr. 464). »　　(CH. Y.)

* **PROROGER** v. a. (lat. *prorogare*). Prolonger le temps qui avait été pris, qui avait été donné pour quelque chose : *on a prorogé le délai qu'on lui avait donné.* — Législ. polit. Suspendre les séances des Chambres et en remettre la continuation à un certain jour. — Se proroger v. pr. *L'Assemblée se prorogea jusqu'au mois de novembre.*

PROSAILLEUR s. m. (rad. *prose*). Faiseur de mauvaise prose.

* **PROSAÏQUE** adj. Qui tient de la prose, qui appartient à la prose. S'emploie ordinairement pour condamner, dans la poésie, des expressions ou un style qui tiennent trop de la prose : *façon de parler, expression prosaïque.*

* **PROSAÏQUEMENT** adv. D'une manière prosaïque : *écrire prosaïquement.*

* **PROSAÏSER** v. n. Ecrire en prose. (Peu us.)

* **PROSAÏSME** s. m. Défaut des vers qui manquent de poésie, qui contiennent un trop grand nombre de tours et d'expressions appartenant à la prose : *le prosaïsme est le moindre défaut de ses vers.*

PROSAPODOSE s. f. (gr. *prosapodosis*). Rhét. Figure qui consiste à ajouter à chacune des propositions que l'on énumère sa preuve concise.

* **PROSATEUR** s. m. Auteur qui écrit principalement en prose : *il est un de nos meilleurs prosateurs.*

* **PROSCÉNIUM** s. m. [pross-sé-ni-omm] (lat. *proscænium,* avant-scène). Antiq. Partie des théâtres des anciens où les acteurs venaient jouer la pièce, et que nous appelons aujourd'hui AVANT-SCÈNE.

* **PROSCRIPTEUR** s. m. Celui qui proscrit : *de proscrits qu'ils étaient, ils devinrent proscripteurs.*

* **PROSCRIPTION** s. f. (lat. *proscriptio;* de *proscribere*). Condamnation à mort sans forme judiciaire, et qui peut être mise à exécution par quelque particulier que ce soit : *les proscriptions du temps de Sylla et de Marius.* — Par ext. Mesure violente prise contre les personnes dans les temps de troubles civils. — Fig. Abolition, destruction : *la proscription de ce mot est juste.*

* **PROSCRIRE** v. a. [pro-skri-re] (préf. *pro;* lat. *scribere,* écrire). Condamner à mort sans forme judiciaire, et en publiant simplement par une affiche le nom de ceux qui sont condamnés : *Sylla proscrivit trois ou quatre mille citoyens romains.* — Son plus grand usage est en parlant d'histoire romaine. — Se dit, par ext., en parlant de certaines mesures violentes prises contre les personnes dans les temps de troubles civils. — Eloigner, chasser, bannir : *cet homme est dangereux, méchant; il faut le proscrire de notre société.* — Fig. Rejeter, abolir, détruire : *ce mot n'est pas français, il faut le proscrire.*

* **PROSCRIT, ITE** part. passé de PROSCRIRE. — Se dit, par ext., de ceux qui n'osent retourner dans leur pays, à cause de quelque fâcheuse affaire ; *ce sont de malheureux pros-*

.crits. — Prov. et fig. AVOIR UN JEU DE PROS-CRIT, DES DÉS DE PROSCRIT, avoir vilain jeu, avoir de mauvais dés. — CET HOMME A UNE FIGURE DE PROSCRIT, il a une figure qui déplaît à tout le monde. On dit dans le même sens, IL A UNE FIGURE PROSCRITE. — Fig. et au sens moral, banni, écarté de l'usage : *ce mot est proscrit.*

PROSCYNÈME s. m. [pross-si-] (gr. *proskunéma*). Antiq. Formule d'adoration.

* PROSE s. f. [prô-ze] (lat. *prosa*) Discours qui n'est point assujetti à une certaine mesure, à un certain nombre de pieds et de syllabes :

Car enfin, feuilletez tous les livres divers,
Vous trouverez partout de la prose et des vers!
COLLIN D'HARLEVILLE. *L'Inconstant*, acte Iᵉʳ, sc. II.

Il n'y a pas là de poésie, ce n'est que de la *prose rimée.* — PROSE POÉTIQUE, prose qui a les caractères de la poésie, moins la mesure. — Prov. et fig. FAIRE DE LA PROSE SANS LE SAVOIR, réussir par hasard et sans dessein. — Sorte d'hymnes latines, où la rime et le nombre des syllabes remplacent la quantité, et que l'on chante à la messe immédiatement avant l'évangile, dans les grandes solennités : *la prose du saint sacrement.*

* PROSECTEUR s. m. [pro-sèk-teur] (préf. *pro*; lat. *secari*, couper). Anat. Celui qui prépare ou fait les dissections pour un professeur.

* PROSÉLYTE s. [-zé-] (gr. *proselutos*, nouveau venu). Terme emprunté du grec, qui signifie proprement, étranger, nouveau venu dans un pays; mais que l'Ecriture et les écrivains ecclésiastiques emploient pour désigner une personne qui a passé du paganisme à la religion judaïque : *les Juifs et les prosélytes.* — Personne nouvellement convertie à la foi catholique : *ce missionnaire fit beaucoup de prosélytes parmi les musulmans.* — Par ext. Partisan qu'on gagne à une secte, à une opinion : *cette opinion a beaucoup de prosélytes, a fait beaucoup de prosélytes.*

PROSÉLYTIQUE adj. Qui a rapport aux prosélytes ou au prosélytisme.

* PROSÉLYTISME s. m. Zèle de faire des prosélytes. Se prend ordinairement en mauvaise part : *la manie du prosélytisme.*

PROSER v. a. Ecrire en prose :

S'ils font quelque chose,
C'est proser de la rime et rimer de la prose.
REGNARD.

— v. n. Ecrire de la prose : *mieux vaut proser que rimailler.*

PROSERPINE ou Perséphone (Myth. gr. et lat.), la reine du monde infernal. Elle était fille de Jupiter et de Cérès, et le fut aimée de Pluton, qui l'enleva et l'emporta de force dans l'Enfer, ou Hadès. Cérès amena Pluton à consentir à ce que sa fille passât les deux tiers (ou d'après les écrivains postérieurs, la moitié) de chaque année dans le monde supérieur, avec elle; et, par suite Proserpine devint un symbole de la végétation. Elle présidait, en commun avec sa mère, aux mystères d'Eleusis.

PROSIER s. m. Livre d'église qui contient les proses.

PROSODE s. f. [-zo-] (gr. *prosodos*). Antiq. gr. Hymne que l'on chantait pendant la procession qui précédait un sacrifice ou un banquet.

PROSODIAQUE adj. Littér. anc. Se disait d'un mètre formé de deux monosyllabes longs, de deux anapestes et de trois trochées : *le nome prosodiaque était consacré à Mars.*

* PROSODIE s. f. [pro-zo-dî] (gr. *pros*, pour; *ôdé*, chant). Gramm. Prononciation régulière des mots conformément à l'accent et à la quantité : *la prosodie française est moins déterminée, moins marquée que celle de plusieurs*

autres langues. — Connaissance des règles de la quantité en grec et en latin, des syllabes qui sont longues ou brèves, de la mesure des différents vers : *traité de prosodie.*

PROSODIER v. a. Marquer la prosodie.

* PROSODIQUE adj. Qui appartient à la prosodie : *accent prosodique* — LANGUE PROSODIQUE, langue dont la prosodie est bien marquée, où l'accent et la quantité des syllabes sont bien déterminés.

PROSODIQUEMENT adv. Sous le rapport de la prosodie.

PROSOPOGRAPHIE s. f. (gr. *prosópon*, visage; *graphó*, je décris). Rhét. Description qui a pour objet de faire connaître les traits extérieurs, la figure, le maintien d'un homme.

* PROSOPOPÉE s. f. (gr. *prosópon*, visage; *poiéó*, je crée). Rhét. L'une des plus brillantes figures du style élevé, qui consiste à faire parler ou agir soit une personne morte ou absente, soit un être imaginaire, soit une chose inanimée. Les orateurs font un usage fréquent de la prosopopée. Un bel exemple de prosopopée se trouve dans la proclamation de Bonaparte à l'armée d'Egypte : « Soldats, du haut de ces pyramides, quarante siècles vous contemplent. »

PROSPECT s. m. [-spèk] (lat. *prospectus*). Vue, aspect, manière de regarder.

PROSPECTIF, IVE adj. Qui regarde l'avenir.

* PROSPECTUS s. m. [-ktuss] (rad. lat. *prospicere*, regarder en avant). Mot emprunté du latin. Espèce de programme qui se publie avant qu'un ouvrage paraisse, et dans lequel on donne une idée de cet ouvrage, on annonce le format, le caractère, la quantité de volumes, et les conditions de la souscription, si l'on en propose une : *faire imprimer un prospectus.* On dit de même, LE PROSPECTUS D'UN JOURNAL. — Se dit, dans un sens anal., en parlant d'un établissement : *prospectus d'un nouvel établissement.*

PROSPER (Saint), *Aquitanus*, père de l'Eglise, né près de Bordeaux vers 403, mort vers 464. Ce fut un chronologiste, un poète et un théologien, et il est surtout connu par son opposition au pélagianisme. Il semble avoir toujours été laïque. Sa fête se célèbre le 25 juin. Il y a plusieurs éditions de ses ouvrages, dont le plus célèbre est intitulé *Carmen de Ingratis*, l'un des meilleurs poèmes écrits en latin par un auteur chrétien.

* PROSPÈRE adj. (lat. *prosper*, heureux). Favorable au succès d'un dessein, d'une entreprise : *le ciel vous soit prospère!* N'est guère usité que dans le style soutenu. — Heureux : *être dans un état prospère.*

PROSPÈREMENT adv. D'une façon prospère.

* PROSPÉRER v. n. Etre heureux, avoir la fortune favorable : *Dieu permet quelquefois que les méchants prospèrent.* — Se dit aussi des choses, et signifie, réussir, avoir un heureux succès : *toutes choses lui ont prospéré.*

* PROSPÉRITÉ s. f. (lat. *prosperitas*). Heureux état, heureuse situation, soit des affaires générales, soit des affaires particulières : *ne se laisser ni enfler par la prospérité, ni abattre par l'adversité; la prospérité du commerce, de l'agriculture.* — Fam. AVOIR UN VISAGE DE PROSPÉRITÉ, avoir l'air gai, content, le teint frais et fleuri. — pl. Evénements heureux : *tant de prospérités qui lui sont arrivées.*

PROSTAPHÉRÈSE s. f. (gr. *prosthen*, en avant; *apherésis*, soustraction). Astron. Différence entre le mouvement vrai et le mouvement moyen d'une planète ou entre son lieu vrai et son lieu moyen.

PROSTATALGIE s. f. (fr. *prostate*; gr. *algos*, douleur). Pathol. Douleur dans la prostate.

* PROSTATE s. f. (gr. *prostatés*, placé de-

vant). Anat. Corps glanduleux situé à la jonction de la vessie et de l'urètre, chez l'homme. On appelle PROSTATES INFÉRIEURES ou PETITES PROSTATES, deux petits groupes de follicules muqueux, situés au devant de la prostate, et que l'on nomme autrement GLANDES DE COWPER.

PROSTATIQUE adj. Qui concerne la prostate.

PROSTATITE s. f. Inflammation de la prostate.

* PROSTERNATION s. f. Action, état de celui qui se prosterne, qui est prosterné : *les Chinois font plusieurs prosternations quand ils se présentent devant l'empereur.* (Peu us.)

* PROSTERNEMENT s. m. Action de se prosterner : *les Orientaux témoignent leur respect par de fréquents prosternements*

* PROSTERNER v. a. (lat. *prosternere*). Renverser, mettre aux pieds de : *une vraie science prosterne l'homme devant la divinité.* — Se prosterner v. pr. S'abaisser en posture de suppliant, se jeter à genoux aux pieds de quelqu'un, se baisser jusqu'à terre : *il se prosterna devant lui.* — Fig. et fam. SE PROSTERNER DEVANT QUELQU'UN, reconnaître, avouer sa supériorité en quelque genre que ce soit : *je me prosterne devant vous.*

* PROSTHÈSE s. f. (gr. *pros*, devant, *tithémi*, je place). Figure de grammaire, qui consiste dans l'addition d'une lettre au commencement d'un mot, sans changer le sens. Ex. : GNATUS pour NATUS, en latin. — Chir. Addition artificielle d'une partie sur le corps humain, à la place de celle qui manque. Dans ce sens, on dit aussi, PROTHÈSE.

* PROSTITUÉ, ÉE part. passé de PROSTITUER. — Fig. C'EST UN HOMME PROSTITUÉ A LA FAVEUR, se dit d'un homme dévoué aux volontés des gens puissants, des gens en crédit. C'EST UNE PLUME PROSTITUÉE, se dit d'un auteur dévoué aux passions de ceux qui le font écrire. — s. : *une prostituée.* — Apocal. BABYLONE, LA GRANDE PROSTITUÉE, Rome païenne.

* PROSTITUER v. a. (lat. *prostituere*, exposer au public). Livrer à l'impudicité d'autrui. Se dit d'une personne qui, par autorité ou par persuasion, oblige ou engage une femme ou une fille à s'abandonner à l'impudicité : *elle a prostitué elle-même sa fille.* — Se dit en parlant des choses qu'on ravale, que l'on déshonore par l'usage indigne qu'on en fait : *c'est prostituer son honneur que d'agir aussi bassement.* — CETTE FEMME, CETTE FILLE A PROSTITUÉ SON HONNEUR, elle s'est livrée elle-même à l'impudicité. — Se prostituer v. pr. Fig. CET HOMME SE PROSTITUE A LA FAVEUR, A LA FORTUNE, il se déshonore par un lâche dévouement aux volontés des hommes puissants ou riches. CET ÉCRIVAIN SE PROSTITUE, il ment à sa conscience, il écrit non ce qu'il sait être vrai, mais ce qui convient aux gens dont il sert les intérêts, les passions.

PROSTITUEUR, EUSE s. Personne qui prostitue.

* PROSTITUTION s. f. Abandonnement à l'impudicité. En ce sens, ne se dit que des femmes et des filles qui vivent dans cet état de dégradation : *elle a vécu dans une prostitution honteuse.* — LIEU DE PROSTITUTION, maison de débauche. — Fig. LA PROSTITUTION DE LA JUSTICE, LA PROSTITUTION DES LOIS, le mauvais usage qu'un juge corrompu fait des lois et de la justice, en les faisant servir à ses intérêts. Ecrit. Abandonnement à l'idolâtrie. — Législ. « Chez les Romains, la débauche était non seulement autorisée, mais en quelque sorte mise en honneur par la religion païenne. Puis, les mœurs s'étant modifiées en même temps que le christianisme devenait prépondérant, les lois réprimèrent la prostitu

tioa publique; et Justinien, par la Novelle 14 *De lenonibus*, infligeait la peine de mort à ceux qui entretenaient des femmes esclaves pour en faire un honteux trafic. Les personnes qui loûaient sciemment leurs maisons pour ce commerce étaient condamnées à l'amende, et leurs maisons étaient confisquées. Le simple concubinage, d'abord licite, cessa de l'être lorsque l'Eglise se fut emparée du droit exclusif de juger tous les délits contre les lois religieuses et toutes les questions relatives au mariage. La prostitution fut tour à tour interdite ou tolérée, en France, sous l'ancien régime. Charlemagne, dans un capitulaire de l'an 800, ordonnait la peine du fouet et celle du bannissement contre les femmes de mauvaise vie. Saint Louis, en 1254, édicta contre elles la confiscation du corps et des biens; plus tard, il ordonna qu'elles seraient tenues d'habiter des maisons séparées des autres, et il défendit à tous les propriétaires de louer leurs maisons aux prostituées. Saint Louis avait reconnu que, dans l'intérêt même de la sécurité des honnêtes familles, une part doit être faite au mal, et qu'une certaine tolérance doit être accordée à une passion que les volontés les plus énergiques ne parviennent pas toujours à comprimer. (Voy. Débauche.) En 1347, une ordonnance royale imposa aux femmes qui se livrent à la prostitution l'obligation de porter une marque distinctive. Dès le xvie siècle, on dut prendre des mesures particulières afin de s'opposer à la propagation du mal contagieux que la découverte du Nouveau Monde avait valu à l'Ancien; et le parlement de Paris rendit à ce sujet des arrêts de règlement dont les dispositions ont été souvent confirmées et publiées à nouveau. Sous Louis XIV, en vertu d'une déclaration du 11 juillet 1682, les femmes de mauvaise vie étaient enfermées dans la maison de force de la Salpêtrière; puis on leur rasait les cheveux, et elles étaient embarquées sous les fenêtres du Louvre, pour le Canada ou le Mississipi. Plus tard, en vertu d'une déclaration du roi, en date du 26 juillet 1713, les femmes reconnues coupables de se livrer publiquement à la débauche devaient être condamnées à une amende ou à une aumône; leurs meubles étaient confisqués au profit des pauvres de l'hôpital général; et les pouvaient, en outre, être chassées de la ville. D'après la jurisprudence du Châtelet de Paris, les femmes qui étaient convaincues d'avoir excité ou entretenu d'autres femmes dans la débauche étaient condamnées à la peine suivante: On les plaçait à califourchon sur un âne, le visage étant tourné vers la queue de l'animal; on leur couvrait la tête d'un chapeau de paille et on leur attachait, devant et derrière, des écriteaux portant cette inscription: « Maquerelle publique ». On les promenait ainsi dans les rues fréquentées, en les fustigeant avec des verges; puis on les marquait d'une fleur de lys au moyen d'un fer chaud, et on les bannissait pour cinq ans au moins. La Convention, par un décret qui ne fut pas appliqué, ordonna, à l'époque dite de la Terreur, la déportation au delà des mers des femmes publiques qui corrompaient les mœurs et qui énervaient les jeunes citoyens. — La législation actuelle est plus tolérante; elle donne seulement aux officiers de police le droit de surveiller en tout temps les femmes de débauche (L. 19-22 juillet 1791, tit. Ier, art. 9); et les maires sont chargés de prendre toutes les mesures convenables pour prévenir la propagation des maladies contagieuses, parmi lesquelles la syphilis doit être classée (L. 5 avril 1884, art. 97, 6e). L'administration municipale doit donc réglementer la tenue des maisons de débauche et soumettre les prostituées à une visite sanitaire périodique. À Paris, des ordonnances de police renferment des prescriptions rigoureuses, à l'égard des maisons de prostitution et des femmes

isolées. Les anciens règlements non abrogés donnent au préfet de police le droit d'infliger la peine de l'emprisonnement aux contrevenantes; et l'on sait qu'en matière criminelle, les lois et règlements antérieurs au Code pénal de 1810 doivent être appliqués par les tribunaux lorsque ce code n'a pas légiféré à nouveau (C. pén. 484). Aux termes de l'art. 2 de l'ordonnance de police du 6 novembre 1778, article que la cour de cassation considère comme étant resté en vigueur (Arr. cass. 19 juin 1846 et 26 juillet 1884), il est interdit à tous propriétaires ou principaux locataires de maisons situées à Paris ou dans les faubourgs, de loger des personnes de mauvaise vie et de souffrir dans leurs maisons aucun lieu de débauche, sous peine de 500 liv. d'amende. Cette pénalité doit être aujourd'hui remplacée par celle que le Code pénal inflige à quiconque a contrevenu aux prescriptions des arrêtés de police municipale. Des peines correctionnelles sont réservées par la loi à ceux qui excitent, favorisent ou facilitent habituellement la débauche ou la corruption de la jeunesse de l'un ou de l'autre sexe au-dessous de l'âge de vingt et un ans. (Voy. Débauche.) Enfin la loi du 27 mai 1885 sur la relégation des condamnés récidivistes, confirmant la jurisprudence adoptée par le tribunal de la Seine, porte que les individus, connus sous la dénomination de *souteneurs* et qui vivent de la prostitution d'autrui exercée sur la voie publique sont assimilés aux vagabonds ou gens sans aveu, qu'ils aient ou non un domicile certain. Ces individus sont, en conséquence, passibles des peines édictées par l'art. 277 du Code pénal. »   (Ch. Y.)

* **PROSTRATION** s. f. (lat. *prostratio*; de *prosternere*). (Voy. Prosternation.) — Méd. Affaiblissement extrême, abattement : *cet accès fut suivi d'une grande prostration de forces*.

* **PROSTYLE** s. m. (préf. pro; fr. *style*). Archit. Edifice qui n'a de colonnes qu'à sa façade antérieure. — Adj. *Temple prostyle*.

PROSYLLOGISME s. m. [-sil-lo-] (préf. pro; fr. *syllogisme*). Dans la logique de Kant, conclusion servant de prémisse à un nouveau raisonnement.

* **PROTAGONISTE** s. m. (rad. gr. *prôtos*, premier; *agô*, je conduis). Didact. Principal personnage d'une pièce de théâtre, celui qui y joue le premier rôle : *le protagoniste ne paraît dans cette pièce qu'au troisième acte*.

PROTAGORAS [pro-ta-go-rass], philosophe grec, né à Abdère, probablement vers 480 av. J.-C., mort vers 411. Il fut le premier qui prit le titre de sophiste, en désignant un homme qui instruit les autres dans l'art de devenir sage, et dans les arts de l'éloquence et de la politique. Il fut aussi le premier qui reçut un salaire pour ses leçons. Après avoir enseigné 40 ans, il fut chassé d'Athènes pour avoir exprimé des doutes sur l'existence des dieux, et ses livres furent brûlés. Voy. Geist, *De Protagoræ vita* (Giessen, 1827, in-4°); Weber, *Quæstiones Protagoræ* (Marbourg, 1850, in-4°).

PROTAIS (Saint), martyr, frère de saint Gervais. Ils furent tous les deux martyrisés sous Néron. Fête de l'un et de l'autre le 19 juin.

* **PROTASE** s. f. [-ta-ze] (gr. *protasis*, proposition). Didact. Partie d'un poème dramatique, qui contient l'exposition du sujet de la pièce.

* **PROTATIQUE** adj. Didact. N'est guère usité que dans cette locution, Personnage protatique, personnage qui ne paraît qu'au commencement d'une pièce de théâtre, pour en faire l'exposition.

PROTE s. m. (gr. *prôtos*, premier). Typogr. Celui qui, sous les ordres de l'imprimeur, dirige et conduit les travaux, maintient

l'ordre dans l'établissement, distribue l'ouvrage aux compositeurs, et supplée le maître pour établir les prix avec les éditeurs et pour payer les ouvriers. Ses fonctions demandent de l'instruction, une grande connaissance de l'art typographique, beaucoup d'activité, du soin et de l'ordre. — Dans quelques imprimeries, il corrige les épreuves, ce qui fait que le public le confond presque toujours avec le correcteur.

PROTÉACÉ, ÉE adj. Bot. Qui ressemble ou qui se rapporte au genre protée. — s. f. pl. Famille de plantes dicotylédones, ayant pour type le genre protée.

* **PROTECTEUR, TRICE** s. (lat. *protector*). Défenseur; celui, celle qui protège, qui défend les faibles et les affligés, qui les préserve du mal : *Dieu sera notre protecteur*. — Patron, patronne, celui, celle qui prend soin des intérêts d'une personne, qui favorise l'accroissement, le progrès d'une chose : *ce ministre est son protecteur*. — Titre, dignité, fonction : *cette communauté religieuse avait tel évêque, tel magistrat pour protecteur*. — Particul. Cardinal qui est chargé, à Rome, du soin des affaires consistoriales de certains royaumes, ou des intérêts de certains ordres religieux : *ce cardinal est protecteur des affaires de France, protecteur des affaires d'Espagne*, et, par ellipse, *protecteur de France, d'Espagne*. — Adjectiv. *Il prend un ton protecteur, des airs protecteurs*. — Dans l'histoire anglaise, titre conféré plusieurs fois par le parlement au principal officier du royaume pendant la minorité du roi, au lieu du nom de régent. Olivier Cromwell, et son fils Richard, portèrent le titre de lord protecteur. — Econ. polit. Système protecteur, système dans lequel on grève de droits élevés les produits étrangers qui feraient concurrence aux produits nationaux. On dit de même, Droits protecteurs. — Société protectrice des animaux, société fondée à Paris en 1845 et dont le siège est à Paris, rue de Lille, 19. Elle fut reconnue d'utilité publique par décret du 22 décembre 1860. Elle a pour but d'améliorer le sort des animaux domestiques et s'efforce de répandre dans toutes les classes les habitudes de douceur et de bienveillance envers ces auxiliaires de l'homme. Les membres de ladite société sont munis d'une carte qui leur donne le droit de requérir les agents de la police municipale, et de constater les contraventions à la loi du 2 juillet 1850, dite de Grammont. Aux termes de cette loi sont punis d'une amende de 5 à 15 fr. et peuvent l'être de un à 5 jours de prison ceux qui ont maltraité des animaux. L'association anglaise *Royal Society for the prevention of cruelty to Animals*, fondée en 1824, poursuit le même but que la société française. En 1860, elle discuta vivement la question de la vivisection; elle fit interdire, en 1839, l'emploi des chiens comme bêtes de trait.

* **PROTECTION** s. f. (lat. *protectio*). Action de protéger, de défendre quelqu'un, de veiller à ce qu'il ne lui arrive point de mal : *c'est une puissante protection que la sienne*. — Action de prendre soin de la fortune, de s'intéresser de quelqu'un de favoriser l'accroissement, le progrès d'une quelque chose : *rechercher la protection d'un grand prince*. — Se dit aussi des personnes qui protègent, qui en favorisent d'autres : *vous avez en lui une puissante protection*. — Emploi de protecteur à Rome : *le pape donna la protection des jacobins à tel cardinal*.

* **PROTECTIONNISTE** s. m. Econ. polit. Partisan du système protecteur. — Adjectiv. *Les doctrines protectionnistes*.

* **PROTECTORAT** s. m. Dignité de protecteur. C'est le titre sous lequel Cromwell gouverna l'Angleterre après la mort de Charles Ier.

PROTECTORERIE s. f. Dignité de cardinal protecteur à la cour de Rome.

* **PROTÉE** s. n.. Homme qui change continuellement de manières, d'opinions, qui joue toutes sort's de rôles : *cet homme est un vrai protée.*

En vain, nouveau *Protée*, il voudra m'échapper.
Collin d'Harleville. *Monsieur de Crac,* sc. xiii.

— ∾ Erpét. Genre de batraciens urodèles, de la même famille que l'axolotl et le ménobranche, à peau nue et visqueuse, à corps cylindrique allongé, à queue courte et large, et muni de quatre jambes assez faibles. Le *protée commun* (*proteus anguinus*, Laur.) mesure 50 centim. de long à peu près et 3 centim. de diamètre ; il est blanc, ou d'une

Protée commun.

couleur de chair pâle, avec des branchies en aigrette, d'un rouge vif ; sa tête est triangulaire, et son museau est obtus ; ses yeux sont très petits et sans paupières. On ne le trouve que dans les eaux souterraines de quelques grottes d'Europe, et surtout dans la caverne d'Adelsberg, en Carniole. Sa respiration est essentiellement aquatique, et se fait au moyen de touffes branchiales, bien qu'il ait des poumons rudimentaires, qu'il vienne à la surface pour avaler l'air, et qu'il puisse vivre quelque temps hors de l'eau. Sa nourriture consiste en vers, en insectes aquatiques, et en mollusques à écailles molles.
— s. f. Bot. Genre de protéacées comprenant plusieurs espèces d'arbrisseaux qui croissent au cap de Bonne-Espérance.

PROTÉE. Myth. gr. et lat. Dieu marin soumis à Neptune, dont il gardait les troupeaux. Chaque jour, à midi, il sortait de l'onde et allait dormir à l'ombre des rochers de la côte, et ceux qui désiraient savoir de lui l'avenir devaient le saisir en ce moment. Il prenait différentes formes pour épouvanter, dégoûter ou chasser ses interrogateurs ; mais lorsqu'il voyait que tout était inutile, il répondait aux questions.

* **PROTÉGÉ, ÉE** part. passé de Protéger (lat. *protectus*). Substantiv. *Cet homme est un des protégés du ministre.*

* **PROTÉGER** v. a. (lat. *protegere*). Prendre la défense de quelqu'un, de quelque chose ; prêter secours et appui : *si Dieu nous protège, qu'avons-nous à craindre ?*

A quel titre d'ailleurs, et par quel privilège
L'homme sans loi veut-il que la loi le *protège*.
Ponsard. *Charlotte Corday,* acte IV, sc. iv.

— S'intéresser. contribuer à la fortune d'une personne, veiller au maintien, au progrès d'une chose : *qui est-ce qui vous protège ?* — Garantir, mettre à l'abri d'une incommodité, d'un danger : *ce mur nous protège contre le froid.*

PROTÉIDE adj. (fr. *protée*; gr. *eidos*, aspect). Erpét. Qui ressemble ou qui se rapporte au genre protée.

PROTÉIFORME adj. (fr. *protée*; et *forme*). Qui change de forme très fréquemment.

PROTÉINE s. f. (gr. *prôtos*, premier). Nom donné par Mulder à un produit obtenu par l'action de la potasse sur les albuminoïdes, tels que la fibrine, l'albumine et la caséine, qu'il considère comme la base, l'autre facteur étant des quantités variables de sulfimide (N H³)² S et de phosphimide, N H³ P. Il ne l'a jamais obtenu par le soufre. Liebig re-

gardait la théorie de Mulder comme mal fondée, et ne considérait son produit que comme une substance albumineuse un peu modifiée. Cependant les corps dont Mulder pensait que ce produit est la base, s'appellent d'ordinaire corps protéens, ou protéides.

PROTÉIQUE adj. (rad. *protée*). Qui change fréquemment de forme.

PROTÈLE s. m. (gr. *pro*, en avant ; *teleis*, complet, parce que cet animal a 5 doigts aux membres antérieurs). Mamm. Genre de carnassiers digitigrades établi pour un animal rapporté en 1820 de l'Afrique australe par le voyageur de Lalande. Les Boers le nomment *aard-wolf* (loup de terre) ; on lui a donné le nom de *protèle hyénoïde* ou de *pro-*

Protèle hyénoïde (Proteles Lalandii).

tête de Lalande (*proteles Lalandii*). A l'apparence extérieure et à la structure ostéologique de l'hyène, il joint à la tête et les pieds du renard et les intestins de la civette. Ses mœurs ressemblent à celles du renard. Il se creuse un terrier dans lequel il dort pendant le jour. Il cherche sa nourriture pendant la nuit.

PRO TEMPORE loc. lat. qui signifie : *Selon le temps.*

PROTÉSILAS [pro-té-zi-lass], prince légendaire de Thessalie, le premier Grec tué dans la guerre de Troie. Il est dit dans l'*Iliade* qu'il fut le premier qui sauta des navires sur le rivage troyen ; et, selon une tradition racontée dans Lucien, il fut tué par Hector. Les poètes ont célébré la grande affection de Laodamie pour son mari, Protésilas. (Voy. Laodamie.)

PROTÉSILÉES s. f. pl. Fêtes que les Grecs célébraient en l'honneur de Protésilas.

* **PROTESTANT, ANTE** s. (rad. *protester*). Nom qui a été donné d'abord aux luthériens, et qu'on a étendu depuis aux calvinistes et à ceux qui suivent la religion anglicane : *les protestants d'Allemagne.* — Adj. Religion protestante. — Encycl. Le mot protestant est le nom collectif donné à toutes les dénominations chrétiennes, sauf les catholiques romains et les Églises d'Orient. Ce nom eut son origine en 1529, en Allemagne, à la diète de Spire, qui avait pris une résolution portant que , jusqu'à la convocation d'un concile œcuménique, toute innovation nouvelle en matière religieuse serait prohibée. A cette résolution l'électeur de Saxe, le margrave de Brandebourg-Anspach, le duc de Brunswick-Lunebourg, le landgrave de Hesse, le prince d'Anhalt, le 19 avril, une solennelle protestation. Dès lors on les appela protestants, et le nom de protestant devint ainsi de bonne heure usité pour désigner les adhérents à la réforme en général. Le nombre total des protestants dans toutes les contrées du globe est estimé à 150 millions.

* **PROTESTANTISME** s. m. Croyance des Églises protestantes dans tous les points où elle diffère de la foi de l'Église catholique.

PROTESTATAIRE s. Personne qui fait une protestation.

* **PROTESTATION** s. f. Témoignage public,

déclaration publique que l'on fait de ses dispositions, de sa volonté : *il fit une protestation de sa fidélité au service du roi.* — Promesse, assurance positive : *il lui a fait mille protestations d'amitié, de service, de fidélité, d'attachement inviolable.* — Déclaration en forme, par laquelle on proteste contre quelque chose : *rédiger, signer une protestation.*

PROTESTATOIRE adj. Qui a la forme ou la valeur d'une protestation.

* **PROTESTER** v. a. (lat. *protestare*). Promettre fortement, assurer positivement, publiquement : *il lui protesta qu'il le servirait en toutes rencontres.* — Banque et Comm. Faire un protêt : *protester une lettre de change.* — Se dit, quelquefois, en parlant des personnes : *ce négociant est mal dans ses affaires, il a déjà été protesté deux fois, on l'a protesté hier.* — v. n. Déclarer en forme qu'on tient pour nul, pour illégal, etc., ce qui a été résolu, délibéré, ou fait, et que l'on se pourvoira contre : *protester contre une résolution, contre une délibération.* — En termes de palais, Protester de violence, déclarer que c'est par violence, par force, que l'on a condescendu à quelque chose : *il leur remit les papiers qu'ils demandaient, mais en même temps il protesta de violence.* On dit de même, Protester de nullité, protester d'incompétence, déclarer que l'on regarde une procédure comme nulle, un juge comme incompétent.

* **PROTÊT** s. m. (rad. *protester*). Banque et Comm. Acte par lequel, faute d'acceptation ou de payement d'une lettre de change à l'époque déterminée, on déclare que celui qui elle est tirée et son correspondant, seront tenus de tous les préjudices qu'on en recevra : *faire signifier un protêt.* — Acte semblable par lequel on fait constater le non-payement de tout autre effet de commerce. — Le protêt est un acte extrajudiciaire qui a pour but de constater, soit le refus d'acceptation d'une lettre de change, soit le refus de paiement d'un effet de commerce. (Voy. Effet.)

PROTÉVANGILE s. m. (préf. *proto*; fr. *évangile*). Titre d'un évangile apocryphe faussement attribué à saint Jacques le Mineur.

* **PROTHÈSE** s. f. (préf. *pro*; gr. *tithêmi*, je place). Chir. Addition artificielle d'une partie sur le corps humain, à la place de celle qui manque : *prothèse dentaire.*

PROTHÉTIQUE adj. Chir. Qui a rapport à la prothèse.

PROTHORAX s. m. (préf. *pro*; fr. *thorax*). Entom. Partie antérieure du thorax des insectes.

* **PROTO** (gr. *prôtos*, premier), préfixe qui entre dans la formation d'un grand nombre de mots.

PROTOBROMURE s. m. (préf. *proto*; fr. *bromure*). Chim. Combinaison d'un corps simple avec le brome, contenant la plus petite quantité possible de brome.

* **PROTOCANONIQUE** adj. (préf. *proto*; fr. *canonique*). adj. Se dit des livres sacrés qui étaient reconnus pour tels avant même qu'on eût fait des canons. (Voy. Deutérocanonique.)

* **PROTOCARBURE** s. m. (préf. *proto*; fr. *carbure*). Chim. Premier degré de combinaison d'un corps simple avec le carbone.

* **PROTOCHLORURE** s. m. (préf. *proto*; fr. *chlorure*). Chim. Premier degré de combinaison d'un corps simple avec le chlore. — Protochlorure d'antimoine ou *Beurre d'antimoine*. (Voy. Chlorure.)

PROTOCOCCUS ou **Protocoque** s. m. (préf. *proto*; gr. *kokkos*, graine). Bot. Genre d'algues comprenant les végétaux les plus simples sous le rapport de l'organisation. L'espèce la plus connue est le *protococcus pluvialis*, qui se trouve dans nos eaux stagnantes; il se compose d'une simple cellule sphérique, entourée d'une enveloppe qui contient le protoplasme. Le protococcus est si petit qu'il en faudrait au moins 50,000 pour couvrir une surface d'un millimètre carré. On suppose que le phénomène appelé *neige rouge* est dû à la présence de ces organismes.

* **PROTOCOLE** s. m. (gr. *proto*; gr. *kôlon*, membrane). Formulaire pour dresser des actes publics : *le protocole des notaires, des greffiers, des huissiers.* — Se dit aussi, chez les secrétaires d'État, chez les secrétaires des grands princes, et dans les administrations publiques, d'un formulaire contenant la manière dont les grands princes et les chefs d'administration traitent dans leurs lettres ceux à qui ils écrivent : *pour écrire à tel prince, il a consulté son protocole.* — Diplom. Registre où l'on inscrit les délibérations, les actes d'un congrès, d'une diète, etc. ; délibérations, actes mêmes : *les limites de ce pays ont été fixées par le protocole de tel jour.*

PROTOCYANURE s. m. préf. *proto*; fr. *cynure*). Chim. Premier degré de combinaison d'un corps simple avec le cyanogène.

PROTOFLUORURE s. m. (préf. *proto*; fr. *fluorure*). Chim. Premier degré de combinaison d'un corps simple avec le fluor.

PROTOGÈNE adj. (préf. *proto*; gr. *genos*, naissance). Hist. nat. Qui est de première formation.

PROTOGÈNE, peintre grec, qui florissait au iv° siècle av. J.-C. Il vécut 50 ans inconnu et pauvre à Rhodes; enfin, grâce à l'intervention d'Apelle, les Rhodiens s'aperçurent de son mérite. On considérait son tableau d'*Ialysus* comme son chef-d'œuvre, et on le conservait dans le temple de la Paix, à Rome, au temps où Pline écrivait.

PROTOIODURE s. m. (préf. *proto*; fr. *iodure*). Chim. Premier degré de combinaison d'un corps simple avec l'iode.

* **PROTONOTAIRE** s. m. (préf. *proto*; fr. *notaire*). Nom donné à des officiers de la cour de Rome, qui ont un degré de prééminence sur tous les notaires de la même cour, et qui reçoivent les actes des consistoires publics, et les expédient en forme : *le collège des douze protonotaires participants est le premier des collèges des prélats qui ne sont pas évêques.*

PROTOPATHIE s. f. (préf. *proto*; gr. *pathos*, maladie). Pathol. Maladie primitive ou essentielle.

PROTOPHYTE s. m. (préf. *proto*; gr. *phuton*, plante). Bot. Végétal réduit à la plus grande simplicité d'organisation.

PROTOPLASME s. m. (préf. *proto*; gr. *plasma*, forme). Substance primitive, d'où l'on suppose que tous les êtres vivants se sont développés, et qui est universellement concomitante à tous les phénomènes de la vie. Tout ce que l'on comprend dans le terme vie, croissance des plantes, vol des oiseaux, cours de la pensée humaine, est ainsi supposé être causé par des organes corporels qui eux-mêmes consistent en protoplasme, où qui en ont le développement. Partout où existent la nutrition et la reproduction, le mouvement et la sensation, il y a comme base matérielle cette substance désignée en général sous le nom de protoplasme. On en trouve la preuve dans les protozoaires appelés monades, dont le corps dans son état de développement complet ne se compose que de protoplasme. Ce ne sont pas seulement les organismes les plus simples dont nous ayons connaissance, mais aussi les êtres vivants les plus simples que nous puissions concevoir comme capables d'exister; et bien que leur corps tout entier ne soit qu'un petit bloc de protoplasme et (chaque molécule étant semblable aux autres)

sans aucune combinaison dans ses parties, cependant ils accomplissent toutes les fonctions qui, dans leur intégralité, constituent chez les animaux et les plantes de l'organisation la plus élevée, et qui est compris dans l'idée de vie, à savoir la sensation et le mouvement, la nutrition et la multiplication. Certaines monades vivent dans l'eau douce, et d'autres dans l'eau salée. Elles sont, en règle générale, invisibles à l'œil nu ; quelques-unes cependant sont grosses comme la tête d'une épingle. Lorsqu'elle est complètement au repos, la monade a d'ordinaire la forme d'une sphère simple. La surface de son corps est tout à fait lisse, ou il en rayonne de nombreux fils extrêmement délicats. Ces fils ne sont pas des organes permanents et constants du corps visqueux, mais des appendices périssables, qui paraissent et disparaissent alternativement, et peuvent à tout instant varier de nombre, de taille et de forme. On les appelle pour cette raison faux pieds, ou *pseudopodia*. Cependant, c'est au moyen de ces pseudo-pieds que les monades accomplissent toutes les fonctions des animaux plus élevés, les mettent en mouvement comme de véritables pieds, pour ramper, grimper ou nager. Avec ces fils gluants, elles s'attachent aux corps étrangers comme avec des bras, et elles attirent leur propre corps en les raccourcissant ou en les allongeant. Chaque fil, comme tout le corps, est capable de se contracter, et chaque portion est aussi sensible, et aussi excitable que le corps entier. Lorsqu'on touche un point quelconque de la surface avec la pointe d'une épingle ou avec un autre corps produisant une altération chimique, une petite goutte d'acide, par exemple, ou lorsqu'on le fait traverser par un courant électrique, les fils se retirent, et le corps tout entier se contracte et ne présente plus qu'un petit tas sphérique. Les mêmes fils servent aussi à pourvoir à l'alimentation. Lorsqu'un petit infusoire ou une parcelle nutritive quelconque entre accidentellement en contact avec ces pseudo-pieds, ceux-ci l'entourent vivement comme d'un filet, s'enroulent et s'unissent dans l'intérieur du corps, où toutes les portions nutritives sont rapidement absorbées et assimilées immédiatement, tandis que tout ce qui est inutile est rejeté. Dans la *Monographie der Moneren* de Hæckel, on a décrit 16 genres différents de ces êtres, surtout dans leurs modes de propagation. Quelques-uns se propagent simplement en se divisant par moitié lorsqu'ils ont atteint une certaine taille, d'autres projettent de petits bourgeons qui peu à peu se séparent ; d'autres enfin subissent une division soudaine de leur masse en nombreux petits corps sphériques, chacun desquels commence aussitôt une existence séparée, et atteint graduellement la taille de l'organisme dont il provient. L'examen chimique du corps protoplasmique homogène montre qu'il consiste entièrement en une masse albumineuse ou visqueuse, appartenant au groupe d'êtres d'une organisation assez compliquée que l'on a réunis ensemble sous le nom de protéides et quelquefois sous celui de corps albuminoïdes. D'après la théorie plastique récemment mise en avant, la grande variété des phénomènes vitaux est la conséquence de la différence chimique, infiniment délicate dans la composition du protoplasme, et cette théorie considère le protoplasme comme la seule substance active de la vie. Cette théorie place la force et la matière des organismes vivants dans le même rapport accidentel qu'on a longtemps admis pour la force et la matière dans les corps inorganiques. Cette conception a rapidement mûri, spécialement pendant ces quarante dernières années, grâce aux données plus exactes qu'on a acquises sur les organismes les plus inférieurs. Cependant l'idée date de plus d'un

demi-siècle; car le limon primordial, proclamé par Lorenz Oken, en 1809, comme la source originelle de la vie et comme la base matérielle de tous les corps vivants, possédait dans tous les caractères essentiels les qualités et l'importance attribuées aujourd'hui au protoplasme; et ce que le zoologiste français Félix Dujardin désignait, en 1835, sous le nom de *sarcode*, comme la seule substance vivante dans le corps des rhizopodes et des autres animaux primitifs inférieurs, est identique au protoplasme. — La théorie du protoplasme a été mise en lumière par l'étude des rhizopodes qu'Ernst Hæckel a publiée en 1862 dans sa *Monographie der Radiolarien*. En Angleterre, la philosophie monistique du protoplasme a reçu l'appui le plus considérable de Huxley qui, dans *Protoplasm, or the Physical Basis of Life* (1868) la met dans son vrai jour, et a soulevé une controverse ardente. Ses partisans croient que les grosses difficultés qu'on s'opposaient jadis à la théorie de la génération primordiale ou spontanée, ont été écartées par la découverte des monades et l'établissement de la théorie plastide. Parmi les nombreux ouvrages traitant de ce sujet, outre ceux déjà cités, sont les suivants : *The Structure of the Simple Tissues of the human system*, par Lionel Beale (1862) ; *Monographie der Kalkschwaemme* (1872), par Hæckel; *On Protoplasm* (1874), par James Ross ; *The Protoplasmic Theory of Life* (1875), par John Drysdale ; et *Evolution and the Origin of Life* (1875), par H. Charlton Bastian.

PROTOPLASMIQUE adj. Qui a rapport au protoplasme.

PROTOPLASTE adj. (préf. *proto*; gr. *plastos*, formé). Qui a été fait d'abord. — s. m. Le premier homme.

PROTOSULFURE s. m. (préf. *proto*; fr. *sulfure*). Chim. Premier degré de combinaison d'un corps simple avec le soufre.

* **PROTOSYNCELLE** s. m. Vicaire d'un patriarche ou d'un évêque de l'Église grecque.

* **PROTOTYPE** s. m. (préf. *proto*; fr. *type*). Original, modèle, premier type, premier exemplaire. Se dit proprement des choses qui se moulent ou qui se gravent : *on a moulé ces figures sur les prototypes qui sont à Rome.* — Fig. et par plaisant. : *cet homme est un prototype de sagesse, un prototype d'éloquence.*

PROTOTYPIQUE adj. Qui appartient à un prototype.

PROTOVERTÈBRE s. f. (préf. *proto*; fr. *vertèbre*). Vertèbre primaire.

* **PROTOXYDE** s. m. (préf. *proto*; fr. *oxyde*). Chim. Oxyde le moins oxydé de tous ceux que peut former une substance quelconque, en se combinant avec l'oxygène.

PROTOZEUGME s. m. (préf. *proto*; gr. *zeugma*, jonction). Rhét. Nom donné à la figure appelée *zeugme* quand les mots sous-entendus par cette figure ont été exprimés au commencement de la phrase.

PROTOZOAIRE s. m. (préf. *proto*; gr. *zôon*, animal). Subdivision des animaux invertébrés, proposée par Leuckart et Vogt, et généralement admise aujourd'hui par les naturalistes. Elle comprend un grand nombre des êtres qu'on appelle animalcules, et aussi les grosses éponges. Ces animaux sont composés d'une substance presque dépourvue de structure, de consistance gélatineuse, appelée protoplasme ou sarcode, sans segments distincts, ni cavité intérieure, ni système nerveux, et n'ayant qu'un appareil digestif très rudimentaire, ou n'en ayant point du tout. Ils représentent le premier degré de l'organisation animale, de même que les protophytes représentent le premier degré de l'organisation dans la vie végétale. Les premiers furent appelés *oözon* par Carus, à cause de leur ressemblance avec l'œuf ou le germe des animaux plus élevés. Les autres, autant qu'on le sait, sont des plantes marines microscopiques, sans la structure rayonnée caractéristique des plantes, et se trouvent dans les couches inférieures du terrain silurien.

* **PROTUBÉRANCE** s. f. (préf. *pro;* lat. *tuber,* bosse). Anat. Avance, éminence, saillie : *les protubérances du crâne, du cerveau.*

* **PROTUBÉRANT, ANTE** adj. Qui fait saillie : *un front protubérant.*

* **PROTUTEUR** s. m. (préf. *pro;* fr. *tuteur*). Celui qui est nommé pour gérer les affaires d'un mineur domicilié en France et ayant des biens dans les colonies; et celui qui, sans avoir été nommé tuteur, est néanmoins fondé à gérer et administrer les affaires d'un mineur : *celui qui épouse une tutrice, devient protuteur.* — Le protuteur est un tuteur spécial à certains biens. Quand le mineur, domicilié en France, possède des biens dans les colonies, ou réciproquement, le conseil de famille nomme, pour l'administration de ces biens, un protuteur qui est indépendant du tuteur (C. civ. 417). (Voy. Tuteur.)

PROTYPOGRAPHIQUE adj. (préf. *pro;* gr. *typographique*). Qui est antérieur à l'invention de l'imprimerie.

* **PROU** adv. Assez, beaucoup. Il est vieux, et ne s'emploie guère que dans ces locutions familières : Peu ou prou, ni peu ni prou.

PROUDHON (Jean-Baptiste-Victor), jurisconsulte français, né à Chanans (Franche-Comté) en 1758, mort à Dijon en 1838. Il était juge, et devint professeur du droit civil à Dijon en 1806. Il a écrit *Traité des droits d'usufruit,* etc. (1823-'26, 9 vol.), *Traité du domaine public* (1834-'35, 5 vol.), etc.

PROUDHON (Pierre-Joseph), philosophe et écrivain politique, né à Dijon le 15 janv. 1809, mort à Passy le 19 janv. 1865. Il appartenait à une pauvre famille qui ne put lui faire terminer ses études classiques; mais il les compléta plus tard, tout en gagnant sa vie dans une imprimerie de Besançon. Il parvint à se faire recevoir bachelier à l'âge de 28 ans, pour obtenir le prix triennal Suard, qui lui conféra une pension de 1,500 fr. Cette pension lui permit de se rendre à Paris, où il trouva l'indigence et les déboires. Dans la solitude qui l'irritait, il conçut le projet de « tuer l'inégalité et la propriété ». En 1840, il attira l'attention sur sa brochure *Qu'est-ce que la propriété?* qui débutait par cette maxime : « La propriété, c'est le vol ». L'académie de Besançon censura son livre, et lui retira son allocation. En 1842, il fut mis en jugement à Besançon pour une publication analogue; mais il fut acquitté. Il fut directeur d'une compagnie de navigation à Lyon, de 1843 à 1847. En 1843, il publia *De la création de l'ordre dans l'humanité,* ouvrage dans lequel il expose ses théories relativement à une nouvelle organisation politique; et, en 1846, *Système des contradictions économiques* (2 vol.). Après la révolution de Février 1848, il publia *Solution du problème social.* Il fonda, à Paris, un journal radical quotidien, et, en juin, il fut élu à l'Assemblée constituante, où sa proposition d'établir un impôt progressif sur le revenu, dans le dessein d'abolir l'intérêt du capital, fut unanimement rejeté. En janv. 1849, il entreprit d'établir une banque de crédit gratuit; mais en mars il fut condamné à trois ans de prison pour publications illégales. Du fond de sa prison, il fit paraître, entre autres ouvrages, *La révolution sociale dénoncée par le coup d'État* (1852), livre qui fut regardé comme une approbation tacite de la politique de Napoléon. Proudhon fut donc remis en liberté le 4 juin. Son ouvrage subversif, *De la justice dans la révolution et dans l'Église* (1858, 3 vol.), le mit sous le coup d'une condamnation à trois ans d'emprisonnement; mais il était en Belgique, d'où il ne revint que lors de l'amnistie de nov. 1860. Son œuvre posthume, *Les Evangiles annotés* (1865), fut saisie et fit emprisonner son éditeur. Sa biographie, par Charles Ciément, parut en 1872, et l'on a publié une édition de sa correspondance et de ses autres œuvres posthumes. Ses *Œuvres complètes* (1869, 26 vol.) comprennent, outre les ouvrages déjà cités, *Confessions d'un révolutionnaire* (3° édit., 1851).

PROUDHONIEN, IENNE adj. Qui a rapport à Proudhon, à son système ou à ses idées.

* **PROUE** s. f. (lat. *prora*). Partie de l'avant d'un navire : *aller de poupe à proue, de la poupe à la proue; la proue d'un vaisseau; la proue d'une galère, d'un brick; un bâtiment qui a tant de pieds de poupe à proue, entre poupe et proue.*

* **PROUESSE** s. f. Action de preux, acte de valeur. En ce sens, il est vieux, et ne se dit que par plaisant. : *il conte volontiers ses prouesses.* — Fig. et par plaisant. Certains excès, surtout excès de débauche : *on vante vos prouesses.* — Iron., VOILA UNE BELLE PROUESSE, se dit en parlant de quelque action ridicule, ou blâmable.

PROUST (Louis-Joseph), chimiste, né à Angers le 26 sept. 1754, mort le 5 juillet 1826. Il obtint au concours la place de pharmacien, à la Salpêtrière, fit, avec Pilâtre de Rozier, une ascension en ballon (1784), passa en Espagne où il exécuta ses plus remarquables travaux, fut ruiné par l'invasion française dans ce pays, rentra en France, et fut admis à l'Académie des sciences en 1866. On lui doit la découverte du sucre de raisin et de grands perfectionnements dans la fabrication des sucres.

PROUSTITE s. f. (de Proust, n. pr.) Chim. Substance minérale, qui est un sulfure d'argent et d'arsenic.

PROUT (Samuel), aquarelliste anglais, né en 1783, mort en 1852. Il a publié : *Facsimiles of Sketches made in Flanders and Germany; Sketches in France, Switzerland and Italy; Microcosm, the Artist's Sketch Book Groups of Figures,* etc., et *Hints for Beginners.*

PROUVABLE adj. (rad. *prouver*). Que l'on peut prouver.

* **PROUVER** v. a. (lat. *probare*). Etablir la vérité de quelque chose par un raisonnement convaincant, ou par un témoignage incontestable, ou par des pièces justificatives : *les premiers principes ne se prouvent pas, ils se supposent.* — Montrer, marquer, donner lieu de connaître : *cette réponse prouve beaucoup de présence d'esprit.*

* **PROVÉDITEUR** s. m. (ital. *proveditore*). Nom que les Vénitiens donnaient à certains officiers publics qui avaient le commandement d'une flotte, ou d'une province, ou d'une place de guerre, ou qui étaient chargés de quelque inspection particulière : *provéditeur de la santé.*

* **PROVENANCE** s. f. Comm. et Douanes. Tout ce qui provient d'un pays, tout ce qui est transporté d'un pays dans un autre; s'emploie surtout au pluriel : *les provenances de ce pays ne sont pas soumises aux mêmes droits que celles de tel autre.* On dit de même, Des MARCHANDISES DE PROVENANCE ÉTRANGÈRE.

* **PROVENANT, ANTE** adj. Qui provient : *tous les deniers provenant de la vente des meubles ont été employés à cela.*

PROVENÇAL, ALE, AUX s. et adj. De la Provence; qui concerne ce pays ou ses habitants. — **Langue et littérature provençales.** Le provençal appartient au groupe roman ou romanique de la famille des langues aryennes ou indo-européennes. (Voy. ROMANES (LANGUES). Son foyer est le sud de la France; mais on le parle aussi dans l'est de l'Espagne, dans les Baléares et dans une portion de la Suisse. On peut aujourd'hui y distinguer plusieurs dialectes: le néo-provençal, le languedocien, le limousin, l'auvergnat, le dauphinois, le vaudois, le gascon et le catalan, lequel est plutôt un idiome indépendant apparenté aux autres. La langue provençale se sépara vers le commencement du ix° siècle de l'idiome de la France septentrionale, appelé la langue d'oïl, à cause du mot *oil,* aujourd'hui *oui,* employé comme affirmation. Exprimant l'affirmation par *oc,* il fut connu sous le nom de l'angue d'*oc.* Le milieu du x° siècle fournit le premier monument du provençal; mais son plus grand développement eut lieu du xii° au xiii° siècle. Dès le milieu du xiii° siècle, il se transforma en dialectes qui ne furent plus parlés que par les paysans. Le provençal n'a jamais été une langue littéraire absolument uniforme, parce que les poètes vivaient dans des cours différentes. L'absence d'une orthographe fixe, les variations dialectiques rendent très difficile la détermination de la prononciation ou de la construction. Le caractère important de la littérature provençale à sa meilleure époque, est la poésie des troubadours (en vieux français, *trouvère,* de *trobar,* inventer, faire des vers). Ces poètes chantaient surtout l'amour; ils ont aussi composé des poèmes moraux ainsi que des satires contre les seigneurs laïques et ecclésiastiques. Le plus ancien troubadour dont on ait conservé les vers est Guillaume IX de Poitiers (1071-1127). Au xii° siècle, on trouve Giraud de Borneil, Richard Cœur de Lion, d'Angleterre, Alphonse II d'Aragon, Robert I° d'Auvergne, Marcabrun, Jaufre, Randal, le comte Rambaut III d'Orange, Peire d'Auvergne, Peire Rogier, Peire Raimon de Toulouse, Arnaut de Marueil, Peire Vidal, Rambaut de Vaqueiras, Peirol, le moine de Montauban, et Arnaut Daniel; au xiii° siècle, Faidit, Raimon de Miraval, Savarik de Mauléon, Uk de Saint-Cyr, Aimerik de Peguilain, Peire Cardinal, Guillem Figueiras, Sordel, Bonifaci Calvo, Bertolome Zorgi et Guiraut Riquier. Bien que la poésie provençale tombât plus tard en désuétude, il y eut toujours quelques poètes qui en maintinrent l'usage, et au xix° siècle, plusieurs sont devenus célèbres. Au premier rang parmi ceux-ci, nous citerons Jacques Jasmin, le barbier d'Agen (1798-1864) et, après lui, José Roumanille, Théodore Aubanel et le marquis de la Fare-Alais. Le plus éminent des poètes provençaux vivants est Frédéric Mistral, l'élève de Roumanille, et l'un des plus assidus collaborateurs de *Li Prouvençalo* (1852), recueil de poésies provençales contemporaines. Il doit sa réputation surtout à son charmant poème rustique de *Mirèio* (1859), qu'il a traduit lui-même en français (*Mireille*). — Raynonard, Provençal de naissance, a le plus contribué à nous faire connaître cette belle langue. Il a publié une grammaire, un lexique, des vies et des extraits d'environ 350 poètes. L'*Histoire de la poésie provençale* de Fauriel (1846, 3 vol.), est l'ouvrage le plus complet qu'on ait sur ce sujet.

PROVENCE, *Provincia,* ancienne province et grand gouvernement du S.-E. de la France, entre le Dauphiné et le comtat Venaissin au N., les Alpes à l'E., la Méditerranée au S. et le Languedoc à l'O.; 21,500 kil. carrés; ch.-l. Aix. La Provence se divisait en *haute Provence* (qui comprenait les sénéchaussées d'Aix, d'Arles, de Marseille, de Brignoles, d'Hyères, de Grasse, de Draguignan et de Toulon); et en *basse Provence* (qui comprenait les sénéchaussées de Digne, de Sisteron, de Forcalquier et de Castellane). De tout temps, la Provence fut remarquée par son climat, la variété de ses productions, son beau ciel, le génie et la vivacité de ses habitants. Elle forme aujourd'hui les départements des Basses-Alpes, des Bouches-du-Rhône et du Var, et une partie de ceux de Vaucluse, de la Drôme et des Alpes-Maritimes. Les Romains appelèrent *Provincia Gallica* la partie de la Gaule transpadane dont ils s'emparèrent vers l'an 420 av. J.-C., et où ils fondèrent *Aquæ Sextiæ* (Aix). La *Provincia* fut conquise vers 470 par le roi des Visigoths, Eric, qui fixa sa résidence à Arles. En 507, la Provence entra dans l'empire des Ostrogoths, et, en 536, elle fut cédée aux Francs, et forma, en 855, un royaume particulier sous le sceptre de Charles, fils de Lothaire. En 879, on la réunit au royaume de Bourgogne cisjurane, et en 933 au royaume de Bourgogne transjurane. Pendant ces changements, les comtes particuliers de Provence conservèrent en grande partie leur indépendance. En l'an 1100, la descendance mâle de ces comtes étant venue à s'éteindre, leur domaine passa par mariage dans la maison des comtes de Barcelone. La protection éclairée de cette nouvelle dynastie fit briller la poésie provençale d'un éclat des plus vifs. Béatrix, fille du dernier comte, épousa en 1254 Charles d'Anjou, frère de saint Louis, et, en 1481, le dernier comte, Charles III du Maine, légua la Provence à Louis XI. Elle fut définitivement réunie à la couronne en 1486. Le connétable de Bourbon (1524), Charles-Quint (1536), et le prince Eugène (1707), envahirent successivement, mais inutilement, cette province.

SOUVERAINS DE PROVENCE

Boson, gouverneur, puis roi 879
Louis, l'Aveugle 888
Hugues de Provence 923

COMTES BÉNÉFICIAIRES

Boson Ier 926
Boson II 948
Guillaume Ier 968
Rotbold 992
Guillaume II ....
Geoffroi Ier ....
Bertrand Ier 1018
Guillaume III ....

COMTES HÉRÉDITAIRES

Bertrand II 1063
Etiennette 1093
Gerberge et Gilbert 1100
Douce et Raymond-Bérenger Ier, comte de Barcelone. 1112
Bérenger 1130
Raymond-Bérenger II 1144
Douce II ....
Alphonse Ier ....
Bérenger III 1166
Sanche ....
Alphonse II 1196
Raymond-Bérenger IV 1209
Béatrix et Charles d'Anjou, frère de saint Louis, depuis roi de Sicile 1245
Charles II, le *Boiteux*, roi de Naples et de Sicile. 1285
Robert, de Naples 1309
Jeanne, de Naples 1343
Louis Ier, duc d'Anjou 1382
Louis II 1384
Louis III 1417
René, duc de Lorraine, puis roi de Naples 1434
Charles III, comte du Maine 1480
Louis XI, roi de France 1481
Réunion à la France 1486

Voy. Mérey, *Hist. de la Provence* (1830, 2 vol.)

* **PROVENDE** s. f. [pro-van-de] (autre forme de *prébende*). Provision de vivres : *bonne provende. Fam. et peu us.* — *Écon. rur.* Mélange de pois, d'avoine, de vesce, etc., qu'on donne aux brebis et aux moutons.

* **PROVENIR** v. n. (lat. *provenire*). Procéder, venir, dériver, résulter : *sa disgrâce provenait de sa franchise.*

PROVENISIEN, IENNE s. et adj. De Provins; qui appartient à cette ville ou à ses habitants.

* **PROVERBE** s. m. (lat. *proverbium*). Espèce de sentence, de maxime exprimée en peu de mots, et devenue commune et vulgaire : *les sentences sont les proverbes des gens bien éle-*

vés, *et les proverbes sont les sentences du peuple.*

Ne t'attends qu'à toi seul, c'est un commun *proverbe*.
LA FONTAINE.

— **PROVERBES DE SALOMON**, sentences, paraboles, maximes de Salomon, contenues dans le livres qui porte dans l'*Ancien Testament*, le titre de « Proverbes ». Il n'est nullement prouvé que ce livre soit l'œuvre de Salomon, et la dernière partie, depuis le chapitre xxv a été ajoutée par l'ordre du roi Ezéchias. Les anciens écrivains de l'Eglise grecque appellent ce livre *Sophia* (sagesse). Il est probable qu'il reçut la forme sous laquelle il nous est parvenu entre l'époque de la mort du roi Ezéchias et le vii° siècle av. J.-C. — Espèce de petite comédie qui se joue en société, et qui renferme le sens d'un proverbe qu'on donne à deviner : *ils ont joué les proverbes.*
— **ENCYCL.** « Nous avons déjà marqué la distinction qui doit être faite entre les maximes et les proverbes (voy. **MAXIME**); il nous reste à donner quelques exemples de ces derniers. *Qui trop embrasse mal étreint. — Qui veut courir deux lièvres à la fois n'en prend point. — Mauvais accommodement vaut mieux que bon procès.* Ce sont là des proverbes qui sont dignes d'être admis parmi les maximes. Il en est ainsi de la plupart des proverbes grecs ou latins, des *adages* recueillis par Erasme, et des sentences morales que l'on trouve chez les peuples anciens ou modernes de l'Orient. Mais la plupart des proverbes qui ont cours parmi les populations de nos campagnes, et qui ont trait aux pronostics du temps ou de la récolte, ne sont pas fondés sur des observations sérieuses et sont démentis par la vraie science. Il semble même que souvent une mauvaise rime a suffi pour rendre populaire un distique absolument faux, comme celui-ci : *Lorsqu'il pleut à la Saint-Médard, il pleut quarante jours plus tard.* » (CH. Y.)

* **PROVERBIAL, ALE, AUX** adj. Qui tient du proverbe : *la conversation familière souffre les façons de parler proverbiales, les expressions proverbiales.*

* **PROVERBIALEMENT** adv. D'une manière proverbiale : *parler proverbialement.*

PROVERBIALISER v. a. Rendre proverbial.

PROVICAIRE s. m. Ecclésiastique qui remplace le vicaire.

* **PROVIDENCE** s. f. (lat. *providentia*). La suprême sagesse par laquelle Dieu conduit toutes choses : *l'univers est réglé par la providence de Dieu.*

Oh! du puissant Allah *providence* adorable!
FLORIAN.

— Fig. et fam. ETRE LA PROVIDENCE DE QUELQU'UN, contribuer beaucoup à sa fortune ou à son bonheur, songer pour lui à tout ce qui peut lui être utile ou agréable : *cet auteur est la providence des libraires.* — Congrégation des filles de la Providence, communauté fondée en 1630 par Marie Sumagne et protégée par saint Vincent de Paul, dans le but de fournir aux jeunes filles que leur situation menace de faire tomber dans l'inconduite.

PROVIDENCE [pro'-vi-denn-ce], l'une des capitales de Rhode Island, sur un bras de la baie de Narragansett appelée rivière Providence, à 60 kil. de l'Océan, à 70 kil. S.-S.-O. de Boston, et 260 kil. N.-E. de New-York; par 41° 49' 22'' lat. N. et 73° 44' 54'' long. O.; 110,000 hab. Comme richesse et comme population, c'est la seconde ville de la Nouvelle-Angleterre. Les édifices remarquables sont : la douane, le palais du gouvernement (*state house*), l'opéra, l'hôtel de ville, la gare et l'hôtel de Narragansett. Le commerce étranger de Providence, qui était très considérable pendant la période coloniale, a beaucoup décru et ne consiste plus guère qu'en

cabotage. C'est encore le grand marché des cotons imprimés pour la consommation intérieure. On y fabrique des tissus de coton et de laine, des objets en fer, en or et en argent, des vis, des fourneaux, des locomotives et autres machines à vapeur, des fusils, des machines à coudre, des produits chimiques, et des spécialités pharmaceutiques. C'est l'orfèvrerie qui est l'industrie la plus importante. — Providence a été fondée en 1636 par Roger Williams, et classée comme ville en 1643.

PROVIDENT, ENTE adj. Qui a l'attribut de la providence.

PROVIDENTIALITÉ s. f. Caractère de ce qui est providentiel.

* **PROVIDENTIEL, ELLE** adj. Qui a rapport à la providence; qui est réglé par la providence : *événement providentiel.*

PROVIDENTIELLEMENT adv. D'une manière providentielle.

PROVIGNAGE s. m. Marcottage par le moyen de provins.

* **PROVIGNEMENT** s. m. *Agric.* Action de provigner.

* **PROVIGNER** v. a. *Agric.* Coucher en terre les jeunes pousses d'un cep de vigne, après y avoir fait une entaille, afin qu'elles prennent racine, et qu'elles se forment d'autres ceps: *provigner une vigne pour la regarnir.* — Se dit, par ext., en parlant de plantes autres genres de plantes. — v. n. Multiplier : *ce plant a beaucoup provigné cette année.* — Se dit aussi fig., dans le même sens : *cette famille provigne beaucoup.*

* **PROVIN** s. m. *Agric.* Rejeton d'un cep de vigne provigné : *voilà des provins qui viennent bien.*

* **PROVINCE** s. f. (lat. *provincia*). Etendue de pays qui fait partie d'un Etat, et comprend plusieurs villes, bourgs, villages, etc., pour l'ordinaire sous un même gouvernement: *la France était divisée en provinces.* — Se dit, par ext., des habitants mêmes d'une province : *cette province était surchargée d'impôts.* — LES PROVINCES-UNIES, les sept provinces qui composaient la république de Hollande. — En parlant de la France, se dit, au singulier, des provinces, des départements en général, ou dans un sens indéterminé et presque toujours par opposition à la capitale ou à la cour : *homme, noblesse de province; partir pour la province.* — Se dit aussi des habitants des provinces en général : *toute la province en parle.* — IL A ENCORE UN AIR DE PROVINCE, se dit d'un homme venu depuis peu de sa province, et qui n'a pas encore pris l'air, les manières, le langage des habitants de la capitale. On dit dans le même sens : *langage de province.* — Dans l'ancienne circonscription ecclésiastique de la France, PROVINCE ECCLÉSIASTIQUE, étendue de la juridiction d'une métropole : *il y avait dix-huit provinces ecclésiastiques dans le royaume.* En ce sens, province est dit ordinairement, PROVINCE, absol. : *toute la Bretagne était de la province de Tours.* — Parmi les religieux, se dit d'un certain nombre de monastères soumis à la direction d'un même supérieur, appelé PROVINCIAL : *les cordeliers de la province de France.* — *Hist. rom.* Pays conquis hors de l'Italie, assujetti aux lois romaines et administré par un gouverneur romain : *après la défaite de Persée, la Macédoine fut réduite en province romaine.* — Provinces centrales, l'un des huit grands départements administratifs de l'Inde anglaise depuis 1872. Les provinces centrales comprennent 293,486 kil. carr. (dont 195,000 appartiennent aux possessions immédiates de la Grande-Bretagne, et le surplus à quinze Etats indigènes). Population des possessions anglaises, 9,070,000 hab.; des Etats indigènes, 1,100,000. La portion anglaise comprend les commissariats de Nagpore, Jubbulpore,

Nerbudda et **Chutteegurh**, plus 19 districts. La production la plus importante est le coton. Villes princ. : Nagpore, Jubbulpore et Saugor.

PROVINCETOWN [pro'-vinn-ce-taounn], ville du Massachusetts (Etats-Unis), à l'extrémité du cap Cod, à 190 kil. par chemin de fer et 105 par eau S.-E. de Boston; 4,357 hab.

* **PROVINCIAL, ALE, AUX** adj. Qui appartient à une province, qui concerne une province : *administration provinciale.* — Se dit souvent de l'air, des manières, du langage, etc., des personnes de province, par opposition à l'air, aux manières, etc., des habitants de la capitale : *manières provinciales.* — Se dit presque toujours par une espèce de dénigrement, par moquerie : *il nous amena une bande de provinciaux.* — Relig. Supérieur général qui a inspection sur toutes les maisons d'une province de son ordre : *le provincial, le père provincial des cordeliers de France, des augustins d'Aquitaine.*

* **PROVINCIALAT** s. m. Dignité du provincial d'un ordre religieux : *ce religieux a joui longtemps du provincialat.* — Temps durant lequel un religieux a été revêtu de cette dignité : *il a fait telle chose pendant son provincialat.*

PROVINCIALEMENT adv. A la manière de la province.

* **PROVINCIALISME** s. m. Loc. particul. à une province : *on remarque dans son style quelques provincialismes.*

PROVINCIALITÉ s. f. Caractère de la province.

PROVINOIS, OISE s. et adj. De Provins; qui appartient à cette ville ou à ses habitants.

PROVINS, *Provinum*; ch.-l. d'arr., à 48 kil. E. de Melun (Seine-et-Marne), sur la Voulzie et le Duretin, par 48° 33' 44'' lat. N. et 0° 57' 19'' long. E.; 7,500 hab. Collégiale Saint-Quiriace (XIIe siècle); église Saint-Ayoul; hôtel-Dieu. Fameuses conserves de roses, dites de Provins, employées en médecine et en parfumerie; les fleurs qui servent à les fabriquer se récoltent dans les environs. Provins appartint successivement aux comtes de Vermandois, de Blois, de Chartres et de Champagne; les Anglais s'en emparèrent en 1342; Charles le Mauvais en 1365; les Bourguignons s'en rendirent maîtres en 1417, Henri IV y entra de vive force en 1592. — Source ferrugineuse bicarbonatée froide. Atonie, chlorose, dyspepsie, leucorrhée.

PROVINS (Guyot de), troubadour du XIIIe siècle. Il parcourut l'Europe, visita Jérusalem et se retira dans le monastère de Cluny, où .il écrivit, vers 1204, sous le titre de *Bible*, une satire des vices de son temps. Elle a été publiée, dans le recueil de *Fabliaux* de Méon et Barbazan.

* **PROVISEUR** s. m. [-zeur] (lat. *provisor*; de *providere*, pourvoir). Chef d'un lycée : *proviseur du lycée de Louis-le-Grand.* — Se disait autrefois du chef de certaines corporations, de certaines maisons : *proviseur de Sorbonne.*

* **PROVISION** s. f. [-zi-on] (lat. *provisio*). Amas de choses nécessaires ou utiles, soit pour la subsistance d'une maison, d'une ville, d'une province, soit pour la défense d'une place de guerre : *provision de vin, de blé, de sel.* — Prov. PROVISION, DESTRUCTION, ou PROVISION, PROFUSION, quand on a dans un ménage une provision faite des choses nécessaires à la vie, on en consomme plus que s'il fallait se les procurer à mesure. — FAIRE SES PROVISIONS, se pourvoir de choses nécessaires : *il ne sera pas surpris, il a fait ses provisions.* — PROVISIONS DE CARÊME, beurre, huile, poisson salé, légumes, fruits secs, et tout ce que les catholiques mangent ordinairement pendant le carême. — Comm. et Banque. PROVISION DE LETTRE DE CHANGE, somme qui, dans les mains de celui sur lequel une lettre de change est tirée, doit servir au payement de cet effet : *faire la provision d'une lettre de change.* — Se dit, fig., en parlant des choses morales, et signifie, nombre, quantité, dose : *ne cherchez pas à lui donner des ridicules, il en a déjà sa bonne provision.* — Palais. Ce qui est adjugé préalablement à une partie, en attendant le jugement définitif, et sans préjudice des droits réciproques au principal : *on lui a adjugé une provision de six mille francs.* — Mat. ecclés. Droit de pourvoir à un bénéfice : *la nomination de ce bénéfice appartenait à tel patron, et la provision appartenait à l'ordinaire.* — pl. Lettres par lesquelles un bénéfice ou un office est conféré à quelqu'un : *les provisions d'un office expédiées, scellées à la grande chancellerie.* Dans la même acception, on dit, DES LETTRES DE PROVISION, au sing. PRÉSENTER SES LETTRES DE PROVISION. — S'emploie aussi au singulier, en parlant des bénéfices, et signifie, l'acte du supérieur qui a donné le titre : *la provision est nulle et vicieuse.* — Par provision loc. adv. Provisoirement, en attendant et préalablement : *il a été ordonné par provision qu'il jouirait de la terre, qu'il toucherait la somme en donnant caution.* — S'emploie aussi dans le langage fam. et plaisant. : *comme nous ne dînerons qu'à six heures, je vais par provision déjeuner un peu.*

> *Eh ! par provision, mon père, couchez-vous !*
> J. RACINE, *Les Plaideurs.*

— En droit civil, la provision est toute allocation ou pension accordée provisoirement par justice, en attendant l'issue d'un procès ou tout autre événement. Cette provision est insaisissable, sauf pour cause d'aliments (C. pén. 581 et s.). — En droit commercial, on nomme provision la créance qui, préalablement à l'échéance d'une lettre de change, doit exister sur le tiré en faveur du tireur de la lettre. L'acceptation de la lettre de change suppose la provision et en établit la preuve à l'égard des endosseurs (C. comm. 115 et s.).

* **PROVISIONNEL, ELLE** adj. Qui est par provision, en attendant ce qui sera réglé définitivement : *traité provisionnel.*

* **PROVISIONNELLEMENT** adv. Par provision : *cela a été ordonné provisionnellement.*

* **PROVISOIRE** adj. Procéd. Se dit d'un jugement rendu par provision : *jugement provisoire.* — MAINLEVÉE PROVISOIRE, mainlevée qui a été ordonnée en jugement par provision. — MATIÈRE PROVISOIRE, ce qui requiert célérité : *les aliments, les réparations, etc., sont matière provisoire.* On dit dans un sens anal. DEMANDE PROVISOIRE. — EXÉCUTION PROVISOIRE, celle qui a lieu nonobstant l'appel du jugement : *ordonner, prononcer l'exécution provisoire, avec ou sans caution.* — Polit. GOUVERNEMENT PROVISOIRE, gouvernement, état de choses que n'est pas définitif. — Qui se fait en attendant une autre chose, préalablement à une autre chose : *nous avons fait un arrangement provisoire.* — Substantiv. *Ce n'est là qu'un provisoire.*

* **PROVISOIREMENT** adv. Par provision. Est particulièrement d'usage en termes de Palais : *cela n'a été jugé que provisoirement.* — En attendant : *on arrange mon appartement, et provisoirement je loge dans le cabinet.*

* **PROVISORAT** s. m. Dignité, qualité de proviseur. — Durée des fonctions du proviseur.

* **PROVISORERIE** s. f. Office, emploi de proviseur : *la provisorerie de Sorbonne.* En parlant des proviseurs actuels, on dit PROVISORAT.

* **PROVOCANT, ANTE** adj. Qui excite : *regards provocants.*

* **PROVOCATEUR, TRICE** adj. Qui provoque : *agent provocateur.* — s. *C'est lui qui a été le prorovocateur.*

* **PROVOCATIF, IVE** adj. Qui a le caractère d'une provocation.

* **PROVOCATION** s. f. (lat. *provocatio*). Action de provoquer : *provocation à la révolte.* La provocation à commettre des crimes ou délits est punie comme la complicité donnée à ces actes, lorsque cette provocation est directe et résulte soit de discours, cris ou menaces proférés dans les lieux ou réunions publics, soit de la vente ou de la distribution d'écrits, soit d'exposition d'affiches aux yeux du public. (C. pén. 285, 313; L. 29 juillet 1881, art. 23). (Voy. COMPLICE.) — Dans quelques cas, la provocation à des crimes ou délits donne lieu à l'application de peines particulières. (Voy. BANDE, DESTRUCTION, PRÉDICATION, etc.)

PROVOCATOIRE adj. Qui a le caractère de la provocation.

* **PROVOQUER** v. a. (lat. *provocare*). Inciter, exciter : *il y a de froides plaisanteries qui provoquent plus à la colère que de grosses injures.* — PROVOQUER LE SOMMEIL, causer, faciliter le sommeil; faire dormir; et, PROVOQUER LE VOMISSEMENT, exciter à vomir : *l'opium provoque le sommeil.* — * Se provoquer v. récipr. *Ils se sont mutuellement provoqués.*

PROVOST (Jean-Baptiste-François) [provo], acteur français, né à Paris le 29 janv. 1798, mort en 1865. Parmi ses meilleures créations, on cite celle de Claude dans *Valeria*, et celle du député Maréchal dans le *Fils de Giboyer*, d'Emile Augier.

* **PROXÈNE** s. m. [-ksè-] (préf. pro, gr. *xenos*, étranger). Antiq. Celui qui, dans une ville grecque, était l'hôte, le mandataire des habitants d'une autre cité qui lui avait confié cet office : *les fonctions des proxènes avaient des analogies avec celles de nos agents consulaires.*

* **PROXÉNÈTE** s. m. [-ksè-] (gr. *proxénétès*; de *proxenein*, secourir). Courtier, celui qui négocie un marché. Ne s'emploie guère aujourd'hui qu'en mauvaise part, s'applique aux entremetteurs de marchés honteux entre les deux sexes. — Au siècle dernier, on donnait le nom de proxénète ou celui d'entremetteur à un intermédiaire qui remplissait les fonctions de courtier dans les transactions commerciales, et qui servait aussi d'interprète dans les ports de commerce. — Aujourd'hui la qualification de proxénète s'emploie exclusivement pour désigner celui ou celle qui s'occupe de favoriser le libertinage et qui cherche un profit dans les relations immorales qu'il facilite. La législation concernant ces proxénètes est résumée aux mots DÉBAUCHE et PROSTITUTION.

* **PROXÉNÉTISME** s. m. Métier de proxénète.

* **PROXIMITÉ** s. f. (lat. *proximitas*). Voisinage d'une chose à l'égard d'une autre : *la proximité des lieux où l'on a souvent affaire épargne bien du temps.* — Parenté qui est entre deux personnes : *c'est la proximité du sang, plutôt que l'amitié, qui les a unis dans un même intérêt.*

PROYER s. m. Ornith. Genre de passereaux, voisin des bruants; l'espèce commune (*emberiza miliaria*) est longue d'environ 20 centim. (Voy. BRUANT).

PROZOÏQUE adj. (préf. pro; gr. *zôon*, animal). Géol. Qui est antérieur à l'apparition des êtres vivants.

* **PRUDE** adj. (lat. *prudens*). Qui affecte un air de sagesse, une circonspection excessive dans tout ce qui touche à la pudeur et à la bienséance : *c'est une femme qui a toujours été prude.* On dit dans un sens analogue, UN AIR, UNE MINE, UN EXTÉRIEUR PRUDE : *ce jeune homme a un air prude, un petit air prude.*

dont on serait la dupe. Se dit plus ordinairement des femmes. — s. Ne se dit jamais que
des femmes: *c'est une prude.*

* **PRUDEMMENT** adv. [-da-man]. Avec prudence: *se conduire prudemment.*

* **PRUDENCE** s. f. [-dan-se] (lat. *prudentia*).
Vertu qui fait apercevoir et éviter les dangers
et les fautes, qui fait connaître et pratiquer
ce qui est convenable dans la conduite de la
vie : *la prudence doit être la règle de toutes les
actions.*

> Le peuple qui jamais n'a connu la *prudence*
> S'enivrait follement de sa vaine espérance.
> *La Henriade*, ch. vii.

— Écrit. sainte. PRUDENCE MONDAINE, PRUDENCE
DE LA CHAIR, PRUDENCE DU SIÈCLE, habileté dans
la conduite, lorsqu'elle ne regarde que les
choses du monde, et qu'elle n'a point de rapport à celles du ciel; par opposition à PRU-
DENCE CHRÉTIENNE, celle qui nous apprend à
discerner ce qui conduit à Dieu de ce qui en
éloigne, et nous fait préférer l'un à l'autre.
— Prov. AVOIR LA PRUDENCE DU SERPENT, être
fort prudent.

PRUDENCE (Saint), évêque de Troyes, né
en Espagne, mort à Troyes en 861. Il combattit avec ardeur le semi-pélagianisme, et
réfuta la doctrine de Scot Érigène Fête le
6 avril.

PRUDENCE (Aurelius-Clemens PRUDENTIUS),
poète chrétien latin, né en 348, mort au commencement du vᵉ siècle. Il était jurisconsulte,
devint juge civil et criminel et fut nommé
à une haute situation militaire à la cour.
Dans ses dernières années, il se consacra
aux exercices de piété et à l'étude. On a de
lui : *Præfatio, Cathemerinon Liber* (12 hymnes
sacrées); *Apotheosis, Hamartigenia, Psycho-
machia, Contra Symmachum Liber* 1, *Contra
Symmachum Liber* II, *Peri Stephanon Liber,
Diptychon* ou *Dittochæon* (48 poèmes en vers
hexamètres) et *Epilogus*. Les meilleures éditions de ses œuvres sont celles de Hanau
(1613, in-8°); de Paris, *Ad usum delphini*
(1687). Voy. Delavigne, *De lyrica apud Pru-
dentium poesi* (1840, in-8°).

* **PRUDENT, ENTE** adj. (lat. *prudens*). Qui
a de la prudence, qui est doué de prudence:
*c'est un homme très prudent, une femme très
prudente.* — Se dit aussi de la conduite dans
les affaires du monde, et des choses qui y
ont rapport : *il a tenu une conduite prudente
dans cette affaire.*

PRUDENTIEL, ELLE adj. Qui est dicté par
la prudence.

* **PRUDERIE** s. f. Affectation de paraître
sage, circonspection excessive sur des choses
frivoles qui semblent regarder la pudeur et
la bienséance. Ne se dit qu'en parlant des
femmes: *elle affecte une certaine pruderie.*

* **PRUD'HOMIE** s. f. Probité, sagesse dans
la conduite : *c'est un homme d'une grande
prud'homie.* (Vieux.)

* **PRUD'HOMME** s. m. Vieux mot qui signifiait autrefois, un homme sage, un homme
d'honneur et de probité. On ne s'en sert plus
que pour désigner un homme expert et versé
dans la connaissance de certaines choses :
*l'arrêt portait qu'on s'en remettrait au dire de
prud'hommes et gens à ce connaisseurs.* — Se
dit, particul. dans les ports et les villes de la
Méditerranée, de pêcheurs élus par les gens
de leur profession, pour connaître des contraventions et des contestations relatives à
la pêche maritime. — **Législ.** « Le mot prud'-
homme avait primitivement la signification que nous donnons aujourd'hui à celui
d'expert. La première création des conseils
de prud'hommes semble devoir être attribuée
à René Iᵉʳ d'Anjou, roi de Naples et comte
de Provence, lequel institua, en 1452, à Marseille, un tribunal de prud'hommes dont les

membres étaient élus par les pêcheurs et qui
connaissait des différends survenus entre
ceux-ci relativement à leur profession. Ce
tribunal subsista jusqu'au xviiiᵉ siècle, et ses
membres prêtaient serment devant les officiers de l'amirauté (Ord. de la marine,
août 1681, liv. V., tit. 8, art. 6). Aujourd-
'hui, les conseils de prud'hommes sont des
tribunaux électifs institués pour terminer,
par la voie de la conciliation et au besoin par
jugements, les différends qui s'élèvent soit
entre fabricants et ouvriers, soit entre des
chefs d'atelier et les compagnons ou apprentis. La loi du 18 mars 1806, en créant à
Lyon un conseil de prud'hommes, donna au
gouvernement la faculté d'en établir d'autres,
dans les villes de fabrique, par décret délibéré en Conseil d'État. Le décret d'institution
de chaque conseil détermine sa circonscription, le nombre des membres qui doivent le
composer et les diverses professions qui seront
soumises à sa juridiction. Cette matière a été
successivement réglementée par les décrets
du 24 sept. 1807, du 11 juin 1809, des 20 fév.
3 août et 5 sept. 1810, du 20 nov. 1812, des
27 mai et 6 juin 1848, et par les lois des
7 août 1850, 22 fév. et 14 mai 1851, 1ᵉʳ juin
1853, 24 mai 1864, 7 fév. 1880, 24 nov. 1883,
et 10 déc. 1884. Il résulte de cette abondance de lois et de décrets une confusion
telle qu'une révision complète de la législation est instamment réclamée. La compétence des conseils de prud'hommes s'étend
sur toute la circonscription qui leur est assignée, et même à l'égard des chefs d'atelier
et des ouvriers habitant au delà et qui apportent leur ouvrage aux établissements industriels compris dans la circonscription. Les
affaires soumises à la juridiction des conseils
de prud'hommes sont d'abord présentées au
bureau particulier ou bureau de conciliation
de ce conseil. Le défendeur est invité, par
lettre du secrétaire du conseil, à comparaître
en personne devant ce bureau; et, s'il ne
comparaît pas, une citation lui est remise
par l'huissier du conseil. Si le bureau particulier ne peut arriver à concilier le différend,
il dresse un procès-verbal de non-conciliation
et renvoie l'affaire devant le bureau
général qui seul peut prononcer un jugement.
Lorsque le montant de la demande n'excède
pas 200 fr., le jugement est définitif; lorsque
le chiffre est supérieur, le jugement est susceptible d'appel devant le tribunal de commerce; mais l'exécution provisoire peut être
ordonnée, à charge de caution pour ce qui
excède 200 fr. Les conseils de prud'hommes
connaissent de tout ce qui est relatif à l'exécution des contrats d'apprentissage ainsi qu'à
la délivrance des congés d'acquit ou des
livrets d'ouvrier. Ils sont en outre investis de
certains pouvoirs disciplinaires : ils peuvent
punir de 10 fr. d'amende ceux qui à l'audience manquent de modération; et ils ont
le droit d'infliger la peine de l'emprisonnement, pour trois jours au plus, soit aux ouvriers qui ont troublé l'ordre d'un atelier, soit
à des apprentis qui ont fait un manquement
grave envers leurs maîtres, soit à ceux de
leurs justiciables qui ont commis, en audience,
une grave irrévérence envers le bureau.
Un prud'homme peut être récusé lorsque,
par suite de certaines circonstances, l'impartialité de son jugement est mise en doute. Les
règles de la procédure suivie devant la justice
de paix pour les jugements préparatoires,
les jugements par défaut, les oppositions et
les enquêtes sont applicables devant les conseils de prud'hommes. Les actes de procédure sont visés pour timbre et enregistrés en
débet, même lorsqu'il s'agit de pourvoi en
cassation; mais la partie qui succombe est
condamnée à rembourser les dépenses au
Trésor. C'est aux archives du conseil de prud'-
hommes que doivent être déposés les dessins et modèles industriels dont un fabricant

veut s'assurer la propriété exclusive. (Voy.
DESSIN.) Les conseils de prud'hommes se composent de six membres au moins, non compris le président et le vice-président. Tous
les membres sont nommés au scrutin de
liste, savoir, la moitié par les électeurs patrons, l'autre moitié par les électeurs chefs
d'atelier, contremaîtres et ouvriers. Sont
électeurs prud'hommes patrons, les chefs
d'établissements compris dans les professions
désignées au décret d'institution du conseil,
pourvu qu'ils soient âgés de 25 ans accomplis,
qu'ils soient patentés depuis cinq ans au
moins, et établis depuis trois ans dans la
circonscription. Sont également électeurs,
les associés en nom collectif, patentés ou
non, qui exercent depuis cinq ans au moins
une profession assujettie à la contribution
des patentes et comprise parmi celles représentées au conseil de prud'hommes, et
pourvu qu'ils soient domiciliés depuis trois
ans dans la circonscription. Sont électeurs
des prud'hommes ouvriers, les chefs d'atelier,
contremaîtres et ouvriers, âgés de 25 ans
accomplis et domiciliés depuis trois ans dans
la circonscription. Dans chaque commune,
le maire, assisté d'un électeur patron et d'un
électeur ouvrier choisis par lui, dresse un
tableau des personnes qui remplissent, pour
l'une ou l'autre catégorie, les conditions
de l'électorat; et le préfet dresse et arrête
les listes électorales pour la circonscription.
Sont éligibles dans chaque catégorie, les
électeurs âgés de 30 ans au moins, sachant
lire et écrire, ayant la qualité de Français, et
non exclus de la liste électorale politique.
Les conseils de prud'hommes sont renouvelés
par moitié tous les trois ans et leurs membres sont rééligibles. Les membres de chaque
conseil, réunis en assemblée générale élisent
parmi eux, à la majorité absolue des membres présents, un président et un vice-président. En cas de partage des voix, et après
deux tours de scrutin, le conseiller le plus
ancien en fonctions est élu; et si les deux
candidats ont un égal temps de service, ou
si le conseil vient d'être constitué, la préférence est donnée au plus âgé. Lorsque le président est choisi parmi les prud'hommes
patrons, le vice-président doit être pris
parmi les prud'hommes ouvriers, et réciproquement. La durée des fonctions du président et du vice-président est d'une année.
Ils sont rééligibles. Le bureau particulier est
formé de deux membres du conseil, l'un
patron, l'autre ouvrier, et le président doit
être alternativement le patron et l'ouvrier,
suivant un roulement établi par le règlement
de chaque conseil. Le bureau général se
compose de prud'hommes patrons et de pru-
d'hommes ouvriers en nombre égal, soit au
moins deux ouvriers et deux patrons; et la
présidence est exercée alternativement par
le président ou le vice-président du conseil. Le secrétaire attaché au conseil est
nommé par les prud'hommes, à la majorité
absolue des suffrages; il ne peut être révoqué
que par une délibération réunissant les signatures des deux tiers au moins des membres
du conseil. Les jugements sont signés par le
président et par le secrétaire. Les fonctions
des membres des conseils de prud'hommes
sont gratuites, en principe; mais elles peuvent être rétribuées, et cette dépense doit
alors être supportée, de même que doivent
l'être toutes les dépenses relatives à ces conseils, par les communes de la circonscription
proportionnellement au nombre des électeurs inscrits dans chacune (L. 5 avril 1884,
art. 136, 137). Tout prud'homme qui ne
remplit pas son service peut être déclaré
démissionnaire par le préfet, après que le
conseil a été appelé à donner son avis. En
cas de réclamation contre la décision du
préfet, le ministre statue sauf recours au
Conseil d'État. Il y a, en France, 135 conseils

de prud'hommes; Paris en compte quatre qui absorbent près de la moitié des différends soumis à cette juridiction. Les affaires conciliées sont dans la proportion des deux tiers du chiffre total. Cette proportion s'élevait à l'origine (de 1830 à 1835) à 97 p. 100, et elle a constamment décru; mais il faut tenir compte de ce que les trois cinquièmes des affaires non conciliées par le bureau particulier ne parviennent pas au bureau-général, et sont arrangées entre les parties ou ne sont pas poursuivies par le demandeur. »
(Ch. Y.)

PRUDHOMME (Monsieur), type du bourgeois solennel et banal, créé par Henri Monnier dans sa comédie intitulée, *Grandeur et décadence de Monsieur Joseph Prudhomme*. (Voy. Monnier.)

PRUDHOMME (Louis-Marie), journaliste et littérateur, né à Lyon en 1752, mort en 1830. Il fut d'abord libraire, vint à Paris en 1787, écrivit des pamphlets en faveur de la Révolution, fut incarcéré pendant la Terreur, puis remis en liberté. Il a laissé : *Géographie de la République française* (1795); *Histoire des crimes de la Révolution* (1798); *Dictionnaire universel de la France* (1805). Ses *Révolutions de Paris* (1789-'94) forment 17 vol.

PRUD'HON (Pierre-Paul), peintre français né à Cluny (Saône-et-Loire) en 1758, mort à Paris en 1823. Son tableau la *Justice et la Vengeance divine poursuivant le Crime*, qu'il peignit en 1808 pour la salle des assises au palais de justice de Paris, lui valut d'être décoré par Napoléon, et il devint professeur de l'impératrice Marie-Louise. Ses œuvres postérieures comprennent : *Vénus et Adonis*, *Andromaque*, et l'*Assomption*. En 1821, son élève et amie, Constance Mayer, se donna la mort; depuis ce moment, il ne fit que languir. Il termina cependant la *Famille indigente*, dont elle avait laissé l'esquisse, et le *Christ mourant sur la croix*. Prud'hon a été surnommé le *Corrège français*.

PRUDOTERIE s. f. Pruderie mesquine.

* PRUNE s. f. (lat. *pruna*). Fruit à noyau dont la chair est couverte d'une peau mince et fleurie. On ne sert guère sur la table que la reine-Claude, la mirabelle, la prune de Monsieur, le Damas, et la prune abricotée. Les autres espèces servent surtout à fabriquer des confitures, des compotes, des marmelades, des conserves à l'eau-de-vie et des pruneaux. — Pour des prunes loc. adv. et prov. Pour peu de chose, pour rien. On ne l'espère guère qu'avec la négative ou dans une interrogation qui vaut une négative : *ce n'est pas pour des prunes qu'ils se sont rassemblés*. (Pop.)

* PRUNEAU s. m. Prune séchée au four ou au soleil : *les meilleurs pruneaux nous viennent d'Agen, de Tours, de Brignoles et de Nancy*. — Fig. et fam. C'est un petit pruneau, ou C'est un pruneau relavé, se dit, par plaisant., d'une fille ou d'une femme qui a le teint extrêmement brun.

* PRUNELAIE s. f. Lieu planté de pruniers.

* PRUNELLE s. f. (dimin. de prune). Sorte de petite prune sauvage, dont le suc desséché entre dans quelques préparations pharmaceutiques. — Fig. et fam. Du jus de prunelle, du vin mauvais et fort âpre.

* PRUNELLE s. f. Ouverture qui paraît noire dans le milieu de l'œil, et par laquelle les rayons passent pour peindre les objets sur la rétine : une taie sur la prunelle de l'œil. — Prov. Jouer de la prunelle, jeter des œillades, faire quelques signes des yeux. Se dit ordinairement en parlant des signes qu'un homme et une femme se font l'un à l'autre, quand ils sont d'intelligence. — Prov. Conservez quelque chose comme la

prunelle de ses yeux, la conserver soigneusement, précieusement.

* PRUNELLE s. f. Espèce d'étoffe de laine : *souliers de prunelle pour des femmes*.

PRUNELLI-DI-FIUMORBO, ch.-l. de cant., arr. et à 36 kil. S.-E. de Corte (Corse); 4,000 hab.

* PRUNELLIER s. m. [pru-nè-lié]. Prunier sauvage, arbrisseau épineux qui porte les prunelles. (Voy. Prunier.)

* PRUNIER s. m. Arbre qui porte des prunes : *prunier en plein vent*. — Les pruniers forment un grand genre d'amygdalées, comprenant des arbres ou des arbrisseaux à feuilles simples, alternes, à pistil unique, à fruit en drupe globuleuse ou oblongue, charnue, succulente, renfermant un noyau dans lequel se trouve la semence. Les plantes de ce genre produisent, par suintement, une matière visqueuse appelée gomme du pays. On divise ce genre en 3 sous-genres : *abricotiers*, *cerisiers* et *pruniers* proprement dits. — Ce dernier comprend deux espèces principales : 1° le *prunellier* ou *prunier épineux* (prunus spinosa), arbre qui peut atteindre 15 m. de haut et qui est très abondant chez nous dans les haies et les bois; ses fruits, petits, bleuâtres, acerbes, deviennent moins âpres sous l'influence des

Prunier quetsche.

gelées; ils servent à faire des boissons et quelquefois à falsifier le vin; 2° le *prunier cultivé* (prunus domestica), qui paraît être originaire de Dalmatie ou d'Arménie. C'est un arbuste très branchu, et, à l'état sauvage, très épineux, portant de petits fruits, globulaires, noirs et astringents. Les meilleures espèces de pruniers varient beaucoup entre elles pour la grandeur des feuilles, la précocité ou le retard de la floraison, la taille et la forme des fruits, le velouté et la vigueur des jeunes pousses. Parmi les espèces et les variétés qu'il a produites, nous citerons; le *montfort* (dont le fruit mûrit vers la fin de juillet et en août); le *monsieur* ou *gros hâtif* (août); la *reine-Claude abricot* (fin d'août); la *petite mirabelle* (sept.); la *reine-Claude rouge de Mons* (sept.); la *reine-Claude violette* (sept.), la *reine-Claude de Barray* (sept.); la *Waterloo* (oct.), la *Saint-Martin* (oct.). Les meilleures variétés pour la fabrication des pruneaux sont : la *prune d'Agen* (sept.), la *quetsche de Suisse* (sept.); le *perdrigon* (sept.) et la *quetsche d'Allemagne* (sept.).

* PRURIGINEUX, EUSE adj. Méd. Qui cause de la démangeaison : *douleur prurigineuse*.

* PRURIGO s. m. (mot lat., formé de *prurire*, démanger). Méd. On donne ce nom à de petites papules de la même couleur que la peau, accompagnées surtout le soir et la nuit

d'une violente démangeaison. Cette affection se distingue du lichen par des papules plus larges et plus aplaties, portant à leur sommet de petites concrétions sanguines produites par le grattage. C'est une affection très fréquente à l'approche de l'hiver. Le traitement consiste dans des bains émollients quotidiens suivis d'une friction avec du calomel et avec l'huile camphrée, et dans un régime doux.

* PRURIT s. m. [pru-ri] (lat. *pruritus*). Méd. Démangeaison vive : *il a une grattelle qui lui cause un prurit continuel*. — Particul. Démangeaison ou chatouillement agréable.

PRURITEUX, EUSE adj. Qui cause du prurit.

PRUSIAS, I (Le Boiteux), roi de Bithynie (237-192 av. J.-C.), vainquit les Gaulois qui ravageaient les côtes de l'Hellespont et força le roi de Pergame à abandonner l'Éolide. — II. (Le Chasseur), roi de Bithynie (192-148 av. J.-C.), est célèbre par son dévouement servile aux Romains. Il allait leur livrer Annibal, qui s'était réfugié à sa cour, lorsque ce glorieux vaincu s'empoisonna. Prusias périt dans une révolte que suscita son fils.

* PRUSSE (Bleu de), matière d'un bleu foncé qu'on vend ordinairement sous la forme de petites masses faciles à pulvériser : *le bleu de Prusse est un sel formé d'acide prussique et de peroxyde de fer*. (Voy. Potassium.) — Travailler pour le roi de Prusse, travailler pour rien, travailler pour un ingrat.

PRUSSE (lat. *Borussia*; all. *Preussen* [proïsènn]; angl. *Prussia*), royaume (all. *königreich Preussen*) qui constitue l'état prépondérant de l'empire allemand, dans la partie centrale de l'Europe septentrionale, entre 49° et 56° lat. N. et entre 3° 23' et 21° long. E. Limites : au N., la mer du Nord, le Danemark et la Baltique; à l'E., la Russie; au S., l'Autriche cisleithane, le royaume de Saxe, les états de Thuringe, la Bavière, la Hesse et l'Alsace-Lorraine; à l'O., le Luxembourg, la Belgique et la Hollande. Il se divise en 12 provinces et deux districts particuliers (Berlin et Hohenzollern), dont voici le tableau :

PROVINCES.	KILOM. CARR.	POPULATION.	CAPITALES.
Prusse Orientale...	36,978	1,933,936	Kœnigsberg.
Prusse Occidentale...	25,500	1,405,898	Dantzig.
Berlin...	60	1,122,330	Berlin.
Brandebourg...	39,838	2,866,825	Potsdam.
Poméranie...	30,107	1,540,034	Stettin.
Posnanie...	28,954	1,703,397	Posen.
Silésie...	40,291	4,007,925	Breslau.
Saxe...	25,273	2,302,007	Magdebourg.
Schleswig-Holstein...	18,841	1,127,149	Kiel.
Hanovre...	38,425	2,120,168	Hanovre.
Westphalie...	20,200	2,043,444	Münster.
Hesse-Nassau...	15,692	1,554,376	Cassel.
Prusse Rhénane...	26,981	4,074,000	Coblentz.
Hohenzollern...	1,143	67,624	Sigmaringen
TOTAUX...	348,258	27,279,111	

Près des sept huitièmes de la population appartiennent à la race allemande; le surplus se compose de Polonais (2,500,000 environ), de Lithuaniens, de Danois, etc. — Le développement des côtes de la Prusse sur la mer du Nord est d'environ 425 kil. et sur la Baltique de 1,200 kil. Ports principaux : Emden, Wilhelmshaven, Kiel, Stralsund, Stettin, Dantzig, Pillau et Memel. — Capitale : Berlin. Les autres grandes villes sont : Breslau, Cologne, Magdebourg, Kœnigsberg, Hanovre et Francfort-sur-le-Mein. Le pays est en grande partie plat et bas. Une vaste plaine, qui descend en pente vers le nord, et qui n'est interrompue que par de petites collines orientales, en forme la portion septentrionale. La direction de ces collines va presque toujours du N.-E. au S.-O. Le plus haut sommet est le

Thurmberg, près de Dantzig, qui ne mesure guère que 350 m. de hauteur. La frontière S.-O. de la Silésie est formée par le Riesengebirge, dont le pic le plus élevé a environ 1,700 m. et par ses divers prolongements. Le N. et l'E. de la Saxe forment une plaine presque absolument unie; le S.-O. est coupé par les contreforts des montagnes du Hartz (point culminant, le Brocken ou Blocksberg, 1,140 m.), et par la forêt de Thuringe. La Westphalie, la province du Rhin et la Hesse-Nassau contiennent le groupe N.-O. du système de montagnes de l'Allemagne. Les chaînes les plus importantes sur la rive droite du Rhin sont le Taunus et les collines du Weser; sur la rive gauche, le Hunsrück, Hohe Venn et Eifel (700 m.). La Prusse contient, surtout au N.-E., de nombreux lacs, mais ils sont peu considérables. Les principaux cours d'eau, le Memel, la Vistule, l'Oder, l'Elbe, le Weser, l'Ems et le Rhin, sont reliés par des canaux. Le Rhin a sur le territoire prussien un cours d'environ 310 kil.; il y entre à Mayence, et le quitte pour entrer en Hollande, un peu au-dessus d'Emmerich. Les régions les plus fertiles sont dans les parties basses de la vallée de l'Elbe et dans celles de ses affluents, la Saale, l'Unstrut (affluent de la Saale), l'Oder, la Wartho (affluent de l'Oder), etc. Même là où le sol est naturellement pauvre, un bon système d'agriculture, encouragé par le gouvernement, réussit à le rendre très productif. 50.1 p. 100 de la superficie totale consistent en champs cultivés, jardins, vignes et vergers; 18.3 en prairies, 23.1 en bois, et 8.5 en terres stériles. Toutes les céréales abondent dans la Prusse propre et dans les provinces de Posen (Posnanie), de Silésie et de Saxe. Partout on cultive sur une grande échelle l'épeautre, les pois, le colza, les plantes tinctoriales, les herbes potagères, le lin, le chanvre, la chicorée, le houblon et la betterave, utilisée surtout pour la fabrication du sucre. La production du tabac a décru. Les quatre cinquièmes des vignobles se trouvent sur le Rhin et ses tributaires ; leur rendement annuel moyen est de 40 millions de litres. Les forêts fournissent d'excellents bois de charpente et de construction. Les progrès faits par la Prusse dans l'élevage des animaux domestiques depuis les guerres de Napoléon ont été immenses. La race chevaline s'est améliorée par les soins du gouvernement, si bien que, non seulement l'armée est amplement fournie de chevaux, mais qu'on en exporte un grand nombre. La richesse minérale est prodigieuse. En 1874, il y avait 501 mines de houille, 549 de houilles brunes, 1,121 de fer, 72 de zinc, 153 de plomb, et 37 de cuivre; en tout 2,535 mines occupant 239,841 ouvriers. La Prusse dépasse tous les autres États d'Europe pour la production du fer brut, et toutes les nations du monde pour celle du zinc. Elle produit une moyenne de 9,280,000 quintaux de sel. Il y a des sources minérales célèbres à Aix-la-Chapelle, à Wiesbaden, à Ems, à Sellers, à Schwalbach, et à Hombourg. L'industrie n'a commencé à fleurir qu'après l'abolition définitive du servage (1807), l'introduction du régime municipal (1808) et la suppression des corps de métiers (corporations) du moyen âge (1810); elle s'est considérablement accrue par suite de l'influence que les victoires de 1870-'71 sur la France ont donné à la Prusse et à l'Allemagne. C'est surtout la fabrication du sucre de betteraves qui a pris du développement. On y compte plus de 250 fabriques. Les industries les plus renommées sont celle des lainages des districts du Rhin, du Brandebourg, de la Saxe et de la Silésie; celle des toiles de Silésie et de Westphalie; et surtout celle du papier dans la province du Rhin, la Westphalie, le Brandebourg, la Saxe et la Silésie. La soie et le tabac donnent aussi lieu à des industries importantes; le

tabac, notamment, est cultivé dans tout le pays, Berlin est renommé pour ses manufactures de porcelaine ; Solingen et Suhl, pour la coutellerie et l'arquebuserie ; la Silésie, pour les fontes et la tôle ; la Westphalie, pour les faux et les aiguilles ; et Essen, pour les usines d'acier et de fer de Krupp. La marine marchande comprend 3,210 navires (1,110 à vapeur), d'un tonnage total de 510,000 tonneaux. Mouvement de la navigation : entrées, 56,974 navires, jaugeant ensemble 4,613,228 tonneaux ; sorties, 55,083, jaugeant 4,611,598. Le service des postes et des télégraphes est aujourd'hui entre les mains du gouvernement impérial. La longueur totale des lignes de chemin de fer en exploitation est de 22,300 kil. L'organisation de l'instruction publique en Prusse est une des plus complètes qu'il y ait au monde. L'instruction primaire est obligatoire, et l'on a ouvert environ 35,000 écoles primaires recevant plus de 3,700,000 élèves. Les écoles supérieures ne sont nulle part plus nombreuses ni meilleures qu'en Prusse. L'activité scientifique, littéraire, artistique et musicale, y est partout remarquable. Aucun pays n'offre de plus grandes facilités pour les études, à cause des nombreuses bibliothèques, des académies, etc., et des neuf universités de Berlin, de Kœnigsberg, de Halle, de Breslau, de Marburg, de Griefswald, de Gœttingen, de Bonn et de Kiel. La religion dominante est le protestantisme. Les deux principales sectes, les Églises luthériennes et les Églises réformées ou calvinistes, ont été réunies en 1817, sous le nom d'Église évangélique, qui compte environ 17,700,000 adhérents ; le catholicisme romain, 9,200,000 ; et la religion juive, 365,000. Il y a deux archevêchés catholiques (Gnesen et Posen, et Cologne), et dix évêchés. Les vieux catholiques, au nombre d'environ 20,000, ont été reconnus officiellement comme faisant partie de l'Église catholique; ils ont pour évêque le Dr Reinkens, à Bonn. L'Église protestante est gouvernée par des consistoires établis par le gouvernement, un par province. Il y a aussi des synodes particuliers et des synodes généraux. La constitution de l'Église catholique diffère suivant les provinces; dans la province Rhénane, elle est fixée par le concordat intervenu entre Pie VII et le gouvernement; presque partout ailleurs, la couronne a conservé le contrôle sur l'élection des évêques et des prêtres. Le haut clergé catholique reçoit des émoluments de l'État; les curés et les bas clergé vivent de dotations. Les sommes portées au budget prussien pour l'entretien du clergé sont : 2,545,000 marcs destinés au culte évangélique, et 2,583,000 marcs pour le culte catholique. — La Prusse est une monarchie constitutionnelle héréditaire. La constitution a été promulguée le 31 janv. 1850; mais elle a reçu diverses modifications, dont la dernière, relative aux provisions ecclésiastiques, date du mois de mai 1875. Elle garantit à tous les citoyens l'égalité des droits civils, l'habeas corpus, la liberté religieuse, la liberté de la presse, etc. Le roi est le chef de l'exécutif. Son cabinet se compose de neuf ministres responsables. La législature (Landtag) comprend une chambre des seigneurs (Herrenhaus) et une chambre des députés (Abgeordnetenhaus). La première se compose des princes du sang, des chefs des maisons princières médiatisées, des plus grands nobles propriétaires du sol, des représentants nobles des vieilles provinces, des représentants dans des universités, des chefs des chapitres, des bourgmestres des villes ayant plus de 50,000 hab., et de membres nommés par le roi à vie ou pour un temps déterminé. La chambre des députés compte 432 membres élus au suffrage universel indirect pour trois ans. Sont élec-

teurs indirects (urwæhler) tous les sujets âgés de 25 ans au moins et jouissant de leurs droits politiques; ils sont divisés en trois classes, suivant le montant des taxes qu'ils paient. Ces électeurs indirects choisissent les électeurs directs (walhmann), qui nomment les députés. Il y a 99,000 électeurs directs, c'est-à-dire 1 pour 280 hab. Tout Prussien est éligible à la chambre des députés. Chaque député touche 25 fr. par jour. La liste civile s'élève à 4,500,000 marcs chaque année ; de plus, la maison régnante possède d'immenses propriétés privées, dont les revenus concourent à défrayer la plus grande partie des dépenses de la cour et des membres de la famille royale. Le roi a droit de veto absolu. A la tête de l'administration politique de chacune des 14 provinces, est un premier président (oberpræsident). Les provinces sont divisées en districts administratifs appelés Regierungsbezirke, excepté dans le Hanovre, où l'on a maintenu l'ancienne division en Landdrosteien. Ces districts administratifs sont au nombre de 34, outre la cité de Berlin, et le Hohenzollern, qui forment chacun un district particulier. Il y a des assemblées provinciales, mais leur tâche ne consiste guère qu'à établir la répartition des impôts. La police est administrée par le gouvernement. Depuis 1848, on a établi la publicité des débats judiciaires, le jury, et un nouveau code criminel; on a aboli toute juridiction exceptionnelle. Dans la Prusse Rhénane, on a maintenu le Code Napoléon et la procédure française. Ailleurs, il y a des tribunaux de ville ou de district, et 26 cours d'appel. Le tribunal le plus élevé à Berlin est la cour suprême, qui juge en dernier ressort pour tout le royaume. — Les recettes et les dépenses, dont le tableau est toujours préparé de manière à présenter un parfait équilibre, étaient évaluées en 1885 à 1,133,616,378 marcs, mais dans ces dernières années, l'excédent réel a toujours été croissant, et, même pendant la guerre, il fut, en 1870, de 33,500,000 marcs et en 1871, de 36 millions de marcs. Les revenus des chemins de fer et des mines entrent pour une large part dans l'ensemble des recettes. Les dépenses de l'armée et de la flotte font partie du budget de l'empire. La dette nationale, y compris les dettes des États annexés en 1866, montait, en 1885, à 3,266,263,792 marcs. Le système militaire prussien, dont la perfection a été la cause principale de la suprématie présente de cet état, a été étendu à tout l'empire en 1871. (Voy. ALLEMAGNE.) — Les aborigènes de la Prusse propre formant des tribus lettes, parentes des Lithuaniens, furent subjugués par les Goths, pendant les premiers siècles du christianisme. On ne les désigna sous le nom de Borussi ou Porussi qu'à partir du xe siècle. Ils étaient polythéistes, et l'évêque missionnaire Adalbert fut égorgé en 997 pendant qu'il assistait leur chêne sacré. Boleslas Ier, de Pologne, les contraignit à embrasser le christianisme en 1015; mais ce succès ne fut pas durable; l'armée envoyée par Boleslas IV contre les Prussiens ne fut pas seulement anéantie; ceux-ci tinrent pendant quelque temps une partie de la Pologne sous leur domination. En 1249, ils repoussèrent une croisade venue contre eux d'Allemagne, et répandirent la terreur dans toutes les contrées voisines; mais, ils furent soumis par les chevaliers Teutoniques (1230-'83). Ceux-ci, continuellement en guerre avec les Polonais et les Lithuaniens, comirent de telles exactions que la noblesse et les villes invoquèrent l'aide du roi Casimir IV de Pologne; après une lutte qui dura de 1454 à 1466, les chevaliers durent abandonner la Prusse occidentale et l'Ermeland, et ils ne gardèrent leurs autres possessions qu'à titre de fief de la Pologne. En 1511, le margrave Albert de Brandebourg devint grand-maître de l'ordre. N'ayant pas réussi à secouer le joug de la Pologne, il se fit protestant, et en 1525 reçut de la Pologne les domaines de l'ordre à titre de duché héréditaire. Son fils, Albert-Frédéric, étant devenu fou, le duché fut gouverné par ses parents, et Jean Sigismond, électeur de Brandebourg, en hérita en 1618. Il descendait de Frédéric de Hohenzollern, burgrave de Nuremberg, auquel le Brandebourg était échu en 1445, à titre de gage non racheté. C'est l'électorat de Brandebourg, et non la Prusse propre, qui doit être regardé comme le noyau du présent royaume. — L'électorat, bien que fréquemment divisé par les descendants de Frédéric, joua un rôle considérable dans l'histoire, surtout pendant la réformation. Frédéric Ier (1415-'40) subjugua les chevaliers brigands, et agrandit son territoire du côté de la Poméranie et du Mecklembourg; mais les hussites ravagèrent ses domaines en 1432. Frédéric II (1440-'70) les agrandit par des achats faits aux états voisins, mais il ne put enlever la Lusace à la Bohême, ni Stettin à la Poméranie. Albert-Achille (1470-'86) et Jean-Cicéron (1486-'99) furent des souverains éclairés qui résistèrent avec succès aux empiétements des seigneurs. Les deux jeunes frères de ce dernier reçurent de leur père les territoires de la Franconie, et fondèrent les deux branches d'Anspach et de Baireuth. Joachim Ier Nestor (1499-1535) fut un adversaire énergique de la réformation et un féroce persécuteur des juifs. Joachim II Hector (1535-'74) se fit protestant, sécularisa plusieurs évêchés et conclut avec le duc de Liegnitz un traité par lequel le survivant devait hériter de l'autre. Ce fut la base des prétentions de la Prusse sur la Silésie. Jean-Georges Ier (1574-'98) chassa les juifs, que son prédécesseur avait laissé revenir; mais il favorisa l'immigration des protestants exilés des Pays-Bas, et améliora les finances. Joachim-Frédéric (1598-1608) acquit par mariage des droits sur le duché de Prusse, que son fils, Jean-Sigismond (1608-'19) unit définitivement à l'électorat de Brandebourg, après avoir acquis Clèves et d'autres territoires. La Prusse eut terriblement à souffrir de la guerre de Trente ans, par suite de la neutralité gardée par l'électeur Georges-Guillaume (1619-'40), qui s'attira ainsi l'inimitié des deux partis. L'énergie et la sagesse du grand électeur Frédéric-Guillaume (1640-'88) tira le pays de la plus profonde misère et l'éleva jusqu'à une position peu inférieure à celle des grandes puissances de l'Europe. Il fit de la Prusse un duché indépendant, en rompant le lien qui l'attachait à la Pologne. A sa mort, ses Etats avaient atteint une superficie de 105,000 kil. carr., avec 1,500,000 hab. Son fils, Frédéric, troisième électeur du nom (1688-1713) prit, du consentement de l'empereur d'Allemagne, le titre de roi de Prusse, et se couronna comme tel le 18 janv. 1701. Il n'ajouta à ses Etats que peu de territoires nouveaux, parmi lesquels la principauté suisse de Neufchâtel. Son fils, Frédéric-Guillaume Ier (1713-'40), acquit de la Suède une partie de la Poméranie avec Stettin; la partie orientale lui avait déjà été assurée par le traité de Westphalie. Il laissa à son fils Frédéric II le Grand (1740-'86) 30 millions de francs d'économies, et une armée de 70,000 hommes, la mieux disciplinée d'Europe. Avec ces ressources, Frédéric commença une guerre de conquête, arracha la Silésie à l'Autriche, et éleva la Prusse au rang de grande puissance en résistant avec succès, pendant la guerre de Sept ans (1756-'63) aux efforts combinés de l'Autriche, de la France, de la Russie, etc. En 1772, il s'associa au premier partage de la Pologne. Il laissa à son successeur un trésor de 300 millions de fr., une armée de 220,000 hommes, et un territoire de 220,000 kil. carr. A son avènement, il avait 2,240,000 sujets; ils étaient au nombre de plus de 5 millions à sa mort. Frédéric-

Guillaume II (1786-'97), en participant au second et au troisième partage de la Pologne, ajouta à la Prusse 100,000 kil. carr.; mais il n'eut pas de succès dans sa guerre contre la France révolutionnaire. Frédéric-Guillaume III (1797-1840), par une politique faible et vacillante, isola la Prusse, et, après la désastreuse bataille d'Iéna, en 1806, Napoléon réduisit de moitié l'étendue de son royaume; pendant six ans, les Français firent peser sur la Prusse une lourde oppression. Mais c'est pendant cette période que ses hommes d'Etat jetèrent les fondements de la future grandeur en détruisant les entraves de l'industrie et du commerce, en accordant aux cités l'autonomie municipale, et en prenant le peuple pour base de la puissance militaire de l'Etat. Après la chute de Napoléon, la Prusse se vit rendre la plupart de ses anciennes possessions, auxquelles on ajouta des parties de la Saxe, le reste de la Poméranie, et des territoires d'une grande valeur sur les deux rives du Rhin. Mais la promesse de constitution que le roi avait faite ne fut pas tenue, et le gouvernement devint une sorte de despotisme patriarcal. L'établissement du Zollverein fut la seule grande mesure prise pendant 25 années de paix. Frédéric-Guillaume IV (1840-'61) négligea l'occasion que lui offrait la révolution de 1848 de devenir le chef d'une nation allemande unifiée, et pendant près de 10 ans, le parti réactionnaire régna en maître, bien que la monarchie constitutionnelle eût été adoptée. En 1857, le roi perdit la raison; son frère Guillaume prit la régence, et à sa mort, le 2 janv. 1861, il lui succéda sous le nom de Guillaume Ier. On savait déjà que le nouveau souverain était tout dévoué au projet, depuis longtemps caressé, d'assurer à la Prusse la direction complète des affaires en Allemagne. Le royaume se trouvait alors en pleine lutte sourde avec l'Autriche pour la suprématie. A l'arrivée de Bismarck aux affaires étrangères, en 1862, le différend devint irrémédiable, et la question du Schleswig-Holstein offrit un *casus belli* désiré. Après plusieurs actes arbitraires des deux parts, la convention de Gastein, signée le 14 août 1865, attribua l'occupation du Holstein à l'Autriche, et celle du Schleswig à la Prusse; mais, dès janvier 1866, les fonctionnaires des duchés amenèrent un nouveau désaccord. En avril, la Prusse s'allia avec l'Italie, et commença à armer. Les petits Etats de l'Allemagne se rangèrent en majorité du côté de l'Autriche. Le 1er juin, l'Autriche porta la question des duchés devant la diète fédérale; et comme la Prusse faisait entrer ses troupes dans le Holstein en proposant de revenir à l'occupation en commun des deux duchés, la diète ordonna le 14 juin la mobilisation de toutes les troupes fédérales, à l'exception de celles de la Prusse. Le 15 juin, la Prusse somma le Hanovre, la Saxe et la Hesse-Cassel de rétracter leurs actes à la diète; ces Etats refusèrent, et le lendemain, les troupes prussiennes envahirent leurs territoires. La lutte, connue sous le nom de « guerre de Sept semaines », est célèbre comme l'une des plus courtes, mais des plus décisives, que présente l'histoire. Après la brillante victoire remportée par les Prussiens à Sadowa (3 juillet) sur le gros de l'armée autrichienne commandée par Benedek, les Bavarois et les armées des petits Etats furent écrasés; le Schleswig-Holstein, le Hanovre, la Hesse-Cassel, Nassau et Francfort furent annexés à la Prusse, et le traité de Prague (23 août) établit virtuellement une nouvelle confédération des Etats allemands, formée bientôt d'une façon expresse sous le nom de « Confédération de l'Allemagne du Nord », comprenant tous les Etats au N. du Mein, en rejetant l'Autriche en dehors de l'Allemagne. Ce grand succès prépara la voie à celui, plus

grand encore, que la Prusse remporta en 1870-'71 sur la France, et dont le double résultat fut la chute de Napoléon III et l'établissement de l'empire allemand. Le roi Guillaume fut couronné empereur à Versailles le 18 janv. 1871, et le premier « Reichstag » allemand se réunit à Berlin le 21 mars.

PRUSSE PROPRE, grande division du royaume de Prusse comprenant la Prusse ducale ou orientale, et la Prusse royale ou occidentale; 62.481 kil. carr.; 3,339,834 hab. Capitale, Kœnigsberg. Les cours d'eau les plus importants, qui forment beaucoup de lacs, sont : le Menel ou Niemen, le Pregel, le Passarge, la Vistule, le Drewenz et le Brahe. La plus grande partie du pays est fertile : on y récolte surtout des pommes de terre. Les forêts couvrent presque le tiers du territoire. Le gibier est abondant, et, sur les côtes de la Prusse orientale, on trouve beaucoup d'ambre gris. (Voy. PRUSSE.)

PRUSSIANISER v. a. Rendre prussien.

* **PRUSSIATE** s. m. Chim. Genre de sels qui sont produits par l'acide prussique.

PRUSSIEN, IENNE s. et adj. De Prusse; qui appartient à ce pays ou à ses habitants.

* **PRUSSIQUE** adj. m. Chim. Se dit d'un acide qu'on obtient de différentes substances animales ou végétales, et qui, combiné avec le fer, donne le bleu de Prusse : *l'acide prussique est un des poisons les plus violents.* — ENCYCL. L'acide prussique, appelé aussi acide hydrocyanique (HCN = HCy; équivalent chimique, 27), fut obtenu en solution aqueuse par Scheele en 1782; ce savant le décrivit comme consistant en hydrogène, en carbone et en azote; mais sa nature réelle fut déterminée 30 ans plus tard par Gay-Lussac qui l'obtint d'abord en acide anhydre. C'est un liquide incolore, inflammable, possédant l'odeur forte qui caractérise les fleurs du pêcher. Cette odeur, quand elle s'évapore de l'acide prussique pur est si puissante, qu'elle cause des maux de tête immédiats et des étourdissements, qui peuvent avoir les conséquences les plus fâcheuses et mettre même la vie en danger. Cet acide est si remarquablement volatil qu'une goutte se congèle sur un morceau de verre par l'évaporation rapide d'une partie du liquide. Il bout à 26° et se congèle à − 15° en une masse fibreuse. A + 7°, sa gravité spécifique est 0 · 7058. On le trouve dans différentes parties d'un grand nombre de plantes, telles que les noyaux de pêche, d'amandes, de prunes et dans les feuilles du pêcher et du laurier. On le trouve surtout dans le sang, dans les sabots, dans les cornes et dans les autres tissus azotés des animaux, tissus qui donnent du cyanogène par l'action de la chaleur en vases clos; le cyanogène, en contact avec le carbonate de potasse, forme le cyanure de potassium, qui redevient une source de cyanogène en formant l'acide hydrocyanique. Cet acide est connu surtout comme l'un des poisons les plus puissants et des plus destructifs de la vie végétale et animale. La mort suit souvent avec une telle rapidité l'empoisonnement, qu'il est impossible de porter secours au malade.

PRUSSOMANIE s. f. (fr. *Prusse*; et *manie*) Manie des admirateurs exclusifs de la Prusse.

PRUTH (prouth) (anc. *Poras*), rivière d'Europe qui prend sa source dans la région N.-E. des Carpathes, se dirige au S.-E. pendant 550 kil. à travers la Galicie, la Bukovine et la Moldavie, et se jette dans le Danube à Reni, près du delta de ce fleuve. Le Pruth a joué un rôle important dans toutes les guerres qui ont eu lieu entre la Turquie et la Russie depuis Pierre le Grand.

* **PRYTANE** s. m. (gr. *prutanis*). Antiq. gr.

Nom qu'on donnait à l'un des premiers magistrats, dans certaines républiques. A Athènes, ce nom était commun aux cinquante sénateurs de la tribu qui avait à son tour la préséance dans le sénat : *le sénat d'Athènes était présidé par le chef des prytanes, dont les fonctions ne duraient qu'un jour.*

* **PRYTANÉE** s. m. Antiq. gr. Edifice qui était destiné à l'habitation des prytanes, et qui servait encore à d'autres usages civils et et religieux : *la plupart des villes considérables de la Grèce avaient leur prytanée.* — Avant le rétablissement de l'Université, ce nom avait été donné à toute maison d'instruction publique : *il avait été élevé au prytanée.* On appelle encore aujourd'hui PRYTANÉE l'école militaire de la Flèche.

PRZEMYSL [przemm'-ichl], ville de la Galicie autrichienne, sur le San, à 90 kil. O. de Lemberg ; 15,184 hab. C'est l'une des plus anciennes villes de Pologne. Bois de charpente, cuirs et toiles.

P.-S. abréviation de *post-scriptum.*

* **PSALLETTE** s. f. (rad. lat. *psallere*, chanter). Lieu où l'on élève et exerce des enfants de chœur.

* **PSALMANAZAR** (Georges), nom pris par un imposteur, né dans le midi de la France vers 1679, mort en 1753 ou en 1763. Il voyagea par toute l'Europe, mendiant et domestique, et se donna d'abord pour un Japonais, puis pour un naturel de Formose. S'étant fixé à Londres, il y publia en 1704 une prétendue *Histoire et Description de l'île de Formose sur la côte de Chine*, qui fut reçue avec une faveur universelle jusqu'à ce que l'auteur lui-même eût révélé son imposture. Plus tard, il s'appliqua à l'étude, collabora à l'*Histoire universelle* et laissa plusieurs ouvrages, et ses *Mémoires* (1764, in-8°).

PSALMIQUE adj. Qui concerne les psaumes.

* **PSALMISTE** s. m. (rad. lat. *psalmus*, psaume). Nom donné particulièrement et par excellence à David, comme auteur des psaumes : *le Psalmiste est plein de ces sortes d'expressions.*

* **PSALMODIE** s. f. Manière de chanter ou de réciter, à l'église, les psaumes et le reste de l'office. (Voy. PSALMODIER.) — Fig. Manière monotone de déclamer, de débiter des vers ou de la prose : *sa déclamation est une ennuyeuse psalmodie continuelle.*

* **PSALMODIER** v. n. (gr. *psalmos*, psaume ; *ôdê*, chant). Réciter des psaumes, dans l'église, sans inflexion de voix, et toujours sur une même note : *dans cet ordre, les religieux ne chantent point, ils ne font que psalmodier.* — Fig. Déclamer des vers ou de la prose d'une manière monotone : *il endort son auditoire à force de psalmodier.* — v. a. *Psalmodier une prière.* — Fig. *Psalmodier un discours.*

PSALMODIQUE adj. Qui a rapport à la psalmodie.

PSALMOGRAPHE s. m. (gr. *psalmos* ; psaume ; *graphein*, écrire). Auteur de psaumes

PSALMORUM CODEX (lat. *recueil de psaumes*), titre d'un livre imprimé à Mayence en 1547, par Jean Fust et Pierre Schœffer. C'est, au dire de Van Praet « le premier livre qui porte une date clairement exprimée, soit qu'on le considère comme imprimé avec des caractères mobiles de bois, soit qu'on prétende qu'il est le produit de caractères mobiles de fonte ».

* **PSALTÉRION** s. m. (gr. *psalterion*). Instrument de musique à plusieurs cordes de fil de fer ou de laiton, que l'on touche avec une petite verge de fer ou avec un petit bâton recourbé : *jouer du psaltérion.* — Le psalté-

rion était usité chez les anciens Juifs. Selon les uns, il tenait à la fois de la harpe et de la lyre, tandis que selon les autres, il avait la forme d'un trapèze.

PSAMMÉNITE (Psammétique III), dernier roi égyptien de la 26e dynastie ; il succéda à son père Amasis en 526 av. J.-C. Cambyse, roi de Perse, le vainquit près de Péluse, l'enferma dans Memphis et le força à se rendre (525) ; il fit ensuite mettre à mort, sous l'accusation de trahison.

PSAMMÉTICHUS [psamm-mé-ti-kuss]. Voy. EGYPTE.

PSAPHON, jeune Lybien qui aspirait à se faire passer pour un dieu. Sa vanité est passée en proverbe.

* **PSAUME** s. m. (gr. *psalmos*). Se dit des cantiques sacrés composés par David, ou qui lui sont communément attribués : *les psaumes sont au nombre de cent cinquante.* — LES PSAUMES DE LA PÉNITENCE, ou LES PSAUMES PÉNITENTIAUX, et vulgairement, LES SEPT PSAUMES, sept psaumes que l'Eglise a choisis pour servir de prière à ceux qui demandent pardon à Dieu de leurs péchés : *on lui a donné les sept Psaumes pour pénitence.* — Livre des Psaumes, l'un des livres canoniques de l'Ancien Testament, contenant un grand nombre de chants religieux. Le recueil des psaumes, dans sa forme actuelle, ne peut avoir été complété qu'après la captivité, car quelques-uns d'entre eux sont évidemment d'une origine postérieure. Quelques-uns veulent remonter à David. Ce recueil est, par analogie avec le Pentateuque, divisé en cinq livres dont chacun se termine par une doxologie. Le second livre contient une sorte de post-scriptum qui semble avoir été la conclusion d'un ancien recueil particulier. Les Septante et la Vulgate diffèrent un peu. Il y a 150 psaumes en tout. — Dès le temps d'Ézéchias, on chantait les psaumes de David et d'Asaph dans les cérémonies religieuses. L'Eglise chrétienne a toujours donné aux psaumes une place prépondérante dans sa liturgie, et certaines sectes protestantes n'admettent pas d'autres hymnes pendant le service divin. — Les psaumes ont donné lieu à des centaines de commentaires, parmi lesquels il faut citer ceux de de Wette, de Hitzig, d'Ewald, de Hupfeld, de Phillipps et de Browne.

* **PSAUTIER** s. m. Recueil des psaumes composés par David, ou qui lui sont communément attribués : *savoir le psautier par cœur.*

PSELLISME s. m. [psèl-li-sme] (rad. gr. *psallos*, bègue). Nom générique de tous les vices de la parole.

PSÉPHOPHORIE s. f. (gr. *psephos*, petite pierre ; *phoros*, qui porte). Antiq. gr. Action de voter avec de petits cailloux blancs et noirs.

PSEUD ou * **Pseudo** (gr. *pseudos*, faux), mot tiré du grec qui s'unit à certains noms pour marquer que la qualité qu'ils expriment est fausse, ou qu'elle ne convient pas exactement à la chose ou à la personne : *pseudo-prophète.*

PSEUDARTHROSE s. f. (préf. *pseudo* ; gr. *arthron*, articulation). Articulation contre nature. On appelle PSEUDARTHROSE, ARTICULATION ACCIDENTELLE, FAUSSE ARTICULATION ou ARTICULATION CONTRE NATURE, une articulation anormale qui s'établit soit entre les fragments d'une fracture non consolidée, soit entre les parties molles ou entre la partie articulaire d'un os luxé et la partie non articulaire d'un os voisin Dans le premier cas, les pseudarthroses sont dites *surnuméraires* et peuvent se guérir en enflammant les extrémités et en les traitant comme dans une fracture. Dans le second cas, les *pseudarthroses* sont dites *supplémentaires* et restent incurables.

PSEUDOCARPE s. m. (préf. *pseudo* ; gr. *karpos*, fruit). Bot. Fruit qui ressemble à une baie, mais qui est un cône de forme globuleuse.

PSEUDO-CATHOLIQUE adj. Qui affecte le catholicisme sans appartenir à cette religion. — Substantiv. *Les pseudo-catholiques.*

PSEUDOGRAPHIE s. f. (préf. *pseudo* ; gr. *graphô*, j'écris). Art du faussaire.

PSEUDOGYNE s. m. (préf. *pseudo* ; gr. *guné*, femme). Bibliogr. Homme signant d'un nom de femme.

PSEUDO-MEMBRANE s. f. (préf. *pseudo* ; fr. *membrane*). Fausse membrane.

* **PSEUDONYME** adj. (préf. *pseudo* ; gr. *onoma*, nom). Se dit des auteurs qui publient des livres, des écrits sous un nom supposé : *il y a eu beaucoup d'auteurs pseudonymes parmi les écrivains de Port-Royal.* — Se dit aussi des ouvrages mêmes : *ouvrage pseudonyme.*

PSEUDONYMIE s. f. (préf. *pseudo* ; gr. *onuma*, nom). Substitution qu'un auteur fait d'un nom supposé à son nom véritable.

PSEUDOPATHIQUE adj. (préf. *pseudo* ; gr. *pathos*, souffrance). Qui provient d'un état de souffrance, sans apparence de lésion externe ni organique.

PSEUDOPSIE s. f. (préf. *pseudo* ; gr. *opsis*, vue). Pathol. Hallucination du sens de la vue.

PSEUDOSCOPE s. m. (préf. *pseudo* ; gr. *skopeô*, j'examine). Phys. Nom donné par Wheatstone, en 1852, à un stéréoscope dans lequel on intervertit la place des deux images, ce qui fait paraître en *creux* ce qui est en relief et *vice versâ.*

PSILÈTE s. m. (gr. *psilétès*). Soldat armé à la légère.

PSILOPODE adj. (gr. *psilos*, nu ; *pous*, *podos*, pied). Zool. Dont les pattes sont nues.

PSITT, interj. Sert à appeler.

PSITTACÉ, ÉE adj. (lat. *psittacus*, perroquet). Ornith. Qui ressemble au perroquet ou qui s'y rapporte. — s. m. pl. Famille d'oiseaux grimpeurs ayant pour type le genre perroquet.

PSITTACIN, INE adj. (lat. *psittacus*, perroquet). Ornith. Qui se rapporte aux perroquets. — s. m. pl. Sous-famille de psittacés à laquelle appartiennent les perroquets les mieux connus à l'état domestique, spécialement le perroquet gris et le perroquet vert, si répandus comme oiseaux de luxe. On en trouve plus de 40 espèces dans les forêts humides de l'Afrique et de l'Amérique du Sud. *Le perroquet gris (psittacus erythacus, Linn.)* est le plus remarquable par sa docilité et la faculté qu'il possède d'articuler les sons ; il a environ 30 centim. de long, est d'un gris cendré, avec une brillante queue écarlate, l'iris d'un blanc jaunâtre, les jambes et les doigts grisâtres. Il est originaire de l'Afrique occidentale, d'où il a été importé en Europe à une époque très reculée ; en captivité, il se nourrit de pain et de lait, de noix et même de viande, tenant sa nourriture dans une patte et la réduisant en petits morceaux avec son bec et les côtés tranchants de son palais. Il peut atteindre l'âge de 70 et même de 90 ans, et se reproduit facilement en captivité. *Le perroquet vert (chrysostis amazonicus, Gmel.)* s'importe beaucoup en Europe à cause de sa grande facilité à parler ; il a 30 centim. de long ; son bec est d'un jaune orange, ainsi que ses joues et son menton ; sa couleur générale est d'un vert brillant, avec une bande d'un pourpre bleu sur le front, et les plumes de derrière le cou bordées de noir ; il habite les contrées arrosées par l'Amazone.

PSITTACISME s. m. (lat. *psittacus*, perroquet). État machinal où la réflexion a peu ou point de part.

PSITTACULE s. m. (dimin. du lat. psittacus, perroquet). Ornith. Genre de perroquets à queue courte, comprenant des espèces de petite taille, comme la *perruche à tête rouge* (psittacus pullarius), du Brésil et de la Guinée; c'est l'oiseau connu populairement sous le nom d'*inséparable*. (Voy. PERRUCHE.)

PSKOV ou **Pleskov**. I, gouvernement de la région occidentale de la Russie d'Europe; 44,208 kil. carr.; 773,701 hab. Pays plat, couvert en grande partie de forêts de pins, d'où l'on retire beaucoup de poix. Seigle, avoine, orge, légumes, chanvre et lin. La seule industrie importante est celle des cuirs. — II, capitale de ce gouvernement, sur la Velikaya, à 255 kil. S.-S.-O. de Saint-Pétersbourg; 48,331 hab. Beaucoup de tanneries; commerce actif de bois de construction, de chanvre et de lin.

PSOAS s. m. (gr. psoa, lombes). Chacun des deux muscles abdominaux appliqués sur la partie antérieure des vertèbres lombaires.

PSOÏTE s. f. Inflammation des psoas.

: **PSORA** ou **Psore** s. m. (gr. psora, gale). Nom de différentes maladies de la peau caractérisées par des vésicules ou des pustules. Se dit aussi quelquefois de la gale.

PSORIASIS s. m. [pso-ri-a-ziss] (rad. gr. psora, gale). Inflammation chronique de la peau, caractérisée par des surfaces saillantes, irrégulières, rougeâtres, de forme et d'étendue variables, recouvertes de plaques écailleuses minces, d'un blanc nacré. Le centre des plaques ou anneaux conserve souvent son intégrité. On rencontre surtout le psoriasis aux coudes et aux genoux. On en distingue un certain nombre de variétés, entre autres, la *lèpre vulgaire*, qu'il ne faut pas confondre avec la lèpre des anciens. La durée de la lèpre vulgaire est longue, parfois indéfinie; elle est plus désagréable que dangereuse. On la traite par des bains émollients et gélatineux, par les eaux sulfureuses, par les frictions avec la pommade au précipité blanc et au goudron ou à l'iodure de soufre, par l'huile de cade en topique et par la liqueur arsénicale de Fowler à l'intérieur, à la dose de 5 à 10 gouttes par jour dans un verre d'eau sucrée.

PSORIFORME adj. Pathol. Qui ressemble à la gale.

: **PSORIQUE** adj. Méd. Qui est de la nature de la gale : *pustules psoriques*. — Se dit aussi des remèdes qu'on emploie contre la gale : *remèdes psoriques*.

PSOROPHTALMIE s. f. (gr. psora, gale; ophthalmos, œil). Pathol. Nom donné par quelques médecins à une maladie des paupières plus communément connue sous le nom de BLÉPHARITE CILIAIRE.

: **PSYCHÉ** s. f. [psi-ché]. Grand miroir mobile que l'on peut incliner à volonté, au moyen de deux axes qui l'attachent par le milieu aux deux montants d'un châssis : *une psyché est très commode aux femmes pour s'habiller*.

PSYCHÉ, personnage du roman grec, généralement considéré comme la personnification de l'âme humaine. Apulée raconte qu'un roi eut trois filles, dont la plus jeune, Psyché, était la merveille de beauté. Vénus, jalouse, ordonna à Cupidon d'inspirer à Psyché de l'amour pour quelque monstre horrible; mais Cupidon lui-même en devint amoureux et chaque nuit il la visitait. Comme elle ne le voyait jamais, ses sœurs lui persuadèrent que ce devait être quelque créature hideuse; elle se munit d'une lampe, pour l'épier pendant son sommeil; et, à la ↳ue de la beauté du jeune dieu, elle laissa

tomber sur son épaule une goutte d'huile qui le réveilla. Il lui reprocha sa curiosité, et s'enfuit. En vain elle essaya de se donner la mort; Vénus fit d'elle une esclave; mais à la fin Cupidon la délivra et Jupiter l'unit à son bien-aimé. — **Psyché**, tragi-comédie ballet en 5 actes avec un prologue, représenté à Paris (Tuileries), le 17 janv. 1671 et au Palais-Royal le 24 juillet suivant. Paroles de Molière, Quinault et Pierre Corneille; musique de Lulli. — **Psyché**, tragédie lyrique en 5 actes, représentée à Paris (Académie de musique), le 9 avril 1678. Musique de Lulli, livret attribué à Thomas Corneille, mais revendiqué par Fontenelle. — **Psyché**, opéra comique en 3 actes, représenté à Paris (Opéra-Comique) en 1867; paroles de J. Barbier et Carré; musique d'Ambroise Thomas.

PSYCHIÂTRE s. m. [psi-chi-â-tre] (gr. psuké, âme; iatros, médecin). Médecin des maladies mentales.

: **PSYCHIQUE** adj. [psi-chi-ke]. Philos. Qui a rapport à l'âme, aux facultés intellectuelles ou morales : *phénomènes psychiques*.

PSYCHOGRAPHE s. m. [-ko-]. Auteur d'une psychographie.

PSYCHOGRAPHIE s. f. Histoire ou description de l'âme et de ses facultés.

: **PSYCHOLOGIE** s. f. [-ko-] (gr. psuké, âme; logos, discours). Partie de la philosophie qui traite de l'âme, de ses facultés et de ses opérations. (Voy. PHILOSOPHIE.)

: **PSYCHOLOGIQUE** adj. Qui appartient, qui a rapport à la psychologie.

: **PSYCHOLOGISTE** ou **Psychologue** s. m. Celui qui s'occupe de psychologie, ou qui en traite.

PSYCHOMÈTRE s. m. [-ko-] (gr. psuché, âme; metron, mesure). Physiol. Instrument proposé pour apprécier les facultés morales ou intellectuelles de l'homme.

PSYCHOMÉTRIE s. f. Mesure ou appréciation des facultés morales ou intellectuelles de l'homme.

PSYCHROMÈTRE s. m. (gr. psychros, froid; metron, mesure). Phys. Appareil inventé par Gay-Lussac pour mesurer la quantité de vapeur élastique contenue dans l'atmosphère. Le psychromètre a été modifié par Regnauld, vers 1848. Becquerel imagina, en fév. 1867, un psychromètre électrique.

: **PSYLLE** s. m. [psil-le] (lat. psylli, peuple lybien). Charlatan qui apprivoise des serpents, qui joue avec des serpents. N'est guère employé qu'en parlant des anciens, et dans les relations de voyages : *les psylles égyptiens*.

P. T., abréviation des mots *præmissio titulo*.

PTAH ou **Phthah**, l'une des principales divinités de l'ancienne Egypte. On le croyait l'auteur de toute chose visible, le père du dieu Soleil, et le maître de la lumière et du feu. Le centre de son culte était à Memphis, où il avait un temple magnifique. Le symbole de Ptah était le scarabée sacré. Les Grecs l'assimilaient à Héphaistos (Vulcain).

PTARMIGAN s. m. Nom anglais du lagopède.

PTARMIQUE adj. (gr. ptarmos, éternuent). Méd. Qui provoque l'éternument.

PTÉLÉE s. m. (gr. ptelea, orme; de ptuô, je vole, à cause des ailes membraneuses du fruit). Bot. Genre de rutacées, comprenant plusieurs espèces d'arbres ou d'arbustes, dont la graine est contenue dans une samarre arrondie, membraneuse et bordée d'une aile. Le *ptélée à trois folioles* (ptelea trifoliata), appelé aussi *orme à trois feuilles*, est un grand arbuste que l'on trouve en Pennsylvanie, où il atteint jusqu'à 10 m. de haut. Ses fleurs répandent une odeur désagréable, ainsi que

ses feuilles quand on les froisse. Ses fruits, d'une amertume très intense et même nauséeuse, sont souvent employés en guise de

Ptélée à trois folioles (Ptelea trifoliata).

houblon, pour fabriquer de la bière; mais ils ne possèdent pas le principe aromatique qui fait la qualité du houblou.

PTÉR ou **Ptéro** (gr. pteron, aile), préfixe qui entre dans la formation d'un certain nombre de mots.

PTÉRIAL, AUX s. m. (gr. pteron, aile). Anat. Une des pièces constituant chaque vertèbre.

PTÉRICOQUE adj (préf. pter; gr. kokkos, coque). Bot. Dont les coques ou capsules sont ailées.

PTÉROCARPE adj. (préf. ptéro; gr. karpos, fruit). Bot. Dont les fruits ont des expansions membraneuses en forme d'ailes.

: **PTÉRODACTYLE** adj. (gr. pteron, aile; daktylos, doigt). Zool. Qui a les doigts munis d'expansions membraneuses. — s. m. Genre de reptiles volants fossiles, ayant les caractères essentiels des sauriens et quelques rapports extérieurs avec les chauves-souris et les oiseaux. Cet animal singulier fut classé parmi

Ptérodactyle.

les oiseaux nageurs par Bhumenbach et parmi les chauves-souris par Sœmmering; c'est Cuvier qui détermina sa vraie nature de reptile. On en connaît environ 20 espèces, dont la taille varie depuis quelques centimètres jusqu'à quatre ou cinq mètres. Les petites espèces doivent avoir été insectivores, et les plus grosses se nourrissaient sans doute de poissons et de petits reptiles. La membrane qui leur servait pour le vol était attachée à un doigt externe très allongé, tandis que les quatre autres doigts étaient de dimension ordinaire. La grandeur des yeux indique des habitudes nocturnes. Les membres postérieurs sont développés de telle sorte qu'ils pouvaient certainement se dresser comme les oiseaux et percher sur les arbres ; les griffes de leurs pattes leur permettaient aussi de grimper le long des rochers. Leur corps était probablement écailleux, comme chez les lézards.

PTÉROPHORE adj. (préf. *ptéro*; gr. *phoros*, qui porte). Qui a des ailes.

PTÉROPODE adj. (gr. *pteron*, aile; *pous*, *podos*, pied). Moll. Se dit des mollusques dont les nageoires ressemblent aux ailes d'un insecte. — s. m. pl. Deuxième classe des mollusques de Cuvier, caractérisée par deux expansions symétriques, en forme d'ailes, placées aux deux côtés de la bouche. Les ptéropodes nagent, ou mieux, semblent voleter dans la mer, sans pouvoir se fixer ni ramper, faute de pieds, ce qui les a fait surnommer PAPILLONS DE MER. (Voy. ce mot.) Ils sont de petite taille et hermaphrodites ; les uns nus ou sans coquilles (*pneumodermes clios, cavolines ou Hyales*) ; les autres munis d'une coquille mince, calcaire ou cornée (*cléodores, cymbulies*). Tous sont agiles, remuants, sans cesse à la recherche de leur proie, qu'ils saisissent à l'aide de 6 tentacules microscopiques percés, dit-on, de 350,000 ventouses. Ces nains ailés, transformés en géants, deviendraient l'épouvante et le fléau des océans dont ils sont l'innocente parure. Quand vient la nuit, ils montent par myriades à la surface des eaux, qui s'éclairent tout à coup de lueurs fantastiques.

PTÉRYGION s. m. (gr. *pterugion*, petite aile). Chir. Excroissance membraneuse qui se forme sur la conjonctive.

PTÉRYGOÏDE adj. (gr. *pterux*, aile; *eidos*, aspect.) Qui a la forme d'une aile.

PTÉRYGOÏDIEN, IENNE adj. Anat. Qui appartient à l'apophyse ptérygoïde.

PTILODÈRE adj. (gr. *ptilos*, chauve; *deré*, cou). Qui a le cou dépourvu de plumes.

PTILONORHYNQUE s. m. (gr. *ptilon*, plume; *rhugchos*, bec). Ornith. Genre de passereaux conirostes, voisin des étourneaux et comprenant deux espèces d'oiseaux décrites par Ray. Les ptilonorhynques se rencontrent dans les

Ptilonorhynchus holosericeus.

forêts qui bordent les grandes rivières de l'Océanie. Le *ptilonorhynque satiné* (*ptilonorhynchus holosericeus*, Kuhl) est vulgairement appelé *oiseau boudoir* parce que la femelle a l'habitude de se faire, dans les herbes, des retraites que l'on a comparées à des boudoirs.

PTILOPTÈRE adj. (gr. *ptilon*, aile; *pteron*, nageoire). Ornith. Qui a les ailes en forme de nageoire.

PTOLÉMAÏQUE adj. Qui appartient à Ptolémaïs. — SYSTÈME PTOLÉMAÏQUE, système de Claude Ptolémée de Peluse. Cet astronome pensait que la terre est fixée au centre de l'univers et que la lune, le soleil et les étoiles tournent autour d'elle en 24 heures. Le sys-

tème ptolémaïque fut pendant des siècles la doctrine officielle de l'Église romaine ; il était opposé au système pythagoricien, qui fut repris par Copernic (1530), Galilée (1598), Kepler (1619), et Newton (1687). Voy. ACRE (*Saint-Jean-d'*). Il y avait des villes de ce nom en Égypte dans la Cyrénaïque, etc.

PTOLÉMAÏS [pto-lé-ma-iss]. Voy. ACRE (*Saint-Jean-d'*). Il y avait des villes de ce nom en Égypte dans la Cyrénaïque, etc.

PTOLÉMAÏTE s. m. Membre d'une secte gnostique fondée par un nommé Ptolémée, et qui n'admettait pour divine et authentique qu'une partie de la loi de Moïse.

PTOLÉMÉE (gr. *Ptolémaios*), nom de 13 rois grecs d'Égypte (305-43 av. J.-C.). — Ptolémée Iᵉʳ, surnommé SOTER, fils de Lagus et fondateur de la dynastie gréco-égyptienne, né en Macédoine, mort à Alexandrie en 283 av. J.-C. Sa mère, Arsinoé, avait été la maîtresse de Philippe de Macédoine, et l'on a souvent supposé qu'il était le fils de ce prince. Il fut un des principaux généraux d'Alexandre le Grand en Asie. Après la mort d'Alexandre, en 323, il devint gouverneur d'Égypte pendant le règne nominal de Philippe Arrhidée et d'Alexandre IV, et pendant la régence de Perdiccas. En 322, il annexa la ville à la province de Cyrène. En 321, il forma une ligue contre Perdiccas, après la mort duquel l'armée lui offrit la régence d'Égypte, qu'il refusa. En 316, il forma une autre coalition contre Antigone, et, pendant la longue lutte qui s'en suivit, il reçut le titre de Soter (Sauveur) des Rhodiens qu'il avait secourus contre Démétrius. La guerre se termina en 301 par la mort d'Antigone à la bataille d'Ipsus ; la Palestine et la Phénicie s'ajoutèrent aux États de Ptolémée. Il avait pris le titre de roi en 306. En 287, il entra dans une ligue avec Séleucus et Lysimaque, contre Démétrius ; mais le reste de son règne fut paisible. Il fit de Memphis sa capitale, et prit des mesures propres à rendre son peuple heureux. Il se montra tolérant pour les Juifs et pour les Grecs, et jeta les fondements de diverses institutions littéraires. En 285, il abdiqua en faveur de son plus jeune fils, Ptolémée Philadelphe, mais il ne continua pas moins à exercer la souveraineté jusqu'à sa mort. — Ptolémée II, surnommé PHILADELPHE, roi d'Égypte ; le plus jeune fils du précédent, né en 309, mort en 247 av. J.-C. Il suivit les traces de son père, ouvrit des relations commerciales avec les tribus éthiopiennes et l'Afrique méridionale, et entreprit d'importants travaux pour commander la mer Rouge. Il augmenta la bibliothèque fondée par son père, dépensa de grosses sommes en travaux publics, et bâtit le célèbre fanal de l'île de Pharos (phare). Les poètes, les philosophes, les mathématiciens, les astronomes les plus distingués résidaient à sa cour. Il commanda, dit-on la version de la Bible dite des Septante, à l'usage des juifs d'Alexandrie. Son règne fut troublé par la révolte de son demi-frère Magas, vice-roi de Cyrène, qui se rendit indépendant, et par une lutte avec la Syrie au sujet de la possession de la Phénicie et de la Cœle-Syrie. La mollesse déjà grande de sa cour alla en augmentant à mesure qu'elle devenait plus riche, et il finit par mener la vie d'un monarque efféminé. Il fit mettre à mort ses deux frères, de sorte que le surnom qu'il avait pris lui-même par allusion à son affection pour sa sœur Arsinoé devint pour les autres un terme de dérision. — Ptolémée III, surnommé ÉVERGÈTE, fils aîné et successeur du précédent, mort en 222 av. J.-C. Irrité du meurtre de sa sœur Bérénice, femme d'Antiochus Théos, roi de Syrie, il ravagea ce pays à la tête d'une grande armée, et en apporta, avec un butin immense, les idoles égyptiennes que Cambyse avait emportées en Perse, ce qui lui valut des Égyptiens le surnom d'Évergète (Bienfaiteur). Sa femme, Bérénice, fille de Magas, lui apporta Cyrène, et il agrandit beaucoup ses États en Arabie

et en Abyssinie. Il avait hérité de la tolérance et de l'amour des lettres de son père et de son grand-père. — Ptolémée IV, surnommé par ironie PHILOPATOR (ami de son père, qu'il empoisonna), fils du précédent, régna de 222 à 205 ; il commit une foule de crimes que le peuple abruti encensa comme des actes de vigueur et pratiqua tous les vices que ses courtisans admirèrent comme des vertus. — Ptolémée V, fils du précédent, né en 210, roi en 205, mort en 181 ; dut à la platitude de ses sujets le surnom d'ÉPIPHANE (l'Illustre). Il passa de la tutelle de ses courtisans à celle des Romains, qui devinrent ainsi les arbitres de l'Égypte. — Ptolémée VI, dit PHILOMÉTOR, fils du précédent, roi de 141 à 146 ; son règne fut des plus malheureux. — Ptolémée VII, dit ÉVERGÈTE II, fils du précédent ; mort en 117. — Ptolémée VIII, ou SOTER II, fils du précédent, mort en 81 av. J.-C., fut chassé et ne recouvra le trône qu'au bout de 48 ans. — Ptolémée IX, ou ALEXANDRE Iᵉʳ, fils de Ptolémée VII, usurpa le trône en 107 et périt dans un combat en 88. — Ptolémée X, ou ALEXANDER II, fils du précédent ; fut égorgé par ses soldats en 80. — Ptolémée XI, dit AULÈTE (joueur de flûte) ; fils naturel de Ptolémée VIII, mourut en 52, après un règne agité. — Ptolémée XII, dit DIONYSOS (Bacchus), fils aîné du précédent, roi en 52, à l'âge de 13 ans, épousa sa sœur Cléopâtre, qui avait 17 ans ; il périt en 48 av. J.-C. (Voy. CLÉOPÂTRE.) — Ptolémée XIII, dit L'ENFANT, frère du précédent, auquel il seconda comme roi et comme époux légitime de Cléopâtre, qui le fit empoisonner en l'an 44

PTOLÉMÉE (Claude), mathématicien, astronome et géographe grec d'Alexandrie, né à Peluse ; il florissait au IIᵉ siècle ap. J.-C. On ne sait presque rien de sa vie. Sa *Syntaxis mathematica* contient à peu près tout ce que l'on sait des observations et des théories astronomiques des anciens. Son système, fondé sur les théories d'Hipparque, qui place la terre au centre de l'univers, fut universellement accepté jusqu'à Copernic. Ce sont les Arabes qui nous ont conservé la *Syntaxis* ; ils la traduisirent sous le titre d'*Almagest* pendant le règne du caliphe Al-Mamoun (vers 827). Comme géomètre, Ptolémée prend rang après Euclide, Apollonius et Archimède. Il a écrit une géographie universelle, qui est restée le manuel classique de géographie jusqu'au XVIᵉ siècle. Le premier, il employa les termes de latitude et de longitude, et il prouva que la terre est sphérique. On a conservé les cartes ainsi que le texte de sa géographie. Ptolémée se distingua aussi comme musicien, et écrivit des traités sur la musique la mécanique, la chronologie et l'astrologie. — Le texte grec de sa *composition mathématique* a été publié à Bâle (1538, in-fol.) et à Paris (1813-'16, 2 vol. in-4°) avec une trad. franç. de l'abbé Halma). Sa *Géographie* a paru en 1838-'44 (5 vol.).

PTOLÉMÉEN, ÉENNE adj. Qui appartient à un Ptolémée ou à la dynastie des Ptolémées.

PTYALINE s. f. (gr. *ptualon*, crachat). Chim. Substance particulière trouvée dans la salive.

PTYALISME s. m. (gr. *ptualon*, crachat). Méd. Salivation, crachement fréquent et presque continuel.

PU, PUE part. passé de PAÎTRE. N'est usité qu'en termes de fauconnerie : *un faucon qui a pu*.

PUAMMENT adv. [pu-a-man] (rad. *puer*). Avec puanteur. (Peu us.) — Fig. et fam. MENTIR PUAMMENT, mentir grossièrement et impudemment.

PUANT, ANTE adj. Qui sent mauvais, qui

a une mauvaise odeur : *pieds puants.* — Chasse, BÊTES PUANTES, certaines bêtes, comme les renards, les blaireaux, etc. — Fam. et fig. MENSONGE PUANT, mensonge grossier et impudent; et, PUANT MENTEUR, celui qui fait des mensonges de cette espèce. — s. *C'est un puant, un vilain puant.* (Pop.)— ◦◦ Homme rempli de fatuité et de sot orgueil : *quel puant!*

* **PUANTEUR** s. f. Mauvaise odeur : *d'où vient cette puanteur.*

* **PUBÈRE** adj. et s. (lat. *puber*). Physiol. Qui a atteint l'âge de puberté : *sous ce climat, les garçons et les filles sont pubères beaucoup plus tôt que dans nos contrées.* — Jurispr. Qui a atteint l'âge où la loi permet qu'on se marie : *suivant la loi romaine, un garçon était pubère à quatorze ans, une fille à douze.*

* **PUBERTÉ** s. f. (lat. *pubertas*). Etat des garçons et des filles qui sont nubiles : *le passage de l'enfance à la puberté.* — AGE DE PUBERTÉ, âge auquel la loi permet qu'on se marie : *suivant nos lois, l'âge de puberté est de dix-huit ans pour les garçons, et de quinze ans pour les filles.* — ENCYCL. La puberté est la période de la jeunesse caractérisée par l'acquisition de la puissance fonctionnelle des organes de reproduction chez les deux sexes. L'activité de cette fonction ne doit cependant pas être mise en jeu avant que la croissance de l'individu soit complète, sous peine d'un épuisement prématuré et permanent, et d'une disposition plus grande à faire développer les germes latents de maladie. Chez l'homme, la puberté s'établit entre 14 et 16 ans; chez la femme, entre 13 et 16 ans dans les climats tempérés, et quelquefois plus tôt sous les tropiques ou chez les personnes vivant dans l'abondance.

PUBESCENCE s. f. [-bèss-san-]. Etat d'une surface pubescente.

* **PUBESCENT, ENTE** adj. [-bèss-san] (rad. lat. *pubes*, couvert de poils). Bot. Qui est garni de poils fins, courts et mous, plus ou moins rapprochés, mais distincts : *feuilles pubescentes.*

PUBICORNE adj. (lat. *pubes*, duvet; fr. *corne*). Dont les cornes sont velues.

* **PUBIEN, ENNE** adj. Anat. Qui appartient ou qui a rapport au pubis : *articulation pubienne.*

PUBIFLORE adj. (lat. *pubes*, duvet; *flos, floris*, fleur). Dont les fleurs sont couvertes d'un léger duvet.

PUBIGÈRE adj. (lat. *pubes*, duvet; *gerere*, porter). Qui est garni de duvet.

* **PUBIS** s. m. [pu-biss] (rad. *pubes*, duvet). Anat. Os situé à la partie antérieure et supérieure du bassin. On dit aussi adjectiv. L'os PUBIS. — Espèce d'éminence qui termine le bas-ventre, et qui se garnit de poil à l'époque de la puberté.

* **PUBLIC, IQUE** adj. (lat. *publicus*). Qui appartient à tout un peuple, qui concerne tout ou peuple : *exercer des fonctions publiques.* — PERSONNES PUBLIQUES, personnes qui sont revêtues de l'autorité publique, qui exercent quelque emploi, quelque magistrature. — VIE PUBLIQUE, actions d'un homme revêtu de quelque dignité, ou chargé de quelque emploi, en tant qu'elles ont rapport à cette dignité, à cet emploi; par opposition à VIE PRIVÉE, vie particulière et domestique : *il cherche, dans les douceurs de la vie privée, un dédommagement aux soucis de la vie publique.* — MINISTÈRE PUBLIC, magistrature établie près de chaque tribunal, pour y veiller aux intérêts publics, et y requérir l'exécution et l'application des lois. — ESPRIT PUBLIC, opinion, sentiment du public. — LA PARTIE PUBLIQUE, le magistrat qui, dans les causes civiles ou criminelles, porte la parole au nom de la société. — OFFICIER PUBLIC, FONCTIONNAIRE

PUBLIC, celui qui exerce quelque charge ou fonction publique. — CHARGES PUBLIQUES, impositions que tout le monde est obligé de payer pour subvenir aux dépenses et aux besoins de l'Etat. — DROIT PUBLIC, science qui fait connaître la constitution des Etats, leurs droits, leurs intérêts, etc. — Commun à l'usage de tous : *les tribunes publiques de la Chambre des députés.* — EDIFICES PUBLICS, édifices employés aux différents services publics. — FEMMES PUBLIQUES, FILLES PUBLIQUES, les prostituées. — Qui est manifeste, qui est connu de tout le monde, qui est répandu parmi le peuple : *c'est une nouvelle qui est déjà publique.* — Se dit, particul., de ce qui a lieu en présence de tout le monde : *audience publique.* — Substantiv. Le peuple en général : *travailler pour le public.*

> L'intérêt du public agit peu sur son âme,
> Et l'amour du pays nous cache une autre flamme.
>   J. RACINE. *La Thébaïde*, acte 1ᵉʳ, sc. v.

— Particul. nombre plus ou moins considérable de personnes, réunies pour assister à un spectacle, pour voir une exposition d'objels, d'arts etc. : *le public a mal accueilli cette tragédie.* — En public, loc. adv. En présence de tout le monde, à la vue de tout le monde : *paraître en public.*

* **PUBLICAIN** s. m. Parmi les Romains, on appelait ainsi des fermiers des deniers publics : *l'ordre des publicains.* Les gens de cette profession étaient odieux parmi les juifs; c'est pourquoi l'Evangile dit, IL FAUT LE TRAITER COMME UN PAÏEN ET COMME UN PUBLICAIN. — Est quelquefois appliqué, chez les modernes, aux traitants, aux financiers, à ceux qui se chargent de percevoir les revenus publics; et alors on le prend toujours en mauvaise part : *d'avides publicains.*

PUBLICATEUR, TRICE s. Personne qui fait une publication.

* **PUBLICATION** s. f. Action par laquelle on rend une chose publique et notoire : *depuis la publication de telle ordonnance.* — LA PUBLICATION D'UN LIVRE, action de le mettre en vente, de le faire paraître : *je ne sais quelle cause a retardé la publication de son livre.* On dit, dans un sens anal., LA PUBLICATION D'UN JOURNAL, D'UN ÉCRIT PÉRIODIQUE.

PUBLICISME s. m. Science du publiciste.

* **PUBLICISTE** s. m. Celui qui écrit sur le droit public, celui qui a fait de profondes études sur cette science : *c'est un jurisconsulte, mais non un publiciste.*

* **PUBLICITÉ** s. f. Notoriété publique : *la publicité du crime en rend la punition plus nécessaire.* — Qualité de ce qui est rendu public : *la publicité des débats judiciaires en matière criminelle est consacrée par nos lois.* — Annonce par les journaux, les affiches, les prospectus : *une offre de publicité.*

PUBLICOLA (Publius-Valerius), législateur romain de la période demi-légendaire de la fondation de la république. Il prit une part prépondérante, dit-on, à l'expulsion des Tarquins. Après la démission forcée de Collatin, il fut élu consul à sa place vers 509 av. J.-C. et acquit le surnom de PUBLICOLA ou POLPICOLA (ami du peuple). Il proposa les lois qui établissaient la république et dont l'une déclarait que quiconque tenterait de se faire roi pouvait être tué par le premier venu. Il fut encore élu consul trois fois. C'est pendant sa magistrature qu'on plaça l'expédition de Porsenna.

* **PUBLIER** v. a. (lat. *publicare*). Rendre public et notoire : *publier une loi, un édit.* — PUBLIER UN LIVRE, UN JOURNAL, le mettre en vente, le faire paraître. — Fam. PUBLIER QUELQUE CHOSE SUR LES TOITS, le divulguer avec éclat : *je lui avais dit sous le secret cette nouvelle, et il est allé la publier sur les toits.*

PUBLIEUR, EUSE s. Personne qui publie.

* **PUBLIQUEMENT** adv. En public, devant tout le monde : *c'est une chose qu'il a faite publiquement, il ne s'en est point caché.*

PUBLIUS SYRUS [pu-bli-uss si-russ], poète comique latin, qui florissait à Rome vers 44 av. J.-C. Il fit faire des progrès à l'art mimique, et saint Jérôme dit qu'on avait tiré de ses farces une collection de maximes morales en usage dans les écoles à Rome. Le recueil que l'on a sous le nom de *Publii Syri Sententiæ* est tiré de sources diverses. Elles ont été traduites en français par Levasseur (Paris, 1811) et par Chenu (1835).

P. U. C., abréviation de *post urbem conditam*, après la fondation de la ville. On dit aussi P. R. C., *post Romam conditam*, après la fondation de Rome.

* **PUCE** s. f. (lat. *pulex, pulicis*). Entom. Genre de diptères suceurs, comprenant une trentaine d'espèces de petits animaux parasites, à corps arrondi, dépourvus d'ailes apparentes, mais pourvus de trois paires de pattes fortement musclées qui leur permettent de bondir en sauts relativement prodigieux. — On donne particulièrement le nom de puce à l'espèce parasite de l'homme : *un enfant tout mangé de puces.*

> Jusque-là qu'il se vint l'autre jour accuser
> D'avoir pris une puce en faisant sa prière
> Et de l'avoir tuée avec trop de colère.
>   *Tartufe*, acte 1, sc. vi.

Prov. et fig. AVOIR LA PUCE A L'OREILLE, être inquiet touchant le succès de quelque affaire; et, METTRE A QUELQU'UN LA PUCE A L'OREILLE, lui inspirer des inquiétudes. — Adj. Qui est d'un brun semblable à celui de la puce : *couleur puce.* — ENCYCL. Le genre puce est quelquefois désigné aujourd'hui sous le nom d'*aphaniptère* (à ailes invisibles), parce que l'on considère comme des ailes rudimentaires une pièce écailleuse que l'on observe de chaque côté du corps, à la suite du thorax. Tout le monde connaît trop la puce commune (*pulex irritans*), qui vit sur l'homme. C'est le type du genre. De même que les autres diptères, elle subit une métamorphose complète. Ses œufs, que la femelle dépose dans les

Puce commune
(Pulex irritans)

petites cavités : rainures de parquet, coins poudreux, etc., sont ovales, blancs et couverts d'une matière glutineuse; au bout de 4 à 5 jours en été, de 11 jours en hiver, il en sort un petit ver cylindrique, poilu, blanc, puis rougeâtre et dépourvu de pattes; la mère nourrit cette larve immobile en lui dégorgeant du sang dans la bouche. Après une existence de 11 à 15 jours, suivant la saison, le ver se tisse une coque soyeuse blanchâtre dans laquelle il se transforme en chrysalide, pour y devenir insecte parfait au bout de 12 à 15 jours. Le nouveau-né se met aussitôt à la recherche de son repas. Dès qu'il a rencontré la personne dont il doit faire sa victime, il choisit sur son corps un lieu favorable dont la peau ne soit pas trop épaisse, il y applique son suçoir formé d'un étui qui renferme deux lancettes pour percer l'épiderme et une lamelle foliacée munie de deux palpes pour sucer le sang. Cette piqûre produit une démangeaison et un petit gonflement peu dangereux; elle laisse une trace circulaire rouge marquée d'un point noir au milieu. La puce n'attaque pas les moribonds ni les personnes atteintes de certaines maladies, telles que l'épilepsie, etc.; elle recherche, au contraire, les personnes vigoureuses. Son intelligence et les soins affectueux qu'elle prodigue à ses petits font l'admiration des naturalistes, mais ses attaques incessantes font le désespoir des gens dont le trouble le repos. En captivité, la puce est susceptible de recevoir une certaine éducation et de subir un dressage assez compliqué. El.e peut vivre plusieurs années. Ses espèces paraissent nombreuses, car chaque mammifère semble en nourrir une qui lui est spéciale et qui ne se perpétue pas sur un autre animal; ainsi, la puce du chien diffère de celle de l'homme. Une espèce remarquable est la puce pénétrante (pulex penetrans), vulgairement appelée chique. (Voy. ce mot.)

* PUCEAU s. et adj. Garçon qui n'a point connu de femme. (Peu us.)

* PUCELAGE s. m. Etat d'un homme qui n'a point connu de femme, et d'une femme qui n'a point connu d'homme : avoir son pucelage; perdre son pucelage. (Fam. et libre.) — Hist. nat. Espèce de petit coquillage univalve du genre des porcelaines.

* PUCELLE s. f. Fille qui n'a point connu d'homme : une jeune pucelle. Il est familier, excepté dans cette dénomination, LA PUCELLE D'ORLÉANS, Jeanne d'Arc, qui, sous le règne de Charles VII, délivra la ville d'Orléans, assiégée par les Anglais. — Dans la poésie badine, LES DOCTES PUCELLES, les Muses.

* PUCELLE s. f. Poisson qui ressemble à l'alose, mais qui est moins estimé.

* PUCERON s. m. (rad. puce). Entom. Genre d'hémiptères, type de la famille des aphidiens, comprenant une centaine d'espèces de petits insectes qui s'attachent aux feuilles et aux rameaux des plantes dont ils suc les nourrit. Les pucerons portent deux cornes ou deux mamelons à l'extrémité postérieure de l'abdomen; ce sont des tuyaux creux, d'où s'échappent souvent de petites gouttes d'une liqueur transparente, mielleuse, dont les fourmis sont très friandes. (Voy. FOURMI.) Ces petits insectes vivent en société sur les arbres et sur les plantes qu'ils sucent avec leur trompe. Chaque société offre, au printemps et pendant tout l'été, des pucerons aptères et des demi-nymphes dont les ailes se développent plus tard. Tous ces individus sont des femelles qui mettent au jour des petits vivants, sortant à reculons du ventre de leur mère, et sans accouplement préalable. Les mâles ne paraissent qu'à la fin de la belle saison ou en automne; ils sont ailés et les autres aptères. Ils fécondent la dernière génération de femelles consistant en insectes non ailés. Ces femelles pondent ensuite, sur les branches des arbres, des œufs d'où sortiront au printemps suivant les petits pucerons qui se multiplieront sans le secours des mâles. (Voy. PARTHÉNOGÉNÈSE.) — Les piqûres que font les pucerons aux feuilles et aux jeunes tiges des végétaux produisent des espèces de vessies ou d'excroissances renfermant dans leur intérieur des familles de pucerons, et souvent une liqueur sucrée assez abondante. Telle est la rapidité de multiplication des petits êtres nuisibles, que la végétation d'un grand nombre de plantes serait entravée s'il n'existait des ennemis qui vivent aux dépens de ces races si fécondes. (Voy. APHIDOPHAGES.) — Le plus redouté de ces insectes est le puceron lanigère (apis lanigera) d'un brun rougeâtre, recouvert d'une sécrétion cotonneuse qui le couvre très près complètement. C'est le fléau des pommiers dont les jeunes branches, quand elles en sont couvertes, se nouent, se tortillent et deviennent chancreuses. Ce puceron n'est connu en France que depuis 1812. Le puceron du chêne (apis quercus) est remarquable par son bec trois fois au moins plus long que le corps. Le puceron du hêtre (apis fagi) est tout couvert d'un duvet cotonneux et blanc. Le puceron de l'œillet (apis dianthi) attaque les tulipes, les héliotropes, les verveines, les fuchsias, etc. Le puceron du pavot (apis papaveris) se distingue par une couleur mate avec les pattes postérieures blanchâtres. Il y a aussi le puceron du chou (apis brassicæ), du pêcher, du groseiller, du sureau, etc. Le puceron de l'é-

claire porte le nom d'aleyrode. (Voy. ce mot.)

PUDDING s. m. Sorte de gâteau anglais. (Voy. POUDING.)

* PUDDLAGE s. m. Métall. Procédé pour affiner la fonte. (Voy. FER.)

* PUDDLER v. a. Affiner la fonte à. la houille dans un fourneau à réverbère.

* PUDDLEUR s. m. Ouvrier employé au puddlage.

PUDENDAGRE s. f. [pu-dan-da-gre](lat. pudenda, parties génitales; gr. agra, prise). Nom générique des douleurs aux parties génitales.

* PUDEUR s. f. (lat. pudor). Honte honnête, mouvement excité par l'appréhension de ce qui blesse ou peut blesser la décence, la modestie, l'honnêteté : c'est un reste de pudeur qui l'a retenu. — Sorte de discrétion, de retenue ou de modestie qui empêche de dire ou d'entendre ou de faire de certaines choses sans embarras : lorsque ce jeune homme a paru devant l'assemblée, son front a rougi de pudeur. — C'EST UN HOMME SANS PUDEUR, c'est un homme qui ne rougit de rien.

* PUDIBOND, ONDE adj. (lat. pudibundus). Qui a une certaine pudeur naturelle. N'est guère usité que dans les phrases familières, et ne se dit que par plaisant. : un jeune homme pudibond. — ROUGEUR PUDIBONDE, rougeur du visage produite par la timidité, par la pudeur.

* PUDICITÉ s. f. (lat. pudicitas). Chasteté : la pudicité est le principal ornement d'une femme.

* PUDIQUE adj. (lat. pudicus). Chaste et modeste dans les mœurs, dans les actions, dans les discours : le pudique Joseph. — Il se dit aussi des mœurs, des discours, etc. : avoir les mœurs pudiques. N'est guère usité que dans la poésie et dans le style soutenu.

* PUDIQUEMENT adv. D'une manière pudique : les chrétiens doivent vivre pudiquement, même dans le mariage.

PUEBLA [poué-bla]. I, état du Mexique, au S.-E., confinant aux états de Vera Cruz, d'Oajaca, de Guerrero, de Mexico, de Tlascala et de Hidalgo ; 32,374 kil. carr. ; 705,000 hab. La Cordillière d'Anahuac le traverse du N.-O. au S.-E. Le sol est à une élévation moyenne de 2,000 m. On y trouve surtout de l'argent, du marbre et de l'albâtre. Pays fertile en céréales, fruits, canne à sucre et coton. Manufactures de fer, d'acier, de verre, de savon et de faïences. — II, ville capitale de l'Etat, à 2,450 m. au-dessus du niveau de la mer. Un embranchement de chemin de fer de Vera-Cruz et Mexico y aboutit ; à 420 kil. E.-S.-E. de Mexico ; 75,500 hab. Puebla est la ville natale du Mexique; elle est pleine d'églises et d'institutions religieuses. De la ville, on voit le Popocatepetl et d'autres pics volcaniques. A 40 kil. de là, se trouve Cholula, la cité sainte des anciens Mexicains. Les Français prirent Puebla après un siège de deux mois, en mai 1863. (Voy. MEXIQUE.)

PUEBLO (Indiens), nom donné par les Espagnols à plusieurs tribus d'Indiens à demi civilisés ou habitant, dès le commencement du XVIe siècle, des villages fixes (pueblos) dans le pays qui est aujourd'hui le Nouveau - Mexique. Ils étaient alors aussi civilisés qu'aujourd'hui; cultivaient des céréales, des légumes, du coton, qu'ils filaient et tissaient, et fabriquaient de la poterie. Les principales tribus existant encore, avec des idiomes différents, sont : les Zuñis, les Toltos, les Teguas, les Queres et les Jemes. Ils étaient au nombre de 8,400 en 1876, et occupaient 19 pueblos dans le N.-O.

du Nouveau-Mexique. Devant les cours de justice, ils sont considérés comme citoyens ; mais, en politique, ils n'ont pas le droit de vote. Chaque village s'administre lui-même. Quelques pueblos sont catholiques.

PUEL s. m. Agric. Etat d'un bois en défens.

* PUER v. n. (lat. putere). N'est usité qu'à l'infinitif, au présent, à l'imparfait, au futur de l'indicatif et au conditionnel présent. Je pue, tu pues, il pue; nous puons, vous puez, ils puent. Je puais. Je puerai. Je puerais. Sentir mauvais : cette viande commence à puer. — IL PUE COMME UN RAT MORT, COMME UN BOUC, COMME UNE CHAROGNE, COMME LA PESTE, se dit d'un homme qui sent fort mauvais. — PAROLES NE PUENT POINT, ou, au singulier, — PAROLE NE PUE POINT, se dit, par manière d'excuse, quand on se trouve obligé de nommer quelque chose de puant ou de sale. — Fig. et pop., CELA LUI PUE, LUI PUE AU NEZ, il en est rebuté, dégoûté. — v. a. Cet homme pue le vin, pue l'ail. — CELA PUE LE MUSC, L'AMBRE, LA CIVETTE, se dit d'une chose qui a une odeur de musc, d'ambre ou de civette, excessive et incommode. — On écrivait autrefois put au lieu de pue :

Ces colosses d'orgueil furent tous mis en poudre,
Et, tout couvert des monts qu'ils avaient arrachés,
Phlègre qui les reçut put encore de la poudre
Dont ils furent touchés.
      MALHERBE.

* PUÉRIL, ILE adj. (lat. puerilis, enfantin). Qui appartient à l'enfance : âge puéril. — LA CIVILITÉ PUÉRILE, titre d'un vieux livre fait pour apprendre la civilité aux enfants. — IL N'A PAS LU LA CIVILITÉ PUÉRILE, se dit d'un homme qui manque aux devoirs ordinaires de la civilité. — Par ext. Ce qui est frivole, qui tient de l'enfance, soit dans le raisonnement, soit dans les actions : ce qu'il dit là est puéril.

* PUÉRILEMENT adv. D'une manière puérile : c'est raisonner bien puérilement.

* PUÉRILITÉ s. f. Ce qui tient de l'enfant, soit dans le raisonnement, soit dans les actions; discours, action d'enfant. Ne se dit qu'en parlant de personnes qui ont passé l'âge de l'enfance : il y a de la puérilité dans ce raisonnement, dans ce discours.

* PUERPÉRAL, ALE adj. (rad. lat. puer, enfant). Méd. N'est usité que dans cette expression, FIÈVRE PUERPUÉRALE, fièvre qui attaque les femmes en couches. (Voy. MÉTRITE.)

PUERPÉRALITÉ s. f. Etat d'une femme accouchée depuis peu.

PUERTO BELLO [pouerr'-to-bel'-lo]. Voy PORTO BELLO.

PUERTO CABALLOS [pouerr'-to-ka-ba'-lios]. (Voy. CORTÈS.)

PUERTO CABELLO [ka-bé'-lio], port de mer du Venezuela, sur la baie Triste, à 110 kil. O. de Caracas ; 8,000 hab. La plus grande partie de la ville est bâtie dans une île qu'un pont relie à la terre ferme. Climat chaud et malsain ; bon port et commerce important.

PUERTO LA MAR. Voy. COBIJA.

PUERTO PLATA ou Porto Plata, port de mer de Saint-Domingue, sur la côte septentrionale, à 160 kil. N.-N.-O. de la ville de Saint-Domingue ; 3,000 hab. Le port est bon, mais les navires ne peuvent arriver jusqu'au rivage à cause des bas-fonds. Le commerce, dont le tabac forme le principal article, est entre les mains de marchands étrangers, presque tous Allemands.

PUERTO PRINCIPE [prinu'-si-pé], ville de Cuba, capitale du département central, à 500 kil. E.-S.-E. de la Havane, et à 80 kil. O.-S.-O. de Nuevitas. qui lui sert de port et à laquelle elle est reliée par un chemin de fer; 30,000 hab. Son commerce n'est pas en rapport avec l'importance de sa population.

PUFENDORF ou **Puffendorf** (pou'-fenndorf) (**Samuel**), jurisconsulte et publiciste allemand, né en Saxe en 1632, mort en 1694. En 1660, il publia *Elementa jurisprudentiæ universalis*, dédié à l'électeur palatin Charles-Louis, qui, en 1661 fonda pour lui, à Heidelberg, une chaire de droit naturel et de droit des gens qui rendit son prestige à cette université. Son livre, intitulé *Severini a Monzambano de Statu Imperii Germanici* (1667), souleva beaucoup de critiques hostiles, surtout en Autriche, à cause des réformes qu'il proposait. Harcelé par ses ennemis, il finit par accepter une chaire à Lund en 1670. Sa réputation est aujourd'hui fondée sur le traité *De Jure Naturæ et Gentium* (1672; abrégé en 1673, sous ce titre : *De officio hominis ac civis libri duo*), très augmenté dans l'édit. de 1684. Il devint plus tard conseiller d'État et historiographe royal à Stockholm, et, en 1686, à la cour de Brandebourg.

PUFF s. m. (angl. *puff* [peuff] annonce emphatique; de *to puff*, souffler, enfler). Réclame exagérée, charlatanisme.

PUFFISTE s. m. Faiseur de puffs, charlatan.

PUGATCHEFF (Yemelyan) [pou-ga-tcheff], chef cosaque et prétendant au trône de Russie, né en 1726, mort le 21 janvier 1775. Il servit contre la Prusse et contre la Turquie. Une ressemblance frappante avec Pierre III lui donna l'idée de se faire passer pour le monarque assassiné (1773), et pour exciter contre Catherine II une insurrection au cours de laquelle il y eut 100,000 victimes. Lorsqu'il se fut emparé de la forteresse d'Yaïtzkoï, les Raskolniks, secte dont il faisait partie, embrassèrent sa cause, ainsi qu'une grande partie des paysans et de nombreuses tribus tartares et finnoises. Il remporta plusieurs succès dans l'Oural, sur le Volga et sur le Don, et marcha vers Moscou; mais il fut livré pour 100,000 roubles, et exécuté.

PUGET (Pierre), célèbre artiste, né à Marseille en 1622, mort dans la même ville en 1694. A l'âge de seize ans, il étudia la sculpture sur bois et partit l'année suivante pour l'Italie, où il resta pendant 4 ans. Il travailla ensuite à Marseille, de 1643 à 1646, au dessin et à la décoration d'un magnifique vaisseau en l'honneur d'Anne d'Autriche. Plus tard, il copia des monuments antiques en Italie, peignit des églises à Marseille et fit d'importants travaux d'architecture à Toulon et à Gênes. En 1665, Colbert le nomma directeur de l'ornementation des constructions navales à Toulon, mais il ne tarda pas à retourner dans sa ville natale. Le groupe en marbre représentant *Milon de Crotone dévoré par un lion*, terminé en 1683 pour les jardins de Versailles, est son chef-d'œuvre. Il a laissé à Gênes une statue colossale d'*Alexandre Sauli*, celles de *saint Sébastien* et de *saint Philippe de Néri*, un groupe de l'*Assomption*, etc. Outre son *Milon de Crotone*, il exécuta, pour la cour de Versailles, *Persée délivrant Andromède* (1682), le grand bas-relief d'*Alexandre et Diogène* (1686). Mal récompensé, il revint à Marseille, où il sculpta l'admirable bas-relief de la *Peste de Milan*. Il fit construire plusieurs belles maisons qui existent encore et la halle aux poissons, dite *Halle-Puget*. La ville de Marseille, fière d'avoir donné le jour à cet illustre artiste, que l'on a surnommé le *Michel-Ange français*, lui a élevé, en 1807, une colonne surmontée d'un buste.

PUGET-THÉNIERS, ch.-l. d'arr., à 29 kil. N. de Nice (Alpes-Maritimes), sur la rive gauche du Var, par 43° 57' 21" lat. N. et

4° 33'34" long. E, 1,500 hab. Draps, tanneries ; culture du mûrier et élevage de vers à soie.

* PUGILAT s. m. (lat. *pugilatus*). Combat à coups de poing qui était en usage dans les gymnases des anciens : *les bras des athlètes étaient armés de cestes dans l'exercice du pugilat.* — ENCYCL. On attribue à Thésée l'invention de l'art du pugilat. Homère décrit des combats à coups de poing. Cet exercice était un des plus importants dans les Jeux olympiques. L'art de la boxe en Angleterre date de l'époque où un certain Broughton éleva, vers 1740, un théâtre à Londres pour donner des séances « l'art viril de la défense personnelle ». Pendant plus d'un demi-siècle, cet exercice a été interdit par la loi; mais aujourd'hui beaucoup de personnes le pratiquent comme gymnastique et par amusement. Le costume consiste ordinairement en caleçons ou culottes s'arrêtant aux genoux, bas, souliers à semelles munies de clous et gants rembourrés de crin. Le torse est nu. On se met en position le pied gauche en avant, à 40 ou 50 centim. du pied droit; le corps vertical, la bouche fermée, les mains placées à peu près à la hauteur de la partie supérieure de la poitrine, les poings fermés et les bras légèrement repliés, la main gauche un peu plus avancée et plus basse que la main droite, celle-ci servant surtout à parer. Les coups les plus efficaces se donnent sur la face et sur le cou, dans le creux de l'estomac et sur les côtes inférieures. On les évite par la parade, en sautant en arrière, en détournant la tête, etc. Il est permis d'étreindre son adversaire, de lui prendre la tête sous le bras, de le jeter à terre, mais à condition de ne pas le saisir par les jambes. Il est défendu de se jeter volontairement à terre sans avoir été frappé, de donner des coups de tête, d'enfoncer le pouce dans l'œil

Fig. 1. — Position du boxeur.

Fig. 2. — Les deux adversaires en position.

de l'adversaire, d'égratigner, de mordre, de donner des coups de pied, de tomber sur l'adversaire lorsqu'il est à terre, de lui frapper, de frapper au-dessous de la ceinture et de saisir les jambes. Telles sont les règles principales de la boxe anglaise ou de ce qu'on appelle le *Prize Ring*; elles sont adoptées partout en pays anglais et aux États-Unis. — En France, le pugilat ou boxe n'a jamais pu s'introduire, ce qui a fait dire à Béranger :

> Non, chez nous point,
> Point de ces coups de poing
> Qui font tant d'honneur à l'Angleterre

Mais, de l'autre côté de la Manche, on pense que l'éducation d'un homme serait incomplète si on ne lui apprenait à nager et à

boxer. Pour l'enseignement du pugilat, on a soin de s'envelopper les poings dans des gants particuliers très rembourrés. Les adversaires mettent habit bas, retroussent les manches de leur chemise et prennent posi-

Fig. 3. — Premier coup et manière de le parer.

tion comme il a été dit plus haut. Les coups se portent de la main gauche, en appuyant le bras de tout le poids du corps. Le premier coup se porte en pleine figure; il se pare de la main droite (fig. 3), qui doit toujours être relevée pour protéger la tête. Les coups dans

Fig. 4. — Coup du poing gauche dans la poitrine.

la poitrine (fig. 4) se frappent également de la main gauche; ils se parent avec la main gauche, qui les reçoit dans cette région, la droite restant relevée. Toutefois le poing qui paraît destiné à garder la défensive prend souvent l'offensive et porte des coups imprévus.

PUGILISME s. m. Exercice du pugilat.

PUGILISTE s. m. Celui qui se livre au pugilat.

PUGIN. I. (Auguste), dessinateur anglais d'architecture, né en Normandie en 1769, mort en 1832. Il est surtout connu par ses travaux sur l'architecture gothique du moyen âge en Angleterre, sur les antiquités architecturales de Normandie, et sur les édifices de Londres, avec texte par E.-J. Wilson et John Britton. — II. (**Augustin-Welby-Northmore**), son fils, né en 1812, mort en 1852. Ses dessins et ses nombreuses publications ranimèrent le goût pour les formes gothiques dans l'architecture, le mobilier et l'ornement. Il dessina la grande porte de Magdalen College, à Oxford, et les savantes décorations gothiques des nouveaux bâtiments du parlement. Il s'était fait catholique romain, et n'aimait pas à travailler pour les protestants. — III. (**Edwin-Welby**), fils du précédent, né en 1834, mort en 1875. Il compléta les travaux laissés inachevés par son père, et dessina des centaines d'églises et d'autres édifices.

PUGNACITÉ s. f. [-ghna-] (rad. lat. *pugnare*, combattre). Amour des luttes, des combats.

* PUINE s. m. Gruerie. Se dit des arbrisseaux qui sont censés mort-bois. (Voy. MORT-BOIS, à l'art. BOIS.)

* PUINÉ, PUINÉE adj. (fr. *puis; né*). Qui est né depuis un de ses frères ou une de ses sœurs : *c'est mon frère puîné.* — S'emploie substantiv. pour distinguer de l'aîné ses frères et sœurs : *c'est mon puîné.* Dans la conversation, l'on se sert plus ordinairement du nom de CADET.

* **PUIS** adv. de temps. Ensuite, après : *ils se proposent d'aller à Orléans, à Blois, puis à Tours.* — Adv. de lieu. *Derrière lui était assis un tel, puis un tel.* — ET PUIS, d'ailleurs, au reste : *vous ne l'y détermineriez que difficilement; et puis, à quoi cela servirait-il?*

On fait un peu de bruit, *et puis* on se console.
LA FONTAINE.

— Fam. et par forme d'interrogation, ET PUIS? Eh bien, qu'en arrivera-t-il, que s'en-suivra-t-il, que fera-t-on après? ou Qu'en arriva-t-il, que s'ensuivit-il?

* **PUISAGE** s. m. Action de puiser : *il a droit de puisage dans cette fontaine.*

* **PUISARD** s. m. [-zar]. Espèce de puits pratiqué pour recevoir des eaux inutiles et les absorber : *puisard qui reçoit les eaux du comble.*

PUISATIER s. m. Ouvrier qui creuse des puits.

PUISAYE (Joseph, COMTE DE) [pui-zê], chef d'insurgés vendéens, né à Mortagne en 1784, mort en 1827 Il suivit d'abord la carrière ecclésiastique, mais la quitta bientôt pour entrer comme sous-lieutenant dans un régiment de cavalerie. Député de la noblesse du Perche aux états généraux de 1789, il y défendit les idées nouvelles, fut nommé maréchal de camp en 1791, puis commandant de la garde nationale d'Evreux. Il se déclara contre la Convention, se mit à la tête des fédéralistes de l'Eure, fut battu à Brécourt (voy. ce mot) (juin 1793), se réfugia en Bretagne pour y organiser la chouannerie, devint l'agent du comte d'Artois, et alla préparer à Londres l'expédition de Quiberon. Après un voyage au Canada, il revint à Londres (1815), et se fit naturaliser Anglais. Il a laissé des *Mémoires* (Londres, 1803, 6 vol. in-8°)

PUISEAUX (m.-l. de cant., arr. et à 13 kil. N.-E. de Pithiviers (Loiret), sur un petit affluent de l'Essonne; 1,600 hab. Vins, cire et miel.

* **PUISER** v. a. (rad. *puits*). Prendre de l'eau avec un vaisseau qu'on plonge dans une rivière, dans une fontaine, etc. : *puiser de l'eau à la rivière, dans la fontaine.* — Se dit aussi en parlant d'un liquide quelconque contenu dans un grand vaisseau : *puiser du vin dans la cuve.* — v. n. *Puiser à la rivière.* — Prov.-fig. IL NE FAUT POINT PUISER AUX RUISSEAUX, QUAND ON PEUT PUISER A LA SOURCE, ou, IL N'EST RIEN DE TEL QUE DE PUISER A LA SOURCE, autant qu'on le peut, il faut essayer de remonter jusqu'à l'origine des choses, pour en être bien instruit. — PUISER DANS LA SOURCE, DANS LES SOURCES, A LA SOURCE, AUX SOURCES, lire, consulter les auteurs originaux sur les matières dont on traite. — PUISER DANS LA BOURSE DE QUELQU'UN, lui emprunter librement de l'argent, quand on en a besoin : *cet homme puise dans la bourse de ses amis.* — S'emploie fig. et au sens moral : *cet auteur a puisé dans les anciens, chez les anciens, les plus grandes beautés de son ouvrage.* — Absol. C'est un auteur qui puise partout.

PUISEUR, EUSE s. Personne qui puise.

* **PUISQUE** Conj. servant à marquer une cause, un motif, une raison. (L'E s'élide ordinairement devant les pronoms IL, ELLE, ON, et devant UN, UNE) : *il ne sert de rien de consulter, puisque c'est une chose résolue; puisqu'on vous en prie, et que rien ne s'y oppose, n'hésitez point à le faire.* Quelquefois on sépare le QUE de PUIS : *puis donc que vous le voulez.*

* **PUISSAMMENT** adv [pui-sa-man]. Avec

force, d'une manière puissante : *ce prince est en état de secourir puissamment ses alliés.* — Beaucoup, extrêmement : *il est puissamment riche.* — Ironiq. C'EST PUISSAMMENT RAISONNER, se dit en parlant d'un raisonnement ridicule.

* **PUISSANCE** s. f. (rad. *puissant*). Pouvoir, autorité : *puissance absolue, tyrannique.*

Et vous quittez ainsi la *puissance* absolue ?
J. RACINE. *La Thébaïde,* acte 1er, sc. IV.

— TOUTE-PUISSANCE, puissance sans bornes. Ne se dit proprement que de Dieu : *Dieu a créé le monde par sa toute-puissance.* — AVOIR UNE PERSONNE, UNE CHOSE EN SA PUISSANCE, en être le maître, le possesseur, en pouvoir disposer à son gré. — CE JEUNE HOMME EST EN PUISSANCE DE PÈRE ET DE MÈRE, il ne peut disposer de rien sans le consentement de son père, de sa mère. CETTE FEMME EST EN PUISSANCE DE MARI, elle ne peut contracter ni disposer de rien sans être autorisée par son mari. — PUISSANCE DU GLAIVE, autorité de condamner à mort, qui réside dans la personne du souverain, et qu'il fait exercer suivant les lois. — PUISSANCE DES CLEFS, pouvoir de remettre ou de retenir les péchés, donné par Jésus-Christ à son Eglise, en la personne de saint Pierre et en celle de ses apôtres. — PUISSANCE DE FIEF, différents droits qu'un seigneur suzerain pouvait exercer sur ses vassaux en vertu de son fief : *il avait réuni cette terre à sa seigneurie par puissance de fief.* — DE NOTRE PLEINE PUISSANCE, formule dont le roi se servait en certaines lettres patentes : *de notre certaine science, pleine puissance et autorité royale, avons ordonné....* — Domination, empire : *Cyrus soumit à sa puissance la plus grande partie de l'Asie.* — Etat souverain : *toutes les puissances de l'Europe entrèrent dans ce traité.* — HAUTES PUISSANCES, titre que prenaient les états généraux des Provinces-Unies; et. NOBLES PUISSANCES, celui que prenaient les états particuliers de chacune des sept provinces. — TRAITER DE PUISSANCE A PUISSANCE, d'égal à égal. — Se dit aussi, fam., de ceux qui possèdent les premières dignités de l'Etat, *il ne faut pas se brouiller avec les puissances.* — Fam. IL DEVIENT UNE PUISSANCE, se dit d'un homme qui acquiert du crédit et du pouvoir; et, IL CROIT, IL SE FIGURE ÊTRE UNE PUISSANCE, se dit d'un homme qui croit mal à propos avoir de l'autorité, du crédit. — Pouvoir de faire une chose : *il a envie de vous obliger, mais il n'en a pas la puissance.* — Se dit aussi, au sens moral, en parlant des choses qui exercent beaucoup d'empire sur l'âme ou sur l'esprit : *telle est la puissance de la vertu.* — Faculté : *la mémoire, l'imagination, la volonté, sont appelées dans l'école les puissances de l'âme.* — En parlant de certaines substances, se dit de l'efficacité qu'on leur attribue : *le quinquina a la puissance de guérir la fièvre.* On dit plus ordinairement, LA VERTU, LA PROPRIÉTÉ. — Philos. scol. Ce qui s'oppose à acte, et qui peut se réduire en acte : *un gland est un chêne en puissance, parce qu'un gland peut devenir un chêne.* — Mécan. Se dit des forces mouvantes, de tout ce qui imprime ou peut imprimer du mouvement : *la main de l'homme qui élève le poids par le moyen d'un levier, est la puissance.* — Mathémat., les différents degrés auxquels on élève une grandeur, une quantité en la multipliant toujours par elle-même : *quatre est la seconde puissance de deux, huit est la troisième, seize est la quatrième,* etc. — Au Trictrac, PRENDRE SON COIN PAR PUISSANCE, diminuer un point sur chacun des deux dés que l'on a amenés, et par ce moyen, prendre son coin : *on ne prend son coin par puissance que lorsqu'on le prend le premier.* — pl. Nom d'une des hiérarchies des anges : *les Trônes, les Puissances, les Dominations.* — Législ. « La puissance maritale est fondée sur ce principe reconnu par toutes les législations : la

femme doit obéissance à son mari ». La femme est tenue d'habiter avec son mari et de le suivre partout où il juge à propos de résider, même à l'étranger; elle peut y être contrainte par la saisie de ses revenus personnels et même *manu militari*, par l'emploi de la force publique. La femme ne peut, sans l'autorisation de son mari, ester en justice, même lorsqu'elle est marchande publique, ou non commune en biens, ou séparée de biens : à moins qu'elle ne soit poursuivie en matière criminelle, correctionnelle ou de simple police, ou à moins qu'elle ne soit autorisée par le tribunal, à défaut de l'autorisation du mari. La femme ne peut ni aliéner, ni acquérir, soit à titre gratuit, soit à titre onéreux, ni consentir hypothèque, ni contracter une obligation, sans le concours de son mari dans l'acte ou son consentement donné par écrit. Lorsque le mari refuse d'autoriser sa femme à passer un acte, ou à ester en justice, celle-ci peut, après avoir fait constater le refus par une sommation, présenter requête au président du tribunal, afin d'obtenir la permission de citer son mari devant la chambre du conseil. Là les explications sont données par les parties; et le tribunal statue en audience publique. L'autorisation du tribunal est encore nécessaire à la femme soit pour ester en jugement, soit pour contracter, lorsque le mari est mineur, lorsqu'il est interdit ou absent, ou lorsqu'il est frappé d'une condamnation emportant peine afflictive ou infamante. Quant aux demandes en divorce, en séparation de corps ou en séparation de biens, elles doivent être d'abord présentées au président du tribunal — La femme qui, du consentement de son mari, est marchande publique, peut, sans autre autorisation, s'obliger pour ce qui concerne son commerce La femme peut faire tous les actes d'administration relatifs à ses propres biens, si l'autorisation lui en a été donnée expressément par le contrat de mariage. Enfin la femme a le droit de tester sans l'autorisation de son mari (C. civ. 213 et s., C. pr. 861 et s., 865 et s., 875 et s.). — Le contrat de mariage ne peut contenir aucune dérogation aux droits résultant de la puissance maritale sur la personne de la femme et des enfants, ou qui appartiennent au mari comme chef (id. 1388). — La *puissance paternelle* appartient au père seul durant le mariage, jusqu'au jour de l'enfant a atteint l'âge de 21 ans accomplis, ou jusqu'au jour de son émancipation. Cette puissance s'étend même au delà de l'âge de majorité, en ce qui concerne l'autorisation qui est nécessaire à l'enfant pour contracter mariage. (Voy. MAJORITÉ.) La puissance paternelle comprend, en outre de l'autorité sur la personne, le droit d'administrer le patrimoine de l'enfant jusqu'à sa majorité, et le droit de jouissance légale de ses biens jusqu'à ce qu'il ait atteint l'âge de dix-huit ans accomplis. (Voy. JOUISSANCE.) Lorsque le père est décédé ou incapable, la puissance paternelle passe à la mère, à, à défaut de la mère au tuteur de l'enfant. L'enfant ne peut quitter la maison paternelle, sans la permission de son père, si ce n'est pour enrôlement volontaire, après l'âge de vingt ans révolus. Le père qui a des sujets de mécontentement très graves sur la conduite d'un enfant âgé de moins de seize ans commencés peut le faire détenir pendant un mois au plus dans une maison de correction; et l'ordre d'arrestation qui est demandé par le père au président du tribunal ne peut lui être refusé. Mais le père peut seulement requérir du président la détention pendant six mois au plus, dans les cas suivants : 1° si lui même est remarié; 2° si l'enfant a commencé sa seizième année; 3° s'il a des biens personnels; 4° s'il exerce un état. La mère survivante et non remariée ne peut faire détenir son enfant que par voie de réquisition et avec le concours des deux plus proches parents paternels. — Le droit de correction appartenant aux père et mère sur leurs enfants légitimes, s'exerce aussi sur les enfants naturels légalement reconnus. Le tuteur autre que le père ou la mère, qui a des sujets de mécontentement graves sur la conduite du mineur, peut porter ses plaintes à un conseil de famille, et, s'il y est autorisé par ce conseil, requérir du président du tribunal la détention du mineur (C. civ. 371 et s. 468). — HIST. Chez les anciens Romains, les droits de la puissance paternelle étaient excessifs. Un père pouvait user de tous les moyens de correction envers son fils; il pouvait le vendre et même le mettre à mort. Tout ce que le fils acquérait devenait la propriété du père. Ces droits furent restreints sous Dioclétien; et, plus tard, l'empereur Constantin 1er qui se montra si cruel comme père et comme époux, attribua aux fils la propriété des biens qu'ils avaient recueillis dans la succession de leur mère; mais le père en conservait la jouissance jusqu'à sa mort. Justinien réserva aux fils le droit d'avoir un pécule. (Voy. ce mot.) En France, dans les pays de droit écrit, la puissance paternelle était basée (sauf quelques dérogations) sur les lois de Justinien; tandis que, dans la plupart des pays coutumiers, le droit du père était moins étendu. La coutume de Paris attribuait sous le nom de garde, aux père et mère, nobles ou bourgeois de Paris, l'usufruit des biens de leurs enfants. La garde noble cessait à l'âge de 20 ans pour les fils, et à 15 ans pour les filles. La garde bourgeoise durait seulement jusqu'à 14 ans pour les fils, et jusqu'à 12 ans pour les filles. Si le père ou la mère se remariait, le bénéfice de la garde cessait. La puissance paternelle ne s'exerçait que sur les enfants légitimes. Le père avait le droit d'émanciper ses enfants à tout âge, il conservait alors la moitié de l'usufruit de leurs biens; mais, lorsque le fils de famille était mis hors de la puissance paternelle par une grande dignité à laquelle il était promu, le père ne pouvait retenir aucun usufruit. »   (Ch. Y.)

* **PUISSANT, ANTE** adj. (lat. potens, qui peut). Qui a beaucoup de pouvoir : un puissant prince. — TOUT-PUISSANT, TOUTE-PUISSANTE, qui peut tout : Dieu seul est tout-puissant. Il signifie aussi, par exag., qui a un très grand pouvoir, un très grand crédit : il était tout-puissant à la cour. — HAUT ET PUISSANT SEIGNEUR, HAUTE ET PUISSANTE DAME; TRÈS HAUT ET TRÈS PUISSANT SEIGNEUR; TRÈS HAUTE ET TRÈS PUISSANTE DAME, titres donnés, dans les actes et dans les monuments publics, aux grands seigneurs, aux personnes d'une qualité relevée.—Riche, extrêmement riche : être puissant en fonds de terre. — Qui a beaucoup d'embonpoint : c'est un jeune homme fort et puissant. (Fam.) — s. N'est guère usité que dans cette phrase du style de la chaire, LES PUISSANTS DU SIÈCLE, LES PUISSANTS DE LA TERRE, les grands. — TOUT-PUISSANT, Dieu : le tout-puissant.

* **PUITS** [puí] s. m. (lat. puteum). Trou profond, creusé de main d'homme, ordinairement revêtu de pierre en dedans, et que l'on a fait exprès pour en tirer de l'eau : un puits très profond. — PUITS ARTÉSIEN. (Voy. ARTÉSIEN.) — PUITS PERDU, puits dont le fond est de sable, et où les eaux se perdent : les puisards sont des espèces de puits perdus. — Prov. et fig. IL FAUT PUISER TANDIS QUE LA CORDE EST AU PUITS, il faut profiter de l'occasion. — LA VÉRITÉ EST AU FOND D'UN PUITS, elle est cachée, il faut des recherches profondes pour la découvrir. — C'EST UN PUITS DE SCIENCE, c'est un homme extrêmement savant. C'EST UN PUITS D'OR, c'est un homme extrêmement riche. — Guerre. Se dit de trous creusés au devant d'une circonvallation ou d'un autre retranchement, et que l'on recouvre ordinairement de bran-

chages et de terre, pour y faire tomber la cavalerie : ils avaient fait des puits tout autour de leurs lignes. — Creux très profond en terre, qu'on fait, dans un siège, pour découvrir et pour éventer les mines des assiégeants. — Trous creusés perpendiculairement pour extraire de la terre différentes matières qui y sont renfermées : puits de carrière.

PUJOL (Abel de). Voy. ABEL DE PUJOL.

PUJOLS, ch.-l. de cant. arr. et à 20 kil. S.-E. de Libourne (Gironde), sur un coteau escarpé qui domine la Dordogne ; 500 hab. Vieille église à créneaux; ruines d'un château féodal; dolmen.

PULASKI (Casimir, COMTE) (pol. KAZIMIERZ Pulawski), homme de guerre polonais, né en 1747, mort le 11 oct. 1779. Après avoir été au service du duc Charles de Courlande et de la confédération de Bar organisée principalement par son père, il prit une grande part à la guerre pour la délivrance de la Pologne. En 1772, lorsqu'il n'y eut plus aucun espoir, il se retira en Turquie et ensuite en France, où il offrit ses services à Franklin. Il arriva à Philadelphie dans l'été de 1777 et servit d'abord comme volontaire ; mais, s'étant distingué à la bataille de Brandywine, le congrès le nomma commandant de la cavalerie, avec rang de brigadier général. Le 11 mai, il attaqua l'avant-garde anglaise, et fut repoussé avec des pertes considérables. Au siège de Savannah, il commandait la cavalerie française et américaine, et il y reçut une blessure mortelle.

PULCHÉRIE (Sainte), Ælia-Augusta, impératrice d'Orient, née en 399, morte en 453. Déclarée Augusta par son frère Théodose II, elle prit en main le pouvoir et gouverna avec sagesse. L'Église grecque la vénère comme une sainte. Fête le 10 sept.

PULCI (Luigi) [poul'-tchi], poète florentin, né en 1431, mort en 1487. Son œuvre principale est intitulée Morgante Maggiore; elle a pour sujet la légende de Charlemagne et de ses preux. Byron en a traduit un chant en anglais.

PULLNA, station minérale à 2 kil. de Brux (Bohême), à 30 kil. N.-O. de Prague, près des sources de Sedlitz et de Saidschütz. Eaux sulfatées, magnésiques, froides, amères et purgatives à la dose de 2 à 3 verres le matin à jeun. Les eaux de Pullna ne sont pas employées sur place et il n'y a pas d'établissement; on en exporte de grandes quantités.

* **PULLULANT, ANTE** adj. (rad. pulluler). Qui pullule.

* **PULLULATION** s. f. [pul-lu-.]. Multiplication rapide et abondante : la pullulation des rats.

* **PULLULER** v. n. [pul-lu-lé] (lat. pullulare). Multiplier en abondance, en peu de temps : les chenilles ont beaucoup pullulé cette année. — Se dit quelquefois, fig., des erreurs, des opinions et des écrits dangereux ou méprisables, qui se répandent facilement : cette opinion, cette hérésie, avait pullulé en peu de temps.

* **PULMONAIRE** adj. (lat. pulmonaris; de pulmo, poumon). Anat. et Méd. Qui appartient au poumon : artère pulmonaire. — PHTISIE PULMONAIRE, maladie de consomption et d'amaigrissement, qui est occasionnée par quelque vice organique du poumon.

* **PULMONAIRE** s. f. (lat. pulmonaria; de pulmo, poumon, à cause des propriétés qu'on lui attribuait contre les maladies de cet organe). Bot. Genre de borraginées, comprenant plusieurs espèces de plantes herbacées ou de sous-arbrisseaux que l'on rencontre dans les pays tempérés de l'Europe. La pulmonaire à

feuilles étroites (pulmonaria angustifolia) est vivace; ses feuilles sont souvent marquées de grandes taches blanchâtres que l'on comparait à celles du poumon, d'où l'on avait conclu que cette plante devait guérir les maladies du

Pulmonaire officinale (Pulmonaria officinalis).

poumon. La pulmonaire officinale (pulmonaria officinalis), également vivace, a les feuilles ovales, les fleurs rosées, puis pourpres. Elle passait pour guérir les maladies du poumon; mais, de même que les autres borraginées, elle est simplement mucilagineuse. — PULMONAIRE DE CHÊNE, espèce de lichen qui s'attache sur le tronc des chênes ou dès hêtres, et quelquefois sur les pierres : la pulmonaire de chêne est employée en médecine comme pectorale.

PULMONÉ, ÉE adj. Qui a la respiration pulmonaire. — s. m. pl. Ordre de mollusques gastéropodes, comprenant ceux qui respirent l'air en nature au moyen d'un trou ouvert sous le rebord du manteau. On distingue les pulmonés terrestres (limaces, testacelles, parmacelles, hélices, vitrines, bulimes, maillots, grenailles, ambrettes, agatines), et les pulmonés aquatiques (planorbes, linnés, physes, auricules, etc.).

* **PULMONIE** s. f. Maladie du poumon : il est atteint de pulmonie. (Voy. PHTISIE.)

* **PULMONIQUE** ou **Poumonique** adj. Méd. Qui est malade du poumon, qui a les poumons affectés : un jeune homme pulmonique. — Substantiv. C'est un pulmonique.

* **PULPATION** s. f. (rad. pulpe). Pharm. Action de réduire en pulpe.

* **PULPE** s. f. (lat. pulpa). Bot. Substance charnue ou molle des fruits et des légumes. — Pharm. Pulpe des végétaux réduite en une espèce de pâte ou de bouillie : pulpe de prune, de casse, de tamarin. — Anat. LA PULPE CÉRÉBRALE, la partie molle du cerveau.

* **PULPER** v. a. Pharm. Réduire en pulpe.

* **PULPEUX, EUSE** adj. Bot. Qui est de la pulpe, qui est formé d'une pulpe plus ou moins épaisse : fruit pulpeux.

PULQUE s. m. [poul'-ké], nom mexicain du jus fermenté de l'agave americana, aloès américain, ou maguey (Voy. AGAVÉ.)

PULSATEUR, TRICE adj. (lat. pulsator; de pulsare, pousser). Qui pousse, qui produit des battements.

* **PULSATIF, IVE** adj. Méd. Se dit d'un battement douloureux qui accompagne ordinairement les inflammations : douleur pulsative.

PULSATILE adj. Qui a des pulsations.

PULSATILLE s. f. [il mll.] (lat. pulsatilis). Bot. Espèce d'anémone. (Voy. ANÉMONE.)

* **PULSATION** s. f. [-sa-si-on]. Didact. Battement. Se dit particul. en parlant du pouls : son pouls fait tant de pulsations par minute.

— Phys. Mouvement de vibration de tous les fluides élastiques : *la pulsation du son.*

PULSATOIRE adj. Pathol. Qui produit des pulsations.

PULSOMÈTRE s. m. (lat. *pulsus*, pouls, *metron*, mesure). Physiol. Instrument au moyen duquel on peut mesurer la vitesse du pouls.

PULTACÉ, ÉE adj. (lat. *puls*, bouillie). Qui a la consistance de la bouillie.

PULTAWA. Voy. POLTAVA.

PULTOWA. Voy. POLTAVA.

PULTUSK, ou Pultowsk, ville de la Russie d'Europe (Pologne), à 160 kil. N.-E. de Plock. Charles XII y battit les Saxons, le 1er mai 1703, et les Français, commandés par le maréchal Lannes, y défirent les armées russe et prussienne, le 26 déc. 1806.

PULVÉRACÉ, ÉE adj. Couvert de poussière.

PULVÉRATEUR, TRICE adj. (rad. lat. *pulvis*, poussière). Ornith. Se dit des oiseaux tels que les poules et autres gallinacés qui ont l'habitude de gratter la terre et de se rouler dans la poussière.

PULVÉRESCENCE s. f. Bot. Etat d'une surface végétale qui paraît couverte de poussière ou de farine.

• **PULVÉRIN** s. m. Poudre à canon écrasée et passée au tamis, dont on se sert pour amorcer, pour faire des traînées, et pour la composition des artifices. — Espèce de poire où l'on met cette sorte de poudre.

PULVÉRISABLE adj. Qui peut être pulvérisé.

PULVÉRISATEUR s. m. Instrument à l'aide duquel on pulvérise certaines substances solides ou liquides. Le pulvérisateur est employé pour pulvériser les eaux minérales ou certains médicaments liquides que l'on veut faire respirer aux malades. Les coiffeurs en font aussi un fréquent usage aujourd'hui pour injecter les eaux parfumées au visage rasé de leurs clients.

• **PULVÉRISATION** s. f. Action de pulvériser, ou résultat de cette action.

• **PULVÉRISER** v. a. Réduire en poudre : *il a trouvé le secret de pulvériser les corps les plus solides et les plus compacts.* — Détruire, réfuter complètement : *il a pulvérisé cet argument.* — Réduire en poussière au moyen du pulvérisateur.

PULVÉRULENCE s. f. Etat pulvérulent.

• **PULVÉRULENT, ENTE** adj. Didact. Qui se réduit facilement en poudre : *la craie est souvent dans un état pulvérulent.* — Bot. Se dit des parties de certaines plantes qui sont couvertes d'un duvet d'une telle ténuité, qu'il ressemble à de la poudre.

PUMA s. m. Voy. COUGUAR.

• **PUMICIN** s. m. Huile de palme.

PUNA s. m. Nom qu'on donne aux savanes du Pérou.

• **PUNAIS, AISE** adj. Qui rend par le nez une odeur infecte, et est presque privé du sentiment de l'odorat par le défaut de l'organe : *on ne saurait durer auprès de lui, il est punais.* — s. m. *C'est un punais.*

• **PUNAISE** s. f. Entom. Grand genre d'hémiptères hétéroptères, type de la famille des géocorises et comprenant des animaux essentiellement nuisibles, à corps aplati, ovale ou arrondi, qui répand une odeur particulière repoussante. L'espèce commune n'a point d'ailes, suce le sang de l'homme, et se tient surtout dans les bois de lit : *un lit plein de punaises.* — Prov. et pop. AVOIR LE VENTRE PLAT COMME UNE PUNAISE, avoir le ventre vide. Se dit communément en parlant d'une per-

sonne qui a été longtemps sans manger. — ∾ PLAT COMME UNE PUNAISE, complètement aplati, sans élévation, sans énergie, sans mérite. — ENCYCL. Les insectes qui forment le grand genre punaise sont pourvus d'un appareil de succion qui leur permet de vivre aux dépens des animaux et des plantes. Ils se divisent en plusieurs sous-genres, savoir : 1° SCUTELLAIRES, dont l'écusson couvre tout l'abdomen. *La scutellaire rayée* (*cimex lineatus*),

Punaise des lits (Cimex lectularius).

rouge, avec le dessus rayé de noir, et des lignes de points noirs sur le ventre; on la trouve sur les fleurs, principalement sur celles des ombellifères ; 2° PENTATOMES, comprenant la punaise des *crucifères* (*cimex ornatus*), rouge, avec un grand nombre de taches, la tête et les ailes noires; la *punaise du chou* (*cimex cleraceus*), d'un vert bleuâtre, avec une ligne sur le corselet, un autre point sur l'écusson, un autre point sur chaque étui, blancs ou rouges; la *punaise hémorrhoïdale* (*cimex hæmorrhoïdalis*), verte en dessus, jaunâtre en dessous, avec les angles postérieurs du corselet prolongés en pointe mousse, une grande tache brune sur les étuis et le dessus de l'abdomen rouge, tacheté de noir; une arête terminée en pointe sur le sternum; la *punaise grise* (*cimex griseus*), dont la femelle garde et conduit ses petits, comme une poule conduit ses poussins; 3° CORÉES, dont l'espèce type est le *corée bordé* (*cimex marginatus*), brun cannelle, avec le dessus de l'abdomen rouge et une saillie arrondie de chaque côté de l'extrémité postérieure du corselet; il répand une forte odeur de pomme (voy. CORÉE); 4° LYGÉES (voy. ce mot); 5° ALYDES (voy. ce mot); 6° PUNAISES PROPREMENT DITES, à corps très plat, ne comprenant qu'un genre, la *punaise des lits* (*cimex lectularius* ou *cimex domesticus*), l'ennemi et le repos de l'homme, le fléau de nos vieilles maisons. Cette punaise, grosse comme une lentille, lisse, plate, molle, d'une odeur pénétrante, rouge ou roussâtre, et privée d'ailes, est repoussante autant que le pou; elle est plus hideuse et plus grosse que lui. Cachée pendant le jour dans les fissures des murailles, dans les fentes des boiseries, dans les angles des lits, elle sort à la nuit de sa retraite et cherche dans l'obscurité sa proie endormie, pour sucer impunément le sang dont elle est avide. Rapide dans sa course, elle a bien vite atteint son but; au besoin, elle se laisse tomber des rideaux ou du plafond; elle se précipite ensuite sur les parties du corps plus tendres et convient un véritable supplice pour sa victime. Si le lit est vide, elle repaît sa voracité en suçant une de ses semblables plus faible, dont elle n'abandonne que la dépouille transparente. Le froid l'engourdit; mais la chaleur lui donne une grande activité. Durant le printemps et l'été, la femelle, semblable au mâle, sauf un plus grand développement de l'abdomen, pond des œufs velus, qu'elle dépose isolément dans sa retraite. De ces œufs sortent, vers l'automne ou au printemps suivant, de petites punaises qui changent quatre fois de peau avant d'avoir atteint l'état adulte. La punaise attaque aussi les jeunes pigeons, les hirondelles et d'autres animaux. On a proposé mille moyens impuissants pour la détruire ou pour la faire fuir; le remède le plus énergique, qui est la poudre insecticide à base de pyrèthre et de staphisaigre, fait mourir la punaise, mais reste sans effet contre leurs œufs; 7° REDUVES, à bec court, aigu, piquant; espèce principale la *punaise mouche* (*cimex personatus*), brune,

sans taches; elle se nourrit de mouches et d'insectes, dont elle s'approche à petits pas, et sur lesquels elle s'élance ensuite; 8° TINGIS, à corps plat, avec les antennes terminées en bouton; ils vivent sur les feuilles et sur les fleurs et produisent quelquefois des fausses galles.— PUNAISE D'EAU OU HYDROCORISE, famille d'hémiptères hétéroptères comprenant des insectes aquatiques carnassiers, armés d'un suçoir comme les punaises et qui saisissent d'autres insectes avec leurs pieds antérieurs dont l'extrémité se replie pour former une pince. Le genre principal est celui des notonectes. (Voy. NOTONECTE.)

• **PUNAISIE** s. f. Maladie du punais.

• **PUNCH** s. m. [ponch] (mot angl.). Sorte de liqueur ordinairement composée de rhum ou de rack ou d'eau-de-vie, d'infusion de thé, de jus de citron, et de sucre que l'on fait brûler ensemble : *punch à l'eau-de-vie.*

PUNCTICULAIRE adj. [pon-kti-] (rad. lat. *punctum*, point). Pathol. S'emploie surtout dans cette expression, FIÈVRE PUNCTICULAIRE, fièvre maligne qui provoque une éruption de petites taches semblables à des points.

PUNCTIFORME adj. (lat. *punctum*, point, fr. *forme*). Qui a la forme d'un point.

• **PUNI, IE** part. passé de PUNIR.— LE VOILA BIEN PUNI, se dit d'un homme fort mortifié de n'avoir pas obtenu ce qu'il demandait.— ETRE PUNI PAR OÙ L'ON A PÉCHÉ, éprouver du dommage, de la peine par suite des choses mêmes où l'on a cherché et trouvé de l'avantage, du plaisir, etc. : *c'est un gourmand qui a de fréquentes indigestions; il est puni par où il a péché.*

PUNICÉ, ÉE adj. (lat. *punica malus*, grenadier). Bot. Qui ressemble ou qui se rapporte au grenadier.

• **PUNIQUE** adj. (lat. *punicus*). Ne s'emploie guère que dans ces locutions : LES GUERRES PUNIQUES, les trois guerres des Romains contre Carthage; FOI PUNIQUE, mauvaise foi insigne, par allusion à la perfidie dont les Romains accusaient les Carthaginois.

• **PUNIR** v. a. (lat. *punire*). Infliger, faire subir à quelqu'un la peine de son crime, de sa faute : *on l'a puni comme il le méritait.*— Prov. DIEU LE PUNIRA, son crime ne demeurera pas impuni. — Se dit aussi en parlant du crime, de la faute : *c'est un crime qu'on ne saurait punir trop sévèrement.*— Mal reconnaître ce qu'on a fait pour nous, rendre le mal pour le bien : *vous êtes un ingrat, vous me punissez bien de ce que j'ai fait pour vous, des services que je vous ai rendus.*

PUNISSABILITÉ s. f. Caractère de ce qui est punissable.

• **PUNISSABLE** adj. Qui mérite punition : *rien n'est plus punissable qu'une pareille trahison.*

• **PUNISSEUR** adj. et s. m. Qui punit : *le foudre punisseur.* (Vieux.)

• **PUNITION** s. f. Action de punir : *la punition des crimes et des délits appartient aux juges criminels.* — Châtiment, peine qu'on fait souffrir pour quelque faute, pour quelque crime : *une faute si légère ne méritait pas une si grande punition.* — CE MALHEUR, CET ACCIDENT LUI EST ARRIVÉ PAR PUNITION DE DIEU, PAR PUNITION DIVINE, c'est Dieu qui lui a envoyé cette disgrâce pour le châtier, pour le corriger. On dit, absolument, dans le même sens, C'EST UNE PUNITION DE DIEU, UNE PUNITION DU CIEL.

PUNJAUB, Pendjab ou PENJAB (persan : pays des cinq rivières), province de l'Inde britannique, au N.-O. entre 27° 40' et 35° 5' lat. N. et entre 67° 40' et 76° 10' long. E. On évalue la population à 49,000,000 hab. environ. Elle contient dix divisions civiles :

Ambala ou Umballa, Amritsir, Delhi, Derajat, Hissar, Jalandhar, Lahore, Mooltan, Peshawer et Rawulpindi. Trente-deux états indigènes, dont le plus important est Cachemire, sont soumis au gouvernement du Pundjab. Le pays, qui descend au S.-O., est traversé par l'Indus et ses cinq grands affluents, le Jhylum, le Chenaub, le Ravee, le Beas et le Sutlej, qui tous se réunissent en un large courant appelé le Punjund, et se jettent par ce seul canal dans l'Indus près de Mittem Kote, à 30 kil. N.-E. plus loin. La flore n'est ni abondante, ni variée. Les arbres caractéristiques sont : l'acacia, le tamaris et le jujubier. La faune comprend : le tigre, le léopard, le chat sauvage, l'ours, le daim, l'antilope, le mouton sauvage, le porc sauvage, le lynx, le loup, l'hyène, le chacal, le porc-épic, le renard et le lièvre. Elle est particulièrement riche en oiseaux. L'alligator hindou hante les rivières qui sont pleines d'une grande variété de poissons. Le grand produit minéral est le sel gemme, dont il existe, sur le flanc méridional du *Salt Range*, des dépôts qui surpassent, dit-on, tous les autres du monde par leur étendue et leur pureté. La population se compose de Mahométans et d'Indous dans la proportion de deux à un environ; et des Hindous la moitié environ sont des Sikhs. Le gouvernement y entretient un système complet d'instruction publique, avec deux collèges, l'un à Lahore, l'autre à Delhi, rattachés à l'université de Calcutta. Le Pundjab est, au point de vue militaire, une importante position, et il est toujours occupé par un gros corps de l'armée anglaise. Le gouvernement est administré par un lieutenant gouverneur qui réside à Lahore. Outre cette capitale, les grandes villes sont : Delhi, Peshawer, Amritsir, Ambala ou Umballa, Rawulpindi, Mooltan et Ferozepore. — C'est la rive droite du Beas ou du Sutlej (car l'ancien nom de *Hydaspes* peut se rapporter à l'une ou à l'autre de ces deux rivières) qui fut la limite de la marche d'Alexandre le Grand vers l'Orient, dans son invasion de l'Inde en 327 av. J.-C. Le Pundjab semble avoir fait ensuite partie du royaume de Maghada, qui exista jusque vers l'an 195 de J.-C. Pendant plusieurs siècles, l'histoire du Pundjab est enveloppée d'obscurité. Un peu après l'an mil, le pays fut alternativement sous la domination des Afghans et des Mogols. La dernière dynastie afghane prit fin en 1809, lorsque le chef de la confédération des Sikhs, Runjeet Singh s'empara de Lahore. Les agressions des Sikhs (1845 et 1848) amenèrent avec les Anglais deux guerres dont le résultat fut l'annexion du Pundjab aux possessions britanniques en 1849. (Voy. SIKHS.) Pendant la révolte de 1857, le commissaire en chef du Pundjab était sir John Lawrence (plus tard lord Lawrence), qui préserva le pays de tout désordre.

PUNTA ARENAS [pounn'-tà-ré'-nass], le seul port de Costa Rica sur le Pacifique, à 100 kil. N.-O. environ de San José. La population sédentaire n'est guère que de 300 hab. Ce port, qui date de 1840, se trouve sur un point sablonneux de la côte orientale du golfe de Nicoya. Les steamers y touchent à intervalles irréguliers.

PUPA s. m. (lat. *pupa*). Nom scientifique des nymphes et des chrysalides des insectes.

* **PUPILLAIRE** adj. [-pil-lè'-] (rad. lat. *pupillus*, pupille). Jurispr. Qui appartient au pupille : *deniers pupillaires.* — Droit romain. SUBSTITUTION PUPILLAIRE, substitution testamentaire, faite d'une autre personne à un pupille institué héritier, par celui en la puissance de qui il est, au cas que le pupille décède avant que d'être parvenu à la puberté. — Anat. MEMBRANE PUPILLAIRE, membrane qui ferme la pupille, dans le fœtus.

* **PUPILLARITÉ** s. f. [-pil-la-]. Droit. Temps qu'un enfant est pupille. (Peu us.)

* **PUPILLE** s. [pu-pi-le] (lat. *pupillus*; de *pupus*, petit garçon). Personne mineure qui a perdu son père et sa mère, ou l'un des deux, et qui est sous la conduite d'un tuteur : *il faut qu'un tuteur ait soin de la personne et des biens de son pupille.* — Fig. Jeune enfant par rapport à son gouverneur : *il s'est fait beaucoup d'honneur par l'éducation de son pupille.* — Adm. « L'établissement des *pupilles de la marine*, fondé à Brest en 1832, est destiné à élever des enfants de gens de mer, soldats de marine, ouvriers des ports, etc., retraités ou décédés en activité de service. Cette institution a été réorganisée en dernier lieu par un décret du 7 août 1884. Les enfants peuvent y être admis dès l'âge de sept ans. Ils y reçoivent l'instruction primaire, une éducation professionnelle en rapport avec les aptitudes de chacun; et ils sont exercés aux manœuvres des gabiers. Quand ils ont atteint l'âge de treize ans révolus, ils sont transférés à l'école des mousses qui est établie sur un vaisseau en rade de Brest. — Une école de *pupilles de la guerre*, fondée par M. Hériot, à la Boissière près Rambouillet, et qui est entretenue aux frais du fondateur, renferme de 150 à 200 orphelins de sous-officiers ou de soldats. Ces enfants peuvent être admis dès l'âge de cinq ans dans cette école, et ils reçoivent une éducation propre à les faire admettre, à l'âge de douze ans, dans les écoles d'enfants de troupe entretenues par l'État. Cette école, qui porte aussi le nom d'*orphelinat Hériot* appartient à l'État en vertu de la donation qui en a été faite en 1884 par celui qui l'a créée et dotée. Elle a été constituée à titre définitif comme école militaire préparatoire d'infanterie, par le décret du 3 mars 1885, et elle fait ainsi partie des six écoles semblables instituées en vertu de la loi du 19 juillet 1884, qui a supprimé les enfants de troupe dans les régiments. »
(Ch. Y.)

* **PUPILLE** s. f. Anat. Ouverture de l'iris de l'œil, la prunelle : *avoir la pupille très dilatée.*

PUPIPARE adj. (lat. *pupa*, maillot; *pario*, j'engendre). Se dit des insectes qui produisent des petits naissant à l'état de nymphes.

* **PUPITRE** s. m. (lat. *pulpitum*). Meuble dont on se sert soit pour écrire, soit pour poser des livres ou des cahiers de musique, de manière qu'on puisse les lire commodément : *pupitre à mettre plusieurs livres.*

PUPIVORE adj. (lat. *pupa*, nymphe; *voro*, je dévore). Entom. Qui se nourrit de nymphes ou de chrysalides.

* **PUR, URE** adj. (lat. *purus*). Qui est sans mélange : *ce pain est fait de pur froment.* — Qui n'est point altéré, vicié, corrompu, souillé : *on respire ici un air pur.* — UNE LUMIÈRE PURE, UNE CLARTÉ PURE, UN JOUR PUR, une lumière, une clarté nette et vive, que rien n'altère, n'obscurcit. UN CIEL PUR, un ciel sans nuage. — Théol. L'ÉTAT DE PURE NATURE, l'état où était Adam avant le péché. — L'ÉTAT DE PURE NATURE, l'état de l'homme tel qu'on le suppose antérieurement à toute civilisation. — ÊTRE EN ÉTAT DE PURE NATURE, être tout nu, sans aucun vêtement. — Métaphys. L'ESPRIT PUR, l'esprit considéré sans égard à son union, avec la matière. — MATHÉMATIQUES PURES, celles qui considèrent la grandeur d'une manière abstraite, comme purement susceptible d'accroissement et de diminution. — Jurispr. OBLIGATION PURE ET SIMPLE, PROMESSE PURE ET SIMPLE, MAINLEVÉE PURE ET SIMPLE, DÉMISSION PURE ET SIMPLE, obligation, promesse, mainlevée, démission sans aucune condition, sans aucune restriction ni réserve. — Se joint avec divers substantifs, pour mieux marquer l'essence, la vraie nature des choses, ou pour donner plus de force à la signification des

mots auxquels on l'associe. Alors il précède ordinairement le substantif; mais il le suit, quand il est précédé lui-même du mot TOUT, qui ajoute encore à son énergie : *suivant Descartes, les bêtes sont des pures machines.* — Sans mélange : *goûter une félicité pure.* — Sans altération, sans corruption, sans tache, sans souillure : *il lève au ciel des mains pures.* — Particul. Chaste : *elle s'est toujours conservée pure.* — Est quelquefois suivi de la particule DE, tant au sens physique qu'au sens moral : *elle a rendu à Dieu une âme pure de toute souillure.* — Lorsqu'il s'agit de style et de discours, marque la propriété des termes et la régularité de la construction : *une latinité bien pure.* — Se dit dans les arts du dessin, pour désigner la netteté, l'exactitude, la correction du trait : *des contours purs.* — Blas. Se dit des armoiries qui ne consistent que dans le seul émail du champ de l'écu, sans aucune pièce héraldique : *il porte d'argent pur, de gueules pur.* On dit aussi PLEIN, dans le même sens. — En pure perte loc. adv. Inutilement, vainement : *vous vous tourmentez en pure perte.* On le dit aussi en parlant d'une perte qui n'est compensée par aucune utilité : *cela tombe en pure perte pour lui.* — En pur don loc. adv. On l'emploie en parlant d'un don fait sans aucune condition. — A pur et à plein loc. adv. Entièrement, tout à fait, sans aucune réserve. N'est guère usité que dans ces phrases : ÊTRE ABSOUS A PUR ET A PLEIN : *un compte solidé à pur et à plein.*

PURBACH (George) [pour'-bakh], astronome allemand, né à Peurbach (Autriche), en 1423, mort en 1461. Il professa à Vienne et fut le premier astronome de son temps. Son élève, Regiomontanus, acheva son édition de l'*Almagest* de Ptolémée, avec ses *Theoriæ Novæ Planetarum* (1472) comme introduction.

* **PUREAU** s. m. Couvreur. Partie d'une tuile ou d'une ardoise, qui n'est pas recouverte par la tuile ou l'ardoise supérieure : *la tuile a ordinairement trois à quatre pouces de pureau.*

* **PURÉE** s. f. Sorte de bouillie tirée des pois ou autres légumes de cette espèce, cuits dans l'eau : *potage à la purée,* ou, simplement, *purée.* On dit aussi, PURÉE DE NAVETS, D'OIGNONS, etc. — PURÉE DE GIBIER, gibier pilé et cuit de manière à être réduit en bouillie.

* **PUREMENT** adv. Il prend différentes significations, selon les différentes phrases où il est employé. VIVRE PUREMENT, vivre d'une manière pure et innocente. PARLER, ÉCRIRE PUREMENT, parler, écrire avec une grande propriété d'expressions, n'employer que des tours conformes à l'usage et au génie de la langue. DESSINER PUREMENT, dessiner d'une manière exacte, correcte. IL A FAIT TELLE CHOSE PUREMENT PAR PLAISIR, il l'a faite uniquement par plaisir et sans autre vue que de se divertir; on dit de même : IL EST SA VOCATION ÉTAIT PUREMENT HUMAIN : *on peut raisonner sur ce qu'on veut sur les choses purement naturelles,* etc. — PUREMENT ET SIMPLEMENT, sans réserve et sans condition : *il a résigné cette charge purement et simplement.*

PURER v. a. Écumer, en parlant de la bière.

* **PURETÉ** s. f. (lat. *puritas*). Qualité par laquelle une chose est pure et sans mélange : *par le moyen du feu, on porte les métaux au plus haut degré de pureté dont ils soient susceptibles.* — Fig. Intégrité, droiture, innocence, exemption d'altération, de corruption, de souillure : *la pureté de ses intentions, de ses sentiments n'est point douteuse.* — Particul. Chasteté; et, en ce sens, s'emploie presque toujours absolument : *les péchés contre la pureté.* — Lorsqu'il s'agit de style et de discours, signifie, exactitude dans le choix, l'emploi et l'arrangement des termes et des phrases : *pureté de style, de langage, de dic-*

t¹⁰ⁿ, d'élocution. — Arts. Correction, exactitude du trait : *ce trait, ce dessin est d'une grande pureté.* — LA PURETÉ DU GOUT, la justesse et la délicatesse du goût, dans la littérature, dans les arts

PURGATEUR, TRICE s. (rad. *purger*). Personne qui purge.

* **PURGATIF, IVE** adj. Qui a la faculté de purger : *remède purgatif.* — s. *L'antimoine est un violent purgatif,* — Les *purgatifs* sont des médicaments qui, administrés à l'intérieur, déterminent des selles plus ou moins copieuses. Ils sont dits *laxatifs* quand ils sont faibles, *cathartiques* quand ils sont forts et *drastiques* lorsqu'ils sont violents. Les purgatifs les plus employés sont : le *citrate de magnésie,* le *sulfate de magnésie* ou de soude, le *jalap,* la *scammonée,* l'*huile de ricin,* le *calomel,* le *séné,* l'*aloès,* la *rhubarbe,* la *crème de tartre soluble,* etc.

* **PURGATION** s. f. Evacuation par le moyen d'un remède qui purge : *il se porte beaucoup mieux depuis sa purgation.* — Remède que l'on prend pour se purger : *on lui a donné une purgation fort douce.* — PURGATIONS MENSTRUELLES, évacuation de sang que les femmes ont ordinairement tous les mois jusqu'à un certain âge. Dans le même sens, on dit simplement, PURGATIONS, quand la phrase indique de quelles purgations on veut parler. — Jurispr. canon. PURGATION CANONIQUE, action par laquelle un accusé se justifie devant le juge ecclésiastique, selon les formes prescrites par les canons, à la différence de la PURGATION VULGAIRE, qui se faisait par les épreuves du combat, de l'eau, du feu, etc.

* **PURGATOIRE** s. m. (lat. *purgatorium*). Lieu où, selon la doctrine de l'Église catholique, les âmes de ceux qui meurent en état de grâce, vont expier les péchés dont ils n'ont pas fait une pénitence suffisante en ce monde : *prier pour les âmes du purgatoire.* — Fig. et fam. FAIRE SON PURGATOIRE EN CE MONDE, y avoir beaucoup à souffrir.

* **PURGE** s. f. Ancien synonyme de PURGATIF. Ne s'emploie guère que dans cette expression : PURGE D'HYPOTHÈQUES, moyen accordé au tiers détenteur pour affranchir l'immeuble des hypothèques, dont il est grevé. — Légis. La *purge* est un moyen donné par la loi à celui qui a acquis un immeuble, à titre onéreux ou à titre gratuit, d'affranchir cet immeuble des privilèges et des hypothèques inscrits ou non inscrits qui peuvent les grever, sauf en ce qui concerne les charges dont l'acquéreur est personnellement tenu. Pour faire la *purge des privilèges et hypothèques inscrits,* l'acquéreur doit, avant que les premières poursuites soient exercées par les créanciers inscrits, ou au plus tard, dans le mois de la première sommation qui lui est adressée par l'un d'eux, faire à tous les créanciers inscrits les notifications prescrites par la loi ; et si dans les quarante jours qui suivent la notification, aucun créancier n'a fait, dans les formes voulues, une surenchère d'un dixième sur le prix d'acquisition ou d'évaluation de l'immeuble, le propriétaire après avoir payé son prix entre les mains des créanciers inscrits, est définitivement libéré de tous les privilèges et hypothèques (C. civ. 2481 et s. ; C. pr. 832 et 833). Pour faire la *purge des hypothèques occultes,* qui peuvent grever un immeuble, au profit des femmes mariées, des mineurs ou des interdits, et qui existent sans inscription, l'acquéreur doit faire diverses publications par extrait de son titre d'acquisition, et en donner notification aux femmes mariées ainsi qu'aux subrogés tuteurs des mineurs au profit desquels pourraient exister des hypothèques légales. La même notification doit aussi être faite au procureur de la Répu-

blique. Si, dans le délai de deux mois après l'accomplissement de ces formalités, aucune inscription n'est requise du chef des femmes mariées, des mineurs ou des interdits au profit desquels une hypothèque légale peut exister, l'immeuble est alors affranchi des hypothèques occultes (C. civ. 2193 et s ; avis du Cons. d'Etat du 1ᵉʳ juin 1807). La purge étant une procédure extrajudiciaire, le ministère d'un avoué n'est pas indispensable ; mais les formalités à remplir sont prescrites rigoureusement et réclament une certaine expérience pratique. » (Voy. TRANSCRIPTION.)

(CH. Y.)

* **PURGER** v. a. (lat. *purgare*). Purifier, nettoyer.—Méd. Oter, faire sortir ce qu'il y a dans le corps d'impur, de grossier, de superflu, de malfaisant, avec des remèdes pris ordinairement par la bouche : *purger un malade.* On dit, dans un sens anal., PURGER LE CERVEAU, dégager le cerveau. — CETTE DROGUE PURGE LA BILE, elle chasse la bile. — SON MÉDECIN L'A PURGÉ, il lui a fait prendre une médecine, une purgation. — PURGER LES MÉTAUX, les dégager de tout ce qu'ils ont d'impur et d'étranger. On dit de même, PURGER LE SUCRE. — PURGER L'ÉTAT, LA CONTRÉE DE VOLEURS, DE VAGABONDS, etc., faire disparaître les voleurs, les vagabonds d'un État. d'un pays. PURGER SA MAISON DE FRIPONS, chasser de sa maison les valets fripons. PURGER LA MER DE PIRATES, délivrer la mer des pirates qui l'infestent. On dit de même : HERCULE PURGEA LA TERRE DES MONSTRES QUI LA DÉSOLAIENT : *de tels hommes sont dangereux, on doit en purger la société,* etc. — Fig. PURGER SA CONSCIENCE, ne rien souffrir sur sa conscience qu'on se puisse reprocher. Signifie aussi, se confesser. — PURGER SON ESPRIT D'ERREURS, DE PRÉJUGÉS, se défaire de ses erreurs, de ses préjugés. — PURGER UNE LANGUE, en retrancher les expressions barbares, triviales ou incorrectes. — Poétiq. PURGER LES PASSIONS, détruire, modérer, épurer ou diriger les passions : *Aristote enseigne que l'effet du poème dramatique doit être de purger les passions.* — Fig. PURGER SON BIEN DE DETTES, acquitter toutes ses dettes, en sorte que ce qui reste du bien soit net et liquide. — Jurispr. PURGER LES HYPOTHÈQUES, remplir les formalités nécessaires pour qu'un bien cesse d'être grevé d'hypothèques. — Matière crim. PURGER LA CONTUMACE, se constituer prisonnier pour se justifier du crime à raison duquel on a été condamné par contumace. — PURGER LA MÉMOIRE D'UN MORT, le déclarer juridiquement innocent du crime pour lequel il avait été condamné. — Se purger v. pr. *Cet homme a besoin de se purger, de prendre médecine.* — SE PURGER D'UNE ACCUSATION, SE PURGER D'UN CRIME, s'en justifier, faire connaître qu'on est innocent. SE PURGER PAR SERMENT, se justifier devant les juges, en jurant qu'on est innocent.

PURGON, personnage créé par Molière dans le *Malade imaginaire.* C'est le type achevé du médecin pédant, ignorant, formaliste et ridicule.

PURGSTALL (Hammer). Voy. HAMMER-PURGSTALL.

* **PURIFIANT, ANTE** adj. Qui purifie : *un air purifiant.*

* **PURIFICATEUR** s. m. Celui qui purifie : *dans certaines cérémonies, les prêtres païens faisaient l'office de purificateurs.*

* **PURIFICATION** s. f. Action de purifier, d'ôter d'une substance ce qui s'y trouve d'impur et d'étranger : *cela sert à la purification des métaux.* — Action que le prêtre fait à la messe, lorsque, après avoir pris le sang de Notre-Seigneur, immédiatement avant l'ablution, il prend du vin dans le calice : *la messe était presque dite, le prêtre en était à la purification.*—PURIFICATIONS LÉGALES,

cérémonies par lesquelles on se purifiait dans la loi de Moïse. — Particul. Fête que l'Église célèbre en l'honneur de la sainte Vierge, et en mémoire de ce qu'elle se soumit comme les autres femmes à la cérémonie légale de la purification, après ses couches : *la purification de la sainte Vierge se célèbre le 2 février.*

* **PURIFICATOIRE** s. m. Linge dont les prêtres se servent à l'autel pour essuyer le calice après la communion.

* **PURIFIER** v. a. (lat. *purificare*). Rendre pur, ôter ce qu'il y a d'impur, de grossier, d'étranger. *purifier l'air.* — Les orateurs chrétiens disent quelquefois, en s'adressant à Dieu : SEIGNEUR, DAIGNEZ PURIFIER MES LÈVRES, faites en sorte que mes discours soient purs et salutaires. — Fig. PURIFIER SON CŒUR, SON AME, SES INTENTIONS, en retrancher tout ce qu'il peut y avoir de contraire à la vertu, à la droiture, à l'innocence, On dit de même, PURIFIER LES MŒURS, les rendre plus honnêtes, plus conformes à la vertu. — Se purifier v. pr. Devenir pur, plus pur : *le sang se purifie par un bon régime.* — Particul. Faire ce qui était ordonné pour les purifications légales : *les femmes étaient obligées d'aller se purifier au temple après leurs couches.*

* **PURIFORME** adj. (lat. *puriformis*). Méd. Qui ressemble à du pus : *crachats puriformes*

PURIM, fête que les Juifs célébraient en mémoire du triomphe remporté par Esther sur Aman.

* **PURIN** s. m. Partie liquide du fumier : *le purin est un puissant engrais.*

* **PURISME** s. m. Défaut de celui qui affecte la pureté du langage : *cet homme est d'un purisme si rigoureux, qu'il en est fatigant.*

* **PURISTE** s. Celui ou celle qui affecte la pureté du langage, et qui s'y attache trop scrupuleusement : *le puriste est voisin du pédant.*

* **PURITAIN, TAINE** Nom donné aux presbytériens rigides d'Angleterre, qui se piquaient de suivre la religion la plus pure : *les puritains d'Angleterre.* — Celui qui professe une grande pureté de principe, et une grande rigidité dans l'application de ses principes : *quel puritain !* — Adjectiv. *Ministre puritain.*

* **PURITANISME** s. m. Doctrine des puritains. — Fig. Conduite de ceux qui professent une grande pureté de principes.

PURPURACÉ, ÉE adj. (lat. *purpura*, pourpre). Qui a une couleur analogue à celle de la pourpre.

PURPURATE s. m. Sel d'acide purpurique. En 1776, Scheele s'aperçut qu'une solution d'urée dans l'acide nitrique produisait une belle teinture d'un rouge sombre. En 1818, Prout obtint cette matière colorante en cristaux, et la regarda comme un purpurate d'ammonium ou murexide. Mais on n'a jamais pu isoler l'acide purpurique, parce qu'il se décompose lorsqu'on traite ses sels avec un acide plus puissant. La formule du purpurate d'ammonium est C⁸ H³⁰ N⁵ O⁶ = N H⁴ C⁸ H⁴ N⁴ O⁶ ; l'acide est donc représenté par la formule C⁸ H⁵ N⁵ O⁶.

PURPURÉINE s. f. Chim. Produit qui résulte de l'action de l'ammoniaque sur la purpurine.

* **PURPURIN, INE** adj. Qui approche de la couleur du pourpre : *des fleurs purpurines.*

* **PURPURINE** s. f. Bronze moulu qui s'applique à l'huile et au vernis. — L'une des matières colorantes auxquelles la garance doit ses propriétés.

PURPURIQUE adj. Se dit d'un acide non encore isolé.

* **PURULENCE** s. f. Méd. Qualité de ce qui est purulent.

* **PURULENT, ENTE** adj. (lat. *purulens*). Méd. Qui est mêlé de pus : *crachats purulents.* — FOYER PURULENT. (Voy. FOYER.)

PURUS [pou-rouss'], rivière qui prend sa source vers le 14° degré de lat. S. dans les montagnes à l'E. de Cuzco (Pérou), et qui, après un cours de plus de 3,000 kil. dans la direction du N.-E., se jette dans l'Amazone.

* **PUS** s. m. [pû] (lat. *pus*). Matière liquide, épaisse, blanchâtre, qui se forme dans les abcès, qui sort des plaies et des ulcères : *le pus commence à se former.* — Méd. et Chir. PUS LOUABLE, pus de bonne qualité, qui est de couleur uniforme, et qui n'a point de mauvaise odeur.

PUSEY (Edward-Bouverie) [pu-zè ; angl. piou'-si], théologien anglais, né en 1800, mort le 16 sept. 1882. De concert avec quelques prêtres, ses collègues, il eut l'idée d'apporter de profondes réformes dans la haute Eglise et de rattacher le protestantisme non plus à la Réforme, mais à l'Eglise des premiers siècles. Il publia, dans ce but, avec ses amis, de petits traités théologiques sous le titre de *Tracts for the times.*

PUSEYISME s. m. Doctrine religieuse répandue en Angleterre par le D' Pusey, et qui incline vers le catholicisme.

PUSHKIN (Alexandre - Sergeyevitch) [pou-ch'-kinn], poète russe, né en 1799, mort en 1837. En 1820, son ode à la Liberté lui fit perdre son poste au ministère des affaires étrangères. Mais Nicolas le rétablit en 1825, et le chargea d'écrire l'histoire de Pierre le Grand. Jaloux d'un officier français de l'armée russe, d'Anthès (plus tard le sénateur baron de Heckeren), qui courtisait sa femme, il se battit en duel avec lui et fut tué. Son chef-d'œuvre, *Eugène Onéguin*, récit en vers, parut entre 1825 et 1823. Il a écrit des poèmes narratifs et dramatiques, et les romans intitulés : *La Fille du Captif*, et *La Fille du Capitaine.*

* **PUSILLANIME** adj. [-zil-la-] (lat. *pusillus*, petit ; *anima*, âme). Qui manque de cœur, qui a l'âme faible, lâche : *un homme pusillanime.* On dit aussi : UNE AME, UN CARACTÈRE PUSILLANIME.

* **PUSILLANIMITÉ** s. f. [-zil-la-]. Excessive timidité, manque de courage, lâcheté : *on ne vit jamais tant de pusillanimité.*

* **PUSTULE** s. f. (lat. *pustula*). Petite tumeur inflammatoire qui s'élève sur la peau, et qui se termine par suppuration : *dans la petite vérole, le corps est couvert de pustules.* — La pustule maligne est une affection de nature gangréneuse produite par l'application sur un point de l'économie du virus charbonneux, provenant de certains animaux ou de leurs dépouilles. Elle ne naît pas spontanément chez l'homme ; elle affecte surtout les personnes qui saignent les animaux ou manient leurs dépouilles, comme les tanneurs, ou un simple contact suffit. Une mouche même qui a sucé des pustules peut en être l'agent de transmission en venant se poser sur la peau. Comme symptômes, on aperçoit d'abord à la peau un point rouge semblable à une morsure de puce, accompagné de chaleur et de démangeaison, puis, il s'élève une petite *phlyctène* sur le malade déchire et de laquelle s'échappe une sérosité grisâtre ; sous cette vésicule se développe un noyau dur et livide entouré d'une aréole pâle et rougeâtre et plus loin un engorgement de la peau. Le point gangreneux s'étend en profondeur et en surface toujours précédé d'une aréole saillante, et le membre entier est douloureux. En même temps, les symptômes généraux s'aggravent ; il y a de la fièvre, de l'abattement, les traits s'altèrent, etc. — Traitement : Inciser l'escarre en forme de croix et la détruire par la cautérisation (fer rouge ou chlo-

rure d'antimoine) ; puis antiseptiques *intus* et *extrà* (quinquina, chlorate de potasse, acide phénique étendu).

* **PUSTULÉ, ÉE** adj. Pathol. Chargé de pustules.

* **PUSTULEUX, EUSE** adj. Méd. Qui est accompagné de pustules, ou qui en a l'apparence : *érésipèle pustuleux.*

* **PUTAIN** s. f. (rad. lat. *putidus*, puant). Terme injurieux et malhonnête, qui signifie, prostituée.

PUTANGES, ch.-l. de cant., arr. et à 20 kil. O. d'Argentan (Orne), sur la rive gauche de l'Orne ; 600 hab. Tanneries.

PUTANISME s. m. Désordre dans lequel vivent les prostituées. — Commerce avec les femmes prostituées : *cet homme a longtemps donné dans le putanisme.*

* **PUTASSERIE** s f. Fréquentation habituelle des femmes de mauvaise vie. (Terme malhonnête.)

* **PUTASSIER** s. m. Celui qui est adonné aux femmes de mauvaise vie : *c'est un grand putassier.* (Pop. et malhonn.)

* **PUTATIF, IVE** adj. (rad. lat. *putare*, estimer). Qui est réputé être ce qu'il n'est pas. On ne l'emploie guère que dans cette expression, PÈRE PUTATIF, celui qu'on croit être le père d'un enfant, quoiqu'il ne le soit pas en effet. — Législ. « On donne le nom de *mariage putatif* au mariage qui a été contracté de bonne foi par les époux, ou au moins par l'un d'eux, et qui a été ensuite déclaré nul. Ce mariage est considéré comme ayant été valable jusqu'au jour du jugement qui l'a déclaré nul ; mais si la bonne foi n'existait que de la part de l'un des époux, le mariage ne produit les effets civils qu'à l'égard de cet époux. Dans tous les cas, les enfants issus d'un mariage putatif sont légitimes et jouissent de tous les droits attachés à ce titre. Lorsque l'un des époux seulement a été de bonne foi, lui seul est investi de la puissance paternelle sur les enfants issus du mariage ; et lui seul est apte à leur succéder, bien que ces enfants soient eux-mêmes aptes à recueillir les successions de l'un et de l'autre de leurs parents. Celui des époux dont la bonne foi a été reconnue a de plus droit à l'entière exécution des libéralités qui lui ont été faites par l'autre époux, soit dans le contrat de mariage, soit pendant la durée du mariage (C. civ. 201, 202). » (CH. Y.)

PUTEAUX, *Puteoli*, *Aiguepiante*, comm. du cant. de Courbevoie, à 11 kilom. O. de Paris, sur la rive gauche de la Seine, qui y forme une île appartenant à la famille de Rothschild ; 10,000 hab. Fabriques de produits chimiques.

PUTIPHAR, un des officiers de la cour de Pharaon, roi d'Egypte, et le maître de Joseph. La femme de Putiphar voulut séduire le jeune esclave, mais elle n'y réussit pas ; et, comme il laissa en s'échappant son manteau entre ses mains, elle l'accusa d'avoir voulu faire injure à sa vertu. Joseph, jeté en prison, n'en sortit qu'après avoir expliqué le songe de Pharaon.

* **PUTOIS** s. m. (bas lat. *putacius*, de *putere*, puer). Mamm. Sous-genre du grand genre marte, comprenant des animaux sauvages assez semblables à la fouine, mais qui répandent une odeur beaucoup plus fétide, et dont la peau sert à faire des fourrures : *un manchon de putois.* — Le putois commun (*putorius communis*) est répandu dans l'Europe et l'Asie tempérée. Il mesure environ 38 centim. de long., plus 15 centim. pour la queue, et de 15 à 20 centim. de hauteur. Sa couleur générale est d'un brun sombre, se dégradant en une teinte jaunâtre par dessus. Il a des habitudes très actives ; il poursuit sa proie à terre,

et grimpe rarement sur les arbres. Il ne sort absolument que la nuit. Lorsqu'il est alarmé

Putois commun (Putorius communis).

ou irrité, il émet une odeur très désagréable par les glandes anales. Sa robe donne une fourrure grossière.

* **PUTRÉFACTION** s. f. (rad. putréfier). Action par laquelle un corps se pourrit ; état de ce qui est putréfié : *la putréfaction est le dernier degré de la fermentation animale ou végétale.*

* **PUTRÉFAIT, AITE** adj. Corrompu, infect, puant : *un corps tout putréfait.* Il est peu usité : on dit, PUTRÉFIÉ.

* **PUTRÉFIER** v. a. (rad. lat. *putris*, pourri ; *facere*, faire). Corrompre, faire pourrir : *la gangrène putréfie les parties voisines.* — Se putréfier v. pr. Se corrompre, se pourrir : *le fumier se putréfie dans les fosses où on le met.*

PUTRESCENT, ENTE adj. [-tress-san] (lat. *putrescens*; de *putrescere*, commencer à se pourrir). Qui est soumis à un travail de putréfaction.

PUTRESCIBILITÉ s. f. [-tress-si-]. Caractère de ce qui est putrescible.

* **PUTRESCIBLE** adj. [pu-tress-si-ble]. Qui peut se putréfier : *matière putrescible.*

* **PUTRIDE** adj. (lat. *putridus*). Chir. et Méd. Se dit des humeurs corrompues et fétides : *suppuration putride.* — FIÈVRE PUTRIDE, fièvre qu'on attribue à la corruption des humeurs, parce que l'haleine et les excréments du malade exhalent une odeur fétide.

* **PUTRIDITÉ** s. f. Etat de ce qui est putride.

PUYCERDA, *Julia Livia*, ville de la prov. et à 76 kil. N.-O. de Girone (Espagne), près de la frontière française ; 2,500 hab. Les Français s'en emparèrent plusieurs fois ; mais les carlistes l'attaquèrent vainement en avril 1873 ; ils durent se retirer en nov. 1874, après l'avoir bombardée et incendiée au pétrole.

PUY-DE-DÔME, pic principal de la chaîne des monts Dôme, au centre du dép. du Puy-de-Dôme, à 21 kil. S.-O. de Clermont-Ferrand ; 1,465 m.

PUY-DE-DÔME, département de la région centrale de la France, situé entre les dép. de l'Allier, de la Creuse, de la Corrèze, du Cantal, de la Haute-Loire et de la Loire ; doit son nom à la principale montagne des monts Dôme qui en occupe à peu près le centre ; formé d'une partie de l'Auvergne ; 7,950 kil. carr.: 566,064 hab. Ce département, arrosé par l'Allier, la Dore et la Dordogne, est traversé par les monts du Forez, par les monts Dore, où se trouve le point culminant du dép. (Puy-de-Sancy, 1,884 m.) et par les monts Dôme. Au N. de Clermont se trouve la fertile Limagne, vaste plaine arrosée par l'Allier et justement vantée pour sa fécondité. Au S., le sol, couvert de volcans éteints, fournit la houille, le plomb argentifère, le granit, l'antimoine, l'arsenic, la pouzzolane, le tripoli rouge, etc. Sources minérales à la Bourboule, au mont Dore, à Saint-Nectaire, à Châteauneuf, à Châtel-Guyon, etc. — Ch.-l., Clermont; 5 arr., 50 cant., 444 communes. Evêché à Clermont, suffragant de Bourges. Ch.-l. académique, Clermont. Cour d'appel à Riom. Ch.-l. d'arr. : Clermont-Ferrand, Ambert, Issoire, Riom et Thiers.

PUY-EN-VELAY (Le), *Civitas Vellavorum, Podium, Anicium*, ch.-l. du dép. de la Haute-Loire, bâti sur une série de terrasses qui dominent la Borne et le Dolezon ; par 45° 2' 46" lat. N. et 1° 32' 55" long. E. ; 20,000 hab. On y remarque la promenade du Breuil, la cathédrale bel édifice roman du xe siècle, où l'on parvient par un escalier de 418 marches, l'église de la Chaise-Dieu, dont le chœur contient 743 stalles ; l'église Saint-Laurent, avec le tombeau de du Guesclin. Sur le rocher noir, appelé mont Corneille, se dresse la statue colossale de Notre-Dame-de-France, haute de 16 m., et fondue en 1859 avec le métal des canons pris à Sébastopol. Fabriques de lainages, de dentelles, de blondes, de cloches et d'horloges. Commerce de bestiaux.

PUY-GUILLAUME, village, arr. et 13 kil. N. de Thiers (Puy-de-Dôme) ; 2,000 hab. Bois, sapin, scieries hydrauliques.

PUYLAURENS, *Podium Laurentii*, ch.-l. de cant., arr. et à 25 kil. S.-E. de Lavaur (Tarn), près de la source du Girou ; 2,000 hab.

PUYLAURENS (Guillaume de), chapelain du comte de Toulouse, Raymond. Il a écrit vers 1245 une *Histoire des Albigeois*.

PUY-L'ÉVÊQUE, ch.-l. de cant., arr. et à 34 kil. N.-O. de Cahors (Lot), sur la rive droite du Lot ; 1,300 hab.

PUYMIROL, ch.-l. de cant., arr. et à 22 kil. E. d'Agen (Lot-et-Garonne) ; 1,100 hab. Ruines d'un château des comtes de Toulouse.

PUYSÉGUR. I. (Jacques DE CHASTENET, *vicomte de*), d'une ancienne famille de l'Armagnac, né en 1600, mort en 1682. Il a laissé des *Mémoires* qui s'étendent de 1617 à 1658. — II. (Jacques-François DE CHASTENET, *marquis de*), fils du précédent, maréchal de France, né en 1655, mort en 1743. Il reçut le bâton de maréchal en 1734. On a de lui un *Art de la guerre* (1748, in-fol.). — III. (Pierre-Louis DE CHASTENET, *comte de*), deuxième fils du précédent, né en 1727, mort en 1807. Il fut appelé au ministère de la guerre en 1788, défendit Louis XVI dans la journée du 10 août 1792 et n'émigra qu'après la mort du roi. — IV. (Antoine-Hyacinthe-Anne DE CHASTENET, *duc de*), officier de marine, petit-fils du maréchal de Puységur, fut plus tard, le sainé, né en 1752, mort en 1809. Il émigra en 1791, servit dans la marine anglaise et portugaise et rentra en France en 1803. — V. (Armand-Marie-Jacques DE CHASTENET, *marquis de*), fils du comte Pierre-Louis, né en 1752, mort en 1825. A 27 ans, il était colonel d'artillerie ; il adopta les idées nouvelles, devint commandant de l'école de la Fère et donna sa démission en 1792. Partisan des idées de Mesmer, il prit part, de 1814 à 1825, à la rédaction des *Annales du magnétisme* et donna lui-même : *Mémoires pour servir à l'histoire et à l'établissement du magnétisme* (Paris, 1788, in-8°) ; *Recherches, expériences et observations physiques sur l'homme dans l'état de somnambulisme provoqué par l'acte magnétique* (Paris, 1811), etc.

PUZZICHELLO, village de l'arr. de Corte (Corse). Eaux sulfurées calciques froides. Flux hémorroïdal, accidents syphilitiques,

scrofules, engorgements des viscères abdominaux.

PYDNA (auj. *Kitro*), ancienne ville du Sud de la Macédoine, près de la côte occidentale du golfe Thermaïque. C'est là que Paul-Emile (Æmilius Paulus) vainquit Persée, dernier roi de Macédoine (168 av. J.-C.). Sous les Romains, elle s'appela aussi Citrum ou Citrus, d'où son nom moderne.

' **PYGARGUE** s. m. (gr. *pugé*, croupion ; *argos*, blanc). Ornith. Sous-genre du grand genre aigle, comprenant des oiseaux de proie dont les ailes sont aussi longues que la queue, et dont les tarses sont couverts de plumes, seulement à leur moitié supérieure.

Pygargue d'Europe (Haliaëtus albicilla).

Les pygargues se nomment aussi aigles pêcheurs parce qu'ils habitent le voisinage des eaux et vivent surtout de poissons. Nous avons en Europe le *pygargue à queue blanche* (*haliaëtus albicilla*) appelé aussi *orfraie*. (Voy. ce mot.) L'espèce américaine, nommée *pygargue à tête blanche* (*haliaëtus leucocephalus*), est un peu plus petite que notre

Pygargue a tête blanche (Haliaëtus leucocephalus).

aigle commun ; sa tête, le dessus de son cou et sa queue sont blancs. C'est l'oiseau qui figure dans les armes des Etats-Unis. Ce pygargue mesure environ 1 m. de long. et 1 m. 35 d'envergure. La femelle est un peu plus grosse que le mâle. Son vol est des plus majestueux et des plus élevés. Il plane à perte de vue et il descend avec une telle rapidité que l'œil ne peut le suivre dans sa chute.

PYGMALION, roi légendaire de Chypre. Il avait de l'aversion pour le sexe féminin. Suivant Ovide, il fit en ivoire une statue de femme d'une telle beauté qu'il en devint amoureux, et pria Vénus de lui donner la vie. La déesse ayant exaucé sa demande, Pygmalion l'épousa, et en eut un fils, Paphos, qui fonda la cité de ce nom. (Pour un autre Pygmalion légendaire, voy. DIDON.)

' **PYGMÉE** s. m. (gr. *pugmé*, coudée). Nom que l'antiquité donnait à de petits hommes qu'elle supposait n'avoir qu'une coudée de hauteur : *les anciens ont dit que les Pygmées combattaient contre les grues*. — Fam. C'EST UN PYGMÉE, dit-il d'un nain, d'un fort petit homme. — Se dit aussi, fig., d'un être méprisé, qui s'efforce vainement de nuire à quelqu'un d'illustre ou de puissant : *il méprisa les attaques de ces pygmées littéraires*. — ENCYCL. On appelait autrefois pygmées une nation de nains, que les anciens plaçaient dans l'intérieur de l'Afrique. La légende raconte qu'ils s'étaient constamment en guerre avec les grues. Hérodote parle sérieusement des pygmées (ii. 32), comme d'une race existant en réalité ; mais on a universellement regardé son récit comme fabuleux jusqu'à ces derniers temps. Enfin, en 1870, le Dr Georg Schweinfurth entra en relations avec un grand nombre d'individus d'une race de pygmées appelée Akka, et habitant une région qui correspond à celle qu'indique l'ancienne légende, entre 2° et 4° lat. N. Sur les six sujets qu'il put mesurer, dont quelques-uns étaient d'un âge avancé, aucun ne dépassait 4 pieds 10 pouces de hauteur. Ils avaient la tête d'une grosseur disproportionnée ; leurs crânes étaient extraordinairement prognathes, l'angle facial de deux d'entre eux ayant 60° et 66° ; et leur structure générale présentait un aspect anormal. Les seuls renseignements qu'il put recueillir sur leur pays fut qu'il était sec et probablement plat ; qu'il se divisait politiquement en un grand nombre de tribus, et qu'ils avaient neuf rois. En mai 1875, le colonel C. Chaillé-Long, de l'état-major égyptien, offrit au khédive, comme il le raconte dans son livre sur l'Afrique Centrale, (1877), une fille Ticki-Ticki ou Akka, de 6 à 8 ans, et une femme akka de 25 ans, ayant à peine 4 pieds de haut, mais presque autant de large, des mains et des pieds minuscules, les membres bien arrondis, les yeux grands, le nez épaté, et la peau couleur de cuivre brillant. Elles venaient de la cour de Muuza, roi des Monbuttoo. (Voy. AKKAS.)

PYLADE, ami d'Oreste. (Voy. ORESTE.)

' **PYLÔNE** s. m. (gr. *pulón*, portail). Archit. Se dit de ces grands portails, surmontés d'une tour carrée, qui décorent la façade des temples égyptiens.

' **PYLORE** s. m. (gr. *pulôros*, portier). Anat. Orifice inférieur de l'estomac, par lequel les aliments entrent dans les intestins : *obstruction au pylore*. (Voy. ESTOMAC, CANAL DIGESTIF, etc.)

' **PYLORIQUE** adj. Anat. Qui appartient ou qui a rapport au pylore : *orifice pylorique*.

PYLOS [pi-loss], nom de trois villes antiques du Péloponèse, sur la côte occidentale, ou dans l'Elide propre ; l'autre dans la Triphylie, et la troisième, qui était la plus importante, en Messénie, sur le promontoire de Coryphasium, près du moderne Navarin.

PYR ou **Pyro** (gr. *pûr*, feu), préfixe qui entre dans la composition d'un grand nombre de mots.

' **PYRACANTHE** s. f. (gr. *pûr*, feu ; *akantha*, épine). Plante qu'on nomme aussi BUISSON ARDENT. (Voy. BUISSON.)

' **PYRALE** s. f. (rad. gr. *pûr*, feu). Entom. Genre de lépidoptères nocturnes, section des tordeuses, comprenant un certain nombre d'espèces de petits papillons dont les ailes, variées de belles couleurs, sont, dans le repos, couchées en forme de toit écrasé. Les chenilles de ce genre ont 16 pattes, dont 6 écailleuses, le corps ras ou peu velu. La chenille de la *pyrale de la vigne* (*pyralis vitana*) est verte et produit de grands ravages sur les bourgeons de la vigne. Son papillon est d'un jaune doré, marqué de trois bandes et d'une tache brune, avec les ailes inférieures grises. La larve de la *pyrale des pommiers* (*pyralis pomana*) se nourrit des pepins des fruits où elle a pénétré toute jeune; son papillon est d'un gris brun, avec une tache rouge doré vers l'extrémité des ailes supérieures.

PYRAME ET THISBÉ, jeune homme et jeune fille de Babylone, chantés dans les *Métamorphoses* d'Ovide. Leurs familles s'opposaient à leur union. Ils convinrent qu'ils se rencontreraient à la tombe de Ninus. Thisbé y arriva la première; mais, épouvantée à la vue d'une lionne qui venait de mettre un bœuf en pièces, elle se cacha dans une antre, et, dans cette fuite, perdit son manteau que la lionne déchira. Lorsque Pyrame arriva et vit le vêtement déchiré et sanglant, il se jeta sur son épée; Thisbé, trouvant le corps de son amant, s'égorgea avec la même arme.

* **PYRAMIDAL, ALE, AUX** adj. Qui est en forme de pyramide : *figure pyramidale*. En termes d'Anat. : *muscles pyramidaux.* — Jargon. Qui est aussi extraordinaire, aussi remarquable que les pyramides d'Egypte : *une erreur pyramidale; vous êtes un homme pyramidal.*

* **PYRAMIDALE** s. f. (rad. *pyramide*). Bot. Espèce de campanule qui s'élève en pyramide, et qui porte des fleurs bleues depuis sa base jusqu'à son sommet.

PYRAMIDALEMENT adv. En forme de pyramide.

° **PYRAMIDE** s. f. (gr. *puramis*). Solide composé de *triangles*, ayant un même plan pour base, et dont les sommets se réunissent en un même point. Dans le langage ordinaire, s'entend presque toujours des ouvrages d'architecture à quatre faces, qui sont faits dans la forme qu'on vient de décrire : *les pyramides d'Egypte sont renommées pour leur grandeur et pour leur antiquité.* — **UNE PYRAMIDE DE FRUITS**, une certaine quantité de fruits rangés et élevés les uns sur les autres en forme de pyramide. — **EN PYRAMIDE**, en forme de pyramide ou à peu près : *cette plante a ses fleurs en pyramide.* — Arboric. On donne le nom de pyramide ou d'arbre fruitier qui représente la figure d'un pain de sucre. — Encycl. Les pyramides les plus fameuses sont celles des anciens Egyp-

Les pyramides de Gizeh.

tions, qui, à quelques exceptions près, sont des tombes royales. On peut déterminer la date de leur construction avec une grande exactitude. Pendant ou avant les onze premières dynasties, jusqu'à 3,000 ans environ av. J.-C., les tombes avaient la forme de *mastaba*, c'est-à-dire de murailles rectangulaires ressemblant à des pyramides ina-

chevées. Pendant l'empire moyen jusqu'à environ 1600 av. J.-C., la *mastaba* fut remplacée par de petites pyramides et par les *spees* ou salles taillées dans le roc. La période suivante, jusqu'à 340 av. J.-C. environ, est l'âge des tombeaux souterrains. Les pyramides ne sont que des *mastabas* agrandies, et appartiennent à ce titre à la première période. Toutes sont construites au-dessus d'une chambre sépulcrale taillée dans le roc. Elles sont en granit rouge ou syénitique, tiré des carrières d'Assouan (Syène), ou en

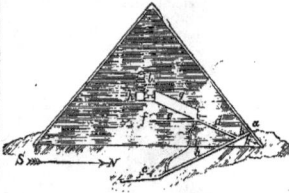

Section de la grande pyramide. — *a*. entrée; *b b*, passage; *c*, chambre sépulcrale primitive; *d, e*, passages; *f*, chambre de la reine; *g*, grande galerie; *h*, chambre du roi; *i*, passage; *k*, entrée faite par le calife Al-Mamoun; *l*, petites chambres.

pierre calcaire dure, tirée des carrières de Mokattam et de Turah. Les blocs ont des dimensions extraordinaires, et il a fallu un degré surprenant d'habileté mécanique pour les transporter et les mettre en place. Les trois pyramides du groupe de Memphis (près de Gizeh, dans le voisinage du Caire) se dressent sur un plateau à 45 m. environ au-dessus du niveau de la plus haute crue du Nil. Leurs quatre côtés sont orientés sur les quatre points cardinaux. La plus grande, connue sous le nom de grande pyramide ou pyramide de Chéops (Khufu), de 233 m. de côté, occupe une superficie de 670 ares. On en a réduit les dimensions en enlevant son revêtement extérieur pour construire la ville du Caire, de sorte que les flancs, qui étaient unis à l'origine, forment maintenant des degrés. Elle en compte 203, dont les inférieurs ont 1 m. 65 centim. de haut. Sa hauteur verticale est de 150 m.; elle était de 160 m. à l'origine. La seule entrée est sur la face septentrionale à 13 m., au-dessus de la base, et à 8 m. environ à l'E. de la ligne centrale; elle a 1 m. 30 de haut et 1 m. 15 de large. Notre figure montre l'aménagement intérieur de la pyramide. Niebuhr (1761), Davison (1763), les savants de l'expédition française (1798), Hamilton (1801), Caviglias (1817), Belzoni (1818) et le colonel Howard Vyse (1837) y ont pénétré. Mais on l'avait violée longtemps avant la première de ces visites Les historiens arabes racontent que le calife Al-Mamoun, au commencement du IXᵉ siècle, pénétra violemment dans la pyramide pour enlever les trésors qu'on y supposait cachés. Il n'y trouva qu'un sarcophage de pierre, qui en contenait un autre de bois renfermant lui-même une momie richement ornée. La seconde pyramide, celle du Khafra, qui mesurait à l'origine 238 m. de côté, et 150 m. de haut, n'a plus maintenant que 230 m. de côté et 145 m. de hauteur. La partie supérieure de son revêtement est bien conservée. Sa chambre sépulcrale, qui contient un sarcophage de granit, fut visitée à grand' peine par Belzoni en 1818. La troisième pyramide, qui n'a aujourd'hui que 118 m. de côté et 67 m. de haut (70 m. à l'origine), est celle des trois pyramides qui est construite avec le plus d'art. Le colonel Wyse l'explora en 1827. Il y découvrit plusieurs appartements, dans l'un desquels était un beau sarcophage, un étui de momie portant le nom du roi Menkara et le corps d'un artisan. Ces

deux derniers restes sont aujourd'hui au musée Britannique. Dans le voisinage se trouvent six autres pyramides plus petites, et un nombre immense de tombeaux. Parmi les pyramides que l'on rencontre en poussant au sud, les plus grandes font partie du groupe de Dashoor, qui en comprend cinq, deux de pierre et trois de briques crues. On en compte 14 à Abusir, 17, plus ou moins bre en Nubie, où un seul groupe, au N. de Jebel Barkal, en renferme 120; d'autres encore dans les anciens empires de l'Orient. A Birs Nimrud se trouve la pyramide à degrés et en briques de différentes couleurs, bâtie par Nabuchodonosor, et qui avait 77 m. de haut et 760 m. de périmètre. A Bénarès, dans l'Inde, il y a aussi des ruines de pyramides; on en a élevé dans les temps anciens à Pékin et à Suka, dans l'île de Java. A Rome, on en construisit une 20 ou 30 ans av. J.-C., en l'honneur de C. Cestius; elle avait 40 m. de haut et 30 m. de diamètre à la base, et était bâtie en pierre de taille avec des revêtements de marbre. — Au Mexique, il y a des constructions analogues, appelées *teocallis*, dont la superficie dépasse de beaucoup celle même de la grande pyramide d'Egypte (Voy. Cholula.) Chez les Egyptiens, les pyramides sont toujours des tombes, et se terminent en pointe; chez les Mexicains, elles servent toujours de temples, et se terminent en terrasse, avec une chambre ou cellule ménagée au sommet. Les pyramides assyriennes avaient une forme et un but semblables. — On doit le nom de *bataille des Pyramides* à celle que le général Bonaparte livra aux Mamelouks le 21 juillet 1798, au village d'Embalêh. (Voy. Napoléon.) — Géom. On appelle *pyramide* un solide qui a pour base un polygone quelconque, et qui a pour côtés des triangles dont les sommets se réunissent tous sur un même point. Le nom spécial de la pyramide est déterminé par la forme de la base. On dit, **Pyramide Triangulaire, Carrée, Quadrangulaire, Pentagonale**, etc., suivant que la base est un triangle, un carré, un quadrilatère, un pentagone, etc. L'axe d'une pyramide est la ligne droite abaissée du sommet au centre de la base. Quand l'axe est perpendiculaire à la base, la pyramide est dite droite; dans le cas contraire, elle est oblique. On obtient le volume d'une pyramide en multipliant la surface de la base par la hauteur et en divisant le produit par 3.

* **PYRAMIDER** v. n. Art. Etre disposé en pyramide, former la pyramide. S'emploie surtout en peinture : *ce groupe pyramide bien.*

PYRANGA s. m. Ornith. Genre de passereaux dentirostres, voisin des tangaras et comprenant plusieurs espèces de petits oiseaux américains, dont le plumage éclate de brillantes couleurs. Le pyranga écarlate (*pyranga rubra*) est l'un des plus richement colorés parmi les habitants des Etats-Unis. Le

Pyranga rubra.

mâle a le corps carmin; les ailes et la queue d'un noir velouté; la femelle est d'un vert pâle. Le *pyranga du Mississipi* (*pyranga æstiva*) est rouge, plus sombre sur le dos; la femelle est olivâtre en dessus et d'un jaune rougeâtre en dessous. Cet oiseau habite le sud du Mexique et l'Amérique centrale. Les pyrangas se nourrissent de fruits, de graines et d'insectes.

PYRÈNE s. f. (gr. pyrén, noyau). Bot. Noix contenue dans un fruit divisé en plusieurs loges : la nèfle a des pyrènes.

PYRÉNÉEN, ÉENNE adj. Qui concerne les Pyrénées ou qui s'y rapporte.

PYRÉNÉES (Les), chaîne de montagnes de l'Europe, séparant la France de l'Espagne, et allant des caps de Creus et Cerbère sur la Méditerranée jusqu'à l'angle S.-E. du golfe de Gascogne, c'est-à-dire du S.-S.-E. au N.-N.-O. Sa longueur est d'environ 450 kil., et sa plus grande largeur, en laissant de côté quelques contreforts éloignés, de 111 kil. environ. Les Pyrénées se composent en général de deux crêtes parallèles, avec des contreforts transversaux. Le crête méridionale est la plus élevée, et elle présente, dans sa plus grande partie, une muraille ininterrompue. La chaîne est plus haute à l'E. qu'à l'O., et elle atteint sa plus grande altitude et son plus grand développement au centre. Le massif de la Maladetta, sur les frontières de l'Aragon et de la Catalogne, présente les pics du Néthou ou Anéthou et de la Maladetta, dont le premier est le point culminant de cette chaîne (3,574 m.). Le mont Perdu est plus à l'O. (3,352 m.). Le pic de Vignemale (3,290 m.) est le plus haut sommet qu'atteignent les Pyrénées en France. La ligne de faîte, très uniforme sur de longues distances, a une élévation moyenne de 2,600 m. environ. Un caractère remarquable des Pyrénées, c'est l'absence presque complète de vallées longitudinales, les grandes dépressions ayant une direction transversale. Ces vallées se rencontrent souvent près de la crête et forment des passages appelés cols ou ports, dont quelques-uns seulement sont praticables aux voitures. De tous ces passages, celui de Roncevaux est le plus fameux. Les Pyrénées présentent des sites d'une grandeur que rien ne surpasse, même dans les Alpes. La ligne des neiges est, sur le versant septentrional, à environ 2,750 m.; elle ne commence guère qu'à 4,000 pieds plus haut de l'autre côté. Les principaux cours d'eau qui en descendent vers le N. sont : l'Adour, la Garonne, l'Ariège et l'Aude. Le versant méridional envoie ses eaux à l'Ebre et au Llobregat. Du côté de l'Espagne, la chaîne s'élève par terrasses abruptes où ne vient qu'une végétation rare et rabougrie. Du côté de la France, la descente est plus graduelle, et il y a des vallées fertiles et de grandes forêts. Les formations géologiques primitives sont le granit, qui constitue le noyau de la chaîne, le schiste micacé et le calcaire primitif. La richesse minérale est très grande; elle comprend le fer, le cuivre, le zinc et le plomb; mais le fer seul y est exploité sur une grande échelle. Les sources minérales, en majorité sulfureuses, sont connues depuis longtemps, les plus célèbres sont en France. Le climat est rude et l'hiver doux. Les montagnards sont une race vigoureuse. Vers l'E., la petite république d'Andorre est indépendante depuis des siècles. Les Basques habitent la partie la plus occidentale de la chaîne. — Paix des Pyrénées, conclue entre la France et l'Espagne dans l'île des Faisans (Bidassoa), le 7 nov. 1659. Mazarin représentait l'Espagne; don Luis de Haro était le plénipotentiaire espagnol. En vertu de ce traité, la France acquit le Roussillon et l'Alsace; elle consentit à ne pas intervenir en Portugal; L'Espagne abandonna ses prétentions sur l'Alsace; elle recouvra la Catalogne, et ses possessions italiennes, envahies par les Français.

PYRÉNÉES I. (Basses-), dép. frontière et maritime de la région S.-O de la France;

doit son nom à la chaîne occidentale des Pyrénées, qui lui sert de limite au S. du côté de l'Espagne; situé entre les dép. du Gers, des Landes, l'océan Atlantique, les montagnes des Pyrénées et le dép. des Hautes-Pyrénées; formé d'une partie du Béarn; 7,622 kil. carr.; 434,366 hab. Le dép. des Basses-Pyrénées est entièrement montagneux et très élevé; il renferme de belles forêts, de fertiles vallées et d'excellents pâturages. L'Adour, le Leuy de France et le Leuy de Béarn, la Bidouze, le Gave de Pau, le Gave d'Oloron, la Bidassoa, la Nive, l'Aran sont les principales rivières qui l'arrosent. Maïs, vins, lin; fer, cuivre, houille, soufre, marbre, granit, albâtre; exportation considérable de charcuterie dite de Bayonne. Ports de Bayonne et de Saint-Jean-de-Luz; belle plage de Biarritz; sources thermales très fréquentées aux Eaux-Bonnes, aux Eaux-Chaudes, à Cambo, à Saint-Christau, à Salies, etc. Les côtes du dép. ont environ 35 kil. de développement. Points culminants : Pic du Midi d'Ossau (2,885 m.), dominé lui-même par le pic Pallas (2,976 m.). Vallées d'Aspe, d'Ossau et de Barétous, cols de Saint-Jean-de-Luz, de Maya, des Aldudes, de Roncevaux, de Camfranc, de Torte, etc. 5 arr., 40 cant., 558 communes. — Ch.-l., Pau. Évêché à Bayonne, suffragant d'Auch. Les établissements d'instruction publique relèvent de l'académie de Bordeaux et les tribunaux ressortissant à la cour d'appel de Pau. —Ch-l.d'arr.: Pau, Bayonne, Mauléon, Oloron et Orthez. — II. (Hautes-), dép. frontière de la région S.-O, de la France; doit son nom à sa situation dans la partie la plus élevée de la chaîne des Pyrénées; situé entre les dép. du Gers, des Basses-Pyrénées, de la Haute-Garonne et les monts Pyrénées; formé de l'ancien pays de Bigorre; 4,520 kil. carr.; 236,474 hab. C'est dans ce département que les Pyrénées françaises atteignent leur plus grande élévation : mont Vignemale, (3,290 m.), le Baccimaille (3,020), le Balétous (3,056), le Gabiétou (3,033), etc. Le territoire présente des régions très distinctes; au S., les montagnes et leurs contreforts; au N. de ces montagnes, des coteaux qui forment les dernières ondulations du sol; enfin, au N. du dép., des plaines fertiles. Princ. cours d'eau : l'Adour, le Gave de Pau, la Nesle, le Gers, la Save et la Bayse. Nombreux cols souvent obstrués par les neiges et qui traversent les Pyrénées à des hauteurs qui varient entre 2,000 et 2,500 m. Il n'y a pas de contrée aussi riche en eaux minérales. Citons seulement : Bagnères-de-Bigorre, Barèges, Cauterets, Capvern, Saint-Sauveur, Siradan, Cadéac, et les nombreuses sources de la vallée d'Aure. Beaux pâturages; vins, lin, châtaignes. Marbre, fer, zinc, cuivre, plomb, manganèse, antimoine. — Ch.-l., Tarbes; 3 arr., 26 cant., 480 communes. Évêché à Tarbes, suffragant d'Auch. — Ch.-l. académique, Toulouse. Les tribunaux sont du ressort de la cour d'appel de Pau.— Ch.-l. d'arr. : Tarbes, Argelès, Bagnères-de-Bigorre. — III. -Orientales, dép. frontière et maritime, le plus méridional de France; doit son nom à sa situation sur la partie la plus orientale des Pyrénées; situé entre le dép. de l'Aude, de l'Ariège, le val d'Andorre, l'Espagne et la Méditerranée; formé d'une partie du Roussillon et de l'ancienne Cerdagne; 4,422 kil. carr.; 208,550 hab. Le pays qui forme ce dép. s'élève en amphithéâtre du rivage aux montagnes; il est partout élevé, excepté dans la vaste plaine de Perpignan. Le point culminant du dép. est le Puy-de-Carlitte (2,921 m.). Princ. cours d'eau : la Tet, le Tech, la Gly, l'Aude, l'Ariège, etc. La côte, depuis la limite du dép. de l'Aude jusqu'à la frontière espagnole, présente un développement d'environ 57 kil. Elle est découpée par le grau de l'étang de Leucate, l'embouchure du Tech, etc. On y trouve le port de Collioure, Port-

Vendres, le port de Banyuls, etc. Sol pierreux; peu de céréales; vins fins et ordinaires, oranges, grenades, mûriers, etc. Moutons mérinos; mules; pêcheries productives; fer, cuivre, plomb, granit, marbre. Nombreuses sources minérales (Vernet, la Preste, Vinça, Molitg, Amélie-les-Bains, etc.). — Ch.-l., Perpignan; 3 arr., 17 cant., 234 communes. Évêché à Perpignan, suffragant d'Albi; ch.-l. académique et judiciaire à Montpellier; ch.-l. d'arr. : Perpignan, Céret, Prades.

* **PYRÈTHRE** s. m. (gr. purethron; de pur, feu; aïthô, je brûle, à cause de sa saveur brûlante). Bot. Genre de composées sénécionidées, voisin des chrysanthèmes et comprenant une soixantaine d'espèces, dont la plus répandue, le pyrèthre rose (pyrethrum roseum), est une plante dont on mâche la racine pour exciter la salivation et soulager le mal de dents. Le pyrèthre de Willemot (pyrethrum Willemotti), originaire du Caucase, comme le précédent, fournit une poudre insecticide, que l'on obtient par la pulvérisation des capitules.

PYRÉTIQUE adj. (gr. puretos, fièvre). Qui appartient à la pyrexie.

PYRÉTOLOGIE s. f. (gr. puretos, fièvre; logos, discours). Traité des fièvres.

PYREXIE s. f. (gr. puretos, fièvre). État fébrile, fièvre.

PYRHÉLIOMÈTRE s. m. (gr. pur, feu; helios, soleil; metron, mesure). Phys. Instrument à l'aide duquel Pouillet a mesuré la quantité de chaleur envoyée par le soleil.

PYRIDINE s. f. Chim. Alcaloïde qui se produit dans la distillation sèche des os.

PYRIFÈRE adj. (lat. pyrum, poire; fero, je porte). Bot. Qui porte des fruits en forme de poire.

PYRIFORME adj. Qui est en forme de poire.

* **PYRIQUE** adj. Qui concerne le feu. Se dit de certains feux d'artifice qu'on fait jouer dans un lieu clos et couvert : spectacle pyrique.

* **PYRITE** s. f. (gr. pur, feu). Chim. Combinaison de soufre avec le fer ou le cuivre : pyrite de fer. — On appela d'abord pyrite le sulfure jaune de fer, parce qu'il donne du feu au choc de l'acier. On applique aujourd'hui ce nom, par extension, aux autres sulfures métalliques, et aussi à certains arséniures et à des composés doubles de métaux et de soufre. Il y a trois genres de pyrites de fer : le cubique, ou jaune, le marcite, ou blanc, et le magnétique. On emploie beaucoup les pyrites cubiques pour la fabrication de la couperose et de l'acide sulfurique et, en Suède, pour celle du soufre sublimé : on en exporte des quantités énormes d'Espagne en Grande-Bretagne. La pyrite de cuivre (calcopyrite de Dana) est le minerai de cuivre ordinaire de la Cornouaille, où l'on retire de 10,000 à 12,000 tonnes de cuivre de 150 à 160,000 tonnes de minerai. C'est un sulfure double de cuivre et de fer, ainsi composé : soufre, 34.9; cuivre, 34.6; fer, 30.5.

* **PYRITEUX, EUSE** adj. Minér. Qui est de la nature de la pyrite, qui contient de la pyrite.

PYRITIFÈRE adj. (fr. pyrite; lat. fero, je porte). Qui renferme de la pyrite.

PYRITIFORME adj. (fr. pyrite; et forme). Minér. Qui a la forme de la pyrite.

PYRITISER v. a. (rad. pyrite). Convertir en pyrite.

PYRMONT (pir-monnt), ville d'eaux de la principauté de Waldeck. (Allemagne), sur l'Emmer, à 55 kil. S.-O. de Hanovre. Sources thermales, bicarbonatées ou chlorurées sodiques; et beau palais. Capitale du comté de Pyrmont (7,588 hab.).

PYROBALISTIQUE adj. (préf. pyr; fr. balistique). Art. milit. Qui lance le feu.

PYROCHIMIE s. f. (préf. pyro; fr. chimie). Partie de l'ancienne chimie qui traitait du feu.

PYROÉLECTRICITÉ s. f. (préf. pyro; fr. électricité). Phys. Electricité développée au moyen de l'élévation de la température.

PYROGALLIQUE adj. (préf. pyro; fr. gallique). Chim. Se dit d'un acide provenant de la distillation sèche de l'acide gallique.

PYROGÈNE adj. (préf. pyro; gr. genos, naissance). Qui a été produit par le feu.

PYROGÉNÈSE s. f. (préf. pyro; gr. genesis, production). Phys. Production de la chaleur.

PYROGÉNÉSIQUE adj. Qui a rapport à la production de la chaleur.

PYROGNOSTIQUE adj. (préf. pyro; gr. gnôsis, connaissance). Chim. Se dit des essais faits au chalumeau pour reconnaître la nature des autres substances.

PYROÏDE adj. (préf. pyro; gr. eidos, aspect). Géol. Se dit des roches qui, par leurs caractères extérieurs, se rapprochent des minéraux ayant subi l'action du feu.

PYROLATRIE s. f. (préf. pyro; gr. latreuô, j'adore). Culte du feu.

PYROLÉIQUE adj. (préf. pyr; fr. oléique). Chim. Se dit d'un acide qui se produit dans la distillation de l'oléate de chaux.

* **PYROLIGNEUX** adj. (préf. pyro; fr. ligneux). Chim. N'est usité que dans cette expression, ACIDE PYROLIGNEUX, acide acétique qui tient en dissolution de l'huile empyreumatique, et qui est un des produits de la distillation du bois : les chimistes sont parvenus à purifier l'acide pyroligneux au point d'en faire un vinaigre que l'on sert sur les meilleures tables. — L'acide pyroligneux, appelé aussi vinaigre de bois, est un mélange composé des produits volatils de la distillation sèche des matières ligneuses, produits qui, lorsqu'on les purifie, donnent l'acide acétique, le naphte de bois, la créosote, le goudron, etc. Ses qualités antiseptiques l'ont fait employer pour la conservation des aliments. Les harengs, mis dans le sel pendant six heures, puis plongés pendant quelques secondes dans l'acide pyroligneux et séchés se conservent bien et gardent un agréable goût de fumée. L'acide pyroligneux est employé pour la préparation des pyrolignates (acétates impurs de différents métaux), dont les plus importants sont l'acétate de fer et le pyrolignate d'alumine, employés comme mordants par les teinturiers.

PYROLIGNITE s. m. Chim. Sel formé par la combinaison de l'acide pyroligneux avec une base.

PYROLUSITE s. f. (préf. pyro; gr. lusis, décomposition). Chim. Bioxyde de manganèse.

PYROMANCIE s. f. (préf. pyro; gr. manteia, divination). Divination par le moyen du feu.

PYROMAQUE adj. (préf. pyro; gr. makê, combat). Qui donne des étincelles par le choc du briquet.

* **PYROMÈTRE** s. m. (préf. pyro; gr. metron, mesure). Phys. Instrument qui sert à mesurer les dilatations produites par l'action du feu dans les corps solides. — Dans le sens le plus large, on appelle pyromètre tout instrument à l'aide duquel on détermine les degrés d'une chaleur plus grande que celle qui peut se mesurer au moyen des thermomètres ordinaires. Les pyromètres sont nécessaires pour déterminer l'intensité de la chaleur des fourneaux, et pour s'assurer des températures auxquelles les métaux se fon-

dent et les composés chimiques se forment ou se décomposent. Nous allons décrire les espèces de pyromètres que la pratique montre comme donnant les indications les plus sûres : le pyromètre de Daniell, le pyromètre à air et celui de Siemens. Le premier pyromètre basé sur la dilatation des corps solides semble avoir été inventé par Musschenbroek vers 1730. Son instrument, appelé pyromètre à

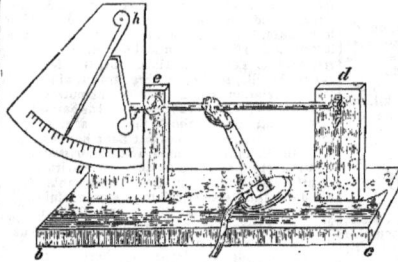

Fig. 1. — Pyromètre à levier.

levier (fig. 1) se compose d'une tige métallique fixée à une extrémité g et communiquant par l'autre extrémité avec un index qui multiplie le mouvement du dilatation produit par l'élévation de la température, quand on chauffe la tige. Dans notre figure, l'appareil est fixé, par deux solides montants d et e, sur une table a b c. En plaçant une lampe allumée sous la tige, on fait dilater celle-ci ; maintenue en g elle s'allonge en f, pousse le levier f, qui agit sur l'aiguille qui a son centre de mouvement en h et sa pointe sur un arc de cercle gradué. — Le pyromètre de Daniell, appelé par son inventeur pyromètre enregistreur se compose de deux parties, le registre et l'échelle. Le registre (fig. 2) est une barre de terre très cuite revêtue de mine de plomb, A, ayant une cavité

Fig. 2.

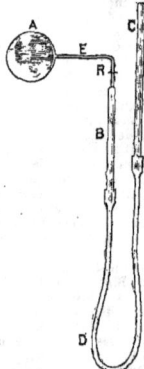

Fig. 3.

cylindrique qui contient une tige de platine ou de fer, a a, de 15 centim. de long. Sur le sommet de la barre repose une pièce de porcelaine cylindrique, c c, qui sert d'index. Elle est maintenue par un anneau ou bande de platine, d, qui passe autour du sommet du tube couvert de mine de plomb. Lorsque l'instrument est exposé à une haute température, la dilatation de la tige métallique, a a, pousse l'index en avant jusqu'à une distance égale à la différence qu'il y a entre la

quantité de dilatation de la verge métallique et celle de la barre à la mine de plomb, et, en refroidissant, la tige se retire, mais l'index conserve la même saillie qu'il vient d'acquérir. La supputation exacte de cette saillie se fait au moyen d'un autre index et d'une échelle Vernier que la figure ne montre pas. On compare l'échelle du pyromètre à celle du thermomètre à mercure, en observant la longueur de la dilatation entre deux points déterminés, tels que celui de la glace fondante et celui de l'ébullition du mercure. Comme le coefficient de dilatation n'est pas constant à des températures considérablement différentes, la graduation doit se faire en notant les indications à de hautes températures successives, dont les valeurs thermométriques ont été déterminées à l'aide d'un thermomètre à air. — Le pyromètre de Wedgwood, inventé par le potier de ce nom, est basé sur la propriété que possède l'argile de se contracter d'une manière permanente et de se durcir quand on l'expose à une haute température, parce qu'elle perd alors une partie de l'eau qu'elle contient. L'instrument se compose de deux règles métalliques fixées sur une plaque et formant une rainure dont les bords ne sont pas tout à fait parallèles. Une troisième règle, placée à côté des deux autres, constitue avec l'une des premières une nouvelle rainure dont la largeur maximum égale la largeur minimum de la première rainure. Dans cette dernière, qui est graduée, on fait glisser un petit cône d'argile desséchée, limé de façon à s'arrêter au zéro de la graduation ; on met ensuite ce cône d'argile dans le four dont on veut évaluer la température ; on le retire au bout d'un instant et, quand il est refroidi, on le fait de nouveau glisser dans la rainure de l'appareil ; il ne s'arrête plus devant le zéro ; les divisions du pyromètre font connaître de combien il s'est contracté, ce qui permet d'évaluer la température du four. Pouillet, Regnault et Jolly ont construit des pyromètres à air. Les coefficients de dilatation des gaz permanents, c'est-à-dire des gaz qu'on n'est pas parvenu à liquéfier par la pression ou par le froid, sont pratiquement les mêmes à des températures différentes. C'est sur cette propriété que se fondent ces pyromètres. Le plus simple et le plus commode est celui de Jolly. Une sphère creuse en porcelaine dure (le platine est perméable aux gaz à de hautes températures), A, fig. 3, communique par un tube capillaire E avec le tube en verre, vertical et fixe, B. Ce tube B communique avec le tube en verre, non fermé, C, par le tube en caoutchouc D. Les tubes B et C et le tube de caoutchouc qui les relie, contiennent du mercure. Le tube C se meut de haut en bas dans une direction verticale, et emporte avec lui le tube de caoutchouc D; ainsi la surface du mercure en B peut toujours être amenée à coïncider avec une marque R, gravée sur le tube capillaire E; de sorte qu'on observe toujours le même volume d'air en A et E après qu'il a été chauffé à une température quelconque. La hauteur au-dessus de R du mercure en C se lit sur des échelles faites en traçant des lignes sur l'étamage des morceaux de miroirs placés derrière les tubes C et R. — Le pyromètre de Siemens se base sur la résistance électrique. La mesure absolue de la résistance électrique s'obtient au moyen d'une bobine de fil métallique capable de résister à des chaleurs considérables sans se détériorer par la fusion ou l'oxydation. Le platine est le seul métal qui convienne et il demande à être protégé extérieurement. On enroule un fil délié de platine sur un cylindre de porcelaine dure et très cuite. Le cylindre de porcelaine est percé deux fois dans sa longueur pour donner passage à deux gros fils conducteurs de platine qui communiquent à l'extrémité avec le fil délié roulé en spirale. Dans la partie supérieure du cylindre de porcelaine, les deux fils forment une boule longitudinale, et sont rattachés l'un à l'autre par une vis en platine, laquelle est mobile, de manière à ajuster la résistance électrique au zéro de l'échelle centigrade. Le cylindre de porcelaine est pourvu de rebords en saillie qui séparent le fil en spirale du tube protecteur de platine qui l'entoure, lequel se joint à un tube plus long en fer forgé, qui sert de manche pour mouvoir l'instrument. Si la température à mesurer n'excède pas une chaleur à blanc modérée, soit 4,300°, il suffit de faire aussi le tube protecteur inférieur en fer forgé, pour éviter la dépense. C'est cette portion inférieure seulement, jusqu'à l'élargissement conique du tube de fer, qui doit être exposée à la chaleur que l'on veut mesurer. — La méthode de Pouillet consiste à mesurer des températures élevées en chauffant de l'eau avec du platine ou un autre métal rougis. Après avoir chauffé à la température que l'on veut mesurer une masse de métal, on plonge immédiatement celle-ci dans une masse d'eau. Connaissant le poids du métal et sa chaleur spécifique et le poids de l'eau, ainsi que ses températures avant et après l'immersion du métal, on peut apprécier algébriquement la température cherchée.

PYROPHONE s. m. (gr. *pur*, feu; *phoné*, son). Instrument de musique inventé, en 1873, par Frédéric Kastner, de Paris, dans lequel les tons sont produits par des flammes d'hydrogène ou de gaz d'éclairage, qui brûlent dans des tubes de grosseur et de longueur différentes, disposés d'une manière analogue à ceux de l'orgue pneumatique ordinaire.

PYROPHORE s. m. (préf. *pyro*; gr. *phoros*, qui porte). Préparation chimique qui a la propriété de s'enflammer à l'air : *le pyrophore s'obtient en calcinant l'alun avec l'amidon*. — La propriété de s'enflammer à l'air est possédée par plusieurs substances et mélanges d'une préparation spéciale. L'effet est produit par la combinaison rapide de cette substance avec l'hydrogène. On fait un excellent pyrophore en calcinant dans un creuset fermé 6 parties de noir de fumée et 11 parties de sulfate de potasse; le produit est un mélange de carbone et de sulfure de potassium. — ᴧᴧ Entom. Genre de coléoptères

Pyrophore cucuyo (Pyrophorus noctilucus).

serricornes, tribu des élatérides, composé d'une soixantaine d'espèces d'insectes de l'Amérique du Sud, portant de chaque côté du prothorax des tubercules d'un jaune ardent qui jettent dans l'obscurité un vif éclat phosphorescent. Ces mouches lumineuses, comme on les appelle, sont très recherchées, parce que deux ou trois réunies éclairent autant qu'une bougie. Les femmes les placent le soir dans leurs cheveux; et les indigènes, quand ils voyagent la nuit, en fixent à leurs chaussures pour éclairer leur marche. Les Indiens les nomment *cucuyos*, d'où les Espagnols ont fait *cucujo*. L'une des plus grosses et des plus brillantes espèces est le *pyrophore cucuyo* (*pyrophorus noctilucus*), long de 3 cen-

tim. Il porte 2 tubercules ovales, lumineux, sur la surface dorsale du thorax et sous la surface des segments du corps.

PYROPNEUMATIQUE adj. (préf. *pyro*; gr. *pneuma*, vent). Mécan. Qui fonctionne au moyen de l'air chaud.

* **PYROSCAPHE** s. m. (préf. *pyro*; gr. *scaphé*, bateau). Mar. Bateau à vapeur.

PYROSCOPE s. m. (préf. *pyro*; gr. *skopeô*, j'examine). Instrument servant à indiquer que la température a atteint un degré déterminé.

PYROSIS s. m. (rad. *pur*, *puros*, feu). Pathol. Affection caractérisée par une douleur brûlante ressentie à l'épigastre et accompagnée de la régurgitation d'une plus ou moins grande quantité de sérosité âcre ou insipide, produisant dans l'œsophage et le pharynx une sensation de brûlure et d'érosion.

PYROSTAT s. m. (préf. *pyro*; lat. *status*, état). Appareil qui sert à régler la quantité de chaleur.

PYROTARTRIQUE adj. (préf. *pyro*; fr. *tartrique*). Chim. Se dit d'un acide qui se produit par l'action de la chaleur sur l'acide tartrique et de divers corps qui résultent de cet acide.

* **PYROTECHNIE** s. f. (préf. *pyro*; gr. *tekné*, art). Art de se servir du feu : *la pyrotechnie chirurgicale*. — Se dit plus communément en parlant des feux d'artifice : *il entend bien la pyrotechnie*. — PYROTECHNIE MILITAIRE, art de préparer les bombes, les grenades, les fusées de guerre, etc. — ÉCOLE DE PYROTECHNIE. (Voy. *Militaire*.)

PYROTECHNIQUE adj. Qui appartient à la pyrotechnie.

PYROTIQUE adj. (gr. *purôtikos*). Qui cautérise.

PYROXANTHINE s. f. (préf. *pyro*; fr. *xanthine*). Substance qui résulte de l'action de la potasse sur le goudron de bois.

* **PYROXÈNE** s. m. (préf. *pyro*; gr. *xénos*, étranger). Minér. Sorte de silicate qui se trouve dans les produits volcaniques.

PYROXÉNITE s. f. Espèce de porphyre magnésien.

PYROXYLE s. m. (préf. *pyro*; gr. *xulon*, bois). Chim. Synon. de PYROXYLINE.

PYROXYLINE s. f. Chim. Nom donné à la classe de substances détonantes produites par l'action de l'acide nitrique concentré sur la cellulose de coton, de chanvre, de papier, de sciure de bois, etc. Sa force est de beaucoup supérieure à celle de la poudre à canon. D'après les meilleures formules modernes, c'est une trinitro-cellulose, $C^6H^7(NO^2)^3$ O^5. Les gaz acides et aqueux qui s'en dégagent ont empêché de s'en servir dans l'artillerie; elle est hygroscopique, sujette à une décomposition spontanée, amenant parfois des explosions qui rendent dangereuses ses manipulations. (Voy. POUDRE-COTON.)

PYROXYLIQUE adj. Se dit d'un acide connu sous les noms d'esprits pyroligneux et d'éther pyroligneux, d'esprit ou naphte de bois, d'alcool méthylique, d'hydrate de méthyle, etc. — C'est un liquide spiritueux, non produit par la fermentation, mais formant un des éléments les plus volatils de l'acide pyroligneux, d'où on l'obtient en purifiant cet acide par la distillation. Formule : CH⁴ O.

PYRRHA. (Voy. DEUCALION.)

* **PYRRHIQUE** adj. f. N'est usité que dans cette expression, LA DANSE PYRRHIQUE, ou LA PYRRHIQUE, danse militaire, inventée, dit-on, par Pyrrhus, fils d'Achille.

PYRRHON, philosophe grec, né dans l'Elide, vers 360, mort vers 270 av. J.-C. Il était peintre et poète. Ami d'Anaxarque, il prit part

sous ses auspices, à l'expédition d'Alexandre le Grand en Orient. Après la campagne de l'Inde, il revint en Elide, où il fut fait grand-prêtre. Il professait que l'impassibilité de la vertu était le but le plus élevé de la vie, et que la vérité, au point de vue scientifique, est inaccessible. Il ne développa ses vues que par la parole. Ses disciples, les sceptiques, étaient connus sous le nom de pyrrhoniens.

* **PYRRHONIEN, IENNE** adj. Qui appartient à une école de philosophes, dont Pyrrhon était le chef, et où l'on faisait profession de douter des choses les plus certaines : *la secte pyrrhonienne*. — Se dit, par ext., de quiconque doute ou affecte de douter des choses que les autres regardent comme les plus certaines : *cet homme est pyrrhonien*. — s. *C'est un franc pyrrhonien*.

* **PYRRHONISME** s. m. Doctrine de Pyrrhon et de ses disciples; habitude ou affectation de douter de tout : *pyrrhonisme en matière de religion*.

PYRRHUS (pir-russ), fils d'Achille. Voy. NÉOPTOLÈME.

PYRRHUS, roi d'Epire, né vers 318, mort en 272 av. J.-C. Il était fils d'Æacides et de Phthia, et allié à la famille royale de Macédoine. Son père ayant été détrôné, Pyrrhus fut élevé par Glaucias, roi des Taulantiens, qui le rétablit sur le trône. Chassé par les Epirotes, il reconjut son royaume avec l'aide de Ptolémée, roi d'Egypte. Il prit alors le parti d'Alexandre, fils de Cassandre, dans sa querelle avec son frère Antipater, et le mit sur le trône de Macédoine, ce qui lui valut un considérable agrandissement de territoire. Démétrius Poliorcète ayant mis Alexandre à mort et s'étant fait couronner à sa place, des hostilités éclatèrent entre lui et Pyrrhus (288), qui ne tarda pas à être conclue. Le roi d'Epire entra ensuite dans l'alliance formée contre Démétrius par Seleucus, Ptolémée et Lysimaque, et eut pour sa part une portion de la Macédoine, dont les habitants le chassèrent peu après. En 280, il alla en Italie, soutenir les Grecs contre les Romains. Une tempête dispersa sa flotte et il n'arriva à Tarente qu'avec une petite partie de son armée. Il battit le général romain, M. Valerius Lævinus, sur le Siris (auj. Sinno), mais y perdit un grand nombre de ses meilleurs soldats. Il envoya alors Cinéas à Rome pour faire la paix; mais le sénat romain s'y refusa, et Pyrrhus arriva jusqu'à 38 kil. de Rome, en ravageant tout sur son passage. Une armée romaine, revenue d'Etrurie, l'obligea à battre en retraite. Il reprit la campagne au printemps de 279, et gagna encore une victoire chèrement disputée à Asculum. Il passa ensuite en Sicile pour en chasser les Carthaginois et remporta tout d'abord tant de succès, qu'ils offrirent comme condition de paix de lui prêter assistance contre les Romains. Il rejeta cette proposition et revint en Italie en 276. En 275, il fut mis en déroute près de Bénévent par Curius Dentatus, et obligé de retourner en Epire. En 273, il envahit la Macédoine, et en prit de nouveau possession. En 272, il entra en Laconie, mais il fut tué peu après au milieu d'une émeute fortuite dans les rues d'Argos.

PYRROL s. m. (gr. *purros*, roux). Substance qui rougit le sapin et qui s'extrait du goudron de houille.

PYTHAGORE (gr. *Pythagoras*), philosophe grec, né à Samos vers 580, mort vers 500 av. J.-C. Il voyagea pendant 30 ans, dit-on, pour acquérir toute la science de son temps, et surtout les doctrines ésotériques des prêtres touchant le culte des dieux. Il acquit en Egypte, sans doute, ses profondes connaissances en géométrie. Il passa quelques-unes de ses dernières années à Crotone, dans la grande Grèce, où il gagna l'aristocratie à ses projets de réforme morale et religieuse. Les écrits que l'on a sous le nom de Pythagore sont certainement apocryphes. C'est dans les ouvrages d'Aristote qu'on trouve les renseignements les plus précis sur ses doctrines. Elles sont en substance : que l'essence de toute chose repose sur des rapports numériques ; que les nombres sont le principe de tout ce qui existe, et que le monde subsiste grâce à l'ordre rhythmique de ses éléments. L'essence du nombre est l'unité qui est en même temps nombre pair et impair et qui contient en elle le germe de tout l'univers. Elle est à la fois la forme et la substance de toute chose, identique avec la divinité. L'univers est un tout harmonieux, consistant en dix grands corps tournant autour d'un centre commun. Ce centre est le soleil où siège Jupiter, le principe de la vie et l'objet le plus parfait de la nature. Les astres sont des divinités, et tous les êtres animés sont apparentés à la déité. Les âmes des hommes sont des nombres en mouvement, des particules de l'âme universelle, qui poursuivent une série de migrations à travers des corps successifs. Le bien moral s'identifie avec l'unité ; le mal avec la multiplicité ; la vertu est l'harmonie de l'âme et sa similitude avec Dieu. Le but de la vie est de se mettre en harmonie avec le bel ordre de l'univers. La tendance du pythagorisme était l'ascétisme.

* **PYTHAGORICIEN, IENNE** adj. Qui appartient à une école de philosophes, dont Pythagore était le chef et dont il avait formé une sorte de corporation monastique vouée à des pratiques austères : *la secte pythagoricienne*. On dit quelquefois : *la doctrine pythagoricienne*. — s. *Les pythagoriciens croyaient à la métempsycose*.

* **PYTHAGORIQUE** adj. Qui se rattache à Pythagore, à son école ou à ses doctrines.

* **PYTHAGORISME** s. m. Doctrine de Pythagore : *l'Italie méridionale fut le berceau du pythagorisme*.

PYTHÉAS [pi-té-ass], navigateur grec de Marseille, qui florissait vers l'âge d'Alexandre le Grand. Il fit, dit-on, deux voyages, dans l'un desquels il visita la Grande-Bretagne et Thulé ; dans l'autre, il longea les côtes occidentales et septentrionales de l'Europe. Il

a écrit deux livres, dont l'un était probablement le récit de son premier voyage, et l'autre, intitulé *Périple*, celui de son second. Polybe et Strabon traitent avec mépris les assertions de Pytéas ; mais, dans les temps modernes, il est devenu évident que c'était un hardi navigateur et un sagace observateur. Il reste encore quelques fragments de ses œuvres, recueillis et publiés par Arwedson (Upsal 1824, in-8°), et par Schmeckel (Mersebourg, 1848, in-4°). (Voy. J. LELEWEL, *Pythéas de Marseille*, Paris, 1837, in-8°).

PYTHIAS [pi-ti-ass]. Voy. DAMON ET PYTHIAS.

* **PYTHIE** s. f. (gr. *puthia*; de *puthôn*, le serpent Python; parce que le dieu Apollon, après avoir tué ce serpent, mit sa peau sur le trépied prophétique). Antiq. Nom que les Grecs donnaient à la prêtresse de l'oracle d'Apollon à Delphes : *la pythie sur son trépied*. (Voy. DELPHES.)

* **PYTHIEN, IENNE** adj. Qui a rapport à la Pythie. — APOLLON PYTHIEN, Apollon vainqueur du serpent Python. — JEUX PYTHIENS. l'une des quatre grandes fêtes nationales de la Grèce, célébrée à Delphes, laquelle s'appelait à l'origine Pytho, à cause du serpent Python tué non loin de là par Apollon. Ces jeux semblent avoir duré aussi longtemps que les jeux Olympiques ou jusqu'aux environs de l'an 394 av. J.-C. Ils se célébraient dans la plaine de Crissæa, d'abord une fois tous les huit ans ; mais, plus tard, après que les amphictyons en eurent pris l'administration, dans la 48° olympiade, ils eurent lieu une fois tous les quatre ans. Il y avait d'autres jeux pythiens d'une moindre importance, qui se célébraient en divers endroits de la Grèce, de l'Asie Mineure et de l'Italie, dans les lieux où était établi le culte d'Apollon.

* **PYTHIQUES** adj. pl. Antiq. Nom des jeux qui se célébraient tous les quatre ans à Delphes en l'honneur d'Apollon, surnommé PYTHIEN. On dit aussi, LES JEUX PYTHIENS.

* **PYTHON** s. m. Genre de reptiles ophidiens comprenant cinq espèces de gros serpents non venimeux qui habitent les régions tropicales de l'ancien monde, où ils représentent les boas du nouveau monde. Les pythons vivent dans les lieux boisés, où ils se nourrissent

de jeunes mammifères (gazelles, cerfs, etc.), qu'ils guettent, enroulés à quelque branche d'arbre, près des lieux où ces animaux viennent se désaltérer. Après avoir écrasé leur proie dans leurs vigoureux anneaux, ils l'enduisent d'une bave gluante, la pétrissent en une masse cylindrique, allongée, et finissent par l'avaler. Leur digestion dure deux ou trois semaines. La femelle des pythons se distingue par le soin qu'elle prend de ses œufs, qu'elle réunit ensemble et qu'elle couvre de son corps pour les couver. L'espèce principale est le *python molure* (*python molurus*), répandu dans l'Inde, à Java et à Sumatra ; il a le dessus du corps jaune avec

Python femelle couvant ses œufs.

une série de taches brunes quadrangulaires ; le dessous de son corps est blanc. On dit qu'il atteint jusqu'à 10 m. de long, 1 m. de circonférence et qu'il est de force à broyer un bœuf. Il y a en Afrique le *python de Seba* (*python Sebæ*) qui atteint 3 ou 4 m. de long.

PYTHON. Mythol. gr. Fameux serpent produit par le limon de la terre après le déluge de Deucalion. Il s'était retiré dans les grottes du Parnasse et fut tué par Apollon.

* **PYTHONISSE** s. f. Antiq. La pythie de Delphes ; et, par ext., toute femme qui se mêlait de prédire l'avenir : *Saül consulta la pythonisse*.

PYXIDE s. f. [pi-ksi-de] (gr. *puxis*, bois). Lit. cathol. Sorte de petit ciboire dans lequel on peut placer des hosties consacrées.

Q

Q   QUAD   QUAD

* **Q** s. m. [ku ou ke], dix-septième lettre et treizième consonne de l'alphabet français : *un grand Q* ; *un petit q*. — Q, ne s'écrit jamais sans être suivi d'un U, si ce n'est dans quelques mots où il est final, tels que *Coq*, *cinq*. Les deux lettres QU se prononcent comme s'il n'y avait qu'un simple K, excepté dans les mots qui seront indiqués ci-après. — Cette lettre correspond au *koph* des Hébreux et des Phéniciens ; elle ne se trouve ni dans le grec, ni dans l'ancien latin. Elle fut introduite dans le latin à une époque relativement récente ; mais Varron et plusieurs autres grammairiens la rejetèrent comme superflue.

QUADR, Quadri, Quadru [koua-] (lat. *quatuor*, quatre), préfixe qui entre dans la formation d'un certain nombre de mots ; QUADRIFLORE (à quatre fleurs) ; QUADRILOBÉ (à quatre lobes) ; QUADRIVALVE (à quatre valves), etc.

* **QUADRAGÉNAIRE** adj. [koua-] (rad. lat. *quadrageni*, quarante). Qui contient quarante unités : *le nombre quadragénaire*. — Qui est âgé de quarante ans : *un homme, une femme quadragénaire*. — s. *Un quadragénaire*. (Peu us.)

* **QUADRAGÉSIMAL, ALE, AUX** adj. [kouar]. Appartenant au carême. N'est usité que dans

ces locutions : *jeûne quadragésimal* ; *abstinence quadragésimale*.

* **QUADRAGÉSIME** s. f. [koua-dra-jè-zi-me] (lat. *quadragesima*). Il n'est usité que dans cette phrase, LE DIMANCHE DE LA QUADRAGÉSIME, le premier dimanche de carême.

QUADRAGESIMO adv. lat. Quarantièmement.

* **QUADRANGLE** s. m. [koua-] (lat. *quatuor*, quatre ; fr. *angle*). Géom. Figure qui a quatre angles.

* **QUADRANGULAIRE** adj. [koua-] Géom. Qui a quatre angles : *figure quadrangulaire*.

QUADRANT s. m. [koua-] (lat. *quadrans*, quart). La quatrième partie du cercle, ou arc de 90°, et, par suite, instrument employé pour mesurer les angles d'un plan. L'usage des quadrants s'appliquait surtout aux observations astronomiques, particulièrement dans la navigation, pour déterminer la hauteur du soleil sur le méridien, et, par conséquent, la latitude où se trouve l'observateur. On en a construit de beaucoup de formes et de diverses dimensions, suivant les différents usages auxquels on les destine. Mais, aujourd'hui, ils n'ont plus qu'un intérêt historique, le sextant ou cercle entier les ayant remplacés tout à fait.

* **QUADRAT** adj. m. [koua-]. Astrol. N'est usité que dans cette locution, QUADRAT ASPECT, position de deux planètes, éloignées l'une de l'autre de quatre-vingt-dix degrés ou d'un quart de cercle. Il est vieux. (Voy. QUADRATURE.)

* **QUADRAT** s. m. [koua-]. Impr. Voy. CADRAT.

* **QUADRATIN** s. m. Impr. Voy. CADRATIN.

QUADRATIQUE adj. [koua-] (lat. *quadratus*). Qui est relatif au carré.

* **QUADRATRICE** s. f. [koua-]. Géom. Courbe inventée par les anciens pour parvenir à la quadrature approchée du cercle : *la quadratrice de Dinostrate.*

* **QUADRATURE** s. f. [koua-]. Géom. Réduction géométrique de quelque figure curviligne à un carré équivalent en surface : *la quadrature des courbes.* — Astron. Aspect de deux astres, quand ils sont éloignés l'un de l'autre d'un quart de cercle : *au premier et au troisième quartier, la lune est en quadrature avec le soleil.* — ENCYC. Il n'y a pas, en mathématique, de problème qui ait excité un intérêt aussi grand que celui de la quadrature du cercle. Comme la superficie d'un cercle est égale à celle d'un triangle rectangle dont la hauteur est le rayon du cercle et dont la base est la circonférence du cercle, et, comme le côté d'un carré d'une superficie égale est le moyen entre la hauteur et la moitié de la base du triangle, le problème serait résolu si le rapport de la circonférence avec le rayon était parfaitement mesurable. Archimède entreprit cette solution en calculant la périphérie de deux polygones d'un grand nombre de côtés, l'un circonscrit et l'autre inscrit au cercle. Ceci donne le rapport du diamètre à la circonférence entre 4 : 3 $\frac{1}{7}$ et 4 : 3 $\frac{10}{71}$. Les Hindous arrivèrent de bonne heure à la proportion 4,250 : 3,927, ou 3,1416, qui est plus exacte. Ptolémée donne 3,141552 qui l'est moins. Dans les temps modernes, les Hollandais Peter Metius, dont les travaux furent publiés par son fils Adrien Metius, se rapprocha de la vérité. En calculant sur les polygones d'environ 1,536 côtés, il trouva que la proportion était un peu inférieure à 3 $\frac{17}{119}$ et un peu supérieure à 3 $\frac{16}{102}$; il en arriva, après des calculs ardus, au rapport suivant, admis en pratique : 113 : 355. L'erreur contenue dans cette expression se trouve être, pour un cercle de 3,000 kil. de circonférence, de moins de 35 centim. Un autre Hollandais, Ludolph van Keulen, poussa, vers le même temps (4590), le calcul jusqu'à 36 chiffres, qui sont gravés sur sa tombe, à Leyde. Les voici :

3,141592653589793238462643383279502689.

Le dernier chiffre est trop fort, et 8 serait trop petit. En 1853, un M. Shanks atteignit jusqu'à 607 décimales. Lorsqu'on vit évidemment que l'expression arithmétique était impossible, on essaya une construction géométrique; mais on admet généralement aujourd'hui que celle-ci est également impraticable.

* **QUADRATURE** s. f. [ka-]. Voy. CADRATURE.

* **QUADRIENNAL** adj. Voy. QUATRIENNAL.

* **QUADRIFIDE** adj. [koua-] (préf. *quadri*; lat. *findere*, fendre). Bot. Qui a quatre divisions : *calice quadrifide.*

* **QUADRIGE** s. m. [koua-] (préf. *quadri*; lat. *agere*, conduire). Antiq. Char monté sur deux roues, et attelé de quatre chevaux de front, dont l'usage passa aux jeux Olympiques aux autres jeux solennels de la Grèce et de l'Italie.

* **QUADRIJUMEAUX** adj. m. pl. [koua-] (préf. *quadri*; fr. *jumeau*). Anat. Ne s'emploie que dans cette expression, TUBERCULES QUADRIJUMEAUX, éminences de la moelle allongée au nombre de quatre.

* **QUADRILATÉRAL, ALE, AUX,** adj.[koua-] (préf. *quadri*; fr. *latéral*). Qui a quatre côtés.

* **QUADRILATÈRE** s. m. [koua-]. Géom. Figure qui a quatre côtés : *les côtés d'un quadrilatère.* — HIST. On donne le nom de *quadrilatère* aux quatre grandes forteresses autrichiennes du N. de l'Italie; c'étaient Peschiera, Mantoue, Vérone et Legnago. Le quadrilatère fut cédé à l'Italie en oct. 1866. — On appelait *quadrilatère turc*, les quatre places fortes de Shumla, Varna, Rustchuk et Silistrie, qui font partie de la Bulgarie.

QUADRILATÈRE adj. Qui a quatre côtés : *autel quadrilatère.* On dit mieux, QUADRILATÉRAL.

* **QUADRILLAGE** s. m. [ka-]. Assemblage de carreaux.

* **QUADRILLE** s. f. [ka-dri-ieu; *ll* mll.]. Troupe de chevaliers d'un même parti dans un carrousel : *la première quadrille était magnifiquement vêtue* — s. m. Chaque groupe de quatre danseurs et de quatre danseuses, qui figurent dans les ballets, dans les grands bals, et qui se distingue des autres groupes par un costume particulier. — Se dit de plusieurs couples en nombre pair qui exécutent des contredanses dans un bal. — Se dit aussi d'un certain nombre de morceaux de musique correspondant aux figures qu'on exécute dans une contredanse. — Nom que l'on donne ordinairement à la contredanse : *danser un quadrille.* — Le quadrille ou contredanse se compose de cinq figures : *pantalon, été, poule, pastourelle* ou *trénitz* et *finale.* Le quadrille est d'origine française.

* **QUADRILLE** s. m. Espèce de jeu d'ombre qui se joue à quatre : *faire un quadrille.*

* **QUADRILLÉ, ÉE** adj. Qui est à carreaux : *une étoffe quadrillée.* — PAPIER QUADRILLÉ, papier réglé en petits carrés.

QUADRILLER v. a. Faire des carrés.

* **QUADRINÔME** s. m. [koua-] (préf. *quadri*; gr. *nomos*, loi). Algèb. Expression algébrique composée de quatre termes.

QUADRIPARTI, IE adj. (préf. *quarti*; lat. *partitus*, divisé). Bot. Qui est divisé en quatre parties par des incisions aiguës et profondes.

QUADRIRÈME s. m. Navire à quatre rangs de rames.

QUADRIVALENT adj. Qui vaut quatre fois. (Voy. CHIMIE.)

* **QUADRIVIUM** s. m. [koua-dri-vi-omm] (lat. *quadrivium*, carrefour, lieu où aboutissent quatre rues). Partie de l'enseignement qui comprenait l'arithmétique, la musique, la géométrie et l'astronomie réunies sous le nom des quatre arts mathématiques.

* **QUADRUMANE** [koua-] (préf. *quadru*; lat. *manus*, main), adj. Hist. nat. Se dit des animaux qui ont des mains comme l'homme et des pieds conformés comme des mains : *les animaux quad-umanes.* — Substantiv. Les quadrumanes. — ENCYCL. Les quadrumanes forment une division des mammifères, qui embrasse les lémurs et les singes, et qui forme l'ordre le plus élevé de la sous-classe des *gyrencephala* d'Owen; ils sont ainsi appelés à cause de la structure de leurs quatre extrémités qui sont généralement propres à la préhension. Huxley a soutenu dernièrement le rétablissement de l'ancien terme de Linné, *primates* (à l'exclusion des *chéi-optera*, comme plus conforme à la véritable nature des affinités de structure, et les vues ont été soutenues par Saint-George Mivart. On a divisé cet ordre en trois familles : les *strepsirrhini*, les *platyrrhini*, et les *catarrhini.* Les *strepsirrhini* (lémurs, aye-aye, loris, galagos, potos et indris) constituent la famille la moins élevée de l'ordre, et habitent les parties de l'Afrique, Madagascar, et quelques-unes des îles asiatiques. Ils ont pour caractères distinctifs, des narines contournées, et la présence d'une griffe au second doigt du pied. Les *platyrrhini* (singes d'Amérique) se distinguent des *catarrhini* (singes de l'ancien monde) par plusieurs caractères bien marqués, dont le plus notable est le grand développement du septum nasal. On a divisé les *catarrhini* en deux sous-familles, les *cynomorpha* et les *anthropomorpha.* Les premiers (babouins, macaques, etc.), qui sont essentiellement quadrupèdes, possèdent tous des callosités ischiales, et, dans la plupart des cas, des abajoues, servant de dépôt temporaire aux aliments. Les autres comprennent les singes anthropoïdes, qui, comme le gorille, prennent une attitude à demi droite. Le crâne, chez les quadrumanes, présente des divergences extraordinaires. Il prend rarement la forme arrondie qu'on observe dans l'homme, à cause de la taille disproportionnée de la face comparée à celle de la boîte cérébrale. Il n'y a pas de cas où la grosseur absolue du cerveau approche chez eux celle d'un homme. Les quadrumanes se trouvent en grand nombre dans les régions tropicales des deux hémisphères. Les *catarrhini* habitent presque tout le continent africain, une grande partie de l'Asie méridionale, et la plupart des îles de l'archipel Indien.

* **QUADRUPÈDE** adj. [koua-] (préf. *quadru*; lat. *pes, pedis*, pied). Qui a quatre pieds. Ne se dit que des animaux : *parmi les animaux quadrupèdes, il y en a de féroces et de domestiques.* — s. m. *un grand, un petit quadrupède.*

* **QUADRUPLE** s. m. [koua-] (lat. *quadruplex*). Quatre fois autant : *mon jardin est le quadruple du vôtre.* — Double pistole d'Espagne : *quadruple qui n'est pas de poids.* — Pièce de quatre louis, qui n'a jamais eu cours forcé. — Adj. *Payer une amende quadruple de la somme retenue indûment.* — Mus. QUADRUPLE CROCHE, note de musique qui vaut d'une croche, ou la moitié d'une double croche.

* **QUADRUPLER** v. a. Prendre quatre fois le même nombre : *il n'avait que mille francs de rente, il en a quatre mille; il a quadruplé son revenu.* — v. n. Être augmenté au quadruple : *son bien a quadruplé depuis qu'il s'est mis dans le commerce.*

* **QUAI** s. m. [kè]. Levée ordinairement revêtue de pierres de taille, et faite le long d'une rivière, entre la rivière même et les maisons, pour rendre le chemin plus commode, et pour empêcher le débordement de l'eau : *un quai revêtu de pierres de taille.* — Rivage d'un port de mer, qui sert pour la charge et la décharge des marchandises : *il y a dans les ports de commerce un officier appelé maître de quai, qui est chargé de la police du port.* — Berge, dans un embarcadère de chemin de fer.

* **QUAIAGE** s. m. Voy. QUAVAGE.

* **QUAICHE** s. f. [kè-]. Mar. Petite embarcation des mers du Nord : *la quaiche est mâtée en fourche comme le yacht.*

* **QUAKER** ou **QUACRE** s. m. [koua-krè] (angl. *quaker* [koué-'k'r], trembleur). Nom d'une secte religieuse établie principalement en Angleterre et dans les États-Unis d'Amérique. On dit au féminin QUAKERESSE. — La secte chrétienne des *quakers* ou *friends* (amis) fut fondée en Angleterre par George Fox, vers le milieu du XVIIᵉ siècle. Les *quakers* furent d'abord connus sous le nom de « professeurs de lumière » ou sous celui d' « enfants de la lumière » ; mais ils adoptèrent bientôt le titre de *Société des amis*, qu'ils ont toujours conservé depuis. Celui de *quakers*, sous lequel ils sont universellement connus, mais qu'ils n'acceptent pas, leur fut imposé par le peuple, parce que George Fox, dans ses prédications en plein air, sommait ses auditeurs d'avoir à trembler (*to quake*) au seul nom du Seigneur. Fox dénonçait l'insuffisance de toutes les formes existantes de religion ; établissait que l'office des prêtres, étant devenu un métier, il ne fallait plus de prêtres payés ; affirmait l'égalité et la fraternité des hommes, tutoyait tout le monde, sans égard pour le rang ; ne se découvrait devant personne ; considérait toute forme de serment comme une violation du 2ᵉ commandement de Dieu. Il trouva de nombreux adeptes, dont les deux plus éminents furent William Penn et Robert Barclay. (Voy. PENN et BARCLAY.) A peine née, la secte nouvelle eut à subir des persécutions ; il y eut un moment où plus de 4,000 quakers étaient en prison. Amenés devant les juges, ils refusaient de prêter serment, et étaient, pour ce fait, invariablement condamnés. Tous leurs biens furent saisis, parce qu'ils ne voulaient pas payer d'impôts ; de plus, ils soulevèrent à colère de leurs concitoyens en prêchant l'abolition du service militaire et des guerres, comme contraires à l' « amour universel ». Leur situation devenant intolérable en Angleterre, ils émigrèrent en grand nombre et se rendirent en Amérique ; là encore, ils furent poursuivis de la haine générale. Conservant scrupuleusement un costume semblable à celui que portaient les premiers « Amis », ils se désignaient eux-mêmes par railleries ; mais ils ont abandonné depuis longtemps les vêtements du XVIIᵉ siècle. Peu à peu, on cessa de les persécuter. En 1696, les tribunaux anglais furent autorisés à ne plus exiger le serment des quakers et à se contenter de leur « solennelle affirmation » ; mais trois ans plus tard, « un ami », nommé Archdale, ayant été élu au parlement, ne put s'y faire admettre, faute de serment. Le premier quaker admis au parlement après « affirmation » fut Joseph Pease (13 fév. 1833). Les quakers sont aujourd'hui au nombre d'environ 15,000 en Angleterre ; on n'en compte pas moins de 100,000 aux États-Unis. On peut évaluer à 50,000 le nombre de ceux qui habitent les autres pays du globe.

QUAKERISME s. m. Doctrine des quakers.

QUALIFIABLE adj. [ka-]. Qui peut être qualifié.

* **QUALIFICATEUR** s. m. [ka-]. Nom qu'on donne, en Espagne et en Italie, aux théologiens chargés de déterminer par leur avis la nature, la qualité, le genre et le degré d'un crime quelconque déféré à un tribunal ecclésiastique, et d'examiner les livres mis à l'index et les propositions dénoncées : *qualificateur du saint-office.*

* **QUALIFICATIF, IVE** adj. Gramm. Qui qualifie : *l'adjectif est un nom qualificatif.*

* **QUALIFICATION** s. f. Attribution d'une qualité, d'un titre : *cette proposition a été qualifiée de téméraire.*

* **QUALIFIÉ, ÉE** part. passé de QUALIFIER. — UNE PERSONNE QUALIFIÉE, une personne de qualité. IL EST QUALIFIÉ, FORT QUALIFIÉ, il est de qualité, de grande qualité. LES PERSONNES LES PLUS QUALIFIÉES D'UNE VILLE, les personnes les plus considérables. — Jurispr. CRIME QUALIFIÉ.

* **QUALIFIER** v. a. Marquer de quelle qualité est une chose, une proposition, une action : *la Sorbonne condamna cette proposition, et la qualifia d'erronée, d'impie.* — S'emploie aussi en parlant des personnes. QUALIFIER QUELQU'UN DE FOURBE, D'IMPOSTEUR, etc., le traiter de fourbe, d'imposteur, etc. — Attribuer un titre, une qualité à une personne ; et, dans cette acception, il se construit ordinairement sans de : *les lettres du roi, l'arrêt, le qualifient chevalier, prince, duc, etc.* Cependant on dit dans la conversation, QUALIFIER DE : *on le qualifie de duc, de baron.* — Se qualifier v. pr. *Il se qualifie de marquis.*

QUALITATIF, IVE adj. [-qua-] (lat. *qualitativus*). Qui a rapport à la qualité. — Chim. ANALYSE QUALITATIVE, celle qui a pour but de déterminer la nature des corps composants.

* **QUALITÉ** s. f. [ka-] (lat. *qualitas*). Ce qui fait qu'une chose est telle ou telle, bonne ou mauvaise, grande ou petite, chaude ou froide, blanche ou noire, etc. : *la bonne qualité des aliments est essentielle à la santé.* — CE VIN A DE LA QUALITÉ, il a une sève qui le distingue des vins communs. — Philos. QUALITÉ OCCULTE, propriété des corps dont la cause est inconnue. — Inclination, habitude, talent, disposition bonne ou mauvaise : *les qualités du corps et de l'esprit.* — Se dit quelquefois des bonnes qualités seulement : *il a beaucoup de qualités.* — Noblesse distinguée : *c'est un homme, c'est une femme de qualité, de grande qualité.* — Se dit aussi des titres que prend, que reçoit une personne à cause de sa naissance, de sa charge, de sa dignité, de sa profession, etc. : *il prend la qualité de noble, de prince, de duc, etc.* — Jurispr. Titre qui rend habile à exercer quelque droit : *la qualité de légataire, de donataire, de créancier, de tuteur, etc.* — AVOIR QUALITÉ POUR FAIRE UNE CHOSE, avoir titre pour la faire, être autorisé à la faire : *vous n'avez point qualité pour nous donner des avis si sévères.* — Procéd. LES QUALITÉS D'UN ARRÊT, D'UN JUGEMENT, la partie d'un arrêt, d'un jugement qui contient les noms, professions, demeures, etc., des parties, ainsi que leurs différentes demandes et conclusions : *signifier les qualités.* — En qualité de loc. prépont. Comme, à titre de : *il avait ce privilège en qualité de secrétaire du roi.* On dit de même : EN MA QUALITÉ DE PÈRE.

* **QUAND** adv. de temps [kan ; le *d* final se fait sentir comme un *t* devant une voyelle ou une *h* muette] (lat. *quando*). Lorsque, dans le temps que : *quand je pense à la fragilité des choses humaines.* — Marque quelquefois une simple corrélation entre deux membres de phrase : *on ne se trompe pas quand on attribue son succès à son mérite.* — S'emploie aussi par interrogation et signifie, Dans quel temps ? ou quel temps ? *Vous me promettez de venir, mais quand ?* — Sert aussi de conjonction, et alors signifie, encore que, quoique, alors même que : *je serai ou je serais votre ami, quand même ou quand bien même vous ne le voudriez pas.* — Quand et quand loc. prépont. Avec, en même temps que : *il est parti quand et quand nous.* (Vieux.)

QUANDOQUE BONUS DORMITAT HOMERUS loc. lat. qui signifie : *Quelquefois le bon Homère s'endort*, et que l'on emploie, fig., pour dire que l'homme de génie n'est pas toujours égal à lui-même.

* **QUANQUAM** s. m. [kouan-kouamm] (mot lat. qui signifie *quoique*). Harangue latine que prononçait d'ordinaire un jeune écolier à l'ouverture de certaines thèses de philosophie ou de théologie : *cet écolier doit faire le quanquam de telle thèse.* (Vieux.)

* **QUANQUAN** s. m. [kan-kan]. Terme corrompu du latin *quanquam.* (Voy. CANCAN.)

* **QUANT** adv. [kan] (lat. *quantus*). Il est toujours suivi de la préposition A, et signifie, pour, employé dans le sens de, pour ce qui est de : *quant à lui, il en usera comme il lui plaira.*

* **QUANT-A-MOI** s. m. [kan-ta-moua]. Réserve affectée et fière ; circonspection : *tenir son quant-à-moi ; se tenir sur son quant-à-moi.* — SE METTRE SUR SON QUANT-A-MOI, faire le suffisant, le hautain. — On dit aussi QUANT-A-SOI.

* **QUANT-A-SOI** s. m. Synon. de QUANT-A-MOI.

* **QUANTES** adj. f. pl. N'est usité que dans ces locutions familières, TOUTES ET QUANTES FOIS QUE, ou TOUTES FOIS ET QUANTES QUE, toutes les fois que, autant de fois que : *je vous préterai des livres toutes et quantes fois que vous voudrez.* (Vieux.) — Absol., TOUTES FOIS ET QUANTES, autant de fois qu'on l'exigera, ou que l'occasion s'en présentera : *je ferai cela toutes fois et quantes.* (Vieux.)

* **QUANTIÈME** adj. [kan] (lat. *quantus*, combien grand). Terme par lequel on désigne ou l'on demande le rang, l'ordre numérique d'une personne, d'une chose, dans un certain nombre de personnes ou de choses : *je sais bien qu'il est un des premiers capitaines de tel régiment, mais je ne sais pas précisément le quantième il est.* (Vieux.) — s. m. Le quantième jour : *quel quantième de la lune, quel quantième du mois avons-nous ?* — MONTRE A QUANTIÈMES, montre qui marque le quantième du mois.

QUANTI MINORIS loc. adj. [kouan-ti-mino-riss] (mots lat. qui signifient : *De combien moindre*). Jurispr. Se dit de l'action à laquelle l'existence d'un vice rédhibitoire donne naissance au profit de l'acheteur contre le vendeur, quand il s'agit de faire diminuer le prix et non de faire résilier le contrat.

* **QUANTITATIF, IVE** adj. [kan-]. Qui a rapport à la quantité ou aux quantités : *détermination quantitative.* — Chim. ANALYSE QUANTITATIVE, analyse qui a pour but de déterminer les quantités des composants d'une combinaison.

* **QUANTITÉ** s. f. (lat. *quantitas*). Tout ce qui peut être mesuré ou nombré, tout ce qui est susceptible d'accroissement ou de diminution : *mesurer une quantité.* — Mathém. QUANTITÉ CONTINUE, étendue d'un corps en longueur, largeur et profondeur ; et, QUANTITÉ DISCRÈTE, assemblage de plusieurs choses distinctes les unes des autres comme les nombres, les grains d'un tas de blé : *l'arithmétique a pour objet la quantité discrète ; la géométrie a pour objet la quantité continue.* — QUANTITÉS NÉGATIVES, celles qui sont précédées du signe de la soustraction. QUANTITÉS IMAGINAIRES, quantités impossibles, qui ne peuvent pas même être conçues. — Est aussi un nom collectif, qui signifie multitude, abondance : *il a recueilli cette année une grande quantité de blé.* — QUANTITÉ DE GENS, DE PERSONNES, un grand nombre de personnes : *quantité de gens ont dit cela, ont fait cela.* — Gramm. et Prosod. Mesure des syllabes longues et des syllabes brèves, qu'il faut observer dans la prononciation : *la versification latine et la versification grecque sont fondées sur la quantité.* — Mus. Durée relative que les notes ou les syllabes doivent avoir : *la quantité produit le rythme.*

* **QUANTUM** s. m. [kouan-tomm] (lat. *quantum*). Une quantité, une somme déterminée : *on lui assigna un quantum sur les bénéfices.*

* **QUARANTAINE** s. f. [ka-]. Coll. Nombre

de quarante ou environ : *une quarantaine d'écus.* — Absol. JEUNER LA QUARANTAINE, jeûner quarante jours ; et, JEUNER LA SAINTE QUARANTAINE, jeûner pendant tout le carême. — Absol. Age de quarante ans : *approcher de la quarantaine.* — Séjour que les personnes, les effets et les marchandises qui viennent d'un pays infecté ou soupçonné tel de contagion, sont obligés de faire dans un lieu séparé de la ville où ils arrivent : *la quarantaine rigoureuse est de quarante jours.* — Hort. Variété annuelle de la giroflée rouge et de la giroflée blanche. (Voy. GIROFLÉE.) Nom populaire d'une espèce de pomme de terre hâtive. — ENCYCL. Moïse prescrit (liv. XIII) les mesures les plus sévères pour empêcher la contagion des maladies. Lorsque les croisés s'emparèrent de Jérusalem, ils établirent en dehors de la cité pour le traitement des maladies contagieuses un lieu isolé, appelé hôpital de Saint-Lazare, de là le nom de *lazaretto, lazaret,* donné à ces établissements. C'est au XIIIe ou au commencement du XIVe siècle, lorsque la lèpre régnait en Italie et en France, que la quarantaine fut établie en Europe. La peste de Marseille en 1720, attira l'attention du parlement sur cette question. La peste de Philadelphie (1699) amena la première loi de quarantaine dans l'Amérique du Nord en 1700. Le 18 août 1847, une ordonnance royale abolit en France beaucoup de règlements restrictifs se rattachant à la quarantaine, et qui étaient à la fois inutiles et vexatoires. Les décrets du 10 août 1849 et du 24 déc. 1850 introduisirent encore de nouvelles réformes. En 1851, une convention de délégués des principaux pays de l'Europe se réunit à Paris et adopta un code international pour la quarantaine. A l'approche du choléra, en 1865, le gouvernement français provoqua une conférence sanitaire internationale à Constantinople. Depuis, on a établi la quarantaine sur une base scientifique et plus en rapport avec nos idées modernes de liberté et de justice.

* QUARANTE adj. Numéral. [ka-] (lat. *quadraginta*). Quatre fois dix : *quarante hommes.* — Lit. cathol. LES PRIÈRES DE QUARANTE HEURES, DES QUARANTE HEURES, ou, elliptiquem., LES QUARANTE HEURES, certaines prières extraordinaires que l'on fait devant le saint sacrement dans les calamités publiques, et pendant le jubilé : *on fit les prières de quarante heures pour la maladie du roi.* — Absol. LES QUARANTE DE L'ACADÉMIE FRANÇAISE, ou simplement, LES QUARANTE, les membres de l'Académie française : *un des Quarante.* — LE TRIBUNAL DES QUARANTE. (Voy. QUARANTIE.) — LE TRENTE ET QUARANTE, jeu de hasard, qui se joue avec des cartes : *jouer au trente et quarante.* — Jeu de la paume. AVOIR QUARANTE-CINQ, avoir les trois quarts d'un jeu ; le jeu étant de soixante points. — Fig. et fam. AVOIR QUARANTE-CINQ SUR LA PARTIE, avoir de grands avantages dans une affaire, et être presque assuré d'y réussir. — Substantiv. *Le quotient de quarante divisé par huit est cinq.* On dit de même : LE NOMBRE QUARANTE.

QUARANTENAIRE adj. Qui dure quarante ans ou qui revient tous les quarante ans. — s. m. Quarantième anniversaire.

QUARANTENIER s. m. Corde de la grosseur du doigt dont on se sert pour raccommoder les cordages.

* QUARANTIE s. f. [ka-ran-tî] (rad. *quarante*). Nom qu'on donnait, dans la république de Venise, à un tribunal composé de quarante membres : *ordonnance de la Quarantie.*

QUARANTIÈME adj [ka-]. Nombre ordinal de quarante : *le quarantième jour.* — LA QUARANTIÈME PARTIE D'UN TOUT, chaque partie d'un tout qui en a quarante. — Substantiv. LE QUARANTIÈME, UN QUARANTIÈME : *il a un quarantième dans cette affaire.*

* QUARDERONNER v. a. Archit. Faire un quart de rond sur l'angle d'une pierre, d'une pièce de bois, d'un battant de porte, etc. : *quarderonner les marches d'un perron.*

QUARRÉ-LES-TOMBES, ch.-l. de cant., arr. et à 16 kil. S.-S.-E. d'Avallon (Yonne), sur la Cure ; 800 hab.

* QUART s. m. [kar] (lat. *quartus*). La quatrième partie d'un tout : *il en faut rabattre le quart,* un bon *quart.* — Fam. LE TIERS ET LE QUART, toutes sortes de personnes indifféremment et sans choix : *conter ses affaires au tiers et au quart.* — PORTRAIT DE TROIS QUARTS, portrait où un des côtés de la figure est vu de face, et l'autre côté en raccourci. On dit de même, IL S'EST FAIT PEINDRE DE TROIS QUARTS. — LEVRAUT DE TROIS QUARTS, ou LEVRAUT TROIS QUARTS, levraut qui est presque parvenu à la grandeur du lièvre. — PASSER UN MAUVAIS QUART D'HEURE, éprouver quelque chose de fâcheux : *il passera, il a passé un mauvais quart d'heure.* — LE QUART D'HEURE DE RABELAIS, le moment où il faut payer son écot ; et, par ext., tout moment fâcheux, désagréable. — DEMI-QUART, la moitié d'un quart : *lever douze aunes demi-quart d'étoffe, douze aunes d'étoffe et demi-quart.* — QUART D'ÉCU, ancienne monnaie qui valait d'abord quinze ou seize sous, et qui, plus tard, en a valu souvent davantage. — Prov. CET HOMME N'A PAS UN QUART D'ÉCU, il est fort pauvre, il n'a point d'argent. — QUART DE CERCLE, instrument de mathématique, qui est la quatrième partie d'un cercle divisé par degrés, minutes et secondes : *on se sert du quart de cercle pour prendre des hauteurs, des distances, et faire plusieurs autres opérations.* — QUART DE CERCLE MURAL, instrument d'astronomie, qui consiste en un grand quart de cercle de cuivre fixé contre un mur dans le plan du méridien, et portant une lunette mobile autour de son centre, pour observer le passage des astres à diverses hauteurs. — Mar. QUART DE VENT, ou QUART DE RUMB, quatrième partie de la distance qui est entre deux des huit vents principaux. — Exerc. milit. QUART DE CONVERSION, mouvement par lequel une des ailes d'une troupe parcourt un quart de cercle, tandis que l'autre aile pivote en raccourcissant le pas ; de manière que le front devient perpendiculaire à la ligne qu'il occupait. — Archit. QUART DE ROND, moulure tracée au compas, et qui est la quatrième partie de la circonférence d'un cercle : *cette corniche est terminée par un quart de rond.* — Mus. QUART DE SOUPIR, valeur de silence qui est la quatrième partie d'un soupir et l'équivalent d'une double croche. — Man. QUART EN CHEVAL DE QUART EN QUART, sorte de volte. TRAVAILLER UN CHEVAL DE QUART EN QUART, le conduire trois fois sur chaque ligne du carré. — Mar. Temps qu'une partie de l'équipage est à faire une certaine fonction pour tous doivent faire tour à tour. Se dit surtout en parlant de la garde du bâtiment : *le quart est de différente durée selon les différentes nations.*

* QUART, ARTE adj. Quatrième. N'est guère usité que dans les locutions suivantes : — Fin. LE QUART DENIER, droit qui se payait aux parties casuelles, pour la résignation des offices. — Chasse. LE QUART AN, ou en un seul mot, LE QUART D'UN SANGLIER, sa quatrième année : *ce sanglier est à son quart an, dans son quartan.* — Méd. FIÈVRE QUARTE, sorte de fièvre intermittente qui laisse au malade deux jours d'intervalle : *avoir la fièvre quarte.* — FIÈVRE DOUBLE-QUARTE, celle qui vient deux jours consécutifs, puis cesse le troisième, et qui revient le quatrième.

QUARTAGER v. a. [kar-]. Agric. Donner un quatrième labour.

* QUARTAINE adj. f. N'est plus usité que dans cette loc. populaire, FIÈVRE QUARTAINE, qu'on dit quelquefois par imprécation : *que la fièvre quartaine te serre!*

QUARTAIRE adj. Archit. Qui appartient à la quatrième époque.

* QUARTAN s. m. Voy. QUART, ARTE.

* QUARTANIER s. m. Chasse. Sanglier de quatre ans. On dit aussi, UN SANGLIER A SON QUART AN, DANS SON QUARTAN.

* QUARTATION s. f. [kar-]. Opération de métallurgie, par laquelle on joint avec de l'or assez d'argent pour que, dans la masse totale il n'y ait qu'un quart d'or contre trois quarts d'argent, parce que, sans cela, l'eauforte n'agirait pas sur l'alliage. Cette opération se nomme aussi INQUART.

* QUARTAUT s. m. (rad. *quart*). Vaisseau tenant la quatrième partie d'un muid : *un quartaut de vin.*

* QUARTE s. f. [kar-] (lat. *quartus*, quart). Ancienne mesure contenant deux pintes : *une quarte de bière.* — Soixantième partie de la tierce, qui est elle-même la soixantième partie de la seconde. — Mus. Intervalle de deux tons et demi, en montant ou en descendant. On dit aussi, D'UNE QUARTE DE QUARTE. — (Escr.) Manière de porter un coup d'épée ou de fleuret en tournant le poignet en dehors : *porter une botte en quarte.* On dit absol. PORTER DE QUARTE, POUSSER DE QUARTE. On dit encore, PARER A LA QUARTE. — Jeu de piquet. Quatre cartes de même couleur qui se suivent : *as, roi, dame et valet font une quarte major.* On dit mieux, QUATRIÈME. — Droit romain. QUARTE FALCIDIE ou FALCIDIENNE, le quart des biens que peut retenir l'héritier surchargé de legs ; et, QUARTE TRÉBELLIENNE ou TRÉBELLIANIQUE, le quart qui doit demeurer à un héritier chargé de rendre l'hérédité à un autre. — Art vétér. (Voy. SEIME.)

* QUARTENIER s. m. [kar-]. Officier de ville qui était préposé pour avoir soin d'un certain quartier.

QUARTER v. n. [kar-té]. Escr. Porter son corps hors de la ligne pour se défendre des passes.

* QUARTERON s. m. Poids qui est la quatrième partie d'un livre : *mettez encore le quarteron dans la balance.* — Quatrième partie d'une livre dans les choses qui se vendent au poids : *un quarteron de beurre, un quarteron de fromage.* Quatrième partie d'un cent dans les choses qui se vendent par compte : *un quarteron de pommes, de marrons.* — DEMI-QUARTERON, moitié du poids d'un quarteron ; moitié d'un quarteron dans les choses qui se vendent au poids ou par compte.

* QUARTERON, ONNE s. Celui, celle qui provient d'un blanc et d'une mulâtresse, ou d'un mulâtre et d'une blanche.

* QUARTIDI s. m. [kouar-]. Le quatrième jour de la décade, dans le calendrier républicain.

* QUARTIER s. m. [kar-]. La quatrième partie de certains objets : *un quartier de veau.* — SON CORPS A ÉTÉ MIS EN QUARTIERS, EN QUATRE QUARTIERS, se dit en parlant d'un homme condamné à mort, dont on sépara les membres en différents endroits après son supplice. — JE ME METTRAIS EN QUATRE QUARTIERS POUR LUI, POUR SON SERVICE, il n'y a rien que je ne voulusse faire pour le servir. Plus ordinairement, on dit, par ellipse, JE ME METTRAIS EN QUATRE POUR... — QUARTIER DE RÉDUCTION, instrument qui sert à résoudre plusieurs problèmes de pilotage, par les triangles semblables. — QUARTIER SPHÉRIQUE, instrument nautique à l'aide duquel, connaissant la latitude du lieu et la déclinaison du soleil, on trouve l'heure de son lever, de son coucher, son amplitude, etc. — Particul. La quatrième partie d'une aune : *un quartier d'étoffe* (Vieux). — Par ext. Portion d'un tout qui n'est pas divisé exactement en quatre parties : *un*

quartier de pain, de gâteau, d'orange, etc. — Bois de quartier, bois à brûler, fendu en quatre. — Quartier de lard, grande pièce de lard tirée de dessus un cochon. — Quartiers de pierre, gros morceaux de pierre. Particul Grosses pierres dont une ou deux font la charge d'une charrette attelée de quatre chevaux. — Archit. Quartier tournant, marches qui sont dans l'angle d'un escalier, et qui tournent autour du noyau. — Quartier de soulier, pièce ou deux pièces de cuir qui environnent le talon. — Sellier. Les quartiers d'une selle, les parties sur lesquelles les cuisses du cavalier portent et reposent. — Art vétér. Chacune des parois latérales du sabot du cheval : *les quartiers doivent être égaux en hauteur, autrement le pied serait de travers*. — Ce cheval fait quartier neuf, se dit d'un cheval dont un des quartiers tombe par quelque cause que ce soit, et se trouve chassé par un autre quartier qui croît. — Une des parties dans lesquelles une ville est divisée : *la ville de Paris était, à une certaine époque, divisée en vingt quartiers*. — Une certaine étendue de voisinage : *il y a bonne compagnie dans mon quartier*. — Se dit aussi de tous ceux qui demeurent dans un quartier : *tout le quartier était en rumeur*. — Nouvelles de quartier, certaines nouvelles qui n'ont guère de cours que dans le quartier où on les débite. — Faire les visites de quartier, faire des visites de quartier, aller faire visite à toutes les personnes un peu considérables qui demeurent dans le quartier où l'on vient de s'établir. — C'est le plaisant de son quartier, le plaisant du quartier, se dit de celui qui est regardé dans son quartier comme un homme réjouissant et de belle humeur. — Fam. Cette personne est la gazette du quartier, elle rapporte toutes les petites nouvelles, toutes les médisances qu'elle entend dire. — Guerre. Endroit, bâtiment d'une ville ou d'une place forte dans lequel une troupe est casernée : *quartier de cavalerie; quartier d'infanterie*. — Ville non fermée où il y a de la troupe en garnison; par opposition à ville de guerre, à ville forte : *nous tenons garnison en tel endroit, ce n'est pas une place de guerre, ce n'est qu'un quartier*. — Campement ou cantonnement d'un corps de troupes, et corps de troupes lui-même : *les troupes sont rentrées au quartier*. — Se dit, dans les sièges, d'un campement fait sur quelqu'une des principales avenues d'une place, pour empêcher les convois et les secours : *le quartier de la droite, de la gauche, du centre*, etc. — Quartier des vivres, lieu où est logé l'équipage des munitions de bouche, et où l'on cuit le pain qui se distribue journellement aux troupes. — Quartier d'hiver, l'intervalle de temps compris entre deux campagnes : *le quartier d'hiver sera long; les troupes vont prendre ses quartiers d'hiver*. — Quartier de rafraîchissement, lieu où les troupes fatiguées vont se remettre et se rétablir lorsque la campagne dure encore. — Quartier du général, et plus communément, Quartier général, lieu choisi ordinairement au centre du camp, de la position, des quartiers d'une armée ou d'un corps d'armée, et où est établi le logement du général qui commande en chef : *l'état-major loge au quartier général*. On nomme aussi Quartier général, la réunion des officiers qui composent l'état-major général : *le quartier général arrive ici demain*. — Quartier d'assemblée, lieu où les différents corps d'une armée se réunissent, pour de là marcher ensemble à l'ennemi. Se dit aussi d'une ville où les soldats d'un corps se rendent pour y passer la revue. Se dit encore, dans une ville ou dans un camp, du lieu où les différents corps doivent se rendre en cas d'alarme, et se réunissent toutes les fois qu'il faut prendre les armes. — Se dit encore de la vie que l'on accorde

ou du traitement favorable que l'on fait à des troupes vaincues dans un assaut ou dans une bataille : *ne point faire de quartier*. — Fig. et fam. Demander quartier, demander grâce, demander de n'être pas traité à la rigueur. Ne point faire de quartier, ne point donner de quartier, traiter à la rigueur : *ce créancier ne fait point de quartier à ses débiteurs*. — Se dit, dans les collèges, des différentes salles où les écoliers étudient et font leurs devoirs : *le quartier de rhétorique, de seconde, de troisième*, etc. — Maître de quartier, maître chargé de surveiller et de répéter les écoliers dans leur quartier. — Espace de trois mois, qui fait la quatrième partie de l'année. On ne l'emploie guère qu'en parlant de certaines personnes qu'acquittent tour à tour de fonctions qui leur sont communes. — Cet officier est de quartier, ou en quartier, il sert actuellement les trois mois pendant lesquels il est obligé de servir. On dit dans le même sens, Entrer en quartier, sortir de quartier. — Officiers de quartier, ceux qui servent par quartier, à la distinction de ceux qui sont ordinaires, et qui servent toute l'année. — Quartier de la lune, la quatrième partie du cours de la lune, à partir de la nouvelle lune : *nous sommes au premier quartier, au dernier quartier de la lune*. — Ce qui se paye de trois mois en trois mois pour les loyers, pensions, rentes, gages, etc. : *il doit deux quartiers de sa maison, de son loyer*. — Blas. La quatrième portion d'un écusson écartelé : *il porte au premier quartier de...* — Se dit aussi des parties d'un grand écusson qui contient des armoiries différentes, quoiqu'il y en ait plus de quatre : *ce prince porte dans ses quartiers les armes de plusieurs royaumes et de plusieurs souverainetés*. — Franc-quartier, premier quartier de l'écu qui est à la droite du côté du chef, et qui est moins grand qu'un vrai quartier d'écartelure : *d'azur à deux mains d'or, au franc-quartier échiqueté d'argent et d'azur*. — Généal. Chaque degré de descendance dans une ligne soit paternelle, soit maternelle : *on ne pouvait être reçu dans ce chapitre sans prouver seize quartiers*. — A quartier, loc. adv. A part, à l'écart : *tirer quelqu'un à quartier*.

• **QUARTIER-MAÎTRE** s. m. Officier qui est chargé de la comptabilité d'un corps de troupes, et qui fait partie de l'état-major : *quartier-maître d'un régiment de dragons, d'un régiment d'infanterie*, etc.; *des quartiers-maîtres*. — Sous-officier de marine qui est l'aide du maître d'équipage et du contremaître.

• **QUARTIER-MESTRE** s. m. Nom que l'on donnait autrefois au maréchal des logis d'un régiment de cavalerie étrangère : *des quartiers-mestres*.

• **QUARTILE** adj. [kouar-ti-le]. Astrol. Ne s'emploie guère que dans cette loc., Quartile aspect, aspect de deux planètes éloignées l'une de l'autre de la quatrième partie du zodiaque, ou de quatre-vingt-dix degrés. En astronomie, on dit Quadrature.(Voy.ce mot.)

• **QUARTINIER** s. m. Voy. Quartenier.

• **QUARTO** (In). Voy. In-quarto.

• **QUARTZ** s. m. [kouartz]. Minér. Mot em prunté de l'allemand. Substance minérale de la classe des pierres, assez dure pour rayer le verre, auquel elle ressemble beaucoup : *le quartz, réduit en poudre, est la base du verre*. — Encycl. Le quartz est le plus abondant de tous les minéraux; il entre dans la composition d'un grand nombre de roches, telles que les ardoises granitiques, micacées et siliceuses; il forme à lui seul la quatrième ou roche de quartz; on le trouve quelquefois dans le grès et le sable; il est l'élément principal de la plupart des veines minérales, et on le rencontre parsemé en fragments de cristaux ou cristallins dans beaucoup de roches,

surtout dans leurs fissures et dans leurs cavités. Chimiquement c'est de la silice, et lorsqu'il est pur de tout mélange, il se montre en cristaux clairs et transparents. Il est souvent teinté par des oxydes métalliques. Il a pour dureté 7; pour poids spécifique, de 2·5 à 2·8. Son éclat est vitreux; sa fracture conchoïdale. Il n'est fusible qu'à la chaleur du chalumeau oxyhydrogène, mais il fond facilement dans la soude ou la chaux. La forme primitive du cristal, qui se voit rarement, est rhomboïdale. Mais la forme ordinaire est un prisme hexagonal terminé par des pyramides hexagonales. Ces cristaux se présentent isolés ou en groupes, quelquefois d'une grosseur considérable et d'une grande beauté. Au musée de l'université de Naples, on en conserve un groupe qui pèse près d'un demi-quintal, et il y a à Milan un cristal long de 1 m. 25 et de 1 m. 80 centim. de circonférence. Il y a beaucoup de variétés de quartz qui sont connues sous d'autres noms, telles que l'agate, l'améthyste, la cornaline, l'œil-de-chat, la calcédoine, le silex, la géode et le jaspe. Le quartz cristallin transparent appelé cristal de roche, était autrefois estimé pour faire des objets d'ornement, des vases, des coupes, des lustres, etc. On s'en sert encore un peu dans la joaillerie, et pour faire des verres de lunette. Le quartz pur s'emploie beaucoup dans la fabrication du verre, communément sous forme de sable. Ce sont des veines de quartz qui forment presque toujours la gangue où l'or se trouve à l'état natif.

• **QUARTZEUX, EUSE** adj. De la nature du quartz : *terre quartzeuse*.

QUARTZIFÈRE adj. (fr. quartz; lat. *fero*, je porte). Qui contient du quartz.

QUARTZIFORME adj. Qui a la forme du quartz.

QUARTZITE s. m. [kouar-]. Quartz hyalin, grenu ou en roche.

• **QUASI** s. m. [ka-zi]. Boucher. et Cuis. Un quasi de veau, morceau de choix de la cuisse d'un veau.

• **QUASI** adv. [ka-zi] (mot lat.). Presque, peu s'en faut, il ne s'en faut guère : *on se trompe quasi toujours là-dessus*. Il est fam. et se joint à un certain nombre d'autres mots pour indiquer que la qualité exprimée par ceux-ci est approximative, soumise à des conditions.

• **QUASI-CONTRAT** s. m. Jurispr. Fait purement volontaire dont il résulte un engagement quelconque envers un tiers, et quelquefois un engagement réciproque des deux parties, sans qu'il y ait eu convention ni consentement : *la gestion des affaires d'une personne absente est un quasi-contrat*. — Législ. « Le quasi-contrat est un fait licite et volontaire de l'homme, duquel résulte envers un tiers une obligation semblable à celles qui résulteraient d'une convention. Le Code civil détermine les règles de droit concernant deux quasi-contrats, la gestion d'affaires et le paiement de l'indû. Nous avons parlé de la *gestion d'affaires* au mot Procuration. — Le paiement de l'indû peut avoir lieu de trois manières différentes : ou la somme payée n'était pas due; ou la personne qui a reçu n'était pas le créancier; ou celle qui a payé n'était pas le débiteur. En principe, le paiement de l'indû crée pour celui qui a reçu l'obligation de restituer. Mais si un créancier qui a reçu de bonne foi de celui qui ne devait pas a ensuite supprimé son titre de créance (billet à ordre, lettre de change, etc.), il n'est pas tenu de restituer; et celui qui a payé seulement aura recours au véritable débiteur. Lorsqu'il y a eu mauvaise foi de la part de celui qui a reçu indûment, il est tenu non seulement à restituer le capital, mais à payer les intérêts courus depuis le jour du paiement (C. civ. 1374 et s.). » (CH. Y.)

* **QUASI-DÉLIT.** s. m. Jurispr. Dommage que l'on cause involontairement à quelqu'un par imprudence ou par négligence : *le quasi-délit oblige son auteur à réparer le mal qui en résulte.* — **Légal.** « Les quasi-délits sont des faits illicites, non qualifiés délits parce qu'ils ne sont pas punis par la loi, mais ayant causé dommage à autrui. Le quasi-délit peut résulter soit d'un fait, soit d'une négligence, soit d'une omission. Chacun est responsable non seulement de ses propres fautes, mais encore des dommages causés par les personnes placées sous son autorité, ainsi que par les animaux ou les choses qu'il a sous sa garde (C. civ. 1382 et s.). Nous avons déjà donné plus haut, au mot DOMMAGE, le résumé de la législation sur laquelle est fondée cette responsabilité légale. (Voy. aussi RESPONSABILITÉ.) » (CH. Y.)

* **QUASIMENT** adv. Quasi, presque : *je suis quasiment tombé.* (Fam.)

* **QUASIMODO** s. f. [ka-zi-]. Terme latin qui se trouve en tête de l'introit de la messe du dimanche d'après Pâques, et par lequel ce jour est désigné dans la liturgie : *le dimanche de la Quasimodo, de Quasimodo.*

QUASS s. m. [kouass]. Boisson en usage chez les paysans russes.

QUASSATION s. f. [ka-] (lat. *quassare*, frapper). Pharm. Mode de pulvérisation à l'aide duquel on réduit en morceaux les racines et les écorces tenaces pour faciliter l'extraction de leurs principes actifs.

* **QUASSIA** s. m. [koua-si-a]. Écorce amère et tonique fournie par le quassier. C'est un tonique énergique employé avec avantage en macération dans de l'eau ou dans du vin pour fortifier l'estomac et les intestins dans la dispepsie, les affections flatuleuses, l'anorexie. Il réussit bien aussi dans la diarrhée atonique et dans la leucorrhée (2 à 4 gr. en macération dans un verre d'eau ou de vin blanc). Il entre dans la composition du vin de Séguin.

* **QUASSIER** s. m. [koua-si-é]. Bot. Genre de simaroubées dont l'espèce type, le *quassier amer* (quassia amara), est un arbrisseau de

Quassia.

6 à 7 m., qui croît à Surinam et dans la Guyane. Il doit son nom à un esclave nègre nommé Quassi, qui le trouva, le premier, au milieu du bois.

QUASSINE s. f. Principe amer de la racine du quassia.

QUATER adv. [koua-tèrr]. Pour la quatrième fois.

* **QUATERNAIRE** adj. [koua-]. Qui vaut quatre, ou qui est divisible par quatre : *le nombre quaternaire était regardé par les pythagoriciens comme un nombre sacré.* — Géol.

TERRAIN QUATERNAIRE, ensemble de roches de formation plus récente que les calcaires d'eau douce.

* **QUATERNE** s. m. [ka-]. Combinaison de quatre numéros pris ensemble à la loterie, et sortis ensemble de la roue de fortune : *avoir un quaterne.* — Loto. Quatre numéros gagnant ensemble sur la même ligne horizontale ou de la même couleur.

QUATERNÉ, ÉE adj. [koua-]. Bot. Se dit de toutes les parties des végétaux qui sont disposées par quatre au même point d'insertion.

QUATERNION s. m. [koua-] (lat. *quaterni*, quatre). Cahier de manuscrits composé de quatre feuilles. — Nom donné par sir William Rowan Hamilton, à une importante méthode de calcul ou d'analyse mathématique qu'il proposa et qui facilite la solution des questions de géométrie solide. Avant l'introduction des quaternions, ces questions étaient toujours résolues par la méthode des coordonnées de Descartes.

QUATERNITÉ s. f. [koua-]. Etat d'une chose composée de quatre parties.

* **QUATORZAINE** s. f. Pratique ancienne. Espace de quatorze jours qui s'observait de l'une à l'autre des quatre criées des biens saisis réellement : *les criées se faisaient par quatre dimanches, de quatorzaine en quatorzaine.*

* **QUATORZE** [ka-] adj. numéral. Dix et quatre, quatre avec dix : *quatorze hommes.* — CHERCHER MIDI A QUATORZE HEURES, chercher des difficultés où il n'y en a point. — Prov. et par exag. FAIRE EN QUATORZE JOURS QUINZE LIEUES, marcher, voyager fort lentement. Se dit, fig. et fam. d'une personne qui est fort lente à ce qu'elle fait. — Quatorzième : *chapitre quatorze.* On écrit ordinairement, LOUIS XIV, CLÉMENT XIV. — s. m. *Quatorze multiplié par deux donne vingt-huit.* On dit de même, NUMÉRO QUATORZE. — Quatorzième jour d'une période : *nous sommes au quatorze du mois, au quatorze de la lune.* — Jeu de piquet. Les quatre as, ou les quatre rois, ou les quatre dames, ou les quatre valets, ou les quatre dix ; parce que ces quatre cartes ensemble valent quatorze points : *il avait quatorze de dix, et moi quatorze de dames.* — AVOIR QUINTE ET QUATORZE, avoir dans une affaire une grande avance, une grande probabilité de succès.

* **QUATORZIÈME** adj. Nombre ordinal de quatorze : *Louis, quatorzième du nom.* — LA JUATORZIÈME EARTIE, chaque partie d'un tout qui en a quatorze. — S'emploie quelquefois substantivement au masculin, et signifie, le quatorzième jour : *le quatorzième de la lune.* — Une quatorzième part ou partie : *il est dans cette affaire pour un quatorzième.*

* **QUATORZIÈMEMENT** adv. En quatorzième lieu.

* **QUATRAIN** s. m. Petite pièce de poésie qui contient quatre vers, dont les rimes sont ordinairement croisées : *les quatrains de Pibrac.* — Quatre vers qui font partie d'un sonnet, d'une stance, etc. : *le sonnet est composé de deux quatrains et de deux tercets.*

* **QUATRE** (lat. *quatuor*). adj. numéral. Nombre composé de deux fois deux : *deux et deux font quatre.* — EN QUATRE, en quatre parties : *une feuille pliée en quatre.* — Fam. CELA EST CLAIR COMME DEUX ET DEUX FONT QUATRE. — Fig. et fam. SE METTRE EN QUATRE, s'employer de tout son pouvoir pour rendre service : *c'est un homme qui se met en quatre pour ses amis.* — FAIRE LE DIABLE A QUATRE, faire beaucoup de bruit, causer beaucoup de désordre, s'emporter à l'excès. — IL Y A FAIT LE DIABLE A QUATRE, se dit d'un homme qui s'est beaucoup tourmenté pour faire réussir

une affaire, ou pour la traverser. — FAIRE FEU DES QUATRE PIEDS, se donner beaucoup de peine pour une affaire. — IL FAUT LE TENIR A QUATRE, se dit en parlant d'un fou, d'un furieux qui ne peut être contenu que par les efforts réunis de plusieurs personnes. — IL FAUT LE TENIR A QUATRE, se dit en parlant d'un homme emporté et difficile, qu'on a de la peine à contenir, à empêcher de faire des violences. — SE TENIR A QUATRE, faire un grand effort sur soi-même pour ne pas éclater, pour ne pas se mettre en colère : *je me suis tenu à quatre pour ne pas lui dire des vérités fort dures.* — TIRER UN CRIMINEL A QUATRE CHEVAUX, écarteler un criminel, en attachant chacun de ses membres à un cheval, et faisant tirer les quatre chevaux chacun de son côté en même temps. — ETRE TIRÉ A QUATRE ÉPINGLES, être ajusté avec un extrême soin, et de manière à paraître craindre de déranger sa parure. — COURIR LES QUATRE COINS ET LE MILIEU DE LA VILLE, faire bien du chemin pour quelque affaire. — MARCHER A QUATRE PATTES, marcher avec les mains et les pieds. — ENTRE QUATRE YEUX, tête à tête. (On prononce ordinairement, par euphonie, *Entre quatre-z-yeux.*) *Je lui dirai cela entre quatre yeux.* — MONTER, DESCENDRE UN ESCALIER QUATRE A QUATRE, le monter, le descendre rapidement. — COMME QUATRE, beaucoup, excessivement : *il crie, il fait du bruit comme quatre.* — Désigne un petit nombre indéterminé : *il demeure à quatre pas d'ici.* — Quatrième : *page quatre, Henriquatre;* on écrit ordinairement, HENRI IV. — s. m. *Quatre multiplié par huit donne trente-deux.* On dit de même, NUMÉRO QUATRE ou DE QUATRE. — LE QUATRE DU MOIS, le quatrième jour du mois : *sa lettre est datée du quatre.* — Se dit aussi du caractère qui marque en chiffre le nombre de quatre : *un quatre de chiffre, en chiffre,* ou simpl., UN QUATRE. — Fig. QUATRE DE CHIFFRE, sorte de piège dont on se sert pour prendre les rats, les souris, des oiseaux, etc., il consiste en une planche soutenue par trois petits morceaux de bois assemblés en forme de quatre, et qui tombent au moindre choc : *tendre un quatre, un quatre de chiffre.* — Jeux de cartes. Carte qui est marquée de quatre cœurs, de quatre trèfles, etc. : *un quatre de cœur, un quatre de trèfle,* etc. ; et, au Jeu de dés, face du dé qui est marquée de quatre points : *il lui fallait un quatre, il l'a amené.* — Quatre août (NUIT DU), célèbre nuit du 4 août 1789, pendant laquelle l'Assemblée constituante détruisit les derniers vestiges de la féodalité. Dans cette nuit fameuse, nobles et prêtres firent le sacrifice volontaire de leurs privilèges; les provinces et les villes abandonnèrent leurs prérogatives. Au milieu de l'enthousiasme général, la liberté de conscience fut acclamée. Mais, le lendemain, le roi condamna hautement les actes de l'Assemblée, et la révolution, déjà commencée par la prise de la Bastille (14 juillet), ne put s'accomplir d'une manière pacifique. (Voy. SEPTEMBRE.)

QUATRE-BRAS (Les), village de Belgique, province du Brabant méridional, à environ 45 kil. S.-E. de Bruxelles et 3 kil. S.-E. de Nivelle. Il doit son nom à sa situation au point d'intersection de deux routes. Le 16 juin 1815, deux jours avant la bataille de Waterloo, le maréchal Ney y livra aux alliés un combat acharné dans lequel périt le duc de Brunswick. (Voy. WATERLOO.)

QUATREMÈRE (Etienne-Marc), orientaliste français, né à Paris le 12 juillet 1782, mort le 18 sept. 1857. Il fut nommé en 1819 professeur d'hébreu au collège de France, et, en 1827, professeur de persan à l'école des langues orientales. C'est à lui surtout qu'on doit de savoir que le copte moderne descend de l'ancien égyptien, ce qui aida grandement à l'interprétation de celui-ci. Ses éditions et ses traductions de l'*Histoire des Mongols en France*, de Rashid ed-Din (1836) et de l'*Histoire des sultans mamelouks en Égypte*, de Makrisi (1837-'40), sont des travaux d'une valeur toute particulière. Il a laissé, en outre, *Recherches sur la langue et la littérature de l'Égypte* (1808), *Mémoires sur l'Égypte* (1811, 2 vol.).

QUATREMÈRE-DISJONVAL (Denis - Bernard), chimiste, né à Paris le 4 août 1754, mort à Bordeaux en 1830. Il découvrit les sels triples, fut admis à l'Académie des sciences et se ruina en expériences malheureuses; il entra dans les troupes républicaines et rendit des services au passage du Simplon. Son ouvrage le plus curieux est intitulé *Aranéologie* (1797, in-8°, Paris).

QUATREMÈRE DE QUINCY (Antoine-Chrysostome) [kin-si], archéologue, frère du précédent, né à Paris le 28 oct. 1755, mort dans la même ville le 8 déc. 1849. Il occupa différents emplois sous la République, le Consulat, l'Empire et la Restauration, et en 1818 devint professeur d'archéologie à la bibliothèque royale. Parmi ses nombreux ouvrages, on distingue : *Dictionnaire de l'architecture* (1786-1825, 3 vol. in-4°, 2° édit. 1833); *Le Jupiter Olympien* (1814), restauration du chef d'œuvre de Phidias; *De l'imitation dans les beaux-arts* (1823), des biographies de *Raphaël* (2° édit., 1833), de Canova et de Michel-Ange; *Monuments et ouvrages d'art antiques restitués* (1826-'28, 2 vol.); *Vies des plus célèbres architectes.* (1830, 3 vol.), etc.

QUATRE-SAISONS s. f. Variété de fraise. — MARCHAND DES QUATRE-SAISONS, marchand qui vend des légumes et des fruits produits par chaque saison.

* **QUATRE-TEMPS** s. m. pl. Les trois jours où l'Église ordonne de jeûner en chacune des quatre saisons de l'année, et où les évêques ont coutume de faire les ordinations : *on croit que le pape fera aux Quatre-Temps prochains une promotion de cardinaux.* — Les jours appelés quatre-temps sont les mercredi, vendredi et samedi qui suivent immédiatement le premier dimanche dans le carême, la fête de la Pentecôte, le 14 sept. et le 13 déc.

* **QUATRE-VINGTIÈME** adj. Nombre ordinal de quatre-vingts : *vous êtes le quatre-vingtième sur la liste.* — LA QUATRE-VINGTIÈME PARTIE D'UN TOUT, chaque partie d'un tout qui en a quatre-vingts. On dit substantiv., dans le même sens, UN QUATRE-VINGTIÈME, UN QUATRE-VINGT-DIXIÈME, etc.

QUATRE-VINGTS adj. numéral. Quatre fois vingt. Il s'écrit toujours avec une *s* quand il n'est pas suivi d'un autre nombre : *quatre-vingts hommes.* Il ne prend point d's quand il précède un autre nombre auquel il est joint : *quatre-vingt-un.* Il n'a pas non plus d's quand il est employé pour quatre-vingtième : *page quatre-vingt.* — On disait autrefois, OCTANTE. — QUATRE-VINGT-DIX, QUATRE-VINGT-ONZE, QUATRE-VINGT-DOUZE, etc., quatre fois vingt et dix, et onze, et douze de plus. On disait autrefois, NONANTE, NONANTE ET UN, NONANTE-DEUX, etc.

QUATRE-VINGT-NEUF s. m. Première année de la révolution française.

Fils de quatre-vingt-neuf, pourquoi vous outrager ?
F. PONSARD. *Charlotte Corday,* prologue.

QUATRE-VINGT-TREIZE s. m. Année dans laquelle fut inauguré le *régime de la Terreur.* — Pop. Massacre : *un nouveau quatre-vingt-treize.* QUATRE-VINGT-TREIZE, dans la langue populaire, est l'opposé de SAINT-BARTHÉLEMY, comme RÉVOLUTION est l'opposé de COUP D'ÉTAT.

* **QUATRIÈME** adj. Nombre ordinal de quatre : *il était le quatrième en rang.* — LA QUATRIÈME PARTIE D'UN TOUT, chaque partie d'un tout qui en a quatre. — S'emploie aussi

comme substantif dans plusieurs acceptions. Ainsi on dit : NOUS SOMMES AU QUATRIÈME DU MOIS, AU QUATRIÈME DE LA LUNE, au quatrième jour du mois, de la lune. On dit, plus ordinairement, AU QUATRE DU MOIS. — Jeu. Vous VENEZ A PROPOS, NOUS ATTENDIONS UN QUATRIÈME, un quatrième joueur. — ÊTRE D'UN QUATRIÈME DANS UNE AFFAIRE, y être pour un quatrième, y être intéressé pour une quatrième partie, pour un quart. — LOGER AU QUATRIÈME, au quatrième étage. On dit de même : LOGER A UN QUATRIÈME. — CET ÉCOLIER ÉTUDIE EN QUATRIÈME, EST EN QUATRIÈME, il étudie dans la quatrième classe. On dit, dans un sens analogue, CE PROFESSEUR FAIT LA QUATRIÈME, EST CHARGÉ DE LA QUATRIÈME. On dit aussi, C'EST UN QUATRIÈME, pour désigner un écolier qui étudie en quatrième. — LA QUATRIÈME DES ENQUÊTES, la quatrième chambre des enquêtes au parlement de Paris. — s. f. Jeu de piquet. Suite de quatre cartes de même couleur : *avoir une quatrième majeure de pique, une quatrième de roi en cœur, une quatrième de dame, une quatrième basse,* etc.

* **QUATRIÈMEMENT** adv. En quatrième lieu.

* **QUATRIENNAL, ALE, AUX** adj. [ka-] (lat. *quatriennalis*; de *quatuor, quatre*; *annus,* année). Se dit d'un office, d'une charge qui s'exerce de quatre années l'une : *office quatriennal.* — Se dit aussi de l'officier qui exerce cette fonction : *trésorier quatriennal.*—S'emploie quelquefois substantiv. au masculin; et alors il se dit de la charge et de l'officier : *on a supprimé les quatriennaux.*

QUATRILLON s. m. [koua-tri-li-on]. Nombre de mille fois un trillion.

QUATRINÔME s. m. [koua-] (lat. *quatuor, quatre*; gr. *nomos,* loi). (Algèb.) Expression composée de quatre termes.

QUATROUILLE s. f. [ka-; *ll* mll.]. Poil mêlé à la couleur dominante du chien.

* **QUATUOR** s. m. [koua-tu-or] (lat. *quatuor, quatre*). Mus. Morceau de musique vocale ou instrumentale, qui est à quatre parties récitantes : *exécuter un quatuor.*

* **QUAYAGE** s. m. [kè-ia-je]. Comm. mar. Droit que payent les marchands pour avoir la liberté de se servir du quai d'un port, et d'y placer leurs marchandises.

* **QUE** [ke] pronom relatif des deux genres et des deux nombres, servant de régime au verbe qui le suit. Il s'élide devant une voyelle : *celui que vous avez vu; tes livres qu'il a lus.* Il remplace quelquefois de qui, à qui, pour qui, etc. : *c'est de vous que je parle.* — Il remplace aussi, en parlant des choses, pendant lequel, dans lequel, etc. : *le jour que cela est arrivé.* — Se dit aussi pour quelle chose : *que faites-vous là? Que vous en semble ?* — Fam. JE N'AI QUE FAIRE, je n'ai aucune affaire. JE N'AI QUE FAIRE DE LUI, je n'ai aucun besoin de lui. JE N'AI QUE FAIRE DE VOUS DIRE..., il n'est pas nécessaire de vous dire... JE N'AI QUE FAIRE A CELA, je n'y prends aucun intérêt à cela. JE N'AI QUE FAIRE LA, je ne suis pas nécessaire là. JE NE PUIS QUE FAIRE A CELA, JE NE PUIS, JE N'Y SAIS QUE FAIRE, il ne dépend pas de moi d'y rien faire, d'y remédier. — Que conj. S'emploie souvent entre deux membres de phrase qui ont chacun leur verbe exprimé ou sous-entendu, pour marquer que le dernier est régi par le premier, ou lui est subordonné : *il faut que je le paye; vous dites qu'il a de l'esprit; moi, je soutiens que non; que cela soit, j'y consens.* Dans cette dernière phrase, il y a ellipse d'un verbe avant Que. — ÊTRE TOUJOURS SUR LE QUE SI, QUE NON, être toujours prêt à contrarier. — Est aussi particule de souhait, d'imprécation, de commandement, de consentement, de répugnance, de blâme, etc.; et s'emploie avec ellipse de verbes dont on se sert pour souhaiter, pour commander, pour consentir, etc. :

que je meure, si cela n'est pas vrai! — Est également particule d'admiration, d'ironie, d'indignation; et alors il signifie, combien : *que de fois je suis venu ici !*

Hélas ! petits moutons, que vous êtes heureux !
DESHOULIÈRES. *Idylles.*

— Se met aussi, dans certaines phrases exclamatives, entre un adjectif et le verbe ÊTRE : *insensé que j'étais de croire à leur bonne foi !* On dit à peu près de même : *le fripon qu'il était m'emporte dix mille francs.* — Signifie encore, pourquoi ? au commencement de certaines phrases interrogatives : *que ne se corrige-t-il ? que n'avez-vous soin de vos affaires ?* En ce sens, il s'emploie rarement sans négation, excepté dans ces phrases : QUE TARDEZ-VOUS ? QUE DIFFÉREZ-VOUS ? et quelques autres semblables. — QUE SERT DE SE FLATTER, DE DISSIMULER, etc.? à quoi sert de se flatter, de dissimuler, etc.? — Est aussi corrélatif des mots TEL, QUEL, MÊME, AUTRE, MEILLEUR, PIRE, et se met toujours après : *un homme tel que vous; votre vin est meilleur que le mien.* — Est également corrélatif des adv. de comparaison, et de quelques autres : *il est aussi modeste qu'habile.* — Fam. QUE BIEN QUE MAL, en partie bien, en partie mal : *il s'acquitte de son emploi que bien que mal.* Cette loc. vieillit; on dit plus ordinairement, TANT BIEN QUE MAL. — Si ce n'est : *à qui puis-je confier ce secret qu'à vous seul.* — S'emploie dans certaines phrases avec ellipse des mots AUTRE CHOSE ou AUTREMENT; et alors il est toujours précédé de la négation. Ainsi on dit : IL NE CHERCHE QUE LA VÉRITÉ, il ne cherche autre chose que la vérité. IL NE DIT QUE DES SOTTISES, il ne dit rien autre chose que des sottises. IL NE PARLE QUE PAR SENTENCES, il ne parle point autrement que par sentences. IL NE FAIT QUE BOIRE ET MANGER, il ne fait autre chose que boire et manger. — NE... QUE peut, dans certains cas, être considéré comme entièrement synonyme de l'adv. seulement, JE NE VEUX QUE LE VOIR, je veux seulement le voir. — Forme en outre certaines locutions avec diverses prépositions, conjonctions et adverbes ; comme AFIN QUE, AVANT QUE, APRÈS QUE, BIEN QUE, DÈS QUE, DEPUIS QUE, ENCORE QUE, LOIN QUE, PUISQUE, PARCE QUE, SANS QUE, AUSSI QUE, ATTENDU QUE, VU QUE, EN SORTE QUE, D'AUTANT QUE, OUTRE QUE, POURVU QUE, SOIT QUE, et quelques autres. (Voy. AFIN, AVANT, APRÈS, etc.) — S'emploie quelquefois avec ellipse de certaines prépositions et de certains adverbes auxquels on a coutume de le joindre. Ainsi on dit : APPROCHEZ, QUE JE VOUS PARLE, afin que je vous parle. IL NE FAUT POINT DE VOYAGE QU'IL NE LUI ARRIVE QUELQUE ACCIDENT, sans qu'il lui arrive quelque accident. — Se dit encore pour comme, quand il lorsque, à des propositions qui commencent par ces mots, on en joint d'autres de même nature : *comme il était tard, et qu'on craignait la chute du jour...; comme c'est une chose décidée, et que tout est prêt pour l'exécution.* — S'emploie quelquefois par redondance, QUE S'IL M'ALLÈGUE. QUE SI VOUS M'OBJECTEZ... s'il m'allègue, si vous m'objectez... — S'emploie souvent pour donner plus de force à ce qu'on dit : *c'est une belle chose que de garder le secret; c'est se tromper que de croire.* Dans ces exemples, on peut supprimer le QUE : *c'est une belle chose de garder le secret; c'est se tromper de croire...* En ce sens, il s'emploie aussi devant les substantifs, mais on ne saurait le supprimer qu'en changeant toute la construction : *ce sont des qualités nécessaires pour régner que la douceur et la fermeté.*

QUÉ s. m. Voy. PETIT-QUÉ.

QUÉBEC [ké-bèk] (angl. *Quebec* [koui-bek]), province de la Puissance du Canada, jadis nommée Bas Canada, ou Canada oriental, entre 45° et 53° 30' lat. N. et entre 59° 28' et 84° 50' long. O.; 500,769 kil. carr.; 1,360,000 hab.; dont 1,050,000 catholiques romains; 970,000 hab. d'origine française, 490,000 d'origine irlandaise, 175,000 d'origine anglaise et écossaise, 20,000 d'origine allemande; 7,000 Indiens. La majorité des habitants d'origine française descend des colons normands et saintongeais établis dans le pays aux XVI⁰ et XVII⁰ siècles; elle conserve, autant qu'elle peut, son vieux patois et les mœurs françaises; mais le flot anglo-irlandais noie peu à peu sa civilisation. — Jacques Cartier prit possession de ce territoire au nom du roi de France en 1534. Le premier établissement permanent y fut créé à Québec en 1608. — Pour la suite de l'histoire, voy. notre art. CANADA.

QUÉBEC, ville forte et port douanier du Canada, capitale de la province de Québec, sur la rive N.-O. du Saint-Laurent, à son confluent avec le Saint-Charles; à près de 600 kil. du golfe du Saint-Laurent, et à 240 kil. N.-E. de Montréal; par 46° 49' 6" lat. N. et 73° 34' 5" long. O.; 63,000 hab., dont les deux tiers d'origine française. Les fortifications de Québec, et surtout la citadelle, construite sur le point culminant du

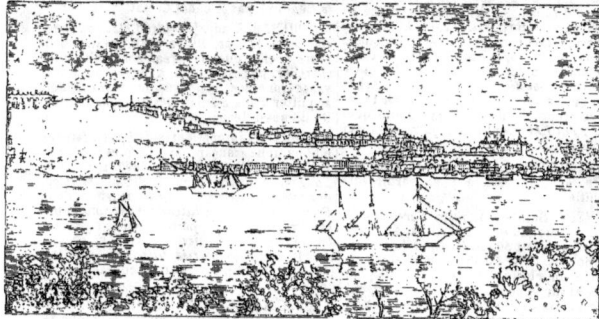

Québec, vue prise de la pointe Lévi.

cap Diamant, à 333 pieds au-dessus du fleuve, ont valu à la ville le nom de Gibraltar de l'Amérique. — L'emplacement de Québec fut visité par Cartier en 1534-'35, et Champlain y fonda la ville en 1608. Prise par les Anglais en 1629, elle fut rendue à la France en 1632. En 1690 et en 1711 les colonies anglaises avoisinantes cherchèrent vainement à s'en emparer. En 1759, le pays dut souffrir le bombardement du général anglais James Wolfe, et le 13 sept. se livra la bataille des hauteurs d'Abraham, où Wolfe périt ainsi que le chef français Montcalm. Le 18 sept., Québec se rendit après un siège de 69 jours. A la seconde bataille des hauteurs d'Abraham, au printemps suivant, les colons français eurent l'avantage, mais en 1763, Louis XV céda toute la Nouvelle-France aux Anglais. En déc. 1775, une petite armée américaine commandée par le général Montgomery, essaya de s'emparer de la ville; mais elle fut repoussée et son général tué. Québec a été ravagé par des incendies en 1845, 1862 et 1866.

QUEDLINBURG [kouedd'-linn-bourg], ville de la Saxe prussienne, près du Bas Hartz, sur la Bode, à 50 kil. S.-O. de Magdebourg; 17,044 hab. A quatre faubourgs, une schlosskirche (église dépendant du château), avec de grands trésors artistiques, et un gymnase établi par Luther et Mélanchthon. Marché pour les céréales, les bestiaux, les livres, les tissus de laine, etc.

QUEEN'S [kouinnss] (comté de la Reine), comté dans le S.-E. de l'Irlande, province de

Leinster; 1,719 kil. carr.; 77,074 hab. Les monts Slieve-Bloom la séparent du King's County (comté du Roi). Les principaux cours d'eau sont le Barrow et son affluent le Nore. On y trouve du minerai de fer et de cuivre, de la terre à potier, et des mines d'anthracite. Principales villes : Mountmellick, Mountrath et la capitale, Maryborough.

QUEENSLAND [kouinnss'-lanndd], colonie anglaise en Australie, comprenant le N.-E. de l'île, entre 10° 43' et 29° lat. S. et entre 136° et 154° long. E.; 1,730,737 kil. carr., y compris les îles de la côte; 173,480 hab. La ligne des côtes est d'environ 3,800 kil. Sur la côte E., à 30 ou 40 kil. du rivage se trouve le récif de corail appelé Great Barrier (Grande Barrière), qui s'étend sur un espace de 1,900 kil. environ, et qui renferme une mer navigable. — Les villes principales sont : avec Brisbane (la capitale), Ipswich, Rockhampton, Gympie, Maryborough et Toowoomba. Le gouvernement est aux mains d'un gouverneur nommé par la couronne, d'un conseil exécutif, et d'un parlement composé de deux chambres. L'instruction est entièrement gratuite, et administrée par un ministre spécial. On exporte surtout de la laine, du suif, du minerai d'or, de cuivre, d'étain, des bestiaux, des peaux, du bois et des conserves alimentaires. Il y a plus de 480 kil. de chemins de fer en activité et plus de 7,500 kil. de lignes télégraphiques. (Voy. AUSTRALIE.)—Le capitaine James Cook jeta l'ancre dans la baie de Moreton en 1770. Le pays fut d'abord attaché au New South Wales sous le nom de district de la baie de Moreton. En 1823, on établit une station pénitencière sur l'emplacement de Brisbane. Les transportations de convicts cessèrent en 1839, et en 1842 le pays fut ouvert aux colons libres. Queensland a été érigée en colonie indépendante en 1859.

QUEENSTOWN, ville au comté de Cork (Irlande), sur le bord méridional de Great Island, dans la havre et à 10 kil. S.-S.-E. de la ville de Cork; 10,039 hab. La ville est bâtie sur une pente très rapide, et les rues forment terrasse les unes au-dessus des autres parallèlement au rivage. Le port de Queenstown contient l'île de Spike avec le fort Westmoreland, une caserne d'artillerie, et une prison pour 800 condamnés. Queenstown est la station de l'amiral commandant, du yacht club royal, et des steamers transatlantiques. Jusqu'en 1849, elle s'est appelée Cove of Cork.

QUEKETT (John-Thomas) [kouik'-ett], naturaliste anglais, né en 1815, mort en 1861. Il était conservateur du Hunterian Museum et professeur d'histologie. Il a publié : Practical Treatise on the Use of the Microscope (nouvelle édit. 1865); Lectures on Histology

(1852-'55, 2 vol.), et un Illustrated Catalogue of Specimens in the College Museum in Lincoln's Inn Fields.

QUEL, QUELLE [kèl] (lat. qualis) adj. pronom. indéf., dont on se sert pour demander ce que c'est qu'une personne, qu'une chose, son nom, ses qualités, ou pour marquer de l'incertitude, du doute : quel homme est-ce qu'un tel? Quel temps fait-il?

Qu'avez-vous fait, madame, et par quelle conduite
Forcez-vous un vainqueur à prendre ainsi la fuite ?
J. RACINE. La Thébaïde, acte 1⁰, sc. v.

— S'emploie aussi, quelquefois, dans une phrase affirmative : je vous ai dit quel homme c'est. — Se dit aussi par exclamation : quelle pitié! quel malheur ! — Quel que soit, de quelque sorte, de quelque espèce que soit ou la personne ou la chose dont il s'agit : quel que soit l'engagement que vous avez.

La loi dans tout État doit être universelle;
Les mortels, quels qu'ils soient, sont égaux devant elle.
VOLTAIRE.

— (Voy. QUELQUE.) — Tel quel, telle quelle, façon de parler familière dont on se sert pour marquer qu'une chose est médiocre sans son espèce, qu'elle est plutôt mauvaise que bonne : c'est un avocat, un prédicateur tel quel.

QUELCONQUE adj. (lat. qualiscumque) Quel que ce soit, quel qu'il soit, quelle qu'elle soit. S'emploie, en général, avec la négation, et se place toujours après le substantif : il ne lui est demeuré chose quelconque. En termes de palais, NONOBSTANT OPPOSITION OU APPELLATION QUELCONQUE. — Se dit sans négation dans le style didactique, pour signifier, quel qu'il soit, quelle qu'elle soit; et alors il a un pluriel : une ligne quelconque étant donnée. — S'emploie quelquefois de même dans la conversation : d'une manière quelconque.

QUÉLEN (LE COMTE Hyacinthe-Louis de), archevêque de Paris, né à Paris en 1778, mort en 1839. Successivement grand vicaire de l'évêque de Saint-Brieuc, puis secrétaire du cardinal Fesch, il devint en 1819 coadjuteur du cardinal de Talleyrand-Périgord et lui succéda en 1821 sur le siège archiépiscopal de Paris. Il fut créé pair de France en 1822 et entra à l'Académie en 1824. Il lutta avec vigueur contre Lamennais, qui venait de se séparer de l'Église. En 1830, l'archevêché fut mis à sac et l'archevêque se sauva chez M. Geoffroy Saint-Hilaire, au Jardin des plantes. Lors du choléra de 1832, Mgʳ de Quélen donna l'exemple du plus héroïque dévouement et fonda l'œuvre des Orphelins du choléra. Il a laissé des Mandements et quelques Oraisons funèbres.

QUELLEMENT adv. (rad. quel). Ne s'emploie que dans cette loc. fam., TELLEMENT QUELLEMENT, ni fort bien ni fort mal, mais plutôt mal que bien : il fait son devoir, il s'acquitte de ses fonctions tellement quellement.

QUELPAERT (Île) [kouël'-partt], île de la mer Orientale, appelée par les Japonais Kandozan, à 90 kil. S. de la Corée. Elle a environ 80 kil. de long et 32 de large. Sol volcanique et fertile. L'île contient de nombreux villages qui ont chacun leur chef. La Corée prétend à la possession de cette île, et s'en sert comme de lieu d'exil et de transportation.

QUELQUE (fr. quel et que) adj. pron. indéf. correspondant à l'aliquis du lat. Un ou plusieurs, entre un plus grand nombre : si cela était, quelque historien en aurait parlé.

Voudrais-tu bien chanter pour moi, cher Licidas,
Quelque air sicilien ?
LONGEPIERRE.

— Fam. et par ellipse, QUELQUE SOT, je ne suis pas assez sot pour faire, pour dire cela. — QUELQUE CHOSE. (Voy. CHOSE.) — Sert aussi à indiquer un petit nombre, une quantité peu

considérable : *cette affaire souffre quelque difficulté.*

> On ne tronance pas les trônes légitimes,
> Sans que *quelques* éclats blessent *quelques* victimes.
>
> Ponsard. *Charlotte Corday*, acte Iᵉʳ, sc. II.

— Se joint aussi avec peu : QUELQUE PEU
D'ARGENT, QUELQUE PEU D'AMITIÉ, un peu d'argent, un peu d'amitié. — Quelque adv. Pré-
cède immédiatement un nombre cardinal, et répond au *circiter* du latin :

> Plaise aux dieux que votre héros
> Pousse plus loin ses destinées,
> Et, qu'après *quelque* trente années,
> Il vienne goûter le repos
> Parmi nos ombres fortunées.
>
> Voltaire. *Épître au prince de Vendôme.*

— Quelque... que, lorsque QUELQUE correspond à *quantuscumque, quantacumque* du
latin, il signifie Quel que soit le, quelle que
soit la. QUELQUE est alors adjectif et prend,
quant au nombre seulement, l'inflexion du
substantif et s'écrit toujours en un seul mot
s'il est joint à un nom, seul ou accompagné
de son adjectif :

> Le peuple, au fond de son néant,
> Toujours séditieux, *quelque* bien qu'on lui fasse,
> Parle indiscrètement de ceux qui sont en place.
>
> La Chaussée.

> Prince, *quelques* raisons que vous me puissiez dire,
> Votre devoir ici n'a point dû vous conduire.
>
> Racine. *Mithridate*, acte II, sc. II.

> Mais *quelques* vains lauriers que promette la guerre,
> On peut être héros sans ravager la terre.
>
> Boileau. *Épître au roi*, v. 27.

— Lorsque, dans QUELQUE... QUE, *quelque*
correspond au *quantumvis* du latin et précède immédiatement un adjectif seul ou un
adverbe, il est adverbe et, par conséquent,
invariable. Il signifie à quelque point que, à
quelque degré que :

> Justes ne craignez rien du pouvoir des hommes;
> *Quelque* élevés qu'ils soient, ils sont ce que nous sommes.
>
> J.-B. Rousseau. *Ode III.*

> *Quelque* jeune qu'on soit, quand on a su bien vivre,
> On a toujours assez vécu.
>
> Mᵐᵉ Deshoulières.

— OBSERVATION. Devant un verbe, on ne doit
jamais écrire QUELQUE, en un seul mot; on
l'écrit en deux mots (*quel que*) et alors quel
est adjectif et s'accorde en genre et en nombre
avec le sujet du verbe :

> La valeur, *quels* que soient ses droits et ses maximes,
> Fait plus d'usurpateurs que de rois légitimes.
>
> Crébillon, *Sémiramis*, acte II, sc. III.

> La loi, dans tout État, doit être universelle.
> Les mortels *quels* qu'ils soient sont égaux devant elle.
>
> Voltaire. *La loi naturelle*, 4ᵉ partie.

> *Quels* que soient les humains, il faut vivre avec eux.
>
> Gresset. *Sidney*, acte II, sc. II.

* QUELQUEFOIS adv. De fois à autre, parfois : *cela est arrivé quelquefois.*

> *Quelquefois* je souris à ce groupe joyeux
> De quatre ou cinq enfants qui croissent sous mes yeux.
>
> Collin d'Harleville. *L'Inconstant*, acte II, sc. I.

* QUELQU'UN, UNE s. (fr. *quelque*; et un).
Un, une entre plusieurs : *nous attendons des
hommes, il en viendra quelqu'un.* — Absol. Une
personne : *quelqu'un m'a dit.* — QUELQUES-UNS
s. pl. Plusieurs dans un plus grand nombre :
*entre les nouvelles qu'il a débitées, il y en a
quelques-unes de vraies.*

QUÉMAND, ANDE adj. Qui demande avec
importunité. — Substantiv. *C'est un quémand.*

* QUÉMANDER v. n. Mendier par pure fai-
néantise, mendier clandestinement. Se dit
particul. de celui qui font métier d'aller demander l'aumône dans les maisons. — v. a.
Quémander une place

* QUÉMANDEUR, EUSE s. Celui, celle qui
quémande.

* QU'EN-DIRA-T-ON s. m. Propos que pourra
tenir le public. Il est toujours précédé de
l'article : *je me moquer du qu'en-dira-t-on,
des qu'en-dira-t-on.* (Fam.)

QUERÈFE s. f. [ke-nè-fe]. Art cuíin. Nom

donné en Russie à des boulettes que l'on obtient en faisant tomber dans du bouillon
bouillant de petites cuillerées à bouche d'une
pâte formée de farine, d'œufs, de bouillon,
de gros poivre et de muscade râpée, et qu'on
fait cuire ensuite pendant une demi-heure
avec le bouillon pour préparer une espèce
de potage. — Potage ainsi préparé.

* QUENELLE s. f. [ke-nè-le]. Cuis. Boulette
dont on garnit un pâté chaud.

* QUENOTTE s. f. Dent de petit enfant :
cet enfant a mal à ses quenottes. (Fam.)

* QUENOUILLE s. f. [ll mll.] (bas lat. *conu-
cla*). Sorte de petite canne ou de bâton, que
l'on entoure, vers le haut, de soie, de chanvre, de lin, de laine, etc., pour filer : *charger
une quenouille.* — Se dit aussi de la soie, du
chanvre, du lin, de la laine dont une quenouille est chargée : *filer une quenouille.* —
ALLEZ FILER VOTRE QUENOUILLE, se dit à une
femme qui veut se mêler de choses qui passent
sa capacité. — CETTE MAISON EST TOMBÉE EN
QUENOUILLE, une fille en est devenue héritière. On dit, dans le même sens, LE ROYAUME
DE FRANCE NE TOMBE POINT EN QUENOUILLE, les
filles ne sont point appelées à succéder au
trône de France. — L'ESPRIT EST TOMBÉ EN
QUENOUILLE DANS CETTE FAMILLE, les filles y ont
plus d'esprit que les garçons. — QUENOUILLES
DE LIT, les colonnes, les piliers qui sont aux
quatre coins de certains lits : *attacher quelqu'un à la quenouille d'un lit.* — Agric. Arbre
fruitier qui est taillé de manière que le bran-
chage se rapproche de la forme d'une quenouille : *j'ai fait planter des quenouilles qui
n'ont pas réussi.*

* QUENOUILLÉE s. f. Quantité de laine, de
chanvre, etc., nécessaire pour garnir une
quenouille.

QUENTIN (Saint-), *Augusta Veromanduorum*, ch.-l. d'arr. du dép. de l'Aisne, à 125 kil.
N.-E. de Paris et à 50 kil. N.-O. de Laon, par
49° 50' 55" lat. N., 0° 57' 43" long. E. et 105 m.
d'altitude au clocher de la Collégiale; au
sommet et sur le penchant d'une colline, qui
domine la rive droite de la Somme, et à la
tête du canal de Saint-Quentin; 38,924 hab.
Ville manufacturière de premier ordre : nombreuses filatures de coton, fabriques de tissus
dits *de Saint-Quentin*, de tulle, de châles; fonderie de fer et de cuivre; produits chimiques,
sucres indigènes (130,000 ouvriers, tant de la
ville que des campagnes). Patrie de Babeuf,
de Charlevoix, de d'Achéry, d'Omer Talon,
du naturaliste Poiret, et du peintre de Latour, auquel une statue a été érigée en 1856.
Magnifique collégiale gothique, commencée
au XIIᵉ siècle et terminée au XVIIᵉ; on y admire surtout un beau buffet d'orgues. Hôtel
de ville non moins remarquable, achevé en
1509, et en face duquel, au milieu d'une vaste
place, on a creusé un large puits. Théâtre,
promenades. — Importante au temps des
Romains, *Augusta Veromanduorum* changea
de nom après que saint Quentin y eût été
martyrisé. Les barbares la saccagèrent plusieurs fois; elle resta capitale du Vermandois pendant le moyen âge jusqu'en 1213,
époque où elle fut annexée à la couronne.
Elle avait obtenu une charte de commune
dès le commencement du XIIᵉ siècle. Devant
Saint-Quentin, le duc de Savoie, commandant
une armée hispano-anglaise, remporta, le
10 août (jour de la Saint-Laurent) 1557, un
avantage sur les Français, à la tête desquels
se trouvait le connétable de Montmorency;
et c'est en accomplissement d'un vœu fait
avant cette bataille, que Philippe II construisit le monastère et le palais de l'Escurial.
La ville tomba ensuite au pouvoir des ennemis, après 24 jours de tranchée ouverte;
elle fut rendue à la France par le traité de
Cateau-Cambrésis (16 déc. 1559). Le siège
mémorable de 1557 avait coûté la vie aux

trois quarts de ses héroïques habitants et les
survivants, quittant leurs maisons, ne rentrèrent que lorsque la ville fut redevenue
française : exemple de patriotisme bien digne
d'être rappelé. La cité se releva aussitôt et
s'enrichit par suite de la création de fabriques
de linon, vers 1575. Ses fortifications furent
rasées en 1820. Quoique ville ouverte, elle
résista aux Allemands le 8 oct. 1870. Quelques mobiles et des gardes nationaux, électrisés par les paroles et par l'exemple de
M. Anatole de la Forge, barricadèrent les
avenues et forcèrent la la retraite, après une
journée de combat, les ennemis supérieurs
en nombre. L'armée française du Nord, commandée par le général Faidherbe, fut vaincue
devant Saint-Quentin par les Allemands,
après une lutte de 7 heures, le 19 janv. 1871;
elle perdit environ 10,000 hommes tués,
blessés ou disparus; les ennemis perdirent
5,000 hommes tués ou blessés. — Canal de
Saint-Quentin, canal qui va de la Somme
(St-Quentin) à l'Escaut (Cambrai); 94,380 m.
Il passe sous deux tunnels : l'un de 1,100 m.,
l'autre de 5,677 m. sur 8 m. de largeur.
Commencé en 1802, il fut livré à la navigation en 1810. Il communique avec l'Oise
(à Chauny), par le canal Crozat.

* QUÉRABLE adj. [ké-] (rad. lat. *quærere,*
chercher). Jurispr. RENTE OU REDEVANCE QUÉ-
RABLE, celle que le créancier doit aller
chercher, par opposition à RENTE ou REDE-
VANCE PORTABLE, celle que le débiteur doit
acquitter dans un lieu désigné par le titre.
On dit aussi REQUÉRABLE.

QUÉRARD (Joseph-Marie) [ké-rar], fameux
bibliographe français, né à Rennes le 25 déc.
1797, mort à Paris le 3 déc. 1865. Il a publié
*La France littéraire (Dictiogr. des savants
historiens et gens de lettres de la France, ainsi
que des littérateurs étrangers qui ont écrit en
français, particulièrement pendant les XVIIIᵉ
et XIXᵉ siècles (1827-'42, 10 vol. in-8°); Les
Supercheries littéraires dévoilées* (1845-'56, 5
vol.), et d'autres ouvrages d'un grand mérite.

QUERCINÉ, ÉE adj. [kuèr-] (rad. lat. *quercus*). Bot. Qui ressemble ou qui se rapporte
au chêne. — s. f. pl. Famille de plantes dicotylédones ayant pour type le genre chêne
et comprenant, en outre, les genres châtaignier, hêtre, charme, coudrier, etc.

QUERGITE s. f. [kuèr-]. Chim. Sucre trouvé
dans les glands du chêne.

QUERCITRINE s. f. Principe colorant du
bois de quercitron.

* QUERCITRON s. m. [kuèr-] (rad. lat.
quercus, chêne). Bot. Espèce de chêne vert
de l'Amérique septentrionale, dont l'écorce
sert à teindre en jaune.

QUERCY (Le), *Cadurcinus pagus*, ancienne
province de France, située entre la Limousin, le Rouergue, le Languedoc, l'Angenois et
le Périgord. Il était divisé en haut Quercy
(cap. Cahors) et bas Quercy (cap. Montauban). Il forme aujourd'hui le dép. du Lot et
une partie de celui de Tarn-et-Garonne.
Après avoir appartenu à l'Aquitaine jusqu'au
xᵉ siècle, il passa aux comtes de Toulouse,
fut ravagé par les Croisés, pendant la guerre
des Albigeois, fut confisqué en 1228 par
saint Louis, qui le céda aux Anglais en 1259.
Philippe le Bel le reprit; mais il retomba au
pouvoir des Anglais en 1360 et suivit ensuite
les destinées de la Guyenne.

* QUERELLE s. f. [ke-rè-le] (lat. *querela*).
Contestation, démêlé, dispute mêlée d'aigreur
et d'animosité : *ils sont en querelle.* — ENTRER
DANS UNE QUERELLE, s'intéresser dans une
querelle, y prendre part. — EMBRASSER, ÉPOU-
SER, PRENDRE LA QUERELLE DE QUELQU'UN, prendre le parti de quelqu'un contre ceux avec
qui il a querelle. PRENONS QUERELLE POUR

QUELQU'UN, déclarer qu'on entreprend de le venger de ceux qui l'ont offensé, prendre son parti avec chaleur, malmener ceux qui sont contre lui. — Prov. QUERELLE D'ALLE-MAND, querelle faite légèrement, sans sujet : *il cherchait à lui faire une querelle d'Allemand.* — Droit romain. QUERELLE D'INOFFICIOSITÉ. (Voy. INOFFICIOSITÉ.)

* QUERELLER v. a. [ke-rè-lé]. Faire querelle à quelqu'un : *il est venu nous quereller mal à propos.* — Gronder, réprimander : *son père l'a querelle.* — Absol. *Cet homme aime fort à quereller.* — Se quereller. Disputer l'un contre l'autre avec des paroles aigres : *ces gens se sont querellés; ils se querellent toujours.*

* QUERELLEUR, EUSE adj. Qui fait, qui cherche souvent querelle aux gens : *c'est un homme fort querelleur.* — s. *C'est un grand querelleur.*

QUÉRÉTARO[ké-ré'-ta-ro]. I, l'un des états du centre du Mexique, borné par les états de San-Luis Potosi, de Hidalgo, de Mexico, de Michoacan E. de Guanajuato; 8,300 kil. carr.; 480,000 hab. environ. — II, capitale de cet état, sur un plateau accidenté, à plus de 2,500 m. au-dessus du niveau de la mer; 49,000 hab. C'est une des plus belles villes de la république mexicaine. Lainages et cotonnades, cuirs, savons, cigares et pulque (sorte de boisson alcoolique). Le 15 mai 1867, après un siège de 3 mois, l'empereur Maximilien et ses généraux Miramon et Mejia y furent faits prisonniers ; on les fusilla, le 19 juin, sur une des collines voisines.

QUÉRIGUT, ch.-l. de cant., arr. et à 88 kil. S.-O. de Foix (Ariège); 1,000 hab.

* QUÉRIMONIE [kué-] (lat. *querimonia*). Officialité. Requête présentée au juge d'Église, pour obtenir la permission de faire publier un moniteire.

* QUÉRIR v. a. [ke-rir] (lat. *quærcre*). Chercher avec charge d'amener la personne, ou d'apporter la chose dont il est question. Ne s'emploie qu'à l'infinitif, et avec les verbes ALLER, VENIR, ENVOYER : *allez me quérir un tel.* — IL SERAIT BON A ALLER QUERIR LA MORT, se dit de quelqu'un qui tarde, longtemps à revenir, à faire une commission dont on l'a chargé; et, en général, d'une personne lente.

QUERQUEVILLE, village du d'Octeville, à 6 kil. de Cherbourg (Manche), à l'extrémité O. de la rade ; par 49° 40′ 24″ lat. N. et 4° 4′ 49″ long. O. Le fort de Querqueville fait partie des fortications de Cherbourg.

QU'ES-ACO ou Qu'es-aquo [ké-za-ko], mots provençaux qui signifient : *Qu'est cela?*

QUESADA [ké-sa'-da]. Voy. XIMENES DE QUESADA.

QUESNAY (François) [ké-nè], médecin et économiste français, né à Méré, près de Montfort-l'Amaury, le 4 juin 1694, mort à Versailles le 16 déc. 1774. Il fut médecin de la cour; mais on le connaît surtout comme le père de l'école agricole appelée par lui « physiocratie » (1768). Ses ouvrages de médecine sont oubliés; Dupont de Nemours a donné, en 1846, une nouvelle édition de ses écrits sur l'économie politique.

QUESNEL (Pasquier) [ké-nel], théologien français, né à Paris le 14 juillet 1634, mort à Amsterdam le 2 déc. 1719. Il était supérieur de la congrégation de l'Oratoire à Paris, lorsqu'il publia ses *Réflexions morales* (1671) et d'autres écrits favorables au jansénisme. En 1681, il fut exilé à Orléans, et, en 1684, il quitta l'ordre, et alla rejoindre Arnauld à Bruxelles. Il y publia une édition complète de ses *Réflexions morales* (1694), fut emprisonné par les autorités espagnoles, mais put s'enfuir à Amsterdam. Son ouvrage a été condamné par Clément XI en 1708, et,

plus solennellement, dans la fameuse bulle *Unigenitus*, le 8 sept. 1713. On a encore de lui : *Abrégé de la morale de l'Évangile* (1687, 3 vol.); *Tradition de l'Église romaine sur la prédestination des saints et sur la grâce efficace* (1687, 4 vol.), sous le pseudonyme de sieur Germain, une *Vie d'Antoine Arnauld*, (1699, 2 vol.), et *Justification de M. Arnauld* (1702, 3 vol.), etc.

QUESNOY (Le), *Quercetum*, place forte et ch.-l. de cant., arr. et à 27 kil. N.-O. d'Avesnes (Nord), sur une éminence qui domine les campagnes voisines; 3,000 hab. Le Quesnoy, auquel sa situation donne une grande importance, a subi plusieurs sièges mémorables. Louis XI le prit d'assaut en 1477; Turenne s'en rendit maître le 6 sept. 1654; le prince Eugène l'emporta le 4 juillet 1712, mais Villars l'enleva aux alliés le 4 oct. suivant. Les Autrichiens firent capituler la place le 11 sept. 1793; mais Scherer la leur enleva le 16 août 1794. Les alliés y entrèrent le 29 juin 1815.

QUESNOY-SUR-DEULE, ch.-l. de cant., arr. et à 11 kil. N. de Lille (Nord), sur la basse Deule; 3,000 hab. Brasseries, distilleries, filatures, sucreries.

QUESTEMBERT, ch.-l. de cant., arr. et à 25 kil. E. de Vannes (Morbihan); 1,400 hab. Belles chapelles; calvaire richement sculpté, qui se trouve dans le cimetière.

* QUESTEUR s. m. [kué-steur] (lat. *quæstor*; de *quærere*, chercher). Antiq. rom. Nom des certains magistrats chargés, à Rome, dans les armées ou dans les provinces, de l'administration des finances et de diverses autres fonctions, comme de recevoir les ambassadeurs, etc. : *les questeurs donnaient au peuple les combats de gladiateurs, et en faisaient les frais.* — Se dit, dans certains corps, des membres qui sont chargés de diriger et de surveiller l'emploi des frais : *il est un des questeurs de la Chambre des députés.*

* QUESTION s. f. [kèss-ti-on] (lat. *quæstio*). Interrogation, demande que l'on fait pour s'éclaircir de quelque chose : *il m'a fait cent questions.* — Iron. BELLE QUESTION! se dit à une personne qui fait une question inutile ou ridicule. On dit, dans le même sens, QUELLE QUESTION! — Proposition qu'il y a lieu d'examiner, de discuter : *question de logique, de physique, de théologie, de morale, d'histoire, de jurisprudence*, etc. — IL EST QUESTION, IL N'EST PAS QUESTION DE, il s'agit, ou il ne s'agit pas de : *il n'est pas question de ce que vous avez dit, mais de ce que vous avez fait.* On dit de même : *voici la chose, la personne dont il est question, dont est question*; et fam., *voici la personne en question.* — Dans le langage des délibérations publiques, DEMANDER LA QUESTION PRÉALABLE, demander qu'on décide s'il y a ou s'il n'y a pas lieu de délibérer sur une proposition qui vient d'être faite; et, dans l'usage ordinaire, demander qu'on ne délibère pas sur cette proposition. On dit de même, CETTE PROPOSITION FUT ÉCARTÉE PAR LA QUESTION PRÉALABLE. — Polit. Toute affaire considérable soumise à l'examen du gouvernement, d'une assemblée, du public : *la question d'Orient.* — QUESTION DE CABINET, celle dont la solution doit entraîner la retraite ou le maintien d'un ministère. — Torture, gêne donnée aux accusés et aux condamnés, en matière criminelle, pour leur arracher des aveux : *Louis XVI abolit la question préparatoire.* — Pop. IL NE FAUT PAS LUI DONNER LA QUESTION POUR LUI FAIRE DIRE TOUT CE QU'IL SAIT, se dit d'un homme qui parle trop, et qui dit tous ses secrets. — Hist. « Il y avait autrefois, en matière criminelle, deux sortes de *questions* ou tortures : la *question préparatoire* ou provisoire, et la *question définitive* ou *question préalable.* La première était employée pour obtenir des accusés l'aveu de leurs

crimes. Ce moyen était aussi barbare que les ordalies ou épreuves judiciaires usitées au moyen âge. Les accusés les plus robustes y résistaient quelquefois, mais beaucoup d'autres avouaient les crimes qu'ils n'avaient pas commis. On rapporte qu'un mari, accusé d'avoir tué sa femme et de l'avoir réduite en cendres dans un four, avait avoué ce crime dans les douleurs de la torture, lorsque sa femme se présenta devant les juges, au moment où la condamnation allait être prononcée. La question préparatoire ne pouvait être ordonnée que par les juges royaux et par les juges hauts-justiciers, et seulement lorsque le crime commis devait entraîner la peine de mort. Si l'accusé ne faisait pas d'aveu, il échappait à toute condamnation; mais si le juge avait ordonné la question sous réserve de preuves acquises, *indiciis manentibus*, l'accusé pouvait être condamné à toute autre peine que la mort, *omnia citra mortem* (Ord. crim. août 1670, 8 it. 19). C'était, dit La Bruyère, « une invention sûre pour sauver un coupable robuste ». Les juges d'église prétendaient avoir le droit de condamner un clerc à la question; mais ce pouvoir leur était contesté. La manière de donner la question différait selon les lieux. Dans le ressort du parlement de Paris, elle était appliquée, soit par l'eau, soit par des brodequins. Pour donner à un accusé la question à l'eau, on l'étendait, vêtu seulement d'une chemise, sur un banc de bois. Ses poignets et ses pieds étaient ensuite attachés par des anneaux de fer, à des cordes que l'on tendait avec force, de manière à ce que le corps ne fût supporté que par les anneaux. La tête était tenue élevée par la tension des cordes, et l'on introduisait une grosse corne dans la bouche du patient; puis, après lui avoir serré les narines, on lui faisait absorber peu à peu une quantité d'eau plus ou moins grande, selon que la question devait être *ordinaire* ou *extraordinaire.* — Lorsqu'il devait subir la question des brodequins, l'accusé était assis, nu-jambes, sur la sellette. Chaque jambe se trouvait placée entre deux planches de chêne dépassant les genoux. Ces planches étaient percées, chacune de quatre trous dans lesquels passaient de longues cordes que le questionnaire tournait autour des planches et qu'il serrait très fortement. Puis on enfonçait successivement avec un maillet, entre les deux planches du milieu, sept coins de bois du côté des genoux, et un huitième coin à la hauteur des chevilles. Si la question devait être extraordinaire, on ajoutait deux coins supplémentaires. Un homme soutenait l'accusé par derrière. À chaque coin enfoncé, le juge, ou un commissaire délégué pour lui et assisté d'un greffier, posait des interrogations au patient. Si celui-ci tombait en défaillance, on le réconfortait avec du vin. Des médecins et des chirurgiens assistaient à l'épreuve et, au besoin, donnaient des soins à l'accusé. Lorsque la torture était achevée, il était procédé à un dernier interrogatoire *sur le mutelas.* Il arrivait souvent que l'accusé mourait pendant la torture ou à la suite des souffrances qu'il avait subies. En Normandie, on donnait la question en serrant le pouce ou les jambes sur un établi, au moyen de valets de fer. En Bretagne, le patient était attaché sur une chaise de fer, et l'on approchait ses pieds par degrés d'un feu ardent. À Avignon, le gouvernement papal avait importé de Rome le supplice de la *veglia*, petit escabeau surmonté d'une pointe et sur lequel on asseyait le patient. C'était là un supplice horrible. La *question définitive* était appliquée aux condamnés à mort avant le dernier supplice et dans le but d'obtenir la dénonciation des complices du crime : c'est pourquoi on la nommait aussi la *question préalable.* La question préparatoire avait déjà été supprimée par Louis XVI (déclaration, 24 août 1780), lorsque l'Assemblée constituante, par un décret du 9 octobre 1789, abolit définitivement la torture. Les mots *question préalable* ont aujourd'hui un sens bien différent de celui qu'ils avaient autrefois. On appelle ainsi, dans la procédure spéciale aux assemblées délibérantes, une exception tendant à faire rejeter, sans discussion, une proposition inconstitutionnelle ou intempestive. » (Ch. Y.)

* QUESTIONNAIRE s. m. Celui qui donnait la question aux accusés et aux condamnés.

* QUESTIONNAIRE s. m. Série de questions dont le but est de diriger une enquête : *il a reçu un questionnaire.*

QUESTIONNEMENT s. m. Action de questionner.

* QUESTIONNER v. a. Interroger quelqu'un, lui faire des questions : *je l'ai questionné sur plusieurs choses.* — Se prend souvent en mauvaise part, et se dit de ceux qui ont coutume de faire des questions importunes : *cet homme-là ne fait que questionner.* — Se questionner v. récipr. *Ils se questionnaient l'un l'autre.*

* QUESTIONNEUR, EUSE s. Celui, celle qui fait sans cesse des questions : *c'est un des plus grands questionneurs qu'on ait jamais vus.* — Adjectiv. *Cette femme est bien questionneuse.*

QUESTORIEN, IENNE adj. Qui appartient au questeur.

* QUESTURE s. f. [kuèss-]. Dignité, charge de questeur : *exercer la questure.* — Durée des fonctions de questeur : *telle chose s'est faite sous sa questure.* — Bureau des questeurs d'une assemblée : *aller à la questure de la Chambre des députés.*

QUET s. m. [kè]. Papet. Nom sous lequel on désigne l'assemblage et le nombre de 26 feuilles de papier avec leurs feutres.

* QUÊTE s. f. [kê-] (lat. *quæsitum*). Action par laquelle on cherche : *il y a longtemps que je suis en quête d'un tel, en quête de telle chose.* — Chasse. Action d'un valet de limier qui va détourner une bête pour la lancer, et action du chien qui démêle la voie d'un cerf, d'un sanglier, etc., qu'on veut détourner : *aller en quête.* — Chasse des perdrix : *un épagneul bon pour la quête.* — Action de demander et de recueillir des aumônes pour les pauvres, ou pour des œuvres pieuses : *faire la quête dans l'église, dans les maisons, pour les réparations de l'église, pour les pauvres.* — Législ. « Dans les communes où il existe un bureau de bienfaisance, aucune quête ne peut être faite au profit des pauvres, soit dans les églises, soit hors des églises, si ce n'est par le bureau ou ses délégués. (Voy. Bienfaisance.) Dans les communes où il n'y a pas de bureau de bienfaisance, le maire peut quêter au profit des pauvres. Toute autre quête serait considérée comme un délit de mendicité. Les bureaux de bienfaisance ont le droit de faire quêter dans les églises toutes les fois qu'ils le jugent convenable (Décr. 30 déc. 1809, art. 75). Ils peuvent également faire placer des troncs dans les églises. Les curés n'ont le droit de quêter et de placer des troncs que pour subvenir aux frais du culte, et en se conformant à un règlement arrêté par l'évêque. » (Ch. Y.)

* QUÊTE s. f. Mar. Saillie que font l'étrave et l'étambot hors de la quille.

QUÉTELET (Lambert-Adolphe-Jacques) ké-te-lé], statisticien belge, né à Gand le 22 février 1796, mort le 17 février 1874. Il fut directeur de l'observatoire de Bruxelles, secrétaire perpétuel de l'Académie des sciences, président du comité de statistique, et membre correspondant de l'Institut de France. Ses publications comprennent : *Recherches sur la reproduction et la mortalité*

et *sur la population de la Belgique* (1832); *De l'influence des saisons sur la mortalité aux différents âges* (1838); *Sur la théorie des probabilités appliquées aux sciences morales et politiques* (1846); *Anthropométrie* (1873); *Sur l'homme et le développement de ses facultés, ou essai de physique sociale* (2e édit., 1869, 2 vol.); *Système social et lois qui le régissent* (1848) ; *Physique du globe* (1863) ; *Climat de la Belgique* (1849-'57, 2 vol.); *Météorologie de la Belgique* (1867); *Statistique internationale* (1865).

* QUÉTER v. a. Chasse. Chercher : *quéter un cerf, un sanglier, un lièvre.* — Absol. *Nous avons quêté tout le matin sans rien trouver.* — Fig. QUÉTER DES LOUANGES, DES SUFFRAGES, etc., chercher à se faire donner des louanges, des suffrages, etc. On dit de même QUÉTER DES VOIX, DES SUFFRAGES POUR QUELQU'UN. — v. n. Demander et recueillir des aumônes : *on a prié cette dame de quêter.*

* QUÊTEUR, EUSE s. Celui, celle qui quête pour quelqu'un : *il y avait plusieurs quêteurs à la suite les uns des autres.*

QUETSCHE s. f. [kouè-tche] (mot all. qui signifie : *prune*). Sorte de prune; pruneau.

QUETTEHOU, ch.-l. de cant., arr. et à 16 kil. N.-E. de Valognes (Manche); 1,100 hab.

* QUEUE s. f. [keû] (lat. *cauda*). Partie qui termine le corps de la plupart des animaux, par derrière. — En parlant des quadrupèdes, partie qui est un prolongement de l'épine du dos : *le bout de la queue.* — QUEUE PRENANTE, queue de certains animaux qui peut s'enrouler avec force autour des objets, et dont ils se servent pour s'attacher, pour se suspendre : *singe à queue prenante.* — Se dit aussi en parlant des fleurs, des feuilles, des fruits, et signifie, cette partie par laquelle ils tiennent aux arbres, aux plantes : *la queue des violettes, des roses,* etc. En parlant de certaines fleurs, comme les tulipes, les lis, les narcisses, on appelle QUEUE, lorsqu'elles sont cueillies, ce qu'on nomme TIGE dans ces mêmes fleurs, lorsqu'elles sont encore sur pied. — IL N'EN RESTE, IL N'EN EST PAS RESTÉ LA QUEUE D'UN, D'UNE, il n'en reste, il n'en est resté aucun, se traduit : *tous les lapins de cette garenne ont été détruits, il n'en reste pas la queue d'un.* — En parlant des hommes, des cheveux de derrière, lorsqu'ils sont attachés avec un cordon et couverts d'un ruban roulé tout autour : *il a quitté la queue pour les cheveux courts.* — Se dit encore de plusieurs autres choses qui ressemblent en quelque façon à une queue. — Chancell. LETTRES SCELLÉES SUR SIMPLE QUEUE, celles dont le sceau est sur cette partie du parchemin qu'on coupe en forme de queue pour y attacher le sceau; et, LETTRES SCELLÉES SUR DOUBLE QUEUE, celles dont le sceau est sur une bande de parchemin qui passe au travers des lettres. — LA QUEUE D'UN P, D'UN Q, D'UN g, etc., ce qui excède par en bas le corps de ces différentes lettres. — LA QUEUE D'UNE NOTE, le trait qui tient au corps de la note, et qui monte ou descend perpendiculairement à travers la portée. — LA QUEUE D'UNE COMÈTE, la longue traînée de lumière qui suit le corps de la comète : *une comète à longue queue.* — LA QUEUE D'UNE POÊLE, la longue pièce de fer qui sert à tenir une poêle. On dit de même, LA QUEUE D'UN GRIL, D'UNE CASSEROLE, D'UNE LÈCHEFRITE, etc. — Archit. Extrémité d'une pierre longue qui entre dans la construction d'un mur ou d'une voûte, *cette pierre, ce claveau n'a pas assez de queue.* — Jeu de billard. Instrument dont on se sert le plus communément à ce jeu pour lancer les billes : *une bonne queue.* On appelait autrefois QUEUE DU BILLARD, le petit bout de l'instrument de ce nom qui servait au même usage. — QUEUE A PROCÉDÉ, celle dont le petit bout est garni d'un morceau de cuir, et avec laquelle on exécute des coups qui seraient impossibles avec une queue ordinaire,

tels que celui d'imprimer à la bille un mouvement composé et rétrograde. — FAIRE FAUSSE QUEUE, toucher la bille à faux avec la queue. — Fig. Le bout, la fin de quelque chose : *la queue d'un étang.* — LA QUEUE D'UNE AFFAIRE, les derniers soins qu'elle exige quelquefois, après qu'elle semble terminée : *cette affaire aura une longue queue.* — NE POINT LAISSER, NE POINT FAIRE DE QUEUE DANS UN PAYEMENT, effectuer ce payement en entier. — ON A PRIS cette affaire PAR LA TÊTE ET PAR LA QUEUE, on l'a tournée et examinée de toutes les manières. — PRENDRE LE ROMAN PAR LA QUEUE, avant le mariage, vivre maritalement. — Jeu. Se dit d'une somme indépendante de l'enjeu principal. Au piquet à écrire, par exemple, on appelle QUEUE DES JETONS, la totalité des jetons qu'on a mis aux paris; et QUEUE DES PARIS, ce qui revient au joueur qui a gagné le plus de paris : *mettre à la queue.* (Voy. PARI.) — La dernière partie, les derniers rangs de quelque corps, de quelque compagnie : *la queue d'une procession, d'un cortège.* — LA QUEUE D'UN PARTI, ce qu'il y a de moins estimable, de plus violent dans un parti; ce qui en reste quand le gros du parti n'existe plus. — A LA QUEUE, EN QUEUE, signifie quelquefois, à la suite, immédiatement après : *il était à la queue de la tranchée, à la queue des travailleurs.* — A LA QUEUE, EN QUEUE, signifie encore, à la poursuite de quelqu'un, aux trousses de quelqu'un : *avoir les ennemis en queue.* — FAIRE QUEUE, se ranger par ordre, les uns derrière les autres, afin de passer chacun à son tour à une audience, à une distribution, etc. : *on faisait queue à la porte des boulangers.* On dit de même : *la queue s'étendait jusqu'à tel endroit.* — QUEUE A QUEUE, à la file, immédiatement l'un après l'autre : *ces loups se suivaient queue à queue.* — A LA QUEUE LEU LEU, jeu d'enfants, ainsi appelé parce qu'à ce jeu on marche à la suite les uns des autres, comme marchent les loups, qu'on appelait autrefois LEUX. — ILS SONT VENUS A LA QUEUE LEU LEU, ils sont venus à la queue les uns des autres.

* QUEUE s. f. Sorte de futaille contenant environ un muid et demi : *mettre du vin dans des queues.* — DEMI-QUEUE, futaille contenant la moitié de ce que contient une queue : *il a mis son vin dans des demi-queues.*

* QUEUE s. f. Sorte de pierre à aiguiser : *il faut repasser ce rasoir sur la queue.* On écrit aussi QUEUX.

* QUEUE-D'ARONDE s. f. Espèce de tenon, en queue d'hirondelle, fait à une pièce de bois ou de fer, et qui doit entrer dans une entaille de même forme : *assemblage à queue-d'aronde; des queues-d'aronde.*

* QUEUE-DU-CHAT s. f. Figure de contredanse : *allez en avant à quatre, et faites la queue-du-chat; des queues-du-chat.*

* QUEUE-DE-CHEVAL. Voy. PRÊLE : *des queues-de-cheval.*

* QUEUE-DE-COCHON s. f. Tarière terminée en vrille qui sert dans différents métiers : *des queues-de-cochon.*

* QUEUE-DE-LION s. f. ou Léonurus s. m. Plante labiée qui croît principalement en Afrique, et dont les fleurs, d'un beau rouge de feu, naissent en verticilles à l'extrémité des rameaux : *des queues-de-lion.*

* QUEUE-DE-POURCEAU s. f. Plante ombellifère dont la racine est grosse, longue, et pleine d'un suc jaune fétide : *des queues-de-pourceau.*

* QUEUE-DE-RAT s. f. Lime ronde, terminée en pointe, qui sert à agrandir à limer des trous. — Art vétér. Espèce de dartre allongée qui survient aux jambes des chevaux, et qui forme une ligne dégarnie de poil. — Mar. Forme que l'on donne au bout d'une manœuvre, en la travaillant en pointe, pour faci-

liter son entrée dans certaines poulies ou conduits : *faire une queue-de-rat*. — ∿ Espèce de petite bougie fine. — Tabatière de bouleau, dont on soulève le couvercle à l'aide d'une petite lanière de cuir. — pl. DES QUEUES-DE-RAT.

* **QUEUE-DE-RENARD** s. f. Petite plante du genre amarante, à laquelle on trouve quelque ressemblance avec la queue du renard, et qui vient ordinairement dans les lieux humides : *des queues-de-renard*.

* **QUEUE-DE-SOURIS** s. f. Plante qui croît dans les champs, les prés et les jardins, et qui porte des fleurs dont le réceptacle s'allonge après la floraison, de manière à prendre la forme d'une queue de souris : *des queues-de-souris*.

* **QUEUSSI-QUEUMI** loc. adv. et fam. [keu-si-keu-mi]. Absolument de même : *ce remède ne lui fera pas plus de bien que les autres; ce sera queussi-queumi*.

QUEUTAGE s. m. Action de queuter.

* **QUEUTER** v. n. Billard. Pousser d'un seul coup les deux billes avec sa queue : *quand on queute, on perd un point, et si l'on fait la bille, elle ne compte pas*.

* **QUEUX** s. m. [keū] (lat. *coquus*). Vieux mot qui signifiait autrefois, cuisinier : *les traiteurs de Paris se qualifiaient de maîtres queux*. — Pierre à aiguiser. — On écrit plus ordinairement, QUEUE.

QUEYRAS, place forte de 4ᵉ classe et comm. de l'arr. et 22 kil. S.-S.-E. de Briançon (Hautes-Alpes); 300 hab.

* **QUI** [ki] (lat. *quis*), pronom relatif des deux genres et des deux nombres. Lequel, laquelle : *l'homme qui raisonne*.

> Ami, n'accable point un malheureux qui t'aime.
> J. RACINE. *Andromaque*, acte Iᵉʳ, sc. Iʳᵉ.

— Précédé d'une préposition, il ne s'emploie ordinairement qu'en parlant des personnes : *celui, celle de qui je parle, à qui j'ai donné cela*. — On dit plus ordinairement, C'EST À VOUS QUE JE PARLE. — S'emploie aussi d'une manière absolue : *je croirai qui vous voudrez*.

> Qui ne songe qu'à soi quand sa fortune est bonne,
> Dans le malheur n'a point d'amis.
> FLORIAN.

— S'emploie quelquefois de cette même manière en parlant des choses : *voilà qui est beau*. — Subst. et fam. UN JE NE SAIS QUI, un homme de nulle considération : *il est toujours avec des je ne sais quoi*. — QUI QUE CE SOIT, QUI QUE CE PUISSE ÊTRE, etc., quelque quelque personne que ce soit, etc. : *qui que ce soit, qui que ce puisse être qui ait fait cela, c'est un habile homme*. Quand il est employé avec la négative, il signifie nul, aucune personne : *il n'y a qui que ce soit; je n'y ai trouvé qui que ce soit*. — S'emploie encore absolument, et par interrogation, pour dire, quel homme, quelle personne? *Qui d'entre vous oserait ?* — Qui, répété, est quelquefois distributif, et signifie, ceux-ci, ceux-là, les uns, les autres : *ils étaient dispersés qui çà, qui là ; qui d'un côté, qui de l'autre*. Il vieillit dans cette acception; cependant on en fait encore usage quelquefois dans la poésie familière.

* **QUIA** [kui-a] (lat. *quia*, parce que). N'est usité que dans les phrases proverbiales, ÊTRE À QUIA, METTRE À QUIA, être réduit ou réduire quelqu'un à ne pouvoir répondre : *il l'a mis à quia; il est à quia*.

QUIA NOMINOR LEO loc. lat. qui signifie, *parce que je m'appelle lion*, et qui est tirée de la fable de Phèdre : *Le Lion en société avec la Génisse*.

QUI BENE AMAT BENE CASTIGAT loc. lat. qui signifie : *Qui aime bien châtie bien*.

QUIBERON, ch.-l. de cant., arr. et à 55 kil. S.-E. de Lorient (Morbihan), dans une presqu'île

du même nom. Les Anglais y débarquèrent en 1746 et en furent repoussés avec de grandes pertes. En 1795, ils protégèrent, après leur victoire navale de Groix (23 juin), un débarquement d'émigrés à la solde de la Grande-Bretagne. Le comte d'Artois (plus tard Charles X) prit à cette expédition, dont il était le chef nominal, mais dont il se garda bien de partager les périls. Les émigrés surprirent le fort de Penthièvre et s'en emparèrent; ils se répandirent dans les campagnes voisines, qu'ils livrèrent au pillage (3 juillet 1795). Hoche accourut et se fortifia en avant de Sainte-Barbe. Attaqué, le 16 juillet 1795, par 40,000 ennemis, il les repoussa et leur fit subir des pertes énormes. D'Hervilly, chef réel des émigrés, se fit bravement tuer; son successeur, Puisaye, se réfugia sur les vaisseaux anglais, qu'il n'eut à peu près seul à atteindre, car ceux des autres qui voulurent imiter la fuite du chef. Hoche fit 9,000 prisonniers, qui ne pouvaient échapper aux conseils de guerre. 713 furent condamnés à mort; un grand nombre ayant prouvé qu'au moment où l'on avait organisé cette expédition, ils étaient prisonniers des Anglais, et qu'on les avait enrôlés de force, furent réincorporés dans les troupes françaises. Les adversaires de Pitt lui reprochèrent longtemps l'insuccès de cette affaire; il crut consoler l'orgueil de ses concitoyens par ces paroles prononcées devant la Chambre des communes : « Du moins, le sang anglais n'a pas coulé. » — « Non, répliqua Sheridan, le sang anglais n'a pas coulé; mais l'honneur anglais a coulé par tous ses pores. »

* **QUIBUS** s. m. [kui-buss] (ablat. plur. du lat. *qui*, lequel). Terme populaire qui n'est guère usité que dans cette phrase, AVOIR DU QUIBUS, être riche.

QUICHERAT (Louis-Marie) [ki-che-ra], philologue, né et mort à Paris (12 oct. 1799-18 nov. 1884). Au sortir de l'École normale (1822), il fut quelque temps professeur, obtint le grade universitaire d'agrégé en 1826, devint conservateur de la bibliothèque Sainte-Geneviève en 1843, et membre de l'Académie des inscriptions et belles-lettres en 1864. Il termina en 1836 le *Thesaurus poeticus linguæ latinæ*, qui a été bien connu des collégiens. Il a laissé, en outre, plusieurs éditions classiques (Horace, Virgile, Ovide, Perse, Quinte-Curce, Homère, Phèdre, etc.); un *Traité de versification latine* (1826); un *Traité de musique* (1833); un *Traité de versification française* (1838); une *Prosodie latine* (1839); un *Dictionnaire latin-français* (1844) et *français-latin* (1858), etc.

QUICHÉS, Kichés [ki-tchèss], ou **Uttatecas** [outt-la-tè'-kass], nation à demi civilisée du Guatemala.

QUICHUAS [ki'-tchou-ass], le peuple le plus puissant du Pérou sous les incas.

* **QUICONQUE** (lat. *quicumque*). Pron. masc. indéf., qui n'a point de pluriel. Toute personne, quelque personne que ce soit qui : *quiconque n'observera pas cette loi, sera puni*

> L'apologue est un don qui vient des immortels,
> Ou, si c'est un présent des hommes,
> Quiconque nous l'a fait mérite des autels.
> LA FONTAINE.

— Est quelquefois féminin, et peut être suivi d'un adjectif de ce genre, lorsqu'il a déterminément rapport à une femme : *mesdames, quiconque de vous sera assez hardie pour médire de moi, je l'en ferai repentir*.

QUID [kuid], pron. relatif latin qui signifie *Quoi?*

* **QUIDAM, UIDANE** s. [ki-dan] (lat. *quidam*, un certain). Palais et Official. S'emploie dans les moniteurs, procès-verbaux, informa-

tions, etc., pour désigner les personnes dont on ignore ou dont on n'exprime point le nom : *sur la plainte qu'on nous a faite qu'un certain quidam, que certain quidam, vêtu de telle manière...* — Se dit quelquefois encore par mépris, dans la conversation : *je fus accosté par un certain quidam, par un quidam de mauvaise mine*.

> Ils allaient de leur œuf manger chacun sa part,
> Quand un quidam parut ; c'était maître Renard.
> LA FONTAINE.

> Un quidam les rencontre et dit : « Est-ce la mode... »
> LA FONTAINE.

On n'emploie jamais de cette manière le féminin QUIDANE.

* **QUIDDITÉ** s. f. [kuidd-di-]. Philos. scolast. Ce qu'une chose est en elle-même.

QUID NOVI ? loc. lat. qui signifie : *Quoi de nouveau ?*

QUIERSY-SUR-OISE ou **Kiersy**, village de l'arr. et à 35 kil. O. de Laon (Aisne); 596 hab. Vestiges d'un manoir carlovingien, où Charlemagne et ses successeurs tinrent des conciles et des champs de mai. — ÉDIT DE QUIERSY, rendu par Charles le Chauve en 877, pour consacrer l'hérédité des bénéfices.

QUIESCENCE s. f. [kui-èss-san-se] (rad. lat. *quiescere*, se reposer). Qualité des lettres quiescentes.

QUIESCENT, ENTE adj. [kui-èss-san]. Gramm. hébr. Se dit des lettres qui ne se prononcent point : *lettres quiescentes*.

* **QUIET, ÈTE** adj. [kui-iè] (lat. *quietus*). Tranquille, calme, point agité : *une âme quiète*. (Vieux.)

QUIÉTEMENT adv. [kui-è-]. D'une manière quiète ; tranquillement.

* **QUIÉTISME** s. m. [kui-è-tiss-me]. Erreur de certains mystiques, qui, par une fausse spiritualité, font consister toute la perfection chrétienne dans le repos ou l'inaction complète de l'âme, et négligent entièrement les œuvres extérieures. (Voy. GUYON (Mᵐᵉ DE) et MOLINOS.)

* **QUIÉTISTE** adj. Qui suit les erreurs du quiétisme : *ce directeur est quiétiste*. — Substantiv. *C'est un quiétiste*.

* **QUIÉTUDE** s. f. [kui-è-tu-de]. Tranquillité, repos : *la grâce, l'amour de Dieu met l'esprit dans une entière quiétude*. — S'emploie aussi quelquefois dans le langage ordinaire : *vivre à la campagne dans une douce quiétude*.

QUIÉVRAIN, ville de Belgique (Hainaut), à 19 kil. S.-O. de Mons, près de la frontière française (3,000 hab.); houille.

QUIGNON s. m. [ki- ; gn mll.] (corrupt. du lat. *cuneus*, coin). Gros morceau de pain : *il mange un quignon de pain, un gros quignon de pain à son déjeuner*. (Fam.)

QUI HABET AURES AUDIENDI AUDIAT loc. lat. qui signifie : *Que celui qui a des oreilles pour entendre, entende*.

QUILIMANE ou **Kilimane** [ki-li-ma'-né], ville et station militaire du territoire portugais de Mozambique, sur la côte orientale d'Afrique; 4,000 hab.

* **QUILLAGE** s. m. [ll mll.] (rad. *quille*). N'est usité que dans cette locution, DROIT DE QUILLAGE, droit que les navires marchands payent dans les ports de France la première fois qu'ils y entrent.

QUILLAN, ch.-l. de cant., arr. et à 32 kil. S. de Limoux (Aude), sur l'Aude; 2,200 hab. Grand commerce de bois.

* **QUILLE** s. f. [ki-ieu ; ll mll.] (rad. *esquille*). Mar. Longue pièce de bois qui va de la poupe à la proue d'un navire, et qui lui sert comme de fondement : *la quille d'un vaisseau.*

* QUILLE s. f. Morceau de bois long et rond, plus mince par le haut que par le bas, servant à un jeu où il y a neuf de ces morceaux de bois, qu'on range ordinairement trois à trois en carré, pour les abattre avec une boule : *la boule et les quilles.* — Prov., fig. et pop. RECEVOIR QUELQU'UN COMME UN CHIEN DANS UN JEU DE QUILLES, lui faire un très mauvais accueil. — Prov., fig. et pop. PRENDRE, TROUSSER SON SAC ET SES QUILLES, plier bagage, se sauver, se retirer promptement. — DONNER A QUELQU'UN SON SAC ET SES QUILLES, le chasser. NE LAISSER AUX AUTRES QUE LE SAC ET LES QUILLES, prendre pour soi ce qu'il y a de meilleur, et n'abandonner aux autres que ce qui a peu de prix.

> Mettez ce qu'il en coûte à plaider aujourd'hui;
> Comptez ce qu'il en reste à beaucoup de familles;
> Vous verrez que Perrin tire l'argent à lui,
> Et ne laisse aux plaideurs que le sac et les quilles.
> LA FONTAINE.

QUILLEBEUF [*ll* mll.], ch.-l. de cant., arr. et à 45kil. N. de Pont-Audemer (Eure), sur la rive gauche de l'estuaire de la Seine, ancienne capitale du Roumois; par 49° 28' 26'' lat. N. et 1° 48' 44'' long. O.; 1,500 hab. Petit port de commerce. Quillebeuf fut fortifié sous Henri IV et nommé Henriqueville. Louis XIII le fit démanteler. Eglise remarquable.

* QUILLER v. n. [*ll* mll.]. Se dit lorsque, avant de faire une partie de quilles, chaque joueur en jette une, et vise à la placer le plus près de la boule, pour savoir ceux qui seront ensemble, ou celui qui jouera le premier : *il faut quiller, les plus près seront ensemble.*

* QUILLETTE. s. f. [*ll* mll.] Agric. Se dit des brins d'osier gros comme le petit doigt, et longs d'un pied, qu'on enfonce en terre d'un demi-pied, pour qu'ils prennent racine : *planter des osiers en quillettes.*

* QUILLIER s. m. [*ll* mll.]. Espace carré dans lequel on range les neuf quilles : *pousser une boule auprès du quillier.* — Assemblage de toutes les quilles prises ensemble : *abattre tout le quillier.*

QUILLION s. m. [ki-li-on]. Forme ancienne du mot QUINTILLON.

QUILOA [kil-'oua]. Voy. WILIVA.

QUIMPER [kain-pèr], ou Quimper-Corentin, *Corisopitensis pagus,* ch.-l. du département du Finistère, à 569 kil. O.-S.-O. de Paris; entre deux collines, dans un vallon, au confluent de l'Odet et du Steyr et près de l'Océan; par 47° 59' 47'' lat. N. et 6° 26' 26'' long. O.; 14,000 hab. Port de commerce assez fréquenté. Céréales, cire, miel, beurre, toiles, sardines, poissons secrets salés, construction de navires; poterie. Quimper était le ch.-l. des *Corisopites* et doit la seconde partie de son nom actuel à son premier évêque saint Corentin. Pendant la Révolution, on la nomma Montagne-sur-Odet. La cathédrale (Saint-Corentin) a été reconstruite en 1858, sur les dessins de Viollet-le-Duc. Patrie du critique Fréron.

QUIMPERLÉ, ch.-l. d'arr., à 55 kil. E.-S.-E. de Quimper (Finistère), dans une vallée au confluent de l'Ellé et de l'Isole; par 47° 52' 18'' lat. N. et 5° 53' 9'' long. O.; 5,000 hab. Grains, bois, bestiaux, cire, miel. Eglise Sainte-Croix (IXe siècle).

* QUINA s. m. [ki-na]. Voy. QUINQUINA.

* QUINAIRE adj. [kui-] (rad. lat. *quini,* cinq). Mathém. Se dit d'un nombre divisible par cinq : *nombre quinaire.* — Système quinaire (Voy. ORNITHOLOGIE).

* QUINAIRE s. m. [kui-]. Antiq. Nom par lequel les monétaires anciens et les anti-

quaires désignent les pièces de monnaie de la troisième grandeur, fabriquées soit en or, soit en argent : *les trois mots, Médaillon, Médaille et Quinaire, désignent les trois modules différents des monnaies frappées à Rome et dans l'Empire, en or et en argent.*

QUINAMINE s. f. [ki-]. Chim. Alcaloïde que l'on trouve dans l'écorce de quinquina.

QUINATE s. m. [ki-]. Chim. Sel produit par la combinaison de l'acide quinique avec une base.

* QUINAUD, AUDE adj. [ki-nô]. Confus, honteux d'avoir eu le dessous dans quelque contestation : *il est fort quinaud.* (Vieux.)

QUINAULT (Philippe) [ki-nô], poète dramatique, né à Paris le 3 juin 1635, mort le 26 nov. 1688. Dès l'âge de 18 ans, il débuta au théâtre par une comédie en 5 actes et en vers, les *Rivales,* qui obtint un grand succès. Il donna ensuite l'*Amant indiscret* (1664), la *Mère Coquette* ou les *Amants brouillés* (1665); *Pausanias* (1666) fut sa dernière tragédie. Il créa ensuite un nouveau genre dramatique, la tragédie lyrique, que le célèbre compositeur Lulli contribua à mettre en vogue. *Cadmus* (1672), *Alceste* (1674), *Atbis* (1675), *Isis* (1676), *Proserpine* (1677), *Persée* (1682), etc. parurent successivement. Il donna son chef-d'œuvre, *Armide,* en 1686. Les attaques souvent injustes de Boileau contre son rival accrurent encore la faveur du public. Quinault entra à l'Académie française en 1670. Sur la fin de sa vie, il ne produisit plus que des poésies sacrées. Ses *Œuvres choisies* ont été publiées en 1824 (2 vol.). Sa biographie a été écrite par Crapelet (1824).

* QUINCAILLE s. f. [kain-ka-ieu; *ll.* mll.] (altér. de *clinquaille*). Toute sorte d'ustensiles, d'instruments de fer ou de cuivre, comme chandeliers, mouchettes, lames d'épée, couteaux, ciseaux, etc. : *faire marchandise de quincaille.* — Se dit, fig. et par mépris, de la monnaie de cuivre : *voilà bien de la quincaille.* (Peu us.)

QUINCAILLERIE s. f. (rad. *quincaille*). Marchandise de toute sorte de quincaille : *faire commerce de quincaillerie.*

* QUINCAILLIER s. m. Marchand, vendeur de quincaille : *une boutique de quincaillier.*

* QUINCONCE s. m. [kain-kon-se] (lat. *quincunx*). Disposition de plant qui se fait à distances égales en ligne droite, et qui présente plusieurs allées d'arbres en différents sens : *un bois planté en quinconce.* — Lieu planté de cette manière : *le quinconce des Invalides à Paris.*

QUINCY [kouinn'-zi], ville de l'Illinois (Etats-Unis), sur le Mississipi, à 250 kil. au-dessus de Saint-Louis et à 150 kil. O. de Springfield; 29,000 hab.

QUINCONCIAL, ALE adj. Qui est disposé en quinconce.

QUINCY (Quatremère de) [kin-ci]. Voy. QUATREMÈRE DE QUINCY.

* QUINDÉCAGONE s. m. [kuain-] (lat. *quindecim,* quinze; gr. *gónia,* angle). Géom. Figure qui a quinze angles ou quinze côtés : *quindécagone régulier.*

* QUINDÉCEMVIRS s. m. pl. [kuain-dé-semm-vir] (lat. *quindecim,* quinze; *vir,* homme). Antiq. rom. Officiers proposé à la garde des livres sibyllins, et chargés de la célébration des jeux séculaires, ainsi que de quelques cérémonies religieuses, dans certaines conjonctures où la république se croyait menacée : *ces officiers furent ainsi appelés parce que leur nombre avait été porté à quinze par Sylla.*

* QUINE s. m. [ki-ne] (lat. *quini,* cinq). Jeu de trictrac. Coup de dés qui amène deux

cinq : *il a amené quine; voilà un fâcheux quine.* — Cinq numéros pris ensemble à la loterie, et sortis ensemble de la roue de fortune : *avoir un quine.* — C'EST UN QUINE A LA LOTERIE, se dit d'un avantage qu'il est très difficile d'obtenir, qu'on ne peut guère espérer. — Loto. Cinq numéros gagnant ensemble sur la même ligne horizontale, ou de la même couleur.

QUINET (Edgar) [ki-nè], homme politique, publiciste et littérateur, né à Bourg (Ain), le 17 févr. 1803, mort à Versailles le 27 mars 1875. Après avoir terminé ses études classiques à Lyon en 1817, il s'adonna à la poésie, voyagea et fut nommé, en 1842, professeur des langues et de littérature de l'Europe méridionale au collège de France; il vit suspendre son cours pour des raisons politiques en 1846; mais il fut réinstallé après la révolution du 24 fév. 1848, et élu à l'Assemblée constituante et à la Législative. En janvier 1852, il fut banni. Il reprit sa chaire en 1870; et en 1874, il se montra, dans l'Assemblée de Bordeaux, hostile à la paix avec l'Allemagne et à toute cession de territoire. Il a beaucoup écrit sur les littératures de l'Allemagne, de la France, de l'Europe méridionale; on lui doit quelques livres de voyages, et, entre autres ouvrages, *La Révolution* (3e édit. 1868, 2 vol.); *La Création* (1870, 2 vol.); *L'Esprit nouveau* (3e édit. 1875); *Ahasverus* (1833); *Napoléon* (1836); *Prométhée* (1838); *Merlin* (1860, 2 vol.); *Allemagne et Italie* (2e édit. 1846, 2 vol.); *Histoire des idées* (autobiographie, 1860); *France et Allemagne* (1867); *Campagne de 1815, Livre de l'exil* (1875); *Œuvres* (1858, 16 vol.). — Il avait épousé une Moldave, qui a publié, en 1868, ses *Mémoires d'exil* et, en 1876, ses œuvres posthumes. La vie de Quinet a été écrite par Louise Colet.

QUINETTE (Nicolas-Marie), conventionnel, né à Soissons en 1762, mort à Bruxelles en 1821. Elu à la Législative et à la Convention, Quinette vota la mort du roi sans appel ni sursis; il devint ensuite membre du comité du Salut public, fut un des commissaires chargés d'arrêter Dumouriez, resta 33 mois prisonnier de l'Autriche, recouvra la liberté par suite d'un échange contre Madame (plus tard duchesse d'Angoulême), fut membre du conseil des Cinq-Cents, accepta la préfecture de la Somme après le 18 brumaire, devint un des courtisans de Napoléon et fut exilé en 1816.

QUINGEY, ch.-l. de cant., arr. et à 29 kil. S.-O. de Besançon (Doubs); sur la Loue; 1,500 hab.

QUINHONE ou Quinhon, ville de Cochinchine, province de Binh-Dinh (Annam), sur un golfe de la mer de Chine, dit 13° 45' 53'' lat. N. et 106° 53' 15'' long. E.; 10,000 hab. Port de commerce. — Entrées, 300 navires par an jaugeant 309,700 tonneaux. (Voy. ANNAM.)

QUINICINE s. f. [ki-]. Chim. Corps isomère avec la quinine.

QUINIDE s. f. [ki-]. Chim. Anhydride obtenu par l'action du feu sur l'acide quinique.

QUINIDINE s. f. Chim. Nom d'un des produits du quinquina.

QUININE s. f. Chim. Substance alcaline et amère qu'on extrait de diverses espèces de quinquina : *la vertu du quinquina réside dans deux bases salifiables salifiables, la quinine et la cinchonine.* — SULFATE DE QUININE, combinaison de l'acide sulfurique et de la quinine. On la donne soit en poudre dans de for café sucré, soit dans du pain azyme, soit dissous dans une demi-cuillerée d'eau et quelques gouttes d'eau de Rabel, et mélangé à du sirop. Dose ordinaire : de 60 à 80 centigr. par jour pendant 6 jours, contre les fièvres intermittentes, les névralgies intermittentes, les rhumatismes articulaires aigus, l'état puerpéral, etc. (Voy. QUINQUINA.)

QUINIQUE adj. Se dit d'un acide découvert dans le quinquina. — On dit aussi ACIDE CINCHONIQUE. C'est une substance obtenue en combinaison avec la chaux, lorsque l'on évapore l'infusion de quinquina jusqu'à consistance solide et que l'on traite l'extrait avec de l'acool. L'acide quinique peut être aussi obtenu en cristaux de cette solution, sous forme de plaques transparentes, incolores et rhomboïdales. Ces plaques ont un goût acide; elles se dissolvent facilement dans l'eau ou dans l'alcool. Leur composition est exprimée par la formule H, C⁷ H¹¹ O⁴.

QUINIUM s. m. [ki-ni-omm]. Nom d'une préparation de quinquina, imaginée par Labarraque.

QUINOA s. m. [ki-no-a]. Plante du genre ansérine (*chenopodium quinoa*), qui croît en abondance sur les plateaux élevés des Cordillères et qui est, dans le Pérou, un objet considérable de culture et de consommation. Le quinoa paraît sur la table en potage et en gâteaux, haché comme des épinards; c'est un aliment sain et de facile digestion. Fermenté avec le millet, il produit une sorte de bière; enfin il fournit un fourrage excellent pour les vaches. Cette plante est aujourd'hui naturalisée en France.

QUINOÏDINE s. f. Quinine brute. Voy. FLUORESCENCE.

*** QUINOLA** s. m. [ki-]. Nom du valet de cœur, au jeu de reversi : *forcer le quinola*.

QUINOLÉINE s. f. Substance extraite de l'huile de goudron de houille. On dit aussi LEUCOL. Formule C⁹ H⁷ Az.

*** QUINQUAGÉNAIRE** adj. [kuain-koua-jé-nè-re] (lat. *quinquagenarius*). Qui est âgé de cinquante ans : *un homme, une femme quinquagénaire*. — s. *Un quinquagénaire.*

*** QUINQUAGÉSIME** s. f. [kuin-koua-] (lat. *quinquagesimus*). Se dit du dimanche qui précède le premier dimanche du carême : *le dimanche de la Quinquagésime.*

QUINQUAÏEUL, EULE s. [kuain-koua-] (lat. *quinque*, cinq; fr. *aïeul*). Père, mère du quadrisaïeul.

*** QUINQUE** s. m. [kuain-kué]. Mus. Terme emprunté de l'italien. Morceau de musique à cinq parties. On dit aujourd'hui QUINTETTE.

*** QUINQUENNAL, ALE, AUX** [kuain-kuènnal] (lat. *quinque*, cinq; *annus*, année). Qui dure cinq ans, ou qui se fait de cinq en cinq ans : *magistrat quinquennal.* — FÊTES QUINQUENNALES, à Rome et dans les provinces, au bout des cinq premières années de leur règne, et ensuite de cinq en cinq ans.

*** QUINQUENNIUM** s. m. [kuain-kué-ni-omm] (mot lat. formé de *quinque*, cinq; et de *annus*, an). Cours d'étude de cinq ans, dont deux en philosophie, et trois en théologie : *faire son quinquennium.*

*** QUINQUENOVE** s. m. [kuain-ke-] (lat. *quinque*, cinq; *novem*, neuf). Jeu que se jouait avec deux dés, et qui a pris son nom du nombre de cinq et de neuf : *jouer au quinquenove.*

QUINQUÉPARTI, ITE adj. (lat. *quinque*, cinq; *partitus*, séparé). Bot. Qui est divisé en cinq parties.

*** QUINQUERCE** s. m. [kuain-ku-èr-se] (lat. *quinque*, cinq; *ars*, art). Antiq. rom. Réunion des cinq espèces de combats où un même athlète devait être vainqueur dans le même jour, pour obtenir le prix : *le quinquerce des Romains répondait au pentathle des Grecs.*

° **QUINQUÉRÈME** s. f. [kuain-kué-rè-me]

(lat. *quinque*, cinq; *remus*, rame). Hist. et Antiq. Galère à cinq rangs de rames : *les quinquérèmes étaient les vaisseaux du premier rang dans les flottes anciennes.*

*** QUINQUET** s. m. [kain-kè]. Sorte de lampe à un ou plusieurs becs, et à double courant d'air; ainsi appelée du nom de Quinquet, son prétendu inventeur : *allumer un quinquet, des quinquets.* (Voy. ARGAND.)

*** QUINQUINA** s. m. [kain-ki-] Ecorce amère et fébrifuge qui est fournie par un arbre du Pérou : *une prise de quinquina.* (Voy. QUININE.) — Bot. Arbre même qui fournit cette écorce : *le fruit, les feuilles du quinquina.* — Le quinquina, appelé aussi cinchona (voy. CINCHON), appartient au genre cinchona, ordre des rubiacées, sous-ordre des cinchonacées. Ce genre comprend des arbres toujours verts qui croissent dans les montagnes de Venezuela, de Colombie, de l'Équateur, du Pérou et de la Bolivie, à une élévation de 1,500 à 2,000 mètres. De si grandes restrictions avaient été établies relativement à l'exportation de cette substance pharmaceutique par les gouvernements de l'Amérique du Sud,

Quinquina jaune (Cinchona calisaya).

que les Hollandais commencèrent à cultiver le quinquina à Java en 1854 et que les Anglais suivirent leur exemple à la Jamaïque et dans l'Hymalaya. — La valeur médicinale de l'écorce du quinquina est due aux alcaloïdes qu'il contient, particulièrement à la quinine, à la cinchonine, à la quinidine et à la cinchonidine. La quinine, qui est le plus important de ces alcaloïdes, a pour formule C⁴⁰ H²¹ N³ H⁴; elle est cristallisable, légèrement soluble dans l'eau chaude et dans l'eau froide, et très soluble dans l'alcool, l'éther et le chloroforme. Elle forme des sels cristallisables avec plusieurs acides. Le sulfate de quinine, ou, pour mieux dire, le bisulfate de quinine est la substance médicinale ordinairement appelée quinine. Il se présente sous forme de jolis cristaux blancs, soyeux, qui s'effleurissent lorsqu'on les expose à l'air et qui perdent leur forme en même temps que leur eau de cristallisation. Ce sulfate se dissout dans 30 parties d'eau bouillante, mais il se sépare en refroidissant; on le fabrique à Paris, à Stradfort (Angleterre) et à Francfort. (Voy. QUININE.) — L'écorce du quinquina est tonique, antiseptique et fébrifuge. C'est un remède précieux et très souvent employé comme tonique dans la chlorose, l'anémie, les longues convalescences, les affections scorbutiques et scrofuleuses. Il imprime à tout l'organisme un sentiment permanent de force et de vitalité; comme antiseptique, dans les fièvres typhoïdes avec disposition à la gangrène, dans les angines gangréneuses, la pourriture d'hôpital, la résorption purulente; comme *fébrifuge*, dans la fièvre intermittente et les autres affections périodiques; mais depuis la découverte du sulfate de quinine, on préfère ce dernier. — On distingue

plusieurs espèces de quinquina ; le quinquina jaune est le plus riche en quinine ; le *rouge* renferme plus de cinchonine. Le *gris* est préférable comme tonique. Pour préparer le *vin de quinquina*, il suffit de laisser macérer pendant 8 jours 60 gr. de poudre de quinquina gris dans un litre de vin de Madère ou de Malaga. Si l'on veut employer le vin rouge de pays, il faut mouiller la poudre de quina avec de l'alcool 2 jours avant d'ajouter le vin.

*** QUINT** s. m. [kain] (rad. lat. *quintus*, cinquième). La cinquième partie dans quelque somme, dans quelque marché, dans quelque succession : *dans la coutume de Paris, on ne pouvait disposer par testament que du quint de ses propres.* On dit plus ordinairement, UN CINQUIÈME. — Jurispr. féod. Droit qu'on payait en quelques lieux, pour l'acquisition d'un fief, au seigneur dont le fief était mouvant : ce droit était la cinquième partie du prix de la vente : *s'il vend cette terre, il en appartient tant au seigneur pour le quint.* — DROIT DE QUINT ET REQUINT, droit de la cinquième partie du prix d'un fief, et de la cinquième partie de cette cinquième partie. — adj. Ne s'emploie guère que dans ces dénominations : CHARLES-QUINT, *empereur*; SIXTE-QUINT, *pape.*

*** QUINTAINE** s. f. [kain-]. Man. Poteau fiché en terre, contre lequel on s'exerce à courir avec la lance ou à jeter des dards : *planter une quintaine.* — Action de courir le quintan.

*** QUINTAL, AUX** s. m. Poids de cent livres: *cela pèse tant de quintaux.* — Fam. et par exag. CELA PÈSE UN QUINTAL, se dit d'une chose fort lourde. — QUINTAL MÉTRIQUE, poids de cent kilogrammes : *dix quintaux métriques forment un tonneau.*

*** QUINTAN** s. m. [kain-tan]. Man. Mannequin qui est monté sur un pivot, et qui a la main armée d'un fouet ou d'un bâton, de manière que, lorsqu'on le frappe maladroitement avec la lance et qu'on le fait tourner, il en donne un coup sur le dos du cavalier : *courir le quintan.* On dit autrement FAQUIN.

QUINTANA (Manuel-José) [kinn-ta'-na], poète espagnol, né en 1772, mort en 1857. En 1802, il fit paraître un volume de poésies lyriques patriotiques, et en 1805 il donna au théâtre son *Pelaye*, dirigé contre l'oppression étrangère. Ses *vidas de los Españoles celebres* (1807-34, 3 vol.), et ses *Poesias selectas castellanas* (1808, 3 vol.) furent rédigées dans le même sentiment patriotique. Au moment du soulèvement contre les Français, en 1808, il publia *Odas à España libre.* Après le retour de Ferdinand VII en 1814, il fut emprisonné pendant plus de six ans. Délivré par la révolution de 1820, il dirigea l'éducation d'Isabelle II, et devint sénateur en 1834.

QUINTANE adj. f. Méd. Voy. QUINTE, adj.

*** QUINTE** s. f. [kain-te] (lat. *quintus*). Mus. Intervalle de cinq notes consécutives, y compris les deux extrêmes : *intervalle de quinte.* — QUINTE NATURELLE, ou simpl., QUINTE, celle dont la valeur est de trois tons et demi ; QUINTE DIMINUÉE, celle qui ne comprend que trois tons ; et QUINTE AUGMENTÉE, celle qui est formée de quatre tons. Autrefois la QUINTE DIMINUÉE s'appelait abusivement FAUSSE QUINTE : *la quinte proprement dite est une consonance parfaite.* — Espèce de violon un peu plus grand que le violon ordinaire, et monté comme celui-ci de quatre cordes, mais à une quinte au-dessous; on le nomme ordinairement ALTO, et quelquefois VIOLA ou VIOLA. — Jeu de piquet, suite non interrompue de cinq cartes de la même couleur : *quinte majeure.* — Escr. La cinquième garde : *commencer de prime, et achever de quinte.* — Accès de toux violent et prolongé : *il lui prend de temps en temps des quintes fâcheuses.*

— Fig. et fam. Caprice, bizarrerie, mauvaise humeur qui prend tout d'un coup : *quelle quinte vous a pris ?* — Manège. Mouvement désordonné que fait le cheval sous le cavalier et dans lequel il s'arrête tout court : *ce cheval fait une quinte.* — adj. Méd. Fièvre qui revient tous les cinq jours : *la fièvre quinte est assez rare.* On dit aussi, et même plus ordinairement, FIÈVRE QUINTAINE.

QUINTE-CURCE. Voy. CURTIUS.

• QUINTEFEUILLE s. f. Plante rosacée, ainsi nommée parce qu'elle a cinq feuilles sur un même pétiole, rangées en forme de main ouverte.

QUINTESSENCE s. f. [kain-tèss-san-se] (lat. *quinta essentia*). Philos. anc. La substance éthérée. — Partie la plus subtile extraite de quelques corps : *quintessence d'absinthe.* — Ce qu'il y a de principal, de plus fin, de plus caché dans une affaire, dans un discours, dans un livre : *j'ai tiré la quintessence de cet ouvrage.* — Tout le profit qu'on peut tirer d'une affaire d'intérêt, d'une charge, d'une entreprise, d'une terre à ferme : *il a tiré toute la quintessence de cette ferme.*

• QUINTESSENCIER v. a. Raffiner, subtiliser : *il ne faut pas tant quintessencier les choses.*

• QUINTETTE s. m. [kuin-] (ital. *quintetto* Mus. Morceau de musique à cinq parties, moins étendu que le *quinque*. — pl. DES QUINTETTES.

• QUINTEUX, EUSE adj. [kuin-] Fantasque, qui est sujet à des quintes, à des fantaisies, à des caprices : *c'est un homme extrêmement quinteux.* — Man. Se dit d'un cheval sujet à faire des quintes : *une jument quinteuse.*

• QUINTIDI s. m. [kuain-] (lat. *quintus*, cinquième; *dies*, jour). Le cinquième jour de la décade, dans le calendrier républicain.

•QUINTIL, ILE adj. [kuain-til](lat. *quintus*, cinquième). Astrol. N'est guère usité que dans cette locution, QUINTIL ASPECT, position de deux planètes éloignées l'une de l'autre de la cinquième partie du zodiaque, ou de soixante-douze degrés

QUINTILIEN (Marius-Fabius QUINTILIANUS) [kuain-ti-liain], célèbre rhéteur romain, né en Espagne vers l'an 40, mort vers 118 de notre ère. Elevé à Rome, il devint avocat et professeur d'éloquence, et fut fait consul par Domitien. Son plus grand ouvrage est intitulé *De Institutione oratoria Libri XII*, ou *Institutiones oratoriæ.* C'est à la fois une théorie complète et un modèle d'éloquence. Les principales éditions de Quintilien sont celles de Rome (4470); des Alde (Venise, 4514); de Patisson (Paris, 4580); de Rollin (Paris, 4745); etc. Trad. franç. par l'abbé de Pure (1663); par Gédoyn (Paris, 1848, 6 vol. in-12), et par Ousille (1829-'33, 6 vol. in-8°).

QUINTIN, ch.-l. de cant., arr. et à 20 kil. S.-O. de Saint-Brieuc (Côtes-du-Nord), sur le Gouet; 4,000 hab. Toiles, cuirs, cire, miel.

QUINTO [kuain-to] adv. lat. qui signifie *cinquièmement.*

• QUINTOYER v. n. Mus. Faire entendre, au lieu d'une note, la quinte supérieure à cette note.

• QUINTUPLE adj. [kuain-]. Qui vaut cinq fois autant : *vingt est quintuple de quatre.* — s. m. *Rendre le quintuple.*

• QUINTUPLER v. a. Rendre cinq fois plus grand, multiplier un nombre par cinq.

QUINTUS ICILIUS [kuain-tuss-i-si-liuss]. Voy. GUISCHARD.

• QUINZAIN [kain-], terme indéclinable dont on se sert au jeu de paume pour indiquer que les joueurs ont chacun quinze : *ils sont quinzain.*

• QUINZAINE s. f. Coll. Nombre de quinze ou environ : *une quinzaine de francs suffira, suffiront pour sa dépense.* — Absol. Une quinzaine de jours : *faire assigner quelqu'un à la quinzaine.* — LA QUINZAINE DE PAQUES, les quinze jours depuis le dimanche des Rameaux jusqu'à celui de Quasimodo inclusivement.

• QUINZE adj. numéral [kain-ze] (lat. *quindecim*). Trois fois cinq, ou dix et cinq : *quinze hommes.* — AVOIR SES JAMBES DE QUINZE ANS, avoir la force et l'agilité de la jeunesse. — Quinzième : *chapitre quinze; le roi Louis quinze.* On écrit ordinairement, *Louis XV.* — s. m. Quinze, multiplié par trois, donne quarante-cinq. On dit de même, LE NOMBRE QUINZE, NUMÉRO QUINZE. — Le quinzième jour d'une période : *nous sommes au quinze du mois.* — Se dit aussi du jeu de cartes où gagne celui des joueurs qui compte quinze par les points de ses cartes, ou qui approche le plus de ce nombre : *il a perdu cent louis au quinze.* — Jeu de paume. Un des quatre coups dont un jeu est composé : *il a gagné le premier quinze.* — J'AI QUINZE A TRENTE, j'ai quinze contre trente. — DONNER QUINZE, donner l'avantage de quinze, à chaque jeu de la partie. — DEMI-QUINZE, avantage de quinze qu'on donne à prendre, de deux jeux l'un, dans tout le cours de la partie. — Fig. et fam. Avoir QUINZE SUR LA PARTIE, avoir déjà quelque avantage dans l'affaire dont il s'agit. — Fig. et fam. CET HOMME POURRAIT DONNER QUINZE ET BISQUE A TEL AUTRE EN TELLE CHOSE, il lui est fort supérieur en telle chose.

• QUINZE-VINGTS s. m. Un pensionnaire de l'asile des Quinze-Vingts. (Voy. AVEUGLE.)

• QUINZIÈME adj. Nombre d'ordre qui suit immédiatement le quatorzième : *au quinzième jour.* — LA QUINZIÈME PARTIE, chaque partie d'un tout qui en a quinze. — Substantiv. Le quinzième jour : *le quinzième de la lune.* — Une quinzième partie ou portion : *il est dans cette affaire pour un quinzième.*

• QUINZIÈMEMENT adv. En quinzième lieu.

• QUIPOS s. m. pl. [ki-po]. Cordons noués qui servaient d'écriture aux anciens Péruviens.

• QUIPROQUO s. m. [ki-]. Expression empruntée du latin, pour signifier une méprise : *il a fait un quiproquo, un étrange quiproquo.* (Fam.)

> Ces fruits ainsi placés, plus il semble à Garo
> Que l'on a fait un quiproquo.
> LA FONTAINE.

— UN QUIPROQUO D'APOTHICAIRE, un médicament donné par méprise au lieu d'un autre : *les quiproquo d'apothicaire sont très dangereux.*

QUIRINAL, ALE adj. [kui-]. Qui appartient au mont Quirinal.

QUIRINAL (Mont), l'une des sept collines de Rome.

QUIRINUS, dieu sabin, plus tard identifié avec Romulus. Il avait à Rome un temple dans lequel L. Papirius Cursor dressa un cadran solaire (293 av. J.-C.).

QUIRITE s. m. Nom que prirent d'abord les Sabins devenus citoyens romains et que l'on étendit plus tard à tous les citoyens.

QUIROT (Jean-Baptiste), conventionnel, né en Franche-Comté vers 1760, mort à Lyon en 1830. Nommé à la Convention, il vota pour la réclusion dans le procès du roi, concourut à la chute de Robespierre, fut élu aux Cinq-Cents, fit une vive opposition au 18 brumaire, devint sous-intendant militaire à Lyon en 1843 et rentra dans la vie privée au retour des Bourbons.

QUISCALE s. m. [kuiss-ka-le]. Ornith. Genre de passereaux turdidés, comprenant plusieurs espèces d'oiseaux qui habitent l'A-

mérique du Nord. Le *guiscale pourpre (quiscalus versicolor)*, long de 35 centim., habite

Quiscale pourpre. (Quiscalus versicolor). — 1. Femelle 2. Mâle.

les Etats-Unis; il se nourrit de vers et de larves.

QUISSAC, ch.-l. de cant., arr. et à 43 kil. E.-S.-E. du Vigan (Gard), sur la rive gauche de la Vidourle ; 3,000 hab.

QUITO [ki'-to], ville de l'Equateur (Ecuador), capitale de cette république et de la province de Pichincha, dans un district du même nom formé par une vallée des Andes ; par 0° 43' lat. S. et 81° 3' long. O. ; 70,000 hab. environ. — L'histoire de Quito remonte à une antiquité très reculée. On raconte que, vers 280, elle fut prise par des envahisseurs étrangers qui, sous le nom de Siris, y maintinrent leur domination jusqu'à l'invasion de l'inca Huayna Capac, qui soumit tout le royaume. Son fils, Atahuallpa, ayant été fait prisonnier par Pizarre, le général inca Rumiñagui usurpa le pouvoir à Quito; mais il s'enfuit devant Benalcazar, qui fonda la ville moderne en 4514.

•QUITTANCE s. f. (rad. *quitte*). Ecrit que l'on donne à quelqu'un, et par lequel on déclare qu'il a payé, acquitté quelque somme d'argent, quelque redevance, quelque droit, etc. : *j'ai reçu telle somme de M.***, dont quittance.*—QUITTANCES DE FINANCE, les quittances des sommes qui étaient versées dans les coffres du roi, pour prix d'un office, d'une charge, d'une augmentation de gages, d'un domaine aliéné, etc. — QUITTANCE EN BLANC, quittance où l'on laisse en blanc le nom de celui qui doit payer. — Législ. « La quittance est ce qui constate le paiement partiel ou intégral d'une dette. Elle peut être faite par acte authentique ou par acte sous seing privé. Elle peut résulter d'une écriture mise par le créancier, à la suite, au dos ou en marge d'un titre qui est toujours resté en sa possession, bien que cette mention ne soit ni signée ni datée par lui. Elle peut encore être constatée par l'écriture que le créancier a mise sur le double d'un titre se trouvant entre les mains du débiteur (C. civ. 4332). Enfin la remise volontaire du titre sous seing privé faite par le créancier au débiteur équivaut à la quittance de la dette. La remise de la grosse d'un titre authentique établit seulement une présomption du paiement. (Voy. LIBÉRATION.) Lorsque la quittance est faite au profit d'un tiers qui paie en l'acquit du débiteur et qui se trouve ainsi subrogé dans les droits du créancier, la quittance est dite *subrogative.* (Voy. PAIEMENT et SUBROGATION.) La quittance du capital, donnée sans réserve des intérêts, en fait présumer le paiement et en opère libération (id. 4908). Tous les frais de la quittance sont à la charge du débiteur (id. 4248). Le droit d'enregistrement perçu sur les actes contenant quittance de dettes est en principal de 0 fr. 50 par cent francs, soit 0 fr. 625 en y comprenant les décimes (L. 22 frim. an VII, etc.). Les quittances de fournisseurs ou d'ouvriers et autres quittances de même nature sont dispensées d'enregistrement, même lorsqu'elles sont produites en justice comme pièces justificatives d'un compte (C. pr. 54). Toute quittance non délivrée par acte authentique, et tout acte emportant libération reçu ou décharge doivent être revêtus d'un timbre de dix centimes, lorsque la somme excède dix francs. Ce droit de timbre est à la charge du débiteur ; mais l'amende de 62 fr. 50, due pour chaque quittance ou décharge non timbrée, est à la charge de celui qui a signé l'écrit (L. 23 août 1871). Les quittances délivrées par les comptables de deniers publics sont assujetties au timbre de vingt-cinq centimes, et ce droit s'ajoute à la somme due (L. 8 juillet 1865, art. 4 ; L. 23 août 1871, art. 2). Lorsque le porteur d'un mandat payable par un comptable de deniers publics ne sait pas signer, la quittance doit être faite devant notaires. Cependant si la somme à payer ne dépasse pas 150 fr., le comptable peut en effectuer le paiement en présence de deux témoins qui signent avec lui, en constatant la déclaration de la partie prenante (L. 18 nivôse an XI). Les quittances des secours délivrés à des indigents sont dispensées de timbre (L. 13 brumaire an VII, art. 16). Il en est de même des acquits portés sur les chèques ou sur les effets de commerce, des quittances constatant le versement de contributions directes dues à l'État, de celles relatives aux traitements et émoluments des militaires et marins non officiers. (L. 23 août 1871, art. 20.) »   (Ch. Y.)

QUITTANCER v. a. Décharger une obligation, un contrat, etc., en écrivant au dos, au bas ou à la marge, que le débiteur a payé tout ou partie de la somme qu'il devait : *quittancer un contrat, une obligation.*

QUITTE adj. (lat. *quietus*, tranquille). Qui est libéré de ce qu'il devait, qui ne doit plus rien : *quand vous aurez payé, vous serez quitte.* — Par ext. ÊTRE QUITTE ENVERS QUELQU'UN, s'être acquitté envers lui de ce qu'exigeait la reconnaissance : *il m'avait rendu de grands services, mais je lui ai sauvé la vie; ne suis-je pas quitte envers lui?* — Iron. JE L'EN TIENS QUITTE, se dit en parlant de quelqu'un dont les services sont à charge ou suspects, et, signifie, je l'en dispense. — Adverbial. JOUER A QUITTE OU A DOUBLE, A QUITTE OU DOUBLE; et plus ordinairement, JOUER QUITTE OU DOUBLE, jouer une dernière partie qui doit acquitter celui qui a déjà perdu, ou doubler le gain de celui qui a déjà gagné. On dit absolument, dans le même sens, QUITTE OU DOUBLE. — Fig. et fam. JOUER A QUITTE OU A DOUBLE, A QUITTE OU DOUBLE, et plus ordinairement, QUITTE OU DOUBLE, risquer, hasarder tout, pour se tirer d'une mauvaise affaire. — ÊTRE QUITTE A QUITTE, au jeu, dans les affaires, dans les comptes que l'on se rend les uns aux autres, ne se devoir plus rien ni l'un ni l'autre : *nous voilà quitte à quitte.* On dit familièrement, dans le même sens, FAISONS QUITTE A QUITTE ; ou absolument, QUITTE A QUITTE; et par ext. prov. QUITTE A QUITTE ET BONS AMIS. — NOUS VOILA QUITTE A QUITTE, se dit lorsqu'on a reçu quelque déplaisir de quelqu'un, et qu'on lui a rendu la pareille. — Qui est délivré, débarrassé de quelque chose : *me voilà quitte de la corvée, du compliment, de la visite que j'avais à faire.* — S'emploie quelquefois absol., dans le style familier : *quitte pour être grondé.*

QUITTEMENT dv. Palais. S'emploie seulement pour exprimer que la chose qu'on vend, qu'on achète, dont on hérite, dont on compose, etc., est franche de toutes dettes ;

et il se joint toujours avec le mot FRANCHEMENT : *on lui a vendu tel bien franchement et quittement.* (Vieux.)

QUITTER v. a. [ki-té] (rad. *quitte*). Laisser quelqu'un en quelque endroit, se séparer de lui : *je viens de le quitter à deux pas d'ici.* — CET HOMME A QUITTÉ SA FEMME, il l'a abandonnée. — SON PORTRAIT NE ME QUITTE PAS, je le porte toujours sur moi. Au sens moral : SON IMAGE NE ME QUITTE PAS, son image est sans cesse présente à mon esprit. CE SOUVENIR NE ME QUITTERA JAMAIS, je me souviendrai toujours de cela. LA FORTUNE L'A QUITTÉ, il a cessé d'être heureux. IL VIENT UN AGE OU NOS FACULTÉS NOUS QUITTENT L'UNE APRÈS L'AUTRE, s'affaiblissent, s'anéantissent successivement. QUAND L'AME QUITTE LE CORPS, lorsque l'âme abandonne le corps, s'en sépare. —Se retirer de quelque lieu : *il a quitté la maison où il logeait pour en prendre une autre.* — QUITTER LA CHAMBRE, sortir : *ce malade n'est pas encore assez bien pour quitter la chambre.* — QUITTER LE LIT, se lever : *il quitte le lit au point du jour.* — QUITTER LE GRAND CHEMIN, s'écarter, se détourner du grand chemin. — Fig. QUITTER LE DROIT CHEMIN, s'écarter de son devoir. — QUITTER LE BARREAU, LE THÉÂTRE, renoncer à la profession d'avocat, de comédien. QUITTER LE TRÔNE, abdiquer le pouvoir royal. — QUI QUITTE SA PLACE LA PERD, quand on a abandonné sa place, on n'y a plus de droit. — Abandonner une chose, y renoncer, s'en désister, cesser de s'y appliquer, de s'y adonner : *il a quitté ce parti.*

> *Quittes, mon fils, quittes cette haine farouche.*
> J. RACINE, *La Thébaïde*, acte III, sc. IV.

— QUITTER LA PARTIE, convenir que celui contre qui l'on joue a gagné ; et, fig., se désister de quelque chose, y renoncer.

> *Mettez dans vos discours un peu de modestie,*
> *Ou je vais sur-le-champ vous quitter la partie.*
> *Tartufe*, acte III, sc. II.

— Prov. QUI QUITTE LA PARTIE LA PERD, celui qui quitte le jeu avant que la partie soit achevée, perd. — QUI QUITTE LA PARTIE LA PERD, quand on cesse de suivre une affaire ou un projet, on ne peut réussir. — QUITTER SES MAUVAISES HABITUDES, y renoncer, s'en défaire. — QUITTER LE COMMERCE DU MONDE, se priver du commerce du monde. QUITTER LE MONDE, embrasser la vie religieuse; aller vivre dans la retraite. — Fig. QUITTER LA VIE, mourir : *au moment de quitter la vie, il se repentit de ses fautes.* — Oter quelque chose de dessus soi, s'en dépouiller, s'en débarrasser : *quitter ses vêtements.* — IL A QUITTÉ SA PEAU, se dit d'un serpent qui a fait nouvelle peau ; et, fig. et fam., de quelqu'un qui a renoncé à ses vieilles habitudes, à son ancien caractère. — QUITTER LA ROBE, QUITTER L'ÉPÉE, QUITTER LA SOUTANE, QUITTER LE FROC, renoncer à la profession de la robe, de l'épée, de l'état ecclésiastique, de la vie religieuse. — CET ARBRE QUITTE SES FEUILLES, il se dépouille de ses feuilles. — CES FRUITS QUITTENT LE NOYAU, le noyau s'en détache facilement. — Lâcher, laisser aller : *il se tint attaché à un arbre, qu'il ne quitta point jusqu'à ce qu'on le vint secourir.* — Fig. QUITTER PRISE, abandonner un dessein, s'en désister : *le moindre obstacle, la moindre résistance lui fait quitter prise.* — Elliptiq. C'EST UN HOMME QUI NE QUITTE PAS AISÉMENT, QUI NE QUITTE JAMAIS, c'est un homme qui suit obstinément ce qu'il a commencé, qui n'y renonce jamais. — Céder, délaisser : *quitter tous ses droits, toutes ses prétentions à quelqu'un.* — Fam. JE VOUS QUITTE LA PLACE, je vous laisse, je me retire ; et, fig., je ne veux point contester, je vous cède mes prétentions. — IL NE QUITTE RIEN DU SIEN, se dit de celui qui renonce à une chose où il n'avait point de droit. — Exempter, affranchir, décharger, tenir quitte : *je vous quitte de tout ce que vous me devez.* — Fam. JE VOUS QUITTE DU TOUS VOS

COMPLIMENTS, DE TOUS VOS REMERCIMENTS, etc., je ne veux point de vos compliments, je n'ai que faire de vos remercîments, je vous en dispense. — Quitter v. n. Jeux de renvi. Abandonner la vade qu'on a faite, plutôt que de vouloir tenir une nouvelle somme, dont un des joueurs a renvié de dix. *louis, je l'ai fait quitter.*—Se quitter v. récipr. *Ils ne se quittent jamais.*

QUITTEUR, EUSE s. Celui, celle qui quitte.

QUITUS s. m. [kui-tuss]. Fin. Arrêté où jugement définitif d'un compte, par lequel, après la correction, le comptable est déclaré quitte : *avoir le quitus d'un compte.* — Un comptable public n'est définitivement libéré de la responsabilité de sa gestion qu'après qu'il lui a été délivré un *certificat de quitus* par l'autorité compétente. (Voy. LIBÉRATION.)

QUI-VA-LA, cri d'une personne qui entend du bruit, et qui craint quelque surprise. (On écrit plus ordinairement, QUI VA LA? sans tirets et avec un point d'interrogation.) — Prov. et fig., C'EST UN HOMME QUI A TOUJOURS RÉPONSE A QUI-VA-LA, c'est un homme qui a réponse à tout, qu'aucune difficulté n'arrête. — Prov. et fig., AVOIR RÉPONSE A TOUT, HORMIS A QUI-VA-LA, être hors d'état de répondre à une objection à laquelle on devait s'attendre.

QUI-VIVE ou QUI VIVE? Guerre. Cri d'une sentinelle, d'une patrouille, etc., qui entend du bruit, qui aperçoit une personne ou une troupe : *la sentinelle a crié, Qui-vive.* — s. m. Fig. et fam. ÊTRE SUR LE QUI-VIVE, être très attentif à ce qui se passe. Se dit aussi d'un homme inquiet et craintif, et d'un homme ombrageux et pointilleux : *il est toujours sur le qui-vive.*

QUOAILLER v. n. [koua-ié; ll mll.]. Man. Se dit d'un cheval qui remue perpétuellement la queue quand on le monte ou quand on le panse : *ce cheval a pris l'habitude de quoailler.*

QUOI [koua] (lat. *quid*), pronom qui tient lieu quelquefois du pronom relatif LEQUEL, LAQUELLE, tant au singulier qu'au pluriel, lorsqu'il est précédé d'une préposition. Ne se dit que des choses : *ce sont choses à quoi vous ne prenez pas garde.* — Absol. Quelle chose : *quoi de plus heureux que ce que vous arrive?* — IL A MANQUÉ A SON AMI, A SON BIENFAITEUR. EN QUOI EST DOUBLEMENT COUPABLE, en cela il est doublement coupable. C'EST EN QUOI VOUS VOUS TROMPEZ, c'est en cela que vous vous trompez. IL N'Y A PAS DE QUOI ME REMERCIER, il n'y a pas un sujet suffisant de me faire des remercîments. DONNEZ-MOI DE QUOI ÉCRIRE, ce qu'il faut pour écrire. NOUS AVONS DE QUOI VIVRE, DE QUOI NOUS AMUSER, ce qu'il faut pour vivre, pour nous amuser, etc. — AVOIR DE QUOI, avoir de l'argent, être dans l'aisance : *c'est un homme qui a de quoi.* — Palais. QUOI FAISANT, EN faisant, en faisant laquelle chose : *l'arrêt l'a condamné à payer et à vider ses mains; quoi faisant, il se sera valablement déchargé.* — JE NE SAIS QUOI, ou substantiv. UN JE NE SAIS QUOI, se dit d'une qualité, d'un sentiment indéfinissable : *un je ne sais quoi, ce je ne sais quoi qui charme, qui séduit.* — Fam. COMME QUOI, comment : *prouvez-lui comme quoi il se trompe.* — QUOI QUE, quelque chose que : *quoi qu'il en arrive.* — Est aussi particule admirative, et sert à marquer l'étonnement, l'indignation, etc. QUOI! vous avez fait cette imprudence! On y ajoute quelquefois l'interjection : EH. Eh quoi! vous n'êtes pas encore parti! — Est encore particule interrogative : *quoi? que dites-vous?*

QUOIQUE conj. qui régit toujours le subjonctif. Encore que, bien que : *quoiqu'il soit pauvre, il est honnête homme.* On sous-entend quelquefois le verbe ÊTRE : *quoique peu riche, il est généreux.*

QUOLIBET « m. [ko-li-bè) (lat. *quod libet*,

ce qui platt). Façon de parler basse et triviale, qui renferme ordinairement une mauvaise plaisanterie : *c'est un diseur, un faiseur de quolibets.*

QUORUM s. m. [ko-romm] (lat. *quorum*, desquels). Polit. Nombre de membres nécessaires pour délibérer dans une assemblée : *le vote fut nul parce que le quorum n'était pas atteint.* Ce mot latin fut d'abord employé avec le sens ci-dessus, dans les cours anglaises.

QUOS VULT PERDERE JUPITER DEMENTAT loc. lat. qui signifie, *Jupiter prive de leur raison ceux qu'il veut perdre.*

· **QUOTE** adj. f. [ko-te] (lat. *quotus*). N'est usité que dans cette loc., QUOTE-PART, part que chacun doit payer ou recevoir, dans la répartition d'une somme totale : *il doit payer tant pour sa quote-part ; il lui revient tant pour sa quote-part.* (Voy. COTE.)

· **QUOTE-PART** s. f. [ko-te-part]. Voy. QUOTE ; *des quotes-parts.*

· **QUOTIDIEN, ENNE** adj. [ko-] (lat. *quotidié*, chaque jour). De chaque jour. Ne s'emploie guère que dans les expressions suivantes : JOURNAL QUOTIDIEN, FEUILLE QUOTIDIENNE, journal, gazette qui paraît tous les jours. — FIÈVRE QUOTIDIENNE, fièvre qui revient tous les jours. — Dans l'Oraison dominicale, NOTRE PAIN QUOTIDIEN, notre nourriture de chaque jour, ou ce qui suffit à nos besoins journaliers. — Fig. et fam. C'EST SON PAIN QUOTIDIEN, se dit d'une chose qui est ordinaire à quelqu'un, dont il use tous les jours, qu'il fait tous les jours ou très souvent : *il est méchant, la médisance est son pain quotidien.*

QUOTIDIENNEMENT adv. D'une façon quotidienne.

QUOTIDIENNETÉ s. f. Caractère de ce qui se reproduit tous les jours.

· **QUOTIENT** s. m. [ko-si-an] (lat. *quoties*, combien de fois). Arithm. Nombre qui résulte de la division d'un nombre par un autre : *le quotient du nombre douze, divisé par trois, est quatre.*

· **QUOTITÉ** s. f. La somme fixe à laquelle monte chaque quote-part : *j'ai payé ma quotité.* — IMPOT DE QUOTITÉ, celui par lequel on détermine immédiatement ce que chaque personne doit payer, par opposition à IMPOT DE RÉPARTITION, celui par lequel on détermine d'abord ce que chaque commune doit payer, pour que la répartition se fasse ensuite entre les habitants. — Mat. féod. LA QUOTITÉ DU CENS, la somme à laquelle montait le cens dû par un vassal à son seigneur. Se dit maintenant en matière électorale : *la quotité du cens nécessaire pour être électeur, pour être éligible.* — Droit. LÉGATAIRE D'UNE QUOTITÉ, celui auquel un défunt a légué un tiers, un quart, un dixième, en un mot, une partie aliquote de sa succession. QUOTITÉ DISPONIBLE, ou PORTION DISPONIBLE, portion de biens dont la loi permet de disposer par donation ou testament. — Légis. « *L'impôt de quotité* diffère de *l'impôt de répartition,* en ce que, pour celui-ci, la somme qui doit entrer dans les caisses de l'État est exactement déterminée par le Parlement dans le budget annuel, et est répartie par lui entre tous les départements, suivant la force contributive de chacun, tandis que l'impôt de quotité est fixé dans le budget par évaluation, mais n'est pas réparti, parce qu'il est basé sur des droits fixes ou proportionnellement fixes dont le produit peut varier. La contribution foncière, la contribution personnelle-mobilière et celle des portes et fenêtres sont les impôts de répartition. La contribution foncière établie en Algérie, sur la propriété bâtie et en vertu de la loi du 23 déc. 1884, est un impôt de quotité. La contribution des patentes est aussi un impôt de quotité ; et l'on peut qualifier de même les droits de timbre, d'enregistrement, de douane, etc. (Voy. CONTRIBUTION.) — Une même *quotité disponible* la part de ses biens dont une personne peut disposer, soit par donation entre-vifs, soit par testament ; et l'on donne le nom de *réserve* à la portion non disponible. La quotité disponible se calcule sur la valeur totale des biens composant la succession du donateur ou testateur. Si le disposant ne laisse à son décès qu'un enfant légitime, la quotité disponible est de la moitié de ses biens ; elle est du tiers, s'il en laisse deux ; elle est du quart, s'il en laisse trois ou un plus grand nombre. Les descendants, à quelque degré qu'ils soient, ne sont comptés que pour l'enfant qu'ils représentent à la succession. Si, à défaut d'enfants, le défunt laisse un ou plusieurs ascendants dans chacune des lignes paternelle ou maternelle, la quotité disponible est de la moitié des biens ; elle est de trois quarts s'il ne laisse d'ascendants que dans une ligne. A défaut de descendants et d'ascendants, la quotité disponible est de la totalité des biens. Tout héritier, même bénéficiaire, doit rapporter à ses cohéritiers ce qu'il a reçu du défunt par donation entre-vifs, directement ou indirectement, alors même que la quotité disponible ne serait pas dépassée, à moins que les libéralités ne lui aient été faites expressément par préciput et hors part ou avec dispense de rapport. (Voy. PRÉCIPUT, RAPPORT, etc.) C'est seulement lorsque les rapports ont été effectués d'une manière fictive à l'actif de la succession que l'on peut fixer le chiffre de la quotité disponible. Les libéralités qui excèdent la quotité disponible sont réduites à cette quotité ; mais la réduction ne peut-être demandée que par ceux au profit desquels la loi établit la réserve. On commence par réduire toutes les dispositions testamentaires, proportionnellement à ce qui excède la quotité disponible, sans qu'il y ait à distinguer entre les legs universels et les legs particuliers. Puis, lorsque tous les legs sont épuisés, on réduit les donations entre-vifs, mais non plus proportionnellement ; on commence par la plus récente et l'on remonte ensuite successivement aux plus anciennes. Si le disposant a déclaré que telle libéralité devait être acquittée de préférence aux autres, il est tenu compte de cette préférence, dans les limites de la quotité disponible (C. civ. 943 et s.). Il existe, à l'égard du conjoint, une quotité disponible particulière. (Voy. DONATION, § IV.) Le mineur ne peut pas disposer de ses biens, à titre gratuit, avant l'âge de 16 ans ; et, parvenu à cet âge, il peut disposer que par testament et jusqu'à concurrence seulement de la moitié des biens dont la loi permet au majeur de disposer (id. 903, 904). Cependant le mineur qui se marie peut, par contrat de mariage, disposer envers son futur conjoint, comme s'il était majeur, mais seulement avec le consentement et l'assistance de ceux dont le consentement est requis pour la validité de son mariage (id. 1095). (Voy. SUCCESSION.) » (CH. Y.)

QUOUSQUE TANDEM loc. lat. qui signifie : *Jusques à quand,* et qui commence la fameuse apostrophe de Cicéron à Catilina. (Voy. ce mot.)

R

· **R** s. f. quand on prononce *erre* ; s. m. quand on l'appelle *re.* Dix-huitième lettre et quatorzième consonne de l'alphabet français, ne se fait point sentir à la fin des substantifs et des adjectifs en IER, comme OFFICIER, COUTELIER, GRENIER, POMMIER, ENTIER, SINGULIER, qu'on prononce OFFICIÉ, COUTELIÉ, etc., excepté FIER ; elle ne se prononce non plus à la fin des verbes en ER, comme ALLER, CHANTER, ENTRER, excepté dans la lecture et le discours soutenu, lorsque le mot suivant commence par une voyelle : *aller au combat* (*Allé-r au combat*). Elle est également nulle à la fin de quelques autres mots, tels que BERGER, DANGER, MONSIEUR, etc. — R double se prononce comme si elle était simple, excepté dans ERRER, ABHORRER, CONCURRENT, INTERRÈGNE, NARRATION, TERREUR, TORRENT, et quelques autres ; dans la plupart des mots qui commencent par IRR : IRRÉGULIER, IRRÉVOCABLE ; ainsi que dans le futur et le conditionnel des verbes ACQUÉRIR, MOURIR, COURIR, et ses dérivés : J'ACQUERRAI, JE COURRAI, JE MOURRAI, J'ACQUERRAIS, etc. — R, sur les monnaies, indique qu'elles ont été frappées à Orléans.

R, RE, RÉ, préfixes qui entrent dans la formation d'un grand nombre de mots et qui impliquent une idée de redoublement, de redondance, de réitération, etc.

RA s. m. Onomatopée destinée à désigner les coups de baguettes donnés sur le tambour, de manière à former un roulement très bref : *le tambour-major bat la mesure des ra et des fla.* — Mythol. égyp. Ancien nom du soleil.

RAAB [râb] (hongr. *gyôr*). 1, comté dans l'O. de la Hongrie, dans le cercle transdanubien, borné par le Danube et traversé par son affluent la Raab ; 4,419 kil. carr. ; 403,637 hab. Le pays est généralement plat. — II, capitale du comté de ce nom (anc. *Arrabona,* ou *Rabona*), sur la Raab, à 110 kil. O.-N.-O de Bude ; 20,035 hab. Les plus beaux monuments sont la vieille cathédrale et le palais épiscopal. La ville possède une école de droit et d'autres établissements d'enseignement supérieur. Elle était importante comme colonie romaine, et aussi sous les rois hongrois. La forteresse a été rasée en 1820. L'armée hongroise de l' « insurrection » (levée en masse de la noblesse pour défendre ses privilèges) a été mise en déroute à Raab par Eugène Beauharnais, le 14 juin 1809, et l'armée révolutionnaire y fut écrasée par Haynau, le 28 juin 1849.

* **RABÂCHAGE** s. m. (rad. *rabâcher*). Défaut de celui qui rabâche : *il est sujet au rabâchage.* — Se dit plus ordinairement des discours de celui qui rabâche : *tout ce qu'il dit n'est que rabâchage, n'est qu'un rabâchage.* Il est familier dans les deux sens.

* **RABÂCHER** v. n. Revenir souvent et inutilement sur ce qu'on a dit : *cet homme ne fait que rabâcher.* (Fam.) — v. a. *Il rabâche toujours les mêmes choses.*

* **RABÂCHERIE** s. f. Se dit d'un discours ou d'un écrit plein d'inutilités et de répétitions fatigantes : *j'ai lu ce discours, ce n'est qu'une rabâcherie continuelle, ce ne sont que des rabâcheries.* Il est familier, et s'emploie le plus ordinairement au pluriel.

* **RABÂCHEUR, EUSE** s. Celui, celle qui rabâche : *un vieux rabâcheur.* (Fam.)

* **RABAIS** s. m. (rad. *bas*). Diminution de prix et de valeur : *on lui a promis cent mille écus, mais il y aura bien du rabais.* — RABAIS DES MONNAIES, diminution que le gouvernement fait sur la valeur pour laquelle la monnaie a cours : *les pièces de six francs et de trois livres ont subi un rabais.* — Diminution du prix de toutes sortes de denrées et de marchandises : *vendre, donner, mettre des marchandises au rabais.* — Fig. METTRE TROP AU RABAIS QUELQU'UN, QUELQUE CHOSE, en parler trop désavantageusement : *vous mettez trop au rabais cet auteur, cet ouvrage, le mérite, les talents de cet homme.* — Mode d'adjudication publique, suivant lequel les ouvrages, les travaux, les fournitures sont adjugés à celui des concurrents qui s'en est chargé au moindre prix : *adjudication au rabais.*

* **RABAISSEMENT** s. m. Action de rabaisser, de diminuer. Il s'emploie guère qu'en parlant de la valeur des monnaies ou du montant des impôts : *le rabaissement des monnaies.* (Peu us.)

* **RABAISSER** v. a. Mettre plus bas, placer une chose au-dessous du lieu où elle était : *le tableau est trop haut, il faut un peu le rabaisser.* — RABAISSER LA VOIX, élever moins la voix : *vous parlez trop haut dans la chambre du malade, rabaissez un peu votre voix.* — CET OISEAU A RABAISSÉ SON VOL, il est descendu de la hauteur où il s'était élevé, il vole bas. — CET HOMME A RABAISSÉ SON VOL, il a réduit sa dépense, il vit dans un moindre éclat qu'auparavant ; ou il modère ses prétentions qu'il avait. — RABAISSER L'ORGUEIL DE QUELQU'UN, réprimer l'orgueil, la vanité de quelqu'un. — RABAISSER LE CAQUET DE QUELQU'UN, A QUELQU'UN, confondre par ses raisons, ou faire taire par autorité, un homme qui parle mal à propos ou insolemment : *à trouvé des gens qui ont rabaissé son caquet, qui lui ont rabaissé le caquet.* On dit à peu près dans le même sens, RABAISSER LE TON DE QUELQU'UN, FAIRE RABAISSER LE TON A QUELQU'UN. — Diminuer : *rabaisser le taux des denrées.* — Déprécier, estimer au-dessous de la valeur : *rabaisser le mérite de quelqu'un.*

> Le soin de se vanter *rabaisse* la grandeur.
>   VOLTAIRE.

— Man. RABAISSER LES HANCHES DU CHEVAL, asseoir un cheval disposé à s'élever sur les jarrets, ou à marcher et à travailler sur les épaules : *chassez le derrière avec vos jambes, retenez le devant avec la main ; vous relèverez le devant, et vous rabaisserez le derrière ou les*

hanches. — Se **rabaisser** v. pr. Etre rabaissé. — Fig. S'humilier.

RABAISSURE s. f. Action de rabaisser.

RABAN s. m. (all. *raaband*). Mar. Cordage mince dont on se sert pour relier ou serrer les voiles, pour amarrer les canons, etc.

RABANER v. a. Serrer avec un raban.

RABASTENS. I. ch.-l. de cant., arr. et à 19 kil. S.-O. de Gaillac (Tarn), sur la rive droite du Tarn ; 3,800 hab. Toiles de chanvre, chapeaux, poteries. Paysages pittoresques. — II, ch.-l. de cant., arr. et à 18 kil. N.-E. de Tarbes (Hautes-Pyrénées), sur l'Estreuz ; 1,500 hab. Les Français y battirent les Espagnols en 1814.

* **RABAT** s. m. [ra-ba] (rad. *rabattre*). Partie de l'habillement des ecclésiastiques, consistant en un morceau de toile noire qui descend sur la poitrine, divisée en deux portions oblongues et bordées de blanc : *les membres de certaines congrégations portent des rabats blancs.* — Toit d'un jeu de paume, qui sert à rejeter la balle : *être au rabat.* Se dit, par ext., du coup qui vient du rabat : *jouer de rabat.* — Jeu de quilles. Se dit par opposition à VENUE, et signifie, le coup que le joueur joue de l'endroit où sa boule s'est arrêtée : *il a fait deux quilles de venue et quatre de rabat.* — Chasse. Action de rabattre le gibier.

RABAT [ra-batt'], ville du Maroc (Fez), sur une baie de la côte occidentale, à l'embouchure du Burekrag ou Bu-Regreb, en face de la ville de Salé ; 20,000 hab. environ. Beaucoup de maisons sont bâties dans le style européen. L'exportation principale est celle de la laine. Rabat fut fondé au XIIIᵉ siècle, et eut pendant longtemps, avec Salé, une triste notoriété comme nid de pirate.

* **RABAT-JOIE** s. m. Sujet de chagrin qui vient troubler l'état de joie où l'on était : *comme il était à se divertir, il apprit la perte de son procès, et ce fut un grand rabat-joie pour lui.* — Fam. C'EST UN RABAT-JOIE, se dit d'une personne triste, ou ennemie de la joie des autres.

RABATTAGE s. m. Chasse. Action de rabattre le gibier. — Comm. Ce qu'on diminue sur un prix. — Arboric. Action de couper ou de supprimer certaines branches.

RABATTEMENT s. m. Rabais, déduction.

RABATTEUR s. m. Chasse. Celui qui rabat le gibier.

RABATTOIR s. m. Techn. Outil dont on se sert pour tailler les ardoises.

* **RABATTRE** v. a. (réduplication de *battre*). Rabaisser, faire descendre : *rabattre ses cheveux sur son front ; le vent rabat la fumée.* — Escr. RABATTRE UN COUP, le détourner, le rompre en rabaissant le fer et de son ennemi : *on lui porta un coup d'épée, et il le rabattit.* — RABATTRE LES COUPS, adoucir, apaiser des gens qui sont en contre les autres : *il entra comme ils se querellaient, et il rabattit bien des coups.* Cela se dit aussi en parlant des bons offices qu'on rend auprès d'un homme puissant : *le ministre était fort irrité contre lui, et on a bien eu de la peine à rabattre les coups.* — RABATTRE LES PLIS, LES COUTURES D'UN HABIT, D'UNE ROBE, les aplatir. — Labourage. RABATTRE LES AVOINES, faire passer un rouleau sur les avoines déjà levées, pour aplanir la terre. — RABATTRE LES ORNIÈRES, LES SILLONS, les remplir de la terre qui s'est élevée au bord. — RABATTRE UN ARBRE, le couper de manière qu'il ne soit pas aussi élevé. On dit de même, RABATTRE UNE BRANCHE, afin que la partie conservée produise un rameau plus vigoureux. — Fig. Rabaisser, réprimer : *rabattre l'orgueil, la hauteur, le ton, la fierté de quelqu'un ; il lui a bien rabattu son caquet.* Ça

dernier exemple est familier. — Diminuer, retrancher de la valeur d'une chose, et du prix qu'on en demande : *il faut rabattre beaucoup du prix que vous demandez.* — S'emploie au sens moral : *rabattre de l'estime qu'on avait pour quelqu'un.* — IL N'EN VEUT RIEN RABATTRE, se dit d'un homme qui, dans une affaire, ne veut rien diminuer de ses prétentions. — Fam. J'EN RABATS BEAUCOUP, se dit en parlant d'une personne qui a donné lieu de l'estimer moins qu'on ne le faisait auparavant. —Palais. RABATTRE UN DÉFAUT, se dit lorsque l'audience le juge révoque le défaut qu'il avait donné contre une des parties, faute par elle d'avoir comparu : *il se présenta à l'audience, et fit rabattre le défaut qui avait été obtenu contre lui.* — Man. RABATTRE LES COURBETTES, se dit lorsqu'on force un cheval qui travaille à courbettes, de poser à terre, en un seul et même temps, les deux pieds de derrière : *un cheval qui rabat bien ses courbettes.* — Chasse. RABATTRE LE GIBIER, battre la campagne, pour rassembler le gibier dans l'endroit où sont les chasseurs : *il s'est fait rabattre le gibier.* — v. n. Quitter un chemin, et se détourner tout d'un coup pour passer dans un autre : *quand vous serez en tel lieu, vous rabattrez à main droite.* — Se rabattre v. pr. LES PERDRIX SE SONT RABATTUES DANS CETTE PIÈCE DE BLÉ, elles s'y sont remises, retirées. L'ARMÉE, APRÈS DIVERS MOUVEMENTS, SE RABATTIT SUR TELLE PLACE, elle quitta tout d'un coup la route qu'elle tenait, pour se porter au siège de cette place. — Se dit aussi, au sens moral, de celui qui, après avoir parlé de quelque matière, change tout d'un coup de propos : *après avoir parlé quelque temps de choses indifférentes, il se rabattit sur la politique.* — Se borner, se restreindre : *après avoir exigé telles et telles conditions, il se rabattit à demander simplement que...*

* **RABATTU, UE** part. passé de RABATTRE. — ÉPÉE RABATTUE, épée qui n'a ni pointe ni tranchant. — DAMES RABATTUES, sorte de jeu qu'on joue sur le tablier d'un trictrac avec les dés et les dames : *jouer aux dames rabattues.* — Prov. TOUT COMPTÉ, TOUT RABATTU, ou TOUT BIEN COMPTÉ ET RABATTU, tout bien examiné.

RABAUT. I. (Paul), l'un des pasteurs du désert de Nîmes, né à Bédarieux en 1718, mort à Nîmes en 1795. Il défendit ses coreligionnaires avec un dévouement sans borne, pendant les persécutions. — II. (Jean-Paul), conventionnel, fils du précédent, né à Nîmes en 1743, mort sur l'échafaud le 5 déc. 1793. Ministre protestant comme son père, il adopta avec ardeur les principes de la Révolution, fut envoyé à la Convention par le dép. de l'Aube, combattit la mise en jugement de Louis XVI, vota pour l'appel au peuple, se vit enveloppé dans la proscription des Girondins et fut condamné à mort. Il a laissé : *Lettres à Bailly sur l'histoire primitive de la Grèce* (1787) ; *Précis de l'histoire de la Révolution française* (1791), etc. — III. (Jacques-Antoine), conventionnel, frère du précédent, né à Nîmes en 1744, mort en 1820. Il fut député du Gard à la Convention, vota la mort du roi avec sursis, attaqua la tyrannie des montagnards, devint après la chute de Robespierre sous-préfet du Vigan, puis, en 1803, pasteur à Paris. Exilé comme régicide en 1816, il rentra deux ans plus tard.

* **RABBANISTE** s. m. Voy. RABBINISTE.

RABBATH-AMMON. Voy. PHILADELPHIE (Palestine).

RABBE (Alphonse), littérateur, né à Riez (Basses-Pyrénées), en 1786, mort en 1830. On a de lui des *Résumés de l'histoire de Russie, de Portugal, d'Espagne*, etc. Il commença en 1829 la *Biographie des contemporains*, avec la collaboration de Boisjolin et Sainte-Preuve (Paris, 4 vol. in-8°).

* **RABBIN** s. m. (hébr. *rabbi*, mon maître).

On appelle ainsi les docteurs des juifs : *il est fort versé dans la doctrine des rabbins.* — GRAND RABBIN, chef d'une synagogue ou d'un consistoire israélite. —Lorsque le mot RABBIN précède immédiatement le nom d'un docteur juif, on supprime l'*n* finale et l'on retranche aussi l'article : *je ne suis point du sentiment de rabbi Aben Ezra sur ce mot du Pentateuque.* On doit toujours dire RABBI, en adressant la parole à un rabbin : *que dites-vous, rabbi, de cette interprétation ?* — On a employé dans le même sens le mot *rab* (maître), *rabboni* (mon maître), *rabbenou* (notre maître), etc. Ce titre s'applique plus spécialement aux écrivains talmudiques et postérieurs au Talmud (voy. HÉBREUX), dont le dialecte est, pour cette raison, appelé rabbinique.

* **RABBINAGE** s. m. Étude qu'on fait des livres des rabbins : *c'est un homme qui passe sa vie dans le rabbinage.* Ne se dit guère que par une sorte de dérision, de dénigrement.

RABBINAT s. m. Dignité, fonction du rabbin.

* **RABBINIQUE** adj. Qui appartient aux rabbins, qui est particulier aux rabbins : *le caractère rabbinique est différent de l'hébraïque ordinaire.*

* **RABBINISME** s. m. La doctrine, les écrits des rabbins : *un homme versé dans le rabbinisme.*

* **RABBINISTE** ou Rabbaniste s. m. Celui qui sait la doctrine des rabbins, ou qui étudie leurs livres.

RABDO (gr. *rhabdos*, baguette), préfixe qui entre dans la formation d'un certain nombre de mots.

RABDOÏDE adj. (préf. *rabdo*; gr. *eidos*, aspect). Qui a la forme d'une baguette.

* **RABDOLOGIE** s. f. (préf. *rabdo*; gr. *logos*, discours). Espèce d'arithmétique, qui consiste à faire des calculs par le moyen de petites baguettes sur lesquelles sont écrits les nombres simples.

* **RABDOMANCIE** s. f. (préf. *rabdo*; gr. *manteia*, divination). Prétendue divination qui se faisait avec une baguette, et de plusieurs manières différentes. — Particul. Moyen par lequel on prétend découvrir les sources, les mines, les trésors enfouis, etc., en tenant par les deux bouts une baguette de coudrier, qui tourne à l'approche de l'objet qu'on cherche.

RABELAIS (François), célèbre écrivain, surnommé l'*Homère bouffon*, né à Chinon en 1483, mort à Paris le 9 avril 1553. Son père, qui possédait un petit vignoble près de Chinon, était un apothicaire retiré; et l'on montre encore la maison dans laquelle vint au monde l'auteur de *Pantagruel*. Rabelais entra, dès sa jeunesse, dans un couvent de cordeliers, à Fontenay-le-Comte, et fut ordonné prêtre en 1511. Mais l'étude avait pour lui plus de charmes que les fonctions d'ecclésiastique, et il se consacra entièrement à apprendre la philosophie, les langues anciennes, et toutes les sciences connues au XVIᵉ siècle. L'ignorance des moines franciscains, ses confrères (voy. GRÆCUM EST, NON LEGITUR) étant devenue le sujet favori de ses plaisanteries, la vie en commun devint impossible, et il obtint de Clément VII un indult qui lui permit, en 1524, de passer dans l'ordre de Saint-Benoît, dont les membres avaient le droit de s'instruire. Il fut donc reçu dans le couvent que les bénédictins possédaient à Maillezais. Après y être resté six ans, il s'enfuit, jeta le froc, et se retira à Montpellier pour y étudier la médecine (1530).

Il fut reçu bachelier l'année suivante, et se rendit ensuite à Lyon, auprès de son ami Etienne Dolet (voy. ce nom), avec lequel il collabora à la publication de livres savants, d'almanachs, etc. Un de ses anciens condisciples, le cardinal du Bellay, nommé ambassadeur à Rome, prit avec lui Rabelais, en qualité de médecin (1536), et le moine défroqué obtint du pape Paul III la rémission des peines qu'il avait encourues en quittant son ordre. De retour à Montpellier en 1537, Rabelais y soutint avec beaucoup d'éclat sa thèse de docteur. Ayant été députe au chancelier Duprat pour réclamer le rétablissement des privilèges universitaires et ayant réussi dans cette ambassade, il fut reçu à Montpellier avec de grandes marques de respect; et la faculté décida que désormais tout aspirant au grade de docteur passerait la robe de Rabelais, usage qui s'est perpétué jusqu'à nos jours. C'est vers cette époque que son ami Dolet imprima les *Faits et dicts du géant Gargantua et de son fils Pantagruel*, ouvrage sur lequel repose la gloire de Rabelais; c'est un roman satirique et allégorique dirigé contre les moines, les princes, les rois et toutes les autorités établies. Les quatre premiers livres furent publiés du vivant de l'auteur; le cinquième ne parut qu'après sa mort. Rabelais, dont les livres savants n'obtenaient qu'un médiocre succès, avait seulement pour but de faire une œuvre pour le public de son temps; et il y réussit au point que le premier livre de son ouvrage se vendit en une seule année à un nombre d'exemplaires plus élevé qu'il ne se vendait de Bibles en dix ans. Jamais aucun écrit n'avait éveillé une semblable curiosité. Le premier livre fit rire; lorsque parut le second, les gens qui s'y étaient cru attaqués manifestèrent de la mauvaise humeur, au milieu de l'hilarité générale; au troisième livre, l'auteur crut prudent de disparaître pour échapper à la colère de ceux qui s'y reconnurent; il quitta Lyon et se réfugia à Metz, où il resta deux ans. Lorsque le scandale causé par ses railleries, où l'absurde sert, en quelque sorte, de costume à la vérité, que le lecteur n'aime pas à voir nue, fut un peu apaisé, il se rendit à Paris. Son ami, le cardinal du Bellay, obtint pour lui une bulle de translation dans l'abbaye de Saint-Maur-des-Fossés, puis, vers 1550, la cure agréable de Meudon, qu'il desservit avec zèle et régularité. Il résigna sa fonction de curé en 1552, et publia ensuite la quatrième livre de son roman. On lui a attribué une foule de jovialités plus ou moins burlesques, et des aventures plus ou moins risquées, dont rien ne prouve l'authenticité. Une anecdote de sa vie aurait, d'après la tradition, donné naissance au dicton populaire le *quart d'heure de Rabelais.* (Voy. QUART.) Bien qu'il paraisse être mort dans des sentiments de piété sincère, on a prétendu que, peu avant de rendre le dernier soupir, il répondit à quelqu'un qui s'informait de sa santé : « Je vais quérir un grand peut-être », et qu'au moment de mourir, il se serait écrié : « Tirez le rideau, la farce est jouée ». — Les commentateurs se sont mis l'esprit à la torture pour reconnaître les personnages que Rabelais a voulu représenter. On suppose que *Gargantua* est François Iᵉʳ; *Pantagruel*, Henri II; *Grandgousier*, Louis XII; *Picrochole*, Maximilien Sforza; *Gargamelle*, Anne de Bretagne; *Budebec*, la reine Claude; *Grande jument de Gargantua*, Diane de Poitiers; *Panurge*, le cardinal de Lorraine; le roi *Petaud*, Henri VIII. — L'œuvre de Rabelais cache, sous une enveloppe de grossièreté et même de cynisme, un fonds inépuisable de science, de philosophie, de bon sens et de pensées délicates, qu'il exprime

dans une langue qui lui est propre, qu'il a formée lui-même en grécisant le français de son temps. Il a bien soin, pour expliquer l'obscénité de son livre, qu'il avait mis en parfait accord avec le goût de ses contemporains, de recommander aux lecteurs de ne pas s'en tenir à la lettre, mais de « briser l'os pour en sucer la moelle ». On a publié plus de 60 éditions de l'œuvre de Rabelais; la première qui soit connue avec date est celle de Lyon (1533, in-8°); elle ne contient que le 1ᵉʳ livre. Parmi les meilleures, on cite celle d'Amsterdam (1711 et 1741, 3 vol. in-4°), avec remarques de Le Duchat et de La Monnoye; celle de Paris (1823, 3 vol. in-8°), par de L'Aulnay; l'édition *variorum* d'Esmangart et Johanneau (Paris, 1823-26, 9 vol. in-8°); celle du bibliophile Jacob Paris, 1842, in-12); celle de Burgaud des Marais et Rathery (Paris, 1857, 2 vol. in-18, réimprimée en 1871); celle de Jannet (1874, 7 vol.); de Lemerre (1875, 5 vol. in-8°); les spirituelles éditions illustrées de Gustave Doré (1854), et de Robida (Librairie illustrée, 1885). — La biographie de Rabelais a été publiée par Fleury en 1877 (2 vol.). La ville de Chinon lui a érigé une statue en 1881. En 1882, on mit une plaque commémorative en marbre sur la maison où l'on pense qu'il mourut, au coin de la rue des Jardins-Saint-Paul.

RABELAISERIE s. f. Plaisanterie libre dans le goût de celles que l'on trouve dans les ouvrages de Rabelais.

RABELAISIEN, IENNE adj. Qui appartient à Rabelais ou qui s'y rapporte.

* **RABÊTIR** v. a. (préf. r; fr. *abêtir*). Rendre bête, stupide : *vous rabêtissez ce garçon-là à force de le maltraiter.* — v. n. Devenir bête : *il rabêtit de jour en jour.* Il est familier dans les deux sens.

RABIAU ou Rabiot s. m. Vivres, vin, eau-de-vie, café, etc., qui restent après la distribution faite à une escouade. — Prélèvement que s'approprie un fourrier sur les rations. Temps qu'un soldat passe en prison.

RABIAUTER ou Rabioter v. n. Faire du rabiau; s'approprier le rabiau.

RABIBOCHAGE s. m. Action de rabibocher.

RABIBOCHER v. a. Réparer, rétablir.

* **RABIOLE** s. f. Voy. RAVE.

* **RABIQUE** adj. (rad. lat. *rabies*, rage). Pathol. Qui a rapport à la rage.

* **RÂBLE** s. m. Partie de certains quadrupèdes qui s'étend depuis le bas des épaules jusqu'à la queue. Ne se dit guère que du lièvre et du lapin : *le râble d'un lapin.* — Se dit, par plaisanterie, en parlant des personnes qui sont fortes et robustes : *il a les épaules larges et le râble épais.* — Chim. Barre de fer en crochet, dont on se sert pour remuer des substances que l'on calcine.

* **RÂBLU, UE** adj. Qui a le râble épais, qui est bien fourni de râble : *un lièvre bien râblu.* Quelques-uns disent RÂBLÉ. — Se dit, par plaisanterie, d'un homme fort et robuste : *c'est un gros garçon bien râblu.*

RÂBLURE s. f. Rainure triangulaire, pratiquée dans la quille ou l'étrave, pour recevoir les bordages.

* **RABONNIR** v. a. (préf. r; fr. *abonnir*). Rendre meilleur. N'est usité qu'en parlant de certaines choses qui, n'étant guère bonnes d'elles-mêmes, ou qui ayant été gâtées, deviennent ensuite meilleures : *les bonnes cave rabonnissent le vin.* — v. n. Devenir meilleur : *le vin rabonnit en bouteille.* Ce sens, à vieilli.

www.ingramcontent.com/pod-product-compliance
Lightning Source LLC
Chambersburg PA
CBHW060539280326
41932CB00011B/1338